Grundgesetz-Kommentar
Band II

Grundgesetz
Kommentar

3. Auflage

herausgegeben von
Horst Dreier

bearbeitet von
Hartmut Bauer · Frauke Brosius-Gersdorf
Horst Dreier · Georg Hermes · Werner Heun
Martin Morlok · Helmuth Schulze-Fielitz
Joachim Wieland · Fabian Wittreck
Ferdinand Wollenschläger

Band II
Artikel 20–82

Mohr Siebeck 2015

Autoren

Prof. Dr. jur. Hartmut Bauer, Universität Potsdam
Prof. Dr. jur. Frauke Brosius-Gersdorf, Universität Hannover
Prof. Dr. jur. Horst Dreier, Universität Würzburg
Prof. Dr. jur. Georg Hermes, Universität Frankfurt a. M.
Prof. Dr. Dr. h.c. jur. Werner Heun, Universität Göttingen
Prof. Dr. jur. Martin Morlok, Universität Düsseldorf
Prof. Dr. jur. Helmuth Schulze-Fielitz, Universität Würzburg
Prof. Dr. jur. Joachim Wieland, Deutsche Universität für Verwaltungswissenschaften Speyer
Prof. Dr. jur. Fabian Wittreck, Universität Münster
Prof. Dr. jur. Ferdinand Wollenschläger, Universität Augsburg

Zitiervorschlag

F. Wittreck, in: H. Dreier (Hrsg.), Grundgesetz-Kommentar,
Bd. II, 3. Aufl. 2015, Art. 30 Rn. 9 ff.

ISBN 978-3-16-150494-5

Die deutsche Nationalbibliothek verzeichnet diese Publikation in der Deutschen Nationalbibliographie; detaillierte bibliographische Daten sind im Internet über *http://dnb.dnb.de* abrufbar.

© 2015 Mohr Siebeck Tübingen. www.mohr.de

Das Werk einschließlich aller seiner Teile ist urheberrechtlich geschützt. Jede Verwertung außerhalb der engen Grenzen des Urheberrechtsgesetzes ist ohne Zustimmung des Verlags unzulässig und strafbar. Das gilt insbesondere für Vervielfältigungen, Übersetzungen, Mikroverfilmungen und die Einspeicherung und Verarbeitung in elektronischen Systemen.

Das Buch wurde von Gulde-Druck in Tübingen aus der Rotation gesetzt, auf alterungsbeständiges Werkdruckpapier gedruckt und von der Buchbinderei Spinner in Ottersweier gebunden. Den Umschlag entwarf Uli Gleis in Tübingen.

Vorwort

Die Veränderungen im Autorenkreis dieses Kommentars führen auch im vorliegenden zweiten Band zu etlichen kompletten Neubearbeitungen. So werden die Artikel 23 bis 27, 29, 32 und 45 nunmehr von Ferdinand Wollenschläger, die Artikel 33, 76 bis 78 und 81 von Frauke Brosius-Gersdorf kommentiert. Die Bearbeitung des Sozialstaatsprinzips, des Widerstandsrechts, des Artikels 30 sowie der Artikel 70 bis 74 erfolgt durch Fabian Wittreck, der zudem den Gesetzgebungskompetenzen einen neuen »allgemeinen Teil« vorangestellt hat, in dem die verzwickte Materie übersichtlich aufbereitet wird (Vorbemerkungen zu Art. 70–74 GG). Werner Heun, der an dem Gemeinschaftswerk von Beginn an mitwirkt, hat dankenswerterweise den freigewordenen Abschnitt über den Bundespräsidenten und damit die Artikel 54 bis 61 übernommen.

Seit dem 1996 erschienenen ersten Band der ersten Auflage legt der Kommentar gesteigerten Wert auf die Berücksichtigung der Überformung und Durchdringung des deutschen Verfassungsrechts durch den Prozeß der europäischen Integration. Auch der vorliegende Band zeugt von der erheblichen Reichweite dieses Vorganges und läßt die Integration des Grundgesetzes in den Verfassungsverbund der Europäischen Union ebenso deutlich werden wie den Vorrang des Unionsrechts auch vor nationalem Verfassungsrecht mit entsprechender Relativierung bundesdeutscher Verfassungsstandards (→ Art. 23 Rn. 10, 12 ff., 16 ff., 61 ff., 81 ff.). Der Band dokumentiert zudem Veränderungen der Verfassungsrechtslage, die sich entgegen der Vorgabe des Inkorporationsgebots des Art. 79 Abs. 1 GG (→ Art. 79 I Rn. 17 ff., 26) nicht in Änderungen des Grundgesetztextes niederschlagen. So muß das Gleichheitsgebot des Art. 33 Abs. 1 GG (»Jeder Deutsche …«) wohl wegen Art. 18 Abs. 1, 21 Abs. 2 AEUV gelesen werden: »Jeder Deutsche und jeder Unionsbürger im Anwendungsbereich der europäischen Verträge …« (→ Art. 33 Rn. 56 f.). Auch auf Art. 33 Abs. 2 GG können sich entgegen dem Wortlaut Unionsbürger berufen (→ Art. 33 Rn. 74 ff.). Nicht zuletzt sieht sich das nach nationalem Recht ausnahmslose Streikverbot für Beamte durch Unionsrecht zumindest partiell in Frage gestellt (→ Art. 33 Rn. 187 ff.). Und dann wären da noch die Gesetzgebungskompetenzen, die ein zunehmend unzuverlässiges, ja irreführendes Bild über die Möglichkeiten der nationalen Legislativen zur Normsetzung bieten. Bei der »ausschließlichen« Gesetzgebungskompetenz des Bundes im Bereich des Währungsrechts gemäß Art. 73 Abs. 1 Nr. 4 GG liegt die Diskrepanz zwischen Verfassungstext und tatsächlicher Rechtslage seit der Einführung des Euro auf der Hand; Erstsemester kann man verläßlich in tiefe Verwirrung stürzen, wenn man sie auf diesen Titel aufmerksam macht. Doch ist das kein Einzel- oder gar Ausnahmefall. Die bei jedem Kompetenztitel aufgeworfene Frage nach europarechtlicher Überformung und Überlagerung (bis hin zu faktischer Kupierung) läßt deutlich werden, daß uns hier verstärkt »stumme« Änderungen der Verfassungsrechtslage begegnen (→ Art. 73 Rn. 5, 31, 34; → Art. 74 Rn. 56, 74, 78, 116, 121, 129, 143). Angesichts der Fülle solcher und weiterer Depossedierungsprozesse entpuppen sich manche Passagen des Lissabon-Urteils des Bundesverfassungsgerichts bei näherem Hinsehen als reines Illusionstheater.

Der Band befindet sich durchweg auf dem Stand vom Frühjahr 2015. Die Senatsentscheidungen des Bundesverfassungsgerichts werden wie immer nach den von den Mitgliedern des Gerichts herausgegebenen Bänden zitiert; hier konnten wir schon den in diesen Tagen erscheinenden 138. Band berücksichtigen, der Entscheidungen bis zum

März 2015 umfaßt. Danach veröffentlichte Judikate sind mit Aktenzeichen und Datum sowie mit Randnummernzählung zitiert. In nicht wenigen Fällen ließen sich auf diese Weise noch wesentliche Entscheidungen jüngeren und zum Teil jüngsten Datums erfassen. So konnte etwa bei der kommunalen Selbstverwaltung das Urteil zu den Optionskommunen (BVerfGE 137, 108: → Art. 28 Rn. 85, 86, 95, 150, 161) und der Beschluß zur Schulträgerschaft in Sachsen (BVerfGE 138, 1: → Art. 28 Rn. 76, 78, 104, 114ff.) ebenso berücksichtigt werden wie bei den Gesetzgebungskompetenzen der Beschluß zu den Ladenöffnungszeiten in Thüringen (BVerfGE 138, 261: → Vorb. zu Art. 70–74, Rn. 51; → Art. 70 Rn. 9; → Art. 72 Rn. 30, 52; → Art. 74 Rn. 55); gleiches gilt für das Urteil zur Verschonung von der Erbschaftsteuer beim Übergang betrieblichen Vermögens (BVerfGE 138, 136: → Art. 72 Rn. 6, 18, 23, 24, 30). Bei Art. 33 GG war neben der Würdigung der zweiten Kopftuch-Entscheidung (BVerfGE 138, 296: → Art. 33 Rn. 100) die Einarbeitung sogar noch bei den späteren Judikaten zum Einstellungshöchstalter im Öffentlichen Dienst (2 BvR 1322/12 u. a. vom 21.4.2015: → Art. 33 Rn. 112ff., 180ff.) sowie zur Richterbesoldung (2 BvL 17/09 u. a. vom 5.5.2015: → Art. 33 Rn. 194ff.) möglich; desgleichen findet das Urteil zum Betreuungsgeld (1 BvF 2/13 vom 21.7.2015) bereits Beachtung (→ Art. 74 Rn. 39). Das gewiß aktuellste noch berücksichtigte Urteil schließlich ist das des Verfassungsgerichts zum Auslandseinsatz deutscher Streitkräfte vom 23.9.2015 (→ Art. 24 Rn. 16, 74, 75).

Es gilt vielfachen Dank zu sagen. Allen voran möchte ich den Mitarbeitern meines Lehrstuhls danken, die mir in den letzten zwölf Monaten eine unentbehrliche Stütze beim dreifachen Durchgang der Bearbeitung der Manuskripte, der Korrektur der Fahnen sowie der des Umbruches waren und die sich daneben vor allem um die Erstellung der Register sowie des detaillierten Sachverzeichnisses verdient gemacht haben. Die Hauptlast trugen insofern meine Assistenten David Kuch, Daniela Taudt und Andreas Gesell, unterstützt von den studentischen Hilfskräften Philipp Danz, Andreas Greger, Julia Hausmann, Andrea Hoesch, Carolin Lauterbach, Lena Kuhn und Annabelle Meier. Ihnen allen, die bei der großen Kraftanstrengung mitgewirkt und durchweg Überobligatorisches geleistet haben, möchte ich auch an dieser Stelle noch einmal meinen ganz persönlichen herzlichen Dank aussprechen! Denjenigen Autoren, die länger als sonst warten mußten, bevor sie nach Abgabe ihrer Manuskripte Fahnen zur Korrektur erhalten haben, danke ich für ihre Geduld und ihr Verständnis, den anderen, daß sie allfällige Erinnerungen an abgelaufene Termine und entsprechende beharrliche Mahnungen standhaft ertragen haben. In einigen Fällen trifft beides auf ein und dieselbe Person zu.

Der dritte und letzte Band soll – und ich glaube fest: wird! – wie geplant im Jahre 2017 erscheinen.

Würzburg, am 3. Oktober 2015   Horst Dreier

Inhaltsverzeichnis

		Seite
Vorwort		V
Abkürzungsverzeichnis		XI
Änderungen des Grundgesetzes		XXXIX

I. Die Grundrechte *(Band I)*

II. Der Bund und die Länder

Artikel 20	Einführung *(Horst Dreier)*	1
Artikel 20	Republik *(Horst Dreier)*	11
Artikel 20	Demokratie *(Horst Dreier)*	27
Artikel 20	Sozialstaat *(Fabian Wittreck)*	117
Artikel 20	Bundesstaat *(Hartmut Bauer)*	146
Artikel 20	Rechtsstaat *(Helmuth Schulze-Fielitz)*	186
Artikel 20 IV	Widerstandsrecht *(Fabian Wittreck)*	292
Artikel 20a	Schutz der natürlichen Lebensgrundlagen *(Helmuth Schulze-Fielitz)*	308
Artikel 21	Parteien *(Martin Morlok)*	346
Artikel 22	Bundeshauptstadt; Bundesflagge *(Joachim Wieland)*	420
Artikel 23	Europäische Union *(Ferdinand Wollenschläger)*	436
Artikel 24	Übertragung und Einschränkung von Hoheitsrechten *(Ferdinand Wollenschläger)*	552
Artikel 25	Völkerrecht als Bestandteil des Bundesrechts *(Ferdinand Wollenschläger)*	596
Artikel 26	Verbot des Angriffskrieges *(Ferdinand Wollenschläger)*	625
Artikel 27	Handelsflotte *(Ferdinand Wollenschläger)*	650
Artikel 28	Homogenitätsgebot; kommunale Selbstverwaltung *(Horst Dreier)*	657
Artikel 29	Neugliederung des Bundesgebietes *(Ferdinand Wollenschläger)*	763
Artikel 30	Kompetenzverteilung zwischen Bund und Ländern *(Fabian Wittreck)*	783
Artikel 31	Vorrang des Bundesrechts *(Horst Dreier)*	804
Artikel 32	Auswärtige Beziehungen *(Ferdinand Wollenschläger)*	838
Artikel 33	Gleichheit staatsbürgerlicher Rechte und Pflichten; öffentlicher Dienst *(Frauke Brosius-Gersdorf)*	871
Artikel 34	Haftung bei Amtspflichtverletzung *(Joachim Wieland)*	977
Artikel 35	Rechts- und Amtshilfe; Hilfe in besonderen Gefahrenlagen und Notfällen *(Hartmut Bauer)*	1003

Artikel 36	Personalstruktur der Bundesbehörden; Organisationsstruktur der Bundeswehr *(Hartmut Bauer)*	1029
Artikel 37	Bundeszwang *(Hartmut Bauer)*	1041

III. Der Bundestag

Artikel 38	Wahlrechtsgrundsätze; Abgeordnete *(Martin Morlok)*	1053
Artikel 39	Wahlperiode und Zusammentritt *(Martin Morlok)*	1135
Artikel 40	Bundestagspräsident; Geschäftsordnung *(Martin Morlok)*	1147
Artikel 41	Wahlprüfung und Mandatsprüfung *(Martin Morlok)*	1166
Artikel 42	Öffentlichkeit der Sitzungen; Mehrheitsprinzip *(Martin Morlok)*	1178
Artikel 43	Zitier-, Zutritts- und Rederecht *(Martin Morlok)*	1195
Artikel 44	Untersuchungsausschüsse *(Martin Morlok)*	1207
Artikel 45	Ausschuß für Angelegenheiten der Europäischen Union *(Ferdinand Wollenschläger)*	1241
Artikel 45a	Ausschuß für auswärtige Angelegenheiten; Verteidigungsausschuß *(Werner Heun)*	1255
Artikel 45b	Wehrbeauftragter *(Werner Heun)*	1262
Artikel 45c	Petitionsausschuß *(Hartmut Bauer)*	1272
Artikel 45d	Parlamentarisches Kontrollgremium *(Georg Hermes)*	1297
Artikel 46	Indemnität und Immunität *(Helmuth Schulze-Fielitz)*	1328
Artikel 47	Zeugnisverweigerungsrecht und Beschlagnahmeverbot *(Helmuth Schulze-Fielitz)*	1347
Artikel 48	Urlaubsanspruch; Behinderungsverbot; Entschädigungs- und Beförderungsanspruch *(Helmuth Schulze-Fielitz)*	1354
Artikel 49	*(aufgehoben)*	

IV. Der Bundesrat

Artikel 50	Aufgaben *(Hartmut Bauer)*	1372
Artikel 51	Mitgliedschaft; Stimmenzahl und Stimmabgabe *(Hartmut Bauer)*	1394
Artikel 52	Organisation und Verfahren *(Hartmut Bauer)*	1412
Artikel 53	Beteiligungsrechte und -pflichten der Bundesregierung *(Hartmut Bauer)*	1428

IVa. Gemeinsamer Ausschuß

Artikel 53a	Zusammensetzung; Verfahren *(Werner Heun)*	1438

V. Der Bundespräsident

Artikel 54	Wahl; Amtsdauer; Bundesversammlung *(Werner Heun)*	1447
Artikel 55	Inkompatibilitäten; Berufs- und Gewerbeverbot *(Werner Heun)*	1469
Artikel 56	Amtseid *(Werner Heun)*	1475
Artikel 57	Vertretung *(Werner Heun)*	1480
Artikel 58	Gegenzeichnung *(Werner Heun)*	1486
Artikel 59	Völkerrechtliche Vertretung und Verträge *(Werner Heun)*	1497
Artikel 59a	*(aufgehoben)*	
Artikel 60	Ernennungen; Begnadigung; Immunität *(Werner Heun)*	1528
Artikel 61	Anklage vor dem Bundesverfassungsgericht *(Werner Heun)*	1543

VI. Die Bundesregierung

Artikel 62	Zusammensetzung *(Georg Hermes)*	1551
Artikel 63	Wahl und Ernennung des Bundeskanzlers *(Georg Hermes)*	1570
Artikel 64	Ernennung und Entlassung der Bundesminister *(Georg Hermes)*	1593
Artikel 65	Verteilung der Verantwortung *(Georg Hermes)*	1611
Artikel 65a	Führung der Streitkräfte *(Werner Heun)*	1636
Artikel 66	Berufsverbot *(Georg Hermes)*	1646
Artikel 67	Mißtrauensvotum *(Georg Hermes)*	1657
Artikel 68	Vertrauensfrage *(Georg Hermes)*	1668
Artikel 69	Stellvertreter des Bundeskanzlers; Ende der Amtszeit; geschäftsführende Regierung *(Georg Hermes)*	1686

VII. Die Gesetzgebung des Bundes

Vorbemerkungen zu Artikel 70–74 *(Fabian Wittreck)*		1697
Artikel 70	Gesetzgebung des Bundes und der Länder *(Fabian Wittreck)*	1740
Artikel 71	Ausschließliche Gesetzgebung des Bundes *(Fabian Wittreck)*	1751
Artikel 72	Konkurrierende Gesetzgebung des Bundes *(Fabian Wittreck)*	1762
Artikel 73	Gegenstände der ausschließlichen Gesetzgebung des Bundes *(Fabian Wittreck)*	1802
Artikel 74	Gegenstände der konkurrierenden Gesetzgebung *(Fabian Wittreck)*	1843

Inhaltsverzeichnis

Artikel 74a	*(aufgehoben)*	
Artikel 75	*(aufgehoben)*	
Artikel 76	Gesetzesvorlagen *(Frauke Brosius-Gersdorf)*	1920
Artikel 77	Gesetzgebungsverfahren *(Frauke Brosius-Gersdorf)*	1955
Artikel 78	Zustandekommen der Bundesgesetze *(Frauke Brosius-Gersdorf)*	1981
Artikel 79 I	Textänderungsgebot *(Horst Dreier)*	1986
Artikel 79 II	Zweidrittelmehrheit *(Horst Dreier)*	2009
Artikel 79 III	Ewigkeitsgarantie *(Horst Dreier)*	2025
Artikel 80	Erlaß von Rechtsverordnungen *(Hartmut Bauer)*	2060
Artikel 80a	Spannungsfall *(Werner Heun)*	2109
Artikel 81	Gesetzgebungsnotstand *(Frauke Brosius-Gersdorf)*	2118
Artikel 82	Ausfertigung; Verkündung und Inkrafttreten von Bundesgesetzen und Rechtsverordnungen *(Hartmut Bauer)*	2128

Fundstellenkonkordanz ausgewählter Entscheidungen des Bundesverfassungsgerichts 2151

Schlagwortartige Bezeichnungen der Leitentscheidungen des Bundesverfassungsgerichts 2163

Sachregister 2176

Abkürzungsverzeichnis

a. A., aA.	andere(r) Ansicht
a. a. O., aaO.	am angegebenen Ort
Abg.	Abgeordnete(r)
ABGB	Allgemeines bürgerliches Gesetzbuch für die gesammten deutschen Erbländer der österreichischen Monarchie, 1811
AbgG	Gesetz über die Rechtsverhältnisse der Mitglieder des Deutschen Bundestages (Abgeordnetengesetz)
ABl., AblEU	Amtsblätter der Europäischen Gemeinschaften, der Europäischen Union
Abs.	Absatz
Achterberg, Parlamentsrecht	Norbert Achterberg, Parlamentsrecht, Tübingen 1984
Achterberg/Schulte, GG VI	Das Bonner Grundgesetz. Kommentar, begründet von Hermann von Mangoldt. Fortgeführt von Friedrich Klein. Bearbeitung der Art. 38–49 als Bd. VI der 3. Aufl. von Norbert Achterberg und Martin Schulte, München 1991
AcP	Archiv für die civilistische Praxis
AEG	Allgemeines Eisenbahngesetz
AEMR	Allgemeine Erklärung der Menschenrechte vom 10.12.1948
AEUV	Vertrag über die Arbeitsweise der Europäischen Union vom 9.5.2008
ÄndG	Änderungsgesetz
a. F., aF.	alte Fassung
AFG	Arbeitsförderungsgesetz
AfK	Archiv für Kommunalwissenschaften
AfP	Archiv für Presserecht (seit 1995: Zeitschrift für Medien- und Kommunikationsrecht)
AfrCh	Banjul Charta der Menschenrechte und Rechte der Völker
AG	Amtsgericht
AG	Aktiengesellschaft
AG	Die Aktiengesellschaft. Zeitschrift für das gesamte Aktienwesen, für deutsches, europäisches und internationales Unternehmens- und Kapitalmarktrecht
AGBG	Gesetz zur Regelung des Rechts der Allgemeinen Geschäftsbedingungen
AgrarR	Agrarrecht
AJIL	American Journal of International Law
Akad.-Ausgabe	Immanuel Kant, Gesammelte Schriften, 29 Bde., Berlin 1900–1983 (Akademie-Ausgabe)
AKG	Allgemeines Kriegsfolgengesetz
AK-GG	Erhard Denninger/Wolfgang Hoffmann-Riem/Hans-Peter Schneider/Ekkehart Stein (Hrsg.), Kommentar zum Grundgesetz für die Bundesrepublik Deutschland, 3. Aufl., 3 Bde., Neuwied u. a. 2001 ff.; Stand: 2. Ergänzungslieferung August 2002
AK-StPO	Hans Achenbach u. a., Kommentar zur Strafprozeßordnung, 3 Bde., Neuwied 1988–1996
allg.	allgemein
ALR	Allgemeines Landrecht für die Preußischen Staaten, 1794
Alt.	Alternative
AMRK	Amerikanische Menschenrechtskonvention
Anm.	Anmerkung
AnO	Anordnung
Anschütz, WRV	Gerhard Anschütz, Die Verfassung des Deutschen Reiches vom 11. August 1919, 14. Aufl., Berlin 1933, Nachdruck Bad Homburg von der Höhe 1960
AnwBl.	Anwaltsblatt
AO	Abgabenordnung

Abkürzungsverzeichnis

AöR	Archiv des öffentlichen Rechts
AP	Arbeitsgerichtliche Praxis. Nachschlagewerk des Bundesarbeitsgerichts: die Rechtsprechung des Bundesarbeitsgerichts und die arbeitsrechtlich bedeutsamen Entscheidungen anderer Gerichte mit erläuternden Anmerkungen
APF	Archiv für Post- und Fernmeldewesen (1949 bis 1991; ab 1992 APT)
APT	Archiv für Post und Telekommunikation (bis 1991 APF)
APuZ	Aus Politik und Zeitgeschichte. Beilage zur Wochenzeitschrift »Das Parlament«
ArbGG	Arbeitsgerichtsgesetz
ArbnErfG	Gesetz über Arbeitnehmererfindungen
ArbZG	Arbeitszeitgesetz
ARSP	Archiv für Rechts- und Sozialphilosophie (bis 1933: Archiv für Rechts- und Wirtschaftsphilosophie)
Art.	Artikel
AS	Amtliche Sammlung von Entscheidungen der Oberverwaltungsgerichte Rheinland-Pfalz und Saarland
ASG	Gesetz zur Sicherstellung von Arbeitsleistungen für Zwecke der Verteidigung einschließlich des Schutzes der Zivilbevölkerung (Arbeitssicherstellungsgesetz)
AStV	Ausschuß der Ständigen Vertreter
AsylbLG	Asylbewerberleistungsgesetz
AsylVfG	Asylverfahrensgesetz
AtG	Gesetz über die friedliche Verwendung der Kernenergie und den Schutz gegen ihre Gefahren (Atomgesetz)
AuA	Arbeit und Arbeitsrecht
AuA	Ausländer- und Asylrecht
AufenthG	Gesetz über den Aufenthalt, die Erwerbstätigkeit und die Integration von Ausländern im Bundesgebiet (Aufenthaltsgesetz)
Aufl.	Auflage
AuR	Arbeit und Recht
AuslG	Gesetz über die Einreise und den Aufenthalt von Ausländern im Bundesgebiet (Ausländergesetz)
AVR	Archiv des Völkerrechts
AW-Prax	Außenwirtschaftliche Praxis
AWD	Außenwirtschaftsdienst des Betriebs-Beraters (seit 1974: RIW)
AWG	Außenwirtschaftsgesetz
AWV	Verordnung zur Durchführung des Außenwirtschaftsgesetzes (Außenwirtschaftsverordnung)
Az.	Aktenzeichen
Bad.	Baden, badisch
Bad.-Württ., BW	Baden-Württemberg, baden-württembergisch
Badura, Staatsrecht	Peter Badura, Staatsrecht. Systematische Erläuterung des Grundgesetzes für die Bundesrepublik Deutschland, 6. Aufl., München 2015
BAFl.	Bundesamt für die Anerkennung ausländischer Flüchtlinge
BAföG	Bundesgesetz über individuelle Förderung der Ausbildung (Bundesausbildungsförderungsgesetz)
BAG	Bundesarbeitsgericht
BAGE	Entscheidungen des Bundesarbeitsgerichts
BAMF	Bundesamt für Migration und Flüchtlinge
BAnz.	Bundesanzeiger
BAPostG	Gesetz über die Errichtung einer Bundesanstalt für Post und Telekommunikation Deutsche Bundespost (Bundesanstalt Post-Gesetz)
BArbBl.	Bundesarbeitsblatt
Battis/Gusy, Staatsrecht	Ulrich Battis/Christoph Gusy, Einführung in das Staatsrecht, 5. Aufl., Berlin u. a. 2011
BauGB	Baugesetzbuch

Abkürzungsverzeichnis

Bay.	Bayern, bayerisch
BayAGGVG	Bayerisches Ausführungsgesetz zum Gerichtsverfassungsgesetz
BayBG	Bayerisches Beamtengesetz
BayDStH	Bayerischer Dienststrafhof
BayGLKrWG	Bayerisches Gesetz über die Wahl der Gemeinderäte, der Bürgermeister, der Kreistage und der Landräte (Gemeinde- und Landkreiswahlgesetz)
BayGVBl.	Bayerisches Gesetz- und Verordnungsblatt
BayKJHG	Bayerisches Kinder- und Jugendhilfegesetz
BayKommZG	Bayerisches Gesetz über die kommunale Zusammenarbeit
BayLT-GO	Geschäftsordnung des Bayerischen Landtages
BayObLG	Bayerisches Oberstes Landesgericht
BayObLGZ	Entscheidungen des Bayerischen Obersten Landesgerichts in Zivilsachen
BayRS	Bayerische Rechtssammlung
BayStGH	Bayerischer Staatsgerichtshof
BayVBl.	Bayerische Verwaltungsblätter. Zeitschrift für öffentliches Recht und öffentliche Verwaltung
BayVerfGH	Bayerischer Verfassungsgerichtshof
BayVerfGHE	Entscheidungen des Bayerischen Verfassungsgerichtshofs
BayVGH	Bayerischer Verwaltungsgerichtshof
BayVGHE	Entscheidungen des Bayerischen Verwaltungsgerichtshofs
BB	Betriebs-Berater
BBankG	Gesetz über die Deutsche Bundesbank
BBergG	Bundesberggesetz
BBG	Bundesbeamtengesetz
BbgVerfG	Verfassungsgericht des Landes Brandenburg
BBodSchG	Gesetz zum Schutz vor schädlichen Bodenveränderungen und zur Sanierung von Altlasten (Bundes-Bodenschutzgesetz)
Bd.	Band
Bd. I^1, II^1, III^1	Horst Dreier (Hrsg.), Grundgesetz-Kommentar, Bd. 1, Tübingen 1996; Bd. 2, Tübingen 1998; Bd. 3, Tübingen 2000
Bd. I^2, II^2, III^2	Horst Dreier (Hrsg.), Grundgesetz-Kommentar, 2. Aufl., Bd. 1, Tübingen 2004; Bd. 2, Tübingen 2006; Bd. 3, Tübingen 2008
Bde.	Bände
BDGV	Berichte der Deutschen Gesellschaft für Völkerrecht
BDG	Bundesdisziplinargesetz
BDH	Bundesdisziplinarhof
BDHE	Entscheidungen des Bundesdisziplinarhofs
BeamtStG	Beamtenstatusgesetz
BeckRS	Beck online Rechtsprechung
BefBezG	Gesetz über befriedete Bezirke für Verfassungsorgane des Bundes
Benda/Klein, Verfassungsprozeßrecht	Ernst Benda/Eckart Klein, Verfassungsprozeßrecht. Ein Lehr- und Handbuch, 2. Aufl., Heidelberg 2001
Benda/Klein/Klein, Verfassungsprozeßrecht	Ernst Benda/Eckart Klein/Oliver Klein, Verfassungsprozessrecht. Ein Lehr- und Handbuch, 3. Aufl., Heidelberg 2012
BefrG	Gesetz zur Befreiung von Nationalsozialismus und Militarismus
Bem.	Bemerkung
BerichtHCh	Bericht über den Verfassungskonvent auf Herrenchiemsee vom 10. bis 23.8.1948. Herausgegeben vom Verfassungsausschuß der Ministerpräsidenten-Konferenz der westlichen Besatzungszonen, o.J. (1948) – auch abgedruckt in: Parl. Rat II, S. 504 ff.
Berka, Grundrechte	Walter Berka, Die Grundrechte. Grundfreiheiten und Menschenrechte in Österreich, Wien-New York 1999
Berl.	Berlin, Berliner
Beschl.	Beschluß
BetrVG	Betriebsverfassungsgesetz
BfD	Bundesbeauftragter für den Datenschutz
BFH	Bundesfinanzhof
BFHE	Entscheidungen (bis 1963: und Gutachten) des Bundesfinanzhofs

Abkürzungsverzeichnis

BFH-NV	Sammlung amtlich nicht veröffentlichter Entscheidungen des Bundesfinanzhofs
BGB	Bürgerliches Gesetzbuch
BGBl.	Bundesgesetzblatt
BGE	Entscheidungen des Schweizerischen Bundesgerichts
BGG	Gesetz zur Gleichstellung behinderter Menschen (Behindertengleichstellungsgesetz)
BGH	Bundesgerichtshof
BGHSt	Entscheidungen des Bundesgerichtshofs in Strafsachen
BGHZ	Entscheidungen des Bundesgerichtshofs in Zivilsachen
BGSG	Gesetz über den Bundesgrenzschutz (Bundesgrenzschutzgesetz)
BGS NeuRG	Gesetz über die Neuregelung des Bundesgrenzschutzes
BHO	Bundeshaushaltsordnung
Bieber/Epiney/Haag, Europäische Union	Roland Bieber/Astrid Epiney/Marcel Haag, Die Europäische Union. Europarecht und Politik, 11. Aufl., Baden-Baden 2015
BImSchG	Gesetz zum Schutz vor schädlichen Umwelteinwirkungen durch Luftverunreinigungen, Geräusche, Erschütterungen und ähnliche Vorgänge (Bundes-Immissionsschutzgesetz)
BIP	Bruttoinlandsprodukt
BK	Wolfgang Kahl/Christian Waldhoff/Christian Walter (Hrsg.), Bonner Kommentar zum Grundgesetz, 21 Bde., Hamburg 1950–1988, Heidelberg 1989 ff.; Stand: 173. Lieferung Juli 2015
BKartA	Bundeskartellamt
BKK	Die Betriebskrankenkasse
Blaustein/Flanz, Constitutions	Albert P. Blaustein/Gisbert H. Flanz (Hrsg.), Constitutions of the countries of the world, 20 Bde., New York 1971 ff.
Bleckmann, Europarecht	Albert Bleckmann, Europarecht. Das Recht der Europäischen Union und der Europäischen Gemeinschaften, bearbeitet von Martin Coen, Rolf Eckhoff, Hanns Eiden u. a., 6. Aufl., Köln u. a. 1997
BLG	Bundesleistungsgesetz
BMBF	Bundesminister für Bildung und Forschung
BMF	Bundesminister der Finanzen
BMI	Bundesminister des Innern
BMJ	Bundesministerium der Justiz
BMinG	Gesetz über die Rechtsverhältnisse der Mitglieder der Bundesregierung (Bundesministergesetz)
BMPT	Bundesminister für Post und Telekommunikation
BNatSchG	Gesetz über Naturschutz und Landschaftspflege (Bundesnaturschutzgesetz)
BND	Bundesnachrichtendienst
BNDG	Gesetz über den Bundesnachrichtendienst
Boch. Komm.	Bochumer Kommentar zum Sozialgesetzbuch, Allgemeiner Teil, herausgegeben von Wilhelm Wertenbruch, Berlin 1979
v. Bogdandy/Bast, Verfassungsrecht	Armin von Bogdandy/Jürgen Bast (Hrsg.), Europäisches Verfassungsrecht. Theoretische und dogmatische Grundzüge, 2. Aufl., Berlin-Heidelberg 2009
BR	Bundesrat
Brandenb.	Brandenburg, brandenburgisch
Brem.	Bremen, bremisch
BremLMG	Bremisches Landesmediengesetz
BremStGH	Bremischer Staatsgerichtshof
BR-Drs.	Bundesratsdrucksache
BRH	Bundesrechnungshof
Brinkmann, GG	Karl Brinkmann (Hrsg.), Grundrechts-Kommentar zum Grundgesetz für die Bundesrepublik Deutschland vom 23. Mai 1949, Bonn 1967 ff., Stand: 2. Ergänzungslieferung April 1969
BRRG	Rahmengesetz zur Vereinheitlichung des Beamtenrechts (Beamtenrechtsrahmengesetz)

BSchO	Bundesschuldenordnung
BSeuchenG	Gesetz zur Verhütung und Bekämpfung übertragbarer Seuchen beim Menschen (Bundes-Seuchengesetz)
BSHG	Bundessozialhilfegesetz
BSG	Bundessozialgericht
BSGE	Entscheidungen des Bundessozialgerichts
BT	Bundestag
BT-Drs.	Bundestagsdrucksache
BtMG	Gesetz über den Verkehr mit Betäubungsmitteln (Betäubungsmittelgesetz)
BT-PlenProt.	Plenarprotokoll des Bundestages
BtPrax	Betreuungsrechtliche Praxis
Buchholz	Karl Buchholz (Hrsg.), Sammel- und Nachschlagewerk der Rechtsprechung des Bundesverwaltungsgerichts, Köln u. a. 1966 ff.
Bulletin	Bulletin des Presse- und Informationsamtes der Bundesregierung
BulletinEG	Bulletin der Europäischen Gemeinschaften (seit 1994: Bulletin der Europäischen Union)
Bumke/Voßkuhle, Verfassungsrecht	Christian Bumke/Andreas Voßkuhle, Casebook Verfassungsrecht, 6. Aufl., Tübingen 2013
BV	Bundesverfassung der Schweizerischen Eidgenossenschaft
BVerfG	Bundesverfassungsgericht
BVerfGE	Entscheidungen des Bundesverfassungsgerichts
BVerfGG	Gesetz über das Bundesverfassungsgericht (Bundesverfassungsgerichtsgesetz)
BVerfG (K)	Kammerentscheidung des Bundesverfassungsgerichts
BVerfGK	Verein der Richter am Bundesverfassungsgericht e.V. (Hrsg.), BVerfGK – Kammerentscheidungen des Bundesverfassungsgerichts. Eine Auswahl, bislang 20 Bde., Heidelberg 2004 ff.
BVerfSchG	Bundesverfassungsschutzgesetz
BVerwG	Bundesverwaltungsgericht
BVerwGE	Entscheidungen des Bundesverwaltungsgerichts
BVFG	Gesetz über die Angelegenheiten der Vertriebenen und Flüchtlinge (Bundesvertriebenengesetz)
B-VG	Bundesverfassungsgesetz (auch: Österr. Verf.)
B-VG-UU	Bundesverfassungsgesetz über den umfassenden Umweltschutz
BWahlG	Bundeswahlgesetz
BWahlO	Bundeswahlordnung
BWGZ	Baden-Württembergische Gemeindezeitung
BYIL	The British Yearbook of International Law
Calliess/Ruffert, EUV/EGV	Christian Calliess/Matthias Ruffert (Hrsg.), EUV/EGV. Das Verfassungsrecht der Europäischen Union mit Europäischer Grundrechtecharta. Kommentar, 3. Aufl., München 2007
Calliess/Ruffert, EUV/AEUV	Christian Calliess/Matthias Ruffert (Hrsg.), EUV/AEUV. Das Verfassungsrecht der Europäischen Union mit Europäischer Grundrechtecharta. Kommentar, 4. Aufl., München 2011.
v. Campenhausen, GG XIV	Das Bonner Grundgesetz. Kommentar, begründet von Hermann von Mangoldt. Fortgeführt von Friedrich Klein. Bearbeitung der Art. 136–146 als Bd. XIV der 3. Aufl. von Axel Freiherr von Campenhausen, München 1991
CDU	Christlich Demokratische Union Deutschlands
ChGrEU	Charta der Grundrechte der Europäischen Union vom 7. Dezember 2000 in der am 12. Dezember 2007 in Straßburg angepaßten Fassung
CIC	Codex Iuris Canonici, 1983
CMLRev.	Common Market Law Review
COCOM	Coordinating Committee for Multilateral Export Controls
ColJEL	Columbia Journal of European Law

Abkürzungsverzeichnis

COSAC	Conférence des organes spécialisés dans les affaires communautaires et européennes des parlements de l'Union européenne
CR	Computer und Recht
CSU	Christlich-Soziale Union in Bayern
DAAD	Deutscher Akademischer Austauschdienst
DAJV	Deutsch-amerikanische Juristenvereinigung
DAR	Deutsches Autorecht
DB	Der Betrieb
DDB	Der Deutsche Beamte
DDP	Deutsche Demokratische Partei
DDR	Deutsche Demokratische Republik
DDR-Verf.	Verfassung der DDR
Degenhart, Staatsrecht I	Christoph Degenhart, Staatsrecht I. Staatsorganisationsrecht, 30. Aufl., Heidelberg 2014
Denninger, Staatsrecht 1	Erhard Denninger, Staatsrecht. Einführung in die Grundprobleme des Verfassungsrechts der Bundesrepublik Deutschland, Bd. 1: Die Leitbilder: Leerformeln? Lügen? Legitimation?, Reinbek 1973
Denninger, Staatsrecht 2	Erhard Denninger, Staatsrecht. Einführung in die Grundprobleme des Verfassungsrechts der Bundesrepublik Deutschland, Bd. 2: Funktionen und Institutionen, Reinbek 1979
Dig.	Digesten
Diss.	Dissertation
DJT	Deutscher Juristentag
DJZ	Deutsche Juristenzeitung
DNP	Hubert Cancik/Manfred Landfester/Brigitte Egger (Hrsg.), Der Neue Pauly, 16 Bde., Stuttgart 1996–2003
DNP-Suppl.	Hubert Cancik/Manfred Landfester/Helmuth Schneider (Hrsg.), Der Neue Pauly – Supplemente, bislang 9 Bde., Stuttgart 2004 ff.
DöD	Der öffentliche Dienst
Doehring, Staatsrecht	Karl Doehring, Das Staatsrecht der Bundesrepublik Deutschland unter besonderer Berücksichtigung der Rechtsvergleichung und des Völkerrechts. Ein Lehrbuch, 3. Aufl., Frankfurt/Main 1984
DÖV	Die Öffentliche Verwaltung. Zeitschrift für öffentliches Recht und Verwaltungswissenschaft
DP	Deutsche Partei
DR	Decisions and Reports. Amtliche Sammlung der Europäischen Kommission für Menschenrechte
Drews/Wacke/Vogel/ Martens, Gefahrenabwehr	Bill Drews/Gerhard Wacke, Gefahrenabwehr. Allgemeines Polizeirecht (Ordnungsrecht) des Bundes und der Länder, fortgeführt von Klaus Vogel und Wolfgang Martens, 9. Aufl., Köln u. a. 1986
DRiG	Deutsches Richtergesetz
Drittb.	Drittbearbeitung
DRiZ	Deutsche Richterzeitung
Drs.	Drucksache
DRV	Deutsche Rentenversicherung
DRZ	Deutsche Rechtszeitschrift
DSB	Datenschutz-Berater
DStZ	Deutsche Steuer-Zeitung
Dt. VerwGesch	Deutsche Verwaltungsgeschichte, herausgegeben von Kurt G.A. Jeserich, Hans Pohl, Georg-Christoph von Unruh, 6 Bde., Stuttgart 1983 ff. (Bd. I: 1983; Bd. II: 1983; Bd. III: 1984; Bd. IV: 1985; Bd. V: 1987; Bd. VI: 1988)
DtZ	Deutsch-Deutsche Rechtszeitschrift (seit 1998 vereint mit VIZ)
Dubliner Übereinkommen	Übereinkommen über die Bestimmung des zuständigen Staates für die Prüfung eines in einem Mitgliedstaat der Europäischen Gemeinschaften gestellten Asylantrags vom 15.6.1990, BGBl. 1994 II S. 792
DuD	Datenschutz und Datensicherung

Abkürzungsverzeichnis

DuR	Demokratie und Recht
DUZ	Deutsche Universitätszeitung
DVBl.	Deutsches Verwaltungsblatt
DVP	Deutsche Verwaltungspraxis
DVP	Deutsche Volkspartei
DVR	Datenverarbeitung und Recht
DWA	Beschluß und Akt zur Einführung allgemeiner unmittelbarer Wahlen der Abgeordneten des Europäischen Parlamentes (Direktwahlakt)
DZWiR	Deutsche Zeitschrift für Wirtschaftsrecht
E	Entscheidung
EA	Europa-Archiv (seit 1995: Internationale Politik)
EAG	Europäische Atomgemeinschaft
EAGV	Vertrag zur Gründung der Europäischen Atomgemeinschaft vom 25.3.1957, BGBl. 1957 II S. 1014
ebd.	ebenda
ECLR	European Constitutional Law Review
ECV	Internationales Übereinkommen über Zusammenarbeit zur Sicherung der Luftfahrt »EUROCONTROL« (Eurocontrol-Vertrag)
ed.	edition, editor
EEA	Einheitliche Europäische Akte vom 17.2.1986, BGBl. 1986 II S. 1102
EEAG	Gesetz zur Ratifikation der Einheitlichen Europäischen Akte
EFG	Entscheidungen der Finanzgerichte
EFTA	European Free Trade Association
EG	Europäische Gemeinschaft(en)
EGBGB	Einführungsgesetz zum Bürgerlichen Gesetzbuche
EGKS	Europäische Gemeinschaft für Kohle und Stahl
EGKSV	Vertrag zur Gründung der Europäischen Gemeinschaft für Kohle und Stahl vom 18.4.1951, BGBl. 1952 II S. 447
EGMR	Europäischer Gerichtshof für Menschenrechte
EGV	Vertrag zur Gründung der Europäischen Gemeinschaft vom 25.3.1957, BGBl. 1957 II S. 766
Ehlers, Europäische Grundrechte	Dirk Ehlers (Hrsg.), Europäische Grundrechte und Grundfreiheiten, 4. Aufl., Berlin 2015
Ehlers/Fehling/Pünder, Bes. Verwaltungsrecht I–III	Dirk Ehlers/Michael Fehling/Hermann Pünder (Hrsg.), Besonderes Verwaltungsrecht, 3 Bde., 3. Aufl., Heidelberg u. a. (Bd. I: Öffentliches Wirtschaftsrecht, 2012; Bd. II: Planungs-, Bau- und Straßenrecht, Umweltrecht, Gesundheitsrecht, Medien- und Informationsrecht, 2013; Bd. III: Kommunalrecht, Haushalts- und Abgabenrecht, Ordnungsrecht, Sozialrecht, Bildungsrecht, Recht des öffentlichen Dienstes, 2013)
EHRLR	European Human Rights Law Review
Einl.	Einleitung
EJIL	European Journal of International Law
EJML	European Journal of Migration and Law
EKC	Europäische Charta der Kommunalen Selbstverwaltung vom 15.10.1985, BGBl. 1987 II S. 66
EKD	Evangelische Kirche in Deutschland
EKMR	Europäische Kommission für Menschenrechte
EKVF	Europäisches Übereinkommen zur Verhütung von Folter und unmenschlicher oder erniedrigender Behandlung oder Strafe vom 26.11.1987, BGBl. 1989 II S. 946
ELJ	European Law Journal
ELR	The Edinburgh Law Review
ELRev.	European Law Review
EMRK	Konvention zum Schutz der Menschenrechte und der Grundfreiheiten vom 4.11.1950, BGBl. 1952 II S. 685, in Deutschland in Kraft seit dem 3.9.1953 (BGBl. 1954 II S. 14)
ENeuOG	Gesetz zur Neuordnung des Eisenbahnwesens

EnWG	Gesetz zur Förderung der Energiewirtschaft (Energiewirtschaftsgesetz)
EP	Europäisches Parlament
EPIL	Encyclopedia of Public International Law, herausgegeben von Rudolf Bernhardt, 12 Bde., Amsterdam u. a. 1981 ff.; konsolidierte Fassung ebd. 1992 ff. (Bd. I: 1992; Bd. II: 1995; Bd. III: 1997; Bd. IV: 2000; Bd. V: 2003)
Epping, Grundrechte	Volker Epping, Grundrechte. In Zusammenarbeit mit Sebastian Lenz und Philipp Leydecker, 6. Aufl., Berlin-Heidelberg 2014
Epping/Hillgruber, GG	Volker Epping/Christian Hillgruber (Hrsg.), Grundgesetz. Kommentar, 2. Aufl., München 2013
ErbStG	Erbschaftsteuergesetz
Erichsen, Staatsrecht	Hans-Uwe Erichsen, Staatsrecht und Verfassungsgerichtsbarkeit, 2 Bde., München, Bd. I: 3. Aufl. 1982; Bd. II: 2. Aufl. 1979
Erichsen/Ehlers, Allgemeines Verwaltungsrecht	Hans-Uwe Erichsen/Dirk Ehlers (Hrsg.), Allgemeines Verwaltungsrecht, 14. Aufl., Berlin-New York 2010
ERP-VerwG	Gesetz über die Verwaltung des European Recovery Programm-Sondervermögens
Erstb.	Erstbearbeitung
ESC	Europäische Sozialcharta
ESchG	Gesetz zum Schutz von Embryonen (Embryonenschutzgesetz)
Essener Gespräche	Essener Gespräche zum Thema Staat und Kirche, herausgegeben von Joseph Krautscheidt, bislang 48 Bde., Münster 1969 ff.
EStG	Einkommensteuergesetz
ESVGH	Entscheidungssammlung des Hessischen Verwaltungsgerichtshofs und des Verwaltungsgerichtshofs Baden-Württemberg mit Entscheidungen der Staatsgerichtshöfe beider Länder
ESZB	Europäisches System der Zentralbanken
ETS	European Treaty Series
EU	Europäische Union
EuAlÜbK	Europäisches Auslieferungsübereinkommen vom 13.9.1957
EuG	Gericht erster Instanz der Europäischen Gemeinschaften
EuGH	Gerichtshof der Europäischen Gemeinschaften
EuGHE	Entscheidungen des Gerichtshofs der Europäischen Gemeinschaften
EuGRZ	Europäische Grundrechte-Zeitschrift
EuR	Europarecht
Euratom	Europäische Atomgemeinschaft
EuroAS	Informationsdienst Europäisches Arbeits- und Sozialrecht
EUV	Vertrag über die Europäische Union (Maastricht-Vertrag) vom 7.2.1992, BGBl. II S. 1253
EuWG	Gesetz über die Wahl der Abgeordneten des Europäischen Parlaments aus der Bundesrepublik Deutschland
EUZBBG	Gesetz über die Zusammenarbeit von Bundesregierung und Deutschem Bundestag in Angelegenheiten der Europäischen Union
EUZBLG	Gesetz über die Zusammenarbeit von Bund und Ländern in Angelegenheiten der Europäischen Union
EuZW	Europäische Zeitschrift für Wirtschaftsrecht
e.V.	eingetragener Verein
EV	Einigungsvertrag zwischen der Bundesrepublik Deutschland und der Deutschen Demokratischen Republik vom 31.8.1990, BGBl. 1990 II S. 889
EvStL²	Evangelisches Staatslexikon, herausgegeben von Hermann Kunst, Roman Herzog und Wilhelm Schneemelcher, 2. Aufl., Stuttgart-Berlin 1975
EvStL³	Evangelisches Staatslexikon, begründet von Hermann Kunst und Siegfried Grundmann, herausgegeben von Roman Herzog, Hermann Kunst, Klaus Schlaich, Wilhelm Schneemelcher, 2 Bde., 3. Aufl., Stuttgart 1987
EvStL⁴	Evangelisches Staatslexikon, herausgegeben von Werner Heun, Martin Honecker, Martin Morlok, Joachim Wieland, Neuausgabe, Stuttgart 2006

Abkürzungsverzeichnis

EWG	Europäische Wirtschaftsgemeinschaft
EWGV	Vertrag zur Gründung der Europäischen Wirtschaftsgemeinschaft vom 25.3.1957, BGBl. 1957 II S. 766
EWiR	Entscheidungen zum Wirtschaftsrecht. Kurzkommentare
EWS	Europäisches Währungssystem
EZAR	Entscheidungssammlung zum Ausländer- und Asylrecht
EZB	Europäische Zentralbank
f.	folgend(e)
FAG	Finanzausgleichsgesetz
FAG	Gesetz über Fernmeldeanlagen (Fernmeldeanlagengesetz)
FamFG	Gesetz über das Verfahren in Familiensachen und in den Angelegenheiten der freiwilligen Gerichtsbarkeit
FamRZ	Zeitschrift für das gesamte Familienrecht
Fangmann/Blank/Hammer, GG	Helmut Fangmann/Michael Blank/Ulrich Hammer, Grundgesetz. Basiskommentar mit der aktuellen Verfassungsreform, 2. Aufl., Köln 1996
FAO	Food and Agriculture Organization of the United Nations
FAS	Frankfurter Allgemeine Sonntagszeitung
FAZ	Frankfurter Allgemeine Zeitung
FCE	Forum Constitutionis Europae
FDP	Freie Demokratische Partei
Festgabe BVerfG	Bundesverfassungsgericht und Grundgesetz. Festgabe aus Anlaß des 25jährigen Bestehens des Bundesverfassungsgerichts, herausgegeben von Christian Starck, 2 Bde., Tübingen 1976
FEVG	Gesetz über das gerichtliche Verfahren bei Freiheitsentziehungen
ff.	folgende
FG	Festgabe
FG	Finanzgericht
FGG	Gesetz über die Angelegenheiten der freiwilligen Gerichtsbarkeit
F.I.D.E.	Fédération Internationale pour le Droit Européen
FinArch.	Finanzarchiv
FKPG	Gesetz zur Umsetzung des Föderalen Konsolidierungsprogramms
FlRG	Gesetz über das Flaggenrecht der Seeschiffe und die Flaggenführung der Binnenschiffe (Flaggenrechtsgesetz)
Fn.	Fußnote
FPÖ	Freiheitliche Partei Österreichs
FPR	Familie, Partnerschaft, Recht. Interdisziplinäres Fachjournal für die Praxis
FR	Finanz-Rundschau. Deutsches Steuerblatt
FR	Frankfurter Rundschau
Frenz, Europarecht I–VI	Walter Frenz, Handbuch Europarecht, Bde. I–VI, Berlin u.a. 2004ff.
FRG	Fremdrentengesetz
Friauf/Höfling, GG	Karl Heinrich Friauf/Wolfram Höfling (Hrsg.), Berliner Kommentar zum Grundgesetz, 4 Bde., Berlin 2000ff.; Stand: 47. Ergänzungslieferung September 2015
Frowein/Peukert, EMRK	Jochen Abr. Frowein/Wolfgang Peukert, Europäische Menschenrechtskonvention. EMRK-Kommentar, 3. Aufl., Kehl u.a. 2009 [der jeweilige Verfasser der Kommentierung ist kursiv gesetzt]
FS	Festschrift
FS 50 Jahre BVerfG	Peter Badura/Horst Dreier (Hrsg.), Festschrift 50 Jahre Bundesverfassungsgericht, 2 Bde., Tübingen 2001
FÜV	Verordnung über die technische Umsetzung von Überwachungsmaßnahmen des Fernmeldeverkehrs in Fernmeldeanlagen, die für den öffentlichen Verkehr bestimmt sind (Fernmeldeverkehr-Überwachungs-Verordnung)
FuL	Forschung und Lehre
FuR	Familie und Recht
FuR	Film und Recht

Abkürzungsverzeichnis

FZR	Freiburger Zeitschrift für Rechtsprechung
fzs	freier Zusammenschluss von StudentInnenschaften [sic]
G 10	Gesetz zur Beschränkung des Brief-, Post- und Fernmeldegeheimnisses (Gesetz zu Art. 10 Grundgesetz)
G 131	Gesetz zur Regelung der Rechtsverhältnisse der unter Art. 131 des Grundgesetzes fallenden Personen
GA	Generalanwalt
GA	Goltdammer's Archiv für Strafrecht
Gallwas, Grundrechte	Hans-Ullrich Gallwas, Grundrechte, 2. Aufl., Neuwied u. a. 1995
GAOR	General Assembly Official Records (Dokumente der Generalversammlung der Vereinten Nationen)
GASP	Gemeinsame Außen- und Sicherheitspolitik
GATT	General Agreement on Tariffs and Trade (Allgemeines Zoll- und Handelsabkommen)
GBl.	Gesetzblatt, Gesetzblätter
GC	General Comment
GedS	Gedächtnisschrift
GemA	Gemeinsamer Ausschuß
GemO	Gemeindeordnung
GenTG	Gesetz zur Regelung der Gentechnik (Gentechnikgesetz)
Geschichtliche Grundbegriffe	Geschichtliche Grundbegriffe. Historisches Lexikon zur politisch-sozialen Sprache in Deutschland, herausgegeben von Otto Brunner, Werner Conze und Reinhart Koselleck, 8 Bde., Stuttgart 1974–1997
GewArch.	Gewerbearchiv
GewO	Gewerbeordnung
GFK	Abkommen über die Rechtsstellung der Flüchtlinge vom 28.7.1951 (Genfer Flüchtlingskonvention), BGBl. 1953 II S. 560
GG	Grundgesetz für die Bundesrepublik Deutschland vom 23.5.1949
GGO	Gemeinsame Geschäftsordnung der Bundesministerien
Giese, WRV	Friedrich Giese, Verfassung des Deutschen Reiches vom 11. August 1919, 8. Aufl., Berlin 1931
Giese/Schunck, GG	Grundgesetz für die Bundesrepublik Deutschland vom 23.5.1949, Kommentar. Erläutert von Friedrich Giese, neu bearbeitet von Egon Schunck, 9. Aufl., Frankfurt/Main 1976
GjS	Gesetz über die Verbreitung jugendgefährdender Schriften
GLJ	German Law Journal
GmbH	Gesellschaft mit beschränkter Haftung
GMBl.	Gemeinsames Ministerialblatt
GmS-OGB	Gemeinsamer Senat der obersten Gerichte des Bundes
GO	Geschäftsordnung
GOBR	Geschäftsordnung des Bundesrates
GOBReg	Geschäftsordnung der Bundesregierung
GOBT	Geschäftsordnung des Bundestages
GOEP	Geschäftsordnung des Europäischen Parlaments
GOGemA	Geschäftsordnung des Gemeinsamen Ausschusses
GOVermA	Geschäftsordnung des Vermittlungsausschusses
Grabenwarter/Pabel, EMRK	Christoph Grabenwarter/Katharina Pabel, Europäische Menschenrechtskonvention, 5. Aufl., München-Wien 2012
Grabitz/Hilf, EUV/EGV	Meinhard Hilf (Hrsg.), Das Recht der Europäischen Union: Vertrag über die Europäische Union, Vertrag zur Gründung der Europäischen Gemeinschaft. Begründet von Eberhard Grabitz, 4 Bde., München 1983 ff.; Stand: 40. Lieferung Oktober 2009
Grabitz/Hilf/Nettesheim, EUV/AEUV	Martin Nettesheim (Hrsg.), Das Recht der Europäischen Union: Vertrag über die Europäische Union, Vertrag über die Arbeitsweise der Europäischen Union. Begründet von Eberhard Grabitz, fortgeführt von Meinhard Hilf, 3 Bde., München 2010 ff.; Stand: 56. Ergänzungslieferung April 2015

GRC, GRCh	Charta der Grundrechte der Europäischen Union vom 7. Dezember 2000 in der am 12. Dezember 2007 in Straßburg angepaßten Fassung
Groeben/Thiesing/Ehlermann, EWGV	Hans von der Groeben/Jochen Thiesing/Claus-Dieter Ehlermann (Hrsg.), Kommentar zum EWG-Vertrag, 4 Bde., 4. Aufl., Baden-Baden 1991
Groeben/Thiesing/Ehlermann, EUV/EGV	Hans von der Groeben/Jochen Thiesing/Claus-Dieter Ehlermann (Hrsg.), Kommentar zum EU-/EG-Vertrag, 5 Bde., 5. Aufl., Baden- Baden 1997–99
Groeben/Schwarze, EUV/EGV	Hans von der Groeben/Jürgen Schwarze (Hrsg.), Vertrag über die Europäische Union und Vertrag zur Gründung der Europäischen Gemeinschaft, 4 Bde., 6. Aufl., Baden-Baden 2003–04
Groeben/Schwarze/Hatje, EUV/AEUV/GRC	Hans von der Groeben/Jürgen Schwarze/Armin Hatje (Hrsg.), Europäisches Unionsrecht. Kommentar, 4 Bde., 7. Aufl., Baden-Baden 2015
Grote/Marauhn, EMRK/GG[1]	Rainer Grote/Thilo Marauhn (Hrsg.), EMRK/GG. Konkordanzkommentar zum europäischen und deutschen Grundrechtsschutz (Gesamtredaktion: Konstantin Meljnik), Tübingen 2006
Dörr/Grote/Marauhn, EMRK/GG[2]	Oliver Dörr/Rainer Grote/Thilo Marauhn (Hrsg.), EMRK/GG. Konkordanzkommentar zum europäischen und deutschen Grundrechtsschutz (Gesamtredaktion: Stephanie Rupprecht und Judith Thorn), 2 Bde., 2. Aufl., Tübingen 2013
GrStG	Grundsteuergesetz
Die Grundrechte	Karl August Bettermann/Franz L. Neumann/Hans Carl Nipperdey/Ulrich Scheuner (Hrsg.), Die Grundrechte. Handbuch der Theorie und Praxis der Grundrechte, 7 Bde., Berlin 1958 ff. (Bd. I/1: 1966; Bd. I/2: 1967; Bd. II: 1954; Bd. III/1: 1958; Bd. III/2: 1959; Bd. IV/1: 1960; Bd. IV/2: 1962)
GRUR	Gewerblicher Rechtsschutz und Urheberrecht
GS	Gesetzes-Sammlung für die königlich preußischen Staaten
GüKG	Güterkraftverkehrsgesetz
GuG	Geschichte und Gesellschaft. Zeitschrift für historische Sozialwissenschaft
Gusy, Reichsverfassung	Christoph Gusy, Die Weimarer Reichsverfassung, Tübingen 1997
GVBl.	Gesetz- und Verordnungsblatt
GVK	Gemeinsame Verfassungskommission
GVwR[1]	Grundlagen des Verwaltungsrechts, herausgegeben von Wolfgang Hoffmann-Riem/Eberhard Schmidt-Aßmann/Andreas Voßkuhle, München 2006 ff. (Bd. I: Methoden – Maßstäbe – Aufgaben – Organisation, 2006; Bd. II: Informationsordnung – Verwaltungsverfahren – Handlungsformen, 2008; Bd. III: Personal – Finanzen – Kontrolle – Sanktionen – Staatliche Einstandspflichten, 2009)
GVwR[2]	Grundlagen des Verwaltungsrechts, herausgegeben von Wolfgang Hoffmann-Riem/Eberhard Schmidt-Aßmann/Andreas Voßkuhle, 2. Aufl., München 2012, 2013 (Bd. I: Methoden – Maßstäbe – Aufgaben – Organisation, 2012; Bd. II: Informationsordnung – Verwaltungsverfahren – Handlungsformen, 2012; Bd. III: Personal – Finanzen – Kontrolle – Sanktionen – Staatliche Einstandspflichten, 2013)
GWB	Gesetz gegen Wettbewerbsbeschränkungen
GWU	Geschichte in Wissenschaft und Unterricht
GYIL	German Yearbook of International Law
Hailbronner, EUV	Kay Hailbronner u. a. (Hrsg.), Handkommentar zum Vertrag über die Europäische Union: EUV, EGV, 2 Bde., Köln-München 1991 ff.; Stand: 8. Ergänzungslieferung 2000
Hailbronner/Wilms, EU	Kay Hailbronner/Heinrich Wilms, Recht der Europäischen Union, Stuttgart 2010 ff., Stand: 20. Ergänzungslieferung Januar 2010
Halbs.	Halbsatz
Hamann/Lenz, GG	Andreas Hamann/Helmut Lenz, Das Grundgesetz für die Bundesrepublik Deutschland. Kommentar, 3. Aufl., Berlin 1970
Hamb.	Hamburg, hamburgisch

Abkürzungsverzeichnis

HambVerfG	Hamburgisches Verfassungsgericht
Haratsch/Koenig/ Pechstein, Europarecht	Andreas Haratsch/Christian Koenig/Matthias Pechstein, Europarecht, 8. Aufl., Tübingen 2012
Harv. Law Rev.	Harvard Law Review
HausO	Hausordnung
HChE	Entwurf des Verfassungskonvents auf Herrenchiemsee, abgedruckt in: Parl. Rat II, S. 579 ff.
HdbDStR	Handbuch des Deutschen Staatsrechts, herausgegeben von Gerhard Anschütz und Richard Thoma, Bd. 1, Tübingen 1930; Bd. 2, Tübingen 1932
HdbEuGR	Handbuch der Europäischen Grundrechte, herausgegeben von Sebastian Heselhaus und Carsten Nowak, München u. a. 2006
HdbStKirchR[1]	Handbuch des Staatskirchenrechts der Bundesrepublik Deutschland, 1. Aufl., herausgegeben von Ernst Friesenhahn und Ulrich Scheuner, Berlin (Bd. I: 1974; Bd. II: 1975)
HdbStKirchR[2]	Handbuch des Staatskirchenrechts der Bundesrepublik Deutschland, 2. Aufl., herausgegeben von Joseph Listl und Dietrich Pirson, Berlin (Bd. I: 1994; Bd. II: 1995)
HdbVerfR	Handbuch des Verfassungsrechts der Bundesrepublik Deutschland, herausgegeben von Ernst Benda, Werner Maihofer und Hans-Jochen Vogel unter Mitwirkung von Konrad Hesse und Wolfgang Heyde, 2. Aufl., Berlin-New York 1994
HDSW	Handwörterbuch der Sozialwissenschaften, herausgegeben von Erwin von Beckerath u. a., 13 Bde., Stuttgart u. a. 1956–1968
HdUR	Handwörterbuch des Umweltrechts, herausgegeben von Otto Kimminich, Heinrich Freiherr von Lersner, Peter-Christoph Storm, 2 Bde., 2. Aufl., Berlin 1994
HdWW	Handwörterbuch der Wirtschaftswissenschaft, herausgegeben von Willi Albers, 10 Bde., Stuttgart u. a. 1977–1983
Herdegen, Europarecht	Matthias Herdegen, Europarecht, 15. Aufl., München 2013
Hess.	Hessen, hessisch
Hesse, Verfassungsrecht	Konrad Hesse, Grundzüge des Verfassungsrechts der Bundesrepublik Deutschland, 20. Aufl., Heidelberg 1995
Hesselberger, GG	Dieter Hesselberger, Das Grundgesetz. Kommentar für die politische Bildung, 13. Aufl., Neuwied u. a. 2003
HessNatG	Hessisches Naturschutzgesetz
HessSOG	Hessisches Gesetz über die öffentliche Sicherheit und Ordnung
HessStGH	Hessischer Staatsgerichtshof
HessUG	Hessisches Universitätsgesetz
HessVGH	Hessischer Verwaltungsgerichtshof
HFR	Höchstrichterliche Finanzrechtsprechung
HGR	Handbuch der Grundrechte in Deutschland und Europa, herausgegeben von Detlef Merten und Hans-Jürgen Papier, Heidelberg 2004 ff. (Bd. I: 2004; Bd. II: 2006; Bd. III: 2009; Bd. IV: 2012; Bd. V: 2013; Bd. VI/1: 2010; Bd. VI/2: 2009; Bd. VII/1: 2009; Bd. VII/2: 2007)
HGrG	Haushaltsgrundsätzegesetz
Hist.Wb.Philos.	Historisches Wörterbuch der Philosophie, herausgegeben von Joachim Ritter, (ab Bd. 4) Karlfried Gründer und Gottfried Gabriel (Bd. 12), 13 Bde., Basel 1971–2007 (Bd. 1: 1971; Bd. 2: 1972; Bd. 3: 1974; Bd. 4: 1976; Bd. 5: 1980; Bd. 6: 1984; Bd. 7: 1989; Bd. 8: 1992; Bd. 9: 1995; Bd. 10: 1998; Bd. 11: 2001, Bd. 12: 2004; Bd. 13: 2007)
HKWP	Handbuch der kommunalen Wissenschaft und Praxis, 2. Aufl., herausgegeben von Günter Püttner (Bd. 1 und 2 unter Mitarbeit von Michael Borchmann), Berlin u. a. 1981–85 (Bd. 1: 1981; Bd. 2: 1982; Bd. 3: 1983; Bd. 4: 1983; Bd. 5: 1984; Bd. 6: 1985)
HKWP[3]	Handbuch der kommunalen Wissenschaft und Praxis, 3. Aufl., herausgegeben von Thomas Mann und Günter Püttner (Bd. 1 unter Mitarbeit von Torsten Elvers), Berlin u. a. 2007 ff. (Bd. 1: 2007; Bd. 2: 2011)

HLKO	Ordnung der Gesetze und Gebräuche des Landkriegs (Haager Landkriegsordnung) vom 18.10.1907, RGBl. 1910 S. 107, in Deutschland in Kraft seit 26.1.1910, RGBl. II S. 375
h.M.	herrschende Meinung
Hömig, GG	Dieter Hömig (Hrsg.), Grundgesetz für die Bundesrepublik Deutschland. Taschenkommentar, mitbegründet von Karl-Heinz Seifert, 10. Aufl., Baden-Baden 2013
HÖV	Handbuch für die öffentliche Verwaltung. Einführung in ihre rechtlichen und praktischen Grundlagen, Neuwied-Darmstadt (Bd. I: Grundlagen, herausgegeben von Albert von Mutius, 1984; Bd. II: Besonderes Verwaltungsrecht, herausgegeben von Karl Heinrich Friauf, 1984; Bd. III: Privatrecht, herausgegeben von Harm Peter Westermann, 1982)
HptA	Hauptausschuß
HRG	Handwörterbuch zur Deutschen Rechtsgeschichte, herausgegeben von Adalbert Erler, Ekkehard Kaufmann und (ab Bd. 5) Dieter Werkmüller, 5 Bde., Berlin 1971–1998 (Bd. I: 1971; Bd. II: 1978; Bd. III: 1984; Bd. IV: 1990; Bd. V: 1998)
HRG²	Handwörterbuch zur Deutschen Rechtsgeschichte, herausgegeben von Albrecht Cordes/Heiner Lück/Dieter Werkmüller/Ruth Schmidt-Wiegand, 2. Aufl., Berlin 2008ff. (Bd. I: 2008; Bd. II: 2012)
HRG	Hochschulrahmengesetz
HRK	Hochschulrektorenkonferenz
Hrsg.	Herausgeber
hrsgg.	herausgegeben
Hs.	Halbsatz
HStR	Handbuch des Staatsrechts der Bundesrepublik Deutschland, herausgegeben von Josef Isensee und Paul Kirchhof, 10 Bde., 1./2. Aufl., Heidelberg 1987–2001 (Bd. I: 1987/1995; Bd. II: 1987/1998; Bd. III: 1988/1996; Bd. IV: 1990/1999; Bd. V: 1992/2000; Bd. VI: 1989/2001; Bd. VII: 1992; Bd. VIII: 1995; Bd. IX: 1997; Bd. X: 2000)
HStR³	Handbuch des Staatsrecht der Bundesrepublik Deutschland, herausgegeben von Josef Isensee und Paul Kirchhof, 3. Aufl., Heidelberg 2003ff. (Bd. I: 2003; Bd. II: 2004; Bd. III: 2005; Bd. IV: 2006; Bd. V: 2007; Bd. VI: 2008; Bd. VII: 2009; Bd. VIII: 2010; Bd. IX: 2011; Bd. X: 2012; Bd. XI: 2013; Bd. XII: 2014)
Huber, Dokumente	Ernst Rudolf Huber (Hrsg.), Dokumente zur deutschen Verfassungsgeschichte, 5 Bde., Stuttgart u.a. 1978ff. (Bd. 1: 3. Aufl. 1978; Bd. 2: 3. Aufl. 1986; Bd. 3: 3. Aufl. 1990; Bd. 4: 3. Aufl. 1992; Bd. 5: 1997)
Huber, Verfassungsgeschichte	Ernst Rudolf Huber, Deutsche Verfassungsgeschichte seit 1789, 8 Bde., Stuttgart u.a. 1967ff. (Bd. 1: 2. Aufl. 1967; Bd. 2: 3. Aufl. 1988; Bd. 3: 3. Aufl. 1988; Bd. 4: 2. Aufl. 1982; Bd. 5: 1978; Bd. 6: 1981; Bd. 7: 1984; Bd. 8: 1991)
Hufen, Grundrechte	Friedhelm Hufen, Staatsrecht II. Grundrechte, 4. Aufl., München 2014
HZ	Historische Zeitschrift
IAEA	International Atomic Energy Agency
ICAO	International Civil Aviation Organization
ICON	International Journal of Constitutional Law
i.d.F.	in der Fassung
i.E.	im Erscheinen
IFLA	Informationsdienst zum Lastenausgleich
IfSG	Gesetz zur Verhütung und Bekämpfung von Infektionskrankheiten beim Menschen (Infektionsschutzgesetz)
IGH	Internationaler Gerichtshof
IJRL	International Journal of Refugee Law
ILC	International Law Commission
ILM	International Legal Materials
ILO	International Labour Organization

Abkürzungsverzeichnis

InfAuslR	Informationsbrief Ausländerrecht
insb.	insbesondere
IntVG	Gesetz über die Wahrnehmung der Integrationsverantwortung des Bundestages und des Bundesrates in Angelegenheiten der Europäischen Union (Integrationsverantwortungsgesetz)
Int. Verkehrswesen	Internationales Verkehrswesen (bis 1967: Internationales Archiv für Verkehrswesen)
IPA	Innerparlamentarische Arbeitsgemeinschaft
IPbpR	Internationaler Pakt über bürgerliche und politische Rechte vom 19.12.1966, BGBl. 1973 II S. 1534, in der Bundesrepublik Deutschland in Kraft seit dem 23.3.1976 (Bekanntmachung vom 14.6.1976, BGBl. II S. 1068)
IPE	Handbuch Ius Publicum Europaeum, herausgegeben von Armin von Bogdandy/Peter M. Huber, Heidelberg 2007 ff. (Bd. I [herausgegeben von Armin von Bogdandy/Pedro Cruz Villalón/Peter M. Huber unter Mitwirkung von Diana Zacharias]: Grundlagen und Grundzüge staatlichen Verfassungsrechts, 2007; Bd. II [herausgegeben von Armin von Bogdandy/Pedro Cruz Villalón/Peter M. Huber unter Mitwirkung von Diana Zacharias]: Offene Staatlichkeit – Wissenschaft vom Verfassungsrecht, 2008; Bd. III [herausgegeben von Armin von Bogdandy/Sabino Cassese/Peter M. Huber unter Mitwirkung von Diana Zacharias]:Verwaltungsrecht in Europa: Grundlagen, 2010; Bd. IV [herausgegeben von Armin von Bogdandy/Sabino Cassese/Peter M. Huber unter Mitwirkung von Diana Zacharias]: Verwaltungsrecht in Europa: Wissenschaft, 2011; Bd. V [herausgegeben von Armin von Bogdandy/Sabino Cassese/Peter M. Huber]: Verwaltungsrecht in Europa: Grundzüge, 2014)
IPO	Instrumentum Pacis Osnabrugense (Westfälischer Frieden)
J. Ipsen, Staatsrecht I	Jörn Ipsen, Staatsrecht I. Staatsorganisationsrecht, 26. Aufl., München 2014
J. Ipsen, Staatsrecht II	Jörn Ipsen, Staatsrecht II. Grundrechte, 17. Aufl., München 2014
K. Ipsen, Völkerrecht	Knut Ipsen, Völkerrecht, 6. Aufl., München 2014
IPwskR	Internationaler Pakt über die wirtschaftlichen, sozialen und kulturellen Rechte vom 19.12.1966, BGBl. 1973 II S. 1570; in der Bundesrepublik Deutschland in Kraft seit dem 3.1.1976 (Bekanntmachung vom 9.3.1976, BGBl. II S. 428)
IRG	Gesetz über die internationale Rechtshilfe in Strafsachen
ISR	Gesetz zur Einführung eines zusätzlichen Registers für Seeschiffe unter der Bundesflagge im internationalen Verkehr (Internationales Seeschifffahrtsregister)
IStGH	Internationaler Strafgerichtshof
IStGHG	Gesetz zur Ausführung des Römischen Statuts des Internationalen Strafgerichtshofs
IWF	Internationaler Währungsfonds
JA	Juristische Arbeitsblätter
Jarass/Pieroth, GG	Hans D. Jarass/Bodo Pieroth, Grundgesetz für die Bundesrepublik Deutschland: Kommentar, 13. Aufl., München 2014 [der jeweilige Verfasser der Kommentierung ist kursiv gesetzt]
JBl.	Juristische Blätter
JbRSozRTh.	Jahrbuch für Rechtssoziologie und Rechtstheorie
Jellinek, Allg. Staatslehre	Georg Jellinek, Allgemeine Staatslehre, 3. Aufl., Berlin 1914
JICJ	Journal of International Criminal Justice
JIR	Jahrbuch für Internationales Recht (seit 1975: GYIL)
JITE	Journal of Institutional and Theoretical Economics (bis 1985: ZgStW)
JöR	Jahrbuch des öffentlichen Rechts der Gegenwart
JR	Juristische Rundschau
JRS	Journal of Refugee Studies
jur.	juristisch

Abkürzungsverzeichnis

Jura	Juristische Ausbildung
jurisPR-BVerwG	juris PraxisReport Bundesverwaltungsgericht
JuS	Juristische Schulung
JW	Juristische Wochenschrift
JWG	Gesetz für Jugendwohlfahrt
JZ	Juristenzeitung
K&R	Kommunikation und Recht
Kap.	Kapitel
KatSG	Gesetz über die Erweiterung des Katastrophenschutzes (Katastrophenschutzgesetz)
KDVG	Gesetz über die Verweigerung des Kriegsdienstes mit der Waffe aus Gewissensgründen (Kriegsdienstverweigerungsgesetz)
KDVNG	Gesetz zur Neuordnung des Rechts der Kriegsdienstverweigerung und des Zivildienstes (Kriegsdienstverweigerungs-Neuordnungsgesetz)
KfbG	Gesetz zur Bereinigung von Kriegsfolgengesetzen (Kriegsfolgenbereinigungsgesetz)
KG	Kammergericht
KG	Kommanditgesellschaft
Kgl.	Königlich
KGZS	Kammergericht, Zivilsenat
Kingreen/Poscher, Grundrechte	Thorsten Kingreen/Ralf Poscher, Grundrechte. Staatsrecht II, begründet von Bodo Pieroth und Bernhard Schlink, 30. Aufl., Heidelberg 2014
KirchE	Entscheidungen in Kirchensachen seit 1946
KJHG	Gesetz zur Neuordnung des Kinder- und Jugendhilferechts (Kinder- und Jugendhilfegesetz)
Kloepfer, Verfassungsrecht I	Michael Kloepfer, Verfassungsrecht Bd. I. Grundlagen, Staatsorganisationsrecht, Bezüge zum Völker- und Europarecht, München 2011
Kloepfer, Verfassungsrecht II	Michael Kloepfer, Verfassungsrecht Bd. II. Grundrechte, München 2010
KMK	Kultusministerkonferenz
KO	Konkursordnung
KOM	Kommissionsdokumente
KPD	Kommunistische Partei Deutschlands
KRABl.	Amtsblatt des Alliierten Kontrollrats in Deutschland
KritJ	Kritische Justiz
KritV	Kritische Vierteljahresschrift für Gesetzgebung und Rechtswissenschaft
Kröger, Verfassungsgeschichte	Klaus Kröger, Einführung in die Verfassungsgeschichte der Bundesrepublik Deutschland. Vorgeschichte, Grundstrukturen und Entwicklungslinien des Grundgesetzes, München 1993
KrW-/AbfG	Gesetz zur Förderung der Kreislaufwirtschaft und Sicherung der umweltverträglichen Beseitigung von Abfällen (Kreislaufwirtschafts- und Abfallgesetz)
KStG	Kirchensteuergesetz
KStZ	Kommunale Steuer-Zeitschrift
KSZE	Konferenz über Sicherheit und Zusammenarbeit in Europa (seit 1995: OSZE)
KUG	Gesetz betreffend das Urheberrecht an Werken der bildenden Kunst und der Photographie (Kunsturhebergesetz)
KuR	Kirche und Recht
KV	Kantonsverfassung
KWahlG NW	Gesetz über die Kommunalwahlen im Lande Nordrhein-Westfalen
KWKG	Ausführungsgesetz zu Artikel 26 Abs. 2 des Grundgesetzes (Kriegswaffenkontrollgesetz)
LAG	Gesetz über den Lastenausgleich (Lastenausgleichsgesetz)
LdR	Ergänzbares Lexikon des Rechts, in 18 Gruppen herausgegeben von Robert Scheyhing, Werner Krawietz, Klaus F. Röhl u.a., Neuwied u.a. 1986ff.; Stand: 148. Ergänzungslieferung September 2013

Abkürzungsverzeichnis

LEG	Verfassungsgesetz zur Bildung von Ländern in der Deutschen Demokratischen Republik (Ländereinführungsgesetz)
Leibholz/Rinck, GG	Gerhard Leibholz/Hans Justus Rinck/Dieter Hesselberger/Axel Burghart, Grundgesetz für die Bundesrepublik Deutschland, Kommentar an Hand der Rechtsprechung des Bundesverfassungsgerichts, 6. Aufl., Köln 1979 ff.; Stand: 67. Ergänzungslieferung April 2015
Leibholz/Rupprecht, BVerfGG	Gerhard Leibholz/Reinhard Rupprecht, Bundesverfassungsgerichtsgesetz. Rechtsprechungskommentar, Köln 1968 (Nachtrag Köln 1971)
LFZG	Lohnfortzahlungsgesetz
LG	Landgericht
LHO	Landeshaushaltsordnung
LKrO	Landkreisordnung
LKRZ	Zeitschrift für Landes- und Kommunalrecht Hessen/ Rheinland-Pfalz/ Saarland
LKV	Landes- und Kommunalverwaltung
LM	Fritz Lindenmaier/Philipp Möhring u. a. (Hrsg.), Nachschlagewerk des Bundesgerichtshofs. Leitsätze und Entscheidungen in Zivilsachen und Strafsachen mit erläuternden Anmerkungen, München 1951 ff.
LMBG	Lebensmittel- und Bedarfsgegenständegesetz
LNTS	League of Nations Treaty Series
Löwe-Rosenberg, StPO	Peter Rieß (Hrsg.), Löwe-Rosenberg. Die Strafprozeßordnung und das Gerichtsverfassungsgesetz, 8 Bde., 25. Aufl., Berlin/New York 1998–2005
Löwe-Rosenberg, StPO[26]	Volker Erb/Robert Esser/Ulrich Franke/Kirsten Graalmann-Scheerer/ Hans Hilger/Alexander Ignor (Hrsg.), Löwe-Rosenberg. Die Strafprozeßordnung und das Gerichtsverfassungsgesetz, 13 Bde., 26. Aufl., Berlin 2006 ff.
LPartG, LPartDisBG	Gesetz zur Beendigung der Diskriminierung gleichgeschlechtlicher Gemeinschaften (Lebenspartnerschaftsgesetz)
LPR	(Hessische) Landesanstalt für privaten Rundfunk
LRG	Landesrundfunkgesetz
Ls.	Leitsatz
LSchlG	Gesetz über den Ladenschluß
LT-PlenProt.	Plenarprotokoll des Landtages
LuftSchG	Luftschutzgesetz
LuftVG	Luftverkehrsgesetz
m.	mit
M & K	Medien und Kommunikation
MAD	Militärischer Abschirmdienst
MAD-G	Gesetz über den Militärischen Abschirmdienst
v. Mangoldt/Klein, GG	Hermann von Mangoldt/Friedrich Klein, Das Bonner Grundgesetz, 2. Aufl., Berlin-Frankfurt/Main 1957 ff. (Bd. I: 1957; Bd. II: 1964; Bd. III: 1974)
v. Mangoldt/Klein, GG, 3. Aufl.	siehe unter *Achterberg/Schulte, v. Campenhausen, Pestalozza, Starck*
v. Mangoldt/Klein/ Starck, GG I, II, III	Kommentar zum Grundgesetz, begründet von Hermann von Mangoldt. Fortgeführt von Friedrich Klein, 6. Aufl. herausgegeben von Christian Starck, Bde. I–III, München 2010
Manssen, Grundrechte	Gerrit Manssen, Staatsrecht II. Grundrechte, 12. Aufl., München 2015
Manssen, Staatsrecht I	Gerrit Manssen, Staatsrecht I. Grundrechtsdogmatik, München 1995
MarkenG	Gesetz über den Schutz von Marken und sonstigen Kennzeichen (Markengesetz)
Maunz/Dürig, GG	Theodor Maunz/Günter Dürig (Hrsg.), Grundgesetz. Loseblatt-Kommentar, 7 Bde., München 1962 ff.; Stand: 73. Ergänzungslieferung Dezember 2014

Abkürzungsverzeichnis

Maunz/Schmidt-Bleibtreu/ Klein/Bethge, BVerfGG	Theodor Maunz/Bruno Schmidt-Bleibtreu/Franz Klein/Herbert Bethge, Bundesverfassungsgerichtsgesetz. Kommentar, 2 Bde., München 1964 ff.; Stand: 46. Ergänzungslieferung April 2015
Maunz/Zippelius, Staatsrecht	Theodor Maunz/Reinhold Zippelius, Deutsches Staatsrecht. Ein Studienbuch, 30. Aufl., München 1998
Maurer, Allg. Verwaltungsrecht	Hartmut Maurer, Allgemeines Verwaltungsrecht, 18. Aufl., München 2011
Maurer, Staatsrecht	Hartmut Maurer, Staatsrecht I. Grundlagen, Verfassungsorgane, Staatsfunktionen, 6. Aufl., München 2010
MDR	Monatsschrift für Deutsches Recht
MDStV	Staatsvertrag über Mediendienste (Mediendienste-Staatsvertrag)
Meckl.-Vorp., M-V	Mecklenburg-Vorpommern, mecklenburg-vorpommerisch
MediaP	Media-Perspektiven
MedR	Medizinrecht
MEW	Karl Marx/Friedrich Engels, Werke, Berlin/Ost 1956 ff.
Meyer, Charta	Jürgen Meyer (Hrsg.), Charta der Grundrechte der Europäischen Union, 4. Aufl., Baden-Baden 2014
Meyer-Goßner, StPO	Lutz Meyer-Goßner/Bertram Schmitt, Strafprozessordnung. Gerichtsverfassungsgesetz, Nebengesetze und ergänzende Bestimmungen, 56. Aufl., München 2013
Meyer-Ladewig, EMRK	Jens Meyer-Ladewig, Europäische Menschenrechtskonvention. Handkommentar, 3. Aufl., Baden-Baden 2011
Michael/Morlok, Grundrechte	Lothar Michael/Martin Morlok, Grundrechte, 4. Aufl., Baden-Baden 2014
MinBl.	Ministerialblatt
MIP	Mitteilungen des Instituts für Parteienrecht
MittHV	Mitteilungen des Hochschulverbandes
MMR	Multimedia und Recht
Model/Müller, GG	Otto Model/Klaus Müller, Grundgesetz für die Bundesrepublik Deutschland, Taschenkommentar, 11. Aufl., Köln u.a. 1996
ModLRev.	Modern Law Review
Morlok/Michael, Staatsorganisationsrecht	Martin Morlok/Lothar Michael, Staatsorganisationsrecht, 2. Aufl., Baden-Baden 2015
Morlok/Schliesky/ Wiefelspütz	Martin Morlok/Utz Schliesky/Dieter Wiefelspütz (Hrsg.), Parlamentsrecht. Handbuch (unter Mitarbeit von Moritz Kalb), Baden-Baden 2016
MP	Media-Perspektiven
MPIfG	Max-Planck-Institut für Gesellschaftsforschung
Ms.	Manuskript
MüKo-BGB	Münchener Kommentar zum Bürgerlichen Gesetzbuch, herausgegeben von Kurt Rebmann, Franz-Jürgen Säcker und Helmut Heinrichs, 11 Bde., 6. Aufl., München 2012–2015
v. Münch, Grundbegriffe I	Ingo von Münch, Grundbegriffe des Staatsrechts, Bd. I, Deutschlands Rechtslage, Grundrechtsordnung, Wirtschaftsverfassung, 4. Aufl., Stuttgart u.a. 1986
v. Münch, Staatsrecht I	Ingo von Münch, Staatsrecht Bd. 1. Einführung; Deutschland: Teilung und Vereinigung; Staatsform; Staatsorgane; Deutschland in der Europäischen Gemeinschaft, 6. Aufl., Stuttgart u.a. 2000
v. Münch, Staatsrecht II	Ingo von Münch, Staatsrecht Bd. 2. Staatsangehörigkeit; allgemeine Grundrechtslehren; die einzelnen Grundrechte; Wirtschaftsverfassung; internationaler Schutz der Menschenrechte; Europäische Union und Europäische Gemeinschaft, 5. Aufl., Stuttgart u.a. 2002
v. Münch/Kunig, GG I	Grundgesetz-Kommentar, herausgegeben von Philip Kunig (begründet von Ingo von Münch), Bd. 1, 6. Aufl., München 2012
v. Münch/Kunig, GG II	Grundgesetz-Kommentar, herausgegeben von Philip Kunig (begründet von Ingo von Münch), Bd. 2, 6. Aufl., München 2012
v. Münch/Mager, Staatsrecht I	Ingo von Münch/Ute Mager, Staatsrecht I. Staatsorganisationsrecht unter Berücksichtigung der europarechtlichen Bezüge, 7. Aufl., Stuttgart 2009

v. Münch/Mager, Staatsrecht II	Ingo von Münch/Ute Mager, Staatsrecht II. Grundrechte, 6. Aufl., Stuttgart 2014
m.w.N., mwN.	mit weiteren Nachweisen
NATO	North Atlantic Treaty Organization
NBER	National Bureau of Economic Research
nBV	Bundesverfassung der Schweizerischen Eidgenossenschaft i.d.F. des Bundesbeschlusses vom 18. Dezember 1998
ND	Neudruck
Nds.	Niedersachsen, niedersächsisch
NdsGefAbwG	Niedersächsisches Gefahrenabwehrgesetz
NdsStGH	Niedersächsischer Staatsgerichtshof
NdsVBl.	Niedersächsische Verwaltungsblätter. Zeitschrift für öffentliches Recht und öffentliche Verwaltung
n.F., nF.	neue Fassung
N.F.	Neue Folge
NGO	Non-governmental Organization(s) (Nicht-Regierungs-Organisation[en])
Nicolaysen, Europarecht I	Gert Nicolaysen, Europarecht I. Die europäische Integrationsverfassung, 2. Aufl., Baden-Baden 2002
Nicolaysen, Europarecht II	Gert Nicolaysen, Europarecht II. Das Wirtschaftsrecht im Binnenmarkt, Baden-Baden 1996
NJ	Neue Justiz
NJOZ	Neue juristische Online-Zeitschrift
NJW	Neue Juristische Wochenschrift
NJW-RR	Neue Juristische Wochenschrift – Rechtsprechungs-Report
NLT	Information Niedersächsischer Landkreistag
NordJIL	Nordic Journal of International Law
NordÖR	Zeitschrift für öffentliches Recht in Norddeutschland
Nr.	Nummer
NSDAP	Nationalsozialistische Deutsche Arbeiterpartei
NStZ	Neue Zeitschrift für Strafrecht
NStZ-RR	Neue Zeitschrift für Strafrecht – Rechtsprechungs-Report
NuR	Natur und Recht
NYULRev.	New York University Law Review
NVwZ	Neue Zeitschrift für Verwaltungsrecht
NVwZ-RR	Neue Zeitschrift für Verwaltungsrecht – Rechtsprechungs-Report
NW	Nordrhein-Westfalen, nordrhein-westfälisch
NWVBl.	Nordrhein-Westfälische Verwaltungsblätter. Zeitschrift für öffentliches Recht und öffentliche Verwaltung
NZA	Neue Zeitschrift für Arbeits- und Sozialrecht
NZBau	Neue Zeitschrift für Baurecht und Vergaberecht
NZS	Neue Zeitschrift für Sozialrecht
NZV	Neue Zeitschrift für Verkehrsrecht
NZWehrR	Neue Zeitschrift für Wehrrecht
NZZ	Neue Zürcher Zeitung
OBGNW	[Nordrhein-Westfälisches] Gesetz über Aufbau und Befugnisse der Ordnungsbehörden – Ordnungsbehördengesetz
ODIHR	Office for Democratic Institutions and Human Rights
OECD	Organization for Economic Cooperation and Development
OEEC	Organization for European Economic Cooperation
ÖGZ	Österreichische Gemeinde-Zeitung
ÖJZ	Österreichische Juristen-Zeitung
Österr. Verf.	Österreichische Verfassung (auch: B-VG)
ÖVD	Öffentliche Verwaltung und Datenverarbeitung
ÖVP	Österreichische Volkspartei
o.J.	ohne Jahr
OLG	Oberlandesgericht

o.O.	ohne Ort
Oppermann/Classen/ Nettesheim, Europarecht	Thomas Oppermann/Claus Dieter Classen/Martin Nettesheim, Europarecht. Ein Studienbuch, 6. Aufl., München 2014
OrdenG	Gesetz über Titel, Orden und Ehrenzeichen
OrgA	Parlamentarischer Rat, Ausschuß für Organisationsfragen
OSZE	Organisation für Sicherheit und Zusammenarbeit in Europa (bis 1995: KSZE)
OVG	Oberverwaltungsgericht
OVGE	Entscheidungen der Oberverwaltungsgerichte für das Land Nordrhein-Westfalen in Münster, sowie für die Länder Niedersachsen und Schleswig-Holstein in Lüneburg
Palandt, BGB	Otto Palandt, Bürgerliches Gesetzbuch, bearbeitet von Peter Bassenge u. a., 74. Aufl., München 2015
Parl. Rat	Der Parlamentarische Rat 1948–1949. Akten und Protokolle, herausgegeben vom Deutschen Bundestag und vom Bundesarchiv, Boppard am Rhein 1975 ff. (Bd. 1: Vorgeschichte, bearbeitet von Johannes V. Wagner, 1975; Bd. 2: Der Verfassungskonvent auf Herrenchiemsee, bearbeitet von Peter Bucher, 1981; Bd. 3: Ausschuß für Zuständigkeitsabgrenzung, bearbeitet von Wolfram Werner, 1986; Bd. 4: Ausschuß für das Besatzungsstatut, bearbeitet von Wolfram Werner, 1989; Bd. 5: Ausschuß für Grundsatzfragen, bearbeitet von Eberhart Pikart und Wolfram Werner, 1993; Bd. 6: Ausschuß für Wahlrechtsfragen, bearbeitet von Harald Rosenbach, 1994; Bd. 7: Entwürfe zum Grundgesetz, bearbeitet von Michael Hollmann, 1995; Bd. 8: Die Beziehungen des Parlamentarischen Rates zu den Militärregierungen, bearbeitet von Michael F. Feldkamp, 1995; Bd. 9: Plenum, bearbeitet von Wolfram Werner, 1996; Bd. 10: Ältestenrat, Geschäftsordnungsausschuß und Überleitungsausschuß, bearbeitet von Michael F. Feldkamp, 1997; Bd. 11: Interfraktionelle Besprechungen, bearbeitet von Michael F. Feldkamp, 1997; Bd. 12: Ausschuß für Finanzfragen, bearbeitet von Michael F. Feldkamp, 1999; Bd. 13: Ausschuß für Organisation des Bundes, Ausschuß für Verfassungsgerichtshof und Rechtspflege, bearbeitet von Edgar Büttner/Michael Wettengel, 2002; Bd. 14: Hauptausschuß, bearbeitet von Michael F. Feldkamp, 2009)
ParteiG	Gesetz über die politischen Parteien (Parteiengesetz)
PartGG	Gesetz über Partnerschaftsgesellschaften Angehöriger Freier Berufe (Partnerschaftsgesellschaftsgesetz)
PersV	Die Personalvertretung
Pestalozza, GG VIII	Das Bonner Grundgesetz. Kommentar, begründet von Hermann von Mangoldt. Fortgeführt von Friedrich Klein. Bearbeitung der Art. 70–75 als Bd. VIII der 3. Aufl. von Christian Pestalozza, München 1996
Pestalozza, Verfassungsprozeßrecht	Christian Pestalozza, Verfassungsprozeßrecht. Die Verfassungsgerichtsbarkeit des Bundes und der Länder mit einem Anhang zum internationalen Rechtsschutz, 3. Aufl., München 1991
Pieroth/Schlink, Grundrechte	siehe unter *Kingreen/Poscher*, Grundrechte
PJZS	Polizeiliche und justizielle Zusammenarbeit in Strafsachen
PlenProt.	Plenarprotokoll
PostG	Postgesetz
PostVwG	Gesetz über die Verwaltung der Deutschen Bundespost (Postverwaltungsgesetz)
PrALR	Allgemeines Landrecht für die Preußischen Staaten, 1794
Preuß. Verf.	Preußische Verfassung
PrGS	Preußische Gesetzessammlung
PTNeuOG	Gesetz zur Neuordnung des Postwesens und der Telekommunikation (Postneuordnungsgesetz)

Abkürzungsverzeichnis

PUAG	Gesetz zur Regelung des Rechts der Untersuchungsausschüsse des Deutschen Bundestages (Untersuchungsausschussgesetz)
PVS	Politische Vierteljahresschrift
RA-BT	Rechtsausschuß des Deutschen Bundestages
RabelsZ	Rabels Zeitschrift für ausländisches und internationales Privatrecht
RBDI	Revue Belge de Droit International
RdA	Recht der Arbeit
RdJB	Recht der Jugend und des Bildungswesens
RdM	Recht der Medizin
RDV	Recht der Datenverarbeitung
REDP	Revue européenne de droit public
Reich, GG	Andreas Reich, Magdeburger Kommentar zum Grundgesetz für die Bundesrepublik Deutschland, Bad Honnef 1998
Rep.	Reports of Judgements and Decisions
RevMC	Revue du Marché commun et de l'Union européenne
RFHE	Entscheidungen und Gutachten des Reichsfinanzhofs
RFG	Rechts- und Finanzierungspraxis der Gemeinden
Rg	Rechtsgeschichte. Zeitschrift des Max-Planck-Instituts für europäische Rechtsgeschichte
RGBl.	Reichsgesetzblatt
RGDIP	Revue Générale de Droit International Privé
RGG³	Die Religion in Geschichte und Gegenwart. Handwörterbuch für Theologie und Religionswissenschaft, herausgegeben von Kurt Galling u.a., 7 Bde., 3. Aufl., Tübingen 1957–65
RGG⁴	Die Religion in Geschichte und Gegenwart. Handwörterbuch für Theologie und Religionswissenschaft, herausgegeben von Hans Dieter Betz u.a., 9 Bde., 4. Aufl., Tübingen 1998–2007
RGSt	Entscheidungen des Reichsgerichts in Strafsachen
RGZ	Entscheidungen des Reichsgerichts in Zivilsachen
Rheinl.-Pf., Rh.-Pf., R-P	Rheinland-Pfalz, rheinland-pfälzisch
RHG	Gesetz über die innerdeutsche Rechts- und Amtshilfe in Strafsachen
RHO	Reichshaushaltsordnung
Rh.-Pf.VerfGHG	Rheinland-Pfälzisches Landesgesetz über den Verfassungsgerichtshof
RHS	Reichsdeputationshauptschluß
RiA	Recht im Amt. Zeitschrift für den öffentlichen Dienst
Richter/Schuppert/Bumke, Verfassungsrecht	siehe unter *Bumke/Voßkuhle* Verfassungsrecht
Ritzel/Bücker/Schreiner	Heinrich G. Ritzel/Joseph Bücker/Hermann J. Schreiner, Handbuch für die parlamentarische Praxis mit Kommentar zur Geschäftsordnung des Deutschen Bundestages (GO-BT), Loseblatt, 2 Bde., Neuwied 1990ff.; Stand: 30. Ergänzungslieferung Dezember 2014
RIW	Recht der Internationalen Wirtschaft. Betriebs-Berater International
RiWG	Richterwahlgesetz
RJ	Rechtshistorisches Journal
RKEG	Gesetz über die religiöse Kindererziehung
Rl.	Richtlinie
Rn.	Randnummer(n), Randziffer(n)
RNPG	Gesetz zur Prüfung von Rechtsanwaltszulassungen, Notarbestellungen und Berufungen ehrenamtlicher Richter
ROW	Recht in Ost und West
RPflG	Rechtspflegergesetz
RSQ	Refugee Survey Quarterly
RStV	Rundfunkstaatsvertrag
RTD eur.	Revue trimestrielle de droit européen
RTDH	Revue trimestrielle des droits de l'homme
RUDH	Revue universelle des droits de l'homme
RuF	Rundfunk und Fernsehen

Abkürzungsverzeichnis

RuP	Recht und Politik
RussVerfG	Verfassungsgericht der Russischen Föderation
RuStAG	Reichs- und Staatsangehörigkeitsgesetz
RV, RVerf.	Reichsverfassung
RVBl.	Reichsverwaltungsblatt
RVO	Reichsversicherungsordnung
RzU	Rechtsprechung zum Urheberrecht
s.	siehe
S.	Seite
Saarl.	Saarland, saarländisch
SaarlVerfGH	Saarländischer Verfassungsgerichtshof
Sachs, GG	Michael Sachs (Hrsg.), Grundgesetz. Kommentar, 7. Aufl., München 2014
Sachs, Grundrechte	Michael Sachs, Verfassungsrecht II. Grundrechte, 2. Aufl., Berlin-New York 2003
Sachs.-Anh., S-A	Sachsen-Anhalt, sachsen-anhaltinisch
Sächs.	sächsisch
SächsVBl.	Sächsische Verwaltungsblätter. Zeitschrift für öffentliches Recht und öffentliche Verwaltung
Schengen I	Übereinkommen zwischen den Regierungen der Staaten der Benelux-Wirtschaftsunion, der Bundesrepublik Deutschland und der Französischen Republik betreffend den schrittweisen Abbau der Kontrollen an den gemeinsamen Grenzen vom 14.6.1985, GMBl. 1986, 79
Schengen II	Übereinkommen vom 19.6.1990 zur Durchführung des Übereinkommens von Schengen vom 14. Juni 1995 zwischen den Regierungen der Staaten der Benelux-Wirtschaftsunion, der Bundesrepublik Deutschland und der Französischen Republik betreffend den schrittweisen Abbau der Kontrollen an den gemeinsamen Grenzen, BGBl. 1993 II S. 1013
Schl.-Holst., S-H	Schleswig-Holstein, schleswig-holsteinisch
Schlaich/Korioth, Bundesverfassungsgericht	Klaus Schlaich/Stefan Korioth, Das Bundesverfassungsgericht – Stellung, Verfahren, Entscheidungen, 10. Aufl., München 2015
Schmidt-Aßmann, Bes. Verwaltungsrecht	Eberhard Schmidt-Aßmann (Hrsg.), Besonderes Verwaltungsrecht, 13. Aufl., Berlin-New York 2005
Schmidt-Aßmann/Schoch, Bes. Verwaltungsrecht	Eberhard Schmidt-Aßmann/Friedrich Schoch (Hrsg.), Besonderes Verwaltungsrecht, 14. Aufl., Berlin-New York 2008
Schmidt-Bleibtreu/ Hofmann/Henneke, GG	Kommentar zum Grundgesetz, begründet von Bruno Schmidt-Bleibtreu und Franz Klein, herausgegeben von Hans Hofmann und Hans-Günter Henneke, 13. Aufl., Köln 2014
Schneider[/Kramer], GG-Dokumentation	Das Grundgesetz – Dokumentation seiner Entstehung, herausgegeben von Hans-Peter Schneider und (seit 2009) Jutta Kramer, Frankfurt/Main 1995 ff. (Bd. 9: Artikel 29 und 118, bearbeitet von Carmen Abel, 1995; Bd. 10: Artikel 30 bis 37, bearbeitet von Ulrich Bachmann/Jutta Kramer, 1996; Bd. 17: Artikel 70 bis 73, bearbeitet von Jutta Kremer [nach Vorarbeiten von Ulrich Bachmann], 2007; Bd. 18: Artikel 74 und 75, Teilband 1: Artikel 74 Nr. 1 bis Nr. 16, bearbeitet von Jutta Kremer [nach Vorarbeiten von Ulrich Bachmann], 2009; Bd. 18: Artikel 74 und 75, Teilband 2: Artikel 74 Nr. 17 bis Nr. 23 und Artikel 75, bearbeitet von Jutta Kremer [nach Vorarbeiten von Ulrich Bachmann], 2010; Bd. 21: Artikel 83 bis 85, bearbeitet von Jutta Kremer, 2013; Bd. 23, Teilband 1: vor Artikel 92, Artikel 92 und 93, bearbeitet von Rainer Schuckart, 1999; Bd. 23, Teilband 2: Artikel 94, 95 und 96, bearbeitet von Jutta Kramer [nach Vorarbeiten von Rainer Schuckart], 2003; Bd. 25: Artikel 105 bis 107, bearbeitet von Reinhard Lensch, 1997; Bd. 26: Artikel 108 bis 115, bearbeitet von Hans-Peter Schneider [nach Vorarbeiten von Reinhard Lensch], 2009)
Schneider/Zeh	Hans-Peter Schneider/Wolfgang Zeh (Hrsg.), Parlamentsrecht und Parlamentspraxis in der Bundesrepublik Deutschland. Ein Handbuch, Berlin-New York 1989

Schoch, Bes. Verwaltungsrecht	Friedrich Schoch (Hrsg.), Besonderes Verwaltungsrecht, 15. Aufl., Berlin-Boston 2013
Schoch/Schneider/ Bier, VwGO	Friedrich Schoch/Jens-Peter Schneider/Wolfgang Bier (Hrsg.), Verwaltungsgerichtsordnung. Kommentar, begründet von Friedrich Schoch/ Eberhard Schmidt-Aßmann/Rainer Pietzner, München 1996ff; Stand: 28. Ergänzungslieferung März 2015
Schreiber, BWahlG	Wolfgang Schreiber (Hrsg.), Kommentar zum Bundeswahlgesetz, 9. Aufl. 2013
Schs-Ztg	Schiedsmannzeitung (ab 1993: Schiedsamtszeitung)
Schulze/Zulegg/ Kadelbach, Europarecht	Reiner Schulze/Manfred Zulegg/Stefan Kadelbach (Hrsg.), Europarecht. Handbuch für die deutsche Rechtspraxis, 3. Aufl., Baden-Baden 2015
Schwabe, Staatsrecht	Jürgen Schwabe, Grundkurs Staatsrecht, 5. Aufl., Berlin u. a. 1995
Schwarze, EU	Jürgen Schwarze (Hrsg.), EU-Kommentar, 3. Aufl., Baden-Baden 2012
SchwbG	Gesetz zur Sicherung der Eingliederung Schwerbehinderter in Arbeit, Beruf und Gesellschaft (Schwerbehindertengesetz)
Schweitzer, Staatsrecht III	Michael Schweitzer, Staatsrecht III. Staatsrecht, Völkerrecht, Europarecht, 10. Aufl., Heidelberg 2010
Schweitzer/Hummer, Europarecht	Michael Schweitzer/Waldemar Hummer, Europarecht. Das Recht der Europäischen Union – Das Recht der Europäischen Gemeinschaften (EGKS, EG, EAG) – mit Schwerpunkt EG, 5. Aufl., Neuwied u. a. 1996
Schweitzer/Hummer/ Obwexer, Europarecht	Michael Schweitzer/Waldemar Hummer/Walter Obwexer, Europarecht. Das Recht der Europäischen Union, Wien 2007
SchwJZ	Schweizerische Juristenzeitung
scil.	scilicet (nämlich)
SDSRV	Schriftenreihe des Deutschen Sozialrechtsverbandes
SeemG	Seemannsgesetz
SeeUG	Gesetz über die Untersuchung von Seeunfällen (Seeunfalluntersuchungsgesetz)
Seifert, Grundgesetz	Jürgen Seifert, Das Grundgesetz und seine Veränderung, 4. Aufl., Neuwied-Darmstadt 1983 (1.–3. Aufl. unter dem Titel »Grundgesetz und Restauration«)
SGb	Die Sozialgerichtsbarkeit
SGB	Sozialgesetzbuch
Siekmann/Duttge, Grundrechte	Helmut Siekmann/Gunnar Duttge, Staatsrecht I. Grundrechte, 3. Aufl., Thüngersheim-Frankfurt/Main 2000
SJZ	Süddeutsche Juristenzeitung
Sodan, GG	Helge Sodan (Hrsg.), Grundgesetz. Beck'scher Kompakt-Kommentar, 2. Aufl., München 2011
Soergel, BGB	Hans Theodor Soergel u. a. (Hrsg.), Kommentar zum Bürgerlichen Gesetzbuch, 13. Aufl., Stuttgart 1999 ff.
SoldG	Gesetz über die Rechtsstellung der Soldaten (Soldatengesetz)
SozVers	Die Sozialversicherung. Zeitschrift für alle Angelegenheiten der Kranken-, Renten- und Unfallversicherung
Sp.	Spalte
SPD	Sozialdemokratische Partei Deutschlands
SpStatG	Gesetz zur Klarstellung des Spätaussiedlerstatus (Spätaussiedlerstatusgesetz)
SpuRt	Sport und Recht
SRP	Sozialistische Reichspartei
SRÜ	Seerechtsübereinkommen der Vereinten Nationen vom 10.12.1982, BGBl. 1994 II S. 1799
Der Staat	Der Staat. Zeitschrift für Staatslehre und Verfassungsgeschichte, deutsches und europäisches Öffentliches Recht
StabG	Gesetz zur Förderung der Stabilität und des Wachstums der Wirtschaft
StAG	Staatsangehörigkeitsgesetz
StAngRegG	Gesetz zur Regelung von Fragen der Staatsangehörigkeit
StARG	Gesetz zur Reform des Staatsangehörigkeitsrechts

Starck, GG I	Das Bonner Grundgesetz. Kommentar, begründet von Hermann von Mangoldt. Fortgeführt von Friedrich Klein. Bearbeitung der Präambel und Art. 1–5 als Bd. I der 3. Aufl. von Christian Starck, München 1985
Staudinger, BGB	Julius v. Staudinger u.a. (Hrsg.), J. von Staudingers Kommentar zum Bürgerlichen Gesetzbuch mit Einführungsgesetz und Nebengesetzen, 14. Aufl., Berlin 1999 ff.
StAZ	Das Standesamt. Zeitschrift für Standesamtswesen, Familienrecht, Staatsangehörigkeitsrecht, Personenstandsrecht, internationales Privatrecht des In- und Auslandes
Stein/v. Buttlar, Völkerrecht	Torsten Stein/Christian v. Buttlar, Völkerrecht, 13. Aufl., München 2012
Stein/Frank, Staatsrecht	Ekkehart Stein/Götz Frank, Staatsrecht, 21. Aufl., Tübingen 2010
Sten. Ber.	Stenographischer Bericht
Sten. Prot.	Stenographische Protokolle
Stern, Staatsrecht I	Klaus Stern, Das Staatsrecht der Bundesrepublik Deutschland, Bd. I: Grundbegriffe und Grundlagen des Staatsrechts, Strukturprinzipien der Verfassung, 2. Aufl., München 1984
Stern, Staatsrecht II	Klaus Stern, Das Staatsrecht der Bundesrepublik Deutschland, Bd. II: Staatsorgane, Staatsfunktionen, Finanz- und Haushaltsverfassung, Notstandsverfassung, München 1980
Stern, Staatsrecht III/1	Klaus Stern, Das Staatsrecht der Bundesrepublik Deutschland, Bd. III/1: Allgemeine Lehren der Grundrechte, 1. Halbband (unter Mitwirkung von Michael Sachs), München 1988
Stern, Staatsrecht III/2	Klaus Stern, Das Staatsrecht der Bundesrepublik Deutschland, Bd. III/2: Allgemeine Lehren der Grundrechte, 2. Halbband (unter Mitwirkung von Michael Sachs), München 1994
Stern, Staatsrecht IV/1	Klaus Stern, Das Staatsrecht der Bundesrepublik Deutschland, Bd. IV/1: Die einzelnen Grundrechte, 1. Halbband: Der Schutz und die freiheitliche Entfaltung des Individuums (in Verbindung mit Michael Sachs und Johannes Dietlein – der jeweilige Verfasser ist kursiv gesetzt), München 2006
Stern, Staatsrecht IV/2	Klaus Stern, Das Staatsrecht der Bundesrepublik Deutschland, Bd. IV/2: Die einzelnen Grundrechte, 2. Halbband: Freiheit der politischen Betätigung, Schule und Bildung, Kultur und Geistesleben, Religion, Kirchen und Kirchengemeinschaften, allgemeine und besondere Gleichheitssätze, Rechtsschutz und Staatshaftung, München 2011
Stern, Staatsrecht V	Klaus Stern, Das Staatsrecht der Bundesrepublik Deutschland, Bd. V: Die geschichtlichen Grundlagen des Deutschen Staatsrechts, München 1999
Stern/Becker, Grundrechte	Klaus Stern/Florian Becker (Hrsg.), Grundrechte-Kommentar. Die Grundrechte des Grundgesetzes mit ihren europäischen Bezügen, Köln 2010
SteuerStud	Steuer und Studium
StGB	Strafgesetzbuch
StGG	Staatsgrundgesetz vom 21. Dezember 1867 über die allgemeinen Rechte der Staatsbürger für die im Reichsrate vertretenen Königreiche und Länder
StGH	Staatsgerichtshof
StL^6	Staatslexikon. Recht-Wirtschaft-Gesellschaft, 11 Bde., herausgegeben von der Görres-Gesellschaft, 6. Aufl., Freiburg/Breisgau 1957–1970
StL^7	Staatslexikon. Recht-Wirtschaft-Gesellschaft, 7 Bde., herausgegeben von der Görres-Gesellschaft, 7. Aufl., Freiburg/Breisgau u.a. 1985 ff. (Bd. 1: 1985; Bd. 2: 1986; Bd. 3: 1987; Bd. 4: 1988; Bd. 5: 1989; Bd. 6: 1992; Bd. 7: 1993)
StraFo	Strafverteidiger-Forum
Streinz, Europarecht	Rudolf Streinz, Europarecht, 9. Aufl., Heidelberg 2012
Streinz, EUV/AEUV	Rudolf Streinz (Hrsg.), EUV/AEUV. Vertrag über die Europäische Union und Vertrag über die Arbeitsweise der Europäischen Union. Kommentar, 2. Aufl., München 2012

Abkürzungsverzeichnis

st. Rspr.	ständige Rechtsprechung
StrVG	Gesetz zum vorsorgenden Schutz der Bevölkerung gegen Strahlenbelastung (Strahlenschutzvorsorgegesetz)
StS	Strafsenat
StT	Der Städtetag
StUG	Gesetz über die Unterlagen des Staatssicherheitsdienstes der ehemaligen Deutschen Demokratischen Republik (Stasi-Unterlagen-Gesetz)
StuW	Steuer und Wirtschaft. Zeitschrift für die gesamte Steuerwissenschaft
StV	Strafverteidiger
StVj	Steuerliche Vierteljahresschrift
StVollzG	Gesetz über den Vollzug der Freiheitsstrafe und der freiheitsentziehenden Maßregeln der Besserung und Sicherung (Strafvollzugsgesetz)
StWStP	Staatswissenschaften und Staatspraxis. Rechts-, wirtschafts- und sozialwissenschaftliche Beiträge zum staatlichen Handeln
StZG	Gesetz zur Sicherstellung des Embryonenschutzes im Zusammenhang mit Einfuhr und Verwendung menschlicher embryonaler Stammzellen (Stammzellgesetz)
SubsidiaritätsP	Protokoll (Nr. 2) über die Anwendung der Grundsätze der Subsidiarität und der Verhältnismäßigkeit zum Vertrag von Lissabon (Abl. 2012 C 326/206)
Suppl. 2007	Horst Dreier (Hrsg.), Grundgesetz-Kommentar, Bd. 2 (Art. 20–82), 2. Aufl., Supplementum, Tübingen 2007
Suppl. 2010	Horst Dreier (Hrsg.), Grundgesetz-Kommentar, 2. Aufl., Supplementum, Tübingen 2010
SVN	Satzung der Vereinten Nationen
TDG	Gesetz über die Nutzung von Telediensten (Teledienstegesetz)
Tettinger/Erbguth/Mann, Bes. Verwaltungsrecht	Peter J. Tettinger/Thomas Mann/Wilfried Erbguth, Besonderes Verwaltungsrecht, 11. Aufl., Heidelberg u. a. 2012
Tettinger/Stern, GRCh	Peter J. Tettinger/Klaus Stern (Hrsg.), Kölner Gemeinschaftskommentar zur Europäischen Grundrechte-Charta, München 2006
Thürer/Aubert/Müller, Verfassungsrecht	Daniel Thürer/Jean-François Aubert/Jörg Paul Müller (Hrsg.), Verfassungsrecht der Schweiz, Zürich 2001
Thür.	Thüringen, thüringer
ThürVerfGH	Thüringer Verfassungsgerichtshof
ThürVBl.	Thüringer Verwaltungsblätter. Zeitschrift für öffentliches Recht und öffentliche Verwaltung
TierSchG	Tierschutzgesetz
TierSeuchG	Tierseuchengesetz
TKG	Telekommunikationsgesetz
TKÜV	Verordnung über die technische und organisatorische Umsetzung von Maßnahmen zur Überwachung der Telekommunikation (Telekommunikations-Überwachungsverordnung)
TPG	Gesetz über die Spende, Entnahme und Übertragung von Organen (Transplantationsgesetz)
TRE	Theologische Realenzyklopädie, Hauptherausgeber Gerhard Müller, 38 Bde., Berlin-New York 1977 ff.
TVG	Tarifvertragsgesetz
Tz.	Teilziffer
Uabs.	Unterabsatz
UAG	Gesetz über die Einsetzung und das Verfahren von Untersuchungsausschüssen des Landtags
UBWV	Unterrichtsblätter für die Bundeswehrverwaltung. Zeitschrift für Ausbildung, Fortbildung und Verwaltungspraxis
UeB	Übergangsbestimmungen zur Bundesverfassung der Schweizerischen Eidgenossenschaft
UFITA	Archiv für Urheber-, Film-, Funk- und Theaterrecht

Abkürzungsverzeichnis

UKlaG	Gesetz über Unterlassungsklagen bei Verbraucherrechts- und anderen Verstößen (Unterlassungsklagengesetz)
Umbach/Clemens, GG	Dieter C. Umbach/Thomas Clemens (Hrsg.), Grundgesetz. Mitarbeiterkommentar und Handbuch, 2 Bde., Heidelberg 2002
Umbach/Clemens/Dollinger, BVerfGG	Dieter C. Umbach/Thomas Clemens/Franz-Wilhelm Dollinger (Hrsg.), Bundesverfassungsgerichtsgesetz. Mitarbeiterkommentar und Handbuch, 2. Aufl., Heidelberg 2005
UmweltHG	Umwelthaftungsgesetz
UN	United Nations
UNAMR	UN-Ausschuß für Menschenrechte
UN-Folterkonvention	Übereinkommen gegen Folter und andere grausame, unmenschliche oder erniedrigende Behandlung oder Strafe vom 10.12.1984, BGBl. 1990 II S. 246
UNGA	United Nations General Assembly
UNHCR	United Nations High Commissioner for Refugees (UN-Hochkommissar für Flüchtlinge)
UNO	United Nations Organization
Unterabs.	Unterabsatz
u.ö.	und öfter
UPR	Umwelt- und Planungsrecht
UrhG	Gesetz über Urheberrecht und verwandte Schutzrechte
Urt.	Urteil
UStG	Umsatzsteuergesetz
UTR	Jahrbuch des Umwelt- und Technikrechts
UVPG	Gesetz über die Umweltverträglichkeitsprüfung
UWG	Gesetz gegen den unlauteren Wettbewerb
UZwGBW	Gesetz über die Anwendung unmittelbaren Zwanges und die Ausübung besonderer Befugnisse durch Soldaten der Bundeswehr und zivile Wachpersonen
VBlBW	Verwaltungsblätter für Baden-Württemberg. Zeitschrift für öffentliches Recht und öffentliche Verwaltung
VEF	Vereinigung der evangelischen Freikirchen
VE-Kuratorium	Verfassungsentwurf des Kuratoriums für einen demokratisch verfaßten Bund deutscher Länder vom 29.6.1991, abgedruckt in: Eine Verfassung für Deutschland. Manifest – Text – Plädoyers, herausgegeben von Bernd Guggenberger, Ulrich K. Preuß und Wolfgang Ullmann, München 1991
Verdross/Simma, Völkerrecht	Alfred Verdross/Bruno Simma, Universelles Völkerrecht – Theorie und Praxis, 3. Aufl., Berlin 1984
Verf.	Verfassung
VerfG	Verfassungsgericht
VerfGH	Verfassungsgerichtshof
Verh.DJT	Verhandlungen des Deutschen Juristentages
VersG	Gesetz über Versammlungen und Aufzüge (Versammlungsgesetz)
VersR	Versicherungsrecht
Die Verwaltung	Die Verwaltung. Zeitschrift für Verwaltungsrecht und Verwaltungswissenschaften (Untertitel bis 1995: Zeitschrift für Verwaltungswissenschaft)
VereinsG	Gesetz zur Regelung des öffentlichen Vereinsrechts (Vereinsgesetz)
VerwArch.	Verwaltungsarchiv. Zeitschrift für Verwaltungslehre, Verwaltungsrecht und Verwaltungspolitik
VerwRspr.	Verwaltungsrechtsprechung in Deutschland
VG	Verwaltungsgericht
VGH	Verwaltungsgerichtshof
vgl.	vergleiche
VIZ	Zeitschrift für Investitions- und Vermögensrecht
VjSchrStFR	Vierteljahresschrift für Steuer- und Finanzrecht
VjHZG	Vierteljahrshefte für Zeitgeschichte

Abkürzungsverzeichnis

VN	Vereinte Nationen
VO	Verordnung
Volkmann, Staatsrecht II	Uwe Volkmann, Staatsrecht II. Grundrechte, 2. Aufl., München 2011
Volkmann, Grundzüge	Uwe Volkmann, Grundzüge einer Verfassungslehre der Bundesrepublik Deutschland, Tübingen 2013
Vorb.	Vorbemerkung (in diesem Kommentar: Bd. I, vor Art. 1 GG)
VR	Verwaltungsrundschau (bis 1977: Staats- und Kommunalverwaltung)
VRK	Wiener Übereinkommen über das Recht der Verträge vom 23.5.1969, BGBl. 1985 II S. 927
vs.	versus
VSSR	Vierteljahrsschrift für Sozialrecht
VStGB	Völkerstrafgesetzbuch
VVDStRL	Veröffentlichungen der Vereinigung der Deutschen Staatsrechtslehrer
VVE	Vertrag über eine Verfassung für Europa
VW	Versicherungswirtschaft
VwGO	Verwaltungsgerichtsordnung
VwVfG	Verwaltungsverfahrensgesetz
VwVG	Verwaltungsvollstreckungsgesetz
WahlGBPräs	Gesetz über die Wahl des Bundespräsidenten durch die Bundesversammlung
WahlPG	Wahlprüfungsgesetz
WaStrG	Wasserstraßengesetz
WBeauftrG	Gesetz über den Wehrbeauftragten des Deutschen Bundestages
wbl	Wirtschaftsrechtliche Blätter
WBO	Wehrbeschwerdeordnung
WDO	Wehrdisziplinarordnung
WDR-Gesetz	Gesetz über den Westdeutschen Rundfunk Köln
WEU	Westeuropäische Union
WHG	Gesetz zur Ordnung des Wasserhaushalts (Wasserhaushaltsgesetz)
WHO	World Health Organization
Widi	Wirtschaftsdienst
Willoweit, Verfassungsgeschichte	Dietmar Willoweit, Deutsche Verfassungsgeschichte – Vom Frankenreich bis zur Wiedervereinigung Deutschlands, 7. Aufl., München 2013
WiR	Wirtschaftsrecht
WissR	Wissenschaftsrecht, Wissenschaftsverwaltung, Wissenschaftsförderung
WiSt	Wirtschaftswissenschaftliches Studium
WiVerw.	Wirtschaft und Verwaltung (Beilage zu: Gewerbearchiv)
WM	Wertpapiermitteilungen. Zeitschrift für Wirtschafts- und Bankrecht
w.N.	weitere Nachweise
WoBindG	Gesetz zur Sicherung der Zweckbestimmung von Sozialwohnungen (Wohnungsbindungsgesetz)
WoEigG	Gesetz über das Wohnungseigentum und das Dauerwohnrecht
Wolff/Bachof/Stober/Kluth, Verwaltungsrecht I	Hans J. Wolff/Otto Bachof/Rolf Stober/Winfried Kluth, Verwaltungsrecht Bd. 1, 12. Aufl., München 2007
Wolff/Bachof/Stober/Kluth, Verwaltungsrecht II	Hans J. Wolff/Otto Bachof/Rolf Stober/Winfried Kluth, Verwaltungsrecht Bd. 2, 7. Aufl., München 2010
Wolff/Bachof/Stober, Verwaltungsrecht III	Hans J. Wolff/Otto Bachof/Rolf Stober, Verwaltungsrecht Bd. 3, 5. Aufl., München 2004
WPflG	Wehrpflichtgesetz
WRV	Verfassung des Deutschen Reiches vom 11.8.1919 (Weimarer Reichsverfassung)
WSI-Mitteilungen	Monatszeitschrift des Wirtschafts- und Sozialwissenschaftlichen Instituts in der Hans-Böckler-Stiftung
WÜD	Wiener Übereinkommen über diplomatische Beziehungen
WÜK	Wiener Übereinkommen über konsularische Beziehungen
Württ.	Württemberg
WuW	Wirtschaft und Wettbewerb

Abkürzungsverzeichnis

WZG	Warenzeichengesetz
YEL	Yearbook of European Law
ZaöRV	Zeitschrift für ausländisches öffentliches Recht und Völkerrecht
ZAR	Zeitschrift für Ausländerrecht und Ausländerpolitik
ZBJI	Zusammenarbeit in den Bereichen Justiz und Inneres
ZBR	Zeitschrift für Beamtenrecht
ZDG	Gesetz über den Zivildienst der Kriegsdienstverweigerer (Zivildienstgesetz)
ZEE	Zeitschrift für Evangelische Ethik
ZESAR	Zeitschrift für Europäisches Sozial- und Arbeitsrecht
ZEuP	Zeitschrift für Europäisches Privatrecht
ZEuS	Zeitschrift für europarechtliche Studien
ZevKR	Zeitschrift für evangelisches Kirchenrecht
ZfA	Zeitschrift für Arbeitsrecht
ZfL	Zeitschrift für Lebensrecht
ZfP	Zeitschrift für Politik
ZfS	Zeitschrift für Soziologie
ZfSH	Zeitschrift für Sozialhilfe (ab 1983: ZfSH/SGB)
ZfSH/SGB	Zeitschrift für Sozialhilfe und Sozialgesetzbuch
ZfV	Zeitschrift für Verwaltung
ZfW	Zeitschrift für Wasserrecht
ZfZ	Zeitschrift für Zölle und Verbrauchsteuern
ZG	Zeitschrift für Gesetzgebung. Vierteljahresschrift für staatliche und kommunale Rechtsetzung
ZGB	Schweizerisches Zivilgesetzbuch
ZGR	Zeitschrift für Unternehmens- und Gesellschaftsrecht
ZgStW	Zeitschrift für die gesamte Staatswissenschaft (ab 1986: JITE)
ZHF	Zeitschrift für Historische Forschung
ZHR	Zeitschrift für das gesamte Handelsrecht und Wirtschaftsrecht
ZIP	Zeitschrift für Wirtschaftsrecht und Insolvenzpraxis
Zippelius/Würtenberger, Staatsrecht	Reinhold Zippelius/Thomas Würtenberger, Deutsches Staatsrecht, 32. Aufl., München 2008
ZIS	Zeitschrift für internationale Strafrechtsdogmatik
ZKF	Zeitschrift für Kommunalfinanzen
ZLA	Zeitschrift für den Lastenausgleich
ZLR	Zeitschrift für das gesamte Lebensmittelrecht
ZLW	Zeitschrift für Luft- und Weltraumrecht
ZMR	Zeitschrift für Miet- und Raumrecht
ZNR	Zeitschrift für Neuere Rechtsgeschichte
ZögU	Zeitschrift für öffentliche und gemeinwirtschaftliche Unternehmen
ZöR	Zeitschrift für öffentliches Recht
ZP	Zusatzprotokoll
ZParl.	Zeitschrift für Parlamentsfragen
ZPO	Zivilprozeßordnung
ZPol	Zeitschrift für Politikwissenschaft
ZRG GA	Zeitschrift der Savigny-Stiftung für Rechtsgeschichte, Germanistische Abteilung
ZRG KA	Zeitschrift der Savigny-Stiftung für Rechtsgeschichte, Kanonistische Abteilung
ZRG RA	Zeitschrift der Savigny-Stiftung für Rechtsgeschichte, Romanistische Abteilung
ZRP	Zeitschrift für Rechtspolitik
ZRPh	Zeitschrift für Rechtsphilosophie
ZSchG	Zivilschutzgesetz
ZSE	Zeitschrift für Staats- und Europawissenschaften
ZSKG	Gesetz über das Zivilschutzkorps

Abkürzungsverzeichnis

ZSR	Zeitschrift für Schweizerisches Recht
ZStW	Zeitschrift für die gesamte Strafrechtswissenschaft
ZTR	Zeitschrift für Tarifrecht
ZUM	Zeitschrift für Urheber- und Medienrecht
ZUR	Zeitschrift für Umweltrecht
ZVglRWiss	Zeitschrift für vergleichende Rechtswissenschaft
ZVS-Vertrag	Staatsvertrag über die Vergabe von Studienplätzen
ZWE	Zeitschrift für Wohnungseigentum
Zwei-plus-Vier-Vertrag	Vertrag über die abschließende Regelung in bezug auf Deutschland vom 12.9.1990, BGBl. II S. 1318
Zweitb.	Zweitbearbeitung
ZZP	Zeitschrift für Zivilprozeß

Grundgesetz für die Bundesrepublik Deutschland

Vom 23. Mai 1949 (BGBl. S. 1; BGBl. III 100–1); zuletzt geändert durch Gesetz vom 23. Dezember 2014 (BGBl. I S. 2438).

Änderungen des Grundgesetzes

lfd. Nr.	Verfassungsänderndes Gesetz	Datum	Fundstelle	Betroffene Artikel
1.	Strafrechtsänderungsgesetz	30.08.1951	BGBl. I S. 739	Art. 143 aufgehoben
2.	Gesetz zur Einfügung eines Artikels 120a in das Grundgesetz	14.08.1952	BGBl. I S. 445	Art. 120a eingefügt
3.	Gesetz zur Änderung des Artikels 107 des Grundgesetzes	20.04.1953	BGBl. I S. 130	Art. 107 S. 1 geändert
4.	Gesetz zur Ergänzung des Grundgesetzes	26.03.1954	BGBl. I S. 45	Art. 79 I 2, 142a eingefügt; Art. 73 Nr. 1 geändert
5.	Zweites Gesetz zur Änderung des Artikels 107 des Grundgesetzes	25.12.1954	BGBl. I S. 517	Art. 107 S. 1 geändert
6.	Gesetz zur Änderung und Ergänzung der Finanzverfassung (Finanzverfassungsgesetz)	23.12.1955	BGBl. I S. 817	Art. 106, 107 geändert
7.	Gesetz zur Ergänzung des Grundgesetzes	19.03.1956	BGBl. I S. 111	Art. 17a, 36 II, 45a, 45b, 59a, 65a, 87a, 87b, 96a, 143 eingefügt; Art. 1 III, 12, 49, 60 I, 96 III, 137 I geändert
8.	Gesetz zur Änderung und Ergänzung des Artikels 106 des Grundgesetzes	24.12.1956	BGBl. I S. 1077	Art. 106 geändert
9.	Gesetz zur Einfügung eines Artikels 135a in das Grundgesetz	22.10.1957	BGBl. I S. 1745	Art. 135a eingefügt
10.	Gesetz zur Ergänzung des Grundgesetzes	23.12.1959	BGBl. I S. 813	Art. 74 Nr. 11a, 87c eingefügt
11.	Gesetz zur Einfügung eines Artikels über die Luftverkehrsverwaltung in das Grundgesetz (11. Änderung des Grundgesetzes)	06.02.1961	BGBl. I S. 65	Art. 87d eingefügt
12.	Zwölftes Gesetz zur Änderung des Grundgesetzes	06.03.1961	BGBl. I S. 141	Art. 96a geändert; Art. 96 III aufgehoben
13.	Dreizehntes Gesetz zur Änderung des Grundgesetzes	16.06.1965	BGBl. I S. 513	Art. 74 Nr. 10a eingefügt; Art. 74 Nr. 10 geändert
14.	Vierzehntes Gesetz zur Änderung des Grundgesetzes	30.07.1965	BGBl. I S. 649	Art. 120 I geändert
15.	Fünfzehntes Gesetz zur Änderung des Grundgesetzes	08.06.1967	BGBl. I S. 581	Art. 109 II bis IV eingefügt
16.	Sechzehntes Gesetz zur Änderung des Grundgesetzes	18.06.1968	BGBl. I S. 657	Art. 92, 95, 96a (dann Art. 96), 99, 100 III geändert; Art. 96 aufgehoben
17.	Siebzehntes Gesetz zur Ergänzung des Grundgesetzes	24.06.1968	BGBl. I S. 709	Art. 9 III 3, 12a, 19 IV 3, 20 IV, 35 II und III, Abschnitt IVa (Art. 53a), 80a, Abschnitt Xa (Art. 115a–115l) eingefügt; Art. 10, 11 II, 12 I 2, 73 Nr. 1, 87a, 91 geändert; Art. 12 II 2 bis 4, 12 III, 59a, 65a II, 142a, 143 aufgehoben
18.	Achtzehntes Gesetz zur Änderung des Grundgesetzes (Artikel 76 u. 77)	15.11.1968	BGBl. I S. 1177	Art. 76 II 3 eingefügt; Art. 76 II 2, 77 II 1, III geändert
19.	Neunzehntes Gesetz zur Änderung des Grundgesetzes	29.01.1969	BGBl. I S. 97	Art. 93 I Nr. 4a und 4b, 94 II 2 eingefügt

Änderungen des GG

lfd. Nr.	Verfassungsänderndes Gesetz	Datum	Fundstelle	Betroffene Artikel
20.	Zwanzigstes Gesetz zur Änderung des Grundgesetzes	12. 05. 1969	BGBl. I S. 357	Art. 109 III, 110, 112, 113, 114, 115 geändert
21.	Einundzwanzigstes Gesetz zur Änderung des Grundgesetzes (Finanzreformgesetz)	12. 05. 1969	BGBl. I S. 359	Abschnitt VIIIa (Art. 91a, 91b), 104a, 105 IIa eingefügt; Art. 105 II, 106, 107, 108, 115c III, 115k III geändert
22.	Zweiundzwanzigstes Gesetz zur Änderung des Grundgesetzes	12. 05. 1969	BGBl. I S. 363	Art. 74 Nr. 19a, 75 I Nr. 1a, 75 II und III eingefügt; Art. 74 Nr. 13 und Nr. 22, 96 IV geändert
23.	Dreiundzwanzigstes Gesetz zur Änderung des Grundgesetzes	17. 07. 1969	BGBl. I S. 817	Art. 76 III 1 geändert
24.	Vierundzwanzigstes Gesetz zur Änderung des Grundgesetzes	28. 07. 1969	BGBl. I S. 985	Art. 120 I 2 geändert
25.	Fünfundzwanzigstes Gesetz zur Änderung des Grundgesetzes	19. 08. 1969	BGBl. I S. 1241	Art. 29 geändert
26.	Sechsundzwanzigstes Gesetz zur Änderung des Grundgesetzes (Artikel 96)	26. 08. 1969	BGBl. I S. 1357	Art. 96 V eingefügt
27.	Siebenundzwanzigstes Gesetz zur Änderung des Grundgesetzes	31. 07. 1970	BGBl. I S. 1161	Art. 38 II, 91a I Nr. 1 geändert
28.	Achtundzwanzigstes Gesetz zur Änderung des Grundgesetzes (Artikel 74a GG)	18. 03. 1971	BGBl. I S. 206	Art. 74a eingefügt; Art. 75 Nr. 1, 98 III 2 geändert; Art. 75 II und III aufgehoben
29.	Neunundzwanzigstes Gesetz zur Änderung des Grundgesetzes	18. 03. 1971	BGBl. I S. 207	Art. 74 Nr. 20 geändert
30.	Dreißigstes Gesetz zur Änderung des Grundgesetzes (Artikel 74 GG – Umweltschutz)	12. 04. 1972	BGBl. I S. 593	Art. 74 Nr. 24 eingefügt; Art. 74 Nr. 23 geändert
31.	Einunddreißigstes Gesetz zur Änderung des Grundgesetzes	28. 07. 1972	BGBl. I S. 305	Art. 74 Nr. 4a eingefügt; Art. 35 II, 73 Nr. 10, 87 I 2 geändert
32.	Zweiunddreißigstes Gesetz zur Änderung des Grundgesetzes (Artikel 45c)	15. 07. 1975	BGBl. I S. 1901	Art. 45c eingefügt
33.	Dreiunddreißigstes Gesetz zur Änderung des Grundgesetzes (Artikel 29 und 39)	23. 08. 1976	BGBl. I S. 2381	Art. 29, 39 I und II geändert; Art. 45, 45a I 2, 49 aufgehoben
34.	Vierunddreißigstes Gesetz zur Änderung des Grundgesetzes (Artikel 74 Nr. 4a)	23. 08. 1976	BGBl. I S. 2383	Art. 74 Nr. 4a geändert
35.	Fünfunddreißigstes Gesetz zur Änderung des Grundgesetzes (Artikel 21 Abs. 1)	21. 12. 1983	BGBl. I S. 1481	Art. 21 I 4 geändert
36.	Gesetz zu dem Vertrag vom 31. August 1990 zwischen der Bundesrepublik Deutschland und der Deutschen Demokratischen Republik über die Herstellung der Einheit Deutschlands – Einigungsvertragsgesetz – und der Vereinbarung vom 18. September 1990	23. 09. 1990	BGBl. II S. 885, 890	Art. 135a II, 143 eingefügt; Präambel, Art. 51 II, 146 geändert; Art. 23 aufgehoben
37.	Gesetz zur Änderung des Grundgesetzes	14. 07. 1992	BGBl. I S. 1254	Art. 87d I 2 eingefügt
38.	Gesetz zur Änderung des Grundgesetzes	21. 12. 1992	BGBl. I S. 2086	Art. 23, 24 I a, 28 I 3, 45, 52 III a, 88 S. 2 eingefügt; Art. 50, 115e II 2 geändert
39.	Gesetz zur Änderung des Grundgesetzes (Artikel 16 und 18)	28. 06. 1993	BGBl. I S. 1002	Art. 16a eingefügt; Art. 18 S. 1 geändert; Art. 16 II 2 aufgehoben
40.	Gesetz zur Änderung des Grundgesetzes	20. 12. 1993	BGBl. I S. 2089	Art. 73 Nr. 6a, 87e, 106a, 143a eingefügt; Art. 73 Nr. 6, 74 Nr. 23, 80 II, 87 I 1 geändert

Änderungen des GG

lfd. Nr.	Verfassungsänderndes Gesetz	Datum	Fundstelle	Betroffene Artikel
41.	Gesetz zur Änderung des Grundgesetzes	30. 08. 1994	BGBl. I S. 2245	Art. 87f, 143b eingefügt; Art. 73 Nr. 7, 80 II, 87 I 1 geändert
42.	Gesetz zur Änderung des Grundgesetzes (Artikel 3, 20a, 28, 29, 72, 74, 75, 76, 77, 80, 87, 93, 118a und 125a)	27. 10. 1994	BGBl. I S. 3146	Art. 3 II 2 und III 2, 20a, 28 II 3, 29 VIII, 74 I Nr. 25 u. 26 sowie 74 II, 75 I 1 Nr. 6, 75 I 2 sowie II und III, 77 II a, 80 III und IV, 87 II 2, 93 I Nr. 2a, 118a, 125a eingefügt; Art. 29 VII 1, 72, 74 I Nr. 18 und Nr. 24, 75 I 1 (Einleitungssatz, Nr. 2 und Nr. 5), 76 II und III geändert; Art. 74 I Nr. 5 und Nr. 8 aufgehoben
43.	Gesetz zur Änderung des Grundgesetzes	03. 11. 1995	BGBl. I S. 1492	Art. 106 III, IV 1 geändert
44.	Gesetz zur Änderung des Grundgesetzes (Artikel 28 und 106)	20. 10. 1997	BGBl. I S. 2470	Art. 106 Va eingefügt; Art. 28 II 3, 106 III 1 und VI 1–3, 6 geändert
45.	Gesetz zur Änderung des Grundgesetzes (Artikel 13)	26. 03. 1998	BGBl. I S. 610	Art. 13 III bis VI eingefügt; Art. 13 III wird Art. 13 VII
46.	Gesetz zur Änderung des Grundgesetzes (Artikel 39)	16. 07. 1998	BGBl. I S. 1822	Art. 39 I 1 und 3 geändert
47.	Gesetz zur Änderung des Grundgesetzes (Artikel 16)	29. 11. 2000	BGBl. I S. 1633	Art. 16 II 2 eingefügt
48.	Gesetz zur Änderung des Grundgesetzes (Artikel 12a)	19. 12. 2000	BGBl. I S. 1755	Art. 12a IV 2 geändert
49.	Gesetz zur Änderung des Grundgesetzes (Artikel 108)	26. 11. 2001	BGBl. I S. 3219	Art. 108 I 3 und II 3 geändert
50.	Gesetz zur Änderung des Grundgesetzes (Staatsziel Tierschutz)	26. 07. 2002	BGBl. I S. 2862	Art. 20a geändert
51.	Gesetz zur Änderung des Grundgesetzes (Artikel 96)	26. 07. 2002	BGBl. I S. 2863	Art. 96 V geändert
52.	Gesetz zur Änderung des Grundgesetzes (Artikel 22, 23, 33, 52, 72, 73, 74, 74a, 75, 84, 85, 87c, 91a, 91b, 93, 98, 104a, 104b, 105, 107, 109, 125a, 125b, 125c, 143c)	28. 08. 2006	BGBl. I S. 2034	Art. 22 I, 72 III, 73 I Nr. 5a, 9a, 12–14, Art. 93 II, 104a VI, 104b, 105 IIa 2, 109 V, 125b, 125c sowie 143c eingefügt; Art. 23 VI 1, 33 V, 52 IIIa, 72 II, 73 I Nr. 3, 11, 74 I Nr. 1, 3, 7, 11, 17, 18, 19, II, 74 I Nr. 27–33, 20, 22, 24, 26, Art. 74 II, 84 I, 85 I 87c, 91a IV 1 und 2, 91b I–III, 98 III, 104a IV, 107 I 4 sowie 125a I–III geändert; Art. 74 I Nr. 4a, 10, 11a, Art. 74a, 75, 91a I Nr. 1, III und V sowie 104a III 3 aufgehoben; Art. 72 III wird Art. 72 IV, Art. 74 I Nr. 10a wird Nr. 10, Art. 91a I Nr. 2 und 3 werden Nr. 1 und 2, Art. 91a IV wird Art. 91a III, Art. 93 II wird Art. 93 III
53.	Gesetz zur Änderung des Grundgesetzes (Artikel 23, 45 und 93)	08. 10. 2008	BGBl. I S. 1926	Art. 23 Ia, 45 S. 3 eingefügt; Art. 93 I Nr. 2 geändert
54.	Gesetz zur Änderung des Grundgesetzes (Artikel 106, 106b, 107, 108)	19. 03. 2009	BGBl. I S. 606	Art. 106b eingefügt; Art. 106 I Nr. 3, 107 I 4 sowie 108 I 1 geändert; Art. 106 II Nr. 3 aufgehoben; Art. 106 II Nr. 4–6 werden Nr. 3–5
55.	Gesetz zur Änderung des Grundgesetzes (Artikel 45d)	17. 07. 2009	BGBl. I S. 1977	Art. 45d eingefügt
56.	Gesetz zur Änderung des Grundgesetzes (Artikel 87d)	29. 07. 2009	BGBl. I S. 2247	Art. 87d I geändert
57.	Gesetz zur Änderung des Grundgesetzes (Artikel 91c, 91d, 104b, 109, 109a, 115, 143d)	29. 07. 2009	BGBl. I S. 2248	Art. 91c, 91d, 104b I 2, 109 III, 109a 143d eingefügt; Art. 109 II, V, 115 I, II geändert; Art. 109 IV aufgehoben; Art. 109 III wird Art. 109 IV

Änderungen des GG

lfd. Nr.	Verfassungsänderndes Gesetz	Datum	Fundstelle	Betroffene Artikel
58.	Gesetz zur Änderung des Grundgesetzes (Art. 91e)	21. 07. 2010	BGBl. I S. 944	Art. 91e eingefügt
59.	Gesetz zur Änderung des Grundgesetzes (Art. 93)	11. 07. 2012	BGBl. I S. 1478	Art. 93 I Nr. 4c eingefügt
60.	Gesetz zur Änderung des Grundgesetzes (Art. 91b)	23. 12. 2014	BGBl. I S. 2438	Art. 91b I neu gefaßt

II. Der Bund und die Länder

Artikel 20 [Verfassungsprinzipien; Widerstandsrecht]

(1) Die Bundesrepublik Deutschland ist ein demokratischer und sozialer Bundesstaat.

(2) ¹Alle Staatsgewalt geht vom Volke aus. ²Sie wird vom Volke in Wahlen und Abstimmungen und durch besondere Organe der Gesetzgebung, der vollziehenden Gewalt und der Rechtsprechung ausgeübt.

(3) Die Gesetzgebung ist an die verfassungsmäßige Ordnung, die vollziehende Gewalt und die Rechtsprechung sind an Gesetz und Recht gebunden.

(4) Gegen jeden, der es unternimmt, diese Ordnung zu beseitigen, haben alle Deutschen das Recht zum Widerstand, wenn andere Abhilfe nicht möglich ist.

Literaturauswahl

Badura, Peter: Arten der Verfassungsrechtssätze, in: HStR VII, § 159 (S. 33–55).
v. Bogdandy, Armin: Prinzipien von Staat, supranationalen und internationalen Organisationen, in: HStR³ XI, § 232 (S. 275–304).
Contiades, Ion: Verfassungsgesetzliche Staatsstrukturbestimmungen, 1967.
Eichenberger, Kurt: Vom Umgang mit Strukturprinzipien des Verfassungsstaates, in: Joachim Burmeister (Hrsg.), Verfassungsstaatlichkeit. Festschrift für Klaus Stern zum 65. Geburtstag, 1997, S. 457–473.
Merten, Detlef: Über Staatsziele, in: DÖV 1993, S. 368–377.
Nowrot, Karsten: Das Republikprinzip in der Rechtsordnungengemeinschaft, 2014.
Reimer, Franz: Verfassungsprinzipien. Ein Normtyp im Grundgesetz, 2001.
Scheuner, Ulrich: Staatszielbestimmungen, in: ders., Staatstheorie und Staatsrecht, 1978, S. 223–242 (Erstveröffentlichung in: Roman Schnur [Hrsg.], Festschrift für Ernst Forsthoff zum 70. Geburtstag, 1972, S. 325–346).
Sommermann, Karl-Peter: Staatsziele und Staatszielbestimmungen, 1997.
Sommermann, Karl-Peter: Herkunft und Funktionen von Verfassungsprinzipien in der Europäischen Union, in: Hartmut Bauer/Christian Calliess (Hrsg.), Verfassungsprinzipien in Europa – Constitutional principles in Europe – Principes constitutionnels en Europe, 2008, S. 15–44.
Unger, Sebastian: Das Verfassungsprinzip der Demokratie. Normstruktur und Norminhalt des grundgesetzlichen Demokratieprinzips, 2008.

Leitentscheidungen des Bundesverfassungsgerichts

Siehe die Angaben zu Art. 20 I–III GG (Republik, Demokratie, Sozialstaat, Bundesstaat und Rechtsstaat).

Gliederung

	Rn.
A. Herkunft, Entstehung, Entwicklung	1
B. Internationale, supranationale und rechtsvergleichende Bezüge	3
C. Erläuterungen	5
I. Bedeutung	5
II. Terminologie: Vielfalt der Umschreibungen	8
1. Staatsform, Staatsziele, Staatszielbestimmungen, Staatsfundamentalnormen	9
2. Vorzugswürdig: Verfassungsprinzipien	12
III. Interpretation und Funktionen	13
D. Verhältnis zu anderen GG-Bestimmungen	16

Art. 20 (Einführung) A. Herkunft, Entstehung, Entwicklung

Stichwörter

Auffangtatbestand 14 – Auslegungsrichtlinie 14 – Staatsform 1, 4, 8f. – Staatsfundamentalnormen 8, 11 – Staatsname 6 – Staatszielbestimmungen 10, 12 – Staatsziele 8, 10, 16 – Verfassungsdogmatik 15 – Verfassungsprinzipien 2, 8, 12ff., 16 – Widerstandsrecht 7.

A. Herkunft, Entstehung, Entwicklung

1 Die einzelnen in Art. 20 I–III GG garantierten Wesensmerkmale von Republik, Demokratie, Sozial-, Bundes- und Rechtsstaatlichkeit können auf eine unterschiedlich verwurzelte, durchgängig aber lange Ideen- und Verfassungsgeschichte zurückblicken[1]. Ein verfassungsrechtliches **Novum** stellt indes die **konzentrierte Zusammenfassung** wesentlicher Aussagen über die Strukturprinzipien der Verfassung in einer Schlüsselnorm dar. Vergleichbares findet sich weder in den Verfassungen der amerikanischen und französischen Revolution noch in deutschen Verfassungen des 19. Jahrhunderts, die sich insoweit zumeist auf die – seinerzeit politisch wichtigste – Frage der Staatsform beschränkten[2]. Immerhin hob dann die **Weimarer Reichsverfassung** in Art. 1 nicht allein den Bruch mit der Monarchie (→ Art. 20 [Republik], Rn. 6) als entscheidend heraus, sondern proklamierte mit dem Satz »Die Staatsgewalt geht vom Volke aus« auch den demokratischen Grundsatz der Volkssouveränität (→ Art. 20 [Demokratie], Rn. 16), ohne indes über eine vergleichbar vollständige und zusammenfassende Bestimmung ihrer Identität zu verfügen[3].

2 Der Herrenchiemseer Entwurf kannte noch keinen Katalog von Verfassungsprinzipien[4]; dort wurde die Frage nach grundlegenden Prinzipien eher mit Blick auf die Länder und die Ewigkeitsgarantie diskutiert[5]. Hingegen fanden sich bereits in den ersten Entwürfen des **Parlamentarischen Rates** die wesentlichen Inhalte des heutigen Art. 20 I–III GG aufgeführt, ergänzt um die später wieder gestrichene ausdrückliche Festlegung der parlamentarischen Regierungsform (→ Art. 20 [Demokratie], Rn. 18f.). Die erste Fassung[6] ging auf einen Vorschlag zurück, den v. Mangoldt im Ausschuß für

---

[1] Vgl. dazu die Hinweise bei den Kommentierungen zu den einzelnen Artikeln jeweils unter dem Gliederungspunkt »A«.

[2] Beispiele: Bayern 1818, Titel I, § 1 (»Das Königreich Baiern in der Gesammt-Vereinigung aller ältern und neuern Gebietstheile ist ein souveräner monarchischer Staat nach den Bestimmungen der gegenwärtigen Verfassungs-Urkunde.«); Baden 1818, § 5 I (»Der Großherzog vereinigt in Sich alle Rechte der Staatsgewalt, und übt sie unter den in dieser Verfassungsurkunde festgesetzten Bestimmungen aus.«); Württemberg 1819, § 4 I (»Der König ist das Haupt des Staates, vereinigt in sich alle Rechte der Staatsgewalt und übt sie unter den durch die Verfassung festgesetzten Bestimmungen aus.«); Sachsen 1831, § 3 (»Die Regierungsform ist monarchisch, und es besteht dabei eine landständische Verfassung.«).

[3] Das hätte wegen des theoretisch nicht akzeptierten Vorranges der Verfassung und der von der h.M. anerkannten grenzenlosen Gestaltungsmacht des verfassungsändernden Reichsgesetzgebers (also nicht jedes Gesetzgebers; zur Bedeutung dieser Präzisierung *H. Dreier*, HGR I, § 4 Rn. 39ff.) auch nicht ins verfassungstheoretische Konzept gepaßt (→ Art. 79 II Rn. 2; → Art. 79 III Rn. 1f.).

[4] Siehe Art. 27 HChE (Parl. Rat II, S. 583), der sich als Einleitungsnorm zum Abschnitt »Bund und Länder« ganz auf die Länder als Mitglieder des Bundes konzentriert.

[5] Vgl. Parl. Rat II, S. 208 ff., 305, 558 ff. → Art. 28 Rn. 16.

[6] Vgl. Parl. Rat VII, S. 6: »Artikel 21: (1) Deutschland ist eine demokratische und soziale Republik bundesstaatlichen Aufbaus, deren Regierung der Volksvertretung verantwortlich ist. (2) Das Volk ist Träger der staatlichen Gewalt. (3) Das Volk übt diese einheitliche Gewalt in Gesetzgebung, Verwaltung und Rechtsprechung für jeden dieser Bereiche getrennt durch besondere Organe nach diesem Grundgesetz aus. (4) Rechtsprechung und Verwaltung stehen unter dem Gesetz.«

Grundsatzfragen zur Diskussion gestellt hatte und der auf Anregung Carlo Schmids leicht umformuliert worden war[7]. Charakter und Funktion der Norm wurden während der Debatten in verbal unterschiedlicher Weise umschrieben: als »Ausführungen über den Staatscharakter des Bundes« und »Fixierung eines grundlegenden Prinzips« (v. Mangoldt), als »Integration struktureller Art« und »Generalklausel« (C. Schmid) oder schlicht als »Grundsätze« (T. Heuss)[8]. Die endgültige Fassung von Art. 20 I, III GG geht auf den Hauptausschuß, diejenige von Art. 20 II GG auf den Allgemeinen Redaktionsausschuß zurück[9]. Bislang sind **Art. 20 I–III GG unverändert** geblieben. Eine sachliche, den Kerngehalt betreffende Änderung ist ohnehin ausgeschlossen (→ Art. 79 III Rn. 14 ff., 35 ff.).

B. Internationale, supranationale und rechtsvergleichende Bezüge

Die Bezüge zum internationalen und supranationalen Recht gestalten sich bei den einzelnen Prinzipien recht unterschiedlich. Namentlich das **Demokratie**gebot findet im internationalen Recht zunehmend Verbreitung und wird inzwischen sogar als mögliches Völkergewohnheitsrecht diskutiert[10]. Das Recht der Europäischen Union verpflichtet die Mitgliedstaaten auf demokratische Grundsätze (→ Art. 20 [Demokratie], Rn. 32 f., 35 ff.). Anders verhalten sich die Dinge bei der **Republik** angesichts zahlreicher konstitutioneller oder parlamentarischer Monarchien und der **Bundes**staatlichkeit angesichts zahlreicher zentralistischer Staaten. Im Falle des **Rechts**staatsprinzips kommt es auf dessen einzelne Merkmale an (→ Art. 20 [Rechtsstaat], Rn. 22). Das **Sozialstaat**sprinzip spielt aufgrund seiner Offenheit und Konkretisierungsbedürftigkeit als zwingende Vorgabe praktisch keine Rolle, obwohl sich Elemente jetzt verstärkt in der Charta der EU-Grundrechte (→ Vorb. Rn. 45 ff.) finden (→ Art. 20 [Sozialstaat], Rn. 19). Eine wissenschaftliche Konzeptualisierung von Prinzipien auf internationaler und supranationaler Ebene steckt erst in den Anfängen[11]. Die vor allem mit Bezug auf Art. 2 EUV identifizierbaren »Strukturprinzipien supranationaler Hoheitsgewalt«[12] umfassen mit Menschenwürde, Freiheit, Demokratie, Gleichheit, Rechtsstaatlichkeit und Wahrung der Menschenrechte die Essentialia mo-

---

[7] Parl. Rat V/1, S. 288, 290.
[8] Zitate in: Parl. Rat V/1, S. 288 ff., 294 f.
[9] Vgl. Parl. Rat VII, S. 220, 502. – Zur Geschichte knapp *F. Reimer*, Verfassungsprinzipien, 2001, S. 24 ff.
[10] So *T. Franck*, AJIL 86 (1992), 46 (90 f.); *J. Crawford*, BYIL 1993 (1994), 113 (122 ff.); aus der deutschen Diskussion *M. Lang*, Vereinte Nationen 46 (1998), 195 (198). Von einer durch Rechtsüberzeugung getragenen anhaltenden Übung, wie sie für die Begründung von Völkergewohnheitsrecht notwendig wäre, kann aber noch nicht die Rede sein: vgl. *I. Seidl-Hohenveldern/T. Stein*, Völkerrecht, 10. Aufl. 2000, Rn. 680 ff., 1783p; knapp *Stein/v. Buttlar*, Völkerrecht, Rn. 694 f. Abgesehen davon fehlt bisher eine einheitliche völkerrechtliche Definition der Demokratie. Ausführlich zum Ganzen *K. Ipsen*, Völkerrecht, § 30 Rn. 4 ff.; knapper *H.-J. Heintze*, Völkerrechtssubjekte, in: K. Ipsen, Völkerrecht, § 8 Rn. 61 ff. → Art. 20 (Demokratie), Rn. 25 ff.
[11] Erste Schritte bei *K.-P. Sommermann*, Herkunft und Funktionen von Verfassungsprinzipien in der Europäischen Union, in: H. Bauer/C. Calliess (Hrsg.), Verfassungsprinzipien in Europa, 2008, S. 15 ff.; *A. v. Bogdandy*, HStR³ XI, § 232 Rn. 34 ff., 40 ff.
[12] So die Terminologie von *A. v. Bogdandy*, Europäische Prinzipienlehre, in: ders. (Hrsg.), Europäisches Verfassungsrecht, 2003, S. 149 ff. (163 ff.); in der Neuauflage (*A. v. Bogdandy*, Grundprinzipien, in: A. v. Bogdandy/J. Bast [Hrsg.], Europäisches Verfassungsrecht, 2. Aufl. 2009, S. 13 ff.) ist von »unionalen Grundprinzipien« (S. 27 ff.) bzw. »Prinzipiellem« (S. 36 ff., 55 ff.) die Rede.

derner freiheitlicher Verfassungsstaatlichkeit, wie sie sich auch im Grundgesetz ausgeprägt finden.

4   Die **rechtsvergleichende Betrachtung** zeigt, daß zahlreiche Staaten durchaus ähnliche, häufig etwas knapper gefaßte Bestimmungen kennen[13], sich zuweilen freilich auf die Fixierung der Staatsform (Republik, Monarchie) beschränken[14]. Von den **deutschen Landesverfassungen** enthielten bereits die vorgrundgesetzlichen mehr oder minder ausführliche Festlegungen: z.B. Bayern (Art. 1–5), Bremen (Art. 65–67) und Hessen (Art. 65). Dort wie in den nachkonstitutionellen Verfassungen finden sich die einschlägigen Charakterisierungen üblicherweise entweder in den Eingangsbestimmungen[15] oder im Anschluß an den Grundrechtsteil[16], soweit nicht auf sie verzichtet wird[17].

C. Erläuterungen

I. Bedeutung

5   In Art. 20 I–III GG sind mit der Garantie von Republik, Demokratiegebot, Sozial-, Bundes- und Rechtsstaatlichkeit wesentliche und fundamentale Aussagen über die **verfassungsrechtliche Identität** der Bundesrepublik Deutschland getroffen[18]. Gemeinsam mit Art. 1 GG »bestimmen«[19] diese Normen die Verfassungsordnung des Grundgesetzes, entscheiden über den »**Charakter der Bundesrepublik Deutschland**«[20] und bilden das »**normative Kernstück der Verfassungsordnung**«[21]. Die **zentrale Bedeutung**

---

[13] Vgl. die Verfassungen von Frankreich (Art. 2 S. 1: »Frankreich ist eine unteilbare, laizistische, demokratische und soziale Republik.«); Griechenland (Art. 1 I: »Die Staatsform Griechenlands ist die republikanische parlamentarische Demokratie.«); Italien (Art. 1: »Italien ist eine demokratische, auf die Arbeit gegründete Republik. Die Souveränität liegt beim Volk, das sie in den Formen und Grenzen der Verfassung ausübt.«); Österreich (Art. 1: »Österreich ist eine demokratische Republik. Ihr Recht geht vom Volk aus.«; Art. 2 I: »Österreich ist ein Bundesstaat.«); Belgien (Art. 1: »Belgien ist ein föderaler Staat, bestehend aus Gemeinschaften und Regionen.«; Art. 33 I: »Alle Gewalten gehen von der Nation aus.«); Rußland (Art. 1 S. 1: »Die Russische Föderation – Rußland ist ein demokratischer föderaler Rechtsstaat mit republikanischer Regierungsform.«). Sehr ausführlich Portugal (Art. 1–3); knapper Spanien (Art. 1: »(1) Spanien konstituiert sich als demokratischer und sozialer Rechtsstaat und bekennt sich zu Freiheit, Gerechtigkeit, Gleichheit und politischem Pluralismus als den obersten Werten seiner Rechtsordnung. (2) Das spanische Volk, von dem alle Staatsgewalt ausgeht, ist Träger der nationalen Souveränität. (3) Die politische Form des spanischen Staats ist die parlamentarische Monarchie.«).
[14] So etwa Dänemark (§ 2 S. 1: »Die Regierungsform ist beschränkt-monarchisch.«). Weitere Nachweise zu einzelnen Bestimmungen bei *I. Contiades*, Verfassungsgesetzliche Staatsstrukturbestimmungen, 1967, S. 11 ff.
[15] Bayern (Art. 1–5), Berlin (Art. 2), Brandenburg (Art. 2), Hamburg (Art. 3), Mecklenburg-Vorpommern (Art. 2), Niedersachsen (Art. 1 II), Sachsen (Art. 1) und Sachsen-Anhalt (Art. 2), Schleswig-Holstein (Art. 2).
[16] Baden-Württemberg (Art. 23), Bremen (Art. 65 ff.), Hessen (Art. 65), Rheinland-Pfalz (Art. 74), Saarland (Art. 60), Thüringen (Art. 44).
[17] Vgl. Nordrhein-Westfalen (Art. 1 ff., 30 ff.).
[18] Das später eingefügte Widerstandsrecht zählt nicht dazu und fällt auch nicht unter die Ewigkeitsgarantie (→ Rn. 7; → Art. 20 IV Rn. 27; → Art. 79 III Rn. 54).
[19] So *Hesse*, Verfassungsrecht, Rn. 126.
[20] *R. Herzog*, in: Maunz/Dürig, GG, Art. 20 [I. Art. 20 im Gefüge des GG, 1978], Rn. 9; ähnlich *v. Münch*, Staatsrecht I, Rn. 89; s. auch *D. Merten*, DÖV 1993, 368 (370): »Basis deutscher Staatlichkeit«.
[21] *Badura*, Staatsrecht, Rn. D 3. Zu dieser Funktion der Fixierung eines identitätsvergewissernden

von Art. 20 I–III GG hat doppelten Grund. Einmal sind hier nach dem Selbstverständnis des Grundgesetzes die identitätsbestimmenden Merkmale und Prinzipien niedergelegt (zur Terminologie: → Rn. 8 ff.); zweitens sind deren »Grundsätze«, also ihr Kerngehalt, wegen Art. 79 III GG unabänderlich und damit auch dem Zugriff des verfassungsändernden Gesetzgebers entzogen. Insofern kommt den Festlegungen in Art. 20 I–III (und Art. 1) GG durchaus **höherer Rang** als den anderen Normen des Grundgesetzes zu[22].

Garantiert sind die soeben genannten fünf Prinzipien, **nicht** auch der **Staatsname**. Wäre er es, müßte wegen Art. 79 III GG jegliche Änderung des Staatsnamens als ausgeschlossen betrachtet werden[23]. Das ist aber alles andere als zwingend. Denn zwischen der Bezeichnung als Bundesrepublik Deutschland und der Garantie der republikanischen (und föderalen) Staatsform besteht ein Unterschied. Solange ein neuer Staatsname nicht die substantiellen Prinzipien verletzt oder negiert, steht Art. 20 GG einer Neubenennung der Bundesrepublik (etwa in: »Bund deutscher Länder«[24] oder »Deutsche Bundesrepublik« oder »Republik Deutschland«) nicht entgegen.

Den Charakter tragender und identitätsstiftender Verfassungsprinzipien haben nur die in Art. 20 I–III GG genannten Prinzipien. Das **Widerstandsrecht** des Art. 20 IV GG gehört **nicht** dazu, weil dieses erst später hinzugefügt wurde (→ Art. 20 IV Rn. 27) und von daher auch nicht durch die Ewigkeitsgarantie des Grundgesetzes erfaßt ist (→ Art. 79 III Rn. 54).

II. Terminologie: Vielfalt der Umschreibungen

Vielfältig sind die Versuche, über die in Art. 20 I–III GG fixierten Elemente ein einheitliches terminologisches Dach zu spannen[25]. Abgesehen von ausführlichen Umschreibungen wie »leitenden verfassungsrechtlichen Prinzipien, die der Staatsorganisation ihr Gepräge geben, the constitutional framework of government«[26], sind zahlreiche substantivische Wendungen im Gebrauch (→ Rn. 9 ff.). So spricht man u.a. von Staatsfundamentalnormen, von »verfassungsrechtlichen Grundentscheidungen«[27], von Staatszielen, von Staatsstrukturbestimmungen, von Verfassungsgrundsätzen[28] von Struktur- bzw. Verfassungsprinzipien oder einfach von der Staatsform[29]. Hingegen ist die sehr plastische, in Österreich eingebürgerte Wendung von den »Bauge-

---

Kernbestandes, des Grundlegenden und Richtungweisenden eingehend und mit einer Fülle von Nachweisen *K. Nowrot*, Das Republikprinzip in der Rechtsordnungengemeinschaft, 2014, S. 75 f.

[22] → Art. 79 III Rn. 14. Irreführend ist daher die verbreitete Formel, Art. 20 I–III GG komme kein allgemein höherer Rang zu als anderen Bestimmungen des Grundgesetzes (so *Herzog* [Fn. 20], Art. 20 I Rn. 14, 21 ff.; *M. Sachs*, in: Sachs, GG, Art. 20 Rn. 5). Denn das trifft so nur für diejenigen Teilgehalte zu, die einer Verfassungsänderung zugänglich sind.

[23] So wohl *Herzog* (Fn. 20), Art. 20 I Rn. 2, 4 ff.; unklar *Sachs* (Fn. 22), Art. 20 Rn. 8. Eingehend zur Problematik *D. Murswiek*, in: BK, Überschrift (Drittbearb. 2012), Rn. 10 ff.

[24] So der Vorschlag des VE-Kuratoriums, S. 81, 101, 132.

[25] Übersicht bei *Reimer*, Verfassungsprinzipien (Fn. 9), S. 183 ff., 189 ff., 263 ff.; s. auch *D. Merten*, HGR II, § 27 Rn. 48 ff.; *Kloepfer*, Verfassungsrecht I, § 6 Rn. 1 ff.; annähernd erschöpfende Aufzählung aller denkbaren Termini bei *Nowrot*, Republikprinzip (Fn. 21), S. 69 ff.

[26] *Stern*, Staatsrecht I, S. 552.

[27] BVerfGE 123, 39 (68, Rn. 107). So auch *Maurer*, Staatsrecht I, § 6 Rn. 1 ff.

[28] Siehe beispielsweise *H. Bauer/W. Abromeit*, DÖV 2015, 1 (11 ff.) m.w.N.

[29] Weitere, im folgenden nicht näher erörterte Bezeichnungen: »Grundwertentscheidungen« (*E. Benda*, Der soziale Rechtsstaat, in: HdbVerfR, § 17 Rn. 200), »Strukturentscheidungen« (Jarass/Pieroth, GG, Art. 20 Rn. 1 f.), »allgemeine Rechtsprinzipien« (*Herzog* [Fn. 20], Art. 20 I Rn. 28 f.),

setzen«[30] in Deutschland eher ungebräuchlich[31]. Obgleich hier – wie auch bei anderen terminologischen Streitfragen – in der Sache weitgehend Einigkeit herrscht, nur eben in der Nomenklatur nicht, stoßen einige Umschreibungen auf Bedenken (→ Rn. 9 ff.), während andere aus sachlichen Gründen vorzugswürdig erscheinen (→ Rn. 12).

1. Staatsform, Staatsziele, Staatsstrukturbestimmungen, Staatsfundamentalnormen

9 Die Charakterisierung der Art. 20 I–III GG als **Staatsform**[32] ist wenig aussagekräftig, weil sie die wesensbestimmenden Merkmale der Art. 20 I–III GG nicht wirklich umgreift. Denn deren wesentliche Bestimmungen werden von der tradierten Staatsformenlehre, die entweder mit dem aus der Antike überkommenen Dreierschema (→ Art. 20 [Demokratie], Rn. 2) oder mit der Differenz von Republik und Monarchie (→ Art. 20 [Republik], Rn. 17 f.) arbeitet, kaum mehr getroffen. Es sind vielmehr »Systeme von Strukturprinzipien« zu entwickeln, welche die »Maßgeblichkeit der Staatsformen-Grundfrage übernehmen«[33]. Außerdem wird der dynamische Charakter der Elemente nicht recht erfaßt. Auch die Rubrizierung als (verfassungsrechtliche) **Grundentscheidung** (auch Grundwert- oder Strukturentscheidung)[34] wirkt zu punktuell, befördert dezisionistische Assoziationen und läßt eine hinlängliche Hervorhebung des Prozeß- und Entfaltungscharakters vermissen.

10 Diesen Mangel vermeidet die Bezeichnung als **Staatsziele**, womit der zukunftsweisende, realisierungs- und konkretisierungsbedürftige Charakter hervorgehoben wird[35]. Allerdings droht dabei wiederum die teilweise erhebliche Differenz zwischen den einzelnen Elementen verwischt zu werden. Während man den Sozialstaat wegen seiner inhaltlichen Unbestimmtheit und der Notwendigkeit gesetzgeberischer Konkretisierung (→ Art. 20 [Sozialstaat], Rn. 24 ff.) zweifellos als Staatsziel umschreiben kann[36], umfaßt das Rechtsstaatsprinzip eine ganze Reihe höchst konkreter, unmittel-

---

»Staatsprädizierungen« (*Contiades*, Staatsstrukturbestimmungen [Fn. 14], S. 9, 81 ff.; dazu ablehnend *Stern*, Staatsrecht I, S. 553), »Leitprinzipien« (*Hesse*, Verfassungsrecht, Rn. 114).

[30] Vgl. *H. Mayer/G. Kucsko-Stadlmayer/K. Stöger*, Grundriss des österreichischen Bundesverfassungsrechts, 11. Aufl., Wien 2015, Rn. 146 (dort wird von den Autoren als Überschrift »Grundprinzipien« gewählt); *H. Mayer*, Merkl zu den Baugesetzen des Bundes-Verfassungsgesetzes 1920, in: R. Walter (Hrsg.), Adolf J. Merkl. Werk und Wirksamkeit, 1990, S. 145 ff.; *R. Novak*, Demokratisches Prinzip und Verfassungswandel, in: H. Kopetz/J. Marko/K. Poier (Hrsg.), Soziokultureller Wandel im Verfassungsstaat, 2004, S. 117 ff. (mit Hinweis in Fn. 2 auf den ebenso verbreiteten Sprachgebrauch von »Grundprinzipien«); vgl. noch *D. Merten*, DÖV 1993, 368 (370); *Stern*, Staatsrecht I, S. 551; *Nowrot*, Republikprinzip (Fn. 21), S. 71 mit Fn. 68.

[31] Siehe aber *D. Merten*, HGR II, § 27 Rn. 40, 48; *S. Unger*, Das Verfassungsprinzip der Demokratie, 2008, S. 215 ff., 222 ff., 230 ff.

[32] *v. Münch*, Staatsrecht I, Rn. 109 ff.; ähnlich *K. G. Wernicke*, in: BK, Art. 20 (Erstb.), Anm. II.1 (S. 2b): »Organisationsform«.

[33] *K. Eichenberger*, Vom Umgang mit Strukturprinzipien des Verfassungsstaates, in: FS Stern, 1997, S. 457 ff. (466).

[34] Vgl. *Stern*, Staatsrecht I, S. 553; *Benda* (Fn. 29), § 17 Rn. 200; *Jarass/Pieroth*, GG, Art. 20 Rn. 1 f.; *Maurer*, Staatsrecht I, § 6 Rn. 1 ff. (»verfassungsrechtliche Grundentscheidungen«); *Kloepfer*, Verfassungsrecht I, § 6 Rn. 1. Kritisch wie hier *Reimer*, Verfassungsprinzipien (Fn. 9), S. 276 f.

[35] Zur Überlegung, Art. 20 I GG außerdem um das Staatsziel einer ökologischen Orientierung zu erweitern, siehe früh VE-Kuratorium, S. 61 ff., 132. Das ist 1994 durch die Einfügung der Umweltklausel geschehen: → Art. 20a Rn. 4 ff., 23 ff.

[36] So auch *U. Scheuner*, Staatszielbestimmungen (1972), in: ders., Staatstheorie und Staatsrecht, 1978, S. 223 ff. (233 ff.), der daneben Art. 24–26 GG und 109 IV GG anführt; ähnlich *P. Badura*, HStR VII, § 159 Rn. 15 ff.; *Sachverständigenkommission »Staatszielbestimmungen/Gesetzgebungsaufträge«*, Bericht vom 6. September 1983, hrsgg. von den Bundesministern des Innern und der Justiz,

bar anwendbarer und folgenreicher regulativer Gehalte (→ Art. 20 [Rechtsstaat], Rn. 66 ff.), die als »Staatsziele« eher irreführend bezeichnet wären[37]. Für manche Bestandteile von Bundesstaat und Demokratie gilt das gleiche. Von diesem egalisierenden bzw. nivellierenden Effekt ist auch die Bezeichnung als **Staatsstrukturbestimmungen** oder **-prinzipien**[38] nicht frei, zumal wiederum ein relativ hohes Maß an Bestimmtheit suggeriert wird[39].

Gegen die von Nawiasky stammende, in Anlehnung an die Grundnormlehre Kelsens geprägte Wendung von den **Staatsfundamentalnormen**[40] spricht, daß mit ihnen nur die Vorschriften über Erlaß und Änderung einer Staatsverfassung einschließlich der einer Änderung rechtlich entzogenen Bestimmungen gemeint sind, bezogen auf das Grundgesetz also die über Art. 79 III GG absolut gesicherten, der Ewigkeitsgarantie unterfallenden Gehalte (→ Art. 79 III Rn. 21 ff.). Der aktuelle, in diesem Sinne nicht änderungsfeste Regelungsgehalt der Art. 20 I–III GG geht aber darüber weit hinaus[41].

2. Vorzugswürdig: Verfassungsprinzipien

Von den angedeuteten Defiziten der Begriffsbildung weitgehend frei ist die Umschreibung als Strukturprinzipien[42] bzw. – noch treffender – als **Verfassungsprinzipien**[43],

---

1983, Rn. 29 (S. 34). Heute wären an vergleichbaren Staatszielen zu nennen: Umweltschutz (→ Art. 20a Rn. 23 ff.), Art. 23–26 GG, Art. 109 II GG, Kulturstaatsklauseln der Länder (→ Art. 28 Rn. 59) sowie soziale Grundrechte (→ Vorb. Rn. 81). Vgl. *Hesse*, Verfassungsrecht, Rn. 114 ff.; *K.-P. Sommermann*, Staatsziele und Staatszielbestimmungen, 1997, S. 223 ff. m. w. N.; *Kloepfer*, Verfassungsrecht I, § 6 Rn. 6 ff.

[37] Für die Demokratie zustimmend *U. Volkmann*, in: Friauf/Höfling, GG, Art. 20 (4. Teil [2001]) Rn. 38. – *Sommermann*, Staatsziele (Fn. 36), S. 211 ff. ordnet allerdings gerade die Ausprägungen materieller Rechtsstaatlichkeit, wozu er u. a. den Schutz der Menschenwürde sowie Freiheits- und Gleichheitsrechte zählt, den Staatszielen zu, während er den Rechtsstaat im formellen Sinne (mit Vorrang der Verfassung, Vorrang und Vorbehalt des Gesetzes, Gewaltenteilung etc.) als Strukturprinzip verstanden wissen will (ebd., S. 210 f.).

[38] So *v. Münch/Mager*, Staatsrecht I, Rn. 68 ff. (Staatsstrukturbestimmungen), 648 ff. (Staatsstrukturprinzipien); *W. Heun*, Die Verfassungsordnung der Bundesrepublik Deutschland, 2012, S. 31 (Staatsstrukturprinzipien); *U. Volkmann*, Grundzüge einer Verfassungslehre der Bundesrepublik Deutschland, 2013, S. 102 f. (Staatsstrukturbestimmungen). Ausführlich *Contiades*, Staatsstrukturbestimmungen (Fn. 14), S. 9 ff., 95 ff. (mit eigener Abgrenzung zu Staatsstrukturprinzipien).

[39] Kritisch auch *P. Badura*, HStR VII, § 159 Rn. 38 (Terminus zu vieldeutig und zu abstrakt) sowie *Reimer*, Verfassungsprinzipien (Fn. 9), S. 189 ff., der die »Staatsstrukturbestimmungen« und die »Staatszielbestimmungen« dem Oberbegriff des »Verfassungsprinzips« zuordnet; nochmals anders *Sommermann*, Staatsziele (Fn. 36), S. 372 f. u. passim mit eigener Unterscheidung zwischen Staatszielen und Strukturprinzipien; desgleichen *ders.*, Herkunft (Fn. 11), S. 18 ff. (Zielbestimmungen und Strukturprinzipien).

[40] *H. Nawiasky*, Allgemeine Rechtslehre, 2. Aufl. 1948, S. 31 ff.; *ders.*, Die Grundgedanken des Grundgesetzes für die Bundesrepublik Deutschland, 1950, S. 122; zustimmend *Herzog* (Fn. 20), Art. 20 I Rn. 7 ff.

[41] So auch *Reimer*, Verfassungsprinzipien (Fn. 9), S. 271.

[42] Siehe *Stern*, Staatsrecht I, S. 551 ff.; *ders.*, Staatsrecht III/2, S. 574 ff.; *Herzog* (Fn. 20), Art. 20 I Rn. 9; eingehend und mit eigenem Definitionsversuch *Reimer*, Verfassungsprinzipien (Fn. 9), S. 249 ff.; vgl. auch *Sommermann*, Staatsziele (Fn. 36), S. 372 f., der dazu freilich nur die »staatsorganisatorischen und formellen Grundprinzipien der Verfassung« rechnen will und darunter Republik, Demokratie, Bundesstaatsprinzip sowie formelle Rechtsstaatlichkeit faßt (S. 373 mit Fn. 229), nicht aber Sozialstaatlichkeit und materielle Rechtsstaatlichkeit, die als Staatszielbestimmungen begriffen werden.

[43] So namentlich *Scheuner*, Staatszielbestimmungen (Fn. 36), S. 233; in Klammern setzt er als wohl gleichbedeutend den Ausdruck »Verfassungsgrundsätze« hinzu, den wiederum *Badura* als Oberbegriff für seine Trias von verfassungsgestaltenden Grundentscheidungen (bzw. Staatsstrukturbestim-

Art. 20 (Einführung) C. Erläuterungen

wie sie gelegentlich auch in der Judikatur des Bundesverfassungsgerichts begegnet[44]. Die Redeweise von Prinzipien impliziert dabei keineswegs eine spezifische Identifizierung mit der insbesondere von Robert Alexy forcierten Lehre und einer kategorialen Unterscheidung zwischen den unterschiedlichen Normtypen von Regeln und Prinzipien einschließlich ihrer diskussionswürdigen und zum Teil vernichtend kritisierten Grundannahmen (→ Vorb. Rn. 79)[45]. Hier geht es stattdessen um die Qualifizierung von **Normen mit grundsätzlicher** und besonders hervorgehobener **Bedeutung**; die Verwendung des Prinzipienbegriffs hat daher keinen normtheoretischen, sondern »attributiven Charakter«[46]. Mit dem Rekurs auf Prinzipien im Sinne leitender Ideen und grundlegender Ordnungsvorstellungen sind zugleich die Merkmale des Unabgeschlossenen, auf permanente Konkretisierung hin Angelegten erfaßt. Die Betonung des Prinzipiencharakters unterstreicht insofern, daß Sozialstaat und Demokratie, aber auch Rechtsstaat und gleichermaßen letztlich der Bundesstaat[47] nicht als etwas Gegebenes, nur noch zu Konservierendes betrachtet werden dürfen, sondern ihnen Aufforderungscharakter innewohnt, sie auf beständige Realisierung und dynamische Fortentwicklung angelegt sind[48]. Hinzu tritt das immanente Spannungsverhältnis der Prinzipien (sowohl untereinander als auch im Verhältnis zu anderen Verfassungsbestimmungen), das im Wege verhältnismäßiger Zuordnung bzw. der Herstellung praktischer Konkordanz aufzulösen ist (→ Art. 20 [Demokratie], Rn. 143 ff.; → Art. 20 [Sozialstaat], Rn. 49 ff.; → Art. 20 [Rechtsstaat], Rn. 45)[49].

---

mungen), Staatszielbestimmungen und sonstigen Handlungsdirektiven nimmt (*P. Badura*, HStR VII, § 159 Rn. 35 ff.; begrifflich eher diffus und konturenlos hingegen *K.-H. Ladeur*, HStR³ XII, § 261 Rn. 43 ff.). Nochmals anders *E.-W. Böckenförde*, HStR³ II, § 24 Rn. 81 ff.: »Formprinzipien«. Für die Kennzeichnung als »Prinzipien« spricht nicht zuletzt, daß die Rede vom Rechtsstaatsprinzip, Sozialstaatsprinzip, Demokratieprinzip ohnehin verbreitet ist, wie sich insb. in der Judikatur zeigt (dazu Nachweise bei *Reimer*, Verfassungsprinzipien [Fn. 9], S. 26 ff.). Für Verfassungsprinzipien auch *Nowrot*, Republikprinzip (Fn. 21), S. 69 ff., der sie durchaus als Oberbegriff zu Staatsstrukturprinzipien und Staatszielbestimmungen verstanden wissen will (S. 73).

[44] BVerfGE 107, 59 (91, Rn. 167): »Art. 20 Abs. 2 GG enthält eine Staatszielbestimmung und ein Verfassungsprinzip. Aufgrund seines Prinzipiencharakters ist Art. 20 Abs. 2 GG entwicklungsoffen.« – Anders aber E 123, 267 (343, Rn. 217).

[45] So wohl auch in der Stoßrichtung *Unger*, Verfassungsprinzip (Fn. 31), S. 149 ff.

[46] *A. v. Bogdandy*, HStR³ XI, § 232 Rn. 30, der den Prinzipienbegrifff ebenso faßt wie hier. Weniger klar und entschieden *Nowrot*, Republikprinzip (Fn. 21), S. 505 ff., 521 ff., 527 ff.

[47] Von BVerfGE 12, 36 (41) ausdrücklich als Verfassungsprinzip bezeichnet. Skeptisch insoweit *Scheuner*, Staatszielbestimmungen (Fn. 36), S. 233 m. Fn. 42; ähnlich zum Begriff der Strukturprinzipien *ders.*, DÖV 1978, 339 (339).

[48] Auf die Republik trifft dies freilich nur zu, wenn man in ihr mehr sieht als ein Monarchieverbot (→ Art. 20 [Republik], Rn. 17 ff., 20 ff.); dezidiert und eingehend für das Verständnis der Republik als einem normalen Verfassungsprinzip *Nowrot*, Republikprinzip (Fn. 21), S. 76 ff., 179 ff. und passim. Zur Dynamik des föderalen Systems: → Art. 20 (Bundesstaat), Rn. 24. Mit Bezug auf die Demokratie wie hier jetzt ausdrücklich BVerfGE 107, 59 (91, Rn. 167); *Volkmann*, Grundzüge (Fn. 38), S. 103.

[49] BVerfGE 1, 14 (50); *Herzog* (Fn. 20), Art. 20 I Rn. 36, 44; *Jarass/Pieroth*, GG, Art. 20 Rn. 2; *Eichenberger*, Umgang (Fn. 33), S. 459 f. Zur praktischen Konkordanz: *Hesse*, Verfassungsrecht, Rn. 317 ff. Vgl. auch *Herzog* (Fn. 20), Art. 20 I Rn. 39 ff. – Spannungsverhältnisse sind beispielsweise denkbar zwischen Gewaltenteilung und Demokratie, Demokratie und Rechtsstaatlichkeit, Rechtsstaatlichkeit und Sozialstaatlichkeit, Demokratie und Bundesstaatlichkeit; zu wechselseitigen Einflußnahmen und Begrenzungen ferner *P. Kirchhof*, HStR³ II, § 21 Rn. 93 ff.; *E.-W. Böckenförde*, HStR³ II, § 24 Rn. 82 ff., 97 ff.; *D. Merten*, HGR II, § 27 Rn. 51 ff. – Harmonisierend *Sachs* (Fn. 22), Art. 20 Rn. 6, der von sinnvoller Zuordnung und bloßen Scheinwidersprüchen spricht; die von ihm vorausgesetzte Harmonie muß freilich im je konkreten Konfliktfall immer erst hergestellt werden und wird nicht als solche schon vorgefunden.

III. Interpretation und Funktionen

Die einzelnen Elemente der Art. 20 I–III GG weisen **erhebliche Differenzen** in ihrem jeweiligen Konkretionsgrad auf. Republik, Sozial- und Bundesstaat werden in lapidarer Kürze (als Namensbestandteil, adjektivisch oder substantivisch) aufgeführt, während Demokratie- und Rechtsstaatsprinzip ausführlicher normiert sind und bereits konkrete, substantielle Festlegungen und Präzisierungen aufweisen. Diese wachsen dem Bundesstaat durch zahlreiche Bestimmungen des Grundgesetzes außerhalb des Art. 20 GG zu (→ Art. 20 [Bundesstaat], Rn. 22), was zum Teil auch für die Republik (→ Art. 20 [Republik], Rn. 28), nur in sehr abgeschwächtem Ausmaß für das Sozialstaatsprinzip zutrifft (→ Art. 20 [Sozialstaat], Rn. 50f.). Aber auch das demokratische und das rechtsstaatliche Prinzip werden in Art. 20 GG bei weitem nicht erschöpfend erfaßt; beide erfahren durch zahlreiche weitere Bestimmungen des Grundgesetzes nähere Ausgestaltung, Präzisierung und Fixierung (→ Art. 20 [Demokratie], Rn. 151ff.; → Art. 20 [Rechtsstaat], Rn. 41, 228f.). Diese **Konkretisierung durch andere Verfassungsnormen** stellt die Interpretation stets aufs Neue vor die Aufgabe, hier im einzelnen genaue Abgrenzungen und Zuordnungen vorzunehmen. Die Frage, welche normative Folge aus Art. 20 GG und welche einer anderen Bestimmung des Grundgesetzes zu entnehmen ist, hat wegen Art. 79 III GG vor allem Bedeutung für die Zulässigkeit einer Verfassungsänderung[50]. Diese Bezugnahmen, Spezialitätsverhältnisse und Wechselseitigkeiten näher auszuleuchten, ist hier nicht der Ort; zu konsultieren sind insofern die Kommentierungen der einschlägigen Verfassungsnormen (siehe etwa: → Art. 79 III Rn. 35ff.; → Art. 20 [Demokratie], Rn. 143ff.; → Art. 20 [Sozialstaat], Rn. 49ff.; → Art. 20 [Rechtsstaat], Rn. 40, 81ff., 229)[51].

13

Abgesehen von den namentlich bei Rechtsstaats- und Demokratieprinzip bereits vorhandenen konkreten Normierungen, lassen sich für die Verfassungsprinzipien in notwendiger Verallgemeinerung wohl vor allem **zwei Funktionen** benennen. Zum einen fungieren sie als Grundregel und insofern als **Auffangtatbestand** für im einzelnen nicht grundgesetzlich geregelte Sachverhalte[52]. So greift man für das Problem rückwirkender Gesetze in Ermangelung einschlägiger grundgesetzlicher Vorgaben unmittelbar auf das Rechtsstaatsprinzip zurück (→ Art. 20 [Rechtsstaat], Rn. 151ff.); ebenso werden für die Frage nach der Zulässigkeit von Verweisungen dieses sowie das Demokratieprinzip herangezogen (→ Art. 20 [Demokratie], Rn. 118). Die Verfassungsautonomie der Länder leitet man ebenfalls direkt aus ihrer Eigenstaatlichkeit ab (→ Art. 20 [Bundesstaat], Rn. 41f.; → Art. 28 Rn. 42ff.)[53]. Zum anderen fungieren die Prinzipien als **Auslegungsrichtlinie** bei der Anwendung des (einfachen) Rechts sowie anderer Grundgesetz-Bestimmungen (→ Art. 20 [Sozialstaat], Rn. 39ff.; → Art. 20 [Rechtsstaat], Rn. 45, 176)[54]. Verfassungskonforme und verfassungsorientierte Auslegung (→

14

---

[50] Beispiel: Art. 54 GG (Wahl des Bundespräsidenten auf vier Jahre) ist einer Verfassungsänderung prinzipiell zugänglich. Einer Wahl auf Lebenszeit stünde aber das republikanische Prinzip (Art. 20 I GG) entgegen, zu dessen über Art. 79 III GG geschütztem Grundsatz die Bestellung des Staatsoberhauptes auf begrenzte Zeit gehört (→ Art. 79 III Rn. 35).

[51] Zur schrittweisen Konkretisierung und Herausarbeitung des normativen Gehaltes ausführlich *Reimer*, Verfassungsprinzipien (Fn. 9), S. 473ff.

[52] Vgl. etwa *Herzog* (Fn. 20), Art. 20 I Rn. 27.

[53] Auch die Anforderungen an die Klarheit von Gesetzen und an Organisation und Verfahren staatlicher Rechtsetzung und -anwendung lassen sich hier beispielhaft anführen (→ Art. 20 [Rechtsstaat], Rn. 141ff., 199ff.).

[54] Die für Grundrechte allgemein anerkannte Wirkung von Verfassungsnormen als Auslegungs-

Art. 1 III Rn. 85f.) kommen zwar vorrangig, aber bei weitem nicht nur bei den Grundrechten zum Tragen, sondern gelten für die Verfassungsprinzipien nicht minder.

15 Die Kommentierungen zu Art. 20 I–III GG haben seit jeher den Weg beschritten, die einzelnen Prinzipien getrennt je für sich zu behandeln. Dem ist zu folgen. Allerdings darf das über innere Bezüge ebensowenig hinwegtäuschen wie darüber, daß Art. 20 II 2, 2. Hs. GG (»und durch besondere Organe der Gesetzgebung, der vollziehenden Gewalt und der Rechtsprechung ausgeübt«) Textbasis sowohl für das Demokratie- als auch das Rechtsstaatsprinzip ist. Ohnehin sollte man sich gerade bei den beiden letztgenannten angesichts deren reichhaltiger und vielfältiger Ausdifferenzierung stets der **Gefahr** bewußt und entsprechend sensibilisiert sein, daß die Behandlung von »Prinzipien« zu **einer vom Text des Grundgesetzes abgelösten, verselbständigten Verfassungsdogmatik** und letztlich zur Annahme rechtlicher Konsequenzen führen kann, die in der Norm selbst keinen Anhaltspunkt mehr finden[55].

D. Verhältnis zu anderen GG-Bestimmungen

16 Beziehungen bestehen einerseits zwischen den Verfassungsprinzipien von Art. 20 I–III GG selbst (→ Rn. 12), zum anderen zu solchen Bestimmungen des Grundgesetzes, die als deren Konkretisierungen begriffen werden können (→ Rn. 13). Wichtig ist zudem die Existenz anderer Staatszielbestimmungen, die für die Identität des Grundgesetzes gleichfalls von hoher, allerdings nicht über Art. 79 III GG abgesicherter Bedeutung sind (**Art. 20a, 23–26, 109 II GG**). Als Parallelnorm kann **Art. 28 I GG** gelten, da hierdurch – naturgemäß mit Ausnahme der Bundesstaatlichkeit – die Länder auf die gleiche Grundstruktur festgelegt werden wie der Bund (→ Art. 28 Rn. 41f., 53ff.). Besondere Bedeutung kommt schließlich **Art. 79 III GG** zu, da dieser die »Grundsätze« von Art. 20 I–III GG für unantastbar erklärt.

---

richtlinie (→ Art. 1 III Rn. 85f.) gilt für die Verfassungsprinzipien des Art. 20 I–III GG nicht minder; vgl. zur Pflicht zu verfassungskonformer Auslegung bei Verstoß gegen das Demokratieprinzip: BVerfGE 93, 37 (81f.), bei Verstoß gegen das Rechtsstaatsprinzip: E 49, 148 (157ff., 164ff.); zur Nichtigkeit wegen Verstoßes gegen den über Art. 28 I 2 GG auch im Gemeinderat gewährleisteten Grundsatz der Wahlrechtsgleichheit: E 93, 373 (376ff.).

[55] Solche Gefährdungen werden etwa sichtbar in manchen Details der Lehre von der Rückwirkung von Gesetzen (→ Art. 20 [Rechtsstaat], Rn. 151ff.) sowie in höchst filigranen Konsequenzen, die man aus dem Modell demokratischer Legitimation zieht (→ Art. 20 [Demokratie], Rn. 109ff.). Weitere Problemfälle: → Art. 20 (Rechtsstaat), Rn. 57 (DDR-Regierungskriminalität), 218f. (Konsequenzen für das Straf[verfahrens]recht).

Artikel 20 [Verfassungsprinzipien; Widerstandsrecht]

(1) Die Bundes**republik** Deutschland ist ein demokratischer und sozialer Bundesstaat.

(2) ¹Alle Staatsgewalt geht vom Volke aus. ²Sie wird vom Volke in Wahlen und Abstimmungen und durch besondere Organe der Gesetzgebung, der vollziehenden Gewalt und der Rechtsprechung ausgeübt.

(3) Die Gesetzgebung ist an die verfassungsmäßige Ordnung, die vollziehende Gewalt und die Rechtsprechung sind an Gesetz und Recht gebunden.

(4) Gegen jeden, der es unternimmt, diese Ordnung zu beseitigen, haben alle Deutschen das Recht zum Widerstand, wenn andere Abhilfe nicht möglich ist.

Literaturauswahl

Anderheiden, Michael: Gemeinwohl in Republik und Union, 2006.
Balzer, Ralph: Republikprinzip und Berufsbeamtentum, 2009.
v. Bogdandy, Armin: Konstitutionalisierung des europäischen öffentlichen Rechts in der europäischen Republik, in: JZ 2005, S. 529–540.
Collignon, Stefan: Die Europäische Union als Republik, in: EuR-Beiheft 2013, S. 131–154.
Dreier, Horst: Kants Republik, in: JZ 2004, S. 745–756.
Fontana, Biancamaria (Hrsg.): The Invention of the Modern Republic, Cambridge 1994.
Frankenberg, Günter: Die Verfassung der Republik. Autorität und Solidarität in der Zivilgesellschaft, 1996.
Gröschner, Rolf: Freiheit und Ordnung in der Republik des Grundgesetzes, in: JZ 1996, S. 637–646.
Gröschner, Rolf: Die Republik, in: HStR³ II, § 23 (S. 369–428).
Gröschner, Rolf: Römischer Republikanismus, in: Kristian Kühl/Gerhard Seher (Hrsg.), Rom, Recht, Religion, 2011, S. 15–35.
Gröschner, Rolf: Der Freistaat des Grundgesetzes, in: Rolf Gröschner/Oliver W. Lembcke (Hrsg.), Freistaatlichkeit. Prinzipien eines europäischen Republikanismus, 2011, S. 293–352.
Gröschner, Rolf: Republik, in: Leitgedanken des Rechts. Paul Kirchhof zum 70. Geburtstag, Bd. 1, 2013, § 24 (S. 263–271).
Henke, Wilhelm: Die Republik, in: HStR I, § 21 (S. 863–886).
Hölzing, Philipp: Republikanismus – Geschichte und Theorie, 2014.
Horn, Hans-Detlef: Kantischer Republikanismus und empirische Verfassung, in: ZöR 57 (2002), S. 203–227.
Huster, Stefan: Republikanismus als Verfassungsprinzip?, in: Der Staat 34 (1995), S. 606–613.
Isensee, Josef: Republik – Sinnpotential eines Begriffs. Begriffsgeschichtliche Stichproben, in: JZ 1981, S. 1–8.
Isensee, Josef: Art. Republik, in: StL⁷, Bd. 4, 1988, Sp. 882–885.
Klein, Eckart: Der republikanische Gedanke in Deutschland, in: DÖV 2009, S. 741–747.
Langewiesche, Dieter: Republik und Republikaner. Von der historischen Entwertung eines politischen Begriffs, 1993.
Löw, Konrad: Was bedeutet »Republik« in der Bezeichnung »Bundesrepublik Deutschland«?, in: DÖV 1979, S. 819–822.
Mager, Wolfgang: Art. Republik, in: Geschichtliche Grundbegriffe, Bd. 5, 1984, S. 549–651.
Maissen, Thomas: Art. Republik, in: DNP, Bd. 15/2, 2002, Sp. 714–741.
Nowrot, Karsten: Das Republikprinzip in der Rechtsordnungengemeinschaft. Methodische Annäherungen an die Normalität eines Verfassungsprinzips, 2014.
Pettit, Philip: Republicanism. A Theory of Freedom and Government, Oxford – New York 1997.
Reinalter, Helmut (Hrsg.): Republikbegriff und Republiken seit dem 18. Jahrhundert im europäischen Vergleich, 1999.
Robbers, Gerhard: Republik, in: Staatsrecht und Politik. Festschrift für Roman Herzog zum 75. Geburtstag, 2009, S. 379–391.
Schachtschneider, Karl Albrecht: Res publica res populi. Grundlegung einer Allgemeinen Republiklehre. Ein Beitrag zur Freiheits-, Rechts- und Staatslehre, 1994.
Viroli, Maurizio: Die Idee der republikanischen Freiheit, 2002.

Art. 20 (Republik)   A. Herkunft, Entstehung, Entwicklung

Wittreck, Fabian: »Republik« als verfassungsunmittelbare Grundrechtsschranke?, in: Iustitia et Pax. Gedächtnisschrift für Dieter Blumenwitz, 2008, S. 881–899.

Leitentscheidungen des Bundesverfassungsgerichts

BVerfG (K), NJW 2004, 2008 (2011) – Ebenbürtigkeitsklausel; BVerfGE 123, 39 (69, Rn. 109) – Wahlcomputer.

Gliederung   Rn.

	Rn.
A. Herkunft, Entstehung, Entwicklung	1
I. Ideen- und verfassungsgeschichtliche Aspekte	1
II. Entstehung und Veränderung der Norm	8
B. Internationale, supranationale und rechtsvergleichende Bezüge	10
C. Erläuterungen	16
I. Stellung im Grundgesetz	16
II. Formaler Begriff der Republik (Nichtmonarchie)	17
III. Materialer Begriff der Republik?	20
IV. Republik als Schlüsselbegriff der Interpretation des Grundgesetzes?	24
D. Verhältnis zu anderen GG-Bestimmungen	27

Stichwörter

Adelsprädikate 18 – Amt 20 – Änderungsfestigkeit 16, 27 – Appellbegriff 23 – Augustinus 2 – Australien 13 – Bundesfarben 28 – Cicero 1 – DDR-Verfassung 7 – Ebenbürtigkeitsklausel 18 – Europarecht 11f. – Europäische Republik 12 – Ewigkeitsgarantie 16, 19, 27 – Federalist Papers 4 – formaler Republikbegriff 17f. – Frankreich, Französische Revolution 3, 14, 17 – freiheitliche demokratische Grundordnung 19 – Freistaat 2, 6f., 15 – Gegenbegriff zur Despotie 1, 4 – Gegenbegriff zur Monarchie 2f., 17 – Gemeinwohl 20ff. – Gewaltenteilung 4, 28 – Grundrechte 4, 21, 26 – Habsburgergesetz 14 Fn. 57 – Kant 4, 20, 24 – Kommunitarismus 23 – Landesverfassungen 6, 15 – Liberalismus 23 – Machiavelli 2 – materialer Republikbegriff 20ff. – mittelalterliche Tradition 2 – Monarchie 1f., 5f., 11ff., 17f., 27 – nichtmetaphysische Begründung von Herrschaft 20 – Österreich 14 – Parlamentarischer Rat 8 – Paulskirchenverfassung 5 – Radikalisierung des Republikbegriffs 5 – Räterepublik 6 – Rechtsstaat 4, 21, 25, 28 – Rechtsvergleich 13ff. – Repräsentation 4, 28 – »Republikanisierung« 24 – römische Tradition 1f., 20 – Schweiz 13 – Staatsformbegriff 2 – Staatsname 1, 8, 16 – Staatsoberhaupt 10, 17f., 28 – streitbare Demokratie 19 – Südafrika 13 – Tyrannis 1, 4 – USA 4, 13 – Verfassungsstaat 3f. – Völkerrecht 10 – Weimarer Reichsverfassung 6 – Zivilgesellschaft 24.

A. Herkunft, Entstehung, Entwicklung

I. Ideen- und verfassungsgeschichtliche Aspekte

1   Das im Staatsnamen Deutschlands niedergelegte republikanische Prinzip (→ Rn. 16) kann auf eine lange, reiche und vielfältige Begriffsgeschichte zurückblicken[1]. Der Republikbegriff ist seit jeher von großer Vieldeutigkeit geprägt. Zu Beginn des 19. Jahr-

---

[1] Eingehend *W. Mager,* Art. Republik, in: Geschichtliche Grundbegriffe, Bd. 5, S. 549ff.; s. auch *H.-J. Toews,* Art. Republik, in: HRG IV, Sp. 916ff.; *J. Isensee,* Art. Republik, in: StL⁷, Bd. 4, Sp. 882ff.; *W. Henke,* HStR I, § 21 Rn. 10ff.; *B. Fontana,* Introduction: The Invention of the Modern Republic, in: dies. (Hrsg.), The Invention of the Modern Republic, Cambridge 1994, S. 1ff.; *H. Reinalter,* Zur Einführung: Republik, in: ders. (Hrsg.), Republikbegriff und Republiken seit dem 18. Jahrhundert im europäischen Vergleich, 1999, S. 15ff.; *G. Frankenberg,* in: AK-GG, Art. 20 Abs. 1–3 I (2001), Rn. 3ff.; *R. Gröschner,* HStR³ II § 23 Rn. 13ff.; *U. Volkmann,* in: Friauf/Höfling, GG, Art. 20 (2. Teil [2008]), Rn. 2ff.; *K. Nowrot,* Das Republikprinzip in der Rechtsordnungengemeinschaft, 2014, S. 293ff.; *P. Hölzing,* Republikanismus – Geschichte und Theorie, 2014.

hunderts bekennt John Adams, er habe nie verstanden, was eine Republik sei, um hinzuzufügen: »and I believe no other man did or ever will«[2]. Den Ausgangspunkt[3] bildet der im römischen Staatsdenken geprägte Terminus der **res publica** (wörtlich »öffentliche Sache«), der »in seinem ursprünglichen Sinn den Staat als den Inbegriff der gemeinsamen Belange der Bürger im Unterschied zu den Sonderinteressen« bezeichnet[4]. Ihre klassische Definition hat die res publica durch **Cicero** erfahren: »Est igitur res publica res populi, populus autem non omnis hominum coetus quoque modo congregatus, sed coetus multitudinis iuris consensu et utilitatis communione sociatus«[5]. Ungeachtet der durchscheinenden Selbststilisierung und -idealisierung der römischen Nobilität[6] ist damit ein wegweisendes »**ethisches Staatskonzept**«[7] formuliert, das als Mindestbestandteile Rechtlichkeit, Gemeinwohlorientierung und Bezug auf den (wie auch immer bestimmten, repräsentierten oder aktualisierten) Volkswillen enthält. Diese Charakterisierung der Republik steht quer zur klassischen Typologie der Herrschaftsformen (→ Art. 20 [Demokratie], Rn. 2): nicht Republik und Monarchie schließen sich demnach aus, wohl aber Republik und Tyrannis[8]. Auf den Geist der Herrschaft kommt es an, nicht auf die Zahl der Herrscher. Auch das römische Kaiserreich hat sich stets als Republik betrachtet[9].

In der Folge ist es Aurelius **Augustinus**, durch den der Republikbegriff der staatsphilosophischen Semantik des lateinischen Mittelalters vermittelt wird; bei ihm changiert die Bedeutung indes zwischen wertneutraler Bezeichnung jeglicher wirksamen öffent-

2

---

[2] Hierzu und zur Rezeption der Sentenz *Nowrot*, Republikprinzip (Fn. 1), S. 79.

[3] Eingehende Darstellung der ideengeschichtlichen Traditionslinien bei *R. Gröschner*, HStR[3] II, § 23 Rn. 13 ff. (Aristoteles), 19 ff. (Cicero), 23 ff. (Rousseau, Kant); speziell zur Rezeption seit dem Spätmittelalter *T. Maissen*, Art. Republik, in: DNP, Bd. 15/2, 2002, Sp. 714 ff., der aber zusätzlich darauf hinweist, daß die Deutungsvielfalt schon bei Aristoteles beginnt (714).

[4] *Isensee*, Republik (Fn. 1), Sp. 883; vgl. *G. Roellecke*, in: Umbach/Clemens, GG, Art. 20 Rn. 11; *Frankenberg* (Fn. 1), Art. 20 Abs. 1–3 I Rn. 5; *W. Kunkel*, Römische Rechtsgeschichte, 14. Aufl. 2005, S. 10.

[5] *Cicero*, De re publica, I, 25 (39), in der dt. Übersetzung nach der reclam-Ausgabe (1980, S. 39): »Das Gemeinwesen ist also die ›Sache des Volkes‹, Volk ist aber nicht jede Vereinigung von Menschen, die auf jede nur erdenkbare Weise sich wie eine Herde zusammengeschart hat, sondern der Zusammenschluß einer größeren Menschenzahl, der auf der Grundlage einer Rechtsvereinbarung und einer Interessengemeinschaft erfolgt ist.« Zu Cicero siehe *Mager*, Republik (Fn. 1), S. 553 f.; *ders.*, Art. Republik, in: Hist. Wb. Philos. 8 (1992), Sp. 858 ff. (859); *J. Isensee*, JZ 1981, 1 (3 f.); speziell zur begrifflichen Entwicklung noch *H. Galsterer*, Art. res publica, in: DNP, Bd. 10, 2001, Sp. 927 ff. – Zum wichtigen Einfluß griechischer Elemente *H. Volkmann*, Art. Res publica, in: K. Ziegler/W. Sontheimer (Hrsg.), Der Kleine Pauly, Bd. 4, 1979, Sp. 1381 ff. (1382); speziell zu Aristoteles *R. Gröschner*, HStR[3] II, § 23 Rn. 13 f.; *Hölzing*, Republikanismus (Fn. 1), S. 35.

[6] Zur Rolle der römischen Nobilität und ihrer Selbsteinschätzung etwa *M. Crawford*, Die römische Republik, 1985, S. 17 ff., 33 ff.; *J. Bleicken*, Die Verfassung der römischen Republik, 8. Aufl. 2008, S. 42 ff.; in Teilen positivere Einschätzung bei *W. Nippel*, Bürgerideal und Oligarchie. »Klassischer Republikanismus« aus althistorischer Sicht, in: H. G. Koenigsberger (Hrsg.), Republiken und Republikanismus im Europa der Frühen Neuzeit, 1988, S. 1 ff. (9 ff.).

[7] *Isensee*, Republik (Fn. 1), Sp. 883. Zu historischen Rezeptionsvorgängen des römischen Begriffs etwa *Nippel*, Bürgerideal (Fn. 6), S. 1 ff.; *ders.*, Republik, Kleinstaat, Bürgergemeinde. Der antike Stadtstaat in der neuzeitlichen Theorie, in: P. Blickle (Hrsg.), Theorien kommunaler Ordnung in Europa, 1996, S. 225 ff.; *Nowrot*, Republikprinzip (Fn. 1), S. 322 ff.

[8] *Cicero*, De re publica (Fn. 5), I, 42; III, 47; *J. Isensee*, JZ 1981, 1 (3); *ders.*, Republik (Fn. 1), Sp. 884; *Mager*, Republik (Fn. 1), S. 554; *Toews*, Republik (Fn. 1), Sp. 916; *Volkmann*, Res publica (Fn. 5), Sp. 1382; *Frankenberg* (Fn. 1), Art. 20 Abs. 1–3 I Rn. 3 f.; *Roellecke* (Fn. 4), Art. 20 Rn. 11.

[9] Zur Augusteischen Propaganda der ›res publica restituta‹ *W. Henke*, HStR I, § 21 Rn. 11; umfangreich *J. Bleicken*, Verfassungs- und Sozialgeschichte des Römischen Kaiserreiches, Bd. 1, 4. Aufl. 1995, S. 20 ff., 83 f.

Art. 20 (Republik)   A. Herkunft, Entstehung, Entwicklung

lichen Gewalt und metaphysisch aufgeladener Umschreibung der guten Ordnung des christlichen Gemeinwesens[10]. Im ausgehenden **Hochmittelalter** zeichnet sich dann eine andere Akzentuierung ab, die – unter Rückgriff namentlich auf die historischen Legenden vom Ende der römischen Königsherrschaft – ›respublica‹ als Gegenbegriff von ›regnum‹ (Königsherrschaft) etabliert[11]: aus dem allgemeinen Staatsbegriff wird ein spezifischer Staatsformbegriff. Anwendungsfälle für eine solche Gegenüberstellung bieten in jener Epoche die italienischen Stadtkommunen (namentlich die mächtige Republik Venedig), die sich zur legitimatorischen Absicherung ihrer Form der Selbstregierung maßgeblich auf den Republikbegriff stützen[12]. Damit stellt sich die gemeinhin als *locus classicus* präsentierte Unterscheidung von Republiken und Fürstentümern durch **Machiavelli**[13] letztlich als Pointierung hochmittelalterlichen Gedankengutes dar[14]. Freilich bildet sich auch in der frühen **Neuzeit** noch kein staatsphilosophischer Konsens über die ausschließliche Bestimmung der Republik als Gegenbegriff zur Monarchie (→ Rn. 17), wofür die Schweiz, die Niederlande und die Stadtrepubliken als Anschauungsmaterial hätten dienen können[15]. Lange Zeit bleibt ›Republik‹ jedenfalls auch staatsformneutrale Umschreibung des politischen Gemeinwesens, bevor sich zu dessen maßgeblicher Kennzeichnung andere Termini (Staat, Souveränität, civitas) durchsetzen[16]. Damit wird Republik (wieder) frei zur Kennzeichnung eines Freistaates, einer Nichtmonarchie.

3   Entscheidend befördert wird dieses antimonarchische Verständnis durch die **Französische Revolution**. Zwar halten Sieyes und Robespierre wie vor ihnen Voltaire und Rousseau anfangs noch Republik (im allgemeinen Sinne von Verfassungsstaat) und Monarchie für miteinander vereinbar[17]; doch folgt 1792 nach einer Phase zunehmen-

---

[10] Siehe *Augustinus*, De civitate Dei (413–427), II, 21; XIX, 21, 24; dazu *Mager*, Republik (Fn. 1), S. 553 f.; *J. Isensee*, JZ 1981, 1 (4); *R. Gröschner*, HStR³ II, § 23 Rn. 22; *Volkmann* (Fn. 1), Art. 20 Rn. 4.

[11] So erstmals in seiner Fortsetzung von dessen Fürstenschrift der Thomas-Schüler *Ptolemäus von Lucca*, De regno ad regem Cypri continuatio, IV, 1: »Tunc enim a regali dominio destiterunt, magistratus reipublicae assumentes: sicut in urbe« (Damals nämlich versagten sie der Königsherrschaft die Gefolgschaft, und gewählte Amtsträger stellten sich an die Spitze des Gemeinwesens; das gleiche ereignete sich in Rom); vgl. ebd., II, 10, 14; IV, 7. Dazu *Mager*, Republik (Fn. 1), S. 582 f.; allgemein zu Ptolemäus und seiner Fortsetzung *M. Grabmann*, Die Werke des Hl. Thomas von Aquin, 3. Aufl. 1949, S. 333 ff.; *F. Wittreck*, Geld als Instrument der Gerechtigkeit, 2002, S. 705 ff.

[12] Hier spielt die Entfaltung einer juristischen Körperschaftslehre eine wichtige Rolle: vgl. *Mager*, Republik (Fn. 1), S. 559 ff.; *ders.*, Republik (Fn. 5), Sp. 861 ff. – Auch *G. Dilcher*, Kommune und Bürgerschaft als politische Idee, in: I. Fetscher/H. Münkler (Hrsg.), Pipers Handbuch der politischen Ideen, Bd. 2, 1993, S. 311 ff. (337) betont die Bedeutung der Anwendung des allgemein verstandenen Republikbegriffs auf die Städte für deren Autonomie.

[13] Seine Schrift über den Fürsten leitet er mit dem folgenden markanten Satz ein (*N. Machiavelli*, Il principe [1513], in der dt. Übersetzung nach der reclam-Ausgabe [1986, S. 9]): »Alle Staaten, alle Reiche, die über die Menschen Macht hatten und haben, waren und sind Republiken oder Fürstenherrschaften.« Näher *J. G. A. Pocock*, The Machiavellian Moment, Princeton 1975, S. 156 ff.; *W. Kersting*, Niccolò Machiavelli, 1988, S. 125 ff.; *Hölzing*, Republikanismus (Fn. 1), S. 49 ff.; vgl. zum italienischen Republikanismus des 14. bis 16. Jahrhunderts im Überblick *M. Viroli*, Die Idee der republikanischen Freiheit, 2002, S. 29 ff.

[14] Wie hier *Isensee*, Republik (Fn. 1), Sp. 884; *Toews*, Republik (Fn. 1), Sp. 917; s. auch *Nowrot*, Republikprinzip (Fn. 1), S. 332 ff.

[15] Vgl. zu dieser Epoche – insbesondere mit Blick auf die Niederlande – die einzelnen Beiträge in Koenigsberger, Republiken (Fn. 6).

[16] Dazu umfangreich und mit Nachweisen *Mager*, Republik (Fn. 1), S. 565 ff., 571 ff., 587 f.; vgl. *dens.*, Respublica und Bürger, in: G. Dilcher (Hrsg.), Res publica, 1988, S. 67 ff.

[17] Mit überstarker Betonung: *M. Anderheiden*, Gemeinwohl in Republik und Union, 2006, S. 234 f.;

der Radikalisierung die klassische Kennzeichnung Frankreichs als »République [...] une et indivisible«[18]. Die anschließende Hinrichtung des Königs symbolisiert, daß Republik und Monarchie nunmehr – unabhängig von einer demokratischen Verfassung – als unversöhnliche Gegensätze wahrgenommen werden (→ Rn. 17). Die gleiche Ambiguität begegnete zuvor schon in **England** während des republikanischen Zwischenspiels **unter Cromwell** in der Mitte des 17. Jahrhunderts[19].

Bei **Kant** umfaßt Republik der Sache nach einen (demokratischen) Rechtsstaat mit den Elementen fundamentaler Grundrechte, Repräsentation und Gewaltenteilung[20]. Idealziel ist die immer anzustrebende, wenngleich nie gänzlich realisierbare »reine Republik«[21]. Wie in der antiken Tradition (→ Rn. 1) und in Kontrast zur französischen Entwicklung (→ Rn. 3) ist für ihn nicht Monarchie, sondern Despotie der systembildende Gegenbegriff: der Regierungsart nach kann auch eine Monarchie oder Aristokratie republikanisch sein[22]. Republik wird bei Kant zu einem »geschichtsphilosophisch grundierten Richtungsbegriff«[23]. Eine vergleichbare Stoßrichtung hatte vorher schon die 1787/1788 im Zuge des Kampfes um die amerikanische Unionsverfassung publizierten »**Federalist Papers**« gekennzeichnet. Deren Autoren wollen unter Demokratie die direkte, unmittelbare Herrschaft des Volkes verstanden wissen, während mit Republik die repräsentative Demokratie in modernen Großflächenstaaten umschrieben wird[24]. Auch hier dient Republik letztlich als Synonym für einen freiheitlichen Verfassungsstaat.

4

---

differenziert *Nowrot*, Republikprinzip (Fn. 1), S. 475 ff., 480 f. – Siehe *M. Robespierre*, Exposition de mes principes (Mai 1792), dt. in: ders., Ausgewählte Texte, 2. Aufl. 1989, S. 209 ff. (212 ff.); *E. J. Sieyes*, Über den wahren Begriff einer Monarchie, in: Neues göttingisches historisches Magazin 1 (1792), S. 341 ff. (einschränkend zu Sieyes *P. Pasquino*, The constitutional republicanism of Emmanuel Sieyès, in: Fontana, Invention [Fn. 1], S. 107 ff. [110 ff.]; wie hier *T. Hafen*, Staat, Gesellschaft und Bürger im Denken von Emmanuel Joseph Sieyès, 1994, S. 183 ff.; *Nowrot*, Republikprinzip [Fn. 1], S. 480 f.); *Voltaire*, Idées républicaines (1765), dt. in: G. Mensching (Hrsg.), Voltaire. Republikanische Ideen. Schriften 2, 1979, S. 7 ff. (XIII f., XXV); *J.-J. Rousseau*, Du Contrat Social (1762), II, 6 (hier ist aber zu bedenken, daß für Rousseau Grundlage auch einer monarchischen Regierung stets die demokratische Volksgesetzgebung seiner »republique« ist). – Zu Rousseaus Republikbegriff auch *O. Asbach*, Der Staat 42 (2001), 1 (21 ff.) sowie *R. Gröschner*, HStR³ II, § 23 Rn. 23 ff.

[18] Aufgenommen als Art. 1 der Verfassung von 1793; vgl. *Mager*, Republik (Fn. 1), S. 597; zu den Debatten der französischen Revolutionäre *Maissen*, Art. Republik (Fn. 2), Sp. 731 ff. Wie hier *K.-P. Sommermann*, in: v. Mangoldt/Klein/Starck, GG II, Art. 20 Abs. 1 Rn. 13 m. Fn. 16. – Kritisch *P. Unruh*, Der Verfassungsbegriff des Grundgesetzes, 2002, S. 196 f., der auch für das revolutionäre Frankreich die Aufladung des Republikbegriffs »mit einem Konglomerat von politischen Desideraten« hervorhebt (Zitat S. 196).

[19] *Maissen*, Art. Republik (Fn. 2), Sp. 723 f.

[20] Vgl. etwa *I. Kant*, Metaphysik der Sitten (1797), §§ 45, 49, 52 (Akad.-Ausg. 6, S. 313 ff.); dazu eingehend *H. Dreier*, JZ 2004, 745 (750 ff.); siehe des weiteren *H. Hofmann*, Der Staat 34 (1995), 1 (10 f.); *V. Gerhardt*, Immanuel Kants Entwurf »Zum ewigen Frieden«, 1995, S. 89 f.; *O. Höffe*, Frieden I: Sind Republiken friedfertig?, in: ders., »Königliche Völker«, 2001, S. 208 ff. (209 ff.); *H.-D. Horn*, ZöR 57 (2002), 203 (206 ff., 209 ff.); auch *Mager*, Republik (Fn. 1), S. 608 ff.; *Nowrot*, Republikprinzip (Fn. 1), S. 335 ff.

[21] *Kant*, Metaphysik (Fn. 20), § 52 (S. 340); dazu *V. Gerhardt*, Die republikanische Verfassung, in: Deutscher Idealismus und Französische Revolution, 1988, S. 24 ff. (36 ff.); *H. Dreier*, JZ 2004, 745 (750 ff.) m. w. N.

[22] *I. Kant*, Zum ewigen Frieden (1795), in: Kleinere Schriften zur Geschichtsphilosophie, Ethik und Politik, hrsgg. v. K. Vorländer, 1964, S. 115 ff. (128 ff.). Dazu *H. Dreier*, AöR 113 (1988), 450 (471 ff.); *Mager*, Republik (Fn. 1), S. 611 f.; *Toews*, Republik (Fn. 1), Sp. 918.

[23] *R. Koselleck*, Art. Demokratie (IV.1), in: Geschichtliche Grundbegriffe, Bd. 1, S. 848 ff. (851).

[24] Besonders deutlich *J. Madison*, in: A. u. W. P. Adams (Hrsg.), Hamilton, Madison, Jay. Die Federalist-Artikel, 1994, Nr. 10 u. Nr. 14 (S. 50 ff. [54 ff.], 74 ff.); dazu *W. P. Adams*, Republikanische Ver-

Art. 20 (Republik)   A. Herkunft, Entstehung, Entwicklung

5   Auch nach den revolutionären Vorgängen in Amerika und Frankreich kommt es in Deutschland – abgesehen von der Episode der Mainzer Republik 1792/93[25] sowie der traditionellen Ausnahme der freien Städte und Landgemeinden – nicht zu einer Überwindung der monarchistischen Herrschaftsstruktur, wohl aber im Laufe des 19. Jahrhunderts auf breiter Front zur Umformung der Territorialstaaten in konstitutionelle Monarchien (→ Art. 20 [Demokratie], Rn. 15), als welche auch die **Paulskirchenverfassung** das Deutsche Reich ausgestalten will[26]. Republik hingegen wird (oft mit Demokratie gleichgesetzt) zum politischen Kampfbegriff[27], der auf die Abschaffung der Monarchie gerichtet ist, und damit zum Inbegriff für politischen Radikalismus, wie er sich prominent beim Hambacher Fest, im »Hecker-Lied« oder im badischen Aufstand äußert[28]. Andererseits zeigt die scheinbar paradoxe Charakterisierung des **Kaiserreichs von 1871** als einer Republik, die durch die Vereinigung von Fürsten gebildet wird[29], nicht allein das breite Bedeutungsfeld des Begriffs, sondern offenbart auch die komplexe Struktur des Deutschen Reiches[30].

6   Nach der Katastrophe des Ersten Weltkrieges stellt die neue politische Ordnung die Absage an die Monarchie, welche bereits in der Novemberrevolution beseitigt worden war[31], als wichtigste Aussage über ihre Identität an die Spitze der Verfassung (**Art. 1 I WRV:** »Das Deutsche Reich ist eine Republik.«). Das schloß nicht allein die Wiedereinführung der Monarchie auch in ihrer konstitutionellen Spielart aus[32], sondern er-

---

fassung und bürgerliche Freiheit, 1973, S. 99ff., 106ff.; *H. Dreier*, AöR 113 (1988), 450 (459ff.); *Mager*, Republik (Fn. 1), S. 594ff.; *B. Brunhöber*, Die Erfindung »demokratischer Repräsentation« in den Federalist Papers, 2010, S. 108, 126ff.; *Hölzing*, Republikanismus (Fn. 1), S. 83ff.

[25] Dazu instruktiv *W. Heun*, Der Staat 23 (1984), 51ff.; *M. Gilli*, Die Mainzer Republik 1792–93, in: Reinalter, Republikbegriff (Fn. 1), S. 71ff.; *Mager*, Republik (Fn. 1), S. 598ff.; knapp *Toews*, Republik (Fn. 1), Sp. 919f.

[26] Zu republikanischen Bestrebungen in der Verfassungsdiskussion von 1848 etwa *Willoweit*, Verfassungsgeschichte, § 31 Rn. 1ff.; *Huber*, Verfassungsgeschichte, Bd. 2, S. 599ff., 617ff.; *Mager*, Republik (Fn. 1), S. 632ff.; *D. Langewiesche*, Republik und Republikaner, 1993, S. 38f.

[27] Zur Identifikation von Republik und Demokratie und ihrer Einstufung als radikal-utopisch *W. Conze*, Art. Demokratie (VI.), in: Geschichtliche Grundbegriffe, Bd. 1, S. 873ff. (884). Zu radikalen bzw. republikanischen Bestrebungen der Zeit etwa *Huber*, Verfassungsgeschichte, Bd. 1, S. 125ff., 311ff., 402ff. (406f.); *Toews*, Republik (Fn. 1), Sp. 919ff.; *H. Fenske*, Republikanische Tendenzen in Deutschland im 19. Jahrhundert, in: Reinalter, Republikbegriff (Fn. 1), S. 121ff. (123ff., 129ff.); *Mager*, Republik (Fn. 1), S. 618ff.; zur Bezeichnung als ›Jakobiner‹ ebd., S. 598; allgemein zur ambivalenten Vorbildfunktion der französischen Revolution *Langewiesche*, Republik (Fn. 26), S. 11, 31ff.

[28] Zur Verengung des Begriffs und den 1848 noch an ihn geknüpften Hoffnungen *Langewiesche*, Republik (Fn. 26), S. 30ff.; *Anderheiden*, Gemeinwohl (Fn. 17), S. 236ff.; *E. Klein*, DÖV 2009, 741 (743). – Zu Friedrich Hecker und seiner Rolle in der Revolution von 1848 etwa *Huber*, Verfassungsgeschichte, Bd. 2, S. 509ff.; zeitgenössischer Abdruck des Liedes in: G. Mann (Hrsg.), Propyläen Weltgeschichte, Bd. 8, 1960, nach S. 496.

[29] *Jellinek*, Allg. Staatslehre, S. 712f., der sich u. a. auf eine Bemerkung Bismarcks bei den Beratungen zur norddeutschen Bundesverfassung stützt, demzufolge »»verbündete Regierungen‹ [...] gewissermaßen eine *republikanische Spitze*, die in dem Worte ›verbündete Regierungen‹ liegt, bilden«. Kennzeichnung des Kaiserreichs als »das nationale Gemeinwesen des deutschen Volkes«, als Staat, der »auf dem Willen des Volkes ruhte«, bei *Anschütz*, WRV, Einleitung, S. 1ff. (2).

[30] Eingehend *H. Hofmann*, Das Problem der cäsaristischen Legitimität im Bismarckreich (1977), in: ders., Recht – Politik – Verfassung, 1986, S. 181ff.; für den Kaiser als eindeutig monarchisches Oberhaupt *Huber*, Verfassungsgeschichte, Bd. 3, S. 811ff.; kritisch zu Jellinek auch *Langewiesche*, Republik (Fn. 26), S. 29f.

[31] Zum Ende der Monarchie in der Novemberrevolution *Huber*, Verfassungsgeschichte, Bd. 5, S. 673ff.; *Willoweit*, Verfassungsgeschichte, § 37 Rn. 1ff.; *Gusy*, Weimarer Reichsverfassung, S. 9ff.

[32] *Anschütz*, WRV, Art. 1 Anm. 1 (S. 37); *C. Schmitt*, Verfassungslehre, 1928, S. 223; *R. Thoma*, Das Reich als Demokratie (1930), in: ders., Rechtsstaat – Demokratie – Grundrechte, 2008, S. 282ff.

teilte zugleich einer Räterepublik sowjetischer Prägung eine Absage[33]. Diese doppelte Abwehrrichtung lag auch der korrespondierenden Verpflichtung der Länder auf eine »freistaatliche Verfassung« in Art. 17 WRV (→ Art. 28 Rn. 5) zugrunde. In deren Selbsttitulatur akzentuiert die häufige Verdeutschung der Republik als »Volksstaat« den in den Augen der Zeitgenossen engen Konnex mit dem demokratischen Prinzip[34].

Die erste **DDR-Verfassung** von 1949 stellte in Art. 1 I fest: »Deutschland ist eine unteilbare demokratische Republik«; in den Verfassungen von 1968/1974 fand sich diese Selbstbezeichnung nurmehr im Staatsnamen. Die Nachkriegslandesverfassungen in der sowjetischen Besatzungszone enthielten durchweg nur »Einordnungsklauseln« in die deutsche Republik; die Bezeichnung als »Freistaat Thüringen« etwa erschien den Machthabern offensichtlich schon als zu gefährlich[35]. 7

II. Entstehung und Veränderung der Norm

Das republikanische Prinzip als solches war weder auf Herrenchiemsee[36] noch im Parlamentarischen Rat[37] umstritten; lediglich Formulierung und Plazierung waren Gegenstand der Diskussion[38]. Carlo Schmid konnte sich zunächst mit dem Vorschlag durchsetzen, in Anknüpfung an Art. 1 I WRV (→ Rn. 6) zu formulieren: »Deutschland ist eine demokratische und soziale Republik bundesstaatlichen Aufbaus, deren Regierung der Volksvertretung verantwortlich ist«[39]. Der Redaktionsausschuß verkürzte das im November 1948 zu: »Deutschland ist eine demokratische und soziale Bundesrepublik.«[40] Die endgültige Version beruhte auf einem Vorschlag von Theodor Heuss[41]. Ausschlaggebend war die Scheu, angesichts der sich abzeichnenden Teilung 8

---

(282); zusammenfassend *Gusy*, Weimarer Reichsverfassung, S. 84 ff. – Diese nicht zuletzt in den verschiedenen »Republikschutzgesetzen« mit ihren Einschränkungen zu Lasten der Angehörigen der ehemals regierenden Häuser manifestierte Stoßrichtung negiert *Anderheiden*, Gemeinwohl (Fn. 17), S. 242 ff., der seinerseits die Schutzgesetze mit nur schwer nachvollziehbaren Argumenten als Hauptindiz für das von ihm favorisierte materiale Verständnis von Republik werten will.

[33] So jedenfalls ausdrücklich *F. Stier-Somlo*, Deutsches Reichs- und Landesstaatsrecht I, 1924, S. 383; für *Anschütz*, WRV, Art. 1 Anm. 1 (S. 37), folgte deren Ausschluß erst aus Art. 1 II WRV bzw. einer Gesamtschau der Verfassung; vgl. noch *Langewiesche*, Republik (Fn. 26), S. 16 ff.; *R. Gröschner*, HStR³ II, § 23 Rn. 7; *G. Robbers*, in: BK, Art. 20 Abs. 1 (2008), Rn. 214 ff.; *E. Klein*, DÖV 2009, 741 (743).

[34] Die Bezeichnung als ›Volksstaat‹ begegnet in Hessen, Reuß, Schwarzburg-Sondershausen und Württemberg (Texte in: F. Wittreck [Hrsg.], Weimarer Landesverfassungen, 2004, S. 252, 572, 588, 698). – Typisch ist im übrigen die ausdrückliche Bezeichnung als Republik bzw. Volks- oder Freistaat eingangs der Verfassungsurkunde.

[35] Dazu *R. Gröschner*, ThürVBl. 1997, 25 (27) m. w. N.

[36] Die Bezeichnung »Bundesrepublik« bzw. »deutsche Republik« findet sich in den Mehrheitsvorschlägen zu Präambel und Flagge (Art. 23 I HChE): Parl. Rat II, S. 579, 583; vgl. dazu die Berichte ebd., S. 192 ff., 204 f., 506 ff., 518 f.

[37] Überblick in JöR 1 (1951), S. 195 ff.; vgl. auch *H. v. Mangoldt*, Das Bonner Grundgesetz, 1. Aufl. 1953, Art. 20 Anm. 1 (S. 131 f.) sowie *Anderheiden*, Gemeinwohl (Fn. 17), S. 225 ff.; *Robbers* (Fn. 33), Art. 20 Abs. 1 Rn. 222 ff. – Entwurfsfassungen in Parl. Rat VII, S. 6, 42, 97, 144, 220, 346, 403, 502, 537, 576.

[38] *Unruh*, Verfassungsbegriff (Fn. 18), S. 573; *R. Gröschner*, HStR³ II, § 23 Rn. 1 ff.

[39] Grundsatzausschuß vom 14.10.1948 (Parl. Rat V/1, S. 290); so aufgenommen in die in erster Lesung vom Ausschuß angenommene Fassung des seinerzeitigen Art. 21 I (Parl. Rat V/1, S. 338).

[40] Parl. Rat VII, S. 42; Parl. Rat V/2, S. 886.

[41] In der Sitzung des Hauptausschusses vom 15.12.1948 (Parl. Rat XIV/1, S. 798); dazu *v. Mangoldt*, Bonner Grundgesetz (Fn. 37), Art. 20 Anm. 1 (S. 132); vgl. insgesamt *Stern*, Staatsrecht I, S. 580.

den Begriff »Deutschland« zu besetzen[42]. Für die **bloße Erwähnung** der Republik **im Staatsnamen** sprach zusätzlich das Bestreben, möglichst viele Verfassungsprinzipien im ersten Absatz des Art. 20 GG zu bündeln und dennoch ein gewisses sprachliches Niveau zu wahren[43]. Näheren Aufschluß über den konkreten Inhalt bieten die Beratungen nicht[44].

9   Der **Normtext** des Art. 20 I GG ist bislang **unverändert** geblieben. Doch gab und gibt es immer wieder Anläufe zu einer Neubestimmung bzw. Reaktivierung älterer Gehalte des Merkmals »Republik« (→ Rn. 20 ff.).

B. Internationale, supranationale und rechtsvergleichende Bezüge

10 Das **Völkerrecht** baut auf dem Grundsatz der Souveränität aller Staaten auf und zählt dazu auch die freie Entscheidung über die Staatsform[45]. Ungeachtet jüngerer Tendenzen zu einer Inkorporation des demokratischen Prinzips in das Völkerrecht (→ Art. 20 [Demokratie], Rn. 24 ff.) ergibt sich von daher keine Präferenz für eine republikanische und gegen eine monarchische Staatsform. Von mittelbarer Bedeutung für die Ausgestaltung des republikanischen Prinzips bleibt freilich die Forderung des Völkerrechts nach **Bestellung eines** mit einem Minimum an Repräsentationsrechten ausgestatteten **Staatsoberhauptes**[46] (→ Rn. 28).

11 Auch die **Europäische Union** macht den Mitgliedstaaten hinsichtlich der Organisation der Staatsspitze **keine normativen Vorgaben** (→ Art. 20 [Demokratie], Rn. 32 f.)[47]. Umgekehrt hindert das republikanische Verfassungsprinzip des Grundgesetzes Deutschland nicht an der gemeinsamen Mitgliedschaft mit (konstitutionellen) Monarchien in der Europäischen Union[48].

12 Der Versuch, die Republik angesichts der Untauglichkeit oder auch nur Untunlichkeit anderer Termini wie ›Staat‹ oder ›Föderation‹ **als Zielbegriff des europäischen Konstitutionalisierungsprozesses** (→ Art. 23 Rn. 16 ff.) auszurufen[49], dürfte sich **kaum**

---

[42] Dazu die Debatte im Grundsatzausschuß vom 10.11.1948 (Parl. Rat V/2, S. 521 ff.); vgl. später im Hauptausschuß ausdrücklich *Renner* (KPD) mit seiner Mahnung, man könne »Westdeutschland oder Restdeutschland« nicht als Deutschland bezeichnen: Parl. Rat XIV/1, S. 798 f.; siehe auch die vorsichtige Anmerkung des allg. Redaktionsausschusses zur Entwurfsfassung in Parl. Rat VII, S. 42, die Formulierung müsse der Präambel angepaßt werden (vgl. JöR 1 [1951], S. 199). → Pmbl. Rn. 6.

[43] Bezeichnend der Einwand, *Schmids* Formulierung sei wegen des enthaltenen Genitivs »unglücklich«, worauf dieser antwortet, der Genitiv habe »etwas durchaus Aristokratisches« an sich (Parl. Rat V/1, S. 290 f.). Deutlich auch *v. Mangoldt* in einer späteren Sitzung: »Wir sind praktisch auf diese Formulierung gekommen, weil wir nicht wiederholen konnten: ›Die Bundesrepublik Deutschland ist eine Republik‹« (Parl. Rat V/2, S. 522); zu den sprachlichen Gründen noch die Stellungnahme des Allgemeinen Redaktionsausschusses (Parl. Rat VII, S. 42). Siehe noch *Robbers* (Fn. 33), Art. 20 Abs. 1 Rn. 238.

[44] Wie hier *Volkmann* (Fn. 1), Art. 20 Rn. 9; das demonstriert letztlich auch die Auflistung einzelner Stimmen bei *R. Gröschner*, HStR³ II, § 23 Rn. 2; *ders.*, Der Freistaat des Grundgesetzes, in: ders./O. W. Lembcke (Hrsg.), Freistaatlichkeit, 2011, S. 293 ff. (304 f.).

[45] Art. 2 Nr. 1 UN-Charta; vgl. *Verdroß/Simma*, Universelles Völkerrecht, § 454; *Schweitzer*, Staatsrecht III, Rn. 575.

[46] *R. Herzog*, in: Maunz/Dürig, GG, Art. 20 (III. Abschnitt; 1980/2006/2010), Rn. 6; *O. Kimminich*, AVR 26 (1988), 129 ff.

[47] Wie hier *B. Grzeszick*, in: Maunz/Dürig, GG, Art. 20 III (2013), Rn. 9 a. E.; *R. Gröschner*, HStR³ II, § 23 Rn. 75; *Anderheiden*, Gemeinwohl (Fn. 17), S. 271 f.

[48] Mit Blick auf die Vorgaben des Art. 23 I 1 GG: *Grzeszick* (Fn. 47), Art. 20 III Rn. 9.

[49] *A. v. Bogdandy*, JZ 2005, 529 (533 ff., m. w. N. in Fn. 47); ähnlich zuvor *R. Gröschner*, HStR³ II,

als **tragfähig** erweisen. Die schon im nationalen Kontext prekäre Belastung des Republikbegriffs durch Traditionspluralität und Deutungsvielfalt (→ Rn. 20ff.) muß sich zwangsläufig auf europäischer Ebene nochmals steigern und könnte zu endgültiger Diffusion führen (→ Rn. 13f.).

Die Selbsttitulierung als »Republik« bzw. »republikanisch« findet sich weltweit bei den verschiedensten Staatswesen, wobei die Palette von Demokratien der westlichen Verfassungstradition über islamische Republiken (z. B. Iran) bis hin zu den Volksrepubliken sozialistischer Prägung (z. B. Nordkorea) reicht[50]. Alle diese Staaten verbindet allein, keine Monarchie zu sein; weitere inhaltliche Aus- und Abgrenzungen sind damit nicht verbunden. Denn auch totalitäre oder diktatorische Staaten suchen das dem Begriff zugeschriebene Legitimationspotential zu nutzen und bedienen sich der gleichen Camouflage-Technik, die auch bei der Demokratie zu beobachten ist (→ Art. 20 [Demokratie], Rn. 55)[51]. In unzweifelhaft freiheitlichen Verfassungen wie der der **Vereinigten Staaten** (Art. 4 Sec. IV) wiederum findet die »Republik« nur im Rahmen der Vorgaben für die Verfassungen der Einzelstaaten (→ Art. 28 Rn. 32) Erwähnung; gleiches galt bis zur Totalrevision 1999 in der Schweiz (Art. 6 II lit. b aBV)[52], wohingegen die **Republik Südafrika** ihren Gliedstaaten ausdrücklich die Fortführung traditioneller Monarchien erlaubt (Art. 143 Verf.)[53]. Ein bemerkenswertes Beispiel für zeitgenössische republikanische Bewegungen bietet **Australien**, wo im Jahr 1999 ein Volksentscheid mit dem Ziel des Ausscheidens aus dem Verband der britischen Krone stattgefunden hat, aber ohne Erfolg blieb[54].

13

Prominent ist in **Europa** die selbstbewußte und traditionsreiche (→ Rn. 3) Proklamation der französischen Verfassung (Art. 2 S. 1: »Frankreich ist eine unteilbare, laizistische, demokratische und soziale Republik«)[55]. Auch die Verfassungen von Finnland (Art. 1 I), Griechenland (Art. 1 I), Italien (Art. 1 S. 1) und Portugal (Art. 1) bezeichnen den zu konstituierenden Staat als »Republik« oder »republikanisch«; in einigen Fällen wird die republikanische Staatsform sogar jeglicher Verfassungsänderung entzogen

14

---

§ 23 Rn. 75 mit der Vorstellung einer »europäische(n) Republik der Republiken«. Für einen (freilich reichlich unspezifischen) »europäischen Republikanismus« plädiert auch *Viroli*, Idee (Fn. 13), S. 132 ff.; s. noch *T. Thiel*, Die Europäische Union – eine republikanische Ordnung?, in: Gröschner/Lembcke, Freistaatlichkeit (Fn. 44), S. 245 ff. (insb. S. 261 f.); *Nowrot*, Republikprinzip (Fn. 1), S. 563 ff. mit einem Plädoyer für das Gemeinwohl als »normatives Ordnungselement der Europäischen Union«. – Bei *S. Collignon*, The European Republic, 2003, ist hingegen schlicht ein europäischer Bundesstaat gemeint, der ohne gesonderte Aktivierung eines Republikbegriffs oder -prinzips auskommt.

[50] *J. Isensee*, JZ 1981, 1 (2); *ders.*, Republik (Fn. 1), Sp. 882 f.; *Kloepfer*, Verfassungsrecht I, § 8 Rn. 14.

[51] Treffend *Maurer*, Staatsrecht I, § 7 Rn. 12.

[52] Die neue schweizerische Bundesverfassung kommt ganz ohne Rekurs auf das republikanische Prinzip im Sinne der Nichtmonarchie aus (das Stichwort fehlt etwa auch in dem Band von Thürer/Aubert/Müller, Verfassungsrecht); strenggenommen wären danach die Kantone kraft ihrer Souveränität im Rahmen der Bundesverfassung (vgl. Art. 3, 51 f. nBV) befugt, eine konstitutionelle Monarchie einzuführen.

[53] Daß diese Ausnahmeklausel für Kwazulu-Natal dem Verfassunggeber notwendig erschien, dürfte entgegen der Vermutung von *A. v. Bogdandy*, JZ 2005, 529 (535) gerade ein Beleg dafür sein, daß man Republik und Monarchie grundsätzlich für *nicht* vereinbar hielt.

[54] Siehe zum knappen Ausgang (55% Gegner, 45% Befürworter einer Republik) *C. Munro*, Public Law 2000, 3 ff.

[55] Dazu speziell *J. Robert*, Revue de droit public 2003, 359 ff.; zum Kriterium der Unteilbarkeit noch *H.-G. Franzke*, EuGRZ 2002, 6 (6 f., 12 f.). Auch in Frankreich mischen sich materielle und formelle Komponenten: *D. Zacharias*, IPE II, § 40 Rn. 11.

(→ Art. 79 III Rn. 1, 12)[56]. Hingegen verzichtet Irland ungeachtet seiner republikanischen Verfassung auf eine entsprechende Titulatur. Besonders stark wird der republikanische (i. S. v.: nichtmonarchische) Charakter des Staates verständlicherweise in Österreich (Art. 1 S. 1 B-VG) betont, wo Verfassungsnormen in antidynastischer Stoßrichtung auch die Rechtsstellung der ehemaligen Herrscherfamilie beschränken (Art. 60 III, 149 I B-VG)[57]. Ein Solitär ist die polnische »Rzeczpospolita«[58].

15 In den **Verfassungen der deutschen Länder** findet »Freistaat« als Synonym für Republik (→ Rn. 6) in Bayern (Art. 1 I), Sachsen (Art. 1) und Thüringen (Art. 44) Verwendung; ähnlich ist der Aussagehalt der Selbstbezeichnungen der Hansestädte als »frei« (Bremen: Art. 64; Hamburg: Art. 1, 3 I); »freiheitlich« nennen sich noch Brandenburg (Art. 2 I) und das Saarland (Art. 60 I). Als Republik bzw. republikanisch titulieren sich Baden-Württemberg (Art. 23 I), Hessen (Art. 65), Mecklenburg-Vorpommern (Art. 2) und Niedersachsen (Art. 1 II). Daneben gibt es Einordnungsformeln, die die Länder ausdrücklich als Teil der Bundesrepublik Deutschland (bzw. als »Glied der deutschen Republik«) konstituieren (→ Rn. 16), so in Berlin (Art. 1 II, III), Brandenburg (Art. 1 I), Bremen (Art. 64), Hamburg (Art. 1), Hessen (Art. 64), Mecklenburg-Vorpommern (Art. 1 II), Niedersachsen (Art. 1 II), Nordrhein-Westfalen (Art. 1 I 1), Saarland (Art. 60 I), Sachsen (Art. 1), Sachsen-Anhalt (Art. 1 I), Schleswig-Holstein (Art. 1) und Thüringen (Art. 44 I). Einzig Rheinland-Pfalz verzichtet völlig auf die direkte wie indirekte Erwähnung des Terminus Republik. Ein Solitär ist auch der hessische Versuch geblieben, das Republikprinzip in seiner Lesart als Absage an jede Monarchie durch das Verbot der Mitgliedschaft der Angehörigen ehemaliger Herrscherhäuser in der Landesregierung zu bewehren (Art. 101 III)[59].

C. Erläuterungen

I. Stellung im Grundgesetz

16 **Republik** bildet in Art. 20 I GG nicht nur den Bestandteil des Staatsnamens der Bundes»republik« Deutschland, sondern ist hier zugleich als **normatives Prinzip** verankert[60]. Ergänzend und bestätigend tritt die Verpflichtung der Länder auf die repu-

---

[56] Betont von *A. v. Bogdandy*, JZ 2005, 529 (534). – Weitere Beispiele bei *Robbers* (Fn. 33), Art. 20 Abs. 1 Rn. 242.

[57] Zum republikanischen Prinzip des B-VG *M. Welan*, Der Bundespräsident im System der österreichischen Bundesverfassung, in: Österreichische Parlamentarische Gesellschaft (Hrsg.), 75 Jahre Bundesverfassung, 1995, S. 483 ff. (485 f.); *ders.*, Art. 1 B-VG, in: FS Adamovich, 1992, S. 721 ff.; *H. P. Rill/H. Schäffer*, in: dies. (Hrsg.), Bundesverfassungsrecht, Art. 1 B-VG (2001), Rn. 55 ff.; *E. Wiederin*, IPE I, § 7 Rn. 68, 128. – Zum Habsburgergesetz und seiner Unvereinbarkeit mit höherrangigem Recht monographisch *M. Kadgien*, Das Habsburgergesetz, 2005; hierzu und zu ähnlichen Regelungen in anderen Staaten *F. Wittreck*, »Republik« als verfassungsunmittelbare Grundrechtsschranke?, in: GedS Blumenwitz, 2008, S. 881 ff. (883 ff.).

[58] Dazu *D. Zacharias*, IPE II, § 40 Rn. 13.

[59] Zwar ist der Rekurs auf das Republikprinzip zur Rechtfertigung von Grundrechtseinschränkungen dem Grunde nach unproblematisch (so auch zusammenfassend *Anderheiden*, Gemeinwohl [Fn. 17], S. 397, 419), doch dürfte es in diesem Falle schon an der Geeignetheit der Maßnahme fehlen, von der Verhältnismäßigkeit i.e.S. ganz zu schweigen: → Art. 142 Rn. 66.

[60] Wie hier deutlich *Kloepfer*, Verfassungsrecht I, § 8 Rn. 4; *Grzeszick* (Fn. 47), Art. 20 III Rn. 1. Das ist ganz h.M.: *Stern*, Staatsrecht I, S. 580 f.; *Badura*, Staatsrecht, Rn. D 27; *W. Henke*, HStR I, § 21 Rn. 1; *M. Sachs*, in: ders., GG, Art. 20 Rn. 9; *Sommermann* (Fn. 18), Art. 20 Abs. 1 Rn. 12; *R. Gröschner*, HStR³ II, § 23 Rn. 1; *Anderheiden*, Gemeinwohl (Fn. 17), S. 273; *Volkmann* (Fn. 1), Art. 20 Rn. 1;

blikanische Staatsform in Art. 28 I 1 GG hinzu; denn der Bund kann insofern den Ländern keine Bindungen auferlegen, derer er selber ledig ist (»Korrespondenzverhältnis« zwischen Art. 20 und 28 GG: → Art. 28 Rn. 53f.)[61]. Wichtig ist diese Verankerung der Entscheidung für das republikanische Prinzip in Art. 20 I GG wegen der **Absicherung durch Art. 79 III GG**; der Übergang zur Monarchie ist auch im Wege der Verfassungsänderung ausgeschlossen (→ Art. 79 III Rn. 35)[62].

II. Formaler Begriff der Republik (Nichtmonarchie)

Nach vorherrschender und zutreffender Auffassung ist Republik primär als Nichtmonarchie zu verstehen[63]. Diese **Absage an jegliche** (sei es absolute, sei es konstitutionelle oder rein repräsentative) **Form der Monarchie** erfolgt ganz unabhängig von der Innehabung realer politischer Machtbefugnisse oder mehr oder minder bedeutsamer Kompetenzen und erstreckt sich gleichermaßen auf Erb- wie Wahlmonarchien. Ausgeschlossen ist also nicht allein die Bestimmung des Staatsoberhauptes kraft dynastischer Erbfolge[64], sondern auch die Wahl eines (nicht zwingend als Fürst, König etc. titulierten) Staatsoberhauptes auf Lebenszeit[65]. Das **Staatsoberhaupt** einer Republik darf vielmehr nur **begrenzte Zeit** amtieren[66]. So definiert, umschreibt Republik einen Staat, der nicht als Erbmonarchie verfaßt ist und in dem das Staatsoberhaupt nicht auf Lebenszeit amtiert. Diesen Negationscharakter hat der Begriff ausgehend von der

17

Robbers (Fn. 33), Art. 20 Abs. 1 Rn. 257ff.; a. A. *K. Löw*, DÖV 1979, 819 (821); *J. Isensee*, JZ 1981, 1 (2 m. Fn. 2), die auf Art. 54 GG abstellen. *K.-E. Hain*, in: v. Mangoldt/Klein/Starck, Art. 79 Rn. 137ff. negiert überhaupt ein eigenständiges republikanisches Prinzip in Art. 20 I GG. – Für die Verortung einer »Staatskonzeption« »Republik« im Staatsnamen, aber gegen die Anerkennung als Prinzip *K.-E. Hain*, Die Grundsätze des Grundgesetzes, 1999, S. 442f.

[61] Pronociert in diesem Sinne *Frankenberg* (Fn. 1), Art. 20 Abs. 1–3 I Rn. 19; *H.-D. Horn*, ZöR 57 (2002), 203 (204); *R. Gröschner*, HStR[3] II, § 23 Rn. 3. Unklar und unentschieden *Robbers* (Fn. 33), Art. 20 Abs. 1 Rn. 277ff.

[62] *Herzog* (Fn. 46), Art. 20 III Rn. 2; *Hesse*, Verfassungsrecht, Rn. 122; *Badura*, Staatsrecht, Rn. D 27; *Sachs* (Fn. 60), Art. 20 Rn. 9; *Maurer*, Staatsrecht I, § 7 Rn. 16; *Kloepfer*, Verfassungsrecht I, § 8 Rn. 4; a. A. *K. Löw*, DÖV 1979, 819 (821f.); unentschieden *Robbers* (Fn. 33), Art. 20 Abs. 1 Rn. 263ff. → Rn. 27.

[63] *Herzog* (Fn. 46), Art. 20 III Rn. 5; *Stern*, Staatsrecht I, S. 581f.; *F. E. Schnapp*, in: v. Münch/Kunig, GG I, Art. 20 Rn. 9; *v. Münch/Mager*, Staatsrecht I, Rn. 69; *Jarass/Pieroth*, GG, Art. 20 Rn. 3; *J. Kersten*, DÖV 1993, 896 (899); *Sachs* (Fn. 60), Art. 20 Rn. 9; *Roellecke* (Fn. 4), Art. 20 Rn. 12; *E.-W. Böckenförde*, HStR[3] II, § 24 Rn. 95f.; *Maurer*, Staatsrecht I, § 7 Rn. 10, 16; *B. Pieroth*, JuS 2010, 473 (475); *Kloepfer*, Verfassungsrecht I, § 8 Rn. 7; *W. Heun*, Die Verfassungsordnung der Bundesrepublik Deutschland, 2012, S. 55, 57; *Bumke/Voßkuhle*, Casebook Verfassungsrecht, Rn. 1293; *Grzeszick* (Fn. 47), Art. 20 III Rn. 2; s. auch *Volkmann* (Fn. 1), Art. 20 Rn. 11. Mit einem Fragezeichen versehen allerdings bei *Nowrot*, Republikprinzip (Fn. 1), S. 472ff. – Für die Weimarer Zeit: → Rn. 6.

[64] BVerfG (K), NJW 2004, 2008 (2011). – Kritik an dieser »Negationsthese« bei *Unruh*, Verfassungsbegriff (Fn. 18), S. 574f. (Zitat in Fn. 702), der das Verbot jeder Form von Monarchie schon im Demokratieprinzip verankert sieht (eher vage allerdings sein Hinweis auf die rechtliche Einordnung zahlreicher europäischer Monarchien, die sich zu Recht als Demokratien betrachten: ebd., S. 575 Fn. 706); gleiche Stoßrichtung bei *Hain* (Fn. 60), Art. 79 Rn. 139.

[65] So schon *Thoma*, Reich (Fn. 32), S. 282: »Republik bedeutet Verneinung aller erbmonarchischen oder auch lebenslänglich unabsetzbar monarchischen (durch Wahl oder Kooptation übertragenen) Herrschaftsgewalt einer Einzelperson.« Er schließt aber sogleich die weitere Bedeutung als »Gemeinwesen« mit ein.

[66] Siehe nur *Herzog* (Fn. 46), Art. 20 III Rn. 8; *Schnapp* (Fn. 63), Art. 20 Rn. 9; *v. Münch/Mager*, Staatsrecht I, Rn. 69; *Sommermann* (Fn. 18), Art. 20 Abs. 1 Rn. 13; *Jarass/Pieroth*, GG, Art. 20 Rn. 3.

Art. 20 (Republik) C. Erläuterungen

Renaissance vor allem im Gefolge der französischen Revolution erlangt und im 19. Jahrhundert gefestigt (→ Rn. 2f., 5).

18 Die rechtlichen Konsequenzen dieser Staatsformbestimmung sind gering. Weder ist damit ein Verdikt gegen den Fortbestand von Adelsprädikaten ausgesprochen[67] noch außenpolitische Zurückhaltung innerhalb oder außerhalb der EU (→ Rn. 11) gegenüber Monarchien gefordert, erst recht nicht die Unterstützung »republikanischer« Bewegungen weltweit. Auch in seiner Entscheidung zur **Ebenbürtigkeitsklausel** in einem Erbvertrag über das preußische »Hausvermögen« hat sich das Bundesverfassungsgericht maßgeblich auf die Eheschließungsfreiheit gestützt (→ Art. 6 Rn. 53ff.), auf das republikanische Prinzip aber nur rekurriert, um den »Ehe- und Familientraditionen adeliger Familien« jede Relevanz für die Bestimmung des Staatsoberhaupts abzusprechen und damit auch ihre mittelbare zivilrechtliche Berücksichtigung (vermeintlich) ad absurdum zu führen[68].

19 Monarchistische Bestrebungen innerhalb der Bundesrepublik stellen schließlich erst dann einen Angriff auf die »**freiheitliche demokratische Grundordnung**« im Sinne der Art. 9 II, 18, 21 II 1 GG dar, wenn sie sich über die Einführung der Monarchie hinaus auch gegen die demokratischen, rechtsstaatlichen und freiheitlichen Prinzipien der Verfassung richten[69]. Hier zeigt sich erneut, daß der thematische Einzugsbereich von Ewigkeitsgarantie und streitbarer Demokratie nicht identisch ist (→ Art. 20 [Demokratie], Rn. 79, 151; → Art. 79 III Rn. 61).

III. Materialer Begriff der Republik?

20 »In dem Maße, wie ›Republik‹ in der Bedeutung ›Nichtmonarchie‹ die Aktualität eingebüßt hat, ist der Begriff für emotionale Sinnfüllung verfügbar geworden.«[70] Auch in der Staatsrechtslehre wird die formale, antimonarchische Deutung der Republik mittlerweile nicht selten als Verengung und Verkümmerung empfunden. Ihr setzt man, zuweilen unter ausdrücklicher Anknüpfung an antike Traditionen (→ Rn. 1) und kantisches Gedankengut (→ Rn. 4), ein weiteres, materiales Verständnis entgegen: Republik als **freiheitliche, am Gemeinwohl orientierte politische Ordnung**, als Inbegriff eines Gemeinwesens, an dem alle Bürger teilhaben[71]. Als konkretisierende Elemente

---

[67] Diese sind nach dem als einfaches Bundesrecht fortgeltenden Art. 109 III 2 WRV Bestandteil des Namens; vgl. *J. Ellenberger*, in: Palandt, BGB, § 12 Rn. 6 m. w. N. – Für *Anschütz*, WRV, Art. 109 Anm. V.4 (S. 530ff.), sind die meisten Adelsvorrechte schon durch die Reichsumwälzung 1918 (→ Rn. 6) in Fortfall gekommen.

[68] BVerfG (K), NJW 2004, 2008 (2011); vgl. zu dieser wenig schlüssigen Aktivierung des Republikprinzips die zu Recht ganz überwiegend kritischen Besprechungen von *J. Isensee*, DNotZ 2004, 754 (756f.) und *T. Gutmann*, NJW 2004, 2347ff. sowie die Bemerkungen bei *Wittreck*, Republik (Fn. 57), S. 886f. → Art. 6 Rn. 58.

[69] *J. Becker*, HStR VII, § 167 Rn. 47; *E. Denninger*, »Streitbare Demokratie« und Schutz der Verfassung, in: HdbVerfR, § 16 Rn. 36; *G. Löw*, DÖV 1979, 819 (822); *J. Isensee*, JZ 1981, 1 (2 m. Fn. 2); *Kloepfer*, Verfassungsrecht I, § 8 Rn. 11; a. A. *W. Henke*, HStR I, § 21 Rn. 3; zweifelnd *Stern*, Staatsrecht I, S. 565; uneindeutig *Robbers* (Fn. 33), Art. 20 Abs. 1 Rn. 283ff. → Art. 18 Rn. 29.

[70] So der treffende Befund von *Mager*, Republik (Fn. 1), S. 650. *Nowrot*, Republikprinzip (Fn. 1), S. 154ff.: »Mauerblümchen-Perspektive«.

[71] In diese Richtung etwa *H.-U. Evers*, in: BK, Art. 79 III (Zweitb. 1982), Rn. 179; *Hesse*, Verfassungsrecht, Rn. 120ff.; *v. Münch/Mager*, Staatsrecht I, Rn. 69; *W. Maihofer*, Prinzipien freiheitlicher Demokratie, in: HdbVerfR, § 12 Rn. 48ff., 81ff.; *W. Henke*, HStR I, § 21 Rn. 8, 10ff.; *R. Gröschner*, ThürVBl. 1997, 25ff.; ders., HStR³ II, § 23 Rn. 10, 16ff. u. passim; *Sommermann* (Fn. 18), Art. 20 Abs. 1 Rn. 14ff.; *Frankenberg* (Fn. 1), Art. 20 Abs. 1–3 I Rn. 22ff.; *H.-D. Horn*, ZöR 57 (2002), 203

werden insofern genannt: die nichtreligiöse bzw. nichtmetaphysische Begründung von Herrschaft[72], die zentrale Rolle des Amtes (Amtsherrschaft, Amtsethos)[73] sowie Gemeinsinn und andere »republikanische Tugenden«[74]. Das **Bundesverfassungsgericht** hat in einer allerdings vorläuferlosen und bislang isoliert gebliebenen Entscheidung der **Öffentlichkeit** der Bundestagswahl einen Republikbezug attestiert und insofern die (keinesfalls gesicherte) Vermutung nahegelegt, es folge einem über die bloße Abkehr von der Monarchie hinausgehenden Verständnis der Republik[75].

Für eine materiale Erweiterung führt man gern ins Feld, daß die Verfassungsentscheidung für die Republik ansonsten weitgehend leerliefe und es sich bei der Republik um ein »normales« Verfassungsprinzip handele, das die Grundeigenschaften der anderen teile[76]. In der Tat sind Freiheitsgefährdungen heutzutage nicht mehr vorrangig von Monarchien zu besorgen (→ Rn. 10)[77]. Doch hängt der Sinngehalt rechtlicher Normen nicht von ihrem mehr oder minder großen Regelungsgehalt ab. Vor allem aber führt eine extensivere Ausdeutung zu einer empfindlichen **Einbuße an juristischer Trennschärfe**. Denn präzise verfassungsdogmatische Konsequenzen lassen sich aus einem Begriffsamalgam, in dem sich freiheitliche, demokratische, liberale und andere »positiv« besetzte Aspekte in schwer entwirrbarer Weise bündeln, nicht ziehen. Diese sind dogmatisch schärfer und daher juristisch befriedigender in den Grundrechten sowie im Demokratie- und Rechtsstaatsprinzip verankert (→ Rn. 28)[78]. Es führt zur Aufweichung der Begriffe, zu unnötigen Verdoppelungen und vermeidbaren Kollisionen, dem Republikbegriff entnehmen zu wollen, was in jenen Elementen präziser be-

---

(205 ff.); *Robbers* (Fn. 33), Art. 20 Abs. 1 Rn. 334 ff., 354 ff., 380 ff.; *E. Klein*, DÖV 2009, 741 (744 ff.); *Nowrot*, Republikprinzip (Fn. 1), S. 361 ff. – Kritisch gegenüber solchen materialen Ansätzen *E.-W. Böckenförde*, HStR[3] II, § 24 Rn. 95 f.; *Doehring*, Staatsrecht, S. 121 f.; *Roellecke* (Fn. 4), Art. 20 Rn. 13; *Kloepfer*, Verfassungsrecht I, § 8 Rn. 9, 13. → Art. 20 (Demokratie), Rn. 143 f.; → Art. 79 III Rn. 35.

[72] *W. Henke*, HStR I, § 20 Rn. 14 f.; ihm zustimmend *R. Gröschner*, JZ 1996, 637 (639); *ders.*, HStR[3] II, § 23 Rn. 21 f.; *Frankenberg* (Fn. 1), Art. 20 Abs. 1–3 I Rn. 29 sowie *Sommermann* (Fn. 18), Art. 20 Abs. 1 Rn. 15. – Insbesondere in seiner Herleitung aus der römischen Tradition überzeugt das schon deswegen nicht, weil sich die herrschenden patrizischen Familien die Priesterämter vorbehalten haben (*Bleicken*, Verfassung [Fn. 6], S. 175 f.); kritisch auch *Isensee*, Republik (Fn. 1), Sp. 884. Einschlägig sind insofern vielmehr Volkssouveränität und Art. 4 I GG: → Art. 20 (Demokratie), Rn. 83; → Art. 4 Rn. 147.

[73] *W. Henke*, HStR I, § 21 Rn. 17 f.; *R. Gröschner*, JZ 1996, 637 (645); *ders.*, HStR[3] II, § 23 Rn. 15, 21, 53 ff.; als Amtsethos gefaßt bei *J. Isensee*, HStR[3] IV, § 71 Rn. 24. Eher überzogen hingegen *R. Balzer*, Republikprinzip und Berufsbeamtentum, 2009, S. 161 f. – Kritisch *Frankenberg* (Fn. 1), Art. 20 Abs. 1–3 I Rn. 24, der eine »quietistisch[e]« Bändigung des Republikbegriffes fürchtet.

[74] *W. Henke*, HStR I, § 21 Rn. 19; *Evers* (Fn. 71), Art. 79 III Rn. 179; *J. Isensee*, JZ 1981, 1 (8); *Hain*, Grundsätze (Fn. 60), S. 436 f. – Bei *Nowrot*, Republikprinzip (Fn. 1), S. 402 ff. finden sich vier Subprinzipien aufgelistet: Amt, bürgerschaftliche Partizipation, Publizität, Verantwortungsbewußtsein der Bürger.

[75] BVerfGE 123, 39 (69, Rn. 108): »In der Republik ist die Wahl Sache des ganzen Volkes und gemeinschaftliche Angelegenheit aller Bürger.« Zur angedeuteten Interpretationsvermutung vorsichtig *S. Schiedermair*, JZ 2009, 572 (573). – Sehr viel weitergehend und euphorischer *Gröschner*, Freistaat (Fn. 44), S. 343 f.

[76] So der Ansatz von *Nowrot*, Republikprinzip (Fn. 1), S. 66 ff., 291 ff. u. ö.

[77] *Unruh*, Verfassungsbegriff (Fn. 18), S. 575 f. – Sehr zu Recht gegen die Annahme, ein partielles Obsoletwerden des Republikbegriffes zwinge gewissermaßen zu seiner »Verfüllung« mit anderen Inhalten: *Wittreck*, Republik (Fn. 57), S. 889 ff.; ebd. S. 891 ff. treffende Hinweise auf die überaus inhomogene Begriffstradition.

[78] Dies konzediert auch *Sommermann* (Fn. 18), Art. 20 Abs. 1 Rn. 19. – Prägnant im hier vertretenen Sinn *Maurer*, Staatsrecht I, § 7 Rn. 17 sowie *Unruh*, Verfassungsbegriff (Fn. 18), S. 577; siehe auch *Hain*, Grundsätze (Fn. 60), S. 438; *ders.* (Fn. 60), Art. 79 Rn. 140 ff. – Replik: *Gröschner*, Freistaat (Fn. 44), S. 305 f.

stimmt und verläßlicher garantiert ist[79]. Eine Rückkehr zur **Republik als Inbegriff »guter Ordnung«** verspricht weder Gewinn an Rechtsklarheit noch an Freiheitlichkeit (→ Rn. 2 f.; → Art. 20 [Demokratie], Rn. 144). Ganz im Gegenteil droht die Gefahr voluntaristischer inhaltlicher Aufladung oder völliger Konturenlosigkeit[80].

22 Zusätzliche, rechtlich handhabbare Aspekte lassen sich schließlich auch nicht durch den Aspekt der **Gemeinwohlorientierung**[81] gewinnen: das Gemeinwohl ist im demokratischen Verfassungsstaat nicht fixe und vorgegebene Größe, sondern Produkt des pluralen, nicht interessefreien Prozesses politischer Willensbildung[82]. »Das« Gemeinwohl in stark idealistisch anmutender Weise im Konkretisierungsspielraum staatlicher Entscheidungstätigkeit von Abgeordneten, Beamten und Richtern zu verorten[83], verkennt die Funktionsimperative parteienstaatlicher Demokratie ebenso wie die Dichte zahlreicher Rechtsgebiete sowie die Fülle anderer entscheidungsleitender oder zu berücksichtigender Prinzipien und überläßt die Ausfüllung im übrigen ganz offenkundig dem direkten Zugriff darauf, was der Entscheidungsträger jeweils für gemeinwohlgeboten oder -verträglich hält[84].

23 Nicht verfassungsrechtlich, sondern sozialphilosophisch-politiktheoretisch wird »**Republikanismus**« schließlich konzipiert, wenn man rechtsstaatliche und demokratische Verfassungselemente in einen neuen Begründungszusammhang stellt, um einen dritten Weg zwischen Liberalismus und Kommunitarismus zu suchen und Freiheit und

---

[79] Wie hier *B. Pieroth*, JuS 2010, 473 (475); *Kloepfer*, Verfassungsrecht I, § 8 Rn. 13; ebd., Rn. 9 heißt es treffend: bei »inhaltlicher Aufladung des republikanischen Prinzips beginnt freilich die Abgrenzbarkeit zum demokratischen Prinzip zu zerbröseln«. Desgleichen *Heun*, Verfassungsordnung (Fn. 63), S. 56; *Grzeszick* (Fn. 47), Art. 20 III Rn. 5 ff.; ähnlich *Volkmann* (Fn. 1), Art. 20 Rn. 11.

[80] Bis hin zur Vollamalgamierung aller wesentlichen Verfassungsgrundsätze ist das getrieben von *G. Robbers*, Republik, in: FS Herzog zum 75. Geburtstag, 2009, S. 379 ff., demzufolge das Republikprinzip nicht nur ein Monarchie- und Diktaturverbot verbürgt, sondern auch Volkssouveränität, Sozialstaatlichkeit, föderale Elemente, Grund- und Menschenrechte und das Amtsethos; Republik sei »Gesamtgrundsatz«, »Sammel- und Oberbegriff« (S. 389), »Konkordanzbegriff« (390); desgleichen *ders.* (Fn. 33), Art. 20 Abs. 1 Rn. 354 ff., 374 ff., 380 ff.

[81] Anders *Hesse*, Verfassungsrecht, Rn. 121 (Verpflichtung der Regierenden auf die *salus publica* als positives Leitprinzip); *Sommermann* (Fn. 18), Art. 20 Abs. 1 Rn. 14, 19; *H.-D. Horn*, ZöR 57 (2002), 203 (220 f.); *Anderheiden*, Gemeinwohl (Fn. 17), S. 249 ff. u. passim; *S. Müller-Franken*, Der Staat 44 (2005), 20 (27); *J. Isensee*, HStR³ IV, § 71 Rn. 23; *Gröschner*, Freistaat (Fn. 44), S. 338 ff.; *Nowrot*, Republikprinzip (Fn. 1), S. 343 ff. Eingehend auch *H. Münkler*, Politische Tugend. Bedarf die Demokratie einer sozio-moralischen Grundlegung?, in: ders. (Hrsg.), Die Chancen der Freiheit, 1992, S. 25 ff. – Für Gemeinwohlorientierung als letztlich moralische Forderung hingegen richtig *S. Huster*, Der Staat 34 (1995), 606 (613). Eher skeptisch auch *Volkmann* (Fn. 1), Art. 20 Rn. 14.

[82] So die alte Einsicht von *E. Fraenkel*, Pluralismus als Strukturelement der freiheitlich-rechtsstaatlichen Demokratie (1964), in: ders., Deutschland und die westlichen Demokratien, 7. Aufl. 1979, S. 197 ff. (199 ff.); ähnlich *J. P. Müller* (Diskussionsbemerkung), VVDStRL 55 (1996), S. 128 ff. (130); *C. Engel*, Rechtstheorie 32 (2001), 23 ff.; *B. Pieroth*, JuS 2010, 473 (475). – Ambitionierter Versuch einer materialen Bestimmung des Republikprinzips als »Untermaßverbot für die Bereitstellung kollektiver Güter« bei *Anderheiden*, Gemeinwohl (Fn. 17), S. 307; das Gemeinwohl wird von *Nowrot*, Republikprinzip (Fn. 1), S. 366 ff. als »Rechtsbegriff und Regelungsgehalt des Republikprinzips« betrachtet, ohne daß er dem Konkretisierungsdefizit abhelfen könnte.

[83] So *R. Gröschner*, HStR³ II, § 23 Rn. 65, 69 ff.; kritisch zur Mobilisierung des materialen Republikprinzips als Gemeinwohlschranke der Grundrechte *Wittreck*, Republik (Fn. 57), S. 893 ff.; Replik: *R. Gröschner*, Republik, in: Leitgedanken des Rechts, Bd. 1, 2013, § 24 Rn. 15 f.; *ders.*, Freistaat (Fn. 44), S. 337 f., 339 f.

[84] Kritisch zu möglichen Konsequenzen, aus einem materialen Republikbegriff ein objektives Gemeinwohl und aus diesem ein Schrankenregime für individuelle Grundrechte herzuleiten: *Wittreck*, Republik (Fn. 57), S. 897.

Herrschaft auf diese Weise besser auszubalancieren[85]. Versteht man Republik in diesem Sinne als **moralischen Appellbegriff**[86], der den Gemeinsinn der Bürger wie das Ethos der Amtswalter gleichermaßen ansprechen soll, so mag sich die vormoderne »republikanische« Tradition tatsächlich aktivieren lassen, ohne rechtliche Einbußen befürchten zu müssen.

IV. Republik als Schlüsselbegriff der Interpretation des Grundgesetzes?

Auf starke und jedenfalls aus verfassungsdogmatischer Sicht durchgreifende Bedenken stoßen Versuche, Republik gewissermaßen als einen **Schlüsselbegriff der Verfassungsordnung des Grundgesetzes** konzipieren zu wollen. Das hat letztlich kaum absehbare Konsequenzen, wenn man etwa unter Kanonisierung der – in fragwürdiger Weise rekonstruierten – Lehre Immanuel Kants ein nachgerade hypertrophes (und im übrigen stark von einem Antiparteienaffekt geprägtes) Republikverständnis postuliert[87] oder den Republikbegriff instrumentalisiert, um die eigenen verfassungspolitischen Ziele und Präferenzen als republikanisch und damit zum Kern einer grundgesetzlich gebotenen Zivilgesellschaft gehörig ausweisen zu können[88].

Gegenüber dem Versuch, Republik als »gehaltvolles Prinzip der Legitimation und Gestaltung«[89] einer freiheitlichen Ordnung zu etablieren und insofern dem Rechtsstaatsprinzip wie dem Demokratiegebot gleichzustellen, wenn nicht überzuordnen, ist ebenfalls Skepsis angebracht. Hiergegen spricht, daß die ganz in den Vordergrund gerückte »**Ämterordnung**« des Staates[90] **ahistorisch überhöht** wird und der republikanische Gemeinwohlgedanke in eine kaum auflösbare Spannung zu demokratischen Legitimations- und rechtsstaatlichen Limitationselementen gerät[91].

Mögliche Konsequenzen solcher Überdehnungen des Republikbegriffes zu einem **Passepartout zur Lösung verfassungsrechtlicher Streitfragen** aller Art illustrieren verschiedene Versuche, etwa gewisse Formen der Richterbestellung als »republikanisch« auszuweisen (und andere als verfassungsrechtlich ausgeschlossen zu betrachten)[92], bestimmte Varianten der direkten Demokratie als Verstoß gegen das republikanische Prinzip des Grundgesetzes zu brandmarken[93] oder ein politisch favorisiertes Modell

---

[85] So *P. Pettit*, Republicanism. A Theory of Freedom and Government, Oxford–New York 1997, S. 4 ff., 18 ff. u. passim; in der Stoßrichtung vergleichbar *Viroli*, Idee (Fn. 13), S. 71 ff.

[86] In diesem Sinne namentlich *Unruh*, Verfassungsbegriff (Fn. 18), S. 124 f., 196 ff., 578 f. (allerdings mit einigen fraglichen Gleichsetzungen); eher vorsichtig auch *Nowrot*, Republikprinzip (Fn. 1), S. 427 ff. zum Verantwortungsbewußtsein der Bürger.

[87] *K.A. Schachtschneider*, Res publica res populi, 1994, passim; *ders.*, Republikanische Freiheit, in: FS Kriele, 1997, S. 829 ff.; berechtigte Kritik bei *S. Huster*, Der Staat 34 (1995), 606 (610 ff.); *R. Gröschner*, JZ 1996, 637 ff.; *Anderheiden*, Gemeinwohl (Fn. 17), S. 264 ff.; *Volkmann* (Fn. 1), Art. 20 Rn. 12; *E. Klein*, DÖV 2009, 741 (746); *Nowrot*, Republikprinzip (Fn. 1), S. 35 ff.

[88] Siehe *G. Frankenberg*, Die Verfassung der Republik, 1996, S. 121 ff. mit der symptomatischen Aussage, das Gelingen des republikanischen Projekts hänge »vor allem« ab »von der allgemeinen Bereitschaft, die Bundesrepublik als Einwanderungsland zu begreifen« (S. 213); zu Recht kritisch *G. Roellecke*, Der Staat 36 (1997), 149 ff.; *E. Klein*, DÖV 2009, 741 (745).

[89] So *R. Gröschner*, HStR³ II, § 23 Rn. 73.

[90] *R. Gröschner*, HStR³ II, § 23 Rn. 53 ff.

[91] Die bei *R. Gröschner*, HStR³ II, § 23 Rn. 58, 60, 62 ff. genannten Beispiele zeigen, daß die Mobilisierung des Republikprinzips entweder überflüssig ist, weil sie den aus Rechtsstaatsprinzip und Demokratiegebot gewonnenen Ergebnissen nichts hinzuzufügen vermag, oder sich die im Text angesprochene Spannung ergibt, die sich nicht irgendwie konkordanzhaft auflösen läßt.

[92] *J.-F. Staats*, DRiZ 2002, 338 (339).

[93] So *R. Gröschner*, ThürVBl. 2001, 193 (196 ff.); *S. Müller-Franken*, Der Staat 44 (2005), 19 (26 ff.)

der Staatsangehörigkeit als Resultante eines »republikanischen Staatsverständnisses« zu etablieren[94]. Sie sind besonders problematisch mit Blick auf den hohen normativen Rang des Republikprinzips (→ Rn. 16), das in dieser Lesart weitreichende und tiefgreifende Eingriffe in andere Rechtspositionen rechtfertigen könnte. Allein in Gestalt der Berufung auf das vielzitierte »Gemeinwohl« (→ Rn. 20) setzte es an die Stelle des fein ausdifferenzierten Schrankenregimes des Grundgesetzes einen einheitlichen und beliebig mobilisierbaren Eingriffsvorbehalt, der in letzter Konsequenz selbst vorbehaltlos gewährleistete Grundrechte einem einfachen Gesetzesvorbehalt nach dem Muster von Art. 2 I GG unterwerfen müßte (→ Vorb. Rn. 139 ff.).

D. Verhältnis zu anderen GG-Bestimmungen

27 Die republikanische Staatsform des Bundes ist kraft **Art. 79 III GG** jeder Änderung entzogen (→ Rn. 16; → Art. 79 III Rn. 35). Dies gilt über **Art. 28 I GG** auch für die Länder, denen die Einführung einer (konstitutionellen) Monarchie gleichermaßen versagt ist[95].

28 Zahlreiche Bestimmungen über die Wahl des **Bundespräsidenten** und dessen Kompetenzen (→ Art. 54 Rn. 12 ff., 28 ff.) konkretisieren das republikanische Prinzip. Die Wahl der **Bundesfarben** schwarz-rot-gold wollte entstehungsgeschichtlich als Anknüpfung an die freiheitliche (insoweit freilich nicht zwingend antimonarchische) Tradition des 19. Jahrhunderts verstanden sein (→ Rn. 5; → Art. 22 Rn. 9 ff.)[96]. Ansonsten sind wesentliche Elemente der als republikanisch (i. S. v.: freiheitlich, demokratisch, liberal) apostrophierten Grundsätze in das Demokratie- und das Rechtsstaatsprinzip (**Art. 20 I–III GG**) »abgewandert«[97]. Dies gilt namentlich für die Volkssouveränität, die gleiche Freiheit aller, Repräsentation und Gewaltenteilung (→ Art. 20 [Demokratie], Rn. 61, 82 ff.; → Art. 20 [Rechtsstaat], Rn. 67 ff.). Argumente der Rechtssicherheit und -klarheit sprechen dafür, sie dort zu belassen und zu behandeln (→ Art. 79 III Rn. 35; → Art. 20 [Demokratie], Rn. 144).

---

sowie – mit besonders weitreichenden, im Einzelfall aber kaum mehr nachvollziehbaren – Schlußfolgerungen *H. Schulz-Schaeffer*, JZ 2003, 554 (555, 559 f.); zurückhaltender *J. Isensee*, DVBl. 2001, 1161 (1164 f.). – Kritisch wie hier *C. Degenhart*, ThürVBl. 2001, 201 (207) sowie *F. Wittreck*, JöR 53 (2005), 111 (155 f.).

[94] *A. Wallrabenstein*, Integration und Staatsangehörigkeit: Das Optionsmodell im deutschen Staatsangehörigkeitsrecht, in: K. Sahlfeld u. a. (Hrsg.), Integration und Recht, 2003, S. 243 ff. (246 f., 250; Zitat S. 246). – Ähnlich *Frankenberg* (Fn. 1), Art. 20 Abs. 1–3 I Rn. 32.

[95] Wie hier *v. Münch/Mager*, Staatsrecht I, Rn. 86; *W. Henke*, HStR I, § 21 Rn. 1; *R. Gröschner*, HStR³ II, § 23 Rn. 3; *Maurer*, Staatsrecht I, § 7 Rn. 16; *Kloepfer*, Verfassungsrecht I, § 8 Rn. 2; differenziert *M. Elicker*, JöR 57 (2009), 207 (230 f.); a. A. *Herzog* (Fn. 46), Art. 20 III Rn. 16; *Stern*, Staatsrecht I, S. 582 (nach Streichung des Merkmals »republikanisch« in Art. 28 I 1 GG durch – wohl für zulässig gehaltene – Verfassungsänderung).

[96] Zu diesem Zusammenhang *v. Mangoldt*, Bonner Grundgesetz (Fn. 37), Art. 22 Anm. 1 (S. 149 ff.).

[97] Dies beklagend *W. Henke*, HStR I, § 21 Rn. 7; Gegenentwurf einer Zusammenschau ebd., Rn. 30 ff. Wie hier *Hesse*, Verfassungsrecht, Rn. 121: »weithin eingegangen«.

Artikel 20 [Verfassungsprinzipien; Widerstandsrecht]

(1) Die **Bundesrepublik Deutschland ist ein demokratischer** und sozialer Bundesstaat.

(2) **Alle Staatsgewalt geht vom Volke aus. Sie wird vom Volke in Wahlen und Abstimmungen und durch besondere Organe der Gesetzgebung, der vollziehenden Gewalt und der Rechtsprechung ausgeübt.**

(3) Die Gesetzgebung ist an die verfassungsmäßige Ordnung, die vollziehende Gewalt und die Rechtsprechung sind an Gesetz und Recht gebunden.

(4) Gegen jeden, der es unternimmt, diese Ordnung zu beseitigen, haben alle Deutschen das Recht zum Widerstand, wenn andere Abhilfe nicht möglich ist.

Literaturauswahl

Zu A: Herkunft, Entstehung, Entwicklung

Bleicken, Jochen: Die athenische Demokratie, 4. Aufl. 1995.
Brunkhorst, Hauke: Demokratie und Differenz, 1994.
Dreier, Horst: Kants Republik, in: JZ 2004, S. 745–756.
Hofmann, Hasso: Repräsentation. Studien zur Wort- und Begriffsgeschichte von der Antike bis ins 19. Jahrhundert (1974), 4. Aufl. 2003.
Howard, Dick: Die Grundlegung der amerikanischen Demokratie, 2001.
Kielmansegg, Peter Graf: Volkssouveränität. Eine Untersuchung der Bedingungen demokratischer Legitimität, 1977.
Meier, Christian: Die Entstehung des Begriffes Demokratie, 1970.
Meier, Christian: Die Entstehung des Politischen bei den Griechen, 1980.
Müller, Tim B.: Nach dem Ersten Weltkrieg. Lebensversuche moderner Demokratien, 2014.
Münkler, Herfried/Llanque, Marcus: Art. Demokratie, in: DNP, Bd. 13, 1999, Sp. 721–738.
Nippel, Wilfried: Antike oder moderne Freiheit? Die Begründung der Demokratie in Athen und in der Neuzeit, 2008.

Zu B: Internationale, supranationale und rechtsvergleichende Bezüge

Bauer, Hartmut: Demokratie in Europa – Einführende Problemskizze, in: ders./Peter M. Huber/Karl-Peter Sommermann (Hrsg.), Demokratie in Europa, 2005, S. 1–17.
v. Bogdandy, Armin: Verfassungsrechtliche Dimensionen der Welthandelsorganisation, in: KritJ 34 (2001), S. 264–281, 425–441.
Calliess, Christian: Das Demokratieprinzip im europäischen Staaten- und Verfassungsverbund, in: Jürgen Bröhmer u.a. (Hrsg.), Internationale Gemeinschaft und Menschenrechte. Festschrift für Georg Ress zum 70. Geburtstag am 21. Januar 2005, 2005, S. 399–421.
Calliess, Christian: Die neue Europäische Union nach dem Vertrag von Lissabon, 2010.
Cancik, Pascale: Parlamentarische Opposition in den Landesverfassungen, 2000.
Cremer, Wolfgang: Lissabon-Vertrag und Grundgesetz, in: Jura 2010, S. 296–307.
Dann, Philipp: Parlamente im Exekutivföderalismus. Eine Studie zum Verhältnis von föderaler Ordnung und parlamentarischer Demokratie in der Europäischen Union, 2004.
Dreier, Horst: Die drei Staatsgewalten im Zeichen von Europäisierung und Privatisierung, in: DÖV 2002, S. 537–547.
Ehm, Frithjof: Das völkerrechtliche Demokratiegebot. Eine Untersuchung zur schwindenden Wertneutralität des Völkerrechts gegenüber den staatlichen Binnenstrukturen, 2013.
Grimm, Dieter: Zum Stand der demokratischen Legitimation der Europäischen Union nach Lissabon, in: Hans Michael Heinig/Jörg Philipp Terhechte (Hrsg.), Postnationale Demokratie, Postdemokratie, Neoetatismus. Wandel klassischer Demokratievorstellungen in der Rechtswissenschaft, 2013, S. 105–122.
Hofmann, Hasso: Menschenrechte und Demokratie, in: JZ 2001, S. 1–8.
Jestaedt, Matthias: Warum in die Ferne schweifen, wenn der Maßstab liegt so nah? Verfassungshandwerkliche Anfragen an das Lissabon-Urteil des BVerfG, in: Der Staat 48 (2009), S. 497–516.

Art. 20 (Demokratie)

Kaufmann, Marcel: Europäische Integration und Demokratieprinzip, 1997.
Klein, Hans Hugo: Europäische Integration und demokratische Legitimation, 2011.
Kleinlein, Thomas: Konstitutionalisierung im Völkerrecht, 2012.
Komorowski, Alexis von: Demokratieprinzip und Europäische Union, 2010.
Lübbe-Wolff, Gertrude: Europäisches und nationales Verfassungsrecht, VVDStRL 60 (2000), S. 246–289.
Lübbe-Wolff, Gertrude: Globalisierung und Demokratie. Überlegungen am Beispiel der Wasserwirtschaft, in: RuP 40 (2004), S. 130–143.
Mayer, Martina: Die Europafunktion der nationalen Parlamente in der Europäischen Union, 2012.
Merten, Detlef: Europäische Union und Rechtsstaatlichkeit, in: Metin Akyürek u. a. (Hrsg.), Verfassung in Zeiten des Wandels. Symposium zum 60. Geburtstag von Heinz Schäffer, 2002, S. 230–245.
Nettesheim, Martin: Demokratisierung der Europäischen Union und Europäisierung der Demokratietheorie – Wechselwirkungen bei der Herausbildung eines europäischen Demokratieprinzips, in: Hartmut Bauer/Peter M. Huber/Karl-Peter Sommermann (Hrsg.), Demokratie in Europa, 2005, S. 143–189.
Rhinow, René A.: Grundprobleme der schweizerischen Demokratie, in: ZSR n. F. 103 II (1984), S. 111–267.
Schönberger, Christoph: Die Europäische Union zwischen »Demokratiedefizit« und Bundesstaatsverbot, in: Der Staat 48 (2009), S. 535–558.
Volkmann, Uwe: Die zwei Begriffe der Demokratie – Von der Übertragbarkeit staatsbezogener Demokratievorstellungen in überstaatliche Räume, in: Klaus Hofmann/Kolja Naumann (Hrsg.), Europäische Demokratie in guter Verfassung?, 2010, S. 14–32.
Wahl, Rainer: Konstitutionalisierung – Leitbegriff oder Allerweltsbegriff?, in: Der Wandel des Staates vor den Herausforderungen der Gegenwart. Festschrift für Winfried Brohm zum 70. Geburtstag, 2002, S. 191–207.
Wahl, Rainer: Erklären staatstheoretische Leitbegriffe die Europäische Union?, in: Horst Dreier (Hrsg.), Rechts- und staatstheoretische Schlüsselbegriffe: Legitimität – Repräsentation – Freiheit. Symposion für Hasso Hofmann zum 70. Geburtstag, 2005, S. 113–149.
Wolf, Sebastian: Demokratische Legitimation in der EU aus Sicht des Bundesverfassungsgerichts nach dem Urteil zum Europäischen Haftbefehlsgesetz, in: KritJ 38 (2005), S. 350–358.

Zu C: Erläuterungen

Badura, Peter: Die parlamentarische Demokratie, in: HStR³ II, § 25 (S. 497–540).
Becker, Joachim: Das Demokratieprinzip und die Mitwirkung Privater an der Erfüllung öffentlicher Aufgaben, in: DÖV 2004, S. 910–915.
Berlit, Uwe: Soll das Volk abstimmen? Zur Debatte über direktdemokratische Elemente im Grundgesetz, in: KritV 76 (1993), S. 318–359.
v. Beyme, Klaus: Art. Demokratie, in: Sowjetsystem und demokratische Gesellschaft. Eine vergleichende Enzyklopädie, Bd. 1, 1966, Sp. 1111–1158.
Böckenförde, Ernst-Wolfgang: Demokratie als Verfassungsprinzip, in: HStR³ II, § 24 (S. 429–496).
v. Bogdandy, Armin: Demokratisch, demokratischer, am demokratischsten? Zur Steigerungsfähigkeit eines Verfassungsprinzips am Beispiel einer Neugestaltung der Verordnungsgebung, in: Joachim Bohnert (Hrsg.), Verfassung – Philosophie – Kirche. Festschrift für Alexander Hollerbach, 2001, S. 363–384.
Brosius-Gersdorf, Frauke: Deutsche Bundesbank und Demokratieprinzip. Eine verfassungsrechtliche Studie zur Bundesbankautonomie vor und nach der dritten Stufe der Europäischen Währungsunion, 1997.
Bryde, Brun-Otto: Die bundesrepublikanische Volksdemokratie als Irrweg der Demokratietheorie, in: StWStP 5 (1994), S. 305–330.
Bugiel, Karsten: Volkswille und repräsentative Entscheidung. Zulässigkeit und Zweckmäßigkeit von Volksabstimmungen nach dem Grundgesetz, 1991.
Classen, Claus Dieter: Demokratische Legitimation im offenen Rechtsstaat, 2009.
Czerwick, Edwin: Bürokratie und Demokratie, 2001.
Dahl, Robert A.: Democracy and its Critics, New Haven–London 1989.
Dederer, Hans-Georg: Korporative Staatsgewalt. Integration privat organisierter Interessen in die Ausübung von Staatsfunktionen. Zugleich eine Rekonstruktion der Legitimationsdogmatik, 2004.
Dreier, Horst: Hierarchische Verwaltung im demokratischen Staat. Genese, aktuelle Bedeutung und funktionelle Grenzen eines Bauprinzips der Exekutive, 1991.

Dreier, Horst: Das Demokratieprinzip des Grundgesetzes, in: Jura 1997, S. 249–257 (auch in: ders., Idee und Gestalt des freiheitlichen Verfassungsstaates, 2014, S. 159–184).
Dreier, Horst/Wittreck, Fabian: Repräsentative und direkte Demokratie im Grundgesetz, in: Lars P. Feld u. a. (Hrsg.), Jahrbuch für direkte Demokratie 2009, 2010, S. 11–39.
Ebsen, Ingwer: Abstimmungen des Bundesvolkes als Verfassungsproblem, in: AöR 110 (1985), S. 2–29.
Ehlers, Dirk: Die Staatsgewalt in Ketten – Zum Demokratiegebot im Sinne des Grundgesetzes, in: Heiko Faber/Götz Frank (Hrsg.), Demokratie in Staat und Wirtschaft. Festschrift für Ekkehart Stein zum 70. Geburtstag, 2002, S. 125–142.
Emde, Thomas: Die demokratische Legitimation der funktionalen Selbstverwaltung. Eine verfassungsrechtliche Studie anhand der Kammern, der Sozialversicherungsträger und der Bundesanstalt für Arbeit, 1991.
Fromme, Friedrich Karl: Der Demokratiebegriff des Grundgesetzgebers, in: DÖV 1970, S. 518–526.
Grimm, Dieter: Bedingungen demokratischer Rechtsetzung, in: Lutz Wingert/Klaus Günther (Hrsg.), Die Öffentlichkeit der Vernunft und die Vernunft der Öffentlichkeit. Festschrift für Jürgen Habermas, 2001, S. 489–506.
Hanebeck, Alexander: Bundesverfassungsgericht und Demokratieprinzip, in: DÖV 2004, S. 901–909.
Hebeler, Timo: Verfassungsrechtliche Probleme »besonderer« Rechtsetzungsformen funktionaler Selbstverwaltung, in: DÖV 2002, S. 936–943.
Hermes, Georg: Legitimationsprobleme unabhängiger Behörden, in: Hartmut Bauer/Peter M. Huber/Karl-Peter Sommermann (Hrsg.), Demokratie in Europa, 2005, S. 457–488.
Heun, Werner: Das Mehrheitsprinzip in der Demokratie. Grundlagen – Struktur – Begrenzungen, 1983.
Hillgruber, Christian: Die Herrschaft der Mehrheit. Grundlagen und Grenzen des demokratischen Majoritätsprinzips, in: AöR 127 (2002), S. 460–473.
Hofmann, Hasso: Bundesstaatliche Spaltung des Demokratiebegriffs?, in: Festschrift für Karl H. Neumayer zum 65. Geburtstag, 1985, S. 281–298 (auch in: H. Hofmann, Verfassungsrechtliche Perspektiven, 1995, S. 146–160).
Hofmann, Hasso: Über Volkssouveränität, in: JZ 2014, S. 861–868.
Hofmann, Hasso/Dreier, Horst: Repräsentation, Mehrheitsprinzip und Minderheitenschutz, in: Schneider/Zeh, § 5 (S. 165–197).
Horn, Hans-Detlef: Demokratie, in: Otto Depenheuer/Christoph Grabenwarter (Hrsg.), Verfassungstheorie, 2010, § 22 (S. 743–776).
Jestaedt, Matthias: Demokratieprinzip und Kondominialverwaltung. Entscheidungsteilhabe Privater an der öffentlichen Verwaltung auf dem Prüfstand des Verfassungsprinzips Demokratie, 1993.
Jestaedt, Matthias: Demokratische Legitimation – quo vadis?, in: JuS 2004, S. 649–653.
Jestaedt, Matthias: Radien der Demokratie: Volksherrschaft, Betroffenenpartizipation oder plurale Legitimation, in: Hans Michael Heinig/Jörg Philipp Terhechte (Hrsg.), Postnationale Demokratie, Postdemokratie, Neoetatismus. Wandel klassischer Demokratievorstellungen in der Rechtswissenschaft, 2013, S. 3–18.
Jung, Otmar: Grundgesetz und Volksentscheid. Gründe und Reichweite der Entscheidungen des Parlamentarischen Rats gegen Formen direkter Demokratie, 1994.
Kelsen, Hans: Vom Wesen und Wert der Demokratie, 2. Aufl. 1929.
Kirchhof, Paul: Die Zukunft der Demokratie im Verfassungsstaat, in: JZ 2004, S. 981–986.
Kluth, Winfried: Funktionale Selbstverwaltung. Verfassungsrechtlicher Status – verfassungsrechtlicher Schutz, 1997.
Köller, Sandra: Funktionale Selbstverwaltung und ihre demokratische Legitimation. Eine Untersuchung am Beispiel der Wasserverbände Lippeverband und Emschergenossenschaft, 2009.
Krause, Peter: Verfassungsrechtliche Möglichkeiten unmittelbarer Demokratie, in: HStR³ III, § 35 (S. 55–85).
Kühne, Jörg-Detlef: Volksgesetzgebung in Deutschland – zwischen Doktrinarismen und Legenden, in: ZG 6 (1991), S. 116–132.
Magsaam, Niels: Mehrheit entscheidet. Ausgestaltung und Anwendung des Majoritätsprinzips im Verfassungsrecht des Bundes und der Länder, 2014.
Maurer, Hartmut: Plebiszitäre Elemente in der repräsentativen Demokratie, 1997.
Mehde, Veit: Neues Steuerungsmodell und Demokratieprinzip, 2000.

Art. 20 (Demokratie)

Meyer, Hans: Repräsentation und Demokratie, in: Horst Dreier (Hrsg.), Rechts- und staatstheoretische Schlüsselbegriffe: Legitimität – Repräsentation – Freiheit. Symposion für Hasso Hofmann zum 70. Geburtstag, 2005, S. 99–112.
Meyer, Hans: Volksabstimmungen im Bund: Verfassungslage nach Zeitgeist?, in: JZ 2012, S. 538–546.
Möllers, Christoph: Demokratie – Zumutungen und Versprechen, 2008.
Möstl, Markus: Elemente direkter Demokratie als Entwicklungsperspektive, VVDStRL 72 (2013), S. 355–416.
Morlok, Martin: Demokratie und Wahlen, in: Festschrift 50 Jahre BVerfG, Bd. 2, 2001, S. 559–608.
Müller-Franken, Sebastian: Die demokratische Legitimation öffentlicher Gewalt in den Zeiten der Globalisierung, in: AöR 134 (2009), S. 542–571.
Neumann, Peter: Sachunmittelbare Demokratie im Bundes- und Landesverfassungsrecht unter besonderer Berücksichtigung der neuen Länder, 2009.
Neumann, Peter/v. Raumer, Stefan (Hrsg.): Die verfassungsrechtliche Ausgestaltung der Volksgesetzgebung, 1999.
Oebbecke, Janbernd: Das Wahlrecht von Geburt an, in: JZ 2004, S. 987–992.
Ooyen, Robert Chr. van: Der Staat der Moderne. Hans Kelsens Pluralismustheorie, 2003.
Petersen, Niels: Demokratie und Grundgesetz. Veränderungen des Demokratieprinzips in Art. 20 Abs. 2 GG angesichts der Herausforderungen moderner Staatlichkeit, in: JöR 58 (2010), S. 137–171.
Pieroth, Bodo: Plurale und unitarische Strukturen demokratischer Legitimation, in: EuGRZ 2006, S. 330–338.
Pieroth, Bodo: Das Demokratieprinzip des Grundgesetzes, in: JuS 2010, S. 473–481.
Redaktion Kritische Justiz (Hrsg.): Demokratie und Grundgesetz. Eine Auseinandersetzung mit der verfassungsgerichtlichen Rechtsprechung, 2000.
Rosanvallon, Pierre: Demokratische Legitimität. Unparteilichkeit – Reflexivität – Nähe (2010), 2013.
Rux, Johannes: Direkte Demokratie in Deutschland. Rechtsgrundlagen und Rechtswirklichkeit der unmittelbaren Demokratie in der Bundesrepublik Deutschland und ihren Ländern, 2008.
Scheuner, Ulrich: Das Mehrheitsprinzip in der Demokratie, 1973.
Schliesky, Utz: Souveränität und Legitimität von Herrschaftsgewalt, 2004.
Schmidt, Manfred G.: Demokratietheorien. Eine Einführung, 5. Aufl. 2010.
Schmidt-Aßmann, Eberhard: Verwaltungslegitimation als Rechtsbegriff, in: AöR 116 (1991), S. 329–390.
Schnapp, Friedrich E. (Hrsg.): Funktionale Selbstverwaltung und Demokratieprinzip – am Beispiel der Sozialversicherung, 2001.
Schneider, Hans-Peter: Das Parlamentsrecht im Spannungsfeld von Mehrheitsentscheidungen und Minderheitsschutz, in: Festschrift 50 Jahre BVerfG, Bd. 2, 2001, S. 627–662.
Schuler-Harms, Margarete: Elemente direkter Demokratie als Entwicklungsperspektive, VVDStRL 72 (2013), S. 417–470.
Steinberg, Rudolf: Die Repräsentation des Volkes. Menschenbild und demokratisches Regierungssystem, 2013.
Thiel, Markus (Hrsg.): Wehrhafte Demokratie. Beiträge über die Regelungen zum Schutze der freiheitlichen demokratischen Grundordnung, 2003.
Thürer, Daniel: Deliberative Demokratie und Abstimmungsdemokratie, in: Andreas Donatsch/Marc Forster/Christian Schwarzenegger (Hrsg.), Strafrecht, Strafprozeßrecht und Menschenrechte. Festschrift für Stefan Trechsel zum 65. Geburtstag, 2002, S. 169–187.
Trute, Hans-Heinrich: Die demokratische Legitimation der Verwaltung, in: Wolfgang Hoffmann-Riem/Eberhard Schmidt-Aßmann/Andreas Voßkuhle (Hrsg.), Grundlagen des Verwaltungsrechts, Bd. I, 2. Aufl. 2012, § 6 (S. 341–435).
Tschentscher, Axel: Demokratische Legitimation der dritten Gewalt, 2006.
Voßkuhle, Andreas/Sydow, Gernot: Die demokratische Legitimation des Richters, in: JZ 2002, S. 673–682.
Unger, Sebastian: Das Verfassungsprinzip der Demokratie. Normstruktur und Norminhalt des grundgesetzlichen Demokratieprinzips, 2008.
Wallrabenstein, Astrid: Das Verfassungsrecht der Staatsangehörigkeit, 1999.
Weber, Quirin: Parlament – Ort der politischen Entscheidung? Legitimationsprobleme des modernen Kapitalismus – dargestellt am Beispiel der Bundesrepublik Deutschland, 2011.

Art. 20 (Demokratie)

Wittreck, Fabian: Direkte Demokratie und Verfassungsgerichtsbarkeit. Eine kritische Übersicht zur deutschen Verfassungsrechtsprechung in Fragen der unmittelbaren Demokratie von 2000 bis 2002, in: JöR 53 (2005), S. 111–185.
Wittreck, Fabian: Die Verwaltung der Dritten Gewalt, 2006.
Zacharias, Diana: Das Prinzip der demokratischen Legitimation, in: Jura 2001, S. 446–450.

Zu D: Verhältnis zu anderen GG-Bestimmungen

Möllers, Christoph: Der parlamentarische Bundesstaat – Das vergessene Spannungsverhältnis von Parlament, Demokratie und Bundesstaat, in: Josef Aulehner u. a. (Hrsg.), Föderalismus – Auflösung oder Zukunft der Staatlichkeit?, 1997, S. 81–111.
Wolff, Heinrich Amadeus: Das Verhältnis von Rechtsstaats- und Demokratieprinzip (= Speyerer Vorträge, Heft 48), 1999.

Leitentscheidungen des Bundesverfassungsgerichts

BVerfGE 2, 1 (12f.) – SRP-Verbot; 5, 85 (135, 197ff., 204ff.) – KPD-Verbot; 7, 198 (208) – Lüth; 9, 268 (281f.) – Bremer Personalvertretung; 20, 56 (97ff.) – Parteienfinanzierung I; 33, 125 (156ff.) – Facharzt; 44, 125 (138ff., 145) – Öffentlichkeitsarbeit; 47, 253 (271ff.) – Gemeindeparlamente; 60, 175 (208) – Startbahn West; 69, 315 (343ff.) – Brokdorf; 83, 37 (50ff.) – Ausländerwahlrecht I; 83, 60 (71ff.) – Ausländerwahlrecht II; 89, 155 (182ff.) – Maastricht; 93, 37 (66ff.) – Mitbestimmungsgesetz Schleswig-Holstein; 96, 139 (147ff.) – Volksbegehren Franken; 103, 44 (59ff., Rn. 56ff.) – Fernsehaufnahmen im Gerichtssaal II; 107, 59 (86ff., Rn. 154ff.) – Lippeverband; 111, 191 (216ff., Rn. 151ff.) – Notarkassen; 113, 273 (301, Rn. 81) – Europäischer Haftbefehl; 123, 267 (341ff., Rn. 211ff.; 356ff., Rn. 244ff.) – Lissabon; 130, 76 (123ff., Rn. 164ff.) – Privatisierung des Maßregelvollzugs; 132, 39 (50ff., Rn. 30ff.) – Wahlberechtigung der Auslandsdeutschen; 135, 155 (221ff., Rn. 156ff.) – Filmförderungsanstalt; 136, 194 (261ff., Rn. 167ff.) – Deutscher Weinfonds.

Gliederung

	Rn.
A. Herkunft, Entstehung, Entwicklung	1
I. Ideen- und verfassungsgeschichtliche Aspekte	1
II. Entstehung und Veränderung der Norm	18
B. Internationale, supranationale und rechtsvergleichende Bezüge	24
I. Demokratie in internationaler Perspektive	24
1. Völkerrechtliche Dokumente und Demokratisierungstendenzen	24
2. Demokratie auf globaler Ebene?	28
II. Europäische Union und Demokratieprinzip	31
1. Die Struktur der Europäischen Union	32
a) Organe	35
b) Notwendigkeit eines supranationalen Legitimationsmodells	39
2. Die demokratische Legitimation der Europäischen Union und des Unionsrechts	40
a) Mitgliedstaatliche demokratische Legitimation	42
b) Eigenständige supranationale Legitimation	48
3. Einwirkungen des Unionsrechts auf das Demokratieprinzip des Grundgesetzes	50
4. Demokratie als Garantie der Staatlichkeit?	54
III. Rechtsvergleichende Hinweise	55
1. Ausländische Staaten	55
2. Deutsche Landesverfassungen	58
C. Erläuterungen	60
I. Begriff und Wesen der Demokratie (Art. 20 I GG)	60
1. Grundlegung: Demokratie als Herrschaftsform Freier und Gleicher	61
2. Strukturelemente demokratischer Herrschaft	66
a) Mehrheitsprinzip	67
b) Herrschaft auf Zeit	73
c) Minderheitenrechte	74
d) Opposition	75

Art. 20 (Demokratie)

        3. Voraussetzungen: Freie politische Willensbildung und offene Kommunikation ... 76
        4. »Grundrecht auf Demokratie«? 80
    II. »Alle Staatsgewalt geht vom Volke aus« (Art. 20 II 1 GG) 82
        1. Volkssouveränität als Legitimationstitel 82
        2. (Deutsche) Staatsgewalt als Legitimationsobjekt 86
        3. (Deutsches) Volk als Legitimationssubjekt; Teilvölker 90
    III. Ausübung der Staatsgewalt durch das deutsche Volk (Art. 20 II 2 GG) 93
        1. Wahlen und Abstimmungen (Art. 20 II 2, 1. Hs. GG) 94
            a) Wahlen 94
            b) Abstimmungen 99
        2. Direkte Demokratie im Grundgesetz? 102
        3. Demokratische Legitimation bei der Ausübung durch besondere Organe
           (Art. 20 II 2, 2. Hs. GG) 109
            a) Das Modell demokratischer Legitimation 109
            b) Demokratische Legitimation der Gesetzgebung 116
            c) Demokratische Legitimation der vollziehenden Gewalt 120
                aa) Grundmodell: Hierarchisch-bürokratische Ministerialverwaltung 121
                bb) Ministerialfreie Räume 123
                cc) Kommunale Selbstverwaltung 125
                dd) Funktionale Selbstverwaltung und autonome Legitimation 128
                ee) Privatrechtsförmige Verwaltung 132
                ff) Apokryphe Verwaltungseinheiten, intermediärer Bereich 137
            d) Demokratische Legitimation der Rechtsprechung 139
D. Verhältnis zu anderen GG-Bestimmungen 143

Stichwörter

Abstimmungen 20 ff., 57, 58, 93, 99 ff. – AEMR 24 – Agreement of the People 6 – Althusius 4 – Amerikanische Revolution 11 – Amsterdamer Vertrag 32 (mit Fn. 123) – Anspruch auf Demokratie 80 f. – Aristoteles 2, 68 – attische Demokratie 1 – Aufsicht 121 f., 126, 129 f. – Ausländerwahlrecht 52, 90 – autonome Legitimation 92, 120, 128 f. – Bagatellvorbehalt 88 – Beliehene 122 – Betroffenendemokratie 5, 114, 128 – Bevölkerungsentscheide 100 – Budgetrecht 15, 87 – Bundesbank 131 – Bundesstaat 146 – Demokratiedefizit 28 ff., 39 – Demokratiekosten 30 – demokratische Legitimation 40 ff., 48 ff., 86, 93, 109 ff. – Demokratisierung 62 – Demoskopie 116 – Deutscher Weinfonds 114 – direkte Demokratie 20 ff., 57 f., 93, 99 ff. – Dreiklassenwahlrecht 15 – Dritter Sektor 138 – Eigengesellschaft 133 f. – Einstimmigkeit 46, 67 – EMRK 24 – Emschergenossenschaft 114, 130 – Ethikkommissionen 130 – Europäische Kommission 36 – Europäische Union 31 ff. – Europäischer Gerichtshof 38 – Europäisches Parlament 35 f., 39, 48 f., 53 – Europäisches Volk 41 – Familienwahlrecht 98 – Federalist Papers 11 – Filmförderungsanstalt 114 – Frankfurter Dokumente 18 – Frankreich 13, 57 – Französische Revolution 11 – Frauenwahlrecht 15 f. – Freiheit 61 ff., 65, 66, 69 – funktionale Selbstverwaltung 92, 120, 128 ff. – funktionell-institutionelle Legitimation 110 – Garantie der Staatlichkeit Deutschlands 54 – Geheimhaltung und Demokratie 77 – Gemeinderat 125 – Gemeindeversammlungen 101 – gemischt-öffentliche Unternehmen 136 – gemischtwirtschaftliche Unternehmen 134 f. – Gesetzesbindung 121, 142 – Gesundheitswesen 130 – Gewalt 86 – Gleichheit 1, 61, 67 ff. – Globalisierung 28 ff. – Großbritannien 13 – Grundrecht auf Demokratie 80 f. – Grundrechte 27, 78, 148 f. – GVK 22 – Haushaltsrecht 58, 112, 154 – Herrschaft auf Zeit 73 – Herrschaftsform 62 – Herrschaftslosigkeit 62 – Homogenität 70 f., 150 – Identität von Regierenden und Regierten 63 – Inbegriff guter Ordnung 143 – Integrationsverantwortung 45 – IPbpR 24 – Kant, Immanuel 12 – Kerngehalt des Demokratieprinzips 96, 151, 153 – Kirchen 86 – Kollegialorgane 123 f. – kommunale Selbstverwaltung 86, 120, 125 ff. – Kommunalismus 3 – Kommunalwahlrecht (für EU-Ausländer) 52 – Kommunikationsprozeß 76 ff., 116 – Kongregationalisten 6 – Konstitutionalismus 15 – Kooptation 139 – KSZE/OSZE 26 – Landesverfassungen 58 f. – Landesvölker 91 – Legislaturperiode 73 – Legitimationskette 111, 114 – Legitimationsniveau 113 – Leveller 6 – Lincoln 14 – Lippeverband 114, 130 – Lissabon-Vertrag 32, 35 – Locke, John 8 – Maastricht-Vertrag 32 – Marsilius v. Padua 4 – Mehrebenendemokratie 39 – Mehrheitsprinzip 47, 67 ff., 103 – Menschenrechte 27, 148 f. – Menschenwürde 149 – Metamorphosen 66 – Mill, John Stuart 13 – Minderheitsrechte 59, 71, 74 – Minderjährigenwahlrecht 98 – ministerialfreie Räume 120, 123 – Ministerialverwaltung 121 ff. – Mitbestimmung 62, 133 – Nachweltschutz 72 – NATO 25 – Netzöffentlichkeit 77 – Nikolaus von Kues 4 – Öffentlichkeit

1, 77, 114, 116, 148 – Opposition 59, 75 – output-Legitimation 83 – Parlament 94 – Parlamentarischer Rat 18 ff. – parlamentarisches Regierungssystem 153 – Parlamentsvorbehalt 117 – Partizipation 62, 114, 128 – personell-organisatorische Legitimation 111 – politische Parteien 76 – primäres Unionsrecht 43 – privatrechtsförmige Verwaltung 86 f., 120, 132 ff. – Prozeßcharakter der Demokratie 77 – quod omnes tangit 5 – Rat der Europäischen Union 37 – Rätedemokratie 64 – Rechnungshof 131 – Rechtsstaat 117, 147 – Regelwerke Privater 119 – Regulierungsbehörden 124 – repräsentative Demokratie 5, 11, 85, 104 f. – Republik 144 – Responsivität 77 – Revisibilität von Entscheidungen 72 f. – richterliche Rechtsfortbildung 140 f. – richterliche Unabhängigkeit 140 f. – Richterwahl 38, 139 – Rousseau, Jean-Jaques 10 ff. – Rundfunkanstalten 131 – sachlich-inhaltliche Legitimation 112 – Schmitt, Carl 63 – Schweiz 3, 57, 139 – sekundäres Unionsrecht 44 – Selbstgesetzgebung 61, 65 – Sieyes, Emmanuel Joseph 11 – soziale Medien 77 – Sozialstaat 145 – Spinoza, Baruch 9 – Staatenvertretung 35 – Staatsform 2, 11, 61 – Staatsgewalt 86 ff. – Staatsvolk 50 ff., 90 ff. – Steuerung (durch Haushaltsrecht) 112, 154 – streitbare Demokratie 79, 151 – Struktursicherungsklausel 33 – Substitution von Legitimationselementen 113 – supranationale Legitimation 48 f. – Teilvölker 92, 125 f., 136 – Territorialplebiszite 20, 100, 105 – Transparenz 117 – UN-Charta 25 – Unionsbürgerschaft 51 – Universitäten 131 – USA 14, 57, 139 – Vereinte Nationen 28 – verfassunggebende Gewalt 82 – verfassungsinstitutionell verankerte Sachbereiche 131 – Versammlungsdemokratie 10 – Verwaltungsgesellschaftsrecht 133 – Verweisungen 118 – Volk 41, 50 ff., 84, 90 ff., 125 f. – Völkergewohnheitsrecht 26 – Volksbefragung 107 f. – Volksdemokratie 55 – Volksgesetzgebung (Volksbegehren, Volksscheid) 20 ff., 57 f., 93, 99 ff. – Volkssouveränität 11, 19, 82 ff. – Vormärz 15 – Wahlen 94 ff. – Wahlrechtsgrundsätze 98 – Wahlsystem 97 – wehrhafte Demokratie 79, 151 – Weimarer Reichsverfassung 16 – Weisungsabhängigkeit 121, 123 – Wesentlichkeitstheorie 117 – westliche Demokratien 56 f. – Willensbildung von unten nach oben 76, 127 – Williams, Roger 7 – Wissenschaft 131 – WTO 29.

A. Herkunft, Entstehung, Entwicklung

I. Ideen- und verfassungsgeschichtliche Aspekte

Demokratie meint eine politische Herrschaftsorganisation, die vom Gedanken der Selbstherrschaft der Mitglieder des politischen Verbandes geprägt ist: die der Herrschaftsordnung Unterworfenen sollen zugleich deren Schöpfer sein. Verbreiteter und im Kern zutreffender Auffassung zufolge haben wir in Gestalt der **attischen Demokratie des 5. vorchristlichen Jahrhunderts** die »erste Demokratie der Weltgeschichte« (Jochen Bleicken) vor uns. Bei allen Unterschieden zu neuzeitlichen Formen wurden hier die politischen Entscheidungen nicht (mehr) durch einen Alleinherrscher oder eine Aristokratie, sondern durch die Polisbürger in direkter Selbsttätigkeit getroffen: sei es durch Abstimmungen in den Volksversammlungen (ekklesia), sei es durch Ausübung eines der zahlreichen, zumeist durch das Los verteilten oder durch Wahl errungenen öffentlichen Ämter[1]. Zwar zählten zum »Demos«, also der Gesamtheit der Vollbürger, lediglich die selbständigen (wehrfähigen und über [Grund-]Eigentum verfügenden) Männer unter Ausschluß der Sklaven, Metöken, Unselbständigen und Frauen; doch war der Kreis der somit politisch Berechtigten im Vergleich zu früheren und späteren Zeiten weit gezogen, so daß eine ungewöhnlich große Zahl von Bürgern politisch aktiv war und öffentliche Ämter bekleidete[2]. Ungeachtet der signifikanten Differen-

1

---

[1] Vgl. *M. I. Finley*, Antike und moderne Demokratie, 1980, S. 20 ff.; *C. Meier*, Die Entstehung des Politischen bei den Griechen, 1983, insb. S. 40 ff., 91 ff., 275 ff.; *J. Bleicken*, Die athenische Demokratie, 4. Aufl. 1995, insb. S. 19 ff. (allgemeine Entwicklung), 190 ff. (Volksversammlung), 312 ff. (Losverfahren), 338 ff. (Gleichheitsprinzip); kompakt *H. Ottmann*, Geschichte des politischen Denkens, Bd. 1/1, 2001, S. 92 ff.

[2] Details bei *Bleicken*, Demokratie (Fn. 1), S. 98 ff.; *C. Meier*, Art. Demokratie (I), in: Geschichtliche Grundbegriffe, Bd. 1, S. 821 ff. (827 f.); *A. Demandt*, Antike Staatsformen, 1995, S. 213 ff. – *Ottmann*, Geschichte 1/1 (Fn. 1), S. 92: Herrschaftsform, »deren Grad an Bürgerbeteiligung von keiner

Art. 20 (Demokratie) A. Herkunft, Entstehung, Entwicklung

zen zu modernen Demokratien (direktdemokratische Formen, keine Grundrechtsverbürgungen, Fehlen der Trennung von bürgerlicher Freiheit und politischer Teilhabe)[3] strahlt die athenische Demokratie namentlich des »perikleischen Zeitalters« als Urbild und Urform bis in die Neuzeit aus und erweist sich für die Verfassungs- und Ideengeschichte als wichtiger Orientierungs- und Bezugspunkt[4]. Da die Griechen sich als Herren ihrer Geschicke und als Gestalter ihrer politischen Ordnung begriffen, kann die attische Demokratie als **erster großer demokratischer Entwicklungsschub** in der Geschichte der westlichen Zivilisation betrachtet werden[5]. Als ihre herausragenden Kennzeichen gelten: erstens die Herausbildung einer »Bürgeridentität«[6], die Politik zur Lebensform, ja zur allein wertvollen Seinsweise und die konkrete, alltägliche Teilnahme an ihr zur vorrangigen Aufgabe werden ließ; zweitens ganz generell die hohe politische Dichte der Lebensverhältnisse und daraus folgend die Grundannahme, daß es für den Menschen als politisches Lebewesen »keine wahre Identität und Selbstverwirklichung außerhalb oder im Gegensatz zur politischen Gemeinschaft« geben könne[7]. Von besonderer Relevanz war ferner die hohe Bedeutung der **Öffentlichkeit** und die **Freiheit der politischen Rede** in ihr[8], nicht zuletzt der alles grundierende ausgeprägte **Gleichheitsgedanke** (Isonomie)[9]. Unbekannt wie Phänomene politischer Entfremdung (einschließlich der modernen Unterscheidung von Staat und Gesellschaft) oder privater Differenz zum Staat war den Griechen jener Hochphase der Polis indes auch, gleichsam als Kehrseite der intensiven Politisierung, der Gedanke individualistisch-universalistischer, vorstaatlicher oder gar antistaatlicher (Menschen-)Rechte[10].

2 Als Wort ebenfalls seit dem fünften vorchristlichen Jahrhundert bekannt (etwa bei Herodot)[11], bildet »Demokratie« einen trotz mannigfaltiger terminologischer Schwankungen festen Bestandteil der von **Aristoteles** popularisierten Sechsertypologie guter

---

späteren Gemeinschaft je wieder erreicht wurde«, sowie S. 105: »Nie wieder haben sich (prozentual) mehr Bürger selber regiert als in der attischen Demokratie.« → Art. 3 Rn. 2.

[3] Dazu *Ottmann*, Geschichte 1/1 (Fn. 1), S. 105 ff. – Man kann das eine Differenz der »Verwirklichungsbedingungen von Demokratie« nennen: *U. Volkmann*, in: Friauf/Höfling, GG, Art. 20 Demokratieprinzip (2001), Rn. 3.

[4] *Ottmann*, Geschichte 1/1 (Fn. 1), S. 110. Man beachte nur die Bedeutung der griechischen Antike für Rousseau (dazu schon *Jellinek*, Allgemeine Staatslehre, S. 294) und die intensive Auseinandersetzung mit ihr in den Federalist Papers (→ Rn. 11). – Vgl. auch das berühmte Wort von *Thomas Paine* (»**what Athens was in miniature, America will be in magnitude**«) und dazu *D. Sternberger*, Nicht alle Staatsgewalt geht vom Volke aus, 1971, S. 59 ff., 70 ff.

[5] So *R.A. Dahl*, Democracy and its Critics, New Haven 1989, S. 13. Der zweite Entwicklungsschub setzte mit der Amerikanischen und Französischen Revolution ein (→ Rn. 11).

[6] So *C. Meier*, Bürger-Identität und Demokratie, in: ders./P. Veyne, Kannten die Griechen die Demokratie?, 1990, S. 47 ff. (76 ff.); vertiefend *ders.*, Entstehung des Politischen (Fn. 1), S. 51 ff., 275 ff., 484 ff.

[7] Zitat: *H. Brunkhorst*, Demokratie und Differenz, 1994, S. 84; vertiefend *Meier*, Entstehung des Politischen (Fn. 1), S. 289 ff.; *M. Trapp*, PVS 29 (1988), 210 (216 ff.).

[8] *Bleicken*, Demokratie (Fn. 1), S. 344 ff.; *Brunkhorst*, Demokratie (Fn. 7), S. 143 ff.

[9] *Meier*, Bürger-Identität (Fn. 6), S. 67 ff. (73: »Der Gleichheitstrieb war das anthropologische Unterfutter des Bürger-Engagements.«); eingehender *ders.*, Entstehung des Politischen (Fn. 1), S. 51 ff., 283 ff.; *Bleicken*, Demokratie (Fn. 1), S. 46, 338 ff.; auch *Ottmann*, Geschichte 1/1 (Fn. 1), S. 92, 101 u. ö.

[10] Vgl. *Finley*, Antike (Fn. 1), S. 82; *P. Veyne*, Kannten die Griechen die Demokratie?, in: Meier/Veyne, Demokratie (Fn. 6), S. 13 ff. (13, 33 f.); *Brunkhorst*, Demokratie (Fn. 7), S. 83; prägnant *Meier*, Art. Demokratie (Fn. 2), S. 832: Freiheit »als Recht nicht so sehr gegen wie auf die Regierung«. Zum ganzen schon *J. Burckhardt*, Griechische Kulturgeschichte (1898), Bd. I, 1977, S. 72; *Jellinek*, Allg. Staatslehre, S. 292 ff., 296 f., 307. → Art. 2 I Rn. 1 m.w.N.

[11] Vgl. *C. Meier*, Die Entstehung des Begriffes Demokratie, 1970, S. 7 ff., 40; *G. Bien*, Art. Demo-

und entarteter Staatsformen (Monarchie/Tyrannis, Aristokratie/Oligarchie, Politie/ Demokratie)[12], die aus der Kombination eines normativen Kriteriums (Orientierung der Herrschaftsausübung am Gemeinwohl oder am Eigennutz) und eines quantitativen Kriteriums (Zahl der Herrschenden: einer, mehrere, viele) gewonnen werden. Demokratie firmiert so – nicht immer gleich deutlich – als Verfallsform einer Herrschaft des Volkes, ohne daß damit diese selbst abgewiesen wäre. Wichtig erscheint Aristoteles insofern – neben seiner hier nicht zu vertiefenden Präferenz für eine gemischte Verfassung – die Vermeidung einer »Pöbelherrschaft« durch entsprechende Filterung des personellen Substrats des Volkes, um Politie im Sinne einer **guten Volksherrschaft** zu ermöglichen[13]. Beide Bedeutungen (Demokratie als gute wie als entartete Staatsform) wurden – bei Überwiegen der negativen Konnotation – bis in die Neuzeit tradiert[14].

Dem demokratischen Grundgedanken verwandte Formen kollektiver Selbstherrschaft eines Verbandes finden sich in der monarchisch geprägten **mittelalterlichen Welt** in den Dorf- bzw. Landgemeinden einerseits[15], wohl mehr noch in den – nach dem Vorbild kaufmännischer Gilden – als Schwurverband (*coniuratio*) gegründeten, in der Einung ihren gemeinsamen Rechtsgrund legenden Stadtkommunen Oberitaliens und Deutschlands andererseits[16]. Beide Phänomene sucht man in dem sozialhistorischen Konzept des **Kommunalismus** zusammenzufassen[17]. Luther hat in einer vielzitierten Tischrede die Schweiz und Dithmarschen als Beispiele für Demokratien angeführt[18]. Doch sosehr mit beiden Verbandsformen antimonarchische und genossenschaftlichfreiheitliche Tendenzen gestärkt und langfristig möglicherweise Grundlagen für gesamtstaatliche demokratische Entwicklungen geschaffen wurden, unterlagen doch Landgemeinden wie Städte in zunehmendem Umfang dem Einfluß grundherrschaftlicher bzw. obrigkeitlicher Faktoren und boten auch im Innern bis hinein in das

3

---

kratie (I), in: Hist.Wb.Philos., Bd. 2, Sp. 50 f.; *Bleicken*, Demokratie (Fn. 1), S. 534; *Demandt*, Antike Staatsformen (Fn. 2), S. 195 f.; *P.J. Rhodes*, Art. Demokratia, in: DNP 3, Sp. 452 ff. (452 f.).

[12] *Aristoteles*, Politik III, 6 ff. (1278 b 5 ff., 1279 a 16, 25 ff., 1279 b 4); diese Systematik erfolgt unter Rückgriff auf *Platon*, Politikos, 291 d-292 a, 302 b-e; vgl. *ders.*, Politeia, 555 b 3 ff. – Vgl. *Meier*, Art. Demokratie (Fn. 2), S. 830 ff.; *G. Kassimatis*, Über die historischen und philosophischen Wurzeln der Demokratie in der Polis und bei Aristoteles, in: FS Starck, 2007, S. 73 ff. (78 f.).

[13] Vgl. *Aristoteles*, Politik, 1279 b 18, 37 ff.; 1290 b 6 ff.; 1291 b 30–1292 a 38; 1292 b 22–1293 a 10; 1293 b 33; 1294 a 31 f.; s. auch *ders.*, Politik IV, 14 ff.

[14] Zur durchaus differenzierten Rezeptions-, Begriffs- und Wortgeschichte in der Neuzeit etwa *H. Münkler/M. Llanque*, Art. Demokratie, in: DNP 13, Sp. 721 ff.; *H. Maier*, Art. Demokratie (II), in: Hist.Wb.Philos., Bd. 2, Sp. 51 ff. (52); *ders.*, Art. Demokratie (III.), in: Geschichtliche Grundbegriffe, Bd. 1, S. 839 ff.; *R. Koselleck*, ebd., Art. Demokratie (IV.1), S. 848 ff.; *M.G. Schmidt*, Demokratietheorien, 5. Aufl. 2010, S. 43 ff.

[15] Vgl. *K. Bosl*, Eine Geschichte der deutschen Landgemeinde, in: Zeitschrift für Agrargeschichte und Agrarsoziologie 9 (1961), S. 129 ff.; *K.S. Bader*, Das mittelalterliche Dorf als Friedens- und Rechtsbereich, 1957; *P. Blickle*, Deutsche Untertanen, 1981, S. 23 ff., 30 ff.; *H. Wunder*, Die bäuerliche Gemeinde in Deutschland, 1986, S. 63 ff.

[16] Fundierter Überblick bei *G. Dilcher*, Kommune und Bürgerschaft als Idee der mittelalterlichen Stadt, in: I. Fetscher/H. Münkler (Hrsg.), Pipers Handbuch der politischen Ideen, Bd. 2, 1993, S. 311 ff. (speziell zum Eid S. 314 ff., 319 ff.); ausführlich dazu *H. Planitz*, Die deutsche Stadt im Mittelalter, 5. Aufl. 1997, S. 98 ff., 251 ff.; s. auch *H. Hofmann*, Repräsentation (1974), 4. Aufl. 2003, S. 202 ff. Konzentrierte Darstellung bei *K. Kroeschell*, Deutsche Rechtsgeschichte, Bd. 1, 13. Aufl. 2008, S. 237 ff.

[17] So in Zusammenfassung seiner zahlreichen Studien *P. Blickle*, Kommunalismus: Skizzen einer gesellschaftlichen Organisationsform, 2 Bde., 2000.

[18] Vgl. *Maier*, Demokratie (Fn. 14), Sp. 52; zur historischen Berechtigung der Einschätzung *Blickle*, Deutsche Untertanen (Fn. 15), S. 114 ff.

19. Jahrhundert das Bild abgestufter Rechte, rechtlich abgesicherter Dominanz von Patriziertum und Zunftwesen, sozialer Hierarchisierung und Stärkung obrigkeitlicher Tendenzen[19].

4   Skepsis ist auch angebracht, wenn bestimmte mittelalterliche Autoren oder Verfahrensweisen umstandslos als Vorläufer moderner Vorstellungen von Volkssouveränität (→ Rn. 11) eingeordnet werden[20]. So ist bei **Marsilius von Padua** (Defensor Pacis, 1324) nicht etwa schon »volle Konsequenz des demokratischen Radikalismus« (Otto v. Gierke) zu konstatieren, da es ungeachtet der Profanierung der Staatsidee und der Betonung einer rationalen Gesetzgebungspraxis an der Vorstellung individueller Freiheit und Gleichheit der Individuen ebenso fehlt wie an der Idee prinzipiell kontingenter Rechtsetzung mit voller Verfügung über die Sozialwelt[21]. Ständische Repräsentation, nicht demokratisches Egalitätsprinzip, feste christliche Verwurzelung der Entscheidungsfindung, nicht (trotz aller Betonung der Freiheit und Öffentlichkeit der Debatten) individualistisch-rationalistische Herrschaftslegitimation bilden auch die Grundlage der Konsenslehre des **Nikolaus von Kues** (De concordantia catholica, 1433)[22]. Desgleichen verkennt die These, mit der »Volkssouveränität« bei **Althusius** (Politica, 3. Aufl. 1614) beginne die moderne Lehre von der Demokratie[23], deren durchaus vormodernen, christlich fundierten und an die gänzlich undemokratische Vorstellung einer natürlichen Gliederung des Volkes in bestimmte *corporationes* oder *consociationes* gebundenen Charakter[24].

5   Auch darf die im Mittelalter – etwa bei der Einberufung weltlicher oder kirchlicher Versammlungen – oft verwendete Formel **quod omnes tangit, debet ab omnibus approbari**[25] nicht als Einforderung umfassender (Betroffenen-)Demokratie mißverstanden,

---

[19] S. nochmals *Dilcher*, Kommune (Fn. 16), S. 322 f., 342 f.; *K. Kroeschell*, Art. Dorf, in: HRG I, Sp. 764 ff. (773); so auch *P. Graf Kielmansegg*, Volkssouveränität, 1977, S. 65 ff. (zu oberitalienischen Städten). → Art. 28 Rn. 6.

[20] Tendenziell etwa *P. Badura*, HStR³ II, § 25 Rn. 45 ff. (»Geschichte der Demokratie«): Antike, Marsilius (»der erste Autor des neuzeitlichen Staatsdenkens«), Konziliarismus (»Muster auch für die Neuordnung der staatlichen Herrschaftsordnung«); abgeschwächt *W. Pauly*, Art. Demokratie, in: HRG² I, Sp. 946 ff. (947).

[21] Vgl. ausführlich *Hofmann*, Repräsentation (Fn. 16), S. 191 ff.; knapper *W. Heun*, Das Mehrheitsprinzip in der Demokratie, 1983, S. 57 f.; *D. Schwab*, Art. Marsilius von Padua, in: StL⁷, Bd. 3, Sp. 1024 ff. (1025); *H. Ottmann*, Geschichte des politischen Denkens, Bd. 2/2, 2004, S. 260 ff. (270: »Ganz besonders ist schließlich vor jeder Deutung zu warnen [...] bei Marsilius [...] bereits die Demokratie, die Volkssouveränität oder den modernen Individualismus entdecken will«).

[22] Eingehend *Hofmann*, Repräsentation (Fn. 16), S. 303 ff., 322 ff.; s. auch *H. G. Walther*, Imperiales Königtum, Konziliarismus und Volkssouveränität, 1976, S. 243 ff. (259: »Konsens bedeutet für Nikolaus keine Volkssouveränität. Das Volk besitzt keinen freien Willen, um sich nach Belieben entscheiden zu können.«).

[23] So insbesondere *O. v. Gierke*, Johannes Althusius und die Entwicklung der naturrechtlichen Staatstheorien (1880), 7. Aufl. 1981, S. 123 ff., 148, 157.

[24] S. nur *H. Hofmann*, Repräsentation in der Staatslehre der frühen Neuzeit (1986), in: ders., Recht – Politik – Verfassung, 1986, S. 1 ff. (29 f.); ähnlich *P. Badura*, HStR³ II, § 25 Rn. 48; zurückhaltend ferner *D. Wyduckel*, Einleitung, in: ders. (Hrsg.), Johannes Althusius, Politica, 2003, S. VII ff. (XXI) sowie *G. Hartung*, Althusius' Vertragstheorie im Kontext spätmittelalterlicher Jurisprudenz und Scholastik, in: F.S. Carney/H. Schilling/D. Wyduckel (Hrsg.), Jurisprudenz, Politische Theorie und Politische Theologie, 2004, S. 287 ff. (300 ff.). Generell gegen die Aktualisierung Althusius' auch *H. Ottmann*, Geschichte des politischen Denkens, Bd. 3/1, 2006, S. 93 ff.

[25] Diese Sentenz (»Was alle betrifft, muß von allen gebilligt werden«) wurzelt im römischen Privatrecht, genauer: dem Verfahren zur Beendigung einer gemeinsamen Vormundschaft mehrerer Vormünder (vgl. Codex Justinianus 5, 59, 5, 2). Die kanonisierte Fassung stammt aus dem Liber Sextus Bonifaz' VIII. (regula iuris XXIX). Vgl. die Beiträge von *G. Post*, *Y. Congar* und *A. Marongiu* in: H.

sondern muß in ihrer auf ständischen Konsens bezogenen und auf den (wiederum ganz vormodernen) fragilen Einungscharakter von Herrschaftsakten hinweisenden Eigenart begriffen werden, da es am demokratischen Wahlmandat ebenso wie an der Voraussetzung strikter Egalität und dem Gedanken kontingenter Sozialgestaltung fehlt[26]. Ebensowenig aussagekräftig sind aus den gleichen Gründen die im Mittelalter beständig wiederholten Formeln einer »vom Volk« ausgehenden bzw. im Volk ruhenden Souveränität, da hier zwischen Innehabung (Volk) und Ausübung (Monarch, Adel) der Staatsgewalt unterschieden und die letztgenannte als absorptive Form der Repräsentation verstanden wurde[27].

Ein wichtiger Entwicklungsschritt erfolgte indes mit der theologischen Radikalisierung und Politisierung des reformierten Bundes- bzw. Gemeindegedankens[28]. Insbesondere die **Kongregationalisten** (Independenten) gaben ihm eine »demokratieanaloge Wendung«[29]. Denn die tragenden Prinzipien (Versammlung der Gemeindeglieder als maßgebliche Grundeinheit der Kirchenverfassung, Prinzip der Freiwilligkeit, keine Hierarchie, unmittelbare Beziehung jedes Gläubigen zu Gott, weder ständische noch korporative, sondern individuelle Vertretung jedes Einzelnen in der Gemeinde) stimmten mit den politischen Forderungen zusammen, die die **Leveller**[30] in den »Putney Debates« (1647–49) der Soldatenräte des englischen Parlamentsheeres erhoben. Die im Verfassungsvorschlag eines »**Agreement of the People**« v. 28.10.1647[31] niedergeleg-

6

Rausch (Hrsg.), Grundlagen der modernen Volksvertretung, Bd. I, 1980, S. 30 ff., 115 ff., 183 ff.; *P. Landau*, Die Bedeutung des kanonischen Rechts für die Entwicklung einheitlicher Rechtsprinzipien, in: H. Scholler (Hrsg.), Die Bedeutung des kanonischen Rechts für die Entwicklung einheitlicher Rechtsprinzipien, 1996, S. 23 ff. (42); *J. Hauck*, ZRG KA 130 (2013), 398 ff.

[26] Vgl. *H. Quaritsch*, Staat und Souveränität, Bd. 1, 1970, S. 162; *H.E. Tödt*, Art. Demokratie (I. Ethisch), in: TRE VIII (1981), S. 434 ff. (435); *H. Hofmann*, Der Staat 27 (1988), 523 (532 f.); *C. Schönberger*, Das Parlament: Geschichte einer europäischen Erfindung, in: Morlok/Schliesky/Wiefelspütz, § 1 Rn. 13.

[27] Vgl. *H. Dreier*, Der Ort der Souveränität, in: ders./J. Hofmann (Hrsg.), Parlamentarische Souveränität und technische Entwicklung, 1986, S. 11 ff. (26 ff.) m.w.N.; ähnlich *K. v. Beyme*, Art. Demokratie, in: Sowjetsystem und demokratische Gesellschaft, Bd. I, 1966, Sp. 1111 ff. (1120); *R. Herzog*, in: Maunz/Dürig, GG, Art. 20, II. Abschnitt: Demokratie (1980), Rn. 34 f.

[28] Präziser Überblick zu den verschiedenen Denominationen bei *L.A. Knafla*, Der protestantische Radikalismus während des Interregnums, in: J.-P. Schobinger (Hrsg.), Die Philosophie des 17. Jahrhunderts: England (Grundriß der Geschichte der Philosophie, Bd. 3/2), 1988, S. 528 ff. m.w.N., 594 ff. – Vgl. allgemein zur Bedeutung des reformierten Kirchentums nach wie vor *M. Weber*, Wirtschaft und Gesellschaft, 5. Aufl. 1976, S. 724 ff.; *ders.*, Die protestantische Ethik und der Geist des Kapitalismus (1904/05), in: ders., Gesammelte Aufsätze zur Religionssoziologie I, 9. Aufl. 1988, S. 17 ff. (84 ff.); *E. Troeltsch*, Die Soziallehren der christlichen Kirchen und Gruppen, 1912, S. 605 ff., 794 ff., 816 f.; s. auch *A. Lang*, Puritanismus und Pietismus, 1941, S. 92 ff., 97 ff.

[29] *Tödt*, Art. Demokratie (Fn. 26), S. 436. *Dilcher*, Kommune (Fn. 16), S. 343 spricht allgemein vom »entschieden demokratischen Zug« der calvinistischen Kirchenverfassung; ähnlich *W.H. Neuser*, Art. Calvinismus, in: EvStL³, Sp. 393 ff. (399): der Calvinismus leistete »einen erheblichen Beitrag zur Bildung der westlichen Demokratie«.

[30] Zu ihnen *C.B. Macpherson*, Die politische Theorie des Besitzindividualismus, 1973, S. 126 ff.; *M. Gralher*, Demokratie und Repräsentation in der Englischen Revolution, 1973, S. 294 ff.; *S. Breuer*, Sozialgeschichte des Naturrechts, 1983, S. 409 ff.; *Knafla*, Radikalismus (Fn. 28), S. 532 f.; *M. Brokker*, Die Grundlegung des liberalen Verfassungsstaates, 1995, S. 89 ff.

[31] Text des bis 1649 mehrfach variierten Dokumentes in: S.R. Gardiner (Hrsg.), The Constitutional Documents of the Puritan Revolution 1625–1660, 3rd ed., Oxford 1906, S. 333 ff. (revidierte Version S. 359 ff.); auszugsweiser Abdruck bei *A. Voigt*, Geschichte der Grundrechte, 1948, S. 189 ff. – Eingehender zur Bedeutung *W. Rothschild*, Der Gedanke der geschriebenen Verfassung in der englischen Revolution, 1903, S. 92 ff., 141 ff.; *E. Zweig*, Die Lehre vom Pouvoir Constituant, 1909, S. 38 ff.; *H.-C. Schröder*, Die Grundrechtsproblematik in der englischen und amerikanischen Revolution, in: G.

Art. 20 (Demokratie)   A. Herkunft, Entstehung, Entwicklung

ten Vorstellungen (allgemeiner Herrschaftsvertrag als theoretische und praktische Basis, Wahl des Parlaments auf breiter personaler Grundlage [alle Männer mit Ausnahme von Bettlern und Abhängigen], Wahlkreiseinteilung nach Einwohnerzahl, Vorrang einer geschriebenen Verfassung)[32] »bringen erstmals deutlich und mit politischem Gestaltungsanspruch das egalitäre Prinzip der Volkssouveränität« zum Ausdruck[33].

7   Im nämlichen Jahr 1647 wurde das von **Roger Williams** auf Rhode Island neu errichtete Gemeinwesen ausdrücklich als »democraticall« charakterisiert[34]. Wie ihn prägte calvinistisches – in seinem speziellen Falle noch stärker täuferisches – Gedankengut zahlreiche andere Glaubensflüchtlinge. Nicht zufällig waren es Baptisten und Quäker, die sich später vehement gegen die Sklaverei und für die Gleichberechtigung der Frauen einsetzten[35]. Max Weber hat mit Blick auf die egalitäre Organisationsform der Quäkergemeinden von einer »innere(n) Wahlverwandtschaft mit der Struktur der Demokratie« gesprochen[36].

8   Stärker als bislang angenommen, sind auch die ungleich folgenreicheren und insbesondere in den nordamerikanischen Kolonien umgesetzten Ideen von **John Locke** durch die Diskussionen der Leveller geprägt[37]. Dieser kann nicht nur wegen seiner Lehre von den unveräußerlichen (liberalen) Menschenrechten (→ Vorb. Rn. 5), sondern desgleichen der demokratiekonstitutiven Elemente seiner Lehre (Repräsentativsystem, Supratie des Gesetzes, Wahlrecht) wegen als maßgeblicher Theoretiker des demokratischen Verfassungsstaates gelten[38].

Birtsch (Hrsg.), Grund- und Freiheitsrechte im Wandel von Gesellschaft und Geschichte, 1981, S. 75 ff. (78 ff.); *Brocker*, Grundlegung (Fn. 30), S. 106 ff.

[32] Vgl. *Voigt*, Grundrechte (Fn. 31), S. 13 f.; *J. W. Gough*, The Social Contract, 2nd ed., Oxford 1957, S. 94 ff.; *W. W. Wittwer*, Grundrechte bei den Levellern und der New Model Army, 1972, insb. S. 59 ff., 83 ff., 242 ff.; *E. S. Morgan*, Inventing the People, New York–London 1988, S. 72 ff., 255 f.

[33] *P. Badura*, HStR³ II, § 25 Rn. 49; ähnlich *Tödt*, Art. Demokratie (Fn. 26), S. 436; speziell zur Volkssouveränität auch *R. Pörtner*, »The highest of time«: Verfassungskrise und politische Theorie in England 1640–1660, 2009, S. 77 ff. – *Volkmann* (Fn. 3), Art. 20 Rn. 9 nennt die Ereignisse in England »Fixpunkt und Fanal« für die Verwirklichung der Demokratie.

[34] Vgl. *Gough*, Social Contract (Fn. 32), S. 87; *Tödt*, Demokratie (Fn. 26), S. 437. – *S. H. Brockunier*, Art. Williams, Roger, in: D. Malone (Hrsg.), Dictionary of American Biography, Bd. 20, 1936, S. 286 ff. (289) bezeichnet Williams als »earliest of the fathers of American democracy«; s. noch *D. Howard*, Die Grundlegung der amerikanischen Demokratie, 2001, S. 66 f.; *E. S. Gaustad*, Roger Williams, Oxford 2005, S. 48 ff.; einschränkend *C. W. Freeman*, Perspectives in Religious Studies 34 (2007), 267 ff.

[35] *Troeltsch*, Soziallehren (Fn. 28), S. 914 f.; *H. Temperley*, in: W. P. Adams (Hrsg.), Die Vereinigten Staaten von Amerika, 1977, S. 84 f.; *J. H. Parry*, Europäische Kolonialreiche, 1983, S. 612; *C. Andresen/G. Denzler*, Art. Quäker, in: dtv-Wörterbuch der Kirchengeschichte, 4. Auflage 1993, S. 487 f. m. w. N.

[36] *Weber*, Wirtschaft (Fn. 28), S. 724; ähnlich *E. Troeltsch*, Die Bedeutung des Protestantismus für die Entstehung der modernen Welt (1906), 5. Aufl. 1928, S. 56 ff. – Näher zu diesem Komplex *H. Dreier*, Zur Bedeutung der Reformation bei der Formierung des säkularen Staates, in: M. Reichel/H. O. Solms/S. Zowislo (Hrsg.), Reformation und Politik, 2015, S. 301 ff. (332 ff.).

[37] *Brocker*, Grundlegung (Fn. 30), S. 279 ff.

[38] Vgl. *G. Maluschke*, Philosophische Grundlagen des demokratischen Verfassungsstaates, 1982, S. 58 ff.; *M. Brocker*, ZfP 38 (1991), 47 ff.; *ders.*, Grundlegung (Fn. 30), S. 253 ff.; *K.-P. Sommermann*, in: v. Mangoldt/Klein/Starck, GG II, Art. 20 Rn. 64. – Zu den Ambiguitäten vgl. *D. Wootton*, Introduction, in: ders. (ed.), John Locke. Political Writings, London 1993, S. 5 ff. (87 f., 116 ff.); dort S. 124 w. N. zum Streit um eine demokratische Lesart von Lockes Werk; eher zurückhaltend auch *Schmidt*, Demokratietheorien (Fn. 14), S. 57 ff., 63 ff.; abgewogen *Ottmann*, Geschichte 3/1 (Fn. 24), S. 352 ff., 378 ff.

Baruch Spinoza bricht mit der aus der Antike stammenden und lange Zeit dominanten Tradition, Demokratie als pathologische Staatsform zu begreifen. Er entwickelt eine dezidert positive philosophische Begründung. Da letzter Zweck des Staates die Freiheit ist, sieht er in der Demokratie die (ontologisch) natürlichste aller Regierungsformen, deren Zusammenhang mit Glaubens-, Rede- und Meinungsfreiheit zu Recht betont wird[39]. 9

Den größten ideengeschichtlichen Schub erfuhr der Demokratiegedanke durch **Jean-Jacques Rousseau**, diesen »Kirchenvater der modernen Demokratie«[40], dessen in sich geschlossenes und konsequent durchdachtes System einer letztlich sittlichen Gemeinschaft von patriotischen Republikanern allerdings ganz auf den Gedanken identitärer, direkter **Versammlungsdemokratie** setzt. Die Quelle aller staatlichen Gewalt besteht in der Gesetzgebung und liegt ihm zufolge unveräußerlich und unteilbar beim Volk. Sie ist auch nicht delegierbar; in der Repräsentation erblickt Rousseau eine verkappte Form der Knechtschaft. Seinem nur in Klein- oder Stadtstaaten realisierbaren Idealbild zufolge fällen die Bürger im Wege direkter, allgemeiner Gesetzgebung diejenigen Entscheidungen, die alle in gleicher Weise betreffen[41]. 10

Der von Rousseau brillant ausformulierte Gedanke kollektiver Autonomie durch demokratische Selbstgesetzgebung hat allerdings seine **verfassungsstaatliche Realisierung** im Rahmen der Amerikanischen und Französischen Revolution bezeichnenderweise nicht in unmittelbarer, sondern **in repräsentativer Gestalt** gefunden. Ihre theoretische Fundierung erfuhr die Französische Revolutionsverfassung von 1791 (Titel III, Art. 2: »die französische Verfassung ist eine Repräsentativverfassung«) auch insofern durch den **Abbé Sieyes**, der insofern ganz auf den Gedanken der Arbeitsteilung und Leistungssteigerung des Gesamtsystems durch Ausdifferenzierung spezieller Repräsentationsorgane abstellte[42]. Wenige Jahre zuvor hatten in Nordamerika die Verfasser der **Federalist Papers**[43] im Wege der publizistischen Wegbereitung der Ameri- 11

---

[39] *Spinoza*, Theologisch-politischer Traktat (1670), dt. hrsg. von G. Gawlick, 3. Aufl. 1994, XVI (S. 240), XX (S. 299 ff.). Dazu *A. Schwan*, Politische Theorien des Rationalismus und der Aufklärung, in: H.-J. Lieber (Hrsg.), Politische Theorien von der Antike bis zur Gegenwart, Neuaufl. 2000, S. 157 ff. (189 f.); *M. Walther*, Kommunalismus und Vertragstheorie, in: P. Blickle (Hrsg.), Theorien kommunaler Ordnung in Europa, 1996, S. 127 ff. (143, 148 ff.); *ders.*, Baruch de Spinoza, Theologisch-politischer Traktat (1670), in: M. Brocker (Hrsg.), Geschichte des politischen Denkens, 2007, S. 227 ff.; *R. Keil*, Theorie der absoluten Demokratie bei Spinoza, in: W. Bartuschat/S. Kirste/M. Walther (Hrsg.), Naturalismus und Demokratie, 2014, S. 143 ff.

[40] Diese Kennzeichnung bei *C. Schmitt*, Die Bedeutung des neuen Staatsrats, in: Westdeutscher Beobachter Nr. 176 v. 23.7.1933; ähnlich *ders.*, Positionen und Begriffe im Kampf mit Weimar – Genf – Versailles 1923–1939, 2. Aufl. 1988, S. 62 f., 85. – Zu Rousseaus Demokratiekonzept eingehender *M. Forschner*, Rousseau, 1977, S. 89 ff., 117 ff.; *Breuer*, Sozialgeschichte (Fn. 30), S. 433 ff.; *H. Bielefeldt*, Neuzeitliches Freiheitsrecht und politische Gerechtigkeit, 1990, S. 67 ff., 76 ff., 169 ff.; *Brunkhorst*, Demokratie (Fn. 7), S. 186 ff.; *W. Kersting*, Die politische Philosophie des Gesellschaftsvertrages, 1994, S. 149 ff.; *Ottmann*, Geschichte 3/1 (Fn. 24), S. 480 ff.

[41] Vgl. *Rousseau*, Du Contrat Social (1762), II 1, II 2, II 6, III 15, IV 2. Die Exekutive (Regierung und Verwaltung) hingegen kann monarchisch, aristokratisch oder demokratisch organisiert sein: Du Contrat Social, III 1–6.

[42] Dazu *H. Hofmann/H. Dreier*, Repräsentation, Mehrheitsprinzip und Minderheitenschutz, in: Schneider/Zeh, § 5 Rn. 13 m.w.N.; *T. Hafen*, Staat, Gesellschaft und Bürger im Denken von Emmanuel Joseph Sieyes, 1994; *T. Herbst*, Legitimation durch Verfassunggebung, 2003, S. 66 ff.; *O. Asbach*, Kontraktualismus, Nation und Repräsentation bei Sieyes, in: U. Thiele (Hrsg.), Volkssouveränität und Freiheitsrechte. Emmanuel Joseph Sieyes' Staatsverständnis, 2009, S. 111 ff. (125 ff., 132 ff.).

[43] The Federalist Papers. Alexander Hamilton, James Madison, John Jay. Textausgabe, hrsgg. v. C. Rossiter, New York 1961. Einschlägig sind vor allem die Artikel 9, 10, 14, 51 und 52.

Art. 20 (Demokratie)   A. Herkunft, Entstehung, Entwicklung

kanischen Unionsverfassung die republikanische Staatsform unter den Bedingungen eines großen Flächenstaates in einer neuen und ingeniösen Weise als »representative democracy« begriffen und konzipiert[44]. Gleichzeitig formulieren die Revolutionsverfassungen erstmals ausdrücklich und in stilbildender Weise den **Grundsatz der Volkssouveränität,** wonach alle Staatsgewalt vom Volke ausgeht[45]. Gerade die repräsentative Ausgestaltung der modernen Demokratie markiert eine »tiefe Kluft« im Verhältnis zur Antike[46], weil sie die lange Zeit dominante Vorstellung zurückweist, in großen und bevölkerungsreichen Staaten sei Demokratie nicht realisierbar[47].

12   Im Unterschied zu Rousseau muß bei **Immanuel Kant** der vereinigte Wille aller nicht Realgrund der Gesetze sein: mit der Formulierung, es sei »eine bloße Idee der Vernunft, die aber ihre unbezweifelte (praktische) Realität hat: nämlich jeden Gesetzgeber zu verbinden, daß er seine Gesetze so gebe, als ob sie aus dem vereinigten Willen eines ganzen Volkes haben entspringen können«[48], nimmt er eine bezeichnende Virtualisierung des Übereinstimmungserfordernisses vor und unterläuft mit der Unterscheidung von despotischer und republikanischer Regierungsart die aristotelische Trias[49] (→ Rn. 2). Er setzt in geschichtsphilosophischer Perspektive auf den historischen Progreß innerer, an den Vernunftprinzipien richtigen Rechts orientierter Reformen. Die konkrete Ausgestaltung einer »wahren« oder »reinen« Republik kann er sich nur als repräsentative Demokratie vorstellen[50].

13   Die Entfaltung und Durchsetzung des Demokratieprinzips im Europa des **19. Jahrhundert** ist insgesamt durch eine langsam voranschreitende, sukzessive Entwicklung hin zur »egalitäre(n) Nivellierung der politischen Willensbildung«[51] gekennzeichnet, was retardierende Elemente nicht ausschloß. In **Frankreich** war nach der Restauration der Bourbonen und zu Zeiten der Juli-Monarchie (1830–1848) mit dem hochzensitären Wahlsystem einem vielzitierten Wort zufolge an die Stelle der Aristokratie der Geburt die **Aristokratie des Geldes** getreten[52]. Gewichtige Restriktionen eines gleichen und allgemeinen Wahlrechts offenbaren desgleichen Theorie und Praxis in **Großbritannien,** wo der Anteil der Wahlberechtigten an der Gesamtbevölkerung auch nach

---

[44] Eingehend dazu *H. Dreier,* AöR 113 (1988), 450 ff.; *M. White,* Philosophy, The Federalist, and the Constitution, Oxford 1987, S. 138 ff., 145 ff.; *J. Heideking,* Geschichte der USA, 1996, S. 72 ff.; *H. Ottmann,* Geschichte des politischen Denkens, Bd. 3/2, 2008, S. 47 ff.; *B. Brunhöber,* Die Erfindung »demokratischer Repräsentation« in den Federalist Papers, 2010, insb. S. 106 ff.

[45] Bereits Sec. 2 der Virginia Bill of Rights (1776): »That all power is vested in and consequently derived from the people«. Vgl. Art. 3 der Erklärung der Menschen- und Bürgerrechte von 1789 sowie Titel III Art. 1 der Französischen Verfassung von 1791, das X. Amendment zur US-Verfassung (1791) und Art. 25 (heute: Art. 33) der Belgischen Verfassung von 1831.

[46] Zitat: *Hans Maier,* Art. Demokratie (V.), in: Geschichtliche Grundbegriffe, Bd. 1, S. 861 ff. (872).

[47] Dazu näher *W. Conze,* Art. Demokratie (VI.), in: Geschichtliche Grundbegriffe, Bd. 1, S. 873 ff., 880 ff.

[48] *I. Kant,* Über den Gemeinspruch: Das mag in der Theorie richtig sein, taugt aber nicht für die Praxis (1793), Teil II (Akad.-Ausgabe Bd. 8, S. 297). Hierzu und zum folgenden *W. Kersting,* Wohlgeordnete Freiheit, 1984, S. 344 ff., 413 ff.; *C. Langer,* Reform nach Prinzipien, 1986; *H. Dreier,* AöR 113 (1988), 450 (469 ff.); *Bielefeldt,* Neuzeitliches Freiheitsrecht (Fn. 40), S. 121 ff., 173 ff.

[49] *R. Koselleck,* Art. Demokratie (IV.1), in: Geschichtliche Grundbegriffe, Bd. 1, S. 848 ff. (850 f.).

[50] Vgl. *I. Kant,* Metaphysik der Sitten (1797/98), Erster Teil: Metaphysische Anfangsgründe der Rechtslehre, § 52 (Akad.-Ausgabe Bd. 6, S. 339 ff.). Dazu *Hofmann,* Repräsentation (Fn. 16), S. 411 ff.; *H. Dreier,* JZ 2004, 745 (748 ff.); *C. Wawzinek,* Die »wahre Republik« und das »Bündel von Kompromissen«, 2009, S. 235. → Art. 20 (Republik), Rn. 4.

[51] *P. Badura,* in: BK, Art. 38 (Drittb. 2008), Rn. 13.

[52] *A. Mathiez,* Die Französische Revolution, Bd. 1, 1950, S. 129. Genauer und m.w.N. zu diesem Komplex *Hofmann/Dreier* (Fn. 42), § 5 Rn. 29 f.

den Reformen von 1832 und 1867 unter zehn Prozent bleibt und **John Stuart Mill**s liberaldemokratisches Konzept einer auf striktes Verhältniswahlrecht und freies Abgeordnetenmandat gestützten Repräsentativverfassung zwar durchaus vorwärtsweisende Elemente etwa in Gestalt seines Plädoyers für ein Frauenwahlrecht enthält, aber mit Pluralstimmrecht und dem Ausschluß der Ungebildeten und Almosenempfänger doch noch stark geistesaristokratisch bzw. elitistisch geprägt ist[53].

In den **Vereinigten Staaten von Amerika** entsteht der erste demokratische Großflächenstaat. Doch noch zu Zeiten Tocquevilles, des frühen Theoretikers der modernen Massendemokratie[54], bedeutet dies lediglich »democracy among white males« (Robert A. Dahl). Auf dem Höhepunkt des über die Sklaverei-Frage ausgebrochenen amerikanischen Bürgerkrieges verwendet **Abraham Lincoln** in seiner Gettysburg-Rede von 1863 die einprägsame und danach oft aufgegriffene Formel von der Demokratie als »government of the people, by the people, for the people«[55].

In **Deutschland** waren an der Wegbereitung einer modernen parlamentarischen Demokratie (freies Mandat, Öffentlichkeit, Anerkennung politischer Parteien, Forderung nach demokratiekonstitutiven Grundrechten [→ Vorb. Rn. 80]) die Theoretiker des **Vormärz** wie v. Rotteck oder v. Mohl konzeptionell nicht unmaßgeblich beteiligt[56], denen freilich kräftige und wirkmächtige Strömungen entgegenwirkten[57]. Geprägt wurde das gesamte 19. Jahrhundert nicht allein in Deutschland durch den Staats- und Verfassungstypus der **konstitutionellen Monarchie**, der auf dem Dualismus von monarchischer und demokratischer Legitimität, von Fürsten- und Volkssouveränität beruhte und kein alleiniges parlamentarisches Gesetzgebungsrecht kannte. Doch vermochten die Volksvertretungen ihre Position sukzessive und letztlich erfolgreich etwa vermittels der Ausdehnung der Gesetzgebung und vor allem der Forcierung ihres in zähen Kämpfen errungenen Budgetrechts zu steigern[58]. Bis zum Ende des Ersten Welt-

---

[53] *J.S. Mill*, Considerations on Representative Government (1861), dt. u. d. Titel: Betrachtungen über die repräsentative Demokratie, 1971; zu ihm *U. Bermbach*, Liberalismus, in: I. Fetscher/H. Münkler (Hrsg.), Pipers Handbuch der politischen Ideen, Bd. 4, 1986, S. 323 ff. (332 ff.); *H. Ottmann*, Geschichte des politischen Denkens, Bd. 3/3, 2008, S. 73 ff., 83 ff.; Schmidt, Demokratietheorien (Fn. 14), S. 132 ff., 142 ff.

[54] *Alexis de Tocqueville*, Über die Demokratie in Amerika (frz. 1835/40), 1976; zu ihm und seinem Werk vgl. *Schmidt*, Demokratietheorien (Fn. 14), S. 113 ff.; *Bermbach*, Liberalismus (Fn. 53), S. 345 ff.; *Ottmann*, Geschichte 3/3 (Fn. 53), S. 108 ff.

[55] Dazu, zur Vorgeschichte und zur Rezeption eingehend *K. Jünemann*, JZ 2013, 1128 ff. mit erschöpfenden Nachweisen. – Deutsche Übersetzung der Rede in: H. Schambeck u. a. (Hrsg.), Dokumente zur Geschichte der Vereinigten Staaten von Amerika, 1993, S. 375. Vgl. Art. 2 V der frz. Verfassung von 1958: »gouvernement du peuple, par le peuple et pour le peuple«.

[56] *K. v. Rotteck*, Ideen über Landstände (1819), in: ders., Über Landstände und Volksvertretungen, hrsg. v. R. Schöttle, 1997, S. 15 ff.; *R. v. Mohl*, Das Repräsentativsystem (1852), in: ders., Staatsrecht, Völkerrecht und Politik, Bd. 1, 1860, S. 367 ff. – Vgl. *H. Brandt*, Landständische Repräsentation im deutschen Vormärz, 1968, S. 242 ff., 255 ff.; *H. Boldt*, Deutsche Staatslehre im Vormärz, 1975, S. 156 ff., 233 ff.; *G. Goderbauer*, Theoretiker des deutschen Vormärz als Vordenker moderner Volksvertretungen, 1989, S. 85 ff., 98 ff. (v. Rotteck), 130 ff. (v. Mohl). – Zu früheren Ansätzen mit freilich oft sehr anfechtbaren Deutungen *J. Riethmüller*, Die Anfänge der Demokratie in Deutschland, 2002, S. 61 ff.

[57] Im Überblick *W. Conze*, Art. Demokratie (VI.), in: Geschichtliche Grundbegriffe, Bd. 1, S. 873 ff.

[58] Vgl. *J.-D. Kühne*, Volksvertretungen im monarchischen Konstitutionalismus (1814–1918), in: Schneider/Zeh, § 2 Rn. 19 ff.; *R. Wahl*, HStR³ I, § 2 Rn. 21 ff.; *H. Dreier*, Der Kampf um das Budgetrecht als Kampf um die staatliche Steuerungsherrschaft – Zur Entwicklung des modernen Haushaltsrechts, in: W. Hoffmann-Riem/E. Schmidt-Aßmann (Hrsg.), Effizienz als Herausforderung an das Verwaltungsrecht, 1998, S. 59 ff. (69 ff., 80 ff.).

krieges gab es noch erhebliche Einschränkungen beim Wahlrecht, namentlich beim preußischen **Dreiklassenwahlrecht**, das weder gleich noch geheim noch unmittelbar war und natürlich auch die Frauen ausschloß[59]. Im Vergleich hierzu stellte das allgemeine und gleiche Männerwahlrecht auf Reichsebene seit 1871 einen großen Fortschritt dar[60].

16 Nach der Novemberrevolution von 1918 erfolgt die demokratische Neugestaltung Deutschlands: ohne den Terminus »Demokratie« zu erwähnen, konstituiert sich die in vielem hochmoderne **Weimarer Reichsverfassung** als volkssouveräne Republik und setzt mit der (im internationalen Vergleich sehr früh erfolgenden) Einbeziehung der Frauen auch die Allgemeinheit der Wahl durch[61]. Neben die weitgehende Parlamentarisierung des Systems treten umfangreiche Vollmachten des volksgewählten Reichspräsidenten und ausgeprägt direktdemokratische Elemente, wobei die letztgenannten in ihrer Bedeutung – gerade auch für das Scheitern der Weimarer Republik – nicht überschätzt werden dürfen (→ Rn. 20 f.). Verbreitete Ablehnung der neuen krisengeschüttelten und zahlreichen Belastungen politischer wie ökonomischer Art ausgesetzten Ordnung sowie Kontroversen um »Wesen und Wert der Demokratie«[62] bleiben symptomatisch für ihre mangelnde Verankerung in der Bevölkerung, vor allem in den führenden gesellschaftlichen und politischen Schichten[63].

17 Nicht nur in Deutschland, wo der Zivilisationsbruch des Nationalsozialismus von einzigartiger Wucht war, sondern praktisch europaweit kam es in der **Zwischenkriegszeit** zu einem massiven Verlust der Überzeugungskraft des politischen Liberalismus und einem entsprechenden politischen »rollback«: in zahlreichen Staaten (von Ungarn und Italien über Polen und Portugal bis hin zu Griechenland und Spanien) trat an die Stelle der nach dem Ersten Weltkrieg etablierten parlamentarischen Demokratien die Herrschaft autoritärer oder gar totalitärer Regimes[64]. Dennoch ist die Zwischen-

---

[59] Umfassend *T. Kühne*, Dreiklassenwahlrecht und Wahlkultur in Preußen 1867–1914, 1994; siehe auch *G. Grünthal*, HZ 226 (1978), 17 ff.

[60] *Huber*, Verfassungsgeschichte III, S. 861 ff.; zeitgenössisch *R. v. Mohl*, Das deutsche Reichsstaatsrecht, 1873, S. 338 ff.

[61] Maßgebliche Analyse: *R. Thoma*, Das Reich als Demokratie, in: HdbDStR I, § 16, S. 186 ff. (auch in: ders., Rechtsstaat – Demokratie – Grundrechte, 2008, S. 282 ff.); dort S. 188 bzw. 284 der Hinweis auf das Fehlen des Begriffs. Vgl. *C. Gusy*, Jura 1995, 226 ff.; ders. (Hrsg.), Demokratisches Denken in der Weimarer Republik, 2000 (darin insb. die Beiträge von *C. Gusy, C. Schönberger, O. Lepsius* und *H. Boldt*). Zur Modernität der Weimarer Reichsverfassung noch *H. Dreier*, HGR I, § 4 Rn. 6 ff.; *C. Gusy*, RuP 45 (2009), 74 ff.; *ders.*, ZNR 32 (2010), 208 ff. – Einordnung in die gesamteuropäische Entwicklung bei *T. B. Müller*, Nach dem Ersten Weltkrieg. Lebensversuche moderner Demokratien, 2014.

[62] Wendung: *H. Kelsen*, Vom Wesen und Wert der Demokratie, 2. Aufl. 1929; dazu und zur Gegenposition von Carl Schmitt *R. Mehring*, ARSP 80 (1994), 191 ff.; *H. Dreier*, Kelsens Demokratietheorie: Grundlegung, Strukturelemente, Probleme, in: R. Walter/C. Jabloner (Hrsg.), Kelsens Wege sozialphilosophischer Forschung, 1997, S. 79 ff. (90 ff.). – Zu Kelsen ferner *R. C. v. Ooyen*, Der Staat der Moderne, 2003, S. 89 f.; *ders.*, Hans Kelsen und die offene Gesellschaft, 2010, S. 15 ff., 38 ff.; *T. Groß*, KritJ 40 (2007), 306 ff.; *O. Lepsius*, Kelsens Demokratietheorie, in: T. Ehs (Hrsg.), Hans Kelsen. Eine politikwissenschaftliche Einführung, 2009, S. 67 ff.; *K. Groh*, Demokratische Staatsrechtslehrer in der Weimarer Republik, 2010, S. 129 ff., 212 ff., 276 ff., 488 ff., 587 ff.; *M. Vasek*, Rechtstheorie 41 (2010), 499 ff. → Rn. 63.

[63] Hierzu näher *H. Dreier*, Die deutsche Staatsrechtslehre in der Zeit des Nationalsozialismus, VVDStRL 60 (2001), S. 9 ff. (10 ff.) m. w. N.

[64] *H. Dreier*, HGR I, § 4 Rn. 1 ff.; instruktiver Gesamtüberblick bei *C. Gusy*, Verfassungsumbruch bei Kriegsende, in: ders. (Hrsg.), Demokratie in der Krise: Europa in der Zwischenkriegszeit, 2008, S. 15 ff.; knapp *Qu. Weber*, Parlament – Ort der politischen Entscheidung?, 2011, S. 71 ff.

kriegszeit nicht allein als Verlustgeschichte in der Entwicklung des demokratischen Gedankens zu schreiben[65]. Den nach dem Zweiten Weltkrieg einsetzenden und seitdem anhaltenden Siegeszug der Demokratie als (einzig) legitimer Staatsform[66] dokumentiert früh ein von der Unesco veranstaltetes Symposion im Jahre 1951[67].

II. Entstehung und Veränderung der Norm

Die Entscheidung für eine **parlamentarische Demokratie** bei der verfassungsrechtlichen Neugestaltung Westdeutschlands stand von Anbeginn außer Streit[68]. Entsprechende Vorgaben durch die »Frankfurter Dokumente« der Alliierten[69] trafen sich mit dem gleichlautenden Willen aller relevanten politischen Kräfte, in Sonderheit der großen Parteien[70]. Ebenso eindeutig und entschieden war die Zurückweisung von Konzepten der Volks- oder Rätedemokratie nach dem Muster des Ostblocks[71]. Diese Abgrenzung kam nicht zuletzt in der in vielen Entwürfen enthaltenen ausdrücklichen Hervorhebung der parlamentarischen Verantwortlichkeit der Regierung zum Ausdruck[72], die erst am 2.5.1949 durch den Allgemeinen Redaktionsausschuß gestrichen wurde; man ging wohl insoweit von einer hinlänglichen Deutlichkeit des VI. Abschnitts des Grundgesetzes aus[73].

18

Während der HChE noch keine dem späteren Art. 20 GG vergleichbare Grundsatzbestimmung vorgesehen hatte (→ Art. 20 [Einführung], Rn. 2), wurden vor allem in der 11. und 20. Sitzung des Grundsatzausschusses des Parlamentarischen Rates die der späteren Endfassung schon sehr nahekommenden Entwürfe intensiv diskutiert[74]. Naturgemäß bewegten sich die Erörterungen zur Demokratie zumeist auf hoher Abstraktionsebene und erschöpften sich häufig in allgemeinen Bekenntnisformeln zur »klassischen« Demokratie. Eine etwas nähere Deutung erfuhr der **Gedanke der Volks-**

19

---

[65] Stichworte: Erweiterung des Wahlrechts, Ausbau der Grundrechte, Entwicklung des Sozialstaats, Ausdifferenzierung des Parteienwesens etc. – Starke Betonung der wohlfahrtsstaatlichen Komponente bei *Müller*, Nach dem Ersten Weltkrieg (Fn. 61), S. 34 ff., 51 ff., 95 ff., 124 ff.

[66] Im Überblick etwa *J.-W. Müller*, Das demokratische Zeitalter, 2013, S. 211 ff.

[67] R. McKeon/S. Rokkan (eds.), Democracy in a World of Tensions, Paris 1951.

[68] *Kröger*, Verfassungsgeschichte, S. 23; s. auch *F.K. Fromme*, DÖV 1970, 518 ff.

[69] Abdruck des einschlägigen Dokumentes Nr. 1 in: JöR 1 (1951), S. 1 ff. sowie in Parl. Rat I, S. 30 ff.; zu ihrer Bedeutung allgemein *W. Sörgel*, Konsens und Interessen. Eine Studie zur Entstehung des Grundgesetzes (1969), 2. Aufl. 1985, S. 39 ff.; *W. Benz*, Von der Besatzungsherrschaft zur Bundesrepublik, 1984, S. 156 ff.; *R. Mußgnug*, HStR[3] I, § 8 Rn. 22 ff.; *E.H.M. Lange*, Die Würde des Menschen ist unantastbar. Der Parlamentarische Rat und das Grundgesetz, 1993, S. 2 ff.

[70] Zu deren Verfassungsvorstellungen *F.K. Fromme*, DÖV 1970, 518 (519 f.); *I. Ebsen*, AöR 110 (1985), 2 (10 ff.); eingehend *Sörgel*, Konsens (Fn. 69), S. 56 ff., 73 ff.; Parl. Rat II, S. XXXV ff. (zur SPD), XL ff. (zur CDU/CSU), XLIX ff. (zu den Liberalen).

[71] Vgl. JöR 1 (1951), S. 195; Parl. Rat V, S. 290; dazu *F.K. Fromme*, DÖV 1970, 518 (521 f.); *Kröger*, Verfassungsgeschichte, S. 23.

[72] Ausdrücklich betont von *Bergsträßer*, Sitzung des Grundsatzausschusses v. 14.10.1948 (Parl. Rat V, S. 290). Vgl. die verschiedenen Entwurfsfassungen: Parl. Rat VII, S. 97, 144, 220 f., 403. Schon seit der ersten Lesung im Hauptausschuß im Dezember 1948 war (auf der Grundlage eines vorangegangenen Vorschlags des Redaktionsausschusses vom November) auch von »Wahlen und Abstimmungen« die Rede. Der Versuch von *K. Engelken*, DÖV 2013, 301 (305 ff.), unter Hinweis auf die Entstehungsgeschichte im Parlamentarischen Rat die normative Kraft des Merkmals »Abstimmungen« zu marginalisieren, geht fehl (gegen ihn *O. Jung*, DÖV 2013, 753 ff., dazu die nochmalige Entgegnung von *K. Engelken*, DÖV 2013, 759 f.).

[73] *Kröger*, Verfassungsgeschichte, S. 23 f.

[74] Dazu die Redebeiträge in Parl. Rat V, S. 288 ff., 521 ff.; Kurzfassung in JöR 1 (1951), S. 195 ff.

Art. 20 (Demokratie)   A. Herkunft, Entstehung, Entwicklung

souveränität durch Carlo Schmid. Das ganze Leben des Staates sollte »von dem Fundamentalsatz durchdrungen (sein), daß das Volk Träger aller Gewalt ist«; alle staatliche Gewaltausübung gehe zurück auf die originäre Volksgewalt; obrigkeitliche Befugnisse beruhten »nicht auf Privilegien, auf Erbrecht wie in der Monarchie, sondern auf dem Konsens des Volkes«; es gehe um die Benennung der letzten irdischen Quelle der Gewalt im Staate[75]. Diese Erläuterungen waren zum Teil gegen von kirchlicher Seite geäußerte Bedenken gerichtet, durch Sätze wie »Die Staatsgewalt geht vom Volke aus« werde geleugnet, daß alle Obrigkeit von Gott stamme und damit eine staatliche Allgewalt proklamiert[76].

20   Großen Wert legte man von Anbeginn darauf, daß die Ausübung der Staatsgewalt neben Wahlen und Abstimmungen »durch besondere Organe« ausgeübt werden sollte[77]. Damit hing der weitgehende **Ausschluß direktdemokratischer Elemente** wie Volksbegehren, Volksentscheid und Verfassungsreferendum zusammen (zur scheinbaren Ausnahme der Territorialplebiszite: → Rn. 100)[78]. Entsprechende Anträge von Zentrum und KPD wurden sowohl im Hauptausschuß (8.12.1948) als auch im Plenum (6.5.1949 und 8.5.1949) mehrheitlich abgelehnt[79]. Ebensowenig konnte sich indes der Antrag v. Brentanos durchsetzen, den Satzteil »durch Abstimmungen« zu streichen, womit die Option des Grundgesetzes für (wenn auch erst qua Verfassungsänderung einzuführende) Elemente direkter Demokratie offengehalten wurde[80]. Des weiteren spielte in die gesamte Debatte die Frage hinein, ob das Grundgesetz einer Volksabstimmung unterworfen werden sollte (→ Pmbl. Rn. 74; → Art. 144 Rn. 5 ff., 15). Theodor Heuss prägte in den Beratungen schon früh die suggestive Formel von den Plebisziten als einer »**Prämie für jeden Demagogen**«[81]. Einer verbreiteten Sichtweise gemäß erfolgte der Verzicht auf plebiszitäre Elemente mit »Blick auf die agitatorischen Praktiken der extremistischen Parteien in der Weimarer Republik und des nationalsozialistischen Regimes«[82]. Das hält einer genaueren Prüfung nicht stand. Zum einen erweisen sich die angeblich negativen Weimarer Erfahrungen bei näherem Hinsehen als ebensowenig durchschlagend wie die Hinweise auf das Dritte Reich[83]. Auch ist nur

---

[75] Vgl. JöR 1 (1951), S. 196, 197, 198, 199; Parl. Rat V, S. 293, 524.
[76] Abdruck der Debatte in: Parl. Rat V, S. 291 ff., 523 ff.; zusammenfassend JöR 1 (1951), S. 196, 198.
[77] Vgl. hierzu Parl. Rat V, S. 292 f. (*C. Schmid*) und die einzelnen Entwürfe: Parl. Rat VII, S. 97, 144, 220 f., 403, 576.
[78] Gleichwohl herrschte im Grundsatzausschuß Einigkeit, daß man kein Monopol für die repräsentative Demokratie errichten wolle (Parl. Rat V, S. 293). Der HChE hatte in Art. 106 einen Volksentscheid in Gestalt eines obligatorischen Referendums für Verfassungsänderungen vorgesehen (vgl. Parl. Rat II, S. 603). → Art. 79 II Rn. 5.
[79] Zum Hauptausschuß: Parl. Rat XIV/1, S. 665 ff.; Plenum: Parl. Rat IX, S. 471 f., 592 f. – Näher V. *Otto*, Das Staatsverständnis des Parlamentarischen Rates, 1971, S. 159 ff.; *I. Ebsen*, AöR 110 (1985), 2 (10); *K. Bugiel*, Volkswille und repräsentative Entscheidung, 1991, S. 143 ff., 147 f.; *G. Jürgens*, Direkte Demokratie in den Bundesländern, 1993, S. 293; *O. Jung*, Grundgesetz und Volksentscheid, 1994, S. 286 ff.
[80] Vgl. Parl. Rat IX, S. 462; zur Bewertung *Bugiel*, Volkswille (Fn. 79), S. 146 ff. → Rn. 102 ff.
[81] Im Plenum des Parlamentarischen Rates am 9.9.1948 (Parl. Rat IX, S. 111). Vorher schon in leichter Variation im Hauptausschuß, Sitzung v. 8.12.1948 (Parl. Rat XIV/1, S. 666): »Prämie auf Demagogie«.
[82] *Kröger*, Verfassungsgeschichte, S. 23; zahlreiche w.N. für diese noch heute sehr verbreitete Optik bei *Bugiel*, Volkswille (Fn. 79), S. 81 f.
[83] Die wesentlichen Aspekte (zu ihnen eingehend und m.w.N. *Bugiel*, Volkswille [Fn. 79], S. 189 ff., 200 ff., 239 ff., 252 ff.; *Gusy*, Weimarer Reichsverfassung, S. 90 ff.; *H. Dreier/F. Wittreck*, Repräsentative und direkte Demokratie, in: Jahrbuch für direkte Demokratie 2009, 2010, S. 11 ff. [21 ff.]):

II. Entstehung und Veränderung der Norm Art. 20 (Demokratie)

schwer erklärbar, warum angesichts einer behaupteten historischen Lektion die vorgrundgesetzlichen Landesverfassungen so gut wie ausnahmslos Verfahren der Volksgesetzgebung und (obligatorische bzw. fakultative) Verfassungsreferenden kannten[84]. Von den vielen Faktoren für den Niedergang der Weimarer Republik kam den direktdemokratischen Handlungsmöglichkeiten keine tragende Rolle zu[85]. Für deren kompletten Ausschluß aus dem Grundgesetz bieten vorgeblich ›negative‹ **Weimarer Erfahrungen** daher **keine tragfähige Basis.**

Tatsächlich dürften neben verfassungsgeschichtlichen Erwägungen **konkrete zeitgeschichtliche Umstände** eine nicht unerhebliche Rolle für diesen Ausschluß gebildet haben: in Zeiten des begonnenen Kalten Krieges wollte man KPD und SED keine (zusätzliche) Möglichkeit zur Agitation bieten und sich von deren plebiszitären Aktionen abgrenzen[86]. Allerdings darf dieser Erklärungsansatz nicht monokausal verengt werden[87]: z.B. sollten grundsätzliche Reserven des politischen Liberalismus (und z.T. auch der Sozialdemokratie) gegen Formen unmittelbarer Demokratie, föderale Bedenken, der provisorische Charakter des Grundgesetzes, ein Vertrauen in die Kraft repräsentativer Institutionen oder die Vermeidung einer Verantwortungsverweigerung der Abgeordneten als vielleicht nicht immer deutlich explizierte Motive Berücksichtigung finden[88].

Bestrebungen in der Gemeinsamen Verfassungskommission (**GVK**) zur Einführung direktdemokratischer Elemente in das Grundgesetz sind gescheitert[89]. Schon die in den siebziger Jahren eingesetzte »Enquete-Kommission Verfassungsreform« des

21

22

Geringe Anzahl der Volksbegehren und Volksentscheide; Möglichkeit der Demagogie und »Verführung« des Volkes auch bei Wahlen; mangelnde Einschlägigkeit des angeführten Beispieles der Auflösung des Preußischen Landtages; wenig überzeugende Hinweise auf USA und fehlende Tradition; keine Vergleichbarkeit nationalsozialistischer Plebiszite mit Volksabstimmungen in demokratischen Verfassungsstaaten; Übergewicht anderer Faktoren für das Scheitern Weimars.

[84] Näher dazu *Jung*, Grundgesetz (Fn. 79), S. 35 ff., 140 ff.; s. auch *Lange*, Würde (Fn. 69), S. 128: »bemerkenswerterweise schien das negative Erfahrungsgut von Weimar mit dem zeitlichen Abstand zu wachsen.« – Eingehende Analyse des Diskurses über die direkte Demokratie in der Weimarer wie der Nachkriegszeit bei *C. Schwieger*, Volksgesetzgebung in Deutschland, 2005, S. 68 ff., 270 ff.

[85] Das ist in der wissenschaftlichen Literatur mittlerweile gründlich aufgearbeitet: vgl. *W. Berger*, Die unmittelbare Teilnahme des Volkes an staatlichen Entscheidungen durch Volksbegehren und Volksentscheid, Diss. jur. Freiburg 1978, S. 246 ff., 279 ff.; *K. G. Troitzsch*, Volksbegehren und Volksentscheid, 1979, S. 130 f.; eingehend *Bugiel*, Volkswille (Fn. 79), S. 185 ff. m.w.N.; *Gusy*, Weimarer Reichsverfassung, S. 400 ff. – Dieser Befund gilt auch und gerade dann, wenn man die Praxis der direkten Demokratie auf Landesebene mit einbezieht; näher *F. Wittreck*, Zur Einleitung: Verfassungsentwicklung zwischen Novemberrevolution und Gleichschaltung, in: ders. (Hrsg.), Weimarer Landesverfassungen, 2004, S. 1 ff. (16 ff.).

[86] So das von *Jung*, Grundgesetz (Fn. 79), S. 277 ff., 281 vertretene »Quarantänekonzept«; im Kern ebenso *H.-J. Wiegand*, Direktdemokratische Elemente in der deutschen Verfassungsgeschichte, 2006, S. 232 ff. mit zahlreichen Nachweisen.

[87] Richtig *U.K. Preuß*, AöR 121 (1996), 280 (281 f.); *T. v. Danwitz*, Der Staat 35 (1996), 483 (484); *P.-L. Weinacht*, ZNR 19 (1997), 172 ff.

[88] Material für solche Deutungen findet sich bei *Jung*, Grundgesetz (Fn. 79), S. 23 ff., 231 ff., 265 f., 286 ff., 289 ff. – Abgewogene Dekonstruktion des Hinweises auf vermeintlich schlechte Weimarer Erfahrungen mit der direkten Demokratie bei *A. Wirsching*, Konstruktion und Erosion: Weimarer Argumente gegen Volksbegehren und Volksentscheid, in: C. Gusy (Hrsg.), Weimars lange Schatten – »Weimar« als Argument nach 1945, 2003, S. 335 ff.

[89] Bericht in: BR-Drs. 800/93, S. 83 ff.; dazu etwa *U. Berlit*, KritV 76 (1993), 318 (320, 324 ff.); ders., JöR 44 (1996), 17 (68); *R. Scholz*, ZG 9 (1994), 1 (28 ff.). – Vgl. auch die Vorschläge des VE-Kuratorium, S. 68 ff., 205 ff.

Deutschen Bundestages hatte eine Einführung nicht empfohlen[90]. Auch der Antrag, einen neuen Art. 20b GG zum Minderheitenschutz in das Grundgesetz einzuführen, fand in der GVK nicht die erforderliche Mehrheit[91]. Desgleichen blieben Vorstöße zur Einfügung von Volksbegehren und Volksentscheid aus der 14. Legislaturperiode ohne Erfolg[92].

23 Das in Art. 20 GG verankerte Demokratieprinzip ist bislang **normtextlich nicht verändert** worden. Auch unterlag es keinem fundamentalen interpretatorischem Wandel. Verschärfte Konturen hat es allerdings durch das »Modell demokratischer Legitimation« (→ Rn. 109 ff.) erhalten.

B. Internationale, supranationale und rechtsvergleichende Bezüge

I. Demokratie in internationaler Perspektive

1. Völkerrechtliche Dokumente und Demokratisierungstendenzen

24 Die internationalen Menschenrechtsdokumente wie AEMR, IPbpR, EMRK enthalten keine Festschreibung der demokratischen Staatsform in den Vertragsstaaten, wohl aber individualrechtliche Garantien, die (wie Meinungs- und Pressefreiheit) als Voraussetzung demokratischer Ordnung angesehen werden können (→ Rn. 76 ff.). Darüber hinausgehend ist das **Wahlrecht** in unterschiedlicher Ausgestaltung aufgenommen worden[93]. So bildet gemäß Art. 21 Nr. 3 **AEMR** der Wille des Volkes die Grundlage für die Autorität der öffentlichen Gewalt: »dieser Wille muß durch periodische und unverfälschte Wahlen mit allgemeinem und gleichem Wahlrecht bei geheimer Stimmabgabe oder in einem gleichwertigen freien Wahlverfahren zum Ausdruck kommen.« Die Garantie eines für die repräsentative Demokratie zentralen freiheitlichen Wahlrechts (→ Rn. 94 ff.) im Sinne von »echten, wiederkehrenden, allgemeinen, gleichen und geheimen Wahlen« findet in Art. 25 lit. b **IPbpR** und in Art. 3 des (ersten) Zusatzprotokolls von 1952 zur **EMRK** (dort ist allerdings nur von »freien und geheimen Wahlen« die Rede) deutlichen Niederschlag[94]. Bezugspunkt sind aber immer die Nationalstaaten.

25 Über diese Aussagen hinausgehende ausdrückliche Garantien der Demokratie als Staatsordnung oder Bekenntnisse zu ihr waren in internationalen Pakten lange Zeit unüblich[95]. Der Grund für diese Zurückhaltung liegt im völkerrechtlichen Selbstbe-

---

[90] Vgl. den Schlußbericht (BT-Drs. 7/5924), abgedruckt in: Zur Sache 3/1976, S. 52 ff.; dazu *D. Grimm*, Österreichische Zeitschrift für Politikwissenschaft 6 (1977), 397 (412); *R. Wahl*, AöR 103 (1978), 477 (487 ff.); *R. Grawert*, Der Staat 18 (1979), 229 (234 ff.). – Bemerkenswert die spätere Selbstkritik eines Kommissionssachverständigen: *E.-W. Böckenförde*, HStR³ III, § 34 Rn. 21 (bezüglich der fehlenden eigenständigen Erörterung einer Volksbeteiligung bei Verfassungsänderungen).
[91] Eingehend *A. H. Stopp*, Das Grundgesetz und die Minderheitenschutzbestimmungen in deutschen Landesverfassungen, in: Jahrbuch zur Staats- und Verwaltungswissenschaft, Bd. 8/1995, 1996, S. 9 ff. (39 ff.).
[92] BT-Drs. 14/8503.
[93] Siehe zum folgenden noch *C. Hillgruber*, Demokratie und Staatssouveränität: Das Wahlrecht im Völkerrecht, in: G. H. Gornig u. a. (Hrsg.), Nationales Wahlrecht und internationale Freizügigkeit, 2015, S. 19 ff.
[94] Alle hier und im folgenden zitierten Normen sind in einschlägigen Textsammlungen abgedruckt. Siehe etwa: C. Tomuschat/C. Walter (Hrsg.), Völkerrecht, 6. Aufl. 2014.
[95] Zu Reichweite und Umfang demokratischer Garantien im Kontext von Grundrechtsgewährleistungen vgl. *M. Nowak*, Politische Grundrechte, 1988, S. 128 ff.

stimmungsrecht mit seinem Verbot der Einmischung in die inneren Angelegenheiten anderer Staaten (vgl. Art. 2 Ziff. 7 UN-Charta)[96] und dem weiterhin als fundamental angesehenen Grundsatz staatlicher Souveränität[97]. Eine Ausnahme bildete insofern der Nordatlantikvertrag vom 4.4.1949 zur Begründung des nordatlantischen Verteidigungsbündnisses (**NATO**), der in der Präambel das Bekenntnis zu den Grundsätzen der Demokratie enthält[98].

Unter dem Eindruck einer weltweiten Demokratisierungswelle im Anschluß an den Zusammenbruch des Sowjetimperiums sind insbesondere in der angelsächsischen Völkerrechtslehre Stimmen laut geworden, dem demokratischen Modell entweder als Prinzip des Völkergewohnheitsrechts Geltung zu verschaffen oder ein **Menschenrecht auf** politische Partizipation, wenn nicht gar **auf Demokratie** anzuerkennen[99]. Als allgemeiner Satz des universellen Völkerrechts hat sich dies bislang nicht durchsetzen können[100]. Wohl aber gibt es Regionalstatuten und andere Dokumente, die auf dieser Linie liegen. So erkannten die Teilnehmerstaaten der Kopenhagener Konferenz über die Menschliche Dimension der **KSZE** vom 29.6.1990 ausdrücklich an, »daß pluralistische Demokratie und Rechtsstaatlichkeit wesentlich sind für die Gewährleistung der Achtung aller Menschenrechte und Grundfreiheiten« (Präambel); sie »bekräftigen, daß Demokratie ein wesentlicher Bestandteil des Rechtsstaates ist« (unter Nr. 3). In der **Charta von Paris** vom 21.11.1990 verpflichten sich die Teilnehmerstaaten der KSZE-Konferenz, »die Demokratie als die einzige Regierungsform unserer Nationen aufzubauen, zu festigen und zu stärken« (Nr. I 1). Nach der Umwandlung der KSZE zur **OSZE**[101] im Jahre 1995 hat diese Betonung der Demokratie weiteren Ausdruck durch die Einrichtung eines OSZE-Büros für Demokratische Institutionen und Menschenrechte in Warschau erfahren[102].

26

---

[96] Dazu *Verdross/Simma*, Universelles Völkerrecht, § 93; *R. Geiger*, Grundgesetz und Völkerrecht, 6. Aufl. 2013, § 62 (S. 315 ff.), § 64 II (S. 323 f.); *F. Ermacora*, in: B. Simma (Hrsg.), Charta der Vereinten Nationen, 1991, Art. 2 Ziff. 7 Rn. 40. S. auch *W. Grewe*, Epochen der Völkerrechtsgeschichte, 2. Aufl. 1988, S. 762, 772.

[97] Dazu etwa *T. Stein/C. v. Buttlar*, Völkerrecht, 13. Aufl. 2012, Rn. 689 ff., insb. 693. Zu diesem »traditional approach«, der die demokratische Gestaltung der Staaten als »domaine réservé« ansieht: *T. Marauhn*, The United Nations and Political Democracy, in: FS Bryde, 2013, S. 659 ff. (662 ff.).

[98] Vgl. BGBl. 1955 II, S. 289; *D. S. Lutz*, RuP 35 (1999), 217 (218) auch zu Entstehungsgeschichte und strategischer Entwicklung; dazu ferner *E. Klein/S. Schmahl*, RuP 35 (1999), 198 ff.; zu Organisation und Aufgaben der NATO im Überblick *Geiger*, Grundgesetz (Fn. 96), § 66 III (S. 341 ff.).

[99] Überblick zur Diskussion: *D. Brühl-Moser*, Recht auf Demokratie im Völkerrecht, in: FS Wildhaber, 2007, S. 969 ff.; *T. Kleinlein*, Konstitutionalisierung im Völkerrecht, 2012, S. 551 ff.; *F. Ehm*, Das völkerrechtliche Demokratiegebot, 2013, S. 15 ff. – Frühe Stimmen: *W. M. Reisman*, AJIL 84 (1990), 866 ff.; *T. Franck*, AJIL 86 (1992), 46 ff.; *J. Crawford*, BYIL 1993 (1994), 113 (121 ff.). Ähnlich bereits *O. Höffe*, Menschenrechte und Legitimation der Demokratie, in: J. Schwartländer (Hrsg.), Menschenrechte und Demokratie, 1981, S. 241 ff. (256 ff.). Aus der deutschen Diskussion tendenziell zustimmend *H. Köchler*, Democracy and the International Rule of Law, 1995; *J. Kokott*, ZaöRV 64 (2004), 517 (525 ff.); *W. Bausback*, Menschenrechtliche Anforderungen an die Struktur und Organisation von Legislative, Exekutive und Judikative, in: E. Klein (Hrsg.), Gewaltenteilung und Menschenrechte, 2006, S. 146 ff. (155 ff.).

[100] Richtig dürfte die Feststellung sein, daß eine »Pflicht zur Demokratie […] im Völkerrecht nach wie vor unbekannt ist« (*A. v. Arnauld*, Völkerrecht, 2012, Rn. 85; siehe auch ebd., Rn. 317); ähnlich *H.-J. Heintze*, in: K. Ipsen, Völkerrecht, § 8 Rn. 59 ff. – *Ehm*, Demokratiegebot (Fn. 99), S. 311 gelangt zu dem Ergebnis, daß »das völkerrechtliche Demokratiegebot Bestandteil des Völkervertragsrechts und des Völkergewohnheitsrechts ist, allerdings kein allgemeiner Rechtsgrundsatz betrachtet werden kann.« Zurückhaltend auch *Hillgruber*, Wahlrecht (Fn. 93), S. 25 ff.

[101] Dazu und zum Vorstehenden knapp *M. Herdegen*, Völkerrecht, 11. Aufl. 2012, § 45 Rn. 1 ff.

[102] *P. Schlotter*, APuZ B 5/1996, 27 (30).

Art. 20 (Demokratie) B. Internationale, supranationale und rechtsvergleichende Bezüge

27 Gemeinsam mit anderen regionalen Pakten[103] und einschlägigen Erklärungen der UN[104] belegen solche Dokumente, daß Demokratie heute weltweit ein zentrales Element der Legitimitätsstiftung für die politische Ordnung ist, auf das kaum ein Staat verzichtet (→ Rn. 55). Des weiteren legen sie einen engen Bezug von **Menschenrechten und Demokratie** nahe, der in der Wissenschaft zwar nicht unumstritten ist (→ Rn. 78, 151), in den letzten Jahren aber vermehrt in deren Blickfeld rückt[105].

2. Demokratie auf globaler Ebene?

28 In spannungsvollem Kontrast zum Siegeszug des Demokratiegedankens in völkerrechtlichen Dokumenten (→ Rn. 26 f.) steht der Umstand, daß die auf der Ebene liberaldemokratischer Verfassungsstaaten für selbstverständlich erachteten Grundsätze demokratischer Rechtsetzung und -gestaltung auf internationaler Ebene keineswegs als garantiert angesehen werden können[106]. Von einer anspruchsvollen demokratischen Legitimation der **Vereinten Nationen** etwa kann kaum eine Rede sein; zu lang fällt die Liste der Defizite aus[107]. Das Problem erhält seine volle Schärfe durch den Vorgang zunehmender **Abwanderung** vormals **nationalstaatlicher Kompetenzen** und Entscheidungsbefugnisse auf höhere und höchste Ebenen. Hier stellt sich die längst noch nicht befriedigend beantwortete Frage, ob und wie hier noch (oder schon?) die im staatlichen Kontext »westlicher« Demokratien selbstverständlichen Legitimations- und Verantwortungsstrukturen (ggfls. gleichwertige Substitute davon) etabliert werden können – oder ob Demokratie hier einfach leerläuft bzw. von Imperativen technokratisch-ökonomischer Natur verdrängt wird[108]. In der Rechtswissenschaft herrscht insofern weitgehender Konsens darüber, daß **demokratische Grundsätze** auch bei der Ausübung von Hoheitsgewalt **auf internationaler Ebene**, etwa durch internationale Organisationen, greifen *sollten*[109]. Das Problem lautet, ob und wie sich diese etablieren und durchsetzen lassen.

---

[103] Im Überblick: *v. Arnauld*, Völkerrecht (Fn. 100), Rn. 161 ff. Siehe insbesondere Art. 23 der Amerikanischen Menschenrechtskonvention von 1969; Art. 13 der Afrikanischen Charta der Menschen- und Völkerrechte von 1981; Resolution der Organisation amerikanischer Staaten (OAS) zur repräsentativen Demokratie von 1991. Vgl. *J. Crawford*, BYIL 1993 (1994), 113 (114); *T. Franck*, AJIL 86 (1992), 46 (65 f.). Zur OAS auch *Heintze* (Fn. 100), § 8 Rn. 65.

[104] Siehe *Heintze* (Fn. 100), § 8 Rn. 62 f. – Auflistung einschlägiger völkerrechtlicher Erklärungen und UN-Resolutionen mit direktem Demokratiebezug bei *Ehm*, Demokratiegebot (Fn. 99), S. 320 f.; s. auch *Kleinlein*, Konstitutionalisierung (Fn. 99), S. 556 ff., der neben den einschlägigen UN-Resolutionen noch auf die internationale Wahlbeobachtung, auf Demokratie als Mitgliedschaftsvoraussetzung in internationalen Organisationen, auf Verfassungshilfe sowie die Demokratiekonstitutionalität im Rahmen der Entwicklungskooperation abstellt.

[105] *D. Shelton*, Human Rights Journal 12 (1991), 353 ff.; *S. Marks*, BYIL 1995 (1996), 209 ff.; *Dreier*, Kelsens Demokratietheorie (Fn. 62), S. 93 ff.; *H. Hofmann*, JZ 2001, 1 (8); *P. Kirchhof*, JZ 2004, 981 (982). Wesentliche Beiträge bereits in: Schwartländer, Menschenrechte (Fn. 99), insb. von *Delbrück*, *Ryffel*, *Kielmansegg* und *Höffe*.

[106] Eingehend zur »Legitimität der Ausübung von Hoheitsgewalt jenseits des Staates« *Kleinlein*, Konstitutionalisierung (Fn. 99), S. 512 ff.; eher vage zur Demokratisierung internationaler Entscheidungsstrukturen *K.-P. Sommermann*, Demokratie als Herausforderung des Völkerrechts, in: FS Tomuschat, 2006, S. 1051 ff. (1062 ff.).

[107] Siehe etwa *J. Macke*, UN-Sicherheitsrat und Strafrecht, 2010, S. 338 ff.

[108] *Volkmann* (Fn. 3), Art. 20 Rn. 64, 65 a. E.; tendenziell auch *C. D. Classen*, Demokratische Legitimation im offenen Rechtsstaat, 2009, S. 82 ff.

[109] *G. Lübbe-Wolff*, RuP 40 (2004), 130 (133); zum Problemkreis noch *H. Krieger*, AöR 133 (2008), 315 (325 ff., 328 ff.); *S. Müller-Franken*, AöR 134 (2009), 542 (544 ff., 555 ff.).

Die Probleme lassen sich am prominenten Beispiel der **WTO** demonstrieren[110]. Sie bestehen durchweg in einer Marginalisierung nationaler Parlamente und einem Machtzuwachs der staatlichen wie überstaatlichen Exekutivorgane[111]. Die damit verbundene Machtverschiebung ermöglicht es zudem, auf nationaler Ebene nicht durchsetzbare Deregulierungs- oder Regulierungsvorhaben über den »Umweg« des transnationalen Rechts durchzusetzen[112]. Des weiteren verengt die Harmonisierungsverpflichtung des Art. XVI Abs. 4 WTO-Charta den Spielraum des Gesetzgebers in inhaltlicher Hinsicht, ohne daß ihm effektive Instrumente zur Gegensteuerung zur Verfügung stehen. Umgekehrt begrenzt das bestehende und gern mit Effizienzgesichtspunkten gerechtfertigte **Transparenzdefizit** auf der Ebene multilateraler Vertragsverhandlungen den parlamentarischen Gestaltungsauftrag zusätzlich[113]. 29

Patentrezepte zur Behebung dieser Probleme liegen nicht vor[114]. Doch wäre schon durch die Erkenntnis gewonnen, daß durch die Übertragung vormals staatlicher Entscheidungsbefugnisse auf internationale Organe tatsächlich »**Demokratiekosten**« entstehen und »globalisierungsbedingte Einbußen an demokratischer Substanz« vorliegen[115]. Von dieser Erkenntnis ausgehend lassen sich auch Überlegungen anstellen, die Rolle der Parlamente durch entsprechende Beteiligungsverfahren zu stärken[116]. Sehr viel weniger hilfreich sind visionäre Vorstellungen eines Weltrechts oder einer Weltrepublik, eines Weltinnenrechts oder die Konstatierung einer angeblich weit fortgeschrittenen globalen Konstitutionalisierungstendenz[117], die Rechtsstaatlichkeit und Demokratie auf den höheren Ebenen realisiert. Hier ist Nüchternheit geboten[118]. 30

II. Europäische Union und Demokratieprinzip

Eine zentrale Rolle spielt das Demokratieprinzip auf der Ebene der Europäischen Union. Für Möglichkeit, Art und Maß ihres weiteren Ausbaus bildet das demokratische Prinzip die »**Grundfrage des Integrationsprozesses**«[119]. Daher bedarf genauer Unter- 31

---

[110] → Bd. II², Art. 20 (Demokratie), Rn. 30 f.; zur Binnenverfassung der WTO *U. Haltern*, Das Recht des internationalen Handels, in: K. Ipsen, Völkerrecht, § 33 Rn. 57 ff.
[111] Zum Problem etwa *U. Volkmann*, AöR 127 (2002), 575 (576); *S. Müller-Franken*, AöR 134 (2009), 542 (546). Deutlich *H. C. Röhl*, Internationalisierung des Staatsrechts, in: M. Ibler (Hrsg.), Verwaltung, Verfassung, Kirche, 2012, S. 85 ff. (95): »Machtzuwachs durch Internationalisierung«.
[112] Vgl. *G. Lübbe-Wolff*, RuP 40 (2004), 130 (136).
[113] Näher dazu *G. Lübbe-Wolff*, RuP 40 (2004), 130 (137), die von einer Geheimhaltungspolitik spricht, da bisher lediglich die Regierungsvorschläge der Öffentlichkeit zugänglich sind, nicht jedoch die (weit interessanteren) Verhandlungsangebote und -forderungen; kritisch ebenso *A. v. Bogdandy*, KritJ 34 (2001), 264 (270).
[114] Einige Möglichkeiten zur Sicherstellung demokratischer Standards diskutiert *Kleinlein*, Konstitutionalisierung (Fn. 99), S. 599 ff.
[115] Beide Zitate: *G. Lübbe-Wolff*, RuP 40 (2004), 130 (136). Zur Sache noch *N. Petersen*, JöR 58 (2010), 137 (138 f.).
[116] Siehe etwa die kurz- und langfristigen Reformvorschläge von *Macke*, UN-Sicherheitsrat (Fn. 107), S. 359 ff.
[117] Umfassende Bestandsaufnahme: *Kleinlein*, Konstitutionalisierung (Fn. 99), insb. Dritter Teil, S. 315 ff.; s. auch *M. Knauff*, ZaöRV 6 (2008), 453 ff.
[118] Skeptisch auch *Volkmann* (Fn. 3), Art. 20 Rn. 65; *R. Wahl*, Konstitutionalisierung – Leitbegriff oder Allerweltsbegriff?, in: FS Brohm, 2002, S. 191 ff. (199 ff.); *W. Kälin*, Der Menschenrechtsschutz der UNO: Ein Beispiel für die Konstitutionalisierung des Völkerrechts?, in: recht. Sonderheft J.P. Müller (Die Öffnung des Verfassungsrechts), 2005, S. 42 ff. (45 ff.); *D. Grimm*, HStR³ I, § 1 Rn. 101.
[119] *M. Ruffert*, in: Calliess/Ruffert, EUV/AEUV, Art. 9 EUV, Rn. 1; ähnlich *J.P. Terhechte*, in: Grabitz/Hilf/Nettesheim, EUV/AEUV, Präambel EUV (2014), Rn. 24: »Zukunftsthemen des Europa-

suchung, welche Struktur die Union aufweist (→ Rn. 32 ff.), wie sie demokratisch legitimiert werden kann (→ Rn. 40 ff.) und – gleichsam im Gegenzug – welchen europarechtlichen Einwirkungen Art. 20 II GG mit seinen verschiedenen Ausprägungen unterliegt (→ Rn. 50 ff.). Eine besondere Facette stellt insofern die Schaffung einer *actio popularis* durch das Bundesverfassungsgericht dar (→ Rn. 80 f.).

1. Die Struktur der Europäischen Union

32 Das Demokratiegebot war de lege lata für die Europäische Gemeinschaft bis zum Vertrag von Maastricht im Jahre 1992 eher schwach ausgeprägt[120] und fand im EG-Vertrag keine ausdrückliche textliche Grundlage[121]. Gleichwohl zählte der Europäische Gerichtshof das **Demokratiegebot** schon früh zu den **grundlegenden Verfassungsprinzipien der Union**, ohne ihm allerdings trennscharfe Konturen zu verleihen[122]. Mit dem Fortschreiten der Integration hat sich das europäische Demokratieverständnis von einem mitgliedstaatsorientierten Grundsatz zu einem unionsrechtlichen Grundwert entwickelt[123]. Seit Inkrafttreten des Vertrags von Lissabon ist die Demokratie gemäß **Art. 2 EUV** einer der Werte, auf die sich die Union gründet. Konkreti-

---

rechts«; mit Blick auf BVerfGE 123, 267 auch *D. Thym*, Der Staat 48 (2009), 559 (576 f.). Diese Einsicht ist nicht neu: → Bd. II², Art. 20 (Demokratie), Rn. 33. Ausführlich zur Entwicklung der Debatte: *A. v. Komorowski*, Demokratieprinzip und Europäische Union, 2010, S. 155 ff. → Rn. 54.

[120] Siehe *G. Ress*, Über die Notwendigkeit einer parlamentarischen Legitimierung der Rechtsetzung der Europäischen Gemeinschaften, in: GedS Geck, 1989, S. 643 ff.; *W. Kluth*, Die demokratische Legitimation der Europäischen Union, 1995, S. 67 f.; *M. Kaufmann*, Europäische Integration und Demokratieprinzip, 1997, S. 100 ff.; ebenso *M. Zuleeg*, JZ 1993, 1069 (1073) und gegen ihn *A. Randelzhofer*, Zum behaupteten Demokratiedefizit der Europäischen Gemeinschaft, in: P. Hommelhoff/P. Kirchhof (Hrsg.), Der Staatenverbund in der Europäischen Union, 1994, S. 39 ff. (41 ff., 46), der sich gegen jede verbindliche Herleitung eines allgemeinen Demokratiegebotes aus den Verträgen wendete.

[121] Lediglich die Erklärung der »Grundrechte und Grundfreiheiten des Europäischen Parlaments« von 1989 (abgedruckt bei B. Simma/U. Fastenrath [Hrsg.], Menschenrechte. Ihr internationaler Schutz, 3. Aufl. 1992, Nr. 46 [S. 410 ff.]) statuierte für die Gemeinschaft selbst in Art. 17 zunächst den Grundsatz der Volkssouveränität; zur »Demokratieerklärung« des Europäischen Rates vom 7./8. April 1978 (Bull.EG 3/1978, S. 5) vgl. *J. A. Frowein*, EuR 1983, 301 (309); *Ress*, Parlamentarische Legitimierung (Fn. 120) S. 632.

[122] EuGH v. 29.10.1980, 138/79, Rn. 33 – *Roquette Frères*; EuGH v. 29.10.1980, 139/79, Rn. 34 – *Maizena*; EuGH v. 11.6.1991, C-300/89, Rn. 20 – *Titandioxid*; EuGH v. 30.3.1995, C-65/93, Rn. 21; EuGH v. 5.7.1995, C-21/94, Rn. 17; EuGH v. 6.12.2001, C-353/99 P, Rn. 8 (unter Bezugnahme auf EuG v. 19.7.1999, T-14/98, Rn. 82), 24. Vgl. (insofern weitgehend übereinstimmend) *Schwarze*, EU, Art. 10 EUV, Rn. 7; auch *M. Hilf/F. Schorkopf*, in: Grabitz/Hilf/Nettesheim, EUV/AEUV, Art. 2 EUV (2013), Rn. 27. – Kritisch zum Abstellen auf die EuGH-Rechtsprechung noch *Kluth*, Legitimation (Fn. 120), S. 67.

[123] Eingehende Darstellung bei *C. Calliess*, Die neue europäische Union nach dem Vertrag von Lissabon, 2010, S. 164 ff. – Gemäß Art. F Abs. 1 EUV a. F. achteten die Gemeinschaften die nationale Identität ihrer Mitgliedstaaten, »deren Regierungssysteme auf demokratischen Grundsätzen beruhen«. Zu möglichen Konsequenzen eines solchen Mindeststandards für das Gemeinschaftsrecht schon *J. A. Frowein*, EuR 1983, 301 (304, 310 f.); später *E. Klein*, Der Verfassungsstaat als Glied einer europäischen Gemeinschaft, VVDStRL 50 (1991), S. 56 ff. (77). Erst die Neufassung durch den Amsterdamer Vertrag proklamierte in Art. 6 EUV a. F. die Achtung des Demokratieprinzips durch die Union selbst. Vgl. den Überblick über die Entwicklung bei *Ruffert* (Fn. 119), Art. 9 EUV, Rn. 17 ff.; *Oppermann/Classen/Nettesheim*, Europarecht, § 15 Rn. 3 ff.; zur Entwicklung des Wertbegriffs etwa *Hilf/Schorkopf* (Fn. 122), Art. 2 EUV, Rn. 11; von einem »Grundwertekonsens« spricht auch *T. Giegerich*, Die Souveränität als Grund- und Grenzbegriff des Staats-, Völker- und Europarechts, in: FS Schmidt-Jortzig, 2011, S. 603 ff. (625). Zu den einschlägigen Normen im gescheiterten Europäischen Verfassungsvertrag: → Bd. II², Art. 20 (Demokratie), Rn. 42 ff.

siert wird das Demokratieprinzip durch die »Bestimmungen über die demokratischen Grundsätze« in Titel II des Vertrags. Man wird darin jetzt eine Art von supranationaler Homogenitätsklausel mit entsprechender Gewährleistungs- oder Aufsichtskompetenz (→ Art. 28 Rn. 25) sehen können[124].

Die Struktursicherungsklausel des **Art. 23 I 1 GG** spricht aus **reziprok** mitgliedstaatlicher Perspektive von »demokratischen Grundsätzen«, denen die Europäische Union verpflichtet sein muß (→ Art. 23 Rn. 66 ff.; → Art. 28 Rn. 25 ff.). **33**

Von grundlegender Bedeutung bleibt ungeachtet dessen die Einsicht, daß die **Struktur** der Europäischen Union (noch) nicht derjenigen nationalstaatlicher parlamentarischer Demokratien entspricht: sie verfügt über **andersartige Organe** und eine den Mitgliedstaaten unbekannte Funktionszuordnung[125]. Auch der Europaartikel des Grundgesetzes verlangt weder eine »strukturelle Kongruenz« bei der Ausgestaltung der Demokratie noch eine »Übereinstimmung der institutionellen Ordnung« der Union mit der des Grundgesetzes (str.; → Art. 23 Rn. 63)[126]. **34**

a) Organe

Das **Europäische Parlament** ähnelt auch nach Inkrafttreten des Vertrags von Lissabon im Jahr 2009 immer noch eher einer »Staatenversammlung« als dem höchsten »Repräsentationsorgan eines souveränen europäischen Volkes«[127]. Wiewohl seit 1979 direkt gewählt, ist das Parlament nach wie vor »nicht als Vertretung der Unionsbürger als ununterschiedene Einheit nach dem Prinzip der Wahlgleichheit angelegt«[128]. **35**

---

[124] *Hilf/Schorkopf* (Fn. 122), Art. 2 EUV, Rn. 9f. m.w.N.: das Verständnis von Art. 2 EUV als Homogenitätsklausel hat sich durchgesetzt. Ähnlich *C. Calliess*, in: Calliess/Ruffert, EUV/AEUV, Art. 2 EUV, Rn. 7; *M. S. Krewet*, Wechselwirkungen zwischen dem Grundgesetz und den Primärverträgen der Europäischen Union als ihrer Verfassung, 2009, S. 255 ff. – Ausführlich *F. Hanschmann*, Der Begriff der Homogenität in der Verfassungslehre und Europarechtswissenschaft, 2008 (insb. S. 240 ff. noch unter Bezugnahme auf Art. 6 EUV a.F.).

[125] Vgl. *C. Möllers*, Die drei Gewalten, 2008, S. 175 ff.; *C. Calliess*, in: Calliess/Ruffert, EUV/AEUV, Art. 13 EUV, Rn. 2 ff., 9, 18; *M. Nettesheim*, in: Grabitz/Hilf/Nettesheim, EUV/AEUV, Art. 13 EUV (2010), Rn. 1f.; *Streinz*, Europarecht, Rn. 232; *S. Oeter*, Föderalismus und Demokratie, in: A. von Bogdandy/J. Bast (Hrsg.), Europäisches Verfassungsrecht, 2. Aufl. 2009, S. 73 ff. (106); im Ergebnis auch *U. Volkmann*, Die zwei Begriffe der Demokratie, in: K. Hofmann/K. Naumann (Hrsg.), Europäische Demokratie in guter Verfassung?, 2010, S. 14 ff. (15, 31); *P. M. Huber*, Der Beitrag des Europäischen Parlaments zur demokratischen Legitimation der EU, ebd., S. 33 ff. (39).

[126] Daß die Struktur der EU nicht staatsanalog ausgeprägt sein muß, wurde gerade im Lissabon-Urteil mit großem Nachdruck betont: BVerfGE 123, 267 (344, Rn. 219; 347, Rn. 227; 365 f., Rn. 266 m.w.N.; 371, Rn. 278); zustimmend *H. H. Klein*, Europäische Integration und demokratische Legitimation, 2011, S. 12; gegen eine strukturelle Kongruenz auch *Streinz*, Europarecht, Rn. 232, 377: »strukturelle Grundsatzkongruenz«; ähnlich *K.-P. Sommermann*, DÖV 2013, 708 (709). Zusammenfassend *v. Komorowski*, Demokratieprinzip (Fn. 119), S. 156 ff., 161.

[127] So BVerfGE 123, 267 (372, Rn. 280) unter Verweis auf Art. 14 II EUV und die nach Art. 10 I EUV angestrebte Ausgestaltung der Union als repräsentative Demokratie; a.A. noch *Oeter*, Föderalismus (Fn. 125), S. 97: im Europäischen Parlament sind »längst Ansätze einer gemeinschaftsbezogenen ›Volkssouveränität‹ verkörpert«; ein wachsendes »Selbstverständnis eines Repräsentationsorgans« sieht auch *W. Kluth*, Ad Legendum 2013, 85 (90) als erforderlich an. Ausführlich zu den Schwächen der Repräsentativfunktion *P. Dann*, Die politischen Organe, in: A. von Bogdandy/J. Bast (Hrsg.), Europäisches Verfassungsrecht, 2. Aufl. 2009, S. 335 ff. (382 ff.); zustimmend *Oeter*, Föderalismus (Fn. 125), S. 107 f.; siehe noch *Möllers*, Gewalten (Fn. 125), S. 181 f.: »Im Moment bildet das Parlament nicht die demokratische Stimmgleichheit der europäischen Wähler ab, vielmehr verzerrt das Verfahren nach einem mitgliedstaatlichen Proporz, der kleinere Staaten begünstigt.«

[128] BVerfGE 123, 267 (372, Rn. 280). – Kritik an der vermeintlichen »Bundesstaatsblindheit« des Gerichts bei *C. Schönberger*, Der Staat 48 (2009), 535 (544 ff.); weiterhin *D. Thym*, Der Staat 48

Kennzeichnend sind vielmehr die mitgliedstaatlichen Sitzkontingente, deren degressiv proportionale Zusammensetzung sich aus dem Zusammenspiel des völkerrechtlichen Prinzips der Staatengleichheit und des staatlichen Prinzips der Wahlrechtsgleichheit ergibt[129]. Auch fehlt es entgegen Art. 223 I AEUV (und trotz des durch Art. 22 II AEUV garantierten aktiven und passiven Wahlrechts der Unionsbürger in jedem Mitgliedstaat) nach wie vor an einem einheitlichen Wahlrecht aller Mitgliedstaaten[130]. Vor diesem Hintergrund ist das Parlament weiterhin **mehr Staatenvertretung als Volksvertretung**[131]. Die wichtigste substantielle Differenz zu den Mitgliedstaaten besteht darin, daß das Europäische Parlament trotz insgesamt gestärkter Mitwirkungsrechte[132] nicht zentrale Instanz des Gesetzgebungs- bzw. Normsetzungsprozesses der Union ist, was insbesondere das fehlende Gesetzesinitiativrecht deutlich werden läßt. Immerhin ist es jetzt gemäß Art. 14 I EUV neben dem Rat **Hauptgesetzgebungsorgan** der Union (Art. 289 I, 294 AEUV) und übt mit ihm die Haushaltsbefugnisse aus (Art. 314 AEUV), erfüllt Kontroll- und Beratungsfunktionen und wählt den Kommissionspräsidenten (Art. 17 VII EUV). Zu einer »echten« Volksvertretung hat sich das Europäische Parlament jedoch auch nach Inkrafttreten des Vertrags von Lissabon noch nicht entwickelt, da es dafür an zentralen Voraussetzungen fehlt (→ Rn. 41)[133].

36 Die aus unabhängigen, weisungsfreien Mitgliedern bestehende **Kommission** kann nicht als eine Art von parlamentarisch gebundener Regierung begriffen werden[134].

(2009), 559 (578f.); *Calliess*, Europäische Union (Fn. 123), S. 255. – Allgemein zur Genese des Europäischen Parlaments S. *Hölscheidt*, in: Grabitz/Hilf/Nettesheim, EUV/AEUV, Art. 14 EUV (2014), Rn. 4ff.

[129] Vgl. BVerfGE 123, 267 (373, Rn. 284). Kritik an der Haltung des Gerichts bei *Schwarze*, EU, Art. 14 EUV, Rn. 46; *Oeter*, Föderalismus (Fn. 125), S. 108 plädiert dafür, das Proportionalitätsproblem nicht zu »dramatisieren«.

[130] Zu diesem anhaltenden Defizit *Calliess*, Europäische Union (Fn. 123), S. 172; *M. Ruffert*, EuR-Beiheft 1/2009, 31 (40); *Classen*, Demokratische Legitimation (Fn. 108), S. 101; *M. Mayer*, Die Europafunktion der nationalen Parlamente in der europäischen Union, 2012, S. 51f.

[131] Vgl. *H. Dreier*, DÖV 2002, 537 (540f.); deutlich nunmehr auch BVerfGE 123, 267 (373, Rn. 284): es bleibe eine »Vertretung der Völker«; a.A. *Oeter*, Föderalismus (Fn. 125), S. 93; kritisch auch *Schwarze*, EU, Art. 14 EUV, Rn. 14; *W. Kluth*, Möglichkeiten der Einbindung nationaler Parlamente in die Europäische Gesetzgebung, in: Hofmann/Naumann, Demokratie (Fn. 125), S. 47ff. (58); *K. F. Gärditz*, Der Bürgerstatus im Lichte von Migration und europäischer Integration, VVDStRL 72 (2013), S. 49ff. (140ff.) m.w.N. – Zur Stellung des Parlaments im europäischen Institutionengefüge *C. Calliess*, Das Demokratieprinzip im europäischen Staaten- und Verfassungsverbund, in: FS Ress, 2005, S. 399ff. (403f.); aus politikwissenschaftlicher Perspektive noch *A. Maurer*, Parlamentarische Demokratie in der Europäischen Union, 2002, S. 102ff.

[132] Das zunehmend stärkere Gewicht des EP erkennt auch BVerfGE 123, 267 (377, Rn. 288) an. Kritik an der dennoch unzureichenden Würdigung dieses Bedeutungszuwachses bei *C. Schönberger*, Der Staat 48 (2009), 535 (551); *M. Nettesheim*, Der Staat 51 (2012), 313 (332); *S. Schmahl*, DÖV 2014, 501 (505); *Schwarze*, EU, Art. 14 EUV, Rn. 13f.; optimistischer *H. G. Dederer*, Zur Gewaltenteilung in der Union: Checks and Balances, institutionelles Gleichgewicht oder Konfusion?, in: Hofmann/Naumann, Demokratie (Fn. 125), S. 89ff. (102f.). – Hierzu noch *Dann*, Organe (Fn. 127), S. 354ff.; *Calliess*, Europäische Union (Fn. 123), S. 177ff.; *Schwarze*, EU, Art. 13 EUV, Rn. 11; *Hölscheidt* (Fn. 128), Art. 14 EUV, Rn. 25ff.

[133] Vgl. BVerfGE 123, 267 (370f., Rn. 277): »Auch der Vertrag von Lissabon hat sich gegen das Konzept einer europäischen Bundesverfassung entschieden, in dem ein europäisches Parlament als Repräsentationsorgan eines damit konstitutionell verfassten neuen Bundesvolkes im Mittelpunkt träte«. Überblick zu den Entwicklungsperspektiven: *Hölscheidt* (Fn. 128), Art. 14 EUV, Rn. 125ff.; eingehend zur Stärkung des Parlaments durch den Lissabon-Vertrag *Calliess*, Europäische Union (Fn. 123), S. 170ff.

[134] Wie hier *Möllers*, Gewalten (Fn. 125), S. 184f. – Nach BVerfGE 123, 267 (372, Rn. 281) wäre die »Bildung einer eigenständigen und mit den in Staaten üblichen Machtbefugnissen ausgestatteten

II. Europäische Union und Demokratieprinzip Art. 20 (Demokratie)

Zwar bestehen gewisse Einflußrechte des Europäischen Parlaments, z. B. bei der Wahl des Kommissionspräsidenten (vgl. Art. 14 I, 17 VII EUV) und durch die Möglichkeit eines Mißtrauensantrags (vgl. Art. 234 AEUV); in beiden Fällen haben wir es aber charakteristischerweise mit der Möglichkeit der Abgabe negativer Voten zu tun. Das Parlament kann verhindern, aber nicht gestalten[135]. So stellt die Kommission keine von parlamentsbeschlossenen Normen oder sonstigen Direktiven abhängige und keine vom Parlament geschaffene »Regierung« dar, sondern eine mit dem alleinigen Initiativrecht ausgestattete, von Rat und Parlament weitgehend unabhängig agierende **Normvorschlags- und Normsetzungsinstanz** höchster Bedeutung[136]. Weder mit nationalen Ministerialbürokratien noch mit Sonderbehörden vergleichbar, bildet die Kommission als »politisches Initiativ- und Exekutivorgan«[137] den institutionellen Arbeitsschwerpunkt der Union[138].

Weiterhin wäre auch der **Rat der Europäischen Union** mißverstanden, wenn man in 37 ihm eine Art von föderaler Kammer mit entsprechenden Kontroll- und Mitspracherechten gegenüber der supranationalen Rechtsetzung sehen wollte. Vielmehr bildet dieses Gremium der Vertreter der Mitgliedstaaten gemeinsam mit dem Europäischen Parlament das formelle **Hauptrechtssetzungsorgan** und bestimmt – neben dem insofern noch bedeutenderen »Europäischen Rat« der Regierungschefs – die politische Programmatik und den weiteren Gesamtkurs der Union[139], die also unverändert stark exekutivisch geprägt ist[140].

Schließlich ist die **Gerichtsbarkeit** der Europäischen Union (EuGH, EuG und Fach- 38 gerichte) anders organisiert als die hierarchisch gestufte und funktionell differenzierte Gerichtsbarkeit der Bundesrepublik oder anderer Mitgliedstaaten[141]. Zur Stärkung

---

Regierung aus dem Parlament heraus grundlegenden Einwänden ausgesetzt.« Damit verdeutlich das Gericht nach *D. Thym*, Der Staat 48 (2009), 559 (578), daß »die Kommission auch in Zukunft einer politischen Einhegung durch die Mitgliedstaaten bedarf«; offener die Position von *M. Ruffert*, in: Calliess/Ruffert, EUV/AEUV, Art. 17 EUV, Rn. 56 ff. – Ausführlich zu Struktur und Funktion der Kommission *Dann*, Organe (Fn. 127), S. 363 ff.; ergänzend zur institutionellen Sonderstellung noch *Oeter*, Föderalismus (Fn. 125), S. 111 f.

[135] So auch *D. Grimm*, Zum Stand der demokratischen Legitimation der Europäischen Union nach Lissabon, in: H.M. Heinig/J.P. Terhechte (Hrsg.), Postnationale Demokratie, Postdemokratie, Neoetatismus. Wandel klassischer Demokratievorstellungen in der Rechtswissenschaft, 2013, S. 105 ff. (113).

[136] *M. Bach*, ZfS 21 (1992), 16 (21 ff.) spricht plastisch von einer »transnationalen Fusionsbürokratie«; s. auch *M.R. Lepsius*, Modernisierungspolitik als Institutionenbildung: Kriterien institutioneller Differenzierung, in: ders., Interessen, Ideen und Institutionen, 1990, S. 53 ff.

[137] *Schwarze*, EU, Art. 17 EUV, Rn. 1; ähnlich *Oeter*, Föderalismus (Fn. 125), S. 111.

[138] Vgl. *H. Dreier*, DÖV 2002, 537 (541); *Ruffert* (Fn. 134), Art. 17 EUV, Rn. 2, 4. Ausführliche Darstellung der vielfältigen Aufgabenfelder bei *B. Martenczuk*, in: Grabitz/Hilf/Nettesheim, EUV/AEUV, Art. 17 EUV (2014), Rn. 6 ff.

[139] Zur unverändert zentralen Rolle des Rates etwa *Schwarze*, EU, Art. 16 EUV, Rn. 9; *C. Ziegenhorn*, in: Grabitz/Hilf/Nettesheim, EUV/AEUV, Art. 16 EUV (2013), Rn. 4; *C. Calliess*, in: Calliess/Ruffert, EUV/AEUV, Art. 16 EUV, Rn. 1 f.; ergänzend *Dann*, Organe (Fn. 127), S. 346 ff. – Speziell zur Rolle des Europäischen Rates *Oppermann/Classen/Nettesheim*, Europarecht, § 5 Rn. 62 f. – Skeptisch mit Blick auf den Legitimationsbeitrag des Europäischen Parlaments *Huber*, Europäisches Parlament (Fn. 125), S. 40.

[140] Zur Stärkung der (nationalen wie europäischen) Exekutiven durch den supranationalen Integrationsprozeß *H. Dreier*, DÖV 2002, 537 (540 f.); *H. Bauer*, Demokratie in Europa – Einführende Problemskizze, in: ders./P.M. Huber/K.-P. Sommermann (Hrsg.), Demokratie in Europa, 2005, S. 1 ff. (9); *Dederer*, Gewaltenteilung (Fn. 132), S. 96 f.

[141] Zu Besonderheiten etwa *Möllers*, Gewalten (Fn. 125), S. 177 ff.; *Streinz*, Europarecht, Rn. 406 ff. – Allgemein zu Aufgaben und Organisation der Gerichte *F.C. Mayer*, in: Grabitz/Hilf/Nettesheim,

des genuin europäischen Legitimationsstranges (→ Rn. 48) scheint eine Beteiligung des Europäischen Parlaments bei der Kreation der Richter geboten[142], während die in der deutschen Diskussion erwogene Orientierung am praktizierten Wahlverfahren des Bundesverfassungsgerichts kraft Mitwirkung von Bundestag und Bundesrat den Richtern kaum einen legitimatorischen Mehrwert verschaffen dürfte[143].

b) Notwendigkeit eines supranationalen Legitimationsmodells

39 Die geschilderten Besonderheiten verbieten es, die Strukturen und Konzepte nationaler (parlamentarischer oder präsidialer) Demokratien einfach auf die Union zu übertragen[144] und deren oft zu pauschal beklagtes **Demokratiedefizit**[145] schlicht durch signifikante Kompetenzsteigerung des Europäischen Parlaments beheben zu wollen[146]. Auch das Bundesverfassungsgericht konstatiert, daß beim derzeitigen Stand der Integration »die Demokratie der Europäischen Union nicht staatsanalog ausgestaltet sein« kann und muß[147]. Die Europäische Union ist ein Herrschaftsverband mit besonderer und eigengearteter Prägung[148], auf die das »Schnittmuster«[149] nationalstaatlicher De-

---

EUV/AEUV, Art. 19 EUV (2010/2013), Rn. 2 ff., 23 ff., 48 ff.; speziell zur demokratischen Legitimation *F. Wittreck*, Die Verwaltung der Dritten Gewalt, 2006, S. 244 f.; *K. F. Baltes*, Die demokratische Legitimation und die Unabhängigkeit des EuGH und des EuG, 2011, S. 137 ff.

[142] Dieser Vorschlag schon bei *I. Pernice*, EuR 1996, 27 (42 m. Fn. 82); s. noch *Baltes*, Legitimation (Fn. 141), S. 185, 191 f. Kritisch zum derzeitigen Auswahlverfahren *A. Thiele*, EuR 2010, 30 (33 f.); *U. Karpenstein*, in: Grabitz/Hilf/Nettesheim, EUV/AEUV, Art. 253 AEUV (2013), Rn. 14.

[143] So aber *A. Thiele*, EuR 2010, 30 (34); zustimmend *Baltes*, Legitimation (Fn. 141), S. 148 (mit einem Überblick über die Literatur zu Reformmöglichkeiten bei der Richterwahl S. 181 ff.); ähnlich wie hier schon *Wittreck*, Verwaltung (Fn. 141), S. 245; für Wahl durch den Bundestag *S.-F. Balders/E. Hansalek*, ZRP 2006, 54 ff.

[144] Ausdrücklich dagegen BVerfGE 123, 267 (344, Rn. 219; 347, Rn. 227); so bereits *P. Badura*, Bewahrung und Veränderung demokratischer und rechtsstaatlicher Verfassungsstruktur in den internationalen Gemeinschaften, VVDStRL 23 (1964), S. 34 ff. (38); ausführlich *Volkmann*, Begriffe (Fn. 125), S. 14 ff.; gegen eine Übertragbarkeit ferner *Classen*, Demokratische Legitimation (Fn. 108), S. 89 f.; *Klein*, Integration (Fn. 126), S. 14; von der Erforderlichkeit eines »unionsspezifischen Demokratiekonzept(s)« spricht auch *Calliess* (Fn. 124), Art. 2 EUV, Rn. 20 m. w. N.; *ders.*, Europäische Union (Fn. 123), S. 164, 167 f.; zustimmend *Schwarze*, EU, Art. 10 EUV, Rn. 9, 13.

[145] Dies jetzt ausdrücklich konstatierend BVerfGE 123, 267 (377, Rn. 289; 379, Rn. 293); zu Recht kritisch zur Begründung *M. Jestaedt*, Der Staat 48 (2009), 497 (510 f.); *C. Schönberger*, Der Staat 48 (2009), 535 (548 ff.); knapp auch *D. Grimm*, Der Staat 48 (2009), 475 (489). Abgewogen zur demokratischen Legitimation der EU *ders.*, Stand (Fn. 135), S. 111 ff.

[146] Dagegen bereits *H.-P. Ipsen*, EuR 1987, 195 (205 ff.); skeptisch auch *D. Grimm*, JZ 1995, 581 (587 m. w. N.); *D. Schmidtchen*, Demokratiedefizit in Europa? Über Dichtung und Wahrheit in der europäischen Verfassungsdebatte, in: FS Ress, 2005, S. 787 ff. (792 ff.); *Streinz*, Europarecht, Rn. 378; eindringlich *D. Grimm*, Die Stärke der EU liegt in einer klugen Begrenzung, in: FAZ Nr. 184 v. 11.8.2014, S. 11; anders *S. Schmahl*, DÖV 2014, 501 (509), die aber gleichzeitig eine Verbesserung des Zusammenspiels von Europäischem Parlament und nationalen Parlamenten verlangt. Für grundsätzlich nicht mehr angezeigt hält die Rede vom demokratischen Defizit *Klein*, Integration (Fn. 126), S. 13; ähnlich *F. W. Scharpf*, Leviathan 37 (2009), 244 (250).

[147] So BVerfGE 123, 267 (368 f., Rn. 272; s. auch 364, Rn. 262 f.). Zuvor schon BVerfGE 89, 155 (182); allgemein auch E 58, 1 (41). Zusammenfassend *P. Kirchhof*, HStR³ X, § 214 Rn. 102; weiterhin *Schwarze*, EU, Art. 10 EUV, Rn. 8. Zu den negativen Aspekten dieses »demokratischen Solange-Vorbehalts«: *D. Thym*, Der Staat 48 (2009), 559 (576 f.). Zustimmend *Klein*, Integration (Fn. 126), S. 14; kritisch gegenüber dieser Lesart des Grundgesetzes dagegen *M. Jestaedt*, Der Staat 48 (2009), 497 (511 ff.).

[148] Statt vieler *M. R. Lepsius*, Die Europäische Union als rechtlich konstituierte Verhaltensstrukturierung, in: H. Dreier (Hrsg.), Rechtssoziologie am Ende des 20. Jahrhunderts, 2000, S. 289 ff.

[149] *R. Wahl*, Erklären staatstheoretische Leitbegriffe die Europäische Union?, in: H. Dreier (Hrsg.),

mokratien nicht paßt. Da anderseits ihrer Fortentwicklung hin zu stärker (bundes-)staatlichen Strukturen auf absehbare Zeit soziokulturelle, politische und auch verfassungsrechtliche Schranken gesetzt sind, bedarf es vielmehr komplexerer Modelle und Gestaltungen, die sich der besonderen Eigenart einer zwischenstaatlichen Einrichtung als angemessen erweisen[150]. Auch mit dem vielzitierten Konzept der **Mehrebenendemokratie** oder des »multi-level-constitutionalism« (→ Art. 23 Rn. 17) ist das Problem eher bezeichnet als gelöst. Entsprechend schwierig und differenziert gestaltet sich die Antwort auf die Frage der demokratischen Legitimation der Union und ihrer Rechtsakte (→ Rn. 42 ff.).

2. Die demokratische Legitimation der Europäischen Union und des Unionsrechts

Bei der Frage nach der demokratischen Legitimation der Europäischen Union ist deren Legitimationsbedürftigkeit von der Legitimationsfähigkeit zu unterscheiden. Die **Legitimationsbedürftigkeit** ist ohne weiteres zu bejahen und wird nicht ernsthaft in Frage gestellt, weil die EU ein politisches Herrschaftssystem eigener Art darstellt, dessen aus autonomer Quelle fließendes Recht prinzipiellen Vorrang gegenüber den nationalen Rechtsordnungen genießt (→ Vorb. Rn. 53 ff.; → Art. 23 Rn. 14 f.) und dort – anders als bei völkerrechtlichen Vertragsbeziehungen – ohne weitere Umsetzungs- oder Transformationsakte unmittelbare Geltung beansprucht, insbesondere die Unionsbürger direkt berechtigen und verpflichten kann[151]. Für diese eigengeartete, mit »Durchgriffswirkung« ausgestattete autonome Hoheitsgewalt kommt keine andere als eine demokratische Legitimation (also nicht: Tradition, Charisma oder bürokratisch-technokratische Rationalität) in Betracht[152]. Das darf als unbestritten gelten[153]. 40

Gravierende Probleme wirft indes die Frage nach der demokratischen **Legitimationsfähigkeit** der Union auf. Insofern leuchtet zunächst ein, daß deren besondere Hoheitsgewalt nicht einfach der »Staatsgewalt« im Sinne des Art. 20 II GG pauschal zugeschlagen und so in vollem Umfang der demokratischen Legitimation durch das deut- 41

Rechts- und staatstheoretische Schlüsselbegriffe: Legitimität – Repräsentation – Freiheit, 2005, S. 113 ff. (122), der S. 124 ff. eine intensive Analyse der Unterschiede zwischen der Europäischen Union und klassischen Nationalstaaten bietet.

[150] Eingehend zu dieser Aufgabe *M. Nettesheim*, Demokratisierung der Europäischen Union und Europäisierung der Demokratietheorie – Wechselwirkungen bei der Herausbildung eines europäischen Demokratieprinzips, in: Bauer u.a., Demokratie (Fn. 140), S. 143 ff. (164 ff.) (freilich ohne elaborierten Vorschlag und mit eher resignativem Resümee); ähnlich auch *Dederer*, Gewaltenteilung (Fn. 132), S. 104. Überblick zu Lösungsmöglichkeiten bei *Streinz*, Europarecht, Rn. 379 f.

[151] BVerfGE 31, 145 (173 f.); 58, 1 (28); 73, 339 (374 f.); 75, 223 (244 f.); *M. Nettesheim*, in: Grabitz/Hilf/Nettesheim, EUV/AEUV, Art. 1 AEUV (2010), Rn. 54 ff.; *Classen*, Demokratische Legitimation (Fn. 108), S. 87 f.; *C. Schönberger*, Der Staat 48 (2009), 535 (552); *Schweitzer*, Staatsrecht III, Rn. 348 ff.; speziell zur unmittelbaren Wirkung von Richtlinien *M. Ruffert*, in: Calliess/Ruffert, EUV/AEUV, Art. 288 AEUV, Rn. 47 ff.; *Haratsch/König/Pechstein*, Europarecht, Rn. 387 ff.

[152] Vgl. *W. v. Simson*, EuR 1991, 1 (9); *D. Grimm*, JZ 1995, 581 (585 f.); speziell zur Untauglichkeit einer funktionalistischen Legitimation *Kaufmann*, Integration (Fn. 120), S. 287 ff., 333 ff.; *Classen*, Demokratische Legitimation (Fn. 108), S. 87 ff.; zusammenfassend *Geiger*, Grundgesetz (Fn. 96), § 41 III (S. 194 f.); *Oppermann/Classen/Nettesheim*, Europarecht, § 15 Rn. 16 (»alternativlos«). Ausdrücklich BVerfGE 123, 267 (364, Rn. 261): »Die Ausgestaltung der Europäischen Union […] muss demokratischen Grundsätzen entsprechen.«

[153] *H. Dreier*, Erosionsprozesse des Verfassungsstaates, in: FS Selmer, 2004, S. 51 ff. (63 f.). Treffend auch *Nettesheim*, Demokratisierung (Fn. 150), S. 155: »Es bestand und besteht vollständige Einigkeit darüber, daß sich auch überstaatliche Herrschaft dem Maßstab der Idee demokratischer Selbstbestimmung zu stellen und sich vor ihr zu legitimieren hat.«

sche Volk bedürftig erachtet werden kann. Denn die Hoheitsgewalt einer supranationalen Einrichtung gründet sich auf das **Einverständnishandeln mehrerer Staaten** und damit »notwendig auf die Legitimation durch mehrere Staatsvölker«[154], kann also nicht als ausschließlich vom deutschen Volk zu legitimierende Staatsgewalt angesehen werden. Anderseits beruht die Geltung des Unionsrechts in Deutschland letztlich auf dem (allerdings nicht ohne weiteres und wohl nicht einseitig rücknehmbaren) Rechtsanwendungsbefehl der deutschen Zustimmungsgesetze[155]. Anderseits kann die Union mangels Staatsqualität nicht vollständig auf ein eigenes, gewissermaßen selbsttragendes Legitimationsgefüge bauen. Solange es keine einheitliche europäische Öffentlichkeit, keine einheitliche Verbands-, Presse- und Medienstruktur und keine einheitliche europäische Sprache gibt, fehlt es an Grundvoraussetzungen für ein europäisches Gesamtvolk, das allein kraft parlamentarischer Repräsentation einer europäischen Hoheitsgewalt nach nationalstaatlichem Muster demokratische Legitimität spenden könnte[156]. Das wurde bundesverfassungsgerichtlich noch einmal deutlich unterstrichen[157]. Eine hinlängliche demokratische Legitimation der EU, in Sonderheit des sekundären Unionsrechts, kann letztlich nur im Zusammenspiel, in der wechselseitigen Stützung und Ergänzung zwischen nationalen und unionsrechtlichen Organen erreicht werden: es sind **zwei komplementäre demokratische Legitimationsstränge** wirksam[158].

a) Mitgliedstaatliche demokratische Legitimation

42 So verliert **Art. 20 II GG** für die demokratische Legitimation der Union nicht jegliche Bedeutung, unterliegt aber zugleich **Modifikationen und Restriktionen**, die der im supranationalen Bereich besonders gearteten Rechts- und Verfassungslage Rechnung tragen. Für die insofern zu unterscheidenden nationalen unionsbezogenen Rechtsakte

---

[154] So schon *H.-J. Cremer*, EuR 1995, 21 (26); s. auch *W. v. Simson/J. Schwarze*, Europäische Integration und Grundgesetz, in: HdbVerfR, § 4 Rn. 25; *Dreier*, Erosionsprozesse (Fn. 153), S. 64; *B. Grzeszick*, in: Maunz/Dürig, GG, Art. 20, II. Abschnitt: Demokratie (2010), Rn. 272; *C. Seiler*, Staatsvolk, in: FS Kirchhof, Bd. I, 2013, § 2 Rn. 25. – Von »Verlagerung politischer Herrschaft« spricht BVerfGE 123, 267 (348f., Rn. 231).

[155] BVerfGE 123, 267 (402, Rn. 343); zuvor schon 75, 223 (244f.); zustimmend *Schwarze*, EU, Art. 10 EUV, Rn. 4; weiterhin *P. Kirchhof*, HStR³ X, § 214 Rn. 6, 43, 158; *Giegerich*, Souveränität (Fn. 123), S. 626 (der sich bereits S. 624 gegen eine einseitige Widerrufsmöglichkeit ausspricht).

[156] Eingehend *D. Grimm*, JZ 1995, 581 (587ff.); *E.-W. Böckenförde*, Welchen Weg geht Europa?, 1997; *H. Hofmann*, Vom Wesen der Verfassung, 2002, S. 5f., 12ff., 22ff.; skeptisch auch *A. Augustin*, Das Volk der Europäischen Union, 2000, insb. S. 144ff.; *H. H. Rupp*, JZ 2003, 18ff.; *Wahl*, Leitbegriffe (Fn. 149), S. 142ff.; *Oeter*, Föderalismus (Fn. 125), S. 100, 107f.; *Klein*, Integration (Fn. 126), S. 19; *P. Kirchhof*, HStR³ X, § 214 Rn. 10ff.; weiterhin *F. W. Scharpf*, Leviathan 37 (2009), 244 (250), der aber »keinen theoretischen Grund sieht, diese Defizite als unveränderlich zu betrachten«; ähnlich auch *Schwarze*, EU, Art. 10 EUV, Rn. 6. – Gegen eine allzu skeptische Sicht der Dinge *U. Volkmann*, AöR 127 (2002), 575 (601f.); *ders.*, Begriffe (Fn. 125), S. 28; ähnlich *A. Peters*, EuR 2004, 375 (376ff.), die schon »europäisierte Teilöffentlichkeiten« (379) erkennen zu können glaubt; entsprechende Ansätze sieht auch *Calliess*, Europäische Union (Fn. 123), S. 165.

[157] BVerfGE 123, 267 (358f., Rn. 250f.).

[158] BVerfGE 89, 155 (184); 123, 267 (364, Rn. 262; 378f., Rn. 291, 293). Aus der Literatur statt vieler *P. Kirchhof*, HStR³ X, § 214 Rn. 46; eingehend zu den »EU-spezifischen Legitimationsmodellen« und ihren Gemeinsamkeiten *v. Komorowski*, Demokratieprinzip (Fn. 119), S. 168ff. – Zur Zweigleisigkeit auch *Huber*, Europäisches Parlament (Fn. 125), S. 43; *Calliess*, Europäische Union (Fn. 123), S. 167f. mit Ausführungen zu einem möglichen »Kompensationsverhältnis«; *F. W. Scharpf*, Leviathan 37 (2009), 244 (252f.); *Nettesheim* (Fn. 151), Art. 1 EUV, Rn. 81ff. mit Kritik an der mitgliedstaatsorientierten Position des Bundesverfassungsgerichts.

und die Rechtsakte der Union selbst ergeben sich die im folgenden zu nennenden Konsequenzen und Zuordnungen.

Als vergleichsweise unproblematisch erweisen sich die Akte der **Begründung, Erweiterung und Veränderung** des primären Unionsrechts[159], da diese im Wege völkervertraglicher Vereinbarung erfolgen und insofern eines parlamentarischen Zustimmungsgesetzes bedürfen[160]. Der darin enthaltene Rechtsanwendungsbefehl umfaßt auch die gegebenenfalls unmittelbare Anwendbarkeit des primären Unionsrechts. Im Zustimmungsgesetz ruht dem Bundesverfassungsgericht zufolge »die demokratische Legitimation sowohl der Existenz der Staatengemeinschaft selbst als auch ihrer Befugnisse zu Mehrheitsentscheidungen, die die Mitgliedstaaten binden.«[161] Nicht verkannt werden darf indes, daß die EU ihre Existenz und ihre Kompetenzen bei genauer Betrachtung einem demokratischen Gesamtakt der Parlamente bzw. Völker der Mitgliedstaaten verdankt[162].

Hinzu tritt ungeachtet dieser Fundierung durch (Gründungs-, Erweiterungs- und Veränderungs-)Verträge im Falle des **sekundären Unionsrechts** die jeweilige parlamentarisch-demokratische Legitimierung der Vertreter der Mitgliedstaaten im Ministerrat. Denn diese sind als Mitglieder der Regierung entweder direkt oder wie in der Bundesrepublik mittelbar durch die Kanzlerwahl demokratisch legitimiert und unterliegen wegen des Grundsatzes der Ministerverantwortlichkeit prinzipiell der parlamentarischen Kontrolle[163].

Diese beim derzeitigen Stand der Integration noch unentbehrliche Rückbindung an die Parlamente der Mitgliedstaaten[164] läßt sich über pauschale Wahlakte und allgemeine Rechenschaftspflichten hinaus in Richtung einer stärkeren Mitwirkung an der Entscheidung der Sachfragen stärken und intensivieren[165]. Mit dem auf dieser Linie liegenden Konzept der **Integrationsverantwortung** ist das Bundesverfassungsgericht freilich auf ein geteiltes Echo in der Wissenschaft gestoßen[166]. Maßgebliche Bedeu-

---

[159] Vgl. *Geiger*, Grundgesetz (Fn. 96), § 39 II (S. 182 ff.); *Streinz*, Europarecht, Rn. 90 ff.; *v. Komorowski*, Demokratieprinzip (Fn. 119), S. 1016.

[160] Dieses kann mit guten Gründen allein auf Art. 23 GG gestützt werden: *Geiger*, Grundgesetz (Fn. 96), § 11 I (S. 30), § 31 II (S. 132); *Streinz*, Europarecht, Rn. 95. → Art. 23 Rn. 42 ff.

[161] BVerfGE 89, 155 (184).

[162] Man wird insofern auch den Hinweis auf ein Vereintes Europa in der Präambel (→ Pmbl. Rn. 43 ff.) und das in Artikel 23 formulierte Staatziel (→ Art. 23 Rn. 32, 36 ff.) nicht unberücksichtigt lassen dürfen.

[163] Vgl. *Kaufmann*, Integration (Fn. 120), S. 381 ff.; *Huber*, Europäisches Parlament (Fn. 125), S. 42; *Ziegenhorn* (Fn. 139), Art. 16 EUV, Rn. 16 ff.; *Streinz*, Europarecht, Rn. 379. – Vgl. auch die Festschreibung in Art. 10 II UAbs. 2 EUV; dazu *Haratsch/König/Pechstein*, Europarecht, Rn. 140.

[164] *P. Kirchhof*, HStR³ X, § 214 Rn. 10 ff., 102; *C. Hillgruber*, in: Schmidt-Bleibtreu/Hofmann/Henneke, GG, Art. 23 Rn. 15. Für nicht tragfähig genug hält die Rückbindungsmechanismen *M. Nettesheim*, Der Staat 51 (2012), 313 (332). Zum »Dilemma der nationalen Parlamente« auch *Dann*, Organe (Fn. 127), S. 378 ff.; mit rechtsvergleichenden Hinweisen *Mayer*, Europafunktion (Fn. 130), S. 109 ff.

[165] Siehe etwa *P. Kirchhof*, HStR³ X, § 214 Rn. 44 ff.; *U. Hufeld*, HStR³ X, § 215 Rn. 30 ff.; *W. Durner*, HStR³ X, § 216 Rn. 30 ff.; *Schweitzer*, Staatsrecht III, Rn. 385 ff. (Mitwirkung der Bundesländer), Rn. 394 ff. (Mitwirkung des Bundestags); *Huber*, Europäisches Parlament (Fn. 125), S. 42.

[166] BVerfGE 123, 267 (Ls. 2; 351, Rn. 236; 356 ff., Rn. 245 ff.). Zum Umfang *S. Schmahl*, DÖV 2014, 501 ff.; *D. Thym*, Der Staat 48 (2009), 559 (562 ff.); befürwortend auch *O. K. Dietlmeier*, BayVBl. 2012, 616 (621): »erfreulich verstärkte Integrationsverantwortung«; dagegen Kritik an der Argumentation bei *M. Jestaedt*, Der Staat 48 (2009), 497 (509); *C. Schönberger*, Der Staat 48 (2009), 535 (551 ff.); *Calliess*, Europäische Union (Fn. 123), S. 260 ff.; auch *Klein*, Integration (Fn. 126), S. 16 hält die »Fähigkeit des Deutschen Bundestages zur Wahrnehmung seiner Integrationsverantwortung« für

tung für die demokratische Legitimation insbesondere des sekundären EU-Rechts hat aber in jedem Fall der Umstand, daß die **Mitgliedstaaten demokratisch** verfaßt sind[167], was höchstrichterlich noch einmal unterstrichen wurde[168]. Hier liegen weiterhin wichtige Quellen demokratischer Legitimitätsstiftung in der Union, wenngleich diese markante Veränderungen nicht zu überspielen vermögen (→ Rn. 53 f.).

46 Das Demokratieprinzip hindert nach alledem nicht an der Mitgliedschaft in einer supranational organisierten zwischenstaatlichen Einrichtung[169]. Unproblematisch ist das insbesondere solange, als die Entscheidungen auf Unionsebene der **Einstimmigkeit** bedürfen und damit eine **Veto-Möglichkeit** für jeden nationalen Vertreter und damit auch für denjenigen Deutschlands besteht[170]. Indes bleibt schon insofern zu bedenken, daß die deutschen Vertreter im Rat stets auch und zugleich als Mitglieder eines Unionsorgans handeln und von daher einer Doppelbindung unterliegen (zu Folgen für die relativierte Grundrechtsbindung: → Art. 1 III Rn. 15 ff.). Auch liegt der häufig sachlich entscheidende Anstoß für eine Normierung sowie die konkrete Formulierung einer Rechtsnorm nicht mehr in nationaler Hand, sondern in der der Kommission. Bereits insofern macht sich eine in der supranationalen Ordnung selbst liegende Legitimationskomponente oder doch ein dahingehender Anspruch bemerkbar.

47 Doch auch in den inzwischen überwiegenden Fällen von Ratsentscheidungen nach dem (ggfls. qualifizierten) **Mehrheitsprinzip**[171] liegt keine Verletzung der grundgesetzlichen Demokratie. Dies gilt selbst dann, wenn sie gegen das Votum des deutschen Vertreters oder ohne dessen Beteiligung zustandekommen und dadurch unmittelbar auf die deutsche Rechtsordnung durchgreifende, direkt anwendbare oder umzusetzende Rechtsnormen entstehen[172]. Ein Beharren auf dem Einstimmigkeitserfordernis oder auf Vetovorbehalten würde die Bundesrepublik auf Dauer integrationsunfähig machen und das Wesen der Union in Frage stellen, wie das Bundesverfassungsgericht

---

möglicherweise überschätzt; ein Leerlaufen des Anspruchs befürchtet *W. Kluth*, Ad Legendum 2013, 85 (91). – Der Gesetzgeber hat mit dem Integrationsverantwortungsgesetz v. 20.9.2009 (BGBl. I S. 3022) reagiert.

[167] *Giegerich*, Souveränität (Fn. 123), S. 625; allgemeiner *P. Kirchhof*, HStR³ X, § 214 Rn. 49 f.; *Mayer*, Europafunktion (Fn. 130), S. 80.

[168] BVerfGE 123, 267 (348 f., Rn. 231): »Die Quelle der Gemeinschaftsgewalt und der sie konstituierenden europäischen Verfassung im funktionellen Sinne sind die in ihren Staaten demokratisch verfaßten Völker Europas.« Zuvor schon E 113, 273 (301, Rn. 81) mit Sondervotum *Lübbe-Wolff* (BVerfGE 113, 273 [336, Rn. 177]).

[169] So ausdrücklich BVerfGE 89, 155 (184); bestätigt durch E 123, 267 (344, Rn. 219; 366, Rn. 267). Vgl. *Geiger*, Grundgesetz (Fn. 96), § 31 II (S. 132 f.), § 37 I (S. 172 f.); *C. Tomuschat*, HStR³ XI, § 226 Rn. 49; *P. Kirchhof*, HStR³ X, § 214 Rn. 51 ff.; *U. Hufeld*, HStR³ X, § 215 Rn. 29 ff.

[170] So etwa *P. M. Huber*, Die parlamentarische Demokratie unter den Bedingungen der europäischen Integration, in: ders./W. Mößle/M. Stock (Hrsg.), Zur Lage der parlamentarischen Demokratie, 1995, S. 115 f.; zur Reduzierung der Anwendungsfälle *Streinz*, Europarecht, Rn. 354; hingegen hält *Classen*, Demokratische Legitimation (Fn. 108), S. 97 Einstimmigkeit unter demokratischen Gesichtspunkten nicht unbedingt für vorzugswürdig.

[171] Während die einfache Mehrheit vor allem bei Organisations- und Verfahrensfragen genügt, entscheidet der Rat im Regelfall mit qualifizierter Mehrheit (vgl. Art. 16 III EUV, Art. 289 I, 294 AEUV); Übersicht bei *Streinz*, Europarecht, Rn. 355 ff.; *Schweitzer*, Staatsrecht III, Rn. 364 ff.; s. noch *F. C. Mayer*, Europäische Verfassungsgerichtsbarkeit, in: A. v. Bogdandy (Hrsg.), Europäisches Verfassungsrecht, 2009, S. 559 ff. (604); *Giegerich*, Souveränität (Fn. 123), S. 624.

[172] *H. Steinberger*, Anmerkungen zum Maastricht-Urteil des Bundesverfassungsgerichts, in: Hommelhoff/Kirchhof, Staatenverbund (Fn. 120), S. 25 ff. (27); eingehend schon *H.-J. Cremer*, EuR 1995, 21 (30 ff.); ferner *Grzeszick* (Fn. 154), Art. 20 II Rn. 264; *R. Streinz*, in: Sachs, GG, Art. 23 Rn. 26; *Hillgruber* (Fn. 164), Art. 23 Rn. 15; im Ergebnis befürwortend auch *Geiger*, Grundgesetz (Fn. 96), § 41 III (S. 195 f.).

nachdrücklich betont hat[173]. Das Demokratieprinzip »fordert folglich nicht die lückenlose demokratische Legitimation supranationaler Hoheitsakte durch das deutsche Volk«[174]. Für die gegen das Votum der deutschen Ratsvertreter mehrheitlich beschlossenen Regelungen wird man die auch hier notwendige demokratische Legitimation im Grundgesetz, dem Zustimmungsgesetz sowie ergänzend in der (möglichen oder tatsächlichen) Mitwirkung des Europäischen Parlaments sehen müssen[175]. Im Kern und auf Dauer geht es eben um eine andere und **komplexere Form demokratischer Legitimierung unter den Bedingungen der Supranationalität**. Zu einfach gedacht ist daher die zuweilen anzutreffende Auffassung, die Durchsetzung der Mehrheitsregel sei als »natürliches« Entscheidungsprinzip zum Abbau des Demokratiedefizits geradezu gefordert[176].

b) Eigenständige supranationale Legitimation

Zu dieser nach alledem unentbehrlichen national-mitgliedstaatlichen demokratischen Legitimation des Unionsrechts tritt (in einem allerdings schwer quantifizierbaren Umfang) die eigenständige supranationale Legitimation auf der Ebene der Union selbst hinzu (→ Rn. 43). Diese erkennt auch das Bundesverfassungsgericht an. Es mißt ihr – insbesondere mit Blick auf das Europäische Parlament und partizipative Elemente wie Art. 11 EUV, Art. 24 AEUV – allerdings lediglich die **Funktion einer ergänzenden demokratischen Abstützung** bei[177]. Nicht ausgeschlossen, aber auch nicht zwingend erforderlich ist insoweit, daß das Europäische Parlament sich innerhalb des supranationalen Legitimationszusammenhanges zum Hauptakteur und zum zentralen Normsetzungsorgan entwickelt – wofür aber wohl erforderlich wäre, daß die **vorrechtlichen Voraussetzungen lebendiger Demokratie** (plurale Öffentlichkeit, gemeinsame Diskussionsforen, ein Mindestmaß an vorpolitischer Homogenität) in der Union gegeben wä-

48

---

[173] BVerfGE 89, 155 (183): »Die Mitgliedstaaten sind an der Willensbildung des Staatenverbundes nach dessen Organisations- und Verfahrensrecht beteiligt, dann aber an die Ergebnisse dieser Willensbildung gebunden, unabhängig davon, ob sich diese Ergebnisse gerade auf ihre eigene Beteiligung zurückführen lassen oder nicht. Die Einräumung von Hoheitsbefugnissen hat zur Folge, daß deren Wahrnehmung nicht mehr stets vom Willen eines Mitgliedstaates allein abhängt. Hierin eine Verletzung des grundgesetzlichen Demokratieprinzips zu sehen, widerspräche nicht nur der Integrationsoffenheit des Grundgesetzes, die der Verfassungsgeber des Jahres 1949 gewollt und zum Ausdruck gebracht hat; es legte auch eine Vorstellung von Demokratie zugrunde, die jeden demokratischen Staat jenseits des Einstimmigkeitsprinzips integrationsunfähig machte.«
[174] So schon *H.-J. Cremer*, EuR 1995, 21 (33); ähnlich BVerfGE 123, 267 (364, Rn. 262).
[175] Andeutungsweise BVerfGE 89, 155 (183 f.); zustimmend *Hillgruber* (Fn. 164), Art. 23 Rn. 15 a. E. → Art. 23 Rn. 32 ff.
[176] Zutreffende Kritik an solchen Vorschlägen bei *R. Hrbek*, Der Vertrag von Maastricht und das Demokratie-Defizit der Europäischen Union – auf dem Weg zu stärkerer demokratischer Legitimation?, in: GedS Grabitz, 1995, S. 171 ff. (176 ff.); kritisch mit Blick auf die Gefahr einer Aushöhlung von Parlamentsvorbehalt und Wesentlichkeitsdoktrin *P. M. Huber*, DVBl. 2009, 574 (575).
[177] BVerfGE 89, 155 (184, 185 f.); 123, 267 (364, Rn. 262; 368 f., Rn. 271 f.). Darüber hinaus stehe es der Union frei, »mit zusätzlichen neueren Formen transparenter oder partizipativ angelegter politischer Entscheidungsverfahren nach eigenen Wegen demokratischer Ergänzung zu suchen« (BVerfGE 123, 267 [369, Rn. 272]). – Kritisch zur bloßen Ergänzungsfunktion *M. Ruffert*, in: Calliess/Ruffert, EUV/AEUV, Art. 10 EUV, Rn. 6: »Herrschaftsbegründende demokratische Selbstbestimmung der Unionsbürger vollzieht sich zuvörderst über dieses spezielle supranationale Repräsentationsorgan.« Zum Legitimationspotential des Europäischen Parlaments noch *A. Stenger*, Stärkere Beteiligung des Europäischen Parlaments am Vertragsänderungsverfahren, 2005; *Haratsch/König/Pechstein*, Europarecht, Rn. 138; *S. Schmahl*, DÖV 2014, 501 (505).

ren[178]. Insofern wird man mit langen, generationenübergreifenden Zeiträumen rechnen müssen und nicht im Rhythmus von Jahren oder Wahlperioden denken dürfen.

49 Für notwendig hält es das Gericht aber gerade wegen der besonderen Struktur der Union, die Übertragung und Ausübung von Hoheitsrechten durch diese zu begrenzen[179]. Das ergebe sich aus dem Demokratieprinzip, dem nur Rechnung getragen werde, »wenn der das Volk repräsentierende Deutsche Bundestag und die von ihm getragene Bundesregierung einen gestaltenden Einfluss auf die politische Entwicklung in Deutschland behalten [...], wenn der Deutsche Bundestag eigene Aufgaben und Befugnisse von substantiellem Gewicht behält«[180]. Somit kommt ein bemerkenswerter **Restriktionsmechanismus** zum Tragen: Das (deutsche) Demokratieprinzip steht einer zu weitgehenden Europäischen Integration entgegen, weil die Übertragung substantieller Hoheitsbefugnisse auf die Union demokratisch nicht hinlänglich legitimiert wäre[181]. Demgemäß würde eine überstürzte und durch die sukzessive Heranbildung eines europäischen (Staats-)Volkes nicht gestützte Ausweitung der Parlamentskompetenzen das Demokratiedefizit nicht abbauen, sondern »das demokratische Legitimationsniveau eher senken als heben«[182]. Gleichzeitig erweist sich die nationale demokratische Legitimation wegen der letztlich doch recht begrenzten direkten Steuerungs- und Gestaltungsmöglichkeiten der mitgliedstaatlichen Parlamente (→ Rn. 44) im supranationalen Rahmen als stark exekutivisch geprägt: Gewicht und Bedeutung nationaler parlamentarisch-repräsentativer Legitimation nehmen ab, ohne daß wirksame Kompensationen auf supranationaler Ebene ersichtlich wären[183].

3. Einwirkungen des Unionsrechts auf das Demokratieprinzip des Grundgesetzes

50 Der **Begriff des »Volkes«** in Art. 20 II GG erfährt durch die europäische Integration keine durchgreifende Modifikation. Zu weit geht schon angesichts von Art. 23 I GG die (in ihren juristischen Konsequenzen zudem nicht deutlich greifbare) Auffassung,

---

[178] So schon ausführlich *Kaufmann*, Integration (Fn. 120), S. 260 ff.; weiterhin *Huber*, Europäisches Parlament (Fn. 125), S. 46; *W. Kluth*, Ad Legendum 2013, 85 (90); ähnlich treffend auch die Einordnung von *C. Henke*, EuR 2010, 118 (126) als »typisches Henne-Ei-Problem«. – Zum Bedeutungsgewinn der unionalen Legitmationsschiene noch *Oeter*, Föderalismus (Fn. 125), S. 97 ff.
[179] BVerfGE 123, 267 (359, Rn. 251).
[180] BVerfGE 123, 267 (356, Rn. 246).
[181] BVerfGE 123, 267 (364, Rn. 262): »Eine Verstärkung der Integration kann verfassungswidrig sein, wenn das demokratische Legitimationsniveau mit dem Umfang und dem Gewicht supranationaler Herrschaftsmacht nicht Schritt hält. Solange und soweit das Prinzip der begrenzten Einzelermächtigung in einem Verbund souveräner Staaten mit ausgeprägten Zügen exekutiver und gouvernementaler Zusammenarbeit gewahrt bleibt, reicht grundsätzlich die über nationale Parlamente und Regierungen vermittelte Legitimation der Mitgliedstaaten aus, die ergänzt und abgestützt wird durch das unmittelbar gewählte Europäische Parlament«.
[182] *J. Isensee*, Europäische Union – Mitgliedstaaten, in: Konferenz der deutschen Akademien der Wissenschaften (Hrsg.), Europa – Idee, Geschichte, Realität, 1996, S. 71 ff. (86); ähnlich *Hillgruber* (Fn. 164), Art. 23 Rn. 15. Kein Wunder, daß die Literatur hier auswegslose Zwickmühlen und demokratische Sackgassen ausmacht: *C. Schönberger*, Der Staat 48 (2009), 535 (557); *D. Thym*, Der Staat 48 (2009), 559 (575 ff.); *D. Halberstam/C. Möllers*, GLJ 10 (2009), 1241 (1251): »The Court leaves Europe in a double bind – a combination of mutually defeating commands. On the one hand we learn about the forbidden finality of a European *Bundesstaat*. On the other hand, the current level of integration is said to fail minimal constitutional standards for a European polity. The more Europe seeks to deepen its polity, then, the more it runs up against the prohibitions of the German constitution.«
[183] Zu diesem ernsten Befund *H. Dreier*, DÖV 2002, 537 (544 ff.); *D. Thym*, Der Staat 48 (2009), 559 (577); *Calliess*, Europäische Union (Fn. 123), S. 182; *M. Nettesheim*, Der Staat 51 (2012), 313 (331 ff.).

daß Art. 20 II GG »nicht nur den demokratischen Staatsvolkverband« umfaßt, »sondern nach Maßgabe von ihm legitimierter (Re-)Organisationsbestimmungen auch jeden anderen hoheitliche Macht ausübenden Personenverband«[184]. Hingegen erscheint es vorzugswürdiger, die hier zutage tretende Problematik im Rahmen differenzierender Modelle demokratischer Legitimation zu bewältigen (→ Rn. 40 ff.).

Die durch den Maastricht-Vertrag eingeführte **Unionsbürgerschaft** (Art. 20 AEUV) hat nicht den Charakter einer europäischen Staatsangehörigkeit, vermittelt aber punktuell (vgl. Art. 21 ff. AEUV) Rechte, die traditionell nur Staatsangehörigen zustehen (→ Art. 16 Rn. 42; → Vorb. Rn. 53 ff.)[185]. 51

Dazu gehört die Einführung des **Kommunalwahlrechts für EU-Ausländer** gemäß Art. 22 AEUV (→ Art. 28 Rn. 20, 27, 69 ff.)[186]. Insbesondere mit den tragenden Erwägungen der bundesverfassungsgerichtlichen Entscheidungen zum Ausländerwahlrecht[187] ist diese Ausweitung des Kreises der Wahlberechtigten nur schwer zu vermitteln[188], aber in Gestalt von Art. 28 I 3 GG gültiges Verfassungsrecht. 52

Der Besorgnis eines Verlustes an demokratischer Staatlichkeit infolge einer zunehmenden Abwanderung von substantiellen Entscheidungskompetenzen an die höhere supranationale Ebene bei gleichzeitiger Entleerung verbleibender nationaler Agenden und entsprechendem Gewichts- und Bedeutungsverlust des demokratischen Prozesses in der Bundesrepublik ist daher letztlich nur durch sorgfältige **Austarierung der beiden komplementären Legitimationsstränge** entgegenzuwirken (→ Rn. 40 ff.). Da auf absehbare Zeit das Europaparlament nicht zum zentralen Organ werden kann (→ Rn. 49) und die demokratische Rückkopplung der Ratsvertreter an die nationalen Parlamente an der Dominanz der Exekutive (→ Rn. 37, 44, 49) kaum etwas zu ändern vermag, bleibt eine signifikante Restriktion des anspruchsvollen grundgesetzlichen demokratischen Legitimationsmodells infolge zunehmender Europäisierung zu konstatieren[189]. 53

---

[184] So v. *Komorowski*, Demokratieprinzip (Fn. 119), S. 688 als Antwort auf die Frage nach dem »Subjekt der grundgesetzlich geforderten europäischen Demokratie« (S. 562 ff.).
[185] Eingehend *C. Schönberger*, Unionsbürger, 2005, S. 272 ff.; zu problematischen Prozessen eines Zugriffs des Unionrechts auf die nationale Staatsangehörigkeit *Gärditz*, Bürgerstatus (Fn. 131), S. 150 ff.
[186] Die entsprechende Verfassungsänderung hatte BVerfGE 83, 37 (59) mit einem Satz, aber ohne Begründung für zulässig erklärt. S. die Entscheidungen der 3. Kammer des Zweiten Senats, womit Verfassungsbeschwerden gegen entsprechende Umsetzungsregelungen nicht zur Entscheidung angenommen wurden: BVerfG (K), EuGRZ 1997, 379, 380 (betr. Hessen und Baden-Württemberg); für Bayern s. BayVerfGH BayVBl. 1997, 495 (496 ff.). – Zu entsprechenden Entscheidungen der spanischen und französischen Verfassungsgerichte (vgl. EuGRZ 1993, 187, 193, 196, 285) s. *R. Streinz*, Das Europäische Parlament im demokratischen Legitimationsprozeß, in: H. Oberreuter (Hrsg.), Parlamentarische Konkurrenz? Landtag – Bundestag – Europaparlament, 1996, S. 49 ff. (51 f.).
[187] BVerfGE 83, 37 (50 ff.); 83, 60 (71 ff.).
[188] Dazu *H. Hofmann*, StWStP 6 (1995), 155 (168); *D. H. Scheuing*, EuR-Beiheft 1/1997, 7 (34, 43). Für eine »großzügigere Herangehensweise an die Interpretation des Volksbegriffs« im Kontext des Ausländerwahlrechts jetzt *C. Walter*, Der Bürgerstatus im Lichte von Migration und europäischer Integration, VVDStRL 72 (2013), S. 7 ff. (39 f.); dagegen *S. Haack*, HStR³ X, § 205 Rn. 21. *P. M. Huber*, DVBl. 2009, 574 (575 f.) sieht darin eine »Europäisierung des Demokratieprinzips« mit der Folge einer »rechtfertigungsbedürftigen Absenkung des Legitimationsniveaus«.
[189] *R. Wahl*, Art. Demokratie, Demokratieprinzip, in: LdR Nr. 5/170 (1990), S. 6; *H. Hofmann*, StWStP 6 (1995), 155 (166 f., 168); a. A. *v. Komorowski*, Demokratieprinzip (Fn. 119), S. 1020 (»gerade keine […] rechtfertigungsbedürftige Absenkung«).

4. Demokratie als Garantie der Staatlichkeit?

54 Aus dem grundgesetzlichen Demokratieprinzip allein läßt sich allerdings eine Garantie der souveränen Staatlichkeit Deutschlands mit der Folge einer **Sperre gegenüber einem europäischen Bundesstaat nicht ableiten** (→ Art. 79 III Rn. 55 ff.). Zwar hat das Bundesverfassungsgericht diese These mit großer Entschiedenheit in seinem (argumentativ stark mäandernden) Lissabon-Urteil verfochten[190] und dafür durchaus Gefolgschaft in Teilen der Literatur gefunden[191]. Allerdings hat es auch an – partiell ungewöhnlich heftiger – Kritik nicht gefehlt[192]. Sie ist jedenfalls insofern berechtigt, als das Gericht Ewigkeitsklausel, Demokratieprinzip und Bundesstaatsverbot in einer fragwürdigen Weise miteinander verknüpft. Denn erstens läßt sich Art. 79 III GG gewiß keine anti-europäische Stoßrichtung entnehmen[193]. Und zweitens ist die explizite oder implizite Annahme kaum haltbar, Demokratie ließe sich nur im souveränen Nationalstaat realisieren[194] – eine Annahme, die zudem schwerlich mit Art. 23 I GG zu vereinbaren ist[195]. Trotz aller derzeit bestehenden demokratischen Defizite (→ Rn. 39) und sonstigen Hindernisse, die dem Aufbau der »Vereinigten Staaten von Europa« entgegenstehen, kann man auch und gerade aus der Sicht des Grundgesetzes nicht für alle juristische Ewigkeit ausschließen, daß sich die Garantien von Menschenrechten und Menschenwürde, von rechtsstaatlichen, demokratischen, sozialstaatlichen und föderativen Strukturen auch in einem europäischen Bundesstaat unter Einschluß Deutschlands bewahren und sichern ließen. Das Problem derart gravierender Änderungen der Verfassungsstruktur ist vielmehr bei der Schlußbestimmung des Grundgesetzes zu verorten (→ Art. 79 III Rn. 58; → Art. 146 Rn. 16).

---

[190] Besonders entschieden BVerfGE 123, 267 (343, Rn. 216): »Das demokratische Prinzip ist nicht abwägungsfähig; es ist unantastbar [...]. Das Grundgesetz setzt damit die souveräne Staatlichkeit Deutschlands nicht nur voraus, sondern garantiert sie auch.« Siehe noch ebd., S. 347 f., Rn. 228: »Das Grundgesetz ermächtigt die für Deutschland handelnden Organe nicht, durch einen Eintritt in einen Bundesstaat das Selbstbestimmungsrecht des Deutschen Volkes in Gestalt der völkerrechtlichen Souveränität Deutschlands aufzugeben. Dieser Schritt ist wegen der mit ihm verbundenen unwiderruflichen Souveränitätsübertragung auf ein neues Legitimationssubjekt allein dem unmittelbar erklärten Willen des Deutschen Volkes vorbehalten.«

[191] *P. Kirchhof*, HStR³ X, § 214 Rn. 52, 128 ff.; *Geiger*, Grundgesetz (Fn. 96), § 11 II 4 (S. 32); *Haratsch/König/Pechstein*, Europarecht, Rn. 127; *Klein*, Integration (Fn. 126), S. 7, 10; *K.-P. Sommermann*, DÖV 2013, 708 (711). Ältere Literatur, die ebenfalls von einem Bundesstaatsverbot ausgeht: *P. Kirchhof*, HStR VII, § 183 Rn. 57 ff.; *P. Badura*, Die »Kunst der föderalen Form« – Der Bundesstaat in Europa und die europäische Föderation, in: FS Lerche, 1993, S. 369 ff. (379); *J. Isensee*, Integrationsziel Europastaat?, in: FS Everling, Bd. I, 1995, S. 567 ff.; *C. Hillgruber*, HStR³ II, § 32 Rn. 40 f., 75 ff., 78 ff.

[192] Ausdrücklich gegen die »These von der Abwägungsfestigkeit des Demokratieprinzips«: *R. Uerpmann-Wittzack*, in: v. Münch/Kunig, GG I, Art. 23 Rn. 18, 22; kritisch zum Verbot des Bundesstaates kraft Demokratieprinzips noch *M. Nettesheim*, Der Staat 51 (2012), 313 (330 ff., insb. 336); im Ergebnis auch *D. Grimm*, Der Staat 48 (2009), 475 (489 f.); *Giegerich*, Souveränität (Fn. 123), S. 628 ff., 631; *M. Jestaedt*, Der Staat 48 (2009), 497 (505 ff.); *C. Schönberger*, Der Staat 48 (2009), 535 (553, 555 ff.); *D. Thym*, Der Staat 48 (2009), 559 (560 ff.); *W. Cremer*, Jura 2010, 296 (300 f.). Ältere Literatur, die den Übergang zu einem europäischen Bundesstaat für verfassungskonform hält: *D. H. Scheuing*, EuR-Beiheft 1/1997, 7 (19 f., 24); *Pernice* → Bd. II², Art. 23 Rn. 17, 36.

[193] Deutlich *M. Jestaedt*, Der Staat 48 (2009), 497 (505 ff.); *C. Schönberger*, Der Staat 48 (2009), 535 (536, 555 ff.); *D. Halberstam/C. Möllers*, GLJ 10 (2009), 1241 (1254).

[194] *D. Grimm*, Der Staat 48 (2009), 475 (490); *M. Jestaedt*, Der Staat 48 (2009), 497 (507).

[195] Auf die Vernachlässigung dieser zentralen Norm in der Lissabon-Entscheidung wurde mit Recht hingewiesen: *M. Jestaedt*, Der Staat 48 (2009), 497 (508 ff.); *C. Schönberger*, Der Staat 48 (2009), 535 (551 ff.); *W. Cremer*, Jura 2010, 296 (300 f.).

III. Rechtsvergleichende Hinweise

1. Ausländische Staaten

Kaum ein Staat der Welt verzichtet heute auf die werbende Kraft der Etikettierung als Demokratie[196]. Ihren Grund hat diese verbreitete Selbsttitulierung darin, daß Demokratie weithin als Inbegriff eines guten Staates und als einzig tragfähiges Legitimationsprinzip gilt[197]. Wie beim ähnlich gelagerten Fall der Grundrechte (→ Vorb. Rn. 24, 57 f.) gilt aber auch hier, daß wir es oft nur mit einer Normattrappe zu tun haben. Ein anschauliches, aber bei weitem nicht das einzige Beispiel stellt die Selbstbezeichnung der ehemaligen Ostblockstaaten als Volksdemokratien dar[198]. Allerdings lassen sich gerade in der zweiten Hälfte des 20. Jahrhunderts eindrucksvolle **Demokratisierungswellen** ausmachen: in den 1970er Jahren die Ablösung der Militärdiktaturen im Mittelmeerraum, in den 1980er Jahren die Re-Demokratisierung einiger lateinamerikanischer Länder, in den 1990er Jahren die ehemaliger Ostblockstaaten[199].

Das Grundgesetz kann als Prototyp »**westlicher Demokratien**« gelten[200], womit ein gewisser gemeineuropäisch-nordatlantischer Grundbestand an Institutionen und geistig-politischen Überzeugungen freiheitlicher Verfassungsstaatlichkeit umschrieben wird[201]. Allerdings führen gerade die maßgeblichen historischen Vorbilder (USA 1787, Frankreich 1791) in ihren Verfassungstexten den Terminus »Demokratie« nicht mit, regeln aber in der Sache (Repräsentativsystem, Wahlen, freie Meinungsbildung etc.) dessen wesentliche Elemente. Zahlreiche Staaten, gerade auch **Mitglieder der Europäischen Union**, bezeichnen sich zumeist in den Eingangsartikeln ihrer Verfassungen ausdrücklich als Demokratien oder in adjektivischen Wendungen mit verschiedenen Komposita (Rechtsstaat, Republik o. ä.) als demokratisch[202].

Die meisten der dem Typus westlicher Demokratien zuzurechnenden Verfassungsstaaten Europas und Nordamerikas sehen zumindest einige der verschiedenen **direkt-**

---

[196] *Stern*, Staatsrecht I, S. 587 f.; *Tödt*, Demokratie (Fn. 26), S. 437; *v. Beyme*, Demokratie (Fn. 27), Sp. 1150; *F. W. Scharpf*, Demokratietheorie zwischen Utopie und Anpassung, 1970, S. 8 spricht vom »Signalwort für positive Wertungen in der Sprache der Politik«. Siehe auch *S. E. Finer*, The History of Government, Bd. I, 1997, S. 384; *S. Bajohr*, Kleine Weltgeschichte des demokratischen Zeitalters, 2014, S. 9.

[197] So *R. Bäumlin*, Art. Demokratie (I), in: EvStL³, Sp. 458 ff. (458). Siehe auch *C. Tomuschat*, Human Rights. Between Idealism and Realism, 3rd ed., Oxford 2014, S. 156: »Democracy is now explicitly acknowledged as the only legitimate form of governance.«

[198] Vgl. *Stern*, Staatsrecht I, S. 600 ff.; *W. Heun*, Art. Volksdemokratie, in: EvStL³, Sp. 3901 ff.; *K. Löw*, Art. Volksdemokratien, in: StL⁷, Bd. 5, Sp. 794 f.; kritisch schon *H. Kelsen*, Ethics 66 (1955), 1 (1, 32, 75). Allerdings liegt nicht, wie gern eingewandt, ein Pleonasmus vor, da man in den kommunistischen Staaten mit »Volk« nicht die Summe der Staatsangehörigen, sondern nur einen Teil davon, die Arbeiter und Bauern, umschreiben wollte (*B.-O. Bryde*, StWStP 5 [1994], 305 [305]).

[199] Knapp dazu *M. G. Schmidt*, Geschichtliche Entwicklungslinien der Demokratie, in: Bauer u. a., Demokratie (Fn. 140), S. 21 ff. (24 ff.).

[200] Grundlegend hierzu *E. Fraenkel*, Deutschland und die westlichen Demokratien, 7. Aufl. 1979, insb. S. 32 ff., 113 ff.; s. ferner *Stern*, Staatsrecht I, S. 600; *W. Maihofer*, Prinzipien freiheitlicher Demokratie, in: HdbVerfR, § 12 Rn. 4, 5, 8; *A. v. Brünneck*, Verfassungsgerichtsbarkeit in den westlichen Demokratien, 1992. Politikwissenschaftlich etwa *K. v. Beyme*, Parteien in westlichen Demokratien, 2. Aufl. 1984.

[201] Überblick zu den wichtigsten europäischen Verfassungen einschließlich konzeptioneller Divergenzen: *D. Zacharias*, IPE II, § 40 Rn. 14 ff.

[202] Vgl. Finnland (Art. 1), Frankreich (Art. 2), Griechenland (Art. 1), Irland (Art. 5), Italien (Art. 1), Luxemburg (Art. 51), Österreich (Art. 1), Portugal (Art. 2, 3), Schweden (Art. 1), Spanien (Art. 1) und die Schweiz (Präambel der nBV; vgl. auch Art. 51 I 1 nBV).

demokratischen Institute (Volksgesetzgebung, fakultative oder obligatorische Referenden, Volksinitiativen) vor[203]. Besonders ausgeprägt sind entsprechende Möglichkeiten traditionsgemäß in der Schweiz (Art. 138 ff. nBV)[204], geringer beispielsweise in den USA (nur auf der Ebene der Einzelstaaten)[205], Österreich, Frankreich und Italien sowie den Staaten Osteuropas. Kaum irgendwo fehlen sie aber vollständig[206]. Die Aufnahme direktdemokratischer Elemente in die Verfassungen entsprach nicht zuletzt aufgrund der friedlichen DDR-Revolution und der politischen Veränderungen in Osteuropa »einem offenkundigen Zug unserer Zeit«[207].

2. Deutsche Landesverfassungen

58 Mit Ausnahme Nordrhein-Westfalens verzichtet keines der 16 deutschen Bundesländer in seiner Verfassung auf eine Selbsttitulierung als Demokratie oder demokratisch[208], was sich überall in einer Grundentscheidung für das parlamentarisch-repräsentative System niederschlägt. Doch kennen in signifikantem Unterschied zum Grundgesetz mittlerweile **alle Landesverfassungen** daneben **Formen direkter Demokratie**. Wiewohl Art, Umfang und Verfahrensgestaltung im einzelnen durchaus unterschiedlich geregelt sind, ist doch überall mit der Möglichkeit der Volksgesetzgebung durch Volksbegehren und Volksentscheid die stärkste Form sachunmittelbarer Demokratie gesichert[209]. Die Wirksamkeit dieser Instrumente fällt in den einzelnen Ländern

---

[203] Vgl. D. Butler/A. Ranney (eds.), Referendums. A Comparative Study of Practice and Theory, 2nd ed., Washington D.C. 1980; *Bugiel*, Volkswille (Fn. 79), S. 267 ff.; *W. Luthardt*, Direkte Demokratie, 1994, S. 157 ff.; *K.-P. Sommermann*, Demokratiekonzepte im Vergleich, in: Bauer u. a., Demokratie (Fn. 140), S. 191 ff. (210); *H. Batt*, APuZ 10/2006, 10 ff.; *D. Zacharias*, IPE II, § 40 Rn. 18; *Schmidt*, Demokratietheorien (Fn. 14), S. 339 ff.

[204] Vgl. *K. Hernekamp*, Formen und Verfahren direkter Demokratie, 1979, S. 37 ff.; *R. A. Rhinow*, ZSR 103 II (1984), 111 (191 ff.); *U. Häfelin/W. Haller*, Schweizerisches Bundesstaatsrecht, 5. Aufl. 2001, Rn. 1383, 1772 f., 1776 ff., 1798 f., 1814; *G. Biaggini*, IPE I, § 10 Rn. 38 ff., 58 ff.; insbesondere zum Verhältnis zum Völkerrecht *ders.*, ZöR 65 (2010), 325 ff.

[205] Fast alle Gliedstaaten kennen obligatorische Verfassungsreferenden, viele (u. a. Kalifornien) die Volksgesetzgebung. Siehe *K. Heußner*, Direkte Demokratie in den US-Gliedstaaten im Jahr 2008, in: Jahrbuch für direkte Demokratie 2009 (Fn. 83), S. 165 ff.; *ders.*, Die Krise Kaliforniens – Die Schuld der direkten Demokratie?, in: L. P. Feld u. a. (Hrsg.), Jahrbuch für direkte Demokratie 2011, 2012, S. 175 ff.

[206] Summarisch *Bugiel*, Volkswille (Fn. 79), S. 274 ff.; *Luthardt*, Demokratie (Fn. 203), S. 41 ff. Überblick zu einigen **Staaten der Europäischen Union**: *R. Grote*, StWStP 7 (1996), 317 ff.; zu Österreich *S. Storr*, Die Maßgaben der österreichischen Bundesverfassung für sachunmittelbare Demokratie in Bund und Ländern, in: P. Neumann/D. Renger (Hrsg.), Sachunmittelbare Demokratie im interdisziplinären und internationalen Kontext 2008/2009, 2010, S. 96 ff.; zu Frankreich *O. Jouanjan*, IPE I, § 2 Rn. 100; zu Italien *A. Capretti*, Direkte Demokratie in Italien, in: H. K. Heußner/O. Jung (Hrsg.), Mehr direkte Demokratie wagen, 2. Aufl. 2009, S. 157 ff.

[207] *K. Hesse*, KritV 76 (1993), 7 (10); s. auch *H. Hofmann*, StWStP 6 (1995), 155 (160 f.). – *D. Zacharias*, IPE II, § 40 Rn. 18 konstatiert, es werde »in einer wachsenden Anzahl europäischer Staaten die unmittelbare Entscheidung des Volkes über Sachfragen [...] als ein wesentlicher Bestandteil der Demokratie angesehen«.

[208] Vgl. stellvertretend Bayern (Art. 2 I, 11 IV), Hamburg (Art. 3 I), Niedersachsen (Art. 1 II), Thüringen (Art. 44 I 2).

[209] Knapper Überblick bei *J. Ipsen*, Staatsrecht I, Rn. 132 f. m. Fn. 90; *B. M. Weixner*, APuZ 10/2006, 18 ff. Umfassende Darstellungen: *J. Rux*, Direkte Demokratie in Deutschland, 2008, S. 259 ff., 404 ff.; *P. Neumann*, Sachunmittelbare Demokratie im Bundes- und Landesverfassungsrecht unter besonderer Berücksichtigung der neuen Länder, 2009, S. 441 ff.; *G. Jürgens/F. Rehmet*, Direkte Demokratie in den Bundesländern – ein Überblick, in: Heußner/Jung, Mehr direkte Demo-

unterschiedlich aus, was vor allem an den jeweiligen Beteiligungsquoren liegt[210]. Erhebliche Beschränkungen erfährt die Möglichkeit der Volksgesetzgebung durch die in den einzelnen Landesverfassungen unterschiedlich ausgestalteten **Finanzvorbehalte**, die Volksentscheide über Haushaltsgesetze und haushaltswirksame Gesetze ausschließen[211]. Weitere Formen verstärkter Entscheidungskompetenzen des Volkes wie etwa die Direktwahl des Ministerpräsidenten[212] werden diskutiert.

Auch sonst zeigen sich die Bundesländer durchweg regelungsfreudiger. Einige von ihnen stellen ausdrücklich ethnische und nationale **Minderheiten** unter ihren Schutz[213]. Mehr als zehn von ihnen kennen Vorschriften über die **parlamentarische Opposition**, die – neben weiteren Definitionsversuchen und Aufgabenbestimmungen – zumeist als wesentlicher (notwendiger, grundlegender) »Bestandteil der parlamentarischen Demokratie« bezeichnet wird[214]. Die zumeist begegnende Bezeichnung als »die« Opposition impliziert jedoch kein organisatorisch-institutionelles Verständnis[215]. Opposition ist Funktion, nicht Institution (→ Rn. 75).

59

---

kratie wagen (Fn. 206), S. 197 ff. – Nachweis älterer Literatur: → Bd. II², Art. 20 (Demokratie), Rn. 64 m. Fn. 188.

[210] Eingehend zu Theorie und Praxis *O. Jung*, ZG 13 (1998), 295 ff.; *ders.*, Zur Problematik des Beteiligungsquorums, in: Jahrbuch für direkte Demokratie 2009 (Fn. 83), S. 40 ff.

[211] Die Rechtsprechung der Landesverfassungsgerichte zu diesen Finanzvorbehalten ist überwiegend (Ausnahme: SächsVerfGH SächsVBl. 2002, 236 ff.) restriktiv und neigt gleichzeitig zu einer einheitlichen Auslegung der normtextlich teils erheblich abweichenden Vorschriften; zu Recht kritisch *F. Wittreck*, JöR 53 (2005), 111 (170 ff.); zustimmend hingegen *S. Müller-Franken*, Der Staat 44 (2005), 19 ff.; *J. Isensee*, Plebiszit unter Finanzvorbehalt, in: FS Mußgnug, 2005, S. 101 ff.; monographisch *J. Krafczyk*, Der parlamentarische Finanzvorbehalt bei der Volksgesetzgebung, 2005. Für Offenheit gegenüber unterschiedlichen gesetzlichen Gestaltungsmöglichkeiten *M. Schuler-Harms*, Elemente direkter Demokratie als Entwicklungsperspektive, VVDStRL 72 (2013), S. 417 ff. (453 ff.). → Art. 28 Rn. 47.

[212] Dafür vor allem *H. H. v. Arnim*, Systemwechsel durch Direktwahl des Ministerpräsidenten?, in: FS König, 2004, S. 371 ff. m. w. N.; eher skeptisch *H. Maurer*, Volkswahl des Ministerpräsidenten?, in: FS Stein, 2002, S. 143 ff.

[213] Dänische Minderheit und friesische Volksgruppe in Schleswig-Holstein (Art. 5 II), Sorben bzw. Wenden in Brandenburg (Art. 25) und in Sachsen (Art. 6). Vgl. ferner Art. 18 Meckl.-VorpVerf., Art. 37 Sachs.-AnhVerf. – Dazu ausführlich *Stopp*, Minderheitenschutzbestimmungen (Fn. 91), S. 13 ff. → Art. 28 Rn. 59. – Die **europäischen Staaten** bieten hier ein vielschichtiges Bild: vgl. *S. Oeter*, Universitas 49 (1994), 1172 ff.; umfassend J. A. Frowein/R. Hofmann/S. Oeter (Hrsg.), Das Minderheitenrecht europäischer Staaten, Teil 1: 1993, Teil 2: 1994.

[214] Vgl. u. a. Art. 55 II BrandVerf.; Art. 26 Meckl.-VorpVerf.; Art. 40 SächsVerf.; Art. 48 Sachs.-AnhVerf.; Art. 59 ThürVerf.; Art. 38 III BerlVerf.; Art. 78 BremVerf.; Art. 23a HambVerf. – Eingehend *S. Haberland*, Die verfassungsrechtliche Bedeutung der Opposition nach dem Grundgesetz, 1995, S. 150 ff. mit Abdruck der einschlägigen Normen S. 183 ff.; *R. Poscher*, AöR 122 (1997), 444 (456 ff.); *P. Cancik*, JöR 55 (2007), 151 ff. (mit Regelungssynpose S. 154 ff.); *H. J. Waack*, Parlamentarische Opposition, in: Morlok/Schliesky/Wiefelspütz, § 22 Rn. 91 ff. – Grundlegend zum Problem *H.-P. Schneider*, Die parlamentarische Opposition im Verfassungsrecht der Bundesrepublik Deutschland, 1974, insb. S. 180 ff., 299 ff.; zusammenfassend *ders.*, Verfassungsrechtliche Bedeutung und politische Praxis der parlamentarischen Opposition, in: Schneider/Zeh, § 38 Rn. 1 ff. → Rn. 75.

[215] Vertiefend *P. Cancik*, Parlamentarische Opposition in den Landesverfassungen, 2000, S. 104 ff.; *dies.*, JöR 55 (2007), 151 ff. (mit Wirkungs- und Rezeptionsanalyse der landesverfassungsrechtlichen Regelungen); *P. M. Huber*, HStR³ III, § 47 Rn. 38 ff., 70 ff. – Praktische Relevanz erlangt dies beispielsweise bei der Frage, ob eine Fraktion, die eine Minderheitsregierung duldet, ihren Oppositionsstatus verliert und damit zugleich den Anspruch auf den zusätzlich zu den üblichen Fraktionszuschüssen gewährten Oppositionszuschlag einbüßt; dazu etwa *P. Cancik*, AöR 123 (1998), 623 (637 f., 642).

C. Erläuterungen

I. Begriff und Wesen der Demokratie (Art. 20 I GG)

60 Der Demokratiebegriff ist durch seine notorische Unschärfe gekennzeichnet und entzieht sich daher wie kaum ein zweiter der kompakten Definition. Seine immer wieder festgestellte **Weite und Offenheit**[216] rührt vor allem daher, daß Demokratie nicht nur **juristische Kategorie** mit konkret angebbaren normativen Direktiven und unmittelbar formender Kraft, sondern stets auch und zugleich **politisches Ideal** (wenn nicht Utopie)[217] und – niemals vollständig erfüllbares – Staatsziel bzw. Verfassungsprinzip ist[218]. Zudem beschäftigen sich außer der Staatsrechtswissenschaft die juristischen Grundlagenfächer und andere geisteswissenschaftliche Disziplinen mit der Demokratie[219]. Entsprechend groß ist die Vielzahl an Deutungen und Analysen. Die verfassungsrechtliche Kommentierung muß jene Vielfalt nicht ausblenden (→ Rn. 1 ff.), sich aber auf den normativen Demokratiebegriff des Grundgesetzes konzentrieren und dessen Grundlagen, Strukturelemente und Voraussetzungen (→ Rn. 61 ff., 66 ff.) zu bestimmen suchen[220]. Es sind also substantielle Aussagen zum Demokratieprinzip ohne zwingenden Rekurs auf die im Grundgesetz selbst auffindbaren konkretisierenden Bestimmungen möglich[221].

1. Grundlegung: Demokratie als Herrschaftsform Freier und Gleicher

61 Demokratie heißt dem griechischen Wortursprung gemäß **Volksherrschaft**[222]. Dem wohnt bis zum heutigen Tage der Gedanke politischer Selbstbestimmung eines politischen Verbandes inne. Abgewiesen sind bei aller Vagheit dieser Definition Staatsformen der Monarchie, der Aristokratie und jeder anderen Form elitärer Minderheitenherrschaft (→ Rn. 2) oder autoritärer bzw. gar totalitärer Art, eingeschlossen ist die

---

[216] *Hesse*, Verfassungsrecht, Rn. 127; *Denninger*, Staatsrecht 1, S. 55; *R. A. Rhinow*, ZSR 103 II (1984), 111 (133 f.); *Stern*, Staatsrecht I, S. 588 ff.; *v. Münch*, Staatsrecht I, Rn. 119 ff.; *Bugiel*, Volkswille (Fn. 79), S. 29 ff.; *Schmidt*, Demokratietheorien (Fn. 14), S. 19 ff.; *S. Unger*, Das Verfassungsprinzip der Demokratie, 2008, S. 85 f. – Siehe auch BVerfGE 107, 59 (91, Rn. 167).

[217] *C. Möllers*, Demokratie – Zumutungen und Versprechen, 2008, S. 9: »Projektionsfläche für politische Wünsche«.

[218] Vgl. *R. A. Rhinow*, ZSR 103 II (1984), 111 (186): »Idee, Norm und Realität«; *E. Schmidt-Aßmann*, AöR 116 (1991), 329 (334 ff.): »Dogma, Prinzip und Idee«; *P. Badura*, HStR³ II, § 25 Rn. 41: »Staatsidee und Staatsideal«; zur theoretischen Konzeptualisierung insb. *H.-D. Horn*, Demokratie, in: O. Depenheuer/C. Grabenwarter (Hrsg.), Verfassungstheorie, 2010, § 22 Rn. 1 ff., 5 ff. – BVerfGE 107, 59 (91, Rn. 167) spricht von Staatszielbestimmung und Verfassungsprinzip. Zur Unabgeschlossenheit der Demokratie *H. Hofmann*, Legitimität und Rechtsgeltung, 1977, S. 77, 89; *G. F. Schuppert*, EuGRZ 1985, 525 (531). → Art. 20 (Einführung), Rn. 9 ff.

[219] Literaturnachweise bei *H. Dreier*, Jura 1997, 249 (249); *Nettesheim*, Demokratisierung (Fn. 150), S. 149 f.; vgl. auch die Beiträge in: K. Hartmann (Hrsg.), Die Demokratie im Spektrum der Wissenschaften, 1980.

[220] *Hesse*, Verfassungsrecht, Rn. 127; *Denninger*, Staatsrecht 1, S. 55; *v. Münch*, Staatsrecht I, Rn. 124; *Wahl*, Art. Demokratie (Fn. 189), S. 1; *H. Dreier*, Jura 1997, 249 (249); *Unger*, Verfassungsprinzip (Fn. 216), S. 157 ff., 167, der sich vor allem dagegen wendet, Art. 20 I GG lediglich als Programmsatz zu begreifen.

[221] Stark betont und ausgiebig diskutiert bei *Unger*, Verfassungsprinzip (Fn. 216), S. 241 ff., 249 ff., 282 ff. u. ö. (Art. 20 I GG als »Tiefenstruktur«).

[222] Vgl. *Meier*, Entstehung des Begriffes Demokratie (Fn. 11), S. 8 f.; *G. E. Kafka*, Art. Demokratie, in: Lexikon für Theologie und Kirche, 2. Aufl., Bd. 3, 1959, Sp. 221 ff. (221); *Bien*, Demokratie (Fn. 11), Sp. 50 f.; *Böckenförde*, Demokratie (Fn. 2), Sp. 83 f.

I. Begriff und Wesen der Demokratie (Art. 20 I GG) **Art. 20 (Demokratie)**

Idee politischer Freiheit in Gestalt der Selbstregierung bzw. Selbstgesetzgebung. Demokratie erhebt allerdings keine objektiven Wahrheitsansprüche, sondern Geltungsansprüche, die in dem Bewußtsein der Irrtumsanfälligkeit und prinzipieller Revisibilität erfolgen[223]. Die Herrschaftslegitimation gründet sich nicht auf vermeintlich objektive Wahrheiten und metaphysische Absolutheiten, sondern auf prozedurale Garantien. Demokratie beruht auf der »Idee der freien Selbstbestimmung aller Bürger«[224]. Zugleich ist damit gesagt, daß Demokratie **Gleichheit** der Bürger voraussetzt[225]. Wie restriktiv dieser Kreis der Aktivbürger in der Geschichte auch immer bestimmt wurde, so weist Demokratie doch im Kern einen egalitären Grundzug auf[226], der qua sukzessiver Ausweitung des Wahlrechts im 19. und 20. Jahrhundert deutlich Gestalt gewonnen und im Grundgesetz seinen Niederschlag gefunden hat (→ Art. 38 Rn. 7 ff.). Demokratische Gleichheit als Mitwirkungsmöglichkeit an der politischen Gestaltung ist strikt formal zu begreifen[227] und Differenzierungen und Abstufungen, wie sie beim allgemeinen Gleichheitssatz dominieren (→ Art. 3 Rn. 26 ff., 74 ff.), nicht zugänglich.

Durch den Gedanken politischer Freiheit verliert Demokratie nicht ihren **Herrschaftscharakter**. Auch Herrschaft des Volkes bleibt Herrschaft[228], so daß das Demokratieprinzip des Grundgesetzes »nicht die Negierung oder Auflösung von Herrschaft meint oder verspricht, sondern eine besondere, nämlich eine freiheitliche Organisation« derselben[229]. Andererseits sagt Demokratie als Ordnungsprinzip staatlicher Herrschaftsorganisation nichts Verbindliches oder Endgültiges über die Notwendigkeit und Wünschbarkeit einer »**Demokratisierung**« der Gesamtgesellschaft und ihrer Teilberei- 62

---

[223] *H. Dreier*, Joh 18, Wertrelativismus und Demokratietheorie, in: R. Walter/K. Zeleny (Hrsg.), Reflexionen über Demokratie und Recht, 2009, S. 13 ff. (20 ff., 25 ff.); *K. F. Gärditz*, Der Staat 49 (2010), 331 (342 ff.).
[224] BVerfGE 44, 125 (142); wortreicher E 123, 267 (341 ff., Rn. 211 ff.). Der Gedanke findet sich in ähnlicher Formulierung bereits bei *U. Scheuner*, Das repräsentative Prinzip in der modernen Demokratie (1961), in: ders., Staatstheorie und Staatsrecht, 1978, S. 245 ff. (246). Eingehend dazu *E.-W. Böckenförde*, HStR³ II, § 24 Rn. 35 ff.; Stern/*Dietlein*, Staatsrecht IV/2, S. 4 ff. – Zum den modernen Verfassungsstaat kennzeichnenden Zusammenhang von individuell-personaler und kollektiv-sozialer Selbstbestimmung, von civil und political liberty: *H. Dreier*, JZ 1994, 741 (741 f.) m. w. N.; *Weber*, Parlament (Fn. 64), S. 132 ff., 148 ff.; dazu auch *Nettesheim*, Demokratisierung (Fn. 150), S. 152 ff.; andere Nuancierung bei *Unger*, Verfassungsprinzip (Fn. 216), S. 252 ff.
[225] *v. Beyme*, Demokratie (Fn. 27), Sp. 1111 f., 1117 ff.; *Stern*, Staatsrecht I, S. 594 f., 613 ff.; *D. Grimm*, Bedingungen demokratischer Rechtsetzung, in: FS Habermas, 2001, S. 489 ff. (490); *Volkmann* (Fn. 3), Art. 20 Rn. 14 (Freiheit und Gleichheit als Ausgangs- wie Orientierungspunkt der Demokratie); *Möllers*, Demokratie (Fn. 217), S. 16 ff.; *Grzeszick* (Fn. 154), Art. 20 II Rn. 35 ff.; *Weber*, Parlament (Fn. 64), S. 134.
[226] *Tocqueville*, Demokratie (Fn. 54), S. 284 ff., 302 ff., 581 ff., 781 ff.; *Mill*, Betrachtungen (Fn. 53), S. 131 ff.
[227] *Volkmann* (Fn. 3), Art. 20 Rn. 15. Siehe auch BVerfGE 112, 118 (133 f., Rn. 47 ff.); 123, 267 (342, Rn. 214): jedem Staatsangehörigen stehe »ein gleicher Anteil an der Ausübung der Staatsgewalt« zu.
[228] *Kelsen*, Wesen (Fn. 62), S. 7 f.; *H. Heller*, Staatslehre, 1934, S. 247; *Tödt*, Demokratie (Fn. 26), S. 445. Von daher steht Demokratie auch gegen Anarchie (vgl. *Dahl*, Democracy [F n. 5], S. 37 f.). Wie hier *Möllers*, Demokratie (Fn. 217), S. 13, 21; *Horn*, Demokratie (Fn. 218), § 22 Rn. 9; *W. Heun*, Die Verfassungsordnung der Bundesrepublik Deutschland, 2012, S. 37.
[229] *Wahl*, Art. Demokratie (Fn. 189), S. 1; *Heun*, Verfassungsordnung (Fn. 228), S. 37. Vergleichbar *Hesse*, Verfassungsrecht, Rn. 134; *Herzog* (Fn. 27), Art. 20 II Rn. 20; *E.-W. Böckenförde*, HStR³ II, § 24 Rn. 9; *Tödt*, Demokratie (Fn. 26), S. 445; *Volkmann* (Fn. 3), Art. 20 Rn. 18; *Kloepfer*, Verfassungsrecht I, § 7 Rn. 16, 21; andere Tendenz bei *A. Fisahn*, Demokratie und Öffentlichkeitsbeteiligung, 2002, S. 317 ff., 323 ff.

che (etwa im Sinne weitreichender Mitbestimmung in Betrieben, Schulen, staatlichen Verwaltungsbehörden oder der Partizipation an Verwaltungsentscheidungen) aus[230].

63 Verfehlt ist die Bestimmung der Demokratie als »**Identität von Regierenden und Regierten**« im Sinne Carl Schmitts[231]. Dahinter verbirgt sich romantisierende Fiktion in einer die parlamentarischen Institutionen abwertenden Absicht, verbunden mit einer unhaltbaren Hochstilisierung der substantiellen Homogenität des Volkes. Negiert wird die Vermittlungs-, Organisations- und Formungsbedürftigkeit demokratischer Willensbildung (→ Rn. 77)[232]. Schmitts Identitätskonzept hingegen favorisiert Akklamationen als Akte ungeteilter und unmittelbarer Zustimmung des öffentlich versammelten Volkes, bringt Demokratie und parlamentarische Repräsentation in einen falschen Gegensatz (→ Rn. 85) und führt letztlich zu mehr oder minder willkürlichen Identifikationen, etwa von Diktator und Volk[233]. Zudem verkennt sein Ansatz, daß Demokratie fundamental auf dem Freiheits- und nicht (allein) auf dem Gleichheitsgedanken beruht.

64 Auf der anderen Seite haben praktische Erprobungen der theoretisch stets etwas verschwommen bleibenden **Rätedemokratie**[234] diese – ganz abgesehen von ihrer Instrumentalisierbarkeit durch schlagkräftige Kader – aufgrund ihrer mangelnden Problemverarbeitungskapazität und Systemdifferenzierung (imperatives Mandat, jederzeitige Abberufbarkeit der Gewählten, fehlende Gewaltenteilung) nicht als taugliche und dauerhaft praktizierbare Alternative zur »liberal-repräsentativen« Demokratie, sondern als strukturbedingt zum Scheitern verurteilte revolutionäre Übergangserscheinung und damit letztlich als »demokratische(n) Rückschritt«[235] erwiesen.

---

[230] *R. Herzog*, in: Maunz/Dürig, GG, Art. 20 I (1978), Rn. 50 ff.; *E.-W. Böckenförde*, HStR³ II, § 24 Rn. 8; *P. Badura*, HStR³ II, § 25 Rn. 33; *E. Schmidt-Aßmann*, AöR 116 (1991), 329 (339); *Sommermann* (Fn. 38), Art. 20 Rn. 77 ff.; *Volkmann* (Fn. 3), Art. 20 Rn. 54; *Nettesheim*, Demokratisierung (Fn. 150), S. 150; *Unger*, Verfassungsprinzip (Fn. 216), S. 276; *Horn*, Demokratie (Fn. 218), § 22 Rn. 16 (»kein allgemeines soziales Gestaltungsprinzip«); a.A. *H. Ridder*, Die soziale Ordnung des Grundgesetzes, 1975, S. 48; *Stein/Frank*, Staatsrecht, § 8 IV (S. 59): »Demokratisierung der gesamten Gesellschaft«; Plädoyer für den demokratischen Gehalt von Beteiligungsrechten bei *Fisahn*, Demokratie (Fn. 229), S. 147 ff., 156 f., 335. – Noch weiter und unbestimmter ist die Rede von der Demokratie als »Lebensform« (*L. Roos*, Demokratie als Lebensform, 1969; *G. Dux*, Demokratie als Lebensform, 2013; ablehnend *H. Dreier*, Staatliche Legitimität, Grundgesetz und neue soziale Bewegungen, in: J. Marko/A. Stolz [Hrsg.], Demokratie und Wirtschaft, 1987, S. 139 ff. [172 ff.]).

[231] So die oft zitierte Bestimmung von *C. Schmitt*, Verfassungslehre, 1928, S. 234 ff.; Darstellung und Kritik bei *H. Hofmann*, Legitimität gegen Legalität (1964), 4. Aufl. 2002, S. 139 ff.; knapp *Weber*, Parlament (Fn. 64), S. 82 ff. m.w.N.; *P. Unruh*, Der Verfassungsbegriff des Grundgesetzes, 2002, S. 459. – Sie kann sich nicht einmal – wie gern behauptet – auf Rousseau stützen; vgl. dazu *K. Graf Ballestrem*, ZfP 35 (1988), 35 (44 ff.).

[232] Das ist der entscheidende Unterschied zu Kelsen: zwar spricht auch dieser von einer »Identität von Führern und Geführten, von Subjekt und Objekt der Herrschaft« (*Kelsen*, Wesen [Fn. 62], S. 14), doch anerkennt er gerade die reale Gespaltenheit und plurale Vielfalt der Gesellschaft sowie die Notwendigkeit bestimmter »Metamorphosen« des Freiheitsbegriffes; vgl. dazu *Dreier*, Kelsens Demokratietheorie (Fn. 62), S. 84 f., 90; *v. Ooyen*, Staat (Fn. 62), S. 112 ff. → Rn. 66.

[233] Vgl. etwa *Schmitt*, Verfassungslehre (Fn. 231), S. 237: Diktatur sei nur auf demokratischer Grundlage möglich. Zum vorstehenden ausführlicher *Hofmann*, Legitimität gegen Legalität (Fn. 231), S. 130 ff., 148 ff.; *V. Neumann*, Der Staat im Bürgerkrieg, 1980, S. 64 ff., 83 ff.; *R. Mehring*, Carl Schmitt zur Einführung, 1992, S. 72 ff., 80 ff.; *Dreier*, Kelsens Demokratietheorie (Fn. 62), S. 89 ff. m.w.N.

[234] Vgl. *R. Herzog*, Allgemeine Staatslehre, 1971, S. 218 ff.; *M. Kriele*, Einführung in die Staatslehre, 1975, S. 247 ff.; *W. Heun*, Art. Rätesystem, in: EvStL⁴, Sp. 1875 ff.

[235] *Scharpf*, Demokratietheorie (Fn. 196), S. 65. Ähnlich der Befund bei *Fraenkel*, Deutschland (Fn. 200), S. 69 ff., 99 f.

I. Begriff und Wesen der Demokratie (Art. 20 I GG) **Art. 20 (Demokratie)**

Demokratische **Herrschaftsorganisation** zeichnet sich demgegenüber dadurch aus, 65
daß sie – im Einklang mit Grundgedanken neuzeitlicher Sozialphilosophie (→ Rn. 6 ff.)
– an der **Idee der Freiheit** (→ Rn. 61, 69) orientiert bleibt, und zwar erstens an der
Freiheit des Einzelnen und zweitens an der gleichen Freiheit aller[236]. Die der staatlichen Rechtsordnung Unterworfenen sollen im Sinne der Selbstbestimmung des Volkes
deren autonome Schöpfer, die Adressaten der Rechtsnormen zugleich deren Autoren
sein[237]. Für alle Bürger verbindliche Entscheidungen müssen »auf einen frei gebildeten
Mehrheitswillen des Volkes zurückreichen«[238].

2. Strukturelemente demokratischer Herrschaft

Die **Freiheit** des Einzelnen, die die gedankliche Wurzel der modernen Demokratie 66
bildet, unterliegt **in einem sozialen Verband** notwendigerweise mehrfachen Wandlungsprozessen oder Metamorphosen[239]. Diese sind dem Demokratiegedanken nicht
fremd, stehen ihm nicht feindlich gegenüber und lassen sich auch nicht lediglich als
notwendiges Übel verbuchen, sondern bilden – im Verbund mit anderen Grundsätzen
– zentrale Strukturelemente demokratischer Ordnung.

a) Mehrheitsprinzip

Eine völlige Übereinstimmung von Gesamtwille und Einzelwille wäre nur möglich bei 67
umfassender Geltung des Prinzips der **Einstimmigkeit**. Das ist ebenso **illusorisch** wie
kontraproduktiv, da wegen der Vetoposition zur Obstruktion einladend und letztlich
zum Immobilismus führend[240]. Aus dem Grundsatz demokratischer Gleichheit wie der
Notwendigkeit verbindlicher Entscheidungsfindung angesichts komplexer Verhältnisse und unter dem Diktat der Zeit folgt daher, daß das Mehrheitsprinzip die der Demokratie angemessene Entscheidungsregel bildet[241]. Demokratie bedeutet »Selbstbe-

---

[236] Klassische Darstellung bei *Kelsen*, Wesen (Fn. 62), S. 3 ff.; dazu Erläuterungen bei *Dreier*, Kelsens Demokratietheorie (Fn. 62), S. 80 ff.; *v. Ooyen*, Staat (Fn. 62), S. 89 ff.; s. noch *Weber*, Parlament (Fn. 64), S. 135 f.

[237] BVerfGE 2, 1 (12): »Selbstbestimmung des Volkes«; E 44, 125 (142): »Idee der freien Selbstbestimmung aller Bürger«. Im diskurstheoretischen Gewand begegnet diese Idealvorstellung bei *J. Habermas*, Faktizität und Geltung, 1992, S. 51 f., 153 f.; ähnlich wie hier *Volkmann* (Fn. 3), Art. 20 Rn. 18 (Bürger als »Koautoren ihrer Rechtsordnung«). – Weiterreichende Schlüsse zieht aus der Forderung nach der Identität von Autoren und Adressaten *A. Tschentscher*, Demokratische Legitimation der dritten Gewalt, 2006, S. 25 f., 119 ff., der ihr etwa die Forderung nach der Loslösung »der demokratischen Legitimation an ein nationales Staatsvolk« entnimmt (ebd., S. 120). → Rn. 90.

[238] BVerfGE 123, 267 (341, Rn. 212).

[239] So *Kelsen*, Wesen (Fn. 62), S. 8, 14, 24; in Terminologie und Sache ähnlich *E.-W. Böckenförde*, HStR[3] II, § 24 Rn. 37 ff., 52 ff.

[240] Zur Untauglichkeit des Einstimmigkeitserfordernisses und zur Evidenz der Mehrheitsregel bereits *F. Vitoria*, Relectio de potestate civili (1528), in: A. Voigt (Hrsg.), Der Herrschaftsvertrag, 1965, S. 86 ff. (90); *E.J. Sieyes*, Was ist der Dritte Stand? (1789), Kap. VI (abgedruckt in: ders., Politische Schriften 1788–1790, hrsgg. v. E. Schmitt u. R. Reichardt, 2. Aufl. 1981, S. 117 ff. [183 ff.]); s. ferner *C. Müller*, Das imperative und freie Mandat, 1966, S. 213; *Heun*, Mehrheitsprinzip (Fn. 21), S. 100 f.; *H. Dreier*, ZParl. 17 (1986), 94 (99 f.); *Dahl*, Democracy (Fn. 5), S. 90: »unanimity is neither feasible nor desirable as a general rule for collective actions«. Zur Persistenz von Einstimmigkeitsvorstellungen *P. Rosanvallon*, Demokratische Legitimität, 2013, S. 36 f.; zu ihrer mangelnden Praktikabilität *N. Magsaam*, Mehrheit entscheidet, 2014, S. 102 ff., 576 ff.

[241] BVerfGE 29, 154 (165) zählt es zu den »fundamentalen Prinzipien der Demokratie«; ähnlich (»gehört zu den tragenden Grundsätzen der freiheitlichen Demokratie«): BVerfGE 112, 118 (140 f., Rn. 65). Vertiefend *Stern*, Staatsrecht I, S. 595 (»Instrument demokratischer Entscheidungsfindung«),

stimmung des Volkes nach dem Mehrheitsprinzip«²⁴². Damit ist freilich noch nicht die Frage beantwortet, woraus Mehrheitsentscheidungen ihre Legitimation beziehen (→ Rn. 68 ff.). Das Losverfahren ist keine systemische Alternative, kommt aber dann zum Einsatz, wenn Mehrheitsabstimmungen keine klaren Ergebnisse bringen²⁴³.

68 Seine **Rechtfertigung** vermag das Majoritätsprinzip im pluralen Staat der Moderne nicht in dem althergebrachten, bis auf Aristoteles zurückgehenden Vernunftargument zu finden, wonach die Mehrheit die Vermutung der sachlichen Richtigkeit für sich hat²⁴⁴. Auch die Annäherung an die Einstimmigkeit vermag als Grund nicht zu überzeugen²⁴⁵, zumal schon ein Zwei-Drittel-Erfordernis als hohe Hürde gilt und gerade wichtige Fragen nicht selten mit knapper einfacher oder absoluter Mehrheit entschieden werden. Die Mehrheitsentscheidung kann nicht für sich reklamieren, eine (höhere) Wahrheit zum Ausdruck zu bringen oder eine immanente Richtigkeitsgewähr zu bieten²⁴⁶.

69 Mit höherer Plausibilität läßt sich neben den eher technischen Vorzügen der Schnelligkeit, Eindeutigkeit und Befolgungssicherheit vor allem der Gedanke der gleichen Freiheit aller (**Freiheitsargument**) ins Feld führen: bei der Mehrheitsentscheidung können mehr Menschen in Übereinstimmung mit ihrem eigenen Willen leben als bei einer Minderheitsentscheidung²⁴⁷.

70 Eine weiterführende und letztlich tragende Rechtfertigung bietet das **Verfahrensargument**. Danach erweisen sich Mehrheitsentscheidungen als legitim, wenn und weil sie in einer relativ homogenen Gesellschaft (→ Rn. 71) auf der Basis eines hinlänglich offenen Kommunikations- und Willensbildungsprozesses (→ Rn. 76 ff.) und unter Verzicht auf einen endgültigen Richtigkeitsanspruch als prinzipiell revisible Entscheidungen (→ Rn. 72) getroffen werden²⁴⁸.

---

610 ff.; *E.-W. Böckenförde*, HStR³ II, § 24 Rn. 52 ff.; *Hofmann/Dreier* (Fn. 42), § 5 Rn. 48 ff.; *Dahl*, Democracy (Fn. 5), S. 135 ff., 153 ff.; *Unruh*, Verfassungsbegriff (Fn. 231), S. 466 ff.; *Volkmann* (Fn. 3), Art. 20 Rn. 25 f.; *C. Hillgruber*, AöR 127 (2002), 460 ff.; *Grzeszick* (Fn. 154), Art. 20 II Rn. 41 ff. – Allerdings setzt es Demokratie nicht voraus, sondern bildet eine sehr viel ältere und umfassendere Entscheidungsregel. Zu Herkunft und Geschichte *U. Scheuner*, Das Mehrheitsprinzip in der Demokratie, 1973, S. 13 ff., 35 ff.; *Heun*, Mehrheitsprinzip (Fn. 21), S. 41 ff.; *H. Dreier*, ZParl. 17 (1986), 94 ff.; *Rosanvallon*, Demokratische Legitimität (Fn. 240), S. 27 ff.; umfassend *E. Flaig*, Die Mehrheitsentscheidung, 2013, insb. S. 123 ff., 173 ff.

²⁴² BVerfGE 123, 267 (341, Rn. 213).
²⁴³ Beispiele bei *Magsaam*, Mehrheit (Fn. 240), S. 98 ff., 393 ff., 591 ff.; weitergehende Vorstellungen bei *H. Buchstein*, Demokratie und Lotterie, 2009.
²⁴⁴ So noch *H. Krüger*, Allgemeine Staatslehre, 2. Aufl. 1966, S. 284. Dagegen die ganz h.M: vgl. *Heun*, Mehrheitsprinzip (Fn. 21), S. 84 ff.; *H. Dreier*, ZParl. 17 (1986), 94 (105); *Badura*, Staatsrecht, Rn. D 8; *Haberland*, Opposition (Fn. 214), S. 21 ff.; *Kloepfer*, Verfassungsrecht I, § 7 Rn. 26. Treffend auch BVerfGE 70, 324 (369) – Sondervotum *Mahrenholz*: »Die Abstimmung nach dem Mehrheitsprinzip ist keine Feststellung der Wahrheit.«
²⁴⁵ So aber *M. Sachs*, in: ders., GG, Art. 20 Rn. 21. → Fn. 240.
²⁴⁶ *H. Dreier*, ZParl. 17 (1986), 94 (105). Klassisch *Kelsen*, Wesen (Fn. 62), S. 98 ff. Siehe noch *Classen*, Demokratische Legitimation (Fn. 108), S. 33; *K. F. Gärditz*, Der Staat 49 (2010), 331 (344); *Magsaam*, Mehrheit (Fn. 240), S. 40 f.
²⁴⁷ Grundlegend *Kelsen*, Wesen (Fn. 62), S. 9 f.; s. *Hesse*, Verfassungsrecht, Rn. 142; *Denninger*, Staatsrecht 2, S. 21 f.; *Heun*, Mehrheitsprinzip (Fn. 21), S. 79 ff., 206; *H. Dreier*, ZParl. 17 (1986), 94 (104 ff.) m. w. N.; *Dahl*, Democracy (Fn. 5), S. 89 f., 138 f.; *C. Hillgruber*, AöR 127 (2002), 460 (462 f.). – Das Argument setzt indes relativ einfache und klare Entscheidungssituationen voraus und trägt schon bei einer mit nur relativer Mehrheit getroffenen Entscheidung nicht mehr.
²⁴⁸ *Hofmann/Dreier* (Fn. 42), § 5 Rn. 53 (dort Rn. 49 ff. auch zu den anderen Rechtfertigungsmustern); zustimmend *Kloepfer*, Verfassungsrecht I, § 7 Rn. 29 f.

I. Begriff und Wesen der Demokratie (Art. 20 I GG)   Art. 20 (Demokratie)

Der Majoritätsgrundsatz stellt also kein selbsttragendes Prinzip dar. Es bedarf vielmehr gewisser **Voraussetzungen** dafür, daß er als legitimes Entscheidungsverfahren Anerkennung auch bei der jeweiligen Minderheit findet[249]. Neben bestimmten formalen Regularien (Fixierung von Entscheidungsgegenstand und Abstimmungsberechtigten, faires Wahl- und Abstimmungsverfahren, Garantie der Stimmengleichheit) handelt es sich dabei vor allem um ein existentes **Mindestmaß an** politischer, sozialer und kultureller **Homogenität**. Nach dem Mehrheitsprinzip zu entscheidender Dissens in Einzelfragen setzt eine politische Einheit mit einem gewissen **Grundkonsens** voraus, wie er sich vorzüglich in der Verfassung dokumentiert, die Basis und Rahmen für die Anwendung der Majoritätsregel bildet[250]. Dieser Aspekt der Stabilitätswahrung (und weniger der häufig angeführte Gedanke des Minderheitenschutzes) erklärt zugleich das Erfordernis qualifizierter Mehrheiten bei Verfassungsänderungen (→ Art. 79 II Rn. 14 ff.). Auch sonst ist es die Verfassung, die der Mehrheitsherrschaft Grenzen setzt[251].

71

Von größter Bedeutung für die Rechtfertigung des Mehrheitsprinzips ist schließlich die Möglichkeit der Veränderung der einmal getroffenen Entscheidung, die immer nur als temporäre Fixierung (→ Rn. 73) gelten kann[252]. Die unterlegene Minderheit[253] muß die Chance zur Erringung der Mehrheit haben[254]. Die Änderung der Mehrheitsverhältnisse darf nicht durch unverrückbare Mehrheitsblöcke strukturell verbaut sein. Erst durch ihre **prinzipielle Revisibilität** erlangt die demokratische Mehrheitsentscheidung »volle demokratische Legitimität«[255]. Demokratie bleibt damit auf Korrektur und Wandel angelegt; sie ist veränderungsoffen und insofern **fehlerfreundlich** (im Sinne der Ermöglichung von Korrekturen). Revisibilität meint allerdings nicht die illusionäre Forderung nach vollständiger Umkehrbarkeit der einmal getroffenen Entschei-

72

---

[249] Zum folgenden *Scheuner*, Mehrheitsprinzip (Fn. 241), S. 55 ff.; *Heun*, Mehrheitsprinzip (Fn. 21), S. 162 ff., 175 ff.; *R. A. Rhinow*, ZSR 103 II (1984), 111 (248 ff.); *Hofmann/Dreier* (Fn. 42), § 5 Rn. 54 ff.; vertiefend zu allgemeinen Voraussetzungen der Demokratie *E.-W. Böckenförde*, HStR³ II, § 24 Rn. 58 ff.

[250] Eingehend *E. Berg*, Democracy and the Majority Principle, 1965, S. 136 ff.; *Hofmann*, Legitimität u. Rechtsgeltung (Fn. 218), S. 71 ff.; s. auch *Dahl*, Democracy (Fn. 5), S. 146 ff. (»boundary problems«); wie hier *Waack* (Fn. 214), § 22 Rn. 8. – Aus diesem Grund ist die Mehrheitsregel bei internationalen Organisationen kaum verbreitet und bereitet ihre flächendeckende Einführung in der Europäischen Union Probleme. → Rn. 47.

[251] Vgl. BVerfGE 44, 125 (141); *Heun*, Mehrheitsprinzip (Fn. 21), S. 222 ff.; *Badura*, Staatsrecht, Rn. D 8; *Hofmann/Dreier* (Fn. 42), § 5 Rn. 60 ff. – Wichtig für den einfachen Gesetzgeber sind insofern die sog. Schranken-Schranken bei Grundrechtseingriffen (→ Vorb. Rn. 144 ff.), für Verfassungsänderungen die formalen Erfordernisse (→ Art. 79 I Rn. 11 ff., 17 ff. → Art. 79 II Rn. 19 ff.) und die »Ewigkeitsklausel« (→ Art. 79 III Rn. 14 ff.).

[252] *D. Grimm*, Politische Parteien, in: HdbVerfR, § 14 Rn. 10: »eine momentane Präferenz, die jederzeit revisibel bleibt«.

[253] Es kann sich dabei um eine bestimmte Minderheitenposition (allgemein BVerfGE 5, 85 [199]) oder eine bei Parlamentswahlen unterlegene Partei handeln (BVerfGE 44, 125 [145]); von beiden Varianten ist nochmals der anders gelagerte Fall struktureller Minderheiten (→ Rn. 74) zu unterscheiden. Angesichts dieser Differenzen unverständlich die Kritik von *Sachs* (Fn. 245), Art. 20 Rn. 21.

[254] Deutlich BVerfGE 123, 267 (342 f., Rn. 215): »der unterlegene Teil bleibt als politische Alternative sichtbar und im Raum freier Meinungsbildung wie auch in förmlichen Entscheidungsverfahren als Opposition wirksam, die bei späteren Wahlen die Chance hat zur Mehrheit zu werden.«

[255] *Hesse*, Verfassungsrecht, Rn. 143; *Hofmann*, Legitimität und Rechtsgeltung (Fn. 218), S. 88: »Die Verbindlichkeit der Mehrheitsentscheidung folgt aus der Einsicht des Unterlegenen, daß deren Anerkennung Bedingung der Möglichkeit der Entscheidungskorrektur ist.« S. auch *Hofmann/Dreier* (Fn. 42), § 5 Rn. 56; *R. A. Rhinow*, ZSR 103 II (1984), 111 (250); *Habermas*, Faktizität (Fn. 237), S. 220 f., 371.

dungen mit umfassender Beseitigung ihrer Folgen, sondern (nur, aber immerhin) die Möglichkeit von Kursänderungen und entsprechenden neuen Personal- oder Sachentscheidungen[256]. Schwerwiegende und noch kaum gelöste Probleme des Verhältnisses von Demokratie und **Nachweltschutz** werfen insoweit irreversible, aber die zukünftigen Generationen nachhaltig belastende Entscheidungen auf[257].

b) Herrschaft auf Zeit

73 Der Grundsatz der Revisibilität verweist auf einen weiteren typischen Aspekt demokratischer Herrschaft: diese ist stets »Herrschaft auf Zeit«[258]. Demokratische Entscheidungen stellen wegen ihrer prinzipiellen Änderbarkeit lediglich eine »momentan eingefrorene Präferenz« (N. Luhmann) dar. Das umschließt sowohl die Möglichkeit jederzeitiger, den formalen Entscheidungsprozeduren entsprechender Änderung von Sachentscheidungen als auch – und allein hierauf wird der Gedanke oft gemünzt – die zeitlich begrenzte Bestellung von Volksvertretung und Regierung[259]. Dieser Grundsatz bezieht sich vor allem auf die legislative Gewalt und gilt in Deutschland bei weitem nicht für alle Amtswalter; für Beamte und Richter ist vielmehr aufgrund besonderer Legitimationstitel (Art. 33 V, 97 II GG) die lebenslange Anstellung typisch[260]. Das **Erfordernis regelmäßiger Neuwahlen**[261] der Parlamente folgt aus der Notwendigkeit der Erneuerung der demokratischen Legitimation der Repräsentanten. Zugleich erhält die bisherige parlamentarische Minderheit die Chance, die Mehrheit zu erringen und wegen Art. 63, 64 GG auch die Regierung zu stellen (reale Machtwechselchance). Die Dauer der Übertragung von Herrschaftsbefugnissen muß dabei vorab feststehen. Die äußerste zeitliche Grenze für eine **Legislaturperiode** dürfte mit Blick auf Verfassungsgeschichte und Verfassungsvergleichung bei fünf Jahren liegen[262]. Ausgeschlossen ist

---

[256] *Hofmann/Dreier* (Fn. 42), § 5 Rn. 58. So auch BVerfGE 132, 195 (246f., Rn. 124).
[257] Beispiele: Atomkraft (*H. Hofmann*, Rechtsfragen der atomaren Entsorgung, 1981, S. 258 ff.; ders., ZRP 1986, 87 ff.]; Staatsverschuldung (*P. Henseler*, AöR 108 [1983], 489 ff. [zum Problem atomarer Entsorgung, S. 539ff.]; *W. Heun*, Die Verwaltung 18 [1985], 1 ff.; *H. Pünder*, HStR³ V, § 123 Rn. 58 f.); zum grundsätzlichen Problem auch *Flaig*, Mehrheitsentscheidung (Fn. 241), S. 480 ff. – Ferner die Beiträge in: B. Guggenberger/C. Offe (Hrsg.), An den Grenzen der Mehrheitsdemokratie, 1984 und dazu *H. Dreier*, ZParl. 17 (1986), 94 (109 ff.). → Art. 20a Rn. 35 ff.
[258] Eine vielzitierte Wendung: siehe nur *H. Pünder*, HStR³ V, § 123 Rn. 58; *B. Pieroth*, JuS 2010, 473 (479); *Kloepfer*, Verfassungsrecht I, § 7 Rn. 62 ff.; *K. F. Gärditz*, Der Staat 49 (2010), 331 (345 f.); *M. Morlok*, Volksvertretung als Grundaufgabe, in: Morlok/Schliesky/Wiefelspütz, § 3 Rn. 2; eingehend *M. Droege*, DÖV 2009, 649 ff. m. w. N. – Aus der Judikatur etwa BVerfGE 79, 311 (343); 119, 247 (261, Rn. 47); 121, 205 (220, Rn. 68).
[259] Vgl. *Hesse*, Verfassungsrecht, Rn. 139; *Stern*, Staatsrecht I, S. 594, 609; *Schneider* (Fn. 214), § 38 Rn. 17; *Wahl*, Art. Demokratie (Fn. 189), S. 5; *Böckenförde*, Demokratie (Fn. 2), Sp. 84. Zur Begründung notwendiger Neuwahlen bereits *D'Holbach*, Art. Représentants, zit. nach: Artikel aus der von Diderot und D'Alembert herausgegebenen Enzyklopädie, 1985, S. 715 (»Eine Körperschaft, deren Mitglieder ununterbrochen das Recht genössen, den Staat zu vertreten, würde bald zu dessen Herrn oder Tyrannen werden«).
[260] Zu demokratietheoretischen Legitimationsproblemen in diesem Kontext *D. Czybulka*, Die Legitimation der öffentlichen Verwaltung unter Berücksichtigung ihrer Organisation sowie der Entstehungsgeschichte zum Grundgesetz, 1989, S. 88 f.; *Wittreck*, Verwaltung (Fn. 141), S. 132; *Tschentscher*, Demokratische Legitimation (Fn. 237), S. 170 ff., 303 f. → Art. 33 Rn. 180 ff. → Art. 97 Rn. 48 ff.
[261] Vgl. BVerfGE 18, 151 (154); 44, 125 (139); 123, 267 (342 f., Rn. 215); BayVerfGHE N.F. 11 II, 1 (6); s. auch *J. Isensee*, Der Staat 20 (1981), 161 (170); *Hofmann/Dreier* (Fn. 42), § 5 Rn. 28. → Art. 39 Rn. 10, 17.
[262] Vgl. *W. Zeh*, ZParl. 7 (1976), 353 (358); *J. Jekewitz*, ZParl. 7 (1976), 373 (399); *G. Kretschmer*, in: BK, Art. 39 (Drittb. 2009), Rn. 43 f. → Art. 39 Rn. 10.

die Selbstverlängerung der laufenden Legislaturperiode, da es insofern an der demokratischen Autorisation durch den Wählerwillen fehlt[263].

c) Minderheitenrechte

Wo Entscheidungen nach der Mehrheitsregel fallen, entstehen Minderheiten: seien es temporäre Abstimmungsminderheiten (innerhalb oder außerhalb des Parlaments), seien es parlamentarische Minderheitsfraktionen. Letztgenannten und in bescheidenem Umfang auch einzelnen Abgeordneten (→ Art. 38 Rn. 170) stehen traditionellerweise bestimmte **parlamentarische Minderheitsrechte** zu (Gesetzesinitiative, Einsetzung eines Untersuchungsausschusses, Große und Kleine Anfragen etc.)[264]. Diese dienen neben der parlamentarischen Kontrolle vor allem dem Zweck, Alternativen zu präsentieren, den politischen Entscheidungsprozeß offen zu halten und »der Minderheit zu ermöglichen, ihren Standpunkt in den Willensbildungsprozeß des Parlaments einzubringen«[265] – also insgesamt der Optimierung des parlamentarischen Entscheidungsprozesses. Sie dürfen mit Schutzvorschriften für **strukturelle Minderheiten** ethnischer, kultureller oder nationaler Art (→ Rn. 59) nicht verwechselt werden, da diese nicht in erster Linie demokratisch motiviert, sondern auf abschirmende Autonomiegewährung gerichtet sind[266].

74

d) Opposition

Aus der Kombination von Mehrheitsprinzip, verfahrensrechtlicher Privilegierung von Parlamentsminderheiten und dem Gedanken der Herrschaft auf Zeit (Machtwechselchance) läßt sich das **Recht auf** verfassungsmäßige Bildung und Ausübung der **Opposition** herleiten. Dieses wird denn auch von Rechtsprechung und Lehre als vom

75

---

[263] Mittlerweile einhellige Meinung: vgl. *Stern*, Staatsrecht I, S. 609; *ders.*, Staatsrecht II, S. 70; *H. Maurer*, JuS 1983, 45 (47); *N. Achterberg/M. Schulte*, in: v. Mangoldt/Klein/Starck, GG II, Art. 39 Rn. 4; *B. Pieroth*, JuS 2010, 473 (479 f.); im Ergebnis auch *Kretschmer* (Fn. 262), Art. 39 Rn. 49, 50 ff., 56. Judikatur: BVerfGE 1, 14 (18 = Ls. 29); 18, 151 (154); 62, 1 (32). – Anderes gilt für das britische System der »Parlamentssouveränität«: dazu *H. G. Petersmann*, Die Souveränität des britischen Parlaments in den Europäischen Gemeinschaften, 1972, S. 165 ff.; *H. Steinberger*, Konzeption und Grenzen freiheitlicher Demokratie, 1974, S. 51 ff.; *T. Langheid*, Souveränität und Verfassungsstaat, Diss. jur. Köln 1984, S. 86 ff.

[264] Vgl. hierzu und zum folgenden *Hofmann/Dreier* (Fn. 42), § 5 Rn. 66 ff. m. w. N.; *J. Scherer*, AöR 112 (1987), 189 (210 f.); *H. J. Schreiner*, Geschäftsordnungsrechtliche Befugnisse des Abgeordneten, in: Schneider/Zeh, § 18 Rn. 5 ff., 32 ff.; *Haberland*, Opposition (Fn. 214), S. 78 ff.; *Waack* (Fn. 214), § 22 Rn. 54 ff., 60 ff. → Art. 38 Rn. 156 ff.

[265] BVerfGE 70, 324 (363 f.). Zu dieser Mehrheit-Minderheit-Dialektik, die auch wechselseitige Beeinflussung bedingt: *Kelsen*, Wesen (Fn. 62), S. 56 ff., 101 f. (und dazu *v. Ooyen*, Staat [Fn. 55], S. 96 ff.); *Hesse*, Verfassungsrecht, Rn. 142; *R. A. Rhinow*, ZSR 103 II (1984), 111 (255); *Hofmann/Dreier* (Fn. 42), § 5 Rn. 68; zustimmend *Waack* (Fn. 214), § 22 Rn. 8.

[266] Zur Differenz *Hofmann/Dreier* (Fn. 42), § 5 Rn. 64 ff. m. w. N.; sie wird schon darin sichtbar, daß die parlamentarischen Minderheitenrechte natürlich auch der Mehrheit(sfraktion) zustehen: BVerfGE 70, 324 (368 f.) – Sondervotum *Mahrenholz*; *Haberland*, Opposition (Fn. 214), S. 146 f. Zum Schutz struktureller Minderheiten klassisch *G. Jellinek*, Das Recht der Minoritäten, 1898, ND 1996; aus der neueren, zuweilen mit einem inflationären Begriff der Minderheit arbeitenden Literatur *R. Hofmann*, ZaöRV 52 (1992), 1 ff.; *D. Franke/R. Hofmann*, EuGRZ 1992, 401 ff.; *H. Schulze-Fielitz*, Verfassungsrecht und neue Minderheiten, in: FS Häberle, 1995, S. 135 ff. (138 ff.); *Stopp*, Minderheitenschutzbestimmungen (Fn. 91), S. 43 ff. Umfassend Frowein/Hofmann/Oeter, Minderheitenrecht (Fn. 213).

Demokratieprinzip verbürgt angesehen[267]. Allerdings gestaltet das Grundgesetz, das die Opposition im Unterschied zu vielen Landesverfassungen (→ Rn. 59) nicht erwähnt, diese nicht zu einer »verfassungsrechtlichen Institution« mit eigenem Rechtsstatus aus, sondern beläßt es bei den einschlägigen Fraktions- und Abgeordnetenrechten[268]. Das Grundgesetz versteht Opposition also eher als **Funktion** denn als Institution[269]. Die Funktionen liegen vor allem in Kritik und Kontrolle der Regierungsparteien sowie darin, politische und persönliche Alternativen zu bieten und die Möglichkeit eines Machtwechsels stets wachzuhalten[270].

3. Voraussetzungen: Freie politische Willensbildung und offene Kommunikation

76 Demokratie setzt weiterhin einen prinzipiell offenen Kommunikations- und Willensbildungsprozeß voraus, als dessen Produkt die Mehrheitsentscheidungen erscheinen müssen – und nicht als bloßes »Machtplus« (Georg Simmel) der allemal stärkeren Mehrheit oder als univoker Akklamationsakt[271]. Dieses Erfordernis gilt zunächst für die Entstehung von Entscheidungen, die selbst aus einem freien Prozeß der Meinungsbildung hervorgehen müssen. Wahlen ohne vorherige Diskussion von Personen und Programmen, Abstimmungen ohne Erörterungen des Für und Wider und sachlicher Alternativen sind bloße Farce oder Fassade. Für den Wahlakt hat das Bundesverfassungsgericht grundsätzlich zu Recht betont, daß sich die **Willensbildung vom Volk zu den Staatsorganen** vollziehen müsse und nicht umgekehrt[272]. Praktische Konsequenzen hat dies vor allem für die Öffentlichkeitsarbeit der Regierung (→ Art. 65 Rn. 30) sowie die Finanzierung von Parteien (→ Art. 21 Rn. 45 f.). Nicht verkannt werden dür-

---

[267] BVerfGE 2, 1 (12 f.); 5, 85 (140 f., 199). In beiden Urteilen führt das Gericht das Oppositionsrecht als zur »freiheitlichen demokratischen Grundordnung« bzw. zur »freiheitlichen Demokratie« gehörig auf, verknüpft also rechtsstaatlich-liberale und demokratische Elemente. Daß das Recht auf Opposition zu den letztgenannten gehört, dürfte indes keinem Zweifel unterliegen: deutlich insofern BVerfGE 70, 324 (363); zu dieser Rechtsprechung *H.-P. Schneider*, Das Parlamentsrecht im Spannungsfeld von Mehrheitsentscheidung und Minderheitenschutz, in: FS 50 Jahre BVerfG, 2001, Bd. II, S. 627 ff. (659 f.); aus der Judikatur etwa noch BayVerfGHE 41, 124 (136). Aus der Literatur vor allem *Schneider*, Opposition (Fn. 214), S. 208 ff., 309 ff.; *ders.*, Das parlamentarische System, in: HdbVerfR, § 13 Rn. 99 (»unverzichtbares Funktionselement der demokratischen Ordnung«), 101; *ders.* (Fn. 214), § 38 Rn. 15 ff.; im Überblick *Stern*, Staatsrecht I, S. 1037 ff.; *R. Poscher*, AöR 122 (1997), 440 ff.; *Cancik*, Opposition (Fn. 215), S. 27 f., 162 f.; *W. Zeh*, HStR³ III, § 52 Rn. 21 ff.; *Kloepfer*, Verfassungsrecht I, § 7 Rn. 45 ff.; eingehend *Waack* (Fn. 214), § 22 Rn. 6, 9, 13, 46 (Verwurzelung im Demokratieprinzip und dessen Sicherung), 14 ff. (Aufgaben), 32 ff. (Definition), 54 ff. (Rechte).

[268] Eingehend und zutreffend *Haberland*, Opposition (Fn. 214), S. 133 ff., 181; *Waack* (Fn. 214), § 22 Rn. 46 ff., 54 ff. – Zur Problematik wirksamer Opposition bei einer übermächtigen Großen Koalition: *P. Cancik*, NVwZ 2014, 18 ff.; *W. Leisner*, DÖV 2014, 880 ff.; *Waack* (Fn. 214), § 22 Rn. 74 ff.

[269] Wie hier *D. Mundil*, Die Opposition. Eine Funktion des Verfassungsrechts, 2014, insb. S. 108 ff.; ausdrücklich zustimmend *Waack* (Fn. 214), § 22 Rn. 48. – Das zeigt sich auch bei *P. M. Huber*, HStR³ III, § 47 Rn. 48 ff.; als institutionelle Artikulationsmöglichkeiten der Opposition werden dort (Rn. 63 ff.) bezeichnenderweise solche »jenseits des Parlaments« angeführt.

[270] Kompakt *Waack* (Fn. 214), § 22 Rn. 14 ff.

[271] *Hofmann/Dreier* (Fn. 42), § 5 Rn. 57; *Hesse*, Verfassungsrecht, Rn. 150 ff., 159 ff.; *R. A. Rhinow*, ZSR 103 II (1984), 111 (251); *Stern/Dietlein*, Staatsrecht IV/2, S. 7. Vgl. auch BVerfGE 5, 85 (198 f.) zur Rechtfertigungsbedürftigkeit der Mehrheitsentscheidung »vor dem ganzen Volke, auch vor der Minderheit« und der Notwendigkeit einer freien Diskussion. Zur Notwendigkeit eines freien Kampfes der Meinungen und Ideen, der permanenten geistigen Auseinandersetzung: BVerfGE 7, 198 (208); 69, 315 (345 f.); 89, 155 (185).

[272] BVerfGE 20, 56 (99); 44, 125 (140); 69, 315 (346); 107, 339 (361, Rn. 65 f.); 121, 30 (54, Rn. 100); 132, 39 (50 f., Rn. 33). Zur Sache *W. Schmitt Glaeser*, HStR³ III, § 38 Rn. 33 ff.; kritisch *Stern/Dietlein*, Staatsrecht IV/2, S. 31; *Grzeszick* (Fn. 154), Art. 20 II Rn. 17.

fen indes die vielfältigen Wechselwirkungen zwischen staatlicher und gesellschaftlicher Willensbildung[273], wobei die **politischen Parteien** eine zentrale Rolle spielen[274]. Bedenklich ist die Judikatur einiger Landesverfassungsgerichte, wonach anders als bei Wahlen bei Volksentscheidungen das **Gebot staatlicher Neutralität** nicht strikt gelten soll und sachliche Stellungnahmen der Staatsorgane daher für zulässig erklärt werden[275].

Ein freier und offener Kommunikations- und Meinungsbildungsprozeß muß der Entscheidung aber nicht nur vorangehen, sondern sie auch übergreifen, d.h.: sie in Form von **Kontrolle, Kritik** und nötigenfalls **Revision** dauerhaft begleiten[276]. Auch eine rein repräsentative Demokratie erschöpft sich nicht in der Bestellung der Repräsentanten: »Das Recht des Bürgers auf Teilhabe an der politischen Willensbildung äußert sich nicht nur in der Stimmabgabe bei Wahlen, sondern auch in der Einflußnahme auf den ständigen Prozeß der politischen Meinungsbildung«[277]. Mit anderen Worten: demokratische Ordnung ist durch ihren parlamentsübergreifenden **Prozeßcharakter** gekennzeichnet, durch ein vielseitiges und komplexes Wechselspiel zwischen Wählern und Gewählten, Bürgern und staatlichen Instanzen mit entsprechenden Rückkoppelungseffekten[278]. Zuweilen findet insbesondere für die gebotene Offenheit der Repräsentanten für die Signale der Repräsentierten nicht nur in der politiktheoretischen Literatur der Terminus »**Responsivität**« Verwendung[279]. Aus alledem erhellt der bedeutsame Rang der **Öffentlichkeit** für die Demokratie: der pluralen gesellschaftlichen Kommunikation, der Wahlen und Abstimmungen ebenso wie der Öffentlichkeit der

77

---

[273] Vgl. BVerfGE 44, 125 (139f.); 85, 264 (285); 121, 30 (55, Rn. 103). S. auch W. *Schmitt Glaeser*, HStR³ III, § 38 Rn. 35f., 38 (Rückkoppelungsverhältnis); *M. Kloepfer*, HStR³ III, § 42 Rn. 22 ff. – Diese Einsicht verbietet starre Entgegensetzungen von Staats- und Volkswillensbildung.

[274] Vgl. *D. Grimm*, Politische Parteien, in: HdbVerfR, § 14 Rn. 17 (gegen einbahnige Vorstellungen), Rn. 16 (Hinweis auf den häufig von oben nach unten verlaufenden Willensbildungsprozeß); Stern/*Dietlein*, Staatsrecht IV/2, S. 23ff. m.w.N.; *Kloepfer*, Verfassungsrecht I, § 7 Rn. 70; *U. Volkmann*, Parlamentarische Demokratie und politische Parteien, in: Morlok/Schliesky/Wiefelspütz, § 4 Rn. 4, 5, 7, 9ff.; *Morlok* (Fn. 258), § 3 Rn. 30ff. Aus der Judikatur BVerfGE 91, 262 (268); 91, 276 (285f.); 107, 339 (358f., Rn. 59); 121, 30 (55, Rn. 103). → Art. 21 Rn. 19ff.

[275] BayVerfGH BayVBl. 1994, 203; BerlVerfGH v. 27.10.2008, Az. 86/08, juris Rn. 61; HmbOVG DVBl. 2010, 1123. Kritisch zu dieser Tendenz *M. Morlok/V. P. Voss*, BayVBl. 1995, 513ff.; *M. Wittzack*, BayVBl. 1998, 37 (40); *F. Wittreck*, JöR 53 (2005), 111 (160f.). Eher (zu) großzügig *Schuler-Harms*, Elemente (Fn. 211), S. 459f.

[276] Insofern erweist sich Demokratie als »Verfahren der Legitimation, der Kontrolle und der Kritik politischer Herrschaft«: *P. Badura*, Diskussionsbemerkung, VVDStRL 29 (1971), S. 95ff. (97); vgl. *ders.*, HStR³ II, § 25 Rn. 31, 35, 41; ähnlich *Hesse*, Verfassungsrecht, Rn. 134. Wie hier BVerfGE 12, 39 (50f., Rn. 33); *Heun*, Verfassungsordnung (Fn. 228), S. 38. – Was mit zuweilen erheblichem theoretischen Aufwand als »deliberative Demokratie« konzipiert wird, hat in diesen übergreifenden Diskussions- und Rückkopplungsprozessen ihre Basis und ihren Kern. Das wird etwa deutlich bei *N. Petersen*, JöR 58 (2010), 137 (168ff.).

[277] BVerfGE 20, 56 (98); s. auch E 44, 125 (139f.); 69, 315 (346); 107, 339 (360f., Rn. 65); 123, 267 (358, Rn. 250: »Demokratie lebt zuerst von und in einer funktionsfähigen öffentlichen Meinung«); 132, 39 (51, Rn. 33).

[278] Vgl. BVerfGE 85, 264 (284): »Rückkoppelung zwischen Staatsorganen und Volk«. Ferner BVerfGE 91, 262 (268); 91, 276 (285f.); 112, 118 (134, Rn. 50); 118, 277 (353, Rn. 271f.); 121, 30 (55, Rn. 103). Hierzu näher *Hofmann/Dreier* (Fn. 42), § 5 Rn. 18ff., 23; *H. Dreier*, Jura 1997, 249 (255f.); *Unruh*, Verfassungsbegriff (Fn. 231), S. 460; *Volkmann* (Fn. 274), § 4 Rn. 9ff.

[279] *H. Dreier*, AöR 113 (1988), 450 (465 m. Fn. 42); *R. Steinberg*, Die Repräsentation des Volkes, 2013, S. 275ff., 311ff.; *H. Pünder*, Wahlrecht und Parlamentsrecht als Gelingensbedingungen repräsentativer Demokratie, VVDStRL 72 (2013), S. 191ff. (198ff. mit umfänglichen Nachweisen); *J. Krüper*, Autonomie und Heteronomie parlamentarischen Handelns, in: Morlok/Schliesky/Wiefelspütz, § 36 Rn. 6.

Art. 20 (Demokratie)   C. Erläuterungen

Verhandlungen des Bundestages[280]. Der beständige kritische Dialog zwischen dem Parlament und den gesellschaftlichen Kräften erweist sich insgesamt für die Legitimität demokratischer Ordnung nicht weniger wichtig als der Wahlakt selbst[281]. Die **neuen sozialen Medien** (Twitter, Facebook etc.) und die daraus entspringende sog. Netzöffentlichkeit bilden heute einen integralen Bestandteil der vielfältigen Formen öffentlicher Meinungsbildung[282]; ob man hingegen von einer »Schwarmdemokratie«[283] in mehr als metaphorischer Weise sprechen kann, erscheint fraglich. Mit alledem ist **Geheimhaltung** aus Gründen effektiver Aufgabenerfüllung oder zum Schutz von grundrechtlich gewährleisteten Freiheitsrechten, insbesondere des Persönlichkeitsrechts, nicht ausgeschlossen[284].

78   Für die Möglichkeit öffentlicher Kritik und gesamtgesellschaftlicher Kommunikation sind die **Grundrechte** von großer Bedeutung. Sie gewährleisten im wesentlichen »die verfassungsrechtlichen Voraussetzungen dieses freien und offenen Prozesses der Meinungs- und Willensbildung des Volkes«[285]. Speziell die Meinungsfreiheit hat das Bundesverfassungsgericht schon früh als »schlechthin konstituierend« für eine freiheitlich-demokratische Staatsordnung bezeichnet[286]. Grundrechte sind »Fundament und sozusagen Infrastruktur aller demokratischen Prozesse«[287], also deren **integraler Bestandteil**, bilden gewissermaßen ihre Lebensluft und gehören zum »Lebensprinzip der Demokratie«[288]. Jedenfalls für die Kommunikationsgrundrechte der Art. 5 I, 8, 9

---

[280] Zur Öffentlichkeit als Element parlamentarischer Demokratie BVerfGE 40, 237 (249); 40, 296 (327); 70, 324 (355, 358); 84, 304 (329); 103, 44 (63, Rn. 69); 118, 277 (353, Rn. 271); 121, 266 (291, Rn. 82); 130, 318 (344, Rn. 108); 131, 152 (204 ff., Rn. 112 ff.). Vertiefend *L. Kißler*, Parlamentsöffentlichkeit: Transparenz und Artikulation, in: Schneider/Zeh, § 36 Rn. 3 ff.; *C. Linck*, ZParl. 23 (1992), 674 ff.; *U. Rösch*, Geheimhaltung in der rechtsstaatlichen Demokratie, 1999, S. 58 ff.; mit Hervorhebung alteuropäischer Traditionslinien *R. Gröschner*, Transparente Verwaltung: Konturen eines Informationsverwaltungsrechts, VVDStRL 63 (2004), S. 344 ff. (351 ff., 355 f.). → Art. 42 Rn. 20 f. – Für Regierung, Verwaltung und Justiz ergeben sich aus dem Demokratieprinzip indes keine über spezielle Verfassungsnormen hinausgehenden konkreten Publizitätspflichten: *M. Kloepfer*, HStR³ III, § 42 Rn. 55 ff.; *W. Brohm*, HStR II, § 36 Rn. 52; Jarass/Pieroth, GG, Art. 20 Rn. 13 f.; vgl. auch BVerfGE 97, 350 (370, Rn. 82); a. A. *A. Voßkuhle*, HStR³ III, § 43 Rn. 73.
[281] Wie hier BVerfGE 132, 39 (50 f., Rn. 33).
[282] Zu ihnen, einschließlich ihrer Ambivalenzen, etwa *Steinberg*, Repräsentation (Fn. 279), S. 283 ff.; differenzierte und nüchterne Analyse bei *K. F. Gärditz*, Der Staat 54 (2015), 113 (128 ff.).
[283] *J. Kersten*, JuS 2014, 673 ff. (wo im übrigen S. 677 ff. der Eindruck erweckt wird, das Demokratieverständnis des Grundgesetzes bedürfe der Ergänzung um partizipative und assoziative Elemente – in Verkennung des Umstandes, daß die Verfassung diesen Formen seit jeher in vielfältiger Weise eine Basis bietet). – Auch gegenüber Konzepten einer »liquid democracy« dürfte große Skepsis angebracht sein; vgl. *M. Seckelmann*, DÖV 2014, 1 ff.
[284] Zum Verhältnis von Öffentlichkeit und Vertraulichkeit eingehend *M. Jestaedt*, AöR 126 (2001), 204 (215 ff.); *Rösch*, Geheimhaltung (Fn. 280), S. 164 ff.; für stärkere Betonung der Publizität im Bereich der öffentlichen Verwaltung *J. Masing*, Transparente Verwaltung: Konturen eines Informationsverwaltungsrechts, VVDStRL 63 (2004), S. 377 ff. (394 f., 422 ff.).
[285] BVerfGE 44, 125 (139); s. auch E 20, 56 (97 f.); 21, 362 (369); siehe noch die folgenden Fußnoten. Ausführlich Stern/*Dietlein*, Staatsrecht IV/2, S. 27 ff., 34 ff.; knapp *Kloepfer*, Verfassungsrecht I, § 7 Rn. 68 ff.
[286] BVerfGE 7, 198 (208); erweiternd auf die »Freiheit der Medien« BVerfGE 117, 244 (258 f., Rn. 42).
[287] *Wahl*, Art. Demokratie (Fn. 189), S. 4; *Badura*, Staatsrecht, Rn. D 12: für »Lebensfähigkeit der parlamentarischen Demokratie unverzichtbar«; *Hesse*, Verfassungsrecht, Rn. 161; *M. Kloepfer*, HStR³ III, § 42 Rn. 44 ff. Vgl. auch J. Perels (Hrsg.), Grundrechte als Fundament der Demokratie, 1979. → Vorb. Rn. 86.
[288] So *H. Kelsen*, Wissenschaft und Demokratie (1937), in: ders., Verteidigung der Demokratie, hrsgg. v. M. Jestaedt u. O. Lepsius, 2006, S. 238 ff. (241).

GG (→ Vorb. Rn. 80, 86) sowie das Petitionsrecht (→ Art. 17 Rn. 19) steht diese tragende Bedeutung außer Frage: Meinungsfreiheit ist ohne Demokratie denkbar, nicht aber Demokratie ohne Meinungsfreiheit[289]. Schwerer fällt indes die genaue Festlegung der in diesem Sinn »politischen« oder »demokratischen«, soll heißen: zu den Konstitutionsbedingungen der Demokratie zählenden Grundrechte[290]. Davon ohnehin zu trennen sind Formen der Beteiligung von Bürgern an Verwaltungsverfahren, vor allem an komplexen Genehmigungs- und Planfeststellungsverfahren (vgl. § 73 IV-VI VwVfG, § 17 IIIc FStrG, § 3 BauGB), die zuweilen dezidiert demokratisch gedeutet werden[291]; sie dienen aber in erster Linie dem vorgezogenen Rechtsschutz gegen die Beeinträchtigung von Grundrechten der Betroffenen (Eigentumsgarantie, Recht auf körperliche Unversehrtheit)[292].

Ungeachtet des hohen Ranges freier gesellschaftlicher Kommunikation und Organisation setzt ihnen das Grundgesetz **Schranken**. Die Möglichkeiten des Vereinsverbotes (→ Art. 9 Rn. 54 ff.), der Grundrechtsverwirkung (→ Art. 18 Rn. 37 ff.) und des Parteienverbotes (→ Art. 21 Rn. 143 ff.) kennzeichnen die grundgesetzliche Ordnung als **streitbare** oder **wehrhafte Demokratie**, deren Schutzgut die freiheitliche demokratische Grundordnung ist. Wegen der Unterbindung der gesellschaftlichen Diskussion sind diese Normen aus demokratischer Sicht nicht unproblematisch[293].

4. »Grundrecht auf Demokratie«?

Beginnend mit der **Maastricht-Entscheidung**[294] hat das Bundesverfassungsgericht auf Art. 38 I 1 GG gestützte Verfassungsbeschwerden für zulässig erklärt, die sich gegen das deutsche Zustimmungsgesetz zu Änderungen und Erweiterungen der EU-Verträge richteten[295]. Das Gericht stützt sein **innovatives Verständnis von Art. 38 I 1 GG**[296] auf die Annahme, die Norm schütze nicht lediglich die Möglichkeit der Teilnahme an einer den verfassungsrechtlichen Anforderungen entsprechenden Wahl, sondern auch »den grundlegenden demokratischen Gehalt dieses Rechts«, nämlich durch den Wahlakt »an der Legitimation der Staatsgewalt durch das Volk auf Bundesebene mitzuwir-

---

[289] Zur Bedeutung der Meinungsfreiheit für die Demokratie mit instruktiven Hinweisen auf die Judikatur des Supreme Court, des EGMR und anderer Gerichte *J. A. Frowein*, EuGRZ 2008, 117 ff.
[290] *Kelsen*, Wissenschaft (Fn. 288), S. 241 nennt (exemplarisch) Meinungs-, Glaubens-, Gewissens- und Wissenschaftsfreiheit. Siehe noch *Hesse*, Verfassungsrecht, Rn. 288; *E.-W. Böckenförde*, HStR³ II, § 24 Rn. 37, 87; *P. Badura*, HStR³ II, § 25 Rn. 32; *H. Dreier*, Dimensionen der Grundrechte, 1993, S. 33 f. m. Fn. 116, 38 ff.; *ders.*, Kelsens Demokratietheorie (Fn. 62), S. 95 f.; *M. Kloepfer*, HStR³ III, § 47 Rn. 48 ff.
[291] *Fisahn*, Demokratie (Fn. 229), S. 147 ff., 216 ff., 308 ff.
[292] Vgl. auch *Sommermann* (Fn. 38), Art. 20 Rn. 77. Zur demokratischen Deutung gängiger Beteiligungsformen etwa *A. v. Bogdandy*, Demokratisch, demokratischer, am demokratischsten? – Zur Steigerungsfähigkeit eines Verfassungsprinzips am Beispiel einer Neugestaltung der Verordnungsgebung, in: FS Hollerbach, 2001, S. 363 ff. (373 ff.).
[293] Die **Werthaftigkeit** des Art. 79 III GG, mit der bestimmte Inhalte der rechtsetzender Disposition entzogen werden, steigert sich insofern zur **Wehrhaftigkeit**. Zur Problematik näher *H. Dreier*, JZ 1994, 741 (750 ff.). – Von »streitbarer« Demokratie sprach wohl zuerst *K. Mannheim*, Diagnose unserer Zeit, 1952, S. 17 ff. → Art. 18 Rn. 4.
[294] *R. Lehner*, Der Staat 52 (2013), 535 (543): »Geburtsstunde«.
[295] BVerfGE 89, 155 (171 f.); seitdem st. Rspr.: E 97, 350 (368 f., Rn. 77); 123, 267 (330, Rn. 174 f.); 129, 124 (167 ff., Rn. 98 ff.); 132, 195 (234 f., Rn. 92); 134, 366 (380 f., Rn. 17 ff.; 396 f., Rn. 51 ff.). Zur Antragsbefugnis hinsichtlich einer Entleerung des Wahlrechts E 129, 124 (170, Rn. 104).
[296] Anders noch BVerfGE 13, 54 (91); restriktiv auch BVerfGE 62, 397 (399). Siehe ferner BVerfGE 45, 63 (74): »Das Grundgesetz kennt keine Popularklage«.

ken und auf ihre Ausübung Einfluß zu nehmen«[297]. Weil dies nun aber ein hinlänglich gewichtiges Aufgabenspektrum des Bundestages mit entsprechenden politischen Gestaltungskompetenzen voraussetze, käme eine Verletzung des Wahlrechts dann in Betracht, »wenn die Wahrnehmung der Kompetenzen des Deutschen Bundestages so weitgehend auf ein von den Regierungen gebildetes Organ der Europäischen Union [...] übergeht, daß die nach Art. 20 Abs. 1 und 2 i. V. m. Art. 79 Abs. 3 GG unverzichtbaren Mindestanforderungen demokratischer Legitimation der dem Bürger gegenübertretenden Hoheitsgewalt nicht mehr erfüllt werden«[298]. Soll heißen: durch (zu) weitgehende Übertragung von Hoheitsrechten auf die EU kommt es zu einem Prozeß der Entwertung des Wahlrechts des Bürgers, weil der von ihm gewählte Bundestag zwar über eine hohe Legitimation, nicht länger aber über hinreichenden politischen Gestaltungsspielraum verfügt; das Wahlrecht zum Bundestag läuft gleichsam leer. Das sieht das Gericht als mit der Verfassungsbeschwerde rügefähig an und gelangt somit zur »Anerkennung eines jedem Deutschen zustehenden und in Art. 38 Abs. 1 S. 1 GG verankerten Rechts zur Identitäts-, Entstaatlichungs- und Entäußerungsrüge gegenüber allen expliziten Kompetenzübertragungsakten«[299].

81 Diese Subjektivierung des Art. 38 I 1 GG und die zum Teil noch über die konkrete Norm hinausreichende allgemeine Vorstellung eines »Anspruchs des Bürgers auf Demokratie«[300] ist in der Literatur teilweise durchaus begrüßt und befürwortet worden[301], überwiegend und ganz **zu Recht** aber **auf entschiedene Kritik gestoßen**[302]. In der Tat hat das Verfassungsgericht mit dieser Konstruktion eine dem Grundgesetz fremde *actio popularis* geschaffen[303], weil sich bei den Zustimmungsgesetzen Deutschlands zu den EU-Verträgen alle Bürger in der gleichen Lage befinden. Außerdem ist

---

[297] BVerfGE 89, 155 (172); so auch E 97, 350 (368, Rn. 77); 123, 267 (330, Rn. 174; 332, Rn. 179); 134, 366 (396, Rn. 51).
[298] BVerfGE 89, 155 (172); ähnlich E 123, 267 (330, Rn. 175); 129, 124 (168, Rn. 100; 170, Rn. 104); 134, 366 (381, Rn. 19; 396, Rn. 51 f.).
[299] *R. Lehner*, Der Staat 52 (2013), 535 (544).
[300] So BVerfGE 129, 124 (169, Rn. 101). In BVerfGE 135, 317 (386, Rn. 125) ist »Anspruch auf Demokratie« in Anführungszeichen gesetzt. Siehe auch *K. F. Gärditz/C. Hillgruber*, JZ 2009, 872 (872): »Recht auf Demokratie«.
[301] *K. F. Gärditz/C. Hillgruber*, JZ 2009, 872 (872 f.); *D. Murswiek*, JZ 2010, 702 (704 ff.); *R. Lehner*, Der Staat 52 (2013), 535 (551); tendenziell affirmativ auch *H. Kube*, Demokratische Teilhabe als subjektives Recht, in: GedS Brugger, 2013, S. 571 ff. (576 ff.). → Art. 23 Rn. 165 ff.
[302] Siehe etwa *D. König*, ZaöRV 54 (1994), 17 (26 ff.); *M. Jestaedt*, Der Staat 48 (2009), 497 (503 f.): »maßstabsentgrenzende Handhabung von Art. 38 GG«, um »das durch die verfassungsprozessuale Einkleidung bedingte Argumentationskorsett zu sprengen«; *C. Schönberger*, Der Staat 48 (2009), 535 (539 ff.): »uferlose Entgrenzung«, »verfassungsrechtsdogmatische(r) Flurschaden«, »Zerstörung der prozessualen Kontrollfunktion des Art. 38 Abs. 1 S. 1 GG«; *ders.*, JZ 2010, 1160 ff.; *J. Schwarze*, EuR 2010, 108 (114); *M. Nettesheim*, NJW 2009, 2867 (2869); eher skeptisch auch *Calliess*, Europäische Union (Fn. 123), S. 238 ff.; speziell mit Blick auf die Entscheidungen zu ESM und Fiskalpakt *C. Tomuschat*, DVBl. 2012, 1431 (1431); *ders.*, DVBl. 2014, 640 (646).
[303] *C. Tomuschat*, EuGRZ 1993, 489 (489, 491); *ders.*, DVBl. 2012, 1431 (1431); *ders.*, DVBl. 2014, 640 (646 f.); s. auch *C. Schönberger*, Der Staat 48 (2009), 535 (540): »Was nach dem Grundgesetz eine konkrete Individualberechtigung im Hinblick auf die Einhaltung der Wahlrechtsgrundsätze bei der Wahl zum Deutschen Bundestag ist, wird in der Deutung des Bundesverfassungsgerichts zum Fundament einer faktischen Popularklage gegen alle zukünftigen Revisionen der europäischen Vertragsgrundlagen.« Ferner *O. Lepsius*, EuZW 2012, 761 (762): »staatsorganisationsrechtliche Popularverfassungsbeschwerde«; kritisch auch *J. Schwarze*, EuR 2010, 108 (114): Einladung zur Klage. – Dagegen *D. Murswiek*, JZ 2010, 702 (707 f.). Ausführlich zur »Integrationsverfassungsbeschwerde« *R. Lehner*, Der Staat 52 (2013), 535 (540 ff.).

ein Sonderregime für den Prozeß der europäischen Integration errichtet worden³⁰⁴, was (noch problematischere) Weiterungen nicht ausschließen muß³⁰⁵. Den speziellen Hebel einer Verfassungsbeschwerdemöglichkeit eines jeden Bürgers auf Kontrolle des europäischen Integrationsprozesses zur Verfügung zu stellen³⁰⁶, erscheint auch deswegen wenig überzeugend, weil das Grundgesetz selbst nicht nur zwischen Staatsstrukturprinzipien und Grundrechten unterscheidet, sondern für beide auch ein differenziertes und wohlkalkuliertes System von Verfassungsrechtsbehelfen zur Verfügung stellt³⁰⁷. Der Sache nach handelt es sich um eine ad-hoc-Konstruktion, die es dem Gericht ermöglicht, aufgrund von Verfassungsbeschwerden in die sachliche Prüfung der Reichweite der europäischen Integration einzutreten³⁰⁸, indem »quivis ex populo zum verfassungsprozessualen Hüter der europäischen Demokratie« erhoben wurde³⁰⁹. Im Lissabon-Urteil ist das Gericht sogar noch weitergegangen, indem es den Beschwerdeführern zugestanden hat, sie könnten »auf der Grundlage von Art. 38 Abs. 1 Satz 1 GG eine Verletzung des Demokratieprinzips, den Verlust der Staatlichkeit der Bundesrepublik Deutschland und eine Verletzung des Sozialstaatsprinzips durch das Zustimmungsgesetz und die Begleitgesetzgebung rügen«³¹⁰. Nachdem die **Schleusen** derart **weit geöffnet** waren, hat das Gericht in einigen späteren Entscheidungen versucht, den Zugang wieder etwas zu begrenzen³¹¹, ohne die im Maastricht-Urteil vorgenommene Weichenstellung grundsätzlich zu revidieren. Es hat sogar noch eine Weiterung dergestalt stattgefunden, daß das Gericht in den Entscheidungen zum

---

[304] So etwa *R. Lehner*, Der Staat 52 (2013), 535 (545): »Einführung einer themenspezifischen Quasi-Popularklage durch Richterrecht«. Dagegen will *D. Murswiek*, JZ 2010, 1164 (1164) in der Argumentation mit Art. 38 I GG gerade kein Sonderrecht begründet sehen.

[305] Eine Ausdehnung auf die Ebene des Völkerrechts (völkerrechtliche Verträge, Einbindung in internationale Sicherheitssysteme) befürchtet *C. Tomuschat*, EuGRZ 1993, 489 (491); *ders.*, DVBl. 2012, 1431 (1431); denkbare Erstreckungen auf nationale finanzverfassungsrechtliche Konstellationen (Schuldenbremse) diskutiert *R. Lehner*, Der Staat 52 (2013), 535 (558 ff.): Möglichkeit einer »Verschuldungsverfassungsbeschwerde«.

[306] *R. Lehner*, Der Staat 52 (2013), 535 (539): »Integrationsrügekompetenz des einzelnen deutschen Grundrechtsträgers«.

[307] *E. Pache*, EuGRZ 2009, 285 (296); *C. Schönberger*, Der Staat 48 (2009), 535 (540); *ders.*, JZ 2010, 1160 (1161 f.); *Calliess*, Europäische Union (Fn. 123), S. 239 f.; *C. Tomuschat*, DVBl. 2014, 640 (646).

[308] *M. Nettesheim*, NJW 2009, 2867 (2869): das Gericht benötige »einen Hebel« zur Ausübung der erwünschten Kontrollrechte. Denn daß es stets Verfassungsbeschwerden gegen Rechtsakte zur weiteren Vertiefung des Integrationsprozesses geben wird, darf als sicher unterstellt werden; bei den anderen in Betracht kommenden Verfahren ist das weit weniger gewiß. Deutlich *C. Schönberger*, Der Staat 48 (2009), 535 (541): »Diese Verschiebung von der Normenkontrolle zur Verfassungsbeschwerde hat einen klaren politischen Sinn: Der übliche europapolitische Konsens der großen Bundestagsfraktionen soll die verfassungsgerichtliche Überprüfung nicht hindern.«

[309] *C. Schönberger*, Der Staat 48 (2009), 535 (540). *R. Lehner*, Der Staat 52 (2013), 535 (545) erwägt den Terminus einer »abstrakten« Verfassungsbeschwerde und stellt zu Recht fest, der Beschwerdeführer mutiere hier »zum reinen Beschwerdeinitianten« (S. 550).

[310] BVerfGE 123, 267 (328, Rn. 168). Speziell dazu noch *J. Schwarze*, EuR 2010, 108 (114); *Calliess*, Europäische Union (Fn. 123), S. 240 f.

[311] Besonders ersichtlich in BVerfGE 134, 366 (396 f., Rn. 52); 135, 317 (386 f., Rn. 124 ff.; 399 ff., Rn. 161 ff. [insb. 405, Rn. 174 f.]). Siehe noch BVerfG (K), NVwZ 2013, 858 (859, Rn. 26): Unter Berufung auf Art. 38 I 1 GG sei nicht überprüfbar, »ob der Deutsche Bundestag auf einer vollständigen und zutreffenden Tatsachengrundlage entscheidet, oder welche Qualität die ihm von der Bundesregierung zur Verfügung gestellten Informationen haben«; denn dies liefe »auf eine inhaltliche Kontrolle des demokratischen Prozesses hinaus«, die Art. 38 I 1 GG gerade nicht ermögliche. Zur schon in BVerfGE 132, 195 (254 ff., Rn. 91 ff.) vorgenommenen »Einschränkung der uferlosen Öffnung« *C. Tomuschat*, DVBl. 2012, 1431 (1432).

ESM und zum Fiskalpakt in der Zulässigkeitsprüfung von den »Rechten aus Art. 38 Abs. 1 Satz 1, Art. 20 Abs. 1 und Abs. 2 in Verbindung mit Art. 79 Abs. 3 GG« der Beschwerdeführer spricht[312]. Damit ist in durchaus kritikwürdiger Weise »die demokratische Struktur unseres Staatswesens von einem objektiven Prinzip zu einer subjektiven Grundrechtsposition mutiert«[313]. Die **Konsequenzen** dieses Mutationsprozesses sind **noch nicht vollständig absehbar**[314].

II. »Alle Staatsgewalt geht vom Volke aus« (Art. 20 II 1 GG)

1. Volkssouveränität als Legitimationstitel

82 Der Satz »Alle Staatsgewalt geht vom Volke aus« (Art. 20 II 1 GG) ist ein **Fundamentalsatz** demokratischer Ordnung und Ausdruck des Prinzips der **Volkssouveränität**[315]. Deren höchste und grundlegende Äußerungsform, die verfassunggebende Gewalt[316], ist allerdings selbst nicht in Art. 20 GG thematisiert, sondern in der Präambel und in Art. 146 GG[317]. In Art. 20 GG figuriert das Volk als Verfassungsorgan, nicht als Verfassungsschöpfer.

83 Art. 20 II 1 GG insinuiert keine Identität von Trägerschaft und Ausübung der Staatsgewalt im Sinne der illusionären Vorstellung, nur das Volk selbst könne verbindliche staatliche Entscheidungen treffen[318]. Die Volkssouveränitätsdoktrin stellt »keine Zuständigkeitsregelung, sondern ein Legitimations- und Verantwortungsprinzip« dar[319]. Das Volk erlangt mit diesem Satz keinen monopolartigen Kompetenztitel; verlangt wird indes die **Rückführbarkeit aller staatlichen Gewalt auf den Volkswillen**[320]. Damit

---

[312] BVerfGE 135, 317 (385, Rn. 122); zuvor schon E 132, 195 (234, Rn. 91) mit der minimalen Differenz, daß dort nicht Art. 38 Abs. 1 *Satz 1* GG, sondern nur Art. 38 Abs. 1 GG genannt war.

[313] So treffend *C. Tomuschat*, DVBl. 2014, 645 (646).

[314] So auch *R. Lehner*, Der Staat 52 (2013), 535 (540): »weitschichtiges dogmatisches Potenzial, dessen Ausmaße heute wohl nur andeutungsweise umrissen werden können«.

[315] Zu verschiedenen theoretischen Konzeptionalisierungen eingehend *H. Hofmann*, JZ 2014, 861 ff. – Mit Bezug auf Art. 20 GG *Badura*, Staatsrecht, Rn. D 6; *ders.*, HStR[3] II, § 25 Rn. 27; *Wahl*, Art. Demokratie (Fn. 189), S. 2; *Heun*, Verfassungsordnung (Fn. 228), S. 39. Eingehend *E.-W. Böckenförde*, HStR[3] II, § 24 Rn. 2 ff.; *M. Morlok*, Demokratie und Wahlen, in: FS 50 Jahre BVerfG, 2001, Bd. 2, S. 559 ff. (562 ff.); *Kloepfer*, Verfassungsrecht I, § 7 Rn. 12. Nach *H. Meyer*, Repräsentation und Demokratie, in: Dreier, Schlüsselbegriffe (Fn. 149), S. 99 ff. (104) kann man das Prinzip der Volkssouveränität »schöner und einfacher […] nicht ausdrücken«.

[316] Vgl. *v. Beyme*, Demokratie (Fn. 27), Sp. 1121 f.; *E.-W. Böckenförde*, Die verfassunggebende Gewalt des Volkes, 1986, S. 11 ff.; *H. J. Boehl*, Der Staat 30 (1991), 572 (577 f.); *ders.*, Verfassunggebung im Bundesstaat, 1997, S. 91 ff.; *H. Dreier*, Jura 1997, 249 (250).

[317] Vgl. *D. Murswiek*, Die verfassunggebende Gewalt nach dem Grundgesetz für die Bundesrepublik Deutschland, 1978, S. 101 ff., 143 ff. u. ö.; *Stern*, Staatsrecht I, S. 151; *H. Quaritsch*, Der Staat 17 (1978), 421 (427 f.); *Dreier*, Ort der Souveränität (Fn. 27), S. 37 ff. m. w. N.; *ders.*, Art. Souveränität, in: StL[7], Bd. 4, Sp. 1203 ff. (1207); *E. G. Mahrenholz*, Die Verfassung und das Volk, 1992, S. 13; *Kloepfer*, Verfassungsrecht I, § 7 Rn. 12; wie hier auch *U. Schliesky*, Souveränität und Legitimität von Herrschaftsgewalt, 2004, S. 141; *Heun*, Verfassungsordnung (Fn. 228), S. 39. Mißverständlich *Sachs* (Fn. 245), Art. 20 Rn. 27. → Pmbl. Rn. 71 ff.; → Art. 146 Rn. 21 ff.

[318] Deutlich *Badura*, Staatsrecht, Rn. D 10; *W. Mößle*, Regierungsfunktionen des Parlaments, 1986, S. 14; *Grimm* (Fn. 274), § 14 Rn. 6; *E.-W. Böckenförde*, HStR[3] II, § 24 Rn. 5, 8, 11.

[319] *R. Grawert*, HStR[3] II, § 16 Rn. 30; *P. Badura*, HStR[3] II, § 25 Rn. 27, 30, 34, 35; *Kloepfer*, Verfassungsrecht I, § 7 Rn. 14; *Schliesky*, Souveränität (Fn. 317), S. 140 ff., 164; *Heun*, Verfassungsordnung (Fn. 228), S. 39; s. auch *Stern*, Staatsrecht I, S. 593; *E. Schmidt-Aßmann*, Das allgemeine Verwaltungsrecht als Ordnungsidee, 2. Aufl. 2006, II/81 (S. 88): »Grundtatbestand aller Legitimation staatlicher Herrschaft«. Zur Historie eingehend *Kielmansegg*, Volkssouveränität (Fn. 19), S. 230 ff.

[320] BVerfGE 47, 253 (275); 83, 60 (71 f.); 93, 37 (66); 107, 59 (87, Rn. 156); 130, 76 (123 f.,

ist zunächst in allgemeiner Weise ausgesagt, daß demokratische Herrschaft sich nicht auf dynastische Legitimität oder die Blaublütigkeit von Adelsgeschlechtern, nicht auf die Idee des Staates als göttliche Stiftung oder auf überkommene Traditionen, nicht auf das Charisma eines Führers oder das Gottesgnadentum eines Monarchen stützt, sondern allein auf den Willen der zum Staatsvolk zusammengefaßten Individuen[321]. Demokratie anerkennt »keine nicht auf das Volk rückführbare und von ihm zumindest mittelbar legitimierte staatliche Macht als gerechtfertigte Autorität«[322]. Daher erweist sich die bloße Anerkennung und Billigung durch das Volk, wie dies auch in der guten Ordnung nichtdemokratischer Staaten oder in der Vorstellung eines »guten und weisen Herrschers« möglich ist, als nicht ausreichend[323]. Insofern sind sog. **output-Modelle** demokratischer Legitimation[324], die diese aus den erzielten (guten) Ergebnissen ableiten möchten, auch wenn sie sich ohne klare demokratische Verantwortung als Produkt von verselbständigten Politiken und expertokratischen Verwaltungsstäben darstellen, verfassungsrechtlich äußerst prekär. Denn in der Tat »fragt sich, was an dieser Form der Herrschaftsbegründung noch spezifisch demokratisch sein soll«[325]. Die Demokratievorstellung des Grundgesetzes ist dezidiert input-orientiert[326].

Das Volk als **Ursprung und Träger** der Staatsgewalt muß demnach einen effektiven Einfluß auf die Ausübung der Staatsgewalt ausüben können: es muß (kraft im einzelnen sehr komplexer Legitimations-, Autorisations- und Verantwortungszusammenhänge) in diesem Sinne auch **Inhaber** der Staatsgewalt sein[327]. Da damit aber nicht jederzeitige und umfassende eigenständige Handlungs- und Sachentscheidungsbefug-

84

Rn. 164 ff.); *F.E. Schnapp*, in: v. Münch/Kunig, GG I, Art. 20 Rn. 23; *Schmidt-Aßmann*, Verwaltungsrecht (Fn. 319), II/82 (S. 89) spricht vom »Zurechnungszusammenhang«; *E.-W. Böckenförde*, HStR³ II, § 24 Rn. 10 ff.; s. noch *Horn*, Demokratie (Fn. 218), § 22 Rn. 30 ff. → Rn. 109 ff. – Vorstellungen einer homogenen Identität des Volkes sind damit nicht verbunden, vielmehr darf dessen Pluralität unterstellt werden: *Steinberg*, Repräsentation (Fn. 279), S. 138 ff., 156 ff.

[321] Vgl. *E.-W. Böckenförde*, HStR³ II, § 24 Rn. 7; *D. Grimm*, JZ 1995, 581 (587); *H. Dreier*, RW 1 (2010), 11 ff.; *Kloepfer*, Verfassungsrecht I, § 7 Rn. 13; ferner *Möllers*, Demokratie (Fn. 217), S. 15 ff.; *S. Müller-Franken*, AöR 134 (2009), 542 (547 f., 551). Siehe bereits *Kelsen*, Wesen (Fn. 62), S. 102; *Thoma*, Reich als Demokratie (Fn. 61), S. 186 ff. bzw. S. 282 ff.

[322] *R.A. Rhinow*, ZSR 103 II (1984), 111 (187); vertiefend *H. Hofmann*, JZ 1992, 165 (168 ff.); siehe bereits *Thoma*, Reich als Demokratie (Fn. 61), S. 188 ff. (189) bzw. S. 284 ff. (286): »Abschaffung aller stabil-unabsetzbaren Obrigkeit«. → Vorb. Rn. 5 f.

[323] Deutlich *E.-W. Böckenförde*, HStR³ II, § 24 Rn. 5; *Hofmann/Dreier* (Fn. 42), § 5 Rn. 17; BVerfGE 5, 85 (205).

[324] Grundlegend für das Konzept *F. [W.] Scharpf*, Demokratietheorie zwischen Utopie und Anpassung, 1970, S. 21 ff.; *ders.*, Regieren in Europa, 1999, S. 20 ff.; aufgenommen etwa bei *A. Peters*, Elemente einer Theorie der Verfassung Europas, 2001, S. 567 ff.; *Schliesky*, Souveränität (Fn. 317), S. 598 f., 601 ff. (als zweiter, maßgeblicher Legitimationsstrang). Berechtigte Kritik: *U. Volkmann*, AöR 127 (2002), 575 (593 ff.); *S. Müller-Franken*, AöR 134 (2009), 542 (552 ff.); *C. Ohler*, AöR 135 (2010), 153 (179 ff.); grundsätzlich positiv, aber differenziert *H.-H. Trute*, Die demokratische Legitimation der Verwaltung, in: GVwR² I, § 6 Rn. 53; genaue Darstellung auch bei *S. Vöneky*, Recht, Moral und Ethik, 2010, S. 158 ff. → Fn. 326.

[325] So treffend *M. Jestaedt*, Radien der Demokratie: Volksherrschaft, Betroffenenpartizipation oder plurale Legitimation?, in: H.M. Heinig/J.P. Terhechte (Hrsg.), Postnationale Demokratie, Postdemokratie und Neoetatismus, 2013, S. 3 ff. (15 f.).

[326] *K.F. Gärditz*, DÖV 2010, 453 (457); *M. Ludwigs*, Die Verwaltung 44 (2011), 41 (49); s. auch *Möllers*, Demokratie (Fn. 217), S. 43 ff.

[327] Vgl. *E.-W. Böckenförde*, HStR³ II, § 24 Rn. 8, 10 ff.; *S. Müller-Franken*, AöR 134 (2009), 542 (551); *Horn*, Demokratie (Fn. 218), § 22 Rn. 38 ff. – Stark betont wird das auch in der bundesverfassungsgerichtlichen Judikatur: BVerfGE 83, 60 (71 f.); 93, 37 (66); 107, 59 (87, Rn. 156); 130, 76 (123, Rn. 165); 131, 152 (205, Rn. 113).

Art. 20 (Demokratie)   C. Erläuterungen

nis gemeint ist, ergeben sich aus dieser Anforderung Folgen für die demokratische Legitimation der besonderen Organe des Art. 20 II 2 GG (→ Rn. 109 ff.).

85   Weder in der Demokratietheorie noch in der Verfassungspraxis bilden **Volkssouveränität und Repräsentation** einen Gegensatz. Schon Art. 20 II 2 GG (Wahlen, besondere Organe) macht deutlich, daß das Grundgesetz sich entschieden in die Tradition der (jedenfalls in modernen Großflächenstaaten) letztlich alternativenlosen repräsentativen Demokratie gestellt hat (→ Rn. 104). Auch demokratietheoretisch läßt sich zwischen Volkssouveränität und Repräsentation entgegen immer wieder unternommenen Versuchen keine Antinomie ausmachen[328]. Denn parlamentarische Repräsentation erhält ihren besonderen Charakter gerade durch die Idee der Volkssouveränität, weil sie Instrument zu deren Realisierung sein soll[329]. Nicht Repräsentation als solche, sondern nur (geschichtlich in vielfältigen Formen realisierte) nichtdemokratische Formen der Repräsentation stehen im Widerspruch zu ihr[330]. Das Parlament ist kein »Verfremdungsfaktor für die Selbstherrschaft«[331]. Ebensowenig wie demokratische Repräsentation schließt die Volkssouveränitätsdoktrin indes unmittelbare Sachentscheidungen durch das Volk oder andere Elemente direkter Demokratie aus (→ Rn. 102 ff.). Diese sind durch Art. 20 II 1 GG weder untersagt noch zwingend gefordert.

2. (Deutsche) Staatsgewalt als Legitimationsobjekt

86   Objekt demokratischer Legitimation ist die gesamte Staatsgewalt. »**Gewalt**« meint hier nicht körperliche physische Gewaltanwendung im Sinne von *violentia*, sondern die institutionalisierte und legitimierte Amtsgewalt des Staates im Sinne von *potestas*[332]. Darunter sind nach gefestigter Rechtsprechung des Bundesverfassungsgerichts »**alle Arten der Ausübung von Staatsgewalt**« zu verstehen[333]. Ähnlich wie bei der Grundrechtsbindung (→ Art. 1 III Rn. 53 ff.) oder der Rede von der »öffentlichen Gewalt« (→ Art. 93 Rn. 83) werden alle Staatsorgane und Amtswalter in der Summe ihrer legislativen, exekutiven und judikativen Funktionen erfaßt[334], ohne daß es allerdings auf eine Grundrechtsbeeinträchtigung oder überhaupt nur auf die Differenz von Außen- und Innenrechtsverhältnissen ankäme[335]. Zur Staatsgewalt i. S. d. Art. 20 II GG

---

[328] Skeptisch aber wieder *Meyer*, Repräsentation (Fn. 315), S. 100 ff., der im Repräsentationsbegriff demokratieabträgliche Tendenzen mitschwingen sieht.

[329] Es geht insofern also um die Konzeptualisierung einer demokratischen Repräsentation, die unter den Bedingungen moderner Großflächenstaaten nur eine parlamentarische Repräsentation sein kann. Dazu *E.-W. Böckenförde*, HStR³ III, § 34 Rn. 12 ff., 26 ff.; *Hofmann/Dreier* (Fn. 42), § 5 Rn. 16 ff.; *Weber*, Parlament (Fn. 64), S. 148 ff., 158 ff.; *Morlok* (Fn. 258), § 3 Rn. 1 ff., 45, 75 f.

[330] Vertiefend *M. Drath*, Die Entwicklung der Volksrepräsentation, 1954, S. 7 ff., 12 ff.; *Kielmansegg*, Volkssouveränität (Fn. 19), S. 156 ff.; *Hofmann/Dreier* (Fn. 42), § 5 Rn. 10, 22.

[331] So treffend *J.-D. Kühne*, ZG 6 (1991), 116 (129); s. noch *P. Krause*, HStR³ III, § 35 Rn. 6; w.N. bei *H. Dreier*, Jura 1997, 249 (250 f.).

[332] Zu dieser Differenz etwa *J. Isensee*, HStR³ II, § 15 Rn. 87 ff.; *H. Dreier*, Gewalt – notwendiges Übel?, in: L. Jaeckel/B. Zabel/R. Zimmermann (Hrsg.), Grundrechtspolitik und Rechtswissenschaft, 2015, S. 63 ff.

[333] BVerfGE 47, 253 (273); 77, 1 (40); 83, 60 (73). Dazu näher *E.-W. Böckenförde*, HStR³ II, § 24 Rn. 12 f.; *E. Schmidt-Aßmann*, AöR 116 (1991), 329 (338 ff.); *M. Jestaedt*, Demokratieprinzip und Kondominialverwaltung, 1993, S. 233 ff. m.w.N.; *D. Ehlers*, Jura 1997, 180 (183): »Gesamtbereich staatlichen Agierens«; *V. Mehde*, Neues Steuerungsmodell und Demokratieprinzip, 2000, S. 169 ff.

[334] Zur Strukturparallele von Art. 1 III und 20 II GG: *Stern*, Staatsrecht III/1, S. 1409 ff.; *Jestaedt*, Demokratieprinzip (Fn. 333), S. 235 ff.; *B. Pieroth*, EuGRZ 2006, 330 (331); differenzierend *E. Schmidt-Aßmann*, AöR 116 (1991), 329 (338 f.).

[335] *T. Emde*, Die demokratische Legitimation der funktionalen Selbstverwaltung, 1991, S. 202 ff.;

zählen ferner nicht nur die Organe von **Bund, Ländern und Gemeinden** bzw. Gemeindeverbänden[336], sondern auch alle sonstigen **juristischen Personen des öffentlichen Rechts** (→ Art. 1 III Rn. 37 ff., 53 ff.; → Art. 19 III Rn. 56 ff.). Bei den als Körperschaften des öffentlichen Rechts verfaßten Religionsgesellschaften, also vornehmlich den **Großkirchen**, bedingt allein dieser Status noch nicht, daß deren Rechtsakte als Ausübung von Staatsgewalt anzusehen sind; vielmehr kommt es darauf an, ob im Einzelfall hoheitliche Tätigkeit vorliegt[337]. Differenzierte Betrachtung erfordert die privatrechtsförmige Verwaltung (→ Rn. 132 ff.).

In materieller Hinsicht erfolgt also **keine Einschränkung auf Bereiche hoheitlichen Handelns**. Staatsgewalt umfaßt danach alle rechtserheblichen Funktionen und Tätigkeiten der Staatsorgane und Amtswalter ohne Rücksicht auf die Rechts- bzw. Handlungsform (→ Rn. 120). Auch die Verwendung von öffentlichen Mitteln, also das Finanzgebaren des Staates, stellt Ausübung öffentlicher Gewalt dar und fällt unter Art. 20 II GG[338]. Die Bedeutung des **Budgetrecht**s als zentrales Element der demokratischen Willensbildung wurde vor dem Hintergrund des europäischen Integrationsprozesses vom Bundesverfassungsgericht in jüngerer Zeit mit Nachdruck profiliert[339]. Bei der vollziehenden Gewalt bedeutet dies, daß auch leistendes, schlichtes und privatrechtsförmiges Handeln staatlicher Organe eingeschlossen ist[340]. 87

Was die Bedeutung des staatlichen Handelns angeht[341], so werden gelegentlich unwichtige Aufgaben als nicht zur »Ausübung von Staatsgewalt« zählend angesehen[342]. Das ist wegen der schwierigen Abgrenzung von wichtigen und unwichtigen Aufgaben und vor allem wegen des unmißverständlichen Wortlauts des Art. 20 II GG abzulehnen; ein **Bagatellvorbehalt** ist dem Demokratieprinzip fremd[343]. Auch nach Auffassung des Bundesverfassungsgerichts bedarf jedenfalls **alles amtliche Handeln mit Entscheidungscharakter**[344] demokratischer Legitimation, worunter Mitentscheidungsbefugnisse sowie von anderen Verwaltungsträgern noch umzusetzende Entscheidungen gehören. Erfaßt werden ebenso die behördeninternen Voraussetzungen für die Wahr- 88

S. Köller, Funktionale Selbstverwaltung und ihre demokratische Legitimation. Eine Untersuchung am Beispiel der Wasserverbände Lippeverband und Emschergenossenschaft, 2009, S. 41 f.

[336] Eingehend *Köller*, Funktionale Selbstverwaltung (Fn. 335), S. 36 ff.
[337] Das ist etwa bei der Friedhofsverwaltung und bei der Erhebung von Kirchensteuern der Fall (→ Art. 1 III Rn. 74 ff.).
[338] Eingehend *T. Puhl*, Budgetflucht und Haushaltsverfassung, 1996, S. 1, 3 ff., 159 ff.
[339] BVerfGE 129, 124 (Ls. 2a u. 170 f., Rn. 122); 130, 318 (343, Rn. 105).
[340] Insofern besteht also wieder eine Parallele zur Grundrechtsbindung: → Art. 1 III Rn. 66 ff. Zu den Organisationsformen des Verwaltungshandelns im einzelnen → Rn. 120 ff.
[341] Mit Blick auf das »Staats«moment kann man von Staatsgewalt in materiellem, mit Blick auf das »Gewalt«moment von solcher in formellem Sinne sprechen: so *Jestaedt*, Demokratieprinzip (Fn. 333), S. 226 ff., 255 ff.
[342] So BVerfGE 47, 253 (274); angedeutet auch in E 38, 258 (271).
[343] H.M. in der Literatur: vgl. *E. Schmidt-Aßmann*, AöR 116 (1991), 329 (367); *M. Jestaedt*, Der Staat 32 (1993), 29 (39 ff., 52); *M. Schulte*, Schlichtes Verwaltungshandeln, 1995, S. 165 ff.; *Mehde*, Steuerungsmodell (Fn. 333), S. 174 ff.; *Schliesky*, Souveränität (Fn. 317), S. 254 ff.; *B. Pieroth*, EuGRZ 2006, 330 (331); *Köller*, Funktionale Selbstverwaltung (Fn. 335), S. 40 ff., 176 ff.
[344] Zusammenfassend BVerfGE 107, 59 (87, Rn. 155): »Als Ausübung von Staatsgewalt, die demokratischer Legitimation bedarf, stellt sich jedenfalls alles amtliche Handeln mit Entscheidungscharakter dar […] Dies gilt gleichermaßen für Entscheidungen, die unmittelbar nach außen wirken, wie auch für solche, die nur behördenintern die Voraussetzungen für die Wahrnehmung der Amtsaufgaben schaffen […] sowie für die Wahrnehmung von Mitentscheidungsbefugnissen einschließlich der Ausübung von Vorschlagsrechten«. Siehe noch E 136, 194 (261, Rn. 168) mit Nachweisen älterer Judikate.

nehmung der Amtsaufgaben³⁴⁵. Ausgeschlossen sind hingegen lediglich rein konsultative, vorbereitende oder technische Tätigkeiten³⁴⁶. Die Abgrenzung kann im Einzelfall schwierig sein³⁴⁷.

89 Im Kern bezieht sich Art. 20 II GG auf die **deutsche Staatsgewalt**. Die Übertragung von Hoheitsrechten auf supranationale Einrichtungen, namentlich die Europäische Union, führt daher zu bestimmten Modifikationen des rein innerstaatlichen Demokratiemodells (→ Rn. 42 ff.). Deutlich engere Grenzen als dort sind aber wegen der fehlenden Kompensation der **Übertragung von Hoheitsrechten auf andere Staaten** gesetzt³⁴⁸. In der Anerkennung und Vollstreckung ausländischer Rechtsakte durch deutsche Behörden hat das Bundesverfassungsgericht wegen der Verfassungsentscheidung für eine offene Staatlichkeit (→ Pmbl. Rn. 43 ff.) keine Verletzung des Demokratieprinzips gesehen³⁴⁹.

3. (Deutsches) Volk als Legitimationssubjekt; Teilvölker

90 Art. 20 II GG spricht ohne nähere Spezifizierung vom »Volke«. Nach herrschender Auffassung und bundesverfassungsgerichtlicher Judikatur kann damit nicht die wechselhafte Summe der von der Staatsgewalt »Betroffenen« oder aller im Staatsgebiet lebender Personen gemeint sein, sondern nur das **Staatsvolk der Bundesrepublik Deutschland**³⁵⁰. Dafür führt das Bundesverfassungsgericht das systematische Argument an, wonach Art. 20 II GG im Bezugsfeld zu anderen Vorschriften des Grundgesetzes stehe, die ausdrücklich vom deutschen Volke sprechen (Präambel und Art. 146,

---

³⁴⁵ BVerfGE 47, 253 (273); 83, 60 (73); 93, 37 (Ls. 1 und S. 68 ff.); 107, 59 (87, Rn. 155). Dazu näher *E.-W. Böckenförde*, HStR³ II, § 24 Rn. 12 ff.; *Emde*, Legitimation (Fn. 335), S. 214 f.; *Jestaedt*, Demokratieprinzip (Fn. 333), S. 255 ff.

³⁴⁶ BVerfGE 47, 253 (273); 83, 60 (74); 93, 37 (68). Dazu *Emde*, Legitimation (Fn. 335), S. 214 f.; *E.-W. Böckenförde*, HStR³ II, § 24 Rn. 13; *Jestaedt*, Demokratieprinzip (Fn. 333), S. 261. Diese Ausnahme ist eng auszulegen, so daß schlicht-hoheitliches Handeln, amtliche Erklärungen und faktische Beeinträchtigungen von ihr nicht erfaßt werden, sondern zum legitimationsbedürftigen Bereich der Staatsgewalt gehören. Vgl. *E.-W. Böckenförde*, HStR³ II, § 24 Rn. 13; *Jestaedt*, Demokratieprinzip (Fn. 333), S. 257 ff., 262; *Mehde*, Steuerungsmodell (Fn. 333), S. 172 f.; noch weitergehend *A. Nußberger*, AöR 129 (2004), 282 (303); wohl auch *Volkmann* (Fn. 3), Art. 20 Rn. 45; *Classen*, Demokratische Legitimation (Fn. 108), S. 53 f.

³⁴⁷ Instruktiv etwa zur (fehlenden) demokratischen Legitimation der Deutschen Lebensmittelbuch-Kommission *S. Rixen*, DVBl. 2014, 949 (952 ff.).

³⁴⁸ Vgl. *K. T. Rauser*, Die Übertragung von Hoheitsrechten auf ausländische Staaten, 1991, S. 263 ff.; *E. Schmidt-Aßmann*, AöR 116 (1991), 329 (339 ff.); restriktiv auch *A. Randelzhofer*, in: Maunz/Dürig, GG, Art. 24 I (1992), Rn. 53; *H. Mosler*, HStR VII, § 175 Rn. 38 f. Weitergehend (unter Berufung auf die Verfassungsentscheidung für eine offene Staatlichkeit) *U. Beyerlin*, Rechtsprobleme der lokalen grenzüberschreitenden Zusammenarbeit, 1988, S. 428. Zu den sonstigen zwischenstaatlichen Einrichtungen neben der EU: → Art. 24 Rn. 31 ff.

³⁴⁹ BVerfGE 63, 343 (367 ff., 370). Zu transnationalen Verwaltungsakten *G. Sydow*, Verwaltungskooperation in der Europäischen Union, 2004, S. 141 ff.; *A. v. Bogdandy*, HStR³ XI, § 232 Rn. 23.

³⁵⁰ BVerfGE 83, 37 (50 f.); 83, 60 (76, 81); 107, 59 (87, Rn. 155); 131, 316 (342, Rn. 73). Aus der Literatur: *H. Quaritsch*, DÖV 1983, 1 (3); *R. Grawert*, HStR³ II, § 16 Rn. 1 ff.; *E.-W. Böckenförde*, HStR³ II, § 24 Rn. 26 ff.; *Wahl*, Art. Demokratie (Fn. 189), S. 2 f.; *E. Schmidt-Aßmann*, AöR 116 (1991), 329 (348 ff.); *Jestaedt*, Demokratieprinzip (Fn. 333), S. 207 ff.; *Badura*, Staatsrecht, Rn. A 3, E 5; *D. Ehlers*, Die Staatsgewalt in Ketten – Zum Demokratiegebot im Sinne des Grundgesetzes, in: FS Stein, 2002, S. 125 ff. (132); *Köller*, Funktionale Selbstverwaltung (Fn. 335), S. 45 ff.; *Horn*, Demokratie (Fn. 218), § 22 Rn. 28; *Classen*, Demokratische Legitimation (Fn. 108), S. 34 ff.; *Kloepfer*, Verfassungsrecht I, § 7 Rn. 79 ff.; *S. Augsberg*, ZG 27 (2012), 251 (253 f.). – Für Ausdehnung zu einem »europäisierten« Staatsvolksbegriff *S. Hobe*, JZ 1994, 191 (193 f.). → Art. 16 Rn. 42 ff.

ferner Art. 33, 56, 64 II GG)³⁵¹. Das Staatsvolk wird grundsätzlich von den deutschen Staatsangehörigen gebildet; nach dem Grundgesetz sind darüber hinaus die Statusdeutschen i. S. d. Art. 116 I GG erfaßt (→ Pmbl. Rn. 79; → Art. 16 Rn. 42, 63; → Art. 116 Rn. 21 ff.). Die herrschende Meinung verdient – auch mit Blick auf die Regelungen anderer Staaten³⁵² – schon aus Gründen staatsrechtlicher Tradition und einem notwendigen Konnex von Rechten und Pflichten de constitutione lata (zu Möglichkeiten de constitutione ferenda: → Art. 79 III Rn. 43) Zustimmung, soweit sie sich auf die Ebene des Bundes und der Länder bezieht³⁵³. Insofern erheben sich mit Blick auf die mögliche Einräumung eines Ausländerwahlrechtes auch nur wenige Gegenstimmen³⁵⁴. Gegenstand anhaltender Kontroversen ist indes, ob das Staatsangehörigkeitsmerkmal auch für die Selbstverwaltung in Gemeinden und Kreisen zutrifft, wie das Bundesverfassungsgericht meint und damit das allgemeine (über den Kreis der EU-Bürger hinausgehende) **kommunale Ausländerwahlrecht** ausschließt (→ Art. 28 Rn. 69).

Neben dem gesamten Staatsvolk der Bundesrepublik (Bundesvolk) gibt es »nach den Traditionen und Vorstellungen föderaler Staaten«³⁵⁵ auch Völker in den Bundesländern³⁵⁶. Diese **Landesvölker** sind mit dem Bundesvolk teilidentisch, aber – wie die (freilich nicht genutzte und mittlerweile gestrichene) Möglichkeit eigener Landesstaatsangehörigkeiten gem. Art. 74 Nr. 8 GG a. F. indizierte – nicht nur dessen Teile³⁵⁷. Die Länder üben Staatsgewalt aus und verfügen nach überwiegender Ansicht über unabgeleitete Hoheitsmacht, woraus nicht zuletzt ihre Verfassungsautonomie resultiert (→ Art. 28 Rn. 42 ff.).

Weitere zur Vermittlung demokratischer Legitimation fähige **Teilvölker** sind wegen der strukturellen Analogie (Allzuständigkeit, Gebietshoheit, unbestimmte Allgemein-

---

³⁵¹ So BVerfGE 83, 37 (51); zustimmend *Maurer*, Staatsrecht I, § 7 Rn. 22 ff.; *Jestaedt*, Demokratieprinzip (Fn. 333), S. 209 f. m. w. N.; vgl. auch *A. Wallrabenstein*, Das Verfassungsrecht der Staatsangehörigkeit, 1999, S. 104 ff. In früheren Entscheidungen argumentierte das Gericht demgegenüber stärker mit dem politischen Selbstbestimmungsrecht des Einzelnen als Basis demokratischer Legitimation (zur Rechtsprechungsentwicklung *A. Hanebeck*, DÖV 2004, 901 [904 ff.]).
³⁵² Zur prinzipiellen Koppelung des Wahlrechtes an die Staatsangehörigkeit in den Mitgliedstaaten der EU auch *C. Schönberger*, Unionsbürger, 2005, S. 434 ff.; vergleichende Darstellung von Deutschland, USA und EU bei *T. Groß*, »We the People« – Was ist ein Volk?, in: FS Bryde, 2012, S. 157 ff.
³⁵³ Nicht verkannt wird damit, daß sich bei steigendem Anteil von Ausländern die Differenz zwischen denen, die an der Bildung des Staatswillens kraft Staatsbürgereigenschaft teilhaben (Staatsvolk), und denen, die davon nur betroffen sind (Adressatenvolk), ohne ihn mitgestalten zu können, erhöht. Dazu *H. Dreier*, Erosionsprozesse des Verfassungsstaates, in: FS Selmer, 2004, S. 51 ff. (57 ff.); *T. Groß*, KritJ 44 (2011), 303 ff. – Aber der Grund für diese Differenz liegt in einem Politikdefizit, nicht in einem Verfassungs(interpretations)defizit.
³⁵⁴ Nachweise der kritischen älteren Literatur bei *A. Schink*, DVBl. 1988, 417 (419). Grundsatzkritik und Plädoyer für einen offenen Volksbegriff qua Verfassungsinterpretation bei *B.-O. Bryde*, JZ 1989, 257 ff.; *ders.*, StWStP 5 (1994), 305 (305 ff., 317 ff.); ähnlich auch *Tschentscher*, Demokratische Legitimation (Fn. 237), S. 64 ff., 99 f., 114 ff. – Eine Einführung des Ausländerwahlrechts auf Bundesebene durch einfaches Gesetz hält für möglich *H. Meyer*, HStR³ III, § 46 Rn. 7 ff., 10; nach richtiger Auffassung bedarf es für ein Abgehen vom Merkmal der Staatsangehörigkeit einer Verfassungsänderung (*E. Schmidt-Aßmann*, AöR 116 [1991], 329 [351]; *Volkmann* [Fn. 3], Art. 20 Rn. 30), die ihrerseits nicht durch Art. 79 III GG ausgeschlossen ist. → Art. 79 III Rn. 43.
³⁵⁵ *E. Schmidt-Aßmann*, AöR 116 (1991), 329 (349).
³⁵⁶ BVerfGE 83, 37 (53). Siehe *Stern*, Staatsrecht I, S. 669; *J. Isensee*, HStR³ VI, § 126 Rn. 47 ff.; *M. Herdegen*, HStR³ VI, § 129 Rn. 11 ff.; *Köller*, Funktionale Selbstverwaltung (Fn. 335), S. 98 f. Eher beiläufig erwähnt in BVerfGE 119, 331 (366, Rn. 158).
³⁵⁷ Treffend *R. Grawert*, HStR³ II, § 16 Rn. 33; a. A. *J. Isensee*, HStR³ VI, § 126 Rn. 47 (nur Volksteile); ihm folgend *Löwer* (Fn. 188), Art. 28 Rn. 27.

heit) auch die **Verbandsvölker** in Kreisen und Gemeinden[358], nach herrschender Auffassung indes nicht die vielfältigen Träger funktionaler Selbstverwaltung (z. B. Kammern, Sozialversicherungsträger, Hochschulen), die man als lediglich autonom legitimiert ansieht[359]. Nicht übersehen werden sollte freilich, daß »die Prinzipien der Selbstverwaltung und der Autonomie [...] ebenfalls im Demokratieprinzip wurzeln«[360].

III. Ausübung der Staatsgewalt durch das deutsche Volk (Art. 20 II 2 GG)

93   Art. 20 II 2 GG »gestaltet den Grundsatz der Volkssouveränität aus.«[361] Es werden die **Legitimationsmodi**[362] der Wahlen und der Abstimmungen unterschieden (→ Rn. 94 ff.) und besondere Organe für die mittelbare Ausübung der Staatsgewalt genannt, die in differenzierter Weise dem Erfordernis demokratischer Legitimation unterliegen (→ Rn. 109 ff.).

---

[358] BVerfGE 83, 37 (55): Art. 28 I 2 GG ordne »auch den Gemeinden und Kreisen ein ›Volk‹ als Legitimationssubjekt zu«; *E.-W. Böckenförde*, HStR³ II, § 24 Rn. 31 f.; *E. Schmidt-Aßmann*, AöR 116 (1991), 329 (349 f.); *Jestaedt*, Demokratieprinzip (Fn. 333), S. 212 f., 525 ff.; *Ehlers*, Staatsgewalt (Fn. 350), S. 132; *Köller*, Funktionale Selbstverwaltung (Fn. 335), S. 98 f.; *Vöneky*, Recht (Fn. 324), S. 203 f. – Zum demokratischen Charakter der kommunalen Selbstverwaltung als »gegliederter Demokratie« ausführlich *U. Scheuner*, AfK 12 (1973), 1 (6, 30, 40 u. ö.); *H. H. v. Arnim*, AöR 113 (1988), 1 ff.; w.N. bei *H. Dreier*, Hierarchische Verwaltung im demokratischen Staat, 1991, S. 230 f. → Art. 28 Rn. 65, 76 f.

[359] *E.-W. Böckenförde*, HStR³ II, § 24 Rn. 33 f. (mit überscharfer Kontrastierung von autonomer und demokratischer Legitimation); *E. Schmidt-Aßmann*, AöR 116 (1991), 329 (350); *ders*., Verwaltungsrecht (Fn. 319), II/81 (S. 88 f.) mit starker Betonung der Distanzfunktion, die bei bloß sektoraler Interessenvertretung nicht gegeben sei; *Emde*, Legitimation (Fn. 335), S. 382 ff. (der im Unterschied etwa zu *Böckenförde* in der autonomen Legitimation eine Form kompensatorischer demokratischer Legitimation sieht). Andere Autoren parallelisieren kommunale und funktionale Selbstverwaltung und gehen von der Existenz »fachlicher Teilvölker« aus: *Herzog* (Fn. 27), Art. 20 II Rn. 56 (offen lassend *Grzeszick* [Fn. 154], Art. 20 II Rn. 88); *J. Oebbecke*, Weisungs- und unterrichtungsfreie Räume in der Verwaltung, 1986, S. 89 f.; *Ehlers*, Staatsgewalt (Fn. 350), S. 132 f.; *B. Pieroth*, EuGRZ 2006, 330 (332); *D. Ehlers*, Verwaltung und Verwaltungsrecht im demokratischen und sozialen Rechtsstaat, in: Erichsen/Ehlers, Allg. Verwaltungsrecht, § 6 Rn. 8 f.; s. auch *Dreier*, Verwaltung (Fn. 358), S. 274 ff. m. w. N.

[360] BVerfGE 33, 125 (159); eingehend *Emde*, Legitimation (Fn. 335), S. 382 ff. Insofern spricht *Maurer*, Allg. Verwaltungsrecht, § 23 Rn. 40 treffend von der »Forderung nach verbandsinterner Demokratie«; ähnlich *M. Burgi*, Verwaltungsorganisationsrecht, in: Erichsen/Ehlers, Allg. Verwaltungsrecht, § 7 Rn. 26 ff., § 8 Rn. 23 ff. (dort insb. Rn. 25). Die einschlägige Rechtsprechung des Zweiten Senats (BVerfGE 83, 37; 83, 60; 93, 37) trug dem lange Zeit nicht hinlänglich Rechnung; s. jetzt aber BVerfGE 107, 59 (91 f., Rn. 167 ff.) und – unter Rückgriff auf E 33, 125 – E 111, 191 (215 ff., Rn. 151 ff.); beides Entscheidungen des Ersten Senats. Zum Wechsel *Classen*, Demokratische Legitimation (Fn. 108), S. 8 f. → Rn. 113.

[361] BVerfGE 83, 60 (71). Zuweilen wird Art. 20 II 1 GG von Art. 20 II 2 GG in der Weise geschieden, daß man in Satz 1 die »passive Legitimationseinheit«, in Satz 2 die »aktive Wirkeinheit« verortet (dazu *Jestaedt*, Demokratieprinzip [Fn. 333], S. 206 f.). Richtig ist, daß das gemäß Satz 2 aktiv handelnde Volk die Aktivbürgerschaft, d. h.: die Wahl- und Abstimmungsberechtigten umfaßt (ähnlich wie hier *Grzeszick* [Fn. 154], Art. 20 II Rn. 107; s. noch *A. Janssen*, DÖV 2010, 949 [949]). Zu Abgrenzungsproblemen beim allgemeinen Volksbegriff: → Pmbl. Rn. 67.

[362] So *E. Schmidt-Aßmann*, AöR 116 (1991), 329 (351 ff.); Aufnahme des Terminus bei *Unger*, Verfassungsprinzip (Fn. 216), S. 65 ff., 277 ff.

III. Ausübung der Staatsgewalt durch das deutsche Volk **Art. 20 (Demokratie)**

1. Wahlen und Abstimmungen (Art. 20 II 2, 1. Hs. GG)

a) Wahlen

In der strikt repräsentativ ausgestalteten Ordnung des Grundgesetzes (→ Rn. 20 ff.) stellen die Parlamentswahlen den für die »Willensbildung im demokratischen Staat entscheidenden Akt dar«[363]. Hier »betätigt sich der Bürger als Glied des Staatsorgans Volk im status activus«[364]. Der integrative Vorgang der Wahl knüpft das Band, welches das Volk mit der Vertretungskörperschaft verbindet, die dadurch als einziges »besonderes Organ« i. S. d. Art. 20 II 2 GG unmittelbar von diesem legitimiert ist[365]. Deswegen und wegen der dem korrespondierenden Aufgabenfülle sieht sich das **Parlament** im Unterschied zur konstitutionellen Epoche in das Zentrum institutionalisierter Staatlichkeit gestellt. Es bildet das **Gravitationszentrum des demokratischen Verfassungsstaates**[366]. Daraus folgt die Pflicht, wichtige Grundentscheidungen nicht aus der Hand zu geben (→ Rn. 117).   94

Mit Wahlen sind staatsrechtlich **Entscheidungen über Personen** im Unterschied zu solchen über Sachfragen gemeint: es geht gerade um die »Auswahl der zur Sachentscheidung befugten Personen«[367]. »Wahlen sind Personalentscheidungen.«[368]   95

Art. 20 II 2 GG bezieht sich in erster Linie auf die **Wahlen zum Deutschen Bundestag**[369]; ein spezieller Ausgriff der Bundesverfassung auf Länder und Kommunen erfolgt (erst und nur) in Gestalt des Art. 28 I 2 GG[370]. Da aber periodisch wiederkehrende Wahlen zum über Art. 79 III GG geschützten Kerngehalt des Demokratieprinzips zählen (→ Art. 79 III Rn. 37), sind diese auch in bezug auf Länder und Kommunen gegen eine Abschaffung qua Verfassungsänderung geschützt.   96

Das **Wahlsystem** ist im Grundgesetz entgegen der verfassungsrechtlichen Tradition nicht geregelt[371]. Bundesverfassungsgericht und Teile der Lehre vertreten seit jeher,   97

---

[363] BVerfGE 20, 56 (113); 29, 145 (164 f.). Siehe auch E 122, 304 (306 f., Rn. 12); 123, 267 (341 f., Rn. 211 ff.). Aus der Literatur *Hesse*, Verfassungsrecht, Rn. 145; *Stern*, Staatsrecht I, S. 606 f.; *R. Grawert*, HStR³ II, § 16 Rn. 58 (»Wahl als Gesamtvorgang demokratischer Selbstorganisation durch Auswahl der zur Sachentscheidung befugten Personen«); *P. Badura*, HStR³ II, § 25 Rn. 31; *H. Meyer*, HStR³ III, § 45 Rn. 1; *H. Dreier*, Jura 1997, 249 (253) m. w. N.; *Morlok*, Demokratie (Fn. 315), S. 588 f.; *Weber*, Parlament (Fn. 64), S. 201.

[364] BVerfGE 83, 60 (71). Siehe auch BVerfGE 122, 304 (307, Rn. 12): »die Wahlen zur Volksvertretung sind der Grundakt demokratischer Legitimation«. → Vorb. Rn. 80; → Art. 38 Rn. 33.

[365] BVerfGE 33, 125 (158): das Volk übt »die Staatsgewalt am unmittelbarsten durch das von ihm gewählte Parlament« aus. BVerfGE 34, 52 (59): »Nur das Parlament besitzt die demokratische Legitimation zur politischen Leitentscheidung.« Ähnlich BVerfGE 40, 237 (249); 44, 308 (316); 56, 396 (405).

[366] Näher *Mößle*, Regierungsfunktionen (Fn. 318), S. 132 ff. u. ö.; *H. Dreier*, JZ 1990, 310 ff. m. w. N.; *M. Morlok/C. Hientzsch*, JuS 2011, 1 ff.; *Krüper* (Fn. 279), § 36 Rn. 1.

[367] *R. Grawert*, HStR³ II, § 16 Rn. 58. Vgl. *Degenhart*, Staatsrecht I, Rn. 27 f.; *Sachs* (Fn. 245), Art. 20 Rn. 31; *Kloepfer*, Verfassungsrecht I, § 7 Rn. 92.

[368] *B. Pieroth*, JuS 2010, 473 (476).

[369] Zur dadurch nicht ausgeschlossenen Möglichkeit, auch andere Amtsträger (z. B. bestimmte Bundesbeauftragte) durch Volkswahl zu bestimmen: *E. Schmidt-Aßmann*, AöR 116 (1991), 329 (353 f.). Ablehnend insofern *P. Krause*, HStR³ III, § 35 Rn. 18; wohl auch *Sachs* (Fn. 245), Art. 20 Rn. 32. – Zu Direktwahlen auf Landes- und Kommunalebene: → Art. 28 Rn. 59, 65.

[370] Weitergehend *Schnapp* (Fn. 320), Art. 20 Rn. 24 unter Verweis auf BVerfGE 18, 151 (154): Parlamente und Kommunalvertretungen. Dagegen spricht indes die spezielle Regelung in Art. 28 I 2 GG sowie die Möglichkeit von Gemeindeversammlungen gemäß Art. 28 I 4 GG: denn hier finden die von Art. 20 II 2 GG zwingend geforderten Wahlen eben nicht statt.

[371] *H. Meyer*, HStR³ III, § 45 Rn. 19; *Kloepfer*, Verfassungsrecht I, § 7 Rn. 85. – Die derzeit geltende einfachgesetzliche Regelung läuft auf ein **personalisiertes Verhältniswahlrecht** hinaus. Ausdrücklich

Art. 20 (Demokratie) C. Erläuterungen

angesichts dessen sei der einfache Gesetzgeber frei in der Ausgestaltung des Wahlrechtssystems und könne ein striktes Verhältniswahlrecht ebenso einführen wie ein reines, womöglich relatives Mehrheitswahlrecht[372]. Doch bildet aus verfassungshistorischen, grundgesetzsystematischen und repräsentationstheoretischen Gründen das (in Grenzen modifizierbare) **Verhältniswahlrecht** das verfassungsrechtlich adäquate System, so daß einem Übergang zum absoluten oder relativen Mehrheitswahlrecht schwerwiegende Bedenken entgegenstünden[373]. Ein solcher Wechsel hätte auf jeden Fall Folgen für die Voraussetzungen einer Verfassungsänderung (→ Art. 79 II Rn. 23).

98 Für die konkrete gesetzliche Ausgestaltung des Wahlrechts enthält das Grundgesetz in Gestalt der in Art. 38 I 1 GG genannten **Wahlgrundsätze** bestimmte Vorgaben (→ Art. 38 Rn. 51 ff.). Von diesen Wahlgrundsätzen zählen die Grundsätze der Allgemeinheit, der Gleichheit und der Freiheit zugleich zu den »Grundsätzen« des demokratischen Prinzips, die nach Art. 79 III GG durch die Ewigkeitsgarantie besonders geschützt sind (→ Art. 79 III Rn. 37). Das kann etwa für die Frage von Bedeutung sein, ob und auf welchem Wege die Einführung eines Minderjährigen-, Eltern- oder Familienwahlrechts möglich wäre[374].

b) Abstimmungen

99 Art. 20 II GG benennt neben den Wahlen auch »Abstimmungen« als eine Form der Ausübung der Staatsgewalt durch das Volk. Zwischen beiden Formen besteht kein Vorrang- oder Nachrangverhältnis[375]. Weder ist die repräsentative Ausgestaltung die »eigentliche« noch die unmittelbare die »echte« Form der Demokratie[376]; Parlaments-

---

gebilligt durch BVerfGE 121, 266 (296, Rn. 95); bestätigt durch E 122, 304 (314, Rn. 33). Überhangmandate und Grundmandatsklausel sind dem Bundesverfassungsgericht zufolge mit dem Grundgesetz prinzipiell vereinbar (BVerfGE 95, 335; 95, 408). Einschränkend aber BVerfGE 131, 316, insb. Ls. 2a: »In dem vom Gesetzgeber geschaffenen System der mit der Personenwahl verbundenen Verhältniswahl sind Überhangmandate [§ 6 Abs. 5 BWG] nur in einem Umfang hinnehmbar, der den Grundcharakter der Wahl als einer Verhältniswahl nicht aufhebt.« → Art. 38 Rn. 134.

[372] BVerfGE 1, 208 (246 ff.); 6, 84 (90); 34, 81 (99); 95, 335 (349 ff.); 121, 266 (296, Rn. 94 f.); 122, 304 (314, Rn. 34); 124, 1 (19, Rn. 80); 131, 316 (334 f., Rn. 54). – Aus der Literatur siehe *H.-U. Erichsen*, Jura 1984, 22 (26); *Stern*, Staatsrecht I, S. 289 ff., 299 ff. m.w.N.; *H.H. Klein*, in: Maunz/Dürig, GG, Art. 38 (2013), Rn. 158 ff.; *Degenhart*, Staatsrecht I, Rn. 73 ff. – Plädoyer für einen Übergang zum Mehrheitswahlrecht: *F.A. Hermens*, Demokratie oder Anarchie, 2. Aufl. 1968. Zu den verschiedenen Ausgestaltungsmöglichkeiten der Wahlrechtssysteme (wobei Verhältniswahlrecht und Mehrheitswahlrecht lediglich gewisse Idealtypen markieren): *E. Jesse*, Wahlrecht zwischen Kontinuität und Reform, 1985; *D. Nohlen*, Wahlrecht und Parteiensystem, 7. Aufl. 2014, S. 141 ff., 195 ff.; *H. Meyer*, HStR³ III, § 45 Rn. 25 ff.

[373] Vgl. *H. Meyer*, HStR³ III, § 45 Rn. 22 ff., 31 ff.; *Hofmann/Dreier* (Fn. 42), § 5 Rn. 32 ff., 37; *R. Bakker*, ZRP 1994, 457 ff.; *U. Mager/R. Uerpmann*, DVBl. 1995, 273 (276 f.); *H. Dreier*, Jura 1997, 249 (253 f.); *H. Nicolaus*, ZRP 1997, 185 (186 f.); zum gesamtem Komplex *Morlok*, Demokratie (Fn. 315), S. 595 ff., der eine Präferenz der Wahlrechtsgleichheit zugunsten des Verhältniswahlrechts konstatiert (S. 597). → Art. 38 Rn. 102.

[374] Zu den verschiedenen diskutierten Modellen *J. Oebbecke*, JZ 2004, 987 ff.; *R. Wernsmann*, Der Staat 44 (2005), 43 (52 ff.); *R. Brinktrine*, JöR 61 (2013), 557 (562 ff.), jeweils m.w.N. Näher: → Art. 38 Rn. 129; zum Verhältnis der Wahlgrundsätze zur Volkssouveränität allgemein *Morlok*, Demokratie (Fn. 315), S. 589 f.

[375] Näher *Dreier/Wittreck*, Demokratie (Fn. 83), S. 16 ff. m.w.N.; anders aber z.B. *Horn*, Demokratie (Fn. 218), § 22 Rn. 63 ff.; *M. Möstl*, Elemente direkter Demokratie als Entwicklungsperspektive, VVDStRL 72 (2013), S. 355 ff. (361 f.: »Vorrang der repräsentativen Demokratie«).

[376] *Bugiel*, Volkswille (Fn. 79), S. 109 ff.; *Dreier/Wittreck*, Demokratie (Fn. 83), S. 36 ff.; *H. Meyer*, JZ 2012, 548 (543). → Rn. 102 ff.

idealisierung ist ebenso unangebracht wie Volksmythologisierung. Gänzlich verfehlt erscheint es, in Abstimmungen »vom Standpunkt der Volkssouveränität kein hinreichend legitimierendes Verfahren« zu erblicken[377]. Im Unterschied zur Personalauswahl qua Wahl versteht man unter Abstimmungen **Sachentscheidungen** durch die Aktivbürgerschaft selbst[378]. »Abstimmungen sind Sachentscheidungen.«[379] Sie bilden den Kern der sog. direkten Demokratie (→ Rn. 102 ff.). Zu deren außerordentlich vielgestaltigem Formenkanon gehören als wichtigste Institute Volksbegehren und Volksentscheid (**Volksgesetzgebung**) und Gesetzes- bzw. Verfassungsreferenden (Entscheidung des Volkes über einen bestimmten Gesetzentwurf); auch die häufig als »konsultativ« bezeichnete Volksbefragung zählt dazu[380].

Als Beispielsfälle für grundgesetzlich vorgesehene Abstimmungen nennt man gemeinhin, aber fälschlicherweise die **Territorialplebiszite gemäß Art. 29, 118, 118a GG**[381]. Unabhängig davon, daß Art. 118 GG längst obsolet geworden, der Zusammenschluß von Berlin und Brandenburg gemäß Art. 118a GG einstweilen gescheitert und eine Neugliederung gemäß Art. 29 GG wegen der vielen dort aufgerichteten Hindernisse äußerst unwahrscheinlich ist, bestehen gegen eine solche Einstufung verfassungstheoretisch durchgreifende Bedenken[382]. Denn der Sache nach haben wir es in den genannten Fällen nicht mit Volksentscheiden, sondern mit »**Bevölkerungsentscheiden**« zu tun[383]. Nicht das gesamte abstimmungsberechtigte Staatsvolk (des Bundes oder eines Landes) trifft anstelle des parlamentarischen Gesetzgebers eine allgemeine Regelung[384], sondern ein von der Neugliederung betroffener Bevölkerungsteil unterschiedlicher Landesvölker stimmt über eine Frage ab, für die eine alternative Zuständigkeit von Bundes- oder Landtag naturgemäß nicht vorhanden ist. Territorialplebiszite gehören in den Problemkreis des Föderalismus, nicht der Demokratie; sie sind demnach entgegen der h. M. **keine Abstimmungen** i. S. v. Art. 20 II 2 GG[385].

---

[377] So irrig *Horn*, Demokratie (Fn. 218), § 22 Rn. 65. – Abstimmungen sind, wie der Wortlaut des Art. 20 II 2 GG hinlänglich deutlich erkennen läßt, Ausdruck der Volkssouveränität und kein Verstoß gegen diese.

[378] *Stern*, Staatsrecht II, S. 13; *I. Ebsen*, AöR 110 (1985), 2 (6); *P. Krause*, HStR³ III, § 35 Rn. 19; *E. Schmidt-Aßmann*, AöR 116 (1991), 329 (354); *Maurer*, Staatsrecht I, § 7 Rn. 20; *B. Pieroth*, EuGRZ 2006, 330 (332).

[379] *B. Pieroth*, JuS 2010, 473 (476).

[380] Zu Typen und Terminologien eingehend *Jürgens*, Direkte Demokratie (Fn. 79), S. 35 ff.; *U. Berlit*, KritV 76 (1993), 318 (328 ff.); *Rux*, Direkte Demokratie (Fn. 209), S. 44 f.; *Neumann*, Sachunmittelbare Demokratie (Fn. 209), S. 177 ff.; knapp *Dreier/Wittreck*, Demokratie (Fn. 83), S. 13 ff.

[381] Vgl. nur *Hesse*, Verfassungsrecht, Rn. 148; *Stern*, Staatsrecht I, S. 607; *Badura*, Staatsrecht, Rn. D 12; *P. Krause*, HStR³ III, § 35 Rn. 19; *J. Ipsen*, Staatsrecht I, Rn. 124 ff.; *Grzeszick* (Fn. 154), Art. 20 II Rn. 112.

[382] Zum folgenden näher *H. Dreier*, Jura 1997, 249 (251 f.) m. w. N.

[383] Terminus bei *W. Weber*, Weimarer Verfassung und Bonner Grundgesetz, 1949, S. 16 Fn. 10; ähnlich *I. Ebsen*, AöR 110 (1985), 2 (5 ff.). Wie hier auch *Meyer*, Repräsentation (Fn. 315), S. 110; *ders.*, JZ 2012, 538 (538); *B. J. Hartmann*, Volksgesetzgebung und Grundrechte, 2005, S. 28; *Neumann*, Sachunmittelbare Demokratie (Fn. 209), S. 246 ff.; *Maurer*, Staatsrecht I, § 7 Rn. 38.

[384] Genau darin liegt die Essenz direkter Demokratie. Sachfragen werden nicht durch Repräsentanten, sondern das Volk selbst entschieden. In Art. 72 I der Bayerischen Verfassung ist das klar und kompakt ausgedrückt: »Die Gesetze werden vom Landtag oder vom Volk (Volksentscheid) beschlossen.« Es ist also das gleiche Staatsvolk (des Bundes oder der Länder), das entweder Vertreter wählt oder die Sachfragen selbst entschiedet. Daran fehlt es bei den Bevölkerungsentscheiden.

[385] Vgl. nur *H. Hofmann*, Bundesstaatliche Spaltung des Demokratiebegriffs? (1985), in: ders., Verfassungsrechtliche Perspektiven, 1995, S. 146 ff. (155 f., 158): Art. 29 GG keine Ausnahme vom Prinzip der mittelbaren Demokratie. Wie hier auch *I. Ebsen*, AöR 110 (1985), 2 (8); *Bugiel*, Volkswille (Fn. 79), S. 117 ff., 124 m. w. N.; *H. Lang*, Gesetzgebung in eigener Sache, 2007, S. 487 f.; *Neumann*,

101 Die in Art. 28 I 4 GG geregelte, aber heutzutage in den Kommunalverfassungen der Länder – mit einer Ausnahme – nicht mehr vorgesehene Möglichkeit von **Gemeindeversammlungen** (→ Art. 28 Rn. 75) gehört ebenfalls nicht in den Kontext gesamtstaatlicher Demokratie.

2. Direkte Demokratie im Grundgesetz?

102 De constitutione lata gibt es nach hier vertretener Auffassung derzeit keinen konkreten Anwendungsfall für die in Art. 20 II GG genannten **Abstimmungen**. Das wirft die **Frage nach** der Möglichkeit ihrer **Einführung** auf. Dabei ist nochmals zu unterscheiden, ob derartige Formen demokratischer Entscheidungsfindung entweder durch den einfachen oder den verfassungsändernden Gesetzgeber eingeführt werden dürften (→ Rn. 105 ff.).

103 Für die Antwort ist zunächst von Bedeutung, daß Formen direkter Demokratie nicht mit der Aura echter, unverfälschter Artikulation des Volkswillens versehen und in schablonenhafter Weise mit den vorgeblich parteipolitisch dominierten Parlamentsentscheidungen kontrastiert werden sollten[386]. Die letztlich kaum geringere **repräsentative Struktur** vermeintlich »identitärer« Formen kollektiver Entscheidungsfindung ist **lediglich verdeckt**[387]. Denn auch bei der Volksgesetzgebung handelt die allemal in Interessengruppen und Parteiungen gespaltene Aktivbürgerschaft für das Gesamtvolk, und auch hier gilt das Mehrheitsprinzip (→ Rn. 67 ff.). Es macht sich – will man nicht bei Romantisierung und Mystifikation Zuflucht suchen – kein einheitlicher, ungebrochener, homogener Volkswille geltend. Demgemäß gibt es auch keinen legitimatorischen, moralischen oder rechtlichen Vorrang der direkten gegenüber der repräsentativen Demokratie[388].

104 In modernen Großflächenstaaten mit hohem Normierungsbedarf kommt direkte Demokratie stets nur als **punktuelle Ergänzung**, niemals als Substitution des Repräsentativsystems in Betracht[389]. Illusionär wäre die Vorstellung, die vielfältigen Staatsleitungsaufgaben parallel oder in Konkurrenz zu den gewählten Organen umfassend im

---

Sachunmittelbare Demokratie (Fn. 209), S. 246 ff.; andeutungsweise bereits BVerfGE 1, 14 (50). Die Vorgängerfassungen des heute geltenden Art. 29 GG sahen bis zu dessen Änderung von 1976 unter bestimmten Umständen einen Volksentscheid im gesamten Bundesgebiet und insofern eine echte Abstimmung vor (vgl. *I. Ebsen*, AöR 110 [1985], 2 [7f.]); praktisch relevant wurde dies nie.

[386] Hierzu und zum folgenden: *H. Meyer*, Wahlsystem und Verfassungsordnung, 1973, S. 199; *ders.*, Repräsentative Demokratie und Plebiszit. Fünfundzwanzig Thesen, in: U. Willems (Hrsg.), Demokratie auf dem Prüfstand, 2002, S. 75 ff. (75); *R.A. Rhinow*, ZSR 103 II (1984), 111 (167 ff., 177 ff., 210); *Hofmann/Dreier* (Fn. 42), § 5 Rn. 17; *H. Dreier*, Jura 1997, 249 (251) m.w.N.

[387] Neben den in der vorigen Fußnote Genannten noch *P. Badura*, Die politische Freiheit in der Demokratie, in: FS Simon, 1987, S. 193 ff. (207); *P. Krause*, HStR³ III, § 35 Rn. 3; *J.-D. Kühne*, ZG 6 (1991), 116 (123, 129); *Möllers*, Demokratie (Fn. 217), S. 29; *Steinberg*, Repräsentation (Fn. 279), S. 205; *Schuler-Harms*, Elemente (Fn. 211), S. 442 f. m. w. N.

[388] Die Folge der fehlenden rechtlichen Höherrangigkeit der einen Form gegenüber der anderen kann in einem möglichen »Wettlauf der Souveräne« (*W. Jellinek*), einem Ping-Pong zwischen Volks- und Parlamentsgesetzgebung bestehen; angesichts des Ausnahmecharakters der direkten Demokratie ist das allerdings keine realistische Befürchtung. Instruktive Diskussion des Problems bei *M. Jacobsen*, DÖV 2007, 949 ff.

[389] *E.-W. Böckenförde*, HStR³ III, § 34 Rn. 23 spricht von »Balancierungs- und Korrekturfunktion«; ähnlich bereits *Scheuner*, Das repräsentative Prinzip (Fn. 224), S. 259 (»Ergänzung und Verbesserung des repräsentativen Prinzips«); s. auch *Badura*, Staatsrecht, Rn. D 10; *Bugiel*, Volkswille (Fn. 79), S. 98 f. m. w. N.; *U. Berlit*, KritV 76 (1993), 318 (334 f.); *Meyer*, Thesen (Fn. 386), S. 80; *ders.*, JZ 2012, 538 (543); *B. M. Weixner*, APuZ 10/2006, 18 (23).

III. Ausübung der Staatsgewalt durch das deutsche Volk   **Art. 20 (Demokratie)**

Wege einer Abstimmungsdemokratie wahrnehmen zu wollen. Es gibt Staaten mit rein repräsentativer Ausgestaltung, nicht aber umgekehrt demokratische Flächenstaaten ohne gewichtige repräsentative Institutionen. Die moderne Demokratie ist zwar ohne Volksentscheide möglich, aber nicht ohne Repräsentation[390]. Aus diesem faktischen Verhältnis von Regel und Ausnahme darf freilich nicht auf eine normative Präponderanz der repräsentativen Demokratie gefolgert werden[391].

Eine – möglicherweise gewisse Defizite parteienstaatlich dominierter Repräsentation kompensierende – Anreicherung des Grundgesetzes um Elemente direkter Demokratie im Wege einer Verfassungsänderung wäre **nicht durch Art. 79 III GG ausgeschlossen**[392]. Denn der Verfassunggeber hat Abstimmungen außer in den zudem gar nicht einschlägigen (→ Rn. 100) Fällen der Territorialplebiszite nicht kategorisch und mit Ewigkeitswirkung ausschließen wollen. Vielmehr nennt das Grundgesetz mit den »Abstimmungen« den zentralen Akt direkter Demokratie selbst beim Namen. Außerdem streiten historische Überlieferung und die Praxis in vielen anderen Verfassungsstaaten für entsprechende Möglichkeiten[393]. Schließlich entfaltet der Umstand Relevanz, daß mittlerweile alle Verfassungen der deutschen Bundesländer Institute direkter Demokratie kennen (→ Rn. 58). Wegen des Homogenitätsgebotes des Art. 28 I 2 GG müßte nun die These, einer entsprechenden Anreicherung des Grundgesetzes stünde Art. 79 III GG entgegen, konsequenterweise zur Verfassungswidrigkeit der entsprechenden Bestimmungen der Landesverfassungen führen[394]. Diese Folgerung wird aber ganz zu Recht von niemandem gezogen[395].

105

Das **Grundgesetz** ist also prinzipiell **offen für beide Formen**: repräsentative und direktdemokratische[396]. Die Einführung direktdemokratischer Elemente etwa in dem in Weimar oder in den meisten Bundesländern vorgesehenen – und das heißt: praktisch

106

---

[390] *R.A. Rhinow*, ZSR 103 II (1984), 111 (174); *E.-W. Böckenförde*, HStR³ III, § 34 Rn. 53; *P. Krause*, HStR³ III, § 35 Rn. 20; *J.-D. Kühne*, ZG 6 (1991), 116 (126); *H. Dreier*, Jura 1997, 249 (251).

[391] Gegen diese verbreitete Annahme *Dreier/Wittreck*, Demokratie (Fn. 83), S. 16 ff., 24 ff.; dem folgend *Schuler-Harms*, Elemente (Fn. 211), S. 440 m. Fn. 77.

[392] Das ist mittlerweile ganz h. M.: *E.-W. Böckenförde*, HStR³ III, § 34 Rn. 23; *P. Krause*, HStR³ III, § 35 Rn. 20; *J. Ipsen*, Staatsrecht I, Rn. 134 f.; *Bugiel*, Volkswille (Fn. 79), S. 443 ff.; *U. Berlit*, KritV 76 (1993), 318 (324); *H.-P. Hufschlag*, Einfügung plebiszitärer Komponenten in das Grundgesetz?, 1999, S. 113 ff. (insb. S. 126 ff.); *J. Kühling*, JuS 2009, 777 (778 ff.); *Schuler-Harms*, Elemente (Fn. 211), S. 440 m. w. N. – Die Extremposition, wonach jede noch so marginale Ergänzung des Grundgesetzes durch die Ewigkeitsklausel ausgeschlossen wäre, vertritt praktisch niemand (vgl. *Bugiel*, Volkswille [Fn. 79], S. 443 m. N.); doch plädiert mancher ohne stets ganz klare Trennung zwischen verfassungsrechtlichen und verfassungspolitischen Argumenten zuweilen für sehr weitgehende Restriktionen (z. B. *A. Greifeld*, Volksentscheid durch Parlamente, 1983, S. 105 ff.; *R. Scholz*, Krise der parteienstaatlichen Demokratie, 1983, S. 6 ff.; *J. Isensee*, Am Ende der Demokratie – oder am Anfang?, 1995, S. 31 ff.; *P. Krause*, HStR³ III, § 35 Rn. 17 ff.). → Art. 79 III Rn. 40.

[393] Schon *A. Hamann*, Grundgesetz-Kommentar, 2. Aufl. 1961, B 6 zu Art. 20 hat es zu Recht als »abwegig« bezeichnet, »die Nichtzulassung von Plebisziten als wesentlichen und tragenden Grund unserer Verfassungsordnung anzusehen.« Betonung der deutschen Verfassungsgeschichte auch bei *H. Meyer*, JZ 2012, 538 (539).

[394] Diese wegweisende Argumentation bei *Hofmann*, Spaltung (Fn. 385), S. 146 ff. (152 ff., 155 ff.) ist mittlerweile herrschende Auffassung: umfangreiche Nachweise bei *Bugiel*, Volkswille (Fn. 79), S. 124 ff., 452 f.; ferner *Dreier/Wittreck*, Demokratie (Fn. 83), S. 20 f.; *H. Meyer*, JZ 2012, 538 (539).

[395] Nach BVerfGE 60, 175 (208) liegt es im Ermessen der Bundesländer, ein Volksgesetzgebungsverfahren einzuführen.

[396] *Wahl*, Art. Demokratie (Fn. 189), S. 4; *Bugiel*, Volkswille (Fn. 79), S. 112 ff., 443 ff.; *C. Degenhart*, Der Staat 31 (1992), 77 (78, 97); *Jürgens*, Direkte Demokratie (Fn. 79), S. 263 ff.; *Hufschlag*, Komponenten (Fn. 392), S. 118 f.; *Dreier/Wittreck*, Demokratie (Fn. 83), S. 39; *Kloepfer*, Verfassungsrecht I, § 7 Rn. 191; auch *Möstl*, Elemente (Fn. 375), S. 380 ff. (wenngleich zu restriktiv gefaßt).

einen Vorrang des Repräsentativsystems wahrenden – Umfang (→ Rn. 104) wäre möglich, ohne zwingend geboten zu sein. Dafür bedürfte es allerdings nach zutreffender und überwiegender Auffassung einer **Verfassungsänderung**, soweit es um die **Volksgesetzgebung** (Volksbegehren, Volksentscheid) geht[397]. Das folgt schon aus Art. 76, 77 GG: hier wird das Gesetzgebungsverfahren auf Bundesorgane beschränkt und keine Alternative für ein paralleles Volksgesetzgebungsverfahren zugelassen, wie das etwa in aller Klarheit die Bayerische Verfassung in Art. 72 I tut. Außerdem ist für eine derartig gravierende Strukturveränderung des bisherigen grundgesetzlichen Entscheidungsmodus nach der Idee vom Verfassungsvorbehalt eine ausdrückliche Änderung unerläßlich[398].

107 Hingegen wäre die generelle Einführung konsultativer **Volksbefragungen** (auch als Volksenqueten oder konsultative Referenden bezeichnet)[399], mit denen in einem staatlich veranlaßten Verfahren die Mehrheitsmeinung der Aktivbürgerschaft festgestellt wird, entgegen der wohl noch überwiegenden Auffassung bereits durch **einfaches Bundes- oder Landesgesetz** möglich[400]. Denn hier sind die genannten Gründe für die Notwendigkeit einer Verfassungsänderung nicht einschlägig[401]. Das Ergebnis der Befragung entfaltet ungeachtet seines faktisch-politischen Gewichts keine rechtliche Bindungswirkung; die staatlichen Organe (Parlament, Regierung) sind frei, sich über das Votum hinwegzusetzen. Von daher scheidet auch eine Verletzung des freien Mandats aus, welches ohnehin nicht gegen gesellschaftliche Einflußnahmen aller Art immunisiert. Diese Frage ist im übrigen nicht durch die Entscheidungen des Bundesverfas-

---

[397] So die h.M.: *Hofmann*, Spaltung (Fn. 385), S. 159; *I. Ebsen*, AöR 110 (1985), 2 (15, 20, 29); *P. Krause*, HStR³ III, § 35 Rn. 22 ff.; *Bugiel*, Volkswille (Fn. 79), S. 357 f.; *B. Pieroth*, EuGRZ 2006, 330 (333); *J. Kühling*, JuS 2009, 777 (778); *Volkmann* (Fn. 3), Art. 20 Rn. 59; *Kloepfer*, Verfassungsrecht I, § 7 Rn. 192, § 21 Rn. 299; *Schuler-Harms*, Elemente (Fn. 211), S. 433, 441 m. w. N.; Überlegungen zu den Anforderungen an eine verfassungskonforme Gestaltung einer solchen Reform bei *F. Wittreck*, JöR 53 (2005), 111 (182 ff.). – Die Mindermeinung hält hingegen ein **einfaches Gesetz** für ausreichend (zumeist mit dem Argument, Art. 20 II 2 GG stelle dafür selbst die Ermächtigungsnorm dar): *H. Meyer*, Das parlamentarische Regierungssystem des Grundgesetzes, VVDStRL 33 (1975), S. 69 ff. (115); *ders.*, JZ 2012, 538 (542 ff.); *C. Pestalozza*, Der Popularvorbehalt, 1981, S. 11 ff. – Sogar ohne einfaches Gesetz, also ausschließlich auf der aktuellen Textgrundlage des Art. 20 II 2 GG, hält Volksabstimmungen für zulässig: *M. Elicker*, ZRP 2004, 225 (229); dagegen zu Recht *T. Herbst*, ZRP 2005, 29 ff.

[398] Zum Verfassungsvorbehalt: *Hofmann*, Spaltung (Fn. 385), S. 159; *I. Ebsen*, AöR 110 (1985), 2 (4 ff.); *P. Krause*, HStR³ III, § 35 Rn. 7, 19; *H. K. Heußner/A. Pautsch*, NVwZ-Extra 10/2014, 1 (2 ff.); wie hier *Schuler-Harms*, Elemente (Fn. 211), S. 441 ff. Kritisch *Bugiel*, Volkswille (Fn. 79), S. 135 ff.; ablehnend *H. Meyer*, JZ 2012, 538 (542 ff.).

[399] Eingehend *U. Rommelfanger*, Das konsultative Referendum, 1988; *Neumann*, Sachunmittelbare Demokratie (Fn. 209), S. 240 ff.; ablehnend *W. J. Patzelt*, Welche plebiszitären Elemente können wir gebrauchen?, in: Jahrbuch für direkte Demokratie 2010, 2011, S. 63 ff. (98 ff.).

[400] So *Hofmann*, Spaltung (Fn. 385), S. 159; *I. Ebsen*, AöR 110 (1985), 2 (13 ff., 20 ff.); *Bugiel*, Volkswille (Fn. 79), S. 395 ff. (mit breiter Darstellung des Sach- und Streitstandes), 432 f., 483 f.; *B. Pieroth*, EuGRZ 2006, 330 (333); *M. Burgi*, ZG 30 (2015), 34 (43 ff., 50 f.). Für die gegenteilige und wohl noch herrschende Auffassung *Stern*, Staatsrecht II, S. 16; *ders.*, Staatsrecht I, S. 607; *P. Krause*, HStR³ III, § 35 Rn. 23 ff. (hier wird selbst eine entsprechende Verfassungsänderung für ausgeschlossen erklärt); *Rommelfanger*, Referendum (Fn. 399), S. 134 ff.; *Volkmann* (Fn. 3), Art. 20 Rn. 59. Mit besonderem Blick auf bayerische Verhältnisse *H. K. Heußner/A. Pautsch*, NVwZ-Extra 10/2014, 1 (3 ff., 6 ff.) vor allem wegen faktischer Bindungen und Manipulationsmöglichkeiten »von oben«.

[401] Anders (seinerzeit mit Blick auf entsprechende Gesetzesvorhaben in Bayern) *H. K. Heußner/A. Pautsch*, NVwZ-Extra 10/2014, 1 (3 ff.); verallgemeinernd *dies.*, NJW 2015, 1225 ff.; dagegen wie hier für Zulässigkeit ohne Verfassungsänderung *M. Burgi*, ZG 30 (2015), 34 (40 ff., 46 f.). Zur Kontroverse um die mittlerweile einfachgesetzlich eingeführte Volksbefragung in Bayern (→ Fn. 403) s. noch *M. Möstl*, BayVBl. 2015, 217 ff.; *C. Thum*, BayVBl. 2015, 224 ff.

sungsgerichts aus dem Jahre 1958 zur Nichtigkeit der Volksbefragungsgesetze in Bremen und Hamburg zur Atombewaffnung negativ präjudiziert; dort war für die Verfassungswidrigkeit die fehlende Landeskompetenz ausschlaggebend[402]. In **Bayern** kennt man seit März 2015 eine entsprechende Möglichkeit der Volksbefragung[403].

Anderes gilt für punktuelle gesetzliche Anordnungen zur **Erkundung des Bürgerwillens**, von dessen Ergebnis – anders als bei rein konsultativen Verfahren – etwa das Inkrafttreten eines Gesetzes abhängig gemacht werden würde: sei es durch vorherige normative »Unterwerfung« der Abgeordneten unter das Votum oder durch das Erfordernis einer Bestätigung durch das abstimmungsberechtigte Volk[404]. Hier wird man wegen der sachlichen Nähe zu den Volksgesetzgebungsverfahren ohne eine Verfassungsänderung nicht auskommen.

3. Demokratische Legitimation bei der Ausübung durch besondere Organe (Art. 20 II 2, 2. Hs. GG)

a) Das Modell demokratischer Legitimation

Da Innehabung der Staatsgewalt (durch das Volk) und ihre Ausübung (durch besondere Organe) auseinanderfallen, stellt sich die Frage, welchen normativen Anforderungen der Zurechnungs-, Verantwortungs- und **Legitimationszusammenhang zwischen Volk und Staatsorganen** genügen muß[405]. Die Antwort hierauf sucht die vom Bundesverfassungsgericht vertretene und in der Literatur systematisierte Lehre von der demokratischen Legitimation zu geben[406], die man zu Recht als »Herzstück demokratiebezogener Verfassungsdogmatik« bezeichnet hat[407]. Danach verlangt das Demokratieprinzip zunächst ganz grundsätzlich, daß das Volk einen effektiven Einfluß auf die Ausübung der Staatsgewalt durch die Staatsorgane hat: »Deren Akte müssen sich daher auf den Willen des Volkes zurückführen lassen und ihm gegenüber verantwor-

---

[402] BVerfGE 8, 104 (116 ff., 121). Ähnlich zur Behandlung der Frage in einigen hessischen Gemeinden BVerfGE 8, 122 (133 f., 141): Verstoß gegen das Gebot bundesfreundlichen Verhaltens i. V.m. den Grenzen gemeindlicher Zuständigkeiten. Eingehende Analyse: *E.-W. Fuß*, AöR 83 (1958), 383 ff. (mit treffender Kritik an antiplebiszitären Untertönen der Urteile S. 394 ff., 404).

[403] Geregelt in Art. 88a des Bayerischen Landeswahlgesetzes, dessen erster Absatz lautet: »Über Vorhaben des Staates mit landesweiter Bedeutung wird eine Volksbefragung durchgeführt, wenn Landtag und Staatsregierung dies übereinstimmend beschließen. Über die Gesetzgebung findet keine Volksbefragung statt.«

[404] Zu dieser schwierigen Frage *Hofmann*, Spaltung (Fn. 385), S. 159 f.; *I. Ebsen*, AöR 110 (1985), 2 (24 ff.); *Bugiel*, Volkswille (Fn. 79), S. 339 ff., 357 f.

[405] Das Bundesverfassungsgericht spricht in jüngerer Zeit überwiegend bzw. allein von »Zurechnungszusammenhang«: BVerfGE 130, 76 (123, Rn. 165); 135, 155 (221, Rn. 157); 136, 194 (261, Rn. 168).

[406] Grundlegend *E.-W. Böckenförde*, HStR³ II, § 24 Rn. 11 ff. (unter Aufnahme früherer Judikate des Bundesverfassungsgerichts); dem (weitgehend, teilweise mit leicht abweichender Terminologie) folgend: *E. Schmidt-Aßmann*, AöR 116 (1991), 329 (337 ff., 355 ff.); *Jestaedt*, Demokratieprinzip (Fn. 333), S. 265 ff., 301 ff., 369 ff.; *Ehlers*, Staatsgewalt (Fn. 350), S. 133 ff.; *Mehde*, Steuerungsmodell (Fn. 333), S. 164 ff.; *Wittreck*, Verwaltung (Fn. 141), S. 115 ff.; *Köller*, Funktionale Selbstverwaltung (Fn. 335), S. 124 ff.; *Vöneky*, Recht (Fn. 324), S. 205 ff.; zusammenfassend *D. Zacharias*, Jura 2001, 446 (446 f.). – Alternativmodelle bei *H.-G. Dederer*, Korporative Staatsgewalt, 2004, S. 146 ff. (mit Unterscheidung von zwei Legitimationsebenen und fünf Legitimationsformen) sowie *Tschentscher*, Demokratische Legitimation (Fn. 237), S. 113 ff. (»Kontrollmodell« der demokratischen Legitimation).

[407] *Jestaedt*, Radien (Fn. 325), S. 7.

tet werden.«[408] Den entsprechenden »Zurechnungszusammenhang« sieht das Gericht »vor allem durch die Wahl des Parlaments, durch die von ihm beschlossenen Gesetze als Maßstab der vollziehenden Gewalt, durch den parlamentarischen Einfluss auf die Politik der Regierung sowie durch die grundsätzliche Weisungsgebundenheit der Verwaltung gegenüber der Regierung hergestellt«[409]. Des näheren sind diesem Konzept zufolge mehrere Komponenten demokratischer Legitimation zu unterscheiden: die funktionell-institutionelle (→ Rn. 110), die personell-organisatorische (→ Rn. 111) und die sachlich-inhaltliche (→ Rn. 112). Entscheidend ist letztlich das Erreichen eines bestimmten Legitimationsniveaus (→ Rn. 113). Auch sind Variationen und Ausnahmen möglich (→ Rn. 114, 130).

110 Die **funktionell-institutionelle Legitimation**[410] hält zunächst in ganz grundsätzlicher Weise fest, daß in der Verfassung selbst die Funktionen bzw. Institutionen von Gesetzgebung, vollziehender und rechtsprechender Gewalt vorgesehen und demgemäß durch den Verfassunggeber selbst legitimiert sind[411]. Durch den Akt der Verfassunggebung als Ausdruck des *pouvoir constituant* ist insofern ein »Minimum demokratischer Legitimation« garantiert[412]. Dieser Befund und der daraus folgende Umstand, daß außer dieser Grundaussage üblicherweise keine weiteren Anforderungen und Konsequenzen für die demokratische Legitimation gezogen werden (können), unterscheidet sie von den anderen beiden Formen[413], mit denen sie nicht auf einer Ebene liegt[414].

111 Die **personell-organisatorische Legitimation** verlangt darüber hinaus das Bestehen einer letztlich auf das Volk rückführbaren **ununterbrochenen Legitimationskette** für den einzelnen Amtswalter, dessen individuelle Einsetzung auf einer Reihe von Berufungsakten beruhen muß, die sich zumeist als vielstufiger und höchst vermittelter Vorgang darstellt (Parlamentswahl, Kanzlerwahl, Auswahl der Regierungsmitglieder, Ernennung der Beamten durch zuständige Ministerien)[415]. Dem Parlament wird hier die Rolle eines Legitimationsspenders für die gesamte weitere staatliche Organisation

---

[408] BVerfGE 83, 60 (72); ähnliche bis identische Formulierungen in BVerfGE 77, 1 (40); 93, 37 (66); 107, 59 (87, Rn. 156); 130, 76 (123, Rn. 165); 135, 155 (221, Rn. 157); 136, 194 (261, Rn. 168).
[409] BVerfGE 83, 60 (72); 130, 76 (123, Rn. 165); 135, 155 (221f., Rn. 157) – st. Rspr.
[410] BVerfGE 49, 89 (125); 68, 1 (88f.). Dazu *E.-W. Böckenförde*, HStR³ II, § 24 Rn. 15; *H.H. v. Arnim*, AöR 113 (1988), 1 (6ff.); partiell kritisch *Schliesky*, Souveränität (Fn. 317), S. 299ff. – Zu nötigen Differenzierungen der Bedeutung *Hofmann*, Legitimität und Rechtsgeltung (Fn. 218), S. 79f.; *E. Schmidt-Aßmann*, AöR 116 (1991), 329 (361).
[411] *Unruh*, Verfassungsbegriff (Fn. 231), S. 460 m.w.N. – Konkret führte dieser Gedanke in der Judikatur zur Ablehnung eines Gewaltenmonismus des Parlaments und zur Anerkennung eines unantastbaren Kernbereichs der Exekutive; vgl. BVerfGE 49, 89 (125); 68, 1 (88); 131, 152 (195f., Rn. 91f.). – *E. Schmidt-Aßmann*, AöR 116 (1991), 329 (364f.) nutzt ihn eher als Flexibilisierungsfaktor und als absichernde Instanz für die plurale Verwaltungsstruktur. → Rn. 131.
[412] *Heun*, Verfassungsordnung (Fn. 228), S. 42; s. auch *Schliesky*, Souveränität (Fn. 317), S. 299f.
[413] Treffend *W. Kahl*, AöR 130 (2005), 225 (237): »strukturell auf einer anderen Ebene angesiedelt«; s. auch *Volkmann* (Fn. 3), Art. 20 Rn. 47 m. Fn. 249; *Köller*, Funktionale Selbstverwaltung (Fn. 335), S. 125f. – *Schmidt-Aßmann*, Verwaltungsrecht (Fn. 319), II/95 (S. 97f.) behandelt diese Form denn auch unter der Rubrik »Wirksamkeit des Legitimationsgefüges«.
[414] *Trute* (Fn. 324), § 6 Rn. 8.
[415] BVerfGE 47, 253 (275f.); 68, 1 (88); 77, 1 (40); 83, 60 (73); 107, 59 (87f., Rn. 156ff.); 130, 76 (124, Rn. 167); 136, 194 (262, Rn. 168). Aus der Literatur *E.-W. Böckenförde*, HStR³ II, § 24 Rn. 16; *Jestaedt*, Demokratieprinzip (Fn. 333), S. 267ff.; *Mehde*, Steuerungsmodell (Fn. 333), S. 180ff.; *W. Kahl*, AöR 130 (2005), 225 (238); *Köller*, Funktionale Selbstverwaltung (Fn. 335), S. 129ff.; *Trute* (Fn. 324), § 6 Rn. 9. – Eigenes Modell einer personellen Legitimation bei *Dederer*, Korporative Staatsgewalt (Fn. 406), S. 150f.

beigemessen[416]. Probleme werfen hierbei Entscheidungen durch Kollegialorgane auf, wenn diese ganz oder teilweise nicht mit solcherart legitimierten Mitgliedern besetzt sind[417] (zu Ausnahmen vom Erfordernis personeller Legitimation: → Rn. 122, 130). Teilweise wird neben dem letztlich formalen Einsetzungsakt auf die Bedeutung des Amtes und die Sicherung der »Realfaktoren personeller Legitimation« verwiesen[418].

Die **sachlich-inhaltliche Legitimation**[419] schließlich bezieht sich auf die Notwendigkeit einer inhaltlichen Herleitung der Handlungen der Staatsorgane aus dem Willen des Volkes. Hier dominiert die Steuerung von Verwaltung und Rechtsprechung durch das vom Parlament als der Vertretungskörperschaft des Volkes beschlossene **Gesetz**, verbunden mit der parlamentarischen **Kontrolle** der Regierung[420]. Für die Verwaltungsspitze bilden neben Rechtsverordnungen und Verwaltungsvorschriften das Weisungsrecht und die **Aufsicht** die klassischen Steuerungsinstrumente[421]. Auch das Haushaltsrecht des Parlaments spielt eine wichtige Rolle[422]. 112

Die genannten Komponenten stehen nicht je in absoluter Geltung für sich, sondern wirken bausteinartig zusammen und können sich (bis zu einem gewissen, abstrakt nur schwer zu bestimmenden Grad) wechselseitig kompensieren[423] – »im ganz seltenen 113

---

[416] *B. Pieroth*, EuGRZ 2006, 330 (333 f.).
[417] Das Erfordernis personeller Legitimation begrenzt hier gemäß BVerfGE 93, 37 (67 f., 75 ff.) die Mitbestimmung von Personalräten: die Kollegialentscheidung tragende Mehrheit muß sich zudem mehrheitlich auf demokratisch legitimierte Mitglieder stützen können (sog. »**Prinzip der doppelten Mehrheit**«); bestätigt durch E 107, 59 (88, Rn. 158); kritisch *T. v. Roetteken*, NVwZ 1996, 552 ff.; *U. Battis/J. Kersten*, DÖV 1996, 584 ff.; *A. Rinken*, KritV 79 (1996), 282 (284 ff.); *Mehde*, Steuerungsmodell (Fn. 333), S. 497 ff.; *Wittreck*, Verwaltung (Fn. 141), S. 121 ff.; zustimmend *A. v. Mutius*, Personalvertretungsrecht und Demokratieprinzip des Grundgesetzes, in: FS Kriele, 1997, S. 1119 ff.; *Ehlers*, Staatsgewalt (Fn. 350), S. 139 f.; *T. Hebeler*, DÖV 2002, 936 (939); *W. Kahl*, AöR 130 (2005), 225 (238), freilich nicht in uneingeschränkter Übertragung auf funktionale Selbstverwaltungseinheiten. Eingehend zur Rechtsprechung des Bundesverfassungsgerichts *M. Böhme*, Personalvertretungsrecht zwischen Demokratie- und Rechtsstaatsprinzip, 2002, S. 19 ff., 133 ff. – Vorüberlegungen zu diesem Komplex bei *E.-W. Böckenförde*, HStR³ II, § 24 Rn. 17 ff.; zu weiteren Konsequenzen für Kollegialorgane und Beratungsgremien noch *E. Schmidt-Aßmann*, AöR 116 (1991), 329 (360 ff.).
[418] So *Schmidt-Aßmann*, Verwaltungsrecht (Fn. 319), II/87 (S. 92). Einschränkend zur Bedeutung des Ketten-Modells auch *Trute* (Fn. 324), § 6 Rn. 45 f.
[419] Statt vieler: *E.-W. Böckenförde*, HStR³ II, § 24 Rn. 21; *Jestaedt*, Demokratieprinzip (Fn. 333), S. 270 ff.; kritisch *Schliesky*, Souveränität (Fn. 317), S. 295 ff.
[420] BVerfGE 83, 60 (72); ferner etwa E 93, 37 (67); 107, 59 (88, Rn. 157); 130, 76 (125 f., Rn. 171); 136, 194 (262, Rn 168). Vertiefend *E.-W. Böckenförde*, HStR³ II, § 24 Rn. 21 f.; *E. Schmidt-Aßmann*, AöR 116 (1991), 329 (357 ff.); *Jestaedt*, Demokratieprinzip (Fn. 333), S. 334 ff.; *W. Kahl*, AöR 130 (2005), 225 (242 ff.); *B. Pieroth*, EuGRZ 2006, 330 (334); *Köller*, Funktionale Selbstverwaltung (Fn. 335), S. 139 ff.; *Trute* (Fn. 324), § 6 Rn. 11 ff. (Darstellung), 35 ff. (einschränkend zur Wirkungskraft), 50 (Hinweis auf die Vielgestaltigkeit parlamentarischer Einwirkung). – Explizit zu den Grenzen gesetzlicher Steuerung *Dreier*, Verwaltung (Fn. 358), S. 164 ff.
[421] *Dreier*, Verwaltung (Fn. 358), S. 287 ff.; *W. Kahl*, Die Staatsaufsicht, 2000, S. 472 ff.; *Mehde*, Steuerungsmodell (Fn. 333), S. 188 ff.; *Trute* (Fn. 324), § 6 Rn. 13.
[422] Grundlegend *W. Heun*, Staatshaushalt und Staatsleitung, 1989, S. 259 ff., 406 ff.; s. auch *G. F. Schuppert*, Staatswissenschaft, 2003, S. 716; *ders.*, Verwaltungswissenschaft, 2000, S. 549 f., 698 ff., 703 ff.; *Trute* (Fn. 324), § 6 Rn. 11; *Köller*, Funktionale Selbstverwaltung (Fn. 335), S. 146 ff. Zur Bedeutung des Budgetrechts: → Rn. 87.
[423] Zusammenfassend BVerfGE 135, 317 (429, Rn. 235): »Entscheidend ist insoweit nicht die Form der Legitimation, sondern die Effektivität, mit der die Entscheidungsprozesse demokratisch gesteuert werden (vgl. BVerfGE 93, 37 [67]). Dabei kommt es auf das Zusammenwirken der verschiedenen Legitimationsgrundlagen an (vgl. BVerfGE 93, 37 [66 f.]; 130, 76 [124]). Eine verminderte Legitimation über den einen Legitimationsstrang kann durch eine verstärkte Legitimation über andere Stränge ausgeglichen werden (vgl. BVerfGE 83, 60 [72]; 93, 37 [66 f.]; 107, 59 [87 f.]; 130, 76 [124]).«

Ausnahmefall bis hin zur Totalsubstitution«[424]. Insgesamt geht es darum, ein bestimmtes **Legitimationsniveau** sicherzustellen[425]. Plastisch hat man vom »dogmatische(n) Ort der Saldierung der unterschiedlichen Legitimationsmodi« gesprochen[426]. Das Bundesverfassungsgericht konstatiert: »Aus verfassungsrechtlicher Sicht entscheidend ist nicht die Form der demokratischen Legitimation staatlichen Handelns, sondern deren Effektivität; notwendig ist ein bestimmtes Legitimationsniveau. Dieses kann bei den verschiedenen Erscheinungsformen von Staatsgewalt im allgemeinen und bei der vollziehenden Gewalt im besonderen unterschiedlich ausgestaltet sein; innerhalb der Exekutive ist dabei auch die Funktionenteilung zwischen der für die politische Gestaltung zuständigen, parlamentarisch verantwortlichen Regierung und der zum Gesetzesvollzug verpflichteten Verwaltung zu berücksichtigen.«[427]

114 Freilich hat das Gericht dieses »**monistische**« (teils auch als »klassisch«, »organisatorisch-formal« oder »hierarchisch« bezeichnete) **Modell**[428] der demokratischen Legitimation längere Zeit etwas starr gehandhabt. Das hat ihm insbesondere in den 1990er Jahren grundsätzliche **Kritik** eingetragen, die es insgesamt in Frage stellte[429]. Stark überzogen war die (ob ihrer Heftigkeit heute nur noch schwer verständliche) Kritik insofern, als dort von »Legitimationskettenfetischismus«[430] oder »Ableitungspurismus«[431] die Rede war. Auch litt sie daran, daß sie ihrerseits kein geschlossenes und überzeugendes Gegenmodell anzubieten vermochte[432]; der gelegentlich zu hörende Hinweis auf die Legitimation durch »die Betroffenen« war und ist ersichtlich zu unspezifisch und läßt trennscharfe, operationalisierbare Kriterien vermissen[433]. Der blei-

---

[424] *W. Kahl*, AöR 130 (2005), 225 (237). – Einzelne Formen der Beleihung (→ Rn. 122) zeigen, daß das erforderliche Legitimationsniveau im Einzelfall ausschließlich über die sachlich-inhaltliche Komponente gewährleistet werden kann.

[425] Das ist praktisch unbestritten: *E.-W. Böckenförde*, HStR³ II, § 24 Rn. 14, 23; *Emde*, Legitimation (Fn. 335), S. 385; *M. Jestaedt*, Der Staat 35 (1996), 633 (635 f.); *Mehde*, Steuerungsmodell (Fn. 333), S. 197 ff.; *Schliesky*, Souveränität (Fn. 317), S. 302 ff. (besonders eingehend und differenzierend); *Köller*, Funktionale Selbstverwaltung (Fn. 335), S. 167 ff.; insofern übereinstimmend *Dederer*, Korporative Staatsgewalt (Fn. 406), S. 149, 160 ff.; *K. F. Gärditz*, Hochschulorganisation und verwaltungsrechtliche Systembildung, 2009, S. 402 ff., 409 ff., 478 ff.

[426] *Trute* (Fn. 324), § 6 Rn. 14; ähnlich ebd., Rn. 57.

[427] BVerfGE 83, 60 (72); 93, 37 (67); bestätigt durch E 119, 331 (366, Rn. 158); 130, 76 (124, Rn. 167); 135, 155 (221, Rn. 157); der erste Satz wörtlich auch in E 107, 59 (87, Rn. 156).

[428] So die verbreitete Terminologie, der dann als Alternative ein pluralistisches Legitimationskonzept gegenübergestellt wird. Kompakte Darstellung bei *Jestaedt*, Radien (Fn. 325), S. 9 ff., 12 ff.

[429] Siehe etwa *B.-O. Bryde*, StWStP 5 (1994), 305 (315); *A. Rinken*, KritV 79 (1996), 282 ff.; *A. Fisahn*, KritV 79 (1996), 267 ff.; *H. P. Bull*, Hierarchie als Verfassungsgebot?, in: T. Greven u. a. (Hrsg.), Bürgersinn und Kritik. FS Bermbach, 1998, S. 241 ff.; *T. Blanke*, KritJ 31 (1998), 452 ff.; zusammenfassend *Classen*, Demokratische Legitimation (Fn. 108), S. 24 ff.; *Trute* (Fn. 324), § 6 Rn. 15. – Weitere Beiträge in: Redaktion Kritische Justiz (Hrsg.), Demokratie und Grundgesetz, 2000. Eingehend, aber durchaus moderater *Schliesky*, Souveränität (Fn. 317), S. 281 ff.; *N. Petersen*, JöR 58 (2010), 137 (153 ff.).

[430] *B.-O. Bryde*, StWStP 5 (1994), 305 (324).

[431] *T. Blanke*, KritJ 31 (1998), 452 (468); dagegen wiederum *Ehlers*, Staatsgewalt (Fn. 350), S. 134 f. sowie die Nachweise in Fn. 331. Siehe auch *K. F. Gärditz*, DÖV 2010, 857 (859): Beharren auf der demokratischen Legitimation der Verwaltung sei »kein deutscher Fetisch«.

[432] Treffend *G. Hermes*, Legitimationsprobleme unabhängiger Behörden, in: Bauer u. a., Demokratie (Fn. 140), S. 457 ff. (472 f.); ähnlich *M. Jestaedt*, JuS 2004, 649 (653). – Auch das von *Tschentscher*, Demokratische Legitimation (Fn. 237), S. 113 ff. u. passim vorgelegte »Kontrollmodell« einer demokratischen Legitimation hält vergleichbar klare, dogmatisch handhabbare Kriterien nicht bereit. → Fn. 435.

[433] Der ebenfalls gelegentlich zu hörende Hinweis auf das Prinzip des »quod omnes tangit« (→ Rn. 5) ist schlicht unhistorisch.

bend **richtige Kern** der Kritik liegt einerseits darin, daß sich bei langen Legitimationsketten der Einfluß des Volkes praktisch verflüchtigt; zum anderen ist wichtig der Hinweis auf die Gefahr, durch eine allzu schematische Handhabung des grundsätzlich überzeugenden Konzepts demokratischer Legitimation mechanistischen Vorstellungen Vorschub zu leisten und zu seiner sachlich unangemessenen Engführung bei der Beurteilung der breiten Palette an Gestaltungsformen gerade im Bereich der vollziehenden Gewalt beizutragen[434]. Ihr ist durch prinzipielle Offenheit für ergänzende und kompensierende Elemente und der Einräumung einer relativ weitreichenden Gestaltungsfreiheit des Gesetzgebers zu begegnen[435]. So sehen weite Teile der Literatur hier über das wechselseitige Ergänzungs- und Kompensationsverhältnis von sachlich-inhaltlicher und personell-organisatorischer Legitimationskomponente hinausgehend mit Recht erheblich mehr **Spielraum für Substitutionsmöglichkeiten** anderer Art und Provenienz im Verhältnis zu den beiden genannten Legitimationskomponenten: etwa Akzeptanz, Partizipation, Garantie von Entscheidungsrichtigkeit, Öffentlichkeit, Effizienz und weitere Faktoren[436]. Nur die Vermeidung einer zu restriktiven Handhabung des Modells und die Offenheit für andere Legitimationsmodi kann die Gefahr bannen, den außerordentlich heterogenen Erscheinungsformen staatlicher Verwaltungstätigkeit nicht immer hinreichend gerecht zu werden. Insofern ist in jüngerer Zeit mit dem Beschluß zum **Lippeverbandsgesetz** und Emschergenossenschaftsgesetz aus dem Jahre 2002[437] eine begrüßenswerte **Wende** zu verzeichnen, insofern dem Gericht zufolge für den Bereich der funktionalen Selbstverwaltung eine Ersetzung der strengen personellen Legitimation durch andere Formen demokratischer Legitimation möglich sein soll (→ Rn. 130). Auf der gleichen Linie liegen, über die funktionale Selbstverwaltung hinausgehend, die Entscheidungen zur **Filmförderungsanstalt**[438] und zum **Deutschen Weinfonds**[439].

Somit ist ein flexibleres Legitimationsmodell akzeptiert, das die alte Grundsatzkritik ein gutes Stück weit leerlaufen läßt. Die jüngere Judikatur ermöglicht es, die konstruktiv-rationalen Elemente des heuristisch wertvollen Konzepts demokratischer Legitimation festzuhalten, ohne die notwendige Flexibilität für die Beurteilung unterschiedlichster Fallgestaltungen zu verlieren. Alles in allem erscheint es vorzugswür-

115

---

[434] Stichworte: Ausdifferenzierung der Verwaltungsorganisation; verselbständigte Verwaltungseinheiten; Pluralisierung und Differenzierung der Verwaltungsorganisation. Siehe nur *Dreier*, Verwaltung (Fn. 358), S. 211 ff.; starke Betonung auch bei *Trute* (Fn. 324), § 6 Rn. 31, 60 ff. m. w. N.

[435] So dürfte auch das am stärksten elaborierte Konzept des pluralistischen Legitimationsmodells zu verstehen sein, das von *Trute* (Fn. 324), § 6 (insb. Rn. 15 ff., 42 f., 58 f., 60 ff.) vorgelegt wurde.

[436] *W. Hoffmann-Riem*, DÖV 1997, 433 (438 ff.); *J.-P. Schneider*, Das neue Steuerungsmodell als Innovationsimpuls für Verwaltungsorganisation und Verwaltungsrecht, in: E. Schmidt-Aßmann/W. Hoffmann-Riem (Hrsg.), Verwaltungsorganisationsrecht als Steuerungsressource, 1997, S. 103 ff. (109 ff., 135 ff.); *H.-H. Trute*, Funktionen der Organisation und ihre Abbildung im Recht, ebd., S. 249 ff. (272 ff., 284 ff.); *Schmidt-Aßmann*, Verwaltungsrecht (Fn. 319), II/98 ff., 102 ff. (S. 99 ff.); *Dederer*, Korporative Staatsgewalt (Fn. 406), S. 251 ff. u. passim; mit insgesamt negativem Ergebnis die kritische Analyse von *Köller*, Funktionale Selbstverwaltung (Fn. 335), S. 210 ff.

[437] BVerfGE 107, 59. Explizit zustimmend *Trute* (Fn. 324), § 6 Rn. 16, 20. Kritische Stimmen: → Fn. 496.

[438] BVerfGE 135, 155 (223, Rn. 158): »Auch außerhalb der funktionalen Selbstverwaltung können im Interesse sachgerechter, effektiver Aufgabenwahrnehmung begrenzte Abweichungen von der Realanforderung uneingeschränkter personeller Legitimation zulässig sein.« Das Gericht verlangt allerdings institutionelle Vorkehrungen gegen gleichheitswidrige Begünstigungen, Sicherung gemeinwohlorientierter Aufgabenerfüllung und parlamentarische Beobachtung und Kontrolle der Aufgabenwahrnehmung.

[439] BVerfGE 136, 194 (261 ff., Rn. 167 ff.).

dig, das Modell demokratischer Legitimation zur Grundlage zu nehmen und es mit hinlänglicher Flexibilität und ohne Scheu vor Erweiterungen der Legitimationssubstitute anzuwenden, anstatt es in toto zu verwerfen. Unter Zugrundelegung dieser Prämissen kann die demokratische Legitimation der einzelnen Staatsgewalten in durchaus unterschiedlicher, aber gegenstandsangemessener Weise begriffen und konzeptionalisiert werden (→ Rn. 116 ff., 120 ff., 139 ff.).

b) Demokratische Legitimation der Gesetzgebung

116 Als einziges der Staatsorgane ist das Parlament unmittelbar durch das Volk legitimiert. Nicht allein, aber vor allem wegen der Direktwahl durch die Aktivbürgerschaft (→ Rn. 94) verfügt es ungeachtet der funktionellen Verankerung von Exekutive und Judikative im Grundgesetz über einen »**Legitimationsvorsprung**«[440]. Sein Primat zeigt sich deutlich daran, daß die sachlich-inhaltliche Legitimation von Exekutive und Judikative im wesentlichen auf deren Steuerung und Programmierung durch das Gesetz beruht[441]. Der hohen personellen Legitimation des Parlaments korrespondiert wegen des freien Mandats der Abgeordneten das Fehlen einer rechtlich verbindlichen inhaltlichen Steuerung durch den je aktuellen Volkswillen[442]; die auch zwischen den Wahlen notwendigen Rückkoppelungsprozesse vollziehen sich in den Bahnen demokratischer Öffentlichkeit, freier Kommunikation und Kritik (→ Rn. 76 ff.)[443]. Dabei bleibt festzuhalten, daß **Demokratie nicht Demoskopie** ist[444], also der komplexe demokratische Legitimations- und Verantwortungszusammenhang einschließlich der Entscheidungsverantwortung der Organwalter nicht auf den Vorgang des statistisch noch so exakten Zählens und Registrierens letztlich unverbindlicher Meinungsbekundungen reduziert werden darf.

117 Seiner Prärogative bei der Rechtsetzung, die freilich kein Monopol darstellt und nicht zum Gewaltenmonismus führt[445], darf sich das Parlament nicht entäußern oder entziehen. Neben der so erklärbaren Begrenzung des Verordnungsrechts der Exekutive (→ Art. 80 Rn. 14) kommt diese verfassungsrechtliche Inpflichtnahme bei der Rechtsgestaltung vor allem in der vom Bundesverfassungsgericht entwickelten **Wesentlichkeitstheorie** (→ Art. 20 [Rechtsstaat], Rn. 113 ff.) zum Ausdruck. Hiernach

---

[440] *Herzog* (Fn. 27), Art. 20 II Rn. 76; s. noch *H. Dreier*, JZ 1990, 310 (311): »Gravitationszentrum«; *E. Schmidt-Aßmann*, AöR 116 (1991), 329 (364); *ders.*, Verwaltungsrecht (Fn. 418), II/84 (S. 90): »Schlüsselstellung«; *Unruh*, Verfassungsbegriff (Fn. 231), S. 464; *B. Pieroth*, EuGRZ 2006, 330 (333); *M. Morlok/C. Hientzsch*, JuS 2011, 1 (1): »Zentralorgan der Demokratie«. Zu den tieferen Gründen *Hofmann*, Legitimität und Rechtsgeltung (Fn. 218), S. 78 ff. → Rn. 94 m.w.N. aus der Judikatur.

[441] *Dreier*, Verwaltung (Fn. 358), S. 129 ff., 159 ff.; *Emde*, Legitimation (Fn. 335), S. 66 ff.; *Jestaedt*, Demokratieprinzip (Fn. 333), S. 272 f.; *P. Badura*, HStR³ II, § 25 Rn. 5; *Volkmann* (Fn. 3), Art. 20 Rn. 42; *Vöneky*, Recht (Fn. 324), S. 212 f.

[442] Es fehlt also im Grunde die sachlich-inhaltliche Legitimation. Siehe *Classen*, Demokratische Legitimation (Fn. 108), S. 19.

[443] Deutlich etwa BVerfGE 52, 63 (82 f.); 118, 277 (353, Rn. 272); 132, 39 (50 f., Rn. 33). Nichtvornahme der Wiederwahl ist also bei weitem nicht die einzige mittelbare Kontrolle von seiten des Staatsvolks (so aber *Jestaedt*, Demokratieprinzip [Fn. 333], S. 292).

[444] Grundlegend *W. Hennis*, Meinungsforschung und repräsentative Demokratie, 1957, S. 32 ff.; s. auch *Fraenkel*, Deutschland (Fn. 200), S. 149; *E. Benda/K. Kreuzer*, JZ 1972, 497 (499 ff.); wie hier *Grzeszick* (Fn. 154), Art. 20 II Rn. 66 f., 73 f.; *Pünder*, Wahlrecht (Fn. 279), S. 201 m.w.N.

[445] Gegen einen solchen Monismus explizit BVerfGE 49, 89 (124 f.); 68, 1 (86 f., 109); 98, 218 (252, Rn. 137); 131, 152 (195 f., Rn. 91 f.). Aus der Literatur repräsentativ *Herzog* (Fn. 27), Art. 20 II Rn. 83 ff.; *F. Ossenbühl*, HStR³ V, § 101 Rn. 61.

muß der parlamentarische Gesetzgeber über den traditionellen, an Eingriffen in Freiheit und Eigentum orientierten Gesetzesvorbehalt hinaus die wesentlichen Entscheidungen selbst treffen und darf diese nicht untergesetzlichen oder außerstaatlichen Normsetzungsinstanzen überlassen[446]. Das ist die demokratische Komponente des zum **Parlamentsvorbehalt** gesteigerten Gesetzesvorbehalts[447], dessen Sinn auch in der Ermöglichung einer offenen parlamentarischer Debatte mit entsprechender **Transparenz** der Entscheidungsfindung liegt[448].

118 Das demokratische Prinzip setzt auch der (konstitutiven) Verweisung[449] enge Grenzen. Unproblematisch ist lediglich die **statische Verweisung** auf eine bestimmte, feste Fassung eines vorhandenen Gesetzes bei Identität des Gesetzgebers[450], die sich im Grunde als rechtstechnische Vereinfachung begreifen läßt. Unzulässig ist hingegen die sog. **dynamische Verweisung** (bei der der jeweilige Inhalt des in Bezug genommenen Gesetzes gelten soll), sofern der Normgeber nicht identisch ist (also etwa von einem Bundesgesetz auf ein Landesgesetz verwiesen wird oder umgekehrt)[451]. Diese Prozedur verunklart die Verantwortungsstränge, verleiht dem bezogenen Normgeber praktisch eine Blanko-Vollmacht und entpuppt sich als eine unzulässige Entäußerung von Rechtsetzungskompetenzen[452]. Teile von Rechtsprechung und Lehre neigen demgegenüber dazu, unter vorrangiger Betonung des Rechtssicherheitsgedankens nach der Intensität der Grundrechtsrelevanz und der Strukturiertheit des durch die dynamische Verweisung betroffenen Gebietes zu unterscheiden; im Ergebnis werden (auch dynamische) Verweisungen in entsprechenden Grenzen für zulässig gehalten[453]. Dem

---

[446] Vgl. BVerfGE 33, 125 (158); 40, 237 (248 ff.); 49, 89 (126 f.); 64, 208 (214 f.); 76, 171 (184 ff.); 80, 124 (132); 83, 130 (142); 84, 212 (226); 88, 103 (116); 98, 218 (251, Rn. 137); 108, 282 (312, Rn. 68); 123, 39 (78, Rn. 132). Aus der Literatur statt vieler *Stern*, Staatsrecht I, S. 811 ff.; *Mößle*, Regierungsfunktionen (Fn. 318), S. 138 ff.; umfängliche Nachweise aus Judikatur und Literatur bei *Maurer*, Allg. Verwaltungsrecht, § 6 Rn. 12 ff. Weitere Nachweise: → Vorb. Rn. 136; → Art. 9 Rn. 95.

[447] Grundlegend *D. Jesch*, Gesetz und Verwaltung, 1961, S. 26 ff. u. ö.; ferner statt vieler *J. Pietzker*, JuS 1979, 710 ff.; *F. Ossenbühl*, HStR³ V, § 101 Rn. 41 ff.; *Maurer*, Allg. Verwaltungsrecht, § 6 Rn. 8 m. w. N. in Rn. 30 f.; *Vöneky*, Recht (Fn. 324), S. 214 ff.; zur Verankerung (auch) im Demokratieprinzip nachdrücklich *Unger*, Verfassungsprinzip (Fn. 216), S. 267 ff. – BVerfGE 86, 90 (106) spricht von einer »Verletzung des im Demokratieprinzip wurzelnden Parlamentsvorbehalts«. → Art. 20 (Rechtsstaat), Rn. 119 ff.

[448] BVerfGE 85, 386 (403 f.); 95, 267 (307 f.); 130, 318 (344, Rn. 108); 131, 152 (205 f., Rn. 114).

[449] Eingehend und mit feineren Differenzierungen *A. G. Debus*, Verweisungen in deutschen Rechtsnormen, 2008 (S. 49 ff. zu den verschiedenen Verweisungstypen); *J. Isensee*, AöR 138 (2013), 325 (332 ff.).

[450] Vgl. *F. Becker*, Kooperative und konsensuale Strukturen in der Normsetzung, 2005, S. 545 ff.; *Debus*, Verweisungen (Fn. 449), S. 198 ff.; *v. Münch/Mager*, Staatsrecht I, Rn. 400; *Sachs* (Fn. 245), Art. 20 Rn. 123a. – Gewisse weitere Anforderungen (Bestimmtheit, Veröffentlichung) stellt das Rechtsstaatsprinzip: → Art. 20 (Rechtsstaat), Rn. 129 ff.

[451] *Becker*, Strukturen (Fn. 450), S. 549 ff.; *Debus*, Verweisungen (Fn. 449), S. 203 ff., 219 ff. mit Überblick zum einschlägigen Fallmaterial und zum Meinungsspektrum. – Dynamische Verweisungen bei Identität des Normgebers werden zumeist als zulässig angesehen. Unter dem Aspekt des Demokratieprinzips mag das zutreffen; doch können sich unter rechtsstaatlichen Gesichtspunkten wie etwa dem Gebot der Normenklarheit weitergehende Anforderungen ergeben: → Art. 20 (Rechtsstaat), Rn. 143 f.

[452] *F. Ossenbühl*, DVBl. 1967, 401 (404); *G. Arndt*, JuS 1979, 784 (785 f.); *v. Münch/Mager*, Staatsrecht I, Rn. 401 f.; *Sachs* (Fn. 245), Art. 20 Rn. 123a; *Becker*, Strukturen (Fn. 450), S. 545. Aus der Judikatur etwa VG Hamburg NJW 1979, 667 (Verweisung eines hamb. Gesetzes über Juristenausbildung auf BAFöG-Gesetz des Bundes als Verstoß gegen das Demokratieprinzip). Wie hier *Volkmann* (Fn. 3), Art. 20 Rn. 51.

[453] Vgl. *T. Clemens*, AöR 111 (1986), 63 (101 ff.); *W. Brugger*, VerwArch. 78 (1987), 1 (22 ff., 37 ff.); s. auch *Hans Schneider*, Gesetzgebung, 3. Aufl. 2002, Rn. 398; *H. M. Veh*, BayVBl. 1987, 225 ff.; *T.*

Art. 20 (Demokratie)   C. Erläuterungen

wird man nur bei statischen Verweisungen (etwa von Landes- auf Bundesgesetz) und auch hier nicht unbegrenzt folgen können[454]. Einen besonderen Fall dynamischer Verweisung von Verfassungsnormen auf einfaches Bundesrecht bildet Art. 44 II GG mit der ›sinngemäßen‹ Anwendung von Normen des Strafprozeßrechts[455].

119 Die Probleme potenzieren sich, wenn sich das außenwirksame Gesetz nicht auf Normsetzungsakte anderer Staatsorgane, sondern – etwa durch Verweis auf den Stand der Technik oder direkte Rezeption – auf **Regelwerke Privater** bezieht[456]. Hier muß die zum Teil unvermeidliche Einbuße an inhaltlicher legislativer Programmsteuerung durch Verfahrens- und Organisationsnormen kompensiert werden, die u. a. für die ausgewogene, repräsentative Zusammensetzung jener »sachverständigen Gremien« und Normungsverbände Sorge tragen[457], deren Vorgaben durch das Gesetz rezipiert werden. Schließlich dürfen nicht (jedenfalls nicht außerhalb von Selbstverwaltungsangelegenheiten) per Gesetz besonderen Gremien Mitentscheidungs- oder gar Alleinentscheidungsrechte eingeräumt werden, deren Mitglieder nicht über eine hinlängliche demokratische Legitimation verfügen[458].

c) Demokratische Legitimation der vollziehenden Gewalt

120 Demokratischer Legitimation bedarf das gesamte Handeln der Verwaltung (→ Rn. 86 ff.). Wegen dessen Vielgestaltigkeit und der unterschiedlichen organisatorischen Ausformung erweisen sich die Anforderungen und Ausprägungen demokratischer Legitimation im einzelnen als durchaus ungleichartig und differenzierungsbedürftig. Ausschlaggebend bleibt die **demokratische Steuerung der Exekutive**. In vergröbernder Systematisierung ist das Grundmodell einer hierarchisch-bürokratischen

---

Klindt, DVBl. 1998, 373 (375 f.). Zum Sonderproblem von (dynamischen) Verweisungen auf Normen des europäischen Unionsrechts *T. Milej*, EuR 2009, 577 (578 ff.). Aus der Judikatur BVerwG DVBl. 2013, 1393 (1397) (zulässige Verweisung auf Regelungen Dritter); BayVerfGH BayVBl. 2014, 751 (752) (Verweisung von Landesrecht auf Bundesrecht); OVG Nordrhein-Westfalen DVBl. 2010, 1572 (1576) (unzulässige Verweisung auf künftige Regelungen).

[454] Tendenz in dieser Richtung durch Interpretation der Verweisungsnormen als statische Verweisung in BVerfGE 47, 285 (311 f.); 60, 135 (155 ff., 161); vgl. BVerfGK 10, 227 (231, Rn. 12); 17, 273 (285 f., Rn. 40). In BVerfGE 64, 208 (214 ff.); 78, 32 (36) ging es um die Verweisung auf einen Tarifvertrag; dazu näher *W. Herschel*, ZfA 1985, 21 ff. S. noch *Becker*, Strukturen (Fn. 450), S. 551.

[455] BVerfGE 76, 363 (385 f.). → Art. 44 Rn. 47; → Art. 79 I Rn. 25.

[456] Grundlegend *P. Marburger*, Die Regeln der Technik im Recht, 1979; *A. Rittstieg*, Die Konkretisierung technischer Standards im Anlagenrecht, 1982. Überblick bei *H. Hofmann*, Technik und Umwelt, in: HdbVerfR, § 21 Rn. 9 ff.; *Becker*, Strukturen (Fn. 450), S. 551 ff.; Problemaufriß *L. Michael*, Private Standardsetter und demokratisch legitimierte Rechtsetzung, in: Bauer u. a., Demokratie (Fn. 140), S. 431 ff.

[457] Zu den vielfältigen Problemen näher *W. Brohm*, HStR II, § 36 Rn. 21 ff., 41 ff.; *A. Voßkuhle*, HStR[3] III, § 43 Rn. 68 ff.; *J. Salzwedel*, NVwZ 1987, 276 ff.; *R. Wahl*, VBlBW 1988, 387 (391 f.); *E. Denninger*, Verfassungsrechtliche Anforderungen an die Normsetzung im Umwelt- und Technikrecht, 1990, S. 117 ff.; w.N. bei *Dreier*, Verwaltung (Fn. 358), S. 155 f., 204 ff.; *ders.*, Die Verwaltung 25 (1992), 137 (149 ff.); *C. Gusy*, NVwZ 1995, 105 ff.; *M. Böhm*, Der Normmensch, 1996, S. 88 f., 190 ff., 230 ff.; *Trute*, Funktionen (Fn. 436), S. 288 ff.

[458] Vgl. *E.-W. Böckenförde*, HStR[3] II, § 24 Rn. 20. Die Regelung über die weisungsfreien Gutachterausschüsse mit abschließender Entscheidungskompetenz über die zu erlassenden Richtlinien gemäß § 21 Umweltaudit-Gesetz (dazu *S. Lütkes*, NVwZ 1996, 230 [234 f.]) ist daher verfassungswidrig: *G. Lübbe-Wolff*, NuR 1996, 217 (220); a. A. *T. Mayen*, NVwZ 1997, 215 ff.; zum Problemkreis *M. Vomhof*, Rechtsprobleme der Einbindung von sachverständigen Gremien in das Umwelt- und Technikrecht, 2000, S. 71 ff., 166 ff.; aufschlußreich für den Bereich des Lebensmittelsrechts auch *S. Rixen*, DVBl. 2014, 949 (954 ff.). → Rn. 137.

Ministerialverwaltung (→ Rn. 121) vom dort anzutreffenden Problemfall der »ministerialfreien Räume« (→ Rn. 123) abzuheben. Partiell eigenen Regeln folgen kommunale und funktionale Selbstverwaltungsträger (→ Rn. 125 ff., 128 ff.). Besonderheiten weist die privatrechtsförmige Verwaltung auf (→ Rn. 132 ff.). Der Handlungsspielraum der parlamentarisch-demokratisch durch Kanzlerwahl legitimierten **Regierung** ist naturgemäß weiter als der von Verwaltungsbehörden (→ Art. 62 Rn. 24 ff.).

aa) Grundmodell: Hierarchisch-bürokratische Ministerialverwaltung

Im Grundmodell der (hierarchisch-bürokratischen) Ministerialverwaltung[459] erfolgt die Gewährleistung sachlich-inhaltlicher Legitimation durch die **Gesetzesbindung** in den Formen vom Vorrang und Vorbehalt des Gesetzes (→ Rn. 142) sowie die prinzipielle **Weisungsabhängigkeit** der nachgeordneten Behörden, die umfassender Dienst- und Fachaufsicht unterliegen und auch durch Rechtsverordnungen wie Verwaltungsvorschriften gesteuert werden können (→ Rn. 123). Da der an der Behördenspitze stehende Minister seiner parlamentarischen Verantwortlichkeit nur in dem Maße seiner Steuerungsmöglichkeiten des Behördenapparates gemäß gerecht werden kann, ergibt sich dessen **hierarchische Struktur** mittelbar aus dem Demokratieprinzip selbst[460]. Dabei bildet die klassische Ministerialverwaltung weder den (alleinigen) Idealtypus noch zwingend den empirischen Regeltypus[461] der Verwaltung in der komplexen Vielfalt der Exekutive; freilich lassen sich in ihr die Anforderungen des Modells demokratischer Legitimation (→ Rn. 109) gleichsam in der relativ reinsten Form realisieren.

121

Die mittelbare Staatsverwaltung durch **Beliehene** (→ Art. 1 III Rn. 39; → Art. 34 Rn. 36) wird sachlich-inhaltlich durch die gesetzliche Ermächtigung zur Übertragung von Hoheitsrechten sowie die nach diesen Vorschriften mögliche Aufsicht demokratisch legitimiert[462]. Sofern im Einzelfall ein zusätzlicher Akt der Bestellung des einzelnen Beliehenen fehlt[463], ist die Beleihung zugleich ein Beispiel für die Gewährleistung eines ausreichenden Legitimationsniveaus durch nur eine der Komponenten (→ Rn. 113).

122

---

[459] Zu ihr *Dreier*, Verwaltung (Fn. 358), S. 108 ff., 131 ff., 141 ff.; *Schliesky*, Souveränität (Fn. 317), S. 279 ff.; *Trute* (Fn. 324), § 6 Rn. 35 ff.

[460] BVerfGE 9, 268 (281 f.). Eingehend zum ganzen *Dreier*, Verwaltung (Fn. 358), S. 129 ff., 141 ff.; R. *Loeser*, System des Verwaltungsrechts, Bd. 2, 1994, S. 113 ff.; *Jestaedt*, Demokratieprinzip (Fn. 333), S. 302 ff., 329 ff.; kritisch *Mehde*, Steuerungsmodell (Fn. 333), S. 448 ff.; aus politikwissenschaftlicher Sicht E. *Czerwick*, Bürokratie und Demokratie, 2001, S. 11 ff., 128 ff.

[461] In Anlehnung an *Trute* (Fn. 324), § 6 Rn. 13. Siehe zu »Modellbildung und Grenzziehung« auch H. *Wißmann*, Verfassungsrechtliche Vorgaben der Verwaltungsorganisation, in: GVwR² I, § 15 Rn. 59 ff.

[462] *Dreier*, Verwaltung (Fn. 358), S. 248 ff.; *Maurer*, Allg. Verwaltungsrecht, § 23 Rn. 56; *Ehlers*, Verwaltung (Fn. 360), § 1 Rn. 16; *Schmidt-Aßmann*, Verwaltungsrecht (Fn. 319), V/57 (S. 271 f.); *Trute* (Fn. 324), § 6 Rn. 92. Aus der jüngeren Judikatur BVerfGE 130, 76 (123 f., Rn. 166).

[463] Nicht vorgesehen bei Schiffs- oder Flugkapitänen (§ 106 SeemG, § 29 III LuftVG); weitere Beispiele vgl. *Wolff/Bachof/Stober*, Verwaltungsrecht III, § 90 Rn. 6 ff. – *Sommermann* (Fn. 38), Art. 20 Rn. 176 weist jedenfalls für die Schiffskapitäne auf den staatlichen Zulassungsakt zum Beruf hin, der offenbar als Surrogat für die besondere personelle Bestellung angesehen wird. Instruktiv auch BVerfGE 130, 76 (124 f., Rn. 169 f.) mit Differenzierung zwischen Leitung und weiteren Angestellten.

Art. 20 (Demokratie)   C. Erläuterungen

bb) Ministerialfreie Räume

123 Wegen des Wegfalls der Weisungsmöglichkeit stellen sich ministerialfreie Räume[464] als in besonderer Weise begründungs- und legitimationsbedürftig dar. In der Sache handelt es sich hier zumeist um Fachausschüsse und andere Kollegialorgane (Datenschutzbeauftragter, Bundesprüfstelle für jugendgefährdende Schriften, Vergabekammern beim Bundeskartellamt, Bundespersonalausschuß, Prüfungsausschüsse nach landesrechtlichen Prüfungsordnungen, Richterwahlausschüsse etc.)[465]. Abzulehnen ist der Versuch, insoweit einen Verzichtstitel des Parlaments anzunehmen, da dieses durch einfachgesetzliche Installation solcher Einrichtungen nicht über die aus dem Demokratieprinzip folgenden Strukturvorgaben für die Verwaltung disponieren kann[466]. Es bedarf vielmehr auf gleichrangiger Ebene, nämlich der des Grundgesetzes, angesiedelter Legitimationen für die **Durchbrechung des Grundsatzes der Weisungsabhängigkeit**[467]. Soweit diese nicht explizit in der Verfassung verankert sind, stellt man insofern ab auf besondere Sach- und Entscheidungsstrukturen (Natur der Sache), auf die Verfahrens- und Organisationskomponente von Grundrechten oder auf die »Neutralität« ministerialfreier Räume[468]. Hier sind noch manche Fragen ungeklärt[469].

124 Ein weiterer wichtiger und sich partiell überschneidender Anwendungsfall kann in den sog. **Regulierungsbehörden** gesehen werden, die »die Neuordnung der privatisierten, liberalisierten und (re-)regulierten Sektoren der ›Daseinsvorsorge‹ (Post, Telekommunikation, Energie, Eisenbahn) prägen«[470] und bei denen es sich um ein europaweites Phänomen handelt. In Deutschland sind zunächst beim Bundeskartellamt und bei der Regulierungsbehörde für Telekommunikation und Post besondere Kollegialor-

---

[464] Hierunter sollen nur Einheiten der unmittelbaren Staatsverwaltung unter Ausklammerung des weiten Feldes mittelbarer Staatsverwaltung verstanden werden (also z.B. staatliche Prüfungsämter, aber nicht Körperschaften der Sozialversicherung). Literatur und Problemanalyse: *W. Müller*, JuS 1985, 497 ff.; *Dreier*, Verwaltung (Fn. 358), S. 134 ff., 260 f.; *Jestaedt*, Demokratieprinzip (Fn. 333), S. 102 ff.; *F. Brosius-Gersdorf*, Deutsche Bundesbank und Demokratieprinzip, 1997, S. 103 ff.; *T. Puhl*, HStR³ III, § 48 Rn. 41 ff.; *C. Ohler*, AöR 131 (2006), 336 (371 ff.); *Grzeszick* (Fn. 154), Art. 20 II Rn. 196 ff.; vgl. noch *K. Waechter*, Geminderte demokratische Legitimation staatlicher Institutionen im parlamentarischen Regierungssystem, 1994.

[465] Eingehende Darstellung bei *J. Schmidt*, Die demokratische Legitimationsfunktion der parlamentarischen Kontrolle, 2007, S. 225 ff.

[466] Gegen die von *E. Klein*, Die verfassungsrechtliche Problematik des ministerialfreien Raumes, 1974, S. 190 ff. vertretene, aber vereinzelt gebliebene Verzichtsthese Kritik bei *Dreier*, Verwaltung (Fn. 358), S. 135 f.; *Jestaedt*, Demokratieprinzip (Fn. 333), S. 348 ff.; *Brosius-Gersdorf*, Deutsche Bundesbank (Fn. 464), S. 116 ff.; *Mehde*, Steuerungsmodell (Fn. 333), S. 371 f.; *Schmidt*, Legitimationsfunktion (Fn. 465), S. 283 ff. Kritisch auch *E.-W. Böckenförde*, HStR³ II, § 24 Rn. 24; *Waechter*, Legitimation (Fn. 464), S. 25 ff.; tendenziell großzügiger wiederum *C. Ohler*, AöR 131 (2006), 336 (372).

[467] *Dreier*, Verwaltung (Fn. 358), S. 134 ff.; *Schmidt*, Legitimationsfunktion (Fn. 465), S. 295 ff.

[468] Vgl. (unterschiedlich kritisch) *Dreier*, Verwaltung (Fn. 358), S. 134 ff., 246 f.; *Jestaedt*, Demokratieprinzip (Fn. 333), S. 102 ff.; *Brosius-Gersdorf*, Deutsche Bundesbank (Fn. 464), S. 109 ff.; *T. Puhl*, HStR³ III, § 48 Rn. 44. – S. auch *Waechter*, Legitimation (Fn. 464), S. 168 f. (mit eigenem Modell einer treuhänderischen Verantwortlichkeit [S. 67 ff.] bzw. dem Argument einer institutionellen Befangenheit der Ministerialbürokratie [S. 161 ff.]; kritisch dazu wiederum *M. Jestaedt*, Der Staat 35 [1996], 633 [635 ff.]; *Brosius-Gersdorf*, Deutsche Bundesbank [Fn. 464], S. 121 ff.; *W. Heun*, AöR 122 [1997], 631 ff.).

[469] Sehr gründliche Aufbereitung bei *Schmidt*, Legitimationsfunktion (Fn. 465) mit Analyse der Funktionen (S. 244 ff.), der demokratischen Problematik (S. 244 ff.), der Rechtfertigungsmöglichkeiten (S. 276 ff.) sowie eigenem Lösungsansatz (S. 315 ff.). Zum interessanten Fall der Deutschen Lebensmittelbuch-Kommission überzeugend *S. Rixen*, DVBl. 2014, 949 ff.

[470] *Hermes*, Legitimationsprobleme (Fn. 432), S. 459; dort auch weitere Literatur.

gane eingerichtet worden, deren Unabhängigkeit in der Praxis weitgehend ebenso anerkannt war wie das bei der Nachfolgeorganisation der **Bundesnetzagentur** für Elektrizität, Gas, Telekommunikation, Post und Eisenbahnen der Fall ist[471]. Eher fraglich scheint indes, ob sich eine (mittlerweile vornehmlich aus unionsrechtlichen Vorgaben speisende[472]) Weisungsfreiheit dieser Organisationen auch – gemessen an der Rechtsprechung des Bundesverfassungsgerichts zu den Anforderungen demokratischer Legitimation – verfassungsrechtlich valide begründen läßt[473].

cc) Kommunale Selbstverwaltung

Art. 28 I 2 GG legt die Gemeinden als allzuständige und insoweit strukturell staatsähnliche Körperschaften auf eine demokratische Legitimationsgrundlage fest (→ Art. 28 Rn. 76 ff.). Trotzdem sind sie »legitimatorisch nicht schematisch wie die Staatsverwaltung zu behandeln«[474]. Vielmehr zeichnet sich die kommunale Selbstverwaltung – einmal ganz abgesehen von ihrer verfassungsunmittelbaren Konstitutionalisierung und Legitimierung – durch eine **duale Legitimation** aus, in der sich eine parlamentsvermittelte und eine originär kommunale Legitimation »begegnen« und im Zusammenwirken ein hinreichendes Legitimationsniveau gewährleisten[475]. Weil sich allein schon die parlamentsvermittelte Legitimation auf Bundestag und Landesparlamente beziehen und die Vermittlung der personellen wie sachlich-inhaltlichen Legitimation durch die Gemeindebürger sich höchst unterschiedlich gestalten kann, hat man hierin nicht zu Unrecht den »Normalfall einer pluralisierten Verwaltungslegitimation«[476] gesehen. Die eigenständige demokratische Legitimation des Gemeinderates durch das gemeindliche **Teilvolk** (→ Rn. 92) findet ihre Grenzen freilich darin, daß kommunale **Vertretungsorgane keine echten Parlamente**, sondern Verwaltungsorgane sind und folglich Vorrang und Vorbehalt des Gesetzes gewahrt bleiben müssen (→ Art. 28 Rn. 134)[477].

125

Auf diese Weise tritt hinsichtlich der sachlich-inhaltlichen Legitimation neben die Bindung an das Gesetz die Bindung an das von den Gemeindeorganen gesetzte Recht. Dabei unterliegen die Kommunen einer **Rechtsaufsicht**[478]. Die personelle Legitimati-

126

---

[471] *Hermes*, Legitimationsprobleme (Fn. 432), S. 459; s. auch *Sommermann* (Fn. 38), Art. 20 Rn. 181; *J.P. Schneider*, Telekommunikation, in: M. Fehling/M. Ruffert (Hrsg.), Regulierungsrecht, 2010, § 8 Rn. 82f. (zur Bundesnetzagentur); allgemein noch *G. Britz*, Organisation und Organisationsrecht der Regulierungsverwaltung in der öffentlichen Versorgungswirtschaft, ebd., § 21 Rn. 50.

[472] Siehe nur *M. Ludwigs*, Die Verwaltung 44 (2011), 41 (44 ff.).

[473] Kritisch insofern *T. Mayen*, DÖV 2004, 45 (46, 51 ff.), auch in Auseinandersetzung mit *K. Oertel*, Die Unabhängigkeit der Regulierungsbehörde nach §§ 66 ff. TKG, 2000. Eingehende Prüfung bei *M. Ludwigs*, Die Verwaltung 44 (2011), 41 (46 ff.) mit dem Ergebnis, das Legitimationsniveau sei noch hinreichend gewährleistet.

[474] So *E. Schmidt-Aßmann*, AöR 116 (1991), 329 (381). Vgl. BVerfGE 83, 37 (54 f.); *E.-W. Böckenförde*, HStR[3] II, § 24 Rn. 32.

[475] *H.H. v. Arnim*, AöR 113 (1988), 1 (11, 26); vgl. auch *E. Schmidt-Aßmann*, AöR 116 (1991), 329 (357, 359, 380 f.); *E.-W. Böckenförde*, HStR[3] II, § 24 Rn. 25; *Jestaedt*, Demokratieprinzip (Fn. 333), S. 528 f. m. w. N.; *Schneider*, Steuerungsmodell (Fn. 436), S. 110.

[476] *Trute* (Fn. 324), § 6 Rn. 79.

[477] St. Rspr.: BVerfGE 65, 283 (289); 78, 344 (348); 120, 82 (112, Rn. 122). Aus der Literatur *E. Schmidt-Aßmann*, AöR 116 (1991), 329 (359); *G.-C. v. Unruh*, NJW 1995, 2838 f.; *C. Waldhoff*, Satzungsautonomie und Abgabenerhebung, in: FS Vogel, 2000, S. 495 ff.; a. A. *Y. Ott*, Der Parlamentscharakter der Gemeindevertretung, 1994; desgleichen mit Blick auf die neuen Regelungen der §§ 44a, b AbgG *C. Dolderer*, DÖV 2009, 146 ff.

[478] → Art. 28 Rn. 107. Allgemein zur Staatsaufsicht als »Essentiale von Verselbständigung« *W. Kahl*, Die Staatsaufsicht, 2000, S. 498 ff.

onskette führt von den direkt vom Gemeindevolk gewählten Amtsträgern (Ratsmitglieder, überwiegend auch Bürgermeister: → Art. 28 Rn. 61, 69 ff.) zu den einzelnen Gemeindebediensteten, ist also zumindest im Rahmen der weisungsfreien Selbstverwaltungsaufgaben primär auf das Teilvolk bezogen.

127 In der direkten Wahl der Amtsträger und insbesondere den im Gemeinderecht zur Verfügung stehenden vielfältigen Möglichkeiten unmittelbarer Sachentscheidung durch die Bürger wird der Aufbau der **Demokratie von unten nach oben** (→ Rn. 76; → Art. 28 Rn. 65, 76) besonders greifbar[479]. Zugleich zeigt sich, daß hier Mitwirkungsmöglichkeiten anders als auf staatlicher Ebene nicht zwingend an die Staatsbürgerschaft gebunden sind (→ Art. 28 Rn. 69 ff.)[480].

dd) Funktionale Selbstverwaltung und autonome Legitimation

128 Unter funktionaler Selbstverwaltung wird hier die **aufgabenbezogene, weisungsfreie Verwaltung** durch juristische Personen des öffentlichen Rechts (insb. Kammern der Wirtschaft [etwa Handwerks- und Industriekammern] oder der Berufsstände [etwa Ärzte-, Rechtsanwalts- und Notarkammern], aber auch Universitäten oder Sozialverwaltungskörperschaften sowie Realkörperschaften wie Wasser- und Bodenverbänden) verstanden, deren Entscheidungsorgane aus dem Kreis der Betroffenen bzw. ihren Mitgliedern rekrutiert werden[481]. Die Erscheinungsformen funktionaler Selbstverwaltung sind so vielfältig und heterogen wie ihre Rechtsformen und Ziele. Als Hoheitsträger, die sich der Form des öffentlichen Rechts bedienen, üben diese Selbstverwaltungseinheiten **Staatsgewalt** i. S. d. Art. 20 II GG aus und bedürfen daher der demokratischen Legitimation[482]. Wegen der Gemengelage von Betroffenenpartizipation, Interessenrepräsentanz und demokratischem Distanzgebot gestaltet sich die genauere Struktur demokratischer Legitimation freilich nicht ganz einfach.

129 Unbestritten dürfte zunächst sein, daß dem demokratischen **Gesetz** die grundlegende Aufgabe der Einrichtung und näheren organisatorischen Gestaltung entsprechender Verwaltungseinheiten zukommt. Auch eine **Rechtsaufsicht** erscheint unverzichtbar[483]. Wegen der zumeist eingeräumten Satzungsautonomie und dem entsprechenden Zurücktreten materiell-inhaltlicher Steuerung durch Gesetz kommt der »mitgliedschaftlich-partizipatorischen Komponente«[484] mit ihrer spezifischen Problemlösungskapazität kraft **Fachverstand** und **Sachnähe** kompensatorisch legitimato-

---

[479] *H.-M. Steinger*, Amtsverfassung und Demokratieprinzip, 1997, S. 19 ff.; s. auch *M. Nierhaus*, in: Sachs, GG, Art. 28 Rn. 34; *C. Brüning*, Der Landkreis 2013, 256 ff.

[480] Arg. Art. 28 I 3 GG. – *Schmidt-Aßmann*, Verwaltungsrecht (Fn. 319), II/89 (S. 94) sieht hierin den »Ausdruck des Übergangs zwischen demokratischer Legitimation, autonomer Legitimation und Partizipation«. Ähnlich *Trute* (Fn. 324), § 6 Rn. 79.

[481] In Anlehnung an *Emde*, Legitimation (Fn. 335), S. 5 ff. (insb. S. 9 f.), bei dem sich S. 87 ff. umfangreiche Beispiele finden; eingehend auch *W. Kluth*, Funktionale Selbstverwaltung, 1997, S. 12 ff., 31 ff.; s. noch *E.-W. Böckenförde*, HStR³ II, § 24 Rn. 33; *Dreier*, Verwaltung (Fn. 358), S. 228 ff.; *W. Krebs*, HStR³ V, § 108 Rn. 22; *Jestaedt*, Demokratieprinzip (Fn. 333), S. 64 ff.; *Ehlers*, Verwaltung (Fn. 360), § 4 Rn. 9; *Wolff/Bachof/Stober*, Verwaltungsrecht III, § 97; *M. Greiff*, Funktionale Selbstverwaltung und Demokratieprinzip, 2006, S. 7 ff.

[482] *E.-W. Böckenförde*, HStR³ II, § 24 Rn. 34; *E. Schmidt-Aßmann*, AöR 116 (1991), 329 (344, 377); *Köller*, Funktionale Selbstverwaltung (Fn. 335), S. 43 f.; *M. Blessing*, Öffentlich-rechtliche Anstalten unter Beteiligung Privater, 2008, S. 154; *Vöneky*, Recht (Fn. 324), S. 207; im Ergebnis auch *Emde*, Legitimation (Fn. 335), S. 202 ff., 258 ff.

[483] Lehrbuchartig zusammenfassend BVerfGE 111, 191 (215 ff., Rn. 151 ff.).

[484] *Schmidt-Aßmann*, Verwaltungsrecht (Fn. 319), II/90 (S. 95).

rische Bedeutung zu. Freilich herrscht über Reichweite und Substitutionskraft derartiger Organisationen in der Literatur keine Einigkeit[485]. Auf der einen Seite wird ein generelles Demokratiedefizit konstatiert, da es an der personellen Legitimation der Verwaltungsträger fehle; andererseits werden die Träger funktionaler Selbstverwaltung für besser legitimiert erachtet als die weisungsgebundene Ministerialverwaltung[486]. Während sich für diese wie die kommunale Selbstverwaltung nach herrschender Doktrin die Legitimation auf das Bundes- oder Landesvolk bzw. das Gemeindevolk stützen läßt, fehlt es der funktionalen Selbstverwaltung an einer den Gemeinden gleichgearteten Legitimation, da die mit den Verwaltungsaufgaben Betrauten nicht als Teilvolk im Sinne des Art. 20 GG begriffen werden können, sondern einen spezifischen Interessenten- bzw. Betroffenenkreis bilden (→ Rn. 92). Daher läßt sich ein hinreichendes Legitimationsniveau bei diesen Organisationen nur aus dem Ineinandergreifen von **gesetzlicher Fundierung** (nebst Rechtsaufsicht)[487], ggfls. zusätzlich spezieller verfassungsrechtlicher **Anerkennung**[488] und autonomer Legitimation durch die Träger der Selbstverwaltung erklären. Diese **autonome Legitimation** ist historisch wie strukturell ebenfalls im demokratischen Grundgedanken kollektiver Selbstbestimmung verwurzelt (→ Rn. 92). Verfehlt ist es daher, sie in ein grundsätzliches Ausschließlichkeitsverhältnis zur demokratischen Legitimation zu zwingen und ihr jede kompensatorische Wirkung abzusprechen[489]. Vielmehr spricht viel dafür, die autonome Legitimation als Teil des demokratischen Prinzips und als Selbstverwaltung in eigenen Angelegenheiten zu begreifen[490].

Das Bundesverfassungsgericht wandelt seit seiner Entscheidung zum **Lippeverband**s- und **Emschergenossenschaft**sgesetz[491] auf den Spuren eines solchen flexiblen

130

---

[485] Die ausführlichste Diskussion (mit negativem Ergebnis) der demokratischen Legitimation funktionaler Selbstverwaltung findet sich bei *Köller*, Funktionale Selbstverwaltung (Fn. 335), S. 186 ff., 210 ff.; große Offenheit für vielfältige Gestaltungsformen bei *Trute* (Fn. 324), § 6 Rn. 82 ff.

[486] Für ein Defizit an demokratischer Legitimation *E.-W. Böckenförde*, HStR³ II, § 24 Rn. 34; von einer höherwertigeren demokratischen Legitimation geht hingegen *Kluth*, Selbstverwaltung (Fn. 481), S. 369 ff., 382 aus; Zwischenposition etwa bei *T. Hebeler*, DÖV 2002, 936 (940): das erforderliche Legitimationsniveau im Bereich funktionaler Selbstverwaltung müsse sich demjenigen der Ministerialverwaltung um so mehr annähern, als die Entscheidung der Selbstverwaltungskörperschaft Außenwirkung entfalte. Ähnlich auch *V. Neumann*, Demokratieprinzip und funktionale Selbstverwaltung, in: Freundesgabe für Friedrich Müller, 2008, S. 155 ff. (157 ff.). Knapper Überblick zu den Positionen bei *Greiff*, Selbstverwaltung (Fn. 481), S. 36 ff.

[487] *E.-W. Böckenförde*, HStR³ II, § 24 Rn. 21 f.; *W. Krebs*, HStR³ V, § 108 Rn. 102 f.; *Dreier*, Verwaltung (Fn. 358), S. 285 ff.; *E. Schmidt-Aßmann*, AöR 116 (1991), 329 (377); *Kluth*, Selbstverwaltung (Fn. 481), S. 381; *H.-G. Dederer*, NVwZ 2000, 403 (404 f.); *D. Zacharias*, Jura 2001, 446 (449).

[488] *E.-W. Böckenförde*, HStR³ II, § 24 Rn. 25, 34; *Emde*, Legitimation (Fn. 335), S. 364 ff.; *Dreier*, Verwaltung (Fn. 358), S. 272 ff.; *E. Schmidt-Aßmann*, AöR 116 (1991), 329 (377, 381 ff.). → Rn. 131.

[489] So aber ausdrücklich *E.-W. Böckenförde*, HStR³ II, § 24 Rn. 34; gleichgerichtete Unterscheidung in BVerfGE 83, 37 (55). Explizit gegen eine solche Möglichkeit auch *Jestaedt*, Demokratieprinzip (Fn. 333), S. 494 ff., 514 ff.; dafür hingegen *F. Ossenbühl*, HStR³ V, § 105 Rn. 39; *E. Schmidt-Aßmann*, HStR³ V, § 109 Rn. 34; *Dreier*, Verwaltung (Fn. 358), S. 274 ff. m. w. N.; *H.-H. Trute*, DVBl. 1996, 950 (963); *A. Rinken*, KritV 79 (1996), 282 (295 f.); vgl. bereits BVerfGE 33, 125 (159). Umfangreich zur kompensatorischen Wirkung der autonomen Legitimation *Emde*, Legitimation (Fn. 335), S. 382 ff., 404 f. m. w. N.; *Kluth*, Selbstverwaltung (Fn. 481), S. 369 ff., 382; *P. J. Tettinger*, Das Demokratieprinzip im Kammerwesen, in: F. E. Schnapp (Hrsg.), Funktionale Selbstverwaltung und Demokratieprinzip, 2001, S. 89 ff. (112).

[490] Siehe *Trute* (Fn. 324), § 6 Rn. 83, der auch nicht verkennt, daß bei gruppenpluralen oder gar gruppenantagonistischen Zusammenschlüssen differenzierte (gesetzliche) Ausgleichsmechanismen zur adäquaten Berücksichtigung divergenter Interessenstrukturen erforderlich werden.

[491] BVerfGE 107, 59 (86 ff., Rn. 155 ff.). – Zur weitreichenden Bedeutung des Urteils und seiner

Verständnisses und betont (stärker als in den Leitentscheidungen der vorausgegangenen Jahrzehnte[492]) die dem Demokratieprinzip immanenten Grundsätze der Selbstverwaltung und Autonomie[493]. Die für den Bereich der unmittelbaren Staatsverwaltung auf Bundes- und Landesebene sowie die kommunale Selbstverwaltung aufgestellten Grundsätze einer ununterbrochenen, auf das Volk zurückzuführenden Legitimationskette der Amtswalter stellt demnach nur eine, aber nicht die einzige Form demokratischer Organisation und Ausübung von Staatsgewalt dar. Außerhalb der genannten Bereiche sei das Demokratieprinzip »offen für andere, insbesondere vom Erfordernis lückenloser personeller demokratischer Legitimation aller Entscheidungsbefugten abweichende Formen der Organisation und Ausübung von Staatsgewalt«[494]. **Demokratie und funktionale Selbstverwaltung bilden** dem Gericht zufolge **keinen Gegensatz**; in beiden Formen verwirkliche sich die individuelle Selbstbestimmung des Menschen in einer freiheitlichen Ordnung[495]: »Die funktionale Selbstverwaltung ergänzt und verstärkt insofern das demokratische Prinzip.«[496] Für den Funktionskreis der funktionalen Selbstverwaltung können Tradition und historische Überlieferung Anhaltspunkte bieten[497]. Aber auch hier bedarf es der Formung durch das Gesetz (Regelungsverantwortung) und der Institutionalisierung einer Rechtsaufsicht. Das demokratische Prinzip fordert insofern, daß »die Aufgaben und Handlungsbefugnisse der Organe in einem von der Volksvertretung beschlossenen Gesetz ausreichend vorherbestimmt sind und ihre Wahrnehmung der Aufsicht personell demokratisch legitimierter Amtswalter unterliegt«[498]. Ohnehin scheidet eine schematische Behandlung der höchst unterschiedlich gestalteten Organisationen funktionaler Selbstverwaltung aus. Geboten ist vielmehr eine Differenzierung nach den verschiedenen Funktionen der jeweiligen Selbstverwaltungseinhei-

---

Öffnung für moderierende Konzepte s. nur *Schmidt-Aßmann*, Verwaltungsrecht (Fn. 319), II/91 (S. 95 f.); *A. Hanebeck*, DÖV 2004, 901 (907 ff.); *Hermes*, Legitimationsprobleme (Fn. 432), S. 478 f.; *Köller*, Funktionale Selbstverwaltung (Fn. 335), S. 302 ff.; *Neumann*, Demokratieprinzip (Fn. 486), S. 167 ff. – Zusammenfassend zur Judikatur des Bundesverfassungsgerichts bis dato *D. Zacharias*, Jura 2001, 446 (448 ff.); *S. Muckel*, NZS 2002, 118 ff. – Entsprechende Ansätze finden sich schon in BVerfGE 33, 125 (156 f., 159).

[492] Deutlich *Neumann*, Demokratieprinzip (Fn. 486), der insoweit »kräftige Korrekturen« angebracht sieht; etwas vorsichtiger *Vöneky*, Recht (Fn. 324), S. 207 ff. → Rn. 115.

[493] So auch in der Notarkassen-Entscheidung: BVerfGE 111, 191 (215 f., Rn. 150): »Die Prinzipien der Selbstverwaltung und der Autonomie wurzeln im demokratischen Prinzip und entsprechen dem freiheitlichen Charakter der Verfassung; sie ermöglichen gesellschaftlichen Gruppen, in eigener Verantwortung die Ordnung der sie berührenden Angelegenheiten mit zu gestalten«. Ähnlich E 136, 194 (262 f., Rn. 169).

[494] BVerfGE 107, 59 (91, Rn. 167). Siehe auch E 136, 194 (262 f., Rn. 169).

[495] BVerfGE 107, 59 (91 f., Rn. 167 ff.). Hervorgehoben wird dieser Punkt bei *A. Hanebeck*, DÖV 2004, 901 (908); Kritik wegen des unspezifischen Charakters der Ausführungen und der mangelnden Differenzierung zwischen den verschiedenen Formen funktionaler Selbstverwaltung übt *M. Jestaedt*, JuS 2004, 649 (652).

[496] BVerfGE 107, 59 (92, Rn. 168). Eine dogmatisch klare Herleitung und Einordnung vermißt *M. Jestaedt*, JuS 2004, 649 (652); kritisch auch *Köller*, Funktionale Selbstverwaltung (Fn. 335), S. 304 ff. (»Zerrissenheit der Entscheidungsgründe«).

[497] BVerfGE 107, 59 (90 f., Rn. 164 ff.; 93 f., Rn. 170 f.); 111, 191 (215, Rn. 149).

[498] BVerfGE 107, 59 (94, Rn. 172); s. auch E 111, 191 (216 f., Rn. 151 f.): »Regelungsverantwortung«, »institutionelle Vorkehrungen zur Wahrung der Interessen der von ihr erfassten Personen«, »angemessene Partizipation«. Siehe ferner die bei *Trute* (Fn. 324), § 6 Rn. 84, 85 genannten Kautelen (Aussichts- und Einflußnahmerechte, gesetzliche Abgrenzung des Mitgliederkreises, Grundsatz gleichmäßiger Interessenberücksichtigung, Austarierung von Einflußchancen).

ten⁴⁹⁹, anhand derer auch das gebotene Maß an Beteiligungsgleichheit zu bestimmen ist. Als besonders komplex erweisen sich hier die Verhältnisse etwa im **Gesundheitsrecht**⁵⁰⁰, im **Transplantationsrecht**⁵⁰¹ oder auch auf dem Feld der **Ethikkommissionen**, die teils bei Trägern unmittelbarer Staatsverwaltung, teils bei Trägern funktionaler Selbstverwaltung angesiedelt, teils als Beliehene ausgestaltet sind⁵⁰².

Einen leichter faßbaren **Sonderfall** innerhalb der funktionalen Selbstverwaltung stellen allerdings die im Grundgesetz **verfassungsinstitutionell verankerten Sachbereiche** dar, in denen ein möglicher Mangel an demokratischer Legitimation im engeren Sinne durch eine unmittelbare verfassungsrechtliche Legitimation ausgeglichen wird. Die wichtigsten Anwendungsfälle bieten insofern die Universitäten (→ Art. 5 III [**Wissenschaft**], Rn. 80, 84) und die **Rundfunkanstalten** (→ Art. 5 I, II Rn. 232 ff.)⁵⁰³. Umstritten ist der Status von Bundesbank (Art. 88 GG)⁵⁰⁴ und Bundesrechnungshof (Art. 114 II GG)⁵⁰⁵. Ansonsten ist bei der Annahme einer unmittelbar grundgesetzlichen Rechtfertigung Zurückhaltung geboten. Weder ist bereits mit der Erwähnung in den **Art. 86, 87 II, III und 130 III GG** für die dort genannten Körperschaften eine Minderung der demokratischen Legitimation akzeptiert⁵⁰⁶ noch schafft die bloße Grundrechtsbezogenheit einer Körperschaft des öffentlichen Rechts mehr Spielraum im Rahmen des Art. 20 II GG⁵⁰⁷.

131

---

⁴⁹⁹ Zu solchen Funktionen *Dreier*, Verwaltung (Fn. 358), S. 277 ff. m.w.N.; vgl. *Jestaedt*, Demokratieprinzip (Fn. 333), S. 131 ff.; *Kluth*, Selbstverwaltung (Fn. 481), S. 217 ff.
⁵⁰⁰ Instruktiv *E. Schmidt-Aßmann*, Grundrechtspositionen und Legitimationsfragen im öffentlichen Gesundheitswesen, 2001, S. 56 ff.; speziell zur fraglichen demokratischen Legitimation der Richtlinien des Gemeinsamen Bundesausschusses (§ 91 SGB V) instruktiv *V. Neumann*, NZS 2010, 593 ff.
⁵⁰¹ *Schmidt-Aßmann*, Grundrechtspositionen (Fn. 500), S. 95 ff.; *H. Lang*, MedR 2005, 269 (271 ff.); *W. Höfling*, JZ 2007, 481 (483 ff.).
⁵⁰² Eingehend *M. Keilpflug*, Demokratieprinzip und Ethikkommissionen in der medizinischen Forschung, 2012 (mit dem Ergebnis mangelnder personell-organisatorischer Legitimation etwa der Ethikkommissionen bei den Landesärztekammern, S. 2192 ff.). Kritisch zur demokratischen Legitimation der Ethikkommissionen auch *Vöneky*, Recht (Fn. 324), S. 621 ff.; Forderung nach dichter parlamentsgesetzlicher Ausgestaltung bei *H.-G. Dederer*, Gerechtfertigter Einsatz von Ethikkommissionen – Grundlagen und Grenzen, in: S. Vöneky u.a. (Hrsg.), Ethik und Recht – Die Ethisierung des Rechts, 2013, S. 443 ff.
⁵⁰³ *Lerche* (Fn. 464), Art. 86 Rn. 85; *Dreier*, Verwaltung (Fn. 358), S. 272 f.; *Emde*, Legitimation (Fn. 335), S. 363 f.; *E. Schmidt-Aßmann*, AöR 116 (1991), 329 (381 ff.); *Jestaedt*, Demokratieprinzip (Fn. 333), S. 524 ff., 530 ff. Umfangreich *Kluth*, Selbstverwaltung (Fn. 481), S. 31 ff., 231.
⁵⁰⁴ Dazu *Jestaedt*, Demokratieprinzip (Fn. 333), S. 427 ff.; *Waechter*, Legitimation (Fn. 464), S. 182 ff.; *Brosius-Gersdorf*, Deutsche Bundesbank (Fn. 464), S. 127 ff., 178 ff.; *C. Ohler*, AöR 131 (2006), 336 (373 f.). Rechtsvergleichend mit Blick auf die Organisation der Bankenaufsicht *T. Groß*, Die Verwaltung 47 (2014), 197 ff.
⁵⁰⁵ *Jestaedt*, Demokratieprinzip (Fn. 333), S. 426 f.; *Waechter*, Legitimation (Fn. 464), S. 217 ff.; *H. Schulze-Fielitz*, Kontrolle der Verwaltung durch Rechnungshöfe, VVDStRL 55 (1996), S. 231 ff. (237 f.); *U. Hufeld*, HStR³ III, § 56 Rn. 47 ff.
⁵⁰⁶ In diese Richtung aber *Emde*, Legitimation (Fn. 335), S. 364 ff. (372 f.); für Art. 87 II GG ähnlich *E.-W. Böckenförde*, HStR³ II, § 24 Rn. 34. Kritisch *Jestaedt*, Demokratieprinzip (Fn. 333), S. 425 ff., 489 f.; desgleichen eingehend zu Art. 87 III GG *Köller*, Funktionale Selbstverwaltung (Fn. 335), S. 258 ff.
⁵⁰⁷ Dagegen *Waechter*, Legitimation (Fn. 464), S. 108 ff.; *Jestaedt*, Demokratieprinzip (Fn. 333), S. 559 ff. (586 f.), jeweils mit umfangreichen w.N.

ee) Privatrechtsförmige Verwaltung

132 Bedient sich die Verwaltung zur Erfüllung ihrer Aufgaben der Formen des Privatrechts, so ist **auch hier demokratische Legitimation unentbehrlich**[508]. In Parallele zur Grundrechtsbindung bzw. Grundrechtsträgerschaft (→ Rn. 86; → Art. 1 III Rn. 66 ff.; → Art. 19 III Rn. 56 ff.) muß nach den folgenden Maßgaben differenziert werden.

133 Hält eine Gebietskörperschaft in Form der **Eigengesellschaft**[509] (→ Art. 19 III Rn. 71) alle Anteile des von ihr gegründeten Unternehmens, so bedarf dessen Handeln als Ausübung staatlicher Gewalt in vollem Umfang der demokratischen Legitimation im Sinne des Art. 20 II GG[510]. Diese Legitimation wird sachlich-inhaltlich durch die regelmäßig in der **Unternehmenssatzung** oder vergleichbaren Organisationsstatuten zu fixierende **Gemeinwohlbindung** und personell durch die Bestellung der Vertreter im Aufsichtsgremium des Unternehmens durch die ihrerseits demokratisch legitimierten Amtsträger gewahrt[511]. Verfassungsrechtliche Probleme ergeben sich, wenn der Einfluß auf bzw. durch diese Vertreter durch Vorschriften des Personalvertretungsrechts ausgedünnt wird[512] oder eine Steuerung wegen zwingender gesellschaftsrechtlicher Normen (insb. bei einer AG) nicht zu realisieren ist[513]. Zur Wahrung einer demokratischen Legitimation der Unternehmensorgane muß daher den durch Bestellung legitimierten Vertretern der öffentlichen Hand ein **Letztentscheidungsrecht** zukommen. Ist dieses aufgrund der gesetzlichen Ausgestaltung der privatrechtlichen Unternehmensverfassung nicht gewährleistet, muß die öffentliche Hand konsequenterweise von dieser Organisationsform Abstand nehmen[514]. Der Versuch, unter Hinweis auf »die eigenständigen Bewegungsgesetze des Wirtschaftsbereichs« eine Zurücknahme der sachlich-inhaltlichen Legitimation zu begründen[515], kann demgegenüber nicht

---

[508] Siehe nur *T. Mayen*, DÖV 2001, 110 (113); *J. Becker*, DÖV 2004, 910 (912); *J. Suerbaum*, Kommunale und sonstige öffentliche Unternehmen, in: Ehlers/Fehling/Pünder, Bes. Verwaltungsrecht I, § 13 Rn. 47 ff., 82; *J.A. Kämmerer*, Privatisierung, ebd., § 14 Rn. 58 f.

[509] Klassische Rechtsform für die kommunale Eigengesellschaft in Privatrechtsform ist die GmbH wegen des hier (im Unterschied zur AG) bestehenden Weisungsrechts der Gesellschafter gegenüber der Geschäftsführung; s. *T. Mayen*, DÖV 2001, 110 (113); *Blessing*, Öffentlich-rechtliche Anstalten (Fn. 482), S. 169; *Suerbaum* (Fn. 508), § 13 Rn. 85; empirisch *R. Pitschas/K. Schoppa*, DÖV 2009, 469 ff.

[510] *D. Ehlers*, JZ 1987, 218 (224); *ders.*, Jura 1997, 180 (183); *Dreier*, Verwaltung (Fn. 358), S. 258; *E. Schmidt-Aßmann*, AöR 116 (1991), 329 (385); *T. v. Danwitz*, AöR 120 (1995), 595 (606); *F. Ossenbühl*, ZGR 1996, 504 (507 ff.); *Puhl*, Haushaltsverfassung (Fn. 338), S. 163 ff.; *W. Krebs*, Die Verwaltung 29 (1996), 309 (317 f., 319 f.); *S. Storr*, Der Staat als Unternehmer, 2001, S. 86 f.

[511] Zu den entsprechenden Möglichkeiten bei einer Aktiengesellschaft übersichtlich *T. Mayen*, DÖV 2001, 110 (113 ff.).

[512] Speziell zu Problemen der Mitbestimmung *D. Ehlers*, JZ 1987, 218 (225 f.); *ders.*, Jura 1997, 180 (180 f.); *Dreier*, Verwaltung (Fn. 358), S. 261 ff.; *F. Becker*, Mitbestimmung in kommunalen Unternehmen, in: HKWP³ II, § 50 Rn. 24 ff., 46 ff.

[513] *T. Mayen*, DÖV 2001, 110 (113 f.); *Suerbaum* (Fn. 508), § 13 Rn. 86 ff.; sehr differenzierte Darstellung bei *Blessing*, Öffentlich-rechtliche Anstalten (Fn. 482), S. 173 f. (Zweckprogrammierung), 174 ff. (personelle Legitimation), 178 ff. (sachlich-inhaltliche Legitimation, insb. Weisungsmöglichkeiten) und mit dem klaren Ergebnis, daß in der AG »öffentlichrechtliche Einwirkungspflichten nur unzureichend realisiert werden« können (S. 189).

[514] So richtig *D. Ehlers*, JZ 1987, 218 (227); *ders.*, Jura 1997, 180 (186); seine Auffassung wird durch die Ausführungen des Bundesverfassungsgerichts (E 93, 37 [72]) zur »doppelten Mehrheit« (vgl. *E.-W. Böckenförde*, HStR³ II, § 24 Rn. 19 Fn. 25) in der Tendenz bestätigt bzw. noch verschärft. Zur Anwendung der Grundsätze dieses Urteils auf die Mitbestimmung in Eigengesellschaften *F. Ossenbühl*, ZGR 1996, 504 (510, 514 f.).

[515] *E. Schmidt-Aßmann*, AöR 116 (1991), 329 (385 f.).

überzeugen[516]; gleiches gilt für die sog. Lehre vom Verwaltungsgesellschaftsrecht, wonach die Mitbestimmungsregelungen für die Gesellschaften der öffentlichen Hand nicht gelten sollen[517].

Bei der Beteiligung an **gemischtwirtschaftlichen Unternehmen** (→ Art. 19 III Rn. 73 ff.) verschieben sich die Akzente. Ist die Beteiligung der öffentlichen Hand beherrschend, so daß die gesamte Unternehmenstätigkeit als Ausübung von Staatsgewalt zu charakterisieren ist[518], gelten die Legitimationserfordernisse der Eigengesellschaft (→ Rn. 133; zur Grundrechtsbindung → Art. 1 III Rn. 72). Verfassungsrechtlich prekär wird die Lage dann, wenn der Einfluß der öffentlichen Hand zwar beherrschend mit der Folge der Qualifizierung als Staatsgewalt ist, aufgrund gesellschafts- bzw. personalvertretungsrechtlicher Regeln aber kein Letztentscheidungsrecht mehr besteht[519]. In der Konsequenz der oben dargelegten Sicht ist der öffentlichen Hand dann diese Organisationsform verwehrt.

Ist die Beteiligung der öffentlichen Hand hingegen nicht beherrschend, so stellen sich nur die Entscheidung über eine Beteiligung und die Ausübung der gesellschaftsrechtlichen Befugnisse als legitimationsbedürftige Akte der Staatsgewalt dar. Von zentraler Bedeutung (aber oft begrenzter Wirkung) ist hier die weitere **Einwirkung** des Staates auf das Unternehmen[520].

Die **gemischt-öffentlichen Unternehmen** (→ Art. 19 III Rn. 72) schließlich bedürfen der Prüfung dahingehend, ob sich durch die von unterschiedlichen »Teilvölkern« entsandten Vertreter ein einheitliches Legitimationsniveau sicherstellen läßt. Da auf diese Weise jeder einzelne Vertreter personell am Ende einer Legitimationskette steht, ist Art. 20 II GG dann gewahrt, wenn ein derartiges Zusammenwirken verschiedener Träger der öffentlichen Verwaltung durch Gesetz sachlich-inhaltlich geregelt wird[521].

---

[516] Treffend das Argument von *D. Ehlers*, Jura 1997, 180 (186), die Verwaltung sei »regelmäßig nicht gezwungen, privatrechtliche Organisationsformen in Anspruch zu nehmen.« Siehe noch *P. Unruh*, DÖV 1997, 653 (662 ff.).

[517] So *F. Ossenbühl*, ZGR 1996, 504 (511 ff.); vgl. *T. v. Danwitz*, AöR 120 (1995), 595 (609 ff.); dagegen *H.-P. Schwintowski*, NJW 1995, 1316 (1318 f.); *D. Ehlers*, Jura 1997, 180 (181, 186); *Blessing*, Öffentlich-rechtliche Anstalten (Fn. 482), S. 170 ff.; kritische Zusammenfassung des Meinungsstandes bei *H. Gersdorf*, Öffentliche Unternehmen im Spannungsfeld zwischen Demokratie- und Wirtschaftlichkeitsprinzip, 2000, S. 259 ff.

[518] Eine feste Grenze läßt sich hier nur schwer ziehen, woran auch das Fraport-Urteil des Bundesverfassungsgerichts (E 128, 226) nichts geändert hat. → Art. 1 III Rn. 71; → Art. 19 III Rn. 73 ff. Siehe noch *J. P. Schaefer*, Der Staat 51 (2012), 251 (256 ff., 260 ff.).

[519] Zu Gestaltungsmöglichkeiten *Suerbaum* (Fn. 508), § 13 Rn. 86 ff.; *Kämmerer* (Fn. 508), § 14 Rn. 60.

[520] Grundlegend zur Einwirkungspflicht *G. Püttner*, DVBl. 1975, 353 ff.; vgl. *D. Ehlers*, Verwaltung in Privatrechtsform, 1984, S. 124 ff.; *Dreier*, Verwaltung (Fn. 358), S. 258 f. m. w. N.; *E. Schmidt-Aßmann*, AöR 116 (1991), 329 (346, 386). In der Fraport-Entscheidung (BVerfGE 128, 226 [246, Rn. 52]) war die Beherrschung durch die öffentliche Hand eindeutig, so daß sich für diese Konstellation aus ihr nichts ableiten läßt. Kritisch zu diesem Argumentationsdefizit das Sondervotum *Schluckebier* (E 128, 226 [274 f., Rn. 123]); s. noch *J. P. Schaefer*, Der Staat 51 (2012), 251 (258 ff.).

[521] Beispiel: Gesetz über die Errichtung der Bayerischen Landesbank Girozentrale (BayRS 762-6-F; vgl. die Zusammensetzung des Verwaltungsrats in Art. 8 II); allg. zu gemischt-öffentlichen Unternehmen *G. Püttner*, Die öffentlichen Unternehmen, 2. Aufl. 1985, S. 49 m. w. N.; *Puhl*, Haushaltsverfassung (Fn. 338), S. 63 ff., 167; *Gersdorf*, Öffentliche Unternehmen (Fn. 517), S. 134 ff., 225 ff.; skeptisch *Brosius-Gersdorf*, Deutsche Bundesbank (Fn. 464), S. 73 ff.

ff) Apokryphe Verwaltungseinheiten, intermediärer Bereich

137 Jenseits der voranstehend zugrundegelegten üblichen Klassifikation der Verwaltungsorganisation in Deutschland erweisen sich zwei Bereiche als besonders problematisch. Einmal betrifft dies den Wildwuchs an dogmatisch nicht domestizierten und ohne erkennbaren Systemwillen errichteten staatlichen oder halbstaatlichen Organisationen, die zur **Ausbildung apokrypher Rechtseinheiten** führen[522]. Wo es aber an Klarheit, Transparenz und Zurechenbarkeit fehlt, kann auch demokratische Steuerung nicht greifen[523]. Deshalb verdient das Postulat Unterstützung, den Vorbehalt des Gesetzes bei der Einrichtung unabhängiger Behörden zu stärken und nicht nur »die Formulierung der Steuerungsziele und die Bestimmung der Politikfelder [...], sondern auch die Umschreibung der Aufgaben und Befugnisse, die institutionelle und verfahrensrechtliche Ausgestaltung und das materielle Entscheidungsprogramm«[524] qua Gesetz vorzunehmen. Allein die Erfüllung dieser Anforderungen könnte domestizierend wirken.

138 Schwierig erweist sich die Bestimmung von Art und Maß demokratischer Legitimation ferner im **intermediären Bereich**[525], wo Staat und Gesellschaft sich »begegnen« und Entscheidungen und Handlungen der entsprechenden Organisationen aus einer Gemengelage (möglicherweise grundrechtlich fundierter) privater Selbstregulierung und staatlicher Aufgabenwahrnehmung resultieren. Anders als bei der funktionalen Selbstverwaltung haben wir es hier in der Regel nicht mit öffentlich-rechtlich organisierten Trägern zu tun. Intermediäre Anstalten und Körperschaften sowie halbstaatliche Vereine[526], Trägereinrichtungen der Forschung[527], Normsetzungsinstitutionen im technischen Sicherheitsrecht[528], vor allem aber im sozialen Bereich tätige Organisationen sowie der gesamte sog. Dritte Sektor[529] bilden insofern prominente und vielzitierte Fälle, in bezug auf die das Konzept demokratischer Legitimation flexibel und sachangemessen zur Anwendung gebracht werden muß[530]. Auch hier wächst dem parlamentarisch-demokratischen Gesetz eine zentrale Rolle zu, insofern dieses zwar aus Sachgründen die punktuelle materielle Steuerung der Verwaltungseinheiten nicht leisten, wohl aber substituierend deren Zweck so konkret wie möglich bestimmen sowie die innere Organisation und das Entscheidungsverfahren gestalten kann und muß[531].

---

[522] Vgl. erhellende Beispiele aus Vergangenheit und Gegenwart bei *B. Becker*, Öffentliche Verwaltung, 1989, S. 252 ff., 273 f.; *Loeser*, System (Fn. 460), S. 130 (Rn. 123); *Dreier*, Verwaltung (Fn. 358), S. 293 f., 303.

[523] Speziell zur Bedeutung der Transparenz *F. Schoch*, HStR³ III, § 37 Rn. 155 ff.; *A. Voßkuhle*, HStR³ III, § 43 Rn. 73; *Vöneky*, Recht (Fn. 324), S. 218 f. → Art. 38 Rn. 176 ff.

[524] *Hermes*, Legitimationsprobleme (Fn. 432), S. 484.

[525] Siehe zum folgenden auch *Trute* (Fn. 324), § 6 Rn. 93 ff.

[526] *G. F. Schuppert*, Selbstverwaltung als Beteiligung Privater an der Staatsverwaltung?, in: FS v. Unruh, 1983, S. 183 ff.; *K. Lange*, Die öffentlichrechtliche Anstalt, VVDStRL 44 (1986), S. 169 ff. (194 ff.); *Dreier*, Verwaltung (Fn. 358), S. 278 ff., 286, 300; *Loeser*, System (Fn. 460), S. 133, 135 (Rn. 127, 129).

[527] *H.-H. Trute*, Die Forschung zwischen grundrechtlicher Freiheit und staatlicher Institutionalisierung, 1994, S. 211 ff.; *H. C. Röhl*, Der Wissenschaftsrat, 1994, S. 130 ff.

[528] *Schmidt-Aßmann*, Verwaltungsrecht (Fn. 319), II/101 (S. 100).

[529] *C. Reichard*, DÖV 1988, 363 ff.; *G. F. Schuppert*, Die Verwaltung 28 (1995), 137 ff.; *ders.*, Verwaltungswissenschaft (Fn. 422), S. 354 ff., 365 ff.

[530] *H.-H. Trute*, DVBl. 1996, 950 ff.; *ders.*, Funktionen (Fn. 436), S. 288 ff.

[531] Vgl. *Hermes*, Legitimationsprobleme (Fn. 432), S. 484; dort S. 477 f. auch der weiterführende

d) Demokratische Legitimation der Rechtsprechung

Die demokratische Legitimation der Dritten Gewalt weist im Vergleich zu Legislative und Exekutive **charakteristische Besonderheiten** auf, läßt sich aber gleichwohl mit dem hier zugrundegelegten organisatorisch-formalen Modell (→ Rn. 109 ff.) sachgerecht bewältigen[532]. Während die **funktionell-institutionelle Legitimation** der Rechtsprechung unstrittig verfassungsunmittelbar durch die Art. 92 ff. GG gewährleistet ist[533], begegnet bei der Bestellung der Richter in Bund und Ländern eine große Variationsbreite von Verfahren, die mit Blick auf ihre **personelle Legitimation nicht** sämtlich **bedenkenfrei** sind[534]. Zwar belegt nicht zuletzt die Vielfalt der Methoden der Richterbestellung in anderen demokratischen Verfassungsstaaten[535], daß die Ernennung durch die parlamentarisch verantwortliche Exekutive, die Wahl durch das Volk (wie etwa in manchen Kantonen der Schweiz oder Gliedstaaten der USA), das Parlament[536] oder durch spezielle Wahlgremien gleichermaßen demokratiekompatible Grundmodelle darstellen und lediglich die reine Kooptation ausgeschlossen bleibt[537]. Als prekär erweist sich in Deutschland jedoch die konkrete Ausgestaltung im Einzelfall, namentlich die Zusammensetzung der **Richterwahlausschüsse** auf Landesebene[538] (→ Art. 98 Rn. 41 ff.). Sofern in ihnen die organisatorisch-personell nicht demokratisch legitimierten Mitglieder (etwa Vertreter von Richter- und Anwaltschaft) in der Mehrheit sind, vermitteln sie den gewählten Richtern keine hinreichende demokratische Legitimation[539]. Auch die Bestellung der **ehrenamtlichen Richter** gibt vereinzelt Anlaß zur

139

Gedanke einer direkten parlamentarischen, also nicht über die Regierung vermittelten politischen Kontrolle.

[532] Aus der Literatur zur demokratischen Legitimation der Rechtsprechung: *E.-W. Böckenförde*, Verfassungsfragen der Richterwahl (1974), 2. Aufl. 1998, S. 71 ff.; *G. Roellecke*, Zur demokratischen Legitimation der rechtsprechenden Gewalt, in: FS Leisner, 1999, S. 553 ff.; *P. Grossi*, JöR 50 (2002), 361 (365 ff.); *A. Voßkuhle/G. Sydow*, JZ 2002, 673 ff.; *U. Berlit*, Betrifft Justiz 70 (2002), 319 (327 ff.); *C. D. Classen*, JZ 2003, 693 ff.; *Wittreck*, Verwaltung (Fn. 141), S. 114 ff.; *K. F. Baltes*, Die demokratische Legitimation und die Unabhängigkeit des EuGH und des EuG, 2011; *K. Rennert*, JZ 2015, 529 ff. – Judikatur: BVerfGE 26, 186 (194 ff.); 27, 312 (320 f.); 41, 1 (10). – Systematischer Gegenentwurf eines Kontrollmodells der demokratischen Legitimation der Rechtsprechung bei *Tschentscher*, Demokratische Legitimation (Fn. 237), S. 189 ff., 336 ff., 368 ff.

[533] Statt aller *Tschentscher*, Demokratische Legitimation (Fn. 237), S. 186, 263 f.

[534] Zu den unterschiedlichen Bestellungsverfahren eingehend *Wittreck*, Verwaltung (Fn. 141), S. 307 ff., 395 ff., 413 ff.; *Tschentscher*, Demokratische Legitimation (Fn. 237), S. 300 ff., 322 ff., 340 ff.

[535] Eingehender Rechtsvergleich bei *Tschentscher*, Demokratische Legitimation (Fn. 237), S. 270 ff.

[536] Sie begegnet in der Bundesrepublik nur in Gestalt der Bestellung der Richter der Verfassungsgerichte des Bundes und der Länder (näher *S. U. Pieper*, Verfassungsrichterwahlen, 1998, S. 22 ff.; *A. Tschentscher*, Rechtsrahmen und Rechtspraxis der Bestellung von Richterinnen und Richtern zum Bundesverfassungsgericht, in: J. Sieckmann [Hrsg.], Verfassung und Argumentation, 2005, S. 95 ff. [99 ff.]; → Art. 94 Rn. 9 ff.) sowie der Wahl der Präsidenten der obersten Gerichte des Landes in Schleswig-Holstein (Art. 50 III LVerf. 2014) und Berlin (Art. 82 II LVerf.). – Zur Verfassungsmäßigkeit der Regelungen *Wittreck*, Verwaltung (Fn. 141), S. 404 ff.

[537] Siehe *Wittreck*, Verwaltung (Fn. 141), S. 131 f. m. w. N.; für grundsätzlich möglich hält eine kooptative Richterbestellung hingegen *Tschentscher*, Demokratische Legitimation (Fn. 237), S. 178 ff., 251 ff.

[538] *T. E. Dietrich*, Richterwahlausschüsse und demokratische Legitimation, 2007; *K. F. Gärditz*, ZBR 2011, 109 ff.

[539] Dies gilt namentlich für den Richterwahlausschuß in Baden-Württemberg; näher *Böckenförde*, Verfassungsfragen (Fn. 532), S. 82 f.; *Teubner*, Bestellung (Fn. 534), S. 76 sowie *Wittreck*, Verwaltung (Fn. 141), S. 400, 686.

Art. 20 (Demokratie)   C. Erläuterungen

Besorgnis, läßt sich hier doch namentlich in größeren Städten ein Trend in Richtung einer aleatorischen Zusammensetzung der Richterbank feststellen[540].

140 Als **problematisch** erweist sich auch die **sachlich-inhaltliche Legitimation** der dritten Gewalt, fehlt es doch nach landläufiger Auffassung im Unterschied zur Exekutive bei den Richtern wegen ihrer verfassungsrechtlich garantierten sachlichen und persönlichen **Unabhängigkeit** an flankierenden Steuerungsmöglichkeiten per Aufsicht oder gar kraft Weisung (→ Art. 97 Rn. 19 ff., 48 ff.)[541]. Als **Kompensation** für diese Freistellung gilt gemeinhin ihre ebenfalls in Art. 97 GG verankerte »strikte« **Bindung an das Gesetz**[542]. Das kann und soll nicht den evidenten Befund dementieren, demzufolge sich Rechtsanwendung niemals auf einen rein formal-logischen Subsumtionsvorgang reduzieren läßt, sondern immer einen produktiven und dabei unweigerlich auch wertenden Konkretisierungsprozeß bildet[543]. Jedoch stellen sich die über diesen methodologischen Grundtatbestand hinausgehenden Formen des Richterrechts bzw. der richterlichen Rechtsfortbildung (→ Art. 20 [Rechtsstaat], Rn. 101 ff., 175 ff.) praeter oder contra legem[544] gerade unter dem Aspekt demokratischer Legitimation als durchaus prekär dar[545].

141 Das **Bundesverfassungsgericht** begreift das Problem zwar seit jeher überwiegend als ein rechtsstaatliches[546], hebt aber in jüngeren Entscheidungen zumindest ansatzweise hervor, daß hier zugleich ein Übergriff in die Kompetenzen des demokratisch legitimierten Gesetzgebers liegen kann[547], so daß in zentraler Weise auch das Demokratie-

---

[540] Zur Bestellung der Nichtberufsrichter *E. Klausa*, Ehrenamtliche Richter. Ihre Auswahl und Funktion, empirisch untersucht, 1972, S. 28 ff., 187 ff.; *E. Schilken*, Gerichtsverfassungsrecht, 4. Aufl. 2007, Rn. 535 ff.; *F.C. Grube*, Richter ohne Robe, 2005; *M.M.S. Baderschneider*, Der Bürger als Richter, 2010, S. 45 ff. In der Einschätzung wie hier *P.A. Windel*, ZZP 112 (1999), 293 (301 ff.); *U. Kramer*, DRiZ 2002, 150 (155) sowie *Wittreck*, Verwaltung (Fn. 141), S. 427 f.
[541] Betont von *T. Groß*, ZRP 1999, 361 (363); *K.F. Röhl*, DRiZ 2000, 220 (227); *H. Weber-Grellet*, ZRP 2003, 145 (148); *Tschentscher*, Demokratische Legitimation (Fn. 237), S. 155; *Classen*, Demokratische Legitimation (Fn. 108), S. 20.
[542] *R.A. Rhinow*, Rechtsetzung und Methodik, 1979, S. 184; *E.-W. Böckenförde*, HStR³ II, § 24 Rn. 24; *Jestaedt*, Demokratieprinzip (Fn. 333), S. 295; *C. Hillgruber*, JZ 1996, 118 ff.; *H. Dreier*, Jura 1997, 249 (256); *T. Groß*, DRiZ 2003, 298 (301); *K. Rennert*, JZ 2015, 529 (530). → Art. 97 Rn. 21. – Zum praktisch allein legitimationsvermittelnden »Dreh- und Angelpunkt« wird die Gesetzesbindung bei *Tschentscher*, Demokratische Legitimation (Fn. 237), S. 189 ff. (Zitat S. 189).
[543] Näher *Dreier*, Verwaltung (Fn. 358), S. 164 ff. m.w.N.; *N. Horn*, Einführung in die Rechtswissenschaft und Rechtsphilosophie, 5. Aufl. 2011, Rn. 163 ff., 193; *P. Koller*, Theorie des Rechts, 2. Aufl. 1997, S. 197 ff., 221 ff.; *E. Bulygin*, Rechtsprechung: Anwendung oder Erzeugung des Rechts?, in: FS Krawietz, 2003, S. 317 ff.; *K. Rennert*, JZ 2015, 529 (531).
[544] Vgl. nur *F. Bydlinski*, JZ 1985, 149 ff.; *I. Pernice*, Billigkeit und Härteklauseln im öffentlichen Recht, 1991, S. 580 ff.; *J. Neuner*, Rechtsfindung contra legem, 1992, S. 85 ff., 140 ff.; *E.A. Kramer*, Juristische Methodenlehre, 4. Aufl. 2013, S. 183 ff., 239 ff. – In der Sache ähnliche Unterscheidung wie oben im Text bei *F. Ossenbühl*, HStR³ V, § 100 Rn. 50 ff., nämlich zwischen bloßer Rechtsanwendung einschließlich Lückenfüllung und den problematischen Formen gesetzesvertretenden oder gar gesetzeskorrigierenden Richterrechts.
[545] *J. Ipsen*, Richterrecht und Verfassung, 1975, S. 169 ff.; *Rhinow*, Rechtsetzung (Fn. 542), S. 185 ff.; *F. Müller*, Juristische Methodik, 7. Aufl. 1997, S. 93 ff.; *T. Mayer-Maly*, JZ 1986, 557 (560 f.); *C.W. Hergenröder*, Zivilprozessuale Grundlagen richterlicher Rechtsfortbildung, 1995, S. 207 f., 297 f.; *B. Rüthers*, JZ 2002, 365 (369); *W. Zöllner*, Die Stellung des Bundesarbeitsgerichts im Gefüge der arbeitsrechtlichen Regelsetzer – rechtspolitisch betrachtet, in: FS 50 Jahre BAG, 2004, S. 1395 ff.
[546] Demgemäß wurden die Grenzen richterlicher Rechtsfindung ganz überwiegend dem Rechtsstaatsprinzip entnommen: vgl. etwa BVerfGE 65, 182 (190 f.); 69, 315 (371 f.); 111, 54 (81 f., Rn. 170 ff.); ähnlich E 113, 88 (103 f., Rn. 37) mit alleinigem Bezug auf Art. 20 III GG.
[547] BVerfGE 128, 193 (210, Rn. 53). Mit Nachdruck betont im Sondervotum *Voßkuhle, Osterloh, Di Fabio*: BVerfGE 122, 248 (282 ff., Rn. 95 ff.); dort wird auch ausdrücklich auf Art. 20 II GG Bezug

prinzip berührt ist. In der **Grundlinie** hält das Gericht fest, daß neben der Anwendung und Auslegung der Gesetze auch die richterliche Rechtsfortbildung zu den Aufgaben der Rechtsprechung gehört[548], was allein wegen der »Anpassung des geltenden Rechts an veränderte Verhältnisse«[549] als ganz unausweichlich angesehen werden muß. Freilich sind »der Aufgabe und Befugnis zur ›schöpferischen Rechtsfindung und Rechtsfortbildung‹ [...] mit Rücksicht auf den aus Gründen der Rechtsstaatlichkeit unverzichtbaren Grundsatz der Gesetzesbindung der Rechtsprechung [...] Grenzen gesetzt«[550]. Aus einer Gesamtschau der einschlägigen Judikate läßt sich als allgemeine Vorgabe ableiten, daß Gerichte den **Willen des Gesetzgebers nicht ignorieren** oder gar negieren dürfen, sondern die gesetzgeberische Grundentscheidung und dessen Ziele zu respektieren haben. »Rechtsfortbildung stellt keine unzulässige richterliche Eigenmacht dar, sofern durch sie der erkennbare Wille des Gesetzgebers nicht beiseite geschoben und durch eine autark getroffene richterliche Abwägung der Interessen ersetzt wird«[551]. Hingegen greift eine »Interpretation, die als richterliche Rechtsfortbildung den klaren Wortlaut des Gesetzes hintanstellt, keinen Widerhall im Gesetz findet und vom Gesetzgeber nicht ausdrücklich oder – bei Vorliegen einer erkennbar planwidrigen Gesetzeslücke – stillschweigend gebilligt wird, [...] unzulässig in die Kompetenzen des demokratisch legitimierten Gesetzgebers ein«[552]. Durchgängig wird verlangt, daß die Rechtsprechung den **anerkannten Methoden der Gesetzesauslegung** zu folgen habe[553]. Im Einzelfall läßt das Gericht allerdings beträchtliche Großzügigkeit walten[554]; auch sind manche Grenzziehungen in den Senaten selbst umstritten[555], so daß von einer exakten Vermessung der Grenzlinie für richterliche Rechtsfortbildung keine Rede sein kann, sondern vieles der oft kaum vorhersehbaren Einzelfalljudikatur überlassen bleibt.

Bei der Legitimationsproblematik wäre schließlich sehr viel genereller und grundsätzlicher zu bedenken, ob zu den Regeln richterlichen Entscheidens neben der Bindung an das Gesetz noch weitere Komponenten gehören, die unter Rückgriff auf Art. 20 III GG als unmittelbar durch die Verfassung legitimiert angesehen werden können und insofern auch weitreichende Praktiken (subsidiärer, nicht gesetzesver-

142

---

genommen. Siehe noch (mit Blick auf Grenzen verfassungskonformer Auslegung und die Vorlagepflicht der Gerichte gemäß Art. 100 I GG) BVerfGE 138, 64 (94, Rn. 86): »Anderenfalls könnten die Gerichte der rechtspolitischen Entscheidung des demokratisch legitimierten Gesetzgebers vorgreifen oder diese unterlaufen«. In diese Richtung bereits (andeutend) BVerfGE 49, 304 (318).

[548] Besonders kompakt und schlicht jüngst BVerfGE 138, 377 (391f., Rn. 39): »Schöpferische Rechtsfindung durch gerichtliche Rechtsauslegung und Rechtsfortbildung ist praktisch unentbehrlich und wird vom Bundesverfassungsgericht seit jeher anerkannt (vgl. BVerfGE 34, 269 [287f.]; 49, 304 [318]; 65, 182 [190f.]; 71, 354 [362]; 128, 193 [210]; 132, 99 [127, Rn. 74]).«

[549] BVerfGE 128, 193 (210, Rn. 53) m.w.N.

[550] BVerfGE 128, 193 (210, Rn. 53) m.w.N. aus der älteren Judikatur.

[551] BVerfGE 132, 99 (127, Rn. 74).

[552] BVerfGE 128, 193 (210, Rn. 53); so auch E 132, 99 (127f., Rn. 75).

[553] BVerfGE 96, 375 (395); 113, 88 (104, Rn. 38); 122, 248 (258, Rn. 37); 128, 193 (210, Rn. 53); 132, 99 (128, Rn. 76).

[554] Zu weitgehende Akzeptanz von richterlicher Rechtsschöpfung contra legem etwa in BVerfGE 34, 269 (287); zu Recht kritisch *K. Larenz*, AfP 1973, 450ff.; *G. Hermes*, NJW 1990, 1764 (1765); *Müller*, Juristische Methodik (Fn. 545), S. 94 Fn. 178; *Horn*, Einführung (Fn. 543), Rn. 191, 452; *M. Reinhardt*, Konsistente Jurisdiktion, 1997, S. 176ff., 339ff.; *B. Rüthers/C. Fischer/A. Birk*, Rechtstheorie, 8. Aufl. 2015, insb. Rn. 156ff., 640ff., 696ff.

[555] Zu BVerfGE 111, 54 gab es Sondervoten von *Di Fabio und Mellinghoff* (BVerfGE 111, 109ff.), zu BVerfGE 122, 248 Sondervoten von *Voßkuhle, Di Fabio und Osterloh* (BVerfGE 122, 248ff.); die Entscheidung BVerfGE 128, 193 ist mit 5:3 Stimmen ergangen (S. 224).

drängender) richterlicher Rechtsschöpfung zu decken vermögen[556]. Gewendet auf das Konzept der demokratischen Legitimation bedeutete dies, daß der funktionell-institutionellen Komponente (→ Rn. 110) bei der Rechtsprechung möglicherweise größere Bedeutung zukommt als etwa bei der vollziehenden Gewalt[557]. Entgegen verbreiteter Einschätzung (→ Rn. 140) wird man schließlich auch eine **Stärkung der sachlich-inhaltlichen Legitimation** durch die Aktivierung solcher Instrumente nicht außer acht lassen dürfen, die für eine Implementierung der Gesetzesbindung im Einzelfall bürgen. Neben den in der Literatur erörterten Legitimationsbeiträgen der Kontrolle durch die Öffentlichkeit[558], den Instanzenzug oder die richterliche Amtshaftung (→ Art. 34 Rn. 51)[559] sollten hier auch die öffentlich-rechtlichen Ingerenzmöglichkeiten Berücksichtigung finden, die wie Dienstaufsicht und Disziplinargewalt der parlamentarisch verantwortlichen Exekutive bzw. in Gestalt der Richteranklage (→ Art. 98 Rn. 32 ff.) dem Parlament selbst die Einschärfung der Rechtsbindung erlauben[560]. Insofern hat namentlich die **Gerichtsverwaltung** einen nicht zu unterschätzenden Anteil an einem hinreichenden Legitimationsniveau der Rechtsprechung[561].

D. Verhältnis zu anderen GG-Bestimmungen

143 Die Demokratie ist **nicht diffuser Inbegriff »guter« politischer Ordnung** des Gemeinwesens unter Einschluß grundrechtlicher und rechtsstaatlicher Gewährleistungen. Eine solche undifferenzierte Einvernahme verdunkelt die Normativität des Demokratieprinzips und verdeckt mögliche Konfliktlagen (→ Rn. 79)[562]. Vielmehr handelt es sich um ein durch konkrete Merkmale charakterisiertes Verfassungsprinzip, dessen Verhältnis zu den anderen Verfassungsprinzipien sich wie folgt bestimmt[563].

144 Das Verhältnis zur **Republik** hängt von dessen inhaltlicher Bestimmung ab. Verstanden als bloße Nicht-Monarchie (→ Art. 20 [Republik], Rn. 17), gelangt nur das Erfordernis demokratischer Legitimation (→ Rn. 109 ff.) mit dem republikanischen Verfassungsprinzip zur Deckung[564]. Füllt man den Begriff der Republik hingegen inhaltlich

---

[556] *F.-J. Säcker*, ZRP 1971, 145 ff.; *M. Kriele*, Theorie der Rechtsgewinnung, 2. Aufl. 1976, S. 33 ff.; *Hofmann*, Legitimität und Rechtsgeltung (Fn. 218), S. 83 ff.; vertiefend *ders.*, Das Recht des Rechts, das Recht der Herrschaft und die Einheit der Verfassung, 1998, S. 27 ff.; *E. Schmidt-Aßmann/W. Schenk*, in: Schoch/Schneider/Bier, VwGO, Einl. (2013), Rn. 175 ff. (mit berechtigter Warnung vor einem »freien Gestaltungsauftrag an die Justiz« [Rn. 177]); *Reinhardt*, Jurisdiktion (Fn. 554), S. 349 f.; vgl. noch *Rhinow*, Rechtsetzung (Fn. 542), S. 176 ff., 181 ff.
[557] Das näher ausführend nunmehr *K. Rennert*, JZ 2015, 529 (530, 532 ff.).
[558] Namentlich *A. Voßkuhle/G. Sydow*, JZ 2002, 673 (680 ff.) wollen dem Defizit an demokratischer Legitimation des Richters durch die Berücksichtigung »weicher« Legitimationselemente begegnen, zu denen außer dem Öffentlichkeits- und Mündlichkeitsprinzip noch Begründungspflicht, Beteiligung von Laienrichtern, Akzeptanz und Partizipation treten. Zum Legitimationsbeitrag der Kontrolle durch verschiedene Formen von Öffentlichkeit bis hin zur parlamentarischen »Urteilsschelte« *Wittreck*, Verwaltung (Fn. 141), S. 163 ff. sowie *Tschentscher*, Demokratische Legitimation (Fn. 237), S. 227.
[559] Im Überblick m.w.N. zum Legitimationspotential dieser und weiterer Instrumente *Wittreck*, Verwaltung (Fn. 141), S. 140 ff.
[560] Detailliert und mit m.w.N. *Wittreck*, Verwaltung (Fn. 141), S. 142 ff., 159 ff.
[561] Dies die zentrale These von *Wittreck*, Verwaltung (Fn. 141), S. 173 f., 197 ff. u. passim.
[562] *H. Dreier*, Jura 1997, 249 (249).
[563] Eingehend zum folgenden *E.-W. Böckenförde*, HStR³ II, § 24 Rn. 81 ff.
[564] *Stern*, Staatsrecht I, S. 565 sieht den Ausschluß eines monarchischen Staatsoberhauptes im Prinzip der Volkssouveränität begründet.

auf (→ Art. 20 [Republik], Rn. 20 ff.), so ergeben sich weitgehend identische Anforderungen an politische Freiheit und Gleichheit (→ Rn. 61). Letztlich läßt sich aus der Verfassungsentscheidung für die Republik aber keine maßgebliche Prägung des Demokratieprinzips folgern (→ Art. 20 [Republik], Rn. 24 ff.)[565].

Zum **Sozialstaatsprinzip** gibt es normativ-begrifflich keine zwingende Verbindung: weder muß eine Demokratie sozialstaatlich orientiert sein noch ist der Sozialstaat auf eine demokratische Ordnung angewiesen. Das Sozialstaatsprinzip vermittelt auch keinen Anspruch auf politische Teilhabe[566]. Praktisch führt allerdings der von den Parteien geprägte politische Prozeß aus bestimmten Gründen zu einem ausgeprägten Wachstum von sozial motivierter oder auch nur etikettierter Staatstätigkeit[567]. **145**

Das Verhältnis zur **Bundesstaatlichkeit** ist durch die Eigenständigkeit des föderalen Gedankens und somit durch eine bestimmte Gliederung der Herrschaftsordnung geprägt, der nicht zum Strukturensemble freiheitlicher Verfassungsstaaten gehört und als solcher auch nichts zur Legitimation der Herrschaft aussagt[568]. **146**

Für das Verhältnis zum **Rechtsstaat** gilt, daß Demokratie auf eine bestimmte Legitimation der Staatsgewalt, der Rechtsstaat auf dessen Limitation zielt[569]. Sofern diese Sicherungen (Rechtsschutz, Grundrechte als Abwehrrechte, Verfahrensgarantien) verfassungskräftig ausgestaltet sind, läßt sich die grundgesetzliche Ordnung als »konstitutionelle« oder »gemäßigte« Demokratie[570] bezeichnen. Weder Rechtsstaat noch Demokratie sollten als diffus-umfassender Inbegriff des politisch Guten und Wahren, sondern in ihrer jeweiligen Spezifik präzise und konturenscharf konzipiert werden. **147**

Die Bedeutung der **Grundrechte** für die Demokratie liegt in erster Linie in ihrer Gewährleistungsfunktion für den offenen politischen Prozeß; hier treten die Kommunikationsgrundrechte besonders hervor (→ Rn. 78; → Vorb. Rn. 80, 86; → Art. 5 I, II Rn. 43 ff.). Im gleichen Zusammenhang ist auch die Rolle der **Öffentlichkeit** zu würdigen (→ Rn. 77). Der funktionale Bezug der Grundrechte zur Demokratie führt aber nicht zu ihrer Einbeziehung[571]. **148**

Das Verhältnis des demokratischen Prinzips zu den universalen **Menschenrechten** und ihrer Einforderung ist noch nicht abschließend geklärt. Streitig ist insbesondere, ob die Demokratie als essentieller Bestandteil der modernen Menschenrechtskonzeption zu erfassen ist (→ Rn. 26, 78)[572], und ob man einen speziellen **Menschenwürdebezug** der Demokratie behaupten kann (→ Art. 1 I Rn. 166). **149**

---

[565] Zusammenfassend *E.-W. Böckenförde*, HStR³ II, § 24 Rn. 95 f.; vgl. auch *W. Henke*, HStR I, § 21 Rn. 30 f.; *Unger*, Verfassungsprinzip (Fn. 216), S. 235 f.; a. A. *R. Gröschner*, HStR³ II, § 23 Rn. 40 ff.
[566] *Unger*, Verfassungsprinzip (Fn. 216), S. 237 f. mit Hinweis auf (wenige) Gegenstimmen.
[567] *E.-W. Böckenförde*, HStR³ II, § 24 Rn. 98 f.
[568] *J. Isensee*, HStR³ VI, § 126 Rn. 322 ff.; zu den unterschiedlichen normativen Strukturen von Demokratie und Bundesstaatlichkeit *C. Möllers*, Der parlamentarische Bundesstaat – Das vergessene Spannungsverhältnis von Parlament, Demokratie und Bundesstaat, in: J. Aulehner u. a. (Hrsg.), Föderalismus – Auflösung oder Zukunft der Staatlichkeit?, 1997, S. 81 ff. (97 ff.); knapp *Unger*, Verfassungsprinzip (Fn. 216), S. 238 f.
[569] Ähnlich wie hier *C. Möllers*, AöR 132 (2007), 493 (502 ff.); *Unger*, Verfassungsprinzip (Fn. 216), S. 236 f.
[570] *E.-W. Böckenförde*, HStR³ II, § 24 Rn. 82 ff.; zum Verhältnis beider Prinzipien zueinander *H. A. Wolff*, Das Verhältnis von Rechtsstaats- und Demokratieprinzip, 1999, S. 19 ff.; *C. Hillgruber*, AöR 127 (2002), 460 (467 f., 471 f.).
[571] Dies zu *Unger*, Verfassungsprinzip (Fn. 216), S. 240 f.
[572] Skeptisch *E.-W. Böckenförde*, HStR³ II, § 24 Rn. 37; umfangreich zur Diskussion die Beiträge in: Schwartländer, Menschenrechte (Fn. 99); s. auch *H. Köchler*, Democracy and Human Rights, 1990.

Art. 20 (Demokratie)   D. Verhältnis zu anderen GG-Bestimmungen

150   Für die Länder ist die Grundentscheidung des Art. 20 II GG nur nach Maßgabe des Homogenitätsgebotes des **Art. 28 I GG** verbindlich (→ Art. 28 Rn. 53, 55)[573].

151   Eine spezielle Ausprägung findet das **Prinzip der streitbaren Demokratie** (→ Rn. 79) in den Vorschriften über Vereinigungsverbot (→ Art. 9 Rn. 54 ff.), Grundrechtsverwirkung (→ Art. 18 Rn. 26 ff.) und Parteienverbot (→ Art. 21 Rn. 143 ff.)[574]. Daraus läßt sich jedoch nicht folgern, daß jede dieser einzelnen Ausprägungen nach Art. 79 III GG an der Unantastbarkeit des Art. 20 I GG teilnehmen soll (→ Art. 79 III Rn. 44). Dagegen spricht schon die Tatsache, daß die freiheitliche Demokratie des Grundgesetzes nunmehr fast 60 Jahre ohne Anwendung der Instrumente von Art. 18 und 21 II GG ausgekommen ist[575].

152   Unschwer als Konkretisierungen des Demokratieprinzips lassen sich die Normen der **Art. 38, 39 GG** auffassen[576] (→ Rn. 94 ff.). Dies gilt – mit Abstrichen – auch für den Parteienartikel (→ **Art. 21** Rn. 168); jedenfalls sind moderne parlamentarisch-repräsentative Demokratien immer auch Parteiendemokratien[577].

153   Das **parlamentarische Regierungssystem** ist ebenfalls eine Ausprägung des Demokratieprinzips[578]. Hierdurch ist die Verfassung aber nicht ein für alle Mal festgelegt; ein Wechsel zum Präsidialsystem, das allerdings die Normsetzungsprärogative des Parlaments (→ Rn. 117) wahren müßte, wäre nicht ausgeschlossen[579] (→ Art. 79 III Rn. 42).

154   **Art. 110 GG** konkretisiert das Erfordernis der sachlich-inhaltlichen demokratischen Legitimation für den Bereich der Haushaltsverfassung (→ Rn. 87).

155   Das Demokratieprinzip des Art. 20 I GG fällt ebenso in den Garantiebereich der Ewigkeitsklausel wie die Regelungen des Art. 20 II GG; umfaßt sind dabei sowohl Wahlen als auch Abstimmungen (→ **Art. 79 III** Rn. 36 ff.).

---

[573] BVerfGE 83, 60 (71); 93, 37 (66). Zu beachten ist aber, daß das Gericht nur knapp Art. 28 I 1 GG mitzitiert und insbesondere in der letztgenannten Entscheidung Art. 20 II GG ohne Einschränkungen und in einer ins einzelne gehenden Auslegung angewandt hat; kritisch zu dieser Vorgehensweise *T. v. Roetteken*, NVwZ 1996, 552 (552). – Ferner bleibt das wechselseitige Informationsverhältnis von Art. 20 und Art. 28 GG zu bedenken.

[574] *H. Dreier*, JZ 1994, 741 (750 ff.); *Grzeszick* (Fn. 154), Art. 20 II Rn. 57 ff.

[575] Vgl. die Verfahrensübersicht bei *Pestalozza*, Verfassungsprozeßrecht, S. 361 ff.; gegen ein Obsoletwerden der Art. 18, 21 II GG mit Recht *Schlaich/Korioth*, Bundesverfassungsgericht, Rn. 342 m.w.N. → Art. 18 Rn. 28. Zum häufiger praktizierten Vereinigungsverbot: → Art. 9 Rn. 54 ff.

[576] *Stern*, Staatsrecht I, S. 599; *Unger*, Verfassungsprinzip (Fn. 216), S. 241.

[577] Siehe nur *Kelsen*, Wesen (Fn. 62), S. 57; *Volkmann* (Fn. 274), § 4 Rn. 1.

[578] Hierzu und zum folgenden kontrovers: BVerfGE 9, 268 (281); *Stern*, Staatsrecht I, S. 599 f.; *R. Herzog*, in: Maunz/Dürig, GG, Art. 20, III. Abschnitt: Republik (1980), Rn. 14; *Schnapp* (Fn. 320), Art. 20 Rn. 19; *H. Hofmann*, Verfassungsrechtliche Sicherungen der parlamentarischen Demokratie (1986), in: ders., Verfassungsrechtliche Perspektiven, 1995, S. 129 ff. (137 ff.).

[579] Zustimmend *B. Pieroth*, JuS 2010, 473 (480).

Artikel 20 [Verfassungsprinzipien; Widerstandsrecht]

(1) **Die Bundesrepublik Deutschland ist ein** demokratischer und **sozialer** Bundesstaat.

(2) ¹Alle Staatsgewalt geht vom Volke aus. ²Sie wird vom Volke in Wahlen und Abstimmungen und durch besondere Organe der Gesetzgebung, der vollziehenden Gewalt und der Rechtsprechung ausgeübt.

(3) Die Gesetzgebung ist an die verfassungsmäßige Ordnung, die vollziehende Gewalt und die Rechtsprechung sind an Gesetz und Recht gebunden.

(4) Gegen jeden, der es unternimmt, diese Ordnung zu beseitigen, haben alle Deutschen das Recht zum Widerstand, wenn andere Abhilfe nicht möglich ist.

Literaturauswahl

Axer, Peter: Soziale Gleichheit – Voraussetzung oder Aufgabe der Verfassung?, VVDStRL 68 (2009), S. 177–218.
Bachof, Otto: Begriff und Wesen des sozialen Rechtsstaates, VVDStRL 12 (1954), S. 37–84.
Bast, Jürgen/Rödl, Florian (Hrsg.): Wohlfahrtsstaatlichkeit und soziale Demokratie in der Europäischen Union, 2013.
Becker, Ulrich/Hockerts, Hans Günter/Tenfelde, Klaus (Hrsg.): Sozialstaat Deutschland. Geschichte und Gegenwart, 2010.
Benda, Ernst: Der soziale Rechtsstaat, in: HdbVerfR, § 17 (S. 719–797).
Butzer, Hermann: Die Sozialstaatsentwicklung unter dem Grundgesetz: verfassungsgebotene Entfaltung oder exzessive Expansion?, 2006.
Charlesworth, Lorie: Welfare's Forgotten Past. A Socio-Legal History of the Poor Law, Abingdon 2010.
Cremer, Wolfram: Grundrechte und Sozialstaatsprinzip: Vertragsfreiheit und die (partiell) sozialstaatliche Imprägnierung der grundrechtlichen Schutzpflicht, in: Festschrift für Friedrich E. Schnapp, 2008, S. 29–47.
Davy, Ulrike: Soziale Gleichheit – Voraussetzung oder Aufgabe der Verfassung?, VVDStRL 68 (2009), S. 122–176.
Depenheuer, Otto: Das soziale Staatsziel und die Angleichung der Lebensverhältnisse in Ost und West, in: HStR IX, § 204 (S. 149–227).
Egidy, Stefanie: Casenote – the fundamental right to the guarantee of a subsistence minimum in the Hartz IV decision of the German Federal Constitutional Court, in: German Law Journal 12 (2011), S. 1961–1982.
Eichenhofer, Eberhard: Geschichte des Sozialstaats, 2007.
Eichenhofer, Eberhard: Sozialrecht der Europäischen Union, 5. Aufl. 2013.
Enders, Christoph: Sozialstaatlichkeit im Spannungsfeld von Eigenverantwortung und Fürsorge, VVDStRL 64 (2005), S. 7–52.
Forsthoff, Ernst: Begriff und Wesen des sozialen Rechtsstaates, VVDStRL 12 (1954), S. 8–36.
Forsthoff, Ernst (Hrsg.): Rechtsstaatlichkeit und Sozialstaatlichkeit, 1968.
Frohwerk, Arno: Soziale Not in der Rechtsprechung des EGMR, 2012.
Fuchs, Maximilian (Hrsg.): Europäisches Sozialrecht, 5. Aufl. 2010.
Heinig, Hans Michael: Der Sozialstaat im Dienst der Freiheit, 2008.
Hockerts, Hans Günter: Der deutsche Sozialstaat. Entfaltung und Gefährdung seit 1945, 2011.
Hofmann, Claudia: Internationale Sozialstandards im nationalen Recht, 2013.
Isensee, Josef: Sozialstaatlich organisierte Solidarität. Verfassungsrechtliche Determinanten, in: Festschrift für Manfred Spieker, 2013, S. 71–92.
Kempny, Simon/Krüger, Heike: Menschenwürde jenseits des Abwehrrechts: Versuch einer dogmatischen Konstruktion des Leistungsgrundrechts auf Existenzsicherung aus Art. 1 Abs. 1 in Verbindung mit Art. 20 Abs. 1 GG, in: SGb 2013, S. 384–391.
Kingreen, Thorsten: Das Sozialstaatsprinzip im europäischen Verfassungsverbund, 2003.
Kingreen, Thorsten: Knappheit und Verteilungsgerechtigkeit im Gesundheitswesen, VVDStRL 70 (2011), S. 152–194.
Knauff, Matthias: Die Daseinsvorsorge im Vertrag von Lissabon, in: EuR 45 (2010), S. 725–745.

Art. 20 (Sozialstaat)

Köck, Heribert Franz/Braza-Horn, Daniela: Der Wohlfahrtsstaat der Mitgliedstaaten und das EU-Recht, in: Festschrift für Hans R. Klecatsky, 2010, S. 371–387.
Kotzur, Markus: Der nachhaltige Sozialstaat, in: BayVBl. 2007, S. 257–263.
Ludyga, Hannes: Obrigkeitliche Armenfürsorge im deutschen Reich vom Beginn der Frühen Neuzeit bis zum Ende des Dreißigjährigen Krieges (1495–1648), 2010.
Luttenberger, Julia Alexandra: Verwaltung für den Sozialstaat – Sozialstaat durch Verwaltung? Die Arbeits- und Sozialverwaltung als politisches Problemlösungsinstrument in der Weimarer Republik, 2013.
Müller-Graff, Peter-Christian: Soziale Marktwirtschaft als neuer Primärrechtsbegriff der Europäischen Union, in: Festschrift für Dieter H. Scheuing, 2011, S. 600–623.
Neumann, Volker: Sozialstaatsprinzip und Grundrechtsdogmatik, in: DVBl. 1997, S. 92–100.
Neuner, Jörg: Privatrecht und Sozialstaat, 1999.
Niclauß, Karlheinz: Der Parlamentarische Rat und das Sozialstaatspostulat, in: PVS 15 (1974), S. 33–52.
Nolte, Jakob: Rationale Rechtsfindung im Sozialrecht. Die vom Bundesverfassungsgericht aufgestellten Anforderungen an die Bestimmung des Existenzminimums im Lichte neuerer sozialgerichtlicher Rechtsprechung, in: Der Staat 52 (2013), S. 245–265.
Nußberger, Angelika: Sozialstandards im Völkerrecht. Eine Studie zu Entwicklung und Bedeutung der Normsetzung der Vereinten Nationen, der Internationalen Arbeitsorganisation und des Europarats zu Fragen des Sozialschutzes, 2005.
Papier, Hans-Jürgen: Sozialstaatlichkeit unter dem Grundgesetz, in: Festschrift für Renate Jaeger, 2011, S. 285–296.
Pilz, Frank: Der Sozialstaat. Ausbau – Kontroversen – Umbau, 2009.
Pitschas, Rainer: Die Zukunft der sozialen Sicherungssysteme, VVDStRL 64 (2005), S. 109–143.
Ritter, Gerhard A.: Der Sozialstaat. Entstehung und Entwicklung im internationalen Vergleich, 2. Aufl. 1991.
Rixen, Stephan: Rationalität des Rechts und »Irrationalität« demokratischer Rechtsetzung. Eine Problemskizze am Leitfaden der »Hartz IV«-Entscheidung des Bundesverfassungsgerichts, in: JöR 61 (2013), S. 525–539.
Rüfner, Wolfgang: Daseinsvorsorge und soziale Sicherheit, in: HStR³ IV, § 96 (S. 1049–1107).
Schmidt, Manfred G.: Wirklich nur Mittelmaß? Deutschlands Sozialstaat im Spiegel neuer, international vergleichender Daten, in: ZSE 10 (2012), S. 159–193.
Schmidt-Aßmann, Eberhard: Die Bedeutung des Sozialstaatsprinzips für das Verwaltungsrecht, in: Festschrift für Reinhard Mußgnug, 2005, S. 33–44.
Schnath, Matthias: Das neue Grundrecht auf Gewährleistung eines menschenwürdigen Existenzminimums: ein rechtspolitischer Ausblick nach dem Urteil des Bundesverfassungsgerichts vom 9.2.2010, in: NZS 2010, S. 297–302.
Scholz, Rupert: Die sozialen Grundrechte in der Europäischen Union und deren kompetenzrechtliche Grenzen, in: Festschrift für Klaus Stern, 2012, S. 923–932.
Schramme, Thomas: Begründungsmodelle des Sozialstaats, in: ARSP 92 (2006), S. 322–334.
Spieker, Michael (Hrsg.): Der Sozialstaat. Fundamente und Reformdiskurse, 2012.
Schlenker, Rolf-Ulrich: Soziales Rückschrittsverbot und Grundgesetz, 1986.
Steinmeyer, Heinz-Dietrich: Verfassungsrechtliche Rahmenbedingungen und Grenzen für Reformen der Sozialsysteme im Zeitalter der Globalisierung, in: NZS 2012, S. 721–727.
Stolleis, Michael: Geschichte des Sozialrechts in Deutschland, 2003.
Thurn, John Philipp: Welcher Sozialstaat? Ideologie und Wissenschaftsverständnis in den Debatten der bundesdeutschen Staatsrechtslehre 1949–1990, 2013.
Trüdinger, Eva-Maria/Gabriel, Oscar W. (Hrsg.): Reformen des Sozialstaats in Deutschland, 2013.
Wallrabenstein, Astrid: Versicherung im Sozialstaat, 2009.
Welti, Felix: Teilhabe im sozialen Rechtsstaat, in: Betrifft Justiz 106 (2011), S. 81–89.
Wiederin, Ewald: Sozialstaatlichkeit im Spannungsfeld von Eigenverantwortung und Fürsorge, VVDStRL 64 (2005), S. 53–82.
Wieland, Joachim: Der soziale Rechtsstaat als Gewährleistungsstaat, in: Festschrift für Udo Steiner, 2009, S. 933–946.
Young, Katherine G.: Constituting Economic and Social Rights, Oxford 2012.
Zacher, Hans F.: Das soziale Staatsziel, in: HStR³ II, § 28 (S. 659–784).

Art. 20 (Sozialstaat)

Zacher, Hans F.: Sozialstaat. Das große Paradoxon, die endlose Komplexität und die Illusion der Eindeutigkeit und der Endlichkeit, in: Leitgedanken des Rechts. Festschrift für Paul Kirchhof, Bd. I, 2013, § 26 (S. 285–295).
Zwermann-Milstein, Nina Tabea: Grund und Grenzen einer verfassungsrechtlich gebotenen gesundheitlichen Mindestversorgung, 2015.

Leitentscheidungen des Bundesverfassungsgerichts

BVerfGE 1, 97 (104 ff.) – Hinterbliebenenrente I; 4, 7 (16 ff.) – Investitionshilfe; 5, 85 (197 ff.) – KPD-Verbot; 11, 105 (110 ff.) – Familienlastenausgleich I; 28, 324 (348 ff.) – Heiratswegfallklausel; 29, 221 (235 ff.) – Jahresarbeitsverdienstgrenze; 33, 303 (329 ff.) – numerus clausus I; 40, 121 (133 ff.) – Waisenrente II; 59, 231 (261 ff.) – Freie Mitarbeiter; 82, 60 (79 ff.) – Steuerfreies Existenzminimum; 87, 153 (169 ff.) – Grundfreibetrag; 88, 203 (312 ff.) – Schwangerschaftsabbruch II; 99, 216 (231 ff., Rn. 62 ff.) – Familienlastenausgleich II; 102, 254 (298, Rn. 238 f.) – EALG; 103, 197 (221 f., Rn. 85) – Pflegeversicherung I; 114, 196 (248, Rn. 244) – Beitragssicherungsgesetz; 115, 25 (47 ff., Rn. 61 ff.) – Gesetzliche Krankenversicherung; 120, 125 (154 f., Rn. 103 ff.) – Steuerfreies Existenzminimum II; 123, 267 (328, 332 f., 343, 362 f., 426 ff.; Rn. 168, 181 f., 217, 257 ff., 392 ff.) – Lissabon; 125, 175 (222 ff., Rn. 133 ff.) – Hartz IV; 132, 134 (159 ff., Rn. 62 ff.) – Existenzminimum Asylbewerber.

Gliederung

	Rn.
A. Herkunft, Entstehung, Entwicklung	1
I. Ideen- und verfassungsgeschichtliche Aspekte	1
II. Entstehung und Veränderung der Norm	10
B. Internationale, supranationale und rechtsvergleichende Bezüge	13
I. Elemente der Sozialstaatlichkeit im internationalen Recht	13
II. Die Europäische Union als soziale Union	17
III. Sozialstaatlichkeit im Rechtsvergleich	20
1. Internationaler Verfassungsvergleich	20
2. Landesverfassungsrecht	21
C. Erläuterungen	24
I. Der Sozialstaat als Verfassungsprinzip	24
II. Teilgehalte	27
1. Fürsorge	28
2. Vorsorge	30
3. Wiedergutmachung	34
4. Gerechte Sozialordnung	35
III. Adressaten und Begünstigte	36
IV. Insbesondere: Sozialstaat und Grundrechte	39
1. Verzicht auf soziale Grundrechte	40
2. Sozialstaat und Freiheitsrechte: freiheitlicher Sozialstaat	41
3. Sozialstaat und Gleichheitsrechte: Chancengleichheit	43
4. Sozialstaat und Leistungsrechte: menschenwürdiges Existenzminimum	45
V. Anforderungen an Organisation und Verfahren	47
D. Verhältnis zu anderen GG-Bestimmungen	49

Stichwörter

Adressaten 36 f. – AEMR 14 – Arbeiterbewegung 5 – Arbeitslosenversicherung 7 – Armenfürsorge 4 – Asylbewerberleistungsgesetz 28, 45 – Ausgleich sozialer Gegensätze 35 – Ausland 38 – Ausstrahlungswirkung 37 – Bismarck 5 – Caritas 2 – Chancengleichheit 43 – Daseinsvorsorge 3 – DDR 9 – Demographie 12 – Diakonie 2 – EGMR 16 – Ermessen 36 – Europäische Sozialcharta 15 – Europäischer Sozialfonds 18 – Ewigkeitsklausel 24, 49 – Existenzminimum 16, 20, 45 – Expansion 12 – Familienexistenzminimum 46 – Forsthoff 3 – Französische Revolution 6 – Freiheitlicher Sozialstaat 41 – Fürsorge 2, 28 – Gerechte Sozialordnung 35 – Gesetzgeber 25 – Gleichheitsrecht 43 f. – Globalisierung 12 – Grundrechte 39 ff., 51 – Grundrechte-Charta 19 – Hermann Heller 7 – Homogenität 26, 50 – Ideengeschichte 1 ff. – ILO 13 – Infrastrukturverantwortung 6, 26, 30, 32, 43 – Integration 38 –

Art. 20 (Sozialstaat)   A. Herkunft, Entstehung, Entwicklung

IPwskR 14 – Katholische Soziallehre 2 – Kompetenzordnung 26 – Konkretisierung 11, 26 f. – Krise 12 – Landesverfassungen 21 ff. – Lastenausgleich 34 – Lebensordnungen 22 – Leistungsrechte 26, 45 – Lorenz v. Stein 3 – Menschenwürde 45 – Nikolausbeschluß 46 – NS-Regime 8 – Parlamentarischer Rat 10 – Paulskirchenverfassung 6 – Pflegeversicherung 12 – Polizeistaat 4 – Private 37 – Prozedurale Aspekte 45, 47 f. – Rechtsstaat vs. Sozialstaat 41 – Reichsverfassung von 1871 6 – Religionsgemeinschaften 2, 42, 51 – Rentenversicherung 12 – Schrankenvorbehalt 42 – Selbstverwaltung 5 – Solidarität 34 – Soziale Frage 5 f. – Soziale Grundrechte 9, 14, 19 f., 23, 40 – Sozialversicherung 5, 7, 30 ff. – Steuerstaat 35 – Umfang sozialer Leistungen 29, 45 – Umverteilung 35 – Unionsrecht 17 ff. – Verfassungsprinzip 24 – Verfassungsvergleich 20 – Völkerrecht 13 f. – Vorbehalt des Möglichen 27 – Vorsorge 2, 3, 7, 30 ff. – Weimarer Reichsverfassung 7 – Wiedergutmachung 34 – Wiedervereinigung 23, 35 – Wirtschafts- und Sozialausschuß 18.

A. Herkunft, Entstehung, Entwicklung

I. Ideen- und verfassungsgeschichtliche Aspekte

1. Ideengeschichte

1   Eine linear verlaufende Ideengeschichte des grundgesetzlichen Sozialstaatsprinzips existiert in dieser Form nicht[1]. Vergegenwärtigt man sich die inzwischen erfolgte Ausdifferenzierung zu einer ganzen Reihe von Teilgehalten (→ Rn. 27 ff.), so wäre zunächst für jeden davon die spezifische Ideengeschichte nachzuzeichnen. Ferner speist sich – noch in den gegenwärtigen Auseinandersetzungen und Debatten gut erkennbar – das so verstandene soziale Staatsziel aus einer **Vielzahl von Traditionen**, ohne daß eine davon faktisch alleinverantwortlich zeichnet noch – aus Rechtsgründen – interpretationsleitend für seine Deutung sein darf[2].

2   Reduziert man in diesem Sinne das Sozialstaatsprinzip auf die beiden zentralen Aspekte der **Fürsorge** und Vorsorge (→ Rn. 28 ff.), so ist erstere – zumindest als bewußt und explizit thematisiertes und nicht lediglich intuitiv befolgtes Konzept – älter. Referenztexte sind zunächst die zahlreichen Passagen des Alten und Neuen Testamentes, die den Armen als einen der Elenden schlechthin ausweisen und die Sorge um sein Wohl zur religiösen Pflicht machen (bzw. mit dazu durchaus in Spannung stehender Tendenz spezifische Verheißungen gerade für die Armen enthalten)[3]. Daran schließen sich eine niemals ganz abgebrochene Tradition der praktischen Armenfürsorge in Gestalt der **Caritas** resp. **Diakonie**[4], aber auch eine stete (primär theologische, später sozialethische) Reflexion dieser Pflicht an, die namentlich im deutschen Sprachraum in Gestalt der **katholischen Soziallehre** wirkmächtig wird[5].

---

[1] Zusammenfassend zum folgenden *K. Stern*, Art. Sozialstaat, in: EvStL³, Bd. II, Sp. 3269 ff. (3270 f.); *T. Kingreen*, Das Sozialstaatsprinzip im europäischen Verfassungsverbund, 2003, S. 22 ff.; *H. Grebing* (Hrsg.), Geschichte der sozialen Ideen in Deutschland, 2. Aufl. 2005; *C. Enders*, Sozialstaatlichkeit im Spannungsfeld von Eigenverantwortung und Fürsorge, VVDStRL 64 (2005), S. 7 ff. (14 ff.); *M. Kotzur*, Art. Sozialstaat (J), in: EvStL⁴, Sp. 2245 ff. (2247); *E. Eichenhofer*, Geschichte des Sozialstaats in Europa, 2007; vgl. ferner *G. Robbers*, in: BK, Art. 20 Abs. 1 (2009), Rn. 1299 ff.; *M. Spieker*, Wohlbegründete Wohlfahrt, in: ders. (Hrsg.), Der Sozialstaat, 2012, S. 17 ff. (18 ff.) sowie *S. Lessenich*, Theorien des Sozialstaats zur Einführung, 2012, S. 25 ff.

[2] Prägnant → *Gröschner*, Bd. II², Art. 20 (Sozialstaat), Rn. 1. Vgl. zu den gegenwärtigen philosophischen Begründungsangeboten *T. Schramme*, ARSP 92 (2006), 322 ff. sowie *M. Knoll*, Ist staatliche Umverteilung gerecht?, in: Spieker, Sozialstaat (Fn. 1), S. 39 ff.

[3] Siehe nur Mt. 5, 43 ff.; 7, 12; 10, 40 ff.; 22, 37 ff.; 25, 40.

[4] Instruktiv *J. Isensee*, Die karitative Betätigung der Kirchen und der Verfassungsstaat, in: HdbStKirchR² II, § 59, S. 665 ff.; vgl. *Eichenhofer*, Geschichte (Fn. 1), S. 20 ff.

[5] Näher *Stolleis*, Geschichte (Fn. 1), S. 13 ff.; *K. Gabriel*, Die ›katholischen‹ Grundlagen des Sozi-

Versteht man **Vorsorge** nicht als denkbar allgemeine Klugheitsregel, sondern als 3
spezifisch obrigkeitliche oder doch öffentliche Pflicht zur Bereitstellung von institutionellen Sicherungsmechanismen gegen soziale Not, so taucht das Konzept erstmals in den Schriften **Lorenz von Stein**s († 1890) auf, der zugleich in Anlehnung an die Begrifflichkeit der französischen Revolution[6] den Terminus »Sozialstaat« prägt[7]. In Auseinandersetzung mit den Forderungen des an Zuspruch gewinnenden Sozialismus[8] formuliert er die staatliche Aufgabe der Förderung des wirtschaftlichen wie gesellschaftlichen Fortschritts aller Untertanen. Die Zuspitzung zur **Daseinsvorsorge** leistet sodann Ernst Forsthoff[9].

2. Verfassungsgeschichte

Eine spezifische Verfassungsgeschichte des sozialen Staatsziels ist markant kürzer als 4
seine **Rechtsgeschichte**[10]: In historischer Perspektive dürften sich kaum Gemeinwesen ausmachen lassen, die auf zumindest extreme Armut ihrer Mitglieder mit Indolenz reagieren[11]. Sofern in derartigen Großaggregaten das Recht bereits eine Rolle für die Sozialsteuerung spielt, korrespondieren dem regelmäßig Bestimmungen, die soziale Not thematisieren und ihr zu steuern versuchen. Sofern diese »Armenfürsorge« nicht ohnehin im Wege der **Indienstnahme religiöser Institutionen** erfolgt (→ Rn. 2) treten als wichtige Akteure zunächst die hochmittelalterlichen Städte bzw. innerhalb derselben Vergemeinschaftungen wie Zünfte und Bruderschaften auf[12]. Für den frühneuzeitlichen Staat ist Armenfürsorge zugleich Teil der »guten Policey«; damit korrespondiert ein starkes Element der vornehmlich repressiven Kontrolle namentlich der

---

alstaats – und ihre Relevanz für die aktuelle Diskussion um sein Profil und Programm, in: M. Schramm u.a. (Hrsg.), Der fraglich gewordene Sozialstaat, 2006, S. 9 ff.; *P. Manow*, Religion und Sozialstaat, 2008, S. 109 ff.; *M. Vogt*, Konfessionelle Wurzeln des Sozialstaates, in: Spieker, Sozialstaat (Fn. 1), S. 87 ff. (auch zu den damit keineswegs ausgeblendeten protestantischen Beiträgen).

[6] In diesem Kontext bezeichnet »état social« etwa bei *Sieyes* im Unterschied zum Naturzustand den gesellschaftlichen Zustand: *E.J. Sieyes*, Einleitung zur Verfassung (1789), in: ders., Was ist der Dritte Stand?, 2010, S. 197 ff. (203 f.).

[7] *L. v. Stein*, Gegenwart und Zukunft der Rechts- und Staatswissenschaft Deutschlands, 1876, S. 214 f. – Näher *E.-W. Böckenförde*, Lorenz von Stein als Theoretiker der Bewegung von Staat und Gesellschaft zum Sozialstaat (1963), in: ders., Staat, Gesellschaft, Freiheit, 1976, S. 146 ff.; *G. A. Ritter*, Der Sozialstaat, 1991, S. 69 ff.; *S. Koslowski*, Der Staat 34 (1995), 221 (229 ff.); *Kingreen*, Sozialstaatsprinzip (Fn. 1), S. 89 ff. → *Gröschner*, Bd. II[2], Art. 20 (Sozialstaat), Rn. 5.

[8] Zu dessen eigenem Beitrag nur *W. Euchner*, Ideengeschichte des Sozialismus in Deutschland, Teil 1, in: Grebing, Geschichte (Fn. 1), S. 15 ff. (55 ff., 190 ff.).

[9] *E. Forsthoff*, Die Verwaltung als Leistungsträger, 1938. Näher *Kingreen*, Sozialstaatsprinzip (Fn. 1), S. 101 f.; vgl. noch die frühe Darstellung von *P. Badura*, DÖV 1966, 624 ff. – Zu seiner späteren radikalen Negation der Normativität des Sozialstaatsprinzips eingehend *H.M. Heinig*, Der Sozialstaat im Dienst der Freiheit, 2008, S. 22 ff.

[10] Im ersten Zugriff *Stolleis*, Geschichte (Fn. 1), S. 13 ff.; *Kingreen*, Sozialstaatsprinzip (Fn. 1), S. 168 ff.; *E. Wiederin*, Sozialstaatlichkeit im Spannungsfeld von Eigenverantwortung und Fürsorge, VVDStRL 64 (2005), S. 53 ff.; *Eichenhofer*, Geschichte (Fn. 1), S. 23 ff.; *H. Ludyga*, Obrigkeitliche Armenfürsorge im deutschen Reich vom Beginn der Frühen Neuzeit bis zum Ende des Dreißigjährigen Krieges (1495–1648), 2010. Instruktiv ferner *L. Charlesworth*, Welfare's Forgotten Past, Abingdon 2010, S. 35 ff.

[11] Treffend *G. Roellecke*, in: Umbach/Clemens, GG, Art. 20 Rn. 177.

[12] Näher *D. Schiek*, in: AK-GG, Art. 20 Abs. 1–3 V (2001), Rn. 2; *Eichenhofer*, Geschichte (Fn. 1), S. 23 f., 25 f. sowie *Ludyga*, Armenfürsorge (Fn. 10), S. 56 ff.

»landfremden« Bettler[13]. Der aufgeklärte Absolutismus betrachtet demgegenüber Arme eher als ungenutztes Reservoir an Arbeitskräften[14].

5 Prägend für die weitere deutsche Entwicklung wird die vornehmlich mit dem Namen **Bismarck**s verbundene Politik der gesetzlichen **Sozialversicherung** als spezifisch deutsche Antwort auf die vom Massenelend infolge der Industrialisierung aufgeworfene »soziale Frage«[15]. Ihrer Einführung gehen voraus erste Maßnahmen der preußischen Sozialgesetzgebung wie das »Regulativ über die Beschäftigung jugendlicher Arbeiter in Fabriken« vom 9. März 1839[16]. In der Sache beruhen die Reformen auf einem Motivbündel[17]; nebeneinander begegnen ein gesundheits- und damit letztlich wehrpolitisches Kalkül, ein nicht zu unterschätzender moralischer Impetus, der von beiden Konfessionen ausgeht[18], sowie das Interesse, die rasch wachsende Arbeiterschaft nicht vollends an die Sozialdemokratie zu »verlieren«[19]. Die Reaktion der Arbeiterbewegung fällt dementsprechend verhalten aus, ist aber keineswegs so einhellig ablehnend wie häufig angenommen[20]. Konkret werden in rascher Folge die Krankenversicherung (1883), die Unfallversicherung (1884) sowie die Invaliditäts- und Altersversicherung (1889) geschaffen und in die Hände von **Selbstverwaltungskörperschaften** gelegt[21].

6 Als ausdrücklicher Gegenstand einer Verfassung modernen Typs tauchen Elemente der Sozialstaatlichkeit hingegen spät auf[22]; erste explizite Garantie dürfte Art. 21 der Französischen **Revolutionsverfassung** von **1793** sein[23]. In der Epoche des Konstitutionalismus ist Armut primär der Grund für den Ausschluß vom Wahlrecht (→ Art. 38 Rn. 7f.). Auch die **Paulskirchenverfassung** enthält zwar Maßnahmen, die wie die Auf-

---

[13] Eingehend m.N. *Ludyga*, Armenfürsorge (Fn. 10), S. 185 ff., 226 ff.; knapper *Stolleis*, Geschichte (Fn. 1), S. 15 ff. Vgl. auch *K. O. Scherner*, ZRG GA 96 (1979), 55 ff.

[14] Siehe *W. Schädler*, Veränderungen der Armenpflege in Deutschland durch die Aufklärung, Diss. iur. Marburg 1980, S. 51 ff.; *Stolleis*, Geschichte (Fn. 1), S. 22.

[15] Unterstrichen von *S. Huster/J. Rux*, in: Epping/Hillgruber, GG, Art. 20 Rn. 206.1 sowie *B. Grzeszick*, in: Maunz/Dürig, GG, Art. 20 VIII (2014), Rn. 6 f. – Näher dazu *Stolleis*, Geschichte (Fn. 1), S. 52 ff. sowie *Kingreen*, Sozialstaatsprinzip (Fn. 1), S. 170 ff.; ausführlich *V. Hentschel*, Geschichte der deutschen Sozialpolitik 1880–1980, 4. Aufl. 1991, S. 11 ff. sowie *G. A. Ritter*, Bismarck und die Grundlegung des deutschen Sozialstaates, in: FS Zacher, 1998, S. 789 ff.

[16] Text in: Huber, Dokumente, Bd. 1, S. 79 f. Näher *Schiek* (Fn. 12), Art. 20 Abs. 1–3 V Rn. 4 sowie *H. Butzer*, Die Sozialstaatsentwicklung unter dem Grundgesetz, 2006, S. 10 ff. → *Gröschner*, Bd. II², Art. 20 (Sozialstaat), Rn. 2.

[17] Zum »Kompromisscharakter« der Bismarckschen Reform auch *A. Wallrabenstein*, Versicherung im Sozialstaat, 2009, S. 57 ff.

[18] Zum protestantischen Anteil *T. Jähnichen/N. Friedrich*, Geschichte der sozialen Ideen im deutschen Protestantismus, in: Grebing, Geschichte (Fn. 1), S. 867 ff. (922 ff.); → Rn. 2.

[19] Sinnfällig die Kaiserliche Botschaft vom 17.11.1881 (Huber, Dokumente, Bd. 1, S. 474) mit der Wendung, »daß die Heilung der sozialen Schäden nicht ausschließlich im Wege der Repression sozialdemokratischer Ausschreitungen, sondern gleichmäßig auf dem der positiven Förderung des Wohles der Arbeiter zu suchen sein werde«.

[20] So *W. Ayaß*, Sozialdemokratische Arbeiterbewegung und Sozialversicherung bis zur Jahrhundertwende, in: U. Becker/H. G. Hockerts/K. Tenfelde (Hrsg.), Sozialstaat Deutschland, 2010, S. 17 ff. (19 ff.). – Instruktive Gegenperspektive bei *W. v. Kieseritzky*, Liberalismus und Sozialstaat, 2002, S. 171 ff.

[21] Dazu etwa *H. Henning*, Aufbau der Sozialverwaltung, in: Dt. VerwGesch III, § 4 (S. 288 ff.).

[22] Pointiert *K.-P. Sommermann*, in: v. Mangoldt/Klein/Starck, GG, Art. 20 Rn. 101.

[23] »Die öffentliche Unterstützung ist eine heilige Schuld. Die Gesellschaft schuldet ihren unglücklichen Mitbürgern den Unterhalt, indem sie ihnen entweder Arbeit verschafft oder denen, die außerstande sind, zu arbeiten, die Mittel für ihr Dasein sichert.« Näher *K.-P. Sommermann*, Der Staat 32 (1993), 611 (627 f.).

lösung von Untertänigkeits- und Lehensverband (§§ 166, 171 RVerf.) oder die Ablösbarkeit von Abgaben und Leistungen (§ 168 RVerf.) auf eine moderate Egalisierung der Gesellschaft zielen[24], und nimmt immerhin »Maßregeln für die Gesundheitspflege« als Reichsaufgabe in den Blick (§ 61 RVerf.); die »soziale Frage« steht aber erkennbar nicht im Raum[25]. Im übrigen enthalten Verfassungsurkunden der Zeit vereinzelt Bestimmungen, die heute als Teilgehalte des Art. 20 I GG gelten, etwa die Garantie des unentgeltlichen Volksschulunterrichts[26]; die allgemeine Verpflichtung auf das »Wohl« des Landes dürfte zu unspezifisch sein[27]. In der Reichsverfassung von 1871 taucht die soziale Frage ebenfalls nur *ex negativo* auf, indem das gemeinsame Indigenat (Art. 3 RVerf.; → Art. 33 Rn. 1) einem Vorbehalt zugunsten der Bestimmungen über die »Armenversorgung« unterworfen wird. Der Abschnitt über das Eisenbahnwesen (Art. 41 ff. RVerf.; → Art. 87e Rn. 1) mag schließlich als Ausdruck staatlicher Infrastrukturverantwortung *avant la lettre* gelten.

Einen Paradigmenwechsel vollzieht sodann die **Weimarer Reichsverfassung**, in der die Republik zwar nicht explizit als Sozialstaat bezeichnet, aber in umfangreicher und anspruchsvoller Weise auf die aktive Gestaltung der sozialen Ordnung verpflichtet wird[28]. Schon die Präambel schwört den jungen Staat auf Gerechtigkeit und Förderung des gesellschaftlichen Fortschritts ein; die Kompetenzkataloge des Reiches enthalten zahlreiche einschlägige Titel (Art. 7 Nr. 5, 7, 8, 9, 10, 11, 12, 13, 15; Art. 9 Nr. 1 WRV), die es diesbezüglich auch handlungsfähig machen und zugleich unterstreichen, daß das Soziale als Staatsaufgabe erkannt worden ist[29]. Zentral sind die umfangreichen Abschnitte »Das Gemeinschaftsleben« (Art. 119 ff. WRV) und »Das Wirtschaftsleben« (Art. 151 ff. WRV), die zahlreiche **Schutz- bzw. Gestaltungsaufträge** enthalten, die teils durch individuelle Rechtsansprüche, teils durch institutionelle Vorkehrungen (vgl. Art. 165 WRV zu den Arbeiter- und Wirtschaftsräten) geschützt bzw. verstärkt werden. Dem Teilgehalt »Vorsorge« entspricht direkt Art. 161 WRV, der dem Reich die Schaffung bzw. Fortführung einer Sozialversicherung aufgibt (→ Rn. 28 f.). Die kurze Lebensdauer der Republik läßt diese Gestaltungsaufträge überwiegend unerledigt bleiben; ein Markstein ist gleichwohl die Einführung der **Arbeitslosenversicherung** 1927[30]. Bleibende Impulse in theoretischer Perspektive gehen ferner von den Thesen **Hermann Heller**s aus[31].

Das **NS-Regime** inszeniert seine Sorge um die »Volkswohlfahrt« aufwendig und zielt dabei ebenso erkennbar wie erfolgreich auf das Generieren von Systemzustim-

---

[24] Dazu wie zu den Grenzen dieser Intention *Kühne*, Reichsverfassung, S. 254 ff., 275 ff.
[25] Zur Debatte über soziale Grundrechte näher *H. Scholler*, Der Staat 13 (1974), 51 ff.
[26] Prominent Art. 25 III Preuß. Verf. 1850. Siehe dazu *G. Anschütz*, Die Verfassungsurkunde für den preußischen Staat vom 31. Januar 1850, 1912, Art. 25 Anm. 3 VI (S. 485 ff.).
[27] Hinweis auf den Vorspruch der Verfassung Sachsen-Weimar-Eisenachs v. 5.5.1816 bei *Robbers* (Fn. 1), Art 20 Abs. 1 Rn. 1294 m. Fn. 23 (dort allerdings mit Jahreszahl 1861).
[28] Zusammenfassend *Schiek* (Fn. 12), Art. 20 Abs. 1–3 V Rn. 7; *Butzer*, Sozialstaatsentwicklung (Fn. 16), S. 22 ff.; *Robbers* (Fn. 1), Art. 20 Abs. 1 Rn. 1303 f. Instruktiv auch *J. A. Luttenberger*, Verwaltung für den Sozialstaat – Sozialstaat durch Verwaltung?, 2013.
[29] Eingehend *Stolleis*, Geschichte (Fn. 1), S. 127 ff. sowie *E. Eichenhofer*, Sozialstaatlichkeit – von der Verheißung zum Verfall?, in: W. Pauly (Hrsg.), Wendepunkte, 2009, S. 44 ff.
[30] Näher m.w.N. *Stolleis*, Geschichte (Fn. 1), S. 150 ff., 160 ff. sowie *Luttenberger*, Verwaltung (Fn. 28), S. 271 ff.
[31] Maßgeblich *H. Heller*, Rechtsstaat oder Diktatur? (1929/30), in: ders., Gesammelte Schriften, Bd. 2, 2. Aufl. 1992, S. 443 ff. – Näher *K. Groh*, Demokratische Staatslehrer in der Weimarer Republik, 2010, S. 141 ff.; siehe ferner *M. Henkel*, Hermann Hellers Theorie der Politik und des Staates, 2011, S. 429 ff. → *Gröschner*, Bd. II², Art. 20 (Sozialstaat), Rn. 9.

Art. 20 (Sozialstaat)   A. Herkunft, Entstehung, Entwicklung

mung[32]. Charakteristisch ist die Vorgehensweise, die »Volksgenossen« an den Ressourcen teilhaben zu lassen, die durch die systematische Ausplünderung Entrechteter resp. eroberter Nachbarländer generiert werden[33].

9   Beide Stratageme (Kompensation von Freiheitseinbußen durch Sozialleistungen wie Teilhabe an der Beute[34]) begegnen auch in der **DDR**, die entsprechende Maximen im Unterschied zum Nationalsozialismus wiederum in Verfassungsform gießt[35]. Während sich die Urkunde von 1949 noch erkennbar an der Weimarer Reichsverfassung orientiert und deren Normprogramm nur bereichsspezifisch zuspitzt (Planwirtschaft, Enteignung von »Kriegsverbrechern«, Bodenreform; Art. 21, 24 III, V Verf.), sprechen die Fassungen von 1968/1974 die DDR offen als sozialistischen Staat an (Art. 1 I Verf.) und kombinieren die auf dem Papier stehenden Freiheitsrechte mit zahlreichen sozialen Gewährleistungen (Rechte auf Arbeit, Bildung, Freizeit und Erholung, soziale Sicherheit, Wohnung; Art. 24, 25, 34, 36, 37 Verf. 1974). Die frühen **Landesverfassungen** von 1946/1947 kennen vereinzelt noch speziellere Schutzaufträge[36].

II. Entstehung und Veränderung der Norm

1. Das Sozialstaatsprinzip im Parlamentarischen Rat

10   Der Entwurf des Herrenchiemseer Konvents war noch ohne einen Hinweis auf das soziale Staatsziel ausgekommen[37]. Formuliert wird es im Grundsatzausschuß bzw. im Entwurf seines Vorsitzenden v. Mangoldt; hier begegnet bereits die adjektivische Wendung, die allerdings noch auf den in Abs. 1 namentlich genannten Rechtsstaat bezogen ist[38]. Nachdem sie zwischenzeitlich auf die Republik hingeordnet wurde[39], votierte der Redaktionsausschuß für die Ausrichtung auf »Bundesrepublik«[40]; dem schloß sich der Hauptausschuß zunächst an[41]. In zweiter Lesung wurde auf Vorschlag von Heuss schließlich die Verknüpfung »sozialer Bundesstaat« hergestellt und erwies sich als stabil[42]. Über das Adjektiv »sozial« herrschte danach ein ebenso parteiüber-

---

[32] Näher *Schiek* (Fn. 12), Art. 20 Abs. 1–3 V Rn. 8; *Stolleis*, Geschichte (Fn. 1), S. 180 ff. sowie *Butzer*, Sozialstaatsentwicklung (Fn. 16), S. 24 ff.; vgl. die Lokalstudie von *U. Lohalm*, Völkische Wohlfahrtsdiktatur, 2010.

[33] Kontrovers *G. Aly*, Hitlers Volksstaat, 2005; dazu kritisch *C. Buchheim*, VfZG 58 (2010), 299 (300 ff.); siehe *W. Gruner*, Öffentliche Wohlfahrt und Judenverfolgung, 2002, S. 130 ff. sowie *L. Strehle*, Die NS-Gemeinschaft »Kraft durch Freude« – Staatliche Wohltat für die Arbeiterschaft?, 2011.

[34] Instruktiv die neuere Studie von *T. Schaufuß*, Die politische Rolle des FDGB-Feriendienstes in der DDR, 2011.

[35] Siehe *Stolleis*, Geschichte (Fn. 1), S. 227 ff. m. w. N.

[36] Siehe namentlich Art. 77 Meckl. Verf. v. 1947: Besondere Berücksichtigung von Opfern des Faschismus, Schwerbeschädigten und »Umsiedlern« (= Vertriebenen).

[37] Statt aller *Robbers* (Fn. 1), Art. 20 Abs. 1 Rn. 1306; näher zur Entstehungsgeschichte JöR 1 (1951), S. 195 ff.; *K. Niclauß*, PVS 15 (1974), 33 ff.; *Schiek* (Fn. 12), Art. 20 Abs. 1–3 V Rn. 15 ff.; *Grzeszick* (Fn. 15), Art. 20 VIII Rn. 16. → *Gröschner*, Bd. II², Art. 20 (Sozialstaat), Rn. 8 f.

[38] Vgl. JöR 1 (1951), S. 195 bzw. Parl. Rat VII, S. 6. Vgl. ferner Parl. Rat V/1, S. 288.

[39] Ergebnis der 11. Sitzung vom 14.10.1948; JöR 1 (1951), S. 197; siehe ferner die Debatte in Parl. Rat V/1, S. 288 ff.

[40] JöR 1 (1951), S. 199; siehe Parl. Rat VII, S. 42 sowie Parl. Rat XIV/1, S. 116.

[41] JöR 1 (1951), S. 200; siehe Parl. Rat VII, S. 97 sowie Parl. Rat XIV/1, S. 117.

[42] JöR 1 (1951), S. 201; siehe Parl. Rat VII, S. 220 sowie Parl. Rat XIV/1, S. 798 f.

greifender wie interpretatorisch beschwiegener **Konsens** – die Genese der Norm ist damit für ihre Deutung denkbar unergiebig[43].

2. Gestaltwandel des Sozialstaatsprinzips unter dem Grundgesetz

Art. 20 I GG ist als solcher **normtextlich unverändert** geblieben[44]. Allerdings ist das Grundgesetz seit 1949 um zahlreiche Bestimmungen ergänzt worden, die sich jeweils als **Konkretisierungen** des Sozialstaatsprinzips deuten lassen (→ Rn. 26). Das gilt für die Verpflichtung der Europäischen Union auf soziale Grundsätze (Art. 23 I 1 GG; 1992), die Berücksichtigung der Leistungsfähigkeit im Rahmen der Neugliederung (Art. 29 I 1 GG; 1976), die Fortentwicklung der »hergebrachten Grundsätze des Berufsbeamtentums« i.S.v. Art. 33 V GG (2006), die Knüpfung der konkurrierenden Gesetzgebungskompetenz des Bundes an das Erfordernis der »Herstellung gleichwertiger Lebensverhältnisse« (Art. 72 II GG; 1994), die Gewährleistungsverantwortung des Bundes nach Art. 87e IV 1 bzw. Art. 87f I GG (1994), die Gemeinschaftsaufgaben (Art. 91a I GG; 1970), die Sonderregelung für die Hartz-IV-Verwaltung (Art. 91e GG; 2010), Gesetze über Geldleistungen (Art. 104a III GG; 1970/2006), Finanzhilfen (Art. 104b I 1 GG; 2006) sowie die Berücksichtigung des gesamtwirtschaftlichen Gleichgewichts (Art. 109 II GG; 1967/2009). Zugleich belegt die Auflistung, daß diesen Eingriffen höchst **heterogene und** jeweils **zeitgebundene Vorstellungen** des sozialen Staatsziels und des sinnhaften staatlichen Hinwirkens auf seine bestmögliche Verwirklichung zugrundeliegen[45].

11

Damit korrespondieren unterschiedliche Phasen der konzeptionellen Entfaltung des real existierenden bundesdeutschen Sozialstaats bzw. seiner einfachgesetzlichen Ausgestaltung[46]. Eine erste Phase der »Nothilfe« bzw. der **Kriegsfolgenbeseitigung** mußte Art. 20 I GG in erster Linie als Aufforderung zum Lastenausgleich (→ Art. 74 Rn. 34 f.; → Art. 120a Rn. 1), zur Kriegsopferversorgung (→ Art. 73 Rn. 82) und zum forcierten Wohnungsbau deuten[47]. Der Überwindung der unmittelbaren Nachkriegsnot im Zeichen des »Wirtschaftswunders« schließt sich eine Phase der **sozialstaatlichen Expansion** an, für die Adenauers Rentenreform von 1957 ebenso paradigmatisch ist[48] wie das Bundessozialhilfegesetz (1961)[49]. Auf die Hochphase der sozialstaatlich inspirierten Interventionspolitik unter der großen wie der sozialliberalen Koalition[50] folgen erste **Krisensymptome**; die christlich-liberale Koalition verantwortet nebeneinander die Einführung der **Pflegeversicherung** als echte Erweiterung des Tableaus[51] wie erste

12

---

[43] Gleichsinnig *F. E. Schnapp*, in: v. Münch/Kunig, GG, Art. 20 Rn. 49.
[44] Instruktiv zu Reformdebatten *Schiek* (Fn. 12), Art. 20 Abs. 1–3 V Rn. 20 ff.
[45] Siehe *F. Wittreck*, Ad Legendum 2011, 1 (8 f.).
[46] Das folgende im Anschluß an *Schiek* (Fn. 12), Art. 20 Abs. 1–3 V Rn. 9 ff.; *Butzer*, Sozialstaatsentwicklung (Fn. 16), S. 26 ff. sowie *H. G. Hockerts*, Metamorphosen des Wohlfahrtsstaats (1990), in: ders., Der deutsche Sozialstaat, 2011, S. 139 ff. → *Gröschner*, Bd. II², Art. 20 (Sozialstaat), Rn. 10. – Instruktiv zur parallelen Entwicklung der Debatte in der Staatsrechtslehre *J. P. Thurn*, Welcher Sozialstaat?, 2013.
[47] Wie hier *Schiek* (Fn. 12), Art. 20 Abs. 1–3 V Rn. 9.
[48] Näher *Stolleis*, Geschichte (Fn. 1), S. 275 ff. sowie zur Dogmengeschichte *Thurn*, Sozialstaat (Fn. 46), S. 35 ff.
[49] Siehe *F. Föcking*, Fürsorge im Wirtschaftsboom, 2009.
[50] Dazu nur *H. F. Zacher*, HStR³ II, § 28 Rn. 129 ff.; *Hockerts*, Metamorphosen (Fn. 46), S. 142 ff. sowie dogmengeschichtlich *Thurn*, Sozialstaat (Fn. 46), S. 135 ff.
[51] Statt aller *J. A. Meyer*, Der Weg zur Pflegeversicherung, 1996 sowie jetzt *G. Naegele*, 20 Jahre Verabschiedung der Gesetzlichen Pflegeversicherung, 2014.

Einschnitte in das vielzitierte soziale Netz[52]. Die gegenwärtige Debatte kreist um die Auswirkungen der Europäisierung (→ Rn. 17 ff.) bzw. Globalisierung auf das deutsche »Sozialmodell«[53] wie um die Bewältigung der Folgen der **demographischen Entwicklung**[54].

B. Internationale, supranationale und rechtsvergleichende Bezüge

I. Elemente der Sozialstaatlichkeit im internationalen Recht

13 Das klassische Völkerrecht ist sozialstaatlich praktisch blind und taub[55]. Nur höchst vereinzelt und mehr reflexartig nehmen das Völkervertrags- und -gewohnheitsrecht Regelungsgegenstände bzw. Anliegen auf, die Überschneidungen mit dem Normprogramm des Art. 20 I GG aufweisen. Neue Akzente setzt insoweit seit 1919 die **Internationale Arbeitsorganisation**[56], die in zahlreichen von ihr inaugurierten Abkommen sowie Empfehlungen an ihre Mitgliedstaaten soziale Standards formuliert und schützt[57], die sich zwar stets auf das Subsystem »Arbeit« beziehen, hier aber *sub specie* Fürsorge und Vorsorge deutliche Parallelen zum sozialen Staatsziel des Art. 20 I GG darstellen.

14 Gleiches gilt für die Allgemeine Erklärung der Menschenrechte von 1948 (**AEMR**), die in Art. 22 ein Recht auf soziale Sicherheit sowie in Art. 25 Ansprüche auf soziale Fürsorge garantiert[58]. An diese Gewährleistung schließt 1966 der Internationale Pakt über wirtschaftliche, soziale und kulturelle Rechte (**IPwskR**) an (→ Vorb. Rn. 26)[59]. Wie sein gleich altes Schwesterinstrument (IPbpR) leidet dieser bindende völkerrechtliche Vertrag an seiner Durchsetzungsschwäche, da seine Einhaltung lediglich durch einen Ausschuß der Vereinten Nationen überwacht wird, wohingegen das 2008 verabschiedete Zusatzprotokoll zur Einführung einer Individualbeschwerde erst von wenigen Mitgliedstaaten ratifiziert worden ist[60]. Akzentuiert wird dieser Befund noch durch die inhärente Unschärfe sog. sozialer Grundrechte bzw. ihr Changieren zwi-

---

[52] Siehe *Butzer*, Sozialstaatsentwicklung (Fn. 16), S. 42 ff. sowie *Thurn*, Sozialstaat (Fn. 46), S. 300 ff. – Gegenläufig jetzt die »Rente mit 63«; dazu nur *S. Huster/A. Kießling*, ZRP 2014, 171 ff.

[53] Näher *H. F. Zacher*, HStR³ II, § 28 Rn. 158 ff. sowie *H.-D. Steinmeyer*, NZS 2012, 721 (722 ff.).

[54] *M. Wallerath*, JZ 2007, 949 (950); *F. E. Schnapp*, Demographische Entwicklung und soziale Sicherungssysteme – Gefahren oder Chancen?, in: FS Knemeyer, 2012, S. 535 ff.; aktuelle Bestandsaufnahme bei *J. Ziekow/S. Rixen*, Gestaltung des demographischen Wandels als Verwaltungsaufgabe, VVDStRL 74 (2015), S. 245 ff. bzw. 293 ff.

[55] Aus berufenem Munde *Kotzur*, Sozialstaat (Fn. 1), Sp. 2248. Vgl. zum folgenden grundlegend *A. Nußberger*, Sozialstandards im Völkerrecht, 2005 sowie ferner *Schiek* (Fn. 12), Art. 20 Abs. 1–3 V Rn. 38 ff.; *Robbers* (Fn. 1), Art. 20 Abs. 1 Rn. 1337 ff.; *Sommermann* (Fn. 22), Art. 20 Rn. 136 ff.; *C. Hofmann*, Internationale Sozialstandards im nationalen Recht, 2013, S. 38 ff., 245 ff. sowie *Grzeszick* (Fn. 15), Art. 20 VIII Rn. 42 ff.

[56] Dazu im ersten Zugriff *T. Marauhn*, Social Rights Beyond the Traditional Welfare State, in: E. Benvenisti/G. Nolte (Hrsg.), The Welfare State, Globalization, and International Law, 2004, S. 275 ff. (296 ff.); *Nußberger*, Sozialstandards (Fn. 55), S. 94 ff., 120 ff. sowie *S. Gitzel*, Der Schutz der Vereinigungsfreiheit durch die Internationale Arbeitsorganisation, 2013.

[57] Aktueller Überblick bei *ILO*, Guide to International Labour Standards, 2. Aufl. Turin 2014.

[58] Vgl. knapp *Nußberger*, Sozialstandards (Fn. 55), S. 64 ff. → *Gröschner*, Bd. II², Art. 20 (Sozialstaat), Rn. 11.

[59] Fundstelle: BGBl. II 1973, S. 1569. Siehe dazu *Marauhn*, Rights (Fn. 56), S. 285 ff. sowie jetzt *S. Saul/D. Kinley/J. Mowbray*, The International Covenant on Economic, Social and Cultural Rights, Oxford 2014.

[60] *M. Engels*, Verbesserter Menschenrechtsschutz durch Individualbeschwerdeverfahren?, 2000.

schen echten Leistungsansprüchen und (letztlich ressourcenabhängigen) Staatszielen (→ Vorb. Rn. 81). Normgehalte des Sozialstaatsprinzips bildet insb. Art. 9 IPwskR (Recht auf soziale Sicherheit und Sozialversicherung) ab. Eine mögliche Relevanz für die deutsche Rechtsordnung ist zuletzt intensiv für den Art. 13 II lit. c IPwskR im Rahmen der Debatte um Studiengebühren erörtert worden[61].

Auffällig ist die Relevanz des Rechts des Europarates. Dieser hat 1961 in der **Europäischen Sozialcharta** (1996 revidiert) ursprünglich 19 (nunmehr 31) soziale Rechte formuliert, von denen u. a. das Recht auf Arbeit sowie auf soziale Sicherheit als bindend ausgeflaggt sind (näher Titel III, Art. A)[62]. Die Charta ist als völkerrechtlicher Vertrag für die Unterzeichner verbindlich, aber nicht durch eine Individualbeschwerdemöglichkeit bewehrt. Vielmehr trifft die Staaten eine Berichtspflicht an Organe des Europarates; stellen diese einen Verstoß fest, kann der Unterzeichner durch eine Resolution des Ministerkomitees aufgefordert werden, diesen abzustellen. 15

Eine nicht unerhebliche Rolle spielt schließlich die Rechtsprechung des **EGMR**[63]. Das überrascht zunächst, denn normtextlich ist die an den klassischen Katalogen der liberalen Abwehrrechte orientierte EMRK praktisch unergiebig (einzig Art. 2 des 1. Zusatzprotokolls enthält mit dem Recht auf Bildung ansatzweise ein explizites Leistungsrecht[64]). Jedoch hat das Gericht namentlich aus Art. 3 EMRK (Verbot der Folter bzw. der unmenschlichen oder erniedrigenden Behandlung) eine Garantie der Menschenwürde (→ Art. 1 I Rn. 29) und daraus wieder ein konventionsrechtlich gewährleistetes **Existenzminimum** abgeleitet, das es allerdings nur in eng begrenzten Ausnahmefällen als verletzt ansieht[65]. 16

II. Die Europäische Union als soziale Union

Das **Primärrecht** der Union bindet diese wie die Mitgliedstaaten in ebenso vielfacher wie letztlich diffuser Weise an soziale Ziele bzw. Werte, die Überschneidungen mit dem Sozialstaatsprinzip des Art. 20 I GG aufweisen[66]. Das beginnt mit der Präambel des EUV[67], setzt sich mit den Werten der Union fort[68] und wird in den Zielen näher 17

---

[61] Siehe nur *S. Söllner*, Studiengebühren und das Menschenrecht auf Bildung, 2007 sowie *U. Fastenrath*, Menschenrechtliche Verträge im deutschen Recht, in: FS W. Fiedler, 2011, S. 53 ff.

[62] Siehe *K. Lörcher*, Die Revidierte Europäische Sozialcharta, in: Bundesministerium für Arbeit und Sozialordnung u. a. (Hrsg.), Soziale Grundrechte in der Europäischen Union, 2000/2001, S. 99 ff.; *Marauhn*, Rights (Fn. 56), S. 291 ff.; Einzelstudien von *M. Dumke*, Streikrecht i. S. des Art. 6 Nr. 4 ESC und deutsches Arbeitskampfrecht, 2013 sowie *S. Wippermann*, Der Einfluss der europäischen Sozialcharta auf den Mindestlohn bzw. die Sittenwidrigkeit des Lohnes nach § 138 BGB, 2013.

[63] Eingehend zum folgenden *A. Frohwerk*, Soziale Not in der Rechtsprechung des EGMR, 2012; vgl. ferner *Nußberger*, Sozialstandards (Fn. 55), S. 351 ff. sowie *Grzeszick* (Fn. 15), Art. 20 VIII Rn. 43.

[64] Monographisch *E. Bannwart-Maurer*, Das Recht auf Bildung und das Elternrecht, 1975.

[65] Näher *Frohwerk*, Not (Fn. 63), S. 186 ff., 258 ff., 310 ff.

[66] Im ersten Zugriff *Kingreen*, Sozialstaatsprinzip (Fn. 1), S. 283 ff.; *Eichenhofer*, Geschichte (Fn. 1), S. 68 ff.; *U. Becker*, Der Sozialstaat in der Europäischen Union, in: Becker/Hockerts/Tenfelde, Sozialstaat (Fn. 20), S. 313 ff.; *M. Fuchs*, Einführung, in: ders. (Hrsg.), Europäisches Sozialrecht, 5. Aufl. 2010, Rn. 7 ff.; *B. Schulte*, Supranationales Recht, in: B. Baron v. Maydell/F. Ruland/U. Becker (Hrsg.), Sozialrechtshandbuch, 5. Aufl. 2012, § 33 Rn. 21 ff.; *Grzeszick* (Fn. 15), Art. 20 VIII Rn. 36 ff. sowie die Beiträge in J. Bast/F. Rödl (Hrsg.), Wohlfahrtsstaatlichkeit und soziale Demokratie in der Europäischen Union, 2013. Instruktiv auch *Thurn*, Sozialstaat (Fn. 46), S. 582 ff.

[67] Bekräftigung der Europäischen Sozialcharta (→ Rn. 15; 5. Erwägungsgrund); sozialer Fortschritt als Ziel des Binnenmarkts (9. Erwägungsgrund).

[68] Lt. Art. 2 EUV zählen dazu Gerechtigkeit und Solidarität.

ausgeformt (Art. 3 III EUV zielt ausdrücklich auf eine soziale Marktwirtschaft [UAbs. 1], verlangt soziale Gerechtigkeit und sozialen Schutz [UAbs. 2] sowie sozialen Zusammenhalt und Solidarität[69]); Art. 8 EUV wendet mit dem Konzept des »Raums des Wohlstands« den sozialen Impetus nach außen[70]. Wichtiger als die bislang genannten Zielvorgaben – die nicht anders als Art. 20 I GG auf Konkretisierung angelegt und angewiesen sind – dürfte im Primärrecht der **Grundsatz der Gleichbehandlung** der Unionsbürger (Art. 9 EUV) sein, der namentlich im Bereich des Sozialrechts den Unionsorganen weitreichende Handlungsoptionen eröffnet[71].

18 Eine erste Stufe dieser **Konkretisierung** stellen die Bestimmungen des AEUV dar. Auch hier begegnen zunächst vergleichsweise vage »sozialpolitische Ziele« (Art. 9 AEUV: Förderung eines hohen Beschäftigungsniveaus, Gewährleistung eines angemessenen sozialen Schutzes, Bekämpfung der sozialen Ausgrenzung u. a. m.[72]). Art. 4 II AEUV zählt sodann die Sozialpolitik (lit. b) sowie den sozialen Zusammenhalt (lit. c) zu den geteilten Zuständigkeiten von Union und Mitgliedstaaten (→ Vorb. zu Art. 70–74 Rn. 19). Näher ausgeformt werden diese Zuständigkeiten – ganz abgesehen von einer bunten Fülle an Zielvorstellungen im Rahmen der verschiedenen Politiken[73] – in den Art. 151 ff. AEUV zur **Sozialpolitik**[74]. Die konkreten Zuständigkeiten der Union (Art. 153 I AEUV) verstehen Sozialpolitik dabei recht eindeutig als Arbeitnehmerpolitik. Gleiches gilt für die sich anschließenden Bestimmungen zum **Europäischen Sozialfonds** (Art. 162 ff. AEUV), der im Kern die Beschäftigungsmöglichkeiten verbessern helfen soll. In institutioneller Perspektive ist schließlich der **Wirtschafts- und Sozialausschuß** zu nennen (Art. 301 ff. AEUV), der allerdings vornehmlich beratende Aufgaben hat[75]. Auch hier dürften die allgemeinen Vorschriften über den Binnenmarkt (Art. 26 ff. AEUV) bzw. über die Nichtdiskriminierung der Unionsbürger (Art. 18 ff. AEUV) den Unionsorganen mehr Ingerenzmöglichkeiten in Ansehung der Sozialpolitik einräumen als die genuin sozialrechtlichen Kompetenzen[76]. Beispielhaft sei Art. 48 AEUV (Maßnahmen zur Herstellung der Freizügigkeit auf dem Gebiet der sozialen Sicherheit) genannt[77].

19 Die Charta der Grundrechte der Union enthält schließlich – neben Einzelgewährleistungen wie dem Recht auf Bildung (Art. 14 ChGrEU) – in ihren Titeln III (Gleichheit; Art. 20 ff. ChGrEU) und IV (Solidarität; Art. 27 ff. ChGrEU) zahlreiche **Individualge-**

---

[69] Eingehend zur Reichweite *M. Ruffert*, in: Calliess/Ruffert, EUV/AEUV, Art. 3 EUV Rn. 27 ff. sowie *P. C. Müller-Graff*, Soziale Marktwirtschaft als neuer Primärrechtsbegriff der Europäischen Union, in: FS Scheuing, 2011, S. 600 ff.

[70] Dazu nur *K. Schmalenbach*, in: Calliess/Ruffert, EUV/AEUV, Art. 8 AEUV Rn. 7. Vgl. noch Art. 21 II lit. d EUV zur Entwicklungszusammenarbeit.

[71] Ähnlich in der Einschätzung etwa *F. Rödl*, Zu Begriff und Perspektiven demokratischer und sozialer Union, in: Bast/Rödl, Wohlfahrtsstaatlichkeit (Fn. 66), S. 179 ff. (196 ff.).

[72] Siehe dazu *M. Kotzur*, in: R. Geiger/D.-E. Khan/M. Kotzur, EUV/AEUV, Kommentar, 5. Aufl. 2010, Art. 9 AEUV Rn. 1 ff. sowie *E. Eichenhofer*, VSSR 29 (2011), 125 (127).

[73] Statt aller Art. 39 I lit. b AEUV: angemessene Lebenshaltung der in der Landwirtschaft tätigen Personen als Ziel der gemeinsamen Agrarpolitik.

[74] Im Überblick *R. Pitschas*, NZS 2010, 177 ff. sowie *E. Eichenhofer*, VSSR 29 (2011), 125 (131 ff.).

[75] Dazu *O. Suhr*, in: Calliess/Ruffert, EUV/AEUV, Art. 300 AUEV, Rn. 4 ff.

[76] Ganz im Zentrum steht hier die Auslegung der Vorschriften, die zugunsten der Daseinsvorsorge Ausnahmen von den Regeln des Binnenmarktes zulassen (konkret Art. 14 AEUV): Siehe *W. Rüfner*, HStR[3] IV, § 96 Rn. 51 ff.; *M. Knauff*, EuR 45 (2010), 725 ff.; *Eichenhofer*, Sozialstaat (Fn. 66), S. 322 ff. sowie *H.-F. Köck/D. Braza-Horn*, Der Wohlfahrtsstaat der Mitgliedstaaten und das EU-Recht, in: FS Klecatsky, 2010, S. 371 ff. (375 ff.).

[77] Näher zur Relevanz der Norm *E. Eichenhofer*, in: Streinz, EUV/AEUV, Art. 48 AEUV Rn. 1 ff.

währleistungen, die im weitesten Sinne einen sozialen Zuschnitt haben[78]. Sie vermeiden in der Regel die »harte« Formulierung als klassisches soziales Grundrecht und erlegen der Union bzw. den Mitgliedstaaten statt dessen Schutzpflichten auf. Den größten Überschneidungsbereich mit Art. 20 I GG dürfte dabei Art. 34 ChGrEU aufweisen, der den **Zugang zu Leistungen der sozialen Sicherheit** gewährleistet[79]. Die Relevanz der Charta ist derzeit Gegenstand einer intensiven Diskussion; setzt sich die weite Auslegung des Anwendungsbereichs durch den EuGH durch[80], eröffnet ihm das Dokument gerade eingedenk seiner oft vagen Formulierungen einigen Rechtsprechungsspielraum. Im **Sekundärrecht** der Union verdient an erster Stelle die Verordnung (EG) Nr. 883/2004 zur Koordinierung der Systeme der sozialen Sicherheit Erwähnung[81].

III. Sozialstaatlichkeit im Rechtsvergleich

1. Internationaler Verfassungsvergleich

Verfassungen neueren Datums, die gänzlich frei von sozialstaatlichen Vorgaben oder Gewährleistungen sind, erweisen sich als Ausnahmeerscheinungen[82]. Die ausdrückliche Bezeichnung als Sozial- oder Wohlfahrtsstaat ist gleichwohl selten (sie begegnet in Europa explizit in Slowenien [Art. 2 Verf.] sowie implizit in Frankreich und Spanien, die sich als »soziale Republik« bzw. als »sozialer Rechtsstaat« einführen: jeweils Art. 1 Verf.). Vielmehr finden sich Einzelgewährleistungen wie das (menschenwürdige) Existenzminimum (Art. 23 I Belg. Verf.; Art. 9 Zypr. Verf.), regelrechte soziale Grundrechte (Art. 23 III Belg. Verf.; Art. 4 Ital. Verf. u. a. m.), Ansprüche auf Unterstützung in Notlagen (§ 75 II Dän. Verf.; § 28 II Estn. Verf.; § 19 Finn. Verf.; Art. 38 Ital. Verf.; Nr. 109, 111 Lett. Verf.; Art. 52 f. Lit. Verf.; Nr. 17 Malt. Verf.; Art. 20 Niederl. Verf.; Art. 67 Poln. Verf.; Art. 63 ff. Port. Verf.; Art. 39 f. Slowak. Verf.; Art. 50 f. Slowen. Verf.; Art. 26 III Tsch. GRCh); Verpflichtungen auf die gesellschaftliche Gerechtigkeit (§ 1 II Finn. Verf.), soziale Solidarität (Art. 2 Ital. Verf.) oder wirtschaftliche Wohlfahrt (§ 2 II Schw. Verf.)[83]; Institutsgarantien für soziale Sicherungssysteme (so Art. 21 III, 22 VI Griech. Verf.; Art. 45 Ir. Verf.; Art. 41 Span. Verf.; Art. XIX Ung. Verf. 2011; faktisch auch Art. 47-1 Frz. Verf.) sowie sonstige soziale Staatsziele (Art. 9 Port. Verf.). Allen Bestimmungen dürfte gemein sein, daß ihre Aussagekraft über das tatsächliche Maß an sozialer Sicherheit und sozialer Gerechtigkeit begrenzt sein dürf-

---

[78] Eingehend die Beiträge in: J. Iliopoulos-Strangas (Hrsg.), Soziale Grundrechte in Europa nach Lissabon, 2010; kritisch *R. Scholz*, Die sozialen Grundrechte in der Europäischen Union und deren kompetenzrechtliche Grenzen, in: FS Stern, 2012, S. 923 ff. (924 ff.).
[79] Dazu nur *Jarass*, GRCh, Art. 34 Rn. 6 f.
[80] Siehe EuGH, Urt. v. 26.2.2013, Rs. C-617/10, Rn. 17 ff. – *Åklagare/Åkerberg* und dazu statt aller *F. Lange*, NVwZ 2014, 169 ff.
[81] Kommentierung in Fuchs, Sozialrecht (Fn. 66), S. 86 ff.; vgl. insb. *Fuchs*, Einführung (Fn. 66), Rn. 34 ff. Siehe ferner *E. Eichenhofer*, VSSR 29 (2011), 125 (134 f.).
[82] Im Überblick *Kotzur*, Sozialstaat (Fn. 1), Sp. 2248; *Robbers* (Fn. 1), Art. 20 Abs. 1 Rn. 1312 ff.; *Sommermann* (Fn. 22), Art. 20 Rn. 101; methodische Überlegungen bei *U. Becker*, Rechtsdogmatik und Rechtsvergleich im Sozialrecht, in: U. Becker (Hrsg.), Rechtsdogmatik und Rechtsvergleich im Sozialrecht, Bd. I, 2010, S. 11 ff. (26 ff.).
[83] Zum vielzitierten Modell des Wohlfahrtsstaates schwedischer Prägung hier nur *Eichenhofer*, Geschichte (Fn. 1), S. 45 ff. sowie die aktuelle Bestandsaufnahme von *P. A. Köhler*, Das Ende des schwedischen »Volksheims«?, in: Becker/Hockerts/Tenfelde, Sozialstaat (Fn. 20), S. 213 ff.

te[84]. Gleichwohl belegen sie in der Gesamtschau einen zumindest europaweiten Konsens, daß ein – wie auch immer näher bestimmtes und in die Praxis umgesetztes – **soziales Staatsziel Signet moderner Verfassungsstaatlichkeit** ist[85]. Ferner läßt sich beobachten, daß die Abstinenz des Grundgesetzes in Sachen sozialer Grundrechte im internationalen Verfassungsvergleich eine Ausnahmestellung einnimmt[86]. Schließlich lassen sich – ungeachtet des Verfassungswortlauts – auch Österreich und die Schweiz als Sozial- oder Wohlfahrtstaaten einstufen[87].

2. Landesverfassungsrecht

21 Praktisch alle Verfassungen der Bundesländer enthalten entweder die explizite Selbstcharakterisierung als Sozialstaat resp. »sozialer Rechtsstaat« oder die anderweitig umschriebene **Selbstverpflichtung auf ein soziales Staatsziel**[88]. Ersteres gilt für Baden-Württemberg (Art. 23 I LVerf.), Bayern (Art. 3 I LVerf.), Brandenburg (Art. 4 I LVerf.), Bremen (Art. 65 I LVerf.), Hamburg (Art. 6 I LVerf.), Mecklenburg-Vorpommern (Art. 2 LVerf.), Niedersachsen (Art. 1 II LVerf.), das Saarland (Art. 60 I LVerf.), Sachsen (Art. 1 LVerf.), Sachsen-Anhalt (Art. 2 I LVerf.) sowie Thüringen (Art. 44 I 1 LVerf.). Implizite Sozialstaaten sind Berlin (Art. 22 I LVerf.)[89], Hessen (Art. 27 LVerf.)[90] sowie Rheinland-Pfalz (Art. 51 S. 1 LVerf.)[91]. Normtextlich abstinent präsentieren sich lediglich Nordrhein-Westfalen[92] und Schleswig-Holstein[93]. Ferner enthalten mehrere **Präambeln** zu den Verfassungsurkunden der Länder Bekenntnisse zur sozialen Verpflichtung[94].

---

[84] Prägnant *Wiederin*, Sozialstaatlichkeit (Fn. 10), S. 79 f. – Neuere vergleichende Darstellungen des deutschen Sozial- oder Wohlfahrtsstaates bei *M. G. Schmidt*, ZSE 10 (2012), 159 ff. sowie *J. T. Weishaupt/B. Ebbinghaus/C. Wendt*, ZSR 2013, 279 ff.

[85] Siehe nochmals *Sommermann* (Fn. 22), Art. 20 Rn. 101: »Kernbestand der Verfassungsstaatlichkeit«.

[86] Vgl. nur *J. Kothari*, VRÜ 47 (2014), 5 ff. sowie monographisch *K. G. Young*, Constituting Economic and Social Rights, Oxford 2012.

[87] Siehe aus der reichhaltigen Literatur nur *Wiederin*, Sozialstaatlichkeit (Fn. 10), S. 69 ff., 75 ff. u. passim; *N. Sonntag*, juridikum 2013, 221 ff. sowie *U. Meyer/E. Siki*, SZS/RZAS 10 (2010), 407 ff.

[88] Knapp *Huster/Rux* (Fn. 15), Art. 20 Rn. 207.1; eingehend *H. F. Zacher*, HStR³ II, § 28 Rn. 12 ff. Instruktiv auch *D. Hahn*, Staatszielbestimmungen im integrierten Bundesstaat, 2010, S. 114 ff.

[89] Verpflichtung des Landes auf die »soziale Sicherung«.

[90] Bindung der Sozial- und Wirtschaftsordnung an die Würde des Menschen.

[91] Bekenntnis zur sozialen Marktwirtschaft (seit 2000; zuvor enthielt Art. 51 I LVerf. a. F. die »soziale Gerechtigkeit« als Zielbestimmung).

[92] Dessen Verfassung gleichwohl zahlreiche sozialpolitische Staatszielbestimmungen bzw. Aufgabennormen enthält: Siehe Art. 24–29 LVerf. und dazu in der Gesamtschau *R. Müller-Terpitz*, in: W. Löwer/P. J. Tettinger (Hrsg.), Kommentar zur Verfassung des Landes Nordrhein-Westfalen, 2002, Vorb. zu Art. 24–29a Rn. 1 ff.

[93] Art. 10 III LVerf. (n. F. v. 2.12.2014, GOVBl. S. 344) gewährt lediglich Kindern und Jugendlichen ein Recht auf soziale Sicherheit; nach Art. 48 I 2 LVerf. dürfen ferner Volksinitiativen den »Grundsätzen des demokratischen und sozialen Rechtsstaates nicht widersprechen«.

[94] Dies betrifft Baden-Württemberg (soziale Gerechtigkeit, wirtschaftlicher Fortschritt aller), Berlin (Geist des sozialen Fortschritts), Brandenburg (Solidarität, soziale Gerechtigkeit), Bremen (soziale Gerechtigkeit), Hamburg (Deckung des wirtschaftlichen Bedarfs aller, Hilfe in Fällen der Not, soziale und wirtschaftliche Gleichberechtigung), Mecklenburg-Vorpommern (sozial gerechtes Gemeinwesen, Schutz der Schwachen), Nordrhein-Westfalen (Gerechtigkeit und Wohlstand für alle), Rheinland-Pfalz (soziale Gerechtigkeit), Sachsen-Anhalt (soziales und gerechtes Gemeinwesen), Schleswig-Holstein (Solidarität und Gerechtigkeit) sowie Thüringen (soziale Gerechtigkeit).

III. Sozialstaatlichkeit im Rechtsvergleich **Art. 20 (Sozialstaat)**

Während das Grundgesetz auf soziale Grundrechte ebenso verzichtet hat (→ Vorb. 22
Rn. 81) wie auf eine Regelung der »**Lebensordnungen**«, präsentieren sich die Landesverfassungen diesbezüglich deutlich mitteilungsbedürftiger, wobei sich charakteristische Gruppen bilden. Umfangreiche Abschnitte zum Gemeinschaftsleben bzw. zu »Wirtschaft und Arbeit« enthalten zunächst die vorgrundgesetzlichen süd- und südwestdeutschen Verfassungen, die in Ländern mit katholischer Bevölkerungsmehrheit und (korrespondierender) christdemokratischer Gestaltungsmacht entstehen. In der Sache entsteht hier eine Melange aus dem einschlägigen Abschnitt der WRV (→ Rn. 7) und Sätzen der neuscholastischen Naturrechtsdoktrin bzw. der kirchlichen Soziallehre[95]. Dies gilt für Bayern (1946; Art. 151–177 LVerf.), Baden (1947; Art. 37–49 LVerf.), Rheinland-Pfalz (1947; Art. 51–68 LVerf.), Württemberg-Hohenzollern (1947; Art. 89–100 LVerf.) sowie das Saarland (1947; Art. 43–59 LVerf.). Zu teils verblüffend ähnlichen Ergebnissen gelangen unter gänzlich anderem Vorzeichen die beiden prononciert sozialistischen Verfassungen in Bremen (1947; Art. 37–58 LVerf.) und Hessen (1946; Art. 27–47 LVerf.). Nicht allein die besonders »anstößigen« Bestimmungen wie das hessische Aussperrungsverbot (Art. 29 V LVerf.; → Art. 9 Rn. 18) oder die ebendort angeordnete Sofortsozialisierung (Art. 41 LVerf.; → Art. 15 Rn. 16), sondern die gesamten »Wirtschafts- und Sozialordnungen« in diesen Landesverfassungen werden gemeinhin als obsolet, vom Bundesrecht überlagert bzw. nach Art. 31 GG vernichtet angesehen[96]. Das mag nicht zuletzt eingedenk der mit Händen zu greifenden Zeitgebundenheit der zugrundeliegenden Ordnungsvorstellungen auf die Mehrzahl zutreffen, ist aber in jedem Einzelfall skrupulös zu prüfen.

Die frühen **nachgrundgesetzlichen Landesverfassungen** verzichten demgegenüber 23
zunächst fast vollständig darauf, das soziale Staatsziel näher auszubuchstabieren. So beschränkt sich Baden-Württemberg auf einzelne bereichsspezifische Regelungen in den Abschnitten zum Religionsverfassungsrecht[97] oder zum Schulwesen[98]; Hamburg verzichtet sogar ganz. Der vereinzelt begegnende hervorgehobene Schutzauftrag für Menschen mit Behinderungen ist typischerweise eine spätere Ergänzung (→ Art. 3 Rn. 7)[99]. Mehr Gestaltungswillen im sozialen Feld zeigen einzelne Landesverfassunggeber nach der **Wiedervereinigung**. Namentlich in Berlin und Brandenburg begegnen hier Rechte auf Arbeit[100], Bildung[101] und Wohnraum[102], die in der Literatur ungeachtet ihres Normwortlauts ganz überwiegend als Staatszielbestimmungen angesprochen werden (→ Vorb. Rn. 81). Andere Bundesländer beschränken sich demgegenüber auf die Verpflichtung zur Förderung sozialstaatlicher Einzelbelange wie das Hinwirken auf Arbeitsplätze und Wohnraum (Art. 6a NdsVerf.).

---

[95] Zusammenfassend *F. Wittreck*, Neuthomistisches Naturrecht in deutschen Nachkriegsverfassungen, in: M. Casper/H.-R. Reuter/K. Gabriel (Hrsg.), Konfessionelle Einflüsse auf Wirtschaftsordnungen in der Zwischen- und Nachkriegszeit, 2015, i.E.
[96] Typisch die Handhabung bei *H.-J. Papier*, HGR II, § 30 Rn. 6. → Art. 31 Rn. 29 f., 51 ff.
[97] Statt aller Art. 6 BWVerf.: Gewährleistung der kirchlichen Wohlfahrtspflege.
[98] Siehe Art. 14 II BWVerf. zur Unentgeltlichkeit von Unterricht und Lernmitteln.
[99] Vgl. etwa Art. 2a BWVerf. (1995) und Art. 17a MVVerf. (2006; dort auf alte Menschen erstreckt).
[100] Berlin: Art. 18 LVerf.; Brandenburg: Art. 48 LVerf. (explizit als Staatszielbestimmung formuliert).
[101] Berlin: Art. 20 LVerf.; Brandenburg: Art. 29 LVerf.
[102] Berlin: Art. 28 I LVerf.; Brandenburg: Art. 47 I LVerf. (explizit als Staatszielbestimmung formuliert).

C. Erläuterungen

I. Der Sozialstaat als Verfassungsprinzip

24 Ungeachtet der denkbar knapp geratenen normtextlichen Radizierung als Beiwort ist die Verpflichtung auf das soziale Staatsziel **unmittelbar geltendes Verfassungsrecht**[103] und hat als vollwertiges Verfassungsprinzip Anteil am Schutz der Art. 20 I–III GG durch die Ewigkeitsklausel des Art. 79 III GG (→ Art. 79 III Rn. 45 f.)[104]. Das ändert nichts daran, daß das Sozialstaatsprinzip nach einhelliger Auffassung im Vergleich zu den anderen Verfassungsprinzipien deutlich weniger an Konturen gewonnen hat und auf Konkretisierung angelegt bzw. präziser angewiesen ist[105]. Dazu tragen sowohl der minimalistische Normwortlaut als auch die vielfältige Ausdeutbarkeit des »Sozialen« bei, das implizit Anschluß an diverse ideologisch imprägnierte Sozialmodelle sucht und höchst divergente Lösungsansätze selbst für solche sozialen Problemstellungen kennt, über deren Diagnose an sich Konsens herrscht. Dementsprechend entzieht sich das Sozialstaatsprinzip des Grundgesetzes auch dem Versuch, es auf einen kurzen Nenner im Sinne einer **Definition** zu bringen[106]. Im Kern läßt sich festhalten, daß Art. 20 I GG der Bundesrepublik erstens das Soziale als ebenso legitime wie obligatorische Staatsaufgabe vorschreibt; ihre Institutionen dürfen soziale Verwerfungen nicht wie der (allzu) sprichwörtliche »Nachtwächterstaat« ignorieren, sondern haben die Aufträge sowohl zum (reaktiven) Gegensteuern als auch zum (aktiven) Gestalten der sozialen Ordnung[107]. Über dieses »Ob« hinaus statuiert Art. 20 I GG im Sinne des »Wie« auch Ge- und Verbote dahingehend, daß dem Staat hierbei Grenzen bei der Auswahl der zu verfolgenden Ziele wie der anzuwendenden Mittel gesetzt sind. Die konkrete Grenzziehung ist regelmäßig nur unter wertender Mitberücksichtigung der Grundrechte sowie anderer Verfassungsbestimmungen zu leisten und weist jenseits der konsentierten Fallgruppen (→ Rn. 27 ff.) nach wie vor ein hohes Maß an Volatilität aus.

---

[103] Unterstrichen von BVerfGE 1, 97 (105); 6, 32 (41); aus der Literatur O. *Bachof*, Begriff und Wesen des sozialen Rechtsstaates, VVDStRL 12 (1954), S. 37 ff. (39 ff.); E. *Benda*, HdbVerfR, § 17 Rn. 80; *Schiek* (Fn. 12), Art. 20 Abs. 1–3 V Rn. 46 f., 50; H.-J. *Papier*, HGR II, § 30 Rn. 2; *Schnapp* (Fn. 43), Art. 20 Rn. 49; *Jarass*/Pieroth, GG, Art. 20 Rn. 111. – A. A. noch E. *Forsthoff*, Begriff und Wesen des sozialen Rechtsstaates, VVDStRL 12 (1954), S. 8 ff. (27, 31).

[104] BVerfGE 84, 90 (121); 94, 49 (103); *Schiek* (Fn. 12), Art. 20 Abs. 1–3 V Rn. 44; H. F. *Zacher*, HStR³ II, § 28 Rn. 95 f.; J. *Isensee*, Sozialstaatlich organisierte Solidarität, in: FS Spieker, 2013, S. 71 ff. (72); *Grzeszick* (Fn. 15), Art. 20 VIII Rn. 17.

[105] BVerfGE 5, 85 (198): »ein der konkreten Ausgestaltung in hohem Maße fähiges und bedürftiges Prinzip«. Aus der Literatur *Schiek* (Fn. 12), Art. 20 Abs. 1–3 V Rn. 51; *Sommermann* (Fn. 22), Art. 20 Rn. 106; *Jarass*/Pieroth, GG, Art. 20 Rn. 111 f.; *Huster/Rux* (Fn. 15), Art. 20 Rn. 209; *Grzeszick* (Fn. 1515), Art. 20 VIII Rn. 4.

[106] Pointiert kritisch *Roellecke* (Fn. 11), Art. 20 Rn. 184 ff.

[107] Vgl. die Umschreibungen bei H. F. *Zacher*, HStR³ II, § 28 Rn. 25; *Schnapp* (Fn. 43), Art. 20 Rn. 50 f. oder *Grzeszick* (Fn. 15), Art. 20 VIII Rn. 1.

I. Der Sozialstaat als Verfassungsprinzip Art. 20 (Sozialstaat)

Erstadressat der Konkretisierungspflicht ist dabei der **Gesetzgeber**[108], dessen weiter **Spielraum** wiederum einhellig unterstrichen wird[109]. Damit korrespondiert die eingeschränkte Justitiabilität des Sozialstaatsprinzips[110]. 25

In einer Vielzahl von Bestimmungen des Grundgesetzes sind bereits der Verfassunggeber bzw. der verfassungsändernde Gesetzgeber der Aufgabe der Konkretisierung, teils auch Kontextualisierung des Sozialstaatsprinzips nachgekommen[111]; allerdings gilt auch hier, daß selbst in der Gesamtschau der **interpretationsleitende Gewinn** ihrer Berücksichtigung **übersichtlich** bleibt[112]. Das liegt nicht zuletzt daran, daß sie ihrerseits unterschiedlichen und teils diametral entgegengesetzten Sozialmodellen huldigen. Im heuristischen Zugriff dürften sie sich in folgende Gruppen einteilen lassen: Als bloße **Relationsnormen** helfen zunächst Art. 23 I 1 und Art. 28 I 1 GG nicht weiter, die Union wie Länder auf Grundsätze des Sozialstaats verpflichten und damit die Unschärfe des Art. 20 I GG lediglich prolongieren (→ Art. 23 Rn. 75; → Art. 28 Rn. 54)[113]. Ferner begegnen Bestimmungen, die entweder institutionelle Vorkehrungen für sozialstaatliches Handeln treffen (Art. 87 II, 91a I, 91e, 104a III, IV GG; → Art. 87 Rn. 4; → Art. 91a Rn. 8; → Art. 91e [Suppl. 2010], Rn. 20 ff.; → Art. 104a Rn. 5) oder einschlägige Kompetenzen (regelmäßig des Bundes) begründen (Art. 73 I Nr. 13, 74 I Nr. 6, 7, 9, 12, 13, 15, 16, 18, 19a, 30 GG; → Art. 73 Rn. 82; → Art. 74 Rn. 35 f., 37 ff., 43 f., 61 f., 64, 66, 71, 73 f., 82, 93 ff., 144 f.); beide Typen sind für die Deutung von Art. 20 I GG ebenfalls weitgehend unergiebig. Potentiell interessanter sind schließlich diejenigen Normen, die – wenn auch eher implizit – einzelne sozialstaatliche **Zielvorstellungen** umreißen; dazu zählen Art. 14 II GG (Eigentum verpflichtet; → Art. 14 Rn. 106 ff.), Art. 29 I 1 GG (Leistungsfähigkeit der Länder; → Art. 29 Rn. 18), Art. 72 II GG (Gleichwertigkeit der Lebensverhältnisse; → Art. 72 Rn. 22), Art. 91a I GG (Verbesserung der Lebensverhältnisse; → Art. 91a Rn. 8), Art. 104b I Nr. 1–3 (taugliche wirtschaftliche Ziele; → Art. 104b Rn. 10 ff.) sowie Art. 109 II GG (Wahrung des gesamtwirtschaftlichen Gleichgewichts; → Art. 109 Rn. 22 ff.). Darüber hinaus enthalten die Art. 15 GG (Vergesellschaftung) wie Art. 87e III, IV und 87f I, II GG (Privatisierung von Post und Bahn) mögliche **Instrumente sozialstaatlicher Politik**, die allerdings (jeweils zeitbedingt) unterschiedlichen Funktionslogiken folgen; die letztgenannten Vorschriften lassen sich ferner als Ausformungen der Infrastrukturverantwortung des Staates deuten (→ Rn. 32; → Art. 87e Rn. 14 ff.; → Art. 87f Rn. 17). Zuletzt enthält das Grundgesetz eine Reihe von **echten Leistungsrecht**en, die als *leges speciales* zu Art. 20 I GG eingestuft werden und in ihrer Rückschlußwirkung auf die allgemeine Norm zumindest ambivalent sind: Hierher zählen die Förderpflichten nach Art. 3 II 2 GG, 26

---

[108] Ganz h. M.: *Sommermann* (Fn. 22), Art. 20 Rn. 115; *Schnapp* (Fn. 43), Art. 20 Rn. 55; *Jarass/Pieroth*, GG, Art. 20 Rn. 125; *M. Sachs*, in: Sachs, GG, Art. 20 Rn. 48.
[109] BVerfGE 18, 257 (267); 59, 231 (263); *Roellecke* (Fn. 11), Art. 20 Rn. 185; *Schnapp* (Fn. 43), Art. 20 Rn. 55; *Huster/Rux* (Fn. 15), Art. 20 Rn. 209; *Sachs* (Fn. 108), Art. 20 Rn. 48; *Grzeszick* (Fn. 15), Art. 20 VIII Rn. 18.
[110] Näher (mit dem Vorschlag eines spezifischen »Untermaßverbots«) G. *Dietlein/P. Eischet*, Iurratio 2010, 132 ff.
[111] Vergleichbare Auflistungen bei *Schiek* (Fn. 12), Art. 20 Abs. 1–3 V Rn. 45; *Huster/Rux* (Fn. 15), Art. 20 Rn. 208; *Sachs* (Fn. 108), Art. 20 Rn. 51, 53; *Grzeszick* (Fn. 15), Art. 20 VIII Rn. 3, 35.
[112] So auch *H.-J. Papier*, HGR II, § 30 Rn. 5 sowie *Grzeszick* (Fn. 15), Art. 20 VIII Rn. 4; optimistischer *Sommermann* (Fn. 22), Art. 20 Rn. 107.
[113] Wie hier *Schiek* (Fn. 12), Art. 20 Abs. 1–3 V Rn. 44.

Art. 20 (Sozialstaat) C. Erläuterungen

Art. 3 III 2 GG[114], die Ansprüche nach Art. 6 IV und V (→ Art. 6 Rn. 210ff., 224ff.) sowie zuletzt Art. 33 V GG (→ Art. 33 Rn. 168ff.).

II. Teilgehalte

27 In Rechtsprechung und Literatur sind zahlreiche Rechtsfiguren, Institutionen und Normkomplexe als »Ausprägungen«, »Konkretisierungen« o. ä. des Sozialstaatsprinzips angesprochen worden – zuletzt unlängst die betriebliche Mitbestimmung[115]. Das wirft in jedem Einzelfall die Frage auf, ob Gesetzgeber (und Gerichte) hier noch ihren beschriebenen Spielraum nutzen oder einer verfassungsrechtlichen Bindung dahingehend unterliegen, daß eine einzelne Regelung, eine Rechtsfigur oder eine Institution vom Sozialstaatsprinzip des Art. 20 I GG zwingend vorgeschrieben (möglicherweise gar von der Ewigkeitsklausel des Art. 79 III GG gehärtet; → Rn. 49) ist. Angesichts der knappen Textgrundlage, der offenkundigen Deutungsoffenheit bzw. ordnungspolitischen Konjunkturabhängigkeit des Sozialstaatsprinzips wie seiner **faktischen Radizierung im ökonomisch Möglichen**[116] spricht viel für eine Vermutung gegen die unmittelbare verfassungsrechtliche Anseilung resp. verbindliche Ableitung einer einzelnen Norm oder Rechtsfigur aus dem Prinzip. Die folgende Auflistung der üblicherweise als Konkretisierung o. ä. angesprochenen Gehalte erhebt vor diesem Hintergrund keinen Anspruch auf Vollständigkeit[117].

1. Fürsorge

28 Die Pflicht zur **Fürsorge für Hilfsbedürftige** kann nicht allein auf die längste Traditionskette unter den verschiedenen Teilgehalten verweisen (→ Rn. 2), sondern dürfte auch wegen des engen Konnexes zu den Grundrechten bzw. grundrechtlichen Schutzpflichten zu recht als »wesentliches Element des Sozialstaatsprinzips« gelten[118]: Die Sorge darum, daß niemand infolge fehlender Ressourcen sein Leben verliert (→ Art. 2 II Rn. 76ff.) oder in einem Zustand dahinvegetiert, der als würdelos einzustufen ist (→ Art. 1 I Rn. 132), bleibt allen Überlegungen zu einem »freiheitlichen« oder »aktivierenden« Sozialstaat bzw. Übungen in sozialer Architektur normativ vorgeordnet. Danach »gebietet [das Sozialstaatsprinzip] staatliche Fürsorge für Einzelne oder Gruppen, die aufgrund ihrer persönlichen Lebensumstände oder gesellschaftlicher Benachteiligungen an ihrer persönlichen oder sozialen Entfaltung gehindert sind«[119]. Konkretisiert wird diese Fürsorgepflicht in zahlreichen **Leistungsgesetzen**[120], unter denen die Grundsicherung nach dem SGB II bzw. XII (→ Rn. 45), das Asylbewerber-

---

[114] Statt aller *Grzeszick* (Fn. 15), Art. 20 VIII Rn. 30.
[115] BVerfG (K), Beschluß v. 30.4.2015, Az. 1 BvR 2274/12, Rn. 14: »Doch gestaltet der Gesetzgeber mit den Regelungen zur betrieblichen Mitbestimmung das Sozialstaatsprinzip der Art. 20 Abs. 1, Art. 28 Abs. 1 GG aus.«
[116] Siehe BVerfGE 33, 303 (333); aus der Literatur nur *Sommermann* (Fn. 22), Art. 20 Rn. 122 sowie *Grzeszick* (Fn. 15), Art. 20 VIII Rn. 34.
[117] Vergleichbar im Zugriff: *Schiek* (Fn. 12), Art. 20 Abs. 1–3 V Rn. 77ff.; *H. F. Zacher*, HStR³ II, § 28 Rn. 32ff.; *Sommermann* (Fn. 22), Art. 20 Rn. 105; *Jarass*/*Pieroth*, GG, Art. 20 Rn. 114ff.; *Huster*/*Rux* (Fn. 15), Art. 20 Rn. 211.
[118] *Jarass*/*Pieroth*, GG, Art. 20 Rn. 114; ähnlich *Sommermann* (Fn. 22), Art. 20 Rn. 120: »Zielkern«.
[119] BVerfGE 100, 271 (284, Rn. 59) unter Hinweis auf E 45, 376 (387).
[120] Überblicksartig *Schiek* (Fn. 12), Art. 20 Abs. 1–3 V Rn. 77f.

leistungsgesetz (→ Rn. 45) und das Wohngeld besondere Erwähnung verdienen. Auch die Prozeßkostenhilfe wird von der Rechtsprechung hier eingeordnet[121].

Das Bundesverfassungsgericht hat stets betont, daß dieser Fürsorgepflicht »regelmäßig kein Gebot [zu] entnehmen [ist], soziale Leistungen in einem bestimmten Umfang zu gewähren«[122] (→ Rn. 45). In umgekehrter Perspektive beschränkt die Aufgabe der Fürsorge den Gesetzgeber auch nicht auf finanzielle Leistungen an Bedürftige, sondern erlaubt ihm – etwa im Falle Arbeitsloser – auch langfristige Maßnahmen, die das soziale Übel an der Wurzel bekämpfen[123]. Generell ist dem Gesetzgeber nicht versagt, neben dem sozialstaatlichen Ziel der Fürsorge noch **wirtschafts- oder gesellschaftspolitische Ziele** zu verfolgen.

2. Vorsorge

Neben die notwendig kurzfristige und möglicherweise auch kurzatmige Fürsorge tritt die auf langfristige Verhinderung von sozialer Not gerichtete Pflicht zur Vorsorge[124]. Ihre Hauptausprägungen sind der Auftrag zur Schaffung und Unterhaltung **sozialer Sicherungssysteme**[125] wie die **Infrastrukturverantwortung** des Staates[126].

Rechtsprechung und Literatur gehen zunächst von einem verfassungsrechtlichen Auftrag zur **Schaffung von Systemen sozialer Sicherheit** aus[127]. Allerdings ist der konkrete rechtliche Status der Einstufung der Fundierung in Art. 20 I GG[128] oder als »Ausprägung« oder gar »besonders prägnanter Ausdruck des Sozialstaatsprinzips«[129] durchaus unklar, betont die Rechtsprechung doch – wiederum mit weitgehender Zustimmung der Literatur –, daß aus Art. 20 I GG weder eine Garantie der bestehenden Systeme der **Sozialversicherung** folgt[130] noch ein Ge- oder Verbot, Steuergelder für Zwecke der sozialen Sicherung einzusetzen[131]. Vielmehr »ist es [scil. lediglich] ein legitimes Konzept des zur sozialpolitischen Gestaltung berufenen Gesetzgebers, die dafür notwendigen Mittel auf der Grundlage einer Pflichtversicherung sicherzustellen«[132]. Zugleich hat das Gericht den hohen Rang der **Finanzierbarkeit** der Sozialversicherung unterstrichen[133].

Die aus dem Sozialstaat abzuleitende **Infrastrukturverantwortung** umfaßt die staatliche Pflicht, die für die Daseinsvorsorge notwendigen Einrichtungen (Energie- und

---

[121] BVerfGE 9, 256 (258); 35, 348 (355).
[122] BVerfGE 110, 412 (445, Rn. 96) unter Hinweis auf E 94, 241 (263); gleichsinnig BSGE 97, 265 (275, Rn. 45).
[123] BVerfGE 100, 271 (284, Rn. 60).
[124] Zusammenfassend *H. F. Zacher*, HStR³ II, § 28 Rn. 43 sowie *W. Rüfner*, HStR³ IV, § 96 Rn. 3 ff., 62 ff.; kritisch zur Entgrenzung des Konzepts *Enders*, Sozialstaatlichkeit (Fn. 1), S. 46 ff.
[125] Im ersten Zugriff *Schiek* (Fn. 12), Art. 20 Abs. 1–3 V Rn. 81 ff.
[126] Wiederum im ersten Zugriff *G. Hermes*, Staatliche Infrastrukturverantwortung, 1998 sowie *C. Brüning*, JZ 2014, 1026 ff.; vgl. auch *J. Wieland*, Der soziale Rechtsstaat als Gewährleistungsstaat, in: FS Steiner, 2009, S. 933 ff.
[127] BVerfGE 68, 193 (209): »Der Schutz in Fällen von Krankheit ist in der sozialstaatlichen Ordnung des Grundgesetzes eine der Grundaufgaben des Staates«. Aus der Literatur nur *Jarass*/Pieroth, GG, Art. 20 Rn. 115 sowie eingehend *Wallrabenstein*, Versicherung (Fn. 17), S. 32 ff. u. passim.
[128] BVerfGE 45, 376 (387) – Unfallversicherung; 68, 193 (209) – Gesetzliche Krankenversicherung.
[129] BVerfGE 28, 324 (348) – Hinterbliebenenversicherung.
[130] BVerfGE 77, 340 (344).
[131] BVerfGE 113, 167 (219, Rn. 136) – Risikostrukturausgleich.
[132] BVerfGE 103, 197 (221, Rn. 85) – Private Pflegepflichtversicherung.
[133] BVerfGE 114, 196 (248, Rn. 244) – Beitragssicherungsgesetz.

Art. 20 (Sozialstaat)   C. Erläuterungen

Wasserversorgung, Verkehrswege, Nahrungsmittelversorgung, Zugang zu Informationen u. a. m.) bereitzustellen[134]. Dem Sozialstaatsprinzip sind hingegen keine Vorgaben dahingehend zu entnehmen, ob die öffentliche Hand die entsprechenden sachlichen Voraussetzungen des Grundrechtsgebrauchs selbst vorhält oder ganz oder teilweise von Privaten erbringen läßt; im letztgenannten Fall mutiert der sozialstaatliche Auftrag zur Gewährleistungsverantwortung[135]. Ihr konkreter Inhalt ist abhängig von der technischen Entwicklung; der Staat ist insofern zu einer Beobachtung einschlägiger Prozesse und zur entsprechenden Anpassung der Infrastruktur verpflichtet. Augenblicklich dürfte hier der (sichere) Zugang der Bevölkerung zu netzbasierten bzw. **digitalen Diensten** und Informationen eines der vordringlichsten Desiderate sein[136].

33 Der Auftrag zur Vorsorge ist **personell weiter** gefaßt als derjenige der Fürsorge, da der Staat nicht allein »auf die Abwehr ausgesprochener Notlagen und die Vorsorge für die sozial schwächsten Bevölkerungskreise beschränkt« ist, sondern im Sinne der sozialen Sicherung wie des sozialen Ausgleichs auch den »Schutz der sozialen Existenz« der Gesamtbevölkerung bezwecken darf[137].

3. Wiedergutmachung

34 Der dem Art. 20 I GG inhärente **Solidargedanke**[138] wirkt sich ferner auf den Ausgleich von Kriegsschäden und sonstigen außergewöhnlichen Belastungen aus[139]. In den Worten des Bundesverfassungsgerichts: »Das Sozialstaatsprinzip des Art. 20 Abs. 1 GG verlangt, dass die staatliche Gemeinschaft in der Regel Lasten mitträgt, die aus einem von der Gesamtheit zu tragenden Schicksal entstanden sind und mehr oder weniger zufällig nur einzelne Bürger oder bestimmte Gruppen von ihnen getroffen haben. Daraus folgt jedoch keine automatische Abwälzung solcher Lasten auf den Staat mit der Wirkung, dass dieser den Betroffenen unmittelbar zum vollen Ausgleich verpflichtet wäre; vielmehr kann sich aus dem Sozialstaatsprinzip nur die Pflicht zu einer Lastenverteilung nach Maßgabe einer gesetzlichen Regelung ergeben. Erst diese kann konkrete Ausgleichsansprüche der einzelnen Geschädigten begründen.«[140] Die Rechtsprechung unterstreicht zugleich den nochmals erweiterten **Spielraum** des Gesetzgebers[141], der neben dem rechtsstaatlichen Grundpostulat der materiellen Gerechtigkeit (→ Art. 20 [Rechtsstaat], Rn. 50 f.) namentlich in Ansehung älterer Fälle der Wiedergutmachung an den Gleichheitssatz gebunden ist[142], sofern nicht Ausnahmevorschrif-

---

[134] BVerfGE 38, 258 (270 f.) – Daseinsvorsorge; 45, 63 (78) – Wasserversorgung; 66, 248 (258) – Energieversorgung. Vgl. die Auflistung bei *Schiek* (Fn. 12), Art. 20 Abs. 1–3 V Rn. 56 u. 92 f.

[135] Wie hier *Schiek* (Fn. 12), Art. 20 Abs. 1–3 V Rn. 94 sowie *Sommermann* (Fn. 22), Art. 20 Rn. 117; näher *F. Mußgnug/R. Lange*, ZevKR 51 (2006), 422 (423 ff.) sowie *Wallrabenstein*, Versicherung (Fn. 17), S. 236 ff.

[136] Näher – für einen Ausschnitt der Problematik – *U. Berlit*, Staatliche Infrastrukturverantwortung für rechtssichere Kommunikation im Netz, 2011.

[137] BVerfGE 28, 324 (348).

[138] Siehe dazu nur (m. w. N.) *Kingreen*, Sozialstaatsprinzip (Fn. 1), S. 165 ff.; *U. Steiner*, Solidarität als Rechtsbegriff in den Systemen der sozialen Sicherheit, in: FS Knemeyer, 2012, S. 489 ff. sowie *U. Volkmann*, Solidarität, in: FS Paul Kirchhof, Bd. 1, 2013, S. 37 ff.

[139] Näher *Schiek* (Fn. 12), Art. 20 Abs. 1–3 V Rn. 89; *H. F. Zacher*, HStR³ II, § 28 Rn. 44 f. sowie *Huster/Rux* (Fn. 15), Art. 20 Rn. 211.

[140] BVerfGE 102, 254 (298, Rn. 238) unter Hinweis auf E 27, 253 (270, 283); 41, 126 (153 f.); 84, 90 (125).

[141] BVerfGE 102, 254 (298, Rn. 239); zustimmend etwa *Jarass*/Pieroth, GG, Art. 20 Rn. 116.

[142] Lt. BVerfGE 102, 254 (299, Rn. 221) sowie 117, 302 (311, Rn. 26) allerdings nur eingeschränkt in Form des Willkürverbots. Annahme eines Gleichheitsverstoßes: E 38, 187 (198).

ten der Verfassung ein Sonderregime für die Bewältigung von Wiedergutmachungslasten enthalten.

4. Gerechte Sozialordnung

Der anspruchsvollste und zugleich am stärksten wahrnehmungsengführungsgeneigte Teilgehalt des Sozialstaatsprinzips ist der Auftrag an den demokratischen Verfassungsstaat, die vorgefundene Sozialordnung nicht einfach hinzunehmen bzw. als sozialstaatlicher Rettungssanitäter lediglich die »Notfälle« durch Fürsorgemaßnahmen zu sedieren, sondern auf das eigene soziale Substrat aktiv-gestaltend einzuwirken[143]. »Das Sozialstaatsprinzip enthält einen Gestaltungsauftrag an den Gesetzgeber [...]. Es verpflichtet ihn, für einen **Ausgleich der sozialen Gegensätze** zu sorgen«[144]. Gleichsinnig ist von der Verpflichtung auf eine »gerechte Sozialordnung« die Rede[145]. Das Bundesverfassungsgericht hat den potentiell freiheitsverkürzenden Zug dieses Auftrags zur gesellschaftlichen Egalisierung früh unterstrichen[146]. Zugleich steht damit die Frage nach den Mitteln zu seiner Verwirklichung wie seinen möglichen Grenzen im Raum; in beiderlei Hinsicht ist einmal mehr der Gestaltungsspielraum des Gesetzgebers zu betonen[147]. Sofern der **Sozialstaat als Umverteilungsstaat** auftritt[148], ist er in erster Linie auf seine Funktion als **Steuerstaat** verwiesen[149], darauf aber nicht beschränkt[150], was namentlich die (bislang nicht genutzte) Kompetenz zur Bodenverteilung (Art. 74 I Nr. 30 GG) belegt. Zugleich lassen sich aus der Verfassung weder belastbare Schwellenwerte nicht mehr tolerabler Ungleichheit noch in umgekehrter Perspektive Egalisierungsschranken im Sinne unantastbarer Freiheitsdividenden ableiten[151]. Konkretisiert wird der so umrissene Auftrag namentlich in solchen Bestimmungen des einfachen Rechts, die wie diejenigen des Arbeits- und des sozialen Mietrechts Machtasymmetrien entgegensteuern sollen[152]. Sonderprobleme wirft nach wie vor die gerechte Bewältigung der Folgen der **deutsch**en **Teilung** auf[153].

---

[143] Näher *U. Davy*, Gleichheit – Voraussetzung oder Aufgabe der Verfassung?, VVDStRL 68 (2009), S. 122 ff. (130 ff.) sowie *P. Axer*, ebd. S. 177 ff. (192 ff.).
[144] BVerfGE 100, 271 (284, Rn. 59) unter Hinweis auf E 22, 180 (204); 50, 57 (108), – Hervorhebungsgericht i. O., F. W.
[145] BVerfGE 123, 267 (362, Rn. 257): »Das Sozialstaatsprinzip begründet die Pflicht des Staates, für eine gerechte Sozialordnung zu sorgen (vgl. BVerfGE 59, 231 [263]; 100, 271 [284]). Der Staat hat diese Pflichtaufgabe auf der Grundlage eines weiten Gestaltungsfreiraumes zu erfüllen, weshalb bislang nur in wenigen Fällen konkrete verfassungsrechtliche Handlungspflichten aus dem Prinzip abgeleitet wurden. Der Staat hat lediglich die Mindestvoraussetzungen für ein menschenwürdiges Dasein seiner Bürger zu schaffen (vgl. BVerfGE 82, 60 [80]; 110, 412 [445]). Das Sozialstaatsprinzip stellt dem Staat eine Aufgabe, sagt aber nichts darüber, mit welchen Mitteln diese Aufgabe im Einzelnen zu verwirklichen ist.« – Instruktiv *H. Otto*, Jura 2013, 989 ff.
[146] BVerfGE 5, 85 (206): »Vorzüglich darum ist das Sozialstaatsprinzip zum Verfassungsgrundsatz erhoben worden; es soll schädliche Auswirkungen schrankenloser Freiheit verhindern und die Gleichheit fortschreitend bis zu dem vernünftigerweise zu fordernden Maße verwirklichen.«
[147] Eine aktive Rolle des Gesetzgebers fordern etwa *Schiek* (Fn. 12), Art. 20 Abs. 1–3 V Rn. 51 ff. oder *F. Welti*, Betrifft Justiz 106 (2011), 81 ff.; zurückhaltender *H.-J. Papier*, HGR II, § 30 Rn. 7 f.
[148] Eingehend (und weitgehend) m. w. N. *Wallrabenstein*, Versicherung (Fn. 17), S. 361 ff.
[149] Einhellige Auffassung: siehe nur *Schiek* (Fn. 12), Art. 20 Abs. 1–3 V Rn. 96; näher *C. Seiler*, NZS 2007, 617 ff. sowie *Wieland*, Rechtsstaat (Fn. 126), S. 938 ff.
[150] Näher *H. F. Zacher*, HStR³ II, § 28 Rn. 36.
[151] Versuch einer Konturierung bei *Sommermann* (Fn. 22), Art. 20 Rn. 108.
[152] Verweis darauf etwa bei *Schiek* (Fn. 12), Art. 20 Abs. 1–3 V Rn. 62; *Jarass*/Pieroth, GG, Art. 20 Rn. 119; eingehend *J. Neuner*, Privatrecht und Sozialstaat, 1999, S. 248 ff.
[153] Knapp *Sachs* (Fn. 108), Art. 20 Rn. 46 sowie *H. F. Zacher*, HStR³ II, § 28 Rn. 136 ff.; eingehend

Art. 20 (Sozialstaat) C. Erläuterungen

III. Adressaten und Begünstigte

36 Ungeachtet der Rolle des Gesetzgebers als Erstinterpreten des Sozialstaatsprinzips (→ Rn. 25) adressiert Art. 20 I GG **alle staatlichen Gewalten** i. S. v. Art. 1 III, 20 III GG (→ Art. 1 III Rn. 53 ff.; → Art. 20 [Rechtsstaat], Rn. 81 ff., 92 ff.)[154]. Exekutive wie Judikative stehen dabei vor dem Problem, daß Art. 20 I GG sie zwar bindet, aber nicht zu freihändigen Eingriffen in die Rechtspositionen anderer ermächtigt (→ Rn. 42)[155]. Hingegen sind beide Gewalten gehalten, im Rahmen der Gesetzesanwendung wie insbesondere bei der Ausfüllung von ihnen eingeräumten **Ermessens-** und sonstigen **Entscheidungsspielräume**n selbständig zu prüfen, ob das Sozialstaatsprinzip eine nach dem einfachen Recht sonst mögliche oder gebotene Entscheidung ausschließt oder umgekehrt als verbindlich ausweist[156]; in der Praxis dürften hier primär die Sozialverwaltungen und -gerichte angesprochen sein, ohne daß der Rest der Exekutive oder die übrigen Zweige der Gerichtsbarkeit kategorisch ausgeschlossen werden können.

37 **Private** sind durch das Sozialstaatsprinzip nicht unmittelbar gebunden[157]. Jedoch folgt eine mittelbare Bindung durch diejenige des einfachen Gesetzgebers (→ Rn. 36), der namentlich in sozial sensiblen Bereichen wie dem Miet- und Arbeitsrecht auch die Bürger in die Pflicht nehmen darf (→ Rn. 35). Davon im Einzelfall heuristisch nur schwer abzugrenzen sind die Eignung des Art. 20 I GG, als Rechtswert von Verfassungsrang auch namentlich vorbehaltlosen Grundrechten Schranken(vorbehalte) zu setzen (→ Rn. 42), sowie die vergleichsweise einhellig angenommene **Ausstrahlungswirkung** des Sozialstaatsprinzips in das einfache Recht[158]. Greifbare Konsequenz ist die Rechtsprechung zur Inhaltskontrolle von Verträgen, die eingedenk des Art. 20 I GG von den Zivil- oder notfalls Verfassungsgerichten dann korrigiert oder *in extremis* für nichtig erklärt werden können. Danach ist ein Vertrag anzupassen, sofern »es sich […] um eine typisierbare Fallgestaltung [handelt], die eine strukturelle Unterlegenheit des einen Vertragsteils erkennen läßt, und […] die Folgen des Vertrages für den unterlegenen Vertragsteil ungewöhnlich belastend« sind[159].

O. Depenheuer, HStR IX, § 204; in der Rückschau auf die Debatte instruktiv *Thurn*, Sozialstaat (Fn. 46), S. 543 ff.

[154] Einhellige Auffassung: *Stern*, Staatsrecht I, S. 916; *Schiek* (Fn. 12), Art. 20 Abs. 1–3 V Rn. 70 ff.; *Jarass*/Pieroth, GG, Art. 20 Rn. 113.

[155] Siehe BVerfGE 65, 182 (193). »Das Sozialstaatsprinzip des Grundgesetzes enthält infolge seiner Weite und Unbestimmtheit regelmäßig keine unmittelbaren Handlungsanweisungen, die durch die Gerichte ohne gesetzliche Grundlage in einfaches Recht umgesetzt werden könnten. Insoweit ist es richterlicher Inhaltsbestimmung weniger zugänglich als die Grundrechte«. Bekräftigend *H. F. Zacher*, HStR³ II, § 28 Rn. 122.

[156] BVerfGE 3, 337 (381); 42, 64 (77); 78, 165 (178); 89, 214 (232); aus der Literatur *Schiek* (Fn. 12), Art. 20 Abs. 1–3 V Rn. 74; *H. F. Zacher*, HStR³ II, § 28 Rn. 121; *H.-J. Papier*, HGR II, § 30 Rn. 2; *Sommermann* (Fn. 22), Art. 20 Rn. 124 f.; *Sachs* (Fn. 108), Art. 20 Rn. 49. Zur Verwaltung eingehend *E. Schmidt-Aßmann*, Die Bedeutung des Sozialstaatsprinzips für das Verwaltungsrecht, in: FS Mußgnug, 2005, S. 33 ff.

[157] Im Ansatz einhellige Auffassung: statt aller *H. F. Zacher*, HStR³ II, § 28 Rn. 123 und *Jarass*/Pieroth, GG, Art. 20 Rn. 113.

[158] Darauf rekurrieren BVerfGE 49, 220 (226) und *Jarass*/Pieroth, GG, Art. 20 Rn. 113, 127; eingehend *Neuner*, Privatrecht (Fn. 152), S. 237 ff.

[159] BVerfGE 89, 214 (232); vgl. auch BAGE 76, 155 (167 ff.); BGHZ 140, 395 (397 f.); aus der Literatur etwa *Roellecke* (Fn. 11), Art. 20 Rn. 189. → Vorb. Rn. 99.

Begünstigte des Sozialstaatsprinzips sind – ungeachtet des Bürgerstatus' – alle Personen, die sich im Hoheitsgebiet der Bundesrepublik aufhalten[160], wie das Bundesverfassungsgericht in der Entscheidung zum Asylbewerberleistungsgesetz noch einmal unterstrichen hat[161]. Ob und inwieweit dabei aus Art. 20 I GG eine spezielle Integrationsaufgabe folgt, ist noch nicht näher ausgeleuchtet[162]. Hingegen erlaubt die Rechtsprechung eine Abstufung dahingehend, daß die soziale Schutzpflicht gegenüber im Ausland lebenden Bundesbürgern geringer sein soll[163]. Für sich im **Ausland** aufhaltende Nichtdeutsche wird Art. 20 I GG üblicherweise als nicht einschlägig angesehen bzw. soll von Art. 16a, 25 und 32 I GG verdrängt werden[164]. Nimmt man die Verfassungsentscheidungen für die offene Staatlichkeit (→ Art. 24 Rn. 40, 47) wie für den Sozialstaat ernst, so wird man die Pflicht der Bundesrepublik zur grenzübergreifenden materiellen Hilfe angesichts von Flüchtlingselend oder Katastrophen allerdings schlecht zur rein moralischen bzw. zur Frage außenpolitischen Kalküls erklären können. **Juristische Personen** können sich schließlich nach einhelliger Auffassung nicht auf Art. 20 I GG berufen[165]. 38

IV. Insbesondere: Sozialstaat und Grundrechte

Das Verhältnis des Sozialstaatsprinzips zu den Grundrechten ist ebenso ambivalent wie komplex[166]. Die Grundrechte weisen auf der einen Seite der Deutung des normtextlich dunklen Art. 20 I GG den Weg, indem sie ihn als einen freiheitlichen und auf Gleichheit ausgerichteten Sozialstaat konfigurieren (→ Rn. 41, 43). In umgekehrter Perspektive kann das **Sozialstaatsprinzip** zumindest mittelbar als Rechtswert von Verfassungsrang fungieren, der Grundrechtseinschränkungen legitimiert und dementsprechend Freiheit verkürzt oder Ungleichheit rechtfertigt (→ Rn. 42 f.). 39

1. Verzicht auf soziale Grundrechte

Anders als mehrere vorgrundgesetzliche Landesverfassungen (→ Rn. 22) und zahlreiche Rechtekataloge auf internationaler Ebene (→ Rn. 13 ff.) hat das Grundgesetz bewußt auf **soziale Grundrechte** im Sinne einklagbarer subjektiver Rechte verzichtet (→ Vorb. Rn. 59, 61, 81; zur markanten Ausnahme in Art. 6 IV, V GG → Art. 6 Rn. 210 ff., 224 ff.)[167]. Damit geht auf wohlgemerkt nationaler Ebene nach wie vor der Konsens einher, daß derartige Rechte »auf Arbeit« oder »auf Wohnung« lediglich Staatszielbe- 40

---

[160] BVerfGE 51, 1 (27 f.); BSGE 84, 253 (256 f.); *Jarass*/Pieroth, GG, Art. 20 Rn. 120. → *Gröschner*, Bd. II², Art. 20 (Sozialstaat), Rn. 35.
[161] BVerfGE 132, 134 (Ls. 2, 172 f., Rn. 94 f.).
[162] Überlegungen in diese Richtung bei *Schiek* (Fn. 12), Art. 20 Abs. 1–3 V Rn. 68 (allerdings unter fraglicher Stützung auf das Republikprinzip; → Art. 20 [Republik], Rn. 20 ff.).
[163] BSGE 73, 293 (300 f.).
[164] Die Frage wird vergleichsweise selten erörtert: Siehe etwa *Davy*, Gleichheit (Fn. 143), S. 158 ff., 168 ff.
[165] Statt aller *Jarass*/Pieroth, GG, Art. 20 Rn. 120.
[166] Wie hier *Huster*/Rux (Fn. 15), Art. 20 Rn. 213. Im ersten Zugriff *K.-J. Bieback*, EuGRZ 1985, 657 ff.; *W. Cremer*, Grundrechte und Sozialstaatsprinzip, in: FS Schnapp, 2008, S. 29 ff. sowie *S. Baer*, NZS 2014, 1 ff.
[167] Pointiert *J. Isensee*, Der Staat 19 (1980), 367 ff.; vgl. ferner *P. Badura*, Der Staat 14 (1975), 17 ff.; *J. Lücke*, AöR 107 (1982), 15 ff.; *H.-J. Papier*, HGR II, § 30 Rn. 12 f. sowie *Sachs* (Fn. 108), Art. 20 Rn. 52. Kritisch gegenüber dieser Abstinenz bzw. für die Annahme ungeschriebener sozialer Grundrechte *Schiek* (Fn. 12), Art. 20 Abs. 1–3 V Rn. 61.

Art. 20 (Sozialstaat) C. Erläuterungen

stimmungen und Sätze des objektiven Rechts darstellen, die staatliche Stellen verpflichten, unter dem Vorbehalt des Möglichen auf ihre Verwirklichung hinzuwirken (→ Vorb. Rn. 81). Die Entscheidung für das soziale Staatsziel stellt diese Weichenstellung nicht in Frage.

2. Sozialstaat und Freiheitsrechte: freiheitlicher Sozialstaat

41 Die in der frühen Bundesrepublik intensiv geführte Debatte um »**Rechtsstaat oder Sozialstaat**«[168] ist heute Geschichte. Stattdessen dominiert – in unterschiedlichen Schattierungen – die Rede vom »freiheitlichen Sozialstaat«[169]. Sie ist stimmig, wenn man das **Grundanliegen** würdigt, den auf die Leistungen der Fürsorge oder Vorsorge angewiesenen Bürger weder als (*prima facie* gefährliches) Objekt einer Armenpolizei obrigkeitsstaatlicher Prägung noch als Gegenstand paternalistischer Lenkungsoperationen anzusprechen, dem mit mehr oder minder sanfter Hand zu einem guten Leben nach staatlicher Façon verholfen werden muß[170]. Dem steht die Einsicht entgegen, daß das Grundgesetz weniger ausweislich eines ihm inhärenten Menschenbildes als ausweislich der von ihm garantierten Freiheitsrechte von der grundsätzlichen Selbstbestimmungs- und Selbstentwurfsfähigkeit seiner Bürger ausgeht; das Sozialstaatsprinzip soll in dieser Optik die tatsächlichen Voraussetzungen eines selbstbestimmten Freiheitsgebrauchs ermöglichen[171]. Zwei Überlegungen markieren die **Grenze der Leistungsfähigkeit** dieses Konzepts: Zum einen ist sein Ertrag in den typischerweise im Hinblick auf Art. 20 I GG strittigen Fällen, die sich letztlich als Verteilungs- bzw. Einbeziehungsfragen präsentieren[172], durchaus überschaubar; die an dieser Stelle häufig in Ansatz gebrachte Freiheits-Ermöglichungsfunktion (→ Rn. 35) streitet hier dem Grunde nach für eine Bemessung oberhalb der Subsistenzgrenze, ändert aber am Spielraum des Gesetzgebers wie an der Wirkung ökonomischer Gegebenheiten wenig. Zum anderen dürfte diese Sicht in der Perspektive der konkreten Akteure der Sozialverwaltung bzw. ihrer Erfahrung von verbreiteter basaler Bewältigungsunfähigkeit zumindest sehr idealistisch sein.

42 In umgekehrter Perspektive kann das Sozialstaatsprinzip auch **grundrechtsverkürzend** wirken, konkret als Rechtswert von Verfassungsrang herangezogen werden, der namentlich vorbehaltlos gewährleisteten Grundrechten als verfassungsimmanenter Schrankenvorbehalt entgegengehalten werden kann[173]. Sofern das teils in Abrede gestellt wird[174], dürfte zu differenzieren sein: Richtig ist der Hinweis, daß auch in dieser Konstellation der konkrete Eingriff auf eine Entscheidung des parlamentarischen Gesetzgebers zurückgehen muß, die dem betroffenen Grundrecht im Interesse

---

[168] Dokumentiert in: E. Forsthoff (Hrsg.), Rechtsstaatlichkeit und Sozialstaatlichkeit, 1968. – Luzide Einordnung bei *Schiek* (Fn. 12), Art. 20 Abs. 1–3 V Rn. 48 f.

[169] Sinnfällig *Heinig*, Sozialstaat (Fn. 9), S. 3 ff. u. passim; vgl. ferner R. *Gröschner*, Der freiheitliche Sozialstaat des Grundgesetzes, in: Spieker, Sozialstaat (Fn. 1), S. 107 ff.; *Jarass*/Pieroth, GG, Art. 20 Rn. 117. – Zurückgehen dürfte die Prägung auf R. *Herzog*, in: Maunz/Dürig, GG, Art. 20 VIII (1980), Rn. 34.

[170] Zurückhaltend wie hier *Grzeszick* (Fn. 15), Art. 20 VIII Rn. 21.

[171] *Schiek* (Fn. 12), Art. 20 Abs. 1–3 V Rn. 64; *Sommermann* (Fn. 22), Art. 20 Rn. 112; *Jarass*/Pieroth, GG, Art. 20 Rn. 112; *Grzeszick* (Fn. 15), Art. 20 VIII Rn. 19. → *Gröschner*, Bd. II², Art. 20 (Sozialstaat), Rn. 21.

[172] Vgl. zuletzt BVerfGE 125, 175 – *Hartz IV* sowie E 132, 134 – *Existenzminimum Asylbewerber*.

[173] Wie hier *Schiek* (Fn. 12), Art. 20 Abs. 1–3 V Rn. 65; *Sommermann* (Fn. 22), Art. 20 Rn. 126; *Jarass*/Pieroth, GG, Art. 20 Rn. 122; *Huster/Rux* (Fn. 15), Art. 20 Rn. 214.

[174] So namentlich *Schnapp* (Fn. 43), Art. 20 Rn. 55 a. E. unter Hinweis auf BVerfGE 1, 97 (105).

des Sozialstaats eine Schranke zieht[175]. Das gilt aber dem Grunde nach für alle Grundrechte und sonstigen Rechtswerte von Verfassungsrang, die weder Gerichte noch Exekutive zur freihändigen Abwägung einladen. Stellt man diese Funktionslogik in Rechnung, gibt es allerdings keinen guten Grund, das Sozialstaatsprinzip bzw. die einzelnen von ihm ausgehenden Normbefehle anders zu behandeln als das Rechtsstaatsprinzip oder Art. 20a GG. Seine Unschärfe mag die Zahl der klaren Fälle konfligierender Normbefehle senken, weist ihm aber keine kategorial andere Stellung zu. In der Rechtsprechung ist Art. 20 I GG demnach etwa zu recht als Gegenrecht der Tarifautonomie[176] oder der Berufsfreiheit herangezogen worden[177]; auch der intensiv diskutierte Mindestlohn dürfte sozialstaatlich gedeckt sein[178]. Unlängst hat das Bundesverwaltungsgericht noch die in Art. 20 I GG angelegte Maxime der Fürsorgepflicht dem Selbstbestimmungsrecht der Religionsgesellschaften i.S.v. Art. 137 III WRV entgegengehalten[179].

3. Sozialstaat und Gleichheitsrechte: Chancengleichheit

Auch das Verhältnis von Art. 20 I GG zu Art. 3 GG ist ambivalent[180]. Einerseits entnehmen Rechtsprechung und Literatur dem Sozialstaatsprinzip das Teilziel der **Herstellung von Chancengleichheit** und gehen damit über Art. 3 I GG hinaus, der regelmäßig allein die formale rechtliche Gleichbehandlung fordert[181]. Danach ist der Staat gehalten, die faktischen Voraussetzungen zur Inanspruchnahme der Freiheitsrechte wenigstens anzugleichen bzw. denjenigen Hilfen bereitzustellen, die aus eigener Kraft nicht in der Lage dazu sind[182]. Angeführt werden konkret die Bekämpfung der Arbeitslosigkeit[183] oder der Wohnungsnot[184]. Im Einzelfall ergeben sich hier allerdings Überschneidungen zum Teilgehalt der Infrastrukturverantwortung (→ Rn. 32) wie zum Topos von der gerechten Sozialordnung (→ Rn. 35).

43

In umgekehrter Perspektive kann das Sozialstaatsprinzip wiederum **Ungleichbehandlungen rechtfertigen**[185], indem es namentlich im Steuerrecht leistungsfähige Bürger stärker belastet[186] oder im Besoldungs- und Versorgungsrecht die Besserstellung von Beziehern niedriger Bezüge zuläßt[187].

44

---

[175] BVerfGE 59, 231 (263). Deshalb hier die Rede vom Schranken*vorbehalt*: ähnlich *Kingreen*, Sozialstaatsprinzip (Fn. 1), S. 143 sowie *Sachs* (Fn. 108), Art. 20 Rn. 50.
[176] BVerfGE 100, 271 (283f., Rn. 55ff.); 116, 202 (223f., Rn. 88f.).
[177] BVerfGE 114, 196 (248, Rn. 244).
[178] Statt aller m.w.N. *Grzeszick* (Fn. 15), Art. 20 VIII Rn. 27.
[179] BVerwG DVBl. 2014, 993 (Ls. 5, Rn. 39).
[180] Instruktiv *Sommermann* (Fn. 22), Art. 20 Rn. 128 f.; vgl. auch *Grzeszick* (Fn. 15), Art. 20 VIII Rn. 31 ff.
[181] BVerfGE 33, 303 (331); aus der Literatur *Herzog* (Fn. 169), Art. 20 VIII Rn. 40; *Sommermann* (Fn. 22), Art. 20 Rn. 111; *F. Welti*, Betrifft Justiz 106 (2011), 81 (83f.); *Jarass*/Pieroth, GG, Art. 20 Rn. 118. – Dezidiert kritisch *Isensee*, Solidarität (Fn. 104), S. 83f. – Instruktiv aus dogmengeschichtlicher Perspektive *Thurn*, Sozialstaat (Fn. 46), S. 481ff.
[182] Näher *Heinig*, Sozialstaat (Fn. 9), S. 151ff.
[183] BVerfGE 103, 293 (307, Rn. 51): »Der Abbau von Arbeitslosigkeit ermöglicht den zuvor Arbeitslosen, das Grundrecht aus Art. 12 Abs. 1 Satz 1 GG zu verwirklichen, sich durch Arbeit in ihrer Persönlichkeit zu entfalten und darüber Achtung und Selbstachtung zu erfahren«.
[184] *Jarass*/Pieroth, GG, Art. 20 Rn. 118 a. E.
[185] Unterstrichen von *Kingreen*, Sozialstaatsprinzip (Fn. 1), S. 142 sowie *Jarass*/Pieroth, GG, Art. 20 Rn. 123.
[186] BVerfGE 29, 402 (412) unter Hinweis auf E 13, 331 (346f.).
[187] BVerfGE 14, 30 (33).

4. Sozialstaat und Leistungsrechte: menschenwürdiges Existenzminimum

45 Es besteht praktisch Konsens dahingehend, daß das Sozialstaatsprinzip allein **keine** subjektiven **Rechte auf** (noch dazu bezifferbare) **Sozialleistungen** begründet[188]. Allerdings leitet die Rechtsprechung unter weitgehender Zustimmung der Lehre aus Art. 1 I i.V.m. Art. 20 I GG einen Anspruch auf solche Sozialleistungen ab, die notwendig sind, um ein menschenwürdiges Leben zu führen[189]. Dieses »Grundrecht auf Gewährleistung eines menschenwürdigen Existenzminimums aus Art. 1 Abs. 1 GG in Verbindung mit dem Sozialstaatsprinzip des Art. 20 Abs. 1 GG sichert jedem Hilfebedürftigen diejenigen materiellen Voraussetzungen zu, die für seine physische Existenz und für ein Mindestmaß an Teilhabe am gesellschaftlichen, kulturellen und politischen Leben unerlässlich sind«[190]. Bei aller grundsätzlichen Zustimmung wirft dieses Grundrecht das nicht allein praktische Problem auf, daß aus zwei ebenso hochrangigen wie begrifflich überdurchschnittlich unscharfen Verfassungsbestimmungen letztlich konkrete Zahlenwerte abzuleiten bzw. Einzelfallentscheidungen zu treffen sind, ob einzelne Anschaffungen für das »Mindestmaß an Teilhabe« tatsächlich unerläßlich sind[191]. Das Bundesverfassungsgericht sucht diesem Dilemma zu entgehen, indem es auch in dieser Situation den Spielraum des Gesetzgebers betont[192]. Daraus folgt im Kern eine **zweistufige Prüfung**. Das Gericht nimmt zunächst eine Evidenzkontrolle dahingehend vor, ob die Leistungen objektiv völlig unzureichend sind – dies hat es zuletzt im Falle des Asylbewerberleistungsgesetzes angenommen und dabei die Evidenz aus der schlichten Nichtanpassung der Sätze seit fast zwanzig Jahren hergeleitet[193]. Während die Prüfung hier an die Willkürrechtsprechung zu Art. 3 I GG (→ Art. 3 Rn. 62) angelehnt ist, sucht das Gericht in einem zweiten Schritt den Balanceakt durch eine **prozedurale Wendung** – auch diese nicht ohne Parallelen in anderen Feldern seiner Judikatur[194]: Es prüft danach, »ob der Gesetzgeber das Ziel, ein menschenwürdiges Dasein zu sichern, in einer Art. 1 Abs. 1 in Verbindung mit Art. 20 Abs. 1 GG gerecht werdenden Weise erfasst und umschrieben hat, ob er im Rahmen seines Gestaltungsspielraums ein zur Bemessung des Existenzminimums im Grundsatz taugliches Berechnungsverfahren gewählt hat, ob er die erforderlichen Tatsachen im Wesentlichen vollständig und zutreffend ermittelt und schließlich, ob er sich in

---

[188] So BVerfGE 27, 253 (283); 82, 60 (80); 110, 412 (445, Rn. 90); BSGE 155, 115 (120); *Roellecke* (Fn. 11), Art. 20 Rn. 187; *Sommermann* (Fn. 22), Art. 20 Rn. 103, 130; *Jarass/Pieroth*, GG, Art. 20 Rn. 112; *Grzeszick* (Fn. 15), Art. 20 VIII Rn. 19.

[189] BVerfGE 40, 121 (133); 45, 187 (228); 82, 60 (85); 113, 88 (108f., Rn. 48); 123, 267 (363, Rn. 259). – Aus der Literatur bspw. *Sommermann* (Fn. 22), Art. 20 Rn.120; *T. Aubel*, Das Gewährleistungsrecht auf ein menschenwürdiges Existenzminimum, in: S. Emmenegger/A. Wiedmann (Hrsg.), Linien der Rechtsprechung des Bundesverfassungsgerichts, Bd. 2, 2011, S. 273 ff.; *Sachs* (Fn. 108), Art. 20 Rn. 46; *Grzeszick* (Fn. 15), Art. 20 VIII Rn. 23; kritisch-differenzierend *Huster/Rux* (Fn. 15), Art. 20 Rn. 216.1f.

[190] BVerfGE 125, 175 (Ls. 1). Siehe dazu *M. Schnath*, NZS 2010, 297 ff.; *S. Egidy*, German Law Journal 12 (2011), 1961 ff.; *S. Kempny/H. Krüger*, SGb 2013, 384 ff.; *J. Nolte*, Der Staat 52 (2013), 245 ff. → Art. 1 I Rn. 155.

[191] Eingehend zum Problem *Heinig*, Sozialstaat (Fn. 9), S. 315 ff.

[192] BVerfGE 125, 175 (Ls. 2): Das Grundrecht »ist dem Grunde nach unverfügbar und muss eingelöst werden, bedarf aber der Konkretisierung und stetigen Aktualisierung durch den Gesetzgeber, der die zu erbringenden Leistungen an dem jeweiligen Entwicklungsstand des Gemeinwesens und den bestehenden Lebensbedingungen auszurichten hat. Dabei steht ihm ein Gestaltungsspielraum zu«.

[193] BVerfGE 132, 134 (166 ff., Rn. 81 ff.). → Art. 16a Rn. 122.

[194] Vgl. namentlich BVerfG, Urt. v. 5.5.2015, 2 BvL 17/09 u. a., Rn. 97 ff. – *R-Besoldung*.

allen Berechnungsschritten mit einem nachvollziehbaren Zahlenwerk innerhalb dieses gewählten Verfahrens und dessen Strukturprinzipien im Rahmen des Vertretbaren bewegt hat«[195]. Es kommt eine entsprechende **Dokumentationslast** hinzu, die gerade die gerichtliche Kontrolle ermöglichen soll[196]. Zugleich ist eine Differenzierung unzulässig, die ohne Ansehung der tatsächlichen Bedarfe allein und pauschal auf den Aufenthaltsstatus abstellt[197].

In umgekehrter Perspektive folgt aus Art. 20 I GG (in Zusammenschau mit Art. 1 I, 3 I und 6 I GG) das **Gebot der steuerlichen Verschonung des Familienexistenzminimums**[198]. Aus Art. 20 i. V. m. Art. 1 I GG lassen sich ferner Ansprüche auf Resozialisierung[199] und Wiedereingliederung[200] ableiten. Weiterhin hat die Rechtsprechung einen derivativen **Teilhabeanspruch** aus Art. 20 I i. V. m. Art. 3 I, 12 I GG auf die Zulassung zu einmal eingerichteten Studienplätzen hergeleitet[201]. Schließlich soll aus Art. 20 I i. V. m. Art. 2 I, 2 II 1 GG ein Anspruch des Grundrechtsträgers »auf eine Leistungserbringung durch die gesetzliche Krankenversicherung, die dem **Schutz seines Lebens** gerecht wird«, folgen[202].

46

V. Anforderungen an Organisation und Verfahren

Das Bundesverfassungsgericht hat seine Judikatur zum Grundrechtsschutz durch Verfahren (→ Vorb. Rn. 105 ff.) maßgeblich auf die Erwägung gestützt, »[d]iese grundrechtliche Schutzfunktion [müsse] sich im sozialen Rechtsstaat gerade auch für den sozial Schwachen durchsetzen; denn dieser ist es, der dieses Schutzes um seiner Freiheit willen in besonderem Maße bedarf«[203].

47

In der Lissabon-Entscheidung hat das Bundesverfassungsgericht schließlich die **Zulässigkeit der Verfassungsbeschwerden** auch auf eine mögliche Verletzung des Sozialstaatsprinzips gestützt[204].

48

---

[195] BVerfGE 125, 175 (226, Rn. 143).
[196] BVerfGE 125, 175 (226, Rn. 144). – Kritisch zum ganzen Ansatz *S. Rixen*, JöR 61 (2013), 525 (528 ff., 533 ff.); zustimmend hingegen *P. Axer*, Das Grundrecht auf Gewährleistung eines menschenwürdigen Existenzminimums und die Sicherung sozialer Grundrechtsvoraussetzungen, in: GedS Brugger, 2013, S. 335 ff. (347 f.) sowie *Grzeszick* (Fn. 15), Art. 20 VIII Rn. 25 f.
[197] BVerfGE 132, 134 (Ls. 3, 164, Rn. 73).
[198] BVerfGE 82, 60 (92 ff.); 120, 125 (154 f., Rn. 103 ff.). – Vgl. zuletzt m. w. N. BVerfGE 110, 412 (431, 445 f., Rn. 61, 96); siehe dazu *Schiek* (Fn. 12), Art. 20 Abs. 1–3 V Rn. 97 sowie *Sommermann* (Fn. 22), Art. 20 Rn. 120.
[199] BVerfGE 96, 100 (115) unter Hinweis auf E 35, 202 (235 f.); 36, 174 (188); 45, 187 (239).
[200] BVerfGE 78, 77 (87); 84, 192 (195 f.); aus der Literatur nur *Schiek* (Fn. 12), Art. 20 Abs. 1–3 V Rn. 59.
[201] BVerfGE 33, 303 (331 f.). Dazu statt aller *Schiek* (Fn. 12), Art. 20 Abs. 1–3 V Rn. 60 und *Sachs* (Fn. 108), Art. 20 Rn. 54.
[202] Sog. Nikolausbeschluß: BVerfGE 115, 25 (47 f., Rn. 61 f.; Hervorhebung nicht i. O., F. W.). Dazu *T. Ramm*, VSSR 26 (2008), 203 ff.; *U. Becker*, Das Recht auf Gesundheitsleistungen, in: FS Steiner, 2009, S. 50 ff. (64 ff.); *P. Axer*, Umfang und Inhalt des sozialrechtlichen Leistungsanspruchs nach dem sog. Nikolausbeschluß, in: R. Becker u. a. (Hrsg.), »Neue« Wege in der Medizin, 2010, S. 321 ff.; *T. Kingreen*, Knappheit und Verteilungsgerechtigkeit im Gesundheitswesen, VVDStRL 70 (2011), S. 152 ff. (181 f.) sowie – pointiert kritisch – *Isensee*, Solidarität (Fn. 104), S. 85 ff. Monographisch nunmehr *N. T. Zwermann-Milstein*, Grund und Grenzen einer verfassungsrechtlich gebotenen gesundheitlichen Mindestversorgung, 2015, S. 67 ff., 121 ff.
[203] BVerfGE 49, 220 (226) unter Hinweis auf E 42, 64 (77).
[204] BVerfGE 123, 267 (328, 332 f.; Rn. 168, 181 f.).

D. Verhältnis zu anderen GG-Bestimmungen

49 Das Sozialstaatsprinzip zählt wie die übrigen Verfassungsprinzipien des Art. 20 I-III GG zum Schutzgut der **Ewigkeitsklausel** des Art. 79 III GG (→ Art. 79 III Rn. 45 f.). Der konkrete Garantiegehalt dieser Gewährleistung bzw. in umgekehrter Perspektive die Grenze zum »Berühren« eines etwaigen Kerngehaltes ist angesichts der Unschärfe und Deutungsoffenheit des Sozialstaatsprinzips, aber auch der Ungewißheit über die zukünftige wirtschaftliche Entwicklung schwer zu umreißen[205]. Sicher zu weit dürfte es gehen, Art. 20 I i.V.m. Art. 79 III GG entweder ein allgemeines »sozialrechtliches Rückschrittsverbot«, eine Garantie einzelner Sozialleistungen oder zumindest eines »deutschen Modells« der Sozialversicherung zu entnehmen[206]. Stellt man in Rechnung, daß schon der einfache Gesetzgeber in Ansehung des Sozialstaatsprinzips erheblichen Spielraum genießt (→ Rn. 25), so muß der des verfassungsändernden deutlich weiter sein. Art. 79 III GG ist in dieser Optik erst dann tangiert, wenn die Bundesrepublik **den Namen »Sozialstaat« nicht mehr verdient**, weil sie weder Fürsorge noch Vorsorge betreibt und offen eine grob ungerechte Gesellschaft duldet. Die Festlegung, daß dem deutschen Gesetzgeber »die sozialpolitisch wesentlichen Entscheidungen in eigener Verantwortung« obliegen müssen[207], dürfte dementsprechend zu weit greifen (und setzt sich auch in Widerspruch zum bereits erreichten Stand der Integration; → Rn. 17 ff.)[208].

50 **Art. 23 I 1** und **Art. 28 I 1 GG** greifen das Sozialstaatsprinzip auf und illustrieren seine Bedeutung, indem sie die Wahrung des Art. 20 I GG zur Voraussetzung der Mitwirkung im europäischen Einigungsprozeß machen bzw. auch die Länder darauf verpflichten. Art. 20 I GG wird ferner von zahlreichen über das Grundgesetz verstreuten Bestimmungen konkretisiert oder besser in seiner chamäleonhaften **Vielgestaltigkeit** illustriert (→ Rn. 26).

51 In enger Beziehung steht Art. 20 I GG zu den **Grundrechte**n und grundrechtsgleichen Rechten (→ Rn. 39 ff.). Art. 3 II 2, III 2, Art. 6 IV u. V sowie Art. 33 V GG gehen ihm als *leges speciales* vor (→ Rn. 26). Art. 9 III GG muß in seinem Lichte ausgelegt werden[209]. Die Zusammenschau von Art. 20 I GG mit den Freiheitsrechten weist die Bundesrepublik als freiheitlichen Sozialstaat aus, der Bürger nicht bevormundet, son-

---

[205] Vgl. BVerfGE 123, 267 (343, Rn. 217): »Innerhalb der Ordnung des Grundgesetzes jedenfalls sind die Staatsstrukturprinzipien des Art. 20 GG, also die Demokratie, die Rechts- und die Sozialstaatlichkeit, die Republik, der Bundesstaat sowie die für die Achtung der Menschwürde [sic] unentbehrliche Substanz elementarer Grundrechte in ihrer prinzipiellen Qualität jeder Änderung entzogen.«

[206] Überlegungen in diese Richtung bei *R.-U. Schlenker*, Soziales Rückschrittsverbot und Grundgesetz, 1986; vgl. ferner *R. Kleindiek*, Sozialer Frieden als Voraussetzung für den inneren Frieden: die Bundesrepublik Deutschland als sozialer Staat, in: I. Erberich u.a. (Hrsg.), Frieden und Recht, 1998, S. 117 ff. sowie *Schiek* (Fn. 12), Art. 20 Abs. 1–3 V Rn. 73. Wie hier *Sommermann* (Fn. 22), Art. 20 Rn. 122; *Schnapp* (Fn. 43), Art. 20 Rn. 55; *Isensee*, Solidarität (Fn. 104), S. 88 ff. sowie *Jarass/Pieroth*, GG, Art. 20 Rn. 125. – Instruktiv *A. v. Arnauld*, Kürzen und Kappen, in: K. v. Lewinski (Hrsg.), Staatsbankrott als Rechtsfrage, 2011, S. 125 ff.

[207] BVerfGE 123, 267 (362, Rn. 258) unter Hinweis auf *Heinig*, Sozialstaat (Fn. 9), S. 531 ff.

[208] Siehe nochmals BVerfGE 123, 267 (363, Rn. 259): »Namentlich die Existenzsicherung des Einzelnen, eine nicht nur im Sozialstaatsprinzip, sondern auch in Art. 1 Abs. 1 GG gegründete Staatsaufgabe, muss weiterhin primäre Aufgabe der Mitgliedstaaten bleiben, auch wenn Koordinierung bis hin zur allmählichen Angleichung nicht ausgeschlossen ist.« – Vgl. dann auch in der Anwendung BVerfGE 123, 267 (426 ff., Rn. 392 ff.).

[209] BVerfGE 19, 303 (319); siehe *Schiek* (Fn. 12), Art. 20 Abs. 1–3 V Rn. 69.

dern die Voraussetzungen für autonome Inanspruchnahme von Freiheit schaffen will (→ Rn. 41). Zugleich konturiert Art. 20 I GG im Einzel- und Konfliktfall die Grenzen der Freiheit (→ Rn. 42). Die den Gleichheitsrechten immanente Anerkennung menschlicher Gleichheit ist eine Wurzel des Sozialstaatsgedankens und gibt zugleich der staatlichen Aufgabe der Gesellschaftsgestaltung ein Ziel vor, ohne daß Art. 3 und Art. 20 I GG deckungsgleich wären (→ Rn. 43). Aus Art. 1 I i. V. m. Art. 20 I GG ergibt sich ein eigenständiges Grundrecht auf Gewährleistung eines menschenwürdigen Existenzminimums (→ Rn. 45). Das nicht auf Trennung, sondern auf Kooperation angelegte Verhältnis des Verfassungsstaates zu den **Religionsgemeinschaften** i. S. v. Art. 137 III WRV legt im Bereich der Fürsorge die Kooperation mit ihnen nahe, ohne diese im Detail zu garantieren[210].

---

[210] Vgl. *V. Neumann*, ZevKR 51 (2006), 374 ff.

Art. 20 (Bundesstaat)

Artikel 20 [Verfassungsprinzipien; Widerstandsrecht]

(1) **Die Bundesrepublik Deutschland ist ein** demokratischer und sozialer **Bundesstaat.**

(2) [1]Alle Staatsgewalt geht vom Volke aus. [2]Sie wird vom Volke in Wahlen und Abstimmungen und durch besondere Organe der Gesetzgebung, der vollziehenden Gewalt und der Rechtsprechung ausgeübt.

(3) Die Gesetzgebung ist an die verfassungsmäßige Ordnung, die vollziehende Gewalt und die Rechtsprechung sind an Gesetz und Recht gebunden.

(4) Gegen jeden, der es unternimmt, diese Ordnung zu beseitigen, haben alle Deutschen das Recht zum Widerstand, wenn andere Abhilfe nicht möglich ist.

Literaturauswahl

Bauer, Hartmut: Die Bundestreue, 1992.
Bauer, Hartmut: Zustand und Perspektive des deutschen Föderalismus aus der Sicht der Wissenschaft, in: Michael Kloepfer (Hrsg.), Umweltföderalismus, 2002, S. 31–62.
Bauer, Hartmut: Bundesstaatstheorie und Grundgesetz, in: Liber Amicorum für Peter Häberle, 2004, S. 645–680.
Bayer, Hermann-Wilfried: Die Bundestreue, 1961.
Berlit, Uwe: Verfassungsrechtliche Perspektiven des Föderalismus, in: Hans Herbert v. Arnim/Gisela Färber/Stefan Fisch (Hrsg.), Föderalismus – Hält er noch, was er verspricht?, 2000, S. 63–100.
Bethge, Herbert: Art. Bundesstaat, in: StL[7], Bd. 1, Sp. 993–999.
Bleckmann, Albert: Zum Rechtsinstitut der Bundestreue – Zur Theorie der subjektiven Rechte im Bundesstaat, in: JZ 1991, S. 900–907.
Böckenförde, Ernst-Wolfgang: Sozialer Bundesstaat und parlamentarische Demokratie, in: Festschrift für Friedrich Schäfer, 1980, S. 182–199.
Bull, Hans Peter: Finanzausgleich im »Wettbewerbsstaat«, in: DÖV 1999, S. 269–281.
Dittmann, Armin: Föderalismus in Gesamtdeutschland, in: HStR IX, § 205, S. 229–258.
Egli, Patricia: Die Bundestreue, 2010.
Frowein, Jochen Abr.: Die Konstruktion des Bundesstaates, in: Ingo v. Münch (Red.), Probleme des Föderalismus, 1985, S. 47–58.
Grzeszick, Bernd: Vom Reich zur Bundesstaatsidee, 1996.
Häberle, Peter: Aktuelle Probleme des deutschen Föderalismus, in: Die Verwaltung 24 (1991), S. 169–209.
Häberle, Peter: Föderalismus, Regionalismus und Präföderalismus als alternative Strukturformen der Gemeineuropäischen Verfassungskultur, in: Ines Härtel (Hrsg.), Handbuch Föderalismus, Bd. I, 2012, § 10, S. 251–281.
Häberle, Peter: Föderalismus-Modelle im kulturellen Verfassungsvergleich, in: ZÖR 62 (2007), S. 39–59.
Häberle, Peter: Kulturhoheit im Bundesstaat – Entwicklungen und Perspektiven, in: AöR 124 (1999), S. 549–582.
Härtel, Ines: Der staatszentrierte Föderalismus zwischen Ewigkeitsgarantie und Divided Government – Genese, Ausprägung und Problemhorizonte des Bundesstaatsprinzips, in: dies. (Hrsg.), Handbuch Föderalismus, Bd. I, 2012, § 16, S. 387–476.
Härtel, Ines (Hrsg.): Handbuch Föderalismus, Bde. I–IV, 2012.
Hanebeck, Alexander: Der demokratische Bundesstaat des Grundgesetzes, 2004.
Hatje, Armin: Loyalität als Rechtsprinzip in der Europäischen Union, 2001.
Hesse, Konrad: Der unitarische Bundesstaat, 1962.
Hesse, Konrad: Art. Bundesstaat, in: EvStL[3], Sp. 317–328.
Heun, Werner: The Evolution of Federalism, in: Christian Starck (Hrsg.), Studies in German Constitutionalism, 1995, S. 167–193.
Huber, Peter Michael: Deutschland in der Föderalismusfalle?, 2003.
Huber, Peter Michael: Klarere Verantwortungsverteilung von Bund, Ländern und Kommunen?, Gutachten D zum 65. DJT, 2004.
Isensee, Josef: Idee und Gestalt des Föderalismus im Grundgesetz, in: HStR[3] VI, § 126, S. 3–199.

Isensee, Josef: Der Bundesstaat – Bestand und Entwicklung, in: Festschrift 50 Jahre Bundesverfassungsgericht, Band II, 2001, S. 719–770.
Jekewitz, Jürgen: Wettbewerbsföderalismus – ein modisches Schlagwort, in: Festschrift für Michael Bothe, 2008, S. 1133–1141.
Jestaedt, Matthias: Bundesstaat als Verfassungsprinzip, in: HStR³ II, §29, S. 785–841.
Kämmerer, Jörn Axel: Föderalismus als Solidarprinzip, in: Wolfgang Graf Vitzthum/Ingo Winkelmann (Hrsg.), Bosnien-Herzegowina im Horizont Europas, 2003, S. 195–225.
Kimminich, Otto: Der Bundesstaat, in: HStR I, §26, S. 1113–1150.
Kisker, Gunter: Kooperation im Bundesstaat, 1971.
Kisker, Gunter: Ideologische und theoretische Grundlagen der bundesstaatlichen Ordnung in der Bundesrepublik Deutschland – Zur Rechtfertigung des Föderalismus, in: Ingo v. Münch (Red.), Probleme des Föderalismus, 1985, S. 23–37.
Klein, Hans Hugo: Der Bundesstaat in der Rechtsprechung des Bundesverfassungsgerichts, in: Ines Härtel (Hrsg.), Handbuch Föderalismus, Bd. I, 2012, §17, S. 477–495.
Korioth, Stefan: Integration und Bundesstaat, 1990.
Lerche, Peter: Föderalismus als nationales Ordnungsprinzip, VVDStRL 21 (1964), S. 66–104.
Meßerschmidt, Klaus: Der Grundsatz der Bundestreue und die Gemeinden – Untersucht am Beispiel der kommunalen Außenpolitik, in: Die Verwaltung 23 (1990), S. 425–457.
Michael, Lothar: Der experimentelle Bundesstaat, in: JZ 2006, S. 884–890.
Möllers, Christoph: Der parlamentarische Bundesstaat – Das vergessene Spannungsverhältnis von Parlament, Demokratie und Bundesstaat, in: Josef Aulehner u.a. (Hrsg.), Föderalismus – Auflösung oder Zukunft der Staatlichkeit?, 1997, S. 81–111.
Müller, Ulrike/Mayer, Karl-Georg/Wagner, Ludwig: Wider die Subjektivierung objektiver Rechtspositionen im Bund-Länder-Verhältnis, in: VerwArch. 93 (2002), S. 585–599; 94 (2003), S. 127–155, 295–318.
Nettesheim, Martin: Wettbewerbsföderalismus und Grundgesetz, in: Festschrift für Peter Badura, 2004, S. 363–392.
Oeter, Stefan: Integration und Subsidiarität im deutschen Bundesstaatsrecht, 1998.
Ossenbühl, Fritz: Föderalismus nach 40 Jahren Grundgesetz, in: DVBl. 1989, S. 1230–1237.
Ossenbühl, Fritz (Hrsg.): Föderalismus und Regionalismus in Europa, 1990.
Papier, Hans-Jürgen: 50 Jahre Bundesstaatlichkeit nach dem Grundgesetz – Entwicklungslinien und Zukunftsperspektiven, in: Bundesrat (Hrsg.), 50 Jahre Herrenchiemseer Verfassungskonvent – Zur Struktur des deutschen Föderalismus, 1999, S. 341–353.
Pietzcker, Jost: Zusammenarbeit der Gliedstaaten im Bundesstaat, Landesbericht Bundesrepublik Deutschland, in: Christian Starck (Hrsg.), Zusammenarbeit der Gliedstaaten im Bundesstaat, 1988, S. 17–76.
Pleyer, Marcus C.F.: Föderative Gleichheit, 2005.
Rudolf, Walter: Die Bundesstaatlichkeit in der Rechtsprechung des Bundesverfassungsgerichts, in: Festgabe aus Anlaß des 25jährigen Bestehens des Bundesverfassungsgerichts, Band II, 1976, S. 233–251.
Rudolf, Walter: Kooperation im Bundesstaat, in: HStR³ VI, §141, S. 1005–1048.
Sanden, Joachim: Die Weiterentwicklung der föderalen Strukturen der Bundesrepublik Deutschland, 2005.
Šarčević, Edin: Das Bundesstaatsprinzip, 2000.
Schmidt-Jortzig, Edzard: Herausforderungen für den Föderalismus in Deutschland, in: DÖV 1998, S. 746–751.
Schneider, Hans-Peter: Die bundesstaatliche Ordnung im vereinigten Deutschland, in: NJW 1991, S. 2448–2455.
Schulze-Fielitz, Helmuth: Stärkung des Bundesstaats durch Herabzonung von Gesetzgebungskompetenzen?, in: Hans-Günter Henneke (Hrsg.), Verantwortungsteilung zwischen Kommunen, Ländern, Bund und Europäischer Union, 2001, S. 117–146.
Schulze-Fielitz, Helmuth: Immissionsschutz und Föderalismus aus Sicht der Wissenschaft, in: Michael Kloepfer (Hrsg.), Umweltföderalismus, 2002, S. 287–319.
Smend, Rudolf: Ungeschriebenes Verfassungsrecht im monarchischen Bundesstaat, in: Festgabe für Otto Mayer, 1916, S. 245–270.
Smith, Stephan: Konfliktlösung im demokratischen Bundesstaat, 2011.
Stern, Klaus: Die föderative Ordnung im Spannungsfeld der Gegenwart, in: Politikverflechtung zwischen Bund, Ländern und Gemeinden, 1975, S. 15–40.

Art. 20 (Bundesstaat)

Unruh, Peter: Die Unionstreue, in: EuR 37 (2002), S. 41–66.
Vedder, Christoph: Intraföderale Staatsverträge, 1996.
Vogel, Hans-Jochen: Die bundesstaatliche Ordnung des Grundgesetzes, in: HdbVerfR, § 22, S. 1041–1102.
Volkmann, Uwe: Bundesstaat in der Krise?, in: DÖV 1998, S. 613–623.
Wittreck, Fabian: Die Bundestreue, in: Ines Härtel (Hrsg.), Handbuch Föderalismus, Bd. I, 2012, § 18, S. 497–525.

Leitentscheidungen des Bundesverfassungsgerichts

BVerfGE 1, 14 (18, 34 ff.) – Südweststaat; 1, 299 (310 ff.) – Wohnungsbauförderung; 6, 309 (340 ff.) – Reichskonkordat; 8, 122 (128 ff.) – Volksbefragung Hessen; 12, 205 (254 ff.) – 1. Rundfunkentscheidung; 13, 54 (71 ff.) – Neugliederung Hessen; 21, 312 (326) – Wasser- und Schiffahrtsverwaltung; 34, 9 (19 f.) – Besoldungsvereinheitlichung; 34, 216 (230 ff.) – Coburg; 36, 342 (360 f.) – Niedersächsisches Landesbesoldungsgesetz; 42, 345 (358 ff.) – Bad Pyrmont; 61, 149 (204 ff.) – Amtshaftung; 72, 330 (382 ff.) – Finanzausgleich I; 73, 118 (196 f.) – 4. Rundfunkentscheidung; 81, 310 (335 ff.) – Kalkar II; 86, 148 (213 ff., 258 ff.) – Finanzausgleich II; 92, 203 (230 ff.) – EG-Fernsehrichtlinie; 95, 250 (265 f.) – Restitution des Länderbestands; 98, 83 (97 f., Rn. 139 ff.) – Landesrechtliche Abfallabgabe; 98, 106 (118 f., Rn. 62 f.; 125 ff., Rn. 84 ff.) – Kommunale Verpackungsteuer; 98, 218 (248 ff., Rn. 127 ff.) – Rechtschreibreform; 98, 265 (301 f., Rn. 167 ff.) – Bayerisches Schwangerenhilfeergänzungsgesetz; 101, 158 (221 f., Rn. 291 f.; 232 ff., Rn. 329 ff.) – Finanzausgleich III; 103, 81 (87 ff., Rn. 29 ff.) – Pofalla I; 104, 238 (247 ff., Rn. 35 ff.) – Moratorium Gorleben; 104, 249 (269 ff., Rn. 90 ff.) – Biblis A; 106, 1 (26 f., Rn. 103 f.) – Oberfinanzdirektionen; 106, 225 (243 ff., Rn. 52) – Beihilfefähigkeit von Wahlleistungen I; 108, 169 (181 f., Rn. 46 f.) – Telekommunikationsgesetz; 110, 33 (52, Rn. 101) – Zollkriminalamt; 116, 327 (377 ff., Rn. 172 ff.; 394 ff., Rn. 205 ff.) – Berliner Haushalt; 119, 394 (410 f., Rn. 50; 417 f., Rn. 73) – Reichsvermögen-Gesetz; 122, 1 (38 f., Rn. 129 f.) – Betriebsprämiendurchführungsgesetz; 123, 267 (347 ff., Rn. 226 ff.; 363 ff., Rn. 261 ff.) – Lissabon; 125, 141 (154 ff., Rn. 53) – Kommunales Hebesatzrecht; 133, 241 (271 f., Rn. 86 ff.) – Luftsicherheitsgesetz II.

Gliederung

	Rn.
A. Herkunft, Entstehung, Entwicklung	1
I. Ideen- und verfassungsgeschichtliche Aspekte	1
II. Entstehung und Veränderung der Norm	7
B. Internationale, supranationale und rechtsvergleichende Bezüge	16
C. Erläuterungen	22
I. Allgemeine Bedeutung	22
1. Regelungsgehalt und Funktionen	22
2. Aktueller Befund und Entwicklungstendenzen	26
II. Bundesstaatsbegriff, Bundesstaatstheorie und Bundesstaatsrechtslehre	37
III. Einzelne Elemente der bundesstaatlichen Ordnung des Grundgesetzes	40
1. Staatlichkeit von Bund und Ländern	41
2. Föderative Gleichheit und föderatives Gleichbehandlungsgebot	43
3. Bundestreue	45
a) Bedeutung, Rechtsgrundlagen und allgemeine Anwendungsmodalitäten	45
b) Konkretisierungen in Fallgruppen	49
D. Verhältnis zu anderen GG-Bestimmungen	53

Stichwörter

Aktueller Befund 26 – Akzessorietät 48 – alliierte Vorgaben 7 – *bona fides* 16 – Bundesstaatsbegriff 3, 17, 23, 29, 37f., 43 – Bundesstaatsrechtslehre 3, 39 – Bundesstaatstheorie 5, 27, 38 – Bundestreue 3, 5, 16, 18f., 21, 23, 40, 44, 45ff., 49f., 52, 54f. – *clausula rebus sic stantibus* 52 – Deutsches Reich (1871) 2 – Dreigliedrigkeitslehre 38 – Entwicklungsoffenheit 9, 26, 36, 48 – Europäische Union 17f., 47, 49, 54 – europäisierter Föderalismus 35 – Europäisierung 19f., 35 – experimenteller Bundesstaat 34 – Föderalismus 1, 10f., 15, 16, 20, 25, 28ff., 35, 43 – Föderalismusreform 11ff., 34 – Föderalismusreform I 9, 12, 34 – Föderalismusreform II 9, 13, 34 – Funktionen 24 – Gemeinschaftsrecht 19 – gemischtes Bundesstaatsverständnis 36 – Gewaltengliederung 24 – Gleichheit, föderative 40, 43f. – grenzüberschreitender Föderalismus 20 – »Hausgut« der Länder 42, 55 – Heiliges Römisches Reich 1 – Hilfspflichten 49 – Informationspflichten 49 – integrales Bundesstaatsverständnis 23ff. – internationale, rechtsvergleichende Bezüge 16ff. – Kaiserreich 4f. – Kooperationspflichten 49 – Kooperationsverbot 14f. – kooperativer Föderalismus 10f., 30f., 34, 42 – Mehr-Ebenen-Verfassungsverbund 19, 35 – Mehrklassen-Bundesstaat 15 – Modernisierungskommission 11, 13 – monarchischer Bundesstaat 2f. – Nationalsozialismus 6f. – *pacta sunt servanda* 52 – Paulskirchenverfassung 1 – Rechtsmissbrauchsverbot 51 – Rechtsstaatsprinzip 51, 53, Fn.133 – Rechtsverhältnislehre 39, 45, 47 – Reföderalisierung 31ff. – Regelungsgehalt 22 – Schuldenbremse 13 – separativer Föderalismus 28ff. – Solidargemeinschaft 30, 44 – solidarischer Wettbewerbsföderalismus 34 – Staatsqualität der Länder 5, 41, 43 – staatszentrierter Föderalismus 20 – Stabilitätsrat 13 – Subsidiarität 22, 46, 55 – summatives Bundesstaatsverständnis 23 – Treu und Glauben 44, 46 – Übermaßverbot 53 – Unikat 21 – Unionsrecht 19 – Unionstreue 18f., 54 – unitarischer Bundesstaat 2, 4, 29f. – Verbot widersprüchlichen Verhaltens 51 – Verbot widersprüchlicher Regelungskonzeptionen 51 – Verfahrenspflichten 50 – Verfassungsberatungen 8 – Verfassungsorgantreue 47, 54 – Vertragsrecht, intraföderatives 42, 48, 52 – Vielfalt in Einheit 24f. – Weimarer Republik 4f. – Wettbewerbsföderalismus 24f., 32ff. – Wiedervereinigung 10, 31 – zweigliedriger Bundesstaat 38.

A. Herkunft, Entstehung, Entwicklung

I. Ideen- und verfassungsgeschichtliche Aspekte

Föderale Strukturen haben eine lange Tradition, die teilweise bis in die Antike zurückverfolgt wird[1]. In einem spezifisch staatsrechtlichen Sinn ist die Ausbildung des bundesstaatlichen Prinzips jedoch jüngeren Datums[2]. Sieht man von der unsicher gebliebenen Einordnung des **Heiligen Römischen Reiches** nach dem Westfälischen Frieden von 1648 ab[3], dann gingen wichtige Impulse für die Verbreitung des Bundesstaa- 1

---

[1] Vgl. etwa *B. Grzeszick*, Vom Reich zur Bundesstaatsidee, 1996, S.21f.; *G. Robbers*, in: BK, Art.20 (2009), Rn.960; zurückhaltender etwa *R. Koselleck*, Art. Bund, Bündnis, Föderalismus, Bundesstaat, in: Geschichtliche Grundbegriffe, Bd.1, 1972, S.582ff., und *H. Maier*, AöR 115 (1990), 213 (213ff.), der darauf hinweist, dass *foedus* trotz des lateinischen Wortursprungs erst im Mittelalter eine dem heutigen Begriffsverständnis verwandte Bedeutung angenommen und erst in der Neuzeit Karriere gemacht habe.

[2] Die erste wissenschaftliche Begründung einer Bundesstaatslehre wird oft in der 1661 erschienenen »Dissertatio de statu regionum Germaniae et regimine principum summae imperii rei publicae aemulo, nec non de usu et auctoritate iuris civilis privati, quam in hac parte iuris publici obtinet« von *Ludolf Hugo* gesehen; vgl. etwa *O. Kimminich*, Historische Grundlagen und Entwicklung des Föderalismus in Deutschland, in: I. v. Münch (Red.), Probleme des Föderalismus, 1985, S.1ff. (4); *A. Randelzhofer*, Völkerrechtliche Aspekte des Heiligen Römischen Reiches nach 1648, 1967, S.78 Fn.52; *Stern*, Staatsrecht I, S.655f.; *M. Stolleis*, Geschichte des Öffentlichen Rechts in Deutschland, Bd.I, 1988, S.238; relativierend *Grzeszick*, Bundesstaatsidee (Fn.1), S.58f.; *ders.*, Der Gedanke des Föderalismus in der Staats- und Verfassungslehre vom Westfälischen Frieden bis zur Weimarer Republik, in: I. Härtel (Hrsg.), Handbuch Föderalismus, Bd.I, 2012, §2 Rn.6ff., und *H. Holste*, Der deutsche Bundesstaat im Wandel (1867–1933), 2002, S.31ff., 539, der die Wurzeln der bundesstaatlichen Ordnung Deutschlands auf das Heilige Römische Reich Deutscher Nation zurückführt. Zu Ansätzen bei *J. Althusius* s. etwa die Beiträge von *P. Nitschke*, *D. Wyduckel* und *T. Würtenberger*, Rechtstheorie, Beiheft 16 (1997), 241ff., 259ff. und 355ff.

[3] Im Nachhinein wird wohl überwiegend eine föderale Struktur in Gestalt eines Staatenbundes angenommen; vgl. etwa *Randelzhofer*, Völkerrechtliche Aspekte (Fn.2), S.297ff., und *O. Kimminich*, HStR I, §26 Rn.28; ferner *S. Oeter*, Integration und Subsidiarität im deutschen Bundesstaatsrecht, 1998, S.21f.; demgegenüber findet sich bei *Stern*, Staatsrecht I, S.654, die Kennzeichnung als »(lockeres) bundesstaatsähnliches Gebilde«; ferner *H. Boldt*, Bundesstaat oder Staatenbund?, in: M. Kirsch/P. Schiera (Hrsg.), Denken und Umsetzung des Konstitutionalismus in Deutschland und anderen europäischen Ländern in der ersten Hälfte des 19. Jahrhunderts, 1999, S.33ff. (34ff.); zur kontroversen zeitgenössischen Literatur s. *Grzeszick*, Föderalismus (Fn.2), §2 Rn.9ff.

Art. 20 (Bundesstaat)   A. Herkunft, Entstehung, Entwicklung

tes von der amerikanischen Revolution aus. Sie brachten 1787 mit den **Vereinigten Staaten von Amerika** erstmals einen eindeutig verwirklichten Bundesstaat hervor[4] und erreichten alsbald Europa[5]. Im deutschsprachigen Raum trafen sie nach der Reichsauflösung auf anderweitige politisch-historische Traditionslinien der Föderalismusidee[6] und das Ringen um die deutsche Einheit, das auch ein »Ringen um die rechte Form des Föderalismus«[7] war. Die Bestrebungen zur Herstellung der deutschen Einheit erlebten in der Revolution von 1848 einen Höhepunkt und schlugen sich in der letztlich gescheiterten **Paulskirchenverfassung** (1849) in einer föderalen Organisationsform[8] nieder.

2   Unter den damaligen realpolitischen Gegebenheiten war die deutsche Einheit auch später nur in föderaler Form erreichbar. Verwirklicht wurde sie nach den territorialen Flurbereinigungen des 19. Jahrhunderts mit der Gründung des **Deutschen Reiches** von **1871**, das – vernachlässigt man den Norddeutschen Bund[9] – als erster Bundesstaat[10] in Deutschland gilt. Eine Art. 20 I GG vergleichbare Fixierung der Bundesstaatlichkeit enthielt die Reichsverfassung (1871) noch nicht[11]. Die herrschende Staatsrechtslehre entnahm sie aber der verfassungsrechtlichen Stellung des Reiches und der Einzelstaaten[12], die u.a. durch die Verteilung der staatlichen Aufgaben und Befugnisse zwischen dem Reich und den Einzelstaaten, den Vorrang der Reichsgesetze vor den Landesgesetzen, die Einrichtung einer Reichsaufsicht und die Mitwirkung der Einzelstaaten bei der Gesetzgebung und Verwaltung des Reiches durch den Bundesrat gekennzeichnet war. Als ein Spezifikum erwies sich die in der Verfassung mehrfach abgesicherte **Vorrangstellung Preußens**, das in der Staatspraxis eine Führungsrolle übernahm. Weitere Charakteristika der damaligen bundesstaatlichen Ordnung sind eine (äußerlich) betont föderale, die Eigenständigkeit der Einzelstaaten unterstreichende Ausrichtung,

---

[4] Im 19. Jahrhundert folgten als Bundesstaatsgründungen 1848 die Schweiz, 1867 der Norddeutsche Bund und Kanada, 1871 das Deutsche Reich, später kamen u.a. Australien (1900) und Österreich (1918/20) hinzu; s. etwa *Stern*, Staatsrecht I, S. 654f. m.w.N.

[5] *H. Maier*, AöR 115 (1990), 213 (213f.).

[6] Dazu *Grzeszick*, Bundesstaatsidee (Fn. 1); *Holste*, Bundesstaat (Fn. 2), S. 31ff., 48ff., 59ff.; vgl. auch *J. Isensee*, HStR³ VI, § 126 Rn. 1.

[7] *O. Kimminich*, HStR I, § 26 Rn. 29f.; vgl. auch *M. Jestaedt*, HStR³ II, § 29 Rn. 2ff.

[8] S. insb. die Abschnitte I–V der Verfassung (Text bei Huber, Dokumente, Bd. 1, S. 375ff.); vgl. *Holste*, Bundesstaat (Fn. 2), S. 78ff.; *Grzeszick*, Föderalismus (Fn. 2), § 2 Rn. 60ff.; ferner knapp *W. Frotscher/B. Pieroth*, Verfassungsgeschichte, 13. Aufl. 2014, S. 167f. Zum wirkungsgeschichtlichen Einfluss der Paulskirchenverfassung auf spätere deutsche Bundesstaaten s. *J.-D. Kühne*, NJW 1998, 1513 (1516).

[9] Zum Bundesstaatscharakter des Norddeutschen Bundes s. aus der zeitgenössischen Literatur *S. Brie*, Der Bundesstaat, 1874, S. 157 m.w.N. auch auf gegenteilige Ansichten in Fn. 4; aus späterer Sicht etwa *W. Ogris*, JuS 1966, 306 (308); *Holste*, Bundesstaat (Fn. 2), S. 95ff. m.w.N.; *Grzeszick*, Föderalismus (Fn. 2), § 2 Rn. 71ff.

[10] S. zum Bundesstaatscharakter aus zeitgenössischer Sicht nur *G. Meyer/G. Anschütz*, Lehrbuch des Deutschen Staatsrechtes, 6. Aufl. 1905, S. 201 m.w.N. in Fn. 2; ex post z.B. *O. Kimminich*, HStR I, § 26 Rn. 31; *Holste*, Bundesstaat (Fn. 2), S. 128ff.; *Grzeszick*, Föderalismus (Fn. 2), § 2 Rn. 74ff.

[11] Ausweislich der Präambel schlossen die beteiligten Monarchen einen »ewigen Bund«, der »den Namen Deutsches Reich führen« wird. Die Verfassung geht auf Vereinbarungen in den sog. Novemberverträgen zurück; Näheres dazu bei *Huber*, Verfassungsgeschichte, Bd. 3, S. 732ff., 745ff. Zur Bedeutung der »vertragsmäßigen« bzw. bündischen Elemente der Reichsverfassung für Verfassungspraxis und Staatsrechtslehre s. *S. Korioth*, Integration und Bundesstaat, 1990, S. 20ff., und *H. Bauer*, Die Bundestreue, 1992, S. 38ff., 45ff. m.w.N.

[12] Vgl. etwa *P. Laband*, Das Staatsrecht des Deutschen Reiches, Bd. I, 5. Aufl. 1911, S. 88ff.; *Meyer/Anschütz*, Staatsrecht (Fn. 10), S. 201ff.; jeweils m.w.N.

I. Ideen- und verfassungsgeschichtliche Aspekte   **Art. 20 (Bundesstaat)**

die in der Rechtswirklichkeit allerdings zunehmend unitarischen Tendenzen wich[13], sowie eine – auch entstehungsgeschichtlich erklärbare (→ Fn. 11) – **monarchische**[14] bzw. **bündische Imprägnierung**.

Die juristische Domestizierung dieses bundesstaatlichen Gefüges bereitete der **spät-** 3 **konstitutionellen Staatsrechtslehre** von Anbeginn erkennbar Schwierigkeiten, die teilweise bis heute nachwirken. Schwerpunkte der wissenschaftlichen Auseinandersetzungen waren u.a. der »Bundesstaatsbegriff« (Staatscharakter der Einzelstaaten, Souveränität etc.)[15], das »Wesen des Bundesstaates« und die »juristisch-konstruktive Erfassung« des Deutschen Reiches als Bundesstaat[16]. In den weitläufigen Meinungsverschiedenheiten bezeichneten führende Staatsrechtslehrer das Reich als einen aus nichtsouveränen Einzelstaaten zusammengesetzten Bundesstaat, in dem – teilweise unter besonderer Hervorhebung der Reichsaufsicht[17] – das Reich den Gliedstaaten als selbständige Staatskörperschaft gegenübergestellt und prinzipiell übergeordnet war; ergänzend waren subjektive Rechte der Einzelstaaten gegen das Reich anerkannt[18]. Mit der genaueren Untersuchung »ungeschriebenen Verfassungsrechts im monarchischen Bundesstaat«[19] wurde gegen Ende des Reiches außerdem nicht nur zukunftsweisend der Rechtsgrundsatz der Bundestreue (→ Rn. 5, 45 ff.) auf den Weg gebracht, sondern auch die bis dahin herrschende Bundesstaatsrechtslehre in Frage gestellt und ein Keim für spätere Richtungskämpfe auf dem Terrain der bundesstaatlichen Ordnung gelegt[20].

---

[13] Dazu insb. *H. Triepel*, Unitarismus und Föderalismus im Deutschen Reiche, 1907, der allerdings auch die von Anbeginn auszumachenden unitarischen Elemente betont. Zu den spezifischen, auf Sicherung der preußischen Hegemonie und auch gegen eine weitere Parlamentarisierung gerichteten Intentionen *Bismarcks*, dessen Berufung auf Föderalismusmaximen bisweilen nur Scheinmanöver waren, s. schon *G. Anschütz*, Der deutsche Föderalismus in Vergangenheit, Gegenwart und Zukunft, VVDStRL 1 (1924), S. 11 ff. (14 f.); aus jüngerer Zeit etwa *K. Flemming*, Entwicklung und Zukunft des Föderalismus in Deutschland, 1980, S. 53 ff., 70 ff.; *Korioth*, Integration (Fn. 11), S. 22 f.; *C. Möllers*, Der parlamentarische Bundesstaat – Das vergessene Spannungsverhältnis von Parlament, Demokratie und Bundesstaat, in: J. Aulehner u.a. (Hrsg.), Föderalismus – Auflösung oder Zukunft der Staatlichkeit?, 1997, S. 81 ff. (82 ff.), und *Oeter*, Integration (Fn. 3), S. 29 ff.

[14] Dazu aus der zeitgenössischen Literatur *O. Mayer*, AöR 18 (1903), 337 ff.

[15] So bezeichnete etwa *M. Seydel* in damals vielbeachteten Beiträgen den »Begriff des Bundesstaats« als »rechtlich unhaltbar« bzw. »wissenschaftlich unmöglich« (*M. Seydel*, ZgStW 28 [1872], 185 [198]; *ders.*, Commentar zur Verfassungs-Urkunde für das Deutsche Reich, 1873, S. XIV); zu Fernwirkungen dieser Position bis in die Bundesrepublik Deutschland s. etwa die kritischen Bemerkungen von *R. Herzog*, in: Maunz/Dürig, GG, Art. 20 (IV. Die Verfassungsentscheidung für den Bundesstaat, 1980), Rn. 3.

[16] Vgl. etwa *Laband*, Staatsrecht (Fn. 12), S. 55 ff., 102 ff., und zusammenfassend *Meyer/Anschütz*, Staatsrecht (Fn. 10), S. 43 ff., 201 ff.; retrospektiv *Oeter*, Integration (Fn. 3), S. 44 ff.; *Holste*, Bundesstaat (Fn. 2), S. 243 ff.; *C. Schönberger*, AöR 129 (2004), 81 (88 ff.); *Grzeszick*, Föderalismus (Fn. 2), § 2 Rn. 80 ff.

[17] Dazu *H. Triepel*, Die Reichsaufsicht, 1917.

[18] *G. Anschütz*, Deutsches Staatsrecht, in: F. v. Holtzendorff, Enzyklopädie der Rechtswissenschaft, Bd. 4, 7. Aufl. 1914, S. 1 ff. (17, 64 ff., 74 ff.) unter Heranziehung der Statuslehre; vgl. auch *G. Jellinek*, System der subjektiven öffentlichen Rechte, 2. Aufl. 1919 (2. Neudruck 1979), S. 295 ff.; die Darstellung von *Anschütz* bezeichnete später *R. Thoma* (Das Reich als Bundesstaat, in: HdbDStR I, S. 169 ff. [171 f. Fn. 6]) als herrschende Lehre. Zur Rezeption dieser Lehre unter dem Grundgesetz s. etwa *v. Mangoldt/Klein*, GG, Anm. III.2 und 3.c–e, sowie speziell zur Statuslehre (mit gewichtigen Modifikationen) *J. Isensee*, HStR[3] VI, § 126 Rn. 121 ff.

[19] *R. Smend*, Ungeschriebenes Verfassungsrecht im monarchischen Bundesstaat, in: Festgabe Otto Mayer, 1916, S. 245 ff.

[20] Vgl. etwa *S. Schröcker*, Der Staat 5 (1966), 137 ff., 315 ff.; *Korioth*, Integration (Fn. 11), S. 32 ff.; *Bauer*, Bundestreue (Fn. 11), S. 56 ff., 121 ff.

Art. 20 (Bundesstaat)   A. Herkunft, Entstehung, Entwicklung

4   Obschon für die **Weimarer Republik** ursprünglich auch eine einheitsstaatliche Organisation zur Diskussion gestanden hatte, fiel die Entscheidung letztlich zugunsten einer bundesstaatlichen Ordnung[21]. Ähnlich wie ihre Vorgängerin (→ Rn. 2) schrieb auch die WRV nicht in einer Art. 20 I GG vergleichbaren Weise den Bundesstaat fest; in fortführender Tradition entnahm die herrschende Meinung die Bundesstaatlichkeit jedoch den die Stellung von Reich und Ländern regelnden Verfassungsnormen[22]. Von dem Kaiserreich wich die bundesstaatliche Ordnung der Weimarer Republik allerdings in mehrfacher Hinsicht ab: sie schwächte (formal) die Position **Preußens**, sie war durch die Stärkung des Reiches überwiegend **unitarisch** geprägt, und sie verfasste einen **demokratischen** und **republikanischen** Bundesstaat; wegen der Möglichkeit, föderale Elemente ohne Rechtsbruch aufheben zu können, erschien sie zudem juristisch **labil**[23].

5   Auf die **Weimarer Staatsrechtslehre** übte die Bundesstaatstheorie zunächst ungebrochene Anziehungskraft aus, wenn auch mit teils neuen Akzentuierungen[24]. So wurde die konventionelle Lehre etwa im Rahmen einer spezifisch geisteswissenschaftlichen Bearbeitung des Staatsrechts mit einer inhaltlichen Bundesstaatstheorie konfrontiert[25] und zu einem der Schauplätze der damaligen Richtungskämpfe. Führend[26] blieb jedoch die aus dem Kaiserreich überkommene Konzeption (→ Rn. 3); daneben konnte sich allerdings auch die – in ihren Ursprüngen auf den monarchischen Bundesstaat fokussierte – Bundestreue als Rechtsgrundsatz etablieren[27]. Die **Spruchpraxis des Staatsgerichtshofs** entwickelte naturgemäß keine umfassende Bundesstaatstheorie und enthielt sich aus guten Gründen eines streitentscheidenden Eingriffs in die literarischen Auseinandersetzungen; einer Rechtsprechungsanalyse ist aber u.a. zu entnehmen, dass das Gericht neben der bundesstaatlichen Struktur der Weimarer Republik und der Staatlichkeit des Reiches auch die Staatsqualität der Länder sowie den unge-

---

[21] *O. Kimminich*, HStR I, § 26 Rn. 32 f.; *Korioth*, Integration (Fn. 11), S. 180 ff.; *Grzeszick*, Föderalismus (Fn. 2), § 2 Rn. 80 ff.

[22] Statt vieler *Anschütz*, WRV, Art. 1 Anm. 4 ff. m.w.N. auch zur gegenteiligen Ansicht einer einheitsstaatlichen Deutung des Reiches.

[23] Zu diesen Kennzeichnungen s. *Thoma*, Bundesstaat (Fn. 18), S. 169 f., 182 ff.; speziell zu den »unitarischen Wesenszügen« auch *Anschütz*, Föderalismus (Fn. 13), S. 17 ff. Die Kennzeichnungen verhinderten freilich nicht den Rückgriff auf älteres Gedankengut. So findet sich etwa bei *K. Bilfinger*, Der Einfluß der Einzelstaaten auf die Bildung des Reichswillens, 1923, S. 44 und passim, unter Hinweis auf die »tatsächliche Fortwirkung geschichtlicher Zusammenhänge« der Rekurs auf den »bündischen Gedanken«; s. demgegenüber etwa *C. Schmitt*, Verfassungslehre, 1928, S. 389 (Bundesstaat ohne bündische Grundlage). Zur unzureichenden Auseinandersetzung mit dem Übergang zur parlamentarischen Demokratie vgl. etwa *Möllers*, Bundesstaat (Fn. 13), S. 88 ff.

[24] Zusammenstellung bei *Thoma*, Bundesstaat (Fn. 18), S. 169 ff.; vgl. auch die Berichte auf der Frankfurter Staatsrechtslehrertagung zum Thema »Bundesstaatliche und gliedstaatliche Rechtsordnung in ihrem gegenseitigen Verhältnis im Rechte Deutschlands, Österreichs und der Schweiz« von *F. Fleiner* und *J. Lukas*, VVDStRL 6 (1929), S. 2 ff., 25 ff.; ferner *Bauer*, Bundestreue (Fn. 11), S. 76 ff.; *Holste*, Bundesstaat (Fn. 2), S. 513 ff.

[25] S. insb. die Kritik an einer »formalistischen Bundesstaatsrechtslehre« durch *R. Smend*, Verfassung und Verfassungsrecht, 1928, S. 116 ff., 167 ff.; dazu *Korioth*, Integration (Fn. 11), S. 92 ff. (insb. S. 152 ff.).

[26] *G. Anschütz*, Das System der rechtlichen Beziehungen zwischen Reich und Ländern, in: HdbDStR I, S. 295 ff., erläuterte den Bundesstaat wie bisher als einen Gesamtstaat, der aus einfachen Staaten körperschaftlich zusammengefügt ist, die ihm einerseits unterworfen und andererseits an der Bildung seines Willens beteiligt sind (ebd., S. 295); für die nähere Aufschlüsselung der wechselseitigen Rechte und Pflichten blieb die Statuslehre (→ Fn. 18) prägend (ebd., S. 296 ff.).

[27] Vgl. *H.-W. Bayer*, Die Bundestreue, 1961, S. 14 ff.; *Korioth*, Integration (Fn. 11), S. 175 ff.; *Bauer*, Bundestreue (Fn. 11), S. 82 ff.

schriebenen Rechtsgrundsatz der Bundestreue anerkannte und letzteren für die Entscheidung konkreter bundesstaatlicher Rechtsstreitigkeiten fruchtbar machte[28].

Während des **Nationalsozialismus** kam es rasch zu einer »Entföderalisierung«[29]. Die Länder blieben 1933 zwar erhalten, wurden aber als eigenständige Macht- und mögliche Widerstandszentren ausgeschaltet. Schon die beiden Gleichschaltungsgesetze[30] begründeten die Regierungsstaatlichkeit auch in den Ländern und sicherten dem Reich maßgeblichen Einfluss auf die Länder bis hin zur Zusammensetzung der Landesregierungen. Kurze Zeit später stellte das vom Reichstag einstimmig beschlossene Gesetz über den Neuaufbau des Reiches fest, dass das deutsche Volk zu einer »unlöslichen, inneren Einheit verschmolzen« sei und verkündete mit »einmütiger Zustimmung des Reichsrats« u.a. die Aufhebung der Volksvertretungen in den Ländern, den Übergang der Hoheitsrechte auf das Reich und die Unterstellung der Landesregierungen unter die Reichsregierung[31] (→ Art. 50 Rn. 6). Mit dem Wegfall dieser und anderer föderaler Einrichtungen war die überkommene bundesstaatliche Struktur des Reiches vernichtet[32].

6

II. Entstehung und Veränderung der Norm

Die nach dem Zusammenbruch des Nationalsozialismus wiederbelebten oder neu gebildeten Länder strebten wie selbstverständlich die Errichtung eines Bundesstaates an[33]. Dieses Anliegen deckte sich mit föderativen Vorgaben der westlichen Alliierten[34]. In der **Vorgeschichte der Bundesrepublik Deutschland** wurde die Grundentscheidung für eine bundesstaatliche Ordnung daher gemeinsam von sowohl nationalen als auch alliierten Vorstellungen getragen[35].

7

Dementsprechend stand die Wiederherstellung eines Bundesstaates in den **Verfassungsberatungen** außer Frage. Kontroversen über die nähere Ausgestaltung waren dadurch nicht ausgeschlossen. So konnte sich bekanntlich der im HChE vorgeschlagene »Bund deutscher Länder« als Bezeichnung für die Bundesrepublik bzw. die bundes-

8

---

[28] *J. Vetter*, Die Bundesstaatlichkeit in der Rechtsprechung des Staatsgerichtshofs der Weimarer Republik, 1979, S. 59 ff., 161 ff.
[29] *R. Grawert*, HStR³ I, § 6 Rn. 11 ff.
[30] Vorläufiges Gesetz zur Gleichschaltung der Länder mit dem Reich vom 31.3.1933 (RGBl. I S. 153); Zweites Gesetz zur Gleichschaltung der Länder mit dem Reich vom 7.4.1933 (RGBl. I S. 173).
[31] Gesetz vom 30.1.1934 (RGBl. I S. 75). Vgl. ergänzend auch die Erste Verordnung über den Neuaufbau des Reichs vom 2.2.1934 (RGBl. I S. 81), das Gesetz über die Aufhebung des Reichsrats vom 14.2.1934 (RGBl. I S. 89) und das Reichsstatthaltergesetz vom 30.1.1935 (RGBl. I S. 65).
[32] Vgl. *E.R. Huber*, Verfassungsrecht des Großdeutschen Reiches, 2. Aufl. 1939, S. 321 ff., 344 ff., 354 ff.
[33] *M. Stolleis*, HStR³ I, § 7 Rn. 116.
[34] S. dazu nur die Vorgabe im ersten der sog. Frankfurter Dokumente, wonach die auszuarbeitende Verfassung eine »Regierungsform des föderalistischen Typs schafft, die am besten geeignet ist, die gegenwärtig zerrissene deutsche Einheit [...] wieder herzustellen, und die Rechte der [...] Länder schützt, eine angemessene Zentralinstanz schafft [...]«; Text in: Parl. Rat I, S. 30 ff. (31).
[35] Vgl. *R. Mußgnug*, HStR³ I, § 8 Rn. 71, der die namentlich in den ersten Jahren nach 1949 geäußerte Ansicht, der Föderalismus sei von den Alliierten aufgezwungen worden, als »Legende« bezeichnet; ähnlich *O. Kimminich*, HStR I, § 26 Rn. 35; *J. Isensee*, AöR 115 (1990), 248 (253); *Robbers* (Fn. 1), Art. 20 Rn. 976 f.; eingehender *H. Laufer/U. Münch*, Das föderative System der Bundesrepublik Deutschland, 1998, S. 69 ff.; differenzierend *R. Morsey*, DÖV 1989, 471 (473); *H. Boldt*, ZSE 2003, 505 ff., und *H.-J. Vogel*, Die bundesstaatliche Ordnung des Grundgesetzes, in: HdbVerfR, § 22 Rn. 7 ff.; vgl. zu den unterschiedlichen Impulsen und Strömungen auch *Oeter*, Integration (Fn. 3), S. 96 ff.; zur Entwicklung in der DDR s. *B. Grzeszick*, in: Maunz/Dürig, Art. 20 (2006), Rn. 11 f.

Art. 20 (Bundesstaat)   A. Herkunft, Entstehung, Entwicklung

staatliche Gemeinschaft nicht durchsetzen[36] und wurde im Parlamentarischen Rat durch die »Bundesrepublik Deutschland« ersetzt[37]; auch blieben systematischer Standort und Wortlaut des heutigen Art. 20 I GG längere Zeit ungewiss[38]. Die zentralen Auseinandersetzungen in der Sache betrafen jedoch andere Materien des Bundesstaatsrechts, nämlich diejenigen Normen und Normenkomplexe, die die bundesstaatliche Ordnung ausformen und konkretisieren – so z.B. die Vorschriften über den Bundesrat, die konkrete Aufgaben- und Befugnisverteilung zwischen Bund und Ländern sowie die Finanzverfassung[39].

9 In der weiteren **Verfassungsentwicklung** blieben die Grundentscheidung für die föderale Ordnung unangefochten und der Wortlaut von Art. 20 I GG unverändert: Bundesstaatlichkeit steht im deutschen Verfassungsrecht auf festem Grund! Dies gilt freilich nicht für deren konkrete Ausgestaltung, die sich wiederholt als anpassungsbedürftig und -fähig erwiesen hat. Demgemäß waren bundesstaatsrechtliche Normen und Normenkomplexe immer wieder Gegenstand von Verfassungsänderungen, die u.a. normabweichenden Entwicklungen in der Verfassungswirklichkeit[40] sowie berechtigtem Reformbedarf[41] Rechnung trugen und spezifische Gefährdungslagen der bundesstaatlichen Ordnung[42] zu entschärfen suchten. Aus jüngerer Zeit hervorzuheben sind namentlich die Föderalismusreformen I und II (→ Rn. 12f.). Der Regelungsort all dieser Änderungen lag bislang außerhalb von Art. 20 I GG in dessen normativem Umfeld; unmittelbar auf Art. 20 I GG zielende Reformvorschläge[43] haben sich hingegen nicht durchgesetzt. Gleichwohl haben die ausdrücklichen Textänderungen zusammen mit Wandlungen der Staatspraxis über die Jahrzehnte hinweg dem Bundesstaat des Grundgesetzes mit wechselnden Tendenzen ein anderes Erscheinungsbild gegeben. Solche Veränderungen sind auch künftig nicht ausgeschlossen und zeichnen sich ansatzweise immer wieder neu ab (→ Rn. 14, 31ff.).

10 Als säkulare Herausforderung des Föderalismus gilt die **Wiedervereinigung**, in der sich die bundesstaatliche Ordnung als Mittler gesamtdeutscher Einheit bewähren musste und muss[44], und zwar auch bei der finanzverfassungsrechtlichen Integration[45]. Die Wiedergewinnung der Einheit bewirkte nicht nur eine bundesstaatliche Reorganisati-

---

[36] Text und Begründung von Mehrheits- und Minderheitsvorschlag in: Parl. Rat, Bd. 2, S. 509ff., 579.
[37] Zu den Gründen s. JöR 1 (1951), S. 16ff., 20ff.; Parl. Rat V/1, S. XXVIIff.
[38] S. dazu JöR 1 (1951), S. 194ff.
[39] Vgl. *R. Mußgnug*, HStR³ I, § 8 Rn. 72ff. m.N. zu entsprechenden Interventionen der Alliierten.
[40] Dazu insb. das Einundzwanzigste Gesetz zur Änderung des Grundgesetzes (Finanzreformgesetz) vom 12.5.1969 (BGBl. I S. 359); zu vorausgegangenen Entwicklungen in der Verfassungswirklichkeit »neben dem und gelegentlich auch gegen das Grundgesetz« s. *Kommission für die Finanzreform*, Gutachten über die Finanzreform in der Bundesrepublik Deutschland, 2. Aufl., 1966, S. 11.
[41] So z.B. das auch die bundesstaatliche Ordnung betreffende Gesetz zur Änderung des Grundgesetzes (Art. 3, 20a, 28, 29, 72, 74, 75, 76, 77, 80, 87, 93, 118a und 125a) vom 27.10.1994 (BGBl. I S. 3146) im Anschluss an den in Art. 5 EV enthaltenen Auftrag.
[42] S. dazu etwa die Einfügung von Art. 23 GG durch Art. 1 Nr. 1 des Gesetzes zur Änderung des Grundgesetzes vom 21.12.1992 (BGBl. I S. 2086).
[43] S. dazu die Vorschläge in VE-Kuratorium, S. 51ff., 90, die u.a. zur Stärkung der Länder, der Demokratie und der Bürgernähe für den Bundesstaat die Bezeichnung »Bund deutscher Länder« anregen.
[44] *J. Isensee*, HStR IV, § 98 Rn. 309ff.; *ders.*, HStR³ VI, § 126 Rn. 343ff. (nicht nur säkulare Herausforderung, sondern auch »säkulare Bestätigung« des Bundesstaats, freilich mit der mehr als prekären Bemerkung, das »wirtschaftliche West-Ost-Gefälle [sei] vollständig ausgeglichen« (ebd., Rn. 346).
[45] Dazu etwa *J. Wieland*, DVBl. 1992, 1181ff.; *H. Bauer*, HStR IX, § 206; *ders.*, HStR³ I, § 14 Rn. 20ff.

on der ehemaligen DDR[46] und (unmittelbar wie mittelbar [vgl. Art. 4ff. EV]) Rechtsänderungen der föderalen Ordnung des Grundgesetzes, sondern verstärkte seinerzeit auch den Trend zum kooperativen Bundesstaat[47] (→ Rn. 30f.).

Namentlich wegen der mit dem kooperativen Föderalismus einhergehenden Verflechtungen und Aufweichungen politischer Verantwortlichkeit sowie tatsächlichen oder vermeintlichen Politikblockaden diagnostizierten viele alsbald (wieder) eine **Krise des deutschen Bundesstaats**[48]. Die Therapievorschläge zielten in aller Regel[49] auf eine **grundlegende Föderalismusreform**. Die dazu im Oktober 2003 von Bundestag und Bundesrat eingesetzte[50] gemeinsame **Kommission zur Modernisierung der bundesstaatlichen Ordnung** (»Kombo«) hatte die Aufgabe, Modernisierungsvorschläge zu erarbeiten »mit dem Ziel, die Handlungs- und Entscheidungsfähigkeit von Bund und Ländern zu verbessern, die politischen Verantwortlichkeiten deutlicher zuzuordnen sowie die Zweckmäßigkeit und Effizienz der Aufgabenerfüllung zu steigern«[51]. Dabei sollte sie unter Berücksichtigung der Weiterentwicklung der Europäischen Union und der Situation der Kommunen insb. die Verteilung der Gesetzgebungsbefugnisse, Zuständigkeiten und Mitwirkungsrechte der Länder in der Bundesgesetzgebung sowie die Finanzbeziehungen zwischen Bund und Ländern (in Sonderheit Gemeinschaftsaufgaben und Mischfinanzierungen) überprüfen[52]. Die politischen Akteure erwarteten sich von der Kommissionstätigkeit Modernisierungs- und gegebenenfalls Formulierungsvorschläge für Grundgesetzänderungen. Trotz intensiver Arbeit und Debatten[53] ist es der Föderalismuskommission bis zu der abschließenden Sitzung Ende 2004

11

---

[46] Dazu *M. Kilian*, HStR VIII, § 186; *Grzeszick*, (Fn. 35), Art. 20 Rn. 11f., zur festen Verwurzelung des Ländergedankens im Volksbewusstsein der ehemaligen DDR s. *Vogel*, Bundesstaatliche Ordnung (Fn. 35), § 22 Rn. 11; *J. Isensee*, HStR³ VI, § 126 Rn. 344f.

[47] *M. Kilian*, HStR VIII, § 186 Rn. 54ff.; *A. Dittmann*, HStR IX, § 205 Rn. 34ff.

[48] Z.B. *U. Volkmann*, DÖV 1998, 612 (616); *A. Janssen*, ZG, Sonderheft »Stärkung des Föderalismus«, 2000, 41 (42ff.); *M. Nettesheim*, Wettbewerbsföderalismus und Grundgesetz, in: FS Badura, 2004, S. 363ff. (363ff.); *R. Scholz*, Zur Reform des bundesstaatlichen Systems, ebd., S. 491ff. (491ff.); *P. M. Huber*, Klarere Verantwortungsteilung von Bund, Ländern und Kommunen?, Gutachten D für den 65. DJT, 2004, S. D 11 m.w.N. Überblicke zu den fortwährenden Reformvorstößen und -prozessen bei *P. Häberle*, ZÖR 62 (2007), 39 (48ff.); *H.-P. Schneider*, Die Berliner Republik – Ein Bundesstaat ohne Föderalisten?, in: FS Herzog, 2009, S. 451ff. (453ff.); *H. Hofmann*, in: Schmidt-Bleibtreu/Klein, GG, Art. 20 Rn. 8f., 15ff., und *H.-J. Papier*, Bewährung und Reform der bundesstaatlichen Ordnung, 2011, S. 15ff., mit aktuellem Befund: »Unveränderter Reformbedarf«.

[49] Abweichend aber etwa das Plädoyer für einen Einheits- bzw. »Unitarstaat« von *G. Seidel*, RuP 40 (2004), 86 (91ff.); *ders.*, RuP 41 (2005), 210ff. Zu den damaligen Reformimpulsen übersichtlich *H. Schulze-Fielitz*, Stärkung des Bundesstaats durch Herabzonung von Gesetzgebungskompetenzen?, in: H.-G. Henneke (Hrsg.), Verantwortungsteilung zwischen Kommunen, Ländern, Bund und Europäischer Union, 2001, S. 117ff. (117ff.); umfassende Vorschläge zu einer postmodernen Fortentwicklung des Bundesstaates bei *J. Sanden*, Die Weiterentwicklung der föderalen Strukturen der Bundesrepublik Deutschland, 2005.

[50] Zur Vorgeschichte knapp *Huber*, Verantwortungsteilung (Fn. 48), S. D 12f. m.w.N.; vornehmlich aus Ländersicht eingehender *G. Robbers*, Entwicklungsperspektiven des Föderalismus, in: FS Badura, 2004, S. 431ff. (432ff.); ferner zu Hintergrund und vorausgegangenen politischen Initiativen Deutscher Bundestag/Bundesrat/Öffentlichkeitsarbeit (Hrsg.), Dokumentation der Kommission von Bundestag und Bundesrat zur Modernisierung der bundesstaatlichen Ordnung, Zur Sache 1/2005, S. 15, sowie zur Einsetzung selbst, S. 17. Zu ähnlich gelagerten Reformdiskussionen in benachbarten europäischen Bundesstaaten → Rn. 20.

[51] BT-Drs. 15/1685, S. 1; BR-Drs. 750/03, S. 1.

[52] BT-Drs. 15/1685, S. 1f.; BR-Drs. 750/03, S. 1f.

[53] Die Kommissionsarbeit ist eingehend dokumentiert in Deutscher Bundestag u.a., Dokumentation (Fn. 50), Zur Sache 1/2005.

Art. 20 (Bundesstaat) A. Herkunft, Entstehung, Entwicklung

jedoch nicht gelungen, sich auf ein gemeinsames Reformkonzept zu verständigen. Die Kombo hat daher den ihr erteilten Auftrag an Bundestag und Bundesrat zurückgegeben[54]. Gleichwohl gingen von der Kommissionsarbeit weiterführende **Anregungen für** spätere Modernisierungsdiskussionen und insb. für **die beiden weitreichenden Föderalismusreformen** der Jahre 2006 und 2009 aus[55].

12 Schon kurz nach dem Scheitern der Kombo (→ Rn. 11) verständigten sich die politischen Akteure auf eine Fortsetzung der Modernisierungsgespräche, die in die **Föderalismusreform I** mündeten[56]. **Ziel der Reform** war es, die Handlungsfähigkeit sowohl des Bundes als auch der Länder zu stärken, klarere Verantwortlichkeiten zu schaffen, demokratie- und effizienzhinderliche Verflechtungen abzubauen und die Europatauglichkeit des Grundgesetzes zu stärken[57]. Das die Reform umsetzende Änderungsgesetz betraf nicht weniger als 25 Artikel des Grundgesetzes[58] und trat am 1.9.2006 in Kraft[59]. Es verfolgte über weite Strecken die **Grundidee,** die der Zustimmung des Bundesrates unterliegende Gesetzgebung des Bundes zu reduzieren und dafür im Gegenzug die dem Bund zustehenden Gesetzgebungsbefugnisse zugunsten der Länder abzubauen[60]. **Regelungsschwerpunkte** waren *erstens* die Reform der Mitwirkungsrechte des Bundesrates durch Abbau der Zustimmungsrechte nach Art. 84 I GG[61] und Einführung neuer Fälle der Zustimmungsbedürftigkeit bei Bundesgesetzen mit erheblichen Kostenfolgen nach Art. 104a IV GG n.F., *zweitens* die Reform der Gesetzgebungsbefugnisse durch Abschaffung der Rahmengesetzgebung und Neuordnung der konkurrierenden Gesetzgebung, *drittens* eine klarere Zuordnung der Finanzverantwortung insb. durch einen Rückschnitt der Mischfinanzierungstatbestände sowie die Verschärfung der Voraussetzungen für Finanzhilfen des Bundes und schließlich *viertens* die Stärkung der Europatauglichkeit des Grundgesetzes.

13 Diese Modernisierungen sollten nur die erste Stufe einer Reform der bundesstaatlichen Ordnung sein. Als zweite Stufe war eine Reform der Finanzverfassung geplant,

---

[54] Dazu etwa *E. Schmidt-Jortzig*, ZG 20 (2005), 16 (16); *S. Brink*, ZRP 2005, 60 (60ff.).

[55] Vgl. *K.-P. Sommermann*, in: v. Mangoldt/Klein/Starck, GG II, Art. 20 Rn. 56f.

[56] Näheres zur Vor- und Entstehungsgeschichte sowie zu den Inhalten → Suppl. 2007, Art. 20 (Bundesstaat), Rn. 11aff., 30a m.w.N. Gesamtanalysen bei R. Holtschneider/W. Schön (Hrsg.), Die Reform des Bundesstaates, 2007; W. Kluth (Hrsg.), Föderalismusreformgesetz, 2007; C. Starck (Hrsg.), Föderalismusreform, 2007; speziell zur Kommissionstätigkeit *H. Risse*, Reformbestrebungen zur bundesstaatlichen Ordnung – Aufgaben, Arbeitsweise und Ergebnisse der Föderalismuskommission I, in: I. Härtel (Hrsg.), Handbuch Föderalismus, Bd. I, 2012, § 44; monographisch *H. Meyer*, Die Föderalismusreform 2006, 2008; *K. Gerstenberg*, Zu den Gesetzgebungskompetenzen nach der Föderalismusreform, 2009.

[57] Entwurf eines Gesetzes zur Änderung des Grundgesetzes (Artikel 22, 23, 33, 52, 72, 73, 74, 74a, 75, 84, 85, 87c, 91a, 91b, 93, 98, 104a, 104b, 105, 107, 109, 125a, 125b, 125c, 143c), BT-Drs. 16/813, S. 7f.; s. zu den Reformzielen auch *P. Häberle*, ZÖR 62 (2007), 39 (50f.), sowie mit teilweise kritischer Würdigung der Reformimpulse *H. Schulze-Fielitz*, NVwZ 2007, 249ff.

[58] Zu den betroffenen Grundgesetzartikeln s. Fn. 57.

[59] Gesetz vom 28.8.2006, BGBl. 2006 I S. 2034; kurze Zeit später folgte das Föderalismusreform-Begleitgesetz (BGBl. I S. 2098), das die für die Grundgesetzänderung notwendigen Folgeregelungen auf einfach-gesetzlicher Ebene enthielt.

[60] Schlagwortartig verkürzt: »Weniger Einfluss der Landesexekutive über den Bundesrat gegen Stärkung der Landeslegislative durch Vermehrung der Landesgesetzgebungskompetenzen« (*C. Starck*, Einführung, in: ders. [Hrsg.], Föderalismusreform, 2007, Rn. 1 [7]).

[61] Erste Praxisanalysen deuten darauf hin, dass dadurch die Zahl der Zustimmungsgesetze deutlich gesenkt und die Handlungsfähigkeit des Bundes gestärkt werden konnte; vgl. *H. Risse*, Die Neuregelung der Zustimmungsbedürftigkeit von Bundesgesetzen durch die Föderalismusreform, in: FS Hans-Peter Schneider, 2008, S. 271ff. (284).

zu deren Vorbereitung Bundestag und Bundesrat bereits Ende 2006 die Einsetzung einer Kommission zur Modernisierung der Bund-Länder-Finanzbeziehungen (Föderalismuskommission II) beschlossen hatten[62]. Nach der ursprünglichen Konzeption sollte diese Kommission Vorschläge zu einer umfassenden Reform der bundesstaatlichen Finanzordnung, für die **Föderalismusreform II**, unterbreiten[63]. Schon bald nach Aufnahme der Beratungen stellte sich jedoch heraus, dass wegen der stark divergierenden Standpunkte von Bund und Ländern eine Einigung über eine derart breit angelegte Reform nicht zu erzielen war[64]. Im Ergebnis kam es daher trotz der ehrgeizigen Zielsetzung der Kommission und auch aus der Rechtswissenschaft vernehmbaren Rufen nach einer grundsätzlichen Umgestaltung der Bund-Länder-Finanzbeziehungen[65] nur zu einem Minimalkonsens, der sich im wesentlichen auf eine **Reform des Staatsschuldenrechts** konzentrierte. Bundestag und Bundesrat beschlossen die auf den Vorschlägen der Kommission[66] aufbauenden Entwürfe des Gesetzes zur Änderung des Grundgesetzes[67] sowie des Begleitgesetzes zur zweiten Föderalismusreform[68] unverändert[69]. Die Grundgesetzänderung trat am 1.8.2009[70], das Begleitgesetz – bis auf einzelne Vorschriften – kurz darauf am 18.8.2009[71] in Kraft. **Inhaltlich** zielt das reformierte Staatsschuldenrecht auf eine strengere Begrenzung der Kreditaufnahmemöglichkeiten für Bund und Länder und will »im Einklang mit den Vorgaben des reformierten europäischen Stabilitäts- und Wachstumspaktes die institutionellen Voraussetzungen für die Sicherung einer langfristigen Tragfähigkeit der Haushalte von Bund und Ländern [...] verbessern.«[72] Dazu orientiert sich die sog. **»Schuldenbremse«** am Ideal des ohne Neuverschuldung ausgeglichenen Haushalts. Von diesem Grundsatz sind allerdings unter bestimmten Voraussetzungen Ausnahmen zugelassen, die das Konzept relativieren. Auch treten die neuen Verschuldungsregelungen wegen des langfristig angelegten Abbaus der Neuverschuldung nicht sofort in Kraft, sondern nach eher großzügig bemessenen Übergangsfristen (Art. 143d I GG), die zudem von Konsolidierungshilfen für finanzschwache Länder flankiert sind (Art. 143d II GG). Außerdem ist in dem neuen Art. 109a GG die Einrichtung eines

---

[62] *Bauer* (Fn. 56), Art. 20 (Bundesstaat) Rn. 11e m.w.N.; *A. Pendzich-von Winter/M. Frisch*, Reformbestrebungen zur bundesstaatlichen Ordnung – Aufgaben, Arbeitsweise und Ergebnisse der Föderalismuskommission II, in: I. Härtel (Hrsg.), Handbuch Föderalismus, Bd. I, 2012, § 45.
[63] Näheres zur Vor- und Entstehungsgeschichte sowie zu den Inhalten → Suppl. 2010, Art. 20 (Bundesstaat), Rn. 11f ff., 30b m.w.N.
[64] Zum Verlauf der Beratungen s. *S. Korioth*, JZ 2009, 729 (729f.).
[65] Vgl. etwa *F. Kirchhof*, ZG 21 (2006), 288ff.; *F. Ekardt/D. Buscher*, DÖV 2007, 89ff.; *P. Selmer*, NVwZ 2007, 872 (874ff.); in diese Richtung auch BVerfGE 116, 327 (393f., Rn. 204).
[66] S. Kommissions-Drs. Nr. 174. Sämtliche Kommissions-Drs. sind erreichbar über Deutscher Bundestag/Bundesrat (Hrsg.), Die gemeinsame Kommission von Bundestag und Bundesrat zur Modernisierung der Bund-Länder-Finanzbeziehungen – Die Beratungen und ihre Ergebnisse, 2010, www.btg-bestellservice.de ‹21.10.2014›.
[67] Entwurf eines Gesetzes zur Änderung des Grundgesetzes (Art. 91c, 91d, 104b, 109, 109a, 115, 143d), BT-Drs. 16/12410 bzw. BR-Drs. 262/09.
[68] Entwurf eines Begleitgesetzes zur zweiten Föderalismusreform, BT-Drs. 16/12400 bzw. BR-Drs. 263/09.
[69] Vgl. dazu und zu den erforderlichen Mehrheiten BT-Plenarprotokoll 16/225, S. 24875, und BR-Plenarprotokoll 859, S. 252.
[70] Gesetz vom 29.7.2009, BGBl. I S. 2248.
[71] BGBl. 2009 I S. 2702.
[72] Gesetzentwurf (Fn. 67), BT-Drs. 16/12410, S. 1.

Stabilitätsrates geregelt, der zur Vermeidung von Haushaltsnotlagen beitragen soll[73]. **Weitere** im Zuge der Föderalismusreform II erfolgte **Grundgesetzänderungen** betreffen die Kooperation von Bund und Ländern im Bereich der Informationstechnologie (Art. 91c GG) sowie Leistungsvergleiche in der öffentlichen Verwaltung (Art. 91d GG); schon zuvor war im Zusammenhang mit dem Vertrag von Lissabon in Art. 23 GG ein neuer Abs. 1a eingefügt worden[74], der über den Bundesrat auch Länderinteressen absichert.

14 Mit der Föderalismusreform II ist in der bundesstaatlichen Ordnung des Grundgesetzes **kein Stillstand** eingetreten. Der 2010 eingefügte Art. 91e GG[75] legalisiert die **Zusammenarbeit von Bund und Ländern (Kommunen) bei der Grundsicherung für Arbeitsuchende,** nachdem die bisherige Organisationsform der sog. Arbeitsgemeinschaften vom Bundesverfassungsgericht als verfassungswidrige Mischverwaltung eingeordnet worden war[76]. Jüngstes Beispiel sind die Debatten über eine Lockerung des erst mit der Föderalismusreform I eingeführten und inzwischen verbreitet als verfassungspolitische Fehlleistung eingestuften sog. »**Kooperationsverbots**« im **Wissenschaftsbereich,** die Ende 2014 durch eine Neufassung von Art. 91b I GG bereinigt wurde[77].

15 Über alle angedachten, verwirklichten und, soweit absehbar, auch künftigen **Bundesstaatsreformen** hinweg sind zwei **zentrale Konstanten** festzuhalten, denen zugleich eine Schlüsselfunktion für das Verständnis des grundgesetzlichen Föderalismus zukommt. *Erstens* beschränken sich sämtliche Reformschritte auf Modernisierungen, die nie die bundesstaatliche Ordnung des Grundgesetzes als solche in Frage stellen und dementsprechend die Aufmerksamkeit nicht auf Art. 20 I GG lenken, sondern auf andere grundgesetzliche Regelungen mit föderativem Gehalt. *Zweitens:* Nach allen bisherigen Erfahrungen ist die bundesstaatliche Ordnung des Grundgesetzes eine Art »**Dauerbaustelle**«[78]. Bisweilen entsteht sogar der Eindruck, die Akteure orientierten sich an der Maxime »Nach der Reform ist vor der Reform«. Verfassungspolitisch ist dies in gewissem Umfang nachvollziehbar, weil die komplexen föderalen Rechtsverhältnisse in der sich beständig wandelnden politisch-kulturellen Ambiance mit ihren wechselnden faktischen Herausforderungen immer wieder einer zeitgerechten Neujustierung zugänglich und bedürftig sind[79]. Dabei mag gelegentlich ein Vorgehen im Sinne von trial and error nicht auszuschließen sein, das die föderative Ordnung in die Nähe eines »experimentellen Bundesstaates«[80] rücken mag. Indes schießt der **föderative Reformeifer** mitunter weit über das Ziel hinaus und schüttet gleichsam das Kind mit dem Bade aus. Ein aktuelles Beispiel ist das erwähnte **Kooperationsverbot,** das von Spitzenpolitikern aller Parteien alsbald massiv kritisiert und schon wenige Jahre nach

---

[73] Ein »Frühwarnsystem«, wie es der Stabilitätsrat nun etablieren soll, war zuvor bereits vom Bundesverfassungsgericht gefordert worden (BVerfGE 116, 327 [393f., Rn. 204]).
[74] Gesetz vom 8.10.2008 (BGBl. I . 1926).
[75] Gesetz vom 21.7.2010 (BGBl. I S. 944).
[76] BVerfGE 119, 331ff.; frühzeitige Vorarbeit für diese Einschätzung bei *F. Brosius-Gersdorf,* VSSR 2005, 335ff. → Suppl. 2010, Art. 91e Rn. 1ff.
[77] Gesetz zur Änderung des Grundgesetzes (Art. 91b) vom 23.12.2014, BGBl. 2014 I S. 2438; zur Diskussion im Vorfeld der Verfassungsänderung s. *G. Speiser,* DÖV 2014, 555ff.
[78] Nach *A. Bauer/M. Jestaedt,* Das Grundgesetz im Wortlaut, 1997, S. 34, hatten mindestens 35 der bis Ende 1997 ergangenen 44 Grundgesetz-Änderungsgesetze unmittelbaren oder mittelbaren Bundesstaatsbezug.
[79] Vgl. etwa *R. Lhotta,* Art. Bundesstaat, in: EvStL⁴, Sp. 264ff. (270).
[80] *L. Michael,* JZ 2006, 884ff.

seiner Einführung wieder zur Disposition gestellt wurde[81] (→ Rn. 14). Ein anderes Beispiel ist die verfassungspolitisch missglückte und dringend remedurbedürftige Herabzonung der Gesetzgebungsbefugnis für das Besoldungsrecht,[82] die bei der für die gesamte Landes- und Kommunalverwaltung extrem wichtigen Steuerungsressource Personal die bis dahin einheitliche Besoldung aufgebrochen und mit allen negativen Konsequenzen für die Personalausstattung besoldungsrechtlich in einen **Mehrklassen-Bundesstaat** geführt hat. In solchen Konstellationen wäre zur Vermeidung bundesstaatlicher Irritationen und Eruptionen mehr föderatives Fingerspitzengefühl wünschenswert. So oder anders: Die föderative Ordnung des Grundgesetzes wird auch künftig normativ in Bewegung bleiben.

B. Internationale, supranationale und rechtsvergleichende Bezüge

Internationale Bezüge weist der Bundesstaat schon allein wegen seiner Nähe zum Föderalismus auf, der als Gestaltungsprinzip auch für Staatenverbindungen und internationale Organisationen fruchtbar gemacht werden kann[83]. Doch ist bei konventionellem »staatszentriertem« Verständnis[84] der Bundesstaat reale Staatsform und typologisch nicht identisch mit Föderalismus. In Internationalisierungskontexten leistet die gängige Charakterisierung des Bundesstaates als ein aus Staaten zusammengesetzter Staat[85] Hilfe bei der Abgrenzung gegenüber dem Staatenbund, der auf völkerrechtlicher Verbindung beruht und keine Staatsqualität besitzt (sowie gegenüber dem Einheitsstaat, dessen Untergliederungen keine Staaten sind). Schließlich findet sich im Völkerrecht als Parallelerscheinung zur Bundestreue (→ Rn. 45 ff.) der Grundsatz der *bona fides*[86], von dem in der Vergangenheit teilweise Anstöße für die nähere Konkretisierung des Grundsatzes bundesfreundlichen Verhaltens ausgegangen sind[87].

16

---

[81] Vgl. dazu *G. Speiser*, DÖV 2014, 555 ff.
[82] Frühzeitig kritisch *L. Knopp*, NVwZ 2006, 1216 (1219 f.).
[83] Vgl. *H. Bülck*, Föderalismus als internationales Ordnungsprinzip, VVDStRL 21 (1964), S. 1 ff.; *K. Heckel*, Der Föderalismus als Prinzip überstaatlicher Gemeinschaftsbildung, 1998, S. 11 ff.; *O. Höffe*, Föderalismus als Strukturbegriff einer Weltordnung, in: I. Härtel (Hrsg.), Handbuch Föderalismus, Bd. IV, 2012, § 104, sowie die ebenfalls in diesem Band enthaltenen Beiträge von *A. Emmerich-Fritsche* (§ 105), *M. Zürn* (§ 106), *F. Schöning* (§ 107) und *F. Ekardt* (§ 108); *R. Herzog*, Art. Föderalismus, in: EvStL³, Sp. 913 ff.; *K. Hesse*, Art. Bundesstaat, in: EvStL³, Sp. 317 ff. (318 f.); *H. Oberreuter*, Art. Föderalismus, in: StL⁷, Bd. 2, Sp. 632 ff.; *M. Bothe*, in: AK-GG, Art. 20 Abs. 1–3 II (2001), Rn. 7; *Sommermann* (Fn. 55), Art. 20 Rn. 24; zum supranationalen Föderalismus *A. v. Bogdandy*, Zur Übertragbarkeit staatsrechtlicher Figuren auf die Europäische Union, in: FS Badura, 2004, S. 1033 ff. (1035 ff.); instruktiv zu von konventionellen Betrachtungsweisen abweichenden Perspektiven *I. Härtel*, Nichthoheitlicher Föderalismus – neue föderale Entwicklungen jenseits tradierter Staatlichkeit, in: I. Härtel (Hrsg.), Handbuch Föderalismus, Bd. II, 2012, § 48.
[84] *C. Tietje*, Autonomie und Bindung der Rechtsetzung in gestuften Rechtsordnungen, VVDStRL 66 (2007), S. 45 ff. (69); *I. Härtel*, Der staatszentrierte Föderalismus zwischen Ewigkeitsgarantie und Divided Government – Genese, Ausprägung und Problemhorizonte des Bundesstaatprinzips, in: I. Härtel (Hrsg.), Handbuch Föderalismus, Bd. I, 2012, § 16.
[85] Z. B. BVerfGE 36, 342 (360 f.); *Stern*, Staatsrecht I, S. 644, 653 f.; *J. Ipsen*, Staatsrecht I, Rn. 535; *Laufer/Münch*, System (Fn. 35), S. 16 f.
[86] Z. B. *Verdross/Simma*, Universelles Völkerrecht, S. 46; *J. F. O'Connor*, Good Faith in International Law, 1991; zur Parallele mit der Bundestreue *Robbers* (Fn. 1), Art. 20 Rn. 983.
[87] Näheres bei *Bauer*, Bundestreue (Fn. 11), insb. S. 205 f., 208 f. m. w. N.; vgl. zu den wechselseitigen Rezeptionsvorgängen auch *K. Vogel*, Der Grundsatz der Rücksichtnahme im deutschen innerstaatlichen Recht und im Völkerrecht, in: FS Ritter, 1997, S. 771 ff. (780 ff.); allgemein zum wechsel-

17 Für ein vereintes Europa erscheint manchen in Anlehnung an die deutsche Verfassungsentwicklung (→ Rn. 1 ff.) nur eine bundesstaatliche Konstruktion denkbar[88]. Beim gegenwärtigen Integrationsstand ist der »**Weg zu einer Europäischen Staatlichkeit**«[89] aber jedenfalls noch nicht bis zum Ende gegangen[90]. Das Bundesverfassungsgericht deutet die **Europäische Union** daher vorerst als einen auf dynamische Entwicklung angelegten Verbund demokratischer Staaten und erfasst sie begrifflich in einer Kompromissformel als »Staatenverbund«[91]. Nach Einschätzung des Gerichts ermächtigt das Grundgesetz nicht dazu, »durch einen Eintritt in einen Bundesstaat das Selbstbestimmungsrecht des Deutschen Volkes in Gestalt der völkerrechtlichen Souveränität Deutschlands aufzugeben«[92]. Deshalb wäre eine Überschreitung der – wie auch immer näher zu bestimmenden[93] – »Schwelle zum [Europäischen] Bundesstaat und zum nationalen Souveränitätsverzicht« auf der Grundlage des Grundgesetzes nicht möglich[94]. Das schließt eine Erweiterung bzw. Intensivierung des »Europäischen Integrationsverbunds«[95] nicht aus, solange das demokratische Legitimationsniveau mit der anwachsenden »supranationalen Herrschaftsmacht« Schritt hält[96], ganz abgesehen davon, dass sich die Fortentwicklung des Gemeinwesens auf der europäischen Ebene ohnehin jenseits konventioneller bundesstaatlicher und staatenbündischer Begrifflichkeit und Kategorien vollzieht[97].

18 Aus der lange Zeit singulären, auch nach der Aufnahme Österreichs und dem Übergang Belgiens zu einer bundesstaatlichen Organisationsform eigenartig gebliebenen Stellung der Bundesrepublik Deutschland als Bundesstaat in der Europäischen Union

---

seitigen Einfluss von Völkerrecht und Bundesstaatsrecht s. *M. Bothe*, Völkerrecht und Bundesstaat, in: FS Mosler, 1983, S. 111 ff.

[88] *Stern*, Staatsrecht I, S. 650; vgl. auch *H.-J. Blanke*, DÖV 1993, 412 ff.; *D. Kugelmann*, Historische Aspekte des deutschen Föderalismus im Vorfeld einer Europäischen Föderation, in: FS Rudolf, 2001, S. 157 ff. (169 ff.). Zur – mit Blick auf Art. 20 II 1 GG umstrittenen – Option einer Mitgliedschaft der Bundesrepublik Deutschland in einem europäischen Bundesstaat s. bejahend etwa *Sommermann* (Fn. 55), Art. 20 Rn. 58 ff., und ablehnend *Heckel*, Föderalismus (Fn. 83), S. 130 f., jeweils m.w.N. Kritisch zur Arbeit mit den gängigen Zuordnungskategorien *C. Schönberger*, AöR 129 (2004), 81 (97 f., 98 ff.).

[89] Vgl. *T. v. Danwitz* u.a. (Hrsg.), Auf dem Wege zu einer Europäischen Staatlichkeit, 1993.

[90] S. zu diesen Debatten etwa *H. Steinberger*, Der Verfassungsstaat als Glied einer europäischen Gemeinschaft, VVDStRL 50 (1991), S. 9 ff. (16 ff.); *E. Klein*, ebd., S. 56 ff. (58 ff.); *M. Hilf*, Europäische Union: Gefahr oder Chance für den Föderalismus in Deutschland, Österreich und der Schweiz?, VVDStRL 53 (1994), S. 7 ff. (8, 22 f.); *M. Schweitzer*, ebd., S. 48 ff. (56 ff.); *D. Schindler*, ebd., S. 70 ff. (78 ff.); *Sommermann* (Fn. 55), Art. 20 Rn. 62.

[91] BVerfGE 89, 155 (181 ff.); 123, 267 (348, Rn. 229); zuvor bereits *P. Kirchhof*, HStR VII, § 183 Rn. 38, 50 ff.

[92] BVerfGE 123, 267 (347 ff., Rn. 226 ff.; 364, Rn. 262 ff. [Zitat: 347 f., Rn. 228]).

[93] Vgl. aus der Fülle der Literatur nur *W. Cremer*, Grundgesetzliche Grenzen der Kompetenzübertragung auf die EU und das Lissabon-Urteil des Bundesverfassungsgerichts, in: I. Härtel (Hrsg.), Handbuch Föderalismus, Bd. IV, 2012, § 83 m.w.N.

[94] BVerfGE 123, 267 (364, Rn. 263).

[95] Vgl. BVerfGE 123, 267 (406, Rn. 351).

[96] Vgl. BVerfGE 123, 267 (364, Rn. 262).

[97] *Sommermann* (Fn. 55), Art. 20 Rn. 62; *I. Härtel*, Kohäsion durch föderale Selbstbindung – Gemeinwohl und die Rechtsprinzipien Loyalität, Solidarität und Subsidiarität in der Europäischen Union, in: I. Härtel (Hrsg.), Handbuch Föderalismus, Bd. IV, 2012, § 82 Rn. 17 ff., 23 ff.; *A. v. Bogdandy*, Prinzipien des föderalen Verhältnisses in der Europäischen Union: ein Anwendungsdiskurs zum supranationalen Föderalismus, in: I. Härtel (Hrsg.), Handbuch Föderalismus, Bd. IV, 2012, § 81 insb. Rn. 36 ff.; *Robbers* (Fn. 1), Art. 20 Rn. 990; zu trotz der restriktiven Linie der Lissabon-Entscheidung verbleibenden Integrationsspielräumen s. *K.-P. Sommermann*, DÖV 2013, 708 ff.

B. Internationale, supranationale und rechtsvergleichende Bezüge **Art. 20 (Bundesstaat)**

resultieren spezifische Probleme für die bundesstaatliche Ordnung des Grundgesetzes; dem begegneten die Länder mit dem Ruf nach einem »**Europa der Regionen**«[98], der sich mittlerweile in (bescheidenen) Sicherungen der Länderinteressen im **Unionsrecht** niedergeschlagen hat[99]. Mit dem heute in Art. 4 Abs. 3 EUV geregelten **Grundsatz der Unionstreue**[100] enthält das Unionsrecht außerdem ein Parallelinstitut zur Bundestreue (→ Rn. 45 ff.), dessen Ausbildung und Konturierung dem deutschen Grundsatz bundesfreundlichen Verhaltens wichtige Impulse verdankt und dessen Grundgedanke für das Recht der internationalen Organisationen verallgemeinerungsfähig ist[101].

Einwirkungen des Unionsrechts auf das nationale Recht sind im Regelungsbereich der bundesstaatlichen Ordnung in mehrfacher Hinsicht feststellbar. So sind als Reaktion auf die fortschreitende Integration ausdrückliche Änderungen des Verfassungstextes zu verzeichnen. Herausragende Beispiele dafür sind Art. 23 GG in der 1992 eingefügten und später erweiterten Fassung sowie »europabedingte« Änderungen von Aufgaben und Organisation des Bundesrates; sie sollen u.a. den oft analysierten »bundesstaatlichen Erosionen im Prozeß der europäischen Integration«[102] gegensteuern.[103] Weitere **Europäisierungen des nationalen Verfassungsrechts** sind zu beobachten, wenn etwa die Bundesregierung aus Gründen der Bundestreue als Sachwalter der Länder zur Wahrung der Länderrechte gegenüber der Europäischen Gemeinschaft bzw. Union verpflichtet[104] oder für die Länder aus dem Grundsatz bun-

19

---

[98] Dokumente bei J. Bauer (Hrsg.), Europa der Regionen, 1991; s. zur Entwicklung *U. Ruge*, Die Erfindung des »Europa der Regionen«, 2003; zur vielzitierten »Landes-Blindheit« der Gemeinschaftsverträge (jetzt: Unionsverträge) s. *H.P. Ipsen*, Als Bundesstaat in der Gemeinschaft, in: FS Hallstein, 1966, S. 248 ff. (256 ff.); *A. Epiney*, EuR 29 (1994), 301.

[99] S. insb. Art. 4 Abs. 2, 5 Abs. 3 EUV, Art. 300 Abs. 3 und 4, 305 ff. AEUV; zum Erfolg entsprechender Bemühungen auf der Ebene des nationalen Verfassungsrechts → Rn. 19.

[100] Zu diesem früher auch unter dem Stichwort »Gemeinschaftstreue« behandelten und inzwischen normativ fortentwickelten Grundsatz s. etwa *M. Lück*, Die Gemeinschaftstreue als allgemeines Rechtsprinzip im Recht der Europäischen Gemeinschaft, 1992; *P. Unruh*, EuR 37 (2002), 41 ff.; *P. Egli*, Die Bundestreue, 2010, S. 465 ff.; *R. Streinz*, in: Streinz, EUV/AEUV, Art. 4 Rn. 25 ff.; *W. Kahl*, in: Calliess/Ruffert, EUV/AEUV, Art. 4 EUV Rn. 23 ff., 54 ff., 96 ff., 104 ff., 111 ff. m.w.N.; *Härtel* (Fn. 97), § 82 Rn. 212 ff.; *F. Wittreck*, Die Bundestreue, in: I. Härtel (Hrsg.), Handbuch Föderalismus, Bd. I, 2012, § 18 Rn. 17 ff. – Zur Rezeption in der bundesverfassungsgerichtlichen Spruchpraxis s. BVerfGE 75, 223 (237); 89, 155 (184, 202); 92, 203 (237); monographisch *A. Hatje*, Loyalität als Rechtsprinzip in der Europäischen Union, 2001, u.a. mit der Unterscheidung von Unionsloyalität und Gemeinschaftsloyalität.

[101] Näheres bei *Bauer*, Bundestreue (Fn. 11), insb. S. 206, 210 ff. m.w.N.; *J. Isensee*, HStR³ VI, § 126 Rn. 251 (»Gemeinschaftstreue, das Analogon zur Bundestreue«); vgl. auch *P. Unruh*, EuR 37 (2002), 41 (46); speziell zur Verallgemeinerungsfähigkeit *M. Ruffert/C. Walter*, Institutionalisiertes Völkerrecht, 2009, Rn. 259; ferner *E. Klein*, Die Internationalen und die Supranationalen Organisationen, in: W. Graf Vitzthum (Hrsg.), Völkerrecht, 4. Aufl. 2007, S. 265 ff. (299).

[102] Z.B. *M. Schröder*, JöR 35 (1986), S. 83 ff.; ähnlich z.B. *W. Erbguth*, Erosionen der Ländereigenstaatlichkeit, in: Ipsen u.a., Verfassungsrecht (Fn. 91), S. 549 ff. (562 ff.); zurückhaltende Bewertung der Einräumung von Mitwirkungsrechten der Länder bei *M. Brenner*, DÖV 1992, 903 ff.

[103] Eingehend zu den Befunden und den verschiedenen Stellschrauben für eine Gegensteuerung *A. Puttler*, HStR³ VI, § 142.

[104] BVerfGE 92, 203 (230, 236 f.); *Bauer*, Bundestreue (Fn. 11), insb. S. 310; zur inzwischen erfolgten normative Konkretisierung (dazu *R.A. Lorz*, Interorganrespekt im Verfassungsrecht, 2001, S. 32, 626) s. Art. 23 II, IV–VI GG in Verbindung mit dem Gesetz über die Zusammenarbeit von Bund und Ländern in Angelegenheiten der Europäischen Union vom 12.3.1993 (BGBl. I S. 313). Vgl. dazu und zu weiteren im Europäisierungskontext aus der Bundestreue abgeleiteten Pflichten von Bund und Ländern *B. Grzeszick*, in: Maunz/Dürig, GG, Art. 20 (IV. Die Verfassungsentscheidung für den Bundesstaat, 2006), Rn. 169.

desfreundlichen Verhaltens eine Verpflichtung zur ordnungsgemäßen Durchführung und Umsetzung des Gemeinschafts- bzw. Unionsrechts abgeleitet wird[105], und zwar mit einer Reihe von bundesverfassungsrechtlichen Folgeproblemen des Vollzugs von früherem Gemeinschafts- und heutigem Unionsrecht[106], die bis hin zu Regressansprüchen des Bundes reichten, wenn er – etwa durch Zahlung eines Zwangsgeldes nach Art. 260 AEUV – für die Vertragsverletzung eines Landes der Gemeinschaft gegenüber hat einstehen müssen[107]. Die überzeugende Lösung mancher dieser Folgeprobleme legte und legt Grundgesetzänderungen nahe, die der wechselseitigen Ergänzung und Verzahnung von nationalem und unionalem Verfassungsrecht im »Europäischen Verfassungsverbund«[108] Rechnung tragen und im Lauf der Zeit teilweise auch erfolgt sind[109]. Im Europäisierungskontext auffallend ist das enge Verwandtschaftsverhältnis von **Bundes- und Unionstreue**. So kann wegen des aus der Unionstreue folgenden Gebots zu wechselseitiger Rücksichtnahme nämlich das Unionsrecht eine Grenze in den Verfassungsprinzipien der Mitgliedstaaten und damit auch der Bundesstaatlichkeit finden[110]. Weitergehend sind die in Bundes- wie Unionstreue »enthaltenen Gebote gegenseitiger Rücksichtnahme und Fairness« längst ebenenübergreifend in ein verhaltenssteuerndes und kompetenzbegrenzendes Konzept von »Solidar- und Treuepflichten« eingestellt[111]. Verallgemeinert erweisen sich wechselseitige Rücksichtnahmepflichten demnach als Elemente sowohl des nationalen als auch des europäischen Verfassungsrechts im europäischen Verfassungsverbund und sind deshalb zusammen mit funktionalen Äquivalenten aussichtsreiche Kandidaten für einen Baustein in dem sich ausbildenden **gemeineuropäischen Verfassungsrechts**.

20 Im **internationalen Rechtsvergleich** sind Bundesstaaten eine weltweit verbreitete Erscheinung. Als Beleg mag der Hinweis auf Argentinien, Australien, Brasilien, die Indische Union, Kanada, Mexiko, Österreich, die Russische Föderation, die Schweiz, die Republik Südafrika und die Vereinigten Staaten von Amerika genügen[112]. Nach Be-

---

[105] Z.B. W. *Kössinger*, Die Durchführung des Europäischen Gemeinschaftsrechts im Bundesstaat, 1989, S. 74 ff. (77); *C. Doerfert*, JuS 1996, L 89 (L 92); *A. Fisahn*, DÖV 2002, 239 (245 f.); *C. Koenig/J.-D. Braun*, NJ 2004, 97 (101). Zu ähnlich gelagerten Pflichten bei völkerrechtlichen Verträgen s. *C. Trüe*, JuS 1997, 1092 (1095): Verfahrensregeln des Lindauer Abkommens als Konkretisierung der Bundestreue.

[106] Dazu übersichtlich *J. Isensee*, Der Bundesstaat – Bestand und Entwicklung, in: FS 50 Jahre BVerfG, Bd. II, S. 719 ff. (757 ff.) m.w.N.

[107] Vgl. *Isensee*, Bundesstaat (Fn. 106), S. 760 ff.; *A. Fisahn*, DÖV 2002, 239 (245 f.); *C. Koenig/J.-D. Braun*, NJ 2004, 97 (99 ff.); *Huber*, Verantwortungsteilung (Fn. 48), S. D 27 ff.; BVerwGE 116, 234 (236 ff.).

[108] *I. Pernice*, Europäisches und deutsches Verfassungsrecht, VVDStRL 60 (2001), S. 148 ff. (163 ff.); zu den Rückwirkungen des bundesstaatlichen und supranationalen Verfassungsverbundes auf das Landesverfassungsrecht vgl. *M. Möstl*, AöR 130 (2005), 350 ff.

[109] So namentlich für die im Text angesprochenen Regressansprüche in dem durch die Föderalismusreform 2006 eingefügten Art. 104a VI GG (→ Art. 104a Rn. 8, 40 ff.); dazu *I. Kemmler*, LKV 2006, 529 ff.; *A. Puttler*, HStR³ VI, § 142 Rn. 57 ff.; *U. Stelkens*, Die Haftung zwischen Bund und Ländern, in: I. Härtel (Hrsg.), Handbuch Föderalismus, Bd. II, 2012, § 42 Rn. 81 ff.

[110] BVerfGE 89, 155 (185); 92, 203 (237); *A. Epiney*, EuR 29 (1994), 301 (309 ff.); *Isensee*, Bundesstaat (Fn. 106), S. 754; *ders.*, HStR³ VI, § 126 Rn. 251 m.w.N.

[111] *J. Hey*, Finanzautonomie und Finanzverflechtung in gestuften Rechtsordnungen, VVDStRL 66 (2007), S. 277 ff. (294 f.); vgl. auch BVerfGE 126, 286 (303, Rn. 57).

[112] Kulturwissenschaftlicher Verfassungsvergleich von Bundesstaatstheorien, Modellelementen und Regionalismusformen bei *P. Häberle*, ZÖR 62 (2007), 39 (41 ff., 52 ff.). Aktuellere Überblicke zum Föderalismus in verschiedenen Staaten der Welt finden sich bei I. Härtel (Hrsg.), Handbuch Föderalismus, Bd. IV, 2012, in den Beiträgen von *R. Grote* (Der Föderalismus in Mexiko, Indien, Süd-

rechnungen für die Zeit vor den globalen Umwälzungen der jüngeren Vergangenheit waren Mitte der 80er Jahre 52% der Weltoberfläche mit 40% der Weltbevölkerung bundesstaatlich organisiert[113]. Regionalisierungstendenzen geben zudem die sich mitunter auch in Einheitsstaaten abzeichnenden und teilweise verdichtenden föderativen Strukturen zu erkennen[114]. Rechtsvergleichend bemerkenswert ist, dass – parallel zu Modernisierungsvorstößen in Deutschland (→ Rn. 11, 31 ff.) – auch in benachbarten Bundesstaaten Reformdiskussionen stattfinden, die auf eine Entschärfung von Strukturproblemen der jeweiligen bundesstaatlichen Ordnungen zielen[115]. Dies signalisiert das Bedürfnis nach einer Korrektur und Fortentwicklung überkommener Föderalismusvorstellungen[116], die insb. auch in den allgegenwärtigen Tendenzen zu Internationalisierung und Europäisierung angelegt sind. Ein anschauliches Beispiel ist die Bildung grenzübergreifender Regionen in aneinandergrenzenden Gebietsteilen verschiedener Staaten[117] – als Organisationsformen »**grenzüberschreitenden Föderalismus**« liegen sie gleichsam »quer« zu gängigen Föderalismusverständnissen im Bundesstaat. Darin sind Perspektivenerweiterungen angelegt, die über den herkömmlichen »staatszentrierten Föderalismus« hinaus den Blick öffnen für **föderale Entwicklungsszenari-**

---

afrika und Australien, § 95), *W. Heun* (Der Föderalismus in den USA, § 96), *D. Brühl-Moser* (Der Föderalismus Kanadas: interstaatlich, exekutiv und asymmetrisch, § 97; Schweizerischer Föderalismus: Ausgestaltung, Neugestaltung und Herausforderungen, § 99), *S. Storr* (Österreich als Bundesstaat, § 98), *M. Woydt* (Dissoziativer Föderalismus [1]: Belgo-Föderalismus, § 100); *A. Grasse* (Dissoziativer Föderalismus [2]: Föderalismus in Italien, § 101); *J. Martínez* (Der präföderale Staat: Das Beispiel Spanien, § 102) und *A. Nußberger* (Das föderale System in Russland, § 103); weitere Beispiele bei *Bothe* (Fn. 83), Art. 20 Abs. 1–3 II Rn. 2 ff.; rechtsvergleichend etwa *L. Helms*, ZfP 49 (2002), 125 ff.; speziell zur Schweiz *C. Waldhoff*, Der deutsche Bundesstaat im internationalen Vergleich – die föderalistische Ordnung der Schweiz, in: Konrad-Adenauer-Stiftung (Hrsg.), Föderalismus in der Diskussion, 2001, S. 35 ff.

[113] *M. Frenkel*, Föderalismus und Bundesstaat, Bd. I, 1984, S. 19, 134 ff. Neuere Statistiken verzeichnen für 2006 weltweit 24 Bundesstaaten, die 12,4 % der insgesamt 193 unabhängigen Staaten ausmachen und rund 45 % der Weltbevölkerung erfassen (*J. Isensee*, HStR³ VI, § 126 Rn. 3).

[114] S. etwa die Landesberichte für Spanien, Frankreich, Italien und Großbritannien von *M. J. Montoro Chiner*, *V. Constantinesco*, *V. Onida* und *N. Johnson* in: F. Ossenbühl (Hrsg.), Föderalismus und Regionalismus in Europa, 1990, S. 167 ff., 199 ff., 239 ff. und 307 ff.; speziell zu Frankreich außerdem *R. Sparwasser*, Zentralismus, Dezentralisation, Regionalismus und Föderalismus in Frankreich, 1986, und zu Spanien *Martínez* (Fn. 112), § 102. Zu den völlig unterschiedlichen Ausrichtungen föderaler Ordnungen s. die Beiträge in J. Kramer (Hrsg.), Föderalismus zwischen Integration und Sezession, 1993, und aus jüngerer Zeit insb. die instruktiven Länderberichte in den Jahrbüchern des Föderalismus.

[115] Vgl. zur Schweiz *G. Biaggini*, ZöR 57 (2002), 359 (374 ff.), der darauf hinweist, dass die Neuerungen im Rahmen der Totalrevision der Bundesverfassung (1999) nur als »erste Phase einer umfassenderen Föderalismusreform« gelten; zu Österreich – mit dem bezeichnenden Titel »Der sklerotische Bundesstaat« – *P. Bußjäger*, ZfP 49 (2002), 149 ff.; *E. Wiederin*, Bundesstaatsreform in Österreich, in: D. Merten (Hrsg.), Die Zukunft des Föderalismus in Deutschland und Europa, 2007, S. 87 ff.; *Sommermann* (Fn. 55), Art. 20 Rn. 56.

[116] Vgl. *D. Braun*, Hat die vergleichende Föderalismusforschung eine Zukunft?, in: Jahrbuch des Föderalismus 2002, S. 97 ff. (98 ff.).

[117] S. *W. Graf Vitzthum*, AöR 115 (1990), 281 (300 f.); *R. Rixecker*, Grenzüberschreitender Föderalismus – eine Vision der deutschen Verfassungsreform zu Art. 24 Abs. 1 des Grundgesetzes, in: K. Bohr (Hrsg.), Föderalismus, 1992, S. 201 ff.; dazu und zu Art. 24 Ia GG kritisch *T. Stein*, Europäische Union: Gefahr oder Chance für den Föderalismus in Deutschland, Österreich und der Schweiz?, VVDStRL 53 (1994), S. 26 ff. (42 ff.); eingehend *M. Kotzur*, Grenznachbarschaftliche Zusammenarbeit in Europa, 2004; aus jüngerer Zeit etwa *Härtel* (Fn. 83), § 48 Rn. 44 ff. m.w.N.

en jenseits der eingetretenen Pfade tradierter Staatlichkeit in einer neuen Föderalismuswelt[118].

21 Ungeachtet der zahlreichen Modernisierungen besitzt das deutsche Bundesstaatsrecht beträchtliche **Ausstrahlungskraft auf ausländische Verfassungen** und Verfassungsdebatten[119]. Musterbeleg ist die Bundestreue, die längst nicht nur »europaweit Karriere macht«[120] und zu einem der großen Exportschlager des Grundgesetzes avanciert ist[121]. Dies bekräftigt die erwähnte (→ Rn. 19) Vermutung, wonach mehrdimensionale wechselseitige Rücksichtnahmepflichten Kandidaten für das sich ausbildende gemeineuropäische Verfassungsrecht sind.[122] Gleichwohl darf – zumal für die bundesstaatliche Ordnung des Grundgesetzes – der unmittelbar anwendungsorientierte **Erkenntniswert verfassungsvergleichender Betrachtung** nicht überschätzt werden. Obwohl bundesstaatliche Verfassungsstrukturen überall gewisse Gemeinsamkeiten oder zumindest Ähnlichkeiten aufweisen[123], hat ihre konkrete Ausgestaltung nämlich viele Gesichter: Jeder Bundesstaat besitzt eine konkret-geschichtliche Individualität, jeder Bundesstaat ist letztlich ein Unikat[124]!

---

[118] *I. Härtel*, Alte und neue Föderalismuswelten, in: I. Härtel (Hrsg.), Handbuch Föderalismus, Bd. I, 2012, S. 3 ff. (insb. S. 21 f.); *dies.* (Fn. 84), § 16; *dies.* (Fn. 83), § 48.

[119] Statt vieler *M. Kloepfer*, DÖV 2004, 566 (571): Bundesstaatlichkeit gehört zu den »wenigen zugkräftigen verfassungspolitischen Exportartikeln Deutschlands«; vgl. auch *J. Jekewitz*, RuP 39 (2003), 89 ff.

[120] *P. Häberle*, Föderalismus, Regionalismus und Präföderalismus als alternative Strukturformen der Gemeineuropäischen Verfassungskultur, in: I. Härtel (Hrsg.), Handbuch Föderalismus, Bd. I, 2012, § 10 Rn. 26; rechtsvergleichend *Egli*, Bundestreue (Fn. 100), S. 21 ff. (zur Bundesrepublik Deutschland, zur Schweiz, zu den Vereinigten Staaten von Amerika und zur Europäischen Union).

[121] (Teil-)Positivierungen finden sich in Art. 44 Bundesverfassung der Schweizerischen Eidgenossenschaft (1999); Art. 143 § 1 Koordinierte Verfassung Belgiens (1994); Chapter 3 Verfassung der Republik Südafrika (1996); Art. 4 Abs. 3 EUV (2009); s. im übrigen zur Inspirationskraft für Belgien *A. Alen/P. Peeters/W. Pas*, JöR 42 (1994), 439 ff.; *R. Mörsdorf*, Das belgische Bundesstaatsmodell im Vergleich zum deutschen Bundesstaat des Grundgesetzes, 1995, S. 272 ff.; für Italien *A. Anzon*, La Bundestreue e il system federale tedesco: un modello per la riforma del regionalismo in Italia?, Milano 1995; *J. Woelk*, Konfliktregelung und Kooperation im italienischen und deutschen Verfassungsrecht, »Leale collaborazione« und Bundestreue im Vergleich, 1999; für die Schweiz *A. Kölz*, Schweizerisches Zentralblatt für Staats- und Gemeindeverwaltung 81 (1980), 145 ff.; für Spanien *J. Laso Pérez*, Cuadernos de Derecho Público 2000, 47 ff.; rechtsvergleichend zu Österreich, Belgien und der Schweiz sowie zum Unionsrecht *J. Woelk*, ZÖR 52 (1997), 527 ff. m. w. N.; ferner *C. Roschmann*, Vergleich des föderativen Aufbaus Bundesrepublik Deutschland – Föderative Republik Brasilien mit Schwerpunkt auf dem Bund-Länder-Verhältnis, 1995, S. 172 ff.; sowie allgemein *P. Häberle*, AöR 124 (1999), 549 (555) m. w. N.; *Lorz*, Interorganrespekt (Fn. 104), S. 12; *H. Bauer*, Zustand und Perspektive des deutschen Föderalismus aus Sicht der Wissenschaft, in: M. Kloepfer (Hrsg.), Umweltföderalismus, 2002, S. 31 ff. (60 Fn. 166); jeweils m. w. N.

[122] Vgl. auch *Häberle* (Fn. 120), § 10 Rn. 26; zurückhaltender *Wittreck* (Fn. 100), § 18 Rn. 11 ff.

[123] Vgl. etwa *M. Bothe*, Die Kompetenzstruktur des modernen Bundesstaates in rechtsvergleichender Sicht, 1977; Ossenbühl, Föderalismus (Fn. 114); ferner die Länderberichte in den Jahrbüchern des Föderalismus (Fn. 114), und die in Fn. 112 angeführten Beiträge in: I. Härtel (Hrsg.), Handbuch Föderalismus, Bd. IV, 2012.

[124] *Hesse*, Verfassungsrecht, Rn. 217; *ders.*, Bundesstaat (Fn. 83), Sp. 318; *J. Isensee*, HStR³ VI, § 126 Rn. 1 ff. (5); *Stern*, Staatsrecht I, S. 648; *F. Ossenbühl*, DVBl. 1989, 1230 (1230); *H. Schulze-Fielitz*, Immissionsschutz und Föderalismus aus Sicht der Wissenschaft, in: Kloepfer, Umweltföderalismus (Fn. 121), S. 287 ff. (287); *J. Jekewitz*, Wettbewerbsföderalismus – ein modisches Schlagwort, in: FS 2008, S. 1133 ff. m. w. N.

C. Erläuterungen

I. Allgemeine Bedeutung

1. Regelungsgehalt und Funktionen

Nach Art. 20 I GG ist die »Bundesrepublik Deutschland« ein »Bundesstaat«. Konstitutiver **Regelungsgehalt** von Art. 20 I GG ist insoweit demnach außer der bisweilen als »nebensächlich«[125] eingestuften Festschreibung des Namens (Bundesrepublik Deutschland) die Festlegung auf den Bundesstaat; dazu gehören insb. die Gliederung des Bundes in Länder sowie die Ausstattung von Bund und Ländern mit staatlichen Befugnissen und Aufgaben. Die darin angelegte funktionsfähige bundesstaatliche Ordnung ist im Wortlaut von Art. 20 I GG nicht näher präzisiert, durch das Grundgesetz aber an vielen anderen Stellen detailliert ausgeformt und verfassungsgerichtlich umfassend abgesichert[126]: Mehr als die Hälfte des Verfassungstextes hat unmittelbaren oder mittelbaren Bundesstaatsbezug[127]. Eine **Gesamtbetrachtung** dieses Normenbestandes lässt erkennen, dass das bundesstaatliche Prinzip zu den »elementaren Grundsätzen des Grundgesetzes«[128] gehört, die Verfassungsordnung des Grundgesetzes auch auf dem bundesstaatlichen Prinzip beruht[129]. Sie zeigt aber auch, dass »das Grundgesetz den Bau- und Funktionsplan des Bundesstaates relativ genau vorzeichnet«[130] und für die Lösung konkreter bundesstaatlicher Problemlagen ausdifferenzierte Funktions- und Konfliktentscheidungsnormen bereitstellt, die als spezielle Vorschriften regelmäßig einen Rückgriff auf das allgemeine bundesstaatliche Prinzip entbehrlich machen[131]. Wichtige Beispiele für solche Normen sind die Regelungen über die Verteilung der Zuständigkeiten (Aufgaben und Befugnisse) von Bund und Ländern auf den Gebieten der Gesetzgebung, der Verwaltung, der Rechtsprechung und der auswärtigen Beziehungen sowie die Ordnung des Finanzwesens (Art. 30, 70ff., 83ff., 92ff., 32, 104aff. GG), Rechte der Länder zur Einflussnahme auf den Bund über den Bundesrat (Art. 50ff. GG) sowie Rechte des Bundes zur Einflussnahme auf die Länder (z.B. Art. 37, 84 III und IV, 85 III GG) und nicht zuletzt das Homogenitätsprinzip des Art. 28 GG. Weitere wichtige Aussagen zur Bundesstaatlichkeit enthalten etwa die Regelungen über föderative Kooperation, Koordination und Konkurrenz in Art. 91a–e GG sowie die Kollisionsregeln der Art. 31 und 142 GG.

22

---

[125] *O. Kimminich*, HStR I, §26 Rn. 36 mit Hinweis auf *Herzog* (Fn. 15), Art. 20 IV Rn. 1. S. aber → Art. 20 [Republik], Rn. 16.
[126] Vgl. *K. Hesse*, Der unitarische Bundesstaat, 1962, S. 9.
[127] So die Einschätzung von *J. Isensee*, HStR³ VI, §126 Rn. 5; weitergehend *Robbers* (Fn. 1), Art. 20 Rn. 958, wonach »nahezu alle Normen des Grundgesetzes Wirkungen für das Bundesstaatsprinzip zeitigen«.
[128] BVerfGE 1, 14 (18, 34) unter Hinweis auf Art. 20, 28, 30 GG.
[129] Vgl. BVerfGE 11, 77 (85).
[130] *J. Isensee*, HStR³ VI, §126 Rn. 6.
[131] Zu dem damit verbundenen Anliegen, konkrete bundesstaatliche Konflikte unter Zurückdrängung pauschaler Rückgriffe auf das bundesstaatliche Prinzip und namentlich auf das »Wesen« des Bundesstaates anhand der sachnäheren Normen des Bundesstaatsrechts zu lösen, vgl. *Grzeszick* (Fn. 104), Art. 20 IV Rn. 13ff.; *Herzog* (Fn. 15), Art. 20 IV Rn. 29ff.; *Hesse*, Verfassungsrecht, Rn. 217f.; *H.H. Klein*, Der Bundesstaat in der Rechtsprechung des Bundesverfassungsgerichts, in: I. Härtel (Hrsg.), Handbuch Föderalismus, Bd. I, 2012, §17 Rn. 1; *F.E. Schnapp*, in: v. Münch/Kunig, GG I, Art. 20 Rn. 6f.; *E. Šarčević*, Das Bundesstaatsprinzip, 2000; *M. Jestaedt*, HStR³ II, §29 Rn. 32; für einen Rückgriff auch auf das »Wesen des Bundesstaates« dagegen *Maurer*, Staatsrecht, §10 Rn. 15; differenzierend *J. Isensee*, HStR³ VI, §126 Rn. 6ff., und *Stern*, Staatsrecht I, S. 652f., 662f.

Art. 20 (Bundesstaat) C. Erläuterungen

23 Die detaillierte Ausformung der bundesstaatlichen Ordnung im Verfassungstext hat Zweifel an dem eigenständigen dogmatischen Erkenntniswert des in Art. 20 I GG geregelten Bundesstaatsprinzips geweckt[132]. Nach einem **summativen Bundesstaatsverständnis** soll sich das bundesstaatliche Prinzip juristisch darin erschöpfen, Sammelbezeichnung für unterschiedliche änderungsfähige bundesstaatliche Verfassungsbestimmungen zu sein, und keinen eigenständigen dogmatischen Gehalt besitzen; im praktischen Ergebnis sei das Bundesstaatsprinzip daher normativ als selbständiges Verfassungsprinzip überflüssig[133]. Demgegenüber verweist das **integrale Verständnis des Bundesstaates** auf die gegenteilige Spruchpraxis des Bundesverfassungsgerichts, die dem Begriff des Bundesstaates normative Substanz und dem Prinzip juristische Erheblichkeit zubilligt, daneben auf die die Verfassungsanwendung leitende Funktion des Prinzips und auf die bei einem summativen Verständnis zu befürchtende Funktionslosigkeit der Schutzvorkehrungen der Art. 79 III und 23 I 3 GG; danach sei der bundesstaatliche Grundsatz ein »integrales Ganzes, das mehr ist als die Summe seiner Teile«[134]. In der Tat hat die in Art. 20 I GG geregelte Bundesstaatlichkeit nicht nur deklaratorischen Charakter, sondern eigenständigen konstitutiven Gehalt und kann zur Offenlegung historischer, teleologischer und systematischer Zusammenhänge beitragen; dementsprechend kann ihr normative Steuerungskraft etwa für die historische, systematische und teleologische Auslegung konkreter föderativer Vorschriften zukommen[135]. Dies gilt auch dann, wenn – wie hier – die Bundestreue (→ Rn. 45 ff.) nicht aus dem »Wesen des Bundesstaates« hergeleitet wird. Allerdings sind die selbständigen Regelungsinhalte des bundesstaatlichen Prinzips sehr begrenzt (→ Rn. 22, 40), weil sich die konkrete Ausformung regelmäßig bereits aus den sachnäheren Normen der organisationsrechtlichen Bestimmungen des Grundgesetzes ergibt.

24 Die **Funktionen bundesstaatlicher Ordnung** sind facettenreich: Aus traditioneller Sicht ermöglicht sie vornehmlich die **Wahrung regionaler Vielfalt**, namentlich landsmannschaftlicher, kultureller und wirtschaftlicher Identität, **in staatlicher Einheit**. Neben den konventionellen Aspekt der Sicherung von Pluralismus und Einheit ist als Legitimationsgrund bundesstaatlicher Organisation zunehmend die **Gewaltengliederung und -balance** getreten[136]. Die Aufteilung staatlicher Aufgaben und Befugnisse auf Bund und Länder begründet sowohl vertikal als auch – durch den Bundesrat als Mitwirkungsorgan für die Länder – horizontal eine verfassungsrechtliche Ausdifferenzierung und Begrenzung staatlicher Macht mit freiheitsschützenden Effekten. Die damit verbundene Dezentralisation gewährleistet zugleich **größere Sachnähe**, eröffnet **Spielräume für Flexibilität** und regt die beteiligten Einheiten zu **Wettbewerb** und **Erprobung von Alternativen** an. Außerdem fördert sie **Transparenz**, rationale Erfassung und **Kontrolle staatlichen Handelns**. Die damit einhergehende Verbesserung der Überschaubarkeit und Beeinflussbarkeit des Staates motiviert und erleichtert die bewusste Teilhabe und **aktive Partizipation der Bürger** am politischen Leben. Aus dieser erwei-

---

[132] Überblick bei *M. Jestaedt*, HStR³ II, § 29 Rn. 30 ff. m.w.N.
[133] So die Kernthese der Habilitationsschrift von *Šarčević*, Bundesstaatsprinzip (Fn. 131), S. 130 ff., 133 ff., 226 ff. und passim; dazu *H. Bauer*, Der Staat 40 (2001), 623 ff. *Šarčević* entwickelt das summative Bundesstaatsverständnis vor dem Hintergrund der Paralleldiskussion zum Rechtsstaatsprinzip; s. zum summativen Rechtsstaatsverständnis *P. Kunig*, Das Rechtsstaatsprinzip, 1986, und zur Gegenposition des integrales Rechtsstaatsverständnisses *E. Schmidt-Aßmann*, HStR³ II, § 26 Rn. 7 ff.
[134] *Isensee*, Bundesstaat (Fn. 106), S. 730 ff. (Zitat: S. 732).
[135] Vgl. *Isensee*, Bundesstaat (Fn. 106), S. 730 ff., 733 ff.; *M. Jestaedt*, HStR³ II, § 29 Rn. 33; *Grzeszick* (Fn. 104), Art. 20 IV Rn. 13 ff.; *Klein* (Fn. 131), § 17 Rn. 4; *Sommermann* (Fn. 55), Art. 20 Rn. 20.
[136] BVerfGE 108, 169 (181 f., Rn. 46 f.).

terten Perspektive kommen der bundesstaatlichen Ordnung verstärkende Funktionen auch für die Sicherung individueller Freiheit, für Minderheitenschutz, für Rechtsstaat und Demokratie zu[137]; eher gegenläufig wirkt hingegen das Sozialstaatsprinzip mit seinen egalitär-unitarisierenden Tendenzen.

Demgegenüber gelten als **funktionelle »Schwachstellen«** bzw. »Schattenseiten« bundesstaatlicher Ordnung u.a. eine Gefährdung der staatlichen Handlungsfähigkeit, Schwerfälligkeit politischer Willensbildung, Politikverflechtung mit entsprechender Diffusion politischer Verantwortung und Kontrolle, soziale Unausgewogenheit und zusätzliche Kosten bundesstaatlicher Organisation. Weitergehend ist mitunter sogar von einer »Sinnkrise« die Rede, weil wegen des Wandels der wirtschaftlichen, sozialen und politischen Gegebenheiten die traditionelle Legitimationsgrundlage des föderalen Prinzips (Wahrung historisch gewachsener Vielfalt und regionaler Eigenart in staatlicher Einheit) entfallen sei und auch die freiheitssichernde Funktion einer zusätzlichen föderativen Gewaltenteilung jedenfalls in der Verfassungswirklichkeit wegen parteipolitischer Blockadepolitik an Überzeugungskraft verloren habe[138]. Die Grundsatzkritik mündet nicht selten in die Forderung nach einer **Fundamentalreform**. Solches Krisengerede ist nicht neu. Über die Jahrzehnte hinweg gehört es nämlich zu den gängigen Ritualen, mit Krisendiagnosen das Feld für Grundsatzdebatten aufzubereiten, die mit wechselnden Zielsetzungen föderative Richtungsänderungen einleiten sollen; in jüngerer Zeit (→ Rn. 32f.) verfolgten sie vor allem das Ziel, die »Legitimationsgrundlage des Föderalismus« auf die »innovationsfördernde **Funktion eines politischen Wettbewerbs** der Länder untereinander, aber auch gegenüber dem Bund« umzustellen[139]. Die anschließenden Reformen (→ Rn. 11ff.) haben dieses Anliegen zwar partiell aufgegriffen, aber insgesamt differenziert umgesetzt und teilweise auch ganz andere, konträre Ziele verfolgt. Das relativiert die Krisenbefunde ebenso wie mono-

---

[137] Vgl. zum Vorstehenden und zum Folgenden *U. Berlit*, Verfassungsrechtliche Perspektiven des Föderalismus, in: H.H. v. Armin u.a. (Hrsg.), Föderalismus – Hält er noch, was er verspricht?, 2000, S. 63ff.; *M. Bothe*, Föderalismus – ein Konzept im geschichtlichen Wandel, in: T. Evers (Hrsg.), Chancen des Föderalismus in Deutschland und Europa, 1994, S. 19ff. (24ff.); *R. Eichenberger*, Föderalismus: Eine politisch-ökonomische Analyse der Vorteile, Widerstände und Erfolgsbedingungen, in: v. Arnim u.a., a.a.O., S. 101ff.; *G. Färber*, DÖV 2001, 485ff.; *C. Gramm*, AöR 124 (1999), 212ff.; *Grzeszick* (Fn. 104), Art. 20 IV Rn. 19ff.; *Hesse*, Bundesstaat (Fn. 83), Sp. 319; *ders.*, Verfassungsrecht, Rn. 219ff., 271ff.; *W. Heun*, The Evolution of Federalism, in: C. Starck (Hrsg.), Studies in German Constitutionalism, 1995, S. 167ff. (170f.); *J. Isensee*, HStR³ VI, § 126 Rn. 322ff.; *G. Kisker*, Ideologische und theoretische Grundlagen der bundesstaatlichen Ordnung in der Bundesrepublik Deutschland – Zur Rechtfertigung des Föderalismus, in: v. Münch, Föderalismus (Fn. 2), S. 23ff.; *Maurer*, Staatsrecht, § 10 Rn. 71ff.; *P. Lerche*, Prinzipien des deutschen Föderalismus, in: P. Kirchhof (Hrsg.), Deutschland und sein Grundgesetz, 1993, S. 79ff. (81ff.); *Robbers* (Fn. 1), Art. 20 Rn. 1018ff.; *Stern*, Staatsrecht I, S. 658f.; *Vogel* (Fn. 35), § 22 Rn. 12ff.; *P.-L. Weinacht*, Das Bundesstaatsprinzip, in: ders. (Hrsg.), Die Verfassungsprinzipien des Grundgesetzes im Licht der europäischen Integration, 2003, S. 69ff. (79ff.). Speziell das Verhältnis zum Demokratieprinzip ist freilich aus mehreren Gründen prekär; vgl. dazu – mit unterschiedlichen Akzentuierungen – etwa *E.-W. Böckenförde*, Sozialer Bundesstaat und parlamentarische Demokratie, in: FS Schäfer, 1980, S. 182ff.; *R. Eckertz*, Bundesstaat und Demokratie, in: FS Böckenförde, 1995, S. 13ff.; *Möllers*, Bundesstaat (Fn. 13), S. 90ff., 97ff.; *Huber*, Verantwortungsteilung (Fn. 48), S. D 33ff.; *A. Hanebeck*, Der demokratische Bundesstaat des Grundgesetzes, 2004. Übersichtliche Zusammenstellung von Vor- und Nachteilen bundesstaatlicher Ordnung bei *Kloepfer*, Verfassungsrecht I, S. 236ff.
[138] *W. Arndt*, Erneuerter Föderalismus – Thesen zu einer veränderten Balance zwischen Bund und Ländern, in: U. Männle (Hrsg.), Föderalismus zwischen Konsens und Konkurrenz, 1998, S. 31ff. (31, 36).
[139] *Arndt*, Föderalismus (Fn. 138), S. 31f.; Hervorhebungen abweichend vom Original.

Art. 20 (Bundesstaat) C. Erläuterungen

funktionale Reformvorstöße im politischen Steigbügelhalterdienst und bestätigt die erwähnte **Funktionenvielfalt,** die immer wieder neu auszubalancieren ist (→ Rn. 15).

2. Aktueller Befund und Entwicklungstendenzen

26 Als **aktueller Befund** dominiert die Einschätzung, dass sich die bundesstaatliche Ordnung des Grundgesetzes prinzipiell bewährt hat[140]. Daran ändern auch Reformdebatten nichts. In aller Regel stellen sie nämlich nicht den deutschen Bundesstaat als solchen in Frage, sondern plädieren lediglich für eine Neujustierung. Derartige Auseinandersetzungen über die konkrete Ausgestaltung haben in der Bundesrepublik Deutschland Tradition[141] und wiederholt zu normativen Fortentwicklungen geführt (→ Rn. 9 ff.). Demgemäß war und ist der Bundesstaat »in ständigem Wandel begriffen«[142]. Sein **Erfolgsrezept** ist eine **hohe Anpassungsfähigkeit,** die ihn immer wieder in die Lage versetzt, ein jeweils als zeitgemäß empfundenes Bundesstaatsverständnis auszubilden und für neue Herausforderungen problemadäquate Lösungen zu generieren[143].

27 Im Prozess dieser Verfassungsentwicklungen hat sich das äußere Erscheinungsbild des Bundesstaates wiederholt beträchtlich verändert. Die über die Jahrzehnte hinweg zu beobachtenden, nicht durchgängig in nur eine Richtung weisenden Entwicklungstrends lassen sich durch **deskriptive Tendenzbegriffe**[144] erfassen, die je spezifische **Bundesstaatsverständnisse** abbilden und in einer undeutlichen Beziehung zu Bundesstaatstheorien bzw. -lehren stehen[145]. Solche Schlüsselbegriffe thematisieren Legitimationsfragen und Ordnungsideen, Kontroversen über zeitgemäße Leitbilder, strukturelle Veränderungen und Reformen des Bundesstaates, daneben mitunter auch dogmatische Veränderungen[146]. Im einzelnen und mit der hier gebotenen Vereinfachung:

---

[140] Z.B. *Vogel* (Fn. 35), § 22 Rn. 20, 141 ff.; *Schulze-Fielitz,* Stärkung (Fn. 49), S. 130 f.; *Bauer,* Föderalismus (Fn. 121), S. 60; V. *Haug,* DÖV 2004, 190 (197); *F. Kirchhof,* Bedarf der deutsche Bundesstaat einer Reform an Haupt und Gliedern?, in: Konrad-Adenauer-Stiftung, Föderalismus (Fn. 112), S. 7 ff. (8); *M. Kloepfer,* DÖV 2004, 566 ff.; *H. Sodan/J. Ziekow,* Grundkurs Öffentliches Recht, 6. Aufl. 2014, S. 100; ferner allgemein zum Föderalismus *I. Härtel,* Föderalismus und Neugier, in: dies. (Hrsg.), Handbuch Föderalismus, Bd. IV, 2012, S. 995 ff. (995: »große Erfolgsgeschichte«).

[141] Zur Geschichte föderalistischer Reformen und Reformversuche knapper Überblick etwa bei *D. Merten,* Reform des Föderalismus in Gesetzgebung und Verwaltung, in: Bitburger Gespräche, Jahrbuch 1999/II, 2000, S. 65 ff. (65 f.); ferner *U. Münch/T. Zinterer,* ZParl. 31 (2000), 657 ff.; *Nettesheim,* Wettbewerbsföderalismus (Fn. 48), S. 366; *Huber,* Verantwortungsteilung (Fn. 48), S. D 12.

[142] So treffend *F. Ossenbühl,* DVBl. 1989, 1230 (1230); ähnlich etwa *H.-J. Papier,* 50 Jahre Bundesstaatlichkeit nach dem Grundgesetz – Entwicklungslinien und Zukunftsperspektiven, in: Bundesrat (Hrsg.), 50 Jahre Herrenchiemseer Verfassungskonvent – Zur Struktur des deutschen Föderalismus, 1999, S. 341 ff. (342), mit Hinweis darauf, dass die nicht unerheblichen Veränderungen oftmals allein durch eine geänderte Staatspraxis bewirkt wurden; *Jekewitz,* Wettbewerbsföderalismus (Fn. 124), S. 1136.

[143] Näheres bei *Bauer,* Föderalismus (Fn. 121), S. 47 ff., 60 f.; *Schulze-Fielitz,* Stärkung (Fn. 49), S. 131.

[144] Ähnlich *A. Hense,* DVBl. 2000, 376 (383); *A. Leisner,* Europa als Wettbewerbsgemeinschaft von Staaten – Kompetitiver Föderalismus und europäische Integration, in: FS Vogel, 2000, S. 593 ff. (602); überblickartige Darstellung von »Tendenzen der Bundesstaatlichkeit« bei *Robbers* (Fn. 1), Art. 20 Rn. 1036 ff.

[145] Dazu eingehender *H. Bauer,* Bundesstaatstheorie und Grundgesetz, in: Liber Amicorum Häberle, 2004, S. 645 ff. (648 f.) m.w.N.; vgl. auch *Jekewitz,* Wettbewerbsföderalismus (Fn. 124), S. 1135.

[146] Näheres bei *Bauer,* Bundesstaatstheorie (Fn. 145), S. 650 ff.; Überblick zum Folgenden bei *Bauer,* Föderalismus (Fn. 121), S. 37 ff. (gekürzte Fassung in DÖV 2002, 837 [839 ff.]); vgl. auch *Hofmann*

In der Frühphase der Bundesrepublik Deutschland orientierte sich die bundesstaatliche Ordnung des Grundgesetzes an dem Modell eines **separativen Föderalismus**[147]. Konzeptionell sind im separativen Föderalismus zum einen sämtliche staatlichen Aufgaben zwischen Bund und Ländern nach dem Grundgedanken eines »Trennsystems« streng geteilt. Zum anderen erfolgt die Aufgabenteilung betont **föderal**, d.h. länderfreundlich die Selbständigkeit der Länder betonend[148]; normativ kommt dies noch heute in dem – in der Verfassungswirklichkeit freilich längst überholten – Regel-Ausnahme-Verhältnis der Zuständigkeitsverteilung (Art. 30, 70, 83 GG) zum Ausdruck, wonach Länderzuständigkeit Grundsatz, Bundeszuständigkeit hingegen Ausnahme ist. Dem entspricht – drittens – ein finanzverfassungsrechtliches Trennsystem mit einer strengen Abscheidung von Aufgaben, Ausgabenverantwortung und Steuereinnahmen des Bundes und der Länder[149].

28

Die klare föderale Trennung der Verantwortungsbereiche wurde bereits Anfang der 50er Jahre unterlaufen[150] und seither – teils mit, teils ohne Verfassungsänderung – zunehmend relativiert. Die Konzentration staatlicher Aufgaben beim Bund, die – frühzeitig durch die zurückhaltende Spruchpraxis zur Bedürfnisklausel (Art. 72 Abs. 2 GG a.F.)[151] unterstützte – intensive Inanspruchnahme von Gesetzgebungsbefugnissen durch den Bund, der Ausbau der Bundesverwaltung und wachsender Einfluss des Bundes auf die Landesverwaltung, die rechtsvereinheitlichend wirkende Rechtsprechung, aber auch die Selbstkoordinierung von Bund und Ländern auf vertraglichen[152] und informellen Wegen signalisieren schon für die 1950er Jahre eine Abkehr vom Modell des separativen Föderalismus, die alsbald mit dem **unitarischen Bundesstaat** auf den Begriff gebracht wurde[153]; finanzwirtschaftliches Komplement waren Mischfinanzierungen und Fondswirtschaft, die grundgesetzlich anfangs so nicht vorgesehen waren und das ursprüngliche Modell an der finanzverfassungsrechtlichen Flanke attackierten[154]. Unitarisierend wirkten außerdem Veränderungen der sozio-ökonomischen Rahmenbedingungen und die von der Bevölkerung erwartete »Einheitlichkeit der Lebensverhältnisse«. Eine gewisse Kompensation für die mit der fortschreitenden Unitarisierung und Zentralisierung verbundenen Einbußen an Ländereigenverantwortlichkeit brachte der unter anderem durch die extensive Auslegung der Zu-

29

(Fn. 48), Art. 20 Rn. 15 ff.; *M. Nierhaus*, Die Vereinigung Deutschlands – eine Dekade des Zusammenwachsens, in: K. Stern (Hrsg.), Deutsche Wiedervereinigung, Bd. V, 2001, S. 141 ff. (155 f.).

[147] So die Kennzeichnung der 50er und 60er Jahre bei *W. Thieme*, DÖV 1989, 499 (508); vgl. hierzu und zum folgenden auch *H.-P. Schneider*, NJW 1991, 2448 ff.; *H. Hofmann*, HStR³ I, § 9 Rn. 74 ff.

[148] Vgl. etwa *U. Scheuner*, DÖV 1966, 513 (515 ff.).

[149] Dazu, zu Ausnahmen und zu alsbaldigen Lockerungen näher *H. Hofmann*, HStR³ I, § 9 Rn. 74 ff.; eingehend *K. Vogel/C. Waldhoff*, in: BK, Vorb. zu Art. 104a–115 (Zweitb. 1997/1998), Rn. 184 ff., 199 ff. m.w.N.; allgemein zu den Wechselbeziehungen zwischen »Föderalismustypen und Typen der Finanzverfassung« *G.F. Schuppert*, Verwaltungswissenschaft, 2000, S. 945.

[150] *H. Hofmann*, HStR³ I, § 9 Rn. 75.

[151] Die entscheidende Weichenstellung zur prinzipiell fehlenden Justitiabilität der Bedürfnisklausel (BVerfGE 2, 213 [224]) erfolgte bereits 1953.

[152] Dazu insb. *H. Schneider*, DÖV 1957, 644 ff.; *ders.*, Verträge zwischen Gliedstaaten im Bundesstaat, VVDStRL 19 (1961), S. 1 ff.

[153] *Hesse*, Bundesstaat (Fn. 126); s. zu den auch später zu beobachtenden Unitarisierungstendenzen *G.-B. Oschatz*, Kooperativer Zentralismus, in: D. Merten (Hrsg.), Der Bundesrat in Deutschland und Österreich, 2001, S. 135 ff. (137 ff.).

[154] Vgl. *H. Hofmann*, HStR³ I, § 9 Rn. 76; *Vogel/Waldhoff* (Fn. 149), Vorb. zu Art. 104a–115 Rn. 203 ff., 207 ff.

Art. 20 (Bundesstaat)   C. Erläuterungen

stimmungsbedürftigkeit von Bundesgesetzen[155] bewirkte Bedeutungszuwachs des Bundesrates, über den die Länder bei der Bundesgesetzgebung mitwirken; Kehrseite davon war freilich eine zunehmende föderative Politikverflechtung.

30   War die Entwicklung hin zum unitarischen Bundesstaat anfangs noch ein eher schleichender Umgestaltungsprozess, so wurde die Abkehr vom separativen Grundmuster im **kooperativen Föderalismus** zum Programm. Mitte der 1960er Jahre galt die überkommene Form des Föderalismus vielen als überaltert – tendenziell ungeeignet für »eine zeitgemäße und zweckmäßige Erfüllung der staatlichen Aufgaben«[156]. Die Erneuerung des Bundesstaates sollte sich an dem »aktiven Staatsprinzip« des kooperativen Föderalismus orientieren und einen Ausgleich zwischen einer klaren Aufgabenabgrenzung und der bundesstaatlichen Kräftekonzentration bewirken[157]. Das damals geforderte bewegliche »System der Zusammenordnung und Zusammenarbeit zwischen dem Bund und den Ländern und unter den Ländern«[158] verwirklichte sich – sofern nicht ohnehin längst etabliert – in vielfältigen Formen des Zusammenwirkens, die die Verfassungswirklichkeit bis heute prägen; die Zahl der Bund-Länder-Kommissionen soll zwischenzeitlich auf über 300, die Zahl der länderübergreifenden Gremien und Arbeitsgruppen auf über 900 angestiegen sein[159]. Der Trend zu Kooperation und Koordination ging auch am Grundgesetz nicht spurlos vorbei, wie etwa die 1969 neu in das Grundgesetz[160] aufgenommenen Gemeinschaftsaufgaben (Art. 91a, 91b GG) zeigen. Vor allem aber schlug sich der kooperative Föderalismus im Abschnitt über das Finanzwesen nieder, nämlich in der fortgesetzten Preisgabe und Ergänzung des ursprünglichen Trennsystems durch ein (partielles) Verbundsystem[161]. Zusammen mit der Einschränkung der selbständigen und unabhängigen Haushaltswirtschaft der Länder bewirkte dies einen weiteren Zentralisierungsschub[162]. In der Finanzverfassung hat das Bundesverfassungsgericht Grundgedanken des kooperativen Föderalismus später bis hin zu einer **bundesstaatlichen Solidargemeinschaft** ausgebaut[163].

---

[155] Auch dafür finden sich wichtige Weichenstellungen bereits in den 1950er Jahren; vgl. BVerfGE 8, 274 (294f.).

[156] Vgl. *Kommission für die Finanzreform*, Finanzreform (Fn. 40), S. 20.

[157] *Kommission für die Finanzreform*, Finanzreform (Fn. 40), S. 20f.; vgl. zum kooperativen Föderalismus auch *K. Hesse*, Aspekte des kooperativen Föderalismus in der Bundesrepublik, in: FS Gebhard Müller, 1970, S. 141ff.; *G. Kisker*, Kooperation im Bundesstaat, 1971; *H. Klatt*, VerwArch. 78 (1987), 186ff.; *Maurer*, Staatsrecht, § 10 Rn. 5ff.; *J. Pietzcker*, Zusammenarbeit der Gliedstaaten im Bundesstaat, in: C. Starck (Hrsg.), Zusammenarbeit der Gliedstaaten im Bundesstaat, 1988, S. 17ff.; *W. Rudolf*, HStR³ VI, § 141; *C. Vedder*, Intraföderale Staatsverträge, 1996; *Heun*, Evolution (Fn. 137), S. 185ff.; *Oeter*, Integration (Fn. 3), S. 259ff. m.w.N.; *T. Lenk*, Kooperativer Föderalismus – Wettbewerbsorientierter Föderalismus, in: Bitburger Gespräche, Jahrbuch 1999/II, 2000, S. 31ff. (32ff.); *D. Fricke*, Zum kooperativen Föderalismus, ebd., S. 91ff.

[158] *Kommission für die Finanzreform*, Finanzreform (Fn. 40), S. 20.

[159] *J. Rau*, »Bewährt oder erstarrt? Unser föderatives System auf dem Prüfstand«, in: Bundesrat, Verfassungskonvent (Fn. 142), S. 17ff. (S. 20); zu dem mit den Koordinierungen in der bundesstaatlichen Ordnung und mit dem kooperativen Föderalismus einhergehenden Zentralisierungsschüben s. *Oschatz*, Zentralismus (Fn. 153), S. 139ff.

[160] Einundzwanzigstes Gesetz zur Änderung des Grundgesetzes (Finanzreformgesetz) vom 12.5.1969, BGBl. I S. 359.

[161] Vgl. *Vogel/Waldhoff* (Fn. 149), Vorb. zu Art. 104a–115 Rn. 212ff., 216ff.

[162] Vgl. *H. Hofmann*, HStR³ I, § 9 Rn. 85.

[163] Vgl. BVerfGE 72, 330 (386f.); 86, 148 (214, 264); 101, 158 (221f., Rn. 291f.); 116, 327 (380, Rn. 176f.); vgl. allgemein auch *J.A. Kämmerer*, Föderalismus als Solidarprinzip, in: W. Graf Vitzthum/I. Winkelmann (Hrsg.), Bosnien-Herzegowina im Horizont Europas, 2003, 195ff.; *Klein*

Tatsächliche oder angebliche Fehlentwicklungen des kooperativen Föderalismus (mangelnde Effizienz, Dominanz der Fachbürokratien, Einschränkung der politischen Gestaltungsspielräume, Entmachtung der Parlamente usw.), Politikverflechtung[164] und wachsende ökonomische Schwierigkeiten waren schon in den 80er Jahren Anlass für den Ruf nach einem **reföderalisierten Bundesstaat**, der sich an dem zukunftsorientierten Prinzip eines Konkurrenzföderalismus orientieren sollte[165]. Trotz mancherlei Erfolge[166] konnte diese Gegenstrategie damals allerdings keine grundlegenden Terraingewinne verzeichnen, zumal sie alsbald durch die Wiedervereinigung überlagert wurde, die mit ihrem intensiven Kooperationsbedarf den Reformimpuls »auf Zeit«[167] zurücktreten ließ und dem kooperativen Föderalismus zu neuer Blüte verhalf[168].

31

Etwa seit Mitte der 90er Jahre sah sich der deutsche Föderalismus erneut und zunehmend mit der Forderung nach einer Umstellung der bundesstaatlichen Ordnung auf die Maximen eines **kompetitiven Bundesstaates** konfrontiert[169]. Die Programmatik des kompetitiven Föderalismus ist in der Konkretisierung nicht selten unscharf geblieben und außerordentlich facettenreich[170]. Bisweilen verbindet sich damit das Anliegen eines Paradigmenwechsels mit dem Ziel, Wettbewerb künftig zum zentralen

32

(Fn. 131), § 17 Rn. 13; speziell zum solidarischen Föderalismus im Anschluss an die Wiedervereinigung *Bauer*, Föderalismus (Fn. 121), S. 44 f.

[164] Dazu frühzeitig *F. W. Scharpf/B. Reissert/F. Schnabel*, Politikverflechtung, 1976; dies. (Hrsg.), Politikverflechtung II, 1978; *J. J. Hesse* (Hrsg.), Politikverflechtung im föderativen Staat, 1978; später etwa *A. U. Posse*, Föderative Politikverflechtung in der Umweltpolitik, 1986; *F. W. Scharpf*, Optionen des Föderalismus in Deutschland und Europa, 1994, insb. S. 11 ff.; *ders.*, Föderalismusreform – Kein Ausweg aus der Politikverflechtungsfalle?, 2009; *S. Kropp*, Kooperativer Föderalismus und Politikverflechtung, 2010.

[165] *H. Klatt*, APuZ B 31/1982, S. 3 ff. (S. 8 ff.); *ders.*, APuZ B 28/1986, S. 3 ff. (S. 8 f.); vgl. auch *H.-P. Schneider*, Kooperation, Konkurrenz oder Konfrontation?, Entwicklungslinien des Föderalismus in der Bundesrepublik, in: A. Klönne u. a., Lebendige Verfassung – das Grundgesetz in Perspektive, 1981, S. 91 ff. (113 ff.); *ders.*, NJW 1991, 2448 (2450); weitsichtig *U. Scheuner*, DÖV 1972, 585 (591).

[166] Vgl. *H. Klatt*, APuZ B 31/1982, S. 3 ff. (S. 23 f.).

[167] *P. Häberle*, Die Verwaltung 24 (1991), 169 (177); *M. Nierhaus*, Strukturprobleme des gesamtdeutschen Bundesstaates, in: J. Burmeister u. a. (Hrsg.), Germania restituta, 1993, S. 35 ff. (43 f.).

[168] Dazu näher *A. Dittmann*, HStR IX, § 205 Rn. 34 ff.

[169] Vgl. dazu etwa *Arndt*, Föderalismus (Fn. 138), S. 31 ff.; *A. Ottnad/E. Linnartz*, Föderaler Wettbewerb statt Verteilungsstreit, 1997; *E. Schmidt-Jortzig*, DÖV 1998, 746 ff.; *B. Stamm/G. Merkl*, ZRP 1998, 467 ff.; *H. Klatt*, Plädoyer für einen Wettbewerbsföderalismus, in: C. Meier-Walser/G. Hirscher (Hrsg.), Krise und Reform des Föderalismus, 1999, S. 64 ff.; *H.-G. Henneke*, Der Landkreis 2001, 167 (173 f.); *P. Badura*, Zur Rechtfertigung des föderalistischen Prinzips und zum Subsidiaritätsprinzip, in: Bitburger Gespräche, Jahrbuch 1999/II, 2000, S. 53 ff.; *Leisner*, Wettbewerbsgemeinschaft (Fn. 144), S. 593 ff. (603 ff.); *Nettesheim*, Wettbewerbsföderalismus (Fn. 48), S. 363 ff.; zurückhaltend *P. Häberle*, AöR 124 (1999), 549 (554 ff.); *P. Kirchhof*, Bundesstaatlichkeit als Element des Verfassungsstaates, in: D. Merten (Hrsg.), Der Bundesrat in Deutschland und Österreich, 2001, S. 59 ff. (63); *Huber*, Verantwortungsteilung (Fn. 48), S. D 44 f.; kritisch *Oeter*, Integration (Fn. 3), S. 565 ff.; *H. P. Bull*, DÖV 1999, 269 ff.; *Berlit*, Perspektiven (Fn. 137), S. 76 ff.; *Jekewitz*, Wettbewerbsföderalismus (Fn. 124), S. 1136 ff.; aus finanzverfassungsrechtlicher Sicht *J.-P. Schneider*, Der Staat 40 (2001), 272 (279 ff., 288 ff.); aus politikwissenschaftlicher Sicht *H. Schatz/R. C. van Ooyen/S. Werthes*, Wettbewerbsföderalismus, 2000; vgl. zur Reformdebatte eingehender *Bauer*, Föderalismus (Fn. 121), S. 50 ff. m. w. N.; mit Recht weist *H.-P. Schneider*, NJW 1991, 2448 (2450), auf die im Föderalismus schon ursprünglich angelegte Wettbewerbskomponente hin.

[170] Dazu und zum Folgenden Näheres bei *Bauer*, Föderalismus (Fn. 121), S. 50 ff. m. w. N.; *Jekewitz*, Wettbewerbsföderalismus (Fn. 124), S. 1136 ff.; zur Ausrichtung einzelner Segmente auf Wettbewerb s. am Beispiel des Bildungsföderalimus *A. Wallrabenstein*, Der Bildungsföderalismus auf dem Prüfstand, VVDStRL 73 (2014), S. 41 ff. (insb. 55 ff.).

Art. 20 (Bundesstaat)   C. Erläuterungen

Leitmotiv und Gestaltungsprinzip des bundesdeutschen Föderalismus zu machen, mitunter aber auch das deutlich zurückhaltendere Anliegen, die Länder durch mehr Eigenständigkeit und mehr Eigenverantwortung zu stärken, zugleich Leistungsanreize für optimale Aufgabenerledigung zu schaffen und größtmögliche Effizienz zu erreichen.

33   Einen Ansatzpunkt zur **Umsetzung kompetitiver Maximen** lieferten die angestrebten **Verfassungsreformen,** die allerdings zunächst ins Stocken gekommen waren (→ Rn. 11). Einen weiteren Ansatzpunkt sehen manche in der **Verfassungsinterpretation.** Dazu liegen etwa zur Interpretation der Erforderlichkeitsklausel (Art. 72 II GG n.F.) »im Lichte« des Wettbewerbsföderalismus konkrete Vorschläge vor[171]. Indes stößt dies schon allein deshalb auf Vorbehalte, weil der Konkurrenzföderalismus als Auslegungstopos oder gar als Rechtsgrundsatz weder positivrechtlich noch rechtsmethodologisch hinreichend abgesichert ist[172]. Nicht überzeugen konnte daher auch der im Finanzausgleichsrecht unternommene Versuch, unter Hinweis auf die föderative »Legitimationsgrundlage« des politischen Wettbewerbs dem Bundesstaatsprinzip ein verfassungsrechtliches »Gebot des föderalen Wettbewerbs« zu entnehmen und daraus Konsequenzen für die »finanzverfassungsrechtlich vorgegebene Verteilung der Finanzmittel auf die Länder herzuleiten«[173]. Einen dritten Ansatzpunkt bieten schließlich **unterverfassungsrechtliche Optionen für Konkurrenzföderalismus** mit seit langem bekannten Vorschlägen[174], die von der Politik allerdings kaum genutzt werden.

34   Die beiden 2006 und 2009 schlussendlich durchgeführten Reformen (→ Rn. 12f.) haben **keinen exklusiv kompetitiven Fokus.** Zwar richtete die Föderalismusreform I die bundesstaatliche Ordnung stärker als bisher auf die Programmatik des kompetitiven Bundesstaates aus, freilich offenbar nur in der abgemilderten Form eines »kooperativen« oder »solidarischen Wettbewerbsföderalismus«[175]. Indes brachte schon die Föderalismusreform II eine gewisse Rückbesinnung auf ein kooperatives Bundes-

---

[171] S. insb. *C. Calliess*, Die Justiziabilität des Art. 72 Abs. 2 GG vor dem Hintergrund von kooperativem und kompetitivem Föderalismus, in: Aulehner u.a., Föderalismus (Fn. 13), S. 293 ff., wonach das Konzept des Konkurrenzföderalismus nicht nur »Grundlage und Rechtfertigung« für eine verstärkte Justiziabilität der Erforderlichkeitsklausel sein, sondern die bundesverfassungsgerichtliche Kontrolle auch auf eine konsequente Verhältnismäßigkeitsprüfung umstellen soll; vgl. zur Interpretation der Erforderlichkeitsklausel »im Lichte des kompetitiven Föderalismus« auch *A. Hense*, BayVBl. 2001, 353 (360). S. ferner im Anschluss an die Altenpflege-Entscheidung (BVerfGE 106, 62), die diesen Interpretationsansatz nicht aufgreift, erneut *C. Calliess*, EUGRZ 2003, 181 (193 f.).

[172] Dadurch ist seine Heranziehung zu heuristischen Zwecken nicht ausgeschlossen; vgl. *Sommermann* (Fn. 55), Art. 20 Rn. 55, und allgemein *Bauer*, Bundesstaatstheorie (Fn. 145), S. 654 ff.

[173] BVerfGE 101, 158 (198 f., Rn. 212 ff.). Das Gericht ist dieser Argumentation so mit Recht nicht gefolgt, hat aber erneut insb. das Nivellierungsverbot besonders betont (BVerfGE 101, 158 [221 ff., Rn. 291 f.]); vgl. auch *H.-P. Schneider/U. Berlit*, NVwZ 2000, 841 (841 f.); *Kämmerer*, Föderalismus (Fn. 163), S. 207 ff.

[174] Vor der Föderalismusreform I (2006) genannte Vorschläge betreffen etwa den Verzicht auf die intensive Vereinbarungspraxis durch Einschränkung der »vergemeinschafteten« Politikbereiche; die Reduzierung der Koordinationsgremien; die Zurücknahme der bundesgesetzlichen Regelungsdichte; die Verwendung gesetzlicher Öffnungs- und Experimentierklauseln; den Verzicht auf bundesgesetzliche Zuständigkeits- und Verfahrensregeln, welche die (seit 2006 freilich deutlich eingeschränkte) Zustimmungsbedürftigkeit auslösen; Nutzung finanzausgleichsverfassungsrechtlicher Spielräume; Ersetzung von Bundesrecht durch Landesrecht (Art. 72 III a.F., 125a a.F. GG); vgl. *Schulze-Fielitz*, Stärkung (Fn. 49) S. 144 ff.; *Bauer*, Föderalismus (Fn. 121), S. 58 ff.; *P. M. Huber*, Deutschland in der Föderalismusfalle?, 2003, S. 28 f., 36; jeweils mit Beispielen und m.w.N.

[175] Näheres → Suppl. 2007, Art. 20 (Bundesstaat), Rn. 30a m.w.N.

staatsverständnis, das allerdings auch neue Wettbewerbskomponenten enthält[176]. Doch stand und steht auch dies der **Einführung weiterer Kooperationstatbestände** bis hin zur verfassungsrechtlichen Legalisierung sog. Mischverwaltung nicht entgegen (→ Rn. 14). In den Wechselbädern der Reformen sehen manche eine neue Föderalismustheorie heranwachsen, nämlich das wagemutige **Modell eines experimentellen Bundesstaats**[177].

Die Rückkehr zu stärkerer Konkurrenz dürfte vorerst jedenfalls auch der **europäisierte Föderalismus**[178] behindern. Denn die verfassungsrechtlichen Umgestaltungen im Zuge der fortschreitenden europäischen Integration, in Sonderheit das Bundesratsbeteiligungsverfahren nach Art. 23 GG, haben auf wichtigen Politikfeldern den Abstimmungs- und Kooperationsbedarf intensiviert und werden mit der zunehmenden Verdichtung im Ordnungsrahmen des Europäischen Verfassungsverbunds eher zu noch mehr Koordination und Zusammenarbeit führen. 35

All diese Tendenzen lassen sich als Elemente in ein **gemischtes Bundesstaatsverständnis** einstellen, dessen einzelne Bestandteile entwicklungsgeschichtlich über die Jahrzehnte hinweg ihre relative Bedeutung behalten und immer wieder neu auszubalancieren sind[179]. Das gemischte Bundesstaatsverständnis vermeidet die Festlegung auf ein »reines« Bundesstaatsmodell und richtet sich gegen monofunktionale Föderalismuskonzepte; es erhöht die Integrationskraft der Verfassung, hält die bundesstaatliche Ordnung entwicklungsoffen und dadurch den Bundesstaat als solchen auch bei neuen Herausforderungen und Gefährdungslagen **stabil**[180]. Wegen seiner inhaltlichen Offenheit und Variabilität erschließt es aber weder Orientierungssicherheit noch zuverlässige Steuerungsleistungen für die Rechtsfindung, auch wenn in der Vergangenheit derartige dogmatische Fernwirkungen von einzelnen Bundesstaatskonzeptionen immer wieder zu beobachten waren[181]. 36

II. Bundesstaatsbegriff, Bundesstaatstheorie und Bundesstaatsrechtslehre

Das Grundgesetz rezipiert keinen staatstheoretischen oder sonst der Verfassung vorgegebenen **Bundesstaatsbegriff**. Deshalb muss der normative Gehalt des Begriffs »Bundesstaat« für die konkrete bundesstaatliche Ordnung des Grundgesetzes be- 37

---

[176] Näheres → Suppl. 2010, Art. 20 (Bundesstaat), Rn. 30b m.w.N.; zur »Renaissance« der Gemeinschaftsaufgaben in der Föderalismusreform II s. *M. Seckelmann*, DÖV 2009, 747 ff.
[177] *L. Michael*, JZ 2006, 884 ff.
[178] Zum Begriff *Bauer*, Föderalismus (Fn. 121), S. 46 f.; zu den sachlichen Herausforderungen vgl. an dieser Stelle nur *Grzeszick* (Fn. 104), Art. 20 IV Rn. 167 ff.; *Klein* (Fn. 131), § 17 Rn. 26 ff.; *Sommermann* (Fn. 55), Art. 20 Rn. 58 ff.; → Rn. 17 ff.
[179] So der Vorschlag von *P. Häberle*, Diskussionsbemerkung, VVDStRL 46 (1988), S. 148 ff.; *ders.*, Die Verwaltung 24 (1991), 169 (184 f.); *ders.*, Die Verwaltung 25 (1992), 1 (8); zustimmend z.B. *B.-C. Funk*, Diskussionsbemerkung, VVDStRL 46 (1988), S. 172 ff. (173); *F. Kirchhof*, Grundsätze der Finanzverfassung des vereinten Deutschlands, VVDStRL 52 (1993), S. 71 ff. (81); *Schulze-Fielitz*, Immissionsschutz (Fn. 124), S. 287; *L. Michael*, JZ 2006, 884 (886); Zur späteren Fortentwicklung dieses Ansatzes mit der Perspektive auf ein kulturwissenschaftliches Bundesstaatsverständnis s. *P. Häberle*, AöR 124 (1999), 549 (554 ff.); *ders.*, ZÖR 62 (2007), 39 (46); *ders.* (Fn. 120), § 10 Rn. 13 ff.
[180] Abweichende Akzentuierung bei *Klein* (Fn. 131), § 17 Rn. 14 (»labiler Bundesstaat« im Sinne *Richard Thomas*); die Redeweise vom »labilen« Bundesstaat relativierend *Sommermann* (Fn. 55), Art. 20 Rn. 27.
[181] Dazu eingehender *Bauer*, Bundesstaatstheorie (Fn. 145), S. 645 ff.; vgl. auch *Jekewitz*, Wettbewerbsföderalismus (Fn. 124), S. 1135.

Art. 20 (Bundesstaat) C. Erläuterungen

stimmt werden[182]. Gleichwohl wird der Bundesstaat in Anlehnung an ältere Definitionen (→ Rn. 3, 5) überwiegend erläutert als »eine durch die Verfassung des Gesamtstaates geformte staatsrechtliche Verbindung von Staaten in der Weise, daß die Teilnehmer Staaten bleiben oder sind (Gliedstaaten), aber auch der organisierte Staatenverband selbst (Gesamtstaat) die Qualität eines Staates besitzt«[183].

38 Ebensowenig wie einen der Verfassung vorausliegenden Bundesstaatsbegriff rezipiert das Grundgesetz eine allgemeine **Bundesstaatstheorie**[184]. Nicht zu verkennen ist freilich, dass solche Theorien auch nach dem Inkrafttreten des Grundgesetzes immer wieder das Interesse der Staatsrechtslehre auf sich gezogen haben[185] und selbst das Bundesverfassungsgericht der Verlockung eines Rückgriffs auf solche Theorien nicht immer widerstanden hat. Im Konkordats-Urteil finden sich nämlich Ausführungen[186], die im Sinne der **Theorie vom dreigliedrigen Bundesstaat** gedeutet wurden, wonach im Bundesstaatsrecht zwischen der Bundesrepublik Deutschland (als Gesamtstaat), dem Bund (als Zentralstaat) und den Ländern (als Gliedstaaten) zu unterscheiden sei; dabei sollen Bund und Länder einander gleichgeordnet, dem Gesamtstaat aber untergeordnet sein[187]. Inzwischen hat das Gericht diese Position jedoch zu den Akten gelegt, und es bekennt sich in Übereinstimmung mit der wohl herrschenden Lehre zu einem **zweigliedrigen Bundesstaat**, der die Länder als Teile des ihnen prinzipiell übergeordneten Oberstaates (Bund) betrachtet[188]. Doch haben derartige Bundesstaatstheorien allenfalls beschränkten rechtsdogmatischen Erkenntniswert[189].

---

[182] *Vogel* (Fn. 35), § 22 Rn. 2; ähnlich z. B. *Grzeszick* (Fn. 104), Art. 20 IV Rn. 15 f.; *Herzog* (Fn. 15), Art. 20 IV Rn. 29 f.; *Hesse*, Verfassungsrecht, Rn. 217; *J. Isensee*, HStR VI, § 126 Rn. 5; *U. Karpen/M. v. Rönn*, JZ 1990, 579 (579); *Robbers* (Fn. 1), Art. 20 Rn. 1004; *Schnapp* (Fn. 131), Art. 20 Rn. 10 f.; *Stern*, Staatsrecht I, S. 648.

[183] So *Stern*, Staatsrecht I, S. 644 f. m. w. N.; ebenso oder ähnlich z. B. *M. Sachs*, in: Sachs, GG, Art. 20 Rn. 55; *M. Jestaedt*, HStR³ II, § 29 Rn. 9; *Kloepfer*, Verfassungsrecht I, S. 226; *J. A. Kämmerer*, Staatsorganisationsrecht, 2. Aufl. 2012, S. 61; *O. Kimminich*, HStR I, § 26 Rn. 5 f.; *Hofmann* (Fn. 48), Art. 20 Rn. 10; *Härtel* (Fn. 84), § 16 Rn. 21; Betonung der Aufteilung staatlicher Aufgaben, wechselseitiger Ingerenzrechte und einer gewissen Homogenität von gesamt- und gliedstaatlichen Ordnungen bei *Hesse*, Bundesstaat (Fn. 83), Sp. 317 und *Vogel* (Fn. 35), § 22 Rn. 2. S. zur Staatsqualität von Bund und Ländern auch *E. Schmidt-Aßmann*, Jura 1987, 449 (449 f.) und aus der bundesverfassungsgerichtlichen Spruchpraxis etwa BVerfGE 1, 14 (34); 34, 9 (19); 36, 342 (360 f.); vgl. auch BVerfGE 116, 327 (380, Rn. 176).

[184] Ebenso z. B. *Bethge*, Bundesstaat (Fn. 83), Sp. 993; *Herzog* (Fn. 15), Art. 20 IV Rn. 29 f.; *Schnapp* (Fn. 131), Art. 20 Rn. 11 ff.; *Šarčević*, Bundesstaatsprinzip (Fn. 131), S. 8, 24 ff. und passim; relativierend *Isensee*, Bundesstaat (Fn. 106), S. 730 ff.; *M. Jestaedt*, HStR³ II, § 29 Rn. 7 ff.

[185] S. zur Diskussion etwa *M. Usteri*, Theorie des Bundesstaates, 1954; *Grzeszick* (Fn. 104), Art. 20 IV Rn. 58 ff.; *Herzog* (Fn. 15), Art. 20 IV Rn. 1 ff.; *J. A. Frowein*, Die Konstruktion des Bundesstaates, in: v. Münch, Föderalismus (Fn. 2), S. 47 ff.; ders., Die Entwicklung des Bundesstaates unter dem Grundgesetz, in: R. Mußgnug (Hrsg.), Rechtsentwicklung unter dem Bonner Grundgesetz, 1990, S. 17 ff. (25 ff.); *O. Kimminich*, HStR I, § 26 Rn. 8 ff., 40 ff.; *Klein* (Fn. 131), § 17 Rn. 3; *J. Isensee*, HStR³ VI, § 126 Rn. 5, 88 ff.; ders., Bundesstaat (Fn. 106), S. 730 ff.; *Bauer*, Bundestreue (Fn. 11), S. 219 ff.; ders., Bundesstaatstheorie (Fn. 145), S. 645 ff.; *Oeter*, Integration (Fn. 3), S. 233 ff., 373 ff., 573; *M. Jestaedt*, HStR³ II, § 29 Rn. 7 ff.; *L. Michael*, JZ 2006, 884 ff.; *D. Buscher*, Der Bundesstaat in Zeiten der Finanzkrise, 2010, S. 70 ff. und passim; *S. Smith*, Konfliktlösung im demokratischen Bundesstaat, 2011, S. 57 ff., 153 ff. → Rn. 27 ff.

[186] BVerfGE 6, 309 (340, 364); pointierte Grundsatzkritik bei *J. H. Kaiser*, ZaöRV 18 (1957/58), 526 (insb. 529 ff.).

[187] Knappe Darstellung (auch gegenteiliger Theorien) bei *E. Stein*, Staatsrecht, 16. Aufl. 1988, S. 111 ff.; s. auch *Schnapp* (Fn. 131), Art. 20 Rn. 11.

[188] BVerfGE 13, 54 (77 f.).

[189] Frühe einflussreiche und nachhaltig wirksame Grundsatzkritik bei *Hesse*, Bundesstaat (Fn. 126). Der geringe rechtsdogmatische Erkenntniswert schließt freilich nicht aus, dass über die

Anders verhielte es sich mit einer spezifisch am Grundgesetz ansetzenden und darauf zugeschnittenen **Bundesstaatsrechtslehre**, die jedoch noch aussteht[190]. Sie müsste jenseits der verfehlten Formeln von Gleichordnung, Überordnung und Unterordnung an dem »Miteinander, Nebeneinander und Gegeneinander«[191] von Bund und Ländern ansetzen und könnte die bundesstaatliche Ordnung mit den Kategorien der Rechtsverhältnislehre erfassen, die nicht nur den normativen und rechtstatsächlichen Befunden entsprechen, sondern auch Steuerungsleistungen für die praktische Handhabung des Bundesstaatsrechts erbringen[192]. Im **dogmatischen Ordnungsrahmen der Rechtsverhältnislehre** sind Bund und Länder als Rechtssubjekte des bundesstaatsrechtlichen Grundverhältnisses sowie in den besonderen Rechtsverhältnissen des Bundesstaatsrechts durch wechselseitige, auch mehrpolig wirkende Rechte und Pflichten in vielfältiger Weise voneinander abgegrenzt und zugleich aufeinander bezogen.

39

III. Einzelne Elemente der bundesstaatlichen Ordnung des Grundgesetzes

Die bundesstaatliche Ordnung ist in zahlreichen Normen des Grundgesetzes detailliert ausgeformt (→ Rn. 22) und bei diesen Vorschriften eingehender kommentiert. Nicht oder jedenfalls nicht zentral an anderer Stelle[193] geregelt sind Rechtsfragen der Staatlichkeit von Bund und Ländern (→ Rn. 41 f.), der föderativen Gleichheit (→ Rn. 43) und der Bundestreue (→ Rn. 45 ff.).

40

Jahrzehnte hinweg bis heute immer wieder theoriegeleitete Einflussnahmen auf Rechtsdogmatik und -anwendung zu verzeichnen sind; vgl. *Bauer*, Bundesstaatstheorie (Fn. 145), S. 661 ff.

[190] Vgl. *Bauer*, Bundestreue (Fn. 11), S. 261 f. m.w.N.; *Šarčević*, Bundesstaatsprinzip (Fn. 131), S. 24 ff.; *M. Jestaedt*, HStR³ II, § 29 Rn. 8.

[191] So eine bislang zu wenig beachtete Forderung von *K. Stern*, Die föderative Ordnung im Spannungsfeld der Gegenwart, in: Politikverflechtung zwischen Bund, Ländern und Gemeinden, 1975, S. 15 ff. (22 m. Fn. 31); *ders.*, Staatsrecht I, S. 659 m. Fn. 91; kritisch auch *Klein* (Fn. 131), § 17 Rn. 15; *R. Bartlsperger*, HStR³ VI, § 128 Rn. 30 f. Gleichwohl sind verräumlichende Ordnungsvorstellungen bis heute im Gespräch; vgl. etwa *J. Isensee*, HStR³ VI, § 126 Rn. 92 ff.; *Grzeszick* (Fn. 104), Art. 20 IV Rn. 102 ff.;

[192] Näheres dazu bei *Bauer*, Bundestreue (Fn. 11), S. 260 ff. mit Darlegung praktischer Konsequenzen am Beispiel der Bundestreue (S. 294 ff.); vgl. zur Fruchtbarmachung des subjektiven Rechts für die Bundesstaatsrechtsdogmatik auch *A. Bleckmann*, JZ 1991, 900 ff., und zur Rechtsverhältnislehre als Ordnungsrahmen für bundesstaatliche Rechtsbeziehungen *M. Schulte*, VerwArch. 81 (1990), 415 (420 ff.); ferner *L. Michael*, JZ 2006, 884 (886), der dieser Lehre allerdings überwiegend heuristische Bedeutung beimisst. Über die dogmatischen Grundkategorien der Bundesstaatsrechtslehre besteht freilich nach wie vor alles andere als Klarheit. Charakteristisch sind die Kontroversen über die Bedeutung des subjektiven Rechts im Bund-Länder-Verhältnis; vgl. dazu nur einerseits *M. Kenntner*, Justitiabler Föderalismus, 2000, und andererseits – mit dem bezeichnenden Titel »Wider die Subjektivierung objektiver Rechtspositionen im Bund-Länder-Verhältnis« – *U. Müller/K.-G. Mayer/L. Wagner*, VerwArch. 93 (2002), 585 ff.; 94 (2003), 127 ff., 295 ff. Nichts anderes gilt für die Kompetenz als (angeblicher) »Grundkategorie bundesstaatlicher Organisation«, die unlängst *J. Isensee*, HStR³ VI, § 133, mit der Forderung nach einer »Allgemeinen Kompetenzlehre des Bundesstaates« verknüpfte, dabei aber gleichzeitig konzedieren muss, dass das Grundgesetz den Begriff der »Kompetenz« nicht verwendet und der Begriff »selbst Produkt der Theorie« sei (ebd., Rn. 11 ff.).

[193] Vgl. zu dem Bundesstaatsprinzip zugeordneten Gewährleistungsinhalten mit uneinheitlichen Ausdifferenzierungen *Šarčević*, Bundesstaatsprinzip (Fn. 131), S. 230 ff.; *M. Jestaedt*, HStR³ II, § 29 Rn. 64 ff.

Art. 20 (Bundesstaat)   C. Erläuterungen

1. Staatlichkeit von Bund und Ländern

41   Eine Grundannahme des Bundesstaatsrechts ist traditionell die Staatlichkeit von Bund und Ländern (→ Rn. 37), die freilich nie unangefochten war (→ Rn. 3) und hinsichtlich der Länder bereits in der Weimarer Staatsrechtslehre in die Nähe mehr politisch-symbolischer Funktionen gerückt wurde[194]. Auch das Bundesverfassungsgericht hat die **Staatsqualität der Länder** wiederholt angesprochen[195]. Damit verbindet das Gericht die Vorstellung einer – wenn auch gegenständlich beschränkten – eigenen, nicht vom Bund abgeleiteten, sondern von ihm lediglich anerkannten staatlichen Hoheitsmacht[196] und das Anliegen, die Länder von hoch- bzw. höchstpotenzierten Gebietskörperschaften dezentralisierter Einheitsstaaten abzugrenzen[197]. In der Sache dient die Formel der Sicherung der Rechtssubjektivität der Länder[198], der Gewährleistung von Eigenverantwortlichkeit, Selbständigkeit und Autonomie der Länder durch Wahrung der ihnen vom Grundgesetz zugeordneten Rechtspositionen[199].

42   Dazu zählt zuallererst die normativ in Art. 28 I GG vorausgesetzte[200] **Verfassungsautonomie**, die den Ländern bei der Ausgestaltung der Landesverfassungen, etwa der Vorschriften über Kreation und Aufgaben der Landesverfassungsorgane, einen weiten Freiraum zuweist[201] (→ Art. 28 Rn. 42 ff.). Auch muss den Ländern ein **Kernbestand eigener Aufgaben** verbleiben; zu diesem sog. »Hausgut« gehören neben der Verfassungsautonomie und der freien Bestimmung über die Organisation in der Spruchpraxis bislang noch nicht näher präzisierte legislative, exekutive und judikative Aufgaben und Befugnisse sowie die Garantie eines angemessenen Anteils am Gesamtsteueraufkommen im Bundesstaat[202]. Diese Rechtspositionen sind gegen Übergriffe des Bundes

---

[194] Vgl. *Thoma*, Bundesstaat (Fn. 18), S. 173 f.; s. aber auch ebd., S. 177 ff.

[195] BVerfGE 1, 14 (34); 6, 309 (346 f.); 14, 221 (234); 34, 9 (19); 36, 342 (360 f.); 60, 175 (207 f.); 72, 330 (385 f.); 81, 310 (334); 87, 181 (196); 101, 158 (221 f., Rn. 291); 116, 327 (380, Rn. 176); aus der Literatur etwa *Šarčević*, Bundesstaatsprinzip (Fn. 131), S. 230 ff.; *Hofmann* (Fn. 48), Art. 20 Rn. 11; *Isensee*, Bundesstaat (Fn. 106), S. 737 ff.; *M. Jestaedt*, HStR³ II, § 29 Rn. 65; *A. Dittmann*, HStR³ VI, § 127 Rn. 1, 9 f.; *W. Kahl*, Nachhaltige Finanzstrukturen im Bundesstaat, in: ders. (Hrsg.), Nachhaltige Finanzstrukturen im Bundesstaat, 2011, S. 1 (5); *T. Herbst*, Gesetzgebungskompetenzen im Bundesstaat, 2014, S. 74 f.; *S. Huster/J. Rux*, in: Epping/Hillgruber, GG, Art. 20 Rn. 7 ff.; *Kloepfer*, Verfassungsrecht I, S. 241 ff.; selektive Rechtsprechungsanalyse bei *B.-S. Dörfer*, Bundesverfassungsgericht und Bundesstaat, 2010, S. 40 ff.; ablehnend *Hanebeck*, Bundesstaat (Fn. 137), S. 48 ff., 356 f.; kritisch unter Hinweis auf die allenfalls geringe praktische Bedeutung der Staatlichkeit der Länder *C. Möllers*, Staat als Argument, 2000, S. 350 ff. → Art. 28 Rn. 42.

[196] BVerfGE 1, 14 (34); 60, 175 (207).

[197] BVerfGE 34, 9 (19 f.).

[198] Vgl. zur traditionell »partiellen« Rechtssubjektivität der Länder im Völkerrecht *B. Fassbender*, Der offene Bundesstaat, 2007, insb. S. 419 ff.

[199] Vgl. auch BVerfGE 125, 141 (154, Rn. 53).

[200] Statt vieler *Härtel* (Fn. 84), § 16 Rn. 76.

[201] Vgl. BVerfGE 1, 14 (34); 60, 175 (207); 64, 301 (317 f.); 96, 345 (368 f.); 99, 1 (11 f., Rn. 58 f.); 102, 224 (234, Rn. 46); 103, 332 (347, Rn. 55); 349 f., Rn. 59 f.); ferner *H. Dreier*, Einheit und Vielfalt der Verfassungsordnungen im Bundesstaat, in: K. Schmidt (Hrsg.), Vielfalt des Rechts – Einheit der Rechtsordnung?, 1994, S. 113 ff. (insb. 121 ff.); *H.J. Boehl*, Verfassunggebung im Bundesstaat, 1997, S. 171 ff.; *A. Stiens*, Chancen und Grenzen der Landesverfassungen im deutschen Bundesstaat der Gegenwart, 1997; *Klein* (Fn. 131), § 17 Rn. 6 ff.; → Art. 79 III Rn. 48.

[202] BVerfGE 34, 9 (19 f.); vgl. auch BVerfGE 87, 181 (196); jeweils zu Art. 79 III GG; *Hofmann* (Fn. 48), Art. 20 Rn. 12; *Isensee*, Bundesstaat (Fn. 106), S. 738; *M. Jestaedt*, HStR³ II, § 29 Rn. 65; *Sommermann* (Fn. 55), Art. 20 Rn. 34; ferner speziell zur Finanzausstattung BVerfGE 55, 274 (300); 72, 330 (383, 388); 101, 158 (221 f., Rn. 290 f.); 116, 327 (380 f., Rn. 176 ff.). Dagegen regelt das Grundgesetz »grundsätzlich nicht die Vermögensausstattung von Bund und Ländern« und begründet

III. Einzelne Elemente der bundesstaatlichen Ordnung Art. 20 (Bundesstaat)

geschützt, daneben aber auch der Selbstpreisgabe entzogen[203]. Praktische Bedeutung kann letzteres im kooperativen Bundesstaat (→ Rn. 30) namentlich für das **intraföderative Vertragsrecht** erlangen[204]; denn das Verbot der Selbstpreisgabe kann ab einer gewissen qualitativen Intensität und/oder Quantität entsprechenden Vertragsgestaltungen entgegenstehen[205].

2. Föderative Gleichheit und föderatives Gleichbehandlungsgebot

Als weiteres »bedeutsames Element des Föderalismus« wird mitunter »bündische Gleichheit« benannt, wonach die Länder prinzipiell »nicht nur auf allen Gebieten staatlichen Handelns die gleichen Aufgaben und Kompetenzen« haben, sondern »auch im Verhältnis untereinander und zum Bund über dieselben Rechte und Pflichten« verfügen[206]. Dem entspricht andernorts die unmittelbar aus dem herrschenden Bundesstaatsbegriff bzw. der Staatsqualität der Länder hergeleitete Gleichheit der Länder[207], die Zuordnung eines Status der Gleichheit zum Grundstatus der Länder[208] und die verselbständigte Behandlung von Gleichheitsfragen als Element des Bundesstaatsprinzips[209]. Eine derart pauschalisierte **Ländergleichheit** überzeugt jedoch nicht. Denn die Verfassung selbst nimmt an einer nicht unwesentlichen Stelle, nämlich bei der Zusammensetzung des Bundesrates (Art. 51 II GG), nach der Einwohnerzahl gewichtige Abstufungen zwischen den Ländern vor. Daher drängt es sich auf, die verfassungsrechtliche Gleichheit bzw. Ungleichheit der Länder für die einzelnen bundesstaatlichen Rechtsverhältnisse gesondert anhand der jeweils einschlägigen Normen

43

---

insb. keinen Anspruch der Länder gegen den Bund auf Ausstattung mit bestimmten Vermögensgegenständen (BVerfGE 95, 250 [262]).

[203] Offenlassend BVerfGE 81, 181 (196 f.).

[204] Zu intraföderativen Verträgen s. etwa *Schneider*, Verträge (Fn. 152), S. 1 ff.; *R. Grawert*, Verwaltungsabkommen zwischen Bund und Ländern in der Bundesrepublik Deutschland, 1967; *Grzeszick* (Fn. 104), Art. 20 IV Rn. 152 ff.; *Kisker*, Kooperation (Fn. 157); *Pietzcker*, Zusammenarbeit (Fn. 157), S. 17 ff. (insb. 46 ff.); *W. Rudolf*, HStR³ VI § 141 Rn. 54 ff.; *Vedder* Staatsverträge (Fn. 157); *H. Bauer/F. Brosius-Gersdorf*, Art. Staatsverträge, Verwaltungsabkommen, in: EvStL⁴, Sp. 2340 ff., 2612 f.

[205] Vgl. etwa *Grzeszick* (Fn. 104), Art. 20 IV Rn. 160 f.; *Kisker*, Kooperation (Fn. 157), S. 169 ff.; *M. Schladebach*, VerwArch. 98 (2007), 238 (254); *Vedder*, Staatsverträge (Fn. 157), S. 144 f. unter Hinweis auf Art. 29 GG und Art. 28 I 1 in Verbindung mit Art. 20 I, II GG; BVerwGE 22, 299 (305 ff., insb. 309: »Verzicht der Länder auf unverzichtbare Hoheitsrechte«); 23, 195 (197 f.).

[206] *H.-P. Schneider*, NJW 1991, 2448 (2451); grundlegende Überlegungen zur Gleichheit der Gliedstaaten im Bundesstaat bei *H. Huber*, ZöR XVIII (1968), 247 ff.; aus der Weimarer Zeit *K. Behnke*, Die Gleichheit der Länder im Deutschen Bundesstaatsrecht, 1926; zu den geschichtlichen Grundlagen des föderativen Gleichheitsgedankens eingehend *M. C. F. Pleyer*, Föderative Gleichheit, 2005, S. 57 ff.

[207] *Herzog* (Fn. 15), Art. 20 IV Rn. 66; wohl auch *S. Korioth*, Der Finanzausgleich zwischen Bund und Ländern, 1997, S. 111 ff.; differenzierend und für die Status-Gleichheit (freilich nur unter Vorbehalt) bejahend, für nicht statusbezogene Ungleichbehandlung jedoch verneinend *M. Jestaedt*, HStR³ II, § 29 Rn. 65.

[208] *J. Isensee*, HStR³ VI, § 126 Rn. 137 ff., in Auseinandersetzung mit den uneinheitlichen Begründungsansätzen des Bundesverfassungsgerichts.

[209] *Jarass/Pieroth*, GG, Art. 20 Rn. 17 f.; *Sachs* (Fn. 183), Art. 20 Rn. 73; *Sommermann* (Fn. 55), Art. 20 Rn. 35 f.; *Robbers* (Fn. 1), Art. 20 Rn. 1084.

des Grundgesetzes zu ermitteln[210]. Daraus ergibt sich der Inhalt eines föderativen Gleichheitssatzes, der **Pflichten zur Gleich- bzw. Ungleichbehandlung** auslöst[211].

44 In jüngerer Zeit hat das Bundesverfassungsgericht allerdings in finanzverfassungsrechtlichem Kontext wiederholt aus dem Bundesstaatsprinzip und dem allgemeinen Gleichheitssatz ein **föderatives Gleichbehandlungsgebot für den Bund im Verhältnis zu den Ländern** hergeleitet[212]. Aus diesem Gleichbehandlungsgebot sollen bei der Gewährung von Bundesergänzungszuweisungen mit dem Ziel einer allgemeinen Anhebung der Finanzkraft leistungsschwacher Länder zum einen eine Pflicht zur Gleichbehandlung dieser Länder und zum anderen bei der Berücksichtigung von Sonderlasten erhöhte Transparenzanforderungen (Benennung und Begründung der Sonderlasten) resultieren; auch ist der Bundesgesetzgeber verpflichtet, die berücksichtigten Sonderlasten in angemessenen Zeitabständen auf ihren Fortbestand zu überprüfen. Das föderative Gleichbehandlungsgebot »versteht die Länder als staatliche Gebietskörperschaften grundsätzlichen gleichen Rangs und dient der Wahrung einer Balance zwischen der Eigenstaatlichkeit der Länder und der bundesstaatlichen Solidargemeinschaft«.[213] Das klingt sympathisch, hat aber den entscheidenden Schönheitsfehler völlig unzureichender und bei Zugrundelegung der sonstigen bundesverfassungsgerichtlichen Spruchpraxis zur prinzipiell fehlenden Grundrechtsträgerschaft von juristischen Personen des öffentlichen Rechts überdies inkonsistenter Begründung[214]. Hinzu kommt, dass föderative Gleichbehandlung eine »klassische« Konkretisierung der Bundestreue[215] ist und deshalb die abweichenden bzw. changierenden normativen Begründungsansätze ohne Not irritieren und für die Handhabung des Rechts nicht wirklich hilfreich sind. Das gilt auch für weitere Konkretisierungen wie Verhandlungsbereitschaft, Fairness und Sachlichkeit des procedere, Verbot willkürlicher Obstruktion, Verbot der missbräuchlichen Inanspruchnahme von Kompetenzen und Befugnissen, Verbot sachwidriger Diskriminierung, Vertragstreue sowie Wahrung von Treu und Glauben, insb. Vertrauensschutz[216], die keine Direktiven des grundgesetzlichen föderativen Gleichheitssatzes, sondern normativ und rechtsdogmatisch der Bundestreue zuzuordnen sind.

---

[210] *Pleyer*, Gleichheit (Fn. 206), S. 155; zustimmend *Grzeszick* (Fn. 104), Art. 20 IV Rn. 113; *Klein* (Fn. 131), § 17 Rn. 11.
[211] Vgl. *Pleyer*, Gleichheit (Fn. 206), S. 237 ff., 254 ff.
[212] Vgl. dazu und zum Folgenden BVerfGE 72, 330 (331, 404 ff.); 86, 148 (271 ff., 275 f.); 101, 158 (225, Rn. 301 f.; 235, Rn. 335; 237, Rn. 342); 116, 327 (382, Rn. 180); 119, 394 (410 f., Rn. 50); 122, 1 (38 f., Rn. 129 f.).
[213] BVerfGE 122, 1 (38, Rn. 130) unter Hinweis auf BVerfGE 1, 158 (222).
[214] S. dazu nur die kritische Rechtsprechungsanalyse von *P. Selmer/L. Hummel*, Das »föderative Gleichbehandlungsgebot« in der bundesstaatlichen Finanz- und Haushaltsverfassung, in: Jahrbuch für öffentliche Finanzen 2012, 2012, S. 385 ff. (386 ff.).
[215] S. nur BVerfGE 12, 205 (255) zum »gleichen verfassungsrechtlichen Status« der Länder, die »Anspruch auf gleiche Behandlung haben.«
[216] So die von *J. Isensee*, HStR³ VI, § 126 Rn. 151, der bundesstaatlichen Gleichheit entnommenen Direktiven. *Isensee* macht freilich selbst darauf aufmerksam, dass sich das Bundesverfassungsgericht bei der Ableitung konkreter Handlungsdirektiven aus der föderativen Gleichheit auf die Bundestreue stützt (ebd., Rn. 152). S. zu dieser normativen Einbindung auch BVerfGE 12, 205 (255 f.: Bundestreue); 41, 291 (308). Die Spruchpraxis ist allerdings nicht eindeutig; vgl. etwa BVerfGE 1, 299 (315: föderalistisches Prinzip) und die u.a. auf Art. 20 I i.V.m. Art. 3 I GG abstellenden, mitunter aber auch ohne jeden Ausweis einer Rechtsgrundlage auskommenden Entscheidungen in Fn. 212.

3. Bundestreue

a) Bedeutung, Rechtsgrundlagen und allgemeine Anwendungsmodalitäten

Die Bundestreue gilt als **wichtigste Emanation des bundesstaatlichen Prinzips** und ist in der bundesverfassungsgerichtlichen Spruchpraxis ein häufig herangezogener Grundsatz der bundesstaatlichen Ordnung[217]. Wegen ihrer ursprünglichen Ausrichtung auf den monarchischen Bundesstaat (→ Rn. 3) war sie dem Grundgesetz nicht »ganz ohne weiteres« zu entnehmen[218]. Gleichwohl und trotz gelegentlich geäußerter Vorbehalte[219] ist der Grundsatz bundesfreundlichen Verhaltens in der bundesstaatlichen Ordnung des Grundgesetzes mittlerweile fest etabliert[220]; das Bundesverfassungsgericht bezeichnete ihn sogar wiederholt als einen das gesamte verfassungsrechtliche Verhältnis zwischen Bund und Ländern beherrschenden Grundsatz[221].

45

Die Bundestreue hat die »**Funktion**, die aufeinander angewiesenen ›Teile‹ des Bundesstaats, Bund und Länder, stärker unter der gemeinsamen Verfassungsordnung aneinander zu binden«[222]. In ganz allgemeiner Umschreibung enthält sie für Bund und Länder die verfassungsrechtliche Pflicht, einander die Treue zu halten und sich zu verständigen[223]. Ihre **Rechtsgrundlage** ist der allgemeine **Grundsatz von Treu und Glauben** in bundesstaatsspezifischer Ausprägung[224]; die Rückführung auf Treu und

46

---

[217] So ein Ergebnis der Rechtsprechungsanalyse von *W. Rudolf*, Die Bundesstaatlichkeit in der Rechtsprechung des Bundesverfassungsgerichts, in: Festgabe BVerfG, Bd. II, S. 233 ff. (235).

[218] Vgl. *R. Smend*, Art. Integration, in: EvStL³, Sp. 1354 ff. (1356).

[219] Grundsätzliche Kritik etwa bei *Hesse*, Bundesstaat (Fn. 126), S. 6 ff.; *ders.*, Verfassungsrecht, Rn. 268 f.; *P. Lerche*, Föderalismus als nationales Ordnungsprinzip, VVDStRL 21 (1964), S. 66 ff. (88 ff.); zurückhaltend auch *Oeter*, Integration (Fn. 3), S. 480 ff.; Vorbehalte wegen angeblicher normativer Unterdeckung bei *Wittreck* (Fn. 100), § 18 Rn. 48 f.; Näheres zur Kritik bei *Bauer*, Bundestreue (Fn. 11), S. 156 ff. m.w.N.

[220] Z.B. *M. Antoni*, in: Hömig, GG, Art. 20 Rn. 1; *Bayer*, Bundestreue (Fn. 27); *A. Bleckmann*, JZ 1991, 900 ff.; *C. Doerfert*, JuS 1996, L 89 ff.; *Egli*, Bundestreue (Fn. 100), S. 163 ff.; *H.J. Faller*, Das Prinzip der Bundestreue in der Rechtsprechung des Bundesverfassungsgerichts, in: FS Maunz, 1981, S. 53 ff.; *W. Geiger*, Die wechselseitige Treuepflicht von Bund und Ländern, in: A. Süsterhenn (Hrsg.), Föderalistische Ordnung, 1961, S. 113 ff.; *H. Görg*, Die gegenseitige Treuepflicht des Bundes und der Länder auf Gebieten des Finanzwesens, in: FS Herrfahrdt, 1961, S. 73 ff.; *Grzeszick* (Fn. 104), Art. 20 IV Rn. 118 (»nahezu uneingeschränkte Anerkennung im verfassungsrechtlichen Schrifttum«); *C. Heitsch*, Die Ausführung der Bundesgesetze durch die Länder, 2001, S. 101 ff.; *Heun*, Evolution (Fn. 137), S. 175; *Huster/Rux* (Fn. 195), Art. 20 Rn. 36 ff.; *J. Isensee*, HStR³ VI, § 126 Rn. 160 ff.; *M. Jestaedt*, HStR³ II, § 29 Rn. 73 ff.; *Klein* (Fn. 131), § 17 Rn. 12; *J. Lücke*, Der Staat 17 (1978), 341 ff.; *ders.*, VerwArch. 70 (1979), 293 ff.; *G. Müller*, Bundestreue im Bundesstaat, in: FS Kiesinger, 1964, S. 213 ff.; *U. Müller/K.-G. Mayer/L. Wagner*, VerwArch. 94 (2003), 295 (303 ff.); *Robbers* (Fn. 1), Art. 20 Rn. 1126 ff. (mit einer Zusammenstellung zahlreicher Anwendungsfälle); *H.G. Rupp*, Zum Problem der Bundestreue im Bundesstaat, in: Festgabe Schmid, 1965, S. 141 ff.; *Stern*, Staatsrecht I, S. 699 ff.; *P. Unruh*, EuR 37 (2002), 41 (47 ff.); vgl. auch *Wittreck* (Fn. 100), § 18 Rn. 1 (»ständige verfassungsgerichtliche Rechtsprechung« und auch »im ganz überwiegende[n] Teil in der Literatur« anerkannt); die folgende Darstellung orientiert sich an der bei *Bauer*, Bundestreue (Fn. 11), S. 218 ff., 313 ff., vorgeschlagenen Dogmatik; zur Ausstrahlungskraft auf ausländische Verfassungsdebatten und Verfassungen sowie auf die europäische Verfassung → Rn. 18, 21.

[221] So oder ähnlich BVerfGE 12, 205 (254); 61, 149 (205); 81, 310 (337); BVerwGE 147, 348 (359); vgl. auch BVerfGE 103, 81 (88, Rn. 32); 104, 249 (282, Rn. 116); 133, 241 (271 f., Rn. 87 f.).

[222] BVerfGE 8, 122 (140); Hervorhebung hinzugefügt.

[223] Vgl. BVerfGE 1, 299 (315).

[224] Näheres zur normativen, auch die Anerkennung in der Spruchpraxis und durch bundesstaatliche Akteure einbeziehenden Begründung bei *Bauer*, Bundestreue (Fn. 11), S. 234 ff. (insb. 245 ff. mit 198 ff.) m.w.N. auch zu anderweitigen Begründungsansätzen (bündisches Prinzip, Wesen des Bundesstaates, Verfassungsgewohnheitsrecht, rechtsstaatliche Grundsätze wie Übermaßverbot,

Art. 20 (Bundesstaat)   C. Erläuterungen

Glauben ist zwar nicht unumstritten, aber erleichtert, seitdem das Bundesverfassungsgericht bei der Konkretisierung der Bundestreue auf Verpflichtungen zu enger und vertrauensvoller Zusammenarbeit zurückgreift, auf die sich Bund und Länder aufgrund des zwischen ihnen bestehenden »wechselseitigen Treueverhältnisses« verständigt hatten[225]. Die normative Verankerung in Treu und Glauben unterstreicht die **Subsidiarität** des Grundsatzes bundesfreundlichen Verhaltens[226] für die gerichtliche Konfliktentscheidung; da zahlreiche Vorschriften des Grundgesetzes im dogmatischen Kontext mit der Bundestreue stehen und teilweise als deren Ausdruck gewertet werden[227], kann sie allerdings auch für deren Interpretation Bedeutung erlangen[228]. Nach diesen Vorgaben ergänzt der Grundsatz bundesfreundlichen Verhaltens das ausdrücklich geregelte Bundesstaatsrecht.

47   Die Bundestreue entfaltet für Bund und Länder **wechsel- und mehrseitige Rechtswirkungen** in den multipolaren bundesstaatlichen Rechtsverhältnissen: Sie bindet den Bund im Verhältnis zu den Ländern, die Länder im Verhältnis zum Bund und die Länder im Verhältnis untereinander[229]. Daraus können sich im Einzelfall für Bund und Länder auch **Verhaltenspflichten gegenüber Dritten** ergeben – so etwa für die Länder eine Verpflichtung zu kommunalaufsichtlichem Einschreiten, soweit der Bund zur Wahrung der grundgesetzlichen Ordnung auf die Mitwirkung eines Landes angewiesen ist[230], und für den Bund eine Verpflichtung zur Wahrung von Länderrechten durch den Einsatz der ihm zur Verfügung stehenden Mittel in den Organen der Europäischen

---

etc.); ebenso oder ähnlich *Lorz*, Interorganrespekt (Fn. 104), S. 24 f.; *Sachs* (Fn. 183), Art. 20 Rn. 68; *Schulze-Fielitz*, Immissionsschutz (Fn. 124), S. 290; *Smith*, Konfliktlösung (Fn. 185), S. 372; *M. Cornils*, Maßstabs-, Verfahrens- und Entscheidungskoordination in der föderalen Medienordnung, in: I. Härtel (Hrsg.), Handbuch Föderalismus, Bd. I, 2012, § 66 Rn. 63; *A. Scheidler*, UBWV 2012, 93 (96); *Robbers* (Fn. 1), Art. 20 Rn. 1128 (»lässt sich auf den allgemeinen Grundsatz von Treu und Glauben zurückführen«), der allerdings offenbar auch andere Begründungsansätze wie das »Wesen des Bundesstaats« heranzieht (ebd., Rn. 1126 ff.); vgl. auch *Schnapp* (Fn. 131), Art. 20 Rn. 14; *Kloepfer*, Verfassungsrecht I, S. S. 263; *Grzeszick* (Fn. 104), Art. 20 IV Rn. 120 f.; *S. Detterbeck*, Öffentliches Recht, 9. Aufl. 2013, S. 4 (»Die Parallele zum bürgerlich-rechtlichen Grundsatz von Treu und Glauben [§ 242 BGB] ist offensichtlich.«); ablehnend *M. Jestaedt*, HStR³ II, § 29 Rn. 73 ff., der stattdessen für die Herleitung auf die bundesstaatliche Funktionsfähigkeit abstellt; *Egli*, Bundestreue (Fn. 100), S. 153 f., 155 ff., die stattdessen auf das »Insgesamt des Grundgesetzes« und eine Gesamtschau der verschiedensten bundesstaatlichen Bestimmungen abstellt; organisationsfokussierte Begründung bei *G. Roellecke*, in: Umbach/Clemens, GG, Art. 20 Rn. 38 f.; für eine Herleitung aus Art. 72 II GG a. F. *A. Bleckmann*, JZ 1991, 900 (901 ff.); für eine Rückführung auf den Zusammenschluss souveräner Staaten zu einem Bund (Bundesschluss) *O. Depenheuer*, HStR IX, § 204 Rn. 110; Zusammenstellung einzelner Begründungsansätze mit kritischer Würdigung bei *Wittreck* (Fn. 100), § 18 Rn. 39 ff., der die Bundestreue im »Geist der organischen Staatsauffassung« verwurzelt sieht, als »theologieaffinen Kompaktbegriff« bezeichnet und als »dogmatisches Gespinst« offenbar möglichst in die staatsrechtliche (Schmuddel-)Ecke stellen will, was mit der normativ unterfangenen, eingehegten und dirigierten Verfassungswirklichkeit freilich nicht so recht zusammenpassen will und daher ziemlich weltabgewandt ist.

[225] BVerfGE 92, 203 (232, 234). Bekanntlich anerkennen auch die Akteure dieses wechselseitige Treueverhältnis und richten ihr Verhalten darauf aus und ein; dazu *Bauer*, Bundestreue (Fn. 11), S. 198 ff. m. w. N.

[226] Vgl. *Hesse*, Verfassungsrecht, Rn. 270; *J. Isensee*, HStR³ VI, § 126 Rn. 166; *Sachs* (Fn. 183), Art. 20 Rn. 69.

[227] Z. B. Art. 32 II, 35, 91, 107 II, 109 II GG.

[228] Exemplarisch BVerfGE 72, 330 (386 f., 397 f., 402) zum Finanzausgleich.

[229] Z. B. BVerfGE 12, 205 (254 f.); *B.G. Schubert*, Jura 2003, 607 (610); *Grzeszick* (Fn. 104), Art. 20 IV Rn. 119; *Wittreck* (Fn. 100), § 18 Rn. 51 m. w. N.

[230] BVerfGE 8, 122 (138).

III. Einzelne Elemente der bundesstaatlichen Ordnung   **Art. 20 (Bundesstaat)**

Union[231]. **Keine Anwendung** findet die Bundestreue hingegen auf nicht am Bundesstaatsrechtsverhältnis beteiligte Dritte wie etwa die **Gemeinden**[232]; nicht anzuwenden ist sie außerdem im **(Innen-)Verhältnis der Verfassungsorgane** des Bundes bzw. der Länder, für das nicht die Bundes-, sondern die Verfassungsorgantreue[233] *sedes materiae* ist.

In diesem Bezugsrahmen erstreckt sich der **Anwendungsbereich** des Grundsatzes   48
bundesfreundlichen Verhaltens auf Bund und Länder bei jeder ihrer Maßnahmen, auch wenn der Bundestreue oftmals nur **akzessorischer Charakter** attestiert wird[234]. Dabei ist der **Einwand »tu quoque«** ausgeschlossen, d.h. weder Bund noch Länder können sich ihrer Pflicht zu bundesfreundlichem Verhalten mit der Behauptung oder dem Nachweis entziehen, dass der jeweils andere Teil seiner Pflicht zu bundesfreundlichem Verhalten nicht nachgekommen sei[235]. Verletzungen der Bundestreue implizieren keinen Schuldvorwurf und setzen keinen Nachweis der Treulosigkeit oder Böswilligkeit voraus[236], sind also **verschuldensunabhängig**. Als Rechtsgrundlage für **Haftungsansprüche** im Bund-Länder-Verhältnis ist die Bundestreue nach herkömmlichem Verständnis nicht geeignet[237]. Allerdings ist die Bundestreue ein entwicklungsoffener Grundsatz[238], der für Fortbildungen aufgeschlossen ist. Unter Berücksichtigung dieser allgemeinen Anwendungsdirektiven haben sich über die Jahre hinweg vielfältige **Einzelkonkretisierungen** ergeben, die sich beim derzeitigen Entwicklungsstand – freilich nicht überschneidungsfrei – typologisch unter den Stichwörtern Pflichtenbegründung (→ Rn. 49 f.), Rechtsbeschränkung (→ Rn. 51) und Bereitstellung ergänzender Regeln für das intraföderative Vertragsrecht (→ Rn. 52) im wesentlichen drei **Fallgruppen** zuordnen lassen.

---

[231] BVerfGE 92, 203 (235 ff.); dazu *I. Winkelmann*, DÖV 1996, 1 ff. m.w.N.

[232] *Jarass/Pieroth*, GG, Art. 20 Rn. 20; *Wittreck* (Fn. 100), § 18 Rn. 51; a.A. BVerwGE 82, 266 (268 f.) – autofreie Ferieninsel; s. zur Diskussion *K. Meßerschmidt*, Die Verwaltung 23 (1990), 425 ff. m.w.N.

[233] Die »sich wissenschaftsgeschichtlich als Ausgründung der Bundestreue präsentiert« (*Wittreck* [Fn. 100], § 18 Rn. 53); allgemein zur Organtreue *W.-R. Schenke*, Die Verfassungsorgantreue, 1977; BVerfGE 89, 155 (191), 90, 286 (337); 97, 350 (374 f.); 119, 96 (125, Rn. 91). Zur parallelen Ausgründung der Organtreue im Unionsrecht (Art. 13 II 2 EUV) aus der Unionstreue (→ Rn. 18) vgl. *Härtel* (Fn. 97), § 82 Rn. 214.

[234] Zur Heranziehung bei jeder Maßnahme s. BVerfGE 8, 122 (131); vgl. auch BVerfGE 6, 309 (361); 12, 205 (255). Der zunächst in BVerfGE 13, 54 (75); 21, 312 (326); 42, 103 (117) unternommene und in der Literatur wiederholt positiv aufgegriffene (z.B. *C. Doerfert*, JuS 1996, L 89 [L 91]; *U. Müller/K.-G. Mayer/L. Wagner*, VerwArch. 94 [2003], 295 [305 ff.]) Versuch, den Einsatz der Bundestreue auf bereits bestehende konkrete Rechtsverhältnisse zu beschränken und ihn strikt akzessorisch auszugestalten, überzeugt in dieser Allgemeinheit nicht und wird im übrigen auch der sonstigen Spruchpraxis nicht gerecht. Kritisch zur Akzessorietätsthese auch *A. Bleckmann*, Völkerrecht im Bundesstaat?, in: Schweizerisches Jahrbuch für Internationales Recht 29 (1973), S. 9 ff. (47); vgl. auch *F. Ossenbühl*, NVwZ 2003, 53 ff.; Näheres bei *Bauer*, Bundestreue (Fn. 11), S. 335 ff. m.w.N. Bis in die jüngere Zeit hinein hat das Gericht die Akzessorietätsthese allerdings wiederholt aufgegriffen und fallentscheidend zum Einsatz gebracht; vgl. BVerfGE 95, 250 (266); 103, 81 (88, Rn. 31); 104, 238 (247 f., Rn. 35); 110, 33 (52, Rn. 101).

[235] BVerfGE 8, 122 (140); *Sachs* (Fn. 183), Art. 20 Rn. 69; *Sommermann* (Fn. 55), Art. 20 Rn. 38; *Stern*, Staatsrecht I, S. 702.

[236] BVerfGE 8, 122 (140); *J. Isensee*, HStR³ VI, § 126 Rn. 166; *Sachs* (Fn. 183), Art. 20 Rn. 69; *Stern*, Staatsrecht I, S. 702.

[237] BVerwGE 12, 253 (255 f.); vgl. auch BVerwGE 96, 45 (50).

[238] *Bauer*, Bundestreue (Fn. 11), S. 313 ff.; *Sommermann* (Fn. 55), Art. 20 Rn. 37.

Art. 20 (Bundesstaat)   C. Erläuterungen

b) **Konkretisierungen in Fallgruppen**

49   Zur **Fallgruppe der pflichtenbegründenden Konkretisierungen** gehören zunächst **Verpflichtungen zu Hilfs- und Unterstützungsleistungen**; Beispiele dafür liefern namentlich das Finanzverfassungsrecht[239] und die erwähnten Verhaltenspflichten gegenüber Dritten (→ Rn. 47). **Verpflichtungen zu Information und Konsultation** wurden der Bundestreue u.a. für politisch entscheidende Beratungen, die alle Länder angehen[240], sowie im Zusammenhang mit Regelungsvorhaben der Europäischen Union[241] entnommen. Derartige Informations- und Konsultationsverpflichtungen sind oftmals Begleiterscheinungen von umfassenderen Koordinations- und Kooperationsbeziehungen, für die in der Bundestreue weitergehende **Gebote zu Abstimmung und Zusammenarbeit** angelegt sind. Solche Pflichten zu überregionaler Koordination und Kooperation finden sich etwa im Medienrecht[242], im Umweltabgabenrecht[243] und im Finanzverfassungsrecht[244]; ähnliches gilt für Bereiche, in denen Bund und Länder von der Mitwirkung der jeweils anderen Seite abhängig sind[245], sowie bei bereits begonnenem oder rechtlich angeordnetem Zusammenwirken[246].

50   Ein weiterer wichtiger Komplex pflichtenbegründender Konkretisierungen betrifft **Verfahrenspflichten**, in denen bisweilen sogar der Kerngedanke der Bundestreue vermutet wurde[247]. In der bundesverfassungsgerichtlichen Spruchpraxis haben sie bisher vor allem für das Problemfeld »Verhandlungen im Bundesstaat« und die Begründung von Anhörungspflichten Bedeutung erlangt: Zu den »**Verhandlungen im Bundesstaat**« stellte das Gericht fest, dass die Länder den gleichen verfassungsrechtlichen Status besitzen und im Verkehr mit dem Bund Anspruch auf gleiche Behandlung haben; deshalb darf der Bund bei Verhandlungen, die alle Länder betreffen, nicht einzelne Länder ausgrenzen, ausschließen oder benachteiligen[248]. Danach trifft den Bund eine Verpflichtung zu verfahrensmäßiger Fairness und Gleichbehandlung, die den Ländern gleiche Einflussmöglichkeiten im und durch Verfahren sichert; das schließt ein Benachteiligungsverbot für parteipolitisch oppositionelle Landesregierungen ebenso ein wie das Gebot zur Gewährung einer angemessenen Frist für Meinungsbildung und Stellungnahme. Umgekehrt sind auch die Länder zu **Verfahrensfairness** verpflichtet und dürfen deshalb beispielsweise nicht durch willkürlich-obstruktives Verhalten in Verhandlungen gemeinsam zu treffende Entscheidungen blockieren[249] oder ihre Kooperation von exklusiv parteipolitischen Zielen abhängig machen. Die **Anhörungs-**

---

[239] BVerfGE 72, 330 (395ff., 402ff.); 86, 148 (263ff.); 101, 158 (221f., Rn. 291f.); vgl. auch bereits BVerfGE 1, 117 (131).

[240] BVerfGE 12, 205 (255f.).

[241] BVerfGE 92, 203 (235).

[242] BVerfGE 73, 118 (196f.); s. zur Einsatzbreite im Medienrecht auch *Cornils* (Fn. 224), §66 Rn. 63ff.

[243] BVerfGE 98, 106 (118ff., Rn. 62ff.).

[244] BVerfGE 39, 96 (111); 86, 148 (265).

[245] Z.B. BVerfGE 56, 298 (322); vgl. aber auch BVerfGE 98, 218 (249f., Rn. 130f.), wonach im Zusammenhang mit der Rechtschreibreform das Ausscheren eines Landes nicht zur Unzulässigkeit der Reform führt.

[246] Vgl. z.B. BVerfGE 1, 299 (315f.); 12, 205 (254); 39, 96 (125); 41, 291 (310, 312); 72, 330 (402).

[247] Dazu *Lerche*, Föderalismus (Fn. 219), S. 89; *ders.*, Prinzipien (Fn. 137), S. 82; *Cornils* (Fn. 224), §66 Rn. 63; vgl. auch *Smith*, Konfliktlösung (Fn. 185), S. 373ff.; allgemein zur Herleitung prozeduraler Anforderungen aus der Bundestreue BVerfGE 133, 241 (271, Rn. 87).

[248] BVerfGE 12, 205 (255ff.).

[249] Vgl. BVerfGE 1, 299 (315f.); 39, 96 (119f.); 21, 291 (308).

III. Einzelne Elemente der bundesstaatlichen Ordnung Art. 20 (Bundesstaat)

pflichten sind namentlich bezüglich des Weisungsrechts des Bundes in der Bundesauftragsverwaltung näher präzisiert; sie gebieten grundsätzlich, dem betroffenen Land Gelegenheit und angemessene Zeit zur Stellungnahme zu geben, ohne ihm allerdings einen Anspruch auf inhaltliche Berücksichtigung seiner Stellungnahme im Ergebnis einzuräumen[250].

In der **Fallgruppe rechtsbeschränkender Konkretisierungen** ist neben dem **Verbot widersprüchlichen Verhaltens**[251] das Verbot missbräuchlicher Rechtsausübung[252] hervorzuheben. Danach kann die Ausübung eines Rechts unzulässig sein, wenn der Rechtsinhaber keine berechtigten Interessen verfolgt oder überwiegende Belange des bzw. der anderen Beteiligten entgegenstehen und die Rechtsausübung zu einer gravierenden Störung der bundesstaatlichen Ordnung führen würde. Ein Verstoß gegen das **Rechtsmissbrauchsverbot** liegt u.a. bei einem aus sachfremden Motiven erhobenen, daher unsachlichen und in diesem Sinne willkürlichen Widerspruch bei einer durch Gesetz geforderten Verständigung zwischen Bund und Ländern vor[253]. Weitere Beispiele sind Rechtsausübungen, die eine Erschütterung des gesamten Finanzgefüges von Bund und Ländern[254] zur Folge haben und vom Bundesverfassungsgericht in besoldungsrechtlichem Kontext betont wurden. Auch etwaige Überreaktionen bei der – bislang freilich noch nicht praktisch gewordenen – Ausübung des Bundeszwanges gehörten hierher[255]. Außerdem hat das Bundesverfassungsgericht wiederholt auf eine inhaltliche Verdeutlichung und Erweiterung des Anwendungsbereichs hingewiesen, welche die Verpflichtung zur Kompetenzausübung in wechselseitiger bundesstaatlicher Rücksichtnahme durch das Rechtsstaatsprinzip erfahre[256]; daraus resultiere ein **Verbot widersprüchlicher Regelungskonzeptionen**, das alle rechtsetzenden Organe des Bundes und der Länder verpflichte, »Regelungen jeweils so aufeinander abzustimmen, daß den Normadressaten nicht gegenläufige Regelungen erreichen, die die Rechtsordnung widersprüchlich machen«[257]. 51

In die **Fallgruppe der Bereitstellung ergänzender Regeln für das intraföderative Vertragsrecht** sind zuallererst der Grundsatz *pacta sunt servanda*[258] und die *clausula rebus sic stantibus*[259] einzustellen. Daneben entnimmt die Spruchpraxis der Bundestreue ergänzende Einzelaspekte des intraföderativen Vertragsrechts wie die Verpflichtung zur vorübergehenden weiteren Anwendung einer wegen inhaltlicher Unvereinbarkeit 52

---

[250] BVerfGE 81, 310 (337 f., 346 f.); zur verfahrensrechtlichen Beurteilung des Vorgehens des Bundes beim sog. »Atomkonsens« s. einerseits BVerfGE 104, 249 (269 ff., Rn. 90 ff. – Senatsmehrheit) und andererseits – überzeugend – BVerfGE 104, 249 (273, Rn. 96; 282 ff., Rn. 115 ff. – Sondervotum).
[251] Dazu *Bauer*, Bundestreue (Fn. 11), S. 358.
[252] Aus jüngerer Zeit etwa BVerfGE 104, 249 (269 f., Rn. 90); 106, 1 (27, Rn. 104); 106, 225 (243 f., Rn. 52); 110, 33 (52, Rn. 101); 119, 96 (125, Rn. 91); 133, 241 (271, Rn. 87).
[253] BVerfGE 1, 299 (316); 12, 205 (254); 39, 96 (119 f.); 41, 291 (308).
[254] BVerfGE 4, 115 (140).
[255] Vgl. dazu *Bayer*, Bundestreue (Fn. 27), S. 98: Bundeszwang als ultima ratio.
[256] Grundlegend BVerfGE 98, 106 (118 f., Rn. 62 f.; 125 ff., Rn. 84 ff.); vgl. auch BVerfGE 98, 83 (97 f., Rn. 139 ff.); 98, 265 (301 f., Rn. 166 ff.); 108, 169 (181 f., Rn. 47 f.); BVerwGE 110, 248 (249 f.); dazu *M. Führ*, KritJ 31 (1998), 503 ff.; *U. Karpen/S. Becker*, JZ 2001, 966 (968); *S. Haack*, Widersprüchliche Regelungskonzeptionen im Bundesstaat, 2002, S. 22 ff. → Art. 31 Rn. 60.
[257] BVerfGE 98, 106 (119, Rn. 62); kritisch zum Kohärenzgebot etwa *C. Bumke*, ZG 14 (2001), 376 ff.
[258] Vgl. BVerwGE 50, 137 (145) für das Zwischenländervertragsrecht; zweifelnd *Sachs* (Fn. 183), Art. 20 Rn. 72.
[259] BVerfGE 34, 216 (232); 42, 345 (358); BVerwGE 50, 137 (145).

als landesverfassungswidrig festgestellten vertraglichen Regelung²⁶⁰ und bei bestimmten Kündigungen den Ausschluss des Einwandes der Fristversäumnis, »wenn das anschlußkündigende Land seine Erklärung zwar verspätet, aber noch binnen angemessener Überlegungsfrist abgibt«²⁶¹.

D. Verhältnis zu anderen GG-Bestimmungen

53 Die bundesstaatliche Ordnung weist **Bezüge zum republikanischen, demokratischen, rechtsstaatlichen** und **sozialen Prinzip** sowie zu den **Gewährleistungen individueller Freiheit** auf (→ Rn. 24). Doch darf dies nicht dazu verleiten, Verfassungsgrundsätze, die auf völlig anders geartete Regelungsmaterien bezogen sind, unbesehen auf das Bund-Länder-Verhältnis zu übertragen. Das betrifft etwa aus dem **Rechtsstaatsprinzip** abgeleitete Schranken für Einwirkungen des Staates in den Rechtskreis des Einzelnen und insb. das **Übermaßverbot**, das in einem Denken in den Kategorien von Freiraum und Eingriff wurzelt; denn dem Grundsatz der Verhältnismäßigkeit kommt eine die individuelle Rechts- und Freiheitssphäre verteidigende Funktion zu, die auf die Rechtsverhältnisse zwischen Bund und Ländern nicht übertragbar ist²⁶². Andererseits kann das Rechtsstaatsprinzip Inhalt und Anwendungsbereich des Grundsatzes bundesfreundlichen Verhaltens verdeutlichen und erweitern (→ Rn. 51).

54 »**Parallelinstitute**« zur Bundestreue sind die **Verfassungsorgantreue** (→ Rn. 47) sowie – im Recht der Europäischen Union – die **Unionstreue** (→ Rn. 18) und die **Unionsorgantreue** (→ Fn. 233), die dort auch als Loyalitätsprinzip (Grundsätze der loyalen Zusammenarbeit) bezeichnet werden. Diese Parallelinstitute haben jedoch einen anderen Anwendungsbereich und kommen dementsprechend in anderen Rechtsverhältnissen zum Einsatz.

55 Die in Art. 20 I GG grundgelegte bundesstaatliche Ordnung ist durch die Verfassung an vielen Stellen präzisiert und detailliert ausgeformt. Diese **speziellen Vorschriften** machen bei der Entscheidung konkreter bundesstaatlicher Konflikte einen Rückgriff auf das allgemeine Bundesstaatsprinzip regelmäßig entbehrlich (→ Rn. 22). Gleichwohl ist Art. 20 I GG für die Festlegung auf den Bundesstaat konstitutiv. Auch umfasst die bundesstaatliche Ordnung des Grundgesetzes mehr als die Summe der ausdrücklich geregelten Ausformungen (→ Rn. 23); für das ungeschriebene Verfassungsrecht ist

---

²⁶⁰ BVerwGE 50, 137 (147 ff.).

²⁶¹ BVerwGE 60, 162 (194, 203) unter Hinweis auf den Grundsatz bundesfreundlichen Verhaltens, den Gedanken länderfreundlichen Verhaltens und den Grundsatz von Treu und Glauben (unzulässige Rechtsausübung).

²⁶² Grundlegend BVerfGE 81, 310 (310, 338); zustimmend *Bauer*, Bundestreue (Fn. 11), S. 240 ff.; zurückhaltend *Sachs* (Fn. 183), Art. 20 Rn. 70; anders *Bayer*, Bundestreue (Fn. 27), S. 91 m. Fn. 53: partielle Deckung mit dem Grundsatz der Verhältnismäßigkeit; weitergehend für die Anwendung des Übermaßverbotes im Bund-Länder-Verhältnis *A. Heusch*, Der Grundsatz der Verhältnismäßigkeit im Staatsorganisationsrecht, 2003, S. 93 ff., 166 ff., 235 f.; *Sommermann* (Fn. 55), Art. 20 Rn. 39 m.w.N.; zum bundesstaatstheoretischen Hintergrund s. *Bauer*, Bundesstaatstheorie (Fn. 145), S. 665 f. Der Meinungsstreit ist im praktischen Ergebnis weitgehend bedeutungslos, weil das Übermaßverbot insoweit lediglich ein funktionelles Äquivalent für die Bundestreue sein dürfte. Die Kontroverse berührt aber rechtsdogmatische Grundfragen; auch insoweit verliert sie freilich an Bedeutung, wenn man beim Einsatz von Übermaßverbot und Verhältnismäßigkeitsgrundsatz den Blick von grundrechtlichem Eingriffs-Abwehr-Denken (BVerfGE 81, 310 [310, 338]) abwendet und stattdessen auf das *allgemeine* Gebot verhältnismäßiger Rechtsausübung, also letztlich auf das (allgemeine) Rechtsmissbrauchsverbot (→ Rn. 51) abstellt.

die Bundestreue (→ Rn. 45 ff.) ein ebenso klassischer wie plakativer Beleg. Dies alles ändert aber nichts daran, dass die konkreten, unmittelbar aus Art. 20 I GG ableitbaren verfassungsrechtlichen Aussagen vergleichsweise gering sind (→ Rn. 40 ff.), zumal dann, wenn – wie hier (→ Rn. 46) – die Bundestreue nicht dem »Wesen des Bundesstaates« entnommen wird[263]. Das hat u.a. Konsequenzen für **Art. 79 III GG**, der mit der gesonderten Sicherung der Gliederung des Bundes in Länder und der grundsätzlichen Mitwirkung der Länder bei der Gesetzgebung für die Bundesstaatlichkeit ohnehin Wege geht, die von der Behandlung anderer Verfassungsgrundsätze abweichen. Jedenfalls muss nach der Hausgut-Formel des Bundesverfassungsgerichts[264] den Ländern ein **Kernbestand eigener Aufgaben** einschließlich eines angemessenen Anteils am Gesamtsteueraufkommen verbleiben (→ Rn. 42). Ergänzend ist darauf hinzuweisen, dass der Bundesstaat nicht zum Ensemble der **freiheitlichen demokratischen Grundordnung** gehört[265].

---

[263] Anders z.B. *M. Jestaedt*, HStR³ II, § 29 Rn. 73 ff. und – zu Art. 79 III GG – Rn. 48 ff.
[264] BVerfGE 34, 9 (19 f.); 87, 181 (196); vgl. auch *A. Puttler*, HStR³ VI, § 142 Rn. 40 f.
[265] *H. Dreier*, JZ 1994, 741 (749).

Art. 20 (Rechtsstaat)

Artikel 20 [Verfassungsprinzipien; Widerstandsrecht]

(1) Die Bundesrepublik Deutschland ist ein demokratischer und sozialer Bundesstaat.

(2) [1]**Alle Staatsgewalt** geht vom Volke aus. [2]Sie **wird** vom Volke in Wahlen und Abstimmungen und **durch besondere Organe der Gesetzgebung, der vollziehenden Gewalt und der Rechtsprechung ausgeübt.**

(3) Die Gesetzgebung ist an die verfassungsmäßige Ordnung, die vollziehende Gewalt und die Rechtsprechung sind an Gesetz und Recht gebunden.

(4) Gegen jeden, der es unternimmt, diese Ordnung zu beseitigen, haben alle Deutschen das Recht zum Widerstand, wenn andere Abhilfe nicht möglich ist.

Literaturauswahl

v. Arnauld, Andreas: Rechtssicherheit, 2006.

v. Arnauld, Andreas: Gewaltenteilung jenseits der Gewaltentrennung. Das gewaltenteilige System in der Verfassungsordnung der Bundesrepublik Deutschland, in: ZParl. 32 (2001), S. 678–698.

v. Arnauld, Andreas: Rechtsstaat, in: Otto Depenheuer/Christoph Grabenwarter (Hrsg.), Verfassungstheorie, 2010, § 21 (S. 703–742).

Baer, Susanne: Vermutungen zu Kernbereichen der Regierung und Befugnissen des Parlaments, in: Der Staat 40 (2001), S. 525–552.

Benda, Ernst: Der soziale Rechtsstaat, in: HdbVerfR, § 17 (S. 719–797).

Blanke, Hermann-Josef: Vertrauensschutz im deutschen und europäischen Verwaltungsrecht, 2000.

v. Bogdandy, Armin: Gubernative Rechtsetzung, 2000.

Breuer, Rüdiger: Konkretisierungen des Rechtsstaats- und des Demokratiegebots, in: Festgabe 50 Jahre Bundesverwaltungsgericht, 2003, S. 223–253.

Buchwald, Delf: Prinzipien des Rechtsstaats, 1996.

Calliess, Christian: Rechtsstaat und Umweltstaat, 2001.

Cornils, Matthias: Gewaltenteilung, in: Otto Depenheuer/Christoph Grabenwarter (Hrsg.), Verfassungstheorie, 2010, § 21 (S. 657–702).

Demel, Michael u. a. (Hrsg.): Funktionen und Kontrolle der Gewalten, 2001.

Denninger, Erhard: Grenzen und Gefährdungen des Rechtsstaats, in: Rechtstheorie 24 (1993), S. 7–15.

Di Fabio, Udo: Gewaltenteilung, in: HStR[3] II, § 27 (S. 613–658).

Gassner, Ulrich M.: Gesetzgebung und Bestimmtheitsgrundsatz, in: ZG 11 (1996), S. 37–56.

Grimm, Dieter: Stufen der Rechtsstaatlichkeit, in: JZ 2009, S. 596–600.

Hey, Johanna: Steuerplanungssicherheit als Rechtsproblem, 2002.

Hömig, Dieter: Grundlagen und Ausgestaltung der Wesentlichkeitslehre, in: Festgabe 50 Jahre Bundesverwaltungsgericht, 2003, S. 273–288.

Hoffmann, Birgit: Das Verhältnis von Gesetz und Recht, 2003.

Hoffmann-Riem, Wolfgang: Gesetz und Gesetzesvorbehalt im Umbruch, in: AöR 130 (2005), S. 5–70.

Hofmann, Hasso: Geschichtlichkeit und Universalitätsanspruch des Rechtsstaats, in: Der Staat 34 (1995), S. 1–32.

Hofmann, Rainer/Marko, Joseph/Merli, Franz/Wiederin, Ewald (Hrsg.): Rechtsstaatlichkeit in Europa, 1996.

Horn, Hans-Detlef: Gewaltenteilige Demokratie, demokratische Gewaltenteilung, in: AöR 127 (2002), S. 427–459.

Isensee, Josef: Rechtsstaat – Vorgabe und Aufgabe der Einung Deutschlands, in: HStR IX, § 202 (S. 3–128).

Isensee, Josef (Hrsg.): Gewaltenteilung heute, 2000.

Kloepfer, Michael: Die Entfaltung des Verhältnismäßigkeitsprinzips, in: Festgabe 50 Jahre Bundesverwaltungsgericht, 2003, S. 329–346.

Kunig, Philip: Das Rechtsstaatsprinzip, 1986.

Kunig, Philip: Der Rechtsstaat, in: Festschrift 50 Jahre Bundesverfassungsgericht, Band 2, 2001, S. 421–444.

Ladeur, Karl-Heinz/Gostomzyk, Tobias: Der Gesetzesvorbehalt im Gewährleistungsstaat, in: Die Verwaltung 36 (2003), S. 141–169.
Leisner, Anna: Kontinuität als Verfassungsprinzip, 2002.
Lerche, Peter: Übermaß und Verfassungsrecht (1961), 2. Aufl. 1999.
Lerche, Peter: Vorbehalt des Gesetzes und Wesentlichkeitstheorie, in: HGR III, § 62 (S. 301–331).
Maurer, Hartmut: Kontinuitätsgewähr und Vertrauensschutz, in: HStR³ IV, § 79 (S. 395–475).
Maurer, Hartmut: Rechtsstaatliches Prozessrecht, in: Festschrift 50 Jahre Bundesverfassungsgericht, Band 2, S. 467–503.
Merten, Detlef: Verhältnismäßigkeitsgrundsatz, in: HGR III, § 68 (S. 517–567).
Möllers, Christoph: Gewaltengliederung, 2005.
Möllers, Christoph: Die drei Gewalten, 2008.
Ossenbühl, Fritz: Vorrang und Vorbehalt des Gesetzes, in: HStR³ V, § 101 (S. 183–221).
Papier, Hans-Jürgen/Möller, Johannes: Das Bestimmtheitsgebot und seine Durchsetzung, in: AöR 122 (1997), S. 177–211.
Pieroth, Bodo: Historische Etappen des Rechtsstaats in Deutschland, in: Jura 2011, S. 729–735.
Poscher, Ralf: Die Funktionenordnung des Grundgesetzes, in: GVwR² I, § 8 (S. 543–584).
Reimer, Franz: Das Parlamentsgesetz als Steuerungsmittel und Kontrollmaßstab, in: GVwR² I, § 9 (S. 585–675).
Reinhardt, Michael: Konsistente Jurisdiktion, 1997.
Riechelmann, Frank: Struktur des verfassungsrechtlichen Bestandsschutzes, 2. Aufl. 2006.
Šarčević, Edin: Der Rechtsstaat, 1996.
Schlink, Bernhard: Der Grundsatz der Verhältnismäßigkeit, in: Festschrift 50 Jahre Bundesverfassungsgericht, Band 2, 2001, S. 445–465.
Schmidt-Aßmann, Eberhard: Der Rechtsstaat, in: HStR³ II, § 26 (S. 541–612).
Schmidt-Aßmann, Eberhard: Das allgemeine Verwaltungsrecht als Ordnungsidee, 2. Aufl. 2004.
Schmidt-Jortzig, Edzard: Grenzen der staatlichen Strafgewalt, in: Festschrift 50 Jahre Bundesverfassungsgericht, Band 2, 2001, S. 505–525.
Schoch, Friedrich: Entformalisierung staatlichen Handelns, in: HStR³ III, § 37 (S. 131–226).
Schulze-Fielitz, Helmuth: Zur Geltung des Rechtsstaates: Zwischen Kulturangemessenheit und universellem Anspruch, in: Zeitschrift für vergleichende Politikwissenschaft 5 (2011), S. 1–23.
Schwarz, Kyrill-A.: Vertrauensschutz als Verfassungsprinzip, 2002.
Sobota, Katharina: Das Prinzip Rechtsstaat, 1997.
Sommermann, Karl-Peter: Staatsziele und Staatszielbestimmungen, 1997.
Stötzel, Martin: Vertrauensschutz und Gesetzesrückwirkung, 2002.
Uhle, Arnd: Rechtsstaatliche Prozeßgrundrechte und -grundsätze, in: HGR V, § 129 (S. 1087–1160).
Unruh, Peter: Der Verfassungsbegriff des Grundgesetzes, 2002.
Volkmann, Uwe: Sicherheit und Risiko als Probleme des Rechtsstaats, in: JZ 2004, S. 996–703.

Leitentscheidungen des Bundesverfassungsgerichts

Gewaltenteilung
BVerfGE 22, 106 (111ff.) – Steuerausschüsse; 25, 371 (371f.) – lex Rheinstahl; 34, 52 (58) – Hessisches Richtergesetz; 34, 269 (288f.) – Soraya; 49, 89 (124ff.) – Kalkar I; 67, 100 (139) – Flick-Untersuchungsausschuss; 68, 1 (86ff., 103) – Atomwaffenstationierung; 90, 286 (384) – Out-of-area-Einsätze; 95, 1 (15ff.) – Südumfahrung Stendal.

Vorrang der Verfassung
BVerfGE 12, 45 (53) – Kriegsdienstverweigerung I; 17, 306 (313f.) – Mitfahrerzentrale; 23, 98 (106) – Ausbürgerung I; 34, 269 (286ff.) – Soraya; 39, 1 (51ff.) – Schwangerschaftsabbruch I; 59, 216 (229) – Söhlde.

Vorrang des Gesetzes
BVerfGE 8, 155 (169ff.) – Lastenausgleich; 8, 274 (325) – Preisgesetz; 40, 237 (246ff.) – Justizverwaltungsakt.

Vorbehalt des Gesetzes
BVerfGE 33, 1 (9ff.) – Strafgefangene; 33, 125 (155ff.) – Facharzt; 34, 165 (192ff.) – Förderstufe; 47, 46 (78ff.) – Sexualkundeunterricht; 49, 89 (126f.) – Kalkar I; 57, 295 (320ff., 329f.) – 3. Rundfunk-

Art. 20 (Rechtsstaat)

entscheidung; 58, 257 (268ff., 275f.) – Schulentlassung; 83, 130 (142, 151f.) – Josephine Mutzenbacher; 85, 386 (403f.) – Fangschaltungen; 98, 218 (251ff., Rn. 134ff.) – Rechtschreibreform.

Bestimmtheitsgebot
BVerfGE 1, 14 (45) – Südweststaat; 6, 32 (42) – Elfes; 8, 274 (325f.) – Preisgesetz; 9, 137 (146f.) – Einfuhrgenehmigung; 17, 306 (313ff.) – Mitfahrzentrale; 87, 234 (263f.) – Einkommensanrechnung; 110, 33 (52ff., Rn. 102ff.) – Zollkriminalamt.

Rückwirkungsverbot
BVerfGE 18, 429 (439) – Verschollenheitsrente; 30, 367 (385ff.) – Bundesentschädigungsgesetz; 63, 343 (357) – Rechtshilfevertrag; 72, 200 (241ff.) – Einkommensteuerrecht; 97, 67 (77ff.) – Schiffbauverträge; 127, 1 (16ff., Rn. 54ff.) – Spekulationsfrist; 135, 1 (12ff., Rn. 35ff.) – Echte Rückwirkung im Steuerrecht.

Verhältnismäßigkeitsprinzip
BVerfGE 6, 389 (439) – Homosexuelle; 19, 342 (348f.) – Wencker; 21, 378 (387f.) – Wehrdisziplin; 34, 238 (246, 249ff.) – Tonband; 35, 382 (400f.) – Ausländerausweisung; 45, 187 (261) – Lebenslange Freiheitsstrafe; 63, 88 (115) – Versorgungsausgleich II; 67, 157 (173) – G 10; 90, 145 (173) – Cannabis; 92, 277 (327) – DDR-Spione; 133, 168 (197ff., Rn. 53ff.) – Deal im Strafprozess.

Gliederung
Rn.

A. Herkunft, Entstehung, Entwicklung 1
   I. Ideen- und verfassungsgeschichtliche Aspekte 1
     1. Die Idee der Herrschaft des Rechts im Verfassungsstaat 1
     2. Die deutsche Rechtsstaatsentwicklung 10
     3. Voraussetzungen und Kontexte des Rechtsstaats 17
   II. Entstehung und Veränderung der Norm 19

B. Internationale, supranationale und rechtsvergleichende Bezüge 20
   I. Internationale Aspekte 20
   II. Der Rechtsstaat als Prinzip des Europarechts 22
     1. Das Rechtsstaatsprinzip und seine Elemente im Europarecht 22
     2. Einwirkungen der europäischen Rechtsstaatlichkeit auf das Recht der Bundesrepublik 26
   III. Rechtsvergleichende Hinweise 34

C. Erläuterungen 38
   I. Allgemeine Bedeutung 38
     1. Art. 20 II 2, III GG und die zentralen Schutzgüter des Rechtsstaats 38
     2. Normative Ebenen des grundgesetzlichen Rechtsstaats 41
        a) Der Rechtsstaat zwischen Prinzip, Grundsatz und Regel 41
        b) Formeller und materieller Rechtsstaat 46
        c) Rechtsstaat und materielle Gerechtigkeit 50
        d) Gesetze und Verordnungen als zentrale Steuerungsmedien 52
     3. Aktueller Befund 55
   II. Kernelemente des Rechtsstaatsprinzips 66
     1. Der Grundsatz der Gewaltenteilung (Art. 20 II 2 GG) 67
        a) Bedeutung, Funktionen und Ebenen der Gewaltenteilung 67
        b) Trennung, Zuordnung und Überschneidung der Gewalten 70
        c) Gewaltenteilung im weiteren Sinne 76
     2. Die hierarchische Bindung des Rechts (Art. 20 III GG) 81
        a) Der Vorrang der Verfassung (Art. 20 III, 1. Halbsatz GG) 81
           aa) Art und Umfang der Bindungswirkungen 81
           bb) Verfassungskonforme Auslegung; Teilnichtigkeit 87
           cc) Rechtsfolgen der Verfassungswidrigkeit 89
        b) Der Vorrang des Gesetzes (Art. 20 III, 2. Halbsatz GG) 92
           aa) Art und Umfang der Bindung an »Gesetz und Recht« 92
           bb) Normbindung und Normenkontrolle der Verwaltung 96

Art. 20 (Rechtsstaat)

        cc) Gesetzesvorrang, rechtsprechende Gewalt und Richterrecht 101
   3. Der Vorbehalt des Gesetzes 105
      a) Begriff, Grundlagen und Entwicklungstendenzen 105
      b) Die Wesentlichkeitsdoktrin der Rechtsprechung 113
      c) Der Parlamentsvorbehalt 119
      d) Staatsorganisationsrechtliche Gesetzesvorbehalte 124
   4. Rechtsstaatliche Anforderungen an die Rechtsetzung 128
      a) Bestimmtheit von Gesetzen 129
           aa) Grundsatz und Funktion 129
           bb) Unbestimmte Rechtsbegriffe und Generalklauseln 133
           cc) Ermächtigungsgrundlagen für belastendes Staatshandeln 136
      b) Klarheit der Gesetze 141
      c) Rechtssicherheit und Vertrauensschutz 146
      d) Besonders: Die Rückwirkung von Gesetzen 151
           aa) Die Abstufungen des Vertrauensschutzes 151
           bb) Die echte Rückwirkung (Rechtsfolgenrückbewirkung) 156
           cc) Die unechte Rückwirkung (tatbestandliche Rückanknüpfung) . . . 164
   5. Rechtsstaatliche Anforderungen an die Rechtsanwendung 170
   6. Der Grundsatz der Verhältnismäßigkeit (Art. 20 II, III GG i.V.m. Art. 3 I, 19 II GG) . 179
      a) Der Grundsatz und seine verfassungsrechtliche Verankerung 179
      b) Die drei Stufen des Verhältnismäßigkeitsprinzips 182
      c) Anwendungsbereich und Problemfelder im Verwaltungsrecht 187
      d) Verhältnismäßigkeit im Strafrecht und im Zivilrecht 194
      e) Das Untermaßverbot 198
   7. Rechtsstaatliche Anforderungen an Organisation und Verfahren der öffentlichen
      Gewalt 199
      a) Organisation und Verfahren der Rechtsetzung 200
      b) Organisation und Verfahren der Verwaltung 204
      c) Organisation und Verfahren der Rechtsprechung 211
           aa) Der allgemeine Justizgewährleistungsanspruch 211
           bb) Funktionsgerechte Organisation und Zugänglichkeit staatlicher Gerichts-
               barkeit 213
           cc) Anforderungen an das gerichtliche Verfahren 216
   8. Rechtmäßigkeitsrestitution 222
 III. Die Adressaten des Rechtsstaatsprinzips 223
D. Verhältnis zu anderen GG-Bestimmungen 224

Stichwörter

Abwägung 43, 226 – Abwägungsgebot 189 – Adressaten des Rechtsstaatsprinzips 223 – Akte der auswärtigen Gewalt 95 – Allgemeine Grundsätze des Unionsrechts 23 – Allgemeine Rechtsgrundsätze 42 – Amtshaftung 24, 222 – Angemessenheit 184 – Anspruch auf ein faires Strafverfahren 218 – Anspruch auf rechtliches Gehör 216 – Anwendung der Gesetze 170 – Auffangverantwortung 205 – Aufopferung 222 – Ausfertigung der Rechtsnormen 202 – Auslegung von Gesetzen 176 – Auslegungsgrundsätze 102 – Begriff des Rechts 94 – Begründung 176 – Begründungszwang 201 – Besondere Gewaltverhältnisse 110 – Bestimmtheit 120, 129ff., 135ff., 140 – Billigkeitsrechtsprechung 186 – Bindung der Rechtsprechung 101 – Demokratie und Rechtsstaat 225 – Deregulierung 63 – Distanz 49, 209, 216 – Disziplinarstrafe 196 – Dynamische Verweisungen 143 – Echte Rückwirkung 154, 156ff. – Effektivität 63 – Effektivität des Rechtsschutzes 24, 212, 220 – Effizienz 63 – Egalitäre Rechtsanwendung 170 – Eigenbereich der Regierung 73, 126 – Einschätzungsprärogative des Gesetzgebers 183, 190 – Einstweiliger Rechtsschutz 30 – Einzelfallgerechtigkeit 27, 56, 150 – Einzelfallgesetze 73 – EMRK 21 – Enteignungsgrundsätze 222 – Erforderlichkeit 183 – Ermächtigungsgesetz 15 – Ermächtigungsgrundlage 136 – Ermessen 134, 137ff. – Europäische Rechtskultur 15 – Europäisches Unionsrecht 22 – Europarechtliche Regelungstechniken 31 – Faires rechtsstaatliches Verfahren 24, 208, 218 – Faktische Grundrechtsbeeinträchtigungen 115 – Fehlerfolgenregeln 173 – Folgenbeseitigung 222 – Formaler Rechtsstaat 13, 15 – Formelle Elemente 46 – Freiheits- und Gleichheitsrechte 39 – Fristbestimmungen 215 – Funktionsfähige Strafjustiz 214 – Funktionsverlust von Recht 61 – Gebot der eindeutigen Verweisungen 143 – Gebot der Waffengleichheit 217 – Gebot der Wahrheitsfindung

Art. 20 (Rechtsstaat)

218 – Gebot rationaler Organisation 206 – Geeignetheit 182, 191 – Geltungsbereich eines Gesetzes 145 – Gemeinden 188 – Gemeineuropäische rechtsstaatliche Prinzipien 22 – Generalklausel 133 – Genossenschaftsgedanke 11 – Gerechtigkeit 15 f., 39, 47, 51, 55, 94 – Gerichte 95, 175 – Gerichtliche Entscheidungen 178 – Gerichtlicher Rechtsschutz 39 – Gerichtsbarkeit 213 – Geschütztes Vertrauen 168 – Gesetz 52, 53, 98, 114, 119, 153 – Gesetz und Recht 93 f., 101 – Gesetzesbindung 98 – Gesetzesvollzug 100, 149 – Gesetzesvorbehalt 106, 108 – Gesetzgeber 114, 190 – Gesetzgeberisches Ermessen 190 – Gesetzgeberisches Unterlassen 29 – Gesetzgebung 69, 72, 82, 189 – Gesetzmäßigkeit der Verwaltung 24, 35, 92, 105, 170 – Gestaltungsfreiheit des Gesetzgebers 52, 90 – Gewährleistungsverantwortung 205 – Gewaltenteilung 6, 8, 14 f., 19, 25, 35, 39, 67 ff., 75 – Gewaltenüberschneidungen 75 – Gewaltmonopol 8, 214 – Globalisierung 59 – Gnadenakte 95 – Gnadenrecht 75 – Grundpflicht 17 – Grundrechtsrelevanz 113 – Grundrechtsvorbehalte 106 – Grundsatz des effektiven Rechtsschutzes 215 – Grundsatz des fairen Verfahrens 21, 24, 208, 216 ff. – Güterabwägung 184 – Herrschaft des Gesetzes 9 – Herrschaft von Gesetzen 2 – Informales Verwaltungshandeln 62 – Inkompatibilität 69, 74 – Inneradministrative Gewaltenteilung 206 – Institutioneller Gesetzesvorbehalt 125 f. – Institutionelles Gleichgewicht 25 – Investiturstreit 3 – Justizgewährung 11 – Justizgewährungsanspruch 211 f., 215 – Kernbereich autonomer Zuständigkeit 71 – Kernbestandteile 40 – Kernelemente 39, 66, 128 – Kernelemente des Rechtsstaats 228 – Klarheit des Rechts 141 – Kompetenzabgrenzungen 188 – Kompetenzklarheit 142 – Konkretisierungen 66 – Konstitutionalismus 10 f., 14, 36 – Kontinuität des Rechts 146 – Kontrolle des Gesetzgebers 6 – Kulturelle Rechtsstaatsvoraussetzungen 17 – Länderverfassungen 37 – Legalität 49 – Legitimer Zweck 181 – Legitimität 49 – Lehre vom Totalvorbehalt 108 – limited government 6 – Marktwirtschaftliche Ordnung 18 – Massenmedien als vierte Gewalt 80 – Materielle Gerechtigkeit 47, 50, 148 – Materieller Rechtsstaat 15, 16, 34, 47 – Menschenrechte 35 – Menschenrechtserklärung 4, 7, 20 – Montesquieu 8 – Nationalsozialismus 15 – Naturrecht 4, 50, 94 – ne bis in idem 24 – Nichtanwendungserlasse 95 – Nichtigerklärung von Gesetzen 88 – Normenflut 61 – Normenklarheit 133, 141 – Normenkontrolle der Verwaltung 98 – Normerhaltung 87 – Normlogische Qualität 41 – Normsetzendes Verwaltungshandeln 96 – Normsetzung 189 – Öffentlichkeit 210, 220 – Organadäquanz 71 – Organisation und Verfahren 45, 199 ff. – Organisationsgewalt 126, 125 – Parlamentarisches Regierungssystem 76 – Parlamentsvorbehalt 73, 119 f., 122, 129 – Pluralisierung der Verwaltungsorganisation 205 – Positivismus 13 – Präklusion 215 – Präventionsstaat 60 – Prinzipien als Optimierungsgebote 43 – Privatisierung 63 – Privatrechtliche Organisationsformen 205 – Prognosen des Gesetzgebers 86, 191 – Proportionalität 184 – Recht und Gerechtigkeit 1, 3 – Rechtliches Gehör 24, 39, 208, 216 – Rechtmäßigkeitsrestitution 222 – Rechtsaufsicht 205 – Rechtschreibreform 117 – Rechtsentstehung 200 – Rechtsfolgenrückbewirkung 156 – Rechtskultur 17 – Rechtsprechung 74, 95 – Rechtsprechungsänderung 161, 177 – Rechtssicherheit 24, 35, 39, 129, 146, 148 ff. – Rechtsstaat 1, 38 – Rechtsstaatliche Rhetorik 65 – Rechtsstaatlicher Kern 35 – Rechtsstaatsprinzip 10 – Rechtsstaatsprinzip als Optimierungsgebot 44, 130 – Rechtsverordnungen 54, 96, 123, 140, 153 – Regelungsdichte 131 – Regierung 95 – Regierungsakte 95 – Regierungskriminalität 57 – Reservefunktion 45 – Richterliche Rechtsfortbildung 101 ff. – Richterrecht 93, 102 ff., 175 – Rückwirkung von Gesetzen 151 ff. – Rückwirkungsverbot 57 – rule of law 5 – Satzungen 96, 123, 153 – Satzungsrecht 132 – Schlicht-hoheitliches Verwaltungshandeln 174 – Schuldgrundsatz 196 – Schuldprinzip 194 – Schulverhältnis 117 – Schutzwürdigkeit des Vertrauens 160 – Sozialstaat 16, 226 – Sozialstaatsprinzip 51 – Staat und Gesellschaft 16 – Staatsaufgabe Sicherheit 60 – Staatshaftungsrecht 29 – Staatsorganisatorische Gesetzesvorbehalte 124 – Staatszielbestimmung 41, 224 – Steuerrecht 136 – Strafgerichtliches Verfahren 217 ff. – Strafgesetz 154 – Strafprozessrecht 195 – Strafrecht 194, 214 – Stufen des Vertrauensschutzes 154 – Subjektives Recht 188 – Subventionen 108, 165 – System von checks and balances 80 – Tatbestandliche Rückanknüpfung 164, 166, 168 – Übergangsrecht 90 – Übergangsregelungen 169 – Übermaßverbot 179, 183, 194, 196 – Überpositives Recht 83 – U-Haft 219 – Umweltrecht 31, 58, 60, 138 – Unabhängigkeit der Gerichte 35 – Unabhängigkeit der Justiz 19 – Unabhängigkeit der Richter 39, 74 – Unbestimmter Rechtsbegriff 133, 137 – Unechte Rückwirkung 154, 164, 166, 168 – Universeller Geltungsanspruch 20 – Untergesetzliche Normen 99 – Untergesetzliche Rechtsgrundlagen 123 – Untermaßverbot 198 – Unvereinbarkeitserklärung 89, 91 – Verfassungsändernder Gesetzgeber 229 – Verfassungsbindung des Gesetzgebers 92 – Verfassungsinterpretation 87 – Verfassungskonforme Auslegung 87 – Verfassungskultur 17, 55 – Verfassungsmäßige Ordnung 83 – Verfassungsorgantreue 71 – Verfassungswidrige Gesetze 89 – Verhältnismäßigkeit 24, 39, 43, 155, 167, 169, 179 ff., 196, 198 – Verkündung der Gesetze 203 – Veröffentlichungspflichten 173, 203, 221 – Verordnung 119 – Verordnungsgebung 73 – Verteilungsprinzip 38 – Vertikale Gewaltenteilung 78 – Vertrauensschutz 24, 28, 35, 39, 104, 147 f., 151 ff., 166 f. – Verwaltung 204 – Verwaltungsakt 136, 150, 171 – Verwaltungsöffentlichkeit 31 – Verwaltungsorganisa-

tion 124 ff., 205 – Verwaltungsprozessrecht 30 – Verwaltungsträger 95 – Verwaltungsverfahren 207 – Verwaltungsverträge 84, 172 – Verwaltungsvorschriften 61, 93, 96, 100, 173 – Verweisungen 143 f. – Verwerfungskompetenz der Exekutive 98 f. – Völkerrecht 20 – Vollziehende Gewalt 69, 73, 95 – Vorbehalt des Gesetzes 35 f., 105 ff. – Vorrang des Gesetzes 35, 92, 105, 129 – Vorrang der Verfassung 50, 81 – Wehrgewalt 95 – Wesentlichkeitsdoktrin 113 ff., 121 – Widerspruchsfreiheit der Gesetze 141 – Wiedervereinigung 55 f., 58 – Wille des Gesetzgebers 87 – Zivilprozess 217 – Zivilrecht 109, 197 – Zumutbarkeit 184.

A. Herkunft, Entstehung, Entwicklung

I. Ideen- und verfassungsgeschichtliche Aspekte

1. Die Idee der Herrschaft des Rechts im Verfassungsstaat

Der Rechtsstaat formuliert verfassungstheoretisch den **Anspruch, politische und gesellschaftliche Macht** im Gemeinwesen primär **nach Maßgabe von Recht und Gerechtigkeit auszuüben**[1], auch im Widerspruch zur politischen Opportunität der Macht. Rechtsstaatlichkeit prägt die Strukturen und die Ziele staatlichen Handelns, das nicht nur begrenzt, sondern auch gewährleistet wird[2]. 1

Ideengeschichtlich reicht dieser Gedanke in einzelnen wesentlichen Elementen bis in die Antike zurück[3]; so lassen sich etwa der Gedanke der »Herrschaft von Gesetzen, nicht von Menschen« auf Platon[4], der der Dreiteilung der Staatsgewalt in einer »gemischten Verfassung« u. a. auf Aristoteles[5], andere Elemente rechtsstaatlichen Denkens z. B. auf die rechtliche Selbstdisziplinierung des Kaisers im spätantiken römischen Kaiserreich[6] zurückführen. 2

Indessen sind **zahlreiche** weitere, z.T. mitunter zusammenhängende **Quellen für die Etablierung von Recht** als verselbständigtes Medium zur Lösung von sozialen, wirtschaftlichen und politischen Konflikten zu nennen: etwa der Investiturstreit und die gregorianische Revolution im 11. und 12. Jahrhundert als rechtlich bewirkte Emanzipation der Kirche von der politischen Gewalt[7], die Entfaltung der mittelalterlichen Stadtkultur und der freien Städte als Vorläufer des modernen Staates[8], oder die Ausbildung einer institutionalisierten Rechtswissenschaft, deren Denken i. S. einer Ver- 3

---

[1] *K. Hesse*, Der Rechtsstaat im Verfassungssystem des Grundgesetzes (1962), in: E. Forsthoff (Hrsg.), Rechtsstaatlichkeit und Sozialstaatlichkeit, 1968, S. 557 ff. (560 ff.); *D. Grimm*, JZ 2009, 596 (596).
[2] *P. Badura*, HStR³ XII, § 265 Rn. 1 ff., 5; *E. Schmidt-Aßmann*, HStR³ II, § 26 Rn. 1, 16; *K. Gräfin v. Schlieffen*, Art. Rechtsstaat, in: EvStL⁴, Sp. 1926 ff.; *Hesse*, Verfassungsrecht, Rn. 186.
[3] *M. Stolleis*, Art. Rechtsstaat, in: HRG IV, Sp. 367 ff. (368 f.); *Stern*, Staatsrecht I, S. 768 f.; *U. Scheuner*, Die neuere Entwicklung des Rechtsstaats in Deutschland (1960), in: Forsthoff, Rechtsstaatlichkeit (Fn. 1), S. 460 ff. (470 f.); Dokumente bei *H. Strack*, Theorie des Rechtsstaats, 1970, S. 189 ff.
[4] Vgl. *G. Frankenberg*, in: AK-GG, Art. 20 Abs. 1–3 IV (2001), Rn. 5; *H. Krüger*, Allgemeine Staatslehre, 2. Aufl. 1966, S. 277.
[5] Vgl. *K.-P. Sommermann*, in: v. Mangoldt/Klein/Starck, GG II, Art. 20 Rn. 199; *W. Heun*, Das Konzept der Gewaltenteilung in seiner verfassungsgeschichtlichen Entwicklung, in: C. Starck (Hrsg.), Staat und Individuum im Kultur- und Rechtsvergleich, 2000, S. 95 ff. (96 ff.); *K. Sobota*, Das Prinzip Rechtsstaat, 1997, S. 70; *M. Reinhardt*, Konsistente Jurisdiktion, 1997, S. 23; ausf. *C. Maier*, Gewaltenteilung bei Aristoteles und in der Verfassung Athens, 2006, S. 46 f., 116 ff.
[6] Vgl. *C.F. Wetzler*, Rechtsstaat und Absolutismus, 1997, S. 200 ff.; *D. Wyduckel*, Princeps legibus solutus, 1979, S. 54 ff.
[7] So *H. Hofmann*, Der Staat 34 (1995), 1 (7 f.); s. näher *H.J. Berman*, Recht und Revolution. Die Bildung der westlichen Rechtstradition, 1991, S. 144 ff., 439 ff.
[8] Zusammenfassend *G. Dilcher*, Kommune und Bürgerschaft als politische Idee der mittelalterli-

Art. 20 (Rechtsstaat)   A. Herkunft, Entstehung, Entwicklung

rechtlichung des öffentlichen und gesellschaftlichen Lebens die europäische Rechtskultur prinzipiell bis heute prägt[9]. Auf diesem »vielfältigen Wurzelgrund« (H. Hofmann), für den ein personalistischer Primat der Einzelperson, eine legalistische Unterwerfung der Entscheidung über soziale Konflikte unter allgemeine Rechtsregeln und eine intellektualisierende begriffliche und systematische Erfassung von Recht und Gerechtigkeit kennzeichnend sind[10], wuchs die westliche Vorstellung vom relativ selbständigen Recht als verbindliche Instanz auch für den Herrscher[11].

4   **Politisch-programmatisch nachhaltig wirksam** wurde der Rechtsstaatsgedanke **mit den naturrechtlichen Klassikern** des europäischen staatstheoretischen Denkens, den Menschenrechtserklärungen seit dem 18. Jahrhundert (→ Vorb. Rn. 5ff.) und der Konstitutionalisierung der Staatsgewalt um der Freiheit der Bürger willen nach Maßgabe geschriebener Verfassungen[12]. Zuerst H. Grotius, dann J. Locke, Montesquieu und J.-J. Rousseau haben je spezifisch dem Gedanken des Rechtsstaats theoretisch zum Durchbruch verholfen.

5   Die **Herausbildung des Rechtsstaats** als gemeineuropäisches Substrat[13] ist ein **jahrhundertelanger historischer Prozess**[14]. Er ist z. B. **in England** auch auf mittelalterliche Wurzeln zurückführbar, findet dort aber wesentliche Fortentwicklungen einerseits durch die Suprematie parlamentarisch gesetzten Rechts im 17. Jahrhundert, andererseits durch den Gedanken der »rule of law« im 19. Jahrhundert in der klassischen Ausprägung[15] i. S. einer Gesetzmäßigkeit der Verwaltung und der Gleichheit und Freiheit der Bürger vor dem und im Recht. Ungeachtet oft betonter Unterschiede[16] erscheinen mittlerweile die Kerngehalte des Rechtsstaatsprinzips und der rule of law aufgrund wachsender Diffusion[17] als größtenteils deckungsgleich[18]; sie haben in der grundrechtlichen Freiheit des Individuums denselben gemeinsamen Bezugspunkt.

---

chen Stadt, in: I. Fetscher/H. Münkler (Hrsg.), Pipers Handbuch der politischen Ideen, Band 2, 1993, S. 311ff. (342ff.); *Berman*, Recht (Fn. 7), S. 562ff.

[9] Vgl. *F. Wieacker*, Voraussetzungen europäischer Rechtskultur, 1985, S. 15f.; *Berman*, Recht (Fn. 7), S. 199ff.; *H. Hofmann*, Der Staat 34 (1995), 1 (8f.).

[10] So *Wieacker*, Voraussetzungen (Fn. 9), S. 20ff.

[11] *Berman*, Recht (Fn. 7), S. 468ff.

[12] Geschichtliche Bilanzen: *Scheuner*, Entwicklung (Fn. 3), S. 470ff.; *E.-W. Böckenförde*, Entstehung und Wandel des Rechtsstaatsbegriffs (1969), in: ders., Recht, Staat, Freiheit, 1991, S. 143ff.; *ders.*, Art. Rechtsstaat, in: J. Ritter/K. Gründer (Hrsg.), Historisches Wörterbuch der Philosophie, Band VIII, 1992, Sp. 332ff.; s. auch *D. Buchwald*, Prinzipien des Rechtsstaats, 1996, S. 77ff.

[13] *A. v. Arnauld*, Rechtsstaat, in: O. Depenheuer/C. Grabenwarter (Hrsg.), Verfassungstheorie, 2010, § 21 Rn. 12ff.

[14] Übersichtlich *B. Pieroth*, Jura 2011, 729 (731ff.).

[15] *K.-P. Sommermann*, Staatsziele und Staatszielbestimmungen, 1997, S. 45ff.; *J. Harvey/L. Bather*, Über den englischen Rechtsstaat. Die »rule of law«, in: M. Tohidipur (Hrsg.), Der bürgerliche Rechtsstaat, 1978, S. 359ff.; s. auch *R. Bäumlin/H. Ridder*, in: AK-GG, 2. Aufl. 1989, Art. 20 Abs. 1–3 III Rn. 4ff.

[16] Vgl. *A. Leisner-Egensperger*, JRE 21 (2013), 99 (106f.); *O. Lepsius*, JöR 57 (2009), 559 (575ff., 579f.); *G. F. Schuppert*, Zum Umgang mit unterschiedlichen Konzeptualisierungen der Rule of Law als Anwendungsfall normativer Pluralität, sowie *S. Martini*, Die Pluralität von Rule-of-Law Konzeptionen in Europa und das Prinzip einer europäischen Rule of Law, beide in: M. Kötter/G. F. Schuppert (Hrsg.), Normative Pluralität ordnen, 2009, S. 209ff. (213ff., 218ff.) bzw. S. 303ff. (306ff.); *R. Wahl*, JZ 2005, 916 (917); *M. Kriele*, Einführung in die Staatslehre, 1975, S. 109f.

[17] *K.-P. Sommermann*, Entwicklungsperspektiven des Rechtsstaats: Europäisierung und Internationalisierung eines staatsrechtlichen Leitbegriffs, in: S. Magiera/K. P. Sommermann (Hrsg.), Freiheit, Rechtsstaat und Sozialstaat in Europa, 2007, S. 75ff.

[18] *S. Kirste*, JRE 21 (2013), 23 (54f.); *Sommermann* (Fn. 5), Art. 20 Rn. 245ff.; *Martini*, Pluralität (Fn. 16), S. 339f.; *J. Rivers*, Rechtsstaatsprinzip und Rule of Law revisited, in: FS Starck, 2007,

Im US-amerikanischen Verfassungsdenken spiegelt sich der Grundgedanke des »limited government« in rechtsstaatlichen Elementen wie der Gewaltenteilung[19] oder der gerichtlichen Kontrolle des Gesetzgebers, wie sie unter Anknüpfung an Locke in den Kommentaren der »Federalist Papers« zum Ausdruck gekommen sind[20]. Die Rechtsprechung des Supreme Court hat diese rechtsstaatlichen Grundgedanken konkretisiert, namentlich durch die Interpretation der Klausel des Due-process-of law als eines geordneten Verfahrens staatlicher Entscheidungsfindung auch i. S. einer substantiellen Überprüfung der materiellen Vernünftigkeit gesetzgeberischer Eingriffe in Freiheitsrechte[21], und so rechtliche Figuren entwickelt, die in Deutschland als rechtsstaatliche Kernbestandteile gelten, z. B. der Vorrang der Verfassung, der Vorrang und Vorbehalt des Gesetzes, das Recht auf gleichen Zugang zum Gericht oder auf ein rechtsstaatliches Strafverfahren[22].

In **Frankreich** liegt unter dem Einfluss von Rousseau der Akzent stärker auf Theorien der Herrschaft durch die Gesetze der demokratischen Mehrheit[23]. **Verfassungsstaat und demokratischer Rechtsstaat** sind seit Art. 16 der Französischen Menschenrechtserklärung von 1789 angemessen nur als **symbiotisch verbunden** zu verstehen[24]: Der verfasste Staat ist nicht als ein vom Recht zu formender Stoff vorgegeben, sondern erfährt seine Legitimität aus dem Recht (→ Rn. 38).

Namentlich der **Gedanke der Aufteilung der Staatsgewalt** fand bei Montesquieu eine Fassung[25], die sich in der Verfassung Frankreichs (1791) als Dreiteilung in Legislative, Exekutive und Judikative niederschlug[26]. Montesquieu erkannte zugleich als ein den

---

S. 891 ff.; *E. Denninger*, »Rechtsstaat« oder »Rule of Law« – was ist das heute?, in: FS Lüderssen, 2002, S. 41 ff.; *D. N. MacCormick*, JZ 1984, 65 ff.

[19] Vgl. *K. Windthorst*, Gewaltenteilung im deutschen und amerikanischen Verfassungsrecht, in: FS Bethge, 2009, S. 107 ff. (109 ff.); *W. Brugger*, Einführung in das öffentliche Recht der USA, 1993, S. 24 ff., 173 ff.; *J. Becker*, Gewaltenteilung im Gruppenstaat, 1986, S. 54 ff.

[20] Vgl. *A. Hamilton/J. Madison/J. Jay*, Die Federalist Papers, hrsgg. von B. Zehnpfennig, 1993, Nr. 78 (S. 454 ff.); s. auch *H. J. Dierkes/H. G. Neugebauer*, GWU 40 (1989), 203 (216 ff.); *Heun*, Konzept (Fn. 5), S. 98 f., 103 f.

[21] *D. P. Currie*, Die Verfassung der Vereinigten Staaten von Amerika, 1988, S. 38 ff.; *W. Brugger*, Grundrechte und Verfassungsgerichtsbarkeit in den Vereinigten Staaten von Amerika, 1987, S. 53 ff., 133 ff.; *K. L. Shell*, Rechtsstaatlichkeit und Demokratie in den USA, in: Tohidipur, Rechtsstaat (Fn. 15), S. 377 ff.

[22] *W. Frotscher/B. Pieroth*, Verfassungsgeschichte, 13. Aufl. 2014, § 2 Rn. 48 ff.; ausf. *Currie*, Verfassung (Fn. 21), S. 16 ff., 30 ff.; *Brugger*, Grundrechte (Fn. 21), S. 5 ff., 84 ff. bzw. 302 ff.

[23] *C. Möllers*, Die drei Gewalten, 2008, S. 22 ff.; *Heun*, Konzept (Fn. 5), S. 101 ff.; *J. Caspar*, Wille und Norm, 1993, S. 135 ff. u. ö.

[24] *K. Stern*, Die Verbindung von Verfassungsidee und Grundrechtsidee zur modernen Verfassung, in: FS Eichenberger, 1982, S. 197 ff. (205); *ders.*, Grundideen europäisch-amerikanischer Verfassungsstaatlichkeit, 1984, S. 8 ff., 20 ff.; *H. Hofmann*, Zur Idee des Staatsgrundgesetzes, in: ders., Recht – Politik – Verfassung, 1986, S. 261 ff. (266 ff.); *P. C. Mayer-Tasch*, Politische Theorie des Verfassungsstaats, 1991, S. 37 ff.; anders *E.-W. Böckenförde*, Begriffe und Probleme des Verfassungsstaates, in: GedS Schnur, 1997, S. 137 ff. (143 ff.).

[25] Zusammenfassend *T. Puhl*, Gewaltenteilung, in: FS Paul Kirchhof, 2013, § 23 Rn. 1 ff.; *Sommermann* (Fn. 5), Art. 20 Rn. 201; *R. Poscher*, GVwR I², § 8 Rn. 5 f.; *M. Cornils*, Gewaltenteilung, in: Depenheuer/Grabenwarter, Verfassungstheorie (Fn. 13), § 20 Rn. 8 ff.; *S. Korioth*, Der Staat 37 (1998), 27 (31 ff., 35 ff.); ausf. P.-L. Weinacht (Hrsg.), Montesquieu – 250 Jahre »Geist der Gesetze«, 1999; *E. Pitz*, Der Untergang des Mittelalters, 1987, S. 700 ff.; *E.-W. Böckenförde*, Gesetz und gesetzgebende Gewalt, 2. Aufl. 1981, S. 20 ff.; *U. Lange*, Der Staat 19 (1980), 213 ff.; krit. *P. Kondylis*, Montesquieu und der Geist der Gesetze, 1996.

[26] Vgl. *Böckenförde*, Gesetz (Fn. 25), S. 47 ff.; *E. Forsthoff*, Art. Gewaltenteilung, in: EvStL³, Sp. 1126 (1128 ff.); *W. Kägi*, Zur Entstehung, Wandlung und Problematik des Gewaltenteilungsprinzips, Diss. Zürich 1937, S. 80 ff., 95 ff.

europäischen Kontinent prägendes Prinzip die Regierung nach Gesetzen, insoweit diese Ausdruck eines Ausgleichs zwischen den Gewalten sind[27]. Bezugspunkt der Gewaltenteilung sind die Freiheitsrechte der Individuen, vor denen sich, als Korrelat zum Gewaltmonopol des Staates[28], die Ausübung politischer Herrschaft rechtfertigen muss und deren Wahrnehmung durch die Gesetze des Rechtsstaats ermöglicht und gewährleistet wird[29].

9 In einer anderen, namentlich mit Rousseau verknüpften Theorietradition findet die **Herrschaft des Gesetzes** und dessen Vorrang seine Begründung in der vorrangigen Qualität des Gesetzes als Ausdruck der Allgemeinheit des vernünftig und selbstbestimmt gebildeten, in abstrakte Regeln gefassten Gemeinwillens der Bürger[30]. Die gemeinsame Idee des gewaltenteiligen demokratischen Rechtsstaats zielt auf alle Rechtsprinzipien und Rechtsregeln, die die Freiheit und Gleichheit der Bürger gewährleisten und ermöglichen.

2. Die deutsche Rechtsstaatsentwicklung

10 Der »Rechtsstaat« ist begrifflich ein der deutschen Sprache eigentümliches Wort[31] und sachlich ein zentraler **Kristallisationspunkt der deutschen Verfassungsentwicklung**: An seine Ausgestaltung knüpfen sich die politischen Auseinandersetzungen im 19. Jahrhundert[32]; sein Verhältnis zur Demokratie ist staatstheoretisch Kern und Erbe Weimarer Grundsatzstreitigkeiten; seine antitotalitären Gehalte gaben der Vergangenheitsbewältigung nach 1945 und 1989 Formen und Maßstäbe[33]. Das Rechtsstaatsprinzip ist deshalb in Deutschland umfassend dogmatisch ausgestaltet worden[34] und lässt sich mit seinen damit verbundenen spezifischen Verengungen als Teil des »Sonderweges« des deutschen Konstitutionalismus interpretieren[35].

11 Auch hier liegen zentrale und vielschichtige **Wurzeln im Mittelalter und in der frühen Neuzeit**[36]. Dazu gehört z.B. die Justizgewährung durch gerichtliche Streitent-

---

[27] Vgl. *Montesquieu*, Vom Geist der Gesetze (1748), XVII, 16; *H. Hofmann*, Der Staat 34 (1995), 1 (22); *Badura*, Staatsrecht, Rn. D 47.

[28] Vgl. dazu *F. Hammer*, DÖV 2000, 613 (616f.); *D. Merten*, Rechtsstaat und Gewaltmonopol, 1975, S. 35ff.;

[29] Siehe *E. Klein*, Staatliches Gewaltmonopol, in: Depenheuer/Grabenwarter, Verfassungstheorie (Fn. 13), § 19 Rn. 14; *H. Fenske*, Gewaltenteilung, in: Geschichtliche Grundbegriffe, Bd. 2, 1975, S. 923 ff. (927 ff.).

[30] *G. Kirchhof*, Gesetz, in: FS Paul Kirchhof, 2013, § 32 Rn. 5 ff.; ausf. *ders.*, Die Allgemeinheit des Gesetzes, 2009, S. 67 ff.; *H. Hofmann*, Das Postulat der Allgemeinheit des Gesetzes, in: C. Starck (Hrsg.), Die Allgemeinheit des Gesetzes, 1987, S. 9 ff. (20 ff. u.ö.).

[31] Dazu etwa *Buchwald*, Prinzipien (Fn. 12), S. 78 f. m. Anm. 230; *H. Hofmann*, Der Staat 34 (1995), 1 (1); *C. Link*, Anfänge des Rechtsstaatsgedankens in der deutschen Staatsrechtslehre des 16. bis 18. Jahrhunderts, in: R. Schnur (Hrsg.), Die Rolle der Juristen bei der Entstehung des modernen Staates, 1986, S. 775 ff. (775) m. Nw.

[32] *F. Schnabel*, Deutsche Geschichte im neunzehnten Jahrhundert, Bd. 2 (1933), 1987, S. 104 ff.; s. auch *U. Karpen*, Der Rechtsstaat des Grundgesetzes, 1992, S. 27 f., 61 ff.

[33] Vgl. *J. Isensee*, HStR IX, § 202 Rn. 44 ff., 92 ff.; *P. Kunig*, Das Rechtsstaatsprinzip, 1986, S. 11 f.

[34] Vgl. bündig *H. Dreier*, Idee und Gestalt des freiheitlichen Verfassungsstaates, 2014, S. 25 ff.; *B. Pieroth*, Jura 2011, 729 (732 ff.); s. auch *D. Grimm*, Die Zukunft der Verfassung, 2. Aufl. 1994, S. 159 ff.

[35] *R. Wahl*, HStR[3] I, § 2 Rn. 17 ff.; übersichtlich *T. Würtenberger*, Der Staat 37 (1998), 165 ff.

[36] Vgl. *G. Roellecke*, Traditionen des Rechtsstaats in Deutschland, in: FS Schenke, 2011, S. 277 ff.; *Link*, Anfänge (Fn. 31), S. 784 ff.; *T. Würtenberger*, Zu den Wurzeln des Rechtsstaats in Deutschland, in: B. Rill (Hrsg.), Fünfzig Jahre freiheitlich-demokratischer Rechtsstaat, 1999, S. 15 ff.; zur Stiftung von Rechtsstaatlichkeit durch den Augsburger Religionsfrieden (1555): *K. Michaelis*, Die Deutschen

scheidung am kaiserlichen Hof, die schon in der Goldenen Bulle (1356) vorgesehen war[37]; Justizgewährung war auf Basis positiver Grunderfahrungen mit der Justiz schon im Alten Reich[38] ein zentrales Thema für rechtsstaatliche Verfassungen des 19. Jahrhunderts[39]. Der alte deutsche Genossenschaftsgedanke kulminierte bei O. v. Gierke in einem »Rechtsstaat«, der die privaten Assoziationen, Gemeinden und sonstigen Korporationen fortsetzte und überbaute[40]. Auch lassen sich Ansätze rechtsstaatlicher Maximen wie z.B. die Forderung nach Bestimmtheit von Gesetzen schon für die aufgeklärte Monarchie belegen[41], ehe sie für die konstitutionalistische Staatslehre zu einem zentralen Ziel der rechtsstaatlichen Entwicklung wurde[42]. Ähnliches gilt für die Idee der Kodifikation[43].

Allgemein hat der Rechtsstaat aber seine **entscheidende Formgebung im 19. Jahrhundert** gefunden: Nach der staatsphilosophischen Grundlegung vor allem bei I. Kant[44] und bei W. v. Humboldt[45] kreiste die deutsche Theorieentwicklung um die Abschichtung von formellen und materiellen Gehalten des Rechtsstaats. Zunächst hatten C.T. Welcker[46] und R. v. Mohl ihn als materiellen staatsrechtlichen Begriff, d.h. als »Staat der Vernunft« entfaltet[47]; der Rechtsstaat hat danach die wesentliche Aufgabe, die Hindernisse für eine allseitige Entfaltung bürgerlicher Freiheit des autonomen Individuums zu beseitigen[48], namentlich durch parlamentarische Gesetze und durch Gewährleistung von Gleichheit und Verhältnismäßigkeit mit Hilfe von Gerichten und Verwaltung.

12

---

und ihr Rechtsstaat, 1980, S. 8 ff.; zum Reichsabschied von 1495 vgl. *E. Schmidt-Aßmann*, HStR³ II, § 26 Rn. 11.

[37] Vgl. *E. Schmidt-Aßmann*, HStR³ II, § 26 Rn. 70.

[38] *B. Diestelkamp*, Der Staat 51 (2012), 591 ff.

[39] Vgl. *Huber*, Verfassungsgeschichte I, S. 617; II, S. 835 f.; III, S. 111 f., 1071 ff.

[40] Vgl. *O. v. Gierke*, Das deutsche Genossenschaftsrecht, Bd. I (1868); *Sobota*, Prinzip (Fn. 5), S. 37; *H. Hofmann*, Der Staat 34 (1995), 1 (6 f.) m. Nw.

[41] Des Freiherrn *v. Martini* allgemeines Recht der Staaten, 2. Aufl. 1788, S. 99, zit. nach *U. M. Gassner*, ZG 11 (1996), 37 (37); allg. *D. Merten*, DVBl. 1981, 701 ff.; zum ALR vgl. *D. Willoweit*, War das Königreich Preußen ein Rechtsstaat?, in: FS Mikat, 1989, S. 451 ff. (455 ff.).

[42] Vgl. *J. v. Stahl*, Die Philosophie des Rechts, Bd. 2, 2. Abt., 3. Aufl. 1856, S. 137; s. auch *C. Schmitt*, Verfassungslehre, 1928, S. 131.

[43] Dazu *F. Loos/H.-L. Schreiber*, Recht, Gerechtigkeit, in: Brunner u.a., Grundbegriffe (Fn. 29), Bd. 5, 1984, S. 231 ff. (277 ff.).

[44] *H. Dreier*, JZ 2004, 745 ff.; *J. Hruschka*, JZ 2004, 1085 ff.; *Frankenberg* (Fn. 4), Art. 20 Abs. 1–3 IV Rn. 13; ausf. *E. Šarčević*, Der Rechtsstaat, 1996, S. 107 ff.; *N. Hinske*, Staatszwecke und Freiheitsrechte. Kants Plädoyer für den Rechtsstaat, in: G. Birtsch (Hrsg.), Grund- und Freiheitsrechte von der ständischen zur spätbürgerlichen Gesellschaft, 1987, S. 375 ff.; *I. Maus*, Entwicklung und Funktionswandel der Theorie des bürgerlichen Rechtsstaats, in: Tohidipur, Rechtsstaat (Fn. 15), S. 13 ff. (15 ff.); *C. Ritter*, Immanuel Kant, in: M. Stolleis (Hrsg.), Staatsdenker der frühen Neuzeit, 3. Aufl. 1995, S. 332 ff.

[45] Ideen zu einem Versuch, die Grenzen der Wirksamkeit des Staats zu bestimmen (1792); s. näher *Šarčević*, Rechtsstaat (Fn. 44), S. 132 ff.; *G. Eisermann*, Der Staat 34 (1995), 198 ff.

[46] Vgl. *C.T. Welcker*, Die letzten Gründe von Recht, Staat und Strafe (1813); s. näher *Šarčević*, Rechtsstaat (Fn. 44), S. 177 ff.; *H. Hofmann*, Der Staat 34 (1995), 1 (4 f.).

[47] Vgl. *R. v. Mohl*, Die Polizei-Wissenschaft nach den Grundsätzen des Rechtsstaates, 2. Aufl. 1844; s. näher *S. Kirste*, JRE 21 (2013), 23 (41 ff.); *Sobota*, Prinzip (Fn. 5), S. 306 ff.; *Šarčević*, Rechtsstaat (Fn. 44), S. 210 ff.; *U. Scheuner*, Der Staat 18 (1979), 1 ff.; *Maus*, Entwicklung (Fn. 44), S. 18 ff.; ferner *E. Angermann*, Robert von Mohl, 1962, S. 119 ff.; speziell zum Vorrang der Verfassung: *C.H. Schmidt*, Vorrang der Verfassung und konstitutionelle Monarchie, 2000, S. 158 ff., 176 f.

[48] *Sommermann*, Staatsziele (Fn. 15), S. 49 ff.; *Böckenförde*, Entstehung (Fn. 12), S. 144 ff.; *Angermann*, Mohl (Fn. 47), S. 139; *Scheuner*, Entwicklung (Fn. 3), S. 472 f., 476 f. u. ö.

13 Dieses **inhaltliche Verständnis vom Rechtsstaat** wurde in der weiteren Diskussion tendenziell **zugunsten von eher formalen Prinzipien modifiziert**[49], die den Rechtsstaatsbegriff in einen Gegensatz zur Demokratie gebracht haben[50]. Für F.J. Stahl zielte der Rechtsstaat auf »Art und Charakter« der Verwirklichung von Zielen und Inhalten des Staates[51]. In diese theoretische, von O. Bähr[52] gefestigte Traditionslinie lässt sich der staatsrechtliche Positivismus des Kaiserreichs (P. Laband, O. Mayer) ebenso einreihen[53] wie H. Kelsens Begriff des Rechtsstaates im »formalen Sinne«[54]; in ihr werden solche Elemente zu charakteristischen Wesensmerkmalen des Rechtsstaats, die überhaupt die Existenz und Wirkungskraft von Recht als Maßstab für das staatliche Handeln in seinem Verhältnis zur gesellschaftlichen Freiheit gewährleisten: vor allem die Existenz des Rechts als Ordnungsvoraussetzung, die Bindung des Staatshandelns an das Gesetz und seine Überprüfbarkeit durch unabhängige Gerichte; die Gesetzmäßigkeit der Verwaltung mit dem Vorbehalt des Rechts, später des formellen Gesetzes; schließlich die Haftung von Staat und Beamten für schuldhafte Rechtsverletzungen. Dieses formelle Rechtsstaatsverständnis abstrahierte von materiellen Staatszwecken[55], die auch methodisch weithin als unjuristisch ausgegrenzt wurden[56]. Es lag auch der Reichsverfassung von 1871 und den Reichsjustizgesetzen von 1877 zugrunde; das Kaiserreich wird in diesem formellen Sinne als Rechtsstaat angesehen[57].

14 Institutionell sind die verschiedenen **Elemente des Rechtsstaats allmählich historisch gewachsen**; sie können sich deshalb stets auf ältere Texte berufen. Die Allmählichkeit der deutschen Verfassungsentwicklung spiegelt sich beispielhaft in der Realisierung der Gewaltenteilung[58], die dem monarchischen Prinzip widersprach[59] und deshalb in den Verfassungen des Konstitutionalismus meist nur verkürzt (besonders die Mitwirkung der Stände bei der Gesetzgebung und die Unabhängigkeit der Gerichte) ihren Niederschlag fand (z. B. Art. 45 S. 1, 62 I, 86 I rev. Verf. Preußen 1850)[60] und noch in der WRV nicht ausdrücklich geregelt war.

15 Noch bis in die **Weimarer Zeit** wurde der **Rechtsstaat** in diesem »klassischen« Sinne eher **als formaler Rechtsstaat** verstanden[61], auch wenn im Weimarer »Grundlagen-

---

[49] Dazu *G. Robbers*, in: BK, Art. 20 I (2009/2010/2014), Rn. 1741 ff.; *v. Arnauld* (Fn. 13), § 21 Rn. 7; *Stolleis*, Rechtsstaat (Fn. 3), Sp. 370 ff.; *Böckenförde*, Entstehung (Fn. 12), S. 150 ff.

[50] In diesem Sinne *Bäumlin/Ridder* (Fn. 15), Art. 20 Abs. 1–3 III Rn. 15 ff.

[51] *Stahl*, Philosophie (Fn. 42), S. 137 f.; vgl. *Frankenberg* (Fn. 4), Art. 20 Abs. 1–3 IV Rn. 15; *Sobota*, Prinzip (Fn. 5), S. 319 ff.; *Böckenförde*, Gesetz (Fn. 25), S. 169 ff.; *Maus*, Entwicklung (Fn. 44), S. 30 ff.

[52] *O. Bähr*, Der Rechtsstaat, 1864 (Neudruck Aalen 1961); vgl. *Sobota*, Prinzip (Fn. 5), S. 338 ff. → Art. 19 IV Rn. 6.

[53] *Bäumlin/Ridder* (Fn. 15), Art. 20 Abs. 1–3 III Rn. 18 f.

[54] *H. Kelsen*, Allgemeine Staatslehre, 1925, S. 91; vgl. auch *H. Dreier*, Rechtslehre, Staatssoziologie und Demokratietheorie bei Hans Kelsen, 2. Aufl. 1990, S. 208 ff.

[55] *H. Hofmann*, Der Staat 34 (1995), 1 (4, 6); s. auch *Maus*, Entwicklung (Fn. 44), S. 36 ff.

[56] Vgl. *Frankenberg* (Fn. 4), Art. 20 Abs. 1–3 IV Rn. 16; *M. Friedrich*, Geschichte der deutschen Staatsrechtswissenschaft, 1997, S. 236 f.; *W. Pauly*, Der Methodenwandel im deutschen Spätkonstitutionalismus, 1993, S. 186 ff.

[57] S. näher *E. R. Huber*, HStR³ I, § 4 Rn. 37 f.; s. auch *Willoweit*, Königreich Preußen (Fn. 41), S. 455 ff.

[58] Vgl. *R. Poscher*, GVwR² I, § 8 Rn. 9 ff.; *Windthorst*, Gewaltenteilung (Fn. 19), S. 114 ff.; *E. Schmidt-Aßmann*, HStR³ II, § 26 Rn. 48; *Stern*, Staatsrecht II, S. 513 ff.

[59] *Heun*, Konzept (Fn. 5), S. 106 ff.; anders aber *S. Korioth*, Der Staat 37 (1998), 27 (38 ff.).

[60] Vgl. *K.-U. Meyn*, Kontrolle als Verfassungsprinzip, 1982, S. 27 ff.

[61] *Schmitt*, Verfassungslehre (Fn. 42), S. 123 ff.; *Maus*, Entwicklung (Fn. 44), S. 38 ff.; *Huber*, Verfassungsgeschichte VI, S. 82 ff.; *Gusy*, Reichsverfassung, S. 150, 443.

streit« ein (z.T. gegen den parlamentarischen Gesetzgeber gerichteter) Prozess der (Re-)Materialisierung der Rechtsstaatsdogmatik und -theorie einsetzte[62]. Doch erst die Erfahrung der formell rechtsstaatlichen Abschaffung der Gewaltenteilung als zentrales Element des Rechtsstaats durch das Ermächtigungsgesetz von 1933 und die anschließenden Entrechtlichungsprozesse im »dualen Staat« (E. Fraenkel) des Nationalsozialismus mit seiner Rechtsstaatsverhöhnung[63] haben den Blick dafür geschärft, dass für einen Rechtsstaat auch die Wahrnehmung der grundrechtlichen Freiheiten und die Verpflichtung auf zentrale materielle Gerechtigkeitsgehalte konstitutiv sind. Gegen die formale Tradition[64] hat sich, auch gefördert durch eine (als solche vorübergegangene) Naturrechtsrenaissance nach 1945[65], das heute völlig herrschende materielle Rechtsstaatsverständnis durchgesetzt[66]: Die formellen Elemente des Rechtsstaats dienen vor allem der Verwirklichung materieller Gerechtigkeit i.S. einer »gerechten Sozialordnung«[67], dem Schutz von Menschenwürde und individueller Freiheit[68] und damit dem Schutz der Leistungsfähigkeit des politischen Gemeinwesens und der demokratischen Selbstkonstituierung der gesellschaftlichen Ordnung[69].

Insofern konnte die Diskussion an das seit R. v. Mohl zurückgedrängte materielle Rechtsstaatsverständnis und die gewachsenen Aufgaben eines sozialen Staates anknüpfen (→ Art. 20 [Sozialstaat], Rn. 1 ff.) und im Begriff des »**sozialen Rechtsstaats**« (Art. 28 II 1 GG) verschmelzen: Diese schon bei L. v. Stein (1876) angelegte Forderung, als Rechtsstaat die absolute Gleichheit des Rechts aufrechtzuerhalten und als sozialer Staat den gesellschaftlichen Fortschritt aller Staatsangehörigen zu fördern[70], ist maßgeblich von H. Heller auf den Begriff gebracht[71] worden. Das Grundgesetz hat diesem Verständnis zum Durchbruch verholfen, das Ausdruck einer weltweit wirksamen empirischen und verfassungsnormativen Entwicklungstendenz der Anpassung moderner Staatlichkeit an die Herausforderungen von industriellen Gesellschaften

16

---

[62] Vgl. *R. Smend*, Die Vereinigung der Deutschen Staatsrechtslehrer und der Richtungsstreit, in: FS Scheuner, 1973, S. 575 ff. (578 ff.); *M. Friedrich*, AöR 102 (1977), 161 ff.; übersichtlich *M.-E. Geis*, JuS 1989, 91 ff.

[63] *Frankenberg* (Fn. 4), Art. 20 Abs. 1–3 IV Rn. 18; zur Diskussion in der Staatsrechtslehre *M. Stolleis*, Geschichte des öffentlichen Rechts in Deutschland, Dritter Band 1914–1945, 1999, S. 330 ff.; ausf. *C. Hilger*, Rechtsstaatsbegriffe im Dritten Reich, 2003; s. allg. auch *H. Dreier*, Die deutsche Staatsrechtslehre in der Zeit des Nationalsozialismus, VVDStRL 60 (2001), S. 9 ff. (24 ff., 32 ff., 59 ff.).

[64] Z.B. *E. Forsthoff*, Begriff und Wesen des sozialen Rechtsstaats (1954), in: Forsthoff, Rechtsstaatlichkeit (Fn. 1), S. 165 ff.; krit. *Scheuner*, Entwicklung (Fn. 3), S. 486 ff.

[65] Vgl. *Frankenberg* (Fn. 4), Art. 20 Abs. 1–3 IV Rn. 19; W. Maihofer (Hrsg.), Naturrecht oder Rechtspositivismus, 1962.

[66] *C.-F. Menger*, Der Begriff des sozialen Rechtsstaats im Bonner Grundgesetz (1953), in: Forsthoff, Rechtsstaatlichkeit (Fn. 1), S. 42 ff. (56 ff.); *Scheuner*, Entwicklung (Fn. 3), S. 463 ff.; ausf. zsfssd. *C. Calliess*, Rechtsstaat und Umweltstaat, 2001, S. 53 ff.

[67] So z.B. BVerfGE 22, 180 (204); 59, 231 (263); s. auch E 5, 85 (198). → Rn. 50 ff.

[68] *K.F. Gärditz*, in: Friauf/Höfling, GG, Art. 20 (6. Teil: Rechtsstaatsprinzip [2010]), Rn. 4; *v. Arnauld* (Fn. 13), § 21 Rn. 28 ff.; *C. Möllers*, AöR 132 (2007), 493 (503 f.).

[69] *U.K. Preuß*, Rechtstheorie 24 (1993), 181 (187 ff., 189); s. auch *H. Hofmann*, Der Staat 34 (1995), 1 (11 f.).

[70] *L. v. Stein*, Gegenwart und Zukunft der Rechts- und Staatswissenschaft Deutschlands, 1876, S. 214 f.; s. näher *Šarčević* Rechtsstaat (Fn. 44), S. 223 ff.; *E.-W. Böckenförde*, Lorenz von Stein als Theoretiker der Bewegung von Staat und Gesellschaft zum Sozialstaat, in: ders., Staat (Fn. 12), S. 170 ff.

[71] *H. Heller*, Rechtsstaat oder Diktatur, 1930, S. 9, 23 f., 26.; s. auch *Huber*, Verfassungsgeschichte VI, S. 1082 ff.

ist⁷². Für den sozialen Rechtsstaat ist so ein final-utopisches Element i. S. eines »Entwurfs« (R. Bäumlin) eigentümlich geworden: Er intendiert programmatisch einen Prozess der Annäherung an die immer neu zu finden Gerechtigkeit⁷³. Die Maßstäbe, Verfahren und Institutionen des Rechts sollen Staat und Gesellschaft zugleich rational ordnen⁷⁴.

3. Voraussetzungen und Kontexte des Rechtsstaats

17   Die Funktionsfähigkeit des Rechtsstaats, seiner Institutionen und Verfahren, setzt bestimmte tatsächliche personale Fähigkeiten und organisatorische Rahmenbedingungen in der gesellschaftlichen Infrastruktur voraus⁷⁵. Die Gesamtheit dieser Bedingungen lässt sich unter die Begriffe der **Rechts- oder Verfassungskultur**⁷⁶, der gesellschaftlich-politischen Ambiance oder der Verfassungsvoraussetzungen einordnen. Dazu gehören etwa⁷⁷: eine funktionsfähige Behörden- und Gerichtsorganisation; ein leistungsfähiger Öffentlicher Dienst einschließlich der freien Berufe in der Rechtspflege; das Bewusstsein aller Amtswalter in Staatsorganen, um der Bürger willen da zu sein; Fingerspitzengefühl bei der Handhabung rechtsstaatlicher Prinzipien; das Ethos des Respekts vor dem Recht; eine Sozialisation in Familie, Gesellschaft und Schule, die private und öffentliche Verantwortung in Staat, Wirtschaft und Gesellschaft und politisches und soziales Engagement in Vereinen, Kirchen oder politischen Parteien i. S. einer »Kultur der Verantwortungsübernahme«⁷⁸ als freiwillige und selbstverständliche Aufgaben annimmt; partnerschaftliche Toleranz im weltanschaulich-religiösen, politischen und sozialen Pluralismus; Verhandlungs- und Kompromissfähigkeit. Solche **kulturellen Rechtsstaatsvoraussetzungen** wachsen über Jahrzehnte und müssen von Generation zu Generation weitervermittelt und gewandelt werden; ohne sie könnten komplexe Gesellschaften und ihre politischen Institutionen ihr Entwicklungsniveau nicht halten. Der Rechtsstaat ist mithin weit mehr als ein »System rechtstechnischer Kunstgriffe zur Gewährleistung gesetzlicher Freiheit«⁷⁹: Seine Institutionen und Verfahren sind auf Menschen angewiesen, die die politische Kultur des Rechtsstaats leben. Eine Normierung der selbstverständlichen Grundpflicht des Bürgers zum Gehorsam gegenüber rechtskräftigen Gesetzen, Verwaltungsakten und Gerichtsurteilen erscheint deshalb entbehrlich.

18   Der Rechtsstaat wird außerhalb der engeren verfassungsrechtlichen Diskussion in weiteren Zusammenhängen zum Bezugspunkt für andere, komplementäre Rechte oder soziale Verhältnisse. Insbesondere im Bereich der Wirtschaftswissenschaft wird

---

⁷² *U. Volkmann*, JZ 2004, 696 (699f.); *Sommermann*, Staatsziele (Fn. 15), S. 179ff.; *Wieacker*, Voraussetzungen (Fn. 9), S. 20.

⁷³ *Kunig*, Rechtsstaatsprinzip (Fn. 33), S. 123f., 126f.; s. auch *W. Kluth*, Gerechtigkeit, in: FS Paul Kirchhof, 2013, § 29 Rn. 6ff.

⁷⁴ Vgl. *E. Schmidt-Aßmann*, HStR³ II, § 26 Rn. 21ff.; *Hesse*, Rechtsstaat (Fn. 1), S. 572f.

⁷⁵ Vgl. grdl. *K. Hesse*, Die normative Kraft der Verfassung (1959), in: ders., Ausgewählte Schriften, 1998, S. 1ff.; s. auch *S. Huster/J. Rux*, in: Epping/Hillgruber, GG (Stand: 1.6.2014), Art. 20 Rn. 139; *D. Grimm*, JZ 2009, 596 (599).

⁷⁶ S. näher *P. Häberle*, Verfassungslehre als Kulturwissenschaft, 1982, S. 20ff.; s. auch *P. Mankowski*, JZ 2009, 321 (323ff.).

⁷⁷ Ausf. *J. Isensee*, HStR IX, § 202 Rn. 29f., 174ff., 181f.; *Karpen*, Rechtsstaat (Fn. 32), S. 144ff.; s. auch *M. Baurmann*, Der Markt der Tugend, 1996, S. 546ff.; *Šarčević*, Rechtsstaat (Fn. 44), S. 325ff.

⁷⁸ *W. Hoffmann-Riem*, Gewaltengliederung und Verantwortungsteilung als Ordnungsprinzip, in: FS H.-P. Schneider, 2008, S. 183ff. (189f.).

⁷⁹ So *E. Forsthoff*, Die Umbildung des Verfassungsgesetzes, in: FS Carl Schmitt, 1959, S. 35ff. (61).

als **Basis des Rechtsstaats eine marktwirtschaftliche Ordnung** mit dezentralisierten Entscheidungsträgern (= Marktteilnehmern, Grundrechtsinhabern) i. S. einer »strukturellen Komplementarität« gesehen[80].

II. Entstehung und Veränderung der Norm

Die **ursprüngliche Fassung des Art. 20 GG** geht auf einen Entwurf des Abg. v. Mangoldt im Grundsatzausschuss des Parlamentarischen Rates zurück[81], nachdem Art. 29 HChE ohne Nennung des Rechtsstaats nur fünf Teilgewährleistungen aufgeführt hatte[82]. Der im Abs. 1 seines Vorschlags noch enthaltene **Begriff des Rechtsstaats** sollte in Abs. 3 »zur besseren Kennzeichnung der Rechtsstaatlichkeit als der Grundlage des Grundgesetzes«[83] konkretisiert werden, wurde aber später in Abs. 1 (ebenso wie der Hinweis auf die parlamentarische Regierungsform) **aus redaktionellen Gründen gestrichen**. Der Grundsatz der Gewaltenteilung in Abs. 2 Satz 2 war im Parlamentarischen Rat unbestritten, wurde aber weithin formal verstanden[84]; seine Diskussion stellte vor allem die Unabhängigkeit der Justiz in den Vordergrund[85]. Abs. 2 Satz 2 wurde aber um den Hinweis auf die unmittelbare Betätigung des Volkes, Abs. 3 um die Verfassungsbindung der Gesetzgebung und die Bindung an das »Recht« ergänzt, damit die Rechtsstaatlichkeit als Grundlage des Grundgesetzes verdeutlicht werde[86]. Abs. 4 wurde erst 1968 angefügt (→ Art. 20 IV Rn. 7).

19

B. Internationale, supranationale und rechtsvergleichende Bezüge

I. Internationale Aspekte

Die **politisch-programmatische Schicht des Rechtsstaatsgedankens** (→ Rn. 4) schlägt sich **in internationalen Pakten**, vor allem auch in den Menschenrechtserklärungen, nieder und entfaltet unverändert aktuelle Stoßkraft für die Entfaltung zwingenden Völkerrechts[87], etwa bei der Durchsetzung der Menschenrechtspakte (→ Vorb. Rn. 24 ff.), oder in Forderungen nach neuen Verfassungen, besonders nach einer politischen Abkehr von nicht-rechtsstaatlichen Regimen. Insoweit liegt der amerikanischen Unabhängigkeitserklärung (1776) und der französischen Menschenrechtserklärung (1789) von Anfang an ein universeller Geltungsanspruch zugrunde[88], der jedenfalls bei ele-

20

---

[80] So etwa *W. Möschel*, Privatisierung als ordnungspolitische Aufgabe, in: J. Ipsen (Hrsg.), Sparkassen im Wandel, 1993, S. 117 ff. (121); ähnlich *J. Isensee*, HStR IX, § 202 Rn. 2, 29, 174 ff.; *H. H. Rupp*, HStR IX, § 203 Rn. 8, 13 u. ö.; *O. Depenheuer*, Der Staat 33 (1994), 329 (329 f., 339 ff.).
[81] Vgl. JöR 1 (1951), S. 195; Parl. Rat XIV/2, S. 1504.
[82] Vgl. JöR 1 (1951), S. 246; Parl. Rat VII, S. 9.
[83] So Abg. *T. Dehler*, JöR 1 (1951), S. 200; Parl. Rat XIV/1, S. 118; zur Bedeutung des Rechtsstaats als Thema im parlamentarischen Rat vgl. *V. Otto*, Das Staatsverständnis des Parlamentarischen Rates, 1971, S. 175 ff.; krit. *Bäumlin/Ridder* (Fn. 15), Art. 20 Abs. 1–3 III Rn. 36.
[84] *K. Kröger*, NJW 1989, 1318 (1321); ausf. *Otto*, Staatsverständnis (Fn. 83), S. 92 ff., 100 ff.
[85] *Otto*, Staatsverständnis (Fn. 83), S. 100 f.
[86] Vgl. JöR 1 (1951), S. 195, 197, 199, 200; Parl. Rat XIV/1, S. 116 ff., 799; *B. Hoffmann*, Das Verhältnis von Gesetz und Recht, 2003, S. 53 f.
[87] *M. Kotzur*, Der Rechtsstaat im Völkerrecht, in: FS E. Klein, 2013, S. 797 ff. (800 ff.); *M. Wittinger*, JöR 57 (2009), 427 (444 ff.); ausf. *S. Kadelbach*, Zwingendes Völkerrecht, 1993, S. 284 ff.
[88] *H. Hofmann*, Der Staat 34 (1995), 1 (13); s. auch *W. Schreckenberger*, Der Staat 34 (1995), 503 (515 ff.).

mentaren Rechten der Verletzungsabwehr nicht an die europäisch-nordatlantische Rechtskultur gebunden ist[89].

21 **Beispielhaft** zeigt die **Rechtsprechung zur EMRK** dabei eine Aktualisierung rechtsstaatlicher Elemente, obwohl der Text der EMRK das Rechtsstaatsprinzip nur verhalten in der Präambel in Bezug nimmt und eine elaborierte Dogmatik des Rechtsstaatsverständnisses der Konvention fehlt[90]. Gleichwohl hat die Auslegung der einzelnen Konventionsrechte wie etwa von Art. 6 EMRK zentrale Bestandteile von Rechtsstaatlichkeit erarbeitet[91], die bei erstmaliger Befassung und methodisch mehrdeutiger Interpretationslage mit Hilfe des allgemeinen Rechtsstaatsprinzips gefunden wurden[92]: z.B. das Recht auf Zugang zu den Gerichten[93], auf einen effektiven straf- und zivilrechtlichen Rechtsschutz (zu Verwaltungsentscheidungen → Art. 19 IV Rn. 35ff.), d.h. auch Rechtsschutz in angemessener Zeit[94]; auf ausreichende Zugänglichkeit, Klarheit und Bestimmtheit staatlichen Rechts[95], die wirksame Kontrollierbarkeit staatlicher Eingriffe[96], auf faires und ordentliches Verfahren[97] mit einer öffentlichen Verhandlung[98], ohne dass die Ergebnisse dieser Spruchpraxis immer vollständig im deutschen Recht rezipiert werden[99]. Mit der zunehmenden Öffnung des »offenen Verfassungsstaates« nach außen und der institutionalisierten internationalen stärker verrechtlichten Zusammenarbeit der Staaten gewinnen solche rechtsstaatlichen Kernelemente, auch vor dem Hintergrund der Schaffung rechtsstaatlicher Rahmenbedingungen für Investoren, immer höheres Gewicht[100], so ungleichzeitig die damit verbundenen Prozesse der Verrechtlichung, Konstitutionalisierung und »Vergerichtlichung« erfolgen[101].

---

[89] *H. Hofmann,* Der Staat 34 (1995), 1 (28ff.); *Kadelbach,* Völkerrecht (Fn. 87), S. 286ff.

[90] Ausf. *Grabenwarter/Pabel,* EMRK, §§ 6ff.; *E. Wiederin,* Rechtsstaatlichkeit und Europäische Menschenrechtskonvention, in: R. Hofmann u.a. (Hrsg.), Rechtsstaatlichkeit in Europa, 1996, S. 295ff. (295ff., 317).

[91] Vgl. übersichtlich *S. Schmahl,* in: R. Gaier/C. Wolf/S. Göcken (Hrsg.), Anwaltliches Berufsrecht, 2014, EMRK Rn. 13ff.; *Gärditz* (Fn. 68), Art. 20 Rn. 30; ausf. *Wiederin,* Rechtsstaatlichkeit (Fn. 90), S. 297ff.

[92] *Wiederin,* Rechtsstaatlichkeit (Fn. 90), S. 300, 306, 315 u.ö.

[93] EGMR, 21.2.1975, EuGRZ 1975, 91 (96f. – Rn. 35) – *Golder;* ausf. *Schmahl* (Fn. 91), EMRK Rn. 19ff.; *C. Grabenwarter/K. Struth,* Justiz- und Verfahrensgrundrechte, in: Ehlers, Europäische Grundrechte, § 6 Rn. 41ff.; *O. Diggelmann/T. Altwicker,* DÖV 2012, 781ff.

[94] EGMR, 16.9.1996, EuGRZ 1996, 514 (519f. – Rn. 47ff.) – *Süßmann;* EGMR, 1.7.1997, NJW 1997, 2809 (2810 – Rn. 55ff.) – *Probstmeier;* EGMR, 29.7.2004, NJW 2005, 3125 (3126f. – Rn. 43ff., 58ff.) – *Cevizovic;* EGMR, 10.2.2005, EuGRZ 2005, 121 (123 – Rn. 30ff.) – *Uhl;* s. auch *Grabenwarter/Struth* (Fn. 93), § 6 Rn. 55; *C. Laue,* Jura 2005, 89ff.

[95] EGMR, 26.4.1979, EuGRZ 1979, 386 (387 – Rn. 49) – *Sunday Times;* EGMR, 2.8.1984, EuGRZ 1985, 17 (20ff. – Rn. 68, 79) – *Malone;* für das Strafrecht EGMR, 22.3.2001, NJW 2001, 3035 (3037 – Rn. 50) – *Krenz;* s. auch *E. Hammer-Strnad,* Das Bestimmtheitsgebot als allgemeiner Rechtsgrundsatz des Europäischen Gemeinschaftsrechts, 1999, S. 131ff.

[96] EGMR, 25.3.1983, EuGRZ 1984, 147 (150 – Rn. 90) – *Silver.*

[97] EGMR, 24.10.1979, EuGRZ 1979, 650 (653f. – Rn. 39) – *Winterwerp;* EGMR, 19.7.2012, NJW 2013, 3225 (3226 – Rn. 37) – *Hümmer; Schmahl* (Fn. 91), EMRK Rn. 24f.; zum fairen Gerichtsverfahren ausf. *Grabenwarter/Struth* (Fn. 93), § 6 Rn. 44ff.; *D. Rzepka,* Zur Fairness im deutschen Strafverfahren, 2000, S. 34ff.

[98] *S. Morscher/P. Christ,* EuGRZ 2010, 272ff.

[99] Vgl. z.B. *D. Korn,* Defizite bei der Umsetzung der EMRK im deutschen Strafverfahren, 2005 (betr. V-Leute, Lockspitzel oder die Telefonüberwachung von Rechtsanwälten); zu Rang und Geltungsanspruch der EMRK im deutschen Recht *R. Uerpmann-Wittzack,* Jura 2014, 916 (919ff.).

[100] *Gärditz* (Fn. 68), Art. 20 Rn. 31ff.; *H. Schulze-Fielitz,* ZVglP 5 (2011), 1 (4ff., 9); *Sommermann,* Entwicklungsperspektiven (Fn. 17), S. 84f.

[101] *H. Schulze-Fielitz,* ZVglP 5 (2011), 1 (10ff.); *M. Wittinger,* JöR 57 (2009), 427ff.

II. Der Rechtsstaat als Prinzip des Europarechts
1. Das Rechtsstaatsprinzip und seine Elemente im Europarecht

Nach dem **Selbstverständnis der Europäischen Union** ist diese vor allem auch eine **Rechtsgemeinschaft**[102], deren Rechtsstaatlichkeit ein wesentliches Element ihrer Integration[103] und Legitimation ist[104] (→ Art. 23 Rn. 74), auch wenn systemische Defizite in verschiedenen Mitgliedstaaten diese gefährden[105], so dass die Kommission ein neues dreistufiges Verfahren zur Stärkung des Rechtsstaatsprinzips im Vorfeld von Sanktionen nach Art. 7 EUV vorgeschlagen hat[106]. Der Aufbau der Europäischen Union erfolgte von Anfang an nach **gemeineuropäischen rechtsstaatlichen Prinzipien**[107]. Doch erst im Maastrichter Vertrag wurde die »Rechtsstaatlichkeit« in der Präambel zum ausdrücklichen Bezugspunkt, und erst im Amsterdamer Vertrag als Grundlage der EU prominent hervorgehoben (Art. 6 I EUV a. F.) und zur EU-Beitrittsvoraussetzung gemacht (Art. 49 EUV)[108]. Der eher magere Textbefund in Art. 2 EUV (»Rechtsstaatlichkeit«) darf nicht darüber täuschen, dass im geschriebenen und ungeschriebenen Unionsrecht zahlreiche Konkretisierungen formeller und materieller Rechtsstaatlichkeit ihren Niederschlag finden[109].

22

Der **Gedanke der Rechtsstaatlichkeit** wird **im Primärrecht** der EU zudem durch die Bindung an die EMRK, die gemeinsamen Verfassungsüberlieferungen der Mitgliedstaaten und die »allgemeinen Grundsätze des Gemeinschaftsrechts« (und damit an die

23

---

[102] EuGH v. 23.4.1986, C-294/83, Rn. 23 – *Les Verts*; EuGH v. 23.3.1993, C-314/91, Rn. 8 – *Weber*; *R. Streinz*, Die Europäische Union als Rechtsgemeinschaft, in: FS Merten, 2007, S. 395 ff.; grdl. *W. Hallstein*, Die Europäische Gemeinschaft, 5. Aufl. 1979, S. 51 ff.; *M. Zuleeg*, NJW 1994, 545 ff.; *G. Hirsch*, NJW 1996, 2457 ff.; ausf. *A. v. Bogdandy*, Grundprinzipien, in: ders./J. Bast (Hrsg.), Europäisches Verfassungsrecht, 2. Aufl. 2009, S. 13 ff. (36 ff.); *F.C. Mayer*, Europa als Rechtsgemeinschaft, in: G.F. Schuppert/I. Pernice/U. Haltern (Hrsg.), Europawissenschaft, 2005, S. 429 ff. (430 ff., 475 ff.).
[103] *E. Schmidt-Aßmann*, Das allgemeine Verwaltungsrecht als Ordnungsidee, 2. Aufl. 2004, Kap. 7 Rn. 20; *A. v. Bogdandy*, Der Staat 40 (2001), 3 (19 ff., 35 ff.).
[104] So *J.A. Frowein*, EuR 1995, 315 (321).
[105] *A. v. Bogdandy/M. Ioannidis*, ZaöRV 74 (2014), 283 (284 ff., 304 ff.); s. auch *T.P. Holterhus/D. Kornack*, EuGRZ 2014, 389 (394 ff.); *R. Yamato/J. Stephan*, DÖV 2014, 58 ff.
[106] *EU-Kommission*, Ein neuer EU-Rahmen zur Stärkung des Rechtsstaatsprinzips, Mitteilung vom 31.03.2014, COM (2014) 158 final; dazu übersichtlich *P. Schwarzburg*, RuP 2014, 183 f.
[107] Vgl. etwa *D. Buchwald*, Der Staat 37 (1998), 189 ff.; *M. Brenner*, Die Verwaltung 31 (1998), 1 (3 ff.); *R. Hofmann*, Rechtsstaatsprinzip und Europäisches Gemeinschaftsrecht, in: ders. u. a. (Hrsg.), Rechtsstaatlichkeit (Fn. 90), S. 321 ff.; *A. Bleckmann*, GYIL 20 (1977), 406 ff.; ausf. *J. Schwarze*, Europäisches Verwaltungsrecht, 2. Aufl. 2005, S. 198 ff., 661 ff., 843 ff. u. ö.; *T. Giegerich*, Europäische Verfassung und deutsche Verfassung im transnationalen Konstitutionalisierungsprozeß: Wechselseitige Rezeption, konstitutionelle Evolution und föderale Verflechtung, 2003, S. 894 ff., 917 ff., 991 ff., 1008 ff.
[108] S. näher *K. Ludwig*, Die Rechtsstaatlichkeit in der Erweiterungs-, Entwicklungs- und Nachbarschaftspolitik der Europäischen Union, 2011, S. 3 ff., 78 ff.; *P.-C. Müller-Graff*, Rechtsstaatlichkeit als EU-Beitrittsvoraussetzung, in: C.D. Classen/H. Heiss/A. Supro-Heidel (Hrsg.), Polens Rechtsstaat am Vorabend des EU-Beitritts, 2004, S. 1 ff. (2 ff.).
[109] Übersichtlich *T.P. Holterhus/D. Kornack*, EuGRZ 2014, 389 (392 f.); s. näher *Gärditz* (Fn. 68), Art. 20 Rn. 18 ff.; *Streinz*, Europarecht, Rn. 778 ff.; *W. Frenz*, Europarecht, Band V, 2010, Rn. 1800 ff.; *M. Wittinger*, JöR 57 (2009), 427 (430 f., 434 f.); *D.H. Scheuing*, Der Grundsatz der Rechtsstaatlichkeit im Recht der Europäischen Union, in: J. Schwarze (Hrsg.), Bestand und Perspektiven des Europäischen Verwaltungsrechts, 2008, S. 45 ff.; ausf. *Schwarze*, Verwaltungsrecht I (Fn. 107), S. 219 ff., 280 ff., 489 ff., 529 ff., 690 ff., 911 ff., 1271 ff., 1349 ff.

Art. 20 (Rechtsstaat)   B. Internationale, supranationale und rechtsvergleichende Bezüge

Grundrechtsjudikatur des EuGH) gestärkt[110]. Neben der GRCh wird die Rechtsstaatlichkeit der EU durch schrittweise Positivierung solcher Prinzipien geprägt, die für das existierende Unionsrecht bedeutsam sind; die Stärkung eher formeller Rechtsprinzipien (wie Vertrauensschutz, Verhältnismäßigkeit, Grundfreiheiten usw.) aktualisiert auch die materiellen Gehalte der gemeinsamen Verfassungsüberlieferungen der Mitgliedstaaten. Allerdings divergieren die unterschiedlichen **Möglichkeiten der Auslegung** des Rechts so stark, dass z. B. auf europäischer Ebene für noch rechtmäßig angesehen werden könnte, was in einer spezifisch deutschen Sicht eher als Verdrängung von Recht und Rechtsstaatlichkeit durch die Politik wahrgenommen wird[111].

24   Insoweit **gelten zahlreiche rechtsstaatliche Unterprinzipien, Grundsätze und Regeln** des deutschen Rechtsstaatsprinzips in der durch die Rechtsprechung des EuGH und seine methodischen Eigengesetzlichkeiten geformten[112] Erscheinungsform auch im Unionsrecht, ohne dass es insoweit eines Rückgriffs auf ein übergreifendes Rechtsstaatsprinzip bedürfte[113] (zur deutschen Rechtslage → Rn. 38 ff.). Dazu gehören insbesondere der Grundsatz der Gesetzmäßigkeit der Verwaltung[114] in dem Sinne, dass Rechtsakte, die Unionsrecht vollziehen, auf einer klaren und unzweideutigen unionsrechtlichen Grundlage beruhen müssen[115], wie er jetzt auch als Gesetzesvorbehalt für Grundrechtseingriffe durch EU-Organe in Art. 52 I GRCh positiviert ist[116]; weiterhin die im Zuge der Rechtsprechung zu den grundrechtsähnlichen allgemeinen Rechtsgrundsätzen (→ Vorb. Rn. 41) in deutlicher Orientierung am Vorbild der EMRK anerkannten Ansprüche[117] z. B. auf effektiven gerichtlichen Rechtsschutz[118] (→ Art. 19 IV

---

[110] Vgl. *H.-W. Rengeling*, Entwicklungen allgemeiner Rechtsgrundsätze in der Europäischen Union, in: FS Schröder, 2012, S. 271 ff. m. w. N.; *E. Schmidt-Aßmann*, HStR³ II, § 26 Rn. 103; *Sommermann*, Staatsziele (Fn. 15), S. 288 f.; ausf. *S. Jacoby*, Allgemeine Rechtsgrundsätze, 1997, bes. S. 209 ff., 253 ff.

[111] Vgl. BVerfGE 134, 366 (398 ff., Rn. 55 ff., 69 ff.); *H. Hofmann*, in: Schmidt-Bleibtreu/Hofmann/Henneke, GG, Art. 20 Rn. 55; krit. *F. C. Mayer*, EuR 2014, 473 (477 ff., 499 ff.); *W. Heun*, JZ 2014, 331 (333 ff.); s. auch *A. Thiele*, Das Mandat der EZB und die Krise des Euro, 2013.

[112] Zur Rolle des EuGH *Gärditz* (Fn. 68), Art. 20 Rn. 25 f.; *C. Calliess*, Richterrecht und Europarecht – Zum Richterrecht in der EG, in: W. Erbguth/J. Masing (Hrsg.), Die Bedeutung der Rechtsprechung im System der Rechtsquellen: Europarecht und nationales Recht, 2005, S. 155 ff.; *ders.*, NJW 2005, 929 ff.

[113] Zur Zurückhaltung des EuGH vgl. schon *R. Hofmann*, Rechtsstaatsprinzip (Fn. 107), S. 323 f., 334 f.

[114] Z. B. EuGH v. 22.3.1961, Rs. 42 u.a./59, E 1961, 109 (172 ff.) – *SNUPAT*; *R. Hofmann*, Rechtsstaatsprinzip (Fn. 107), S. 329; s. auch *J. Schwarze*, Rechtsstaatliche Grundsätze für das Verwaltungshandeln in der Rechtsprechung des Europäischen Gerichtshofs, in: FS Rodríguez Iglesias, 2003, S. 147 ff.; *B. Wegener*, in: Calliess/Ruffert, EUV/AEUV, Art. 19 EUV Rn. 37.

[115] EuGH v. 25.9.1984, C-117/83, Rn. 11 – *Könecke*; s. auch *Gärditz* (Fn. 68), Art. 20 Rn. 180 f.; ausf. *H. Rieckhoff*, Der Vorbehalt des Gesetzes im Europarecht, 2007, S. 123 ff., 141 ff., 166 ff.; *M. Hilf/K.-D. Classen*, Der Vorbehalt des Gesetzes im Recht der Europäischen Union, in: FS Selmer, 2004, S. 71 ff. (76 ff.); *M. Brenner*, Der Gestaltungsauftrag der Verwaltung in der Europäischen Union, 1996, S. 244 ff.; speziell zum Bestimmtheitsgrundsatz *Hammer-Strnad*, Bestimmtheitsgebot (Fn. 95), S. 27 ff., 59 f., 149 ff.

[116] Ausf. *B. Fassbender*, NVwZ 2010, 1049 ff.; *S. Röder*, Der Gesetzesvorbehalt der Charta der Grundrechte der Union im Lichte einer europäischen Wesentlichkeitstheorie, 2007.

[117] So *J. Gundel*, Justiz- und Verfahrensgrundrechte, in: Ehlers, Europäische Grundrechte, § 27 Rn. 1.

[118] EuGH v. 15.5.1986, C-222/84, Rn. 17 ff. – *Johnston*; EuGH v. 15.10.1987, C-222/86, Rn. 15 – *Heylens*; dazu auch *Gundel* (Fn. 117), § 27 Rn. 21 ff.; *Gärditz* (Fn. 68), Art. 20 Rn. 24; *R. Stotz*, Effektiver Rechtsschutz in der Europäischen Union, 2013, S. 3 ff.; *J. Schwarze*, Der Anspruch auf effektiven gerichtlichen Rechtsschutz im europäischen Gemeinschaftsrecht, in: FS Starck, 2007, S. 645 ff.; *C. D. Classen*, JZ 2006, 157 ff.; *Wegener* (Fn. 114), Art. 19 EUV Rn. 40 f.

II. Der Rechtsstaat als Prinzip des Europarechts **Art. 20 (Rechtsstaat)**

Rn. 80f.) vor unabhängigen und unparteilichen Gerichten zumal bei Verdachtsszenarien[119], auf ein faires rechtsstaatliches Verfahren[120] oder auf rechtliches Gehör[121] (Art. 103 I GG); der Grundsatz der unionsrechtlichen Amtshaftung für legislatives Unrecht (Art. 340 II AEUV)[122]; schließlich objektive rechtsstaatliche Grundsätze des primären Unionsrechts wie der Grundsatz der Verhältnismäßigkeit (Art. 5 I 2, IV EUV) als Schranke für Eingriffe in Unionsrechte[123] und als allgemeine Rechtmäßigkeitsvoraussetzung für das Handeln der Unionsorgane[124]; der Grundsatz der Rechtssicherheit[125] mit der Folge der Bestimmtheit von Regelungen[126] und, subjektiviert, des Vertrauensschutzes[127], die die Grenzen zulässiger Rückwirkung von Rechtsvorschriften konturieren[128] und auch ein Rückwirkungsverbot für sanktionsbewehrte Rechtsakte konstituieren[129], aber auch Regeln für die Aufhebung von Verwaltungsakten[130];

---

[119] *M. Kotzur*, EuGRZ 2014, 389 ff.

[120] EuGH v. 5.3.1980, C-98/79, Rn. 3 – *Pecastaing*; EuGH v. 1.4.1987, C-257/85, Rn. 10 – *Dufay*; vgl. *S. Hackspiel*, Allgemeines und Verfahrensgrundsätze, in: H.-W. Rengeling/A. Middeke/M. Gellermann (Hrsg.), Handbuch des Rechtsschutzes in der Europäischen Union, 2. Aufl. 2003, § 21 Rn. 20; *E. Pache*, NVwZ 2001, 1342 ff. → Art. 19 IV Rn. 37.

[121] EuGH v. 22.3.1961, Rs. 42 u.a./59, E 1961, 109 (169) – *SNUPAT*; EuGH v. 13.2.1979, C-85/76, Rn. 9 – *Hoffmann-La Roche*; EuGH v. 21.9.1989, Rs. C-46/87, Rn. 14 ff. – *Hoechst*; EuGH v. 27.6.1991, C-49/88, Rn. 15 ff. – *SAMAD*; *Gundel* (Fn. 117), § 27 Rn. 36 f.; *Hackspiel* (Fn. 120), § 21 Rn. 21; ausf. *K. Stoye*, Die Entwicklung des europäischen Verwaltungsrechts durch das Gericht erster Instanz, 2005, S. 76 ff.

[122] EuGH v. 2.12.1971, C-5/71, Rn. 11 ff. – *Schöppenstedt*; *Streinz*, Europarecht, Rn. 673 ff.; *R. Hofmann*, Rechtsstaatsprinzip (Fn. 107), S. 331 f.

[123] Grdl. EuGH v. 13.12.1979, C-44/79, Rn. 23 – *Hauer*; ferner etwa EuGH v. 24.9.1985, C-181/84, Rn. 20 ff. – *Man (Sugar)*; EuGH v. 13.5.1997, C-233/94, Rn. 54 – *Einlagensicherungssysteme*; EuGH v. 12.7.2005, C-154/04, Rn. 61 ff., 109 ff. – *Alliance for Natural Health*; *J. Saurer*, Der Staat 51 (2012), 3 (8 ff.); *C. D. Classen*, Das Prinzip der Verhältnismäßigkeit im Spiegel europäischer Rechtsentwicklungen, in: FS Stern, 2012, S. 651 ff.; *V. Trstenjak/E. Beysen*, EuR 2012, 265 ff.; *D. Merten*, HGR III, § 68 Rn. 21; *C. Knill/F. Becker*, Die Verwaltung 36 (2003), 447 (463 ff.); *E. Kischel*, EuR 35 (2000), 380 ff.; ausf. *O. Koch*, Der Grundsatz der Verhältnismäßigkeit in der Rechtsprechung des Gerichtshofs der Europäischen Gemeinschaften, 2003, S. 158 ff., 290 ff.

[124] Vgl. z.B. EuGH v. 24.10.1973, C-5/73, Rn. 19 ff. – *Balkan Import*; EuGH v. 21.9.1989, C-46/87, Rn. 19, 35 – *Hoechst*.

[125] Vgl. z.B. EuGH v. 18.03.1975, C-78/74, Rn. 14 – *Deuka Futtermittel*; EuGH v. 5.3.1980, C-265/78, Rn. 17 – *Ferwerda*; ausf. *A. v. Arnauld*, Rechtssicherheit, 2006, S. 497 ff.; *K.-A. Schwarz*, Vertrauensschutz als Verfassungsprinzip, 2002, S. 388 ff.

[126] Vgl. z.B. EuGH v. 7.6.2005, C-17/03, Rn. 80 – *Vereniging voor Energie*.

[127] EuGH v. 4.7.1973, C-1/73, Rn. 6 – *Westzucker*; EuGH v. 11.7.1991, C-368/89, Rn. 13 ff. – *Crispoltoni*; zum daraus folgenden Bestimmtheitsgrundsatz EuGH v. 15.2.1996, C-63/93, Rn. 20 – *Duff u.a.*; EuGH v. 22.6.2006, C-182/03 u.a., Rn. 147 ff. – *Belgien und Forum 87*; s. näher zum Vertrauensschutz auf EU-Ebene *W. Frenz*, EuR 2008, 468 ff.; *S. Altmeyer*, Vertrauensschutz im Recht der Europäischen Union und im deutschen Recht, 2003, S. 11 ff.; *Schwarz*, Vertrauensschutz (Fn. 125), S. 391 ff.

[128] Vgl. z.B. EuGH v. 25.1.1979, C-98/78, Rn. 20 – *Racke*; EuGH v. 28.4.1988, C-170/86, Rn. 12 ff. – *von Deetzen*; EuGH v. 1.4.1993, C-260/91, Rn. 9 ff. – *Diversinte SA*; *W. Berg/S. Nachtsheim*, DVBl. 2001, 1103 ff.; ausf. *v. Arnauld*, Rechtssicherheit (Fn. 125), S. 514 ff.; *Schwarz*, Vertrauensschutz (Fn. 125), S. 414 ff.

[129] Grdl. EuGH v. 10.7.1984, C-63/83, Rn. 21 f. – *Kirk*; *Schwarz*, Vertrauensschutz (Fn. 125), S. 429 f.

[130] Vgl. EuGH v. 22.3.1961, Rs. 42 u.a./59, E 1961, 109 (173 f.) – *SNUPAT*; EuGH v. 3.3.1982, C-14/81, Rn. 9 ff. – *Alpha Steel*; EuGH v. 21.9.1983, C-205/82, Rn. 30 ff. – *Milchkontor*; *v. Arnauld*, Rechtssicherheit (Fn. 125), S. 508 ff.; *Schwarz*, Vertrauensschutz (Fn. 125), S. 432 ff.

zu nennen ist auch das Verbot von Doppelsanktionen (*ne bis in idem*)[131] i.S. einer gegenseitigen Berücksichtigung[132].

25 Angesichts der fehlenden Staatlichkeit der EU erscheint demgegenüber der **Grundsatz der Gewaltenteilung** im klassischen Sinne **auf europäischer Ebene nur ansatzweise**, i.S. einer unabhängigen Rechtsprechung durch den EuGH, weniger im Verhältnis von Europäischem Parlament und anderen europäischen Organen wie z.B. Kommission und Ministerrat ausgebildet[133] mit der Folge von intransparenter Kompetenzverteilung, unklaren Verantwortlichkeiten und suboptimalen Kontrollen. Allerdings lassen sich verschiedene Anforderungen der Rechtsprechung des EuGH als Beitrag zu einem gewaltenteilungsähnlichen »institutionellen Gleichgewicht« der Unionsorgane interpretieren[134]; zudem stärken die Vertragsänderungen von Lissabon das Europäische Parlament als Gesetzgeber und den Europäischen Rat als Gubernative zulasten des Ministerrats und der Kommission mit der Folge eines beachtlichen Systems von checks and balances, ohne dass dieses den strukturellen Bedeutungsgewinn der Exekutive in Europa[135] konterkarieren könnte.

2. Einwirkungen der europäischen Rechtsstaatlichkeit auf das Recht der Bundesrepublik

26 Die tendenzielle **Übereinstimmung der Kernelemente** europäischer Rechtsstaatlichkeit führt einerseits dazu, dass ihre europarechtliche oder mitgliedstaatliche Auslegung als Auslegungshilfe sich auch auf das deutsche Recht auswirkt; das gilt etwa im Strafrecht für die Unschuldsvermutung des Art. 6 II EMRK betr. das Grundgesetz[136]. Andererseits kann europäisches Recht sich rechtsstaatlich dem Verfassungs-[137] und

---

[131] EuGH v. 5.5.1966, Rs. 18 u.a./65, E 1966, 153 (178) – *Gutmann*; EuGH v. 26.2.2013, C-617/10, Rn. 32ff.; *K. Gaede*, NJW 2014, 2990ff.

[132] Vgl. EuGH v. 13.2.1969, C-14/68, Rn. 11 – *Walt Wilhelm*; EuGH v. 14.12.1972, C-7/72, Rn. 3ff. – *Boehringer*.

[133] Dazu näher *R. Poscher*, GVwR² I, § 8 Rn. 65ff.; *T. Siegel*, DÖV 2010, 1ff.; *Möllers*, Gewalten (Fn. 23), S. 175ff.; *E. Schmidt-Aßmann*, HStR³ II, § 26 Rn. 106; *U. Di Fabio*, HStR³ II, § 27 Rn. 80ff.; *Oppermann/Classen/Nettesheim*, Europarecht, § 5 Rn. 15ff.; *B. Grzeszick*, in: Maunz/Dürig, GG, Art. 20 Abschnitt V (2013), Rn. 114ff.

[134] Vgl. EuGH v. 17.12.1972, C-25/70, Rn. 8ff. – *Einfuhr- und Vorratsstelle für Getreide*; *M. Fehling*, Die Funktion von Verfahren im Unionsrecht, in: S. Leible/J.P. Terhechte (Hrsg.), Europäisches Rechtsschutz- und Verfahrensrecht, 2014, § 3 Rn. 20ff.; *H.-D. Horn*, JöR 49 (2001), 287 (295f.); ausf. *H.-G. Dederer*, Zur Gewaltenteilung in der Union: Checks and Balances, institutionelles Gleichgewicht oder Konfusion?, in: K. Hofmann/K. Naumann (Hrsg.), Europäische Demokratie in guter Verfassung?, 2010, S. 89ff. (90ff., 96ff.); *C. Möllers*, Gewaltengliederung, 2005, S. 253ff.; *A. Haratsch*, Der Grundsatz der Gewaltenteilung als rechtsordnungsübergreifender Ansatz – Ansätze einer einheitlichen Europäischen Rechtsordnung, in: M. Demel u.a. (Hrsg.), Funktionen und Kontrolle der Gewalten, 2001, S. 199ff. (204ff.).

[135] *Schmidt-Aßmann*, Ordnungsidee (Fn. 103), Kap. 1 Rn. 57; *H. Dreier*, DÖV 2002, 537 (541); *Brenner*, Gestaltungsauftrag (Fn. 115), S. 217ff.

[136] So BVerfGE 74, 358 (370); 82, 106 (115); *I. Appel*, Verfassung und Strafe, 1998, S. 249ff.

[137] S. näher *K.-E. Hain*, DVBl. 2002, 148ff.; *D.H. Scheuing*, Zur Europäisierung des deutschen Verfassungsrechts, in: K.F. Kreuzer u.a. (Hrsg.), Die Europäisierung der mitgliedstaatlichen Rechtsordnungen in der Europäischen Union, 1997, S. 87ff.; zu den Grenzen beim Unionsrecht im Blick auf den europäischen Haftbefehl BVerfGE 113, 273 (299ff., Rn. 76ff.). → Vorb. Rn. 53ff.

II. Der Rechtsstaat als Prinzip des Europarechts   **Art. 20 (Rechtsstaat)**

Verwaltungsrecht[138] der Mitgliedstaaten vorrangig vorlagern und z.B. deutsches Recht verdrängen[139].

Der gemeinsame rechtsstaatliche Kern schließt **Abweichungen bei der Auslegung** durch europäische Organe und den einzelnen Mitgliedstaaten (etwa auch bei der Kontrolle von Normen des Europarechts durch die mitgliedstaatlichen Verwaltungen[140]) und Unterschiede ihrer rechtsstaatlichen Konkretisierung zwischen den Mitgliedstaaten (→ Rn. 34 ff.) nicht aus. Wegen des grundsätzlichen Anwendungsvorrangs des Unionsrechts (→ Vorb. Rn. 55; → Art. 23 Rn. 12 ff.) und der Pflicht der nationalen Gerichte, unionswidriges Recht unangewendet zu lassen[141], wirken sich abweichende rechtsstaatliche Akzentsetzungen nachhaltig auf das nationale Verwaltungsrecht aus. Durch die Ausweitung in der Rechtsprechung des EuGH durch Figuren wie die »richtlinienkonforme Auslegung« nationalen Rechts[142], die unmittelbare Anwendbarkeit nicht oder unvollständig umgesetzter Richtlinien und das Gebot der Unanwendbarkeit europarechtswidrigen nationalen Rechts für die Verwaltung kann der Bindungsanspruch des nationalen Rechts stark relativiert werden[143]. 27

Dieser Prozess wird besonders deutlich an der unterschiedlichen **Gewichtung des rechtsstaatlichen Vertrauensschutzes** im Verwaltungsverfahren[144]. Soweit § 48 VwVfG den Vertrauensschutzgedanken im nationalen Verwaltungsrecht für die Aufhebung rechtswidriger Verwaltungsakte konkretisiert hat, wird dem EuGH zufolge die gesetzgeberische Interessenabwägung zugunsten der Effektivität der Durchsetzung des Europarechts relativiert: Bei der Rückforderung von unionsrechtswidrigen Beihilfen sind die nationalen Vertrauensschutzregelungen so anzuwenden, dass die unionsrechtlich vorgeschriebene Rückforderung nicht praktisch unmöglich gemacht 28

---

[138] S. näher *F.C. Mayer*, Die Europäisierung des Verwaltungsrechts, in: FS Battis, 2014, S. 47 ff. (49 ff.); *E. Schmidt-Aßmann*, Die Europäisierung des Verwaltungsverfahrensrechts, in: FS 50 Jahre BVerwG, 2003, S. 487 ff.; *M. Gellermann*, Verhältnis des Gemeinschaftsrechts zum Recht der Mitgliedstaaten, in: Rengeling/Middeke/Gellermann, Handbuch (Fn. 120), § 34 Rn. 29 ff.; *H.-G. Henneke*, ZG 16 (2001), 71 ff.; *C.D. Classen*, Die Europäisierung des Verwaltungsrechts, in: Kreuzer u. a., Europäisierung (Fn. 137), S. 107 ff.; *F. Schoch*, JZ 1995, 109 ff.; ausf. *T. v. Danwitz*, Verwaltungsrechtliches System und Europäische Integration, 1996; *A. Hatje*, Die gemeinschaftsrechtliche Steuerung der Wirtschaftsverwaltung, 1998, S. 93 ff.

[139] *Gärditz* (Fn. 68), Art. 20 Rn. 123 ff.; *H.D. Jarass/S. Beljin*, NVwZ 2004, 1 ff.; allg. *H. Sauer*, Rechtstheorie 44 (2013), 503 (523 ff.).

[140] Dazu näher *O. Suviranta*, VerwArch. 88 (1997), 439 ff.; *E. Schmidt-Aßmann*, Gefährdungen der Rechts- und Gesetzesbindung der Exekutive, in: FS Stern, 1997, S. 745 ff. (761 f.); *J. Pietzcker*, Zur Nichtanwendung europarechtswidriger Gesetze seitens der Verwaltung, in: FS Everling II, 1995, S. 1095 ff.; ausf. *R. Hutka*, Gemeinschaftsbezogene Prüfungs- und Verwerfungskompetenz der deutschen Verwaltung gegenüber Rechtsnormen nach europäischem Gemeinschaftsrecht und nach deutschem Recht, 1997.

[141] EuGH v. 13.3.1997, C-358/95, Rn. 18 – *Morellato*; EuGH v. 9.3.1978, C-106/77, Rn. 23 ff. – *Simmenthal*.

[142] Ausf. *J. Kühling*, JuS 2014, 481 ff.

[143] Krit. *E. Schmidt-Aßmann*, HStR[3] II, § 26 Rn. 106; zu den Grenzen unionsrechtskonformer Auslegung BAGE 105, 32 (48 f.); *J. Kühling*, JuS 2014, 481 (483 ff.); *Gärditz* (Fn. 68), Art. 20 Rn. 126.

[144] Ausf. *D. Hanf*, ZaöRV 59 (1999), 51 ff.; *U. Fastenrath*, Die Verwaltung 31 (1998), 277 (279 ff.); ausf. *H.-J. Blanke*, Vertrauensschutz im deutschen und europäischen Verwaltungsrecht, 2000, S. 461 ff.

wird, indem das Interesse der Union in vollem Umfang berücksichtigt werden muss[145]. Dieser Anwendungsvorrang verstößt auch nicht gegen das Grundgesetz[146].

29 Im **Staatshaftungsrecht** hat die Rechtsprechung des EuGH einen Haftungsanspruch des EU-Bürgers gegen die Mitgliedstaaten wegen gesetzgeberischen Unterlassens durch unzureichende Umsetzung von Richtlinien begründet[147], obwohl in der Bundesrepublik ein Staatshaftungsanspruch gegen den Gesetzgeber, zumal durch Unterlassen, nicht besteht (→ Art. 34 Rn. 26, 48 ff.).

30 Im **Verwaltungsprozessrecht** wird ebenfalls das Verfahrensrecht zur Durchsetzung des EU-Rechts in Pflicht genommen, wird zu Umorientierungen und zur Überwindung anerkannter Standards des nationalen Prozessrechts veranlasst[148]. Beim vorläufigen Rechtsschutz etwa verlangt das Unionsrecht vom nationalen Verfahren[149] auch dann die Einräumung einstweiliger Anordnungen, wenn das nationale Recht eine solche Möglichkeit nicht vorsieht[150]. Nationale Gerichte dürfen ausnahmsweise gegen Rechtshandlungen der Union einstweiligen Rechtsschutz gewähren[151], obwohl gegen Entscheidungen der EU-Organe der EuGH grundsätzlich ein Rechtsprechungsmonopol hat[152]. Mitunter kann eine Zulässigkeit der Klage nach dem Recht der Mitgliedstaaten aus Unionsrecht geboten sein, selbst wenn das nationale Prozessrecht solches nicht vorsieht[153]. Die Umgehung unionsrechtlicher Fristen durch mitgliedstaatliche Rechtsbehelfe ist unzulässig[154].

31 Neben solchen direkten Einwirkungen des Europarechts auf einzelne Instrumente des Verwaltungs- oder Gerichtsverfahrens können die **europarechtlichen Regelungstechniken** von den mitgliedstaatlichen Auffassungen erheblich abweichen und so das mitgliedstaatliche Verwaltungsrecht wesentlich verändern. Vor allem im Umweltrecht wird eine stärker am Verfahrensrecht als an materiellen Standards orientierte Sekundärrechtsetzung sichtbar, die die traditionelle ordnungsrechtliche, am grundrechtlich gesteuerten Verbot mit Erlaubnisvorbehalten orientierte Basis des deutschen Umweltrechts umgestaltet oder überlagert[155]. Auch die Auffassung von Verwaltungsöffent-

---

[145] EuGH v. 20.3.1997, C-24/95, Rn. 24 – *Alcan*; EuGH v. 21.3.1990, C-142/87, Rn. 61 – *Belgien/Kommission*; EuGH v. 20.9.1990, C-5/89, Rn. 12 – *BUG-Alutechnik*; s. näher *D.H. Scheuing*, Die Verwaltung 34 (2001), 107 ff.; *J. Suerbaum*, VerwArch. 91 (2000), 169 ff.; *D. Ehlers*, Die Verwaltung 31 (1998), 53 (54 ff.); ausf. *Schwarz*, Vertrauensschutz (Fn. 125), S. 457 ff.; *A. Sinnaeve*, Die Rückforderung gemeinschaftswidriger nationaler Beihilfen, 1997.
[146] BVerfG (K), NJW 2000, 2015 (2016); BVerwGE 106, 328 (334 f.), am Beispiel des § 48 IV VwVfG; *Sommermann* (Fn. 5), Art. 20 Rn. 328; *Schwarz*, Vertrauensschutz (Fn. 125), S. 541 ff., 551 ff.; *ders.*, Die Verwaltung 34 (2001), 397 ff.; *Blanke*, Vertrauensschutz (Fn. 144), S. 538 f.
[147] EuGH v. 5.3.1996, C-46/89, Rn. 67 ff. – *Brasserie du pêcheur*; EuGH v. 8.10.1996, C-178/94, Rn. 72 f. – *Dillenkofer u. a.*; zu den Modalitäten der gerichtlichen Durchsetzung EuGH v. 10.7.1997, C-94/95, Rn. 45 ff. – *Bonifaci*; s. näher *G. Hermes*, Die Verwaltung 31 (1998), 373 ff.; ausf. *F. Ossenbühl/M. Cornils*, Staatshaftungsrecht, 6. Aufl. 2013, S. 595 ff.
[148] Übersichtlich *F. Schoch*, Die Europäisierung des Verwaltungsprozeßrechts, in: FS 50 Jahre BVerwG, 2003, S. 507 ff.; *D. Ehlers*, Die Europäisierung des Verwaltungsprozeßrechts, 1999.
[149] S. näher *Gellermann* (Fn. 138), § 34 Rn. 51 ff.; *J. Kokott*, Die Verwaltung 31 (1998), 335 (340 ff.); *F. Schoch*, DVBl. 1997, 289 ff.; *Classen*, Europäisierung (Fn. 138), S. 113 ff.; ausf. *S. Lehr*, Einstweiliger Rechtsschutz und Europäische Union, 1997.
[150] EuGH v. 19.6.1990, C-213/89, Rn. 19 ff. – *Factortame*.
[151] EuGH v. 21.2.1991, C-143/88, Rn. 24, 28 f., 33 – *Zuckerfabrik Süderdithmarschen*; EuGH v. 9.11.1995, C-465/93, Rn. 32 ff. – *Atlanta*.
[152] EuGH v. 22.10.1987, C-314/85, Rn. 15 – *Foto-Frost*.
[153] EuGH v. 3.12.1992, C-97/91, Rn. 13 – *Oleificio Borelli*.
[154] EuGH v. 23.1.1997, C-246/95, Rn. 21 ff. – *Coen*.
[155] Ausf. *R. Breuer*, NVwZ 1997, 833 (835 ff.). → Art. 20a Rn. 17.

lichkeit, die vom europäischen Sekundärrecht i. S. einer bürgerkontrollierten Transparenz instrumentalisiert wird[156], weicht vom herkömmlichen deutschen Arkanprinzip wesentlich ab. Als weitere Beispiele seien genannt: die geringere gerichtliche Kontrolldichte bei der Anwendung von Normen und der Wahrnehmung von Ermessen (→ Art. 19 IV Rn. 31), die Umsetzung von Richtlinien durch unmittelbar geltende, subjektive Rechte verbürgende Rechtsnormen statt nur durch Verwaltungsvorschriften[157] oder eine allgemeine Verweisung in einem Gesetz auf europäische Richtlinien[158].

Alle diese europäischen Einflüsse verdrängen nicht immer im Wege des Anwendungsvorrangs die rechtsstaatlichen Ausprägungen im deutschen Verwaltungsrecht, wirken aber unterschwellig auf **das deutsche Rechtsverständnis verändernd** ein. Skeptiker sehen darin die Gefahr eines Verlustes an rechtsstaatlicher Ordnungsgewalt gegenüber den Eigenkräften der Wirtschaft[159]; indessen ist eine Anpassung durch vergleichende Berücksichtigung keinesfalls rechtsstaatlich ausgeschlossen[160].

32

Neuartige rechtsstaatliche Probleme stellen sich im Zuge des Wachstums der Verwaltungen in Europa zu einer **Mehrebenenverwaltung**, die die strikte Trennung der Verwaltung einerseits der Europäischen Kommission, andererseits der Mitgliedstaaten der EU aufhebt und zu einem neuartigen Kooperationsgefüge im Sinne eines Europäischen Verwaltungsverbundes formt[161]. Ungeklärte rechtsstaatliche Probleme vor allem des Rechtsschutzes verbinden sich mit unionsweit, d. h. im Namen des Herkunftslandprinzips transnational wirkenden Verwaltungsentscheidungen der Behörde eines Mitgliedstaats mit Rechtsverbindlichkeit für alle anderen Mitgliedstaaten[162], weil der Rechtsschutz insoweit nationalstaatlich zentriert bleibt[163]. Aber auch die zahlreichen Verfahren der Kooperation zwischen Kommission und Mitgliedstaaten verwischen für den endbetroffenen Adressaten des Verwaltungshandelns klare Verantwortlichkeiten und führen zu Rechtsschutzdefiziten[164], wenn man nicht Handlungsbeiträge anderer Mitgliedstaaten der nationalen Gerichtskontrolle unterstellen will[165]. Die Rechtsstaatlichkeit im Verwaltungsverbund steht vor bleibenden Herausforderungen an Transparenz, Kohärenz, Subsidiarität und Distanzschutz[166], die auch durch die Kodifikation eines EU-Verwaltungsverfahrensrechts gestärkt werden könnten[167].

33

---

[156] Vgl. *A. Scherzberg*, Die Öffentlichkeit der Verwaltung, 2000, S. 228 ff.; *R. Breuer*, NVwZ 1997, 833 (837); ausf. *J. Martin*, Das Steuerungskonzept der informierten Öffentlichkeit, 2012, S. 38 ff., 118 ff.
[157] Vgl. z. B. EuGH v. 30.5.1991, C-361/88, Rn. 17 ff. – SO_2-Richtlinie.
[158] EuGH v. 20.3.1997, C-96/95, Rn. 35 ff. – Aufenthaltsrecht.
[159] *R. Breuer*, Die Verwaltung 36 (2003), 271 (288 ff.); *G. Lübbe-Wolff*, NuR 1996, 217 (225 ff.); allg. *F. Schoch*, JZ 1995, 109 ff.; positiv *Classen*, Europäisierung (Fn. 138), S. 124 ff.
[160] *E. Schmidt-Aßmann*, HStR³ II, § 26 Rn. 101, 105.
[161] Vgl. *E. Schmidt-Aßmann*, GVwR² I, § 5 Rn. 16 ff.; E. Schmidt-Aßmann/B. Schöndorf-Haubold (Hrsg.), Der Europäische Verwaltungsverbund, 2005; *G. Winter*, EuR 40 (2005), 255 ff.; ausf. *G. Sydow*, Verwaltungskooperation in der Europäischen Union, 2004.
[162] Vgl. nur *Sydow*, Verwaltungskooperation (Fn. 161), S. 141 ff.; *M. Ruffert*, Die Verwaltung 34 (2001), 451 ff.; *V. Neßler*, NVwZ 1995, 863 ff.
[163] *Sydow*, Verwaltungskooperation (Fn. 161), S. 148; *M. Ruffert*, Die Verwaltung 34 (2001), 453 (473 ff.); ausf. *S. Burbaum*, Rechtsschutz gegen transnationales Verwaltungshandeln, 2003.
[164] Vgl. *E. Schmidt-Aßmann*, HStR³ II, § 26 Rn. 108.
[165] So *K.-H. Ladeur/C. Möllers*, DVBl. 2005, 525 (531 ff.); s. auch *G. Winter*, EuR 40 (2005), 255 (270, 275 f.).
[166] *E. Schmidt-Aßmann*, GVwR² I, § 5 Rn. 53 f., 84 ff.
[167] *J.-P. Schneider/H. C. H. Hofmann/J. Ziller*, JZ 2015, 265 (267 ff.).

III. Rechtsvergleichende Hinweise

34 Das staatsrechtliche Konzept des Rechtsstaats formuliert einen **Mindeststandard für moderne Verfassungsstaaten**[168]; der deutschstämmige Begriff »Rechtsstaat« hat über die Präambeln und Art. 1 I Verf. Spanien 1978[169] bzw. Art. 2 Verf. Portugal 1976/ 1982/1989[170] Eingang in zahlreiche neuere Verfassungstexte gefunden[171]. Das Rechtsstaatsprinzip ist in allen Verfassungen der Mitgliedstaaten der EU ausdrücklich statuiert oder mit enthalten[172]. Zugleich scheint sich damit europaweit ein materielles Rechtsstaatsverständnis durchzusetzen, das den Rechtsstaat final der Vorstellung materieller Gerechtigkeit dienen sieht[173].

35 Der Gedanke der **Rechtsstaatlichkeit konkretisiert sich europaweit in einigen Kernelementen**, namentlich durch die Existenz von Menschenrechten (Grundrechten), Gewaltenteilung, Unabhängigkeit der Gerichte, Rechtssicherheit (auch i.S. von Vertrauensschutz und Rückwirkungsverboten)[174]; durch die Verfassungsbindung aller staatlichen Gewalt (Normenhierarchie) und demokratische Gesetze (Gesetzmäßigkeit der Verwaltung, Vorrang und Vorbehalt des Gesetzes); durch Anerkennung eines materiellen Rechtsstaatsverständnisses, des Verhältnismäßigkeitsprinzips[175] und (materiell) verfassungsgerichtlicher Kontrollmöglichkeiten[176]. Dieser rechtsstaatliche Kern setzt sich zunehmend auch in jenen Staaten durch, die in Abkehr von gegenläufigen unfreiheitlichen Konzepten sich nach 1989 dem westlichen Verfassungsdenken öffnen[177], etwa in Ungarn[178], Polen[179], Slowenien[180],

---

[168] *H. Steinberger*, Der Verfassungsstaat als Glied einer europäischen Gemeinschaft, VVDStRL 50 (1991), S. 9 ff. (10); ausf. *A. Weber*, Europäische Verfassungsvergleichung, 2010, S. 144 ff.; ähnlich *ders.*, ZöR 63 (2008), 267 ff.

[169] Vgl. *J.J. González Encinar*, Rechtsstaatlichkeit in Spanien, in: R. Hofmann u.a., Rechtsstaatlichkeit (Fn. 90), S. 167 ff. (168 f.).

[170] Vgl. *M.L. Amaral/J. Polakiewicz*, Rechtsstaatlichkeit in Portugal, in: R. Hofmann u.a., Rechtsstaatlichkeit (Fn. 90), S. 141 ff. (148).

[171] *E. Schmidt-Aßmann*, HStR³ II, § 26 Rn. 100; ausf. Nw. bei *Sommermann* (Fn. 5), Art. 20 Rn. 242 ff.; s. auch *P. Häberle*, JöR 43 (1995), 105 (173).

[172] *D. Thürer*, Der Verfassungsstaat als Glied einer europäischen Gemeinschaft, VVDStRL 50 (1991), S. 97 ff. (126).

[173] *R. Hofmann*, Die Bindung staatlicher Macht, in: ders. u.a., Rechtsstaatlichkeit (Fn. 90), S. 3 ff. (4 f.).

[174] Ausf. *v. Arnauld*, Rechtssicherheit (Fn. 125), S. 543 ff.

[175] Vgl. *Sommermann* (Fn. 5), Art. 20 Rn. 311; *C. Knill/F. Becker*, Die Verwaltung 36 (2003), 447 ff.; ausf. *Koch*, Grundsatz (Fn. 123), S. 48 ff.; in globaler Sicht *J. Saurer*, Der Staat 51 (2012), 3 (13 ff.); *M. Klatt/M. Meister*, Der Staat 51 (2012), 159 (160 ff.).

[176] *Sommermann* (Fn. 5), Art. 20 Rn. 242, 326; a. A. *G. Roellecke*, in: Umbach/Clemens, GG, Art. 20 Rn. 65.

[177] Übersichtlich (auch zu den meist ausdrücklich normierten Rechtsstaatsklauseln) *R. Grote*, Das Rechtsstaatsprinzip in der mittel- und osteuropäischen Verfassungsgerichtspraxis, in: J.A. Frowein/T. Marauhn (Hrsg.), Grundfragen der Verfassungsgerichtsbarkeit in Mittel- und Osteuropa, 1998, S. 3 ff.; ausf. *C. Mögelin*, Die Transformation von Unrechtsstaaten in demokratische Rechtsstaaten, 2003.

[178] *B. Schanda*, Rechtsstaatlichkeit in Ungarn, in: R. Hofmann u.a., Rechtsstaatlichkeit (Fn. 90), S. 219 ff.; *G. Halmai*, JöR 39 (1991), 234 ff.; *ders.*, JöR 39 (1991), 253 ff.

[179] *I. Lipowicz*, Rechtsstaatlichkeit in Polen, in: R. Hofmann u.a., Rechtsstaatlichkeit (Fn. 90), S. 199 ff.; *L. Garlicki*, JöR 39 (1991), 285 (316 f.); *J. Zakrzewska*, JöR 40 (1992), 15 ff.; *A. Balaban*, JöR 44 (1996), 307 ff.; *A. Zoll*, Das Rechtsstaatsprinzip in der Rechtsprechung des polnischen Verfassungsgerichtshofs, in: Frowein/Marauhn, Grundfragen (Fn. 177), S. 65 ff.; ausf. die Beiträge in: Classen u.a., Polens Rechtsstaat (Fn. 108).

[180] *M. Cerar*, Rechtsstaatlichkeit in Slowenien, in: R. Hofmann u.a., Rechtsstaatlichkeit (Fn. 90), S. 237 ff.; *I. Kristan*, JöR 42 (1994), 59 ff.

Tschechien[181], der Slowakei[182] oder den drei baltischen Staaten[183], tendenziell anfangs Russland[184], Kroatien[185].

Namentlich dort, wo die spezifisch deutsche Rechtsstaatsentwicklung besondere Schwerpunkte und Elemente ausgeprägt hat, lassen sich entsprechende **Abweichungen in anderen Rechtsstaaten** feststellen[186], ohne dass damit deren Charakter als Rechtsstaat in Frage gestellt wäre. So ist z. B. in **Frankreich** der Grundsatz des Vorbehalts des Gesetzes schwächer ausgeprägt als im vom Konstitutionalismus geprägten Deutschland mit der Folge, dass dort der Verwaltung weitreichende, gesetzlich nicht oder kaum determinierte Handlungsspielräume zukommen können[187]. In **Griechenland** wurde 1991 der Gesetzesvorbehalt für Rechtsverordnungen gerichtlich anerkannt, ohne dass i. S. der Wesentlichkeitsdoktrin (→ Rn. 113 ff.) näher diskutiert würde, was das Parlament i. S. des Parlamentsvorbehalts selber zu entscheiden hat[188]. In **Großbritannien** ist der gerichtliche Rechtsschutz gegen staatliches Handeln im Vergleich zu dem kontinentaleuropäischen Rechtsschutzstandard erheblich geringer ausgestaltet[189].

36

Der Rechtsstaat ist als Prinzip auch in zehn **deutschen Länderverfassungen** ausdrücklich (wegen Art. 28 I GG deklaratorisch) kodifiziert (z. B. Art. 23 I, 25 Verf. Baden-Württemberg; Art. 44 I, 45 S. 3, 47 Verf. Thüringen). In fünf Verfassungen wird das Rechtsstaatsprinzip nur mittelbar, etwa im Bekenntnis zu (sozialer) Gerechtigkeit oder Teilelementen wie der Gesetzes- und Verfassungsbindung oder der Gewaltenteilung angesprochen (Präambel und Art. 1 III, 3 I, 36 I, 80, 82 Verf. Berlin; Präambel und Art. 65, 66, 67 Verf. Bremen; Präambel und Art. 3 Verf. Nordrhein-Westfalen; Präambel und Art. 2, 77 Verf. Rheinland-Pfalz; Art. 2 III Verf. Schleswig-Holstein). Allein in Hessen ist bis heute weder Rechtsstaat noch Gewaltenteilung explizit erwähnt, so dass – sehr vermittelt – Art. 64 Verf. Hessen (»Hessen ist ein Glied der deutschen Republik«) zum zentralen interpretatorischen Anknüpfungspunkt wird[190]. Im Übrigen enthalten die Landesverfassungen oft spezielle Regeln einzelner Elemente des Rechtsstaatsprinzips (→ Rn. 39), z. B. einen allgemeinen Gesetzesvorbehalt für die Verwaltung (vgl. z. B. Art. 70 I Verf. Bayern; Art. 2 II Halbs. 2 Verf. Hessen).

37

---

[181] *M. Hosková*, Rechtsstaatlichkeit in der Tschechischen Republik, in: R. Hofmann u. a., Rechtsstaatlichkeit (Fn. 90), S. 251 ff.

[182] *A. Bröstl*, Rechtsstaatlichkeit in der Slowakischen Republik, in: R. Hofmann u. a., Rechtsstaatlichkeit (Fn. 90), S. 271 ff.

[183] *R. Steinberg*, JöR 43 (1995), 55 (56 f.).

[184] *A. Nußberger*, JöR 46 (1998), 105 (108 ff.); *S. Leutheusser-Schnarrenberger*, DRiZ 2015, 214 ff.; zu den Ansätzen schon in der Sowjetunion *A. N. Sokolow*, Der Staat 30 (1991), 594 ff.; *O. Luchterhandt*, JöR 39 (1991), 157 ff.

[185] Vgl. *I. Simonovi*, Rechtsstaatlichkeit in Kroatien, in: R. Hofmann u. a., Rechtsstaatlichkeit (Fn. 90), S. 281 ff.

[186] Zu Österreich *M. Hiesel*, ÖJZ 2009, 111 ff.; *H. Schäffer*, Entwicklungsperspektiven des Rechtsstaats, in: Magiera/Sommermann, Freiheit (Fn. 17), S. 17 ff. (21 ff.).

[187] S. näher *V. Schlette*, Die verwaltungsgerichtliche Kontrolle von Ermessensakten in Frankreich, 1991, S. 98 f., 136 f., 148 ff.; *T. Schmitz*, Rechtsstaat und Grundrechtsschutz im französischen Polizeirecht, 1989, S. 182 ff.; zu Unterschieden hinsichtlich Rechtssicherheit und Vertrauensschutz *S. Calmes-Brunet*, JuS 2014, 602 ff., 1077 ff.

[188] Vgl. *E. S. Stylianidis*, Grundrechte und Gesetzesvorbehalt in der griechischen Verfassung und im Grundgesetz der Bundesrepublik Deutschland, 1995, S. 93 ff.

[189] *G. Sydow*, Parlamentssuprematie und Rule of Law, 2005, S. 70 ff.; *W. Spoerr*, VerwArch. 82 (1991), 25 ff.

[190] Vgl. näher *M. Schröder*, Rechtsstaatlichkeit in der Rechtsprechung der Landesverfassungsgerichte, in: C. Starck/K. Stern (Hrsg.), Landesverfassungsgerichtsbarkeit, 1983, Bd. 3, S. 225 ff.

C. Erläuterungen

I. Allgemeine Bedeutung

1. Art. 20 II 2, III GG und die zentralen Schutzgüter des Rechtsstaats

38 Der Rechtsstaat schützt seine Bürger durch die Gewährleistung elementarer Rechtlichkeit. **Verfassungsrechtsdogmatisch** umfasst der grundgesetzliche **Rechtsstaat** die **Gesamtheit der Regeln, Grundsätze und Prinzipien, die** in Anknüpfung an internationale Traditionen (→ Rn. 20 ff.) wie in spezifisch deutscher Ausbildung (→ Rn. 10 ff.) im Grundgesetz normativen Niederschlag gefunden haben und **als Ausprägung des Rechtsstaats gelten**, indem sie staatliche Machtausübung rechtlich binden, organisieren und begrenzen. Der Rechtsstaat lässt sich deshalb nicht auf eine gewaltenteilige Organisation des Staates und das »Verteilungsprinzip« reduzieren, demzufolge die Freiheit des einzelnen prinzipiell unbegrenzt und die staatliche Macht durch den Rechtsstaat limitiert werde[191], weil im Rechtsstaat alles staatliche Handeln auch dem Bürger gegenüber von vornherein durch Recht konstituiert, maßgebend geregelt und angemessen abgestimmt wird[192].

39 Zu nennen sind als **Kernelemente** vor allem[193] (→ Rn. 66 ff.) die grundrechtlichen Freiheits- und Gleichheitsrechte um der Menschenwürde des einzelnen willen[194]; die staatsorganisatorische Gewaltenteilung (Art. 20 II 2 GG; → Rn. 67 ff.), insbesondere die Unabhängigkeit neutraler Richter (→ Art. 97 Rn. 19 ff., 48 ff.); die Herrschaft des demokratischen und ausreichend bestimmten Gesetzes unter Berücksichtigung der ungeschriebenen Prinzipien der Rechtssicherheit und des Vertrauensschutzes (→ Rn. 146 ff.) sowie die Rechtsgebundenheit von Verwaltung und Gerichten (Art. 20 III GG; → Rn. 92 ff.) einschließlich der Rechtmäßigkeitsrestitution (→ Rn. 222) bzw. der Entschädigung bei staatlichen Eingriffen (→ Art. 34 Rn. 22, 42). Hinzu treten als Konkretisierungen und/oder Ergänzungen zumindest die Garantie umfassenden gerichtlichen Rechtsschutzes gegenüber Akten der öffentlichen Gewalt (→ Art. 19 IV Rn. 48 ff., 87 ff.) einschließlich wirksamen Rechtsschutzes für bürgerlich-rechtliche Streitigkeiten (→ Rn. 211 f.), das Recht auf rechtliches Gehör (→ Art. 103 I Rn. 12 ff.) und auf den gesetzlichen Richter (→ Art. 101 Rn. 14 ff.), die Verfassungsmäßigkeit der Gesetzgebung (Art. 1 III, 20 III GG; → Rn. 81 ff.) und ihre verfassungsgerichtliche Kontrolle, vor allem bei Grundrechtsbeschränkungen am Maßstab des Grundsatzes der Verhältnismäßigkeit (→ Rn. 179 ff.) und bei der Lösung rechtsstaatlicher In-Sich-Konflikte,

---

[191] Grdl. *Schmitt*, Verfassungslehre (Fn. 42), S. 125 ff.; zust. etwa *Gärditz* (Fn. 68), Art. 20 Rn. 202; *J. Isensee*, HStR IX, § 202 Rn. 2 ff.; krit. *Roellecke* (Fn. 176), Art. 20 Rn. 63; ausf. *Sobota*, Prinzip (Fn. 5), S. 454 ff., s. auch 29 ff.

[192] S. etwa *Hesse*, Rechtsstaat (Fn. 1), S. 560 ff.; *Scheuner*, Entwicklung (Fn. 3), S. 490 f.; s. auch *H. Schulze-Fielitz*, Staatsaufgabenentwicklung und Verfassung, in: D. Grimm (Hrsg.), Wachsende Staatsaufgaben – sinkende Steuerungsfähigkeit des Rechts, 1990, S. 11 ff. (14 ff.). → Rn. 7.

[193] Unterschiedliche Kataloge z. B. bei *M. Sachs*, in: ders., GG, Art. 20 Rn. 77 f.; *B. Grzeszick*, in: Maunz/Dürig, GG, Art. 20 Abschnitt VII (2006), Rn. 22 ff.; *F. E. Schnapp*, in: v. Münch/Kunig, GG I, Art. 20 Rn. 37; *Gröpl/Windthorst/v. Coelln*, GG, Art. 20 Rn. 104 ff.; *M. Knauff*, VR 2012, 188 (190 ff.); *A. Voßkuhle/A.-K. Kaufhold*, JuS 2010, 116 (117 f.); *E. Schmidt-Aßmann*, HStR[3] II, § 26 Rn. 2 ff., 28 ff., 46 ff., 69 ff.; *E. Benda*, Der soziale Rechtsstaat, in: HdbVerfR, § 17 Rn. 14 ff.; *Badura*, Staatsrecht, Rn. D 45 ff.; *Stern*, Staatsrecht I, S. 764 ff., 787 f.; *Hesse*, Verfassungsrecht, Rn. 183 ff.

[194] S. näher *Sommermann* (Fn. 5), Art. 20 Rn. 238, 269; *E. Schmidt-Aßmann*, HStR[3] II, § 26 Rn. 4 f., 26, 30 ff.; *H.-R. Lipphardt*, EuGRZ 1986, 149 ff.; a. A. *A. Bleckmann*, JöR 36 (1987), 1 (3 u. ö.); *Sobota*, Prinzip (Fn. 5), S. 444 ff.

und die Orientierung staatlichen Handelns an der Idee materieller Gerechtigkeit (→ Rn. 50 ff.).

Unmittelbar in Art. 20 II 2, III GG sind mithin **nur Teilelemente des Rechtsstaats normativ verankert**[195], auch wenn das Bundesverfassungsgericht das Rechtsstaatsprinzip mitunter nur mit Art. 20 II, III GG[196] oder auch nur mit Art. 20 III GG verknüpft[197]. Allerdings sollte entstehungsgeschichtlich auch Art. 20 I GG das Rechtsstaatsprinzip parallel zu den anderen Grundentscheidungen nennen und Art. 20 III GG dieses verdeutlichen (→ Rn. 19); zudem wird es in Art. 28 I GG ausdrücklich wieder aufgenommen, so dass das allgemeine Rechtsstaatsprinzip ungenannt auch dem Art. 20 I GG immanent ist[198]. Das ist praktisch für die Reichweite dessen bedeutsam, was als die rechtsstaatlichen der in Art. 20 GG »niedergelegten Grundsätze« i. S. von Art. 79 III GG gelten soll (→ Rn. 229). Ungeachtet dessen erschöpfen Art. 20 I, II 2 und III GG den Rechtsstaat des Grundgesetzes nicht; eine neuere Untersuchung hat immerhin 141 rechtsstaatliche Elemente ermittelt und zu 17 Kernbestandteilen kondensiert, die sich ihrerseits auf drei Normtypen zurückführen lassen: den Rechtsstaat konstituierende, ihn auf das Regelmaß des Rechts verpflichtende und im Verhältnis von Staat und Bürgern Angemessenheit schaffende Normen[199]. Das Bundesverfassungsgericht nimmt oft nur auf das Rechtsstaatsprinzip ohne konkrete normative Anbindung Bezug[200] so wie Art. 16 II 2 GG auf »rechtsstaatliche Grundsätze« verweist (→ Art. 16 Rn. 74). 40

2. Normative Ebenen des grundgesetzlichen Rechtsstaats

a) Der Rechtsstaat zwischen Prinzip, Grundsatz und Regel

Der Rechtsstaat ist Staatsstrukturprinzip[201] und in seinen materiellen Gehalten Staatszielbestimmung; seine Bestandteile sind von unterschiedlicher normlogischer Qualität[202]. Teilweise handelt es sich um **Rechtsregeln**, die auch ohne nähere gesetzliche Ausgestaltung unmittelbar angewendet werden können und ausnahmslos gelten; z. B. müssen staatliche Gerichte stets unabhängig (Art. 97 GG), Gesetze stets verfassungsmäßig sein (Art. 1 III, 20 III GG). 41

Von Regeln zu unterscheiden sind **allgemeine Rechtsgrundsätze**, deren Geltungsanspruch durch (verfassungsrechtlich oder gesetzlich festgelegte) Ausnahmen durchbro- 42

---

[195] BVerfGE 30, 1 (24 f.); 106, 28 (49, Rn. 57); *Jarass*/Pieroth, GG, Art. 20 Rn. 28; *W. Heintschel v. Heinegg*, Rechtsstaatlichkeit in Deutschland, in: R. Hofmann u. a., Rechtsstaatlichkeit (Fn. 90), S. 107 ff. (108); zweifelhaft BVerfGE 39, 128 (143); BVerwGE 70, 143 (144).
[196] So BVerfGE 52, 131 (143).
[197] BVerfGE 35, 41 (47); 39, 128 (143); 84, 133 (159); 98, 106 (117, Rn. 55); 101, 397 (404, Rn. 24); 102, 254 (297, 335, 337, Rn. 235, 343, 348); 103, 271 (287, Rn. 60); 106, 28 (49, Rn. 57).
[198] So BVerfGE 63, 343 (353); 92, 277 (325); *Grzeszick* (Fn. 193), Art. 20 VII Rn. 33; *E. Schmidt-Aßmann*, HStR³ II, § 26 Rn. 3 m. w. N.; a. A. z. B. *Kunig*, Rechtsstaatsprinzip (Fn. 33), S. 73 ff.; *Schnapp* (Fn. 193), Art. 20 Rn. 32 ff.
[199] *Sobota*, Prinzip (Fn. 5), S. 27 ff. (zsfssd. 253 ff.), 461 ff., 471 ff.; s. auch zur Vielfalt der Systematisierungen *Buchwald*, Prinzipien (Fn. 12), S. 175 ff., 188 ff.; umfassend *K. A. Schachtschneider*, Prinzipien des Rechtsstaats, 2006.
[200] Z. B. BVerfGE 89, 28 (35); 97, 67 (78); 101, 275 (288, 294, Rn. 100, 118 f.); 103, 332 (383 f., Rn. 153); 111, 54 (82, Rn. 171).
[201] Vgl. allg. *K. Eichenberger*, Vom Umgang mit Strukturprinzipien des Verfassungsstaates, in: FS Stern, 1997, S. 457 ff.
[202] Grdl. *R. Alexy*, Zum Begriff des Rechtsprinzips (1979), in: ders., Recht, Vernunft, Diskurs, 1995, S. 177 ff. (182 ff.); s. auch *U. Penski*, JZ 1989, 105 ff.; *Sobota*, Prinzip (Fn. 5), S. 411 ff.

chen sein kann; z. B. kann der Grundsatz der Gewaltenteilung im parlamentarischen Regierungssystem durch Parlamentsmitglieder in der Regierung Ausnahmen erfahren (→ Rn. 76), findet das Verbot echt rückwirkender Gesetze Ausnahmen bei überragenden Gemeinwohlinteressen (→ Rn. 158).

43 Eine dritte – oft mit Rechtsgrundsätzen gleichgesetzte – normative Erscheinungsform sind **Prinzipien**, die grundsätzlich ausnahmslos gelten, aber im Einzelfall durch entgegenstehende Prinzipien in ihrem Geltungsbereich eingeschränkt werden können, weil sie **als Optimierungsgebote** mehr oder weniger realisiert werden können, also abwägungsfähig und -bedürftig sind[203], oder als Rechtsnormen, die nur notwendige, aber nicht hinreichende Bedingungen ihrer Anwendung enthalten und auf situationsspezifische Konkretisierungen im Einzelfall hin angelegt sind[204]. Grundrechte als Prinzipien[205] werden so z. B. durch die Grundrechte anderer beschränkbar; aber auch das gesamte staatliche Handeln unterliegt den Einschränkungen durch den Grundsatz der Verhältnismäßigkeit als Rechtsprinzip (→ Rn. 179 ff.). Konflikte zwischen den Verfassungsprinzipien lassen sich nur in Ansehung des Einzelfalls, d. h. in genauer Konkretisierung und Graduierung der konfligierenden Interessen und Rechtsgüter durch Abwägung lösen; eine prinzipiengeleitete Abwägung führt dazu, dass gegenläufige Prinzipien i. S. »praktischer Konkordanz« zum Zuge kommen[206].

44 Die normlogische **Unterscheidung zwischen Prinzipien, Grundsätzen und Regeln** ist nur **idealtypisch**, d. h. nur skalierend und nicht trennscharf möglich[207] und wird selten konsequent verwendet[208]. Das Rechtsstaatsprinzip wird teils als »eines der elementaren Prinzipien des Grundgesetzes«[209], teils als Optimierungsgebot[210], teils als allgemeiner Rechtsgrundsatz[211], teils als »Leitidee«[212] angesehen. Jedenfalls hat das Grundgesetz zahlreiche rechtliche Regeln und Grundsätze normiert, die sich als Konkretisierungen eines allgemeinen Rechtsstaatsprinzips verstehen lassen. Wo es solche Teilelemente positiv normiert, gelten primär diese spezielleren Regeln selbständig und gegenüber dem allgemeineren Prinzip vorrangig[213]. Dennoch lassen sich auch aus dem Prinzip konkrete Folgen ableiten, so sehr es »keine in allen Einzelheiten eindeutig

---

[203] Vgl. *R. Alexy*, Rechtssystem und praktische Vernunft (1987), in: ders., Recht (Fn. 202), S. 213 ff. (216 ff.); *H.-J. Koch*, Die normtheoretische Basis der Abwägung, in: W. Erbguth u. a. (Hrsg.), Abwägung im Recht, 1996, S. 9 ff. (19 ff.); *Sommermann*, Staatsziele (Fn. 15), S. 359 ff., 411 ff.; zur Kritik ausf. *K.-E. Hain*, Die Grundsätze des Grundgesetzes, 1999, S. 114 ff.

[204] S. näher *Buchwald*, Prinzipien (Fn. 12), S. 70 ff., pass.

[205] So *R. Alexy*, Theorie der Grundrechte, 1986, S. 75 ff.; *M. Borowski*, Grundrechte als Prinzipien, 1998; s. auch *H.-J. Koch/H. Rüßmann*, Juristische Begründungslehre, 1982, S. 99; krit. *M. Peters*, ZÖR 51 (1996), 159 (166 ff.); *P. Lerche*, Die Verfassung als Quelle von Optimierungsgeboten?, in: FS Stern, 1997, S. 197 ff. (204 ff.). → Vorb. Rn. 79.

[206] *Hesse*, Verfassungsrecht, Rn. 72; s. auch *M. Schladebach*, Der Staat 53 (2014), 263 (267 ff.); *Alexy*, Theorie (Fn. 205), S. 152 f.; *P. Lerche*, Übermaß und Verfassungsrecht (1961), 2. Aufl. 1999, S. 125 ff.

[207] *Koch*, Basis (Fn. 203), S. 18 f.; ausf. *W. Enderlein*, Abwägung in Recht und Moral, 1992, S. 81 ff.

[208] Krit. *Kunig*, Rechtsstaatsprinzip (Fn. 33), S. 293 ff.

[209] BVerfGE 20, 323 (331).

[210] *A. Leisner-Egensperger*, JRE 21 (2013), 99 (100); *Schnapp* (Fn. 193), Art. 20 Rn. 7; *I. Pernice*, Billigkeit und Härteklauseln im öffentlichen Recht, 1991, S. 390 f.; krit. (allg.) *J. H. Klement*, JZ 2008, 756 ff.; *F. Reimer*, Verfassungsprinzipien, 2001, S. 329 ff.

[211] BVerfGE 7, 89 (92 f.); 52, 131 (144 f.); *Jarass/Pieroth*, GG, Art. 20 Rn. 28; *Grzeszick* (Fn. 193), Art. 20 VII Rn. 34.

[212] So z. B. BVerfGE 2, 380 (403); 49, 148 (164); 95, 96 (130).

[213] *Jarass/Pieroth*, GG, Art. 20 Rn. 30a; *E. Schmidt-Aßmann*, HStR³ II, § 26 Rn. 7; *C. Starck*, Praxis der Verfassungsauslegung, 1994, S. 189.

bestimmten Gebote oder Verbote« abzuleiten erlaubt[214], d. h. »wegen der Weite und Unbestimmtheit des Rechtsstaatsprinzips mit Behutsamkeit vorzugehen« ist[215].

Umstritten ist, **ob** ein solches **selbständiges** »**Rechtsstaatsprinzip**« **erforderlich** ist, weil alle denkbaren Rechtsprobleme sich mit Hilfe der spezielleren Konkretisierungen im Grundgesetz lösen ließen[216]. Diese Sicht blendet die historische Entwicklung aus und verkennt die »Reservefunktion« des Rechtsstaatsprinzips für das Organisations- und Verfahrensrecht und für neuartige, positivrechtlich ungelöste Konflikte[217]. Vor allem wird die Auslegung der Regeln von Rückgriffen auf allgemeine Gerechtigkeitserwägungen geleitet, die nichts anderes als das allgemeine Rechtsstaatsprinzip repräsentieren. Auch die vielfältigen Konflikte zwischen verschiedenen rechtsstaatlichen Regeln bzw. Unterprinzipien[218] finden einen Ausgleich (i. S. praktischer Konkordanz) durch Rückgriffe auf die abstraktere Ebene des Rechtsstaatsprinzips. Aus ihm lassen sich insoweit konkrete Folgerungen z. B. beim Grad der Bestimmtheit von Normen (→ Rn. 129 ff.), bei den Anforderungen an die Rechtssicherheit und den Vertrauensschutz (→ Rn. 146 ff.), für den Rechtsschutz außerhalb von Art. 19 IV GG (→ Art. 19 IV Rn. 36 f.; → Rn. 211 ff.) oder für das Strafrecht (→ Rn. 194 ff., 217 ff.) ableiten.

45

b) Formeller und materieller Rechtsstaat

Vor allem die ältere Literatur pflegt **formelle** von materiellen **Anforderungen des Rechtsstaats** zu unterscheiden[219]. Als formelle Elemente gelten im Anschluss an Traditionen des 19. Jahrhunderts (→ Rn. 13) solche Rechte, die unabhängig von spezifischen Inhalten gelten, vor allem Vorrang der Verfassung, Gesetzmäßigkeit der Verwaltung (Vorrang und Vorbehalt des Gesetzes), Gewaltenteilung, Rechtsschutz durch unabhängige Gerichte, Staatsunrechtshaftung, Willkürverbot und Rechtssicherheit, z.T. auch das Übermaßverbot. Mitunter wird in der Lehre ein formelles Rechtsstaatsverständnis favorisiert[220].

46

Andere Elemente werden dem **materiellen Rechtsstaat** zugeordnet, weil sie in einer Nähe zur Idee der Gerechtigkeit stehen[221]. Hierzu wird z.T. der Grundsatz der Verhältnismäßigkeit gezählt[222], auch die Verfassungsbindung des Gesetzgebers[223], vor

47

---

[214] BVerfGE 7, 89 (92); 52, 131 (144); 65, 283 (290); 111, 54 (82, Rn. 171).
[215] BVerfGE 57, 250 (276); 70, 297 (308); 90, 60 (86); 111, 54 (82, Rn. 171).
[216] So *Kunig*, Rechtsstaatsprinzip (Fn. 33), S. 85 ff., 109 f., 463; ähnlich *Sommermann* (Fn. 5), Art. 20 Rn. 268 f.; *P. Unruh*, Der Verfassungsbegriff des Grundgesetzes, 2002, S. 469 ff.; *Bäumlin/Ridder* (Fn. 15), Art. 20 Abs. 1–3 III Rn. 35 ff., 46 ff.; *Heintschel v. Heinegg*, Rechtsstaatlichkeit (Fn. 195), S. 109.
[217] Vgl. *v. Arnauld* (Fn. 13), § 21 Rn. 4 f.; *Grzeszick* (Fn. 193), Art. 20 VII Rn. 44 ff.; *E. Schmidt-Aßmann*, HStR³ II, § 26 Rn. 8 f.; *Sobota*, Prinzip (Fn. 5), S. 399 ff., 443; *J. Isensee*, HStR IX, § 202 Rn. 9; *R. Breuer*, Konkretisierungen des Rechtsstaats- und Demokratiegebotes, in: FS 50 Jahre BVerwG, 2003, S. 223 ff. (226 f.); gegen dieses »Lückenlosigkeitsdogma« *Schnapp* (Fn. 193), Art. 20 Rn. 35.
[218] Vgl. z. B. BVerfGE 52, 131 (144); 57, 250 (276); 60, 253 (267); 65, 283 (290).
[219] Z.B. *Breuer*, Konkretisierungen (Fn. 217), S. 229 ff.; *Benda* (Fn. 193), § 17 Rn. 1 ff.; *E.R. Huber*, Rechtsstaat und Sozialstaat in der modernen Industriegesellschaft (1965), in: Forsthoff, Rechtsstaatlichkeit (Fn. 1), S. 589 ff. (593 ff.); *R. Bäumlin*, Die rechtsstaatliche Demokratie, 1954, S. 43 ff., 49 ff., 60 ff.
[220] *Bäumlin/Ridder* (Fn. 15), Art. 20 Abs. 1–3 III Rn. 39, 77 u.ö.; *Böckenförde*, Entstehung (Fn. 12), S. 164 ff.; *Merten*, Rechtsstaat (Fn. 28), S. 10 ff.; *Forsthoff*, Umbildung (Fn. 79), S. 35 ff.; *Schmitt*, Verfassungslehre (Fn. 42), S. 130 ff., 133.
[221] So z.B. BVerfGE 20, 323 (331); 52, 131 (144 f.); 70, 297 (308).
[222] *Jarass/Pieroth*, GG, Art. 20 Rn. 30; *Benda* (Fn. 193), § 17 Rn. 53.
[223] So *E. Schmidt-Aßmann*, HStR³ II, § 26 Rn. 19.

Art. 20 (Rechtsstaat)   C. Erläuterungen

allem aber die Wahrung der grundrechtlichen Freiheit und Gleichheit und ihrer Basis, die Menschenwürde[224]. Der Rechtsstaat zielt insoweit auf die Verwirklichung materieller Gerechtigkeit[225]; z.T. wird auch die Garantie eines umfassenden Gerichtsschutzes dem materiellen Rechtsstaat zugerechnet[226].

48 Die **Unterscheidung** von formellen und materiellen Rechtsstaatselementen (und mit ihr die Aufspaltung des Rechtsstaatsprinzips in ein Staatsstrukturprinzip und eine Staatszielbestimmung[227]) ist weder systematisch vollkommen exakt durchführbar noch juristisch aussagekräftig, weil sie nichts (vor-)entscheiden kann[228]. Sie ist **historisch bedingt**: Die materiellen Elemente sind zusätzlich zu jenen rechtsstaatlichen Geboten hinzugetreten, die auch schon zur Geltung gelangt waren, als in Deutschland noch nicht der demokratische Verfassungsstaat westlichen Typs verfassungsrechtlich realisiert war, etwa zu Zeiten des deutschen Kaiserreiches vor 1918 (→ Rn. 12 ff.).

49 Die Anforderungen des materiellen Rechtsstaats werden mitunter gegen die formelle Seite des Rechts ausgespielt, obwohl die Akzeptanz und das Vertrauen in die formellen Regeln des Rechts eine Grundvoraussetzung für den demokratischen Verfassungsstaat sind[229]. Der **Rechtsstaat** als formelles Prinzip **schafft Distanz** zur Unmittelbarkeit privater Interessen und politischer Gestaltungsabsichten[230]. Seine Handlungsformen und formalisierten Verfahrensregeln als Ausdruck eines rechtsstaatlichen Formgebots[231] verhindern Willkür und gewährleisten zugleich Vorhersehbarkeit, Verlässlichkeit und die rationale Umsetzung demokratischer Entscheidungen[232]. Die Einhaltung der formellen Regeln des Grundgesetzes begründet eine (nur ausnahmsweise widerlegliche) Vermutung der materiellen Rechtmäßigkeit des Staatshandelns, vor allem des Gesetzgebers[233]. Legalität indiziert Legitimität[234].

c) Rechtsstaat und materielle Gerechtigkeit

50 Das **Grundgesetz kodifiziert** mit dem Rechtsstaatsprinzip grundlegende Gerechtigkeitspostulate der **naturrechtlichen Verfassungstraditionen**; sie verpflichten durch den Vorrang der Verfassung (→ Rn. 81; → Art. 1 III Rn. 1) das gesamte Staatshandeln auf das Ziel materieller Gerechtigkeit als Rechtsprinzip[235] und binden auch den verfas-

---

[224] *Sommermann*, Staatsziele (Fn. 15), S. 213 ff.; *Hesse*, Rechtsstaat (Fn. 1), S. 568 f.
[225] Vgl. BVerfGE 3, 225 (237); 49, 148 (164); 74, 129 (152); 111, 54 (82, Rn. 171).
[226] *Sommermann*, Staatsziele (Fn. 15), S. 221 ff.
[227] So *Sommermann* (Fn. 5), Art. 20 Rn. 230; *Calliess*, Rechtsstaat (Fn. 66), S. 70.
[228] Zur Kritik *Schnapp* (Fn. 193), Art. 20 Rn. 36; s. auch *Huster/Rux* (Fn. 75), Art. 20 Rn. 146.1, 147.1; ausf. *Hain*, Grundsätze (Fn. 203), S. 343 ff.; *Sobota*, Prinzip (Fn. 5), S. 448 f., 457 ff., 469 ff.
[229] Vgl. *Böckenförde*, Entstehung (Fn. 12), S. 166; *Michaelis*, Die Deutschen (Fn. 36), S. 35 f.; *W. v. Simson*, Der Staat 21 (1982), 97 (108 f.).
[230] *F. Schoch*, HStR³ III, § 37 Rn. 1; *Sobota*, Prinzip (Fn. 5), S. 192 f., 504; *E. Schmidt-Aßmann*, HStR³ II, § 26 Rn. 25; *M. Kloepfer*, Gesetzgebung im Rechtsstaat, VVDStRL 40 (1982), S. 63 ff. (65); *J. Isensee*, HStR IX, § 202 Rn. 3.
[231] *F. Schoch*, HStR³ III, § 37 Rn. 8 f.; *Frankenberg* (Fn. 4), Art. 20 Abs. 1–3 IV Rn. 34, im Anschluss an *Hesse*, Rechtsstaat (Fn. 1), S. 560; *Schmidt-Aßmann*, Ordnungsidee (Fn. 103), Kap. 2 Rn. 2.
[232] *E. Schmidt-Aßmann*, HStR³ II, § 26 Rn. 19; *Breuer*, Konkretisierungen (Fn. 217), S. 228 f.
[233] BVerfGE 62, 1 (43); *E. Schmidt-Aßmann*, HStR³ II, § 26 Rn. 45; ausf. *U. Schliesky*, Souveränität und Legitimität von Herrschaftsgewalt, 2004, S. 248 ff.; krit. aber *Bäumlin/Ridder* (Fn. 15), Art. 20 Abs. 1–3 III Rn. 39, 55 u.ö.
[234] So *Schnapp* (Fn. 193), Art. 20 Rn. 61; *Stern*, Staatsrecht I, S. 800; *Hesse*, Verfassungsrecht, Rn. 197; *Sobota*, Prinzip (Fn. 5), S. 98.
[235] BVerfGE 7, 89 (92); 7, 194 (196); 20, 323 (331); 95, 96 (130); 102, 254 (298 f., Rn. 240); 133, 168 (198, Rn. 55); ausf. *M. S. Jungbauer*, Die Verwendung des Begriffs der »Gerechtigkeit« in der

sungsändernden Gesetzgeber (→ Art. 79 III Rn. 14)[236]. Alle maßgeblichen Gerechtigkeitsprinzipien sind im Grundgesetz konstitutionalisiert[237] und i.S. eines »ethischen Minimums« u.a. in Art. 20 II, III GG verankert[238], so dass Gerechtigkeit nicht gegen das positivierte Verfassungsrecht ausgespielt werden kann[239]: Die Idee der Gerechtigkeit ist wesentlicher Bestandteil des Rechtsstaatsprinzips[240], mag sie auch realiter unerreichbar sein[241].

Der Begriff der **Gerechtigkeit** zielt auf ein **offenes Prinzip**[242], ohne Einfallstor für »beliebige« Gerechtigkeitsvorstellungen zu sein: Die materiellen Anforderungen müssen vielmehr aus der Verfassung abgeleitet werden[243], weil das Grundgesetz selbst zahlreiche Anknüpfungspunkte für Gerechtigkeitsvorstellungen enthält; man denke nur an den Gleichheitssatz (Art. 3 I GG), der einen allgemeinen Rechtsgrundsatz formuliert, der aus dem Prinzip der allgemeinen Gerechtigkeit folgt[244], oder an das Sozialstaatsprinzip als Gebot sozialer Gerechtigkeit (→ Rn. 16). Vor allem ist es geboten, statt eines bloßen Vertrauens in den politischen Entscheidungsprozess im Wege einer »Reformalisierung des Rechtsstaats«[245] die materiellen Gerechtigkeitsvorstellungen inhaltlich als Verfassungsprinzipien zu diskutieren, um ggf. Verfassungsmaßstäbe gegen eine Instrumentalisierung des Gerechtigkeitsprinzips durch Ideologien zu gewinnen[246]. Zudem verlangt das Streben nach Gerechtigkeit, bei der Anwendung des Rechts die fallspezifischen Besonderheiten im Sinn einer angemessenen Einzelfallgerechtigkeit in Rechnung zu stellen[247]. 51

Rechtsprechung des Bundesverfassungsgerichts, 2002, S. 97 ff.; allg. zuletzt kompakt *H. Dreier*, FAZ v. 5.1.2015, S. 6; ferner W. Kluth (Hrsg.), Facetten der Gerechtigkeit, 2010; H.-J. Koch/M. Köhler/K. Seelmann (Hrsg.), Theorien der Gerechtigkeit, 1994; *R. Dreier*, Recht und Gerechtigkeit, in: ders., Recht, Staat, Vernunft, 1991, S. 8 ff.

[236] BVerfGE 84, 90 (121); 94, 12 (34).
[237] *B. Grzeszick*, in: Maunz/Dürig, GG, Art. 20 Abschnitt VI (2007), Rn. 69.
[238] S. etwa *Unruh*, Verfassungsbegriff (Fn. 216), S. 493 f.; *Hain*, Grundsätze (Fn. 203), S. 222 f., 381 f.; *K.-P. Sommermann*, Jura 1999, 337 (342); ausf. *R. Dreier*, Rechtsbegriff und Rechtsidee, 1986, S. 29 ff.; *H. Schulze-Fielitz*, Theorie und Praxis parlamentarischer Gesetzgebung, 1988, S. 227 ff.; a.A. *Hoffmann*, Verhältnis (Fn. 86), S. 157, 165 u.ö.
[239] Vgl. aber *Sommermann* (Fn. 5), Art. 20 Rn. 236, 267; *ders.*, Jura 1999, 337 (340 ff.).
[240] BVerfGE 33, 367 (383); 133, 168 (198, Rn. 55); BVerfGK 1, 145 (150); *Kloepfer*, Verfassungsrecht I, § 10 Rn. 15 ff., 269 ff.
[241] *H. Sendler*, Rechtsstaat im Defizit?, in: FS Stern, 1997, S. 297 ff. (301 ff.).
[242] Ausf. zur rechtstheoretischen Erschließung *N. Jansen*, Die Struktur der Gerechtigkeit, 1998, S. 75 ff.
[243] *E. Schmidt-Aßmann*, HStR³ II, § 26 Rn. 45; *Frankenberg* (Fn. 4), Art. 20 Abs. 1–3 IV Rn. 52; *Benda* (Fn. 193), § 17 Rn. 9 ff.
[244] So BVerfGE 21, 362 (372); 37, 57 (65); *Hofmann* (Fn. 111), Art. 20 Rn. 58; ähnlich *J. Braun*, Jura 2014, 865 ff.; *H.J. Sonnenberger*, Jura 2000, 561 ff.
[245] So *Maus*, Entwicklung (Fn. 44), S. 13 ff., und oben Nw. in Fn. 220; krit. *D. Grimm*, JuS 1980, 704 ff.
[246] Vgl. *Stern*, Staatsrecht I, S. 773 f.; zu Gerechtigkeitsdiskursen *Jansen*, Struktur (Fn. 242), S. 165 ff.
[247] Dazu z.B. *A. Stöhr*, Rechtstheorie 45 (2014), 159 ff.; *Sobota*, Prinzip (Fn. 5), S. 177 ff.; *Pernice*, Billigkeit (Fn. 210), S. 387 ff.; *F. Bydlinski*, Allgemeines Gesetz und Einzelfallgerechtigkeit, in: Starck, Allgemeinheit (Fn. 30), S. 49 ff.; *G. Robbers*, Gerechtigkeit als Rechtsprinzip, 1980, S. 71 f.

Art. 20 (Rechtsstaat)   C. Erläuterungen

d) Gesetze und Verordnungen als zentrale Steuerungsmedien

52 Das parlamentarische **Gesetz** ist **das zentrale Steuerungsmedium** im Rechtsstaat[248]: Es konkretisiert im Medium der Sprache[249] die sozialen und materiellen Gerechtigkeitsmaßstäbe des Verfassungsvertrages[250] nach Maßgabe der politischen Gestaltungsfreiheit des demokratischen Gesetzgebers als einem formellen Prinzip[251] immer wieder neu. Nur ihm sind, wenn nicht die demokratische Legitimation zur Normsetzung[252], so aber »Rang und Prädikat einer demokratischen Mehrheitsentscheidung eigentümlich«[253]. Nur das parlamentarische Gesetz gewährleistet infolge seiner Allgemeinheit landesweit und sicher gleiche Rechtsanwendung und Rechtssicherheit[254], hat die Kraft zur nachhaltigen Neuordnung größerer Sachbereiche und kann – vor allem auch durch seinen Rationalitätsanspruch[255] – die normative Qualität der Rechtsordnung gewährleisten[256].

53 Sein **Regelungsgehalt** kann bleibender Ausdruck sozialethischer oder rechtlicher Bewertung sein[257] oder auch nur maßnahmeorientiert eher technischen Charakter haben[258] und muss keine allgemeinen Regeln i. S. der Allgemeinheit der Aufklärung (→ Art. 5 I, II Rn. 140; → Art. 19 I Rn. 2) enthalten: Gesetze in ihrer Heterogenität sind begrifflich durch ihre Entstehung im dafür vorgesehenen parlamentarischen Verfahren bestimmt[259], so sehr weitere Verfassungsorgane an ihrer Entstehung beteiligt sind. Die Verfahren und Unterprinzipien des Rechtsstaats sind darauf gerichtet, vor allem die parlamentarische Gesetzgebung als Form der Gerinnung politischer Gestaltungsmacht wie auch alle sonstigen Erscheinungsformen politischer Machtausübung rechts-

---

[248] S. etwa *G. Krings*, Das Gesetz im demokratischen Verfassungsstaat, in: W. Kluth/G. Krings (Hrsg.), Gesetzgebung, 2014, § 2 Rn. 1; *F. Reimer*, GVwR² I, § 9 Rn. 1 ff.; *M. Ruffert*, GVwR² I, § 17 Rn. 55 ff.; *U. Di Fabio*, HStR³ II, § 27 Rn. 18 ff., 50 ff.; *J. Bröhmer*, Transparenz als Verfassungsprinzip, 2004, S. 147 ff.; *H. Dreier*, Hierarchische Verwaltung im demokratischen Staat, 1991, S. 160 ff.; *H. Meyer*, Die Stellung der Parlamente in der Verfassungsordnung des Grundgesetzes, in: Schneider/Zeh, § 4 Rn. 59 ff.; *Schulze-Fielitz*, Theorie (Fn. 238), S. 152 ff.; *P. Badura*, Der Zustand des Rechtsstaates, in: ders. u. a., Der Zustand des Rechtsstaates, 1986, S. 13 ff. (16, 20 ff.); *W. Mößle*, Regierungsfunktionen des Parlaments, 1986, S. 193 ff.

[249] *E. Schmidt-Aßmann*, Rechtsstaat, in: FS Paul Kirchhof, 2013, § 22 Rn. 6 f.

[250] *Schmidt-Aßmann*, Ordnungsidee (Fn. 103), Kap. 4 Rn. 7 ff.; *G. F. Schuppert*, Verwaltungswissenschaft, 2000, S. 461 ff.; *Schulze-Fielitz*, Theorie (Fn. 238), S. 213 ff., 231 ff.

[251] S. näher *M. Kaufmann*, StWStP 8 (1997), 161 (172 ff., 175 ff.).

[252] So BVerfGE 95, 1 (16); krit. *F. Ossenbühl*, ZG 1 (1997), 305 (318).

[253] *H. P. Ipsen*, Enteignung und Sozialisierung, VVDStRL 10 (1952), S. 74 ff. (75); *F. Reimer*, GVwR² I, § 9 Rn. 10 f.; zum Begriff des Gesetzes vgl. *Böckenförde*, Gesetz (Fn. 25), S. 377 ff. u. ö.; *H. Schneider*, Gesetzgebung, 3. Aufl. 2002, Rn. 13 ff.

[254] Vgl. *Badura*, Staatsrecht, Rn. F 3; *H. Hofmann*, Postulat (Fn. 30), S. 33 ff.; *K. Lange*, DVBl 1979, 533 (536).

[255] Dazu näher *S. Rixen*, JöR 61 (2013), 525 (528 ff.); *F. Reimer*, GVwR² I, § 9 Rn. 4 ff. m. w. N.; *Schulze-Fielitz*, Theorie (Fn. 238), S. 458. → Rn. 201.

[256] *W. Hoffmann-Riem*, AöR 130 (2005), 5 (45 ff.); *A. v. Bogdandy*, Gubernative Rechtsetzung, 2000, S. 199 ff.

[257] So BVerfGE 39, 1 (59).

[258] BVerfGE 25, 371 (398); 42, 263 (305); *Degenhart*, Staatsrecht I, Rn. 144; *F. Ossenbühl*, ZG 12 (1997), 305 (311 f.); *Sobota*, Prinzip (Fn. 5), S. 81 ff.

[259] *R. Poscher*, GVwR² I, § 8 Rn. 43 ff.; *F. Reimer*, GVwR² I, § 9 Rn. 15 ff., 21 ff.; *Schmidt-Aßmann*, Ordnungsidee (Fn. 103), Kap. 2 Rn. 10.

staatlich zu disziplinieren²⁶⁰. Erscheinungsformen der Flexibilisierung können den rechtsstaatlichen Anspruch des Gesetzes nicht infrage stellen²⁶¹.

Die **Wirkung des Gesetzes** ist von der arbeitsteiligen **Rechtskonkretisierung in der Anwendungspraxis abhängig**²⁶². Vor allem durch Rechtsverordnungen nach Maßgabe des Gesetzes werden dessen Inhalte konkretisiert, handhabbar gemacht und durch ständige Anpassung an die Dynamik von Technik und Wirtschaft in ihrer Gestaltungskraft bewahrt²⁶³. Die damit verbundene Delegation von konkretisierenden Normsetzungsakten an Regierung und Verwaltung²⁶⁴ oder an Private²⁶⁵ sind Ausdruck einer ambivalenten Strategie der Optimierung und Staatsentlastung, die die Wirksamkeit des Rechts als zentrales staatliches Steuerungsinstrument²⁶⁶ angesichts neuer Herausforderungen (→ Rn. 61ff.) zu bewahren sucht.

54

3. Aktueller Befund

Nach der Wiedervereinigung Deutschlands **gilt die rechtsstaatliche Ordnung** des Grundgesetzes seit 1990 auch **in den neuen Ländern**. Die damit verbundenen Hauptprobleme des Umgestaltungsprozesses²⁶⁷ haben sich nach 25 Jahren deutlich abgeschwächt, auch wenn sie in mancher Hinsicht noch erkennbar sind.

55

Die **Rechtsprechung des Bundesverfassungsgerichts zu rechtsstaatlichen Problemen der Wiedervereinigung** hat die rechtsstaatlichen Konflikte unter Rückgriff auf materiell-rechtsstaatliche Erwägungen vor allem auch des Gleichheitsgedankens fallweise gelöst und Entscheidungen des Gesetzgebers grundsätzlich bestätigt²⁶⁸, die Verwaltung im Einzelfall korrigiert²⁶⁹.

56

Das gilt grundsätzlich auch für die **Bewältigung der DDR-Regierungskriminalität**²⁷⁰. Die sehr unterschiedlichen Wege haben eine große Variationsbreite des rechtsstaatlichen Argumentationshaushalts verdeutlicht.

57

Die **Folgen der Wiedervereinigung für den Rechtsstaat** haben indessen auch das »Wohlstandsverwaltungsrecht« (E. Franßen) der alten Länder verändert: Die Erfahrungen in den neuen Ländern sind auf die alten Länder übertragen worden und wurden dort oft als rechtsstaatlich problematisch empfunden²⁷¹, z. B. Rechtsmittelbegren-

58

---

²⁶⁰ Zum Verhältnis von Recht und Politik s. etwa *J. Isensee*, HStR³ XII, § 268 Rn. 90ff. u. ö.; *M. Kaufmann*, StWStP 8 (1997), 161 (165f.); *D. Grimm*, JuS 1969, 501ff.; zu den Funktionen des Gesetzgebungsverfahrens *Sobota*, Prinzip (Fn. 5), S. 83ff.; *Schulze-Fielitz*, Theorie (Fn. 238), S. 206ff.
²⁶¹ S. aber *Frankenberg* (Fn. 4), Art. 20 Abs. 1–3 IV Rn. 28; krit. zu »Verelendungstheorien« *W. Zeh*, Aktuelle Entwicklungen der Rolle des Bundestages im parlamentarischen Regierungssystem, in: FS König, 2004, S. 317ff.
²⁶² *Schmidt-Aßmann*, Ordnungsidee (Fn. 103), Kap. 2 Rn. 15ff.; *Dreier*, Verwaltung (Fn. 248), S. 164ff., 182ff., 200ff.; *Schulze-Fielitz*, Theorie (Fn. 238), S. 143ff.
²⁶³ Vgl. BVerfGE 114, 196 (235ff., Rn. 201ff.); *F. Ossenbühl*, HStR³ V, § 103 Rn. 2ff.; *Sobota*, Prinzip (Fn. 5), S. 128ff.; ausf. *J. Saurer*, Die Funktionen der Rechtsverordnung, 2006; *T. v. Danwitz*, Die Gestaltungsfreiheit des Verordnungsgebers, 1989.
²⁶⁴ *v. Bogdandy*, Rechtsetzung (Fn. 256), S. 259ff.
²⁶⁵ S. jetzt *A. Voßkuhle*, HStR³ III, § 43 Rn. 8 m. ausf. Nw.
²⁶⁶ *F. Schoch*, HStR³ III, § 37 Rn. 4; *Schmidt-Aßmann*, Ordnungsidee (Fn. 103), Kap. 2 Rn. 20ff.
²⁶⁷ Ausführlich: → Bd. II², Art. 20 (Rechtsstaat), Rn. 55ff.
²⁶⁸ Ausführlich: → Bd. II², Art. 20 (Rechtsstaat), Rn. 56, Fn. 258ff.
²⁶⁹ Ausführlich: → Bd. II², Art. 20 (Rechtsstaat), Rn. 56, Fn. 268ff.
²⁷⁰ Ausführlich: → Bd. II², Art. 20 (Rechtsstaat), Rn. 57, Fn. 272ff.
²⁷¹ Vgl. *W. Erbguth*, JZ 1994, 477 (478ff.); *S. Klinski/H. Gassner*, NVwZ 1992, 235ff.; *H. Schulze-Fielitz*, DVBl. 1991, 893 (904f.); zur Planungsvereinfachung *R. Steinberg/T. Berg*, NJW 1994, 488ff.; *U. Steiner*, NVwZ 1994, 313ff.; *M. Ronellenfitsch*, DVBl. 1994, 441 (445ff.).

Art. 20 (Rechtsstaat) C. Erläuterungen

zungen, der Regeleinsatz von Einzelrichtern an Verwaltungsgerichten oder die Vereinfachungs- und Beschleunigungsmaßnahmen im Umwelt- und Planungsrecht.

59 Instrumente und organisatorische Ausgestaltung des deutschen Rechtsstaats stehen auch insoweit unter einem **Veränderungsdruck**, der auf eine Vereinfachung und Beschleunigung im Verwaltungsrecht[272] und Verwaltungsprozessrecht[273] drängt und herkömmliche rechtsstaatliche Standards abzusenken droht. Eine herkömmliche Kritik an der »Hypertrophie« eines »totalen Rechtsstaats«[274] wird nun unter Hinweis auf Gefährdungen für Deutschland als Wirtschaftsstandort im internationalen Wettbewerb aktualisiert[275]. Der **Prozess der »Globalisierung«** wird zum Rechtfertigungsgrund, um gewachsene verfahrensrechtliche Regelungen zu modifizieren[276]. Der Rechtsstaat gerät zur Ursache für Schwerfälligkeiten, Innovationshemmnisse und Inflexibilität[277], denen durch Regeln über die Unbeachtlichkeit von Abwägungsmängeln und Verfahrensfehlern, Heilungsmöglichkeiten, Präklusionsfristen, Verzichte auf Planfeststellungen und verwaltungsprozessrechtliche Restriktionen begegnet werden soll.

60 Im Bereich der Staatsaufgabe Sicherheit werden die neueren Entwicklungen des rechtsstaatlichen Denkens auch als **Abkehr von einem liberal-rechtsstaatlichen Konzept hin zu einem »Präventionsstaat«**[278] zulasten der Freiheit im Rechtsstaat[279] interpretiert. So wird im Strafrecht und Strafverfahrensrecht eine Akzentverlagerung vom Freiheitsschutz der individuellen Bürger zur Erfüllung des Sicherheitsbedürfnisses der Bevölkerung durch einen starken Staat registriert, der die liberal-rechtsstaatlichen Ausgangspunkte des Grundgesetzes zu Lasten der Grundrechte und zugunsten flexibler staatlicher Steuerung verlasse[280] und die Grenzen zwischen Gefahrenabwehr und Strafverfolgung verschwimmen lasse[281]. Ähnlich lassen sich im Gefahrenabwehrrecht

---

[272] Zu den Beschleunigungsnovellen von 1996: *B. Stüer*, DVBl. 1997, 326 ff.; *H. J. Bonk*, NVwZ 1997, 320 ff.; krit. *K. Hansmann*, NVwZ 1997, 105 ff.; *G. Lübbe-Wolff*, Die Beschleunigungsgesetze, in: A. Dally (Hrsg.), Wirtschaftsförderung per Umweltrecht?, 1997, S. 88 ff. – Ausf. Nw. zur Beschleunigungsgesetzgebung seit 1990 bei *R. Breuer*, NVwZ 1997, 833 (836, Fn. 49); H.-W. Rengeling (Hrsg.), Beschleunigung von Planungs- und Genehmigungsverfahren – Deregulierung, 1997.

[273] Vgl. *H.-P. Schmieszek*, NVwZ 1996, 1151 ff.; krit. *C. Meissner*, Die Entwicklung des Verwaltungsprozessrechts seit der Wiedervereinigung Deutschlands, in: FS 100 Jahre Sächsisches OVG, 2002, S. 337 ff.; *W.-R. Schenke*, NJW 1997, 81 ff.

[274] Vgl. *J. Isensee*, HStR IX, § 202 Rn. 38; *K. A. Bettermann*, Der totale Rechtsstaat, 1986; *W. Leisner*, JZ 1977, 537 ff.; *E. Forsthoff*, Der introvertierte Rechtsstaat und seine Verortung (1963), in: ders., Rechtsstaat im Wandel, 1964, S. 213 ff.

[275] *P. J. Tettinger*, NuR 1997, 1 ff.; *O. Schlichter*, DVBl. 1995, 173 ff.; *M. Ronellenfitsch*, Beschleunigung und Vereinfachung der Anlagenzulassungsverfahren, 1994, S. 17 ff. u. ö.; *M. Bullinger*, JZ 1994, 1129 ff.

[276] Allg. eindringlich *M. Ruffert*, Die Globalisierung als Herausforderung an das Öffentliche Recht, 2004, S. 26 ff., 67 f. u. ö.

[277] Vgl. z. B. *Eichenberger*, Umgang (Fn. 201), S. 469; *Sendler*, Rechtsstaat (Fn. 241), S. 306 ff.; *P. J. Tettinger*, DÖV 1993, 236 (237).

[278] *Frankenberg* (Fn. 4), Art. 20 Abs. 1–3 IV Rn. 27 f.; *E. Denninger*, KritJ 21 (1988), 1 ff.; *Grimm*, Zukunft (Fn. 34), S. 197 ff.; *G. F. Schuppert*, Grundrechte und Bekämpfung der organisierten Kriminalität, in: W. Barfuß (Hrsg.), Sicherheitsverwaltung, 1996, S. 31 ff. (33 ff.); s. auch *U. Volkmann*, JZ 2004, 696 (700 ff.); *H. A. Hesse*, Der Schutzstaat, 1994, S. 17 ff., 176 ff., 191 f. u. ö.; zur Anti-Kritik *C. Calliess*, DVBl. 2003, 1096 (1098 ff.).

[279] Bilanz: *O. Lepsius*, Sicherheit und Freiheit – ein zunehmend asymmetrisches Verhältnis, in: G. F. Schuppert u. a. (Hrsg.), Der Rechtsstaat unter Bewährungsdruck, 2010, S. 23 ff.

[280] *W. Hassemer*, StV 1994, 333 ff.; *R.-P. Calliess*, NJW 1989, 1338 ff.; umfassend *M. Hettinger*, Entwicklungen im Strafrecht und Strafverfahrensrecht der Gegenwart, 1997.

[281] *T. Walter*, KritJ 41 (2008), 443 ff.; *O. Backes*, StV 2008, 654 ff.; *F. Roggan*, KritV 81 (1998), 336 ff.

Tendenzen zur Vorverlagerung staatlicher Eingriffsmöglichkeiten im Namen der grundrechtlichen Freiheit der Bürger feststellen[282]; die Kritik an der damit verbundenen Unschärfe rechtsstaatlicher Eingriffstatbestände[283] bezweifelt, dass die Aufgabe der Sicherheitsgewähr allein vom Staat erfüllt werden kann[284].

Hinzu tritt eine **Funktionseinschränkung von Recht als** (isoliertem) **Handlungsinstrument**: Mit dem Wachstum der sozialgestaltenden Staatsaufgaben verliert Recht an Bindungskraft, weil in diesen Bereichen die rechtlichen Mittel von Befehl und Zwang nicht greifen, sondern indirekt wirkende Steuerungsmittel (z. B. Subventionen) dominieren[285]. Der Verlust an räumlicher Geltung durch Globalisierungsfolgen, schwindende Akzeptanz bei den Gesetzesadressaten, begrenzte Prognosekapazitäten, die sprachlichen Grenzen bei der Normpräzisierung, die Öffnung für Einzelfallgerechtigkeit und ökonomische Kriterien bei der Auslegung können die Steuerungsfähigkeit des Rechts begrenzen[286] und fordern die stärkere Mitberücksichtigung nichtrechtlicher Regelungsformen[287].

61

Diese Entwicklung führt einerseits zu einer tendenziellen Überforderung der Verwaltung, die auf paragesetzliche Wege z. B. des informalen Verwaltungshandelns ausweicht oder wegen der Unbestimmtheit oder begrenzten Determinationskraft der Gesetze selektiv auf ihr genehme Regelungen zurückgreifen kann[288]. Diese **Entformalisierung staatlichen Handelns** ist nicht als solche illegal, kann aber die formgebende Kraft des Rechtsstaats (→ Rn. 49) schwächen[289]. Hinzu kommt ein Bedeutungsgewinn von Informationen und »weichen« Steuerungsformen staatlichen Handelns, deren rechtsstaatliche Formung durch ein Informationsverwaltungsrecht noch eine Herausforderung darstellt[290].

62

Im Vieleck von Rechtmäßigkeit und Sachgerechtigkeit, Wirtschaftlichkeit, Zweckmäßigkeit und Bürgernähe[291] gewinnt andererseits ein Denken Raum, das das staatliche Handeln vor allem an **ökonomischen Kriterien** der Effizienz und Effektivität misst

63

---

[282] *H. Schulze-Fielitz*, Nach dem 11. September: An den Leistungsgrenzen eines verfassungsstaatlichen Polizeirechts?, in: FS Schmitt Glaeser, 2003, S. 407 ff. (409 ff.); dafür etwa *J. Isensee*, HStR IX, § 202 Rn. 35; *K. Schelter*, ZRP 1994, 52 ff.

[283] S. etwa *H. Lisken*, NVwZ 1998, 22 (23 ff.); *U. Stephan*, DVBl. 1998, 81 ff.; *Hettinger*, Entwicklungen (Fn. 280), S. 67 ff.

[284] Vgl. *R. Pitschas*, DÖV 2004, 231 ff.; *R.-P. Calliess*, NJW 1989, 1338 (1341 f.).

[285] *Kloepfer*, Verfassungsrecht I, § 10 Rn. 292 ff.; *F. Schoch*, HStR³ III, § 37 Rn. 30; *D. Grimm*, HStR³ I, § 1 Rn. 70 ff.

[286] S. näher diff. *F. Reimer*, GVwR² I, § 9 Rn. 7 ff., 84 ff.; *G. Müller*, Rechtsetzung im Gewährleistungsstaat, in: FS Maurer, 2001, S. 227 ff. (229 ff.); für den Bereich von Naturwissenschaft und Technik *F. Ossenbühl*, Die Not des Gesetzgebers im naturwissenschaftlich-technischen Zeitalter, 2000, S. 11 ff., pass.

[287] Vgl. *W. Hoffmann-Riem*, AöR 130 (2005), 5 (7 ff., 28 ff.).

[288] Vgl. *Schmidt-Aßmann*, Gefährdungen (Fn. 140), S. 748 f.; *ders.* (Fn. 2), § 24 Rn. 61; *H. Dreier*, StWStP 4 (1993), 647 (656 ff., 660 ff.).

[289] *F. Schoch*, HStR³ III, § 37 Rn. 108 ff.; *Frankenberg* (Fn. 4), Art. 20 Abs. 1–3 IV Rn. 30.

[290] S. näher *F. Schoch*, HStR³ III, § 37 Rn. 53 ff.; *ders.*, Die Verwaltung 35 (2002), 149 ff.; *R. Gröschner/J. Masing*, Transparente Verwaltung – Konturen eines Informationsverwaltungsrechts, VVDStRL 63 (2004), S. 344 ff. bzw. S. 377 ff.; *E. Gurlit*, DVBl. 2003, 1119 ff.; einf. *M. Martini/B. Kühl*, Jura 2014, 1221 ff.; ausf. *I. Augsberg*, Informationsverwaltungsrecht, 2014; *M. Kloepfer*, Informationsrecht, 2002; *D. Kugelmann*, Die informatorische Rechtsstellung des Bürgers, 2001; zu ersten Ansätzen im Informationsfreiheitsgesetz: *H. Schmitz/S.-D. Jastrow*, NVwZ 2005, 984 ff.; *M. Kloepfer/K. v. Lewinski*, DVBl. 2005, 1277 ff.

[291] Vgl. *R. Wahl*, Verwaltungsverfahren zwischen Verwaltungseffizienz und Rechtsschutzauftrag, VVDStRL 41 (1983), S. 151 ff. (157).

Art. 20 (Rechtsstaat) C. Erläuterungen

und durch Flexibilisierung der Haushaltspraxis zulasten formklarer Rechtsstrukturen[292], Entstaatlichung, Privatisierung und Deregulierung einen »schlankeren« Staat anstrebt[293]. Die Vereinfachung des Rechts (»Bürokratieabbau«) etwa läuft oft auf eine Problemverschiebung hinaus, bei der z. B. eine Zurücknahme von parlamentsgesetzlichen Regelungsansprüchen zum Wachstum von Verwaltungsvorschriften oder Rechtsprechung führt[294].

64   Namentlich die zunehmende Erfüllung öffentlicher Aufgaben infolge vielfältiger Privatisierungsprozesse[295] durch Private führt zu neuartigen Formen der Kooperation bei der Rechtsetzung (oder ihrer Vermeidung)[296] und zu neuartigen Regelungsstrukturen eines Privatisierungsfolgenrechts, das die bereichsspezifisch angepassten Regeln für die Aufgabenwahrnehmung im öffentlichen Interesse bereitstellen soll, damit Mindeststandards an Quantität und Qualität der Leistungsergebnisse gewährleistet bleiben[297]. Damit soll der **mit Privatisierungen regelmäßig verbundene** rechtsstaatliche **Lenkungs- und Kontrollverlust**[298] (partiell) aufgefangen werden.

65   Schließlich lässt sich ein zunehmender politisch-instrumenteller Umgang mit dem Rechtsstaatsprinzip feststellen. Zahlreiche politisch-programmatische Forderungen leiten aus zentralen Bestandteilen des Rechtsstaats in **rechtsstaatlicher Rhetorik** konkrete Folgerungen ab, etwa aus dem Übermaßverbot eine Rechtspolitik der Entkriminalisierung[299]. Insgesamt führt das Übermaß an Berufungen auf den Rechtsstaat und an Verrechtlichung nicht notwendig zu »mehr« Rechtsstaatlichkeit, sondern zur Verunsicherung des Rechtsstaats[300], zu Zweifeln an seiner »Begleitgewissheit«[301].

II. Kernelemente des Rechtsstaatsprinzips

66   Das Rechtsstaatsprinzip umfasst eine übergroße **Fülle von konkretisierenden Unter-Prinzipien und abgeleiteten Geboten.** Ihre Systematisierung erfolgt regelmäßig typologisch nach pragmatischen Kriterien. Die nachstehende Systematik erörtert primär

---

[292] *H. Kube*, Die Verwaltung 35 (2002), 507 (512 ff.).
[293] S. Sachverständigenrat »Schlanker Staat« (Hrsg.), Abschlußbericht, 3 Bände, 1997; *H. Hofmann/K. G. Meyer-Teschendorf*, DÖV 1998, 217 ff.; *Schmidt-Aßmann*, Gefährdungen (Fn. 140), S. 749 f.; *V. Busse*, DÖV 1996, 389 ff.
[294] *H. P. Bull*, Die Verwaltung 38 (2005), 285 (291 ff.); s. auch *H. Hill*, DÖV 2004, 721 ff.
[295] Übersichtlich *H. Schulze-Fielitz*, GVwR² I, § 12 Rn. 61 ff., 108 ff.; ausf. *W. Weiß*, Privatisierung und Staatsaufgaben, 2002, S. 28 ff.; *J. A. Kämmerer*, Privatisierung, 2001, S. 16 ff.
[296] S. etwa *F. Becker*, Kooperative und konsensuale Strukturen in der Normsetzung, 2005, S. 55 ff. u. ö.; *L. Michael*, Rechtsetzende Gewalt im kooperierenden Verfassungsstaat, 2002, S. 20 ff., 457 ff.; *P. M. Huber*, ZG 17 (2002), 245 ff.
[297] *H. Schulze-Fielitz*, GVwR² I, § 12 Rn. 18 f., 118 ff.; s. näher etwa *W. Weiß*, Der Staat 53 (2014), 555 (563 ff., 571 f, u. ö.); *ders.*, DVBl. 2002, 1167 ff.; *A. Voßkuhle*, Beteiligung Privater an der Wahrnehmung öffentlicher Aufgaben und staatliche Verantwortung, VVDStRL 62 (2003), S. 266 ff. (bes. 307 ff.); *Kämmerer*, Privatisierung (Fn. 295), S. 426 ff.; *M. Burgi*, NVwZ 2001, 601 ff.; zum »Gewährleistungsstaat« als Modell s. näher G. F. Schuppert (Hrsg.), Der Gewährleistungsstaat – Ein Leitbild auf dem Prüfstand, 2005; *M. Knauff*, Der Gewährleistungsstaat: Reform der Daseinsvorsorge, 2004, S. 59 ff.; *C. Franzius*, Der Staat 42 (2003), 493 ff.
[298] Vgl. allg. *F. A. Löhr*, Verschiebungen im Gewaltengefüge durch Privatisierung und Deregulierung, in: Demel u. a., Funktionen (Fn. 134), S. 135 ff. (137 ff., 144 ff.); *W. Kahl*, Die Staatsaufsicht, 2000, S. 307 ff. → Rn. 205.
[299] Z. B. *P.-A. Albrecht*, KritV 79 (1996), 330 ff.; zur Kritik an rechtsstaatlicher Rhetorik *P. Gilles*, NJ 1998, 225 (226, 229); *H. Sendler*, DÖV 1989, 482 (489 f.).
[300] *E. Schmidt-Aßmann*, HStR³ II, § 26 Rn. 109 ff.
[301] *Frankenberg* (Fn. 4), Art. 20 Abs. 1–3 IV Rn. 1; *H. Sendler*, NJW 1989, 1761 ff.

II. Kernelemente des Rechtsstaatsprinzips Art. 20 (Rechtsstaat)

die in Art. 20 II 2 und III GG normierten Konkretisierungen des Rechtsstaatsprinzips, erweitert sie aber um Hinweise auf die Zusammenhänge mit Kernelementen des Rechtsstaatsprinzips, die möglicherweise sachnäher in anderen Normen des Grundgesetzes zum Ausdruck kommen. Sie orientiert sich pragmatisch an den in Literatur und Rechtsprechung meistgenannten Unter-Prinzipien und Konkretisierungen des Rechtsstaatsprinzips, ohne dass diese Systematik logisch zwingend geboten wäre.

1. Der Grundsatz der Gewaltenteilung (Art. 20 II 2 GG)

a) Bedeutung, Funktionen und Ebenen der Gewaltenteilung

Die Forderung nach Ausübung der Staatsgewalt »durch besondere Organe der Gesetzgebung, der vollziehenden Gewalt und der Rechtsprechung« (Art. 20 II 2 GG; gleichsinnig Art. 1 III, 20 III GG) positiviert einen für den Typus des westlichen Verfassungsstaats zentralen Grundgedanken – das **Prinzip der »Gewaltenteilung«**[302] als ein »tragendes Organisationsprinzip des Grundgesetzes«[303]. Es gilt wie für den Bund auch für die Länder (Art. 28 I GG)[304]. Sein Grundgedanke der ausbalancierten Machtverteilung ist ebenso Ausfluss des Demokratieprinzips (→ Art. 20 [Demokratie], Rn. 109 ff.), weil die gewaltenteilige Ausübung der Staatsgewalt die Umsetzung des Volkswillens gewährleistet; zugleich verweisen die Funktionen des Gewaltenteilungsprinzips auf eine spezifisch rechtsstaatliche Dimension[305], die Ausübung politischer Herrschaft durch unterschiedliche Gewalten rechtlich zu konstituieren[306], kompetentiell zu binden[307] und dadurch den Grundrechten normative Wirksamkeit zu ermöglichen[308]. Hinter diesen beiden Elementen des Prinzips stehen konkurrierende Legitimationsansprüche[309], die funktional unterschiedlich konkretisiert werden müssen.

67

In diesem Sinne wird dem Gewaltenteilungsprinzip eine Vielzahl von Funktionen zugeschrieben[310]. Es soll die Ausübung der Staatsgewalt mäßigen (**Mäßigungsfunktion**)[311], zu einer funktionsgerechten und rationalen Organisation des Staates beitra-

68

---

[302] *Grzeszick* (Fn. 133), Art. 20 V Rn. 1; a.A. *Bäumlin/Ridder* (Fn. 15), Art. 20 Abs. 1–3 III Rn. 57; krit. zum Prinzipiencharakter *C. Möllers*, AöR 132 (2007), 493 (506 f.).

[303] BVerfGE 3, 225 (247); 67, 100 (130); ähnlich E 95, 1 (15); *Robbers* (Fn. 49), Art. 20 I Rn. 2958 ff.; *U. Di Fabio*, HStR³ II, § 27 Rn. 1 ff., 8; zur Ideen- und Entwicklungsgeschichte *H. Seiler*, Gewaltenteilung, 1994, S. 13 ff.; *T. Kuhl*, Der Kernbereich der Exekutive, 1993, S. 106 ff.; *Sobota*, Prinzip (Fn. 5), S. 70 ff.; ausf. zur grundlegenden Judikatur *B. Sinemus*, Der Grundsatz der Gewaltenteilung in der Rechtsprechung des Bundesverfassungsgerichts, 1982, S. 100 ff.

[304] BVerfGE 34, 52 (58); 83, 60 (71); *Grzeszick* (Fn. 133), Art. 20 V Rn. 111 ff. → Art. 28 Rn. 56.

[305] Vgl. *Schnapp* (Fn. 193), Art. 20 Rn. 37; *Stern*, Staatsrecht I, S. 781 ff.; *W. Leisner*, DÖV 1969, 405 ff.; *Schmitt*, Verfassungslehre (Fn. 42), S. 125 ff.

[306] Rechtserzeugung als Bezugspunkt der Gewaltenteilung *Cornils* (Fn. 25), § 20 Rn. 46, 93 ff., im Anschluss an *Möllers*, Gewalten (Fn. 23), S. 90 ff.

[307] *Hesse*, Verfassungsrecht, Rn. 482, 484 ff.; *A. Voßkuhle*, Rechtsschutz gegen den Richter, 1993, S. 46 ff.; *E. Schmidt-Aßmann*, HStR³ II, § 26 Rn. 46; *H.-D. Horn*, AöR 127 (2002), 427 (450 f.).

[308] Vgl. *C. Bickenbach*, Die Einschätzungsprärogative des Gesetzgebers, 2014, S. 178 ff.; *H.-D. Horn*, Die grundrechtsunmittelbare Verwaltung, 1999, S. 252 ff.; *M. Kriele*, Menschenrechte und Gewaltenteilung (1986), in: ders., Recht – Vernunft – Wirklichkeit, 1990, S. 190 ff. (194).

[309] *Schmidt-Aßmann*, Ordnungsidee (Fn. 103), Kap. 4 Rn. 4; ausf. *Möllers*, Gewaltengliederung (Fn. 134), S. 56 ff., 69 f. u.ö.

[310] Vgl. etwa *Sommermann* (Fn. 5), Art. 20 Rn. 198, 207; *R. Poscher*, GVwR² I, § 8 Rn. 23 ff.; *Kuhl*, Kernbereich (Fn. 303), S. 99 ff.; *Dreier*, Verwaltung (Fn. 248), S. 175 ff.; umfassend *Seiler*, Gewaltenteilung (Fn. 303), S. 203 ff., 260 ff.

[311] BVerfGE 9, 268 (279 f.); 67, 100 (130); 95, 1 (15); BVerwGE 93, 287 (288 f.); *Degenhart*, Staatsrecht I, Rn. 295; *Greszick* (Fn. 133), Art. 20 V Rn. 28 ff.; *A. v. Arnauld*, ZParl. 32 (2001), 678 (683 ff.).

gen (**Rationalisierungsfunktion**)[312], der gegenseitigen Kontrolle der Staatsorgane dienen (**Kontrollfunktion**)[313] wie auch durch deren Machtbegrenzung dem Schutz der Freiheit des einzelnen (**Schutzfunktion**)[314].

69 Die Unterscheidung der Gewalten schlägt sich funktional, institutionell-organisatorisch und personell in drei verschiedenen Teilbereichen nieder. **Funktional** unterscheidet Art. 20 II 2 GG nur die drei materiellen Staatsfunktionen der Gesetzgebung, der vollziehenden Gewalt und der Rechtsprechung[315]; eine weitere Form staatlicher Gewalt kennt das Grundgesetz nicht[316], auch wenn sich die Differenziertheit modernen Staatshandelns dem Dreier-Schema entzieht[317], z.B. der »vollziehenden Gewalt« auch die gubernativen Aufgaben der Regierung zugeordnet werden[318] oder »Gesetzgebung« sich methodisch nicht völlig trennscharf von ihrer »Anwendung« trennen lässt[319]. **Institutionell-organisatorisch** lassen sich diesen Funktionen i. S. einer horizontalen Gewaltenteilung die gesetzgebenden Staatsorgane Bundestag und Bundesrat, die vollziehende Gewalt von Regierung und nachgeordneten Verwaltungsorganen[320] und die Gerichte als Rechtsprechungsorgane (→ Art. 92 Rn. 57 ff.) als Ausdruck eines Gebots der Organtrennung[321] und eines Auftrags zur Formgebung[322] zuordnen[323]; weitere Organe wie Bundespräsident, Bundesrat, Bundesbank oder Bundesrechnungshof fügen sich der Dreiteilung weniger eindeutig. **Personell** ergänzen partiell Inkompatibilitätsregeln die funktionale und institutionelle Gewaltenteilung mit der Folge, dass Angehörige von Organen der drei Staatsgewalten grundsätzlich nicht zugleich Amtsträger in mehr als nur einer der drei Gewalten sein dürfen[324]; dieser Rechtsgedanke kommt etwa in Art. 55 I, 66, 94 I 3, 137 I GG zum Ausdruck.

---

[312] BVerfGE 68, 1 (86); 95, 1 (15); 124, 78 (120, Rn. 120); *E. Schmidt-Aßmann*, HStR³ II, § 26 Rn. 50; *Sobota*, Prinzip (Fn. 5), S. 73 f.; *Hesse*, Verfassungsrecht, Rn. 475 ff., 482; *M. Jestaedt*, Demokratieprinzip und Kondominialverwaltung, 1993, S. 169; *H. D. Jarass*, Politik und Bürokratie, 1975, S. 6; krit. *Unruh*, Verfassungsbegriff (Fn. 216), S. 478 ff.

[313] BVerfGE 7, 183 (188); 95, 1 (15); *B. Greszick*, Die Teilung der Gewalten, 2013, S. 36 ff.; *Möllers*, Gewaltengliederung (Fn. 134), S. 76 ff.; *A. v. Arnauld*, ZParl. 32 (2001), 678 (686 f., 689 ff.); *Voßkuhle*, Rechtsschutz (Fn. 307), S. 45 f.; *Stern*, Staatsrecht I, S. 792 f.; ausf. *W. Krebs*, Kontrolle in staatlichen Entscheidungsprozessen, 1984; einseitig betont bei *Meyn*, Kontrolle (Fn. 60), S. 179 ff. (183, 198).

[314] BVerfGE 9, 268 (279 f.); 30, 1 (28); 34, 52 (59); 95, 1 (15); *E. Schmidt-Aßmann*, HStR³ II, § 26 Rn. 49; *Stern*, Staatsrecht II, S. 539 ff.; *H.-J. Vogel*, NJW 1996, 1505 (1505 f.).

[315] *Stern*, Staatsrecht II, S. 536; *Hesse*, Verfassungsrecht, Rn. 486 ff.; *Degenhart*, Staatsrecht I, Rn. 296 ff.; *Ipsen*, Staatsrecht I, Rn. 767 ff.; ausf. *Möllers*, Gewaltengliederung (Fn. 134), S. 94 ff.; *Reinhardt*, Jurisdiktion (Fn. 5), S. 13 ff.; *Grzeszick* (Fn. 133), Art. 20 V Rn. 8 ff., 28, 77 ff. → Art. 1 III Rn. 53.

[316] *Stern*, Staatsrecht II, S. 537; *E. Schmidt-Aßmann*, HStR³ II, § 26 Rn. 52; ausf. zum Begriff der »Gewalt« *Möllers*, Gewaltengliederung (Fn. 134), S. 82 ff.

[317] *U. Di Fabio*, HStR³ II, § 27 Rn. 68 ff.; *Stern*, Staatsrecht I, S. 795.

[318] *v. Bogdandy*, Rechtsetzung (Fn. 256), S. 107 ff., 136 ff.

[319] Krit. *H.-D. Horn*, AöR 127 (2002), 427 (446 f.).

[320] Ausf. *P. Axer*, Normsetzung der Exekutive in der Sozialversicherung, 2000, S. 27 ff.

[321] *Möllers*, Gewaltengliederung (Fn. 134), S. 71 ff.

[322] *R. Poscher*, GVwR² I, § 8 Rn. 27; *Schmidt-Aßmann* (Fn. 103), Ordnungsidee, Kap. 4 Rn. 1 ff.

[323] S. nur *W. R. Wrege*, Jura 1996, 436 (436 f.); *U. Fastenrath*, JuS 1986, 194 (198 f.).

[324] BVerfGE 18, 172 (183 f.); 26, 186 (197); 27, 312 (321); *Grzeszick* (Fn. 133), Art. 20 V Rn. 12, 107; *Hesse*, Verfassungsrecht, Rn. 489.

b) Trennung, Zuordnung und Überschneidung der Gewalten

Das Grundgesetz konkretisiert in zahlreichen staatsorganisationsrechtlichen Detailregelungen die **Zuordnung der Gewalten**. Gegenüber diesen Rechtsgrundsätzen und Rechtsregeln gewinnt das Prinzip des Art. 20 II 2 GG kaum eine eigenständige praktische Bedeutung[325], so dass die Rechtsprechung nur vereinzelt Verstöße gegen das Prinzip der Gewaltenteilung hat feststellen können[326]; sie dient häufiger als »Hintergrundnorm«[327]. Umgekehrt besteht die Gefahr, durch impliziten Rückgriff auf das Prinzip die grundgesetzliche Zuordnung zu überspielen[328].

70

Die Teilung der Gewalten darf nicht mit einer bloßen Trennung gleichgesetzt werden. Die drei Gewalten und ihre Organe sollen nach Maßgabe der Konkretisierungen des Grundgesetzes aufeinander einwirken, etwa bei der dauernden Einflussnahme des Parlaments auf die Regierung im Rahmen des parlamentarischen Regierungssystems[329], doch muss dabei gemäß Art. 20 II 2 GG **jeder Staatsgewalt** ein **»Kernbereich« autonomer Zuständigkeiten und Wirkungsmöglichkeiten garantiert** bleiben[330]. Ein zentraler Grundgedanke der Zuordnung liegt darin, dass »staatliche Entscheidungen möglichst richtig, das heißt von den Organen getroffen werden, die dafür nach ihrer Organisation, Zusammensetzung, Funktion und Verfahrensweise über die besten Voraussetzungen verfügen«[331] (**Organadäquanz**); er erscheint in der neueren Literatur als Schlüssel zu einer funktionellen Betrachtung der Gewaltenteilung[332]. Kompetenzkonflikte werden nach Maßgabe des ungeschriebenen Verfassungsgrundsatzes der Verfassungsorgantreue[333] i.S. gegenseitiger Rücksichtnahme harmonisiert; das Gesetz kann hier konkretisieren.

71

---

[325] *Jarass*/*Pieroth*, GG, Art. 20 Rn. 23; *Sachs* (Fn. 193), Art. 20 Rn. 93; *Greszick* (Fn. 133), Art. 20 V Rn. 63, 74ff., 93ff.; *Schnapp* (Fn. 193), Art. 20 Rn. 58; *H.-D. Horn*, AöR 127 (2002), 427 (440, 454).

[326] BVerfGE 4, 331 (347); 10, 200 (216f.); 20, 150 (157f.); 52, 1 (41); 54, 159 (166ff., 171f.).

[327] *C. Möllers*, AöR 132 (2007), 493 (495); *Greszick* (Fn. 133), Art. 20 V Rn. 27.

[328] Vgl. BVerfGE 135, 1 (16ff., Rn. 48ff.); krit. *Sondervotum Masing* BVerfGE 135, 29 (31ff., Rn. 7ff.); *O. Lepsius*, JZ 2014, 488 (490ff., 492ff.).

[329] Vgl. *Mößle*, Regierungsfunktionen (Fn. 248), S. 166ff., 132ff.

[330] BVerfGE 9, 268 (279f.); 30, 1 (27f.); 95, 1 (15f.); 106, 51 (60, Rn. 24); *Greszick* (Fn. 133), Art. 20 V Rn. 50ff., 86ff.; *Puhl* (Fn. 25), § 23 Rn. 9ff.; *C. Schnabel*/*B. Freund*, DÖV 2012, 192 (193f.); *Sommermann* (Fn. 5), Art. 20 Rn. 215ff.; *N. Kazele*, VerwArch. 101 (2010), 469 (471ff.); *Möllers*, Gewaltengliederung (Fn. 134), S. 73ff.: »Verbot organfremder Gewaltenusurpation«; *E. Schmidt-Aßmann*, HStR[3] II, § 26 Rn. 56f.; *P. Kunig*, Der Rechtsstaat, in: FS 50 Jahre BVerfG, Bd. 2, 2001, S. 421ff. (437ff.); krit. *P. Cancik*, ZParl. 45 (2014), 885 (889ff.); *R. Poscher*, GVwR[2] I, § 8 Rn. 32ff.; *Cornils* (Fn. 25), § 20 Rn. 32ff.; *H.-D. Horn*, AöR 127 (2002), 427 (437ff., 451ff.); *S. Baer*, Der Staat 40 (2001), 525 (526ff.); *Heun*, Konzept (Fn. 5), S. 109f.; ausf. *G. Zimmer*, Funktion – Kompetenz – Legitimation, 1979, S. 23, 217ff., 237ff.

[331] BVerfGE 68, 1 (86); 95, 1 (15); 98, 218 (251f., Rn. 136); s. auch E 121, 135 (160, Rn. 69); *Greszick* (Fn. 133), Art. 20 V Rn. 90ff.

[332] Vgl. etwa *W. Hoffmann-Riem*, GVwR[2] I, § 10 Rn. 38ff.; *R. Poscher*, GVwR[2] I, § 8 Rn. 28; *U. Di Fabio*, HStR[3] II, § 27 Rn. 10; *Sachs* (Fn. 193), Art. 20 Rn. 81; *S. Baer*, Der Staat 40 (2001), 525 (546f.); *H.-D. Horn*, JöR 49 (2001), 287 (294ff.); *P. Lerche*, Gewaltenteilung – deutsche Sicht, in: J. Isensee (Hrsg.), Gewaltenteilung heute, 2000, S. 75ff. (76ff.); ausf. *T. Groß*, Das Kollegialprinzip in der Verwaltungsorganisation, 1999, S. 200ff.; *T. v. Danwitz*, Der Staat 35 (1996), 329f.; *Kuhl*, Kernbereich (Fn. 303), S. 130ff.; *W. Heun*, Staatshaushalt und Staatsleitung, 1989, S. 95ff.; *Mößle*, Regierungsfunktionen (Fn. 248), S. 161ff.; *Cornils* (Fn. 25), § 20 Rn. 36ff.; *Unruh*, Verfassungsbegriff (Fn. 216), S. 483ff.; *Roellecke* (Fn. 176), Art. 20 Rn. 139.

[333] BVerfGE 12, 205 (254); 89, 155 (191); 90, 286 (337); ferner E 94, 223 (234f.) – *Sondervotum Limbach*/*Böckenförde*/*Sommer*; *Sommermann* (Fn. 5), Art. 20 Rn. 225; ausf. *R.A. Lorz*, Interorganrespekt im Verfassungsrecht, 2001, S. 33ff., 80ff., 526ff.; *A. Voßkuhle*, NJW 1997, 2216ff. m.w.N.

Art. 20 (Rechtsstaat) C. Erläuterungen

72 So wird die **Gesetzgebung** gegenüber der Exekutive und der Rechtsprechung vor allem durch den Vorrang des Gesetzes (→ Rn. 92 ff.) in ihrer Wirkkraft und verfassungsrechtlichen Präponderanz gesichert; aber auch der Vorbehalt des Gesetzes (→ Rn. 105 ff.), der Bestimmtheitsgrundsatz (→ Rn. 129 ff.), die Regeln der Inkompatibilität von Abgeordneten mit Verwaltungsämtern[334] (Art. 137 GG) oder die parlamentarische Kontrolle der Exekutive (→ Art. 63 Rn. 7 ff.; → Art. 65 Rn. 38 ff.) gewährleisten, dass die Entscheidungen der Gesetzgebung nicht durch die vollziehende Gewalt unterlaufen werden können[335]. Allerdings dominiert die Regierung faktisch den parlamentarischen Gesetzgeber nachhaltig[336]. Gerichte dürfen nicht Befugnisse des Gesetzgebers usurpieren[337].

73 Der Schutz der **vollziehenden Gewalt** vor dem Zugriff anderer Gewalten ist schwächer ausgeprägt, doch ist eine gewisse »Eigenständigkeit« von Regierung und Verwaltung im Grundgesetz anerkannt und im Detail umstritten[338]. So darf z.B. die Rechtsprechung das Verwaltungshandeln nur rechtlich, nicht auch auf seine Zweckmäßigkeit hin kontrollieren[339]; bei der Kontrolle der Normsetzung der Verwaltung hat sie nur die Überschreitung äußerster rechtlicher Grenzen der Normsetzungsbefugnis zu kontrollieren[340], insbesondere Prognosen zukünftiger Entwicklungen zu respektieren[341]. Ein Zugriff des Gesetzgebers auf Regierung und Verwaltung unterliegt verfassungsrechtlichen Grenzen, nicht nur dem weitgehend leerlaufenden Verbot von bestimmten Einzelfallgesetzen (→ Art. 19 I Rn. 9 ff.): Die Regeln des Grundgesetzes dürfen nicht durch einen Gewaltenmonismus i.S. eines allumfassenden Parlamentsvorbehalts unterlaufen werden[342]. So sollen Akte der auswärtigen Gewalt im Regelfall der Regierung zuzuordnen sein[343] (→ Rn. 127), soll auch die Regierung einen Kernbereich exekutivischer Eigenverantwortung haben[344], darf der gesetzgeberische Zugriff die eigenständige Organisationsgewalt von Regierung und Verwaltung nicht beeinträchtigen[345]. Verfassungsrechtlich bedenklich sind Änderungsvorbehalte bei der Verordnungsgebung zugunsten des Parlaments, soweit die Regierung dadurch zum Erlass

---

[334] Vgl. BVerfGE 18, 172 (183 f.); ausf. *Sinemus*, Grundsatz (Fn. 303), S. 282 ff.
[335] *Jarass*/Pieroth, GG, Art. 20 Rn. 25.
[336] Vgl. BVerfGE 128, 193 (210, Rn. 52); BVerfGK 8, 10 (14); *P. M. Huber*, HStR³ III, § 47 Rn. 13 ff.; ausf. *v. Bogdandy*, Rechtsetzung (Fn. 256), S. 57 ff., 137 ff.; *Schulze-Fielitz*, Theorie (Fn. 238), S. 285 ff.; *H.-J. Mengel*, Gesetzgebung und Verfahren, 1997, S. 131 ff.
[337] BVerfGE 96, 375 (394 f.); 109, 190, 244 (251 f., Rn. 204) – Sondervotum *Broß/Osterloh/Gerhardt*; *Jarass*/Pieroth, GG, Art. 20 Rn. 25; *Möllers*, Gewaltengliederung (Fn. 134), S. 136 ff.
[338] Vgl. *Schmidt-Aßmann*, Ordnungsidee (Fn. 103), Kap. 4 Rn. 36 ff.; *H. Dreier*, Die Verwaltung 25 (1992), 137 ff.; *H. Maurer* und *F. E. Schnapp*, Der Verwaltungsvorbehalt, VVDStRL 43 (1985), S. 135 ff. bzw. S. 172 ff.
[339] *Jarass*/Pieroth, GG, Art. 20 Rn. 26, unter Verweis auf BVerwGE 72, 300 (317); 76, 90 (93); 85, 323 (327 f.); *R. Poscher*, GVwR² I, § 8 Rn. 61; ausf. *v. Arnauld*, Rechtssicherheit (Fn. 125), S. 286 ff.
[340] BVerwGE 80, 355 (370); s. auch *Möllers*, Gewaltengliederung (Fn. 134), S. 165 ff.
[341] Vgl. BVerfGE 49, 89 (131 ff.); 62, 1 (50); betr. Gesetzgeber → Rn. 191.
[342] BVerfGE 49, 89 (125); 98, 218 (251 f., Rn. 136).
[343] So BVerfGE 68, 1 (87 ff.); anders *Jarass*/Pieroth, GG, Art. 20 Rn. 26; *Grzeszick* (Fn. 133), Art. 20 V Rn. 104 f., s. auch Rn. 79 ff.
[344] Vgl. BVerfGE 9, 268 (281); 67, 100 (139); 110, 199 (214, 218 f., Rn. 43, 51 ff.); 121, 135 (163, Rn. 73); 124, 78 (120, Rn. 122); 131, 152 (206, Rn. 115); *P. M. Huber*, HStR³ III, § 47 Rn. 1 ff., 15; *M. Schröder*, HStR³ III, § 64 Rn. 11 ff. → Art. 62 Rn. 34 ff.
[345] *E. Schmidt-Aßmann*, HStR² II, § 26 Rn. 57; *Schnapp*, Verwaltungsvorbehalt (Fn. 338), S. 192 ff.; tendenziell anders i.S. eines parlamentarischen Zugriffsrechts *S. Baer*, Der Staat 40 (2001), 525 (533 ff., 542 ff., 549 ff.).

der Verordnung strikt verpflichtet wird[346]. Auch parlamentarische Fragerechte[347] oder Untersuchungsrechte können an die Grenze des (relativen) Kernbereichs der Eigenverantwortung stoßen (→ Art. 44 Rn. 27 f.).

Die **Unabhängigkeit der Rechtsprechung** wird durch das staatliche Rechtsprechungsmonopol bei der rechtsprechenden Gewalt[348] (→ Art. 92 Rn. 17 ff.), durch die organisatorische Selbständigkeit der Gerichte und durch die sachliche und personelle Unabhängigkeit der Richter (→ Art. 97 Rn. 19 ff., 48 ff.) besonders strikt gewährleistet[349], auch insofern z. B. deren Entscheidungen nicht durch andere Gewalten aufgehoben werden können[350] und Gerichte grundsätzlich nicht an Verwaltungsvorschriften gebunden sind[351]. Hinzu treten strikte Inkompatibilitätsregeln zwischen richterlichem Amt und Ämtern in Legislative oder Exekutive[352]. 74

Ungeachtet des Schutzes der Staatsgewalten kann es zu »Durchbrechungen« in Form von **Gewaltenüberschneidungen und -verschränkungen** in Randbereichen kommen[353], denn »das Prinzip der Gewaltenteilung ist nirgends rein verwirklicht«[354]; deshalb gibt es gute Gründe, nicht in der Trennung, sondern in der funktional differenzierten Zuordnung das Charakteristikum der Gewaltenteilung zu sehen[355]. Beispiele sind die Übertragung von Rechtsetzungsbefugnissen auf zwischenstaatliche Einrichtungen[356] (→ Art. 23 Rn. 39 ff.), vor allem aber von Befugnissen zum Erlass von Rechtsverordnungen und Verwaltungsvorschriften auf die Exekutive[357], von Exekutivkompetenzen auf den Bundestag (z. B. durch Zustimmungsvorbehalte bei Rechtsverordnungen[358], → Art. 80 Rn. 27) oder des Gnadenrechts auf die Exekutive[359]. Bei 75

---

[346] *A. Uhle*, NVwZ 2002, 15 (21); ausf. *ders.*, Parlament und Rechtsverordnung, 1999, S. 423 ff., 439 ff.; *K.-P. Sommermann*, JZ 1997, 434 (438 ff.); *S. Thomsen*, DÖV 1995, 989 (992 f.); noch restriktiver *Möllers*, Gewaltengliederung (Fn. 134), S. 203 ff. → Art. 80 Rn. 27.

[347] BVerfGE 110, 199 (214 ff., Rn. 43 ff.); 124, 161 (188 ff., Rn. 123); 137, 185 (233 ff., Rn. 135 ff.); krit. *J. v. Achenbach*, JZ 2015, 96 ff.; *P. Cancik*, ZParl. 45 (2014), 885 (892 ff.).

[348] Vgl. zum Begriff der Rechtsprechung BVerfGE 103, 111 (136 ff., Rn. 111 ff.); *R. Poscher*, GVwR² I, § 8 Rn. 52; *C. v. Coelln*, Zur Medienöffentlichkeit der Dritten Gewalt, 2005, S. 38 ff. → Art. 92 Rn. 25 ff.

[349] BVerfGE 7, 183 (188); 18, 241 (254 ff.); 36, 174 (185); *Reinhardt*, Jurisdiktion (Fn. 5), S. 46 f., 77 ff.; Jarass/Pieroth, GG, Art. 20 Rn. 27; *W. Heyde*, Rechtsprechung, in: HdbVerfR, § 33 Rn. 6 f.; s. auch zum Verhältnis von Judikative und Exekutive *Voßkuhle*, Rechtsschutz (Fn. 307), S. 57 ff.; *Sinemus*, Grundsatz (Fn. 303), S. 317 ff.; → Rn. 213 ff.; zur Bundesrichterwahl → Art. 95 Rn. 24 ff.; Art. 94 Rn. 9 ff.

[350] BVerfGE 7, 183 (188); zu weitgehend z. B. VerfGH NW NJW 1999, 1243 ff. → Art. 97 Rn. 28.

[351] BVerfGE 78, 214 (227 ff.); übersichtlich *P. Reimer*, Jura 2014, 678 (684 ff,); *C. Bumke*, Relative Rechtswidrigkeit, 2004, S. 134 ff.; *A. Guckelberger*, Die Verwaltung 35 (2002), 61 (79 ff.); zu Ausnahmen → Rn. 93 a. E.

[352] Vgl. BVerfGE 10, 200 (216 ff.); 14, 56 (68); 54, 159 (166 ff.); *Ipsen*, Staatsrecht I, Rn. 774.

[353] *Kloepfer*, Verfassungsrecht I, § 10 Rn. 55 ff.; *Sachs* (Fn. 193), Art. 20 Rn. 84; *Cornils* (Fn. 25), § 20 Rn. 19 ff., 23 ff.; *U. Di Fabio*, HStR³ II, § 27 Rn. 31 ff.; *Stern*, Staatsrecht II, S. 541 f.

[354] BVerfGE 95, 1 (15); s. auch E 96, 375 (394); *S. Baer*, Der Staat 40 (2001), 525 (545 f.).

[355] Z. B. *Cornils* (Fn. 25), § 20 Rn. 33 ff.; *H.-D. Horn*, JöR 49 (2001), 287 (291 f.); *A. v. Arnauld*, ZParl. 32 (2001), 678 (678 ff.) m. w. N.

[356] *R. Poscher*, GVwR² I, § 8 Rn. 17; s. auch *P. Kirchhof*, Gewaltenbalance zwischen europäischen und mitgliedstaatlichen Organen, in: Isensee, Gewaltenteilung (Fn. 332), S. 99 ff. (106 ff.); allg. *R. Baumann*, Der Einfluss des Völkerrechts auf die Gewaltenteilung, 2002, S. 114 ff.

[357] Vgl. BVerfGE 34, 52 (60); *v. Bogdandy*, Rechtsetzung (Fn. 256), S. 304 ff., 449 ff.; *Reinhardt*, Jurisdiktion (Fn. 5), S. 318 ff.; *Sinemus*, Grundsatz (Fn. 303), S. 222 ff. → Art. 80 Rn. 11.

[358] Vgl. etwa BVerfGE 8, 274 (322); *U. Di Fabio*, HStR³ II, § 27 Rn. 44 ff.; *F. Ossenbühl*, ZG 12 (1997), 305 (314 ff.); ausf. *Uhle*, Parlament (Fn. 346), S. 297 ff.; *Mößle*, Regierungsfunktionen (Fn. 248), S. 173 ff.

[359] BVerfGE 25, 352 (361 f.). → Art. 1 III Rn. 64; → Art. 60 Rn. 23 ff.

entsprechend gewichtigen Gemeinwohlgründen können staatliche Planungen auch vom Bundestag durch Gesetz an sich gezogen werden[360]. Die tatbestandliche Bindung des Strafrichters an Genehmigungsakte der Verwaltung[361] oder die Gesetzeslücken schließende Rechtsprechung (→ Rn. 102 ff.) verstoßen nicht gegen den Grundsatz der Gewaltenteilung bzw. die Vorhand des Gesetzgebers[362]. Auch die Prüfungskompetenzen des Bundesverfassungsgerichts implizieren die Möglichkeit von Eingriffen in die Kompetenzen des Gesetzgebers[363]. Andererseits darf der Gesetzgeber sich nicht durch pauschale Übertragung seiner Normsetzungsbefugnisse auf die Exekutive seiner Verantwortung entäußern[364].

c) Gewaltenteilung im weiteren Sinne

76 Die in Art. 20 II 2 GG angelegte Gewaltenteilung wird ergänzt, unterstützt und z.T. überlagert durch weitere verfassungsrechtliche Grundentscheidungen und Regeln, die objektiv dazu beitragen, die Ausübung staatlicher Herrschaft zu mäßigen, zu rationalisieren und die Grundrechte des einzelnen zu schützen[365]. Sie führen zu ständigen Gewichtsverschiebungen im Gefüge der verfassungsrechtlichen Institutionen[366]. So überlagern die **Eigengesetzlichkeiten des parlamentarischen Regierungssystems** mit ihrer auch durch die Parteiendemokratie geförderten Verklammerung von Regierung und Parlamentsmehrheit die Trennung von Parlament und Regierung zugunsten von Gewaltenverteilungen einerseits zwischen Regierung, Regierungsmehrheit und andererseits den Parlamentsminderheiten (Oppositionsfraktionen)[367], etwa bei der Dominanz der Regierung bei der Initiierung von Gesetzen[368] oder bei der gewachsenen Bedeutung der Parlamentsminderheit für die Kontrolle der Regierung, so sehr die Regierung weiterhin auch durch die eigenen Fraktionen kontrolliert wird[369].

77 Die staatsorganisatorische Gewaltenteilung wirkt so weithin nur noch als Zuständigkeitsverteilung, nicht (mehr) als Prinzip politischer Machtverteilung[370], wird überlagert durch informelle Prozesse und Strukturen aufgrund vermeintlicher Sachzwänge[371] und wird z.T. abgelöst durch die politische **Kontrolle politischer Parteien unter-**

---

[360] BVerfGE 95, 1 (17 ff.); *F. Ossenbühl*, Der Gesetzgeber als Exekutive, in: FS Hoppe, 2000, S. 183 ff.; *C. Schneller*, Objektbezogene Legalplanung, 1999, S. 76 ff.; a. A. *M. Ronellenfitsch*, DÖV 1991, 771 (778 ff.). → Art. 19 I Rn. 16.

[361] BVerfGE 75, 329 (346); 80, 244 (256); 105, 61 (68, Rn. 35); s. auch E 87, 399 (407).

[362] BVerfGE 3, 225 (242); *Roellecke* (Fn. 176), Art. 20 Rn. 147; a. A. *C. Hillgruber*, JZ 1996, 118 (122).

[363] Vgl. *Sommermann* (Fn. 5), Art. 20 Rn. 221; *F. Ossenbühl*, Bundesverfassungsgericht und Gesetzgebung, in: FS 50 Jahre BVerfG, Bd. 1, 2001, S. 33 ff. (39 ff.); *H. Schulze-Fielitz*, AöR 122 (1997), 1 (8 ff.); *H.-J. Vogel*, NJW 1996, 1505 (1507 ff.).

[364] Vgl. BVerfGE 33, 125 (158); 34, 52 (60); 64, 208 (214 f.); 111, 191 (216 f., Rn. 151). → Art. 20 (Demokratie), Rn. 117.

[365] Übersichtlich *Cornils* (Fn. 25), § 20 Rn. 16 m. w. N.

[366] Vgl. *Maurer*, Staatsrecht, § 12 Rn. 20; *Hesse*, Verfassungsrecht, Rn. 482, 6 ff.; *Reinhardt*, Jurisdiktion (Fn. 5), S. 54 ff.

[367] Vgl. *Greszick* (Fn. 133), Art. 20 V Rn. 24; *P. M. Huber*, HStR³ III, § 47 Rn. 29 ff., 32, 36; *M. Ruffert*, DVBl 2002, 1145 (1149 ff.); *E. Schmidt-Aßmann*, HStR³ II, § 26 Rn. 67; krit. *I. v. Münch*, NJW 1998, 34 f.; ausf. *Meyer*, Stellung (Fn. 248), § 4 Rn. 27 ff.

[368] *H. Schulze-Fielitz*, JZ 2004, 862 (865 f.); *v. Bogdandy*, Rechtsetzung (Fn. 256), S. 136 ff., 147.

[369] S. näher *E. Schmidt-Jortzig*, Regierungskontrolle durch die Parlamentsmehrheit, in: FS Rauschning, 2001, S. 143 ff. (146 ff.).

[370] *R. Wank*, Jura 1991, 622 (626 f.); *Maurer*, Verwaltungsvorbehalt (Fn. 338), S. 151.

[371] S. näher *M. Herdegen* und *M. Morlok*, Informalisierung und Entparlamentarisierung politischer

einander³⁷². Sie führt zugleich zu parteipolitischen Verflechtungen, die die Ziele der Gewaltenteilung übergreifend gefährden (z. B. durch Proporzpatronage) und beim Zugriff auf die nachgeordneten Ämter der Verwaltung rechtsstaatliche Distanz (→ Rn. 49) einzuebnen drohen³⁷³.

Gewaltenteilende und -balancierende Funktionen gewinnen weitere, parteipolitisch eher **neutrale Entscheidungseinheiten der Verfassung** wie Bundesbank, Rechnungshöfe oder Sonderbeauftragte³⁷⁴. Auch führt die Aufteilung der Gesetzgebungs- und Verwaltungskompetenzen im **Bundesstaat** funktional zu einer zusätzlichen »vertikalen« Gewaltenteilung³⁷⁵, die zunehmend durch die wechselseitige Mehrebenenverwaltung in der Europäischen Union um weitere Schichten der Gewaltenverschränkung und -balancierung »nach oben« ergänzt wird (→ Rn. 36). **78**

Innerhalb der Verwaltung führt die Verankerung der Gemeinden als **Selbstverwaltungskörperschaften** zu institutionellen Gegengewichten gegenüber einer Zentralisierung und Hierarchisierung der Staatsgewalt i.S. einer »administrativen Gewaltenteilung«³⁷⁶; ebenso wirken verselbständigte Kollegialorgane innerhalb der Exekutive als Erscheinungen der Gewaltenteilung. **79**

Schließlich kann das **System von checks and balances in der** verfassten **pluralistischen Gesellschaft** und die Einbindung von Parteien, Interessenverbänden oder gemeinnützigen Nichtregierungsorganisationen bei der politischen Willensbildung und der staatlichen Entscheidungsfindung (etwa bei Anhörungen, Enquetekommissionen, Sachverständigengremien u. a.) als eine Form erweiterter Gewaltenteilung angesehen werden, bei der sich Parteien und Verbände mit gegenläufigen Interessen jeweils gegenseitig bewachen³⁷⁷. Mitunter wird metaphorisch auch von den Massenmedien als »vierter Gewalt« gesprochen³⁷⁸; verfassungsrechtsdogmatisch sind sie aber nicht der Gewaltenteilung, sondern den grundrechtlichen Freiheiten in der Demokratie zuzuordnen (→ Art. 5 I, II Rn. 86 ff.): Alle diese rechtlichen und außerrechtlichen Erscheinungsformen ergänzen die horizontale Gewaltenteilung i.S. von Art. 20 II 2 GG, von der sie verfassungsrechtlich strikt zu unterscheiden sind³⁷⁹. **80**

Entscheidungen als Gefährdungen der Verfassung?, VVDStRL 62 (2003), S. 7 ff. (15 ff. u.ö.) bzw. S. 37 ff. (41 f., 44 ff., 60 f. u.ö.); *M. Ruffert*, DVBl. 2002, 1145 (1146 ff.); *Lerche*, Gewaltenteilung (Fn. 332), S. 88 ff.

³⁷² *Kloepfer*, Verfassungsrecht I, § 10 Rn. 87; *Schnapp* (Fn. 193), Art. 20 Rn. 57; *Hesse*, Verfassungsrecht, Rn. 479.

³⁷³ Vgl. *Sachs* (Fn. 193), Art. 20 Rn. 92.

³⁷⁴ Vgl. *E. Schmidt-Aßmann*, HStR³ II, § 26 Rn. 68; *Becker*, Gewaltenteilung (Fn. 19), S. 81 ff.; s. auch allg. *F. Ossenbühl*, DÖV 1980, 545 (547 ff., 551 f.).

³⁷⁵ BVerfGE 55, 274 (318 f.); 95, 1 (18); *Greszick* (Fn. 133), Art. 20 V Rn. 109 ff.; *R. Poscher*, GVwR² I, § 8 Rn. 16; *Kloepfer*, Verfassungsrecht I, § 10 Rn. 69 ff.; *J. Isensee*, HStR³ VI, § 126 Rn. 261 ff.; *C. Möllers*, AöR 132 (2007), 493 (526 ff.); *U. Di Fabio*, HStR³ II, § 27 Rn. 11 ff.; *Unruh*, Verfassungsbegriff (Fn. 216), S. 557 ff.; ausf. *T. F. W. Schodder*, Föderative Gewaltenteilung in der Bundesrepublik Deutschland, 1989, S. 8 f., 24 ff., 30 ff.; *Becker*, Gewaltenteilung (Fn. 19), S. 92 ff. → Rn. 227.

³⁷⁶ *Frankenberg* (Fn. 4), Art. 20 Abs. 1–3 IV Rn. 40; vgl. auch *A. v. Arnauld*, ZParl. 32 (2001), 678 (692 ff.); *Buchwald*, Prinzipien (Fn. 12), S. 122 f.

³⁷⁷ Für die Verbände vgl. *H.-D. Horn*, HStR³ III, § 41 Rn. 41; für die Parteien: *D. Grimm*, Politische Parteien, in: HdbVerfR, § 14 Rn. 79; allg. *Sinemus*, Grundsatz (Fn. 303), S. 87 ff.

³⁷⁸ Z. B. *C. Bamberger*, Die »vierte Gewalt«: Medien als Wächter und Bewachte, in: Demel u.a., Funktionen (Fn. 134), S. 307 ff. m.w.N.; *T. Schäuble*, RuP 1996, 66 (68 f.).

³⁷⁹ *Robbers* (Fn. 49), Art. 20 I Rn. 3287 ff.; *R. Poscher*, GVwR² I, § 8 Rn. 18; *U. Di Fabio*, HStR³ II, § 27 Rn. 14 ff.; *R. Stettner*, JöR 35 (1986), 57 (77 f.).

2. Die hierarchische Bindung des Rechts (Art. 20 III GG)

a) Der Vorrang der Verfassung (Art. 20 III, 1. Halbsatz GG)

aa) Art und Umfang der Bindungswirkungen

81 Art. 20 III GG verallgemeinert den bereits in Art. 1 III GG hervorgehobenen (→ Art. 1 III Rn. 1, 54) und auch sonst im Grundgesetz erkennbaren (z. B. Art. 82 I 1, 93 I Nr. 2, 2a, 100 I GG) **zentralen Gedanken des grundgesetzlichen Rechtsstaats**: die **Bindung des demokratischen Souveräns** bei seiner politischen Gestaltung durch parlamentarische Gesetze **an das Recht der Verfassung** (Vorrang der Verfassung)[380]. Die Verfassungsbindung ist Ausdruck des fundamentalen Prinzips eines hierarchischen Stufenbaus der Rechtsordnung[381] und soll eine gewisse verfassungsstaatliche Richtigkeit des Gesetzes gewährleisten – im Blick sowohl auf den rechtsstaatlichen Schutz vor Freiheitseingriffen wie auf den sozialstaatlichen Auftrag zur Verwirklichung sozialer Gerechtigkeit[382] etwa auch durch die Privatrechtsordnung[383].

82 Die Aufnahme des Dreiklangs der Gewalten in Art. 20 II 2 und III GG und die Parallele in Art. 1 III GG (→ Art. 1 III Rn. 53 ff.) zeigen sprachlich und systematisch, dass **Gesetzgebung** (formell) organbezogen die Akte des förmlichen Gesetzgebers (Bundestag, Bundesrat und ihre Teilorgane, Bundespräsident) meint[384], nicht auch die Akte des administrativen Normsetzers[385]. Ungeachtet dessen gilt der Vorrang der Verfassung für alle Akte staatlichen Handelns[386].

83 Die **verfassungsmäßige Ordnung** meint im vorliegenden Regelungskontext (abweichend → Art. 2 I Rn. 54 ff.; → Art. 9 Rn. 57) das gesamte geltende formelle Verfassungsrecht[387] (nur) des Grundgesetzes[388] in dem durch das Bundesverfassungsgericht ausgelegten und für verbindlich erklärten Verständnis. Diese Bindung an das positive Verfassungsrecht schließt nicht aus, dass der Gesetzgeber insoweit an überpositives Recht gebunden ist, als die Normen des Grundgesetzes als »Schleusenbegriffe« offen

---

[380] S. näher *Badura*, Staatsrecht, Rn. D 50 f.; *H.A. Wolff*, Ungeschriebenes Verfassungsrecht nach dem Grundgesetz, 2000, S. 279 ff.; *Sobota*, Prinzip (Fn. 5), S. 39 ff.; *R. Wahl*, NVwZ 1984, 401 ff.; *ders.*, Der Staat 20 (1981), 485 ff., beide in: *ders.*, Verfassungsstaat, Europäisierung, Internationalisierung, 2003, S. 161 ff. bzw. 121 ff.; ferner *Unruh*, Verfassungsbegriff (Fn. 216), S. 399 ff.; krit. *H. Lecheler*, Vorrang der Verfassung?, in: FS Ernst Wolf, 1995, S. 361 ff.

[381] *Gärditz* (Fn. 68), Art. 20 Rn. 44; *Roellecke* (Fn. 176), Art. 20 Rn. 70; vgl. *T. Schilling*, Rang und Geltung von Normen in gestuften Rechtsordnungen, 1994, S. 159 ff.

[382] *P. Badura*, HStR³ XII, § 265 Rn. 38 ff. → Art. 20 (Sozialstaat), Rn. 35.

[383] S. etwa *A. Röthel*, JuS 2001, 424 ff.; ausf. *M. Ruffert*, Vorrang der Verfassung und Eigenständigkeit des Privatrechts, 2001, S. 31 ff., pass.

[384] So auch *Grzeszick* (Fn. 237), Art. 20 VI Rn. 36, 38; *Jarass*/Pieroth, GG, Art. 20 Rn. 32.

[385] A.A. *Sachs* (Fn. 193), Art. 20 Rn. 100, 107; s. einst *v. Mangoldt/Klein* I, GG, Art. 20 Anm. VI 4 a.

[386] *Gärditz* (Fn. 68), Art. 20 Rn. 78 ff.; *Grzeszick* (Fn. 237), Art. 20 VI Rn. 19; *C. Gusy*, JuS 1983, 189 (193).

[387] *Gärditz* (Fn. 68), Art. 20 Rn. 48; *Sommermann* (Fn. 5), Art. 20 Rn. 250; *Schnapp* (Fn. 193), Art. 20 Rn. 59; *Grzeszick* (Fn. 237), Art. 20 VI Rn. 30; zu »verfassungswidrigem Verfassungsrecht« → Art. 79 III Rn. 14.

[388] *Grzeszick* (Fn. 237), Art. 20 VI Rn. 32; a. A. *Robbers* (Fn. 49), Art. 20 I Rn. 3251 f.; *Gärditz* (Fn. 68), Art. 20 Rn. 49; *Sachs* (Fn. 193), Art. 20 Rn. 101: auch Landesverfassungsrecht.

für überpositive Gerechtigkeitsmaximen sind[389], wohl aber Verfassungsgewohnheitsrecht jenseits einer Konkretisierung positivierten Verfassungsrechts[390].

Die Bindung des Gesetzgebers besteht in der verfahrensorientierten **Obliegenheit** der Gesetzgebungsorgane, die formellen (auch prozeduralen[391]) und materiellen **Vorgaben des Grundgesetzes zu beachten**[392] mit der Folge, dass die Regeln des Grundgesetzes im Kollisionsfall Vorrang haben[393]: Bei Unvereinbarkeit des Gesetzes mit dem Grundgesetz ist das Gesetz insoweit grundsätzlich (zu Ausnahmen → Rn. 89ff.) von Anfang an und auf Dauer ipso jure unwirksam (nichtig)[394], nicht bloß vernichtbar[395]; vollziehende Gewalt und Rechtsprechung dürfen es grundsätzlich (zur Normenkontrolle → Rn. 98f.) nicht mehr anwenden[396]. Unanfechtbar gewordene Einzelakte von Verwaltungen oder Gerichten, die auf Grund der nichtigen Gesetze erlassen worden waren, bleiben aus Gründen der Rechtssicherheit grundsätzlich, d.h. mit Ausnahme von strafgerichtlichen Verurteilungen und Dauerverwaltungsakten wirksam[397]; Verwaltungsverträge können nach § 60 VwVfG angepasst oder gekündigt werden[398]. 84

Die Feststellung der Nichtigkeit schließt nicht aus, dass der förmliche Gesetzgeber eine **für verfassungswidrig erklärte Norm erneut erlassen** kann[399], denn damit weicht der Gesetzgeber nicht notwendig von der Auslegung des Grundgesetzes durch das Bundesverfassungsgericht, sondern nur von dessen einzelfallbezogener Konkretisierung ab; auch können sich die maßgeblichen tatsächlichen oder rechtlichen Verhältnisse geändert haben[400]. 85

---

[389] Vgl. zur Bindung an überpositives Recht BVerfGE 9, 338 (349); 34, 269 (286f.); *Robbers* (Fn. 49), Art. 20 I Rn. 3256ff. → Rn. 50f.

[390] *Gärditz* (Fn. 68), Art. 20 Rn. 50; *Grzeszick* (Fn. 237), Art. 20 VI Rn. 31; *Sommermann* (Fn. 5), Art. 20 Rn. 251; anders *Wolff*, Verfassungsrecht (Fn. 380), S. 427ff. m. ausf. Nw.

[391] Vgl. zu solchen BVerfGE 125, 175 (225f., Rn. 139ff.); 130, 263 (301f., Rn. 164f.); *Bickenbach*, Einschätzungsprärogative (Fn. 308), S. 413ff., 430ff.; *F.J.R. y Ráfales*, Der Staat 52 (2013), 597 (602ff.); *J. Nolte*, Der Staat 52 (2013), 245 (248ff.); *M. Cornils*, DVBl. 2011, 1053 (1055, 1058ff.); *M. Brenner*, ZG 26 (2011), 394ff. → Fn. 941 m.w.N.

[392] *Sachs* (Fn. 193), Art. 20 Rn. 94; *P. Badura*, HStR³ XII, § 265 Rn. 46; *B. Meermagen/H. Schultzky*, VerwArch. 101 (2010), 539 (550ff.); *Grzeszick* (Fn. 237), Art. 20 VI Rn. 40f.; *H.H. Klein*, Verfassungsgerichtsbarkeit und Verfassungsstruktur. Vom Rechtsstaat zum Verfassungsstaat, in: FS Franz Klein, 1994, S. 511ff.

[393] *F. Ossenbühl*, HStR³ V, § 101 Rn. 2.

[394] Z.B. BVerfGE 84, 9 (20f.); 91, 1 (27, 34ff.); 92, 26 (27); 93, 1 (25); 93, 373 (376); *U. Battis*, HStR³ XII, § 275 Rn. 1, 48f.; *Schlaich/Korioth*, Bundesverfassungsgericht, Rn. 378ff.; ausf. *C. Hartmann*, DVBl. 1997, 1264ff.; *A. Menzel*, DVBl. 1997, 640 (642ff.); *J. Ipsen*, Rechtsfolgen der Verfassungswidrigkeit von Norm und Einzelakt, 1980, S. 69ff., 145ff.; diff. *Grzeszick* (Fn. 237), Art. 20 VI Rn. 43ff.; krit. *D. Heckmann*, Geltungskraft und Geltungsverlust von Rechtsnormen, 1997, S. 53ff.; *M. Wehr*, JuS 1997, 231 (232).

[395] So die Vernichtbarkeitslehre, z.B. *S. Stuth*, in: Umbach/Clemens/Dollinger, § 78 Rn. 4ff.; *Pestalozza*, Verfassungsprozeßrecht, § 20 Rn. 15ff.; *R. Lippold*, Der Staat 29 (1990), 185 (204ff.); *P.E. Hein*, Die Unvereinbarerklärung verfassungswidriger Gesetze durch das Bundesverfassungsgericht, 1988, S. 102ff.; *C. Moench*, Verfassungswidrige Gesetze und Normenkontrolle, 1977, S. 114ff., 123.

[396] BVerfGK 16, 418 (441ff.).

[397] Vgl. BVerfGE 99, 165 (184f., Rn. 80); 100, 1 (58f., Rn. 201); 101, 1 (44f., Rn. 166ff.); ausf. E 115, 51 (62f., Rn. 30ff.); *Sachs* (Fn. 193), Art. 20 Rn. 95.

[398] *C. Moench/M. Ruttloff*, DVBl. 2014, 1223 (1228f.).

[399] BVerfGE 77, 84 (103f.); 78, 230 (328); 96, 260 (263); ausf. *H. Schulze-Fielitz*, Wirkung und Befolgung verfassungsgerichtlicher Entscheidungen, in: FS 50 Jahre BVerfG, Bd. 1, 2001, S. 385ff. (390ff.).

[400] BVerfGE 96, 260 (263).

Art. 20 (Rechtsstaat)   C. Erläuterungen

86 Im Zeitpunkt ihrer Entstehung verfassungsgemäße Gesetze können aufgrund tatsächlicher oder rechtlicher Veränderungen oder wegen Widerlegung der Prognosen des Gesetzgebers (→ Rn. 191) **verfassungswidrig werden**[401]. Insoweit hat der Gesetzgeber eine Beobachtungs- und Nachbesserungspflicht, um die Verfassungsmäßigkeit des Gesetzes wieder herzustellen[402].

bb) Verfassungskonforme Auslegung; Teilnichtigkeit

87 Die Verfassungsbindung des Gesetzgebers darf nicht zu einer verkappten Jurisdiktionsherrschaft führen, die im Gewande der Verfassungsinterpretation den demokratischen Mehrheitswillen unterläuft. Das Grundgesetz will umgekehrt die Prärogative des parlamentarischen Gesetzgebers schützen (vgl. Art. 100 I GG). Deshalb verlangt das **Gebot der verfassungskonformen Auslegung** vor der vorschnellen Annahme eines Verfassungsverstoßes, dass Gesetzesnormen nach »anerkannten Auslegungsmethoden zulässige«[403], d.h. nach Wortlaut, Entstehungsgeschichte, Gesetzeszusammenhang und Sinn und Zweck so verstanden, ausgelegt und angewendet werden, dass sie mit dem Grundgesetz vereinbar sind[404]. Es geht letztlich um eine verfassungsbedingte teleologische Reduktion der Gesetzesnorm. Voraussetzung ist, dass der Normtext und das Normziel eine solche Auslegung zulassen, also ein hinreichend bestimmter und vom Gesetzgeber gewollter Regelungsgehalt erkannt werden kann[405], ihnen also kein entgegenstehender Sinn verliehen wird[406], der mit dem Wortlaut und dem klar erkennbaren Willen des Gesetzgebers in Widerspruch treten würde[407]. Im Übrigen lässt die Rechtsprechung dabei einerseits eine Abweichung vom subjektiven Willen des Gesetzgebers zu[408] und betont das »Gebot maximaler Aufrechterhaltung des gesetzge-

---

[401] BVerfGE 59, 336 (357); 98, 49 (60ff., Rn. 46ff.); *Bumke*, Rechtswidrigkeit (Fn. 351), S. 170ff.; C. *Mayer*, Die Nachbesserungspflicht des Gesetzgebers, 1996, S. 101ff.; ausf. M. *Wehr*, Rechtspflichten im Verfassungsstaat, 2005, S. 88ff.; P. *Baumeister*, Das Rechtswidrigwerden von Normen, 1996, S. 115ff., 191ff.

[402] BVerfGE 50, 290 (335); 88, 203 (310); 97, 271 (293, Rn. 91); 113, 167 (234, Rn. 175); W. *Höfling/A. Engels*, Parlamentarische Eigenkontrolle als Ausdruck von Beobachtungs- und Nachbesserungspflichten, in: Kluth/Krings, Gesetzgebung (Fn. 248), § 34 Rn. 14ff.; I. *Augsberg/S. Augsberg*, VerwArch. 98 (2007), 290 (305ff.); S. *Huster*, Zeitschrift für Rechtssoziologie 24 (2003), 3 (8ff.); K. *Meßerschmidt*, Gesetzgebungsermessen, 2000, S. 1005ff.; ausf. *Mayer*, Nachbesserungspflicht (Fn. 401), S. 19ff., 39ff., 149ff.

[403] BVerfGE 119, 247 (274, Rn. 92); 128, 326 (400, Rn. 160); C. *Bumke*, Die Verwaltung 45 (2012), 81 (88ff.):

[404] In diesem Sinne z.B. BVerfGE 69, 1 (55); 86, 288 (320f.); 110, 226 (267, Rn. 148); 112, 164 (182f., Rn. 48); 122, 39 (60f., Rn. 57); 124, 25 (39, Rn. 47); BVerwGE 111, 93 (99ff.); 114, 379 (382ff.); 121, 115 (138ff.); G. *Burkiczak*, Fachgerichtliche Gesetzeskontrolle, in: Kluth/Krings, Gesetzgebung (Fn. 248), § 35 Rn. 31ff.; F. *Müller/R. Christensen*, Juristische Methodik, Bd. 1, 11. Aufl. 2013, Rn. 100ff.; *Gärditz* (Fn. 68), Art. 20 Rn. 118; *Grzeszick* (Fn. 237), Art. 20 VI Rn. 53; *Schlaich/Korioth*, Bundesverfassungsgericht, Rn. 440ff.; W. *Löwer*, HStR³ III, § 70 Rn. 126f.; J. *Lüdemann*, JuS 2004, 27ff.; H. *Dreier*, Die Verwaltung 36 (2003), 105 (110f.); *Stern*, Staatsrecht III/1, S. 1316ff.; A. *Bleckmann*, JuS 2002, 942 (946f.); zum Steuerrecht D. *Birk*, StuW 1990, 300ff.; U. *Ramsauer*, AöR 111 (1986), 501 (527ff.); krit. A. *Voßkuhle*, AöR 125 (2000), 177 (182ff., 185ff.); W.-R. *Schenke*, JZ 1989, 653 (655ff.).

[405] BVerfGE 107, 104 (128, Rn. 93); 120, 378 (423ff., Rn. 153ff.); A. *Röthel*, JuS 2001, 424 (428f.).

[406] BVerfGE 8, 28 (34); 54, 277 (299f.); 95, 64 (93); 130, 372 (398, Rn. 73).

[407] BVerfGE 98, 17 (45, Rn. 98); 101, 54 (86, Rn. 145); 101, 312 (329, Rn. 52); 118, 212 (234, Rn. 91); 122, 39 (61, Rn. 57); 126, 29 (47, Rn. 50); BFHE 200, 560 (564f.); BSGE 87, 76 (85); *Jarass/Pieroth*, GG, Art. 20 Rn. 34a; H.P. *Bull*, DVBl. 2000, 1773 (1775).

[408] BVerfGE 9, 194 (200); 49, 148 (157); 69, 1 (55); 93, 37 (81); 97, 186 (196, Rn. 34).

berischen Regelungsziels«[409]; andererseits dürfen die Normen nicht »grundlegend« neu bestimmt und ihr Ziel in einem »wesentlichen« Punkt verfehlt werden[410]. Angesichts der oft unklaren Intentionen des gesetzgeberischen Willens, allgemein der Schwächen der historischen Interpretation, haben diese Einschränkungen nur begrenzt Gewicht; entscheidend ist der Gedanke der vertretbaren Normerhaltung[411] (→ Art. 1 III Rn. 85).

Auch die bloße **Teil-Nichtigerklärung von Gesetzen** beruht auf einer verfassungsorientierten[412], der Bestandserhaltung dienenden Auslegung, nach der der nicht nichtige Teil als solcher selbständigen Regelungssinn behält und auch ohne den nichtigen Gesetzesbestandteil weiter angewendet werden kann[413].

88

cc) Rechtsfolgen der Verfassungswidrigkeit

Der Grundsatz der Nichtigkeit verfassungswidriger Gesetze (→ Rn. 84) wird in spezifischer Weise durchbrochen, wenn das Bundesverfassungsgericht solches im Blick auf die Folgen einer völligen Unwirksamkeit der Norm ausdrücklich zulässt[414], namentlich durch eine **bloße Unvereinbarkeitserklärung** (vgl. §§ 31 II 2, 3; 79 I BVerfGG): Sie verpflichtet den Gesetzgeber zur Änderung der Norm, belässt die verfassungswidrige Norm aber bis zu einer Gesetzesänderung ganz oder befristet in Geltung[415] (→ Rn. 91). Diese Praxis ist für verschiedene Fallgruppen anerkannt.

89

Ein solches **Übergangsrecht** wird praktiziert, wenn (1) das Bundesverfassungsgericht unter Hinweis auf den Grundsatz des Gesetzesvorbehalts (→ Rn. 105) eine fehlende Gesetzesgrundlage aufgrund einer gewandelten Rechtsauffassung oder völlig veränderter tatsächlicher Umstände beanstandet[416], wenn also zunächst rechtmäßige Normen rechtswidrig geworden sind[417]: Die einst fehlende Gesetzesgrundlage für den Strafvollzug z. B. sollte nicht zu einer Freilassung aller Verbrecher führen. (2) Ähnlich gilt verfassungswidriges Recht fort bei zuvor nicht evidenten Verfahrensverstößen[418] oder (3) in Fällen, in denen die Unwirksamkeit der Norm (ex tunc oder auch nur ex

90

---

[409] BVerfGE 86, 288 (322); 93, 37 (81); gleichsinnig E 101, 312 (330, Rn. 55); 128, 326 (400, Rn. 160).
[410] BVerfGE 8, 71 (78f.); 54, 277 (299f.); 71, 81 (105); 130, 372 (398, Rn. 73); *Gärditz* (Fn. 68), Art. 20 Rn. 119f.
[411] Vgl. *W. Hoppe*, Der Rechtsgrundsatz der Planerhaltung als Struktur- und Abwägungsprinzip, in: Erbguth u. a., Abwägung (Fn. 203), S. 133ff. (148ff.).
[412] Zur Begriffsvielfalt *R. Wendt*, Verfassungsorientierte Gesetzesauslegung, in: FS Würtenberger, 2013, S. 123ff. (126ff.).
[413] S. näher BVerfGE 57, 295 (334); 112, 226 (251ff., Rn. 85ff.); krit. *Sommermann* (Fn. 5), Art. 20 Rn. 259; Schlaich/Korioth, Bundesverfassungsgericht, Rn. 384ff.; *R. Wernsmann*, NVwZ 2005, 1352ff.; ausf. *W. Skouris*, Teilnichtigkeit von Gesetzen, 1973.
[414] Ausf. *U. Battis*, HStR³ XII, § 275 Rn. 53ff.; *Benda/Klein/Klein*, Verfassungsprozessrecht, Rn. 1392ff.; Schlaich/Korioth, Bundesverfassungsgericht, Rn. 394ff.; *M. Dietz*, Verfassungsgerichtliche Unvereinbarkeitserklärungen: Zulässigkeit, Voraussetzungen und Rechtsfolgen, 2011, S. 41ff.; *Bumke*, Rechtswidrigkeit (Fn. 351), S. 242ff.; *R. Seer*, NJW 1996, 285ff.; *Hein*, Unvereinbarerklärung (Fn. 395), S. 29ff.; *Ipsen*, Rechtsfolgen (Fn. 394), S. 107ff.; krit. *Huster/Rux* (Fn. 75), Art. 20 Rn. 168.2.
[415] Z. B. BVerfGE 33, 303 (305); 37, 217 (218, 262ff.); 102, 68 (98, Rn. 99f.); 103, 242 (270, Rn. 69); 109, 190 (201, 235ff., Rn. 81, 162ff.); 111, 289 (306, Rn. 101ff.); 119, 331 (382ff., Rn. 204ff.).
[416] Z. B. BVerfGE 33, 1 (13); 51, 268 (288ff.); 109, 190 (235f., Rn. 163).
[417] Dazu ausf. *Baumeister*, Rechtswidrigwerden (Fn. 401), S. 55ff., 181ff.
[418] BVerfGE 34, 9 (25); 120, 56 (79, Rn. 71); 125, 104 (132, Rn. 77); s. auch für Rechtsverordnungen BVerfGE 91, 148 (175); krit. *E. Klein*, Stufen der Verfassungsverletzung?, in: FS Isensee, 2007, S. 169ff. (178f.).

Art. 20 (Rechtsstaat)   C. Erläuterungen

nunc) zu einer Situation führen würde, die von der von der Verfassung gebotenen noch weiter entfernt wäre als der gegenwärtige Zustand (»Chaostheorie«)[419]: Für eine solche Übergangszeit müssen umso zwingender Gründe bestehen, je tiefgreifender das Verwaltungshandeln die Grundrechte des Betroffenen tangiert[420]. (4) Ein weiterer Grund ist der Schutz der Gestaltungsfreiheit des Gesetzgebers, wenn dieser den Verfassungsverstoß durch Änderung oder Ergänzung des Gesetzes in unterschiedlicher Weise beseitigen kann[421], eine Nichtigerklärung diese Gestaltungsalternativen aber von vornherein zugunsten einer bestimmten Lösung verengen und – vor allem – solche Gesetzesadressaten von gesetzlichen Leistungen ausschließen würde, die durch die bisherige gesetzliche Regelung begünstigt waren, oder die auf die Sicherheit einer gesetzlichen Regelung angewiesen sind. Das gilt vor allem bei Verstößen gegen Gleichheitssätze[422], aber auch in sonstigen Fällen[423], und auch für die untergesetzliche Normsetzung[424].

91 Als **Folge der bloßen Unvereinbarkeitserklärung** besteht das Gesetz fort und findet in dem Umfang Anwendung, in dem das Bundesverfassungsgericht zur Vermeidung eines rechtlosen Zustandes seine Anwendung vorsieht[425]. Grundsätzlich reduzieren sich hoheitliche Eingriffsbefugnisse auf das, was »im konkreten Fall für die geordnete Weiterführung eines funktionsfähigen Betriebs unerlässlich« ist; dabei sind stets auch schonendere Maßnahmen zu erwägen[426]. Im Übrigen müssen Verwaltung und Gerichte in anhängigen Verfahren eine gesetzliche Neuregelung abwarten[427], die grundsätzlich rückwirkend[428] innerhalb der vom Bundesverfassungsgericht vorgesehenen oder sonst angemessenen Frist zur Beseitigung des Verfassungsverstoßes erlassen werden

---

[419] Z.B. BVerfGE 21, 12 (39ff.); 33, 1 (12f.); 111, 191 (224, Rn. 174); 116, 69 (92f., Rn. 67ff.); 117, 163 (201, Rn. 111); 119, 331 (382f., Rn. 204); 125, 175 (255f., Rn. 210); 127, 293 (333f., Rn. 133); 128, 326 (404, Rn. 168); 132, 372 (394, Rn. 62); s. auch BVerfGE 103, 1 (19, Rn. 47): Einräumung einer »Anpassungszeit«; BVerwGE 64, 238 (245f.); *U. Battis*, HStR³ XII, § 275 Rn. 60ff.; *Moench*, Gesetze (Fn. 395), S. 131f.

[420] BVerfGE 51, 268 (288); krit. *C. Hartmann*, DVBl. 1997, 1264 (1267f.).

[421] Z.B. BVerfGE 28, 324 (362f.); 81, 242 (263); 87, 114 (135f.); 130, 131 (150, Rn. 58); 130, 240 (260f., Rn. 58); 131, 239 (264f., Rn. 77); 133, 377 (422f., Rn. 104); 135, 238 (245, Rn. 24).

[422] Z.B. BVerfGE 22, 349 (361f.); 39, 316 (332f.); 88, 87 (101); 91, 389 (404); 99, 280 (298ff., Rn. 78ff.); 104, 74 (91, Rn. 64f.); 105, 73 (133, Rn. 236); 111, 289 (306, Rn. 102); 122, 210 (245, Rn. 86); 130, 131 (150, Rn. 58); 131, 239 (264f., Rn. 77); 133, 377 (423, Rn. 104); 135, 238 (245, Rn. 24); *Hein*, Unvereinbarerklärung (Fn. 395), S. 100ff.; *Ipsen*, Rechtsfolgen (Fn. 394), S. 213f.; krit. *C. Hartmann*, DVBl. 1997, 1264 (1268f.).

[423] Vgl. z.B. BVerfGE 128, 326 (405ff., Rn. 171ff.) betr. Art. 2 II, 104 GG; BVerfGE 81, 242 (243, 252ff.) betr. Art. 12 GG; BVerfGE 87, 114 (136); 100, 226 (247f., Rn. 105) betr. Art. 14 GG; BVerfGE 101, 397 (409, Rn. 45f.) betr. Art. 19 IV GG; BVerfGE 72, 330 (333, 383ff.) betr. Art. 107 GG.

[424] BVerfGE 113, 1 (25f., Rn. 79ff.); a.A. BVerwGE 137, 123 (137f., Rn. 29).

[425] BVerfGE 73, 40 (101f.); 84, 239 (284f.); 99, 280 (298ff., Rn. 80ff.); 101, 397 (410, Rn. 47); 126, 400 (431f., Rn. 117f.); 127, 293 (333ff., Rn. 132ff.); 132, 372 (394, 396f., Rn. 62, 68f.); *U. Battis*, HStR³ XII, § 275 Rn. 56; *Dietz*, Unvereinbarkeitserklärungen (Fn. 414), S. 198ff.; *U. Steiner*, NJW 2001, 2919 (2922f.).

[426] BVerfGE 41, 251 (266f.); 58, 257 (281); *Hofmann* (Fn. 111), Art. 20 Rn. 86.

[427] BVerfGE 55, 100 (110); 82, 126 (154f.); 100, 104 (136f., Rn. 101); 126, 400 (431, Rn. 116); 130, 240 (262, Rn. 62); 132, 179 (193, Rn. 44); 135, 238 (245, Rn. 24).

[428] BVerfGE 105, 73 (134, Rn. 238); 130, 263 (312f., Rn. 187); 131, 239 (265f., Rn. 80ff.); 133, 377 (423, Rn. 108), auch mit Hinweisen zu haushaltswirtschaftlichen Ausnahmen.

muss⁴²⁹. Bei Fristablauf können Verwaltung⁴³⁰ oder Rechtsprechung⁴³¹ zur Lückenschließung berechtigt sein.

b) Der Vorrang des Gesetzes (Art. 20 III, 2. Halbsatz GG)

aa) Art und Umfang der Bindung an »Gesetz und Recht«

Die Forderung nach Bindung von vollziehender Gewalt und Rechtsprechung »an Gesetz und Recht« postuliert den **Vorrang des Gesetzes**[432] als den zentralen Grundsatz des Rechtsstaatsgedankens[433]. Er steht nicht im Gegensatz zu der Verfassungsbindung des Gesetzgebers, sondern will zusätzlich die Bindung von vollziehender Gewalt und Rechtsprechung an das Recht im Range unterhalb des Grundgesetzes hervorheben[434]. Gefordert ist einerseits die **Gesetzmäßigkeit der Verwaltung**[435] i. S. einer Orientierung der Verwaltung am Gesetz, andererseits der Vorrang des Gesetzes i. S. einer Kollisionsregel, nach der alle untergesetzlichen Rechtsnormen und Rechtsakte dem parlamentarischen Gesetz nicht widersprechen dürfen[436]. Das Ausmaß der Bindung richtet sich allein nach dem formellen und materiellen Geltungsumfang der jeweiligen Rechtsnormen: In diesem Umfang darf das Handeln der vollziehenden Gewalt (wie auch der Rechtsprechung) dem Geltungsbefehl der Rechtsnormen nicht widersprechen; geboten ist, bestehende Gesetze anzuwenden (Befolgungsgebot)[437], verboten ist, von ihrem Inhalt abzuweichen (Abweichungsverbot)[438].

92

Unter »**Gesetz und Recht**« ist die **Gesamtheit der materiellen Rechtsvorschriften** zu verstehen, die die Rechtsverhältnisse zwischen Staat und Bürger und der Bürger untereinander regeln[439]: innerstaatlich geltendes Völkerrecht[440]; EU-Recht, soweit es unmittelbar Rechtswirkungen entfaltet[441]; Entscheidungen des EGMR[442]; »Verfassungsrecht, förmliche Gesetze, Rechtsverordnungen, autonome Satzungen und auch

93

---

[429] BVerfGE 81, 363 (383f.); 92, 158 (186f.); 103, 242 (270, Rn. 69); 116, 229 (242, Rn. 49); zum Normwiederholungsverbot E 77, 84 (103f.); → Rn. 84.
[430] BVerfGE 99, 216 (244f., Rn. 99); 116, 229 (242, Rn. 49).
[431] BVerfGE 98, 17 (46, Rn. 100); 100, 195 (208, Rn. 35).
[432] *Grzeszick* (Fn. 237), Art. 20 VI Rn. 72ff.; ausf. *Stern*, Staatsrecht I, S. 803ff.; *Sobota*, Prinzip (Fn. 5), S. 104ff.; *Horn*, Verwaltung (Fn. 308), S. 22ff.; *Unruh*, Verfassungsbegriff (Fn. 216), S. 495f.
[433] So *Schnapp* (Fn. 193), Art. 20 Rn. 43.
[434] Ausf. *M. Schröder*, Gesetzesbindung des Richters und Rechtsweggarantie im Mehrebenensystem, 2010, S. 36ff., 53ff.
[435] *Badura*, Staatsrecht, Rn. D 54f.; *R. Pitschas*, GVwR² II, § 42 Rn. 78ff.; *Kloepfer*, Verfassungsrecht I, § 10 Rn. 92ff.; *E. Schmidt-Aßmann*, HStR³ II, § 26 Rn. 61ff.; *S. Hölscheidt*, JA 2001, 409ff.; begriffskritisch *C. Gusy*, JA 2002, 610 (610).
[436] BVerfGE 8, 155 (169); 40, 237 (247); 56, 216 (241); *Sachs* (Fn. 193), Art. 20 Rn. 112; *Schnapp* (Fn. 193), Art. 20 Rn. 65; *F. Ossenbühl*, HStR³ V, § 101 Rn. 2; *J. Pietzcker*, JuS 1979, 710 (710).
[437] BVerfGE 25, 216 (228); 30, 292 (332); *S. Detterbeck*, Jura 2002, 235 (235).
[438] *F. Ossenbühl*, HStR³ V, § 101 Rn. 6ff.; *C. Gusy*, JuS 1983, 189 (191).
[439] S. näher *Gärditz* (Fn. 68), Art. 20 Rn. 55; *Grzeszick* (Fn. 237), Art. 20 VI Rn. 60ff.; *Frankenberg* (Fn. 4), Art. 20 Abs. 1–3 IV Rn. 42; *Schnapp* (Fn. 193), Art. 20 Rn. 61; *Unruh*, Verfassungsbegriff (Fn. 216), S. 491; a. A. *E. Schmidt-Aßmann*, HStR³ II, § 26 Rn. 37, 41: nur Parlamentsgesetze.
[440] BVerfGE 111, 307 (323, 325f., Rn. 47, 53); 112, 1 (24f., Rn. 90ff.); zur Zulässigkeit einer bewussten Abweichung von Völkervertragsrecht *M. Krumm*, AöR 138 (2013), 363 (386ff.); *T. Hofmann*, DVBl. 2013, 215 (216ff.); anders *M. Payandeh*, JöR 57 (2009), 465 (481ff.).
[441] Vgl. z. B. BVerfGE 74, 358 (370); BFHE 143, 383 (387); *Hoffmann*, Verhältnis (Fn. 86), S. 122f.; krit. *Horn*, Verwaltung (Fn. 308), S. 26.
[442] BVerfGE 111, 307 (322f., 325f., Rn. 45f., 52f.); *S. Kadelbach*, Jura 2005, 480 (484f.); *B. Schaffarzik*, DÖV 2005, 860 (862).

Art. 20 (Rechtsstaat)   C. Erläuterungen

Gewohnheitsrecht«[443]. Richterrecht[444] und bloß verwaltungsintern wirkendes (Innen-)Recht[445] werden begrifflich nicht erfasst, auch nicht noch nicht in Kraft getretene[446] oder unwirksam gewordene[447] Rechtsvorschriften; insoweit Richterrecht aber nur den Inhalt von Gesetzesnormen verbindlich auslegt und feststellt, entfaltet das Gesetz mit diesem Inhalt Bindungswirkung. Deshalb gehören auch ungeschriebene allgemeine Grundsätze des Verwaltungsrechts dazu[448], und auch Verwaltungsvorschriften können durch Selbstbindung der Verwaltung wie Recht wirken (→ Art. 3 Rn. 58), ausnahmsweise bei gesetzlicher Ermächtigung auch aus eigener Normkonkretisierungskompetenz der Verwaltung[449].

94 Im Detail umstritten ist der **Begriff des Rechts** in seiner Gegenüberstellung zum »Gesetz«; er kann insoweit in (mindestens) vier unterschiedlichen Richtungen verstanden werden: als sprachliche Verdoppelung des Gesetzes als (gerechtes oder billiges) Recht, als überpositives (Natur-)Recht, als neben das geschriebene auch ungeschriebenes (Gewohnheits- oder Richter-)Recht umfassendes Recht[450] oder in negativer Ausgrenzung als das Recht, das nicht »Gesetz« nur i. S. parlamentarisch verabschiedeter Gesetze ist[451]. Richtigerweise meint er anderes bzw. mehr als nur ungeschriebenes Richter- oder Gewohnheitsrecht im Unterschied zum positiven Gesetz[452]: Er zielt auf überpositive Gerechtigkeitsvorstellungen. Insoweit wird er zwar z.T. in dem Sinne als tautologisch angesehen[453], dass er nur positiviertes Recht meine, weil nur so die Bindung an die Entscheidungen des Gesetzgebers gewährleistet und ein Widerspruch zur Gesetzesbindung der Richter nach Art. 97 I GG verhindert werde[454]. Die Gegenüberstellung von Gesetz und Recht unterstellt aber gerade die Möglichkeit,

---

[443] BVerfGE 78, 214 (227); 131, 20 (42, Rn. 81); s. näher *Grzeszick* (Fn. 237), Art. 20 VI Rn. 65 ff.; *Stern*, Staatsrecht I, S. 797 ff.; *Hoffmann*, Verhältnis (Fn. 86), S. 114 ff.; zu diesen verschiedenen Rechtsquellen *M. Ruffert*, GVwR² I, § 17 Rn. 48 ff.; zum Gewohnheitsrecht *P. Krebs/M. Becker*, JuS 2013, 97 ff.; gegen die Zulässigkeit von Verwaltungsgewohnheitsrecht *T.I. Schmidt*, NVwZ 2004, 930 ff.

[444] BVerfGE 84, 212 (227); 122, 248 (277, Rn. 85); *Sachs* (Fn. 193), Art. 20 Rn. 107; *Jarass/Pieroth*, GG, Art. 20 Rn. 38; *Hoffmann*, Verhältnis (Fn. 86), S. 193 f.; a. A. BVerfGE 34, 269 (291); differenzierend *Robbers* (Fn. 49), Art. 20 I Rn. 3331; *Gärditz* (Fn. 68), Art. 20 Rn. 61 ff.

[445] BVerfGE 78, 214 (227); BVerwGE 34, 278 (281); 55, 250 (255); *Hofmann* (Fn. 111), Art. 20 Rn. 96; a. A. *Gärditz* (Fn. 68), Art. 20 Rn. 56 f.; differenzierend *Robbers* (Fn. 49), Art. 20 I Rn. 3332.

[446] Vgl. dazu *A. Guckelberger*, Vorwirkung von Gesetzen im Tätigkeitsbereich der Verwaltung, 1997, S. 70 ff.

[447] Ausf. *J. Hofmann*, Jura 2012, 11 ff.

[448] *Sachs* (Fn. 193), Art. 20 Rn. 106.

[449] Vgl. dazu BVerfGE 129, 1 (21 ff., Rn. 71 ff.); BVerwGE 72, 300 (316 f.); 94, 335 (338); BVerwG DÖV 2005, 605 (606); *Greszick* (Fn. 237), Art. 20 VI Rn. 62; *J. Saurer*, DÖV 2005, 587 ff.; *W. Hoffmann-Riem*, AöR 130 (2005), 5 (58 f.); *A. Guckelberger*, Die Verwaltung 35 (2002), 61 (65 ff.; 85 ff.); *E. Schmidt-Aßmann*, Die Rechtsverordnung in ihrem Verhältnis zu Gesetz und Verwaltungsvorschrift, in: FS Vogel, 2000, S. 477 ff. (492 ff.). → Fn. 573 m. w. N.; → Art. 19 IV Rn. 136.

[450] So *F. Reimer*, GVwR² I, § 9 Rn. 74; *Zippelius/Würtenberger*, Staatsrecht, § 12 Rn. 56; *Hofmann* (Fn. 111), Art. 20 Rn. 90.

[451] Im letzten Sinne *P. Hilbert*, JZ 2013, 130 ff.; *Sommermann* (Fn. 5), Art. 20 Rn. 265 ff.; s. auch Fn. 439; krit. *Hoffmann*, Verhältnis (Fn. 86), S. 138 f.

[452] So auch *Robbers* (Fn. 49), Art. 20 I Rn. 3335 ff.; *Gärditz* (Fn. 68), Art. 20 Rn. 67; *Stern*, Staatsrecht I, S. 798; *Hoffmann*, Verhältnis (Fn. 86), S. 136 ff. m. w. N.

[453] *Jarass/Pieroth*, GG, Art. 20 Rn. 38; *Schnapp* (Fn. 193), Art. 20 Rn. 61 (»tendiert« dazu); *Kloepfer*, Verfassungsrecht I, § 10 Rn. 106; *Frankenberg* (Fn. 4), Art. 20 Abs. 1–3 IV Rn. 25; krit. *Unruh*, Verfassungsbegriff (Fn. 216), S. 492 ff.; *Hoffmann*, Verhältnis (Fn. 86), S. 127 ff.

[454] Vgl. zum Streitstand *Sobota*, Prinzip (Fn. 5), S. 91 ff.; *C. Gusy*, JuS 1983, 189 (193).

dass Recht und Gesetz auseinanderklaffen[455]. Darin liegt keine Ermächtigung zur gesetzesunabhängigen Rechtsanwendung, sondern ein Aufruf, im problematischen Fall das positive Recht auf der Grundlage des geltenden Rechts verfassungskonform auszulegen oder verfassungsgerichtlich kontrollieren zu lassen (vgl. Art. 100 I GG)[456]; mittelbar wird daran erinnert, dass auch die Auslegung des Grundgesetzes als Form kodifizierten Naturrechts in Rückbindung an fundamentale Gerechtigkeitsüberlegungen erfolgt, denen weder das Grundgesetz noch einfaches Recht widersprechen dürfen (→ Rn. 50f.).

Vollziehende Gewalt und **Rechtsprechung** meinen in einem (formell) organbezogenen Sinn (→ Rn. 82; → Art. 1 III Rn. 53ff.) alle Staatsakte, die nicht dem förmlichen Gesetzgeber zuzuordnen sind, sondern Gerichten bzw. Regierung, Verwaltung und Bundeswehr, Selbstverwaltungsträgern und Beliehenen, selbst Bundesrat und Bundestag als Verwaltungsträgern oder auch dem Bundespräsidenten[457]. Für diese Rechtsbindung sind nicht erheblich: die materielle Qualität des staatlichen Handelns, die privatrechtliche oder öffentlich-rechtliche Handlungsform oder die Art der handelnden Personen des öffentlichen Rechts[458]. Deshalb gibt es keine Ausnahmen von der Gesetzesbindung für bestimmte Staatsakte, wie sie im Anschluss an monarchische Traditionen für Gnadenakte, Regierungsakte, Akte der auswärtigen Gewalt oder der Wehrgewalt diskutiert wurden[459] (→ Art. 1 III Rn. 63ff.). Erst recht darf sich die Finanzverwaltung nicht aus fiskalischen Motiven ohne rechtliche Gründe durch Nichtanwendungserlasse einer ständigen Rechtsprechung der Finanzgerichte entziehen[460], mag die Rechtskraft der Urteile sich auch zunächst nur auf die Streitparteien im Einzelfall beziehen.

bb) Normbindung und Normenkontrolle der Verwaltung

Normsetzendes Verwaltungshandeln[461] mit materieller Außenwirkung muss **mit höherrangigem Recht im Einklang** stehen[462]; anderenfalls ist es rechtswidrig und damit grundsätzlich nichtig[463]. Das gilt für Rechtsverordnungen[464] und Satzungen[465] glei-

---

[455] BVerfGE 34, 269 (286f.); *Grzeszick* (Fn. 237), Art. 20 VI Rn. 63, 66; *U. Di Fabio*, HStR³ II, § 27 Rn. 26; *E. Schmidt-Aßmann*, HStR³ II, § 26 Rn. 41; *Roellecke* (Fn. 176), Art. 20 Rn. 144; *Benda* (Fn. 193), § 17 Rn. 25; ausf. *Hoffmann*, Verhältnis (Fn. 86), S. 141ff.
[456] Vgl. *Gärditz* (Fn. 68), Art. 20 Rn. 71; *Huster/Rux* (Fn. 75), Art. 20 Rn. 169.1; *Schnapp* (Fn. 193), Art. 20 Rn. 61; *E. Schmidt-Aßmann*, HStR³ II, § 26 Rn. 42; *G. Hirsch*, ZRP 2012, 205 (208); krit. *Hoffmann*, Verhältnis (Fn. 86), S. 157f.
[457] *Sachs* (Fn. 193), Art. 20 Rn. 109; *Robbers* (Fn. 49), Art. 20 I Rn. 3314ff.
[458] Vgl. *Jarass/Pieroth*, GG, Art. 20 Rn. 37; *Schnapp* (Fn. 193), Art. 20 Rn. 66f.; *Grzeszick* (Fn. 237), Art. 20 VI Rn. 71. → Art. 1 III Rn. 66ff.
[459] S. auch *Schnapp* (Fn. 193), Art. 20 Rn. 64.
[460] BFHE 232, 121 (Rn. 52ff.); *Hofmann* (Fn. 111), Art. 20 Rn. 53; *C. Starck*, JZ 2011, 426ff.; *H.-F. Lange*, NJW 2002, 3657ff.; vgl. ausf. *M. Desens*, Bindung der Finanzverwaltung an die Rechtsprechung, 2011, S. 254ff.; a.A. *H. Weber-Grellet*, Die positive Bedeutung von Nichtanwendungserlassen, in: FS Lang, 2011, S. 927ff.; *J. Wieland*, DStR 2004, 1ff.
[461] Übersichtlich *H. Hill/M. Martini*, GVwR² II, § 34 Rn. 18ff.
[462] *Grzeszick* (Fn. 237), Art. 20 VI Rn. 62, 73, 142; *Jarass/Pieroth*, GG, Art. 20 Rn. 39.
[463] BVerwG DÖV 1995, 469 (469f.); *M. Wehr*, JuS 1997, 231 (233); s. aber auch *Gärditz* (Fn. 68), Art. 20 Rn. 104; *Heckmann*, Geltungskraft (Fn. 394), S. 118ff.
[464] *F. Ossenbühl*, HStR³ V, § 103 Rn. 79; *v. Danwitz*, Gestaltungsfreiheit (Fn. 263), S. 157f.; einschränkend für Verfahrensfehler BVerfGE 91, 148 (175).
[465] BVerwGE 112, 373 (380f.); *F. Ossenbühl*, HStR³ V, § 105 Rn. 62; einschränkend *M. Gerhardt*, in: F. Schoch/J.-P. Schneider/W. Bier (Hrsg.), VwGO, § 113 (1997/2014), Rn. 19.

Art. 20 (Rechtsstaat)   C. Erläuterungen

chermaßen. Schreibt das Gesetz die Konkretisierung seines Regelungsgehalts durch eine Rechtsverordnung vor und bleibt der Verordnungsgeber untätig, so ist eine unmittelbare Anwendung des Gesetzes nur dann unzulässig, wenn der Gesetzgeber zum Ausdruck gebracht hat, die Verordnung solle unter allen Umständen erlassen werden (und die Anwendung des Gesetzes im Übrigen keine unerträglichen Folgen zeitigt)[466].

97   **Kein Verstoß** gegen den Vorrang des Gesetzes liegt vor, **wenn der förmliche Gesetzgeber** selbst (im Rahmen des sonstigen Verfassungsrechts) **Abweichungen** vom gesetzlichen Geltungsanspruch ausdrücklich **zulässt**, etwa Modifikationen des Gesetzes durch Verwaltungsvorschriften[467], die Bestandserhaltung rechtswidriger Normen durch rückwirkende Heilungsvorschriften oder durch Unbeachtlichkeitsregeln für bestimmte Rechtsfehler (z.B. §§ 214ff. BauGB)[468], gesetzliche Änderungen durch Verordnungserlass[469], u.U. auch eine Vorwirkung noch nicht in Kraft getretener Rechtsnormen[470].

98   Das Gebot der Gesetzesbindung verbietet eine Verwerfungskompetenz der Exekutive, auch wenn die Verwaltung Rechtsnormen für rechtswidrig hält. Bei einer solchen **Normenkontrolle der Verwaltung** ist zwischen förmlichen Gesetzen und nachrangigen Rechtsquellen zu unterscheiden. Die vollziehende Verwaltung ist an **förmliche Gesetze** gebunden, selbst wenn sie sie für verfassungswidrig hält[471]: Sie kann regelmäßig nur darauf drängen, dass die Regierungen als dazu befugte Staatsorgane ein verfassungsgerichtliches Normenkontrollverfahren einleiten (vgl. Art. 93 I Nr. 2 GG). Eine Ausnahme gilt bei – praktisch kaum bedeutsamer – evidenter Verfassungswidrigkeit[472] und im Einzelfall bei einem schwebenden gerichtlichen Verfahren[473] sowie bei Verstößen gegen EU-Recht (→ Art. 23 Rn. 14 f.).

99   Im Falle **untergesetzlicher Normen** müssen verfassungsrechtliche Bedenken der vollziehenden Gewalt zur Nichtanwendung der Normen führen[474], bis ihre Verfassungs- oder Gesetzmäßigkeit zumindest erstinstanzlich gerichtlich bestätigt worden

---

[466] BVerfGE 79, 174 (194).
[467] BVerfGE 8, 155 (171ff.).
[468] Ausf. *M. Morlok*, Die Folgen von Verfahrensfehlern am Beispiel von kommunalen Satzungen, 1988, S. 24ff.; *H. Hill*, DVBl. 1983, 1ff.
[469] Dazu *F. Reimer*, GVwR² I, § 9 Rn. 80 m.w.N.; *Heckmann*, Geltungskraft (Fn. 394), S. 377ff.; *Schneider*, Gesetzgebung (Fn. 253), Rn. 653ff.;
[470] S. näher *Guckelberger*, Vorwirkung (Fn. 446), S. 106ff., 145ff.; allg. zur Rechtsschöpfung durch die Verwaltung *R. Weimar*, DÖV 2009, 932ff.; *D. Göldner*, Die Verwaltung 23 (1990), 311ff.
[471] *Huster/Rux* (Fn. 75), Art. 20 Rn. 168; *Gärditz* (Fn. 68), Art. 20 Rn. 109ff.; *W. Durner*, JZ 2015, 157 (160); *F. Ossenbühl*, HStR³ V, § 101 Rn. 5; *P. Gril*, JuS 2000, 1080ff.; ausf. *M. Wehr*, Inzidente Normverwerfung durch die Exekutive, 1998, S. 107ff., 180ff., pass.; a.A. *Sachs* (Fn. 193), Art. 20 Rn. 97; *H.-D. Horn*, Die Grundrechtsbindung der Verwaltung, in: FS Stern, 2012, S. 353ff. (359ff.); *C. Nonnenmacher/A. Feickert*, VBlBW 2007, 328ff.; ausf. *Hutka*, Prüfungs- und Verwerfungskompetenz (Fn. 140), S. 129ff.; unentschieden BVerfGK 16, 418 (442).
[472] BVerwGE 129, 346 (355, Rn. 27f.); *Bumke*, Rechtswidrigkeit (Fn. 351), S. 240f.; *Stern*, Staatsrecht III/1, S. 1347ff.
[473] Vgl. BVerfGE 12, 180 (186).
[474] Vgl. OVG Nds. DVBl. 2000, 212 (213); zu verfahrensrechtlichen Folgerungen BVerwGE 112, 373 (381f.).

ist[475]; eine Verwerfungskompetenz steht der Verwaltung nicht zu[476], sondern nur dem Normgeber im Wege des Normaufhebungsverfahrens[477].

Erst recht muss sich das **sonstige** (nicht normsetzende) **Verwaltungshandeln** im Rahmen von Gesetz und Recht bewegen; dazu zählt der Erlass von Verwaltungsvorschriften mit nur verwaltungsinterner Verbindlichkeit[478]. Dazu gehört auch, dass die vollziehende Gewalt bindende Gesetzesaufträge tatsächlich ausführt[479] und Gesetze nicht »unterläuft«[480], z.B. durch effektivitätsmindernden Gesetzesvollzug, durch den streikähnlichen »Dienst nach Vorschrift« als vorschriftswidrigen Dienst[481] oder einen das Ziel des Gesetzes unterlaufenden »ausstiegsorientierten« Gesetzesvollzug[482].

cc) Gesetzesvorrang, rechtsprechende Gewalt und Richterrecht

Das Ausmaß der **Bindung der Rechtsprechung** und des Richters **an Gesetz und Recht** (vgl. auch Art. 97 I GG) hängt von der Bindungsfähigkeit von Rechtsnormen ab[483]; insoweit sind die Gerichte zur Anwendung der Norm verpflichtet[484]. Das gilt nicht, wenn die Normen höherrangigem Recht widersprechen; dann muss bei nachkonstitutionellen förmlichen Gesetzen dem Bundesverfassungsgericht vorgelegt (Art. 100 I GG) oder im Übrigen die Norm je nach Verfahrensart für nichtig erklärt werden (vgl. jetzt aber § 47 V 2 VwGO n. F.: »unwirksam«) oder im Einzelfall unangewendet bleiben[485].

Der Charakter moderner Gesetze ist weithin auf **Konkretisierung in und durch Rechtsanwendung** angelegt und erlaubt regelmäßig breite Anwendungsspielräume[486], die eine Unterscheidung von Gesetzesauslegung und richterlicher Rechtsfortbildung unmöglich machen[487]. Die Entwicklung allgemeiner Auslegungsgrundsätze zur Ge-

---

[475] *Grzeszick* (Fn. 237), Art. 20 VI Rn. 142; *Stern*, Staatsrecht III/1, S. 1347.
[476] OVG Nds. DVBl. 2000, 212 (213); OVG Saarland NVwZ 1990, 172 ff.; *R. Engel*, NVwZ 2000, 1258 ff.; *P. Gril*, JuS 2000, 1080 ff.; *M. Wehr*, JuS 1997, 231 (234); *J. Pietzcker*, AöR 101 (1976), 374 (375 ff., 390 ff.); a.A. *L. Renck*, BayVBl. 1983, 86 (87); differenzierend *Gärditz* (Fn. 68), Art. 20 Rn. 114 f.
[477] Vgl. am Beispiel von Satzungen BVerwGE 75, 142 (144 ff.); 112, 373 (381 f.); *C.D. Herrmanns*, NuR 2001, 458 (459 f.); *U. Steiner*, DVBl. 1987, 483 (484); zu Verordnungen *Heckmann*, Geltungskraft (Fn. 394), S. 357 f.
[478] BVerfGE 78, 214 (227); *H.D. Jarass*, JuS 1999, 105 (110).
[479] BVerfGE 25, 216 (228); 30, 292 (332); *W. Durner*, JZ 2015, 157 (159 ff.); *Schmidt-Aßmann*, Ordnungsidee (Fn. 103), Kap. 2 Rn. 27 ff.; *Frankenberg* (Fn. 4), Art. 20 Abs. 1–3 IV Rn. 56; *C. Gusy*, JuS 1983, 189 (191 ff.).
[480] BVerfGE 56, 216 (241 f.); *Grzeszick* (Fn. 237), Art. 20 VI Rn. 145.
[481] *J. Isensee*, JZ 1971, 73 ff.; zur Duldung rechtswidrigen Verwaltungshandelns ausf. *A. Voßkuhle*, Die Verwaltung 29 (1996), 511 ff.
[482] Vgl. am Beispiel des Atomgesetzes *H. Sendler*, DVBl. 1992, 181 ff.
[483] *D. Grimm*, JZ 2009, 596 (597 f.).
[484] BVerfGE 87, 273 (280); 96, 375 (394); *J. Wenzel*, NJW 2008, 345 ff.; s. auch *C. Gusy*, DÖV 1992, 461 ff.; *E. Schmidt-Jortzig*, NJW 1991, 2377 ff.
[485] Vgl. *Sommermann* (Fn. 5), Art. 20 Rn. 272; *Gärditz* (Fn. 68), Art. 20 Rn. 116 f.
[486] BVerfGE 95, 28 (38); 96, 375 (394 f.); s. z.B. *C. Schönberger*, Höchstrichterliche Rechtsfindung und Auslegung gerichtlicher Entscheidungen, VVDStRL 71 (2012), S. 296 ff. (300 ff.); *Sobota*, Prinzip (Fn. 5), S. 101 ff.; *C.W. Hergenröder*, Zivilprozessuale Grundlagen richterlicher Rechtsfortbildung, 1995, S. 3 ff., 133 ff.
[487] *C. Bumke*, Richterrecht, in: FS Paul Kirchhof, 2013, § 92 Rn. 30; *ders.*, Verfassungsrechtliche Grenzen fachrichterlicher Rechtserzeugung, in: ders. (Hrsg.), Richterrecht zwischen Gesetzesrecht und Rechtsgestaltung, 2012, S. 33 ff. (37 ff.); *M. Jestaedt*, Richterliche Rechtsetzung statt richterliche Rechtsfortbildung, ebd., S. 49 ff. (55 ff.); *B. Pieroth/T. Aubel*, JZ 2003, 504 (505 f.) m.w.N.; s. auch *M.*

Art. 20 (Rechtsstaat) C. Erläuterungen

währleistung einer gleichgerichteten Gesetzespraxis ist deshalb eine legitime richterliche Aufgabe[488], solange sie »lege artis« gewonnen werden[489]. Dazu gehört auch die Prüfung, ob eine gesetzliche Regelung lückenhaft geworden ist und/oder teleologisch reduziert ausgelegt werden muss[490], ebenso wie die richterliche Rechtsfortbildung praeter legem, namentlich bei Lückenfüllung durch Analogien[491] (soweit nicht im Strafrecht Art. 103 II GG entgegensteht): Es ist eine rechtsstaatliche Pflicht der Gerichte, bei unzureichenden gesetzlichen Vorgaben das materielle Recht mit den anerkannten Methoden der Rechtsfindung aus den allgemeinen Rechtsgrundlagen abzuleiten[492]. Mit wachsendem zeitlichen Abstand zum Erlass einer Norm kann der Spielraum für die richterliche Rechtsfortbildung zunehmen[493].

103 **Grenzen richterlicher Rechtsfortbildung** ergeben sich aus einem eindeutig entgegenstehenden Wortlaut und Sinn einer Rechtsnorm[494], nicht allein schon aus dem Wortlaut[495]. Interpretationsleitend kann die funktions- und organadäquate Zuordnung von Gesetzgebung und Rechtsprechung sein[496]. Zweifelhaft ist, ob unter Umgehung des demokratischen Gesetzgebers und unter unmittelbarer Berufung auf das Grundgesetz eine Rechtsfortbildung contra legem zulässig ist[497]. Das Bundesverfassungsgericht ist insoweit zu Recht wohl strenger als früher[498]; dafür spricht auch der Schutzgedanke des Art. 100 I GG. Damit ist »Richterrecht« als eigenständige Rechtsquelle nur dann

---

Jestaedt, Rechtsprechung und Rechtsetzung – eine deutsche Perspektive, in: Erbguth/Masing, Bedeutung (Fn. 112), S. 25 ff. (29 ff., 46 ff. u.ö.); für das Zivilrecht *A. Ohly*, AcP 201 (2001), 1 ff.

[488] BVerfGE 18, 224 (237 f.); 21, 1 (4); 26, 327 (337); 95, 48 (62); *H. Wiedemann*, NJW 2014, 2407 (2408); *D. Ulber*, EuGRZ 2012, 365 (366 f.); *Badura*, Staatsrecht, Rn. D 60; *Hofmann* (Fn. 111), Art. 20 Rn. 94.

[489] Vgl. BVerfGE 56, 99 (107 ff.); 59, 330 (334); 122, 248 (257 f., Rn. 37 ff.); 128, 193 (218 ff., Rn. 68 ff.); *B. Pieroth/T. Aubel*, JZ 2003, 504 (508); krit. *B. Rüthers*, JZ 2006, 53 ff.

[490] BVerfGK 3, 348 (351); zur teleologischen Reduktion BVerfGE 35, 263 (279); 88, 145 (166 f.); BVerfGK 4, 105 (111); 19, 89 (104).

[491] BVerfGE 13, 153 (164); 34, 269 (287); 88, 145 (166 f.); 98, 49 (59 f., Rn. 43); 108, 150 (160, Rn. 37); 116, 69 (83 f., Rn. 45 ff.); 132, 99 (127, 133, Rn. 74, 90); *G. Beaucamp*, AöR 134 (2009), 83 (86 f.); *T. I. Schmidt*, VerwArch. 97 (2006), 139 (156 ff.); *B. Pieroth/T. Aubel*, JZ 2003, 504 (508 f.); krit. *C. Hillgruber*, JZ 1996, 118 (119 ff.).

[492] BVerfGE 84, 212 (226 f.); ähnlich E 96, 375 (394 f.); *G. Hirsch*, JZ 2007, 853 ff.; *Hergenröder*, Grundlagen (Fn. 486), S. 168 ff.; krit. *Jestaedt*, Rechtsprechung (Fn. 487), S. 32 f.; *K. Rennert*, NJW 1991, 12 (17 f.); zur Typologie des Richterrechts *F. Ossenbühl*, Richterrecht im demokratischen Rechtsstaat, 1988, S. 6 ff.; ausf. *Reinhardt*, Jurisdiktion (Fn. 5), S. 339 ff.

[493] BVerfGE 34, 269 (288 f.); 96, 375 (394 f.); 98, 49 (59 f., Rn. 43); *Robbers* (Fn. 49), Art. 20 I Rn. 2092; *D. Ulber*, EuGRZ 2012, 365 (372 ff.); s. auch *B. Rüthers*, JZ 2006, 53 (59).

[494] BVerfGE 9, 89 (104 f.); 59, 330 (334); 96, 375 (394); 118, 212 (243, Rn. 121); ausf. *Bumke*, Grenzen (Fn. 487), S. 40 ff.; *B. Pieroth/T. Aubel*, JZ 2003, 504 (507); *Jestaedt*, Rechtsprechung (Fn. 487), S. 34 ff., pass.; *R. Poscher*, Rechtsprechung und Verfassungsrecht, in: Erbguth/Masing, Bedeutung (Fn. 112), S. 127 ff. (138 ff.).

[495] Vgl. BVerfGE 35, 263 (278 f.); 88, 145 (166 f.); 97, 186 (196, Rn. 34); *Jarass/Pieroth*, GG, Art. 20 Rn. 34a; so auch für die Schweiz *U. Häfelin/W. Haller/H. Keller*, Schweizerisches Bundesstaatsrecht, 7. Aufl. 2008, Rn. 92 ff.; anders aber z. B. BVerfGE 122, 248 (282 f., Rn. 97 f.) – Sondervotum Di Fabio/Osterloh/Voßkuhle; 124, 25 (39, Rn. 47); *B. Rüthers*, NJW 2011, 1856 ff.; allg. *S. Pötters/R. Christensen*, JZ 2011, 387 (389 ff.); vermittelnd *R. Poscher*, Rechtsdogmatik als hermeneutische Disziplin, in: FS Schlink, 2014, S. 203 ff. (216 ff.).

[496] Vgl. *D. Ulber*, EuGRZ 2012, 365 (368 ff., 371 ff.); *Hergenröder*, Grundlagen (Fn. 486), S. 204 ff.; *G. F. Schuppert*, DVBl. 1988, 1191 ff.; *Ossenbühl*, Richterrecht (Fn. 492), S. 18 ff. → Rn. 71 ff.

[497] So noch BVerfGE 34, 269 (284 f.); *W. R. Wrege*, Jura 1996, 436 (437 f.); krit. *Heyde* (Fn. 349), § 33 Rn. 98; *C. Gusy*, JuS 1983, 189 (194); *U. Diederichsen*, Der Staat 34 (1995), 33 (38 f.). → Art. 20 (Demokratie), Rn. 141.

[498] BVerfGE 84, 212 (266 f.); 88, 103 (116); ebenso *Jarass/Pieroth*, GG, Art. 20 Rn. 42.

unzulässig⁴⁹⁹, wenn man es begrifflich mit Grenzüberschreitungen und damit Verstößen gegen Art. 20 III GG gleichsetzt.

Richterliche Rechtsfortbildung stößt insbesondere dort auf **Grenzen, wo sie den Gesetzgeber** überspielt, durch ein eigenes Modell ersetzt oder **korrigiert**⁵⁰⁰ und damit rechtsstaatliche Prinzipien wie den Vorbehalt des Gesetzes oder den Vertrauensschutz zu unterlaufen droht⁵⁰¹, besonders bei für den einzelnen belastenden Entscheidungen⁵⁰² durch Analogien zu Lasten des Grundrechtsinhabers⁵⁰³, ohne dass es ein pauschales verwaltungsrechtliches Analogieverbot gäbe⁵⁰⁴ (zu Rechtsprechungsänderungen → Rn. 177). Deshalb dürfen Gerichte u. a. keine neuen Steuertatbestände begründen⁵⁰⁵.

104

3. Der Vorbehalt des Gesetzes

a) Begriff, Grundlagen und Entwicklungstendenzen

Der in Art. 20 III GG nicht ausdrücklich benannte **Grundsatz des Vorbehalts des Gesetzes** verlangt, dass bestimmte oder alle Maßnahmen des Staates einer parlamentsgesetzlichen Grundlage bedürfen⁵⁰⁶ mit der Folge, dass Verwaltungsmaßnahmen ohne die erforderliche gesetzliche Ermächtigung rechtswidrig sind⁵⁰⁷. Dieser Grundsatz ist ein zentrales Element des Rechtsstaatsprinzips⁵⁰⁸ und im Grundgesetz in verschiedenen Formen und an verschiedenen Stellen ausgeprägt (z. B. Art. 28 II 1, 59 II 1, 80 I 1 GG)⁵⁰⁹. Soweit nicht speziellere Konkretisierungen des Gesetzesvorbehalts vorgehen⁵¹⁰, wird er als Element der Gesetzmäßigkeit der Verwaltung (→ Rn. 92) und als Voraussetzung für den Vorrang des Gesetzes wie diese in Art. 20 III GG verortet⁵¹¹, zumindest als ungeschriebene Voraussetzung⁵¹². Er ist aber auch Teil des Demokratie-

105

---

⁴⁹⁹ So generell *Sommermann* (Fn. 5), Art. 20 Rn. 286; anders *F. Ossenbühl*, Rechtsquellen, in: FS Paul Kirchhof, 2013, § 28 Rn. 32; *A. Ohly*, AcP 201 (2001), 1 (19 ff., 33 ff.).

⁵⁰⁰ Vgl. BVerfGE 122, 248 (283 ff., Rn. 97 ff.) – *Sondervotum Di Fabio/Osterloh/Voßkuhle*; 128, 193 (211, 215 f., Rn. 54, 65); 132, 99 (127, Rn. 74 f.); *Burkiczak* (Fn. 404), § 35 Rn. 18 m. N. → Art. 20 (Demokratie) Rn. 141.

⁵⁰¹ Vgl. BVerfGE 92, 341 ff. – *Sondervotum Klein/Kirchhof/Winter*; zur Kritik auch *R. Scholz*, ZG 28 (2012), 105 ff.; *C. Möllers*, JZ 2009, 668 (672 f.); *C. Hillgruber*, JZ 2008, 745 ff.

⁵⁰² Vgl. BVerfGE 65, 182 (194 f.); 69, 315 (371 f.); 84, 212 (226 f.); 88, 103 (116); BVerwGE 59, 242 (246 ff.).

⁵⁰³ BVerfG (K), NJW 1996, 3146; ausf. *A. Guckelberger*, Die Verjährung im Öffentlichen Recht, 2004, S. 318 ff.; a. A. BGHZ 147, 39 (44 f.); *Sachs* (Fn. 193), Art. 20 Rn. 121.

⁵⁰⁴ *F. Reimer*, GVwR² I, § 9 Rn. 29 m. w. N.; *G. Beaucamp*, AöR 134 (2009), 83 (89 ff.); ausf. *K. Hemke*, Methodik der Analogiebildung im öffentlichen Recht, 2006, S. 191 ff., 268 ff.

⁵⁰⁵ BVerfGE 13, 318 (328); BFH BStBl. 86, 272 (274).

⁵⁰⁶ BVerfGE 98, 218 (251, Rn. 136); *Jarass/Pieroth*, GG, Art. 20 Rn. 44; *F. Reimer*, GVwR² I, § 9 Rn. 24 ff.; *Kloepfer*, Verfassungsrecht I, § 10 Rn. 111 ff.; *Grzeszick* (Fn. 237), Art. 20 VI Rn. 75; *M. Wehr*, JuS 1997, 419 ff.; zur Bedeutung für die Kirchen: *H. de Wall*, ZevKR 43 (1998), 441 ff.

⁵⁰⁷ Z. B. BVerfGE 41, 251 (256 f.); 51, 268 (287 f.); zum Übergangsrecht → Rn. 90 f.

⁵⁰⁸ BVerfGE 78, 179 (197); *Maurer*, Allg. Verwaltungsrecht, § 6 Rn. 3 ff.

⁵⁰⁹ *F. Ossenbühl*, HStR³ V, § 101 Rn. 35 ff.; *C. Gusy*, JA 2002, 610 (611 f.); *H. D. Jarass*, NVwZ 1984, 473 (475 ff.); *Kunig*, Rechtsstaatsprinzip (Fn. 33), S. 318 ff.; ausf. *F. Reimer*, GVwR² I, § 9 Rn. 32 ff.

⁵¹⁰ So für Art. 103 II GG: BVerfGE 92, 1 (12); übersichtlich *Grzeszick* (Fn. 237), Art. 20 VI Rn. 91 ff.

⁵¹¹ So z. B. BVerfGE 40, 237 (248 f.); 48, 210 (221); 49, 89 (126); 107, 59 (102); BVerwGE 72, 265 (266); 109, 29 (37); 118, 201 (205); *Stern*, Staatsrecht I, S. 805; *Benda* (Fn. 193), § 17 Rn. 36; *H. Frohn*, ZG 5 (1990), 117 (120 ff.); krit. *Grzeszick* (Fn. 237), Art. 20 VI Rn. 99 f.; *Huster/Rux* (Fn. 75), Art. 20 Rn. 173.1

⁵¹² *Degenhart*, Staatsrecht I, Rn. 313; *C. Gusy*, JA 2002, 610 (612 ff.); *Hesse*, Verfassungsrecht, Rn. 201.

prinzips, insoweit er Öffentlichkeit und Volksvertretung anhält, Notwendigkeit und Ausmaß der Entscheidungen in öffentlicher Debatte zu klären[513] (→ Art. 20 [Demokratie], Rn. 116). Art. 20 III GG beantwortet nicht die Frage der Reichweite des Gesetzesvorbehalts[514] und damit des Einflussbereiches von Gesetzgeber und Verwaltung[515].

106 **Praktisch am bedeutsamsten** sind seine speziellen Ausprägungen in Form von **Grundrechtsvorbehalten**[516], die im Blick auf die einzelnen Grundrechte und grundrechtsgleichen Rechte je besondere Voraussetzungen für Gesetze festlegen, die die grundrechtliche Freiheit der Bürger beschränken und ausgestalten. Neben diesen Vorbehalten im traditionellen Sinne verlangt das Grundgesetz verschiedentlich ein Gesetz als Voraussetzung für staatliches Handeln, selbst wenn es nicht grundrechtsbedeutsam ist[517]. Der allgemeine Gesetzesvorbehalt mag mehr an objektiven, der Grundrechtsvorbehalt mehr an subjektiven Rechtsverletzungen orientiert sein[518] – funktional überschneiden sich beide: Nur soweit die spezielleren Erscheinungsformen des Gesetzesvorbehalts keine Anwendung finden, ist ein Rückgriff auf Art. 20 III GG erforderlich und geboten[519].

107 Ausgangspunkt für den Vorbehalt des Gesetzes ist der zentrale Grundgedanke, dass für einseitige[520] **Eingriffe in »Freiheit und Eigentum«** des Staatsbürgers ein Gesetz als rechtsstaatlich allgemeine und demokratisch-parlamentarisch legitimierte Regelung erforderlich ist[521]. Dieses klassische Verständnis des Gesetzesvorbehalts zielt auf unmittelbar regelndes belastendes (freiheitsverkürzendes) Staatshandeln: Es wird regelmäßig durch einzelgrundrechtliche Gesetzesvorbehalte differenziert ausgestaltet (→ Vorb. Rn. 136 ff.), soweit der Schutzbereich der jeweiligen Einzelgrundrechte beeinträchtigt wird. Eingriffe im herkömmlichen Sinne belastender rechtlich regelnder Maßnahmen durch oder aufgrund eines Gesetzes setzen stets eine gesetzliche Ermächtigungsgrundlage voraus[522].

108 Dieses herkömmliche Verständnis ist unter der Geltung des Grundgesetzes ergänzt worden[523]. Die **Lehre vom »Totalvorbehalt«** sucht den Vorbehalt des Gesetzes über eingreifende Gesetze hinaus auf alle (auch leistende bzw. begünstigende) Gesetze zu

---

[513] So BVerfGE 85, 386 (403 f.); 95, 267 (307 f.); 120, 378 (408, Rn. 95); 133, 277 (336, Rn. 140).
[514] *Schnapp* (Fn. 193), Art. 20 Rn. 65; *J. Pietzcker*, JuS 1979, 710 (712).
[515] Ausf. *Sobota*, Prinzip (Fn. 5), S. 107 ff.
[516] Qualitativ zwischen Gesetzes- und Grundrechtsvorbehalt (als Ermächtigung für den Gesetzgeber) unterscheidend: *Sachs* (Fn. 193), Art. 20 Rn. 113; ausf. *Horn*, Verwaltung (Fn. 308), S. 33 ff.; *Sobota*, Prinzip (Fn. 5), S. 120 ff.; krit. *Robbers* (Fn. 49), Art. 20 I Rn. 2010; zu den unterschiedlichen Vorbehaltsbegriffen *H. Wißmann*, Generalklauseln, 2008, S. 149 ff.; *J. Staupe*, Parlamentsvorbehalt und Delegationsbefugnis, 1986, S. 28 ff.; Klassifikationen: *P. Lerche*, HGR III, § 62 Rn. 41 ff.; s. auch *C. Bumke*, Der Grundrechtsvorbehalt, 1998.
[517] *H. H. Klein*, HStR³ III, § 50 Rn. 22; *Kunig*, Rechtsstaatsprinzip (Fn. 33), S. 319.
[518] *M. Wehr*, JuS 1997, 419 (420); *M. Sachs*, JuS 1995, 693 ff.; *M. Kloepfer*, JZ 1984, 685 (687).
[519] Vgl. *Jarass/Pieroth*, GG, Art. 20 Rn. 46; a. A. BVerfGE 77, 170 (230 f.).
[520] Für Verwaltungsverträge vgl. *A. Scherzberg*, JuS 1992, 205 (211 f.); *A. Bleckmann*, NVwZ 1990, 601 (603).
[521] BVerfGE 8, 155 (166 f.); *Gärditz* (Fn. 68), Art. 20 Rn. 157 ff.; *W. Hoffmann-Riem*, AöR 130 (2005), 5 (10 f.); *Schnapp* (Fn. 193), Art. 20 Rn. 73; *Hesse*, Verfassungsrecht, Rn. 200; ausf. *D. Jesch*, Gesetz und Verwaltung, 2. Aufl. 1968, S. 117 ff.
[522] Die »Wesentlichkeitsdoktrin« (→ Rn. 113 ff.) hat daran nichts geändert, BVerwGE 72, 265 (266 f.); *Pieroth/Schlink/Kingreen/Poscher*, Grundrechte, Rn. 276; *Jarass/Pieroth*, GG, Art. 20 Rn. 49.
[523] Ausf. *C. Burkiczak*, Der Vorbehalt des Gesetzes als Instrument des Grundrechtsschutzes, in: S. Emmenegger/A. Wiedmann (Hrsg.), Linien der Rechtsprechung des Bundesverfassungsgerichts,

erweitern, um die neuen sozialstaatlichen Aufgaben der Planung, Lenkung und Leistung rechtsstaatlich und demokratisch zu disziplinieren[524]. Sie hat sich zwar nicht voll durchsetzen können[525]; insbesondere verlangt die Rechtsprechung unverändert keine (materielle) gesetzliche Grundlage für Subventionen, sondern gibt sich mit der (formell-)gesetzlichen Grundlage des Haushaltsgesetzes (z.B. nach Art. 110 GG als spezieller Ausprägung des Gesetzesvorbehalts) zufrieden[526], sofern die Subvention nicht gerade auf Eingriffe in die Grundrechtssphäre unbeteiligter Dritter zielt[527]. Zentrale Bereiche der Leistungsverwaltung sind aber dennoch durch materielles Gesetz geregelt (vgl. § 31 SGB I als bundesgesetzliche Normierung des Vorbehaltsprinzips).

Der Gesetzesvorbehalt weist über die Eingriffskonstellation hinaus und **gilt grundsätzlich für alle Rechtsgebiete**, z.B. auch für das Zivilrecht[528], selbst wenn der privatrechtliche Ausgleich von gleichgeordneten Grundrechtsträgern nicht immer eine parlamentsgesetzliche Regelung erfordern soll[529]. Wohl aber darf der Gesetzesvorbehalt nicht umstandslos durch analoge Anwendung belastender zivilrechtlicher Haftungsregeln oder durch Rückgriff auf allgemeine Rechtsgrundsätze unterlaufen werden[530]. 109

Weiterhin ist die Erforderlichkeit einer parlamentsgesetzlich gesteuerten **Verrechtlichung der Besonderen Gewaltverhältnisse** weithin anerkannt[531]. Die Rechtsverhältnisse von Strafgefangenen[532], Beamten, Schülern im Schulverhältnis[533] und Studenten, die sich dem Staat gegenüber in einem Sonderstatus befinden, verlangen für freiheitsverkürzende belastende Regelungen eine gesetzliche Eingriffsgrundlage. Im Schulverhältnis muss der Gesetzgeber deshalb mit Blick auf den Grundrechtsvorbehalt von Art. 12 I 2 GG (→ Art. 12 Rn. 79 ff.) zumindest im Grundsatz entscheiden[534]: 110

Band 2, 2011, S. 129 ff. (133 ff.); *P. Lerche*, HGR III, § 62 Rn. 25 ff.; *F. Ossenbühl*, HStR[3] V, § 101 Rn. 20 ff.; *Schulze-Fielitz*, Theorie (Fn. 238), S. 158 ff.

[524] *Jesch*, Gesetz (Fn. 521), S. 166, 124 ff. bzw. 92 ff., 204 f.; *Grzeszick* (Fn. 237), Art. 20 VI Rn. 108 ff.; s. auch *Sobota*, Prinzip (Fn. 5), S. 125 ff.; *Degenhart*, Staatsrecht I, Rn. 324 ff.; zur Kritik *S. Hölscheidt*, JA 2001, 409 (410 f.).

[525] BVerfGE 68, 1 (109); BGHZ 111, 229 (234); *Jarass/Pieroth*, GG, Art. 20 Rn. 51.

[526] BVerfGE 8, 155 (167); BVerwGE 6, 282 (287 f.); 20, 101 (102); 45, 8 (11); 58, 45 (48); *J.A. Kämmerer*, HStR[3] V, § 124 Rn. 31 ff.; *Schnapp* (Fn. 193), Art. 20 Rn. 75; anders die h.L., z.B. *Sommermann* (Fn. 5), Art. 20 Rn. 282; *Maurer*, Allg. Verwaltungsrecht, § 6 Rn. 11, 21; *H. Bauer*, DÖV 1983, 53 ff.; differenzierend nach Empfängern und konkurrierenden Dritten *P.-M. Huber*, Konkurrenzschutz im Verwaltungsrecht, 1991, S. 497 ff.; *M.C. Jakobs*, BayVBl. 1985, 353 (354 ff., 358 f.). → Art. 110 Rn. 8 ff., 29 ff.

[527] Zum dann erforderlichen Gesetz vgl. BVerfGE 80, 124 (132); BVerwGE 90, 112 (126); OVG Berlin OVGE 13, 108 (114 f.); *B. Spilker*, DVBl. 2011, 458 (460 ff.); *Schmidt-Aßmann*, Ordnungsidee (Fn. 103), Kap. 4 Rn. 23; *D. Hömig*, Grundlagen und Ausgestaltung der Wesentlichkeitslehre, in: FS 50 Jahre BVerwG, 2003, S. 273 ff. (276 f.); *S. Detterbeck*, Jura 2002, 235 (239); *M. Rodi*, Die Subventionsrechtsordnung, 2000, S. 505 f. → Art. 5 I, II Rn. 228.

[528] *Gärditz* (Fn. 68), Art. 20 Rn. 174 f.; *P. Krause*, JZ 1984, 656 (659 ff.); ausf. zum Diskussionsstand *Ruffert*, Vorrang (Fn. 383), S. 130 ff.

[529] So BVerfGE 84, 212 (226); 88, 103 (115); 108, 150 (159 f., Rn. 36 ff.).

[530] BVerwGE 101, 51 (54 f.).

[531] Z.B. *Degenhart*, Staatsrecht I, Rn. 333 ff.; *Schnapp* (Fn. 193), Art. 20 Rn. 70 f., 78; *Maurer*, Allg. Verwaltungsrecht, § 6 Rn. 24 ff.; *S. Detterbeck*, Jura 2002, 235 (239 f., 241); → Art. 1 III Rn. 65.

[532] Grdl. BVerfGE 33, 1 (10 f.); für den Jugendstrafvollzug E 116, 69 (81, Rn. 36 ff.).

[533] Z.B. *Heintschel v. Heinegg*, Rechtsstaatlichkeit (Fn. 195), S. 119 f.; *P. Lerche*, Bayerisches Schulrecht und Gesetzesvorbehalt, 1981, bes. S. 58 ff.; *T. Oppermann*, 51. DJT, Bd. 1, Gutachten C, 1976, S. 48 ff.

[534] Vgl. *Hömig*, Grundlagen (Fn. 527), S. 279 ff., 284 ff.; *H.-U. Erichsen*, Schule und Parlamentsvorbehalt, in: FS Juristische Studiengesellschaft Berlin, 1984, S. 113 ff.

Art. 20 (Rechtsstaat)   C. Erläuterungen

über die Voraussetzungen eines Schulausschlusses, allgemein die Schulordnungen[535], die Modalitäten einer staatlichen Prüfung, die Auflösung einer Schule[536]. Im Strafvollzug bedürfen Auflagen bei der Strafaussetzung zur Bewährung einer entsprechenden Gesetzesgrundlage[537].

111   Eine weitere Ausdehnung erfährt der Gesetzesvorbehalt durch die **Notwendigkeit der Ausgestaltung** und Prägung **grundrechtlicher Freiheit**[538]. Die objektiv-rechtlichen Dimensionen der Grundrechte (→ Vorb. Rn. 94ff.), wie sie sich in Schutzpflichten des Gesetzgebers, in leistungs-, organisations- und verfahrensrechtlichen Gehalten der Grundrechte und auch in der »Grundrechtspolitik« durch Konkretisierung der Grundrechte als Ordnungsprinzipien mit Ausstrahlungswirkungen für die gesamte einfachgesetzliche Rechtsordnung niederschlagen[539], sind auf Handlungspflichten für den Gesetzgeber angelegt.

112   Der Gedanke des Gesetzesvorbehalts kann nur bei positivem staatlichen Handeln, nicht aber beim Unterlassen von Leistungen oder sonstigen Schutzregeln in Erfüllung von Schutzpflichten zur Anwendung kommen. Auch die **Ausstrahlungswirkung der Grundrechte** in ihrer objektiv-rechtlichen Dimension auf die einfache Rechtsordnung ist **kein Anwendungsfall des Gesetzesvorbehalts**, wohl aber der Erlass freiheitsverkürzender und -ausgestaltender Regeln z. B. des Zivilrechts (→ Rn. 109).

b) Die Wesentlichkeitsdoktrin der Rechtsprechung

113   Die Rechtsprechung des Bundesverfassungsgerichts fordert zusammenfassend[540], dass **der parlamentarische Gesetzgeber** »in grundlegenden normativen Bereichen, zumal im Bereich der Grundrechtsausübung, soweit diese staatlicher Regelung zugänglich ist, alle **wesentlichen Entscheidungen selbst zu treffen**« hat[541]. Die Kriterien für die Konkretisierung dessen, was als »wesentlich« zu gelten hat, sind aber nicht abschließend und eindeutig[542]. Maßgeblich ist vor allem die **Grundrechtsrelevanz** einer Maßnahme in Abhängigkeit von der Intensität des staatlichen Eingriffs in die Freiheit des einzelnen[543] oder aber auch davon, ob das Staatshandeln bedeutsam für die Verwirk-

---

[535] BVerfGE 41, 251 (262ff.); 58, 257 (274ff.).
[536] BVerwG DVBl. 1981, 1149 bzw. BVerfGE 51, 268 (287).
[537] BVerfGE 58, 358 (366f.).
[538] S. näher *P. Lerche*, HGR III, § 62 Rn. 17ff.; *C. Degenhart*, HGR III, § 61 Rn. 18ff.
[539] Dazu grdl. *P. Häberle*, Grundrechte im Leistungsstaat, VVDStRL 30 (1972), S. 43ff. (80ff.).
[540] Grdl. BVerfGE 33, 125 (158f.); 33, 303 (333f., 337, 346); implizit E 33, 1ff.; zur Rezeptionsgeschichte *D. C. Umbach*, Das Wesentliche an der Wesentlichkeitstheorie, in: FS Faller, 1984, S. 111ff. (116ff.); *O.-W. Jakobs*, EuGRZ 1986, 73ff.
[541] BVerfGE 49, 89 (126); 98, 218 (251, Rn. 136); 101, 1 (34, Rn. 124); 108, 282 (312, Rn. 69); 123, 39 (78, Rn. 132); BVerwGE 65, 323 (325); 68, 69 (72); 121, 103 (108ff.); 138, 201 (204, Rn. 26); *Sommermann* (Fn. 5), Art. 20 Rn. 186ff., 273ff.; *Gärditz* (Fn. 68), Art. 20 Rn. 144ff.; *F. Reimer*, GVwR² I, § 9 Rn. 47ff.; *F. Ossenbühl*, HStR³ V, § 101 Rn. 29ff., 42ff.; *Grzeszick* (Fn. 237), Art. 20 VI Rn. 105ff.; *E. Schmidt-Aßmann*, HStR³ II, § 26 Rn. 64f.; *Axer*, Normsetzung (Fn. 320), S. 316ff.; *C. Gusy*, JA 2002, 610 (613ff.); ausf. *C. Seiler*, Der einheitliche Parlamentsvorbehalt, 2000, S. 64ff., 73ff., 103ff.
[542] S. dazu näher *Gärditz* (Fn. 68), Art. 20 Rn. 148ff.; *F. Reimer*, GVwR² I, § 9 Rn. 48, zur Kritik Rn. 57ff.; *P. Lerche*, HGR III, § 62 Rn. 54ff.; *Schmidt-Aßmann*, Ordnungsidee (Fn. 103), Kap. 4 Rn. 21ff.; *S. Hölscheidt*, JA 2001, 409 (411ff.); *W. Erbguth*, VerwArch. 86 (1995), 327 (340ff.).
[543] Vgl. BVerfGE 34, 165 (192f.); 40, 237 (249); 47, 46 (79); 49, 89 (127); 98, 218 (252, Rn. 137); 101, 1 (34, Rn. 124); 111, 191 (216f., Rn. 151); *Sommermann* (Fn. 5), Art. 20 Rn. 276f., 279; *Hesse*, Verfassungsrecht, Rn. 509; krit. *Robbers* (Fn. 49), Art. 20 I Rn. 2028; *Lerche*, Gewaltenteilung (Fn. 332), S. 85f.

lichung der Grundrechte ist⁵⁴⁴. Denkbare Kriterien sind die Bedeutung der betroffenen Rechtsgüter, die individuelle oder kollektive Langzeitwirkung des staatlichen Handelns, der Umfang des Adressatenkreises oder auch die Unmittelbarkeit und Zielgerichtetheit einer gesetzlichen Regelungswirkung.

Neben der Grundrechtsrelevanz verlangt das **Demokratiegebot** eine parlamentarische Entscheidung für politisch bedeutsame Fragen i. S. demokratisch fundamentaler Grundsatzentscheidungen von Bedeutung für die Allgemeinheit⁵⁴⁵, konkret z. B. die Zulässigkeit einer friedlichen Nutzung der Kernenergie oder der Einsatz von Beamten auf bestreikten Arbeitsplätzen⁵⁴⁶. Auch in rechts-, sozial-, bundes- oder umweltstaatlicher Sicht kann einer Regelung eine spezifische Bedeutung zukommen⁵⁴⁷. So spricht bereits die Existenz eines Gesetzes dafür, dass nur der Gesetzgeber selbst Parlamentsgesetze verändern kann⁵⁴⁸. Für den sozialen Leistungsstaat sind z. B. die erhebliche finanzielle Bedeutung des Gesetzes für den Haushalt, für den Bundesstaat die besonderen Folgen für die Länder und damit eine Mitwirkung des Bundesrats im Gesetzgebungsverfahren bedeutsam.

114

Ein Hauptproblemfeld bilden **Grundrechtseingriffe im weiteren Sinne**, d. h. über unmittelbar rechtlich regelnde Eingriffe hinaus: Der Streit um die Reichweite des Gesetzesvorbehalts im Grundrechtsbereich verläuft weithin dem Streit um die Bestimmung des Grundrechtseingriffs parallel. Nicht nur unmittelbar rechtlich regelnde Staatsakte, sondern auch faktische und/oder mittelbare Grundrechtsbeeinträchtigungen (→ Vorb. Rn. 125 ff.)⁵⁴⁹ i. S. von ungezielten, mittelbaren, nicht rechtlich regelnden und sanktionslosen freiheitsverkürzenden staatlichen Maßnahmen, insbesondere durch Information der Öffentlichkeit, können Grundrechte beeinträchtigen. Dementsprechend muss auch die Reichweite des Gesetzesvorbehalts auf Mittel mit ihren typischen Grundrechtsbeeinträchtigungen als Folgen erstreckt werden⁵⁵⁰, sofern der Sachbereich »staatlicher Normierung zugänglich« ist⁵⁵¹.

115

Der Gesetzesvorbehalt gilt auch für **sonstige für die Grundrechtsentfaltung wesentliche** staatliche **Maßnahmen**⁵⁵², etwa die Ausgestaltung grundrechtsrelevanter Verwaltungsverfahren⁵⁵³, oder sonstige Belastungen für den Bürger (z. B. durch staatliche Leistungsverweigerung trotz Ansprüchen auf gleiche Leistungen), oder auch für die

116

---

⁵⁴⁴ BVerfGE 34, 165 (192); 40, 237 (248 f.); 41, 251 (260 f.); 47, 46 (79); 98, 218 (251, Rn. 136); zum Charakter als »Gleitformel« *Maurer*, Allg. Verwaltungsrecht, § 6 Rn. 14; *K.-H. Ladeur/T. Gostomzyk*, Die Verwaltung 36 (2003), 141 (149).

⁵⁴⁵ Vgl. *Gärditz* (Fn. 68), Art. 20 Rn. 130, 156; *Sommermann* (Fn. 5), Art. 20 Rn. 186 ff.; *G. Kisker*, NJW 1977, 1313 (1318).

⁵⁴⁶ BVerfGE 49, 89 (127); 53, 30 (56 ff.) bzw. BVerfGE 88, 103 (116).

⁵⁴⁷ *Sommermann* (Fn. 5), Art. 20 Rn. 280.

⁵⁴⁸ *Kloepfer*, Gesetzgebung (Fn. 230), S. 75; *Schulze-Fielitz*, Theorie (Fn. 238), S. 168.

⁵⁴⁹ S. ferner *Pieroth/Schlink/Kingreen/Poscher*, Grundrechte, Rn. 251 ff.; ausf. *W. Cremer*, Freiheitsgrundrechte, 2004, S. 150 ff.; *M. Schulte*, Schlichtes Verwaltungshandeln, 1995, S. 85 ff.

⁵⁵⁰ Vgl. BVerwGE 71, 183 (193 f.); 87, 37 (43 f.); 90, 112 (118 ff.); *G. Hermes*, GVwR² II, § 39 Rn. 80 ff.; *Schmidt-Aßmann*, Ordnungsidee (Fn. 103), Kap. 4 Rn. 17; *K.-H. Ladeur/T. Gostomzyk*, Die Verwaltung 36 (2003), 141 (155 ff.); krit. *W. Hoffmann-Riem*, AöR 130 (2005), 5 (43 f., 52 ff.). → Art. 2 I Rn. 93.

⁵⁵¹ BVerfGE 105, 279 (304, Rn. 78), konkret vorschnell von einer Unzugänglichkeit ausgehend; krit. *Gärditz* (Fn. 68), Art. 20 Rn. 160; *C. Hillgruber*, HStR³ IX, § 200 Rn. 107 ff.; *J.H. Klement*, DÖV 2005, 507 (510 ff.); *F. Schoch*, HStR³ III, § 37 Rn. 72 f., 111 ff., 133 f.; *Cremer*, Freiheitsgrundrechte (Fn. 549), S. 158 f.; *H. Dreier*, Die Verwaltung 36 (2003), 105 (129 ff.); *P.M. Huber*, JZ 2003, 291 ff.; ausf. Nw. bei *Burkiczak*, Vorbehalt (Fn. 523), S. 141 ff.

⁵⁵² BVerfGE 47, 46 (78 f.); 57, 295 (321); 58, 257 (268 f.); 134, 141 (184, Rn. 126).

⁵⁵³ BVerfGE 83, 130 (151 ff.); 95, 267 (307 f.); 128, 292 (317, Rn. 72); *M. Wehr*, JuS 1997, 419 (423).

Erhebung von Informationen durch die Ordnungsbehörden[554]; auch für staatliche Warnungen genügt nicht der Rückgriff auf die verfassungsrechtliche Umschreibung von Regierungs- oder Staatsaufgaben[555]. Das alles gilt auch, wenn Maßnahmen in Erfüllung grundrechtlicher Schutzpflichten Grundrechte Dritter beeinträchtigen[556].

117 Konkret folgt daraus z.B. für das **Schulverhältnis**, dass wegen ihrer Bedeutung für die Austarierung von Elternrecht (Art. 6 II GG), Schülerrecht (Art. 2 I GG) und staatlicher Schulaufsicht (Art. 7 I GG) auch die Einführung des Sexualkundeunterrichts oder die Festlegung von Pflichtfächern dem Gesetzesvorbehalt unterliegen[557]. Das soll nicht für die Einführung neuer Rechtschreibregeln in der Schule gelten[558].

118 Auch **Leistungsgewährungen** von existentieller Bedeutung für die Betroffenen verlangen eine gesetzliche Rechtsgrundlage[559], nicht aber generell alle Anforderungen an Verfahren und Zuständigkeit der Leistungsverwaltung[560]. Auch bei den (an sich) »vorbehaltlos« garantierten **besonderen Gleichheitssätzen** ist für Einschränkungen, soweit sie möglich sind, eine gesetzliche Grundlage erforderlich[561].

c) Der Parlamentsvorbehalt

119 Der allgemeine Gesetzesvorbehalt gilt der Frage, ob ein Regelungsgegenstand so wesentlich ist, dass er einer Regelung durch oder aufgrund eines Gesetzes bedarf. Davon zu unterscheiden ist die weitere Frage eines **Parlamentsvorbehalts**[562], d.h. welche Entscheidungen das Parlament selbst im Gesetz treffen muss und welche es durch gesetzliche Ermächtigung der administrativen Normsetzung durch die Exekutive überlassen darf. Für die Abgrenzung zwischen dem, was unmittelbar im Gesetz geregelt werden muss, und dem, was durch Verordnung oder Satzung aufgrund Gesetzes geregelt werden kann, gelten dieselben Kriterien wie für die Frage, ob überhaupt eine parlamentarische Rechtsgrundlage erforderlich ist[563].

120 Die Bestimmung des Parlamentsvorbehalts ist auch **nicht identisch mit** der **Abgrenzung nach Art. 80 I 2 GG**, weil dessen formale Ermächtigungsvoraussetzungen keinen

---

[554] BVerfGE 65, 1 (44ff.); 110, 33 (56, Rn. 114).

[555] Anders aber BVerfGE 105, 279 (303, Rn. 76); s. auch E 105, 252 (268ff., 273, Rn. 47ff., 62); BVerfG (K), NJW 1989, 3269 (3270f.); BVerwGE 82, 76 (80f.); 87, 37 (46f.); *Hofmann* (Fn. 111), Art. 20 Rn. 71; *Degenhart*, Staatsrecht I, Rn. 319f.; *C. Bumke*, Die Verwaltung 37 (2004), 3 (21ff.); wie hier neben den Nw. in Fn. 551 schon *F. Schoch*, DVBl. 1991, 667 (672f.); *R. Gröschner*, DVBl. 1990, 619ff.; → Vorb. Rn. 127.

[556] Vgl. *Pieroth/Schlink/Kingreen/Poscher*, Grundrechte, Rn. 113; *J. Isensee*, HStR³ IX, § 191 Rn. 281; *Calliess*, Rechtsstaat (Fn. 66), S. 448ff.; *R. Wahl/J. Masing*, JZ 1990, 553ff.; anders nur bei reinen Begünstigungen, s. *Schnapp* (Fn. 193), Art. 20 Rn. 74.

[557] BVerfGE 47, 46 (81f.) bzw. BVerwGE 64, 308 (309f.); ausf. *Robbers* (Fn. 49), Art. 20 I Rn. 2038ff.

[558] BVerfGE 98, 218 (252ff., Rn. 138ff.); dazu *H. Bauer/C. Möllers*, JZ 1999, 697 (700ff.); a.A. *Hofmann* (Fn. 111), Art. 20 Rn. 71; *R. Gröschner/W. Kopke*, JuS 1997, 298ff. m.w.N.

[559] BVerfGE 125, 175 (223, Rn. 136); *Gärditz* (Fn. 68), Art. 20 Rn. 163f.; *Robbers* (Fn. 49), Art. 20 I Rn. 2031; für Beihilferegelungen im Beamtenverhältnis BVerwGE 121, 103 (108ff.); 131, 20 (21f., Rn. 11); *J. Saurer*, DÖV 2005, 587 (589ff.); *U. Battis*, JZ 2005, 250f.; *C. Tegethoff*, BayVBl. 2005, 458ff.

[560] BVerfGE 56, 1 (13) bzw. BVerfGE 8, 155 (167f.); *Sommermann* (Fn. 5), Art. 20 Rn. 281; *Jarass/Pieroth*, GG, Art. 20 Rn. 51, 55.

[561] *Jarass/Pieroth*, GG, Art. 20 Rn. 50; *Michael/Morlok*, Grundrechte, Rn. 781. → Art. 3 Rn. 110ff.

[562] Vgl. BVerfGE 58, 257 (274); BVerwGE 57, 130 (137); begriffsprägend *P. Häberle*, DVBl. 1972, 909 (912, Fn. 49); krit. *Gröpl/Windthorst/v. Coelln*, GG, Art. 20 Rn. 149; *P. Lerche*, HGR III, § 62 Rn. 9.

[563] BVerfGE 83, 130 (142, 152), mit Hinweis auf E 34, 165 (192); 49, 89 (127 und 129); 57, 295 (327); 101, 1 (34, Rn. 124); *Axer*, Normsetzung (Fn. 320), S. 325f. m.w.N.

Maßstab für die Notwendigkeit einer Ermächtigung überhaupt enthalten[564]. Teilweise wird die Frage des Parlamentsvorbehalts als bloße Frage der hinreichenden Bestimmtheit der parlamentsgesetzlichen Regelung i.S. ihrer Regelungsdichte angesehen[565]. Wichtiger erscheinen Überlegungen, ob das (nach Aufwand, Legitimationsgrad und Dauer hervorstechende) parlamentarische oder das exekutivische Verfahren der Rechtsetzung für die jeweilige (Teil-)Regelung angemessener ist[566]. Zentrale Konflikte zwischen vorbehaltlosen Grundrechten oder sonstigen Verfassungsrechtsgütern etwa müssen i.S. eines »Verfassungsvorbehalts« durch Parlamentsgesetz zum Ausgleich gebracht werden[567] (→ Vorb. Rn. 141).

Im Übrigen existieren **keine eindeutigen** und allgemein anerkannten **Abgrenzungskriterien**, die die Rechtsprechungsergebnisse dogmatisch prognostizierbar erscheinen lassen. Der Diskussionsstand führt praktisch zu einem »Verfassungsgerichtsvorbehalt« ex post gemäß »Tradition, Zweckmäßigkeit, Machtlage und Rechtsbewußtsein«[568]. Damit wird erklärlich, dass die Bezugnahme auf die Wesentlichkeitsdoktrin ein leicht verfügbarer Argumentationstopos ist, um statt dem parlamentarischen Gesetzgeber der Judikative die Letztentscheidung einzuräumen[569]. Die Frage nach dem, was der Gesetzgeber regeln muss, bleibt virulent, die Tendenz zur Ausweitung scheint neuerdings von verfassungsrechtlichen Restriktionen abgelöst zu werden[570]. 121

Soweit der **Parlamentsvorbehalt** eine parlamentarische Entscheidung fordert, handelt es sich regelmäßig um ein förmliches **Gesetz mit materiellen Regelungen** des Verhältnisses von Staat und Bürger. Deshalb genügt weder das für den Bürger unverbindliche Haushaltsgesetz[571] noch ein bloßer Parlamentsbeschluss zur Transformation von zwischen den Ländern geschlossenen Staatsverträgen[572], noch ein Transformationsgesetz i.S. von Art. 59 II GG (→ Art. 59 Rn. 28 ff.) den Anforderungen des Parlamentsvorbehalts, soweit damit Eingriffe in Freiheit und Eigentum legalisiert werden sollen. 122

Soweit der allgemeine Gesetzesvorbehalt auch eine **untergesetzliche Rechtsgrundlage** für das Staatshandeln zulässt, muss diese sich ihrerseits auf eine parlamentsgesetzliche Ermächtigungsgrundlage zurückführen lassen. Nur nach deren Maßgabe können Rechtsverordnungen (→ Art. 80 Rn. 20, 41) oder Satzungen (aufgrund Geset- 123

---

[564] Vgl. BVerfGE 58, 257 (278); *Sommermann* (Fn. 5), Art. 20 Rn. 278; *C.-E. Eberle*, DÖV 1984, 485 (486); *Böckenförde*, Gesetz (Fn. 25), S. 395 f.
[565] So *U.M. Gassner*, Kriterienlose Genehmigungsvorbehalte im Wirtschaftsverwaltungsrecht, 1994, S. 73 ff., 78 f., 137 ff. → Rn. 135.
[566] Vgl. BVerfGE 85, 386 (403 f.); 95, 267 (307 f.); *Sommermann* (Fn. 5), Art. 20 Rn. 274; ausf. *Horn*, Verwaltung (Fn. 308), S. 43 ff., 62 ff., 80 ff., 89 f.; *Staupe*, Parlamentsvorbehalt (Fn. 516), S. 213 ff.
[567] BVerfGE 83, 130 (142); 108, 282 (297, 302, 310 f., Rn. 38, 47, 66 f.); BVerwGE 109, 29 (37); *W. Hoffmann-Riem*, AöR 130 (2005), 5 (50).
[568] So schon *H. Heller*, Der Begriff des Gesetzes in der Reichsverfassung, VVDStRL 4 (1928), S. 98 ff. (121).
[569] Krit. *P. Lerche*, HGR III, § 62 Rn. 69 f.
[570] Vgl. namentlich z.B. *W. Hoffmann-Riem*, AöR 130 (2005), 5 (52 ff.); *Hömig*, Grundlagen (Fn. 527), S. 286 ff. und Nw. in Fn. 555.
[571] A.A. *Roellecke* (Fn. 176), Art. 20 Rn. 80.
[572] *M. Herdegen*, HStR³ VI, § 129 Rn. 66; a.A. BVerwGE 74, 139 (140 f.); *Jarass*/*Pieroth*, GG, Art. 20 Rn. 53.

zes) grundrechtsbeschränkende Wirkungen entfalten[573], z. B. bei kommunalen Steuersatzungen[574], nicht aber Verwaltungsvorschriften[575].

d) Staatsorganisationsrechtliche Gesetzesvorbehalte

124 Auch **außerhalb der Grundrechte verlangen** zahlreiche **staatsorganisationsrechtliche Vorschriften** punktuell **ein parlamentarisches Gesetz**. Diese staatsorganisatorischen Gesetzesvorbehalte[576] gelten (z. B.) für die Übertragung von Hoheitsrechten (→ Art. 23 Rn. 42 ff.; → Art. 24 Rn. 35 ff.), die Neugliederung des Bundesgebiets (→ Art. 29 Rn. 34), die Transformation von völkerrechtlichen Verträgen i. S. von Art. 59 II 1 GG (→ Art. 59 Rn. 28 ff.), die Errichtung selbständiger Bundesoberbehörden und neuer bundesunmittelbarer Körperschaften und Anstalten des öffentlichen Rechts nach Art. 87 III 1 GG, die Bestimmung von Gemeinschaftsaufgaben nach Art. 91a II, III GG, den Aufbau der Finanzbehörden (Art. 108 I 2, II 2, IV GG), die Feststellung des Haushaltsplans durch Gesetz (Art. 110 II 1 GG), die Kreditaufnahme des Bundes (Art. 115 GG) oder die Wählbarkeitsbeschränkungen nach Art. 137 I GG. Art und Umfang des geforderten Gesetzes richten sich nach diesen jeweils speziellen Vorschriften.

125 Ergänzend lassen sich **durch Analogie entsprechende institutionelle Gesetzesvorbehalte** ermitteln. So lässt sich analog Art. 87 III, 89 II 2 GG folgern, dass Maßnahmen bei der Ausübung der Organisationsgewalt, die Außenwirkung entfalten, einer gesetzlichen Grundlage bedürfen[577], etwa die Errichtung von Verwaltungsträgern[578], die Errichtung von Behörden einschließlich der Zuständigkeitsabgrenzungen[579], aber auch die Beleihung[580] oder Organisationsprivatisierungen[581]. Auch die gesetzliche Regelung des Verwaltungsverfahrens kann grundrechtlich geboten sein[582] (→ Vorb. Rn. 105 f.; → Art. 2 II Rn. 91 ff.).

126 Die punktuell positivierten Regelungen des Grundgesetzes zur Erforderlichkeit von Parlamentsgesetzen sind nicht abschließend; sie werden ergänzt um **weitere institutionelle Gesetzesvorbehalte**[583]. Sie lassen sich insbesondere aus dem Demokratieprinzip

---

[573] Z. B. BVerfGE 101, 312 (322 f., Rn. 32); 111, 191 (215 ff., Rn. 148 ff.); BVerwGE 90, 359 (361 ff.); *Badura*, Staatsrecht, Rn. D 58; *A. Uhle*, ZG 16 (2001), 328 (334 ff.); einschränkend *Schmidt-Aßmann*, Rechtsverordnung (Fn. 449), S. 487 ff.; ausf. *W. Kluth*, Funktionale Selbstverwaltung, 1997, S. 489 ff.; für ein Normsetzungsrecht der Exekutive ohne gesetzliche Ermächtigung aber *Grzeszick* (Fn. 237), Art. 20 VI Rn. 131 ff.; *Axer*, Normsetzung (Fn. 320), S. 225 ff., zsfssd. 420 ff.; *Seiler*, Parlamentsvorbehalt (Fn. 541), S. 185 ff.; *Horn*, Verwaltung (Fn. 308), S. 62 ff.

[574] *C. Waldhoff*, Satzungsautonomie und Abgabenerhebung, in: FS Vogel, 2000, S. 495 ff. (499 ff.).

[575] *Gärditz* (Fn. 68), Art. 20 Rn. 143; *J. Saurer*, DÖV 2005, 587 (591 f.).

[576] Vgl. BVerfGE 106, 1 (22 f., Rn. 88 ff.); *Jarass/Pieroth*, GG, Art. 20 Rn. 52; *Grzeszick* (Fn. 237), Art. 20 VI Rn. 94 ff., 120 ff.; ausf. *F. Reimer*, GVwR[2] I, § 9 Rn. 37 ff.

[577] *Jarass/Pieroth*, GG, Art. 20 Rn. 52.

[578] *Gärditz* (Fn. 68), Art. 20 Rn. 168; *Maurer*, Allg. Verwaltungsrecht, § 21 Rn. 66; *W. Krebs*, HStR[3] V, § 108 Rn. 102; *C. Ohler*, AöR 131 (2006), 336 (358 ff.).

[579] Vgl. BVerfGE 40, 237 (250 f.); *Sommermann* (Fn. 5), Art. 20 Rn. 283; z. T. a. A. BGH NJW 1983, 519 (521); s. dazu ausf. *Groß*, Kollegialprinzip (Fn. 332), S. 239 ff.

[580] BVerfGE 130, 76 (127, Rn. 176); BVerwGE 137, 377 (382 ff., Rn. 24 ff.); *T. I. Schmidt*, ZG 17 (2002), 353 (355); ausf. *O. Freitag*, Das Beleihungsrechtsverhältnis, 2005, S. 21 ff.

[581] *Gärditz* (Fn. 68), Art. 20 Rn. 170; *Grzeszick* (Fn. 237), Art. 20 VI Rn. 124.

[582] *Gärditz* (Fn. 68), Art. 20 Rn. 172 ff.

[583] Vgl. *Schnapp* (Fn. 193), Art. 20 Rn. 77; *Schmidt-Aßmann*, Ordnungsidee (Fn. 103), Kap. 4 Rn. 18 ff.; a. A. *H. Wißmann*, GVwR[2] I, § 15 Rn. 35; *H. Maurer*, Zur Organisationsgewalt im Bereich

oder dem Rechtsstaatsprinzip ableiten[584], denn die »Wesentlichkeit« eines Entscheidungsgegenstandes besteht unabhängig davon, ob das Grundgesetz ausdrücklich einen Gesetzesvorbehalt vorsieht. So bedarf die **staatliche Binnenorganisation** bei der Reichweite der exekutivischen Organisationsgewalt[585] einschließlich der »Sonderverordnungen«[586] rechtlicher Grundlagen nach Maßgabe parlamentarischer Gesetze. Auch gebietet die Einrichtung funktionaler Selbstverwaltungseinheiten eine gesetzliche Regelung, die u. a. Aufgaben festlegt, institutionelle Vorkehrungen der Interessenwahrung der Betroffenen, Organisationen und Verfahren der Bildung und Handlungsbefugnisse der Organe vorsieht[587]. Allerdings stoßen Prinzipien wie das Demokratieprinzip grundsätzlich auf rechtliche Grenzen aus entgegenstehenden Prinzipien wie z. B. dem Eigenbereich der Regierung[588] (→ Rn. 73). Einen allgemeinen verfassungsrechtlichen demokratischen Gesetzesvorbehalt für alle wesentlichen Fragen kann es daher nicht geben[589], vielmehr kann die Reichweite des vom Demokratieprinzip Geforderten nur in Auslegung mit den speziellen Vorschriften des Grundgesetzes bestimmt werden.

Insoweit unterliegen insbesondere **außenpolitische Grundsatzentscheidungen** der Regierung in Ausfluss ihrer gubernativen Eigenständigkeit keinem Gesetzesvorbehalt[590]. Weiterhin darf der Gesetzgeber den Bürger nicht ohne dessen Zustimmung der normsetzenden Gewalt *nicht*staatlicher Einrichtungen unterwerfen, sondern muss die Beschränkungen im Wesentlichen selbst festlegen[591]. 127

4. Rechtsstaatliche Anforderungen an die Rechtsetzung

Kernelement des Rechtsstaatsprinzips ist, dass alle materiellen Rechtsnormen mit Regelungsanspruch dem Bürger gegenüber diesem die Möglichkeit einräumen, sein Verhalten auf diese Rechtsnormen einzurichten. **Parlamentarische Gesetze, Rechtsverordnungen oder Satzungen** müssen deshalb in gleicher Weise **rechtsstaatliche Mindesterfordernisse** einhalten: Sie müssen ausreichend bestimmt und klar sein (→ Rn. 129 ff.); ihr Regelungsanspruch darf den Schutz des Bürgervertrauens nicht vernachlässigen 128

---

der Regierung, in: FS Vogel, 2000, S. 331 ff. (342 ff.); zur Zusammenlegung von Innen- und Justizministerium → Art. 97 Rn. 28.

[584] So etwa *Degenhart*, Staatsrecht I, Rn. 38 ff.

[585] Grdl. für den »institutionellen Gesetzesvorbehalt« *A. Köttgen*, Die Organisationsgewalt, VVDStRL 16 (1958), S. 154 ff. (161 ff.); *Schnapp*, Verwaltungsvorbehalt (Fn. 338), S. 192 ff.; ausf. *G. C. Burmeister*, Herkunft, Inhalt und Stellung des institutionellen Gesetzesvorbehalts, 1991, S. 47 ff.

[586] *Schnapp* (Fn. 193), Art. 20 Rn. 78; a. A. *E.-W. Böckenförde/R. Grawert*, AöR 95 (1970), 1 (30 ff.).

[587] S. näher BVerfGE 111, 191 (217 f., Rn. 153 f.); *Gärditz* (Fn. 68), Art. 20 Rn. 166; *Schmidt-Aßmann*, Ordnungsidee (Fn. 103), Kap. 5 Rn. 29; ausf. *M. Burgi*, Funktionale Privatisierung und Verwaltungshilfe, 1999, S. 283 ff.; gleichsinnig für die Errichtung unabhängiger Behörden *G. Hermes*, Legitimationsprobleme unabhängiger Behörden, in: H. Bauer/P. M. Huber/K.-P. Sommermann (Hrsg.), Demokratie in Europa, 2005, S. 457 ff. (481 f., 483 ff.). → Art. 20 (Demokratie) Rn. 128 ff.

[588] Vgl. *Sommermann* (Fn. 5), Art. 20 Rn. 284; *E.-W. Böckenförde*, Die Organisationsgewalt im Bereich der Regierung, 1964, S. 84 ff.; *E. Schmidt-Aßmann*, Verwaltungsorganisation zwischen parlamentarischer Steuerung und exekutivischer Organisationsgewalt, in: FS H. P. Ipsen, 1977, S. 333 ff. (347). → Rn. 71, 73.

[589] Vgl. BVerfGE 49, 89 (125); 68, 1 (109); BVerwGE 60, 162 (182).

[590] BVerfGE 68, 1 (87, 109); 90, 286 (363); 104, 151 (207, Rn. 148 f.); zum Parlamentsvorbehalt bei Auslandseinsätzen der Bundeswehr E 90, 286 (381 ff.); 108, 34 (44, Rn. 38 f.); 121, 135 (160 ff., Rn. 68 ff.); 126, 55 (72, Rn. 58).

[591] BVerfGE 64, 208 (214 f.); 78, 32 (36).

(→ Rn. 146 ff.); ihre Entstehung muss die Erfordernisse rechtsstaatlicher Rechtsentstehung (→ Rn. 200 ff.) einhalten.

a) Bestimmtheit von Gesetzen

aa) Grundsatz und Funktion

129 Der rechtsstaatliche Grundsatz der ausreichenden **Bestimmtheit von Gesetzen**[592] verlangt, gesetzliche Tatbestände so präzise zu formulieren, dass ein Normadressat sein Handeln kalkulieren kann, weil die Folgen der Regelung für ihn voraussehbar und berechenbar sind[593]. Er wird weithin als Konkretisierung des rechtsstaatlichen Gebots der Rechtssicherheit[594] (→ Rn. 146 ff.) oder allgemein des Prinzips des Rechtsstaats oder aller seiner Unterprinzipien angesehen[595]; er ist Voraussetzung insbesondere für grundrechtseinschränkende Gesetze in Ausübung des jeweiligen Gesetzesvorbehalts[596], des Vorranges des Gesetzes (→ Rn. 92), des Demokratieprinzips (Parlamentsvorbehalts)[597] und gerichtlicher Kontrollen (→ Rn. 133). Er wird mitunter in Art. 20 III GG verankert[598], lässt sich aber von den Bestimmtheitsanforderungen an Grundrechtseinschränkungen und sonstigen Bestimmtheitsforderungen (z. B. Art. 80 I 2, 103 II, 104 I GG) praktisch kaum trennen[599]. Vielmehr[600] ist allen Bestimmtheitsanforderungen gemeinsam, dass der Grad der Bestimmtheit von den jeweiligen sachlichen Eigenarten des Regelungsgegenstandes abhängt: Stets sind Rechtsvorschriften so genau »zu fassen, wie dies nach der Eigenart der zu ordnenden Lebenssachverhalte und mit Rücksicht auf den Normzweck möglich ist«[601].

130 Indessen lässt sich nahezu jedes Gesetz noch bestimmter fassen, indem sein Text z. B. durch Beispiele oder präzisere Begriffe der zu regelnden Wirklichkeit immer weiter angenähert wird. Bestimmtheitsanforderungen zielen auf eine **Optimierung**

---

[592] Dazu näher *Robbers* (Fn. 49), Art. 20 I Rn. 2128 ff.; *F. Reimer*, GVwR² I, § 9 Rn. 61 ff.; *G. Beaucamp*, Rechtstheorie 42 (2011), 21 (34 ff.); *Grzeszick* (Fn. 193), Art. 20 VII Rn. 58 ff.; *v. Arnauld*, Rechtssicherheit (Fn. 125), S. 242 ff.; *Bröhmer*, Transparenz (Fn. 248), S. 159 ff.; *Wolff*, Verfassungsrecht (Fn. 380), S. 255 ff.; *Schneider*, Gesetzgebung (Fn. 253), Rn. 66 ff.; *Gassner*, Genehmigungsvorbehalte (Fn. 565), S. 80 ff.

[593] BVerfGE 31, 255 (264); 84, 133 (149); 113, 348 (375 f., Rn. 116 f.); 131, 88 (123, Rn. 102); 134, 141 (184, Rn. 126); BVerwGE 77, 214 (219); 92, 196 (207); 96, 110 (111); *Degenhart*, Staatsrecht I, Rn. 374.

[594] BVerfGE 49, 168 (181); 59, 104 (114); 62, 169 (183); 80, 103 (107); BSGE 70, 285 (292); *Sommermann* (Fn. 5), Art. 20 Rn. 288; *P. Kunig*, Jura 1990, 495 (495); *Stern*, Staatsrecht I, S. 829.

[595] BVerfGE 26, 338 (367); 79, 106 (120); 86, 90 (106); 89, 69 (84); 93, 213 (238); 111, 54 (82, Rn. 171); ausf. *Kunig*, Rechtsstaatsprinzip (Fn. 33), S. 205 ff.; *H.-J. Papier/J. Möller*, AöR 122 (1997), 177 (181 f., 199).

[596] Vgl. BVerfGE 57, 295 (326 f.); 62, 169 (182); 80, 137 (161); 98, 49 (60 ff., Rn. 46 ff.); 109, 133 (188, Rn. 196 f.); *Kunig*, Rechtsstaatsprinzip (Fn. 33), S. 400; s. auch *U. M. Gassner*, ZG 11 (1996), 37 (50 ff.).

[597] Übersichtlich auch zu weiteren Begründungsansätzen *U. M. Gassner*, ZG 11 (1996), 37 (40 ff., 54 ff.); *ders.*, Genehmigungsvorbehalte (Fn. 565), S. 85 ff., 99 ff., 112 ff.

[598] So BVerfGE 86, 288 (311).

[599] Vgl. BVerfGE 62, 169 (182 f.); 64, 261 (286); BVerwGE 110, 253 (255 f.); *H.-J. Papier/J. Möller*, AöR 122 (1997), 177 (182 f.); a. A. *Staupe*, Parlamentsvorbehalt (Fn. 516), S. 140 ff.; *M. Kloepfer*, JZ 1984, 685 (691); *M. Lehner*, NJW 1991, 890 (892 f.).

[600] Vgl. BVerfGE 71, 108 (114 ff.); 75, 329 (341); 76, 363 (387); 92, 1 (11 f.); 92, 20 (23) – *Sondervotum Seidl/Söllner/Haas*; 93, 266 (291 f.).

[601] So etwa BVerfGE 49, 168 (181); 59, 104 (114); 102, 254 (337, Rn. 350); 133, 241 (271, Rn. 84); 134, 141 (184, Rn. 126).

verschiedener rechtsstaatlicher Interessen[602] i. S. einer hinreichenden Bestimmtheit[603]. Deshalb können z. B. bereichsspezifische Öffnungs- oder Nichtanwendungsklauseln nach dem Modell der kommunalrechtlichen Experimentierklauseln mit dem Bestimmtheitsgrundsatz vereinbar sein[604]. Das **Bestimmtheitsgebot** kann als Rechtsprinzip **graduell abgestuft erfüllt** werden; seine Erfüllung ist weithin durch Konvention über den Detaillierungsgrad der Normierung von Sachverhalten gekennzeichnet. Die Vielfalt der dabei zu berücksichtigenden Gesichtspunkte macht die Anforderungen der Judikatur des Bundesverfassungsgerichts unübersichtlich[605].

Der **Grad der Bestimmtheit und** damit **Regelungsdichte** einer Gesetzesnorm entscheidet über die Aufgabenverteilung zwischen Rechtsetzer und Rechtsanwender[606], weil z. B. bei sehr detaillierten Normen in der Arbeitsteilung zwischen Gesetzgebung und Verwaltung der Schwerpunkt beim Gesetzgeber liegt: Ein bestimmtes funktionell-rechtliches Verständnis von Gesetzgebung und Verwaltung im jeweiligen Sach- und Regelungszusammenhang kann deshalb auf die Bestimmtheitsanforderungen an den Normtext zurückwirken.

131

Das allgemeine rechtsstaatliche **Bestimmtheitsgebot erstreckt sich auf** alle materiellen **Rechtsnormen**. Es ist praktisch bedeutsam vor allem bei freiheitsbeschränkenden Rechtsnormen, gilt aber auch für begünstigende Rechtsnormen. Namentlich im untergesetzlichen Satzungsrecht findet der Bestimmtheitsgrundsatz in der Judikatur reichen Niederschlag.

132

bb) Unbestimmte Rechtsbegriffe und Generalklauseln

Der Bestimmtheitsgrundsatz schließt nicht aus, dass der Gesetzgeber **unbestimmte Rechtsbegriffe** gebraucht[607]; auch mit herkömmlichen juristischen Methoden auslegungsfähige Generalklauseln sind **grundsätzlich zulässig**[608], so etwa im Steuerrecht[609] und selbst im Strafrecht[610]. Die Freiheit des Gesetzgebers, durch die Begriffswahl den

133

---

[602] *G. Beaucamp*, Rechtstheorie 42 (2011), 21 (43ff.); *U. M. Gassner*, ZG 11 (1996), 37 (41, 56); *R. Geitmann*, Bundesverfassungsgericht und »offene« Normen, 1971, S. 79.

[603] BVerfGE 107, 104 (120, Rn. 67); *F. Reimer*, GVwR² I, § 9 Rn. 63; *Breuer*, Konkretisierungen (Fn. 217), S. 240; *Kunig*, Rechtsstaat (Fn. 330), S. 440.

[604] Vgl. *C. Brüning*, DÖV 1997, 278 (286ff.); *B. Grzeszick*, Die Verwaltung 30 (1997), 545 (559ff.); ausf. *V. Maaß*, Experimentierklauseln für die Verwaltung und ihre verfassungsrechtlichen Grenzen, 2001.

[605] Krit. *Kunig*, Rechtsstaatsprinzip (Fn. 33), S. 396ff.; *L. Osterloh*, Gesetzesbindung und Typisierungsspielräume bei der Anwendung der Steuergesetze, 1992, S. 111ff.; *H.-J. Papier/J. Möller*, AöR 122 (1997), 177 (196ff.).

[606] BVerfGE 49, 89 (138); 87, 234 (263f.); *G. Beaucamp*, Rechtstheorie 42 (2011), 21 (41f.); *U. M. Gassner*, ZG 11 (1996), 37 (38f.).

[607] BVerfGE 3, 225 (243); 4, 352 (357f.); 8, 274 (326); 87, 234 (263f.); 103, 21 (33, Rn. 51); 118, 168 (188, Rn. 100); 133, 277 (355f., Rn. 181); BVerwGE 92, 196 (206); 109, 97 (102); *Sommermann* (Fn. 5), Art. 20 Rn. 289; *Schmidt-Aßmann*, Ordnungsidee (Fn. 103), Kap. 4 Rn. 28ff.; *Frankenberg* (Fn. 4), Art. 20 Abs. 1–3 IV Rn. 37; *Grzeszick* (Fn. 237), Art. 20 VI Rn. 62; ausf. *C. Middelschulte*, Unbestimmte Rechtsbegriffe und das Bestimmtheitsgebot, 2007, S. 123ff.

[608] Z.B. BVerfGE 8, 274 (326); 13, 153 (161); 56, 1 (12); 78, 205 (212); 83, 130 (145); 102, 254 (337, Rn. 350); 110, 33 (56f., Rn. 115f.); 119, 394 (416, Rn. 68f.); 131, 316 (343, Rn. 76); BVerwGE 129, 142 (148, Rn. 33); BVerwG NJW 2013, 1832 (1833); BAGE 32, 381 (396); *F. Reimer*, GVwR² I, § 9 Rn. 66.

[609] Z.B. BVerfGE 13, 153 (161, 164); 48, 210 (222); 78, 205 (226); ausf. *C. Jehke*, Bestimmtheit und Klarheit im Steuerrecht, 2005, S. 25ff., 95ff.; *J. Hey*, Steuerplanungssicherheit als Rechtsproblem, 2002, S. 547ff.

[610] Z.B. BVerfGE 11, 232 (237f.); 26, 41 (42f.); 28, 175 (183); 48, 48 (56); 50, 205 (216); 103, 21

Kreis der erfassten Sachverhalte enger oder weiter zu bestimmen, findet freilich Grenzen an den Grundsätzen der Normenklarheit (→ Rn. 141 ff.) und der Justitiabilität[611] und der Aufgabe, die Verwaltung anhand rechtlicher Maßstäbe zu kontrollieren[612]: Gesetzesbegriffe müssen die tatbestandliche Grenzziehung selbst leisten und diese nicht dem Ermessen des Rechtsanwenders überlassen[613], soweit dies »praktisch möglich« ist[614], so dass der Bürger konkrete Beurteilungsmaßstäbe für die Gesetzesanwendung erkennen kann[615]; bei komplexen wissenschaftlichen oder technischen Zusammenhängen muss der Gesetzgeber aber nicht jede einzelne Frage selbst entscheiden[616]. Bei abstrakten unbestimmten Rechtsbegriffen kann auch ihre langjährige Konkretisierung durch die Rechtsprechung mitberücksichtigt werden[617], so dass z. B. die polizeirechtliche Generalklausel (»öffentliche Sicherheit und Ordnung«) ausreichend bestimmt ist[618]; auch kann der Gesetzgeber eine Konkretisierung durch die Rechtsprechung erwarten, beobachten und ggf. korrigieren[619]. Zudem kann das Maß der Gesetzesbestimmtheit durch Art und Struktur der Verfahren mitbestimmt sein, in denen die gesetzanwendenden Instanzen den Gesetzesinhalt konkretisieren[620]; deren verfahrensrechtliche Sorgfalt und Neutralität können Unbestimmtheiten kompensieren.

134 Das gleiche gilt für die **Einräumung von Ermessen** für die Verwaltung[621]; es darf nicht beliebige Entscheidungen zulassen, sondern muss durch Gesetzeszwecke, Maßstäbe für Abwägungsentscheidungen und tatbestandliche Bindungen rechtsstaatlich diszipliniert werden[622].

135 Im Übrigen richtet sich das – variable – Ausmaß der gebotenen Bestimmtheit nach der Regelungsmaterie und dem Regelungszweck[623], der Regelungsfähigkeit des Gegenstandes[624], der Grundrechtsrelevanz[625] und der »Art und Schwere des Eingriffs«[626]:

(33, Rn. 51 f.); 117, 71 (111 f., Rn. 119); BVerfGK 2, 174 (174 f.); ausf. *R. G. Birkenstock*, Die Bestimmtheit von Straftatbeständen mit unbestimmten Gesetzesbegriffen, 2004, S. 103 ff.

[611] BVerfGE 21, 73 (79); 37, 132 (142); 103, 332 (384, Rn. 153 f.); 110, 33 (54, Rn. 110); 114, 1 (53 f., Rn. 184); 118, 168 (188, Rn. 100).

[612] BVerfGE 110, 33 (54 f., Rn. 110).

[613] BVerfGE 6, 32 (42); 20, 150 (158); 21, 73 (80); 80, 137 (161); 131, 316 (343, Rn. 76); BVerwGE 105, 144 (147).

[614] BVerfGE 57, 9 (22); *H.-J. Papier/J. Möller*, AöR 122 (1997), 177 (185 ff., 200); eine genauere Regelung als § 1 UWG a. F. soll »kaum möglich« sein, so BVerfGE 102, 347 (361, Rn. 47), widerlegt durch die Gesetzgebung seit 2004.

[615] BVerfGE 88, 366 (380 f.; s. auch BVerfGE 17, 306 (314); 21, 73 (79); 63, 312 (323 f.).

[616] BVerfGE 56, 1 (12); 79, 106 (120); BSGE 91, 23 (27 f.).

[617] BVerfGE 49, 89 (134); 76, 1 (74); *Degenhart*, Staatsrecht I, Rn. 375; zur Zulässigkeit von Beurteilungsspielräumen → Art. 19 IV Rn. 126 ff.

[618] BVerfGE 54, 143 (144 f.); BVerwGE 109, 29 (37 f.); 115, 189 (195 f.); 116, 347 (350); einschränkend *R. Störmer*, Die Verwaltung 30 (1997), 233 (244 ff., 255 f.); *K. Waechter*, NVwZ 1997, 729 ff.

[619] Vgl. BVerfGE 90, 145 (191); *H.-J. Papier/J. Möller*, AöR 122 (1997), 177 (189 ff.).

[620] *F. Reimer*, GVwR² I, § 9 Rn. 67; *Schmidt-Aßmann*, Ordnungsidee (Fn. 103), Kap. 4 Rn. 34; s. z. B. OVG NW NWVBl. 2002, 232 ff.

[621] BVerfGE 8, 274 (326); 21, 73 (79 f.); 48, 210 (222); 110, 33 (54, Rn. 109); *Robbers* (Fn. 49), Art. 20 I Rn. 2121 ff.

[622] BVerfGE 18, 353 (363); 49, 89 (147); 103, 111 (135, Rn. 106); 108, 186 (234 f., Rn. 174 ff.); 110, 33 (54, Rn. 109); ausf. *Schmidt-Aßmann*, Ordnungsidee (Fn. 103), Kap. 4 Rn. 46 ff.

[623] BVerfGE 48, 210 (226 f.); 59, 104 (114); 84, 133 (149); 87, 234 (263); 103, 332 (384, Rn. 154).

[624] BVerfGE 48, 210 (221 f.); 56, 1 (12 f.).

[625] BVerfGE 37, 132 (142); 59, 104 (114); 81, 70 (88); 84, 133 (149 f.); 87, 287 (317 f.); 93, 213 (238); 108, 186 (235, Rn. 174 f.).

[626] BVerfGE 110, 33 (55, Rn. 112); 120, 378 (408, Rn. 95); *C. Hillgruber*, HStR³ IX, § 201 Rn. 31.

Je schwerwiegender oder belastender die individuellen **Auswirkungen** eines Gesetzes sind, **desto genauer** müssen die Voraussetzungen vom Gesetzgeber normiert sein[627], auch bei Konkretisierung eines grundrechtlichen Schutzauftrages[628]. Auch für das Abgabenrecht lassen sich keine einheitlichen Anforderungen formulieren[629]. Die Kriterien, die die Reichweite des Gesetzesvorbehalts (→ Rn. 113 ff.) bestimmen, determinieren ferner den Grad der Bestimmtheit von gesetzlichen Eingriffsvoraussetzungen[630].

cc) Ermächtigungsgrundlagen für belastendes Staatshandeln

Hauptanwendungsfall für das Bestimmtheitsgebot sind gesetzliche **Ermächtigungsgrundlagen für belastende Verwaltungsakte**. Die Eingriffsvoraussetzungen muss der Gesetzgeber grundsätzlich selbst genau abgrenzen, so dass die Ermächtigung nach Gegenstand, Inhalt, Zweck und Ausmaß hinreichend bestimmt ist[631] und der Adressat die Rechtslage erkennen und sein Verhalten darauf ausrichten kann[632], auch im Blick auf das Zusammenspiel von Normen unterschiedlicher Regelungsbereiche[633]. Das gilt verschärft bei heimlichen Überwachungsmaßnahmen, gegen die Betroffene mangels Kenntnis sich regelmäßig nicht vorher wehren können[634]. Das gilt auch im Steuerrecht, wo der Steuerpflichtige seine Steuerlast nach Maßgabe der Tatbestandsmäßigkeit der Besteuerung vorausberechnen können soll[635], ohne dass damit auslegungsbedürftige Begriffe ausgeschlossen wären[636]. Wenn der belastende Verwaltungsakt rechtstechnisch in der Versagung einer Genehmigung besteht, auf die der einzelne grundsätzlich einen grundrechtlich fundierten Anspruch hat (Verbot mit Erlaubnisvorbehalt), hat der Gesetzgeber die Voraussetzungen einer Genehmigung bzw. Nicht-

136

---

[627] BVerfGE 49, 168 (181); 56, 1 (13); 83, 130 (145); 86, 288 (311); 90, 1 (17); 109, 133 (188, Rn. 197); 110, 33 (55, Rn. 111); 117, 71 (111, Rn. 119); 120, 378 (408, Rn. 95); *F. Reimer*, GVwR² I, § 9 Rn. 64; *G. Beaucamp*, Rechtstheorie 42 (2011), 21 (53 ff.); *Sobota*, Prinzip (Fn. 5), S. 134 ff.; *Gassner*, Genehmigungsvorbehalte (Fn. 565), S. 180 ff.; *Osterloh*, Gesetzesbindung (Fn. 605), S. 135; *Stern*, Staatsrecht I, S. 818; a. A. *Schmidt-Aßmann*, Ordnungsidee (Fn. 103), Kap. 4 Rn. 33.
[628] BVerfGE 114, 1 (53 ff., Rn. 184 ff.).
[629] BVerfGE 108, 186 (235, Rn. 175), unter Hinweis auf BVerfGE 48, 210 (221 f.); 79, 106 (120) und BVerwGE 105, 144 (147 f.).
[630] BVerfGE 49, 89 (127); 58, 257 (278); 83, 130 (142 ff., 145, 152); 86, 288 (311); *Grzeszick* (Fn. 193), Art. 20 VII Rn. 60; *R. Störmer*, Die Verwaltung 30 (1997), 233 (256); s. auch *U. M. Gassner*, DÖV 1996, 18 ff.; ausf. *ders.*, Genehmigungsvorbehalte (Fn. 565), S. 156 ff., 177 ff., 200 ff. – Nach *H.-J. Papier/J. Möller*, AöR 122 (1997), 177 (202 ff.), ist eine Tatbestandsbildung stets einer Fallgruppenbildung vorzuziehen; letztere sei eine Ausgestaltung als »bewegliches System« vorrangig.
[631] BVerfGE 8, 274 (325); 9, 137 (147); 84, 133 (150); 100, 313 (359 f., 372, Rn. 165, 206); 110, 33 (53, Rn. 106); BVerwGE 94, 1 (10 f.); zum Zusammenhang mit Art. 80 I 2 GG: *U. M. Gassner*, DÖV 1996, 18 (19).
[632] BVerfGE 21, 73 (79 f.); 52, 1 (41); 83, 130 (145); 108, 186 (235, Rn. 174); 110, 33 (53, Rn. 107); BVerwGE 100, 230 (236); 126, 223 (228 f., Rn. 30); BFHE 133, 405 (407). → Rn. 129.
[633] BVerfGE 108, 52 (75, Rn. 56); 110, 33 (53 f., Rn. 107).
[634] BVerfGE 100, 313 (359 f., 372, Rn. 164 f., 206 ff.); 110, 33 (53 f., Rn. 107 f.); 113, 348 (376 f., Rn. 117 f.); *J. Puschke/T. Singelnstein*, NJW 2005, 3534 (3535 f.).
[635] BVerfGE 19, 253 (267); 49, 343 (362); 73, 388 (400); 99, 216 (243, Rn. 94); 108, 186 (235, Rn. 176); begriffskrit. *Jehke*, Bestimmtheit (Fn. 609), S. 175 ff.; s. auch *O. Sandrock*, Die Verständlichkeit von Eingriffsnormen als Verfassungsgebot, in: FS K. Ipsen, 2000, S. 781 ff. (799 ff.).
[636] BVerfGE 79, 106 (120); BVerwGE 96, 110 (111); ausf. *Osterloh*, Gesetzesbindung (Fn. 605), S. 139 ff.

Art. 20 (Rechtsstaat) C. Erläuterungen

Genehmigung möglichst detailliert zu regeln[637]; bei kriterienlosen Genehmigungsvorbehalten spricht eine Vermutung für ihre verfassungswidrige Unbestimmtheit[638].

137 Die **tatbestandliche Bestimmbarkeit durch unbestimmte Rechtsbegriffe** findet ihre Grenzen dort, wo die zu erfassenden Einzelfälle eine sehr hohe Streubreite an einzelfallspezifischen Besonderheiten aufweisen: Der Gesetzgeber muss dann auf der Tatbestandsseite einer Norm mit abstrakten (unbestimmten) Rechtsbegriffen arbeiten oder auf der Rechtsfolgenseite durch Einräumung eines Ermessensspielraums dem Rechtsanwender Entscheidungsbefugnisse delegieren[639]. Beide Erscheinungsformen wirken funktional gleichartig[640] und führen zu rechtfertigungsbedürftigen Abstrichen an den Grad der Bestimmtheit des Gesetzesrechts im Interesse der Einzelfallorientierung[641]. Dabei hat der Gesetzgeber eine gewisse Freiheit, in grundsätzlicher Orientierung am Regelfall[642] nach eigenen Vorstellungen zu typisieren und zu pauschalieren[643] (→ Art. 3 Rn. 34, 77).

138 Aus dem grundsätzlichen Freiheitsanspruch der Grundrechte wird weithin gefolgert, dass für grundrechtsrelevante Genehmigungsentscheidungen (z.B. für emittierende Anlagen) grundsätzlich gebundene Entscheidungen geboten seien[644]. Doch ist das keineswegs zwingend; denn es sind ebenso gut **Ermessensgenehmigungen denkbar**, sofern der grundrechtliche Freiheitsanspruch in jedem Einzelfall im Rahmen der Ermessensentscheidung nach Maßgabe der Gesetzeszwecke berücksichtigt wird[645]. Dahin tendieren nicht nur andere Rechtsordnungen in Europa; auch im deutschen Umweltverwaltungsrecht gibt es verbreitet Bedarfsprüfungen[646]. Ihre Zulässigkeit richtet sich nach den jeweiligen grundrechtlichen Rechtsgüter-Konflikten[647].

139 **Ermessensentscheidungen bei belastenden Maßnahmen** sind auch im Blick auf den Bestimmtheitsgrundsatz unproblematisch, wenn sie dazu dienen, dem Grundrechtsbürger seine grundrechtliche Freiheitsausübung zu ermöglichen (typischerweise bei Nebenbestimmungen eines Verwaltungsakts, vgl. § 36 I, II VwVfG), über das grundrechtlich Gebotene hinaus Vorteile einzuräumen[648], oder als Ausnahmegenehmigun-

---

[637] BVerfGE 20, 150 (157f.); 52, 1 (41); 80, 137 (161); BVerwGE 51, 235 (238ff.).
[638] Ausf. *Gassner*, Genehmigungsvorbehalte (Fn. 565), S. 206f.
[639] *Grzeszick* (Fn. 193), Art. 20 VII Rn. 65; *K.-E. Hain/V. Schlette/T. Schmitz*, AöR 122 (1997), 32 (35ff.).
[640] Vgl. etwa *C. Starck*, Das Verwaltungsermessen und dessen gerichtliche Kontrolle, in: FS Sendler, 1991, S. 167ff. (169); *M. Herdegen*, JZ 1991, 747ff.; s. auch *H. Schulze-Fielitz*, JZ 1993, 772 (774).
[641] Vgl. BVerfGE 3, 225 (243); 13, 153 (161f.); 48, 210 (222); 80, 103 (108); allg. *W. Hoffmann-Riem*, AöR 130 (2005), 5 (38ff.).
[642] BVerfGE 82, 159 (185f.); 117, 1 (31, Rn. 96); 126, 268 (279, Rn. 38); 127, 224 (257, Fn. 82).
[643] Zuletzt BVerfGE 99, 280 (290, Rn. 51); 101, 297 (309, Rn. 38); 103, 310 (319, Rn. 45); 105, 73 (127, Rn. 218); 108, 1 (19, Rn. 62); 110, 353 (365, Rn. 44); 111, 115 (137, Rn. 64); 132, 39 (49, Rn. 29); BVerwGE 110, 265 (272ff.); zu den Grenzen BVerfGE 97, 186 (194f., Rn. 30ff.); *F. Weyreuther*, DÖV 1997, 521 (523ff.).
[644] Vgl. BVerfGE 18, 353 (364); 20, 150 (155); 21, 73 (80); 58, 300 (347); zum »Verbot mit Erlaubnisvorbehalt« s. *Maurer*, Allg. Verwaltungsrecht, § 9 Rn. 51ff.; *F.-J. Peine*, Allgemeines Verwaltungsrecht, 11. Aufl. 2014, Rn. 470ff.; *M. Eifert*, Jura 2014, 1127 (1128ff.).
[645] BVerfGE 58, 300 (346f.); vgl. am Beispiel von § 35 II BBauG/BauGB: BVerwGE 18, 247 (250f.); 25, 161 (162); s. auch allg. zur Angleichung von Verboten mit Erlaubnis- und solchen mit Befreiungsvorbehalt *A. Gromitsaris*, DÖV 1997, 401ff.
[646] Ausf. *T. Groß*, VerwArch. 88 (1997), 89 (93ff.).
[647] Vgl. *T. Groß*, VerwArch. 88 (1997), 89 (102ff., 107ff.); für nicht sicher beherrschbare Gefahren BVerfGE 49, 89 (145ff.).
[648] BVerfGE 9, 137 (149); 48, 210 (226f.); 69, 161 (169); *Jarass*/Pieroth, GG, Art. 20 Rn. 62.

gen untypische Einzelfälle dem Verwaltungsermessen anheimzustellen[649]. Sie können sogar verfassungsrechtlich geboten sein, wenn anderenfalls der Schutz von Rechtsgütern, die für die Allgemeinheit von lebenswichtiger Bedeutung sind, gefährdet wäre[650].

Das **Bestimmtheitsgebot** gilt auch **für Normen, die** andere Staatsorgane ihrerseits **zur Normsetzung ermächtigen**. Das ist in Art. 80 I 2 GG ausdrücklich (nur) für parlamentsgesetzliche Ermächtigungen zum Erlass von Rechtsverordnungen normiert (→ Art. 80 Rn. 32 ff.), gilt aber unabhängig davon als allgemeines Prinzip des Rechtsstaats auch für die Ermächtigungsnormen zum Erlass von Satzungen durch Selbstverwaltungsorgane und andere Rechtsetzungsermächtigungen[651], zumal wenn sie zu Abweichungen vom Gesetz ermächtigen[652]. Insbesondere muss der parlamentarische Gesetzgeber bei Satzungen, die in Grundrechte eingreifen, die grundlegenden Entscheidungen dafür selbst treffen[653]. Insoweit variieren die Bestimmtheitsanforderungen auch hier in Abhängigkeit von der Intensität des Eingriffs in Grundrechte (→ Rn. 135).

140

b) Klarheit der Gesetze

Von der Bestimmtheit der einzelnen Rechtsnormen zu unterscheiden[654] ist das **Gebot der Klarheit des Rechts**. Danach muss der Gesetzesadressat den Inhalt der rechtlichen Regelungen auch ohne spezielle Kenntnisse mit hinreichender Sicherheit feststellen können[655]: Gesetze müssen mithin verständlich[656], widerspruchsfrei[657], prak-

141

---

[649] *Jarass*/Pieroth, GG, Art. 20 Rn. 62; *Grzeszick* (Fn. 193), Art. 20 VII Rn. 66; vgl. *Peine*, Verwaltungsrecht (Fn. 644), Rn. 473 ff.

[650] BVerfGE 58, 300 (347).

[651] Vgl. BVerfGE 33, 125 (157 ff.); 76, 171 (185); 101, 312 (322 f., Rn. 32); 102, 197 (222, Rn. 89); 111, 191 (217 f., Rn. 153 f.); BVerwG NVwZ 2014, 527 (Rn. 20 ff.); *M. Sachs*, in: Stern, Staatsrecht III/2, S. 454 ff.; *Kluth*, Selbstverwaltung (Fn. 573), S. 494 ff.

[652] BVerfGE 101, 312 (328, Rn. 49).

[653] BVerfGE 33, 125 (159 f.); 45, 393 (399); 97, 332 (343, Rn. 41); 101, 312 (323, Rn. 32); 111, 191 (216 f., Rn. 151); BVerwG NVwZ 2014, 527 (Rn. 25 ff.); *R. Wimmer*, NJW 1995, 1577 (1579, 1582 f.); *Kluth*, Selbstverwaltung (Fn. 573), S. 499 ff.; krit. *J. Oebbecke*, Selbstverwaltung angesichts von Europäisierung und Ökonomisierung, VVDStRL 62 (2003), S. 366 ff. (397 ff.).

[654] Z.B. BVerfGE 114, 1 (53, Rn. 184); *R. Bartone*, Gedanken zu den Grundsätzen der Normenklarheit und der Normenbestimmtheit als Ausprägungen des Rechtsstaatsprinzips, in: H. Rensen/S. Brink (Hrsg.), Linien der Rechtsprechung des Bundesverfassungsgerichts, 2009, S. 305 ff. (308 ff.); *Schmidt-Aßmann*, Ordnungsidee (Fn. 103), Kap. 4 Rn. 27; *Jehke*, Bestimmtheit (Fn. 609), S. 178 ff.; anders (synonym) z.B. BVerfGE 93, 213 (238); 115, 320 (365 f., Rn. 149 ff.); 120, 351 (366 ff., Rn. 82 ff.); *Kunig*, Rechtsstaatsprinzip (Fn. 3), S. 390 ff.

[655] BVerfGE 5, 25 (31 f.); 8, 274 (302); 22, 330 (346); Gebot der »Normenwahrheit«: E 107, 218 (256, Rn. 115); 108, 1 (20, Rn. 63); 114, 196 (236 f., Rn. 207); 132, 334 (350, 354, Rn. 50, 60); ferner BAGE 38, 166 (174); BVerwGE 26, 129 ff.; *K.-P. Drüen*, ZG 24 (2009), 60 ff.; ausf. *E. V. Towfigh*, JA 2015, 81 ff.; *ders.*, Der Staat 48 (2009), 29 (37 ff., zur Kritik 46 ff.); s. auch *Grzeszick* (Fn. 193), Art. 20 VII Rn. 51 ff.; *P. Kirchhof*, NJW 2002, 2760 f.

[656] BVerfGE 14, 13 (16); 17, 306 (314); 99, 216 (243, Rn. 94); 103, 21 (33, Rn. 51); 119, 331 (351 f., Rn. 112); *Grzeszick* (Fn. 237), Art. 20 VI Rn. 51 ff.; *S. Huber*, ZG 5 (1990), 355 ff.; differenzierend nach Allgemein- und Adressatenverständlichkeit *v. Arnauld*, Rechtssicherheit (Fn. 125), S. 228 ff., 230 ff.

[657] BVerfGE 1, 14 (37); 17, 306 (314); 25, 216 (227); 128, 282 (318, Rn. 73); BVerfGK 18, 328 (337). Das soll möglichst für die ganze Rechtsordnung gelten, so BVerfGE 98, 83 (97, Rn. 139); 98, 106 (119, Rn. 62); 98, 265 (301, Rn. 166); 108, 169 (181 f., Rn. 47); 114, 196 (252, Rn. 255) – *Sondervotum Osterloh/Gerhardt*; 121, 317 (362 ff., Rn. 135 ff.); zust. BVerwGE 110, 248 (249 ff.); *Zippelius/Würtenberger*, Staatsrecht, § 12 Rn. 26 ff.; *Sommermann* (Fn. 5), Art. 20 Rn. 298 f.; *Schliesky*, Souveränität (Fn. 233), S. 575 ff.; *H. Sodan*, JZ 1999, 864 ff.; krit. *H. D. Jarass*, AöR 130 (2001), 588 (599 ff.);

tikabel⁶⁵⁸ und tatbestandlich konsistent anwendbar⁶⁵⁹ sein, damit rechtliche Entscheidungen voraussehbar und für Gerichte kontrollierbar sind⁶⁶⁰. Gebührenregelungen müssen den Zweck einer Gebühr und die Gründe für die Bemessung der Gebührenhöhe erkennen lassen⁶⁶¹. Das Gebot der Normenklarheit betrifft vor allem das Zusammenspiel verschiedener Regelungen⁶⁶² und ist auf verschiedenen Problemfeldern aktuell.

142 Als eine erste Konkretisierung lässt sich das **Gebot der Kompetenzklarheit** ansehen: Der Gesetzgeber muss klar erkennbar entscheiden, welche staatliche Stelle unter welchen Umständen zuständig ist⁶⁶³. Eine Kompetenzvorschrift, die Kompetenzkonflikte schafft statt sie aufzulösen, verfehlt solche Anforderungen. Das gilt auch im Rechtsmittelrecht (→ Rn. 215).

143 Als weitere Konkretisierung lässt sich das **Gebot der eindeutigen Verweisungen** formulieren. Konstitutive Verweisungen in einem Gesetz auf andere bestehende staatliche Rechtsnormen oder private Regelwerke im Recht der Technik⁶⁶⁴ (»statische« Verweisungen) sind grundsätzlich möglich⁶⁶⁵, auch für Eingriffsgesetze⁶⁶⁶; es kann keinen Unterschied machen, ob eine Rechtsnorm äußerlich in demselben Gesetz oder in einem anderen Gesetz gesetzt worden ist: Die gesamte Rechtsordnung steht in einem Verweisungszusammenhang und ist grundsätzlich für jeden Rechtsetzer rezeptionsfähig. Allerdings dürfen Verweisungen bei der Ermächtigung zu schwerwiegenden Grundrechtseingriffen nicht so zahlreich und regelungstechnisch unklar sein, dass sie zu hohen Fehlerrisiken bei der Rechtsanwendung führen⁶⁶⁷.

144 Die Problematik wird gesteigert **bei »dynamischen« Verweisungen**, durch die in einem Gesetz auf eine andere Norm eines anderen kompetenten Rechtsetzers in der jeweils geltenden, also veränderbaren Fassung verwiesen wird. Solche Verweisungen werden unter dem Gesichtspunkt einer Entäußerung der Rechtsetzungsbefugnis und der Unklarheit teilweise für verfassungswidrig erachtet⁶⁶⁸. Das könnte unter demo-

---

M. Kloepfer/T. Bröcker, DÖV 2001, 1 (8 ff.); *A. Hanebeck*, Der Staat 41 (2002), 429 (439 ff.); *M. Cornils*, DVBl. 2011, 1053 (1056 ff.); ausf. *J. D. Brückner*, Folgerichtige Gesetzgebung im Steuerrecht und Öffentlichen Wirtschaftsrecht, 2014, S. 195 ff.; *v. Arnauld*, Rechtssicherheit (Fn. 125), S. 252 ff.; *Bumke*, Rechtswidrigkeit (Fn. 351), S. 37 ff., 58 ff., 80 ff.; *S. Haack*, Widersprüchliche Regelungskonzeptionen im Bundesstaat, 2002, S. 128 ff.

⁶⁵⁸ BVerfGE 25, 216 (226 f.); vgl. auch E 78, 205 (212 f.).
⁶⁵⁹ BVerfGE 135, 48 (74, Rn. 66).
⁶⁶⁰ Zsfssd. BVerfGE 113, 348 (375 ff., Rn. 115 ff.).
⁶⁶¹ BVerfGE 108, 1 (20, Rn. 63).
⁶⁶² BVerfGE 108, 52 (75, Rn. 56); *Bumke/Voßkuhle*, Verfassungsrecht, Rn. 1475; *Brückner*, Gesetzgebung (Fn. 657), S. 185 ff.; *Bartone*, Gedanken (Fn. 654), S. 325 f.
⁶⁶³ Vgl. zum Beispiel der Kompetenzvermischung bei der Verordnungsgebung *S. Thomsen*, DÖV 1995, 989 (991 f.).
⁶⁶⁴ Z. B. BVerwG NVwZ 2010, 1567 (1568).
⁶⁶⁵ BVerfGE 47, 285 (311 ff.); 64, 208 (214); 67, 348 (362 f.); 129, 1 (21, Rn. 70); BVerfGK 11, 373 (377); BVerwGE 101, 211 (223 f.) betr. örtliche Mietspiegel; *Gärditz* (Fn. 68), Art. 20 Rn. 190 ff.; *Bröhmer*, Transparenz (Fn. 248), S. 174 ff.; *A. Guckelberger*, ZG 19 (2004), 62 (69 ff.); *A. Haratsch*, ZG 14 (1999), 346 (346 f.) je m. w. N.
⁶⁶⁶ BVerfGE 92, 191 (197 f.).
⁶⁶⁷ Ausf. BVerfGE 110, 33 (57 ff., 64 ff., Rn. 117 ff., 138 ff.); 120, 274 (315 ff., Rn. 208 ff.); *A. G. Debus*, Verweisungen in deutschen Rechtsnormen, 2008, S. 135 ff. m. w. N.
⁶⁶⁸ Grdl. *F. Ossenbühl*, DVBl. 1967, 401 (405 ff.); *U. Karpen*, Die Verweisung als Mittel der Gesetzgebungstechnik, 1970, S. 115 ff.; s. auch BVerwG NVwZ 2010, 326 (327); diff. *Kloepfer*, Verfassungsrecht I, § 10 Rn. 154 f.; zum Streitstand *Debus*, Verweisungen (Fn. 667), S. 144 ff.; *A. Guckelberger*, ZG 19 (2004), 62 (74 ff.).

kratischen Aspekten (→ Art. 20 [Demokratie], Rn. 118), nicht aber unter dem rechtsstaatlichen Gesichtspunkt der Klarheit des Gesetzes gelten; denn es ist rechtsstaatlich klar, wenn auf die jeweils neueste Fassung einer Norm verwiesen wird. Die Rechtsprechung hat dynamische Verweisungen für verfassungsgemäß erachtet[669], freilich nicht, wenn der Bürger schrankenlos der normsetzenden Gewalt nichtstaatlicher Einrichtungen unterworfen wird[670]. Dabei wird die verwiesene Norm »nach Rang und Geltungskraft« Bestandteil der verweisenden Norm (inkorporiert)[671].

Auch der räumliche und zeitliche Geltungsbereich eines Gesetzes muss klar und eindeutig sein. Insoweit sind **Verlängerungsgesetze** selbst dann hinreichend klar, wenn eine vom Gesetz durch Verweisung in Bezug genommene Norm zwischenzeitlich außer Kraft getreten ist[672]; denn die Verweisung zielt nicht auf die Gültigkeit einer Rechtsnorm, sondern auf deren normativen Tatbestand.

145

c) Rechtssicherheit und Vertrauensschutz

Mit der Idee des Rechtsstaats ist der Gedanke der Dauerhaftigkeit und Unverbrüchlichkeit von Recht eng verbunden[673]. Er fand im »klassischen« Verständnis vom Gesetz als »dauerhaftem« Rechtsgesetz und Ordnungsrahmen für die Gesellschaft seinen Ausdruck[674]. Der Rechtsgrundsatz der **Rechtssicherheit** als »wesentlicher Bestandteil des Rechtsstaatsprinzips«[675] mit Eigenwert[676] verlangt **objektiv** ein Mindestmaß an Kontinuität des Rechts, vor allem für die Modalitäten seiner Änderung, um die »Verläßlichkeit der Rechtsordnung«[677] zu erhalten; das schließt befristete Gesetze nicht aus[678].

146

---

[669] BVerfGE 26, 338 (365 ff.); 47, 285 (312 ff.); 60, 135 (155); 64, 208 (215); 73, 261 (272 f.); 78, 32 (35 f.); BVerwG NVwZ 2005, 699 (700); für Verweisung auf eine EG-Richtlinie OVG NW NWVBl. 1996, 307 (308 f.); s. insoweit auch *Sommermann* (Fn. 5), Art. 20 Rn. 290; *Hofmann* (Fn. 111), Art. 20 Rn. 87; *T. Milej*, EuR 2009, 577 ff.; *A. Uhle*, in: Maunz/Dürig, GG, Art. 70 (2008) Rn. 155; *Grzeszick* (Fn. 193), Art. 20 VII Rn. 55; *A. Guckelberger*, ZG 19 (2004), 62 (83 ff.); *Bröhmer*, Transparenz (Fn. 248), S. 178 ff.; *Sobota*, Prinzip (Fn. 5), S. 138 f.; *T. Klindt*, DVBl. 1998, 373 ff.

[670] BVerfGE 64, 208 (214); 78, 32 (36); ebenso für unbegrenzte Verweisungen einer Satzung auf späteres Verordnungsrecht OVG NW NVwZ 2005, 606 (606 f.).

[671] BVerfGE 47, 285 (309 f.); ähnlich *T. Clemens*, AöR 111 (1986), 63 (65 ff.); *W. Brugger*, VerwArch. 78 (1987), 1 (4); *A. Guckelberger*, ZG 19 (2004), 62 (64 f.); insoweit a. A. BayVerfGH NVwZ 1997, 56 (57).

[672] BVerfGE 8, 274 (302 f.).

[673] *H. Maurer*, HStR³ IV, § 79 Rn. 1, 43; *Stern*, Staatsrecht I, S. 831; *Kunig*, Rechtsstaatsprinzip (Fn. 33), S. 390 ff.

[674] S. nur *H. H. Rupp*, Politische Anforderungen an eine zeitgemäße Gesetzgebungslehre, in: W. Schreckenberger (Hrsg.), Gesetzgebungslehre, 1986, S. 42 ff. (48 ff.).

[675] BVerfGE 7, 194 (196); gleichsinnig 60, 253 (267); 111, 54 (82, Rn. 171); 131, 268 (309 f., Rn. 124); 133, 143 (157 f., Rn. 40); s. näher *E. Schmidt-Aßmann*, HStR³ II, § 26 Rn. 81; *Blanke*, Vertrauensschutz (Fn. 144), S. 81 ff.; *Sobota*, Prinzip (Fn. 5), S. 154 ff.

[676] *D. Grimm*, JZ 2009, 596 (597); ähnlich *L. Michael*, JZ 2015, 425 (428); krit. *O. Lepsius*, JZ 2015, 435 (436 ff.).

[677] So BVerfGE 60, 253 (268); 105, 48 (57, Rn. 36); 109, 133 (180, Rn. 171); 132, 302 (317, Rn. 41); 133, 143 (158, Rn. 41); s. auch *Gärditz* (Fn. 68), Art. 20 Rn. 183; *v. Arnauld*, Rechtssicherheit (Fn. 125), S. 271 ff.; *A. Leisner*, Kontinuität als Verfassungsprinzip, 2002, S. 347 ff., 455 ff.; *Sobota*, Prinzip (Fn. 5), S. 162 ff.

[678] Ausf. *A. Chanos*, Möglichkeiten und Grenzen der Befristung parlamentarischer Gesetzgebung, 1999.

Art. 20 (Rechtsstaat)   C. Erläuterungen

147 Rechtssicherheit bedeutet für den Bürger **subjektiv** in erster Linie Vertrauensschutz[679]: Der Grundsatz des **Vertrauensschutz**es will das Vertrauen des Bürgers in diese Kontinuität von Recht i. S. individueller Erwartungssicherheit[680] schützen – und damit auch dessen Dispositionen vor ihrer Entwertung durch Rechtsänderungen. Geschützt ist grundsätzlich das Vertrauen darauf, dass die mit abgeschlossenen Tatbeständen verknüpften gesetzlichen Rechtsfolgen anerkannt bleiben[681], aber auch, dass Geldleistungspflichten zum Vorteilsausgleich für abgeschlossene zurückliegende Tatbestände nicht ohne zeitliche Begrenzung erhoben werden können[682]. Die Schutzwürdigkeit des Vertrauens richtet sich nach den Maßstäben eines aus der Sicht eines objektiven Betrachters »durchschnittlichen« Bürgers, nicht nach der unterschiedlichen Vertrauensseligkeit des einzelnen.

148 Rechtssicherheit und Vertrauensschutz stoßen als wesentliche Elemente des Rechtsstaatsprinzips[683] im steuernden Interventions- und Sozialstaat der Gegenwart auf **Grenzen**. Der Gesetzgeber muss den Konflikt zwischen Rechtssicherheit und materieller Gerechtigkeit immer wieder neu entscheiden[684]. Es gibt deshalb kein grundsätzliches Vertrauen in den Fortbestand einer günstigen Rechtslage[685]. Der Gesetzgeber kann für zukünftige Sachverhalte neue gesetzliche Regelungen erlassen, auch wenn sie für den Bürger belastende Wirkungen haben; verfassungsrechtlich problematisch sind nur Regeln, die den Bürger rückwirkend belasten, weil sie auf vergangene Sachverhalte Bezug nehmen (→ Rn. 156 ff.). Vor dem Hintergrund der gestiegenen Flexibilitätsbedürfnisse wird im Einklang mit den Rechtsordnungen anderer westlicher Verfassungsstaaten der Gedanke des Vertrauensschutzes nicht überdehnt werden dürfen[686].

149 Die Rechtssicherheit wird vom Gesetz verfehlt, wenn dessen Regelungen strukturell zu einem dem Gesetzgeber zuzurechnenden **ungleichmäßigen Gesetzesvollzug** füh-

---

[679] So BVerfGE 18, 429 (439); 30, 367 (386); 105, 48 (57, Rn. 36); 132, 302 (317, Rn. 41); 133, 143 (158, Rn. 41); 134, 33 (59f., Rn. 67); *Leisner*, Kontinuität (Fn. 677), S. 462 ff.; *Hey*, Steuerplanungssicherheit (Fn. 609), S. 110 ff.; *B. Weber-Dürler*, Vertrauensschutz im öffentlichen Recht, 1983, S. 47 ff.; *B. Pieroth*, Rückwirkung und Übergangsrecht, 1981, S. 118, 144, 383.

[680] *H. Maurer*, HStR³ IV, § 79 Rn. 4; *G. Kisker*, Vertrauensschutz im Verwaltungsrecht, VVDStRL 32 (1974), S. 149 ff. (161); zust. *Sachs* (Fn. 193), Art. 20 Rn. 131; s. auch *Robbers* (Fn. 49), Art. 20 I Rn. 2540 ff.

[681] BVerfGE 63, 215 (223 f.).

[682] BVerfGE 133, 143 (158 f., Rn. 41 ff.).

[683] So z. B. BVerfGE 72, 200 (242); 94, 241 (258); 105, 48 (57, Rn. 36); 108, 370 (396 f., Rn. 105); 126, 286 (313, Rn. 81); a. A. *Schwarz*, Vertrauensschutz (Fn. 125), S. 229 ff., 254 f.; für Vorrangigkeit der Einzelgrundrechte auch *F. Riechelmann*, Struktur des verfassungsrechtlichen Bestandsschutzes, 2. Aufl. 2006, S. 60 ff., 108 ff.; *Blanke*, Vertrauensschutz (Fn. 144), S. 109 ff.; zum ungeklärten Verhältnis von Rechtssicherheit und Vertrauensschutz *v. Arnauld*, Rechtssicherheit (Fn. 125), S. 150 ff.; *Sobota*, Prinzip (Fn. 5), S. 156 ff.; zur besonderen Ausprägung im Beamtenverhältnis → Art. 33 Rn. 212.

[684] BVerfGE 3, 225 (237 f.); 15, 313 (319 f.); 35, 41 (47); 48, 1 (22); 60, 253 (268 f.); BVerfK 1, 48 (49); *Schnapp* (Fn. 193), Art. 20 Rn. 40; *K. Vogel*, JZ 1988, 833 (834 f.); ausf. *v. Arnauld*, Rechtssicherheit (Fn. 125), S. 637 ff., 681.

[685] BVerfGE 14, 76 (104); 27, 375 (386); 105, 17 (40, Rn. 71); 109, 133 (180 f., Rn. 172); 127, 1 (17, Rn. 57); 128, 90 (106, Rn. 43); *W. Kahl*, Vertrauen, in: FS Paul Kirchhof, 2013, § 27 Rn. 11 f.; *R. A. Rhinow*, Rechtsetzung und Methodik, 1979, S. 274 ff.

[686] *P. Kunig*, HGR III, § 69 Rn. 3; *Schmidt-Aßmann*, Ordnungsidee (Fn. 103), Kap. 6 Rn. 59.

ren⁶⁸⁷ oder wenn es im Verfahrensrecht an einer klaren Abgrenzung der Rechtsmittel fehlt⁶⁸⁸.

Der Gesetzgeber darf **punktuell** im Interesse des Rechtsfriedens dem Gedanken der **Rechtssicherheit Vorrang** geben **zu Lasten der Einzelfallgerechtigkeit**, der Veränderlichkeit des Rechts und kurzfristiger Anpassungen an die materielle Gerechtigkeit⁶⁸⁹. Deshalb kann er Urteile von Gerichten mit Rechtskraft oder Verwaltungsakte mit Bestandskraft versehen⁶⁹⁰, und zwar auch dann, wenn sie rechtswidrig sind oder werden. Das Bundesverfassungsgericht hat solche Entscheidungen des Gesetzgebers zugunsten der Rechtssicherheit fast durchgängig für verfassungsmäßig gehalten⁶⁹¹. Umgekehrt kann der Gesetzgeber auch Regeln zugunsten der Änderung von Verwaltungsakten oder der Wiederaufnahme von Verwaltungs- oder Gerichtsverfahren vorsehen⁶⁹².

150

d) Besonders: Die Rückwirkung von Gesetzen

aa) Die Abstufungen des Vertrauensschutzes

Die Ungebundenheit des Gesetzgebers bei der **Änderung von Recht** gilt nur für die Geltung von neuem Recht **für Sachverhalte der Zukunft**; insoweit gibt es keinen Vertrauensschutz⁶⁹³ i. S. eines Kontinuitätsvertrauens, es sei denn, der Gesetzgeber hätte einen besonderen Vertrauenstatbestand geschaffen⁶⁹⁴. Es gibt aber grundsätzlich keinen Schutz des Vertrauens gegen Neuregelungen des Gesetzgebers als solche, weil neue gesetzliche Regeln sich regelmäßig auf Tatbestände beziehen, die aus der Vergangenheit herrühren⁶⁹⁵.

151

Bei Bezugnahme auf Sachverhalte der Vergangenheit verlangt der Schutz des Bürgervertrauens vom Gesetzgeber aber eine rechtsstaatliche Rücksichtnahme⁶⁹⁶ darauf, dass der Bürger in der Vergangenheit unter anderen Rahmenbedingungen gehandelt hat, handeln durfte oder handeln sollte. Bei den Bürger **nachträglich belastenden Regelungen** besteht eine Vermutung, dass sie dem Grundsatz des Vertrauensschutzes widersprechen⁶⁹⁷. Belastungen sind alle (neuen) Ge- und Verbotsnormen und eine Rechtsposition verschlechternden Normen⁶⁹⁸. Dazu gehört nicht die bloße Bestäti-

152

---

⁶⁸⁷ BVerfGE 84, 239 (272); 110, 94 (112ff., Rn. 65ff.); BVerfGK 8, 19 (24ff.); 8, 29 (33ff.); 13, 154 (156ff.); 13, 327 (330ff.); ausf. *F. Werth*, Verfassungsgerichtliche Rechtsprechung zum strukturellen Vollzugsdefizit im Lichte der jüngeren Kammerrechtsprechung, in: Rensen/Brink, Linien (Fn. 654), S. 411ff. (413ff.); *H.-J. Papier/J. Möller*, AöR 122 (1997), 177 (193f.); *H. Goerlich*, JZ 1991, 1139ff.
⁶⁸⁸ BVerfGE 87, 48 (65).
⁶⁸⁹ Vgl. BVerfGE 15, 313 (319ff.); 27, 297 (305f.); *Gärditz* (Fn. 68), Art. 20 Rn. 185f.; *Hofmann* (Fn. 111), Art. 20 Rn. 88; *Sobota*, Prinzip (Fn. 5), S. 176ff.
⁶⁹⁰ BVerfGE 22, 322 (329); 47, 146 (161) bzw. BVerfGE 20, 230 (236); 27, 297 (305f.); 60, 253 (270); s. auch zu prozessualen Ausschlussfristen BVerfGE 60, 253 (269); zur verwaltungsverfahrensrechtlichen Präklusion → Art. 19 IV Rn. 97ff.
⁶⁹¹ So *Jarass*/Pieroth, GG, Art. 20 Rn. 77; s. auch *Schnapp* (Fn. 193), Art. 20 Rn. 40.
⁶⁹² BVerfGE 19, 290 (297); 27, 297 (305ff.) bzw. BVerfGE 22, 322 (329); 47, 146 (161); zur Rücknahme durch Täuschung erwirkter Einbürgerungen BVerwGE 118, 216 (218ff.); 119, 17 (19).
⁶⁹³ BVerfGE 38, 61 (83); 68, 193 (222f.); 125, 104 (135f., Rn. 34); 128, 90 (106f., Rn. 44ff.); *H. Maurer*, HStR³ IV, § 75 Rn. 75; *Heckmann*, Geltungskraft (Fn. 394), S. 242f.
⁶⁹⁴ *Sachs* (Fn. 193), Art. 20 Rn. 139. Ein Beispiel ist die Befristung von Gesetzen, für deren Verkürzung Rückwirkungsregeln gelten, so BVerfGE 30, 292 (404); 102, 68 (96ff., Rn. 95ff.); → Rn. 168.
⁶⁹⁵ BVerfGE 103, 271 (287, Rn. 60); 109, 96 (121f., Rn. 68); *Grzeszick* (Fn. 193), Art. 20 VII Rn. 71.
⁶⁹⁶ Zur Ausprägung für Beamtenverhältnisse in Art. 33 V GG: BVerfGE 55, 372 (396).
⁶⁹⁷ Vgl. BVerfGE 63, 343 (356f.); 67, 1 (15f.).
⁶⁹⁸ BVerfGE 30, 367 (386). → Vorb. Rn. 123ff.

gung einer bestehenden europarechtlichen Rechtslage durch deutsche Rechtsnormen[699], etwa auch bei der Umsetzung von Richtlinien, wohl aber die nachträgliche, mehr als nur deklaratorische Klarstellung einer wegen »ernstlicher Auslegungszweifel« umstrittenen Rechtslage durch den Gesetzgeber[700].

153 Der Grundsatz des Vertrauensschutzes gilt **für alle** Erscheinungsformen von (**materiellen**) **Rechtsnormen** mit belastenden Wirkungen gegenüber dem Bürger, also nicht nur für parlamentarische Gesetze, sondern auch für Rechtsverordnungen, Satzungen oder allgemeinverbindlich erklärte Tarifverträge[701], auch für Normsetzungsverträge[702].

154 Grundgesetz und Rechtsprechung gehen von drei unterschiedlichen Stufen des Vertrauensschutzes aus[703]. Eine **erste Stufe** bilden Gesetze, die rückwirkend eine Tat unter Strafe stellen: Solche **rückwirkenden Strafgesetze** sind ausdrücklich und nahezu (→ Rn. 57) ausnahmslos nach der lex specialis des Art. 103 II GG **verfassungswidrig** (→ Art. 103 II Rn. 50 ff.). Eine **zweite Stufe** bilden Gesetze, die rückwirkend, d.h. nachträglich bereits abgewickelte, der Vergangenheit angehörende Tatbestände neu regeln (retroaktive oder »**echte Rückwirkung**«), also für einen Zeitraum vor Verkündung des neuen Gesetzes: Solche Gesetze sind **im Regelfall unzulässig**, ausnahmsweise verfassungsgemäß (→ Rn. 156 ff.). Auf einer **dritten Stufe** sind die praktisch sehr verbreiteten Gesetze angesiedelt, die zwar rechtlich nur gegenwärtige, nicht abgeschlossene Sachverhalte für die Zukunft regeln, aber damit auch die betroffenen Rechtspositionen nachträglich entwerten (retrospektive oder »**unechte Rückwirkung**«), indem die künftigen Rechtsfolgen von Sachverhalten aus der Zeit vor Verkündung der Norm abhängig gemacht werden: Solche Gesetze sind **im Regelfall zulässig**, ausnahmsweise verfassungswidrig (→ Rn. 164 ff.).

155 Die **Zuordnung einer Rechtslage zu einer der Stufen** begründet mithin zwar sehr unterschiedliche Zulässigkeitsvoraussetzungen für eine Rückwirkung des Gesetzes, doch ist die Abgrenzung der zweiten und dritten Stufe voneinander von der Formulierung des gesetzlichen Tatbestandes abhängig und mitunter schwierig und nicht trennscharf möglich, etwa bei steuerrechtlichen Änderungen während eines Veranlagungszeitraums[704]: Die scheinbar alternative Unterscheidung zwischen echter und unechter Rückwirkung verbirgt, dass die Abstufungen eher heuristisch als kategorial zu verstehen[705], im Einzelfall oft schwierig zu bestimmen und eher Pole auf einer Skala sind[706], wenn man nicht strikt nur darauf abstellen will, ob alle gesetzlichen Tatbestandsvoraussetzungen ausschließlich vor Verkündung des Gesetzes erfüllt wa-

---

[699] BVerfG (K), NJW 2001, 2323; *Sachs* (Fn. 193), Art. 20 Rn. 139a.
[700] BVerfGE 135, 1 (14ff., Rn. 41ff., 47, 52ff.); *J. Hey*, JZ 2014, 500 (502); *J. Buchheim/P. Lassahn*, NVwZ 2014, 562ff.; anders *Sondervotum Masing*, BVerfGE 135, 29ff. (Rn. 1ff.); *O. Lepsius*, JZ 2014, 488ff.; differenzierend *T. Maciejewski/J. T. Theilen*, DÖV 2015, 271 (272f.).
[701] Vgl. BVerfGE 45, 142 (167f.); *R. Flies*, FR 1994, 248ff. bzw. BAGE 40, 288 (293f.); 63, 111 (118f.); 78, 309 (331).
[702] BSGE 81, 86 (89).
[703] Übersichtlich *A. Voßkuhle/A.-K. Kaufhold*, JuS 2011, 794 (795).
[704] BVerfGE 132, 302 (319, Rn. 45); *M. Desens*, Vertrauen in das Steuergesetz, in: Rensen/Brink, Linien (Fn. 654), S. 329ff. (334ff.).
[705] *Sondervotum Masing*, BVerfGE 135, 29 (41, Rn. 33).
[706] Krit. z.B. *H. Maurer*, HStR³ IV, § 79 Rn. 22; *A. Werder*, Dispositionsschutz bei der Änderung von Steuergesetzen zwischen Rückwirkungsverbot und Kontinuitätsgebot, 2005, S. 31ff.; *Leisner*, Kontinuität (Fn. 677), S. 480ff.; *M. Stötzel*, Vertrauensschutz und Gesetzesrückwirkung, 2002, S. 101ff.; *Hey*, Steuerplanungssicherheit (Fn. 609), S. 229ff.; *K. Fischer*, JuS 2001, 861 (865f.); *T. Rensmann*, JZ 1999, 168 (170f.); *J. Stüsser*, Jura 1999, 545ff.; speziell für den Bereich des Steuer-

ren (oder nicht)[707]. Deshalb neigt die neuere Literatur zu typisierender Fallgruppenbildung[708]. Praktisch dominiert eine einzelfallbezogene Abwägung nach Maßgabe des Grundsatzes der Verhältnismäßigkeit[709]. Dabei wird die Rechtsprechung des Bundesverfassungsgerichts von unterschiedlichen Sichtweisen der beiden Senate mit je nur scheinbar unterschiedlichen Beurteilungskriterien für den Tatbestand der Rückwirkung geprägt.

bb) Die echte Rückwirkung (Rechtsfolgenrückbewirkung)

Für den Ersten Senat des Bundesverfassungsgerichts ist die Unterscheidung von echter und unechter Rückwirkung maßgeblich[710]. Eine **echte Rückwirkung** liegt vor, »wenn ein Gesetz nachträglich ändernd in abgewickelte, der Vergangenheit angehörende Tatbestände eingreift«[711], wenn also der von der Rückwirkung betroffene Tatbestand in der Vergangenheit nicht nur begonnen hat, sondern bereits abgeschlossen war[712]. Der Zweite Senat nennt allein diesen Tatbestand eine »Rückwirkung«; er hat ihn dahin präzisiert, dass die Rechtsfolgen des neuen Gesetzes »für einen vor der Verkündung liegenden Zeitpunkt auftreten sollen«, nicht erst für die Zeit ab Verkündung der Norm (→ Art. 82 Rn. 16ff., 24), d.h. von dem Zeitpunkt an, zu dem die Norm rechtlich gültig geworden ist[713]. Dem terminologischen Unterschied scheint regelmäßig kein sachlicher zu entsprechen[714].

156

---

rechts *D. Birk*, Die Verwaltung 35 (2002), 91 (109ff.); ausf. *Pieroth*, Rückwirkung (Fn. 679), S. 32ff., 79ff.; Versuch einer Rekonstruktion: *v. Arnauld*, Rechtssicherheit (Fn. 125), S. 346ff.

[707] Dafür *Leisner*, Kontinuität (Fn. 677), S. 485; *K. Vogel*, Rückwirkung: eine festgefahrene Diskussion, in: FS Heckel, 1999, S. 875ff. (878).

[708] S. etwa *Hey*, Steuerplanungssicherheit (Fn. 609), S. 245ff.; *Stötzel*, Vertrauensschutz (Fn. 706), S. 149ff., 162ff.

[709] Deutlich z.B. BVerfGE 127, 1 (19f., Rn. 61); 132, 302 (320, Rn. 46); übersichtlich *R. Wernsmann*, JuS 1999, 1177ff., JuS 2000, 39ff.; ausf. *Riechelmann*, Struktur (Fn. 683), S. 73ff.; *Hey*, Steuerplanungssicherheit (Fn. 609), S. 371ff.; *S. Muckel*, Kriterien des verfassungsrechtlichen Vertrauensschutzes bei Gesetzesänderungen, 1989, S. 68ff.

[710] BVerfGE 11, 139 (145f.); 72, 175 (196); 79, 29 (45f.); 95, 64 (86f.); 101, 239 (263f., Rn. 106ff.); 103, 392 (403, Rn. 42); 128, 90 (106f., Rn. 45ff.); 132, 302 (318, Rn. 42f.); 135, 1 (14, Rn. 37); ausf. *Stötzel*, Vertrauensschutz (Fn. 706), S. 74ff.; *Sobota*, Prinzip (Fn. 5), S. 165ff.; *Pieroth*, Rückwirkung (Fn. 679), S. 79ff.; *ders.*, JZ 1990, 279ff.; krit. *Stern*, Staatsrecht I, S. 835; *Muckel*, Kriterien (Fn. 709), S. 70ff.

[711] BVerfGE 11, 139 (145f.); 57, 361 (391); 68, 287 (306); 101, 239 (263, Rn. 108); 123, 186 (257, Rn. 212); 132, 302 (318, Rn. 42); 135, 1 (14, Rn. 38); ausf. *H. Maurer*, HStR[3] IV, § 79 Rn. 32ff., 44ff.; *Pieroth*, Rückwirkung (Fn. 679), S. 27, 54ff.

[712] Z.B. BVerfGE 89, 48 (66); BFHE 204, 228 (241); *Degenhart*, Staatsrecht I, Rn. 394.

[713] Grdl. BVerfGE 72, 200 (242); ferner E 81, 228 (239); 83, 89 (110); 97, 67 (78f.); 105, 17 (37, Rn. 62); 109, 133 (181, Rn. 173); 127, 1 (16f., Rn. 56); ebenso BFHE 147, 346 (349); 185, 393 (396); 198, 473 (476); BSGE 71, 202 (206f.); 85, 161 (174f.); ausf. und zust. *H. Maurer*, HStR[3] IV, § 79 Rn. 18, 23, 26ff.; *E. Schmidt-Aßmann*, HStR[3] II, § 26 Rn. 86; *J. Fiedler*, NJW 1988, 1624 (1625f.); krit. *C. Brüning*, NJW 1998, 1525ff.; *K. Vogel*, JZ 1988, 833 (838f.); *H. Hahn*, Zur Rückwirkung im Steuerrecht, 1987, S. 24ff.

[714] In diesem Sinne BVerfGE 97, 67 (78f.); 105, 17 (36ff., Rn. 61ff.); 109, 133 (181, Rn. 173f.); 126, 369 (391, Rn. 71); 131, 20 (36f., Rn. 65ff.); 132, 302 (318, Rn. 42f.); BVerwGE 99, 133 (137f.); BFHE 199, 566 (568f.); 200, 560 (567); 204, 228 (241); *T. Maciejewski/J. T. Theilen*, DÖV 2015, 271 (274f.); *Sachs* (Fn. 193), Art. 20 Rn. 132; *K.-A. Schwarz*, JA 2013, 683ff.; *Grzeszick* (Fn. 193), Art. 20 VII Rn. 79; *Stötzel*, Vertrauensschutz (Fn. 706), S. 93ff.; *M. Jachmann*, ThürVBl. 1999, 269 (270); a. A. *J. Stüsser*, Jura 1999, 545 (551); *T. Berger*, Zulässigkeitsgrenzen der Rückwirkung von Gesetzen, 2001, S. 85ff.

Art. 20 (Rechtsstaat) C. Erläuterungen

157 Beispiele für eine (echte) Rückwirkung sind **Steuergesetzänderungen**, bei denen die Steuerschuld bereits im Zeitpunkt der Verkündung entstanden waren[715], etwa durch nachträgliche Erhöhung der Steuerschuld für vergangene Jahre[716], aber wohl auch die Verkürzung einer aus Vertrauensschutzgründen erlassenen Übergangsfrist, die den Betroffenen einen rechtlichen Vorteil nimmt[717]. Bei öffentlich-rechtlichen Ansprüchen liegt eine (echte) Rückwirkung vor, wenn im Zeitpunkt der Verkündung die Anspruchsvoraussetzungen bereits erfüllt sind, ohne dass es darauf ankäme, ob ein Bewilligungsbescheid vorliegt.

158 **Gesetze mit echter Rückwirkung sind grundsätzlich unzulässig** (verfassungswidrig)[718], sei es dass die Kassenarzthonorierung, die Frist für die Steuerfreiheit von Veräußerungsgewinnen oder die Entrichtung eines Nutzungsentgelts nachträglich zu Lasten des Bürgers verändert wird[719]. Dieser Grundsatz der Unzulässigkeit kann ausnahmsweise durchbrochen werden, wenn »zwingende Gründe des gemeinen Wohls oder ein nicht – oder nicht mehr – vorhandenes schutzbedürftiges Vertrauen des einzelnen eine Durchbrechung« gestatten[720]. Dazu bedarf es besonderer Rechtfertigungsgründe, die sich nach den Ergebnissen der Rechtsprechung in folgenden – nicht abschließend definierten[721] – Fallgruppen typisieren lassen[722], die den unverzichtbaren Tatbestand der Schutzwürdigkeit des Vertrauens zu objektivieren suchen.

159 (1) Die echte Rückwirkung ist vor allem zulässig, wenn der Gesetzesadressat zu dem Zeitpunkt, auf den der Eintritt der Rechtsfolge vom Gesetz bezogen wird, nicht mit dem Fortbestand der Regelung bzw. **mit einer Neuregelung rechnen musste**[723], weil es dann am schutzbedürftigen Vertrauen fehlt. Das ist jedenfalls nach dem endgültigen Gesetzesbeschluss des Bundestages der Fall[724], aber auch denkbar, wenn der Gesetzgeber sich in diesem Sinne eindeutig geäußert und einen Gesetzentwurf im Kabinett beschlossen[725] oder nach Ungültigkeitserklärung einer Norm eine Neuregelung

---

[715] BVerfGE 19, 187 (195); 30, 392 (401); 127, 31 (48f., Rn. 70); 132, 302 (319, Rn. 44); bei Jahressteuern mit Ablauf des Veranlagungszeitraums: BVerfGE 72, 200 (253); 97, 67 (80); zur Kritik: *Vogel*, Rückwirkung (Fn. 707), S. 879ff.

[716] BVerfGE 127, 1 (18ff., Rn. 59ff.); 127, 31 (48f., Rn. 70); 127, 61 (77f., Rn. 48f.); 132, 302 (319, Rn. 44).

[717] Offenlassend BVerfGE 102, 68 (97, Rn. 97).

[718] BVerfGE 13, 261 (272); 30, 392 (401); 95, 64 (86); 101, 239 (263, Rn. 108); 109, 133 (181, Rn. 173); 131, 20 (39, Rn. 72); 132, 302 (318, Rn. 42); 135, 1 (23, Rn. 60); BVerwGE 99, 133 (137); BGHZ 129, 276 (280f.); 146, 49 (62); *Roellecke* (Fn. 176), Art. 20 Rn. 94.

[719] S. näher BSGE 81, 86 (88ff.), BFHE 195, 205 (207ff.) bzw. BVerwG NVwZ-RR 2001, 673 (674f.).

[720] BVerfGE 72, 200 (258); 101, 239 (263f., Rn. 108); 131, 20 (39, Rn. 72); 135, 1 (23, Rn. 61); BGHZ 120, 361 (364f.); 158, 354 (359f.); *H. Maurer*, HStR³ IV, § 79 Rn. 44ff.; strenger *L. Michael*, JZ 2015, 425 (427).

[721] BVerfGE 135, 1 (23, Rn. 61).

[722] *Sommermann* (Fn. 5), Art. 20 Rn. 295; *Jarass*/Pieroth, GG, Art. 20 Rn. 73a; *Schnapp* (Fn. 193), Art. 20 Rn. 41f.; krit. *Leisner*, Kontinuität (Fn. 677), S. 494ff.

[723] BVerfGE 37, 363 (397f.); 45, 142 (173f.); 95, 64 (86f.); 103, 392 (404, Rn. 45); 123, 111 (130f., Rn. 50); 126, 369 (393f., Rn. 75ff.); BFHE 207, 355 (359); zur gemeinschaftsrechtlichen Umsetzungsverpflichtung *Grzeszick* (Fn. 193), Art. 20 VII Rn. 94; *S. Kadelbach/C. Sobotta*, EWS 1996, 11 (12).

[724] BVerfGE 31, 222 (227); 72, 200 (262); 95, 64 (87); 132, 302 (324, Rn. 57); s. näher *Robbers* (Fn. 49), Art. 20 I Rn. 2367; *J. Hey*, BB 1998, 1444 (1448ff.).

[725] BVerfGE 97, 67 (82); BVerfG (K), NJW 1992, 2877 (2878); BGHZ 100, 1 (6); *P. Kunig*, HGR III, § 69 Rn. 46; ausf. *Schwarz*, Vertrauensschutz (Fn. 125), S. 116ff. m. ausf. Nw.; enger aber BVerfGE 72, 200 (260ff.); 97, 85 (86f.) – *Sondervotum Kruis*; *H.-W. Arndt/A. Schumacher*, NJW 1998, 1538 (1538ff.); *J. Hey*, BB 1998, 1444 (1449f.); *S. Muckel*, JA 1994, 13 (15); s. auch BVerfGE 95, 64 (88f.);

unverzüglich angekündigt hat[726]; eine (steuer-)politische Diskussion im Vorfeld von Gesetzesinitiativen oder Koalitionsverhandlungen dürfte allein nicht ausreichen, weil ihr die rechtlich unabdingbare Fähigkeit zu klaren Zäsuren namentlich bei fiskalischen Begehrlichkeiten fehlt. Anders z. B. bei Regelungen zur Gefahrenabwehr: Die Erkenntnis und Lösungsbedürftigkeit der Probleme von Bodenverunreinigungen durch Altlasten in der Öffentlichkeit hat zumindest seit jenem Zeitraum Vertrauen auf den Bestand des geltenden Rechts nicht entstehen lassen können[727].

(2) Die Schutzwürdigkeit des Vertrauens fehlt ferner, wenn sich eine **Norm** nachträglich als ungültig erweist, deren Regelungsgehalt als solcher aber in einer neuen, rechtlich einwandfreien Norm **erneut positiviert** wird, u.U. auch schon vor Feststellung der Nichtigkeit durch das Bundesverfassungsgericht[728]. Die Schutzwürdigkeit des Vertrauens fehlt demzufolge, wenn das rückwirkende Gesetz nur die bislang schon geltende richterrechtlich geformte Rechtspraxis kodifiziert, um so eine Rechtsprechungsänderung rückgängig zu machen[729]; sie fehlt nicht, wenn es in vermeintlicher Klarstellung durch »konstitutive« rückwirkende Gesetzesänderung die Rechtslage ändert[730], selbst wenn sie höchstrichterlich noch nicht geklärt ist und Vertrauen noch nicht entstehen konnte[731].

(3) Eine echte Rückwirkung ist weiterhin zulässig, wenn **das geltende Recht unklar und verworren** ist, so dass eine rechtsstaatliche Klärung erwartet werden musste[732], oder wenn das bisherige Recht in einem Maße systemwidrig und unbillig ist, dass ernsthafte Zweifel an seiner Verfassungsmäßigkeit bestehen[733] und der Bürger sich nicht auf den durch eine ungültige Rechtsnorm erzeugten Rechtsschein verlassen durfte[734]. Eine unklare Situation, in der sich schutzwürdiges Vertrauen kaum entwickeln kann, besteht auch, wenn der Gesetzgeber seinerseits eine Änderung der höchstrichterlichen Rechtsprechung korrigiert, d.h. wenn zwischen dem Bekanntwerden der Rechtsprechungsänderung, die zu einer Vielzahl nichtiger Verträge führte, und dem Beginn der Gesetzgebungsarbeiten für eine Vielzahl Betroffener Unklarheit herrscht, was rechtens sei und welche Rechtsfolge die Rechtsprechungsänderung für ihre Verträge hat[735]. Gleiches gilt, wenn die Entscheidung eines obersten Gerichts in einer in-

---

97, 67 (82f.); 132, 302 (324f., Rn. 57) betr. Vermeidung von »Ankündigungseffekten«; krit. *A. Leisner-Egensperger*, NVwZ 2012, 985 (988f.).

[726] BVerfGE 81, 228 (239). Nicht ausreichend ist das bloße Bekanntwerden von Gesetzesinitiativen, vgl. BVerfGE 30, 272 (287); 31, 222 (227); 72, 200 (260f.); 97, 67 (84); BGHZ 77, 384 (388); zum Fall der Publizität eines Verordnungsbeschlusses BFHE 169, 486 (490).

[727] BGHZ 158, 354 (359f.); *A. v. Mutius/M. Nolte*, DÖV 2000, 1 (3ff.).

[728] BVerfGE 13, 261 (272); BVerwGE 75, 262 (267) bzw. BVerfGE 19, 187 (197). Hauptanwendungsfall im untergesetzlichen Recht: rückwirkendes erneutes Inkrafttreten von Gebührensatzungen, die wegen Verfahrensfehlern aufgehoben worden waren.

[729] BVerfGE 81, 228 (239); BFHE 146, 411 (413); dabei können rechts- und bestandskräftige Entscheidungen unberührt bleiben, vgl. BVerfGE 48, 1 (22); 72, 302 (327).

[730] BVerfGE 135, 1 (14ff., Rn. 41ff.); *J. Buchheim/P. Lassahn*, NVwZ 2014, 562 (563f.); *J. Hey*, NJW 2014, 1564 (1565ff.).

[731] BVerfGE 135, 1 (18, Rn. 53); *J. Hey*, JZ 2014, 500 (502); zu Recht krit. *Sondervotum Masing*, BVerfGE 135, 29 (43ff., 46ff., Rn. 38ff., 45ff.); *O. Lepsius*, JZ 2014, 488 (491f.).

[732] BVerfGE 30, 367 (388f.); 45, 142 (173f.); 72, 200 (259); 122, 374 (394, Rn. 66); 126, 369 (393f., Rn. 75); 131, 20 (41, Rn. 77); 135, 1 (22f., Rn. 62); BVerwGE 126, 14 (17, Rn. 16); BSGE 82, 198 (204f.); BFHE 135, 311 (313); krit. z.B. *Schwarz*, Vertrauensschutz (Fn. 125), S. 128ff.

[733] BVerfGE 13, 215 (224); 30, 367 (388); 135, 1 (22f., Rn. 62).

[734] BVerfGE 13, 261 (272); 18, 429 (439); 101, 239 (263f., Rn. 108); 122, 374 (394f., Rn. 66); 126, 369 (393, Rn. 75); 135, 1 (22f., Rn. 62).

[735] BVerfGE 72, 302 (325ff.).

stanzgerichtlich sehr umstrittenen Frage noch nicht Ausdruck einer gefestigten und langjährigen Rechtsprechung geworden ist[736].

162 (4) Echte Rückwirkung ist ferner zulässig in **geringfügigen Fällen**, d. h. bei Bagatellangelegenheiten oder im Falle verfahrensrechtlicher Vorschriften[737] oder solcher Regeln, die ungeeignet sind, wegen des Vertrauens auf ihren Fortbestand Entscheidungen und Dispositionen herbeizuführen oder zu beeinflussen[738].

163 (5) Schließlich können – trotz eines Vertrauenstatbestandes – **überragende/zwingende Belange des Gemeinwohls** zum Schutz höchster Verfassungsgüter eine echte Rückwirkung rechtfertigen[739].

cc) Die unechte Rückwirkung (tatbestandliche Rückanknüpfung)

164 Von der echten Rückwirkung unterscheidet sich die **unechte Rückwirkung** dadurch, dass die neue Rechtsnorm zwar nur für die Zukunft gilt, dabei aber auf »gegenwärtige, noch nicht abgeschlossene Sachverhalte und Rechtsbeziehungen für die Zukunft einwirkt und damit zugleich die betroffene Rechtsposition nachträglich entwertet«[740]; die Betroffenen müssen ihr Verhalten vom Inkrafttreten der Rechtsnorm an ändern[741]. Wann ein Tatbestand vor der Gesetzesverkündung begonnen wurde, aber in deren Zeitpunkt noch nicht vollständig abgeschlossen war, richtet sich nach dem Sachbereich der neuen Rechtsnorm. Es kann um tatsächliche Sachverhalte gehen[742], aber auch um Rechtsverhältnisse[743]. Der Zweite Senat sieht in dem Umstand, dass eine Rechtsnorm künftige Rechtsfolgen »von Gegebenheiten aus der Zeit vor ihrer Verkündung abhängig macht«[744], gar keine Rückwirkung, sondern eine »**tatbestandliche Rückanknüpfung**«, die meist als Fall einzelgrundrechtlicher Abwägung behandelt wird[745] (→ Rn. 168).

165 **Beispiele** für unecht rückwirkende Gesetze sind die Erhöhung der Zinsen für staatliche Darlehen[746] oder eine Änderung der beitragsrechtlichen Bemessungsgrundlage[747], jeweils für die Zukunft, oder die Einführung von Studiengebühren für die bereits Studierenden[748]. In einer **Verkürzung (Befristung) von** zuvor auf Dauer angelegten **Regelungen** liegt eine (unechte) Rückwirkung (tatbestandliche Rückanknüpfung),

---

[736] BVerfGE 131, 20 (41 ff., Rn. 79 ff.).
[737] BVerfGE 30, 367 (389); 72, 200 (258 f.); 95, 64 (86 f.); 135, 1 (22 f., Rn. 62) bzw. BVerfGE 63, 343 (359 f.).
[738] BVerwGE 118, 277 (288).
[739] BVerfGE 13, 261 (272); 30, 367 (390 f.); 122, 374 (394 f., Rn. 66); 129, 37 (46, Rn. 19); 133, 40 (51, Rn. 27); 134, 33 (59 f., Rn. 67 ff.); 135, 1 (22 f., Rn. 62); *H. Maurer*, HStR³ IV, § 79 Rn. 54; krit. *Schwarz*, Vertrauensschutz (Fn. 125), S. 130 f.
[740] So z. B. BVerfGE 30, 392 (402 f.); 51, 356 (362); 95, 64 (86); 101, 239 (263, Rn. 107); 123, 186 (257, Rn. 212); 132, 302 (318, Rn. 43); BFHE 148, 272 (276 f.); *Jarass/Pieroth*, GG, Art. 20 Rn. 69.
[741] *Roellecke* (Fn. 176), Art. 20 Rn. 95; ausf. zuletzt *v. Arnauld*, Rechtssicherheit (Fn. 125), S. 336 ff.
[742] BVerfGE 77, 370 (377); 78, 249 (283 f.); 79, 29 (45 f.); 94, 241 (259); 105, 17 (37 f., Rn. 65).
[743] BVerfGE 30, 367 (385 ff.); 75, 246 (279 ff.); 88, 384 (406); 89, 48 (66); *J. Fiedler*, NJW 1988, 1624 (1628 f.); zum Abgabenrecht *R. Schmidt*, DB 1993, 2250 ff.
[744] BVerfGE 72, 200 (242).
[745] BVerfGE 72, 200 (242 ff.); 92, 277 (325, 343 f.); 97, 67 (79); 105, 17 (37 f., Rn. 64 ff.); 109, 133 (181, Rn. 174); 127, 1 (17, Rn. 57); 134, 33 (61, Rn. 72); BFHE 148, 272 (276 f.); 185, 393 (396); *T. Maciejewski/J. T. Theilen*, DÖV 2015, 271 (278 f.); *H. Maurer*, HStR³ IV, § 79 Rn. 23 f.; *Degenhart*, Staatsrecht I, Rn. 397; *Riechelmann*, Struktur (Fn. 683), S. 60 ff.
[746] BVerfGE 72, 175 (196 ff.); 88, 384 (406 ff.).
[747] BVerfGE 103, 392 (403, Rn. 42).
[748] BVerwGE 115, 32 (47 ff.).

wenn sie die Rechtspositionen vor Verkündung der Neuregelung entwertet[749], etwa weil die Frist für die Ausnutzung der günstigeren Altregelung nicht mehr eingehalten werden kann und die bisherigen Dispositionen im Vertrauen auf die Altregelung dadurch hinfällig werden. Ähnlich kann die **Beendigung von** direkten oder indirekten **Subventionen** für die Zukunft nur ausnahmsweise als (unechte) Rückwirkung (tatbestandliche Rückanknüpfung) angesehen werden, wenn die alte Rechtsposition dadurch wesentlich entwertet würde[750].

Die unechte Rückwirkung (tatbestandliche Rückanknüpfung) von neuen gesetzlichen Regelungen ist **grundsätzlich zulässig**[751]. Rechtlicher Maßstab ist hier der rechtsstaatliche Gedanke des Vertrauensschutzes. In diesen Fällen der tatbestandlichen Rückanknüpfung überwiegt regelmäßig das vom Gesetzgeber verfolgte Gemeinwohlziel das Vertrauen des Bürgers darauf, die ihn begünstigende Rechtslage werde sich in Zukunft nicht ändern: Die Notwendigkeit, an Sachverhalte der Vergangenheit anzuknüpfen, ist genuiner Ausdruck der Neu- und Umgestaltungsaufgabe des demokratischen Gesetzgebers zur Anpassung der Rechtsordnung an veränderte soziale Gegebenheiten[752]. 166

Der Gedanke des Vertrauensschutzes ist auch in den einzelnen **Grundrechten** implizit verankert, die sich insoweit als sachbereichsspezifische **leges speciales** gegenüber dem allgemeinen rechtsstaatlichen Vertrauensschutzgrundsatz interpretieren lassen[753]. Die neuere Rechtsprechung des Bundesverfassungsgerichts sieht deshalb zum Teil Fälle der unechten Rückwirkung (tatbestandliche Rückanknüpfungen) nur noch als Frage der Abwägung von Eingriffen in die einzelnen Grundrechte an. Das galt schon immer für Art. 14 GG[754], ist aber vor allem vom Zweiten Senat auf andere Grundrechte übertragen worden[755] (→ Rn. 228), z.B. auf Art. 2 I GG[756]. Bei dieser grundrechtlichen Abwägung nach Maßgabe des Grundsatzes der Verhältnismäßigkeit kommen freilich dieselben Gesichtspunkte zum Zuge wie beim allgemeinen rechtsstaatlichen Vertrauensschutz[757]. 167

Ausnahmen von der Zulässigkeit der unechten Rückwirkung (tatbestandlichen Rückanknüpfung) gelten, wenn der Schutz des Vertrauens des Gesetzesadressaten aus- 168

---

[749] Vgl. BVerwGE 55, 185 (203f.); zur Verkürzung einer Übergangsfrist BVerfGE 102, 68 (97f., Rn. 96f.); BVerfGK 2, 266 (273f.). → Rn. 157.
[750] Vgl. BVerfGE 30, 392 (404); 97, 67 (80); 105, 17 (40, Rn. 71f.); *J. Isensee*, Vertrauensschutz für Steuervorteile, in: FS Franz Klein, 1994, S. 611ff.
[751] BVerfGE 30, 392 (402); 63, 152 (175); 101, 239 (263, Rn. 107); 103, 392 (403, Rn. 42); 109, 96 (122, Rn. 69); 127, 1 (17, Rn. 57); 132, 302 (318, Rn. 43); BFHE 176, 83 (86f.); 199, 566 (569f.); BVerwGE 110, 265 (270); BSGE 88, 43 (46f.); BGHZ 151, 252 (258); *Robbers* (Fn. 49), Art. 20 I Rn. 2423ff.; *Degenhart*, Staatsrecht I, Rn. 394, 397.
[752] Vgl. BVerfGE 105, 17 (40, Rn. 71); 109, 133 (181f., Rn. 175); BGHZ 125, 153 (158); BFHE 199, 566 (570); BSGE 85, 161 (175ff.); *Desens*, Vertrauen (Fn. 704), S. 342ff.
[753] Vgl. *Gärditz* (Fn. 68), Art. 20 Rn. 207; *P. Kunig*, HGR III, § 69 Rn. 17ff., 38, 51; *J. Möller/A. Rührmair*, NJW 1999, 908ff.; *Sobota*, Prinzip (Fn. 5), S. 170ff.; *M. Burgi*, ZG 9 (1994), 341 (365f.); *S. Muckel*, JA 1994, 13 (15); *Kunig*, Rechtsstaatsprinzip (Fn. 33), S. 418f.
[754] BVerfGE 36, 281 (293); 71, 1 (11f.); 76, 220 (244f.); 95, 64 (82); 97, 378 (388ff., Rn. 35ff.); 101, 239 (257, 262ff., Rn. 91, 104ff.); anders E 70, 101 (114). → Art. 14 Rn. 148.
[755] BVerfGE 72, 200 (242); 76, 256 (346f.); 92, 277 (344f.); *H. Maurer*, HStR³ IV, § 79 Rn. 67ff.; anders aber BVerfGE 72, 175 (196ff.); 74, 129 (155); 77, 370 (379).
[756] BVerfGE 72, 175 (196); 72, 200 (245f.); 97, 271 (285ff., Rn. 67ff.); 105, 17 (38ff., Rn. 66ff.); s. auch *Muckel*, Kriterien (Fn. 709), S. 52f.; noch weitergehend *Schwarz*, Vertrauensschutz (Fn. 125), S. 145ff., 258ff.
[757] Vgl. BVerfGE 76, 256 (347); 78, 249 (284); 92, 277 (344); BFHE 169, 415 (418); *T. Rensmann*, JZ 1999, 168 (169f.); a.A. *M. Appel*, DVBl. 2005, 340 (344ff.).

nahmsweise Vorrang vor den verfolgten Gesetzeszielen hat[758], weil die Rückwirkung zur Erreichung des Gesetzeszwecks nicht geeignet oder erforderlich ist oder wenn die Bestandsinteressen der Betroffenen die Veränderungsgründe des Gesetzgebers überwiegen[759], zumal wenn sie – wie bei rückwirkenden steuerrechtlichen Regelungen innerhalb eines Veranlagungszeitraums – Fällen echter Rückwirkung nahesteht[760]. Ein Tatbestand geschützten Vertrauens liegt vor, wenn der Gesetzesadressat mit der Belastung nicht zu rechnen brauchte, so dass er sie auch bei seinem Verhalten in der Vergangenheit nicht berücksichtigen konnte[761], etwa bei einer vorzeitigen Aufhebung befristeter Gesetze[762]. Damit ist mehr als nur das – nicht geschützte – Vertrauen in den Fortbestand einer bestehenden Gesetzeslage gemeint (→ Rn. 148). Es müssen zusätzliche Umstände hinzukommen, die ein Vertrauen des Gesetzesadressaten billigerweise schützenswert machen. Der Tatbestand geschützten Vertrauens und das Ausmaß des individuellen Vertrauensschadens werden dabei bestimmt durch die Art der betroffenen Rechtsgüter[763] und die Intensität der Neubelastung[764] sowie das Ausmaß der Vertrauensbetätigung des Bürgers[765]. Nach Ansicht des BFH soll das stets bei Steuerrechtsnormen anzunehmen sein[766]. Das insoweit schützenswerte Vertrauen muss bei einer Abwägung zwischen dem Ausmaß des individuellen Vertrauensschadens und der Bedeutung des verfolgten Gesetzesziels für das Gemeinwohl[767] zu einem Vorrang des Vertrauensschutzes führen. Im Mittelpunkt der Rechtsprechung stehen Änderungen des Steuerrechts[768], bei dem die Vielfalt der Abwägungsgesichtspunkte dem gesetzgeberischen Gemeinwohlziel im Regelfall[769] Vorrang einräumt, ohne dass die Rückwirkungsdogmatik klare Prognosen erlaubt, wann ein erhöhter Rechtfertigungsbedarf für die nachträgliche Entwertung einer Vermögensposition fehlt[770].

169 Das Vertrauen wird mit der Einbringung eines Gesetzentwurfs fraglich und spätestens mit dem Gesetzesbeschluss zerstört[771]. Es ist umso weniger schützenswert und

---

[758] BVerfGE 14, 288 (300); 22, 241 (249); 68, 287 (307); 89, 48 (66); 127, 1 (18f., Rn. 59ff.); 127, 61 (76f., Rn. 47); 132, 302 (318, Rn. 43); BGHZ 92, 94 (109); BFHE 162, 141 (145); 176, 83 (87); 200, 560 (568ff.); *H. Maurer*, HStR³ IV, § 79 Rn. 54; *Pieroth*, Rückwirkung (Fn. 679), S. 61ff.

[759] BVerfGE 95, 64 (86); 101, 239 (263, Rn. 107); 103, 392 (403, Rn. 42); 122, 374 (394, Rn. 65); 132, 302 (318, Rn. 43).

[760] BVerfGE 132, 302 (319, Rn. 45); *K.-A. Schwarz*, JA 2013, 683 (686f.).

[761] BVerfGE 68, 287 (307); s. auch *S. Muckel*, JA 1994, 13 (15f.).

[762] BVerfGE 30, 392 (404); 55, 185 (204); 102, 68 (97, Rn. 97); dazu *v. Arnauld*, Rechtssicherheit (Fn. 125), S. 311ff.

[763] BVerfGE 76, 256 (347); 78, 249 (284); zur Differenzierung zwischen Sozialzwecknormen und Fiskalzwecknormen *H.-W. Arndt/A. Schumacher*, NJW 1998, 1538 (1539).

[764] BVerfGE 24, 220 (230f.); 67, 1 (16); 69, 272 (310); 72, 175 (199); 76, 256 (354f.); 134, 204 (233, Rn. 98).

[765] Dazu näher BVerfGE 72, 200 (242); *Muckel*, Kriterien (Fn. 709), S. 96f.; *Kisker*, Vertrauensschutz (Fn. 680), S. 163.

[766] BFHE 204, 228 (244), unter Berufung auf BVerfGE 105, 17 (37, Rn. 63); anders BVerfGE 105, 17 (40, Rn. 71); s. auch *H. Jochum*, NJW 2004, 1427ff.; tendenziell gleichsinnig *Stötzel*, Vertrauensschutz (Fn. 706), S. 193ff., 205ff., 216ff.

[767] BVerfGE 24, 220 (230f.); 69, 272 (310); 70, 101 (114); 72, 175 (196); 76, 256 (356); 105, 17 (37, Rn. 63f.); BFHE 200, 560 (568f.); 204, 228 (244, 247); zum Kontext der »Gemeinwohljudikatur« *P. Häberle*, Öffentliches Interesse als juristisches Problem, 2. Aufl. 2006, S. 774ff. u.ö.

[768] Vgl. *Werder*, Dispositionsschutz (Fn. 706), S. 167ff.; *H.-J. Pezzer* (Hrsg.), Vertrauensschutz im Steuerrecht, 2004; *Hey*, Steuerplanungssicherheit (Fn. 609).

[769] Anders etwa BVerfGE 127, 1 (20ff., Rn. 62ff.); 127, 31 (53ff., Rn. 79ff.); 132, 302 (331ff., Rn. 72ff.).

[770] Etwa in BVerfGE 127, 1 (21ff., Rn. 65ff.); 127, 31 (49f., Rn. 71ff.).

[771] Vgl. BVerfGE 127, 31 (50, Rn. 74); 132, 302 (324f., Rn. 55ff.).

das Ausmaß des Vertrauensschadens wird umso geringer sein, je mehr der Gesetzgeber durch Übergangsregelungen die Veränderung der Rechtslage zeitlich abstuft[772]. Solche **Übergangsregelungen** sind zeitliche Ausprägungen des Grundsatzes der Verhältnismäßigkeit[773] (→ Rn. 179 ff.). Der Gesetzgeber hat einen breiten Abwägungsspielraum, ob und in welchem Umfang solche Übergangsregelungen geboten sind[774]. Maßgeblich sind Ziele und Eingriffsintensität des Gesetzes[775]. So können bei der zulässigen Verschärfung von Prüfungsanforderungen geeignete Übergangsregelungen geboten sein[776], ebenso bei der Rentenabsenkung für die rentennahen Jahrgänge[777].

5. Rechtsstaatliche Anforderungen an die Rechtsanwendung

Das Rechtsstaatsprinzip und seine elementaren Konkretisierungen wirken sich auch auf die – in weitem Sinne zu verstehende – **Anwendung der Gesetze durch die Verwaltung** (und die Gerichte, → Rn. 175 ff.) aus. Der Grundsatz der Gesetzmäßigkeit der Verwaltung (→ Rn. 92 ff.) verlangt eine strikte Orientierung am Gesetz, das seinerseits rechtsstaatliche Gebote, namentlich Rechtssicherheit und Vertrauensschutz konkretisiert. Die Regelungen z.B. für die Aufhebung von Verwaltungsakten in §§ 48–51 VwVfG gründen im Verfassungsrecht[778]; in ähnlicher Weise kann der Gesetzgeber aber auch für alle anderen Handlungsformen der Verwaltung das Verfassungsrecht konkretisierende Regeln vorsehen, etwa auch für Allgemeinverfügungen[779]. Das Rechtsstaatsprinzip gebietet deren egalitäre Rechtsanwendung[780], wie sie durch die im Allgemeinen Verwaltungsrecht gegliederten Regeln der Verwaltungsrechtsdogmatik gewährleistet werden kann[781]. 170

Verwaltungsakte können dem Bürger gegenüber schon von Verfassung wegen nur Rechtswirkungen entfalten, wenn sie ihm gegenüber oder ordnungsgemäß öffentlich bekanntgemacht worden sind (vgl. §§ 41, 43 I VwVfG)[782] und (zumal als Vollstreckungstitel) einen klaren Regelungsgehalt aufweisen (vgl. § 37 I VwVfG). Ihr den Einzelfall entscheidender Regelungsgehalt muss genauer bestimmt sein als die abstrakte- 171

---

[772] BVerfGE 21, 173 (183); 43, 242 (288); 58, 300 (351); 67, 1 (15); 78, 249 (285); 98, 265 (309f., Rn. 192); ausf. *E. Ciftci*, Übergangsfristen bei Gesetzes- und Verordnungsänderungen, 2011, S. 83 ff.; *Hey*, Steuerplanungssicherheit (Fn. 609), S. 392 ff.
[773] BVerfGE 43, 242 (288f.); 53, 336 (351); 58, 300 (351); 71, 137 (144); 76, 256 (359f.); BVerwGE 81, 49 (55) betr. Art. 14 GG; *C. Jahndorf/S. Pichler*, GewArch. 2012, 377 (378ff.); *Sommermann* (Fn. 5), Art. 20 Rn. 297; *Sobota*, Prinzip (Fn. 5), S. 187f.
[774] BVerfGE 43, 242 (288f.); 44, 283 (287); 58, 81 (124f.); 76, 256 (359f.); 131, 47 (57, Rn. 36); BSGE 85, 161 (181); BVerwGE 110, 265 (270, 271); *Robbers* (Fn. 49), Art. 20 I Rn. 2364, 2568 ff.
[775] BVerfGE 43, 242 (288 ff.); 51, 356 (368); 67, 1 (15); zu Nebenfolgen einer Übergangsregelung BVerfGE 68, 272 (286).
[776] BVerwGE 65, 359 bzw. BVerwG NVwZ 1987, 592; NJW 1987, 723 (724).
[777] BVerfGE 116, 96 (133f., Rn. 106f.).
[778] BVerfGE 59, 128 (164ff., 169ff.); 116, 24 (55, Rn. 79f.); BVerwGE 91, 306 (312f.); *Grzeszick* (Fn. 193), Art. 20 VII Rn. 95f.; *H. Maurer*, HStR[3] IV, § 79 Rn. 105f.
[779] BVerfGE 106, 275 (307, Rn. 137f.).
[780] S. schon *Scheuner*, Entwicklung (Fn. 3), S. 496; zur Diskussion *Sobota*, Prinzip (Fn. 5), S. 60ff.
[781] *U. Di Fabio*, HStR[3] II, § 27 Rn. 23; ausf. *Schmidt-Aßmann*, Ordnungsidee (Fn. 103), Kap. 1 Rn. 18 ff.; Kap. 2 Rn. 67 ff.
[782] BVerfGE 84, 133 (159); zur Ausnahme bei beweglichen Verkehrszeichen BVerwGE 102, 316 (318f.).

re Ermächtigungsnorm und begründet werden (vgl. § 39 VwVfG)[783]. Ihr Regelungsgehalt muss im Rechtsstaat bestandskräftig werden[784] und darf dann von der Verwaltung nicht unterlaufen werden[785]. Der Vertrauensschutzgedanke kann auch bei der Verlängerung befristeter Verwaltungsakte eine Rolle spielen[786] und die Verwendung von Änderungsvorbehalten bei Erlass begrenzen[787]; er kann sich grundsätzlich auch auf alle sonstigen Maßnahmen der Verwaltung erstrecken[788].

172 Auch **öffentlich-rechtliche Verwaltungsverträge** können wegen Vertragsformverboten oder aus inhaltlichen Gründen rechtswidrig und grundsätzlich nichtig sein: Neben den ausdrücklichen Nichtigkeitsgründen des § 59 II VwVfG führen nur »qualifizierte« Rechtsverstöße über §§ 59 I VwVfG, 134 BGB zur Nichtigkeit; anderenfalls bleiben rechtswidrige Verwaltungsverträge wirksam[789].

173 Für die **administrative Normsetzung** kann das Gesetz rechtsstaatsgewährleistende Verfahren oder in Modifikation des Grundsatzes der Gesetzmäßigkeit der Verwaltung differenzierende Regeln für Fehlerfolgen[790] vorsehen, weil die Nichtigkeit rechtswidriger Verordnungen oder Satzungen nicht verfassungsrechtlich geboten ist[791]. Verwaltung durch Erlass von Verwaltungsvorschriften muss elementare rechtsstaatliche Anforderungen einhalten: Verwaltungsvorschriften sind zu veröffentlichen, wenn sie unmittelbare Außenwirkung entfalten[792], aber auch, wenn sie etwa als Auslegungs- oder Ermessensrichtlinien zumindest mittelbar Außenwirkung dem Bürger gegenüber entfalten[793], mag der einzelne auch kein subjektives öffentliches Recht auf Veröffentlichung haben[794]. Sie können so zur Selbstbindung der Verwaltung führen[795] (→ Rn. 93).

174 Auch tatsächliches »**schlicht-hoheitliches**« **Verwaltungshandeln** darf nicht gegen rechtsstaatliche Vorgaben verstoßen[796]; anderenfalls kann der betroffene Bürger Unterlassungs- oder Folgenbeseitigungsansprüche (→ Rn. 222), u.U. auch Schadensersatz- oder Entschädigungsansprüche geltend machen. Auch rechtlich nicht geformtes

---

[783] *Sachs* (Fn. 193), Art. 20 Rn. 130 bzw. BVerfGE 6, 32 (44f.); 49, 24 (66f.); ausf. *U. Kischel*, Die Begründung, 2003, S. 222ff.
[784] Vgl. BVerfGE 59, 128 (166); 60, 253 (268f.); *E. Schmidt-Aßmann*, HStR³ II, § 26 Rn. 83; *H.-U. Erichsen/U. Knoke*, NVwZ 1983, 185ff.
[785] BVerfGE 50, 244 (249f.); 63, 215 (224).
[786] BVerfGE 49, 168 (185ff.); *Jarass*/*Pieroth*, GG, Art. 20 Rn. 78; a. A. BVerfGE 64, 158 (174).
[787] *A. Schmehl*, DVBl. 1999, 19ff.; ausf. *ders.* Genehmigungen unter Änderungsvorbehalt zwischen Stabilität und Flexibilität, 1998.
[788] BVerfG (K), NJW 1993, 3191 (3191); *Degenhart*, Staatsrecht I, Rn. 408; ausf. *Schwarz*, Vertrauensschutz (Fn. 125), S. 321ff., 347ff.
[789] Vgl. *H. J. Bonk/W. Neumann*, in: P. Stelkens/H. J. Bonk/M. Sachs (Hrsg.), VwVfG-Kommentar, 8. Aufl. 2014, § 59 Rn. 50ff.; *A. Scherzberg*, JuS 1992, 205 (212); *A. Bleckmann*, NVwZ 1990, 601ff.; krit. z. B. *A. Blankenagel*, VerwArch. 76 (1985), 276 (277ff.).
[790] Vgl. näher BVerfGE 103, 332 (387ff., Rn. 164ff.); *Morlok*, Folgen (Fn. 468), S. 145ff. u.ö.; *H. Hill*, Das fehlerhafte Verfahren und seine Folgen im Verwaltungsrecht, 1986, S. 332ff., 393ff., 422ff.
[791] BVerfGE 103, 332 (390, Rn. 177); 113, 1 (25f., Rn. 79); *F. Ossenbühl*, NJW 1986, 2805 (2807).
[792] BVerwGE 35, 159 (162); 122, 264 (268ff.); *F. V. Lange*, BayVBl. 2006, 413ff.
[793] BVerwGE 19, 48 (58); BVerwG OVG Berlin DÖV 1976, 53; *Sachs* (Fn. 193), Art. 20 Rn. 124; *F. Ossenbühl*, HStR³ V, § 104 Rn. 82; *G. Ketteler*, VR 1983, 174ff.; *G. Lübbe-Wolff*, DÖV 1980, 594ff.; ausf. *v. Arnauld*, Rechtssicherheit (Fn. 125), S. 176ff.; anders aber BVerfGE 104, 220 (223f.).
[794] BVerwGE 61, 15 (19ff.); 61, 40 (44); 69, 278 (279ff.); a. A. *D. H. Scheuing*, Selbstbindungen der Verwaltung, VVDStRL 40 (1982), S. 153ff. (159f.).
[795] BVerfGE 49, 168 (186); *Sachs* (Fn. 193), Art. 20 Rn. 140.
[796] Ausf. *Schulte*, Verwaltungshandeln (Fn. 549), S. 82ff., 133ff., 145ff. u.ö.

informelles Verwaltungshandeln muss bestimmten rechtsstaatlichen Sicherheitsbedürfnissen gerecht werden[797].

Auch die **Gerichte** sind im Rechtsstaat (und in der Demokratie: → Art. 20 [Demokratie], Rn. 140f.) **strikt an Gesetze gebunden**, wie u.a. Art. 97 I GG noch einmal ausdrücklich hervorhebt. Damit ist nicht ausgeschlossen, dass Gerichte durch Analogien und Rechtsfortbildung in Form von »Richterrecht« Gesetzeslücken schließen oder neuartige Problemfälle lösen (→ Rn. 101 ff.).

175

Im arbeitsteiligen Prozess der **Gesetzeskonkretisierung** verlangt das Rechtsstaatsprinzip eine methodische, **rational überprüfbare Argumentation** bei der Begründung einer Entscheidung[798]. Nach dem Grundsatz der Bestimmtheit (→ Rn. 129 ff.) müssen Gerichte bei der Auslegung von Gesetzen deren Unbestimmtheit verringern und gesetzliche Tatbestände klären und nicht verunklaren[799].

176

Der Vertrauensschutzgedanke kann bei **Änderungen der höchstrichterlichen Rechtsprechung** aktualisiert werden. Regelmäßig hat insoweit das Ziel gerechter und rechtmäßiger Entscheidungen Vorrang vor Vertrauensschutzbelangen[800], doch hat die Kontinuität einer Rechtsprechung rechtsstaatlichen Eigenwert, so dass die Gerichte ihre Judikatur nur bei überzeugenden Gründen, d.h. willkürfrei ändern dürfen[801]. Darin soll zwar keine Gesetzesänderung liegen[802], obwohl Gesetzesrecht und konkretisierendes Richterrecht einander immer näher rücken[803]. Dennoch kann eine rückwirkende Rechtsprechungsänderung bei einer langjährigen und gefestigten Rechtsprechung wie eine Gesetzesänderung wirken, so dass auf sie modifiziert die Grundsätze der Rückwirkung anzuwenden sind[804], soweit eine nachträgliche Neuregelung von Altfällen in Betracht kommt[805].

177

---

[797] Vgl. *H. Dreier*, StWStP 4 (1993), 647 (660ff.); grdl. *E. Bohne*, Der informale Rechtsstaat, 1981, S. 199ff.; *W. Hoffmann-Riem*, Selbstbindungen der Verwaltung, VVDStRL 40 (1982), S. 187ff. (216ff.).

[798] BVerfGE 34, 269 (297); *B. Rüthers*, JZ 2006, 53ff.; ausf. *Kischel*, Begründung (Fn. 783), S. 64ff., 176ff. → Art. 2 I Rn. 94.

[799] BVerfGE 92, 1 (19); *H.-J. Papier/J. Möller*, AöR 122 (1997), 177 (191ff.).

[800] *Sachs* (Fn. 193), Art. 20 Rn. 143; *P. Kunig*, HGR III, § 69 Rn. 27; *H. Maurer*, HStR³ IV, § 79 Rn. 135ff.; *Schwarz*, Vertrauensschutz (Fn. 125), S. 369ff., 373ff.; ausf. *C.E. Ziegler*, Selbstbindung der Dritten Gewalt, 1993, S. 98ff., 242ff.

[801] Vgl. BVerfGE 122, 248 (277f., Rn. 85) mit Sondervotum *Voßkuhle/Osterloh/Di Fabio*, S. 282ff., Rn. 95ff.; BVerfGK 4, 12 (15); BGHZ 85, 64 (66); 87, 150 (155f.); BFHE 78, 315 (319f.); 141, 405 (430f.); BAGE 12, 278 (284); 45, 277 (287f.); BSGE 40, 292 (295f.); 58, 27 (33); *Robbers* (Fn. 49), Art. 20 I Rn. 3373; *L. Brocker*, NJW 2012, 2996ff.; *Grzeszick* (Fn. 193), Art. 20 VII Rn. 106; ausf. zur Präjudizienbindung *A. v. Ungern-Sternberg*, AöR 138 (2013), 1 (45ff.); *Desens*, Bindung (Fn. 460), S. 191ff.; *v. Arnauld*, Rechtssicherheit (Fn. 125), S. 445ff., 472ff.

[802] BVerfGE 84, 212 (227); 131, 20 (42, Rn. 81); BVerfGK 4, 12 (15); s. auch *H. Maurer*, HStR³ IV, § 79 Rn. 147ff.

[803] Vgl. *Reinhardt*, Jurisdiktion (Fn. 5), S. 84ff., 311ff., 366ff.; *Ziegler*, Selbstbindung (Fn. 800), S. 37ff.; *Schulze-Fielitz*, Theorie (Fn. 238), S. 140ff., 145ff.

[804] Offen lassend BVerfGK 16, 449 (463); s. näher zuletzt *H. Schlarmann/D. Gauger*, DVBl. 2014, 65 (69ff.); *L. Brocker*, NJW 2012, 2996ff.; *B. Pieroth/B.J. Hartmann*, ZIP 2010, 753ff.

[805] Vgl. BVerfGE 74, 129 (155f.); 78, 123 (126f.); 84, 212 (227f.); 122, 248 (278, Rn. 85, 87); 131, 20 (42, Rn. 81); BAGE 79, 236 (250f.); 71, 29 (44f.); BGHZ 132, 6 (11f.); 132, 119 (129ff.); *Jarass/Pieroth*, GG, Art. 20 Rn. 79; *Robbers* (Fn. 49), Art. 20 I Rn. 2457ff.; *H. Maurer*, HStR³ IV, § 79 Rn. 145ff.; weitergehend *Ziegler*, Selbstbindung (Fn. 800), S. 161ff.; krit. *Leisner*, Kontinuität (Fn. 677), S. 538ff., s. aber auch S. 619ff.; ausf. V. *Klappstein*, Die Rechtsprechungsänderung mit Wirkung für die Zukunft, 2009, S. 59ff., 245ff., 425ff.; *T. Huep*, Beschränkung einer Rückwirkung neuer richterlicher Erkenntnisse auf ältere Sachverhalte, 2001, S. 21ff., 54ff., 111ff.; *M. Scheffelt*, Die Rechtsprechungsänderung, 2001.

Art. 20 (Rechtsstaat) C. Erläuterungen

178 Im Übrigen gilt auch für **gerichtliche Entscheidungen**, dass sie klar, verständlich, grundsätzlich rechtskräftig[806] und ggf. vollstreckbar sein müssen. Rechtswidrige Gerichtsentscheidungen sind grundsätzlich wirksam, wenn sie nicht mit Rechtsmitteln angegriffen werden; die Prozessgesetze begrenzen und formalisieren die Aufhebung von Urteilen im Interesse der Rechtssicherheit[807] und des Rechtsfriedens als rechtsstaatlicher Teilprinzipien.

6. Der Grundsatz der Verhältnismäßigkeit (Art. 20 II, III GG i.V.m. Art. 3 I, 19 II GG)

a) Der Grundsatz und seine verfassungsrechtliche Verankerung

179 Der **Grundsatz der Verhältnismäßigkeit** (auch Übermaßverbot genannt[808]) hat sich rechtsprechungspraktisch und verfassungstheoretisch zu einer **zentralen rechtsstaatlichen Maxime** entwickelt[809]. Sein Grundgedanke, dass der Staat den einzelnen Bürger in seiner Freiheitssphäre nur so weit beschränken darf, wie das in gemeinem Interesse erforderlich ist, ist vor allem im Polizeirecht standardisiert worden[810] und lässt sich verfassungsgeschichtlich zumindest punktuell weit zurück in das 19. Jahrhundert verfolgen[811]. Verfassungsrechtlich ist er an verschiedenen Stellen des Grundgesetzes zu verorten[812]: Meist wird er aus dem Rechtsstaatsprinzip abgeleitet[813], z.T. aber auch

---

[806] So BVerfGE 47, 146 (161f.); *E. Schmidt-Aßmann*, HStR³ II, § 26 Rn. 82; *Grzeszick* (Fn. 193), Art. 20 VII Rn. 101; zur Notwendigkeit einer Rechtsmittelbelehrung BVerfGE 93, 99 (107ff.).

[807] Vgl. *S. Detterbeck*, Streitgegenstand und Entscheidungswirkungen im Öffentlichen Recht, 1995, S. 327ff.

[808] *W. Kluth*, JA 1999, 606ff.; *F. Ossenbühl*, Maßhalten mit dem Übermaßverbot, in: FS Lerche, 1993, S. 151ff. (152); *Stern*, Staatsrecht II, S. 861; *Lerche*, Übermaß (Fn. 206), S. 21; zur terminologischen Vielfalt *Sobota*, Prinzip (Fn. 5), S. 243ff.

[809] Grdl. *Lerche*, Übermaß (Fn. 206), S. 53ff. und passim; *E. Grabitz*, Freiheit und Verfassungsrecht, 1976, S. 84ff.; *L. Hirschberg*, Der Grundsatz der Verhältnismäßigkeit, 1981; *M. Kloepfer*, Die Entfaltung des Verhältnismäßigkeitsprinzips, in: FS 50 Jahre BVerwG, 2003, S. 329ff.; übersichtlich *M. Klatt/M. Meister*, JuS 2014, 193ff.; *F. Becker*, Verhältnismäßigkeit, in: FS Paul Kirchhof, 2013, § 21; *R. Wahl*, Der Grundsatz der Verhältnismäßigkeit: Ausgangslage und Gegenwartsproblematik, in: FS Würtenberger, 2013, S. 823ff.; *D. Merten*, HGR III, § 68; *I. Kraft*, BayVBl. 2007, 577ff.; zu den wichtigsten Fallkonstellationen *L. Michael*, JuS 2001, 654ff., 764ff., 866ff.; ferner *Bickenbach*, Einschätzungsprärogative (Fn. 308), S. 297ff.; *M. Klatt/M. Meister*, Der Staat 51 (2012), 159ff.; *C. Hillgruber*, HStR³ IX, § 201 Rn. 51ff.

[810] *Lerche*, Übermaß (Fn. 206), S. 24ff.; *V. Götz*, Allgemeines Polizei- und Ordnungsrecht, 15. Aufl. 2013, § 11 Rn. 11ff.

[811] *Wahl*, Grundsatz (Fn. 809), S. 824ff.; *K. Stern*, Zur Entstehung und Ableitung des Übermaßverbots, in: FS Lerche, 1993, S. 165ff.; ausf. *B. Remmert*, Verfassungs- und verwaltungsrechtsgeschichtliche Grundlagen des Übermaßverbotes, 1995, S. 69ff., 81ff.

[812] *B. Schlink*, Der Grundsatz der Verhältnismäßigkeit, in: FS 50 Jahre BVerfG, Bd. 2, 2001, S. 445ff. (447ff.); *Kunig*, Rechtsstaatsprinzip (Fn. 33), S. 352ff.; *Stern*, Entstehung (Fn. 811), S. 171ff.; *D. Merten*, Zur verfassungsrechtlichen Herleitung des Verhältnismäßigkeitsprinzips, in: FS Schambeck, 1994, S. 349ff. (357ff.); ausf. *A. v. Arnauld*, JZ 2000, 276ff.; *R. Dechsling*, Das Verhältnismäßigkeitsgebot, 1989, S. 83ff.; krit. *U. Diederichsen*, Der Staat 34 (1995), 33 (55).

[813] BVerfGE 19, 342 (348f.); 69, 1 (35); 76, 256 (359); 80, 109 (119f.); 90, 145 (173); 92, 277 (279, 326); 111, 54 (82, Rn. 171); BSGE 59, 276 (278); BGHZ 128, 220 (227); *Sachs* (Fn. 193), Art. 20 Rn. 146; *Grzeszick* (Fn. 193), Art. 20 VII Rn. 108; krit. *Gärditz* (Fn. 68), Art. 20 Rn. 203ff.; *D. Merten*, HGR III, § 68 Rn. 30ff.

»aus dem Wesen der Grundrechte selbst«[814], aus Art. 1 GG[815] oder aus den jeweils betroffenen Grundrechten[816]. Wegen dieser engen Verbindung mit der Bestimmung der zulässigen Reichweite von Freiheitseingriffen[817] ist der Grundsatz auch mit der Wesensgehaltgarantie des Art. 19 II GG parallelisiert worden[818], wieder anders in Art. 3 I GG verortet[819] oder als allgemeiner Rechtsgrundsatz[820] oder gewohnheitsrechtliches Prinzip[821] qualifiziert worden. Zugleich nimmt er uralte Gerechtigkeitsvorstellungen vom Maßgerechten auf[822].

Ungeachtet der Herleitung besteht weithin **Einigkeit über die dogmatische Struktur und die drei Teileelemente** des Verhältnismäßigkeitsprinzips (→ Vorb. Rn. 146 ff.), auch wenn die Rechtsprechung vereinzelt mit terminologischen Abweichungen aufwartet[823]. Der Grundsatz der Verhältnismäßigkeit besteht aus drei Teilgeboten[824], denen alles staatliche Handeln genügen muss, wenn es subjektive Rechte der Bürger beeinträchtigt: Es muss geeignet, erforderlich und im Einzelfall angemessen (auch: proportional, zumutbar, i.e.S. verhältnismäßig) sein[825], um den verfolgten öffentlichen Zwecken zum Erfolg zu verhelfen. Zweck und Mittel müssen in einem »vernünftigen Verhältnis« zueinander stehen[826]. Eine nähere Bestimmung kann positiv erfolgen oder in negativer Abgrenzung durch Bestimmung dessen, was nicht mehr verhältnismäßig ist, ohne dass sich mit solchen einzelfallabhängigen Zugangsmöglichkeiten funktionell zentrale Zäsuren verknüpfen lassen[827].

180

Maßgeblicher Bezugspunkt ist der legitime **Zweck staatlichen Handelns**, der **genau bestimmt** sein muss[828]: Der jeweilige öffentliche Zweck muss »legitim« sein[829] und

181

---

[814] BVerfGE 19, 342 (349); ähnlich E 61, 126 (134); 65, 1 (44); 76, 1 (50f.); zust. *D. Merten*, HGR III, § 68 Rn. 35 ff.; *Schnapp* (Fn. 193), Art. 20 Rn. 44; *Starck*, GG I, Art. 2 Rn. 19; ähnlich *W. Krebs*, Jura 2001, 228 (233 f.). → Vorb. Rn. 145 ff.
[815] So *Dechsling*, Verhältnismäßigkeitsgebot (Fn. 812), S. 97 ff.; s. auch *Sommermann* (Fn. 5), Art. 20 Rn. 308.
[816] Vgl. *D. Merten*, HGR III, § 68 Rn. 28 f.
[817] Vgl. etwa BVerfGE 81, 310 (338): »die individuelle [...] Freiheitssphäre verteidigende Funktion«; s. auch *E. Schmidt-Aßmann*, HStR³ II, § 26 Rn. 87.
[818] Vgl. früher BGHSt 4, 375 (377); 4, 385 (392); *P. Häberle*, Die Wesensgehaltgarantie des Art. 19 Abs. 2 Grundgesetz, 3. Aufl. 1983, S. 68 f., 236 u. ö.; s. auch *Wahl*, Grundsatz (Fn. 809), S. 829 f., 847. → Art. 19 II Rn. 18.
[819] *P. Wittig*, DÖV 1968, 817 ff.; s. auch *P. Kirchhof*, Gleichmaß und Übermaß, in: FS Lerche, 1993, S. 133 ff. (133 f., 137 f.).
[820] Vgl. *M. Hochhuth*, Relativitätstheorie des Öffentlichen Rechts, 2000, S. 88 ff.; *Stern*, Entstehung (Fn. 811), S. 169 f., 172 f.
[821] *Wolff*, Verfassungsrecht (Fn. 380), S. 229 ff., 236 ff., 465.
[822] *Robbers* (Fn. 49), Art. 20 I Rn. 1889 ff.; *D. Merten*, HGR III, § 68 Rn. 6 ff., 12 ff.; *F. Ossenbühl*, Jura 1997, 617 (617).
[823] BVerfGE 67, 157 (178); 90, 145 (173); 105, 17 (36, Rn. 60) identifizieren den Grundsatz der Angemessenheit mit dem Übermaßverbot; ausf. zu unterschiedlichen Auffassungen *Dechsling*, Verhältnismäßigkeitsgebot (Fn. 812), S. 5 ff.
[824] S. etwa BVerfGE 70, 278 (286); 92, 262 (273); 117, 163 (182 ff., Rn. 60 ff.); BVerwGE 109, 188 (191); *J. Kokott*, HGR I, § 22 Rn. 110; eine Vielfalt konkretisierender Unter-Gebote bei *L. Clérico*, Die Struktur der Verhältnismäßigkeit, 2001, S. 26 ff., 74 ff., 140 ff., 339 ff.
[825] BVerfGE 65, 1 (54); 67, 157 (173); 70, 278 (286); 92, 262 (273); BSGE 75, 97 (149); *Grzeszick* (Fn. 193), Art. 20 VII Rn. 112 ff.; *Stern*, Staatsrecht I, S. 866.
[826] BVerfGE 10, 89 (117); 35, 382 (401); 69, 1 (35); 76, 1 (51); BSGE 76, 12 (15).
[827] So aber *Breuer*, Konkretisierungen (Fn. 217), S. 243 ff.; s. auch *Clérico*, Struktur (Fn. 824), S. 170 ff., 190 ff.
[828] BVerfGE 15, 167 (192); 110, 33 (55, Rn. 111 ff.); 120, 224 (243 ff., Rn. 41 ff.); 133, 112 (137, Rn. 64); ausf. *S. Kluckert*, JuS 2015, 116 ff.; *F. Ossenbühl*, Jura 1997, 617 (618).
[829] BVerfGE 80, 137 (159); 103, 293 (306 f., Rn. 49 ff.); 107, 299 (316, Rn. 57); 117, 163 (182 ff.,

b) Die drei Stufen des Verhältnismäßigkeitsprinzips

182 Auf der ersten Prüfungsstufe verlangt das **Gebot der Geeignetheit**, dass das vom Staat gewählte Mittel zur Erreichung des gewünschten Zweckes beitragen kann[831]; das Rechtsstaatsprinzip verbietet belastende Gesetze, die zur Erreichung der Gesetzeszwecke schlechthin (evident) untauglich sind[832]. Das gewählte Mittel muss nicht in jedem Einzelfall zum Tragen kommen und auch nicht das bestmögliche oder geeignetste sein[833], wenn es nur zur Zielerreichung beiträgt (→ Vorb. Rn. 147). Deshalb sind Fälle evident verfehlter Mittelwahl (z. B. Nachweis waffentechnischer Kenntnisse für Beizjäger) heute eher selten[834], zumal wegen der prognostischen Elemente dem Gesetzgeber bei der Beurteilung die Vorhand überlassen ist[835].

183 Das **Gebot der Erforderlichkeit** als **Kern des Übermaßverbotes** verlangt, dass es kein milderes, Grundrechte weniger intensiv beschränkendes Mittel gibt, das das Ziel der staatlichen Maßnahme ebenso effektiv erreicht[836]. Das mildere Mittel muss eine eindeutig gleichwertige Alternative sein[837], d. h. zur Zweckerreichung tatsächlich ebenso geeignet sein (→ Vorb. Rn. 147). Berücksichtigungsfähig sind Eigenart und Intensität der Eingriffe, die Zahl der Betroffenen, belastende oder begünstigende Einwirkungen auf Dritte oder auch Nebenwirkungen[838]. Eine Alternative ist nicht schon dann gleichwertig, wenn zwar der Regelungsadressat weniger intensiv belastet wird, aber Dritte oder die Allgemeinheit stärker belastet werden; dazu kann auch eine unvertretbar höhere finanzielle Belastung des Staates gehören[839] oder sonst eine bloße Verschiebung von Kostenlasten[840]. Wegen der Zahl der berücksichtigungsfähigen Gesichtspunkte ist denkbar, dass Mittel mit geringerer Wirksamkeit angesichts der wesentlich

---

Rn. 61, 63, 67); 120, 378 (427, Rn. 163); 120, 273 (318, Rn. 218); 124, 300 (331 f., Rn. 69 ff.); 130, 151 (208, Rn. 183); *Kloepfer*, Verfassungsrecht I, § 10 Rn. 203 f.

[830] *Sachs* (Fn. 193), Art. 20 Rn. 149; *D. Merten*, HGR III, § 68 Rn. 53 ff.; *Pieroth/Schlink/Kingreen/Poscher*, Grundrechte, Rn. 289 f.; *Schlink*, Grundsatz (Fn. 812), S. 450; *R. Uerpmann*, Das öffentliche Interesse, 1999, S. 182 f.

[831] BVerfGE 30, 292 (316); 33, 171 (187); 96, 10 (23); 100, 313 (373, Rn. 211 ff.); 103, 293 (307, Rn. 52); 126, 112 (144, Rn. 103); *Grzeszick* (Fn. 193), Art. 20 VII Rn. 112; zur Folgerichtigkeit der Mittel *Brückner*, Gesetzgebung (Fn. 657), S. 212 ff.

[832] So BVerfGE 30, 250 (262 ff.); 55, 28 (30); 65, 116 (126).

[833] BVerfGE 67, 157 (175); 96, 10 (23 ff.); 118, 277 (374, Rn. 329); 125, 260 (317, Rn. 207); 130, 151 (188, Rn. 134); *Jarass*/Pieroth, GG, Art. 20 Rn. 84; *Sachs* (Fn. 193), Art. 20 Rn. 150; *A. Leisner*, DÖV 1999, 807 (814).

[834] BVerfGE 55, 159 (165 ff.); ferner z. B. E 17, 306 (315 ff.); 19, 330 (338 f.); 30, 250 (263 f.); *Kloepfer*, Entfaltung (Fn. 809), S. 334; ausf. *Hirschberg*, Grundsatz (Fn. 809), S. 50 ff.

[835] BVerfGE 30, 250 (262 f.); 83, 1 (18); 105, 17 (34, Rn. 55); *Sachs* (Fn. 193), Art. 20 Rn. 151; *Grzeszick* (Fn. 193), Art. 20 VII Rn. 123; *A. Leisner*, DÖV 1999, 807 (812 ff.).

[836] Vgl. BVerfGE 17, 269 (279 f.); 19, 342 (351 ff.); 53, 135 (145 ff.); 67, 157 (177); 90, 145 (172 f., 182 f.); 118, 168 (194 f., Rn. 122 f.); 120, 274 (321, Rn. 224 f.); 126, 112 (144 f., Rn. 113); 135, 90 (118, Rn. 74).

[837] BVerfGE 25, 1 (20); 30, 292 (319); 77, 84 (109, 111); 81, 70 (91); 100, 313 (375, Rn. 217).

[838] Vgl. BVerfGE 113, 167 (259, Rn. 243); 134, 141 (181 ff., Rn. 119 ff.); *C. Hillgruber*, HStR³ IX, § 201 Rn. 64; Stern, Staatsrecht III/2, S. 780 f.

[839] So *Jarass*/Pieroth, GG, Art. 20 Rn. 85, unter Verweis auf BVerfGE 77, 84 (109 ff.); 81, 70 (90 ff.); *Bumke/Voßkuhle*, Verfassungsrecht, Rn. 136.

[840] BVerfGE 103, 172 (183 f., Rn. 31); 109, 64 (86, Rn. 101); 116, 96 (127, Rn. 91); 123, 186 (243, Rn. 173 f.).

milderen Folgen als insgesamt gleichwertige Alternative angesehen werden können[841]; insoweit hat der Gesetzgeber eine Einschätzungsprärogative[842]. Im Übrigen kommt es auf eine Beurteilung »ex ante« an[843].

Auf der dritten Prüfungsstufe verlangt der **Grundsatz der Verhältnismäßigkeit i.e.S.**, dass das – im übrigen geeignete und erforderliche – belastende staatliche Handeln »in angemessenem Verhältnis zu dem Gewicht und der Bedeutung des Grundrechts«[844] steht. Dieses Prinzip wird auch als **Grundsatz der** (objektiven) **Angemessenheit**[845], der (subjektiven) **Zumutbarkeit**[846] **oder** der **Proportionalität**, mitunter auch als **Übermaßverbot**[847] bezeichnet und zielt auf den Ausgleich zwischen der Schwere der Grundrechtsbelastungen und der Bedeutung des von der staatlichen Maßnahme verfolgten Gemeinwohlzwecks (→ Vorb. Rn. 149), d.h. auf eine Güterabwägung[848]: Für den einzelnen Betroffenen muss bei einer »Gesamtabwägung zwischen der Schwere des Eingriffs und dem Gewicht und der Dringlichkeit der ihn rechtfertigenden Gründe« die Grenze der Zumutbarkeit gewahrt bleiben[849]; ein solcher angemessener Ausgleich zwischen Individual- und Allgemeininteresse[850] kann u.U. durch Übergangsregelungen (→ Rn. 169), eine angemessene Ausgestaltung des Verfahrens[851] oder finanzielle Ausgleichsmaßnahmen erreicht werden[852]. Als solche betrachtet angemessene Eingriffe können in ihrer kumulativen Gesamtwirkung unangemessen sein[853].

184

Diese Stufe wird mitunter für weitgehend entbehrlich gehalten[854]; indessen formuliert sie weithin einen **Einzelfallvorbehalt**, dessen zwingende Notwendigkeit schon daraus folgt, dass der Gesetzgeber die unübersehbare Vielfalt einzelner Anwendungs-

185

---

[841] *Sachs* (Fn. 193), Art. 20 Rn. 153, unter Verweis auf BVerfGE 128, 282 (309, Rn. 58).
[842] BVerfGE 102, 197 (218, Rn. 80); 120, 274 (321, Rn. 224); 126, 112 (145, Rn. 103); 135, 90 (118, Rn. 74); *Bickenbach*, Einschätzungsprärogative (Fn. 308), S. 149f., 329, 527; *I. Augsberg/S. Augsberg*, VerwArch. 98 (2007), 290 (297ff.); *Cremer*, Freiheitsgrundrechte (Fn. 549), S. 303ff.; *Kloepfer*, Entfaltung (Fn. 809), S. 335; zu den Schwierigkeiten bei modernen Instrumenten indirekter Steuerung ebd., S. 341ff.
[843] *F. Ossenbühl*, Jura 1997, 617 (618f.); Versuch zur Objektivierung als Beweislastproblem bei *Schlink*, Grundsatz (Fn. 812), S. 458.
[844] BVerfGE 67, 157 (173); übersichtlich *T. Reuter*, Jura 2009, 511ff.; einschränkend *F. Raue*, AöR 131 (2006), 79ff.
[845] Vgl. z.B. BVerfGE 13, 230 (236); 93, 213 (237f.); 100, 313 (375f., Rn. 219); 118, 1 (24, Rn. 92f.); 128, 1 (68, Rn. 248); 131, 268 (291ff., Rn. 81f.); *C. Hillgruber*, HStR IX, § 201 Rn. 72.
[846] Vgl. BVerfGE 102, 197 (220, Rn. 83); 126, 112 (152f., Rn. 120); 130, 372 (391ff., Rn. 56ff.); s. näher *Sachs* (Fn. 193), Art. 20 Rn. 154; *F. Ossenbühl*, Zumutbarkeit als Verfassungsmaßstab, in: FS Gesellschaft für Rechtspolitik, 1984, S. 315ff.; von der Angemessenheit unterscheidend *D. Merten*, HGR III, § 68 Rn. 75f.
[847] Z.B. BVerfGE 67, 157 (178); 90, 145 (173); 113, 29 (54, Rn. 110); 117, 163 (197, Rn. 103); 134, 242 (298, Rn. 186f.).
[848] BVerfGE 92, 277 (327); 100, 313 (376, Rn. 219); 102, 1 (19ff., Rn. 54ff.); 115, 205 (234, Rn. 97f.); *Hesse*, Verfassungsrecht, Rn. 318; *S. Huster*, JZ 1994, 541 (542f.).
[849] BVerfGE 83, 1 (19); 113, 167 (260, Rn. 248); ähnlich E 30, 292 (316); 67, 157 (178); 101, 331 (350, Rn. 84); 102, 197 (220, Rn. 83); 118, 168 (195, Rn. 125); 120, 224 (241, Rn. 37); 126, 112 (152f., Rn. 120); 133, 277 (322, Rn. 109); 134, 242 (298, Rn. 188).
[850] BVerfGE 100, 313 (376, Rn. 219); 113, 348 (382, Rn. 136); 133, 277 (322, Rn. 109).
[851] BVerfGE 133, 112 (137ff., Rn. 64, 66ff.).
[852] BVerfGE 58, 137 (150); 79, 174 (192); *Roellecke* (Fn. 176), Art. 20 Rn. 107. → Art. 14 Rn. 151ff.
[853] BVerfGE 130, 372 (392, Rn. 59); ausf. *E.-K. Lee*, Umweltrechtlicher Instrumentenmix und kumulative Grundrechtseinwirkungen, 2013, S. 79ff.
[854] *Pieroth/Schlink/Kingreen/Poscher*, Grundrechte, Rn. 299ff., 303; *C. Hillgruber*, HStR³ IX, § 201, Rn. 79ff.; a.A. *Jarass/Pieroth*, GG, Art. 20 Rn. 86: »das wichtigste Teilgebot der Verhältnismäßigkeit«; *Wahl*, Grundsatz (Fn. 809), S. 834. → Rn. 189, 193ff.

konstellationen regelmäßig gar nicht im Vorhinein übersehen kann. Während die Geeignetheit und Erforderlichkeit einer Maßnahme vor allem objektiv bestimmbar sind, eröffnet die Angemessenheitsprüfung in größerem Ausmaß Bewertungsspielräume[855] (→ Art. 12 Rn. 102).

186 Wegen der Bewertungsspielräume gibt es seit langem eine »Dauerkritik«[856] mit Warnungen vor der **Gefahr einer unkalkulierbaren Billigkeitsrechtsprechung**[857]. Die Schwäche dieser Kritik gründet darin, dass sie kein alternatives Konzept zur (unvermeidlichen) Abwägung anbieten kann, sondern den gerichtlichen Wertungsvorrang gegenüber dem Gesetzgeber in Frage stellt[858] oder die Ergebnisse der Handhabung im Einzelfall bemängelt. Vorzugswürdig ist eine Präzisierung durch sachbereichsspezifische Konkretisierungen, wie sie z.B. im Recht staatlicher Gebühren und Beiträge als »Äquivalenzprinzip«[859], im Strafrecht als Schuldangemessenheit und Tatschwereangemessenheit von Strafe und Strafmaß (→ Rn. 196) oder bei der Sozialbindung des Eigentums durch gesetzliche Regelung in der Figur der ausgleichspflichtigen Inhaltsbestimmung (→ Art. 14 Rn. 151 ff.) existieren; im Übrigen gilt der Wertungsvorrang des demokratischen Gesetzgebers[860].

c) Anwendungsbereich und Problemfelder im Verwaltungsrecht

187 Der Grundsatz der Verhältnismäßigkeit **bindet alle drei staatlichen Gewalten**, soweit sie konkrete subjektive Rechtspositionen primär des Bürgers beeinträchtigen[861]. Er bezieht sich auf die jeweilige abstrakte gesetzliche Regelung und ihre konkret-individuelle Anwendung[862] und umfasst alle Einwirkungen des Staates in den Rechtskreis des einzelnen, also z.B. auch die Angemessenheit von Gebühren, die Gleichbehandlung bei der Störerauswahl oder die angemessene Auslegung von Gesetzesbegriffen[863]. Die Anforderungen an die Verhältnismäßigkeit einer belastenden Maßnahme richten sich im Einzelnen nach dem Rang des zu schützenden Rechtsguts, der Intensität seiner Gefährdung und auch nach Art und Schwere der Beeinträchtigung des Belasteten[864]. Er erfasst auch den Bereich der Leistungsverwaltung[865].

---

[855] *Schlink*, Grundsatz (Fn. 812), S. 458 ff.; *F. Ossenbühl*, Jura 1997, 617 (619 f.); ausf. *Dechsling*, Verhältnismäßigkeitsgebot (Fn. 812), S. 17 ff.; krit. *Stern*, Staatsrecht III/2, S. 828 f.

[856] *Wahl*, Grundsatz (Fn. 809), S. 838 f.

[857] Vgl. *Breuer*, Konkretisierungen (Fn. 217), S. 242 ff.; *Schlink*, Grundsatz (Fn. 812), S. 455 ff.; *F. Ossenbühl*, Jura 1997, 617 (620 f.); *Bäumlin/Ridder* (Fn. 15), Art. 20 Abs. 1–3 III Rn. 67 u.ö.; s. auch *W. Leisner*, Der Abwägungsstaat, 1997; antikritisch *M. Klatt/M. Meister*, JuS 2014, 193 (198 f.); *Calliess*, Rechtsstaat (Fn. 66), S. 584 ff.; *Buchwald*, Prinzipien (Fn. 12), S. 221 ff.

[858] So *Schlink*, Grundsatz (Fn. 812), S. 461 f., 464 f.

[859] BVerwGE 79, 90 (91); 80, 36 (39); 109, 97 (111 f.); 118, 123 (125); s. auch BVerfGK 3, 310 (312 f.); ausf. *A. Schmehl*, Das Äquivalenzprinzip im Recht der Staatsfinanzierung, 2004, S. 112 ff., ferner S. 117 ff.

[860] *Grzeszick* (Fn. 193), Art. 20 VII Rn. 119.

[861] BVerfGE 8, 274 (310); *Sommermann* (Fn. 5), Art. 20 Rn. 316; *Jarass/Pieroth*, GG, Art. 20 Rn. 81 f.; *Degenhart*, Staatsrecht I, Rn. 420; a. A. *Robbers* (Fn. 49), Art. 20 I Rn. 1908.

[862] *Jarass/Pieroth*, GG, Art. 20 Rn. 81a; *Kloepfer*, Verfassungsrecht I, § 10 Rn. 221 ff.; *D. Merten*, HGR III, § 68 Rn. 43, 45, 47 ff.

[863] BVerwGE 79, 90 (91); 80, 36 (39); 83, 363 (392) bzw. E 89, 138 (144); *K. Naumann*, DÖV 2011, 96 ff.

[864] BVerfGE 113, 63 (80, Rn. 66); 120, 274 (327, Rn. 244 f.); im Blick auf die Angemessenheit BVerfGE 115, 320 (260 f., Rn. 136 f.).

[865] *M.C. Jakobs*, Der Grundsatz der Verhältnismäßigkeit, 1985, S. 154 ff.; *G. Haverkate*, Rechts-

Er ist aber **nicht auf Kompetenzabgrenzungen** z.B. zwischen Bund und Ländern[866] oder auf die Art und Weise von Kompetenzausübungen **übertragbar**[867], wohl aber findet der Grundsatz der Verhältnismäßigkeit auch im Verhältnis zu Staatsorganen Anwendung, wenn diesen ein subjektives Recht eingeräumt ist[868]. Das gilt z.B. für die Gemeinden[869], etwa bei gesetzgeberischen Einschränkungen ihrer Planungshoheit, die durch überörtliche Interessen von höherem Gewicht geboten sein müssen[870] (→ Art. 28 Rn. 117f.).

188

Die **Bedeutung der einzelnen Teilgebote variiert** je nach Sach- und Grundrechtsbereich und danach, ob der Gesetzgeber durch abstrakt-generelle Normsetzung oder ob die Verwaltung einzelfallbezogen handelt. Während für den Gesetzgeber Geeignetheit und Erforderlichkeit im Vordergrund stehen[871], dominieren auf der Ebene des einzelfallbezogenen Verwaltungshandelns die Kriterien der Erforderlichkeit und der Angemessenheit. In der Rechtsprechung des Bundesverfassungsgerichts geht es überwiegend um Grenzen der Gesetzgebung[872], weil die Gesetzespraxis von Verwaltung und Rechtsprechung durch zahlreiche spezialgesetzliche Ausformungen des Verhältnismäßigkeitsgrundsatzes geprägt wird. Erscheint die Gesetzesanwendung unverhältnismäßig, dann muss das Gesetz selbst am Übermaßverbot gemessen und ggf. korrigiert werden[873] (zur Normenkontrolle der Verwaltung → Rn. 98ff.). Praktisch bedeutsam ist das planungsrechtliche Abwägungsgebot als spezifische Erscheinungsform jeder rechtsstaatlichen Planung[874].

189

Beim **Erlass abstrakt-genereller Regelungen durch den Gesetzgeber**[875] hat dieser regelmäßig einen breiten Einschätzungs- und Gestaltungsspielraum (»gesetzgeberisches Ermessen«)[876]. Dieser hängt ab von der Eigenart des betroffenen Sachbereichs[877], von Rang und Bedeutung der involvierten Rechtsgüter und von den Möglichkeiten des

190

---

fragen des Leistungsstaats, 1983, S. 11ff., 174ff.; a.A. *M. Froch/C. Gusy*, VerwArch. 81 (1990), 512 (529ff.).

[866] BVerfGE 81, 310 (338); 84, 25 (31); anders z.B. *R. Stettner*, Grundfragen einer Kompetenzlehre, 1983, S. 397ff.; für die Staaten der EU auch BVerfGE 89, 155 (212).

[867] BVerfGE 79, 311 (341ff.); *Grzeszick* (Fn. 193), Art. 20 VII Rn. 109.

[868] Ähnlich *Sommermann* (Fn. 5), Art. 20 Rn. 318: bei autonomen Rechts- oder Kompetenzsphären; ausf. *A. Heusch*, Der Grundsatz der Verhältnismäßigkeit im Staatsorganisationsrecht, 2003, S. 86ff. (krit. zum Begriff des subj. Rechts S. 71f.); anders *Sachs* (Fn. 193), Art. 20 Rn. 147: bei Regel-Ausnahme-Konstellationen.

[869] BVerfGE 26, 228 (241); 56, 298 (313, 315ff.); 86, 90 (109ff.); 103, 332 (366f., Rn. 117); BVerwGE 67, 321 (323); 77, 47 (59); *W. Frenz*, Die Verwaltung 28 (1995), 33ff.; ausf. *Heusch*, Grundsatz (Fn. 868), S. 184ff., 201ff.; anders BVerfGE 79, 127 (147ff., 153ff.); 91, 228 (241f.); *Robbers* (Fn. 49), Art. 20 I Rn. 1910f. → Art. 28 Rn. 114, 118.

[870] BVerfGE 56, 298 (313ff.); 76, 107 (119f.); 103, 332 (366, Rn. 117).

[871] Anders z.B. BVerfGE 103, 197 (224, Rn. 91f.); 103, 293 (308ff., Rn. 55ff.); 104, 337 (349ff., Rn. 42ff.); 135, 48 (80ff., Rn. 81ff.) betr. Verhältnismäßigkeit i.e.S.

[872] *H. Schneider*, Zur Verhältnismäßigkeits-Kontrolle insbesondere bei Gesetzen, in: Festgabe BVerfG II, S. 390ff. (397ff.).

[873] Vgl. *Jarass/Pieroth*, GG, Art. 20 Rn. 90a; *Sachs* (Fn. 193), Art. 20 Rn. 148; *Degenhart*, Staatsrecht I, Rn. 409; *V. Mehde*, DÖV 2014, 541ff.

[874] BVerwGE 34, 301 (307); 41, 67 (68); 48, 56 (63f.); 56, 110 (122f.); 64, 270 (271f.); 119, 245 (255ff.); *Gärditz* (Fn. 68), Art. 20 Rn. 198; *W. Erbguth*, UPR 2010, 281ff.; krit. *J. Lege*, DÖV 2015, 361ff.

[875] Dazu gehören auch sonstige Normsetzer, etwa der Verordnungsgeber, z.B. BVerfGE 53, 135 (145); 106, 1 (17, Rn. 70).

[876] *P. Schoenemann*, NWVBl. 2012, 329ff.; ausf. *Bickenbach*, Einschätzungsprärogative (Fn. 308), S. 128ff., pass.; *Meßerschmidt*, Gesetzgebungsermessen (Fn. 402), S. 713ff., 881ff., 926ff.

[877] Vgl. BVerfGE 76, 1 (51); 94, 115 (160); 111, 333 (355f., Rn. 159f.).

Art. 20 (Rechtsstaat)   C. Erläuterungen

Gesetzgebers, sich ein hinreichend sicheres Urteil zu bilden[878]. Der Spielraum ist bei wirtschaftsbezogenen Regelungen regelmäßig groß[879], z. B. bei Berufsausübungsregelungen (→ Art. 12 Rn. 98 ff., 116 ff.), ausnahmsweise auch bei Berufswahlregelungen, wenn an sich unerwünschte Tätigkeiten beschränkt werden sollen[880], oder bei eigentumsbeschränkenden Regelungen mit hohem sozialen Bezug i. S. eines Angewiesenseins Dritter auf das private Eigentum (→ Art. 14 Rn. 32, 106, 145), aber auch bei der Ausgestaltung sozialpolitischer Ziele oder Fragen der Daseinsvorsorge[881]. In solchen Fällen reduziert sich die Verhältnismäßigkeitsprüfung weithin auf die Frage der Geeignetheit oder der Erforderlichkeit der gesetzlichen Regelungen i. S. einer »Willkürkontrolle«[882]. Dabei ist grundsätzlich auf den Normalfall, nicht auf atypisch besonders gravierende Belastungen im Einzelfall abzustellen[883].

191 Insoweit hat der Gesetzgeber bei **Prognosen der Geeignetheit** einen weiten Spielraum[884]: Dabei ist auf seine Möglichkeiten zum Zeitpunkt der Vorbereitung des Gesetzes abzustellen[885]; der Gesetzgeber darf dabei typisieren und auch Konzepte erproben[886], auch hinsichtlich der Eignung neuer Organisationsformen[887]. Verfassungswidrig ist eine Regelung nur, wenn sie offensichtlich oder schlechthin ungeeignet ist[888]. Unter diesen Umständen sind wirtschaftsbezogene Gesetzgebungsakte heute kaum je ungeeignet, zumal der Gesetzgeber die »Vorhand« bei der prognostischen Einschätzung hat[889] und bei einer Prognose, die sich später als fehlsam erweist, die Regelung für die Zukunft korrigieren muss[890].

192 Ähnlich belässt die Rechtsprechung im Rahmen der **Prüfung der Erforderlichkeit** dem Gesetzgeber die Vorhand bei der Einschätzung der Gleichwertigkeit von Regelungsalternativen[891]; Gesetzen wird eher nur in evidenten Fällen fehlende Erforderlichkeit bescheinigt[892], wenn der alternativ vorgeschlagene Eingriff in jeder Hinsicht eindeutig den fraglichen Zweck »sachlich gleichwertig erreicht«[893].

193 Die Anwendung von Gesetzen kann angesichts der unübersehbaren Vielfalt von Fallkonstellationen im besonderen Einzelfall **nicht erforderlich** sein, etwa wenn ein

---

[878] BVerfGE 50, 290 (332 f.); 57, 139 (159); 100, 59 (101, Rn. 123); 103, 242 (267, Rn. 63); 113, 348 (384 f., Rn. 348 f.).
[879] BVerfGE 46, 246 (257); 53, 135 (145); 94, 315 (326); 103, 293 (307, Rn. 52); 113, 167 (252, Rn. 224); *Jarass*/Pieroth, GG, Art. 20 Rn. 88.
[880] So jedenfalls BVerfGE 102, 197 (215, 218, Rn. 72 f., 80) betr. Spielbankunternehmer (zweifelhaft).
[881] Vgl. etwa BVerfGE 97, 169 (185, Rn. 54); 98, 169 (201 ff., Rn. 135 ff.); 102, 254 (298, Rn. 239); 103, 172 (185, 189, Rn. 36, 46); 103, 197 (223 f., Rn. 90).
[882] So *Roellecke* (Fn. 176), Art. 20 Rn. 102.
[883] *Jarass*/Pieroth, GG, Art. 20 Rn. 89; krit. *Robbers* (Fn. 49), Art. 20 I Rn. 1927.
[884] BVerfGE 25, 1 (12 f.); 30, 250 (263); 39, 210 (230 ff.); 87, 363 (383); 94, 315 (326); 104, 337 (347 ff., Rn. 39 ff.); 105, 17 (34, Rn. 55).
[885] BVerfGE 25, 1 (17); 113, 167 (234, Rn. 175); *R. Breuer*, HStR³ VIII, § 171 Rn. 29; ähnlich *F. Ossenbühl*, Die Kontrolle von Tatsachenfeststellungen und Prognoseentscheidungen durch das Bundesverfassungsgericht, in: Festgabe BVerfG I, S. 458 ff. (482 ff.).
[886] BVerfGE 78, 249 (288); 85, 80 (91); 113, 167 (234, Rn. 175).
[887] BVerfGE 50, 290 (332 f.); 88, 203 (262); 111, 333 (356, Rn. 159 f.).
[888] BVerfGE 30, 250 (263 f.); 39, 210 (230); 47, 109 (117); 65, 116 (126); 103, 293 (307, Rn. 52 f.).
[889] BVerfGE 30, 250 (263); 50, 290 (334 ff.); 77, 84 (109 f.); 90, 145 (173); 103, 293 (308, Rn. 54).
[890] BVerfGE 25, 1 (13); 50, 290 (335); 57, 139 (162); 95, 267 (314 f.); 113, 167 (234, Rn. 175).
[891] BVerfGE 25, 1 (19 f.); 113, 167 (253, Rn. 224); 115, 276 (309, Rn. 115); 126, 112 (144 f., Rn. 103).
[892] Vgl. BVerfGE 25, 1 (19 f.); 53, 135 (145); 90, 145 (173); 101, 331 (349 f., Rn. 82 f.); 102, 197 (218, Rn. 80 f.); 113, 167 (252 f., Rn. 224); 117, 163 (189, Rn. 83).
[893] BVerfGE 30, 292 (319); 81, 70 (90 f.); 105, 17 (36, Rn. 59).

parlamentarischer Untersuchungsausschuss Ordnungsgeld und Ordnungshaft trotz Mitwirkungsbereitschaft des Betroffenen verhängt[894], oder **unangemessen** sein, etwa dann, wenn Abschiebehaft trotz objektiver Undurchführbarkeit der Abschiebung angeordnet wird[895]. Die Verhältnismäßigkeit i.e.S. spielt deshalb in der Rechtsprechung des Bundesverwaltungsgerichts eine zentrale Rolle[896], etwa auch bei Personal- oder Disziplinarmaßnahmen im Soldatenverhältnis[897].

d) Verhältnismäßigkeit im Strafrecht und im Zivilrecht

Für die Begründung[898] und die **Grenzen des staatlichen Strafanspruchs** haben die Strafrechtsdogmatik und die Judikatur des Bundesverfassungsgerichts grundsätzliche Maßstäbe entwickelt, die sich als strafrechtsspezifische Ausprägungen des rechtsstaatlichen Übermaßverbots verstehen lassen[899]. So ist das Schuldprinzip im Rechtsstaatsprinzip verankert, wonach jede Strafe eine Schuld des Verurteilten voraussetzt (»nulla poena sine culpa«)[900]. Voraussetzung ist, dass Tatbestand und Rechtsfolge durch den Gesetzgeber sachgerecht aufeinander abgestimmt sind[901] und der einzelne im Bereich des Strafrechts sein Verhalten eigenverantwortlich so einrichten kann, dass eine Strafbarkeit vermieden werden kann[902]; dabei kann das Verhältnismäßigkeitsprinzip eine teleologische Reduktion der Tatbestandsmerkmale fordern[903]. Das Schuldprinzip gilt auch für strafähnliche Sanktionen sonstigen Verwaltungsunrechts, wie z.B. ein vollständiger Leistungsentzug[904], Geldstrafen oder Vollstreckungsmaßnahmen nach § 890 I ZPO[905] ebenso wie bei Disziplinarmaßnahmen[906]. Bei der Wahl zwischen kriminalstraf- oder ordnungswidrigkeitsrechtlichen Sanktionen hat der Gesetzgeber einen breiten Spielraum[907].

194

Bei der **Anwendung des Strafprozessrechts** führt die Unschuldsvermutung (→ Rn. 26, 219) zugunsten des Untersuchungsgefangenen dazu, dass Anordnung, Vollzug und Dauer der U-Haft vom Grundsatz der Verhältnismäßigkeit beherrscht sein müs-

195

---

[894] BVerfG (K), NVwZ 2002, 1499 (1500f.).
[895] BVerfG (K), DVBl. 2000, 695 (696).
[896] So auch *Kloepfer*, Entfaltung (Fn. 809), S. 336f. m.w.N.
[897] BVerwGE 113, 148 (149f.).
[898] BVerfGE 120, 224 (239ff., Rn. 35ff.); *K.F. Gärditz*, Der Staat 49 (2010), 331 (361); krit. BVerfGE 120 (255ff., Rn. 73ff.). – *Sondervotum Hassemer*; *B. Noltenius*, Strafbegründung und der Grundsatz der Verhältnismäßigkeit, in: FS Goerlich, 2015, S. 93ff.; *C. Roxin*, JöR 59 (2011), 1 (3ff.).
[899] Ausf. *T. Weigend*, Der Grundsatz der Verhältnismäßigkeit als Grenze staatlicher Strafgewalt, in: FS Hirsch, 1999, S. 917ff.; *Appel*, Verfassung (Fn. 136), S. 171ff., 571ff., 576ff., 591ff.; krit. *Gärditz* (Fn. 68), Art. 20 Rn. 206.
[900] BVerfGE 20, 323 (331); 57, 250 (275); 58, 159 (163); 95, 96 (140); 109, 133 (171, Rn. 139); 110, 1 (13, Rn. 57); 120, 224 (253f., Rn. 68ff.); 122, 248 (270, Rn. 66); 130, 1 (26, Rn. 113); 133, 168 (197f., Rn. 53f.); *Robbers* (Fn. 49), Art. 20 I Rn. 2876ff., 3365, 3371; *C. Roxin*, JöR 59 (2011), 1 (11f.); *Wolff*, Verfassungsrecht (Fn. 380), S. 219ff.; *Appel*, Verfassung (Fn. 136), S. 517ff.; *O. Lagodny*, Strafrecht vor den Schranken der Grundrechte, 1996, S. 386ff.
[901] BVerfGE 25, 269 (286); 50, 125 (133); 80, 244 (255); 105, 135 (154, Rn. 68); 110, 1 (13, Rn. 57); 133, 168 (198, 229, Rn. 55, 109).
[902] BVerfGE 95, 96 (131); 109, 133 (171, Rn. 140f.).
[903] BVerfGK 3, 348 (352ff.); gleichsinnig *H. Kudlich*, JZ 2003, 127 (129ff.).
[904] BSGE 87, 76 (82ff.).
[905] BVerfGE 20, 323 (333).
[906] BVerfGE 98, 169 (198, Rn. 126); BVerfGK 2, 318 (323f.); 4, 243 (257).
[907] BVerfGE 80, 182 (185f.); 90, 145 (173, 188ff.); *Lagodny*, Strafrecht (Fn. 900), S. 418ff.; s. auch *E. Schmidt-Jortzig*, Grenzen der staatlichen Strafgewalt, in: FS 50 Jahre BVerfG, Bd. 2, 2001, S. 505ff. (506ff.).

sen[908]; das gilt auch für sonstige Zwangsmaßnahmen wie Durchsuchungen und Beschlagnahmen[909], Observationen und sonstige Informationserhebungen[910] und das sonstige Strafverfahren[911], dessen Informalisierung (z. B. durch Absprachen) die Subjektstellung des Beschuldigten nicht unverhältnismäßig unterlaufen darf[912]. Die Durchführung einer Hauptverhandlung kann trotz dringenden Tatverdachts des Beschuldigten unverhältnismäßig sein, wenn dieser angesichts seines Gesundheitszustandes wegen Fortsetzung des Strafprozesses sein Leben einbüßen oder schwerwiegende Gesundheitsgefahren gewärtigen müsste[913].

196 **Art und Maß der Strafe** müssen unter Berücksichtigung aller Umstände anhand konkreter Tatsachen i. S. eines lückenlosen und wahrheitsorientieren Strafzumessungssachverhalts[914] in einem **angemessenen Verhältnis zur Schuld und zur Schwere der Tat** stehen[915] – insoweit decken sich Schuldgrundsatz und Übermaßverbot[916]. Dabei gilt der Grundsatz des »in dubio pro reo«[917]. Die Strafe ist – wie auch eine Sicherungsverwahrung[918] oder eine Verwaltungsmaßnahme mit generalpräventivem Charakter – sorgfältig am Grundsatz der Verhältnismäßigkeit zu messen[919]. Eine unverhältnismäßige Freiheitsstrafe verletzt das Grundrecht der Freiheit der Person (→ Art. 2 II Rn. 107 f.). Die Verhängung einer Disziplinarstrafe neben einer Kriminalstrafe ist grundsätzlich zulässig[920], doch kann das Rechtsstaatsprinzip eine gewisse Anrechnung gebieten[921].

197 Der Grundsatz der **Verhältnismäßigkeit** ist **auch für das Zivilrecht maßstäblich**[922] und steuert nicht nur die Ausgestaltung privatrechtlicher Institute wie das Erbrecht[923], sondern auch die Abwägung kollidierender Rechtsgüter[924], vor allem auch im richter-

---

[908] BVerfGE 20, 45 (49f.); 34, 369 (380ff.); 35, 311 (320f.); 36, 264 (270); 53, 152 (158f.); BVerfGK 1, 340 (342); s. auch *Appel*, Verfassung (Fn. 136), S. 152 ff.
[909] BVerfGE 20, 162 (186f.); 44, 353 (378ff.); 48, 118 (123ff.); 59, 95 (97); 113, 29 (52ff., Rn. 106ff.).
[910] BGHSt 46, 266 (276ff.); BVerfGE 130, 1 (28, Rn. 117).
[911] BVerfGE 17, 108 (117f.); 49, 24 (59f., 63); 53, 152 (159ff.); 77, 1 (59f.); 92, 277 (326ff.); BVerfGK 3, 147 (151); ausf. *C. Gusy*, StV 2002, 153 (155ff.).
[912] Vgl. BVerfGE 133, 168 (203, 212ff., 236ff., Rn. 63, 75ff., 124ff.); BGHSt 43, 195 (203ff.); 45, 51 (56f.); BGH NJW 2005, 1440ff.; *D. Volp*, Die Quadratur des Kreises, in: Y. Becker/F. Lange (Hrsg.), Linien der Rechtsprechung des Bundesverfassungsgerichts, Band 3, 2014, S. 389ff. (397ff.); *W. Beulke/H. Stoffer*, JZ 2013, 662ff.; *C.-F. Stuckenberg*, ZIS 2013, 212ff.
[913] BVerfGE 51, 324 (345ff.); *Hofmann* (Fn. 111), Art. 20 Rn. 68.
[914] BVerfGE 118, 212 (230, Rn. 81); BVerfG (K), NJW 1994, 1339.
[915] BVerfGE 6, 389 (439); 73, 206 (253); 95, 96 (140); 105, 135 (154, Rn. 68); 109, 133 (173, Rn. 147); 120, 224 (241, 254, Rn. 37, 69); 133, 168 (198, Rn. 55); *Weigend*, Grundsatz (Fn. 899), S. 924; *Appel*, Verfassung (Fn. 136), S. 192ff.; *J. Vogel*, StV 1996, 111 (114); *Lagodny*, Strafrecht (Fn. 900), S. 66ff.
[916] So BVerfGE 73, 206 (253); 86, 288 (313); 90, 145 (173); 95, 96 (140); 110, 1 (13, Rn. 57).
[917] *Jarass*/Pieroth, GG, Art. 20 Rn. 106; *A. Uhle*, HGR V, § 129 Rn. 100f.
[918] BVerfGE 133, 40 (51ff., Rn. 26ff.).
[919] BVerfGE 50, 166 (176); 92, 277 (327ff.); 105, 135 (154, Rn. 67f.); 110, 226 (262, Rn. 132); 117, 71 (96ff., Rn. 88ff.); 120, 224 (239ff., Rn. 35ff.); *Frankenberg* (Fn. 4), Art. 20 Abs. 1–3 IV Rn. 55, 57.
[920] BVerfGE 27, 180 (187); *Hofmann* (Fn. 111), Art. 20 Rn. 63. → Art. 103 III Rn. 21ff.
[921] BVerfGE 21, 378 (388f., 390); 28, 264 (277f.); *Jarass*/Pieroth, GG, Art. 20 Rn. 105.
[922] BVerfGE 65, 196 (215); *D. Merten*, HGR III, § 68 Rn. 22f.; *Roellecke* (Fn. 176), Art. 20 Rn. 100; *Ruffert*, Vorrang (Fn. 383), S. 99ff.; *Stern*, Staatsrecht III/1, S. 1580; ausf. *M. Bieder*, Das ungeschriebene Verhältnismäßigkeitsprinzip als Schranke privater Rechtsausübung, 2007, S. 5ff., 183ff., 259ff., pass.; *Hirschberg*, Grundsatz (Fn. 809), S. 30ff.
[923] BVerfGE 99, 341 (352f., Rn. 45).
[924] BVerfGE 35, 202 (221ff.); anders BVerfGE 30, 173 (199).

rechtlich geprägten Arbeitskampfrecht⁹²⁵. Die Kritik daran⁹²⁶ wurzelt in der Annahme einer funktionell-rechtlichen Überdehnung der verfassungsgerichtlichen Anwendung des Verhältnismäßigkeitsprinzips im Einzelfall⁹²⁷, kann aber die Anwendbarkeit des Verhältnismäßigkeitsprinzips auch für die Zivilgesetzgebung und ihre Anwendung durch Gerichte nicht widerlegen.

e) Das Untermaßverbot

Während der Grundsatz der Verhältnismäßigkeit für freiheitsbeschränkendes Staatshandeln Grenzen zieht, verlangt die von der Verfassungsjudikatur favorisierte **Forderung des Untermaßverbots**⁹²⁸ (→ Vorb. Rn. 103) einen wirksamen und angemessenen **Mindestschutz** durch gesetzgeberisches Handeln im Zusammenhang mit der Erfüllung von Schutzpflichten (→ Art. 2 II Rn. 89). Es stößt bei den regelmäßig erforderlichen Abwägungen im Falle der Abgrenzung der Rechtssphären von Staat, Bürger und Dritten auf dieselben Grenzen der Operationalisierbarkeit⁹²⁹ wie der Grundsatz der Verhältnismäßigkeit. Dem Untermaßverbot kommt letztlich wohl nur begrifflich-deklaratorische Bedeutung zu⁹³⁰: Sein Rechtsgehalt ist ungeachtet der unterschiedlichen Perspektiven von grundrechtlicher Abwehr und Schutzpflicht im Kern im Gedanken des Übermaßverbotes enthalten⁹³¹, insofern es um eine »multipolare Gesamtverhältnismäßigkeit« geht⁹³²; »untermäßiges«, d.h. für einen angemessenen Ausgleich der kollidierenden privaten und öffentlichen Interessen nicht ausreichendes Handeln des Staates ist nichts anderes als unverhältnismäßig i.e.S.⁹³³.

198

---

⁹²⁵ BVerfGE 84, 212 (230f.); BAGE 23, 292 (306); 33, 185 (190ff.); BAG NJW 1993, 218 (219f.); ausf. *Bieder*, Verhältnismäßigkeitsprinzip (Fn. 922), S. 159ff.; *K. Czerweny v. Arland*, Die Arbeitskampfmittel der Gewerkschaften und der Verhältnismäßigkeitsgrundsatz, 1993; *H. Kreuz*, Der Grundsatz der Verhältnismäßigkeit im Arbeitskampf, 1988.
⁹²⁶ Vgl. *Bieder*, Verhältnismäßigkeitsprinzip (Fn. 922), S. 27ff.; *U. Diederichsen*, Jura 1997, 57ff.; *Hirschberg*, Grundsatz (Fn. 809), S. 153ff.
⁹²⁷ Vgl. etwa BVerfGE 72, 155ff.; 81, 242 (254ff.); 84, 177ff.; 89, 1 (5ff.); 89, 214 (229ff.); 92, 126ff.; *E. Schmidt*, KritV 78 (1995), 424 (427ff.); *D. Medicus*, AcP 192 (1992), 33 (41ff., 61ff.); zur Einordnung *H. Schulze-Fielitz*, AöR 122 (1997), 1 (7f.).
⁹²⁸ BVerfGE 88, 203 (254ff.); 96, 409 (412); 109, 190 (247, Rn. 195); *J. Isensee*, HStR³ IX, § 191 Rn. 303ff.; *O. Klein*, JuS 2006, 960ff.; *R. Rassow*, ZG 20 (2005), 262ff.; *Calliess*, Rechtsstaat (Fn. 66), S. 451ff.; *L. Michael*, JuS 2001, 148 (151ff.); 764 (765ff.); grdl. *C.-W. Canaris*, AcP 184 (1984), 201 (227ff.); ausf. *L.P. Störring*, Das Untermaßverbot in der Diskussion, 2009, S. 73ff.
⁹²⁹ Vgl. *R. Rassow*, ZG 20 (2005), 262 (273ff.); *Lagodny*, Strafrecht (Fn. 900), S. 254ff., 271f.
⁹³⁰ Vgl. *P. Unruh*, Zur Dogmatik der grundrechtlichen Schutzpflichten, 1996, S. 84ff.
⁹³¹ Vgl. *D. Merten*, HGR III, § 68 Rn. 81ff.; *H.-U. Erichsen*, Jura 1997, 85 (88); *Maurer*, Staatsrecht, § 8 Rn. 58; anders *Sommermann* (Fn. 5), Art. 20 Rn. 320; *Sachs* (Fn. 193), Art. 20 Rn. 147: »fehlt jede inhaltliche Beziehung«; *Grzeszick* (Fn. 193), Art. 20 VII Rn. 127f.; *Calliess*, Rechtsstaat (Fn. 66), S. 456ff.; ausf. zum Streitstand *Störring*, Untermaßverbot (Fn. 928), S. 123ff., 134ff.
⁹³² Vgl. *Kloepfer*, Verfassungsrecht I, § 10 Rn. 228; *W. Hoffmann-Riem*, Ermöglichung von Flexibilität und Innovationsoffenheit im Verwaltungsrecht – Einleitende Problemskizze, in: W. Hoffmann-Riem/E. Schmidt-Aßmann, Innovation und Flexibilität des Verwaltungshandelns, 1994, S. 9ff. (50ff.).
⁹³³ So *Calliess*, Rechtsstaat (Fn. 66), S. 460, 579; *Schlink*, Grundsatz (Fn. 812), S. 464; anders *Cremer*, Freiheitsgrundrechte (Fn. 549), S. 310ff.; differenzierend *Bickenbach*, Einschätzungsprärogative (Fn. 308), S. 393ff.

7. Rechtsstaatliche Anforderungen an Organisation und Verfahren der öffentlichen Gewalt

199 Die grundlegenden Grundsätze des Vorrangs von Verfassung und Gesetz, des Vorbehalts des Gesetzes, der Anforderungen an Rechtsetzung und Rechtsanwendung sowie des Grundsatzes der Verhältnismäßigkeit werden ergänzt durch spezifische Anforderungen an eine rechtsstaatliche Ausgestaltung der Organisation und des Verfahrens der Ausübung der Staatsgewalt durch Gesetzgeber, Verwaltung (→ Rn. 204 ff.) und Rechtsprechung (→ Rn. 213 ff.) i. S. einer »institutionellen Rechtsstaatlichkeit«[934].

a) Organisation und Verfahren der Rechtsetzung

200 Voraussetzung für die Geltung des Rechts im Rechtsstaat ist die Entstehung des Rechts in den dafür vorgesehenen Organen nach Maßgabe eines rechtsstaatlichen Organisations- und Verfahrensrechts unter Beachtung der für eine **wirksame Rechtsentstehung** erforderlichen Verfahrensregeln. Das Grundgesetz enthält für den Bundestag als Gesetzgebungsorgan in Art. 40 I GG das Recht zur Selbstorganisation (→ Art. 40 Rn. 6 ff., 23 f.), im Übrigen allgemeine Anforderungen (z. B. an die Öffentlichkeit des Gesetzgebungsprozesses[935]) und spezielle Verfahrensregeln, z. B. für parlamentarische Bundesgesetze in Art. 76, 77 GG. Verstöße gegen die Geschäftsordnung des Bundestages führen nur zur Verfassungswidrigkeit, soweit diese Verfassungsrecht deklaratorisch ausgestaltet[936]. Weitere Verfahrensregeln enthalten für Rechtsverordnungen Art. 80 GG und für Satzungen die Verfahrensregeln der zum Erlass jeweils zuständigen Selbstverwaltungskörperschaften; sie sind z.T. aus allgemeinen Vorschriften (z. B. Grundrechten, Art. 28 GG) ableitbar. Doch ist die Ausgestaltung von untergesetzlichen Normsetzungsverfahren insgesamt weniger verfassungsrechtlich als einfachgesetzlich geregelt[937].

201 Ungeklärt ist die **Frage des Begründungszwangs für Normsetzungsakte**. Er ist nur teilweise normiert (z. B. für Rechtsakte der EU: Art. 296 II AEUV; für Bebauungspläne in § 9 VIII BauGB) und wird nach h.M. weder für parlamentarische Gesetze[938] noch für Rechtsverordnungen ausdrücklich verlangt[939], auch wenn bei Zusammenwirken verschiedener Staatsorgane gegenseitige Begründungen impliziert sind. Indessen wird man aus dem Rechtsstaatsprinzip im Blick auf die Möglichkeit einer rechtlichen Normenkontrolle jenes Mindestmaß an Begründung vom Normgeber verlangen müssen, ohne das eine Überprüfung etwa der Verhältnismäßigkeit oder der Gleichbehandlung

---

[934] *Gärditz* (Fn. 68), Art. 20 Rn. 7 ff.
[935] *Bröhmer*, Transparenz (Fn. 248), S. 97 ff.; *C. Eckert*, Transparenz im Gesetzgebungsprozess, 2004, S. 30 ff.; allg. *M. Kloepfer*, HStR³ III, § 42 Rn. 31 f.
[936] Vgl. BVerfGE 44, 308 (314 ff.); krit. *Mengel*, Gesetzgebung (Fn. 336), S. 354 ff., 381 ff.
[937] *Möllers*, Gewaltengliederung (Fn. 134), S. 194 ff.; s. auch *M. Trips*, Das Verfahren der exekutiven Rechtsetzung, 2006, S. 102 ff.
[938] *W. Kluth*, Die Begründung von Gesetzen, in: ders./Krings, Gesetzgebung (Fn. 248), § 14 Rn. 28, 73 f.; *F. J. Reyes y Ráfales*, Der Staat 52 (2013), 597 (612 ff.); Schlaich/Korioth, Bundesverfassungsgericht, Rn. 542 f.; *K.-A. Schwarz/C. Bravidor*, JZ 2011, 653 (657); *C. Waldhoff*, »Der Gesetzgeber schuldet nichts als das Gesetz«, in: FS Isensee, 2007, S. 325 ff. (329 ff.); *Schneider*, Gesetzgebung (Fn. 253), Rn. 130; Nw. bei *Kischel*, Begründung (Fn. 783), S. 260 ff.; anders *G. Schwerdtfeger*, Optimale Methodik der Gesetzgebung als Verfassungspflicht, in: FS H.P. Ipsen, 1977, S. 173 ff.
[939] A.A. *Frankenberg* (Fn. 4), Art. 20 Abs. 1–3 IV Rn. 49; *J. Lücke*, Begründungszwang und Verfassung, 1987, S. 57; zur fehlenden Begründungspflicht bei Satzungen BVerwG NVwZ-RR 1993, 286 (286).

gar nicht möglich wäre[940]. Auch sonstigen strengeren Mindestanforderungen an die Rationalität des parlamentarischen Gesetzgebungsverfahrens[941] (→ Rn. 84) wird man nur vorsichtig nachkommen können, um den politischen Entscheidungsprozess nicht zu überfordern.

Wirksamkeitsvoraussetzung für alle Normen mit Außenwirkung ist eine **ordnungsgemäße Ausfertigung der** zu erlassenden **Rechtsnormen** als unverzichtbarer Teil jeden Rechtsetzungsverfahrens[942]: Die Ausfertigung als Gebot der Rechtssicherheit schafft eine Urkunde, die den Willen des Normgebers nach außen hin wahrnehmbar macht und die Identität mit dem Beschluss des Normsetzungsorgans bezeugt[943]. 202

Wirksamkeitsvoraussetzung ist weiter die **Verkündung der Gesetze**, wie sie für Bundesgesetze und -rechtsverordnungen in Art. 82 GG ausdrücklich normiert ist (→ Art. 82 Rn. 10ff., 22ff.). Das Rechtsstaatsprinzip verlangt für alle materiellen Rechtsnormen, dass sie der Öffentlichkeit so förmlich zugänglich gemacht werden, dass die Betroffenen sich verlässlich Kenntnis von ihrem Inhalt verschaffen können[944]; diese Möglichkeit darf nicht durch inhaltliche Textabweichungen oder sonstwie unzumutbar erschwert sein[945] und kann Neubekanntmachungen erforderlich machen[946]. Alle rechtsstaatlichen Anforderungen an die Entstehung von Recht gelten auch für seine Aufhebung[947]. 203

b) Organisation und Verfahren der Verwaltung

Voraussetzung für die gerechte Konkretisierung der Rechtsprinzipien und die gesetzmäßige Anwendung der Regeln des materiellen Rechtsstaats ist die **angemessene Aus-** 204

---

[940] Vgl. BVerfGE 85, 36 (57ff.); BayVGH MMR 1998, 264 (270f.); *Gärditz* (Fn. 68), Art. 20 Rn. 195; *W. Erbguth*, JZ 2008, 1038 (1041f.); ausf. *Kischel*, Begründung (Fn. 783), S. 316ff.
[941] Dafür *A. Burghart*, Die Pflicht zum guten Gesetz, 1996, S. 123ff.; *Schwerdtfeger*, Methodik (Fn. 938), S. 178ff., 182ff.; s. auch *M. Wallerath*, Was schuldet der Gesetzgeber?, in: FS Schröder, 2012, S. 399ff. (403ff., 412ff.); *C. Bumke*, Der Staat 49 (2010), 77ff.; krit. z.B. *D. Merten*, DÖV 2015, 349ff.; *S. Rixen*, JöR 61 (2013), 525 (534f.); *Schlaich/Korioth*, Bundesverfassungsgericht, Rn. 541ff. m.w.N.
[942] Z.B. BVerwGE 137, 247 (250, Rn. 13); BVerwG UPR 2015, 99 (Rn. 5); VGH Baden-Württemberg UPR 1998, 75; OVG NW NWVBl. 1997, 181 (181f.); BayVGH BayVBl. 1998, 312 (312f.).
[943] *S.U. Pieper*, Die Ausfertigung der Gesetze, in: Kluth/Krings, Gesetzgebung (Fn. 248), § 20 Rn. 2, 9ff.; *Axer*, Normsetzung (Fn. 320), S. 402f.; zu Satzungen *W. Ziegler*, DVBl. 2010, 291ff.; *J. Wahlhäuser*, NWVBl. 2007, 338ff.; *S. Swierczyna*, ThürVBl. 2006, 241ff.; *ders.*, ThürVBl. 2004, 149ff. → Art. 82 Rn. 8.
[944] BVerfGE 65, 283 (291); 90, 60 (85); BVerwGE 122, 264 (268ff.); 126, 388 (393f., Rn. 18f.); *Pieper* (Fn. 943), § 20 Rn. 12, 76; *C. Gusy*, GVwR² I, § 23 Rn. 18f.; *Gärditz* (Fn. 68), Art. 20 Rn. 188; *F. Schoch*, HStR³ III, § 37 Rn. 138; ausf. *S. Oldenburg*, Die Öffentlichkeit von Rechtsnormen, 2009, S. 100ff., 159ff.; *v. Arnauld*, Rechtssicherheit (Fn. 125), S. 168ff.; *A. Wittling*, Die Publikation von Rechtsnormen einschließlich der Verwaltungsvorschriften, 1991; zu Satzungen *M.-E. Geis*, Der Erlass von Satzungen, in: Kluth/Krings (Fn. 248), § 25 Rn. 50ff.; *U. Läger*, LKV 1998, 181ff.; zu Verwaltungsvorschriften → Rn. 173.
[945] Vgl. z.B. BayVGH NuR 1997, 601 (604); BVerwGE 120, 82 (86) bzw. BVerfGE 16, 6 (16ff.); 65, 283 (291); HessVGH NuR 1998, 153 (155ff.).
[946] *M. Klein*, Die Neubekanntmachung von Gesetzen vor dem Hintergrund der staatlichen Konsolidierungspflicht, 2010, S. 56ff., 178ff.
[947] Vgl. OVG Schleswig-Holstein NVwZ-RR 2000, 313; zu den verschiedenen Formen *Heckmann*, Geltungskraft (Fn. 394), S. 349ff.

Art. 20 (Rechtsstaat)   C. Erläuterungen

gestaltung von **Organisation**[948] und **Verfahren**[949] auch **der** rechtsstaatlichen **Verwaltung**. Zwar enthält das Grundgesetz insoweit außer dem Grundsatz der Gewaltenteilung (Art. 20 II 2 GG, → Rn. 67 ff.) wenig spezielle Vorschriften; insbesondere Art. 83 ff. GG lassen einen weiten Spielraum für die organisatorische Ausgestaltung[950]. Dennoch erlauben etwa die Unterscheidung von Beamten und sonstigen Bediensteten (Art. 33 IV GG)[951], die Existenz von Aufsichtsregeln (Art. 84 III, 85 IV GG) oder auch der Amtshilfegrundsatz (Art. 35 GG) allgemeine Folgerungen.

205 So verlangt das Rechtsstaatsprinzip zur Wahrung der Gesetzesbindung grundsätzlich die **Existenz einer Rechtsaufsicht** für alle Teile der Verwaltung[952], verbietet aber **nicht** eine Dezentralisation und Dekonzentration i. S. einer Pluralisierung der Verwaltungsorganisation, die zur Gewaltenteilung innerhalb der Gewalten führt und zugleich die Entscheidungsfähigkeit der Verwaltung insgesamt verbessern kann[953]. Privatrechtliche Organisationsformen der Aufgabenerfüllung, die die Bindung an das parlamentarische Gesetz lockern, Verantwortlichkeiten verwischen und den Rechtsschutz des Bürgers erschweren können[954] (→ Rn. 64), sind zulässig, wenn es bei einer Gewährleistungs- oder Auffangverantwortung[955] des Staates bleibt, die einen realen Vollzug der Gesetze gewährleisten muss (→ Rn. 100).

206 Das **rechtsstaatliche Gebot rationaler Organisation** verlangt generell Klarheit bei der Zuordnung von Aufgaben und Kompetenzen in der Verwaltungsorganisation[956]. Dadurch wird eine inneradministrative Gewaltenteilung zur Optimierung der Verwaltungsentscheidungen nicht ausgeschlossen[957]; die Einheit von Planfeststellungsbehörde und Anhörungsbehörde im Planfeststellungsrecht ist daher zweifelhaft[958]. Im innerorganisatorischen Rechtskreis ist der Amtswalter aber zunächst und primär an amtliche Weisungen gebunden[959].

---

[948] Vgl. *H. Wißmann*, GVwR² I, § 15 Rn. 56 ff.; *W. Krebs*, HStR³ V, § 108 Rn. 31, 60; ausf. *Schmidt-Aßmann*, Ordnungsidee (Fn. 103), Kap. 5 Rn. 1 ff.; *F.E. Schnapp*, Rechtstheorie 9 (1978), 275 (289 ff.).

[949] Vgl. BVerfGE 55, 72 (93 f.); *E. Gurlit/M. Fehling*, Der Eigenwert des Verfahrens im Verwaltungsrecht, VVDStRL 70 (2011), S. 227 ff. (238 ff.) bzw. S. 278 ff. (281 ff., 307 ff.).

[950] BVerfGE 63, 1 (34); *W. Krebs*, HStR³ V, § 108 Rn. 60 ff., 86 ff.

[951] Vgl. *B. Remmert*, JZ 2005, 53 ff.

[952] *Sachs* (Fn. 193), Art. 20 Rn. 161; *Gärditz* (Fn. 68), Art. 20 Rn. 89; ausf. *Kahl*, Staatsaufsicht (Fn. 298), S. 494 ff.; zu ihren Effektivitätsgrenzen *K. Waechter*, DVBl. 2014, 1149 ff.

[953] *W. Krebs*, HStR³ V, § 108 Rn. 91 f.; ausf. jetzt *G.F. Schuppert*, GVwR² I, § 16 Rn. 10 ff., 174 ff., pass.; *Dreier*, Verwaltung (Fn. 248), S. 277 ff.; enge Grenzziehung für die Beteiligung Privater (Kondominialverwaltung) bei *Jestaedt*, Demokratieprinzip (Fn. 312), S. 369 ff., 425 ff. → Art. 20 (Demokratie), Rn. 123 ff., 128 ff., 132 ff.

[954] *W. Krebs*, HStR³ V, § 108 Rn. 10, 92; ausf. *D. Ehlers*, Verwaltung in Privatrechtsform, 1984, S. 251 ff.; s. auch *Dreier*, Verwaltung (Fn. 248), S. 252 ff., 293 ff.

[955] Vgl. etwa BVerfGE 130, 76 (123 f., Rn. 166); *E.-H. Ritter*, Organisationswandel durch Expertifizierung und Privatisierung im Ordnungs- und Planungsrecht, sowie *W. Hoffmann-Riem*, Organisationsrecht als Steuerungsressource, in: ders./E. Schmidt-Aßmann (Hrsg.), Verwaltungsorganisationsrecht als Steuerungsressource, 1997, S. 207 ff. (231 ff.) bzw. S. 355 ff. (364 ff.); *H.-H. Trute*, Verzahnungen von öffentlichem und privatem Recht – anhand ausgewählter Beispiele, in: W. Hoffmann-Riem/E. Schmidt-Aßmann (Hrsg.), Öffentliches Recht und Privatrecht als wechselseitige Auffangordnungen, 1996, S. 167 ff. (198 ff.).

[956] So *Sommermann* (Fn. 5), Art. 20 Rn. 300 f.; *W. Krebs*, HStR³ V, § 108 Rn. 90; *E. Schmidt-Aßmann*, HStR³ II, § 26 Rn. 79; *H.P. Bull*, Über Formenwahl, Formwahrheit und Verantwortungsklarheit in der Verwaltungsorganisation, in: FS Maurer, 2001, S. 545 ff. → Art. 20 (Demokratie), Rn. 137 f.

[957] Vgl. BVerfGE 65, 1 (49 ff.); *B. Schlink*, Die Amtshilfe, 1982, S. 15 ff.

[958] Vgl. aber BVerwGE 58, 344 (350).

[959] Vgl. *U. Battis*, BBG, 4. Aufl. 2009, § 62 Rn. 3 f.; ausf. *T. Hebeler*, Verwaltungspersonal, 2008, S. 257 ff.; *W. Loschelder*, HStR³ V, § 107 Rn. 86 ff.

Auch **für das Verwaltungsverfahren** gelten allgemeine **rechtsstaatliche Mindestanforderungen**. Sie sind praktisch weithin in den Verwaltungsverfahrensgesetzen konkretisiert, so dass ein Rückgriff auf das allgemeine Rechtsstaatsprinzip im Regelfall entbehrlich ist[960]. Positivierte Heilungs- und Nichtbeachtlichkeitsregeln müssen verfassungskonform restriktiv interpretiert werden, soweit solche Mindeststandards anderenfalls unterschritten würden[961]. Fehlt es an Kodifikationen, kann der Rückgriff unmittelbar auf die Direktiven des Rechtsstaatsprinzips geboten sein.

207

Wie für das allgemeine Verwaltungsverfahren[962], speziell Prüfungsverfahren[963], Verfahren der Versetzung (z. B.) von Soldaten[964] oder Disziplinarverfahren[965] gilt der **Grundsatz des fairen Verfahrens** auch für Verfahren nach dem Ordnungswidrigkeitengesetz oder Entscheidungen im Strafvollstreckungsverfahren[966] ebenso wie bei Nachlassangelegenheiten vor dem Rechtspfleger mit der Folge, dass der einzelne vorher **angehört** wird, um Einfluss auf das Verfahren nehmen zu können[967]. Eine sachwidrige Verzögerung des Verfahrens z. B. kann eine Reduzierung des Bußgeldes gebieten[968]; dauert ein Disziplinarverfahren unverhältnismäßig lange, kann eine Gehaltskürzung unzulässig werden[969].

208

Rechtsstaatliches Entscheiden verlangt ein **Mindestmaß an Distanz** zwischen entscheidender **Person und Sache**, über die entschieden wird (→ Rn. 49). Verfassungsrechtlich sind daher persönlich unabhängige Beamte[970] (→ Art. 33 Rn. 180, 183, 194) und einzelfallbezogene Befangenheits- und generelle Unvereinbarkeitsregeln geboten, um solche Mindestdistanz zu gewährleisten. Bei Verwaltungsentscheidungen muss der böse Schein der Selbstbetroffenheit des Amts- oder Verwaltungsträgers schon im Ansatz vermieden werden[971]. Eine möglichst transparent und öffentlich handelnde Verwaltung kann solche rechtsstaatlichen Voraussetzungen fördern[972].

209

Entscheidungen der Verwaltungsbehörden sind **zu begründen**[973]; fehlt es an einfachgesetzlichen Begründungspflichten, ist ein mittelbarer Rückgriff auf verfassungsrechtliche Gebote aus Art. 20 III GG (begrenzt) möglich[974]. Der rechtsstaatliche Grundsatz der Öffentlichkeit verlangt stets für rechtswirksames staatliches Handeln, dass es den Adressaten bekannt gemacht wird[975].

210

---

[960] *F.E. Schnapp*, Verhältnismäßigkeitsgrundsatz und Verwaltungsverfahrensrecht, in: FS Scupin, 1983, S. 899 ff. (901 f.).
[961] *Sachs* (Fn. 193), Art. 20 Rn. 165.
[962] Vgl. BVerwG NVwZ 2001, 94 (95); *Sobota*, Prinzip (Fn. 5), S. 145 ff.; *Stern*, Staatsrecht I, S. 824 f.; zum gerichtlichen Verfahren → Rn. 216 ff.
[963] BVerwGE 107, 363 (368 ff.).
[964] BVerwGE 113, 112 (113 f.).
[965] Vgl. BVerfG (K), DVBl. 2001, 118 (118 f.); BVerfGK 4, 243 (253).
[966] Vgl. BVerfG (K), NJW 1992, 2472 bzw. BVerfGE 86, 288 (326).
[967] BVerfGE 101, 397 (405 f., Rn. 30 ff.); BVerwG NVwZ 2001, 94 (95).
[968] BVerfG (K), NJW 1992, 2472 (2473); *Jarass*/Pieroth, GG, Art. 20 Rn. 109.
[969] BVerfGE 46, 17 (29 f.); BVerfG (K), NVwZ 1994, 574 (574 f.).
[970] BVerfGE 121, 205 (221 f., Rn. 71 f.).
[971] BVerfGE 128, 148 (179 f., Rn. 176 f.); *Sommermann* (Fn. 5), Art. 20 Rn. 307; umfassend *M. Fehling*, Verwaltung zwischen Unparteilichkeit und Gestaltungsaufgabe, 2001, S. 195 ff., pass.; a. A. noch BVerfGE 3, 377 (381).
[972] Vgl. *Gärditz* (Fn. 68), Art. 20 Rn. 89; *Scherzberg*, Öffentlichkeit (Fn. 156), S. 195 ff., 320 ff., 385 ff.; w. Nw. s.o. in Fn. 290.
[973] *Frankenberg* (Fn. 4), Art. 20 Abs. 1–3 IV Rn. 50; ausf. *Lücke*, Begründungszwang (Fn. 939), S. 5 ff., 28 ff., 37 ff., 88 ff. m. w. N.; s. auch Nw. in Fn. 783.
[974] *Lücke*, Begründungszwang (Fn. 939), S. 116 ff.; s. auch *C. Koenig*, AöR 117 (1992), 513 ff.
[975] Vgl. *B. Lederer*, Open Data, 2015, S. 406 ff. u. ö.; *Sobota*, Prinzip (Fn. 5), S. 140 ff., 498 f.

Art. 20 (Rechtsstaat) C. Erläuterungen

c) Organisation und Verfahren der Rechtsprechung

aa) Der allgemeine Justizgewährleistungsanspruch

211 Zu den Kernelementen des Rechtsstaats gehört als Kehrseite des staatlichen Gewaltmonopols[976] der **Anspruch auf Rechtsschutz durch unabhängige Gerichte (Justizgewährungsanspruch)**[977]. Für den Individualrechtsschutz (nur) gegen Akte der öffentlichen Gewalt garantieren diesen Anspruch die allgemeine Rechtsweggarantie (→ Art. 19 IV Rn. 40, 48, 53 ff.) und andere Spezialregeln (→ Art. 14 Rn. 140 f.; → Art. 34 Rn. 63). Für sonstige subjektive Rechtsbeeinträchtigungen, speziell durch die strafende Staatsgewalt und private Dritte (privatrechtliche Streitigkeiten)[978], gewährleistet das Rechtsstaatsprinzip die Existenz des Zugangs zu staatlichen Gerichten, grundsätzlich umfassende tatsächliche und rechtliche Prüfung des Streitgegenstandes nach Maßgabe des jeweiligen Prozessrechts sowie eine verbindliche gerichtliche Entscheidung[979].

212 Wie beim Rechtsschutz gegen die Exekutive (→ Art. 19 IV Rn. 79, 84) bedarf der allgemeine Justizgewährleistungsanspruch der Ausgestaltung durch den Gesetzgeber[980]; in ihr kann eine Beschränkung des gerichtlichen Rechtsschutzes liegen[981]. Maßgeblicher rechtsstaatlicher Maßstab ist auch hier die **Effektivität des Rechtsschutzes** (→ Art. 19 IV Rn. 80). Er gilt auch in bürgerlich-rechtlichen Streitigkeiten[982] oder Strafvollzugsangelegenheiten[983] und verbietet eine unzumutbare Erschwerung des Zugangs zu den Gerichten[984]. Soweit der Gesetzgeber privatautonome Streitbereinigung durch Schlichtungsstellen zulässt (z. B. §§ 1025 ff. ZPO), bleibt er zur Missbrauchs- und Evidenzkontrolle verpflichtet[985].

bb) Funktionsgerechte Organisation und Zugänglichkeit staatlicher Gerichtsbarkeit

213 Auch für die **Gerichtsbarkeit fordert** der Rechtsstaat eine **Organisation, die den rechtsstaatlichen Aufgaben** der Gerichte **angemessen ist**. Zahlreiche spezielle Regeln zur Gewährleistung einer rechtsstaatlichen unabhängigen Justiz (Art. 92, 95 I, 96 II, 97,

---

[976] Zu diesem etwa *Calliess*, Rechtsstaat (Fn. 66), S. 92 ff.; *F. Hammer*, DÖV 2000, 613 (614 ff.).

[977] BVerfGE 85, 337 (345 f.); 93, 99 (107); 97, 169 (185, Rn. 56); 107, 395 (401, Rn. 16); 108, 341 (347, Rn. 19, 21); 117, 71 (121 f., Rn. 153); *A. Voßkuhle/A.-B. Kaiser*, JuS 2014, 312 ff.; *A. Uhle*, HGR V, § 129 Rn. 26 ff.; *H.-J. Papier*, HStR³ VIII, § 176 Rn. 1, 7 f.; *Robbers* (Fn. 49), Art. 20 I Rn. 2625 ff.; *H. Maurer*, Rechtsstaatliches Prozeßrecht, in: FS 50 Jahre BVerfG, Bd. 2, 2001, S. 465 ff. (491 ff.). → Art. 19 IV Rn. 35.

[978] BVerfGE 54, 277 (291 f.); 85, 337 (345); 97, 169 (185, Rn. 56); 107, 395 (406 f., Rn. 30); 116, 135 (150, Rn. 53 f.); *Hofmann* (Fn. 111), Art. 20 Rn. 59; *A. Uhle*, HGR V, § 129 Rn. 27; ausf. *W. Dütz*, Rechtsstaatlicher Gerichtsschutz im Privatrecht, 1969, S. 95 ff.

[979] BVerfGE 54, 277 (291); 85, 337 (345); 88, 118 (124); 101, 275 (294 f.); 107, 395 (401, 406 ff., Rn. 16, 30 ff.); *Jarass*/Pieroth, GG, Art. 20 Rn. 91; *E. Schmidt-Aßmann*, HStR³ II, § 26 Rn. 73; ausf. *C. Dorn*, Justizgewähranspruch und Grundgesetz, 2005, S. 238 ff.

[980] Vgl. BVerfGE 85, 337 (345 f.); 88, 118 (124 f.); 93, 99 (107); 116, 135 (154 ff., Rn. 67 ff.); *Jarass/Pieroth*, GG, Art. 20 Rn. 92.

[981] BVerfGE 33, 367 (383); 47, 239 (247 f.); 51, 324 (343); 116, 135 (158 f., Rn. 80 f.).

[982] BVerfGE 54, 277 (291); 80, 103 (107); 88, 118 (123 f.); 91, 176 (181); 93, 99 (107); 112, 185 (207, Rn. 87); BVerfGK 1, 217 (219); *R. Zuck*, NJW 2013, 1132 ff.; *E. Schmidt-Aßmann*, HStR³ II, § 26 Rn. 71, 74.

[983] BVerfGE 117, 71 (121 f., Rn. 152 ff.); s. auch *M. Möstl*, HStR³ VIII, § 179 Rn. 66.

[984] BVerfGE 54, 277 (292 f.); 69, 381 (385); 85, 337 (347); 88, 118 (124 f.); 118, 1 (23, Rn. 87); BVerfGK 4, 137 (140); zu weiteren Einzelfolgerungen *Robbers* (Fn. 49), Art. 20 I Rn. 2670 ff.

[985] *E. Schmidt-Aßmann*, HStR³ II, § 26 Rn. 73; *Dütz*, Gerichtsschutz (Fn. 978), S. 137 ff.

101 I GG) werden durch das Gerichtsverfassungs- und -verfahrensrecht umgesetzt[986]. Ihnen gegenüber erscheint ein Rückgriff auf das allgemeine Rechtsstaatsprinzip weithin entbehrlich[987]. Forderungen z. B. nach einer Begrenzung des Einsatzes von Einzelrichtern[988] oder einer Zweistufigkeit der gerichtlichen Kontrolle[989] sind keine zwingenden Gebote des Rechtsstaats.

Andererseits folgt aus dem Rechtsstaatsprinzip in Korrespondenz zum Gewaltmonopol die **Pflicht** des Staates, eine **funktionsfähige Strafjustiz zu gewährleisten**, damit Straftäter einer gerechten Strafe zugeführt werden können[990], die grundsätzlich auch zu vollstrecken ist[991]. Voraussetzung ist eine wirksame Verfolgung schwerer Straftaten[992]. Die Berufung auf den Rechtsstaat kann sich mithin ambivalent, d.h. freiheitsbegrenzend und freiheitserweiternd auswirken (→ Rn. 60). Auch im Zivilprozess ist eine funktionstüchtige Rechtspflege ein wichtiger Gemeinwohlbelang[993].

214

Auch der allgemeine Justizgewährungsanspruch verlangt die Einhaltung der elementaren Rechtsschutzstandards des Grundgesetzes (→ Art. 19 IV Rn. 91 ff.). Dazu gehören z. B. eine **ausreichende Klarheit der Rechtsweg- und Rechtsmittelvorschriften**[994], das Verbot einer Rechtsverweigerung, z. B. aufgrund eines negativen Kompetenzkonfliktes zwischen verschiedenen Gerichten[995], oder Rechtsschutz gegen die erstmalige Verletzung von Verfahrensgrundrechten durch ein Gericht[996]; nicht dazu soll der (Konkurrenten-)Rechtsschutz im Vergaberecht unterhalb bestimmter Auftragssummen gehören[997]. Er gibt keinen Anspruch auf mehr als eine Gerichtsinstanz[998]; bei mehreren Instanzen darf aber der Zugang nicht unzumutbar erschwert[999] oder vom Richter nicht ineffektiv gemacht werden[1000]. Fristbestimmungen oder Präklusionen als Erscheinungsform der Verwirkung[1001] sind damit nicht ausgeschlossen. Fristen können voll ausgenutzt werden, die Wiedereinsetzung in den vorigen Stand ist

215

---

[986] C. Degenhart, HStR³ IV, § 115; Frankenberg (Fn. 4), Art. 20 Abs. 1–3 IV Rn. 46; Heyde (Fn. 349), § 33 Rn. 45 ff.

[987] Vgl. Sachs (Fn. 193), Art. 20 Rn. 160; Zimmer, Funktion (Fn. 330), S. 288 ff.

[988] Vgl. aber etwa P. Stelkens, DVBl. 1995, 1105 (1112 f.).

[989] Vgl. aber BVerfGE 107, 395 (401 ff., Rn. 15 ff.); A. Voßkuhle, NJW 1995, 1377 (1382 ff.); ausf. ders., Rechtsschutz (Fn. 307), S. 176 ff., 207 ff., 298 ff. → Art. 19 IV Rn. 94.

[990] BVerfGE 33, 367 (383); 46, 214 (222); 106, 28 (49, Rn. 57); 107, 299 (316, Rn. 57); 109, 279 (336, Rn. 200); 130, 1 (26, Rn. 113); 133, 168 (199, Rn. 57); M. Möstl, HStR³ VIII, § 179 Rn. 3 ff.; H. Landau, NStZ 2007, 121 ff.; Schmidt-Jortzig, Grenzen (Fn. 907), S. 505 ff.; krit. Frankenberg (Fn. 4), Art. 20 Abs. 1–3 IV Rn. 53; D. Krauß, KritV 76 (1993), 183 (184 ff.).

[991] BVerfGE 51, 324 (343 f.); 130, 372 (391, Rn. 57).

[992] BVerfGE 29, 183 (194); 33, 367 (383); 129, 208 (256, Rn. 238).

[993] BVerfGE 106, 28 (49, Rn. 57).

[994] BVerfGE 57, 9 (22) bzw. BVerfGE 49, 148 (164); 54, 277 (292 f.); 87, 48 (65); 107, 395 (416 f., Rn. 64); BVerfGK 2, 213 (218); zum Vertrauen in Rechtsmittelsicherheit BVerfGE 87, 48 (62); zur Notwendigkeit von klaren Fristgrenzen BGHZ 160, 214 (216).

[995] Vgl. Hergenröder, Grundlagen (Fn. 486), S. 172 ff. bzw. BAGE 44, 246 (248).

[996] Vgl. BVerfGE 107, 395 (407 f., Rn. 31 ff.); BVerfGK 4, 49 (53).

[997] BVerfGE 116, 135 (150 ff., Rn. 53 ff.); J. Gundel, Jura 2008, 288 ff.

[998] So BVerfGE 4, 74 (94 f.); 54, 277 (291); 83, 24 (31); 87, 48 (61); 89, 381 (390); BVerfGK 2, 213 (217); für das Strafverfahren E 49, 329 (342); 112, 185 (207 f., Rn. 89); 118, 212 (239 f., Rn. 108); 122, 248 (271, Rn. 67); Robbers (Fn. 49), Art. 20 I Rn. 2720 ff.; a.A. Voßkuhle, Rechtsschutz (Fn. 307), S. 176 ff., 298 ff.

[999] BVerfGE 74, 228 (234); 93, 99 (108); 122, 248 (271, Rn. 67); BVerfG (K), NJW 2011, 2276 f.; w. Nw. Fn. 984.

[1000] BVerfGE 112, 185 (208, Rn. 90); 122, 248 (271, Rn. 68).

[1001] BVerfGE 59, 330 (333 f.); 69, 126 (137); BVerfGK 1, 87 (90); zu Grenzen: BVerfGE 84, 366 (370).

im Lichte des Grundsatzes des effektiven Rechtsschutzes auszulegen[1002]. Die Ablehnung einer Kostenerstattung[1003] oder Kosten des Gerichtsverfahrens dürfen Unbemittelten die Anrufung des Gerichts nicht unbillig erschweren (→ Art. 19 IV Rn. 104), ohne dass eine vollständige Gleichstellung mit Bemittelten geboten wäre[1004].

cc) Anforderungen an das gerichtliche Verfahren

216 Ein zentraler Grundsatz für alle Verfahren vor staatlichen Gerichten ist das **Gebot des fairen Verfahrens** als eine Ausprägung des Rechtsstaatsprinzips[1005], das durch den Anspruch auf rechtliches Gehör (Art. 103 I GG) unterstützt wird[1006], gemäß Art. 2 I, 20 III GG auch vor dem Rechtspfleger[1007]. Seine Konkretisierung je nach den sachlichen Gegebenheiten ist vorrangig Sache des Gesetzgebers[1008]. Es verbietet eine übermäßig erschwerende Handhabung verfahrensrechtlicher Regeln, die den Anspruch auf gerichtliche Durchsetzung des materiellen Rechts unzumutbar verkürzen, indem z.B. Klagen aus völlig formalen Gründen abgelehnt werden[1009], Gerichte die prozessrechtlichen Möglichkeiten zur Sachverhaltsfeststellung so eng auslegen, dass ihnen eine sachliche Prüfung der vorgelegten Fragen nicht möglich ist[1010], die Beweislastregeln nicht fair gehandhabt werden[1011] oder der Beschuldigte Belastungszeugen nicht befragen kann[1012]. Auch entfällt das Rechtsschutzbedürfnis nicht schon deshalb, weil die angegriffene richterliche Durchsuchungsanordnung faktisch durchgeführt worden ist[1013]. Der Richter darf sich nicht widersprüchlich verhalten, nicht aus eigenen Fehlern oder Versäumnissen Nachteile für die Verfahrensbeteiligten ableiten[1014] und ist diesen gegenüber zur Rücksichtnahme in ihrer konkreten Situation verpflichtet[1015].

[1002] Vgl. BVerfGE 53, 25 (29); 69, 381 (385) bzw. BVerfGE 79, 372 (375ff.); BVerfG (K), NJW 2001, 812 (813f.); → Art. 19 IV Rn. 102.
[1003] BVerfGK 6, 206 (209ff.).
[1004] BVerfGE 22, 83 (86); 63, 380 (394f.); 81, 347 (356f.); 85, 337 (347); BVerfG (K), NJW 1997, 2745 (2745); DVBl. 2001, 1748 (1749); BVerfGK 1, 22 (24f.); 1, 101 (114); 2, 275 (277f.); 4, 161 (163f.); BVerwGE 113, 92 (92f.); *Hofmann* (Fn. 111), Art. 20 Rn. 60; ausf. *I. Bergner/C. Pernice*, Die Rechtsprechung des Bundesverfassungsgerichts zum Anspruch auf Rechtsschutz- und Rechtswahrnehmungsgleichheit, in: Emmenegger/Wiedmann, Linien (Fn. 523), S. 241ff. (243ff.).
[1005] BVerfGE 39, 156 (163); 57, 250 (275f.); 63, 380 (390f.); 78, 123 (126); 91, 176 (181); 93, 99 (112f.); 103, 44 (64, Rn. 72); 110, 339 (342, Rn. 10); 122, 248 (271f., Rn. 69f.); 130, 1 (25f., Rn. 110ff.); BVerfGK 4, 243 (253); *M. Möstl*, HStR³ VIII, § 179 Rn. 63f.; *Robbers* (Fn. 49), Art. 20 I Rn. 2746ff., 3364; *U. Di Fabio*, in: Maunz/Dürig, GG, Art. 2 I (2001), Rn. 72f.; *P.J. Tettinger*, Der Staat 36 (1997), 575 (580ff.); krit. *Schmidt-Jortzig*, Grenzen (Fn. 907), S. 521ff.; *Sobota*, Prinzip (Fn. 5), S. 452. → Vorb. Rn. 77; → Art. 19 IV Rn. 37, 105.
[1006] BVerfGE 41, 246 (249); 54, 100 (116); 63, 332 (337f.); übersichtlich *F.-L. Knemeyer*, HStR³ VIII, § 178 Rn. 17ff. → Art. 103 IV Rn. 25ff., 33ff.
[1007] BVerfGE 101, 397 (405); dazu *B. Heß/G. Vollkommer*, JZ 2000, 785ff.
[1008] BVerfGE 57, 250 (276); 63, 45 (61); 70, 297 (308f.); 86, 288 (317f.); 122, 248 (272, Rn. 71); 130, 1 (25, Rn. 111); BVerfGK 8, 355 (357); 16, 275 (278); 17, 319 (326f.).
[1009] BVerfGE 84, 366 (369f.) bzw. BVerfG (K), NJW 1991, 3140; zur Behandlung von Rechtsmitteln BVerfGE 93, 99 (114f.); BVerfGK 4, 87 (90ff.).
[1010] BVerfGE 101, 275 (295, Rn. 119f.); BVerfGK 4, 119 (128).
[1011] BVerfGE 52, 131 (145); 106, 28 (48, Rn. 53); 117, 202 (240, Rn. 93).
[1012] BVerfGK 16, 275 (278ff.).
[1013] BVerfGE 96, 27 (38ff.); *Voßkuhle*, Rechtsschutz (Fn. 307), S. 332f.; a.A. BVerfGE 49, 329 (340ff.).
[1014] BVerfGE 51, 188 (192); 60, 1 (6); 75, 183 (190); 78, 123 (126); 110, 339 (342, Rn. 10); BVerfGK 1, 214 (216); 2, 70 (72); 3, 169 (172f.); 4, 137 (140); 10, 129 (131ff.).
[1015] BVerfGE 38, 105 (111ff.); 40, 95 (98f.); 46, 202 (210); 78, 123 (126); BVerfGK 4, 137 (140).

Das setzt u.a. rechtsstaatliche Distanz i.S. von Unbefangenheit und Neutralität des Richters voraus[1016].

Eine Ausprägung des Gebots des fairen Verfahrens ist das **Gebot der Waffengleichheit**[1017], das abgeschwächt im Zivilprozess[1018], einschließlich der Zwangsvollstreckung[1019], vor allem aber zwischen Staatsanwalt und Beschuldigtem im strafgerichtlichen Verfahren gilt[1020]. Es verlangt, dass der Beschuldigte die Möglichkeit haben muss, zur Wahrung seiner Rechte auf den Gang und das Ergebnis des Verfahrens Einfluss zu nehmen[1021], und dass Angeklagte an der Hauptverhandlung teilnehmen[1022] und die wesentlichen Verfahrensvorgänge verstehen und sich äußern können, auch Ausländer, die der deutschen Sprache nicht mächtig sind[1023]. Zuziehung und Auswahl eines Anwalts sind verfassungsrechtlich garantiert[1024], auch ein entsprechender freier und vertraulicher Kontakt mit dem Verteidiger[1025]; in schwerwiegenden Fällen hat der Beschuldigte Anspruch auf einen – von ihm vorgeschlagenen[1026] – Pflichtverteidiger, wenn er die Kosten für einen Wahlverteidiger nicht tragen kann[1027]. Auch Angeklagte und Zeugen haben ein Recht auf Persönlichkeitsschutz[1028]. 217

Der Anspruch speziell auf ein **faires Strafverfahren**[1029] wird zudem konkretisiert im **Gebot der Wahrheitsfindung**[1030]. Das Strafverfahrensrecht muss eine zuverlässige Wahrheitserforschung gewährleisten[1031], einerseits im verfassungsrechtlichen Interes- 218

[1016] Vgl. BVerfGE 37, 57 (65); 60, 175 (203); *Sachs* (Fn. 193), Art. 20 Rn. 163; *Sobota*, Prinzip (Fn. 5), S. 192 f.; ausf. *Voßkuhle*, Rechtsschutz (Fn. 307), S. 105 ff. → Rn. 49.

[1017] *A. Uhle*, HGR V, § 129 Rn. 50 ff.; *C. Degenhart*, HStR³ V, § 115 Rn. 40; ausf. *P.J. Tettinger*, Fairneß und Waffengleichheit, 1984; *D. Dörr*, Faires Verfahren, 1984; anders *Maurer*, Prozessrecht (Fn. 977), S. 500.

[1018] BVerfGE 52, 131 (144, 156 f.); 63, 266 (284); 69, 248 (254); 93, 213 (236); 117, 163 (185, Rn. 69); zum kartellrechtlichen Beschwerdeverfahren BVerfGE 74, 78 (95); zur Beweiserhebung bei Vier-Augen-Gesprächen BVerfG (K), NJW 2001, 2531 (2531 f.); *M. Reinkenhof*, JuS 2002, 645 ff.

[1019] BVerfGE 51, 150 (156).

[1020] BVerfGE 38, 105 (111); 63, 45 (61); 110, 226 (253, Rn. 105 f.); BGHSt 47, 233 (237); *Maurer*, Prozessrecht (Fn. 977), S. 499; ausf. *Rzepka*, Fairness (Fn. 97), S. 186 f., 346 f.; krit. *M. Möstl*, HStR³ VIII, § 179 Rn. 64; *K.-A. Schwarz*, Jura 2007, 334 (339).

[1021] BVerfGE 64, 135 (145); 65, 171 (174 f.); 66, 313 (318); 110, 226 (253, Rn. 105); BVerfGK 8, 355 (357); BGHSt 44, 46 (49).

[1022] BVerfGE 41, 246 (249); zu den Grenzen BVerfGE 89, 120 (129 f.).

[1023] Zu den Konsequenzen betr. Übersetzungen BVerfGE 64, 135 (145 f., 151 ff.); BVerfGK 1, 331 (333 ff.).

[1024] BVerfGE 39, 156 (163); 65, 171 (174 f.); 68, 237 (255); 110, 226 (253 f., Rn. 106); 133, 168 (203, Rn. 63); BVerfG (K), NJW 2001, 3695 (3696); BGHSt 46, 36 (45); 48, 170 (172 f.); entsprechend für ein Unterbringungsverfahren BVerfGE 66, 313 (319 ff.); 70, 297 (322 f.); zum anwaltlichen Beistand bei einer Zeugenvernehmung BVerfGE 38, 105 (112 ff.).

[1025] BVerfGE 49, 24 (55); 113, 29 (47, Rn. 88); BVerfGK 19, 326 (332 f.).

[1026] BVerfG (K), NJW 2001, 3695 (3696).

[1027] BVerfGE 39, 238 (243); 65, 171 (178 f.); 68, 237 (255 f.).

[1028] BVerfGE 103, 44 (68, Rn. 52).

[1029] BVerfGE 38, 105 (111); 63, 380 (390); 109, 38 (60, Rn. 69); 113, 29 (47, Rn. 88); 122, 248 (271 f., Rn. 69 f.); 130, 1 (25, Rn. 111); BVerfG (K), EuGRZ 2015, 259 (262, Rn. 29 ff.); BGHSt 43, 195 (203 f.); 50, 40 (48); *A. Uhle*, HGR V, § 129 Rn. 59 ff.; ausf. *B.J. Hartmann/H. Apfel*, Jura 2008, 495 ff.; *Rzepka*, Fairness (Fn. 97), S. 116 ff., 154 ff., 329 ff.

[1030] BVerfGE 57, 250 (275); 70, 297 (308 f.); 77, 65 (76); 80, 367 (378); 86, 288 (317); BVerfGK 1, 145 (150); 4, 72 (73); *Robbers* (Fn. 49), Art. 20 I Rn. 2763 ff.; *A. Uhle*, HGR V, § 129 Rn. 104 ff.; *M. Niemöller/G.F. Schuppert*, AöR 107 (1982), 387 (444 ff.).

[1031] BVerfGE 57, 250 (275); 86, 288 (317); 115, 166 (192, Rn. 98); 118, 212 (230 f., Rn. 81 f., 85 f.); 130, 1 (26, Rn. 113); BGHSt 43, 195 (204); 47, 62 (65); für die Staatsanwaltschaft BVerfGE 63, 45 (63).

Art. 20 (Rechtsstaat) C. Erläuterungen

se an der Aufklärung von Straftaten[1032], andererseits im Blick auf die Grundrechte des Angeklagten[1033]. Deshalb hat die Wahrheitsfindung Vorrang, so dass alle Beweismittel vollständig zu erheben und zu würdigen sind[1034] und auch die Verweigerung einer Aussagegenehmigung regelmäßig unzulässig ist[1035]; Beweisverwertungsverbote sind begründungsbedürftige Ausnahmen, die etwa bei schwerwiegenden, bewussten oder objektiv willkürlichen Rechtsverstößen der Strafverfolgungsbehörden geboten sind[1036]. Der Beschuldigte braucht sich nicht selbst zu belasten[1037] (→ Art. 1 I Rn. 139); deshalb dürfen auch Aufzeichnungen des Beschuldigten zu Verteidigungszwecken nicht beschlagnahmt werden[1038]. Die Wahrheitsfindung im Strafrecht hat regelmäßig Vorrang gegenüber Persönlichkeitsrechten Dritter bzw. gegenüber den Interessen anderer staatlicher Stellen[1039]. Dennoch kann der Gesetzgeber Verständigungen zwischen Gericht und Verfahrensbeteiligten im Strafprozess zur Verfahrensvereinfachung zulassen, sofern sichergestellt ist, dass jene rechtsstaatlichen Anforderungen an das Strafverfahren gewahrt bleiben[1040].

219 Im strafgerichtlichen Verfahren finden weitere rechtsstaatliche Verfahrensgrundsätze spezifische Ausprägungen[1041] (zu Anforderungen des Übermaßverbots → Rn. 194 ff.). So folgt aus dem Rechtsstaatsprinzip die **Vermutung der Schuldlosigkeit**[1042] mit der Folge, dass der Betroffene von Verfassung wegen bis zum prozessordnungsgemäßen rechtskräftigen Abschluss eines Strafverfahrens vor Nachteilen geschützt ist, die einem Schuldspruch oder einer Strafe gleichkommen[1043], und die Bekanntgabe des Namens des Beschuldigten in einem Ermittlungsverfahren in der Regel unzulässig ist[1044]. Einem Untersuchungsgefangenen ist deshalb größtmögliche Freiheit

---

[1032] BVerfGE 47, 239 (247 f.); 100, 313 (389, Rn. 258); 107, 299 (316, Rn. 57); 109, 279 (336, Rn. 200); 113, 29 (54, Rn. 111).
[1033] BVerfG (K), NJW 2003, 2444 (2445); BVerfGK 3, 247 (253 ff.); ausf. *G. Steinberg*, Richterliche Gewalt und individuelle Freiheit, 2010, S. 10 ff., 60 ff., 95 ff., 149 ff.
[1034] BVerfGK 1, 145 (150 ff.) m. ausf. Nw.
[1035] BGH NJW 1989, 1228 (1229).
[1036] BVerfGE 113, 29 (61, Rn. 135); 125, 260 (339 f., Rn. 252 ff.); 130, 1 (28, Rn. 117); *W. Beulke*, Jura 2008, 653 ff.
[1037] BVerfGE 38, 105 (113); 56, 37 (41 ff.); 110, 1 (31, Rn. 110); *Robbers* (Fn. 49), Art. 20 I Rn. 2926 ff.; *W. Weiß*, JZ 1998, 289 (293); zu den Grenzen BVerfGE 80, 109 (121 f.); gegen einen Verfassungsrang *L. Leitmeier*, JR 2014, 372 (375 ff.).
[1038] BGHSt 44, 46 (48 ff.); zur Ausforschung durch einen beauftragten Mithäftling BGHSt 44, 129 (134 ff.).
[1039] BVerfGE 63, 45 (72 f.) bzw. BVerfGE 57, 250 (282 f.); 63, 45 (63); BGHSt 29, 109 (112 f.); 47, 62 (65).
[1040] BVerfGE 133, 168 (199 ff., 203 ff., Rn. 56 ff., 64 ff.); BVerfGK 19, 318 (324 ff.); BVerfG (K), NJW 2015, 1235 (1236); *C. Globke*, JR 2014, 9 ff.; *H. Kudlich*, ZRP 2013, 162 ff.; *ders.*, NStZ 2013, 379 ff.; *M. Löffelmann*, JR 2013, 333 ff.; *T. Weigend*, StV 2013, 424 ff.
[1041] *M. Möstl*, HStR³ VIII, § 179 Rn. 68; *B. Heinrich*, Jura 2003, 167 ff.; *M. Niemöller/G. F. Schuppert*, AöR 107 (1982), 387 ff.
[1042] BVerfGE 19, 342 (347); 38, 105 (114 f.); 110, 1 (22 f., Rn. 83); 133, 1 (31, Rn. 90); 133, 168 (202, Rn. 61); *Robbers* (Fn. 49), Art. 20 I Rn. 2912 ff.; *M. Möstl*, HStR³ VIII, § 179 Rn. 70; *A. Uhle*, HGR V, § 129 Rn. 102 ff.; zur Herleitung *Wolff*, Verfassungsrecht (Fn. 380), S. 250 f.; s. auch *C. Dannecker*, JZ 2013, 924 ff.
[1043] BVerfGE 74, 358 (370 ff.); 82, 106 (114 f.); 133, 1 (31, Rn. 90); *Hofmann* (Fn. 111), Art. 20 Rn. 62; für Privatklageverfahren BVerfG (K), NJW 1992, 1611; hinsichtlich Kostenentscheidungen BVerfGE 74, 358 (379); BVerfG (K), NJW 1992, 1612 (1612 f.); für Bußgeldverfahren BVerfGE 9, 167 (170); 133, 1 (31, Rn. 90); für Ordnungsgeld BVerfGE 84, 82 (87); für Disziplinarverfahren BVerwGE 111, 43 (44 f.).
[1044] BGH NJW 1994, 1950 (1951 ff.).

II. Kernelemente des Rechtsstaatsprinzips **Art. 20 (Rechtsstaat)**

einzuräumen (→ Art. 2 II Rn. 109 f.); gleichwohl darf der Grad des Verdachts einer strafbaren Handlung auch schon vor Abschluss der Hauptverhandlung bei Maßnahmen und Entscheidungen berücksichtigt werden, die eine Bewertung der Verdachtslage voraussetzen (z. B. die Anordnung von U-Haft)[1045]. Bei einem Freispruch sind personenbezogene Daten des Betroffenen nur sehr begrenzt speicherbar[1046].

Die Effektivität des Rechtsschutzes als Ausprägung des Rechtsstaatsprinzips verlangt, dass eine abschließende gerichtliche **Entscheidung innerhalb einer angemessenen Zeit** vorliegt[1047], wie es auch Art. 6 I 1 EMRK und Art. 47 S. 2 GRCh gebieten (→ Art. 19 IV Rn. 111)[1048]. Die Angemessenheit der Beschleunigung im Interesse einer funktionstüchtigen Strafrechtspflege (→ Rn. 214) richtet sich nach den Umständen des Einzelfalls[1049]; regelmäßig bedeutsam sind dabei der durch die Verzögerung der Justizorgane verursachte Zeitraum, die Gesamtdauer des Verfahrens, die Schwere des Tatvorwurfs, Umfang und Schwierigkeit des Verfahrensgegenstandes und das Ausmaß der damit verbundenen besonderen Belastungen für den Betroffenen[1050]. In Kindschaftssachen ist eine besondere Beschleunigung geboten[1051], ebenso wenn ein übergeordnetes Gericht die bisherige Untätigkeit als rechtswidrig festgestellt hat[1052]. Im Umgang mit den Beschuldigten müssen insbesondere bei Verhafteten Anklage und Prozess so zügig wie möglich[1053] durchgeführt werden[1054], was auch eine Verbindung von Strafverfahren verbieten kann[1055]; anderenfalls kann eine Strafmilderung geboten sein[1056]. Gerichtsverfahren müssen grundsätzlich öffentlich stattfinden (vgl. § 169 GVG), erst recht mündliche Verhandlungen[1057].

220

Gerichtliche Entscheidungen müssen regelmäßig zügig abgesetzt[1058] und **begründet** werden[1059], anerkanntermaßen jedenfalls bei Abweichungen einer Präklusionsentscheidung von der höchstrichterlichen Rechtsprechung oder vom Gesetzeswort-

221

[1045] BVerfGE 82, 106 (115 ff.); BVerfG (K), NJW 1992, 1611 (1612); *Hofmann* (Fn. 111), Art. 20 Rn. 62.
[1046] BVerfG (K), NJW 2002, 3231 (3231 f.).
[1047] BVerfGE 82, 126 (155); 88, 118 (124); 93, 99 (107 f.); 122, 248 (279, Rn. 89); BVerfG (K), NJW 2001, 214 (215); NJW 2013, 3432 (3432 f.); NJW 2013, 3630 (3631); *A. Uhle*, HGR V, § 129 Rn. 64 ff.; für das strafrechtliche Verfahren BVerfGE 63, 45 (68 f.); BVerfGK 1, 269 (278 ff.); BGHSt 47, 105 (109).
[1048] Zum Entschädigungsanspruch bei überlanger Verfahrensdauer BVerfG (K), NJW 2013, 3630 ff.; *C. Steinbeiß-Winkelmann*, NJW 2014, 1276 ff.; *dies./T. Sporrer*, NJW 2014, 177 ff.; *C. Althammer/D. Schäuble*, NJW 2012, 1 ff.
[1049] BVerfGE 55, 349 (369); BVerfG (K), DVBl. 2009, 1164 (1164 f.); vgl. *Hofmann* (Fn. 111), Art. 20 Rn. 64 ff.; *M.P. Waßmer*, ZStW 118 (2006), 159 ff.
[1050] BVerfGE 122, 248 (279, Rn. 90); BVerfGK 1, 269 (279); 2, 33 (34); 2, 239 (246 f.).
[1051] BVerfG (K), NJW 2001, 961 (961 f.); BVerfGK 2, 140 (142); *Hofmann* (Fn. 111), Art. 20 Rn. 67.
[1052] BVerfGK 5, 155 (159).
[1053] BVerfGE 117, 71 (124 f., Rn. 161); 122, 248 (273, Rn. 73); 130, 1 (26 f., Rn. 114).
[1054] BVerfG (Vorprüfungsausschuss), NJW 1984, 967 (967); für die Disziplinarverfahren BVerfGE 46, 17 (28 ff.); für Ordnungswidrigkeiten BVerfG (K), NJW 1992, 2472 (2472 f.).
[1055] BVerfG (K), EuGRZ 2002, 546 (548 ff.).
[1056] BVerfG (K), NJW 1993, 3254 (3255); NJW 2003, 2225 (2225 f.); BVerfGK 2, 239 (247 ff.); für Ordnungswidrigkeiten: → Rn. 208.
[1057] BVerfGE 103, 44 (63, Rn. 69 f.); BGHSt 43, 195 (205); *A. Uhle*, HGR V, § 129 Rn. 78 ff.; *M. Kloepfer*, HStR³ III, § 42 Rn. 60; ausf. *K. Gierhake*, JZ 2013, 1030 ff.; *Bröhmer*, Transparenz (Fn. 248), S. 264 ff.; *v. Coelln*, Medienöffentlichkeit (Fn. 348), S. 83 ff., 198 ff.
[1058] BVerfGK 7, 140 (158 f.).
[1059] BVerfG (K), NJW 2001, 2161 (2162); anders ausnahmsweise BVerfGE 50, 287 (289 f.); ausf. *Lücke*, Begründungszwang (Fn. 939), S. 1 ff., 22 ff., 118 ff. u. ö.

laut[1060], bei fehlender mündlicher Verhandlung auch schriftlich. Rechtsstaatliche Anforderungen an die Begründung sind ein Mindestmaß an rationaler Argumentation[1061], die den Entscheidungsadressaten die Prüfung erlaubt, ob die Entscheidung methodisch nachvollziehbar, in unparteiischer Rechtsanwendung und nach welchen maßgeblichen Gesichtspunkten sie ergangen ist[1062]. Veröffentlichungswürdige Entscheidungen müssen als Folge des Rechtsstaatsgebots veröffentlicht werden[1063].

8. Rechtmäßigkeitsrestitution

222 Als Konsequenz aus der Rechtsbindung allen staatlichen Handelns folgt eine **objektive Pflicht zur Beseitigung von Rechtsverstößen** des Staates[1064]. Sie erstreckt sich einerseits auf die Aufhebung von rechtswidrigen Normen durch den Normgeber[1065]; sie begründet andererseits einen (auch grundrechtlich verankerten) Anspruch des Bürgers auf Beseitigung der Folgen rechtswidrigen Staatshandelns[1066] ggf. in Form von Schadensersatz in Geld. Neben diesem dem Rechtsstaat eigentümlichen Grundsatz der Rechtmäßigkeitsrestitution stehen nur noch Kompensationsansprüche wegen Sonderopfer[1067]. Darüber hinaus lassen sich aus dem Rechtsstaatsprinzip aber keine konkreten Einzelheiten ableiten, die über das hinausgehen, was z. B. Art. 34 GG ausdrücklich und konkretisierend anordnet (→ Art. 34 Rn. 30ff., 58ff.) und im Übrigen aus den Grundrechten folgt: Ansprüche aus Amtshaftung, aus Enteignungsgrundsätzen[1068] und auf Folgenbeseitigung[1069]. Hinzu treten gewohnheitsrechtlich ausgeformte Ansprüche wie etwa die aus Aufopferung[1070] oder öffentlich-rechtlicher Erstattung[1071], ohne dass sich bis heute eine generelle Entschädigungspflicht für rechtswidriges Staatshandeln durchgesetzt hätte, die den »Fleckenteppich« der unterschiedlichen Institute der Staatshaftung ablösen könnte. Die programmatische Dimension des Rechts-

---

[1060] BVerfGE 81, 97 (106) bzw. E 71, 122 (135f.).
[1061] Vgl. BVerfGE 34, 269 (287); 118, 212 (241, Rn. 112ff.); ausf. *Kischel*, Begründung (Fn. 783), S. 338ff.
[1062] *Frankenberg* (Fn. 4), Art. 20 Abs. 1–3 IV Rn. 51.
[1063] BVerwGE 104, 105 (108ff.); *v. Arnauld*, Rechtssicherheit (Fn. 125), S. 176, 186ff.; *v. Coelln*, Medienöffentlichkeit (Fn. 348), S. 491ff.; *J. Berkemann*, VerwArch. 87 (1996), 362 (374).
[1064] BVerwGE 69, 366 (370); *Badura*, Staatsrecht, Rn. D 63ff.; *Grzeszick* (Fn. 193), Art. 20 VII Rn. 151ff.; *Morlok*, Folgen (Fn. 468), S. 59.
[1065] Ausf. *Heckmann*, Geltungskraft (Fn. 394), S. 82ff.
[1066] *Sommermann* (Fn. 5), Art. 20 Rn. 271, 325; *Maurer*, Staatsrecht, § 8 Rn. 36; *E. Schmidt-Aßmann*, HStR³ II, § 26 Rn. 88; *Bumke*, Rechtswidrigkeit (Fn. 351), S. 216ff.; *M. Morlok*, Die Verwaltung 25 (1992), 371 (383f.); ausf. mit grundrechtlicher Begründung W. *Höfling*, Primär- und Sekundärrechtsschutz im Öffentlichen Recht, VVDStRL 61 (2002), S. 260ff. (269ff.); *B. Grzeszick*, Rechte und Ansprüche, 2002, S. 130ff., 144ff., 169ff., 186ff., 340ff.
[1067] Zu dieser Zweiteilung *Sobota*, Prinzip (Fn. 5), S. 230ff., 514f.; s. auch *Grzeszick*, Rechte (Fn. 1066), S. 437ff.
[1068] S. umfassend *Maurer*, Allg. Verwaltungsrecht, §§ 26, 27; *Ossenbühl/Cornils*, Staatshaftungsrecht (Fn. 147), S. 7ff., 153ff., 259ff., 325ff. → Art. 14 Rn. 155ff. u.ö.
[1069] Dazu etwa BVerwGE 38, 336 (346); *Maurer*, Allg. Verwaltungsrecht, § 30; *Ossenbühl/Cornils*, Staatshaftungsrecht (Fn. 147), S. 352ff.; *W. Brugger*, JuS 1999, 625ff.; *F. Schoch*, Jura 1993, 478ff.; zur Folgenbeseitigungslast für die Verwaltung *H.-J. Blanke/A. Peilert*, Die Verwaltung 31 (1998), 29ff.
[1070] *Sobota*, Prinzip (Fn. 5), S. 221f.; *Maurer*, Allg. Verwaltungsrecht, § 28; *Ossenbühl/Cornils*, Staatshaftungsrecht (Fn. 147), S. 124ff.
[1071] *Sobota*, Prinzip (Fn. 5), S. 229f.; *Maurer*, Allg. Verwaltungsrecht, § 29 Rn. 20ff.; *M. Morlok*, Die Verwaltung 25 (1992), 371ff.; *Ossenbühl/Cornils*, Staatshaftungsrecht (Fn. 147), S. 530ff.

staats (→ Rn. 16) legt einen solchen generellen Anspruch in Ausformung durch den Gesetzgeber nahe.

III. Die Adressaten des Rechtsstaatsprinzips

Das Rechtsstaatsprinzip **bindet alle Träger öffentlicher Gewalt**: Verstöße des Gesetzgebers, der Exekutive oder der Rechtsprechung, aber auch der Kirchen als Körperschaften des öffentlichen Rechts[1072], gegen Art. 20 II 2, III GG oder gegen rechtsstaatliche (Unter-)Prinzipien führen zur objektiven Rechtswidrigkeit, bei Normen grundsätzlich zur Nichtigkeit der Staatsakte. Diese objektive Rechtswidrigkeit kann bei Grundrechtsbeeinträchtigungen auch im Rahmen der Verfassungsbeschwerde geltend gemacht werden, nicht selbständig[1073], aber als Verstoß gegen Art. 2 I i.V.m. Art. 20 III GG[1074] (→ Art. 2 I Rn. 44) oder gegen ein spezielles Grundrecht i.V.m. Art. 20 III GG[1075]; mitunter wird neuerdings ein Grundrecht gar nicht erst genannt[1076].

223

D. Verhältnis zu anderen GG-Bestimmungen

Die Institutionen, Verfahren und Regelungen des Rechtsstaats gewinnen ihren Sinn im **Funktionszusammenhang mit den anderen Staatsstruktur- bzw. Staatszielbestimmungen des Grundgesetzes**: Demokratieprinzip, Sozial-, Bundes- und Umweltstaatlichkeit[1077]. Sie dienen der Freiheit des einzelnen in seiner sozialen und kulturellen Lebensform durch politische Teilhabe, Rationalisierung und Begrenzung der staatlichen Machtausübung; sie tragen bei zur Verwirklichung sozialer Gerechtigkeit; und sie formen auch den Bundesstaat[1078] und die Umsetzung des Umweltstaats. Diese Funktionszusammenhänge führen zu spezifischen Spannungslagen zwischen den einzelnen Hauptprinzipien des Grundgesetzes, deren Verhältnis zueinander sich nicht hierarchisieren lässt[1079].

224

Namentlich das **Demokratieprinzip** wird z.T. als vorrangige Voraussetzung für die Aufrechterhaltung eines Rechtsstaats interpretiert[1080], der sich den Maßstäben sozialer Gerechtigkeit verpflichtet weiß; umgekehrt strukturiert der Rechtsstaat den demokratischen Prozess und formt dessen Handlungsinstrumente, ist die Demokratie des Grundgesetzes unübersteigbar verfassungs- und rechtsgebunden[1081]. Demokratie und Rechtsstaat dürfen indessen nicht gegeneinander ausgespielt werden[1082] (→ Rn. 15).

225

[1072] BVerfGE 102, 370 (390f., Rn. 78f.); *H. de Wall*, ZevKR 43 (1998), 441ff.
[1073] Z.B. BVerfGE 112, 93 (106, Rn. 43); 114, 371 (383, Rn. 48).
[1074] So z.B. BVerfGE 56, 99 (107, 109); 61, 68 (72); 73, 261 (269); 87, 273 (279); 101, 397 (404, Rn. 24); 111, 54 (81f., Rn. 169ff.).
[1075] Z.B. BVerfGE 69, 315 (369) betr. Art. 8 I GG; 82, 6 (12) betr. Art. 14 I GG.
[1076] Z.B. BVerfGE 96, 375 (394); 102, 347 (361, Rn. 47) betr. Grenzen richterlicher Rechtsfortbildung.
[1077] S. näher *Gärditz* (Fn. 68), Art. 20 Rn. 213ff.; *Sobota*, Prinzip (Fn. 5), S. 422ff. betont zudem die Grundrechte und das Republikprinzip.
[1078] Vgl. *Grzeszick* (Fn. 237), Art. 20 VI Rn. 149ff.
[1079] *Sobota*, Prinzip (Fn. 5), S. 430ff., 435ff.; *Buchwald*, Prinzipien (Fn. 12), S. 255ff., 272ff.
[1080] Vgl. *J. Habermas*, Faktizität und Geltung, 1992, S. 13, 217; *Meyn*, Kontrolle (Fn. 60), S. 182ff.
[1081] Vgl. *Gärditz* (Fn. 68), Art. 20 Rn. 217f.; *E.-W. Böckenförde*, HStR³ II, § 24 Rn. 87ff.; *E. Schmidt-Aßmann*, HStR³ II, § 26 Rn. 96; s. auch *Habermas*, Faktizität (Fn. 1080), S. 154f., 162, 168f., 208 u.ö.
[1082] *Sobota*, Prinzip (Fn. 5), S. 449; *Hesse*, Rechtsstaat (Fn. 1), S. 583ff.; *Scheuner*, Entwicklung

226 Durch die ausdrückliche Kodifizierung des **Sozialstaats** als Prinzip (Art. 20 I GG, → Art. 20 [Sozialstaat], Rn. 24ff.) wird der Gedanke sozialer Gerechtigkeit zum zentralen Bezugspunkt für das Handeln des Rechtsstaats. Sie verbietet es, den Rechtsstaat als Grenze antinomisch gegen sozialstaatliche Gerechtigkeitsforderungen auszuspielen[1083]; mögliche Spannungslagen sind i. S. der Einheit der Verfassung durch Abwägung aufzulösen[1084]. Deshalb können sozialstaatliche Zielsetzungen des Gesetzgebers je nach ihrem elementaren Rang grundrechtlichen Freiheits- und Gleichheitsrechten i. S. sozial gebundener Freiheit ausgestaltend Grenzen ziehen[1085] und u.U. rechtsstaatliche Gewährungen in ihrer Reichweite zurückdrängen.

227 Der Rechtsstaat wird durch den **Bundesstaat** i. S. vertikaler Gewaltenteilung gestärkt (→ Rn. 78; → Art. 20 [Bundesstaat], Rn. 24), gewährleistet die Gleichheit der Länder und sichert ihre Kompetenzwahrnehmung[1086]. Auch in der unmittelbaren Anknüpfung des Art. 20a GG an die funktionalen Differenzierungen des Art. 20 III GG liegt eine rechtsstaatliche Formbindung des Umweltstaatsprinzips[1087].

228 Verschiedene Kernelemente des allgemeinen Rechtsstaatsprinzips finden **im Grundgesetz** selbst eine **spezielle Ausformung** und Konkretisierung. So wird z.B. der allgemeine Bestimmtheitsgrundsatz (→ Rn. 129ff.) nicht nur im Grundgesetz selbst ausdrücklich hervorgehoben (z.B. Art. 80 I 2, 103 II GG), sondern auch implizit in anderen Zusammenhängen rechtlicher Determination (z.B. bei der Vorherbestimmbarkeit des gesetzlichen Richters nach Art. 101 I 2 GG). Im Bereich des Art. 14 GG[1088] werden die Regeln über die unechte Rückwirkung (→ Rn. 164ff.) durch eigenständige grundrechtsdogmatisch ausgeprägte Regeln verdrängt, teilweise auch bei anderen Grundrechten[1089], ohne dass die Ergebnisse nicht parallel verliefen. Auch die rechtsstaatlichen Anforderungen an gerichtliche Verfahren (→ Rn. 213ff.) werden in den Regeln über die Justiz (Art. 95, 97 I GG) und die sog. Justizgrundrechte (Art. 101ff. GG) konkretisiert oder als Regeln verbindlich festgelegt. So lassen sich zahlreiche prozessrechtliche Anforderungen auch als Folgerungen aus dem Gebot zu rechtlichem Gehör (Art. 103 I GG) interpretieren. Insoweit ist die speziellere Regelung vorrangiger Ausgangspunkt rechtsstaatlicher Rechtsanwendung (→ Rn. 44).

229 Die Auslegung von Art. 20 II 2, III GG hat zu bestimmen, welche **rechtsstaatlichen Elemente dem Zugriff** des verfassungsändernden Gesetzgebers **nach Art. 79 III GG entzogen** sind (→ Art. 79 III Rn. 49ff.). Dabei können nicht einfach alle dem in Art. 20 II 2, III GG garantierten Rechtsstaatsprinzip zuzuordnenden Teilelemente auch als nach Art. 79 III GG schlechthin unabänderlich gelten, sondern auch hier ist nur das

---

(Fn. 3), S. 468f.; *Bäumlin*, Demokratie (Fn. 219), S. 94ff.; s. auch *Huster/Rux* (Fn. 75), Art. 20 Rn. 152f.

[1083] So aber z.B. *Forsthoff*, Begriff (Fn. 64), S. 178ff.; *W. Weber*, Der Staat 4 (1965), 409 (432ff.).

[1084] Vgl. *v. Arnauld* (Fn. 13), § 21 Rn. 50f.; *E. Schmidt-Aßmann*, HStR³ II, § 26 Rn. 95; ausf. *Benda* (Fn. 193), § 17 Rn. 91ff.

[1085] Vgl. etwa *Schnapp* (Fn. 193), Art. 20 Rn. 47f.; *U. Scheuner*, DÖV 1971, 505 (512); *D. Suhr*, Der Staat 9 (1970), 67 (87ff.); sehr weitgehend *K.-J. Bieback*, EuGRZ 1985, 657ff.

[1086] Vgl. BVerfGE 98, 106 (118, Rn. 62); *E. Schmidt-Aßmann*, HStR³ II, § 26 Rn. 94. – Zum Umweltstaat → Art. 20a Rn. 23, 41f.

[1087] Vgl. *Gärditz* (Fn. 68), Art. 20 Rn. 226.

[1088] BVerfGE 71, 1 (11f.); 75, 78 (104f.); 95, 64 (82); 101, 239 (257, 262ff., Rn. 91, 104ff.). → Rn. 167.

[1089] BVerfGE 72, 200 (242); 76, 256 (346f.); 97, 271 (285, 288ff., Rn. 67, 78ff.); 105, 17 (38ff., Rn. 67ff.) betr. Art. 2 I GG; BVerfGE 109, 133 (180, 182f., Rn. 170, 176ff.) betr. Art. 2 II GG; BVerfGE 52, 303 (345); 71, 255 (272); 106, 225 (241f., Rn. 48) betr. Art. 33 V GG; ausf. *Schwarz*, Vertrauensschutz (Fn. 125), S. 145ff.; krit. *v. Arnauld*, Rechtssicherheit (Fn. 125), S. 340ff.

Prinzip einer Verfassungsänderung entzogen, nicht aber Einschränkungen des Prinzips bis zu einer letzten Grenze der Unantastbarkeit; einzelne rechtsstaatliche Elemente des Grundgesetzes wie z. B. Art. 19 IV, 101 I 2, 103 I, 103 II GG sind daher nur in ihrem elementaren Kern einer Verfassungsänderung entzogen[1090].

[1090] Vgl. BVerfGE 84, 90 (120f.); 94, 49 (102f.); 109, 279 (310, Rn. 109ff.); *Gärditz* (Fn. 68), Art. 20 Rn. 208ff.; *Kunig*, Rechtsstaat (Fn. 330), S. 425ff.; *Schnapp* (Fn. 193), Art. 20 Rn. 38, 84; *Grzeszick* (Fn. 193), Art. 20 VII Rn. 32ff. → Art. 79 III Rn. 26ff., 49ff.

Art. 20 IV (Widerstandsrecht)

Artikel 20 [Verfassungsprinzipien; Widerstandsrecht]

(1) Die Bundesrepublik Deutschland ist ein demokratischer und sozialer Bundesstaat.

(2) ¹Alle Staatsgewalt geht vom Volke aus. ²Sie wird vom Volke in Wahlen und Abstimmungen und durch besondere Organe der Gesetzgebung, der vollziehenden Gewalt und der Rechtsprechung ausgeübt.

(3) Die Gesetzgebung ist an die verfassungsmäßige Ordnung, die vollziehende Gewalt und die Rechtsprechung sind an Gesetz und Recht gebunden.

(4) Gegen jeden, der es unternimmt, diese Ordnung zu beseitigen, haben alle Deutschen das Recht zum Widerstand, wenn andere Abhilfe nicht möglich ist.

Literaturauswahl

von Arnim, Hans Herbert: Über Widerstand, in: DVBl. 2012, S. 879–884.
Blank, Theodor: Die strafrechtliche Bedeutung des Art. 20 IV GG (Widerstandsrecht), 1982.
Dolzer, Rudolf: Der Widerstandsfall, in: HStR VII, § 171 (S. 455–479).
Dreier, Ralf: Widerstand im Rechtsstaat, in: Festschrift für Hans Ulrich Scupin, 1983, S. 573–599.
Fisahn, Andreas: Verfasstes Widerstandsrecht und der Substanzverlust der Demokratie, in: Juridikum 2012, S. 302–312.
Heinemann, Jan: Das Widerstandsrecht nach Art. 20 Abs. 4 GG, in: Markus Thiel (Hrsg.), Wehrhafte Demokratie, 2003, S. 99–128.
Höfling, Wolfram: Widerstand im Rechtsstaat, in: HGR V, § 121 (S. 593–611).
Isensee, Josef: Das legalisierte Widerstandsrecht. Eine staatsrechtliche Analyse des Art. 20 Abs. 4 Grundgesetz, 1969.
Isensee, Josef: Widerstandsrecht im Grundgesetz, in: Birgit Enzmann (Hrsg.), Handbuch Politische Gewalt, 2013, S. 143–162.
Johst, David: Begrenzung des Rechtsgehorsams: Die Debatte um Widerstand und Widerstandsrecht in Westdeutschland 1945–1968, 2015.
Kaufmann, Arthur/Backmann, Leonhard E. (Hrsg.): Widerstandsrecht, 1972.
Laker, Thomas: Ziviler Ungehorsam. Geschichte – Begriff – Rechtfertigung, 1986.
Link, Christoph: Jus resistendi. Zum Widerstandsrecht im deutschen Staatsdenken, in: Festschrift für Alexander Dordett, 1976, S. 55–68.
Luhmann, Niklas: Widerstandsrecht und politische Gewalt, in: ZRSoz 5 (1984), S. 36–45.
Schmahl, Stefanie: Rechtsstaat und Widerstandsrecht, in: JöR 55 (2007), S. 99–122.
Schwarz, Kyrill-A.: Widerstandsfall, in: HStR³ XII, § 282 (S. 1027–1041).
Siep, Ludwig: Machtzerfall, Delegitimierung und Widerstandsrecht in der politischen Philosophie der Frühen Neuzeit, in: Peter Hoeres/Armin Owzar/Christina Schröer (Hrsg.), Herrschaftsverlust und Machtverfall, 2013, S. 65–77.
Städtler, Michael: Recht über dem Recht. Rechtsphilosophische und politische Probleme eines gesetzlichen Widerstandsrechts, in: ARSP 99 (2013), S. 55–67.
Tomuschat, Christian: Das Recht des Widerstands nach staatlichem Recht und Völkerrecht, in: Über die Pflicht zum Ungehorsam gegenüber dem Staat, 2007, S. 60–95.
Wolzendorff, Kurt: Staatsrecht und Naturrecht in der Lehre vom Widerstandsrecht des Volkes gegen rechtswidrige Ausübung der Staatsgewalt, 1916.

Leitentscheidungen des Bundesverfassungsgerichts

BVerfGE 5, 85 (376ff.) – KPD-Verbot; 123, 267 (333, Rn. 186) – Lissabon.

Gliederung

	Rn.
A. Herkunft, Entstehung, Entwicklung	1
I. Ideen- und verfassungsgeschichtliche Aspekte	1
II. Entstehung und Veränderung der Norm	7

B. Internationale, supranationale und rechtsvergleichende Bezüge	8
I. Völkerrecht	8
II. Unionsrecht	9
III. Rechtsvergleich	10
1. Internationaler Verfassungsvergleich	10
2. Landesverfassungsrecht	11
C. Erläuterungen	13
I. Allgemeine Bedeutung	13
II. Funktionen	15
1. Symbolische Trias: Besänftigung, Drohung, Erwartung	15
2. Rechtfertigungs- und Restitutionsfunktion	16
III. Rechtlicher Gehalt	17
1. Grundrechtsträger	17
2. Widerstandsfall	18
3. Subsidiaritätsklausel	22
4. Widerstandshandlungen	23
5. Recht und Pflicht zum Widerstand	24
IV. Widerstand und ziviler Ungehorsam	25
V. Prozessuale Relevanz	26
D. Verhältnis zu anderen GG-Bestimmungen	27

Stichwörter

Antike 2 – Appellfunktion 15 – Deutsche 17 – Diktaturerfahrung 10 – Ewigkeitsklausel 18, 27 – Französische Menschenrechtserklärung 6 – Freiheitsbriefe 5 – Germanisches Widerstandsrecht 3 – Glaubensspaltung 4 – Grundrechtscharakter 14, 26 – Hegel 4 – Hobbes 4 – Jeder 20 – Juristische Personen 17 – Kant 4 – Kapp-Lüttwitz-Putsch 6 – Landesverfassungen 11f. – Literatur 1 – Locke 4 – Magna Carta 5 – Makroperspektive 14, 18 – Mikroperspektive 11 – Monarchomachen 4 – Naturrecht 3f. – Nichtdeutsche 17 – Notstandsgesetze 7, 15 – Offenkundigkeit 19 – Parlamentarischer Rat 7 – Paulskirche 6 – Prozessuale Umsetzung 26 – Putativ-Widerstandsfall 21 – Rechtfertigungsfunktion 16 – Restitutionsfunktion 16 – Sachsenspiegel 3 – Scholastik 2f. – Signalfunktion 15 – Subsidiarität 13, 22 – Symbolwirkung 15 – Tyrannenmord 4 – Unionsrecht 9 – Unternehmen 19 – Verfassungserwartung 15 – Verhältnismäßigkeit 23 – Verteidigungsfall 20, 27 – Virginia Bill of Rights 6 – Völkerrecht 8 – Wehrhafte Demokratie 14f., 27 – Weimarer Reichsverfassung 6 – Widerstandsfall 18ff. – Widerstandshandlungen 23 – Widerstandspflicht 11f., 24 – Ziviler Ungehorsam 13, 25.

A. Herkunft, Entstehung, Entwicklung

I. Ideen- und verfassungsgeschichtliche Aspekte

Art. 20 IV GG hat die Last einer mehr als zweitausendjährigen und außerordentlich heterogenen Ideengeschichte zu tragen (→ Rn. 2ff.)[1]. Zugleich zählt die Befugnis zum Aufbegehren gegen angemaßte oder als ungerecht empfundene Herrschaft zu den **Grundfragen der Organisation menschlichen Zusammenlebens** schlechthin, die bis heute jenseits der Rechtswissenschaft auch in den Nachbardisziplinen erörtert wer-

   1

---

[1] Pointiert *K.-A. Schwarz*, HStR³ XII, § 282 Rn. 6: »ahistorischer Fremdkörper«. – Im ersten Zugriff *Stern*, Staatsrecht II, S. 1488ff.; *G. Dilcher*, Art. Widerstandsrecht, in: HRG V, Sp. 1351ff.; *K. Hilpert*, Art. Widerstand, Widerstandsrecht, in: W. Kasper/M. Buchberger (Hrsg.), Lexikon für Theologie und Kirche, Bd. X, 3. Aufl. 2001, Sp. 1139ff.; *J. Miethke*, Art. Widerstand I, in: TRE XXXV (2003), S. 739ff.; *C. Strohm*, Art. Widerstand II, ebd., S. 750ff.; *R. v. Friedeburg*, Art. Widerstandsrecht, in: Hist.Wb.Philos. XII, Sp. 714ff.; *K.M. Girardet*, Vis contra vim: Notwehr – Widerstand – »Tyrannenmord«, in: K.M. Girardet/U. Nortmann (Hrsg.), Menschenrechte und europäische Identität, 2005, S. 161ff.; *I. Reiter-Zatloukal*, Juridikum 2012, 292ff.

den². Unterstrichen wird diese paradigmatische Bedeutung des Widerstandsrechts noch durch den Umstand, daß es zum Kreis derjenigen Rechtssujets gehört, die bereits früh in Werken der schönen **Literatur** verhandelt werden³.

2   Die **Antike** diskutiert die Frage des Widerstandsrechts am zugespitzten Fall des **Tyrannenmord**s⁴, der von hier aus zu einem Topos der abendländischen Diskussion wird. Die Debatte, ob, ab welcher Mißbrauchsschwelle und insbesondere von wem der despotisch agierende Herrscher getötet werden darf, wird dabei von der Scholastik⁵, der Kanonistik⁶ wie der frühneuzeitlichen Philosophie⁷ intensiv traktiert und in Sachen des »Ob« überwiegend differenzierend affirmativ beantwortet. Daneben erweisen sich einzelne biblische Berichte über theonom legitimierte Widerstandshandlungen als wichtig für die christliche Auseinandersetzung⁸.

3   Charakteristisch für die **mittelalterliche Debatte** ist die Frage nach dem Subjekt des Widerstandsrechts bzw. seiner Radizierung. Während hier typischerweise »die Großen« in die Pflicht genommen werden, begegnen bereits einzelne Strömungen, die das gesamte Volk oder in letzter Konsequenz jeden einzelnen für berufen halten, gegen eine Ordnung aufzubegehren, die den Mindestanforderungen des theonomen Naturrechts evident nicht mehr genügt⁹. Die in der älteren Forschung an dieser Stelle angenommene Konvergenz mit einem – etwa im **Sachsenspiegel** manifestierten – spezifisch »germanischen« Widerstandsrecht oder -verständnis¹⁰ dürfte allerdings nicht

---

² *S. Papcke*, Progressive Gewalt. Studien zum sozialen Widerstandsrecht, 1973; *N. Luhmann*, ZRSoz 5 (1984), 36ff.; *J. Spindelböck*, Aktives Widerstandsrecht, 1994; *H.-R. Reuter*, Art. Widerstand III, in: TRE XXXV (2003), S. 768ff.; *A. Lob-Hüdepohl*, Widerstand gegen Rechtsextremismus – eine Christenpflicht?, in: FS Prümm, 2013, S. 245ff. – Instruktive Periodisierung der Diskussion bei *M. Städtler*, ARSP 99 (2013), 55ff.

³ Beginnend mit der *Antigone* des Sophokles (dazu nur *W. Bernard/B. Müller*, Sophokles' Antigone: Recht zum Widerstand oder Solidarität mit einem Verräter?, in: H.M. Niemann [Hrsg.], Recht und Religion, 2006, S. 40ff.). Weitere prominente Fälle sind Shakespeares Dramen (dazu *E. Braun*, Widerstandsrecht. Das Legitimitätsprinzip in Shakespeares Königsdramen, 1960, S. 26ff.) sowie Schillers *Wilhelm Tell*; dazu eingehend *P. Häffner*, Widerstandsrecht bei Schiller, 2005 sowie knapper *P. v. Matt*, »Nein, eine Grenze hat Tyrannenmacht ...« Schillers Verherrlichung des Widerstandsrechts und die Selbstzensur des Textes für die Berliner Aufführung, in: Über die Pflicht zum Ungehorsam gegenüber dem Staat, 2007, S. 27ff. (29ff.); *B. Pieroth*, Recht und Literatur, 2015, S. 3f., 21ff.

⁴ Dazu *R. v. Friedeburg*, Art. Tyrannis, in: DNP 15/3, S. 683ff.; zuletzt instruktiv *M. Turchetti*, Tyrannie et tyrannicide, Paris 2013 sowie *D.A. Teegarden*, Death to tyrants!, Princeton 2014.

⁵ Siehe nur *J. Miethke*, Der Tyrannenmord im späten Mittelalter, 1999.

⁶ Eingehend *H.-G. Hermann*, Der Tyrannenmord als Rechtsproblem in kanonistischer Wahrnehmung und kanonistischen Wahrnehmungsdefiziten, in: F. Roumy/M. Schmoeckel/O. Condorelli (Hrsg.), Der Einfluss der Kanonistik auf die europäische Rechtskultur, Bd. 2, 2011, S. 185ff.

⁷ Siehe nur *S. Saracino*, Tyrannis und Tyrannenmord bei Machiavelli, 2012, S. 33ff.

⁸ Dies sind namentlich Ri 3-9, 1 Makk 2, Dan 6 sowie Apg 5, 29; näher dazu *Spindelböck*, Widerstandsrecht (Fn. 2), S. 14ff.

⁹ Beide Lesarten begegnen prominent bei *Thomas v. Aquin*, der in De Regno I 6 das private Vorgehen gegen den Tyrannen ausschließt, die Absetzung durch das gesamte Volk aber billigt. Dazu näher *Spindelböck*, Widerstandsrecht (Fn. 2), S. 74ff.; *J. Finnis*, Aquinas, Oxford 1998, S. 287ff. sowie *M. Städtler*, Widerstandsrecht bei Thomas von Aquin, in: M. Walther/N. Brieskorn/K. Waechter (Hrsg.), Transformation des Gesetzesbegriffs im Übergang zur Moderne?, 2008, S. 61ff.; quellenavers *A. Fisahn*, Juridikum 2012, 302 (308).

¹⁰ Klassisch *F. Kern*, Gottesgnadentum und Widerstandsrecht im früheren Mittelalter (1914), 2. Aufl. 1954, S. 145ff.; im Anschluß an ihn noch *Dilcher*, Widerstandsrecht (Fn. 1), Sp. 1353f. – Der Sachsenspiegel sieht in Landrecht III 78 § 2 vor »Die man mut ok wol sime koninge unde sime richtere unrechtes wederstan, unde san helpen weren to aller wis, al si he sin mach oder sin herre, unde ne dut dar an weder sine trüwe nicht«. Kritisch gegenüber der Deutung als Widerstandsrecht bereits *K. Zeumer*, ZRG (GA) 35 (1914), 68ff. (dort auch der Text [68]).

frei von Wahrnehmungsengführungen sein. Vertieft wird die sich abzeichnende Tendenz zur Individualisierung des Rechts zum Widerstand hingegen in der iberischen **Spätscholastik**[11].

Der neuzeitliche Umbruch wirft infolge der **Glaubensspaltung** neue Fragen nach den Grenzen des Gehorsams gegenüber der (nicht nur fremdkonfessionellen) Obrigkeit auf, die namentlich von den verschiedenen Zweigen der Reformation durchaus gegenläufig beantwortet werden[12]. Theologisch inspirierte Entwürfe aus dem Umfeld des radikalen Calvinismus münden hier in die extrem zugespitzten Thesen der sog. **Monarchomachen**[13]. Erst in einem zweiten Schritt erfolgt die konsequente Fundierung des Widerstandsrechts in der Figur des Gesellschaftsvertrags des rationalistischen Naturrechts, dessen offener Bruch jedermann zum Widerstand berechtigt (maßgeblich: **Locke**[14]). Daneben begegnen ebenso brüske Absagen an ein Widerstandsrecht, die auf dem nämlichen theoretischen Modell fußen (**Hobbes**[15]). Im Anschluß an **Kant**[16] und **Hegel**[17] dominiert dann spätestens ab dem 19. Jahrhundert die entschiedene Negation

4

---

[11] Eingehend mit Beispielen von Vitoria, Suárez und de Mariana *Spindelböck*, Widerstandsrecht (Fn. 2), S. 96 ff.; siehe auch *M. Walther*, Begründung und Beschränkung des Widerstandsrechts bei Suárez, in: Walther/Brieskorn/Waechter, Transformation (Fn. 9), S. 161 ff. sowie *D. Recknagel*, Einheit des Denkens trotz konfessioneller Spaltung, 2010, S. 149 ff. (Suárez im Vergleich zu Grotius).

[12] Näher *L. Cardauns*, Die Lehre vom Widerstandsrecht des Volks gegen die rechtmäßige Obrigkeit im Luthertum und im Calvinismus des 16. Jahrhunderts, 1903; *W. Schulze*, Zwingli, lutherisches Widerstandsdenken, monarchomachischer Widerstand, in: P. Blickle/A. Lindt/A. Schindler (Hrsg.), Zwingli und Europa, 1985, S. 199 ff.; *C. Peters*, Das Widerstandsrecht als Problem reformatorischer Theologie, in: R. v. Friedeburg (Hrsg.), Widerstandsrecht in der frühen Neuzeit, 2001, S. 113 ff.; *G. Burgess*, Religious War and Constitutional Defence, ebd., S. 185 ff.; *Strohm*, Widerstand II (Fn. 1), S. 751 ff.; *J. Witte*, The Reformation of Rights, Cambridge 2007; *J. Racine St-Jacques*, L'honneur et la foi. Le droit de résistance chez les Réformés Français (1536-1581), Genf 2012, S. 27 ff.; *R. M. Reeves*, English Evangelicals and Tudor Obedience, c. 1527–1570, Leiden/Boston 2014, S. 129 ff.; *Z. Csepregi*, Jahrbuch für die Geschichte des Protestantismus in Österreich 130 (2014), 9 ff.

[13] Klassisch *R. Treumann*, Die Monarchomachen, 1895; jünger *S. Bildheim*, Calvinistische Staatstheorien, 2001; *P.-A. Mellet*, Les traités monarchomaques, Genf 2007 sowie *D. Van Drunen*, Natural Law and the Two Kingdoms, Grand Rapids/Cambridge 2010, S. 119 ff.

[14] Siehe *J. Locke*, Zwei Abhandlungen über die Regierung, 1690, Kapitel 18 f. und dazu *W. Euchner*, Naturrecht und Politik bei John Locke, 1979, S. 212 ff.; *F. Höntzsch*, Gewaltentrennung und Widerstandsrecht, in: S. Salzborn (Hrsg.), Der Staat des Liberalismus, 2010, S. 165 ff. (175 ff.) sowie *J. Isensee*, Widerstandsrecht im Grundgesetz, in: B. Enzmann (Hrsg.), Handbuch Politische Gewalt, 2013, S. 143 ff. (144 f.).

[15] Seine Position ist ambivalent, weil er einerseits ein Widerstandsrecht explizit ausschließt (Leviathan, Kap. 27 u. 30), andererseits aber die Gehorsamspflicht enden läßt, wenn der Souverän den versprochenen Schutz nicht mehr gewährleisten kann (ebd., Kap. 21). Siehe *P.-C. Mayer-Tasch*, Thomas Hobbes und das Widerstandsrecht, 1965, S. 83 ff., 103 ff.; *D. Jdanoff*, Gehorsam und Widerstand in Hobbes' »Leviathan« und Rousseaus »Gesellschaftsvertrag«, 2006, S. 52 ff., 97 ff. sowie *L. Siep*, Machtzerfall, Delegitimierung und Widerstandsrecht in der politischen Philosophie der Frühen Neuzeit, in: P. Hoeres/A. Owzar/C. Schröer (Hrsg.), Herrschaftsverlust und Machtverfall, 2013, S. 65 ff. (66 ff.).

[16] Er lehnt ein Widerstandsrecht als selbstwidersprüchlich ab: *I. Kant*, Die Metaphysik der Sitten, 1797, Erster Teil, Allg. Anmerkung A nach § 49 (Weischedel-Ausg., Bd. VIII, 1977, S. 440): »Denn um zu demselben befugt zu sein, müßte ein öffentliches Gesetz vorhanden sein, welches den Widerstand des Volkes erlaubte, d. h. die oberste Gesetzgebung enthielte eine Bestimmung in sich, nicht die oberste zu sein [...]; welches sich widerspricht«. Näher *W. Hänsel*, Kants Lehre zum Widerstandsrecht, 1926, S. 58 ff.; *J. Berkemann*, Studien über Kants Haltung zum Widerstandsrecht, 1972 sowie *W. Donner*, Widerstandsrecht, Tyrannenmord, Kant, in: M. Fischer (Hrsg.), Der Begriff der Menschenwürde, 2. Aufl. 2005, S. 111 ff. (123 ff.). Differenzierend *D. v. d. Pfordten*, Zum Recht auf Widerstand bei Kant, in: ders., Menschenwürde, Recht und Staat bei Kant, 2009, S. 81 ff. (82 ff.).

[17] Näher *T. Petersen*, ARSP 86 (1996), 472 ff.; eingehend zur Einbettung in das staatsphilosophische Gesamtkonzept *L. Siep*, Der Staat als irdischer Gott, 2015, S. 69 ff.

eines überpositiven Widerstandsrechts, wenngleich die Reflexion über die Figur nie gänzlich zum Erliegen kommt[18] und in der Bundesrepublik insbesondere nach 1945 merklich intensiviert wird[19].

5 Vormoderne **Kodifikationen** eines Widerstandsrechts oder zumindest von Teilgehalten desselben weisen es explizit als **genuin ständisches Recht** aus[20]; das gilt für Kap. 61 der Magna Carta von 1215[21], vor allem aber für die zahlreichen mittelalterlichen und frühneuzeitlichen Urkunden zugunsten der Stände, die diesen eine treuhänderische Befugnis zum Widerstand gegen den Landesherren einräumen, sollte der Fürst durch eigenmächtige Steuererhebung oder Rechtsschutzverweigerung gegen Rechte der Stände oder der Bevölkerung verstoßen[22]. Der einschlägige juristische Diskurs nimmt dabei Versatzstücke der älteren staatsphilosophischen Debatten (→ Rn. 3 f.) auf[23].

6 Die moderne Verfassungsgeschichte eines im Sinne der Vernunftrechtstradition individuellen Widerstandsrechts beginnt spät[24]; erste prominente Kodifikationen sind Art. 3 der Virginia Bill of Rights (1776; → Vorb. Rn. 8) sowie Art. 2 der Déclaration des Droits de l'Homme et du Citoyen (1789; → Vorb. Rn. 9)[25]. Diese finden in der **deutschen Verfassungstradition** hingegen keine Nachahmung; dies gilt für die Verfassungswerke des Konstitutionalismus[26], die Paulskirchenverfassung[27], die Reichsverfassung von 1871 sowie noch für die Weimarer Reichsverfassung[28]. Allerdings darf der erfolgreiche Generalstreik gegen den sog. **Kapp-Lüttwitz-Putsch** (1920)[29] ebenso als historisches Vorbild für denkbare Verteidigungshandlungen (→ Rn. 23) gelten wie die Ak-

---

[18] Beispielhaft K. *Wolzendorff*, Staatsrecht und Naturrecht in der Lehre vom Widerstandsrecht des Volkes gegen rechtswidrige Ausübung der Staatsgewalt, 1916, S. 458 ff.

[19] Knapp W. *Höfling*, HGR V, § 121 Rn. 6; eingehend und m. w. N. D. *Johst*, Begrenzung des Rechtsgehorsams: Die Debatte um Widerstand und Widerstandsrecht in Westdeutschland 1945-1968, 2015. Vgl. auch die Beiträge in B. Pfister/G. Hildmann (Hrsg.), Widerstandsrecht und Grenzen der Staatsgewalt, 1956, sowie in A. Kaufmann/E. Backmann (Hrsg.), Widerstandsrecht, 1972.

[20] W. *Höfling*, HGR V, § 121 Rn. 2.

[21] Näher *Dilcher*, Widerstandsrecht (Fn. 1), Sp. 1356 f. sowie J. C. *Holt*, Magna Carta, 2. Aufl. Cambridge 1992, S. 262 f., 343 f.

[22] Ein ausdrückliches Widerstandsrecht gewährt die sog. Ottonische Handfeste den niederbayerischen Ständen: A. *Schmid*, Die Ottonische Handfeste von 1311 – ein Landesgrundgesetz des Herzogtums Bayern, in: FS Herde, 1998, S. 195 ff. (208). Näher *Wolzendorff*, Staatsrecht (Fn. 18), S. 23 ff.; E. *Weise*, Das Widerstandsrecht im Ordenslande Preußen und das mittelalterliche Europa, 1955, S. 109 ff.; A. *Strohmeyer*, Konfessionskonflikt und Herrschaftsordnung: Widerstandsrecht bei den Österreichischen Ständen (1550 1650), 2006, S. 48 ff.; *Dilcher*, Widerstandsrecht (Fn. 1), Sp. 1357 f.

[23] Näher *Wolzendorff*, Staatsrecht (Fn. 18), S. 123 ff., 277 ff.; C. *Link*, Jus resistendi. Zum Widerstandsrecht im deutschen Staatsdenken, in: FS Dordett, 1976, S. 55 ff. (56 ff.); *Strohm*, Widerstand II (Fn. 1), S. 758 ff. sowie R. v. *Friedeburg*, Vom ständischen Widerstandsrecht zum modernen Naturrecht, in: L. Schorn-Schütte (Hrsg.), Aspekte der politischen Kommunikation im Europa des 16. und 17. Jahrhunderts, 2004, S. 149 ff. (160 ff., 181 ff.).

[24] Kompakter Überblick bei M. *Turchetti*, Le Droit de Resistance et le problème de son insertion dans les Constitutions, hier et aujourd'hui, in: Mémoires de la Société pour l'Histoire du Droit et des Institutions des ancien pays bourguignons, comtois et romands 69 (2012), S. 19 ff. (21 ff.); siehe ferner B. *Grzeszick*, in: Maunz/Dürig, GG, Art. 20 IX (2014), Rn. 5.

[25] Zusfd. G. *Frankenberg*, in: AK-GG, Art. 20 Abs. 4 (2001), Rn. 3; W. *Höfling*, HGR V, § 121 Rn. 3.

[26] Zur Debatte der Zeit grundlegend u. m. w. N. M. *Köhler*, Die Lehre vom Widerstandsrecht in der deutschen konstitutionellen Staatsrechtstheorie der 1. Hälfte des 19. Jahrhunderts, 1973, S. 57 ff.; vgl. auch H. *Mandt*, Tyrannislehre und Widerstandsrecht, 1974, S. 105 ff.

[27] Näher J.-D. *Kühne*, Die Reichsverfassung der Paulskirche (1985), 2. Aufl. 1998, S. 570 ff.

[28] Pointiert M. *Sachs*, in: Sachs, GG, Art. 20 Rn. 166. Aus der zeitgenössischen Literatur statt aller E. v. *Hippel*, Das richterliche Prüfungsrecht, in: HdbDStR II, § 99, S. 546 ff. (551).

[29] Siehe zu den Vorgängen nur J. *Erger*, Der Kapp-Lüttwitz-Putsch, 1967, S. 191 ff. – Pointiert kritisch *Isensee*, Grundgesetz (Fn. 14), S. 155, der auf die Fortdauer des Generalstreiks nach dem Zu-

tionen der höchst heterogenen Zweige des Widerstands gegen das NS-Regime[30]. Daß namentlich die Attentäter des 20. Juli 1944 in der frühen Bundesrepublik noch als »Verräter« perhorresziert wurden[31], eröffnet zugleich eine Perspektive, in der die oftmals als sinnwidrig oder zumindest paradox geschmähte Norm des Art. 20 IV GG durchaus als sinnhaft aufscheint (→ Rn. 16).

II. Entstehung und Veränderung der Norm

Im Hauptausschuß des Parlamentarischen Rates wurde die von der DP beantragte Aufnahme eines Widerstandsrechts nach dem Muster einzelner Landesverfassungen (→ Rn. 11) mit der Erwägung verworfen, es könne als »Aufforderung zum Landfriedensbruch« mißverstanden werden[32]. Unausgesprochen dürfte auch – einmal mehr (→ Art. 16 Rn. 11; → Art. 20 [Demokratie], Rn. 21) – die Abgrenzung vom kommunistischen Teilstaat im Osten im Raum gestanden haben, enthält doch Art. 4 I 3, 4 DDR-Verf. v. 1949 ein – wenn auch eingeschränktes – Widerstandsrecht[33]. Die Kehrtwende in Gestalt der Einfügung des Art. 20 IV GG durch das 17. Gesetz zur Änderung des Grundgesetzes v. 24. Juni 1968[34] wird einhellig und zu Recht als **Kompensationsgeschäft** für die sog. **Notstandsgesetzgebung** (→ Vorb. zu Art. 115a–115l Rn. 3ff.) eingestuft[35]. Sie erfolgte im Rahmen dieses Gesetzgebungsprozesses spät und ohne Diskussion im Plenum, die für die Auslegung der Norm sonderlich ergiebig wäre. Art. 20 IV GG ist seitdem normtextlich unverändert geblieben.

7

---

sammenbruch des Putschversuches hinweist (ihm zufolge ein versuchter »Staatsstreich von links«); gleichsinnig *S. Schmahl*, JöR 55 (2007), 99 (104): »im nachhinein desavouiert«.

[30] Statt aller P. *Steinbach/J. Tuchel* (Hrsg.), Widerstand gegen den Nationalsozialismus, 1994.

[31] Zuletzt *J. Tuchel*, APuZ 26/2014, 18ff. – Instruktiv für das Ringen um eine positivere Sicht ist der Band Europäische Publikation (Hrsg.), Die Vollmacht des Gewissens, 1956.

[32] So die pointierte und offenbar auch ausschlaggebende Wendung von *C. Schmid*, in: Parlamentarischer Rat, Verhandlungen des Hauptausschusses 1948/1949, S. 590 (jetzt auch in: Parl. Rat XIV/2, S. 1432). Näher zu den Beratungen im Parlamentarischen Rat *W. Höfling*, HGR V, § 121 Rn. 5; *S. Schmahl*, JöR 55 (2007), 99 (104ff.); *K.-A. Schwarz*, HStR³ XII, § 282 Rn. 11.

[33] »Gegen Maßnahmen, die den Beschlüssen der Volksvertretung widersprechen, hat jedermann das Recht und die Pflicht zum Widerstand. Jeder Bürger ist verpflichtet, im Sinne der Verfassung zu handeln und sie gegen ihre Feinde zu verteidigen.«

[34] BGBl. I S. 709; näher zur Entstehung *C. Böckenförde*, JZ 1970, 168ff.; *Stern*, Staatsrecht II, S. 1503ff.; *J. Heinemann*, Das Widerstandsrecht nach Art. 20 Abs. 4 GG, in: M. Thiel (Hrsg.), Wehrhafte Demokratie, 2003, S. 99ff. (104ff.); *W. Höfling*, HGR V, § 121 Rn. 7f.; *K.-A. Schwarz*, HStR³ XII, § 282 Rn. 12. – Erste zeitgenössische Stellungnahmen: *H. H. Klein*, DÖV 1968, 865ff.; *K. Doehring*, Der Staat 8 (1969), 429ff.; *J. Isensee*, Das legalisierte Widerstandsrecht, 1969; *K.-P. Fuglsang-Petersen*, Das Widerstandsrecht, Diss. jur. Kiel 1969; *R. Herzog*, Das positivierte Widerstandsrecht, in: FS Merkl, 1970, S. 99ff.; *K. F. Bertram*, Das Widerstandsrecht des Grundgesetzes, 1970; *H. Ganseforth*, Das Widerstandsrecht des Art. 20 Abs. 4 Grundgesetz im System des Verfassungsschutzes, 1971.

[35] Wie hier *R. Herzog*, in: Maunz/Dürig, GG, Art. 20 IX (1980), Rn. 2; *Frankenberg* (Fn. 25), Art. 20 Abs. 4 Rn. 7 (»Morgengabe«); *H. Dreier*, IPE I, § 1 Rn. 53; *Gröschner* → Bd. II², Art. 20 IV Rn. 4; *K.-A. Schwarz*, HStR³ XII, § 282 Rn. 12; *Sachs* (Fn. 28), Art. 20 Rn. 168.

B. Internationale, supranationale und rechtsvergleichende Bezüge

I. Völkerrecht

8   Dem Völkerrecht ist ein allgemein anerkanntes kodifiziertes Widerstandsrecht fremd[36]. Art. 2 der **Haager Landkriegsordnung** von 1907 weist nach hier vertretener Auffassung (→ Rn. 20) insofern Überschneidungen mit Art. 20 IV GG auf, als er der Bevölkerung eines nicht besetzten Gebietes, die sich ohne formelle Organisation gegen eindringende Truppen zur Wehr setzt, einen Quasi-Kombattantenstatus zuspricht und damit implizit ein Recht auf bewaffneten Widerstand gegen Angriffe von außen anerkennt[37]. Der 3. Erwägungsgrund der Präambel der **AEMR** von 1948 (→ Vorb. Rn. 25) rekurriert ebenfalls bestenfalls implizit auf die vernunftrechtliche Tradition des Widerstandsrechts, indem er den bewaffneten Aufstand geradezu als drohende Alternative zur Durchsetzung des eigenen Normprogramms ausmalt[38]. In der gegenwärtigen Völkerrechtswissenschaft sind daneben Vorstöße zu verzeichnen, ein **genuin völkerrechtliches Widerstandsrecht** zu begründen[39]; diese Diskussion ist eng verknüpft mit derjenigen über humanitäre Interventionen[40] bzw. die Begründung des Völkerstrafrechts[41].

II. Unionsrecht

9   Auch die Union kennt weder in der Grundrechtecharta noch in ihrem sonstigen Primär- oder Sekundärrecht ein Widerstandsrecht[42]. Durchaus vergleichbar der ständischen Tradition der frühen Neuzeit (→ Rn. 5) ist vielmehr der Schutz der Verfassung bzw. der »Werte« der Union (Art. 2 EUV) **Sache der Obrigkeit** (Art. 7 EUV bzw. Art. 354 AEUV; → Art. 18 Rn. 17; → Art. 28 Rn. 25 ff.).

III. Rechtsvergleich

1. Internationaler Verfassungsvergleich

10 Sieht man von Ländern mit entsprechender Tradition wie Großbritannien (→ Rn. 5) und Frankreich (→ Rn. 6) ab, so begegnet ein kodifiziertes Widerstandsrecht regelmäßig in solchen Verfassungen, die unter dem unmittelbaren **Eindruck einer gerade abgeschüttelten Diktatur** entstehen; dies trifft in Westeuropa für Portugal (Art. 21;

---

[36] Zusammenfassend zum folgenden *C. Tomuschat*, Das Recht des Widerstands nach staatlichem Recht und nach Völkerrecht, in: Pflicht zum Ungehorsam (Fn. 3), S. 60 ff. (78 ff.).

[37] Näher *K. Ipsen*, Kombattanten und Nichtkombattanten, in: D. Fleck (Hrsg.), Handbuch des humanitären Völkerrechts in bewaffneten Konflikten, 1994, S. 56 ff. (67 f.).

[38] Wortlaut: »da es notwendig ist, die Menschenrechte durch die Herrschaft des Rechtes zu schützen, damit der Mensch nicht gezwungen wird, als letztes Mittel zum Aufstand gegen Tyrannei und Unterdrückung zu greifen«.

[39] Siehe etwa *B. Missling*, Widerstand und Menschenrechte. Das völkerrechtlich begründete Individualwiderstandsrecht gegen Menschenrechtsverletzungen, 1999, S. 77 ff.

[40] Eingehend *K. Peters*, Widerstandsrecht und humanitäre Intervention, 2005, S. 197 ff.; siehe ferner *M. Pape*, Humanitäre Intervention. Zur Bedeutung der Menschenrechte in den Vereinten Nationen, 1997; *B. Simma*, EJIL 10 (1999), 1 ff.

[41] Diese Stoßrichtung bei *Tomuschat*, Recht (Fn. 36), S. 79 ff.; vgl. *C. Kreß*, JZ 2006, 981 ff.; D. A. Blumenthal/T. L. H. McCormack (Hrsg.), The Legacy of Nuremberg, Leiden/Boston 2008; *G. Werle*, Völkerstrafrecht, 3. Aufl. 2012, Rn. 135 ff.

[42] Resignierend *M. Klamt*, Die Europäische Union als streitbare Demokratie, 2012, S. 417.

1976)[43] und Griechenland (Art. 120 IV; 1978)[44] zu. Sinnfälligerweise haben nach dem Fall des »Eisernen Vorhangs« mehrere der neuen mittel- und osteuropäischen Demokratien nachgezogen: Estland (§ 54 II; 1992)[45], Litauen (Art. 3 II; 1992)[46], Slowakei (Art. 32; 1992)[47], Tschechien (Art. 23 Grundrechte-Charta; 1992)[48] und Ungarn (Art. 2 III a. F.; 2003)[49]. **Österreich** und die **Schweiz** kennen auf Bundes- wie Landes- bzw. Kantonsebene kein kodifiziertes Grundrecht, was Debatten über ein ungeschriebenes Widerstandsrecht allerdings nicht ausschließt[50].

2. Landesverfassungsrecht

In den Verfassungen der Bundesländer lassen sich in Sachen Widerstandsrecht **drei Phasen** ausmachen. In den vorgrundgesetzlichen Urkunden taucht es – wenn überhaupt – nur als Teil eines Normensembles auf, das sich der Aufarbeitung der NS-Diktatur wie der Ertüchtigung des neuen Staatswesens gegen jede Form von Restauration widmet[51]. Dies gilt in **Hessen** (1946), das nebeneinander die Jedermannspflicht zur Verteidigung der Verfassung (Art. 146 LVerf.), das Recht und die Pflicht zum »Widerstand gegen verfassungswidrig ausgeübte öffentliche Gewalt« (Art. 147 I LVerf.)[52], die Pflicht zur Anrufung des Staatsgerichtshofs gegen Verfassungsbrüche (Art. 147 II LVerf.) sowie eine Strafandrohung für Umsturzversuche (Art. 148, 149 LVerf.) vorsieht. Ähnlich verknüpft **Bremen** (1947) Recht und Pflicht zum Widerstand gegen die Antastung der Menschenrechte durch die öffentliche Gewalt (Art. 19 LVerf.) mit einer ebenfalls auf die Menschenrechte abhebenden Variante der Ewigkeitsklausel[53]. Beide Widerstandsrechte sind weiter gefaßt als Art. 20 IV GG, da das tatbestandliche Staatshandeln auf der Mikroebene angesiedelt ist und normtextlich bereits die schlichte Verfassungs- oder Menschenrechtsverletzung durch einzelne Polizeibeamte erfassen müßte. Sie enthalten insofern **Mehrgewährleistungen**, die nach Art. 142 GG dem Grunde nach zulässig sind (→ Art. 142 Rn. 50ff.), aber insb. von Normen des Straf-

---

[43] Recht zum Widerstand gegen Befehle, die Rechte, Freiheiten und Garantien verletzen, sofern amtliche Abhilfe nicht möglich ist.
[44] Recht und Pflicht zum Widerstand gegen die Auflösung der Verfassung; siehe *S.-I. G. Koutnazis*, IPE I, § 3 Rn. 27, 123.
[45] Die Norm entspricht im Kern Art. 20 IV GG; Abs. 1 statuiert daneben eine Pflicht zur Verfassungstreue und zur Verteidigung der Unabhängigkeit.
[46] Recht zum Widerstand gegen Übergriffe in Unabhängigkeit, territoriale Integrität und Verfassungsordnung.
[47] Die Norm entspricht wiederum im Kern Art. 20 IV GG.
[48] Bestandteil der Verfassung gem. Art. 3 Verf.; in der Sache wiederum Art. 20 IV GG entsprechend.
[49] Recht und Pflicht, auf gesetzlichem Wege gegen eine gewaltsame Machtergreifung vorzugehen. Die Norm ist nicht mehr Bestandteil der neuen und heftig umstrittenen Verfassung von 2013.
[50] Nur einige einschlägige Beiträge: *M. Helmreich*, Juridikum 2012, 313ff. (Österreich) sowie *R. A. Rhinow*, Widerstandsrecht im Rechtsstaat?, 1984; *N. H. Fleisch*, Ziviler Ungehorsam oder Gibt es ein Recht auf Widerstand im schweizerischen Rechtsstaat?, 1989 (Schweiz).
[51] Knapp *Frankenberg* (Fn. 25), Art. 20 Abs. 4 Rn. 5.
[52] Näher dazu zeitgenössisch *C. Heyland*, Das Widerstandsrecht des Volkes gegen verfassungswidrige Ausübung der Staatsgewalt im neuen deutschen Verfassungsrecht, 1950, S. 84ff. sowie zeithistorischer Perspektive *M. Will*, Die Entstehung der Verfassung des Landes Hessen von 1946, 2009, S. 112f.; vgl. aus der heutigen Literatur zum Hessischen Verfassungsrecht noch *W. Schmidt*, Verfassungsrecht, in: H. Meyer/M. Stolleis (Hrsg.), Staats- und Verwaltungsrecht für Hessen, 3. Aufl. 1994, S. 35ff. (61). – Pointiert kritisch *Stern*, Staatsrecht II, S. 1498f.
[53] Dazu aus der landesverfassungsrechtlichen Literatur m. w. N. *H. Neumann*, Verfassung der Freien Hansestadt Bremen, 1996, Art. 19 Rn. 3f.

rechts gebrochen werden dürften (→ Art. 31 Rn. 52), sofern man nicht zu einer bundesrechtskonformen Auslegung Zuflucht nimmt, die nur solches Handeln erfaßt, das den Tatbestand des Art. 20 IV GG erfüllt (→ Rn. 18 ff.).

12 Für die **nachgrundgesetzlichen** Landesverfassungen ist der völlige **Verzicht** auf das Widerstandsrecht typisch; dies gilt für Baden-Württemberg, Brandenburg, Hamburg, Mecklenburg-Vorpommern, Niedersachsen, Nordrhein-Westfalen, Schleswig-Holstein und Thüringen. Hingegen orientieren sich unter den nach der Wiedervereinigung erlassenen Urkunden Sachsen (Art. 114 LVerf.) und Sachsen-Anhalt (Art. 21 V LVerf.) eng am Grundgesetz. Weiter geht schließlich **Berlin**; hier ist nach Art. 36 III LVerf. das Widerstandsrecht an die offensichtliche Verletzung der Grundrechte geknüpft. Die Norm ist bundesrechtlich ähnlich prekär wie die Bestimmungen in Hessen und Bremen (→ Rn. 11).

C. Erläuterungen

I. Allgemeine Bedeutung

13 »Das Widerstandsrecht nach Art. 20 Abs. 4 GG ist ein **subsidiäres Ausnahmerecht**, das als ultima ratio von vornherein nur dann in Betracht kommt, wenn alle von der Rechtsordnung zur Verfügung gestellten Rechtsbehelfe so wenig Aussicht auf wirksame Abhilfe bieten, dass die Ausübung des Widerstandes das letzte Mittel zur Erhaltung oder Wiederherstellung des Rechts ist«[54]. Die Bedeutung dieses Ausnahmerechts ist nach allgemeiner Auffassung marginal[55]. Entgegen verbreiteter Einschätzung fehlt sie allerdings nicht ganz (→ Rn. 16), weswegen die Etikettierung als »verfehlt« o. ä. anfechtbar ist[56]. Ebenfalls abzulehnen sind die periodisch wiederkehrenden Vorstöße, den Art. 20 IV GG eingedenk seiner geringen Bedeutung auf andere Tatbestände zu erstrecken, insbesondere zur Rechtfertigung des sog. zivilen Ungehorsams heranzuziehen (→ Rn. 25).

14 Art. 20 IV GG ist ungeachtet seines Standorts im Abschnitt »Der Bund und die Länder« ein **grundrechtsgleiches Recht**, das im Wege der Verfassungsbeschwerde geltend gemacht werden kann (→ Rn. 26)[57]. Gemeinsam mit dem Vereins- und Parteiverbot (→ Art. 9 Rn. 54 ff.; → Art. 21 Rn. 143 ff.), der Grundrechtsverwirkung (→ Art. 18 Rn. 34 ff.), der Ewigkeitsklausel (→ Art. 79 III Rn. 14 ff.) und der Richteranklage (→ Art. 98 Rn. 32) zählt das Widerstandsrecht zum Ensemble der »**wehrhaften Demokratie**« (→ Art. 20 [Demokratie], Rn. 79, 151)[58]. Wie alle genannten Bestimmungen weist die Norm eine paradoxe Grundspannung auf: Während die übrigen daran kranken,

---

[54] BVerfGE 123, 267 (333, Rn. 186); Hervorhebung nicht i.O. Siehe zuvor BVerfGE 5, 85 (377): »Notrecht zur Bewahrung und Wiederherstellung der Rechtsordnung«.

[55] Statt aller *Sachs* (Fn. 28), Art. 20 Rn. 168: »praktisch kaum relevantes« Recht.

[56] Sie begegnet etwa bei *K.-A. Schwarz*, HStR³ XII, § 282 Rn. 1 (m. w. N. in Fn. 1); gleichsinnig *H. H. Klein*, DÖV 1968, 865 (867); *R. Wassermann*, Zum Recht auf Widerstand nach dem Grundgesetz, 1986, S. 359; *F. E. Schnapp*, in: v. Münch/Kunig, GG I, Art. 20 Rn. 79.

[57] BVerfGE 123, 267 (333, Rn. 186). Aus der Literatur *Herzog* (Fn. 35), Art. 20 IX Rn. 4; *W. Höfling*, HGR V, § 121 Rn. 11 f.; *Jarass*/Pieroth, GG, Art. 20 Rn. 128; *Grzeszick* (Fn. 24), Art. 20 IX Rn. 13. – Eingehende Kritik an der Grundrechtsqualität bei *Heinemann*, Widerstandsrecht (Fn. 34), S. 111 f. sowie *K.-A. Schwarz*, HStR³ XII, § 282 Rn. 13 ff.

[58] Einhellige Auffassung: *Herzog* (Fn. 35), Art. 20 IX Rn. 6; *Stern*, Staatsrecht II, S. 1509; *Gröschner* → Bd. II², Art. 20 IV Rn. 11; *Isensee*, Grundgesetz (Fn. 14), S. 149; *W. Höfling*, HGR V, § 121 Rn. 20.

daß der freiheitliche Staat Zuflucht zu unfreiheitlichen Maßnahmen sucht, öffnet in Art. 20 IV GG der Rechtsstaat seinen Bürgern sehenden Auges die Tür zum bewußten Rechtsbruch[59]. Zugleich unterstreicht die Einordnung in das Gefüge der Verfassungsschutzbestimmungen, daß das konstitutionelle Widerstandsrecht lediglich auf solche Bedrohungen antwortet, von denen die freiheitliche Ordnung insgesamt erfaßt wird. Art. 20 IV GG nimmt insofern eine **Makroperspektive** ein, wohingegen einzelne Landesverfassungen ihrem Normwortlaut nach bereits auf den einzelnen Verfassungsbruch reagieren (→ Rn. 11f.).

II. Funktionen

1. Symbolische Trias: Besänftigung, Drohung, Erwartung

Bereits die Genese der Norm akzentuiert ihre **primär symbolische Bedeutung** (→ Rn. 7), die auch von der ganz herrschenden Meinung in der Literatur herausgestrichen wird[60]. Näher dürften drei Richtungen dieser symbolischen Kommunikation zu unterscheiden sein: Eingedenk des engen Konnexes mit der Einführung der Notstandsverfassung dient das Widerstandsrecht erstens der Besänftigung bzw. Beruhigung der im Vorfeld geäußerten Sorgen der Bürger resp. einzelner Gruppen, die Bundesrepublik werde danach »eine andere« sein[61]: Der Verfassungsstaat bekräftigt emphatisch, daß er sich weiterhin an seine selbstauferlegten Bindungen halten wird, und stellt für den Fall des Bruches seiner Verpflichtung das Widerstandsrecht im Wortsinne in den Raum. Zweitens ist das Widerstandsrecht wie die übrigen Normen der wehrhaften Demokratie (→ Rn. 14) ein **Signal an die Gegner** der freiheitlichen Ordnung im In- wie Ausland, daß die Bundesrepublik sich gegen Angriffe auf ihre Grundordnung zur Wehr setzen wird (→ Art. 18 Rn. 30f.). Zuletzt enthält Art. 20 IV GG zwar keine Pflicht zum Widerstand (→ Rn. 24), äußert aber doch die **Verfassungserwartung**, daß die Bürger die Sache der Verfassung im Widerstandsfall zu der ihrigen machen und sich – je nach Vermögen – den Verfassungsfeinden tatsächlich widersetzen[62].

15

2. Rechtfertigungs- und Restitutionsfunktion

Die Wirkweise des Art. 20 IV GG wird häufig dahingehend ironisiert, daß die Norm unter der Geltung des Grundgesetzes ohne Anwendung, im Widerstandsfall aber ohne Nutzen sei[63]. Dem ist zuzugeben, daß sich im Falle einer erfolgreichen Usurpation die neuen Machthaber mit einiger Sicherheit nicht an Art. 20 IV GG gebunden sehen werden; wer Widerstand gegen eine unfreiheitliche Ordnung leistet, läuft (seit jeher) Ge-

16

---

[59] Betont kritisch *Herzog* (Fn. 33), Art. 20 IX Rn. 1 u. 3; *Schnapp* (Fn. 56), Art. 20 Rn. 79; *B. Schöbener/M. Knauff*, Allgemeine Staatslehre, 2. Aufl. 2013, § 4 Rn. 117; *Isensee*, Grundgesetz (Fn. 14), S. 144: »hölzernes Eisen«; *K.-A. Schwarz*, HStR³ XII, § 282 Rn. 2.

[60] *Frankenberg* (Fn. 25), Art. 20 Abs. 4 Rn. 8; *Gröschner* → Bd. II², Art. 20 IV Rn. 4, 7; *K.-P. Sommermann*, in: v. Mangoldt/Klein/Starck, GG II, Art. 20 Abs. 4 Rn. 339; *K.-A. Schwarz*, HStR³ XII, § 282 Rn. 3; *Jarass*/Pieroth, GG, Art. 20 Rn. 128; *Sachs* (Fn. 28), Art. 20 Rn. 168.

[61] Mokant zuletzt *H. H. v. Arnim*, DVBl. 2012, 879 (880): »Beruhigungspille«.

[62] Wie hier *Gröschner* → Bd. II², Art. 20 IV Rn. 8; *Frankenberg* (Fn. 25), Art. 20 Abs. 4 Rn. 8; vgl. auch *K.-A. Schwarz*, HStR³ XII, § 282 Rn. 29 (»appellative[n] Bestimmung«). – Sehr skeptisch (zeitbedingt) *Herzog* (Fn. 35), Art. 20 IX Rn. 8.

[63] In diese Richtung *K.-A. Schwarz*, HStR³ XII, § 282 Rn. 1; ähnlich *Sachs* (Fn. 28), Art. 20 Rn. 176 a. E. sowie *A. Fisahn*, Juridikum 2012, 302 (307).

fahr, die Konsequenzen seines freiverantwortlichen Handelns tragen zu müssen[64]. Eine Art **Vollkasko-Widerstandsrecht** will (und kann) Art. 20 IV GG nicht gewährleisten. Ihre Wirkung entfaltet die Norm mithin nicht im (notwendig ergebnisoffenen) Widerstandsfall selbst, sondern bei dessen sich anschließender rechtlicher Aufarbeitung und Würdigung. War der Widerstand unmittelbar erfolgreich, entfaltet Art. 20 IV GG insbesondere eine **Rechtfertigungsfunktion** des Inhalts, daß Widerstandshandlungen, die an sich den Tatbestand von unerlaubten Handlungen bzw. Strafgesetzen (Nötigung, Totschlag, Waffenbesitz u.a.m.) erfüllen, unmittelbar qua Verfassung gerechtfertigt und straflos sind[65]. Hat sich der Usurpator erst einmal etablieren können, erfüllt Art. 20 IV GG immer noch eine Reservefunktion dahingehend, daß nach einer Rückkehr zu einer freiheitlichen Ordnung die Bundesrepublik oder ihr Nachfolger gehalten ist, die (erfolglosen) Angehörigen des Widerstands dem Grunde nach so zu stellen, als ob Art. 20 IV GG die ganze Zeit gegolten hätte (**Restitutionsfunktion**)[66]. Die hier einschlägigen Instrumente (Rehabilitation, Versorgung, Entschädigung etc.) könnten sich beispielsweise an den umfangreichen Wiedergutmachungsmaßnahmen nach dem Ende der NS-Zeit orientieren[67], ohne daß Art. 20 IV GG diesbezüglich Detailvorgaben zu entnehmen wären.

III. Rechtlicher Gehalt

1. Grundrechtsträger

17   Träger des Widerstandsrechts sind nach dem Normwortlaut **Deutsche** (→ Art. 116 Rn. 41ff.)[68]. Gegen die erste Intuition dürfte die Norm auch gem. Art. 19 III GG auf **juristische Personen** anwendbar sein (a.A. → Art. 19 III Rn. 40). Nimmt man das Konzept der sog. grundrechtstypischen Gefährdungslage ernst (→ Art. 19 III Rn. 34), so können auch juristische Personen bzw. Personenmehrheiten im Widerstandsfall für ihre Unterstützung von Verteidigungshandlungen Nachteile erleiden, die nach der Wiederherstellung der verfassungsmäßigen Ordnung die oben umschriebene Rechtfertigungs- und Restitutionsfunktion (→ Rn. 16) aktivieren (man denke an Medienunternehmen, Gewerkschaften oder sog. Aktionsbündnisse)[69]. **Nichtdeutsche**, die sich an

---

[64] Unterstrichen von *Isensee*, Grundgesetz (Fn. 14), S. 157; *S. Schmahl*, JöR 55 (2007), 99 (118f.) sowie *K.-A. Schwarz*, HStR³ XII, § 282 Rn. 1.

[65] Eingehend *T. Blank*, Die strafrechtliche Bedeutung des Art. 20 IV GG (Widerstandsrecht), 1982, S. 35ff.; die Wendung von der »Rechtfertigungsfunktion« etwa bei *Gröschner* → Bd. II², Art. 20 IV Rn. 9. Ähnlich im Ergebnis *Frankenberg* (Fn. 25), Art. 20 Abs. 4 Rn. 12; *Heinemann*, Widerstandsrecht (Fn. 34), S. 118f.; *Sachs* (Fn. 28), Art. 20 Rn. 173 sowie *Sommermann* (Fn. 60), Art. 20 Abs. 4 Rn. 339.

[66] Instruktiver Hinweis darauf, daß die Diskussion um ein überpositives Widerstandsrecht nach 1945 (bzw. die einschlägige Rechtsprechung; → Rn. 4) genau diese Frage erörtert, bei *Stern*, Staatsrecht II, S. 1499f. (m.w.N.) sowie *Heinemann*, Widerstandsrecht (Fn. 34), S. 102f.

[67] Dazu *B. Pieroth*, Der Rechtsstaat und die Aufarbeitung der vor-rechtsstaatlichen Vergangenheit, VVDStRL 51 (1992), S. 91ff. (104ff.); *C. Starck*, ebd., S. 9ff. (21ff., 31ff.); *H. Dreier*, Verfassungsstaatliche Vergangenheitsbewältigung, in: FS 50 Jahre BVerfG, Bd. I, 2001, S. 159ff. (176ff.).

[68] *Heinemann*, Widerstandsrecht (Fn. 34), S. 123f.; *K.-A. Schwarz*, HStR³ XII, § 282 Rn. 24; *Jarass/Pieroth*, GG, Art. 20 Rn. 131; *S. Schmahl*, JöR 55 (2007), 99 (114f.); *Sommermann* (Fn. 60), Art. 20 Abs. 4 Rn. 341.

[69] *W. Höfling*, HGR V, § 121 Rn. 16; *K.-A. Schwarz*, HStR³ XII, § 282 Rn. 25; *Jarass/Pieroth*, GG, Art. 20 Rn. 131; *Sachs* (Fn. 28), Art. 20 Rn. 170; *Sommermann* (Fn. 60), Art. 20 Abs. 4 Rn. 344; *Grzeszick* (Fn. 24), Art. 20 IX Rn. 16. – A.A. hingegen *Herzog* (Fn. 35), Art. 20 IX Rn. 47f.; *Hufen*, Grundrechte, § 45 Rn. 3.

Widerstandshandlungen beteiligen, können sich auf Art. 2 I GG berufen, dessen effektiver Garantiebereich dabei dem Art. 20 IV GG eins zu eins angeglichen wird (→ Art. 2 I Rn. 45 f.)[70]; zugleich liegt ihre anschließende forcierte Einbürgerung nahe.

2. Widerstandsfall

Art. 20 IV GG nimmt mit der Wendung »**diese Ordnung**« Bezug auf die Verfassungsprinzipien der Absätze 1-3[71]; implizit bezieht das Widerstandsrecht damit auch deren hervorgehobenen Schutz durch die Ewigkeitsklausel ein (→ Art. 79 III Rn. 35 ff.)[72]. Abgewehrt werden soll die Beseitigung dieser Ordnung; das Widerstandsrecht wird damit nicht durch einen einzelnen – auch flagranten – Verfassungsverstoß aktiviert, sondern durch den Versuch, die verfassungsmäßige Ordnung quasi an der Wurzel zu packen und als ganze zu zerstören[73]. 18

Mit der Wendung »**unternimmt**« stellt das Grundgesetz klar, daß die Beseitigungshandlung die Phase der Planung und Vorbereitung hinter sich gelassen und zumindest – in der Diktion des Strafrechts – das Stadium des Versuchs erreicht haben muß[74]. Hingegen ist Art. 20 IV GG nicht zu entnehmen, daß die Angriffshandlung »**offenkundig**« sein müßte[75]; eine solche Konstellation mag die Berufung auf die Widerstandslage faktisch erleichtern, taugt aber nicht als notwendiges Kriterium und wäre i. ü. etwa angesichts eines im Geheimen bereits weit gediehenen Putschvorhabens dysfunktional[76]. Daß derlei Versuche der Grenzziehung von bestenfalls mittlerer Reichweite sein dürften, illustriert allerdings der gegenwärtig zu beobachtende schleichende Übergang der Rußländischen Föderation zur vielzitierten »gelenkten Demokratie«[77]. 19

Das Widerstandsrecht wendet sich schließlich gegen »**jeden**«. Eine anfangs verbreitete Auffassung sah eingedenk der Genese der Norm den deutschen Staat und seine Organe als **Erst- oder Alleinadressaten**[78]. Das ist nach dem Wortlaut und angesichts historischer wie gegenwärtiger Beispiele der Usurpation von Herrschaft bzw. des 20

---

[70] A. A. *Isensee*, Grundgesetz (Fn. 14), S. 156 sowie *K.-A. Schwarz*, HStR³ XII, § 282 Rn. 24, die Nichtdeutsche kategorisch ausschließen.
[71] Einhellige Auffassung: *Herzog* (Fn. 35), Art. 20 IX Rn. 12 f.; *Heinemann*, Widerstandsrecht (Fn. 34), S. 120; *S. Schmahl*, JöR 55 (2007), 99 (110 ff.); *Sommermann* (Fn. 60), Art. 20 Abs. 4 Rn. 347; *W. Höfling*, HGR V, § 121 Rn. 19; *Isensee*, Grundgesetz (Fn. 14), S. 150; *S. Huster/J. Rux*, in: Epping/Hillgruber, GG, Art. 20 Rn. 226; *K.-A. Schwarz*, HStR³ XII, § 282 Rn. 17; *Sachs* (Fn. 28), Art. 20 Rn. 171. – Kritisch *A. Fisahn*, Juridikum 2012, 302 (302 f.), der der h. M. vorwirft, das Sozialstaatsprinzip aus dem Gewährleistungsbereich von Art. 20 IV GG auszunehmen (?).
[72] So auch *Isensee*, Grundgesetz (Fn. 14), S. 150 (vgl. aber ebd., S. 158); *K.-A. Schwarz*, HStR³ XII, § 282 Rn. 18; *Jarass*/Pieroth, GG, Art. 20 Rn. 129.
[73] Wie hier *Herzog* (Fn. 35), Art. 20 IX Rn. 23 f.; *Isensee*, Grundgesetz (Fn. 14), S. 149, 151; *K.-A. Schwarz*, HStR³ XII, § 282 Rn. 5; *Jarass*/Pieroth, GG, Art. 20 Rn. 129.
[74] *Herzog* (Fn. 35), Art. 20 IX Rn. 26; *Sommermann* (Fn. 60), Art. 20 Abs. 4 Rn. 350; *Isensee*, Grundgesetz (Fn. 14), S. 154; *Jarass*/Pieroth, GG, Art. 20 Rn. 129; *Sachs* (Fn. 28), Art. 20 Rn. 171; a. A. *R. Dolzer*, HStR VII, § 171 Rn. 27: »Der aus dem Strafrecht übernommene Begriff des Unternehmens kennzeichnet auch schon solche Handlungen, die der Vorbereitung der Beseitigung dienen«.
[75] So aber im Anschluß an BVerfGE 5, 85 (377) *Isensee*, Widerstandsrecht (Fn. 34), S. 23 f.; *Herzog* (Fn. 35), Art. 20 IX Rn. 27; *S. Schmahl*, JöR 55 (2007), 99 (111, 116); *Sommermann* (Fn. 60), Art. 20 Abs. 4 Rn. 349; *Stern*, Staatsrecht II, S. 1516.
[76] Wie hier *Frankenberg* (Fn. 25), Art. 20 Abs. 4 Rn. 11; *Gröschner* → Bd. II², Art. 20 IV Rn. 12; *Sachs* (Fn. 28), Art. 20 Rn. 172; *Schnapp* (Fn. 56), Art. 20 Rn. 81.
[77] Luzide *A. Fisahn*, Juridikum 2012, 302 (307).
[78] Nachweise zur zeitgenössischen Debatte und Kritik bei *C. O. Lenz*, Notstandsverfassung des Grundgesetzes, 1971, Art. 20 Abs. 4 Rn. 11 (S. 107 f.).

Art. 20 IV (Widerstandsrecht)   C. Erläuterungen

Übergangs zur Diktatur nicht überzeugend[79]: Das Widerstandsrecht richtet sich gegen hiesige Staatsorgane, fremde Staaten[80], inter- und supranationale Organisationen[81], Religionsgemeinschaften, in- wie ausländische Konzerne oder sonstige Private, sofern sie die Beseitigung der freiheitlichen Ordnung betreiben.

21   Die fälschliche Annahme des Versuchs, die freiheitliche Ordnung zu beseitigen (**Putativ-Widerstandsfall**), ist ebenso wie die unzutreffende Vorstellung, Abhilfe im Sinne der Subsidiaritätsklausel sei nicht möglich (→ Rn. 22), mit Hilfe von Art. 20 IV GG kaum sachgerecht zu bewerten. Hier wären für die nachträgliche rechtliche Würdigung die strafrechtlichen Regeln über die Relevanz von Irrtümern heranzuziehen[82].

3. Subsidiaritätsklausel

22   Das Widerstandsrecht greift erst, »wenn andere Abhilfe nicht möglich ist«. Der Bürger ist danach gehalten, verfassungsfeindliche Bestrebungen, die in seinen Augen die Erheblichkeits- und Aggressionsschwelle des Art. 20 IV GG überschreiten, zunächst den zuständigen **Behörden** zur Kenntnis zu bringen bzw. – wo möglich – gerichtlichen **Rechtsschutz** zu suchen oder suchen zu lassen[83]. Ferner verweist die Subsidiaritätsklausel auf die Möglichkeiten der Verteidigung der Demokratie, die unterhalb der Widerstandsschwelle angesiedelt und in den Grundrechten der Meinungs-, Versammlungs- und Vereinigungsfreiheit garantiert sind (→ Art. 5 I, II Rn. 43 ff.; → Art. 8 Rn. 16 ff.; → Art. 9 Rn. 20)[84].

4. Widerstandshandlungen

23   Art. 20 IV GG verzichtet auf die Benennung einzelner Widerstandshandlungen und dürfte daran auch gut tun[85]. **Anschauungsmaterial** liefern historische Akte der Resistenz, die vom passiven Widerstand über den (General-)Streik bis hin zum bewaffneten Kampf reichen; ungeachtet der abzulehnenden Gleichsetzung von Widerstandsrecht und »zivilem Ungehorsam« (→ Rn. 25) wäre auch das dort entwickelte Instrumentarium dem Grunde nach tauglich. Davon zu trennen ist die Frage nach den rechtlichen **Grenzen für** an sich legitime **Widerstandshandlungen**, die sich nicht zuletzt eingedenk der inzwischen historisch gut belegten Brutalisierungsdynamiken gerade bewaffneter Widerstandsformationen stellt[86]. Als äußerste Grenze dürften nach

---

[79] Wie hier u. a. *Herzog* (Fn. 35), Art. 20 IX Rn. 30 ff.; *Isensee*, Grundgesetz (Fn. 14), S. 152; *Grzeszick* (Fn. 24), Art. 20 IX Rn. 17.

[80] A.A. *Herzog* (Fn. 35), Art. 20 IX Rn. 21: Vorrang des Art. 115a GG; dem schließt sich *S. Schmahl*, JöR 55 (2007), 99 (113 f.), mit Einschränkungen an. Wie hier W. *Höfling*, HGR V, § 121 Rn. 22.

[81] Sehr weitgehend für ein Widerstandsrecht gegen die Übertragung von Hoheitsrechten auf die EU, falls das Bundesverfassungsgericht »einknickt« *H.H. v. Arnim*, DVBl. 2012, 879 (884). Sehr zurückhaltend demgegenüber *Isensee*, Grundgesetz (Fn. 14), S. 153.

[82] Eingehend *Blank*, Bedeutung (Fn. 65), S. 139 ff. A.A. *Herzog* (Fn. 35), Art. 20 IX Rn. 44.

[83] Ähnlich *Herzog* (Fn. 35), Art. 20 IX Rn. 34 f.; *S. Schmahl*, JöR 55 (2007), 99 (115 f.); *Gröschner* → Bd. II², Art. 20 IV Rn. 13; *Isensee*, Grundgesetz (Fn. 14), S. 154 f.; *W. Höfling*, HGR V, § 121 Rn. 26; *Jarass*/Pieroth, GG, Art. 20 Rn. 129, 130; *Sachs* (Fn. 28), Art. 20 Rn. 172. Vgl. BVerfGE 5, 85 (377); 123, 267 (333, Rn. 186).

[84] Treffend *Isensee*, Grundgesetz (Fn. 14), S. 152: »geistige Gegenwehr«

[85] Gleichsinnig *Gröschner* → Bd. II², Art. 20 IV Rn. 15; *Huster/Rux* (Fn. 71), Art. 20 Rn. 228; *W. Höfling*, HGR V, § 121 Rn. 29; *K.-A. Schwarz*, HStR³ XII, § 282 Rn. 26; *Jarass*/Pieroth, GG, Art. 20 Rn. 130. Eingehende Differenzierung bei *Herzog* (Fn. 35), Art. 20 IX Rn. 55 ff.

[86] Statt aller *S. Stopper*, Das Brjansker Gebiet unter der Besatzungsherrschaft der Wehrmacht von 1941 bis 1943, 2012, S. 135 ff.

Art. 1 I GG würdeverletzende Widerstandshandlungen nicht rechtfertigungsfähig sein[87]. Die häufig geforderte Bindung an den Verhältnismäßigkeitsgrundsatz[88] wie der umstandslose Ausschluß von Eingriffen in Rechte Privater[89] dürfte hingegen an der Realität etwaiger bewaffneter Auseinandersetzungen vorbeigehen. Im übrigen wirft die Beurteilung von sog. **Exzeßtaten** im Widerstand schwierige Einzelfragen auf, deren methodensensible Abarbeitung durch das Strafrecht Art. 20 IV GG nicht mehr im Detail anleiten kann.

5. Recht und Pflicht zum Widerstand

Nach nahezu einhelliger Auffassung begründet Art. 20 IV GG ein **Recht**, aber **keine Pflicht** zum Widerstand[90]. Daran ist festzuhalten; über die geschilderte Verfassungserwartung hinaus (→ Rn. 15) wäre eine regelrechte Pflicht weder im Widerstandsfall noch bei der anschließenden Aufarbeitung wirksam durchzusetzen und würde die Masse der Bürger auch geradezu grotesk überfordern. Viel grundsätzlicher noch wäre an dieser Stelle darauf hinzuweisen, daß ein derartiges »Widerstandsobligo« die sonst sorgfältig aufrechterhaltene Unterscheidung zwischen der selbstverständlichen Pflicht zum Rechtsgehorsam und derjenigen zur inhaltlichen Affirmation der Verfassung unterlaufen würde[91].

IV. Widerstand und ziviler Ungehorsam

Seit der Einfügung von Art. 20 IV GG in den Verfassungstext ist immer wieder versucht worden, das Widerstandsrecht von der Makro- auf die Mikroebene herabzuzonen und »Widerstand« gegen echte und vermeintliche Grundrechts- oder Verfassungsverletzungen zu rechtfertigen[92]; als Stichworte mögen Atomkraft, Nachrüstung sowie der in seiner exakten Zielführung mitunter promiskuitive »antifaschistische Widerstand« genügen – so ist Art. 20 IV GG ins Feld geführt worden, um Darstellungen, in den das Hakenkreuz zum Zwecke seiner Bekämpfung lediglich »zitiert« wird, vom

---

[87] Ähnlich *Isensee*, Grundgesetz (Fn. 14), S. 156; *K.-A. Schwarz*, HStR³ XII, § 282 Rn. 26.
[88] Sie begegnet u. a. bei *R. Dolzer*, HStR VII, § 171 Rn. 40 f.; *S. Schmahl*, JöR 55 (2007), 99 (117); *Gröschner* → Bd. II², Art. 20 IV Rn. 15; *Sommermann* (Fn. 60), Art. 20 Abs. 4 Rn. 352; *Isensee*, Grundgesetz (Fn. 14), S. 156; *W. Höfling*, HGR V, § 121 Rn. 28; *Huster/Rux* (Fn. 71), Art. 20 Rn. 228; *K.-A. Schwarz*, HStR³ XII, § 282 Rn. 26; *Jarass*/Pieroth, GG, Art. 20 Rn. 130.
[89] Dafür *W. Höfling*, HGR V, § 121 Rn. 30; *Sachs* (Fn. 28), Art. 20 Rn. 175; *Jarass*/Pieroth, GG, Art. 20 Rn. 130. – Es dürfte davon auszugehen sein, daß die Genannten nicht solche Private meinen, die selbst die Beseitigung der verfassungsmäßigen Ordnung betreiben (diese Einschränkung explizit bei *K.-A. Schwarz*, HStR³ XII, § 282 Rn. 27 a. E.).
[90] Wie hier *Herzog* (Fn. 35), Art. 20 IX Rn. 64; *Gröschner* → Bd. II², Art. 20 IV Rn. 15; *Isensee*, Grundgesetz (Fn. 14), S. 156 f.; *S. Schmahl*, JöR 55 (2007), 99 (108); *K.-A. Schwarz*, HStR³ XII, § 282 Rn. 15. Daß entsprechende Pflichten »keine normstrukturellen Anomalien« darstellen, unterstreicht *W. Höfling*, HGR V, § 121 Rn. 14.
[91] Dazu statt aller *H. Dreier*, Gilt das Grundgesetz ewig?, 2009, S. 98 ff.
[92] Vgl. etwa *R. Dreier*, Widerstandsrecht im Rechtsstaat?, in: FS Scupin, 1983, S. 573 ff. (582 f.). Aus der jüngeren Literatur *H. H. v. Arnim*, DVBl. 2012, 879 (884), der im Anschluß an BVerfGE 73, 206 (250 f.) ein mögliches Zusammenfallen von Widerstand und zivilem Ungehorsam annimmt, sowie *A. Fisahn*, Juridikum 2012, 302 (312), der Art. 20 IV GG gegen den schleichenden Übergang zur »Postdemokratie« bzw. gegen die Aushöhlung des Sozialstaats »aufleben« sieht. Sympathie für zivilen Ungehorsam, der gleichwohl von Art. 20 IV GG säuberlich abgehoben wird, bei *Frankenberg* (Fn. 25), Art. 20 Abs. 4 Rn. 15.

Anwendungsbereich des § 86a StGB auszunehmen[93]. Diese Bestrebungen suchen Anschluß an das Konzept des »zivilen Ungehorsams« in der Tradition des US-Publizisten **Thoreau** († 1862) sowie Gandhis[94]. Allerdings ist daran festzuhalten, daß Art. 20 IV GG hier nicht einschlägig ist und seiner Fallhöhe nach auch nicht einschlägig sein kann. Denn eine derartige gewissensinduzierte völlige Subjektivierung des Widerstandsrechts würde die generelle Pflicht zum Rechtsgehorsam und damit ein Kernelement moderner Rechtsstaatlichkeit in Frage stellen. Wer symbolisch Gesetze verletzen will, mag das tun, allerdings auch die Konsequenzen tragen (→ Art. 16a Rn. 91)[95].

V. Prozessuale Relevanz

26   Ausweislich der Art. 93 I Nr. 4a GG bzw. des § 90 I BVerfGG zählt Art. 20 IV GG als grundrechtsgleiches Recht (→ Vorb. Rn. 64f.) zu den verfassungsbeschwerdefähigen subjektiven Rechtspositionen. Das zieht wiederum grundsätzliche **Kritik** auf sich[96], der einzuräumen ist, daß unter den Bedingungen der funktionierenden grundgesetzlichen Staatlichkeit eine auf Art. 20 IV GG gestützte Verfassungsbeschwerde schon am Zulässigkeitskriterium der substantiierten Möglichkeit der Verletzung in eigenen Rechten scheitern dürfte[97]. Berücksichtigt man die dargelegte Rechtfertigungs- und Restitutionsfunktion des Widerstandsrechts (→ Rn. 16), so stellt sich die Lage anders dar[98]: Hier belegt die Erfahrung mit der sozusagen widerständigen Rezeption des deutschen Widerstands gegen Hitler, daß bei der Aufarbeitung von Widerstandshandlungen sehr wohl ein substantielles Rechtsschutzbedürfnis entstehen kann, wenn die an erster Stelle zur Berücksichtigung der Legitimationsfunktion des Art. 20 IV GG berufenen ordentlichen und Fachgerichte dieser Aufgabe nicht hinreichend loyal nachkommen sollten.

D. Verhältnis zu anderen GG-Bestimmungen

27   Das Widerstandsrecht schützt die in den Art. 20 I–III GG niedergelegten und im Text des Grundgesetzes näher ausbuchstabierten **Verfassungsprinzipien** gegen ihre gewalt-

---

[93] *P. Molsberger/A. Wax*, JZ 2006, 140 (141f.).
[94] Näher *Dreier*, Widerstandsrecht (Fn. 92), S. 573 ff. sowie *T. Laker*, Ziviler Ungehorsam, 1986, S. 15 ff. Instruktive historische Perspektive auf »Widersetzlichkeit« bei *I. Reiter-Zatloukal*, Juridikum 2012, 292 (299 ff.); engagiert *A. Blumenstein*, Betrifft Justiz 113 (2013), 34 ff.
[95] Wie hier *Gröschner* → Bd. II², Art. 20 IV Rn. 17; *Isensee*, Grundgesetz (Fn. 14), S. 147, 151 u. passim; *W. Höfling*, HGR V, § 121 Rn. 32; *K.-A. Schwarz*, HStR³ XII, § 282 Rn. 5; *Sachs* (Fn. 28), Art. 20 Rn. 169; *S. Schmahl*, JöR 55 (2007), 99 (119 f.).
[96] So *Gröschner* → Bd. II², Art. 20 IV Rn. 16, der den »Sonderstatus eines Nothilferechts« annimmt (i.O. durch Fettung hervorgehoben); ähnlich kritisch *Heinemann*, Widerstandsrecht (Fn. 34), S. 112; *S. Schmahl*, JöR 55 (2007), 99 (118); *Schnapp* (Fn. 56), Art. 20 Rn. 82; vgl. auch bzgl. der Durchsetzung der Widerstandshandlung *Sommermann* (Fn. 60), Art. 20 Abs. 4 Rn. 356: »contradictio in adiecto«.
[97] Sinnfällig BVerfGE 123, 267 (333, Rn. 186): »Eine Verletzung von Art. 20 Abs. 4 GG kann danach nicht in einem Verfahren gerügt werden, in dem gegen die behauptete Beseitigung der verfassungsmäßigen Ordnung gerade gerichtliche Abhilfe gesucht wird.« Zustimmend aus der reichhaltigen Besprechungsliteratur *W. Cremer*, Jura 2010, S. 296 (301 m. Fn. 69). Vgl. ferner BVerfGE 89, 155 (180); 112, 363 (367 f., Rn. 17 f.).
[98] Zur Relevanz dieser Aufarbeitungssituation *Isensee*, Widerstandsrecht (Fn. 34), S. 86 ff.; *ders.*, Grundgesetz (Fn. 14), S. 157 sowie *Blank*, Bedeutung (Fn. 65), S. 35 ff., 139 ff.; vgl. auch *Sachs* (Fn. 28), Art. 20 Rn. 176.

D. Verhältnis zu anderen GG-Bestimmungen **Art. 20 IV (Widerstandsrecht)**

same Beseitigung (→ Rn. 18; → Art. 20 [Einführung], Rn. 12); es korrespondiert insofern mit einem Teilgehalt der Ewigkeitsklausel (→ Art. 79 III Rn. 35 ff.), ohne selbst veränderungsfest zu sein (→ Art. 79 III Rn. 54)[99]. Mit dem Vereins- und Parteiverbot, der Grundrechtsverwirkung und der Richteranklage zählt es zum normativen Ensemble der wehrhaften oder **streitbaren Demokratie** (→ Art. 9 Rn. 55; → Art. 18 Rn. 26; → Art. 21 Rn. 143 ff.; → Art. 98 Rn. 32; → Art. 20 [Demokratie], Rn. 79, 151). Als Deutschenrecht rekurriert es auf Art. 116 I GG (→ Art. 116 Rn. 41 ff.) und weist enge Bezüge zu den übrigen politischen Grundrechten auf (→ Art. 5 I, II Rn. 43 ff.; → Art. 8 Rn. 16 ff.; → Art. 9 Rn. 20). Genetisch und funktional ist es mit den Vorschriften über den **Notstand** wie den **Verteidigungsfall** eng verknüpft (→ Art. 35 Rn. 25 ff.; → Art. 87a Rn. 28 ff.; → Art. 91 Rn. 5 ff.; → Vorb. zu Art. 115a 115l Rn. 11 ff.)[100]. Begründungsgeschichtlich überschneidet sich das Widerstandsrecht schließlich seit der Französischen Revolution mit dem souveränen Recht des Volkes, im Wege der Ausübung seiner **verfassunggebenden Gewalt** eine gänzlich neue Ordnung an die Stelle der als defizitär wahrgenommenen alten zu setzen (→ Pmbl. Rn. 71 ff.; → Art. 146 Rn. 21 ff.)[101].

---

[99] Das folgt schon aus seiner erst 1968 erfolgten Aufnahme in die Verfassungsurkunde: *Herzog* (Fn. 35), Art. 20 IX Rn. 10; *Heinemann*, Widerstandsrecht (Fn. 34), S. 112 f.; *S. Schmahl*, JöR 55 (2007), 99 (109); *Gröschner* → Bd. II², Art. 20 IV Rn. 18; *Huster/Rux* (Fn. 71), Art. 20 Rn. 231; *W. Höfling*, HGR V, § 121 Rn. 15.
[100] Statt aller *Isensee*, Grundgesetz (Fn. 14), S. 148.
[101] Am Beispiel Hegels näher *Siep*, Staat (Fn. 17), S. 76 f.

Art. 20a

Artikel 20a [Schutz der natürlichen Lebensgrundlagen]

Der Staat schützt auch in Verantwortung für die künftigen Generationen die natürlichen Lebensgrundlagen und die Tiere im Rahmen der verfassungsmäßigen Ordnung durch die Gesetzgebung und nach Maßgabe von Gesetz und Recht durch die vollziehende Gewalt und die Rechtsprechung.

Literaturauswahl

Appel, Ivo: Staatliche Zukunfts- und Entwicklungsvorsorge, 2005.
Appel, Ivo: Eigenwert der Verfassung im Umweltrecht, in: Thomas Vesting/Stefan Korioth (Hrsg.), Der Eigenwert des Verfassungsrechts, 2011, S. 289–316.
Bernsdorff, Norbert: Positivierung des Umweltschutzes im Grundgesetz (Art. 20a GG), in: NuR 1997, S. 328–334.
Blasberg, Daniela: Inhalts- und Schrankenbestimmungen des Grundeigentums zum Schutz der natürlichen Lebensgrundlagen, 2008.
Braun, Susanne: Tierschutz in der Verfassung – und was nun? Die Bedeutung des neuen Art. 20a GG, in: DÖV 2003, S. 488–493.
Brönneke, Tobias: Umweltverfassungsrecht, 1999.
Bubnoff, Daniela von: Der Schutz der künftigen Generationen im deutschen Umweltrecht, 2001.
Calliess, Christian: Rechtsstaat und Umweltstaat, 2001.
Caspar, Johannes: Tierschutz im Recht der modernen Industriegesellschaft, 1999.
Caspar, Johannes/Martin Geissen: Das neue Staatsziel »Tierschutz« in Art. 20a GG, in: NVwZ 2002, S. 913–917.
Caspar, Johannes/Michael W. Schröter: Das Staatsziel Tierschutz in Art. 20a GG, 2003.
Epiney, Astrid: Umweltrecht in der Europäischen Union, 3. Aufl. 2013.
Erbguth, Wilfried/Sabine Schlacke: Umweltverfassungsrecht – eine Einführung, in: Jura 2009, S. 431–439.
Faber, Markus: Der grundgesetzliche Tierschutzauftrag des Art. 20a GG, in: UPR 2002, S. 378–382.
Faller, Rico: Staatsziel »Tierschutz«, 2005.
Fielenbach, Martin: Die Notwendigkeit der Aufnahme des Tierschutzes in das Grundgesetz, 2005.
Frenz, Walter: Umwelt- und Tierschutzklausel im AEUV, in: NuR 2011, S. 103–107.
Gassner, Erich: Die Umweltpflichtigkeit nach Art. 20a GG als Pflicht zur Maßstabsbildung, in: DVBl. 2013, S. 547–551.
Gassner, Erich: Zur Maßstabsqualität des Art. 20a GG, in: NVwZ 2014, S. 1140–1142.
Gassner, Erich: Zum Vollzug des Art. 20a GG, in: NuR 2014, S. 482–486.
Groß, Thomas: Welche Klimaschutzpflichten ergeben sich aus Art. 20a GG?, in: ZUR 2009, S. 364–368.
Groß, Thomas: Die Bedeutung des Umweltstaatsprinzips für die Nutzung erneuerbarer Energien, in: NVwZ 2011, S. 129–133.
Heselhaus, Sebastian: Verfassungsrechtliche Grundlagen des Umweltschutzes, in: Arbeitskreis für Umweltrecht (Hrsg.), Grundzüge des Umweltrechts, 4. Aufl. 2012, Abschnitt 01, S. 3–54.
Hofmann, Hasso: »Umweltstaat«: Bewahrung der natürlichen Lebensgrundlagen und Schutz vor den Gefahren und Risiken von Wissenschaft und Technik in staatlicher Verantwortung, in: Festschrift 50 Jahre Bundesverfassungsgericht, Band 2, 2001, S. 873–895.
Holste, Heiko: »... und die Tiere« – Das Staatsziel Tierschutz in Art. 20a GG, in: JA 2002, S. 907–912.
Kley-Struller, Andreas: Der Schutz der Umwelt durch die Europäische Menschenrechtskonvention, in: EuGRZ 1995, S. 507–518.
Kloepfer, Michael: Umweltschutz als Verfassungsrecht. Zum neuen Art. 20a GG, in: DVBl. 1996, S. 73–80.
Knauff, Matthias: Das Tierschutzprinzip, in: SächsVBl. 2003, S. 101–104.
Köck, Wolfgang: Risikovorsorge als Staatsaufgabe, in: AöR 121 (1996), S. 1–23.
Köpernick, Kristin: Die Rechtsprechung zum Tierschutzrecht: 1972 bis 2008, 2010.
Longo, Fabio: Neue örtliche Energieversorgung als kommunale Aufgabe, 2010.
Murswiek, Dietrich: Umweltschutz als Staatszweck. Die ökologischen Legitimitätsgrundlagen des Staates, 1995.
Murswiek, Dietrich: Staatsziel Umweltschutz (Art. 20a GG), in: NVwZ 1996, S. 222–230.
Murswiek, Dietrich: Umweltrecht und Grundgesetz, in: Die Verwaltung 33 (2000), S. 241–283.

Art. 20a

Obergfell, Eva Inés: Ethischer Tierschutz mit Verfassungsrang, in: NJW 2002, S. 2296–2298.
Söhnlein, Bernd: Landnutzung im Umweltstaat des Grundgesetzes, 1999.
Sommermann, Karl-Peter: Staatsziele und Staatszielbestimmungen, 1997.
Steinberg, Rudolf: Verfassungsrechtlicher Umweltschutz durch Grundrechte und Staatszielbestimmung, in: NJW 1996, S. 1985–1994.
Steinberg, Rudolf: Der ökologische Verfassungsstaat, 1998.
Stelkens, Ulrich: Erweitert das neue Staatsziel »Tierschutz« die behördliche Prüfdichte bei der Genehmigung von Tierversuchen?, in: NuR 2003, S. 401–407.
Tsai, Tzung-Jen: Die verfassungsrechtliche Umweltschutzpflicht des Staates, 1996.
Voßkuhle, Andreas: Umweltschutz und Grundgesetz, in: NVwZ 2013, S. 1–8.
Waechter, Kay: Umweltschutz als Staatsziel, in: NuR 1996, S. 321–327.
Westphal, Simone: Art. 20a GG – Staatsziel »Umweltschutz«, in: JuS 2000, S. 339–343.
Wolf, Rainer: Gehalt und Perspektiven des Art. 20a GG, in: KritV 80 (1997), S. 280–305.

Leitentscheidungen des Bundesverfassungsgerichts

BVerfGE 118, 79 (110 f., Rn. 109 ff.) – Treibhausgas-Emissionsberechtigungen; 127, 293 (319 ff., Rn. 101 ff.) – Legehennenhaltung; 128, 1 (37 ff., Rn. 135 ff.) – Gentechnikgesetz.

Gliederung

	Rn.
A. Herkunft, Entstehung, Entwicklung	1
I. Ideen- und verfassungsgeschichtliche Aspekte	1
II. Entstehung und Veränderung der Norm	4
B. Internationale, supranationale und rechtsvergleichende Bezüge	10
I. Internationale Aspekte	10
II. Der Schutz der Umwelt und der Tierschutz als Prinzipien des Europarechts	14
1. Umweltschutz	14
2. Tierschutz	18
III. Rechtsvergleichende Hinweise	19
C. Erläuterungen	23
I. Allgemeine Bedeutung	23
II. Das Umweltstaatsprinzip und seine materielle Konkretisierung	29
1. Die natürlichen Lebensgrundlagen	29
a) Die anthropozentrische Grundperspektive	29
b) Die natürlichen Lebensgrundlagen als rechtsnormativer Begriff	32
2. Die Verantwortung für die künftigen Generationen	35
3. Der Rahmen der verfassungsmäßigen Ordnung	41
4. Die materielle Reichweite des Schutzauftrages: Das relative Schutzniveau	43
a) Das Gebot der Erhaltung überlebensnotwendiger Umweltgüter	43
b) Art. 20a GG als Abwägungsgesichtspunkt	46
5. Formen der Auftragserfüllung: Unterlassung, Schutz, Vorsorge	50
III. Das Tierschutzprinzip und seine materielle Konkretisierung	55
1. Die Tiere	55
2. Die materielle Reichweite des Schutzauftrages	56
a) Der Zweck des Tierschutzprinzips	56
b) Konkretisierung des Tierschutzgebots: Unterlassungs- und Handlungspflichten	58
c) Tierschutz als Abwägungsgesichtspunkt	61
IV. Die Adressaten des Umweltstaats- und des Tierschutzprinzips	63
1. Die Verantwortung von Bund und Ländern, nicht von Privaten	63
2. Die Bindung der Gesetzgebung	67
3. Die Bindung der vollziehenden Gewalt und der Rechtsprechung	74
a) Vollziehende Gewalt und Rechtsprechung als Adressaten	74
b) Materielle Folgerungen für Verwaltung und Rechtsprechung	77
c) Verfahrensrechtliche Folgerungen	82
4. Verstöße gegen Art. 20a GG: Rechtsfolgen und Justitiabilität	85
D. Verhältnis zu anderen GG-Bestimmungen	87

Art. 20a   A. Herkunft, Entstehung, Entwicklung

Stichwörter

Abwägungsgebot 49, 61f., 80 – Anthropozentrik 7, 29, 31, 56 – Artenschutz 43, 55 – Auslegung unbestimmter Rechtsbegriffe 77 – Begründungspflichten 48, 73, 83 – Denkmalschutz 42 – Drittwirkung 66 – Eigenrechte der Natur 30, 56 – Einschätzungsspielraum des Gesetzgebers 45, 49, 59, 71f. – EMRK 13, 14 – Entstehungsgeschichte 6ff., 29 – Ermessen 79, 83 – Ethik 35 – Gemeinlastprinzip 51, 69 – Generationenbegriff 36 – Gerichte 76, 86 – Gesetzesvorbehalt 7, 21, 67, 75 – Gesetzgebungspflichten 69 – Grenzen des Tierschutzes 61, 70, 88 – Grundpflichten 20 – Grundrechte 19f., 59, 82, 87ff. – Handlungspflichten 59, 71 – Integrative Querschnittsklausel 77 – Intergenerationelle Gerechtigkeit 38 – Internationale Zusammenarbeit 10f., 64 – Klagebefugnis 82 – Kompromiss 8, 11, 31, 67 – Konkretisierungsaufgabe 8, 27, 41, 59, 69 – Kosten-Nutzen-Analyse 83 – Landesverfassungen 9, 20f. – Langzeitfolgen 36f. – Menschenrechte 12f. – Nachbesserungspflicht 72 – Nachhaltigkeit 10, 39, 40, 69 – Nachweltschutz 35, 80 – Natürliche Lebensgrundlagen 1, 27, 29, 32ff., 47, 71 – Objektives Recht 24f., 82, 89 – Ökologisches Existenzminimum 4, 44 – Ökozentrik 30 – Optimierungsgebot 15, 26, 53, 66, 80 – Organisation und Verfahren 73, 84 – Pathozentrischer Zweck 55, 60 – Private 66, 81 – Prognosespielraum 72 – Rechtsschutz 85f. – Rechtsvergleichung 19 – Ressourcenschonung 40 – Risiken 53f. – Rückschrittsverbot 71 – Schächten 9 – Schutzniveau 46 – Schutzpflicht 4, 12f., 17, 47, 52, 59, 89 – Sparsamkeitsgebot 21, 40 – Staat 63ff. – Staatsaufgabe Umweltschutz 5, 72 – Staatsziel 2, 5f., 19f., 23 – Staatszwecke 2 – Subjektives Recht 24, 82 – Tiere 18, 30, 32, 34, 55ff., 70f. – Tierschutz 22, 34, 88 – Tierschutz im Unionsrecht 18 – Tierschutzgesetz 60, 78, 88 – Tierschutzprinzip 9, 23, 26, 28, 34, 55ff. – Tierversuche 18, 59, 88 – Umweltschutz als Unionsziel 15 – Umweltstaat 4, 42 – Umweltstaatsprinzip 23, 26, 28, 42, 57, 90 – Umweltvölkerrecht 11f. – Unionsrecht 15ff., 64 – Unterlassungspflicht 50, 51, 58 – Untermaßverbot 71 – Verantwortung 37, 57, 63, 66 – Verbandsklage 82 – Verbesserungsgebot 44 – Verfassungsimmanente Schranke 88 – Verfassungsmäßige Ordnung 41, 57 – Verhältnismäßigkeit 47f., 61f. – Verschlechterungsverbot 44, 57 – Verteilungskonflikte 38 – Verursacherprinzip 51, 69 – Verwaltung 75, 77, 80f., 84, 86 – Vollziehende Gewalt 74 – Vorsorgeprinzip 10, 53, 57, 69, 77 – Wissenschaft und Technik 54, 72 – Zukünftige Generationen 20, 35, 77.

A. Herkunft, Entstehung, Entwicklung

I. Ideen- und verfassungsgeschichtliche Aspekte

1   Seit zwei Jahrhunderten begleiten einzelne kultur- und sozialkritische Stimmen die Prozesse der **Industrialisierung**[1] und beklagen die **Ausbeutung der Natur** oder die Zerstörung der natürlich gewachsenen Landschaften durch »Fortschrittsmenschen«[2] oder die menschenunwürdigen Lebensverhältnisse als Folge ungeordneter wirtschaftlicher Expansion[3]. Doch erst in den 1960er Jahren des 20. Jahrhunderts wurde deutlich, dass unter den Bedingungen wirtschaftlichen Wachstums als Konstante industriegesellschaftlicher Dynamik die Erhaltung der natürlichen Lebensbedingungen zur existentiellen Überlebensfrage der gesamten Menschheit geworden ist[4]. Aufrüttelnde Buch-

---

[1] Zur »kulturellen Destruktion« von Natur in Mittelalter und früher Neuzeit *H. Hofmann*, JZ 1988, 265 (266f.) m. Nw.; s. auch W. Siemann (Hrsg.), Umweltgeschichte, 2003; *T. Adam*, ZfP 45 (1998), 20ff.; *M. Kloepfer/C. Franzius/S. Reinert*, Zur Geschichte des deutschen Umweltrechts, 1994, S. 9ff.; *J. Hermand*, Grüne Utopien in Deutschland, 1991, S. 39ff.; *I. Mieck*, Industrialisierung und Umweltschutz, in: J. Calließ/J. Rüsen/M. Striegnitz (Hrsg.), Mensch und Umwelt in der Geschichte, 1989, S. 205ff.

[2] Vgl. z.B. aus der Jugendbewegung *L. Klages*, Mensch und Erde (1913), in: ders., Mensch und Erde, 6. Aufl. 1956, S. 1ff.; s. auch *Hermand*, Utopien (Fn. 1), S. 98f.; *R. P. Sieferle*, Fortschrittsfeinde?, 1984, S. 57ff., 161ff. u.ö.

[3] Vgl. z.B. *F. Uekötter*, Umweltgeschichte im 19. und 20. Jahrhundert, 2007, S. 6ff., zum qualitativen Wandel seit 1900 S. 14ff.; *M. Toyka-Seid*, NPL 2008, 365ff.

[4] In diesem Sinne *K.-P. Sommermann*, Staatsziele und Staatszielbestimmungen, 1997, S. 183ff.; zu den globalen Umweltproblemen U. E. Simonis (Hrsg.), Weltumweltpolitik, 1996.

publikationen[5] werden Symptome einer fundamentalen Steigerung des weltweiten (Umwelt-)Problembewusstseins[6].

Diesem Wandel korrespondiert eine **staats- und verfassungstheoretische Neubesinnung**. In der stufenweisen Entwicklung der Staatszwecke ergänzt die Pflicht zum Schutz der natürlichen Lebensgrundlagen die klassischen Staatszwecke der Friedenssicherung, der rechtsstaatlichen Begrenzung staatlicher Macht, der demokratischen Organisation des Staates und der im 19. Jahrhundert erkannten Verpflichtung zur sozialen Vor- und Fürsorge[7]: So wie der Sozialstaat zur Lösung der sozialen Frage korrigiert der Umweltstaat zur Lösung der Umweltfrage in der Industriegesellschaft die liberal-rechtsstaatlichen Ausgangspunkte des GG[8]. Die verfassungsrechtliche Verankerung des **Staatszieles Umweltschutz** spiegelt ein **neues Legitimationsniveau** der verfassungsstaatlichen Ordnung.

Eine **erste umweltspezifische Verfassungsnorm** in der deutschen Verfassungsgeschichte findet sich in **Art. 150 I WRV**[9]; auch einige Länderverfassungen nahmen diese Dimension des Naturdenkmal- und Landschaftsschutzes[10] als einer Keimzelle des Umweltschutzprinzips auf[11]. Die »neue Qualität« der Umweltproblematik hat sich international und national in Verfassungstexten als neue Textstufe erst seit 1971 niedergeschlagen.

II. Entstehung und Veränderung der Norm

Vor der Einfügung von Art. 20a GG (1994) verdeutlichten die Kompetenzbestimmungen der Art. 74 I Nr. 11a, 17, 18, 19, 20, 24 GG (→ Art. 74 Rn. 3, 75 ff., 117 ff.) und Art. 75 I 1 Nr. 3 und 4 (→ Bd. II², Art. 75 Rn. 27 ff.) ebensowenig wie das Rechts- oder das Sozialstaatsprinzip die **existentiell neuartige Qualität der Herausforderung für** den **Umweltstaat**; auch ein grundrechtliches »ökologisches Existenzminimum« aus Art. 2 II 2 i.V.m. 1 I GG[12] greift nur bei elementaren ökologischen Gefährdungen von Leben und Gesundheit (→ Art. 1 I Rn. 120). Die Schutzpflichten aus Art. 2 II 1 GG zum Schutz

---

[5] Vgl. zuerst *R. L. Carson*, Silent Spring, 1962; ferner etwa die erste Veröffentlichung des »Club of Rome«: *D. L. Meadows/D. H. Meadows/E. Zahn/P. Milling*, Die Grenzen des Wachstums, 1972; Global 2000. Der Bericht an den Präsidenten, 1980.
[6] *Uekötter*, Umweltgeschichte (Fn. 3), S. 32 f., 73 ff.
[7] Vgl. *H. Dreier*, Universitas 1993, 377 (387 f.); *D. Murswiek*, Umweltschutz als Staatszweck, 1995, S. 15 ff., 31 ff.
[8] Vgl. *H. Hofmann*, Die Aufgaben des modernen Staates und der Umweltstaat, in: M. Kloepfer (Hrsg.), Umweltstaat, 1989, S. 1 ff. (36 ff.); *R. Wahl/I. Appel*, Prävention und Vorsorge. Von der Staatsaufgabe zur rechtlichen Ausgestaltung, in: R. Wahl (Hrsg.), Prävention und Vorsorge, 1995, S. 1 ff. (19 ff.); *R. Steinberg*, Der ökologische Verfassungsstaat, 1998, S. 41 ff.; *I. Appel*, Staatliche Zukunfts- und Entwicklungsvorsorge, 2005, S. 54 f.; a.A. *C. Calliess*, Rechtsstaat und Umweltstaat, 2001, S. 65 ff., 96 ff.: Umweltschutz als Teil des vorsorgenden Rechtsstaats.
[9] Vgl. auch *M. Kloepfer*, DVBl. 1988, 305 (306); *H. Hofmann*, JZ 1988, 265 (271 f.).
[10] S. zum Zusammenhang von Natur und Kultur *C. Katsos*, Nachhaltiger Schutz des kulturellen Erbes, 2011, S. 82 ff.; *P. Häberle*, Rechtsvergleichung im Kraftfeld des Verfassungsstaats, 1992, S. 667 f.; *H. Markl*, Natur als Kulturaufgabe, 1986.
[11] Vgl. z. B. Art. 141 Verf. Bayern 1946; Art. 62 Verf. Hessen 1946.
[12] S. näher *E.-W. Luthe*, Das ökologische, gesundheitliche und soziale Existenzminimum und das Vorsorgeprinzip, in: FS Frank, 2014, S. 77 ff. (78 ff.); *K. F. Gärditz*, in: Landmann/Rohmer, Umweltrecht, Art. 20a GG (2013), Rn. 78; *R. Scholz*, in: Maunz/Dürig, GG, Art. 20a (2002), Rn. 8; *M. Kloepfer*, Zum Grundrecht auf Umweltschutz, 1978, S. 21 ff., 27 ff.; a.A. *A. Voßkuhle*, NVwZ 2013, 1 (6); zur begrenzten Tragfähigkeit von Art. 1 I GG: *W. Hoppe*, Menschenwürdegarantie und Umweltschutz, in: FS Kriele, 1997, S. 219 ff.

der Umwelt[13] (→ Art. 2 II Rn. 76f.) beschränken sich auf die Abwehr von Gefahren, ohne dass der dem Umweltrecht spezifische Gedanke der Vorsorge und die Komplexität der umweltstaatlichen Aufgabe über Gesundheits- und Lebensschutz hinaus angemessen erfasst wären (→ Rn. 53f.). Art. 20a GG hat eine neue Verfassungsrechtslage geschaffen[14] und Schutzlücken beseitigt[15].

5   Art. 20a GG hat eine **jahrzehntelange Diskussion** abgeschlossen, die parallel zum Anstieg des umweltpolitischen Krisenbewusstseins die Staatsaufgabe Umweltschutz im Grundgesetz zu verankern suchte, ohne sich im Bund (anders als auf Landesebene: → Rn. 20ff.) durchzusetzen[16].

6   Erst **Art. 5 EV** verlieh jenen Bestrebungen dann neue Schubkraft, indem er den gesetzgebenden Körperschaften des vereinten Deutschland empfahl, sich mit der Aufnahme von Staatszielbestimmungen in das Grundgesetz zu befassen. In der daraufhin eingesetzten Gemeinsamen Verfassungskommission von Bundestag und Bundesrat bestand ein parteienübergreifender Konsens, den Umweltschutz als grundlegende Staatsaufgabe verfassungsrechtlich zu verankern[17]. Die gefundene Formulierung überbrückt tiefgreifende Konflikte[18].

7   Ein erster Grundkonflikt wurde durch die Forderung der CDU/CSU bestimmt, die natürlichen **Lebensgrundlagen »des Menschen«** als Bezugspunkt hervorzuheben (»anthropozentrischer« Ansatz)[19]; die Kompromissformulierung des Art. 20a GG verzichtet auf jene Hervorhebung. Ein zweiter Grundkonflikt rankte sich um die Frage, ob für die Umwelt ein **besonderer Schutz** und damit ein gewisser Vorrang vor anderen Staatszielen zu fordern sei (so die SPD)[20]; Art. 20a GG verzichtet auf eine Hervorhebung des besonderen Schutzes. Ein dritter Grundkonflikt entzündete sich an der Frage, ob das Umweltstaatsprinzip wie andere Staatsziele ohne einen **Gesetzesvorbehalt** (so die SPD) oder mit einem Ausgestaltungsvorbehalt zugunsten des Gesetzgebers normiert werden sollte (so die CDU/CSU)[21]; Art. 20a GG verzichtet auf einen Gesetzesvorbehalt, hebt aber den Vorrang der Verfassung und des Gesetzes hervor (→ Rn. 41f.).

---

[13] S. *Scholz* (Fn. 12), Art. 20a Rn. 9 m.w.N.; ausf. *S. Heselhaus*, Verfassungsrechtliche Grundlagen des Umweltschutzes, in: Arbeitskreis für Umweltrecht (Hrsg.), Grundzüge des Umweltrechts, 4. Aufl. 2012, Abschnitt 1, Rn. 71ff.

[14] *R. Wolf*, in: AK-GG, Art. 20a (2001), Rn. 7; *Scholz* (Fn. 12), Art. 20a Rn. 30f.; *M. Kloepfer*, in: BK, Art. 20a (2005), Rn. 98, 99 u.ö.; a.A. *W. Berg*, Über den Umweltstaat, in: FS Stern, 1997, S. 421ff. (428f., 431, 440); s.a. *J. Isensee*, NJW 1993, 2583 (2585); *W. v. d. Daele*, Natur und Verfassung, in: J. Gebhardt/R. Schmalz-Bruns (Hrsg.), Demokratie, Verfassung und Nation, 1994, S. 364ff. (365, 374ff.); *R. Breuer*, Umweltschutzrecht, in: E. Schmidt-Aßmann/F. Schoch (Hrsg.), Besonderes Verwaltungsrecht, 14. Aufl. 2008, Rn. 34.

[15] S. z.B. *R. Steinberg*, NJW 1996, 1985 (1985); *W. Graf Vitzthum/T. Geddert-Steinacher*, Jura 1996, 42 (43); einschränkend *N. Bernsdorff*, NuR 1997, 328 (329); *ders.*, in: Umbach/Clemens, GG, Art. 20a Rn. 11.

[16] Repräsentativ: BMI/BMJ (Hrsg.), Staatszielbestimmungen/Gesetzgebungsaufträge. Bericht der Sachverständigenkommission, 1983, Rn. 130ff.; umfassende Nachweise → Bd. II², Art. 20a Rn. 5 mit Fn. 16ff.

[17] Bericht der Gemeinsamen Verfassungskommission von Bundestag und Bundesrat vom 5.11.1993, BT-Drs. 12/6000, S. 65; *Scholz* (Fn. 12), Art. 20a Rn. 19.

[18] S. zur Entstehungsgeschichte *T. Brönneke*, Umweltverfassungsrecht, 1999, S. 100ff.; *M. Kloepfer*, Verfassungsänderung statt Verfassungsreform, 2. Aufl. 1996, S. 37ff.; *K. G. Meyer-Teschendorf*, ZRP 1994, 73ff.; *H.-G. Henneke*, NuR 1995, 325 (325ff.).

[19] Vgl. *D. Murswiek*, in: Sachs, GG, Art. 20a Rn. 6; *Scholz* (Fn. 12), Art. 20a Rn. 38.

[20] *Murswiek* (Fn. 19), Art. 20a Rn. 7; *Scholz* (Fn. 12), Art. 20a Rn. 43.

[21] S. *Murswiek* (Fn. 19), Art. 20a Rn. 8f.; ausf. *Scholz* (Fn. 12), Art. 20a Rn. 22ff., 56; zu den grundsätzlichen Hintergründen *H. Hofmann*, Technik und Umwelt, in: HdbVerfR, § 21 Rn. 9ff.

Der **Kompromisszwang** in der Gemeinsamen Verfassungskommission[22] hat den Text 8
des Art. 20a GG so mit überflüssigen Formulierungen angereichert und Stilschwächen
bei neueren Grundgesetzänderungen[23] fortgesetzt; insgesamt hat sich die Kompromissfähigkeit der parteipolitischen Akteure aber eher bewährt[24]. Dem Gesetzgeber
verbleibt die ständige Aufgabe der Konkretisierung; im Diskurs über ökologische Gerechtigkeit gibt Art. 20a GG dauerhafte Impulse[25].

Schon 2002 hat Art. 20a GG durch Einfügung der Wörter »und die Tiere« eine weitere verfassungspolitische Kontroverse um das **Tierschutzprinzip** entschieden[26]. Hintergrund war die Judikatur des BVerfG, die im Falle des Schächtens von einem Vorrang der Religionsfreiheit zulasten des Tierschutzes ausgegangen war[27], eine nie gekannte Flut von Protestbriefen aus der Bevölkerung an das Gericht provozierte und binnen weniger Monate den verfassungsändernden Gesetzgeber parteiübergreifend in Form »symbolischer Gesetzgebung«[28] reagieren ließ[29]. Ungeachtet tiefgehender sachlicher Unterschiede und der abweichenden Praxis auf der Ebene der Landesverfassungen (→ Rn. 22) wurde der Tierschutz entgegen früheren Vorschlägen eines selbständigen Art. 20b GG[30] als »kleine Lösung« systematisch wenig überzeugend in ein und derselben Norm dem Umweltschutz parallelisiert[31]. 9

B. Internationale, supranationale und rechtsvergleichende Bezüge

I. Internationale Aspekte

Die Sorge für die natürlichen Lebensgrundlagen bedarf der internationalen Zusammenarbeit. Der Gedanke des Umweltschutzes spiegelt sich zunehmend **in internationalen Umweltverträgen** zwischen Staaten[32], zuerst in der Stockholmer Declaration on 10

---

[22] Ausf. *A. Benz*, DÖV 1993, 880 ff. (bes. 885 ff., 888).
[23] Krit. *A. Voßkuhle*, AöR 119 (1994), 35 ff.; *U. Berlit*, JöR 44 (1996), 17 (86).
[24] Krit. demgegenüber *Kloepfer*, Verfassungsänderung (Fn. 18), S. 37 f.; *H.-G. Henneke*, NuR 1995, 325 (325); allg. zur demokratischen Kompromissfindung: *H. Schulze-Fielitz*, Theorie und Praxis parlamentarischer Gesetzgebung, 1988, S. 404 ff., 429 ff.
[25] S. anfangs *T. Geddert-Steinacher*, Staatsziel Umweltschutz: Instrumentelle oder symbolische Gesetzgebung?, in: J. Nida-Rümelin/D. v. d. Pfordten (Hrsg.), Ökologische Ethik und Rechtstheorie, 1995, S. 31 ff. (50 ff.); *W. Hoffmann-Riem*, Die Verwaltung 28 (1995), 425 (428 f.); begründete Zweifel inzwischen z.B. bei *I. Appel*, Eigenwert der Verfassung im Umweltrecht, in: T. Vesting/S. Korioth (Hrsg.), Der Eigenwert des Verfassungsrechts, 2011, S. 289 ff. (300 ff.); zuletzt *T. Heinicke*, Vom blauen Himmel über der Ruhr, in: FS Frank, 2014, S. 3 ff. (11 ff.).
[26] Übersichtlich *R. Faller*, Staatsziel »Tierschutz«, 2005, S. 27 ff.; *M. Fielenbach*, Die Notwendigkeit der Aufnahme des Tierschutzes in das Grundgesetz, 2005, S. 189 ff.; dafür z.B. *S. Hässy*, BayVBl. 2002, 202 ff.; *J. Caspar*, ZUR 1998, 177 ff.; krit. z.B. *M. Kloepfer/M. Rossi*, JZ 1998, 369 (373 ff.); zur Vorgeschichte seit den 1990er Jahren *K. Köpernik*, Die Rechtsprechung zum Tierschutzrecht: 1972 bis 2008, 2010, S. 20 ff.; *Kloepfer* (Fn. 14), Art. 20a Rn. 10 ff.; *J. Caspar/M. W. Schröter*, Das Staatsziel Tierschutz in Art. 20a GG, 2003, S. 12 ff.
[27] BVerfGE 104, 337 (347 ff., 356, Rn. 34 ff., 59); dazu *K.-H. Kästner*, JZ 2002, 491 ff.
[28] So *S. Huster/J. Rux*, in: Epping/Hillgruber, GG (online, Stand: 1.12.2014), Art. 20a Rn. 6.1.
[29] Vgl. *Kloepfer* (Fn. 14), Art. 20a Rn. 15, 90; *F. K. Fromme*, FAZ vom 8.4.2002, S. 12.
[30] So die Vorschläge von Bundesrat sowie SPD und BÜNDNIS 90/DIE GRÜNEN, vgl. BT-Drs. 14/758 bzw. 14/282.
[31] *Caspar/Schröter*, Staatsziel (Fn. 26), S. 22 ff.; krit. *Gärditz* (Fn. 12), Art. 20a Rn. 3, 8; *M. Knauff*, SächsVBl. 2003, 101 (104).
[32] Vgl. z.B. *C. Tomuschat/C. Walter* (Hrsg.), Völkerrecht. Textsammlung, 6. Aufl. 2014, S. 343 ff.; ausf. *H. Hohmann* (Hrsg.), Basic Documents of International Environmental Law, 3 Bände, 1992.

the Human Environment von 1972. Das herkömmliche Souveränitätsverständnis belässt den Staaten zwar ein souveränes Ressourcennutzungsrecht; dennoch lässt sich ein weltweiter Trend feststellen, die gemeinsame Aufgabe des Schutzes der natürlichen Lebensgrundlagen der Menschen in Deklarationen, Umweltverträgen und Entwürfen ernst zu nehmen[33], wie das in der Entwicklung zum Umweltvölkerrecht[34] und seinen Vorgaben für das deutsche Umweltrecht[35] zum Ausdruck kommt. Zentrales **Leitprinzip** ist seit der Rio-Konferenz 1992 der **Grundsatz der nachhaltigen Entwicklung** (»sustainable development«), die den langfristigen Substanzerhalt ökologischer Potentiale anstrebt mit der Folge einer breit angelegten Umverteilung der Inanspruchnahme der Ressourcen und der Ressourcenschonung[36]. Daneben ist das Vorsorgeprinzip im Völkerrecht zumindest partikular gewohnheitsrechtlich anerkannt[37].

11 Angesichts der wirtschaftlichen und sozialen Verteilungswirkungen finden effektive Veränderungen schnell Grenzen am Eigeninteresse der einzelnen Nationalstaaten und führen zu dilatorischen Kompromissen. Praktisch effektiver sind deshalb die zahlreichen **Abkommen über Spezialmaterien** des Umweltrechts, die sich z. B. auf die Verringerung der Meeresverschmutzung, auf grenzüberschreitende Luftverunreinigungen oder den Schutz der Ozonschicht beziehen[38], auch wenn der internationale Umweltschutz so lange lückenhaft bleiben muss. Die ungebrochene Beschleunigung der weltweiten Ausbeutung der Natur vergrößert die Umweltprobleme, relativiert das Gewicht nationaler Umweltschutzmaßnahmen und gibt dem Auftrag des Art. 20a GG von vornherein eine internationale Dimension (→ Rn. 64).

12 Die **internationalen Menschenrechtspakte** gebieten wegen ihres individualrechtlich ausgerichteten Ansatzes de lege lata nur begrenzt Umweltschutz. Einer »ökologischen Menschenrechtsinterpretation« sind daher von vornherein Grenzen gesetzt[39]. Denkbar ist eine Schutzpflicht für das Recht auf Leben aus Art. 6 I IPbpR[40]. Der in Art. 11 IPwskR geforderte »angemessene Lebensstandard« und das »Höchstmaß an körperlicher und geistiger Gesundheit« in Art. 12 IPwskR formulieren Gesetzgebungsaufträge, nicht Leistungsansprüche[41]. Eine ausdrückliche Verknüpfung von Umweltschutz und Menschenrechten findet sich in regionalen Menschenrechtspakten wie Art. 24

---

[33] *S. Hobe*, JA 1997, 160ff.; *A. Rest*, NuR 1997, 209 (211) m. w. N.; zum fundamentalen Charakter dieser Entwicklung *E. Riedel*, Paradigmenwechsel im internationalen Umweltrecht, in: FS Roellecke, 1997, S. 245ff.; *R. Bartholomäi*, Sustainable Development und Völkerrecht, 1997.

[34] S. näher *K.-P. Sommermann*, in: v. Münch/Kunig, GG II, Art. 20a Rn. 7, 11ff.; *U. Beyerlin*, Umweltvölkerrecht, 2000; *A. Epiney/M. Scheyli*, Strukturprinzipien des Umweltvölkerrechts, 1998.

[35] *R. Streinz*, Vorgaben des Völkerrechts für das deutsche Umweltrecht, in: Jahrbuch des Umwelt- und Technikrechts 1999, 1999, S. 319ff.

[36] Übersichtlich *A. Epiney*, in: v. Mangoldt/Klein/Starck, GG II, Art. 20a Rn. 97ff.; *Katsos*, Schutz (Fn. 10), S. 42ff.; *K. F. Gärditz*, Nachhaltigkeit und Völkerrecht, in: W. Kahl (Hrsg.), Nachhaltigkeit als Verbundbegriff, 2008, S. 137ff.; *J. Caspar*, Klimaschutz und Verfassungsrecht, in: H.-J. Koch/J. Caspar (Hrsg.), Klimaschutz im Recht, 1997, S. 367ff. (380ff.); ausf. *Appel*, Zukunftsvorsorge (Fn. 8), S. 265ff.; RSU (Hrsg.), Umweltgutachten 1994, BT-Drs. 12/6995, Rn. 68ff.; → Rn. 39f.

[37] Ausf. *C. Erben*, Das Vorsorgegebot im Völkerrecht, 2005, S. 245ff.; *Appel*, Zukunftsvorsorge (Fn. 8), S. 227ff.

[38] Vgl. Nw. bei *Sommermann*, Staatsziele (Fn. 4), S. 277f.; *W. Heintschel von Heinegg*, Internationales öffentliches Umweltrecht, in: K. Ipsen, Völkerrecht, § 49, S. 992ff.

[39] *U. Beyerlin*, Nachhaltige Nutzung natürlicher Ressourcen und Menschenrechtsschutz, in: FS Delbrück, 2005, S. 47ff. (57ff.); s. aber auch *S. Heselhaus/T. Marauhn*, EuGRZ 2005, 549ff.; *R. Schmidt-Radefeldt*, Ökologische Menschenrechte, 2000.

[40] *A. Rest*, NuR 1997, 209 (210); *S. Hobe*, ZUR 1994, 15 (15f.); *E. Klein*, Recht auf Umweltschutz als völkerrechtliches Individualrecht?, in: FS v. Simson, 1983, S. 251ff.

[41] *Klein*, Recht (Fn. 40), S. 253; *J. Lücke*, AVR 16 (1974/75), 387 (391f.).

AfrCh und dem (noch nicht in Kraft getretenen) Art. 11 des Zusatzprotokolls der AMRK.

Vorschläge zur Ergänzung der EMRK um ein **Menschenrecht auf gesunde Umwelt** sind äußerst umstritten[42]. Die Befürworter erhoffen Druck auf die Staaten zur Erfüllung ihrer Schutzpflichten gegenüber ihren Staatsbürgern; die Gegner verweisen auf die fehlende Individualisierbarkeit der kollektiven Umweltinteressen und die geringe Handhabbarkeit und Justitiabilität einer solchen Klausel, die eher einer programmatischen Staatszielbestimmung nahekommt und den Charakter der EMRK als abwehrrechtliche Kodifikation überschreitet[43]. 13

II. Der Schutz der Umwelt und der Tierschutz als Prinzipien des Europarechts

1. Umweltschutz

Die **EMRK enthält kein** selbständiges **Recht auf Natur- und Umweltschutz**[44]. Die Umwelt kann aber mittelbar Gegenstand der Rechtsprechung des EGMR werden[45]: (a) Bei zivil- oder strafrechtlichen Ansprüchen i. S. von Art. 6 EMRK können auch innerstaatliche Verfahren zum Schutz der Umwelt tangiert sein; (b) Umweltschutzmaßnahmen können Schrankenbestimmungen einzelner Menschenrechte sein; (c) mit der Beeinträchtigung der natürlichen Lebensgrundlagen könnten auch Individualrechte der EMRK verletzt sein. Für EKMR und EGMR scheint der Schutz des Privatlebens in **Art. 8 I EMRK** zentraler Bezugspunkt einer umfassenden **Immissionsschutzgarantie** geworden zu sein[46]. Aus ihm folgt eine Schutzpflicht des Staates, angemessene und geeignete Maßnahmen zum Schutz der Betroffenen zu ergreifen und ein ausgewogenes Gleichgewicht der Interessen des einzelnen im Verhältnis zu den Interessen der Gemeinschaft herzustellen[47]. Die Literatur fordert stärker eine Aktualisierung des Rechts auf Leben (Art. 2 EMRK)[48]. 14

Das Recht der Europäischen Union kann den Schutzauftrag von Art. 20a GG sowohl relativieren wie auch verstärken, jedenfalls durch seine vielschichtigen Kompetenzen auf dem Gebiet der Umweltpolitik nachhaltig determinieren. Seit 1974 werden Aktionsprogramme für den Umweltschutz im Rahmen der Harmonisierungskompetenzen zur Schaffung des gemeinsamen Marktes verabschiedet[49]. Zur zentralen Aufgabe der 15

---

[42] S. näher *T. Marauhn*, Menschenrecht auf eine gesunde Umwelt – Trugbild oder Wirklichkeit?, in: T. Giegerich/A. Proelß (Hrsg.), Bewahrung des ökologischen Gleichgewichts durch Völker- und Europarecht, 2010, S. 11 ff.; *A. Rest*, NuR 1997, 209 (209 ff., 214 f.); *S. Hobe*, ZUR 1994, 15 ff. je m.w.N.
[43] Vgl. *A. Rest*, NuR 1997, 209 (214); *Klein*, Recht (Fn. 40), S. 254 f.
[44] S. z. B. *Schmidt-Radefeldt*, Menschenrechte (Fn. 39), S. 55; *M. E. Villiger*, Handbuch der Europäischen Menschenrechtskonvention (EMRK), 1993, Rn. 100.
[45] Ausf. *M. Theil*, NuR 2014, 330 ff.; *A. Rest*, NuR 1997, 209 (211); *A. Kley-Struller*, EuGRZ 1995, 507 (509 ff.).
[46] Vgl. *Heselhaus*, Grundlagen (Fn. 13), Rn. 100; *A. Rest*, NuR 1997, 209 (212, 214) m.w.N.; *A. Kley-Struller*, EuGRZ 1995, 507 (512 ff.); ausf. *Schmidt-Radefeldt*, Menschenrechte (Fn. 39), S. 116 ff.
[47] EGMR, Urt. vom 21.2.1990, series A, vol. 172, Ziff. 41 – *Powel und Rayner*; Urt. vom 9.12.1994, series A, vol. 303 C = EuGRZ 1995, 530 (533, Ziff. 51) – *López Ostra*; Urt. vom 02.12.2010 Nr. 12853/03 – *Atanasov*; übersichtlich *J. Meyer-Ladewig*, NVwZ 2007, 25 ff.
[48] *A. Rest*, NuR 1997, 209 (214); s. auch *A. Kley-Struller*, EuGRZ 1995, 507 (511 f., 515); *Schmidt-Radefeldt*, Menschenrechte (Fn. 39), S. 67 ff.
[49] *A. Epiney*, Umweltrecht in der Europäischen Union, 3. Aufl. 2013, S. 54 ff.; *W. Frenz*, Europä-

EU wurde der Umweltschutz durch Ergänzung des **primären Unionsrechts** in der EEA, jetzt Art. 191–193 AEUV[50], namentlich die Ziele der Erhaltung, des Schutzes und der Qualitätsverbesserung der Umwelt, des Schutzes der menschlichen Gesundheit und der umsichtigen und rationellen Verwendung der natürlichen Ressourcen (Art. 191 I AEUV)[51]. Der Umweltschutz als Unionsziel wurde in den nachfolgenden Vertragsänderungen ausdrücklich bestätigt (jetzt Art. 3 III EUV) und ist nach der Querschnittsklausel des Art. 11 AEUV bei allen Unionspolitiken und -maßnahmen zu berücksichtigen[52]. Hinzu kommt korrespondierend Art. 194 AEUV als Grundlage für ein europäisches Umweltenergierecht[53] mit Maßnahmen zur Steigerung der Energieeffizienz, Förderung erneuerbarer Energien und des Emissionshandels. Art. 114 III-V AEUV normiert zudem die umweltrelevanten Aspekte bei der Verwirklichung des Binnenmarktes[54]. Die EU versucht in Fortschreibung ihrer Aktionsprogramme (z.Zt. das siebte für 2014–2020[55]) ökologische Entwicklungslinien festzulegen; sie fungieren faktisch wie Konkretisierungen eines Staatsziels Umweltschutz (vgl. Art. 192 III AEUV). Alle diese Ansätze zur Erreichung eines »hohen Schutzniveaus« (so Art. 114 III, 191 II 1 AEUV) eröffnen Perspektiven für die EU als »ökologische Rechtsgemeinschaft«[56], die sich dem »Grundsatz des bestmöglichen Umweltschutzes«[57] verpflichtet weiß.

16   Diese Ziele sind in allen Feldern der Unionspolitik (auch staatszielartig überflüssigerweise hervorgehoben in Art. 37 GRCh[58]) entsprechend dem Grundsatz der nachhaltigen Entwicklung[59] unter Beachtung der Prinzipien der Vorsorge[60], der Vorbeugung, des Ursprungs- und des Verursacherprinzips anzustreben (Art. 191 II AEUV)[61]. Schon jetzt prägt eine **umfassende Regelungsdichte des sekundären Unionsrechts im Umweltbereich** aufgrund unübersehbar zahlreicher Richtlinien und Verordnungen[62]

---

isches Umweltrecht, 1997, S. 1 ff.; zur Entwicklung in der EU ferner *J. Scherer*, ZfRV 1993, 140 ff.; *D. H. Scheuing*, EuR 24 (1989), 152 (154 ff.).

[50] *Oppermann/Classen/Nettesheim*, Europarecht, § 33 Rn. 14 ff.; *C. Calliess*, EU-Umweltrecht, in: Arbeitskreis für Umweltrecht (Fn. 13), Abschnitt 2 Rn. 5 ff.; ausf. *I. Pernice*, NVwZ 1990, 201 ff.; ferner *B. Wiegand*, DVBl. 1993, 533 ff.

[51] Vgl. *Calliess*, EU-Umweltrecht (Fn. 50), Rn. 10 ff.; *Epiney* (Fn. 36), Art. 20a Rn. 108 f.; *dies.*, Umweltrecht (Fn. 49), S. 158 ff.; *W. Kahl*, Umweltprinzip und Gemeinschaftsrecht, 1993, S. 19 ff.

[52] *Calliess*, EU-Umweltrecht (Fn. 50), Rn. 10 ff.; *Epiney*, Umweltrecht (Fn. 49), S. 158 ff.

[53] *Calliess*, EU-Umweltrecht (Fn. 50), Rn. 29 ff.; *J. Gundel*, EWS 2011, 25 ff.; *M. Nettesheim*, JZ 2010, 19 ff.; *W. Frenz/A.-M. Kane*, NuR 2010, 464 ff.

[54] Zur Kompetenzvielfalt und ihrer Abgrenzung: *Epiney*, Umweltrecht (Fn. 49), S. 98 ff., 109 ff.; ausf. *S. Schulenberg*, Die Energiepolitik der Europäischen Union, 2009.

[55] Beschluss Nr. 1386/2013/EU vom 20.11.2013, ABl. EU L 354/171; krit. *C. Hey*, Das 7. Umweltaktionsprogramm – ein Interimsprogramm, in: FS Koch, 2014, S. 617 ff.

[56] Vgl. *C. Calliess*, KritJ 27 (1994), 284 (294 ff.); krit. *L. Krämer*, ZUR 1997, 303 ff.; s. a. *H.-W. Rengeling*, Zum Umweltverfassungsrecht der Europäischen Union, in: J. Ipsen u. a. (Hrsg.), Verfassungsrecht im Wandel, 1995, S. 496 ff.

[57] Grdl. *M. Zuleeg*, NVwZ 1987, 280 (283 ff.); zust. *D. H. Scheuing*, EuR 24 (1989), 152 (178 f.); *Epiney*, Umweltrecht (Fn. 49), S. 172 ff.; *C. Calliess*, Umweltschutz, in: Ehlers, Europäische Grundrechte, § 24 Rn. 10; ausf. *Kahl*, Umweltprinzip (Fn. 51), S. 10 ff., 69 ff.

[58] Krit. *Calliess*, EU-Umweltrecht (Fn. 50), Rn. 102, 104 ff.

[59] *Calliess* (Fn. 57), § 24 Rn. 12 ff.; *H. D. Jarass*, Charta der Grundrechte der Europäischen Union, 2010, Art. 37 Rn. 7; SRU, Umweltgutachten 2008, BT-Drs. 16/9990, Rn. 5 ff.

[60] *Epiney* (Fn. 36), Art. 20a Rn. 113; *G. Lübbe-Wolff*, NVwZ 1998, 777 ff.; ausf. *B. Arndt*, Das Vorsorgeprinzip im EU-Recht, 2009, S. 69 ff.

[61] Ausf. *Calliess*, EU-Umweltrecht (Fn. 50), Rn. 66 ff.; *Epiney* (Fn. 36), Art. 20a Rn. 114 ff.; *Kahl*, Umweltprinzip (Fn. 51), S. 21 ff.

[62] Vgl. nur übersichtlich *Calliess*, EU-Umweltrecht (Fn. 50), Rn. 127 ff.; ausf. *K. Meßerschmidt*, Europäisches Umweltrecht, 2011, S. 519 ff.

– verstärkt durch die Rechtsprechung des EuGH[63] – das Umweltrecht der Mitgliedstaaten nachhaltig[64] und damit auch die Ausgestaltung des Schutzauftrages des Art. 20a GG[65], obwohl Art. 5 EUV dem Subsidiaritätsprinzip ausdrücklich primärrechtlichen Rang verleiht[66]: Wegen des Anwendungsvorrangs des Unionsrechts kann Art. 20a GG eigenständige Kraft nur entfalten, soweit er nicht durch harmonisierende europarechtliche Vorgaben eingeschränkt ist.

Diese **Europäisierung der Schutzpflicht des Art. 20a GG** manifestiert sich in drei fundamentalen Entwicklungen. Erstens gibt das europäische Recht europaweit einheitliche Produktstandards, produktions- und anlagenbezogene Vorgaben und Umweltqualitätsziele vor, von deren Schutzniveau im Regelfall (voraussetzungsvolle Ausnahmen: Art. 114 IV, V, 193 AEUV) nicht abgewichen werden kann[67]. Zweitens belässt das EU-Umweltrecht auch im Übrigen dem nationalen Gesetzgeber wenig Entscheidungsspielräume, obwohl es ganz überwiegend als Richtlinienrecht erlassen wird; denn die Art der Richtlinien und die Rechtsprechung des EuGH zur unmittelbaren Wirkung von nicht fristgerecht umgesetzten Richtlinien verändern materiell die Qualität der Umsetzungsgesetze zu Lasten der national gewachsenen Rechts- und Verwaltungskulturen[68]. Drittens wirkt das europäische Recht über die staatsorientierten Regelungsgehalte des Art. 20a GG (→ Rn. 63 ff.) hinaus; es sucht Private im Interesse der Durchsetzung von Umweltschutzstandards zu stimulieren[69], indem es z. B. für Unternehmen deren Einhaltung reizvoll macht (etwa durch das Öko-Audit) oder das Umweltinformationsbegehren von Bürgern verfahrensrechtlich schützt[70]. 17

2. Tierschutz

Der **Tierschutz** ist kein Unionsziel i. S. von Art. 3 EUV. Aber seit dem Vertrag von Lissabon gewährleistet die tierschutzrechtliche **Querschnittsklausel des Art. 13 AEUV** unter Überschreitung der verbindlichen Tierschutz-Protokollnotiz Nr. 10 zum Vertrag von Amsterdam[71] in den enumerativ genannten Unionspolitiken, dass bei der Festlegung und Durchführung dem Wohlergehen der »Tiere als fühlende Wesen in vollem Umfang« Rechnung getragen wird[72]. Gemeint ist vor allem die Gewährleistung eines 18

---

[63] Übersichtlich die jährlichen Rechtsprechungsberichte im Jahrbuch für Umwelt- und Technikrecht (UTR) und in EurUP, zuletzt *A. Epiney*, EurUP 2014, 53 ff.; *dies.*, EurUP 2015, 47 ff.
[64] Vgl. *E. Schmidt-Aßmann*, GVwR[2] I, § 5 Rn. 111 ff.; *M. Schmidt-Preuß*, JZ 2000, 581 (583 ff.); umfassend: H.-W. Rengeling (Hrsg.), Handbuch zum europäischen und deutschen Umweltrecht, 2 Bde., 2. Aufl. 2003.
[65] *Murswiek* (Fn. 19), Art. 20a Rn. 55a; *Epiney* (Fn. 36), Art. 20a Rn. 117; *Gärditz* (Fn. 12), Art. 20a Rn. 7; *A. Voßkuhle*, NVwZ 2013, 1 (2); *Appel*, Eigenwert (Fn. 25), S. 311 ff.
[66] *Epiney*, Umweltrecht (Fn. 49), S. 128 ff.; *S. Alber*, NVwZ 2006, 629 ff.; ausf. *P. Molsberger*, Das Subsidiaritätsprinzip im Prozess europäischer Konstitutionalisierung, 2009; allg. *P. Häberle*, AöR 119 (1994), 169 ff.
[67] Ausf. *Epiney*, Umweltrecht (Fn. 49), S. 165 ff.
[68] *R. Breuer*, Entwicklungslinien des europäischen Umweltrechts – Ziele, Wege und Irrwege, 1993; *ders.*, NVwZ 1997, 833 ff.
[69] S. näher *Epiney*, Umweltrecht (Fn. 49), S. 269 ff., 285 ff.; *C. Calliess*, NVwZ 1998, 8 (9 f.).
[70] Vgl. am Bsp. des Umweltinformationsgesetzes (UIG) näher BVerwG NJW 1997, 753; s. auch *S. Much*, ZUR 2012, 288 ff.; *R. Breuer*, NVwZ 1997, 833 (837); ausf. *D. R. Klein*, Umweltinformation im Völker- und Europarecht, 2011, S. 237 ff., 337 ff.
[71] Dazu näher *J. Caspar*, Zur Stellung des Tieres im Gemeinschaftsrecht, 2001, S. 74 ff.
[72] *Calliess*, EU-Umweltrecht (Fn. 50), Rn. 107 ff.; *M. Cornils*, Reform des europäischen Tierversuchsrechts, 2011, S. 7 ff., 21 ff.; *W. Frenz*, NuR 2011, 103 ff.

artgerechten Zustandes der einzelnen Tiere[73], nicht nur wild lebender, sondern auch der Haus- und Nutztiere, doch formuliert die Tierschutzklausel zugleich einen relativierenden mitgliedstaatlichen **Kulturvorbehalt**[74]. Aktionspläne der EU suchen diese Ausrichtung zu konkretisieren[75]. Das Tierschutz-Unionsrecht erstreckt sich auf alle bedeutsamen industriellen und landwirtschaftlichen und sonstigen Nutzungsformen von Tieren (betr. Haltung, Zucht, Transport, Schlachtung und Pelzproduktion bzw. spezifische Tierversuche außerhalb der von Grundlagenforschung und Lehre)[76]; es kann insoweit auch die mitgliedstaatlichen Tierschutzbestimmungen verdrängen[77], mag den Mitgliedstaaten auch die Setzung höherer nationaler Tierschutzstandards eingeräumt sein[78]. Das Unionsrecht erweist sich jedoch in seiner sektoriellen Beschränkung noch immer als partiell defizitär[79], so dass der Bundesrepublik ein erhebliches Steuerungspotential verbleibt[80]. Wo es darüber hinaus im Namen der Binnenmarktharmonisierung (Art. 114 AEUV) wissenschaftliche Tierversuche auf Kosten von Nutzungsinteressen zu Gunsten der menschlichen Gesundheit einschränken will (Art. 5 ff. Tierversuchsrichtlinie[81]), stößt es schnell an Grenzen der europa- und grundrechtlichen Verhältnismäßigkeit[82].

III. Rechtsvergleichende Hinweise

19 Die Internationalität der Staatsaufgabe Umweltschutz zeigt sich auf neuen Textstufen auch in **anderen europäischen Verfassungsstaaten** – zuerst in der Schweiz (Art. 24 septies – 1971, jetzt: Art. 74 BV 1999), dann Griechenland (1975), Portugal (1976) und Spanien (1978)[83] und mittlerweile in 22 der 28 Mitgliedstaaten der EU. Ein Teil der Staaten hat sich für die Formulierung eines **individuellen Grundrechts** entschieden[84];

---

[73] Vgl. *M. Kotzur*, in: R. Geiger/D.-E. Khan/M. Kotzur, EUV/AEUV, 5. Aufl. 2010, Art. 13 Rn. 3; *Caspar*, Stellung (Fn. 71), S. 78.

[74] *Kotzur* (Fn. 73), Art. 13 Rn. 3; a.A. *Calliess*, EU-Umweltrecht (Fn. 50), Rn. 115.

[75] Zuerst: EU-Kommission, Aktionsplan für den Schutz und das Wohlbefinden von Tieren 2006–2010, Mitteilung vom 23.01.2006, KOM (2006), 13 endg.; fortgeschrieben als Strategie 2012–2015: EU-Kommission, Mitteilung vom 15.02.2012, COM (2012), 6 final/2.

[76] S. schon *Caspar*, Stellung (Fn. 71), S. 17 ff., 41 ff.; umfassend *G. Bolliger*, Europäisches Tierschutzrecht, 2000, S. 65 ff.; zu den Tierschutz-Konventionen des Europarats ausf. *J. Glock*, Das deutsche Tierschutzrecht und das Staatsziel »Tierschutz« im Lichte des Völkerrechts und des Europarechts, 2004, S. 93 ff.

[77] Ausf. *Caspar*, Stellung (Fn. 71), S. 27 ff., 47 ff.; *J. Ziekow*, Tierschutz im Schnittfeld von nationalem und internationalem Recht, 1999, S. 89 ff.

[78] *Caspar*, Stellung (Fn. 71), S. 44 ff.

[79] *Calliess*, EU-Umweltrecht (Fn. 50), Rn. 114; für die Rechtslage vor Lissabon *S. Braun*, DÖV 2003, 488 (492 f.); ausf. *Caspar*, Stellung (Fn. 71), S. 24 f. u. ö.

[80] *Glock*, Tierschutzrecht (Fn. 76), S. 153 ff. Für ein sekundärrechtliches Gebot zur Verfassungsänderung des Art. 20a GG: *Fielenbach*, Notwendigkeit (Fn. 26), S. 180 ff., 187.

[81] Richtlinie 2010/63/EU vom 22.09.2010, ABl. L 276/33; s. näher *C. Calliess*, NuR 2012, 819 ff.

[82] *K.F. Gärditz*, Invasive Tierversuche zwischen Wissenschaftsethik und Wissenschaftsfreiheit, in: W. Löwer/K.F. Gärditz (Hrsg.), Wissenschaft und Ethik, 2012, S. 97 ff. (125 ff.); *Cornils*, Reform (Fn. 72), S. 35 ff., 42 ff., 48 ff., zsfssd. 76 f.; tendenziell großzügiger *A. Peters/S. Stucki*, Tierversuchsrichtlinie 2010/63/EU: Rechtsgutachten zu ihrer Umsetzung in Deutschland, 2014, S. 52 ff., 94 ff., 109 ff.

[83] *Murswiek* (Fn. 19), Art. 20a Rn. 4; *Sommermann*, Staatsziele (Fn. 4), S. 247 ff.; *Bock*, Umweltschutz (Fn. 16), S. 93 ff. – Zum Textstufen-Paradigma *Häberle*, Rechtsvergleichung (Fn. 10), S. 3 ff.

[84] S. näher *M. Schröder*, JöR 58 (2010), 195 (197 ff.); *E.E. Orth*, NuR 2007, 229 ff.; *D. Thym*, NuR 2000, 557 (559 f.); *A. Rest*, NuR 1997, 209 (210) und z.B. Art. 56 Verf. Türkei 1982, Art. 71 Verf. Polen 1989, Art. 72, 73 Verf. Slowenien 1991 oder Art. 23 Nr. 4 Verf. Belgien 1994.

teilweise korrespondiert ihnen eine Grundpflicht der Bürger zum Umweltschutz (Art. 45 I Verf. Spanien 1978; Art. 66 I Verf. Portugal 1976/82/89; Art. 44 II Verf. Slowakei 1992; Art. 53 Verf. Estland 1992). Ein anderer Teil der Verfassungsstaaten westlichen Typs hat sich für die **Verankerung eines Staatszieles** entschieden, z.B. Art. 24 Verf. Griechenland 1975, Kap. 1 § 2 II Verf. Schweden 1975/1978, Art. 21 Verf. Niederlande 1983, § 1 BVG-UU Österreich 1984[85], und viele mittelamerikanische, afrikanische und arabische Staaten[86]. Teilweise wird das Prinzip der Nachhaltigkeit als »auf Dauer ausgewogenes Verhältnis zwischen der Natur und ihrer Erneuerungsfähigkeit einerseits und ihrer Beanspruchung durch den Menschen andererseits« ausdrücklich konstitutionalisiert (Art. 73 BV 1999 der Schweiz). Der individuelle Tierschutz ist erstmals in der EU in Art. 20a GG auf Verfassungsebene verankert; weitergehend erkennt Art. 120 II BV 1999 der Schweiz die »Würde der Kreatur« an[87].

Alle Verfassungen der Länder der Bundesrepublik Deutschland **enthalten Umweltschutzklauseln**[88], zuerst Art. 86 Verf. Baden-Württemberg (1976), dann Art. 3 II, 141 (n. F.) Verf. Bayern (1984), zuletzt Niedersachsen und Berlin (Art. 1 II Verf. Niedersachsen 1993; Art. 31 Verf. Berlin 1995)[89]. Vereinzelt wird das Umweltschutzanliegen durch Grundrechte verfolgt (Art. 39 II Verf. Brandenburg), vor allem aber durch Staatsziel- oder Staatsaufgabenbestimmungen – mitunter in der Präambel (Verf. Hamburg 1986), ganz überwiegend aber selbständig[90]. Die Regelungen sind gelegentlich durchsetzt mit (Grund-)Pflichten auch für die Bürger[91], oder mit Rechten auf Naturgenuss[92]. Auch in den Länderverfassungen werden z.T. die »künftigen Generationen« in Bezug genommen (z.B. Art. 10 I Verf. Sachsen), ebenso die »natürlichen Lebensgrundlagen« (z.B. Art. 11a Verf. Bremen), gelegentlich als solche »des Menschen« betont (so z.B. Art. 26a Verf. Hessen). Die Kommunen werden als Schutzpflichtadressaten neben dem Land oft hervorgehoben (z.B. Art. 69 Verf. Rheinland-Pfalz).

20

Besonders die **Verfassungen der neuen Länder** enthalten, auch in Antwort auf die (trotz Art. 15 der Verf. DDR 1974) starken Umweltschutzdefizite der ehemaligen DDR[93], auffällig weitreichende Umweltschutzklauseln mit ergänzenden Aspekten, indem diese Aufgaben auch als gesellschaftliche normiert, als Erziehungsziel verankert oder sonst näher konkretisiert werden (z.B. Art. 22 I, 31 Verf. Thüringen; zu detaillierten verfahrensrechtlichen Forderungen z.B. Art. 39 V, VII, VIII Verf. Brandenburg) oder einer Verfassungsänderung entzogen werden (z.B. Art. 74 I 2 Verf.

21

---

[85] S. näher *M. Schröder*, JöR 58 (2010), 195 (200 ff.); *E. E. Orth*, NuR 2007, 229 (232 f.); *D. Thym*, NuR 2000, 557 ff.; F. Kerschner (Hrsg.), Staatsziel Umweltschutz, 1996; zuvor ausf. *M. Kind*, Umweltschutz durch Verfassungsrecht, 1994; *J. Marko*, ÖJZ 1986, 289 ff.

[86] Nw. bei *J. Lücke*, AVR 35 (1997), 1 (5 ff.); zu vorbildgebenden Schweizer Vorschlägen *P. Häberle*, JöR 34 (1985), 303 (419 ff.).

[87] *M. Michael*, NuR 2012, 102 ff.; *D. Richter*, ZaöRV 67 (2007), 319 (341 ff.).

[88] Nw. bei *Scholz* (Fn. 12), Art. 20a Rn. 3; *Heselhaus*, Grundlagen (Fn. 13), Rn. 101 f.; *A. Stiens*, Chancen und Grenzen der Landesverfassungen im deutschen Bundesstaat der Gegenwart, 1997, S. 291 ff.

[89] Zum landesverfassungsrechtlichen Umweltschutz: *R. Scholz*, Umwelt unter Verfassungsschutz, in: FS 50 Jahre BayVerfGH, 1997, S. 177 ff.; *W. Erbguth/B. Wiegand*, DVBl. 1994, 1325 ff.; *dies.*, Die Verwaltung 29 (1996), 159 ff.; *W. Graf Vitzthum*, VBlBW 1991, 404 (407 ff.); s. auch BayVerfGH DVBl. 1996, 99 (100 f.).

[90] Z.B. Art. 29a Verf. Nordrhein-Westfalen; Art. 59a Verf. Saarland; Art. 11 Verf. Schleswig-Holstein.

[91] Besonders hervorgehoben in Art. 35 II Verf. Sachsen-Anhalt 1992.

[92] Z.B. Art. 141 III 1 Verf. Bayern; Art. 10 III Verf. Sachsen.

[93] *J. Lücke*, Umweltschutz und Verfassung in der DDR, in: GedS Martens, 1987, S. 153 ff.

Art. 20a   C. Erläuterungen

Sachsen)[94]. Sie heben gelegentlich generell einen Gesetzesvorbehalt hervor (z. B. Art. 12 IV Verf. Mecklenburg-Vorpommern), z.T. auf eine spezielle Weise (z. B. Art. 39 VI, VII, 40 IV Verf. Brandenburg), und unterstreichen mitunter das Sparsamkeitsgebot (Art. 10 I 3 Verf. Sachsen, Art. 39 IV Verf. Brandenburg).

22   Der **Tierschutz** i. S. artgemäßer Haltung und vermeidbaren Leidens ist auf Landesebene (verfassungspolitisch zu Recht) nicht in Umweltklauseln verankert, sondern in elf Bundesländern **selbständig normiert** (z. B. Art. 3b Verf. Baden-Württemberg, Art. 32 Verf. Thüringen).

C. Erläuterungen

I. Allgemeine Bedeutung

23   Art. 20a GG ergänzt die Staatszielbestimmungen (z. B. in Art. 20 I, 23 I, 24 II, 28 I, 109 II GG) um die Staatsziele, »auch in Verantwortung für die künftigen Generationen die natürlichen Lebensgrundlagen« und ebenso »die Tiere« zu schützen. Sie treten **neben** das **Demokratie-, Rechtsstaats-, Sozialstaats- und Bundesstaatsprinzip**[95] und formulieren eine verfassungsrechtliche Zielsetzung[96], keine vorverfassungsrechtliche Legitimationsgrundlage[97]. Beide lassen sich auch als »Umweltschutzprinzip«[98] oder »Staatsziel Umweltschutz«[99] bzw. als »Tierschutzprinzip«[100] oder »Staatsziel Tierschutz«[101] qualifizieren. Nur das erstere wird in rechtsdogmatischer Parallelisierung zu den anderen Staatszielbestimmungen auch als »**Umweltstaatsprinzip**« bezeichnet[102].

24   Art. 20a GG enthält **unmittelbar geltendes verbindliches Verfassungsrecht**. Darin unterscheiden sich die Staatsaufgaben Umweltschutz und Tierschutz von sonstigen Staatsaufgaben, deren sich der demokratische Rechts- und Sozialstaat grundsätzlich frei annehmen kann[103]. Die Verpflichtung gilt objektiv, d. h. der einzelne Bürger kann aus Art. 20a GG keine subjektiven öffentlichen Rechtsansprüche ableiten[104] (→ Rn. 82).

---

[94] Vgl. auch *Brönneke*, Umweltverfassungsrecht (Fn. 18), S. 33 ff., 51 ff.; *P. C. Fischer*, Staatszielbestimmungen in den Verfassungen und Verfassungsentwürfen der neuen Bundesländer, 1994, S. 48 ff., 103 ff., 119 ff., 136 f., 150 f.; *P. Neumann*, LKV 1996, 392 (395).

[95] *Epiney* (Fn. 36), Art. 20a Rn. 47 ff.; *C. Steinbeiß-Winkelmann*, DVBl. 1998, 809 (813).

[96] BVerfGE 102, 1 (18, Rn. 50); 347 (365, Rn. 60); *Heselhaus*, Grundlagen (Fn. 13), Rn. 13 ff.; Bericht (Fn. 17), S. 66 f.; *Murswiek* (Fn. 19), Art. 20a Rn. 12; *Scholz* (Fn. 12), Art. 20a Rn. 17 f. und 35; *Kloepfer* (Fn. 14), Art. 20a Rn. 20; krit. *Gärditz* (Fn. 12), Art. 20a Rn. 4 ff.; *E. Gassner*, DVBl. 2013, 547 (548).

[97] Vgl. aber *Murswiek*, Umweltschutz (Fn. 7), S. 31 ff., 71 ff.; krit. *K. Waechter*, NuR 1996, 321 (325 f.).

[98] So z. B. *Jarass*/Pieroth, GG, Art. 20a Rn. 1; *R. Stober*, JZ 1988, 426 ff.

[99] *Caspar*, Klimaschutz (Fn. 36), S. 386 f.; *Geddert-Steinacher*, Staatsziel (Fn. 25), S. 31 ff.

[100] *Jarass*/Pieroth, GG, Art. 20a Rn. 1; *M. Knauff*, SächsVBl. 2003, 101 (101).

[101] So z. B. *J. Caspar*/*M. Geissen*, NVwZ 2002, 913 ff.; *H. Holste*, JA 2002, 907 ff.; ausf. *Faller*, Staatsziel (Fn. 26), S. 130 ff.

[102] So z. B. *H. Hofmann*, »Umweltstaat«: Bewahrung der natürlichen Lebensgrundlagen und Schutz vor den Gefahren und Risiken von Wissenschaft und Technik in staatlicher Verantwortung, in: FS 50 Jahre BVerfG, Bd. 2, 2001, S. 873 ff. (875).

[103] Vgl. *Scholz* (Fn. 12), Art. 20a Rn. 5 f.; *H. Schulze-Fielitz*, Staatsaufgabenentwicklung und Verfassung, in: D. Grimm (Hrsg.), Wachsende Staatsaufgaben – sinkende Steuerungsfähigkeit des Rechts, 1990, S. 11 ff. (25 ff., 30).

[104] Bericht (Fn. 17), S. 67; *Murswiek* (Fn. 19), Art. 20a Rn. 12; *Epiney* (Fn. 36), Art. 20a Rn. 37 ff.;

Die **Funktion** des Umweltstaatsprinzips und des Tierschutzprinzips besteht darin, aller staatlichen Gewalt appellativ die **fortdauernde Beachtung** des Schutzes der natürlichen Lebensgrundlagen und der Tiere vorzuschreiben und deren fundamentale Bedeutung für Staat und Gesellschaft im Umweltstaat[105] hervorzuheben: Beide Prinzipien formulieren eine rechtsverbindliche Direktive für das gesamte staatliche Handeln, auch für die Auslegung von Gesetzen und sonstigen Rechtsvorschriften[106] und für alle Sachbereiche, nicht nur für die Umwelt- und Tierschutzpolitik[107]. Art. 20a GG hat zudem eine »edukatorische Funktion«[108]. 25

Wie sonstige Staatszielbestimmungen und Grundrechte sind das **Umweltstaatsprinzip und das Tierschutzprinzip als Rechtsprinzipien** ausgestaltet[109]. Rechtsprinzipien formulieren hochabstrakte Ziele, die graduell abstufbar, d.h. mehr oder weniger erreicht werden können und die ihre Grenzen an gegenläufigen Prinzipien finden; zugleich formulieren sie **Optimierungsgebote**[110], d.h. sie streben an, die Ziele so gut wie rechtlich und faktisch möglich zu verwirklichen, ohne die Verwirklichung gegenläufiger Prinzipien unmöglich zu machen. Deshalb können das Umweltstaatsprinzip und das Tierschutzprinzip nicht stets allen anderen Prinzipien vorrangig sein[111]: Art. 20a GG will die Lebensform der Industriegesellschaft nicht beseitigen, sondern in deren Rahmen wirken[112], namentlich auch Erfordernisse des gesamtwirtschaftlichen Gleichgewichts i.S. von Art. 109 II, IV GG berücksichtigen[113]. Hier beginnen die Probleme für den Gesetzgeber[114]. 26

Wie sonstige Staatszielbestimmungen gibt Art. 20a GG nur das **Ziel des Schutzes der natürlichen Lebensgrundlagen und der Tiere** vor; das Schutzniveau und die Mittel zur Umsetzung bleiben den drei staatlichen Gewalten zur Konkretisierung aufgegeben (→ Rn. 63 ff.). Diese Konkretisierungsbedürftigkeit[115] ist allen Rechtsprinzipien eigentümlich, ohne dass deren rechtliche Direktivkraft dadurch fraglich würde[116]. 27

Art. 20a GG parallelisiert in seiner seit 2002 geltenden Textfassung die natürlichen Lebensgrundlagen der Menschheit mit dem Schutz einzelner Tiere. Damit werden 28

Scholz (Fn. 12), Art. 20a Rn. 32f.; *Kloepfer* (Fn. 14), Art. 20a Rn. 23f.; *N. Bernsdorff*, NuR 1997, 328 (330). → Fn. 334.

[105] Vgl. *Wolf* (Fn. 14), Art. 20a Rn. 8f.; *M. Kloepfer*, Auf dem Weg zum Umweltstaat?, in: ders., Umweltstaat (Fn. 8), S. 39ff.; krit. zum Begriff *Berg*, Umweltstaat (Fn. 14), S. 422ff.

[106] *D. Murswiek*, NVwZ 1996, 222 (223); Sachverständigenkommission (Fn. 16), Rn. 7 und 130ff.; *Scholz* (Fn. 12), Art. 20a Rn. 18 mit Fn. 35; grdl. *U. Scheuner*, Staatszielbestimmungen, in: FS Forsthoff, 2. Aufl. 1974, S. 325ff. (335ff.).

[107] *Jarass/Pieroth*, GG, Art. 20a Rn. 1; *Epiney* (Fn. 36), Art. 20a Rn. 77.

[108] So *Murswiek* (Fn. 19), Art. 20a Rn. 25; zust. *A. Schink*, DÖV 1997, 221 (224f.); krit. *J. Isensee*, Die Neue Ordnung 1993, 256 (257f.).

[109] *Jarass/Pieroth*, GG, Art. 20a Rn. 1; *Gärditz* (Fn. 12), Art. 20a Rn. 60; *Geddert-Steinacher*, Staatsziel (Fn. 25), S. 45; allg. ausf. *Sommermann*, Staatsziele (Fn. 4), S. 359ff.

[110] So auch für Art. 20a GG *Murswiek* (Fn. 19), Art. 20a Rn. 53f. und 70; *Epiney* (Fn. 36), Art. 20a Rn. 62; *Sommermann* (Fn. 34), Art. 20a Rn. 40; *R. Wolf*, KritV 80 (1997), 280 (303); *Caspar*, Klimaschutz (Fn. 36), S. 386; allg. → Art. 20 (Rechtsstaat), Rn. 43f.

[111] *Wolf* (Fn. 14), Art. 20a Rn. 41; *Kloepfer* (Fn. 14), Art. 20a Rn. 26; *Scholz* (Fn. 12), Art. 20a Rn. 14, 16, 41, 43, 52.

[112] Vgl. auch *D. Murswiek* (Fn. 19), Art. 20a Rn. 42.

[113] *Scholz* (Fn. 12), Art. 20a Rn. 14ff., 41f.; anders *Huster/Rux* (Fn. 28), Art. 20a Rn. 42.

[114] *W. Köck*, AöR 121 (1996), 1 (11f.); *Hofmann* (Fn. 21), § 21 Rn. 15ff., 70.

[115] Übersichtlich *E. Gassner*, NuR 2011, 320ff.

[116] Anders *Murswiek* (Fn. 19), Art. 20a Rn. 39, auch Rn. 19f.

zwei Schutzgüter höchst unterschiedlicher Bedeutung und Komplexität[117] ohne Sinn für verfassungsrechtliche Proportionen[118] (nur) rechtstechnisch als Staatsziel gleichgestellt. Ihre Gewichtung für den Ausgestaltungsgesetzgeber sowie für Verwaltung und Justiz im Konflikt mit entgegenstehenden Rechtsgütern müssen gleichwohl sehr unterschiedlich ausfallen[119]: Umweltstaatsprinzip und Tierschutzprinzip erfahren demgemäß auch sehr unterschiedliche materielle Konkretisierungen.

II. Das Umweltstaatsprinzip und seine materielle Konkretisierung

1. Die natürlichen Lebensgrundlagen

a) Die anthropozentrische Grundperspektive

29 Bezugspunkt des staatlichen Handelns in Erfüllung des Gebots aus Art. 20a GG sind die natürlichen **Lebensgrundlagen für menschliches Leben**, nicht auch von pflanzlichem und tierischem Leben schlechthin[120]. Das ergibt sich sprachlich aus dem Bezug auch auf die künftigen Generationen (der menschlichen Gattung). Systematisch ist das gesamte übrige Grundgesetz auf den Schutz des menschlichen Individuums hin ausgerichtet[121]. Entstehungsgeschichtlich wollte der verfassungsändernde Gesetzgeber das Umweltstaatsprinzip nicht »an sich«, sondern im Blick auf die natürlichen Lebensgrundlagen der Menschen ausgestalten[122].

30 Eine gegenteilige »ökozentrische« Ansicht geht von **Eigenrechten von Tieren und Pflanzen** aus[123]: Die Entscheidung, den Schutzauftrag nicht auf die Lebensgrundlagen »des Menschen« zu beschränken (→ Rn. 7), wolle die natürlichen Lebensgrundlagen schlechthin, also auch die Grundlagen tierischen und pflanzlichen Lebens schützen[124]. Ein solcher Schluss folgert – methodisch unzulässig – aus einer ablehnenden Entscheidung logisch das Gegenteil, obwohl dritte Gestaltungsalternativen denkbar sind. Zudem lassen sich auch keine praktischen Folgerungen daraus ableiten; es besteht weithin Einigkeit, dass der Schutz der Lebensgrundlagen des Menschen im Mittelpunkt

---

[117] Zum Umweltschutz als *aliud* zum Tierschutz ausf. *J. Caspar*, Tierschutz im Recht der modernen Industriegesellschaft, 1999, S. 29 ff.

[118] Krit. *Kloepfer* (Fn. 14), Art. 20a Rn. 17; *M. Knauff*, SächsVBl. 2003, 101 (104), im Anschluss an *M. Kloepfer/M. Rossi*, JZ 1998, 369 (373).

[119] *Murswiek* (Fn. 19), Art. 20a Rn. 15, 16; *Gärditz* (Fn. 12), Art. 20a Rn. 65; *Epiney* (Fn. 36), Art. 20a Rn. 88.

[120] *Scholz* (Fn. 12), Art. 20a Rn. 39; *R. Sannwald*, in: Schmidt-Bleibtreu/Hofmann/Henneke, GG, Art. 20a Rn. 17; *M. Kloepfer*, DVBl. 1996, 73 (77); *H.-J. Peters*, NVwZ 1995, 555 (555); *W. Brohm*, JZ 1994, 213 (219).

[121] *N. Bernsdorff*, NuR 1997, 328 (331); *Scholz* (Fn. 12), Art. 20a Rn. 39 und 40; Bericht (Fn. 17), S. 67. → Art. 1 I Rn. 122.

[122] So auch *A. Schink*, DÖV 1997, 221 (224); *Scholz* (Fn. 12), Art. 20a Rn. 39; *M. Kloepfer*, DVBl. 1996, 73 (77); *K. G. Meyer-Teschendorf*, ZRP 1994, 73 (77); zweifelnd *S. Rohn/R. Sannwald*, ZRP 1994, 65 (71).

[123] Vgl. allg. *K. Bosselmann*, KritJ 19 (1986), 1 ff.; *ders.*, Im Namen der Natur, 1992; *J. Weber*, Die Erde ist nicht Untertan: Grundrechte für Tiere und Umwelt, 1990; grdl. *C. D. Stone*, Umwelt vor Gericht. Die Eigenrechte der Natur, 2. Aufl. 1992; ausf. und krit. *Steinberg*, Verfassungsstaat (Fn. 8), S. 63 ff.; *M. Kloepfer*, Anthropozentrik versus Ökozentrik als Verfassungsproblem, in: ders. (Hrsg.), Anthropozentrik, Freiheit und Umweltschutz in rechtlicher Sicht, 1995, S. 1 ff. (7 ff.); *K. Heinz*, Der Staat 29 (1990), 415 ff.; zahlreiche Beiträge pro und contra in: Nida-Rümelin/v. d. Pfordten, Ethik (Fn. 25).

[124] So *D. Murswiek*, NVwZ 1996, 222 (224); *H. Kuhlmann*, NuR 1995, 1 (3 ff.).

von Art. 20a GG steht[125] und um so wichtiger ist, je stärker Lebensbedingungen des Menschen betroffen sind[126].

Eine **dritte Ansicht sucht zu vermitteln**[127]: Art. 20a GG wolle die Umwelt auch dort schützen, wo die Menschen mangels empirischer Erkenntnis für sich (u.U. noch) keinen konkreten Nutzen erkennen können[128]; im Konfliktfall zwischen menschlichen und natürlichen Interessen sei dem Leben des Menschen Vorrang einzuräumen[129]. Diese »vermittelnde« Lösung enthält nur einen scheinbaren Kompromiss: Praktisch-teleologisch können »Interessen« der nichtmenschlichen Natur stets nur durch Menschen im Lichte von deren Interpretation wahrgenommen werden, so dass die anthropozentrische Perspektive vom Rechtsanwender schlechterdings nicht unterlaufen werden kann[130]. Der Gegensatz von anthropozentrischer und ökozentrischer Auslegung ist praktisch bedeutungslos[131]. 31

b) Die natürlichen Lebensgrundlagen als rechtsnormativer Begriff

Der Begriff der **»natürlichen Lebensgrundlagen«**[132] als Schutzgut zielt auf die Gesamtheit der natürlichen Voraussetzungen, die möglichst vielen Menschen ein Leben und Überleben unter menschenwürdigen und gesunden Umständen ermöglichen[133]. Dabei sind unbeschadet nationalstaatlicher Begrenzungen für die Adressaten von Art. 20a GG (→ Rn. 63 ff.) die grenzüberschreitenden internationalen Zusammenhänge einzubeziehen[134]. Unstreitig wird die »gesamte natürliche Umwelt des Menschen« erfasst[135], d. h. **alle Umweltgüter, die funktional Grundlage menschlichen Lebens sind**, weil ohne sie das Leben nicht über längere Zeiträume fortbestehen könnte[136]. Die Gemeinsame Verfassungskommission hat den Begriff der »natürlichen Lebensgrundlagen« insoweit bedeutungsgleich mit dem Begriff der Umwelt im Kontext des Umweltschutzes verstanden[137]. In Orientierung auch am umweltgesetzlichen Begriffsgebrauch gehören dazu die Umweltmedien **Luft, Wasser und Boden** einerseits sowie **Pflanzen, Tiere und Mikroorganismen** in ihren Lebensräumen andererseits und **Klima, die Atmosphäre mit** 32

---

[125] S. etwa *Kloepfer* (Fn. 14), Art. 20a Rn. 68 f., 100; *A. Uhle*, DÖV 1993, 947 (953).
[126] *Murswiek* (Fn. 19), Art. 20a Rn. 23, 59; *N. Müller-Bromley*, Staatszielbestimmung Umweltschutz im Grundgesetz?, 1990, S. 109 f.
[127] *R. Wolf*, KritV 80 (1997), 280 (291 f.); *Heselhaus*, Grundlagen (Fn. 13), Rn. 31; *Caspar*, Klimaschutz (Fn. 36), S. 372 ff.; *Hoppe*, Menschenwürdegarantie (Fn. 12), S. 227 ff.
[128] *Murswiek* (Fn. 19), Art. 20a Rn. 26; s. auch *U. Berlit*, JöR 44 (1996), 17 (65); *C. Koenig*, DÖV 1996, 943 (946).
[129] Deutlich *K. Waechter*, NuR 1996, 321 (324 f., 327).
[130] Vgl. *Epiney* (Fn. 36), Art. 20a Rn. 26 f.; *Kloepfer* (Fn. 14), Art. 20a Rn. 68; *G. Haverkate*, Verfassungslehre, 1992, S. 153; *Hofmann*, Aufgaben (Fn. 8), S. 33 ff.; s. auch *M. Heidrich*, Rechtsphilosophische Grundlagen des Ressourcenschutzes, 2004, S. 37 ff., 106 ff. → Art. 1 I Rn. 123.
[131] *Epiney* (Fn. 36), Art. 20a Rn. 29; *R. Steinberg*, NJW 1996, 1985 (1991).
[132] Krit. *Kloepfer* (Fn. 14), Art. 20a Rn. 62 m.w.N.; *K. Stern*, NWVBl. 1988, 1 (5).
[133] Vgl. *Murswiek* (Fn. 19), Art. 20a Rn. 29; *Calliess*, Rechtsstaat (Fn. 8), S. 106 ff.; *R. Wolf*, KritV 80 (1997), 280 (285 f.).
[134] *Huster/Rux* (Fn. 28), Art. 20a Rn. 13, 38; *Epiney* (Fn. 36), Art. 20a Rn. 23; *Murswiek* (Fn. 19), Art. 20a Rn. 31a; *F. Longo*, Neue örtliche Energieversorgung als kommunale Aufgabe, 2010, S. 182 f.
[135] So *Jarass/Pieroth*, GG, Art. 20a Rn. 3; *Sommermann* (Fn. 34), Art. 20a Rn. 28 f.; *Wolf* (Fn. 14), Art. 20a Rn. 19; Sachverständigenkommission (Fn. 16), Rn. 144 ff.; *U. Berlit*, JöR 44 (1996), 17 (65).
[136] *Murswiek* (Fn. 19), Art. 20a Rn. 29; krit. *Heselhaus*, Grundlagen (Fn. 13), Rn. 18; *B. Böhler*, Die Ökonomie der Umweltgüter: Regel- und Begriffsbildungen des Umweltrechts, 2003, S. 108 ff.
[137] Vgl. *Murswiek* (Fn. 19), Art. 20a Rn. 27; *Scholz* (Fn. 12), Art. 20a Rn. 36; Bericht (Fn. 17), S. 65 ff.; a.A. *Sannwald* (Fn. 120), Art. 20a Rn. 19; *J. Hofmann*, NuR 2011, 389 (290 f.); *Wolf* (Fn. 14), Art. 20a Rn. 14.

der **Ozonschicht und Landschaft einschließlich** der verschiedenen **Wechselbeziehungen** zwischen diesen einzelnen Elementen (vgl. § 2 I UVPG)[138], insbesondere alle natürlichen Lebensmittel, Bodenschätze[139], klimatischen Bedingungen[140] oder (in Anlehnung an § 1 BNatSchG) die Leistungsfähigkeit des Naturhaushalts, die Nutzungsfähigkeit der Naturgüter, die Pflanzen- und Tierwelt und die Vielfalt, Eigenart und Schönheit (!) von Natur und Landschaft[141]. Auch die von Menschen gestaltete natürliche Umwelt gehört in dieser Form heute zu seinen natürlichen Lebensgrundlagen[142], etwa die weithin künstlich bearbeitete Landschaft[143] oder von ihm neu gezüchtete Pflanzen oder Tiere.

33 **Keine natürlichen Lebensgrundlagen** sollen vom Menschen »künstlich« geschaffene soziale, ökonomische, kulturelle und technisch-gegenständliche Einrichtungen sein[144], auch nicht Kulturdenkmäler i. S. eines »kulturellen Erbes«, wie es z.T. auf europäischer Ebene als Umweltvoraussetzung angenommen wird[145]. Die Abgrenzung ist eine Frage der normativen Zuschreibung[146] und kann im Einzelfall zweifelhaft sein[147].

34 Nach dem Willen der Gemeinsamen Verfassungskommission und des Bundestages hatte der (individuelle) Tierschutz (→ Art. 1 I Rn. 119) keine Aufnahme im Grundgesetz gefunden[148]. Einzelne Tiere sind keine natürliche Lebensgrundlage des Menschen, wohl aber **Tiere und Pflanzen als Arten und Gattungen**, d. h. der Staat muss nachhaltig einer Verringerung der tier- und pflanzengenetischen Vielfalt (als Gen-Pool) vorbeugen[149]. Art. 20a GG schützt als Umweltstaatsprinzip zudem die Lebensräume (nur) freilebender Tiere, soweit deren Beeinträchtigung zugleich die natürlichen Lebensgrundlagen des Menschen beeinträchtigen kann[150]. Der Schutz einzelner Tiere folgt nur aus dem Tierschutzprinzip (→ Rn. 55 ff.).

---

[138] *Jarass*/Pieroth, GG, Art. 20a Rn. 3; zust. *Murswiek* (Fn. 19), Art. 20a Rn. 30; *Gärditz* (Fn. 12), Art. 20a Rn. 9 f.; *Heselhaus*, Grundlagen (Fn. 13), Rn. 21; *Kloepfer* (Fn. 14), Art. 20a Rn. 63.

[139] *Murswiek* (Fn. 19), Art. 20a Rn. 30a; *Epiney* (Fn. 36), Art. 20a Rn. 18; *T. Groß*, NVwZ 2011, 129 (130); a.A. *B. Söhnlein*, Landnutzung im Umweltstaat des Grundgesetzes, 1999, S. 93 f.; *Wolf* (Fn. 14), Art. 20a Rn. 17.

[140] BVerwGE 125, 68 (71, Rn. 14); *T. Groß*, NVwZ 2009, 364 (366).

[141] So BVerwG NJW 1995, 2648 (2649); BVerwGE 104, 68 (76); *Murswiek* (Fn. 19), Art. 20a Rn. 30; a.A. für die ästhetische Qualität der Landschaft *T. Groß*, NVwZ 2011, 129 (133); *Gärditz* (Fn. 12), Art. 20a Rn. 10; *R. Wolf*, KritV 80 (1997), 280 (286); *T. Vesting*, NJW 1996, 1111 (1113).

[142] *Huster/Rux* (Fn. 28), Art. 20a Rn. 14 f.; *Epiney* (Fn. 36), Art. 20a Rn. 17; *R. Wolf*, KritV 80 (1997) 280 (289).

[143] *A. Schink*, DÖV 1997, 221 (223 f.); *Kloepfer* (Fn. 14), Art. 20a Rn. 65; *Murswiek* (Fn. 19), Art. 20a Rn. 28; *Scholz* (Fn. 12), Art. 20a Rn. 36.

[144] *Jarass*/Pieroth, GG, Art. 20a Rn. 4; *Epiney* (Fn. 36), Art. 20a Rn. 16, 18; *Wolf* (Fn. 14), Art. 20a Rn. 16; *Scholz* (Fn. 12), Art. 20a Rn. 36; *K. Waechter*, NuR 1996, 321 (323); für partielle Ausklammerung des Lärmschutzes *R. Wolf*, KritV 80 (1997), 280 (286).

[145] Vgl. *W. Hoppe/M. Beckmann/P. Kauch*, Umweltrecht, 2. Aufl. 2000, § 1 Rn. 7; *M. Kloepfer*, Umweltrecht, 3. Aufl. 2004, § 1 Rn. 17; *Katsos*, Schutz (Fn. 10), S. 73 ff., 421 ff.

[146] *Gärditz* (Fn. 12), Art. 20a Rn. 11.

[147] Gegen dauerhaft düngerabhängige Agrarkulturen oder gentechnisch hergestellte Organismen als natürliche Lebensgrundlagen *Murswiek* (Fn. 19), Art. 20a Rn. 28 f.

[148] Vgl. *Scholz* (Fn. 12), Art. 20a Rn. 37; *U. Berlit*, JöR 44 (1996), 17 (66 f.).

[149] BVerfGE 128, 1 (37, Rn. 135).

[150] *N. Bernsdorff*, NuR 1997, 328 (331); weitergehend *K. Waechter*, NuR 1996, 321 (323 f.): auch domestizierte und gezüchtete Arten.

2. Die Verantwortung für die künftigen Generationen

Der Appell an die **Verantwortung für die künftigen Generationen** nimmt eine grundlegende naturrechtliche Perspektive auf, die auch **als »Nachweltschutz«** diskutiert wird[151] und das Gebot formuliert, die natürlichen Lebensgrundlagen so zu nutzen, dass sie auch für künftige Generationen erhalten bleiben. Die zentrale Herausforderung liegt in der verfassungsrechtlichen Aktualisierung, auf die Nutzung der natürlichen Umwelt um einer unabsehbaren, die eigene Lebensdauer überschreitenden Perspektive willen einseitig zu verzichten[152]. Die Verfassung neigt hier dazu, sich oder die Verfassungsbürger der Gegenwart zu überfordern, indem sie die Ansätze zu einer Ethik der Zukunftsverantwortung zu verrechtlichen sucht. Sie eröffnet die Perspektive, in Situationen unmittelbarer Gefährdung der Lebensbedingungen nachhaltige Begrenzungen zu legitimieren.

Art. 20a GG stellt vor das kaum lösbare Problem, die künftigen menschlichen »**Generationen**« tatbestandlich zu bestimmen[153]. Dabei kann abstrakt auf die gesellschaftliche Entwicklung insgesamt oder – vorzugswürdig – konkret auf die Langzeitfolgen einzelner umweltbelastender Maßnahmen abgestellt werden – mit der Folge einer je unterschiedlichen zeitlichen Dimension bzw. »Anzahl« von zu berücksichtigenden Generationen. Die Unterschiede beider Betrachtungsweisen erübrigen sich, wenn man i.S. einer ökologischen Gesamtbilanz überhaupt keine zusätzlichen Eingriffe in den Bestand an Ressourcen zulässt[154]; ein solches striktes Gebot ist von Art. 20a GG nicht gewollt.

Der Begriff der **Verantwortung** entzieht sich einer konkreten Präzisierung[155]. Im Blick auf den Nachweltschutz führt er zu einer Ausdehnung der zu berücksichtigenden zeitlichen Dimension i.S. einer »Langzeitverantwortung«[156]. Die schon zeitlich unvermeidlich begrenzten Prognosen[157] müssen z.B. die Akkumulation an Umweltbelastungen über Jahre in Rechnung stellen; die Bewertung von Risiken muss berücksichtigen, dass schädliche Umwelteinwirkungen oft erst nach vielen Jahrzehnten erkennbar werden; potentielle Langzeitrisiken müssen berücksichtigt werden. Irreversible Beeinträchtigungen müssen einberechnet werden[158].

---

[151] *Kloepfer* (Fn. 14), Art. 20a Rn. 75 ff.; *J. Tepperwien*, Nachweltschutz im Grundgesetz, 2009, S. 106 f., 139 ff. u.ö.; *Appel*, Zukunftsvorsorge (Fn. 8), S. 43 ff., 69 ff., 116 ff.; *Hofmann*, Umweltstaat (Fn. 102), S. 876; *ders.*, ZRP 1986, 87 ff.; *ders.*, Rechtsfragen der atomaren Entsorgung, 1981, S. 279 ff.; *Sommermann*, Staatsziele (Fn. 4), S. 186 ff.; *Haverkate*, Verfassungslehre (Fn. 130), S. 249 ff.; *Häberle*, Rechtsvergleichung (Fn. 10), S. 664 ff.; *C. Lawrence*, Grundrechtsschutz, technischer Wandel und Generationenverantwortung, 1989, S. 177 ff.; *P. Saladin/C.A. Zenger*, Rechte künftiger Generationen, 1988; *D. Murswiek*, Die staatliche Verantwortung für die Risiken der Technik, 1985, S. 206 ff.

[152] *Caspar*, Klimaschutz (Fn. 36), S. 377. – Vgl. *H. Jonas*, Das Prinzip Verantwortung, 1979, S. 36: »Handle so, daß die Wirkungen deiner Handlung verträglich sind mit der Permanenz echten menschlichen Lebens auf Erden.«

[153] *Gärditz* (Fn. 12), Art. 20a Rn. 14 f.; dazu *M. Kleiber*, der grundrechtliche Schutz künftiger Generationen, 2014, S. 11 ff., 30 ff., 139 ff.; *Caspar*, Klimaschutz (Fn. 36), S. 379; s. auch *P. Henseler*, AöR 108 (1983), 489 (509 ff., 520 f.).

[154] Vgl. *K. Waechter*, NuR 1996, 321 (326 f.).

[155] *Gärditz* (Fn. 12), Art. 20a Rn. 12; ausf. *Brönneke*, Umweltverfassungsrecht (Fn. 18), S. 207 ff.; s. aber jetzt ausf. *J. H. Klement*, Verantwortung, 2006.

[156] Vgl. *Sommermann* (Fn. 34), Art. 20a Rn. 25; *Kloepfer* (Fn. 14), Art. 20a Rn. 76 f.; *Murswiek* (Fn. 19), Art. 20a Rn. 32; allg. *C.F. Gethmann/M. Kloepfer/H.G. Nutzinger*, Langzeitverantwortung im Umweltstaat, 1993.

[157] *Gärditz* (Fn. 12), Art. 20a Rn. 16; *ders.*, EurUP 2013, 1 (12 f.).

[158] *Epiney* (Fn. 36), Art. 20a Rn. 71.

Art. 20a

38 Allgemein geht es um eine »**intergenerationelle« Gerechtigkeit**[159], die die Belange künftiger Generationen ausdrücklich berücksichtigt[160] und Verteilungskonflikte i. S. einer »Fairneß« gegenüber künftigen Generationen nicht zu Lasten der noch Ungeborenen entscheidet. Das natürliche und kulturelle Erbe ist durch Erhaltung von Artenvielfalt und Ressourcen künftigen Generationen so zu übergeben, dass diesen eine Vielfalt von Möglichkeiten der Lebens- und Sozialgestaltung bleibt[161].

39 Art. 20a GG bekennt sich zu einem **Konzept umweltgerecht »nachhaltigen« Wirtschaftens**, das die Grundlagen der Wirtschaft erhält und nicht verzehrt[162], in Annäherung an folgende regulative ideelle Leitlinien[163]: Die Nutzungsrate der erneuerbaren Ressourcen darf die natürliche Regenerationsrate nicht übersteigen. Die Belastung der Umwelt durch Emissionen und Abfälle darf die Absorptionsrate der Umweltmedien nicht übersteigen[164]. Der Verbrauch nicht erneuerbarer Ressourcen ist zu minimieren. Großrisiken, deren ökologische Folgen andere Nachhaltigkeitspostulate verletzen, sind auf ein kalkulier- und versicherbares Maß zurückzuführen. Eine Realisierung dieser allgemeinen Grundsätze erscheint schon um der heute lebenden Generation willen geboten; sie stellt die gegenwärtige Verfassung wachstumsorientierter Industriegesellschaften im Kern vor erhebliche Probleme[165] (→ Rn. 10).

40 Zentral ist das **Gebot der Ressourcenschonung**, so dass die bestehenden natürlichen Lebensgrundlagen einer Nutzung durch folgende Generationen nicht entzogen werden[166]. Für nachwachsende Rohstoffe verlangt das **Prinzip der ökologischen Nachhaltigkeit**[167] eine Bewirtschaftung, die erlaubt, dass die geernteten Rohstoffe prinzipiell

---

[159] *W. Kahl*, DÖV 2009, 2 (3); *Sommermann*, Staatsziele (Fn. 4), S. 190 ff.; ausf. *A. Strack*, Intergenerationelle Gerechtigkeit, 2015; Stiftung für die Rechte zukünftiger Generationen (Hrsg.), Handbuch Generationengerechtigkeit, 2003.

[160] *E. Gassner*, DVBl. 2013, 547 (549 f.); *Appel*, Zukunftsvorsorge (Fn. 8), S. 79 ff., 329 ff.; ausf. und konkret *D. v. Bubnoff*, Der Schutz der künftigen Generationen im deutschen Umweltrecht, 2001, S. 31 ff., 52 ff., 81 ff.

[161] Zuletzt *E. Gassner*, NVwZ 2014, 1140 (1141); *ders.*, NuR 2014, 482 ff.; vgl. den »Spargrundsatz« bei *J. Rawls*, Eine Theorie der Gerechtigkeit, 1975, S. 322.

[162] BVerfGE 118, 79 (110 f., Rn. 110); *Gärditz* (Fn. 12), Art. 20a Rn. 2; *U. Smeddinck*, ZfU 1/2007, 27 (28 ff.); *Appel*, Zukunftsvorsorge (Fn. 8), S. 295 ff.; *D. Murswiek*, NuR 2002, 641 (644 ff.); *Wolf* (Fn. 14), Art. 20a Rn. 24; *Heselhaus*, Grundlagen (Fn. 13), Rn. 29, 46; *Caspar*, Klimaschutz (Fn. 36), S. 380 ff., 390; *F. Ekardt*, SächsVBl. 1998, 49 (52 f.); *W. Erbguth*, DVBl. 1999, 1082 (1084 f.); vgl. ausf. und allg. zu Nachhaltigkeit (z.T. über den Bereich der Umwelt hinaus) *C. Calliess*, Der Grundsatz der nachhaltigen Entwicklung, in: FS Schröder, 2012, S. 515 ff.; Kahl, Nachhaltigkeit (Fn. 36); *Appel*, Zukunftsvorsorge (Fn. 8), S. 16 ff., 242 ff., 408 ff., pass.; *K. Lange* (Hrsg.), Nachhaltigkeit im Recht, 2003; *G. Ketteler*, NuR 2002, 513 ff.; *E. Rehbinder*, NVwZ 2002, 657 ff.

[163] S. näher *E. Rehbinder*, Ziele, Grundsätze, Strategien und Instrumente, in: Arbeitskreis (Hrsg.), Grundzüge (Fn. 13), Abschnitt 4, Rn. 81 ff.; ferner *H. C. Binswanger*, Zukunft der Ökonomie – Ökonomie der Zukunft. Hat die Umwelt eine Chance?, in: M. Vollkommer (Hrsg.), Die Erhaltung der Umwelt als Herausforderung und Chance, 1995, S. 61 ff. (69 ff.); s. auch *L. Knopp/I. Piroch*, ZUR 2009, 409 (410); *v. Bubnoff*, Schutz (Fn. 160), S. 190 ff.; *C. Koenig*, DÖV 1996, 943 (946).

[164] Vgl. auch *Wolf* (Fn. 14), Art. 20a Rn. 30: Grundsatz der Belastungsminimierung.

[165] Vgl. Umweltgutachten 1994 (Fn. 36), Rn. 68 ff.; wesentlich weiterführend *Appel*, Zukunftsvorsorge (Fn. 8), S. 328 ff., pass.; *J. Kersten*, RW 5 (2014), 378 (397 ff.).

[166] *Epiney* (Fn. 36), Art. 20a Rn. 66; *Jarass/Pieroth*, GG, Art. 20a Rn. 8 und 10; *Murswiek* (Fn. 19), Art. 20a Rn. 37 f.; *Rehbinder*, Ziele (Fn. 163), Rn. 82, 84 u. ö.; ausf. *R. Wolf*, Ressourcenschutz durch Vorsorge, in: FS Frank, 2014, S. 53 ff.; *F. Herrmann u. a.*, ZUR 2012, 523 ff.; *U. Smeddinck*, VerwArch. 103 (2012), 183 ff.

[167] Übersichtlich *W. Berg*, Nachhaltigkeit und Umweltstaat, in: Kahl, Nachhaltigkeit (Fn. 36), S. 425 ff. (431 ff.); *W. Köck*, Die Verwaltung 40 (2007), 419 (425 ff., 431 ff.); ausf. *A. Glaser*, Nachhaltige Entwicklung und Demokratie, 2006, S. 64 ff., 229 ff.; *F. Nolte*, Lokale Agenda 21 zwischen Wunsch und Wirklichkeit, 2006, S. 34 ff, 61 ff., 173 ff.

in gleicher Menge nachwachsen können[168]; z. B. ist der Fischfang durch Fangmengen so zu begrenzen, dass die Fischbestände sich erneuern können. Für nicht erneuerbare Rohstoffe gilt das **Sparsamkeitsprinzip**, demzufolge z. B. mit Bodenschätzen wie Kohle oder Erdöl möglichst sparsam umzugehen ist, zumal wenn solche Rohstoffe absehbar zu Ende gehen (z. B. Erdöl). Art. 20a GG formuliert aber kein bestimmtes Maß der Sparsamkeit[169].

3. Der Rahmen der verfassungsmäßigen Ordnung

Art. 20a GG bindet die Erfüllung seines Schutzauftrages an den »Rahmen der verfassungsmäßigen Ordnung«, für die vollziehende Gewalt und Rechtsprechung zudem an Gesetz und Recht. Diese im Blick auf Art. 20 III GG deklaratorische und deshalb entbehrliche[170] Klarstellung hebt nur eine Selbstverständlichkeit hervor[171], so dass auf Art. 20 III GG verwiesen werden kann (→ Art. 20 [Rechtsstaat], Rn. 81 ff.). Sie ist Folge der Furcht, vor allem die Rechtsprechung könnte unter Berufung auf Art. 20a GG den Gesetzgeber zu überspielen suchen[172]. Verfassungsmäßige Ordnung meint wie **Art. 20 III GG das** gesamte **geltende formelle Verfassungsrecht**[173]. Darin liegt einerseits eine Absage an einen generellen Vorrang von Art. 20a GG[174]: Die Umsetzung seines Schutzauftrags hat i. S. der Beachtung der Einheit der Verfassung stets auch das übrige geltende Verfassungsrecht zu berücksichtigen[175].

41

Andererseits liegt darin zugleich der Anspruch, dass das Umweltstaatsprinzip auf die anderen Verfassungsbestimmungen und deren Auslegung einwirken kann. Diese **Wirkungen** sind vom Normtyp der ggf. konfligierenden Verfassungsnormen abhängig. Auf die Auslegung unmittelbar subsumtionsfähiger und anwendbarer Regeln z. B. im Staatsorganisationsrecht wird sich Art. 20a GG regelmäßig nicht auswirken. Als Rechtsprinzip wirkt das Umweltstaatsprinzip vielmehr in Gegenüberstellung zu anderen (Gegen-)Rechtsprinzipien (→ Rn. 26). Insoweit ist wie bei der Beschränkung vorbehaltlos garantierter Grundrechte (→ Vorb. Rn. 139) regelmäßig nie ein Entweder/Oder die angemessene Konfliktlösung zwischen den jeweiligen Verfassungsrechtsgütern[176], etwa zwischen Klimaschutz und Denkmalschutz[177].

42

---

[168] *Jarass*/Pieroth, GG, Art. 20a Rn. 10; *Wolf* (Fn. 14), Art. 20a Rn. 24; ausf. *R. Sparwasser/R. Engel/A. Voßkuhle*, Umweltrecht, 5. Aufl. 2003, § 2 Rn. 23 ff.
[169] *Murswiek* (Fn. 19), Art. 20a Rn. 51.
[170] Krit. *Epiney* (Fn. 36), Art. 20a Rn. 53 ff.; *H.-J. Papier*, NJW 1997, 2841 (2843); *Kloepfer* (Fn. 14), Art. 20a Rn. 56; *D. Murswiek*, NVwZ 1996, 222 (222 f.); *R. Steinberg*, NJW 1996, 1985 (1992 f.); *F. Ossenbühl*, NuR 1996, 53 (57); *H.-P. Schneider*, NJW 1994, 558 (560); a.A. *Scholz* (Fn. 12), Art. 20a Rn. 46, 52, 56.
[171] *A. Schink*, DÖV 1997, 221 (225); *Wolf* (Fn. 14), Art. 20a Rn. 46; *Kloepfer* (Fn. 14), Art. 20a Rn. 41; *U. Becker*, DVBl. 1995, 713 (717).
[172] *Heselhaus*, Grundlagen (Fn. 13), Rn. 36; *Murswiek* (Fn. 19), Art. 20a Rn. 56.
[173] *Sommermann* (Fn. 34), Art. 20a Rn. 36; *Murswiek* (Fn. 19), Art. 20a Rn. 58; *Scholz* (Fn. 12), Art. 20a Rn. 51 f.; *Kloepfer* (Fn. 14), Art. 20a Rn. 44; Bericht (Fn. 17), S. 67; s. auch *H. Sendler*, UPR 1995, 41 (42).
[174] So auch *Jarass*/Pieroth, GG, Art. 20a Rn. 14; *Scholz* (Fn. 12), Art. 20a Rn. 52.
[175] Bericht (Fn. 17), S. 67 f.; *Scholz* (Fn. 12), Art. 20a Rn. 42; *R. Brinktrine*, JöR 61 (2013), 557 (571).
[176] Vgl. etwa *Kloepfer* (Fn. 14), Art. 20a Rn. 43; *M. Schröder*, DVBl. 1994, 835 (837); *Bock*, Umweltschutz (Fn. 16), S. 296.
[177] Dazu OVG Rheinland-Pfalz DVBl. 2011, 1362 (1364); *F. Huerkamp/J. Kühling*, DVBl. 2014, 24 ff.; *D. Winkler*, EurUP 2013, 206 ff.; *R. Mast/W. K. Göhner*, BayVBl. 2013, 193 ff.

Art. 20a C. Erläuterungen

4. Die materielle Reichweite des Schutzauftrages: Das relative Schutzniveau

a) Das Gebot der Erhaltung überlebensnotwendiger Umweltgüter

43 Art. 20a GG gebietet, dass alle Güter, die auf Dauer **Voraussetzung für menschliches Leben** sind, erhalten bleiben, so dass zumindest die der heutigen Bevölkerung entsprechende Zahl von Menschen überleben kann[178]. Auch **Tiere und Pflanzen** müssen in ihrem **Überleben als Art** erhalten bleiben; der Artenschutz von unwiederbringlich bedrohten Pflanzen oder Tieren ist unmittelbar von Art. 20a GG geboten. Dabei ist ein möglichst biologisch artgemäßes Leben zu sichern.

44 Art. 20a GG beschränkt sich nicht auf Schutz i. S. eines ökologischen Existenzminimums (→ Rn. 4)[179]. Aus dem Willen des verfassungsändernden Gesetzgebers, den tatsächlich praktizierten Umweltschutz zu verbessern, ist gefolgert worden, dass die Umweltsituation des Jahres 1994 als Ausgangslage für Anstrengungen zu ihrer stetigen Verbesserung anzusehen ist (**Verbesserungsgebot**); jedenfalls dürfe sie nicht insgesamt verschlechtert werden (**Verschlechterungsverbot**)[180]. Diese Folgerung verdient Zustimmung, sofern man sich der Grenzen einer solchen eher heuristischen Formel bewusst bleibt. So ist zwischen der rechtlichen und der tatsächlichen Umweltsituation zu unterscheiden: Art. 20a GG kann nicht mehr als das praktisch Mögliche fordern[181]; eine Verschlechterung der tatsächlichen Umweltsituation ist kein Verstoß gegen Art. 20a GG, wenn die gesetzliche Rechtslage unverändert geblieben ist, sondern nur, wenn der Gesetzgeber wirksam hätte handeln können (zum umweltstaatlichen Rückschrittsverbot → Rn. 71).

45 Überdies besteht ein sehr **breiter Spielraum bei der Einschätzung** einer Verschlechterung oder Verbesserung der tatsächlichen und rechtlichen Situation: Ähnlich wie das sozialstaatliche Verfassungsgebot der Vollbeschäftigung (Art. 20 I, 28 I, 109 II GG i.V.m. § 1 StabG) justizpraktisch nicht sanktioniert werden kann, dürfen die Anforderungen aus Art. 20a GG in Abwägung mit anderen Staatsaufgaben nicht verabsolutiert werden[182].

b) Art. 20a GG als Abwägungsgesichtspunkt

46 Der Prinzipiencharakter des Umweltstaatsprinzips (→ Rn. 26) kann die zahlreichen umweltpolitischen Abwägungsprobleme nicht abschließend vorentscheiden; Art. 20a GG enthält keine strikten Vorzugsregeln für die Lösung von Zielkonflikten[183]. Die Konkretisierungen des Schutzauftrages sind den zuständigen Staatsorganen aufgege-

---

[178] So *Murswiek* (Fn. 19), Art. 20a Rn. 41.

[179] *Kloepfer* (Fn. 14), Art. 20a Rn. 64; *Murswiek* (Fn. 19), Art. 20a Rn. 27; *Wolf* (Fn. 14), Art. 20a Rn. 35; krit. *D. Blasberg*, Inhalts- und Schrankenbestimmungen des Grundeigentums zum Schutz der natürlichen Lebensgrundlagen, 2008, S. 52f. → Art. 1 I Rn. 123.

[180] *Murswiek* (Fn. 19), Art. 20a Rn. 44 und 43; zust. *Epiney* (Fn. 36), Art. 20a Rn. 65f.; *F. Ekardt*, SächsVBl. 1998, 49 (54f.); *J. K. Menzer*, Privatisierung der atomaren Endlagerung, 1997, S. 105; *N. Bernsdorff*, NuR 1997, 328 (332); *Jarass*/Pieroth, GG, Art. 20a Rn. 11; *K. Waechter*, NuR 1996, 321 (326); a.A. *Gärditz* (Fn. 12), Art. 20a Rn. 53; *Sommermann* (Fn. 34), Art. 20a Rn. 40; *Blasberg*, Inhalts- und Schrankenbestimmungen (Fn. 179), S. 51; *Caspar*, Klimaschutz (Fn. 36), S. 389; *A. Schink*, DÖV 1997, 221 (226f.); *R. Steinberg*, NJW 1996, 1985 (1991).

[181] *T. Groß*, NVwZ 2011, 129 (131).

[182] *Longo*, Energieversorgung (Fn. 134), S. 193.

[183] *Murswiek* (Fn. 19), Art. 20a Rn. 55; *Scholz* (Fn. 12), Art. 20a Rn. 14.

ben[184]. Das rechtlich oder tatsächlich verwirklichte **Schutzniveau** ist **relativ**, d. h. abhängig von politischen Gestaltungsentscheidungen beim Ausgleich unterschiedlicher Interessen im jeweiligen Sachbereich[185].

Der Schutzauftrag des Art. 20a GG entfaltet sich in Abwägungsentscheidungen. Er reichert den Grundsatz der **Verhältnismäßigkeit** (→ Art. 20 [Rechtsstaat], Rn. 179 ff.; → Vorb. Rn. 145 ff.) an: Geeignetheit, Erforderlichkeit und Angemessenheit allen staatlichen Handelns ist auch unter ökologischen Gesichtspunkten zu betrachten, d. h. im Blick auf die Gefahren für die natürlichen Lebensgrundlagen. Vor allem im Rahmen des Grundsatzes der Erforderlichkeit ist bei gleichwertigen Handlungsalternativen diejenige zu wählen, die die natürlichen Lebensgrundlagen als Schutzgut des Art. 20a GG (→ Rn. 32 ff.) am wenigsten belastet[186]. Im extremen Einzelfall können ökologisch an sich geeignete und erforderliche Maßnahmen unangemessen sein. 47

Allerdings bestehen **erhebliche Wertungsspielräume**: Gewichtungsfaktoren sind z. B. die Bedeutung des betroffenen Umweltgutes, die Reversibilität der potentiellen Schädigung, der abstrakte, flächendeckende (oder nur konkret-punktuelle) Charakter der Gefährdung, die Unumkehrbarkeit der laufenden Schädigungsprozesse, die Reproduzierbarkeit von Umweltressourcen, fiskalische oder volkswirtschaftliche Kosten. Solche Maßstäbe einer ökologischen Verhältnismäßigkeit bestimmen das Ausmaß verfahrensrechtlicher Begründungspflichten (→ Rn. 83). 48

Art. 20a GG modifiziert zudem das rechtsstaatliche Abwägungsgebot für Planungen[187] als **umweltstaatliches Abwägungsgebot**: Alle Entscheidungen mit Gestaltungsspielraum müssen beachten, (1) ob überhaupt an den Schutz der Nachwelt i. S. von Art. 20a GG gedacht worden ist, (2) ob der Nachweltschutz in Abwägung mit den entgegenstehenden Belangen angemessen gewichtet und in Rechnung gestellt worden ist, und (3) ob unter den Umständen der konkreten staatlichen Entscheidung die Umweltbelange in der erfolgten Weise abgewogen werden durften. In diesem Rahmen bleibt es aber bei der planerischen Gestaltungsfreiheit nach Maßgabe des Gesetzes[188]. 49

5. Formen der Auftragserfüllung: Unterlassung, Schutz, Vorsorge

Art. 20a GG verpflichtet den Staat, **Eingriffe** in die Umwelt **zu unterlassen**, soweit diese die natürlichen Lebensbedingungen verschlechtern[189]. Geboten ist eine Bilanzierung, die die Vorteile und Nachteile des Eingriffs für die natürliche Umwelt abwägt[190]. Umweltbelastendes Handeln des Staates aufgrund bestehender Privilegien (z. B. bei der Lärmsanierung bestehender Verkehrswege) ist vor Art. 20a GG kaum 50

---

[184] *Kloepfer* (Fn. 14), Art. 20a Rn. 24, 29, 33 ff.; *Murswiek* (Fn. 19), Art. 20a Rn. 48, 57, 60. → Rn. 63 ff.
[185] *Epiney* (Fn. 36), Art. 20a Rn. 63; *Kloepfer* (Fn. 14), Art. 20a Rn. 25; W. *Hoffmann-Riem*, Die Verwaltung 28 (1995), 425 (426 f.). → Rn. 69 ff.
[186] *Murswiek* (Fn. 19), Art. 20a Rn. 47; T. *Groß*, NVwZ 2011, 129 (133); N. *Bernsdorff*, NuR 1997, 328 (333).
[187] Ausf. E. C. O. *Birkedal*, Die Implementation des Staatsziels Umweltschutz (Art. 20a GG) in das Bauplanungsrecht und seine Auswirkungen auf das bauplanungsrechtliche Abwägungsgebot, 2001, bes. S. 190 ff.
[188] BVerwG NVwZ-RR 2003, 171 (171).
[189] *Jarass*/Pieroth, GG, Art. 20a Rn. 5; *Epiney* (Fn. 36), Art. 20a Rn. 57; ausf. *Brönneke*, Umweltverfassungsrecht (Fn. 18), S. 244 ff.
[190] Vgl. *Müller-Bromley*, Staatszielbestimmung (Fn. 126), S. 145 ff.

Art. 20a   C. Erläuterungen

mehr zu rechtfertigen[191]. Die Unterlassungspflicht erstreckt sich auch auf **mittelbare Maßnahmen**, durch die der Staat das Verhalten Dritter fördert[192]: Soweit er ökologische Gesichtspunkte noch nicht in den Blick nimmt, liegt in Art. 20a GG der Keim zu einer umfassenden »Ökologisierung« des gesamten staatlichen Handelns[193].

51   Die Unterlassungspflicht soll auch Subventionen verbieten, die zur Inanspruchnahme von Umweltgütern führen, ohne die **Folgekosten** dem Verursacher anzulasten[194]. Damit wird Art. 20a GG überfordert: Die Folgekosten lassen sich meist nicht präzise einem Verursacher zuordnen; das gesamte fördernde Staatshandeln hätte die Vermutung der Verfassungswidrigkeit gegen sich; das entgegenstehende Gemeinlastprinzip ist nur Ausdruck der dem Umweltstaatsprinzip gegenläufigen Prinzipien, vor allem des Sozialstaatsprinzips[195]. Die Verteilung der Folgekosten von Umweltbeeinträchtigungen (z. B. durch den Individualverkehr) ist nicht einfach durch »Auslegung« von Art. 20a GG zu lösen.

52   Art. 20a GG bekräftigt umweltspezifisch den **Schutzgedanken**. Danach hat der Staat (wie für Individualrechtsgüter des einzelnen) konkrete Gefahren für die Umwelt als Voraussetzung für die Wahrnehmung von Individualrechten abzuwehren[196], die natürliche Umwelt auch vor Eingriffen durch private Dritte zu schützen[197] und (erst recht) eingetretene Schäden an Umweltrechtsgütern zu beseitigen und Maßnahmen zur **Wiederherstellung der natürlichen Umwelt** zu ergreifen[198]; insoweit lässt sich das Modell der Wiederherstellung von Eingriffen in Natur und Landschaft im Naturschutzrecht verallgemeinern (vgl. §§ 8 ff. BNatSchG). Allerdings ist die **Verhinderung und Beseitigung von Schäden** an Umweltrechtsgütern – anders als bei der Abwehr von Gefährdungen für die menschliche Gesundheit (→ Art. 2 II Rn. 76 ff.) – kein ausnahmslos geltendes Gebot, weil entgegenstehende Gemeinwohlgüter im Einzelfall eine solche Beschädigung oder Gefährdung von Umweltgütern rechtfertigen können[199].

---

[191] Vgl. *Kloepfer* (Fn. 14), Art. 20a Rn. 73.
[192] *Murswiek* (Fn. 19), Art. 20a Rn. 34; *Jarass*/Pieroth, GG, Art. 20a Rn. 5; *S. Westphal*, JuS 2000, 339 (340).
[193] *Epiney* (Fn. 36), Art. 20a Rn. 125, 127; *Kloepfer* (Fn. 14), Art. 20a Rn. 93; *Wolf* (Fn. 14), Art. 20a Rn. 10; vgl. am Beispiel eines Gebots zur Förderung umweltschonender Energieerzeugung *A. Behrends*, KritJ 33 (2000), 376 (380 ff.); am Beispiel eines ökologisch erweiterten (kommunalen) Finanzausgleichs *H.-J. Ewers/E. Rehbinder/H. Wiggering*, ZG 12 (1997), 135 ff.
[194] So *D. Murswiek*, NVwZ 1996, 222 (225 f.); *Epiney* (Fn. 36), Art. 20a Rn. 74; *C. Koenig*, DÖV 1996, 943 (944); *F. Ekardt*, SächsVBl. 1998, 49 (53); *S. Westphal*, JuS 2000, 339 (340); anders die h.M., vgl. etwa *Heselhaus*, Grundlagen (Fn. 13), Rn. 53; *Wolf* (Fn. 14), Art. 20a Rn. 28; *N. Bernsdorff*, NuR 1997, 328 (333); *A. Schink*, DÖV 1997, 221 (226).
[195] Vgl. *Rehbinder*, Ziele (Fn. 163), Rn. 163 ff., 170 ff.
[196] Vgl. BVerfGE 128, 1 (37, Rn. 135); *Scholz* (Fn. 12), Art. 20a Rn. 11; *W. Köck*, AöR 121 (1996), 1 (13 ff.).
[197] *Jarass*/Pieroth, GG, Art. 20a Rn. 5; *Murswiek* (Fn. 19), Art. 20a Rn. 3; *Gärditz* (Fn. 12), Art. 20a Rn. 52; *Müller-Bromley*, Staatszielbestimmung (Fn. 126), S. 147 ff. → Vorb. Rn. 101 ff.
[198] Vgl. *Murswiek* (Fn. 19), Art. 20a Rn. 33, 44; *P. Fischer-Hüftle*, NuR 2011, 753 (755 ff.).
[199] *Jarass*/Pieroth, GG, Art. 20a Rn. 7.

Seine **zentrale Bedeutung** findet das Umweltstaatsprinzip im **Gedanken der Vorsorge**[200], der die klassische Perspektive der Gefahrenabwehr übersteigt[201]. Der Staat soll der Entstehung von Umweltbelastungen umfassend vorbeugen[202] über das hinaus, was grundrechtlich ohnehin geboten wäre. Dieser Gedanke der Prävention[203] soll erfahrungs- und gefahrenunabhängig auch dann zum Zuge kommen, wenn es um Risiken oder bloße Verdachtslagen unterhalb der Gefahrenschwelle geht[204]. Art. 20a GG verlangt insoweit keinen bestmöglichen Umweltschutz[205]; aber er gebietet, das Umweltstaatsprinzip stets ausdrücklich in Rechnung zu stellen und dabei (durch ein »vorsorgeangemessenes Recht«[206] oder im Einzelfall) zu optimieren. Allerdings enthält das Vorsorgeprinzip keine Grenze in sich selbst, sondern verweist bei Existenz einer Vorsorge-Lage zur Grenzbestimmung auf den Gesetzgeber[207].

53

Unbekannte, zumutbare, unmöglich steuerbare oder geringe (höchst unwahrscheinliche) Restrisiken müssen in einer Industriegesellschaft hingenommen werden[208]. Art. 20a GG will den Einstieg in neue Technologien nicht verhindern[209], gebietet aber, die **Vorsorge** im Falle besonders schwerer, nachhaltiger und dauerhafter Risiken **nach dem Stand von Wissenschaft und Technik**[210] durch Erforschung der Risiken zu betreiben – bis zur dehnbaren Grenze der »praktischen Vernunft«[211].

54

III. Das Tierschutzprinzip und seine materielle Konkretisierung

1. Die Tiere

Der Wortlaut scheint einschränkungslos auf alle **Tiere als Schutzobjekte** abzuzielen[212], ob Stubenfliegen oder Schimpansen. Der pathozentrische Zweck des Art. 20a GG,

55

---

[200] Vgl. BVerfGE 128, 1 (37, Rn. 135); *Jarass/Pieroth*, GG Art. 20a Rn. 8; *Epiney* (Fn. 36), Art. 20a Rn. 69f., 73; *Arndt*, Vorsorgeprinzip (Fn. 60), S. 22; *D. Murswiek*, Die Verwaltung 38 (2005), 243ff.; *Hofmann*, Umweltstaat (Fn. 102), S. 881; *R. Wolf* (Fn. 14), Art. 20a Rn. 26ff.; *N. Bernsdorff*, NuR 1997, 328 (332); *Kloepfer* (Fn. 14), Art. 20a Rn. 72, 74, 78; *M. Schröder*, DVBl. 1994, 835 (836); a.A. *Scholz* (Fn. 12), Art. 20a Rn. 10.
[201] Vgl. *Heselhaus*, Grundlagen (Fn. 13), Rn. 50f.; *D. Winkler*, ZUR 2011, 133 (134); *Kloepfer*, Umweltrecht (Fn. 145), § 4 Rn. 8ff.; ausf. *Calliess*, Rechtsstaat (Fn. 8), S. 153ff.
[202] *Wolf* (Fn. 14), Art. 20a Rn. 29; *Murswiek* (Fn. 19), Art. 20a Rn. 36; ausf. *Rehbinder*, Ziele (Fn. 163), Rn. 32ff.
[203] Vgl. allg. *E. Denninger*, KritJ 21 (1988), 1ff.; *Hofmann*, Aufgaben (Fn. 8), S. 18ff., 32ff.; *W. Köck*, AöR 121 (1996), 1 (18ff.); *R. Schmidt*, DÖV 1994, 749ff.; *U.K. Preuß*, Risikovorsorge als Staatsaufgabe, in: Grimm, Staatsaufgaben (Fn. 161), S. 523ff.; ausf. *Wahl* (Hrsg.), Prävention (Fn. 8). → Art. 20 (Rechtsstaat), Rn. 60.
[204] BVerwG NVwZ 1998, 952 (952f.); *Longo*, Energieversorgung (Fn. 134), S. 187ff.
[205] Allg. Meinung, vgl. nur *Murswiek* (Fn. 19), Art. 20a Rn. 42; *Scholz* (Fn. 12), Art. 20a Rn. 9, 11, im Anschluss an BVerfGE 49, 89 (141ff.).
[206] *N. Bernsdorff*, NuR 1997, 328 (332f.).
[207] *Wolf* (Fn. 14), Art. 20a Rn. 31, 43; zuletzt *E. Gassner*, NVwZ 2014, 1140 (1141f.). → Rn. 71ff.
[208] BVerfGE 49, 89 (142f.); vgl. zur Abgrenzung von Gefahr, Vorsorge und Restrisiko: *H. Schulze-Fielitz*, Recht des Immissionsschutzes, in: R. Schmidt (Hrsg.), Öffentliches Wirtschaftsrecht. Besonderer Teil 1, 1995, § 3 Rn. 31ff.; *Kloepfer*, Umweltrecht (Fn. 145), § 3 Rn. 48; zur Kritik *Hofmann* (Fn. 21), § 21 Rn. 25ff.; *Sparwasser/Engel/Voßkuhle*, Umweltrecht (Fn. 168), § 2 Rn. 20.
[209] *Wolf* (Fn. 14), Art. 20a Rn. 32.
[210] Zur Bedeutung dieser Klausel vgl. *H. Schulze-Fielitz*, Technik und Umweltrecht, in: M. Schulte/R. Schröder (Hrsg.), Handbuch des Technikrechts, 2. Aufl. 2011, S. 455ff. (485).
[211] BVerfGE 49, 89 (143); 53, 30 (59); grdl. *R. Breuer*, DVBl. 1978, 829 (835f.).
[212] *Jarass/Pieroth*, GG, Art. 20a Rn. 12; *Caspar/Schröter*, Staatsziel (Fn. 26), S. 33; *J. Caspar/H. Geissen*, NVwZ 2002, 913 (914).

Schmerzen, Leiden, Ängste oder Schäden zu verhindern (→ Rn. 56), legt eine teleologische Reduktion auf schmerz- und empfindungsfähige (Wirbel-)Tiere nahe[213]; angesichts einer oft unklaren Bestimmung dieser Grenze wird man einen solchen Begriff der schmerz- und empfindungsfähigen Tiere aber sehr weit auszulegen haben. Insofern ist unerheblich, ob die Tiere wild leben, in Gefangenschaft gehalten werden oder Haustiere sind oder ob sie den Menschen nützlich (z. B. auch als Versuchstiere in der Pharmaforschung) oder ob sie (potenziell) schädlich sind[214]: Es geht nur um den Schutz der individuellen Tiere[215], die leben[216], während der Arten- und Gattungsschutz schon im Umweltstaatsprinzip in der Ursprungsfassung des Art. 20a GG normativ verankert ist (→ Rn. 34). Auch Tiere außerhalb des Bundesgebietes können Schutzobjekte sein[217].

2. Die materielle Reichweite des Schutzauftrages

a) Der Zweck des Tierschutzprinzips

56 Art. 20a GG gebietet, alle tatbestandlich erfassten lebenden Tiere als einzelne zu schützen. Nicht anders als bei den natürlichen Lebensgrundlagen (→ Rn. 29 ff.) kann dieser Schutz unhintergehbar nicht auf Eigenrechte der Tiere als solcher i. S. einer »kreatürlichen Würde« abzielen[218], sondern anthropozentrisch nur durch den Menschen in seinem Interesse interpretiert werden[219], auch wo Tieren philosophisch insoweit ein eigenes Interesse z. B. an der Freiheit von Schmerzen zugeschrieben wird[220]. Daher gründet der Tierschutz in Ähnlichkeiten mit den Menschen[221] und aktiviert deren Mitgefühl für vergleichbare Lebensinteressen der Tiere daran, **nicht Schmerzen, Leiden, Ängste oder Schäden ausgesetzt** zu werden, und damit auch den Respekt vor den Empfindungen von Schwächeren[222]. Art. 20a GG ist irrelevant bei staatlichen Maßnahmen, die den Schutz der Tiere gar nicht beeinträchtigen können[223], ebenso wie bei natürlichen Störfaktoren, die staatlichem Handeln gar nicht zurechenbar sind[224].

57 Anders als beim Umweltstaatsprinzip spielt weder das Vorsorgeprinzip[225] noch die Verantwortung für die künftigen Generationen beim Individualtierschutz eine Rol-

---

[213] Vgl. BT-Drs. 14/8860, S. 1; *Kloepfer* (Fn. 14), Art. 20a Rn. 66; *Murswiek* (Fn. 19), Art. 20a Rn. 31b, 51a; *Sannwald* (Fn. 120), Art. 20a Rn. 23; *Gärditz* (Fn. 12), Art. 20a Rn. 20; *Faller*, Staatsziel (Fn. 26), S. 146; a.A. *M. Knauff*, SächsVBl. 2003, 101 (103); *M. Faber*, UPR 2002, 378 (379 f.).
[214] *Jarass*/Pieroth, GG, Art. 20a Rn. 12.
[215] BVerfGE 110, 141 (166, Rn. 87); 127, 293 (328, Rn. 121); BVerfGK 10, 66 (71); *Murswiek* (Fn. 19), Art. 20a Rn. 31b; a.A. *Sommermann* (Fn. 34), Art. 20a Rn. 34; *M. Faber*, UPR 2002, 378 (379).
[216] *Kloepfer*, Verfassungsrecht I, § 12 Rn. 57.
[217] *Faller*, Staatsziel (Fn. 26), S. 149; einschränkend *Gärditz* (Fn. 12), Art. 20a Rn. 18.
[218] *Sommermann* (Fn. 34), Art. 20a Rn. 33; *Faller*, Staatsziel (Fn. 26), S. 110 ff.; *M. Knauff*, SächsVBl. 2003, 101 (101); *R. Scholz*, Grundgesetzliches Menschenbild und Staatsziel »Tierschutz«, in: FS Link, 2003, S. 943 ff. (953 ff.); *Kloepfer* (Fn. 14), Art. 20a Rn. 70; *Sannwald* (Fn. 120), Art. 20a Rn. 18; anders *S. Braun*, DÖV 2003, 488 (491); *H. Holste*, JA 2002, 907 (909); *Caspar/Schröter*, Staatsziel (Fn. 26), S. 41 f.; *M. Faber*, UPR 2002, 378 (379).
[219] Sehr differenziert und ausf. *Cornils*, Reform (Fn. 72), S. 97 ff.
[220] *P. Singer*, Verteidigt die Tiere, 1988.
[221] S. insoweit *Fielenbach*, Notwendigkeit (Fn. 26), S. 16 ff.
[222] *H. Holste*, JA 2002, 907 (909); s. BT-Drs. 14/8860, S. 3.
[223] Vgl. BVerfGE 110, 141 (166, Rn. 87) betr. Importverbote.
[224] *Faller*, Staatsziel (Fn. 26), S. 152 f.
[225] *Caspar/Schröter*, Staatsziel (Fn. 26), S. 36 ff.

le²²⁶; damit ist auch nur ein an künftigen Generationen orientiertes Verschlechterungsverbot beim Tierschutz per se nicht bedeutsam²²⁷. Wohl aber unterliegen auch alle Tierschutzaktivitäten dem **Rahmen der verfassungsmäßigen Ordnung**²²⁸ (→ Rn. 41 f.).

b) Konkretisierung des Tierschutzgebots: Unterlassungs- und Handlungspflichten

Gemeint ist daher zunächst die im einfachen Recht (vgl. § 1 TierSchG) konkretisierte **Unterlassungspflicht** des Staates, grundsätzlich nichts zu tun, was zu Schmerzen, Leiden, Angst oder sonstigen Schäden an einzelnen Tieren führt (Integritätsprinzip)²²⁹. Das gilt namentlich für die Verwaltung (z. B. bei Pferden oder Hunden im Dienste der Polizei), aber auch für den Gesetzgeber bei unmittelbar tierbezogenen Regelungsgegenständen: Er muss Regelungen unterlassen, die den Weg zur Tierquälerei erleichtern (z. B. bei der Mindestgröße von Hühnerlegebatterien und Regeln für Tiertransporte), ohne dass die Tötung von Tieren bei zureichendem Interesse, z. B. als Nahrungsmittel, oder ihre Nutzung zu Gebrauchszwecken der Menschen, ausgeschlossen werden soll²³⁰. Es geht insoweit nur um ein »relatives Schutzniveau«²³¹. 58

Zudem legt Art. 20a GG dem Staat **positive Handlungspflichten** auf, Maßnahmen zum Schutz der Tiere vor Beeinträchtigungen durch Private zu ergreifen. Es handelt sich um eine Schutzpflichtendimension, wie sie für menschliche Grundrechtsträger zuerst aus Art. 2 II GG abgeleitet (→ Art. 2 II Rn. 76 ff.) und später als objektivrechtliche Dimension für alle Grundrechte verallgemeinert worden ist; Art. 20a GG formuliert eine solche objektive Schutzpflicht zugunsten der Tiere i. S. eines »ethischen Mindestmaßes«²³², dessen notwendige Konkretisierung dem Gesetzgeber und seinem Gestaltungsspielraum obliegt (→ Rn. 71 ff.). Das Tierschutzgebot verpflichtet den Gesetzgeber nicht, tierversuchsfreie Lehrmethoden und Prüfverfahren zu fördern²³³, sondern belässt ihm sein gesetzgeberisches Ermessen. 59

Sachlich beziehen sich die Handlungspflichten vor allem auf **drei Handlungsfelder**, auf denen sich die Leidens- und Empfindungsfähigkeit der höher entwickelten Tiere (→ Rn. 55) niederschlägt: bei der (nicht) artgerechten Haltung, den vermeidbaren Leiden und bei der Zerstörung der Lebensräume der Tiere²³⁴. Sie sind gegenständlich weithin vom einfachgesetzlichen Tierschutzgesetz erfasst, das der verfassungsändernde Gesetzgeber ausdrücklich in Bezug genommen hat²³⁵. 60

---

²²⁶ *M. Knauff*, SächsVBl. 2003, 101 (102); a.A. *Fielenbach*, Notwendigkeit (Fn. 26), S. 204.
²²⁷ *Faller*, Staatsziel (Fn. 26), S. 204; a.A. *M. Faber*, UPR 2002, 378 (381); *Caspar/Schröter*, Staatsziel (Fn. 26), S. 44 ff.
²²⁸ *M. Knauff*, SächsVBl. 2003, 101 (102); *J. Caspar/M. Geissen*, NVwZ 2002, 913 (914); ausf. *Caspar/Schröter*, Staatsziel (Fn. 26), S. 24 ff.
²²⁹ *Jarass/Pieroth*, GG, Art. 20a Rn. 13; *Murswiek* (Fn. 19), Art. 20a Rn. 36a; *Caspar/Schröter*, Staatsziel (Fn. 26), S. 39 f.
²³⁰ BT-Drs. 14/758, S. 4; *Kloepfer* (Fn. 14), Art. 20a Rn. 46; *Caspar/Schröter*, Staatsziel (Fn. 26), S. 40.
²³¹ *M. Knauff*, SächsVBl. 2003, 101 (102).
²³² *Murswiek* (Fn. 19), Art. 20a Rn. 51a; *Faller*, Staatsziel (Fn. 26), S. 156 ff.
²³³ So aber *E. I. Obergfell*, NJW 2002, 2296 (2297).
²³⁴ BT-Drs. 14/8860, S. 3; *H. Holste*, JA 2002, 907 (909); *Sannwald* (Fn. 120), Art. 20a Rn. 26.
²³⁵ BT-Drs. 14/8860, S. 3.

c) Tierschutz als Abwägungsgesichtspunkt

61 Wie beim Schutz der natürlichen Lebensgrundlagen (→ Rn. 46 ff.) entfaltet sich auch der Tierschutz in **Abwägungsentscheidungen nach Maßgabe** des Grundsatzes **der Verhältnismäßigkeit**. Die Aufnahme des Tierschutzprinzips in Art. 20a GG hat den Tierschutz zum Verfassungsrechtsgut aufgewertet, das nicht nur die Einschränkung von Grundrechten, sondern nun auch die wechselseitig begrenzende Zuordnung von vorbehaltlos garantierten Grundrechten und Tierschutzinteressen durch den Gesetzgeber rechtfertigen kann[236]. Dabei ist das Gewicht des Tierschutzes vom Gewicht des entgegenstehenden Rechtsgutes wie immer in Ansehung der konkreten Konfliktsituation entscheidend[237]. Generell kann das Gewicht des individuellen Tierschutzes mit dem Gewicht der Erhaltung der natürlichen Lebensgrundlagen auch im Blick auf künftige Generationen ungeachtet der (rechtstechnisch verfehlten, → Rn. 22, 28) irreführenden sprachlichen Parallelisierung auch nicht annähernd vergleichbar sein[238]. Deshalb findet der Tierschutz Grenzen, etwa an der Glaubensfreiheit oder der Wissenschaftsfreiheit[239] (→ Rn. 88).

62 Weiterhin erlaubt Art. 20a GG einen nach der Art der Tiere und der Höhe ihrer Entwicklung **abgestuften Schutz**[240], wie er in §§ 7 ff. TierSchG ausgestaltet ist. Die gelegentliche Überschätzung namentlich durch organisierte Tierschutzinteressenvertreter entbehrt des Augenmaßes, das Abwägungsentscheidungen nach Maßgabe des Grundsatzes der Verhältnismäßigkeit rechtlich einfordern.

IV. Die Adressaten des Umweltstaats- und des Tierschutzprinzips

1. Die Verantwortung von Bund und Ländern, nicht von Privaten

63 Art. 20a GG verpflichtet den »Staat«. Gemeint ist die Bundesrepublik Deutschland als Gesamtstaat, d.h. der Bund und die Länder; entstehungsgeschichtlich hielt die Gemeinsame Verfassungskommission eine zusätzliche Änderung der Homogenitätsklausel des Art. 28 I GG für entbehrlich[241]. Zum »Staat« gehören auch die Kommunen[242], sonstige Körperschaften des öffentlichen Rechts und **sämtliche Träger deutscher öffentlicher Gewalt**[243], auch Rechnungshöfe, je für ihren territorialen und kompetentiellen Verantwortungsbereich[244].

64 Mit »Staat« ist alle Staatsgewalt (→ Art. 1 III Rn. 37 ff.) gemeint, nicht nur der Staat als Gesetzgeber, Exekutive oder Judikative: Art. 20a GG verpflichtet auch die **Regierung** im Blick auf ihre grundlegenden Leitentscheidungen, namentlich **als Hauptträger**

---

[236] *E.I. Obergfell*, NJW 2002, 2296 (2298); ausf. *Cornils*, Reform (Fn. 72), S. 79 ff.; anders noch BVerwGE 105, 73 (81). → Rn. 88.

[237] *Gärditz* (Fn. 12), Art. 20a Rn. 72.

[238] Dazu näher *Gärditz*, Tierversuche (Fn. 82), S. 102 ff.

[239] *Sommermann* (Fn. 34), Art. 20a Rn. 49; *Jarass*/Pieroth, GG, Art. 20 Rn. 17; *R. Lange*, KritV 87 (2004), 171 ff.; zu weitgehend *J. Caspar/H. Geissen*, NVwZ 2002, 913 (915 ff.).

[240] *Sommermann* (Fn. 34), Art. 20a Rn. 34; *Murswiek* (Fn. 19), Art. 20a Rn. 51a; *Gärditz* (Fn. 12), Art. 20a Rn. 66; a.A. *M. Knauff*, SächsVBl. 2003, 101 (103).

[241] *N. Bernsdorff*, NuR 1997, 328 (330 f.); *Scholz* (Fn. 12), Art. 20a Rn. 44; *A. Uhle*, JuS 1996, 96 (97); *K.G. Meyer-Teschendorf*, ZRP 1994, 73 (77). → Art. 28 Rn. 59.

[242] BVerwG NVwZ 2006, 595 (597); ausf. *Longo*, Energieversorgung (Fn. 134), S. 85 ff., 157 ff.; *A. Glaser*, Die Verwaltung 41 (2008), 483 ff.

[243] *Kloepfer* (Fn. 14), Art. 20a Rn. 33, 53; *K. Waechter*, NuR 1996, 321 (322).

[244] *Gärditz* (Fn. 12), Art. 20a Rn. 18, 29 f.; *E. Gassner*, DVBl. 2013, 547 (548 f.).

IV. Die Adressaten des Umweltstaats- und des Tierschutzprinzips Art. 20a

der **auswärtigen Gewalt** (→ Art. 32 Rn. 26)²⁴⁵. Angesichts der zunehmenden Internationalisierung nachhaltiger Problemlösungen beim Schutz der natürlichen Lebensgrundlagen der Menschheit (→ Rn. 1, 10f.) ist die Übernahme völkerrechtlicher Verpflichtungen unzulässig, deren Umsetzung gegen Art. 20a GG verstieße; überdies verpflichtet Art. 20a GG die Bundesregierung, im Rahmen internationaler Verhandlungen, Verträge und Organisationen auf optimalen Umweltschutz hinzuwirken, zumal auf der supranationalen Ebene der EU²⁴⁶.

Gebunden ist der Staat auch, wenn er in **privatrechtlichen Organisationsformen** und mit privatrechtlichen **Handlungsformen** (→ Art. 1 III Rn. 66ff.) agiert²⁴⁷. Die moderne Pluralisierung der staatlichen Organisation erlaubt dem Staat nicht, sich dadurch dem Schutzauftrag des Art. 20a GG zu entziehen. Bei Übertragung staatlicher Aufgaben auf Private nicht nur durch Beleihung, sondern in Form einer Erfüllung (allein) durch Private, bei der der Staat nur eine (stark zurückgenommene) Auffangverantwortung für den Fall eines Fehlschlages wahrnimmt²⁴⁸, müssen dann auch (nur) die Privaten die Pflichten aus Art. 20a GG erfüllen. 65

Im übrigen richtet sich Art. 20a GG **nicht an Private**²⁴⁹, entfaltet also auch keine Drittwirkung²⁵⁰ (→ Vorb. Rn. 96ff.). Damit verschließt sich Art. 20a GG nicht der Einsicht²⁵¹, dass Umweltschutz gemäß dem Kooperationsprinzip²⁵² eine gemeinsame Aufgabe von Staat *und* Gesellschaft ist²⁵³; vielmehr wird die staatliche Letztverantwortung hervorgehoben²⁵⁴. Der Gesetzgeber darf in Konkretisierung von Art. 20a GG das Zusammenwirken von Staat und Privaten optimieren²⁵⁵. Namentlich das europäische Recht verstärkt die Einbeziehung Privater (→ Rn. 17). Mittelbar wirkt Art. 20a GG auf eine Veränderung auch des gesellschaftlichen Bewusstseins hin²⁵⁶. 66

2. Die Bindung der Gesetzgebung

Art. 20a GG wendet sich als Staatszielbestimmung (→ Rn. 23ff.) vorrangig an den parlamentarischen Gesetzgeber²⁵⁷ und, über diesen vermittelt, an die Regierungen als 67

---

²⁴⁵ *Heselhaus*, Grundlagen (Fn. 13), Rn. 42; *Caspar*, Klimaschutz (Fn. 36), S. 385 f.; ausf. *Sommermann*, Staatsziele (Fn. 4), S. 387 ff.
²⁴⁶ S. auch *Wolf* (Fn. 14), Art. 20a Rn. 25; *A. Stiens/U. Voß*, UTR 21 (1994), 3 (24 ff.).
²⁴⁷ Vgl. *Gärditz* (Fn. 12), Art. 20a Rn. 27; *Heselhaus*, Grundlagen (Fn. 13), Rn. 58; *B. Becker*, ZG 7 (1992), 225 (232 ff.).
²⁴⁸ S. näher *H. Schulze-Fielitz*, GVwR² I, § 12 Rn. 166.
²⁴⁹ *Jarass*/Pieroth, GG, Art. 20a Rn. 3a; *Gärditz* (Fn. 12), Art. 20a Rn. 28; *W. Erbguth/S. Schlacke*, Jura 2009, 431 (432); zum Vorschlag einer »ökologischen Grundpflicht« *Scholz* (Fn. 12), Art. 20a Rn. 21; *M. Führ*, NuR 1998, 6 (10); s. auch *G. Winter*, ZUR 2013, 387 ff.; zu Abweichungen auf Länderebene: → Rn. 20.
²⁵⁰ *Sommermann* (Fn. 34), Art. 20a Rn. 17; *Scholz* (Fn. 12), Art. 20a Rn. 45; *Kloepfer* (Fn. 14), Art. 20a Rn. 29; a.A. für den Tierschutz *M. Faber*, UPR 2002, 378 (381).
²⁵¹ So aber krit. *Kloepfer* (Fn. 14), Art. 20a Rn. 29 m. w. N.
²⁵² BVerfGE 98, 83 (98 ff., Rn. 143 ff.); krit. *H. D. Jarass*, UPR 2001, 5 ff.; *A. Voßkuhle*, ZUR 2001, 23 ff.; *J. Wieland*, ZUR 2001, 20 ff.; s. auch *Schulze-Fielitz*, Recht (Fn. 208), § 3 Rn. 40; ausf. *H.-W. Rengeling*, Das Kooperationsprinzip im Umweltrecht, 1988.
²⁵³ Dazu *Heselhaus*, Grundlagen (Fn. 13), Rn. 1, 58, 60; *Berg*, Nachhaltigkeit (Fn. 167), S. 436 ff.; *R. Wolf*, KritV 80 (1997), 280 (305); *ders.* (Fn. 14), Art. 20a Rn. 13; *M. Führ*, NuR 1998, 6 (10 f., 13 f.).
²⁵⁴ Sehr betont *Murswiek* (Fn. 19), Art. 20a Rn. 56.
²⁵⁵ Vgl. *H. Schulze-Fielitz*, GVwR² I, § 12 Rn. 91 ff.; *Blasberg*, Inhalts- und Schrankenbestimmungen (Fn. 179), S. 182 f.
²⁵⁶ *A. Schink*, DÖV 1997, 221 (222); *W. Hoffmann-Riem*, Die Verwaltung 28 (1995), 425 (428 ff., 430 ff.).
²⁵⁷ BVerfGE 118, 79 (110 f., Rn. 110); BFHE 181, 515 (519 f.); BVerwG NJW 1995, 2648 (2649);

Art. 20a C. Erläuterungen

Gesetzesinitianten[258] oder administrative Normsetzer[259]. Den kompromisshaften Ausgleich widerstreitender politischer Interessen im Rahmen der Direktiven des Art. 20a GG[260] können der **Bundestag** oder die **Landesparlamente** als Repräsentativorgane am ehesten leisten. Neben diesem organadäquaten Interessenausgleich ermöglicht die Form des parlamentarischen Gesetzes rechtsstaatsadäquate Eingriffs- und Handlungsbefugnisse[261]. Art. 20a GG steht dadurch **nicht** unter einem »**Gesetzesvorbehalt**«[262] (→ Rn. 7), sondern verpflichtet umgekehrt seinerseits verbindlich den Gesetzgeber zum Handeln[263].

68 Der Begriff der Gesetzgebung umfasst die parlamentarische Gesetzgebung; der Schutzauftrag des Art. 20a GG bezieht sich aber auch auf die **untergesetzliche Normsetzung**[264] nach Maßgabe des Gesetzes (vgl. Art. 80 I 2 GG). Nur abstrakt-generelle Regelungen können »flächendeckend« gleiche Bedingungen für den Schutz der natürlichen Lebensgrundlagen oder der Tiere schaffen.

69 Aus Art. 20a GG folgen **objektive Gesetzgebungspflichten**, geeignete Vorschriften zum **Schutz der natürlichen Lebensgrundlagen** zu erlassen[265]. Der Gesetzgeber ist ihnen – gleichsam vorgreiflich – durch die Umweltgesetzgebung seit Beginn der 1970er Jahre weithin nachgekommen, so dass Art. 20a GG keine völlig neue Gesetzgebungspflicht auslöste[266]. Die Kerngehalte dieser Kodifikationen erscheinen nun als verfassungsgeboten: das Verursacher-[267], Vorsorge-, Kooperations- und Nachhaltigkeitsprinzip als (freilich stets ausnahmefähige, durch Gegenprinzipien wie das Gemeinlastprinzip einschränkbare[268]) Leitprinzipien des Umweltrechts; die Existenz von Kontroll- und Eingriffsrechten bei wichtigen umweltbelastenden Aktivitäten; die Berücksichtigung von Umweltbelangen bei raumbedeutsamen Maßnahmen; die Strafbarkeit bei schwerwiegenden Umweltdelikten und ein Mindestmaß von Bürgerbeteiligung bei der Anlagenzulassung[269]. Ihre vielfältige Konkretisierungsfähigkeit und -bedürftigkeit gibt dem Gesetzgeber keine eindeutigen Vorgaben[270].

Gärditz (Fn. 12), Art. 20a Rn. 34, 45; *Epiney* (Fn. 36), Art. 20a Rn. 57, 76; Bericht (Fn. 17), S. 68; *Murswiek* (Fn. 19), Art. 20a Rn. 57, 60; *Blasberg*, Inhalts- und Schrankenbestimmungen (Fn. 179), S. 45 ff.; *Scholz* (Fn. 12), Art. 20a Rn. 46; *M. Kloepfer*, DVBl. 1996, 73 (75).
[258] *Heselhaus*, Grundlagen (Fn. 13), Rn. 64.
[259] BVerfGE 127, 293 (319 ff., 328 ff., Rn. 102 ff., 120 ff.); *W. Durner*, DVBl. 2011, 97 ff.
[260] Vgl. auch *Gärditz* (Fn. 12), Art. 20a Rn. 35, 57; *Scholz* (Fn. 12), Art. 20a Rn. 14 und 47.
[261] *Kloepfer* (Fn. 14), Art. 20a Rn. 45.
[262] So aber *K. Waechter*, NuR 1996, 321 (323); *K. G. Meyer-Teschendorf*, ZRP 1994, 73 (77) spricht von »Gesetzgebungsvorbehalt«.
[263] Vgl. *Murswiek* (Fn. 19), Art. 20a Rn. 60; *R. Wolf*, KritV 80 (1997), 280 (301); ausf. *O. Lepsius*, Besitz und Sachherrschaft im öffentlichen Recht, 2002, S. 443 ff.
[264] Zu ihr näher im Blick auf Art. 20a GG *P. Unruh/J. Strohmeyer*, NuR 1998, 225 (231); allg. *G. Lübbe-Wolff*, ZG 6 (1991), 219 ff.
[265] *Jarass*/Pieroth, GG, Art. 20a Rn. 18; *Epiney* (Fn. 36), Art. 20a Rn. 43; ausf. *Blasberg*, Inhalts- und Schrankenbestimmungen (Fn. 179), S. 45 ff.
[266] Vgl. *Kloepfer* (Fn. 14), Art. 20a Rn. 42, 93; a.A. *H.-J. Peters*, NVwZ 1995, 555 (556).
[267] *Jarass*/Pieroth, GG, Art. 20a Rn. 9; *Epiney* (Fn. 36), Art. 20a Rn. 74; *Heselhaus*, Grundlagen (Fn. 13), Rn. 52; *F. Ekardt*, SächsVBl. 1998, 49 (53 f.); zurückhaltender *Wolf* (Fn. 14), Art. 20a Rn. 28; *Blasberg*, Inhalts- und Schrankenbestimmungen (Fn. 179), S. 185 f. → Rn. 51.
[268] *Kloepfer*, Umweltrecht (Fn. 145), § 4 Rn. 52 ff.; *Sparwasser/Engel/Voßkuhle*, Umweltrecht (Fn. 168), § 2 Rn. 37.
[269] Vgl. *Kloepfer* (Fn. 14), Art. 20a Rn. 48 ff.; *Caspar*, Klimaschutz (Fn. 36), S. 387; *K. Waechter*, NuR 1996, 321 (322).
[270] *Sommermann* (Fn. 34), Art. 20a Rn. 21; *E. Gassner*, NVwZ 2014, 1140 (1142); zur prozeduralen

IV. Die Adressaten des Umweltstaats- und des Tierschutzprinzips   Art. 20a

Hinsichtlich des **Tierschutzes** ergeben sich objektive Gesetzgebungspflichten vor 70
allem auch für die Regelung des Verhaltens Privater gegenüber Tieren[271]. Insoweit
führt Art. 20a GG zur Schließung verfassungsrechtlicher Schutzlücken besonders für
Haus-, Schlacht-, Versuchs-, Zoo- und Zirkustiere[272], deren sich der Gesetzgeber anzunehmen hat. Art. 20a GG verleiht dem Tierschutz insgesamt ein höheres Gewicht[273],
lässt aber unverändert das Schlachten und Schächten, die Zucht, die Jagd und den
Fischfang zu[274], deren Art und Weise aber geregelt werden kann.

Der Gesetzgeber hat im Übrigen einen breiten **Gestaltungsspielraum**[275], der weiter 71
ist als bei konkreter gefassten Gesetzgebungsaufträgen[276] und sich praktisch nur äußerst selten zu einer Handlungspflicht in einem ganz bestimmten Sinne verdichten
dürfte[277]. Er darf seine Einschätzungsprärogative[278] durch übermäßige Belastungen
bei der Zuordnung der verschiedenen Rechtsgüter und Interessen nur nicht überdehnen[279]. Er erlaubt auch partielle Rücknahmen von Umwelt- oder Tierschutzgesetzen,
unterliegt aber einem relativen **Rückschrittsverbot** in dem Sinne, dass Schutznormen
nicht »beliebig« aufgehoben werden dürfen, so dass die natürlichen Lebensgrundlagen
oder die Tiere[280] per saldo stärker gefährdet werden als zuvor[281] (→ Rn. 44). Ein völliger Rückzug des Staates aus dem Umwelt- oder Tierschutz wäre unzulässig[282], weil
er gegen das Untermaßverbot[283] bzw. das tierschutzrechtliche Minimum[284] verstieße.
Der Gesetzgeber muss nicht nur die Rechtslage, sondern auch ihre faktische Implementation in Rechnung stellen.

Art. 20a GG aktualisiert sich vor allem in einer **permanenten Nachbesserungspflicht** 72
des Gesetzgebers, das Umweltrecht revisibel zu halten, den neuesten Erkenntnissen in

---

Konkretisierung *W. Kahl*, Gesetzesfolgenabschätzung und Nachhaltigkeitsprüfung, in: W. Kluth/G. Krings (Hrsg.), Gesetzgebung, 2014, § 13 Rn. 35 ff. → Rn. 51.

[271] Vgl. *Murswiek* (Fn. 19), Art. 20a Rn. 56a.
[272] *M. Knauff*, SächsVBl. 2003, 101 (101).
[273] BVerfGE 117, 126 (138, Rn. 36); 119, 59 (83, Rn. 83); *Faller*, Staatsziel (Fn. 26), S. 230 f.; *M. Knauff*, SächsVBl. 2003, 101 (103).
[274] BVerfGK 10, 66 (71); *Sannwald* (Fn. 120), Art. 20a Rn. 27; a.A. *C. Sailer*, NuR 2006, 271 ff. → Rn. 58.
[275] BVerfGE 118, 79 (110, Rn. 110); 127, 293 (328, Rn. 122); 134, 242 (339, 342, 355, Rn. 289, 298, 327); BVerfGK 11, 445 (457); 16, 370 (378); *Gärditz* (Fn. 12), Art. 20a Rn. 40 ff.; *Epiney* (Fn. 36), Art. 20a Rn. 45, 58, 75; *Blasberg*, Inhalts- und Schrankenbestimmungen (Fn. 179), S. 54 f.; *Scholz* (Fn. 12), Art. 20a Rn. 49; *R. Steinberg*, NJW 1996, 1985 (1991 f.); *C. Koenig*, DÖV 1996, 943 (944).
[276] *Wolf* (Fn. 14), Art. 20a Rn. 40 ff.; *Kloepfer* (Fn. 14), Art. 20a Rn. 38; krit. *Appel*, Eigenwert (Fn. 25), S. 293 f.
[277] *Jarass*/Pieroth, GG, Art. 20a Rn. 18; s. auch *Kloepfer* (Fn. 14), Art. 20a Rn. 39 und 94; *M. Schröder*, Die Verwaltung 46 (2013), 183 (187 f.); ausf. am Beispiel des Tierschutzes *Faller*, Staatsziel (Fn. 26), S. 163 ff.; anders im Blick auf die CO_2-Speicherung *J.-F. Hellmann*, Die CCS-Technik nach Maßgabe des Rechts, 2013, S. 79 ff., 105 ff.
[278] *A. Voßkuhle*, NVwZ 2013, 1 (4 f.).
[279] Umfassend dazu *Calliess*, Rechtsstaat (Fn. 8), S. 253 ff.; konkret bejahend für die Subventionie- rung von Autokäufen ohne Anreize zur CO_2-Reduktion: *T. Groß*, ZUR 2009, 364 (367 f.).
[280] *H. Holste*, JA 2002, 907 (909 f.); *J. Caspar/M. Geissen*, NVwZ 2002, 913 (914); zurückhalten- der *Faller*, Staatsziel (Fn. 26), S. 204 f.
[281] *Epiney* (Fn. 36), Art. 20a Rn. 68; *Bernsdorff* (Fn. 15), Art. 20a Rn. 30; ausf. *Kloepfer* (Fn. 14), Art. 20a Rn. 47 ff.; krit. *Caspar*, Klimaschutz (Fn. 36), S. 389.
[282] *B. Becker*, ZG 7 (1992), 225 (228, 240); zust. *Murswiek* (Fn. 19), Art. 20a Rn. 40.
[283] Vgl. *M. Knauff*, SächsVBl. 2003, 101 (102); *Wolf* (Fn. 14), Art. 20a Rn. 43; ausf. *Brönneke*, Um- weltverfassungsrecht (Fn. 18), S. 272 ff. → Rn. 85.
[284] So *Caspar/Schröter*, Staatsziel (Fn. 26), S. 47 f.; s. auch *Murswiek* (Fn. 19), Art. 20a Rn. 51b.

Wissenschaft und Technik anzupassen[285] und ent- oder bestehende Defizite oder Schutzlücken zu beseitigen[286], etwa im Bereich der Verkehrspolitik[287]. Die Nachbesserungspflicht gilt auch für den Tierschutz, etwa im Tierschutzstrafrecht[288]. Das legt eine Ausgestaltung der Gesetze nahe, die durch Geltungsfristen, vorläufige Entscheidungen, nachträgliche Anordnungen usw. auf veränderte Umstände flexibel zu reagieren erlaubt[289]. Der Gesetzgeber muss rechtzeitig handeln, wenn die je konkrete Staatsaufgabe noch erfüllt werden kann[290]. Er hat dabei einen Prognosespielraum[291], ein reiches Instrumentarium zur Verwirklichung des Umweltstaatsprinzips[292] und bei der **normtechnischen Ausgestaltung weitgehend freie Hand**[293]: Art. 20a GG verbietet weder gebundene Erlaubnisse[294] noch den verstärkten Einsatz von Formen der verwaltungsrechtlich zugelassenen Selbstregulierung[295] noch Experimente[296] – bis zu den Grenzen der Vernachlässigung der Pflichten zur umfassenden Ermittlung und Bewertung von Umweltauswirkungen[297] oder der Unvollziehbarkeit des Gesetzes[298].

73   Art. 20a GG gebietet dem Gesetzgeber, **Eingriffe** in Umweltgüter als potentielle Gefährdungen der natürlichen Lebensgrundlagen angemessen **zu begründen** (und eine entsprechende Handhabung des Gesetzgebungsverfahrens[299]). Er muss erkennen lassen, dass er ausreichende Überlegungen angestellt und auf valide Untersuchungen zurückgegriffen hat[300]. Für den Fall offenkundiger Defizite bei der Erfüllung dieser Begründungslasten ist an neue organisationsrechtliche Formen zu denken, z. B. an die Institutionalisierung eines parlamentarischen Nachweltbeauftragten[301].

---

[285] *Kloepfer*, Verfassungsrecht I, § 12 Rn. 38; *Wolf* (Fn. 14), Art. 20a Rn. 45; *Kloepfer* (Fn. 14), Art. 20a Rn. 51.

[286] *E. Gassner*, DVBl. 2013, 547 (550); *Wolf* (Fn. 14), Art. 20a Rn. 42.

[287] In diesem Sinne *Epiney* (Fn. 36), Art. 20a Rn. 117; *Murswiek* (Fn. 19), Art. 20a Rn. 65a.

[288] *Caspar/Schröter*, Staatsziel (Fn. 26), S. 46 f., 128 ff.; weitergehend *Köpernik*, Rechtsprechung (Fn. 26), S. 222 ff.

[289] *N. Bernsdorff*, NuR 1997, 328 (333); s. auch *W. Köck*, AöR 121 (1996), 1 (19); allg. *H. Schulze-Fielitz*, Zeitoffene Gesetzgebung, in: W. Hoffmann-Riem/E. Schmidt-Aßmann (Hrsg.), Innovation und Flexibilität des Verwaltungshandelns, 1994, S. 139 ff.

[290] *N. Bernsdorff*, NuR 1997, 328 (330).

[291] S. allg. näher BVerfGE 50, 290 (332 ff.); 77, 84 (106); 87, 363 (383); 91, 1 (29).

[292] *Sommermann* (Fn. 34), Art. 20a Rn. 20 f., 23 f.; *Wolf* (Fn. 14), Art. 20a Rn. 44.

[293] *K. Waechter*, NuR 1996, 321 (322).

[294] So aber *R. Steinberg*, NJW 1996, 1985 (1993); krit. *Murswiek* (Fn. 19), Art. 20a Rn. 65a.

[295] *W. Köck*, AöR 121 (1996), 1 (20); allg. *M. Schmidt-Preuß/U. Di Fabio*, Verwaltung und Verwaltungsrecht zwischen gesellschaftlicher Selbstregulierung und staatlicher Steuerung, VVDStRL 56 (1997), S. 160 ff. bzw. 235 ff.; *H. H. Trute*, DVBl. 1996, 950 ff.; *M. Kloepfer/T. Elsner*, DVBl. 1996, 964 ff.; *W. Hoffmann-Riem*, Die Verwaltung 28 (1995), 425 (430 ff.); zur begrenzten Geeignetheit von Zertifikatmärkten *C. Koenig*, DÖV 1996, 943 (bes. 945 f., 948).

[296] *Gärditz* (Fn. 12), Art. 20a Rn. 43.

[297] *N. Bernsdorff*, NuR 1997, 328 (333 f.); *Caspar*, Klimaschutz (Fn. 36), S. 387 f.; demgemäß krit. zum Planungsvereinfachungsgesetz *R. Steinberg*, NJW 1996, 1985 (1994).

[298] *Gärditz* (Fn. 12), Art. 20a Rn. 47 f.

[299] *Murswiek* (Fn. 19), Art. 20a Rn. 76; *Epiney* (Fn. 36), Art. 20a Rn. 84; *T. Groß*, NVwZ 2011, 129 (131); ausf. *Calliess*, Rechtsstaat (Fn. 8), S. 125 ff.

[300] In diesem Sinne *F. Ekardt*, SächsVBl. 1998, 49 (50); *A. Schink*, DÖV 1997, 221 (227); *Murswiek* (Fn. 19), Art. 20a Rn. 76; *R. Steinberg*, NJW 1996, 1985 (1988 f. i.V.m. 1991).

[301] So *Kloepfer* (Fn. 14), Art. 20a Rn. 79, 105; s. auch *Epiney* (Fn. 36), Art. 20a Rn. 86; *K. E. Heinz*, NuR 1994, 1 (7, 8); *Saladin/Zenger*, Rechte (Fn. 151), S. 111.

3. Die Bindung der vollziehenden Gewalt und der Rechtsprechung

a) Vollziehende Gewalt und Rechtsprechung als Adressaten

Auch vollziehende Gewalt und Rechtsprechung sind Adressaten des Art. 20a GG, so sehr sie sich nur im Rahmen der Vorgaben des Gesetzgebers eigenständig entfalten können[302]. Dabei gewinnt die **Regierung als Teil der »vollziehenden Gewalt«**, funktional als wesentlicher Anreger und Teil des Gesetzgebungsprozesses ein vorrangiges Gewicht bei der Beobachtung von Gesetzgebungsbedarf, bei der Vorbereitung der grundlegenden Gestaltungsentscheidungen, bei der Konkretisierung durch die exekutivische Rechtsetzung und bei der Nachkontrolle der Wirksamkeit der Umweltgesetze[303].

74

Erst nachrangig ist die **Verwaltung i.e.S.** zu nennen, d. h. sämtliche staatlichen Verwaltungsorgane einschließlich der mittelbaren Staatsverwaltung, der Selbstverwaltungskörperschaften und privatrechtlicher Organisationsformen der Verwaltung[304]. Für sie ist Art. 20a GG **keine unmittelbare Ermächtigungsgrundlage für Eingriffe** in Freiheit oder Eigentum[305]. Dennoch wirkt Art. 20a GG umfassend i. S. einer Ökologisierung des Verwaltungsrechts[306]. Denn der Vorrang des Gesetzgebers schließt weder eine verfassungskonforme Auslegung des Gesetzesrechts (→ Art. 20 [Rechtsstaat], Rn. 87) noch eine Orientierung an Art. 20a GG durch Exekutive und Judikative aus, ohne dass der Gesetzgeber stets schon abschließend gehandelt haben muss[307]. Auch kann der Gesetzgeber der Verwaltung (und Rechtsprechung[308]) bewusst breite Auslegungs- und Ermessensspielräume anvertrauen, weil Umweltschutz i.d.R. am langsamsten durch den Gesetzgeber und am schnellsten durch Verwaltung und Gerichte realisiert wird[309].

75

Grundsätzlich gilt für die **Gerichte** bei der Auslegung des Rechts nichts anderes als für die Verwaltung[310]. Allerdings haben sie die Verwaltung nur zu kontrollieren und nicht eigene Wertungen anstelle des Gesetzgebers oder der Verwaltung zu treffen[311].

76

b) Materielle Folgerungen für Verwaltung und Rechtsprechung

Rechtsetzung und Rechtskonkretisierung sind ein arbeitsteiliger Prozess von Gesetzgebung und Rechtsanwendung; Art. 20a GG räumt Verwaltung[312] und Rechtsprechung einen breiten eigenen Spielraum bei der Konkretisierung von Gesetzen ein. Das gilt bei der **Auslegung unbestimmter Gesetzesbegriffe**[313] und gerade dort, wo Art. 20a GG

77

---

[302] Vgl. *Scholz* (Fn. 12), Art. 20a Rn. 54 und 57.
[303] Vgl. *Wolf* (Fn. 14), Art. 20a Rn. 47; *Murswiek* (Fn. 19), Art. 20a Rn. 62; *B. Becker*, ZG 7 (1992), 225 (239f.); *Schulze-Fielitz*, Theorie (Fn. 24), S. 285 ff., 461 ff. u.ö.
[304] *A. Schink*, DÖV 1997, 221 (223); *Kloepfer* (Fn. 14), Art. 20a Rn. 53. → Art. 1 III Rn. 37 ff.
[305] *Wolf* (Fn. 14), Art. 20a Rn. 38; *D. Murswiek*, NVwZ 1996, 222 (229); *Scholz* (Fn. 12), Art. 20a Rn. 57; *A. Uhle*, DÖV 1993, 947 (952); *W. Brohm*, JZ 1994, 213 (219).
[306] Vgl. auch *Kloepfer* (Fn. 14), Art. 20a Rn. 54, 93, 96ff.; *Epiney* (Fn. 36), Art. 20a Rn. 53, 89.
[307] BVerwG NVwZ 1998, 398 (399); *E. Gassner*, DVBl. 2013, 547 (550); *Epiney* (Fn. 36), Art. 20a Rn. 93; *Kloepfer* (Fn. 14), Art. 20a Rn. 36 und 56.
[308] *Kloepfer* (Fn. 14), Art. 20a Rn. 59f.; *A. v. Mutius*, WiVerw. 1987, 51 (65f.).
[309] So *Kloepfer* (Fn. 14), Art. 20a Rn. 40.
[310] *Kloepfer* (Fn. 14), Art. 20a Rn. 59.
[311] Vgl. *Murswiek* (Fn. 19), Art. 20a Rn. 63; *Scholz* (Fn. 12), Art. 20a Rn. 58; *Kloepfer* (Fn. 14), Art. 20a Rn. 60; ausf. am Beispiel des Tierschutzes *Faller*, Staatsziel (Fn. 26), S. 213 ff.
[312] Ausf. *U. Becker*, DVBl. 1995, 713 ff.
[313] So auch BVerwG NVwZ 2006, 595 (597); NVwZ 1998, 1080 (1081); *M. Kloepfer*, Umwelt-

Art. 20a C. Erläuterungen

als integrative **Querschnittsklausel** für Gesetze wirkt, die nicht im engeren Sinne Umwelt- oder Tierschutzgesetze sind[314], etwa im Polizei- und Ordnungsrecht[315] oder bei der Konkretisierung von Straßensicherungspflichten[316]. Selbst wenn die Tatbestandsfassung den Auftrag von Art. 20a GG berücksichtigt hat, kann Art. 20a GG als Auslegungs- und Abwägungsmaßstab Berücksichtigung finden[317], etwa bei Gemeinwohlklauseln, die auf »öffentliche Interessen« u.ä. abheben[318]. Bei einfachgesetzlichem Bezug auf das Vorsorgeprinzip (→ Rn. 53) gebietet Art. 20a GG eine Auslegung, dass die dort ermöglichten, heute scheinbar unschädlichen Umweltbelastungen nicht auch im Blick auf künftige Generationen deren Lebensgrundlagen gefährden[319]. Eine Neugenehmigung von Kernkraftwerken erscheint demzufolge an sich nur schwer zu rechtfertigen. Allerdings muss das einfache Gesetzesrecht nicht stets so interpretiert werden, dass sofort ein Minimum an Umweltbelastungen erreicht wird[320]. Insbesondere darf die Verwaltung nicht gegen die Erstkonkretisierung des Gesetzgebers diese konterkarieren[321].

78 Im Rahmen der **Auslegung des Tierschutzgesetzes** verstärkt Art. 20a GG dessen grundrechtsbegrenzende Vorschriften[322]; er beseitigt verfassungsrechtliche Zweifel an den §§ 7ff. TierSchG[323] und gibt abstrakte Vorgaben für den Verordnungserlass nach dem Tierschutzgesetz[324], auch wenn dessen aktuelle Fassung mit Art. 20a GG vereinbar ist[325] und durch Art. 20a GG auch nicht in seiner Anwendung wesentliche Änderungen erfährt (→ Rn. 88).

79 Auch bei der Wahrnehmung von gesetzlich eingeräumten **Ermessensdirektiven** kann Art. 20a GG wirksam sein – bei der Auslegung der ermessensleitenden Gesetzeszwecke oder bei der Ermessensbetätigung[326]. Praktisch bedeutsam ist das, wenn Gesetze andere Hauptzwecke verfolgen und nun um den Gedanken des Umweltschutzes

---

schutz, in: FS Paul Kirchhof, 2013, § 80 Rn. 17; Bericht (Fn. 17), S. 68; *N. Bernsdorff*, NuR 1997, 328 (334); *Epiney* (Fn. 36), Art. 20a Rn. 90f.; a.A. *Gärditz* (Fn. 12), Art. 20a Rn. 51.

[314] *Murswiek* (Fn. 19), Art. 20a Rn. 57a; *Epiney* (Fn. 36), Art. 20a Rn. 77; *Kloepfer* (Fn. 14), Art. 20a Rn. 54, 56f., 96.

[315] *N. Bernsdorff*, NuR 1997, 328 (334); *K. Waechter*, NuR 1996, 321 (323).

[316] OLG Koblenz AgrarR 1999, 16; VersR 1998, 865.

[317] *Kloepfer* (Fn. 14), Art. 20a Rn. 36, 54, 57f.; *H.-G. Henneke*, NuR 1995, 325 (332f.); *B. Becker*, ZG 7 (1992), 225 (234ff.); *K.-P. Sommermann*, DVBl. 1991, 34 (35f.); *E. Wienholtz*, AöR 109 (1984), 532 (549).

[318] *Murswiek* (Fn. 19), Art. 20a Rn. 68; allg. grdl. zur Vielfalt der Konkretisierungsformen *P. Häberle*, Öffentliches Interesse als juristisches Problem, 1970; konkret zur »Gemeinnützigkeit« des Motorsports im Lichte von Art. 20a GG *K. Grupp*, DAR 1997, 389ff.; anders BFHE 169, 3 (7); HessFG EFG 1997, 514 (516).

[319] *Murswiek* (Fn. 19), Art. 20a Rn. 66.

[320] A.A. *Murswiek* (Fn. 19), Art. 20a Rn. 67, am Beispiel von § 5 I Nr. 2 BImSchG.

[321] Vgl. gegen eine »Aberkennung« der Gemeinnützigkeit von Automobilsportaktivitäten BFHE 182, 226 (231); *Faller*, Staatsziel (Fn. 26), S. 210f.

[322] Vgl. BVerfGE 102, 1 (18, Rn. 50); *Kloepfer*, Verfassungsrecht I, § 12 Rn. 86; a.A. *Murswiek* (Fn. 19), Art. 20a Rn. 72a.

[323] *Faller*, Staatsziel (Fn. 26), S. 113ff.; *Fielenbach*, Notwendigkeit (Fn. 26), S. 175; *Glock*, Tierschutzrecht (Fn. 76), S. 56ff., 78ff., 85f.; *M. Knauff*, SächsVBl. 2003, 101 (103); *Scholz* (Fn. 12), Art. 20a Rn. 83; a.A. *U. Stelkens*, NuR 2003, 401 (402f.).

[324] Ausf. i.S. verstärkten Tierschutzes *Caspar/Schröter*, Staatsziel (Fn. 26), S. 96ff.

[325] *Faller*, Staatsziel (Fn. 26), S. 202.

[326] Vgl. auch *Jarass*/Pieroth, GG, Art. 20a Rn. 21; *Epiney* (Fn. 36), Art. 20a Rn. 93; *Wolf* (Fn. 14), Art. 20a Rn. 47; Bericht (Fn. 17), S. 68; *H.-J. Peters*, NVwZ 1995, 555 (556f.).

IV. Die Adressaten des Umweltstaats- und des Tierschutzprinzips   Art. 20a

angereichert werden, z. B. durch Nebenbestimmungen zu straßenrechtlichen Sondernutzungserlaubnissen[327].

Art. 20a GG wirkt sich namentlich bei planerischen **Abwägungs- und Gestaltungsspielräumen** aus[328]. Soweit die Ziele des Art. 20a GG sich im Gesetz als abwägungserhebliche Belange niederschlagen, verstärkt Art. 20a GG diese Belange[329] in der Weise, dass sie i. S. eines Optimierungsgebots verstanden werden müssen[330]: Für Umweltbelange gilt nun von Verfassung wegen, was die Rechtsprechung zuvor schon für einfachgesetzliche Optimierungsgebote (z. B. bei § 50 BImSchG) erarbeitet hat[331]. Aber auch wo der Gedanke des Nachweltschutzes im Gesetz unmittelbar keinen Niederschlag gefunden hat, begrenzt Art. 20a GG den Handlungsspielraum der Verwaltung: praktisch also in Randbereichen planungsähnlichen Charakters, etwa bei der Anwendung des § 45 StVO im Straßenverkehrsrecht[332].   80

Art. 20a GG ist **auch im Rahmen der »gesetzesfreien« Verwaltung** zu beachten[333], auf der Ebene der Kommunen im Rahmen des eigenen Wirkungskreises, z. B. bei der Förderung von privaten Umweltorganisationen, der Öffentlichkeitsarbeit oder der Umweltforschungsförderung.   81

c) Verfahrensrechtliche Folgerungen

Art. 20a GG als objektives Recht (→ Rn. 24) normiert **kein subjektives öffentliches Recht**[334]: Der einzelne Bürger kann sich gegenüber der Verwaltung im Rahmen von Einwendungen in Planfeststellungs- oder Genehmigungsverfahren nicht auf Art. 20a GG berufen (wohl aber im Rahmen der Popularbeteiligung, z. B. bei Einwendungsverfahren nach § 10 IV, VI BImSchG)[335]. In verwaltungsgerichtlichen Verfahren gibt Art. 20a GG keine Klagebefugnis, in verfassungsgerichtlichen Verfahren keine Beschwerdebefugnis[336]. Auch für Verbände hat Art. 20a GG keine Entscheidung für Ver-   82

---

[327] *U. Becker*, DVBl. 1995, 713 (719f.).
[328] *Gärditz* (Fn. 12), Art. 20a Rn. 48, 50; *Epiney* (Fn. 36), Art. 20a Rn. 93; *N. Bernsdorff*, NuR 1997, 328 (334); *Kloepfer* (Fn. 14), Art. 20a Rn. 58; *Murswiek* (Fn. 19), Art. 20a Rn. 61 und 70f.; *B. Becker*, ZG 7 (1992), 225 (236ff.). → Rn. 49.
[329] BVerwGE 104, 68 (76); Sachverständigenkommission (Fn. 16), Rn. 162; *H.-J. Peters*, NuR 1987, 293 (295); *Sannwald* (Fn. 120), Art. 20a Rn. 31; anders *Kloepfer* (Fn. 14), Art. 20a Rn. 58; *H.-G. Henneke*, NuR 1995, 325 (333f.).
[330] Vgl. *Wolf* (Fn. 14), Art. 20a Rn. 47; *Murswiek* (Fn. 19), Art. 20a Rn. 70; *H. F. Funke*, DVBl. 1987, 511 (516); widersprüchlich *A. Schink*, DÖV 1997, 221 (228). → Rn. 26.
[331] Ausf. *H. Schulze-Fielitz*, in: H.-J. Koch/D. H. Scheuing/E. Pache (Hrsg.), GK-BImSchG, § 50 (2014), Rn. 27 ff.; zweifelnd *Murswiek* (Fn. 19), Art. 20a Rn. 71.
[332] Vgl. OVG Bremen UPR 1990, 353 (354) und BVerwGE 74, 234 (238ff.); *U. Steiner*, NJW 1993, 3160 (3162); ausf. *G. Manssen*, DVBl. 1997, 633 (636ff.).
[333] So auch *Jarass*/*Pieroth*, GG, Art. 20a Rn. 21; *Murswiek* (Fn. 19), Art. 20a Rn. 61; *B. Becker*, ZG 7 (1992), 225 (236).
[334] Allg. Meinung, vgl. BVerwG NJW 1995, 2648 (2649); NVwZ 1998, 398 (399); NVwZ 2007, 833 (837); *Gärditz* (Fn. 12), Art. 20a Rn. 23 ff.; *Heselhaus*, Grundlagen (Fn. 13), Rn. 12, 40; *R. Steinberg*, NJW 1996, 1985 (1992); *Scholz* (Fn. 12), Art. 20a Rn. 33 f.; *T.-J. Tsai*, Die verfassungsrechtliche Umweltschutzpflicht des Staates, 1996, S. 71 ff.; *D. Murswiek*, NVwZ 1996, 222 (230); *M. Kloepfer*, DVBl. 1996, 73 (74); *U. Becker*, DVBl. 1995, 713 (717); *H.-G. Henneke*, NuR 1995, 325 (334); *A. Uhle*, JuS 1996, 96 (97); *Müller-Bromley*, Staatszielbestimmung (Fn. 126), S. 165 ff.
[335] *Murswiek* (Fn. 19), Art. 20a Rn. 75.
[336] Vgl. *Kloepfer* (Fn. 14), Art. 20a Rn. 24, 29; *Murswiek* (Fn. 19), Art. 20a Rn. 73; *Scholz* (Fn. 12), Art. 20a Rn. 34; *A. Uhle*, JuS 1996, 96 (97); *H.-J. Peters*, NVwZ 1995, 555 (555).

Art. 20a C. Erläuterungen

bandsklagemöglichkeiten getroffen[337], auch nicht im Tierschutzrecht[338], ohne solche auszuschließen (→ Art. 19 IV Rn. 67). Möglich ist aber, dass Grundrechtsverletzungen darin gründen, dass das staatliche Handeln wegen Verstoßes gegen Art. 20a GG rechtswidrig und damit der Grundrechtseingriff nicht zu rechtfertigen ist[339].

83   Wie den Gesetzgeber (→ Rn. 73) verpflichtet Art. 20a GG auch Verwaltung und Rechtsprechung, **Eingriffe in Umweltgüter** zu begründen und die Angemessenheit von Schutzmaßnahmen **zu rechtfertigen**, vor allem bei der Wahl zwischen Gestaltungsalternativen im Rahmen von Planungs-, Abwägungs- und Ermessensentscheidungen (→ Rn. 48 f., 61). Art. 20a GG verlangt ökologische Nutzen-Kosten-Überlegungen selbst dort, wo sie in staatlichen Entscheidungsverfahren bislang nicht vorgesehen sind: Z. B. ist bei der Vergabe von Personenbeförderungserlaubnissen an konkurrierende Busunternehmer bei im Übrigen gleicher gesetzlicher Rechtsstellung eine unterschiedliche Umweltfreundlichkeit des Wagenparks berücksichtigungsfähig.

84   Die möglicherweise wichtigste praktische Bedeutung gewinnt Art. 20a GG durch seine Forderung, **Organisation und Verfahren des** staatlichen **Verwaltungshandelns** im Blick auf die Bedeutung des Umweltschutzes auszugestalten und zu praktizieren[340]. Einfachgesetzliche Anhörungspflichten, der Zugang zu Umweltinformationen, die Zusammensetzung von Expertengremien, die die Verwaltung beraten, sind für Belange des Umweltschutzes zu sensibilisieren; der Erlass von Umweltstandards und Regelwerken darf nicht mehr allein der nur scheinbar unpolitischen Umsetzung von Ingenieurwissen dienen[341]: Art. 20a GG gebietet, dass Vertreter von Umweltorganisationen oder Umweltwissenschaften angemessen mitwirken können, um die Bewertung von Umweltrisiken an Gemeinwohlkriterien zu binden[342]. Ein Verstoß gegen Verfahrensvorschriften, die Zielen des Art. 20a GG dienen, verstößt zugleich gegen Art. 20a GG[343].

---

[337] BVerfG (K), NVwZ 2001, 1148 (1149); BVerwGE 101, 73 (83); BVerwG DVBl. 1997, 1123 (1124); *Gärditz* (Fn. 12), Art. 20a Rn. 64; *R. Wolf*, KritV 80 (1997), 280 (299); *Scholz* (Fn. 12), Art. 20a Rn. 33; a.A. *A. Fisahn*, ZUR 1996, 180 (186); de lege ferenda *A. Epiney*, NVwZ 1999, 485 ff.; widersprüchlich *Heselhaus*, Grundlagen (Fn. 13), Rn. 63.

[338] Vgl. *Caspar/Schröter*, Staatsziel (Fn. 26), S. 49 ff.; *Kloepfer* (Fn. 14), Art. 20a Rn. 106; de lege ferenda *P. Fest/K. Köpernik*, DVBl. 2012, 1473 (1475 ff.); *A. Näckel/A. Wasielewski*, NordÖR 2004, 379 ff.

[339] *Murswiek* (Fn. 19), Art. 20a Rn. 74; *R. Steinberg*, NJW 1996, 1985 (1992). – Zur willkürlichen Vernachlässigung von Umweltschutzpflichten aus Art. 141 I 4 BV als Gleichheitsverstoß vgl. BayVerfGH BayVBl. 1986, 298 (300); BayVBl. 2006, 598 (599 f.); *D. Fröhlich*, BayVBl. 2013, 1 (5); *B. Söhnlein*, NuR 2008, 251 ff.; a.A. *Murswiek* (Fn. 19), Art. 20a Rn. 73; *N. Bernsdorff*, NuR 1997, 328 (330).

[340] Z. B. *Jarass*/Pieroth, GG, Art. 20a Rn. 22; *Gärditz* (Fn. 12), Art. 20a Rn. 63; *Epiney* (Fn. 36), Art. 20a Rn. 79 ff.; *L. Münkler*, Der Umweltstaat, in: FS Battis, 2014, S. 143 ff.; *I. I. Sofiotis*, VR 2012, 91 ff.; *T. Groß*, ZUR 2009, 364 (367); *Murswiek* (Fn. 19), Art. 20a Rn. 75; *F. Ekardt*, SächsVBl. 1998, 49 (49, 54); *Geddert-Steinacher*, Staatsziel (Fn. 25), S. 50; ausf. *C. Calliess*, Verwaltungsorganisationsrechtliche Konsequenzen des integrierten Umweltschutzes, in: M. Ruffert (Hrsg.), Recht und Organisation, 2002, S. 73 ff. (78 ff.); *Brönneke*, Umweltverfassungsrecht (Fn. 18), S. 362 ff.

[341] Vgl. *Gärditz* (Fn. 12), Art. 20a Rn. 32 f., 37, 49; *R. Steinberg*, NJW 1996, 1985 (1994); *Schulze-Fielitz*, Gesetzgebung (Fn. 289), S. 188 ff.

[342] *Murswiek* (Fn. 19), Art. 20a Rn. 77; dazu allg. *W. Köck*, AöR 121 (1996), 1 (21); *C. Gusy*, Die untergesetzliche Rechtsetzung nach dem Bundes-Immissionsschutzgesetz aus verfassungsrechtlicher Sicht, in: H.-J. Koch/R. Lechelt (Hrsg.), Zwanzig Jahre Bundes-Immissionsschutzgesetz, 1994, S. 185 ff. (208 f.); ausf. *E. Denninger*, Verfassungsrechtliche Anforderungen an die Normsetzung im Umwelt- und Technikrecht, 1990.

[343] So BVerfGE 127, 293 (329, Rn. 122 f.); krit. *W. Durner*, DVBl. 2011, 97 (98); *L. Ketterer*, NuR 2011, 417 (419).

4. Verstöße gegen Art. 20a GG: Rechtsfolgen und Justitiabilität

Verstöße gegen Art. 20a GG führen zur **Verfassungswidrigkeit** des jeweiligen Rechtsaktes. Die **Bindung des Gesetzgebers** unterliegt der verfassungsgerichtlichen Kontrolle, u.U. im Rahmen einer auf Art. 2 I GG gestützten Verfassungsbeschwerde[344]; insbesondere das Untermaßverbot (→ Art. 20 [Rechtsstaat], Rn. 198) verlangt ein Mindestmaß an gesetzgeberischer Aktivität. Allerdings ist die Kontrolle wegen der beschränkten Justitiabilität des gesetzgeberischen Gestaltungsfreiraums auf evidente Verstöße beschränkt[345].

85

Die **Bindung von Verwaltung und Rechtsprechung** bedeutet, dass sie im Rahmen ihrer Rechte und Pflichten zur Normenkontrolle Verstöße gegen Art. 20a GG zu beachten haben; Verstöße des parlamentarischen Gesetzgebers hat die Verwaltung zur verfassungsgerichtlichen Überprüfung zu bringen (→ Art. 20 [Rechtsstaat], Rn. 98); Gerichte haben die Möglichkeiten zur konkreten Normenkontrolle (Art. 100 I GG) zu nutzen[346]. Verstößt untergesetzliches Recht gegen Art. 20a GG, haben Gerichte die Möglichkeit, es zu verwerfen[347].

86

D. Verhältnis zu anderen GG-Bestimmungen

Art. 20a GG kann sich im Verhältnis zu anderen Verfassungsprinzipien[348] sowohl grundrechtsbeschränkend wie grundrechtsverstärkend auswirken[349]. Gesetze, die das Umweltstaatsprinzip konkretisieren, können mit dem Gewicht der in Art. 20a GG geschützten Umweltbelange die **Einschränkung von Freiheitsgrundrechten legitimieren**[350], namentlich Beschränkungen nach Art. 14 I 2, II GG[351], Art. 12 I 2 GG[352] und Art. 2 I GG, z.B. ein Verbot der Nutzung der Kernenergie oder von Bierdosen[353]. Art. 20a GG kann auch Ungleichbehandlungen i.S. von Art. 3 I GG rechtfertigen[354]. Das gilt grundsätzlich in derselben Weise für Gesetze, die das Tierschutzprinzip konkretisieren[355].

87

---

[344] *Gärditz* (Fn. 12), Art. 20a Rn. 25; offen lassend BVerfGK 16, 370 (377, 383); *A. Voßkuhle*, NVwZ 2013, 1 (5). → Art. 2 I Rn. 42 f.

[345] Vgl. *N. Bernsdorff*, NuR 1997, 328 (330); *Scholz* (Fn. 12), Art. 20a Rn. 49; *A. Schink*, DÖV 1997, 221 (228); *M. Kloepfer*, DVBl. 1996, 73 (75); ausf. am Beispiel des Tierschutzes *Faller*, Staatsziel (Fn. 26), S. 172 ff., 180 ff.

[346] *Kloepfer* (Fn. 14), Art. 20a Rn. 60 f.; *Faller*, Staatsziel (Fn. 26), S. 221 ff.

[347] *Jarass*/Pieroth, GG, Art. 20a Rn. 19. Zur Normenkontrolle der Verwaltung: → Art. 20 (Rechtsstaat), Rn. 98.

[348] Dazu ausf. *Söhnlein*, Landnutzung (Fn. 139), S. 158 ff.; → Rn. 26.

[349] *Kloepfer* (Fn. 14), Art. 20a Rn. 28; zurückhaltend *A. Uhle*, JuS 1996, 96 (100 f.); *F. Ossenbühl*, NuR 1996, 53 (57 f.).

[350] Vgl. *Jarass*/Pieroth, GG, Art. 20a Rn. 15; *Gärditz* (Fn. 12), Art. 20a Rn. 68; *Sommermann* (Fn. 34), Art. 20a Rn. 41, 48 f.; *R. Wolf*, KritV 80 (1997), 280 (299 f.); *Heselhaus*, Grundlagen (Fn. 13), Rn. 104 f.

[351] BVerfGE 102, 1 (18, Rn. 50); 128, 1 (39 f., Rn. 140 f.); BVerwG NVwZ 2009, 647 (649, Rn. 34); *O. Depenheuer*, in: v. Mangoldt/Klein/Starck, GG I, Art. 14 Rn. 332 ff.; *T. Groß*, NVwZ 2011, 129 (132); ausf. *Blasberg*, Inhalts- und Schrankenbestimmungen (Fn. 179), S. 61 ff.

[352] BVerfGE 128, 1 (37 ff., Rn. 136 ff.); *Heselhaus*, Grundlagen (Fn. 13), Rn. 114.

[353] Vgl. *Berg*, Umweltstaat (Fn. 14), S. 437.

[354] *Gärditz* (Fn. 12), Art. 20a Rn. 97; *F. Ekardt*, SächsVBl. 1998, 49 (51); *K. Waechter*, NuR 1996, 321 (323); *A. Uhle*, JuS 1996, 96 (99).

[355] Vgl. BVerfGE 36, 47 (56 ff.); 104, 337 (345 ff., Rn. 30 ff.); *H. Holste*, JA 2002, 907 (911); ausf. *Faller*, Staatsziel (Fn. 26), S. 248 ff.; *Caspar/Schröter*, Staatsziel (Fn. 26), S. 62 ff.

Art. 20a   D. Verhältnis zu anderen GG-Bestimmungen

88   Gleiches kann für Beschränkungen **vorbehaltlos garantierter Grundrechte** (z. B. Art. 4[356], 5 III[357], 8 I GG) durch ein Gesetz gelten, das Art. 20a GG gerecht zu werden sucht (z. B. Forschungsbegrenzungen trotz Art. 5 III GG[358] namentlich bei Tierversuchen in Forschung und Lehre[359]: Insoweit macht **Art. 20a GG** den Umweltschutz (und den individuellen Tierschutz[360]) zu einer **verfassungsimmanenten Schranke**[361] (→ Vorb. Rn. 139 ff.), ohne dass dem Gewicht namentlich auch des Tierschutzes stets Vorrang einzuräumen wäre (→ Rn. 61): Die Konstitutionalisierung des Tierschutzes dürfte jedenfalls hinsichtlich Art. 4 I, II GG angesichts der gesetzlichen Ausgleichsregeln in §§ 4a, 7 ff. Tierschutzgesetz selbst kaum zu wesentlichen Änderungen in der Praxis führen[362], aber auch sonst nicht[363] oder bei Tierversuchen, soweit Versuchstiere schonend behandelt werden[364].

89   Andererseits können die **Abwehrgehalte von Grundrechten** im Lichte der Wertentscheidung des Art. 20a GG gegen solche freiheitsbegrenzenden Gesetze **gestärkt** werden[365], welche Gemeinwohlinteressen ohne angemessene Rücksicht auf die durch die Freiheitsgrundrechte mit geschützten Umweltbelange verfolgen. Namentlich die **objektiv-rechtliche Schutzpflicht des Gesetzgebers** kann durch Art. 20a GG konkretisiert und verdichtet werden[366], auch wenn Art. 20a GG und die grundrechtlichen Gehalte grundsätzlich nebeneinander stehen[367]. Nicht aber erweitert oder verengt Art. 20a GG die Schutzbereiche der Einzelgrundrechte[368], die für sich zu bestimmen sind. Art. 20a GG darf nicht so ausgelegt werden, dass er die bestehenden Pflichten zum Schutz von

---

[356] BVerwG NuR 1997, 440 (440 f.); RdL 2010, 260 (Rn. 10); a.A. *S. Lenz/P. Leydecker*, DÖV 2005, 841 (845).
[357] BVerwG NJW 1995, 2648 (2649); NJW 1996, 1163 betr. Kunstfreiheit.
[358] BVerfGE 128, 1 (40 ff., Rn. 142 ff.); *Wolf* (Fn. 14), Art. 20a Rn. 38; *Kloepfer* (Fn. 14), Art. 20a Rn. 27, 83 ff.
[359] *Kloepfer* (Fn. 14), Art. 20a Rn. 84 f.; ausf. *Cornils*, Reform (Fn. 72), S. 88 ff., 108 ff., zsfssd. 116 f.; *Faller*, Staatsziel (Fn. 26), S. 237 ff.; *Fielenbach*, Notwendigkeit (Fn. 26), S. 31 ff.; *Caspar/Schröter*, Staatsziel (Fn. 26), S. 70 ff., 82 ff.
[360] *M. Knauff*, SächsVBl. 2003, 101 (102 f.); *H. Holste*, JA 2002, 907 (912); *M. Faber*, UPR 2002, 378 (381 f.).
[361] BVerfGE 128, 1 (41 f., Rn. 147 f.); *Murswiek* (Fn. 19), Art. 20a Rn. 72; *Gärditz* (Fn. 12), Art. 20a Rn. 69; *Epiney* (Fn. 36), Art. 20a Rn. 91; *R. Wolf*, KritV 80 (1997), 280 (300 f.); *N. Bernsdorff*, NuR 1997, 328 (331); *H.-J. Papier*, NJW 1997, 2841 (2843); *R. Schmidt*, JZ 1997, 1042 (1043); zum Bsp. Kunstfreiheit *A. Uhle*, UPR 1996, 55 (57); *P. Schütz*, JuS 1996, 498 (503 ff.); grds. a.A. *C. Bamberger*, Der Staat 39 (2000), 355 (363); wohl auch *Huster/Rux* (Fn. 28), Art. 20a Rn. 46 f.
[362] BVerwG 127, 183 (186, Rn. 12); *C. Traulsen*, NuR 2007, 800 ff.; *J. Oebbecke*, NVwZ 2002, 302 (303); *T. M. Spranger*, ZRP 2000, 285 (287 ff.); im Erg. auch *Faller*, Staatsziel (Fn. 26), S. 242 ff., 248; a.A. HessVGH NuR 2005, 464 (465 ff.); *T. Cirsovius*, NuR 2008, 237 (239 ff.); *H.-G. Kluge*, NVwZ 2006, 650 ff.; *M. Knauff*, SächsVBl. 2003, 101 (103); *J. Caspar/M. Geissen*, NVwZ 2002, 913 (915 f.); ausf. zur (wohl vorübergehenden) Heterogenisierung der Judikatur *Köpernik*, Rechtsprechung (Fn. 26), S. 96 ff.
[363] Vgl. ausf. Belege bei *Köpernik*, Rechtsprechung (Fn. 26), S. 34 ff., 46 ff., 67 ff., 128 ff., 163 ff. u.ö.
[364] BVerwG NVwZ 2014, 450 (451 f.); OVG Bremen DVBl. 2013, 669 ff.; *L. Hildemann*, NVwZ 2014, 453 f.; *K. F. Gärditz*, ZUR 2013, 434 ff.; *ders.*, Tierversuche (Fn. 82), S. 115 ff.; *M. Knauff*, SächsVBl. 2003, 101 (103); *U. Stelkens*, NuR 2003, 401 (405 ff.); a.A. VG Gießen NuR 2004, 64 (65); *E. I. Obergfell*, NJW 2002, 2296 (2298).
[365] Vgl. *Kloepfer* (Fn. 14), Art. 20a Rn. 23; *N. Bernsdorff*, NuR 1997, 328 (330); betr. Art. 14 GG *Blasberg*, Inhalts- und Schrankenbestimmungen (Fn. 179), S. 167 ff.
[366] *Blasberg*, Inhalts- und Schrankenbestimmungen (Fn. 179), S. 160 ff. betr. Art. 14 GG.
[367] Sehr weitgehend *F. Ekardt*, NVwZ 2013, 1105 (1106 f.).
[368] So aber *Jarass*/Pieroth, GG, Art. 20a Rn. 16; *Epiney* (Fn. 36), Art. 20a Rn. 91; *Bernsdorff* (Fn. 15), Art. 20a Rn. 13; wie hier *Faller*, Staatsziel (Fn. 26), S. 253 ff.

Leben und körperlicher Unversehrtheit etwa vor gefährlichen Hunden[369] (→ Art. 2 II Rn. 76 ff.) relativiert[370].

Das Umweltstaatsprinzip ist nicht in **Art. 20 GG** verankert worden, um Zweifelsfragen im Blick auf Art. 79 III GG (und auch auf ein »ökologisches Widerstandsrecht« i. S. von Art. 20 IV GG)[371] zu vermeiden[372]; für den verfassungsändernden Gesetzgeber ist es den in Art. 1 und 20 GG niedergelegten Grundsätzen (→ Art. 79 III Rn. 26 ff.) nachrangig[373]. Art. 20a GG könnte also geändert oder wieder gestrichen werden.

90

---

[369] BVerfGE 110, 141 (166, Rn. 87).
[370] *Murswiek* (Fn. 19), Art. 20a Rn. 21; *Gärditz* (Fn. 12), Art. 20a Rn. 80.
[371] Ungeachtet dessen für ein Widerstandsrecht *Murswiek*, Umweltschutz (Fn. 7), S. 78 f.
[372] Vgl. *Scholz* (Fn. 12), Art. 20a Rn. 28 f.; krit. *K. E. Heinz*, NuR 1994, 1 (7 f.).
[373] Vgl. *Kloepfer* (Fn. 14), Art. 20a Rn. 26; *R. Wolf*, KritV 80 (1997), 280 (282 f.); a.A. *N. Bernsdorff*, NuR 1997, 328 (330).

Artikel 21 [Parteien]

(1) ¹Die Parteien wirken bei der politischen Willensbildung des Volkes mit. ²Ihre Gründung ist frei. ³Ihre innere Ordnung muß demokratischen Grundsätzen entsprechen. ⁴Sie müssen über die Herkunft und Verwendung ihrer Mittel sowie über ihr Vermögen öffentlich Rechenschaft geben.

(2) ¹Parteien, die nach ihren Zielen oder nach dem Verhalten ihrer Anhänger darauf ausgehen, die freiheitliche demokratische Grundordnung zu beeinträchtigen oder zu beseitigen oder den Bestand der Bundesrepublik Deutschland zu gefährden, sind verfassungswidrig. ²Über die Frage der Verfassungswidrigkeit entscheidet das Bundesverfassungsgericht.

(3) Das Nähere regeln Bundesgesetze.

Literaturauswahl

v. Arnim, Hans Herbert: Der strenge und der formale Gleichheitssatz, in: DÖV 1984, S. 85–92.
v. Arnim, Hans Herbert: Die Partei, der Abgeordnete und das Geld, 2. Aufl. 1996.
Becker, Jürgen (Hrsg.): Wahlwerbung politischer Parteien im Rundfunk, 1990.
Cassebaum, Christian: Die prozessuale Stellung der politischen Parteien und ihrer Gebietsverbände, 1988.
Clemens, Thomas: Politische Parteien und andere Institutionen im Organstreitverfahren, in: Festschrift für Wolfgang Zeidler, 1987, S. 1261–1287.
Gehse, Oliver: Vorstandsmitglieder kraft Amtes in politischen Parteien, 2010.
Grawert, Friedrich: Parteiausschluß und innerparteiliche Demokratie, 1987.
Grimm, Dieter: Politische Parteien, in: HdbVerfR, § 14, S. 599–656.
Hainz, Josef: Die Verfassungsmäßigkeit der Öffnung politischer Parteien für die Mitarbeit Parteifremder, 2006.
Harms, Angelika: Die Gesetzgebungszuständigkeit des Bundes aus Art. 21 III GG in Abgrenzung zum Zuständigkeitsbereich der Länder, 1986.
Heinz, Ursula: Organisation innerparteilicher Willensbildung, 1987.
Henke, Wilhelm: Das Recht der politischen Parteien, 3. Aufl., veröffentlicht in: BK, Art. 21, 1991.
Hesse, Konrad: Die verfassungsrechtliche Stellung der politischen Parteien im modernen Staat, VVDStRL 17 (1959), S. 11–52.
Hientzsch, Christina: Die politische Partei in der Insolvenz, 2010.
Jülich, Heinz-Christian: Chancengleichheit der Parteien, 1967.
Kerssenbrock, Trutz Graf: Der Rechtsschutz des Parteimitgliedes vor Parteischiedsgerichten, 1994.
Kißlinger, Andreas: Das Recht auf politische Chancengleichheit, 1998.
Klapp, Theo: Chancengleichheit von Landesparteien im Verhältnis zu bundesweit organisierten Parteien, 1989.
Köhler, Jan Klaus: Parteien im Wettbewerb, 2006.
König, Georg: Die Verfassungsbindung der politischen Parteien, 1993.
Krumbholz, Arne: Finanzierung und Rechnungslegung der politischen Parteien und deren Umfeld, 2010.
Kunig, Philip: Parteien, in: HStR³ III, § 40, S. 297–356.
Lackner, Herbert: Verfassungsrechtliche Probleme von Sendezeiten für Dritte im Rahmen der dualen Rundfunkordnung, 1999.
Landfried, Christine: Parteifinanzen und politische Macht, 2. Aufl. 1994.
Leibholz, Gerhard: Strukturprobleme der modernen Demokratie, Neuausgabe der 3. Aufl. 1967, 1974.
Lenk, Kurt/Neumann, Franz: Theorie und Soziologie der politischen Parteien, 2. Aufl. 1974.
Lenski, Sophie-Charlotte: Regierungs- und Fraktionsarbeit als Parteiarbeit, in: DÖV 2014, S. 585–594.
Lipphardt, Hanns-Rudolf: Die Gleichheit der politischen Parteien vor der öffentlichen Gewalt, 1975.
Mauersberger, Axel: Die Freiheit der Parteien, 1994.
Maurer, Hartmut: Die Rechtsstellung der politischen Parteien, in: JuS 1991, S. 881–889.
Maurer, Hartmut: Die politischen Parteien im Prozeß, in: JuS 1992, S. 296–300.

Meier, Horst: Parteiverbote und demokratische Republik, 1993.
Merten, Heike: Parteinahe Stiftungen im Parteienrecht, 1999.
Meyer, Hubert: Kommunales Parteien- und Fraktionsrecht, 1990.
Michaelis, Lars Oliver: Politische Parteien unter der Beobachtung des Verfassungsschutzes, 2000.
Morlok, Martin: Parteienrecht ist Organisationsrecht, in: Festschrift für Brun-Otto Bryde, 2013, S. 231–260.
Morlok, Martin: Parteienrecht als Wettbewerbsrecht, in: Festschrift für Dimitris T. Tsatsos, 2003, S. 408–447.
Morlok, Martin: Der Anspruch auf Zugang zu den politischen Parteien, in: Festschrift für Franz Knöpfle, 1996, S. 231–271.
Morlok, Martin/v. Alemann, Ulrich/Streit, Thilo (Hrsg.): Medienbeteiligungen politischer Parteien, 2004.
Muthers, Kerstin: Rechtsgrundlagen und Verfahren zur Festsetzung staatlicher Mittel zur Parteienfinanzierung, 2004.
Papadopoulou, Triantafyllia: Politische Parteien auf europäischer Ebene, 1999.
Risse, Johannes: Der Parteiausschluß, 1985.
Roßner, Sebastian: Parteiausschluss, Parteiordnungsmaßnahmen und innerparteiliche Demokratie, 2014.
Saliger, Frank: Parteiengesetz und Strafrecht, 2005.
Schindler, Alexandra: Die Partei als Unternehmer, 2006.
Schmidt, Thomas: Die Freiheit verfassungswidriger Parteien und Vereinigungen, 1983.
Schwartmann, Rolf: Verfassungsfragen der Allgemeinfinanzierung politischer Parteien, 1995.
Seifert, Karl-Heinz: Die politischen Parteien im Recht der Bundesrepublik Deutschland, 1975.
Shirvani, Foroud: Das Parteienrecht und der Strukturwandel im Parteiensystem, 2010.
Stentzel, Rainer: Integrationsziel Parteiendemokratie, 2002.
Stoklossa, Uwe: Der Zugang zu den politischen Parteien im Spannungsfeld zwischen Vereinsautonomie und Parteienstaat, 1989.
Stollberg, Frank: Die verfassungsrechtlichen Grundlagen des Parteiverbots, 1976.
Stolleis, Michael: Parteienstaatlichkeit – Krisensymptome des demokratischen Verfassungsstaats?, VVDStRL 44 (1986), S. 7–45.
Thiel, Markus: Das Verbot verfassungswidriger Parteien (Art. 21 Abs. 2 GG), in: ders. (Hrsg.), Wehrhafte Demokratie, 2003, S. 173–207.
Trautmann, Helmut: Innerparteiliche Demokratie im Parteienstaat, 1975.
Triepel, Heinrich: Die Staatsverfassung und die politischen Parteien, 2. Auflage 1930.
Tsatsos, Dimitris T.: Europäische politische Parteien?, in: EuGRZ 1994, S. 45–53.
Tsatsos, Dimitris T./Morlok, Martin: Parteienrecht, 1982.
Tsatsos, Dimitris T./Schefold, Dian/Schneider, Hans-Peter (Hrsg.): Parteienrecht im europäischen Vergleich, 1990.
Walther, Christoph J.: Wahlkampfrecht, 1989.
Westerwelle, Guido: Das Parteienrecht und die politischen Jugendorganisationen, 1994.
Wietschel, Wiebke: Der Parteibegriff, 1996.
Wolfrum, Rüdiger: Die innerparteiliche demokratische Ordnung nach dem Parteiengesetz, 1974.

Siehe ferner die Nachweise in:
Udo Bermbach (Hrsg.): Hamburger Bibliographie zum parlamentarischen System der Bundesrepublik Deutschland, 1973 ff. bis 6. Erg.-Lfg. (1981–1984), 1993.
Martin Schumacher (Bearb.): Kommission für Geschichte des Parlamentarismus und der Politischen Parteien, annotierte Bibliographie 1953–1988.

Leitentscheidungen des Bundesverfassungsgerichts

BVerfGE 1, 208 (241 ff.) – 7,5 %-Sperrklausel; 2, 1 (15 ff.) – SRP-Verbot; 4, 27 (28 ff.) – Klagebefugnis politischer Parteien; 5, 85 (111 ff.) – KPD-Verbot; 7, 99 (107 f.) – Sendezeit I; 8, 51 (62 ff.) – 1. Parteispenden-Urteil; 11, 266 (273 ff.) – Wählervereinigung; 14, 121 (124 ff.) – FDP-Sendezeiten; 20, 56 (96 ff.) – Parteienfinanzierung I; 39, 334 (357 ff.) – Extremistenbeschluß; 44, 125 (138 ff.) – Öffentlichkeitsarbeit; 47, 198 (222 ff.) – Wahlwerbesendungen; 51, 222 (227 ff.) – 5%-Klausel; 52, 63 (86 ff.) – 2. Parteispenden-Urteil; 67, 149 (152 ff.) – Wahlwerbung/WDR; 69, 257 (268 ff.) – Politische Parteien; 73, 1 (15 ff.) – Politische Stiftungen; 73, 40 (47 ff.) – 3. Parteispendenurteil; 85, 264 (283 ff.) – Parteienfinanzierung II; 91, 262 (266 ff.) – Parteienbegriff I; 91, 276 (284 ff.) – Parteienbegriff II;

Art. 21

104, 287 (297 ff., Rn. 50 ff.) – Ehrenamtliche Parteileistungen; 107, 339 (356 ff., Rn. 52 ff.) – NPD-Verbotsverfahren; 111, 54 (80 ff., Rn. 165 ff.) – Rechenschaftsbericht; 111, 382 (397 ff., Rn. 59 ff.) – Drei-Länder-Quorum; 121, 30 (46 ff., Rn. 73 ff.) – Parteibeteiligung an Rundfunkunternehmen; 121, 108 (118 ff., Rn. 28 ff.) – Zuwendungen an kommunale Wählervereinigungen; 121, 266 (289 ff., Rn. 76 ff.) – Negatives Stimmgewicht; 123, 39 (64 ff., Rn. 90 ff.) – Wahlcomputer; 129, 300 (316 ff., Rn. 74 ff.) – Fünf-Prozent-Sperrklausel EuWG; 131, 316 (334 ff., Rn. 44 ff.) – Überhangmandate III; 135, 259 (280 ff., Rn. 34 ff.) – Drei-Prozent-Sperrklausel EuWG.

Gliederung

	Rn.
A. Herkunft, Entstehung, Entwicklung	1
I. Ideen- und verfassungsgeschichtliche Aspekte	1
II. Entstehung und Veränderung der Norm	8
B. Internationale, supranationale und rechtsvergleichende Bezüge	12
I. Internationale Menschenrechtspakte	12
II. Europäisches Unionsrecht	13
III. Rechtsvergleichende Hinweise	15
C. Erläuterungen	19
I. Funktion und Status der politischen Parteien	19
1. Mitwirkung bei der politischen Willensbildung (Art. 21 I 1 GG)	19
2. Parteibegriff	29
a) Funktion	29
b) Verfassungsrechtlicher und einfachgesetzlicher Begriff	34
c) Elemente	35
3. Zulässigkeit und Gebotenheit staatlicher Parteienfinanzierung	44
4. Der Status der Freiheit, der Gleichheit, der Öffentlichkeit und der innerparteilichen Demokratie	46
II. Der Status der Freiheit der Parteien	49
1. Rechtsnatur des Art. 21 GG	49
2. Träger der Parteienfreiheit	51
3. Sachlicher Schutzbereich	55
4. Abwehrcharakter	65
5. Schranken der Parteienfreiheit	66
6. Ausstrahlungswirkung	67
7. Freiheitsaspekte der Parteienfinanzierung	68
III. Der Status der Gleichheit der Parteien	77
1. Stellenwert und Begründung der Chancengleichheit	77
2. Träger und Bezugspunkte	79
3. Inhalt und Anwendungsbereich	81
4. Rechtfertigung von Ungleichbehandlungen	85
5. Einzelfälle, insbesondere Wahlkampf und Öffentlichkeitsarbeit	94
6. Gleichheitsaspekte der Parteienfinanzierung	100
IV. Der Status der Öffentlichkeit der Parteien	111
1. Bedeutung und Praxis	111
2. Die Öffentlichkeitsunterworfenheit der Parteifinanzen (Art. 21 I 4 GG)	113
3. Öffentlichkeitsgebote an die Parteien nach außen wie nach innen	120
V. Innerparteiliche Demokratie (Art. 21 I 3 GG)	123
1. Funktionale Notwendigkeit	123
2. Der Begriff »demokratische Grundsätze«	125
3. Objektiv-rechtliche Bedeutung	128
4. Subjektiv-rechtliche Gehalte	132
5. Einzelne Mitgliedschaftsrechte	135
6. Schutz und Durchsetzung demokratischer Mitgliedschaftsrechte	141
VI. Parteiverbot (Art. 21 II GG)	143
1. Rechtfertigung und Gefahren	143
2. Voraussetzungen	147
3. Verbotswirkungen und Entscheidungsverfahren	155

I. Ideen- und verfassungsgeschichtliche Aspekte **Art. 21**

VII. Ausgestaltungsauftrag an den Gesetzgeber (Art. 21 III GG) 161
D. Verhältnis zu anderen GG-Bestimmungen 166

Stichwörter

Abgeordnetenentschädigung 109 – Abgestufte Gleichheit 80, 89 ff. – Adressaten 65 – Auflösung 60 – Ausschluss 136 – Austritt 135 – Begriff 29, 34 ff. – Beitritt 135 – Degression 104 – Demokratieprinzip 19, 78, 125 ff. – Ernsthaftigkeit 40 – Ersatzorganisationen 155 – Europäische Parteienverordnung 13 – Finanzierung 44 f., 68 ff., 87, 100 ff. – Formalität 82 – Fraktion 4, 64, 109 – Funktionen 21 – Gliederung 128 – Grundrecht 49 – Grundrechtsgeltung 55 ff. – Gründung 59 – Hilfsorganisationen 42 f., 106 – Imperatives Mandat 140 – Kandidatenaufstellung 129 – Kredite 117 – Medienbeteiligungen 57, 110 – Mehrheitsprinzip 127 – Mehrparteiensystem 27 – Mitgliedschaftsrecht 132 – Nebenorganisationen 42 f., 106 – Neutralität 80, 94 – Obergrenze 45, 70 ff. – Opposition 138 – Parteienprivileg 157 – Parteienstaatlichkeit 25 – Parteitag 120 – Quotenregelung 139 – Politikfinanzierung 75, 108 – Rechenschaftslegung 74, 114 ff. – Registrierung 33 – Rundfunkfreiheit 99 – Rundfunkwerbung 99 – Sanktionen 119, 129 f. – Satzung 127 – Schiedsgerichte 141 – Schutzpflicht 28, 50, 114, 133 – Sozialistengesetz 5 – Spenden 68, 101 f., 116 f. – Sperrklauseln 86 – Staatliche Leistungen 88 – Stadthallen 95 – Steuern 101 f. – Tendenzrecht 61, 67, 134 – Träger 51 f. – Überwachung 65, 159 – Unvereinbarkeitsbeschluss 136 – Urabstimmung 139 – Verbot 143 ff. – Verfassungsfeindlichkeit 65, 157 f. – Verfassungsorganqualität 25 – Verfassungswidrigkeit 148 ff. – Vermögen 118 – Versammlung 140 – Volkssouveränität 19 – Wahlkampf 62, 96 – Wehrhafte Demokratie 144 – Wettbewerb 27, 77 – Willensbildung 16 – Wirtschaftliche Tätigkeit 57, 110 – Zeitungswerbung 98 – Zugangshürden 105.

A. Herkunft, Entstehung, Entwicklung

I. Ideen- und verfassungsgeschichtliche Aspekte

Das Entstehen des Parteiwesens setzt gesellschaftlichen **Pluralismus**, dessen freien Ausdruck[1] und die Öffnung des staatlichen Machtapparates für gesellschaftliche Einflussnahme voraus. Demnach interessieren die Anfänge des Pluralismus im geistig-kulturellen wie im gesellschaftlich-strukturellen Bereich, die Institutionalisierung demokratischer Mitwirkungsrechte und deren rechtliche Flankierung. **1**

Im Europa[2] des ausgehenden Mittelalters ermöglichten das Zerbrechen der traditionellen sozialen Ordnung, die Verstädterung, die Lockerung patriarchalischer Bindungen, die Glaubensspaltung und auch das Verschwinden einheitlicher Maßstäbe die Formierung pluralistisch gefächerter Interessen. Deren Träger gruppierten sich, um die aus ihrer Sicht notwendigen gesellschaftlichen Wandlungen durch eigenes Handeln zu bewirken[3]. Um Gleichgesinnte zu versammeln, bedurfte es frei gebildeter politischer Vereinigungen. Die ständische Ordnung mit ihrer Einbindung in existierende Korporationen stand dem entgegen[4]. Die entstehende Freiheit der Städte bot frühe Muster für das Phänomen der Gruppenbildung in parlamentsähnlichen Organen[5]. Mit der **bürgerlichen Revolution** Ende des 18. Jahrhunderts übernahmen neue **2**

---

[1] Vgl. *D. T. Tsatsos/M. Morlok*, Parteienrecht, 1982, S. 3, 13.
[2] Eine getrennte Betrachtung Englands, Frankreichs und Deutschlands bei *C. Gusy*, in: AK-GG, Art. 21 (2001), Rn. 2 ff.
[3] *Huber*, Verfassungsgeschichte, Bd. 1, S. 700.
[4] *W. Hardtwig*, Art. Verein, in: Geschichtliche Grundbegriffe, Bd. 6, 1990, S. 789 ff. (814 ff.); ders., Genossenschaft, Sekte, Verein in Deutschland, Bd. 1, 1997, S. 25 ff., für die Politisierung S. 328 ff.; vgl. auch *F. Müller*, Korporation und Assoziation, 1965. Zur Bedeutung des Vereinswesens für die Entstehung politischer Parteien *D. Langewiesche*, GuG 4 (1978), 324 (339 ff.) m.w.N.
[5] Für die italienischen Stadtstaaten: *K. v. Beyme*, Art. Partei, Fraktion, in: Geschichtliche Grundbegriffe, Bd. 4, 1978, S. 677 ff. (681).

Führungsgruppen zunächst nur faktisch die politische Macht in den Institutionen. Bei zunehmender Vereinigungsfreiheit waren die Zusammenschlüsse in Parteien[6] »**das der bürgerlichen Gesellschaft wesensadäquate Mittel zur Vergesellschaftung des Staats**«[7]. Dieser Logik konnten sich auch die alten Mächte, denen das Parteiwesen Einfluss streitig machte, nicht entziehen. Auch sie mussten das Instrument ihrer Gegner übernehmen[8] und sich als Partei der Konservativen organisieren.

3   Aus der verfassungsrechtlichen Zulassung gesellschaftlicher Mitsprache bei staatlichen Entscheidungen entstand das Problem der **Vermittlung** zwischen ungeregelter gesellschaftlicher Meinungs- und Interessenvielfalt[9] und organisierter staatlicher Handlungseinheit[10]. Geleitet von den Bedingungen des Erfolges im **staatlich-institutionellen Bereich**[11] nehmen die Parteien Einfluss auf den Willensbildungsprozess des Staates. Darauf ausgerichtete Rezeptionsstrukturen des Staatsapparates sind vorwiegend im parlamentarischen Bereich vorhanden[12]. Demgemäß wird die Teilnahme an Wahlen zum Abgrenzungskriterium gegenüber anderen politischen Vereinigungen.

4   Das gewählte Parlament[13] brachte mit seiner zunehmenden politischen **Fraktionierung** die bürgerliche Partei im heutigen Sinne hervor. Mit der Umstellung der Interessenvertretung auf die Repräsentation des ganzen Volkes bedurfte es anderer politischer Einheiten – Überzeugungs-, Interessen- und Wahlkampfgemeinschaften[14] –, die nicht an vorhandene korporierte Strukturen angebunden waren. Zunächst lose strukturierte **Clubs** und »**Fraktionen**« von Abgeordneten ähnlicher politischer Meinung arbeiteten zusammen, legten vor den Wählern Rechenschaft ab und nahmen Anregungen entgegen. Der Kontakt geriet zur Beziehung, aus der sich die politische Partei institutionalisierte. Zuerst geschah dies im 17. Jahrhundert in England; in den revolu-

---

[6] Zu konkreten Parteientwicklungen s. u.a.: J. LaPalombara/M. Weiner (Hrsg.), Political Parties and Political Development (mit einer ausgewählten Bibliographie von *N. E. Kies*), 1966 (Neudr. 1972); *H. Kaack*, Geschichte und Struktur des deutschen Parteiensystems, 1971; *T. Nipperdey*, Die Organisation der deutschen Parteien vor 1918, 1961; *H. Grebing*, Geschichte der deutschen Parteien, 1962; *L. Bergsträsser*, Geschichte der politischen Parteien in Deutschland, 11. Aufl. (vollständig überarbeitet von W. Mommsen), 1965; G. A. Ritter (Hrsg.), Die deutschen Parteien 1830–1914, 1985; *W. Tormin*, Geschichte der deutschen Parteien seit 1848, 3. Aufl. 1968; Redaktionskollektiv unter der Leitung von D. Fricke (Hrsg.), Die bürgerlichen Parteien in Deutschland – Handbuch der Geschichte der bürgerlichen Parteien und anderer bürgerlicher Interessenorganisationen vom Vormärz bis zum Jahre 1945, Bd. 1 (1968), Bd. 2 (1970); *K. G. Tempel*, Die Parteien in der Bundesrepublik Deutschland und die Rolle der Parteien in der DDR, 1987.

[7] *Huber*, Verfassungsgeschichte, Bd. 2, S. 322.

[8] Dennoch vermied man den Namen »Partei«. Erstmals wurde der Parteibegriff von der 1861 gegründeten liberalen Deutschen Fortschrittspartei als Selbstbezeichnung genutzt.

[9] Der jeweilige Bezug auf die in einer bestimmten Epoche verfestigten Spannungen der Sozialstruktur sind Ursache für die Eigenarten der nationalen Parteiensysteme und der Verschiedenheit der Parteien, dazu: *M. Lipset/S. Rokkan*, Cleavage Structures, Party Systems and Voter Alignments, in: dies. (Hrsg.), Party Systems and Voter Alignments, 1967, S. 1 ff.; *S. Rokkan*, Citizens, Elections, Parties, 1970; weitere Nachw. zur Diskussion dieser These → Bd. II², Art. 21 Rn. 3 (dort Fn. 9).

[10] *D. Grimm*, Politische Parteien, in: HdbVerfR, § 14 Rn. 1.

[11] Dazu zählen vor allem das Wahlrecht und die Regierungsform. Belege für Ersteres bei *D. W. Rae*, The Political Consequences of Electoral Laws, 1967 (Neudr. 1975); *D. Nohlen*, Wahlrecht und Parteiensystem, 7. Aufl. 2014; *H. Fenske*, Wahlrecht und Parteiensystem, 1972.

[12] *M. Morlok*, Rechtsvergleichung auf dem Gebiet der politischen Parteien, in: D. T. Tsatsos/D. Schefold/H.-P. Schneider (Hrsg.), Parteienrecht im europäischen Vergleich, 1990, S. 695 ff. (715 f., 726 f.).

[13] *U. Scheuner*, Verfassungsrecht und Verfassungswirklichkeit, in: FS Huber, 1961, S. 222 ff.; *K. Kluxen*, Geschichte und Problematik des Parlamentarismus, Neudr. 1990, S. 132 ff., 232 ff.

[14] *Stern*, Staatsrecht I, S. 432 ff.

tionären Wirren um die Jahrhundertmitte entstanden dort in der Provinz Freundschaftsgruppen, um in London gemeinsam politischen Erfolg zu suchen[15]. Beachtliche organisatorische Kraft und ein eigenes Hauptquartier hatte dann der Green Ribbon Club, der 1675 gegründet wurde[16]. Noch vor 1688 wurden die Bezeichnungen »Whigs« und »Tories« populär. Die französische Entwicklung kannte während der Revolutionszeit »Clubs«, Parteien hingegen erst in der nachnapoleonischen Zeit. Der Zusammenhang der Parteientstehung mit einem Parlament trat in Deutschland an der Nationalversammlung 1848/49 deutlich hervor[17]. Die Geschichte der Parteien zeigt sich somit als **Annexentwicklung zur Geschichte des Parlaments**[18]. Eine zweite Wurzel der Parteientstehung waren innergesellschaftliche Zusammenschlüsse. Insbesondere die Arbeiterparteien entwickelten sich aus Organisationen des Proletariats außerhalb des Parlaments. Dabei spielten die Vorgaben des Wahlrechts eine wichtige Rolle[19].

Obgleich die Parteien zunehmend notwendige Hauptelemente im politischen Spektrum waren, spiegelten lange weder Verfassungen noch Gesetze dies explizit wider[20]. Der Grund für das Schweigen mag darin liegen, dass die Existenz von Parteien eine faktische Voraussetzung moderner Verfassungsstaatlichkeit ist und deren Äußerung das eigentliche Bewegungsmoment der politischen Ebene darstellt[21]. Die Geschichte der **positiv-rechtlichen Beachtung** ist die lange Reihe von Versuchen, die neuen Fixpunkte der Macht aktiv zu negieren. Genannt seien für Frankreich die **Loi le Chapelier**, welche nach 1789 für eine am Individuum ausgerichtete Gesellschaft gegen intermediäre Organisationen als eine Art ständisches Relikt ins Feld geführt wurden[22].

5

---

[15] *G.M. Trevelyan*, England Under the Stuarts, 11. Aufl. 1924, S. 195 ff.
[16] *Trevelyan*, England (Fn. 15), S. 393 ff.
[17] Hierzu *Bergsträsser*, Geschichte (Fn. 6), S. 79 ff.; *T. Schieder*, Die geschichtlichen Grundlagen und Epochen des deutschen Parteiwesens, in: ders., Staat und Gesellschaft im Wandel unserer Zeit, 3. Aufl. 1974, S. 133 ff.; *D. Langewiesche*, GuG 4 (1978), 324 ff. m.w. N.; deutlich später datiert die Parteienentstehung *Kaack*, Geschichte (Fn. 6), S. 28.
[18] *Morlok*, Rechtsvergleichung (Fn. 12), S. 726.
[19] Dazu *Nohlen*, Wahlrecht (Fn. 11), S. 32 ff.; *Fenske*, Wahlrecht (Fn. 11), S. 106 ff.
[20] *H. Triepel*, Die Staatsverfassung und die politischen Parteien, 2. Aufl. 1930, S. 12, hat dies auf die bekannte Formel der vier Phasen gebracht: → Bd. II², Art. 21 Rn. 5 (dort Fn. 20). Vgl. den parallelen Befund aus rechtsvergleichender Perspektive bei *R. Pelloux*, Revue du Droit Public 51 (1934), 238 (239).
[21] So in Zuspitzung für Großbritannien *G. Smith*, Die Institution der politischen Partei in Großbritannien, in: Tsatsos/Schefold/Schneider, Parteienrecht (Fn. 12), S. 301 ff. (314). Diese These lässt sich trotz britischer Besonderheiten verallgemeinern. Spätestens seit der Weimarer Republik wäre töricht, von der rechtlichen auf die tatsächliche Rolle zu schließen. Die führenden Repräsentanten waren sich wohl im Klaren, wem sie ihre Stellung zu verdanken hatten; so *L. Wittmayer*, Die Weimarer Reichsverfassung, 1922, Neudr. 1974, S. 64 f.; s. auch *H. Preuß*, Reich und Länder, hrsgg. v. G. Anschütz, 1928, S. 45, 273. Zur deutschen Diskussion in der Weimarer Republik *G. Radbruch*, Die politischen Parteien im System des deutschen Verfassungsrechts, in: HdbDStR, Bd. 1, § 25; *O. Koellreutter*, Die politischen Parteien im modernen Staate, 1926; *F. v. Calker*, Wesen und Sinn der politischen Parteien, 1928; vgl. auch den Befund bei *R. Pelloux*, Revue du Droit Public 51 (1934), 238 (266). Die blühende Parteienliteratur zu Beginn des 20. Jh. (*R. Michels*, Zur Soziologie des Parteiwesens in der modernen Demokratie, 4. Aufl. 1989; *M.Y. Ostrogorski*, Democracy and the Organization of Political Parties, 1902 [Neudr. 1970]) belegt dies gleichfalls. S. auch *M. Morlok*, Entdeckung und Theorie des Parteienstaates, in: C. Gusy (Hrsg.), Weimars lange Schatten – »Weimar« als Argument nach 1945, 2003, S. 238 ff.; *C. Gusy*, Die Lehre vom Parteistaat in der Weimarer Republik, 1993, S. 29 ff.
[22] Art. 1 der Loi le Chapelier vom 14.6.1791 lautet: »Weil die Vernichtung aller Arten von Korporationen […] zu den wichtigsten Grundlagen der französischen Revolution zählt«. Ausf. hierzu *S. Simitis*, KritJ 22 (1989), 157 ff. → Art. 19 III Rn. 8.

Abwehrreaktionen in Deutschland waren das **Parteiverbot des Deutschen Bundes**[23] im Namen des monarchischen Prinzips, das **Sozialistengesetz**[24], die verfügten Auflösungen der demokratischen Parteien nach dem 30. Januar 1933[25] und das **Gesetz gegen die Neubildung von Parteien** vom 14. Juli 1933[26]. Das **Reichsvereinsgesetz**[27] gewährte unter dem Vorbehalt gesetzlicher Beschränkungen das Recht, Vereine zu bilden. **Positiv** fanden Parteien Eingang in einige Verfassungstexte nach dem Ersten Weltkrieg[28]. Nach dem Zweiten Weltkrieg nahm die italienische Verfassung mit Art. 49 eine Bestimmung über die Parteien auf (→ Rn. 15 ff.).

6   Mit dem Phänomen der Parteien begann auch deren **theoretische Durchdringung**[29]. Die Anfänge der Parteitheorie bemühten sich, das Verhältnis von Opposition und Regierung zu erfassen[30]. Im 19. Jahrhundert wandte man sich mehr der Bestimmung des Verhältnisses von Gesellschaft, Staat und Parteien zu, wobei bereits verschiedene Parteitypen abgegrenzt wurden[31]. Eine Sonderstellung nehmen sozialistische Lehren[32] ein. Sie sahen die Partei als bewusstesten Teil des Proletariats (»Vorhut«), als subjektiven Faktor des revolutionären Prozesses und zugleich als Produkt der objektiven Verhältnisse[33]. Diese geschichtsphilosophische Überhöhung gibt die Beschränkung, nur Teil zu sein, auf. Wie bereits das Wort Partei[34] (von lat. *pars* = Teil) zeigt, können als Parteien recht verstanden nur Gruppierungen gelten, die sich als Teil des Ganzen verstehen[35] und keinen Totalitätsanspruch erheben[36]. Aus diesem Charakter als Teil, aber auch aus Oligarchietendenzen, resultierte eine diskriminierende Missachtung des Parteiwesens[37].

---

[23] Art. 2 des Maßregeln-Gesetzes des Deutschen Bundes vom 5.7.1832.
[24] Gesetz gegen die gemeingefährlichen Bestrebungen der Sozialdemokratie vom 21.8.1878 (RGBl. S. 351), aufgehoben 1890.
[25] R. Morsey/E. Matthias (Hrsg.), Das Ende der Parteien 1933, 2. Aufl. 1979.
[26] RGBl. S. 479.
[27] Vereinsgesetz vom 19.4.1908 (RGBl. S. 151).
[28] So in der österreichischen Verfassung von 1920, Art. 55; s. a. Art. 62 spanische Verfassung von 1931.
[29] Zum Ganzen: *v. Beyme*, Partei, Fraktion (Fn. 5), S. 677 ff.
[30] *D. Hume*, Of Parties in General, Works, Bd. 3, hrsgg. v. T. Hill Green/T. Hodge Grose, 1882, Neudruck 1964, S. 127 f., 130 ff.; *E. Burke*, Thoughts on the Cause of the Present Discontents (1770), in: The Works, Bd. 1, 1886, S. 375 f.; *K. Kluxen*, Das Problem der politischen Opposition, 1956; *W. Jäger*, Politische Partei und parlamentarische Opposition, 1971.
[31] Der liberale und der konservative Parteityp bei *F. Rohmer*, Die vier Parteien, 1844, in: H. Schulthess (Hrsg.), Friedrich Rohmers Wissenschaft und Leben, Bd. 4: Politische Schriften, 1885, §§ 40 ff., 209 ff.; zu reinen politischen Parteien und solchen, die auch durch religiöse, ständische, staatsrechtliche und sachliche Gegensätze bestimmt werden: *J. C. Bluntschli*, Charakter und Geist der politischen Parteien, 1869 (Neudr. 1970), S. 16 ff. Später anders spezifiziert von *M. Weber*, Wirtschaft und Gesellschaft, 1922, S. 167 ff.; *ders.*, Politik als Beruf, in: J. Winckelmann (Hrsg.), Gesammelte politische Schriften, 5. Aufl. 1988, S. 505 ff. (529 ff.).
[32] So z. B. von *W. I. Lenin*, Was tun, 1902; *ders.*, Ein Schritt vorwärts, zwei Schritte zurück (1904), in: ders., Werke, Bd. 7, 1960, S. 480 ff.; *K. Kautsky*, Die Neue Zeit XX (1901), Nr. 3, 79 ff.
[33] Vgl. *G. Lukacs*, Geschichte und Klassenbewußtsein, 1923.
[34] Zur Begriffsgeschichte: *K. v. Beyme*, Art. Partei, in: Hist.Wb.Philos., Bd. 7, Sp. 134 ff.
[35] Das Unvermögen, die Herstellung des Gemeinwohls aus dem Kampf, aber auch dem Kompromiss zwischen Partialinteressen zu akzeptieren, führte vornehmlich in Deutschland dazu, das Ganze in direktem Zugriff, nicht durch Gegensätze vermittelt, herzustellen. Manche Parteien sahen sich als Träger des Ganzen und bekämpften Vertreter von Sonderinteressen als Kräfte minderer Legitimität. Eine totalitäre Variation der Aufhebung des Widerspruchs zwischen dem Staat als Ganzem und der interessengespaltenen Gesellschaft war die Staatspartei.
[36] *Tormin*, Geschichte (Fn. 6), S. 11.
[37] Noch der Vorschlag, das Streben nach dem Gemeinwohl in den Parteibegriff zu integrieren,

Mit der Forderung nach Freiheit vom Staat hielt man an der Trennung von Staat und Gesellschaft fest. Zugleich wurde mit dem Anspruch auf Mitgestaltung im Staat versucht, diese Trennung zu überwinden. Eine daraus resultierende **Schwebelage** der Parteien zwischen Staat und Gesellschaft bestimmt die Fähigkeit zur Vermittlung zwischen beiden[38]. Ein Verlust der Balance zugunsten des staatlichen Charakters[39] gefährdet die Funktionsfähigkeit der Parteien in der parlamentarischen Demokratie. Zur Abwehr dieser Gefahr bedarf es neuartiger Begrenzungen und Kontrollen der allzu ausgreifenden Parteitätigkeit[40].

II. Entstehung und Veränderung der Norm

Obwohl bereits in der Badischen Verfassung von 1947 die politischen Parteien ausdrücklich verankert sind[41], findet sich in den Verfassungsplänen, die dem Zonenbeirat vorgelegt wurden, lediglich ein von Carl Spiecker (Zentrum) eingereichtes Statut über die politischen Parteien[42]. Der **Verfassungskonvent von Herrenchiemsee**[43] entsprach in Art. 47 II–IV HChE weitgehend diesem Vorschlag. Erst in den Beratungen des **Parlamentarischen Rates** legte die SPD in ihrem Verfassungskonzept ein Statut für politische Parteien vor[44]. Darin wird ein Parteiengesetz gefordert und die Möglichkeit des Parteiverbots eingeräumt. Der Verfassungsentwurf der Deutschen Partei verlangte einen Aufbau nach demokratischen Prinzipien und forderte, dass die Parteien »als Sachwalter der Wähler das Wohl der Gesamtheit über ihre parteipolitischen Belange stellen«[45]. Die bayerische Delegation nennt Parteien nur in einem negativen Zusammenhang: Die Parteien sollen »Vertreter«, die Bundesbeamten »Diener« des ganzen Volkes, »nicht nur einer Partei« sein[46].

---

zeigt die Schwierigkeit, sich auf die pluralistische Gemeinwohlproduktion einzulassen; s. z.B. *W. Grewe*, Zum Begriff der politischen Partei, in: G. Ziebura (Hrsg.), Beiträge zur allgemeinen Parteilehre, 1969, S. 65 ff.

[38] *Huber*, Verfassungsgeschichte, Bd. 2, S. 322 f.
[39] Dazu stichwortgebend (»Kartellparteien«) *R. S. Katz/P. Mair*, Party Politics 1995, 5 ff.; *H. H. v. Arnim*, Politische Parteien im Wandel, 2011.
[40] Zu solchen Phänomenen und gebotenen Gegenmaßnahmen s. *M. Stolleis*, Parteienstaatlichkeit – Krisensymptome des demokratischen Verfassungsstaats?, VVDStRL 44 (1976), S. 7 ff.; *D. T. Tsatsos*, Krisendiskussion, politische Alternativlosigkeit, Parteienstaatsübermaß, in: FS Mahrenholz, 1994, S. 397 ff.; *J. D. Kühne*, Parteienstaat als Herausforderung des Verfassungsstaats, in: FS Jeserich, 1994, S. 309 ff.; *P. M. Huber*, JZ 1994, 689 (692 ff.). Schlagwortartig kann man auch davon sprechen, eine »Zweite Generation des Parteienrechts« sei notwendig, um im Interesse der demokratischen Offenheit des politischen Prozesses Machtpositionen der Parteien zu beschränken; dazu *M. Morlok*, Für eine Zweite Generation des Parteienrechts, in: D. T. Tsatsos (Hrsg.), 30 Jahre Parteiengesetz in Deutschland – Die Parteiinstitution im internationalen Vergleich, 2002, S. 53 ff.; zur Kritik der Parteienkritik s. *O. W. Gabriel/E. Holtmann*, Der Parteienstaat – Gefahrengut für die Demokratie?, in: FS Schmitt, 2009, S. 189 ff. (195 ff.); zur Ämterpatronage *M. Dippel*, NordÖR 12 (2009), 102 ff.; *M. Schröder*, HGR V, § 119 Rn. 38 ff.
[41] Abschnitt IX, Art. 118–121.
[42] *C. Spiecker*, Richtlinien für eine künftige deutsche Verfassung v. 12.8.1947, Rundschreiben des Zonenbeirates v. 16.8.1947, Nr. 14–8.47-396: → Bd. II², Art. 21 Rn. 8.
[43] Verfassungskonvent auf Herrenchiemsee vom 10. bis 23. August 1948, in: Parl. Rat II, S. 1 ff.
[44] »Zweiter Menzel-Entwurf für ein Grundgesetz«, PR Drucks. 9.48–53, § 11.
[45] Art. 87 des Verfassungsentwurfs der Deutschen Partei, in: Parl. Rat IX, S. 123.
[46] Bayerischer Entwurf eines Grundgesetzes, Art. 15 (3), Art. 78, in: Parl. Rat II, S. 1 ff.

9 Die **Offenlegung der Finanzquellen** wurde bereits zu Beginn der Sitzungen des Parlamentarischen Rates von Carlo Schmid vorgeschlagen[47], jedoch erst in der zweiten Lesung des Grundgesetzes auf wiederholten Antrag des Zentrums-Abgeordneten Brockmann[48] aufgenommen. Die verabschiedete Fassung von Art. 21 I 3, 4 GG entspricht dem Antrag der sozialdemokratischen Abgeordneten Wagner und Zinn[49].

10 Länger debattiert wurde über die **Frage der Verfassungswidrigkeit** von Parteien, wobei umstritten war, ob ein Verdikt des Bundesverfassungsgerichts auch zum Verbot der Partei führen müsse[50]. Insbesondere Vertreter von CDU/CSU wollten die Gültigkeit eines Bundesparteiengesetzes auf den Bund beschränkt wissen[51].

11 Durch das 35. Gesetz zur **Änderung** des Grundgesetzes zum 31. Dezember 1983[52] wurde Art. 21 I 4 GG dahingehend geändert, dass die Verpflichtung der Parteien zur Rechenschaftslegung sich auch auf die Verwendung ihrer Mittel und ihres Vermögens erstreckt. Der Parteienfinanzierungsskandal zu Anfang der 1980er Jahre hatte die Aufmerksamkeit auf die Finanzen gerichtet und eine solche Ergänzung nahegelegt[53].

B. Internationale, supranationale und rechtsvergleichende Bezüge

I. Internationale Menschenrechtspakte

12 In internationalen Menschenrechtsdokumenten findet die Aktivität politischer Parteien **keinen** ausdrücklichen **Widerhall**. Wegen der mit der Vereinigungsfreiheit gleichartigen Grundsubstanz kommen Art. 20 AEMR, Art. 22 I IPbpR und Art. 11 EMRK in Betracht (→ Art. 9 Rn. 12 f.)[54]. Die in Art. 11 EMRK geschützte Vereinigungsfreiheit umfasst auch die Möglichkeit, sich zu politischen Parteien zusammenzuschließen und in ihnen aktiv zu werden. Die Vorschrift enthält einen abschließenden Katalog von Zielen, die der Staat mit einem Eingriff in diese Freiheit verfolgen darf. Außerdem werden dort weitere Voraussetzungen für eine Einschränkung der Vereinigungsfreiheit aufgestellt; diese sind für ein Parteiverbot durch das Bundesverfassungsgericht jedenfalls in den Blick zu nehmen (→ Rn. 143 ff.). Die Europäische Kommission für Menschenrechte hat auf Grund des Art. 17 EMRK in ihrer Entscheidung vom 20.7.1957 die Vereinbarkeit des Art. 21 II GG mit der EMRK festgestellt.

---

[47] PR Plenum 2. Sitzung v. 8.9.1948, S. 15; vgl. Parl. Rat IX, S. 40.
[48] PR Plenum 9. Sitzung v. 6.5.1949, S. 181 – PR Drucks. 5.49–859; vgl. Parl. Rat VII, S. 576.
[49] PR Plenum 10. Sitzung v. 8.5.1949, S. 226 – PR Drucks. 5.49–897; vgl. Parl. Rat VII, S. 610; falsch zitiert in JöR 1 (1951), S. 207.
[50] JöR 1 (1951), S. 208, mit Verweis auf die Quellen; Parl. Rat XIII/1, S. 172 ff.
[51] N.N. (CSU), Die verschärfte Zentralisation in der Bundesverfassung (SPD-Archiv, R 1 Walter Menzel), S. 4; zit. nach *V. Otto*, Das Staatsverständnis des Parlamentarischen Rates, 1971, S. 158.
[52] BGBl. I S. 1481.
[53] Bemerkenswerterweise wurde die entsprechende Änderung des PartG vollzogen, ehe die Verfassungsänderung in Kraft trat, s. dazu *A. Harms*, JR 1985, 309 ff. → Art. 79 I Rn. 14.
[54] Disziplinarmaßnahmen wegen der bloßen Mitgliedschaft in der DKP stellen Verletzungen nach Art. 10 I und auch Art. 11 EMRK dar, so EGMR EuGRZ 1995, 590 ff.; hierzu *U. Häde/M. Jachmann*, ZBR 1997, 8 ff.; zum Parteiverbotsverfahren s. a. EGMR NVwZ 2003, 1489 ff.; *D. Kugelmann*, EuGRZ 2003, 533 ff.; *O. Klein*, ZRP 2001, 397 ff.

II. Europäisches Unionsrecht

Der zunehmende Einfluss der europäischen Institutionen und insbesondere des Europäischen Parlamentes durch den Vertrag von Lissabon verlangt eine Rahmenordnung für den Prozess der Legitimationsvermittlung zwischen den Unionsbürgern und der Unionsgewalt. Politischer Träger der Legitimation sind auch nach europäischem Maßstab die Parteien[55]. Dem tragen **Art. 10 IV EUV** und **Art. 12 II GRCharta** Rechnung und weisen ihnen die Transmissions- und Willensbildungsfunktion zu. Den dafür notwendigen organisatorischen und rechtlichen Rahmen legt der europäische Gesetzgeber gemäß **Art. 224 AEUV**[56] fest. Die Aufnahme der Parteien in das Unionsrecht ist im **funktionellen Zusammenhang** zu sehen mit der Stärkung des **Europäischen Parlamentes**: Parlamentarismus braucht Parteien! Der normative Gehalt von Art. 10 IV EUV ist sowohl objektiv- als auch subjektivrechtlich. Einerseits sichert er die Existenz politischer Parteien i.S. einer Institutionsgarantie, andererseits gewährleistet er die Parteienfreiheit und in Verbindung mit den Grundsätzen der Demokratie aus Art. 10 EUV die Chancengleichheit der Parteien. Gemessen am deutschen Verfassungsrecht fehlen Vorgaben für innere Strukturen, eine Verpflichtung auf die finanzielle Transparenz sowie eine Verbotsmöglichkeit[57]. Dem heute in Art. 224 AEUV enthaltenen Regelungsauftrag für die Parteien auf europäischer Ebene wurde zuletzt im Oktober 2014 mit der »**Verordnung über das Statut und die Finanzierung europäischer politischer Parteien und europäischer politischer Stiftungen**« Rechnung getragen[58]. Die Verordnung, die erst am 1.1.2017 vollumfänglich in Kraft tritt, setzt wesentliche Impulse hin zu einem europäischen Parteienrecht. Die zentrale Neuerung ist die Einführung einer europäischen Rechtspersönlichkeit für europäische Parteien. Dieser Rechtsstatus verleiht den europäischen Parteien in allen Mitgliedstaaten rechtliche Anerkennung und Handlungsfähigkeit. (Art. 12 und 13)[59].

Die **Bedeutung** von Art. 10 IV EUV und Art. 224 AEUV **für das nationale Verfassungsrecht** liegt in einer Öffnung des nationalen Parteienrechts für Aktivitäten auf dem europäischen Feld. Die entsprechend dem herkömmlichen geschlossenen Nationalstaatsdenken[60] sich findenden Abkapselungen des Parteiwesens gegenüber Ausländern[61] sind, mindestens soweit es sich um Unionsbürger handelt, damit fragwürdig geworden (→ Rn. 53). Kraft Vorrangs des Europarechts (→ Vorb. Rn. 23; → Art. 23 Rn. 12 ff., 30) erfüllen auch Vereinigungen, die eine Vertretung im Europäischen Par-

---

[55] Vgl. BVerfGE 89, 155 (185); s. auch *R. Stentzel*, Integrationsziel Parteiendemokratie, 2002, S. 237 f.; *T. Schweitzer*, Die europäischen Parteien und ihre Finanzierung durch die Europäische Union, 2014, S. 180 ff.

[56] Zur Entstehungsgeschichte *D.T. Tsatsos/G. Deinzer* (Hrsg.), Europäische politische Parteien, 1998; *H. Merten*, Die Finanzierung der Europarteien, in: T. Poguntke/M. Morlok/H. Merten (Hrsg.), Auf dem Weg zu einer europäischen Parteiendemokratie, 2013, S. 45 ff.; kritisch zur Entwicklung einer europäischen Parteiendemokratie *U. Volkmann*, Parlamentarische Demokratie und politische Parteien, in: Morlok/Schliesky/Wiefelspütz, § 4 Rn. 20.

[57] *W. Kluth*, in: Calliess/Ruffert, EUV/AEUV, Art. 224 Rn. 1 u. 9; *S. Hölscheidt*, in: Grabitz/Hilf/Nettesheim, EUV/AEUV, Art. 224 (2015), Rn. 5.

[58] Abl. EU L 317 vom 22. Oktober 2015, S. 1 ff.

[59] *J. Leinen/F. Pescher*, Von Parteibündnissen zu »echten Parteien« auf europäischer Ebene?, in: integration 2014, 228 ff.

[60] So noch betont von Art. 189 EGV.

[61] Deutlich ausgeprägt bei *C. v. Katte*, Die Mitgliedschaft von Fremden in politischen Parteien der Bundesrepublik Deutschland, 1980.

lament anstreben, entgegen § 2 I PartG den Begriff der politischen Partei[62]. Auch die Teilnahme lediglich an Europawahlen sichert über den Wortlaut von § 2 II PartG hinaus die Rechtsstellung als Partei[63]. Gegenüber Unionsbürgern dürfte die Beschränkung auf eine Mehrheit von Deutschen in § 2 III Nr. 1 PartG unhaltbar geworden sein, jedenfalls soweit es sich um im europäischen Maßstab aktiv werdende Parteien handelt[64]. Art. 10 IV EUV und Art. 224 AEUV verpflichten das **nationale Verfassungsrecht** zur **Öffnung** für europaweite parteipolitische Aktivitäten[65]. Schließlich können sich auch weitere Ausstrahlungswirkungen auf andere Rechtsbereiche als das Parteienrecht im engeren Sinne ergeben; so können Versammlungen von Europaparteien möglicherweise eine Besserstellung gegenüber sonstigen Ausländerversammlungen beanspruchen (→ Art. 8 Rn. 13).

III. Rechtsvergleichende Hinweise

15 In allen **demokratisch verfassten Staaten** bilden notwendig Parteien die Hauptakteure des politischen Geschehens, auch wenn sich dies nicht immer im Verfassungstext niederschlägt (→ Rn. 5). In der jüngeren Verfassungsgeschichte wurden Umbrüche genutzt, die große Bereiche der Gesellschaft durchdringende Tätigkeit von Parteien in rechtlich kontrollierbare Formen zu zwingen[66]. Damit einhergehend motivieren die Erfahrungen der Parteienunterdrückung durch parteienfeindliche Herrschaftssysteme nach deren Abdanken demonstrativ zu rechtlichen Garantien[67].

16 Die westeuropäischen Verfassungen[68], welche die Parteien in den Blick nehmen, beschreiben die **Funktion** mit der **Mitwirkung bei der politischen Willensbildung des Volkes**[69]. In einigen Staaten sind diese Regelungen als **Rechte der Individuen** ausgeformt[70] und demgemäß bisweilen Bestandteil der Grundrechtsabschnitte. Jüngere Konstitutionen bereichern die rechtlichen Gehalte der Parteienartikel um neue Varianten[71]. Die offene Anerkennung der Parteien als Motor des parlamentarischen Sy-

---

[62] *H.H. Klein*, in: Maunz/Dürig, GG, Art. 21 (2014), Rn. 242.
[63] Dazu *M. Morlok*, DVBl. 1989, 393 ff.
[64] Zu Recht macht § 25 I 2 Nr. 3 lit. a PartG entsprechende Ausnahmen von einem sonst bestehenden Verbot, Spenden von außerhalb des Geltungsbereiches des PartG anzunehmen.
[65] Gegenüber Unionsbürgern werden die besonderen Beschränkungsmöglichkeiten der politischen Tätigkeit von Ausländern durch Art. 16 EMRK problematisch, soweit sie parteipolitische Aktivitäten betreffen. Allgemein zum Einfluss der europäischen Ebene *D.T. Tsatsos*, EuGRZ 1992, 133 (134 f.).
[66] Eine textstufenanalytische Darstellung der Parteienartikel, insbesondere der europäischen Verfassungen, eine Unterscheidung von Phasen der Konstitutionalisierung und eine Aufgliederung der Regelungsgegenstände dieser Bestimmungen bei *M. Morlok*, Parteienartikel der Verfassungen im Lichte der Textstufenanalyse, in: A. Blankenagel (Hrsg.), Den Verfassungsstaat nachdenken, 2014, S. 135 ff.
[67] Z.B. in Griechenland 1975; in Spanien 1977; in sämtlichen demokratischen Staaten Osteuropas nach dem Niedergang des Staatssozialismus nach 1989/90; zuletzt in Südafrika nach der Apartheid.
[68] Hierzu insbesondere *D.T. Tsatsos* (zusammen mit *D. Schefold/M. Morlok*), Rechtsvergleichende Ausblicke, in: Tsatsos/Schefold/Schneider, Parteienrecht (Fn. 12), S. 737 ff. (757 ff.: Die politische Partei und ihre Stellung im Verfassungsgefüge [insb. 760 ff.]).
[69] Art. 4 Verfassung Frankreichs; Art. 49 Verfassung Italiens; Art. 137 Verfassung der Schweiz; Art. 48 I Verfassung Portugals wird präzisiert durch Art. 10 II; Art. 6 Verfassung Spaniens konkretisiert die Parteien bzgl. der »Mitwirkung« als »Hauptinstrument der politischen Beteiligung«; nach Art. 29 I Verfassung Griechenlands dienen die Parteien dem freien Funktionieren der demokratischen Staatsordnung.
[70] S. die Nachw. bei *Morlok*, Parteienartikel (Fn. 66), S. 151 ff.
[71] Darstellung bei *Morlok*, Parteienartikel (Fn. 66), S. 149 ff.

stems wird verdeutlicht durch die enge bzw. gemeinsame Regelung von Parteien und Wahlen[72]. Die Untersagung unmittelbarer Ausübung der Staatsgewalt durch Parteien[73] stellen Inkompatibilitätsvorschriften bereits in der Verfassung heraus[74]. Als Verbotsgründe werden Rassismus und Nationalismus hinzugefügt[75]. Als weitere Besonderheiten seien exemplarisch die Pflicht zur Offenlegung der Mitgliederverzeichnisse[76], die Finanzierung ausschließlich auf öffentlicher Grundlage[77] sowie die Möglichkeit des Eigentums an Grund und Boden[78] genannt. Anzumerken ist die erstmalige Zurücknahme des Sonderstatus der Partei auf den Status gesellschaftlicher Vereinigungen[79].

Auch die **Landesverfassungen** erkennen die Parteien positivrechtlich nur teilweise an. Eine Erwähnung im Zusammenhang mit der Gewährung des Zugangs zu öffentlichen Ämtern unabhängig von der Parteizugehörigkeit[80] oder die negative Formulierung aus Art. 130 der WRV, wonach die Beamten Diener des ganzen Volkes, nicht nur einer Partei, seien[81], und die Regelung des Parteiverbotes[82] geraten eher beiläufig. Aufgeschlossener zeigen sich die neuen Verfassungen der Länder nach dem Aufbruch im Osten Deutschlands. Die rechtliche Hervorhebung der Parteien als mitwirkende Faktoren bei der politischen Willensbildung des Volkes[83] wird ergänzt durch die gleichrangige Behandlung der **Bürgerbewegungen**.

17

Der **individualrechtliche Charakter** der Freiheit der Vereinigung mit anderen, um – selbst *und* als Gruppe – politisch aktiv zu werden[84], wird nur in Thüringen ohne die Alternative einer rein kollektivrechtlichen Betätigungsfreiheit als politisches Gestaltungsrecht ausgeformt[85]. Das Individuum ist das ursächliche Zentrum, von dem aus alle weiteren Arten der politischen Mitgestaltung abgeleitet werden.

18

---

[72] Durch die Voraussetzung der Wählbarkeit für die Mitgliedschaft: Art. 35 Verfassung Litauens; Art. 29 I Verfassung Griechenlands; durch räumlich benachbarte Regelung: Art. 67, 68 Verfassung der Türkei; Art. 19 I, II Verfassung Südafrikas.

[73] Ausdrücklich Art. 3 III Verfassung Ungarns.

[74] Für Richter, Angestellte der Staatsverwaltung, Militärs: Art. 54 Verfassung der Slowakischen Republik; Art. 29 III Verfassung Griechenlands; ausgedehnt auf Studenten in Art. 68 VII Verfassung der Türkei.

[75] Art. 13 V Verfassung der Russischen Föderation (1993); Art. 11 IV Verfassung Bulgariens; möglicherweise entgegengesetzt in Art. 69 VII Verfassung der Türkei, wonach eine Partei wegen Unterstützung durch oder organisatorischer Eingebundenheit in ausländische Institutionen/Vereinigungen verboten wird.

[76] Art. 13 Verfassung Polens.

[77] Art. 11 II Verfassung Polens.

[78] Art. 36 I Verfassung der Russischen Föderation.

[79] Art. 30 I Verfassung der Russischen Föderation, womit eine Stärkung der Exekutive und insb. des Präsidenten intendiert ist.

[80] Art. 13 II BerlVerf.; Art. 21 II 1 BrandenbVerf.; Art. 19 Rheinl.-PfälzVerf.

[81] Art. 115 I 1 SaarlVerf.; bezogen auf Abgeordnete Art. 13 II BayVerf.

[82] Art. 8 SaarlVerf.; allg. für verfassungsfeindliche Wählervereinigungen Art. 15 BayVerf., lediglich ein Wahlverbot für »Umstürzler« statuiert Art. 32 I NWVerf.; Art. 21 II BrandenbVerf. enthält eine positive Formulierung des Parteienprivilegs.

[83] Art. 20 III BrandenbVerf.; Art. 3 IV Meckl.-VorpVerf.; Art. 9 ThürVerf.

[84] Art. 9 ThürVerf. lautet: »Jeder hat das Recht auf Mitgestaltung des politischen Lebens im Freistaat. Dieses Recht wird im Rahmen der Verfassung in Ausübung politischer Freiheitsrechte, insbesondere durch Mitwirkung in Parteien und Bürgerbewegungen wahrgenommen«; Art. 21 I–III BrandenbVerf.

[85] Art. 21 III BrandenbVerf., welcher sich am Anfang eines eigenen Abschnitts »Politische Gestaltungsrechte« befindet, gibt den Zusammenschlüssen Informations- und Anhörungsrechte.

C. Erläuterungen

I. Funktion und Status der politischen Parteien

1. Mitwirkung bei der politischen Willensbildung (Art. 21 I 1 GG)

19 Politische Parteien sind notwendige Elemente aller demokratischen Ordnungen, in denen Parlamente eine wesentliche Rolle spielen (→ Rn. 4). Der entscheidende Einfluss, der unter der Geltung der Volkssouveränität dem Volk bei der Rechtfertigung und inhaltlichen Bestimmung der Staatsgewalt zukommt (→ Art. 20 [Demokratie], Rn. 60 ff., 82 ff.), bedarf der Organisation – und das heißt auch der Organisationen, welche die Willensbildung des Volkes ermöglichen und zum politisch effektiven Ausdruck bringen. Funktional sind Parteien Spezialzweckorganisationen zur Nutzung der demokratischen Inputstrukturen[86]. In normativer Betrachtung sind das Parteiwesen und sein rechtlicher Schutz eine gebotene **Spezifizierung der Volkssouveränität** und damit ein zentrales Element der **Ausgestaltung des Demokratieprinzips**. So hat auch das Grundgesetz die Parteien dem Kernbestand der Demokratie zugeordnet. Prima facie haben das Parteiwesen und sein rechtlicher Schutz durch Art. 21 GG nicht teil an der Unabänderbarkeit, die Art. 79 III GG dem Demokratieprinzip vermittelt[87]. Auch bei der gebotenen restriktiven Auslegung von Art. 79 III GG ist freilich bei realistischer Betrachtung der politischen Handlungsmöglichkeiten des Volkes ein gesichertes Parteiwesen unverzichtbar, so dass ein rechtlicher Schutz der Parteien und ihrer Aktionsmöglichkeiten als änderungsfeste Verfassungsgewährleistung anzusehen ist[88].

20 Die »Mitwirkung bei der politischen Willensbildung des Volkes« umfasst ein **weites Spektrum von Aktivitäten**. Zu den verfassungsrechtlich anerkannten Funktionen der Parteien zählt ihre tragende Rolle bei der Durchführung von Wahlen und sie bilden auch den entscheidenden Rahmen für die Zusammenarbeit gewählter Kandidaten als Parlamentsabgeordnete in Fraktionen (→ Art. 38 Rn. 179 ff.). Dieser Aspekt der Parteitätigkeit ist mit der Bezeichnung der Parteien als »Wahlvorbereitungsorganisationen«[89] angesprochen; im Wahlrecht haben sie deshalb eine herausgehobene Stellung. In den Ländern und Gemeinden treten Wählergemeinschaften[90] hinzu, was nichts daran ändert, dass die Parteien die wichtigsten »Mitwirkenden« sind. Die Gesamtheit des politischen Lebens wird vielmehr von den Parteien wesentlich mitgetragen und inhaltlich wie strukturell geprägt: Politische Auseinandersetzungen sind zu einem erheblichen Teil solche zwischen Parteien und betreffen Alternativen, die von den Parteien formuliert und zwischen ihnen kontrovers erörtert werden.

21 Die **Funktionen** der politischen Parteien werden in **§ 1 II PartG** ausführlich beschrieben[91]. Im Wesentlichen geht es einmal um die Erfassung, Aggregation und Artikulation von Interessen und Auffassungen und darum, sie zu konkreten politischen Zielen zu formulieren; dabei wirkt wegen des Bestrebens, mehrheitsfähige Positionen zu er-

---

[86] *M. Morlok*, Handlungsfelder politischer Parteien in: J. Ipsen (Hrsg.), 40 Jahre Parteiengesetz, 2009, S. 53 ff.

[87] *H. Dreier*, JZ 1994, 741 (747).

[88] *J. Ipsen*, in: Sachs, GG, Art. 21 Rn. 7; im Ergebnis auch *Klein* (Fn. 62), Art. 21 Rn. 178 ff. → Art. 79 III Rn. 41.

[89] So BVerfGE 8, 51 (63); 20, 56 (113); 61, 1 (11); 85, 264 (284); 91, 262 (267 f.); 91, 276 (285).

[90] Dazu M. *Morlok/T. Poguntke/J. Walther* (Hrsg.), Politik an den Parteien vorbei: Freie Wähler und Kommunale Wählergemeinschaften als Alternative, 2012.

[91] Kritisch zu diesem Katalog *H. H. von Arnim*, DÖV 2007, 221 ff.

reichen, die Parteitätigkeit kompromissfördernd und im Ergebnis integrierend. Zum anderen haben sie eine **Transformationsfunktion** bei der Strukturierung und Bildung der politischen Auffassungen der Bevölkerung und ihrer Umsetzung in den Entscheidungen der staatlichen Organe. Der personellen Durchsetzung der eigenen Ziele dient die Rekrutierung und Sozialisation politischer Führungskräfte. Ein charakteristisches Moment aller Parteitätigkeit ist die ständige Orientierung an der Öffentlichkeit mit dem Ziel einer **Beeinflussung der öffentlichen Meinung**. Eine freiheitliche Demokratie zeichnet sich dadurch aus, dass die Versuche solcher Einflussnahme zulässig sind, sowohl gegenüber anderen Bürgern als auch gegenüber der institutionalisierten staatlichen Gewalt: Demokratie heißt Beeinflussbarkeit. Parteien sind demnach **Organe der Einflussnahme** auf das politische Geschehen.

Die Parteien nehmen eine systematische **Zwischenstellung**[92] ein zwischen dem von grundrechtlicher Freiheit geprägten Bereich des gesellschaftlichen Geschehens in all seiner Pluralität und dem verfassten Bereich der staatlichen Institutionen. Die Funktion des Parteiwesens entfaltet sich erst in dem vielpoligen Kräftefeld zwischen der Mobilisierung gesellschaftlicher Unterstützung und der Applizierung dieses Einflusses in den vielfältigen Beratungs- und Entscheidungsgängen der staatlichen Institutionen. In ihrer Funktion, sich über die Wahlen Einfluss auf die Politik zu verschaffen, sind politische Parteien nicht ersetzbar durch andere Typen von Organisationen. Wer in dieser Funktion erfolgreich sein will, muss sich den Eigenarten dieser Art von Organisationen anverwandeln. Soziologisch gesprochen greift hier das Gesetz der Isomorphie[93]. Neue Parteien mit dem Anspruch, andere Politik zu machen, »alternativ« zu sein, erfahren dies immer wieder. Die rechtliche Verarbeitung dieser Besonderheiten und ihrer innerparlamentarischen Fortsetzung in der Gestalt der Fraktionen (→ Art. 38 Rn. 179 ff.) hat notorische Einordnungsschwierigkeiten in den für das öffentliche Recht strukturgebenden Gegensatz von Staat und Gesellschaft zur Folge. Das Proprium von Parteien und Fraktionen wird bei einer Zuordnung entweder zur einen oder zur anderen Seite verkannt: nämlich gerade daran zu arbeiten, in der sozialen Wirklichkeit die Differenz von Staat und Gesellschaft zu überbrücken. Terminologische Dichotomien haben damit ihre Schwierigkeiten. Zugleich ist eine strenge Trennung, etwa zwischen Partei und Fraktion, überaus lebensfremd, weil die Abgeordneten einer Fraktion zugleich in ihrer Person auch immer Parteipolitiker sind. Deswegen kommt es immer wieder vor, dass rechtliche Trennungsgebote nicht beachtet werden; es gibt strukturellen Anlass für skandalträchtiges Verhalten.

Diese Zwischenstellung der Parteien hat auch **rechtlichen Ausdruck** gefunden. Sie genießen die Freiheit gesellschaftlicher Organisationen (Art. 21 I 2 GG), zugleich werden sie aber auch durch Art. 21 I 3 und 4 GG auf die innerparteiliche Demokratie und die Publizität ihrer Finanzen verpflichtet. Auch erhalten sie eine partielle Staatsfinanzierung und lassen sich insofern als öffentliche Güter verstehen. Gleichwohl sind sie Vereine nach bürgerlichem Recht, freilich vom Parteiengesetz überlagert. Diesen Besonderheiten wird nur eine Konzeption der Parteien gerecht, die den Dualismus von Staat und Gesellschaft überwindet. Parteien sind frei gebildete gesellschaftliche Organisationen, für deren Funktionsfähigkeit der Staat aber Verantwortung übernimmt.

---

[92] *U. Volkmann*, in: Friauf/Höfling, GG, Art. 21 (2012), Rn. 171; *ders.* (Fn. 56), § 4 Rn. 11; *C. Hillgruber*, HGR V, § 118 Rn. 12 f.; *M. Schröder*, HGR V, § 119 Rn. 8.
[93] *P. J. Di Maggio/W. W. Powell*, The iron cage revisited: Institutional isomorphism and collective rationality in organizational fields, American Sociological Review 48 (1983), 147 (151 ff.).

Insofern mag man das Konzept der **Gewährleistungsverantwortung**[94] auch für das Parteienrecht übernehmen. Hier wie dort werden Privaten besondere Pflichten und besondere Rechte auferlegt, damit diese bestimmte Funktionen erfüllen; dabei behält der Staat eine Verantwortung für diese Funktionserfüllung[95], die Handelnden bleiben aber Private.

24 Auch wenn die Parteien in den staatlichen Institutionen an der »Bildung des Staatswillens« teilhaben[96], so bleiben sie doch Vereinigungen von Bürgern, die im gesellschaftlichen Bereich wurzeln[97]. Nur dies entspricht ihrer Aufgabe bei der Realisierung der Volkssouveränität. Der demokratische Charakter des komplexen Willensbildungsprozesses verlangt, dass letztlich – über alle Vermittlungen und Verschränkungen mit der staatlichen Willensbildung hinweg – **der Wille des Volkes eine bestimmende, nicht aber bestimmte Größe** bleibt. Die Willensbildung im staatlichen Bereich muss offen bleiben für die Bestimmungsfaktoren der demokratischen Einflussnahme. Dabei spielt die Vorwegnahme der institutionalisierten Einflussnahme durch Ausrichtung an der (mutmaßlichen) öffentlichen Meinung keine kleine Rolle.

25 Im Hinblick hierauf ist es **unangemessen** und überzeichnet die Wirklichkeit, wenn den Parteien die Qualität eines **Verfassungsorgans** zugemessen wird, wie dies das Bundesverfassungsgericht in Anlehnung an die Leibholz'sche Parteienstaatslehre getan hat[98]. Die Stellung zwischen Staat und Gesellschaft zeigt sich prozessrechtlich darin, dass die Parteien verfassungsgerichtlichen Rechtsschutz teils im Organstreitverfahren, teils im Wege der Verfassungsbeschwerde erhalten können. Die Parteien »wechseln nicht die Seite«, sondern es bleibt beim »Verbot einer Einfügung der politischen Parteien in die organisierte Staatlichkeit«[99]. »Parteienstaatlichkeit« mag als Schlagwort zur Beschreibung der Dominanz der Parteien im politischen Geschehen taugen, keinesfalls aber ist der Begriff so zu verstehen, dass den Parteien staatliche Qualitäten zuwüchsen. Im Gegenteil, die Offenheit des demokratischen Prozesses verlangt, dass eine zu weit gehende Verfestigung der Positionen bestehender Parteien vermieden wird, dass einer Einschränkung der Offenheit des politischen Willensbildungsprozesses durch restriktiv wirkenden Parteieinfluss gegengesteuert wird (→ Rn. 7).

26 Die Begrenztheit ihrer Rolle im politischen Geschehen wird vom Grundgesetz auch durch die Formulierung betont, dass die Parteien an der politischen Willensbildung des Volkes »**mitwirken**«, sie also **kein Monopol** auf politische Einwirkung haben[100]. Neben ihnen haben – im Genuss ihrer Grundrechte – auch die Wählervereinigungen, die einzelnen Bürger, die verschiedensten Vereinigungen und die Medien ihre Stimmen im Chor der politischen Willensbildung. Die Beschränktheit der Parteien auf eine Rolle unter anderen, auch wenn dies eine besonders wichtige ist, verbietet eine Benachteiligung nicht parteiförmiger politischer Aktivitäten. Der systematische Grund

---

[94] Maßgeblich zu diesem Konzept A. *Voßkuhle*, Beteiligung Privater an der Wahrnehmung öffentlicher Aufgaben und staatliche Verantwortung, VVDStRL 62 (2003), S. 266 ff. (insb. 307 ff.); H. *Schulze-Fielitz*, Grundmodi der Aufgabenwahrnehmung, in: GVwR², § 12, insb. Rn. 18 f., 51 ff., 154 ff.
[95] Gegen eine solche Funktionsgarantie M. *Schröder*, HGR V, § 119 Rn. 46.
[96] Für diese Unterscheidung BVerfGE 8, 104 (113); 20, 56 (98).
[97] Vgl. BVerfGE 20, 56 (101); 85, 264 (287); 91, 262 (268); 91, 276 (285 f.).
[98] BVerfGE 4, 27 (30).
[99] K. *Hesse*, Die verfassungsrechtliche Stellung der politischen Parteien im modernen Staat, VVDStRL 17 (1959), S. 11 ff. (33).
[100] BVerfGE 85, 264 (284); R. *Köppler*, Die Mitwirkung bei der politischen Willensbildung des Volkes, Diss. jur. München 1974, S. 82 ff.

hierfür liegt in der unvermeidlichen Selektivität der Interessenvertretung durch Parteien in jeder existierenden Form.

Die Parteitätigkeit entfaltet sich dabei im Rahmen einer **Wettbewerbsdemokratie**[101]. 27
Für die Parteien macht dies Art. 21 I GG durch den Plural »Parteien« (Satz 1) und mit der Gewährleistung immer neuer Konkurrenz durch die **Gründungsfreiheit** (Satz 2) deutlich. Darüber hinaus zählt es zur konstitutiven Eigenart freier Wahlen, dass mehrere Kandidaten **um die Gunst der Wähler rivalisieren**. Das Grundgesetz geht von einem **Mehrparteiensystem**[102] aus. Jede Partei steht in einem doppelten Wettbewerb: mit anderen Parteien und mit nicht parteiförmigen politischen Bestrebungen. Von der Volkssouveränität her gedacht sind all diese Aktivitäten zur chancengleichen Beteiligung am politischen Wettbewerb berechtigt. Die Parteiendemokratie ist von daher eine Wettbewerbsordnung, dem **Parteienrecht** kommt auch die Funktion eines **Wettbewerbsrechts** zu[103]. Es sichert neben dem Zutritt zur Konkurrenz in Gestalt der Gründungsfreiheit auch die Betätigungsfreiheit und die Chancengleichheit als zentrale Elemente eines funktionsgerechten Wettbewerbs[104] (→ Rn. 47, 77 ff.), der den demokratischen Prozess offenhält[105]. Die strenge und **formale Handhabung** des Parteienrechts (→ Rn. 82) soll bei staatlichen Interventionen Entscheidungsspielräume der Rechtsanwender minimieren, um gezielte Ungleichbehandlungen auszuschließen oder jedenfalls den »bösen Anschein« parteipolitischer Einseitigkeit zu vermeiden. Den Besonderheiten des Parteienrechts ist wissenschaftlich Rechnung zu tragen durch die Entwicklung einer eigenen Dogmatik des Parteienrechtes[106].

Aus diesem Befund über die tatsächliche Funktion der politischen Parteien zieht 28
Art. 21 GG die gebotenen Konsequenzen: Die Rolle der Parteien bei der Gestaltung des politischen Geschehens wird verfassungsrechtlich anerkannt (→ Rn. 19). Darüber hinaus stattet das Grundgesetz die Parteien mit den notwendigen rechtlichen Sicherungen zur Erfüllung ihrer Funktion aus. Dazu gehört eine objektiv-rechtliche Gewährleistung der Parteien[107]. Dieser Gehalt kommt zum Ausdruck in der Formel von der **institutionellen Garantie**, welche Art. 21 GG darstellt[108]. Weiter enthält Art. 21 GG auch **subjektiv-rechtliche** Gewährleistungen der Funktionserfüllung der politischen Parteien in Gestalt von Freiheits- und Gleichheitsverbürgungen (→ Rn. 49 ff.,

---

[101] Dazu *Grimm* (Fn. 10), § 14 Rn. 6 ff., 42 ff.; *M. Schröder*, HGR V, § 119 Rn. 15; BVerfGE 85, 264 (285); 91, 262 (268 f.); 111, 382 (403 f., Rn. 80). Für die finanziellen Bedingungen des politischen Wettbewerbs s. die Beiträge in: G. Wewer (Hrsg.), Parteienfinanzierung und politischer Wettbewerb, 1990, insb. *ders.*, Plädoyer für eine integrierende Sichtweise von Parteien-Finanzen und Abgeordneten-Alimentierung, ebd., S. 420 ff. (459).
[102] BVerfGE 2, 1 (13); *Hesse*, Verfassungsrecht, Rn. 171.
[103] *M. Morlok*, Parteienrecht als Wettbewerbsrecht, in: FS Tsatsos, 2003, S. 408 ff.; BVerfGE 111, 382; dazu *M. Morlok*, NVwZ 2005, 157 ff.
[104] *P. Häberle*, JuS 1967, 64 (72); *H.-R. Lipphardt*, Die Gleichheit der politischen Parteien vor der öffentlichen Gewalt, 1975, S. 37; *Tsatsos/Morlok*, Parteienrecht (Fn. 1), S. 85 f.; s. bereits *H. Heller*, Die Gleichheit der Verhältniswahl (1929), in: ders., Gesammelte Schriften, 1971, Bd. 2, S. 319 ff. (358 ff.).
[105] Dazu grundsätzlich *Hesse*, Verfassungsrecht, Rn. 159 ff.; zur Rolle der Chancengleichheit der Parteien: BVerfGE 91, 262 (269); 91, 276 (286 f.).
[106] *M. Morlok*, Notwendigkeit und Grundzüge einer Parteienrechtsdogmatik, in: P. Brandt/A. Haratsch/H.-R. Schmidt (Hrsg.), Verfassung – Parteien – Unionsgrundordnung, 2015, S. 19 ff.
[107] *K.-H. Seifert*, Die politischen Parteien im Recht der Bundesrepublik Deutschland, 1975, S. 63 f., 113.
[108] So *A. Mauersberger*, Die Freiheit der Parteien, 1994, S. 35 ff.; *M. Schröder*, HGR V, § 119 Rn. 45.

77 ff.). Schließlich wird dies in einer gesteigerten Verpflichtung zur Transparenz im Interesse der Bürger in Art. 21 I 4 GG statuiert (→ Rn. 111 ff.).

2. Parteibegriff

a) Funktion

29 Der rechtliche Parteibegriff **erschließt** den **Anwendungsbereich des Parteienrechts**. Auf Verfassungsebene bestimmt er die Reichweite der besonderen Garantien, aber auch der Verpflichtungen, die Art. 21 GG enthält. Das ist wichtig, weil Verfassungsrecht wie einfaches Recht die Parteien anderen Regelungen unterstellt als sonstige Vereinigungen[109]; insbesondere geht es um eine staatliche Teilfinanzierung (→ Rn. 68 ff.), die innere Ordnung (→ Rn. 123 ff.), die Ausgestaltung der Chancengleichheit (→ Rn. 77 ff.), die Teilnahme an Wahlen (→ Rn. 94 ff.) und um die Verbotsmöglichkeit (→ Rn. 143 ff.).

30 Wegen dieser Bedeutung ist der Parteibegriff aus der Parteifunktion zu entwickeln. Er muss gewährleisten, dass all diejenigen organisierten politischen Akteure den Parteistatus erhalten, die zur Erfüllung der Funktionen der politischen Parteien in der politischen Ordnung beitragen. Das verlangt nicht, alle politisch aktiven Organisationen als Parteien zu behandeln – diese wirken nur neben anderen politischen Akteuren (→ Rn. 26). Das **entscheidende Kriterium** ist das **Ziel**: die politische Einflussnahme durch **die Entsendung von Repräsentanten** in eine Volksvertretung[110]. Es ist maßgeblich für die Zuerkennung der Parteieigenschaft – weil eben die Vermittlung der Auffassungen und Interessen des Volkes in die dafür eingerichteten Einflussnahmestrukturen die entscheidende Funktion der politischen Parteien ist.

31 Das Parteienrecht zielt auf die Sicherung der Erfüllung dieser Funktion, darauf muss der Parteibegriff zugeschnitten sein. **Parteienfreiheit** ist insofern **funktionale Freiheit**[111]. Wegen seiner funktionalen Ausrichtung entscheidet der Parteibegriff auch über die Auferlegung besonderer Pflichten. Er ist objektiv zu fassen: Selbstverständnis und Selbstbezeichnung einer Organisation sind nicht maßgeblich: Mit der Teilnahme an Parlamentswahlen sind Wählergemeinschaften Parteien[112].

32 Von der Offenheit des politischen Prozesses her muss der Parteibegriff gegenüber politischen Inhalten **neutral** sein und **an formalen Kriterien** ansetzen. Er darf auch in organisatorischer Hinsicht nicht auf die überkommenen Formen eingeengt werden.

33 Es gibt **weder** ein **Anerkennungs- noch ein Registrierungsverfahren**, in dem die Parteieigenschaft verbindlich zuerkannt oder festgestellt würde[113]. Auch die Mitteilung nach § 6 III 1 PartG an den Bundeswahlleiter hat keine solche Wirkung. Jede Stelle, die eine Rechtsentscheidung zu treffen hat, bei welcher die Parteieigenschaft eine Rolle spielt, entscheidet vielmehr selbst über die Erfüllung der Merkmale des Parteibegriffs; eine Bindungswirkung für andere Behörden oder Gerichte über die allgemeinen Bindungswirkungen hinaus gibt es nicht[114].

---

[109] Umfassende Darstellung bei W. *Wietschel*, Der Parteibegriff, 1996, S. 26 ff.
[110] *Tsatsos/Morlok*, Parteienrecht (Fn. 1), S. 20; BVerfGE 91, 276 (284) m. w. N.
[111] Kritisch dazu C. *Hillgruber*, HGR V, § 118 Rn. 3.
[112] M. *Morlok/H. Merten*, DÖV 2011, 125 ff.
[113] Für ein solches Registrierungsverfahren *Wietschel*, Parteibegriff (Fn. 109), S. 195 ff. mit rechtsvergleichenden Nachweisen über Registrierungsverfahren. → Rn. 59.
[114] Die Entscheidung des Bundeswahlausschusses nach § 18 IV 2 BWahlG über die Parteiqualität bindet nur die Wahlorgane im Verfahren der Bundestagswahl: *J. Hahlen*, in: Schreiber, BWahlG, § 18

b) Verfassungsrechtlicher und einfachgesetzlicher Begriff

Der Verfassungsbegriff der politischen Parteien nach Art. 21 GG kann nicht durch einfaches Bundesgesetz bestimmt werden. **§ 2 I PartG** stellt deswegen **keine authentische Interpretation**[115] des verfassungsrechtlichen Parteibegriffes dar. Auch wenn sich die Verfassungsinterpretation an dieser Definition orientieren kann, so kommt ihr doch nur Hilfsfunktion zu. Der einfache Gesetzgeber kann den Verfassungsbegriff verfehlen oder in einer Richtung konkretisieren. Das Bundesverfassungsgericht hat den Parteibegriff des § 2 I PartG für verfassungsmäßig erklärt[116]; dem ist allerdings für den Ausschluss der sogenannten Rathausparteien zu widersprechen (→ Rn. 37). 34

c) Elemente

Der verfassungsrechtliche Parteibegriff kann unter Beachtung der Ebenendifferenz zum einfachen Gesetz in **Anlehnung an** die Legaldefinition in § 2 I PartG gefasst werden. Politische Parteien i.S.v. Art. 21 GG sind körperschaftlich organisierte Vereinigungen natürlicher Personen, die auf die politische Willensbildung Einfluss nehmen wollen, insbesondere durch gewählte Repräsentanten in Volksvertretungen, soweit sie nach dem Gesamtbild der tatsächlichen Verhältnisse diese Zielsetzung ernstlich verfolgen. Diese Definition ist gekennzeichnet durch **drei Elemente**: ein Strukturelement (→ Rn. 36), ein Zielelement (→ Rn. 37 ff.) und das Erfordernis der Ernsthaftigkeit (→ Rn. 40 ff.). 35

In **struktureller Hinsicht** muss eine Organisationsform vorliegen, in der den Mitgliedern die wesentliche Bestimmungsmacht zukommt. Nur dann kann eine Partei ihre Funktion bei der Realisierung der Volkssouveränität erfüllen. Art. 21 I 3 GG artikuliert diese Forderung ausdrücklich. Die Beschränkung auf natürliche Personen als Mitglieder soll der Unmittelbarkeit des Einflusses der Bürger dienen. Die Mitgliedschaft von Vereinigungen beeinträchtigte die Chancengleichheit der Bürger auf die parteipolitische Einflussnahme. Die nationale Ausrichtung, die § 2 III PartG verlangt, ist jedenfalls für Parteien, die eine Vertretung im europäischen Parlament anstreben, nicht mehr haltbar (→ Rn. 14). 36

Auch das **Zielelement** ist von der Parteifunktion her zu verstehen: Es geht um die Einflussnahme auf den politischen Prozess durch Ausrichtung auf die demokratischen Input-Strukturen in Gestalt gewählter Volksvertretungen[117] (→ Rn. 3). Die Beschränkung auf den Bundestag oder ein Landesparlament und die darin liegende Ausgrenzung der **kommunalen Ebene**, die § 2 I 1 PartG vornimmt, ist – entgegen der Rechtsprechung[118] – nach der überwiegenden Meinung in der Rechtswissenschaft verfas- 37

Rn. 32 m.w.N; *Wietschel*, Parteibegriff (Fn. 109), S. 183; einer Entscheidung des BVerfG nach Art. 93 I Nr. 4c GG kommt kraft § 31 I BVerfGG Bindungswirkung zu. Die in § 18 II LandesWahlG Sachsen statuierte Bindung an die Entscheidung des Bundeswahlausschusses über die Parteieigenschaft ist wegen der unterschiedlichen politischen Räume problematisch: Parteiqualität für Bundestagswahlen setzt nicht Parteiqualität in jedem Land voraus.

[115] *P. Kunig*, in: v. Münch/Kunig, GG I, Art. 21 Rn. 12; *R. Streinz*, in: v. Mangoldt/Klein/Starck, GG II, Art. 21 Rn. 46.

[116] BVerfGE 47, 198 (222); 79, 379 (384); 89, 266 (269 ff.) m.w.N.; 91, 262 (266 f.); 91, 276 (284), st. Rspr.

[117] BVerfGE 91, 262 (267); 91, 276 (284) m.w.N.

[118] BVerfGE 2, 1 (76); 6, 367 (373); 11, 266 (276); 11, 351 ff.; BVerwGE 6, 96 (99); 8, 327 (328); ebenso *Klein* (Fn. 62), Art. 21 Rn. 238 ff.; *W. Henke*, in: BK, Art. 21 (1991), Rn. 7.

Art. 21 C. Erläuterungen

sungswidrig[119]. Nach den Vorgaben des Europarechts ist der supranationale Bereich einzubeziehen. Im Zeichen von Art. 10 IV, 14 II EUV und Art. 224 AEUV ist auch eine Beteiligung an den Wahlen zum europäischen Parlament ein Ziel, das eine Vereinigung zur Partei qualifiziert (→ Rn. 14)[120].

38 **Nicht** begriffsnotwendig ist die **Verfassungstreue**. Eine Organisation, die verfassungsfeindliche Ziele verfolgt, kann gegebenenfalls nach Art. 21 II GG verboten werden, ist aber bis dato gleichwohl Partei (→ Rn. 157 f.). **Auch eine Verpflichtung auf das Gemeinwohl** zählt nicht zu den rechtlichen Vorgaben für die politischen Parteien[121]. Sie ist mangels handhabbarer Kriterien weder praktizierbar noch entspricht sie der historischen Entwicklung der Parteien, die aus der Vertretung partialer Interessen und unterschiedlicher ideologischer Strömungen entstanden sind[122]. Vor allem aber widerspricht die Forderung nach einer Gemeinwohlbindung der Parteien der Funktionslogik einer Konkurrenzdemokratie, in der gemeinverträgliche politische Entscheidungen nicht durch eine Orientierung an einem abstrakt vorgestellten Gemeinwohl gewonnen werden, sondern im Gegen- und Miteinander unterschiedlicher Kräfte erst entwickelt werden: *salus publica ex processu*[123]. Der Gewinnmechanismus des Mehrheitsprinzips übt selbst einen Druck auf die Parteien aus, durch Kompromissbildung – sei es innerhalb der eigenen Programmatik oder beim Zusammenfügen von Koalitionen – unterschiedliche Positionen zusammenzubringen und breite Wählerschichten anzusprechen. Die Gemeinwohlorientierung stellt sich als das Spiel der »unsichtbaren Hand« der Wettbewerbsdemokratie ein[124].

39 Die inhaltliche Neutralität des Parteibegriffs (→ Rn. 32) erlaubt **nicht**, eine **staatstragende Gesinnung** zu verlangen, etwa die Bereitschaft, gesamtstaatliche Verantwortung zu übernehmen[125]. Für den inhaltlich neutralen Parteibegriff spielen die politischen Ziele keine Rolle[126]. Die Freiheit der Parteigründung nach Art. 21 I 2 GG wäre bei einer inhaltlichen Auflaudung beeinträchtigt: Neue Parteien sprechen fast zwangsläufig ein Protestpotential an und formulieren entsprechend ihre Programmatik[127]. Auch hierfür müssen das Parteiensystem und der Parteibegriff offen sein.

40 Das Element der **Ernsthaftigkeit**[128] soll die Rechtsform der politischen Parteien mit allen ihren Rechtsfolgen einschließlich staatlicher Finanzleistungen solchen Organisa-

---

[119] *Hesse*, Verfassungsrecht, Rn. 168; *Kunig* (Fn. 115), Art. 21 Rn. 12, 18 ff.; *ders.*, HStR³ III, § 40 Rn. 13; *Lipphardt*, Gleichheit (Fn. 104), S. 650 ff.; *Jarass/Pieroth*, GG, Art. 21 Rn. 7; *Gusy* (Fn. 2), Art. 21 Rn. 56; *Ipsen* (Fn. 88), Art. 21 Rn. 19 f.; *Streinz* (Fn. 115), Art. 21 Rn. 47; a. A. Bundespräsidialamt (Hrsg.), Bericht der Kommission unabhängiger Sachverständiger zur Frage der Parteienfinanzierung, 2001, S. 60; *T. Streit*, MIP 2004/05, 79 ff.
[120] *M. Morlok*, DVBl. 1989, 393 ff.
[121] *U. Scheuner*, DÖV 1968, 88 (90); *Grimm* (Fn. 10), § 14 Rn. 32; *E. Schiffer/H.-J. Wolff*, AöR 116 (1991), 169 (175); *Wietschel*, Parteibegriff (Fn. 109), S. 162 ff.; a. A. *Grewe*, Begriff (Fn. 37), S. 68, 85 ff.; *Henke* (Fn. 118), Art. 21 Rn. 27 ff.
[122] S. in knapper Übersicht *D. Schefold* (zusammen mit *D. T. Tsatsos/M. Morlok*), Rechtsvergleichende Ausblicke, in: Tsatsos/Schefold/Schneider, Parteienrecht (Fn. 12), S. 737 ff. (743 ff.: Geschichtlicher Rahmen [insb. 746 ff.]). → Rn. 2 f.
[123] *P. Häberle*, Öffentliches Interesse als juristisches Problem, 1970, hier insb. S. 87 ff., 657 ff., 708 ff.
[124] *G. Roellecke*, Was sind uns die Parteien wert?, in: C. Engel/M. Morlok (Hrsg.), Öffentliches Recht als ein Gegenstand ökonomischer Forschung, 1998, S. 61 ff. (73 ff.); *R. Richter*, Anmerkungen und Ergänzungen zu Gerd Roellecke: Was sind uns die Parteien wert?, ebd., S. 79 ff.
[125] So aber *R. Scholz*, Krise der parteienstaatlichen Demokratie?, 1983, S. 26 ff.; *O. Kimminich*, DÖV 1983, 217 (225 f.); zu Recht a. A. *K. Schlaich*, AöR 120 (1985), 116 ff.
[126] BVerfGE 47, 189 (223).
[127] Vgl. *D. Grimm*, DÖV 1983, 538 (539 ff.).
[128] BVerfGE 89, 266 (270); 91, 262 (270 f.); 91, 276 (287).

tionen vorbehalten, die nicht nur scheinbar die Parteifunktion erfüllen wollen. Dazu bedarf es **objektiver Kriterien**, um die Parteieigenschaft nicht nur von Behauptungen abhängig zu machen. Zu fordern sind einmal – im Einklang mit § 6 PartG – Satzung und Programm, die dem strukturellen und dem Zielelement einer Partei genügen, und darüber hinaus auch ein ernsthaftes Bemühen um Anhängerschaft. Dies verlangt ein werbendes Hervortreten in der Öffentlichkeit[129]. Objektiv greifbar ist vor allem die Teilnahme an einer Wahl mit eigenen Kandidaten[130]. Insofern ist § 2 II PartG mit dem Erfordernis einer Wahlbeteiligung innerhalb von sechs Jahren heranzuziehen, allerdings ohne die Einschränkung auf die Bundestags- oder Landtagswahlen (→ Rn. 37). Das Kriterium der Ernsthaftigkeit soll eine missbräuchliche Inanspruchnahme des Parteistatus abwehren, es darf sich nicht in einen Parameter des Erfolges verwandeln[131]. Wichtig ist dies vor allem für die Aufbauphase einer Partei. Kleine und (noch) erfolglose Parteien, auch nachhaltig erfolglose, erfüllen den Parteibegriff. Verlangt ist lediglich das Bemühen um Wahlerfolg.

Ob die notwendigen Merkmale einer Partei vorliegen, ist nach dem »**Gesamtbild** der tatsächlichen Verhältnisse«[132] zu beurteilen. Eine gesetzliche Präzisierung der Kriterien erscheint wenig nötig; über die Einführung eines Registrierungsverfahrens sollte aber nachgedacht werden[133] (→ Rn. 59). 41

Auch **Hilfsorganisationen**[134] der Parteien werden von Art. 21 GG betroffen. Sie teilen ihre Freiheit, genießen ihre besonderen Gleichbehandlungsrechte, unterliegen dem Gebot interner Demokratie und werden schließlich von einem Parteiverbot mit erfasst. Die Anwendbarkeit des Parteienrechts wird von der bisher vorherrschenden Auffassung begrenzt auf die sogenannten Teil- und Sonderorganisationen, die Nebenorganisationen sollen nach Art. 9 I GG zu behandeln sein[135]. Als Abgrenzungskriterien dienen Eingliederung in die Parteiorganisation, die Überlappung der Mitgliedschaft[136], die finanzielle Abhängigkeit von der Mutterorganisation[137], schließlich auch die politischen Ziele. Teilorganisationen sind vertikale Untergliederungen, Sonderorganisationen horizontale Spezialorganisationen[138]. Die Unterstellung unter das Parteienrecht hängt nach dieser Auffassung vom empirischen Befund über die organisatorische Verselbstständigung ab[139]. 42

---

[129] BVerfGE 91, 262 (266); 91, 276 (287f.).
[130] BVerfGE 91, 276 (289); OVG Münster OVGE 32, 133 (136ff.).
[131] BVerfGE 91, 276 (289).
[132] So die Formulierung in § 2 I 1 PartG, die sich dort allerdings nur auf die Ernsthaftigkeit der Zielsetzung bezieht. Zum Verständnis dieser Formel BVerfGE 89, 266 (270); 91, 262 (271f.); 91, 276 (288f.); s. insb. auch die Beschlüsse des BVerfG v. 23.7.2013, 2 BvC 1/13 bis 2 BvC 12/13 (vgl. BVerfGE 134, 121; 134, 124; 134, 131).
[133] Dazu *M. Morlok/A. Bäcker*, NVwZ 2011, 1153 (1158f.); *Wietschel*, Parteibegriff (Fn. 109), S. 181 ff.
[134] Zur Terminologie s. sogleich.
[135] So insb. V. *Oerter*, Rechtsfragen des Verhältnisses zwischen politischen Parteien und ihren Sonder- und Nebenorganisationen, Diss. jur. Bochum 1971; *Klein* (Fn. 62), Art. 21 Rn. 235; *Seifert*, Parteien (Fn. 107), S. 331 ff., insb. 333; *W. Löwer*, in: v. Münch/Kunig, GG I, Art. 9 Rn. 34.
[136] *Oerter*, Rechtsfragen (Fn. 135), S. 20; *K.-H. Seifert*, DÖV 1956, 1 (5).
[137] *Oerter*, Rechtsfragen (Fn. 135), S. 20; *Seifert*, Parteien (Fn. 107), S. 206.
[138] Diese Unterscheidung geht zurück auf den Entwurf der Bundesregierung zum Parteiengesetz von 1959, BT-Drs. 3/1509, §§ 5 und 6. Zur Kritik an dieser Unterscheidung s. bereits MdB *Heinemann*, BT-Drs. 3/5642.
[139] *W. Höfling*, NJW 1985, 1943 (1944); zur tatsächlichen Betrachtung *ders.*, SONDE 3–4 (1979), 20 ff.; *ders.*, Die Vereinigungen der CDU, in: H. Kaack/R. Roth (Hrsg.), Handbuch des deutschen

43 Demgegenüber ist richtigerweise der **formalen Verselbstständigung** wegen der Organisationsfreiheit (→ Rn. 61) der Parteien **kein ausschlaggebendes Gewicht** beizumessen[140]. Die Parteien sind grundsätzlich frei, ihre Organisationsform zu wählen und sich dabei an Gesichtspunkten der Zweckmäßigkeit oder auch der eigenen Ideologie auszurichten. Hingen die verfassungsrechtlichen Gewährleistungen für Parteien von organisatorischen Gestaltungsakten ab, wäre die Organisationsfreiheit der Parteien eingeschränkt. Abzuheben ist deswegen auf den funktionellen Aspekt. Richtigerweise gelten die parteirechtlichen Bestimmungen des Grundgesetzes für all diejenigen Organisationen, welche zur Aufgabenerfüllung einer Partei unter deren Verantwortung beitragen. Entscheidende Bedeutung für die Zuordnung einer Organisation zu einer Partei ist das Selbstverständnis sowohl der Hilfsorganisation wie der Partei[141]. Die Erweiterung des verfassungsrechtlichen Gewährleistungsbereichs entspricht dem Parallelfall der Erstreckung der Religionsfreiheit aus Art. 4 GG sowie Art. 140 GG i. V. m. Art. 137 III WRV auf all diejenigen Organisationen, die »nach kirchlichem Selbstverständnis ihrem Zweck oder ihrer Aufgabe entsprechend berufen sind, ein Stück Auftrag der Kirche in dieser Welt wahrzunehmen und zu erfüllen«[142]. Die verfassungsrechtliche Gewährleistung reicht insofern über die Kernorganisation hinaus und erfasst das Geflecht von Organisationen, das im arbeitsteiligen Zusammenwirken für eine Partei tätig wird, unabhängig davon, ob diese sich als Sonder- oder Nebenorganisationen[143] darstellen. Die **»qualifizierten Hilfsorganisationen«**[144] unterstehen also den Bestimmungen des Art. 21 GG, ohne dadurch selbst Parteien zu sein. Das für die Partei geltende Rechtsregime erstreckt sich auch auf diese Organisationen kraft Zurechnungszusammenhang mit der Partei, der sie zugehörig sind. Die extensive Fassung des Anwendungsbereichs von Art. 21 GG ist auch deswegen vorzugswürdig, weil sonst – je nach organisatorischer Ausgestaltung – durchaus ähnliche Hilfsorganisationen bei der einen Partei mit erfasst würden, bei der anderen aber nicht[145]. Die »qualifizierten Hilfsorganisationen« genießen also die Rechte der Partei und sind auf die Grundsätze der innerparteilichen Demokratie verpflichtet, dies freilich nur insofern, als in ihnen politische Willensbildung stattfindet[146]. Anderes gilt für Organisationen, die einem begrenzten Zweck technischer Art dienen (→ Rn. 124).

Parteiensystems, Bd. 1, 1980, S. 125 ff.; *ders.*, Funktionsprobleme des Vereinigungssystems der CDU, ebd., S. 153 ff.

[140] So jetzt auch *Streinz* (Fn. 115), Art. 21 Rn. 71; a. A. *Klein* (Fn. 62), Art. 21 Rn. 237.

[141] *Tsatsos/Morlok*, Parteienrecht (Fn. 1), S. 81 f.; *M. Morlok*, Selbstverständnis als Rechtskriterium, 1993, S. 390 ff.; ausf. *G. Westerwelle*, Das Parteienrecht und die politischen Jugendorganisationen, 1994, S. 61 ff., hier insb. S. 86; *U. Volkmann*, Die Jugendorganisationen der Parteien, in: U. v. Alemann/M. Morlok/T. Godewerth (Hrsg.), Jugend und Politik, 2006, S. 116 ff.; *A. Kißlinger*, Das Recht auf politische Chancengleichheit, 1998, S. 104 ff.; *H. Merten*, Parteinahe Stiftungen im Parteienrecht, 1999, S. 121 ff.; zu parteinahen Hochschulgruppen s. *S. Jürgensen*, MIP 2014, 134 (137 ff.).

[142] BVerfGE 46, 73 (85); zuerst E 24, 236 (247 f.); st. Rspr.: E 53, 366 (391 f.); 70, 138 (162).

[143] Zu beachten ist auch, dass im Hintergrund der Differenzierung zwischen Sonderorganisationen, die den Schutz der Parteifreiheit genießen, und den Nebenorganisationen, die laut Rspr. nicht unter Art. 21 GG fallen, Parteiverbotsverfahren stehen: s. BVerfGE 2, 1 (78); 5, 85 (392), wo diese Abscheidung entwickelt wurde; dazu auch *Hesse*, Verfassungsrecht, Rn. 716.

[144] *Westerwelle*, Jugendorganisationen (Fn. 141), S. 85 ff.; *Merten*, Stiftungen (Fn. 141), S. 121 ff.

[145] S. für die politischen Jugendorganisationen *Westerwelle*, Jugendorganisationen (Fn. 141), S. 50 ff.

[146] *Oerter*, Rechtsfragen (Fn. 135), S. 58; s. auch *Seifert*, Parteien (Fn. 107), S. 193, und *Westerwelle*, Jugendorganisationen (Fn. 141), S. 104 ff.; anders *Henke* (Fn. 118), Art. 21 Rn. 306.

3. Zulässigkeit und Gebotenheit staatlicher Parteienfinanzierung

Die in Art. 21 GG enthaltene Garantie eines funktionierenden Parteiwesens hat auch Bedeutung für die Frage staatlicher Finanzzuwendungen an die Parteien. Grundsätzlich sind **staatliche Beiträge zur Parteienfinanzierung zulässig**. Das Bundesverfassungsgericht hat dies entgegen seiner früheren Rechtsprechung[147] anerkannt[148]. Die Mitwirkung der Parteien an Wahlen lässt sich nicht von ihren sonstigen Aktivitäten im Bereich der politischen Willensbildung trennen und eine Zuwendung staatlicher Haushaltsmittel redlicherweise nicht auf eine Erstattung von Wahlkampfkosten beschränken[149]. Staatliche Finanzzuwendungen mindern die Abhängigkeit der Parteien von privaten Geldgebern, dienen insofern auch der Chancengleichheit der Parteien[150] und entsprechen ihrem offenbaren Finanzbedarf[151] unter den bestehenden Umständen. Demgemäß ist staatliche Parteienfinanzierung weit verbreitet[152], was als Indiz ihrer Notwendigkeit gelten mag. Dem Motiv der früheren Rechtsprechung, den Willensbildungsprozess des Volkes nicht durch staatliche Interventionen zu verzerren[153], kann auch auf andere Weise Rechnung getragen werden. Staatsabstinenz ist nicht gleichbedeutend mit Freiheitlichkeit des gesellschaftlichen Prozesses[154]. Im Einzelnen muss die Ausgestaltung der staatlichen Parteienfinanzierung den Geboten der Parteienfreiheit, der politischen Chancengleichheit und der Öffentlichkeit des Parteigeschehens Rechnung tragen (→ Rn. 68 ff., 100 ff., 113 ff.). Davon sind sämtliche Arten der staatlichen Parteienfinanzierung erfasst, die **direkte Zuwendung** von Haushaltsmitteln ebenso wie die **mittelbare Parteienfinanzierung** durch die steuerliche Begünstigung von Spenden oder Beiträgen an politische Parteien.

Vom Ansatzpunkt einer staatlichen Gewährleistung eines funktionierenden Parteiwesens her ergibt sich auch eine **Pflicht zur staatlichen Parteienfinanzierung**[155]. Die Pflicht zu finanziellen Leistungen an die Parteien, um die Funktionsfähigkeit des Parteiensystems zu erhalten, entspringt bei realistischer Betrachtung der Funktionsga-

---

[147] BVerfGE 20, 56 (96 ff.); aus der Kritik dazu *D. T. Tsatsos*, ZaöRV 26 (1966), 371 ff.; *P. Häberle*, JuS 1967, 64 (67 f.).
[148] BVerfGE 85, 264 (285 f.).
[149] *D. T. Tsatsos*, ZaöRV 26 (1966), 371 (insb. 377); BVerfGE 85, 264 (286).
[150] S. dazu BVerfGE 8, 51 (66); anders: *H. H. von Arnim*, DVBl. 2011, 1278 (1279).
[151] International vergleichbare Befunde bei *D. Schefold*, Parteienfinanzierung im europäischen Vergleich, in: D. T. Tsatsos (Hrsg.), Parteienfinanzierung im europäischen Vergleich, 1992, S. 481 ff. (485 ff. und passim); *C. Landfried*, Parteifinanzen und politische Macht, 2. Aufl. 1994, S. 13 ff., 282 ff., spricht von der »Kapitalisierung der Einnahmestruktur«; *K.-H. Naßmacher*, Parteienfinanzierung im Internationalen Vergleich, in: Bitburger Gespräche, 1993, S. 97 ff.; *ders.*, Bürger finanzieren Wahlkämpfe, 1992; *G. Klee-Kruse*, Parteienfinanzierung in den westlichen Demokratien, 1993; *M. Koß*, Staatliche Parteienfinanzierung und politischer Wettbewerb, 2008, S. 143 ff.
[152] Dazu D. T. Tsatsos (Hrsg.), Politikfinanzierung in Deutschland und in Europa, 1997; ders., Parteienfinanzierung (Fn. 151).
[153] BVerfGE 20, 56 (97, 107 f.).
[154] Dazu *P. Häberle*, JuS 1967, 64 (68 ff., 73).
[155] Vgl. auch *Klein* (Fn. 62), Art. 21 Rn. 434. Das Bundesverfassungsgericht hat eine Finanzierungspflicht zuletzt unter Hinweis auf die frühere Rechtsprechung ausdrücklich verneint: E 111, 54 (98 f., Rn. 211 ff.). Gegen eine grundsätzliche Förderungspflicht ausdrücklich auch E 104, 287 (300, Rn. 60 f.); s. auch *Ipsen* (Fn. 88), Art. 21 Rn. 96 ff.; *B. Küstermann*, Das Transparenzgebot des Art. 21 Abs. 1 Satz 4 GG und seine Ausgestaltung durch das Parteiengesetz, 2004, S. 62; *M. Schröder*, HGR V, § 119 Rn. 45.

rantie für das Parteiwesen[156]. Sie hat objektiv-rechtlichen Charakter[157], der nur unter besonderen Umständen zu einem subjektiv-rechtlichen Anspruch führt. Aus Gründen der Chancengleichheit sind auch die kommunalen Wählergemeinschaften teilweise den politischen Parteien gleichgestellt[158]. Die dogmatische Begründung einer Finanzierungspflicht kann sich anlehnen an die Rechtsprechung des Bundesverfassungsgerichts zur staatlichen Förderpflicht für Privatschulen (→ Art. 7 Rn. 108 f.), die deren institutionelle Garantie aus Art. 7 IV GG entnimmt[159]. Die Höhe der staatlichen Förderung unterliegt einem weiten Einschätzungsermessen des Haushaltsgesetzgebers, ist aber aus zwei Gründen nach oben begrenzt: Zum einen wegen des Gebotes der sparsamen Verwendung öffentlicher Mittel[160], zum anderen, um die zur Erfüllung ihrer Vermittlungsaufgabe unerlässliche Verwurzelung der Parteien in der Gesellschaft zu sichern[161]. Das Bundesverfassungsgericht begründet damit eine relative und eine absolute **Obergrenze** für die Staatsfinanzierung der Parteien[162] (→ Rn. 70 f.).

4. Der Status der Freiheit, der Gleichheit, der Öffentlichkeit und der innerparteilichen Demokratie

46 Das Bündel der Rechte und Pflichten, das auf Verfassungsebene sich an die Parteieigenschaft knüpft, kann strukturiert werden als ein **Status der Freiheit, der Gleichheit, der Öffentlichkeit und der inneren Demokratie** der Parteien[163]. Diese verfassungsrechtliche Ausgestaltung soll deren Funktionserfüllung sichern helfen. Die verschiedenen Aspekte des Status bilden ein einheitliches – ohne gegenseitigen Bezug unverständliches – Bündel von Rechten und Pflichten. Die vier Aspekte verfolgen dabei unterschiedliche Stoßrichtungen[164].

47 Die **Freiheit** (→ Rn. 49 ff.) soll gewährleisten, dass der demokratische Prozess der Willensbildung und der Gewährung politischer Unterstützung frei von staatlicher Gängelung ist, damit die Parteien ihre Funktion als gesellschaftliche Beeinflussungsagenturen erfüllen und so zur Legitimation der Staatsgewalt beitragen können, nicht

---

[156] Vgl. die Ansätze in dieser Richtung bei *P. Kunig*, HStR³ III, § 40 Rn. 155 f.; ebenso *H. Steinberger*, Politische Repräsentation in der Bundesrepublik Deutschland, in: P. Kirchhof/D. P. Kommers (Hrsg.), Deutschland und sein Grundgesetz, 1993, S. 137 ff. (176); *Grimm* (Fn. 10), § 14 Rn. 52: »Sie müssen vielmehr für ihre Vermittlungsfunktion angemessen ausgerüstet werden.«; *Kunig* (Fn. 115), Art. 21 Rn. 51: »Verpflichtung, das Mehrparteien-Prinzip durch aktive Maßnahmen aufrecht zu erhalten«; s. *G. Stricker*, Der Parteienfinanzierungsstaat, 1998, S. 97 ff.
[157] *Stricker*, Parteienfinanzierungsstaat (Fn. 156), S. 121 ff., 135.
[158] Zur Steuerfreiheit von Zuwendungen s. BVerfGE 121, 108 (118 ff., Rn. 39 ff.); s. auch *H. H. v. Arnim*, DVBl. 2011, 1278 (1280); BVerfGE 85, 264 (328) spricht sich für eine Einbeziehung der kommunalen Wählergemeinschaften in die staatliche Teilfinanzierung aus.
[159] BVerfGE 75, 40 (62); 90, 107 (115 ff.); s. näher *M. Morlok*, Thesen zu Einzelaspekten der Politikfinanzierung, in: Tsatsos, Politikfinanzierung (Fn. 152), S. 77 ff. (77); gegen die Parallele *Stricker*, Parteienfinanzierungsstaat (Fn. 156), S. 99 ff.
[160] BVerfGE 85, 264 (290); dazu *R. Schwartmann*, Verfassungsfragen der Allgemeinfinanzierung politischer Parteien, 1995, S. 106 ff., 137 f.
[161] BVerfGE 85, 264 (283, 290); so auch *H. H. von Arnim*, DVBl. 2011, 1278 (1278).
[162] BVerfGE 85, 264 (288 ff.); so auch *H. H. von Arnim*, DVBl. 2011, 1278 (1279).
[163] *Hesse*, Stellung (Fn. 99), S. 11 ff. (27 ff.); ders., Verfassungsrecht, Rn. 172 ff.; *P. Häberle*, JuS 1967, 64 (71 ff.); s. auch die Parallelisierung mit dem Abgeordnetenstatus bei *P. Häberle*, NJW 1976, 537 (542).
[164] Dazu *Morlok*, Rechtsvergleichung (Fn. 12), S. 722 ff.

aber zu Organen der staatlich organisierten Selbstlegitimation werden[165]. Die Freiheit der Partei ist also in erster Linie staatsgerichtet. Die **Gleichheit** (→ Rn. 77 ff.) bezieht sich demgegenüber auf das Verhältnis zwischen den Parteien. Der politische Prozess funktioniert nur hinreichend und gewährleistet die Legitimation der staatlichen Herrschaft sowie die inhaltliche Offenheit der Politik, wenn die Teilnehmer am demokratischen Wettbewerb das Recht auf Chancengleichheit genießen. Dennoch ist auch dieser Aspekt staatsgerichtet – der Staat hat die Wettbewerbsbedingungen gleichheitsgerichtet zu ordnen. Die **Öffentlichkeit** (→ Rn. 111 ff.) des Parteigeschehens soll gegenüber dem Bürger wirken und Kontrolle sowie informierte politische Entscheidungen ermöglichen: Er soll wissen, was in einer Partei vor sich geht, insbesondere in finanzieller Hinsicht, um seine politische Unterstützung tatsächlich auch den Kräften zukommen zu lassen, die seinen Auffassungen und Interessen am nächsten stehen. Die Verpflichtung auf **innerparteiliche Demokratie** ist auf das Verhältnis zwischen Partei und Mitglied gerichtet.

Dieser vierfältige Status der Parteien ist eine Abbreviatur für wesentliche Rechte und Pflichten der Parteien. Die besondere Stellung der Parteien kommt auch darin zum Ausdruck, dass ihnen das **Organstreitverfahren** nach Art. 93 I Nr. 1 GG i.V.m. § 13 Nr. 5 und §§ 63 ff. BVerfGG offen steht, wenn es um die Verteidigung des spezifisch verfassungsrechtlichen Status einer Partei gegenüber einem anderen Verfassungsorgan geht[166], nicht aber das Verfahren der Verfassungsbeschwerde. Trotz der in der Literatur geübten Kritik[167] hält das Gericht daran fest, was in der Rechtspraxis zu beachten ist. Der Vorteil dieser Rechtsschutzform liegt in der relativ schnellen Erreichbarkeit einer höchstrichterlichen Entscheidung über wesentliche Fragen des politischen Wettbewerbs[168].

48

II. Der Status der Freiheit der Parteien

1. Rechtsnatur des Art. 21 GG

Die Freiheit der Parteien ist rechtlich geschützt, damit diese den politischen Prozess beeinflussen können, insbesondere, um den institutionellen Eingabestrukturen des Staates gesellschaftliche Interessen und Überzeugungen zu vermitteln. Sie ist eine funktionale Freiheit, die nicht den Parteien wegen ihres Eigenwertes zukommt. Insofern unterscheidet sich die Freiheit der Zweckorganisation Partei von der grundrechtlichen Freiheit, die in der Menschenwürde verankert ist (→ Art. 1 II Rn. 12)[169]; über die staatsbürgerlichen Grundrechte der Bürger (→ Vorb. Rn. 80) erhält sie aber Anschluss an die grundrechtlichen Gewährleistungen. **Art. 21 I GG ist selbst kein Grundrecht**[170]. An der Ausklammerung des Art. 21 GG aus dem Katalog grundrechtsgleicher

49

---

[165] Hervorgehoben wurde diese Stoßrichtung durch den Begriff der »Staatsfreiheit« des Willensbildungsprozesses in BVerfGE 20, 56 (99 f.).
[166] BVerfGE 1, 208 (223 ff.); st. Rspr.: E 4, 27 (27 ff.); 51, 222 (233); 84, 290 (299).
[167] *Tsatsos/Morlok*, Parteienrecht (Fn. 1), S. 127 ff.; *Ipsen* (Fn. 88), Art. 21 Rn. 50 ff.; *Schlaich/Korioth*, Bundesverfassungsgericht, Rn. 92; *Henke* (Fn. 118), Art. 21 Rn. 254; eingehend zu den Abgrenzungsproblemen T. *Clemens*, Politische Parteien und andere Institutionen in Organstreitigkeiten, in: FS Zeidler, 1987, Bd. II, S. 1261 ff.; *K. Dißmann*, Rechtsschutz für politische Parteien, Diss. jur. Bielefeld 1992, S. 196 ff., kritisch S. 208 ff.; *H. Maurer*, JuS 1992, 296 (297).
[168] S. *M. Morlok*, NVwZ 2005, 157 (160).
[169] *Grimm* (Fn. 10), § 14 Rn. 30; a. A. *Ipsen* (Fn. 88), Art. 21 Rn. 30.
[170] A. A. *Henke* (Fn. 118), Art. 21 Rn. 216: »Ein echtes Grundrecht«, freilich sofort wieder relati-

Rechte in Art. 93 I Nr. 4a GG[171] (→ Vorb. Rn. 64f.) muss auch die einfache Deutung scheitern, Art. 21 I 2 GG sei eine derogierende Spezialvorschrift zu Art. 9 I GG[172]: Aufgrund der besonderen verfassungsrechtlichen Gewährleistung des Art. 21 GG haben die Parteien – wie eben alle Organisationen – auch das Recht zur Verfassungsbeschwerde, zumal das Organstreitverfahren nur dann eröffnet ist, wenn die Beeinträchtigung eines Rechts der Partei durch ein anderes Verfassungsorgan erfolgt.

50 Art. 21 I GG enthält allerdings eine **objektiv-rechtliche Gewährleistung** der Institution politische Partei, die um der Effektivität der Absicherung willen auch mit **subjektiv-rechtlichen Elementen** angereichert ist. Die **Einrichtungsgarantie**[173] des Art. 21 GG wirkt auf die einschlägigen Grundrechte der Parteien und ihrer Mitglieder modifizierend ein in dem Sinne, dass Schutzbereich wie Schranken der Einzelgrundrechte in spezifischer Weise hiervon geprägt werden[174].

2. Träger der Parteienfreiheit

51 Träger der Parteienfreiheit sind sowohl die **Individuen**, die sich in einer Partei betätigen, als auch die Parteien als **Organisationen** selbst. Was unter dem Stichwort des »**Doppelgrundrechts**« zur allgemeinen Vereinigungsfreiheit vertreten wird (→ Art. 9 Rn. 34; → Art. 19 III Rn. 89), kann auch auf die Parteienfreiheit übertragen werden.

52 Das Recht auf politische Betätigung in einer Partei ist ein **Individualrecht**[175]. Nach dem Wortlaut von Art. 21 I 2 GG[176] gilt dies für die Parteigründung, richtigerweise aber auch für den Beitritt zu einer existierenden Partei[177], das Verbleiben und die Mitarbeit[178] in sowie für den Austritt aus einer Partei[179] (→ Rn. 135f.). Diese individu-

---

viert durch Fn. 3, wonach »jedenfalls« Art. 9 und 21 GG zusammen ein Grundrecht zur Parteigründung und -betätigung bilden; *Ipsen* (Fn. 88), Art. 21 Rn. 29; *Lipphardt*, Gleichheit (Fn. 104), S. 693: »auf Artikel 21 GG gestützte Verfassungsbeschwerde«; Diskussionsstand bei *Mauersberger*, Freiheit (Fn. 108), S. 12ff., und *A. Schindler*, Die Partei als Unternehmer, 2006, S. 78ff. m.w.N.

[171] Für die Aufnahme des Art. 21 I GG in diesen Katalog *P. M. Huber*, Parteien in der Demokratie, in: FS 50 Jahre BVerfG, 2001, Bd. II, S. 609ff. (625).

[172] So *P. Kunig*, HStR³ III, § 40 Rn. 90; *Seifert*, Parteien (Fn. 107), S. 54; *H. Maurer*, JuS 1991, 881 (883); *Löwer* (Fn. 135), Art. 9 Rn. 31; wohl auch *P. M. Huber*, Medienbeteiligungen politischer Parteien, in: M. Morlok/U. v. Alemann/T. Streit (Hrsg.), Medienbeteiligungen politischer Parteien, 2004, S. 113ff. (122). Die Rechtsprechung des Bundesverfassungsgerichts ist nicht eindeutig: BVerfGE 2, 1 (13) handelt nur vom Verbot und der Spezialität von Art. 21 II gegenüber Art. 9 II GG; BVerfGE 25, 69 (78) lässt sich auch mit anderen Deutungen vereinbaren.

[173] So *Mauersberger*, Freiheit (Fn. 108), S. 32ff. m.w.N. zur Lehre von den institutionellen Garantien. Zur Kritik an der Figur der Einrichtungsgarantien *K. Waechter*, Die Verwaltung 29 (1996), 47ff. – freilich ohne auf Art. 21 GG einzugehen.

[174] *Mauersberger*, Freiheit (Fn. 108), S. 30, 70ff. Begrifflich ist anzuknüpfen bei *Henke* (Fn. 118), Art. 21 Rn. 218.

[175] Bemerkenswert ist die Betonung dieses Aspekts in einigen neueren Verfassungen: → Rn. 16f. S. weiter auch *G. Haverkate*, Verfassungslehre, 1992, S. 342ff.

[176] Dazu *K.-U. Ohlberg*, Die Parteigründungsfreiheit – eine vergessene Verfassungsnorm?, Diss. jur. Saarbrücken 1987.

[177] Dazu *M. Morlok*, Der Anspruch auf Zugang zu den politischen Parteien, in: FS Knöpfle, 1996, S. 231ff. (247ff.); *Volkmann* (Fn. 92), Art. 21 Rn. 41, jeweils m.w.N. Dezidiert a.A. *G. Roellecke*, in: Umbach/Clemens, GG, Art. 21 Rn. 69. Vgl. auch *A. Ortmann*, Verfassungsrechtliche Probleme von Parteizugang und Parteiausschluss, 2001.

[178] Die Begründung dieses Rechts stützt sich auf die gleichen Gründe wie das Recht auf Zugang zu einer Partei; neben Art. 9 I i.V.m. Art. 21 I GG ist auch das Demokratieprinzip und das Wahlrecht aus Art. 38 I GG zu nennen, s. *Morlok*, Anspruch (Fn. 177), S. 247ff.; *Volkmann* (Fn. 92), Art. 21 Rn. 42.

[179] *Volkmann* (Fn. 92), Art. 21 Rn. 42.

alrechtliche Wurzel der Parteienfreiheit (wie auch der Parteiengleichheit [→ Rn. 80]) ist letztlich aus der Volkssouveränität[180] (→ Art. 20 [Demokratie], Rn. 82 ff.) in Verbindung mit der Menschenwürdegarantie zu folgern, den beiden Grundelementen der politischen Ordnung des Grundgesetzes[181]. Träger der Volkssouveränität – und damit auch des politischen Prozesses – sind die Bürger, für deren Auffassungen die Parteien offen sein müssen, wie Art. 21 I 3 GG eigens hervorhebt. Diese individualrechtliche Wurzel der Parteibetätigung steht auch einer Verabsolutierung der Parteien in dem Sinne, wie sie der Leibholz'schen Parteienstaatsdoktrin eigen war, entgegen. Die einzelnen Parteimitglieder und ihre Aktivitäten verschwinden nicht hinter der Organisation, die Parteien haben keinen absorbtiven Charakter. Dies ist auch folgenreich im Hinblick auf den **Parteibinnenbereich**[182] (→ Rn. 59 f., 132 ff.).

Ausländer genießen nicht die verfassungsrechtliche[183] Parteienfreiheit. Bereits die Vereinigungsfreiheit steht nur Deutschen zu (→ Art. 9 Rn. 30 f.), erst recht gilt dies für die auf die Volkssouveränität bezogene Parteienfreiheit[184]. Das parteikonstitutive Merkmal, auf die Repräsentanz in einer Volksvertretung zu zielen, schließt Nichtwahlberechtigte und deren Organisationen aus. Im Hinblick auf das europäische Unionsrecht genießen aber **EU-Bürger** die Parteienfreiheit (→ Rn. 14). Auch **Minderjährige** haben das Recht zur Betätigung in einer politischen Partei zumindest ab dem Zeitpunkt, von dem an sie bereits als Kandidaten aufgestellt werden können[185], zuzüglich einer gewissen innerparteilichen Vorbereitungsfrist. Spätestens mit 16 Jahren ist die Parteimündigkeit gegeben[186]. Entsprechendes gilt für die Landtagswahlen und die Wahlen zum Europäischen Parlament[187]. 53

Die Parteien als **Organisationen** sind ebenfalls Träger der Parteienfreiheit wegen ihrer Hervorhebung in Art. 21 GG, ohne dass es des Rückgriffs auf Art. 19 III GG bedürfte[188]. 54

---

[180] Zu den Dimensionen und Gehalten der Volkssouveränität *M. Morlok*, Demokratie und Wahlen, in: FS 50 Jahre BVerfG, 2001, Bd. II, S. 559 ff. (562 ff.).

[181] Zum Zusammenhang von Menschenwürde und Volkssouveränität, vgl. *P. Häberle*, HStR³ II, § 22 Rn. 61 ff.; *M. Morlok*, Die innere Ordnung der politischen Parteien, in: ders. u.a. (Hrsg.), Ausblicke (Fn. 68), S. 737 ff. (806); *ders.*, Innere Struktur und innerparteiliche Demokratie, in: D.T. Tsatsos (Hrsg.), Auf dem Weg zu einem gesamtdeutschen Parteienrecht, 1991, S. 89 ff. (89 f.). → Art. 1 I Rn. 166.

[182] S. auch *U. K. Preuß*, in: AK-GG, Art. 21 Abs. 1, 3 (1989), Rn. 35.

[183] Nur in den Grenzen von § 2 III Nr. 1 PartG. Dazu *Gusy* (Fn. 2), Art. 21 Rn. 63.

[184] *P. Kunig*, HStR³ III, § 40 Rn. 28; *Kunig* (Fn. 115), Art. 21 Rn. 48; Jarass/Pieroth, GG, Art. 21 Rn. 5. Ausführlich, aber überpointiert *v. Katte*, Mitgliedschaft (Fn. 61), passim; *J. Isensee*, Die staatsrechtliche Stellung der Ausländer in der Bundesrepublik Deutschland, VVDStRL 32 (1974), S. 49 ff. (98 Fn. 124); recht restriktiv (nur Teilmitgliedschaft von Ausländern) *C. Hillgruber*, HGR V, § 118 Rn. 27 ff.; BGHSt 19, 51 ff.: Verbot einer Ausländerpartei.

[185] S. § 21 III BWahlG: 32 Monate nach Beginn der Wahlperiode zum Bundestag. Das passive Wahlrecht beginnt nach § 15 I Nr. 2 BWahlG mit der Vollendung des 18. Lebensjahres. Für grundsätzliche Berechtigung der Mitgliedschaft *Gusy* (Fn. 2), Art. 21 Rn. 62.

[186] Konflikte zwischen der elterlichen Sorge und der rechtlichen Vertretungsmacht für die Minderjährigen auf der einen und dem politischen Selbstbestimmungswillen der Minderjährigen auf der anderen Seite können nach dem Vorbild der Religionsmündigkeit entschieden werden (→ Art. 4 Rn. 106). Die Parteimündigkeit setzte hiernach bereits ein mit der Vollendung des 14. Lebensjahres, dazu *M. Morlok/T. Streit*, Minderjährige als Parteimitglieder, in: U. v. Alemann/M. Morlok/T. Godewerth (Hrsg.), Jugend und Politik, 2006, S. 75 ff. A. A. aber *Klein* (Fn. 62), Art. 21 Rn. 267; *Streinz* (Fn. 115), Art. 21 Rn. 101.

[187] Dazu § 10 III 2 EuWG.

[188] Vgl. die parallele Lage der Religionsgesellschaften im Bereich von Art. 4 GG. → Art. 4 Rn. 108 ff.

3. Sachlicher Schutzbereich

55 Die Parteienfreiheit wird geschützt durch die einschlägigen Grundrechte in der von Art. 21 GG bewirkten besonderen Ausprägung[189]. Für Gründung, Auflösung, Fusion, also für organisationswesentliche Akte, ist das Art. 9 I GG. Als Grundrechte, welche Aktivitäten der Parteiorganisationen wie ihrer Mitglieder freiheitsrechtlich abdecken, kommen in erster Linie in Betracht Art. 5 I[190] und 8 GG, aber auch Art. 10, 11 und 13 GG, darüber hinaus genießt das Parteieigentum den Schutz des Art. 14 GG[191]. Das Petitionsrecht kann ebenso in Anspruch genommen werden wie die Prozessgrundrechte aus Art. 101 und 103 GG. Weltanschauliche oder religiöse Positionen, die auch in Parteien verfolgt werden, stehen unter dem Schutz von Art. 4 GG. Die allgemeine Betätigungsfreiheit wird grundrechtlich auch durch Art. 2 I GG unterfangen[192] mit der Folge, dass ggf. **Verfassungsbeschwerde** gegen eine Verletzung erhoben werden kann. Auch das allgemeine Persönlichkeitsrecht aus Art. 2 I i.V.m. Art. 1 I GG kann einer Partei zustehen[193].

56 Die geschützten **parteitypischen Tätigkeiten**[194] sind nicht auf herkömmliche Betätigungsformen beschränkt: Auch Neuartiges ist geschützt, soweit es letztlich um die Einflussnahme auf die politische Willensbildung geht. Aktivitäten auf kulturellem oder wirtschaftlichem Gebiet, die im Sinne eines Musterprojekts die Programmatik der Partei darstellen und für sie werben sollen, unterfallen der Parteifreiheit[195]. Die Freiheit der Parteien ist ihnen nicht zuletzt gegeben zu werbendem Verhalten, das durchaus auf Kosten anderer Parteien gehen kann und soll: Die Parteienfreiheit ist Wettbewerbsfreiheit[196] und auch Wahlkampffreiheit (→ Rn. 62).

57 Als nicht erfasst von der spezifischen Parteienfreiheit werden meist die aus reinem Erwerbsstreben motivierten **wirtschaftlichen Betätigungen** angesehen[197]. Art. 12 GG steht den auf ihren besonderen Handlungskreis beschränkten Parteien zunächst nur insoweit zu, als es sich um wirtschaftliche Tätigkeiten zur Funktionserfüllung der Partei handelt[198], jedenfalls sofern sie verfassungsrechtliche Gewährleistungen in An-

---

[189] Zu dieser Konstruktion vgl. auch *Henke* (Fn. 118), Art. 21 Rn. 218, wonach Art. 21 GG die Auslegung aller Grundrechtsartikel, die für die Parteien in Betracht kommen, mitbestimmt; ähnlich *P. Kunig*, HStR³ III, § 40 Rn. 92, wonach die Betätigungsfreiheit der Parteien sich in grundrechtlicher Betätigung vollziehe, die ihrerseits ihren Zuschnitt erhalte durch die Mitwirkungsaufgabe. A. A. *Roellecke* (Fn. 177), Art. 21 Rn. 53. Gegen die Grundrechtsträgerschaft von Parteien *Huber*, Parteien (Fn. 171), S. 609 ff.; dagegen überzeugend *Schindler*, Unternehmer (Fn. 170), S. 82 ff.
[190] A. A. *Roellecke* (Fn. 177), Art. 21 Rn. 68.
[191] *Gusy* (Fn. 2), Art. 21 Rn. 82.
[192] A. A. diejenigen, die die Betätigungsfreiheit der Parteien allein in Art. 21 I 1 oder 2 GG ansiedeln, so *P. Kunig*, HStR³ III, § 40 Rn. 24; *Henke* (Fn. 118), Art. 21 Rn. 218; *K.-H. Seifert*, DÖV 1956, 1 (5); *W. Frotscher*, DVBl. 1985, 917 (923); BVerfGE 84, 290 (299).
[193] OLG Köln NJW 1987, 1415 (1416); ablehnend *Henke* (Fn. 118), Art. 21 Rn. 218. → Art. 2 I Rn. 86.
[194] Für noch weitergehenden Schutz auch nicht parteitypischer Tätigkeiten *Klein* (Fn. 62), Art. 21 Rn. 282.
[195] Für einen besonderen Fall s. *D. Birk/H. M. Wolfgang*, DÖV 1991, 481 ff.; *G. Winands*, ZRP 1987, 185 ff. mit Erwiderung *M. Neuling*, ZRP 1988, 73 f.
[196] *Seifert*, Parteien (Fn. 107), S. 115; *Ipsen* (Fn. 88), Art. 21 Rn. 32.
[197] Ausführlich zum Problem *Schindler*, Unternehmer (Fn. 170), S. 89 ff.; *M. Angelov*, Vermögensbildung und unternehmerische Tätigkeit politischer Parteien, 2006, S. 204 ff.; *Klein* (Fn. 62), Art. 21 Rn. 283 f.; vgl. auch *R. Sannwald*, in: Schmidt-Bleibtreu/Hofmann/Henneke, GG, Art. 21 Rn. 29.
[198] *Henke* (Fn. 118), Art. 21 Rn. 25, 218; *Kunig* (Fn. 115), Art. 21 Rn. 9; *Ipsen* (Fn. 88), Art. 21 Rn. 46; gegen das Recht aus Art. 12 GG *Gusy* (Fn. 2), Art. 21 Rn. 82.

spruch nehmen wollen. Zur Begründung wird das für den Idealverein bestehende Nebentätigkeitsprivileg aktiviert[199]. Jedoch kann sich aus dem Anspruch der Partei auf Chancengleichheit dennoch ergeben, dass die Parteien ein Recht auf gleiche Teilnahme am Wirtschaftsverkehr haben (→ Rn. 110). Wirtschaftliche Hilfsbetriebe (z. B. Druckereien) sind jedenfalls von der allgemeinen Parteifreiheit gedeckt. Umstritten ist die Tätigkeit von Parteien als Medien-, insbesondere als Rundfunkunternehmer. Richtigerweise ist den Parteien, soweit nicht kartell- oder presserechtliche Monopolstellungen erworben werden, gerade wegen Art. 5 I GG die Möglichkeit solcher Betätigung einzuräumen[200].

Auslandsaktivitäten genießen deutschen verfassungsrechtlichen Schutz, soweit ihr Ziel die Einwirkung auf die deutsche Politik ist, also etwa der Wahlkampf bei Auslandsdeutschen[201]. Gleiches gilt für politische Anstrengungen, die auf das europäische Parlament oder Kommunalwahlen im Bereich der EU zielen (→ Rn. 14). **58**

Die **Gründungsfreiheit** (Art. 21 I 2 GG) umfasst das Sichzusammenfinden und Verständigen auf eine gemeinsame Programmatik, die Wahl der Organisationsform – dies ist der Verein nach bürgerlichem Recht, sei er nun rechtsfähig oder nicht –, und zwar nach geltender einfachgesetzlicher Lage **ohne staatlichen Mitwirkungsakt**[202]. Dagegen besteht keine freie Wahl der Rechtsform[203]: Vielmehr kommt für die Partei selbst – im Gegensatz zu ihren Nebenorganisationen – nur die Rechtsform des Vereins nach bürgerlichem Recht in Frage. Dessen Anforderungen sind zu beachten, freilich mit wohlbegründeten Ausnahmen, wie § 37 PartG für das Haftungsrecht gem. § 54 II BGB und die Einspruchsmöglichkeiten der Verwaltungsbehörde nach §§ 61 ff. BGB. Die Vorgaben in §§ 4 und 6 PartG sind mit der Gründungsfreiheit vereinbar, weil sie Funktionsnotwendigkeiten für beachtlich erklären, so das Unterscheidungsgebot für den Namen[204] in einem Mehrparteiensystem und die Identitätskonstitution und Gewinnung der Handlungsfähigkeit durch Programm und Satzung. Die weiteren Restriktionen für die innere Organisation (§§ 7 ff. PartG) sind dem Gebot zur innerparteilichen Demokratie geschuldet (→ Rn. 123), allerdings kann das Korsett der §§ 7 ff. PartG im Einzelfall zu eng gefasst sein. **59**

Zur Gründungsfreiheit zählt auch die **Freiheit zur Auflösung**[205] und die Freiheit zur Vereinigung mit anderen Parteien[206]. Die individualrechtliche Ausprägung umfasst das Recht eines Bürgers, sich an einer Parteigründung nicht zu beteiligen, einer Partei **60**

---

[199] Mit bedenkenswerter Begründung: *Schindler*, Unternehmer (Fn. 170), S. 145 ff.
[200] S. zur Auseinandersetzung insbesondere *H. Lackner*, Verfassungsrechtliche Probleme von Sendezeiten für Dritte im Rahmen der dualen Rundfunkordnung, 1999, S. 114 ff.; s. die Beiträge von *H. Gersdorf*, S. 69 ff., *H. H. Klein*, S. 77 ff., *J. Wieland*, S. 103 ff., und *P. M. Huber*, S. 113 ff., jeweils in: Morlok/v. Alemann/Streit, Medienbeteiligungen (Fn. 172); s. auch *Klein* (Fn. 62), Art. 21 Rn. 286 ff.; *M. Möstl*, DÖV 2003, 106 ff.
[201] *M. Morlok/A. Bäcker*, MIP 2013, 5 (13 ff.).
[202] *Volkmann* (Fn. 92), Art. 21 Rn. 43; vgl. *Kunig* (Fn. 115), Art. 21 Rn. 45 f.; *Ohlberg*, Gründungsfreiheit (Fn. 176), S. 16; *P. Kunig*, HStR³ III, § 40 Rn. 23; *C. Hillgruber*, HGR V, § 118 Rn. 32. Ein eventuelles Registrierungsverfahren (→ Rn. 41) darf nicht politisch selektiv sein.
[203] So aber noch → Bd. II¹, Art. 21 Rn. 57; s. auch *Klein* (Fn. 62), Art. 21 Rn. 274; *Volkmann* (Fn. 92), Art. 21 Rn. 44.
[204] Dazu BGH NJW 1981, 914 (916); LG Bremen NJW 1989, 1864 (1865); OLG Frankfurt NJW 1952, 792; *M. Morlok*, MIP 2004/05, 49 ff.
[205] Beachte dabei §§ 6 II Nr. 11, 9 III PartG. Vgl. *Kunig* (Fn. 115), Art. 21 Rn. 45, 55.
[206] Beachte auch hier §§ 6 II Nr. 11, 9 III PartG. Dazu *P. Neuhaus*, Parteifusionen und -abspaltungen, 2010.

nicht beizutreten oder sie wieder zu verlassen (**negative Freiheit**: → Vorb. Rn. 75)[207]. Angesichts des Tendenzcharakters politischer Parteien (→ Rn. 61, 134 f.) gewinnt die negative Freiheit hier besondere Bedeutung. Zu Recht hat § 10 II 3 PartG sie gegenüber der allgemeinen Austrittsfreiheit nach bürgerlichem Vereinsrecht (§ 39 II BGB) gestärkt: Die negative individuelle Parteifreiheit wird ohne jegliche, auch nur aufschiebende Einschränkung garantiert.

61 Die Parteienfreiheit hat mehrere Aspekte, die unter anderem als Organisationsfreiheit, Programmfreiheit und Mitgliederfreiheit[208] umschrieben werden können. Die Parteienfreiheit umfasst als besonderen Fall der »Vereinsautonomie«[209] die Freiheit zur Tendenz. Das interne Geschehen darf durch Parteivorschriften auf die je eigene Programmatik, eben Parteilichkeit, verpflichtet werden. Diese **Tendenzfreiheit**[210] gibt einer Partei das Recht (nicht die Pflicht!), alle internen Strukturen und Vorgänge auf die Tendenz der Partei zu verpflichten. Die Freiheit der Partei gibt insofern ein Recht zur **Tendenzreinheit**. Organisatorisch bedeutet die Tendenzfreiheit das Recht, alle Parteiangelegenheiten durch eigene Organe mit selbst bestimmter Zusammensetzung treffen zu lassen. Inhaltlich gewährleistet sie, dass die Anerkennung der programmatischen Grundsätze der Partei zur Grundlage aller innerparteilichen Kommunikation gemacht werden darf. Mitgliedschaftlich heißt dies, dass nur Parteimitglieder am internen Willensbildungs- und Entscheidungsprozess teilnehmen dürfen – allerdings kann eine Partei im Rahmen ihrer Freiheit durchaus die Mitwirkung auch von Nichtmitgliedern bis hin zur Aufstellung auf ihren Wahllisten zulassen[211]. Zur Wahrung der Tendenzfreiheit steht den Parteien auch ein Recht zum Parteiausschluss zu. Auch Unvereinbarkeitsbeschlüsse sind im Grundsatz zulässig (→ Rn. 136). Die staatlichen Gerichte haben bei der Nachprüfung parteiinterner Entscheidungen eine tendenzwahrende Zurückhaltung zu üben (→ Rn. 142)[212].

62 Nach außen wirkende Tätigkeiten der verschiedensten Art fallen in den Schutzbereich der Parteifreiheit; überwiegend werden dabei die Meinungsäußerungs- und die Pressefreiheit sowie die Versammlungsfreiheit aktiviert (→ Rn. 55). Der **Straßenwahlkampf** mit Plakatwerbung, Informationsständen und Flugblattverteilung[213] gehört dazu. Ermessen bei der Erteilung straßenrechtlicher Sondernutzungsgenehmigungen verdichtet sich in Wahlkampfzeiten regelmäßig zu einer Pflicht, eine straßenrechtliche Sondernutzungserlaubnis zur Plakatierung im innerstädtischen Verkehrsraum zu erteilen[214]. Dies gilt jedenfalls gegenüber den bei den jeweiligen Wahlen antretenden

---

[207] A. A. *Gusy* (Fn. 2), Art. 21 Rn. 62.
[208] S. §§ 10 I und IV PartG. S. zur Perspektive des Bürgers → Rn. 133.
[209] BVerfGE 50, 290 (354); *D. Merten*, HStR VI, § 144 Rn. 42 ff.; *W. Flume*, Die Vereinsautonomie und ihre Wahrnehmung durch die Mitglieder hinsichtlich der Selbstverwaltung der Vereinsangelegenheiten und der Satzungsautonomie, in: FS Coing, Bd. 2, 1982, S. 97 ff. m. w. N.
[210] Dazu *M. Morlok*, NJW 1991, 1162 (1163); *Gusy* (Fn. 2), Art. 21 Rn. 64. Zu Einzelheiten s. a. *Streinz* (Fn. 115), Art. 21 Rn. 110; *C. Hillgruber*, HGR V, § 118 Rn. 34.
[211] Ausführlich zum Problem *J. Hainz*, Die Verfassungsmäßigkeit der Öffnung politischer Parteien für die Mitarbeit Parteifremder, 2006; *A. Bäcker*, RuP 2011, 151 ff.
[212] S. *N. Heimann*, Die Schiedsgerichtsbarkeit der politischen Parteien in der Bundesrepublik Deutschland, 1977, S. 284 ff.; *J. Risse*, Der Parteiausschluß, 1985, S. 233 ff.; *F. Grawert*, Parteiausschluß und innerparteiliche Demokratie, 1987, S. 145 ff., 157 ff.; *S. Roßner*, Parteiausschluss, Parteiordnungsmaßnahmen und innerparteiliche Demokratie, 2014, S. 187 ff.; *S. Jürgensen*, MIP 2015, 13 (18 ff.).
[213] Zu Einzelfragen *C. J. Walther*, Wahlkampfrecht, 1989, S. 102 ff. m. w. N.; *C. Hardmann*, Die Wahlkampfwerbung von Parteien in der Bundesrepublik Deutschland, Diss. jur. Köln 1992, S. 95 ff.
[214] BVerwGE 56, 56 (58 ff.); OVG Lüneburg NdsVBl. 2001, 43 f. Die Erhebung von Sondernut-

Parteien und nur, soweit sich die Wahlwerbung im Rahmen des rechtlich Erlaubten bewegt[215]. Art. 5 I GG i. V. m. Art. 21 I GG bewirkt eine Erweiterung des straßenrechtlichen Gemeingebrauchs im Sinne des »kommunikativen Gemeingebrauchs«[216]. Eine erlaubnispflichtige Sondernutzung liegt regelmäßig vor, wenn Gerätschaften verwandt werden[217]. Dabei ist in Fortführung der Rechtsprechung des Bundesverfassungsgerichts[218] davon auszugehen, dass diese Ansprüche auch außerhalb des unmittelbaren Wahlkampfes gelten[219]. Den Wahlkampf mit bestimmten Mitteln einschränkende Vereinbarungen zwischen etablierten Parteien dürfen von den zuständigen Behörden bei ihren Entscheidungen nicht beachtet werden[220]: Verträge zu Lasten Dritter sind auch hier nicht zulässig (→ Rn. 56). Die Verwaltungsentscheidungen auf diesem Gebiet sind vor allem auch gehalten, den Grundsatz der Chancengleichheit zu achten (→ Rn. 83 ff.).

Auch das **interne Geschehen** steht unter dem Schutz der Parteienfreiheit, sowohl der Partei wie auch der Mitglieder. Die innerparteiliche Betätigung des einzelnen Parteimitgliedes ist also durch das Individualrecht geschützt. Es wird allerdings begrenzt durch das gleichartige Recht anderer Parteimitglieder und auch das Recht der Partei als Organisation auf freie und tendenzreine Gestaltung des innerparteilichen Geschehens[221]. 63

Das Handeln der **Fraktionen** in den Parlamenten und kommunalen Vertretungskörperschaften wird **nicht** von der **Parteienfreiheit** gedeckt. Es richtet sich nach Parlamentsrecht (nicht nach Parteienrecht), das Handeln der Einzelnen nach dem Recht der Abgeordneten (oder der kommunalen Vertreter)[222] (→ Art. 38 Rn. 184 ff.). Die Einwirkung der Partei auf die Fraktion (»die Partei im Parlament«) – wie auch umgekehrt[223] – ist faktisch von erheblicher Bedeutung, da der parteipolitische Einfluss im Wesentlichen von den Abgeordneten ausgeübt wird. Die rechtliche Flankierung des parlamentarischen Geschehens muss aber dieser Faktizität keineswegs folgen, sondern kann ihren guten Sinn darin haben, angesichts der Parteieinbindung den Eigenwert der staatlichen Institutionen zu betonen. 64

---

zungs- und Verwaltungsgebühren für erlaubnispflichtige Werbemaßnahmen verstößt nicht gegen die Parteifreiheit, BVerwGE 47, 280 (283); 56, 63 (68 ff.); OVG Bremen NVwZ 1987, 3024 (3025).

[215] Zu volksverhetzenden Wahlplakaten s. etwa BVerfG (K), NJW 2009, 3503 f.; VG Berlin v. 7.9.2011, 1 L 293.11, juris; dazu *A. Bäcker*, MIP 2012, 137 (143).

[216] Dazu umfassend *M. Stock*, Straßenkommunikation als Gemeingebrauch, 1979; BVerwGE 56, 24 (25 ff.).

[217] Vgl. die Analyse der Rspr. bei *Walther*, Wahlkampfrecht (Fn. 213), S. 115 ff.

[218] BVerfGE 85, 264 (285 f.).

[219] Vgl. BVerfG (K), NVwZ 2002, 467. S. ähnlich *Klein* (Fn. 62), Art. 21 Rn. 281. A. A. noch VG Saarlouis ZfSch 2001, 339 f.; ebenso BVerwGE 56, 56 (59 ff.).

[220] BVerwGE 47, 293 (295 ff.); OVG Bremen NVwZ 1987, 3024 (3025); *Walther*, Wahlkampfrecht (Fn. 213), S. 130; *H. Klatt*, ZParl. 12 (1981), 21 ff.

[221] Dazu eingehend *Roßner*, Parteiausschluss (Fn. 212), S. 49 ff.

[222] *Henke* (Fn. 118), Art. 21 Rn. 119 ff.; *Tsatsos/Morlok*, Parteienrecht (Fn. 1), S. 214 f.

[223] Vgl. *S. Hölscheidt*, Das Recht der Parlamentsfraktionen, 2001, insbesondere S. 138 ff., 366 ff., 438 ff. Für die finanziellen Aspekte, die aus der (üblichen) Fraktionsfinanzierung resultieren s. *Hölscheidt*, ebd., S. 500 ff.; *Morlok*, Thesen (Fn. 159), S. 98 ff.; zur tatsächlichen Gestaltung des Verhältnisses zwischen Partei und Fraktion s. weiter *W. Ismayr*, Der Deutsche Bundestag, 1992, S. 40 ff., 50 ff., 74 ff., 102 ff.; *K. v. Beyme*, Der Gesetzgeber, 1997, S. 92 ff.; *W. Zeh*, HStR II, § 42 Rn. 14 ff.

4. Abwehrcharakter

65 Die funktionelle Ausrichtung der Parteienfreiheit auf die Ermöglichung der Beeinflussung der staatlichen Entscheidungsbildung durch die Parteien zusammen mit der grundrechtlichen Ausformung dieser Freiheit begründet ihre **Staatsgerichtetheit** (→ Rn. 47). Abgewehrt werden nur Akte von **Adressaten der Parteienfreiheit**. Das ist die öffentliche Gewalt in allen Erscheinungsformen (→ Art. 1 III Rn. 27 ff., 37 ff.), **nicht** aber die **Parteien** selbst. Übergriffen der Parteien auf ihre Mitglieder steht die **Austrittsfreiheit** entgegen (→ Rn. 60, 135), aber auch die objektiv-rechtliche Verpflichtung des Staates zur angemessenen Ausgestaltung des Parteibinnenrechts (→ Rn. 125, 161). **Beeinträchtigungen** der Parteienfreiheit liegen in allen Verboten oder Sanktionen für Parteitätigkeit der Organisation oder ihrer Mitglieder. Jede **Bewertung** einer Partei und ihrer Programmatik, an die rechtliche Konsequenzen knüpfen, ist staatlichen Instanzen **verboten** (→ Rn. 94 ff., 157 f.)[224]. Es besteht mithin ein Anknüpfungsverbot, das sich auch auf die Mitglieder bezieht. Eine Anknüpfung ist dann – etwa bei der Einstellung in den öffentlichen Dienst – nur aufgrund persönlicher Einstellungen und Handlungen, nicht jedoch wegen Zugehörigkeit zu einer nicht verbotenen Partei zulässig (→ Rn. 158)[225]. Auch die Überwachung einer Partei durch Nachrichtendienste ist nur unter bestimmten Voraussetzungen zulässig[226]. Problematisch ist bereits die derzeitige Praxis der Benennung von Parteien im Verfassungsschutzbericht (→ Rn. 159)[227]. Damit ist der Bezug zur Chancengleichheit der Parteien hergestellt: Freiheit durch Gleichbehandlung (→ Rn. 77 ff.).

5. Schranken der Parteienfreiheit

66 Zur Funktionserfüllung sind der Parteienfreiheit **verfassungsunmittelbar** bestimmte Schranken gesetzt und Verpflichtungen auferlegt, welche sie von der allgemeinen Vereinigungsfreiheit abheben[228]. Als **spezifische Schranken** zu nennen sind die Verpflichtung auf die innerparteiliche Demokratie (Art. 21 I 3 GG; → Rn. 123 ff.), das Gebot zur öffentlichen Rechenschaftslegung (Art. 21 I 4 GG; → Rn. 111 ff.) sowie die Möglichkeit eines Verbots verfassungswidriger Parteien (Art. 21 II GG; → Rn. 143 ff.). Daneben gelten auch die **allgemeinen Schranken** in Gestalt der verfassungsimmanenten Schranken (→ Vorb. Rn. 139 f.) und der besonderen Schranken des jeweils einschlägigen Grundrechts. Allerdings ist bei deren Anwendung auf den modifizierenden Einfluss von Art. 21 GG zu achten, der sich im Sinne einer Verstärkung der wahrgenommenen Grundrechtsposition auswirken kann, vor allem im Wahlkampf. Für die **Briefkastenwerbung** gelten im Ergebnis die gleichen Begrenzungen wie für kommerzielle Wer-

---

[224] Dies gilt etwa auch für Kontenkündigungen gegenüber extremistischen, aber nicht verbotenen Parteien durch Sparkassen. Vgl. OLG Dresden NJW 2002, 757 ff.; LG Leipzig NJW 2001, 80 ff.; a. A. VG Hannover NJW 2001, 3354; LG Frankfurt/Oder NJW 2001, 82. S. für Banken insgesamt *B. Boehmke*, JuS 2001, 444 ff.

[225] *Volkmann* (Fn. 92), Art. 21 Rn. 43, 55; *Streinz* (Fn. 115), Art. 21 Rn. 105. S. auch BVerwG NVwZ 1999, 299 f.; BVerwG NJW 2002, 980 ff.; für die Bestellung zum Bezirksschornsteinfegermeister s. BVerwGE 145, 67 ff.; dazu *A. Bäcker*, MIP 2014, 143 (143 f.).

[226] S. hierzu insbesondere *L. O. Michaelis*, Politische Parteien unter Beobachtung des Verfassungsschutzes, 2000, passim; vgl. *Volkmann* (Fn. 92), Art. 21 Rn. 44. S. auch BVerwG NJW 2000, 824 ff.

[227] Vgl. *D. Murswiek*, NVwZ 2004, 769 (774 ff.); zum Problem der Berichterstattung über bloße Verdachtsfälle etwa BVerwG NVwZ 2014, 233 ff.; für einen Rechtsprechungsüberblick s. *A. Bäcker*, MIP 2012, 132 (133 ff.); *dies.*, MIP 2014, 184 (189 ff.).

[228] Vgl. *Henke* (Fn. 118), Art. 21 Rn. 217.

bung[229]. Ebenso unzulässig sind wegen der darin liegenden Beeinträchtigung des Persönlichkeitsrechts unerbetene Telefonanrufe[230].

6. Ausstrahlungswirkung

Versteht man wie hier Art. 21 GG als eine institutionelle Garantie, so ergibt sich unschwer eine »Ausstrahlungswirkung« (→ Vorb. Rn. 96 ff.)[231]. Die Parteienfreiheit zielt insofern auf die Gestaltung des einfachen Rechts, etwa das Verständnis des straßenrechtlichen Gemeingebrauchs (→ Rn. 62); ebenso wirkt es als Direktive bei Ermessensentscheidungen[232]. Auch wenn Art. 21 GG keine unmittelbare Drittwirkung im **Privatrecht** hat[233], kann die Parteienfreiheit bei Monopolsituationen im Zusammenklang mit dem Gebot der Chancengleichheit zu einem Kontrahierungszwang führen (→ Rn. 98)[234]. Auch auf **Arbeitsverhältnisse** strahlt die Parteienfreiheit aus: Fragen nach der Parteizugehörigkeit bei der Einstellung sind in Nichttendenzbetrieben unzulässig, die Mitgliedschaft darf zu keiner unterschiedlichen Behandlung führen[235]. Das Verbot parteipolitischer **Betätigung in Betrieben** (§ 74 II 3 BetrVG) und öffentlichen Dienststellen ist auch in Wahlkampfzeiten rechtens[236]. Die Parteien sind derzeit als Vereine bürgerlichen Rechts organisiert. Die Anwendung des Vereinsrechts ist mit dem speziellen Freiheitsstatus abzustimmen; so darf das Amtsgericht keinen Notvorstand nach § 29 BGB bestellen[237]. Auch das Minderjährigenrecht muss modifiziert werden; so dürfen Eltern minderjähriger Parteimitglieder nicht an der innerparteilichen Willensbildung mitwirken (→ Rn. 53). Auch in der Insolvenz und bei der Fusion gelten Besonderheiten[238].

67

---

[229] Dazu BGHZ 106, 229 ff.; für die Parteien KG NJW 2002, 379 ff.; s. auch BVerfG (K), NJW 2002, 2938; *M. Kaiser*, NJW 1991, 2870 ff.; *Hardmann*, Wahlkampfwerbung (Fn. 213), S. 110 ff.; *H. Dahlen*, NWVBl. 1990, 217 (219); a. A. *L. Brocker*, NJW 2002, 2072 ff.; *M. Löwisch*, NJW 1990, 437 f.; OLG Bremen NJW 1990, 2140 f.

[230] OLG Stuttgart NJW 1988, 2615; *Walther*, Wahlkampfrecht (Fn. 213), S. 128; *Hardmann*, Wahlkampfwerbung (Fn. 213), S. 127 ff.; *H. Dahlen*, NWVBl. 1990, 217 (218).

[231] Vgl. *Mauersberger*, Freiheit (Fn. 108), S. 70 ff.

[232] S. im Einzelnen die Aufzählung von Anwendungsbereichen bei *Henke* (Fn. 118), Art. 21 Rn. 218 ff., und für das Verwaltungsrecht Rn. 228 ff.

[233] Anders *Preuß* (Fn. 182), Art. 21 Abs. 1, 3 Rn. 40.

[234] Für Zeitungsannoncen s. *P. Häberle/D. H. Scheuing*, JuS 1977, 524 ff.; *Jarass/Pieroth*, GG, Art. 21 Rn. 21; *H. Meyer*, HStR II, § 38 Rn. 17 ff.; *Henke* (Fn. 118), Art. 21 Rn. 25; *R. Wendt*, in: v. Münch/Kunig, GG I, Art. 5 Rn. 32; *F. Kübler*, Pflicht der Presse zur Veröffentlichung politischer Anzeigen?, 1976; anders BVerfGE 42, 53 (62); unentschieden E 48, 271 (278); für Girokonten s. OLG Saarbrücken NJW-RR 2008, 1632 f.; dazu *A. Bäcker*, MIP 2008/2009, 92 (99); für ein »Hotelverbot« s. BGH JZ 2012, 686 ff.; dazu *A. Bäcker*, MIP 2012, 132 (135 f.).

[235] Dazu *Henke* (Fn. 118), Art. 21 Rn. 227 m. w. N.

[236] *Hardmann*, Wahlkampfwerbung (Fn. 213), S. 137 ff., 144 ff. m. w. N.; *Walther*, Wahlkampfrecht (Fn. 213), S. 159, 172 ff.

[237] So *D. Hahn*, NJW 1973, 2012 ff.; *ders.*, Innerparteiliche Demokratie, Diss. jur. Köln 1973, S. 114 f.; a. A. LG Berlin NJW 1970, 1047 (1048) m. w. N.; *G. Roellecke*, DRiZ 1968, 117 (118).

[238] Ausführlich zum Insolvenzverfahren *C. Hientzsch*, Die politische Partei in der Insolvenz, 2010, S. 64 ff. Weiter gelten für die zwangsweise Auflösung einer Partei nicht §§ 42 ff. BGB, sondern nur die Verfassungsnorm des Art. 21 II GG i. V. m. §§ 43 ff. BVerfGG. → Rn. 143. Zur Fusion s. P. Neuhaus, Parteifusionen und -abspaltungen, 2010, S. 68 ff.

7. Freiheitsaspekte der Parteienfinanzierung

68 Der Status der Freiheit wirkt sich auch auf die Parteienfinanzierung aus – ebenso wie der Status der Gleichheit (→ Rn. 100) und derjenige der Öffentlichkeit (→ Rn. 113)[239]. Spenden an Parteien sind erlaubt[240]: Sie sind legitime Instrumente des parteipolitischen Engagements der Bürger und insofern Ausdruck des Rechts auf parteipolitische Betätigung. Ein gesetzliches **Verbot, Spenden** bestimmter Herkunft **anzunehmen**, kann verfassungsrechtlich gedeckt sein durch das Ziel der Bewahrung der Funktionsfähigkeit des Parteiwesens. Dies gilt wegen der anders kaum zu beherrschenden Gefahr einer chancengleichheitswidrigen Parteienfinanzierung für Spenden von parteinahen Stiftungen (§ 25 II Nr. 2 PartG) und Parlamentsfraktionen (§ 25 II Nr. 1 PartG), aber auch für die weiteren in § 25 II PartG genannten Spender. Der Ausschluss von Spenden seitens eines Ausländers (§ 25 II Nr. 3 PartG) gründet in der Funktion des Parteiwesens, das deutsche Volk zur politischen Willensbildung zu organisieren (→ Rn. 53)[241].

69 Zentral für die Sicherung der Freiheitlichkeit der Parteitätigkeit in finanzieller Hinsicht ist der **Grundsatz der Staatsfreiheit**. Dessen Verständnis variiert. Dieser Grundsatz der Staatsfreiheit wurde dahingehend modifiziert[242], dass eine Allgemeinfinanzierung der Parteien zwar zulässig, aber beschränkt sei auf eine **staatliche Teilfinanzierung** (→ Rn. 44 f.)[243].

70 Entscheidend ist die Staatsfreiheit der Parteiarbeit, nicht die Staatsfreiheit der Parteienfinanzierung als solche. Die Freiheitlichkeit der Parteiarbeit hängt wesentlich ab vom **Modus der Finanzierung**. Ausgeschlossen sind administrative Ermessensentscheidungen über die Zuwendung staatlicher Mittel: Die Gefahr einer politischen Einflussnahme muss gebannt sein. Erforderlich sind also klare Vergabekriterien und gesetzlich bestimmte Rechtsansprüche (→ Rn. 107) der Parteien auf Staatsleistungen.

71 Ein zweites Gebot verlangt, die gesellschaftliche Abhängigkeit der Parteien zu erhalten, damit diese nicht losgelöst von den Interessen und Auffassungen der Bevölkerung agieren können. Deswegen müssen die Parteien von selbst zu erschließenden gesellschaftlichen Finanzquellen abhängig bleiben (→ Rn. 45). Daraus ergibt sich eine **Beschränkung** auf eine **staatliche Teilfinanzierung**[244]. Jedoch ist der sich nur auf den ersten Blick aufdrängende, vom Bundesverfassungsgericht stets bemühte Grundsatz der höchstens hälftigen Staatsfinanzierung der Parteien in Frage zu stellen, da er auf einer rein ökonomischen Betrachtungsweise beruht. Ziel der Parteien ist jedoch Macht-, nicht Finanzerwerb. Letzterer dient nur dem Hauptzweck, weshalb auch bei einem höheren Anteil der staatlichen Finanzierung die Staatsfreiheit gewährleistet

---

[239] Vgl. *Grimm* (Fn. 10), § 14 Rn. 48; *U. Volkmann*, Politische Parteien und öffentliche Leistungen, 1993, S. 67; *H. Steinberger*, Rechtsprechung des Bundesverfassungsgerichts zur staatlichen Parteienfinanzierung, in: Bitburger Gespräche (Fn. 151), S. 25 ff. (27).

[240] *Preuß* (Fn. 182), Art. 21 Abs. 1, 3 Rn. 71; *Kunig* (Fn. 115), Art. 21 Rn. 61; *P. Kunig*, HStR³ III, § 40 Rn. 39; BVerfGE 20, 56 (105); 52, 63 (86); 85, 264 (326).

[241] Die Ausnahme zugunsten von Bürgern der EU in § 25 II Nr. 3a PartG ist durch Art. 10 IV EUV und Art. 224 AEUV (ex-Art. 191 EGV) geboten. → Rn. 14.

[242] BVerfGE 85, 264 ff.

[243] BVerfGE 85, 264 (287 f.).

[244] BVerfGE 85, 264 (287 f.); vgl. *Grimm* (Fn. 10), § 14 Rn. 53; zur Nachzeichnung des Argumentationsganges ausführlich *Schwartmann*, Verfassungsfragen (Fn. 160), S. 85 ff., 105 ff. → Rn. 45 f.

bleibt: Wegen der Notwendigkeit des Stimmengewinns bei Wahlen ist die natürliche Rückbindung der Parteien diejenige an die Bürger[245].

Mit dem Bundesverfassungsgericht ist eine **Beschränkung** der staatlichen Zuwendungen **auf das** zur Aufrechterhaltung der Funktionsfähigkeit der Parteien **Unerlässliche** geboten[246]. Dies folgt aus dem allgemeinen Verfassungsgebot sparsamer Verwendung öffentlicher Mittel[247] und soll auch den der legitimierenden Arbeit der Parteien abträglichen Anschein vermeiden, sie »bedienten« sich aus der Staatskasse[248]. Außerdem hebt staatliche Finanzierung den innerparteilichen Professionalisierungsgrad an und schwächt damit die Konkurrenzfähigkeit der Basis. Die innerparteilichen Folgen einer staatlichen Parteienfinanzierung sind also gleichfalls zu beachten (→ Rn. 138). Die zahlenmäßige Fixierung einer solchen **absoluten Obergrenze** kann freilich nicht durch das Bundesverfassungsgericht erfolgen. Die Festlegung der notwendigen Parteiaktivitäten, ihre Gewichtung und die Bestimmung des dazu **notwendigen** Finanzbedarfs sind in erheblichem Maße von Einschätzungen abhängig, so dass sie dem Gesetzgeber übertragen sind. Obschon die Parteien bei der Parteienfinanzierung »in eigener Sache« entscheiden (→ Rn. 122; → Art. 38 Rn. 156)[249], ist die funktionell-rechtliche Eigenart der Gewalten zu achten. Das Bundesverfassungsgericht hat den Entscheidungsspielraum des Parlaments zu achten. Allerdings darf es bei »Entscheidungen in eigener Sache« wegen des hier bestehenden Kontrolldefizits[250] einen strengen Maßstab anlegen[251].

72

Schließlich ist der Gesichtspunkt beachtlich, dass ohne Staatsmittel die Parteien in die Abhängigkeit gesellschaftlicher Finanziers geraten können (→ Rn. 44). Auch deswegen ist ein staatlicher Beitrag zur Finanzierung der Parteien also geboten. Trotz der staatlichen Zuwendungen genießen die Parteien **Verwendungsfreiheit** über ihre Mittel in den Grenzen ihres Aufgabenbereichs (§§ 1 IV, 18 I PartG)[252].

73

Die Parteienfreiheit hat auch Auswirkungen auf die notwendige **Kontrolle der Rechenschaftslegung** der Parteien (→ Rn. 114). Obgleich grundsätzlich eine staatliche Kontrolle möglich ist, hat sich der Gesetzgeber bei der Kontrolle durch den Bundestagspräsidenten dafür entschieden, die Kontrolle durch private Wirtschaftsprüfer durchführen zu lassen (vgl. §§ 23 II 1, 23a III PartG). Eine Kontrolle durch den Bundestagspräsidenten selbst bzw. parlamentarische Untersuchungsausschüsse (→ Art. 44 Rn. 21) ist wegen deren Eigenschaft als politische Akteure, die eventuell im politischen Gegensatz zur untersuchten Partei stehen, unter Chancengleichheitsgesichtspunkten nicht unbedenklich, jedoch wegen der Transparenzverpflichtung der Partei (→ Rn. 113) zulässig, freilich in geeigneter Form.

74

Parteienfinanzierung ist ein Bestandteil der **Politikfinanzierung** (→ Rn. 108)[253]. Die verfassungsrechtliche Begrenzung der staatlichen Parteienfinanzierung muss realisti-

75

---

[245] Vgl. auch *S. Jutzi*, ZParl. 36 (2005), 375 (380f.); *Ipsen* (Fn. 88), Art. 21 Rn. 99.
[246] BVerfGE 85, 264 (290).
[247] BVerfGE 85, 264 (290); dazu auch *Schwartmann*, Verfassungsfragen (Fn. 160), S. 137f.
[248] BVerfGE 85, 264 (290).
[249] S. dazu *H.H. v. Arnim*, Die Abgeordnetendiäten, 1974, S. 41f.; *ders.*, Parteienfinanzierung – Eine verfassungsrechtliche Untersuchung, 1982, S. 46ff.; *P. Häberle*, NJW 1976, 537 (542) und insb. *T. Streit*, Entscheidung in eigener Sache, 2006.
[250] So die These bei *Streit*, Entscheidung (Fn. 249).
[251] Dazu *M. Morlok*, NVwZ 2005, 157 (157).
[252] Dazu *T. Kaufner*, Rechenschaftspflicht und Chancengleichheit, in: Wewer, Parteienfinanzierung (Fn. 101), S. 100ff., insbesondere 105f.; *Schindler*, Unternehmer (Fn. 170), S. 116ff.
[253] Dazu Tsatsos, Politikfinanzierung (Fn. 152), darin zum Verhältnis von Parteienfinanzierung

scherweise auch andere Formen der Politikfinanzierung in den Blick nehmen, die tatsächlich den Parteien zugute kommen oder jedenfalls zur Parteienfinanzierung verwendet werden können: die Fraktionsfinanzierung[254], die Abgeordnetendiäten – vor allem angesichts der von den Abgeordneten verlangten Zahlungen an ihre Parteien[255], deren Höhe den Verdacht aufkommen lässt, dass bei der Festsetzung der Höhe der Diäten stillschweigend ein an die Parteien abzuführender Beitrag mitgedacht war –, die Aufwandspauschalen[256], schließlich die Globalzuschüsse an die parteinahen Stiftungen[257] und Leistungen an die Jugendorganisationen der Parteien[258].

76 Für die Art und Weise der Finanzierung ergeben sich aus dem Grundsatz der Staatsfreiheit mithin folgende **vier Einzelpostulate**: (1) keine Einflussnahme auf die Parteiaktivitäten durch die staatliche Finanzierung; (2) Erhaltung der gesellschaftlichen Abhängigkeit der Parteien durch eine Begrenzung auf eine staatliche Teilfinanzierung; (3) Begrenzung der staatlichen Finanzierung auf das notwendige Mindestmaß; (4) staatliche Teilfinanzierung zur Begrenzung gesellschaftlicher Abhängigkeiten.

III. Der Status der Gleichheit der Parteien

1. Stellenwert und Begründung der Chancengleichheit

77 In der Wettbewerbsdemokratie des Grundgesetzes ist das Parteienrecht **Wettbewerbsrecht**[259]: Es hat die Aufgabe, einen funktionsgerechten Wettbewerb zwischen allen politischen Akteuren unter Einschluss der Wählergemeinschaften[260] mit rechtlichen Mitteln sicherzustellen (→ Rn. 27).

---

und Politikfinanzierung *Morlok*, Thesen (Fn. 159), S. 86 ff.; *H. H. v. Arnim*, Staat ohne Diener, 2. Aufl. 1995, S. 195 ff.; *J. Geerlings*, Verfassungs- und verwaltungsrechtliche Probleme bei der staatlichen Finanzierung parteinaher Stiftungen, 2003, S. 25. Für den Vorschlag eines Politikfinanzierungsberichts: Bundespräsidialamt, Kommission (Fn. 119), S. 109 ff.

[254] *H. H. v. Arnim*, Der Verfassungsbruch, 2011, S. 25 ff.
[255] Ausführlich dazu *H. Kühr*, Legalität und Legitimität von Mandatsträgerbeiträgen, 2014.
[256] Dazu *Wewer*, Plädoyer (Fn. 101), S. 420 ff.
[257] Dazu *H. v. Vieregge*, Die Partei-Stiftungen: Ihre Rolle im politischen System, in: Wewer, Parteienfinanzierung (Fn. 101), S. 164 ff.; *Volkmann*, Leistungen (Fn. 239), S. 38 ff.; *G. Kretschmer/H. Merten/M. Morlok*, ZG 15 (2000), 41 ff. Zur Finanzierungsproblematik auch VerfGH Saarland NVwZ-RR 2013, 537 ff.
[258] Dazu *Westerwelle*, Jugendorganisationen (Fn. 141), S. 115 ff. Diese praktizierte Form der Leistungen – ohne gesetzliche Grundlage – wurde zu Recht für unzulässig befunden durch OVG Berlin-Brandenburg NVwZ 2012, 1265 ff.; dazu *H. Merten*, NVwZ 2012, 1228 ff. Eine höchstrichterliche Entscheidung wurde freilich durch Vergleich der Prozessparteien verhindert.
[259] *Morlok*, Wettbewerbsrecht (Fn. 103), S. 416 ff.; *ders.*, NVwZ 2005, 157 ff.; vgl. zu dieser Idee auch BVerfGE 111, 382 (403 f., Rn. 80 f.); s. auch *M. Schröder*, HGR V, § 119 Rn. 58 ff.: »Chancengleichheit im Wettbewerb«.
[260] Dazu Morlok/Poguntke/Walther, Politik (Fn. 90), dort insb. die Beiträge von *H. Merten*, Institutionelle Rahmenbedingungen Kommunaler Wählergemeinschaften, S. 95 ff., und *S. Roßner*, Parteien wider Willen, S. 125 ff.

III. Der Status der Gleichheit der Parteien   **Art. 21**

Die **verfassungsrechtliche Verortung** der Chancengleichheit der Parteien wird kontrovers diskutiert[261]. Zum einen wird sie aus Art. 21 GG selbst abgeleitet[262], zum zweiten wird auf Art. 3 I in Verbindung mit dem Demokratieprinzip des Art. 20 I, II GG abgehoben[263], zum dritten wird die wahlrechtliche Gleichheit der Art. 38 I 1 und Art. 28 I 2 GG bemüht[264]; schließlich werden Kombinationen dieser Herleitungen benutzt, so etwa Art. 21 I i. V. m. Art. 3 I GG[265]. Die Fundierung der Chancengleichheit parteipolitischer Betätigung in der wahlrechtlichen Gleichheit wird der Spezialität dieser Bestimmungen nicht gerecht. Die ausschließliche Gründung im allgemeinen Gleichheitssatz ist deswegen abzulehnen, weil dieser regelmäßig nur als Willkürverbot verstanden wird und damit der parteirechtlichen Gleichheit als einer wettbewerbskonstitutiven Maxime nicht gerecht wird[266]. Art. 21 I GG allein ist zu wenig instruktiv und hat auch keinen Grundrechtscharakter, was die Verfassungsbeschwerde ausschließt (→ Rn. 49). Richtigerweise ist die Chancengleichheit der Parteien und ihrer Mitglieder abzuleiten aus **Art. 3 I GG**, dem **Demokratieprinzip** und **Art. 21 I GG**[267]. Im Funktionszusammenhang demokratischen Wettbewerbshandelns der Parteien wird Art. 3 I GG durch Art. 21 GG modifiziert[268]. In wahlrelevanten Zusammenhängen greift auch Art. 38 I 1 GG ein, die Parteien sind auch Träger der Wahlrechtsgleichheit (→ Art. 38 Rn. 59, 100 f.).

78

2. Träger und Bezugspunkte

Träger des Rechts auf chancengleiche parteipolitische Betätigung sind sowohl natürliche Personen als auch politische Parteien. **Elementareinheit** des politischen Gesche-

79

---

[261] Für einen strukturierenden Überblick s. *Kißlinger*, Chancengleichheit (Fn. 141), S. 17 ff. Das Bundesverfassungsgericht vertritt verschiedene Positionen, auch getrennt nach Senaten; s. die ausführliche Darstellung bei *Lipphardt*, Gleichheit (Fn. 104), S. 163 ff., zusf. 690 ff.; *Kißlinger*, Chancengleichheit (Fn. 141), S. 27 ff. Das Recht auf Chancengleichheit leitet das Gericht dann überwiegend aus Art. 3 I 1 GG ab, wenn es um Verfassungsbeschwerdeverfahren geht (BVerfGE 5, 77; 6, 121); anders in der Wahlrechtsjudikatur, wo es auf die Wahlrechtsgleichheit (Art. 38 I, 28 I 2 GG) abstellt (E 1, 208 [242]; 34, 81 [98]; 82, 322 [337]). Daneben findet sich auch die Begrenzung auf Art. 21 I 2 GG (E 1, 208 [253]; 3, 19 [26]; 6, 367 [375]) sowie die Kombination der unterschiedlichen Ansätze (Art. 21 I und Art. 38 I GG) bei Wahlen (E 6, 84 [91]; 82, 322 [337]) bzw. Art. 21 I GG i. V. m. Art. 3 I GG in anderen Fällen (E 3, 383 [392 ff.]; 6, 99 [103]).

[262] So insb. *Lipphardt*, Gleichheit (Fn. 104), S. 113 ff., 118 f., 693; *Grimm* (Fn. 10), § 14 Rn. 42; *P. Kunig*, HStR³ III, § 40 Rn. 93: Art. 21 I GG sei eine spezielle Ausprägung des Gleichheitssatzes; *ders.* (Fn. 115), Art. 21 Rn. 34; *Tsatsos/Morlok*, Parteienrecht (Fn. 1), S. 85 ff.; Jarass/*Pieroth*, GG, Art. 21 Rn. 16.

[263] So *H. H. v. Arnim*, DÖV 1984, 85 (87); *E.-W. Böckenförde*, HStR³ II, § 24 Rn. 44; s. bereits *F. A. v. d. Heydte*, Freiheit der Parteien, in: Die Grundrechte II, S. 457 ff. (480 f.); *ders./K. Sacherl*, Soziologie der deutschen Parteien, 1955, S. 97 f.; *Mauersberger*, Freiheit (Fn. 108), S. 108 ff.

[264] So *P. Badura*, in: BK, Anhang zu Art. 38: BWahlG (Zweitb. 1997), Rn. 12; *Roellecke* (Fn. 177), Art. 21 Rn. 87; BerlVerfGH NVwZ 1993, 1093 (1095) – als Anwendungsfall des allgemeinen Gleichheitssatzes.

[265] So etwa BVerfGE 85, 264 (296); 107, 286 (294 ff., Rn. 28 ff.); 111, 382 (398 ff., Rn. 61 ff.); *H. C. Jülich*, Chancengleichheit der Parteien, 1967, S. 70 ff.; ebenso *P. Häberle*, JuS 1967, 64 (72); *Henke* (Fn. 118), Art. 21 Rn. 218.

[266] Für das Wahlrecht BVerfGE 99, 1.

[267] Vgl. auch *Klein* (Fn. 62), Art. 21 Rn. 304 f.

[268] Vgl. auch *P. Kunig*, HStR³ III, § 40 Rn. 93: es gehe nicht um den Gleichheitssatz als Willkürverbot, sondern um die Gleichheit der Chancen im Hinblick auf die Funktionserfüllung der Parteien.

hens ist der **Bürger** (→ Rn. 51 ff.)²⁶⁹; das wirkt sich aus bei der genauen Bestimmung des Inhalts der Parteiengleichheit. Jeder Bürger ist in seinen parteipolitischen Aktivitäten auch darin geschützt, chancengleich mit anderen zu konkurrieren²⁷⁰, und zwar in den verschiedenen Spielarten der Einflussnahme auf die politische Meinungsbildung, auch bei der finanziellen Unterstützung einer politischen Partei²⁷¹. Die **Parteien** selbst genießen das Recht als **Organisationen**²⁷² – ebenso wie dies für die Parteifreiheit gilt (→ Rn. 54).

80 Viel spricht für die Dominanz der dogmatischen Ausrichtung der parteirechtlichen Chancengleichheit am Individualbezug. Die **individuelle Radizierung** wirkt sich aus im Rahmen der sogenannten **abgestuften Chancengleichheit**, wie sie in § 5 I 2, 3 PartG statuiert und bei staatlichen Leistungen an die Parteien praktiziert wird. Eine unterschiedliche Ausstattung mit staatlichen Leistungen wäre verfassungswidrig, bezöge sich die parteirechtliche Gleichheitsgarantie letztlich auf die Parteien als Organisationen²⁷³. Weil die Konkurrenz zwischen den Parteien eine andere Qualität hat als diejenige zwischen den Bürgern, ist dieser Ansatz jedoch nicht völlig von der Hand zu weisen und hat daher letztlich wieder rückzuwirken auf die Ausgestaltung der Abstufung. Ein »konzeptioneller Ausgangspunkt« in der »formalen Gleichheit des Bürgereinflusses«²⁷⁴ erlaubt aber, ja gebietet im Ansatz Differenzierungen bei der Gewährung staatlicher Leistungen an die Parteien nach dem Zuspruch, den diese bei den Bürgern finden²⁷⁵. Die Verpflichtung des Staates zur Gleichbehandlung hat den Sinn, dass die Bürgerpräferenzen unbeeinflusst von staatlichen Interventionen zum Ausdruck kommen und den politischen Entscheidungsgang unterschiedlich stark beeinflussen können. Der politische Prozess soll dabei durchaus Sieger und Verlierer produzieren²⁷⁶. Nicht die Gleichheit der parteipolitischen Kräfte ist deswegen das verfassungsrechtliche Ziel, sondern die **Chancengleichheit im gesellschaftlichen Wettbewerb**. Der politische Prozess schafft unterschiedliche Stärkeverhältnisse, die von den staatlichen Organen vorgefunden werden²⁷⁷. Staatliche Instanzen sind Parteien und ihren Anhängern gegenüber zur **Neutralität** verpflichtet. Die »vorgefundene Wettbewerbslage« darf nicht beeinflusst werden²⁷⁸. Weder dürfen staatliche Instanzen bestehende

---

²⁶⁹ Vgl. *Tsatsos/Morlok*, Parteienrecht (Fn. 1), S. 88; *Kißlinger*, Chancengleichheit (Fn. 141), S. 88 ff.; vgl. auch BVerfGE 6, 84 (94).
²⁷⁰ Zur Begründung und Konturierung s. *Kißlinger*, Chancengleichheit (Fn. 141), S. 88 ff.
²⁷¹ BVerfGE 8, 51 (68); 24, 300 (360); 52, 63 (88); 73, 40 (71); 85, 264 (315 f.); *Morlok*, Wettbewerbsrecht (Fn. 103), S. 422 f.
²⁷² *Hesse*, Verfassungsrecht, Rn. 176; *Henke* (Fn. 118), Art. 21 Rn. 218; pointiert zum Charakter als Organisationsrecht *Lipphardt*, Gleichheit (Fn. 104), S. 89 ff.; BVerfGE 1, 208 (241, 255); 6, 273 (280); 82, 322 (337); 91, 262 (269); 91, 276 (286).
²⁷³ So insbesondere *Volkmann* (Fn. 92), Art. 21 Rn. 60. Konsequenterweise wird deswegen § 5 I 2 PartG für verfassungswidrig gehalten von *Lipphardt*, Gleichheit (Fn. 104), S. 699 ff., der die Gleichheit der Parteien als Recht der Vereinigungen akzentuiert (ebd., S. 89 ff.). Ebenso *Lackner*, Sendezeiten (Fn. 200), S. 79 ff. Kritisch auch *Hesse*, Verfassungsrecht, Rn. 176 m. Fn. 50; *P. Kunig*, HStR³ III, § 40 Rn. 98 f.; *K. Kröger*, Schematische Parteiengleichheit als Grundbedingung der modernen Demokratie, in: FS Grewe, 1981, S. 508 ff. (513 ff.); *Ipsen* (Fn. 88), Art. 21 Rn. 41 ff.; differenzierend *Gusy* (Fn. 2), Art. 21 Rn. 93. Deutlich anders BVerfGE 85, 264 (297).
²⁷⁴ *H. H. v. Arnim*, DÖV 1984, 85 (87).
²⁷⁵ So auch *Streinz* (Fn. 115), Art. 21 Rn. 127 ff.
²⁷⁶ Vgl. BVerfGE 111, 382 (398 ff., Rn. 61 ff.).
²⁷⁷ BVerfGE 6, 84 (90).
²⁷⁸ BVerfGE 20, 56 (118); 20, 119 (133); 41, 399 (414); 42, 53 (59); 52, 63 (89); 69, 92 (109); 73, 40 (89); 85, 264 (297); 104, 287 (300 f., Rn. 60 ff.); 111, 382 (398 ff., Rn. 61 ff.).

Unterschiede zwischen den Parteien nivellieren noch sie vergrößern[279]. Es ist dem Staat wegen der Chancengleichheit daher verboten, in dieses Wettbewerbsgeschehen verzerrend einzugreifen.

3. Inhalt und Anwendungsbereich

Die Chancengleichheit im Bereich der politischen Parteien ist ein **objektiv-rechtliches Prinzip**[280] und subjektiv-rechtlich ausgeformt i. V. m. Art. 3 I GG ein Grundrecht. Ihr Zusammenspiel soll die Freiheit und Offenheit des demokratischen Willensbildungsprozesses gewährleisten. Die grundrechtliche Qualität gewährleistet jedem Bürger – auch im Zusammenwirken mit anderen – die gleiche Möglichkeit, auf die politische Entscheidungsbildung Einfluss zu nehmen[281]. Sie gewährleistet also ein gleiches Maß an Selbstbestimmung durch Teilhabe am politischen Prozess. 81

Im Kontext des Parteienwettbewerbs und im Kraftfeld von Art. 21 GG ist der Gleichheitssatz **streng und formal** zu praktizieren[282]. Das ergibt sich aus den Funktionserfordernissen einer Wettbewerbsordnung und aus der Gleichheit aller Staatsbürger, welche die demokratische Grundordnung fundiert[283]. **Strenge** bezeichnet dabei die Höhe der Anforderungen an die Rechtfertigung von Ungleichbehandlungen, **Formalität** bedeutet die Irrelevanz der politischen Inhalte: Partei ist gleich Partei. 82

Der Charakter als **Gleichheit der Chancen**, nicht des Ergebnisses, ergibt sich aus der Wettbewerbsidee. Die Gleichheit der Parteien ist insofern »**Startgleichheit**«[284] und Gleichheit in den Wettbewerbsbedingungen (→ Rn. 80). 83

Der **Anwendungsbereich** der Chancengleichheit erstreckt sich ohne Einschränkung auf Wahlen und deren Vorbereitungsphase[285], auf den gesamten Bereich der politischen Willensbildung[286] in Bund, Ländern und Gemeinden, also auf den Teil des politischen Lebens, in dem wettbewerbsorientierte politische Kommunikation stattfindet. Dies erfasst auch parteiliche Aktivitäten im Rahmen direktdemokratischer Entscheidungen und deren Vorbereitung[287]. 84

4. Rechtfertigung von Ungleichbehandlungen

Trotz des formalen und grundsätzlich strikten Charakters der parteirechtlichen Gleichheit sind **Ungleichbehandlungen** verfassungsrechtlich zulässig[288], wenn hierfür 85

---

[279] BVerfGE 73, 40 (89); 85, 264 (297), st. Rspr.
[280] Vgl. zu dieser Stoßrichtung *Hesse*, Verfassungsrecht, Rn. 157; *H.-T. Lee*, Chancengleichheit der politischen Parteien, 1994, S. 16; *Kißlinger*, Chancengleichheit (Fn. 141), S. 16.
[281] Dazu *Kißlinger*, Chancengleichheit (Fn. 141), S. 75 ff.
[282] BVerfGE 14, 121 (132 ff.); 20, 56 (116); 24, 300 (340 f.); 44, 125 (146); 73, 40 (88 f.); 85, 264 (297 f., 318); 104, 14 (20 f., Rn. 23 ff.); 111, 382 (398 ff., Rn. 61 ff.); VerfGH NW NWVBl. 1994, 453 (456); *Morlok*, Wettbewerbsrecht (Fn. 103), S. 440 ff.; *Kröger*, Parteiengleichheit (Fn. 273), S. 507 ff.; *H.H. v. Arnim*, DÖV 1984, 85 ff.; *Kißlinger*, Chancengleichheit (Fn. 141), S. 80 ff.; *Lipphardt*, Gleichheit (Fn. 104), S. 694 f.; *S. Huster*, Rechte und Ziele, 1993, S. 352 ff.
[283] Vgl. *P. Kirchhof*, HStR V, § 124 Rn. 100; zur aus der Menschenwürde resultierenden Gleichheit und der Volkssouveränität: → Rn. 52.
[284] *F. Schoch*, DVBl. 1988, 863 (880); *E. Schwerdtner*, DÖV 1990, 14 (16); *Kißlinger*, Chancengleichheit (Fn. 141), S. 14 ff.
[285] Vgl. *Lipphardt*, Gleichheit (Fn. 104), S. 119; *Jülich*, Chancengleichheit (Fn. 265), S. 89.
[286] *Kißlinger*, Chancengleichheit (Fn. 141), S. 62 ff.; *Lipphardt*, Gleichheit (Fn. 104), S. 693.
[287] A. A. BerlVerfGH LKV 1996, 133 f.
[288] *Huster*, Rechte (Fn. 282), S. 366 ff.; *Kißlinger*, Chancengleichheit (Fn. 141), S. 80 f.; BVerfGE 78, 350 (358).

besonders gewichtige Gründe sprechen[289]. Neben externen Zwecken, welche eine Beeinträchtigung der Gleichbehandlung rechtfertigen können[290], sind die internen Zwecke zu beachten, die eine Ausnahme von der formalen Gleichbehandlung fordern – um eben die jeweilige Gerechtigkeitskonzeption zu verwirklichen[291]. Hier kommt die individualrechtliche Verankerung des Rechts auf chancengleiche parteipolitische Betätigung ins Spiel[292], welche gerade dann verwirklicht wird, wenn der unterschiedliche Zuspruch durch die Bürger auch einen Unterschied macht, nämlich zu Unterschieden bei den Parteien führt (→ Rn. 80). Solche Differenzierungen entfalten das Recht auf chancengleiche parteipolitische Betätigung und sind nicht rechtfertigungsbedürftig. Anders ist dies bei Durchbrechungen des Gleichbehandlungsgebotes, die um eines anderen – vom Gleichheitsmaßstab aus gesehen – externen Zieles willen erfolgen. Diese stellen einen Eingriff in die parteirechtliche Gleichheit dar und sind dementsprechend rechtfertigungsbedürftig: Sie müssen sich als verhältnismäßig zur Erreichung des mit der Chancengleichheit der Parteien konkurrierenden Zieles ausweisen[293].

86 Eine wichtige Rolle spielen wahlrechtliche **Sperrklauseln**, insbesondere das **5%-Quorum** für den Einzug von Parteibewerbern über die Landesliste in ein Parlament[294]. Die Sperrklauseln sind insoweit tatsächlich gerechtfertigt, als sie den Anforderungen der Verhältnismäßigkeit entsprechen, insbesondere nicht stärker eingreifen, als zur Erreichung des angestrebten Zieles erforderlich ist (→ Art. 38 Rn. 112)[295]. Um die Wahlvorschläge durch das Fernhalten nicht ernsthafter oder von vornherein offensichtlich aussichtsloser Bewerber übersichtlich zu halten[296], müssen bislang nicht im Parlament vertretene Parteien für die Einreichung von Wahlvorschlägen Unterschriftsquoren erfüllen (z. B. §§ 20 II 2, 27 I BWahlG). Diese Ungleichbehandlung ist verhältnismäßig und gerechtfertigt[297], wobei allerdings zu bedenken ist, dass die hierfür geltenden Fristen nicht allzu kurz sein dürfen (→ Art. 38 Rn. 107).

87 Auch fiskalische Interessen können eine Beeinträchtigung der Chancengleichheit der Parteien rechtfertigen: Um Mitnahmeeffekte oder gar Parteigründungen, die nur auf staatliche Gelder zielen, zu vermeiden, besteht ein Anspruch auf staatliche **Partei-**

---

[289] BVerfGE 1, 208 (247 f.); 6, 84 (92 f.); 8, 51 (64 f.); 14, 121 (133); 73, 40 (88 ff.); 111, 382 (398 ff., Rn. 61 ff.); insb. zum Wahlrecht E 85, 264 (297), st. Rspr. – S. weiter *H. H. v. Arnim*, DÖV 1984, 85 (85); *Jülich*, Chancengleichheit (Fn. 265), S. 105 ff.; *Lee*, Chancengleichheit (Fn. 280), S. 16 ff.; *H. Meyer*, Kommunales Parteien- und Fraktionsrecht, 1990, S. 209 m. w. N.; *Kißlinger*, Chancengleichheit (Fn. 141), S. 133 m. w. N.

[290] Zur Unterscheidung externer und interner Zwecke, die eine Ungleichbehandlung rechtfertigen können: *Huster*, Rechte (Fn. 282), S. 165 ff. Zur Anwendung auf die Parteien s. *Kißlinger*, Chancengleichheit (Fn. 141), S. 133 ff.

[291] Vgl. *Huster*, Rechte (Fn. 282), insb. S. 173 f. → Art. 3 Rn. 35.

[292] Vgl. zum Folgenden *Kißlinger*, Chancengleichheit (Fn. 141), S. 134 ff.

[293] Zu diesem »Eingriffsmodell des Gleichheitssatzes« *Huster*, Rechte (Fn. 282), S. 225 ff., zu den Durchbrechungen der politischen Gleichheit S. 366 ff., 382 ff.; *Kißlinger*, Chancengleichheit (Fn. 141), S. 142 f.

[294] Für die Bundestagswahlen gem. § 6 III 1, 1. Alt. BWahlG.

[295] BVerfGE 6, 84 (94); 51, 222 (238); *Huster*, Rechte (Fn. 282), S. 368 f.; *Volkmann* (Fn. 92), Art. 21 Rn. 56.

[296] Die Bekämpfung der Stimmenzersplitterung ist entgegen der Rechtsprechung kein rechtfertigender Grund. »Stimmenzersplitterung zu verhindern kann denn allenfalls ein Mittel sein, um Mißstände zu verhindern, die durch sie eintreten könnten«: *J. Lege*, Unterschriftenquoren zwischen Parteienstaat und Selbstverwaltung, 1996, S. 28 ff., Zitat S. 29; BayVerfGH BayVBl. 1995, 624 (625 ff.).

[297] BVerfGE 3, 19 (27); 3, 383 (392 ff.); 4, 375 (382); 5, 77 (81 f.); 60, 162 (167 f.) m. w. N.; 71, 81 (96 f.); *Volkmann* (Fn. 92), Art. 21 Rn. 61. Zu den Problemen der kleineren Parteien s. insbesondere *J. K. Köhler*, Parteien im Wettbewerb, 2006, passim.

enfinanzierung erst bei einem Mindeststimmenanteil von 0,5 % bei einer Bundestagswahl oder 1,0 % bei einer Landtagswahl (§ 18 IV PartG) (→ Rn. 105). In gleicher Weise ist es gerechtfertigt, dass parteinahe Stiftungen staatliche Zuwendungen nur dann erhalten, wenn die dahinterstehende politische Strömung hinreichend groß ist und sich auch als einigermaßen stabil erwiesen hat[298]. Schließlich können verfassungsrechtliche Positionen, die mit dem Recht auf politische Chancengleichheit kollidieren, eine – verhältnismäßige – Einschränkung als Ergebnis einer Abwägung tragen[299]; so kann etwa die Rundfunkfreiheit eine Berücksichtigung nicht aller Parteien in redaktionell verantworteten Sendungen vor einer Wahl rechtfertigen (→ Rn. 99)[300].

Eine formale Gleichbehandlung aller Parteien bei der **Vergabe staatlicher Leistungen**, etwa von Rundfunksendezeiten, würde durch staatliche Mittel die Bedeutung kleiner Gruppierungen über ihr tatsächliches Maß hinaus vergrößern und damit diejenigen Bürger bevorzugen, die eine politische Programmatik mit weniger Anklang in der Bürgerschaft verfolgen. Ein solcher Eingriff in die Wettbewerbslage ist dem Staat untersagt (→ Rn. 80). Bei der Verwirklichung der individuellen parteipolitischen Chancengleichheit ergeben sich zwei Probleme: Zum einen bedarf es valider Kriterien, um den Zuspruch einer Partei bei den Bürgern zu messen, zum anderen sind auch Gegengründe gegen die alleinige Dominanz des individualrechtlichen Anspruches zu berücksichtigen. 88

Unter den **Kriterien**, mit denen der relative **Bürgerzuspruch** zu bestimmen ist, eignet sich der klar feststellbare und gegen Manipulationen geschützte **Erfolg bei den letzten Wahlen**, so auch die hauptsächliche Anknüpfung von § 5 I 3 PartG. Einzuwenden ist, dass dies zur Stabilisierung des status quo beiträgt und damit systematisch die Veränderungen im politischen Kräftefeld seit den vorangegangenen Wahlen vernachlässigt, denen die parteipolitischen Anstrengungen seither gegolten haben[301]. Es ist wegen des Grundsatzes eines fairen Wettbewerbs nicht unbedenklich, dem Gewinner des vorangegangenen Wettbewerbs einen Vorsprung für den neuen Wettbewerb einzuräumen. Deswegen rücken andere Kriterien für die »Bedeutung« einer Partei i. S. v. § 5 I 3 PartG in das Blickfeld[302]. Anknüpfungen an die Zahl der Mitglieder, Umfragewerte, die Repräsentation im Parlament und das Finanzaufkommen durch Beiträge oder Spenden begegnen aber gravierenden Einwänden[303]: Die Mitgliederzahl[304] wird nicht allen Parteitypen gerecht und beeinträchtigt die Organisationsfreiheit jener Parteien, die sich nicht als Massenverband organisieren wollen. Ergebnisse von Meinungsumfragen sind ungenau und zu manipulationsanfällig. Die finanzielle Anziehungskraft als Messgröße ist nicht neutral gegenüber den unterschiedlichen sozialen Rekrutierungsfeldern der verschiedenen Parteien und stellt eine Bevorzugung derjenigen dar, die eher finanzkräftige Kreise ansprechen[305]. Der Maßstab der Repräsentanz in Parlamenten beeinträchtigt kleinere Gruppierungen wegen der Beschränkung durch die 89

---

[298] BVerfGE 73, 1 (38); *Merten*, Stiftungen (Fn. 141), S. 143 ff.
[299] Vgl. *Huster*, Rechte (Fn. 282), S. 382 ff.; *Kißlinger*, Chancengleichheit (Fn. 141), S. 143.
[300] Vgl. dazu BVerfGE 14, 121 (132 f.); 82, 54 (58). Einen Überblick vermittelt *A. Grupp*, ZRP 1983, 28 ff.
[301] Vgl. *H. H. v. Arnim*, DÖV 1984, 85 (87 f.).
[302] S. zu solchen weiteren Kriterien BVerfGE 85, 264 (292 ff.).
[303] Dazu *Kißlinger*, Chancengleichheit (Fn. 141), S. 137 ff.
[304] *D. T. Tsatsos/H.-R. Schmidt/P. Steffen*, ZRP 1993, 95 (97).
[305] Zur gebotenen staatlichen Neutralität in dieser Sicht BVerfGE 8, 51 (66 f.); gleichwohl stellt BVerfGE 85, 264 (292 f.) auf die eigene Finanzkraft ab; kritisch hierzu *Kißlinger*, Chancengleichheit (Fn. 141), S. 139.

5%-Klausel nochmals. Ein solcher Maßstab für die Zuteilung staatlicher Leistungen wird vom Rechtfertigungsgrund einer funktionsfähigen Volksvertretung, der für die Klausel selbst gilt, nicht mehr getragen. Mangels tauglicher anderer Merkmale ist deshalb doch auf das **letzte Wahlergebnis** abzuheben. Wegen der darin liegenden Bevorzugung in der Vergangenheit erfolgreicher Parteien ist die Differenzierung aber zu begrenzen (→ Rn. 91)[306].

90 Ein akzeptabler Vorschlag für das **gebotene Mindestmaß für nicht im Bundestag vertretene Parteien** geht dahin, die nach § 5 I 4 PartG gebotene Leistung nochmals zu halbieren[307]. Abzuheben ist dabei auf die **jeweilige Gebietskörperschaft**, die Leistungen verteilt. **§ 5 I 4 PartG** ist insoweit **verfassungskonform** wegen der Geltung von Bundesstaatsprinzip und kommunaler Selbstverwaltung dahingehend zu interpretieren, den Wettbewerb zwischen den Parteien (und den kommunalen Wählervereinigungen) in Land und Kommune als eigenständig zu betrachten[308]. In einem Land oder in einer Gemeinde ist die entsprechende Bezugseinheit daher der Landtag oder die kommunale Vertretungskörperschaft. Schwierig bleibt bei dieser Lösung, zwischen Parteiaktivitäten mit bundespolitischer und solchen mit begrenzter Zielrichtung zu unterscheiden.

91 Die Offenhaltung des politischen Prozesses gebietet als externer Zweck eine **Abschwächung der Unterschiede** bei der Vergabe von Leistungen an Parteien[309]. Für eine Begrenzung der Abstufung spricht auch, dass sich parteipolitische Aktivitäten definitionsgemäß in und durch Organisationen vollziehen. Neben dem individual-rechtlichen Ansatz hat deswegen auch die organisationsrechtliche Betrachtungsweise ihr unanfechtbares Recht (→ Rn. 80)[310]. Organisationen sind emergente Phänomene, die sich nicht auf die Summe der Handlungen ihrer Mitglieder reduzieren lassen. Dem Doppelcharakter der politischen Chancengleichheit entsprechend sind auch die Parteien selbst Träger der Chancengleichheit.

92 Im Ergebnis sind damit zwei Bezugspunkte der Gleichbehandlung durch eine angemessene **Mischung der Kriterien** zu berücksichtigen. Zu einem Teil sind staatliche Leistungen an die Parteien gleich zu verteilen, es gilt »Partei ist Partei«. Zu einem anderen Teil ist auf den Zuspruch bei den Bürgern abzuheben, also ein Pro-Kopf-Prinzip zu beachten. Praktisch bedeutet dies eine **gemäßigte Abstufung**. Für die genauen Schlüssel der Verteilung lässt das Verfassungsrecht einen Spielraum. Eine Berücksichtigung der individual-rechtlichen Verwurzelung ist ebenso erlaubt wie es geboten ist, angesichts von erkennbaren Gefahren für die Offenheit des Wettbewerbs die Komponente der formalen Gleichbehandlung dadurch zu stärken, dass alle Wettbewerber ein fixes Quantum an Leistungen erhalten. **§ 5 I 1–3 PartG** sind hiernach **verfassungsmäßig**. Wegen der Doppelorientierung auf die Organisationen wie die Anhänger und der damit eröffneten Möglichkeit einer unterschiedlichen Gewichtung der Individual- und

---

[306] BVerwGE 47, 280 (292); 47, 293 (297). So entfällt dieses Kriterium für Parteien, die sich erstmals zur Wahl stellen: OVG Rh.-Pf. DÖV 1981, 186; OVG Hamburg NJW 1987, 3022.
[307] So VG Hannover NVwZ-RR 1994, 519 (520); OVG Berlin DÖV 1975, 206 ff.
[308] In diesem Sinne etwa OVG Sachsen v. 1.3.2011, 5 B 43/11, juris; a.A. VGH BW VBlBW 2011, 227 f.; zu beiden Entscheidungen *A. Bäcker*, MIP 2012, 137 (140 ff.).
[309] Ebenso *Kißlinger*, Chancengleichheit (Fn. 141), S. 140 f.; s. weiter *H. H. v. Arnim*, DÖV 1984, 85 (87 f.); *Meyer*, Fraktionenrecht (Fn. 289), S. 70; *Mauersberger*, Freiheit (Fn. 108), S. 116 f.; *Volkmann*, Leistungen (Fn. 239), S. 221 f.; *Schwartmann*, Verfassungsfragen (Fn. 160), S. 42 f. Tatsächlich finden sich solche Verteilungsmuster in verschiedenen Ländern, s. *Schefold*, Parteienfinanzierung (Fn. 151), S. 536 f. m.w.N.
[310] Nur die Organisationsperspektive vertritt *Lipphardt*, Gleichheit (Fn. 104), passim.

der Organisationsorientierung ist die Formulierung von § 5 I 1 PartG, wonach alle Parteien gleich behandelt werden »sollen«, nicht zu beanstanden[311].

Differenzierungen zwischen den Parteien dürfen **nur bei staatlichen Leistungen** vorgenommen werden. Für alle Aktivitäten der Parteien und ihrer Anhänger aus eigener Kraft und Initiative gilt das strikte Gebot der Gleichbehandlung: Alle genießen die gleiche Freiheit (→ Rn. 65).

5. Einzelfälle, insbesondere Wahlkampf und Öffentlichkeitsarbeit

Die Pflicht zur Gleichbehandlung gilt bei allen **Ermessensentscheidungen** und ist Teil eines Anspruches auf fehlerfreie Entscheidung. Die Neutralität gebietet den Inhabern staatlicher Ämter eine strikte Trennung der Amtsführung von der Tätigkeit für ihre Partei[312]. Vor allem gilt die Neutralitätspflicht auch für die **amtliche Öffentlichkeitsarbeit**[313]. Die verschiedenen Formen administrativer Öffentlichkeitsarbeit sind grundsätzlich legitim und zur Erfüllung der staatlichen Aufgaben notwendig. Über das unvermeidliche Maß hinaus darf damit aber eine Anpreisung der die Regierung tragenden Parteien und ihrer herausgehobenen Personen nicht verbunden sein[314], ebensowenig ist eine Herabsetzung der Konkurrenz zulässig[315]. Eine Identifizierung der Regierung mit den sie tragenden Parteien ist unzulässig[316]; vor allem im Vorfeld von Wahlen ist die amtliche Öffentlichkeitsarbeit zu besonderer Zurückhaltung verpflichtet[317].

Der Zugang zu **Stadthallen** und ähnlichen öffentlichen Einrichtungen[318] – unabhängig von deren Rechtsform[319] – steht den Parteien im Rahmen der kommunalrechtlichen Anspruchsgrundlagen zu, sofern eine Parteiorganisation am Ort vorhanden ist, ungeachtet, wer die Veranstaltungen ausrichtet[320]. Andernfalls steht den Parteien als Anspruchsgrundlage § 5 I 1 PartG zur Seite[321]. Voraussetzung ist aber jeweils, dass die öffentliche Einrichtung auch für Veranstaltungen der beabsichtigten Art gewidmet

---

[311] Anders *Lipphardt*, Gleichheit (Fn. 104), S. 700 f. m.w.N.: als Muss-Vorschrift zu verstehen. Dem zwingenden Charakter ist nicht zu widersprechen (→ Rn. 85). Wegen der gebotenen Fixiertheit (→ Rn. 27) muss die Verwaltung einen Verteilungsschlüssel festsetzen und publizieren.

[312] Etwa beim Einsatz von Ministerialbeamten zur Erstellung von Parteitagsreden; weiter *Volkmann*, Leistungen (Fn. 239), S. 167; zu Abgrenzungsproblemen *S.-C. Lenski*, DÖV 2014, 585 ff.

[313] BVerfGE 44, 125 (140 ff., 147 ff.); dazu *P. Häberle*, JZ 1977, 361 (362); zum Problem weiter: *Volkmann*, Leistungen (Fn. 239), S. 46 ff., und *Meyer*, Fraktionenrecht (Fn. 289), S. 94 ff. je m.w.N.; allgemein hierzu *O.E. Kempen*, Grundgesetz, amtliche Öffentlichkeitsarbeit und politische Willensbildung, 1975; einen Rechtsprechungsüberblick gibt *A. Bäcker*, MIP 2015, 154 ff.; *dies.*, MIP 2014, 184 (185 f.); *dies.*, MIP 2013, 143 (145 f.).

[314] Für einen Katalog von Gesichtspunkten, die für eine Verletzung der Neutralitätspflicht sprechen, s. *Volkmann*, Leistungen (Fn. 239), S. 49 f.

[315] BVerfGE 138, 102; sehr großzügig E 136, 323; kritisch dazu *A. Bäcker*, MIP 2015, 151 ff.

[316] BVerfGE 44, 125 (142 f.).

[317] BVerfGE 44, 125 (152); 60, 53 (65 f.); 63, 230 (245); s. weiter BremStGH DVBl. 1984, 221 ff.; VerfGH NW DVBl. 1985, 691 ff.

[318] Rechtsprechungsübersicht bei *S. Jürgensen*, MIP 2015, 160 ff.; *A. Bäcker*, MIP 2014, 193 ff.; *dies.*, MIP 2013, 149 ff.; *H.-P. März*, BayVBl. 1992, 97 ff. → Vorb. Rn. 93 m. Fn. 438.

[319] BVerwG DVBl. 1990, 154 (154); NVwZ 1991, 59.

[320] OVG Saarlouis NVwZ-RR 2009, 533 ff.; OVG Münster NJW 1976, 820 (822); VGH Mannheim DÖV 1989, 30; BayVGH NJW 1969, 1078 (1079).

[321] OVGE BE 32, 268 ff.; einer örtlichen Gliederung bedarf es dann nicht zwingend: OVG Lüneburg NordÖR 2007, 164 f.; *F. Ossenbühl*, DVBl. 1973, 289 (296); *Meyer*, Fraktionenrecht (Fn. 289), S. 78 f. mit Ausführungen zur Bundeskompetenz.

ist[322]; eine Widmungsänderung aus Anlass der Anfrage einer Partei wirkt, um Missbräuchen vorzubeugen, erst für die Zukunft[323]. Die Versagung eines Zulassungsbegehrens wegen der Missbilligung der Programmatik der Partei, wegen ihrer angeblichen Verfassungsfeindlichkeit[324], wegen einer befürchteten Ansehensminderung der Gemeinde und wegen ähnlicher Gründe ist unzulässig (→ Rn. 158). Auch die Befürchtung, durch Gegendemonstrationen könne es zu einer Störung der öffentlichen Sicherheit kommen, darf in aller Regel nicht zu einer Versagung der Nutzung der Einrichtung führen[325]. Wenn auf Grund konkreter Tatsachen Rechtsverletzungen durch die Veranstalter zu erwarten sind, entfällt ein Zugangsanspruch[326], es sei denn, eine Sicherheitsleistung oder der Nachweis einer Veranstalterhaftpflicht reicht als milderes Mittel, der Gefahr zu begegnen[327]. Kapazitätsprobleme sind nach Priorität oder bei gleichzeitiger Anmeldung durch das Losverfahren zu entscheiden[328].

96 Soweit der **Straßenwahlkampf** (→ Rn. 62) straßen-, straßenverkehrs- oder immissionsschutzrechtlich einer Genehmigung bedarf, ist die Behörde auf den Grundsatz der Gleichbehandlung verpflichtet. Falls nicht allen Begehren entsprochen werden kann, ist die Priorität ein taugliches Vergabekriterium[329]. Führt die Prioritätsregel zu einem Wettlauf mit inakzeptablen Folgen[330], ist auf das Losverfahren zurückzugreifen. Eine Kontingentierung ist rechtfertigungspflichtig und bei Informationsständen nicht geboten (→ Rn. 97)[331]. Andererseits ist es nicht Sache der Behörden, für eine gleichmäßige Repräsentation der Parteien im Straßenbild zu sorgen (→ Rn. 92). Gilt es Kapazitätsprobleme zu lösen, wenn beispielsweise eine Plakatierung nur auf von der Gemeinde gestellten Plakatständern zulässig ist oder die Zahl der aufgestellten Werbetafeln begrenzt wurde, ist § 5 I PartG heranzuziehen[332].

---

[322] Vgl. BVerfGK 10, 363 ff.; OVG Dresden NVwZ 2002, 615 f.; einen Rechtsprechungsüberblick gibt *A. Bäcker*, MIP 2013, 149 ff.; *dies.*, MIP 2012, 137 ff.

[323] BVerwGE 31, 368 (370); BayVGH BayVBl. 1988, 497 (498); VGH Mannheim DVBl. 1995, 927 (928); *H.-P. März*, BayVBl. 1992, 97 (99 f.); *Meyer*, Fraktionenrecht (Fn. 289), S. 81. Unzutreffend OVG Lüneburg NdsVBl. 1999, 269 f.

[324] S. aber die Auseinandersetzung zwischen der 1. Kammer des Ersten Senats des Bundesverfassungsgerichts (NJW 2001, 1409; NJW 2001, 2069 ff.; NJW 2001, 2075 f.; NJW 2001, 2076 f.) und dem OVG Münster (DÖV 2001, 649 f.; NJW 2001, 2111 f.; NJW 2001, 2113 f.; DVBl. 2001, 1624 f.; DVBl. 2001, 1625 f.), in der das OVG Münster die Ansicht vertrat, rechtsextreme Parteien seien von dieser Gleichheit ausgenommen.

[325] BVerwGE 32, 333 (337 f.); OVG Münster JZ 1969, 512 f.; VGH Mannheim NJW 1987, 2697 (2697); zur grundsätzlichen Wertung, mögliche Störer nicht über die Durchführung einer Versammlung entscheiden zu lassen: BVerfGE 69, 315 (360 f.). → Art. 8 Rn. 48.

[326] VGH Mannheim NJW 1987, 2698 (2698); BayVGH BayVBl. 1987, 403.

[327] BayVGH BayVBl. 2013, 346; VGH Kassel NVwZ-RR 2014, 86 f.; zu beiden Urteilen *A. Bäcker*, MIP 2014, 184 (194 f.).

[328] Zu all diesen und weiteren Fragen bei der Überlassung von öffentlichen Einrichtungen an Parteien s. den jährlich erscheinenden »Spiegel der Rechtsprechung« in MIP seit 2005 sowie die Rechtsprechungsübersicht bei *H.-P. März*, BayVBl. 1992, 97 ff.; s. auch *Meyer*, Fraktionenrecht (Fn. 289), S. 94 ff. m.w.N.

[329] Dazu *Volkmann*, Leistungen (Fn. 239), S. 240 f.; *Walther*, Wahlkampfrecht (Fn. 213), S. 130; so auch die überwiegende Praxis.

[330] So BVerwGE 47, 280 (288).

[331] Vgl. *Walther*, Wahlkampfrecht (Fn. 213), S. 118; *E. Bulla*, ZRP 1979, 35 (37): Kritik an der Heranziehung von § 5 PartG.

[332] BVerwGE 47, 280 (292); *Walther*, Wahlkampfrecht (Fn. 213), S. 134 ff.; *Meyer*, Fraktionenrecht (Fn. 289), S. 184 f. Zur konkreten Umsetzung s. die Rechtsprechungsübersicht bei *A. Bäcker*, MIP 2014, 193 (195 ff.).

III. Der Status der Gleichheit der Parteien

Die Vergabe von **Genehmigungen** bedeutet nicht »eine Einrichtung zur Verfügung stellen« i.S.v. § 5 I PartG, weshalb diese Vorschrift nicht zur Anwendung kommt. Die Inanspruchnahme einer solchen Erlaubnis ist vielmehr grundrechtlich abgesicherter Freiheitsgebrauch. Da die Quotierung der öffentlichen Selbstdarstellung eine »Grundrechtsbewirtschaftung« wäre, ist – entgegen dem Bundesverwaltungsgericht[333] – die abgestufte Chancengleichheit hier nicht zu praktizieren, vielmehr innerhalb der gegebenen Kapazität und unter Berücksichtigung von Gegengründen eine Genehmigung zu erteilen[334] (→ Rn. 92).

Unmittelbar trifft die Verpflichtung zur Gleichbehandlung bei **Veröffentlichung von Parteianzeigen** nicht die privaten Verleger[335], sondern nur die Träger öffentlicher Gewalt[336]. Die Inpflichtnahme Privater behinderte eben die Möglichkeit, im gesellschaftlichen politischen Prozess Partei zu nehmen und zu einer unterschiedlichen Stärke der politischen Parteien beitragen zu können. Auch die Ausstrahlungswirkung der verfassungsrechtlichen Chancengleichheit der Parteien auf das Zivilrecht führt im Normalfall zu keinem Kontrahierungszwang des Verlegers, weil ihm die Pressefreiheit zur Seite steht (→ Art. 5 I, II Rn. 98, 298)[337]. Nur wenn eine Monopolsituation auf dem relevanten Markt den politischen Wettbewerb beeinträchtigt, kommt ein Anspruch auf Veröffentlichung in Betracht[338]. Richtigerweise kann ein solcher Anspruch aber auch in Monopolsituationen nur dann bestehen, wenn Mitbewerbern die Möglichkeit zur Wahlwerbung eingeräumt wurde – dann wird man hier ebenfalls die Kriterien abgestufter Chancengleichheit zulassen müssen.

Art. 21 I GG begründet keinen Anspruch auf **Rundfunkwerbung** durch die Parteien[339], aber auf staatsvertraglicher und landesmediengesetzlicher Grundlage sind die **Rundfunkanstalten** verpflichtet, **Wahlwerbesendungen** der Parteien[340] auszustrahlen[341], während dies privaten Rundfunkveranstaltern offensteht. Die Sendezeit ist von den öffentlich-rechtlichen Rundfunkanstalten kostenlos zur Verfügung zu stellen, die privaten Rundfunkveranstalter dürfen die Erstattung ihrer Selbstkosten verlangen[342]. Die den Parteien zur Verfügung gestellte Sendezeit ist nach dem Grundsatz der abgestuften Chancengleichheit (→ Rn. 88 ff.) zu bemessen[343]. Dies gilt für die privaten

---

[333] BVerwGE 47, 280 (286 ff.): Eine Sondernutzungserlaubnis erweitere die Rechtsstellung des Begünstigten und stelle sich deswegen als eine Art von Leistungsgewährung dar.
[334] *Meyer*, Fraktionenrecht (Fn. 289), S. 176 f.; *Walther*, Wahlkampfrecht (Fn. 213), S. 134 ff.
[335] Im Ergebnis ebenso BVerfGE 42, 53 (62); *Walther*, Wahlkampfrecht (Fn. 213), S. 196; ausf.: *Meyer*, Fraktionenrecht (Fn. 289), S. 109 ff. m.w.N.
[336] *Lipphardt*, Gleichheit (Fn. 104), hier bis S. 120 f.; *J. Schwarze*, DVBl. 1976, 557 (564); *Meyer*, Fraktionenrecht (Fn. 289), S. 125 f.
[337] S. etwa *K.H. Friauf/W. Höfling*, AfP 1985, 249 (253).
[338] Ebenso *Meyer*, Fraktionenrecht (Fn. 289), S. 127; *J. Schwarze*, DVBl. 1976, 557 (564); weitergehend *K. Lange*, AfP 1973, 507 ff.; *ders.*, DÖV 1973, 476 ff.; *P. Häberle/D.H. Scheuing*, JuS 1970, 524 ff.; *Kübler*, Pflicht (Fn. 234); a.A. VGH Mannheim NJW 1988, 367; *Henke* (Fn. 118), Art. 21 Rn. 225.
[339] BVerfGE 47, 198 (237); BVerwGE 87, 270 (272 f.); *D. Dörr*, JuS 1991, 1009 (1010 f.).
[340] Zum Problemkreis J. Becker (Hrsg.), Wahlwerbung politischer Parteien im Rundfunk, 1990; umfassend *A. Schultze-Sölde*, Politische Parteien und Wahlwerbung in der dualen Rundfunkordnung, 1994. → Vorb. Rn. 93 m. Fn. 440.
[341] S. etwa § 24 II Rundfunkstaatsvertrag; § 6 I ZDF-Staatsvertrag; § 8 II WDR-Gesetz; § 21 I LRG Sachsen-Anhalt; § 15 Staatsvertrag NDR.
[342] S. etwa § 24 II Rundfunkstaatsvertrag; § 36 V LMG NRW.
[343] Dazu u.a. BVerfGE 7, 99 (108); 13, 204 (206); insb. E 14, 121 (134 ff.); 34, 160 (163 f.); 47, 198 (225); 63, 251 (253); OVG Berlin DÖV 1975, 206 ff.; BremStGH NVwZ-RR 1997, 329 (330); *Lackner*, Sendezeiten (Fn. 200), S. 58 ff., 109 ff. Krit. *Lipphardt*, Gleichheit (Fn. 104), S. 364 ff.; *D. Neumann/W. Wesener*, DVBl. 1984, 914 (917 ff.). Zur Betonung des erforderlichen Mindestmaßes: BVerwGE 87,

Rundfunkanstalten gleichermaßen. Das Bundesverwaltungsgericht sieht keine Verletzung der Chancengleichheit der Parteien darin, dass eine Partei, die sich nur in einem Land an einer Bundestagswahl beteiligt (die CSU), Wahlwerbezeit im gesamten Bundesgebiet erhält: Ihr Recht erwachse bereits aus der Beteiligung in einem Teil des Wahlgebietes[344]. Das Parteienprivileg (→ Rn. 157 f.) verbietet es, Werbespots wegen verfassungsfeindlichen Inhalts nicht auszustrahlen[345]. Lediglich bei (offensichtlich) strafbarem Inhalt darf die Sendung eines Werbespots verweigert werden[346]. Jede weitere Kontrollkompetenz kann zu einer Verletzung der Chancengleichheit führen. **Redaktionell gestaltete Sendungen** genießen den Schutz der Rundfunkfreiheit (→ Art. 5 I, II Rn. 105 ff.) und unterliegen nicht der direkten Bindung parteirechtlicher Chancengleichheit, sondern sind lediglich auf die rundfunkrechtlichen Programmvorgaben verpflichtet[347], wobei an den Begriff der redaktionellen Verantwortung durchaus materielle und wegen der Wettbewerbsrelevanz hohe Anforderungen zu stellen sind[348]. Anderes gilt dann, wenn die Ausgestaltung der Sendung überwiegend der Selbstdarstellung der darin vertretenen Parteien dient[349]. Dann haben die Parteien gegenüber den öffentlich-rechtlichen Rundfunkanstalten einen Anspruch auf chancengleiche Teilhabe[350]. Bei der Bestimmung des Teilnehmerkreises müssen sich die Rundfunkanstalten an sachgerechten Kriterien orientieren, die – in Anlehnung[351] an § 5 I PartG – auf die Bedeutung der jeweiligen Partei[352] abheben.

---

270 (275). Zur Frage, ob die Begründung eines solchen Drittsenderechts eine Verletzung der Rundfunkfreiheit, vor allem der privaten Veranstalter darstellt, s. *Volkmann*, Leistungen (Fn. 239), S. 230 ff. m. w. N.: »höchst bedenkliche Angelegenheit« (S. 299).

[344] BVerwGE 75, 67 (75 ff.); 75, 79 (83 f.); dazu *K. Gabriel-Bräutigam*, ZUM 1991, 466 ff.; *T. Klapp*, Chancengleichheit von Landesparteien im Verhältnis zu bundesweit organisierten Parteien, 1989, S. 48 ff.: Beschränkung auf den Kandidaturbereich; ebenso *D. Neumann/W. Wesener*, DVBl. 1984, 914 (919 f.). S. auch ablehnend *Gusy* (Fn. 2), Art. 21 Rn. 94.

[345] BVerfGE 47, 198 (228 f.); dazu *G. Gounalakis*, NJW 1990, 2532 ff.; s. weiter OLG Celle NJW 1994, 2237; LG Hannover NJW 1994, 2236 (2236) sowie NJW 1994, 2237; *L. Jene/N. Klute*, AfP 1994, 93 (98 f.).

[346] BVerfGE 47, 198 (230 f.); *E. Franke*, Wahlwerbung in Hörfunk und Rundfunk, 1979, S. 101 ff., 116 ff. Als gesetzliche Regelung § 36 VII LMG NW; zu einem Wahlwerbespot mit volksverhetzendem Inhalt OVG Berlin-Brandenburg AfP 2011, 621 f.

[347] *Gusy* (Fn. 2), Art. 21 Rn. 94; *Lackner*, Sendezeiten (Fn. 200), S. 104 ff.

[348] S. auch *Gusy* (Fn. 2), Art. 21 Rn. 94. Zur Problematik sog. Kanzlerduelle s. einerseits *M. Morlok/S. Roßner*, Parteiengleichheit und Rundfunkfreiheit, in: FS v. Arnim, 2004, S. 143 ff.; andererseits *B. Hoefer*, NVwZ 2002, 695 ff.; *H. Bethge*, ZUM 2003, 253 ff. S. auch VG Weimar ThürVBl. 2000, 46.

[349] BVerfGE 82, 54 (58 f.); OVG Hamburg NJW 1988, 928; VGH München NVwZ 1991, 581 f.; OVG Bremen DVBl. 1991, 1269 f.; für einen Katalog von Gesichtspunkten zur Einschätzung der Art der Sendung s. *A. Grupp*, ZRP 1983, 28 (29 f.); zum Problem weiter *Volkmann*, Leistungen (Fn. 239), S. 63 ff.; *Walther*, Wahlkampfrecht (Fn. 213), S. 186 ff. m. w. N.

[350] BVerfGE 82, 54 (58 f.); OVG Hamburg NJW 1988, 928 (928); OVG Bremen DVBl. 1991, 1269 (1269 f.); VGH München NVwZ 1981, 581 (581 f.); *R. Klenke*, NWVBl. 1990, 334 (336); *E. Bender*, NVwZ 1994, 521 (526); *A. Grupp*, ZRP 1983, 28 (29); *E. Röper*, NJW 1987, 2984 (2984); *S. Michelfelder*, ZUM 1992, 163 (167). Nicht aus dem parteirechtlichen Gleichbehandlungsanspruch, sondern im Einzelfall aus §§ 826, 249 BGB wird ein solcher Anspruch begründet von *R. Bolwin*, AfP 1990, 165 ff.; aus der Rundfunkfreiheit und der Funktion der Rundfunkanstalten argumentiert *K.-H. Ladeur*, ZUM 1991, 456 ff.

[351] § 5 I PartG findet keine direkte Anwendung. Bei eigenen Sendungen werden den Parteien keine Einrichtungen zur »Verfügung« gestellt. Diese Verfügungsbefugnis bleibt allein beim Sender, vgl. *R. Klenke*, NWVBl. 1990, 334 (335); *A. Grupp*, NJW 1987, 284 (284).

[352] OVG Hamburg NJW 1988, 928 (928 f.); *R. Klenke*, NWVBl. 1990, 334 (336); *E. Röper*, NJW 1987, 2984 (2985).

6. Gleichheitsaspekte der Parteienfinanzierung

Auch alle staatlichen Formen der Parteienfinanzierung sind an die Chancengleichheit gebunden. Finanzielle Auswirkungen des unterschiedlichen Bürgerzuspruchs sind jedoch nicht zu egalisieren. Die staatlich gebotene Neutralität wird hingegen thematisch, wenn die Unterstützungsleistungen der Bürger durch staatliche Akte oder rechtliche Regelungen, etwa Steuerabzugsmöglichkeiten, beeinflusst werden. Weder die unmittelbare noch die mittelbare staatliche Parteienfinanzierung dürfen sich verzerrend auf die Wettbewerbssituation zwischen den Parteien auswirken. Wesentlich ist auch bei diesen Fragen das **Individualrecht der chancengleichen Einflussnahme** auf die politische Willensbildung (→ Rn. 79 f.)[353]. Das Gebot zur Wahrung der Chancengleichheit hat verschiedene Auswirkungen je nach Art der Parteienfinanzierung.

100

Soweit **Mitgliedsbeiträge** und **Spenden steuerrechtlich erheblich** sind, dürfen dadurch nicht Parteien begünstigt werden, die Interessen kapitalkräftiger Kreise vertreten[354]. Angesichts der Progression bei der Besteuerung des Einkommens (§ 32a EStG) verletzt eine unbegrenzte oder auch eine prozentuale Abzugsfähigkeit[355] von Leistungen an die Parteien sowohl die Chancengleichheit der Parteien als auch diejenige der Bürger. Das Verfassungsgebot der Chancengleichheit verlangt deswegen die **Progressionsunabhängigkeit** steuerlicher Begünstigungen. Jedenfalls ist eine **Begrenzung des steuerlichen Vorteils** geboten, um zu verhindern, dass auch bei einer progressionsunabhängigen steuerlichen Absetzbarkeit von Parteispenden diejenigen, die zu großen Spenden in der Lage sind, auch in großem Umfang steuerlich unterstützt werden. § 34g I EStG entspricht insofern diesen Forderungen, als dass einheitlich Mitgliedsbeiträge und Spenden an Parteien zu 50% steuermindernd wirken und zugleich dieser Beitrag auf 825 Euro begrenzt wird, im Fall der Zusammenveranlagung von Ehegatten auf höchstens 1.650 Euro, oder sie aber nach § 10b II EStG 1.650 Euro als Sonderausgaben abzugsfähig sind, bei Zusammenveranlagung bis zu 3.300 Euro pro Jahr. Letztere Steuerabzugsmöglichkeit ist progressionsabhängig und insofern verfassungsrechtlich zweifelhaft. Zur Rechtfertigung ist allenfalls ins Feld zu führen, dass der Steuervorteil in seiner absoluten Höhe begrenzt ist. Ein Betrag in Höhe von 3.300 Euro liegt am Rande der Größenordnung, »die für den durchschnittlichen Einkommensempfänger erreichbar ist«[356].

101

Spenden von Organisationen an politische Parteien dürfen von Verfassungs wegen **steuerlich nicht abzugsfähig** sein, weil sonst diejenigen Bürger, die über die Finanzen von Organisationen verfügen können, in ihren politischen Präferenzen steuerlich stärker unterstützt würden als andere Bürger[357].

102

---

[353] Zur Betonung dieses Aspekts BVerfGE 73, 40 (104 ff., 109 ff.) – *Sondervotum Böckenförde*. Aus ihm folgt auch die Verfassungswidrigkeit einer völligen Nichtberücksichtigung kommunaler Wählergruppen bei der steuerlichen Entlastung von Spendern: BVerfGE 78, 350 (357 ff., 360); zu den Wählervereinigungen s. weiter *Kißlinger*, Chancengleichheit (Fn. 141), S. 148 ff.
[354] BVerfGE 8, 51 (66); 24, 300 (357 ff.); 52, 63 (91); 85, 264 (313).
[355] So die Ausgangssituation für die grundlegende Entscheidung BVerfGE 8, 51.
[356] BVerfGE 85, 264 (316). Bedenklich ist zudem, dass Bürger, die nicht einkommensteuerpflichtig sind, keinen »staatlichen Zuschuss« zu ihrer Spende erhalten; E 85, 264 (317) erachtet diesen Einwand nicht für durchschlagend.
[357] BVerfGE 85, 264 (314f.); anders noch E 73, 40 (79f.). Zutreffende Kritik daran unter Betonung des Rechts der Bürger auf chancengleiche politische Einflussnahme im *Sondervotum Böckenförde* BVerfGE 73, 40 (105 ff.), dem der Richter *Mahrenholz* beitrat (E 73, 40 [117]).

Art. 21 C. Erläuterungen

103 Auf die Chancengleichheit kann sich auch das einzelne Parteimitglied beim Einwerben von Spenden berufen. So darf ein **Wahlkandidat**, der bereits ein öffentliches Amt inne hat, nicht schlechter gestellt werden als Kandidaten, die ein solches Amt nicht haben. Daher ist der Straftatbestand der Vorteilsannahme einschränkend auszulegen[358].

104 Bei den **direkten Staatsleistungen** ist es neben den Obergrenzen (→ Rn. 45, 70 f.) gleichheitsrechtlich geboten, die Staatsleistungen in Abhängigkeit vom relativen Wählerzuspruch zu gewähren[359]. Ein unabhängig vom Wahlerfolg gewährter Sockelbetrag wurde deswegen für verfassungswidrig erklärt[360]. Der Verteilungsschlüssel für die unmittelbaren Zuwendungen an die Parteien muss deswegen **erfolgsabhängig** sein. Dem entspricht die Regelung in § 18 III 1 PartG, die an Wahl- und Zuwendungseinwerbeerfolge anknüpft. Nach § 18 III 2 PartG erhalten die Parteien für die bis zur Grenze von 4 Millionen errungenen Stimmen pro Stimme mehr Geld als für weitere Stimmen. Parteien mit geringerem Wählerzuspruch erhalten demzufolge für ihre Stimmen im Durchschnitt mehr staatliche Mittel als erfolgreichere Parteien. Diese **Degression** des finanziellen Wertes von Wählerstimmen ist verfassungsrechtlich nicht unbedenklich[361], aber gerechtfertigt[362] durch den Gesichtspunkt der Offenhaltung der parteipolitischen Konkurrenz (→ Rn. 91). Erfolgreichere Parteien haben bei ihrer Tätigkeit ohnehin ökonomische Größenvorteile[363], die durch degressive Staffelung kompensiert werden dürfen. Allerdings dürfte die Stimmenzahl zur Gewährung eines Vorteils für stimmenschwächere Parteien im Ergebnis noch zu hoch liegen. Das mittlerweile in § 18 III 1 PartG gefundene Verhältnis zwischen Wahlerfolg und Zuwendungseinwerbung ist ausgeglichener zugunsten des Wahlerfolges ausgestaltet – dennoch ist über eine weitere Absenkung des Zuwendungsanteiles nachzudenken. Verfassungswidrig ist die Berücksichtigung von Mandatsträgerbeiträgen beim Zuwendungsanteil nach § 18 III 1 Nr. 3 PartG, da er nicht in Parlamenten vertretene Parteien wesentlich benachteiligt.

105 Der Zugang zum politischen Markt wird durch die staatliche Finanzierung erleichtert. Deshalb darf die **Teilhabe kleiner Parteien**, die für die Innovationsfähigkeit und die Intensität des Wettbewerbs bedeutsam sind[364], durch Zugangshürden zur staatlichen Parteienfinanzierung nicht wesentlich beschränkt werden[365].

106 Den Schutz des parteirechtlichen Gleichheitssatzes genießen auch die **Umfeldorganisationen** einer politischen Partei (→ Rn. 42 f.). Bei staatlichen Leistungen an parteinahe Stiftungen ist nach dem Grundsatz der »abgestuften Chancengleichheit« zu ver-

---

[358] BGH NJW 2004, 3569 (3574).
[359] Zur Bedeutung s. *K. Muthers*, Rechtsgrundlagen und Verfahren zur Festsetzung staatlicher Mittel zur Parteienfinanzierung, 2004, S. 85 ff.
[360] BVerfGE 85, 264 (283 f.).
[361] Kritisch *H. Sendler*, NJW 1994, 365 (366); *T. Drysch*, NVwZ 1994, 218 (221).
[362] *J. Ipsen*, ZParl. 25 (1994), 401 (405 f.); dort auch die Überlegung, dass angesichts der Vorteile des größeren Apparates eine völlig gleichmäßige Bezuschussung die kleineren Parteien gleichheitswidrig beeinträchtige. S. auch *Muthers*, Rechtsgrundlagen (Fn. 359), S. 90 ff.
[363] *W. Rudzio*, ZParl. 25 (1994), 390 (397 f.); *J. Ipsen*, ZParl. 25 (1994), 401 (406 f.).
[364] BVerfGE 111, 382 (404 f., Rn. 83 ff.).
[365] Für die sog. Drei-Länder-Klausel des § 18 IV 3 PartG 2005: BVerfGE 111, 382; zustimmend *M. Morlok*, NVwZ 2005, 157 ff.; *S. Jutzi*, ZParl. 36 (2005), 375 ff.; s. bereits *Muthers*, Rechtsgrundlagen (Fn. 359), S. 109 ff.

fahren (→ Rn. 91 ff.).[366] Auch **Jugendorganisationen** der Parteien genießen die Chancengleichheit[367].

Eine wesentliche Sicherung der Chancengleichheit liegt in der Ausgestaltung des **Vergabeverfahrens**. Weil die Vergabe staatlicher Mittel an Parteien in der Gefahr steht, vom parteipolitischen Interesse beeinflusst zu werden, ist eine exakte Fixierung der Vergabekriterien und deren formale Anwendung (→ Rn. 27) geboten. Leistungen an eine Partei stellen immer auch eine Einflussnahme auf die Wettbewerbssituation anderer dar und sind damit grundrechtserheblich. Entscheidungen über finanzielle Leistungen an politische Parteien sind deswegen dem **Gesetzgeber** vorbehalten[368].

107

Um auch tatsächliche Chancengleichheit gewährleisten zu können, müssen die **Nebenwege der Parteienfinanzierung**[369] hinreichende Sicherungen dafür enthalten, dass sie nicht zu einer versteckten Parteienfinanzierung missbraucht werden können; diese anderen Formen der **Politikfinanzierung**[370] (→ Rn. 75) stehen nämlich nicht allen Parteien offen[371]. Zuwendungen an die Parlamentsfraktionen und die Ausstattung der Abgeordneten dienen der Erfüllung der parlamentarischen Arbeit, sind also Unterstützung für die Funktionserfüllung von Staatsorganen und deren Untergliederungen. Da diese Leistungen aber unschwer für parteipolitische Zwecke dem eigentlichen Verwendungszweck entfremdet werden können und solche Zweckentfremdungen offenbar auch erfolgen, muss bei der Gewährung solcher Leistungen und bei ihrer Ausgestaltung auch auf die parteirechtliche Chancengleichheit Bedacht genommen werden.

108

Die große Mehrzahl der Parlamentarier leistet entsprechend den Parteistatuten in erheblicher Höhe regelmäßige Zahlungen aus ihrer **Abgeordnetenentschädigung** (→ Art. 48 Rn. 21 ff.) an ihre Parteien[372]. Diese Finanzierungsmöglichkeit berührt die parteirechtliche Chancengleichheit, weil diese Möglichkeit nur denjenigen Parteien offensteht, die in den Parlamenten vertreten sind. Das PartG nimmt sie in §§ 18 III 1 Nr. 3, 24 IV Nr. 2 ausdrücklich hin. Diese Beiträge sind per se nicht anzugreifen, die Publizierung gem. § 24 IV Nr. 2 PartG ist jedenfalls sinnvoll. Die Chancengleichheit gefährden auch die **Fraktionszuschüsse**, die ein rapides Wachstum erfahren[373] und auf Bundesebene in § 50 AbgG eine gesetzliche Grundlage erhalten haben. Das in § 50 IV AbgG festgeschriebene Verwendungsgebot ebenso wie das Verbot, diese Mittel für Parteiaufgaben zu verwenden, ist verfassungsrechtlich erforderlich, ebenso das Ver-

109

---

[366] BVerfGE 73, 1 (38). Zur vertieften Auseinandersetzung *Vieregge*, Partei-Stiftungen (Fn. 257), S. 164 ff.; *M. Sikora*, Politische Stiftungen, 1997, S. 66 ff., 183 ff., 196 ff.; *Merten*, Stiftungen (Fn. 141), S. 80 ff.; zu einer möglichen Neubeurteilung der Rspr. des Bundesverfassungsgerichtes zu den parteinahen Stiftungen in Konsequenz der Rechtsprechungsänderung zur allgemeinen Parteienfinanzierung in BVerfGE 85, 264 s. *U. Günther/M. Vesper*, ZRP 1994, 289 (291 f.); *M. Morlok*, MIP 1996, 7 ff.

[367] Dazu *Westerwelle*, Jugendorganisationen (Fn. 141), S. 61 ff.; OVG Münster NWVBl. 1990, 56 ff. m. Anm. *M. Morlok*, NWVBl. 1990, 230 f.

[368] Ausführlich zum Gesetzesvorbehalt für öffentliche Leistungen an die politischen Parteien *Volkmann*, Leistungen (Fn. 239), S. 307 ff. Für die Leistungen an Parteistiftungen s. *Geerlings*, Stiftungen (Fn. 253), S. 176 ff.; *Merten*, Stiftungen (Fn. 141), S. 169 ff. Für Leistungen an Jugendorganisationen s. OVG Berlin-Brandenburg NVwZ 2012, 1265 ff.; dazu *H. Merten*, NVwZ 2012, 1228 ff.

[369] *Morlok*, Thesen (Fn. 159), S. 86 ff.

[370] S. dazu die Beiträge in Tsatsos, Politikfinanzierung (Fn. 152), darin zum Begriff *Morlok*, Thesen (Fn. 159), S. 77 ff.; für einen Überblick über die verschiedenen Formen *G. Stricker*, Normative Grundlagen der Politikfinanzierung, ebd., S. 38 ff.

[371] Zu Freiheits- und Offenlegungsaspekten: → Rn. 68 ff., 111 ff.

[372] Dazu jetzt umfassend *Kühr*, Legalität (Fn. 255); s. auch *C. Lontzek*, Die Sonderbeiträge von Abgeordneten an Partei und Fraktion, 2012.

[373] Zur Entwicklung der Fraktionszuschüsse *v. Arnim*, Verfassungsbruch (Fn. 254), S. 25 ff.

bot von Spenden an die Partei, § 25 II Nr. 1 PartG. Angesichts der Aufnahme der Öffentlichkeitsarbeit in den Aufgabenkatalog der Fraktionen (§ 47 III AbgG) kann die parlamentarische Arbeit aber nur noch schwer von der Parteiarbeit abgegrenzt werden[374]. Bei realistischer Betrachtung gilt Gleiches auch für die **Abgeordnetenausstattung**. Der Chancengleichheit der nicht parlamentarisch vertretenen Parteien ist dadurch nach Möglichkeit Rechnung zu tragen, dass die Höhe all dieser – im Ansatz legitimen und verfassungsmäßigen – Leistungen unter besonderer Beachtung des Sparsamkeitsgebotes[375] festgesetzt, eine strikte Zweckbindung eingeführt und diese auch kontrolliert wird[376]. Unzulässig sind darüber hinaus aus Chancengleichheits- wie aus Staatsfreiheitsgesichtspunkten Spenden von Unternehmen und deren – evtl. privatrechtlich organisierten – Dachverbänden, die sich in erheblichem Ausmaß in der öffentlichen Hand befinden[377]. Die in § 25 II Nr. 5 PartG getroffene Regelung ist insoweit verfassungsgemäß, jedoch dahingehend auszulegen, dass auch die Dachverbände und Tochterunternehmen[378] erfasst sind.

110 Gleichheitsrechtlich keine Probleme bereiten Einnahmen der Parteien aus Vermögen und **eigener Wirtschaftstätigkeit**, etwa aus Veranstaltungen oder dem Verkauf von Druckschriften i.S.v. § 24 II 4, 5 PartG. Jedoch wäre es verfassungsrechtlich unter Chancengleichheitsgesichtspunkten äußerst bedenklich, wenn Parteien unter Hinweis auf die ihnen bestrittene Berufsfreiheit des Art. 12 GG (→ Rn. 57) die unternehmerische Beteiligung am Wirtschaftsleben versagt würde: Parteien, die aufgrund ihrer Programmatik selbst nicht in der Lage sind, kapitalkräftige Kreise zu ihrer Unterstützung zu gewinnen, bedürfen zu chancengleicher Teilnahme am politischen Wettbewerb eventuell selbst der unternehmerischen Betätigung, um ein Einnahmedefizit gegenüber anderen Parteien zu vermeiden. Dies lässt sich auf die Formel bringen, dass eine Partei umso mehr der Selbsterwirtschaftung von Kapital bedarf, je kapitalferner sie ausgerichtet ist. Ein entsprechendes Verbot würde insofern den Ausschluss eines bestimmten Parteientypus bedeuten und käme auch mit der Parteienfreiheit in Konflikt. Die Chancengleichheit verdichtet sich im Zusammenspiel mit der Parteienfreiheit hier insofern zu einem Art. 12 GG entsprechenden Recht[379].

---

[374] S. dazu den Bericht der Präsidenten des Deutschen Bundestages über die Rechenschaftsberichte 2010 und 2011 sowie über die Entwicklung der Finanzen der Parteien gemäß § 23 IV PartG, BT-Drs. 18/100, S. 26 ff.; *H. Meyer*, Das fehlfinanzierte Parlament, in: P. M. Huber/W. Mößle/M. Stock (Hrsg.), Zur Lage der parlamentarischen Demokratie, 1995, S. 17 ff. (20 f., 32 ff.).
[375] Beachte auch bei *Volkmann*, Leistungen (Fn. 239), S. 189 ff., das aus der staatlichen Neutralitätspflicht begründete Gebot zur Zurückhaltung bei Staatsleistungen an Parteien. Es ist auf die sonstigen Formen der Politikfinanzierung auszuweiten.
[376] Für die Fraktionen sind die einschlägigen Bestimmungen in §§ 51–53 AbgG insoweit verfassungsgeboten.
[377] Hierzu auch *D. Schefold*, Parteispenden öffentlicher Unternehmen, in: FS Tsatsos, 2003, S. 577 ff.
[378] Dazu *S. Roßner*, MIP 2012, 116 ff.
[379] Zu einem ähnlichen Ergebnis kommt mit anderer Begründung *Klein* (Fn. 62), Art. 21 Rn. 283 f., der verdeutlicht, dass die Parteieigenschaft im Einzelfall in denselben Fällen verloren geht wie bei Religionsgemeinschaften. Zur wirtschaftlichen Betätigung → Rn. 57.

IV. Der Status der Öffentlichkeit der Parteien

1. Bedeutung und Praxis

Der Status der Öffentlichkeit hat mehrere Aspekte, die **Pflichten** für die politischen Parteien begründen. Hervorgehoben ist durch Art. 21 I 4 GG das Publizitätsgebot in Finanzfragen. Grundsätzlich soll die Öffentlichkeit des Parteigeschehens dem Bürger ermöglichen, sich in Kenntnis wesentlicher Faktoren, welche die Politik einer Partei bestimmen, seine Entscheidungen zu bilden. Das Parteienrecht zielt also auch mit seinen Öffentlichkeitsgehalten auf den Bürger als die elementare politische Bestimmungsmacht in der Demokratie (→ Rn. 47). 111

In **Finanzfragen** liegt das Bezugsproblem des Öffentlichkeitsstatus in der Verankerung der Parteien in der gesellschaftlichen Interessenstruktur[380]. Die Publizität der Finanzquellen einer Partei soll deren Verflechtungen mit Interessengruppen oder finanzmächtigen Individuen sichtbar machen, aber auch der Parteibasis Einblick gewähren. Weitere **Veröffentlichungspflichten** (→ Rn. 120) sollen gegenüber dem Bürger die Durchsichtigkeit der Parteien sicherstellen. Als ein wichtiger Bestandteil des Demokratieprinzips (→ Art. 20 [Demokratie], Rn. 77) entfaltet das Öffentlichkeitsgebot über Art. 21 I 3 GG auch **innerparteiliche Wirkungen** und dient der innerparteilichen Demokratie durch den Überblick der Mitglieder über die finanzielle Stellung der eigenen Partei (→ Rn. 127)[381]. Es dient ebenso der Chancengleichheit der Parteien[382] – durch den besseren Einblick der Bürger, aber auch durch die gegenseitige Kontrolle der Parteien. Schließlich strahlt die besondere Öffentlichkeitsverpflichtung der Parteien in Finanzdingen aus Art. 21 I 4 GG im Zusammenwirken mit dem allgemeinen demokratischen Öffentlichkeitsgebot auch auf denjenigen **staatlichen Bereich** aus, in dem die Parteien mittelbar über die Parteifinanzen bestimmen können (→ Rn. 122). 112

2. Die Öffentlichkeitsunterworfenheit der Parteifinanzen (Art. 21 I 4 GG)

Das Publizitätsgebot für die Parteifinanzen zielt nicht auf eine korrekte Finanzwirtschaft der Parteien, sondern auf die **möglichst vollständige Offenlegung**[383] politischer Einflussnahme mit finanziellen Mitteln. Leistungen an Parteien stellen ein Potential der Einflussnahme dar, das durch Veröffentlichung kontrolliert werden kann. Die Kenntnis der Finanzquellen soll den Bürger in den Stand setzen, aus möglichen Verpflichtungen und Abhängigkeiten der Parteien seine Konsequenzen zu ziehen[384]. Die Vorschrift dient der Trennung der Politik von der vom Geld beherrschten wirtschaftlichen Sphäre. 113

Art. 21 I 4 GG ist **unmittelbar geltendes Recht**[385], auch wenn die Norm auf ein Ausführungsgesetz angewiesen ist. Art. 21 III GG enthält den entsprechenden Auftrag nebst Gesetzgebungskompetenz (→ Rn. 161 ff.), der in §§ 23 ff. PartG erfüllt wird. Die verfassungsrechtliche Pflicht zur Rechnungslegung ist mit der Abgabe eines Rechenschaftsberichts jedoch nicht abgegolten, vielmehr hat die Partei die verfassungsrecht- 114

---

[380] Dazu *Morlok*, Rechtsvergleichung (Fn. 12), S. 723 ff.
[381] S. auch *Klein* (Fn. 62), Art. 21 Rn. 319 f.
[382] BVerfGE 20, 56 (106); 85, 264 (320); 111, 54 (83, Rn. 173 ff.).
[383] BVerfGE 85, 164 (319); 111, 54 (84, Rn. 175 ff.).
[384] BVerfGE 24, 300 (356); 85, 264 (319); 111, 54 (83, Rn. 173 ff.). Zu ausländischen Regelungen *Schefold*, Parteienfinanzierung (Fn. 151), S. 541 ff. m.w.N.
[385] BVerfGE 111, 54 (85, Rn. 177 f.); *Klein* (Fn. 62), Art. 21 Rn. 469. Dazu m.w.N. zur früheren Diskussion *Ipsen* (Fn. 88), Art. 21 Rn. 107 ff.

liche Pflicht, auch später festgestellte Fehler gegenüber der Öffentlichkeit darzustellen, wie dies § 23b PartG vorsieht. Art. 21 I 4 GG verlangt dabei einen vollständigen[386], im Wesentlichen fehlerfreien, **materiell richtigen** Rechenschaftsbericht. Das Verfassungsgebot des Art. 21 I 4 GG verwirklicht sich jedoch nicht von selbst, vielmehr besteht eine **verfassungsrechtliche Schutzpflicht**, die der Gesetzgeber durch ausführende Bestimmungen der Kontrolle und der Sanktionierung auszufüllen hat[387] (→ Rn. 161). Dem entspricht eine Organisations- und Kontrollverantwortung der Parteien selbst.

115 Der personelle **Anwendungsbereich** des Publizitätsgebots erfasst die Parteien selbst auf allen Organisationsstufen[388] sowie nach hier vertretener Auffassung die qualifizierten Hilfsorganisationen (→ Rn. 42 f.)[389]. Sachlich muss Rechenschaft gelegt werden über die »**Mittel**« der Parteien. Ein umfassendes Verständnis der »Mittel« verträgt sich nicht mit dem Charakter von Parteien als Freiwilligenorganisationen, die wesentlich von der Aktivität ihrer Mitglieder leben; zutreffend ist deswegen die Ausgrenzung der ehrenamtlichen Mitgliederleistungen in § 26 IV PartG[390].

116 Das Verbot, **anonyme Spenden** anzunehmen, soll die Umgehung der Rechenschaftslegung verhindern. Gleiches gilt in Konsequenz für das Zerlegen von Spenden nach § 31d I 1 Nr. 2 PartG. Dem Zweck der Publizität wird grundsätzlich nur entsprochen, wenn **Spender** auch mit **Namen** angegeben werden. Die auf Verfassungsebene statuierte Offenlegungspflicht rechtfertigt die Beeinträchtigung des Rechts der Spender, ihre politische Meinung nicht offenbaren zu müssen, das im Wahlgeheimnis, in der Meinungsäußerungsfreiheit und im Recht auf informationelle Selbstbestimmung angesiedelt ist[391].

117 **Einschränkungen** der Rechenschaftsverpflichtung müssen mit Sinn und Zweck des Art. 21 I 4 GG vereinbar sein[392]. **Erheblichkeitsgrenzen** im Rahmen der Rechenschaftsverpflichtung können verfassungskonform sein[393]. So müssen nur Zuwendungen nach ihrer Herkunft verzeichnet werden, von denen zu erwarten ist, dass vermittels derer Einfluss ausgeübt werden kann[394]. Grenzen müssen realitätsgerecht gezogen werden und dabei berücksichtigen, dass bei nachgeordneten Organisationsstufen und kleinen Parteien auch kleinere Spenden erheblich sein können[395]. Dies gilt etwa für die in § 25 I Nr. 6 PartG gemachte Ausnahme vom Verbot, anonyme Spenden anzunehmen. Die Publizitätsgrenze bei der namentlichen Nennung der Spender, die § 25 III PartG bei

---

[386] BVerfGE 111, 54 (89, Rn. 186 f.).
[387] BVerfGE 111, 54 (88 f., Rn. 185 ff.); vgl. bereits E 85, 264 (321).
[388] S. die entsprechende Regelung in § 24 I 3–5 PartG.
[389] Ebenso *Westerwelle*, Jugendorganisationen (Fn. 141), S. 144 f.; a. A. die wohl h. M.: *P. Kunig*, HStR[3] III, § 40 Rn. 41; *Kunig* (Fn. 115), Art. 21 Rn. 62 sieht eine Offenlegungspflicht nicht für verselbstständigte Institutionen und Organisationen. Beachte auch die gem. § 24 XII PartG bestehende Pflicht, die öffentlichen Zuschüsse der politischen Jugendorganisationen im Rechenschaftsbericht der Parteien auszuweisen.
[390] S. BVerfGE 104, 287 (297 ff., Rn. 50 ff.); zustimmend *C. Lenz*, NVwZ 2003, 49 ff. S. aber *W. Leisner*, NJW 2000, 1998 f.
[391] Im Ergebnis ebenso *Kunig* (Fn. 115), Art. 21 Rn. 65; *Ipsen* (Fn. 88), Art. 21 Rn. 112; *Preuß* (Fn. 182), Art. 21 Abs. 1, 3 Rn. 74; anders akzentuiert *T. Maunz*, in: Maunz/Dürig, GG, Art. 21 (1960), Rn. 81.
[392] BVerfGE 85, 264 (319); 111, 54 (84, Rn. 175 f.).
[393] BVerfGE 85, 264 (320 f.); Jarass/*Pieroth*, GG, Art. 21 Rn. 27; *Kunig* (Fn. 115), Art. 21 Rn. 63; *Streinz* (Fn. 115), Art. 21 Rn. 206.
[394] BVerfGE 111, 54 (84, Rn. 175 f.).
[395] BVerfGE 85, 264 (322).

IV. Der Status der Öffentlichkeit der Parteien **Art. 21**

10.000 Euro pro Jahr zieht[396], ist im kommunalen Bereich zu hoch angesetzt, auf Bundesebene ist eine unmittelbare Einflussnahme durch eine Spende in dieser Höhe bei im Bundestag vertretenen Parteien hingegen ausgeschlossen. Insoweit ist die gefundene Pauschalierung hinzunehmen[397]. Unterschiedliche Grenzen für natürliche und juristische Personen sind verfassungswidrig[398]. Ob **Kredite** auch mit personenspezifischer Ausweisung des Darlehensgebers auszuweisen sind, ist strittig[399], sollte indes bejaht werden, da auch hierdurch Einfluss genommen werden kann.

Die Pflicht zur Rechenschaftslegung über die **Verwendung** der Mittel einer Partei ist in gleicher Weise wie die Einnahmennachweise in §§ 23 ff. PartG ausgeformt. Wegen des hohen Anteils von Haushaltsmitteln bei den Parteifinanzen ist die Erstreckung der Rechenschaftspflicht auch auf die Ausgabeseite und das **Vermögen** ohnehin geboten[400]. Angesichts faktischer Interdependenzen der einzelnen Felder der Politikfinanzierung (→ Rn. 75) sind diese sämtlich dem Publizitätsgebot unterworfen. Wegen der Problematik und Kostenintensität der Vermögensbewertung zu aktuellen Marktpreisen durfte der Gesetzgeber darauf verzichten, den Parteien eine Berichtspflicht zu diesen Konditionen aufzugeben, obgleich dies eher der Publizitätsverpflichtung entspricht, die hier aber an ihre realen Grenzen stößt[401]. Die Bewertung zu »Buchwerten« im Rechenschaftsbericht nach § 24 VII Nr. 2–4 PartG ist daher hinzunehmen. **118**

Die Pflicht, **öffentlich Rechenschaft** zu geben, gebietet, dass die Bürger – aber auch die anderen Parteien zur Erfüllung ihrer politischen Kontrollfunktion[402] – die Möglichkeit haben, sich die einschlägigen Informationen zu verschaffen. Die in § 23 II–IV PartG getroffenen Regelungen, wonach der Rechenschaftsbericht der Parteien beim Präsidenten des Deutschen Bundestages einzureichen und von diesem als Bundestagsdrucksache zu verteilen und dem Bundestag darüber Bericht zu erstatten ist, genügen diesem Verlangen – zumal die Öffentlichkeit ohnehin durch die Massenmedien hergestellt wird[403]. Art. 21 I 4 GG allein enthält kein **Individualrecht** auf Einsichtnahme bei den Parteien, erst in Verbindung mit der Informationsfreiheit aus Art. 5 I 2 GG erwächst ein solches: Art. 21 I 4 GG macht aus den Rechenschaftsberichten allgemein zugängliche Quellen[404]. **Sanktionen** für einen Verstoß gegen die Rechenschaftspflicht kennt die Verfassung selbst nicht, wohl aber die Ausführungsgesetzgebung: Nach **119**

---

[396] Zur Zulässigkeit: BVerfGE 24, 300 (356); 85, 264 (321 f.); anders *Ipsen* (Fn. 88), Art. 21 Rn. 112; *Volkmann* (Fn. 92), Art. 21 Rn. 77; *Gusy* (Fn. 2), Art. 21 Rn. 105.
[397] Vgl. *Kunig* (Fn. 115), Art. 21 Rn. 67: »verfassungsgemäß, aber nicht unbedenklich«. Für die Verfassungskonformität dieser Grenze P. *Kunig*, HStR³ III, § 40 Rn. 13; Jarass/*Pieroth*, GG, Art. 21 Rn. 27; *Henke* (Fn. 118), Art. 21 Rn. 327. Eine Publizitätsgrenze in Höhe von 40.000 DM war verfassungswidrig: BVerfGE 85, 264 (323).
[398] BVerfGE 24, 300 (357); ebenso *Kunig* (Fn. 115), Art. 21 Rn. 65; Jarass/*Pieroth*, GG, Art. 21 Rn. 27.
[399] Befürwortend H. H. v. *Arnim*, ZRP 1982, 294 (297); *Gusy* (Fn. 2), Art. 21 Rn. 104; ablehnend *Kunig* (Fn. 115), Art. 21 Rn. 64.
[400] *Kunig* (Fn. 115), Art. 21 Rn. 61; Gründe für die Einbeziehung der Verwendung der Mittel bei H. H. v. *Arnim*, ZRP 1982, 294 (296 f.).
[401] Vgl. auch L. *Streitferdt*, Vorschläge zur Rechnungslegung der Parteien und Prüfung ihrer Rechenschaftsberichte aus betriebswirtschaftlicher Sicht, in: Bundespräsidialamt, Kommission (Fn. 119), S. 309 ff. (351 ff.).
[402] BVerfGE 85, 264 (290).
[403] *Kunig* (Fn. 115), Art. 21 Rn. 67.
[404] M. *Morlok*/S. *Lehmann*, NVwZ 2015, 470 (474 f.).

§§ 31b-d PartG werden Parteien, aber auch verantwortlich handelnde Einzelpersonen[405] bei mangelhafter Erfüllung der Rechenschaftspflicht mit Sanktionen belegt[406].

3. Öffentlichkeitsgebote an die Parteien nach außen wie nach innen

120 Neben dem Publizitätsgebot für die Parteifinanzen aus Art. 21 I 4 GG trägt auch das **allgemeine demokratische Öffentlichkeitsprinzip** (→ Art. 20 [Demokratie], Rn. 76 ff.) zum Status der Öffentlichkeit der Parteien bei. Es verlangt, dass die wesentlichen Zielvorstellungen, die wichtigsten organisatorischen und verfahrensmäßigen Determinanten des Parteigeschehens und auch die Zusammensetzung der Leitungsgremien veröffentlicht werden, damit der Bürger weiß, womit und mit wem er es in einer Partei zu tun hat. Dementsprechend statuiert § 6 III PartG[407], dass Programm und Satzung einer Partei ebenso wie die Namen der Vorstandsmitglieder dem Bundeswahlleiter mitzuteilen sind, wo sie eingesehen werden können und auch kostenlose Kopien dieser Unterlagen zu erhalten sind. Grundsätzlich sind insbesondere die wichtigsten programmatischen Veranstaltungen, die **Parteitage**, öffentlich zu gestalten, die Öffentlichkeit ist nur im Ausnahmefall ausschließbar. Wünschenswert, aber verfassungsrechtlich nicht geboten, ist die Publikation von Entscheidungen der Parteischiedsgerichte[408].

121 Als Element der »demokratischen Grundsätze« nach Art. 21 I 3 GG verlangt das Öffentlichkeitsgebot auch **innerparteilich** Transparenz des Parteigeschehens[409]. Die Entscheidungen der Parteimitglieder sollen in Kenntnis parteiinterner Vorgänge getroffen werden können. Auch die Kontrollierbarkeit der gewählten Organe und ihrer Mitglieder spielt eine wichtige Rolle. Die Ausgestaltung dieser internen Publizität ist den Parteistatuten überlassen, gesetzlich vorgegeben ist die Pflicht zu einem Tätigkeitsbericht nach § 9 V PartG und der öffentlichen Diskussion des Rechenschaftsberichts nach § 23 II 6 PartG auf dem folgenden Parteitag. Die Verhandlungen der Parteischiedsgerichte sind – insbesondere unter dem Kontrollaspekt – mitgliederöffentlich[410] in den gleichen Grenzen, in denen die Öffentlichkeit des gerichtlichen Verfahrens auch vor den staatlichen Gerichten besteht. Parteimitglieder haben wegen der Chancen-

---

[405] Zu den strafrechtlichen Aspekten *F. Saliger*, Parteiengesetz und Strafrecht, 2005.
[406] *J. Rübenkönig*, Die Rechenschaftspflicht der politischen Parteien nach Art. 21 Absatz 1 Satz 4 Grundgesetz, 2003, S. 224 ff. Ausführlich *Muthers*, Rechtsgrundlagen (Fn. 359), S. 194 ff.; *A. Krumbholz*, Finanzierung und Rechnungslegung der politischen Parteien und deren Umfeld, 2010, S. 336 ff., insb. 344 ff.; s. auch *K. Schadtle*, DÖV 2011, 848 ff.; *T. Koch*, DVBl. 2008, 601 ff.
[407] S. auch das Gebot, Wahlvorschlägen die schriftliche Satzung und das schriftliche Programm sowie den Nachweis über die satzungsgemäße Bestellung des Vorstandes beizufügen, in § 18 II 5 BWahlG.
[408] Weitergehend für ein Recht der Streitbeteiligten zur Veröffentlichung parteigerichtlicher Entscheidungen *T. Graf Kerssenbrock*, Der Rechtsschutz des Parteimitgliedes vor Parteischiedsgerichten, 1994, S. 145 ff. m. w. N.; ebenso *C. Hientzsch*, MIP 2010, 112 (113 ff.); zum Problem auch (ohne Annahme einer Rechtspflicht) *W. Henke*, NVwZ 1982, 84 f. – aus Anlass von CDU-Bundesparteigericht NVwZ 1982, 159 f. Eine Sammlung von Entscheidungen oberster Parteischiedsgerichte enthält die Datenbank des PRuF: http://www.pruf.de/sammlung-partei-schiedsgerichtsurteile.html.
[409] Vgl. auch *Volkmann* (Fn. 92), Art. 21 Rn. 75. Ausführlich *G. v. Daniels*, Das Recht auf Auskunft und Gehör in politischen Parteien, 2007.
[410] Ebenso *Heimann*, Schiedsgerichtsbarkeit (Fn. 212), S. 245; *Risse*, Parteiausschluß (Fn. 212), S. 209; *G. P. Strunck*, Parteiausschlußverfahren wegen innerparteilicher Opposition, Diss. jur. Köln 1974, S. 14 ff.; differenzierend *Grawert*, Parteiausschluß (Fn. 212), S. 137, 142 f.; weitergehend für die allgemeine Öffentlichkeit auf Antrag des Parteivorstandes oder des betroffenen Parteimitgliedes *Kerssenbrock*, Rechtsschutz (Fn. 408), S. 96 f.

gleichheit im innerparteilichen Wettbewerb (→ Rn. 137 f.) bei Vorliegen eines berechtigten Interesses einen Anspruch auf Einsicht in die oder Übermittlung der Mitgliederliste[411], etwa um unabhängig vom derzeitigen Vorstand eine Kandidatur zu betreiben. Das Recht auf informationelle Selbstbestimmung über die Tatsache der Parteimitgliedschaft tritt gegenüber Mitgliedern der gleichen Partei insoweit zurück[412]. Für die Transparenz in den Finanzen bedarf es nach § 6 II Nr. 12 PartG der satzungsmäßigen Bestimmungen für eine Finanzordnung.

Schließlich strahlt das Öffentlichkeitsgebot aus auf die Hauptbetätigungsfelder der Parteien im **staatlichen Bereich**. Die Parlamente sind mit Parteivertretern besetzt. In Materien, die die Parteien selbst angehen, also etwa finanzielle Leistungen an sie, kommt es zu sog. **Entscheidungen in eigener Sache**[413] – richtiger als »**Entscheidungen mit strukturellem Kontrolldefizit**«[414] bezeichnet. Auch in diesen Fällen bleibt das Parlament das berufene demokratische Entscheidungsorgan[415], freilich unterliegt es hierbei besonderen Vorkehrungen, die tatsächliche Öffentlichkeit sicherstellen sollen[416]. Hieran wird deutlich, dass der rechtliche Status der Parteien und ihrer Akteure nicht nur rein parteienrechtlich, also von Art. 21 GG, bestimmt wird, sondern auch von ihrer Einbezogenheit in den funktionellen Gesamtzusammenhang der parlamentarischen Demokratie. 122

V. Innerparteiliche Demokratie (Art. 21 I 3 GG)

1. Funktionale Notwendigkeit

Die innerparteiliche Demokratie ist die notwendige Konsequenz der Funktion der Parteien, die politische Mitwirkung der Bürger zu organisieren. Nur eine demokratische Ausgestaltung von Strukturen und Verfahren in den Parteien lässt den Bürgern effektive Mitbestimmungsmöglichkeiten zukommen. Von der Parteifunktion her betrachtet stellt die Verpflichtung der Parteien auf interne Demokratie keine Begrenzung ihrer Freiheit dar, vielmehr liegt darin eine **Gewährleistung der inneren Freiheit** der Parteien, »um auf diese Weise die Freiheit des politischen Prozesses an seiner Quelle zu sichern«[417]. Das Gebot des Art. 21 I 3 GG sichert die maßgebliche Bestimmungsmacht der Parteimitglieder. Sie entspricht der Volkssouveränität im staatlichen Bereich und ist für die politischen Parteien gleichermaßen fundamental (→ Rn. 24). 123

---

[411] Für das Einsichtsrecht von Vereinsmitgliedern in die Mitgliederliste BGH DStR 2011, 180 ff.; dazu V. *Römermann*, NZG 2011, 56 ff.; a. A. für Parteimitgliederlisten noch CDU-Bundesparteigericht NVwZ 1993, 1127 f.; für ein Einsichtsrecht in die Listen desjenigen Gebietsverbandes, in dem das Mitglied seine Rechte wahrnehmen will, *Klein* (Fn. 62), Art. 21 Rn. 330. Sofern ein berechtigtes Interesse besteht (Stichwort »fliegende Ortsverbände«), wird wohl auch ein Einsichtsrecht in die Mitgliederlisten anderer gebietlicher Gliederungen zu bejahen sein.
[412] Dazu ebenso W. *Steffani*, Merkur 1993, 586 ff.; ähnlich *Klein* (Fn. 62), Art. 21 Rn. 330; anders OLG Hamburg, Beschl. v. 20.1.1988, 14 W8/89.
[413] *H.H. v. Arnim*, Der Staat als Beute, 1993. → Art. 38 Rn. 156; → Art. 48 Rn. 34.
[414] Kritisch zum Begriff der Entscheidung in eigener Sache und entsprechenden Anknüpfungen: *Streit*, Entscheidung (Fn. 249), S. 179 ff.; *ders.*, MIP 2003, 60 ff.
[415] *Streit*, Entscheidung (Fn. 249), S. 74 ff.; a. A. *Henke* (Fn. 118), Art. 21 Rn. 321 f.: Begrenzung durch das Rechtsstaatsprinzip und Überantwortung solcher Entscheidungen an selbstständige Einrichtungen. → Art. 48 Rn. 35.
[416] Dazu *v. Arnim*, Staat (Fn. 253), S. 254 ff.; *ders.*, Beute (Fn. 413), S. 356 ff.; *Morlok*, Generation (Fn. 40); kritisch und differenzierend *Streit*, Entscheidung (Fn. 249), S. 179 ff., 186 ff.
[417] *Hesse*, Verfassungsrecht, Rn. 175.

Art. 21 I 3 GG ist gestaltendes Element der demokratischen Ordnung des Grundgesetzes[418]. Solange den Parteien eine wesentliche Rolle bei der politischen Willensbildung des Volkes zukommt, zählt auch die innerparteiliche Demokratie zum änderungsfesten Bestand des Demokratieprinzips des Art. 20 I, II GG[419]. Die rechtliche Absicherung innerparteilicher Demokratie ist geboten angesichts der bekannten Tendenzen zur innerparteilichen Oligarchisierung[420]. Auch wegen der Schwierigkeiten, neue Parteien zu gründen, muss der politische Wettbewerb zu einem guten Teil auch innerhalb der Parteien stattfinden können.

124 Die »**innere Ordnung**« umfasst den gesamten Bereich der innerparteilichen politischen Willensbildung[421] und die diesen regulierenden Organisationsstrukturen und Verfahrensbestimmungen; nicht erfasst ist der reine Geschäftsbetrieb, also die Verwaltungsdimension des Parteigeschehens.

2. Der Begriff »demokratische Grundsätze«

125 Der Inhalt der »demokratischen Grundsätze« nach Art. 21 I 3 GG ist trotz gemeinsamer Wurzeln **nicht identisch mit** demjenigen der **Demokratie im staatlichen Bereich** (→ Art. 20 [Demokratie], Rn. 60ff., 82ff.). Das Demokratieprinzip gewinnt in seiner Spezifizierung für den Binnenraum einer Freiwilligenorganisation mit Tendenzcharakter (→ Rn. 61) andere Gehalte als in Anwendung auf staatliche Herrschaft[422]. Eine Partei muss sich im Wettbewerb mit anderen Parteien bewähren, weshalb Handlungsfähigkeit, Durchsetzungsstärke und auch eine gewisse Geschlossenheit in der Darstellung nach außen unabdingbar sind. Eine Rechtfertigung für Modifikationen kann auch in einer Kompensationsfunktion innerparteilicher Partizipation gesehen werden: In überwiegend repräsentativ ausgestalteten staatlichen Strukturen gewinnen unmittelbare Formen der Mitwirkung in den Parteien eigenen Wert[423].

126 Das Verfassungsgebot der innerparteilichen Demokratie ist rechtstheoretisch betrachtet ein **Prinzip**[424], d.h. gestaltungs- und entwicklungsoffen. Die Parteien können im Genuss ihrer Freiheit die programmatische wie die organisatorische Dimension der innerparteilichen Demokratie in je eigener Weise ausformen[425]. Auch der Gesetzgeber kann das von der innerparteilichen Demokratie Geforderte anders konkretisieren als im Parteiengesetz geschehen[426].

---

[418] Vgl. *Klein* (Fn. 62), Art. 21 Rn. 331.
[419] In der Sache ähnlich P. *Kunig*, HStR³ III, § 40 Rn. 32. Zur Möglichkeit der Streichung von Art. 21 GG schlechthin: → Rn. 19.
[420] Klassisch *Michels*, Soziologie (Fn. 21); zum heutigen Forschungsstand E. *Wiesendahl*, Michels' ehernes Gesetz der Oligarchie, in: U. Münch/U. Kranenpohl/H. Gast (Hrsg.), Parteien und Demokratie, 2014, S. 17ff. (25ff.); S. *Bukow/T. Poguntke*, Innerparteiliche Organisation und Willensbildung, in: O. Niedermayer (Hrsg.), Handbuch Parteienforschung, 2013, S. 179ff. (184ff.); O. *Niedermayer*, Innerparteiliche Partizipation, 1989, S. 54ff.; S. *Ossege*, Das Parteienrechtsverhältnis, 2012, S. 28.
[421] *Jarass/Pieroth*, GG, Art. 21 Rn. 23; *Kunig* (Fn. 115), Art. 21 Rn. 53. Zur Einbeziehung der Fraktion S. *Kürschner*, DÖV 1995, 16 (19f.).
[422] So auch *Streinz* (Fn. 115), Art. 21 Rn. 150; Vgl. auch *Klein* (Fn. 62), Art. 21 Rn. 335; *Grimm* (Fn. 10), § 14 Rn. 39: »Zusammenspiel von Normziel und Sachstrukturen«.
[423] Vgl. *Tsatsos/Morlok*, Parteienrecht (Fn. 1), S. 36ff.; *Streinz* (Fn. 115), Art. 21 Rn. 150.
[424] Prinzip in dem Sinne, den R. *Alexy*, Theorie der Grundrechte, 1985, S. 71ff., entwickelt hat; s. auch *Streinz* (Fn. 115), Art. 21 Rn. 148; *Gusy* (Fn. 2), Art. 21 Rn. 67. Vgl. auch BVerfGE 107, 59 (91, Rn. 167f.). → Vorb. Rn. 79.
[425] In der Sache ebenso *Ipsen* (Fn. 88), Art. 21 Rn. 53ff. Vgl. H. *Trautmann*, Innerparteiliche Demokratie im Parteienstaat, 1975, S. 170ff.; *Morlok*, Struktur (Fn. 181), S. 91.
[426] So auch *Streinz* (Fn. 115), Art. 21 Rn. 153.

V. Innerparteiliche Demokratie (Art. 21 I 3 GG)   Art. 21

Angesichts der Spezifizierungsbedürftigkeit haben die »demokratischen Grundsätze« nur die Bedeutung von **Mindestgehalten**[427]. Die innerparteiliche **Willensbildung** verläuft **von unten nach oben**[428]. Die innerparteilichen Sach- und Personalentscheidungen müssen also von der Basis der Mitglieder legitimiert sein und von diesen kontrolliert werden können. Ein Aspekt dieser Kontrollunterworfenheit der Parteiführung findet seinen besonderen Ausdruck in Art. 21 I 4 GG, die Offenlegung der Finanzen dient auch zur Sicherung der innerparteilichen Demokratie[429]. Die basisorientierte Willensbildung verlangt weiter, dass die **Entscheidungspositionen** in der Partei wie auch die Kandidaturen für staatliche Ämter durch **Wahlen** besetzt werden, und zwar in regelmäßigen Abständen gemäß dem Grundsatz der »**Herrschaft auf Zeit**« (→ Art. 20 [Demokratie], Rn. 73). Bei Entscheidungen gilt das **Mehrheitsprinzip** und als dessen Funktionsvoraussetzung ein Schutz der Chance der Minderheiten, ihrerseits zu Mehrheiten werden zu können (→ Art. 20 [Demokratie], Rn. 67 ff.). Die innerparteiliche **Chancengleichheit** zählt zu den »demokratischen Grundsätzen«. Wesentlich ist das gleiche Stimmrecht aller Mitglieder. Schließlich ist eine **rechtliche Fixierung**[430] der Struktur, der Verfahrensweise und der Rechte der Mitglieder in einer **Satzung** geboten, so dass ihre Einhaltung kontrolliert werden kann. § 6 PartG hat dies positiviert.

127

3. Objektiv-rechtliche Bedeutung

Die objektiv-rechtliche Verpflichtung zur demokratischen Ausgestaltung des innerparteilichen Geschehens betrifft strukturelle und prozedurale Regeln. Strukturell muss es eine **Vielzahl von Zentren der Meinungsbildung und Entscheidungsfindung** innerhalb der Partei[431] geben, die unabhängig voneinander ihren Willen bilden können. Dies setzt auch die **organisatorische Untergliederung**[432] der Partei voraus[433]. Die Gliederung muss so tief reichen, dass die Mitglieder noch aussichtsreiche Möglichkeiten der Partizipation sehen[434]. Das schließt auch die relative Autonomie der nachgeordneten organisatorischen Ebenen ein, zwar nicht in Programmangelegenheiten, wohl aber in Personal- und Finanzfragen. Innerparteiliche **Verfahrensregelungen** müssen die Offenheit der Kommunikation zwischen den verschiedenen Zentren der Willensbildung gewährleisten und ebenso für die Offenheit und Chancengleichheit des politischen Wettbewerbs innerhalb der organisatorischen Einheiten sorgen. Insbesondere sind Minderheitenantragsrechte und Befassungspflichten zu statuieren und weitere Formalia wie Ladungsfristen zu fixieren. Die maßgeblichen Organe müssen kol-

128

---

[427] Ebenso *Ipsen* (Fn. 88), Art. 21 Rn. 55.
[428] BVerfGE 2, 1 (40). Kritisch hierzu *Gusy* (Fn. 2), Art. 21 Rn. 66: »viel zu eindimensional«; ähnlich *Volkmann* (Fn. 92), Art. 21 Rn. 67; s. auch *Klein* (Fn. 62), Art. 21 Rn. 337.
[429] BVerfGE 111, 54 (89 f., Rn. 187 ff.); *M. Morlok*, NJW 2000, 761 (762); *H.M. Heinig/T. Streit*, Jura 2000, 393 (393); *Volkmann* (Fn. 92), Art. 21 Rn. 76. → Rn. 112.
[430] Vgl. *M. Morlok*, RuP 2012, 65 ff.
[431] *Morlok*, Struktur (Fn. 181), S. 94; vgl. auch *Gusy* (Fn. 2), Art. 21 Rn. 69.
[432] *Kunig* (Fn. 115), Art. 21 Rn. 55; *Klein* (Fn. 62), Art. 21 Rn. 349; § 7 PartG nimmt dieses Postulat auf, dazu noch *Henke* (Fn. 118), Art. 21 Rn. 301 f.; *U. Heinz*, Organisation innerparteilicher Willensbildung, 1987, S. 26 ff. Der Einrichtung virtueller Parteigliederungen steht § 7 PartG entgegen, s. hierzu *D. Kraft*, MMR 2002, 733 ff.
[433] Von daher begegnen online-Mitgliederversammlungen größerer Verbände Bedenken.
[434] Vgl. § 7 PartG; hier wirkt sich auch die Bundesstaatlichkeit aus, vgl. *Hesse*, Verfassungsrecht, Rn. 227.

legal⁴³⁵ durch periodische Wahlen besetzt werden, eine **ex-officio-Mitgliedschaft** ist nur in engen Grenzen zulässig und auch nur dann, wenn das Ausgangsamt selbst durch Wahl besetzt wird⁴³⁶. Die wesentlichen Entscheidungen auf jeder organisatorischen Ebene sind der Mitgliederversammlung oder dem Parteitag vorbehalten⁴³⁷.

129 **Sanktionen** bei Verstoß gegen die innerparteiliche Demokratie treten entweder ex lege ein oder werden ausdrücklich verhängt. Satzungsbestimmungen, die gegen Art. 21 I 3 GG (oder gegen konkretisierende Bestimmungen des einfachen Gesetzes) verstoßen, sind nichtig⁴³⁸. Verfehlt die nach § 6 III PartG dem Bundeswahlleiter einzureichende Satzung den erforderlichen Mindestinhalt nach § 6 II PartG, sind die eingereichten Unterlagen zurückzuweisen⁴³⁹; kommt eine Partei ihrer Pflicht aus § 6 II PartG nicht nach, kann nach § 38 PartG ein Zwangsgeld verhängt werden. Ein Prüfungsrecht über die eingereichten Unterlagen steht dem Bundeswahlleiter darüber hinaus nicht zu⁴⁴⁰. Wurde bei der **Kandidatenaufstellung** für öffentliche Wahlen gegen die demokratischen Grundsätze⁴⁴¹ verstoßen, so haben die Wahlorgane dies zu rügen und bei nicht rechtzeitiger Behebung des Mangels den Wahlvorschlag zurückzuweisen, § 25 BWahlG. Wegen der entscheidenden Bedeutung des demokratischen Charakters aller Phasen einer Parlamentswahl, auch der innerparteilichen Kandidatenaufstellung, ist ein strenger Maßstab anzulegen⁴⁴². Probleme werfen in diesem Zusammenhang allerdings die wahlgesetzlichen Änderungen auf, die jedem stimmberechtigten Parteitagsdelegierten das Vorschlagsrecht bei der Kandidatenaufstellung und jedem Nominierten ein Vorstellungsrecht einräumen⁴⁴³. Eine die Funktionsfähigkeit großer Versammlungen sichernde Festlegung eines Antragsquorums ist nach dem eindeutigen Wortlaut der Normen damit ausgeschlossen⁴⁴⁴. Andererseits widerspricht es fundamentalen demokratischen Grundsätzen, den Willensbildungsprozess in größeren Gremien durch ausufernde Inanspruchnahme von Antragsrechten zu lähmen. Es muss daher zulässig sein, satzungsrechtlich die weitere Behandlung eines Vorschlags von einem Unterstützungsquorum abhängig zu machen⁴⁴⁵. Wird erst nach Durchführung der Parlamentswahlen ein Verstoß gegen das Gebot der demokratischen Bewerbernominierung festgestellt, so kann dies bei schweren Verstößen zur

---

⁴³⁵ Zur Abwehr des »Führerprinzips«, dazu BVerfGE 2, 1 (41 ff., 47); *G. Rabus*, AöR 78 (1952/53), 163 (165). S. § 11 I 2 PartG für den Vorstand.

⁴³⁶ S. für den Vorstand § 11 II PartG, weiter § 9 II PartG. Der Anteil der Positionen, die kraft (eines anderen) Amtes besetzt werden, darf 20% nicht übersteigen. Ausführlich dazu *O. Gehse*, Vorstandsmitglieder kraft Amtes in politischen Parteien, 2010.

⁴³⁷ Vgl. § 9 PartG.

⁴³⁸ Dies ist die allgemeine Rechtsfolge für verfassungswidrige Normen. Die verbreitete Heranziehung von § 134 BGB (so etwa *Kunig* [Fn. 115], Art. 21 Rn. 56) ist überflüssig und sachwidrig, vgl. *Henke* (Fn. 118), Art. 21 Rn. 260.

⁴³⁹ In einem solchen Fall VGH Kassel NJW 1989, 2706 (2706).

⁴⁴⁰ *Kunig* (Fn. 115), Art. 21 Rn. 58; *Henke* (Fn. 118), Art. 21 Rn. 259.

⁴⁴¹ S. die Konkretisierung hierfür in § 17 PartG, § 21 BWahlG und § 10 EuWG.

⁴⁴² BVerfGE 89, 243 (251 ff.); noch großzügiger *P. M. Huber*, DÖV 1991, 229 (234 ff.).

⁴⁴³ S. § 21 III 2 BWahlG und § 10 III EuWG.

⁴⁴⁴ So *Hahlen* (Fn. 114), § 21 Rn. 29.

⁴⁴⁵ So auch *J. Ipsen*, DVBl. 2004, 532 (534).

V. Innerparteiliche Demokratie (Art. 21 I 3 GG)   **Art. 21**

Ungültigkeit der Parlamentswahl führen[446]. Eine undemokratische Binnenordnung kann Indiz für eine verfassungswidrige Zielsetzung der Partei sein[447].

Ungeklärt ist, ob wegen Nichtbeachtung des Gebots zur innerparteilichen Demokratie auch **finanzielle Folgen** verhängt werden dürfen. Art. 21 I 3 GG ist nach Art. 20 III GG von den staatlichen Organen bei allen Handlungen zu beachten, auch bei der Parteienfinanzierung. Es ist unbefriedigend, dass eine Partei, die gegen das funktionsnotwendige Gebot innerparteilicher Demokratie verstößt, gleichwohl aus Steuermitteln unterstützt werden soll[448]. Die Sperrwirkung von Art. 21 II GG (→ Rn. 157 f.) greift hier nicht: Art. 21 II GG bezieht sich nur auf die Abwehr von Gefahren für die politische Ordnung in der Bundesrepublik insgesamt, nicht aber auf die Art der innerparteilichen Willensbildung. Art. 21 II GG steht damit Sanktionen zum Nachteil von Parteien, welche intern undemokratisch ausgestaltet sind, nicht im Wege[449]. Die Verweigerung von staatlichen Mitteln an eine Partei stellt eine wesentliche Beeinträchtigung der Wettbewerbschancen dar und steht deshalb unter dem Vorbehalt einer **gesetzlichen Regelung**, die Kriterien für einen Verstoß festlegt und das dabei anzuwendende Verfahren regelt[450].

130

Die (Partei-)Öffentlichkeit ermöglicht Kontrolle, **Rechtsschutz** lässt sie effektiv werden. Zur Sicherung innerparteilicher Demokratie verpflichtet Art. 21 I 3 GG die Parteien zu innerparteilicher Öffentlichkeit (→ Rn. 120 f.) und auch zur Einführung von innerparteilichen Rechtsschutzmöglichkeiten (Parteischiedsgerichte)[451].

131

4. Subjektiv-rechtliche Gehalte

Die individualrechtlichen Gehalte von Art. 21 I 3 GG werden vom **Mitgliedschaftsrecht** bestimmt[452], das als ein zivilrechtliches Rechtsverhältnis[453] durch die öffentlich-rechtlichen Vorgaben des Art. 21 GG und des PartG überformt wird. Parteibürger tragen im Prozess der innerparteilichen Willensbildung mit der Inanspruchnahme und Durchsetzung ihrer mitgliedschaftlich abgesicherten Handlungsmöglichkeiten zur Verwirklichung der innerparteilichen Demokratie bei. Die rechtswissenschaftliche Betrachtung hat diese Dimension der Individualrechte zu Unrecht bislang vernachlässigt. In den bei Parteischiedsgerichten und staatlichen Gerichten anhängig gemachten

132

---

[446] VerfG Hamburg DVBl. 1993, 1070 ff. m. Anm. *U. Karpen*, 1077 ff.; kritisch zur Ungültigkeitserklärung und für Ausschluss nur der Partei, die gegen die demokratische Kandidatenaufstellung verstoßen hat, *C. Arndt*, NVwZ 1993, 1066 ff. Für Schadensersatzansprüche gegen die betreffende Partei wegen der Kosten der Neuwahlen *C. Koenig*, DÖV 1994, 286 ff. → Art. 41 Rn. 17 ff.

[447] BVerfGE 2, 1 (14); s. auch *Klein* (Fn. 62), Art. 21 Rn. 358; *Gusy* (Fn. 2), Art. 21 Rn. 72. → Rn. 150.

[448] In diese Richtung wohl auch *H.M. Heinig/T. Streit*, Jura 2000, 393 (398); *T. Streit*, MIP, Sonderbeilage zu Heft 9 (1999), 17 (18 f.). Mit entsprechenden Reformüberlegungen *V. Epping*, Eine Alternative zum Parteiverbot, 2013; *M. Morlok/J. Krüper/S. Roßner*, Parteienfinanzierung im demokratischen Rechtsstaat, Gutachten im Auftrag der Friedrich-Ebert-Stiftung, 2009.

[449] *Morlok/Krüper/Roßner*, Parteienfinanzierung (Fn. 448), S. 31 ff.; a.A. *Klein* (Fn. 62), Art. 21 Rn. 359.

[450] Eine solche Regelung für unzulässig hält *Streinz* (Fn. 115), Art. 21 Rn. 175.

[451] § 14 PartG hat dies ausgeführt.

[452] Vgl. auch *Grimm* (Fn. 10), § 14 Rn. 40: »Partizipationsrecht des Bürgers«.

[453] *M. Lutter*, AcP 180 (1980), 84 ff.; *F.G. Bär*, Die Schranken der inneren Vereinsautonomie, 1996; *M. Habersack*, Die Mitgliedschaft – subjektives und sonstiges Recht, 1996; *S. Kohler*, Mitgliedschaftliche Regelungen in Vereinsordnungen, 1992.

Art. 21   C. Erläuterungen

Fällen ging es demgegenüber regelmäßig um konkrete Mitgliederrechte[454], weniger um Konzepte innerparteilicher Demokratie.

133   Diese Betonung der Mitgliedschaftsrechte befriedigt das Bedürfnis, das hinter den Versuchen stand, die Grundrechte für das Verhältnis zwischen Mitglied und Partei fruchtbar zu machen[455]. Trotz der verfassungsrechtlichen Vorgaben sind die **Parteien keine Träger öffentlicher Gewalt und somit auch keine Grundrechtsadressaten**[456], vielmehr selbst Grundrechtsträger (→ Rn. 54; → Art. 19 III Rn. 52). Der Notwendigkeit subjektiv-rechtlicher Absicherung der innerparteilichen Demokratie kann durch die Mitgliedschaftsrechte sehr viel besser, weil spezifischer, entsprochen werden als durch die für das Verhältnis des Bürgers zum Staat entworfenen Grundrechte[457]. Für die demokratischen Partizipationsrechte der Mitglieder obliegt dem Staat kraft der institutionellen Garantie (→ Rn. 50) eine **Gewährleistungspflicht**, die vom Gesetzgeber, gegebenenfalls aber auch von den staatlichen Gerichten zu erfüllen ist. Die Mitgliedschaftsrolle ist von Verfassungs wegen auszugestalten als ein »status activus processualis«[458], das Parteibinnenrecht ist, wenn man den Grundrechtsanklang möchte, »grundrechtsförderndes Organisationsrecht«[459].

134   Mit den innerparteilichen Handlungsfreiheiten der Mitglieder können freilich die **gleichrangigen Rechte der Partei** als Organisation[460] und **der anderen Mitglieder auf tendenzreine** (→ Rn. 61) und auch im Wettbewerb mit anderen **effektive Parteibetätigung** kollidieren. Eine Partei darf auch gegenüber ihren Mitgliedern ihr spezifisches Gepräge verteidigen und den Notwendigkeiten der öffentlichen Selbstdarstellung und des schlagkräftigen Handelns Rechnung zollen. Zwischen den Rechten der Mitglieder und im Einzelfall entgegenstehenden geschützten Parteiinteressen ist praktische Konkordanz herzustellen.

5. Einzelne Mitgliedschaftsrechte

135   Das Mitgliedschaftsrecht bestimmt in seinen Facetten wesentlich Form und Ausmaß der innerparteilichen Demokratie. Die Mitgliedschaft in einer – bestehenden – Partei ist fast unabdingbare Voraussetzung für folgenreiche politische Mitwirkung des Bürgers. Unter den bestehenden Parteien gibt es regelmäßig nur eine oder zwei, die für einen Bürger wegen ihrer grundsätzlichen Übereinstimmung mit seinen eigenen Überzeugungen in Betracht kommen. Das Recht auf parteipolitische Betätigung kann damit bei realistischer Betrachtung nur wahrgenommen werden, wenn es auch ein

---

[454] BVerfGE 89, 243 (259 f.); Bundesparteigericht CDU NVwZ 1993, 1126; VerfG Hamburg DVBl. 1993, 1070 (1072); KG DVBl. 2014, 259 ff. m. Anm. *H.-P. Bull*, DVBl. 2014, 262 ff.; dazu weiter *S. Jürgensen*, MIP 2015, 13 ff.

[455] Versuche, Grundrechte fruchtbar zu machen, bei *R. Wolfrum*, Die innerparteiliche demokratische Ordnung nach dem Parteiengesetz, 1974, S. 134 ff.

[456] Ebenso *Henke* (Fn. 118), Art. 21 Rn. 268; *Ipsen* (Fn. 88), Art. 21 Rn. 75 ff.; *Klein* (Fn. 62), Art. 21 Rn. 368; *Gusy* (Fn. 2), Art. 21 Rn. 73. Für eine unmittelbare Geltung, jedenfalls der demokratieerheblichen Grundrechte, im Verhältnis der Mitglieder zu ihrer Partei Jarass/*Pieroth*, GG, Art. 21 Rn. 25; *Kunig* (Fn. 115), Art. 21 Rn. 56; s. auch *G. König*, Die Verfassungsbindung der politischen Parteien, 1993, S. 26 ff.

[457] So auch *Streinz* (Fn. 115), Art. 21 Rn. 162.

[458] Im Sinne von *P. Häberle*, Grundrechte im Leistungsstaat, VVDStRL 30 (1972), S. 43 ff. (81 ff.); *Trautmann*, Demokratie (Fn. 425), S. 146 ff.

[459] Der Ausdruck von *Häberle*, Grundrechte (Fn. 458), S. 51 f., wird auf Art. 21 I 3 GG übertragen von *G. P. Strunk*, JZ 1978, 87 ff., und *Grimm* (Fn. 10), § 14 Rn. 41.

[460] Zu diesem Aspekt *M. Morlok*, Parteienrecht ist Organisationsrecht, in: FS Bryde, 2013, S. 231 ff.

V. Innerparteiliche Demokratie (Art. 21 I 3 GG)

Recht auf Beitritt in eine politische Partei gibt[461]. Entgegen der Rechtsprechung und Teilen der Literatur[462] ist ein solches Recht in Gestalt eines prima-facie-Rechtes auf Beitritt zu einer gewünschten Partei anzuerkennen[463]. Nur wenn gute Gründe gegen die Aufnahme eines bestimmten Antragstellers sprechen, darf die Partei dessen Aufnahmebegehren abschlägig bescheiden, so zur Erhaltung der Tendenzreinheit der Partei und zum Schutze ihrer organisatorischen Integrität und ihrer Wettbewerbsfähigkeit[464]. Aufnahmekandidaten dürfen einer mündlichen oder schriftlichen Befragung unterworfen werden. Die Zurückweisung eines Aufnahmeantrags ist zu begründen, § 10 I 2 PartG ist soweit verfassungswidrig[465]. Weil die Parteien miteinander in einem (Null-Summen-)Wettbewerb stehen, bildet die Zugehörigkeit zu einer anderen Partei einen Grund der Verweigerung der Mitgliedschaft. Das **Recht auf** sofortigen **Austritt** ist ebenfalls gewährleistet (§ 10 II 3 PartG; → Rn. 52, 60).

Angesichts der kritischen Bedeutung einer Parteimitgliedschaft für die Möglichkeiten politischer Einflussnahme gibt es ein grundsätzliches **Recht auf Verbleib** in einer Partei. Gegenüber dem Zugangsrecht ist der Schutz der bereits erworbenen Mitgliederrolle verstärkt; einmal, weil sich daran schutzwürdige Kontinuitätserwartungen knüpfen, zum anderen und vor allem, weil der innerparteiliche demokratische Prozess durch den Erhalt der Konfliktpartner in der innerparteilichen Kommunikation geschützt werden muss. **Ausschlussgründe** ergeben sich äquivalent zur Verweigerung eines Aufnahmebegehrens aus dem Recht der Partei, ihre relative Überzeugungshomogenität (Tendenzreinheit), ihre organisatorische Integrität und ihre Wettbewerbsfähigkeit zu schützen. Erhebliche programmatische Divergenzen, der Verstoß gegen Mitgliedschaftspflichten – so die Mitgliedschaft in oder die Kandidatur für eine andere Partei – und ein die Wettbewerbschancen der Parteien in der öffentlichen Darstellung beeinträchtigendes Verhalten[466] können demgemäß nach Abwägung mit dem Interesse des Mitgliedes am Verbleib im Einzelfall einen Ausschluss rechtfertigen. § 10 IV PartG hat ein solches Abwägungsprogramm formuliert[467]. Eine Partei darf ihre

136

---

[461] Zur Interessensituation *Morlok*, Anspruch (Fn. 177), S. 235 ff.
[462] BGHZ 101, 193 (200); *U. Stoklossa*, Der Zugang zu den politischen Parteien im Spannungsfeld zwischen Vereinsautonomie und Parteienstaat, 1989; *Henke* (Fn. 118), Art. 21 Rn. 272; *Ipsen* (Fn. 88), Art. 21 Rn. 83 ff.; *Roellecke* (Fn. 177), Art. 21 Rn. 69; *Streinz* (Fn. 115), Art. 21 Rn. 163; *Klein* (Fn. 62), Art. 21 Rn. 368 ff.; *C. Hillgruber*, HGR V, § 118 Rn. 37.
[463] Ausführlich *Morlok*, Anspruch (Fn. 177). Für ein grundsätzliches Recht auf Aufnahme u.a. *F. Knöpfle*, Der Staat 9 (1970), 321 ff.; *S. Magiera*, DÖV 1973, 761 ff.; *P. Maly-Motta*, Die Sicherung eines freien Zugangs zu den politischen Parteien (»Parteibürgerrecht«), 1972; *Wolfrum*, Ordnung (Fn. 455), S. 156 ff.; *Trautmann*, Demokratie (Fn. 425), S. 193 ff.; *Grimm* (Fn. 10), § 14 Rn. 41; *Gusy* (Fn. 2), Art. 21 Rn. 75; Jarass/Pieroth, GG, Art. 21 Rn. 25; beachte auch die Wertung in BVerfGE 2, 1 (42, 69).
[464] S. im Einzelnen die Darstellung bei *Morlok*, Anspruch (Fn. 177), S. 264 ff.
[465] *Gusy* (Fn. 2), Art. 21 Rn. 75; *Wolfrum*, Ordnung (Fn. 455), S. 165; *H. Stubbe-da Luz/M. E. Wegner*, ZParl. 24 (1993), 189 (194); a. A. *Roellecke* (Fn. 177), Art. 21 Rn. 69; *Stoklossa*, Zugang (Fn. 462), S. 113, s. aber S. 124 ff.; BGHZ 101, 193 (200).
[466] Behandelt wird dies unter den Stichworten »schwerer« bzw. »nicht unerheblicher Schaden«: vgl. Bundesparteigericht CDU NVwZ-RR 1999, 153 ff.; Bundesparteigericht CDU v. 12.2.1993, BPG 1/92 (R); Bundesschiedskommission SPD v. 4.4.1997, 4/1996/P; Bundesschiedskommission SPD v. 4.3.1975, 23/1974/P.
[467] Zu Einzelheiten *S. Roßner*, Parteiausschluss (Fn. 212), S. 141 ff.; *ders.*, ZG 23 (2008), 335 (342 ff.); *Grawert*, Parteiausschluß (Fn. 212), S. 86; *Risse*, Parteiausschluß (Fn. 212), S. 72 ff.; *K.-H. Hasenritter*, Parteienordnungsverfahren und innerparteiliche Demokratie, 1981.

Interessensituation pauschal in Gestalt von **Unvereinbarkeitsbeschlüssen**[468] festlegen; sie sind gerechtfertigt, wenn sie von Gründen getragen werden, die einem individuellen Aufnahmegesuch entgegengestellt werden können[469]. Auch durch die **prozedurale Ausgestaltung** der Entscheidung über einen Ausschluss ist die Mitgliedschaft zu sichern, was durch §§ 10 V, 14 PartG gewährleistet ist[470].

137 Die subjektiv-rechtliche Seite der innerparteilichen Demokratie umfasst verschiedene **Partizipationsrechte**. Dazu zählen Antragsrechte[471], Wahlvorschlagsrechte[472], das Recht zur Kandidatur, Rederechte und Informationsrechte; auch Elemente des innerparteilichen Öffentlichkeitsgebots (→ Rn. 120 f.) wirken sich hier aus. Die innerparteiliche Partizipation ist durchgängig getragen vom **Recht auf Chancengleichheit** (→ Rn. 81), also von einer fairen Gestaltung des Willensbildungsverfahrens, die allen Konkurrenten von Rechts wegen gleiche Chancen einräumt. Das erfordert die formale Gleichheit des Stimmrechts (§ 10 II 1 PartG), eine angemessene Redezeit für Wahlbewerber[473] und eine Begrenzung des Anteils an ex-officio-Vertretern in Entscheidungsgremien (→ Rn. 128). Daraus ergeben sich auch Beschränkungen für die Beteiligung von Nichtmitgliedern[474]. Auch die Zusammensetzung der Vertreterversammlungen muss die repräsentierten Parteimitglieder an der Basis grundsätzlich gleich berücksichtigen. Der (externe) Grund, bislang mitgliederschwache Gebiete zu fördern, darf sich nur begrenzt auswirken. Die 50 %-Grenze in § 13 S. 3 PartG ist in ihrer Höhe bedenklich[475]. Die innerparteilichen Mitwirkungsrechte sind wie das Wahlrecht (→ Art. 38 Rn. 80) **nur höchstpersönlich** ausübbar, eine Übertragung des Stimmrechts auf andere ist nicht zulässig[476]. Die im Rahmen von »liquid democracy« praktizierte Stimmrechtsübertragung ist innerparteilich unzulässig.

138 Eine realistische Betrachtung der innerparteilichen Demokratie zeigt, dass diese als innerparteilicher **Gruppenwettbewerb** funktioniert[477]. Rechtliche Gewährleistungen müssen deswegen nicht nur die Handlungsmöglichkeiten von Individuen sichern, sondern auch die »Zwischenebene«[478] interner Gruppierungen als wesentliche Träger des

---

[468] Vgl. BVerfG (K), NJW 2002, 2227 (2227 f.). S. auch *G. Stricker*, MIP 1997, 86 ff.; *M. H. Müller*, MIP 1997, 90 ff.

[469] So auch *Gusy* (Fn. 2), Art. 21 Rn. 75. → Rn. 135.

[470] Dazu *Grawert*, Parteiausschluß (Fn. 212), S. 127 ff. m. w. N. zu Fragen des Rechtsschutzes; *Roßner*, Parteiausschluss (Fn. 212), S. 177 ff. → Rn. 141.

[471] Vgl. § 15 III PartG.

[472] Zur verfassungswidrigen Beschränkung: VerfG Hamburg DVBl. 1993, 1070 (1072). → Rn. 128.

[473] S. § 21 III BWahlG und § 10 III EuWG. Dazu auch im Vorfeld dieser wahlgesetzlichen Änderungen BVerfGE 89, 243 (259 f.).

[474] *A. Bäcker*, RuP 2011, 151 (155 ff.).

[475] Dazu *B. Martenczuk*, MIP 1992, 48 (53 ff.) m. w. N.

[476] Diese Regel des allgemeinen Vereinsrechts (§ 38 BGB) ist zur Sicherung der Chancengleichheit der Mitglieder im Parteienrecht entgegen § 40 BGB nicht abdingbar. *Henke* (Fn. 118), Art. 21 Rn. 269; *Seifert*, Parteien (Fn. 107), S. 262, für eine Stimmabgabe durch Bevollmächtigte, wenn es die Satzung erlaubt, unter Verweis auf §§ 38, 40 BGB.

[477] Dazu für Verbände schlechthin *G. Teubner*, Organisationsdemokratie und Verbandsverfassung, 1978, insb. S. 91 ff., 197 ff.; klassisch *M. Lipset/M. Trow/J. Coleman*, Union Democracy, Taschenbuchausgabe 1962, insb. S. 15 f., 77 ff., 306 ff. und passim; für die Parteien *J. Hartmann*, Parteienforschung, 1979, S. 40 ff.; aus der parteirechtlichen Literatur *Preuß* (Fn. 182), Art. 21 Abs. 1, 3 Rn. 65: »Gruppenwettbewerb«; s. weiter *Gusy* (Fn. 2), Art. 21 Rn. 69; *J. Raschke*, Organisierter Konflikt in westeuropäischen Parteien, 1977; als Beispiel die Analyse von *D. Preuße*, Gruppenbildung und innerparteiliche Demokratie, 1981.

[478] Dazu *Teubner*, Organisationsdemokratie (Fn. 477), insb. S. 116, 197 ff.

V. Innerparteiliche Demokratie (Art. 21 I 3 GG)   Art. 21

politischen Prozesses berücksichtigen. Damit ist ein Recht auf **innerparteiliche Opposition** anzuerkennen[479].

Bei der Ausgestaltung des **innerparteilichen Wahlsystems** gelten die Wahlrechtsgrundsätze wie sie in Art. 38 I 1 GG[480] und Art. 28 I 2 GG statuiert sind. Das Wahlsystem muss Minderheiten eine Chance bieten, repräsentiert zu werden[481]. Ein strenges Blockwahlsystem, bei dem die Wähler für so viele Bewerber stimmen müssen, wie Ämter zu besetzen sind, ist verfassungswidrig, weil es Minderheiten zwingt, Kandidaten zu wählen, die sie nicht tragen und kleinere Gruppierungen daran hindert, aussichtsreich zu kandidieren[482]. **Quotenregelungen**, die zu einer stärkeren Repräsentation bestimmter Mitgliedergruppen, etwa Frauen, führen sollen, sind grundsätzlich als Inanspruchnahme der Parteienfreiheit zulässig: Eine Partei darf auch bei der Ausgestaltung ihres Innengeschehens Partei ergreifen; sie muss aber dem wahlrechtlichen Gleichheitssatz als Element innerparteilicher Demokratie gerecht werden. Welche Gestaltung eines »quotierten« Wahlrechts rechtmäßig ist, ist in den Einzelheiten umstritten[483]. **Urabstimmungen** sind ein zulässiges Instrument der innerparteilichen Entscheidungsfindung, bedürfen allerdings näherer Regelung in den Parteistatuten, um Gefährdungen eines chancengleichen Willensbildungsprozesses zu steuern[484]. Mitgliederbefragungen ohne Verankerung in der Satzung sind wegen der damit verbundenen Manipulationsgefahr[485] unzulässig.

139

Einladung zu und Durchführung von **Versammlungen** der Parteimitglieder oder gewählter Vertreter müssen zum Schutz einer demokratischen, chancengleichen Willensbildung die vereinsüblichen Regularien bei Einberufung und Durchführung beachten (vgl. § 6 II Nr. 9 PartG) – bei Strafe der Unwirksamkeit eines gefassten Beschlusses[486].

140

---

[479] Dazu *D. T. Tsatsos*, Ein Recht auf innerparteiliche Opposition?, in: FS Mosler, 1983, S. 997 ff.; *Kunig* (Fn. 115), Art. 21 Rn. 56; krit. *P. Kunig*, HStR³ III, § 40 Rn. 121; ebenfalls *Gusy* (Fn. 2), Art. 21 Rn. 76. Zum Spannungsverhältnis zwischen innerparteilicher Opposition und Tendenzreinheit s. *Streinz* (Fn. 115), Art. 21 Rn. 167; ebenfalls differenzierend *Volkmann* (Fn. 92), Art. 21 Rn. 66.
[480] *Jarass/Pieroth*, GG, Art. 21 Rn. 24; s. auch BVerfGE 89, 243 (251); VerfG Hamburg DVBl. 1993, 1070 (1071); BGHZ 106, 67 (74).
[481] *Streinz* (Fn. 115), Art. 21 Rn. 167.
[482] Wie hier *Streinz* (Fn. 115), Art. 21 Rn. 168; BGH NJW 1974, 183 (184), hält ein Blockwahlsystem für zulässig, bei dem eine Gruppierung zum Erfolg kommt, wenn sie sich auf 10 % der Stimmberechtigten stützen kann. Bedenken hiergegen äußert *Volkmann* (Fn. 92), Art. 21 Rn. 67. Zum Problem weiter BGHZ 106, 67 (72); *J. Seifert*, KritJ 2 (1969), 284 ff.; *K.-H. Seifert*, DÖV 1972, 334 ff.; *D. Hahn*, NJW 1974, 848 f.; *J. Link*, DÖV 1974, 276 f.; *R. Naujoks*, DVBl. 1975, 244 ff.; *H. Sodan*, DÖV 1988, 828 ff.
[483] Für die Zulässigkeit von Geschlechterquoten *K. Lange*, NJW 1988, 1174 ff.; *J. Oebbecke*, JZ 1988, 176 ff.; *I. Ebsen*, Verbindliche Quotenregelungen für Frauen und Männer in Parteistatuten, 1988; ablehnend *E. V. Heyen*, DÖV 1989, 649 ff.; *König*, Verfassungsbindung (Fn. 456), S. 77 ff., 82; vermittelnd wie hier *Gusy* (Fn. 2), Art. 21 Rn. 70; *U. Maidowski*, Umgekehrte Diskriminierung, 1989, S. 108 ff., 184 ff., 203 ff.; *Degenhart*, Staatsrecht I, Rn. 75. → Art. 3 Rn. 98 ff.
[484] Entgegen § 6 II Nr. 11 PartG enthalten nur die Satzungen von SPD (§§ 36 ff. Organisationsstatut), Bündnis 90/Die Grünen (§ 21 Satzung), CSU (§ 60 Satzung) und PDS (XI. II Statut) solche Bestimmungen. Zu Problemen bei Urabstimmungen und Mitgliederbefragungen *M. Morlok/T. Streit*, ZRP 1996, 447 ff.; *S. Schieren*, ZParl. 27 (1996), 214 ff.; *B. Becker*, ZParl. 27 (1996), 712 ff.; *S. Schieren*, ZParl. 28 (1997), 173 ff.
[485] *M. Morlok*, RuP 2012, 65 (69 f.).
[486] Ein Fehlerfolgenrecht ist weder für die politischen Parteien noch für die Vereine im Allgemeinen ausgearbeitet. Die Diskussion bewegt sich zwischen der Nichtigkeit und der bloßen Anfechtbarkeit fehlerhaft zustande gekommener Beschlüsse; zum Diskussionsstand m. w. N. *B. Reichert*, Handbuch des Vereins- und Verbandsrechts, 12. Aufl. 2009, Rn. 1972 ff.; *U. Noack*, Fehlerhafte Beschlüsse in Gesellschaften und Vereinen, 1989, S. 157 ff.; *T. Berg*, Schwebend unwirksame Beschlüsse privat-

Ein **imperatives Mandat** der Parteitagsdelegierten ist in Ausgestaltung des Prinzips der innerparteilichen Demokratie zulässig[487], freilich nicht geboten[488].

6. Schutz und Durchsetzung demokratischer Mitgliedschaftsrechte

141 Schutz und Durchsetzung der Mitgliederrechte sind ein rechtsstaatliches Gebot, aber auch ein Erfordernis zur Sicherung der innerparteilichen Demokratie. Hinzu tritt ein Interesse an der Schlichtung innerparteilicher Streitigkeiten[489]. Von Verfassungs wegen besteht ein Auftrag, Organe zu schaffen und ihnen Verfahrensordnungen zuzuordnen, die diesen Zielen gerecht werden. Der Gesetzgeber hat dazu **Parteischiedsgerichte**[490] vorgesehen[491]. Diese sind insofern bemerkenswert, als ihnen – privaten Einrichtungen – die Wahrung des verfassungsrechtlichen Gebotes aus Art. 21 I 3 GG in die Hände gelegt wird. Der Verzicht auf (primäre) staatliche Kontrolle ist von der Freiheit der Parteien (→ Rn. 49 ff.) geboten. Für die Erfüllung ihrer Aufgabe sind besonders hervorzuheben die gebotene Unabhängigkeit der Mitglieder des Schiedsgerichts (§ 14 II PartG) und die Vorgaben für ein gerechtes Verfahren (§ 14 IV PartG). Ob die Schiedsgerichte der Parteien Schiedsgerichte im Sinne der §§ 1025 ff. ZPO darstellen, ist umstritten[492]. Gegen diese Qualität spricht die über die Verfolgung von Individualinteressen hinausgehende Erfüllung des Verfassungsauftrages aus Art. 21 I 3, III GG[493]. Schiedsgerichtsverfahren sind Teil der innerparteilichen Aktivitäten und dürfen daher Tendenzcharakter tragen; deswegen ist es grundsätzlich zulässig, nur Rechtsanwälte, die auch Parteimitglied sind, als Beistand zuzulassen[494]. Mit dem Status der Öffentlichkeit sind die Verfahren regelmäßig mindestens parteiöffentlich[495].

142 Der Schutz der Mitgliederrechte und damit der innerparteilichen Demokratie sowie die allgemeine Rechtsgewährpflicht (→ Art. 20 [Rechtsstaat], Rn. 211 f.) gebieten auch

---

rechtlicher Verbände, 1994, S. 43 ff.; *W. Hadding*, in: Soergel, BGB, § 32 Rn. 35 ff.; *G. Weick*, in: Staudinger, BGB, § 32 (2005), Rn. 23 ff. Für eine analoge Anwendung der §§ 241 ff. AktG *K. Schmidt*, AG 1977, 243 (249).

[487] *Trautmann*, Demokratie (Fn. 425), S. 250 f. – auch zur Interpretation von § 15 III 3 PartG ebd., S. 251 f.; Jarass/*Pieroth*, GG, Art. 21 Rn. 24; anders *Henke* (Fn. 118), Art. 21 Rn. 284. Zur Folgenlosigkeit weisungswidriger Stimmabgabe s. *Streinz* (Fn. 115), Art. 21 Rn. 169.

[488] *Seifert*, Parteien (Fn. 107), S. 237, 262.

[489] Dazu *Trautmann*, Demokratie (Fn. 425), S. 286 ff.

[490] Dazu *Heimann*, Schiedsgerichtsbarkeit (Fn. 212); *N. Zimmermann*, Rechtsstaatsprinzip und Parteigerichtsbarkeit, 1979; *H. Schlicht*, Die Schiedsgerichtsbarkeit der politischen Parteien, Diss. jur. Augsburg 1974; *Kerssenbrock*, Rechtsschutz (Fn. 408); *D. Kressel*, Parteigerichtsbarkeit und Staatsgerichtsbarkeit, 1998. Instruktiv zum Rechtstatsächlichen *M. Büdding*, Parteischiedsgerichtsbarkeit auf Bundes- und Landesparteiebene, 2003.

[491] S. § 14 PartG, beachte auch für den Parteiausschluss § 10 V PartG.

[492] Ein Überblick über die Diskussion bei *Kerssenbrock*, Rechtsschutz (Fn. 408), S. 45 ff. Im Ergebnis bejahend die überwiegende Meinung: OLG Oldenburg DVBl. 1967, 941 f., m. Anm. *W. Henke*, ebd., 942 ff.; *Heimann*, Schiedsgerichtsbarkeit (Fn. 212), S. 122 f.; *Grawert*, Parteiausschluß (Fn. 212), S. 151 ff.; OLG Köln NVwZ 1991, 1116 f., für die Schiedsgerichte der CDU; verneinend *M. Vollkommer*, Sind die »Schiedsgerichte« der politischen Parteien nach dem Parteiengesetz echte Schiedsgerichte im Sinne der Zivilprozeßordnung?, in: FS Nagel, 1987, S. 474 ff. (487 ff.).

[493] *Grawert*, Parteiausschluß (Fn. 212), S. 155; *Streinz* (Fn. 115), Art. 21 Rn. 160.

[494] *M. Morlok*, NJW 1991, 1162 (1163); *Streinz* (Fn. 115), Art. 21 Rn. 160; Jarass/*Pieroth*, GG, Art. 21 Rn. 25a; anders *Kerssenbrock*, Rechtsschutz (Fn. 408), S. 108 f.; LG Bonn NVwZ 1991, 1118; offen gelassen bei OLG Köln NVwZ 1991, 1116 (1117).

[495] Für Differenzierungen zwischen verschiedenen Verfahrensarten: *Zimmermann*, Rechtsstaatsprinzip (Fn. 490), S. 107 ff.; *Heimann*, Schiedsgerichtsbarkeit (Fn. 212), S. 242 ff.; für allgemeine Öffentlichkeit auf Antrag des betroffenen Mitgliedes *Kerssenbrock*, Rechtsschutz (Fn. 408), S. 96 f.

die Anrufbarkeit der staatlichen Gerichte. Die Parteifreiheit gegenüber dem Staat steht einer **gerichtlichen Kontrolle** nicht entgegen[496], sofern die **Kontrollintensität differenziert** wird[497] und zuvor zum Schutze der Parteiautonomie der parteiinterne Rechtsweg erschöpft wurde[498]. Uneingeschränkt nachprüfbar ist die Tatsachenbasis der Parteientscheidungen, ebenso die Einhaltung der einschlägigen Verfahrensvorschriften. Die Anwendung des materiellen Satzungs- und staatlichen Rechts unterliegt bei Tendenzentscheidungen im Autonomiebereich nur einer im Einzelnen zu differenzierenden Plausibilitäts-, d. h. Willkürkontrolle[499].

VI. Parteiverbot (Art. 21 II GG)

1. Rechtfertigung und Gefahren

Das Verbot verfassungswidriger Parteien stellt eine verfassungsunmittelbare **Schranke der Parteienfreiheit** dar[500]. Art. 21 II 1 GG ist lex specialis zu Art. 9 II GG[501]. Dementsprechend gelten auch nicht die Verbotsbestimmungen des VereinsG, sondern §§ 43 ff. BVerfGG i. V. m. §§ 32 f. PartG. 143

Die **Rechtfertigung** dieser Einschränkung der Parteienfreiheit wird plakativ mit dem Begriff »**wehrhafte Demokratie**«[502] umschrieben. Der Grundgedanke dieser Form des Verfassungsschutzes ist einfach: Wenn das Grundgesetz eine freiheitliche Ordnung auf Dauer etablieren will, darf es nicht auch die Freiheit gewährleisten, die 144

---

[496] Zur Gebotenheit gerichtlichen Rechtsschutzes für die Mitgliedschaftsrechte *Roßner*, Parteiausschluss (Fn. 212), S. 188; *D. Kressel*, Parteigerichtsbarkeit (Fn. 490), S. 22 ff.; anders für Ausschlussentscheidungen *H. Schiedermair*, AöR 104 (1979), 200 ff.

[497] *Roßner*, Parteiausschluss (Fn. 212), S. 187 ff.; *Grawert*, Parteiausschluß (Fn. 212), S. 157 ff.; für eine Beschränkung der richterlichen Prüfung *Henke* (Fn. 118), Art. 21 Rn. 312; *Volkmann* (Fn. 92), Art. 21 Rn. 73. → Rn. 61.

[498] *Heimann*, Schiedsgerichtsbarkeit (Fn. 212), S. 280 m. w. N.; *Gusy* (Fn. 2), Art. 21 Rn. 79; *Zimmermann*, Rechtsstaatsprinzip (Fn. 490), S. 154; *Vollkommer*, Schiedsgerichte (Fn. 492), S. 488; *Büdding*, Parteischiedsgerichtsbarkeit (Fn. 490), S. 273 f.

[499] Wie hier *Roßner*, Parteiausschluss (Fn. 212), S. 187 ff., mit Analyse der einzelnen Gesichtspunkte einer differenzierten Kontrolle von Parteiordnungsmaßnahmen durch staatliche Gerichte. Weiterhin *Streinz* (Fn. 115), Art. 21 Rn. 161; s. auch *Klein* (Fn. 62), Art. 21 Rn. 362; insofern problematisch KG Berlin DVBl. 2014, 259 ff.; zu Recht kritisch *H.-P. Bull*, DVBl. 2014, 262 ff.; *S. Jürgensen*, MIP 2015, 13 ff.

[500] *Klein* (Fn. 62), Art. 21 Rn. 512. Siehe zum Ganzen *M. Thiel*, Das Verbot verfassungswidriger Parteien (Art. 21 Abs. 2 GG), in: ders. (Hrsg.), Wehrhafte Demokratie, 2003, S. 173 ff.

[501] BVerfGE 2, 1 (13); 12, 296 (304); 13, 174 (177); 17, 155 (166).

[502] Der Begriff geht zurück auf *K. Loewenstein*, Militant Democracy and Fundamental Rights, in: American Political Science Review 31 (1937), 417 ff.; 638 ff.; dazu *M. Stoffregen*, ZRph 2004, 116 ff. Er stellt eine plakative Wertentscheidung dar, die wenig Anleitungsgehalt hat. Vgl. auch *Grimm* (Fn. 10), § 14 Rn. 34, aber mit vorsichtiger Distanzierung; *Maunz/Zippelius*, Staatsrecht, § 12 II 10; *J. Becker*, HStR VII, § 167; *M. Thiel*, Die »wehrhafte Demokratie« als verfassungsrechtliche Grundentscheidung, in: ders., Demokratie (Fn. 500), S. 1 ff.; *K. Groh*, Reanimation der »wehrhaften« Demokratie?, in: C. Leggewie/H. Meier (Hrsg.), Verbot der NPD oder Mit Rechtsradikalen leben?, 2002, S. 89 ff.; *R. Dreier*, Verfassung und »streitbare« Ideologie, ebd., S. 81 ff.; mit im Wesentlichen gleicher Bedeutung werden auch andere Begriffe verwandt, insbesondere *streitbare Demokratie*, s. dazu BVerfGE 5, 85 (139); *Hesse*, Verfassungsrecht, Rn. 714 f.; für ein eigenständiges Verfassungsprinzip *A. Sattler*, Die rechtliche Bedeutung und die Entscheidung für die streitbare Demokratie, 1982, S. 31 ff., 61; *G. P. Boventer*, Grenzen politischer Freiheit im demokratischen Staat, 1985; *abwehrbereite Demokratie*, s. dazu *Klein* (Fn. 62), Art. 21 Rn. 490; *Maurer*, Staatsrecht, § 23 Rn. 4; BVerfGE 63, 266 (286 ff.); Sondervotum Simon: E 63, 298 (310 f.); *P. Kunig*, HStR³ III, § 40 Rn. 48. → Art. 9 Rn. 54 ff.; → Art. 18 Rn. 26.

Voraussetzungen der Freiheitlichkeit zu beseitigen. »Keine Freiheit für die Feinde der Freiheit!« drückt dies schlagwortartig aus. Umfasste nämlich die grundgesetzlich gewährleistete Freiheit auch die Möglichkeit, die Bedingungen eines freiheitlichen politischen Prozesses abzuschaffen, so bedeutete dies eine **Selbstparadoxierung** der Freiheitsgarantie[503]. Es ist mithin nur eine Konsequenz der Institutionalisierung einer freiheitlichen politischen Ordnung, dass die Freiheit nicht zur Aufhebung der freiheitlichen Ordnung selbst missbraucht werden darf. Diese Grenze der Parteienfreiheit stellt sich so betrachtet als notwendig dar – womit nichts ausgesagt ist über die praktische Zweckmäßigkeit dieses Instruments. Die Vorschrift steht im Zusammenhang mit weiteren Bestimmungen zum Schutz der Verfassung[504], mit Art. 9 II, 18 GG, aber auch mit der Ewigkeitsgarantie (→ Art. 79 III Rn. 61).

145 Neben diese verfassungstheoretische Begründung wird oft ein historisches Argument aus den **Erfahrungen der Weimarer Republik** gestellt, die auch an ihrer inhaltlichen Neutralität und der daraus resultierenden Wehrlosigkeit zugrunde gegangen sei[505]. Die Tragfähigkeit dieses Arguments ist sehr begrenzt, weil damals durchaus rechtliche Abwehrmöglichkeiten gegen dem Anschein nach legale Umsturzversuche zur Verfügung standen[506]. In bewusster, gar überstilisierter Absetzung von der Weimarer Verfassung hat das Grundgesetz unter dem Begriff der »freiheitlichen demokratischen Grundordnung« eine unverrückbare Verfassungssubstanz konstitutionalisiert und damit »eine sich selbst als legitim behauptende Legalität«[507] geschaffen.

146 Die verfassungstheoretische und die historische Rechtfertigung sind für mögliche Anwendungsfälle kaum instruktiv. Praktisch-politisch bedeutend sind vor allem die Gefahr einer Verkürzung der zu sichernden Freiheit[508] und die **Missbrauchsgefahr**, mit einem Parteiverbot missliebige politische Gegner zu bekämpfen. Zur Abwehr dieser Gefahren ist zweierlei nötig. Zum einen ist ein **restriktives Verständnis** der Voraussetzungen eines Verbots geboten[509]. Die zweite Folgerung aus der Missbrauchsträchtigkeit ist die Ausgestaltung des **Verbotsverfahrens**, vor allem die Konzentration der Entscheidungskompetenz beim Bundesverfassungsgericht. Die Ausformulierungen wie die Interpretation der Verbotsvoraussetzungen sollen auch dem **Schutz der politischen Parteien** dienen[510].

---

[503] *M. Morlok*, NJW 2001, 2931 (2932); kritisch dazu *Roellecke* (Fn. 177), Art. 21 Rn. 115; *Klein* (Fn. 62), Art. 21 Rn. 489.

[504] Zu den verschiedenen Formen des Schutzes der Verfassung, ihrer Leistungsfähigkeit und ihrer Problematik: *Hesse*, Verfassungsrecht, Rn. 691 ff., speziell zum Parteiverbot Rn. 714 ff.

[505] Dazu *F. Stollberg*, Die verfassungsrechtlichen Grundlagen des Parteiverbots, 1976, S. 14 ff. → Art. 20 (Demokratie), Rn. 20 m. w. N.

[506] Zu nennen sind § 2 Reichsvereinsgesetz und die Republikschutzgesetze von 1922 und 1930, etwa § 14 II in Verbindung mit § 7 I Ziffer 4 Erstes Republikschutzgesetz. Unter der Voraussetzung, dass sie (sc. die Vereine) Bestrebungen verfolgten, die verfassungsmäßig festgestellte republikanische Staatsform des Reiches oder eines Landes zu untergraben; dazu *G. Jasper*, Der Schutz der Republik, 1963, S. 56 ff.; *Gusy*, Weimarer Reichsverfassung, S. 190 ff.; vertiefend *ders.*, Weimar – Die wehrlose Republik?, 1991, S. 367 f.; *K. Stein*, Parteiverbot in der Weimarer Republik, 1999.

[507] *H. Meier*, Parteiverbote und demokratische Republik, 1993, S. 346.

[508] *Hesse*, Verfassungsrecht, Rn. 715; *G.F. Schuppert*, in: Umbach/Clemens, BVerfGG, § 46 Rn. 9 ff.; *K.-H. Seifert*, DÖV 1961, 81 (85); *ders.*, Parteien (Fn. 107), S. 457 f.; *Stollberg*, Grundlagen (Fn. 505), S. 87; *Henke* (Fn. 118), Art. 21 Rn. 346 ff.; Jarass/*Pieroth*, GG, Art. 21 Rn. 29; *Meier*, Parteiverbote (Fn. 507), S. 263.

[509] Vgl. *Hesse*, Verfassungsrecht, Rn. 715.

[510] *Ipsen* (Fn. 88), Art. 21 Rn. 152.

2. Voraussetzungen

Art. 21 II GG und die daran anknüpfenden einfachgesetzlichen Bestimmungen betreffen nur **politische Parteien** i. S. v. Art. 21 GG, womit nach hier vertretener Auffassung (→ Rn 42 f.) auch die »qualifizierten Hilfsorganisationen« von Art. 21 II GG gemeint sind[511].

Zwei Schutzgüter rechtfertigen ein Parteiverbot: die »freiheitliche demokratische Grundordnung« und der »Bestand der Bundesrepublik Deutschland«. Die **freiheitliche demokratische Grundordnung** bestimmt das Bundesverfassungsgericht als eine Ordnung, »die unter Ausschluss jeglicher Gewalt- und Willkürherrschaft eine rechtsstaatliche Herrschaftsordnung auf der Grundlage der Selbstbestimmung des Volkes nach dem Willen der jeweiligen Mehrheit und der Freiheit und Gleichheit darstellt. Zu den grundlegenden Prinzipien dieser Ordnung sind mindestens zu rechnen: Die Achtung vor den im Grundgesetz konkretisierten Menschenrechten, vor allem vor dem Recht der Persönlichkeit auf Leben und freie Entfaltung, die Volkssouveränität, die Gewaltenteilung, die Verantwortlichkeit der Regierung, die Gesetzmäßigkeit der Verwaltung, die Unabhängigkeit der Gerichte, das Mehrparteienprinzip und die Chancengleichheit für alle politischen Parteien mit dem Recht auf verfassungsmäßige Bildung und Ausübung der Opposition«[512]. An dieser Bestimmung kann die »Theorielosigkeit«[513] der ungeordneten Aufzählung einzelner Elemente, welche durch »mindestens« auch unvollständig ist, gerügt werden. Auch wird das rechtsstaatliche Gebot klar begrenzter Eingriffsvoraussetzungen nur ungenügend beachtet. Eine rationale Konkretisierung rückt den funktionellen Gesichtspunkt des Erhalts der grundlegenden demokratischen Verfahrensprinzipien in den Vordergrund[514]. Essentiell sind der unbehinderte Meinungs- und Willensbildungsprozess des Volkes (Art. 5, 8, 9, 21 I GG), das Mehrheitsprinzip, die Institutionalisierung demokratischer Mitbestimmung im Zusammenhang mit der Rechtsstaatlichkeit zur Gewährleistung dessen und der Garantie rechtlicher Verbindlichkeit der demokratisch zustande gekommenen Ergebnisse. Das Parteiverbot ist daher ein Instrument zur Abwehr von Gefahren für die freiheitliche demokratische Grundordnung. Es darf mithin nicht eingesetzt werden, um eine Partei, ihre Anhänger oder andere Parteien zu disziplinieren.

Zum das Außenverhältnis zu anderen Staaten betreffenden »**Bestand der Bundesrepublik Deutschland**« zählen die territoriale Integrität und die außenpolitische Handlungsfähigkeit des Bundes[515]. Die Bestandsgarantie umfasst das in der Präambel des

---

[511] S. auch *Streinz* (Fn. 115), Art. 21 Rn. 221; a. A. die herrschende Meinung, die organisatorisch selbstständige Nebenorganisationen wie Vereine behandeln will, BVerfGE 2, 1 (78); 5, 85 (392); BVerwGE 1, 184 (186); *Hesse*, Verfassungsrecht, Rn. 716; *Kunig* (Fn. 115), Art. 21 Rn. 74; *Klein* (Fn. 62), Art. 21 Rn. 518; *Ipsen* (Fn. 88), Art. 21 Rn. 152.

[512] BVerfGE 2, 1 (12 f.). Die Literatur verwendet meist diese Formel. Die Begriffsbestimmung ist den Ausarbeitungen des Ersten Strafrechtsänderungsgesetzes entlehnt, s. *H. Ridder*, Die soziale Ordnung des Grundgesetzes, in: J. Mück (Hrsg.), Verfassungsrecht, 1975, S. 85 ff. (141 f.); vgl. auch § 35 des ersten Referentenentwurfs zum BVerfGG, dazu *Stollberg*, Grundlagen (Fn. 505), S. 33 Fn. 13. Vgl. auch die Legaldefinition in § 4 II BVerfSchG.

[513] So *J. Lameyer*, Streitbare Demokratie, 1978, S. 37.

[514] Ausf. *Meier*, Parteiverbote (Fn. 507), S. 301 ff.; *Stollberg*, Grundlagen (Fn. 505), S. 38 ff.; im Ergebnis auch *H. Dreier*, JZ 1994, 741 (751 f.); als Integrationsziel, das seine Bedeutung nur in der Erwähnung im jeweiligen Artikel erhält: *C. Gusy*, AöR 105 (1980), 279 (296 ff.).

[515] Vgl. § 92 StGB; einhellige Meinung, s. u. a. *Henke* (Fn. 118), Art. 21 Rn. 354; *P. Kunig*, HStR³ III, § 40 Rn. 58; *Jarass/Pieroth*, GG, Art. 21 Rn. 34; *Klein* (Fn. 62), Art. 21 Rn. 520; *Streinz* (Fn. 115), Art. 21 Rn. 229 f.

Art. 21   C. Erläuterungen

Grundgesetzes mit der Aufzählung der Bundesländer umschriebene Gebiet[516]. Geschützt ist die grundsätzliche Aufteilung in Einzelstaaten sowie, mit kleinen Abweichungen, die Außengrenze. Die Definition in § 92 I StGB entspricht dem verfassungsrechtlichen Bestandsbegriff. Gegen eine Erweiterung der Schutzrichtung nach innen auf alle Voraussetzungen der Staatlichkeit steht die sich aus der Gesamtbetrachtung des Tatbestandes ergebende **Alternativität** der Schutzobjekte[517].

150   Beide Alternativen verlangen ein »**Darauf-Ausgehen**«. Dies liegt nach der Rechtsprechung bereits mit der bloßen Kundgabe einer verfassungsfeindlichen Absicht vor[518]. Wegen der Garantie des Art. 5 I GG ist bei Äußerungen politischer Meinungen und wegen Art. 5 III GG bei wissenschaftlichen politischen Theorien, auch wenn sie in Widerspruch zu verfassungsrechtlich verbürgten Grundsätzen stehen, zusätzlich der Versuch der Umsetzung in die politische Praxis zu fordern[519]. Es geht um die Abwehr von Handlungen, nicht von Gesinnungen. Auch systematisch betrachtet reicht die bloße Absicht nicht, da das Tatbestandsmerkmal »Ziele« dann als tautologische Wiederholung erschiene[520]. Es bedarf vielmehr der **qualifizierten Vorbereitungshandlung**[521] einer Verfassungsstörung. Ziele und das Verhalten der Anhänger dienen nach dem Text als einzige[522] Erkenntnismittel für die Beurteilung der Partei.

151   Das politisch Angestrebte darf nicht in Nah-, Fern-[523], Zwischen- und Endziele unterteilt[524] werden, um nicht über eine Ausdehnung des Zielbegriffs den Tatbestand weiter zu fassen. **Entscheidend bleibt** in Anbindung an die Vorbereitungshandlung der versuchten Verfassungsstörung allein die **Verwirklichung** der politischen Überzeugungen[525]. Die maßgeblichen Ziele finden sich im Programm[526], in allen schriftlichen Veröffentlichungen einschließlich beeinflusster Presseerzeugnisse[527], auch in gehei-

---

[516] *Klein* (Fn. 62), Art. 21 Rn. 520; *Ipsen* (Fn. 88), Art. 21 Rn. 165; *Henke* (Fn. 118), Art. 21 Rn. 354.

[517] Durch die niedrigere Schwelle der »Gefährdung« des Bestandes der BRD, genießt dieser eine Priorität gegenüber dem Schutz der freiheitlichen demokratischen Grundordnung. Dieser unterschiedlichen Gewichtung liegt eine jeweils sachlich andere Ausrichtung zugrunde: hierzu *Stollberg*, Grundlagen (Fn. 505), S. 43 f.

[518] Die restriktivere Formel der aktiv »kämpferischen, aggressiven Haltung« (BVerfGE 5, 85 [141]) wird relativiert mit der Aussage, dass auch Äußerungen von verantwortlichen Persönlichkeiten ausreichen können. S. hierzu auch *J. Ipsen*, NJW 2002, 866 ff.

[519] *K.-H. Seifert*, DÖV 1961, 81 (82).

[520] *Meier*, Parteiverbote (Fn. 507), S. 274; als überflüssiger Pleonasmus bezeichnet von *Maunz* (Fn. 391), Art. 21 Rn. 110.

[521] Der Rückgriff auf die strafrechtliche Dogmatik ist fruchtbar wegen der dortigen Ausnahme von der Straflosigkeit bei Vorbereitungshandlungen im Bereich der Staatsschutzdelikte des politischen Strafrechts (§§ 83, 87 StGB). Die Vorbereitung wird als unmittelbares Ansetzen zur Tatbestandsverwirklichung qualifiziert.

[522] Für eine Öffnung des Kataloges für alle Tatsachen und Umstände, die Schlüsse auf die Ausrichtung der Partei zulassen, wie z.B. Satzung und innere Ordnung: *K.-H. Seifert*, DÖV 1961, 81 (83) m.w.N.; *Henke* (Fn. 118), Art. 21 Rn. 357; *Klein* (Fn. 62), Art. 21 Rn. 535; auch BVerfGE 2, 14 (23 ff.).

[523] A. A. *Meier*, Parteiverbote (Fn. 507), S. 276: schon in der Möglichkeit, Parteiziele zu illegalisieren, drückt sich dezidiertes Präventionsdenken aus, was bei einer Verschiebung von Anhaltspunkten in die ferne Zukunft ans Fiktionale grenzt.

[524] *Seifert*, Parteien (Fn. 107), S. 467; *Kunig* (Fn. 115), Art. 21 Rn. 76; *Volkmann* (Fn. 92), Art. 21 Rn. 96.

[525] *Meier*, Parteiverbote (Fn. 507), S. 276; das »hic et nunc« des BVerfG (BVerfGE 5, 85 [144]) meint nur den gegenwärtigen Nachweis einer Absicht unabhängig vom Futurismus der Vorstellungen.

[526] *Meier*, Parteiverbote (Fn. 507), S. 278 f., sieht hierin das Hauptbeweismittel, welches erst relativiert werden darf, wenn ein relevanter Teil der Parteianhänger sich offenkundig programmwidrig verhält.

[527] Ausf. Aufzählungen in BVerfGE 2, 1 (47 ff., 69); 5, 85 (144); *Henke* (Fn. 118), Art. 21 Rn. 357.

VI. Parteiverbot (Art. 21 II GG)   Art. 21

men Zielsetzungen[528]. Dabei ist zu beachten, dass nicht schon friedliche Formen der Parteipropaganda verboten werden können[529], ohne dass Verwirklichungsversuche vorliegen.

Während die »Ziele« ohne Weiteres der Partei zugerechnet werden können, ist dies beim **Verhalten der Anhänger** problematisch. Diese Voraussetzung betrifft die **Form** der Politik in Ergänzung zu deren **Inhalten**[530]. Nicht verlangt ist ein gewaltsamer organisierter Bruch[531] der rechtlichen Regeln des politischen Machterwerbs, also eine Ergänzung des Tatbestandes um das zusätzliche Merkmal der Nötigung[532]. Subjektive Komponenten entfallen, da das Parteiverbot Sicherheits- und keinen Pönalcharakter trägt[533]. Ein Unterlassen genügt nicht, da keine Rechtspflicht existiert, die Schutzgüter des Art. 21 II 1 GG zu verteidigen. Die Problematik des Begriffs des Anhängers konzentriert sich in der **Zurechenbarkeit** des Handelns zur Partei: Es interessiert das verfassungswidrige Agieren der Partei, nicht das anderer Personen[534]. Die Zurechenbarkeit bemisst sich nach dem Grad der Einflussmöglichkeiten[535]. Ein Zurechnungsproblem ergibt sich, wenn Parteimitglieder nachrichtendienstliche Kontakte mit staatlichen Behörden unterhalten oder unterhalten haben[536].

152

Mit »Beeinträchtigen« und »Beseitigen« werden Intensitätsstufen des Schadens für die freiheitlich demokratische Grundordnung umschrieben. Kombiniert mit den Voraussetzungen »Ziele« und »Verhalten der Anhänger« ergeben sich vier Varianten, von denen die am leichtesten zum Verbot führende die der Beeinträchtigung der freiheitlich demokratischen Grundordnung durch Ziele einer Partei ist. Versteht man unter **Beeinträchtigung** der freiheitlich demokratischen Grundordnung eine Minderung, »indem einzelne Werte oder alle untergraben, herabgesetzt oder sonst verächtlich gemacht werden«[537], so stellt dies ein wenig griffiges, rechtsstaatlichen Maßstäben kaum genügendes Kriterium dar. Deshalb ist diese Verbotsalternative zurückhaltend

153

---

[528] BVerfGE 5, 85 (144). Das unnötige Aufblähen des Zielbegriffs wird markant, wenn man annimmt, dass sich Ziele doch im Verhalten der Anhänger dokumentieren.

[529] *H. Ridder*, Meinungsfreiheit, in: Die Grundrechte II, S. 243 ff. (289).

[530] Vgl. *U. K. Preuß*, Politische Justiz im demokratischen Verfassungsstaat, in W. Luthardt/A. Söllner (Hrsg.), Verfassungsstaat, Souveränität, Pluralismus, 1989, S. 129 ff. (142).

[531] Vgl. dazu *J. A. Schumpeter*, Kapitalismus, Sozialismus und Demokratie, 5. Aufl. 1980, S. 427 ff.

[532] Für das zusätzliche Merkmal der Gewaltanwendung nur *Meier*, Parteiverbote (Fn. 507), S. 282 f.; nach der Gegenmeinung ist ein Verbot möglich, wenn »sie ihre vom Grundgesetz mißbilligten Ziele überhaupt ›legal‹ auf parlamentarischem Wege oder über zulässige Volksabstimmungen unter Verzicht auf Gewalt oder sonst rechtswidrige Mittel erstrebt«, s. *Seifert*, Parteien (Fn. 107), S. 466 f.; *G. Leibholz*, Der Parteienstaat des Bonner Grundgesetzes, in: H. Wandersleb (Hrsg.), Recht – Staat – Wirtschaft, Bd. 3, 1951, S. 99 ff. (120).

[533] *v. Mangoldt/Klein*, GG, Art. 21 VII 1c.

[534] *Seifert*, Parteien (Fn. 107), S. 469; *W. Füßlein*, Vereins- und Versammlungsfreiheit, in: Die Grundrechte II, S. 425 ff. (436). S. hierzu auch *J. Ipsen*, NJW 2002, 866 ff.

[535] Unproblematisch erscheint die Tätigkeit der Organe und das Verhalten der Nebenorganisationen (→ Rn. 42 f.), abgesehen von deutlichen Distanzierungen. Mitgliederverhalten reicht nur bei Duldung trotz zumutbarer Gegenmaßnahmen, wie Rügen oder Ausschlüsse. Bei Außenstehenden wird die latente Verantwortung wegen der Komplexität moderner Gesellschaften wohl nur an einer nachvollziehbaren Kontinuität der Beziehung des Individuums zur Partei erkennbar sein. S. auch die ausdrückliche Zurechnungsregelung in Art. 69 Abs. 6 Verfassung Türkei.

[536] BVerfGE 107, 339 (366, Rn. 77 ff.). S. auch die Besprechungen von *L. O. Michaelis*, NVwZ 2003, 943 ff.; *J. Ipsen*, JZ 2003, 485 ff.; *U. Volkmann*, DVBl. 2003, 605 ff. Vgl. *Klein* (Fn. 62), Art. 21 Rn. 579.

[537] *A. Zirn*, Das Parteiverbot nach Art. 21 Abs. 2 GG im Rahmen der streitbaren Demokratie des Grundgesetzes, Diss. jur. Tübingen 1988, S. 99; ähnlich auch andere Interpretationen, z. B. *W. Schmitt Glaeser*, Mißbrauch und Verwirkung von Grundrechten im politischen Meinungskampf, 1968, S. 55 m. Fn. 148, S. 129.

anzuwenden[538]. Bezüglich des Verhaltens der Anhänger lässt sich eine Beeinträchtigung als »nachweislich organisierter Versuch der Störung der freiheitlichen demokratischen Grundordnung« präzisieren[539]. **Beseitigen** bedeutet vollständige Aufhebung und ist als Folgestufe der Beeinträchtigung von dieser mit erfasst. »**Gefährden**« bezieht sich nur auf den Bestand der Bundesrepublik Deutschland. Entsprechend den polizeirechtlichen Grundsätzen genügt die hohe Wahrscheinlichkeit der Beeinträchtigung des Schutzobjekts[540].

154 Angesichts der Anrufbarkeit des EGMR gegen eine Verbotsentscheidung ist das bisherige Verständnis der Verbotsvoraussetzungen im Lichte von dessen Rechtsprechung neu zu überdenken[541]. Das Parteiverbot stellt einen Eingriff in die durch **Art. 11 EMRK** geschützte Vereinigungsfreiheit dar, für den der **EGMR** eigene, gegenüber der deutschen Rechtslage anspruchsvollere Voraussetzungen für ein Verbot aufgestellt hat[542].

3. Verbotswirkungen und Entscheidungsverfahren

155 Die Folgen der Feststellung der Verfassungswidrigkeit einer Partei durch das Bundesverfassungsgericht sind nur einfachgesetzlich ausgestaltet: Mit dieser Feststellung verbunden ist der Verlust ihres Status als Partei (→ Rn. 46 f.) und der entsprechenden Rechte ihrer Mitglieder, ihre Auflösung und das Verbot, eine Ersatzorganisation[543] zu schaffen, s. § 46 II, III BVerfGG, § 33 PartG. Rechtspolitisch wird über andere, auch abgestufte Rechtsfolgen nachgedacht[544].

---

[538] Unterstützt wird dies durch die Tatsache, dass die Formulierung ein Redaktionsversehen darstellt. Nachdem man die Passage im Hauptausschuss bereits wegen schwieriger Handhabung gestrichen hatte, wurde sie durch eine versehentliche Vorlage einer früheren Fassung ungewollt wieder »eingefügt«; das ist exakt nachgewiesen bei *Meier*, Parteiverbote (Fn. 507), S. 155 ff.

[539] *Meier*, Parteiverbote (Fn. 507), S. 359, fordert darüber hinausgehend den systematischen Einsatz von Gewalt im politischen Kampf.

[540] *Stollberg*, Grundlagen (Fn. 505), S. 52 m. w. N.; s. auch *L. Michael*, Die »nachhaltige« Gefahr als Eingriffsschwelle für Vereins- und Parteiverbote, in: FS Tsatsos, 2003, S. 383 ff.

[541] Ausf. *K. Kontopodi*, Die Rechtsprechung des Europäischen Gerichtshofs für Menschenrechte zum Verbot politischer Parteien, 2007; *S. D. Emek*, Parteiverbote und Europäische Menschenrechtskonvention, 2006; *S. Theuerkauf*, Parteiverbote und die Europäische Menschenrechtskonvention, 2006.

[542] So verlangte der EGMR im Falle der Refah-Partei eine hinreichend bedrohliche, unmittelbar bevorstehende Gefahr für die Demokratie, s. EGMR NVwZ 2003, 1489. Nach deutscher Rechtsterminologie wird damit in einem streng verstandenen Wortsinne wohl eine konkrete Gefahr für die in Art. 21 II GG genannten Schutzgüter gefordert, s. *M. Morlok*, ZRP 2013, 69 (70); *ders.*, Jura 2013, 317 (323).

[543] Eine neu gegründete Partei kann allerdings wegen des Parteienprivilegs nicht als nach § 8 I VereinsG unzulässige Ersatzorganisation eines verbotenen Vereins angesehen werden, anders wohl aber OVG Münster v. 29.4.2013, 5 B 467/13, juris, wonach ein Landesverband der Partei »Die Rechte« als – nach der Vereinsverbotsverfügung – unzulässige Ersatzorganisation der Kameradschaft Nationaler Widerstand Dortmund angesehen werden könnte; i.d.S. auch VG Arnsberg v. 5.4.2013, 12 L 139/13, juris; kritisch zu beiden Entscheidungen *A. Bäcker*, MIP 2014, 184 (188 f., 193 f.).

[544] Für eine Differenzierung zwischen der Verfassungsmäßigkeit des Verbots und dem zwingenden Ausspruch von Rechtsfolgen siehe *H. Maurer*, AöR 96 (1971), 203 (222 ff.). Vorschläge zielen auf die Möglichkeit, von einer Wahl ausgeschlossen zu werden, den Ausschluss von der staatlichen Finanzierung, so *Epping*, Parteiverbot (Fn. 448), oder die zeitliche Begrenzung der ausgesprochenen Folgen, so Art. 37 IV Verfassungsentwurf des Runden Tisches vom 4. April 1990, in: Kuratorium für einen demokratisch verfaßten Bund Deutscher Länder in Zusammenarbeit mit der Heinrich-Böll-Stiftung (Hrsg.), In freier Selbstbestimmung, 1990, S. 125 ff.; Art. 21 IV VE-Kuratorium.

VI. Parteiverbot (Art. 21 II GG) — Art. 21

Strafrechtlich wird das Parteiverbot durch die §§ 84–86a StGB geschützt. **Parlamentarische Mandate**, die von einer später verbotenen Partei errungen wurden, sollen nach dem Bundesverfassungsgericht[545] mit dem Verbotsausspruch wegfallen. Alle Abgeordneten besitzen als Vertreter des ganzen Volkes den Status der Unabhängigkeit (→ Art. 38 Rn. 149 ff.). Der vom Volk gewählte Abgeordnete darf von einem Parteiverbot lediglich in seiner Rolle als Mitglied der Partei getroffen werden. Die bisherige Lösung des Konflikts zwischen Art. 21 II und Art. 38 I 2 GG[546] ist verfassungswidrig[547]. Auch der EGMR wertet den Verlust des Mandats eines gewählten Abgeordneten als Folge des Parteiverbots als Verletzung von Art. 3 des ersten Zusatzprotokolls zur EMRK[548].

156

Der politischen Gefährlichkeit der Verbotsmöglichkeit entspricht die Ausformung des Verbotsverfahrens. Das **Entscheidungsmonopol** des Bundesverfassungsgerichts nach Art. 21 II GG entzieht die Verbotsmöglichkeit allen Stellen der Exekutive und den darauf einwirkenden politischen Kräften. Das stellt ein »**Parteienprivileg**« insofern dar, als ein Verbot, anders als bei Vereinen[549], nicht von der Exekutive ausgesprochen werden kann. Liegt keine Verbotsentscheidung des Bundesverfassungsgerichts vor, so entfaltet Art. 21 II GG Wirkungen in Gestalt eines **Anknüpfungsverbotes für alle rechtlichen Folgen der behaupteten Verfassungswidrigkeit**[550]. Auch dies wird als »**Parteienprivileg**« bezeichnet. Im Rechtsstaat dürfen freilich auch gegenüber Vereinen die Wirkungen eines Verbots erst nach dessen Ausspruch greifen[551]. Handlungen einer Partei oder ihrer Mitglieder, die vor der Verbotsentscheidung liegen, dürfen nicht rückwirkend als rechtswidrig gewertet werden[552]. Das Anknüpfungsverbot hat insofern materiellrechtliche Wirkung, als vor dem Verbotsausspruch der ungeschmälerte Genuss der Parteienfreiheit und der Chancengleichheit gewährleistet ist, auch in Ansehung möglicher späterer Rechtsfolgen[553].

157

---

[545] BVerfGE 2, 1 (72 ff.); 5, 85 (392). Diese Auffassung schlägt sich in § 46 I Nr. 5, IV BWahlG, den Landeswahlgesetzen und § 22 II Nr. 5 EUWG nieder. Dies gilt nicht unbedingt auch für Mandate in Vertretungskörperschaften und für Wahlämter in den Gemeinden, s. auch *F. Klein*, in: Maunz/Schmidt-Bleibtreu/Klein/Bethge, BVerfGG, § 46 (1987), Rn. 32 ff.

[546] Die Tatsache, dass diese Frage in den Wahlgesetzen geregelt ist, betont die Zuordnung zum Wahl- und Parlamentsrecht, nicht aber zum Verfahrensrecht des BVerfG und somit die Einschlägigkeit des Maßstabs aus Art. 38 I 2 GG, so *Pestalozza*, Verfassungsprozeßrecht, § 4 III Rn. 20.

[547] *H.G. Klose*, Das Abgeordnetenmandat und die Feststellung der Verfassungswidrigkeit einer politischen Partei nach dem Grundgesetz, Diss. jur. Münster 1960; *Hesse*, Verfassungsrecht, Rn. 601; *B. Höver*, Das Parteiverbot und seine rechtlichen Folgen, Diss. jur. Bonn 1975, S. 80 ff.; zum Mangel der Gesetzgebungskompetenz der Länder *Seifert*, Parteien (Fn. 107), S. 507 f.; *Kunig* (Fn. 115), Art. 21 Rn. 5; a. A. *Ipsen* (Fn. 88), Art. 21 Rn. 196 ff.

[548] EGMR v. 11.6.2002, 25144/94 u.a. (Selim Sadak u. a.), Rn. 40, BeckRS 2013, 11455.

[549] S. dort § 3 VereinsG; nach § 2 II Nr. 1 VereinsG fallen politische Parteien nicht unter diese Bestimmung.

[550] BVerfGE 5, 85 (140); 12, 296 (304); 13, 46 (52); 13, 123 (126); 17, 155 (166); 39, 334 (357); BVerwGE 31, 368 (369); BGHSt 19, 311 (313); statt vieler *Klein* (Fn. 62), Art. 21 Rn. 571; *Henke* (Fn. 118), Art. 21 Rn. 367: »Sperrwirkung«.

[551] Zur Kritik an der Bezeichnung vgl. *Henke* (Fn. 118), Art. 21 Rn. 367 Fn. 84; *Ipsen* (Fn. 88), Art. 21 Rn. 149.

[552] *Seifert*, Parteien (Fn. 107), S. 477 ff.; *Schmitt Glaeser*, Verwirkung (Fn. 537), S. 258; *G. Willms*, Staatsschutz im Geiste der Verfassung, 1962, S. 41 f.; verteidigt wird die Rechtmäßigkeitsthese (BVerfGE 12, 296 [305, 307]) von *H. Copic*, Grundgesetz und politisches Strafrecht neuer Art, 1967, S. 43, 86 ff.

[553] Aus der Rspr. s. nur BVerwGE 31, 368 (369); BVerwG DVBl. 1990, 194 (195); VGH Kassel NJW 1979, 997. Für w.N. zum kommunalen Bereich *Meyer*, Fraktionsrecht (Fn. 289), S. 85 f.

158 Das Anknüpfungsverbot wirkt sich auf die verschiedensten Parteiaktivitäten aus: Die Benutzung öffentlicher Räume (→ Rn. 95), der Schutz von Versammlungen, die Verteilung von Rundfunksendezeiten (→ Rn. 99) sowie alle weiteren ihrem Status aus Art. 21 I GG gemäßen Rechtspositionen dürfen nicht tangiert werden[554]. Problematisch ist die **herabsetzende Beurteilung** einer Partei durch staatliche Stellen als »**verfassungsfeindlich**« oder »**extremistisch**«. Die Rechtsprechung sieht solche Äußerungen als zulässig an; sie seien als Beitrag zur öffentlichen Meinungsbildung ein milderes Mittel als das Verbotsverfahren[555]. Dem ist im Grundsatz zuzustimmen: Die politische Auseinandersetzung hat Vorrang gegenüber dem administrativen Einschreiten. Das heißt aber nicht, dass jedwedes öffentlich verlautbartes staatliches Werturteil den Rechtsstatus der betroffenen Partei unversehrt lässt – nur weil es keine rechtlichen Auswirkungen hat[556]. Angesichts der Anerkennung des sogenannten **faktischen Eingriffs**, auch durch Warnungen (→ Vorb. Rn. 127), ist jedenfalls die Bezeichnung als »verfassungsfeindlich« als Beeinträchtigung des Rechtsstatus einer Partei anzusehen. Auch wenn dieser Begriff kein Rechtsbegriff im strengen Sinne ist[557], so wird er doch dadurch zu einem Quasi-Rechtsbegriff, dass aus der »Verfassungsfeindlichkeit« Schlüsse hinsichtlich der Erfüllung der Treuepflichten eines Beamten gezogen werden[558]. Die öffentliche Bezeichnung einer Partei durch staatliche Stellen als »verfassungsfeindlich« stellt damit einen Eingriff dar und ist nur zulässig auf gesetzlicher Grundlage und bei Vorliegen materieller Rechtfertigungsgründe[559].

159 Die **Beobachtung durch den Verfassungsschutz**, auch unter Einsatz nachrichtendienstlicher Mittel, wird von Art. 21 II GG nicht ausgeschlossen: Die Möglichkeit des Verbots setzt das vorgängige Sammeln von Informationen voraus. Eine solche Überwachung (§ 8 II BVerfSchG) stellt einen schwerwiegenden Eingriff dar[560]. Das gilt insb. wenn V-Leute auf den Vorstandsebenen der Partei eingesetzt werden; gleichgültig ist dabei, ob es sich um angeworbene oder eingeschleuste Parteimitglieder handelt[561]. Die nachrichtendienstliche Beobachtung greift, anders als die Aufnahme in einen Verfassungsschutzbericht, in den Binnenbereich der Partei ein und kann nicht

---

[554] Die Reichweite der Sperrwirkung entspricht dem Schutzbereich des Art. 21 I 1 GG. So auch *T. Schmidt*, Die Freiheit verfassungswidriger Parteien und Vereinigungen, 1983, S. 202 f.
[555] Äußerungen sind demnach zulässig, »solange sich nicht der Schluß aufdrängt, sie beruhten auf sachfremden Erwägungen«: BVerfGE 13, 123 (125 f.); 40, 287 (292 f.); 57, 1 (6 f.); s. auch E 136, 323 (335 f., Rn. 31 ff.) – NPD-Äußerung (mit allerdings erheblicher Großzügigkeit, kritisch dazu *A. Bäkker*, MIP 2015, 151 ff.); E 137, 29 (31 ff., Rn. 6 ff.) – Äußerungsbefugnis der Bundesregierung e. A.; für den Abdruck in Regierungsbroschüren BVerwG NJW 1984, 2591.
[556] Darauf hebt ab BVerfGE 40, 287 (293).
[557] Vgl. *Henke* (Fn. 118), Art. 21 Rn. 366; *Ipsen* (Fn. 88), Art. 21 Rn. 202.
[558] BVerwGE 73, 263 (271 ff.); 83, 158 (162); 83, 345 (349). Auch für die Sicherheitseinstufung wird darauf abgehoben: BVerwGE 83, 90 (98 f.). Zur luftsicherheitsrechtlichen Zuverlässigkeit VG Düsseldorf NVwZ-RR 2011, 685 ff.; dazu *A. Bäcker*, MIP 2014, 132 (135). Vgl. auch *Ipsen* (Fn. 88), Art. 21 Rn. 202 ff.: »verfassungsfeindlich« sei eine »selbständige rechtliche Kategorie« geworden.
[559] Eine gesetzliche Grundlage normieren die Verfassungsschutzgesetze des Bundes und der Länder. Ob die dortigen Voraussetzungen den Rechtfertigungsansprüchen bei Anerkennung eines Eingriffs genügen, bedarf der Diskussion. Zum Problem *D. Murswiek*, DVBl. 1997, 1021 (1027 ff.); *ders.*, NVwZ 2004, 769 (774); zur fehlenden gesetzlichen Grundlage für eine Berichterstattung über bloße Verdachtsfälle im Verfassungsschutzbericht des Bundes BVerwG NVwZ 2014, 233 ff.
[560] BVerfGE 107, 339 (366, Rn. 177), mit Hinweis auf BVerfGE 110, 126 ff.; s. auch die Beschlussbesprechungen von *L. O. Michaelis*, NVwZ 2003, 943 ff.; *J. Ipsen*, JZ 2003, 485 ff.; *U. Volkmann*, DVBl. 2003, 605 ff. Vgl. *Klein* (Fn. 62), Art. 21 Rn. 579.
[561] BVerfGE 107, 339 (366 ff., Rn. 177 ff.); so bereits *M. Morlok*, NJW 2001, 2931 (2938).

durch entsprechende Öffentlichkeitsarbeit aufgefangen werden[562]. Unter welchen Voraussetzungen diese Maßnahmen zu rechtfertigen sind, ist im Einzelnen nicht unstreitig[563]. Das Bundesverfassungsgericht verlangt eine »hinreichend bestimmte gesetzliche Grundlage« und eine »besondere Rechtfertigung im Hinblick auf den Grundsatz der Verhältnismäßigkeit«[564]. Die Beobachtung einer Partei durch V-Leute auf Funktionärsebene ist vor und während der Durchführung eines Verbotsverfahrens mit der Parteifreiheit und mit rechtsstaatlichen Anforderungen an das Verfahren nicht vereinbar[565] (→ Rn. 65). Die Beobachtung von Abgeordneten wegen ihrer Parteimitgliedschaft ist nur unter anspruchsvollen Voraussetzungen zulässig[566] (→ Art. 38 Rn. 149). Gegen unzulässigerweise diskriminierende öffentliche Äußerungen von Staatsorganen oder Überwachungsmaßnahmen können die üblichen **Rechtsbehelfe** geltend gemacht werden[567], gegen Verfassungsorgane im Wege der Organklage, gegen die sonstige öffentliche Gewalt nach §§ 40 ff. VwGO und gegenüber Privaten durch die negatorische Klage aus § 1004 BGB vor den ordentlichen Gerichten. Auch der Einzelne darf wegen seiner Mitgliedschaft nicht benachteiligt werden[568].

Die **Antragstellung** durch die Bundesregierung, den Bundesrat oder den Bundestag (§ 43 I BVerfGG) liegt im – durchaus auch politischen – **Ermessen** der Antragsorgane. Diese selbst parteipolitisch determinierten Staatsorgane fällen »in Wirklichkeit nur die politische Entscheidung«, die das »BVerfG auf ihre Rechtmäßigkeit zu überprüfen hat«[569], woran sich der exekutivische Vollzug anschließt[570]. Damit lässt sich das Ermessen erst zur Pflicht[571] reduzieren, wenn sich politische Lösungsmöglichkeiten nicht mehr als geeignetere Mittel bieten[572].

VII. Ausgestaltungsauftrag an den Gesetzgeber (Art. 21 III GG)

Art. 21 III GG stellt einen **Gesetzgebungsauftrag** an den Bund zur Ausgestaltung des Parteienrechts dar. Die Norm ist **kein Gesetzesvorbehalt** für die Gewährleistungen des

---

[562] BVerwGE 110, 126 (139).
[563] Dabei spielen auch die unterschiedlichen Ausgestaltungen der Verfassungsschutzgesetze eine Rolle. Aus der Rechtsprechung: BVerfGE 107, 339 (366 ff., Rn. 177 ff.); OVG Münster NVwZ 1994, 588 f.; OVG Lüneburg NJW 1994, 746 ff.; BayVGH NJW 1994, 748 ff.; VGH Mannheim NVwZ 1994, 974 ff.; BVerwG DVBl. 2000, 279 ff.; *C. Unland-Schlebes*, JA 2000, 155 ff. Zum Gesamtproblem: *Michaelis*, Beobachtung (Fn. 226), S. 155 ff.
[564] BVerfGE 107, 339 (366, Rn. 177 ff.).
[565] BVerfGE 107, 339 (362 ff., Rn. 71 f.; 365 ff., Rn. 177 ff.).
[566] BVerfGE 134, 141 (169 ff., Rn. 83 ff.); dazu *M. Morlok/E. Sokolov*, DÖV 2014, 405 ff.
[567] *Seifert*, Parteien (Fn. 107), S. 487 ff. m. w. N. Angedacht wird auch eine »negative Feststellungsklage« zur Feststellung der Nichtverfassungswidrigkeit beim BVerfG, so *M. Kriele*, ZRP 1975, 201 ff.; dagegen *W. Wiese*, ZRP 1976, 54 ff., mit Replik *M. Kriele*, ebd., 58 f.; zum Rechtsschutz allgemein: *Dißmann*, Rechtsschutz (Fn. 167); *C. Cassebaum*, Die prozessuale Stellung der politischen Parteien und ihrer Gebietsverbände, 1988.
[568] Zu Problemen der Beschäftigung im öffentlichen Dienst: → Art. 33 Rn. 102; beachte auch EGMR EuGRZ 1995, 590 ff., wonach Disziplinarmaßnahmen wegen bloßer Parteimitgliedschaft Art. 10 I und 11 EMRK verletzen.
[569] *H. Maurer*, AöR 96 (1971), 203 (227).
[570] In Abweichung vom verwaltungsgerichtlichen Verfahren findet also eine präventive Rechtskontrolle statt.
[571] Überblick über Meinungen, die eine Antragspflicht bei Vorliegen der Voraussetzungen des Art. 21 II GG statuieren, bei *Ipsen* (Fn. 88), Art. 21 Rn. 175 ff.
[572] Das erweiterte Ermessen im politischen Raum ist umfassend begründet bei *H. Maurer*, AöR 96 (1971), 203 (226 ff.).

Abs. 1, sie bietet keine Grundlage für Einschränkungen[573]. Vielmehr handelt es sich um einen Ausgestaltungsauftrag, der in Verantwortung für ein funktionierendes Parteiwesen ausgeführt werden soll.

162 Aus dem Plural »Bundesgesetze« ergibt sich ein breit angelegter **Regelungsgegenstand**. Das existierende Parteiengesetz muss nicht alles ausschöpfen, was im Parteiwesen regelungsbedürftig ist. Gegenwärtig finden sich Ausführungsregelungen auch in §§ 13 Nr. 2, 43 ff. BVerfGG. Darüber hinaus können auch weitere parteirechtliche Bereiche vom Bundesgesetzgeber geregelt werden. So ist es zulässig, dass ein Bundesgesetz über die sogenannten parteinahen Stiftungen, die als qualifizierte Hilfsorganisationen dem Parteienrecht unterstellt sind (→ Rn. 42 f., 106), ergeht.

163 Die Bestimmungen des Parteiengesetzes sind wegen der **ausschließlichen Zuständigkeit** des Bundes[574] bundesrechtlicher Natur und damit der Nachprüfung durch das Bundesverwaltungsgericht zugänglich[575]. Die ausschließliche Zuständigkeit des Bundes ist gegenüber der in einigen Staaten existierenden konkurrierenden Gesetzgebung der Einzelstaaten zu bevorzugen, da so Umgehungsmöglichkeiten, wie etwa in den USA im Bereich des »soft money«, vermieden werden können.

164 Der **sachliche Umfang** des Gesetzgebungsauftrages ist auf die Regelung des »Näheren« der in Art. 21 I, II GG thematisierten Gegenstände begrenzt[576]. Umstritten ist, ob der Bund das Parteiwesen in seinem ganzen Umfang regeln kann[577]. Angesichts dessen, dass Art. 21 I und II GG Grundlagen des Parteienrechts in erheblicher Breite legt, ist diese Bundeskompetenz weit zu verstehen, weshalb dem Bund zumindest insoweit die Rechtsetzungskompetenz zukommt[578]. Man kann insoweit vom »Sonderrecht für Parteien«[579] sprechen. Nach Art. 21 GG sind die Länder mangels einer Ermächtigung zu abweichenden Regelungen nicht befugt[580]. Dies gilt insbesondere auch für das Recht der Beobachtung durch den Verfassungsschutz[581]. Mit der Anerkennung, dass die staatlichen Zahlungen an die Parteien Leistungen der allgemeinen Parteienfinanzierung darstellen und nicht auf die Wahlkampfkostenerstattung begrenzt sind[582], ist auch klargestellt, dass hierfür der Bundesgesetzgeber zuständig ist[583].

165 Falls der Bund parteirechtliche Regelungen treffen will, die sich mit Materien überschneiden, die der **Gesetzgebungskompetenz der Länder** unterliegen – wie z.B. mit

---

[573] Jarass/Pieroth, GG, Art. 21 Rn. 2; Kunig (Fn. 115), Art. 21 Rn. 90; A. Harms, Die Gesetzgebungszuständigkeit des Bundes aus Art. 21 III GG in Abgrenzung zum Zuständigkeitsbereich der Länder, 1986, S. 109 ff.

[574] So die ganz überwiegende Meinung: BVerfGE 3, 383 (404); 24, 300 (354); 41, 399 (425); BVerwGE 6, 96 (97); Harms, Gesetzgebungszuständigkeit (Fn. 573), S. 63 ff. m. w. N.; Kunig (Fn. 115), Art. 21 Rn. 91; Henke (Fn. 118), Art. 21 Rn. 377. A. A. Klein (Fn. 62), Art. 21 Rn. 138.

[575] BVerwGE 6, 96 (97 f.); s. auch BVerfGE 3, 384 (404).

[576] Harms, Gesetzgebungszuständigkeit (Fn. 573), S. 109 ff.; Wolfrum, Ordnung (Fn. 455), S. 80; Kunig (Fn. 115), Art. 21 Rn. 98; A. Randelzhofer, JZ 1969, 533 (539).

[577] Für eine umfassende Kompetenz W. Henrichs, DVBl. 1958, 227 (230); Seifert, Parteien (Fn. 107), S. 58; föderalismusfreundlicher hingegen J. D. Kühne, Parteienrechtliche Bundeskompetenz und Föderalismusadäquanz, in: FS Schiedermair, 2001, S. 304 ff.

[578] Eine detaillierte Auflistung der Kompetenzen findet sich bei Schindler, Unternehmer (Fn. 170), S. 99 ff.

[579] Roellecke (Fn. 177), Art. 21 Rn. 60.

[580] So durften die Länder die Wahlkampfkostenpauschale für Landtage nicht höher als das Parteiengesetz festsetzen: VerfGH NW NVwZ 1993, 91 ff., dazu M. Sachs, JuS 1993, 334 f.

[581] S. insbesondere Michaelis, Beobachtung (Fn. 226), S. 239 ff.

[582] BVerfGE 85, 264 (285 ff.).

[583] Zur alten Rechtslage ebenso BVerfGE 24, 300 (354).

dem Wahlrecht zu den Länderparlamenten oder dem Landesstraßenrecht –, so richtet sich die Zuständigkeit danach, wo der Schwerpunkt der Regelung liegt[584].

D. Verhältnis zu anderen GG-Bestimmungen

Parteien genießen den Schutz der **Grundrechte** in der Weise und mit dem Inhalt, den Art. 21 GG vermittelt: Kraft Art. 21 GG – und nicht erst über Art. 19 III GG – sind die Parteien Grundrechtsträger (→ Rn. 54). Der Inhalt der Gewährleistungen wird von Art. 21 GG für die Parteien speziell ausgeformt (→ Rn. 50 f., 55). Die Mitglieder können sich zur Verteidigung der individualrechtlichen Gehalte des Rechts auf freie und chancengleiche parteipolitische Betätigung ebenfalls auf die durch Art. 21 GG modifizierten Grundrechte berufen (→ Rn. 52). Art. 21 II GG ist lex specialis zu **Art. 9 II GG**[585], gegenüber der Meinungsäußerungsfreiheit stellt er eine verfassungsunmittelbare Schranke dar[586].

166

Der Zugang zum öffentlichen Dienst und die Amtsführung sind nach **Art. 33 II, III GG** unabhängig von parteipolitischen Betätigungen gewährleistet[587] (→ Art. 33 Rn. 102). Art. 33 V GG wird in keiner Hinsicht von Art. 21 GG eingeschränkt[588]. **Art. 93 I Nr. 4c GG** eröffnet den Parteien eine Rechtsschutzmöglichkeit gegen die Nichtanerkennung als Partei bei der Zulassung zur Bundestagswahl. Die **Wahlrechtsgleichheit** aus Art. 38 I 1 GG deckt eine Ausprägung des Rechts auf Chancengleichheit der Parteien und ihrer Mitglieder ab (→ Art. 38 Rn. 99 ff.). Die oft beschworene »Spannung« zwischen Art. 21 und Art. 38 GG resultiert nicht aus der Kollision der Verfassungsbestimmungen, sie ist vielmehr der Tatsache geschuldet, dass das tatsächliche politische Geschehen sich nicht ohne Weiteres dem Normativen fügt. Das **freie Mandat** der Abgeordneten nach Art. 38 I 2 GG wird rechtlich durch die Anerkennung der Rolle der Parteien in Art. 21 GG nicht tangiert.

167

In Ansehung des Demokratieprinzips (Art. 20 I, II, 28 I 1 GG) ist Art. 21 GG als spezifizierende Ausführungsbestimmung zu verstehen. Im **Verhältnis** der **Parteien** zu den **Staatsorganen** bekräftigt Art. 21 I GG die Legitimität des Mitwirkens parteipolitischer Kräfte. Das Grundgesetz setzt voraus, dass das Parlament von Parteien beschickt und der Parlamentsbetrieb von Fraktionen bestimmt wird (→ Art. 38 Rn. 179 ff.) und dass sich daraus berechenbare und stabile Mehrheitsverhältnisse ergeben, wie es in Art. 63 ff. GG ablesbar ist[589]. Parteipolitische Loyalität ist verfassungsrechtlich nicht zu beanstanden – solange Rechtsvorschriften beachtet werden[590]. Die faktische »Parteienstaatlichkeit« ist kein Rechtstitel.

168

---

[584] Dazu *Harms*, Gesetzgebungszuständigkeit (Fn. 573), S. 132 ff.
[585] BVerfGE 2, 1 (13); 12, 296 (304); 13, 174 (177); 17, 155 (166).
[586] BVerfGE 5, 85 (134 ff.).
[587] BVerfGE 39, 334 (357 ff.), so auch das *Sondervotum Seuffert*, 375 (376); für ein völliges Verwertungsverbot in beamtenrechtlichen Fragen: *Sondervotum Rupp*, 378 (382 ff.). Zum Ganzen auch *H. Maurer*, NJW 1972, 601 ff.
[588] Für die politische Treuepflicht des Beamten: BVerfGE 39, 334 (357).
[589] Pointiert *E. G. Mahrenholz*, Bundesverfassungsgericht und Parteienstaatlichkeit, in: K. Stern (Hrsg.), 40 Jahre Grundgesetz, 1990, S. 93 ff. (96).
[590] *A. Bäcker*, Der Ausschluss aus der Bundestagsfraktion, 2011, S. 121.

Artikel 22 [Bundeshauptstadt; Bundesflagge]

(1) ¹Die Hauptstadt der Bundesrepublik Deutschland ist Berlin. ²Die Repräsentation des Gesamtstaates in der Hauptstadt ist Aufgabe des Bundes. ³Das Nähere wird durch Bundesgesetz geregelt.
(2) Die Bundesflagge ist schwarz-rot-gold.

Literaturauswahl

Bieber, Roland: Die Flagge der EG, in: Gedächtnisschrift für Wilhelm Karl Geck, 1989, S. 59–77.
Dohna, Alexander Graf zu: Die staatlichen Symbole und der Schutz der Republik, in: HdbDStR I, § 17, S. 200–208.
Klein, Eckart: Die Staatssymbole, in: HStR³ II, § 19, S. 193–208.
Murswiek, Dietrich: Verfassungsfragen der staatlichen Selbstdarstellung, in: Staat – Souveränität – Verfassung. Festschrift für Helmut Quaritsch, 2000, S. 307–332.
Myers Feinstein, Margarete: State Symbols. The Quest for Legitimacy in the Federal Republic of Germany and the German Democratic Republic, 1949–1959, 2001.
Wieland, Joachim: Verfassungsrechtliche Probleme der Entscheidung über die künftige deutsche Hauptstadt, in: Der Staat 30 (1991), S. 231–243.

Leitentscheidungen des Bundesverfassungsgerichts

BVerfGE 81, 278 (293f.) – Bundesflagge; 81, 298 (308f.) – Nationalhymne.

Gliederung

	Rn.
A. Herkunft, Entstehung, Entwicklung	1
I. Ideen- und verfassungsgeschichtliche Aspekte	1
1. Allgemeines	1
2. Hauptstadtklausel	2
3. Bundesflagge	9
II. Entstehung und Veränderung der Norm	18
B. Internationale, supranationale und rechtsvergleichende Bezüge	21
I. Hauptstadt	21
II. Bundesflagge	26
C. Erläuterungen	31
I. Regelungsgehalt	31
1. Hauptstadtklausel (Art. 22 I GG)	31
a) Hauptstadt	31
b) Gesamtstaatliche Repräsentation	32
2. Bundesflagge (Art. 22 II GG)	35
II. Kompetenzen	36
1. Hauptstadtklausel	36
2. Bundesflagge	37
3. Andere Staatssymbole	39
D. Verhältnis zu anderen GG-Bestimmungen	42

Stichwörter

Bundespräsident 8, 31, 38ff. – Einheit 2, 6f., 10, 14, 18, 35 – Europa 19, 22, 27 – Europaflagge 27 – Handelsflagge 13f., 16f. – Lützowsche Jäger 10 – Nationalhymne 39 – Nationalsozialismus 16 – Parlament 5, 7, 37 – Parlamentarischer Rat 3, 18f., 35 – Paulskirche 2, 12, 30 – Sprache 41 – Trikolore 9, 19, 30, 35 – Weimarer Republik 6, 14f., 19, 30.

A. Herkunft, Entstehung, Entwicklung

I. Ideen- und verfassungsgeschichtliche Aspekte

1. Allgemeines

Art. 22 GG regelt die **Staatssymbole**[1]. Allerdings werden nur zwei Staatssymbole, die Hauptstadt (Abs. 1) und die Bundesflagge (Abs. 2), im Text der Vorschrift erwähnt. Für alle Staatssymbole kommt der Bestimmung aber grundsätzliche Bedeutung zu[2].

1

2. Hauptstadtklausel

Für **Deutschland als Nation**, die erst spät ihre **staatliche Einheit** erlangt hat, ist die Antwort auf die Frage nach seiner Hauptstadt nicht gleichsam aus der Natur der Sache heraus zu beantworten gewesen. Bis 1806 war Wien die Stadt gewesen, in der die Habsburger Kaiser des Heiligen Römischen Reiches deutscher Nation regierten. Frankfurt wurde 1848 das Zentrum der Bemühungen um die Herstellung der staatlichen Einheit durch eine Revolution. Hätte sich die großdeutsche Lösung durchgesetzt, für die sich die Paulskirchenversammlung am 27. Oktober 1848 mit großer Mehrheit ausgesprochen hatte, wäre Wien als Hauptstadt des neuen deutschen Reichs in Betracht gekommen. In der Paulskirchenverfassung war die Festlegung der Hauptstadt dem Gesetzgeber überlassen, der gemäß § 71 III über den Sitz der Reichsregierung bestimmte. Dort sollte auch die Residenz des Kaisers sein (§ 71 I RV). Der Reichstag musste sich am Sitz der Reichsregierung versammeln (§ 104 RV). Nach der Reichsgründung stand außer Diskussion, dass Berlin die Hauptstadt Deutschlands war. Die herausragende Stellung Preußens im Deutschen Kaiserreich ließ es nicht nur als selbstverständlich erscheinen, dass der König von Preußen Deutscher Kaiser war. Es war auch unvorstellbar, dass eine andere Stadt als die Hauptstadt Preußens Berlin Hauptstadt Deutschlands sein könnte. So konnte sich Art. 2 Satz 3 RV mit der beiläufigen Erwähnung der Ausgabe des Reichsgesetzblatts in Berlin begnügen. Art. 71 WRV sprach dann nur noch von der Ausgabe des Reichsgesetzblatts in der Reichshauptstadt. Damit war für die Zeitgenossen selbstverständlich Berlin gemeint[3].

2

1949 war äußerst **umstritten**, welche Stadt Sitz der Bundesorgane werden sollte[4]. Wie das Grundgesetz wurde auch diese Bestimmung als nur provisorisch bis zur bald erwarteten Wiedervereinigung Deutschlands verstanden. Der Parlamentarische Rat setzte einen gesonderten Ausschuss zur Vorbereitung der Entscheidung über den **Bundessitz** ein. Während Stuttgart und Kassel, die sich ebenfalls beworben hatten, ohne Chance blieben, entschied der Parlamentarische Rat in der Nacht vom 10. auf den 11. Mai 1949 in geheimer Abstimmung darüber, dass Bonn (33 Stimmen) und nicht Frank-

3

---

[1] Allgemein zu Staatssymbolen *R. Smend*, Verfassung und Verfassungsrecht (1928), in: ders., Staatsrechtliche Abhandlungen, 3. Aufl. 1994, S. 119 ff. (162 ff.); *A. Graf zu Dohna*, Die staatlichen Symbole und der Schutz der Republik, in: HdbDStR I, S. 200 ff.; *K. Loewenstein*, Betrachtungen über politischen Symbolismus, in: FS Laun, 1953, S. 559 ff.; *E. Klein*, HStR³ II, § 19 Rn. 8; *U. Krüdewagen*, Die Selbstdarstellung des Staates: Eine Untersuchung der Selbstdarstellung der Bundesrepublik Deutschland und der Vereinigten Staaten von Amerika, 2002, S. 10 ff.; *D. Murswiek*, Verfassungsfragen der staatlichen Selbstdarstellung, in: FS Quaritsch, 2000, S. 307 ff.; *J. Wieland*, Der Staat 30 (1991), 231 (232).
[2] *R. Sannwald*, in: Schmidt-Bleibtreu/Hofmann/Henneke, GG, Art. 22 Rn. 1.
[3] *Anschütz*, WRV, Art. 71 Anm. 1.
[4] Näher zum Folgenden *J. Wieland*, Der Staat 30 (1991), 231 (237 ff.).

Joachim Wieland

furt am Main (29 Stimmen) vorläufig Sitz der leitenden Bundesorgane sein sollte[5]. Die Militärgouverneure der Westalliierten waren über diese Entscheidung nicht glücklich. Sie befürchteten zusätzliche Kosten, wenn der Bundestag einen anderen vorläufigen Bundessitz bestimmen würde. Sie konnten jedoch die Ministerpräsidenten der Länder nicht zu einer verbindlichen Festlegung des Bundessitzes vor der Wahl des ersten Bundestages bewegen[6]. Vor allem die Ministerpräsidenten, die sich für Frankfurt ausgesprochen hatten, erklärten jedoch gegenüber dem Überleitungsausschuss des Parlamentarischen Rates, dessen Entscheidung sei kein Gesetzgebungsakt, sondern nur eine unverbindliche Resolution. Dem hielt Konrad Adenauer entgegen, die Militärgouverneure hätten ihm als Präsidenten des Parlamentarischen Rates durch General Clay mitteilen lassen, dass der Rat für die Bestimmung des Bundessitzes zuständig sei[7] – eine schriftliche Mitteilung wurde allerdings nie gefunden.

4   Als der **Bundestag** sich konstituiert hatte, stellten die SPD-Fraktion und Mitglieder verschiedener Fraktionen Anträge, den vorläufigen Sitz der leitenden Bundesorgane nach Frankfurt am Main zu verlegen[8]. Auch der Bundestag bildete zur Entscheidung der Frage einen eigenen Ausschuss[9]. Nachdem er dem Plenum am 3. November 1949 Bericht erstattet hatte, lehnte dieses beide Anträge mit 200 gegen 176 Stimmen ab[10]. Ein Antrag der KPD-Fraktion, den Sitz der leitenden Bundesorgane »in die Hauptstadt Deutschlands Berlin« zu verlagern[11], wurde auf Initiative der SPD-Fraktion dahin ergänzt, dass die Verlagerung erst nach der Durchführung allgemeiner, freier, gleicher, geheimer und direkter Wahlen in ganz Berlin und in der Sowjetischen Besatzungszone erfolgen sollte[12] und in dieser Fassung gegen die Stimmen der KPD-Fraktion angenommen[13].

5   Schon in einer seiner ersten Sitzungen hatte der Deutsche Bundestag am 30. September 1949 auf Antrag der SPD-Fraktion »feierlich vor aller Welt« erklärt, »daß nach dem Willen des Deutschen Volkes **Groß-Berlin Bestandteil der Bundesrepublik Deutschland** und ihre **Hauptstadt** sein soll«[14]. Das Parlament bekräftigte diesen Beschluss 1957 noch einmal[15]. Da Berlin aber unter der Verwaltung der Alliierten Militärkommandantur stand[16] und da die drei westlichen Militärgouverneure in ihr Schreiben zur Genehmigung des Grundgesetzes den Vorbehalt aufgenommen hatten,

---

[5] Parl. Rat IX, S. 677 ff.
[6] Protokoll der Konferenz der Militärgouverneure mit den Ministerpräsidenten der Bizone in Frankfurt am 30. Juni 1949, in: Akten zur Vorgeschichte der Bundesrepublik Deutschland 1945–1949, Bd. 5, 1981, S. 689 ff. (695 ff.).
[7] Protokolle der Sitzung des Hauptausschusses und der Besprechung der Ministerpräsidenten im Rahmen der Ministerpräsidentenkonferenz in Bad Schlangenbad, in: Akten zur Vorgeschichte der Bundesrepublik Deutschland 1945–1949, Bd. 5, 1981, S. 795 ff.
[8] BT-Drs. I/4 und 19.
[9] BT-Sten. Prot. I/244 ff.
[10] BT-Sten. Prot. I/341 ff.; näher zu den Hintergründen der Entscheidung *H. Wandersleb*, Wie Bonn Bundeshauptstadt wurde, in: H. Hupka (Hrsg.), Einladung nach Bonn, 3. Aufl. 1974, S. 195 ff.
[11] BT-Drs. I/135.
[12] BT-Drs. I/143.
[13] BT-Sten. Prot. I/343 ff.
[14] BT-Sten. Prot. I/244 (B).
[15] BT-Sten. Prot. II/10812 ff. sowie BT-Drs. II/2998 und 3116; dazu *U. Repkewitz*, ZParl. 21 (1990), 505 (508).
[16] Gemäß der Resolution der Alliierten über die gemeinsame Verwaltung Berlins vom 7. Juli 1945, abgedruckt in: I. von Münch (Hrsg.), Dokumente des geteilten Deutschland, 1968, S. 137.

dass Berlin nicht durch den Bund regiert werden dürfe[17], konnten die obersten Staatsorgane der Bundesrepublik bis zur Wiedervereinigung Deutschlands ihren Sitz nicht in Berlin nehmen.

In der Folge fielen Hauptstadt und Bundessitz auseinander. Hauptstadt konnte nicht länger als die Stadt definiert werden, in der sich der dauernde Sitz der Regierung befindet, wie Anschütz es in der Weimarer Republik noch unproblematisch formuliert hatte[18]. Die Bundesrepublik Deutschland erhob Berlin mit ihrem Festhalten an der Hauptstadtfunktion der Stadt zum Symbol der real nicht mehr bestehenden deutschen Einheit[19]. Im Laufe der Zeit gewöhnte man sich allerdings an den status quo. **Bonn** wurde faktisch zur **Bundeshauptstadt**. Eine rechtliche Verfestigung fand diese Entwicklung in der vom Land Nordrhein-Westfalen mit der Stadt Bonn abgeschlossenen »Vereinbarung im Hinblick auf die Aufgaben der Stadt Bonn als Bundeshauptstadt« vom 18. März 1980[20]. Auch erkannten die Bundeskanzler Brandt[21], Schmidt[22] und Kohl[23] in Regierungserklärungen Bonn ausdrücklich als Bundeshauptstadt an.

Erst mit der **Wiedervereinigung** Deutschlands stellte sich die Hauptstadtfrage neu. Der Ministerpräsident der DDR de Maizière setzte sich vergeblich dafür ein, schon im **Einigungsvertrag** Berlin als deutsche Hauptstadt festzulegen[24]. Noch der Einigungsvertrag wurde von der Vorstellung getragen, dass Hauptstadt und Regierungssitz nicht notwendig zusammen fallen müssen. Das ergibt sich aus Art. 2 I EV: »Hauptstadt Deutschlands ist Berlin. Die Frage des Sitzes von Parlament und Regierung wird nach der Herstellung der Einheit Deutschlands entschieden.« Diese Entscheidung wurde nach einer »Klarstellung« im Protokoll zum Einigungsvertrag »der Beschlußfassung der gesetzgebenden Körperschaften des Bundes« vorbehalten[25]. Diese Beschlussfassung fiel vor allem dem Parlament nicht leicht[26]. Auch in der Öffentlichkeit und in der Wissenschaft war die Frage äußerst umstritten[27]. In der **entscheidenden Sitzung am 20. Juni 1991** standen vier verschiedene Anträge zur Abstimmung: Der sog. »Konsensantrag Berlin/Bonn« sah vor, dass Berlin Sitz des Bundestages werden, die Bundesregierung aber in Bonn bleiben[28]; der Antrag »Erhaltung der Funktionsfähigkeit der parlamentarischen Demokratie«, der eine örtliche Trennung von Parlament und Regierung verhindern wollte[29]; der Berlin-Antrag[30], der mit sehr knapper Mehrheit

---

[17] Punkt 4 des Genehmigungsschreibens vom 10. Mai 1949, abgedruckt in: I. von Münch (Hrsg.), Dokumente (Fn. 16), S. 130.
[18] *Anschütz*, WRV, Art. 71 Anm. 1.
[19] Näher dazu *J. Wieland*, Der Staat 30 (1991), 231 ff.
[20] Dazu *E. Klein*, HStR³ II, § 19 Rn. 16.
[21] BT-Sten. Prot. 7/7, S. 133.
[22] BT-Sten. Prot. 8/5, S. 46.
[23] BT-Sten. Prot. 10/4, S. 74.
[24] *O. Pagenkopf*, ZRP 38 (2005), 85 (88).
[25] Das Protokoll ist gemäß Art. 45 EV mit dem Einigungsvertrag in Kraft getreten.
[26] Zu den Auseinandersetzungen *H. Herles*, Die Hauptstadtdebatte, 1991.
[27] Siehe die Beiträge von *K. v. Beyme*, Hauptstadtsuche, 1991; *P. Häberle*, DÖV 1990, 989 ff.; *M. Heintzen*, ZfP 37 (1990), 134 ff.; *W. A. Kewenig*, Berlin – Hauptstadt Deutschlands, in: FS für Wolfgang Wagner, 1990, S. 134 ff.; *J.-D. Kühne*, ZParl. 21 (1990), 515 ff.; *U. Repkewitz*, ZParl. 21 (1990), 505 ff.; *A. Spies*, JA 1991, 195 ff.; *W. Thieme*, Die Verwaltung 24 (1991), 1 ff.; *M. Wochner*, ZRP 24 (1991), 207 ff.; *M. Wolff*, MDR 1991, 590 ff.; *R. Zuck*, MDR 1991, 207 ff.
[28] BT-Drs. 12/817, 147 Ja-, 489 Neinstimmen.
[29] BT-Drs. 12/816.
[30] BT-Drs. 12/818.

gegenüber dem Bonn-Antrag[31] angenommen wurde[32]. Damit war Berlin zum Sitz des Deutschen Bundestages bestimmt.

8   Der Bundesrat beschloss demgegenüber am 5. Juli 1991 zunächst, seinen Sitz in Bonn beizubehalten[33]. Am 11. Dezember 1991 beschloss die Bundesregierung, wie die Ministerien zukünftig auf Berlin und Bonn aufgeteilt werden sollten[34]. 1994 nahm der Bundespräsident seinen ersten Amtssitz in Berlin. Im gleichen Jahr wurde die Bestimmung des Sitzes von Bundestag und Bundesregierung gesetzlich bestätigt[35]. Gleichzeitig wurde **Bonn** zur **Bundesstadt** bestimmt[36]. Erst am 27. September 1996 legte der Bundesrat in einem Grundsatzbeschluss fest, dass er seinen Sitz in der Bundeshauptstadt Berlin habe und seine Arbeit dort zeitgleich mit dem Deutschen Bundestag und der Bundesregierung aufnehmen werde[37]. 1999 sind dann der Bundestag, der Bundesrat und die Bundesregierung nach Berlin gezogen[38]. Mehrere Ministerien haben ihren Sitz in Bonn behalten und nur einen zusätzlichen Dienstsitz in Berlin. Die anderen Ministerien haben einen weiteren Dienstsitz in Bonn[39]. Während aber 2000 noch über 60 Prozent der Ministerialbeamten in Bonn arbeiteten, waren es 2014 nur noch weniger als 40 Prozent[40]. Mittelfristig wird sich diese Zahl weiter verringern. Bonns Zukunft als Bundesstadt wird durch die Ansiedlung wichtiger Bundesbehörden und die Präsenz der Vereinten Nationen geprägt sein.

3. Bundesflagge

9   Die schwarz-rot-goldenen Farben der Bundesflagge stehen als **Symbol** für die **Tradition**, in die Deutschland sich ungeachtet aller Brechungen und Katastrophen seiner Geschichte bewusst selbst gestellt hat. Die genauen Ursprünge der Farbenfolge schwarz-rot-gold sind allerdings nicht völlig geklärt: Die Zusammenstellung von drei Farben sollte wie die französische Trikolore die revolutionäre, demokratische Zielrichtung der Freiheitsbewegung verdeutlichen[41]. Schwarz-Rot-Gold wurden im frühen 19. Jahrhundert – fälschlich – als die Farben des Heiligen Römischen Reiches Deutscher Nation angesehen[42].

10 Schon die **Lützowschen Jäger** hatten ihre Uniform- und Kleidungsstücke schwarz eingefärbt und mit rotsamtenen Aufschlägen sowie goldenen Knöpfen versehen, um nach außen einen einheitlichen Eindruck zu vermitteln. Nach dem Ende der Freiheits-

---

[31] BT-Drs. 12/814, 337 zu 320 Stimmen.
[32] BT-Prot. 12/34, S. 2735 ff.
[33] BT-Drs. 12/914.
[34] Bulletin der Bundesregierung Nr. 141, 1991, S. 1149.
[35] Gesetz zur Umsetzung des Beschlusses des Deutschen Bundestages vom 20.6.1991 zur Vollendung der Einheit Deutschlands vom 26. April 1994, BGBl. I S. 918; dazu *R. Scholz*, NVwZ 1995, 35 ff.
[36] Näher *V. Busse*, DÖV 2006, 631 ff.; *M. Heintzen*, Der verfassungsrechtliche Status der Bundesstadt Bonn, 2000.
[37] BR-Drs. 345/96 (Beschluss), Nr. 1 und 2.
[38] Vgl. *P. Kunig*, LKV 1999, 337 ff.
[39] Siehe § 4 des Gesetzes zur Umsetzung des Beschlusses des Deutschen Bundestages vom 20.6.1991 zur Vollendung der Einheit Deutschlands vom 26. April 1994, BGBl. I S. 918, sowie *V. Busse*, DÖV 2006, 631 ff.
[40] *U. Zwatka-Gerlach*, 20 Jahre nach dem Berlin/Bonn-Gesetz (14.4.2014), http://www.bpb.de/geschichte/deutsche-einheit/20-jahre-hauptstadtbeschluss/181669/meinung-20-jahre-nach-dem-berlin-bonn-gesetz (7.1.2015).
[41] *A. Rabbow*, Symbole der Bundesrepublik und des Landes Niedersachsen, 1980, S. 18 f.; *C. Burkiczak*, Jura 2003, 806 (807); *W. Höfling/C. Burkiczak*, in: Friauf/Höfling, GG, Art. 22 (2006), Rn. 5.
[42] Näher dazu *Rabbow*, Symbole (Fn. 41), S. 18 f.

kriege gründeten ehemalige Lützowsche Jäger mit anderen Studenten die Jenaer Burschenschaft und bestimmten Schwarz-Rot zu deren Farben. Gold kam hinzu, als ihnen Jenaer Frauen am 31. März 1816 eine gestickte rot-schwarz-rote Fahne mit einem goldenen Eichenzweig in der Mitte und goldenen Fransen am Saum überreichten. Auf dem **Wartburgfest** am 18. Oktober 1817 standen die Farben Schwarz-Rot-Gold für die Forderungen nach nationaler **Einheit**, politischer **Freiheit** und verfassungsmäßig geschützter **Gleichheit** aller Bürger. In diesem Sinne wurden sie nicht nur zum Symbol der 1818 gegründeten Allgemeinen Deutschen Burschenschaft, sondern der gesamten national-liberalen Bewegung[43].

Die Bedeutung des Symbols kommt in vielen zeitgenössischen **Gedichten** zum Ausdruck, deren bekannteste die »Deutsche Farbenlehre« von Hoffmann von Fallersleben und die »Farben der Revolution« von Ferdinand Freiligrath waren[44]. Freiligrath hatte mit diesen Versen aus der Verbannung heraus den Beschluss der Bundesversammlung – der Vertretung der Deutschen Regierung in Frankfurt am Main – vom 9. März 1848 begrüßt, »den alten deutschen Reichsadler und die Farben des ehemaligen deutschen Reichspaniers Schwarz-Roth-Gold« zum Wappen und zu den Farben des Deutschen Bundes zu erklären[45]. 11

Die **Paulskirchenversammlung** hielt die Entscheidung der Flaggenfrage für so dringlich, dass sie im Vorgriff auf eine verfassungsrechtliche Regelung den Marineausschuss[46] am 28. Juli 1848 mit der Erstellung eines Gutachtens über Wappen und Farben des Deutschen Reichs beauftragte, das bereits drei Tage später mit einem Gesetzesvorschlag abgeschlossen wurde[47]. Nach dem Vorschlag sollten Handelsschiffe die schwarz-rot-goldene Flagge und Kriegsschiffe zusätzlich den Doppeladler als Reichswappen führen; er wurde nach langwieriger Diskussion über historische, ästhetische und heraldische Fragen angenommen. 12

Nach dem Scheitern der Revolution verschwanden die Farben Schwarz-Rot-Gold aus dem öffentlichen Leben. Bismarck bestimmte 1866 in einem Entwurf für die **Verfassung des Norddeutschen Bundes** Schwarz-Weiß-Rot zu Farben der Handelsflagge[48]. Art. 55 der Verfassung des Norddeutschen Bundes von 1867 und der **Reichsverfassung** von 1871 legten wortgleich fest, dass die Flagge der Kriegs- und Handelsmarine schwarz-weiß-rot sei. 13

Die schwarz-rot-goldene Flagge rückte mit der Revolution 1918 erneut in den Mittelpunkt eines politischen Meinungsstreits, der mit einem Kompromiss in der Nationalversammlung am 3. Juli 1919 nur scheinbar beendet wurde. **Art. 3 WRV** bestimm- 14

---

[43] *A. Friedel*, Deutsche Staatssymbole, 1968, S. 24 ff.; dazu auch *D. C. Umbach*, in: Umbach/Clemens, GG, Art. 22 Rn. 5.

[44] Texte bei *Rabbow*, Symbole (Fn. 41), S. 21 ff.; dort auch der Hinweis auf *Ernst Moritz Arndts* Lied »Was ist des Deutschen Vaterland?«, das mit goldenen Buchstaben auf schwarzem Papier in roter Umrandung gedruckt wurde; eine weitere Auflistung von Gedichten zum Thema Flaggen, Wappen und Farben siehe *P. Häberle*, Nationalflaggen. Bürgerdemokratische Identitätselemente und internationale Erkennungssymbole, 2008, S. 159 ff.

[45] *Huber*, Dokumente, Bd. 1, S. 329; vgl. auch *P. Wentzcke*, Die deutschen Farben, 1955, S. 103 f.

[46] Dieser Ausschuss wurde gewählt, weil einigen deutschen Handelsschiffen verwehrt worden war, unter der schwarz-rot-goldenen Flagge in deutsche Häfen einzulaufen, siehe *Friedel*, Staatssymbole (Fn. 43), S. 27.

[47] Zum Inhalt des Gutachtens, insbesondere der heraldischen Kritik an der Reihenfolge der Farben, siehe ebenfalls *Friedel*, Staatssymbole (Fn. 43), S. 27.

[48] Schwarz-Weiß waren die preußischen Farben; bei der Farbe Rot ist unklar, ob sie auf das Rot-Weiß der Hansestädte und Holsteins oder Kurbrandenburgs zurückgeht; näher *Friedel*, Staatssymbole (Fn. 43), S. 29; *Rabbow*, Symbole (Fn. 41), S. 25 f.

te in Satz 1 Schwarz-Rot-Gold zu den Reichsfarben, legte jedoch in Satz 2 für die Handelsflagge die Farbfolge »schwarz-weiß-rot mit den Reichsfarben in der oberen inneren Ecke« fest[49]. Beide Sätze spiegelten die letztlich unvereinbaren Positionen der maßgeblichen politischen Kräfte wider, die zum Symbol nicht für die Einheit, sondern die **Zerrissenheit der Weimarer Republik** wurden. Von den 10 Flaggen, die in der (Ersten) Flaggenverordnung des Jahres 1921[50] geregelt wurden, zeigten je fünf die Farben **Schwarz-Rot-Gold**[51] und **Schwarz-Weiß-Rot**[52]. Als die (Zweite) Flaggenverordnung[53] bestimmte, dass die gesandtschaftlichen und konsularischen Behörden des Reichs an außereuropäischen Plätzen, die von Seehandelsschiffen angelaufen wurden, neben der schwarz-rot-goldenen Nationalflagge oder Reichsdienstflagge auch die schwarz-weiß-rote Handelsflagge zu führen hatten, musste das zweite Kabinett Luther zurücktreten[54].

15 Die innere Zerrissenheit der Weimarer Republik dürfte Rudolf Smend vor Augen gestanden haben, als er im Rahmen seiner **Integrationslehre** die verfassungsmäßige Festlegung der Nationalflagge zwar zum grundsätzlichsten Teil der sachlichen Integration zählte, zugleich aber auch auf die Möglichkeit des Scheiterns hinwies[55].

16 Die fehlende Legitimationskraft der Nationalflagge zeigte sich, als **Hitler** zum Reichskanzler ernannt worden war. Bereits am 12. März 1933 ordnete ein Erlass des Reichspräsidenten ohne Rücksicht auf Art. 3 WRV an, dass »bis zur endgültigen Regelung der Reichsfarben« die schwarz-weiß-rote Flagge und die Hakenkreuzflagge zusammen zu hissen seien[56]. 1935 erklärt Art. 1 Reichsflaggengesetz[57] zwar Schwarz-Weiß-Rot zu den Reichsfarben, Reichs-, National- und Handelsflagge wurde jedoch die **Hakenkreuzflagge** (Art. 2).

17 Die **Alliierten** hoben das Reichsflaggengesetz schon durch Art. 1 Buchst. j des Kontrollratsgesetzes Nr. 1[58] auf. Die verlorene Souveränität Deutschlands kam in der Folgezeit symbolträchtig dadurch zum Ausdruck, dass die deutschen Handelsschiffe verpflichtet wurden, statt einer Handelsflagge eine »**Erkennungsflagge**« zu führen[59].

---

[49] Zum Regelungsgehalt, aber auch zur rechtlichen Problematik dieser Bestimmung *Anschütz*, WRV, Art. 3 Anm. 1 ff.
[50] Vom 11. April 1921, RGBl. I S. 483.
[51] Nationalflagge, Standarte des Reichspräsidenten, Flagge des Reichswehrministers, Reichspostflagge, Dienstflagge der Reichsbehörden zu Lande.
[52] Handelsflagge, Handelsflagge mit dem Eisernen Kreuz (für Handelskapitäne, die Offiziere der Reichsmarine gewesen waren), Reichskriegsflagge, Gösch (i.e.: kleine Bugflagge), Dienstflagge der Reichsbehörden zur See.
[53] Vom 5. Mai 1926, RGBl. I S. 217.
[54] *F. Poetzsch-Heffter*, JöR 17 (1929), 1 (6 ff.); zu weiteren Konflikten um die Flaggenfarben siehe *Friedel*, Staatssymbole (Fn. 43), S. 35 f.; *E. Klein*, in: BK, Art. 22 (Drittb. 2008), Rn. 110 ff.; sowie *Rabbow*, Symbole (Fn. 41), S. 30 ff.; *Gusy*, Reichsverfassung, S. 87 f.
[55] *Smend*, Verfassung (Fn. 1), S. 217.
[56] RGBl. I S. 103; die Bedeutung der Flaggenfrage kommt auch darin zum Ausdruck, dass im gleichen Jahr noch drei weitere einschlägige Vorschriften erlassen wurden: die Verordnung über die vorläufige Regelung der Flaggenführung vom 31. März 1933, RBGl. I S. 179; der Erlass über das Setzen der Hakenkreuzflagge auf Kauffahrteischiffen vom 29. April 1933, RGBl. I S. 244; die Verordnung über die vorläufige Regelung der Flaggenführung auf Kauffahrteischiffen vom 20. Dezember 1933, RGBl. I S. 1101.
[57] Vom 15. September 1935, RGBl. I S. 1145.
[58] Vom 20. September 1945, Amtsblatt des Kontrollrats in Deutschland Nr. 1, S. 3.
[59] Kontrollratsgesetz Nr. 39 vom 12. November 1946, Amtsblatt des Kontrollrats Nr. 12, S. 71.

II. Entstehung und Veränderung der Norm

Ursprünglich bestand Art. 22 GG nur aus dem heutigen Abs. 2. Die problembeladene Geschichte der deutschen Nationalflagge hatte in den **Beratungen über das Grundgesetz** ihren Widerhall gefunden. Art. 23 HChE, demzufolge der Bund die schwarz-rot-goldene Flagge der Deutschen Republik führen sollte, wurde zwar von einer Mehrheit getragen, die sich auf die deutsche Einheits- und Freiheitsbewegung bezog; eine Minderheit des Verfassungskonvents wollte dagegen dem Gesetzgeber die Flaggenentscheidung vorbehalten[60]. Im **Parlamentarischen Rat** war man sich zwar weithin über die Bundesfarben, nicht jedoch über die Flaggengestaltung einig[61].

Die CDU wünschte für die Bundesflagge »auf rotem Grund ein schwarzes liegendes Kreuz und auf dieses aufgelegt ein goldenes Kreuz«[62]. Während die CDU der Trikolorenform keine werbende Kraft beimaß und im **Kreuz** ein Symbol für das sah, »was heute die Kulturländer Europas und des Abendlandes einigt«[63], wollte die SPD mit der **Trikolore** die Fahne der treuesten Anhänger der republikanischen Gesinnung in Deutschland übernehmen[64]. Die Entscheidung fiel erst während der dritten Lesung des Grundgesetzes im Parlamentarischen Rat am 8. Mai 1949. An diesem Tag wurde der Vorschlag der CDU, nur die Bundesfarben Schwarz, Rot und Gold festzulegen, die Gestaltung der Flagge jedoch dem Gesetzgeber zu überlassen[65], mit 34 gegen 23 Stimmen abgelehnt und sodann auf Vorschlag der SPD[66] die geltende Fassung des Art. 22 GG mit 49 gegen 1 Stimme angenommen[67]. Die SPD hatte ihren Antrag mit dem Ziel begründet, »daß die Bundesrepublik Deutschland die Flagge führe, die in Weimar gesetzlich festgelegt wurde«[68]. Damit knüpft Art. 22 GG also bewusst an die **freiheitlich-demokratische Tradition** der Weimarer Republik an.

Erst mit der ersten Stufe der **Bundesstaatsreform** hat der Artikel 2006 seine heutige Form gefunden. Die Kommission von Bundestag und Bundesrat zur Modernisierung der bundesstaatlichen Ordnung hatte 2004 darüber beraten, die Stellung Berlins als Hauptstadt in einem neuen Art. 22 I zu verankern[69]. Ein Vorschlag Berlins[70] sah zu-

---

[60] Verfassungsausschuss der Ministerpräsidenten-Konferenz der westlichen Besatzungszonen, BerichtHCh, S. 24 f.; auch abgedruckt in Parl. Rat II, S. 519.
[61] Zur Festlegung der Bundesfarben Schwarz-Rot-Gold siehe die Beratungen des Grundsatzausschusses am 14. Oktober 1948 (Parl. Rat V, S. 300 ff.), am 3. November 1948 (Parl. Rat V, S. 465 ff.) und am 5. November 1948 (Parl. Rat V, S. 485 ff.); *v. Mangoldt* wollte bis zur endgültigen Entscheidung auf die schwarz-weiß-roten Farben der Weimarer Republik zurückgreifen.
[62] So der Vorschlag des Abg. Dr. *Pfeiffer* (CSU) in der Sitzung des Grundsatzausschusses am 5. November 1948 (Parl. Rat V, S. 485) und gleichlautend die Variante II der Vorschläge des Grundsatzausschusses vom 10. November 1948 (Parl. Rat V, S. 541).
[63] Abg. Dr. *Lehr* (CDU) und Dr. *Strauß* (CDU), Sitzung des Hauptausschusses am 17. November 1948, Parl. Rat XIV/1, S. 123 f.
[64] Abg. Dr. *Bergsträßer* (SPD), Sitzung des Hauptausschusses am 17. November 1948, Parl. Rat XIV/1, S. 123 f.
[65] Parl. Rat, Sitzung am 8. Mai 1949 (Parl. Rat IX, S. 587 f.).
[66] Parl. Rat, Sitzung am 8. Mai 1949 (Parl. Rat IX, S. 589).
[67] Parl. Rat IX, S. 589 f.
[68] Abg. Dr. *Bergsträßer* (SPD), Parl. Rat, Sitzung am 8. Mai 1949, Parl. Rat IX, S. 588.
[69] Dokumentation der Kommission von Bundestag und Bundesrat zur Modernisierung der bundesstaatlichen Ordnung, Zur Sache 1/2005, S. 947 ff.; dazu *M. Heintzen*, Der Bund und die Finanzen seiner Hauptstadt, in: FS Raue, 2006, S. 83 ff. (89).
[70] Der Regierende Bürgermeister von Berlin *Wowereit*, Bundesstaatsmodernisierung/Hauptstadtregelung, Kommissionsdrucksache 15, abgedruckt in: Dokumentation (Fn. 69), S. 949; dazu *Sannwald* (Fn. 2), Art. 22 Rn. 8.

nächst eine ausführliche Regelung der materiellen und finanziellen Verantwortung des Bundes für die Hauptstadt Berlin vor. Der Abgeordnete Bernd Neumann schlug in der 1. Sitzung der Projektgruppe 7 »Hauptstadt« am 7. September 2004 den später in das Grundgesetz aufgenommenen Text vor, dessen zweiter Satz in der nächsten Sitzung der Projektgruppe jedoch auf den Widerstand der Bundesregierung stieß, weil er eine Vielzahl noch nicht geklärter Probleme aufweise[71]. Im Laufe der weiteren Beratungen einigte man sich deshalb nur auf den ersten und dritten Satz des heutigen Textes[72]. Der Koalitionsvertrag enthielt dann als Ergebnis der Koalitionsarbeitsgruppe zur Föderalismusreform wieder den zweiten Satz[73]. Dieser Text wurde unverändert Bestandteil des Gesetzentwurfs der Fraktionen von CDU/CSU und SPD vom 7. März 2006[74] und ist so am 1. September 2006 als Teil der ersten Stufe der Bundesstaatsreform in Kraft getreten[75].

B. Internationale, supranationale und rechtsvergleichende Bezüge

I. Hauptstadt

21 Die **völkerrechtliche Bedeutung** der Festlegung einer Hauptstadt ist gering. In einzelnen Fällen, wie etwa der Kontroverse um den Hauptstadtstatus Jerusalems[76], wird deutlich, dass zu der nationalen Entscheidung über eine Hauptstadt eine **internationale Anerkennung** treten muss. Diese ist nicht zuletzt erforderlich, um die Niederlassung diplomatischer Vertretungen sicherzustellen.

22 Die Benennung einer Hauptstadt findet sich in vielen **Verfassungen Europas**[77]: Brüssel in Art. 194 der Verfassung des Königreichs Belgien, Rom in Art. 114 der Verfassung der Republik Italien, Madrid in Art. 5 der Verfassung des Königreichs Spaniens, Prag in Art. 13 der Verfassung der Tschechischen Republik, Wien in Art. 5 I der Verfassung Österreichs, Warschau in Art. 29 der Polnischen Verfassung, Preßburg in Art. 10 der Slowakischen Verfassung, Budapest in Art. 74 der Verfassung der Republik Ungarn, Vilnius in Art. 17 der Verfassung der Republik Litauen, Bukarest in Art. 14 der Verfassung Rumäniens, Luxemburg in Art. 109 der Verfassung des Großherzogtums Luxemburg. Andere Verfassungen äußern sich zur Hauptstadtfrage nicht und setzen dabei die Festlegung der Hauptstadt gleichsam stillschweigend (die Verfassungen der Französischen Republik und der Griechischen Republik) oder explizit voraus (dem König der Niederlande soll nach seiner Amtsübernahme »in der Hauptstadt Amsterdam« gehuldigt werden, Art. 32 der Verfassung der Niederlande). Andere Verfassungen sprechen nicht von einer Hauptstadt, legen aber den Sitz einzelner staatlicher Organe fest (etwa den Sitz des Nationalen Parlaments und des Präsidenten in Dublin, Art. 12 XI, 15 I der Verfassung der Republik Irland). Dagegen umschreiben andere Verfassun-

---

[71] Ergebnisvermerke der 1. und 2. Sitzung der Projektgruppe 7 »Hauptstadt« vom 7. und 29. September 2004, enthalten in den Materialien zu der Dokumentation (Fn. 69).
[72] Vorschlag der Vorsitzenden, Vorentwurf vom 13. Dezember 2004, abgedruckt in: Dokumentation (Fn. 69), S. 956.
[73] Anlage 2 zum Koalitionsvertrag: Ergebnis der Koalitionsarbeitsgruppe zur Föderalismusreform, S. 18.
[74] BT-Drs. 16/813, S. 2.
[75] Gesetz zur Änderung des Grundgesetzes vom 28. August 2006, BGBl. I S. 2034.
[76] *G. Seidel*, AVR 44 (2006), 121 ff.
[77] Instruktiv *P. Häberle*, DÖV 1990, 989 ff.

gen den Sitz der Staatsorgane nur abstrakt (so soll nach § 37 des Grundgesetzes des Reiches Dänemark das Folketing dort zusammentreten, wo die Regierung ihren Sitz hat). Die Schweizerische Eidgenossenschaft hat ganz darauf verzichtet, eine Stadt zur Hauptstadt zu erheben; Bern wurde lediglich außerhalb des Verfassungsrechts der Status einer »Bundesstadt« verliehen.

Die **Europäische Union** besitzt keine Hauptstadt. Auch hinsichtlich des Amtssitzes der Organe der Union besteht keine eindeutige Bestimmung in den Gründungsverträgen. Die in Art. 341 AEUV getroffene Regelung, wonach der Sitz der Organe der Europäischen Union »im Einvernehmen zwischen den Regierungen der Mitgliedstaaten« bestimmt werde, lässt sich nur mit der Komplexität der Materie erklären. Die praktischen Schwierigkeiten, im politischen Prozess ein Einvernehmen zu finden, verdeutlicht die Aufteilung der Dienstorte des Europäischen Parlaments. Dieses hat zwar seinen Sitz in Straßburg, die Ausschüsse und Fraktionen tagen dagegen in Brüssel; das Generalsekretariat des Parlaments und Teile der Parlamentsverwaltung haben ihren Sitz in Luxemburg[78]. 23

Die meisten **Verfassungen der deutschen Bundesländer** enthalten Festlegungen zur Hauptstadt oder zum Sitz der staatlichen Organe. Teils werden die Landeshauptstädte explizit bezeichnet: Potsdam in Art. 1 III Brandenb.Verf., Hannover in Art. 1 IV Nds. Verf., Dresden in Art. 2 I Sächs.Verf., Magdeburg in Art. 1 III Sachs.-Anh.Verf., Erfurt in Art. 44 III Thür.Verf. Andere Landesverfassungen bedienen sich einer abstrakteren Festlegung (etwa Artikel 83 III Rheinl.-Pf.Verf., wonach sich der Landtag in der Regel am Sitze der Landesregierung versammelt). 24

In den Verfassungen der **Deutschen Demokratischen Republik** ist Berlin stets als Hauptstadt geführt worden[79]. 25

II. Bundesflagge

Art. 22 GG entfaltet auch völkerrechtliche Wirkungen, weil er die Gestalt der Bundesflagge verbindlich festlegt und damit den **Anknüpfungspunkt für völkerrechtliche Bestimmungen zum Schutz der Staatsflagge**[80] bildet[81]. Zwar ist die verfassungsrechtliche Festlegung der Nationalflagge nicht Voraussetzung ihres völkerrechtlichen Schutzes[82], sie stellt jedoch die von den völkerrechtlichen Schutznormen vorausgesetzte normative Festlegung dar. 26

Neben der Bundesdienstflagge wird an Beflaggungstagen auch die **Europaflagge** gesetzt[83]. Sie bildet ein **blaues Rechteck, in dessen Mitte ein Kreis aus 12 fünfzackigen goldfarbenen Sternen steht**[84]. Diese Flagge wird zudem am Europatag, dem 9. Mai, gehisst[85]. Die Kompetenz der EU für die Schaffung der Europaflagge wird aus der 27

---

[78] *F.C. Mayer*, in: Grabitz/Hilf/Nettesheim, EUV/AEUV, Art. 341 AEUV (2014), Rn. 13.
[79] Art. 2 S. 2 der Verfassung vom 7. Oktober 1949; Artikel 1 II der Verfassung vom 6. April 1968 und in der Fassung vom 7. Oktober 1974.
[80] Etwa Art. 4 des Genfer Übereinkommens über die Hohe See von 1958, BGBl. 1972 II S. 1089.
[81] *M. Bothe*, in: AK-GG, Art. 22 (2001), Rn. 15; *T. Maunz*, in: Maunz/Dürig, GG, Art. 22 (1966), Rn. 2; a.A. *G. Hoog*, in: v. Münch/Kunig, GG II, 5. Aufl. 2001, Art. 22, Rn. 3; Klein (Fn. 54), Art. 22 Rn. 4.
[82] So zutreffend *Hoog* (Fn. 81), Art. 22 Rn. 3.
[83] Abschnitt IV des Erlasses der Bundesregierung über die Beflaggung der Dienstgebäude des Bundes vom 22.3.2005, BAnz. Nr. 61 vom 1.4.2005, S. 4982.
[84] BulletinEG Nr. 4/1986, S. 54 (57).
[85] Abschnitt II Abs. 1 c des Beflaggungserlasses der Bundesregierung (Fn. 83).

Organisationsgewalt der Organe der Union abgeleitet[86]. Nachdem der EU mittlerweile 28 Staaten angehören, dürfte der **Symbolgehalt** der 12 Sterne eher in der **Einheit der Völker Europas** als in der Zahl der Mitgliedstaaten zu sehen sein[87].

28 Art. 22 II GG **vergleichbare Bestimmungen** finden sich in den **Verfassungen zahlreicher europäischer Staaten**, so z. B. in Art. 193 der Verfassung des Königreichs Belgien, in Art. 2 II der französischen Verfassung, in Art. 12 der Verfassung der Republik Italien, in Art. 15 I der Litauischen Verfassung, in Art. 8a I der Verfassung Österreichs, in Art. 28 II der polnischen Verfassung, in Art. 11 I der Verfassung Portugals und in Art. 4 I der Verfassung des Königreichs Spanien. Art. 111 der Norwegischen Verfassung weist dagegen die Festlegung von Form und Farben der Nationalflagge dem Gesetzgeber zu. Die anderen skandinavischen Länder Dänemark, Finnland und Schweden haben ebenso wie die Niederlande überhaupt auf Aussagen zu ihrer Flagge in der Verfassung verzichtet. Derartige Regelungen gehören somit zwar zu den üblichen, nicht jedoch zu den unabdingbaren Bestimmungen einer modernen Verfassung.

29 Das bestätigen die **Verfassungen der deutschen Länder**, die ebenfalls nur zum Teil die Gestaltung der **Landesflagge** regeln: Berlin führt die Flagge mit den Farben Weiß-Rot und dem Bären (Art. 5 Berl.Verf.), Bremen die bisherigen Flaggen (Art. 68 Brem.Verf.), Hamburg die weiße dreitürmige Burg mit geschlossenem Tor des Landeswappens auf rotem Grund (Art. 5 III i.V.m. II Hamb.Verf.) und Niedersachsen die Farben Schwarz-Rot-Gold mit dem Landeswappen (weißes Ross im roten Felde; Art. 1 III 1 Nds.Verf.). Viele Länder begnügen sich damit, ihre Farben verfassungsmäßig festzulegen: Baden-Württemberg Schwarz-Gold (Art. 24 I Bad.-Württ.Verf.), Bayern Weiß und Blau (Art. 1 II Bay.Verf.), Brandenburg Rot und Weiß (Art. 4 BrandenbVerf.), Hessen Rot-Weiß (Art. 66 Hess.Verf.), Mecklenburg-Vorpommern Blau, Weiß, Gelb und Rot (Art. 1 III Meckl.-Vorp.Verf.), Saarland Schwarz-Rot-Gold (Art. 62 Saarl.Verf.), Sachsen Weiß und Grün (Art. 2 II Sächs.Verf.), Sachsen-Anhalt Gelb und Schwarz (Art. 1 II Sachs.-Anh.Verf.) und Thüringen Weiß-Rot (Art. 44 II 1 Thür.Verf.). Die Verfassungen für das Land Nordrhein-Westfalen (Art. 1 II Nordrh.-Westf.Verf.) und für Rheinland-Pfalz (Art. 74 III Rheinl.-Pf.Verf.) beschränken sich darauf, auf den **Gesetzgeber** zu verweisen; die Verfassung des Landes Schleswig-Holstein enthält überhaupt keine einschlägige Regelung.

30 Die **Deutsche Demokratische Republik** hat in ihrer ersten – gesamtdeutsch ausgerichteten – Verfassung von 1949 an die Tradition der Paulskirche und der Weimarer Republik angeknüpft und Schwarz-Rot-Gold zu ihren Farben bestimmt[88]. Zehn Jahre später wurde die staatliche Eigenständigkeit der DDR dadurch betont, dass **Hammer und Zirkel mit Ährenkranz** als Staatswappen[89] auf beiden Seiten in die Mitte der schwarz-rot-goldenen Trikolore gesetzt wurden[90]. Die Verfassungen der Jahre 1968 und 1974 übernahmen diese Regelung in Art. 1 III[91].

---

[86] *R. Bieber*, Die Flagge der EG, in: GedS Geck, 1989, S. 59 ff. (67 ff.). Zu fehlenden Grundlagen im Vertrag von Lissabon vgl. *Klein* (Fn. 54), Art. 22 Rn. 199.

[87] *Klein* (Fn. 54), Art. 22 Rn. 202 m. w. N.

[88] Art. 2 I der Verfassung vom 7. Oktober 1949, GBl. S. 5; näher dazu *M. Myers Feinstein*, State Symbols, 2001, S. 16 ff.

[89] Festgelegt durch § 1 Gesetz über das Staatswappen und die Staatsflagge vom 26. September 1955, GBl. I S. 705.

[90] Gesetz vom 1. Oktober 1959, GBl. I S. 691.

[91] DDR-Verf. vom 6. April 1968, gleichlautend in der Fassung vom 7. Oktober 1974, GBl. I S. 432; näher zur Staatsflagge der DDR *Klein* (Fn. 54), Art. 22 Rn. 207 ff.

C. Erläuterungen

I. Regelungsgehalt

1. Hauptstadtklausel (Art. 22 I GG)

a) Hauptstadt

Art. 22 I 1 GG legt verfassungskräftig Berlins Stellung als Hauptstadt Deutschlands fest. Die deutsche Hauptstadt ist selbstverständlich auch der Sitz von Bundespräsident, Bundestag, Bundesrat und Bundesregierung. Damit ist Deutschland nach wechselvoller Geschichte zur politischen und verfassungsrechtlichen Normalität zurückgekehrt. Zu dieser Normalität gehört gegenwärtig noch, dass einige **Ministerien** ihren **Sitz in der Bundesstadt Bonn** beibehalten haben. Dieser Zustand ist jedoch nicht verfassungsrechtlich verfestigt, sondern beruht auf gesetzlicher Grundlage, kann also vom Gesetzgeber geändert werden. Er widerspricht allerdings der Hauptstadtklausel des Grundgesetzes auch nicht, weil ihn der verfassungsändernde Gesetzgeber gebilligt hat. Das wird in der Begründung des verfassungsändernden Gesetzes festgestellt, indem ausdrücklich der Text der Koalitionsvereinbarung vom 18. November 2005 zitiert wird: »Das Berlin-Bonn-Gesetz, die bis 2010 laufende Kulturförderung des Bundes für die Bundesstadt Bonn sowie der vom Bund in Bonn getragenen oder geförderten Kultureinrichtungen (Kunst- und Ausstellungshalle der Bundesrepublik Deutschland, Haus der Geschichte der Bundesrepublik Deutschland sowie Beethoven-Haus) bleiben unberührt«[92]. 31

b) Gesamtstaatliche Repräsentation

Art. 22 I 2 GG weist dem Bund die Aufgabe der **Repräsentation des Gesamtstaates** in der Hauptstadt zu. Die Repräsentation Deutschlands ist nicht nur in der Hauptstadt, sondern allgemein ihrer Natur nach eigenste, der partikularen Zuständigkeit der Länder a priori entrückte **Angelegenheit des Bundes**[93]. Nur der Bund, nicht die Länder, kann die Aufgabe übernehmen, für die Repräsentation Deutschlands als Gesamtstaat Sorge zu tragen. Sprachlich wäre statt des abstrakten Wortes »Gesamtstaat« die konkrete Bezeichnung »Deutschland« vorzuziehen gewesen. Der Zuständigkeit für die Aufgabe folgt gemäß Art. 104a I GG die **Ausgabenlast** (→ Art. 104a Rn. 12). 32

Die **Gegenstände der Repräsentation** Deutschlands lassen sich im Vorhinein nicht strikt abgrenzen. Der Bund verfügt über ein weites **politisches Ermessen** in der Entscheidung, welche Einrichtungen und Veranstaltungen in der Hauptstadt er als repräsentativ für Deutschland ansieht. Abstrakt lässt sich nur sagen, dass sie die Eigenart Deutschlands zum Ausdruck bringen müssen. Sie müssen für das Bild Deutschlands nach außen und nach innen hin von Bedeutung sein. Das ist für Berlin keine grundlegende Neuerung. Die Stadt hat schon als Hauptstadt des Deutschen Reichs Deutschland repräsentiert. In der Zeit der Teilung des Landes sind sowohl der Westteil der Stadt für die Bundesrepublik Deutschland als auch der Ostteil für die Deutsche Demokratische Republik bewusst als Ab- und Schaubilder einer demokratisch-rechtsstaat- 33

---

[92] BT-Drs. 16/813, S. 10; zur Frage der Änderungsbedürftigkeit des Berlin-Bonn-Gesetzes *R. Scholz*, in: Maunz/Dürig, GG, Art. 22 (2014), Rn. 24 m.w.N
[93] Zu dieser Definition der ungeschriebenen Zuständigkeit des Bundes kraft Natur der Sache BVerfGE 11, 89 (99); st. Rspr.

lichen Ordnung mit einer sozialen Marktwirtschaft bzw. des realen Sozialismus mit einer Planwirtschaft gestaltet worden. Heute repräsentiert Berlin als Hauptstadt Deutschlands politische Ordnung als Republik, Demokratie, Bundesstaat und sozialen Rechtsstaat, seine Gesellschaft, seine auf Markt und Wettbewerb beruhende Wirtschaftsordnung, seine wechselvolle Geschichte und seine Kultur. Worin diese Ordnung präsent und in welcher Verfassung sie ist, hängt von tatsächlichen Entwicklungen nicht weniger ab als von politischen Entscheidungen und deren verfassungsrechtlichem Rahmen. Die Repräsentation Deutschlands, die im Bundesstaat keineswegs nur in der Hauptstadt Berlin erfolgt, stellt in diesem Sinne keine Aufgabe dar, die einmal und abschließend erfüllt werden könnte. Sie bildet vielmehr eine sich **ständig verändernde Herausforderung**, deren Bewältigung von der Verfassung nur fragmentarisch vorgezeichnet werden kann.

34 Die Repräsentation des Gesamtstaates in der Hauptstadt ist räumlich nicht von dem öffentlichen Leben im Stadtstaat Berlin zu unterscheiden[94]. Einrichtungen und Veranstaltungen der Repräsentation Deutschlands in seiner Hauptstadt Berlin sind räumlich dem Stadtstaat Berlin zugehörig und bilden kein eigenes Territorium des Bundes, wie es der District of Columbia in den USA darstellt. Deshalb gehören für Deutschland **repräsentative Einrichtungen** in Berlin räumlich dem Land Berlin zu. Die Umwandlung des Landes Berlin in einen vom Bund regierten und finanzierten Hauptstadtdistrikt wäre unzulässig, weil Art. 79 III GG die Gliederung des Bundes in Länder auch für den verfassungsändernden Gesetzgeber unantastbar macht. Ob Einrichtungen für Deutschland repräsentativ sind, hängt von einer entsprechenden **Widmung des Bundes** ab. Er kann und muss entscheiden, ob etwa eine kulturelle oder sportliche Einrichtung in Berlin repräsentativ für Deutschland ist. Dann ist es seine Aufgabe für ihre Errichtung und ihren Betrieb zu sorgen und für deren Kosten aufzukommen. Dabei kann es sich durchaus auch um Einrichtungen oder Veranstaltungen handeln, die das Land Berlin geschaffen bzw. ins Leben gerufen hat. Je nach der Bedeutung der Einrichtungen für Deutschland als Ganzes und für Berlin muss sich der Bund bei solchen gemischten Einrichtungen, die auch der Repräsentation Deutschlands dienen, an der Aufgabenerfüllung und Kostentragung beteiligen. **Kofinanzierungen** gehören folglich zum Konzept der Erfüllung der Repräsentationsaufgabe des Bundes in Berlin.

2. Bundesflagge (Art. 22 II GG)

35 Obwohl sich der Wortlaut von Art. 22 GG nur auf **Flaggen** bezieht, erfasst die Vorschrift ihrem Sinngehalt nach sämtliche aus Tuch bestehende Hoheitszeichen wie **Fahnen, Wimpel, Stander** und **Standarten**[95]. Darüber hinaus werden auch die **Bundesfarben** festgelegt, wie sich aus der vom Parlamentarischen Rat gewollten, im Text der Vorschrift zum Ausdruck kommenden Anknüpfung an die Verfassungstradition ergibt[96]. Die Anknüpfung verdeutliche auch den Symbolgehalt der Farbkombination Schwarz-Rot-Gold: das Bekenntnis Deutschlands zur **Freiheit** und **Einheit** in einem **republikanischen Rechtsstaat**[97]. Die Verbindung der drei Farbbezeichnungen durch

---

[94] Eine solche Unterscheidung klingt bei *P. M. Huber*, in: Sachs, GG, Art. 22 Rn. 3 an.
[95] *R. Herzog*, in: Maunz/Dürig, GG, Art. 22 (2013), Rn. 5.
[96] Vgl. BVerfGE 2, 1 (2); wie hier *Badura*, Staatsrecht, D 28 (S. 295); a.A. *Hoog* (Fn. 81), Art. 22 Rn. 7; vgl. auch *D. Heck*, in: v. Münch/Kunig, GG I, Art. 22 Rn. 20; *Huber* (Fn. 94), Art. 22 Rn. 8; *Klein* (Fn. 54), Art. 22 Rn. 100; *Herzog* (Fn. 95), Art. 22 Rn. 17; *Stern*, Staatsrecht I, S. 279.
[97] BVerfGE 81, 278 (293 f.); *C. D. Classen*, in: v. Mangoldt/Klein/Starck, GG II, Art. 22 Rn. 4; *Her-*

Bindestriche bringt die vom Verfassungsgeber gewollte Festlegung auf die tradierte **Trikolore** und die ebenfalls überkommene **Farbfolge** in waagerechten Streifen zum Ausdruck (→ Rn. 9)⁹⁸.

II. Kompetenzen

1. Hauptstadtklausel

Art. 22 I 3 GG überlässt das Nähere der **Regelung durch Bundesgesetz**. Die **Gesetzgebungskompetenz** für die Repräsentation des Gesamtstaates ergibt sich schon aus der **Natur der Sache**⁹⁹. Nur der Bund und nicht die Länder können gesetzliche Regelungen darüber treffen, wie Deutschland in seiner Hauptstadt Berlin repräsentiert wird. Der Regelungsvorbehalt schließt vertragliche Vereinbarungen zwischen dem Bund und Berlin über Fragen der Repräsentation nicht aus¹⁰⁰. Er verpflichtet jedoch den Bundesgesetzgeber, **jedenfalls die wesentlichen Punkte der Repräsentation** Deutschlands in Berlin zu regeln. Dazu gehören Zuständigkeiten, Organisation und Verfahren. Einzelheiten insbesondere einzelner Vorhaben können auf der Grundlage eines Bundesgesetzes weiterhin in Verträgen geregelt werden¹⁰¹.

36

2. Bundesflagge

Art. 22 II GG ist in seiner lakonischen Kürze auf Ausführungsbestimmungen angelegt, regelt jedoch die sich ergebenden Kompetenzfragen nicht. Außer Zweifel steht, dass der Bund insoweit über eine **Verbandszuständigkeit** kraft Natur der Sache (→ Art. 30 Rn. 23) verfügt¹⁰², die sowohl Gesetzgebung als auch Verwaltung erfasst¹⁰³. Probleme wirft dagegen die **Organkompetenz** auf. Angesichts der grundsätzlichen Offenheit des Gesetzes für Regelungsgegenstände jeglicher Art¹⁰⁴ und des Rechts der Volksvertretung, schlichte Parlamentsbeschlüsse jeglichen Inhalts zu fassen, soweit die Kompe-

37

---

zog (Fn. 95), Art. 22 Rn. 9 ff.; zur geschichtlich bedingten Zurückhaltung der Deutschen gegenüber diesen Symbolen *Krüdewagen*, Selbstdarstellung (Fn. 1), S. 74 ff.
⁹⁸ *Klein* (Fn. 54), Art. 22 Rn. 122 ff.; ebenso *Umbach* (Fn. 43), Art. 22 Rn. 13; *Herzog* (Fn. 95), Art. 22 Rn. 13.
⁹⁹ Dazu BVerfGE 11, 89 (99); st. Rspr.
¹⁰⁰ A.A. *Huber* (Fn. 94), Art. 22 Rn. 3.
¹⁰¹ Vertrag über die Zusammenarbeit der Bundesregierung und des Senats von Berlin zum Ausbau Berlins als Hauptstadt der Bundesrepublik Deutschland und zur Erfüllung seiner Funktion als Sitz des Deutschen Bundestages und der Bundesregierung vom 25. August 1992, Abgeordnetenhaus Drs. 12/1276; Anschlußvertrag vom 30. Juni 1994 (Hauptstadtfinanzierungsvertrag); Vertrag zur Kulturfinanzierung in der Bundeshauptstadt 2001 bis 2004 vom 7. Juli 2001, Abgeordnetenhaus Drs. 14/1496; Folgevereinbarung zur Kulturfinanzierung in der Bundeshauptstadt vom 9. Dezember 2003 (Hauptstadtkulturvertrag); Vertrag vom 30. November 2007 über die aus der Hauptstadtfunktion Berlins abgeleitete Kulturfinanzierung und die Abgeltung von Sonderbelastungen der Bundeshauptstadt (Hauptstadtfinanzierungsvertrag 2007), www.berlin.de/rbmskzl/regierender-buergermeister/politik/hauptstadtvertraege (7.1.2015).
¹⁰² *Bothe* (Fn. 81), Art. 22 Rn. 6; *Classen* (Fn. 97), Art. 22 Rn. 7; *Huber* (Fn. 94), Art. 22 Rn. 17; *Höfling/Burkiczak* (Fn. 41), Art. 22 Rn. 64; *E. Klein*, HStR³ II, § 19 Rn. 20.
¹⁰³ *Klein* (Fn. 54), Art. 22 Rn. 21.
¹⁰⁴ Dazu *H.H. Klein*, HStR II, § 40 Rn. 22; *G. Roellecke*, Der Begriff des positiven Gesetzes und das Grundgesetz, 1969, S. 278 ff.; *C. Starck*, Der Gesetzesbegriff des Grundgesetzes, 1970, S. 177 ff., 260 ff.; *Stern*, Staatsrecht II, S. 576 f.

tenzen anderer Staatsorgane nicht beeinträchtigt werden[105], ist eine **vorrangige Symbolsetzungsbefugnis** des **Bundestags** anzunehmen.

38 Der Vorbehalt des Gesetzes (→ Art. 20 [Rechtsstaat], Rn. 105 ff.) führt zur Notwendigkeit gesetzlicher Regelungen in dem Fall, dass Pflichten des Bürgers – etwa zur Flaggenführung – begründet werden[106]. Die Staatspraxis wird jedoch von Anordnungen des **Bundespräsidenten** geprägt, der zumeist auf Vorschlag der **Bundesregierung** gehandelt hat[107]. Begründet wird die vom Bundespräsidenten in Anspruch genommene Zuständigkeit mit den traditionellen Befugnissen des deutschen Staatsoberhaupts[108], mit seiner Organisationsgewalt[109], mit seiner Stellung als *pouvoir neutre* über den Parteien[110] oder mit nachkonstitutionellem Gewohnheitsrecht[111]. Bei näherer Betrachtung erweisen sich jedoch alle vier Ansätze als wenig tragfähige Hilfskonstruktionen, die eine rechtlich zweifelhafte Staatspraxis absichern sollen[112]. Zutreffend hat *Schlaich* herausgearbeitet, dass die verbleibende Unsicherheit über die Zuständigkeit des Bundespräsidenten als Symbol für die Unsicherheit der Bundesrepublik Deutschland über ihr zu symbolisierendes Selbstverständnis gedeutet werden kann[113]. **Normative Klarstellungen** sind aus rechtsstaatlicher Sicht nicht nur wünschenswert, sondern **geboten**.

3. Andere Staatssymbole

39 Vergleichbare Kompetenzfragen werfen auch manche Bestimmungen über sonstige Staatssymbole auf[114]. So ist die **dritte Strophe** des **Deutschlandliedes** 1991 durch einen Briefwechsel zwischen Bundespräsident v. Weizsäcker und Bundeskanzler Kohl als **Nationalhymne** bestätigt worden[115], nachdem das Bundesverfassungsgericht im Jahr

---

[105] *H. H. Klein*, HStR II, § 40 Rn. 12; *S. Magiera*, Parlament und Staatsleitung in der Verfassungsordnung des Grundgesetzes, 1979, S. 211 f.

[106] So statuiert § 1 des Gesetzes über das Flaggenrecht der Seeschiffe und die Flaggenführung der Binnenschiffe vom 8. Februar 1951, BGBl. I S. 79, zuletzt geändert durch Gesetz vom 10. Mai 1978, BGBl. I S. 613, eine Flaggenführungspflicht für Kauffahrteischiffe: → Art. 27 Rn. 3.

[107] Anordnung über die Deutschen Flaggen vom 13.11.1996, BGBl. I S. 1729, welche die Anordnung über die Deutschen Flaggen vom 7.6.1950, BGBl. S. 205, abgelöst hat; Anordnung über die Dienstflagge der Seestreitkräfte der Bundeswehr vom 25.5.1956, BGBl. I S. 447; Anordnung über die Stiftung der Truppenfahnen für die Bundeswehr vom 18.9.1964, BGBl. I S. 817; vgl. auch die Bekanntmachung des Bundespräsidenten zur Frage einer besonderen Flagge für die Deutschen Streitkräfte vom 20.11.1995, Bulletin Nr. 220, S. 1852; ferner die Bekanntmachung des Bundespräsidenten betreffend das Bundeswappen und den Bundesadler vom 20.1.1950, BGBl. 1950 S. 26 (einen späteren ergänzenden Beschluss der Bundesregierung hat der Bundesminister des Innern im Bundesanzeiger veröffentlicht, BAnz. Nr. 169 vom 2.9.1952); Erlaß des Bundespräsidenten über das Dienstsiegel vom 20.1.1950, BGBl. 1950 S. 26, und den Erlaß des Bundespräsidenten über die Änderung des Erlasses über die Dienstsiegel vom 28.8.1957, BGBl. I S. 1328.

[108] *A. Dahlmann*, Die Befugnis des Bundespräsidenten, Staatssymbole zu setzen, 1959, S. 68 ff.; vgl. auch *Klein* (Fn. 54), Art. 22 Rn. 30.

[109] *B. Dennewitz*, in: BK, Art. 22 (Erstb.), Erl. II. 3.

[110] *Maunz* (Fn. 81), Art. 22 Rn. 22.

[111] *Stern*, Staatsrecht II, S. 219 ff.; ähnlich *R. Herzog*, in: Maunz/Dürig, GG, Art. 60 (1986), Rn. 4.

[112] Näher dazu *J. Wieland*, Der Staat 30 (1991), 231 (235 f.) m. w. N.

[113] *K. Schlaich*, HStR II, § 49 Rn. 6; zu den Unsicherheiten im Umgang mit den Staatssymbolen in Deutschland *J. Hartmann*, Staatssymbole/Staatszeremoniell, in: H. Hill (Hrsg.), Staatskultur im Wandel, 2002, S. 39 ff. sowie *E. C. Rautenberg*, NJW 2001, 1984.

[114] *Klein* (Fn. 54), Art. 22 Rn. 145.

[115] Vom 19./23. August 1991, BGBl. I S. 2135; zur früheren Rechtslage *Klein* (Fn. 54), Art. 22 Rn. 146 ff.; vgl. auch *G. Spendel*, JZ 1988, 744 ff. und *J. Wieland*, Der Staat 30 (1991), 231 (236 f.).

zuvor den Briefwechsel zwischen Bundeskanzler Adenauer und Bundespräsident Heuss aus dem Jahre 1952[116] als »nicht eindeutig« qualifiziert hatte, weil ihm nicht ausdrücklich zu entnehmen sei, »dass dieses Lied nur mit seiner dritten Strophe zur Hymne erklärt werden sollte«[117].

Den **Verdienstorden der Bundesrepublik Deutschland** hat der Bundespräsident 1951 **40** durch einen im Bundesgesetzblatt bekannt gemachten Erlass gestiftet[118]. Eine gesetzliche Grundlage für die vom Bundespräsidenten in Anspruch genommene Befugnis, Orden und Ehrenzeichen zu stiften und zu verleihen, hat aber 1957 erst nachträglich § 3 I des Gesetzes über Titel, Orden und Ehrenzeichen geschaffen. Gemäß § 16 dieses Gesetzes sind Ansprüche aus verliehenen **staatlichen Auszeichnungen** der **DDR** mit dem Beitritt erloschen und können nicht mehr geltend gemacht werden; nach einem Protokollvermerk zum Einigungsvertrag können die Auszeichnungen allerdings weitergeführt oder getragen werden, »es sei denn, dass dadurch der ordre public der Bundesrepublik Deutschland verletzt wird«[119].

Die politisch gelegentlich geforderte Aufnahme einer Ergänzung des Art. 22 um den **41** Satz »Die Sprache der Bundesrepublik ist Deutsch«[120] ist verfassungspolitisch nicht zu empfehlen. Zwar trägt die **deutsche Sprache** wesentlich zur Integration bei und ist auch ein wichtiges Kultur- und Rechtsgut[121]. Sie symbolisiert jedoch nicht Deutschland als Staat[122].

D. Verhältnis zu anderen GG-Bestimmungen

Als Aussage zum Selbstverständnis der Bundesrepublik Deutschland steht Art. 22 GG **42** in einer gewissen Nähe zur **Präambel** sowie zu den verfassungsrechtlichen **Grundprinzipien des Art. 20 I–III GG**.

---

[116] Bulletin Nr. 51 vom 6. Mai 1952, S. 537, abgedruckt auch bei *M. Hellenthal*, NJW 1988, 1294 (1297).
[117] BVerfGE 81, 298 (309) m. Anm. von *C. Gusy*, JZ 1990, 640f.
[118] BGBl. 1951 I S. 831.
[119] BGBl. 1990 II S. 889 (910).
[120] Siehe den Beschluss C 16 und C 42 des 22. Parteitags der CDU Deutschlands vom 30.11.–2.12.2008 in Stuttgart.
[121] Ausführlich dazu die Berichte von *R. J. Schweitzer* und *W. Kahl*, Sprache als Kultur- und Rechtsgut, VVDStRL 65 (2006), S. 346ff. und 386ff.
[122] Ebenso *Huber* (Fn. 94), Art. 22 Rn. 14; *Klein* (Fn. 54), Art. 22 Rn. 192ff.; *M. Stolleis*, Deutsch ins Grundgesetz?, Merkur 2009, 429ff.

Artikel 23 [Europäische Union]

(1) ¹Zur Verwirklichung eines vereinten Europas wirkt die Bundesrepublik Deutschland bei der Entwicklung der Europäischen Union mit, die demokratischen, rechtsstaatlichen, sozialen und föderativen Grundsätzen und dem Grundsatz der Subsidiarität verpflichtet ist und einen diesem Grundgesetz im wesentlichen vergleichbaren Grundrechtsschutz gewährleistet. ²Der Bund kann hierzu durch Gesetz mit Zustimmung des Bundesrates Hoheitsrechte übertragen. ³Für die Begründung der Europäischen Union sowie für Änderungen ihrer vertraglichen Grundlagen und vergleichbare Regelungen, durch die dieses Grundgesetz seinem Inhalt nach geändert oder ergänzt wird oder solche Änderungen oder Ergänzungen ermöglicht werden, gilt Artikel 79 Abs. 2 und 3.

(1a) ¹Der Bundestag und der Bundesrat haben das Recht, wegen Verstoßes eines Gesetzgebungsakts der Europäischen Union gegen das Subsidiaritätsprinzip vor dem Gerichtshof der Europäischen Union Klage zu erheben. ²Der Bundestag ist hierzu auf Antrag eines Viertels seiner Mitglieder verpflichtet. ³Durch Gesetz, das der Zustimmung des Bundesrates bedarf, können für die Wahrnehmung der Rechte, die dem Bundestag und dem Bundesrat in den vertraglichen Grundlagen der Europäischen Union eingeräumt sind, Ausnahmen von Artikel 42 Abs. 2 Satz 1 und Artikel 52 Abs. 3 Satz 1 zugelassen werden.

(2) ¹In Angelegenheiten der Europäischen Union wirken der Bundestag und durch den Bundesrat die Länder mit. ²Die Bundesregierung hat den Bundestag und den Bundesrat umfassend und zum frühestmöglichen Zeitpunkt zu unterrichten.

(3) ¹Die Bundesregierung gibt dem Bundestag Gelegenheit zur Stellungnahme vor ihrer Mitwirkung an Rechtsetzungsakten der Europäischen Union. ²Die Bundesregierung berücksichtigt die Stellungnahme des Bundestages bei den Verhandlungen. ³Das Nähere regelt ein Gesetz.

(4) Der Bundesrat ist an der Willensbildung des Bundes zu beteiligen, soweit er an einer entsprechenden innerstaatlichen Maßnahme mitzuwirken hätte oder soweit die Länder innerstaatlich zuständig wären.

(5) ¹Soweit in einem Bereich ausschließlicher Zuständigkeit des Bundes Interessen der Länder berührt sind oder soweit im übrigen der Bund das Recht zur Gesetzgebung hat, berücksichtigt die Bundesregierung die Stellungnahme des Bundesrates. ²Wenn im Schwerpunkt Gesetzgebungsbefugnisse der Länder, die Einrichtung ihrer Behörden oder ihre Verwaltungsverfahren betroffen sind, ist bei der Willensbildung des Bundes insoweit die Auffassung des Bundesrates maßgeblich zu berücksichtigen; dabei ist die gesamtstaatliche Verantwortung des Bundes zu wahren. ³In Angelegenheiten, die zu Ausgabenerhöhungen oder Einnahmeminderungen für den Bund führen können, ist die Zustimmung der Bundesregierung erforderlich.

(6) ¹Wenn im Schwerpunkt ausschließliche Gesetzgebungsbefugnisse der Länder auf den Gebieten der schulischen Bildung, der Kultur oder des Rundfunks betroffen sind, wird die Wahrnehmung der Rechte, die der Bundesrepublik Deutschland als Mitgliedstaat der Europäischen Union zustehen, vom Bund auf einen vom Bundesrat benannten Vertreter der Länder übertragen. ²Die Wahrnehmung der Rechte erfolgt unter Beteiligung und in Abstimmung mit der Bundesregierung; dabei ist die gesamtstaatliche Verantwortung des Bundes zu wahren.

(7) Das Nähere zu den Absätzen 4 bis 6 regelt ein Gesetz, das der Zustimmung des Bundesrates bedarf.

Literaturauswahl

v. Arnauld, Andreas/Hufeld, Ulrich: Systematischer Kommentar zu den Lissabon-Begleitgesetzen, 2011.
Baach, Florian: Parlamentarische Mitwirkung in Angelegenheiten der Europäischen Union. Die Parlamente Deutschlands und Polens im europäischen Verfassungsverbund, 2008.
Bothe, Michael/Lohmann, Torsten: Verfahrensfragen der deutschen Zustimmung zum Vertrag von Amsterdam, in: ZaöRV 58 (1998), S. 1–46.
Brand, Franziska: Europapolitische Kommunikation zwischen Bundestag und Bundesregierung. Die Umsetzung der parlamentarischen Mitwirkungs- und exekutiven Kooperationspflicht nach Art. 23 Abs. 2 und Abs. 3 GG, 2015.
Dann, Philipp: Parlamente im Exekutivföderalismus, 2004.
Eberbach-Born, Birgit/Kropp, Sabine/Stuchlik, Andrej/Zeh, Wolfgang (Hrsg.): Parlamentarische Kontrolle und Europäische Union, 2013.
Grabenwarter, Christoph: Staatliches Unionsverfassungsrecht, in: v. Bogdandy/Bast, Verfassungsrecht, S. 121–175.
Haack, Stefan: Verlust der Staatlichkeit, 2007.
Hillgruber, Christian: Der Nationalstaat in der überstaatlichen Verflechtung, in: HStR³ II, § 32, S. 929–992.
Huber, Peter M.: Europäisches und nationales Verfassungsrecht, VVDStRL 60 (2001), S. 194–245.
Huber, Peter M.: Offene Staatlichkeit: Vergleich, in: IPE II, § 26, S. 403–459.
Hufeld, Ulrich: Anwendung des europäischen Rechts in den Grenzen des Verfassungsrechts, in: HStR³ X, § 215, S. 383–431.
Ipsen, Hans Peter: Europäisches Gemeinschaftsrecht, 1972.
Kaiser, Karen/Schübel-Pfister, Isabel: Der ungeschriebene Verfassungsgrundsatz der Europarechtsfreundlichkeit: Trick or Treat?, in: Sigrid Emmenegger/Ariane Wiedmann (Hrsg.), Linien der Rechtsprechung des Bundesverfassungsgerichts – erörtert von den wissenschaftlichen Mitarbeitern, Bd. II, 2011, S. 545–571.
Kaufmann, Marcel: Europäische Integration und Demokratieprinzip, 1997.
Kirchhof, Paul: Der deutsche Staat im Prozeß der europäischen Integration, in: HStR³ X, § 214, S. 299–382.
Knop, Daniel: Völker- und Europarechtsfreundlichkeit als Verfassungsgrundsätze, 2014.
Kokott, Juliane: Die Staatsrechtslehre und die Veränderung ihres Gegenstandes: Konsequenzen von Europäisierung und Internationalisierung, VVDStRL 63 (2004), S. 7–40.
König, Doris: Die Übertragung von Hoheitsrechten im Rahmen des europäischen Integrationsprozesses. Anwendungsbereich und Schranken des Art. 23 des Grundgesetzes, 2000.
Lang, Ruth: Die Mitwirkungsrechte des Bundesrates und des Bundestages in Angelegenheiten der Europäischen Union gemäß Art. 23 Abs. 2 bis 7 GG, 1997.
Lübbe-Wolff, Gertrude: Europäisches und nationales Verfassungsrecht, VVDStRL 60 (2001), S. 246–289.
Mangold, Anna Katharina: Gemeinschaftsrecht und deutsches Recht. Die Europäisierung der deutschen Rechtsordnung in historisch-empirischer Sicht, 2011.
Maurer, Andreas/Wessels, Wolfgang (Hrsg.): National Parliaments and their Ways to Europe: Losers or Latecomers?, 2001.
Mayer, Franz C.: Kompetenzüberschreitung und Letztentscheidung. Das Maastricht-Urteil des Bundesverfassungsgerichts und die Letztentscheidung über Ultra vires-Akte in Mehrebenensystemen, 2000.
Mayer, Franz C./Wendel, Matthias: Die verfassungsrechtlichen Grundlagen des Europarechts, in: Armin Hatje/Peter-Christian Müller-Graff (Hrsg.), Enzyklopädie Europarecht, Bd. I, 2014, § 4, S. 163–258.
Mayer, Martina: Die Europafunktion der nationalen Parlamente in der Europäischen Union, 2012.
Müller-Terpitz, Ralf: Die Beteiligung des Bundesrates am Willensbildungsprozess der Europäischen Union. Das Bundesratsverfahren nach Art. 23 Abs. 2, 4 bis 7 GG unter besonderer Berücksichtigung seiner verfahrensrechtlichen Ausgestaltung, 1999.
Oeter, Stefan: Souveränität und Demokratie als Probleme in der »Verfassungsentwicklung« der Europäischen Union, in: ZaöRV 55 (1995), S. 659–712.
Pahl, Marc-Oliver: Regionen mit Gesetzgebungskompetenzen in der Europäischen Union, 2004.
Pernice, Ingolf: Europäisches und nationales Verfassungsrecht, VVDStRL 60 (2001), S. 148–193.

Art. 23

Peters, Anne: Elemente einer Theorie der Verfassung Europas, 2001.
Rath, Christian: Entscheidungspotenziale des Deutschen Bundestages in EU-Angelegenheiten. Mandatsgesetze und parlamentarische Stellungnahmen im Rahmen der unionswärtigen Gewalt, 2001.
Schliesky, Utz: Souveränität und Legitimität von Herrschaftsgewalt, 2004.
Schmalenbach, Kirsten: Der neue Europaartikel 23 des Grundgesetzes im Lichte der Arbeit der Gemeinsamen Verfassungskommission. Motive einer Verfassungsänderung, 1996.
Schönberger, Christoph: Die Europäische Union zwischen »Demokratiedefizit« und Bundesstaatsverbot. Anmerkungen zum Lissabon-Urteil des Bundesverfassungsgerichts, in: Der Staat 48 (2009), S. 535–558.
Scholz, Rupert: Grundgesetz und europäische Einigung. Zu den reformpolitischen Empfehlungen der Gemeinsamen Verfassungskommission, in: NJW 1992, S. 2593–2601.
Schorkopf, Frank: Grundgesetz und Überstaatlichkeit. Konflikt und Harmonie in den auswärtigen Beziehungen Deutschlands, 2007.
Slynn of Hadley, Lord/Andenas, Mads (Hrsg.): F.I.D.E. XX Congress London 2002, Volume 1 National Reports, 2002.
Sommermann, Karl-Peter: Offene Staatlichkeit. Deutschland, in: IPE I, § 14, S. 3–35.
Weiler, Joseph H.H.: In Defence of the Status Quo: Europe's Constitutional *Sonderweg,* in: ders./Marlene Wind (Hrsg.), European Constitutionalism Beyond the State, 2003, S. 7–26.
Wendel, Matthias: Permeabilität im Europäischen Verfassungsrecht. Verfassungsrechtliche Integrationsnormen auf Staats- und Unionsebene im Vergleich, 2011.
Wollenschläger, Ferdinand: Grundrechtsschutz und Unionsbürgerschaft, in: Armin Hatje/Peter-Christian Müller-Graff (Hrsg.), Enzyklopädie Europarecht, Bd. I, 2014, § 8, S. 367–465.
Wollenschläger, Ferdinand: Völkerrechtliche Flankierung des EU-Integrationsprogramms als Herausforderung für den Europa-Artikel des Grundgesetzes (Art. 23 GG). Am Beispiel von ESM-Vertrag und Fiskalpakt, in: NVwZ 2012, S. 713–719.

Leitentscheidungen des Bundesverfassungsgerichts

BVerfGE 22, 293 (295ff.) – EWG-Verordnungen; 31, 145 (173ff.) – Milchpulver; 37, 271 (277ff.) – Solange I; 52, 187 (199ff.) – »Vielleicht«-Beschluss; 58, 1 (26ff.) – Eurocontrol I; 73, 339 (366ff., 374ff.) – Solange II; 75, 223 (240f.) – Kloppenburg-Beschluß; 85, 191 (203ff.) – Nachtarbeitsverbot; 89, 155 (171ff.) – Maastricht; 92, 203 (230ff.) – EG-Fernsehrichtlinie; 97, 350 (368ff., Rn. 76ff.) – Euro; 102, 147 (164ff., Rn. 53ff.) – Bananenmarktordnung; 113, 273 (292ff., Rn. 60ff.) – Europäischer Haftbefehl; 118, 79 (95ff., Rn. 66ff.) – Treibhausgas-Emissionsberechtigungen; 123, 267 (328ff., Rn. 167ff.) – Lissabon; 126, 286 (298ff., Rn. 44ff.) – Honeywell; 129, 124 (166ff., Rn. 93ff.) – EFS; 129, 300 (316ff., Rn. 74ff.) – Fünf-Prozent-Sperrklausel EuWG; 130, 318 (344ff., Rn. 109ff.) – Stabilisierungsmechanismusgesetz; 131, 152 (189ff., Rn. 73ff.) – Unterrichtungspflicht der Bundesregierung; 132, 195 (232ff., Rn. 85ff.) – ESM- und Fiskalvertrag e.A.; 134, 366 (379ff., Rn. 16ff.) – OMT-Beschluß; 135, 259 (280ff., Rn. 34ff.) – Drei-Prozent-Sperrklausel EuWG; 135, 317 (351ff., Rn. 33ff.) – ESM- und Fiskalvertrag.

Gliederung

	Rn.
A. Herkunft, Entstehung, Entwicklung	1
I. Herkunft	1
II. Entstehung	4
III. Entwicklung	7
B. Internationale, supranationale und rechtsvergleichende Bezüge	9
I. Der internationale Kontext der offenen Staatlichkeit	9
II. EU und Mitgliedstaaten	10
1. Das EU-Primärrecht als Verfassung der Union	10
2. Verhältnis von Unionsrecht und nationalem Recht	12
a) Perspektive des Bundesverfassungsgerichts	12
b) Perspektive des EuGH	14
3. Rechtsnatur der EU	16
4. Integration der EU	19
III. Rechtsvergleichende Aspekte	20
1. Integrationsklauseln	21

Art. 23

2. Innerstaatliche Willensbildung in Angelegenheiten der Europäischen Union	27
3. Verhältnis des nationalen Rechts zum Unionsrecht	30
4. Landesverfassungen	31
C. Erläuterungen	32
I. Allgemeine Bedeutung der neuen Integrationsklausel	32
II. Staatsziel eines vereinten Europas (Art. 23 I 1, 1. Halbs. GG)	36
III. Beteiligung Deutschlands an der EU (Art. 23 I GG)	39
1. Allgemeine Anforderungen	40
2. Adressat der Hoheitsrechtsübertragung	41
3. Übertragung von Hoheitsrechten (Art. 23 I 2 GG)	42
a) Zuständigkeitsbegründung auf europäischer Ebene	43
b) Änderungen des Primärrechts und vergleichbare Akte	47
4. Verfassungsrelevante Integrationsakte (Art. 23 I 3 GG)	52
a) Sachlich erfasste Integrationsakte	53
b) Verfassungsrelevanz	55
c) Ratifikationsanforderungen	59
5. Grenzen der Integrationsgewalt	61
a) Struktursicherungsklausel (Art. 23 I 1, 2. Halbs. GG)	62
aa) Bedeutung der Struktursicherungsklausel	62
bb) Demokratische Grundsätze	66
cc) Rechtsstaatliche Grundsätze	74
dd) Soziale Grundsätze	75
ee) Föderative Grundsätze	76
ff) Subsidiaritätsgrundsatz	77
gg) Gewährleistung eines vergleichbaren Grundrechtsschutzes	81
b) Schutz der Verfassungsidentität (Art. 79 III GG)	87
aa) Erhalt der souveränen Verfassungsstaatlichkeit unter Achtung der verfassungsrechtlichen Identität als Mitgliedstaaten	88
bb) Erhalt der mitgliedstaatlichen Steuerung des Integrationsprozesses	94
cc) Erhalt hinreichender Gestaltungsmöglichkeiten auf nationaler Ebene als Kompetenzübertragungsschranke	96
dd) Erhalt der Bundesstaatlichkeit	101
ee) Erhalt der Sozialstaatlichkeit	102
ff) Wahrung eines gehaltvollen nationalen Grundrechtsschutzes	103
gg) Verfassungsneuschöpfung (Art. 146 GG)	104
6. Rechtsfolge der Hoheitsrechtsübertragung	105
IV. Subsidiaritätsklage (Art. 23 Ia GG)	106
V. Mitwirkung von Bundestag und Bundesrat (Art. 23 II–VI GG)	108
1. Allgemeines	109
a) Kompensations- und Legitimationsfunktion der Mitwirkungsrechte	109
b) Entwicklung	110
c) Systematik, Rechtsschutz und Kontext	111
2. Allgemeine Beteiligungs- und Unterrichtungsregelung (Art. 23 II GG)	115
a) Angelegenheiten der Europäischen Union	116
b) Unterrichtungspflichten	119
aa) Umfang der Unterrichtung	121
bb) Zeitpunkt der Unterrichtung	125
cc) Formelle Vorgaben für die Unterrichtung	127
3. Beteiligung des Bundestages (Art. 23 III GG)	128
a) Hintergrund	128
b) Stellungnahmerecht	129
c) Verbindungsbüro, Parlamentspraxis	135
4. Beteiligung der Länder durch den Bundesrat (Art. 23 IV–VII GG)	136
a) Hintergrund	137
b) Mitwirkung gemäß Art. 23 IV GG	140
c) Stellungnahmerecht des Bundesrates (Art. 23 V GG)	141
aa) Einfache Berücksichtigung der Stellungnahme des Bundesrates (Art. 23 V 1 GG)	142

Art. 23

    bb) Maßgebliche Berücksichtigung der Stellungnahme des Bundesrates
      (Art. 23 V 2, 3 GG) 143
      (1) Anwendungsbereich.................................. 143
      (2) Maßgebliche Berücksichtigung 146
    cc) Zustimmungsvorbehalt der Bundesregierung in Angelegenheiten
      mit Haushaltsrelevanz (Art. 23 V 3 GG) 149
    dd) Konfligierende Stellungnahmen von Bundestag und Bundesrat 150
    ee) Vertretung der Position nach außen 151
   d) Wahrnehmung der Mitgliedschaftsrechte durch einen Vertreter der Länder
    (Art. 23 VI GG) 152
   e) Weitere Formen der Mitwirkung 157
  5. Verfassungs- und Unionsrechtskonformität der Mitwirkungsbefugnisse; Bewertung 159
  6. Einbeziehung von Bundestag und Bundesrat auf unionaler Ebene 162
 VI. Rechtsschutz im Kontext der europäischen Integration 164
  1. Zustimmungsgesetz zu Integrationsakten 165
  2. Akte der Europäischen Union und nationale Umsetzungsakte 169
   a) Wahrung der Integrationsschranken, namentlich eines demjenigen des
    Grundgesetzes im Wesentlichen vergleichbaren Grundrechtsschutzes 172
   b) Ultra-vires-Akte 175
  3. Verstoß gegen Vorlagepflicht 178
D. Verhältnis zu anderen GG-Bestimmungen 179

Stichwörter

Abstrakte Normenkontrolle 165f. – Angelegenheiten der EU (Mitwirkung Bundesrat/Bundestag) 47, 116ff. – Anwendungsvorrang 12ff. – Ausschuss der Regionen 76, 158 – Austritt (aus der EU) 18, 38, 92, 105 – Bananenmarkt-Beschluss 83, 173 – begrenzte Einzelermächtigung (Prinzip) 23, 71, 87, 94f., 176 – Beitritt (zur EU) 11, 23ff., 36, 134, 162 – Bestimmtheitsgebot 40, 51, 94 – Brückenklauseln 13, 48f., 53 – Budgetrecht/-verantwortung 58, 67, 97f., 120, 149, 165 – Bundesrat (Mitwirkung) 3ff., 31, 35, 40, 47, 106f., 108ff., 136ff., 162ff. – Bundesstaat 16, 39, 76, 88ff., 101, 103, 151 – Bundestag (Mitwirkung) 5, 33, 47, 108ff., 128ff., 162ff. – Bund-Länder-Streit 139 (Fn. 636) – Degressive Proportionalität 69 – Demokratiedefizit 69ff. – Demokratische Legitimation 3, 33, 66ff., 96, 100, 109, 128, 159f., 162, 165, 167 – Downstream phase 34 – Duales Legitimationskonzept 67, 71 – Durchgriffswirkung 42, 44f., 49 – Einstweilige Anordnung 168 – EMRK 9, 19, 59, 85 – Entscheidungsmonopol (EuGH) 169, 172, 176 – Erweiterung (der EU) 57 – ESM-Vertrag 46, 54, 58, 93, 98f., 114, 118, 120 – EU (Begriff) 36, 41, 116ff. – EU (Rechtsnatur) 16ff. – EU-Ausschuss (Bundestag) 28, 35, 113, 123, 127, 163 – Europakammer (Bundesrat) 35, 113, 123 – Europarat 9, 41 – Europa(rechts)freundlichkeit 38, 176 – Europatauglichkeit (des GG) 7, 160f. – Euro-Rettung 97ff., 165f., 177 – Europol 46 – EUZBBG 5, 28, 50f., 114, 117, 120, 123ff., 127, 130f., 133ff. – EUZBLG 5, 50, 114, 117, 120, 122, 139ff., 142ff., 145, 147, 152, 154ff., 157f. – Evolutivklauseln 48, 53 – Fiskalpakt 46, 58, 93, 118 – Flexibilitätsklausel (Art. 352 AEUV) 48f., 51, 53, 95, 111 – Föderalismusreform 7, 153, 160 – Fransson-Urteil (EuGH) 103, 177 – GASP 3, 46, 118, 122 – Gemeinsame Verfassungskommission 4 – Gesetzesvorbehalt 33, 40, 42, 50, 74 – Grundrechte-Charta (ChGrEU) 10, 15, 74f., 85, 103, 177 – Grundrechtsschutz 9, 14, 19, 23, 61f., 65, 74, 81ff., 103, 171ff. – GSVP 118 – Handlungsfähigkeit (europapolitische) 7, 160f. – Hoheitsrechtsübertragung (Adressat) 41 – Hoheitsrechtsübertragung (Anforderungen) 4, 6, 40, 59f., 61ff. – Hoheitsrechtsübertragung (Begriff) 18, 22, 25, 42ff. – Hoheitsrechtsübertragung (Folgen) 105 – Hoheitsrechtsübertragung (Mehrheit) 24, 40, 59 – Homogenitätsanforderungen 11, 66, 69 – Honeywell-Beschluss 176 – Identitätskontrolle 87, 168, 171 – Integration (der EU) 19 – Integration (regionale) 9 – Integrationsklauseln (außerhalb GG) 21ff., 31 – Integrationskompetenz 40 – Integrationsschranken (außerhalb GG) 23, 26, 31 – Integrationsschranken (GG) 4, 40, 61ff., 164ff. – Integrationsverantwortung 33, 47ff., 91, 95, 111 – Integrationsverantwortungsgesetz (IntVG) 47f., 50, 79, 106f., 114, 120, 132, 134, 143 – Kommunen 29, 76, 80 – Kompetenzverteilung 27, 29, 77, 80, 110 – Kompetenz-Kompetenz 23, 39, 76, 89, 91, 95, 175 – Kooperationsverhältnis (BVerfG/EuGH) 169, 172f. – Länder 3ff., 27, 29, 31, 109, 136ff. – Länderbeobachter 156 (Fn. 703) – Länderbüros (Landesvertretungen) 29 (Fn. 164), 157 – Ländervertreter 7, 29, 139f., 152ff., 160 – Landesparlamente 31, 120, 152 – Letztentscheidungsrecht (Bundesrat) 147ff. – Lissabon-Urteil (BVerfG) 14, 16, 33, 38, 42, 47, 56, 68ff., 84, 87, 95, 97f., 102, 104, 128, 167f., 171 – Loyalitätsgebot (Unionstreue) 14, 38, 159 – Maastricht-Urteil (BVerfG) 16, 69, 83, 87, 96, 165, 168, 172 – Mandatsgesetz 132 – Maßgebliche Berücksichtigung 6, 132, 143ff. –

Mehrheitsprinzip 8, 71 – Mitwirkung von Bundestag/Bundesrat 108ff., 162f. – Mitwirkung von Bundestag/Bundesrat (Bewertung) 159ff. – Mitwirkung von Bundestag/Bundesrat (Rechtsschutz) 112, 140 – nationale Identität 14, 62, 76, 87 – nationale Parlamente (Einbeziehung auf EU-Ebene) 50, 68f., 109, 119, 162f. – Notbremsemechanismus 48 – offene Staatlichkeit 1, 32, 71, 90 – Organleihe 43, 117 – Organstreit 112, 139, 164f., 167, 175 – Parlamentsvorbehalt (Mitwirkung) 28, 40, 133 – PJZS 3, 48, 162 – Pouvoir constituant 90, 104 – Prozessführung (EuGH; Mitwirkung) 141, 152, 158 – Prozessstandschaft (Länder/Bundesrat) 139 – Prozessstandschaft (Abgeordneter) 167 – Rechtsanwendungsbefehl 12f. – Rechtsetzung (Unionsrecht) 34, 109 – Rechtsfortbildung (EuGH) 176f. – rechtsstaatliche Anforderungen (an die EU) 74 – Referendum 24, 40 – Solange-Rechtsprechung 14, 19, 81ff., 172 – Souveränität 18, 23, 69, 88, 92 – sozialstaatliche Anforderungen (an die EU) 75, 102, 167 – Sperrklausel 73 – Staatenverbund 16f., 69, 100 – Staatsaufgaben (integrationsfeste) 96ff. – Staatsziel (europäische Integration) 32, 36ff., 52, 92 – Stellungnahmerecht (Bundesrat) 141ff. – Stellungnahmerecht (Bundestag) 129ff. – Struktursicherungsklausel 37, 39, 59, 62ff., 87 – Subsidiarität(sprinzip) 8, 17, 62, 76ff., 106f. – Subsidiaritätsprotokoll, -rüge und -klage 8, 28, 31, 76, 79, 106f., 119f., 162f. – Textänderungsgebot 4, 52, 60 – Ultra-vires-Handeln 26, 33, 94, 103, 175ff. – Umsetzung (von Unionsrecht) 34, 38, 170, 174 – Unabhängigkeit (von Behörden) 72 – Unionsbürger(schaft) 3, 35, 57, 67f., 70f., 92, 97 – Unterrichtung (Bundesrat und Bundestag) 5, 119ff., 128, 137, 162 – Upstream phase 34 – Verbindungsbüro (Bundestag) 135 – Verfassung (der EU) 10 – Verfassunggebung 90, 104 – Verfassungsänderung 23, 25, 55ff. – Verfassungsautonomie (nationale) 11 – Verfassungsbeschwerde 112, 164ff., 170, 175 – verfassungsgerichtliche Kontrolle 25f., 86 – Verfassungsidentität (Art. 79 III GG) 37, 39, 59, 61ff., 87ff., 104 – Verfassungsneuschöpfung 2, 68f., 104, 167 – verfassungsrelevante Integrationsakte 52ff. – Verfassungsverbund 17f., 20, 61 – Vertrag von Lissabon 8, 10, 25, 33, 48, 58, 68f., 79, 85, 106, 114, 162, 168 – Vertrag von Maastricht 2f., 5, 14, 36, 53, 68, 76, 78, 87, 119, 137, 168 – Vertragsänderung 5, 19, 33, 47ff., 53, 57f., 91, 134, 162 – Verwerfungsmonopol (BVerfG) 173, 176 – Vollzug (von Unionsrecht) 34, 76, 174 – Vorlage (an EuGH) 164, 173f., 176, 178 – Vorrang (des Unionsrechts) 12f., 30, 59 – Wahlrecht (Abwehrrecht) 165ff., 175 – Wahlrechtsgleichheit 69f., 73 – Währungsunion 3, 58, 93, 100 – Wiedervereinigung 2f. – Willensbildung (innerstaatliche) 4ff., 27ff., 32, 108ff., 159 – Zustimmungsgesetz (Rechtsschutz) 165ff. – Zwei-Drittel-Mehrheit (Erfordernis) 3, 23ff., 40, 56ff., 137, 147f.

A. Herkunft, Entstehung, Entwicklung

I. Herkunft

Als Reaktion auf die Katastrophe des Zweiten Weltkrieges und in Abkehr von der Vorstellung eines geschlossenen Nationalstaates bekennt sich das Deutsche Volk schon in der Präambel des Grundgesetzes dazu, »als gleichberechtigtes Glied in einem vereinten Europa dem Frieden der Welt zu dienen«. Der Realisierung dieses Ziels dient allen voran die europäische Integration Deutschlands, die ihre zentrale verfassungsrechtliche Grundlage zwischenzeitlich in Art. 23 GG findet. Er verleiht der im Grundgesetz angelegten »**offenen Staatlichkeit**« Ausdruck (→ Art. 24 Rn. 1ff.; → Pmbl. Rn. 43)[1]. 1

Der im Kontext der Maastrichter Vertragsrevision geschaffene und am 25.12.1992 in Kraft getretene **Europa-Artikel**[2] hat eine Lücke im Grundgesetz gefüllt, die infolge der deutschen Einheit entstanden war. Art. 23 in seiner bis zum 28.9.1990 geltenden Fassung sah die Möglichkeit einer Erstreckung des Grundgesetzes auf neu beigetretene, bislang noch nicht seinem Geltungsbereich unterfallende Teile Deutschlands vor. Dieser Weg – und nicht der einer Verfassungsneuschöpfung – wurde im Kontext der **Wiedervereinigung** beschritten, so dass sich der Regelungsgehalt des Art. 23 a.F. erle- 2

---

[1] S. nur *K. Vogel*, Die Verfassungsentscheidung des Grundgesetzes für eine internationale Zusammenarbeit, 1964, S. 31ff.; ferner *F. Schorkopf*, Grundgesetz und Überstaatlichkeit, 2007, S. 220ff.
[2] Art. 1 Nr. 1 Gesetz zur Änderung des GG v. 21.12.1992, BGBl. I, S. 2086; Bekanntmachung über das Inkrafttreten des Vertrags über die EU v. 19.10.1993, BGBl. II, S. 1947. Näher *R. Lang*, Die Mitwirkungsrechte des Bundesrates und des Bundestages in Angelegenheiten der Europäischen Union gemäß Art. 23 Abs. 2 bis 7 GG, 1997, S. 128f.

digt hatte und letzterer, auch als Dokumentation des territorialen Abschlusses der Wiedervereinigung, aufgehoben werden konnte (→ Pmbl. Rn. 82, 84)[3]. Die Stellung des Europa-Artikels ist nicht nur mit Blick auf die Folgeregelungen in Art. 24ff. GG systematisch stimmig, sondern unterstreicht auch den Zusammenhang zwischen deutscher Wiedervereinigung und der europäischen Integration Deutschlands[4].

3   Vor Inkrafttreten des Europa-Artikels erfolgte die **Beteiligung Deutschlands** an der europäischen Integration **auf Grundlage des Art. 24 I GG**, der die Möglichkeit einer Übertragung von Hoheitsrechten auf zwischenstaatliche Einrichtungen vorsieht. Dessen **Tragfähigkeit** für die Beteiligung Deutschlands an der EU sah sich angesichts der stetig wachsenden Integrationsdichte mit all ihren innerstaatlichen Konsequenzen **zunehmend in Frage gestellt**[5]. Gerade die Gründung einer EU durch den am 1.11.1993 in Kraft getretenen **Vertrag von Maastricht** galt insoweit als neue Stufe im europäischen Integrationsprozess – genannt seien nur die Einführung der Unionsbürgerschaft, die Vereinbarung der Wirtschafts- und Währungsunion, die Stärkung des Europäischen Parlaments oder Kompetenzzuwächse (GASP, PJZS)[6]. So wurden EU-Angelegenheiten wegen ihrer innerstaatlichen Relevanz zunehmend als Materie der Innen-, aber nicht mehr der Außenpolitik angesehen[7]. Überdies führte der Kompetenzzuwachs auf europäischer Ebene zu **Kompetenzverschiebungen im innerstaatlichen Gefüge**. Dies betraf zum einen die Stellung der Länder, die ihre Kompetenzen (insbesondere verbleibende Landesgesetzgebungskompetenzen und die Mitwirkung über den Bundesrat) ausgehöhlt sahen und als Kompensation Mitwirkungsbefugnisse in europäischen Angelegenheiten reklamierten[8]. Zum anderen schmälerte die Exekutivlastigkeit der

---

[3] Aufgehoben durch Art. 4 Nr. 2 EV i.V.m. Art. 1 Einigungsvertragsgesetz v. 23.9.1990, BGBl. II, S. 885. S. auch *Pernice* → Bd. II[2], Art. 23 Rn. 1; *R. Uerpmann-Wittzack*, in: v. Münch/Kunig, GG I, Art. 23 Rn. 2.

[4] S. auch *Uerpmann-Wittzack* (Fn. 3), Art. 23 Rn. 1. Zum Zusammenhang von europäischer Integration und Wiedervereinigung deutlich Abg. *Möller*, Sten. Prot. 12/126, S. 10866 (D): Den Wiedervereinigungs-Artikel »mit einem neuen, nunmehr europäischen Inhalt zu füllen, ist eine politische Botschaft unserer Verfassung nach innen, aber auch nach außen. Diese Botschaft lautet: Die deutsche Wiedervereinigung findet ihre Vollendung in der Einigung Europas«; ferner *I. Pernice*, HStR VIII, § 191 Rn. 2ff.; *S. Schmahl*, BayVBl. 2012, 1 (2ff.).

[5] S. nur *U. Di Fabio*, Der Staat 32 (1993), 191 (194); *D. König*, Die Übertragung von Hoheitsrechten im Rahmen des europäischen Integrationsprozesses, 2000, S. 655; *S. Schmahl*, BayVBl. 2012, 1 (4f.); *R. Scholz*, in: Maunz/Dürig, GG, Art. 23 (2009), Rn. 4, 43; *R. Streinz*, in: Sachs, GG, Art. 23 Rn. 3; *C. Tomuschat*, EuGRZ 1993, 489 (492f.). Anders *C. D. Classen*, in: v. Mangoldt/Klein/Starck, GG II, Art. 23 Rn. 1; *U. Everling*, DVBl. 1993, 936 (943); *I. Pernice*, Die Verwaltung 26 (1993), 449 (454ff.); *ders.*, HStR VIII, § 191 Rn. 35; *J. Schwarze*, JZ 1993, 585 (587f.); *W. v. Simson/J. Schwarze*, Europäische Integration und Grundgesetz, in: HdbVerfR, § 4 Rn. 130f., 141ff. Umfassend zur Debatte *K. Schmalenbach*, Der neue Europaartikel 23 des Grundgesetzes im Lichte der Arbeit der Gemeinsamen Verfassungskommission, 1996, S. 37ff.

[6] S. Begründung in Entwurf der BReg. v. 2.10.1992 (BT-Drs. 12/3338), S. 4.

[7] S. nur Eckpunkte der Länder für den Föderalismus im vereinten Deutschland, Beschluß vom 5. Juli 1990, abgedruckt in: ZParl. 21 (1990), 461 (463); Bundesrat (Hrsg.), Dokumentation »Stärkung des Föderalismus in Deutschland und Europa sowie weitere Vorschläge zur Änderung des Grundgesetzes«. Bericht der Kommission Verfassungsreform des Bundesrates, 1992, Rn. 12. Anders *E. Klein*, Der Verfassungsstaat als Glied einer europäischen Gemeinschaft, VVDStRL 50 (1991), S. 56ff. (60); zurückhaltend auch *König*, Übertragung (Fn. 5), S. 380f.

[8] S. Bundesrat (Fn. 7), Rn. 4ff.; *Schmalenbach*, Europaartikel (Fn. 5), S. 39ff. Zu entsprechenden, bereits zuvor erhobenen Forderungen Parl. Rat, JöR 1951, 228; Schlussbericht Enquete-Kommission Verfassungsreform (BT-Drs. 7/5924), S. 230f.; Entschließung der »Martin-Kommission« (von den Fraktionsvorsitzendenkonferenzen berufene interfraktionelle Arbeitsgruppe) (LT R-P Drs. 10/1150), S. 5f.; im Kontext der EEA: BR-Drs. 150/86, S. 3, 703/89, S. 3ff.; ferner die Vorstöße im Kontext der

deutschen Beteiligung in europäischen Gremien die Stellung des Bundestages und damit die demokratische Legitimation der EU, zumal auch dessen Gesetzgebungsbefugnisse mit zunehmender Verlagerung auf die europäische Ebene abnahmen. Des Weiteren hatte das Bundesverfassungsgericht in seiner Rechtsprechung zu Art. 24 I GG Anforderungen an die Beteiligung Deutschlands am Integrationsprozess formuliert, die sich nicht im Verfassungstext wiederfanden. Ferner warf die deutsche Wiedervereinigung nicht nur allgemein die Frage nach einer grundlegenden Verfassungsreform auf, sondern auch die nach der Stellung Deutschlands in Europa[9]. Schließlich erforderte die Ratifikation des Vertrags von Maastricht ohnehin punktuelle Änderungen des Grundgesetzes (Einführung eines Kommunalwahlrechts für Unionsbürger, Art. 28 I 3 GG, und Übertragung von Aufgaben der Bundesbank auf die EZB, Art. 88 GG)[10]; aufgrund der insoweit erforderlichen Zwei-Drittel-Mehrheit (auch) im Bundesrat kam den Ländern im Übrigen eine relativ starke Verhandlungsposition zu, die sich im Verfassungstext niederschlägt (Zustimmungserfordernis des Bundesrates für Hoheitsrechtsübertragungen: → Rn. 40; Beteiligung des Bundesrates an der innerstaatlichen Willensbildung: → Rn. 108ff., 136ff.)[11]. Zusätzlichen Zeit- und Einigungsdruck brachte das Bestreben von Bundesregierung und Bundesrat, die Maastrichter Vertragsreform rasch und zeitgerecht abzuschließen[12].

II. Entstehung

Dies bildete den Nährboden für entsprechende **Verfassungsreformbestrebungen**. So meldeten die Länder in ihrem Beschluss vom 5.7.1990 über Eckpunkte für die bundesstaatliche Ordnung im vereinten Deutschland, den Art. 5 EV in Bezug nimmt, Reformbedarf an[13], und unterbreitete die Kommission Verfassungsreform des Bundesrates, die sich am 17.4.1991 konstituierte und bis Mitte 1992 tagte, einen ersten (länderfreundlichen) Entwurf[14]. Die Thematik »Europa« stellte auch einen wesentlichen Bestandteil der Arbeit der 1992 und 1993 tagenden und mit der Ausarbeitung einer Reform des Grundgesetzes beauftragten **Gemeinsamen Verfassungskommission** von Bundestag und Bundesrat dar. Deren Empfehlungen vom 26.6.1992 und deren Beschluss vom 15.10.1992, der die Parlamentsbeteiligung stärkte, bildeten die wesentliche Grundlage für die wenig später erfolgte Änderung des Grundgesetzes[15]. Zu den

4

Verfassungsreform → Fn. 14. S. auch bereits *H. Mosler*, Internationale Organisation und Staatsverfassung, in: FS Wehberg, 1956, S. 273 ff. (291 ff.).

[9] *I. Pernice*, HStR VIII, § 191 Rn. 2 ff.

[10] *Schmalenbach*, Europaartikel (Fn. 5), S. 37 f.

[11] S. zum länderseits hergestellten Zusammenhang zwischen einer Ratifikation des Vertrags von Maastricht und einer Stärkung ihrer innerstaatlichen Beteiligung *Schmalenbach*, Europaartikel (Fn. 5), S. 39 ff., 52 f., 110. Kritisch zur Rolle der Länder *J. Schwarze*, JZ 1993, 585 (590).

[12] *F. Schorkopf*, in: BK, GG, Art. 23 (2011), Rn. 15, 24.

[13] ZParl. 21 (1990), 461. Zu bereits zuvor erhobenen Forderungen einer Stärkung der Länderrechte: → Art. 24 Rn. 5, 9.

[14] Bundesrat (Fn. 7); ferner BR-Drs. 360/92; im Überblick *König*, Übertragung (Fn. 5), S. 146 ff. Zu vorausgehenden Initiativen zur Änderung des Art. 24 GG: Entwürfe des Bundesrates v. 13.6.1990 (BT-Drs. 11/7391) und (inhaltsgleich) v. 16.5.1991 (BT-Drs. 12/549); Beschl. der Konferenz der Präsidentinnen und Präsidenten der deutschen Landtage v. 24.9.1991 zur Stärkung der Länder in Europa – alle auch abgedruckt und erörtert bei *Schmalenbach*, Europaartikel (Fn. 5), S. 47 ff., 111 f.; ferner die Nachweise früherer Initiativen in Fn. 8.

[15] Bericht der GVK v. 5.11.1993 (BT-Drs. 12/6000), S. 19 ff. S. *Schorkopf* (Fn. 12), Art. 23 Rn. 14 f.; umfassend zu deren Arbeit *König*, Übertragung (Fn. 5), S. 156 ff.; *Schmalenbach*, Europaartikel

zentralen Diskussionpunkten rechneten die Anforderungen an die Hoheitsrechtsübertragung (Zustimmungserfordernis im Bundesrat; erforderliche Mehrheiten; Textänderungsgebot; Integrationsschranken), die Mitwirkung des Bundesrates an der innerstaatlichen Willensbildung und dann auch die Parlamentsbeteiligung[16].

5 Am 14.8.1992 legte die Bundesregierung den **Entwurf** eines Gesetzes zur Änderung des Grundgesetzes vor, dessen Europa-Artikel im Wesentlichen der Grundgesetz gewordenen Fassung des Art. 23 entsprach[17]. Im **Gesetzgebungsverfahren** hat der ursprüngliche Regierungsentwurf auf Beschlussempfehlung des Bundestag-Sonderausschusses »Europäische Union (Vertrag von Maastricht)«[18] **drei Änderungen** erfahren. Neben einer Erweiterung des Anwendungsbereichs des Art. 23 I 3 GG auf eine der Gründung bzw. Vertragsänderung vergleichbare Regelung fanden eine Pflicht der Bundesregierung zur Unterrichtung von Bundestag und Bundesrat (Art. 23 II 2 GG) sowie – ergänzend zur allgemeinen Regelung des Abs. 2 zunächst für entbehrlich erachtete[19] – besondere Mitwirkungsbefugnisse des Bundestages (Art. 23 III GG) Eingang in das Grundgesetz. Zeitgleich beraten, aber erst nach Anrufung des Vermittlungsausschusses durch den Bundesrat angenommen wurden die die Zusammenarbeit der Bundesregierung mit dem Bundestag bzw. Bundesrat regelnden **Ausführungsgesetze** (EUZBBG und EUZBLG; → Rn. 114); auf Widerspruch des Bundesrates stießen die (schließlich beibehaltene) vom GG abweichende Formulierung der Bedeutung der Stellungnahme des Bundestages in § 5 S. 3 EUZBBG-E (»zugrundelegen« statt »berücksichtigen«; → Rn. 133) sowie der in § 6 EUZBBG-E vorgesehene (schließlich gestrichene) Vorrang der Bundestags-Stellungnahme bei schwerpunktmäßig betroffener Bundeskompetenz (→ Rn. 150)[20].

6 Zwischen Bund und Ländern **umstritten blieb** zum einen die von letzteren bejahte Frage, ob jede Hoheitsrechtsübertragung den strengen Anforderungen des Art. 23 I 3 i.V.m. Art. 79 II GG unterfällt (→ Rn. 56)[21]. Zum anderen erachteten die Länder anders als die Bundesregierung die Pflicht zur maßgeblichen Berücksichtigung ihrer Auffassung (Art. 23 V 2 GG) auch in den Fällen für gegeben, in denen der Bund eine konkurrierende Gesetzgebungszuständigkeit noch nicht aktualisiert hat[22], eine Auffassung, die sich nicht durchgesetzt hat (→ Rn. 143).

(Fn. 5), S. 22 ff., 52 ff.; ferner *Lang*, Mitwirkungsrechte (Fn. 2), S. 108 ff.; *R. Müller-Terpitz*, Die Beteiligung des Bundesrates am Willensbildungsprozess der Europäischen Union, 1999, S. 100 ff.; *C. Rath*, Entscheidungspotenziale des Deutschen Bundestages in EU-Angelegenheiten, 2001, S. 39 ff.

[16] Ausführlich *Schmalenbach*, Europaartikel (Fn. 5), S. 52 ff. Speziell zur Parlamentsbeteiligung – einschließlich anfänglichen Forderungen des Bundestages, das Europäische Parlament zu stärken – *Lang*, Mitwirkungsrechte (Fn. 2), S. 116 ff.; *Rath*, Entscheidungspotenziale (Fn. 15), S. 33 ff. Kritisch etwa *Verheugen*, Stenogr. Bericht 8. Sitzung GVK v. 26.6.1992, S. 10.

[17] BR-Drs. 501/92. Zur Genese auch *Lang*, Mitwirkungsrechte (Fn. 2), S. 119 ff.; *R. Scholz*, NJW 1992, 2593 (2595 ff.).

[18] BT-Drs. 12/3896.

[19] Vgl. Bericht der GVK v. 5.11.1993 (BT-Drs. 12/6000), S. 22.

[20] BR-Drs. 853/92. S. auch *Lang*, Mitwirkungsrechte (Fn. 2), S. 124 ff., 316 ff.; *Rath*, Entscheidungspotenziale (Fn. 15), S. 47 ff.

[21] S. einerseits Begründung in Entwurf der BReg. v. 2.10.1992 (BT-Drs. 12/3338), S. 7, sowie Gegenäußerung, ebd., S. 14, und andererseits die Stellungnahme des Bundesrates (BT-Drs. 12/3338), S. 12, sowie die Redebeiträge in dessen 646. Sitzung am 25.9.1992, Plenarprotokoll 646, 419 ff. Zur Diskussion in der GVK *Schmalenbach*, Europaartikel (Fn. 5), S. 87 ff.

[22] S. einerseits Begründung in Entwurf der BReg. v. 2.10.1992 (BT-Drs. 12/3338), S. 8, sowie Gegenäußerung, ebd., S. 14 f., und andererseits die Stellungnahme des Bundesrates (BT-Drs. 12/3338), S. 12, sowie die Redebeiträge in dessen 646. Sitzung am 25.9.1992, Plenarprotokoll 646, 419.

III. Entwicklung

Die Europatauglichkeit des Grundgesetzes und damit der Europa-Artikel stellten einen zentralen Diskussionspunkt in der vom 7.11.2003 bis 17.12.2004 tagenden **Kommission zur Modernisierung der bundesstaatlichen Ordnung** dar: Während sich Art. 23 GG aus Ländersicht im Wesentlichen bewährt hat, problematisierte namentlich die Bundesseite die Handlungsfähigkeit Deutschlands auf europäischer Ebene wegen des aus ihm resultierenden innerstaatlichen Abstimmungsbedarfs und plädierte für eine Straffung; weitere Stimmen mahnten eine Stärkung der Stellung des Bundestages an[23]. Nach dem Scheitern der Bundesstaatskommission gelang eine politische Einigung im Koalitionsvertrag von CDU, CSU und SPD vom 11.11.2005[24], die in eine Änderung des Art. 23 GG im Zuge der am 1.9.2006 in Kraft getretenen **Föderalismusreform I** mündete[25]. Sie beschränkte sich indes auf die in Art. 23 VI 1 GG geregelte Wahrnehmung der deutschen Mitgliedschaftsrechte durch einen Ländervertreter bei Betroffenheit ausschließlicher Länderzuständigkeiten. Mit der seitdem obligatorischen Übertragung (zuvor: Soll-Regelung) hat diese Bestimmung einerseits eine Verschärfung erfahren; andererseits erfuhr ihr Anwendungsbereich eine gegenständliche Beschränkung auf die Bereiche schulische Bildung, Kultur und Rundfunk.

7

Eine weitere Änderung hat Art. 23 GG im Zuge der **Lissabonner Vertragsreform** erfahren. Der mit Wirkung zum 1.12.2009 eingefügte Absatz 1a[26] gestaltet zum einen (Sätze 1 und 2) die durch den Vertrag von Lissabon geschaffene Klagemöglichkeit nationaler Parlamente bei einer Verletzung des Subsidiaritätsprinzips (Art. 5 III UAbs. 2 EUV i.V.m. SubsidiaritätsP) näher aus (→ Rn. 106). Zum anderen gestattet Satz 3 Modifikationen des Mehrheitsprinzips bei Beschlüssen von Bundestag und Bundesrat hinsichtlich der Wahrnehmung der ihnen im Primärrecht eingeräumten Rechte (→ Rn. 107, 163).

8

B. Internationale, supranationale und rechtsvergleichende Bezüge

I. Der internationale Kontext der offenen Staatlichkeit

Die EU stellt eine zwar mit Blick auf Integrationsbreite und -tiefe einzigartige, aber auch in anderen Weltregionen zu findende **Form der regionalen Integration** dar[27]. Insoweit zu nennen sind namentlich das Kanada, Mexiko und die USA verbindende Nordamerikanische Freihandelsabkommen (NAFTA), die Andengemeinschaft und

9

---

[23] S. im Einzelnen Deutscher Bundestag/Bundesrat (Hrsg.), Dokumentation der Kommission von Bundestag und Bundesrat zur Modernisierung der bundesstaatlichen Ordnung, Zur Sache 1/2005, S. 153 ff. Im Überblick *R. Hrbek*, Der deutsche Bundesstaat in der EU. Die Mitwirkung der deutschen Länder in EU-Angelegenheiten als Gegenstand der Föderalismus-Reform, in: FS Zuleeg, 2005, S. 256 ff. (259 ff.); *R. Streinz*, Das Verfassungsrecht in der deutschen Föderalismuskommission, in: FS Schäffer, 2006, S. 835 ff. (837 ff.).
[24] S. Ergebnis der Koalitionsarbeitsgruppe zur Föderalismusreform, Anlage 2 zum Koalitionsvertrag zwischen CDU, CSU und SPD v. 11.11.2005, Rn. 28 f. und 40, www.cdu.de/sites/default/files/media/dokumente/05_11_11_Koalitionsvertrag_Langfassung_navigierbar_0.pdf (27.3.2015).
[25] Art. 1 Nr. 2 Gesetz zur Änderung des GG v. 28.8.2006, BGBl. I, S. 2034. Eine kritische Bilanz mit Blick auf Art. 23 GG zieht *P. M. Huber*, ZG 21 (2006), 354 (372 ff.).
[26] Art. 1 Nr. 1 Gesetz zur Änderung des GG v. 8.10.2008, BGBl. I, S. 1926 (i.V.m. Bekanntmachung über das Inkrafttreten des Vertrags von Lissabon v. 13.11.2009, BGBl. I, S. 1223).
[27] Zu dieser *M. Herdegen*, Völkerrecht, 14. Aufl. 2015, S. 352 ff.; *K. Ipsen*, Völkerrecht, 6. Aufl. 2014, S. 268 ff. (bearbeitet von *V. Epping*).

Mercosur in Südamerika, in Afrika die Southern African Development Community (SADC), die Economic Community of West African States (ECOWAS) und die Afrikanische Union, sowie in Asien die Association of Southeast Asian Nations (ASEAN). In Europa selbst hat sich auch der am 5.5.1949 gegründete und derzeit 47 Mitglieder umfassende **Europarat** das Ziel gesetzt, einen engeren Zusammenschluss aller europäischen Staaten zu verwirklichen, »um die Ideale und Grundsätze, die ihr gemeinsames Erbe sind, zu schützen und zu fördern und um ihren wirtschaftlichen und sozialen Fortschritt zu begünstigen« (Art. 1 I Satzung); diesem Anliegen dienen u. a. die zahlreichen in seinem Kontext geschlossenen Abkommen, namentlich die **EMRK**. Deren Relevanz für die Entwicklung des unionalen Grundrechtsschutzes einschließlich des geplanten EMRK-Beitritts der EU (Art. 6 II EUV; → Rn. 85) unterstreicht genauso wie etwa die Einbeziehung der 1961 unterzeichneten Europäischen Sozialcharta in das Unionsrecht (siehe Art. 151 UAbs. 1 AEUV)[28] die vielfältigen Verflechtungen zwischen Europäischer Union und Europarat. Auf globaler Ebene sind – gerade vor dem Hintergrund des Friedensziels der europäischen Integration (→ Pmbl. Rn. 50 ff.) – die **Vereinten Nationen** zu nennen (→ Art. 24 Rn. 11). Der globalen Integration mit Blick auf Handel und Wirtschaft dient schließlich die WTO, der die EU parallel zu den Mitgliedstaaten beigetreten ist.

II. EU und Mitgliedstaaten

1. Das EU-Primärrecht als Verfassung der Union

10 Unionsrechtliche Grundlage der EU stellen seit der am 1.12.2009 in Kraft getretenen Lissabonner Vertragsreform[29] die beiden Primärrechtsquellen dar, der Vertrag über die EU (EUV) und der Vertrag über die Arbeitsweise der EU (AEUV)[30]. In gleichem Rang hinzu kommt die seit Inkrafttreten des Vertrags von Lissabon rechtsverbindliche **Grundrechte-Charta** (Art. 6 I EUV)[31]. Unter Zugrundelegung eines **funktionalen Verfassungsbegriffs**, der die herrschaftsbegründende, -organisierende, -legitimierende und -begrenzende Funktion einer Verfassung in den Vordergrund stellt, lässt sich das

---

[28] Die ESC entfaltet keine unmittelbaren Rechtswirkungen, ist aber bei der Auslegung von verbindlichen Rechtsakten zu berücksichtigen, s. *C. Langenfeld/M. Benecke*, in: Grabitz/Hilf/Nettesheim, EUV/AEUV, Art. 151 AEUV (2011), Rn. 18.

[29] Am Anfang des europäischen Integrationsprojekts – wenn auch nicht der Idee »Europa« – standen die drei Gemeinschaften EGKS (»Montanunion«, gegründet durch den am 23.7.1952 in Kraft getretenen und 50 Jahre später ausgelaufenen EGKSV), EWG und Euratom (gegründet durch die am 1.1.1958 in Kraft getretenen Römischen Verträge – EGV bzw. Euratom-Vertrag v. 25.3.1957 [BGBl. II, S. 753]). Abgesehen von den Beitrittsverträgen erfolgten wesentliche Änderungen durch die am 1.7.1987 in Kraft getretene EEA sowie die Verträge von Maastricht v. 7.2.1992 (BGBl. II, S. 1251), Amsterdam v. 2.10.1997 (BGBl. II, S. 386) und Nizza v. 26.2.2001 (BGBl. II, S. 1666). Der am 29.10.2004 in Rom unterzeichnete VVE (ABl. 2004 C 310/1) ist aufgrund negativer Referenden in den Niederlanden und Frankreich gescheitert. Im Überblick zur Entwicklung der europäischen Integration *A. Hatje/S. v. Förster*, Historische Entwicklung der Europäischen Union, in: A. Hatje/P.-C. Müller-Graff (Hrsg.), Enzyklopädie Europarecht, Bd. I, 2014, § 6 m. w. N.

[30] Gesetz zum Vertrag von Lissabon v. 13.12.2007 v. 8.10.2008 (BGBl. II, S. 1038); konsolidierte Fassungen in ABl. 2010 C 83/13 (EUV) und ABl. 2010 C 83/47 (AEUV).

[31] BGBl. 2008 II, S. 1165; ABl. 2007 C 303/1 (konsolidierte Fassung in ABl. 2010 C 83/389).

II. EU und Mitgliedstaaten   Art. 23

Primärrecht als **Verfassung der Union qualifizieren**[32]. Ein staatszentriertes Verfassungsverständnis gelangt zum gegenteiligen Ergebnis[33].

Das Unionsrecht formuliert **Strukturanforderungen an die Mitgliedstaaten**, indem es nicht nur die entsprechenden **Werte der Union** – »Achtung der Menschenwürde, Freiheit, Demokratie, Gleichheit, Rechtsstaatlichkeit und die Wahrung der Menschenrechte einschließlich der Rechte der Personen, die Minderheiten angehören« (Art. 2 S. 1 EUV) – zu Unionszielen erklärt (Art. 3 I EUV). Vielmehr verlangt es deren Wahrung auch von den Mitgliedstaaten: So sind sie Beitrittsvoraussetzung (Art. 49 UAbs. 1 EUV) und zieht die »eindeutige Gefahr einer schwerwiegenden Verletzung« ein Sanktionsverfahren nach sich, das Folgen bis hin zur Aussetzung einzelner Mitgliedschaftsrechte zeitigen kann (Art. 7 EUV); dies beschränkt die nationale Verfassungsautonomie[34].   **11**

2. Verhältnis von Unionsrecht und nationalem Recht

a) Perspektive des Bundesverfassungsgerichts

Obgleich das Bundesverfassungsgericht, genauso wie der EuGH (→ Rn. 14), das Unionsrecht als »eine eigenständige Rechtsordnung [...], die aus einer autonomen Rechtsquelle fließt«, versteht[35], betont es gleichzeitig den gemäß Art. 23 I GG nur **abgeleiteten Charakter** der auf Unionsebene ausgeübten **Hoheitsgewalt** (Art. 23 I GG; → Rn. 18); damit gilt auch »der Anwendungsvorrang des Unionsrechts nur kraft und im Rahmen der fortbestehenden verfassungsrechtlichen Ermächtigung«[36]. Dieser Brük-   **12**

---

[32] Zum Primärrecht als »Verfassung« BVerfGE 22, 293 (295f.); ferner E 123, 267 (349, Rn. 231); als »Verfassungsurkunde der Gemeinschaft« EuGH v. 23.4.1986, 294/83, Slg. 1986, 1339, Rn. 23 – *Les Verts*, bzw. »Verfassungsurkunde einer Rechtsgemeinschaft« EuGH v. 14.12.1991, Avis 1/91, Slg. 1991, I-6079, Rn. 21 – *EWR-Gutachten*; von einer »Integrationsverfassung« bzw. einem »Verfassungsvertrag« spricht *P. Badura*, AöR 131 (2006), 423 (428f.); *C. Calliess*, Zum Denken im europäischen Staaten- und Verfassungsverbund, in: ders. (Hrsg.), Verfassungswandel im europäischen Staaten- und Verfassungsverbund, 2007, 187ff. (204ff.); *P. M. Huber*, Europäisches und nationales Verfassungsrecht, VVDStRL 60 (2001), S. 194ff. (198ff.) – gleichwohl den Begriff des »Verfassungsvertrages« vorziehend (234f.); *U. Hufeld*, HStR[3] X, § 215 Rn. 41; *H. P. Ipsen*, Europäisches Gemeinschaftsrecht, 1972, S. 64; *I. Pernice*, Europäisches und nationales Verfassungsrecht, VVDStRL 60 (2001), S. 148ff. (158ff.); *ders.* → Bd. II[2], Art. 23 Rn. 20; *M. Zuleeg*, in: AK-GG, Art. 23 (2001), Rn. 18. Grundlegend zur Verfassungsdebatte *A. Peters*, Elemente einer Theorie der Verfassung Europas, 2001, S. 38ff.; *J. H. H. Weiler/M. Wind* (Hrsg.), European Constitutionalism Beyond the State, 2003.

[33] Zurückhaltend *D. Grimm*, Braucht Europa eine Verfassung?, 1994, S. 47ff.; *J. Isensee*, Integrationsziel Europastaat?, in: FS Everling, Bd. I, 1995, S. 567ff. (580ff.); *P. Kirchhof*, HStR[3] X, § 214 Rn. 128ff.; *U. Volkmann*, Grundzüge einer Verfassungslehre der Bundesrepublik Deutschland, 2013, S. 35f. (Kerneinwand: Primärrecht kein »Ausdruck der Selbstbestimmung einer politischen Gemeinschaft über Zweck und Form ihres Zusammenlebens [...], der dazu von den Bürgern als den Mitgliedern dieser Gemeinschaft auch als solcher angenommen sein müsste«; ferner S. 75ff., 122ff., 323ff.). Die Diskussion für unergiebig erachtet *Classen* (Fn. 5), Art. 23 Rn. 4.

[34] *I. Pernice*, AöR 136 (2011), 185 (203): »System wechselseitiger Verfassungsstabilisierung«.

[35] BVerfGE 37, 271 (277f.); ferner E 22, 293 (295f.); 31, 145 (173f.); ähnlich *P. Badura*, Bewahrung und Veränderung demokratischer und rechtsstaatlicher Verfassungsstruktur in den internationalen Gemeinschaften, VVDStRL 23 (1966), S. 34ff. (59f.).

[36] BVerfGE 123, 267 (354, Rn. 240; ferner 400, Rn. 339; 402, Rn. 343); ferner E 134, 366 (384ff., Rn. 26ff.); *K. H. Friauf*, DVBl. 1964, 781 (785f.); *D. Grimm*, Der Staat 48 (2009), 475 (487); *C. Hillgruber*, in: Schmidt-Bleibtreu/Hofmann/Henneke, GG, Art. 23 Rn. 29, 31; *ders.*, HStR[3] II, § 32 Rn. 93f.; *P. M. Huber*, AöR 116 (1991), 210 (223ff.); *ders.*, Verfassungsrecht (Fn. 32), S. 214ff., 219ff.; *U. Hufeld*, HStR[3] X, § 215 Rn. 4ff.; *P. Kirchhof*, HStR VII, § 183 Rn. 63, 65f.; *ders.*, HStR[3] X, § 214 Rn. 6, 158ff.; *Streinz* (Fn. 5), Art. 23 Rn. 98; *A. Voßkuhle*, NVwZ 2010, 1 (5f.). Konstruktiv anders

kenschlag[37] bedeutet zweierlei: zum einen können die primärrechtlich verankerten Grundsätze der unmittelbaren Anwendbarkeit und des Anwendungsvorrangs des Unionsrechts erst und nur aufgrund des im Zustimmungsgesetz erteilten Rechtsanwendungsbefehls innerstaatlich Verbindlichkeit erlangen[38]; zum anderen begrenzen die in Art. 23 I GG festgeschriebenen Schranken der Integrationsermächtigung den Vorrang des Unionsrechts[39]. Letzteres bedeutet aber auch, dass dem Unionsrecht – in diesen Grenzen – Vorrang auch vor dem nationalen Verfassungsrecht zukommt (vgl. Art. 23 I 3 GG)[40].

13 Anders als das Landesrecht brechende Bundesrecht (→ Art. 31 Rn. 42 f.) entfaltet das Unions- im Verhältnis zum nationalen Recht keine »rechtsvernichtende, derogierende Wirkung [...]. Der europarechtliche **Anwendungsvorrang** lässt entgegenstehendes mitgliedstaatliches Recht in seinem Geltungsanspruch unberührt und drängt es nur in der Anwendung soweit zurück, wie es die Verträge erfordern und nach dem durch das Zustimmungsgesetz erteilten innerstaatlichen Rechtsanwendungsbefehl auch erlauben«[41]. Nationalen Gerichten ist es verwehrt, die **zeitliche Wirkung** der in Vorabentscheidungsverfahren erfolgten Auslegung des Unionsrechts auf den Zeitpunkt ab Urteilsverkündung zu begrenzen und unionsrechtswidriges nationales Recht bis dahin anzuwenden; in Betracht kommt allerdings ein Haftungsanspruch wegen des Vertrauens auf den Bestand eines später für unionsrechtswidrig erkannten Gesetzes[42].

b) Perspektive des EuGH

14 Aus der Perspektive des Gerichtshofs bedingen, wie in seinem Urteil in der Rs. Costa/ENEL vom 15.7.1964 erstmals herausgearbeitet, die Eigenständigkeit des »aus einer

---

T. Flint, Die Übertragung von Hoheitsrechten, 1998, S. 181 ff.; *Ipsen*, Gemeinschaftsrecht (Fn. 32), S. 55 ff., 60 ff. (s. aber auch S. 262, 285 ff.); *Pernice*, Verfassungsrecht (Fn. 32), S. 165 ff., 171, 183 f.; *ders.* → Bd. II², Art. 23 Rn. 20 f., 84; *ders.*, AöR 136 (2011), 185 (205 ff.). Aus allgemeiner Perspektive *H. Sauer*, Rechtstheorie 44 (2013), 503 ff.

[37] *P. Kirchhof*, HStR VII, § 183 Rn. 63, 65; *ders.*, HStR³ X, § 214 Rn. 6, 158 ff.

[38] BVerfGE 75, 223 (244 f.); 85, 191 (204); 89, 155 (190); 123, 267 (354, Rn. 240); 126, 286 (302, Rn. 53); *Huber*, Verfassungsrecht (Fn. 32), S. 215 ff.; *P. Kirchhof*, HStR VII, § 183 Rn. 63, 66; *ders.*, HStR³ X, § 214 Rn. 6, 158. A.A. *Classen* (Fn. 5), Art. 23 Rn. 13, 47; *ders.*, in: v. Mangoldt/Klein/Starck, GG II, Art. 24 Rn. 17 ff., 23, 36 f. (Geltungsgrund im Vertrag; Gesetz nur Ratifikationsermächtigung); *Pernice*, Verfassungsrecht (Fn. 32), S. 171, 183 f.; *ders.*, AöR 136 (2011), 185 (205 ff.). Die Enquete-Kommission Verfassungsreform (BT-Drs. 7/5924), S. 229, verortete den Vorrang des Unionsrechts indes in Art. 24 I GG selbst.

[39] BVerfGE 123, 267 (354, Rn. 240); ferner E 37, 271 (279); *P. M. Huber*, AöR 116 (1991), 210 (223 ff.); *ders.*, Verfassungsrecht (Fn. 32), S. 215 f.; *P. Kirchhof*, HStR VII, § 183 Rn. 65 f.; *ders.*, HStR³ X, § 214 Rn. 158 f.; *O. Rojahn*, in: v. Münch/Kunig, GG I, Art. 24 Rn. 79 f. A.A. *Classen* (Fn. 5), Art. 23 Rn. 50.

[40] *Classen* (Fn. 5), Art. 23 Rn. 48; *P. Kirchhof*, HStR³ X, § 214 Rn. 160; *M. Selmayr/N. Prowald*, DVBl. 1999, 269 (271 ff.). A.A. *Hillgruber* (Fn. 36), Art. 23 Rn. 31, da einfach-gesetzlicher Anwendungsbefehl keinen höheren Rang als er selbst vermitteln könne, was freilich die Bedeutung des Art. 23 I GG vernachlässigt (s. zu Art. 24 I GG auch *A. Randelzhofer*, in: Maunz/Dürig, GG, Art. 24 I [1992], Rn. 12; *Vogel*, Verfassungsentscheidung [Fn. 1], 1964, S. 8 f. m. Fn. 14). Zur Frage nach der Bindung des verfassungsändernden Gesetzgebers an Unionsrecht vgl. *R. Frau*, Der Gesetzgeber zwischen Verfassungsrecht und völkerrechtlichem Vertrag, 2015, S. 38 f.

[41] BVerfGE 123, 267 (398, Rn. 335); ferner E 126, 286 (301 f., Rn. 53 f.); *Badura*, Bewahrung (Fn. 35), S. 63 f. Im Überblick zu (früher) vertretenen Konzeptionen des Vorrangs *R. Streinz*, Bundesverfassungsgerichtlicher Grundrechtsschutz und Europäisches Gemeinschaftsrecht. Die Überprüfung grundrechtsbeschränkender deutscher Begründungs- und Vollzugsakte von Europäischem Gemeinschaftsrecht durch das Bundesverfassungsgericht, 1989, S. 93 ff.

[42] BVerfGE 126, 286 (314 f., Rn. 83 ff.).

II. EU und Mitgliedstaaten   Art. 23

autonomen Rechtsquelle fließenden« Unionsrechts sowie das Interesse an dessen unionsweit einheitlicher Anwendung einen **Anwendungsvorrang**[43] des Unionsrechts vor innerstaatlichem Recht[44]. Dieser lässt, wie der EuGH im Jahre 1970 in der Rs. Internationale Handelsgesellschaft klargestellt hat, **auch nationale Grundrechte sowie Strukturprinzipien des nationalen Verfassungsrechts zurücktreten**[45]. Obgleich der Gerichtshof nach wie vor den Vorrang des Unionsrechts vor nationalem Verfassungsrecht betont[46], entschärft das Unionsrecht selbst mögliche Normkonflikte. So hat der EuGH bereits in der Rs. Internationale Handelsgesellschaft auf die Bedeutung der gemeinsamen Verfassungsüberlieferungen der Mitgliedstaaten als Rechtserkenntnisquelle für den Grundrechtsschutz auf Gemeinschaftsebene verwiesen, was mit der Maastrichter Vertragsrevision auch primärrechtlich Anerkennung gefunden hat (Art. 6 III EUV), und wurde der Grundrechtsschutz auf Unionsebene stetig ausgebaut (→ Rn. 85). Überdies verpflichtet der ebenfalls mit dem Vertrag von Maastricht Primärrecht gewordene Art. 4 II 1 EUV die Union zur **Achtung der nationalen Identität der Mitgliedstaaten**, »die in ihren grundlegenden politischen und verfassungsmäßigen Strukturen einschließlich der regionalen und lokalen Selbstverwaltung zum Ausdruck kommt.«[47] Das Bundesverfassungsgericht parallelisierte diese Grenze zunächst mit den Anforderungen des Art. 79 III GG[48], betonte im OMT-Beschluss dann aber die Unterschiede (Art. 4 II 1 EUV zwar gegenständlich weiter, aber abwägungsoffen)[49]; freilich bleibt sie trotz ihrer Bezugnahme auf das mitgliedstaatliche Verfassungsrecht eine unionsrechtliche[50] und trägt keinen weit reichenden Souveränitätsvorbehalt[51]. Auszubuchstabie-

---

[43] Zum Anwendungsvorrang EuGH v. 9.3.1978, C-106/77, Slg. 1978, 629, Rn. 17 ff. – *Simmenthal*; v. 8.9.2010, C-409/06, Slg. 2010, I-8015, Rn. 53 ff. – *Winner Wetten GmbH*.

[44] EuGH v. 15.7.1964, 6/64, Slg. 1964, 1253 (1270) – *Costa/ENEL*. Gegen ein Verständnis dieses Urteils als Begründung eines »›genuin europarechtliche[n]‹ Geltungsgrunds« des Vorrangs *U. Hufeld*, HStR³ X, § 215 Rn. 5 f. Anders *Huber*, Verfassungsrecht (Fn. 32), S. 213 f.; *J.P. Terhechte*, EuR-Beiheft 1/2010, 135 (141).

[45] EuGH v. 17.12.1970, 11/70, Slg. 1970, 1125, Rn. 3 – *Internationale Handelsgesellschaft*. Für einen Vorrang vor dem Verfassungsrecht auch *Badura*, Bewahrung (Fn. 35), S. 61.

[46] EuGH v. 8.9.2010, C-409/06, Slg. 2010, I-8015, Rn. 61 – *Winner Wetten GmbH*; v. 26.2.2013, C-399/11, ECLI:EU:C:2013:107, Rn. 59 – *Melloni*.

[47] Zu dieser Dimension des Art. 4 II 1 EUV *Classen* (Fn. 5), Art. 23 Rn. 50; *F.C. Mayer/E. Lenski/M. Wendel*, EuR 2008, 63 (71 f., 86 f.); *I. Pernice*, AöR 136 (2011), 185 (204 f.); *F. Wollenschläger*, Die Gewährleistung von Sicherheit im Spannungsfeld der nationalen, unionalen und EMRK-Grundrechtsordnungen. Überlegungen zu Grundrechtsregimekonkurrenzen und ihrer Bewältigung im Europäischen Mehrebenensystem, in: J. Iliopoulos-Strangas (Hrsg.), Rechtsstaat, Freiheit und Sicherheit in Europa, 2010, S. 45 ff. (83 f.). Das BVerfG – E 123, 267 (350, Rn. 234) – sieht hierin den »vertragliche[n] Ausdruck der staatsverfassungsrechtlichen Grundlegung der Unionsgewalt« (ferner 354, Rn. 240). Allg. zur Bedeutung der Schutzklausel *A. v. Bogdandy/S. Schill*, ZaöRV 2010, 701 (711 ff.); *P. Lerche*, Achtung der nationalen Identität (Art. F Abs. 1 EUV), in: FS Schippel, 1996, S. 919 ff.; *I. Pernice*, AöR 136 (2011), 185 ff., unter Bejahung ihrer Justiziabilität (213); *M. Wendel*, Permeabilität im Europäischen Verfassungsrecht, 2011, S. 572 ff. Bereits zuvor *H. Mosler*, HStR VII, § 175 Rn. 72.

[48] BVerfGE 123, 267 (354, Rn. 235; 400, Rn. 339). Ebenso Polnisches Verfassungsgericht (Trybunał Konstytucyjny) v. 24.11.2010, K 32/09, III.2.1 – *Lissabon* (EuGRZ 2012, 172). S. insoweit auch *A. v. Bogdandy/S. Schill*, ZaöRV 70 (2010), 701 (715 f.).

[49] BVerfGE 134, 366 (386 f., Rn. 29). Gleichwohl für die Möglichkeit eines abwägungsfesten Kerns des Art. 4 II 1 EUV *H.-G. Dederer*, JZ 2014, 313 (320).

[50] So auch *A. v. Bogdandy/S. Schill*, ZaöRV 2010, 701 (711 ff.); *I. Pernice*, AöR 136 (2011), 185 (195); *J. Ziller*, ZÖR 65 (2010), 157 (174 f.). Für eine Bindung an die innerstaatliche Rechtsprechung *K.F. Gärditz/C. Hillgruber*, JZ 2009, 872 (878).

[51] *I. Pernice*, AöR 136 (2011), 185 (195 f., 213 f.); *Wendel*, Permeabilität (Fn. 47), S. 575 ff., 582 f. Anders *K.F. Gärditz/C. Hillgruber*, JZ 2009, 872 (878).

ren ist sie, gerade eingedenk des Loyalitätsgebots des Art. 4 III EUV, im Dialog zwischen nationaler und europäischer Ebene sowie in gegenseitiger Rücksichtnahme[52]. Im Lissabon-Urteil ist in diesem Kontext von der »Idee von nicht strikt hierarchisch gegliederten politischen Ordnungszusammenhängen« die Rede[53]. In prozeduraler Hinsicht hat im Übrigen bereits die Solange I-Entscheidung Pflichten zur Herstellung von Konkordanz und zur Rücksichtnahme im Konfliktfall betont[54].

15 Damit sei **keiner vorschnellen Relativierung** des für das Funktionieren der EU essentiellen Vorrangs des Unionsrechts auch bei Berufung auf entgegenstehendes Verfassungsrecht – gar noch in den Händen nationaler Institutionen – das Wort geredet; immerhin lässt sich aber auch aus unionsrechtlicher Perspektive eine – freilich unionsautonome – Öffnung erkennen[55]. Dies belegen jedenfalls der Sache nach jüngere (und auch ältere) Entscheidungen zur Reichweite der Grundfreiheiten[56]. Aus der Schutzniveau-Bestimmung des Art. 53 ChGrEU lässt sich demgegenüber kein Vorrang eines höheren Grundrechtsstandards auf nationaler Ebene und damit eine Durchbrechung des Vorrangs des Unionsrechts ableiten[57].

3. Rechtsnatur der EU

16 Gemäß Art. 47 EUV kommt der EU **Rechtspersönlichkeit** zu[58]. Um den besonderen Charakter der EU und ihre Einordnung zwischen den überkommenen staatsrechtlichen Kategorien Bundesstaat und Staatenbund (→ Art. 20 [Bundesstaat] Rn. 16f.) auf den Punkt zu bringen[59], verwendet das Bundesverfassungsgericht seit dem Maastricht-

---

[52] S. insoweit auch GA *Cruz Villalón*, 14.1.2015, C-62/14, ECLI:EU:C:2015:7, Rn. 58ff. – *OMT*; *A. v. Bogdandy/S. Schill*, ZaöRV 2010, 701 (728ff.); *I. Pernice*, AöR 136 (2011), 185 (211ff.); *D. Thym*, Der Staat 48 (2009), 559 (573ff.); *Wendel*, Permeabilität (Fn. 47), S. 579ff. Umfassend zum Loyalitätsprinzip nunmehr *M. Klamert*, The Principle of Loyalty in EU Law, 2014.
[53] BVerfGE 123, 267 (400f., Rn. 340). S. auch *A. v. Bogdandy*, Zur Übertragbarkeit staatsrechtlicher Figuren auf die Europäische Union, in: FS Badura, 2004, S. 1033ff. (1041f.); *ders./S. Schill*, ZaöRV 2010, 701 (703ff., 731ff.); *C. Calliess*, ZEuS 2009, 559 (568f.); *F. Kirchhof*, NJW 2011, 3681 (3682); *H. Landau/M. Trésoret*, DVBl. 2012, 1329 (1330f., 1337f.); *N. MacCormick*, JZ 1995, 797 (800). Kritisch *M. Jestaedt*, Der Europäische Verfassungsverbund. Verfassungstheoretischer Charme und rechtstheoretische Insuffizienz einer Unschärferelation, in: GS Blomeyer, 2004, S. 637ff. (655ff.).
[54] BVerfGE 37, 271 (278f.).
[55] *A. v. Bogdandy/S. Schill*, ZaöRV 2010, 701 (725ff.); *Lerche*, Achtung (Fn. 47), S. 930ff. Nach wie vor von einem unbedingten Anwendungsvorrang ausgehend: *Pernice* → Bd. II², Art. 23 Rn. 20 – s. aber auch *ders.*, AöR 136 (2011), 185 (204f., 214ff.); *Uerpmann-Wittzack* (Fn. 3), Art. 23 Rn. 41.
[56] S. namentlich EuGH v. 14.10.2004, C-36/02, Slg. 2004, I-9609, Rn. 28ff. – *Omega* (für eine entsprechende Interpretation dieses Urteils *V. Skouris*, FAZ v. 22.5.2009, Beilage 60 Jahre Grundgesetz, S. B 2); ferner – unter Bezugnahme auf Art. 4 II 1 EUV – EuGH v. 22.12.2010, C-208/09, Slg. 2010, I-3693, Rn. 92 – *Sayn-Wittgenstein*; bereits zuvor EuGH v. 28.11.1989, C-379/87, Slg. 1989, 3967, Rn. 12ff. – *Groener*; v. 4.10.1991, C-159/90, Slg. 1991, I-4685, Rn. 24ff. – *Grogan*; *L. Besselink*, CML Rev. 49 (2012), 671 (678); *A. v. Bogdandy/S. Schill*, ZaöRV 2010, 701 (707f.); *T. v. Danwitz*, EuR 2008, 769 (783ff.); *A. Voßkuhle*, NVwZ 2010, 1 (7); *Wendel*, Permeabilität (Fn. 47), S. 583ff.; *F. Wollenschläger*, Grundrechtsschutz und Unionsbürgerschaft, in: Hatje/Müller-Graff (Fn. 29), § 8 Rn. 15, 27.
[57] EuGH v. 26.2.2013, C-399/11, ECLI:EU:C:2013:107, Rn. 55ff. – *Melloni*; *Wollenschläger* (Fn. 56), § 8 Rn. 87ff. m.w.N. auch zur Gegenauffassung.
[58] Zum (damit erledigten) früheren Streit um die Rechtsnatur der EU nur *Pernice* → Bd. II², Art. 23 Rn. 42.
[59] S. aber für eine Staatsähnlichkeit *Scholz* (Fn. 5), Art. 23 Rn. 4 (ferner 42f.): »potentiell eigenstaatlich[e] Einrichtung supranationaler Qualität«; *Zuleeg* (Fn. 32), Art. 23 Rn. 5, 15, 17. Zu Recht gegen die Staatsqualität *A. v. Arnauld*, in: ders./U. Hufeld (Hrsg.), Systematischer Kommentar

Urteil den auf *Paul Kirchhof* zurückgehenden[60] Begriff »**Staatenverbund**«[61], den es im Lissabon-Urteil weiter konkretisiert hat als »eine enge, auf Dauer angelegte Verbindung souverän bleibender Staaten, die auf vertraglicher Grundlage öffentliche Gewalt ausübt, deren Grundordnung jedoch allein der Verfügung der Mitgliedstaaten unterliegt und in der die Völker – das heißt die staatsangehörigen Bürger – der Mitgliedstaaten die Subjekte demokratischer Legitimation bleiben.«[62] Diese Begrifflichkeit wird teils kritisiert, da sie den für die EU charakteristischen Bürgerbezug ausblende[63] und ohne Erklärungswert sei[64]; ein Bürgerbezug ist freilich auch nicht im Begriff Bundesstaat angelegt. Wegen ihrer **besonderen föderalen Struktur** sieht sich die EU auch als Sui-Generis-Konstrukt (föderatives Mischsystem)[65] oder supranationaler Föderalismus[66] qualifiziert oder wird für eine Überwindung der überkommen Bundesstaat-Staatenbund-Dichotomie zugunsten anspruchsvoller Konzepte eines Bundes plädiert[67].[68]

(Oftmals) in Abgrenzung[69] zum Begriff des Staatenverbunds soll das Konzept des **Verfassungsverbunds** (multi-level constitutionalism) die zentrale Rolle der Bürger als Legitimationssubjekt betonen[70]. Dieser von *Ingolf Pernice* geprägte Begriff[71] be-

---

zu den Lissabon-Begleitgesetzen, 2011, I/2 Rn. 38; *Badura*, Bewahrung (Fn. 35), S. 49 f.; *P. Kirchhof*, HStR³ X, § 214 Rn. 10 ff.; *Pernice*, Verfassungsrecht (Fn. 32), S. 163; *ders.*, HStR VIII, § 191 Rn. 35, 45.

[60] *P. Kirchhof*, HStR VII, § 183 Rn. 54, 66, 69; ferner *ders.*, HStR³ X, § 214 Rn. 1, 9, 118.

[61] BVerfGE 89, 155 (188, 190). S. zuvor E 22, 293 (295 f.): »Die Gemeinschaft ist selbst kein Staat, auch kein Bundesstaat. Sie ist eine im Prozeß fortschreitender Integration stehende Gemeinschaft eigener Art, eine ›zwischenstaatliche Einrichtung‹ im Sinne des Art. 24 Abs. 1 GG«; ferner E 37, 271 (278). Zustimmend *U. Di Fabio*, Das Recht offener Staaten. Grundlinien einer Staats- und Rechtstheorie, 1998, S. 139 ff.; *C. Hillgruber*, HStR³ II, § 32 Rn. 112; *Huber*, Verfassungsrecht (Fn. 32), S. 210; *Scholz* (Fn. 5), Art. 23 Rn. 45 f. (vorsichtig); *R. Streinz*, Die Verfassung Europas: Unvollendeter Bundesstaat, Staatenverbund oder unvergleichliches Phänomen?, in: FS Nehlsen, 2008, S. 750 ff. (763). Für eine Qualifikation als Staatenbund demgegenüber *A. Janssen*, ZG 28 (2013), 21 (34 ff.).

[62] BVerfGE 123, 267 (348, Rn. 229).

[63] S. *v. Arnauld* (Fn. 59), I/2 Rn. 38; *U. Everling*, integration 1994, 165 (167); *I. Pernice*, HStR VIII, § 191 Rn. 64 f.; *ders.* → Bd. II², Art. 23 Rn. 41; *M. Selmayr*, ZEuS 2009, 637 (645); *Uerpmann-Wittzack* (Fn. 3), Art. 23 Rn. 38.

[64] *Pernice* → Bd. II², Art. 23 Rn. 41.

[65] *v. Arnauld* (Fn. 59), I/2 Rn. 38; *Streinz*, Verfassung (Fn. 61), S. 765 f.

[66] *A. v. Bogdandy*, Supranationaler Föderalismus als Wirklichkeit und Idee einer neuen Herrschaftsform. Zur Gestalt der Europäischen Union nach Amsterdam, 1999, S. 61 ff. S. auch *Zuleeg* (Fn. 32), Art. 23 Rn. 17.

[67] *C. Schönberger*, AöR 129 (2004), 81 (98 ff.), nach dem der Begriff des Bundes unterschiedlich verdichtete »föderal[e] Ordnungen« umfasst, »die auf einer freiwilligen Vereinigung von Staaten beruhen und keinen konsolidierten Bundesstaat darstellen« (118).

[68] Zur überholten (*Zuleeg* [Fn. 32], Art. 23 Rn. 16) Qualifikation der Gemeinschaften als Zweckverbände funktioneller Integration *Ipsen*, Gemeinschaftsrecht (Fn. 32), S. 196 ff. – zustimmend *Klein*, Verfassungsstaat (Fn. 7), S. 60 f.; zum Konzept des Gesamtakts staatlicher Integrationsgewalt *Ipsen*, Gemeinschaftsrecht (Fn. 32), S. 60 ff. – kritisch *C. Tomuschat*, in: BK, Art. 24 (1981), Rn. 16.

[69] Mitunter findet sich auch die Kombination **Staaten- und Verfassungsverbund** (*C. Calliess*, Das Demokratieprinzip im europäischen Staaten- und Verfassungsverbund, in: FS Ress, 2005, S. 399 ff. [401 ff.]; *ders.*, Staaten- und Verfassungsverbund [Fn. 32], S. 191 ff., 212 ff.) oder die Rede von einer »**Union der Bürger und der Staaten**« (Art. 1 I-1 I VerfV; in diese Richtung auch *I. Pernice*, HStR VIII, § 191 Rn. 65; *D. Th. Tsatsos*, JöR n. F. 49 [2001], 63 [67 und passim]).

[70] *Pernice*, Verfassungsrecht (Fn. 32), S. 172; *Zuleeg* (Fn. 32), Art. 23 Rn. 16. Insoweit ablehnend *C. Hillgruber*, HStR³ II, § 32 Rn. 99. Ebenfalls kritisch wegen der Ausblendung der Staaten (obgleich die Verflechtungen zutreffend erfassend) *U. Hufeld*, HStR³ X, § 215 Rn. 71.

[71] *Pernice*, Verfassungsrecht (Fn. 32), S. 164 ff.; *ders.*, ColJEL 15 (2009), 349 (372 ff.). Zur Verflechtung bereits *ders.*, HStR VIII, § 191 Rn. 25 f., 30 f., 66 f. S. ferner *Huber*, Verfassungsrecht (Fn. 32), S. 208 f., 222 ff.; *Peters*, Elemente (Fn. 32), S. 205 ff. Verfassungs- und rechtstheoretische Fundamen-

schreibt ein **Mehrebenensystem**[72], in dem nach dem Subsidiaritätsprinzip Union und Mitgliedstaaten verschiedene Befugnisse ausüben[73]. Er reagiert mit *Peter M. Huber* auf den Befund, dass »sich die Grundordnung des sozialen und politischen Lebens in der EU« nur aus einer »Zusammenschau« von unionalem und nationalem Verfassungsrecht »erschließt«[74], erfasst daher »die Staaten und ihre supranationalen Einbindungen in ihrer Gesamtheit«[75], bringt die Wechselbezüglichkeit von nationalem und europäischem Verfassungsrecht zum Ausdruck[76] und versteht unionales und nationales Verfassungsrecht als »Teilordnungen eines einheitlichen Systems«[77], das nicht hierarchisch strukturiert ist[78], in dem die nationalen Verfassungen durch die EU-Verfassung verklammert sind[79] und das durch vielfältige Kooperationen prozedural ergänzt wird[80]. Auch ist die Fortentwicklung des Primärrechts unionsrechtlich vorstrukturiert (Art. 48 EUV); verfassungsstabilisierend wirkt die den Mitgliedstaaten zukommende »Not-Kompetenz« zur Sicherung des gemeineuropäischen Verfassungsstandards, der allerdings auch gemeineuropäisch zu bestimmen ist[81].

18 Im (indes nicht einheitlich verwendeten) Konzept des Verfassungsverbunds kommt die Verflechtung von nationalem und unionalem Verfassungsrecht treffend zum Ausdruck[82]. Die nach dem Grundgesetz erforderliche und zugleich begrenzte Ermächtigung zur Hoheitsrechtsübertragung verweist freilich auf den **abgeleiteten Charakter** jedweder europäischen Hoheitsgewalt sowie auf das Fehlen eines eigenständigen Legitimationssubjekts auf europäischer Ebene und begrenzt damit jede Verbundkonzeption[83]. Art. 1 UAbs. 1 EUV greift dies mit der Formulierung auf, dass »die Mitglied-

---

talkritik übt *Jestaedt*, Verfassungsverbund (Fn. 53), S. 641 ff.; dagegen wiederum *I. Pernice*, Theorie und Praxis des Europäischen Verfassungsverbundes, in: C. Calliess (Hrsg.), Verfassungswandel im europäischen Staaten- und Verfassungsverbund, 2007, S. 61 ff. (78 ff.). Zurückhaltend gegenüber dem gängigen Verflechtungsbefund *M. Nettesheim*, Europäischer Verfassungsverbund? Zwischen Selbststand und Amalgamierung der verfassungsrechtlichen Grundordnungen in Europa, in: FS Isensee, 2007, S. 733 ff. (736 ff.). Ablehnend mit Blick auf die Bedeutung der nationalen Integrationsermächtigung *C. Hillgruber*, HStR³ II, § 32 Rn. 96. S. auch *Volkmann*, Grundzüge (Fn. 33), S. 121 f.

[72] Zu diesem politikwissenschaftlichen Begriff *M. Jachtenfuchs/B. Kohler-Koch*, Einleitung: Regieren im dynamischen Mehrebenensystem, in: dies. (Hrsg.), Europäische Integration, 2. Aufl. 2003, S. 15 ff.; *Pernice*, Verfassungsrecht (Fn. 32), S. 173.

[73] *Pernice*, Verfassungsrecht (Fn. 32), S. 173 ff.

[74] *Huber*, Verfassungsrecht (Fn. 32), S. 208 ff.

[75] *Pernice*, Verfassungsrecht (Fn. 32), S. 173.

[76] Ebd., S. 178 ff.

[77] Ebd., S. 172; ferner *Huber*, Verfassungsrecht (Fn. 32), S. 208 ff.

[78] *Pernice*, Verfassungsrecht (Fn. 32), S. 185. A.A. *C. Hillgruber*, HStR³ II, § 32 Rn. 96.

[79] *Huber*, Verfassungsrecht (Fn. 32), S. 209; *Pernice*, Verfassungsrecht (Fn. 32), S. 176. Anders akzentuierend *C. Hillgruber*, HStR³ II, § 32 Rn. 96.

[80] *Huber*, Verfassungsrecht (Fn. 32), S. 228 ff.

[81] *Pernice*, Verfassungsrecht (Fn. 32), S. 184 ff.

[82] S. auch *Volkmann*, Grundzüge (Fn. 33), S. 121 f.

[83] BVerfGE 123, 267 (348 f., Rn. 229 ff.); ferner *Classen* (Fn. 5), Art. 23 Rn. 3; *Huber*, Verfassungsrecht (Fn. 32), S. 219 ff.; *U. Hufeld*, HStR³ X, § 215 Rn. 4 ff.; *P. Kirchhof*, HStR VII, § 183 Rn. 45 f.; *Scholz* (Fn. 5), Art. 23 Rn. 67; *Volkmann*, Grundzüge (Fn. 33), S. 76 ff., 121 f. Anders *Ipsen*, Gemeinschaftsrecht (Fn. 32), S. 55 ff., 60 ff.: Mit Integrationsgesetz Teilnahme am Gesamtakt der Gemeinschaftserrichtung und damit an »Schöpfung [...] eine[r] Rechtsordnung [...], die außerhalb der Staaten existiert und ihnen gegenüber selbständig wirkt« (S. 62; s. aber auch S. 262, 285 ff.); *Pernice*, Verfassungsrecht (Fn. 32), S. 165 ff., der von einer Verfassunggebung auf unionaler Ebene ausgeht: »Das nationale Zustimmungsgesetz ist damit nicht Rechtsanwendungsbefehl, [...] wohl aber Form der Teilnahme am europäischen Gesellschaftsvertrag über die Verfassung, deren Normen aus sich heraus unmittelbar gegenüber dem Bürger gelten« (171); ebenso *ders.*, AöR 136 (2011), 185 (205 ff.). Für ein Verständnis der Hoheitsrechtsübertragung als internationale Verfassunggebung bereits *J. H.*

staaten Zuständigkeiten zur Verwirklichung ihrer gemeinsamen Ziele« der EU »übertragen« haben (ferner Art. 3 VI, 4 I, 5 II EUV)[84]. Erachtet man die Quelle der Hoheitsgewalt als entscheidenden Bezugspunkt der **Souveränität** und einen Staat – unbeschadet eingegangener verfassungs- und völkerrechtlicher Bindungen – dann als souverän, wenn er »über innere und äußere Hoheitsgewalt [verfügt], die ihm rechtlich unabgeleitet zusteht und über deren Beschränkungen er selbst autonom entscheidet«[85], liegt die Souveränität nach wie vor bei den Mitgliedstaaten. Denn auch wenn die mitgliedstaatlichen Handlungsmöglichkeiten selbst auf Verfassungsebene in vielerlei Hinsicht unionsrechtlich gebunden sind und der einzelne Mitgliedstaat nicht eigenständig über die einmal eingegangenen Bindungen disponieren kann, übt die EU lediglich abgeleitete Hoheitsgewalt aus und besteht ein jederzeitiges Austrittsrecht der Mitgliedstaaten (Art. 50 EUV), welches alle unionsrechtlichen Bindungen zu beseitigen vermag[86]. Freilich handelt es sich hierbei angesichts des Grades der eingegangenen Bindungen und der Interdependenzen im europäischen Verfassungsverbund zwar um eine zutreffende, aber dennoch sehr formale Betrachtung[87].

4. Integration der EU

Im Rahmen ihrer Außenkompetenzen (namentlich Art. 216 ff. AEUV) kann sich auch die EU für eine **internationale Zusammenarbeit** öffnen[88]. So nennt Art. 218 VI UAbs. 2 lit. a iii) AEUV als möglichen Vertragsgegenstand »Übereinkünfte, die durch die Einführung von Zusammenarbeitsverfahren einen besonderen institutionellen Rahmen schaffen«, und sieht Art. 217 AEUV Abkommen vor, »die eine Assoziierung mit gegenseitigen Rechten und Pflichten, gemeinsamem Vorgehen und besonderen Verfahren herstellen.« Internationalen Abkommen sowie auf ihrer Grundlage ausgeübter

19

Kaiser, Bewahrung und Veränderung demokratischer und rechtsstaatlicher Verfassungsstruktur in den internationalen Gemeinschaften, VVDStRL 23 (1966), S. 1 ff. (17 ff.).
[84] Dies im Sinne einer Anerkennung der fortbestehenden Souveränität und Kompetenz-Kompetenz der Mitgliedstaaten verstehend *Uerpmann-Wittzack* (Fn. 3), Art. 23 Rn. 40; s. auch *Wendel*, Permeabilität (Fn. 47), S. 170 ff.
[85] *P. Kirchhof*, HStR VII, § 183 Rn. 24; s. auch *C. Hillgruber*, HStR³ II, § 32 Rn. 46 ff. Für ein individuenbezogenes Souveränitätsverständnis *Pernice*, Verfassungsrecht (Fn. 32), S. 162 f.
[86] *C. Hillgruber*, HStR³ II, § 32 Rn. 79 ff.; *Isensee*, Integrationsziel (Fn. 33), S. 575 f.; *P. Kirchhof*, HStR VII, § 183 Rn. 55 f.; *ders.*, HStR³ X, § 214 Rn. 105 ff.; *C. Ohler*, AöR 135 (2010), 153 (173 f.). S. auch BVerfGE 123, 267 (345 f., Rn. 220 f.; 346, Rn. 223 f.); 128, 326 (369, Rn. 89); ferner VerfG Tschechien v. 3.11.2009, Pl. ÚS 29/09, Rn. 147 – *Lissabon II*; dazu *I. Pernice*, AöR 136 (2011), 185 (207 ff.). Eine zwischen EU und Mitgliedstaaten geteilte Souveränität annehmend: *Calliess*, Staaten- und Verfassungsverbund (Fn. 32), S. 214 ff.; *Huber*, Verfassungsrecht (Fn. 32), S. 210; *S. Oeter*, ZaöRV 55 (1995), 659 (686 f.); *Pernice*, Verfassungsrecht (Fn. 32), S. 175; *ders.* → Bd. II², Art. 23 Rn. 22. Ablehnend: *C. Hillgruber*, HStR³ II, § 32 Rn. 79; *C. Ohler*, AöR 135 (2010), 153 (174). Die Souveränität in der Schwebe sehen *U. Everling*, DVBl. 1993, 936 (943), und *T. Oppermann*, Zur Eigenart der Europäischen Union, in: P. Hommelhoff/P. Kirchhof (Hrsg.), Der Staatenverbund der Europäischen Union, 1994, S. 87 ff. (96).
[87] S. auch *U. Hufeld*, in: v. Arnauld/Hufeld (Fn. 59), I/1 Rn. 49 f.; *König*, Übertragung (Fn. 5), S. 532 f.; *T. Lock*, European Constitutional Law Review 5 (2009), 407 (412 f.); *Zuleeg* (Fn. 32), Art. 23 Rn. 15. Ablehnend *Pernice*, Verfassungsrecht (Fn. 32), S. 186; differenzierend und historisch im Prozess der Bundesstaatsentwicklung kontextualisierend *S. Oeter*, ZaöRV 55 (1995), 659 (664 ff., 700 ff.). Von einer fortbestehenden Berechtigung der Souveränitätsfrage ausgehend: *C. Ohler*, AöR 135 (2010), 153 (173 f.); zurückhaltend *J. A. Frowein*, EuR 1995, 315 (319 f.).
[88] Für eine »gewisse Integrationskompetenz« auch *Pernice* → Bd. II², Art. 23 Rn. 7; ferner *C. Vedder*, Die Integrationskompetenz der EG in der Rechtsprechung des EuGH, in: GS Grabitz, 1995, S. 795 ff. (799 ff.).

Hoheitsgewalt kann unmittelbare Geltung innerhalb der Unionsrechtsordnung beigemessen werden (s. auch Art. 216 II AEUV)[89]; auch können sie unmittelbar anwendbar sein[90]. Der EuGH hat diese Wirkung dem Assoziationsrecht zuerkannt[91], für das WTO-Recht indes grundsätzlich abgelehnt[92]. Sie stehen im Rang zwischen Primär- und Sekundärrecht und binden auch die Mitgliedstaaten (Art. 216 II, 218 XI AEUV). Diese Normen verdeutlichen freilich auch, dass keine Modifikation des Primärrechts durch Übereinkünfte möglich ist, sondern dies eine (ratifikationsbedürftige) Vertragsänderung voraussetzt[93]. In seinem **Kadi-Urteil** vom 3.9.2008 hat der EuGH im Kontext von durch EU-Sekundärrecht umgesetzten Sanktionsentscheidungen der Vereinten Nationen die Möglichkeit eines Kontrollverzichts im Sinne der Solange-Rechtsprechung des Bundesverfassungsgerichts, was eine »erhebliche Abweichung von dem im EG-Vertrag vorgesehenen System des gerichtlichen Rechtsschutzes der Grundrechte«[94] darstelle, mangels adäquaten Grundrechtsschutzes auf UN-Ebene abgelehnt[95], ohne sie freilich prinzipiell auszuschließen[96]. Auch in seinem ersten EMRK-Gutachten hat der EuGH eine Primärrechtsänderung mit Blick auf den EMRK-Beitritt (s. nunmehr Art. 6 II EUV) für erforderlich erachtet, da diese »Änderung des Systems des Schutzes der Menschenrechte in der Gemeinschaft, die grundlegende institutionelle Auswirkungen sowohl auf die Gemeinschaft als auch auf die Mitgliedstaaten hätte, [...] von verfassungsrechtlicher Dimension [wäre] und [...] daher ihrem Wesen nach über die Grenzen des Artikels 235 hinaus[ginge]«[97]; auf einer ähnlich restriktiven, die Autonomie der Unionsrechtsordnung betonenden Linie liegt das Gutachten zum EMRK-Beitritt gemäß Art. 6 II EUV (→ Rn. 85) vom 18.12.2014[98].

---

[89] EuGH v. 23.11.1999, C-149/96, Slg. 1999, I-8395, Rn. 34f. – *Portugal/Rat*; v. 9.9.2008, C-120/06 P und C-121/06 P, Slg. 2008, I-6513, Rn. 108ff. – *FIAMM u.a.* Im Einzelnen und kritisch *K. Schmalenbach*, in: Calliess/Ruffert, EUV/AEUV, Art. 216 AEUV Rn. 28ff. Zur unmittelbaren Wirkung ebd., Rn. 33ff.

[90] EuGH v. 30.9.1987, 12/86, Slg. 1987, 3719, Rn. 14 – *Demirel*; v. 20.9.1990, C-192/89, Slg. 1991, I-3461, Rn. 15ff. – *Sevince*; v. 14.12.2000, C-300/98 und C-392/98, Slg. 2000, I-11307, Rn. 43f. – *Dior u.a.* Näher *Schmalenbach* (Fn. 89), Art. 216 AEUV Rn. 33ff.

[91] EuGH v. 30.9.1987, 12/86, Slg. 1987, 3719, Rn. 15ff. – *Demirel*; v. 20.9.1990, C-192/89, Slg. 1990, I-3461, Rn. 15ff. – *Sevince*.

[92] EuGH v. 23.11.1999, C-149/96, Slg. 1999, I-8395, Rn. 36ff. – *Portugal/Rat*; v. 9.9.2008, C-120/06 P und C-121/06 P, Slg. 2008, I-6513, Rn. 110ff. – *FIAMM u.a.*; v. 14.12.2000, C-300/98 und C-392/98, Slg. 2000, I-11307, Rn. 43f. – *Dior u.a.*; ferner *Schmalenbach* (Fn. 89), Art. 216 AEUV Rn. 29f.

[93] (Gewisse) Abweichungen für möglich erachtend *Vedder*, Integrationskompetenz (Fn. 88), S. 807ff.

[94] EuGH v. 3.9.2008, C-402/05 P und C-415/05 P, Slg. 2008, I-6351, Rn. 322 – *Kadi und Al Barakaat*.

[95] EuGH v. 3.9.2008, C-402/05 P und C-415/05 P, Slg. 2008, I-6351, Rn. 318ff. – *Kadi und Al Barakaat*.

[96] Offen auch jüngst EuGH v. 18.7.2013, C-584/10 P, C-593/10 P und C-595/10 P, ECLI:EU:C:2013:518, Rn. 66 – *Europ. Kommission u.a./Kadi*. Den EuGH tendenziell anders interpretierend *D. Halberstam/E. Stein*, CML Rev. 46 (2009), 13 (60f., 63f.). Offen gelassen auch von GA *Maduro*, 16.1.2008, C-402/05 P und C-415/05 P, Slg. 2008, I-6351, Rn. 54 – *Kadi und Al Barakaat*. Bei adäquatem Rechtsschutz für möglich erachtend *B. Kunoy/A. Dawes*, CML Rev. 46 (2009), 73 (81f.); *K. Ziegler*, HRLR 2009, 288, 300f. Zurückhaltend *J.H.H. Weiler*, EJIL 19 (2008), 895 (896).

[97] EuGH v. 28.3.1996, Avis 2/94, Slg. 1996, I-1759, Rn. 35 – *EMRK-Beitritt*.

[98] EuGH v. 18.12.2014, Avis 2/13, ECLI:EU:C:2014:2454 – *EMRK-Beitritt*. Näher *P. Eeckhout*, Fordham International Law Journal 38 (2015), 955ff.; *D. Halberstam*, GLJ 16 (2015), 105ff.; *A. Łazowski/R. A. Wessel*, GLJ 16 (2015), 179ff.; *M. Wendel*, NJW 2015, 921ff.

III. Rechtsvergleichende Aspekte

Die Voraussetzungen und Grenzen einer Beteiligung an der EU (1.), die horizontale und vertikale Kompetenzverteilung bei der innerstaatlichen Willensbildung (2.) und das Verhältnis von Unionsrecht und nationalem Recht (3.) stellen auch in den anderen Mitgliedstaaten ein **zentrales Thema des Europaverfassungsrechts** dar. Dessen rechtsvergleichende Betrachtung, die in einem mitgliedstaatliches und EU-Verfassungsrecht vereinenden Verfassungsverbund von besonderer Bedeutung ist, fördert Gemeinsamkeiten, Unterschiede und Rezeptionszusammenhänge zutage[99]. Schließlich nimmt auch das Landesverfassungsrecht die europäische Integration zunehmend in den Blick (4.).

20

1. Integrationsklauseln

Knapp die Hälfte der Verfassungen der EU-Mitgliedstaaten enthält – wie seit dem Jahr 1993 das Grundgesetz – spezifisch auf die Beteiligung an der EU bezogene **Integrationsklauseln**[100]. Andere – und zwar auch erst in jüngerer Zeit beigetretene – Mitgliedstaaten unterscheiden, wie das Grundgesetz vor Einführung des Europaartikels, demgegenüber nicht zwischen der internationalen und der europäischen Integration[101]. Der Grad an Detailliertheit dieser Bestimmungen divergiert von kompakten[102] bis hin zu sogar den Umfang des Art. 23 GG weit übertreffenden[103] Regelungen. In zwei Staa-

21

---

[99] Vergleichend zum nationalen Europaverfassungsrecht *C. Grabenwarter*, Staatliches Unionsverfassungsrecht, in: v. Bogdandy/Bast, Verfassungsrecht, S. 121 ff.; *P. M. Huber*, IPE II, § 26; *F. C. Mayer*, Kompetenzüberschreitung und Letztentscheidung, 2000, S. 87 ff.; *ders./M. Wendel*, Die verfassungsrechtlichen Grundlagen des Europarechts, in: Hatje/Müller-Graff (Fn. 29), § 4; *Wendel*, Permeabilität (Fn. 47), S. 104 ff.; *ders.*, Der Staat 52 (2013), 339 ff.; ferner zu einzelnen Staaten die Länderberichte in IPE II, §§ 15–25; überdies A. Albi/J. Ziller (Hrsg.), The European Constitution and National Constitutions, 2007; U. Battis/D. Th. Tsatsos/D. Stefanou (Hrsg.), Europäische Integration und nationales Verfassungsrecht, 1995; *A. v. Bogdandy/S. Schill*, ZaöRV 70 (2010), 701 (720 ff.); *M. Fromont*, DÖV 2011, 457 (Frankreich); *M. Hofmann*, Von der Transformation zur Kooperationsoffenheit. Die Öffnung der Rechtsordnungen ausgewählter Staaten Mittel- und Osteuropas für das Völker- und Europarecht, 2009; F.I.D.E. (Hrsg.), Berichte für den 17. Kongreß, Bd. I: Nationales Verfassungsrecht mit Blick auf die europäische Integration, 1997; W. Kluth (Hrsg.), Europäische Integration und nationales Verfassungsrecht. Eine Analyse der Einwirkungen der Europäischen Integration auf die mitgliedstaatlichen Verfassungssysteme und ein Vergleich ihrer Reaktionsmodelle, 2007, S. 97 ff.; A. Oppenheimer (Hrsg.), The Relationship between European Community Law and National Law, 2. Aufl. 2003. S. vergleichend zu den verfassungspolitischen Debatten nur *P. M. Huber*, IPE II, § 26 Rn. 7 ff.

[100] S. Art. 85 I Nr. 9, II Verf. Bulgariens; den im Verfassungsrang stehenden Amendment Act zur Verf. Estlands v. 14.9.2003 (s. insoweit VerfG v. 11.5.2006, 3-4-1-3-06, Nr. 14); Kap. 8 §§ 93, 96 f. Verf. Finnlands; Art. 88-1 ff. Verf. Frankreichs; Art. 29.1.3 ff. Verf. Irlands; Art. 143 ff. Verf. Kroatiens; Art. 68 Verf. Lettlands; den im Verfassungsrang (Art. 150 Verf. Litauens) stehenden Constitutional Act of the Republic of Lithuania on Membership of the Republic of Lithuania in the EU; Art. 23a ff., 50 I Nr. 2, IV Österr. Verf.; Art. 148 Verf. Rumäniens; Kap. 10 Art. 6 Verf. Schwedens; Art. 7 Verf. der Slowakei (s. jüngst *M. Faix*, EuGRZ 2013, 483 ff.); Art. E Verf. Ungarns.

[101] S. namentlich – den erst im Jahre 1970 und damit nach dem Beitritt eingefügten – Art. 34 Verf. Belgiens (ferner Art. 168); § 20 Verf. Dänemarks; Art. 28 II, III Verf. Griechenlands (aber Auslegungserklärung); Art. 11 Verf. Italiens (s. nunmehr auch Art. 117 I; zu dessen Bedeutung *C. Panara*, IPE II, § 18 Rn. 37 ff.); Art. 92 Verf. der Niederlande; Art. 90 Verf. Polens; Art. 3a Verf. Sloweniens; Art. 93 Verf. Spaniens (unter Erwähnung supranationaler Organe). (Kritisch) zum Hintergrund des Verzichts *Wendel*, Permeabilität (Fn. 47), S. 311 f., und zu Reformbestrebungen ebd., S. 318 f.

[102] S. nur Art. 34 Verf. Belgiens; § 20 Verf. Dänemarks; Art. 11 Verf. Italiens; Art. 49bis Verf. Luxemburgs.

[103] S. Art. 23a ff. Österr. Verf.; Art. 143 ff. Verf. Kroatiens.

Art. 23 B. Internationale, supranationale und rechtsvergleichende Bezüge

ten finden sich keinerlei Integrationsklauseln in der Verfassung normiert[104]; hierzu rechnet mangels geschriebener Verfassung auch das Vereinigte Königreich, in dem ein Parlamentsgesetz, der European Communities Act vom 17.10.1972, die Grundlage der Mitgliedschaft bildet und die »sovereignty of parliament« entsprechend zurücknimmt. Die Verankerung spezifischer Integrationsklauseln ist, ähnlich wie in Deutschland, oftmals Konsequenz für nicht ausreichend erachteter allgemeiner Integrationsklauseln[105]. Integrationsklauseln kennen im Übrigen auch einige Verfassungen **potentieller Beitrittskandidaten**[106]. Schließlich finden sich, wie in der Präambel und Art. 23 I 1 des Grundgesetzes, entsprechende **Staatszielbestimmungen**[107].

22 Die **Konzeption des Integrationsakts** variiert[108]: Es ist von einer Übertragung von Hoheitsrechten[109], der gemeinsamen Kompetenzausübung[110] oder allgemein von einer Ermächtigung zu Souveränitätsbeschränkungen[111] die Rede[112]. In Irland fehlt eine allgemeine Befugnis zur Übertragung von Hoheitsrechten; vielmehr ermächtigt die Verfassung zur Ratifikation einzeln aufgelisteter Akte des Primärrechts (Art. 29.1.3 ff. Verf. Irlands)[113].

23 Ähnlich wie das Grundgesetz knüpft auch das Verfassungsrecht fast aller anderen Mitgliedstaaten die Beteiligung an der Europäischen Integration an **Bedingungen** (zu Grenzen auch einer Verfassungsänderung → Rn. 25)[114], namentlich – neben partikularen Anliegen[115] – die Wahrung grundlegender Verfassungsprinzipien einschließlich

---

[104] Malta (s. nur die Erwähnung in Art. 65 I Verf. Maltas und den European Union Act); Zypern (nur Regelung zum Vorrang des Unionsrechts, Art. 1a Verf. Zyperns, sowie allg. Bestimmung zum Abschluss völkerrechtlicher Verträge, Art. 169 II Verf. Zyperns, und Ausschluss des Vetorechts des Präsidenten, Art. 50 I lit. a Verf. Zyperns).

[105] So etwa im Falle Schwedens, dazu *J. Nergelius*, IPE II, § 22 Rn. 14 ff., und Österreichs (→ Rn. 25). Demgegenüber für das Ausreichen der allg. Integrationsklausel in Polen: Polnisches Verfassungsgericht v. 11.5.2005, K 18/04, III.8.5 – *EU-Beitritt* (EuR 2006, 236 m. Anm. *W. Brandt*, EuR 2009, 131 [137 ff.]).

[106] Art. V Nr. 3 lit. c Verf. von Bosnien und Herzegowina; Art. 15 III Verf. Montenegros.

[107] S. etwa Art. 1 III Verf. Finnlands; Art. 7 V Verf. Portugals; Art. E I Verf. Ungarns. Vergleichend *Wendel*, Permeabilität (Fn. 47), S. 341 ff.

[108] Vergleichend zu den verschiedenen Modellen und, de constitutione ferenda, für ein Verbundmodell *Wendel*, Permeabilität (Fn. 47), S. 148 ff.

[109] Art. 34 Verf. Belgiens; Art. 85 I Nr. 9 Verf. Bulgariens; § 20 I Verf. Dänemarks; Art. 143 Verf. Kroatiens; Art. 68 Verf. Lettlands; Art. 90 I Verf. Polens; Kap. 10 Art. 6 Verf. Schwedens; Art. 7 II 1 Verf. der Slowakei; Art. 3a Verf. Sloweniens; Art. 93 Verf. Spaniens. Teils – s. etwa letzterer (»ejercicio de competencias derivadas de la Constitución«) – bezieht sich die Übertragung nicht auf Hoheitsrechte, sondern deren Ausübung, dazu *Wendel*, Permeabilität (Fn. 47), S. 191 ff.

[110] Art. 88-1 Verf. Frankreichs: Beteiligung an der »Union européenne constituée d'États qui ont choisi librement d'exercer en commun certaines de leurs compétences«; Art. 7 VI Verf. Portugals; Art. E II Verf. Ungarns.

[111] Art. 11 Verf. Italiens.

[112] Art. 148 Verf. Rumäniens nennt parallel die Hoheitsrechtsübertragung und die Ausübung gemeinsamer Zuständigkeiten; Nr. 1 des Constitutional Act EU Litauens spricht von geteilten und übertragenen Zuständigkeiten; Art. 28 Verf. Griechenlands differenziert zwischen unterschiedlichen materiellen und formellen Voraussetzungen unterliegenden Fällen einer »Zuerkennung von verfassungsgemäßen Zuständigkeiten an Organe internationaler Organisationen« (II) und einer »Einschränkung der Ausübung seiner nationalen Souveränität« (III).

[113] Näher zu dieser »statischen Integrationsermächtigung« *Wendel*, Permeabilität (Fn. 47), S. 273 ff.

[114] Vergleichend *Wendel*, Permeabilität (Fn. 47), S. 325 ff., 442 ff., 471 ff.

[115] Etwa Neutralität (Art. 29 IV Nr. 9 Verf. Irlands) oder die in der schwedischen Druckfreiheitsverordnung verankerten Grundsätze der Transparenz und des Dokumentenzugangs (s. *J. Nergelius*, IPE II, § 22 Rn. 34).

III. Rechtsvergleichende Aspekte   **Art. 23**

eines adäquaten Grundrechtsschutzes sowie der nationalen Souveränität. Diese Integrationsschranken finden sich nur in Estland, Finnland, Griechenland, Portugal, Schweden und Slowenien ausdrücklich im Verfassungstext verankert[116]. Im Übrigen stellen sie in (Verfassungs-)Rechtsprechung sowie Praxis und Lehre entwickelte ungeschriebene Schranken dar[117]. Mitunter fungierte das deutsche Europaverfassungs-

---

[116] § 1 Amendment Act zur Verf. Estlands v. 14.9.2003: »in accordance with the fundamental principles of the Constitution of the Republic of Estonia« (vgl. hierzu VerfG [Riigikohus] v. 12.7.2012, 3-4-1-6-12, Rn. 128, 223 – *ESM-Vertrag*); Art. 94 III Verf. Finnlands (»An international obligation shall not endanger the democratic foundations of the Constitution«); Art. 28 III Verf. Griechenlands (Menschenrechte und Grundlagen der demokratischen Staatsordnung); Art. 7 VI Verf. Portugals: »respeito pelos princípios fundamentais do Estado de direito democrático e pelo princípio da subsidiariedade«; Kap. 10 Art. 6 Verf. Schwedens: »basic principles by which Sweden is governed« (zu diesem Begriff *U. Bernitz*, Scandinavian Studies in Law 52 [2007], 49 ff.; *J. Nergelius*, IPE II, § 22 Rn. 34 f.) und »protection for rights and freedoms in the field of cooperation to which the transfer relates corresponds to that afforded under this Instrument of Government and the European Convention for the Protection of Human Rights and Fundamental Freedoms«; Art. 3a Verf. Sloweniens: »respect for human rights and fundamental freedoms, democracy and the principles of the rule of law«.

[117] S. namentlich **Dänemark**: Højesteret v. 6.4.1998, I 361/1997, Nr. 9.2 – *Maastricht* (EuGRZ 1999, 49): Verletzung von Verfassungsbestimmungen, insbesondere Grundrechte; **Frankreich**: Conseil Constitutionnel v. 30.12.1976, 76-71 DC, Nr. 2 – *Direktwahlakt*; v. 9.4.1992, 92-308 DC, Nr. 14 – *Maastricht*; v. 19.11.2004, 2004-505 DC, Nr. 7 – *Verfassungsvertrag*; v. 27.7.2006, 2006-540 DC, Nr. 19 – *Urheberrecht*; v. 20.12.2007, 2007-560 DC, Nr. 9 – *Lissabon*: »lorsque des engagements […] contiennent une clause contraire à la Constitution, remettent en cause les droits et libertés constitutionnellement garantis ou portent atteinte aux conditions essentielles d'exercice de la souveraineté nationale, l'autorisation de les ratifier appelle une révision constitutionnelle«; v. 9.6.2011, 2011-631 DC, Nr. 45 – *Einwanderungs-, Integrations- und Staatsangehörigkeitsgesetz*; v. 9.8.2012, 2012-653 DC, Nr. 10 – *Fiskalpakt*; **Großbritannien**: High Court v. 18.2.2002, [2002] EWHC 195 Admin, Nr. 69 (Lord Justice Laws) – *Thoburn/Sunderland City Council u.a.*: »In the event, which no doubt would never happen in the real world, that a European measure was seen to be repugnant to a fundamental or constitutional right guaranteed by the law of England, a question would arise whether the general words of the (European Communities Act) were sufficient to incorporate the measure and give it overriding effect in domestic law«; Supreme Court v. 22.1.2014, [2014] UKSC 3 – *HS2*, para. 111 (Lord Reed): »There is in addition much to be said for the view, advanced by the German Federal Constitutional Court […] that as part of a co-operative relationship, a decision of the Court of Justice should not be read by a national court in a way that places in question the identity of the national constitutional order«, para. 207 (Lord Neuberger and Lord Mance): »It is, putting the point at its lowest, certainly arguable (and it is for United Kingdom law and courts to determine) that there may be fundamental principles, whether contained in other constitutional instruments or recognised at common law, of which Parliament when it enacted the European Communities Act 1972 did not either contemplate or authorise the abrogation«; **Irland**: Supreme Court of Ireland v. 9.4.1987, [1987] I.R. 713 [783] – *Grogan*; **Italien** (»Controlimiti-Lehre«): Corte Costituzionale v. 27.12.1973, 183/1973, Nr. 9 – *Frontini* (EuGRZ 1975, 311); v. 5.6.1984, 170/1984, Nr. 7 – *Granital* (EuGRZ 1985, 98); v. 13.4.1989, 232/1989 – *Fragd*; v. 18.4.1991, 168/1991, Nr. 4 – *Giampaoli*: »l'ordinamento statale non si apre incondizionatamente alla normazione comunitaria giacché in ogni caso vige il limite del rispetto dei principi fondamentali del nostro ordinamento costituzionale e dei diritti inalienabili della persona umana, con conseguente sindacabilità, sotto tale profilo, della legge di esecuzione del Trattato«; **Lettland**: VerfG v. 7.4.2009, 2008-35-01, Nr. 17 – *Lissabon*: »State of Latvia is based on fundamental values such as human rights and fundamental freedoms, democracy, the sovereignty of the State and its people, the division of powers and the rule of law. The State is obliged to guarantee these values and they cannot be infringed by amending Satversme by law. Therefore, the delegation of competencies cannot violate the rule of law and the basis of an independent, sovereign and democratic republic. Likewise, the EU cannot affect the rights of citizens to decide upon the issues that are essential to a democratic State« (ferner Nr. 18.3); **Österreich**: Baugesetze (Grundprinzipien) der Bundesverfassung als Grenze für Fortentwicklung des Primärrechts, dazu *C. Grabenwarter*, IPE II, § 20 Rn. 34, 55; **Polen**: Verfassungsgericht v. 24.11.2010, K 32/09, III.2.1 – *Lissabon* (EuGRZ 2012, 172 m. Anm. *A. Weber*, EuGRZ 2012, 139): Schutz der »constitutional identity«, namentlich »decisions spe-

recht in seiner Auslegung durch das Bundesverfassungsgericht als wesentlicher Bezugspunkt[118]. Überdies gestatten die Verfassungen mancher Mitgliedstaaten lediglich die **Übertragung bestimmter Hoheitsrechte**[119]; dies wird, wie in Deutschland (→ Rn. 39, 89), teils als **Souveränitätsvorbehalt**, der insbesondere eine Verlagerung der Kompetenz-Kompetenz sperrt, sowie als Verpflichtung auf den Grundsatz der begrenzten Einzelermächtigung verstanden[120]. Art. 49bis Verf. Luxemburgs versagt eine endgültige Entäußerung von Hoheitsrechten (zur Widerruflichkeit im GG-Kontext → Rn. 92)[121]. Zusätzlich erwähnen manche Verfassungen Freiwilligkeits-[122] oder Reziprozitätserfordernisse[123]; Art. 28 II und III Verf. Griechenlands verlangt zudem ein wichtiges nationales Interesse. Demgegenüber ermöglicht Art. 91 III Verf. der **Nieder-**

---

cifying the fundamental principles of the Constitution and decisions concerning the rights of the individual which determine the identity of the state, including, in particular, the requirement of protection of human dignity and constitutional rights, the principle of statehood, the principle of democratic governance, the principle of a state ruled by law, the principle of social justice, the principle of subsidiarity, as well as the requirement of ensuring better implementation of constitutional values and the prohibition to confer the power to amend the Constitution and the competence to determine competences«; ähnlich v. 20.5.2009, Kpt 2/08, Rn. V.5.8 – *Vertretung im Europäischen Rat* (EuR 2010, 402); v. 11.5.2005, K 18/04, 4.1., 10.2. – *Beitrittsvertrag*; **Spanien**: Tribunal Constitucional de España v. 1.7.1992, DTC 108/1992 – *Maastricht* (EuGRZ 1993, 285 m. Anm. *A. López Castillo/ J. Polakiewicz*, EuGRZ 1993, 277); v. 13.12.2004, DTC 1/2004, II.2. – *Verfassungsvertrag*: »respeto de la soberanía del Estado, de nuestras estructuras constitucionales básicas y del sistema valores y principios fundamentales consagrados en nuestra Constitución, en el que los derechos fundamentales adquieren sustantividad propia« (EuR 2005, 339 m. Anm. *Becker*, EuR 2005, 353); v. 13.2.2014, DTC 26/2014, II.3. – *Melloni*; **Tschechien**: VerfG v. 8.3.2006, Pl. ÚS 50/04, B. – *Sugar Quotas III*; v. 3.5.2006, Pl. ÚS 66/04, Rn. 52 ff. – *Europäischer Haftbefehl*; v. 26.11.2008, Pl. ÚS 19/08, Rn. 97 – *Lissabon I*: »transfer of powers [...] can not go so far as to violate the very essence of the republic as a sovereign and democratic state governed by the rule of law, founded on respect for the rights and freedoms of the human being and of citizens or to establish a change in the essential requirements for a democratic state governed by the rule of law«; v. 3.11.2009, Pl. ÚS 29/09, Rn. 110 ff. – *Lissabon II*, unter Betonung, dass dem Gericht die Aufstellung abstrakter Grundsätze versagt ist (dazu *I. Ley*, JZ 2010, 165); v. 3.9.2009, Pl. ÚS 29/09, Rn. 145 ff. – *Vertrag von Lissabon II*; v. 31.1.2012, Pl. ÚS 5/12, VII – *Slovak Pensions*; **Ungarn**: VerfG v. 12.10.2010, 143/2010, VII.14 – *Lissabon*.

[118] S. nur Polnisches Verfassungsgericht v. 24.11.2010, K 32/09, III.3.3 und 8 – *Lissabon* (EuGRZ 2012, 172); VerfG Tschechien v. 26.11.2008, Pl. ÚS 19/08, Rn. 116 (ferner 215 ff.) – *Lissabon I*: »In the case law of other constitutional courts – which we can take as inspiration – we can consider fundamental especially the decision of the German Federal Constitutional Court (GCC), Solange II and the Maastricht decision«; v. 31.1.2012, Pl. ÚS 5/12, VII – *Slovak Pensions*.

[119] Art. 34 Verf. Belgiens; § 20 I Verf. Dänemarks; Art. 90 I Verf. Polens; Art. 10a I Verf. Tschechiens; Art. E II Verf. Ungarns unter zusätzlicher Bekräftigung der Teilnahme als Mitgliedstaat. Umgekehrt nimmt Kap. 10 Art. 6 Verf. Schwedens (vgl. Art. 5) die europäische Integration vom Bestimmtheitserfordernis aus.

[120] S. Højesteret v. 6.4.1998, I 361/1997, Nr. 9.2, 3 und 8 – *Maastricht* (EuGRZ 1999, 49); Polnisches Verfassungsgericht v. 11.5.2005, K 18/04, III.4.1 – *EU-Beitritt* (EuR 2006, 236); v. 24.11.2010, K 32/09, III.2.1 und 2 – *Lissabon* (EuGRZ 2012, 172); VerfG Tschechien v. 26.11.2008, Pl. ÚS 19/08, Rn. 109 – *Lissabon I*: »Art. 10a clearly can not be used for an unlimited transfer of sovereignty; in other words, based on Article 10a one can not transfer – as already stated – powers, the transfer of which would affect Art. 1 par. 1 of the Constitution to the effect that it would no longer be possible to speak of the Czech Republic as a sovereign state.« Vergleichend *Wendel*, Permeabilität (Fn. 47), S. 185 ff., 327 f.

[121] Dazu *Wendel*, Permeabilität (Fn. 47), S. 195.

[122] Art. 88-1 Verf. Frankreichs; Art. 7 I 1 Verf. der Slowakei.

[123] Art. 11 Verf. Italiens; Art. 7 VI Verf. Portugals; ferner Art. 88-3 Verf. Frankreichs für das Kommunalwahlrecht für Unionsbürger.

lande nach überkommener Lesart bei Erreichen einer Zwei-Drittel-Mehrheit in den Generalstaaten eine **Modifikation jedweden Verfassungsrechts**[124].

Die für die Hoheitsrechtsübertragung erforderlichen **Mehrheiten** (für Fälle der Verfassungsrelevanz → Rn. 25) variieren[125]: Während namentlich Art. 34, 167 §§ 2f. Verf. Belgiens, Art. 92, 91 I, II Verf. der Niederlande sowie Art. 11, 64 III Verf. Italiens[126] ein einfaches Parlamentsgesetz und Art. 81 II, 93 Verf. Spaniens eine absolute Mehrheit im Kongress genügen lassen, finden sich meist qualifizierte Mehrheitserfordernisse bis hin zur in Dänemark erforderlichen Fünf-Sechstel-Mehrheit der Folketing-Mitglieder, neben der indes ein einfaches Mehrheitserfordernis mit Referendum steht (§ 20 II Verf. Dänemarks)[127]. In einigen Mitgliedstaaten ist überdies ein **Referendum**[128] für alle[129] respektive bestimmte Integrationsschritte erforderlich[130] bzw. möglich[131]. Hieran ist schon mehrfach die Ratifikation von Primärrecht in einzelnen Mitgliedstaaten – jedenfalls vorübergehend – gescheitert. Art. 75 II Verf. Italiens schließt demgegenüber ein Referendum über die Ratifikation völkerrechtlicher Verträge – genauso wie das Grundgesetz generell (→ Rn. 40; → Art. 20 [Demokratie], Rn. 102ff.) – aus.

24

Hinsichtlich des **Anwendungsbereichs der Integrationsklauseln** kann sich zum einen die Frage stellen, ob jede Modifikation des Primärrechts eine Hoheitsrechtsübertragung darstellt und damit den – im Vergleich zum Abschluss gewöhnlicher völkerrechtlicher Verträge regelmäßig strengeren – Anforderungen der Integrationsklausel unterliegt. Dem weiten Verständnis des Art. 23 I 2 GG (→ Rn. 42ff.) gegenüber steht etwa die enge Auslegung des § 20 Verf. Dänemarks durch den Højesteret, der »fundamental changes to the institutional setup that it in effect implied that the international organisation, to which powers had previously been delegated, assumed a new identity«,

25

---

[124] Für dieses überkommene Verständnis *R. A. Wessel/W. de Griendt*, IPE II, § 19 Rn. 26ff.; zu neueren gegenläufigen Tendenzen *A. Nollkaemper*, ZöR 65 (2010), 65 (70).

[125] Ein umfassender Vergleich findet sich bei *Wendel*, Permeabilität (Fn. 47), S. 219ff.

[126] S. Corte Costituzionale v. 27.12.1973, 183/1973, Nr. 6 – *Frontini* (EuGRZ 1975, 311): »La disposizione risulterebbe svuotata del suo specifico contenuto normativo, se si ritenesse che per ogni limitazione di sovranità prevista dall'art. 11 dovesse farsi luogo ad una legge costituzionale. È invece evicente che essa ha un valore non soltanto sostanziale ma anche procedimentale, nel senso che permette quelle limitazioni di sovranità, alle condizioni e per le finalità ivi stabilite, esonerando il Parlamento dalla necessità di ricorrere all'esercizio del potere di revisione costituzionale.«

[127] Etwa: Drei-Fünftel- oder absolute Mitgliedermehrheit (Art. 28 II, III Verf. Griechenlands – näher *J. Iliopoulos-Strangas*, IPE II, § 16 Rn. 10ff., 23ff. – kumulative Anwendung beider Absätze entspricht h.M.; Art. 39 IV i.V.m. Art. 10 a I Verf. Tschechiens); Zwei-Mitgliedermehrheit (Art. 85 II Verf. Bulgariens; Art. 148 I Verf. Rumäniens; Art. 3a Verf. Sloweniens; Art. E IV Verf. Ungarns); Zwei-Drittel-Mehrheit im Sejm und Senat bei Anwesenheit mindestens der Hälfte der Mitglieder oder fakultatives Referendum (Art. 90 II, III Verf. Polens); Zwei-Drittel-Abstimmendenmehrheit bei Abstimmung von zwei Dritteln der Mitglieder (Art. 68 Verf. Lettlands); Zwei-Drittel-Mitgliedermehrheit und Referendum (Art. 142 IIIff. Verf. Kroatiens); Drei-Viertel-Mehrheit der Abstimmenden und absolute Mehrheit der Riksdag-Mitglieder oder Verfahren für den Beschluss von Grundgesetzen (Kap. 10 Art. 6 Verf. Schwedens).

[128] Vergleichend S. *Hölscheidt/S. Menzenbach*, DÖV 2009, 777 (780ff.); *Wendel*, Permeabilität (Fn. 47), S. 246ff.

[129] § 20 II Verf. Dänemarks bei Nichterreichen der Fünf-Sechstel-Mitgliedermehrheit.

[130] Etwa Beitritt neuer Staaten, Art. 88-5 Verf. Frankreichs mit Ausnahme; Beitritt und Austritt: Art. 7 I 2 Verf. der Slowakei; Beitritt und fakultativ nur für wesentliche Änderungen: Art. 68, 79 Verf. Lettlands; Beitritt: Art. 142 IVf. Verf. Kroatiens; wesentliche Änderungen: § 162 Verf. Estlands (s. insoweit VerfG v. 12.7.2012, 3-4-1-6-12, Rn. 222f. – *ESM-Vertrag*; auch Änderungen des Amendment Act zur Verf. Estlands v. 14.9.2003 bedürfen eines Referendums, s. § 3 desselben).

[131] Zum fakultativen Referendum Art. 44 II Verf. Griechenlands; Art. 51 VII Verf. Luxemburgs; Art. 90 III Verf. Polens; Art. 295 Verf. Portugals; Art. 3a Verf. Sloweniens; Art. 92 I Verf. Spaniens.

verlangt, diese Voraussetzung für die Ratifikation des Vertrags von Lissabon verneint und konsequenterweise die lediglich eine einfache Mehrheit im Folketing voraussetzende allgemeine Vertragsabschlusskompetenz (§ 19 I Verf. Dänemarks) für einschlägig erachtet hat[132]. Zum anderen stellt sich die Frage nach den Konsequenzen verfassungsmodifizierenden Unionsrechts. Steht das zu ratifizierende Primärrecht im **Widerspruch zu geltendem Verfassungsrecht**, verlangen die Verfassungen Frankreichs, Rumäniens und Spaniens eine **Verfassungsänderung** vor Abschluss des völkerrechtlichen Vertrags[133]. Zur Feststellung eines etwaigen Widerspruchs ist teils eine **verfassungsgerichtliche Vorabkontrolle** vorgesehen[134]; auch Art. 87 II Verf. Tschechiens sieht eine obligatorische Prüfung der Verfassungskonformität einer Hoheitsrechtsübertragung vor deren Ratifikation vor, weitere mitgliedstaatliche Verfassungen eine entsprechende Prüfbefugnis[135]. Auch jenseits ausdrücklicher Verfassungsbestimmungen werden bedeutsame Integrationsschritte als Verfassungsänderung verstanden, womit die entsprechenden Verfassungsanforderungen einschließlich etwaiger besonderer Mehrheits- oder Referendumserfordernisse greifen. So erfolgte etwa der Beitritt Österreichs zur EU nicht auf Grundlage der allgemeinen Ermächtigung zur Übertragung von Hoheitsrechten gemäß Art. 9 II Österr. Verf., sondern wurde wegen seiner weit reichenden Konsequenzen als Gesamtänderung der Bundesverfassung verstanden (Art. 44 Österr. Verf.) und verlangte demnach eine Zwei-Drittel-Mehrheit in National- und Bundesrat (mit Anwesenheitsquorum) sowie eine Volksabstimmung[136]. In den Niederlanden ist demgegenüber, wie gemäß Art. 23 I GG (→ Rn. 52, 59f.), eine **Verfassungsdurchbrechung** ohne Textänderung bei Erreichen einer Zwei-Drittel-Mehrheit in den Generalstaaten möglich (Art. 91 III Verf. der Niederlande; ähnlich Kap. 8 § 94 S. 4 Verf. Finnlands; Art. 279 IV Verf. Portugals)[137]. Mitunter zieht das Verfassungsrecht, wie Art. 23 I 3 i.V.m. 79 III GG (→ Rn. 61ff.), **Grenzen auch für den verfassungsändernden Gesetzgeber**[138], deren Justiziabilität indes teils restriktiver als in Deutschland gehandhabt wird (allg. → Art. 79 III Rn. 12)[139].

---

[132] Højesteret v. 20.2.2013, 199/2012 – *Lissabon* II; ausführlich hinzu *H. Krunke*, European Constitutional Law Review 10 (2014), 542 ff.

[133] Art. 54 Verf. Frankreichs; Art. 11 III Verf. Rumäniens; Art. 95 I Verf. Spaniens. Dies war etwa bei der Einführung des Kommunalwahlrechts für Unionsbürger der Fall, s. Conseil Constitutionnel v. 9.4.1992, 92-308 DC, Nr. 21 ff. – *Maastricht I*; Tribunal Constitucional de España v. 1.7.1992, 108/1992, LS 1 – *Maastricht*.

[134] Art. 54 Verf. Frankreichs; Art. 95 II Verf. Spaniens.

[135] S. etwa Art. 278 I Verf. Portugals; Art. 125a Verf. Slowakei.

[136] S. Beitritts-B-VG, BGBl. Nr. 744/1994, und *C. Grabenwarter*, IPE II, § 20 Rn. 14 ff., sowie *Wendel*, Permeabilität (Fn. 47), S. 295 ff. Weitere Beispiele sind Estland (§ 162 Verf. Estlands und Amendment Act zur Verf. Estlands v. 14.9.2003) und Irland auf der Basis der Crotty-Rechtsprechung (Supreme Court v. 9.4.1987, Nr. 6, 21) und Art. 29.1.3 ff., Art. 46 Nr. 2 Verf. Irlands (dazu *Wendel*, Permeabilität [Fn. 47], S. 276 ff.).

[137] Für dieses überkommene Verständnis *R. A. Wessel/W. de Griendt*, IPE II, § 19 Rn. 1 ff.; zu neueren gegenläufigen Tendenzen *A. Nollkaemper*, ZÖR 65 (2010), 65 (70). Zum gleichwohl marginalen Anwendungsbereich des qualifizierten Mehrheitserfordernisses *Wendel*, Permeabilität (Fn. 47), S. 245 f.

[138] Art. 89 IVf. Verf. Frankreichs (dazu Conseil Constitutionnel v. 2.9.1992, 92-312 DC, Nr. 19 – *Maastricht II*, und zu deren Nichtjustiziabilität Conseil Constitutionnel v. 26.3.2003, 2003-469 DC, Nr. 2 – *Organisation décentralisée de la République*); Art. 110 I Verf. Griechenlands; Art. 139 Verf. Italiens; Art. 288 Verf. Portugals; Art. 152 Verf. Rumäniens; Art. 182 I Verf. Zyperns.

[139] S. für Frankreich soeben Fn. 138; ferner – unter Ablehnung des Lissabon-Urteils des BVerfG – VerfG Tschechien v. 3.11.2009, Pl. ÚS 29/09, Rn. 111 – *Lissabon II*; (vergleichend und restriktiv) *Wendel*, Permeabilität (Fn. 47), S. 332 ff. m. w. N.

Ähnlich wie das Bundesverfassungsgericht (→ Rn. 164 ff.) nehmen auch zahlreiche   26
andere mitgliedstaatliche Verfassungs- und Obergerichte eine (**Letzt-)Entscheidungskompetenz** hinsichtlich der Integrationsschranken[140] und Ultra-vires-Handeln[141] in
Anspruch, wobei auch Kontrollbeschränkungen anklingen[142]. Manche Mitgliedstaaten kennen ausschließlich eine Vorabkontrolle (→ Rn. 25). Ähnlich weit reichende **Individualklagerechte** wie in Deutschland hinsichtlich der Einhaltung der Integrationsschranken (→ Rn. 165 ff.) kennt etwa das dänische Verfassungsrecht[143]. Erstmals auch
im Ergebnis durchgeschlagen hat die Letztentscheidungskompetenz in einem Urteil
des tschechischen Verfassungsgerichts vom 31.1.2012, das eine Entscheidung des
EuGH in einem sensiblen Streit über Pensionsansprüche zwischen der tschechischen
und slowakischen Republik als innerstaatlich unanwendbaren Ultra-vires-Akt qualifiziert hat[144].

2. Innerstaatliche Willensbildung in Angelegenheiten der Europäischen Union

Die **horizontale und vertikale Kompetenzverteilung** bei der innerstaatlichen Willens   27
bildung in Angelegenheiten der EU stellt angesichts der mit der Zuständigkeitsverlagerung einhergehenden Kompetenzverluste von Parlament und – bei gegliederter
Staatsorganisation – auch von Ländern bzw. Regionen bei gleichzeitiger Exekutivlastigkeit der Entscheidungsprozesse auf europäischer Ebene ein **Thema des Integrationsfolgenrechts auch in anderen Mitgliedstaaten** dar. Dementsprechend finden sich
unterschiedlich ausgestaltete Mitwirkungsrechte von Parlament und Ländern respektive Regionen in etwa einem Drittel der Verfassungen der anderen Mitgliedstaaten[145]

---

[140] Conseil Constitutionnel v. 10.6.2004, 2004-496 DC, Nr. 7 – *Loi pour la confiance dans l'économie numérique* (Richtlinienumsetzung); v. 27.6.2006, 2006-540 DC, Nr. 19 – *Urheberrecht* (Richtlinienumsetzung); Corte Costituzionale v. 27.12.1973, 183/1973, Nr. 9 – *Frontini*; v. 5.6.1984, 170/1984, Nr. 7 – *Granital* (deutsche Zusammenfassung EuGRZ 1985, 98); v. 13.4.1989, 232/1989, Nr. 3.1 – *Fragd*; Højesteret v. 6.4.1998, I 361/1997, Nr. 9.6 – *Maastricht* (EuGRZ 1999, 49); v. 20.2.2013, 199/2012 – *Lissabon II*; Tribunal Constitucional de España v. 13.12.2004, DTC 1/2004, II.4 – *Verfassungsvertrag*; VerfG Tschechien v. 8.3.2006, Pl. ÚS 50/04, B. – *Sugar Quotas III*; v. 26.11.2008, Pl. ÚS 19/08, Rn. 120 – *Lissabon I*; v. 3.11.2009, Pl. ÚS 29/09, Rn. 150 – *Vertrag von Lissabon II*. Näher dazu *Mayer*, Kompetenzüberschreitung (Fn. 99), S. 164 ff.; *ders.*, in: Grabitz/Hilf/Nettesheim, EUV/AEUV, Art. 19 EUV (2010), Rn. 92 ff.; *Wendel*, Permeabilität (Fn. 47), S. 436 ff., 471 ff.
[141] Højesteret v. 6.4.1998, I 361/1997, Nr. 9.6 – *Maastricht* (EuGRZ 1999, 49); v. 20.2.2013, 199/2012, Nr. 6 – *Lissabon*; Polnisches Verfassungsgericht v. 11.5.2005, K 18/04, III.10.3 – *EU-Beitritt* (EuR 2006, 236 m. Anm. *W. Brandt*, EuR 2009, 131 [140]); VerfG Tschechien v. 26.11.2008, Pl. ÚS 19/08, Rn. 216 – *Lissabon I*; v. 31.1.2012, Pl. ÚS 5/12, VII – *Slovak Pensions*. Vergleichend *Wendel*, Permeabilität (Fn. 47), S. 462 ff.
[142] Højesteret v. 6.4.1998, I 361/1997, Nr. 9.6 – *Maastricht* (EuGRZ 1999, 49); v. 20.2.2013, 199/2012 – *Lissabon II*; Polnisches Verfassungsgericht v. 11.5.2005, K 18/04, III.10.2 – *EU-Beitritt* (EuR 2006, 236); VerfG Tschechien v. 8.3.2006, Pl. ÚS 50/04, B. – *Sugar Quotas III*; v. 26.11.2008, Pl. ÚS 19/08, Rn. 120 – *Lissabon I*; v. 31.1.2012, Pl. ÚS 5/12, VII – *Slovak Pensions*.
[143] Højesteret v. 11.1.2011, UfR 2011, 984 – *Lissabon I*; (s. englische Übersetzung in Højesteret v. 20.2.2013, 199/2012, Nr. 1.b – *Lissabon II*). Restriktiv demgegenüber Österr. VerfGH, EuGRZ 2010, 493 (496).
[144] VerfG Tschechien v. 31.1.2012, Pl. ÚS 5/12, VII – *Slovak Pensions*. Kritisch dazu *M. Faix*, EuGRZ 2012, 597 ff.; *M. Bobek*, European Constitutional Law Review 10 (2014), 54 ff. S. bereits zuvor BFH, NJW 1985, 2103 (Rechtsprechung des EuGH zur unmittelbaren Anwendbarkeit von Richtlinien ultra vires) – allerdings aufgehoben durch BVerfGE 75, 223 (240); ferner Conseil d'Etat v. 22.12.1978, EuR 1979, 292 (293) m. Anm. *R. Bieber*, EuR 1979, 294 ff.
[145] §§ 33a, 93, 96 f. Verf. Finnlands; Art. 88-4 Verf. Frankreichs; Art. 70 VIII Verf. Griechenlands; Art. 117 V Verf. Italiens; Art. 144 Verf. Kroatiens; Nr. 3 und 4 Constitutional Act EU Litauens;

oder auch nur¹⁴⁶ (bzw. und) im einfachen Recht verankert. Die nationalen Rechtsordnungen **variieren hinsichtlich der Ausgestaltung** der Beteiligungsrechte im Einzelnen.

28 Normiert finden sich Informationsrechte des **Parlaments**¹⁴⁷, die teils auf Rechtsetzungsakte beschränkt¹⁴⁸, teils aber auch weiter gefasst¹⁴⁹ sind. Überdies besteht ein entsprechendes Recht zur Stellungnahme¹⁵⁰, deren oftmals nicht näher geregelten Konsequenzen von einer verneinten (rechtlichen) Bindungswirkung¹⁵¹ über eine Berücksichtigungspflicht¹⁵² bis hin zu einer stärkeren Bindung¹⁵³ reichen. **Großbritannien** und **Italien** kennen, genauso wie § 8 IV 1 EUZBBG, das Instrument eines auf EU-Ebene einzulegenden Vorbehalts parlamentarischer Prüfung (parliamentary scrutiny reserve; riserva di esame parlamentare)¹⁵⁴. Die differenzierteste Regelung auf Verfassungsebene findet sich in **Österreich**: Hier kommt gemäß Art. 23e III Österr. Verf. eine Abweichung von Stellungnahmen des Parlaments bei für seine Befugnisse relevanten EU-Rechtsakten »nur aus zwingenden integrations- und außenpolitischen Gründen« und nur nach erneuter Befassung des Nationalrates in Betracht; überdies kann der Nationalrat einer Abweichung bei einem EU-Rechtsakt widersprechen, »der entweder die Erlassung bundesverfassungsgesetzlicher Bestimmungen erfordern würde oder Regelungen enthält, die nur durch solche Bestimmungen getroffen werden könnten«.

Art. 23d ff. Österr. Verf.; Art. 163 lit. f Verf. Portugals; Art. 148 V Verf. Rumäniens; Kap. 10 Art. 10 Verf. Schwedens; Art. 3a Verf. Sloweniens; Art. 10b Verf. Tschechiens; Art. 19 Verf. Ungarns.

¹⁴⁶ S. etwa § 6 Beitrittsgesetz Dänemark (Lov om Danmarks tiltrædelse af De europæiske Fællesskaber); Scrutiny Reserve Resolution des britischen House of Commons v. 17.11.1998 und Scrutiny Reserve Resolution des britischen House of Lords v. 30.3.2010; European Union (Scrutiny) Act 2002 (Irland); Art. 3f. des Gesetzes Nr. 11/2005 (»Legge Buttiglione«) v. 4.2.2005.

¹⁴⁷ Speziell zur Parlamentsbeteiligung: *F. Baach*, Parlamentarische Mitwirkung in Angelegenheiten der Europäischen Union, 2008 (Deutschland und Polen); *J. Buche*, Europäisierung parlamentarischer Kontrolle im Norden Europas: Dänemark, Finnland und Schweden im Vergleich, in: B. Eberbach-Born/S. Kropp/A. Stuchlik/W. Zeh (Hrsg.), Parlamentarische Kontrolle und Europäische Union, 2013, S. 367 ff.; *A. Buzogány*, Potemkin'sche Parlamente? Die Europagremien mittelosteuropäischer Staaten zwischen Schein und Sein, in: Eberbach-Born u. a., a. a. O., S. 397 ff.; *Grabenwarter*, Unionsverfassungsrecht (Fn. 99), S. 149 ff.; *P. M. Huber*, IPE II, § 26 Rn. 47 ff.; *H.-G. Kamann*, Die Mitwirkung der Parlamente der Mitgliedstaaten an der europäischen Gesetzgebung, 1997, S. 45 ff.; *S. Martini*, in: v. Arnauld/Hufeld (Fn. 59), I/4 Rn. 1 ff.; *M. Mayer*, Die Europafunktion der nationalen Parlamente in der Europäischen Union, 2012, S. 177 ff.; *A. Stuchlik*, Europäisierung und parlamentarische Kontrolle in Westeuropa: Frankreich und Großbritannien im Vergleich, in: Eberbach-Born u. a., a. a. O., S. 419 ff.; *A. Maurer/W. Wessels* (Hrsg.), National Parliaments on their Ways to Europe: Losers or Latecomers?, 2001.

¹⁴⁸ Art. 88-4 Verf. Frankreichs; Art. 144 S. 1 Verf. Kroatiens; Nr. 3 Constitutional Act EU Litauens; Art. 148 V Verf. Rumäniens; Art. 3a S. 1 Verf. Sloweniens; Art. 19 S. 1 Verf. Ungarns. Ausschließlich auf Änderungen des Primärrechts bezieht sich Art. 168 Verf. Belgiens.

¹⁴⁹ §§ 96 f. Verf. Finnlands; Art. 70 VIII Verf. Griechenlands; Art. 3 des Gesetzes Nr. 11/2005 (»Legge Buttiglione«) v. 4.2.2005; Art. 23e If. Österr. Verf.; Art. 197 lit. i Verf. Portugals; Kap. 10 Art. 10 Verf. Schwedens; Art. 10b I Verf. Tschechiens.

¹⁵⁰ § 96 II 4, § 97 III Verf. Finnlands; Art. 88-4 Verf. Frankreichs (unverbindlich, s. *Martini* [Fn. 147], I/4 Rn. 61); Nr. 3 Constitutional Act EU Litauens; Art. 161 lit. n, 163 lit. f Verf. Portugals; Art. 3a S. 2 Verf. Sloweniens; Art. 10b II Verf. Tschechiens; Art. 19 S. 1 Verf. Ungarns.

¹⁵¹ Für Art. 88-4 Verf. Frankreichs *Martini* (Fn. 147), I/4 Rn. 61.

¹⁵² Art. 3a S. 2 Verf. Sloweniens; Art. 19 S. 2 Verf. Ungarns.

¹⁵³ Art. 144 S. 2 Verf. Kroatiens (»shall provide the basis«); Art. 23e III Österr. Verf.; § 1524 III Riigikogu Rules of Procedure and Internal Rules Act (Estland): »The Government of the Republic is required to adhere to the opinion of the Riigikogu. If the Government of the Republic has failed to do so, it shall provide justification therefor to the European Union Affairs Committee or the Foreign Affairs Committee at the earliest opportunity.«

¹⁵⁴ Art. 4 des Gesetzes Nr. 11/2005 (»Legge Buttiglione«) v. 4.2.2005.

Art. 23c Österr. Verf. normiert überdies Informations- und Mitwirkungsbefugnisse bei der **Besetzung von EU-Organen**. Trotz dieser weit reichenden Bindungsmöglichkeit tendiert die Staatspraxis im Interesse einer flexiblen Verhandlungsposition zu lediglich empfehlenden Ausschussfeststellungen[155]. Weit reichende (politische) Einflussmöglichkeiten bestehen auch in **Dänemark**: Dort bedürfen Entscheidungen von großer Bedeutung einer Bestätigung des Mandats der Regierung durch den Europaausschuss des Folketing[156]. In Frankreich, Kroatien und Österreich hat auch die im Primärrecht verankerte **Parlamentsbeteiligung** einschließlich der **Subsidiaritätskontrolle** Eingang in den Verfassungstext gefunden[157]. Schließlich haben auch die anderen Mitgliedstaaten Europa-Ausschüsse des Parlaments eingerichtet, die teils, anders als in Deutschland, umfassend plenarersetzend tätig werden (→ Art. 45 Rn. 6).

Die **Beteiligung territorialer Untergliederungen der Mitgliedstaaten** (Länder, Regionen, autonome Provinzen und Gemeinschaften, devolved administrations) hat eine Regelung in Belgien, Großbritannien, Italien, Österreich und Spanien erfahren[158]. In **Österreich** steht nicht nur, wie in Deutschland, dem gesamtstaatlichen Organ Bundesrat ein Informations- und Stellungnahmerecht zu (Art. 23e I Österr. Verf.), sondern auch den einzelnen Ländern unmittelbar (Art. 23d I Österr. Verf.). Haben diese eine einheitliche Stellungnahme abgegeben, darf der Bund gemäß Art. 23d II Österr. Verf. in Materien der Landesgesetzgebung »nur aus zwingenden integrations- und außenpolitischen Gründen« abweichen. Ein entsprechend eingeschränktes Abweichungsrecht besteht auch von Stellungnahmen des Bundesrates hinsichtlich eines EU-Rechtsakts, »der entweder die Erlassung bundesverfassungsgesetzlicher Bestimmungen erfordern würde, durch die die Zuständigkeit der Länder in Gesetzgebung oder Vollziehung gemäß Art. 44 Abs. 2 eingeschränkt wird, oder Regelungen enthält, die nur durch solche Bestimmungen getroffen werden könnten«; insoweit kommt dem Bundesrat überdies ein Widerspruchsrecht zu (Art. 23e IV Österr. Verf.). Darüber hinaus ermöglicht Art. 23d III Österr. Verf. die Vertretung Österreichs im Rat durch einen **Ländervertreter** in Materien der Landesgesetzgebung. Ferner kennt Art. 23d I 3f. Österr. Verf. Beteiligungsrechte der **Gemeinden**. Eine bemerkenswerte Besonderheit des Europaverfassungsrechts enthält schließlich Art. 23d V Österr. Verf., der, ebenso wie im Kontext der Transformation von Staatsverträgen (Art. 16 IV Österr. Verf; → Art. 32 Rn. 12), einen Übergang der Regelungszuständigkeit auf den Bund vorsieht, wenn ein Land europarechtlichen Verpflichtungen nicht nachgekommen ist und der EuGH dies festgestellt hat (ähnlich Art. 117 V, 120 II Verf. Italiens)[159]. In **Belgien** sieht ein Kooperationsabkommen zwischen Gesamtstaat und Gemeinschaften bzw. Regionen[160] eine kompetenzunabhängige Koordination aller Ratsstandpunkte unter Beteiligung aller Akteure vor (Art. 2ff.) und verteilt die Außenvertretung nach der inner-

---

[155] *C. Calliess*, ZG 25 (2010), 1 (23).
[156] Näher *C. Calliess*, ZG 25 (2010), 1 (22); *Martini* (Fn. 147), I/4 Rn. 45. Umfassend *C. Schymik*, Der Europaausschuss des dänischen Folketing – der machtvollste Europas?, 2008; ferner *Mayer*, Europafunktion (Fn. 147), S. 177ff.
[157] Umfassend: Art. 23f ff. Österr. Verf.; ferner Art. 88-6f. Verf. Frankreichs; Art. 144 Verf. Kroatiens. S. auch *Mayer*, Europafunktion (Fn. 147), S. 308ff. (Frankreich) und S. 370ff. (Österreich).
[158] Rechtsvergleichend: *P.M. Huber*, IPE II, § 26 Rn. 57ff.; *M.-O. Pahl*, Regionen mit Gesetzgebungskompetenzen in der Europäischen Union, 2004.
[159] De lege ferenda auch für Deutschland befürwortend *P.M. Huber*, ZG 21 (2006), 354 (371).
[160] Accord de coopération entre l'Etat fédéral, les Communautés et les Régions, relatif à la représentation du Royaume de Belgique au sein du Conseil de Ministres de l'Union européenne v. 8.3.1994 (Moniteur Belge v. 17.11.1994), geändert durch den accord de coopération v. 13.2.2003 (Moniteur

staatlichen Kompetenzverteilung (unter Rotation auf regionaler/Gemeinschaftsebene), was sechs Vertretungskonstellationen[161] nach sich zieht (Art. 7ff.; Annexe). Für **Großbritannien** räumen im Kontext des Devolution-Prozesses vereinbarte, rechtlich unverbindliche und die Außenvertretungskompetenz des Vereinigten Königreichs betonende Concordats on Co-ordination of European Union Policy Issues[162] den devolved administrations in Schottland, Wales und Nordirland Informations- und Mitwirkungsbefugnisse ein. Der im Jahre 2001 als Reaktion auf mit der europäischen Integration einhergehende Kompetenzverluste der Regionen eingeführte Art. 117 V Verf. **Italiens** sieht eine Mitwirkung der Regionen und der Autonomen Provinzen Trient und Bozen an EU-Rechtsetzungsprozessen in ihrem jeweiligen Kompetenzbereich vor; Art. 5 des Gesetzes Nr. 131/2003 (La Loggia) vom 5.6.2003 und Art. 5 des Gesetzes Nr. 11/2005 (Buttiglione) vom 4.2.2005 konkretisieren Informations-, Stellungnahme-, Kooperations-, Klage- und Vertretungsrechte (Delegationsleitung durch Präsidenten einer Regionalregierung)[163]. Art. 117 III Verf. Italiens enthält überdies eine konkurrierende Zuständigkeit für die Regelung der Beziehungen der Regionen zur EU. In **Spanien** wirken die autonomen Gemeinschaften durch die erstmals im Jahre 1989 zusammengetretene Conferencia de Asuntos Relacionados con la Unión Europea (CARUE) in EU-Angelegenheiten mit, die im Jahre 1997 auf eine gesetzliche Grundlage gestellt wurde[164]; Hervorhebung verdienen die im Kontext der CARUE am 9.12.2004 geschlossenen Abkommen, die die Beteiligung der autonomen Gemeinschaften in der ständigen Vertretung, in bestimmten Ratsdelegationen und in Arbeitsgruppen vorsehen (»modelo español de participación directa de sus regiones en el Consejo de la Unión Europea«)[165]. Bei der Annäherung der **Schweiz** an die EU kommen schließlich die allgemeinen Beteiligungsrechte der Kantone gemäß Art. 54f. BV zum Tragen[166].

Belge v. 25.02.2003), http://environnement.wallonie.be/legis/accords_de_cooperation/representationUE.htm (27.3.2015). Näher *Pahl*, Regionen (Fn. 158), S. 157ff.; *G. Roller*, AöR 123 (1998), 21ff.

[161] Nr. 2 Annex I kategorisiert wie folgt: représentation fédérale exclusive (Ecofin, Budget, Justice, Télécommunications, Consommateurs, Développement, Protection civile), représentation fédérale avec assesseur des entités fédérées, habilitation des entités fédérées avec assesseur fédéral, habilitation exclusive des entités fédérées (Culture, Education, Tourisme, Jeunesse, Logement et Aménagement du territoire), habilitation exclusive d'une seule Région ou Communauté, représentation fédérale, assistée par des entités fédérées, sans application du système de rotation.

[162] Memorandum of Understanding and Supplementary Agreements Between the United Kingdom Government, the Scottish Ministers, the Welsh Ministers, and the Northern Ireland Executive Committee vom März 2010, www.ofmdfmni.gov.uk/memorandum_of_understanding_and_concordate_on_co-ordination_of_eu_issues_-_march_2010.pdf (27.3.2015).

[163] Näher *C. Panara*, IPE II, § 18 Rn. 50ff.

[164] Ley 2/1997 v. 13.3.2007, por la que se regula la Conferencia para Asuntos Relacionados con las Comunidades Europeas. Im Überblick *A. López Castillo*, IPE II, § 24 Rn. 29f., 52f. Zur Zulässigkeit eines Büros der autonomen Gemeinschaft Baskenland in Brüssel Tribunal Constitucional de España v. 26.5.1994, 165/1994; dazu *C. Burgsmüller*, Die deutschen Länderbüros in Brüssel – verfassungswidrige Nebenaußenpolitik oder zeitgemäße Ausprägung des Föderalismus?, 2003, S. 154ff.

[165] S. die Acuerdos de 9 de diciembre de 2004, de la Conferencia para Asuntos Relacionados con las Comunidades Europeas, sobre la Consejería para Asuntos Autonómicos en la Representación Permanente de España ante la Unión Europea y sobre la participación de las Comunidades Autónomas en los grupos de trabajo del Consejo de la Unión Europea; y sobre el sistema de representación autonómica en las formaciones del Consejo de la Unión Europea (BOE, n. 64, 16.3.2005; modifiziert durch Folgeabkommen, BOE, n. 192, 11.8.2011).

[166] Näher *H. Keller*, IPE II, § 23 Rn. 29, 53.

3. Verhältnis des nationalen Rechts zum Unionsrecht

Der **Vorrang des Unionsrechts** vor nationalem Recht folgt, wie in Deutschland (→ Rn. 12 ff.), aus einer (regelmäßig begrenzten: → Rn. 23 ff.) Öffnung der nationalen Rechtsordnung[167] für Vorrang beanspruchendes Unionsrecht[168]. Zwischenzeitlich bekräftigen einige (wenige) mitgliedstaatliche Verfassungen ausdrücklich den Vorrang des Unionsrechts. Während Art. 29.4.10 Verf. Irlands sowie Art. 1a und 179 Verf. Zyperns diesen auch auf das Verfassungsrecht beziehen[169], ist im Übrigen allgemein vom nationalen Recht bzw. von Gesetzen die Rede[170].

30

4. Landesverfassungen

Im Landesverfassungsrecht ist die europäische Integration nicht nur Gegenstand allgemeiner Zielbestimmungen[171]; vielmehr regeln einige Landesverfassungen auch **Informations- und Beteiligungsrechte des Landesparlaments** gegenüber der Landesregierung in Angelegenheiten der EU, die Landeszuständigkeiten betreffen[172], und sehen teils sogar eine Bindung an parlamentarische Stellungnahmen vor[173]. Dies kompen-

31

---

[167] Vergleichend zu den mitgliedstaatlichen Geltungs- und Anwendungsregimes und die seltene Anerkennung der autonomen Geltung (NL), die innerstaatliche Geltungsanordnung und konzeptionelle Mittelwege unterscheidend *Wendel*, Permeabilität (Fn. 47), S. 375 ff.

[168] Vergleichend *Wendel*, Permeabilität (Fn. 47), S. 415 ff. S. etwa **Frankreich**: Conseil Constitutionnel v. 10.6.2004, 2004-496 DC, Nr. 7 – *Gesetz über das Vertrauen in den digitalen Wirtschaftsverkehr*; v. 12.5.2010, 2010-605 DC, Nr. 17, 19 – *Gesetz über die Wettbewerbsöffnung und Regulierung des Bereiches der Geld- und Glücksspiele im Internet* (beide zur Richtlinienumsetzung) – näher zu diesem »Substitutionsmodell« *Wendel*, Permeabilität (Fn. 47), S. 491 ff.; **Großbritannien**: House of Lords v. 11.10.1990, [1990] UKHL 13, Nr. 4 – *Factortame II*; High Court v. 18.2.2002, [2002] EWHC 195 Admin, Nr. 69 f. (Lord Justice Laws) – *Thoburn/Sunderland City Council u.a.*; **Italien**: Corte Costituzionale v. 18.4.1991, 168/1991, Nr. 4 – *Giampaoli*; **Österreich**: VerfGH v. 26.6.1997, VfSlg. 14.886/1997; v. 14.3.2012, U 466/11-18, U 1836/11-13, Rn. 19; **Polen**: Verfassungsgericht v. 11.5.2005, K 18/04, III.7, 11.2 – *EU-Beitritt* (EuR 2006, 236 m. Anm. W. Brandt, EuR 2009, 131 [138 f.]; dazu auch *Wendel*, Permeabilität [Fn. 47], S. 503 ff.); **Spanien**: Tribunal Constitucional de España v. 13.12.2004, DTC 1/2004, II.4 – *Verfassungsvertrag* (EuR 2005, 339) – zur hier entwickelten Unterscheidung zwischen »primacía und supremacía« *Wendel*, Permeabilität (Fn. 47), S. 484 ff.; v. 13.2.2014, DTC 26/2014, II.3. – *Melloni*; **Tschechien**: VerfG v. 8.3.2006, Pl. ÚS 50/04, B – *Sugar Quotas III*.

[169] S. aber Irish Supreme Court, [1990] 1 C.M.L.R. 689, Rn. 53 f., 60 – *Grogan*; näher *Wendel*, Permeabilität (Fn. 47), S. 430 ff., zu Zypern ebd., S. 117 f., 433 f.

[170] Nr. 2 Constitutional Act EU Litauens; Art. 148 II und III Verf. Rumäniens; Art. 7 II 2 Verf. Slowakei; mittelbar verankert in § 2 Amendment Act zur Verf. Estlands v. 14.9.2003 (s. insoweit VerfG v. 11.5.2006, 3-4-1-3-06, Nr. 16) und Art. 145 Verf. Kroatiens; ferner – Bindung des Gesetzgebers – Art. 117 I Verf. Italiens und Art. 65 Verf. Maltas; allg. auf Recht internationaler Einrichtungen bezogen: Art. 55 Verf. Frankreichs; Art. 94 Verf. Niederlande (str., ob auf EU anwendbar); nach R.A. *Wessel/W.E. van de Griendt*, IPE II, § 19 Rn. 6, 13 ff., mittlerweile wohl durch Urteil des Hoge Raad v. 2.11.2004 entschieden, dass Grundlage unmittelbar Primärrecht); Art. 91 III Verf. Polens – explizit gegen einen Vorrang vor der Verfassung insoweit Polnisches Verfassungsgericht v. 11.5.2005, K 18/04, III.4.3, 6.4, 7. – *EU-Beitritt* (EuR 2006, 236 m. Anm. W. Brandt, EuR 2009, 131 [138 ff.]).

[171] S. etwa Vorspruch Verf. B-W; Art. 3a S. 1 Verf. Bay. (zu diesem *F. Wollenschläger*, in: T. Meder/W. Brechmann [Hrsg.], Die Verfassung des Freistaats Bayern, 5. Aufl. 2014, Art. 3a Rn. 1 ff.).

[172] S. etwa Art. 34a Verf. B-W; Art. 70 IV Verf. Bay.; Art. 79 IIf. Verf. Brem. Im Überblick – auch zu einfach-gesetzlichen Regelungen und Ausgestaltungen – *v. Arnauld* (Fn. 59), I/2 Rn. 54 ff.; ferner *B. Eberbach-Born*, Unterrichtung und Beteiligung der Landesparlamente in EU-Angelegenheiten, in: Eberbach-Born u.a. (Fn. 147), S. 285 ff.; *W. Reutter*, Transformation des »neuen Dualismus« in Landesparlamenten: Parlamentarische Kontrolle, Gewaltengliederung und Europäische Union, ebd., S. 255 ff. (271 ff.).

[173] Art. 70 IV 2 Verf. Bay.; Art. 34a II Verf. B-W.

siert Kompetenzverluste des Landesparlaments, die auch die in Art. 23 II, IVff. GG vorgesehene Beteiligung der Länder über den Bundesrat wegen dessen exekutivischer Besetzung nicht aufzufangen vermag (→ Rn. 160); bindende Vorgaben des Landesparlaments für das Abstimmungsverhalten der Exekutive im Bundesrat brechen freilich mit dem weithin vertretenen Grundsatz der Weisungsfreiheit der Landesregierung im Bundesrat (→ Art. 51 Rn. 26), werden mit Blick auf die Kompensationsfunktion allerdings teils für zulässig erachtet[174]. Mitunter können die Landesparlamente auch die Landesregierung zu einem Einsatz für die Erhebung von Kompetenz- und Subsidiaritätsklagen durch die Bundesregierung bzw. den Bundesrat verpflichten[175]. Art. 3a S. 1 Verf. Bay. formuliert überdies Art. 23 I 1 GG vergleichbare **Strukturanforderungen** an die EU und verlangt zusätzlich eine »Eigenständigkeit der Regionen [...] und deren Mitwirkung an europäischen Entscheidungen« (ähnlich Art. 74a S. 1 f. Verf. R-P); auch die Tragweite dieser – von vornherein nur in den Grenzen des Art. 23 I 1 GG greifenden – Direktive steht und fällt, soweit die Bundesratsmitwirkung betroffen ist, mit der strittigen Direktivkraft des Landesverfassungsrechts für das Abstimmverhalten der Landesregierung im Bundesrat[176]. Schließlich finden sich im Landesverfassungsrecht, wie im Übrigen auch in Art. 54 I Verf. des Kantons Bern, Bekenntnisse zur **regionalen Zusammenarbeit** in Europa[177].

C. Erläuterungen

I. Allgemeine Bedeutung der neuen Integrationsklausel

32 In Einklang mit dem in der Präambel festgehaltenen Willen des Deutschen Volkes, »als gleichberechtigtes Glied in einem vereinten Europa dem Frieden der Welt zu dienen«, erklärt Art. 23 I 1 GG die Mitwirkung Deutschlands an der europäischen Inte-

---

[174] So etwa *C.D. Classen*, Diskussionsbemerkung, VVDStRL 58 (1999), S. 124 f.; *M. Herdegen*, »Föderative Grundsätze« in der Europäischen Union, in: FS Steinberger, 2002, S. 1193 ff. (1197); *Kamann*, Mitwirkung (Fn. 147), S. 93; *H.-J. Papier*, ZParl. 41 (2010), 903 (907 f.); ferner *B. Eberbach-Born*, Unterrichtung (Fn. 172), S. 289 ff.; *M. Schweitzer*, BayVBl. 1992, 609 (617). A.A. *C. Dästner*, NWVBl. 1994, 1 (3 ff.); *K. Engelken*, in: ders., Ergänzungsband zu Braun. Kommentar zur Verfassung des Landes Baden-Württemberg, 1997, Art. 34a Rn. 36; *T. Holzner*, BayVBl. 2012, 677 (681 f.); *P.M. Huber*, BayVBl. 2012, 257 (260); *J. Menzel*, Landesverfassungsrecht, 2002, S. 514; *Müller-Terpitz*, Beteiligung (Fn. 15), S. 123 ff.; *A. Puttler*, HStR³ VI, § 142 Rn. 20; ferner (allg.) BVerfGE 8, 104 (120); StGH B-W, DÖV 1984, 794 (794 f.); → Art. 51 Rn. 27; *C. Grimm/M. Hummrich*, DÖV 2005, 280 (285 f.); *J. Menzel*, Landesverfassungsrecht, 2002, S. 230 ff.; *T. Maunz*, in: Maunz/Dürig, GG, Art. 51 (Grundwerk), Rn. 18; *M. Sachs*, Das parlamentarische Regierungssystem und der Bundesrat – Entwicklungsstand und Reformbedarf, VVDStRL 58 (1999), S. 39 ff. (73 ff.); *B. Schöbener*, in: BK, Art. 51 (2010), Rn. 57, 63 f.; s. BVerfGE 106, 310 (334, Rn. 149). S. für einen Vorstoß zur entsprechenden Öffnung des Grundgesetzes Beschl. der Konferenz der Präsidentinnen und Präsidenten der deutschen Landtage v. 24.9.1991 zur Stärkung der Länder in Europa – abgedruckt und erörtert bei *Schmalenbach*, Europaartikel (Fn. 5), S. 114 ff.

[175] Art. 34a II 3 Verf. B-W.

[176] Eine solche verneinend *D. Franke/R. Kneifel-Haverkamp*, JöR n. F. 42 (1994), 140 (144 f.) – nur politisch verbindlich; *Menzel*, Landesverfassungsrecht (Fn. 174), S. 230 ff.; *M. Möstl*, in: J. F. Lindner/M. Möstl/H. A. Wolff, Verfassung des Freistaats Bayern, 2009, Vorb. B Rn. 23. Vgl. auch BayVerfGH, BayVBl. 2006, 498 (498). A.A. *W. Erbguth/B. Wiegand*, DÖV 1992, 770 (777 ff.); *J.F. Lindner*, in: Lindner/Möstl/Wolff, a.a.O., Art. 3a Rn. 12; *ders.*, BayVBl. 2011, 1 (8 m. Fn. 65); *M. Schröder*, in: Grimm/Caesar (Hrsg.), Verfassung für Rheinland-Pfalz, 2001, Art. 74a Rn. 7; vgl. ferner *H.-J. Papier*, ZParl. 41 (2010), 903 (908). Differenzierend *W. Schwanengel*, DÖV 2014, 93 (102).

[177] S. nur Art. 3a S. 2 Verf. Bay.; Art. 11 Verf. M-V; Art. 12 Verf. Sachs.

gration zum **Staatsziel**[178]. Gleichzeitig werden **grundlegende Vorgaben für die Gestalt der EU** formuliert und die **innerstaatliche Willensbildung** in Angelegenheiten der EU geregelt. Prägnant qualifiziert die Gesetzesbegründung Art. 23 I GG als »zugleich Ermächtigung, Auftrag und Grenzbestimmung für die deutsche Mitwirkung an der Entwicklung der Europäischen Union.«[179] Art. 23 GG verleiht damit der **offenen Staatlichkeit** des Grundgesetzes Ausdruck (→ Art. 24 Rn. 1ff.) und dokumentiert gleichzeitig die **Scheidung von europäischen und sonstigen auswärtigen Angelegenheiten** (allg. → Rn. 3). Die in diesem Kontext eingegangenen Bindungen stellen freilich nicht nur Souveränitätsbeschränkungen dar; vielmehr sichert die supranationale Kooperation im Zeitalter der Globalisierung einzelstaatlich nicht mehr wahrnehmbare politische Handlungsmöglichkeiten: »Gestaltenden Einfluss auf eine zunehmend mobile und grenzüberschreitend vernetzte Gesellschaft können demokratische Verfassungsstaaten nur gewinnen durch sinnvolles, ihr Eigeninteresse wie ihr Gemeininteresse wahrendes Zusammenwirken. Nur wer sich aus Einsicht in die Notwendigkeit friedlichen Interessenausgleichs und in die Möglichkeiten gemeinsamer Gestaltung bindet, gewinnt das erforderliche Maß an Handlungsmöglichkeiten, um die Bedingungen einer freien Gesellschaft auch künftig verantwortlich gestalten zu können. Dem trägt das Grundgesetz mit seiner Offenheit für die europäische Integration und für völkerrechtliche Bindungen Rechnung.«[180]

Im Lissabon-Urteil hat das Bundesverfassungsgericht das – erstmals im NATO-Kontext entwickelte[181] – Konzept der **Integrationsverantwortung** eingeführt[182]. Diese »ist darauf gerichtet, bei der Übertragung von Hoheitsrechten und bei der Ausgestaltung der europäischen Entscheidungsverfahren dafür Sorge zu tragen, dass in einer Gesamtbetrachtung sowohl das politische System der Bundesrepublik Deutschland als auch das der Europäischen Union demokratischen Grundsätzen im Sinne des Art. 20 Abs. 1 und Abs. 2 in Verbindung mit Art. 79 Abs. 3 GG entspricht.«[183] Sie findet zunächst im Gesetzesvorbehalt des Art. 23 I 2, 3 GG ihren Ausdruck, der eine parlamentarische Legitimation jedweder Übertragung von Hoheitsrechten fordert (→ Rn. 40). Parlamentarisch zu verantworten ist darüber hinaus aber auch, wie im Lissabon-Vertrag etwa mit besonderen Vertragsänderungsverfahren oder Brückenklauseln vielfach angelegt, »eine Veränderung des Vertragsrechts ohne Ratifikationsverfahren« (→ Rn. 47ff.)[184]. Der Integrationsverantwortung widerspräche eine nicht vom konsentierten Integrationsprogramm gedeckte Fortentwicklung des Unionsrechts, etwa durch eine unbestimmte Kompetenzübertragung oder eine dynamische Handhabung von Zuständigkeiten auf Unionsebene (→ Rn. 94f.). Sie fordert die Ultra-vires-Kontrolle (→ Rn. 175ff.) und, dass »Art und Umfang der ausgeübten Hoheitsrechte [mit] dem Maß demokratischer Legitimation« übereinstimmen[185]. Schließlich ist ihr auch die

33

---

[178] S. auch Begründung in Entwurf der BReg. v. 2.10.1992 (BT-Drs. 12/3338), S. 6.
[179] Begründung in Beschlussempfehlung und Bericht des Sonderausschusses »Europäische Union (Vertrag von Maastricht)« des Bundestages v. 1.12.1992 (BT-Drs. 12/3896), S. 17f. S. ferner Begründung in Entwurf der BReg. v. 2.10.1992 (BT-Drs. 12/3338), S. 4.
[180] BVerfGE 123, 267 (345, Rn. 220f.); ferner E 89, 155 (182f.).
[181] BVerfGE 104, 151 (209f., Rn. 152ff.); 108, 34 (43, Rn. 34f.); 118, 244 (258ff., Rn. 40ff.); 121, 135 (157ff., Rn. 64ff.); näher *Schorkopf* (Fn. 12), Art. 23 Rn. 129ff.
[182] Zu diesem *Hufeld* (Fn. 87), I/1 Rn. 1ff.; *J. H. Klement*, ZG 29 (2014), 169 (175ff.). Kritisch *A. v. Bogdandy*, NJW 2010, 1 (3).
[183] BVerfGE 123, 267 (356, Rn. 245).
[184] BVerfGE 123, 267 (Ls. 2a).
[185] BVerfGE 123, 267 (364f., Rn. 264); ferner E 134, 366 (394ff., Rn. 47ff.).

Art. 23   C. Erläuterungen

unmittelbare (Art. 12 EUV; → Rn. 162) und mittelbare (Art. 23 II ff. GG; → Rn. 108 ff.)[186] Einbeziehung der Parlamente in den Integrationsprozess zuzurechnen.

34   Von der in Art. 23 GG geregelten Beteiligung Deutschlands an der **Setzung von Unionsrecht** (»upstream phase«; »fase ascendente«) zu unterscheiden ist die **Implementation** unionsrechtlicher Vorgaben in den Mitgliedstaaten (»downstream phase«; »fase discendente«)[187]; die Zuständigkeit für letztere, mithin für die Umsetzung bzw. den Vollzug von Unionsrecht, bestimmt sich gemäß Art. 70 ff. GG bzw. Art. 83 ff. GG analog (→ Vorb. Art. 70–74 Rn. 21 bzw. → Art. 83 Rn. 5 ff.). Aus Art. 23 GG i.V.m. dem Zustimmungsgesetz und dem Grundsatz der Bundestreue folgt eine Implementationspflicht der Länder (→ Art. 20 [Bundesstaat] Rn. 19)[188]; de lege ferenda wird insoweit bei einem Implementationsversagen der Länder teils, wie in Art. 23d V Österr. Verf. und Art. 117 V, 120 II Verf. Italiens (→ Rn. 29), für eine **Ersatz- bzw. Auffangkompetenz** des Bundes plädiert[189].

35   **Weitere Bestimmungen**, die die europäische Integration betreffen, enthält das Grundgesetz in Art. 16 II 2 (Auslieferung an anderen EU-Mitgliedstaat), Art. 16a V (Europäisches Asylsystem), Art. 28 I 3 (Kommunalwahlrecht für Unionsbürger), Art. 45 (Europaausschuss des Bundestages), Art. 50 (Mitwirkung des Bundesrates), Art. 52 IIIa (Europakammer des Bundesrates), Art. 76 II 5 (Behandlung von Vorlagen zur Übertragung von Hoheitsrechten), Art. 88 S. 2 (Übertragung der Währungshoheit auf EZB), Art. 104a VI (intraföderale Haftung für Verstöße gegen Unionsrecht) und Art. 109 II, V (Haushaltsdisziplin).

II. Staatsziel eines vereinten Europas (Art. 23 I 1, 1. Halbs. GG)

36   In Ausfüllung des in der Präambel artikulierten Willens des Deutschen Volkes, »als gleichberechtigtes Glied in einem vereinten Europa dem Frieden der Welt zu dienen« (→ Pmbl. Rn. 43 ff.), bestimmt Art. 23 I 1, 1. Halbs. GG, dass die Bundesrepublik Deutschland »[z]ur Verwirklichung eines vereinten Europas [...] bei der Entwicklung der Europäischen Union mit[wirkt]«, und geht damit jedenfalls über den lediglich Integrationsmöglichkeiten eröffnenden Wortlaut des Art. 24 I GG hinaus (zu dessen umstrittenen Staatszielcharakter → Art. 24 Rn. 20). Der **Begriff »Europäische Union«** ist **allgemein-dynamisch** und nicht nur bezogen auf das durch den Vertrag von Maastricht geschaffene Gebilde zu verstehen[190]. Der sich auch in der Beitrittsklausel des Art. 49 I EUV findende Europabezug impliziert eine **räumliche Begrenzung**, bei deren Konturierung freilich angesichts des randunscharfen und multidimensionalen

---

[186] BVerfGE 123, 267 (419 f., Rn. 375).
[187] Zu diesen Begriffen *P.M. Huber*, ZG 21 (2006), 354 (356); *C. Panara*, IPE II, § 18 Rn. 44 ff.
[188] *Streinz*, Verfassungsrecht (Fn. 23), S. 855.
[189] *P.M. Huber*, ZG 21 (2006), 354 (371); *Streinz*, Verfassungsrecht (Fn. 23), S. 854 f.
[190] Begründung EU-Sonderausschuss (Fn. 179), BT-Drs. 12/3896, S. 22; für eine dynamische Auslegung auch *Scholz* (Fn. 5), Art. 23 Rn. 5, 55 f.; *K.-P. Sommermann*, DÖV 1994, 596 (598); *Streinz* (Fn. 5), Art. 23 Rn. 8. Enger *Pernice* → Bd. II², Art. 23 Rn. 40.

II. Staatsziel eines vereinten Europas (Art. 23 I 1, 1. Halbs. GG) **Art. 23**

Europabegriffs Ermessen besteht[191]; auch ist von Verfassung wegen keine Einbeziehung aller europäischen Staaten geboten[192].

Die indikative Formulierung verdeutlicht, dass es »für die deutschen Verfassungsorgane [...] nicht in ihrem politischen Belieben steht, sich an der europäischen Integration zu beteiligen oder nicht. Das Grundgesetz will eine europäische Integration und eine internationale Friedensordnung«[193]. Dementsprechend formuliert Art. 23 I 1, 1. Halbs. GG einen **verfassungsrechtlich verbindlichen Handlungsauftrag**[194]. Bei dessen Umsetzung besteht schon aufgrund der Offenheit des Staatsziels und der Notwendigkeit einer Abstimmung mit anderen Staaten ein **weiter Spielraum**; insbesondere zeichnet das Grundgesetz **keine bestimmte Finalität** des europäischen Integrationsprojekts vor[195]. **Direktiven und gleichzeitig Grenzen** folgen freilich aus der Struktursicherungsklausel des Art. 23 I 1, 2. Halbs. GG (→ Rn. 62 ff.)[196]; daneben zieht die von Art. 79 III GG geschützte Verfassungsidentität eine letzte Grenze (→ Rn. 87 ff.). Als **Mittel zur Umsetzung** dieses Verfassungsauftrags sieht Art. 23 GG zum einen die Konstituierung und Fortentwicklung des europäischen Gemeinwesens durch die Übertragung von Hoheitsrechten (Art. 23 I 2 GG) und zum anderen die Mitwirkung in demselben durch Teilhabe an dessen Willensbildung (vgl. Art. 23 IIff. GG) vor[197].

37

In Art. 23 I 1, 1. Halbs. GG wurzelt der im Lissabon-Urteil herausgestrichene **Grundsatz der Europarechtsfreundlichkeit**[198], der, gerade bei Spielräumen, eine Aus-

38

---

[191] *Pernice* → Bd. II², Art. 23 Rn. 35; *Uerpmann-Wittzack* (Fn. 3), Art. 23 Rn. 8 – beide für die Zulässigkeit einer Aufnahme europäischer Staaten mit außereuropäischem Gebietsanteil; ferner – für eine primär geographische und nur subsidiär kulturelle Bestimmung sowie unter Ausschluss eines Beitritts der Türkei – *D. Murswiek*, Der Europa-Begriff des Grundgesetzes, in: FS Ress, 2005, S. 657 ff. (671 ff.); *Scholz* (Fn. 5), Art. 23 Rn. 55, 57 ff. (in Rn. 59 die Möglichkeit eines Beitritts der Türkei verneinend).

[192] *Murswiek*, Europa-Begriff (Fn. 191), S. 668 ff.; *Pernice* → Bd. II², Art. 23 Rn. 35; *Scholz* (Fn. 5), Art. 23 Rn. 57 f.

[193] BVerfGE 123, 267 (346 f., Rn. 225).

[194] *W. Durner*, HStR³ X, § 216 Rn. 16; *Hillgruber* (Fn. 36), Art. 23 Rn. 9; *Pernice* → Bd. II², Art. 23 Rn. 39, 46 f.; *Schorkopf* (Fn. 12), Art. 23 Rn. 33; *Streinz* (Fn. 5), Art. 23 Rn. 10; *Uerpmann-Wittzack* (Fn. 3), Art. 23 Rn. 10. Staatsziel: *Classen* (Fn. 5), Art. 23 Rn. 7. S. demgegenüber auch *Scholz* (Fn. 5), Art. 23 Rn. 50 f.: nur politisch verpflichtendes Staatsziel, im Ergebnis aber ähnlich. Für einen entsprechenden Verfassungsauftrag bereits vor Einführung des Art. 23 GG *I. Pernice*, HStR VIII, § 191 Rn. 3; näher → Art. 24 Rn. 20.

[195] *Classen* (Fn. 5), Art. 23 Rn. 7; *W. Durner*, HStR³ X, § 216 Rn. 16 f.; *Schorkopf* (Fn. 12), Art. 23 Rn. 33 f.; *Streinz* (Fn. 5), Art. 23 Rn. 11; *Uerpmann-Wittzack* (Fn. 3), Art. 23 Rn. 7 f., 44. S. auch Begründung in Entwurf der BReg. v. 2.10.1992 (BT-Drs. 12/3338), S. 7: »nicht zwangsläufig [...] die Schaffung eines europäischen Bundesstaates« vorgezeichnet – einen solchen indes ausschließend *K.-P. Sommermann*, DÖV 1994, 596 (599). Enger *König*, Übertragung (Fn. 5), S. 278 f., 293 f.: kein Zurück hinter mit EU 1993 erreichter Stufe, insb. keine weitgehende Repatriierung unionaler Kompetenzen zulässig; *Pernice* → Bd. II², Art. 23 Rn. 33 f., 38 und 40, der trotz Offenheit Grenzen (Ausschluss »einer klassischen internationalen Organisation oder eines lose gefügten Staatenbundes«; nur Entwicklung der geschichtlichen EU und damit keine Auf- oder Ablösung zulässig) betont. Streng auch *Zuleeg* (Fn. 32), Art. 23 Rn. 9 f.: Deutschland muss loyaler Mitgliedstaat der EU sein, die weiterzuentwickeln ist. Allgemein zur Möglichkeit einer Repatriierung *R. Zbíral*, CML Rev. 52 (2015), 51 ff.

[196] S. auch *Streinz* (Fn. 5), Art. 23 Rn. 16.

[197] S. auch *Pernice* → Bd. II², Art. 23 Rn. 45; *Uerpmann-Wittzack* (Fn. 3), Art. 23 Rn. 10.

[198] BVerfGE 123, 267 (347, Rn. 225); ferner *K. Kaiser/I. Schübel-Pfister*, Der ungeschriebene Verfassungsgrundsatz der Europarechtsfreundlichkeit: Trick or Treat?, in: S. Emmenegger/A. Wiedmann (Hrsg.), Linien der Rechtsprechung des Bundesverfassungsgerichts – erörtert von den wissenschaftlichen Mitarbeitern, Bd. II, 2011, S. 545 ff.; *A. Voßkuhle*, NVwZ 2010, 1 (5). S. bereits zuvor *P. Häberle*, Europaprogramme neuerer Verfassungen und Verfassungsentwürfe – der Ausbau von nationalem

legung des Rechts und eine Wahrnehmung von Kompetenzen im Lichte des Staatsziels Europa verlangt. So beschränkt Art. 23 I 1, 1. Halbs. GG etwa die Ausübung des in Art. 50 EUV verankerten **Austrittsrechts** (→ Rn. 92). Auch haben mitgliedstaatliche Stellen die notwendigen Mitwirkungsakte, etwa die Umsetzung einer Richtlinie, zu ergreifen und nationales Recht europarechtskonform auszulegen[199]. Auf EU-Ebene entspricht dieser verfassungsrechtlichen Pflicht der **Grundsatz der Unionstreue** (Loyalitätsgebot; Art. 4 III EUV).

III. Beteiligung Deutschlands an der EU (Art. 23 I GG)

39   Um das Staatsziel des Art. 23 I 1, 1. Halbs. GG zu realisieren, nämlich bei der Entwicklung der EU zur Verwirklichung eines vereinten Europas mitzuwirken, kann der Bund gemäß Art. 23 I 2 GG **Hoheitsrechte** durch Gesetz mit Zustimmung des Bundesrates **übertragen**. Für die Aktualisierung der Integrationsgewalt gelten damit im Vergleich zum Abschluss gewöhnlicher völkerrechtlicher Verträge und der Hoheitsrechtsübertragung auf andere Akteure als die EU besondere Ratifikationsanforderungen (1.). Sie greifen, wenn einem dem Integrationskontext zuzurechnenden Rechtsträger (2.) Hoheitsrechte übertragen werden (3.). Verfassungsrelevante Integrationsakte knüpft Art. 23 I 3 GG überdies an die Anforderungen an ein verfassungsänderndes Gesetz gemäß Art. 79 II und III GG (4.). **Grenzen der Integrationsgewalt** folgen zum einen aus der Struktursicherungsklausel (Art. 23 I 1, 2. Halbs. GG), die Anforderungen an die Gestalt der EU formuliert, und zum anderen aus Art. 79 III GG, der die Wahrung der Essentialia der deutschen Verfassungsstaatlichkeit verlangt (5.). (Nur) eine demnach zulässige Hoheitsrechtsübertragung öffnet die deutsche Rechtsordnung für supranationales Recht (6.). Vorweggeschickt sei, dass Art. 23 I 2 GG ausweislich seines Wortlauts lediglich die **Übertragung einzelner (bestimmter) Hoheitsrechte** gestattet, was schon tatbestandlich – und nicht erst mit Blick auf Art. 79 III GG (→ Rn. 89) – die Gründung eines europäischen Bundesstaats oder die Verlagerung der Kompetenz-Kompetenz ausschließt[200].

1. Allgemeine Anforderungen

40   Für völkerrechtliche Verträge, die die europäische Integration Deutschlands betreffen, gelten **besondere Ratifikationsanforderungen** (zu den Bestimmtheitsanforderungen und damit zusammenhängenden Grenzen → Rn. 94f.)[201]. Zunächst besteht, auch wenn Länderkompetenzen betroffen sind, eine **ausschließliche (Vertragsabschluss-) Kompetenz des Bundes** (s. demgegenüber die Öffnung in Art. 24 Ia und Art. 32 III GG)[202]. Des Weiteren bedarf es, wie bei der Übertragung von Hoheitsrechten auf zwischenstaatliche Einrichtungen (Art. 24 I GG), stets eines **Parlamentsgesetzes**, was

---

»Europaverfassungsrecht«, in: FS Everling, Bd. I/1, 1995, S. 355ff. (372); *Stern*, Staatsrecht I, S. 543. Umfassend nunmehr *D. Knop*, Völker- und Europarechtsfreundlichkeit als Verfassungsgrundsätze, 2014, S. 260ff.

[199] *Jarass*/Pieroth, GG, Art. 23 Rn. 13; *Pernice* → Bd. II², Art. 23 Rn. 45f.
[200] *Classen* (Fn. 5), Art. 23 Rn. 3, 10; *W. Durner*, HStR³ X, § 216 Rn. 20; *Hillgruber* (Fn. 36), Art. 23 Rn. 38f.; *Klein*, Verfassungsstaat (Fn. 7), S. 70; *Randelzhofer* (Fn. 40), Art. 24 I Rn. 36, 84; *Schorkopf* (Fn. 12), Art. 23 Rn. 69; *Tomuschat* (Fn. 68), Art. 24 Rn. 20. A.A. *Uerpmann-Wittzack* (Fn. 3), Art. 23 Rn. 44.
[201] S. insoweit bereits *F. Wollenschläger*, NVwZ 2012, 713 (714).
[202] S. auch *C.D. Classen*, ZRP 1993, 57 (57); *S. Hobe*, in: Friauf/Höfling, GG, Art. 23 (2011),

III. Beteiligung Deutschlands an der EU (Art. 23 I GG)   **Art. 23**

die allgemeine Regelung zur Ratifikation völkerrechtlicher Verträge (Art. 59 II GG) nur in zwei Fällen fordert, nämlich wenn es sich um hochpolitische Verträge handelt oder um Verträge, die durch Parlamentsgesetz umgesetzt werden müssen; im Übrigen, mithin bei Verwaltungsabkommen, liegt die Zuständigkeit bei der Bundesregierung (→ Art. 59 Rn. 27 ff., 48 ff.). Dieser Gesetzesvorbehalt des Art. 23 I 2 GG »weist die politische Verantwortung für die Einräumung von Hoheitsrechten dem Bundestag – zusammen mit dem Bundesrat – als der nationalen Repräsentativkörperschaft zu; er hat die mit einer solchen Zustimmung verbundenen weittragenden Folgen, nicht zuletzt auch für die Kompetenzen des Bundestages selbst, zu erörtern und über sie zu entscheiden.«[203] Überdies kennt das Grundgesetz nur in Art. 23 I 3 GG das Erfordernis einer **Zwei-Drittel-Mehrheit** für die Ratifikation völkerrechtlicher Verträge. Schließlich steht dem **Bundesrat** im Kontext der europäischen Integration – entsprechend einer schon früh erhobenen Forderung (→ Rn. 4) – ein **Zustimmungsrecht** zu, wohingegen sich dessen Beteiligung gemäß Art. 24 I GG nach der jeweils bestehenden innerstaatlichen Mitwirkungsbefugnis richtet (Zustimmungs- oder Einspruchsrecht; → Art. 24 Rn. 37; s. zur verlängerten Stellungnahmefrist zu Vorlagen Art. 76 II 5 GG). Dieses generelle, von der Betroffenheit konkreter Länderinteressen unabhängige Zustimmungserfordernis »reflektiert die angesichts des erreichten Integrationsstandes regelmäßig zu verzeichnende starke Betroffenheit der Länder von Hoheitsrechtsübertragungen zur europäischen Integration, selbst wenn damit keine Hoheitsrechte der Länder erfaßt werden. Die Zustimmungsbedürftigkeit erscheint daher aus föderativer Sicht auch unter Berücksichtigung der Mitwirkung der Länder in Angelegenheiten der Europäischen Union angemessen.«[204] Anders als in einigen anderen Mitgliedstaaten (→ Rn. 24) findet in Deutschland **kein Referendum** statt; die Zulässigkeit eines solchen setzt eine Verfassungsänderung voraus (→ Art. 20 [Demokratie], Rn. 102 ff.)[205].

2. Adressat der Hoheitsrechtsübertragung

Art. 23 I 2 GG schweigt hinsichtlich des Kreises möglicher Adressaten einer Hoheitsrechtsübertragung[206]. Jedenfalls erfasst ist der **Rechtsträger »Europäische Union«** (Art. 47 EUV). Nachdem Art. 23 I 2 GG auf Art. 23 I 1 GG und damit auf die allgemeinen Ziele der »Verwirklichung eines vereinten Europas« und der »Entwicklung der Europäischen Union« Bezug nimmt, ist der Adressatenkreis indes weiter zu verstehen und auf den Zusammenhang der Hoheitsrechtsübertragung mit der Realisierung dieser Ziele, mithin auf die **Einbettung des Adressaten in den europäischen Integrationskontext** abzustellen[207]. Ein derartiges Verständnis klingt nicht nur in der Griechen-   41

Rn. 40, 44; *Scholz* (Fn. 5), Art. 23 Rn. 63; *Schorkopf* (Fn. 12), Art. 23 Rn. 63; *Streinz* (Fn. 5), Art. 23 Rn. 64.
[203] BVerfGE 89, 155 (183 f.).
[204] Begründung in Entwurf der BReg. v. 2.10.1992 (BT-Drs. 12/3338), S. 7. Zur Diskussion in der GVK *Schmalenbach*, Europaartikel (Fn. 5), S. 79 ff.
[205] S. nur *A. Decker*, BayVBl. 2011, 129 (131 f.); *S. Hölscheidt/S. Menzenbach*, DÖV 2009, 777 (778 ff.) – anders für das konsultative Referendum.
[206] Dazu und zum Folgenden *F. Wollenschläger*, NVwZ 2012, 713 (715).
[207] So auch *C. Calliess*, NVwZ 2012, 1 (3); *Jarass/Pieroth*, GG, Art. 23 Rn. 3; *König*, Übertragung (Fn. 5), S. 321 ff., 655, 659 (nicht Art. 23 I 3 GG); *H. Kube*, WM 2012, 245 (247); *Scholz* (Fn. 5), Art. 23 Rn. 63: »Einrichtungen aus dem Kontext der ›Europäischen Union‹ bzw. des ›europäischen Einigungsprozesses‹ (wobei Letzteres auch außerhalb von EUV oder AEUV erfüllt sein kann)«; *Schorkopf* (Fn. 12), Art. 23 Rn. 64: Einbindung in den »institutionellen Rahmen des Integrationsverbandes« ausreichend, ohne dass Einrichtung formal Teil der EU sein muss, aber bloßer thematischer Europabezug

landhilfe-Entscheidung des Bundesverfassungsgerichts an, wenn dort mit Blick auf ein »System intergouvernementalen Regierens« sowie »auf internationale und europäische Verbindlichkeiten« von einem »unionalen Bereich« die Rede ist und die EFSF in den Kontext des Art. 23 I 2 GG eingeordnet wird[208]; vielmehr lassen sich auch die von Karlsruhe anerkannten, für eine entsprechend weite Auslegung des in Art. 23 II 1 GG verwendeten Begriffs »Angelegenheiten der Europäischen Union« streitenden Gründe übertragen (→ Rn. 116ff.). Nicht erfasst ist der Europarat[209]. Angesichts des Wortlauts scheidet eine Übertragung von Hoheitsrechten auf **andere Mitgliedstaaten** aus (→ Art. 24 Rn. 33)[210]. Möglich ist eine **indirekte Einbeziehung** über einen zwischengeschalteten Unionsrechtsakt[211].

3. Übertragung von Hoheitsrechten (Art. 23 I 2 GG)

42 Der Gesetzesvorbehalt des Art. 23 I 2 GG setzt, wie auch derjenige des Art. 24 I GG, eine Übertragung von Hoheitsrechten voraus. Die **Reichweite** dieses Tatbestandsmerkmals, das manche Stimmen zu Unrecht auf die Einräumung von Handlungsbefugnissen mit Durchgriffswirkung beschränken, ist **umstritten** (a). Für den Europa-Artikel hat die Kontroverse indes infolge des Lissabon-Urteils an Bedeutung verloren, da das Bundesverfassungsgericht nicht nur jedwede förmliche Primärrechtsänderung Art. 23 I 2 GG unterstellt, sondern auch Maßnahmen, die einer solchen gleichkommen (b). Dies begrenzt auch Forderungen nach einem gleichsinnigen Verständnis des Begriffs »Übertragung von Hoheitsrechten« in Art. 23 und 24 GG[212].

a) Zuständigkeitsbegründung auf europäischer Ebene

43 Eine Übertragung von Hoheitsrechten liegt jedenfalls dann vor, wenn **neue Zuständigkeiten** für die EU oder einen dem europäischen Integrationskontext zuzuordnenden Rechtsträger (→ Rn. 41) begründet werden[213]. Angesichts der Formenvielfalt staatlichen Handelns, der Austauschbarkeit einzelner Handlungsformen sowie der Grundrechtsrelevanz und Bedeutung schlicht-hoheitlicher, konsensualer und informeller Handlungsformen überzeugt es demgegenüber nicht, Hoheitsrechte auf die Befugnis, öffentliche Gewalt auszuüben, d. h. einseitig verbindliche Regelungen zu erlassen, zu beschränken[214]. Auch kann die Ermächtigung zu privatrechtlichem Handeln nicht

---

nicht ausreichend (ferner Rn. 32); *Streinz* (Fn. 5), Art. 23 Rn. 90: »Übertragung im Rahmen der EU«; *Uerpmann-Wittzack* (Fn. 3), Art. 23 Rn. 70: Handeln »innerhalb des institutionellen Rahmens der EU«; *F. Wollenschläger*, NVwZ 2012, 713 (715). Für ein weites Verständnis mit Blick auf die dritte Säule auch abweichende Meinung des Richters *Broß*, BVerfGE 113, 273 (321, Rn. 135).

[208] BVerfGE 130, 318 (344f., Rn. 109). So auch die Interpretation dieser Entscheidung bei *O. Sauer*, cep-Standpunkt: ESM nur mit Zweidrittelmehrheit!, 2012, S. 8, und *F. Wollenschläger*, NVwZ 2012, 713 (715).

[209] *Jarass*/*Pieroth*, GG, Art. 23 Rn. 3.

[210] *Schorkopf* (Fn. 12), Art. 23 Rn. 64. A.A. *Classen* (Fn. 5), Art. 23 Rn. 9.

[211] *Classen* (Fn. 5), Art. 23 Rn. 9; *J. Hecker*, AöR 127 (2002), 291 (297f.); *Jarass*/*Pieroth*, GG, Art. 23 Rn. 29. S. im Kontext des Art. 24 I GG auch BVerfGE 58, 1 (42) – Zuständigkeit eines mitgliedstaatlichen Gerichts. Restriktiv *C. Gramm*, DVBl 1999, 1237 (1239).

[212] Für einen Gleichlauf Begründung in Entwurf der BReg. v. 2.10.1992 (BT-Drs. 12/3338), S. 5; *Classen* (Fn. 5), Art. 23 Rn. 9. Für eine eigenständige Begriffsbildung demgegenüber *M. Bothe*/*T. Lohmann*, ZaöRV 58 (1998), 1 (22).

[213] BVerfGE 123, 267 (387f., Rn. 314).

[214] So auch *M. Bothe*/*T. Lohmann*, ZaöRV 58 (1998), 1 (26ff.) – dynamisches Verständnis unter Einbeziehung schlicht-hoheitlicher Handlungen mit (faktischer) Grundrechtsrelevanz; *B. Daiber*,

III. Beteiligung Deutschlands an der EU (Art. 23 I GG)   Art. 23

schlechthin ausgeklammert werden[215]. Es ist unerheblich, ob es sich um Kompetenzen der Legislative, Exekutive oder Judikative handelt[216]. Art. 23 I 2 GG ermächtigt, was Art. 23 IVff. GG bestätigen, auch zu einer Übertragung von Hoheitsrechten der Länder[217]. Um eine Umgehung der Grenzen des Art. 23 GG zu verhindern, liegt eine Übertragung von Hoheitsrechten auch dann vor, wenn europäischen Organen Kompetenzen lediglich im Rahmen der **Organleihe** eingeräumt werden[218].

Eine Hoheitsrechtsübertragung setzt entgegen einer verbreiteten Auffassung[219] in Einklang mit dem weiten Ansatz der Pershing-II- und der Griechenlandhilfe-Entscheidungen des Bundesverfassungsgerichts **keine Durchgriffswirkung** voraus, mithin dass der Adressat nationale Hoheitsträger und Einzelne unmittelbar adressieren können muss (umfassend → Art. 24 Rn. 28f.). Letztere liegt beim Unionsrecht, soweit es innerstaatlich unmittelbar anwendbar ist, ohnehin vor, regelmäßig aber nicht bei umsetzungsbedürftigem völkervertraglichen Handeln im EU-Kontext sowie bei bloßen Kooperationspflichten[220]. Auf der Basis der erwähnten Rechtsprechung liegt eine Hoheitsrechtsübertragung vielmehr auch bei einer **bedeutsamen Aufgabe nationaler Gestaltungsmacht** oder einer **Ermächtigung zu grundrechtsrelevantem schlicht-hoheitlichen Handeln** vor[221].   44

Dieses **weite Verständnis**[222] rechtfertigt sich trotz des mit ihm einhergehenden Interpretationsspielraums[223] daraus, dass es wegen des in diesen Fällen bestehenden Zusammenhangs mit dem Integrationsprogramm einer Anwendung der hierfür geschaffenen formellen und materiellen Kautelen des Art. 23 I 2 GG bedarf, zumal auch der Gefahr einer Umgehung der besonderen Zustimmungs- (Art. 23 I GG) und Beteiligungsrechte (Art. 23 IIff. GG) durch völkervertragliches Handeln im EU-Kontext zu begegnen ist[224]. Überdies trägt eine restriktive Handhabung des Art. 23 I 2 GG, die mit der besonderen Tragweite der Befugnis der EU, innerstaatlich unmittelbar ver-   45

ZParl. 43 (2012), 293 (309f.). Anders aber *Pernice* → Bd. II², Art. 23 Rn. 81; *Streinz* (Fn. 5), Art. 23 Rn. 55; *Zuleeg* (Fn. 32), Art. 23 Rn. 44. Für eine Ausklammerung schlicht-hoheitlichen Handelns *Baach*, Mitwirkung (Fn. 147), S. 117.

[215] So aber *Uerpmann-Wittzack* (Fn. 3), Art. 23 Rn. 37.
[216] *Uerpmann-Wittzack* (Fn. 3), Art. 23 Rn. 37.
[217] S. nur *Hobe* (Fn. 202), Art. 23 Rn. 44; *Pernice* → Bd. II², Art. 23 Rn. 83; *Scholz* (Fn. 5), Art. 23 Rn. 64; *Streinz* (Fn. 5), Art. 23 Rn. 57.
[218] BVerfGE 131, 152 (217f., Rn. 140). S. auch E 68, 1 (91f.): US-Präsident als besonderes Organ des NATO-Bündnisses – hier wird allerdings teils kein Fall der Organleihe gesehen, s. nur *Tomuschat* (Fn. 68), Art. 24 Rn. 161.
[219] S. nur (für weitere Nachweise → Art. 24 Rn. 28) BVerfG (K), NJW 2001, 2705 (2706, Rn. 15); BVerfGK 17, 266 (270, Rn. 14); *W. Bruckmann*, Die grundgesetzlichen Anforderungen an die Legitimation der Europäischen Unionsgewalt, 2004, S. 278ff.; *Hobe* (Fn. 202), Art. 23 Rn. 43; *König*, Übertragung (Fn. 5), S. 51ff., 301; *Jarass*/Pieroth, GG, Art. 23 Rn. 26 (s. aber auch 26ff.); *Pernice* → Bd. II², Art. 23 Rn. 81f.; *Scholz* (Fn. 5), Art. 23 Rn. 65; *Streinz* (Fn. 5), Art. 23 Rn. 56f., 62, 82 (s. aber auch Rn. 90); *Uerpmann-Wittzack* (Fn. 3), Art. 23 Rn. 37, 43.
[220] *Jarass*/Pieroth, GG, Art. 23 Rn. 26.
[221] S. nur (für weitere Nachweise → Art. 24 Rn. 29) *M. Bothe/T. Lohmann*, ZaöRV 58 (1998), 1 (22ff.): schlicht-hoheitliches Handeln mit Grundrechtsrelevanz und erheblicher Souveränitätsverzicht; *H. Kube*, WM 2012, 245 (247f.); *R. Lorz/H. Sauer*, DÖV 2012, 573 (576f.); *Schorkopf* (Fn. 12), Art. 23 Rn. 65 (Möglichkeit, »in einer wesentlichen, qualifizierten Weise auf Rechtsgüter im deutschen Hoheitsgebiet ein[zu]wirken«); ferner *Jarass*/Pieroth, GG, Art. 23 Rn. 28; *Pernice* → Bd. II², Art. 23 Rn. 86. A.A. *Baach*, Mitwirkung (Fn. 147), S. 117f.
[222] So bereits *F. Wollenschläger*, NVwZ 2012, 713 (715).
[223] *R. Streinz*, in: Sachs, GG, Art. 24 Rn. 16.
[224] *Sauer*, cep-Standpunkt (Fn. 208), S. 7.

bindliches Recht zu erlassen, gerechtfertigt wird, der Komplexität des Integrationsprozesses nicht vollends Rechnung. Denn eine Durchgriffswirkung kommt auch EU-Akten nicht generell zu, was Handlungsformen wie Mitteilungen oder Aktionsprogramme illustrieren. Angesichts ihrer Einbettung in den europäischen Integrationskontext vermögen sie gleichwohl erhebliche faktische Wirkungen zu zeitigen, die wegen ihrer innerstaatlichen Auswirkungen kompensationsbedürftig mit Blick auf die Stellung von Bundestag und Bundesrat sind; dem dient Art. 23 I 2 GG, was seine Anwendung im EU-Kontext über Maßnahmen, die unmittelbar anwendbares Unionsrecht begründen oder zu dessen Erlass ermächtigen, hinaus rechtfertigt. So findet auch das in Art. 23 I 2 GG für eine Hoheitsrechtsübertragung generell, d. h. unabhängig von im Einzelfall nachzuweisenden Auswirkungen auf die Rechtsstellung von Bundesrat und Ländern, vorgesehene Zustimmungsrecht des Bundesrates seine Rechtfertigung in der »Erwägung, dass sich weitere Übertragungen von Hoheitsrechten angesichts des erreichten hohen Integrationsniveaus unmittelbar auf die innerstaatlichen Verfassungsstrukturen und damit auch auf die Stellung der Länder im Bundesstaat auswirken«[225]. Schließlich sichert das Erfordernis einer engen Verzahnung mit dem Integrationsprogramm einen hinreichend konturenscharfen Anwendungsbereich.

46 Vor diesem Hintergrund lässt sich das Handeln der Union im Rahmen der **GASP**, mag es auch intergouvernemental geprägt sein, nicht aus Art. 23 I 2 GG ausklammern[226]. Auch unterfällt sowohl die Zustimmung zum **ESM-Vertrag**[227] als auch zum **Fiskalpakt**[228] wegen deren engen entstehungsgeschichtlichen, inhaltlichen und institutionellen Zusammenhangs mit dem Integrationsprogramm Art. 23 I 2 GG. Dies gilt ebenfalls für das Europol-Übereinkommen[229].

b) Änderungen des Primärrechts und vergleichbare Akte

47 Als Konsequenz der dem deutschen Gesetzgeber obliegenden **Integrationsverantwortung** (→ Rn. 33) und »zum Schutz des Verfassungsgefüges« ist Art. 23 I 2 GG nach der teils stark kritisierten Rechtsprechung des Bundesverfassungsgerichts über die Begründung neuer Zuständigkeiten hinaus auf »jede Veränderung der textlichen Grundlagen des europäischen Primärrechts« zu erstrecken; insoweit greift er nicht nur bei Vertragsänderungen im ordentlichen Verfahren (Art. 48 Iff. EUV), sondern auch »bei vereinfachten Änderungsverfahren oder Vertragsabrundungen, bei bereits angelegten, aber der Konkretisierung durch weitere Rechtsakte bedürftigen Zuständigkeitsveränderungen und bei Änderung der Vorschriften, die Entscheidungsverfahren betreffen«[230]. Angesichts des in diesen Fällen bestehenden Bezugs zur unionalen Zuständigkeitsordnung kommt es auf einen etwaigen kompetenzerweiternden Inhalt der

---

[225] Bericht der GVK v. 5.11.1993 (BT-Drs. 12/6000), S. 21. S. zur besonderen Verfassungsrelevanz des europäischen Integrationsprozesses auch *König*, Übertragung (Fn. 5), S. 308f.

[226] Im Ergebnis ähnlich, wenn auch über Art. 23 I 3 GG lösend *R. Geiger*, JZ 1996, 1093 (1095f.). A.A. *Pernice* → Bd. II², Art. 23 Rn. 82; *Streinz* (Fn. 5), Art. 23 Rn. 58.

[227] *U. Hufeld*, integration 2011, 117 (127); *H. Kube*, WM 2012, 245 (247f.); *S. Schmahl*, DÖV 2014, 501 (507f.); *F. Wollenschläger*, NVwZ 2012, 713 (716f.). A.A. Begründung ESM-G in Entwurf der BReg. v. 20.3.2012 (BT-Drs. 17/9045), S. 4; *C. Calliess*, NVwZ 2012, 1 (3); *R. Lorz/H. Sauer*, DÖV 2012, 573 (579f.).

[228] *R. Lorz/H. Sauer*, DÖV 2012, 573 (580f.); *S. Schmahl*, DÖV 2014, 501 (507f.); *F. Wollenschläger*, NVwZ 2012, 713 (717). A.A. *H. Kube*, WM 2012, 245 (252).

[229] A.A. *Streinz* (Fn. 5), Art. 23 Rn. 90.

[230] BVerfGE 123, 267 (355f., Rn. 243; 387, Rn. 312). Offener noch E 89, 155 (199). Restriktiv im Kontext des Art. 59 II 1 GG E 68, 1 (85ff.).

III. Beteiligung Deutschlands an der EU (Art. 23 I GG)   Art. 23

Änderung – was im vereinfachten Verfahren gemäß Art. 48 VI UAbs. 3 EUV sogar ausgeschlossen ist – nicht an[231]. Damit hat zum einen das **Tatbestandsmerkmal der Hoheitsrechtsübertragung bei Primärrechtsänderungen keine eigenständige Bedeutung** mehr, vielmehr ist für Vertragsänderungen stets ein Integrationsgesetz gemäß Art. 23 I 2 GG erforderlich[232]. Zum anderen erfasst Art. 23 I 2 GG auch einer förmlichen Primärrechtsänderung gleichkommende Maßnahmen[233]. Diese – zwingend gesetzlich zu regelnden[234] – Mitwirkungserfordernisse finden sich im Gesetz über die Wahrnehmung der Integrationsverantwortung des Bundestages und des Bundesrates in Angelegenheiten der EU (**Integrationsverantwortungsgesetz** – IntVG)[235] umgesetzt. Dieses differenziert entsprechend dem Lissabon-Urteil zwischen eines Gesetzes gemäß Art. 23 I 2 GG[236] und lediglich eines Beschlusses des Bundestages – und ggf. des Bundesrates – bedürftiger Änderungen.

Im Einzelnen gilt[237]: Vertragsänderungen, die im **vereinfachten Verfahren** (Art. 48 I, VI EUV) erfolgen, mithin aufgrund eines die aktuellen Zuständigkeiten wahrenden Beschlusses des Europäischen Rates zur Änderung von Bestimmungen des Teils III AEUV, erfordern eine Ratifikation gemäß Art. 23 I GG (§ 2 IntVG)[238]. Dasselbe gilt für die nach Art. 48 VI EUV modellierten, aber auf bestimmte Sachbereiche bezogenen **besonderen Vertragsänderungsverfahren** (»Evolutivklauseln«; § 3 IntVG)[239]. Für das Gebrauchmachen von der allgemeinen (Art. 48 VII EUV) oder den besonderen (z.B. Art. 31 III EUV) **Brückenklauseln**, die für bestimmte Sachbereiche auf Beschluss des Europäischen Rates mit Zustimmung des Europäischen Parlaments einen Übergang von der Einstimmigkeits- zur Mehrheitsentscheidung im Rat oder vom besonderen zum ordentlichen Gesetzgebungsverfahren ermöglichen, ist nach der Vorhersehbarkeit der späteren Vertragsänderung zum Zeitpunkt der Ratifikation des Vertrags von

48

---

[231] BVerfGE 123, 267 (387, Rn. 312); *R. Lorz/H. Sauer*, DÖV 2012, 573 (577f.); *F. Wollenschläger*, NVwZ 2012, 713 (714). Im Ergebnis auch *Pernice* → Bd. II², Art. 23 Rn. 82, wenn er die Stärkung des EP genügen lässt. Enger *Baach*, Mitwirkung (Fn. 147), S. 126ff.
[232] Für ein solches Verständnis des Lissabon-Urteils, aber kritisch auch *Classen* (Fn. 5), Art. 23 Rn. 12.
[233] Ablehnend zu einem extensiven Verständnis des Erfordernisses einer gesetzlichen Ermächtigung (im Kontext der EZB-Bankenaufsicht) *F.C. Mayer/D. Kollmeyer*, DVBl. 2013, 1158 (1159ff.); anders *S. Schmahl*, DÖV 2014, 501 (504f.); *R. Wernsmann/M. Sandberg*, DÖV 2014, 49 (55f.); *B. Wolfers/T. Voland*, BKR 2014, 177 (180f.).
[234] BVerfGE 123, 267 (433f., Rn. 410) – schlichte Vereinbarung nicht ausreichend.
[235] BGBl. 2009 I, S. 3022, geändert durch Gesetz v. 1.12.2009, BGBl. I, S. 3822. Näher zu den Einzelregelungen die Kommentierungen in v. Arnauld/Hufeld (Fn. 59), II, und bei *S. Hölscheidt/S. Menzenbach/B. Schröder*, ZParl. 40 (2009), 758ff.; ferner *B. Daiber*, DÖV 2010, 293 (294ff.); *M. Nettesheim*, NJW 2010, 177 (179ff.). Das IntVG hat das Gesetz über die Ausweitung und Stärkung der Rechte des Bundestages und des Bundesrates in Angelegenheiten der Europäischen Union v. 22.9.2009 (BGBl. I, S. 3022) ersetzt, das das BVerfG mangels hinreichender Absicherung der Integrationsverantwortung für (teilweise) verfassungswidrig erklärt hat (E 123, 267 [432ff., Rn. 406ff.]).
[236] Kritisch zum Verständnis des Bundesverfassungsgerichts als »Ratifikationserfordernis« *Classen* (Fn. 5), Art. 23 Rn. 11.
[237] Gegen den abschließenden Charakter der im Lissabon-Urteil herausgestellten Fallgruppen *R. Wernsmann/M. Sandberg*, DÖV 2014, 49 (54).
[238] BVerfGE 123, 267 (385ff., Rn. 309ff.).
[239] BVerfGE 123, 267 (387f., Rn. 313f.). Es handelt sich um: Einführung einer gemeinsamen Verteidigung, Art. 42 II UAbs. 1 EUV; Unionsbürgerrechte, Art. 25 II AEUV; Beitritt zur EMRK, Art. 218 VIII UAbs. 2 S. 2 AEUV; einheitliches Wahlverfahren (EP), Art. 223 I UAbs. 2 AEUV; Schaffung europäischer Rechtstitel für geistiges Eigentum, Art. 262 AEUV; Festlegung der Eigenmittel, Art. 311 III AEUV. Restriktiver – aber Art. 59 GG für anwendbar erachtend – *König*, Übertragung (Fn. 5), S. 312f.

Art. 23   C. Erläuterungen

Lissabon zu differenzieren[240]: Demnach bedarf die Aktualisierung der allgemeinen und der besonderen Brückenklausel des Art. 81 III AEUV eines Parlamentsgesetzes gemäß Art. 23 I GG, wohingegen bei »durch den Vertrag von Lissabon bereits hinreichend bestimmt[en]« besonderen Brückenklauseln[241] lediglich eine (positive) Zustimmung der innerstaatlich zuständigen Gesetzgebungsorgane erforderlich ist (§§ 4–6, 10 IntVG)[242]. Ein Ratifikationsvorbehalt besteht ferner bei einer **Kompetenzerweiterung** im Bereich der PJZS gemäß Art. 83 I UAbs. 3 AEUV, der Europäischen Staatsanwaltschaft gemäß Art. 86 IV AEUV und der Europäischen Investitionsbank gemäß Art. 308 UAbs. 3 AEUV (§ 7 IntVG)[243]. Auch die Aktualisierung der **Flexibilitätsklausel (Art. 352 AEUV)** bedarf angesichts »der Unbestimmtheit möglicher Anwendungsfälle« einer vorherigen Zustimmung gemäß Art. 23 I GG (§ 8 IntVG; → Rn. 50)[244]. Schließlich unterliegt die Geltendmachung nationaler Vorbehalte (»**Notbremsemechanismus**«) im Bereich der Sozialversicherungskoordinierung (Art. 48 UAbs. 2 S. 1 AEUV) und der Strafrechtsharmonisierung (Art. 82 III und Art. 83 III AEUV) der Integrationsverantwortung der gesetzgebenden Körperschaften (§ 9 IntVG)[245]. Während im vereinfachten und besonderen Vertragsänderungsverfahren eine **(nachträgliche) Ratifikation** erfolgt, ist im Übrigen (und auch im besonderen Vertragsänderungsverfahren des Art. 42 II UAbs. 1 S. 2 EUV, s. § 3 III IntVG) eine **vorherige Zustimmung des Integrationsgesetzgebers** erforderlich, widrigenfalls der deutsche Vertreter im Rat den entsprechenden Beschluss ablehnen muss.

49   Der **Erstreckung des Art. 23 I 2 GG auf jedwede Primärrechtsänderung ist zu folgen**. Kritiker bemängeln zwar die Aufgabe des Tatbestandsmerkmals »Hoheitsrechtsübertragung« und damit zugleich einer auch entstehungsgeschichtlich belegbaren Spezialität[246] gegenüber Art. 24 I GG[247]. Für die Auffassung des Bundesverfassungsgerichts streitet allerdings neben den Anliegen, die Bestimmtheit der (ursprünglichen) Hoheitsrechtsübertragung zu sichern und Abgrenzungsschwierigkeiten zu vermeiden, dass auch nicht unmittelbar kompetenzerweiternde Primärrechtsänderungen das zuvor konsentierte Integrationsprogramm modifizieren und damit in Zusammenhang mit eingeräumten Handlungsbefugnissen stehen (jedenfalls Entscheidungsbefugnis des EuGH); überdies verlangen der im EU-Kontext erreichte Integrationsstand und die Integrationsdynamik wegen der damit einhergehenden Auswirkung von weiteren Integrationsschritten auf die Mitgliedstaaten eine umfassende Wahrnehmung der Integrationsverantwortung durch die gesetzgebenden Körperschaften[248]. Im Übrigen dif-

---

[240] Kritisch *D. Halberstam/C. Möllers*, German Law Journal 10 (2009), 1241 (1255); ferner wegen bereits zuvor bestehender Ermächtigungen *M. Selmayr*, ZEuS 2009, 637 (665f.).

[241] Das BVerfG – E 123, 267 (392, Rn. 321) – nennt Art. 31 III EUV sowie Art. 153 II UAbs. 4, Art. 192 II UAbs. 2, Art. 312 II UAbs. 2 und Art. 333 I, II AEUV.

[242] BVerfGE 123, 267 (388ff., Rn. 315ff.; 412ff., Rn. 363, 366; 434ff., Rn. 413ff.).

[243] BVerfGE 123, 267 (436, Rn. 419).

[244] BVerfGE 123, 267 (395, Rn. 328; 436, Rn. 417). Zu Anwendungsfällen *B. Daiber*, ZParl. 43 (2012), 293 (304ff.).

[245] BVerfGE 123, 267 (413f., Rn. 365; 436, Rn. 418); kritisch (Notbremse nicht ohne Beschluss möglich) *D. Halberstam/C. Möllers*, German Law Journal 10 (2009), 1241 (1244, 1255).

[246] Offener aber Begründung in Entwurf der BReg. v. 2.10.1992 (BT-Drs. 12/3338), S. 5, die neben das enge Verständnis eine erweiternde Auslegung des Begriffs »Hoheitsrechtsübertragung« im Lichte der Integrationsermächtigung stellt.

[247] *Classen* (Fn. 5), Art. 23 Rn. 12; *Uerpmann-Wittzack* (Fn. 3), Art. 23 Rn. 46. Ablehnend auch *C. Calliess*, ZG 25 (2010), 1 (29), und *M. Ruffert*, DVBl. 2009, 1197 (1201), soweit parlamentarische Rückkoppelung auch anderweitig herstellbar; ferner *A. v. Bogdandy*, NJW 2010, 1 (3).

[248] *K.F. Gärditz/C. Hillgruber*, JZ 2009, 872 (876); *R. Geiger*, JZ 1996, 1093 (1095); *ders.*, ZG 18

III. Beteiligung Deutschlands an der EU (Art. 23 I GG)   **Art. 23**

ferenzieren auch die innerstaatlichen, auf eine Wahrnehmung der Integrationsverantwortung zielenden Mitwirkungsbefugnisse nicht nach einer Durchgriffswirkung[249]. Vor diesem Hintergrund unterfallen gerade auch die primärrechtsändernden **Brückenklauseln** Art. 23 I GG, zumal hier bestehende Kompetenzen aus nationaler Perspektive verschärft werden (insb. Übergang zur Einstimmigkeit)[250]. Dass das Bundesverfassungsgericht den Ratifikationsvorbehalt auch auf die **Flexibilitätsklausel** des Art. 352 AEUV und damit prima facie systemwidrig auf Sekundärrecht erstreckt, rechtfertigen trotz eines bislang spärlichen Gebrauchmachens deren Unbestimmtheit und Weite, die ihrer Aktualisierung potentiell kompetenzerweiternden und damit primärrechtsetzungsgleichen Charakter verleiht; die daher notwendige Wahrnehmung der Integrationsverantwortung vermögen die strengen prozeduralen Kautelen auf Unionsebene (Einstimmigkeit, Zustimmung des Europäischen Parlaments) nicht zu kompensieren[251]. Einer an und für sich überzeugenden Differenzierung nach der jeweiligen Tragweite des zu erlassenden Sekundärrechtsakts[252] steht die Rechtssicherheit entgegen.

Die vom Bundesverfassungsgericht überdies geforderte Vorabbeteiligung des Integrationsgesetzgebers stellt, obgleich in manchen dieser Fälle bereits unionsrechtlich Vetopositionen der nationalen Parlamente bestehen (Art. 48 VII UAbs. 3 EUV; Art. 81 III UAbs. 3 AEUV), **keine** mitunter kritisierte **Verdoppelung der Parlamentsbeteiligung »ohne erkennbaren Sinn«** dar[253]; denn der Gesetzesvorbehalt des Art. 23 I 2 GG greift präventiv vor Beschlussfassung im Rat (§ 4 IntVG). Ebenso wenig verfängt der insoweit erhobene Einwand einer unionsrechtswidrigen Verfahrensbehinderung, da das Primärrecht nicht nur einen Zustimmungsvorbehalt (wiewohl ex post) vorsieht, sondern sich durch eine Vorabbeteiligung der ratifizierenden Körperschaften sowohl eine Ratifikationszwangslage als auch die Verfolgung mangels Ratifikationsaussichten kaum erfolgversprechender Vorhaben verhindern lässt; im Übrigen stellte sich andernfalls die Frage einer Zulässigkeit unionsautonomer Vertragsänderungen[254]. Indes erscheint es widersprüchlich, dass das IntVG für einige der von ihm erfassten Sachver-

50

(2003), 193 (203 ff.) – als Änderungsvertrag eines ursprünglich Art. 23 I 2 GG unterliegenden Vertrags; *Hillgruber* (Fn. 36), Art. 23 Rn. 33; *Jarass*/Pieroth, GG, Art. 23 Rn. 27 f.; *R. Lorz/H. Sauer*, DÖV 2012, 573 (577 f.); *C. Ohler*, AöR 135 (2010), 153 (158 ff.); *R. Wernsmann/M. Sandberg*, DÖV 2014, 49 (51); *F. Wollenschläger*, NVwZ 2012, 713 (714 f.). Vgl. auch *M. Bothe/T. Lohmann*, ZaöRV 58 (1998), 1 (22 ff., insb. auch 34 ff.).

[249] S. *M. Bothe/T. Lohmann*, ZaöRV 58 (1998), 1 (35 f.).

[250] *Hillgruber* (Fn. 36), Art. 23 Rn. 33; *K.F. Gärditz/C. Hillgruber*, JZ 2009, 872 (876); *Jarass*/Pieroth, GG, Art. 23 Rn. 27 f. A.A. *Classen* (Fn. 5), Art. 23 Rn. 15; *Pernice* → Suppl. 2010, Art. 23 Rn. 6b; *Uerpmann-Wittzack* (Fn. 3), Art. 23 Rn. 49, 68; kritisch auch *D. Halberstam/C. Möllers*, German Law Journal 10 (2009), 1241 (1255) – Erweiterung bereits übertragen; *M. Kottmann/C. Wohlfahrt*, ZaöRV 69 (2009), 443 (457); ferner *R. Lorz/H. Sauer*, DÖV 2012, 573 (578) – insoweit im Primärrecht bereits angelegt. Rechtsvergleichend *Wendel*, Permeabilität (Fn. 47), S. 221 ff.

[251] *K.F. Gärditz/C. Hillgruber*, JZ 2009, 872 (876). Ablehnend *C. Calliess*, ZG 25 (2010), 1 (29); *M. Kottmann/C. Wohlfahrt*, ZaöRV 69 (2009), 443 (458 ff.); *G. Nicolaysen*, EuR-Beiheft 1/2010, 9 (24 ff.); *M. Ruffert*, DVBl. 2009, 1197 (1201 f.); *M. Selmayr*, ZEuS 2009, 637 (666 f.); *Uerpmann-Wittzack* (Fn. 3), Art. 23 Rn. 45 – wenigstens im Bereich des Binnenmarkts; *Wendel*, Permeabilität (Fn. 47), S. 362 ff.; kritisch auch *A. v. Bogdandy*, NJW 2010, 1 (3); *D. Halberstam/C. Möllers*, German Law Journal 10 (2009), 1241 (1254 f.); *C. Ohler*, AöR 135 (2010), 153 (161 f.); *S. Schmahl*, DÖV 2014, 501 (504); *J.P. Terhechte*, EuZW 2009, 724 (727 f.).

[252] Für eine solche *M. Kottmann/C. Wohlfahrt*, ZaöRV 69 (2009), 443 (459); vgl. ferner *A. v. Bogdandy*, NJW 2010, 1 (3).

[253] So *Classen* (Fn. 5), Art. 23 Rn. 12. Kritisch auch *M. Ruffert*, DVBl. 2009, 1197 (1200 f.).

[254] *C. Ohler*, AöR 135 (2010), 153 (161 f.). A.A. (jedenfalls bedenklich) *A. v. Bogdandy*, NJW 2010, 1 (3); *Pernice* → Suppl. 2010, Art. 23 Rn. 6b m. Fn. 29, 31.

Art. 23 C. Erläuterungen

halte weitergehende Mitwirkungsbefugnisse als bei ordentlichen Vertragsänderungen einräumt (§ 3 I 1 Nr. 1, §§ 8f. EUZBBG, § 5 I EUZBLG); rechtfertigen ließe sich dies nur mit Blick auf den punktuellen Charakter der dem IntVG unterfallenden Tatbestände. Umgekehrt ließe sich in konsequenter Fortschreibung eine stärkere Parlamentsbeteiligung bei Vertragsverhandlungen fordern (→ Rn. 134)[255].

51   Mit Blick auf die dem Gesetzgeber zukommende Integrationsverantwortung verbietet es sich, eine **Abweichungsmöglichkeit der Bundesregierung** aus wichtigen außen- oder integrationspolitischen Gründen gemäß § 8 IV 5, § 9 I, Nr. 2, II 2 EUZBBG analog jedenfalls dann anzuerkennen, wenn keine nachträgliche Ratifikation durch den Bundestag erfolgt[256]. Angesichts der offeneren Bestimmtheitsanforderungen im Kontext des Art. 23 I 2 GG (→ Rn. 94 f.) wird teils eine hinreichend bestimmte Vorabermächtigung, etwa bezogen auf bestimmte Bereiche im Kontext des Art. 352 AEUV, für zulässig erachtet[257].

4. Verfassungsrelevante Integrationsakte (Art. 23 I 3 GG)

52   Gemäß Art. 23 I 3 GG gelten für die Zustimmung zu bestimmten Integrationsakten, nämlich für »die Begründung der Europäischen Union sowie [...] Änderungen ihrer vertraglichen Grundlagen und vergleichbare Regelungen [a], durch die dieses Grundgesetz seinem Inhalt nach geändert oder ergänzt wird oder solche Änderungen oder Ergänzungen ermöglicht werden [b]«, **erhöhte Anforderungen** (c), nämlich diejenigen an verfassungsändernde Gesetze (Art. 79 II und III GG) mit Ausnahme des Textänderungsgebots (Art. 79 I 1 GG). Angesichts des materiell verfassungsändernden Charakters der von Art. 23 I 3 GG erfassten Sachverhalte und damit deren Tragweite unterliegt er – auch mit Blick auf das Staatsziel »Europa« (→ Rn. 36 f.) – keiner restriktiven Auslegung[258].

a) Sachlich erfasste Integrationsakte

53   Als primärrechtliche Anknüpfungspunkte benennt Art. 23 I 3 GG »die Begründung der Europäischen Union sowie [...] Änderungen ihrer vertraglichen Grundlagen und vergleichbare Regelungen«. Nachdem die Gründung der EU durch den Vertrag von Maastricht erfolgt ist, wird die **erste Variante** teils für obsolet erachtet[259]; angesichts des offenen Begriffs der EU (→ Rn. 41) ist dem nicht zu folgen, so dass ein Anwendungsbereich bei der Neugründung eines vergleichbaren Integrationsprojekts verbleibt (z. B. vertiefte Union der Eurostaaten aufgrund eines neuen Vertragswerks)[260]. Die **zweite Variante** der Änderung der vertraglichen Grundlagen erfasst nicht nur das ordentliche, sondern auch das vereinfachte Vertragsänderungsverfahren[261]. Die erst im Gesetzgebungsverfahren eingefügte **dritte Variante** einer der Begründung der EU oder Änderungen ihrer vertraglichen Grundlagen **vergleichbaren Regelung** bezweckt

---

[255] So – schon zuvor – *Baach*, Mitwirkung (Fn. 147), S. 149 ff.
[256] Anders aber *Scholz* (Fn. 5), Art. 23 Rn. 151.
[257] *Classen* (Fn. 5), Art. 23 Rn. 11.
[258] So aber *Pernice* → Bd. II², Art. 23 Rn. 90; *D. H. Scheuing*, EuR-Beiheft 1/1997, 7 (22).
[259] *Hobe* (Fn. 202), Art. 23 Rn. 48; *Pernice* → Bd. II², Art. 23 Rn. 40, 44, 87; *Streinz* (Fn. 5), Art. 23 Rn. 78.
[260] S. auch *Jarass/Pieroth*, GG, Art. 23 Rn. 35; *Schorkopf* (Fn. 12), Art. 23 Rn. 78.
[261] *Schorkopf* (Fn. 12), Art. 23 Rn. 78. Nur im Ergebnis ebenso *Uerpmann-Wittzack* (Fn. 3), Art. 23 Rn. 49 (vergleichbare Regelung). Für die Anwendbarkeit des Art. 23 I 3 GG ebenfalls BVerfGE 123, 267 (386 f., Rn. 312).

III. Beteiligung Deutschlands an der EU (Art. 23 I GG)   Art. 23

sicherzustellen, dass auch nicht unter die beiden ersten Varianten fallende Erweiterungen des Integrationsprogrammes ohne förmliche Vertragsänderung Art. 23 I 3 GG unterliegen[262]. Sie ist parallel zu Art. 23 I 2 GG auszulegen (→ Rn. 47 ff.)[263] und erstreckt sich damit namentlich auf **Evolutiv-**[264] und **Brückenklauseln**[265] sowie auf eine Aktivierung der Flexibilitätsklausel (**Art. 352 AEUV**)[266]. Überdies sind dem Integrationskontext zuzurechnende **völkerrechtliche Verträge** erfasst (→ Rn. 46)[267]. In allen diesen Fällen muss freilich auch die weitere Tatbestandsvoraussetzung der Verfassungsrelevanz vorliegen (→ Rn. 55 ff.).

Auffassungen, die Art. 23 I 3 GG auch **unabhängig von Satz 2** für **anwendbar** erachten[268], leiden regelmäßig an einem zu engen Verständnis der von letzterem erfassten Sachverhalte, etwa hinsichtlich primärrechtsergänzendem Völkervertragsrecht wie dem ESM-Vertrag. Auf der Basis der hier vertretenen weiten Auslegung des Art. 23 I 2 GG (→ Rn. 42 ff.) stellt sich diese Frage schon gar nicht. Jedenfalls können sich auch dem Integrationskontext zuzurechnende völkerrechtliche Verträge als verfassungsrelevant erweisen[269]. 54

b) Verfassungsrelevanz

Gemäß Art. 23 I 3 GG gelten die besonderen Ratifikationsanforderungen nicht stets bei Vorliegen einer der drei soeben entfalteten **Fallgruppen**, mithin der Begründung der EU, einer Änderung ihrer vertraglichen Grundlagen oder vergleichbarer Regelungen, sondern nur, wenn durch einen solchen Integrationsakt gleichzeitig das »Grundgesetz seinem Inhalt nach geändert oder ergänzt wird oder solche Änderungen oder Ergänzungen ermöglicht werden«. Einigkeit besteht zunächst, dass sich das Erfordernis der **Verfassungsrelevanz** auf alle drei Varianten bezieht und nicht lediglich die 55

---

[262] Begründung EU-Sonderausschuss (Fn. 179), BT-Drs. 12/3896, S. 18 f.: »Weitere Kompetenzbegründungen zugunsten der Europäischen Gemeinschaft oder Rechtsakte der Europäischen Gemeinschaft, die […] durch den Beschluß eines Gemeinschaftsorgans zustande kommen und von den Mitgliedstaaten gemäß ihren verfassungsrechtlichen Vorschriften anzunehmen sind […]. Der Anwendungsbereich von Satz 3 wird demnach nicht deshalb eingeschränkt, weil eine förmliche Änderung der vertraglichen Grundlagen nicht erforderlich ist.« S. auch BVerfGE 89, 155 (199).
[263] Enger *Jarass*/*Pieroth*, GG, Art. 23 Rn. 35: keine Vergleichbarkeit bei bereits im Primärrecht angelegten »vertragsausfüllenden oder vertragsimmanenten Hoheitsrechtsübertragungen«; ferner *P. Lerche*, Zur Position der deutschen Länder nach dem neuen Europa-Artikel des Grundgesetzes, in: FS Schambeck, 1994, S. 753 ff. (760 f.); *Pernice* → Bd. II², Art. 23 Rn. 88.
[264] BVerfGE 123, 267 (386 ff., Rn. 312–314); *Scholz* (Fn. 5), Art. 23 Rn. 120; *Schorkopf* (Fn. 12), Art. 23 Rn. 78; *Streinz* (Fn. 5), Art. 23 Rn. 84; auf diese verweist exemplarisch Begründung EU-Sonderausschuss (Fn. 179), BT-Drs. 12/3896, S. 18.
[265] BVerfGE 123, 267 (390 f., Rn. 319); *Schorkopf* (Fn. 12), Art. 23 Rn. 78. A.A. *Uerpmann-Wittzack* (Fn. 3), Art. 23 Rn. 49 (Art. 23 I aff. GG).
[266] BVerfGE 123, 267 (395, Rn. 328; nicht ausdrücklich erwähnt 436, Rn. 417). A.A. *Classen* (Fn. 5), Art. 23 Rn. 14; *Pernice* → Bd. II², Art. 23 Rn. 88; *Streinz* (Fn. 5), Art. 23 Rn. 84; *Uerpmann-Wittzack* (Fn. 3), Art. 23 Rn. 48. Offen gelassen von *Jarass*/*Pieroth*, GG, Art. 23 Rn. 35.
[267] *F. Wollenschläger*, NVwZ 2012, 713 (715); ferner *Schorkopf* (Fn. 12), Art. 23 Rn. 79, 81. A.A. *König*, Übertragung (Fn. 5), S. 324.
[268] *Classen* (Fn. 5), Art. 23 Rn. 12; *H. Kube*, WM 2012, 245 (247); *Schorkopf* (Fn. 12), Art. 23 Rn. 81; *Streinz* (Fn. 5), Art. 23 Rn. 71, 80 ff. (86: Erfordernis einer Verfassungsänderung ausreichend); *Uerpmann-Wittzack* (Fn. 3), Art. 23 Rn. 46. Für eine Anwendbarkeit über förmliche Primärrechtsänderungen hinaus, namentlich bei faktischen Vertragsänderungen auch *Schorkopf* (Fn. 12), Art. 23 Rn. 79. A.A. *König*, Übertragung (Fn. 5), S. 298 ff.
[269] *F. Wollenschläger*, NVwZ 2012, 713 (715). A.A. *Baach*, Mitwirkung (Fn. 147), S. 122; *König*, Übertragung (Fn. 5), S. 324.

Fallgruppe »vergleichbare Regelungen« qualifiziert[270]. Konsens besteht auch, dass mit der **Differenzierung zwischen** einer **Änderung** des Grundgesetzes und einer **Ermöglichung** derselben verfassungsänderndes Primärrecht einerseits und Ermächtigungen zu einer Verfassungsänderung in diesem durch Sekundärrecht andererseits erfasst werden sollen[271]. Im Übrigen ist der Anwendungsbereich des Art. 23 I 3 GG umstritten und auch im Verfassungsreformprozess kontrovers geblieben[272].

56 Ein **großer Teil der Literatur** erklärt das für sich genommen zutreffende und auch im Eurocontrol-I-Beschluss des Bundesverfassungsgerichts anklingende Verständnis, dass jedwede Hoheitsrechtsübertragung die grundgesetzliche Kompetenzordnung verschiebt und damit verfassungsändernden Charakter hat (→ Art. 24 Rn. 49)[273], auch für die Abgrenzung von Art. 23 I 2 und 3 GG für maßgeblich; damit stellt **jede Hoheitsrechtsübertragung** i. S. d. Art. 23 I 2 GG zugleich einen **Fall des Art. 23 I 3 GG** dar[274]. Diese Auffassung hat neben dem erwähnten verfassungsrechtlichen Ausgangsbefund für sich, dass sie Abgrenzungsschwierigkeiten vermeidet, die mit einer andernfalls notwendigen materiellen Abschichtung einhergehen[275]. Ihre Grundlage hat freilich die weite Auslegung des Art. 23 I 2 GG im Lissabon-Urteil erschüttert, wonach dieser nicht nur Hoheitsrechtsübertragungen i. e. S., sondern jedwede Primärrechtsänderung erfasst (→ Rn. 47 ff.). Dieser Einwand ließe sich zwar mit einer Differenzierung des Inhalts entkräften, dass eine Übertragung von Hoheitsrechten i. e. S., mithin eine Begründung neuer Zuständigkeiten, stets Art. 23 I 3 GG unterfällt, und eine materielle Betrachtung lediglich bei sonstigen Primärrechtsänderungen geboten ist[276] – so man

---

[270] Begründung in Entwurf der BReg. v. 2.10.1992 (BT-Drs. 12/3338), S. 7; *Pernice* → Bd. II², Art. 23 Rn. 87; *Streinz* (Fn. 5), Art. 23 Rn. 79.

[271] Für ein derartiges Verständnis nur *Scholz* (Fn. 5), Art. 23 Rn. 113.

[272] Für eine materielle Abgrenzung Begründung in Entwurf der BReg. v. 2.10.1992 (BT-Drs. 12/3338), S. 7, sowie Gegenäußerung, ebd., S. 14; anders indes die Stellungnahme des Bundesrates (BT-Drs. 12/3338), S. 12, und tendenziell auch der Bericht der GVK v. 5.11.1993 (BT-Drs. 12/6000), S. 21, unter Verweis auf die Kontroversen. Zum Kompromisscharakter der Formulierung *Scholz* (Fn. 5), Art. 23 Rn. 117; zur Genese auch *M. Bothe/T. Lohmann*, ZaöRV 58 (1998), 1 (11 ff.); *Schmalenbach*, Europaartikel (Fn. 5), S. 87 ff.; *Wendel*, Permeabilität (Fn. 47), S. 241 ff.

[273] BVerfGE 58, 1 (36).

[274] *Baach*, Mitwirkung (Fn. 147), S. 120 f.; *M. Bothe/T. Lohmann*, ZaöRV 58 (1998), 1 (5 ff.); *R. Breuer*, NVwZ 1994, 417 (423); *W. Durner*, HStR³ X, § 216 Rn. 30; *U. Everling*, DVBl. 1993, 936 (943 f.); *W. Fischer*, ZParl. 24 (1993), 32 (40); *R. Geiger*, JZ 1996, 1093 (1096 f.); *ders.*, ZG 18 (2003), 193 (201 ff.); *König*, Übertragung (Fn. 5), S. 303 ff. (Ausnahme: vom Zustimmungsgesetz bereits gedecktes Gebrauchmachen von Evolutivklauseln); *C. Ohler*, AöR 135 (2010), 153 (157); *Randelzhofer* (Fn. 40), Art. 24 I Rn. 203; *Streinz* (Fn. 5), Art. 23 Rn. 72 f., 82, 89; *Uerpmann-Wittzack* (Fn. 3), Art. 23 Rn. 45, 52; im Ergebnis ähnlich *Classen* (Fn. 5), Art. 23 Rn. 14 (grundgesetzmodifizierendes Gebrauchmachen von Zuständigkeiten im Regelfall nicht auszuschließen); ferner *Lerche*, Position (Fn. 263), S. 760 f. Für einen Gleichlauf von Art. 23 I 2 und 3 GG (auch jenseits von Hoheitsrechtsübertragungen) *P. Kunig*, Mitwirkung der Länder bei der europäischen Integration: Art. 23 des Grundgesetzes im Zwielicht, in: FS Heymanns Verlag, 1995, S. 591 ff. (596 f.).

[275] *Baach*, Mitwirkung (Fn. 147), S. 121; *R. Breuer*, NVwZ 1994, 417 (423); *Streinz* (Fn. 5), Art. 23 Rn. 73; *Uerpmann-Wittzack* (Fn. 3), Art. 23 Rn. 52. Dieses Bedenken stellte auch einen Grund dafür dar, dass die GVK vom Erfordernis eines Eingriffes in die wesentlichen Strukturen des Grundgesetzes als Voraussetzung für die Geltung der verfassungsändernden Mehrheit abgesehen hat, s. Bericht derselben v. 5.11.1993 (BT-Drs. 12/6000), S. 21.

[276] *R. Geiger*, JZ 1996, 1093 (1096 f.), verlangt in diesem Falle eine materielle Verfassungsänderung i. S. e. »Eingriff[s] in den staatlichen Souveränitätsbereich«; ferner *ders.*, ZG 18 (2003), 193 (201 ff.); *Streinz* (Fn. 5), Art. 23 Rn. 85 f.: weitere Hoheitsrechtsübertragung oder Verfassungsänderung; ähnlich *C. Ohler*, AöR 135 (2010), 153 (157); *Uerpmann-Wittzack* (Fn. 3), Art. 23 Rn. 52, 54; ferner *Lerche*, Position (Fn. 263), S. 760 f.

III. Beteiligung Deutschlands an der EU (Art. 23 I GG)   Art. 23

letztere nicht mangels Hoheitsrechtsübertragung i.e.S. gänzlich aus Art. 23 I 3 GG ausklammert (dagegen → Rn. 47 ff.)[277]. Nichtsdestoweniger bleiben weitere Einwände bestehen: So widerspricht die Parallelisierung von Art. 23 I 2 und 3 GG nicht nur der traditionellen Integrationsoffenheit des Grundgesetzes, zieht diese Auslegung doch ein generelles Erfordernis einer Zwei-Drittel-Mehrheit für Integrationsakte nach sich, sondern auch der Differenzierung im Verfassungswortlaut[278]. Dementsprechend hat sich auch das Bundesverfassungsgericht für eine **Differenzierung zwischen Satz 2 und 3** ausgesprochen, ohne allerdings Abgrenzungskriterien aufzuzeigen[279].

Entscheidend für die Abgrenzung ist die **Tragweite der Primärrechtsänderung**; Art. 23 I 3 GG greift in Fällen struktureller Verfassungsrelevanz[280]. Die Bundesregierung hat im Kontext der Verfassungsänderung Vertragsänderungen ausgeklammert, »die von ihrem Gewicht her der Gründung der Europäischen Union nicht vergleichbar sind und insoweit nicht die ›Geschäftsgrundlage‹ dieses Vertrages betreffen.«[281] Als **hinreichend gewichtig** wird die Verlagerung ausdrücklich zugewiesener Kompetenzen, die inhaltliche Modifikation von Bestimmungen des Grundgesetzes und die Berührung von Verfassungsgrundsätzen qualifiziert; dabei genügten mittelbare Auswirkungen nicht[282]. Eine andere Auffassung plädiert aus Gründen der Rechtssicherheit dafür, eine Zwei-Drittel-Mehrheit dann zu fordern, wenn es sich um neue, nicht bereits im Vertragswerk angelegte Hoheitsrechtsübertragungen handelt (Kriterium der Vorhersehbarkeit)[283]; indes wirft auch die Frage nach der Vertragsimmanenz Abgrenzungsschwierigkeiten auf, und vernachlässigt diese Auffassung die Relevanz der Primärrechtsänderung für die grundgesetzliche Ordnung jenseits des soeben für nicht hinreichend erklärten Kritieriums der Hoheitsrechtsübertragung[284]. Verfassungsrelevant sind auch die **Rolle Deutschlands in der EU** fundamental ändernde Integrationsakte, etwa die Aufgabe nationaler Vetopositionen[285]. Wegen ihres grundlegenden, auch verfassungsrelevanten Charakters, der namentlich aus einer demokratierelevanten Verminderung des Stimmgewichts Deutschlands und einer Erweiterung des Kreises der Unionsbürger (Art. 28 I 3 GG) resultiert, unterliegen auch **Erweiterungen der EU** Art. 23 I 3 GG[286].

57

---

[277] Nachweise: → Rn. 49 f.; ferner *Uerpmann-Wittzack* (Fn. 3), Art. 23 Rn. 52.
[278] Für eine im GG angelegte Differenzierung auch *Hobe* (Fn. 202), Art. 23 Rn. 49; *Jarass*/Pieroth, GG, Art. 23 Rn. 34; *Pernice* → Bd. II², Art. 23 Rn. 90; *Scholz* (Fn. 5), Art. 23 Rn. 118; *ders.*, NVwZ 1993, 817 (821 f.); *Wendel*, Permeabilität (Fn. 47), S. 243 ff.; *F. Wollenschläger*, NVwZ 2012, 713 (715). A.A. *Uerpmann-Wittzack* (Fn. 3), Art. 23 Rn. 52, 54.
[279] BVerfGE 123, 267 (387, Rn. 312; ferner 391, Rn. 319; 434, Rn. 412).
[280] *Jarass*/Pieroth, GG, Art. 23 Rn. 36, 38; *Pernice* → Bd. II², Art. 23 Rn. 90; *K.-P. Sommermann*, IPE II, § 14 Rn. 43; *F. Wollenschläger*, NVwZ 2012, 713 (715); *Zuleeg* (Fn. 32), Art. 23 Rn. 47.
[281] Begründung in Entwurf der BReg. v. 2.10.1992 (BT-Drs. 12/3338), S. 7.
[282] *Pernice* → Bd. II², Art. 23 Rn. 90. S. auch (weiter und das Gewicht vernachlässigend) *Streinz* (Fn. 5), Art. 23 Rn. 86: Erfordernis einer Verfassungsänderung; *Bruckmann*, Legitimation (Fn. 219), S. 314, und *Jarass*/Pieroth, GG, Art. 23 Rn. 36: Maßnahme, gedacht als nationale, ist eine Verfassungsänderung.
[283] *Scholz* (Fn. 5), Art. 23 Rn. 119 ff.; vgl. ferner *Hobe* (Fn. 202), Art. 23 Rn. 49.
[284] Ablehnend auch *R. Geiger*, JZ 1996, 1093 (1097).
[285] S. auch *Hillgruber* (Fn. 36), Art. 23 Rn. 36; *S. Hölscheidt/T. Schotten*, DÖV 1995, 187 (191 f.). A.A. *Baach*, Mitwirkung (Fn. 147), S. 122 f.; *König*, Übertragung (Fn. 5), S. 299 f.; *Streinz* (Fn. 5), Art. 23 Rn. 87; *Uerpmann-Wittzack* (Fn. 3), Art. 23 Rn. 53 f. Änderungen bei Entscheidungsverfahren demgegenüber ausklammernd *Classen* (Fn. 5), Art. 23 Rn. 14.
[286] *R. Geiger*, JZ 1996, 1093 (1097); *ders.*, ZG 18 (2003), 193 (205 ff.); *Hillgruber* (Fn. 36), Art. 23 Rn. 37; *Jarass*/Pieroth, GG, Art. 23 Rn. 38. Differenzierend *Schorkopf* (Fn. 12), Art. 23 Rn. 171; *Streinz* (Fn. 5), Art. 23 Rn. 87, 89. A.A. *Baach*, Mitwirkung (Fn. 147), S. 123; *Classen* (Fn. 5), Art. 23

Art. 23   C. Erläuterungen

58   Das umstrittene Mehrheitserfordernis hat im Kontext der Ratifikation des Primärrechts immer wieder zu **Meinungsverschiedenheiten** namentlich zwischen Bundesregierung und Bundesrat Anlass gegeben, etwa im Kontext der Ratifikation des Vertrags von Nizza[287]; angesichts der jeweils erreichten Zwei-Drittel-Mehrheiten blieben die unterschiedlichen Auffassungen indes ohne praktische Konsequenzen. Nach vorzugswürdiger Auffassung unterlagen die **grundlegenden Vertragsänderungen** in der Post-Maastricht-Zeit wegen ihrer Verfassungsrelevanz Art. 23 I 3 GG (Verträge von Amsterdam, Nizza, Lissabon und der gescheiterte Verfassungsvertrag)[288]. Ebenso fiel die Ratifikation des **ESM-Vertrags** wegen ihrer Auswirkungen auf das Budgetrecht des Bundestages und auf die verfassungsrechtlich vorgezeichnete Konzeption der Währungsunion als Stabilitätsgemeinschaft unter Art. 23 I 3 GG[289]. Dasselbe gilt angesichts der prozedural abgesicherten Pflicht zur regelmäßig verfassungskräftigen Einführung einer Schuldenbremse auch für den **Fiskalpakt**[290].

c) Ratifikationsanforderungen

59   Gemäß Art. 23 I 3 i.V.m. Art. 79 II GG ist zunächst eine **Zwei-Drittel-Mehrheit** in Bundestag und Bundesrat erforderlich. Der Verweis auf Art. 79 III GG verdeutlicht, dass auch mit dieser Mehrheit keine der **Ewigkeitsklausel** widersprechende Integrationsschritte erfolgen dürfen. Eine Abweichung von sonstigem Verfassungsrecht ist allerdings möglich, so dass Art. 23 I 3 GG den Prüfungsmaßstab verschiebt (→ Art. 79 I Rn. 16)[291] und (materiell) verfassungsänderndes Unionsrecht ermöglicht[292]; neben dem in Art. 23 I 3 GG ausdrücklich erwähnten Art. 79 III GG zieht freilich auch die Struktursicherungsklausel des Art. 23 I 1 GG schon wegen ihrer Bezugnahme in Art. 23 I 2 GG Grenzen[293]. Trotz dieser Möglichkeit verfassungsmodifizierenden Unionsrechts kommt diesem **kein Verfassungsrang** zu; vielmehr folgt diese aus der Zustimmung zum Vorrang des Unionsrechts auch vor dem nationalen Verfassungsrecht in den aufgezeigten verfassungsrechtlichen Grenzen[294]. Hinsichtlich **gewöhnlicher völkerrechtlicher Verträge** gilt angesichts ihres Ranges als einfaches Bundesgesetz

---

Rn. 14; *Hobe* (Fn. 202), Art. 23 Rn. 50; *S. Hölscheidt/T. Schotten*, DÖV 1995, 187 (191ff.); *König*, Übertragung (Fn. 5), S. 299f.; *Scholz* (Fn. 5), Art. 23 Rn. 68; *Uerpmann-Wittzack* (Fn. 3), Art. 23 Rn. 53.

[287] Dessen Qualifikation blieb zwischen Bundesregierung und Bundesrat umstritten, s. Begründung in Entwurf der BReg. v. 2.10.1992 (BT-Drs. 14/6146), S. 1, 6 und 57 gegenüber S. 55.

[288] *Streinz* (Fn. 5), Art. 23 Rn. 89; zum Vertrag von Amsterdam *M. Bothe/T. Lohmann*, ZaöRV 58 (1998), 1 (36ff.).

[289] *Sauer*, cep-Standpunkt (Fn. 208), S. 8; *S. Schmahl*, DÖV 2014, 501 (508); *F. Wollenschläger*, NVwZ 2012, 713 (717).

[290] Begründung Fiskalpakt-G in Entwurf der BReg. v. 20.3.2012 (BT-Dr 17/9046), S. 4; *S. Schmahl*, DÖV 2014, 501 (508); *F. Wollenschläger*, NVwZ 2012, 713 (718).

[291] So die Begründung in Entwurf der BReg. v. 2.10.1992 (BT-Drs. 12/3338), S. 5.

[292] *Uerpmann-Wittzack* (Fn. 3), Art. 23 Rn. 51. Zu divergierenden Vorstellungen im Kontext der Verfassungsänderung *R. Scholz*, NJW 1992, 2593 (2596f.). Allg. zur Rückwirkung der Primärrechtsetzung auf das nationale Verfassungsrecht: *U. Hufeld*, HStR³ X, § 215 Rn. 33ff.; *Pernice*, Verfassungsrecht (Fn. 32), S. 178f.; ferner – Integration als Verfassungsänderung – *Badura*, Bewahrung (Fn. 35), S. 64f., 95; *H. P. Ipsen*, Als Bundesstaat in der Gemeinschaft, in: FS Hallstein, 1966, S. 248ff. (254); auf die Kompetenzfrage beschränkt: *P. M. Huber*, AöR 116 (1991), 210 (226ff.). Restriktiv *Volkmann*, Grundzüge (Fn. 33), S. 124ff.

[293] Vgl. auch *Uerpmann-Wittzack* (Fn. 3), Art. 23 Rn. 56.

[294] Im Ergebnis ähnlich *Uerpmann-Wittzack* (Fn. 3), Art. 23 Rn. 56. Für einen Verfassungsrang *M. Selmayr/N. Prowald*, DVBl. 1999, 269 (271f.).

III. Beteiligung Deutschlands an der EU (Art. 23 I GG)   Art. 23

(Art. 59 II 1 GG) demgegenüber, dass sie und ihre innerstaatliche Durchführung in Einklang mit dem Grundgesetz stehen müssen[295]; dies relativiert freilich der etwa im Kontext der EMRK zum Tragen kommende Grundsatz der völkerrechtsfreundlichen Auslegung des Grundgesetzes (→ Art. 25 Rn. 27, 51 f.).

Das **Textänderungsgebot** des Art. 79 I 1 GG findet keine Anwendung[296]. Damit kann es entgegen seiner Intention zu einem Verfassungswandel kommen, ohne dass dies im Grundgesetztext seinen Ausdruck findet (→ Art. 79 I Rn. 8). Im Kontext der europäischen Integration ist dies hinzunehmen, da das Textänderungsgebot insoweit an seine Grenzen stößt[297]: So ließen sich die vielfältigen Einwirkungen im Text nur schwer abbilden; überdies wäre auch immer das außerhalb des Grundgesetzes geregelte Unionsrecht mit einzubeziehen[298]. Zu begrüßen ist freilich die Staatspraxis, bei handgreiflichen und bedeutsamen Modifikationen eine entsprechende Klarstellung vorzunehmen, wie in Art. 28 I 3 und Art. 88 S. 2 GG geschehen[299]. 60

5. Grenzen der Integrationsgewalt

Das Grundgesetz beschränkt die Beteiligung Deutschlands an der EU in **zweifacher Hinsicht**[300]: Zum einen formuliert die Struktursicherungsklausel des Art. 23 I 1, 2. Halbs. GG Anforderungen an die Gestalt der EU (a), und zum anderen verwehrt der auch für Hoheitsrechtsübertragungen maßgebliche Art. 79 III GG eine Preisgabe von Essentialia der deutschen Verfassungsstaatlichkeit (b). Angesichts dieses unterschiedlichen Bezugspunkts handelt es sich um **prinzipiell zu unterscheidende Schranken**, womit Art. 79 III GG – im Übrigen schon wegen der ausdrücklichen Bezugnahme in Art. 23 I 3 GG – seine eigenständige Bedeutung nicht abgesprochen werden kann[301]. Freilich überschneiden sich diese beiden Schranken wegen der im Verfassungsverbund zu verzeichnenden Verflechtungen teilweise; so stellt etwa das Erfordernis eines adäquaten Grundrechtsschutzes auf EU-Ebene sowohl eine Anforderung an die Gestalt der EU als auch eine aus Art. 79 III GG folgende Grenze für die Hoheitsrechtsübertragung dar[302]. 61

---

[295] S. nur BVerfGE 89, 155 (178).
[296] Zur Diskussion in der GVK *Schmalenbach*, Europaartikel (Fn. 5), S. 97 ff.
[297] *R. Scholz*, NJW 1992, 2593 (2597); partiell a. A. *U. Hufeld*, HStR³ X, § 215 Rn. 36, der für eine teleologische Reduktion im Sinne einer »Verlautbarungspflicht unter dem Vorbehalt des Möglichen« plädiert (ebenso *ders.* [Fn. 87], I/1 Rn. 80); für eine restriktive Anwendung ferner: Begründung EU-Sonderausschuss (Fn. 179), BT-Drs. 12/3896, S. 18. Kritisch auch *R. Breuer*, NVwZ 1994, 417 (422).
[298] Begründung in Entwurf der BReg. v. 2.10.1992 (BT-Drs. 12/3338), S. 7.
[299] Dazu Begründung in Entwurf der BReg. v. 2.10.1992 (BT-Drs. 12/3338), S. 5. → Art. 79 I Rn. 26.
[300] S. zur doppelten Begrenzung auch BVerfGE 123, 267 (356, Rn. 244; 362, Rn. 258).
[301] In diese Richtung aber *Uerpmann-Wittzack* (Fn. 3), Art. 23 Rn. 57 ff. Offen gelassen *Hobe* (Fn. 202), Art. 23 Rn. 51 ff. Für eine strikte Trennung unter Verweis auf faktische Überschneidungen *Randelzhofer* (Fn. 40), Art. 24 I Rn. 113 ff. → Art. 79 III Rn. 11, 55 ff.
[302] S. für eine Parallelisierung – mit Ausnahme des Subsidiaritätsgrundsatzes – auch Begründung in Entwurf der BReg. v. 2.10.1992 (BT-Drs. 12/3338), S. 4; ferner *König*, Übertragung (Fn. 5), S. 568 ff.; *Streinz* (Fn. 5), Art. 23 Rn. 93.

Art. 23 C. Erläuterungen

a) Struktursicherungsklausel (Art. 23 I 1, 2. Halbs. GG)

aa) Bedeutung der Struktursicherungsklausel

62 Die – in der Görgülü-Entscheidung als »weit zurückgenommenen Souveränitätsvorbehalt« bezeichnete[303] – Struktursicherungsklausel bringt »zum Ausdruck, daß die Bundesrepublik Deutschland die EU nach bestimmten inhaltlichen Prinzipien ausgestalten möchte, die im wesentlichen den Grundsätzen entsprechen, welche die durch Artikel 79 Abs. 3 GG besonders geschützten grundlegenden Strukturprinzipien des Grundgesetzes bilden (Art. 23 Abs. 1 Satz 1). Hinzu kommen der im Unions-Vertrag verankerte Grundsatz der Subsidiarität sowie die Gewährleistung eines Grundrechtsschutzes, der dem Grundrechtsschutz des Grundgesetzes im wesentlichen vergleichbar ist. Mit einer solchen Staatsziel- und Strukturklausel werden – mit Ausnahme des hinzugefügten Subsidiaritätsprinzips – ausdrücklich die bisher schon in Artikel 79 Abs. 3 GG enthaltenen Übertragungsvoraussetzungen wiederholt.«[304] Korrespondierend hiermit erklärt das **Primärrecht** die Werte der Union – »Achtung der Menschenwürde, Freiheit, Demokratie, Gleichheit, Rechtsstaatlichkeit und die Wahrung der Menschenrechte einschließlich der Rechte der Personen, die Minderheiten angehören« (Art. 2 S. 1 EUV) – zu Unionszielen (Art. 3 I EUV), verpflichtet die Union zu einer Achtung der nationalen Identität der Mitgliedstaaten (Art. 4 II 1 EUV; → Rn. 14) und normiert den Subsidiaritätsgrundsatz (Art. 5 I 2, III EUV).

63 Angesichts des grundgesetzlichen Integrationsauftrags, des besonderen Charakters der EU und der Vielfalt mitgliedstaatlicher Traditionen verbietet es sich, die im staatlichen Kontext geltenden Anforderungen identisch zu übertragen[305]. Gefordert ist vielmehr eine »**strukturangepasste Grundsatzkongruenz**«[306] (→ Art. 24 Rn. 39f.). Diese ist mit Blick auf die Integrationsfähigkeit Deutschlands auch im Lichte des Verfassungsauftrags des Art. 23 I 1, 1. Halbs. GG zu bestimmen[307] und aus gemeineuropäischer Perspektive zu entwickeln[308]. Die Struktursicherungsklausel ist dynamisch zu verstehen; allgemein steigen die Anforderungen mit zunehmender Integrationsdichte: »Fortschreitende Integration erfordert entsprechende Fortschritte bei der Umsetzung der in der Strukturklausel enthaltenen Prinzipien.«[309]

---

[303] BVerfGE 111, 307 (319, Rn. 36). Kritisch zu dieser Terminologie *I. Pernice*, EuZW 2004, 705 (705).

[304] Begründung in Entwurf der BReg. v. 2.10.1992 (BT-Drs. 12/3338), S. 4.

[305] Ebd., S. 6; *Classen* (Fn. 5), Art. 23 Rn. 16; *W. Durner*, HStR³ X, § 216 Rn. 26; *U. Everling*, DVBl. 1993, 936 (944f.); *König*, Übertragung (Fn. 5), S. 281ff.; *Pernice* → Bd. II², Art. 23 Rn. 51; *Streinz* (Fn. 5), Art. 23 Rn. 20ff.; ferner – für das Demokratieprinzip – BVerfGE 89, 155 (182); 123, 267 (344, Rn. 219).

[306] *Badura*, Bewahrung (Fn. 35), S. 38ff., 66f.; *Hobe* (Fn. 202), Art. 23 Rn. 15f.; *Ipsen*, Gemeinschaftsrecht (Fn. 32), S. 64ff.; *Kaiser*, Bewahrung (Fn. 83), S. 16f., 28; *König*, Übertragung (Fn. 5), S. 281ff.; *Streinz* (Fn. 5), Art. 23 Rn. 22.

[307] *Pernice* → Bd. II², Art. 23 Rn. 48; *Streinz* (Fn. 5), Art. 23 Rn. 17; *Uerpmann-Wittzack* (Fn. 3), Art. 23 Rn. 13 spricht von einem Optimierungsgebot. Gegen ein Verständnis als absolute Integrationsgrenze *W. Durner*, HStR³ X, § 216 Rn. 29.

[308] *R. Breuer*, NVwZ 1994, 417 (422); *Classen* (Fn. 5), Art. 23 Rn. 16; *U. Everling*, DVBl. 1993, 936 (945); *Häberle*, Europaprogramme (Fn. 198), S. 373f.; *Hillgruber* (Fn. 36), Art. 23 Rn. 12; *Pernice* → Bd. II², Art. 23 Rn. 51; ähnlich bereits *Ipsen*, Gemeinschaftsrecht (Fn. 32), S. 64ff.; *Kaiser*, Bewahrung (Fn. 83), S. 16f. S. aber auch *Jarass/Pieroth*, GG, Art. 23 Rn. 14: erkenntnisleitende Bedeutung der nationalen Prinzipien.

[309] Begründung in Entwurf der BReg. v. 2.10.1992 (BT-Drs. 12/3338), S. 6; ferner – für das Demokratieprinzip – BVerfGE 123, 267 (364, Rn. 261). S. auch *W. Durner*, HStR³ X, § 216 Rn. 29; *Streinz* (Fn. 5), Art. 23 Rn. 19.

III. Beteiligung Deutschlands an der EU (Art. 23 I GG)   Art. 23

Die Struktursicherungsklausel formuliert **Anforderungen an die EU**, nicht aber an 64
andere Mitgliedstaaten[310] (zu Kautelen im Unionsrecht → Rn. 14, 62, 87); unmittelbar
gerichtet ist sie freilich nur an deutsche Organe[311] auf Bundes- und Landesebene[312].
Die Bindung besteht sowohl bei der Übertragung von Hoheitsrechten als auch bei der
Mitwirkung auf europäischer Ebene[313]. Wegen seiner Doppelrolle als Unions- und
deutsches Organ gelten die Bindungen des Art. 23 I 1, 2. Halbs. und Art. 79 III GG
auch für den **deutschen Vertreter im Rat** (→ Art. 1 III Rn. 19)[314].

Die hinsichtlich der Struktursicherungsklausel formulierte **Kritik** eines »Grundge- 65
setzimperialismus«, eines Blockadepotentials oder einer negativen Vorbildwirkung[315]
vermag schon wegen der lediglich geforderten grundsätzlichen Strukturidentität (→
Rn. 63) nicht zu überzeugen[316], einmal ganz abgesehen davon, dass der Integrationsgesetzgeber nicht über die Verfassungsidentität (→ Art. 79 III Rn. 11) disponieren
darf[317]. Überdies rechnen Strukturvorgaben nicht nur zum gemeineuropäischen Europaverfassungsrecht (→ Rn. 23 ff.)[318], sondern finden sich auch im Unionsrecht selbst
verankert (insb. Art. 2 EUV; → Rn. 11). Schließlich haben die Strukturanforderungen
einen positiven Beitrag zur Entwicklung entsprechender Verfassungsstrukturen der
EU geleistet, der namentlich in der Stärkung des Grundrechtsschutzes auf europäischer Ebene, der Formulierung von demokratischen Anforderungen an die Behördenorganisation (→ Rn. 72) oder der Einbindung des Bundestages in den Integrationsprozess zum Ausdruck kommt[319]. Entscheidend ist freilich die Handhabung der Strukturklausel im Einzelfall.

bb) Demokratische Grundsätze

Die EU muss zunächst demokratischen Grundsätzen genügen (zur Subjektivierung 66
über Art. 38 I 1 GG → Rn. 165 ff.)[320]. Freilich verbietet es sich, dieselben Anforderun-

---

[310] Begründung in Entwurf der BReg. v. 2.10.1992 (BT-Drs. 12/3338), S. 6; *Streinz* (Fn. 5), Art. 23 Rn. 18. A.A. *Classen* (Fn. 5), Art. 23 Rn. 24, mit Blick auf die primär mitgliedstaatlich zu vermitteln-de demokratische Legitimation. Anders (für Art. 24 I GG auch) *Tomuschat* (Fn. 68), Art. 24 Rn. 52.
[311] *Classen* (Fn. 5), Art. 23 Rn. 18; *Streinz* (Fn. 5), Art. 23 Rn. 17, 53.
[312] Zur Bindung auch der Länder Bericht der GVK v. 5.11.1993 (BT-Drs. 12/6000), S. 23; *Wollenschläger* (Fn. 171), Art. 3a Rn. 8, 15 m.w.N.
[313] *Uerpmann-Wittzack* (Fn. 3), Art. 23 Rn. 13. Zur Diskussion um ein Verständnis der Norm als materielle Kollisionsregel oder bloße Anordnung eines Kontrollverzichts unter Bejahung des ersteren *M. Cornils*, AöR 129 (2004), 336 (362 ff.) m.w.N.
[314] *Classen* (Fn. 5), Art. 23 Rn. 8; *M. Heintzen*, Der Staat 31 (1992), 367 (381 ff.); *Klein*, Verfassungsstaat (Fn. 7), S. 84 ff.; *Scholz* (Fn. 5), Art. 23 Rn. 87; *Streinz* (Fn. 5), Art. 23 Rn. 95; *Uerpmann-Wittzack* (Fn. 3), Art. 23 Rn. 11. Differenziert hinsichtlich der Grundrechtsbindung *M. Cornils*, AöR 129 (2004), 336 (341 ff.); ferner – auch zur Ultra-vires-Kontrolle – *W. Cremer*, EuR 2014, 195 (205 ff.).
[315] *v. Simson/Schwarze* (Fn. 5), § 4 Rn. 143.
[316] So auch *R. Breuer*, NVwZ 1994, 417 (421 f.); *Streinz* (Fn. 5), Art. 23 Rn. 23.
[317] *Scholz* (Fn. 5), Art. 23 Rn. 71. Allgemein zur Verfassungsidentität vgl. die Beiträge von *C. Schönberger*, *O. Lepsius* u.a. in JöR 63 (2015), 41 ff. sowie *A. Ingold*, AöR 140 (2015), 1 ff. → Art. 79 III Rn. 58.
[318] S. auch *Uerpmann-Wittzack* (Fn. 3), Art. 23 Rn. 6, 117.
[319] *W. Durner*, HStR³ X, § 216 Rn. 14. Positiv mit Blick auf den Entwicklungsauftrag auch *Uerpmann-Wittzack* (Fn. 3), Art. 23 Rn. 13.
[320] Zum Gehalt eines gemeineuropäischen Demokratieprinzips *Baach*, Mitwirkung (Fn. 147), S. 38 ff.; *Bruckmann*, Legitimation (Fn. 219), S. 106 ff. – bezogen auf Art. 23 I 1 GG; *Classen* (Fn. 5), Art. 23 Rn. 20 f.; *P. Cruz Villalón*, IPE I, § 13 Rn. 106 ff.; *M. Kaufmann*, Europäische Integration und Demokratieprinzip, 1997, S. 80 ff.; *W. Kluth*, Die demokratische Legitimation der Europäischen Union, 1995, S. 67 ff.; *Mayer*, Europafunktion (Fn. 147), S. 39 ff.; ferner die Beiträge in H. Bauer/P.M.

gen an die Herstellung demokratischer Legitimation »wie innerhalb einer durch eine Staatsverfassung einheitlich und abschließend geregelten Staatsordnung« zu stellen: »Entscheidend ist, daß ein **hinreichend effektiver Gehalt an demokratischer Legitimation**, ein bestimmtes Legitimationsniveau, erreicht wird«[321]. Diese muss dem »Umfang der übertragenen Hoheitsrechte und [dem] Grad der Verselbständigung europäischer Entscheidungsverfahren« entsprechen[322]. Damit gestattet »[d]ie Ermächtigung zur europäischen Integration [...] eine **andere Gestaltung politischer Willensbildung, als sie das Grundgesetz für die deutsche Verfassungsordnung bestimmt**. Dies gilt bis zur Grenze der unverfügbaren Verfassungsidentität (Art. 79 Abs. 3 GG). Der Grundsatz der demokratischen Selbstbestimmung und der gleichheitsgerechten Teilhabe an der öffentlichen Gewalt bleibt auch durch den Friedens- und Integrationsauftrag des Grundgesetzes sowie den verfassungsrechtlichen Grundsatz der Völkerrechtsfreundlichkeit [...] unangetastet.«[323] Allerdings erlaubt das Grundgesetz »Abweichungen von den Organisationsprinzipien innerstaatlicher Demokratie, die durch die Erfordernisse einer auf dem Prinzip der Staatengleichheit gründenden und völkervertraglich ausgehandelten Europäischen Union bedingt sind.«[324]

67 Die EU beruht auf einem **dualen Legitimationskonzept** (s. auch Art. 10 II EUV)[325]. Demokratische Legitimation wird zum einen **über die Mitgliedstaaten** vermittelt, deren Parlamente im Zustimmungsgesetz Existenz sowie Ausgestaltung der EU billigen und deren Regierungen über den Rat am Gesetzgebungsprozess auf europäischer Ebene mitwirken, wobei das Regierungshandeln über die verfassungsrechtlich gebotene Beteiligung des Bundestages (Art. 23 II, III GG) wiederum parlamentarisch rückgekoppelt ist. Zum anderen sind die Unionsbürger seit der Einführung von dessen Direktwahl 1979[326] unmittelbar im **Europäischen Parlament** repräsentiert (Art. 10 II UAbs. 1 EUV)[327], das zwischenzeitlich zum mit dem Rat weitgehend gleichberechtigten Gesetzgeber geworden ist (Regelfall des ordentlichen Gesetzgebungsverfahrens, Art. 289 I, 294 AEUV). Freilich unterstreicht diese bloße Mitwirkungsbefugnis genauso wie namentlich das fehlende Initiativrecht (Art. 17 II EUV; s. aber Art. 225 AEUV

Huber/K.-P. Sommermann (Hrsg.), Demokratie in Europa, 2005. Aus der Rechtsprechung des EuGH: EuGH v. 9.3.2010, C-518/07, Slg. 2010, I-1885, Rn. 39ff. – *Europ. Kommission/Deutschland*.

[321] BVerfGE 89, 155 (182); ferner E 123, 267 (344, Rn. 219; 347, Rn. 227; 365f., Rn. 266f.); *Classen* (Fn. 5), Art. 23 Rn. 22; → Art. 20 (Demokratie), Rn. 31ff., 40ff. Differenziert zum »Nichtübertragbarkeitsgrundsatz« *G. Lübbe-Wolff*, Europäisches und nationales Verfassungsrecht, VVDStRL 60 (2001), S. 246ff. (247ff.). Einen Widerspruch zwischen Prüfungsmaßstab (nur strukturangepasste Kongruenz) und Prüfung im Lissabon-Urteil kritisierend *Wendel*, Permeabilität (Fn. 47), S. 347ff.

[322] BVerfGE 123, 267 (364, Rn. 261).

[323] BVerfGE 123, 267 (344, Rn. 219).

[324] BVerfGE 123, 267 (347, Rn. 227; 368, Rn. 271); ferner Begründung in Entwurf der BReg. v. 2.10.1992 (BT-Drs. 12/3338), S. 6; *Classen* (Fn. 5), Art. 23 Rn. 24.

[325] BVerfGE 89, 155 (184ff.). S. auch *C.D. Classen*, Zur offenen Finalität der europäischen Integration, in: Hatje/Müller-Graff (Fn. 29), § 37 Rn. 79ff., 99f.; *I. Härtel*, Gesetzgebungsordnung der Europäischen Union, in: Hatje/Müller-Graff (Fn. 29), § 11 Rn. 81ff.; *Mayer*, Europafunktion (Fn. 147), S. 49ff. Kritisch zu diesem Modell *A. Hatje*, EuR-Beiheft 1/2010, 123 (129ff.).

[326] Akt zur Einführung allgemeiner unmittelbarer Wahlen der Abgeordneten der Versammlung v. 20.9.1976, ABl. 1976 L 278/1.

[327] Anders akzentuierend BVerfGE 123, 267 (375, Rn. 286): »Repräsentiert [...] wird [...] nicht das europäische Volk, sondern die in ihren Staaten organisierten Völker Europas mit ihren jeweiligen durch demokratische gleichheitsgerechte Wahl zustandegekommenen parteipolitisch präformierten Kräfteverhältnissen«; ferner – unter Betonung der Unionsbürgerschaft – E 129, 300 (318, Rn. 81). Kritisch zu diesem Verständnis *Classen* (Fn. 5), Art. 23 Rn. 23.

III. Beteiligung Deutschlands an der EU (Art. 23 I GG)   **Art. 23**

mit dem neuen Recht, eine Kommissionsinitiative anzuregen[328]) die im Vergleich zu nationalen Parlamenten schwächere Stellung des Europäischen Parlaments im Gesetzgebungsverfahren; dies gilt auch für die beschränkten – wiewohl ebenfalls zum Mitentscheidungsrecht erweiterten – Budgetkompetenzen (Art. 310 I, 314 AEUV)[329].

Seit Inkrafttreten des Vertrags von Lissabon enthält das Primärrecht überdies Bestimmungen über die **demokratischen Grundsätze der Union** (Titel II EUV)[330]. Diese umfassen die Existenz einer seit der Maastrichter Vertragsrevision neben die Staatsangehörigkeit getretenen Unionsbürgerschaft (Art. 9 Satz 2 und 3 EUV; Art. 20ff. AEUV), die, in den Worten des Bundesverfassungsgerichts, »zwischen den Staatsangehörigen der Mitgliedstaaten ein auf Dauer angelegtes rechtliches Band [knüpft], das zwar nicht eine der gemeinsamen Zugehörigkeit zu einem Staat vergleichbare Dichte besitzt, dem bestehenden Maß existentieller Gemeinsamkeit jedoch einen rechtlich verbindlichen Ausdruck verleiht«[331]; ein selbstständiges Legitimationssubjekt sei, wie das Lissabon-Urteil betont, aber weder unionsrechtlich geschaffen worden noch ohne Verfassungsneuschöpfung überhaupt denkbar[332]. Überdies verpflichtet sich die Union zur Achtung der unionsbürgerlichen Gleichheit (Art. 9 S. 1 EUV), zur Teilhabe der Bürger am Entscheidungsprozess (Art. 10 III 1 EUV), zu einer offenen und bürgernahen Entscheidungsfindung (Art. 10 III 2 EUV) sowie zu einem Dialog mit den Bürgern und der Zivilgesellschaft (Art. 11 I–III EUV). Des Weiteren sollen Europäische Parteien gemäß Art. 9 IV EUV »zur Herausbildung eines europäischen politischen Bewusstseins und zum Ausdruck des Willens der Bürgerinnen und Bürger der Union bei[tragen].« Ferner hat Art. 11 IV EUV die Möglichkeit einer europäischen Bürgerinitiative geschaffen. Art. 12 EUV bezieht schließlich die nationalen Parlamente in die Arbeitsweise der EU ein[333]. 68

Das Bundesverfassungsgericht geht gleichwohl von einem notwendigen **Vorrang der Legitimationsvermittlung durch die Staatsvölker** aus[334]. So bleiben nämlich zum einen im verfassungsrechtlich vorgezeichneten Staatenverbund letztere die zentrale 69

---

[328] Für ein Initiativrecht *R. Streinz*, DVBl. 1990, 949 (961).
[329] Für eine Qualifikation des Europäischen Parlament als Arbeits- und Kontrollparlament *P. Dann*, Der Staat 42 (2003), 355 (361ff.); *ders.*, Parlamente im Exekutivföderalismus, 2004, S. 330ff.
[330] Im Einzelnen *B. F. Assenbrunner*, Europäische Demokratie und nationalstaatlicher Pluralismus, 2011, S. 173ff. Zur legitimationsstützenden Funktion transparenter und partizipativer Entscheidungsverfahren BVerfGE 123, 267 (369, Rn. 272; 377f., Rn. 290).
[331] BVerfGE 89, 155 (184). Zur Unionsbürgerschaft *C. Schönberger*, Unionsbürger, 2005; *F. Wollenschläger*, Grundfreiheit ohne Markt, 2007; *ders.* (Fn. 56), § 8 Rn. 116ff.
[332] BVerfGE 123, 267 (404f., Rn. 346ff.).
[333] Zum legitimatorischen Charakter dieser Einbindung BVerfGE 132, 195 (285f., Rn. 153). Für eine Einbeziehung in die Sekundärrechtsetzung *Huber*, Verfassungsrecht (Fn. 32), S. 238f.
[334] BVerfGE 89, 155 (184ff.). Ebenso *W. Durner*, HStR³ X, § 216 Rn. 28; *Hillgruber* (Fn. 36), Art. 23 Rn. 13; *ders.*, HStR³ II, § 32 Rn. 102f.; *Huber*, Verfassungsrecht (Fn. 32), S. 236ff.; *P. Kirchhof*, HStR³ X, § 214 Rn. 31, 46, 100ff., 171; *C. Ohler*, AöR 135 (2010), 153 (178f.); *F. Ossenbühl*, DVBl. 1993, 629 (633ff.); *Scholz* (Fn. 5), Art. 23 Rn. 73ff.; *Streinz* (Fn. 5), Art. 23 Rn. 25f.; noch restriktiver *A. Janssen*, ZG 28 (2013), 21 (33f.). Betonung, dass Europäisches Parlament eine »eigenständige Legitimationsquelle« darstellt, in BVerfGE 113, 273 (301, Rn. 81). Positiver mit Blick auf das EP: *Jarass/Pieroth*, GG, Art. 23 Rn. 15; *Kluth*, Legitimation (Fn. 320), S. 69ff. Anders *Baach*, Mitwirkung (Fn. 147), S. 185ff.; *König*, Übertragung (Fn. 5), S. 594ff.; *Pernice* → Bd. II², Art. 23 Rn. 21f. (zurückhaltender noch *ders.*, HStR VIII, § 191 Rn. 39); *D. Th. Tsatsos*, JöR n.F. 49 (2001), 63 (67f., 74): gleich gewichtig; *Zuleeg* (Fn. 32), Art. 23 Rn. 22f.; offener auch *C. D. Classen*, Demokratische Legitimation im offenen Rechtsstaat. Zur Beeinflussung des Demokratieprinzips durch Rechtsstaatlichkeit und internationale Offenheit, 2009, S. 87ff.; für eine Stärkung des Europäischen Parlaments ferner *Lübbe-Wolff*, Verfassungsrecht (Fn. 321), S. 263f.

Legitimationsquelle³³⁵; demgegenüber ist die Konstituierung eines Unionsvolks als das die EU wesentlich tragende Legitimationssubjekt wegen der damit einhergehenden Aufgabe der Souveränität des deutschen Volkes nur im Wege der Verfassungsneuschöpfung denkbar³³⁶. Immerhin verzichtet das Lissabon-Urteil auf die im Maastricht-Urteil zu findende Erwähnung eines geistig, sozial und politisch relativ homogenen Staatsvolks als Bezugspunkt von Demokratie³³⁷, sondern betont, in einem gewissen Kontrast zum volksbezogenen Demokratieverständnis³³⁸, die individualistische Verankerung des »Anspruch[s] auf freie und gleiche Teilhabe an der öffentlichen Gewalt« in der Menschenwürde³³⁹.³⁴⁰ Abgesehen von diesem grundsätzlichen Einwand bestehen zum anderen – im Vergleich zu verfassungsstaatlichen Anforderungen – demokratische Defizite im europäischen Regierungssystem. So steht das die Zusammensetzung des Europäischen Parlaments bestimmende Prinzip der degressiven Proportionalität (Art. 14 II EUV) im Widerspruch zu der für ein demokratisches System essentiellen Wahlrechtsgleichheit³⁴¹. Dieses Defizit setzt sich bei der Regierungsbildung fort³⁴². Überdies begrenzt der die Kreation der Organe Europäischer Rat, Rat, Kommission und Gerichtshof prägende Grundsatz der Staa-

---

³³⁵ BVerfGE 123, 267 (348, Rn. 229).

³³⁶ BVerfGE 123, 267 (349, Rn. 232; 404, Rn. 346f.). Gegen die Existenz eines europäischen Volkes *U. Hufeld*, HStR³ X, § 215 Rn. 79; *Isensee*, Integrationsziel (Fn. 33), S. 578f.; *P. Kirchhof*, HStR³ X, § 214 Rn. 11, 13, 102; *Scholz* (Fn. 5), Art. 23 Rn. 44, 73; offener *C. D. Classen*, AöR 119 (1994), 238 (247f.); *S. Oeter*, ZaöRV 55 (1995), 659 (688ff.). – aus föderaler Perspektive; *I. Pernice*, HStR VIII, § 191 Rn. 52; *ders.*, Die Verwaltung 26 (1993), 449 (477ff.).

³³⁷ BVerfGE 89, 155 (186); vorsichtig in diese Richtung aber *C. Ohler*, AöR 135 (2010), 153 (177f.), und zuvor *U. Di Fabio*, Der Staat 32 (1993), 191 (201ff.); *Kaiser*, Bewahrung (Fn. 83), S. 23; *F. Ossenbühl*, DVBl. 1993, 629 (634); ferner, obgleich offener hinsichtlich der notwendigen Bewußtseinsfaktoren *S. Haack*, Verlust der Staatlichkeit, 2007, S. 302ff. Kritisch und zum Hintergrund dieser Vorstellung *I. Pernice*, AöR 120 (1995), 100 (103ff.); *J. H. H. Weiler*, JöR n.F. 44 (1996), 91 (94ff.); ablehnend ferner *B.-O. Bryde*, StWStP 5 (1994), 305 (307ff.); *Kluth*, Legitimation (Fn. 320), S. 30ff.; *König*, Übertragung (Fn. 5), S. 600ff.; *Peters*, Elemente (Fn. 32), S. 651ff. Eine kollektive Identität und übernationale Diskursfähigkeit als Voraussetzung von Demokratie fordernd: *Grimm*, Verfassung (Fn. 33), S. 47.

³³⁸ Zu dieser Ambivalenz des Urteils auch *M. Kottmann/C. Wohlfahrt*, ZaöRV 69 (2009), 443 (444ff.).

³³⁹ BVerfGE 123, 267 (341, Rn. 211); zu diesem Zusammenhang auch E 129, 124 (169, Rn. 101); ferner *P. M. Huber*, Demokratie ohne Volk oder Demokratie der Völker? Zur Demokratiefähigkeit der Europäischen Union, in: J. Drexl/K. F. Kreuzer/D. H. Scheuing/U. Sieber (Hrsg.), Europäische Demokratie, 1999, S. 27ff. (33f.); *Kluth*, Legitimation (Fn. 320), S. 42f.; *I. Pernice*, Die Verwaltung 26 (1993), 449 (477ff.); *H. Steinberger*, Der Verfassungsstaat als Glied einer europäischen Gemeinschaft, VVDStRL 50 (1991), S. 9ff. (23); ferner *S. Unger*, Das Verfassungsprinzip der Demokratie, 2008, S. 290ff., der den Grundsatz der Volkssouveränität (Art. 20 II 1 GG) aus Art. 23 I 1 GG ausklammert und letzteren nur auf Art. 20 I GG erstreckt. Dem Bundesverfassungsgericht zustimmend *P. Häberle*, JöR n.F. 58 (2010), 317 (322). Zurückhaltend gegenüber einem betroffenheitsbasierten Legitimationskonzept *Kaufmann*, Integration (Fn. 320), S. 469ff.; ablehnend *Haack*, Staatlichkeit (Fn. 337), S. 299ff. Differenziert *Peters*, Elemente (Fn. 32), S. 657ff.

³⁴⁰ Zu dieser Offenheit auch *G. Britz*, EuR-Beiheft 1/2010, 151 (164ff.); *D. Thym*, Der Staat 48 (2009), 559 (581ff.). S. auch *Lübbe-Wolff*, Verfassungsrecht (Fn. 321), S. 263f., nach der bei Zugrundelegung eines »nüchternen Volksbegriff[es] [...] nicht die Volkwerdung der Europäer Voraussetzung für die Demokratisierbarkeit Europas, sondern eher umgekehrt am Grad der Demokratisierung Europas ablesbar [ist], inwieweit von der Existenz eines europäischen Volkes die Rede sein kann.«

³⁴¹ BVerfGE 123, 267 (371ff., Rn. 279ff.); ebenso *Haack*, Staatlichkeit (Fn. 337), S. 362ff.; *Kaiser*, Bewahrung (Fn. 83), S. 22f.; *Kaufmann*, Integration (Fn. 320), S. 251ff.; *C. Ohler*, AöR 135 (2010), 153 (178f.); insoweit kritisch auch *Calliess*, Demokratieprinzip (Fn. 69), S. 413ff.

³⁴² BVerfGE 123, 267 (372, Rn. 280f.; 380f., Rn. 297).

tengleichheit die »personell[e] und sachlich[e] Durchsetzung eines repräsentativen parlamentarischen Mehrheitswillens.«[343] Des Weiteren setzt Demokratie, »soll sie nicht lediglich formales Zurechnungsprinzip bleiben«, die Existenz einer auf europäischer Ebene noch auszubauenden demokratischen Öffentlichkeit voraus[344]; auch im Lissabon-Urteil betonte das Bundesverfassungsgericht trotz konstatierter Fortschritte, dass die für eine Demokratie essentielle Meinungsbildung hinsichtlich »Sachthemen und politischem Führungspersonal« nach wie vor »in erheblichem Umfang an nationalstaatliche, sprachliche, historische und kulturelle Identifikationsmuster angeschlossen bleibt.«[345] Dieses demokratische Defizit erachtet das Bundesverfassungsgericht nicht durch die mit dem Vertrag von Lissabon eingeführten und legitimationserhöhend wirkenden Stärkungen aufgewogen, namentlich die partizipative und transparente Entscheidungsfindung (Art. 11 EUV), die bei Ratsentscheidungen mit qualifizierter Mehrheit zusätzlich erforderliche Bevölkerungsmehrheit (Art. 16 IV EUV)[346] und die Einbindung nationaler Parlamente (Art. 12 EUV)[347].

Diese Auffassung ist vielfach auf **erhebliche Kritik** gestoßen[348]. Teile der Literatur halten ihr entgegen, dass das dem Lissabon-Urteil zugrunde liegende Demokratiemodell eine partikulare Idealvorstellung darstelle, der nicht einmal das deutsche Institutionengefüge entspreche und die ferner föderalismusblind sei[349]. Vielmehr rechtfertige die aus der – überdies von Art. 23 I 1, 2. Halbs. GG anerkannten – föderalen Struktur der Union resultierende Notwendigkeit einer Mindestrepräsentation eine Durchbrechung der Wahlrechtsgleichheit, was sich auch rechtsvergleichend belegen lasse[350].

70

---

[343] BVerfGE 123, 267 (376, Rn. 288). S. auch *J. A. Frowein*, EuR 1995, 315 (323f.).

[344] BVerfGE 89, 155 (184f.); ferner *G. Britz*, EuR-Beiheft 1/2010, 151 (156); *U. Di Fabio*, Der Staat 32 (1993), 191 (203ff.); *K. F. Gärditz/C. Hillgruber*, JZ 2009, 872 (880); *Grimm*, Verfassung (Fn. 33), S. 37ff.; *Haack*, Staatlichkeit (Fn. 337), S. 306f., 370ff.; *Kaufmann*, Integration (Fn. 320), S. 260ff., 475; *P. Kirchhof*, HStR³ X, § 214 Rn. 10, 101. Zurückhaltend *Classen* (Fn. 5), Art. 23 Rn. 26; für einen gegenteiligen Ansatz *B.-O. Bryde*, StWStP 1994, 305 (309).

[345] BVerfGE 123, 267 (358f., Rn. 250f.). Ähnlich *Grimm*, Verfassung (Fn. 33), S. 37ff.; *P. Kirchhof*, HStR³ X, § 214 Rn. 10. Positiver *I. Pernice*, HStR VIII, § 191 Rn. 52; *ders.*, Die Verwaltung 26 (1993), 449 (479ff.).

[346] Kritisch zum Bevölkerungs- und nicht Wahlvolkbezug BVerfGE 123, 267 (378f., Rn. 292): »Die demokratische Legitimation politischer Herrschaft wird bei der Wahlgleichheit und dem unmittelbaren parlamentarischen Repräsentationsmechanismus auch in Parteiendemokratien in der Kategorie des Wahlakts des Individuums gedacht und nicht am Maßstab der Summe Betroffener beurteilt«; geöffnet im nationalen Kontext freilich in BVerfGE 130, 212 (231, Rn. 71). Dagegen *Classen* (Fn. 5), Art. 23 Rn. 23 m. Fn. 91.

[347] BVerfGE 123, 267 (377ff., Rn. 289ff.); ebenso *Scholz* (Fn. 5), Art. 23 Rn. 73f.

[348] *Classen* (Fn. 5), Art. 23 Rn. 25; *U. Everling*, EuR 2010, 91 (96ff.); *D. Halberstam/C. Möllers*, German Law Journal 10 (2009), 1241 (1247ff.); *Härtel* (Fn. 325), § 11 Rn. 93ff.; *G. Nicolaysen*, EuR-Beiheft 1/2010, 9 (26ff.); *C. Schönberger*, Der Staat 48 (2009), 535 (544ff.); *D. Thym*, Der Staat 48 (2009), 559 (575ff.): »demokratische Sackgasse«; *M. Selmayr*, ZEuS 2009, 637 (647ff.); *C. Tomuschat*, EuGRZ 1993, 489 (493f.); *ders.*, German Law Journal 10 (2009), 1259 (1260f.); *Uerpmann-Wittzack* (Fn. 3), Art. 23 Rn. 14, 18, 118. Dezidiert gegen Output-orientierte Legitimationsmodelle *C. Ohler*, AöR 135 (2010), 153 (179ff.).

[349] *B.-O. Bryde*, Demokratisches Europa und Europäische Demokratie, in: FS Zuleeg, 2005, S. 131ff. (133f.); *D. Halberstam/C. Möllers*, German Law Journal 10 (2009), 1241 (1248); *C. Schönberger*, Der Staat 48 (2009), 535 (544ff.).

[350] *v. Arnauld* (Fn. 59), I/2 Rn. 33; *F. Arndt*, Distribution of Seats at the European Parliament: Democratic Political Equality, Protection of Diversity and the Enlargement Process, in: A. Bodnar/M. Kowalski/K. Raible/F. Schorkopf (Hrsg.), The Emerging Constitutional Law of the European Union, 2003, S. 93ff. (97ff.); *v. Bogdandy*, Übertragbarkeit (Fn. 53), S. 1051; *Classen* (Fn. 5), Art. 23 Rn. 25; *ders.*, AöR 119 (1994), 238 (248); *König*, Übertragung (Fn. 5), S. 613ff.; *M. Selmayr*, ZEuS 2009, 637 (651ff.); *Uerpmann-Wittzack* (Fn. 3), Art. 23 Rn. 14, 18; *Zuleeg* (Fn. 32), Art. 23 Rn. 25; ferner *R.*

Zudem erfülle das Europäische Parlament aufgrund seiner sukzessiven Stärkung mittlerweile die Kernanforderungen an ein Parlament, zumal es mit dem Regelfall des ordentlichen Gesetzgebungsverfahrens zum weitgehend gleichberechtigten Mitgesetzgeber geworden sei und – mit Blick auf die »Regierungsbildung« – die Kommission kreiere (Art. 17 VII EUV) sowie kontrolliere (Art. 17 VIII EUV)[351]. Auch genüge die Kontrolle der Kommission (und nicht auch des Rates), da dieser von Kommissionsvorschlägen regelmäßig nur einstimmig abweichen darf (Art. 293 I AEUV) und über die Mitgliedstaaten demokratisch rückgekoppelt ist[352]. Des Weiteren sei eine zunehmend europaweite Meinungsbildung zu erkennen, was etwa die Beispiele der Dienstleistungsrichtlinie oder der Euro-Krise zeigten[353]. Überdies sei gerade auf eine Legitimation durch das Europäische Parlament zu setzen, da die mitgliedstaatlich vermittelte Legitimation Schwächen aufweise, insbesondere mit Blick auf die langen Legitimationsketten, zumal bei Einbindung des Bundesrates, auf eine begrenzte Kontrollkapazität und mitunter auch parteipolitisch bedingte Kontrollbereitschaft des Parlaments sowie auf von Deutschland nicht getragene Mehrheitsentscheidungen[354]. Ein auf das Individuum zentriertes Demokratieverständnis müsse ferner verschiedene Zugehörigkeiten anerkennen[355]. Das Unionsbürgern im Wohnsitzstaat zustehende Wahlrecht

---

Bieber, European Constitutional Law Review 5 (2009), 391 (402); *E. Lanza*, German Law Journal 11 (2010), 399 (407ff.); *G. Nicolaysen*, EuR-Beiheft 1/2010, 9 (26ff.); *Pernice* → Bd. II², Art. 23 Rn. 55; *ders.*, Die Verwaltung 26 (1993), 449 (481f.); *C. Schönberger*, Der Staat 48 (2009), 535 (546ff.); *C. Tomuschat*, German Law Journal 10 (2009), 1259 (1260f.). Differenziert *F. Rödl*, EuR-Beiheft 1/2013, 179 (180ff.).

[351] *Classen* (Fn. 5), Art. 23 Rn. 25; *ders.*, AöR 119 (1994), 238 (250ff.); ferner *v. Arnauld* (Fn. 59), I/2 Rn. 32; *A. v. Bogdandy*, AöR 130 (2005), 445 (454f., 463f.); *Kluth*, Legitimation (Fn. 320), S. 90ff.; *G. Nicolaysen*, EuR-Beiheft 1/2010, 9 (30ff.); *Uerpmann-Wittzack* (Fn. 3), Art. 23 Rn. 14. Die exekutivföderalen Grenzen einer Parlamentarisierung betonend *P. Dann*, Der Staat 42 (2003), 355 (363ff.); für eine föderalistische Parlamentarisierung *D. Thürer*, Der Verfassungsstaat als Glied einer europäischen Gemeinschaft, VVDStRL 50 (1991), S. 97ff. (130ff.); ferner *König*, Übertragung (Fn. 5), S. 615ff.; *S. Oeter*, ZaöRV 55 (1995), 659 (698ff.); *Peters*, Elemente (Fn. 32), S. 680f., 753f. Die Verleihung einer über ein Veto-Recht hinausgehenden positiven demokratischen Kompetenz als einen Verstoß gegen Art. 79 III GG qualifizierend *P. M. Huber*, Maastricht – ein Staatsstreich, 1993, S. 33; ebenso *Kaufmann*, Integration (Fn. 320), S. 279f., 429; s. auch Begründung in Entwurf der BReg. v. 2.10.1992 (BT-Drs. 12/3338), S. 6: »[D]ie Ausstattung des europäischen Parlaments mit der Kompetenz eines staatlichen demokratischen Parlaments [würde] den Rechtsstatus der Europäischen Union entscheidend ändern: sie würde letztlich zum Bundesstaat, dessen Parlament nach den Regeln demokratischer Gleichheit zu wählen wäre und das nach dem demokratischen Mehrheitsprinzip zu entscheiden hätte. Da dieser Integrationsgrad nach dem Unionsvertrag noch nicht erreicht ist, müssen hinsichtlich der Verpflichtung auf demokratische Grundsätze Anpassungen vorgenommen werden.« Gegen eine weit reichende Parlamentarisierung mit Blick auf die duale Legitimationsstruktur auch *Kluth*, Legitimation (Fn. 320), S. 94f. Einwände schon gegen die Mitentscheidung artikulierend *Haack*, Staatlichkeit (Fn. 337), S. 439.

[352] *Classen* (Fn. 5), Art. 23 Rn. 25.

[353] *Classen* (Fn. 5), Art. 23 Rn. 26; *ders.*, AöR 119 (1994), 238 (256f.); *Huber*, Demokratie (Fn. 339), S. 47f. Die Einwände relativierend auch *I. Pernice*, Die Verwaltung 26 (1993), 449 (479ff.).

[354] *Uerpmann-Wittzack* (Fn. 3), Art. 23 Rn. 15, 18; ferner *Baach*, Mitwirkung (Fn. 147), S. 185ff.; *Calliess*, Demokratieprinzip (Fn. 69), S. 405f.; *D. Halberstam/C. Möllers*, German Law Journal 10 (2009), 1241 (1252f.); *A. Hatje*, EuR-Beiheft 1/2010, 123 (132f.); *G. Nicolaysen*, EuR-Beiheft 1/2010, 9 (31); *I. Pernice*, HStR VIII, § 191 Rn. 53, 56; *ders.* → Bd. II², Art. 23 Rn. 53; *ders.* → Suppl. 2010, Art. 23 Rn. 3f.

[355] *Uerpmann-Wittzack* (Fn. 3), Art. 23 Rn. 18; zur Möglichkeit »multipler Demoi« auch *J. H. H. Weiler*, JöR n. F. 44 (1996), 91 (129ff.). Ablehnend *Haack*, Staatlichkeit (Fn. 337), S. 299.

zum Europäischen Parlament widerlege schließlich die behauptete staatsvolkbezogene Repräsentation im Europäischen Parlament[356].

Unbeschadet dieser Kontroverse erweist sich die **EU** in ihrer derzeitigen Gestalt auch nach der Auffassung des Bundesverfassungsgerichts als **hinreichend demokratisch legitimiert**, freilich nur weil sie lediglich abgeleitete sowie auch gegenständlich und durch das Prinzip der begrenzten Einzelermächtigung beschränkte Hoheitsgewalt ausübt: »Die Europäische Union entspricht demokratischen Grundsätzen, weil sie bei qualitativer Betrachtung ihrer Aufgaben- und Herrschaftsorganisation gerade nicht staatsanalog aufgebaut ist.«[357] Vor dem Hintergrund der notwendig dualen Legitimation stellt die **dominante Rolle der mitgliedstaatlichen Exekutive** auf europäischer Ebene, namentlich im Gesetzgebungsorgan Rat, ferner keinen Verstoß gegen den Demokratiegrundsatz dar, zumal zwischenzeitlich auch die Öffentlichkeit der Gesetzgebung hergestellt ist (Art. 16 VIII EUV) und eine demokratische Rückkopplung über die mitgliedstaatlichen Parlamente erfolgt[358]. Ebenso wenig Bedenken bestehen gegen die **Zusammensetzung des Mitgesetzgebers Rat**: Denn dieser ist »anders als im Bundesstaat keine zweite Kammer, sondern das Vertretungsorgan der Herren der Verträge und dementsprechend nicht proportional repräsentativ, sondern nach dem Bild der Staatengleichheit verfasst.«[359] Des Weiteren deckt die Verfassungsentscheidung für eine offene Staatlichkeit eine Entscheidungsfindung nach dem **Mehrheitsprinzip**[360]. Auch die hinsichtlich des **Europäischen Parlaments** konstatierten demokratischen Defizite ändern nichts am Befund insgesamt hinreichender demokratischer Strukturen auf unionaler Ebene: Denn »[a]ls Vertretungsorgan der Völker in einer supranationalen und als solche von begrenztem Einheitswillen geprägten Gemeinschaft kann und muss es in seiner Zusammensetzung nicht den Anforderungen entsprechen, die sich auf der staatlichen Ebene aus dem gleichen politischen Wahlrecht aller Bürger ergeben.«[361] Hinzu kommt – neben legitimationsstützenden partizipativen und transparenten Entscheidungsverfahren (→ Rn. 68)[362] –, dass das Europäische Parlament »als ein unmittelbar von den Unionsbürgern gewähltes Vertretungsorgan der Völker eine eigenständige zusätzliche Quelle für demokratische Legitimation« darstellt[363]. Unter dem Blickwinkel der Regierungsbildung muss schließlich auch die **Europäische Kommission** »als ein supranationales, besonderes Organ ebenfalls nicht umfänglich

---

[356] *R. Bieber*, European Constitutional Law Review 5 (2009), 391 (401f.); *C. D. Classen*, JZ 2009, 881 (882f.); *D. Halberstam/C. Möllers*, German Law Journal 10 (2009), 1241 (1248f.); *Huber*, Demokratie (Fn. 339), S. 40.

[357] BVerfGE 123, 267 (371, Rn. 278). Für die Wahlrechtsgleichheit BVerfG (K), NJW 1995, 2216 (2216); tendenziell strenger *P. M. Huber*, StWStP 3 (1992), 349 (372f.). Das Vorliegen eines Demokratiedefizits bestreitend *König*, Übertragung (Fn. 5), S. 624f.; ferner *C. Seiler*, Der souveräne Verfassungsstaat zwischen demokratischer Rückbindung und überstaatlicher Einbindung, 2005, S. 297ff. A.A. *Haack*, Staatlichkeit (Fn. 337), S. 420ff.

[358] BVerfGE 89, 155 (186f.); ferner *Kaufmann*, Integration (Fn. 320), S. 434ff. Die Gesetzgebung durch Fachministerräte problematisierend *Classen* (Fn. 5), Art. 23 Rn. 24.

[359] BVerfGE 123, 267 (368, Rn. 271).

[360] BVerfGE 89, 155 (183f.); *U. Everling*, integration 1994, 165 (168); *Hillgruber* (Fn. 36), Art. 23 Rn. 14; *Kaufmann*, Integration (Fn. 320), S. 389ff., 462ff. (Souveränitätsvorbehalt); *Streinz* (Fn. 5), Art. 23 Rn. 26; aus unionsrechtlicher Perspektive *Kamann*, Mitwirkung (Fn. 147), S. 269ff. Strenger *Haack*, Staatlichkeit (Fn. 337), S. 435ff., 438f. (Vetomöglichkeit erforderlich). Vgl. auch – im NATO-Kontext – BVerfGE 68, 1 (95).

[361] BVerfGE 123, 267 (368, Rn. 271).

[362] BVerfGE 123, 267 (369, Rn. 272).

[363] BVerfGE 123, 267 (368, Rn. 271).

Art. 23　　　　　　　　　　　C. Erläuterungen

den Bedingungen einer entweder dem Parlament oder der Mehrheitsentscheidung der Wähler voll verantwortlichen Regierung genügen, weil sie selbst nicht in vergleichbarer Weise dem Wählerwillen verpflichtet ist.«[364]

72　Trotz dieses aktuellen Ergebnisgleichlaufs zwischen Bundesverfassungsgericht und kritischen Literaturstimmen bleiben freilich die **Auffassungsunterschiede perspektivisch von Relevanz**, namentlich für einen Kompetenzzuwachs auf unionaler Ebene, für eine institutionelle Stärkung des Europäischen Parlaments (positive demokratische Kompetenz) oder für die Einführung direktdemokratischer Elemente (Bürgergesetzgebung; Direktwahl des Kommissionspräsidenten). Als punktuell konfliktträchtig kann sich die europarechtlich vorgezeichnete **Unabhängigkeit (nationaler und unionaler) Behörden** erweisen, wie sie etwa Art. 28 der Datenschutzrichtlinie 95/46/EG[365] für die nationale Kontrollstelle vorsieht, die gegenüber der allgemeinen Staatsverwaltung zu verselbstständigen ist (keine ministerielle Aufsicht, Weisungsfreiheit); der EuGH hat angesichts der im Interesse des Datenschutzes gebotenen Unabhängigkeit diese beiden Elemente nicht als zwingende Anforderungen des unionalen Demokratieprinzips qualifiziert, wohl aber aus letzterem Anforderungen an die Behördenlegitimation abgeleitet und eine hinreichende parlamentarische Legitimation gefordert und bejaht (in casu: Bestellung von Amtsträgern durch Parlament, sachliche Legitimation durch – gerichtlich überwachten – Gesetzesvollzug, Rechenschaftspflicht)[366]. Hinsichtlich der **Unabhängigkeit der EZB** hat das Bundesverfassungsgericht eine Modifikation des Demokratieprinzips für zulässig erachtet (→ Art. 88 Rn. 25 ff.)[367].

73　Das Bundesverfassungsgericht hat schließlich die **Fünf-Prozent Sperrklausel bei den Europawahlen** für **mit der Wahlrechtsgleichheit unvereinbar** erachtet, da diese Beschränkung nicht zur Sicherung der Funktionsfähigkeit des Europäischen Parlaments erforderlich ist[368]. Auch die daraufhin auf drei Prozent reduzierte Sperrklausel hatte aus denselben Erwägungen keinen Bestand vor der Wahlrechtsgleichheit[369] (→ Art. 38 Rn. 112).

---

[364] BVerfGE 123, 267 (368, Rn. 271).

[365] RL 95/46/EG des Europäischen Parlaments und des Rates v. 24.10.1995 zum Schutz natürlicher Personen bei der Verarbeitung personenbezogener Daten und zum freien Datenverkehr, ABl. 1995 L 281/31, zul. geändert durch VO (EG) Nr. 1882/2003, ABl. 2003 L 284/1. Eine entsprechende Unabhängigkeit der Energie- und Telekommunikationsregulierungsbehörden verlangen Art. 3 IIIa UAbs. 1 TK-Rahmen-RL 2002/21/EG, ABl. 2002 L 108/33 (zul. geändert durch RL 2009/140/EG, ABl. 2009 L 337/37), Art. 35 IV und V lit. a Elektrizitäts-Binnenmarkt-RL 2009/72/EG, ABl. 2009 L 211/55 und Art. 39 IV und V lit. a Erdgas-Binnenmarkt-RL 2009/73/EG, ABl. 2009 L 211/94.

[366] EuGH v. 9.3.2010, C-518/07, Slg. 2010, I-1885, Rn. 39 ff. – *Europ. Kommission/Deutschland*. Ebenso – auch mit Blick auf das grundgesetzliche Demokratieprinzip – *A. Roßnagel*, EuZW 2010, 299 (300 f.); kritisch demgegenüber *H. P. Bull*, EuZW 2010, 488 (489 ff.); ferner *K. Faßbender*, RDV 2009, 96 ff.; *J. Spieker gen. Döhmann*, JZ 2010, 787 ff.; *H. A. Wolff*, Die »völlig unabhängige« Aufsichtsbehörde, in. FS Bull, 2011, S. 1071 ff.

[367] BVerfGE 89, 155 (207 ff., Rn. 153 f.); ferner E 134, 366 (389 f., Rn. 32). Zur Diskussion im Kontext des Single Supervisory Mechanism (EZB-Bankenaufsicht) *F. C. Mayer/D. Kollmeyer*, DVBl. 2013, 1158 (1163 f.); *B. Wolfers/T. Voland*, BKR 2014, 177 (181 ff.).

[368] BVerfGE 129, 300 (324 ff., Rn. 95 ff.) – anders die abweichende Meinung der Richter *Di Fabio* und *Mellinghoff*, ebd., 346 ff., Rn. 146 ff.; ähnlich bereits zuvor *D. Murswiek*, NJW 1979, 48.

[369] BVerfGE 135, 259 (280 ff., Rn. 34 ff.). – Anders die abweichende Meinung des Richters *Müller*, ebd., 301 ff., Rn. 6 ff. Ebenfalls a. A. *W. Frenz*, NVwZ 2013, 1059 ff.; *ders.*, DVBl. 2014, 512 ff.; *V. M. Haug*, ZParl. 45 (2014), 467 ff.; kritisch auch *T. Felten*, EuR 2014, 298 (306 ff.); *B. Grzeszick*, NVwZ 2014, 537 ff. Zustimmend dagegen *W. Kahl/J. Bews*, DVBl. 2014, 737 ff.

cc) Rechtsstaatliche Grundsätze

Die EU muss des Weiteren rechtsstaatlichen Grundsätzen genügen[370]. Dementsprechend versteht der EuGH die Union als »**Rechtsgemeinschaft**«[371], bekennt sich die Unionsverfassung zur Rechtsstaatlichkeit (siehe nur Präambel und Art. 2 S. 1 EUV) und haben zentrale **rechtsstaatliche Grundsätze** als geschriebene und ungeschriebene Rechtsgrundsätze des Primärrechts Anerkennung gefunden. Zu nennen sind namentlich das Grundrecht auf eine gute Verwaltung mit seinen Einzelausprägungen der Rechte auf Anhörung, Akteneinsicht und Begründung (Art. 41 ChGrEU), das Grundrecht auf effektiven Rechtsschutz (Art. 47 ChGrEU), das im europäischen Mehrebenensystem freilich auf nationaler und supranationaler Ebene verwirklicht wird (s. auch Art. 19 I UAbs. 2 EUV), die umfassende Grundrechtsbindung der Unionsgewalt (Art. 51 I ChGrEU)[372], die Gesetzesbindung[373], der Gesetzesvorbehalt (Art. 52 I 1 ChGrEU), der jedwedes Unionshandeln begrenzende Verhältnismäßigkeitsgrundsatz (Art. 5 I 2, IV EUV; Art. 52 I 2 ChGrEU), der Grundsatz des institutionellen Gleichgewichts[374] als spezifische, aber »checks and balances« gewährleistende Ausprägung der Gewaltenteilung[375], die Unabhängigkeit der Justiz (Art. 19 II UAbs. 3 S. 1 EUV), die Unrechtshaftung (Art. 340 AEUV) oder die ungeschriebenen Grundsätze der Rechtssicherheit[376] und des Vertrauensschutzes[377]. Vor diesem Hintergrund ist der EU ein adäquates rechtsstaatliches Niveau zu attestieren, mögen auch Einzelaspekte, etwa offene Zurechnungsfragen im Verwaltungsverbund oder die Beschränkung der Direktklagemöglichkeit zum EuGH im Bereich des legislativen Handelns, mitunter Anlass zu Kritik geben[378].

---

[370] Zum Gehalt eines gemeineuropäischen Rechtsstaatsprinzips *Classen* (Fn. 5), Art. 23 Rn. 30 f.; *ders.*, EuR-Beiheft 3/2008, 7.

[371] EuGH v. 23.4.1986, 294/83, Slg. 1986, 1339, Rn. 23 – *Les Verts*; ferner *W. Hallstein*, Die EWG – Eine Rechtsgemeinschaft, in: T. Oppermann (Hrsg.), Walter Hallstein. Europäische Reden, 1979, S. 341 ff.; *M. Zuleeg*, NJW 1994, 545 ff.

[372] Zu dieser *Wollenschläger* (Fn. 56), § 8 Rn. 56.

[373] S. nur EuGH v. 23.4.1986, 294/83, Slg. 1986, 1339, Rn. 23 – *Les Verts*.

[374] Zu diesem EuGH v. 13.6.1958, 9/56, Slg. 1958, 11 (44) – *Meroni*; v. 17.12.1970, 25/70, Slg. 1970, 1161, Rn. 9 – *Köster*; v. 4.10.1991, C-70/88, Slg. 1991, I-4529, Rn. 21 ff. – *EP/Rat*; ferner – und vom staatsrechtlichen Grundsatz der Gewaltenteilung unterscheidend – GA *Trstenjak* v. 30.6.2009, C-101/08, Slg. 2009, I – 9832, Rn. 103 ff. – *Audiolux*.

[375] S. auch *Uerpmann-Wittzack* (Fn. 3), Art. 23 Rn. 20.

[376] EuGH v. 25.1.1979, 99/78, Slg. 1979, 101, Rn. 8 – *Decker*; v. 24.7.2003, C-280/00, Slg. 2003, I-7747, Rn. 59 – *Altmark Trans*; v. 13.1.2004, C-453/00, Slg. 2004, I-837, Rn. 24 – *Kühne & Heitz*; v. 10.3.2009, C-345/06, Slg. 2009, I-1659, Rn. 48 ff. – *Heinrich*; v. 29.3.2011, C-201/09 P und C-216/09 P, Slg. 2011, I-2239, Rn. 68 – *ArcelorMittal Luxembourg SA*.

[377] EuGH v. 4.7.1973, 1/73, Slg. 1973, 723, Rn. 5 ff. – *Westzucker*; v. 25.1.1979, 99/78, Slg. 1979, 101, Rn. 8 – *Decker*; v. 5.10.1988, C-210/87, Slg. 1988, 6177, Rn. 17 ff. – *Padovani*; v. 14.4.1997, C-90/95 P, Slg. 1997, I-1999, Rn. 35 ff. – *De Compte/Parlament*; *S. Altmeyer*, Vertrauensschutz im Recht der Europäischen Union und im deutschen Recht, 2003; *K.-D. Borchardt*, Der Grundsatz des Vertrauensschutzes im Europäischen Gemeinschaftsrecht, 1988. Auf – vom Bundesverfassungsgericht nicht geteilte, s. BVerfG (K), NJW 2000, 2015 – Kritik mit Blick auf rechtsstaatliche Standards (s. nur *C. D. Classen*, JZ 1997, 724 ff.; *R. Scholz*, DÖV 1998, 261 [264 ff.]) sind namentlich die vom EuGH entwickelten Grundsätze zur Rücknahme unionsrechtswidriger Beihilfen gestoßen (EuGH v. 2.2.1989, C-94/87, Slg. 1989, 175, Rn. 12 – *Alcan I*; v. 20.3.1997, C-24/95, Slg. 1997, I-1591, Rn. 24 f., 34 ff., 41 ff., 49 ff. – *Alcan II*).

[378] S. etwa *Classen* (Fn. 5), Art. 23 Rn. 32 f.; *Uerpmann-Wittzack* (Fn. 3), Art. 23 Rn. 19 f. S. allg. *E. Pache* und *T. Groß*, Verantwortung und Effizienz in der Mehrebenenverwaltung, VVDStRL 66 (2007), S. 106 ff. bzw. S. 152 ff.; *W. Weiß*, Der Europäische Verwaltungsverbund. Grundfragen, Kennzeichen, Herausforderungen, 2010, S. 152 ff.

dd) Soziale Grundsätze

75 Die Verpflichtung auf soziale Grundsätze bezweckt, »die europäische Hoheitsgewalt in ihrem – übertragenen – Aufgabenspektrum an die Sozialverantwortung [zu] binden«[379]. Dem genügt das Primärrecht, da sich die **Union zu sozialen Grundsätzen bekennt und daraus folgenden Handlungsaufträgen nachkommt**[380]. So wirkt die EU gemäß der Zielbestimmung des Art. 3 III EUV auf »eine in hohem Maße wettbewerbsfähige soziale Marktwirtschaft, die auf Vollbeschäftigung und sozialen Fortschritt abzielt«, hin, »bekämpft soziale Ausgrenzung und Diskriminierungen und fördert soziale Gerechtigkeit und sozialen Schutz, die Gleichstellung von Frauen und Männern, die Solidarität zwischen den Generationen und den Schutz der Rechte des Kindes« und »fördert den wirtschaftlichen, sozialen und territorialen Zusammenhalt und die Solidarität zwischen den Mitgliedstaaten« (s. auch die Querschnittsklausel des Art. 9 AEUV). Zur Realisierung dieser – auch auf europäischer Ebene konkretisierungsbedürftigen[381] – sozialen Grundsätze hat die Union zahlreiche Maßnahmen in den entsprechenden Politikfeldern (namentlich Beschäftigung, Art. 145 ff., Sozialpolitik, Art. 151 ff., oder Europäische Sozialfonds, Art. 162 ff. AEUV) ergriffen, etwa zur Gleichstellung der Geschlechter im Arbeitsleben[382] oder zur Gewährleistung der Dienste von allgemeinem wirtschaftlichem Interesse (Art. 14, 106 II AEUV). Überdies kennt die Grundrechte-Charta soziale Grundrechte (siehe namentlich Titel IV »Solidarität«)[383].

ee) Föderative Grundsätze

76 Die Verpflichtung der EU auf föderative Grundsätze betrifft zum einen das **Verhältnis zu den Mitgliedstaaten** und fordert nicht nur eine föderale Gesamtarchitektur[384], wobei bereits Art. 79 III GG sowohl einen Einheits- als auch einen Bundesstaat mit zentraler Kompetenz-Kompetenz ausschließt (→ Rn. 88 ff.), sondern richtet sich auch gegen darüber hinausgehende **Zentralisierungstendenzen**[385]. Als Ausprägung lässt sich etwa der Grundsatz des dezentralen Vollzugs des Unionsrechts (vgl. Art. 291 I AEUV) verstehen[386]. Zum anderen ist im **Kontext der EU**, auch nach der Auffassung des Ver-

---

[379] BVerfGE 123, 267 (362, Rn. 258). Zur Sozialpolitik im Mehrebenensystem *H. M. Heinig*, Der Sozialstaat im Dienst der Freiheit. Zur Formel vom »sozialen« Staat in Art. 20 I GG, 2008, S. 530 ff.; *T. Kingreen*, Das Sozialstaatsprinzip im europäischen Verfassungsverbund. Gemeinschaftsrechtliche Einflüsse auf das deutsche Recht der gesetzlichen Krankenversicherung, 2003, S. 283 ff.; *M. Schuler-Harms*, JöR n. F. 59 (2011), 477 (480 ff.).

[380] BVerfGE 123, 267 (426 ff., Rn. 393 ff.); *Classen* (Fn. 5), Art. 23 Rn. 35.

[381] BVerfGE 123, 267 (362, Rn. 258).

[382] Art. 157 AEUV; Art. 23 ChGrEU; RL 2006/54/EG des Europäischen Parlaments und des Rates v. 5.7.2006 zur Verwirklichung des Grundsatzes der Chancengleichheit und Gleichbehandlung von Männern und Frauen in Arbeits- und Beschäftigungsfragen, ABl. 2006 L 204/23.

[383] Näher *Wollenschläger* (Fn. 56), § 8 Rn. 48 ff.; s. ferner zum sozialrechtlichen Gehalt der Unionsbürgerschaft ebd., Rn. 132 f., 136 ff.

[384] S. nur *v. Arnauld* (Fn. 59), I/2 Rn. 42; *Hillgruber* (Fn. 36), Art. 23 Rn. 19; *I. Pernice*, HStR VIII, § 191 Rn. 42. Zurückhaltend *P. Kirchhof*, HStR³ X, § 214 Rn. 135; *Scholz* (Fn. 5), Art. 23 Rn. 95; *Schorkopf* (Fn. 12), Art. 23 Rn. 57. Nach *Pernice* → Bd. II², Art. 23 Rn. 65, fordert dies einen »Aufbau, [...] in dem Staaten als Glieder in einer Einheit derart verbunden sind, daß die von den Bürgern her legitimierte und auf sie unmittelbar zurückwirkende politische Macht auf (mindestens) zwei Ebenen verteilt ist.« Allg. zur Bedeutung föderativer Grundsätze *Herdegen*, Grundsätze (Fn. 174), S. 1193 ff.

[385] *v. Arnauld* (Fn. 59), I/2 Rn. 42; *Scholz* (Fn. 5), Art. 23 Rn. 95, 97; *Streinz* (Fn. 5), Art. 23 Rn. 32, 34 f.; *Uerpmann-Wittzack* (Fn. 3), Art. 23 Rn. 22. Dieses Anliegen dem Subsidiaritätsprinzip zuweisend *Classen* (Fn. 5), Art. 23 Rn. 37.

[386] S. auch *Streinz* (Fn. 5), Art. 23 Rn. 35.

III. Beteiligung Deutschlands an der EU (Art. 23 I GG)   **Art. 23**

fassunggebers, sicherzustellen, dass (etwaige) »**föderative Strukturen ihrer Mitgliedstaaten angemessen [berücksichtigt werden]**, wozu auch das im Grundsatz der Subsidiarität eingeschlossene Recht der kommunalen Selbstverwaltung zu rechnen ist.«[387] Ein derartiges Moment stellt etwa der im Zuge der Maastrichter Vertragsreform geschaffene und mit beratender Funktion sowie einem Klagerecht namentlich gegen Subsidiaritätsverstöße[388] betraute **Ausschuss der Regionen** dar, der sich aus demokratisch legitimierten Vertretern der regionalen und lokalen Gebietskörperschaften zusammensetzt (Art. 13 IV EUV; Art. 300 I, IIIff., Art. 305ff. AEUV)[389]. Der gebotene Schutz der nationalen Identität (auch) von Zentralstaaten begrenzt freilich die Öffnung für mitgliedstaatliche föderale Strukturen[390]. Hinsichtlich beider Aspekte besteht schließlich ein Zusammenhang mit der Pflicht der EU zur Achtung der nationalen Identität, die – in Abkehr vom Grundsatz der »Landes-Blindheit« des Primärrechts[391] – territoriale Untergliederungen einbezieht (Art. 4 II 1 EUV), und mit dem Subsidiaritätsgrundsatz (Art. 5 I 2, III EUV).

ff) Subsidiaritätsgrundsatz

Die EU ist des Weiteren dem Grundsatz der Subsidiarität verpflichtet. Dieses aus der katholischen Soziallehre stammende[392] und zuvor nicht ausdrücklich im Grundgesetz verankerte Prinzip »steuert die **Kompetenz- und Aufgabenallokation** zwischen der Europäischen Union und ihren Mitgliedstaaten mit einer **grundsätzlichen Präferenz für die untere Ebene**. Die kleinere und damit bürgernähere soziale Einheit soll den Vorrang genießen [...]. Der jeweils größere Verband tritt erst dann ein, wenn der kleinere, bürgernähere nicht oder weniger wirksam zur Aufgabenbewältigung in der Lage ist«[393]. Der verfassungsrechtliche Subsidiaritätsgrundsatz reguliert nicht nur als **Kompetenzausübungsschranke** die Wahrnehmung bestehender Zuständigkeiten[394], 77

---

[387] Begründung in Entwurf der BReg. v. 2.10.1992 (BT-Drs. 12/3338), S. 6; ferner *v. Arnauld* (Fn. 59), I/2 Rn. 42; *Classen* (Fn. 5), Art. 23 Rn. 37; *Scholz* (Fn. 5), Art. 23 Rn. 95; *Schorkopf* (Fn. 12), Art. 23 Rn. 57. Zurückhaltend *Pernice* → Bd. II², Art. 23 Rn. 66 (offener noch *ders.*, HStR VIII, § 191 Rn. 42); *M. Zuleeg*, NJW 2000, 2846 (2846).

[388] Art. 263 UAbs. 3 AEUV, Art. 8 UAbs. 2 SubsidiaritätsP.

[389] S. auch *Pernice* → Bd. II², Art. 23 Rn. 66; *Streinz* (Fn. 5), Art. 23 Rn. 33. A.A. *Uerpmann-Wittzack* (Fn. 3), Art. 23 Rn. 22. Zur Schwäche des Gremiums angesichts Zusammensetzung und Kompetenzen *v. Arnauld* (Fn. 59), I/2 Rn. 39ff., 62; *König*, Übertragung (Fn. 5), S. 645ff.; *A. Puttler*, HStR³ VI, § 142 Rn. 9ff.

[390] *R. Breuer*, NVwZ 1994, 417 (425); *Classen* (Fn. 5), Art. 23 Rn. 38; ferner *U. Everling*, DVBl. 1993, 936 (945).

[391] Zu dieser *Ipsen*, Bundesstaat (Fn. 292), S. 256ff.; *v. Simson/Schwarze* (Fn. 5), § 4 Rn. 82.

[392] Papst Pius XI., Enzyklika »Quadragesimo anno« v. 15.5.1931, II 5 (abgedruckt in: G. Gundlach [Hrsg.], Die sozialen Rundschreiben Leos XIII. und Pius' XI., 3. Aufl. 1960, S. 63f.). Allg. *N. W. Barber*, ELJ 11 (2005), 308ff.; *C. Bickenbach*, EuR 2013, 523ff.; *C. Calliess*, Subsidiaritäts- und Solidaritätsprinzip in der Europäischen Union, 2. Aufl. 1999; *P. Häberle*, AöR 119 (1994), 169ff.; *J. Isensee*, Subsidiaritätsprinzip und Verfassungsrecht. Eine Studie über das Regulativ des Verhältnisses von Staat und Gesellschaft, 1968; *ders.*, Verfassungsrechtliche, rechts- und staatstheoretische Voraussetzungen der Subsidiarität, in: P. Blickle/T. O. Hüglin/D. Wyduckel (Hrsg.), Subsidiarität als rechtliches und politisches Ordnungsprinzip in Kirche, Staat und Gesellschaft, 2002, S. 129ff.; *H. Lecheler*, Das Subsidiaritätsprinzip, Strukturprinzip einer Europäischen Union, 1993; *ders.*, Das Rechtsprinzip der Subsidiarität, in: FS Hablitzel, 2005, S. 225ff.; *Seiler*, Verfassungsstaat (Fn. 357), S. 319ff.

[393] Abweichende Meinung des Richters *Broß*, BVerfGE 113, 273 (321, Rn. 137).

[394] BVerfGE 89, 155 (210f.); *Pernice* → Bd. II², Art. 23 Rn. 71. Für eine Subjektivierung i.V.m. Art. 2 I GG die abweichende Meinung des Richters *Broß*, BVerfGE 113, 273 (325, Rn. 148).

Art. 23   C. Erläuterungen

sondern als allgemeines Verteilungsprinzip auch die **Zuständigkeitsverteilung zwischen Union und Mitgliedstaaten** im Kontext von Änderungen des Primärrechts[395].

78   Seit der Maastrichter Vertragsrevision ist das Subsidiaritätsprinzip (nur) **als Kompetenzausübungsschranke auch unionsrechtlich verankert** (Art. 5 I 2, III EUV; SubsidiaritätsP). Nach diesem darf die Union jenseits ihrer ausschließlichen Zuständigkeiten (Art. 3 AEUV) gemäß Art. 5 III UAbs. 1 EUV »nur tätig [werden], sofern und soweit die Ziele der in Betracht gezogenen Maßnahmen von den Mitgliedstaaten weder auf zentraler noch auf regionaler oder lokaler Ebene ausreichend verwirklicht werden können, sondern vielmehr wegen ihres Umfangs oder ihrer Wirkungen auf Unionsebene besser zu verwirklichen sind.«

79   Diese materielle Vorgabe sichert das im Zuge der Lissabonner Vertragsreform novellierte **SubsidiaritätsP** prozedural mittels Anhörungs-, Beteiligungs-, Begründungs- und Berichtspflichten ab; hinzu kommen das Verfahren der **Subsidiaritätsrüge**, das den nationalen Parlamenten Einspruchsrechte einräumt (»Frühwarnsystem«, Art. 6f. SubsidiaritätsP, § 11 IntVG, § 93a I, § 93c GOBT)[396], und die **Subsidiaritätsklage** (Art. 8 SubsidiaritätsP, § 12 IntVG, § 93d GOBT) zum EuGH (→ Rn. 106f.). Letzteres unterstreicht die **Justiziabilität** des Subsidiaritätsprinzips, wobei der Gerichtshof eine tendenziell zurückhaltende Kontrolle vornimmt[397].

80   Der Streit, ob sich das Subsidiaritätsprinzip auch auf die **kommunale Ebene** bezieht, wofür der alle Ebenen umfassende Subsidiaritätsgedanke und die zwischenzeitlich erfolgte ausdrückliche Einbeziehung in Art. 5 III UAbs. 1 EUV streitet[398], ist irrelevant: Denn sowohl verfassungs- als auch unionsrechtlich steht lediglich die Zuständigkeitsverteilung zwischen der EU einerseits und allen mitgliedstaatlichen Ebenen andererseits in Frage[399].

gg) Gewährleistung eines vergleichbaren Grundrechtsschutzes

81   Das Erfordernis, einen dem Grundgesetz vergleichbaren Grundrechtsschutz auf EU-Ebene zu gewährleisten, kodifiziert die **Solange-Rechtsprechung** (→ Rn. 172)[400] und reagiert auf den aus der Öffnung der nationalen Rechtsordnung für supranationales Recht resultierenden Befund, dass EU-Organe unmittelbar auf Grundrechtspositionen einwirken können sowie im Interesse der unionsweit einheitlichen Anwendung des Unionsrechts auf EU-Ebene (EuGH) und durch Unionsrecht prinzipiell letztverbindlich über die Zulässigkeit dieser Grundrechtseingriffe entschieden wird. Eine derartige **Öffnung** der nationalen Rechtsordnung unter gleichzeitigem Verzicht auf nationalen Grundrechtsschutz ist **zulässig**, wenn »statt dessen eine Grundrechtsgeltung ge-

---

[395] *Classen* (Fn. 5), Art. 23 Rn. 40; *König*, Übertragung (Fn. 5), S. 283ff.; *Pernice* → Bd. II², Art. 23 Rn. 70. A.A. *Hillgruber* (Fn. 36), Art. 23 Rn. 13; *Scholz* (Fn. 5), Art. 23 Rn. 104.

[396] Zum Verfahren nur *C. Calliess*, ZG 25 (2010), 1 (7ff.); *P. Melin*, EuR 2011, 655 (667ff.); ferner *G. Barrett*, ELRev. 33 (2008), 66 (73ff.).

[397] S. nur EuGH v. 9.10.2001, C-377/98, Slg. 2001, I-7079, Rn. 30ff. – *Niederlande/EP und Rat*; v. 8.6.2010, C-58/08, Slg. 2010, I-4999, Rn. 72ff. – *Vodafone u.a.* Zustimmend *J. Bast/A. v. Bogdandy*, in: Grabitz/Hilf/Nettesheim, EUV/AEUV, Art. 5 EUV (2012), Rn. 58f.; kritisch *Streinz* (Fn. 5), Art. 23 Rn. 40.

[398] So *Hillgruber* (Fn. 36), Art. 23 Rn. 21; *Streinz* (Fn. 5), Art. 23 Rn. 37. A.A. *Pernice* → Bd. II², Art. 23 Rn. 69, 71 (zur früheren Fassung); *ders.* → Suppl. 2010, Art. 23 Rn. 71a (zur aktuellen Fassung): Symbolcharakter.

[399] S. auch *Pernice* → Bd. II², Art. 23 Rn. 69; *ders.* → Suppl. 2010, Art. 23 Rn. 71a.

[400] Weiter *Pernice* → Bd. II², Art. 23 Rn. 74, der eine darüber hinausgehende Verpflichtung zur Weiterentwicklung des unionalen Grundrechtsschutzes annimmt.

III. Beteiligung Deutschlands an der EU (Art. 23 I GG) Art. 23

währleistet [ist], die nach Inhalt und Wirksamkeit dem Grundrechtsschutz, wie er nach dem Grundgesetz unabdingbar ist, im wesentlichen gleichkommt.«[401] Überdies müssen adäquate Rechtsschutzmöglichkeiten bestehen: Nach dem Bundesverfassungsgericht gebietet dies »in aller Regel einen Individualrechtsschutz durch unabhängige Gerichte [...], die mit hinlänglicher Gerichtsbarkeit, insbesondere mit einer dem Rechtsschutzbegehren angemessenen Prüfungs- und Entscheidungsmacht über tatsächliche und rechtliche Fragen ausgerüstet sind, auf Grund eines gehörigen Verfahrens entscheiden, das rechtliches Gehör, dem Streitgegenstand angemessene Angriffs- und Verteidigungsmittel und frei gewählten, kundigen Beistand ermöglicht und deren Entscheidungen gegebenenfalls die Verletzung eines Grundrechts sachgerecht und wirksam sanktionieren.«[402]

Freilich ist mit Blick auf »das Bekenntnis in der Präambel des Grundgesetzes zu einem vereinten Europa und zu den über Art. 24 Abs. 1 GG ermöglichten besonderen Formen supranationaler Zusammenarbeit« **kein dem Grundgesetz identischer Grundrechtsschutz auf europäischer Ebene gefordert**: »Von Grundgesetzes wegen sind damit auch Regelungen auf der Ebene der Gemeinschaft ermöglicht, die die Grundrechte im Einklang mit den Zielen und besonderen Strukturen der Gemeinschaft wahren; der Wesensgehalt der Grundrechte und zumal der Menschenrechte andererseits ist unabdingbar und muß auch gegenüber der Hoheitsgewalt der Gemeinschaft Bestand haben.«[403] Mithin kann mit der Übertragung von Hoheitsrechten im Interesse der supranationalen Zusammenarbeit auch eine Relativierung des Grundrechtsstandards einhergehen, solange sich der Grundrechtsschutz als insgesamt adäquat darstellt[404]. 82

Die Einhaltung dieser Standards hielt das Bundesverfassungsgericht in seinem **Solange I-Beschluss** vom 29.5.1974 noch nicht für gegeben, da »der Integrationsprozeß der Gemeinschaft nicht so weit fortgeschritten [war], daß das Gemeinschaftsrecht auch einen von einem Parlament beschlossenen und in Geltung stehenden formulierten Katalog von Grundrechten enthält, der dem Grundrechtskatalog des Grundgesetzes adäquat ist«[405]. Eine – bereits im **Vielleicht-Beschluss** vom 25.7.1979 als möglich angedeutete[406] – Wende vollzog es dann mit der **Solange II-Entscheidung** vom 22.10.1986. Zwischenzeitlich sei nämlich »im Hoheitsbereich der Europäischen Gemeinschaften ein Maß an Grundrechtsschutz erwachsen, das nach Konzeption, Inhalt und Wirkungsweise dem Grundrechtsstandard des Grundgesetzes im wesentlichen gleichzuachten ist.«[407] Das Bundesverfassungsgericht verwies namentlich auf die zunehmende Festigung des Grundrechtsschutzes in der Rechtsprechung des Europäischen Gerichtshofs und das Bekenntnis der Gemeinschaftsorgane zum Grundrechts- 83

---

[401] BVerfGE 73, 339 (376); ferner (K), NJW 1990, 974 (974); (K), NVwZ 1993, 883 (883); E 89, 155 (174f.); 123, 267 (335, Rn. 191).
[402] BVerfGE 73, 339 (376).
[403] BVerfGE 73, 339 (386); vgl. auch E 58, 1 (40f.); 89, 155 (174f.); 102, 147 (164, Rn. 61); 118, 79 (95, Rn. 68).
[404] BVerfGE 37, 271 (279ff.); ferner E 73, 339 (386); 102, 147 (164, Rn. 61); *Classen* (Fn. 5), Art. 23 Rn. 43; *Wollenschläger* (Fn. 56), § 8 Rn. 12ff.
[405] BVerfGE 37, 271 (285). Anders aber die abweichende Meinung der Richter *Rupp*, *Hirsch* und *Wand*, BVerfGE 37, 271 (292ff.). Eine Grundrechtsbindung bei der Sekundärrechtsetzung noch offen lassend E 22, 293 (298f.).
[406] BVerfGE 52, 187 (202f.).
[407] BVerfGE 73, 339 (378).

schutz⁴⁰⁸,⁴⁰⁹. Im **Bananenmarkt-Beschluss** vom 7.6.2000 hat das Bundesverfassungsgericht diese Grundsätze nochmals – nach durch die Maastricht-Entscheidung hervorgerufenen Unklarheiten⁴¹⁰ – bekräftigt und betont: »Den verfassungsrechtlichen Erfordernissen ist entsprechend den in [der Solange II-Entscheidung] genannten Voraussetzungen genügt, wenn die Rechtsprechung des Europäischen Gerichtshofs einen wirksamen Schutz der Grundrechte gegenüber der Hoheitsgewalt der Gemeinschaften generell gewährleistet, der dem vom Grundgesetz als unabdingbar gebotenen Grundrechtsschutz im Wesentlichen gleich zu achten ist, zumal den Wesensgehalt der Grundrechte generell verbürgt.«⁴¹¹

84   Die **Bestimmung des adäquaten Grundrechtsschutzes** auf europäischer Ebene ist im Einzelnen umstritten⁴¹². Aufgrund der ausdrücklichen Bezugnahme auf den Schutz des Wesensgehalts in der Rechtsprechung des Bundesverfassungsgerichts und über Art. 23 I 3 i.V.m. Art. 79 III GG wird in der Wesengehaltsgarantie die Grenze gesehen⁴¹³. Im Solange II-Beschluss nahm das Bundesverfassungsgericht ein Defizit an, wenn der Gerichtshof das gerügte Grundrecht schlechthin und generell nicht anerkennt oder zu einem entsprechenden Schutz nicht bereit ist⁴¹⁴. Angesichts des kasuistisch geprägten europäischen Grundrechtsschutzes genügt hierfür keinesfalls der Verweis auf eine lückenhafte Rechtsprechung des EuGH⁴¹⁵. Eine **konkrete Grenze** gezogen hat das Bundesverfassungsgericht in seinem Urteil zur Vorratsdatenspeicherung, wonach es »zur verfassungsrechtlichen Identität der Bundesrepublik Deutschland« gehöre, dass »die Freiheitswahrnehmung der Bürger nicht total erfasst und registriert werden darf«⁴¹⁶; überdies hat es im Lissabon-Urteil das in der Menschenwürde wurzelnde Schuldprinzip für integrationsfest erklärt⁴¹⁷.

85   Mit dem Bundesverfassungsgericht – und im Übrigen auch der Bosphorus-Rechtsprechung des EGMR⁴¹⁸ – ist ein **adäquater Grundrechtsschutz auf Unionsebene zu bejahen**⁴¹⁹. Die Bonität zogen gerade in den Anfangsjahren seiner prätorischen Entfal-

---

⁴⁰⁸ S. die Gemeinsame Erklärung des Europäischen Parlaments, des Rates und der Kommission betreffend die Achtung der Grundrechte sowie der Europäischen Konvention zum Schutz der Menschenrechte und Grundfreiheiten v. 5.4.1977, ABl. 1977 C 103/1.
⁴⁰⁹ BVerfGE 73, 339 (378 ff.).
⁴¹⁰ S. BVerfGE 89, 155 (174 f.); dazu *C. Tomuschat*, EuGRZ 1993, 489 (490).
⁴¹¹ BVerfGE 102, 147 (164, Rn. 61); ferner E 85, 191 (204); 118, 79 (95, Rn. 68); 97, Rn. 72); (K), NVwZ 2007, 942 (942); E 121, 1 (15, Rn. 135); 122, 1 (21 f., Rn. 84); 123, 267 (335, Rn. 191); 125, 260 (306, Rn. 181). Kritisch wegen der damit einhergehenden Vernachlässigung des Individualgrundrechtsschutzes *H. Sauer*, Jurisdiktionskonflikte in Mehrebenensystemen, 2008, S. 295 f.
⁴¹² Nachweise bei *S. Schmahl*, EuR-Beiheft 1/2008, 7 (14 m. Fn. 52 ff.).
⁴¹³ *Classen* (Fn. 5), Art. 23 Rn. 44; *U. Di Fabio*, Grundfragen der europäischen Grundrechtsordnung, in: W. Löwer (Hrsg.), Bonner Gespräche zum Energierecht, Bd. I, 2006, S. 9 ff. (16); *Randelzhofer* (Fn. 40), Art. 24 I Rn. 102 f.; *S. Schmahl*, EuR-Beiheft 1/2008, 7 (14); *Tomuschat* (Fn. 68), Art. 24 Rn. 61. Strenger *Uerpmann-Wittzack* (Fn. 3), Art. 23 Rn. 28: vollwertiger Grundrechtsschutz; für eine typisierende Betrachtung *Scholz* (Fn. 5), Art. 23 Rn. 93.
⁴¹⁴ BVerfGE 73, 339 (387).
⁴¹⁵ BVerfG (K), NVwZ 2007, 942 (943).
⁴¹⁶ BVerfGE 125, 260 (324, Rn. 218).
⁴¹⁷ BVerfGE 123, 267 (413, Rn. 364).
⁴¹⁸ EGMR v. 30.6.2005, Nr. 45036/98, Rep. 2005-VI, Rn. 152 ff. – *Bosphorus*. Der EGMR geht indes lediglich von einer im Einzelfall widerlegbaren Vermutung aus (s. Rn. 156). Näher *Wollenschläger*, Grundrechtsregimekonkurrenzen (Fn. 47), S. 68 ff.
⁴¹⁹ Ebenso *Classen* (Fn. 5), Art. 23 Rn. 45; *R. Streinz*, HStR³ X, § 218 Rn. 46; *Uerpmann-Wittzack* (Fn. 3), Art. 23 Rn. 29.

III. Beteiligung Deutschlands an der EU (Art. 23 I GG) **Art. 23**

tung zahlreiche Kritiker in Zweifel[420], und nicht zu Unrecht angesichts einer oftmals konturenlosen Prüfung auf Schutzbereichs- und Eingriffsebene[421], einer mitunter oberflächlichen Verhältnismäßigkeitsprüfung[422] unter Zuerkennung zu weiter Gestaltungsspielräume[423] und des Fehlens eines geschriebenen Grundrechtskatalogs[424]. Freilich fanden sich auch schon in der früheren Rechtsprechung positive Gegenbeispiele[425], einmal ganz abgesehen davon, dass auch auf nationaler Ebene Einschätzungs- und Beurteilungsprärogativen des Gesetzgebers bestanden[426] und aus rechtsvergleichender Perspektive eine weit reichende verfassungsgerichtliche Grundrechtskontrolle des Gesetzgebers nicht gemeineuropäisch konsentiert war[427]. Von entscheidender Bedeutung ist das Inkrafttreten der mit dem Vertrag von Lissabon zum 1.12.2009 rechtsverbindlich gewordenen und schon am 7.12.2000 feierlich proklamierten **Grundrechte-Charta**. Damit verfügt die EU über einen geschriebenen Grundrechtskatalog, der in Rechtsprechung und Literatur im Sinne des Grundrechtsschutzes

---

[420] Sehr kritisch *J. Coppel/A. O'Neill*, CML Rev. 29 (1992), 669 (681ff.); *T. Stein*, EuZ 2008, 37 (40); *S. Storr*, Der Staat 36 (1997), 547ff. Positiv demgegenüber *A. v. Bogdandy*, JZ 2001, 157 (163ff.); *M. Mahlmann*, ZEuS 2000, 419 (423f.); *J.H.H. Weiler/N.J.S. Lockhart*, CML Rev. 32 (1995), 51 (82ff., ferner 579ff.).

[421] S. nur EuGH v. 13.12.1979, 44/79, Slg. 1979, 3727, Rn. 32 – *Hauer/Land Rheinland-Pfalz*; v. 15.2.1996, C-63/93, Slg. 1996, I-569, Rn. 28ff. – *Duff*; v. 30.7.1996, C-84/95, Slg. 1996, I-3953, Rn. 21f. – *Bosphorus*; v. 17.7.1997, C-248/95 und C-249/95, Slg. 1997, I-4475, Rn. 71ff. – *SAM Schiffahrt GmbH*; v. 28.4.1998, C-200/96, Slg. 1998, I-1953, Rn. 21ff. – *Metronome Musik*. Für einen ähnlichen Befund *Jarass*, GRC, Art. 52 Rn. 4; *J. Kühling*, Grundrechte, in: v. Bogdandy/Bast, Verfassungsrecht, S. 657ff. (688); *S. Storr*, Der Staat 36 (1997), 547 (558ff.).

[422] S. etwa EuGH v. 10.1.1992, C-177/90, Slg. 1992, I-35, Rn. 17 – *Kühn/Landwirtschaftskammer Weser-Ems*: »In Anbetracht dieser Kriterien ist festzustellen, daß die fragliche Regelung, die Teil eines Komplexes von Vorschriften ist, mit denen die Überschußsituation auf dem Markt für Milch und Milcherzeugnisse beseitigt werden soll, dem Gemeinwohl dienenden Zielen der Gemeinschaft entspricht. Diese Regelung tastet die Eigentumsrecht und das Recht auf freie Berufsausübung nicht in ihrem Wesensgehalt an, da es den betreffenden Wirtschaftsteilnehmern unbenommen bleibt, in dem fraglichen Betrieb etwas anderes als Milch zu erzeugen«; ferner EuGH v. 17.7.1997, C-248/95 und C-249/95, Slg. 1997, I-4475, Rn. 67. – *SAM Schiffahrt GmbH*.

[423] EuGH v. 11.7.1989, 265/87, Slg. 1989, 2237, Rn. 22 – *Schräder u.a.*; v. 5.10.1994, 280/93, Slg. 1994, I-4973, Rn. 90 – *Deutschland/Rat*; v. 13.12.1994, C-306/93, Slg. 1994, I-5555, Rn. 21, 27 – *SMW Winzersekt/Land Rheinland-Pfalz*; v. 12.7.2005, C-154/04 und C-155/04, Slg. 2005, I-6451, Rn. 52 – *Alliance for Natural Health u.a.*; v. 12.12.2006, C-380/03, Slg. 2006, I-11573, Rn. 145 – *Deutschland/Rat und EP*. Kritisch daher etwa *S. Storr*, Der Staat 36 (1997), 547 (560ff.).

[424] *F.G. Jacobs*, EL Rev. 26 (2001), 331 (339); *T.C. Ludwig*, EuR 2011, 715 (726f.); *S. Storr*, Der Staat 36 (1997), 547 (556f.).

[425] S. etwa für eine grundrechtskonforme Auslegung und Anwendung von Sekundärrecht: EuGH v. 12.11.1969, 29/69, Slg. 1969, 419, Rn. 7 – *Stauder*; v. 13.7.1989, 5/88, Slg. 1989, 2609, Rn. 22 – *Wachauf*; v. 10.7.1991, C-90/90 und C-91/90, Slg. 1991, I-3617, Rn. 13 – *Neu u.a.*; v. 16.12.1993, C-307/91, Slg. 1993, I-6385, Rn. 12ff. – *Luxlait/Hendel*; für eine Aufhebung von EU-Akten: EuGH v. 18.5.1982, 155/79, Slg. 1982, 1575, Rn. 33ff. – *AM & S/Europ. Kommission*; v. 11.7.1991, C-368/89, Slg. 1991, I-3695, Rn. 12ff. – *Crispoltoni*; v. 5.10.1994, C-404/92, Slg. 1994, I-4737, Rn. 17ff. – *X/Europ. Kommission*; v. 3.9.2008, C-402/05 P und C-415/05 P, Slg. 2008, I-6351 – *Kadi und Al Barakaat*; EuG v. 14.7.2000, T-82/99, Slg. 2000 FP-I-A-155, Rn. 50ff. – *Cwik/Europ. Kommission* (bestätigt in EuGH v. 13.12.2001, C-340/00 P, Slg. 2001, I-10269 – *Cwik/Europ. Kommission*); für eine differenzierte Grundrechtsprüfung EuGH v. 15.7.2004, C-37/02 und C-38/02, Slg. 2004, I-6911, Rn. 83ff. – *Di Lenardo u.a.*; v. 12.7.2005, C-154/04 und C-155/04, Slg. 2004, I-6451, Rn. 127f. – *Alliance for Natural Health u.a.*

[426] S. nur BVerfGE 115, 276 (308f., Rn. 115f.).

[427] S. nur *F.C. Mayer*, EuR-Beiheft 1/2009, 87 (98); *W. Schroeder*, EuZW 2011, 462 (466); *B. De Witte*, The Past and Future Role of the European Court of Justice in the Protection of Human Rights, in: P. Alston (Hrsg.), The EU and Human Rights, 1999, S. 859ff. (880f.).

Art. 23 C. Erläuterungen

entfaltet wird und weiter zu entfalten ist[428]. Auch die Praxis der Unionsorgane füllt die Charta mit Leben[429]. Schließlich sieht Art. 6 II 1 EUV eine **Pflicht der EU zum EMRK-Beitritt** vor; gegenüber dem Entwurf des Beitrittsabkommens vom 5.4.2013[430] hat der EuGH indes unionsrechtliche Einwände erhoben (→ Rn. 19)[431].

86 Institutionelle Konsequenz dieser Öffnung ist, dass das Bundesverfassungsgericht Unionsrechtsakte nur im Ausnahmefall eines defizitären Grundrechtsstandards am GG kontrolliert und auch weitere **prozedurale Kautelen zur Vermeidung eines Jurisdiktionskonflikts** aufgestellt hat (→ Rn. 172 f.). Angesichts dieser hohen Hürden für eine verfassungsgerichtliche Kontrolle und des erreichten Grundrechtsstandards auf europäischer Ebene stellt sich die **Strukturvorgabe** damit als **(derzeit) nicht aktuell** dar[432], als »dogmatischer Erinnerungsposten«[433] bzw. »Eventualvorbehalt, der die Grenze der institutionellen Krise markiert«[434]. Gleichwohl hängt er als »Drohgebärde«[435] wie ein Damokles-Schwert über dem EuGH.

---

[428] So auch der Befund etwa bei *W. Schroeder*, EuZW 2011, 462 (465 ff.); *Wollenschläger* (Fn. 56), § 8 Rn. 94 ff.; ambivalent demgegenüber *M. Cornils*, Schrankendogmatik, in: C. Grabenwarter (Hrsg.), Enzyklopädie Europarecht, Bd. II, 2014, § 5 Rn. 6 ff., 10 ff. Als Beispiele mögen dienen EuGH v. 8.4.2014, C-293/12 und C-594/12, ECLI:EU:C:2014:238 – *Digital Rights Ireland Ltd u. a.* (Nichtigerklärung der Vorratsdatenspeicherungs-Richtlinie 2006/24/EG); v. 9.11.2010, C-92/09 und C-93/09, Slg. 2010, I-11063, Rn. 65 ff. – *Schecke u. a./Land Hessen* (Nichtigerklärung einer EU-Verordnung zur Veröffentlichung von EU-Agrarsubventionsempfängern im Internet auf der Grundlage einer detaillierten Verhältnismäßigkeitsprüfung); v. 1.3.2011, C-236/09, Slg. 2011, I-773, Rn. 32 – *Association Belge des Consommateurs Test-Achats u. a.* (Nichtigerklärung der in der RL 2004/113/EG vorgesehenen Ausnahme von der Regel geschlechtsneutraler Versicherungsprämien und -leistungen); v. 1.7.2010, C-407/08 P, Slg. 2010, I-8965, Rn. 87 ff. – *Knauf Gips KG/Europ. Kommission* (Aufhebung eines Urteils des EuG durch EuGH, da für erstinstanzlich angenommene Rügeobliegenheit zur Wahrung von Verteidigungsrechten keine gesetzliche Grundlage i. S. d Art. 52 I ChGrEU vorhanden war); für das Gebot einer grundrechtskonformen Handhabung von Sekundärrecht vgl. EuGH v. 5.10.2010, C-400/10, Slg. 2010, I-8965, Rn. 60 ff. – *McB*; v. 21.12.2011, C-411/10 und C-493/10, Slg. 2011, I-13905, Rn. 75 ff. – *N.S. u. a.*; für differenzierte Grundrechtsprüfungen nur EuGH v. 22.12.2010, C-279/09, Slg. 2010, I-13849, Rn. 31 ff. – *DEB/D*; v. 8.9.2011, C-297/10 und C-298/10, Slg. 2011, I-7965, Rn. 67, 80 – *Hennigs u. a.*; v. 22.1.2013, C-283/11, ECLI:EU:C:2013:28, Rn. 48 ff. – *Sky Österreich*. S. für ein Gegenbeispiel EuGH v. 27.3.2014, C-314/12, ECLI:EU:C:2014:192, Rn. 51 – *UPC Telekabel Wien GmbH*.

[429] S. etwa die »Strategie zur wirksamen Umsetzung der Charta der Grundrechte durch die Europäische Union«, KOM (2010), 573 endg. Kritisch *W. Schroeder*, EuZW 2011, 462 (464). Allg. zum nicht-judikativen Grundrechtsschutz *Wollenschläger* (Fn. 56), § 8 Rn. 111 ff.

[430] Draft revised agreement on the accession of the European Union to the Convention for the Protection of Human Rights and Fundamental Freedoms, App. I zum Final report to the CDDH, 47+1 (2013)008rev 2, http://www.coe.int/t/dghl/standardsetting/hrpolicy/accession/Meeting_reports/47_1%282013%29008rev2_EN.pdf (27.3.2015). Umfassend zum Abkommen *P. Gragl*, Agreement on the Accession of the European Union to the European Convention on Human Rights, in: S. Peers/T. Hervey/J. Kenner/A. Ward (Hrsg.), CFR, 2014, Rn. 63.01 ff.; ferner *T. Lock*, CML Rev. 48 (2011), 1025 ff.; *W. Michl*, Die Überprüfung des Unionsrechts am Maßstab der EMRK, 2014, S. 146 ff.; *W. Obwexer*, EuR 2012, 115 ff.; *Wollenschläger* (Fn. 56), § 8 Rn. 40.

[431] EuGH v. 18.12.2014, Avis 2/13, ECLI:EU:C:2014:2454 – *EMRK-Beitritt*.

[432] S. nur *H.-G. Dederer*, ZaöRV 66 (2006), 575 (597); *W. Hoffmann-Riem*, EuGRZ 2002, 473 (476); *J. B. Liisberg*, CML Rev. 38 (2001), 1171 (1195); *J. F. Lindner*, EuR 2007, 160 (190 f.); *J. Masing*, NJW 2006, 264 (265); *S. Oeter*, Rechtsprechungskonkurrenzen zwischen nationalen Verfassungsgerichten, Europäischem Gerichtshof und Europäischem Gerichtshof für Menschenrechte, VVDStRL 66 (2007), S. 361 ff. (377); *Streinz* (Fn. 5), Art. 23 Rn. 41, 43, 101; *C. Walter*, AöR 129 (2004), 39 (40); *Wollenschläger* (Fn. 56), § 8 Rn. 15.

[433] *Oeter*, Rechtsprechungskonkurrenzen (Fn. 432), S. 377.

[434] *J. Masing*, NJW 2006, 264 (265).

[435] *W. Hoffmann-Riem*, EuGRZ 2002, 473 (477). Eine Reaktivierung von Solange I in den Raum stellend auch *H. Landau/M. Trésoret*, DVBl. 2012, 1329 (1337).

b) Schutz der Verfassungsidentität (Art. 79 III GG)

Abgesehen von der Struktursicherungsklausel zieht auch der in Art. 23 I 3 GG in Bezug genommene Art. 79 III GG einer Hoheitsrechtsübertragung Grenzen, die das Bundesverfassungsgericht nach ersten Konkretisierungen im Maastricht-Urteil namentlich in seinem Lissabon-Urteil unter dem Schlagwort der zu wahrenden **Verfassungsidentität** ausbuchstabiert hat: »Das Grundgesetz ermächtigt den Gesetzgeber zwar zu einer weitreichenden Übertragung von Hoheitsrechten auf die EU. Die Ermächtigung steht aber unter der Bedingung, dass dabei die souveräne Verfassungsstaatlichkeit auf der Grundlage eines Integrationsprogramms nach dem Prinzip der begrenzten Einzelermächtigung und unter Achtung der verfassungsrechtlichen Identität als Mitgliedstaaten gewahrt bleibt und zugleich die Mitgliedstaaten ihre Fähigkeit zu selbstverantwortlicher politischer und sozialer Gestaltung der Lebensverhältnisse nicht verlieren.«[436] Insoweit nimmt das Bundesverfassungsgericht eine Befugnis zur **Identitätskontrolle** für sich in Anspruch (→ Rn. 164 ff.)[437]. Die aus Art. 79 III GG entwickelten Schranken (zum Verhältnis zu Art. 23 I 1 GG: → Rn. 61) beziehen sich auf den Erhalt der nationalen Souveränität (aa), der mitgliedstaatlichen Steuerung des Integrationsprozesses (bb), hinreichender Gestaltungsmöglichkeiten auf nationaler Ebene (cc), der Bundesstaatlichkeit (dd), der Sozialstaatlichkeit (ee) und eines gehaltvollen nationalen Grundrechtsschutzes (ff). Überwunden werden kann diese Grenze nur im Wege der Verfassungsneuschöpfung nach Art. 146 GG (gg). Dieser Verfassungsvorbehalt spiegelt sich seit dem Vertrag von Maastricht im Primärrecht, und zwar in der Pflicht der Union zur **Achtung der nationalen Identität der Mitgliedstaaten**, »die in ihren grundlegenden politischen und verfassungsmäßigen Strukturen einschließlich der regionalen und lokalen Selbstverwaltung zum Ausdruck kommt« (Art. 4 II 1 EUV), eine Vorgabe, die das Bundesverfassungsgericht zunächst mit den Anforderungen des Art. 79 III GG parallelisierte[438], die aber jedenfalls eine solche des Unionsrechts bleibt (→ Rn. 14).

aa) Erhalt der souveränen Verfassungsstaatlichkeit unter Achtung der verfassungsrechtlichen Identität als Mitgliedstaaten

Das Grundgesetz verbietet nach dem Bundesverfassungsgericht, »durch einen Eintritt in einen **Bundesstaat** das Selbstbestimmungsrecht des Deutschen Volkes in Gestalt der völkerrechtlichen Souveränität Deutschlands aufzugeben. Dieser Schritt ist wegen der mit ihm verbundenen unwiderruflichen Souveränitätsübertragung auf ein neues Legitimationssubjekt allein dem unmittelbar erklärten Willen des Deutschen Volkes

---

[436] BVerfGE 123, 267 (347, Rn. 226). S. unter dem Gesichtspunkt der »Entstaatlichung« auch E 113, 273 (298, Rn. 74); ferner E 133, 277 (316, Rn. 91); 134, 366 (384 ff., Rn. 26 ff.). Ebenso *R. Breuer*, NVwZ 1994, 417 (423 f.); *Hillgruber* (Fn. 36), Art. 23 Rn. 39; *U. Hufeld*, HStR³ X, § 215 Rn. 65 ff.; *D. Murswiek*, Der Staat 32 (1993), 161 (162 ff.); *Uerpmann-Wittzack* (Fn. 3), Art. 23 Rn. 7; ferner *Pernice* → Bd. II², Art. 23 Rn. 26, 36 (Grenze: europäischer Zentralstaat), 92. Ablehnend gegenüber einer solchen aus Art. 79 III GG folgenden Grenze *Classen* (Fn. 5), Art. 23 Rn. 19; die Kompensationsfähigkeit von Einbußen betonend und ein relatives Verständnis des Art. 79 III GG befürwortend: *König*, Übertragung (Fn. 5), S. 523 ff. → Fn. 317.
[437] BVerfGE 123, 267 (350, Rn. 235); ferner E 134, 366 (384 f., Rn. 27).
[438] BVerfGE 123, 267 (354, Rn. 235; 400, Rn. 339). Ebenso Polnisches Verfassungsgericht v. 24.11.2010, K 32/09, III.2.1 – *Lissabon* (EuGRZ 2012, 172). Anders nunmehr BVerfGE 134, 366 (386 f., Rn. 29).

vorbehalten.«⁴³⁹ Dem treten Teile der Literatur unter Verweis auf die weite Formulierung in der Präambel (»Glied in einem vereinten Europa«), dem offenen Begriff der föderativen Ordnung und die auch in einem Bundesstaat fortbestehende (Glied-)Staatlichkeit entgegen, wenn und weil substantielle Befugnisse auch auf gliedstaatlicher Ebene fortbestünden⁴⁴⁰. Überdies wird am vom Bundesverfassungsgericht aus Art. 79 III GG abgeleiteten Schutz der souveränen Staatlichkeit **Grundsatzkritik** geübt (→ Art. 79 III Rn. 55 ff.)⁴⁴¹: So entziehe sich Karlsruhe der Aufgabe, ein Bundesstaatsmodell und Kategorien zu entwickeln, um die spezifisch föderale Struktur der EU einzufangen⁴⁴². Auch sei Art. 79 III GG entstehungsgeschichtlich gegen die Errichtung eines totalitären Regimes gerichtet, nicht aber mit Blick auf die vom Grundgesetz gebilligte europäische Integration formuliert⁴⁴³.

89 Diesen Einwänden ist zunächst **de constitutione lata** entgegenzuhalten, dass Art. 23 I 2 GG lediglich die Übertragung einzelner Hoheitsrechte gestattet und die Ausübung unionaler Hoheitsgewalt an eine (fortbestehende) gesetzliche Ermächtigung knüpft (→ Rn. 12), was **eine Bundesstaatsgründung mit Verlagerung der Kompetenz-Kompetenz⁴⁴⁴ ausschließt**⁴⁴⁵. Auch die in Art. 23 I 2, 3 i.V.m. Art. 79 III GG aufgestellten Integrationsschranken implizieren fortbestehende Steuerungs- und Kontrollmöglichkeiten auf nationaler Ebene⁴⁴⁶. Schließlich zeigt nicht nur die rechtsvergleichende

---

⁴³⁹ BVerfGE 123, 267 (347f., Rn. 228); ferner *R. Breuer*, NVwZ 1994, 417 (423f.); → Pmbl. Rn. 57; *U. Di Fabio*, Der Staat 32 (1993), 191 (205ff.); *K. F. Gärditz/C. Hillgruber*, JZ 2009, 872 (875); *D. Grimm*, Der Staat 48 (2009), 475 (487ff.); *Haack*, Staatlichkeit (Fn. 337), S. 396ff.: »verfassungsdogmatisch zwingend«; *Hillgruber* (Fn. 36), Art. 23 Rn. 39; *ders.*, HStR³ II, § 32 Rn. 41, 107f.; *P. M. Huber*, AöR 116 (1991), 210 (228f.); *ders.*, Maastricht (Fn. 351), S. 22, 27ff.; *ders.*, Verfassungsrecht (Fn. 32), S. 237; *ders.*, IPE II, § 26 Rn. 85; *Isensee*, Integrationsziel (Fn. 33), S. 585ff.; *Kaufmann*, Integration (Fn. 320), S. 414ff.; *P. Kirchhof*, HStR³ X, § 214 Rn. 52; *D. Murswiek*, Der Staat 32 (1993), 161 (162ff.); *Randelzhofer* (Fn. 40), Art. 24 I Rn. 53, 204; *Rojahn* (Fn. 39), Art. 24 Rn. 60; *Schorkopf* (Fn. 12), Art. 23 Rn. 88; *K.-P. Sommermann*, IPE II, § 14 Rn. 35f. (nur de constitutione lata); *R. Streinz*, DVBl. 1990, 949 (954); *Tomuschat* (Fn. 68), Art. 24 Rn. 46. Ablehnend – neben den die Bundesstaatsgründung für zulässig erachtenden Stimmen (Fn. 436) – *A. v. Bogdandy*, NJW 2010, 1 (2); *König*, Übertragung (Fn. 5), S. 519ff.; *C. Schönberger*, Der Staat 48 (2009), 535 (555ff.); *K.-P. Sommermann*, DÖV 2013, 708 (711, 713); *Zuleeg* (Fn. 32), Art. 23 Rn. 51, 64; zurückhaltend ferner *C. Möllers*, Staat als Argument, 2000, S. 376ff., und – aus historisch-föderaler Perspektive – *S. Oeter*, ZaöRV 55 (1995), 659 (701ff.). S. zur Diskussion in der GVK *Schmalenbach*, Europaartikel (Fn. 5), S. 100ff.

⁴⁴⁰ *W. Durner*, HStR³ X, § 216 Rn. 20f.; *Hobe* (Fn. 202), Art. 23 Rn. 53f.; *ders.*, Der offene Verfassungsstaat zwischen Souveränität und Interdependenz, 1998, S. 155ff.; *Pernice* → Bd. II², Art. 23 Rn. 36, 92; ferner *ders.*, HStR VIII, § 191 Rn. 43f., 63; *ders.*, AöR 120 (1995), 100 (101); *ders.*, AöR 136 (2011), 185 (219); *M. Selmayr*, ZEuS 2009, 637 (642ff.); *Stern*, Staatsrecht I, S. 521; *Uerpmann-Wittzack* (Fn. 3), Art. 23 Rn. 7, 60; *Zuleeg* (Fn. 32), Art. 23 Rn. 51ff., 64. Ambivalent *Scholz* (Fn. 5), Art. 23 Rn. 96. Nach entsprechender (zulässiger) Verfassungsänderung *Badura*, Bewahrung (Fn. 35), S. 73f.; *K.-P. Sommermann*, IPE II, § 14 Rn. 36.

⁴⁴¹ Für eine angesichts der Integrationsoffenheit des Grundgesetzes flexible Handhabung des Art. 79 III GG auch *König*, Übertragung (Fn. 5), S. 530ff.

⁴⁴² *König*, Übertragung (Fn. 5), S. 519ff.; *C. Schönberger*, Der Staat 48 (2009), 535 (543f., 555ff.).

⁴⁴³ *A. v. Bogdandy*, NJW 2010, 1 (2); *D. Halberstam/C. Möllers*, German Law Journal 10 (2009), 1241 (1254); *M. Jestaedt*, Der Staat 48 (2009), 497 (506f.). Gegen diese Engführung *D. Grimm*, Der Staat 48 (2009), 475 (489); *Isensee*, Integrationsziel (Fn. 33), S. 588.

⁴⁴⁴ Entscheidend auf die Kompetenz-Kompetenz abstellend *U. Di Fabio*, Der Staat 32 (1993), 191 (205); *K. F. Gärditz/C. Hillgruber*, JZ 2009, 872 (875). S. auch *C. Hillgruber*, HStR³ II, § 32 Rn. 70.

⁴⁴⁵ BVerfGE 123, 267 (348f., Rn. 231); ferner → Rn. 39.

⁴⁴⁶ BVerfGE 123, 267 (348f., Rn. 231); *K. F. Gärditz/C. Hillgruber*, JZ 2009, 872 (875): »unaufgebbare Verfassungssubstanz« verlangt einen »verlässlichen Gewährträge[r]« mit »souveräne[m] Letztentscheidungsrecht«; ähnlich *R. Breuer*, NVwZ 1994, 417 (423f.); *Huber*, Maastricht (Fn. 351), S. 28. S. auch *Schmalenbach*, Europaartikel (Fn. 5), S. 100ff.

III. Beteiligung Deutschlands an der EU (Art. 23 I GG)   Art. 23

Perspektive, dass eine gegenständlich begrenzte Hoheitsrechtsübertragung und Souveränitätsvorbehalte keinen deutschen Sonderweg darstellen (→ Rn. 25 ff.); vielmehr spiegelt auch Art. 1 UAbs. 1 EUV diese Vorstellung, nach dem »die Mitgliedstaaten Zuständigkeiten zur Verwirklichung ihrer gemeinsamen Ziele« der EU »übertragen« haben (ferner Art. 3 VI, 4 I, 5 II EUV)[447].

Obgleich diese Feststellungen noch nicht unmittelbar die Frage nach den auch dem **verfassungsändernden Gesetzgeber gezogenen Schranken** beantworten, verweisen sie doch auf die Begrenztheit des dem Grundgesetz zugrunde liegenden Konzepts der offenen Staatlichkeit. Letzteres rechtfertigt damit keine relativierende Auslegung des Art. 79 III GG hinsichtlich Essentialia der Staatlichkeit. Im Gegenteil: Die auf nationaler Ebene liegende Letztentscheidungsbefugnis wurzelt in Einklang mit dem Bundesverfassungsgericht in der Volkssouveränität und hat damit am Schutz des Art. 79 III (i.V.m. Art. 20 I, II GG) teil[448]. Des Weiteren widerspricht auch die verfassungsfeste Garantie einer Gliederung des Bundes in Länder (Art. 79 III GG) und die Festlegung der Bundesrepublik Deutschland auf einen Bundesstaat (Art. 20 I GG) der Reduktion des Gesamtstaates zu einem Gliedstaat innerhalb einer EU[449]. Überdies erscheint die Annahme plausibel, dass das Grundgesetz Deutschland als souveränen Staat konstituiert hat und damit eine fundamentale Änderung der Staatlichkeit, wie sie in der Gründung eines europäischen Bundesstaates läge, nur außerhalb dieser Ordnung erfolgen kann[450]. Dass angesichts des prozesshaften Charakters der europäischen Integration die Bestimmung von Grenzüberschreitungen Schwierigkeiten bereiten kann[451], ändert nichts an der Existenz dieser letzten Grenze. Abschließend sei betont, dass die aufgezeigte Grenze nicht als unüberwindbar misszuverstehen ist; eine Überwindung ist nur dem pouvoir constituant vorbehalten (→ Rn. 104).

90

Herausgestrichen sei jenseits der Bundesstaatsdiskussion, dass der EU keine **Kompetenz-Kompetenz** und auch keine **Verfassungsautonomie** verliehen werden darf[452]. Namentlich im Kontext des gescheiterten Verfassungsvertrags waren Bestrebungen zu verzeichnen, den Unionsorganen autonome Vertragsänderungskompetenzen einzuräumen und damit die Kompetenz-Kompetenz ein Stück weit aufzugeben[453]. Unbe-

91

---

[447] Dies im Sinne einer Anerkennung der fortbestehenden Souveränität und Kompetenz-Kompetenz der Mitgliedstaaten verstehend *Uerpmann-Wittzack* (Fn. 3), Art. 23 Rn. 40; s. auch *Wendel*, Permeabilität (Fn. 47), S. 170 ff.

[448] *R. Breuer*, NVwZ 1994, 417 (423 f.); *U. Di Fabio*, Der Staat 32 (1993), 191 (205 ff.); *Frau*, Gesetzgeber (Fn. 40), S. 38 f.; *P. M. Huber*, IPE II, § 26 Rn. 85; *Kaufmann*, Integration (Fn. 320), S. 414 ff.

[449] S. auch *Hillgruber* (Fn. 36), Art. 23 Rn. 39. A.A. *K.-P. Sommermann*, IPE II, § 14 Rn. 36.

[450] → Pmbl. Rn. 57; *D. Grimm*, Der Staat 48 (2009), 475 (490); *Hillgruber* (Fn. 36), Art. 23 Rn. 39; *Isensee*, Integrationsziel (Fn. 33), S. 588 f.; *P. Kirchhof*, HStR VII, § 183 Rn. 60; ferner *P. Lerche*, Europäische Staatlichkeit und die Identität des Grundgesetzes, in: FS Redeker, 1993, S. 131 ff. (135 ff.): Verfassungsidentität berührt, wenn Verfassung nicht mehr die zentrale Legitimationsquelle darstellt.

[451] S. *R. Breuer*, NVwZ 1994, 417 (423 f.); *König*, Übertragung (Fn. 5), S. 519 f. Für eine Entwicklung von zehn Kriterien der Staatlichkeit, deren Anwendung auf das europäische Mehrebenensystem und einen ambivalenten Befund *Haack*, Staatlichkeit (Fn. 337), S. 115 ff., 409 ff.

[452] BVerfGE 89, 155 (194 ff.); 123, 267 (349, Rn. 233; 351, Rn. 236 ff.); 132, 195 (238 f., Rn. 105); *Classen* (Fn. 5), Art. 23 Rn. 10; *K. F. Gärditz/C. Hillgruber*, JZ 2009, 872 (875 f.); *D. Grimm*, Der Staat 48 (2009), 475 (490); *Hillgruber* (Fn. 36), Art. 23 Rn. 34; *Huber*, Maastricht (Fn. 351), S. 29 ff. (auch Zuerkennung der Verfassungsautonomie ausgeschlossen); *Kaufmann*, Integration (Fn. 320), S. 429. A.A. *T. Lock*, European Constitutional Law Review 5 (2009), 407 (413 f.); *Pernice* → Bd. II[2], Art. 23 Rn. 22; s. auch *ders.*, Verfassungsrecht (Fn. 32), S. 186: »Kompetenz-Kompetenz […] Relikt überholten Souveränitätsdenkens«. Zum Begriff *P. Lerche*, »Kompetenz-Kompetenz« und das Maastricht-Urteil des Bundesverfassungsgerichts, in: FS Heymanns Verlag, 1995, S. 409 ff.

[453] S. Stellungnahme der Kommission gemäß Artikel 48 EUV zum Zusammentritt einer Konferenz

schadet bestehender nationaler Veto-Positionen normiert freilich das Unionsrecht seine Fortentwicklung in zunehmendem Maße selbst, was sich an den Bestimmungen über Vertragsänderungen (Art. 48 EUV) ablesen lässt; so ist etwa ohne Zustimmung des Europäischen Parlaments keine Primärrechtsänderung im ordentlichen Verfahren ohne Einberufung eines Konvents möglich (Art. 48 III UAbs. 2 Satz 1 EUV)[454]. Hinzu kommen weitere Möglichkeiten zur Änderung des Primärrechts jenseits des ordentlichen Vertragsänderungsverfahrens auf Initiative von EU-Organen (→ Rn. 48). Das im Rahmen des ordentlichen Vertragsänderungsverfahrens (Regierungskonferenz) bei umfangreichen Änderungen vorgesehene **Konventsverfahren** als solches hat das Bundesverfassungsgericht mit Blick auf die parlamentarische Integrationsverantwortung für unbedenklich erklärt, »solange die Mitgliedstaaten rechtlich an die Ergebnisse des Konvents nicht gebunden sind und frei darüber entscheiden können, welche Vertragsänderungen sie letztendlich völkerrechtlich vereinbaren wollen«[455].

92 Der gebotene Erhalt nationaler Souveränität impliziert des Weiteren, was auch in der Qualifikation der EU als »Vertragsunion souveräner Staaten« anklingt[456], die prinzipielle Umkehrbarkeit des Integrationsprozesses einschließlich eines – mittlerweile in Art. 50 EUV explizit verankerten – **Austrittsrechts** (zur Reversibilität im Kontext des Fiskalpakts → Rn. 93)[457]. Dessen Ausübung beschränkt freilich – einmal ganz abgesehen von seiner faktischen Realisierbarkeit – das Staatsziel Europa (Art. 23 I 1 GG; → Rn. 38)[458]; zu berücksichtigen ist ferner der Verlust der den Unionsbürgern zustehenden Rechtspositionen[459].

93 In seinen Urteilen zum ESM-Vertrag vom 12.9.2012 und 18.3.2014 hat das Bundesverfassungsgericht angesichts der im Kontext der Fortentwicklung der Wirtschafts- und Währungsunion diskutierten und teils auch realisierten **haushalts- und fiskalpolitischen Bindungen** (z.B. Fiskalpakt) überdies die Supra- und Internationalisierung entsprechender Entscheidungen vor dem Hintergrund des »auf prinzipielle rechtliche **Reversibilität** angelegte[n] Demokratieprinzip[s]« problematisiert (→ Rn. 92). Insoweit sei »es in erster Linie Sache des Gesetzgebers abzuwägen, ob und in welchem Umfang zur Erhaltung demokratischer Gestaltungs- und Entscheidungsspielräume auch für die Zukunft Bindungen in Bezug auf das Ausgabeverhalten geboten und deshalb – spiegelbildlich – eine Verringerung des Gestaltungs- und Entscheidungsspielraums in der Gegenwart hinzunehmen ist. Das Bundesverfassungsgericht kann sich hier nicht mit eigener Sachkompetenz an die Stelle der dazu zuvörderst berufenen

---

von Vertretern der Regierungen der Mitgliedstaaten im Hinblick auf eine Änderung der Verträge v. 17.9.2003, KOM (2003) 548 endg., S. 9. Ablehnend auch *Huber*, Verfassungsrecht (Fn. 32), S. 235.

[454] S. insoweit auch *Wendel*, Permeabilität (Fn. 47), S. 386ff.
[455] BVerfGE 123, 267 (385, Rn. 308).
[456] BVerfGE 123, 267 (Ls. 3; 357f., Rn. 249).
[457] BVerfGE 123, 267 (350, Rn. 233; ferner 395f., Rn. 329f.). S. auch E 89, 155 (190); *Haack*, Staatlichkeit (Fn. 337), S. 414f.; *Huber*, Maastricht (Fn. 351), S. 33f.; *ders.*, IPE II, § 26 Rn. 86. A.A. *Classen* (Fn. 5), Art. 23 Rn. 7 Fn. 31; ferner *Pernice* → Bd. II², Art. 23 Rn. 22. Gegen die Zulässigkeit eines Austritts noch *Ipsen*, Gemeinschaftsrecht (Fn. 32), S. 59; *I. Pernice*, HStR VIII, § 191 Rn. 22; *M. Zuleeg*, NJW 2000, 2846 (2851).
[458] *Classen* (Fn. 5), Art. 23 Rn. 7; *W. Durner*, HStR³ X, § 216 Rn. 17; *Hillgruber* (Fn. 36), Art. 23 Rn. 10; *Pernice* → Bd. II², Art. 23 Rn. 46; *Streinz* (Fn. 5), Art. 23 Rn. 10. Streng *J.A. Frowein*, Die Europäisierung des Verfassungsrechts, in: FS 50 Jahre BVerfG, Bd. I, S. 209ff. (212f.): unzulässig; *G. Nicolaysen*, EuR-Beiheft 1/2010, 9 (24): »kaum möglich«; *Uerpmann-Wittzack* (Fn. 3), Art. 23 Rn. 10; *M. Zuleeg*, NJW 2000, 2846 (2851).
[459] S. *R. Bieber*, European Constitutional Law Review 5 (2009), 391 (404); *U. Hufeld*, HStR³ X, § 215 Rn. 80; *I. Pernice*, ColJEL 15 (2009), 349 (405).

III. Beteiligung Deutschlands an der EU (Art. 23 I GG)   **Art. 23**

Gesetzgebungskörperschaften setzen [...]. Es hat jedoch sicherzustellen, dass der demokratische Prozess offen bleibt, aufgrund anderer Mehrheitsentscheidungen rechtliche Umwertungen erfolgen können [...] und eine irreversible rechtliche Präjudizierung künftiger Generationen vermieden wird«[460]. Diese Grenzen erachtete das Bundesverfassungsgericht mit Blick auf den **Fiskalpakt** für gewahrt[461].

bb) Erhalt der mitgliedstaatlichen Steuerung des Integrationsprozesses

Die erforderliche Steuerung des Integrationsprozesses durch den Bundestag verlangt, dass das Zustimmungsgesetz i.V.m. den EU-Verträgen das **Integrationsprogramm**, namentlich die aus der Mitgliedschaft Deutschlands folgenden Rechte und Pflichten sowie die Befugnisse der EU, **hinreichend bestimmt und vorhersehbar festlegen**; dabei muss das EU-Primärrecht als Ergebnis völkerrechtlicher Vertragsverhandlungen nicht den strengen Bestimmtheitsanforderungen des verfassungsrechtlichen Parlamentsvorbehalts genügen[462]. **Wesentliche Änderungen** des Integrationsprogramms sind indes nicht mehr vom ursprünglichen Zustimmungsgesetz gedeckt und bedürfen einer erneuten Zustimmung[463]. Dies gilt auch für schleichende Vertragserweiterungen[464]. Damit ist gleichzeitig eine Anwendbarkeit von Ultra-vires-Akten der Unionsorgane in Deutschland (→ Rn. 175) ausgeschlossen[465]. **Unionsrechtlich** sichert die Einhaltung dieser verfassungsrechtlichen Grenzen der **Grundsatz der begrenzten Einzelermächtigung** (Art. 5 I 1 EUV; s. ferner Art. 1 UAbs. 1, Art. 3 VI, 4 I, 5 II EUV)[466]. 94

Angesichts der unvermeidlichen Eigendynamik des Integrationsprozesses, gerade bei Verwendung »**dynamische[r] Vertragsvorschriften mit Blankettcharakter**«, müssen »[d]as Zustimmungsgesetz und die innerstaatliche Begleitgesetzgebung [...] so beschaffen sein, dass die europäische Integration weiter nach dem Prinzip der begrenzten Einzelermächtigung erfolgt, ohne dass für die EU die Möglichkeit besteht, sich der Kompetenz-Kompetenz zu bemächtigen oder die integrationsfeste Verfassungsidentität der Mitgliedstaaten, hier des Grundgesetzes, zu verletzen. Für Grenzfälle des noch verfassungsrechtlich Zulässigen muss der deutsche Gesetzgeber gegebenenfalls mit seinen die Zustimmung begleitenden Gesetzen wirksame Vorkehrungen dafür treffen, dass die Integrationsverantwortung der Gesetzgebungsorgane sich hinreichend entfalten kann.«[467] Vor diesem Hintergrund bedarf jedwede Änderung des Primärrechts einschließlich ihr gleichkommender Vertragserweiterungen einer **erneuten Betätigung der Integrationsverantwortung** (→ Rn. 47ff.). Die **Flexibilitätsklausel (Art. 352 AEUV)** begegnet nach dem Lissabon-Urteil »im Hinblick auf das Verbot zur Übertragung von Blankettermächtigungen oder zur Übertragung der Kompetenz-Kompetenz [...] verfassungsrechtliche[n] Bedenken, weil es die neu gefasste Regelung ermöglicht, Vertragsgrundlagen der Europäischen Union substantiell zu ändern, ohne dass über die 95

---

[460] BVerfGE 132, 195 (244ff., 119ff.); ferner E 135, 317 (403ff., Rn. 168ff.).
[461] BVerfGE 132, 195 (278ff., Rn. 196ff.); 135, 317 (432ff., Rn. 243ff.).
[462] BVerfGE 89, 155 (186f.); ferner E 123, 267 (351, Rn. 236); 134, 366 (388f., Rn. 31); *Classen* (Fn. 5), Art. 23 Rn. 10; *Hillgruber* (Fn. 36), Art. 23 Rn. 38; *Uerpmann-Wittzack* (Fn. 3), Art. 23 Rn. 45.
[463] BVerfGE 89, 155 (187); ferner *Hillgruber* (Fn. 36), Art. 23 Rn. 38.
[464] BVerfGE 89, 155 (209f.).
[465] BVerfGE 89, 155 (187, 194f.); *Uerpmann-Wittzack* (Fn. 3), Art. 23 Rn. 42.
[466] Zu diesem Zusammenhang auch BVerfGE 123, 267 (350, Rn. 234); *K. F. Gärditz/C. Hillgruber*, JZ 2009, 872 (876).
[467] BVerfGE 123, 267 (351ff., Rn. 236ff.); ferner E 132, 195 (238ff., Rn. 105); 134, 366 (388f., Rn. 31).

mitgliedstaatlichen Exekutiven hinaus gesetzgebende Organe konstitutiv beteiligt werden müssen«; angesichts »der Unbestimmtheit möglicher Anwendungsfälle« **unterliegt** die Aktualisierung des Art. 352 AEUV daher dem **Ratifikationserfordernis des Art. 23 I GG** (→ Rn. 48)[468]. Dass die skizzierten Grenzen auch in der **Vertragspraxis** zu wahren sind, hat das Bundesverfassungsgericht im Übrigen schon in seinem Urteil zur Fernsehrichtlinie betont: Danach »verpflichtet das bundesstaatliche Prinzip der Bundestreue die Bundesorgane auch, einer langfristigen Entwicklung entgegenzuwirken, bei der durch eine schrittweise ausdehnende Inanspruchnahme der Gemeinschaftskompetenzen, vor allem der sogenannten Querschnittskompetenzen, verbliebene Sachkompetenzen der Mitgliedstaaten und damit auch Länderrechte beeinträchtigt werden können.«[469]

cc) Erhalt hinreichender Gestaltungsmöglichkeiten auf nationaler Ebene als Kompetenzübertragungsschranke

96 Das aus Art. 38 GG folgende Recht, auch materiell die Ausübung der Staatsgewalt durch den Wahlakt zu bestimmen, verlangt in der Lesart des Maastricht-Urteils, dass »**dem Deutschen Bundestag Aufgaben und Befugnisse von substantiellem Gewicht verbleiben** müssen.«[470] Andernfalls verliere nämlich »[d]er Wahlakt [...] seinen Sinn«; »[d]as Parlament trägt mit anderen Worten nicht nur eine abstrakte ›Gewährleistungsverantwortung‹ für das hoheitliche Handeln anderer Herrschaftsverbände, sondern die konkrete Verantwortung für das Handeln des Staatsverbandes.«[471] Einen darüber hinausgehenden Aufgabenzuwachs auf europäischer Ebene kann auch die Wahl zum Europäischen Parlament nicht kompensieren, da diese der auf Unionsebene ausgeübten Hoheitsgewalt nur begrenzt demokratische Legitimation zu vermitteln vermag (→ Rn. 69 f.)[472].

97 Das **Lissabon-Urteil**[473] hat diese Schranke weiter konkretisiert und betont, dass, auch wenn keine »von vornherein bestimmbare Summe oder bestimmte Arten von

---

[468] BVerfGE 123, 267 (395, Rn. 328; 436, Rn. 417). Kritisch auch *Classen* (Fn. 5), Art. 23 Rn. 10; *Huber*, Maastricht (Fn. 351), S. 31. A.A. – jedenfalls im Bereich des Binnenmarktes – *Uerpmann-Wittzack* (Fn. 3), Art. 23 Rn. 45.

[469] BVerfGE 92, 203 (238f.).

[470] BVerfGE 89, 155 (186); ferner E 97, 350 (368f., Rn. 77); 113, 273 (298f., Rn. 75) – zusätzlich: keine Preisgabe essentieller Staatsaufgaben; 123, 267 (330, Rn. 174f.); 129, 124 (167f., Rn. 98); 132, 195 (234f., Rn. 92); (K), NVwZ 2013, 858 (859, Rn. 25). Ebenso *R. Breuer*, NVwZ 1994, 417 (425); *U. Di Fabio*, Der Staat 32 (1993), 191 (206f.); *Haack*, Staatlichkeit (Fn. 337), S. 421ff. (von der Verfassungswidrigkeit ausgehend, S. 425ff.); *Huber*, Maastricht (Fn. 351), S. 34ff.; *ders.*, Verfassungsrecht (Fn. 32), S. 236; *P. Kirchhof*, HStR³ X, § 214 Rn. 46f.; restriktiv *Kaufmann*, Integration (Fn. 320), S. 418ff. (nur funktional dem Demokratieprinzip zugeordnete Bereiche). Kritisch *König*, Übertragung (Fn. 5), S. 623f., 652 (auf unionaler Ebene kompensierbar); *I. Pernice*, HStR VIII, § 191 Rn. 57; tendenziell offener auch *v. Simson/Schwarze* (Fn. 5), § 4 Rn. 151ff. Ablehnend *Zuleeg* (Fn. 32), Art. 23 Rn. 51.

[471] BVerfGE 123, 267 (330, Rn. 175).

[472] BVerfGE 89, 155 (185f.); 123, 267 (358f., Rn. 250f.). Kritisch *D. König*, ZaöRV 54 (1994), 17 (38f.).

[473] BVerfGE 123, 267 (357ff., Rn. 248ff.; im Einzelnen ferner 406ff., Rn. 351ff.); für einen Katalog bereits *G. Konow*, DÖV 1996, 845 (848f.). Zustimmend *K. F. Gärditz/C. Hillgruber*, JZ 2009, 872 (879f.); kritisch *C. Calliess*, ZEuS 2009, 559 (569ff.); *Classen* (Fn. 5), Art. 23 Rn. 29 (mit Ausnahme im Ergebnis für Staatshaushalt und wehrverfassungsrechtlichem Parlamentsvorbehalt); *D. Halberstam/C. Möllers*, German Law Journal 10 (2009), 1241 (1249ff.); *M. Kottmann/C. Wohlfahrt*, ZaöRV 69 (2009), 443 (460f.); *Möllers*, Staat (Fn. 439), S. 389ff.; *C. Ohler*, AöR 135 (2010), 153 (175f.); *M. Ruffert*, DVBl. 2009, 1197 (1202ff.); *C. Schönberger*, Der Staat 48 (2009), 535 (554f.): staatstheoretisch nicht begründbarer verfassungsgerichtlicher Dezisionismus; *M. Selmayr*, ZEuS 2009, 637 (657ff.);

III. Beteiligung Deutschlands an der EU (Art. 23 I GG)

Hoheitsrechten in der Hand des Staates bleiben müssten«, auf nationaler Ebene »ausreichender Raum zur politischen Gestaltung der wirtschaftlichen, kulturellen und sozialen Lebensverhältnisse« bestehen muss. Dem entspricht die Vorstellung der Mitgliedstaaten als »verfasster politischer Primärraum ihrer jeweiligen Gemeinwesen« und der EU als »sekundäre« Ebene, der »delegierte Verantwortung für die ihr übertragenen Aufgaben« zukommt[474]. Relevant sei diese Grenze »insbesondere für **Sachbereiche**, die die Lebensumstände der Bürger, vor allem ihren von den Grundrechten geschützten privaten Raum der Eigenverantwortung und der persönlichen und sozialen Sicherheit prägen, sowie für solche politische Entscheidungen, die in besonderer Weise auf kulturelle, historische und sprachliche Vorverständnisse angewiesen sind, und die sich im parteipolitisch und parlamentarisch organisierten Raum einer politischen Öffentlichkeit diskursiv entfalten.« Als in diesem Sinne wesentlich »für die demokratische Selbstgestaltungsfähigkeit eines Verfassungsstaates« hat Karlsruhe »Entscheidungen über das materielle und formelle Strafrecht […], die Verfügung über das Gewaltmonopol polizeilich nach innen und militärisch nach außen […], die fiskalischen Grundentscheidungen über Einnahmen und – gerade auch sozialpolitisch motivierte – Ausgaben der öffentlichen Hand […], die sozialstaatliche Gestaltung von Lebensverhältnissen […] sowie kulturell besonders bedeutsame Entscheidungen etwa im Familienrecht, Schul- und Bildungssystem oder über den Umgang mit religiösen Gemeinschaften« identifiziert, ferner die Staatsbürgerschaft und »die Ordnung der Meinungs-, Presse- und Versammlungsfreiheit«. Ein Tätigwerden der EU liegt demgegenüber in Bereichen nahe, die »die Koordinierung grenzüberschreitender Lebenssachverhalte« und »die Gewährleistung eines gemeinsamen Wirtschafts- und Rechtsraumes« betreffen. Freilich versteht auch das Bundesverfassungsgericht diese Bereiche **nicht als Integrationstabu**, was etwa die im Kontext der Rechtsprechung zur Euro-Rettung für zulässig, wenn auch für parlamentarisch zustimmungsbedürftig erachtete Internationalisierung der Budgetverantwortung zeigt (→ Rn. 98 f.)[475]; im Übrigen sind auch anderweitig Europäisierungsprozesse zu beobachten, etwa die Relativierung der Staatsbürgerschaft durch die Unionsbürgerschaft[476]. **Absolute Grenzen**[477] bestehen gleichwohl in diesen Bereichen, etwa in Gestalt der nicht aufgebbaren Budgetverantwortung des Parlaments (→ Rn. 98), des Schuldprinzips[478] oder des wehrverfassungsrechtlichen Parlamentsvorbehalts (→ Art. 24 Rn. 75, 82)[479]. Sie sind vornehmlich prozeduraler Natur[480].

Uerpmann-Wittzack (Fn. 3), Art. 23 Rn. 22; ferner – nicht im Grundsatz (Bewahrung der Staatlichkeit), aber mit Blick auf die Entwicklung einer Staatsaufgabenlehre – *Scholz* (Fn. 5), Art. 23 Rn. 35, 37, 75. Gegen die vom Einzelfall gelöste Aufstellung abstrakter Vorgaben mit Blick auf die Funktion des Verfassungsgerichts VerfG Tschechien v. 3.11.2009, Pl. ÚS 29/09, Rn. 111 – *Lissabon II*.

[474] BVerfGE 123, 267 (381 f., Rn. 301).

[475] *G. Britz*, EuR-Beiheft 1/2010, 151 (157 ff.) – Subsidiaritätsrelevanz; *W. Durner*, HStR³ X, § 216 Rn. 25, 37; *D. Grimm*, Der Staat 48 (2009), 475 (490 f.); *U. Hufeld*, HStR³ X, § 215 Rn. 48 f., 74 ff.; *M. Kottmann/C. Wohlfahrt*, ZaöRV 69 (2009), 443 (460 f.); *C. Ohler*, AöR 135 (2010), 153 (175).

[476] Dazu nur *F. Wollenschläger*, Vernetzte Angehörigkeiten. Staats- und Unionsbürgerschaft als komplementäre Zugehörigkeitsverhältnisse im Mehrebenensystem Europäische Union, in: S. Boysen u.a. (Hrsg.), Netzwerke, 2007, S. 104 ff. (112 ff.); *ders.*, ELJ 17 (2011), 1 (20 ff.); *ders.* (Fn. 56), § 8 Rn. 127 f.

[477] S. auch *U. Hufeld*, HStR³ X, § 215 Rn. 63 f.

[478] BVerfGE 123, 267 (413, Rn. 364).

[479] BVerfGE 123, 267 (422 f., Rn. 381 ff.).

[480] So auch der Befund bei *W. Durner*, HStR³ X, § 216 Rn. 37 f.

Art. 23　　　　　　　　　　C. Erläuterungen

98　Die bereits im Lissabon-Urteil thematisierte Grenze der **Budgetverantwortung** des Bundestages hat das Bundesverfassungsgericht in seinen Urteilen zur **Euro-Rettung** (Griechenlandhilfe, ESM-Vertrag) hinsichtlich finanzwirksamer Hilfsmaßnahmen zugunsten anderer Staaten bzw. im Kontext des ESM weiter ausbuchstabiert. Nachdem »[d]ie Entscheidung über Einnahmen und Ausgaben der öffentlichen Hand« angesichts der getroffenen Weichenstellungen für das Gemeinwesen »grundlegender Teil der demokratischen Selbstgestaltungsfähigkeit im Verfassungsstaat« ist, muss der »Deutsche Bundestag [...] dem Volk gegenüber verantwortlich über Einnahmen und Ausgaben entscheiden. Das Budgetrecht stellt insofern ein zentrales Element der demokratischen Willensbildung dar«[481]. Diese haushaltspolitische Gesamtverantwortung des Bundestages impliziert, dass dieser seine »Budgetverantwortung nicht durch **unbestimmte haushaltspolitische Ermächtigungen** auf andere Akteure übertragen [darf]. Insbesondere darf er sich, auch durch Gesetz, keinen finanzwirksamen Mechanismen ausliefern, die – sei es aufgrund ihrer Gesamtkonzeption, sei es aufgrund einer Gesamtwürdigung der Einzelmaßnahmen – zu nicht überschaubaren haushaltsbedeutsamen Belastungen ohne vorherige **konstitutive Zustimmung** führen können, seien es Ausgaben oder Einnahmeausfälle«[482] (zur Delegationsmöglichkeit auf Untergremien: → Art. 45 Rn. 24). Vor diesem Hintergrund muss der Bundestag ausgabenwirksame, für das Budgetrecht strukturell bedeutsame Hilfsmaßnahmen wie Darlehen, Bürgschaften oder die Beteiligung an Finanzsicherungssystemen nicht nur **im Einzelnen bewilligen**, sondern auch »die **Art und Weise des Umgangs mit den zur Verfügung gestellten Mitteln**« steuern können[483]. Die Mitwirkungsrechte implizieren hinreichende parlamentarische Kontrollmöglichkeiten, denen keine Geheimhaltungsvorschriften auf supra- bzw. internationaler Ebene entgegengehalten werden dürfen[484].

99　Hinsichtlich der **Höhe des finanziellen Engagements**, die in Korrelation mit der **Gewährleistungswahrscheinlichkeit** und der zu prognostizierenden **Haushaltsentwicklung** zu sehen ist, obliegt es in erster Linie dem Bundestag »selbst, in Abwägung aktueller Bedürfnisse mit den Risiken mittel- und langfristiger Gewährleistungen darüber zu befinden, in welcher Gesamthöhe Gewährleistungssummen noch verantwortbar sind«[485]. Hierbei kommt ihm eine nur begrenzt, nämlich auf die »evidente Überschreitung von äußersten Grenzen« hin verfassungsgerichtlich kontrollierbare **Einschätzungsprärogative** zu[486]. Demnach unvertretbar ist eine Übernahme von Gewährleistungen, die »sich im Eintrittsfall [...] so auswirk[en], dass die Haushaltsautonomie jedenfalls für einen nennenswerten Zeitraum nicht nur eingeschränkt würde, sondern praktisch vollständig leerliefe«; dies ist nicht bereits dann der Fall, wenn die eingegangenen Verpflichtungen den größten Haushaltstitel und die Hälfte des Bundeshaushalts deutlich übersteigen[487]. Diese Grenzen hat das Bundesverfassungsgericht im Kontext

---

[481] BVerfGE 129, 124 (177, Rn. 122); ferner E 131, 152 (205f., Rn. 114); 132, 195 (239, Rn. 106); (K), NVwZ 2013, 858 (859, Rn. 25); E 134, 366 (385f., Rn. 28; 418, Rn. 102); 135, 317 (399f., Rn. 161). Näher zum verfassungsrechtlichen Rahmen auch K. v. Lewinski, HStR³ X, § 217 Rn. 76ff.
[482] BVerfGE 129, 124 (179, Rn. 125); ferner E 130, 318 (344, Rn. 109); 132, 195 (239f., Rn. 107f.); 134, 366 (385f., Rn. 28; 418, Rn. 102); 135, 317 (400ff., Rn. 162ff.).
[483] BVerfGE 129, 124 (180f., Rn. 128); ferner E 130, 318 (344f., Rn. 109; 346f., Rn. 112); 132, 195 (241f., Rn. 110); (K), NVwZ 2013, 858 (859, Rn. 25); E 135, 317 (402, Rn. 165).
[484] BVerfGE 132, 195 (257ff., Rn. 150f.); 135, 317 (403f., Rn. 166).
[485] BVerfGE 129, 124 (180, Rn. 127); ferner E 132, 195 (242f., Rn. 113); 135, 317 (405, Rn. 175).
[486] BVerfGE 129, 124 (182f., Rn. 130ff.); ferner E 132, 195 (242, Rn. 112); 135, 317 (405, Rn. 174f.).
[487] BVerfGE 129, 124 (183f., Rn. 135); ferner E 132, 195 (242, Rn. 112); 135, 317 (405, Rn. 174).

sowohl der **Griechenlandhilfe**[488] als auch des **ESM-Vertrags** (einschließlich der Einfügung des Art. 136 III AEUV)[489] als auch der **Zypern-Hilfe**[490] für gewahrt erachtet.

Vor diesem Hintergrund sichert auch die »vertragliche **Konzeption der Währungsunion als Stabilitätsgemeinschaft**«, die »Grundlage und Gegenstand des deutschen Zustimmungsgesetzes« ist, »verfassungsrechtliche Anforderungen des Demokratiegebots«. Denn aus dieser primärrechtlichen Konzeption folgt, »dass die Eigenständigkeit der nationalen Haushalte für die gegenwärtige Ausgestaltung der Währungsunion konstitutiv ist, und dass eine die Legitimationsgrundlagen des Staatenverbundes überdehnende Haftungsübernahme für finanzwirksame Willensentschließungen anderer Mitgliedstaaten – durch direkte oder indirekte Vergemeinschaftung von Staatsschulden – verhindert werden soll«[491] (zu den verfassungsrechtlichen Grenzen der Beteiligung an der Währungsunion im Einzelnen → Art. 88 Rn. 8, 14 ff.).

100

dd) Erhalt der Bundesstaatlichkeit

Im Zuge der europäischen Integration muss auch der verfassungsfeste Kern des Bundesstaatsprinzips, namentlich eine hinreichende Aufgabenausstattung der Länder (→ Art. 20 [Bundesstaat], Rn. 42, 55; → Art. 79 III Rn. 47 f.), gewahrt bleiben[492]. Insoweit vermögen freilich zum einen Aufgabenrückübertragungen vom Bund auf die Länder eine Europäisierung von deren Zuständigkeiten zu kompensieren[493]; zum anderen sind die eingeräumten Mitwirkungsrechte (Art. 23 II, IV ff. GG) in Rechnung zu stellen[494].

101

ee) Erhalt der Sozialstaatlichkeit

Unbeschadet der auch auf europäischer Ebene bestehenden Sozialverantwortung (→ Rn. 75) hat das Bundesverfassungsgericht im Lissabon-Urteil die **Grenzen »für eine soziale Integration oder eine ›Sozialunion‹** betont: »die sozialpolitisch wesentlichen Entscheidungen [müssen] in eigener Verantwortung der deutschen Gesetzgebungsorgane getroffen werden«, wozu namentlich die Existenzsicherung rechnet. Gleichzeitig hat es eine »Koordinierung bis hin zur allmählichen Angleichung« nicht ausgeschlossen, aber auch auf die »rechtlich wie faktisch begrenzten Möglichkeiten der Europäischen Union zur Ausformung sozialstaatlicher Strukturen« hingewiesen (zur Subjektivierung des Sozialstaatsprinzips über Art. 38 I 1 GG: → Rn. 167)[495].

102

---

[488] BVerfGE 129, 124 (183 f., Rn. 135).
[489] BVerfGE 132, 195 (247 ff., Rn. 127 ff.) – zur im Ratifikationsverfahren geforderten Klarstellung der Haftungsobergrenze ebd., S. 255 ff., Rn. 147 ff.; zu den parlamentarischen Kontrollmöglichkeiten S. 260, Rn. 155; s. ferner E 135, 317 (406 ff., Rn. 177 ff.).
[490] BVerfG (K), NVwZ 2013, 858 (859, Rn. 26).
[491] BVerfGE 129, 124 (181 f., Rn. 129); ferner E 132, 195 (243 ff., Rn. 114 ff.) – unter Betonung des Gestaltungsspielraums.
[492] *Classen* (Fn. 5), Art. 23 Rn. 39; *Hillgruber* (Fn. 36), Art. 23 Rn. 51; *Scholz* (Fn. 5), Art. 23 Rn. 125; *Streinz* (Fn. 5), Art. 23 Rn. 93.
[493] *Classen* (Fn. 5), Art. 23 Rn. 39; *Uerpmann-Wittzack* (Fn. 3), Art. 23 Rn. 58.
[494] Sehr weitgehend *Scholz* (Fn. 5), Art. 23 Rn. 125; zu deren Kompensationswirkung *König*, Übertragung (Fn. 5), S. 641 ff.
[495] BVerfGE 123, 267 (362 f., Rn. 258 f.). Zurückhaltend auch *Pernice* → Bd. II², Art. 23 Rn. 64. Die gleichwohl bestehenden Gestaltungsspielräume betonend *M. Schuler-Harms*, JöR n. F. 59 (2011), 477 (488 f.).

ff) Wahrung eines gehaltvollen nationalen Grundrechtsschutzes

103 Mit der Bindung der Mitgliedstaaten an die Unionsgrundrechte gehen erhebliche **Unitarisierungstendenzen** bei gleichzeitigem Bedeutungsverlust der mitgliedstaatlichen Grundrechte (und der über deren Einhaltung wachenden Verfassungsgerichte) einher; die beschränkte Rolle der Landesgrundrechte im deutschen Bundesstaat (→ Art. 142 Rn. 30 ff.) illustriert diese in föderalen Systemen angelegte Unitarisierungsdynamik. Art. 51 I 1 ChGrEU soll dem entgegenwirken, indem er die Unionsgrundrechte auf nationaler Ebene »ausschließlich bei der Durchführung von Unionsrecht« für maßgeblich erklärt. Gegenüber einer extensiven Auslegung dieser Bestimmung, die im Urteil des EuGH in der Rs. Fransson zumindest potentiell anklang[496], hat das Bundesverfassungsgericht nicht einmal zwei Monate später zum Präventivschlag ausgeholt. Es hat nämlich obiter angedeutet, dass ein Verständnis des Art. 51 I 1 ChGrEU, wonach »jeder sachliche Bezug einer Regelung zum bloß abstrakten Anwendungsbereich des Unionsrechts oder rein tatsächliche Auswirkungen auf dieses« für eine Grundrechtsbindung genügten, nicht nur einen Ultra-Vires-Akt darstellt (→ Rn. 175), sondern eine **Marginalisierung der nationalen Grundrechte** zugleich die **Verfassungsidentität in Frage stellt**[497]; in Folgeentscheidungen des EuGH deutet sich eine restriktivere Linie an[498].

gg) Verfassungsneuschöpfung (Art. 146 GG)

104 Das Lissabon-Urteil hat die Möglichkeit angedeutet, dass sich das Deutsche Volk als »pouvoir constituant« über Art. 146 GG eine neue Verfassung gibt, die zu über Art. 79 III GG hinausgehenden Integrationsakten ermächtigt (→ Art. 146 Rn. 16; zur Subjektivierung des Art. 146: → Rn. 167)[499]. Gleichzeitig hat es allerdings offen gelassen, ob Art. 79 III GG »wegen der Universalität von Würde, Freiheit und Gleichheit sogar für

---

[496] EuGH v. 26.2.2013, C-617/10, ECLI:EU:C:2013:280 – *Fransson*.
[497] BVerfGE 133, 277 (316, Rn. 91). S. in diese Richtung auch zuvor *H. Landau/M. Trésoret*, DVBl. 2012, 1329 (1330 f.): »Der heute bestehende Kooperationsverbund beruht als erstes auf der Prämisse, dass keine der genannten Rechtsordnungen eine generelle hierarchische Unterordnung hinzunehmen hat. Die Verfassungsidentität der Nationalstaaten mit ihren historisch und rechtskulturell bedingten Besonderheiten, die sich in der Reichweite des Schutzbereichs und der Ausgestaltung der Grundrechtsschranken widerspiegelt, muss in ihrem Kernbereich erhalten bleiben«; ferner – auch zur Gesamtproblematik – *F. Kirchhof*, NJW 2011, 3681 (3682); *ders.*, NVwZ 2014, 1537 (1538 f.); den Vorrang des Unionsrechts betonend *W. Frenz*, DVBl. 2015, 741 ff. Eine »gute Balance zwischen Einheit und föderaler Vielfalt« fordernd *J. Masing*, JZ 2015, 477 ff.
[498] EuGH v. 6.3.2014, C-206/13, ECLI:EU:C:2014:126, Rn. 21 ff. – *Siragusa*; v. 10.4.2014, C-198/13, ECLI:EU:C:2014:2055, Rn. 32 ff. – *Hernández*; v. 11.11.2014, C-333/13, ECLI:EU:C:2014:2358, Rn. 87 ff. – *Dano*; v. 5.2.2015, C-117/14, ECLI:EU:C:2015:60, Rn. 28 ff. – *Nistlahnz Poclava*. Näher *Wollenschläger* (Fn. 56), § 8 Rn. 16 ff. m. w. N. Sehr weitgehend das Fusion- bzw. Verbandmodell von *D. Thym*, JZ 2015, 53 (57 ff.). Demgegenüber die Herausforderung, das Nebeneinander der Grundrechtsschichten zu organisieren, betonend *J. Masing*, JZ 2015, 477 ff.
[499] BVerfGE 123, 267 (331 f., Rn. 179). Ebenso *P. M. Huber*, Recht der Europäischen Integration, 2. Aufl. 2002, § 4 Rn. 61 ff. (auch zum Verfahren); *Schorkopf* (Fn. 12), Art. 23 Rn. 88; *Streinz* (Fn. 5), Art. 23 Rn. 94 Fn. 233. Kritisch *C. Tomuschat*, EuGRZ 1993, 489 (491); ablehnend *Haack*, Staatlichkeit (Fn. 337), S. 444 ff. (rechtlich nicht zu fixierende Neukonstituierung des Gemeinwesens notwendig); *Hobe*, Verfassungsstaat (Fn. 440), S. 160 f. (Art. 23 I GG abschließend). Gegen verfassungsrechtliche Bindungen des pouvoir constituant aus der geltenden Verfassung angesichts der Volkssouveränität *W. Heyde*, in: Umbach/Clemens, GG, Art. 23 Rn. 65; *Scholz* (Fn. 5), Art. 23 Rn. 124. Restriktiv hinsichtlich einer Aktivierung des Art. 146 GG für punktuelle Änderungen im EU-Kontext *U. Di Fabio*, Der Staat 32 (1993), 191 (212 f.). Eine Aktivierung des pouvoir constituant schon im Maastricht-Kontext für erforderlich erachtend *F. Ossenbühl*, DVBl. 1993, 629 (631 ff.). Umfassend zu Art. 146 GG *P. Cramer*, Artikel 146 Grundgesetz zwischen offener Staatlichkeit und Identitätsbewahrung.

die verfassungsgebende Gewalt gilt, also für den Fall, dass das deutsche Volk in freier Selbstbestimmung, aber in einer Legalitätskontinuität zur Herrschaftsordnung des Grundgesetzes sich eine neue Verfassung gibt«[500].

6. Rechtsfolge der Hoheitsrechtsübertragung

Die Hoheitsrechtsübertragung **öffnet die deutsche Rechtsordnung** für innerstaatlich unmittelbar anwendbare und vorrangige Handlungen und Rechtsakte der Union, mithin für eine andere Rechtsordnung[501]; dies impliziert eine **Pflicht zur innerstaatlichen Anerkennung** der unionalen Hoheitsakte[502]. Gleichwohl bleibt die auf unionaler Ebene ausgeübte Hoheitsgewalt stets **abgeleitete Hoheitsgewalt** (→ auch zu den Konsequenzen Rn. 12); sie ist aber, anders als dies der Begriff »übertragen« nahe legen könnte, keine deutsche Hoheitsgewalt[503]. Integrationsgesetze, die gegen Art. 23 I 2 und 3 GG verstoßen, sind genauso wie sonstige mit Art. 23 I 1, 2. Halbs. GG nicht in Einklang stehende Integrationshandlungen – etwa Abstimmungen deutscher Vertreter im Rat (→ Rn. 64) – **verfassungswidrig** (zu den Grenzen der verfassungsgerichtlichen Kontrolle: → Rn. 169 ff.). Dies ändert freilich nichts an deren unions- bzw. völkerrechtlicher Verbindlichkeit, die von Verfassung wegen zu beseitigen ist, am besten einvernehmlich und als ultima ratio durch einen Austritt (→ Rn. 18, 92, 175).

105

IV. Subsidiaritätsklage (Art. 23 Ia GG)

Das mit der Lissabonner Vertragsreform in Kraft getretene Subsidiaritätsprinzip sieht neben der Subsidiaritätsrüge (Art. 6 f.) zur prozeduralen Sicherung des (unionsrechtlichen) Subsidiaritätsprinzips (→ Rn. 77 ff.) die Subsidiaritätsklage (Art. 8) vor. Bei letzterer handelt es sich um eine auf die Verletzung des Subsidiaritätsprinzips, was die vorgelagerte Frage nach dem Bestehen einer Unionskompetenz mit einschließt[504], gestützte **Nichtigkeitsklage**, die in Erweiterung des Art. 263 AEUV »entsprechend der jeweiligen innerstaatlichen Rechtsordnung von einem Mitgliedstaat im Namen seines nationalen Parlaments oder einer Kammer dieses Parlaments übermittelt« wird. In Umsetzung dieser prozessrechtlich vagen Bestimmung (ebenso § 12 III IntVG) räumt der mit Wirkung zum 1.12.2009 eingefügte (→ Rn. 8) Art. 23 Ia 1 GG Bundestag und Bundesrat das »Recht« ein, »wegen Verstoßes eines Gesetzgebungsakts der Europäischen Union gegen das Subsidiaritätsprinzip vor dem Gerichtshof der Europäischen Union Klage zu erheben« (s. a. § 12 I, II IntVG; § 93d GOBT). Hierbei handelt es sich

106

Perspektiven des Schlussartikels des Grundgesetzes für die zukünftige europäische Integration, 2014; *L. Michael*, in: BK, GG, Art. 146 (2013), Rn. 244 ff.

[500] BVerfGE 123, 267 (343, Rn. 217). Ablehnend noch E 89, 155 (180); *Heyde* (Fn. 499), Art. 23 Rn. 65; *Huber*, Integration (Fn. 499), § 4 Rn. 66, 71; *F. Ossenbühl*, DVBl. 1993, 629 (633); *Scholz* (Fn. 5), Art. 23 Rn. 124. Bejahend *K. F. Gärditz/C. Hillgruber*, JZ 2009, 872 (875 f.); *Haack*, Staatlichkeit (Fn. 337), S. 444 ff.; *Isensee*, Integrationsziel (Fn. 33), S. 590; *Kaufmann*, Integration (Fn. 320), S. 417 f.; *P. Kirchhof*, HStR VII, § 183 Rn. 20 ff.

[501] BVerfGE 37, 271 (280); ferner E 58, 1 (27 f.); 73, 339 (374 f.); *Streinz* (Fn. 5), Art. 23 Rn. 60; *Uerpmann-Wittzack* (Fn. 3), Art. 23 Rn. 38.

[502] BVerfGE 31, 145 (173 f.); *Streinz* (Fn. 5), Art. 23 Rn. 61.

[503] *Uerpmann-Wittzack* (Fn. 3), Art. 23 Rn. 39.

[504] BR-Drs. 43/10, S. 1; *C. Bickenbach*, EuR 2013, 523 (542); *J. F. Lindner*, BayVBl. 2011, 1 (10); *P. Melin*, EuR 2011, 655 (669 f.); *Pernice* → Suppl. 2010, Art. 23 Rn. 92 f.; *F. Shirvani*, JZ 2010, 753 (757); *A. Thiele*, EuR 2010, 30 (46 f.); vgl. auch BVerfGE 123, 267 (383 f., Rn. 305). Gegen Letzteres *C. Mellein*, EuR-Beiheft 1/2011, 13 (60); *Schorkopf* (Fn. 12), Art. 23 Rn. 116. Für eine Einbeziehung auch der Verhältnismäßigkeit *W. Schwanengel*, DÖV 2014, 93 (100 f.).

um ein eigenes Klagerecht des Parlaments, nicht aber um einen Fall der Prozessstandschaft[505]. **Gesetzgebungsakte** sind gemäß Art. 289 III AEUV »Rechtsakte, die gemäß einem Gesetzgebungsverfahren angenommen werden«, mithin im ordentlichen oder in einem besonderen Gesetzgebungsverfahren (Art. 289 I und II AEUV); nicht erfasst sind delegierte und Durchführungsrechtsakte (Art. 290f. AEUV). Die Prozessführung obliegt gemäß § 12 IV IntVG dem Organ, das die Klageerhebung beschlossen hat. Bislang haben deutsche Stellen noch keine Subsidiaritätsklage erhoben; immerhin haben Bundestag und Bundesrat schon wenige Male Subsidiaritätsrüge erhoben, etwa der Bundesrat gegen die geplante EU-Datenschutzverordnung[506].

107 Im Interesse des **Minderheitenschutzes** lässt Art. 23 Ia 2 GG in unionsrechts-[507] und verfassungskonformer[508] Weise das Verlangen eines Viertels der Mitglieder des Bundestages genügen, um eine Pflicht des Bundestages zur Erhebung einer Subsidiaritätsklage zu begründen, fordert dieses Quorum aber auch, um Missbrauch zu verhindern (§ 12 I IntVG; s. zu vergleichbaren Mehrheiten für Minderheitenrechte Art. 44 I 1, Art. 93 I Nr. 2 GG)[509]. Art. 23 Ia 3 GG ermöglicht, eine vergleichbare Verpflichtung des Bundesrates zur Klageerhebung auf Verlangen eines Landes einzuführen[510], was derzeit zwar rechtlich nicht vorgesehen ist (s. § 12 II IntVG), allerdings einer politischer Absprache der Ministerpräsidenten entspricht[511].

V. Mitwirkung von Bundestag und Bundesrat (Art. 23 II–VI GG)

108 Art. 23 IIff. GG regeln die Beteiligung von Bundestag und Bundesrat in Angelegenheiten der EU (1.). Der Grundtatbestand des Absatzes 2 sieht allgemein die Mitwirkung dieser Organe vor und statuiert eine Informationspflicht der Bundesregierung (2.). Die Folgeabsätze konkretisieren die Beteiligungsrechte von Bundestag (3.) und Bundesrat (4.), die zwar teils kritisch betrachtet werden, aber keinen durchgreifenden verfassungs- und unionsrechtlichen Bedenken begegnen (5.). Schließlich bezieht auch das Unionsrecht selbst Bundestag und Bundesrat in die Arbeitsweise der EU mit ein (6.).

---

[505] *C. Bickenbach*, EuR 2013, 523 (533); *P. Melin*, EuR 2011, 655 (671f.); *Pernice* → Suppl. 2010, Art. 23 Rn. 92h. A.A. *Baach*, Mitwirkung (Fn. 147), S. 259ff., und *N. Görlitz*, ZG 19 (2004), 249 (259f.): Klage des Mitgliedstaats; *Schorkopf* (Fn. 12), Art. 23 Rn. 108 (»mittelbares Klagerecht«; Klageerhebung durch Bundesregierung); *A. Thiele*, EuR 2010, 30 (46): Prozessstandschaft.

[506] Beschl. des BR v. 30.3.2012, BR-Drs. 52/12 (B); ablehnende Stellungnahme der *Europ. Kommission* v. 10.1.2013, C (2012) 9638 final, S. 2, 8. S. des Weiteren – dazu *K. Rohleder*, ZG 26 (2011), 105 (114ff.) – BR-Drs. 43/10 (Europäische Schutzanordnung) und BT-Drs. 17/3239, S. 1 (Einlagensicherungssysteme).

[507] *P. Melin*, EuR 2011, 655 (674ff.); *Pernice* → Suppl. 2010, Art. 23 Rn. 3b, 92a. A.A. *Hobe* (Fn. 202), Art. 23 Rn. 57; *Uerpmann-Wittzack* (Fn. 3), Art. 23 Rn. 64; *ders.*, EuGRZ 2009, 461 (465); *ders./A. Edenharter*, EuR 2009, 313 (315ff.); kritisch mit Blick auf die praktische Wirksamkeit des Unionsrechts auch *Classen* (Fn. 5), Art. 23 Rn. 61. Rechtspolitisch kritisch *Baach*, Mitwirkung (Fn. 147), S. 262.

[508] S. BVerfGE 123, 267 (431f., Rn. 403f.); ferner *C. Calliess*, ZG 25 (2010), 1 (30ff.); *Scholz* (Fn. 5), Art. 23 Rn. 112.

[509] Begründung in Entwurf der Fraktionen CDU/CSU u.a. v. 11.3.2008, BT-Drs. 16/8488, S. 4. Zustimmend *Pernice* → Suppl. 2010, Art. 23 Rn. 6a.

[510] *J.F. Lindner*, BayVBl. 2011, 1 (10f.); *Uerpmann-Wittzack* (Fn. 3), Art. 23 Rn. 67; *ders.*, EuGRZ 2009, 461 (467); ferner *F. Kirchhof*, DÖV 2004, 893 (895ff.). Enger *Pernice* → Suppl. 2010, Art. 23 Rn. 92j: Minderheit, die es rechtfertigt, eine Kammerentscheidung i.S.d. Art. 8 SubsidiaritätsP anzunehmen; ferner (Minderheit) *P. Melin*, EuR 2011, 655 (674ff.); *Schorkopf* (Fn. 12), Art. 23 Rn. 114; *Scholz* (Fn. 5), Art. 23 Rn. 112. A.A. *T. Gas*, DÖV 2010, 313 (318f.).

[511] S. *C. Mellein*, EuR-Beiheft 1/2011, 13 (60); *W. Schwanengel*, DÖV 2014, 93 (96). Einen Beschluss für unzureichend erachtend *F. Kirchhof*, DÖV 2004, 893 (900).

V. Mitwirkung von Bundestag und Bundesrat (Art. 23 II–VI GG)   **Art. 23**

1. Allgemeines

a) Kompensations- und Legitimationsfunktion der Mitwirkungsrechte

Die Kompetenzverlagerung auf die EU im Allgemeinen und die **Dominanz der Bundesregierung** bei der Vertretung Deutschlands auf europäischer Ebene, namentlich bei der Rechtsetzung im Rat, im Besonderen schwächen die Stellung der Gesetzgebungsorgane Bundestag und Bundesrat sowie der Länder und zeitigen damit Rückwirkungen auf Demokratie, Föderalismus und Gewaltenteilung. Daher sollen **Mitwirkungsbefugnisse** von Bundestag und Bundesrat bei der Übertragung von Hoheitsrechten (Art. 23 I 2f. GG) und im Integrationsprozess (Art. 23 IIff. GG) **Kompetenzverluste kompensieren** und **Legitimation stiften**[512]. Überdies stellt die zwischenzeitlich auch in Art. 12 EUV festgeschriebene und gestärkte **Einbindung der nationalen Parlamente in den Integrationsprozess** einen »Teil einer institutionellen Architektur [dar], die den nationalen Parlamenten in der Europäischen Union eine über die Mitgliedstaaten hinausweisende Rolle zuweist und auf diese Weise ihr demokratisches Legitimationspotential für die Europäische Union fruchtbar machen will«[513]. Durch eine Vorab-Beteiligung soll »jene für völkerrechtliche Verträge charakteristische Ratifikationslage [verhindert werden], die [...] eine inhaltliche Einflussnahme abschneidet«[514].

109

b) Entwicklung

Bereits **vor Inkrafttreten des Europa-Artikels** war eine innerstaatliche Beteiligung – über die allgemeinen Informationsrechte (Art. 43 I, Art. 53 GG) hinaus – im Grundsatz **verfassungsrechtlich anerkannt und auch einfach-gesetzlich ausgestaltet** (für den Bundestag → Rn. 128 und den Bundesrat → Rn. 137)[515]; diese Rechtspositionen hat Art. 23 GG freilich nicht nur verfassungskräftig verankert, sondern auch erweitert. Das Art. 23 IIff. GG zugrunde liegende Modell einer lediglich innerstaatlichen Mitwirkung bestätigt – entsprechend dem Grundsatz der Außenvertretung Deutschlands durch den Bund (Art. 32 I GG; → Art. 32 Rn. 15ff.) und auf Bundesebene durch das Organ Bundesregierung (→ Art. 32 Rn. 26) – deren Zuständigkeit für die Wahrnehmung der Mitgliedschaftsrechte (zum Ländervertreter gemäß Art. 23 VI GG → Rn. 152)[516]. Innerstaatlich fächert Art. 23 GG die Kompetenzverteilung in europäischen Angelegenheiten freilich differenziert auf[517].

110

c) Systematik, Rechtsschutz und Kontext

Art. 23 GG liegt eine **Unterscheidung** zwischen der Mitwirkung an Akten, die die unionale Hoheitsgewalt konstituieren (Art. 23 I GG), und an Befugnissen, die die auf unionaler Ebene konstituierte Hoheitsgewalt ausübt (Art. 23 III–VI GG), zugrunde. Dazwischen steht die auf beide Aspekte bezogene Mitwirkungs- und Unterrichtungs-

111

---

[512] Begründung in Entwurf der BReg. v. 2.10.1992, BT-Drs. 12/3338, S. 4; ferner BVerfGE 131, 152 (197, Rn. 96); *Pernice* → Bd. II², Art. 23 Rn. 98.
[513] BVerfGE 131, 152 (197f., Rn. 97f.).
[514] BVerfGE 131, 152 (194ff., Rn. 90ff.; 222f., Rn. 152).
[515] Im Überblick auch *Lang*, Mitwirkungsrechte (Fn. 2), S. 32ff.; *Mayer*, Europafunktion (Fn. 147), S. 215ff.; *C. Mellein*, EuR-Beiheft 1/2011, 13 (18f.).
[516] BVerfGE 104, 151 (210, Rn. 153). Umfassend *Scholz* (Fn. 5), Art. 23 Rn. 131ff.; ferner *Schorkopf* (Fn. 12), Art. 23 Rn. 126f., 135; *Uerpmann-Wittzack* (Fn. 3), Art. 23 Rn. 3.
[517] S. auch *Baach*, Mitwirkung (Fn. 147), S. 157f.

pflicht des Art. 23 II GG⁵¹⁸. Eine Relativierung erfahren hat diese Unterscheidung freilich durch die vom Bundesverfassungsgericht als Ausfluss der parlamentarischen Integrationsverantwortung geforderte Mitwirkung in der Form eines Integrationsgesetzes gemäß Art. 23 I 2 und 3 GG für Fälle der einer Primärrechtsänderung gleichzustellenden Fortentwicklung des Unionsrechts durch Unionsorgane, wie etwa die Aktualisierung der zum Erlass von Sekundärrecht ermächtigenden Flexibilitätsklausel des Art. 352 AEUV (→ Rn. 47 ff.)⁵¹⁹.

112 Die Ausübung der Mitwirkungsrechte unterliegt dem Verfassungsprinzip der **Organtreue**⁵²⁰. Die Mitwirkungsbefugnisse stellen im **Organstreitverfahren** – nicht aber durch Abgeordnete im Wege der Verfassungsbeschwerde⁵²¹ – durchsetzbare Rechtspositionen dar (→ Rn. 139)⁵²². Eine mitunter befürwortete strikte Auslegung der Mitwirkungsbefugnisse von Bundestag und Bundesrat, die auf eine europapolitische Prärogative der Bundesregierung gestützt wird⁵²³, muss der mit Art. 23 IIff. GG gestärkten Stellung dieser beiden Organe Rechnung tragen.

113 Zur Wahrnehmung und Effektivierung der Mitwirkungsrechte von Bundestag und Bundesrat schuf der verfassungsändernde Gesetzgeber **Gremien**, nämlich den Ausschuss des Bundestages für Angelegenheiten der EU (Art. 45 GG; → Art. 45 Rn. 1 ff.) und die – nur in Eil- und Vertraulichkeitsfällen befasste (§ 45d GOBR) – Europakammer des Bundesrates (Art. 52 IIIa GG; → Art. 52 Rn. 22 ff.)⁵²⁴, die beide die Mitwirkungsrechte gegenüber der Bundesregierung plenarersetzend wahrnehmen können; der Bundesrat hat zudem einen ständigen Ausschuss für Fragen der EU eingesetzt.

114 **Einzelheiten** der Mitwirkung des Bundestages sind entsprechend Art. 23 III 3 GG im Gesetz über die Zusammenarbeit von Bundesregierung und Deutschem Bundestag in Angelegenheiten der EU (**EUZBBG**) geregelt, das namentlich im Kontext der Lissabonner Vertragsreform grundlegend überarbeitet und 2013 in Reaktion auf das Beteiligungsrechte bei völkervertraglichem Handeln im EU-Kontext erweiternde Urteil des Bundesverfassungsgerichts zum Euro-Plus-Pakt⁵²⁵ novelliert wurde⁵²⁶. Die Mitwirkung des Bundesrates ist im auf Art. 23 VII GG gestützten Gesetz über die Zu-

---

⁵¹⁸ Ebenso *Pernice* → Bd. II², Art. 23 Rn. 97; *Scholz* (Fn. 5), Art. 23 Rn. 147; *Uerpmann-Wittzack* (Fn. 3), Art. 23 Rn. 70.
⁵¹⁹ S. auch – im Detail kritisch – *Classen* (Fn. 5), Art. 23 Rn. 65 f. Kritisch zur Vernachlässigung der differenzierten Regelung des Art. 23 GG im Lissabon-Urteil *D. Halberstam/C. Möllers*, German Law Journal 10 (2009), 1241 (1253); *M. Jestaedt*, Der Staat 48 (2009), 497 (508 ff.).
⁵²⁰ BVerfGE 89, 155 (191); 97, 350 (374 f., Rn. 94); ferner *Hillgruber* (Fn. 36), Art. 23 Rn. 78; *Scholz* (Fn. 5), Art. 23 Rn. 143 ff.
⁵²¹ BVerfG (K), NVwZ 2013, 858 (859, Rn. 27).
⁵²² BVerfGE 131, 152 (191, Rn. 79).
⁵²³ *Scholz* (Fn. 5), Art. 23 Rn. 136 f.
⁵²⁴ Zur Europakammer im Überblick *C. Mellein*, EuR-Beiheft 1/2011, 13 (30 ff.).
⁵²⁵ BVerfGE 131, 152.
⁵²⁶ BGBl. 1993 I, S. 311, mehrfach geändert, zuletzt vollständig aufgehoben und ersetzt durch Gesetz über die Zusammenarbeit von Bundesregierung und Deutschem Bundestag in Angelegenheiten der Europäischen Union v. 4.7.2013, BGBl. I, 2170. Insbesondere wurde in der Vergangenheit bereits die vom BVerfG (E 123, 267 [433 f., Rn. 410]) wegen ihrer Rechtsnatur für nicht adäquat erachtete Vereinbarung zwischen der Deutschen Bundesregierung und dem Deutschen Bundestag über die Zusammenarbeit in Angelegenheiten der Europäischen Union in Ausführung des § 6 des Gesetzes über die Zusammenarbeit von Bundesregierung und Deutschem Bundestag in Angelegenheiten der Europäischen Union v. 28.9.2006 (BGBl. I, S. 2177) in das Gesetz integriert (durch Art. 1 Nr. 4 Gesetz v. 22.9.2009, BGBl. I, S. 3026). Näher zur Novelle (2013) *H. Schröder*, ZParl. 44 (2013), 803 ff. Umfassend dazu und zum einfachgesetzlichen Rahmen *F. Brand*, Europäische Kommunikation zwischen Bundestag und Bundesregierung, 2015, S. 82 ff.

V. Mitwirkung von Bundestag und Bundesrat (Art. 23 II–VI GG) Art. 23

sammenarbeit von Bund und Ländern in Angelegenheiten der EU (**EUZBLG**)[527] sowie einer Bund-Länder-Vereinbarung (BLV-EU)[528] näher ausgestaltet; eine vom Bundesrat initiierte Novelle parallel zu derjenigen des EUZBBG scheiterte im Jahre 2013[529]. Hinzu kommen **spezialgesetzliche Mitwirkungsrechte** nach dem Integrationsverantwortungsgesetz (→ Rn. 47) sowie zur Wahrnehmung der haushaltspolitischen Gesamtverantwortung (→ Rn. 98 f.) nach dem Gesetz zur finanziellen Beteiligung am Europäischen Stabilitätsmechanismus (ESMFinG) und dem Gesetz zur Übernahme von Gewährleistungen im Rahmen eines europäischen Stabilisierungsmechanismus (StabMechG). Schließlich erfolgt die den Regierungen der Mitgliedstaaten obliegende Benennung der Richter und Generalanwälte (Art. 253 f. AEUV) seit der Lissabonner Vertragsreform in Einvernehmen mit dem Richterwahlausschuss (§ 1 III RiWahlG)[530]. Dieser Wildwuchs lässt eine **Konsolidierung** wünschenswert erscheinen (s. für eine Konkurrenzregel zum ESMFinG und StabMechG nunmehr § 5 III Nr. 1, 2 EUZBBG [2013])[531].

2. Allgemeine Beteiligungs- und Unterrichtungsregelung (Art. 23 II GG)

Gemäß der allgemeinen Regelung des Art. 23 II 1 GG wirken der Bundestag und durch den Bundesrat die Länder in Angelegenheiten der EU (a) mit. Insoweit Art. 23 II 2, IIIff. GG und deren einfach-gesetzliche Konkretisierungen keine abschließenden Regelungen enthalten, fungiert Art. 23 II 1 GG als **Grundlage** für eine daneben stehende Beteiligung[532]. Überdies hat die Bundesregierung beide Organe gemäß Art. 23 II 2 GG umfassend und zum frühestmöglichen Zeitpunkt zu unterrichten (b). 115

a) Angelegenheiten der Europäischen Union

Art. 23 II 1 GG erstreckt die Mitwirkungsbefugnisse von Bundestag und Bundesrat auf »Angelegenheiten der Europäischen Union«. Dieser Begriff ist **weit zu verstehen**; hierfür streiten der offen formulierte Wortlaut, der systematische Zusammenhang des Art. 23 II 1 GG mit dem umfassenden Ziel der Mitwirkung bei der Entwicklung der EU zur Verwirklichung eines vereinten Europas (Art. 23 I 1 GG), der ihm zugrunde liegende Kompensationszweck (→ Rn. 109, 138) und die zur Zeit seiner Entstehung im 116

---

[527] BGBl. 1993 I, S. 313, zuletzt geändert durch Art. 1 Gesetz v. 22.9.2009, BGBl. I, S. 3031. Zur Anwendbarkeit des EUZBLG auf den Fiskalpakt Art. 3 des Gesetzes zu dem Vertrag vom 2. März 2012 über Stabilität, Koordinierung und Steuerung in der Wirtschafts- und Währungsunion v. 13.9.2012, BGBl. II, S. 1006.
[528] Vereinbarung zwischen der Bundesregierung und den Regierungen der Länder zur Regelung weiterer Einzelheiten der Zusammenarbeit von Bund und Ländern in Angelegenheiten der Europäischen Union (§ 9 Satz 2 EUZBLG) v. 10.6.2010, abrufbar unter www.bundesrat.de/DE/aufgaben/recht/bund-laender-eu/bund-laender-eu.html (25.3.2015). Für eine Systemwidrigkeit (Vereinbarung mit den Ländern, nicht dem Bundesrat) *Classen* (Fn. 5), Art. 23 Rn. 105; *Uerpmann-Wittzack* (Fn. 3), Art. 23 Rn. 114.
[529] BR, Entwurf eines Gesetzes über die Zusammenarbeit von Bund und Ländern in Angelegenheiten der Europäischen Union (EUZBLG), BT-Drs. 17/13665.
[530] Eingefügt durch Art. 2 Gesetz v. 22.9.2009 (BGBl. I, 3022) m.W.v. 25.9.2009. Zur verfassungsrechtlich notwendigen demokratischen Rückkoppelung *Baach*, Mitwirkung (Fn. 147), S. 248 f.
[531] So auch *J.-U. Hahn*, EuZW 2009, 758 (762); *Mayer*, Europafunktion (Fn. 147), S. 307; *P. Melin*, EuR 2011, 655 (681 f.); *M. Nettesheim*, NJW 2010, 177 (183). Nicht weiter problematisiert in BVerfGE 132, 195 (260, Rn. 156; 271 f., Rn. 182).
[532] S. auch *Baach*, Mitwirkung (Fn. 147), S. 69 f., 157; *Hobe* (Fn. 202), Art. 23 Rn. 60; *Scholz* (Fn. 5), Art. 23 Rn. 147; ferner wohl *Jarass/Pieroth*, GG, Art. 23 Rn. 56. A.A. *Classen* (Fn. 5), Art. 23 Rn. 71.

Jahre 1992 vorhandenen Säulen der intergouvernementalen Zusammenarbeit[533]. Erfasst sind damit nicht nur die in Art. 23 GG ausdrücklich erwähnte Übertragung von Hoheitsrechten (Art. 23 I 2, 3 GG) und Rechtsetzungsakte (Art. 23 III GG), sondern **alle spezifisch auf den Integrationsprozess bezogenen Akte**[534]. Auf deren Rechtsverbindlichkeit kommt es genauso wenig an[535] wie auf das Vorliegen eines Akts der EU[536].

117 Einbezogen sind insbesondere neben dem Primärrecht stehende **völkerrechtliche Verträge**, die »in einem **Ergänzungs- oder sonstigen besonderen Näheverhältnis** zum Recht der Europäischen Union stehen.« Maßgeblich hierfür ist eine Gesamtbetrachtung aller Umstände, die namentlich »Regelungsinhalte, -ziele und -wirkungen« würdigt. Eine Angelegenheit der EU liegt nahe, »wenn die geplante völkerrechtliche Koordination im Primärrecht verankert oder die Umsetzung des Vorhabens durch Vorschriften des Sekundär- oder Tertiärrechts vorgesehen ist oder ein sonstiger qualifizierter inhaltlicher Zusammenhang mit einem in den Verträgen niedergelegten Politikbereich – also mit dem Integrationsprogramm der Europäischen Union – besteht, wenn das Vorhaben von Organen der Europäischen Union vorangetrieben wird oder deren Einschaltung in die Verwirklichung des Vorhabens – auch im Wege der Organleihe – vorgesehen ist oder wenn ein völkerrechtlicher Vertrag ausschließlich zwischen Mitgliedstaaten der Europäischen Union geschlossen werden soll.«[537] Ein hinreichendes Näheverhältnis liegt jedenfalls dann vor, »wenn der Sinn eines Vertragsvorhabens gerade im wechselseitigen Zusammenspiel mit einem dieser Politikbereiche liegt, und erst recht dann, wenn der Weg der völkerrechtlichen Koordination gewählt wird, weil gleichgerichtete Bemühungen um eine Verankerung im Primärrecht der Union nicht die notwendigen Mehrheiten gefunden haben.«[538] Das 2013 novellierte **EUZBBG** (s. § 1 II, § 3 III, § 5 I Nr. 11) **kodifiziert diese Rechtsprechung**, eine zeitgleich angestrebte, entsprechende **Änderung des EUZBLG**[539] ist **gescheitert** (→ Rn. 114, 120).

118 Zu Recht bejaht hat das Bundesverfassungsgericht einen derartigen Zusammenhang für den **ESM-Vertrag**, da dieser eine enge entstehungsgeschichtliche, inhaltliche und institutionelle Verknüpfung mit dem Integrationsprogramm aufweist[540], und aus denselben Gründen für den **Euro-Plus-Pakt**[541]. Nichts anderes gilt für den **Fiskalpakt**[542].

---

[533] BVerfGE 131, 152 (199 ff., Rn. 99 ff.); ebenso bereits *Jarass*/Pieroth, GG, Art. 23 Rn. 3; *König*, Übertragung (Fn. 5), S. 333 ff.; *G. Kretschmer*, in: BK, GG, Art. 45 (2006), Rn. 50 ff.; *Müller-Terpitz*, Beteiligung (Fn. 15), S. 115 ff.; *Pernice* → Bd. II², Art. 23 Rn. 96; *F. Wollenschläger*, NVwZ 2012, 713 (718).

[534] Vgl. BVerfGE 131, 152 (199 f., Rn. 100); *C. Calliess*, NVwZ 2012, 1 (3 f.); *Jarass*/Pieroth, GG, Art. 23 Rn. 3, 47; *Pernice* → Bd. II², Art. 23 Rn. 96; *Scholz* (Fn. 5), Art. 23 Rn. 147; *F. Wollenschläger*, NVwZ 2012, 713 (718); *Uerpmann-Wittzack* (Fn. 3), Art. 23 Rn. 70; *ders.*, EuR-Beiheft 2/2013, 49 (57 f.). Zu eng *Classen* (Fn. 5), Art. 23 Rn. 69.

[535] BVerfGE 131, 152 (224, Rn. 157); *Uerpmann-Wittzack* (Fn. 3), Art. 23 Rn. 70. Für eine Ausklammerung des informellen Handelns *Classen* (Fn. 5), Art. 23 Rn. 69.

[536] *Scholz* (Fn. 5), Art. 23 Rn. 147; *Uerpmann-Wittzack* (Fn. 3), Art. 23 Rn. 70.

[537] BVerfGE 131, 152 (199 f., Rn. 100).

[538] BVerfGE 131, 152 (200, Rn. 100).

[539] S. § 1 III EUZBLG-E des Bundesrates (Fn. 529).

[540] BVerfGE 131, 152 (215 ff., Rn. 135 ff.); 132, 195 (271 f., Rn. 182); ebenso bereits *C. Calliess*, NVwZ 2012, 1 (4 f.); *F. Wollenschläger*, NVwZ 2012, 713 (718); ferner *F. Schorkopf*, Finanzkrisen als Herausforderung der internationalen, nationalen und europäischen Rechtsetzung, VVDStRL 71 (2012), S. 183 ff. (211).

[541] BVerfGE 131, 152 (224 f., Rn. 155 ff.).

[542] *F. Wollenschläger*, NVwZ 2012, 713 (718).

Offen gelassen hat das Bundesverfassungsgericht demgegenüber die – ebenfalls positv zu entscheidende – Zuordnung von Maßnahmen in den Bereichen der **GASP** und **GSVP**[543].

b) Unterrichtungspflichten

Der ursprünglich nicht im Regierungsentwurf enthaltene, erst auf Beschlussempfehlung des Bundestag-Sonderausschusses »Europäische Union (Vertrag von Maastricht)«[544] eingefügte Art. 23 II 2 GG verpflichtet die Bundesregierung, »den Bundestag und den Bundesrat umfassend und zum frühestmöglichen Zeitpunkt zu unterrichten.« Er stellt die **Basis aller Mitwirkungsrechte** dar[545] und ist dementsprechend **parlamentsfreundlich auszulegen**, zumal ein Informationsvorsprung der Bundesregierung besteht, die Wahrnehmung der unionsrechtlich verankerten Mitwirkungsrechte der nationalen Parlamente (Art. 12 EUV; Art. 1f. des Prototokolls [Nr. 1] über die Rolle der nationalen Parlamente in der Europäischen Union; Art. 4 SubsidiaritätsP) inmitten steht und das Unterrichtungserfordernis – bezogen auf den Bundestag – auch der Herstellung demokratischer Öffentlichkeit sowie der Effektivierung der Regierungskontrolle dient sowie die politisch nicht realisierbare Bindung der Bundesregierung an die Position des Bundestages kompensieren soll[546]. Daher muss die Unterrichtung »eine frühzeitige und effektive Einflussnahme auf die Willensbildung der Bundesregierung eröffnen.«[547] Dies setzt eine **hinreichende Informationsgrundlage** voraus[548]. Überdies muss die Unterrichtung eine **aktive Mitwirkung** und nicht »eine bloß nachvollziehende Rolle« ermöglichen[549].

119

In seinem Urteil vom 19.6.2012 zu Unterrichtungspflichten im Kontext des ESM-Vertrags und des Euro-Plus-Paktes hat das Bundesverfassungsgericht die verfassungsrechtlichen Anforderungen im Einzelnen ausbuchstabiert[550]. Zwar betraf diese Entscheidung nur die Unterrichtung des Bundestages und betonte insoweit mitunter dessen besondere Rolle als unmittelbar demokratisch legitimiertes Organ; nachdem allerdings Art. 23 II 2 GG nicht zwischen der **Unterrichtung von Bundestag und Bundesrat** differenziert und auch materiell die Wahrnehmung von Länderinteressen sowie Rechte der Landesparlamente inmitten stehen, gelten im Wesentlichen vergleichbare Grundsätze[551]. Gleichwohl gelang infolge des Urteils nur eine **Novelle des EUZBBG**, das seit 2013 die Unterrichtungspflicht nicht mehr auf den (engeren) Vorhabenbegriff, sondern allgemein auf Angelegenheiten der EU bezieht (s. § 3 I 1 EUZBBG [2013] ggü. § 4 I 1 EUZBBG a.F.)[552]. Eine parallele **Änderung des EUZBLG ist gescheitert**[553]; dies

120

---

[543] BVerfGE 131, 152 (202, Rn. 105). Bejahend *Müller-Terpitz*, Beteiligung (Fn. 15), S. 116f.; *Pernice* → Bd. II², Art. 23 Rn. 96; *Uerpmann-Wittzack* (Fn. 3), Art. 23 Rn. 43.
[544] BT-Drs. 12/3896.
[545] S. insoweit Begründung EU-Sonderausschuss (Fn. 179), BT-Drs. 12/3896, S. 19; ferner BVerfGE 131, 152 (202f., Rn. 107). Allgemein zur Unterrichtungspflicht *Brand*, Kommunikation (Fn. 526), S. 61ff.
[546] S. BVerfGE 131, 152 (202ff., Rn. 107ff.); ferner *Classen* (Fn. 5), Art. 23 Rn. 76.
[547] BVerfGE 131, 152 (202, Rn. 107).
[548] BVerfGE 131, 152 (202f., Rn. 107).
[549] BVerfGE 131, 152 (202f., Rn. 107).
[550] BVerfGE 131, 152.
[551] Für einen Gleichlauf auch *Scholz* (Fn. 5), Art. 23 Rn. 156, 164; *Streinz* (Fn. 5), Art. 23 Rn. 116; *F. Wollenschläger*, NVwZ 2012, 713 (718). A.A. *Classen* (Fn. 5), Art. 23 Rn. 76.
[552] Damit ist die zu enge (so *Streinz* [Fn. 5], Art. 23 Rn. 106) Beschränkung der Unterrichtung auf Gesetzgebungsakte (statt auf Rechtsetzungsakte) in § 5 I Nr. 4 EUZBBG unschädlich.
[553] S. namentlich § 2 I 1 EUZBLG-E (Fn. 529).

ändert freilich nichts am verfassungsunmittelbaren Anspruch des Bundesrates auf Unterrichtung in allen EU-Angelegenheiten gemäß Art. 23 II 2 GG. Im Einzelnen bestehen aufeinander bezogene gegenständliche (aa), zeitliche (bb) und formelle (cc) Vorgaben. Besonders strenge Anforderungen greifen, wenn wesentliche Aufgaben des Parlaments betroffen sind[554]. Den Anspruch des Bundestages auf Unterrichtung über die für die Wahrnehmung seiner haushaltspolitischen Gesamtverantwortung notwendigen Informationen hat das Bundesverfassungsgericht im ESM-Urteil vom 12.9.2012 überdies im Demokratieprinzip und hinsichtlich seines Kerns sogar in Art. 79 III GG verankert[555]. **Einfach-gesetzliche Konkretisierungen** finden sich in § 13 IntVG, §§ 3 ff. EUZBBG[556] und §§ 3, 9 und Anlage zu § 9 EUZBLG, die überdies die Länder einbezieht[557]. Unterrichtungspflichten der Unionsorgane normieren Art. 12 lit. a EUV, Art. 1 f. des Protokolls (Nr. 1) über die Rolle der nationalen Parlamente in der Europäischen Union und Art. 4 SubsidiaritätsP (→ Rn. 162).

aa) Umfang der Unterrichtung

121 Das gebotene **Ausmaß der Unterrichtung** hängt von der Komplexität, dem Grad des Betroffenseins legislativer Befugnisse und der Nähe zu einer förmlichen Beschlussfassung oder Vereinbarung ab[558]. Die Unterrichtungspflicht ist **gegenständlich weit zu verstehen**: Sie erfasst »zunächst Initiativen und Positionen der Bundesregierung selbst. Darüber hinaus erstreckt sie sich auf die Weiterleitung amtlicher Unterlagen und Dokumente der Organe sowie sonstiger Gremien und Behörden der Europäischen Union und anderer Mitgliedstaaten in Angelegenheiten der Europäischen Union [...], ist darauf aber nicht beschränkt. Sobald und soweit die Bundesregierung selbst mit einer Angelegenheit befasst ist, können auch ihr vorliegende Informationen über informelle und (noch) nicht schriftlich dokumentierte Vorgänge erfasst sein. Die Unterrichtungspflicht kann, unabhängig von einer förmlichen Dokumentation, auch Gegenstand, Verlauf und Ergebnis der Sitzungen und Beratungen von Organen und Gremien der Europäischen Union betreffen, in denen die Bundesregierung vertreten ist«[559]. Ob die Bundesregierung die Informationen auf offiziellem Wege oder informell erlangt hat, ist genauso unerheblich wie deren **Quelle** (Union oder Mitgliedstaaten)[560]. **Geheimhaltungserfordernisse** stehen einer Unterrichtung nicht entgegen, so ihnen durch eine vertrauliche Weiterleitung an den Bundestag entsprechend den Vorgaben seiner Geheimschutzordnung Rechnung getragen werden kann[561].

122 Versteht man die Unterrichtungspflicht als Basis aller Mitwirkungsrechte, ließe sich eine **Beschränkung** auf Gegenstände, hinsichtlich derer ein Beteiligungsrecht gemäß Art. 23 III–VI GG besteht, erwägen. Dem steht allerdings der Bezug der Unterrichtungspflicht auf alle Angelegenheiten der EU (Art. 23 II 1 GG) entgegen, womit einfach-gesetzliche Beschränkungen der Länderinformation, etwa im Rahmen der GASP (vgl. § 11 EUZBLG) oder auf Bereiche, »die für die Länder von Interesse sein könn-

---

[554] BVerfGE 131, 152 (220 f., Rn. 145 ff.; 223, Rn. 154; 225 f., Rn. 159).
[555] BVerfGE 132, 195 (241 f., Rn. 111).
[556] Zur Konkretisierung im EUZBBG (2013) *H. Schröder*, ZParl. 44 (2013), 803 (805 ff.).
[557] Kritisch insoweit *Schorkopf* (Fn. 12), Art. 23 Rn. 145.
[558] BVerfGE 131, 152 (206 f., Rn. 117). S. auch *Kretschmer* (Fn. 533), Art. 45, Rn. 84 ff.
[559] BVerfGE 131, 152 (207, Rn. 118); ferner *Classen* (Fn. 5), Art. 23 Rn. 74; *Pernice* → Bd. II², Art. 23 Rn. 101. S. auch *Kretschmer* (Fn. 533), Art. 45 Rn. 77 ff.
[560] BVerfGE 131, 152 (207, Rn. 119); *Pernice* → Bd. II², Art. 23 Rn. 101.
[561] BVerfGE 131, 152 (208, Rn. 119; ferner 223, Rn. 153); *Classen* (Fn. 5), Art. 23 Rn. 75.

ten« (§ 2 EUZBLG), nicht möglich sind[562]; Einschränkungen sind freilich bei Verzicht und hinsichtlich des Ausmaßes der gebotenen Information denkbar[563].

Umfang und Detailliertheit der Unterrichtung bemessen sich nach der Bedeutung der Angelegenheit und dem Sach- und Verhandlungsstand. In vertretbarem Rahmen sind auch Informationen zu **beschaffen**[564]. Als Grundregel gilt, dass der »Bundestag von allen Vorgängen erfahren [muss], die seiner Mitwirkung nach Art. 23 Abs. 2 Satz 1 GG unterliegen, und zugleich die für eine fundierte Beschlussfassung erforderlichen Informationen erhalten [muss].«[565] Dabei ist eine »Überflutung« des Bundestages mit Informationen, die aufgrund ihrer Masse weder administrativ noch durch die Abgeordneten verarbeitet werden können, [...] nicht Sinn des Art. 23 Abs. 2 Satz 2 GG«. Zwar obliegt es primär dem Parlament selbst, dem durch entsprechende Regelungen hinsichtlich Sichtung, Bewertung und Verbreitung des Materials entgegenzuwirken; allerdings »erlaubt Art. 23 Abs. 2 GG bei Angelegenheiten, die nur von erkennbar geringer Bedeutung für den Bundestag sind, oder bei Vorgängen, die sich noch in einem sehr frühen, wenig konkreten Verfahrensstadium befinden, eine kursorische, auf die wesentlichen Eckpunkte beschränkte Unterrichtung, die den Bundestag in die Lage versetzt, nähere Informationen nachzufordern. Auch einer übermäßigen Belastung der Regierung, die deren Funktions- und Arbeitsfähigkeit bedroht, kann bei geringem Informationsinteresse des Parlaments im Einzelfall im Rahmen einer Abwägung Rechnung getragen werden«[566]. In diesem Kontext ist die **Delegationsmöglichkeit** auf den Ausschuss des Bundestages für Angelegenheiten der EU (Art. 45 S. 2 GG, § 93b GOBT) und die Europakammer des Bundesrates (Art. 52 IIIa GG, §§ 45a, d GOBR) zu sehen; überdies kann der Bundestag gemäß § 3 V EUZBBG Schwerpunkte durch Verzicht auf Unterrichtung in Einzelbereichen setzen[567].

123

Des Weiteren hat die Unterrichtung – gerade vor dem Hintergrund langwieriger und komplexer Verhandlungsprozesse auf europäischer Ebene – **kontinuierlich** zu erfolgen, mithin besteht »eine auf Dauer angelegte, fortlaufende Pflicht, die jedesmal aktualisiert wird, wenn sich bei der Behandlung einer Angelegenheit neue politische oder rechtliche Fragen stellen, zu denen sich der Deutsche Bundestag noch keine Meinung gebildet hat« (s. § 4 I 2 EUZBBG)[568]. Erhöhte Anforderungen bestehen im unmittelbaren Vorfeld einer Beschlussfassung[569]. Wegen des Abschnitts von Einflussmöglichkeiten genügt keinesfalls eine Unterrichtung erst nach Abschluss der Verhandlungen über rechtserhebliche Dokumente[570]. Umgekehrt besteht aus Gründen der Gewaltenteilung **keine Unterrichtungspflicht im »Kernbereich exekutiver Eigenverant-**

124

---

[562] A.A. *Hobe* (Fn. 202), Art. 23 Rn. 63.
[563] *N. Achterberg/M. Schulte*, in: v. Mangoldt/Klein/Starck, GG II, Art. 45 Rn. 22; *Streinz* (Fn. 5), Art. 23 Rn. 116 Fn. 318. A.A. *Classen* (Fn. 5), Art. 23 Rn. 76; *Schmalenbach*, Europaartikel (Fn. 5), S. 205 f.; *Uerpmann-Wittzack* (Fn. 3), Art. 23 Rn. 78.
[564] *Bruckmann*, Legitimation (Fn. 219), S. 260 f.; *Jarass/Pieroth*, GG, Art. 23 Rn. 49 f.; *Streinz* (Fn. 5), Art. 23 Rn. 106. S. ferner *Uerpmann-Wittzack* (Fn. 3), Art. 23 Rn. 77. A.A. *Pernice* → Bd. II², Art. 23 Rn. 102.
[565] BVerfGE 131, 152 (208, Rn. 120).
[566] BVerfGE 131, 152 (208 f., Rn. 121). Für noch weitergehende Ausnahmemöglichkeiten *Classen* (Fn. 5), Art. 23 Rn. 75 (unbedeutende Einzelvorgänge).
[567] Kritisch zur Verzichtsmöglichkeit mit Blick auf Integrationsverantwortung und Abgeordnetenrechte *Schorkopf* (Fn. 12), Art. 23 Rn. 142.
[568] BVerfGE 131, 152 (209, Rn. 122).
[569] BVerfGE 131, 152 (209 f., Rn. 123).
[570] BVerfGE 131, 152 (222 f., Rn. 152).

wortung« (s. § 3 IV EUZBBG), zu dem »jedenfalls die Willensbildung der Regierung, sowohl hinsichtlich der Erörterungen im Kabinett als auch bei der Vorbereitung von Kabinetts- und Ressortentscheidungen, die sich vor allem in ressortinternen und -übergreifenden Abstimmungsprozessen vollzieht«, rechnet; daher besteht auch **kein Informationsanspruch vor Abschluss des internen Willensbildungsprozesses**[571]. Dieser ist allerdings als beendet anzusehen, wenn die Bundesregierung »Zwischen- oder Teilergebnisse an die Öffentlichkeit geben kann oder mit einer eigenen Position in einen Abstimmungsprozess mit Dritten eintreten will«[572].

bb) Zeitpunkt der Unterrichtung

125 Die bewusst, im Interesse effektiver Mitwirkungsmöglichkeiten und in Abkehr vom früheren Erfordernis einer nur laufenden Unterrichtung[573] formulierte Anforderung einer Unterrichtung »zum **frühestmöglichen Zeitpunkt**« ist »so auszulegen, dass der Bundestag die Informationen der Bundesregierung spätestens zu einem Zeitpunkt erhalten muss, der ihn in die Lage versetzt, sich fundiert mit dem Vorgang zu befassen und eine Stellungnahme zu erarbeiten, bevor die Bundesregierung nach außen wirksame Erklärungen, insbesondere bindende Erklärungen zu unionalen Rechtsetzungsakten und intergouvernementalen Vereinbarungen, abgibt« (s. auch § 3 I 1, 4, § 4 I 2 EUZBBG)[574]. Demnach ist es der Bundesregierung verwehrt, dass sie »ohne vorherige Beteiligung des Deutschen Bundestages konkrete Initiativen ergreift oder an Beschlussfassungen mitwirkt«[575]. Auch ist »die Weiterleitung sämtlicher Dokumente [geboten], sobald sie zum Gegenstand von Verhandlungen gemacht werden.«[576]

126 **Im Einzelnen** bedeutet dies, dass »[o]ffizielle Dokumente, Berichte und Mitteilungen [...] ebenso wie alle inoffiziellen Informationen an den Bundestag weitergeleitet werden [müssen], sobald sie – gegebenenfalls über die Ständige Vertretung der Bundesrepublik Deutschland bei der Europäischen Union – in den Einflussbereich der Bundesregierung gelangen [...]. Über Sitzungen der Organe und informelle Beratungen, an denen die Bundesregierung beteiligt ist, muss der Bundestag – auch wenn noch keine förmlichen Vorschläge oder sonstige Beratungsgrundlagen existieren – bereits im Voraus und so rechtzeitig informiert werden, dass er sich über den Gegenstand der Sitzungen eine Meinung bilden und auf die Verhandlungslinie und das Abstimmungsverhalten der Bundesregierung Einfluss nehmen kann [...]. Über den Verlauf und die erzielten Zwischen- und Endergebnisse ist er unmittelbar im Anschluss an die Beratungen zu unterrichten.«[577] Der Bundesregierung ist Zeit einzuräumen, um die Voraussetzungen des Art. 23 II 2 GG zu prüfen[578]. Bei Rechtsetzungsvorschlägen genügt nicht, erst nach Vorliegen des Kommissionsvorschlags zu unterrichten[579].

---

[571] BVerfGE 131, 152 (206, Rn. 114; ferner 210, Rn. 124); ferner *König*, Übertragung (Fn. 5), S. 409 f.; *Kretschmer* (Fn. 533), Art. 45 Rn. 87 ff.; *Lang*, Mitwirkungsrechte (Fn. 2), S. 353 ff.; *Pernice* → Bd. II², Art. 23 Rn. 102; *Scholz* (Fn. 5), Art. 23 Rn. 157; *Uerpmann-Wittzack* (Fn. 3), Art. 23 Rn. 77, 79.
[572] BVerfGE 131, 152 (210, Rn. 124); ferner *Lang*, Mitwirkungsrechte (Fn. 2), S. 355 f.
[573] S. Art. 2 Ratifikationsgesetz zu den Römischen Verträgen v. 25.3.1957, BGBl. II, S. 753.
[574] BVerfGE 131, 152 (212, Rn. 127).
[575] Ebd.
[576] Ebd.
[577] BVerfGE 131, 152 (212 f., Rn. 128).
[578] BVerfGE 131, 152 (212, Rn. 128).
[579] *Jarass*/Pieroth, GG, Art. 23 Rn. 49a.

cc) Formelle Vorgaben für die Unterrichtung

In formeller Hinsicht hat zum einen im Interesse einer allgemeinen Information eine **Unterrichtung des Bundestages als Ganzen** zu erfolgen, wobei dieser seine Beteiligungsrechte gemäß Art. 45 S. 2 GG auf den Ausschuss für die Angelegenheiten der EU delegieren kann (→ Art. 45 Rn. 17 ff.)[580]. Die Unterrichtung muss über den Wortlaut des Art. 23 II 2 GG hinaus zum anderen **schriftlich** erfolgen, um den »Anforderungen an Klarheit, Verstetigung und Reproduzierbarkeit, die an eine förmliche Unterrichtung des Parlaments zu stellen sind«, Rechnung zu tragen; einer »mündlichen Unterrichtung [...] kommt vor diesem Hintergrund grundsätzlich nur eine ergänzende und erläuternde Funktion zu« (s. § 3 I 2, 3 EUZBBG)[581]. Freilich kann das Gebot der frühestmöglichen Unterrichtung (vorläufige) **Ausnahmen vom Schriftlichkeitsgrundsatz** zulassen, mitunter (Eilbedürftigkeit) auch gebieten[582]. Details können gesetzlich oder in einer Interorgan-Vereinbarung geregelt werden[583].

127

3. Beteiligung des Bundestages (Art. 23 III GG)

a) Hintergrund

Schon **vor Inkrafttreten des Art. 23 IIff. GG** verlangten die mit einer Hoheitsrechtsübertragung auf zwischenstaatliche Einrichtungen einhergehenden Kompetenzverluste des Bundestages eine Kompensation durch die Einräumung von innerstaatlichen Mitwirkungsrechten bei der Beteiligung Deutschlands an der Willensbildung auf internationaler Ebene, die aus »Binnenwirkungen« des Art. 24 I GG und dem Demokratieprinzip folgten[584]; einfachgesetzlich sah bereits Art. 2 des Ratifikationsgesetzes zu den Römischen Verträgen vom 25.3.1957[585] eine laufende Unterrichtung des Bundestages vor (zu weitergehenden Länderrechten: → Rn. 137).[586] Gleichwohl standen in der verfassungspolitischen Diskussion stets die Beteiligungsrechte des Bundesrates im Vordergrund[587], was sich nicht nur an der unterschiedlich ausgeprägten Fassung des Art. 23 GG, sondern auch daran zeigt, dass die nunmehr in Art. 23 III GG verankerte Beteiligung des Bundestages nur spät in der GVK Beachtung und **erst im Gesetzgebungsverfahren zur Verfassungsänderung**[588] Eingang in das Grundgesetz fand (→ Rn. 5)[589]; dieser Befund sollte sich erst infolge der im Lissabon-Urteil angemahnten

128

---

[580] BVerfGE 131, 152 (213 f., Rn. 130).
[581] BVerfGE 131, 152 (214, Rn. 131).
[582] BVerfGE 131, 152 (214 f., Rn. 132).
[583] BVerfGE 131, 152 (213, Rn. 129).
[584] *Baach*, Mitwirkung (Fn. 147), S. 64 ff.; *C. Freundorfer*, Die Beteiligung des Deutschen Bundestages an der Sekundärrechtsetzung der Europäischen Union, 2008, S. 53 ff.; *Lang*, Mitwirkungsrechte (Fn. 2), S. 272 ff.; *Streinz* (Fn. 5), Art. 23 Rn. 14, 112. Zur Radizierung im parlamentarischen Kontrollrecht *Schmalenbach*, Europaartikel (Fn. 5), S. 147. Ablehnend *Tomuschat* (Fn. 68), Art. 24 Rn. 104 f.
[585] BGBl. II, S. 753. Im Überblick *Lang*, Mitwirkungsrechte (Fn. 2), S. 68 ff.
[586] Allg. Eberbach-Born u.a., Parlamentarische Kontrolle (Fn. 147); *Brand*, Kommunikation (Fn. 526); ferner zur Europäisierung der Legislative *A. K. Mangold*, Gemeinschaftsrecht und deutsches Recht, 2011, S. 304 ff.
[587] Näher *Rath*, Entscheidungspotenziale (Fn. 15), S. 33 ff.
[588] S. Begründung EU-Sonderausschuss (Fn. 179), BT-Drs. 12/3896. Zu den Gründen und zu Vorstößen in der GVK *Rath*, Entscheidungspotenziale (Fn. 15), S. 39 ff.; *Schmalenbach*, Europaartikel (Fn. 5), S. 141 ff. Für einen entsprechenden (aber gescheiterten) Vorstoß im Kontext der EEA: BT-Drs. 10/6663, S. 4; dazu *G. Ress*, EuGRZ 1987, 361 (367).
[589] S. auch *v. Arnauld* (Fn. 59), I/2 Rn. 24.

Stärkung der Parlamentsbeteiligung ändern. Letztere soll, wie auch die Beteiligung des Bundesrates, den mit einer Zuständigkeitsverlagerung auf die europäische Ebene einhergehenden Verlust an Gesetzgebungsbefugnissen kompensieren[590] und die demokratische Legitimation des unionalen Handelns stärken (→ Rn. 109, 138)[591].

b) Stellungnahmerecht

129 Art. 23 III GG verlangt, dass die Bundesregierung »dem Bundestag Gelegenheit zur Stellungnahme vor ihrer Mitwirkung an Rechtsetzungsakten der Europäischen Union« gibt (S. 1) und dessen **Stellungnahme** »bei den Verhandlungen« berücksichtigt (S. 2). Dies beschränkt den Anwendungsbereich zugleich auf Akte, an denen die Bundesregierung mitwirkt[592]. Angesichts der mit den Mitwirkungsrechten gesicherten und notwendigen demokratischen Rückkoppelung des Unionshandelns (→ Rn. 109) steht die Beteiligung nicht im Belieben des Bundestages[593].

130 Der Begriff **Rechtsetzungsakt** ist – entgegen der auf die Kompensation für den Verlust legislativer Befugnisse abstellenden Vorstellung des Verfassunggebers[594] – nicht auf Gesetzgebungsakte (Verordnung, Richtlinie) beschränkt, sondern erfasst alle rechtserheblichen Handlungen, somit etwa auch Beschlüsse[595]. Regelungsgegenstand, Rechtsetzungsverfahren und handelnde Organe sind unerheblich[596]. Unzutreffend erscheint damit die generelle Ausnahme der Verwaltungstätigkeit und – mit Blick auf die Primärrechtsetzung – der Regierungskonferenzen[597]. Nicht erfasst sind angesichts des

---

[590] Begründung EU-Sonderausschuss (Fn. 179), BT-Drs. 12/3896, S. 17. Die Integrationsgewinne betonend *F. Duina/M. J. Oliver*, ELJ 11 (2005), 173 ff.

[591] Umfassend – auch vergleichend und aus politikwissenschaftlicher Perspektive – zur Parlamentsbeteiligung J. O'Brennan/T. Raunio (Hrsg.), National Parliaments within the Enlarged European Union. From ›Victims‹ of Integration to Competitive Actors?, 2007; *Dann*, Parlamente (Fn. 329), S. 163 ff.; *Freundorfer*, Beteiligung (Fn. 584); *P. Kiiver*, The National Parliaments in the European Union: A Critical View on EU Constitution-Building, 2006; Maurer/Wessels, National Parliaments (Fn. 147); *M. Zier*, Nationale Parlamente in der EU, 2005.

[592] Ebenso *Schorkopf* (Fn. 12), Art. 23 Rn. 154.

[593] *Jarass*/Pieroth, GG, Art. 23 Rn. 52; *Streinz* (Fn. 5), Art. 23 Rn. 112. Weiter *Classen* (Fn. 5), Art. 23 Rn. 80; *Pernice* → Bd. II², Art. 23 Rn. 104; *Schorkopf* (Fn. 12), Art. 23 Rn. 126. Ausführlich für eine verfassungsrechtliche Mitwirkungspflicht *Brand*, Kommunikation (Fn. 526), S. 216 ff. Für eine Stellungnahmepflicht in wesentlichen Angelegenheiten de lege ferenda *P. M. Huber*, ZG 21 (2006), 354 (366).

[594] Zum bewusst gewählten Bezug auf Legislativakte *Lang*, Mitwirkungsrechte (Fn. 2), S. 291 f.; *Schmalenbach*, Europaartikel (Fn. 5), S. 149. Allgemein kritisch zum Kompensationsgedanken *Brand*, Kommunikation (Fn. 526), S. 230 ff.

[595] BVerfGE 97, 350 (375, Rn. 95); ferner *Jarass*/Pieroth, GG, Art. 23 Rn. 51; *Scholz* (Fn. 5), Art. 23 Rn. 147; *Schorkopf* (Fn. 12), Art. 23 Rn. 154 (für die Einbeziehung des Abschlusses völkerrechtlicher Verträge Rn. 156); *Streinz* (Fn. 5), Art. 23 Rn. 112. S. auch Begründung EU-Sonderausschuss (Fn. 179), BT-Drs. 12/3896, S. 24: »nicht nur [...] Richtlinien und Verordnungen, sondern auch für Beschlüsse des Rates, die einem Rechtsetzungsakt entsprechen«.

[596] Enger aber *Baach*, Mitwirkung (Fn. 147), S. 245, und *Classen* (Fn. 5), Art. 23 Rn. 78: Akte, die auf nationaler Ebene in Gesetzesform beschlossen werden könnten; *Uerpmann-Wittzack* (Fn. 3), Art. 23 Rn. 82: materiell rechtsetzende, Gegenstände der Gesetzgebung betreffende Akte; ähnlich *Hobe* (Fn. 202), Art. 23 Rn. 65; *Kretschmer* (Fn. 533), Art. 45 Rn. 68 f., 108; *Lang*, Mitwirkungsrechte (Fn. 2), S. 291 f.

[597] So aber *Baach*, Mitwirkung (Fn. 147), S. 151 f. (gleichwohl für weitreichende parlamentarische Bindungsmöglichkeiten in diesem Bereich, S. 149 ff.); *Classen* (Fn. 5), Art. 23 Rn. 78; *Schorkopf* (Fn. 12), Art. 23 Rn. 156.

Wortlauts unverbindliche Handlungsformen[598]. Entsprechende Lücken schließt freilich die Mitwirkungsbefugnis an allen Angelegenheiten der EU gemäß Art. 23 II 1 GG und das allgemeine Stellungnahmerecht des Bundestages[599]; dementsprechend rekurriert das EUZBBG für Beteiligungsrechte auf den weit gefassten Vorhabenbegriff (§ 5 EUZBBG)[600].

Im Interesse einer effektiven Mitwirkung des Bundestages ist die **Gelegenheit zur Stellungnahme** gemäß Art. 23 III 1 GG und § 8 I 1 EUZBBG bereits vor Mitwirkungshandlungen der Bundesregierung auf europäischer Ebene einzuräumen, und es muss, wie dies § 8 III EUZBBG vorsieht, auch eine Aktualisierung der Stellungnahme zugelassen werden. Fristen für die Stellungnahme müssen eine angemessene Befassung ermöglichen, aber auch dem Zeitrahmen auf europäischer Ebene (siehe etwa im ordentlichen Gesetzgebungsverfahren Art. 294 VIII, X, XIIIf. AEUV) Rechnung tragen (vgl. auch § 8 I 2 EUZBBG)[601]. 131

Die **Berücksichtigungspflicht** und damit auch das Stellungnahmerecht erstreckt sich ausweislich der Gesetzesbegründung auf »den gesamten Prozeß der Willensbildung auf europäischer Ebene zu Rechtsetzungsakten der EU (vom Beginn bis zur Schlußabstimmung)«[602]. Sie verlangt eine **Befassung, Er- und Abwägung sowie eine Begründung bei Abweichung**, impliziert aber **keine rechtliche Bindung**[603]. So spricht die Gesetzesbegründung von einer politischen Bindung[604], und konnte sich eine weitergehende Bindung der Bundesregierung an die Stellungnahme des Bundestages in der Verfassungskommission wegen des Einwands eines verfassungswidrigen Übergriffs in exekutive Kernkompetenzen nicht durchsetzen[605]. Dieses Auslegungsergebnis bestätigt auch ein systematischer Vergleich mit den Mitwirkungsrechten des Bundesrates, die das weitergehende Institut der maßgeblichen Berücksichtigung vorsehen. Angesichts dieses verfassungsrechtlichen Ausgangsbefunds kann der Bundestag die Bundesregierung auch nicht im Einzelfall durch ein **Mandatsgesetz** inhaltlich binden[606]; die gegenteilige Regelung in § 8 IntVG widerspricht dem nicht, da es sich bei diesem 132

---

[598] *Jarass*/*Pieroth*, GG, Art. 23 Rn. 51; *Schorkopf* (Fn. 12), Art. 23 Rn. 156f. Weiter aber *C. Calliess*, NVwZ 2012, 1 (5f.).
[599] *Lang*, Mitwirkungsrechte (Fn. 2), S. 311 ff.; *Schorkopf* (Fn. 12), Art. 23 Rn. 153.
[600] *Scholz* (Fn. 5), Art. 23 Rn. 147f.
[601] *Classen* (Fn. 5), Art. 23 Rn. 80; *Streinz* (Fn. 5), Art. 23 Rn. 113.
[602] Begründung EU-Sonderausschuss (Fn. 179), BT-Drs. 12/3896, S. 19; ferner *Classen* (Fn. 5), Art. 23 Rn. 79; *Jarass*/*Pieroth*, GG, Art. 23 Rn. 51.
[603] Begründung EU-Sonderausschuss (Fn. 179), BT-Drs. 12/3896, S. 22; *Classen* (Fn. 5), Art. 23 Rn. 81; *Jarass*/*Pieroth*, GG, Art. 23 Rn. 53; *Schorkopf* (Fn. 12), Art. 23 Rn. 162 ff.; *Streinz* (Fn. 5), Art. 23 Rn. 114; *Uerpmann-Wittzack* (Fn. 3), Art. 23 Rn. 86. Im Ergebnis ebenso, aber differenziert *Rath*, Entscheidungspotenziale (Fn. 15), S. 43 ff., 247 ff. De lege ferenda gegen eine weitere Stärkung *C. Mellein*, EuR-Beiheft 1/2011, 13 (37); dafür DJT, Beschl. VIII 40, NJW 2004, 3241 (3248); *Baach*, Mitwirkung (Fn. 147), S. 219f.
[604] Begründung EU-Sonderausschuss (Fn. 179), BT-Drs. 12/3896, S. 19.
[605] S. *Schmalenbach*, Europaartikel (Fn. 5), S. 150 ff., und BVerfGE 131, 152 (203f., Rn. 110). Differenziert *Rath*, Entscheidungspotenziale (Fn. 15), S. 43 ff., 247 ff. Für eine Stärkung de lege ferenda *P. M. Huber*, ZG 21 (2006), 354 (367f.); *Kaufmann*, Integration (Fn. 320), S. 457 ff.
[606] *Baach*, Mitwirkung (Fn. 147), S. 70; *Dann*, Parlamente (Fn. 329), S. 260f.; *Kaufmann*, Integration (Fn. 320), S. 456f.; *Pernice* → Bd. II², Art. 23 Rn. 104; *Schorkopf* (Fn. 12), Art. 23 Rn. 175. A.A. *Bruckmann*, Legitimation (Fn. 219), S. 339 ff.; *Jarass*/*Pieroth*, GG, Art. 23 Rn. 54; *Rath*, Entscheidungspotenziale (Fn. 15), S. 103 ff.; *Scholz* (Fn. 5), Art. 23 Rn. 160. Offen gelassen von *Kretschmer* (Fn. 533), Art. 45 Rn. 132 (gleichwohl kritisch mit Blick auf Praktikabilität); *Streinz* (Fn. 5), Art. 23 Rn. 115.

Art. 23 C. Erläuterungen

um einen einer Primärrechtsänderung gleichgestellten Fall handelt, der in den Anwendungsbereich des Art. 23 I 2 GG fällt (→ Rn. 48).

133 Gleichwohl hat die **Forderung nach einer stärkeren Rechtsstellung des Bundestages** in einer **Kompromisslösung auf einfach-gesetzlicher Ebene** ihren Niederschlag gefunden[607]: Trotz des Verfassungswortlauts (»berücksichtigt«) sieht § 8 II 1 EUZBBG nämlich vor, dass die Bundesregierung die Stellungnahme des Bundestages, wie auf der Verfassungsebene zuvor gefordert, aber abgelehnt (→ Rn. 5, 132), »ihren Verhandlungen zugrunde[legt]«; überdies ist bei Nichtdurchsetzbarkeit einzelner wesentlicher Belange ein »**Parlamentsvorbehalt**« – seit 2013 nicht erst im Rat, sondern schon in den Verhandlungen[608] – einzulegen (§ 8 IV 1), woraufhin sich die Bundesregierung innerstaatlich um ein Einvernehmen mit dem Bundestag *bemühen* muss (§ 8 IV 2–5). Unbeschadet dessen bleibt eine Abweichung von der Stellungnahme des Bundestages »aus wichtigen außen- oder integrationspolitischen Gründen« stets möglich (§ 8 IV 6). § 8 V normiert Berichtspflichten nach der Beschlussfassung. Angesichts der (Wortlaut-)Divergenz von Art. 23 III 1 GG und § 8 EUZBBG verwundert es nicht, dass diese Regelung für verfassungswidrig[609], jedenfalls aber für verfassungskonform auf eine schlichte Berücksichtigungspflicht reduktionsbedürftig[610] erachtet wird; auch der Bundesrat hat erfolglos den Vermittlungsausschuss angerufen (→ Rn. 5). Diese Bedenken greifen jedoch trotz der parlamentsfreundlichen Ausgestaltung im EUZBBG, auch mit Blick auf den durch Art. 23 III 2 GG eröffneten Konkretisierungsspielraum, nicht durch, da es – einmal abgesehen vom angestrebten Ausgleich auf einfach-gesetzlicher Ebene[611] – beim **Letztentscheidungsrecht der Bundesregierung** verbleibt[612]. So hält auch die Gesetzesbegründung fest, dass sich das »Zugrundelegen« lediglich auf »den Anfang dieses Willensbildungsprozesses« bezieht[613]. Schließlich lässt sich auch über den Inhalt der Stellungnahme die Intensität der Berücksichtigung steuern[614].

134 Die im Vergleich zu Art. 23 I 2 GG schwächere Position des Bundestages bei der **Aufnahme von Verhandlungen über Beitritte und Vertragsänderungen** (§ 9 EUZBBG) sowie seit 2013 auch hinsichtlich der Euro-Einführung in einem Mitgliedstaat (§ 9a EUZBBG), die in der Abweichungsmöglichkeit der Bundesregierung von Stellungnahmen »aus wichtigen außen- oder integrationspolitischen Gründen« zum Ausdruck kommt, ist mit Blick auf die Verhandlungsführung durch die Bundesregierung und die

---

[607] Näher zur Genese dieser Kompromissformel *Lang*, Mitwirkungsrechte (Fn. 2), S. 308 ff.; *Rath*, Entscheidungspotenziale (Fn. 15), S. 47 ff.; *Schmalenbach*, Europaartikel (Fn. 5), S. 150 ff.
[608] S. *H. Schröder*, ZParl. 44 (2013), 803 (810 f.).
[609] *Baach*, Mitwirkung (Fn. 147), S. 217 f.; *Pernice* → Bd. II², Art. 23 Rn. 105 (zusätzlich europarechtswidrig); *Rath*, Entscheidungspotenziale (Fn. 15), S. 243 ff.; *Uerpmann-Wittzack* (Fn. 3), Art. 23 Rn. 86 (Parlamentsvorbehalt). Kritisch auch *R. Breuer*, NVwZ 1994, 417 (426).
[610] *L. Saberzadeh*, in: v. Arnauld/Hufeld (Fn. 59), III/11 Rn. 34 f.; *Scholz* (Fn. 5), Art. 23 Rn. 158.
[611] S. *Rath*, Entscheidungspotenziale (Fn. 15), S. 50; *Schmalenbach*, Europaartikel (Fn. 5), S. 152.
[612] Begründung EU-Sonderausschuss (Fn. 179), BT-Drs. 12/3896, S. 24; *C. Calliess*, ZG 25 (2010), 1 (20, 24 ff.); *Heyde* (Fn. 499), Art. 23 Rn. 92; *König*, Übertragung (Fn. 5), S. 392 f.; *Lang*, Mitwirkungsrechte (Fn. 2), S. 308 ff., 356 ff.; *F. Möller/M. Limpert*, ZG 28 (2013), 44 (53); *Müller-Terpitz*, Beteiligung (Fn. 15), S. 240 f.; ferner – gleichwohl von einer verfassungskonformen Auslegung sprechend – *Hobe* (Fn. 202), Art. 23 Rn. 68; *Kamann*, Mitwirkung (Fn. 147), S. 78; *Schorkopf* (Fn. 12), Art. 23 Rn. 167, 170, und *Streinz* (Fn. 5), Art. 23 Rn. 114; ferner – allerdings unter Betonung des entgegenstehenden Wortlauts, nur wegen der dadurch erreichten demokratischen Rückkoppelung und unter dem Vorbehalt effektiver Interessenwahrung – *Classen* (Fn. 5), Art. 23 Rn. 81.
[613] Begründung EU-Sonderausschuss (Fn. 179), BT-Drs. 12/3896, S. 19. S. auch *Rath*, Entscheidungspotenziale (Fn. 15), S. 50; *Schmalenbach*, Europaartikel (Fn. 5), S. 153 f.
[614] S. Begründung EU-Sonderausschuss (Fn. 179), BT-Drs. 12/3896, S. 24. Für Österreich → Rn. 28.

Vielschichtigkeit des Verhandlungsprozesses prinzipiell verfassungskonform (zu dessen abzulehnender Anwendbarkeit im Kontext des IntVG: → Rn. 51)[615]; über ein eindeutig und endgültig ablehnendes Votum darf sich die Bundesregierung jedoch aus Gründen der Organtreue nicht hinwegsetzen, da die Aushandlung eines nicht ratifikationsfähigen Vertrags integrationspolitisch misslich ist und vollendete Tatsachen schaffen kann[616].

c) Verbindungsbüro, Parlamentspraxis

Seit 2007 besteht ein **Verbindungsbüro des Deutschen Bundestages in Brüssel**. Seine Tätigkeit ist von Art. 23 II, III und Art. 12 EUV legitimiert[617] und hat 2013 in § 11 EUZBBG ausdrücklich Anerkennung gefunden. Ein abschließender Blick auf die Parlamentspraxis ergibt für die 16. Wahlperiode 3.950 **EU-Vorlagen** (17. WP: 4.258), von denen 62 dem Plenum als Beschlussempfehlung vorgelegt wurden; 2010 nahm das Plenum sechs von sieben Beschlussempfehlungen respektive Entschließungsanträgen als Stellungnahme i. S. d. Art. 23 III 1 GG an[618].

4. Beteiligung der Länder durch den Bundesrat (Art. 23 IV–VII GG)

Als **Formen** der Länderbeteiligung durch den Bundesrat, deren Hintergrund einleitend aufgezeigt sei (a), sieht Art. 23 GG neben der allgemeinen Mitwirkungsbefugnis des Absatzes 4 (b) ein nach dem jeweiligen Betroffensein von Länderbelangen gestuftes Stellungnahmerecht (c) sowie die ausnahmsweise Außenvertretung Deutschlands durch einen Ländervertreter vor (d); daneben bestehen weitere Mitwirkungsrechte (e).

a) Hintergrund

Bereits **vor Einführung des Art. 23 GG** hat der Grundsatz des bundesfreundlichen Verhaltens i.V.m. Art. 24 I und 70 I GG die Bundesregierung verpflichtet, als »Sachwalter der Länder« bei der ihr obliegenden Außenvertretung Deutschlands die Position der Länder zu berücksichtigen und mit ihnen zu kooperieren, wenn deren Gesetzgebungsbefugnisse betroffen sind[619]. Die Normierung entsprechender Mitwirkungs-

---

[615] S. *Scholz* (Fn. 5), Art. 23 Rn. 151.
[616] *Schorkopf* (Fn. 12), Art. 23 Rn. 171. Für weitergehende Bindungsmöglichkeiten auch *Baach*, Mitwirkung (Fn. 147), S. 149 ff. Zur Parlamentspraxis *B. Daiber*, ZParl. 43 (2012), 293 (298 ff.); *K. Rohleder*, ZG 26 (2011), 105 (118 ff.).
[617] Vgl. auch *Uerpmann-Wittzack* (Fn. 3), Art. 23 Rn. 72 (nicht Art. 23 II GG), 80.
[618] S. BT, Datenhandbuch, Kapitel 10.8 (Unionsvorlagen), http://www.bundestag.de/blob/196212/c57dae16c5646b35ff90f9417a231b51/kapitel_10_08_unionsvorlagen-data.pdf (28.3.2015); *K. Rohleder*, ZG 26 (2011), 105 (113).
[619] BVerfGE 92, 203 (230 f., 235 f.). Das Schrifttum beurteilt das »Ob« und »Wie« einer Kompensationsnotwendigkeit kontrovers: befürwortend *A. Bleckmann*, RIW/AWD 1978, 144 (147); *Klein*, Verfassungsstaat (Fn. 7), S. 91 ff.; *Lang*, Mitwirkungsrechte (Fn. 2), S. 236 f.; *G. Ress*, EuGRZ 1986, 549 (555 ff.); *Scholz* (Fn. 5), Art. 23 Rn. 145; *Streinz* (Fn. 5), Art. 23 Rn. 14, 104; *ders.*, DVBl. 1990, 949 (962 f.); lediglich Unterrichtungspflichten annehmend: *Ipsen*, Bundesstaat (Fn. 292), S. 254 f.; nur Informations- und Anhörungsrecht *v. Simson/Schwarze* (Fn. 5), § 4 Rn. 83 ff.; Information und Konsultation: *Tomuschat* (Fn. 68), Art. 24 Rn. 106; ferner *U. Fastenrath*, Kompetenzverteilung im Bereich der auswärtigen Gewalt, 1986, S. 168 ff. Restriktiv (anders bei Nähe zu Art. 79 III GG) *A. Bleckmann*, RIW/AWD 1978, 144 (145 ff.); *Mosler*, Internationale Organisation (Fn. 8), S. 298 ff. Ablehnend *J. A. Frowein*, Bundesrat, Länder und europäische Einigung, in: Bundesrat (Hrsg.), Vierzig

befugnisse[620] wurde bereits (und zunächst erfolglos) im Kontext der Ratifikation des EGKS-Vertrags im Jahre 1951 eingefordert[621]; Art. 2 des Ratifikationsgesetzes zu den Römischen Verträgen vom 25.3.1957[622] sah dann eine laufende Unterrichtung des Bundesrates vor (**Zuleitungsverfahren**), die 1979 durch das Stellungnahmerechte vermittelnde **Länderbeteiligungsverfahren** ergänzt wurde[623]. Angesichts des aus dem Erfordernis eines Einvernehmens aller Länder resultierenden Koordinierungsaufwands führte Art. 2 des Gesetzes über die Einheitliche Europäische Akte vom 19.12.1986[624] ein **Bundesrats-Verfahren** ein, das die Bund-Länder-Vereinbarung vom 17.12.1987[625] näher ausgestaltete[626]. Art. 23 II, IVff. GG hat dann die **Beteiligung des Bundesrates** nicht nur **verfassungskräftig verankert**, sondern auch **inhaltlich erweitert**[627], was (auch) auf die starke Verhandlungsposition der Länder (Erfordernis einer Zwei-Drittel-Mehrheit im Bundesrat für die im Kontext der Maastrichter Vertragsreform notwendigen Verfassungsänderungen) zurückzuführen ist (→ Rn. 3).

138 Ausweislich der Gesetzesbegründung »verbindet« diese Regelung »den fortschreitenden europäischen Integrationsprozeß mit dem innerstaatlichen föderativen Kompetenzsystem und trägt der Länderstaatlichkeit Rechnung.«[628] Der verfassungsändernde Gesetzgeber hat die **Kompensationsfunktion** betont: »Was an Kompetenzen der Länder an die Europäische Union abwandert, lebt im innerstaatlichen Gefüge als Mitwirkungsrecht des Bundesrates fort.«[629] Zu unterscheiden sind zwei Kompensationsanlässe: Einbußen drohen nämlich sowohl hinsichtlich eigener Gesetzgebungsbefugnisse der Länder als auch, wie beim Bundestag, bei der Mitwirkung der Länder an

---

Jahre Bundesrat, 1989, S. 285ff. (295). Im Überblick (und vorsichtig positiv) *M. Schröder*, JöR n. F. 85 (1986), 83 (97ff.).

[620] Zur Entwicklung *König*, Übertragung (Fn. 5), S. 115ff.; *Lang*, Mitwirkungsrechte (Fn. 2), S. 32ff.; *Müller-Terpitz*, Beteiligung (Fn. 15), S. 51ff.; *Schmalenbach*, Europaartikel (Fn. 5), S. 104ff.

[621] BR, 61. Sitzung v. 27.6.1951, Sitzungsbericht, S. 445 C (*Arnold*); Beschl. des BR v. 27.6.1951, Ziff. 5 (Anlage 4 zu BT-Drs. 1/2401, S. 4); *H. Mosler*, HStR VII, § 175 Rn. 68 m. Fn. 105; *Schorkopf* (Fn. 12), Art. 23 Rn. 2 (in Rn. 2ff. auch umfassend zum Folgenden).

[622] BGBl. II, S. 753. Näher *Lang*, Mitwirkungsrechte (Fn. 2), S. 32ff.

[623] Briefwechsel zwischen dem Bundeskanzler und dem Vorsitzenden der Ministerpräsidentenkonferenz v. 19. und 26.9.1979 (abgedruckt als Dok. 5 im Anhang bei R. Hrbek/U. Thaysen [Hrsg.], Die Deutschen Länder und die Europäischen Gemeinschaften, 1986, S. 237). Zu deren mangelnder Effektivität *R. W. Strohmeier*, DÖV 1988, 633 (633f.).

[624] BGBl. II, S. 1102.

[625] Vereinbarung zwischen der Bundesregierung und den Regierungen der Länder v. 17.12.1987, GMBl. 1989, 697 (698).

[626] Näher zu diesem (und auch zur verfassungsrechtlichen Problematik) *Frowein*, Bundesrat (Fn. 619), S. 291ff.; *Lang*, Mitwirkungsrechte (Fn. 2), S. 51ff.; *Müller-Terpitz*, Beteiligung (Fn. 15), S. 76ff.; die Zulässigkeit eines Bundesratsverfahrens angesichts von zu kompensierenden Kompetenzverlusten der Länder problematisierend *G. Ress*, EuGRZ 1986, 549 (557f.) – a. A. *H. Mosler*, HStR VII, § 175 Rn. 74.

[627] Begründung in Entwurf der BReg. v. 2.10.1992 (BT-Drs. 12/3338), S. 5. Zur Verfassungskonformität *König*, Übertragung (Fn. 5), S. 376ff.

[628] Begründung in Entwurf der BReg. v. 2.10.1992 (BT-Drs. 12/3338), S. 6. Eine Majorisierung im Bereich ausschließlicher Länderzuständigkeiten für unzulässig erachtend *H.-J. Schütz*, BayVBl. 1990, 518 (523).

[629] Begründung EU-Sonderausschuss (Fn. 179), BT-Drs. 12/3896, S. 20. Zur verfassungsrechtlichen Fundierung *Lang*, Mitwirkungsrechte (Fn. 2), S. 131ff.; kritisch zum Kompensationsargument wegen einer Erweiterung der Handlungsmöglichkeiten durch die europäische Kooperation *I. Pernice*, Die Beteiligung der Länder in Angelegenheiten der Europäischen Union, WHI-Paper 8/04, S. 7; ferner – mit Blick auf die Bundeskompetenz beim auswärtigen Handeln (Art. 24 I, 32 GG) – *Fastenrath* (Fn. 619), S. 169ff.; *v. Simson/Schwarze* (Fn. 5), § 4 Rn. 87.

V. Mitwirkung von Bundestag und Bundesrat (Art. 23 II–VI GG)   Art. 23

der Bundesgesetzgebung über den Bundesrat[630]. Die Regelung bleibt hinter **weitergehenden Länderforderungen** zurück (siehe etwa den Entwurf des Art. 24 GG der Kommission Verfassungsreform des Bundesrates) und ist Ausdruck eines – sprachlich nicht vollends geglückten – Kompromisses zwischen divergierenden gesamt- und gliedstaatlichen Interessen (zur Diskussion im Kontext der Föderalismusreform I: → Rn. 7)[631].

Mitwirkungsbefugt sind nicht die Länder, sondern – in Einklang mit Art. 32 I GG[632] und auch aus Effektivitätsgründen[633] – diese über das **Bundesorgan Bundesrat** (→ Art. 50 Rn. 17)[634]. Schon im Titel des EUZBLG, aber auch in Einzelregelungen (s. etwa § 5 II 4, § 6 I oder Ziff. I.2. Anlage zu § 9 EUZBLG) klingen freilich – wie auch im Begriff des Ländervertreters (Art. 23 VI GG) – teils gegenläufige Tendenzen an[635]. Aus der **Mediatisierung der Länder** durch den Bundesrat folgt, dass diesen **keine unmittelbaren Beteiligungsrechte** zustehen und ein einzelnes Land damit auch grundsätzlich keine Verfassungsrechtsbehelfe aus eigenem Recht ergreifen kann[636]. Im Interesse eines effektiven Schutzes der Länderrechte ist allerdings, wie hinsichtlich des Organstreits für Minderheitsfraktionen zugunsten von Rechten des Bundestages auch (→ Art. 93 Rn. 53), eine **Prozessstandschaft** jedes einzelnen Landes für Rechte des Organs Bundesrat anzuerkennen, die zusätzlich durch die Bündelungsfunktion des Bundesrates hinsichtlich Länderinteressen gestützt wird (Art. 23 II 1, 50 GG)[637]; denn auch hier besteht die Gefahr, dass eine der politischen Couleur der Bundesre-

139

---

[630] Zu dieser doppelten Betroffenheit auch *Baach*, Mitwirkung (Fn. 147), S. 231; *Müller-Terpitz*, Beteiligung (Fn. 15), S. 362.
[631] S. auch Begründung EU-Sonderausschuss (Fn. 179), BT-Drs. 12/3896, S. 17.
[632] *J. Isensee*, HStR³ VI, § 126 Rn. 252. Zur Verfassungskonformität insoweit *Lang*, Mitwirkungsrechte (Fn. 2), S. 234 ff.; *Müller-Terpitz*, Beteiligung (Fn. 15), S. 120 ff. Eine Modifikation des Art. 32 I GG annehmend *R. Wolfrum*, Kontrolle der auswärtigen Gewalt, VVDStRL 56 (1997), S. 38 ff. (58).
[633] *König*, Übertragung (Fn. 5), S. 355 ff., 383 ff.; *Müller-Terpitz*, Beteiligung (Fn. 15), S. 119 f.; verfassungsrechtliche Bedenken (Gewaltenteilung und Entscheidungslast) zurückweisend *Lang*, Mitwirkungsrechte (Fn. 2), S. 254 ff.
[634] S. auch Begründung EU-Sonderausschuss (Fn. 179), BT-Drs. 12/3896, S. 19. Im Kontext der EEA kritisch (Majorisierungsmöglichkeit; Kompetenzverluste der Landeslegislative, aber Vertretung der Exekutive; Bundesrat Bundesorgan) *H.-J. Schütz*, BayVBl. 1990, 518 (520). Teils wird betont, dass der Bundesrat nicht Länderinteressen treuhänderisch wahrnehme – so etwa *König*, Übertragung (Fn. 5), S. 383; *S. Oberländer*, Aufgabenwahrnehmung im Rahmen der EU durch Vertreter der Länder, 2000, S. 194: Bundesrat Werkzeug der Länder; ferner *F. Kirchhof*, DÖV 2004, 893 (895) –, sondern Deutschland als Bundesorgan nach außen vertritt (*Classen* [Fn. 5], Art. 23 Rn. 72; *J. Isensee*, HStR³ VI, § 126 Rn. 252). Differenzierend *Wolfrum*, Kontrolle (Fn. 632), S. 62: Beteiligung aus eigenem Recht (Mitwirkung an der Bundesgesetzgebung) und, soweit ausschließliche Landeskompetenzen betroffen, als Treuhänder der Länder.
[635] S. auch *Schorkopf* (Fn. 12), Art. 23 Rn. 145, 214.
[636] *Classen* (Fn. 5), Art. 23 Rn. 73; *Heyde* (Fn. 499), Art. 23 Rn. 83; ferner *Scholz* (Fn. 5), Art. 23 Rn. 139 (Grenze Bundestreue). A.A. (für den Bund-Länder-Streit) *K. Kruis*, Der neue Artikel 23 GG und das Bund-Länder-Verhältnis, in: FS Knöpfle, 1996, S. 161 ff. (165 ff.): bei besonderem Betroffensein eines Landes; *Lang*, Mitwirkungsrechte (Fn. 2), S. 266 f. (Rechte des Bundesrates); *Müller-Terpitz*, Beteiligung (Fn. 15), S. 121 ff., 126 f. (bei ausnahmsweiser besonderer Betroffenheit eines Landes oder wegen Treuhänderrolle des Bundesrates, wenn dessen Rechte verletzt); *Oberländer*, Aufgabenwahrnehmung (Fn. 634), S. 192 ff.; *O. Sauer*, NVwZ 2008, 52 (53) – in den Fällen der Art. 23 V 2 und VI GG, da in diesen Länderhoheit betroffen, und unter Verweis auf die Bündelungsfunktion der Bundesratsbeteiligung und die bezweckte Stärkung der Länderposition durch Einführung des Art. 23 GG; *Schorkopf* (Fn. 12), Art. 23 Rn. 225 (außerhalb von Art. 23 GG); *Streinz* (Fn. 5), Art. 23 Rn. 140. Zurückhaltend auch *Uerpmann-Wittzack* (Fn. 3), Art. 23 Rn. 73. Offen gelassen für die frühere einfach-gesetzliche Konkretisierung in BVerfGE 92, 203 (234 f.).
[637] Vgl. ferner *Lang*, Mitwirkungsrechte (Fn. 2), S. 267.

gierung entsprechende Bundesratsmehrheit keine Rechte gegen die Bundesregierung verteidigt[638].

b) Mitwirkung gemäß Art. 23 IV GG

140 Als **Grundregel** sieht Art. 23 IV GG eine Beteiligung des Bundesrates an der Willensbildung des Bundes vor, »soweit er an einer entsprechenden innerstaatlichen Maßnahme mitzuwirken hätte oder soweit die Länder innerstaatlich zuständig wären.« Die Verwendung des Begriffs »**Maßnahme**« unterstreicht, dass Mitwirkungsbefugnisse nicht lediglich bei Rechtsetzungsakten bestehen[639]. Bei Gesetzgebungsakten ist Art. 23 IV GG aufgrund des jedenfalls bestehenden Einspruchsrechts (Art. 77 III GG) stets einschlägig; hier ist entsprechend den speziellen Regelungen der Absätze 5 und 6 weiter zu differenzieren. Beim Erlass von Rechtsverordnungen normiert Art. 80 II GG ein gegenständlich beschränktes Mitwirkungsrecht des Bundesrates. Weit reichende Zuständigkeiten bestehen beim Verwaltungsvollzug (Art. 83 ff. GG). Im Übrigen ist nach einer Gesetzgebungs-, Verwaltungs- oder Rechtsprechungszuständigkeit für die jeweilige Materie zu fragen[640]. **Anwendungsfälle** des Art. 23 IV GG stellen die Beteiligung vom Bundesrat benannter Vertreter der Länder an Beratungen zur Festlegung der Verhandlungsposition (§ 4 I EUZBLG) und das Hinzuziehen von Ländervertretern in Beratungsgremien der Kommission und des Rates (§ 6 I EUZBLG; → Rn. 156) dar. Art. 23 IV GG kommt damit auch jenseits des Anwendungsbereichs der speziellen Absätze 5 und 6 zum Tragen[641].

c) Stellungnahmerecht des Bundesrates (Art. 23 V GG)

141 Die betroffene Gesetzgebungskompetenz[642] entscheidet, ob die Stellungnahme des Bundesrates einfach (aa) oder maßgebend (bb) zu berücksichtigen ist. Nachdem Art. 23 V 1 und 2 GG an Gesetzgebungszuständigkeiten, nicht aber an Gesetzgebungsakte anknüpfen, greifen sie **unabhängig von der Handlungsform** auf unionaler und nationaler Ebene (s. auch die Anknüpfung an den weiten Begriff des Vorhabens in § 5 I, II EUZBLG)[643]. Infolgedessen ist etwa auch die **Prozessführung** vor dem EuGH erfasst (→ Rn. 152, 158).

---

[638] S. auch *Uerpmann-Wittzack* (Fn. 3), Art. 23 Rn. 73; ferner BVerfGE 92, 203 (234f.): »Jedenfalls hat jedes Land, soweit es um die Wahrung seiner grundgesetzlich gewährleisteten Rechte geht, einen Anspruch darauf, daß die Bundesregierung das Verfahren des Art. 2 EEAG einhält und nach den Grundsätzen der Bundestreue handhabt. Soweit Art. 2 EEAG weitergehende Rechte enthält, stehen diese nur dem Bundesrat zu.« Klagemöglichkeiten erkennen auch die in Fn. 636 zitierten Gegenauffassungen an.

[639] S. auch Begründung EU-Sonderausschuss (Fn. 179), BT-Drs. 12/3896, S. 20; ferner *Uerpmann-Wittzack* (Fn. 3), Art. 23 Rn. 89, 95; *P. Wiater*, AöR 139 (2014), 497 (528). A.A. *Pernice* → Bd. II², Art. 23 Rn. 99, 107.

[640] S. *Classen* (Fn. 5), Art. 23 Rn. 84; *Jarass*/Pieroth, GG, Art. 23 Rn. 56.

[641] *Hillgruber* (Fn. 36), Art. 23 Rn. 71; *Schorkopf* (Fn. 12), Art. 23 Rn. 179, 184. A.A. (kein eigenständiger Gehalt) *Kunig*, Mitwirkung (Fn. 274), S. 599; *Müller-Terpitz*, Beteiligung (Fn. 15), S. 150f. (s. aber auch S. 298); *Pernice* → Bd. II², Art. 23 Rn. 106; *Uerpmann-Wittzack* (Fn. 3), Art. 23 Rn. 89.

[642] Allg. zur Abgrenzung am Beispiel von Handelsabkommen, die Kulturgüter betreffen (TTIP), *P. Wiater*, AöR 139 (2014), 497 (533ff.).

[643] *K. Füßer*, BayVBl. 2003, 513 (518f.); ferner *Classen* (Fn. 5), Art. 23 Rn. 86. A.A. *Pernice* → Bd. II², Art. 23 Rn. 99, 107.

V. Mitwirkung von Bundestag und Bundesrat (Art. 23 II–VI GG) Art. 23

aa) Einfache Berücksichtigung der Stellungnahme des Bundesrates (Art. 23 V 1 GG)

Die (einfache) Berücksichtigungspflicht des Art. 23 V 1 GG greift in **Angelegenheiten**, für die der Bund eine Gesetzgebungskompetenz besitzt, wobei bei einer ausschließlichen Bundeszuständigkeit zugleich Interessen der Länder berührt sein müssen. Dies ist schon bei Einbeziehung in den Verwaltungsvollzug gegeben[644]. Im Falle der konkurrierenden Gesetzgebung steht dem Bund das Gesetzgebungsrecht i.S.d. Art. 23 V 1 GG nur dann zu, wenn auch die Voraussetzungen der Erforderlichkeitsklausel (Art. 72 II GG), soweit diese einschlägig ist, erfüllt sind[645]. Die Pflicht zur **Berücksichtigung** der Stellungnahme des Bundesrates gemäß Art. 23 V 1 GG **verlangt**, wie hinsichtlich der Bundestagsposition auch (→ Rn. 132), dass »die Bundesregierung die Argumente der Länder zur Kenntnis nehmen, in ihre Entscheidungsfindung einbeziehen und sich mit ihnen auseinandersetzen muß. Sie ist jedoch nicht an die Länderstellungnahme gebunden.«[646] Weder § 5 I EUZBLG, der sich in einer Wiedergabe des Art. 23 V 1 GG erschöpft, noch die BLV-EU enthalten nähere Regelungen.

142

bb) Maßgebliche Berücksichtigung der Stellungnahme des Bundesrates (Art. 23 V 2, 3 GG)

(1) Anwendungsbereich

Maßgeblich ist die Stellungnahme des Bundesrates in Angelegenheiten zu berücksichtigen, die »im Schwerpunkt Gesetzgebungsbefugnisse der Länder, die Einrichtung ihrer Behörden oder ihre Verwaltungsverfahren« betreffen (Art. 23 V 2 GG). Unter die **erste Variante** fallen nach übereinstimmender Auffassung die ausschließlichen Länderzuständigkeiten sowie nach weithin geteilter Auffassung diejenigen Bereiche der konkurrierenden Gesetzgebung, für die kein Erfordernis einer bundesgesetzlichen Regelung i.S.d. Art. 72 II GG besteht[647]. Hinsichtlich sonstiger konkurrierender Zuständigkeiten ist umstritten, ob für eine maßgebliche Berücksichtigung genügt, dass der Bund von ihnen noch keinen Gebrauch gemacht hat und damit die Länder gemäß Art. 72 I GG gesetzgeberisch tätig werden könnten. Der dies bejahenden Auffassung des Bundesrates[648] ist die Bundesregierung im Gesetzgebungsverfahren entgegengetreten: »Andernfalls würden sich Satz 1 und Satz 2 teilweise überschneiden. Im übrigen würde eine weiterreichende maßgebliche Berücksichtigung der Stellungnahme des Bundesrates nicht der föderativen Beteiligungslage nach dem Grundsatz des Artikel 23 Abs. [4] GG entsprechen, zumal die Art der Ländermitwirkung sonst von der Zufälligkeit abhinge, ob der Bund von seinem Gesetzgebungsrecht tatsächlich Gebrauch gemacht hat bzw. er – in Erwartung einer EG-Maßnahme – davon noch Ge-

143

---

[644] *Classen* (Fn. 5), Art. 23 Rn. 87; *Uerpmann-Wittzack* (Fn. 3), Art. 23 Rn. 91. Für eine Darlegungslast des Bundesrates *Pernice* → Bd. II², Art. 23 Rn. 109.
[645] Begründung in Entwurf der BReg. v. 2.10.1992 (BT-Drs. 12/3338), S. 8; ferner *Pernice* → Bd. II², Art. 23 Rn. 109; *Streinz* (Fn. 5), Art. 23 Rn. 119.
[646] Begründung in Entwurf der BReg. v. 2.10.1992 (BT-Drs. 12/3338), S. 8. Ebenso Begründung EU-Sonderausschuss (Fn. 179), BT-Drs. 12/3896, S. 20; ferner *Classen* (Fn. 5), Art. 23 Rn. 88; *Pernice* → Bd. II², Art. 23 Rn. 110; *Uerpmann-Wittzack* (Fn. 3), Art. 23 Rn. 92.
[647] Begründung in Entwurf der BReg. v. 2.10.1992 (BT-Drs. 12/3338), S. 8; Begründung EU-Sonderausschuss (Fn. 179), BT-Drs. 12/3896, S. 20; *Pernice* → Bd. II², Art. 23 Rn. 111; *Scholz* (Fn. 5), Art. 23 Rn. 168; *Streinz* (Fn. 5), Art. 23 Rn. 119. A.A. (vollständige Ausklammerung der konkurrierenden Gesetzgebung) *Uerpmann-Wittzack* (Fn. 3), Art. 23 Rn. 93.
[648] Stellungnahme des Bundesrates zum Entwurf der BReg. v. 2.10.1992 (BT-Drs. 12/3338), S. 12.

brauch macht.«⁶⁴⁹ Die Position der Bundesregierung, die eine klare Abgrenzung auf GG-Ebene für sich hat und im Schrifttum weitgehend geteilt wird⁶⁵⁰, ist in § 5 II 1 EUZBLG Gesetz geworden; hierin ist mit Blick auf die Offenheit des GG-Wortlauts, Belange der Rechtssicherheit und den schließlich erzielten Kompromiss eine verfassungskonforme Konkretisierung zu sehen (→ Art. 32 Rn. 32). Mit Blick auf die im Ergebnis vorrangige Regelungsbefugnis der Länder sind allerdings Materien der **Abweichungsgesetzgebung** (Art. 72 III GG) unter Art. 23 V 2 GG einzuordnen (vgl. auch § 5 II Nr. 3 IntVG; Ziff. III der 2. Anlage zu § 9 EUZBLG)⁶⁵¹.

144 Angesichts des – auch bei der Durchführung von Unionsrecht – geltenden Regelfalls eines Verwaltungsvollzugs durch die Länder (Art. 83 GG analog → Art. 83 Rn. 5 ff.) ist für die **zweite und dritte Variante** des Art. 23 V 2 GG eine qualifizierte Betroffenheit von Behördenorganisation oder Verwaltungsverfahren erforderlich: »Es müssen die Einrichtung der Behörden oder das Verwaltungsverfahren ›betroffen‹, nicht nur ›berührt‹ sein, d. h. die Maßnahme der Europäischen Union muß ins Gewicht fallende Auswirkungen auf die bestehende Struktur der Behörden oder das Verwaltungsverfahren haben (z. B. Änderungen des Behördenaufbaus, zusätzliche arbeitsintensive Verfahrensschritte).«⁶⁵²

145 In allen drei Varianten muss schließlich die Landeskompetenz **im Schwerpunkt** betroffen sein, »d. h. bei einer Gesamtschau müssen diese Materien im Mittelpunkt stehen oder ganz überwiegend den Regelungsgegenstand bilden.«⁶⁵³ Es genügt, wie auch der Wortlaut des Art. 23 V 2 GG (»insoweit«) bestätigt, dass eine schwerpunktmäßige Betroffenheit für selbstständige Teile eines Gesamtvorhabens zu bejahen ist, ohne dass es auf eine Betrachtung des Gesamtvorhabens ankäme⁶⁵⁴; in diesem Umfang besteht dann eine gesteigerte Berücksichtigungspflicht (→ Rn. 146, 154). Nach Ziff.

---

⁶⁴⁹ Begründung in Entwurf der BReg. v. 2.10.1992 (BT-Drs. 12/3338), S. 8, ferner 14 f. (Gegenäußerung); ebenso Begründung in EUZBLG-E der BReg. v. 22.10.1992 (BT-Drs. 12/3540), S. 5 f.; Begründung EU-Sonderausschuss (Fn. 179), BT-Drs. 12/3896, S. 20 (Bezug nicht eindeutig) und 25 (unter Verweis auf eine entsprechende Absprache zwischen Bundesregierung und Ländern).

⁶⁵⁰ *Classen* (Fn. 5), Art. 23 Rn. 89; *W. Fischer*, ZParl. 24 (1993), 32 (42 f.); *Hillgruber* (Fn. 36), Art. 23 Rn. 77 f.; *Hobe* (Fn. 202), Art. 23 Rn. 77; *Kunig*, Mitwirkung (Fn. 274), S. 600 f.; *Lang*, Mitwirkungsrechte (Fn. 2), S. 161 ff., 171 f.; *Müller-Terpitz*, Beteiligung (Fn. 15), S. 184 ff.; *Scholz* (Fn. 5), Art. 23 Rn. 168 (mit Ausnahme einer erfolgten Regelung durch alle Landesgesetzgeber); *Saberzadeh* (Fn. 610), III/11 Rn. 42. A. A. *R. Scholz*, NJW 1992, 2593 (2599 f.) – aufgegeben; ferner – im Ergebnis, da in diesem Fall regelmäßig die Erforderlichkeit verneinend – *Oberländer*, Aufgabenwahrnehmung (Fn. 634), S. 109 ff., 122. Differenzierend: *Jarass*/*Pieroth*, GG, Art. 23 Rn. 59: Länderregelung in diesem Bereich vorhanden. Näher zur Diskussion und den Kompromisscharakter des § 5 II 1 EUZBLG betonend *Müller-Terpitz*, Beteiligung (Fn. 15), S. 182 ff.; *Schmalenbach*, Europaartikel (Fn. 5), S. 123 ff.

⁶⁵¹ *Classen* (Fn. 5), Art. 23 Rn. 89; *Uerpmann-Wittzack* (Fn. 3), Art. 23 Rn. 94; ferner *Schorkopf* (Fn. 12), Art. 23 Rn. 193. Differenzierend *Scholz* (Fn. 5), Art. 23 Rn. 168 (Abweichungsmöglichkeit genügt nicht, vielmehr Abweichung aller Länder erforderlich). A. A. *Saberzadeh* (Fn. 610), III/11 Rn. 42.

⁶⁵² Begründung in Entwurf der BReg. v. 2.10.1992 (BT-Drs. 12/3338), S. 9; ferner *Classen* (Fn. 5), Art. 23 Rn. 89, und – zur Diskussion im Kontext der Verfassungsreform – *Schmalenbach*, Europaartikel (Fn. 5), S. 121 ff. Zum Begriff des Verwaltungsverfahrens BVerfGE 75, 108 (152).

⁶⁵³ Begründung in Entwurf der BReg. v. 2.10.1992 (BT-Drs. 12/3338), S. 9; ferner *Classen* (Fn. 5), Art. 23 Rn. 89. Für ein (allerdings nicht für das BVerfG maßgebliches) Evidenz-Kriterium *Müller-Terpitz*, Beteiligung (Fn. 15), S. 201.

⁶⁵⁴ *Baach*, Mitwirkung (Fn. 147), S. 237; *Uerpmann-Wittzack* (Fn. 3), Art. 23 Rn. 97. A. A. *Lang*, Mitwirkungsrechte (Fn. 2), S. 175; *Müller-Terpitz*, Beteiligung (Fn. 15), S. 198 f.; restriktiver auch *Scholz* (Fn. 5), Art. 23 Rn. 170.

V. Mitwirkung von Bundestag und Bundesrat (Art. 23 II–VI GG)   Art. 23

III.2. Anlage zu § 9 EUZBLG ist der **Regelungsschwerpunkt** »nicht nur quantitativ bestimmbar, sondern auch das **Ergebnis einer qualitativen Beurteilung**.«[655]

(2) Maßgebliche Berücksichtigung

Zunächst ist die Stellungnahme gemäß Art. 23 V 2 GG nur »**insoweit**« maßgeblich zu berücksichtigen, wie der betroffene Länderbelang reicht. Damit wird kein Einfluss auf das gesamte Vorhaben eröffnet, sondern nur »soweit Gesetzgebungsbefugnisse der Länder im oben genannten Sinne oder die Struktur der Behörden oder deren Verwaltungsverfahren betroffen sind.«[656] Scheidet eine Trennung – etwa wegen einer Gesamtabstimmung – aus, setzt sich wegen des schwerpunktmäßigen Betroffenseins von Länderbelangen die Bundesratsposition insgesamt durch[657]. 146

In der Sache verlangt die Pflicht zur **maßgeblichen Berücksichtigung** der Stellungnahme des Bundesrates gemäß Art. 23 V 2 GG, dass die Länderposition für die Bundeshaltung unter bestimmten Voraussetzungen maßgebend i. S. v. letztentscheidend sein muss[658]. Der verfassungsändernde Gesetzgeber verweist insoweit auf die Empfehlungen der GVK, nach denen »zunächst Bundesrat und Bundesregierung den Versuch unternehmen [sollen], Einvernehmen herzustellen; wenn dies nicht gelingt, soll die Bundesregierung an eine mit Zweidrittelmehrheit vom Bundesrat gebildete Auffassung gebunden sein.«[659] § 5 II 3–5 EUZBLG setzt dies einfach-gesetzlich um. Dieses **Letztentscheidungsrecht des Bundesrates** stellt angesichts des Wortlauts »maßgeblich« und der klaren Anhaltspunkte in der Entstehungsgeschichte eine verfassungskonforme Konkretisierung dar, zumal eine restriktive Auslegung den Unterschied zwischen der schlichten und der maßgeblichen Berücksichtigung einebnete und Satz 3 ein Letztentscheidungsrecht der Bundesregierung als Ausnahme normiert[660]. Eine mit 147

---

[655] Für eine qualitative Betrachtung auch *Schorkopf* (Fn. 12), Art. 23 Rn. 195. Die Protokoll-Erklärung der Länder zur BLV-EU verweist »ergänzend auf den Briefwechsel zwischen dem damaligen Chef des Bundeskanzleramtes, Bundesminister Friedrich Bohl, und dem Chef der Staatskanzlei des damaligen MPK-Vorsitzlandes Thüringen, Staatssekretär Dr. Michael Krapp, datiert auf den 7. April 1997 sowie den 26. Mai 1997«, abgedruckt in: Bundesrat (Hrsg.), Handbuch des Bundesrates für das Geschäftsjahr 2011/2012, S. 205 ff.

[656] Begründung in Entwurf der BReg. v. 2.10.1992 (BT-Drs. 12/3338), S. 9; ferner *Classen* (Fn. 5), Art. 23 Rn. 91.

[657] *Müller-Terpitz*, Beteiligung (Fn. 15), S. 202 ff. (unter Betonung einer restriktiven Auslegung des Schwerpunktbegriffs).

[658] Begründung in Entwurf der BReg. v. 2.10.1992 (BT-Drs. 12/3338), S. 8; Bericht der GVK v. 5.11.1993 (BT-Drs. 12/6000), S. 23: »Mit diesem Ausdruck ist gemeint, daß sich die Ländermeinung im Streitfall durchsetzt, d. h. für die Bundeshaltung letztlich bestimmend ist«; *C. Calliess*, HStR³ IV, § 83 Rn. 64; *Müller-Terpitz*, Beteiligung (Fn. 15), S. 188 ff. m. w. N.; *P. Wiater*, AöR 139 (2014), 497 (530 f.). A.A. *Baach*, Mitwirkung (Fn. 147), S. 233; *B. Fassbender*, Der offene Bundesstaat. Studien zur auswärtigen Gewalt und zur Völkerrechtssubjektivität bundesstaatlicher Teilstaaten in Europa, 2007, S. 393 f.; *Pernice* → Bd. II², Art. 23 Rn. 113; *Streinz* (Fn. 5), Art. 23 Rn. 122 ff.; *Zuleeg* (Fn. 32), Art. 23 Rn. 59.

[659] Begründung in Entwurf der BReg. v. 2.10.1992 (BT-Drs. 12/3338), S. 8.

[660] *W. Fischer*, ZParl. 24 (1993), 32 (43 f.); *K. Füßer*, BayVBl. 2003, 513 (518); *Jarass/Pieroth*, GG, Art. 23 Rn. 59 (jedenfalls bezüglich wesentlicher Punkte; indes Zweifel hinsichtlich des Mehrheitserfordernisses); *Kunig*, Mitwirkung (Fn. 274), S. 601 f.; *Müller-Terpitz*, Beteiligung (Fn. 15), S. 205 ff.; *F. Ossenbühl*, DVBl. 1993, 629 (636); *Randelzhofer* (Fn. 40), Art. 24 I Rn. 208; *R. Scholz*, NJW 1992, 2593 (2597 f.); *ders.*, NVwZ 1993, 817 (823); *Schorkopf* (Fn. 12), Art. 23 Rn. 186, 188 f. (s. aber Rn. 211 f.); *P. Wiater*, AöR 139 (2014), 497 (530 f.); ferner – unter Ablehnung des Mehrheitserfordernisses – *Oberländer*, Aufgabenwahrnehmung (Fn. 634), S. 126 ff., *O. Sauer*, NVwZ 2008, 52 (52), und *Uerpmann-Wittzack* (Fn. 3), Art. 23 Rn. 98 (s. aber auch Rn. 99). A.A. *Classen* (Fn. 5), Art. 23

Art. 23 C. Erläuterungen

Zwei-Drittel-Mehrheit[661] durch den Bundesrat festgelegte Position bestimmt zugleich das **gesamtstaatliche Interesse i.S.d. Art. 23 V 2, 2. Halbs. GG**, womit aus dieser Vorschrift kein (ausnahmsweises) Letztentscheidungsrecht der Bundesregierung aufgrund anders bewerteter namentlich außen-, verteidigungs- oder integrationspolitischer Belange[662] abgeleitet werden kann[663]. Denn – abgesehen vom entsprechenden Willen des Verfassunggebers[664] – bezieht Art. 23 V 2, 2. Halbs. GG die gesamtstaatliche Verantwortung auf den Bund, worunter der Bundesrat als Bundesorgan fällt, und nicht auf die Bundesregierung, für die der Folgesatz im Übrigen ausdrücklich eine Vetoposition in Haushaltsangelegenheiten begründet; auch kannte Art. 2 III EEAG noch eine entsprechende Abweichungsbefugnis der Bundesregierung, die sich im EUZBLG nicht findet. Überdies erscheint angesichts der betroffenen Materien ein Eingriff in Kernbereiche der Exekutive fernliegend[665]. Freilich ist eine **der gesamtstaatlichen Verantwortung widersprechende Positionsbestimmung des Bundesrates** wegen eines Verstoßes gegen Art. 23 V 2, 2. Halbs. GG verfassungswidrig; hierauf kann sich die Bundesregierung indes nur unter Berücksichtigung des Letztentscheidungsrechts und damit auch einer Einschätzungsprärogative des Bundesrates berufen, mithin nur

---

Rn. 92 f.; *Pernice* → Bd. II², Art. 23 Rn. 112 ff.; *Zuleeg* (Fn. 32), Art. 23 Rn. 60. Offen *Hobe* (Fn. 202), Art. 23 Rn. 80 ff.

[661] Angesichts des Willens des Verfassunggebers ist hierin – in Zusammenschau mit der Konkretisierungsbefugnis des Art. 23 VII GG – eine ungeschriebene Abweichung von Art. 52 III 1 GG zu sehen, s. *Müller-Terpitz*, Beteiligung (Fn. 15), S. 215 ff.; *Schorkopf* (Fn. 12), Art. 23 Rn. 189; a. A. *Oberländer*, Aufgabenwahrnehmung (Fn. 634), S. 129 ff.; *O. Sauer*, NVwZ 2008, 52 (52); *Uerpmann-Wittzack* (Fn. 3), Art. 23 Rn. 98. De lege ferenda auch eine einfache Mehrheit für ausreichend erachtend *K. Füßer*, BayVBl. 2003, 513 (520); *Mayer*, Europafunktion (Fn. 147), S. 302.

[662] Zur entsprechenden Definition der gesamtstaatlichen Verantwortung: Begründung in Entwurf der BReg. v. 2.10.1992 (BT-Drs. 12/3338), S. 9: »Der Begriff ›gesamtstaatliche Verantwortung des Bundes‹ wird hier als Oberbegriff für die verschiedenen, typischerweise von der Bundesregierung im Verkehr mit dem Ausland zu beachtenden Gesichtspunkte (etwa der Integrations-, Außen- und Sicherheitspolitik) gebraucht.« Für ein weitergehendes Verständnis i. S. e. Einbeziehung aller gesamtstaatlichen Belange § 5 II 2 EUZBLG (»einschließlich«) *Müller-Terpitz*, Beteiligung (Fn. 15), S. 207 f.

[663] *Müller-Terpitz*, Beteiligung (Fn. 15), S. 205 ff.; *Oberländer*, Aufgabenwahrnehmung (Fn. 634), S. 136 ff.; *Schmalenbach*, Europaartikel (Fn. 5), S. 133; *R. Scholz*, NVwZ 1993, 817 (823); *ders.*, Bundesstaaten in der Europäischen Union – Deutschland und Österreich im Vergleich, in: FS Winkler, 1997, S. 1013 ff. (1023 f.); *Streinz* (Fn. 5), Art. 23 Rn. 125 (gleichwohl kein Letztentscheidungsrecht); ferner *C. Calliess*, HStR³ IV, § 83 Rn. 64; länderfreundlich auch *Lerche*, Position (Fn. 263), S. 764; *ders.*, AfP 1995, 632 (634). A.A. *Baach*, Mitwirkung (Fn. 147), S. 232 f.; *Classen* (Fn. 5), Art. 23 Rn. 94 (zwingende Gründe); *Hillgruber* (Fn. 36), Art. 23 Rn. 77 (auch wenn zur Interessendurchsetzung auf europäischer Ebene notwendig); *König*, Übertragung (Fn. 5), S. 353 ff. (Extremfall, namentlich Bruch von Europarecht); *Mayer*, Europafunktion (Fn. 147), S. 264 f.; *V. Roeben*, Außenverfassungsrecht. Eine Untersuchung zur auswärtigen Gewalt des offenen Staates, 2007, S. 358; *Saberzadeh* (Fn. 610), III/11 Rn. 43 (zwingende Gründe); *Scholz* (Fn. 5), Art. 23 Rn. 142, 174 (ungeschrieben); *Schorkopf* (Fn. 12), Art. 23 Rn. 211 f.; *Uerpmann-Wittzack* (Fn. 3), Art. 23 Rn. 99 (ultima ratio); *Zuleeg* (Fn. 32), Art. 23 Rn. 59; ferner – für eine vorrangige Konkretisierung durch die Bundesregierung – *Classen* (Fn. 5), Art. 23 Rn. 94; *Pernice* → Bd. II², Art. 23 Rn. 114.

[664] S. Begründung in Entwurf der BReg. v. 2.10.1992 (BT-Drs. 12/3338), S. 9: »Damit werden auch die Länder, wenn sie innerstaatlich die Willensbildung des Bundes entscheidend prägen, ausdrücklich in die Verantwortung für den Gesamtstaat gestellt […]. Zu dieser Regelung hat die Gemeinsame Verfassungskommission […] ausgeführt: Hinsichtlich der […] zu wahrenden gesamtstaatlichen Verantwortung des Bundes, insbesondere in außen-, verteidigungs- und integrationspolitisch zu bewertenden Fragen sei Einvernehmen zwischen Bundesregierung und Bundesrat in einem im Ausführungsgesetz näher zu regelnden Verfahren anzustreben.«

[665] S. auch *Lang*, Mitwirkungsrechte (Fn. 2), S. 187; ferner S. 248 f.

V. Mitwirkung von Bundestag und Bundesrat (Art. 23 II–VI GG)   Art. 23

im Ausnahmefall einer evidenten und gewichtigen Vernachlässigung außen-, verteidigungs- oder integrationspolitischer Belange der Bundesrepublik Deutschland[666].

Diese **starke Position des Bundesrates relativiert** der Verfassungstext durch den Zustimmungsvorbehalt der Bundesregierung in Haushaltsangelegenheiten (Art. 23 V 3 GG; → Rn. 149). Überdies wird teils ein Vorrang bei gegenläufiger Stellungnahme des Bundestages in Fällen bestehender Bundeskompetenzen abgelehnt[667], wofür sich allerdings keine Anhaltspunkte in Art. 23 GG und seinen einfach-gesetzlichen Konkretisierungen finden; diese Position konnte sich im Übrigen schon im Gesetzgebungsverfahren nicht durchsetzen (→ Rn. 150). Bei **Verfehlen der Zwei-Drittel-Mehrheit** entfällt das Letztentscheidungsrecht des Bundesrates, womit die Bundesregierung dessen Rechtsauffassung lediglich zu berücksichtigen hat[668]. **148**

cc) Zustimmungsvorbehalt der Bundesregierung in Angelegenheiten mit Haushaltsrelevanz (Art. 23 V 3 GG)

In beiden Fällen der Berücksichtigung der Stellungnahme des Bundesrates bedarf es in Angelegenheiten mit Haushaltsrelevanz, d. h. solchen, »die zu **Ausgabenerhöhungen oder Einnahmeminderungen für den Bund** führen können«, gemäß Art. 23 V 3 GG einer **Zustimmung der Bundesregierung**. Diese Regelung beruht auf der auch Art. 113 I GG zugrunde liegenden Verantwortung der Bundesregierung in Haushaltsangelegenheiten und besteht »im Interesse einer sachgerechten Haushalts- und Finanzpolitik«[669]. Sie rechtfertigt ein Abweichen von der Bundesratsposition, ohne dass eine qualifizierte Ländermehrheit, wie bei der Definition des gesamtstaatlichen Interesses (→ Rn. 147), dies verhindern könnte[670]. **149**

dd) Konfligierende Stellungnahmen von Bundestag und Bundesrat

Von einer ausdrücklichen **Konfliktregelung** für den Fall konfligierender Stellungnahmen von Bundestag und Bundesrat hat der Verfassunggeber abgesehen[671]; auch ein einfach-gesetzlicher Regelungsvorschlag, der eine vorrangige Berücksichtigung der Bundestags-Stellungnahme bei schwerpunktmäßig betroffener Bundeskompetenz **150**

---

[666] Ähnlich *Lang*, Mitwirkungsrechte (Fn. 2), S. 188; *Oberländer*, Aufgabenwahrnehmung (Fn. 634), S. 138 f.
[667] *Classen* (Fn. 5), Art. 23 Rn. 94; *Saberzadeh* (Fn. 610), III/11 Rn. 43.
[668] *Lang*, Mitwirkungsrechte (Fn. 2), S. 180 ff. m. w. N.; *Mayer*, Europafunktion (Fn. 147), S. 264; *Müller-Terpitz*, Beteiligung (Fn. 15), S. 217 f. A. A. *Oberländer*, Aufgabenwahrnehmung (Fn. 634), S. 129 ff.; *Pernice* → Bd. II², Art. 23 Rn. 113 (der allerdings kein Letztentscheidungsrecht anerkennt); strenger auch *König*, Übertragung (Fn. 5), S. 355 (Abweichung nur aus übergeordneten Gesichtspunkten). Zur Unmaßgeblichkeit des Art. 52 III 1 GG bereits Fn. 661.
[669] Begründung in Entwurf der BReg. v. 2.10.1992 (BT-Drs. 12/3338), S. 9; ferner *Lang*, Mitwirkungsrechte (Fn. 2), S. 185 f. Einen hinreichend konkreten Bezug verlangend *Uerpmann-Wittzack* (Fn. 3), Art. 23 Rn. 101.
[670] *Pernice* → Bd. II², Art. 23 Rn. 115; *Schmalenbach*, Europaartikel (Fn. 5), S. 134; *Uerpmann-Wittzack* (Fn. 3), Art. 23 Rn. 102. Angesichts des Regel-Ausnahme-Verhältnisses für eine restriktive Auslegung *Schorkopf* (Fn. 12), Art. 23 Rn. 198.
[671] Begründung EU-Sonderausschuss (Fn. 179), BT-Drs. 12/3896, S. 19; näher *Rath*, Entscheidungspotenziale (Fn. 15), S. 51 ff. Kritisch *C. D. Classen*, JZ 2009, 881 (886); *K. F. Gärditz/C. Hillgruber*, JZ 2009, 872 (880); *R. Scholz*, Zur nationalen Handlungsfähigkeit in der Europäischen Union. Oder: Die notwendige Reform des Art. 23 GG, in: FS Zuleeg, 2005, S. 274 ff. (279 f.) – mit Vorschlag eines Gemeinsamen Ausschusses (285 f.).

vorsah (§ 6 EUZBBG-E), ist im Vermittlungsausschuss gescheitert[672]. Damit obliegt der Bundesregierung im Falle der Pflicht zur schlichten Berücksichtigung, einen angemessenen Ausgleich zu finden[673]; bei notwendig maßgeblicher Berücksichtigung der Bundesratsposition setzt sich diese durch (→ Rn. 148)[674].

ee) Vertretung der Position nach außen

151 Die Bundesregierung ist verpflichtet, die gemäß Art. 23 V GG gebildete Position Deutschlands **konsequent auf europäischer Ebene zu vertreten**. Bei fehlender Unionskompetenz muss ihr Handeln auf eine aktive Verhinderung des Rechtsakts gerichtet sein und darf nicht bloß auf einen den Länderinteressen sachlich Rechnung tragenden Kompromiss zielen; im äußersten Fall »wird sie – wo das Gemeinschaftsrecht eine Mehrheitsentscheidung zwar an sich zuläßt, einer solchen jedoch das Verfassungsprinzip der Bundesstaatlichkeit (Art. 79 Abs. 3 GG) entgegensteht – das aus der Gemeinschaftstreue folgende Gebot wechselseitiger Rücksichtnahme zur Geltung zu bringen haben.« Vor einer ausnahmsweisen Revision des Standpunkts aus zwingenden außen- oder integrationspolitischen Gründen ist eine rechtzeitige Verständigung mit dem Bundesrat angezeigt. Schließlich ist die Bundesregierung bei Erlass eines nach deutscher Auffassung kompetenzwidrigen Aktes verpflichtet, auf dessen Aufhebung hinzuwirken[675].

d) Wahrnehmung der Mitgliedschaftsrechte durch einen Vertreter der Länder (Art. 23 VI GG)

152 Die **stärkste Form der Ländermitwirkung** stellt die in Art. 23 VI GG vorgesehene Wahrnehmung der Mitgliedschaftsrechte Deutschlands durch einen vom Bundesrat benannten[676] Ländervertreter dar[677]. Bei Ratstagungen muss gemäß § 6 II 2 EUZBLG ein Landesminister auftreten, was dem Wortlaut des Art. 16 II EUV entspricht, allerdings hinter dessen unionsgewohnheitsrechtlicher Offenheit für eine Vertretung des

---

[672] S. § 6 EUZBBG-E in Begründung EU-Sonderausschuss (Fn. 179), BT-Drs. 12/3896, S. 8 und 24 (Begründung); ferner *Lang*, Mitwirkungsrechte (Fn. 2), S. 316ff.; *Müller-Terpitz*, Beteiligung (Fn. 15), S. 241ff.; *Rath*, Entscheidungspotenziale (Fn. 15), S. 51ff.; *Schmalenbach*, Europaartikel (Fn. 5), S. 154f.

[673] *Jarass*/Pieroth, GG, Art. 23 Rn. 53; *König*, Übertragung (Fn. 5), S. 400 (mit Präf für BT); *Lang*, Mitwirkungsrechte (Fn. 2), S. 319; *Müller-Terpitz*, Beteiligung (Fn. 15), S. 243f.; *Streinz* (Fn. 5), Art. 23 Rn. 119; *Uerpmann-Wittzack* (Fn. 3), Art. 23 Rn. 87. Anders de lege ferenda bei schwerpunktmäßig betroffener Bundeszuständigkeit *Baach*, Mitwirkung (Fn. 147), S. 239.

[674] *Jarass*/Pieroth, GG, Art. 23 Rn. 53; *König*, Übertragung (Fn. 5), S. 400f.; *Lang*, Mitwirkungsrechte (Fn. 2), S. 319f.; *Müller-Terpitz*, Beteiligung (Fn. 15), S. 243; *Streinz* (Fn. 5), Art. 23 Rn. 122; *Uerpmann-Wittzack* (Fn. 3), Art. 23 Rn. 87. A.A. *Schorkopf* (Fn. 12), Art. 23 Rn. 190; ferner für den fraglichen Fall bestehender Bundeskompetenzen *Classen* (Fn. 5), Art. 23 Rn. 94; *Saberzadeh* (Fn. 610), III/11 Rn. 43.

[675] BVerfGE 92, 203 (236ff.). Für eine Übertragbarkeit dieser Grundsätze auf Art. 23 GG auch *Streinz* (Fn. 5), Art. 23 Rn. 140.

[676] Zum Benennungsrecht BR-Drs 1095/94.

[677] Insgesamt kritisch R. *Breuer*, NVwZ 1994, 417 (428); C.D. *Classen*, ZRP 1993, 57 (60); *Herdegen*, Grundsätze (Fn. 174), S. 1196; *Pernice* → Suppl. 2010, Art. 23 Rn. 118 f, g; gar für eine Abschaffung DJT, Beschl. VIII 42, NJW 2004, 3241 (3248); P.M. *Huber*, ZG 21 (2006), 354 (369f.); ders., DVBl. 2009, 574 (581f.); *Mayer*, Europafunktion (Fn. 147), S. 273f., 304; *Scholz*, Handlungsfähigkeit (Fn. 671), S. 283f. Positiver *Müller-Terpitz*, Beteiligung (Fn. 15), S. 315ff. Zur Diskussion im Kontext der GVK *Schmalenbach*, Europaartikel (Fn. 5), S. 134ff.

V. Mitwirkung von Bundestag und Bundesrat (Art. 23 II–VI GG)   Art. 23

Bundes durch Staatssekretäre[678] zurückbleibt[679]. Die Wahrnehmungsbefugnis setzt nach dem Wortlaut des Art. 23 VI GG einen konstitutiven Übertragungsakt voraus[680]. Sie ist nicht auf Rechtsetzungsakte beschränkt, erfasst mithin **alle Mitgliedschaftsrechte**, etwa die Prozessführung vor dem EuGH (→ Rn. 141, 158)[681]. Art. 23 VI GG weicht nicht vom Grundsatz des Art. 32 I GG ab, nach dem die Außenvertretung dem Bund obliegt. Denn auch der Ländervertreter handelt für den Bundesrat und damit für den Bund (→ Rn. 110)[682]; verlagert wird lediglich die Organkompetenz[683], und zwar ohne einen dem verfassungsändernden Gesetzgeber verschlossenen Eingriff in den Kernbereich der Exekutive[684]. Obgleich der Ländervertreter den Bund vertritt, ist er nicht dem Bundestag gegenüber **parlamentarisch verantwortlich**, sondern über den Bundesrat (s. zu dessen Weisungs- und Kontrollrecht § 45l GOBR; zu Grenzen → Rn. 155) der Gesamtheit der Landesparlamente; wegen des fortbestehenden Einflusses der Bundesregierung (→ Rn. 147ff.) ist überdies eine Rückbindung an den Bundestag sichergestellt[685].

Die Föderalismusreform I hat die frühere Soll- in eine Ist-Regelung verwandelt[686], gleichzeitig aber ihren **Anwendungsbereich** auf die ausschließlichen Länderkompeten- 153

---

[678] Dazu nur *G. Ziegenhorn*, in: Grabitz/Hilf/Nettesheim, EUV/AEUV, Art. 16 EUV (2012), Rn. 33.
[679] Skeptisch hinsichtlich der Herausbildung entsprechenden Gewohnheitsrechts für die Länderebene *Müller-Terpitz*, Beteiligung (Fn. 15), S. 286f.
[680] *Classen* (Fn. 5), Art. 23 Rn. 97; *Uerpmann-Wittzack* (Fn. 3), Art. 23 Rn. 107.
[681] *Hobe* (Fn. 202), Art. 23 Rn. 86; *Schorkopf* (Fn. 12), Art. 23 Rn. 203; *Uerpmann-Wittzack* (Fn. 3), Art. 23 Rn. 105.
[682] *Müller-Terpitz*, Beteiligung (Fn. 15), S. 315; *Roeben*, Außenverfassungsrecht (Fn. 663), S. 361; *Zuleeg* (Fn. 32), Art. 23 Rn. 61; vgl. ferner – unter Verweis auf die innerstaatliche Dimension der europäischen Integration und damit die Nichteinschlägigkeit des Art. 32 I GG – *Oberländer*, Aufgabenwahrnehmung (Fn. 634), S. 160ff.; ähnlich *Streinz* (Fn. 5), Art. 23 Rn. 133. Anders hinsichtlich der Vertretung: *Fassbender*, Bundesstaat (Fn. 658), S. 396f. (keine Abweichung, da funktionelles Äquivalent zu Art. 32 III GG); *Oberländer*, Aufgabenwahrnehmung (Fn. 634), S. 184f.: innerstaatliche Vertretung der Länder; *Mayer*, Europafunktion (Fn. 147), S. 270: Doppelstatus (Vertreter der Länder, der für Bund auftritt).
[683] A.A. (Organkompetenz bei BReg.) *Lang*, Mitwirkungsrechte (Fn. 2), S. 242ff.
[684] *Müller-Terpitz*, Beteiligung (Fn. 15), S. 125, 315; *Oberländer*, Aufgabenwahrnehmung (Fn. 634), S. 167f.
[685] S. auch *Jarass*/Pieroth, GG, Art. 23 Rn. 63; *Lerche*, Position (Fn. 263), S. 765; *Müller-Terpitz*, Beteiligung (Fn. 15), S. 310ff.; *Schorkopf* (Fn. 12), Art. 23 Rn. 206 (zusätzlich Landesparlament des Amtsstaates); *Uerpmann-Wittzack* (Fn. 3), Art. 23 Rn. 109. Insgesamt mit Blick auf die defizitäre demokratische Legitimation kritisch, wenn auch noch von einer verfassungskonformen Regelung ausgehend *Classen* (Fn. 5), Art. 23 Rn. 103; *König*, Übertragung (Fn. 5), S. 373f., 378f.; ferner *P. M. Huber*, ZG 21 (2006), 354 (359); *Mayer*, Europafunktion (Fn. 147), S. 272, 304; *Pernice* → Bd. II², Art. 23 Rn. 116; *ders.* → Suppl. 2010, Art. 23 Rn. 118f.; *Zuleeg* (Fn. 32), Art. 23 Rn. 62. Nur eine (mittelbare) Verantwortung gegenüber dem Bundestag anerkennend *Lang*, Mitwirkungsrechte (Fn. 2), S. 246; *Scholz* (Fn. 5), Art. 23 Rn. 178; ferner *Kruis*, Artikel 23 GG (Fn. 636), S. 163f.; für eine Verantwortung allein gegenüber dem »Heimatparlament« *R. Breuer*, NVwZ 1994, 417 (428); ferner – zusätzlich mittelbar Bundestag über Bundesregierung – *Oberländer*, Aufgabenwahrnehmung (Fn. 634), S. 185ff.
[686] Die nach der Ursprungsfassung möglichen »Ausnahmen (die Außenvertretung bleibt bei der Bundesregierung) können sich z.B. aus der Verpflichtung der Bundesrepublik Deutschland zu gemeinschaftsrechtskonformem Verhalten ergeben. Eine Übertragung auf einen Ländervertreter zur Wahrnehmung darf demnach nicht gegen Gemeinschaftsrecht verstoßen. Andererseits kann aus Gründen administrativer oder politischer Opportunität in einem an sich zu bejahenden Wahrnehmungsfall von einer Wahrnehmung durch einen Ländervertreter abgesehen werden« (Begründung in Entwurf der BReg. v. 2.10.1992 [BT-Drs. 12/3338], S. 9f.; ferner 15). Ablehnend gegenüber Oppor-

Art. 23   C. Erläuterungen

zen in den Bereichen schulische Bildung, Kultur und Rundfunk beschränkt. Der Bereich **schulische Bildung** lässt sich in Anknüpfung an das Schulwesen i. S. d. Art. 7 I GG definieren (→ Art. 7 Rn. 31ff.)[687]. Nicht erfasst sind das Hochschulwesen[688] und die berufliche Bildung (mit Ausnahme der Berufsschulen)[689]. Der offene **Kulturbegriff** umfasst namentlich die Künste (bildende und darstellende Kunst, Literatur, Musik), die Bereiche Religion und Kirche sowie Denkmalschutz und -pflege[690]. Angesichts der Beschränkung des Art. 23 VI GG auf schulische Bildung lässt sich das Hochschulwesen aus systematischen Gründen nicht unter den Kulturbegriff des Art. 23 VI GG subsumieren[691]. Schließlich kann auch für den **Rundfunk** an den Rundfunkbegriff des Art. 5 I GG angeknüpft werden (→ Art. 5 I, II Rn. 99ff.)[692]. Er bezieht sich auf die organisatorische und inhaltliche Seite des öffentlichen und privaten Rundfunks[693]. Nicht erfasst sind Bereiche, für die ausschließliche Bundeszuständigkeiten bestehen, etwa der Schutz deutschen Kulturgutes gegen Abwanderung ins Ausland (Art. 73 I Nr. 5 GG) oder die technische Seite des Rundfunks (Art. 73 I Nr. 7 GG).

154 Stets erforderlich ist eine **schwerpunktmäßige Betroffenheit** (→ Rn. 145), die mit Blick auf den jeweiligen Tagesordnungspunkt zu bestimmen ist[694]. § 6 EUZBLG sieht – verfassungskonforme[695] – Ausnahmen für die Wahrnehmung der Rechte Deutschlands als Vorsitz im Rat (Abs. 2) und für ohne Aussprache genehmigte Tagesordnungspunkte vor. In zahlenmäßig beschränkten Sitzungsformaten – z. B. das Inner-Circle-Format – hat der Ländervertreter prinzipiell Vorrang, wobei Art. 4 II 1 EUV für eine grundsätzlich föderalismuskonforme Gestaltung auf Unionsebene streitet. Über den Anwendungsbereich des Art. 23 VI GG hinaus ist eine Bevollmächtigung von Ländervertretern durch den Bund möglich[696].

155 Die **vorgelagerte Willensbildung** erfolgt auch im Falle einer Übertragung gemäß Art. 23 VI GG stets nach den Regeln des Art. 23 V (2) GG[697]; dies beschränkt das Weisungsrecht des Bundesrates (§ 45l GOBR)[698]. Auch bei Übertragung der Mitgliedschaftsrechte an einen Ländervertreter bleibt der Bund gemäß Art. 23 VI 2 GG eingebunden: So erfolgt »[d]ie Wahrnehmung der Rechte […] unter Beteiligung und in Abstimmung mit der Bundesregierung; dabei ist die gesamtstaatliche Verantwortung des Bundes zu wahren.«[699] Das **Beteiligungserfordernis** verlangt eine »Teilnahme von

---

tunitätserwägungen indes die Stellungnahme des Bundesrates (BT-Drs. 12/3338), S. 12; ferner *Streinz* (Fn. 5), Art. 23 Rn. 130.

[687] *Classen* (Fn. 5), Art. 23 Rn. 99; *Pernice* → Suppl. 2010, Art. 23 Rn. 118b; *Schorkopf* (Fn. 12), Art. 23 Rn. 202.

[688] *Classen* (Fn. 5), Art. 23 Rn. 99; *Pernice* → Suppl. 2010, Art. 23 Rn. 118b.

[689] *Pernice* → Suppl. 2010, Art. 23 Rn. 118b; *Schorkopf* (Fn. 12), Art. 23 Rn. 202.

[690] *Pernice* → Suppl. 2010, Art. 23 Rn. 118c. S. auch P. *Wiater*, AöR 139 (2014), 497 (533ff.).

[691] *Classen* (Fn. 5), Art. 23 Rn. 100; *Pernice* → Suppl. 2010, Art. 23 Rn. 118c. A.A. *Jarass*/Pieroth, GG, Art. 23 Rn. 62.

[692] *Classen* (Fn. 5), Art. 23 Rn. 101; *Pernice* → Suppl. 2010, Art. 23 Rn. 118d.

[693] *Pernice* → Suppl. 2010, Art. 23 Rn. 118d.

[694] *Classen* (Fn. 5), Art. 23 Rn. 98; *Uerpmann-Wittzack* (Fn. 3), Art. 23 Rn. 104.

[695] *Classen* (Fn. 5), Art. 23 Rn. 104; *Scholz* (Fn. 5), Art. 23 Rn. 176; *Streinz* (Fn. 5), Art. 23 Rn. 130; *Uerpmann-Wittzack* (Fn. 3), Art. 23 Rn. 105.

[696] *Classen* (Fn. 5), Art. 23 Rn. 97.

[697] Begründung in Entwurf der BReg. v. 2.10.1992 (BT-Drs. 12/3338), S. 10; ferner *Schorkopf* (Fn. 12), Art. 23 Rn. 210; *Uerpmann-Wittzack* (Fn. 3), Art. 23 Rn. 108.

[698] *König*, Übertragung (Fn. 5), S. 366f.; *Pernice* → Bd. II², Art. 23 Rn. 120; *Uerpmann-Wittzack* (Fn. 3), Art. 23 Rn. 108, 111.

[699] Für ein Letztentscheidungsrecht des Ländervertreters hinsichtlich des gesamtstaatlichen Interesses *Uerpmann-Wittzack* (Fn. 3), Art. 23 Rn. 112.

V. Mitwirkung von Bundestag und Bundesrat (Art. 23 II–VI GG)   Art. 23

Vertretern der Bundesregierung und der Ständigen Vertretung an allen Sitzungen und förmlichen Außenkontakten« (s. § 6 II 3 EUZBLG)[700]. Die notwendige **Abstimmung**, ein dunkler Kompromissbegriff, schließt »auch [...] das Vorgehen bei den Verhandlungen [mit ein]; sie bedeutet weniger als Einvernehmen und mehr als Benehmen. Hinsichtlich der sich inhaltlich ändernden Verhandlungslage erfolgt die laufende Meinungsbildung nach den für die interne Willensbildung geltenden Regeln«[701].

Über Art. 23 VI GG hinaus ermöglicht § 6 I EUZBLG ein **Hinzuziehen von Ländervertretern** in Beratungsgremien der Kommission und des Rates, soweit dies der Bundesregierung möglich ist, bei einem »Vorhaben, bei dem der Bundesrat an einer entsprechenden innerstaatlichen Maßnahme mitzuwirken hätte oder bei dem die Länder innerstaatlich zuständig wären oder das sonst wesentliche Interessen der Länder berührt.« Verhandlungsführer bleibt die Bundesregierung, allerdings können die Länder mit deren Zustimmung Erklärungen abgeben. Grundlage dieses Hinzuziehens ist Art. 23 IV GG[702]; freilich geht die dritte Fallgruppe über diesen hinaus und wird daher teils für verfassungswidrig erachtet[703].

156

e) Weitere Formen der Mitwirkung

Während Art. 24 III GG-E der Kommission Verfassungsreform des Bundesrates vorsah, dass die Länder »zu zwischenstaatlichen Einrichtungen Beziehungen unterhalten und bei ihnen eigene Vertretungen einrichten« können, ermächtigt § 8 S. 1 EUZBLG die Länder lediglich, »unmittelbar zu Einrichtungen der Europäischen Union ständige Verbindungen [zu] unterhalten, soweit dies zur Erfüllung ihrer staatlichen Befugnisse und Aufgaben nach dem Grundgesetz dient.« Diesen seit Mitte der 1980er Jahre operierenden, von Bundesseite zunächst skeptisch beäugten[704] **Länderbüros** – so die gesetzliche Bezeichnung, einige Länder unterhalten »Vertretungen« – kommt gemäß § 8 S. 2 EUZBLG kein diplomatischer Status zu. Auch im Falle der Wahrnehmung der Mitgliedsrechte Deutschlands durch einen Ländervertreter (Art. 23 VI GG) gelten »Stellung und Aufgaben der Ständigen Vertretung in Brüssel als Vertretung der Bundesrepublik Deutschland bei den Europäischen Gemeinschaften [...] uneingeschränkt« (§ 8 S. 3 EUZBLG). Obgleich Art. 32 I GG die Außenvertretung Deutschlands dem Bund zuweist, ist die Errichtung von Länderbüros **verfassungskonform**, da sie sich als durch Art. 23 II 1 GG legitimierte Voraussetzung für die Ausübung von Mitwirkungsbefugnissen der Länder darstellt (allg. zum auswärtigen Handeln der Länder → Art. 32 Rn. 27 ff.)[705].

157

---

[700] Vgl. Begründung in Entwurf der BReg. v. 2.10.1992 (BT-Drs. 12/3338), S. 10; ferner *Streinz* (Fn. 5), Art. 23 Rn. 131.

[701] Vgl. Begründung in Entwurf der BReg. v. 2.10.1992 (BT-Drs. 12/3338), S. 10. Streng *Pernice* → Bd. II², Art. 23 Rn. 120. Zum Abstimmungserfordernis *König*, Übertragung (Fn. 5), S. 365 ff.; *Lang*, Mitwirkungsrechte (Fn. 2), S. 210 ff.; *Müller-Terpitz*, Beteiligung (Fn. 15), S. 290 ff.; *Scholz* (Fn. 5), Art. 23 Rn. 179.

[702] So auch *Müller-Terpitz*, Beteiligung (Fn. 15), S. 298.

[703] *Classen* (Fn. 5), Art. 23 Rn. 85 m. Fn. 2*. A.A. *Jarass*/*Pieroth*, GG, Art. 23 Rn. 64; *Streinz* (Fn. 5), Art. 23 Rn. 132. Zum Institut des namentlich über Ratssitzungen berichtenden, auf einem Abkommen der Länder über den Beobachter der Länder bei der Europäischen Union v. 24.10.1996 beruhenden Länderbeobachters *P. Melin*, EuR 2011, 655 (664); *Schorkopf* (Fn. 12), Art. 23 Rn. 4, 216.

[704] Zur Entstehung *M. Borchmann*, NVwZ 1988, 218 (218 f.); *Burgsmüller*, Länderbüros (Fn. 164), S. 3 ff.; *U. Fastenrath*, DÖV 1990, 125 (127 f.); *K. Zumschlinge*, Die Verwaltung 22 (1989), 217 (224 ff.).

[705] *Burgsmüller*, Länderbüros (Fn. 164), S. 40 ff. (unter Bezugnahme auf Ausschuss der Regionen); *Hillgruber* (Fn. 36), Art. 32 Rn. 37; *Schorkopf* (Fn. 12), Art. 23 Rn. 216; *Streinz* (Fn. 5), Art. 23 Rn. 111;

Art. 23

158 § 7 EUZBLG regelt – jenseits eigener Klagerechte der Länder – Voraussetzungen und Modalitäten einer **Prozessführung der Bundesregierung zur Wahrnehmung von Länderinteressen**. Hierbei handelt es sich um einen Anwendungsfall des Art. 23 V 2 und VI GG; dass entgegen letzterem keine Prozessführung durch einen Ländervertreter vorgesehen ist, kann allenfalls im Einzelfall wegen der grundsätzlichen integrationspolitischen Bedeutung des Verfahrens gerechtfertigt werden[706]. Die in Art. 300 III AEUV vorgesehene Zusammensetzung des **Ausschusses der Regionen** aus regionalen und lokalen Vertretern rechtfertigt es, den Ländern in § 14 II EUZBLG ein **Benennungsrecht** – in Abweichung vom Grundsatz der Ländermitwirkung durch den Bundesrat (Art. 23 II 1 GG) – einzuräumen[707].

5. Verfassungs- und Unionsrechtskonformität der Mitwirkungsbefugnisse; Bewertung

159 Nachdem das Unionsrecht keine Vorgaben für die innerstaatliche Willensbildung enthält, bestehen gegen die Mitwirkungsbefugnisse **keine unionsrechtlichen Bedenken**, zumal sie auch die demokratische Legitimation erhöhen und zwischenzeitlich vom Unionsrecht selbst (Art. 12 EUV; → Rn. 162) aufgegriffen werden; eine äußerste, derzeit aber nicht relevante Grenze mag bei einer nachhaltigen Behinderung des Unionshandelns aus dem Loyalitätsgrundsatz (Art. 4 III EUV) folgen[708]. Ähnlich **fern liegt ein** – nur aus Art. 79 III GG ableitbarer – **Verfassungsverstoß**[709].

160 Indes zieht die Beteiligungsregelung **teils erhebliche Kritik** auf sich. So stößt zunächst deren **Komplexität** nicht nur auf verfassungsästhetische Bedenken[710], sondern nährt auch die Befürchtung einer nur bedingten Justiziabilität[711]; die Qualifikation als »redaktionell ein ziemliches Monstrum«[712] oder »Sackgasse«[713] illustrieren dies. Des Weiteren bedeute die Notwendigkeit einer oftmals nicht hinreichend schnell und kon-

---

im Ergebnis ebenso, aber unter (abzulehnendem → Art. 32 Rn. 22) Verweis darauf, dass Art. 32 I GG kein informelles Handeln erfasst *M. Borchmann*, NVwZ 1988, 218 (220); *U. Fastenrath*, DÖV 1990, 125 (128ff.); *Lang*, Mitwirkungsrechte (Fn. 2), S. 226; *Uerpmann-Wittzack* (Fn. 3), Art. 23 Rn. 74, 80. A.A. *G. Westerwelle*, ZRP 1989, 121 (122ff.). Zur Diskussion in der GVK *Burgsmüller*, Länderbüros (Fn. 164), S. 42ff.; *Schmalenbach*, Europaartikel (Fn. 5), S. 178ff. S. zur Parallelfrage im spanischen Verfassungrecht Fn. 165.

[706] S. – für eine Verfassungswidrigkeit – *Classen* (Fn. 5), Art. 23 Rn. 96, 104; *Uerpmann-Wittzack* (Fn. 3), Art. 23 Rn. 105. A.A. (§ 7 EUZBLG Anwendungsfall des Art. 23 IV GG) *Müller-Terpitz*, Beteiligung (Fn. 15), S. 322ff., 325ff.

[707] Nur bei Handeln im Rahmen des Bundesrates *Uerpmann-Wittzack* (Fn. 3), Art. 23 Rn. 73, 96. A.A. *Classen* (Fn. 5), Art. 23 Rn. 72.

[708] *Classen* (Fn. 5), Art. 23 Rn. 68; *ders.*, AöR 119 (1994), 238 (253f.); *Kamann*, Mitwirkung (Fn. 147), S. 285ff.; *Kaufmann*, Integration (Fn. 320), S. 381ff.; *Lang*, Mitwirkungsrechte (Fn. 2), S. 366f.; *Steinberger*, Verfassungsstaat (Fn. 339), S. 41f. m. Fn. 93; *R. Streinz*, DVBl. 1990, 949 (961); *Uerpmann-Wittzack* (Fn. 3), Art. 23 Rn. 71; ferner *Pernice* → Bd. II², Art. 23 Rn. 105; *Scholz* (Fn. 5), Art. 23 Rn. 174. Teils wird eine strikte Bindung für unionsrechtswidrig erachtet, s. *U. Everling*, DVBl. 1993, 936 (946f.); *G. Ress*, EuGRZ 1986, 549 (552ff.); ferner (Bedenken) *Baach*, Mitwirkung (Fn. 147), S. 53f., 184f., 265 (Rat kein Koordinierungsorgan mitgliedstaatlicher Parlamente); *R. Breuer*, NVwZ 1994, 417 (427): Bedenken. A.A. *Kamann*, Mitwirkung (Fn. 147), S. 302ff.; *Lang*, Mitwirkungsrechte (Fn. 2), S. 258ff.; *Müller-Terpitz*, Beteiligung (Fn. 15), S. 259ff.; *Oberländer*, Aufgabenwahrnehmung (Fn. 634), S. 188ff.; *C. Ohler*, AöR 135 (2010), 153 (161f.).

[709] *Lang*, Mitwirkungsrechte (Fn. 2), S. 228ff. (Bundesrat), S. 323ff. (Bundestag).

[710] *R. Breuer*, NVwZ 1994, 417 (427); *C. D. Classen*, ZRP 1993, 57 (59); *P. M. Huber*, ZG 21 (2006), 354 (369); *Mayer*, Europafunktion (Fn. 147), S. 303.

[711] *R. Breuer*, NVwZ 1994, 417 (427).

[712] *F. Ossenbühl*, DVBl. 1993, 629 (630).

[713] *R. Breuer*, NVwZ 1994, 417 (Titel und 428).

fliktfrei möglichen innerstaatlichen Abstimmung eine **Beschränkung der europapolitischen Handlungsfähigkeit Deutschlands** zulasten von Unions- und nationalen Interessen[714]; dementsprechend sei der Begriff »German vote« in Brüssel zum Synonym für Enthaltungen geworden[715]. Insoweit stellen, wie auch die Diskussionen im Zuge der Föderalismusreform I gezeigt haben (→ Rn. 7), insbesondere die als für (zu) weitgehend erachteten Mitwirkungsrechte der Länder über den Bundesrat (maßgebliche Berücksichtigung; Ländervertreter) einen Stein des Anstoßes dar[716], zumal dem Bundesrat auch noch eine im Vergleich zum Bundestag stärkere Stellung zukommt[717]. Andere wiederum weisen zu Recht auf die nur **bedingte Kompensationswirkung** der Beteiligungsregelung hin, da sie Gestaltungs- durch schlichte und regelmäßig unverbindliche Mitwirkungsrechte ersetzt[718] sowie trotz Kompetenzverlusten einzelne Länder majorisiert werden können und die Landesgesetzgeber im exekutiv besetzten Bundesrat (Art. 51 I GG) nicht mitwirken[719]. Hieran schließen sich Forderungen nach einem **Ausbau** der Einwirkungsmöglichkeiten an[720]. Kritisiert wird auch, dass die **Beteiligungsregelung mangels effizienter Wahrnehmung ihr Ziel verfehle**, innerstaatliche Kompetenzverluste zu kompensieren und demokratische Legitimation zu vermitteln (→ Rn. 109), und sich damit **nicht bewährt** habe; dies sei beschränkten Mitwirkungskapazitäten, aber auch einem beschränkten Mitwirkungswillen auf nationaler Ebene geschuldet, der auf die parteipolitische Identität von Regierung und Parlamentsmehrheit sowie die geringe rechtliche Tragweite und politische Relevanz von Stellungnahmen zurückgehe[721].

Gleichwohl hat der Europa-Artikel – unbeschadet berechtigter Kritikpunkte im Einzelnen – die Rechtsstellung von Bundestag sowie Bundesrat in Angelegenheiten der EU und damit auch Demokratie sowie Föderalismus gestärkt. Insgesamt handelt es sich um einen **angemessenen Kompromiss**: So verlangen einerseits Demokratieprinzip

161

---

[714] *M. Brenner*, ThürVBl. 1993, 196 (202f.); *R. Breuer*, NVwZ 1994, 417 (427); *U. Everling*, DVBl. 1993, 936 (945ff.); *Randelzhofer* (Fn. 40), Art. 24 I Rn. 211; *Scholz*, Handlungsfähigkeit (Fn. 671), S. 275f.; *J. Schwarze*, JZ 1993, 585 (590); *v. Simson/Schwarze* (Fn. 5), § 4 Rn. 90, 147.

[715] *P.M. Huber*, ZG 21 (2006), 354 (373).

[716] Für eine Rückführung daher etwa *I. Pernice*, Föderalismus im Umbruch, WHI-Paper 6/04, S. 4; *Uerpmann-Wittzack* (Fn. 3), Art. 23 Rn. 119. Kritisch auch *U. Everling*, DVBl. 1993, 936 (946f.); *Kaufmann*, Integration (Fn. 320), S. 457; *J. Kokott*, AöR 119 (1994), 207 (233ff.); *Mayer*, Europafunktion (Fn. 147), S. 273f. Differenziert und aus der Praxis: *P. Melin*, EuR 2011, 655 (677ff.). Zur Kritik am Ländervertreter bereits oben Fn. 677.

[717] *Baach*, Mitwirkung (Fn. 147), S. 238; *P.M. Huber*, ZG 21 (2006), 354 (367f.); *Kaufmann*, Integration (Fn. 320), S. 457; *Lang*, Mitwirkungsrechte (Fn. 2), S. 360ff., 370; *F. Ossenbühl*, DVBl. 1993, 629 (637); dies gar als Verstoß gegen Art. 79 III GG qualifizierend *U. Di Fabio*, Der Staat 32 (1993), 191 (209f.). Dagegen *König*, Übertragung (Fn. 5), S. 410ff.; *Müller-Terpitz*, Beteiligung (Fn. 15), S. 264ff.; *Uerpmann-Wittzack* (Fn. 3), Art. 23 Rn. 86.

[718] *R. Breuer*, NVwZ 1994, 417 (426); *Lang*, Mitwirkungsrechte (Fn. 2), S. 257, 269ff., 371; *Müller-Terpitz*, Beteiligung (Fn. 15), S. 357f.

[719] *R. Breuer*, NVwZ 1994, 417 (426); *Classen* (Fn. 5), Art. 23 Rn. 64 Fn. 5; *König*, Übertragung (Fn. 5), S. 359f.; *Müller-Terpitz*, Beteiligung (Fn. 15), S. 357f.; *M. Schröder*, JöR n.F. 85 (1986), 83 (100); ferner *Schmalenbach*, Europaartikel (Fn. 5), S. 112ff. Zur Problematik einer Weisung des Landesparlaments → Rn. 31.

[720] Für den Bundestag: *Baach*, Mitwirkung (Fn. 147), S. 238; *P.M. Huber*, ZG 21 (2006), 354 (367f.); *Mayer*, Europafunktion (Fn. 147), S. 292ff.; für die Länder: *v. Arnauld* (Fn. 59), I/2 Rn. 63.

[721] S. für den Bundestag – auch rechtsvergleichend – *P.M. Huber*, IPE II, § 26 Rn. 51; *ders.*, ZG 21 (2006), 354 (357f.); *Mayer*, Europafunktion (Fn. 147), S. 294ff.; ferner Defizite auf empirischer Basis aufzeigend *R. Brosius-Linke*, ZParl. 40 (2009), 731 (736ff.); *Freundorfer*, Beteiligung (Fn. 584), S. 111ff., 208ff.; *S. Kropp*, DÖV 2010, 413 (417ff.).

und Föderalismus eine Beteiligung, auch wenn dies den Abstimmungsbedarf erhöht; andererseits sind Einflussverluste von Bundestag, Bundesrat und Ländern der grundgesetzlich vorgezeichneten europäischen Integration immanent[722]; auch ist hinsichtlich der Länderrechte aus Effektivitätsgründen weder eine Länderbeteiligung noch eine unmittelbare Einbeziehung der Landtage möglich[723]. Entscheidend erscheint eine effektive Wahrnehmung der Mitwirkungsrechte[724]. Hierfür existieren mit dem Europaausschuss des dänischen Folketing oder der britischen Praxis der parliamentary scrutiny durchaus positive Beispiele (→ Art. 45 Rn. 6, 28ff.)[725]; teils wird auch ein Gemeinsamer Ausschuss von Bundestag und Bundesrat gefordert[726].

6. Einbeziehung von Bundestag und Bundesrat auf unionaler Ebene

162 Seit der Lissabonner Vertragsreform weist der EU-Vertrag den nationalen Parlamenten die Rolle zu, »aktiv zur guten Arbeitsweise der Union bei[zutragen]« (Art. 12 EUV), und erschließt damit deren Legitimationspotenzial für den Integrationsprozess[727]. Ausdruck findet dies in EU-Organen obliegenden Unterrichtungspflichten hinsichtlich EU-Vorhaben, in der den nationalen Parlamenten zugewiesenen Subsidiaritätskontrolle (→ Rn. 79), in ihrer Beteiligung im Rahmen der PJZS (Art. 81 III UAbs. 3, 85 I UAbs. 3, 88 II UAbs. 2 AEUV), der Vertragsänderung und des Beitritts neuer Mitgliedstaaten sowie in Mechanismen der interparlamentarischen Kooperation (→ Art. 45 Rn. 4). Das Protokoll (Nr. 1) über die Rolle der nationalen Parlamente in der Europäischen Union regelt Einzelheiten. Art. 8 des Protokolls erstreckt die Beteiligungsrechte in Mehrkammersystemen auf alle Kammern[728]. Trotz mitunter gehegter Bedenken an einer Einordnung des Bundesrates als zweite Kammer (→ Art. 50 Rn. 22) unterstreicht Art. 23 Ia 1 GG – jedenfalls im EU-Kontext – das gegenteilige Verständnis, dem sich auch das Bundesverfassungsgericht angeschlossen hat[729]; die Beteiligungsrechte gelten daher für **Bundestag und Bundesrat**[730].

---

[722] S. auch *v. Arnauld* (Fn. 59), I/2 Rn. 63; *M. Fuchs*, DÖV 2001, 233 (240); *N. Görlitz*, ZG 19 (2004), 249 (249): bewährt; *Oberländer*, Aufgabenwahrnehmung (Fn. 634), S. 204 f.; *Pernice* → Bd. II², Art. 23 Rn. 98; vgl. auch *Lang*, Mitwirkungsrechte (Fn. 2), S. 257, 369 ff. (mit Kritik); *Müller-Terpitz*, Beteiligung (Fn. 15), S. 351 ff.; *A. Puttler*, HStR³ VI, § 142 Rn. 55: derzeit alternativlos.

[723] *Baach*, Mitwirkung (Fn. 147), S. 238 f.; *Streinz* (Fn. 5), Art. 23 Rn. 110.

[724] So auch *Freundorfer*, Beteiligung (Fn. 584), S. 72.

[725] S. *P. M. Huber*, IPE II, § 26 Rn. 51.

[726] *Mayer*, Europafunktion (Fn. 147), S. 305 f. m. w. N.

[727] Zur legitimatorischen Bedeutung BVerfGE 132, 195 (258 f., Rn. 153); *C. Mellein*, EuR-Beiheft 1/2011, 13 (48 ff.); *Schorkopf* (Fn. 12), Art. 23 Rn. 96. S. zur Einbindung der nationalen Parlamente bereits zuvor: Erklärung (zum Vertrag von Maastricht) zur Rolle der einzelstaatlichen Parlamente in der Europäischen Union, ABl. 1992 C 191/100, und das Protokoll (zum Vertrag von Amsterdam) über die Rolle der einzelstaatlichen Parlamente in der Europäischen Union, ABl. 1997 C 340/113; ferner die Kopenhagener Parlamentarischen Leitlinien für die Beziehungen zwischen Regierungen und Parlamenten bei Gemeinschaftsangelegenheiten (wünschenswerte Mindeststandards) der COSAC vom 27.1.2003, ABl. 2003 C 154/1. S. ferner *Mayer*, Europafunktion (Fn. 147), S. 80 f., auch zu Reformoptionen S. 546 ff.

[728] Zur Parlamentspraxis im Kontext des Stellungnahmerechts *K. Rohleder*, ZG 26 (2011), 105 (117 f.).

[729] BVerfGE 123, 267 (375, Rn. 286).

[730] Ebenso *Classen* (Fn. 5), Art. 23 Rn. 12; *Pernice* → Suppl. 2010, Art. 23 Rn. 3b; *Schorkopf* (Fn. 12), Art. 23 Rn. 100; *Streinz* (Fn. 5), Art. 23 Rn. 134; *Uerpmann-Wittzack* (Fn. 3), Art. 23 Rn. 63, 74.

Art. 23 Ia 3 GG ermöglicht in unionsrechtskonformer Weise[731], für die Beschlussfassung über die Wahrnehmung der unionsrechtlich verankerten Beteiligungsrechte durch Zustimmungsgesetz **Ausnahmen von den Mehrheitsregeln** der Art. 42 II 1 und 52 III 1 GG zuzulassen, etwa hinsichtlich der Subsidiaritätsrüge (Art. 6 SubsidiaritätsP). Die Durchgriffsregelung des Art. 23 Ia 3 GG verklammert unionale und nationale Ebene[732]. Mangels Notwendigkeit einer Beschlussfassung werden – allerdings zu Unrecht – Informationsbegehren ausgeklammert[733]. Von der Ausnahmemöglichkeit des Art. 23 Ia 3 GG hat der Gesetzgeber derzeit[734] keinen Gebrauch gemacht. Teils wird sie mit Blick auf das Demokratieprinzip nur in besonders gelagerten Fällen für zulässig erachtet[735]. Art. 45 S. 3 GG sieht eine Delegationsmöglichkeit auf den Ausschuss für Angelegenheiten der EU vor (→ Art. 45 Rn. 20ff.).

163

VI. Rechtsschutz im Kontext der europäischen Integration

Verfassungsgerichtlicher Rechtsschutz im Kontext der Mitwirkung Deutschlands an der europäischen Integration ist im Rahmen der bestehenden Rechtsbehelfe zu suchen. Die wichtigsten Konstellationen betreffen die **Wahrung der grundgesetzlichen Integrationsschranken** mit Blick auf Zustimmungsgesetze (1.) und Hoheitsakte der Union (2.) sowie die bereits erörterte Durchsetzung der innerstaatlichen **Mitwirkungsbefugnisse von Bundestag und Bundesrat** namentlich im Organstreitverfahren (→ Rn. 112, 139). Eine Verfassungsbeschwerde gegen **deutsche Mitwirkungsakte** an der Unionsgesetzgebung hat das Bundesverfassungsgericht mangels unmittelbarer Beschwer für unzulässig erklärt (zur materiellen Bindung über Art. 23 I GG: → Rn. 64)[736]; in eine gegenteilige Richtung weist die über Art. 38 I 1 GG für verfassungsbeschwerdefähig erachtete Pflicht zur Korrektur von Ultra-vires-Akten (→ Rn. 175). Schließlich ist ein Verstoß der Fachgerichte gegen ihre **Vorlagepflicht** zum EuGH (Art. 267 AEUV) über Art. 101 I 2 GG verfassungsbeschwerdefähig (3.).

164

1. Zustimmungsgesetze zu Integrationsakten

Eine Kontrolle der Verfassungskonformität von Integrationsakten erfolgt über das gemäß Art. 23 I 2 und 3 GG erforderliche (deutsche) Zustimmungsgesetz[737] zu den EU-Verträgen, das einen **tauglichen Prüfungsgegenstand** darstellt. In Betracht kommt nicht nur die abstrakte Normenkontrolle und der Organstreit, sondern aufgrund der erstmals im Maastricht-Urteil vertretenen **weiten Auslegung des Art. 38 I 1 GG** durch das Bundesverfassungsgericht auch die **Verfassungsbeschwerde** (→ Art. 38 Rn. 60f.;

165

---

[731] Zweifelnd mit Blick auf die beeinträchtigte praktische Wirksamkeit *Classen* (Fn. 5), Art. 23 Rn. 63.
[732] S. auch *Baach*, Mitwirkung (Fn. 147), S. 257, 260; *Pernice* → Suppl. 2010, Art. 23 Rn. 92b.
[733] A.A. *Classen* (Fn. 5), Art. 23 Rn. 62.
[734] Anders noch § 4 III Nr. 3 Gesetz über die Ausweitung und Stärkung der Rechte des Bundestages und des Bundesrates in Angelegenheiten der Europäischen Union v. 11.3.2008, BT-Drs. 16/8489, vgl. *Pernice* → Suppl. 2010, Art. 23 Rn. 92k. Befürwortend (Subsidiaritätsrüge) *Mayer*, Europafunktion (Fn. 147), S. 287.
[735] *Jarass*/Pieroth, GG, Art. 23 Rn. 48; *Schorkopf* (Fn. 12), Art. 23 Rn. 122; kritisch auch *Scholz* (Fn. 5), Art. 23 Rn. 112.
[736] BVerfG (K), NJW 1990, 974 (974); (K), NVwZ 1993, 883 (883); E 129, 124 (174f., Rn. 114f.). A.A. *Classen* (Fn. 38), Art. 24 Rn. 48; *W. Cremer*, EuR 2014, 195 (228f.).
[737] Zur Erstreckung dieser Grundsätze auf die Begleitgesetzgebung BVerfGE 123, 267 (335f., Rn. 192f.).

kritisch → Art. 20 [Demokratie], Rn. 80 f.)⁷³⁸. Art. 38 I 1 GG schütze nämlich nicht nur die Möglichkeit der Teilnahme an einer den verfassungsrechtlichen Anforderungen entsprechenden Wahl, sondern auch »den grundlegenden demokratischen Gehalt dieses Rechts«, nämlich durch den Wahlakt »an der Legitimation der Staatsgewalt durch das Volk auf Bundesebene mitzuwirken und auf ihre Ausübung Einfluß zu nehmen.« Dies setzt ein **hinreichend gewichtiges Aufgabenspektrum des Bundestages** voraus. Demnach ist das Wahlrecht verletzt, »wenn die Wahrnehmung der Kompetenzen des Deutschen Bundestages so weitgehend auf ein von den Regierungen gebildetes Organ der Europäischen Union [...] übergeht, daß die nach Art. 20 Abs. 1 und 2 i.V.m. Art. 79 Abs. 3 GG unverzichtbaren Mindestanforderungen demokratischer Legitimation der dem Bürger gegenübertretenden Hoheitsgewalt nicht mehr erfüllt werden.«⁷³⁹ Eine besondere Bedeutung hat diese Rechtsprechung auch im Kontext der Euro-Rettung erlangt, da sie die Wahrung der **haushaltspolitischen Gesamtverantwortung** des Bundestages verfassungsbeschwerdefähig gemacht hat (→ Rn. 98 f.); insoweit für nicht rügefähig erklärt hat das Bundesverfassungsgericht indes die Grundlagen der Entscheidungsfindung im Bundestag⁷⁴⁰.

166 Diese **Subjektivierung** ist teils auf **entschiedene Ablehnung** gestoßen (→ Art. 20 [Demokratie], Rn. 81). Denn es werde Sonderrecht im EU-Kontext geschaffen sowie in (potentiell) weitem Umfang, in Umgehung der vom Kreis der Antragsbefugten her beschränkten abstrakten Normenkontrolle und gegen den auf die Bundestagswahl bezogenen Wortlaut von Art. 38 I 1 GG eine Popularklagemöglichkeit eröffnet⁷⁴¹. In seinem Urteil zur Griechenlandhilfe vom 7.9.2011 hat das Bundesverfassungsgericht diese **Kritik zu Recht zurückgewiesen** und betont, dass der »letztlich in der Würde des Menschen wurzelnde Anspruch des Bürgers auf Demokratie [...] hinfällig [wäre], wenn das Parlament Kernbestandteile politischer Selbstbestimmung aufgäbe und damit dem Bürger dauerhaft seine demokratischen Einflussmöglichkeiten entzöge.«⁷⁴²

167 Das **Lissabon-Urteil** hat diesen **Subjektivierungsansatz bedeutsam ausgebaut**: Nachdem »[d]ie ursprünglich allein innerstaatlich bedeutsame Wechselbezüglichkeit zwischen Art. 38 Abs. 1 Satz 1 und Art. 20 Abs. 1 und Abs. 2 GG [...] durch die fortschreitende europäische Integration schrittweise eine Erweiterung« erfährt, fordert **Art. 38 I 1 GG** zunächst **eine hinreichende demokratische Legitimation der EU**⁷⁴³. Angesichts

---

⁷³⁸ Näher zum Rechtsschutz *Schorkopf* (Fn. 12), Art. 23 Rn. 218 ff.
⁷³⁹ BVerfGE 89, 155 (171 f.); ferner E 97, 350 (368 f., Rn. 77); 123, 267 (330, Rn. 174 f.); 129, 124 (167 ff., Rn. 96 f.); 132, 195 (234 f., Rn. 92); 134, 366 (380, Rn. 17 f.; 396, Rn. 51 f.). Zur Antragsbefugnis hinsichtlich einer Entleerung des Wahlrechts E 129, 124 (170, Rn. 102).
⁷⁴⁰ BVerfG (K), NVwZ 2013, 858 (859, Rn. 26): Unter Berufung auf Art. 38 I 1 GG nicht überprüfbar ist, »ob der Deutsche Bundestag auf einer vollständigen und zutreffenden Tatsachengrundlage entscheidet, oder welche Qualität die ihm von der Bundesregierung zur Verfügung gestellten Informationen haben«; denn dies »liefe [...] auf eine inhaltliche Kontrolle des demokratischen Prozesses hinaus, die Art. 38 I 1 GG gerade nicht ermöglicht.« S. auch E 134, 366 (396 f., Rn. 52); 135, 317 (386 ff., Rn. 124 ff., 399 ff., Rn. 161 ff.).
⁷⁴¹ *U. Gassner*, Der Staat 34 (1995), 429 (434 ff.); *D. König*, ZaöRV 54 (1994), 17 (26 ff.); *C. Schönberger*, Der Staat 48 (2009), 535 (539 ff.); *ders.*, JZ 2010, 1160 (1160 ff.); *J. Schwarze*, EuR 2010, 108 (114); *M. Selmayr*, ZEuS 2009, 637 (668 f.); *J.P. Terhechte*, EuZW 2009, 724 (725 f.); ferner *M. Jestaedt*, Der Staat 48 (2009), 497 (503 ff.); *M. Nettesheim*, NJW 2009, 2867 (2868).
⁷⁴² BVerfGE 129, 124 (169, Rn. 101). Zustimmend – und partiell weiter – *K.F. Gärditz/C. Hillgruber*, JZ 2009, 872 (872 f.); *D. Murswiek*, JZ 2010, 702 (704 ff.); ferner *R. Lehner*, Der Staat 52 (2013), 535 (551).
⁷⁴³ BVerfGE 123, 267 (331, Rn. 177); ferner E 135, 317 (399, Rn. 159 f.). Kritisch *M. Selmayr*, ZEuS 2009, 637 (669 f.).

dieser umfassenden Kontrollmöglichkeit im Rahmen der Verfassungsbeschwerde hat es das Bundesverfassungsgericht offen gelassen, ob Art. 38 I GG einem **Abgeordneten** ein entsprechendes wehrfähiges **Statusrecht** verleiht; für die Zulässigkeit eines Organstreits fehle es jedenfalls an einem »eigenständige[n] statusspezifische[n] Rechtsschutzinteresse.«[744] Ebenfalls verneint wurde die Befugnis des einzelnen Abgeordneten, Rechte des Bundestages als Prozessstandschafter geltend zu machen (allg. und a. A.: → Art. 93 Rn. 53)[745]. Des Weiteren folgt aus Art. 38 I 1 i.V.m. Art. 146 GG ein **Anspruch auf Erhalt der Staatlichkeit**, mithin darauf, dass »ein Identitätswechsel der Bundesrepublik Deutschland, wie er durch Umbildung zu einem Gliedstaat eines europäischen Bundesstaates bewirkt werden würde«, nur im Wege der Verfassungsneuschöpfung gemäß Art. 146 GG erfolgen (→ Rn. 104)[746]. Schließlich erfuhr auch das **Sozialstaatsprinzip** über Art. 38 I 1 GG insofern eine Subjektivierung, als der Bundestag zur Erfüllung sozialstaatlicher Mindestanforderungen (Art. 23 I 3, Art. 79 III GG) in der Lage bleiben muss[747].

Seit dem Vertrag von Maastricht hat das Bundesverfassungsgericht über die Verfassungskonformität zahlreicher Integrationsschritte befunden und diese prinzipiell bejaht, gleichzeitig aber auch Grenzen aufgezeigt (→ Rn. 61 ff.). Dies gilt namentlich für die **Verträge von Maastricht**[748] und **Lissabon**[749]. Das Lissabon-Urteil hat den Begriff der **Identitätskontrolle** für den Schutz der »unübertragbaren und insoweit integrationsfesten Identität der Verfassung (Art. 79 Abs. 3 GG)« geprägt[750]. In **Eilverfahren**, die die Ratifikation völkerrechtlicher Verträge zum Gegenstand haben, kann statt der im Rahmen von § 32 BVerfGG normalerweise anzustellenden Folgenabwägung – insbesondere bei einer Identitätskontrolle (→ Rn. 87 ff.) – eine summarische Prüfung der Rechtslage geboten sein, um das Eingehen verfassungswidriger völkerrechtlicher Bindungen und die Schaffung vollendeter Tatsachen zu verhindern[751]. 168

2. Akte der Europäischen Union und nationale Umsetzungsakte

Die Befugnis, letztverbindlich über die Auslegung des EU-Primärrechts und die Gültigkeit sowie Auslegung des EU-Sekundärrechts zu entscheiden, liegt im Interesse einer unionsweit einheitlichen Anwendung des Unionsrechts beim EuGH; dieses **Entscheidungsmonopol** ist im Unionsrecht angelegt (s. auch Art. 19 I UAbs. 1 S. 2 EUV)[752] 169

---

[744] BVerfGE 123, 267 (337, Rn. 199).
[745] BVerfGE 123, 267 (337, Rn. 200). Zustimmend *Schorkopf* (Fn. 12), Art. 23 Rn. 224.
[746] BVerfGE 123, 267 (331 f., Rn. 179). Zustimmend *K. F. Gärditz/C. Hillgruber*, JZ 2009, 872 (876); *D. Murswiek*, JZ 2010, 702 (705 ff.); *ders.*, JZ 2010, 1164 (1166 f.). Zurückhaltend gegenüber einer Subjektivierung des Art. 146 GG noch E 89, 155 (180); ablehnend *D. Halberstam/C. Möllers*, German Law Journal 10 (2009), 1241 (1256); *M. Ruffert*, DVBl. 2009, 1197 (1206); *C. Schönberger*, Der Staat 48 (2009), 535 (539 ff.); *ders.*, JZ 2010, 1160 (1163).
[747] BVerfGE 123, 267 (332 f., Rn. 182). Kritisch *M. Ruffert*, DVBl. 2009, 1197 (1206).
[748] BVerfGE 89, 155 (188 ff.).
[749] BVerfGE 123, 267 (328 ff., Rn. 167 ff.).
[750] BVerfGE 123, 267 (350, Rn. 235). Kritisch zur Vermengung der Solange-Rechtsprechung mit der Identitätskontrolle *M. Bäcker*, EuR 2011, 103 (116 ff.). Für ein Verständnis der Identitätskontrolle als Unterfall der Ultra-vires-Kontrolle BVerfGE 134, 366 (384, Rn. 27); *J. H. Klement*, ZG 29 (2014), 169 (187 f.).
[751] BVerfGE 132, 195 (232 ff., Rn. 86 ff.).
[752] Vgl. zuletzt EuGH v. 16.6.2015, C-62/14, ECLI:EU:C:2015:400, Rn. 16 – *Gauweiler u.a.*; zuvor bereits EuGH v. 22.10.1987, 314/85, Slg. 1987, 4199, Rn. 12 ff. – *Foto-Frost*; v. 21.2.1991, C-143/88 und C-92/89, Slg. 1991, I-415, Rn. 16 f. – *Zuckerfabrik Süderdithmarschen und Zuckerfabrik Soest*; v. 21.12.2011, C-366/10, Slg. 2011, I-13755, Rn. 47 f. – *Air Transport Association of America u.a.*; v.

Art. 23 C. Erläuterungen

und auch vom Bundesverfassungsgericht grundsätzlich anerkannt⁷⁵³. Gleichwohl behält sich das Bundesverfassungsgericht vor, über die Einhaltung der verfassungsrechtlichen Integrationsschranken (→ Rn. 61 ff.) auch im Kontext der Sekundärrechtsetzung zu wachen, wobei es sich angesichts des Entscheidungsmonopols des EuGH nur um eine **subsidiäre Kontrolle mit Ultima-ratio-Funktion** handeln kann (zum Kooperationsverhältnis: → Rn. 172 ff.; allg. → Art. 1 III Rn. 21 ff.)⁷⁵⁴.

170 Zumeist richten sich entsprechende **Verfassungsbeschwerden** gegen nationale Rechtsakte, die Unionsrecht implementieren, so dass ein tauglicher Beschwerdegegenstand vorliegt und sich allenfalls die Frage stellt, ob im Erfolgsfall neben einer Nichtigerklärung des nationalen Akts auch die Feststellung der innerstaatlichen Unanwendbarkeit des EU-Akts möglich ist. Bei nicht umsetzungsbedürftigen Handlungen der Unionsorgane kommt, wie die Ultra-vires-Rechtsprechung illustriert (→ Rn. 175 ff.), zunächst eine Geltendmachung staatlicher Schutz- und Handlungspflichten in Betracht, womit wiederum ein nationaler Akt Beschwerdegegenstand ist⁷⁵⁵. Im Ausnahmefall (Subsidiarität) ist auch ein Angriff des supranationalen Rechtsakts selbst (nur⁷⁵⁶) mit dem Ziel, seine Unanwendbarkeit festzustellen, denkbar, etwa bei einer strafbewehrten Handlungspflicht in einer EU-Verordnung, wenn und weil sich ein Vorgehen gegen die Sanktion als unzumutbar erweist (→ Art. 93 Rn. 83; zu Akten mit ausschließlicher Binnenrelevanz → Art. 24 Rn. 53)⁷⁵⁷. Gegenstand von **Richtervorlagen gemäß Art. 100 Abs. 1 GG** kann schließlich sowohl ein Unionsrecht umsetzendes

---

22.6.2010, C-188/10 und C-189/10, Slg. 2010, I-5667, Rn. 54 – *Melki und Abdeli*. Zu Einschränkungen im einstweiligen Rechtsschutz EuGH v. 21.2.1991, C-143/88 und C-92/89, Slg. 1991, I-415, Rn. 168 ff. – *Zuckerfabrik Süderdithmarschen und Zuckerfabrik Soest*; v. 9.11.1995, C-465/93, Slg. 1995, I-3761, Rn. 20 ff. – *Atlanta*; v. 22.12.2010, C-304/09, Slg. 2010, I-13903, Rn. 45 – *Europ. Kommission/Italien*, und *K. Lenaerts*, EuR 2015, 3 (5 ff.); *F. Wollenschläger*, in: K. F. Gärditz (Hrsg.), VwGO, 2013, § 123 Rn. 42 ff.

⁷⁵³ BVerfGE 75, 223 (234); 123, 267 (399, Rn. 337; ferner 353, Rn. 240); 126, 286 (302 ff., Rn. 56 ff.); ferner *Randelzhofer* (Fn. 40), Art. 24 I Rn. 137; zur Kooperationspflicht auch *M. Selmayr/N. Prowald*, DVBl. 1999, 269 (274 ff.); ferner vor dem Hintergrund der Europa(rechts)freundlichkeit *Knop*, Völker- und Europarechtsfreundlichkeit (Fn. 198), S. 323 ff. Zur Zulässigkeit dieses Kontrollverzichts *Classen* (Fn. 5), Art. 23 Rn. 54 (kein Kompetenzverzicht, sondern Begründungsanforderungen i. S. d. §§ 80 II, 92 BVerfGG). Grundsätzlich ablehnend gegenüber einer Kontrolle von Urteilen des EuGH durch das BVerfG *Classen* (Fn. 5), Art. 23 Rn. 57; ferner Art. 24 Rn. 52 ff. Insgesamt restriktiv auch *Heyde* (Fn. 499), Art. 23 Rn. 75; *Pernice* → Bd. II², Art. 23 Rn. 27 ff. Die Unanwendbarkeitserklärung für vertragswidrig erachtend und eine Lösung auf Ebene des Primärrechts (Änderung oder Austritt) befürwortend *J. Ziller*, ZÖR 65 (2010), 157 (175 f.); ferner *Frowein*, Europäisierung (Fn. 458), S. 214; für eine »Zentralisierung der Letztentscheidungsbefugnis bei gleichzeitiger Rückbindung an die nationalen Verfassungsrechte« *Peters*, Elemente (Fn. 32), S. 284 ff.

⁷⁵⁴ S. BVerfG (K), NJW 2014, 375 (376, Rn. 12).

⁷⁵⁵ BVerfGE 134, 366 (394 f., Rn. 45 ff.) – bei Ultra-vires-Handeln; *Classen* (Fn. 38), Art. 24 Rn. 48. S. auch *C. Walter*, AöR 129 (2004), 39 (66 ff.).

⁷⁵⁶ Gegen die Möglichkeit einer unmittelbaren Prüfung des supranationalen Akts BVerfGE 129, 124 (175 f., Rn. 116).

⁷⁵⁷ Vgl. BVerfGE 89, 155 (175); 123, 267 (335, Rn. 191); 126, 286 (302, Rn. 55); 129, 124 (175 f., Rn. 116); *S. Detterbeck*, in: Sachs, GG, Art. 93 Rn. 26; *Jarass/Pieroth*, GG, Art. 93 Rn. 50 b. A.A. (kein Angriff supranationaler Akte) BVerfGE 6, 15 (16 ff.); 22, 293 (295 ff.); 58, 1 (26 ff.); *Classen* (Fn. 38), Art. 24 Rn. 46; *Hillgruber* (Fn. 36), Art. 23 Rn. 57; *H. Sauer*, ZRP 2009, 195 (197); ferner *Flint*, Übertragung (Fn. 36), S. 181 ff., 193 ff. Rücksichtnahmepflichten postulierend *H.-G. Dederer*, JZ 2014, 313 (321 f.). Nach *Streinz* (Fn. 5), Art. 23 Rn. 98, ist »(jedenfalls letztlich) das jeweilige Zustimmungsgesetz« Prüfungsgegenstand; ebenso *Tomuschat* (Fn. 68), Art. 24 Rn. 96. Diese Auffassung ist freilich schon aus Fristgründen zu modifizieren (s. auch *Uerpmann-Wittzack* [Fn. 3], Art. 23 Rn. 33). Umfassend zur Thematik *Streinz*, Grundrechtsschutz (Fn. 41), S. 141 ff. (nur gegen deutsche Begründungs- und Vollzugsakte); *C. Walter*, AöR 129 (2004), 39 (45 ff.).

VI. Rechtsschutz im Kontext der europäischen Integration — Art. 23

nationales Gesetz als auch ein nicht umsetzungsbedürftiger Unionsrechtsakt, namentlich eine Verordnung (auf der etwa ein vor den Fachgerichten angegriffener Verwaltungsakt beruht), sein (→ Art. 100 Rn. 17)[758]. Sähe man supranationale Akte nicht als tauglichen Beschwerde- bzw. Vorlagegegenstand an, entstünden, wie die erwähnten Beispiele illustrieren, Schutzlücken.

Die in Anspruch genommene Kontrollbefugnis bezieht sich auf einen **adäquaten Grundrechtsschutz und die Wahrung der weiteren Integrationsschranken** (a) sowie **Ultra-vires-Akte** (b). Nicht aufgegriffen hat der (verfassungsändernde) Gesetzgeber die im Lissabon-Urteil in den Raum gestellte »Schaffung eines zusätzlichen, speziell auf die Ultra-vires- und die **Identitätskontrolle** zugeschnittenen verfassungsgerichtlichen Verfahrens [...] zur Absicherung der Verpflichtung deutscher Organe, kompetenzüberschreitende oder identitätsverletzende Unionsrechtsakte im Einzelfall in Deutschland unangewendet zu lassen.«[759]

171

a) Wahrung der Integrationsschranken, namentlich eines demjenigen des Grundgesetzes im Wesentlichen vergleichbaren Grundrechtsschutzes

Dass die Anwendbarkeit unionaler Hoheitsakte unter dem Vorbehalt der Wahrung der grundgesetzlichen Integrationsschranken steht, hat das Bundesverfassungsgericht zunächst in seiner **Solange-Rechtsprechung** für den Grundrechtsschutz ausbuchstabiert (→ Rn. 81 ff.). Vergleichbare Grundsätze gelten für die weiteren Integrationsschranken des Art. 23 I 1, 3 und Art. 79 III GG (→ Rn. 61 ff.)[760]. Hinsichtlich der materiell-rechtlichen Anforderung ist in Erinnerung zu rufen, dass kein mit dem Grundgesetz identischer Standard auf Unionsebene gefordert ist, sondern lediglich eine »**strukturangepasste Grundsatzkongruenz**« (→ Rn. 63; s. auch Art. 23 I 1 GG: »im wesentlichen vergleichbare[r] Grundrechtsschutz«). Eingedenk des **Entscheidungsmonopols des EuGH** für Unionsrecht (→ Rn. 169) »übt das Bundesverfassungsgericht« in den Worten des **Maastricht-Urteils** »seine Gerichtsbarkeit über die Anwendbarkeit von abgeleitetem Gemeinschaftsrecht in Deutschland in einem ›**Kooperationsverhältnis**‹ zum Europäischen Gerichtshof aus, in dem der Europäische Gerichtshof den Grundrechtsschutz in jedem Einzelfall für das gesamte Gebiet der Europäischen Gemeinschaften garantiert, das Bundesverfassungsgericht sich deshalb auf eine generelle Gewährleistung der unabdingbaren Grundrechtsstandards [...] beschränken kann.«[761] Da letztere gewahrt sind, ist diese Prüfungskompetenz derzeit nicht aktuell (→ Rn. 86).

172

Das Kooperationsverhältnis findet zunächst in **hohen Anforderungen für die Zulässigkeit entsprechender Verfassungsrechtsbehelfe** Ausdruck: Nach dem Bananenmarkt-Beschluss ist mit Blick auf »die europäische Rechtsentwicklung einschließlich der

173

---

[758] S. BVerfGE 37, 271 (283 f.); 73, 339 (387, Rn. 117); 102, 147 (161, Rn. 54); 118, 79 (95, Rn. 67 f.). Gegen die Vorlagefähigkeit supranationaler Akte *Hillgruber* (Fn. 36), Art. 23 Rn. 57.
[759] BVerfGE 123, 267 (354 f., Rn. 241). Für die Schaffung eines solchen Verfahrens *A. Funke*, ZG 26 (2011), 166 (178); *K. F. Gärditz/C. Hillgruber*, JZ 2009, 872 (874); *H. A. Wolff*, DÖV 2010, 49 ff.; ablehnend *M. Nettesheim*, NJW 2010, 177 (178); *R. Streinz*, HStR³ X, § 218 Rn. 54; *J. P. Terhechte*, EuZW 2009, 724 (731); *D. Thym*, Der Staat 48 (2009), 559 (570). Differenzierte und Gestaltungsvorschläge unterbreitet *H. Sauer*, ZRP 2009, 195 (197 f.); *Wendel*, Permeabilität (Fn. 47), S. 480 ff.
[760] *Streinz* (Fn. 5), Art. 23 Rn. 99; für ein einheitliches Verständnis von Identitäts-, Grundrechts- und Ultra-vires-Kontrolle *H.-G. Dederer*, JZ 2014, 313 (315 ff.).
[761] BVerfGE 89, 155 (175; ferner 178); für eine prinzipielle Zulässigkeit entsprechender Rechtsbehelfe auch E 102, 147 (161, Rn. 54); 118, 79 (95, Rn. 67 f.); 123, 267 (335, Rn. 191). Zustimmend *Scholz* (Fn. 5), Art. 23 Rn. 85; *Uerpmann-Wittzack* (Fn. 3), Art. 23 Rn. 30.

Rechtsprechung des Europäischen Gerichtshofs [...] im Einzelnen dar[zu]legen, dass der jeweils als unabdingbar gebotene Grundrechtsschutz generell nicht gewährleistet ist. Dies erfordert eine Gegenüberstellung des Grundrechtsschutzes auf nationaler und auf Gemeinschaftsebene in der Art und Weise, wie das Bundesverfassungsgericht sie in BVerfGE 73, 339 (378 bis 381) geleistet hat.«[762] Überdies greifen **weitere prozedurale Kautelen** zur Vermeidung eines Jurisdiktionskonflikts: So gilt das **Verwerfungsmonopol** des Bundesverfassungsgerichts[763], das nicht nur Konzentrationswirkung zeitigt, sondern eine Infragestellung von EuGH und Unionsrecht durch andere Gerichte als das Bundesverfassungsgericht ausschließt. Zudem kommt eine Vorlage an das Bundesverfassungsgericht erst dann in Betracht, wenn dem EuGH zuvor Gelegenheit zur Prüfung der Unionsrechtsnorm an den Unionsgrundrechten gegeben wurde[764]. Im Falle einer ohne Erschöpfung des fachgerichtlichen Rechtswegs zulässigen Verfassungsbeschwerde impliziert dies eine **Vorlage** durch das Bundesverfassungsgericht selbst, was bis heute erst einmal, nämlich im ESM-/EZB-Verfahren hinsichtlich der Unionsrechtskonformität des OMT (Outright Monetary Transactions)-Beschlusses des Rates der EZB[765], erfolgt ist[766] – durchaus spät im Gegensatz etwa zum Österreichischen VerfGH[767], zur Corte Costituzionale[768] oder zum Conseil Constitutionnel[769]. Ferner wird die Gemeinschaftsrechtsnorm im Kollisionsfall nicht für nichtig, sondern lediglich für innerstaatlich unanwendbar erklärt[770].

174 Um Unionsrecht auch nicht mittelbar in Frage zu stellen, gilt die Rücknahme der Prüfungskompetenz schließlich ebenfalls für **nationale Akte, die zwingende Vorgaben des Unionsrechts umsetzen bzw. ausführen**, wie Gesetze zur Umsetzung von EU-Richtlinien oder auf EU-Verordnungen beruhende Vollzugsakte, und daher (ausschließlich) einer Bindung an die Unionsgrundrechte unterliegen (Art. 51 I 1 ChGrEU; → Art. 1 III Rn. 16ff.)[771]. Bei Vorliegen von Ermessensspielräumen nimmt das Bundesverfassungsgericht demgegenüber eine vollumfängliche Kontrollbefugnis in An-

---

[762] BVerfGE 102, 147 (164, Rn. 62); ferner (K), NJW 2001, 1267 (1267f.); E 118, 79 (95, Rn. 68); (K), NVwZ 2007, 942 (942). Tendenziell strenger *P.M. Huber*, AöR 116 (1991), 210 (241ff.). Zur Diskussion um ein Verständnis des Vorbehalts als materielle Kollisionsregel oder bloße Anordnung eines Kontrollverzichts unter Bejahung des ersteren *M. Cornils*, AöR 129 (2004), 336 (362ff.) m.w.N. Für das Erfordernis einer Einzelfallkontrolle *H.-G. Dederer*, JZ 2014, 313 (317f.). Beschränkungen der Prüfungskompetenz als Frage der Begründetheit qualifizierend BVerfGE 126, 286 (299, Rn. 45).

[763] BVerfGE 37, 271 (284f.); 123, 267 (354, Rn. 241).

[764] BVerfGE 37, 271 (281); ferner *Detterbeck* (Fn. 757), Art. 93 Rn. 26d; *Scholz* (Fn. 5), Art. 23 Rn. 86; *M. Seidel*, EuZW 2003, 97 (97). *U. Di Fabio*, NJW 1990, 947 (954), hält die Vorlage nicht für verfassungsrechtlich, sondern allenfalls für integrationspolitisch geboten.

[765] BVerfGE 134, 366; dazu die Beiträge im GLJ 2/2014 sowie *M. Ludwigs*, NVwZ 2015, 537ff.; *F. C. Mayer*, EuR 2014, 473ff.

[766] Kritisch zur geringen Vorlagefreudigkeit *P.M. Huber*, DVBl. 2009, 574 (582).

[767] S. nur Österr. VerfGH v. 28.11.2012, G47/12 u.a. – *Seitlinger u.a.*

[768] Corte Costituzionale v. 13.2.2008, 102/2008 – *Tasse di Lusso Sardegna*.

[769] Conseil Constitutionnel v. 4.4.2013, 2013-314P QPC – *M. Jeremy F.*

[770] BVerfGE 37, 271 (281f., 284). Diese Differenzierung für unerheblich erachtend die abweichende Meinung der Richter *Rupp*, *Hirsch* und *Wand*, BVerfGE 37, 271 (299).

[771] BVerfG (K), NJW 2001, 1267 (1268); E 118, 79 (95ff., Rn. 69ff.); (K), NVwZ 2007, 942 (942); E 121, 1 (15, Rn. 135); 122, 1 (21f., Rn. 84); 125, 260 (306, Rn. 181) – mit Rückausnahme (306f., Rn. 182). S. auch *Wollenschläger* (Fn. 56), § 8 Rn. 18ff. m.w.N. – Beschränkungen der Prüfungskompetenz als Frage der Begründetheit qualifizierend BVerfGE 126, 286 (299, Rn. 45). Für die Zulässigkeit einer Grundrechtsprüfung an nationalen Grundrechten, auch wenn Norm (möglicherweise) unanwendbar: E 85, 191 (205f.).

spruch⁷⁷², die freilich der unionsrechtlichen Überformung von Spielräumen Rechnung zu tragen hat⁷⁷³. Problematisch erscheint demgegenüber die vom Bundesverfassungsgericht im Urteil zur Vorratsdatenspeicherung durchgeführte Grundrechtsprüfung auch im Bereich zwingender Vorgaben unter Verweis darauf, dass bei einer vor dem Bundesverfassungsgericht erstrebten Vorlage zum EuGH, in deren Rahmen dieser die (unionsgrundrechtliche) Nichtigkeit des Unionsrechtsakts feststellen kann, die nationalen Grundrechte wieder Prüfungsmaßstab sein können⁷⁷⁴.

b) Ultra-vires-Akte

Handlungen der EU, der keine Kompetenz-Kompetenz zukommt und der nur gegenständlich beschränkt Hoheitsgewalt übertragen wurde (→ Rn. 39, 89), müssen die »Grenzen der ihr übertragenen Hoheitsrechte« wahren⁷⁷⁵. **Ultra-vires-Akte** sind mangels Deckung durch das Zustimmungsgesetz **innerstaatlich nicht anwendbar**⁷⁷⁶. Überdies ist **deutschen Staatsorganen** nicht nur eine **Mitwirkung an deren Entstehen verboten**; vielmehr sind sie bei Verstößen auch gehalten, aktiv auf eine **Wahrung des Integrationsprogramms** (Aufhebung des Akts und Minimierung seiner innerstaatlichen Konsequenzen oder Änderung des Primärrechts) hinzuwirken⁷⁷⁷. Zur Sicherung demokratischer Einflussmöglichkeiten besteht hierauf nach der OMT-Rechtsprechung des Bundesverfassungsgerichts sogar ein **im Wege der Verfassungsbeschwerde durchsetzbarer Anspruch des Bürgers gemäß Art. 38 I 1 GG**⁷⁷⁸; eine entsprechende, im **Organstreit** durchsetzbare Rechtsposition steht Fraktionen gegenüber dem Bundestag zu⁷⁷⁹.

175

Das Bundesverfassungsgericht nimmt die Befugnis zur Prüfung in Anspruch, »ob Rechtsakte der europäischen Einrichtungen und Organe sich in den Grenzen der ihnen eingeräumten Hoheitsrechte halten oder aus ihnen ausbrechen«⁷⁸⁰. Mit dieser Feststellung ist die Problematik freilich nicht gelöst, da dem EuGH unionsrechtlich das **Letztentscheidungsrecht** über die Kompetenzkonformität von Unionshandeln zusteht (→ Rn. 169). Somit fokussiert sich die Ultra-vires-Thematik auf die Frage nach Reichweite und Grenzen der verfassungsrechtlichen Pflicht zur Anerkennung von Kompetenzentscheidungen des EuGH⁷⁸¹. Der Honeywell-Beschluss des Bundesverfassungsgerichts vom 6.7.2010 hat die **Modalitäten der Ultra-vires-Kontrolle** ausbuch-

176

---

⁷⁷² BVerfGE 118, 79 (96, Rn. 70); 125, 260 (308f., Rn. 186f.).
⁷⁷³ Näher *Wollenschläger* (Fn. 56), § 8 Rn. 18ff. m.w.N.
⁷⁷⁴ BVerfGE 125, 260 (307, Rn. 182) – als Konsequenz den Solange-Vorbehalt als Frage der Verwerfungs-, nicht aber der Prüfungskompetenz qualifizierend (mit Kritik an der Umsetzung) *M. Bäker*, EuR 2011, 103 (107ff.).
⁷⁷⁵ BVerfGE 75, 223 (242); 89, 155 (187); 134, 366 (381, Rn. 20ff.).
⁷⁷⁶ BVerfGE 89, 155 (187); ferner *Jarass*/Pieroth, GG, Art. 23 Rn. 41; *Uerpmann-Wittzack* (Fn. 3), Art. 23 Rn. 42.
⁷⁷⁷ BVerfGE 134, 366 (394f., Rn. 45ff.). Dazu *H. Gött*, EuR 2014, 514 (522ff.).
⁷⁷⁸ BVerfGE 134, 366 (397, Rn. 53). Ablehnend abweichende Meinung der Richter *Lübbe-Wolff* (422ff., Rn. 116ff.) und *Gerhardt* (430ff., Rn. 133ff.); *W. Heun*, JZ 2014, 331 (332); *J.H. Klement*, ZG 29 (2014), 169 (187); *C. Tomuschat*, DVBl. 2014, 645 (647). Zustimmend *K. Schneider*, AöR 139 (2014), 196 (253ff.). S. ferner *H. Gött*, EuR 2014, 514 (534ff.).
⁷⁷⁹ BVerfGE 134, 366 (397f., Rn. 54). Ablehnend abweichende Meinung der Richter *Lübbe-Wolff* (422ff., Rn. 116ff.) und *Gerhardt* (430ff., Rn. 133ff.).
⁷⁸⁰ BVerfGE 89, 155 (188); ferner E 123, 267 (353f., Rn. 240); 399f., Rn. 338); 126, 286 (301ff., Rn. 53ff.). S. bereits zuvor E 75, 223 (235, 242). Ablehnend *Zuleeg* (Fn. 32), Art. 23 Rn. 32; für eine kritische Diskussion der Rechtsprechung *A. Funke*, ZG 26 (2011), 166 (176ff.).
⁷⁸¹ Umfassend – auch rechtsvergleichend und alternative Lösungsmodelle in Mehrebenensystemen

stabiert: So gebieten die Europarechtsfreundlichkeit des Grundgesetzes und der hinter dem Entscheidungsmonopol des EuGH stehende Belang einer unionsweit einheitlichen Anwendung des Unionsrechts (→ Rn. 169) zunächst, vor einer derartigen Entscheidung den EuGH im Wege des **Vorabentscheidungsverfahrens** (Art. 267 AEUV) zu befassen[782]; diesen Weg hat das Bundesverfassungsgericht hinsichtlich des als Ultra-vires-Akt angegriffenen OMT-Beschlusses mit seiner Vorlage vom 14.1.2014 erstmals beschritten[783]. Des Weiteren genügt nicht das schlichte Vorliegen einer für falsch erachteten Handhabung von Kompetenzgrundlagen; vielmehr ist erforderlich, »dass das kompetenzwidrige Handeln der Unionsgewalt **offensichtlich** ist und der angegriffene Akt im Kompetenzgefüge zwischen Mitgliedstaaten und Union im Hinblick auf das Prinzip der begrenzten Einzelermächtigung und die rechtsstaatliche Gesetzesbindung **erheblich** ins Gewicht fällt«[784]. Es muss eine »das Prinzip der begrenzten Einzelermächtigung in offensichtlicher und strukturwirksamer Weise verletzende Überschreitung der durch Zustimmungsgesetz auf die Europäische Union übertragenen Hoheitsrechte« vorliegen[785]. Hierbei ist auch die Befugnis des EuGH zur **Rechtsfortbildung** zu berücksichtigen (→ Rn. 177); selbst deren Überschreiten ist nur bei kompetenzbegründender Wirkung relevant, mithin wenn »nicht nur Rechte, sondern auch Pflichten von Bürgern durch Rechtsfortbildung begründet würden, die sich sowohl als Grundrechtseingriffe als auch als Kompetenzverschiebung zulasten der Mitgliedstaaten erweisen würden.«[786] Überdies ist die Methodik des Unionsrechts und der Anspruch des Gerichtshofs auf Fehlertoleranz in Rechnung zu stellen[787]. »Hinzunehmen sind auch Interpretationen der vertraglichen Grundlagen, die sich ohne gewichtige Verschiebung im Kompetenzgefüge auf Einzelfälle beschränken und belastende Wirkungen auf Grundrechte entweder nicht entstehen lassen oder einem innerstaatlichen Ausgleich solcher Belastungen nicht entgegenstehen.«[788] Besonders schwer wiegen indes Kompetenzüberschreitungen in Materien, »die zur verfassungsrechtlichen Identität der Mitgliedstaaten rechnen oder besonders vom demokratisch diskursiven Prozess in den Mitgliedstaaten abhängen«[789]. Schließlich ist ein derartiger Ausspruch analog **Art. 100 I GG** dem Bundesverfassungsgericht vorbehalten[790].

---

aufzeigend – zur Problematik *Mayer*, Kompetenzüberschreitung (Fn. 99); ferner *K. Schneider*, AöR 139 (2014), 196ff.

[782] BVerfGE 126, 286 (304, Rn. 60). Ebenso *Huber*, Verfassungsrecht (Fn. 32), S. 231; *J.H. Klement*, ZG 29 (2014), 169 (192); *Scholz* (Fn. 5), Art. 23 Rn. 86.

[783] BVerfGE 134, 366. Kritisch *W. Frenz*, DVBl. 2014, 451 (452f.); *C. Herrmann*, EuZW 2014, 161ff.

[784] BVerfGE 126, 286 (304f., Rn. 61) – strenger die abweichende Meinung des Richters *Landau*, E 126, 286 (318ff., Rn. 94ff.); ferner E 134, 366 (382f., Rn. 24; 392, Rn. 37). Ebenso (wie die Mehrheitsmeinung) bereits *C. Calliess*, ZEuS 2009, 559 (567ff.); *Huber*, Verfassungsrecht (Fn. 32), S. 231f.; *C. Ohler*, AöR 135 (2010), 153 (166ff.); *I. Pernice*, HStR VIII, § 191 Rn. 59; *Scholz* (Fn. 5), Art. 23 Rn. 40, 86. Zustimmend *U. Hufeld*, HStR³ X, § 215 Rn. 61.

[785] BVerfGE 126, 286 (308, Rn. 68). Für eine restriktive Handhabung *P. Kirchhof*, HStR³ X, § 214 Rn. 189.

[786] BVerfGE 126, 286 (312, Rn. 78).

[787] BVerfGE 126, 286 (307, Rn. 66).

[788] BVerfGE 126, 286 (307, Rn. 66).

[789] BVerfGE 126, 286 (307, Rn. 65); 134, 366 (383f., Rn. 25; 392, Rn. 37).

[790] BVerfGE 123, 267 (354, Rn. 241). Zustimmend *Streinz* (Fn. 5), Art. 23 Rn. 100. Kritisch *A. Funke*, ZG 26 (2011), 166 (176ff.).

VI. Rechtsschutz im Kontext der europäischen Integration   Art. 23

Der **EuGH ist zur Rechtsfortbildung** innerhalb des methodisch Vertretbaren **befugt**[791]. Dieser Rahmen ist verlassen, »wenn sie deutlich erkennbare, möglicherweise sogar ausdrücklich im Wortlaut dokumentierte (vertrags-)gesetzliche Entscheidungen abändert oder ohne ausreichende Rückbindung an gesetzliche Aussagen neue Regelungen schafft. Dies ist vor allem dort unzulässig, wo Rechtsprechung über den Einzelfall hinaus politische Grundentscheidungen trifft oder durch die Rechtsfortbildung strukturelle Verschiebungen im System konstitutioneller Macht- und Einflussverteilung stattfinden.«[792] Diesen Rahmen erachtete das Bundesverfassungsgericht hinsichtlich der im Ausnahmefall vom EuGH bejahten unmittelbaren Anwendbarkeit von Richtlinien für gewahrt[793]. Jüngst hat das Bundesverfassungsgericht allerdings in Reaktion auf das Urteil des EuGH in der **Rs. Fransson**, in dem ein potentiell weit reichendes Verständnis der Verbindlichkeit der Grundrechte-Charta für die Mitgliedstaaten anklingt[794], obiter angedeutet, dass es eine Anwendung der Unionsgrundrechte auf mitgliedstaatliche Rechtsakte, die lediglich mittelbare Berührungspunkte mit dem Unionsrecht aufweisen und sich daher nicht als »Durchführung von Unionsrecht« i.S.d. Art. 51 I ChGrEU darstellten, als Ultra-vires-Akt ansieht (→ Rn. 103)[795]. Selbiges gilt nach dem **OMT-Beschluss** für ein nicht von ihrem geld- und währungspolitischen Mandat gedecktes Handeln der EZB oder deren Verstoß gegen das Verbot monetärer Haushaltsfinanzierung[796].   177

3. Verstoß gegen Vorlagepflicht

Nachdem der EuGH wegen der Verschränkung des nationalen und unionalen Rechtsschutzsystems als gesetzlicher Richter i.S.d. Art. 101 I 2 GG zu qualifizieren ist[797], kann ein **Verstoß gegen die Vorlagepflicht** eine Verletzung dieses Grundrechts darstellen; erheblich ist dieser aber nur, wenn er willkürlich ist, mithin »bei verständiger Würdigung der das Grundgesetz bestimmenden Gedanken nicht mehr verständlich erschein[t] und offensichtlich unhaltbar« ist (→ Art. 101 Rn. 29, 62)[798]. Drei Fallgruppen haben Anerkennung gefunden: **(1) grundsätzliche Verkennung der Vorlagepflicht**, d.h. »ein letztinstanzliches Hauptsachegericht [zieht] eine Vorlage trotz der – seiner Auffassung nach bestehenden – Entscheidungserheblichkeit der unionsrechtlichen Frage überhaupt nicht in Erwägung [...], obwohl es selbst Zweifel hinsichtlich der richtigen Beantwortung der Frage hegt«; **(2) bewusstes Abweichen von entscheidungserheblicher EuGH-Rechtsprechung ohne Vorlage**; **(3) Unvollständigkeit der Rechtsprechung**, d.h.: »Liegt zu einer entscheidungserheblichen Frage des Unionsrechts einschlägige Rechtsprechung des Gerichtshofs noch nicht vor oder hat eine vorliegende Rechtsprechung die entscheidungserhebliche Frage möglicherweise noch nicht erschöpfend beantwortet oder erscheint eine Fortentwicklung der Rechtsprechung des Gerichtshofs nicht nur als entfernte Möglichkeit, wird Art. 101 Abs. 1 Satz 2 GG nur   178

---

[791] BVerfGE 75, 223 (243f.); ferner E 89, 155 (209); 126, 286 (305ff., Rn. 62ff.); *C. Ohler*, AöR 135 (2010), 153 (169ff.).
[792] BVerfGE 126, 286 (306, Rn. 64).
[793] BVerfGE 75, 223 (240ff.); ferner E 85, 191 (205).
[794] EuGH v. 26.2.2013, C-617/10, ECLI:EU:C:2013:280 – *Fransson*.
[795] BVerfGE 133, 277 (316, Rn. 91).
[796] BVerfGE 134, 366 (392f., Rn. 38ff.).
[797] Erstmals BVerfGE 73, 339 (366ff.); ferner E 75, 223 (233f.).
[798] S. nur BVerfGE 126, 286 (315, Rn. 88). Gegen diesen strengen Willkürmaßstab *Pernice* → Bd. II², Art. 23 Rn. 31.

verletzt, wenn das letztinstanzliche Hauptsachegericht den ihm in solchen Fällen notwendig zukommenden Beurteilungsrahmen in unvertretbarer Weise überschritten hat«[799]. Die ursprüngliche Rechtsprechung des Bundesverfassungsgerichts hat eine Überschreitung des Beurteilungsspielraums namentlich dann angenommen, »wenn mögliche Gegenauffassungen zu der entscheidungserheblichen Frage des Unionsrechts gegenüber der vom Gericht vertretenen Meinung eindeutig vorzuziehen sind [...]. Zu verneinen ist in diesen Fällen ein Verstoß gegen Art. 101 Abs. 1 Satz 2 GG deshalb bereits dann, wenn das Gericht die entscheidungserhebliche Frage in zumindest vertretbarer Weise beantwortet hat«[800]. Demgegenüber hat der Erste Senat in seinem Urteil vom 25.1.2011 die Notwendigkeit einer prozessualen Anknüpfung betont: »Dabei kommt es für die Prüfung einer Verletzung von Art. 101 Abs. 1 Satz 2 GG nicht in erster Linie auf die Vertretbarkeit der fachgerichtlichen Auslegung des für den Streitfall maßgeblichen materiellen Unionsrechts an, sondern auf die Vertretbarkeit der Handhabung der Vorlagepflicht nach Art. 267 Abs. 3 AEUV«[801]. Seit seinem Urteil vom 28.1.2014 betont nun auch der Zweite Senat, dass eine unvertretbare Handhabung des Beurteilungsspielraums jedenfalls dann vorliegt, »wenn die Fachgerichte das Vorliegen eines ›acte clair‹ oder eines ›acte éclairé‹ willkürlich bejahen.« Vom vorlegenden Gericht fordert das, sich »hinsichtlich des materiellen Unionsrecht hinreichend kundig [zu] machen. Etwaige einschlägige Rechtsprechung des Gerichtshofs der Europäischen Union muss es auswerten und seine Entscheidung hieran orientieren [...]. Auf dieser Grundlage muss das Fachgericht unter Anwendung und Auslegung des materiellen Unionsrechts [...] die vertretbare Überzeugung bilden, dass die Rechtslage entweder von vornherein eindeutig (›acte clair‹) oder durch Rechtsprechung in einer Weise geklärt ist, die keinen vernünftigen Zweifel offenlässt (›acte éclairé‹ [...]). Unvertretbar gehandhabt wird Art. 267 Abs. 3 AEUV im Falle der Unvollständigkeit der Rechtsprechung insbesondere dann, wenn das Fachgericht eine von vornherein eindeutige oder zweifelsfrei geklärte Rechtslage ohne sachlich einleuchtende Begründung bejaht«.[802] Keine Entscheidungserheblichkeit ist hingegen im Verfahren der **konkreten Normenkontrolle** anzunehmen, wenn eine innerstaatliche Norm wegen eines Verstoßes gegen Unionsrecht unanwendbar ist[803].

---

[799] BVerfGE 126, 286 (316f., Rn. 90); 128, 157 (187f., Rn. 104); 129, 78 (107f., Rn. 98); 135, 155 (232f., Rn. 181ff.).

[800] BVerfGE 126, 286 (317, Rn. 90) (Zweiter Senat); ebenso bereits E 82, 159 (196) (Zweiter Senat); (K), NJW 2001, 1267 (1268) (Zweite Kammer des Ersten Senats); K 10, 19 (30, Rn. 38) (Erste Kammer des Ersten Senats).

[801] BVerfGE 128, 157 (188, Rn. 104); ferner E 129, 78 (107, Rn. 98). Zuvor schon die Kammerentscheidungen desselben Senats: K 17, 108 (113, Rn. 21); 17, 533 (544, Rn. 48); 18, 211 (217f., Rn. 23). Dabei einen Gleichlauf mit der ursprünglichen Formel des Zweiten Senats betonend E 128, 157 (188, Rn. 104); 129, 78 (107, Rn. 98); K 17, 533 (544, Rn. 48); 18, 211 (217f., Rn. 23); (K), NJW 2014, 2489 (2491, Rn. 24) – eine Abweichung demgegenüber ausdrücklich betonend E 126, 286 (316, Rn. 89). Ebenfalls von divergenten Maßstäben ausgehend *M. Bäcker*, NJW 2011, 270 (271); *C. Calliess*, NJW 2013, 1905 (1909); *U. Fastenrath*, JZ 2013, 299 (301); *C. Finck/E. Wagner*, NVwZ 2014, 1286 (1286ff.); *W. Haensle*, DVBl. 2011, 811 (817); *B. Herz*, DÖV 2013, 769 (772); *L. Michael*, JZ 2012, 870 (872); *M. Schröder*, EuR 2011, 808 (818ff., 825). Auf die frühere Rechtsprechung zur Unvollständigkeit nimmt der Zweite Senat weiterhin Bezug: E 135, 155 (233, Rn. 185); ferner (K) NJW 2014, 2489 (2491, Rn. 23); NVwZ 2015, 52 (54, Rn. 36); WM 2015, 514 (516, Rn. 28).

[802] BVerfGE 135, 155 (233, Rn. 183ff.); ferner (K) NVwZ 2014, 1160 (1161, Rn. 10); WM 2015, 514 (516, Rn. 28). Die Rechtsprechung des Zweiten Senats als »Beseitigung der Rechtsprechungsdivergenz« deutend *C. Finck/E. Wagner*, NVwZ 2014, 1286 (1288f.).

[803] BVerfGE 85, 191 (203).

D. Verhältnis zu anderen GG-Bestimmungen

Aufgrund seines spezifischen Europabezugs ist **Art. 23 GG speziell gegenüber den allgemeinen Regeln des Außenverfassungsrechts**. Dies gilt namentlich für Art. 23 I 2, 3 GG im Verhältnis zu **Art. 24 I GG**[804] sowie für Art. 23 GG im Verhältnis zu **Art. 32 GG**[805] einschließlich des Lindauer Abkommens[806] (→ Art. 32 Rn. 5, 35, 38 ff. [Rn. 51 auch zum Sonderfall gemischter Abkommen]). Nachdem sich Art. 23 I 2, 3 GG spezifisch auf die Beteiligung an der EU bezieht und auch strengere Ratifikationsvoraussetzungen als **Art. 59 II GG** aufstellt, ist ersterer lex specialis[807]; damit kann dem nach Art. 23 I 2 GG erforderlichen Integrationsgesetz auch keine Doppelfunktion als solches und zugleich Vertragsgesetz i. S. d. 59 II GG beigemessen werden[808]. Der inzwischen von Art. 24 II GG gelöste **wehrverfassungsrechtliche Parlamentsvorbehalt** ist – unbeschadet der Spezialität des Art. 23 gegenüber Art. 24 II – zu wahren (→ Art. 24 Rn. 68, 75, 82)[809]. Art. 23a I 2 und 3 GG enthalten Ausnahmeregelungen gegenüber den Mehrheitsregeln der **Art. 42 II 1 und 52 III 1 GG**. Die weiteren für die europäische Integration relevanten Regeln des Grundgesetzes (→ Rn. 35), etwa Art. 88 S. 2 GG, finden parallel zu Art. 23 GG Anwendung[810].

179

---

[804] *Classen* (Fn. 5), Art. 23 Rn. 1; *Pernice* → Bd. II², Art. 23 Rn. 2, 121; *Scholz* (Fn. 5), Art. 23 Rn. 4; *Streinz* (Fn. 5), Art. 23 Rn. 9, 90; *Uerpmann-Wittzack* (Fn. 3), Art. 23 Rn. 115.

[805] *M. Niedobitek*, Das Recht der grenzüberschreitenden Verträge, 2001, S. 201 ff.; *Pernice* → Bd. II², Art. 23 Rn. 83, 121; *Streinz* (Fn. 5), Art. 23 Rn. 9; *Uerpmann-Wittzack* (Fn. 3), Art. 23 Rn. 115.

[806] *Heyde* (Fn. 499), Art. 23 Rn. 83 ff.; *Niedobitek*, Verträge (Fn. 802), S. 204 f.; *Pernice* → Bd. II², Art. 23 Rn. 121; *Scholz* (Fn. 5), Art. 23 Rn. 183 (differenzierend für gemischte Abkommen); *Uerpmann-Wittzack* (Fn. 3), Art. 23 Rn. 4.

[807] BVerfGE 123, 267 (387, Rn. 312); *R. Geiger*, ZG 18 (2003), 193 (198 f.); *Pernice* → Bd. II², Art. 23 Rn. 80, 121; *Schorkopf* (Fn. 12), Art. 23 Rn. 73; *Uerpmann-Wittzack* (Fn. 3), Art. 23 Rn. 115; *Wendel*, Permeabilität (Fn. 47), S. 395 f.; *F. Wollenschläger*, NVwZ 2012, 713 (714). A.A. *Baach*, Mitwirkung (Fn. 147), S. 112 f.; *Flint*, Übertragung (Fn. 36), S. 148 ff.; *Ipsen*, Gemeinschaftsrecht (Fn. 32), S. 60, 62; *Jarass*/Pieroth, GG, Art. 23 Rn. 4; *König*, Übertragung (Fn. 5), S. 73 ff., 302.

[808] *Pernice* → Bd. II², Art. 23 Rn. 80, 121; *Schorkopf* (Fn. 12), Art. 23 Rn. 73; *Wendel*, Permeabilität (Fn. 47), S. 395 f.; anders aber die Staatspraxis – s. etwa Beschlussempfehlung und Bericht des Ausschusses für die Angelegenheiten der Europäischen Union des Bundestages (Vertrag von Nizza) v. 17.10.2001 (BT-Drs. 14/7172), S. 2; *Baach*, Mitwirkung (Fn. 147), S. 112 f.; *Flint*, Übertragung (Fn. 36), S. 148 ff.; *König*, Übertragung (Fn. 5), S. 76, 302; *Scholz* (Fn. 5), Art. 23 Rn. 68; *Streinz* (Fn. 5), Art. 23 Rn. 63. Differenziert *K. Schneider*, AöR 139 (2014), 196 (243 ff.).

[809] BVerfGE 123, 267 (425, Rn. 388) – noch mit Blick auf Art. 24 II GG; nunmehr den wehrverfassungsrechtlichen Parlamentsvorbehalt als generelles Erfordernis für den Einsatz bewaffneter Streitkräfte verstehend BVerfG, Urt. v. 23.9.2015, 2 BvE 6/11, Rn. 69.

[810] Für Art. 88 GG *Pernice* → Bd. II², Art. 24 Rn. 70.

Artikel 24 [Übertragung und Einschränkung von Hoheitsrechten]

(1) Der Bund kann durch Gesetz Hoheitsrechte auf zwischenstaatliche Einrichtungen übertragen.

(1a) Soweit die Länder für die Ausübung der staatlichen Befugnisse und die Erfüllung der staatlichen Aufgaben zuständig sind, können sie mit Zustimmung der Bundesregierung Hoheitsrechte auf grenznachbarschaftliche Einrichtungen übertragen.

(2) Der Bund kann sich zur Wahrung des Friedens einem System gegenseitiger kollektiver Sicherheit einordnen; er wird hierbei in die Beschränkungen seiner Hoheitsrechte einwilligen, die eine friedliche und dauerhafte Ordnung in Europa und zwischen den Völkern der Welt herbeiführen und sichern.

(3) Zur Regelung zwischenstaatlicher Streitigkeiten wird der Bund Vereinbarungen über eine allgemeine, umfassende, obligatorische, internationale Schiedsgerichtsbarkeit beitreten.

Literaturauswahl

Badura, Peter: Bewahrung und Veränderung demokratischer und rechtsstaatlicher Verfassungsstruktur in den internationalen Gemeinschaften, VVDStRL 23 (1966), S. 34–104.

Beck, Andreas: Die Übertragung von Hoheitsrechten auf kommunale grenznachbarschaftliche Einrichtungen. Ein Beitrag zur Dogmatik des Art. 24 Abs. 1a GG, 1995.

Beyerlin, Ulrich: Zur Übertragung von Hoheitsrechten im Kontext dezentraler grenzüberschreitender Zusammenarbeit. Ein Beitrag zu Art. 24 Abs. 1a Grundgesetz, in: ZaöRV 54 (1994), S. 587–613.

Cremer, Hans-Joachim: Der grenzüberschreitende Einsatz von Polizeibeamten nach dem deutschschweizerischen Polizeivertrag: ein Vorbild für die Kooperation der Mitgliedstaaten der Europäischen Union auf dem Gebiet der Verbrechensbekämpfung?, in: ZaöRV 60 (2000), S. 103–149.

Fassbender, Bardo: Militärische Einsätze der Bundeswehr, in: HStR³ XI, § 244, S. 643–726.

Flint, Thomas: Die Übertragung von Hoheitsrechten. Zur Auslegung der Art. 23 Abs. 1 Satz 2 und Art. 24 Abs. 1 GG, 1998.

Hillgruber, Christian: Der Nationalstaat in der überstaatlichen Verflechtung, in: HStR³ II, § 32, S. 929–991.

Hobe, Stephan: Der offene Verfassungsstaat zwischen Souveränität und Interdependenz. Eine Studie zur Wandlung des Staatsbegriffs der deutschsprachigen Staatslehre im Kontext internationaler institutionalisierter Kooperation, 1998.

Kaiser, Joseph H.: Bewahrung und Veränderung demokratischer und rechtsstaatlicher Verfassungsstruktur in den internationalen Gemeinschaften, VVDStRL 23 (1966), S. 1–33.

König, Doris: Die Übertragung von Hoheitsrechten im Rahmen des europäischen Integrationsprozesses. Anwendungsbereich und Schranken des Art. 23 des Grundgesetzes, 2000.

Kotzur, Markus: Grenznachbarschaftliche Zusammenarbeit in Europa. Der Beitrag von Art. 24 Abs. 1a GG zu einer Lehre vom kooperativen Verfassungs- und Verwaltungsstaat, 2004.

Mosler, Hermann: Das Grundgesetz und die internationale Streitschlichtung, in: HStR VII, § 179, S. 711–729.

Mosler, Hermann: Die Übertragung von Hoheitsgewalt, in: HStR VII, § 175, S. 599–646.

Oeter, Stefan: Systeme kollektiver Sicherheit, in: HStR³ XI, § 243, S. 619–641.

Rauser, Karl Th.: Die Übertragung von Hoheitsrechten auf ausländische Staaten. Zugleich ein Beitrag zur Dogmatik des Art. 24 I GG, 1991.

Rensmann, Thilo: Die Genese des »offenen Verfassungsstaats« 1948/49, in: Thomas Giegerich (Hrsg.), Der offene Verfassungsstaat des Grundgesetzes nach 60 Jahren. Anspruch und Wirklichkeit einer großen Errungenschaft, 2010, S. 37–58.

Röben, Volker: Außenverfassungsrecht, 2007.

Sauer, Heiko: Das Verfassungsrecht der kollektiven Sicherheit. Materielle Grenzen und Organkompetenzverteilung beim Wandel von Bündnisverträgen und beim Auslandseinsatz der Bundeswehr, in: Hartmut Rensen/Stefan Brink (Hrsg.), Linien der Rechtsprechung des Bundesverfassungsgerichts – erörtert von den wissenschaftlichen Mitarbeitern, 2009, S. 585–620.

Schorkopf, Frank: Grundgesetz und Überstaatlichkeit. Konflikt und Harmonie in den auswärtigen Beziehungen Deutschlands, 2007.
Schwarze, Jürgen: Die Übertragung von Hoheitsrechten auf grenznachbarschaftliche Einrichtungen i. S. d. Art. 24 Ia GG, in: Festschrift für Ernst Benda, 1995, S. 311–335.
Tomuschat, Christian: Die staatsrechtliche Entscheidung für die internationale Offenheit, in: HStR VII, § 172, S. 483–524.
Walter, Christian: Grundrechtliche und rechtsstaatliche Bindungen der Bundeswehr beim Einsatz im Ausland, in: Festschrift für Eckart Klein, 2013, S. 351–363.
Walter, Christian: Grundrechtsschutz gegen Hoheitsakte internationaler Organisationen. Überlegungen zur Präzisierung und Fortentwicklung der Dogmatik des Maastricht-Urteils des Bundesverfassungsgerichts, in: AöR 129 (2004), S. 39–80.
Wolfrum, Rüdiger: Das Grundgesetz und die internationale Streitschlichtung, in: HStR³ XI, § 242, S. 593–617.

Leitentscheidungen des Bundesverfassungsgerichts

BVerfGE 22, 293 (296) – EWG-Verordnungen; 31, 145 (173 ff.) – Milchpulver; 37, 271 (279) – Solange I; 58, 1 (26 ff.) – Eurocontrol I; 59, 63 (85 ff.) – Eurocontrol II; 68, 1 (89 ff.) – Atomwaffenstationierung; 73, 339 (374) – Solange II; 89, 155 (177) – Maastricht; 90, 286 (344 ff.) – Out-of-area-Einsätze; 104, 151 (193 ff., Rn. 111 ff.) – NATO-Konzept; 118, 244 (258 ff., Rn. 40 ff.) – Afghanistan-Einsatz; 121, 135 (153 ff., Rn. 57 ff.) – AWACS-Einsatz Türkei; BVerfG, Urt. v. 23.9.2015, 2 BvE 6/11 – Wehrverfassungsrechtlicher Parlamentsvorbehalt.

Gliederung

	Rn.
A. Herkunft, Entstehung, Entwicklung	1
I. Ideen- und verfassungsgeschichtliche Aspekte	1
II. Entstehung und Veränderung der Norm	5
1. Entstehung	5
2. Veränderung	8
B. Internationale, supranationale und rechtsvergleichende Bezüge	11
I. Internationale Bezüge	11
II. Supranationale Bezüge	13
III. Rechtsvergleichende Bezüge	14
C. Erläuterungen	18
I. Allgemeine Bedeutung	18
II. Übertragung von Hoheitsrechten auf zwischenstaatliche Einrichtungen (Art. 24 I GG)	21
1. Integrationskompetenz des Bundes	22
2. Übertragung von Hoheitsrechten	23
a) Begründung von Zuständigkeiten auf internationaler Ebene	24
b) Kein Erfordernis einer Durchgriffswirkung	28
c) Einbeziehung binnenorganisatorischer Akte	30
3. Zwischenstaatliche Einrichtungen	31
4. Anwendungsfälle	34
5. Vorbehalt des Gesetzes	35
6. Grenzen der Übertragungsbefugnis	39
a) Allgemeines	39
b) Grundrechtsschutz, Rechtsstaatlichkeit und Rechtsschutz	42
c) Demokratieprinzip	45
d) Verfassungsidentität als weitere Schranke	46
7. Wirkung der Hoheitsrechtsübertragung	47
8. Wahrnehmung der Mitgliedschaftsrechte und innerstaatliche Mitwirkung von Bundestag und Bundesrat	50
9. Rechtsschutz	51
III. Übertragung von Befugnissen auf grenznachbarschaftliche Einrichtungen (Art. 24 Ia GG)	54
1. Übertragung von Hoheitsrechten	56

2. Zuständigkeitsbereich der Länder nach Art. 24 Ia GG 59
3. Grenznachbarschaftliche Einrichtungen 60
4. Zustimmungsvorbehalt 62
IV. Einordnung in ein System gegenseitiger kollektiver Sicherheit (Art. 24 II GG) 63
   1. System gegenseitiger kollektiver Sicherheit 65
      a) Allgemeines 65
      b) Anwendungsfälle 68
   2. Ziel der Friedenswahrung 69
   3. Einordnung und Hoheitsrechtsbeschränkung 70
   4. Ermächtigung zum Einsatz von Streitkräften und Parlamentsvorbehalt 74
   5. Grenzen der Ermächtigung nach Art. 24 II GG 76
   6. Rechtsschutz 77
V. Beitritt zu einer internationalen Schiedsgerichtsbarkeit (Art. 24 III GG) 78
   1. Die Anforderungen im Einzelnen 79
   2. Beitritt 81
D. Verhältnis zu anderen GG-Bestimmungen 82

Stichwörter

Anwendungsvorrang 48 – Austritt 27, 72 – Beistandspflicht 11, 65ff., 68 – Bestimmtheitsgebot 37f., 73 – Bundesrat (Mitwirkung/Zustimmung) 5, 9, 36, 50 – Bundesregierung 45, 50, 62, 75 – Bundestag 35, 45, 50, 72f., 75, 77 – Demokratieprinzip 45, 60 – Durchgriffswirkung 28f., 30, 32ff. – EGMR/EMRK 12, 34, 80 – Einrichtung, zwischenstaatliche 20, 31ff., 45, 47, 52 – Einrichtung, zwischenstaatliche (Binnenorganisation) 30, 44, 53 – EU 2, 4, 11, 13, 19f., 41, 82 – EU (grenznachbarschaftliche Einrichtung) 8, 60 – EU (System gegenseitiger kollektiver Sicherheit) 13, 68 – EU (zwischenstaatliche Einrichtung) 34 – Eurocontrol 19, 28, 34 – Friedensgebot 1, 20, 69, 77f. – Gerichtsbarkeit, internationale 3, 7, 12, 18, 78ff. – Grenznachbarschaftliche Einrichtung 8, 17, 54ff. – Grenznachbarschaftliche Einrichtung (Begriff) 54, 61 – Grenznachbarschaftliche Einrichtung (Zuständigkeitsbereich) 59 – Grundrechtsschutz 42ff., 52 – Hoheitsrechtsbeschränkung 18, 45, 71, 76 – Hoheitsrechtsübertragung 5, 23ff., 29, 31ff., 35, 37, 47ff., 56ff., 64 – Hoheitsrechtsübertragung (auf andere Staaten) 33 – Hoheitsrechtsübertragung (auf grenznachbarschaftliche Einrichtungen) 54ff. – Hoheitsrechtsübertragung (Wirkung) 47ff. – Integrationsprogramm 38, 73 – Integrationsschranken 40ff., 76 – Integrationsverantwortung 38, 73 – Internationaler Gerichtshof 12, 80 – Internationaler Strafgerichtshof 12, 34, 80 – Investor-Staat-Schiedsgerichte 34, 79f. – Kommunen 55, 58 – Kompetenz 22, 54 – Länder, Kooperation 17, 55 – Mitwirkung, innerstaatliche 9, 50, 77 – NATO 4, 11, 19, 29, 34, 38, 45, 65, 68f., 71, 73f., 77 – Parlamentsvorbehalt 16, 73, 75, 82 – Patentorganisation, europäische 19, 30, 34, 41, 43, 54 – Rechtsschutz (Anforderungen) 42 – Rechtsschutz (System) 51ff., 77 – Souveränität 3f., 46, 69, 71 – Staatlichkeit, offene 3, 40, 47 – Staatsziel der internationalen Integration 20, 27, 40 – Streitkräfte 67, 74ff., 82 – Supranationalität 18, 32, 48, 53 – System gegenseitiger kollektiver Sicherheit 3, 6, 11, 13 – System gegenseitiger kollektiver Sicherheit (Begriff) 65ff. – Ultra-vires-Handeln 77 – Vereinte Nationen 4f., 11, 19, 34, 65, 68, 74 – Verfassungsänderung 5, 35, 49 – Vorbehalt des Gesetzes 23, 35ff., 57, 82.

A. Herkunft, Entstehung, Entwicklung

I. Ideen- und verfassungsgeschichtliche Aspekte

1 Als **Gegenentwurf** zur nationalsozialistischen Gewaltherrschaft, deren Hegemonialstreben in die Katastrophe des Zweiten Weltkriegs mündete, hat der Verfassunggeber Deutschland auf die europäische und internationale Integration sowie auf den Weltfrieden festgelegt[1]. So bekennt sich das Deutsche Volk schon in der Präambel des

---

[1] Allg. zum Grundgesetz als »Gegenentwurf zu dem Totalitarismus des nationalsozialistischen Regimes« BVerfGE 124, 300 (327ff., Rn. 64f.). Der Integrationsbegriff ist schillernd – im Überblick D. *König*, Die Übertragung von Hoheitsrechten im Rahmen des europäischen Integrationsprozesses, 2000, S. 34ff.; ferner BVerfGE 104, 151 (195, Rn. 117): Integration »auf ein verstetigtes und die Staa-

Grundgesetzes dazu, »als gleichberechtigtes Glied in einem vereinten Europa dem Frieden der Welt zu dienen« (→ Pmbl. Rn. 50ff.), und sieht das Grundgesetz – neben dem hohen Rang der allgemeinen Regeln des Völkerrechts (Art. 25 GG), dem Verbot des Angriffskriegs (Art. 26 GG) und dem später eingefügten Europa-Artikel (Art. 23 GG) – in seinem Art. 24 vor, Hoheitsrechte auf zwischenstaatliche und grenznachbarschaftliche Einrichtungen zu übertragen, sich zur Wahrung des Friedens in ein System gegenseitiger kollektiver Sicherheit einzuordnen und zur Regelung zwischenstaatlicher Streitigkeiten Vereinbarungen über eine allgemeine, umfassende, obligatorische, internationale Schiedsgerichtsbarkeit beizutreten[2]. Diese Öffnung, mit der das Grundgesetz darauf verzichtet, »die Souveränität des Staates wie einen ›Rocher de Bronze‹ zu stabilisieren«[3], hat **keinen Vorläufer** in der deutschen Verfassungsgeschichte; auch rechtsvergleichend fanden sich nur in den Verf. Frankreichs (1946) und Italiens (1947) Vorbilder (→ Rn. 14). Dieses **visionären Charakters** waren sich Zeitgenossen bewusst. So formulierte etwa Hans Peter Ipsen 1949: »Das Grundgesetz setzt damit, seiner eigenen Verfassungslage […] und dem Zustand unserer Welt mit kühnem Griff vorauseilend, sich langsam anbahnende Entscheidungen und Entwicklungen als erreichbar voraus und rüstet sich, zu seinem Teil an ihrer Realisierung mitzuwirken.«[4]

Ideengeschichtlich formulierte freilich schon Immanuel Kant in seiner Schrift »Zum ewigen Frieden« (1795) den Gedanken einer dem Friedensziel verpflichteten überstaatlichen Kooperation[5] und standen seit den 1920er Jahren verstärkt artikulierte Entwürfe eines vereinigten Europas im Raum (Paneuropa-Union von Coudenhove-Kalergi; Jean Monnet; Paul Henri Spaak; Winston Churchill)[6]. Auch kannte die **Staatspraxis vor Inkrafttreten des Grundgesetzes** entsprechende, freilich nur punktuelle Kooperationen, etwa internationale Flusskommissionen (Donau- und Rheinschifffahrtskommission) oder den Deutschen Zollverein[7]. 2

Hinter der Entscheidung für eine »**offene Staatlichkeit**«[8] stand eine **vielschichtige Motivlage**[9]. Als Reaktion auf die jüngere Vergangenheit soll sie dokumentieren, dass das deutsche Volk »entschlossen ist, mit einer europäischen Tradition zu brechen, die in der ungehemmten Entfaltung der Macht des Nationalstaates den eigentlichen Beweger der Geschichte und ihren letzten Sinn sah«[10]; der Herrenchiemseer Konvent ver- 3

---

ten einander näher rückendes praktisches Zusammenwirken ausgerichtet«; *Stern*, Staatsrecht I, S. 524; *H. Mosler*, HStR VII, § 175 Rn. 17.

[2] Diese Öffnung betonend BVerfGE 111, 307 (317 ff., Rn. 33 ff.); 123, 267 (344 ff., Rn. 220 ff.).

[3] *Schmid*, Parl. Rat IX, S. 443.

[4] *H. P. Ipsen*, Über das Grundgesetz, 1950, S. 38 f. S. auch *Schmid*, Parl. Rat IX, S. 40, 443.

[5] Aufgegriffen im hiesigen Kontext von *Schmid*, Parl. Rat IX, S. 40. → Art. 1 II Rn. 2, 23.

[6] S. nur *Pernice* → Bd. II², Art. 24 Rn. 1; *K.-P. Sommermann*, IPE II, § 14 Rn. 3 f.

[7] Vgl. *C. D. Classen*, in: v. Mangoldt/Klein/Starck, GG II, Art. 24 Rn. 1; *J. A. Frowein*, EuR 30 (1995), 315 (318 f.).

[8] *K. Vogel*, Die Verfassungsentscheidung des Grundgesetzes für eine internationale Zusammenarbeit, 1964, S. 31 ff.; ferner *P. Häberle*, Der kooperative Verfassungsstaat, in: ders. (Hrsg.), Verfassung als öffentlicher Prozeß, 3. Aufl. 1998, S. 407; *S. Hobe*, Der offene Verfassungsstaat zwischen Souveränität und Interdependenz, 1998, S. 380 ff.; *D. Knop*, Völker- und Europarechtsfreundlichkeit als Verfassungsgrundsätze, 2014, S. 13 ff.; *F. Schorkopf*, Grundgesetz und Überstaatlichkeit, 2007, S. 220 ff.; *C. Tomuschat*, HStR VII, § 172 Rn. 1 ff.; *ders.*, Der Verfassungsstaat im Geflecht der internationalen Beziehungen, VVDStRL 36 (1978), S. 7 ff. (16 ff.). Vgl. auch die Beiträge in: T. Giegerich (Hrsg.), Der »offene Verfassungsstaat« des Grundgesetzes nach 60 Jahren, 2010.

[9] Dazu *U. Everling*, DVBl. 1993, 936 (937); *C. Hillgruber*, HStR³ II, § 32 Rn. 75; *Schorkopf*, Grundgesetz (Fn. 8), S. 69 ff., 76 ff.; *K.-P. Sommermann*, IPE II, § 14 Rn. 1 f., 5.

[10] *Schmid*, Parl. Rat IX, S. 443 (ohne Hervorhebung); ferner S. 40: Eintritt »in die übernationalstaatliche Phase«.

stand die Öffnung als »**Vorleistung**«, die »[n]ach dem, was im Namen des deutschen Volkes geschehen ist, angebracht« erschien und zudem »entsprechende Leistungen der anderen beteiligten Staaten im Gefolge hat«[11]. Zudem erkannte man zunehmend die beschränkte Problemlösungsfähigkeit des Nationalstaates[12]. Auch galt es nach der »Stunde Null«, die staatliche Souveränität wiederzuerlangen und in die **Gemeinschaft zivilisierter und friedlicher Völker zurückzukehren** (s. auch Art. 3 II 1 Deutschlandvertrag)[13]. Dieses Ziel erschien manchen nur durch die europäische und internationale Integration Deutschlands erreichbar; für überzeugte Anhänger der Europa-Idee war demgegenüber die Realisierung eines vereinigten Europas als solches handlungsleitend. An der Einbindung bestand auch seitens der Staatengemeinschaft ein Interesse, um Deutschland entsprechend zu stabilisieren. Auch die Bereitschaft, sich zur Wahrung des Friedens in ein **System gegenseitiger kollektiver Sicherheit** einzuordnen (Art. 24 II GG), stellt kein einseitiges Friedensbekenntnis dar, sondern **kombiniert Friedens- und Sicherheitsaspekte**[14], ist sie doch auch vor dem zeitgeschichtlichen Hintergrund des Zustands »absoluter Wehrlosigkeit« und des zunächst versagten Selbstverteidigungsrechts Deutschlands zu sehen und erforderte das Friedensbekenntnis eine Sicherheitsgarantie[15]. Der verpflichtend vorgesehene Beitritt zu einer internationalen Schiedsgerichtsbarkeit dokumentiert die Entscheidung für den Grundsatz »Recht vor Macht«[16].

4 Auf dem in der Nachkriegszeit beschrittenen Weg der internationalen Einbindung vermochte Deutschland dann auch die **Souveränität** wiederzuerlangen[17]. Wichtige **Wegmarken** stellen die Gründungsmitgliedschaft in den Europäischen Gemeinschaften (1952/1957) sowie der Beitritt zum Europarat (1951), zur NATO (1955) und zu den Vereinten Nationen (1973) dar[18].

II. Entstehung und Veränderung der Norm

1. Entstehung

5 Bereits der **HChE** sah mit Art. D eine auf Carlo Schmid zurückgehende, dem späteren Art. 24 (I/II) GG weitgehend entsprechende Regelung vor[19]. Abs. 1 sollte **Hoheitsrechtsübertragungen** auf die VN[20] sowie in den Bereichen Rohstoffe (Kohlenbergbau), Energie und Luftverkehrsorganisation[21] ermöglichen. Kontrovers diskutiert, aber letztlich nicht in das Grundgesetz aufgenommen wurde ein **Gegenseitigkeitsvorbehalt**

---

[11] HChE, Darstellender Teil, Parl. Rat II, S. 517.
[12] S. nur *Schmid*, Parl. Rat IX, S. 41; vgl. *C. Tomuschat*, in: BK, Art. 24 (1981), Rn. 1.
[13] Vertrag über die Beziehungen zwischen der Bundesrepublik Deutschland und den Drei Mächten v. 26.5.1952 i. d. F. v. 23.10.1954 (BGBl. 1955 II, S. 305). S. nur *Süsterhenn*, Parl. Rat IX, S. 49; *Schmid*, ebd., S. 443; zum Souveränitätsaspekt *C. Hillgruber*, HStR³ II, § 32 Rn. 36 ff.
[14] *Stern*, Staatsrecht I, S. 545 f.; Parl. Rat II, S. 517.
[15] Abg. *Schmid*, Parl. Rat V/1, S. 328; ferner HChE, Darstellender Teil, Parl. Rat II, S. 517; *Schmid*, Parl. Rat IX, S. 41; *Schorkopf*, Grundgesetz (Fn. 8), S. 64 f.
[16] *Schorkopf*, Grundgesetz (Fn. 8), S. 67 f.; zu diesem Grundsatz auch *Schmid*, Parl. Rat IX, S. 40.
[17] Zu dieser Entwicklung *Schorkopf*, Grundgesetz (Fn. 8), S. 69 ff.
[18] S. auch *C. Hillgruber*, HStR³ II, § 32 Rn. 42 ff.; *H. Hofmann*, HStR³ I, § 9 Rn. 37 ff.
[19] Bericht des Unterausschusses I, Parl. Rat II, S. 207. Zur Genese *S. Hobe*, in: Friauf/Höfling, GG, Art. 24 (2012), Rn. 2 ff.
[20] S. Abg. *Schmid*, Parl. Rat II, S. 207 m. Fn. 64.
[21] Abg. *Eberhard* und *Schmid*, Parl. Rat V/1, S. 324 f.; vgl. ferner *Schorkopf*, Grundgesetz (Fn. 8), S. 62.

für die Hoheitsrechtsübertragung, wie er sich in den Vorbildregelungen der Verfassungen Frankreichs und Italiens findet (→ Rn. 14; s. auch Art. 24 II GG)[22]. Einen zentralen Diskussionspunkt in den Beratungen des Parlamentarischen Rates stellte des Weiteren die für die Aktualisierung der Integrationsgewalt **erforderliche Mehrheit** dar. Forderungen, die Übertragung von Hoheitsrechten angesichts ihrer Bedeutung und Verfassungsrelevanz an die Zwei-Drittel-Mehrheit des Art. 79 II GG zu knüpfen[23], haben sich im Interesse der Integrationsoffenheit nicht durchgesetzt. Schon im Grundgesetz sollten die Weichen gestellt werden: »[D]ie Entscheidung vom Rang einer Verfassungsbestimmung soll nicht bei den einzelnen Akten, sondern schon in dem Augenblick, in dem wir das Grundgesetz beschließen, als eine Entscheidung allgemeiner und fundamentaler Art getroffen werden«[24]; »Pointe« der Integrationsklausel sei nämlich gerade, die Verfassungsentscheidung für eine offene Staatlichkeit durch einfaches Gesetz umzusetzen, was eine Erleichterung gegenüber der jederzeit möglichen Integration im Wege der Verfassungsänderung darstellt[25]. Nicht einmal die noch in Art. D III HChE vorgesehene absolute Mitgliedermehrheit in Bundestag und Bundesrat stieß im Parlamentarischen Rat auf Zustimmung. Ebenso wenig setzte sich das mit Blick auf ein Betroffensein von Hoheitsrechten der Länder geforderte **Zustimmungsrecht des Bundesrates**[26] durch. Die **Finalität** des europäischen Integrationsprojekts blieb offen[27].

Die in **Art. 24 II GG** ursprünglich im Interesse der Realisierbarkeit vorgesehene regionale Beschränkung auf Europa[28] setzte sich nicht durch. Der Begriff »System gegenseitiger kollektiver Sicherheit« stellt einen Kompromiss hinsichtlich der umstrittenen Frage eines **Gegenseitigkeitsvorbehalts** für die Hoheitsrechtsbeschränkung dar[29]. 6

Erst im Entwurf des Parlamentarischen Rats Eingang in Art. 24 GG fand die in Abs. 3 enthaltene **Regelung zur internationalen Streitbeilegung**. Der Grundsatzausschuss lehnte die noch in der Ursprungsfassung[30] enthaltene ausdrückliche Einbeziehung von Fragen der Ehre und der Lebensinteressen ab, da eine derartige Ausnahme als selbstverständlich angesehen wurde[31]. Die von diesem gleichfalls vorgeschlagene 7

---

[22] Befürwortend *Eberhard, Heuss* und *von Mangoldt*, Parl. Rat V/1, S. 322f.; abl. (Verwässerung der Integrationsoffenheit des GG) *Schmid*, Parl. Rat V/1, S. 323; näher *Schorkopf*, Grundgesetz (Fn. 8), S. 63ff.
[23] S. etwa Abg. *Seebohm*, Parl. Rat XIV/1, S. 171ff.
[24] Abg. *Schmid*, Parl. Rat XIV/1, S. 172. S. dazu auch *M. Zuleeg*, in: AK-GG, Art. 24 I/Ia (2001), Rn. 3.
[25] Abg. *Katz*, Parl. Rat XIV/1, S. 172; ferner Abg. *Eberhard*, Parl. Rat XIV/1, S. 862; *Schmid*, Parl. Rat IX, S. 40f. Daher auch die Bezeichnung »Integrationshebel«, die die Funktion des Art. 24 I GG illustriert, »mit dem geringeren Aufwand des einfachen Gesetzes die gesteigerte Wirkung der Verfassungsänderung [zu ermöglichen]« (*H. P. Ipsen*, Europäisches Gemeinschaftsrecht, 1972, S. 58). → Art. 79 II Rn. 24.
[26] Abg. *Seebohm*, Parl. Rat XIV/1, S. 173, 861. S. dazu auch *G. Frank*, in: AK-GG, Art. 24 II (2001), Rn. 4.
[27] Näher *M. Bermanseder*, Die europäische Idee im Parlamentarischen Rat, 1998.
[28] Art. D II HChE; Art. 29 II GG-E i. d. F. der 12. Sitzung des Grundsatzausschusses, Parl. Rat VII, S. 8. Zur Debatte Parl. Rat V/1, S. 325; Parl. Rat V/2, S. 543f.; Parl. Rat XIV/1, S. 174.
[29] Zur Debatte Parl. Rat V/1, S. 322ff.; Parl. Rat XIV/1, S. 174f. Ein solcher fand sich in Art. D II HChE. S. auch *Schorkopf*, Grundgesetz (Fn. 8), S. 66f.
[30] S. Art. 24b-E des Abg. *Eberhard*, JöR 1 (1951), S. 223 (ohne Drs.-Nr. vervielfältigt) und *ders.*, Parl. Rat V/1, S. 325.
[31] Abg. *Schmid*, Parl. Rat V/1, S. 326. Näher *H. Mosler*, HStR VII, § 179 Rn. 4; *Schorkopf*, Grundgesetz (Fn. 8), S. 67f.

Bindung an Schiedssprüche[32] hat der Allgemeine Redaktionsausschuss gestrichen[33]. Denn es sei »unklar, was [damit] gemeint ist. Wenn der Bund einer Vereinbarung über eine internationale Schiedsgerichtsbarkeit beitritt, binden ihn nach Maßgabe dieser Vereinbarung auch die ergangenen Entscheidungen. Eine darüber hinausgehende Bindung kann man hier verfassungsrechtlich nicht vorsehen. Sie hängt im Einzelfalle von der Art des Streitgegenstandes und dem Tenor der Entscheidung ab«[34]. Das Plenum nahm **keine Änderungen** mehr an Art. 24 GG vor.

2. Veränderung

8   Die mit Wirkung zum 25.12.1992 in **Abs. 1a** eingefügte, auf einen Vorschlag der GVK zurückgehende Ermächtigung der Länder, Hoheitsrechte mit Zustimmung der Bundesregierung auf grenznachbarschaftliche Einrichtungen zu übertragen, stellt die **einzige Wortlautänderung** des Art. 24 GG dar[35]. Sie reagierte, gerade auch vor dem Hintergrund existenter und hinsichtlich deren rechtlichen Zulässigkeit unterschiedlich beurteilter Kooperationen (→ Rn. 55), »auf ein praktisches Bedürfnis für die Schaffung dauerhafter und fachübergreifender Verwaltungsstrukturen über die Grenzen der Nationalstaaten hinweg«[36]. Die Beschränkung auf »grenznachbarschaftliche Einrichtungen« (statt zwischenstaatliche und interregionale Einrichtungen) soll verdeutlichen, dass, anders als etwa noch von der Kommission Verfassungsreform des Bundesrates gefordert[37], eine Übertragung von Hoheitsrechten namentlich auf die EU ausscheidet (→ Rn. 60)[38].

9   Vorstöße, wie etwa der Enquete-Kommission Verfassungsreform (1976)[39] oder der Kommission Verfassungsreform des Bundesrates (1991/1992)[40], ein **generelles Zustimmungsrecht des Bundesrates** zur Übertragung von innerstaatlich den Ländern zustehenden Kompetenzen und auch darüber hinaus durchzusetzen, haben sich – wie bereits im Kontext der Verfassunggebung (→ Rn. 5) und anders als dann bei Art. 23 GG (→ Art. 23 Rn. 40) – nicht durchgesetzt. Selbiges gilt für die **Normierung innerstaatlicher Mitwirkungsbefugnisse der Länder**[41].

10 Eine nicht im Wortlaut zum Ausdruck kommende, aber doch erhebliche Einschränkung seines Anwendungsbereichs hat Art. 24 I GG durch die Einführung eines eige-

---

[32] Art. 29 III 2 GG-E i.d.F. der 12. Sitzung des Grundsatzausschusses, Parl. Rat V/1, S. 328; s. zur Diskussion auch Parl. Rat V/1, S. 326 ff.
[33] Zur Debatte im Ausschuss für Grundsatzfragen Parl. Rat V/1, S. 327. Näher *Schorkopf*, Grundgesetz (Fn. 8), S. 67 f.; ferner *H. Mosler*, HStR VII, § 179 Rn. 20.
[34] Parl. Rat VII, S. 226.
[35] Art. 1 Nr. 2 Gesetz zur Änderung des Grundgesetzes v. 21.12.1992, BGBl. I S. 2086. Näher zur Genese *K. Schmalenbach*, Der neue Europaartikel 23 des Grundgesetzes im Lichte der Arbeit der Gemeinsamen Verfassungskommission, 1996, S. 169 ff.
[36] Bericht der GVK v. 5.11.1993 (BT-Drs. 12/6000), S. 25; ferner Begründung in Entwurf der BReg. v. 2.10.1992 (BT-Drs. 12/3338), S. 10; Begründung im Vorschlag der Kommission Verfassungsreform des Bundesrates, BR-Drs. 360/92, S. 4 f.
[37] Art. 24 IV GG-E, BR-Drs. 360/92, S. 3 (anders aber die Begründung, S. 5 Rn. 16).
[38] GVK-Bericht (Fn. 36), S. 25; ferner *Schmalenbach*, Europaartikel 23 (Fn. 35), S. 170 f.
[39] Schlussbericht der Enquete-Kommission Verfassungsreform (BT-Drs. 7/5924), S. 230 f. S. ferner Entschließung der Martin-Kommission, LT R-P Drs. 10/1150, S. 5 f., sowie aus dem Bundesrat: BT-Drs. 12/549; BR-Drs. 50/86, S. 2 f.; BR-Drs. 703/89; BT-Drs. 11/7391. Im Überblick auch *König*, Übertragung (Fn. 1), S. 139 ff.; *Schmalenbach*, Europaartikel 23 (Fn. 35), S. 79 ff.
[40] Art. 24 I GG-E, BR-Drs. 360/92, S. 2. Hierzu *König*, Übertragung (Fn. 1), S. 146 ff.
[41] S. insoweit Art. 24 II GG-E im Vorschlag der Kommission Verfassungsreform des Bundesrates, BR-Drs. 360/92, S. 2 f.

nen **Europa-Artikels** in das Grundgesetz (Art. 23 GG) im Zuge der Maastrichter Vertragsrevision erfahren, der seit dem 25.12.1992 die Beteiligung Deutschlands an der europäischen Integration **gegenüber Art. 24 I GG speziell** regelt (→ Rn. 82).

B. Internationale, supranationale und rechtsvergleichende Bezüge

I. Internationale Bezüge

Auf internationaler Ebene existieren, auch neben der hochgradig verdichteten Europäischen Union (→ Art. 23 Rn. 16 ff.), zahlreiche **internationale Organisationen**, in deren Rahmen die Mitgliedstaaten sektoriell kooperieren; einigen dieser Einrichtungen hat Deutschland Hoheitsrechte i. S. d. Art. 24 I GG übertragen (→ Rn. 19, 34); auch die regionale Zusammenarbeit findet sich zunehmend völkerrechtlich geregelt (→ Rn. 55). Das Musterbeispiel eines Systems gegenseitiger kollektiver Sicherheit (Art. 24 II GG) stellen die **VN** dar, die der Wahrung des Weltfriedens sowie der internationalen Sicherheit verpflichtet sind und auf eine Kooperation zwischen den Staaten hinwirken, »um internationale Probleme wirtschaftlicher, sozialer, kultureller und humanitärer Art zu lösen und die Achtung vor den Menschenrechten und Grundfreiheiten […] zu fördern und zu festigen« (Art. 1 VN-Satzung). Zur **Sicherung der kollektiven Sicherheit** sehen Art. 2 Nr. 4 VN-Satzung das Gewaltverbot, Kapitel VI (Art. 33 ff.) VN-Satzung Maßnahmen zur friedlichen Beilegung von Streitigkeiten und Kapitel VII (Art. 39 ff.) VN-Satzung kollektive Maßnahmen bei Bedrohung des Friedens, bei Friedensbrüchen und Angriffshandlungen vor. Der **NATO-Vertrag**, das zweite für Deutschland bedeutsame System gegenseitiger kollektiver Sicherheit, beinhaltet eine Pflicht zur friedlichen Streitbeilegung (Art. 1) und eine Beistandspflicht bei einem bewaffneten Angriff auf eine Vertragspartei (Art. 5); seit dem neuen strategischen Konzept (1999) können friedenssichernde Maßnahmen auch außerhalb des Bündnisgebiets durchgeführt werden (→ Rn. 73).

Schließlich gewinnen auf internationaler Ebene **institutionalisierte Gerichtsinstanzen** zunehmend an Bedeutung, wovon etwa der Internationale Gerichtshof, der Internationale Seegerichtshof, der Internationale Strafgerichtshof, die Ad-hoc-Strafgerichtshöfe der Vereinten Nationen, die Menschenrechtsgerichtshöfe (etwa der Europäische Gerichtshof für Menschenrechte) oder internationale Schiedsgerichte (Appellate Body der WTO; Ständiger Schiedshof) zeugen; eine allgemeine, umfassende, obligatorische, internationale Schiedsgerichtsbarkeit i. S. d. **Art. 24 III GG** hat sich gleichwohl noch nicht etabliert (→ Rn. 78).

II. Supranationale Bezüge

Trotz zwischenzeitlicher Spezialität des Art. 23 GG (→ Rn. 10, 82) bleibt Unionsrecht auch im Kontext des Art. 24 GG relevant, betrifft es doch die Zulässigkeit von **Kooperationen zwischen den Mitgliedstaaten** (kompetentielle und materiell-rechtliche Schranken[42] sowie strittiger Vorrang der verstärkten Zusammenarbeit, Art. 20 EUV[43];

---

[42] S. etwa EuGH v. 27.11.2012, Rs. C-370/12, EU:C:2012:756, Rn. 77 ff. – *Pringle*.
[43] Bejahend *Pernice* → Bd. II², Art. 24 Rn. 11; im Rahmen der Unionstreue *H.-J. Blanke*, in: Grabitz/Hilf/Nettesheim, EUV/AEUV, Art. 20 EUV (2010), Rn. 26 m. w. N. zum Meinungsspektrum.

Art. 24   B. Internationale, supranationale und rechtsvergleichende Bezüge

→ Rn. 18) und im Rahmen der GASP (Art. 21 ff. EUV) auch mit **Drittstaaten**[44]. Berührungspunkte mit der in **Art. 24 II GG** vorgesehenen Einordnung Deutschlands in ein System gegenseitiger kollektiver Sicherheit weist die auf EU-Ebene fortschreitend ausgebaute, aber auch noch weiter auszubauende **Gemeinsame Sicherheits- und Verteidigungspolitik** auf (Art. 42 ff. EUV). Das Bundesverfassungsgericht hat die EU indes (noch) nicht unter Art. 24 II GG subsumiert (→ Rn. 68).

III. Rechtsvergleichende Bezüge

14   Art. 24 GG hatte zum Zeitpunkt der Verfassunggebung **nur wenige Vorbilder**, nämlich in den kurz zuvor verabschiedeten **Verfassungen Frankreichs und Italiens**. Die Präambel der Verf. der IV. Französischen Republik (1946) bestimmte: »Sous réserve de réciprocité, la France consent aux limitations de souveraineté nécessaires à l'organisation et à la défense de la paix.« Art. 11 Verf. Italiens (1947) sah vor: »L'Italia [...] consente, in condizioni di parità con gli altri Stati, alle limitazioni di sovranità necessarie ad un ordinamento che assicuri la pace e la giustizia fra le Nazioni«. Diese Vorbilder griff Art. 24 GG – »eine sehr schöne Antwort auf das, was die französische Republik in der Präambel ihrer neuen Verfassung sagt«[45] – auf; mit der Normierung der allgemeinen Integrationsbefugnis des Art. 24 I GG ging das Grundgesetz freilich über diese Vorbilder hinaus.

15   Zwischenzeitlich kennen zahlreiche Verfassungen eine Befugnis zur Übertragung von Hoheitsrechten auf internationale Einrichtungen[46]; **keine Öffnungsklausel** enthalten etwa die Verfassungen der **USA** oder der **Schweiz**. In einigen EU-Mitgliedstaaten, wie etwa Italien, stellt die allgemeine Befugnis zur Übertragung von Hoheitsrechten nach wie vor die Grundlage für die Beteiligung an der EU dar, wohingegen andere Staaten, wie etwa **Frankreich** oder **Österreich**, eine spezifische EU-Integrationsklausel geschaffen haben (→ Art. 23 Rn. 21). Die formellen Anforderungen an die Übertragung sowie die materiellen Grenzen divergieren[47]. Wie Art. 24 I GG lassen etwa Art. 11, 64 III Verf. Italiens ein mit einfacher Mehrheit zustande gekommenes Gesetz genügen; Art. 81 II, 93 Verf. Spaniens fordern demgegenüber eine absolute Mehrheit im Kongress, und § 20 II Verf. Dänemarks gar eine Fünf-Sechstel-Mehrheit der Folketing-Mitglieder, neben der indes ein einfaches Mehrheitserfordernis mit Referendum steht (s. auch → Art. 23 Rn. 24). Wenige Verfassungen formulieren, wie etwa Art. 28 III Verf. **Griechenland**s oder Kap. 10 Art. 7 Verf. **Schweden**s, ausdrücklich **Integrationsschranken**, wohingegen letztere zumeist, wie in Deutschland, in (Verfassungs-) Rechtsprechung, Praxis und Lehre namentlich im EU-Kontext entwickelt wurden (→ Art. 23 Rn. 23; dort, Rn. 25, auch zur weitergehenden Integrationsoffenheit der Nie-

---

[44] S. auch *Pernice* → Bd. II², Art. 24 Rn. 11.
[45] Abg. *Eberhard*, Parl. Rat XIV/1, S. 173.
[46] S. des Weiteren nur Art. 9 II Verf. Österreichs – zum Vorbildcharakter des Art. 24 I GG für diesen 1981 eingefügten Artikel Nr. 427 Beilagen zu den Stenographischen Protokollen des Nationalrates XV. GP (1980), 9 (abrufbar unter http://www.parlament.gv.at/PAKT/VHG/XV/I/I_00427/imfname_277522.pdf [11.9.2015]); umfassend zu diesem S. *Griller*, Die Übertragung von Hoheitsrechten auf zwischenstaatliche Einrichtungen. Eine Untersuchung zu Art. 9 Abs. 2 des Bundes-Verfassungsgesetzes, 1989 – Art. 90 Verf. Polens, Art. 79 Verf. Russlands oder Art. 93 Verf. Spaniens.
[47] S. im Einzelnen auch *Hobe* (Fn. 19), Art. 24 Rn. 80 ff.; ferner *ders.*, Verfassungsstaat (Fn. 8), S. 164 ff.; *N. Lorenz*, Die Übertragung von Hoheitsrechten auf die Europäischen Gemeinschaften, 1990, S. 7 ff.

I. Allgemeine Bedeutung

derlande). Anders als Art. 24 I GG (→ Rn. 33) gestattet Art. 9 II österr. Verf. auch die Übertragung von Hoheitsrechten auf andere Staaten.

Auf einfachgesetzlicher Ebene eröffnet auch Frankreich Kooperationsmöglichkeiten auf kommunaler Ebene (→ Art. 32 Rn. 13 m. Fn. 57)[48]. **Keine Parallele** hat die spezifische Befugnis zur Einordnung in ein System gegenseitiger kollektiver Sicherheit (**Art. 24 II GG**). Einen **Parlamentsvorbehalt bei Auslandseinsätzen** im EU-Kontext normieren Art. 23j IV österr. Verf. und Art. 47 III Verf. Ungarns; Art. 100 Verf. der Niederlande regelt eine Vorab-Auskunftspflicht der Regierung bei internationalen Einsätzen der Streitkräfte. Neben Deutschland bekennt sich nur Art. 29 II Verf. Irlands zu einer Beilegung **internationaler Streitigkeiten** durch (Schieds-)Gerichte, obgleich er, anders als Art. 24 III GG, keine Beitrittsverpflichtung enthält[49]; eine Regelung zur Anerkennung der internationalen Gerichtsbarkeit enthalten Art. 53-2 Verf. Frankreichs (IStGH) und Kap. 10 Art. 7f. Verf. Schwedens.

Aufgrund der in Art. 24 GG angelegten Kompetenzverteilung können die **Länder** Hoheitsrechte gemäß **Art. 24 Ia GG** lediglich auf grenznachbarschaftliche Einrichtungen übertragen – eine Möglichkeit, die sich auch mehr als 20 Jahre nach seinem Inkrafttreten noch nicht in der Existenz landesverfassungsrechtlicher Integrationsklauseln widerspiegelt (→ Rn. 55, 57). Indes bekennen sich einige Landesverfassungen explizit zur (vielfach und in den unterschiedlichsten Formen praktizierten: → Rn. 55) Zusammenarbeit mit anderen Regionen[50].

C. Erläuterungen

I. Allgemeine Bedeutung

Art. 24 GG verleiht der »**Verfassungsentscheidung für eine internationale Zusammenarbeit**« (Klaus Vogel) Ausdruck[51] und räumt eine integrations- und verteidigungspolitische »**supranationale Option**« ein (Klaus Stern)[52]. Er geht über die völkervertragliche Kooperation zwischen den Staaten hinaus und ermöglicht, von der deutschen Staatsgewalt geschiedene zwischenstaatliche (Abs. 1) und grenznachbarschaftliche (Abs. 1a) Hoheitsträger zu schaffen, die Hoheitsrechte mit Wirkung für und in Deutschland ausüben können. Des Weiteren gestattet Abs. 2 im Interesse der Wahrung des Friedens die Einordnung Deutschlands in ein **System gegenseitiger kollektiver Sicherheit** und damit einhergehende Hoheitsrechtsbeschränkungen. Mit der Verpflichtung zum Beitritt zu einer internationalen Schiedsgerichtsbarkeit (Abs. 3) bekennt sich Deutschland schließlich zu einer **friedlichen Streitbeilegung** und erteilt dem Krieg als Mittel der Konfliktlösung eine Absage[53].

---

[48] Rechtsvergleichend (Frankreich/Schweiz) auch *U. Beyerlin*, Rechtsprobleme der lokalen grenzüberschreitenden Zusammenarbeit, 1988, S. 267ff.; zu Frankreich *J. Wohlfahrt*, NVwZ 1994, 1072ff.
[49] Zu historischen Vorläufern im Kontext von Kriegserklärungen *D. Deiseroth*, in: Umbach/Clemens, GG, Art. 24 Rn. 334 m. Fn. 686f.
[50] Art. 3a S. 2 Verf. Bay. (dazu *F. Wollenschläger*, in: T. Meder/W. Brechmann (Hrsg.), Die Verfassung des Freistaats Bayern, 5. Aufl. 2014, Art. 3a Rn. 21ff.); Art. 2 I Verf. Brandenb. (insb. m. Polen); Art. 65 II Verf. Brem.; Art. 11 Verf. M-V (insb. Ostseeraum); Art. 74a S. 3 Verf. R-P; Art. 60 II 2 Verf. Saarl.; Art. 12 Verf. Sachs.
[51] BVerfGE 58, 1 (41).
[52] *Stern*, Staatsrecht I, S. 518; ferner S. 475.
[53] *Pernice* → Bd. II², Art. 24 Rn. 14.

19 Art. 24 I GG stellte lange Zeit die verfassungsrechtliche **Grundlage der europäischen Integration** Deutschlands dar, namentlich für die Zustimmung zu den Gründungsverträgen der zunächst drei Gemeinschaften – EGKS (1952), EWG und Euratom (1957) – sowie zu späteren Änderungsverträgen wie der EEA (1986)[54]. Mit Inkrafttreten des speziellen Europa-Artikels (Art. 23 GG) zum 25.12.1992 hat die allgemeine Integrationsklausel ihren wichtigsten Anwendungsfall **eingebüßt**, bleibt aber dennoch **sektoriell relevant** (z.B. Eurocontrol oder die Europäische Patentorganisation; → Rn. 34)[55]. Art. 24 II GG betrifft die sicherheitspolitische Kooperation Deutschlands (NATO; VN); nachdem das Bundesverfassungsgericht diesen seit seinem Urteil vom 12.7.1994 als Grundlage für **Auslandseinsätze** der Bundeswehr jenseits des Verteidigungsfalls heranzieht, wenn auch seit seinem Urteil vom 23.9.2015 nicht mehr exklusiv (→ Rn. 74)[56], hat Art. 24 GG wieder erheblich an Bedeutung gewonnen.

20 Anders als die indikativ formulierten Art. 23 I 1 GG (→ Art. 23 Rn. 37) und Art. 24 III GG (→ Rn. 78) ermöglichen Art. 24 I, Ia und II GG ihrem Wortlaut nach lediglich eine internationale Integration Deutschlands, enthalten aber keine entsprechende Verpflichtung[57]. In Zusammenschau mit der Präambel und Art. 25, 26 GG lässt sich ihnen aber eine entsprechende **Staatszielbestimmung** entnehmen, zur Lösung grenzüberschreitender Probleme und zur Wahrung des Friedens mit anderen Staaten zu kooperieren, wobei bei deren Realisierung ein weiter Ermessensspielraum besteht (→ Rn. 40, 70; → Pmbl. Rn. 43ff.)[58]. Aus der schon im Wortlaut des Grundgesetzes ablesbaren stärkeren Direktivkraft des Europa-Staatsziels soll ein **Vorrang der Aufgabenerledigung im EU-Kontext** folgen, zumal das Institut der verstärkten Zusammenarbeit (Art. 20 EUV) Kooperationen zwischen besonders integrationswilligen Staaten regelt (→ Rn. 13)[59]; aus Subsidiaritätsgründen soll auch eine grenznachbarschaftliche (Abs. 1a) Kooperation einer zwischenstaatlichen (Abs. 1) vorgehen[60].

II. Übertragung von Hoheitsrechten auf zwischenstaatliche Einrichtungen (Art. 24 I GG)

21 Art. 24 I GG nimmt den territorialen Ausschließlichkeitsanspruch deutscher Staatsgewalt[61] zurück und ermöglicht die Schaffung gegenüber dieser verselbständigter Ho-

---

[54] Zu frühen europapolitischen Weichenstellungen *K.-P. Sommermann*, IPE II, § 14 Rn. 15ff.
[55] Zurückhaltend hinsichtlich der Bedeutung für die Mitgliedschaft in internationalen Fachorganisationen *K. Ipsen*, HStR³ X, § 220 Rn. 69f.
[56] BVerfGE 90, 286; zur Weitung Urt. v. 23.9.2015, 2 BvE 6/11, Rn. 69.
[57] *K.-P. Sommermann*, IPE II, § 14 Rn. 13; *R. Streinz*, DVBl. 1990, 949 (953). A.A. *Hobe* (Fn. 19), Art. 24 Rn. 8: Staatszielbestimmung; *Stern*, Staatsrecht I, S. 519f.: verfassungsrechtliches Mandat.
[58] S. nur BVerfGE 111, 307 (318, Rn. 33); *Ipsen*, Gemeinschaftsrecht (Fn. 25), S. 52; *König*, Übertragung (Fn. 1), S. 48ff.; *H. Mosler*, HStR VII, § 175 Rn. 8; *A. Randelzhofer*, in: Maunz/Dürig, GG, Art. 24 I (1992), Rn. 17ff.; *O. Rojahn*, in: v. Münch/Kunig, GG I, Art. 24 Rn. 8f.; *R. Streinz*, in: Sachs, GG, Art. 24 Rn. 8ff.; *W. Thieme*, Das Grundgesetz und die öffentliche Gewalt internationaler Staatengemeinschaften, VVDStRL 18 (1960), S. 50ff. (57); *Vogel*, Verfassungsentscheidung (Fn. 8), S. 44ff. Zurückhaltend *Classen* (Fn. 7), Art. 24 Rn. 1, 76; *K.-P. Sommermann*, IPE II, § 14 Rn. 13. Weiter (verpflichtender Verfassungsauftrag): *W. von Simson/J. Schwarze*, HdbVerfR, § 4 Rn. 39. Zum rechtlich relevanten Zielcharakter der Präambel BVerfGE 5, 85 (127f.); 36, 1 (17). → Pmbl. Rn. 23ff.
[59] *Pernice* → Bd. II², Art. 24 Rn. 35; *Rojahn* (Fn. 58), Art. 24 Rn. 12.
[60] *B. Fassbender*, Der offene Bundesstaat, 2007, S. 406f.
[61] Für einen solchen nur BVerfGE 37, 271 (280); 58, 1 (28); 68, 1 (98); 73, 339 (374); *F. Becker*, HStR³ XI, § 230 Rn. 40ff.; *M. Bothe/T. Lohmann*, ZaöRV 58 (1998), 1 (31f.); *E. Forsthoff*, Wehrbeitrag und Grundgesetz, in: Institut für Staatslehre und Politik (Hrsg.), Der Kampf um den Wehr-

II. Übertragung von Hoheitsrechten auf zwischenstaatliche Einrichtungen **Art. 24**

heitsträger, die Hoheitsrechte mit Wirkung in und für Deutschland ausüben können. Hierfür legt Art. 24 I GG **Zuständigkeit** (Bund) und **Handlungsform** (Gesetz) fest, schweigt aber gleichzeitig zu weiteren zentralen Fragen, wie namentlich Integrationsschranken und innerstaatlichen Mitwirkungsbefugnissen.

1. Integrationskompetenz des Bundes

Die Integrationskompetenz kommt, wie generell die auswärtige Gewalt (vgl. Art. 32 I GG), dem Bund zu. Dies gilt auch für die Übertragung innerstaatlich den **Ländern** zustehender Kompetenzen, was die partielle Integrationsermächtigung der Länder (Art. 24 Ia GG; → Rn. 54ff.) nunmehr bestätigt (zur Beteiligung des Bundesrates: → Rn. 36)[62].

22

2. Übertragung von Hoheitsrechten

Die Auslegung des für Art. 24 I GG zentralen Tatbestandsmerkmals der Hoheitsrechtsübertragung ist nach wie vor **umstritten**[63]. Im Prozess der Verfassunggebung hat es keine nähere Erörterung erfahren. Mit seinem Vorliegen steht und fällt die Geltung des besonderen Gesetzesvorbehalts des Art. 24 I GG; sonstige internationale Vereinbarungen bedürfen demgegenüber nur unter den Voraussetzungen des Art. 59 II 1 GG (→ Art. 59 Rn. 28ff.) einer Ratifikation durch das Parlament. Auch sind die Länder lediglich im Rahmen des Art. 24 Ia GG (→ Rn. 54ff.) handlungsbefugt (s. demgegenüber Art. 32 III GG; zur Bundesratsbeteiligung → Rn. 36). Eine **Hoheitsrechtsübertragung** setzt die Begründung von Zuständigkeiten zugunsten eines internationalen Rechtsträgers voraus (a), deren Ausübung nicht zwingend Durchgriffswirkung zukommen muss (b) und auch im binnenorganisatorischen Bereich stattfinden kann (c).

23

a) Begründung von Zuständigkeiten auf internationaler Ebene

Die Zuständigkeitsbegründung erfolgt durch völkerrechtlichen Vertrag[64]. Es kann sich um legislative, exekutive und judikative Befugnisse[65] von Bund und Ländern[66] handeln. Mit erfasst ist neben der Übertragung auch die **Konstituierung des neuen**

24

---

beitrag, 1953, Bd. 2/2, S. 312ff. (330); *Tomuschat* (Fn. 12), Art. 24 Rn. 34; a. A. *U. Fastenrath*, Kompetenzverteilung im Bereich der auswärtigen Gewalt, 1986, S. 150f.; gegen einen absoluten Ausschließlichkeitsanspruch *K. T. Rauser*, Die Übertragung von Hoheitsrechten auf ausländische Staaten, 1991, S. 61ff.

[62] S. nur *Hobe* (Fn. 19), Art. 24 Rn. 13, 15; *Randelzhofer* (Fn. 58), Art. 24 I Rn. 28; *Tomuschat* (Fn. 12), Art. 24 Rn. 14, 25. A.A. *R. Beck*, DÖV 1966, 20 (22).

[63] Umfassend und mit einer eigenen Konzeption *T. Flint*, Die Übertragung von Hoheitsrechten, 1998, S. 89ff.; *Rauser*, Übertragung (Fn. 61), S. 15ff.

[64] *Tomuschat* (Fn. 12), Art. 24 Rn. 26f.; *Zuleeg* (Fn. 24), Art. 24 I/Ia Rn. 5.

[65] S. nur *Classen* (Fn. 7), Art. 24 Rn. 4; *Hobe* (Fn. 19), Art. 24 Rn. 12; *Tomuschat* (Fn. 12), Art. 24 Rn. 8, 24.

[66] S. nur *E. Menzel*, Die auswärtige Gewalt der Bundesrepublik, VVDStRL 12 (1953), S. 179ff. (212); *Rojahn* (Fn. 58), Art. 24 Rn. 29; *Tomuschat* (Fn. 12), Art. 24 Rn. 25. Differenziert *Randelzhofer* (Fn. 58), Art. 24 I Rn. 37ff. m. w. N. – A.A. noch *H. Kraus*, Das Erfordernis struktureller Kongruenz zwischen der Verfassung der Europäischen Verteidigungsgemeinschaft und dem Grundgesetz, in: Institut für Staatslehre und Politik (Fn. 61), S. 545ff. (545); ferner *T. Maunz*, Verfügung des Bundes über Hoheitsrechte eines Landes, in: GS Küchenhoff, 1987, S. 291ff.: nur mit verfassungsänderndem Gesetz.

Hoheitsträgers⁶⁷. Um eine Umgehung des besonderen Gesetzesvorbehalts des Art. 24 I GG zu verhindern, erstreckt sich letzterer auch auf die **Organleihe**⁶⁸.

25 Unter einem **Hoheitsrecht** wird weithin die Befugnis verstanden, öffentliche Gewalt auszuüben, d. h. **einseitig verbindliche** (Einzelfall- oder abstrakt-generelle) **Regelungen** zu erlassen⁶⁹. Es müssen Handlungen vorliegen, die einem Hoheitsträger vorbehalten sind⁷⁰. Nicht nur angesichts der mit dieser Begriffsbildung einhergehenden Abgrenzungsschwierigkeiten, sondern gerade mit Blick auf die Vielfalt staatlicher Handlungsformen einerseits und auf das entscheidende Merkmal Kompetenzverzicht andererseits ist dieses Verständnis aber zu eng; abzustellen ist vielmehr auf die Kompetenzeinräumung im sogleich dargelegten Sinne (→ Rn. 29)⁷¹. In der Pershing-II-Entscheidung reichte (unter den skizzierten Voraussetzungen) **schlicht-hoheitliches Handeln** aus⁷².

26 Für die Einschlägigkeit des Art. 24 I GG genügt, dass aufgrund des Übertragungsakts Hoheitsrechte ausgeübt werden können; dass deren Aktualisierung widerruflich oder **von** weiteren **Voraussetzungen** einschließlich verbleibender mitgliedstaatlicher Entscheidungsbefugnisse **abhängig** ist, ändert hieran nichts⁷³. Ebenso wenig bedarf es, wie parallele Zuständigkeiten zeigen, eines Kompetenzverzichts auf nationaler Ebene⁷⁴. Hoheitsbefugnisse können auch in staatsfreien Räumen wie der Hohen See ausgeübt werden⁷⁵.

27 Art. 24 I GG gestattet lediglich die **Übertragung einzelner Hoheitsrechte**, mögen diese auch einen ganzen Sektor betreffen, nicht aber die umfassende Verlagerung der Hoheitsgewalt⁷⁶. Als actus contrarius zur Übertragung unterliegt auch die **Rückübertragung** von Hoheitsrechten Art. 24 I GG, ebenso der **Austritt** wegen seiner fundamentalen Bedeutung⁷⁷. Ob er völkerrechtlich zulässig ist, richtet sich nach dem Organisa-

---

⁶⁷ *Pernice* → Bd. II², Art. 24 Rn. 20; *Stern*, Staatsrecht I, S. 523f.

⁶⁸ S. BVerfGE 68, 1 (91f.): US-Präsident als besonderes Organ des NATO-Bündnisses – eine Organleihe in diesem Fall abl. *B.-O. Bryde*, Jura 1986, 363 (368); *Deiseroth* (Fn. 49), Art. 24 Rn. 35f., 56; *Tomuschat* (Fn. 12), Art. 24 Rn. 161; vgl. ferner E 131, 152 (217f., Rn. 140).

⁶⁹ BVerfGK 8, 325 (329, Rn. 14); 8, 61 (63, Rn. 8); 16, 509 (513, Rn. 14); 17, 266 (270, Rn. 14); *Pernice* → Bd. II², Art. 24 Rn. 18; *Rojahn* (Fn. 58), Art. 24 Rn. 23; *Tomuschat* (Fn. 12), Art. 24 Rn. 21.

⁷⁰ *Classen* (Fn. 7), Art. 24 Rn. 4: Verzicht auf Gebiets- oder Personalhoheit; *Pernice* → Bd. II², Art. 24 Rn. 18; *Tomuschat* (Fn. 12), Art. 24 Rn. 21: »Befehlsmacht und Zwangsgewalt« i. S. d. Subordinationslehre; ferner – wiewohl unter Einbeziehung der Leistungsverwaltung – *Rojahn* (Fn. 58), Art. 24 Rn. 24.

⁷¹ Noch weiter *M. Niedobitek*, Das Recht der grenzüberschreitenden Verträge, 2001, S. 428ff.: jedwede Aufgaben- und Befugnisverlagerung.

⁷² BVerfGE 68, 1 (90f.). Ebenso *Hobe* (Fn. 19), Art. 24 Rn. 11; *Streinz* (Fn. 58), Art. 24 Rn. 16. A.A. *Rojahn* (Fn. 58), Art. 24 Rn. 27; *Tomuschat* (Fn. 12), Art. 24 Rn. 21.

⁷³ BVerfGE 68, 1 (93f.); *Zuleeg* (Fn. 24), Art. 24 I/Ia Rn. 6. A.A. *Classen* (Fn. 7), Art. 24 Rn. 5. Teils a. A. (aufgabenadäquate Verfestigung der Einrichtung) *Pernice* → Bd. II², Art. 24 Rn. 22; *Rojahn* (Fn. 58), Art. 24 Rn. 41; *Tomuschat* (Fn. 12), Art. 24 Rn. 9; ferner (unbedingte Bindung) *Rojahn* (Fn. 58), Art. 24 Rn. 32.

⁷⁴ A.A. *M. Frenzel*, Sekundärrechtsetzungsakte internationaler Organisationen, 2011, S. 193; *J. Hecker*, AöR 127 (2002), 291 (305ff.); *Zuleeg* (Fn. 24), Art. 24 I/Ia Rn. 4.

⁷⁵ *Classen* (Fn. 7), Art. 24 Rn. 8; *Hobe* (Fn. 19), Art. 24 Rn. 14; *Tomuschat* (Fn. 12), Art. 24 Rn. 12.

⁷⁶ S. nur *E. Klein*, Der Verfassungsstaat als Glied einer europäischen Gemeinschaft, VVDStRL 50 (1991), S. 56ff. (70); *Pernice* → Bd. II², Art. 24 Rn. 18, 26; *Randelzhofer* (Fn. 58), Art. 24 I Rn. 36, 46; *Schmalenbach*, Europaartikel (Fn. 35), S. 33, 35f.; *Tomuschat* (Fn. 12), Art. 24 Rn. 20, 40, 46.

⁷⁷ *Pernice* → Bd. II², Art. 24 Rn. 23, 31; *Rojahn* (Fn. 58), Art. 24 Rn. 42; *Tomuschat* (Fn. 12), Art. 24 Rn. 36; a. A. *Classen* (Fn. 7), Art. 24 Rn. 33 (Erweiterung parlamentarischer Kompetenzen). S. auch *Deiseroth* (Fn. 49), Art. 24 Rn. 78: kein Initiativrecht des Bundestages wegen außenpolitischer Prärogative der Bundesregierung.

tionsstatut der zwischenstaatlichen Einrichtung und den allgemeinen Regeln zur Beendigung völkerrechtlicher Verträge; auch bei demnach gegebener Austrittsmöglichkeit ist aus verfassungsrechtlicher Warte die – freilich im Vergleich zum Staatsziel des Art. 23 I 1 GG (→ Art. 23 Rn. 36 ff.) weniger folgenreiche – Verfassungsentscheidung für eine internationale Zusammenarbeit (→ Rn. 18) zu berücksichtigen. In den Grenzen des verfassungsrechtlich Zulässigen (zur verfassungsrechtlich gebotenen Revisionsmöglichkeit → Art. 23 Rn. 92, 105) ist ein Austritt – unbeschadet seiner etwaigen Völkerrechtswidrigkeit – wegen des Ableitungszusammenhangs jederzeit möglich[78].

b) Kein Erfordernis einer Durchgriffswirkung

Teile der Literatur[79] und einige (neuere) Kammerentscheidungen des Bundesverfassungsgerichts[80] fordern neben der Zuständigkeitsbegründung eine **Durchgriffswirkung** der übertragenen Handlungsbefugnisse und damit die Möglichkeit, Einzelne und Hoheitsträger ohne Erfordernis einer innerstaatlichen Transformation unmittelbar zu adressieren. Im Falle Eurocontrol lag dies in der »Befugnis, Gebühren im Einzelfall festzusetzen und einzuziehen und das Einziehungsverfahren normativ zu regeln.«[81]

28

In der **Pershing-II-Entscheidung** (18.12.1984) hat das Bundesverfassungsgericht demgegenüber einen **weiten Ansatz** favorisiert und eine Übertragung von Hoheitsrechten auch jenseits einer derartigen Durchgriffswirkung für möglich erachtet, obgleich noch keine prinzipielle Konturierung des überschießenden Anwendungsbereichs erfolgt ist. Es genüge, einen ursprünglich »bestehenden, ausschließlichen rechtlichen Herrschaftsanspruch […] zugunsten nichtdeutscher Hoheitsgewalt« zurückzunehmen[82]. Dies wurde für die Entscheidung über den Einsatz von in Deutschland stationierten Nuklearwaffen im Rahmen der NATO bejaht[83]. Auch im Urteil zur **Griechenlandhilfe** (7.9.2011) klingt eine materielle Betrachtungsweise an, wenn nämlich das Bundesverfassungsgericht bei Gewährleistungsübernahmen sowie der Schaffung eines vorübergehenden Liquiditäts-Mechanismus mit Blick »auf das davon betroffene Budgetrecht des Deutschen Bundestages« eine Begründung von Verbindlichkeiten annimmt, »die in ihren Auswirkungen einer Übertragung von Hoheits-

29

---

[78] A.A. wohl *Pernice* → Bd. II², Art. 24 Rn. 23 m. Fn. 67. Streng auch *Tomuschat* (Fn. 12), Art. 24 Rn. 37, 99: Austritt (verfassungsrechtlich) nur gem. völkerrechtlich anerkannter Beendigungsgründe zulässig; ähnlich *Rojahn* (Fn. 58), Art. 24 Rn. 42.

[79] S. etwa W. *Bruckmann*, Die grundgesetzlichen Anforderungen an die Legitimation der Europäischen Unionsgewalt, 2004, S. 278 ff.; H.-J. *Cremer*, ZaöRV 60 (2000), 103 (132 ff. m. Fn. 156 f.); O. *Dörr*, DÖV 1993, 696 (699 f.); R. *Geiger*, ZG 18 (2003), 193 (195 f.); *König*, Übertragung (Fn. 1), S. 51 ff., 301; *Randelzhofer* (Fn. 58), Art. 24 I Rn. 30 f., 40 ff.; *Rojahn* (Fn. 58), Art. 24 Rn. 25 ff.; *Tomuschat* (Fn. 12), Art. 24 Rn. 8, 42; C. *Ohler*, JZ 2015, 337 (342). Grundsätzlich (gleichwohl Ausnahmen und schlicht-hoheitliches Handeln anerkennend) *Deiseroth* (Fn. 49), Art. 24 Rn. 50, 56 f.; *Rauser*, Übertragung (Fn. 61), S. 49 ff. Etwas weiter F. *Baach*, Parlamentarische Mitwirkung in Angelegenheiten der Europäischen Union, 2008, S. 115 f.

[80] BVerfG (K), NJW 2001, 2705 (2706, Rn. 15); BVerfGK 8, 61 (63, Rn. 8); 8, 266 (268 f., Rn. 9); 8, 325 (329, Rn. 14); 16, 509 (513, Rn. 14); 17, 266 (270, Rn. 14).

[81] BVerfGE 58, 1 (35).

[82] BVerfGE 68, 1 (90 f.; ferner LS 2.2). S. auch *Deiseroth* (Fn. 49), Art. 24 Rn. 55 f.; C. *Hillgruber*, in: Schmidt-Bleibtreu/Hofmann/Henneke, GG, Art. 23 Rn. 29, 39; *Ipsen*, Gemeinschaftsrecht (Fn. 25), S. 52 f.; *Zuleeg* (Fn. 24), Art. 24 I/Ia Rn. 6. Für eine alternative Deutung i. S. d. Festhaltens am Durchgriffs-Kriterium *Bruckmann*, Legitimation (Fn. 79), S. 279 ff.; gegen eine Verallgemeinerungsfähigkeit auch *Rojahn* (Fn. 58), Art. 24 Rn. 26.

[83] BVerfGE 68, 1 (90 f.). Zur Kritik → Rn. 38.

Art. 24   C. Erläuterungen

rechten gleichkommen können, wenn der Bundestag nicht mehr in eigener Verantwortung über sein Budget disponieren kann.«[84] Im Kontext des **IWF** hat eine Kammer des Bundesverfassungsgerichts nicht jedwede mittelbar-faktische Auswirkung von Entscheidungen internationaler Organisationen genügen lassen, sondern ein Zurechenbarkeitserfordernis postuliert[85]. Auf der Basis dieser Rechtsprechung ist eine Hoheitsrechtsübertragung folglich auch bei einer **bedeutsamen Aufgabe nationaler Gestaltungsmacht**[86] oder einer **Ermächtigung zu schlicht-hoheitlichem Handeln**, das als Grundrechtseingriff zu qualifizieren ist[87],[88] anzunehmen[89]. Dem ist angesichts des offenen Begriffs der zwischenstaatlichen Einrichtung[90] sowie des eine parlamentarische Rückkoppelung verlangenden Gewichts jener Vorgänge[91] zuzustimmen[92]. Jenseits hochgradig verdichteter Integrationsgemeinschaften wie namentlich der EU ist es indes nicht angezeigt, jedwede Änderung der vertraglichen Grundlagen sowie vergleichbare Akte unabhängig von ihrem Inhalt als Hoheitsrechtsübertragung zu qualifizieren (→ Art. 23 Rn. 49).

c) Einbeziehung binnenorganisatorischer Akte

30   Supranationaler Charakter kommt nach einer teils vertretenen Auffassung nur solchen Akten einer zwischenstaatlichen Einrichtung zu, die Rechtswirkungen **jenseits des Binnenbereichs der Organisation**, nämlich in den Rechtsordnungen der Mitgliedstaaten erzeugen[93]. Damit stelle die Regelung der **Dienstverhältnisse** mit Beschäftigten (auch im Vorfeld der Bewerbungsphase) grundsätzlich keine Ausübung von Hoheitsrechten i. S. d. Art. 24 I GG dar[94]. Differenziert hat das Bundesverfassungsgericht dann jedoch zwischen der Anstellung und deren Ablehnung und nur erstere Art. 24 I GG wegen ihrer »konkrete[n] Rechtsfolgen innerhalb der deutschen Rechtsordnung«

---

[84] BVerfGE 129, 124 (171, Rn. 107).
[85] BVerfGK 8, 61 (64, Rn. 9).
[86] So auch *M. Bothe/T. Lohmann*, ZaöRV 58 (1998), 1 (22 ff.); *Hobe* (Fn. 19), Art. 24 Rn. 11; *H. Kube*, WM 2012, 245 (247 f.); ferner *Streinz* (Fn. 58), Art. 24 Rn. 15 ff.
[87] S. zur Grundrechtsrelevanz mittelbar-faktischer Beeinträchtigungen → Vorb. Rn. 125 ff., und *F. Wollenschläger*, Verteilungsverfahren, 2010, S. 58 ff.
[88] *M. Bothe/T. Lohmann*, ZaöRV 58 (1998), 1 (22 ff.); *Deiseroth* (Fn. 49), Art. 24 Rn. 41, 121; *C. Gramm*, DVBl. 1999, 1237 (1240); *Hobe* (Fn. 19), Art. 24 Rn. 11; *Rauser*, Übertragung (Fn. 61), S. 75 ff.; *F. Schorkopf*, in: BK, Art. 23 (2011), Rn. 65 (Möglichkeit, »in einer wesentlichen, qualifizierten Weise auf Rechtsgüter im deutschen Hoheitsgebiet ein[zu]wirken«); *Streinz* (Fn. 58), Art. 24 Rn. 15 ff.; im Ergebnis ebenso *M. Baldus*, Die Verwaltung 32 (1999), 481 (491); für eine Intensitätsschwelle *J. Hecker*, AöR 127 (2002), 291 (307). Abl. *Tomuschat* (Fn. 12), Art. 24 Rn. 117a.
[89] *Classen* (Fn. 7), Art. 24 Rn. 7: Betroffenheit der Gebiets- bzw. Personalhoheit entscheidend; *C. Tietje*, Internationalisiertes Verwaltungshandeln, 2001, S. 503 ff.: Wesentlichkeit eines (weit verstandenen) Durchgriffs maßgeblich.
[90] *Ipsen*, Gemeinschaftsrecht (Fn. 25), S. 52 f.
[91] S. insoweit *G. Nolte*, ZaöRV 54 (1994), 95 (117 f.).
[92] Weiter *Niedobitek*, Verträge (Fn. 71), S. 428 ff.: jede Kompetenzverlagerung. Insg. abl. *Baach*, Mitwirkung (Fn. 79), S. 117 f.; *Randelzhofer* (Fn. 58), Art. 24 I Rn. 42 (Rechtsunsicherheit).
[93] BVerfGK 8, 266 (269, Rn. 10); 8, 325 (329, Rn. 15); ferner *Baach*, Mitwirkung (Fn. 79), S. 116: Vereinbarung rein die internationale Ebene betreffender institutioneller Bestimmungen genügt nicht. A.A. *Hobe* (Fn. 19), Art. 24 Rn. 11 (s. aber Rn. 25). Differenzierend *Deiseroth* (Fn. 49), Art. 24 Rn. 63 f.
[94] BVerfGK 8, 266 (269, Rn. 12); *Rojahn* (Fn. 58), Art. 24 Rn. 28; noch offen gelassen in BVerfGE 59, 63 (89 f.); a.A. *Classen* (Fn. 7), Art. 24 Rn. 8; ferner VGH B-W, ESVGH 30, 20 (21 ff.). Ebenso (Art. 24 I GG nicht einschlägig) für **Europäische Schulen** *Rojahn*, a.a.O., Rn. 47; insoweit a.A. *Deiseroth* (Fn. 49), Art. 24 Rn. 118; *Tomuschat* (Fn. 12), Art. 24 Rn. 13, 112 f.; tendenziell ablehnend auch *Randelzhofer* (Fn. 58), Art. 24 I Rn. 35, 182.

zugeordnet[95]. Lediglich Binnenwirkungen angenommen wurden auch hinsichtlich der Zulassung zur Nutzung des behördeninternen E-Mail-Systems[96]. Dass behördeninterne Maßnahmen durch ein Hoheitsrechte ausübendes Gericht der zwischenstaatlichen Einrichtung bestätigt würden, verleihe dem Akt keinen supranationalen Charakter[97]. In einer Entscheidung zur Zulassung als Vertreter vor dem Europäischen Patentamt hat das Bundesverfassungsgericht die Zulassung als Vertreter in Verfahren vor diesem als unter Art. 24 I GG fallendes Hoheitsrecht qualifiziert, da diese »über den organisationsinternen Bereich hinaus in die Rechtsordnungen der Mitgliedstaaten hinein« wirke[98] und, wie es später zur Abgrenzung erläuterte, auch mit der hoheitlichen Kerntätigkeit in engem Zusammenhang stehe[99]. Hieran ist anzuknüpfen: Zunächst erstreckt sich Art. 24 I GG auf solche binnenorganisatorische Regelungen, die einen **engen Bezug zu übertragenen Hoheitsrechten** aufweisen, etwa Regelungen zu Entscheidungsverfahren. Hinsichtlich dienstrechtlicher Maßnahmen ist zwar zuzugeben, dass die durch Art. 24 I GG ermöglichte Öffnung der deutschen Rechtsordnung nicht im Vordergrund steht; allerdings verlangt die **Durchgriffsmöglichkeit auf den Einzelnen** eine parlamentarische Billigung wesentlicher Fragen sowie die Einhaltung rechtsstaatlich-grundrechtlicher Standards (→ Rn. 42).

3. Zwischenstaatliche Einrichtungen

Der Begriff der zwischenstaatlichen Einrichtung hat weder eine allgemein anerkannte Definition erfahren noch bietet die Genese Klarheit (→ Rn. 5). Adressaten der Hoheitsrechtsübertragung können zunächst auf völkerrechtlicher Basis gegründete **internationale Organisationen** sein[100]; darüber hinaus kommt eine Übertragung auch auf **handlungsfähige internationale Organe** in Betracht, die die mitgliedschaftlichen Strukturanforderungen einer internationalen Organisation im völkerrechtlichen Sinne nicht erfüllen[101]. In jedem Fall erforderlich ist die Rechtsfähigkeit des Adressaten[102], wobei hinter einem nicht rechtsfähigen Organ die Gesamtheit der Mitgliedstaaten stehen kann[103].

31

Auf das Vorliegen weiterer Merkmale kommt es nicht an[104]. In Abgrenzung zu gewöhnlichen internationalen Organisationen wird der Begriff der zwischenstaatlichen Einrichtung oftmals synonym mit dem der supranationalen Organisation gebraucht[105]. Für letztere hat sich indes noch keine allseits konsentierte Definition etabliert. Als

32

---

[95] BVerfGK 8, 266 (270, Rn. 15).
[96] BVerfGK 8, 325 (329, Rn. 16).
[97] BVerfGK 8, 325 (329f., Rn. 17).
[98] BVerfG (K), NJW 2001, 2705 (2706, Rn. 16).
[99] BVerfGK 8, 266 (270, Rn. 15).
[100] S. nur *Randelzhofer* (Fn. 58), Art. 24 I Rn. 44; *Zuleeg* (Fn. 24), Art. 24 I/Ia Rn. 6.
[101] S. nur *Deiseroth* (Fn. 49), Art. 24 Rn. 25ff., 32; *O. Dörr*, DÖV 1993, 696 (698); *König*, Übertragung (Fn. 1), S. 104; *C. Tomuschat*, HStR VII, § 172 Rn. 40; *ders.* (Fn. 12), Art. 24 Rn. 41.
[102] *Niedobitek*, Verträge (Fn. 71), S. 435ff.; *Pernice* → Bd. II², Art. 24 Rn. 24; *Rojahn* (Fn. 58), Art. 24 Rn. 19. A.A. (Handlungsfähigkeit des Organs ausreichend) *Classen* (Fn. 7), Art. 24 Rn. 20; *C. Tomuschat*, HStR VII, § 172 Rn. 40.
[103] Differenziert *Niedobitek*, Verträge (Fn. 71), S. 435ff. (Rechtsträger und zwischenstaatliche Einrichtung Gesamtheit der beteiligten Staaten).
[104] So auch *Tomuschat* (Fn. 12), Art. 24 Rn. 10, 42.
[105] S. etwa *Hobe* (Fn. 19), Art. 24 Rn. 21 (auch Ähnlichkeit genügt). A.A. etwa *C. Hillgruber*, in: Schmidt-Bleibtreu/Hofmann/Henneke (Fn. 82), Art. 24 Rn. 12: »inter- und supranationale Organisationen«.

Merkmale der **Supranationalität** gelten die Möglichkeit, Mehrheitsentscheidungen gegen den Willen einzelner Mitgliedstaaten zu fassen, die Durchgriffswirkung erlassener Rechtsakte, die unmittelbar gegenüber den Mitgliedstaaten und Einzelnen wirken, und die Existenz von von nationalen Stellen persönlich und sachlich unabhängigen Organen[106]. Auf der Basis der hier vertretenen Auffassung stellt indes die **Durchgriffswirkung kein konstitutives Merkmal** der Hoheitsrechtsübertragung dar (→ Rn. 29). Folglich kann auch keine entsprechende Eingrenzung des Art. 24 I GG über ein entsprechend eng verstandenes Tatbestandsmerkmal der zwischenstaatlichen Einrichtung erfolgen[107]. Anders als Art. 23 I GG zieht die allgemeine Integrationsklausel des Art. 24 I GG keine persönlichen, räumlichen oder – unbeschadet der Integrationsschranken (→ Rn. 40) – sachlichen Grenzen[108]. Mitglieder können auch internationale Organisationen sein[109].

33 **Ausschlusswirkung** entfaltet der Begriff zwischenstaatliche Einrichtung indes in zweierlei Hinsicht: Zum einen muss es sich um eine Institution handeln, die durch völkerrechtliche Vereinbarung zwischen zwei oder mehreren Staaten gegründet wurde; damit ist keine Übertragung von Hoheitsrechten auf sog. nongovernmental organizations (**NGO**) möglich[110]. Zum anderen können schon angesichts des Wortlauts keine Hoheitsrechte auf **andere Staaten** (einschließlich deren Untergliederungen) übertragen werden (zu Art. 24 Ia GG: → Rn. 61ff.)[111]. Eine zwischenstaatliche Einrichtung liegt auch dann nicht vor, wenn die geschaffene Institution dem Recht eines beteiligten Staates unterliegt[112]. Art. 23 f. GG entfalten darüber hinaus **Sperrwirkung** für eine Hoheitsrechtsübertragung auf ausländische Staaten, da es hierfür angesichts der Bedeutung dieses Akts einer ausdrücklichen Ermächtigung bedarf[113]. Indes werden

---

[106] S. nur *P. Badura*, Bewahrung und Veränderung demokratischer und rechtsstaatlicher Verfassungsstruktur in den internationalen Gemeinschaften, VVDStRL 23 (1966), S. 34ff. (54f.; ferner 57ff.); ferner *C. Hillgruber*, HStR³ II, §32 Rn. 85ff.; *Hobe* (Fn. 19), Art. 24 Rn. 21; *Ipsen*, Gemeinschaftsrecht (Fn. 25), S. 67ff.; *Schmalenbach*, Europaartikel (Fn. 35), S. 33. Allein auf die Durchgriffswirkung abstellend BVerfGK 8, 325 (329); *H. Mosler*, HStR VII, §175 Rn. 17ff.; *Schorkopf*, Grundgesetz (Fn. 8), S. 147f.; *Tomuschat* (Fn. 12), Art. 24 Rn. 10.

[107] S. nur *Ipsen*, Gemeinschaftsrecht (Fn. 25), S. 53; ferner *O. Dörr*, DÖV 1993, 696 (699). A. A. *H. Mosler*, HStR VII, §175 Rn. 76; *Pernice* → Bd. II², Art. 24 Rn. 25.

[108] *Pernice* → Bd. II², Art. 24 Rn. 26; ebd., Rn. 24, zum Verbot der Verleihung von Staatsqualität (ebenso etwa *Rojahn* [Fn. 58], Art. 24 Rn. 21) – enger (nur sektorielle Integration) *C. Tomuschat*, EuGRZ 1993, 489 (492f.).

[109] *Classen* (Fn. 7), Art. 24 Rn. 20 Fn. 84; *O. Dörr*, DÖV 1993, 696 (698); *Pernice* → Bd. II², Art. 24 Rn. 26.

[110] S. nur BVerfGE 2, 347 (377) – Ausklammerung eines (auch) mit Ausländern besetzten Schiedsgerichts; *Rojahn* (Fn. 58), Art. 24 Rn. 20; *Tomuschat* (Fn. 12), Art. 24 Rn. 45; *Zuleeg* (Fn. 24), Art. 24 I/Ia Rn. 6.

[111] Statt vieler BVerfGE 2, 347 (377f.); *Hillgruber* (Fn. 105), Art. 24 Rn. 14; *Hobe* (Fn. 19), Art. 24 Rn. 22; *König*, Übertragung (Fn. 1), S. 104; *Randelzhofer* (Fn. 58), Art. 24 I Rn. 52f.; *Rauser*, Übertragung (Fn. 61), S. 160f., 231. S. auch BVerfGE 68, 1 (91): Art. 24 I GG greife »jedenfalls nicht unmittelbar«.

[112] BVerfGE 2, 347 (378); *Pernice* → Bd. II², Art. 24 Rn. 24; *Zuleeg* (Fn. 24), Art. 24 I/Ia Rn. 6.

[113] *M. Baldus*, Die Verwaltung 32 (1999), 481 (499ff.); *A. Beck*, Die Übertragung von Hoheitsrechten auf kommunale grenznachbarschaftliche Einrichtungen, 1995, S. 136ff.; *C. Gramm*, DVBl. 1999, 1237ff. – unter Ausklammerung von Akten, die »bei hypothetischer Betrachtung auch durch Privatpersonen auf der Grundlage grundrechtlicher Freiheit vorgenommen werden« können; *Hillgruber* (Fn. 105), Art. 24 Rn. 14; *H. Mosler*, HStR VII, §175 Rn. 38; *Rojahn* (Fn. 58), Art. 24 Rn. 21, 30. A. A. *Beyerlin*, Rechtsprobleme (Fn. 48), S. 246ff.; *ders.*, ZaöRV 54 (1994), 587 (607f.): bei hinreichender demokratischer Legitimation; *Classen* (Fn. 7), Art. 24 Rn. 65ff.; *J. Hecker*, AöR 127 (2002), 291 (310ff.); *J. Menzel*, Internationales Öffentliches Recht, 2011, S. 476, 531ff.; *Rauser*, Übertragung

vorkonstitutionell ihrer Art nach anerkannte[114] oder unter Annahme eines Geringfügigkeitsvorbehalts in ihrer Tragweite begrenzte Ermächtigungen anderer Staaten[115] ausgeklammert; andere Stimmen erachten die Duldung der Ausübung fremder Staatsgewalt in Deutschland, etwa im Kontext polizeilicher Kooperationsverträge, mangels (indes unerheblicher: → Rn. 29) Durchgriffswirkung für zulässig[116]. Eine Hoheitsrechtsübertragung auf fremde Staaten liegt schließlich nicht vor, wenn das Handeln ausländischer Hoheitsträger der deutschen Staatsgewalt zurechenbar ist[117] oder im Rahmen einer zwischenstaatlichen Einrichtung (auch EU) erfolgt, etwa in Gestalt der Rechtsprechungskonzentration bei einem mitgliedstaatlichen Gericht (→ Rn. 43; → Art. 23 Rn. 41)[118].

4. Anwendungsfälle

Den ersten Anwendungsfall des Art. 24 I GG stellte die **EGKS** dar[119]; auch die Europäischen Gemeinschaften fielen (zunächst) hierunter[120]. Art. 24 I GG erfasst des Weiteren die **Europäische Patentorganisation** (insb. wegen Patenterteilung)[121], die Internationale Zivilluftfahrtorganisation (**ICAO**)[122], die Meeresbodenbehörde und -kammer (**SRÜ**)[123] sowie den **Internationalen Seegerichtshof**[124], die **Kernenergieagentur** mit

34

(Fn. 61), S. 231 ff., 268 f., 329 ff.; ferner *Fassbender*, Bundesstaat (Fn. 60), S. 401 ff. Zu dann bestehenden Grenzen nur *Classen* (Fn. 7), Art. 24 Rn. 67 f.; *J. Hecker*, AöR 127 (2002), 291 (316 ff.); *Rauser*, Übertragung (Fn. 61), S. 213 ff. (und zur Staatspraxis S. 149 ff.).

[114] *M. Baldus*, Die Verwaltung 32 (1999), 481 (502 f.) – bei identischem Grundrechtsschutz, insg. aber weit (Observation, Nacheile, Festnahme bei vorgeschobener Grenzabfertigung); *C. Gramm*, DVBl. 1999, 1237 (1238): etwa Transit, Militär, Exklaven, Grenzabfertigung oder bestimmte Polizeibefugnisse jeweils einschließlich »behutsame[r] Fortentwicklung und Ausweitung«; ferner *Randelzhofer* (Fn. 58), Art. 24 I Rn. 185. A.A. (methodisch nicht rechtfertigbar) *J. Hecker*, AöR 127 (2002), 291 (311 f.).

[115] Nur für Handeln fremder Militärgewalt ggü. fremden Militärangehörigen *M. Baldus*, Die Verwaltung 32 (1999), 481 (492). S. auch (für »unechte Hoheitsrechtsübertragungen«) *Beyerlin*, Rechtsprobleme (Fn. 48), S. 254 ff.

[116] *H.-J. Cremer*, ZaöRV 60 (2000), 103 (127 ff.) – ibid., S. 135 ff. auch zu Folgefragen hinsichtlich (Grund-)Rechtsschutz, Rechtsstaats- und Demokratieprinzip; *Rojahn* (Fn. 58), Art. 24 Rn. 21, 30; ferner *Niedobitek*, Verträge (Fn. 71), S. 431 ff. A.A. *M. Baldus*, Die Verwaltung 32 (1999), 481 (492 ff.), da Zustandekommen unmittelbarer Rechtsbeziehungen entscheidend (Ausklammerung des Handelns fremder Militärgewalt gegenüber fremden Militärangehörigen); *C. Gramm*, DVBl. 1999, 1237 (1240 f.).

[117] Zu dieser unterschiedlich weit gefassten Ausnahme *C. Gramm*, DVBl. 1999, 1237 (1241 ff.); *J. Hecker*, AöR 127 (2002), 291 (301 ff.). Gegen Mandatslösungen *M. Baldus*, Die Verwaltung 32 (1999), 481 (493 f.).

[118] S. BVerfGE 58, 1 (42). Restriktiv *C. Gramm*, DVBl. 1999, 1237 (1239).

[119] *W. von Simson/J. Schwarze*, HdbVerfR, § 4 Rn. 60.

[120] BVerfGE 22, 293 (296); 31, 145 (173 f.); 37, 271 (278); *Pernice* → Bd. II², Art. 24 Rn. 27; *Tomuschat* (Fn. 12), Art. 24 Rn. 107. S. zu Europol (in EU-Kontext überführt) → Art. 23 Rn. 46.

[121] S. nur BVerfG (K), NJW 2001, 2705 (2705, Rn. 14); BVerfGK 6, 368 (370, Rn. 9); 8, 15 (18, Rn. 13); 8, 266 (268 f., Rn. 9); 8, 325 (329, Rn. 14); 16, 509 (514, Rn. 15); 17, 266 (270, Rn. 15); *Classen* (Fn. 7), Art. 24 Rn. 61; *Randelzhofer* (Fn. 58), Art. 24 I Rn. 188 ff.; *Rojahn* (Fn. 58), Art. 24 Rn. 46.

[122] *Hobe* (Fn. 19), Art. 24 Rn. 28; *Rojahn* (Fn. 58), Art. 24 Rn. 55. A.A. *Frenzel*, Sekundärrechtsetzungsakte (Fn. 74), S. 200 f.

[123] S. nur *Deiseroth* (Fn. 49), Art. 24 Rn. 132; *Hobe* (Fn. 19), Art. 24 Rn. 35; *Rojahn* (Fn. 58), Art. 24 Rn. 48 f.

[124] *Pernice* → Bd. II², Art. 24 Rn. 27. Zurückhaltend *Rojahn* (Fn. 58), Art. 24 Rn. 49.

Blick auf ihre Kontrollrechte[125] sowie die **Mosel**-[126] und **Rheinschifffahrtskommission**[127] (nur) mit Blick auf ihnen verliehene Rechtsprechungsbefugnisse. Auch nach der Reform des Jahres 1986 stellt die schon zuvor Art. 24 I GG zugeordnete[128] Organisation **Eurocontrol** jedenfalls wegen ihrer Weisungsbefugnisse gegenüber den Luftfahrzeugführern eine zwischenstaatliche Einrichtung dar[129]. Obgleich die EMRK keine unmittelbare Anwendbarkeit in der deutschen Rechtsordnung beansprucht und der Europäische Gerichtshof für Menschenrechte nur Feststellungsurteile erlässt, stellen die dem **Europäischen Gerichtshof für Menschenrechte** verliehenen Rechtsprechungsbefugnisse wegen ihrer Wirkung in der deutschen Rechtsordnung (insb. konventionskonforme Auslegung, thematische Breite, Möglichkeit der Individualbeschwerde: → Art. 23 Rn. 59; → Art. 25 Rn. 27) Hoheitsrechte i. S. d. Art. 24 I GG dar[130]. Dies gilt angesichts seiner Jurisdiktions-, Ermittlungs- und Festnahmebefugnisse auch für den **Internationalen Strafgerichtshof**[131]. Trotz seiner primär koordinierenden Tätigkeit unterfällt **Interpol** – namentlich wegen seiner grundrechtsrelevanten Datenverarbeitungsbefugnisse – Art. 24 I GG[132]. Auch die **NATO** stellt mit Blick auf die ihr verliehenen Hoheitsrechte (→ Rn. 12) eine zwischenstaatliche Einrichtung dar[133]. Punktuell fand auch eine Übertragung von Hoheitsrechten auf die **VN** statt, was hinsichtlich der internationalen Straftribunale für Jugoslawien und Ruanda allgemein anerkannt ist[134], aber auch für bindende Sicherheitsratsbeschlüsse wegen ihrer faktischen Durchgriffswirkung und Bedeutung gelten muss[135]. Eine Zurverfügungstellung von Streitkräften für den Sicherheitsrat gemäß Art. 43 VN-Charta, die eine Hoheitsrechtsüber-

---

[125] S. nur *Deiseroth* (Fn. 49), Art. 24 Rn. 114; *Randelzhofer* (Fn. 58), Art. 24 I Rn. 183; *Rojahn* (Fn. 58), Art. 24 Rn. 45.

[126] *Hobe* (Fn. 19), Art. 24 Rn. 30; *Rojahn* (Fn. 58), Art. 24 Rn. 52; *Tomuschat* (Fn. 12), Art. 24 Rn. 109.

[127] *Classen* (Fn. 7), Art. 24 Rn. 59; *Hobe* (Fn. 19), Art. 24 Rn. 32 (auf Zweifel wegen der vorkonstitutionellen Übertragung verweisend); *Tomuschat* (Fn. 12), Art. 24 Rn. 108. A.A. *Randelzhofer* (Fn. 58), Art. 24 I Rn. 185 (vorkonstitutionell).

[128] BVerfGE 58, 1 (31); 59, 63 (86 f.).

[129] *Deiseroth* (Fn. 49), Art. 24 Rn. 109; ferner *Classen* (Fn. 7), Art. 24 Rn. 60 (weiter); *Hobe* (Fn. 19), Art. 24 Rn. 24f.; *Rojahn* (Fn. 58), Art. 24 Rn. 43. A.A. *Pernice* → Bd. II², Art. 24 Rn. 27 m. Fn. 81. Umfassend *Randelzhofer* (Fn. 58), Art. 24 I Rn. 176 ff., und *Tomuschat* (Fn. 12), Art. 24 Rn. 112 ff.

[130] Ebenso *Hobe* (Fn. 19), Art. 24 Rn. 27; offen auch *G. Ress*, Verfassungsrechtliche Auswirkungen der Fortentwicklung völkerrechtlicher Verträge, in: FS Zeidler, Bd. 2, 1987, S. 1775 ff. (1790 ff.). A.A. etwa *F. Czerner*, EuR 5 (2007), 537 (554 ff.); *Deiseroth* (Fn. 49), Art. 24 Rn. 115; *Tomuschat* (Fn. 12), Art. 24 Rn. 115. S. auch *R. Uerpmann*, Die Europäische Menschenrechtskonvention und die deutsche Rechtsprechung, 1993, S. 172 ff.; ablehnend für Investor-Staat-Schiedsgerichte (CETA) *C. Ohler*, JZ 2015, 337 (342).

[131] BT-Drs. 14/2682, S. 6f.; *Classen* (Fn. 7), Art. 24 Rn. 62 (differenziert); *Hobe* (Fn. 19), Art. 24 Rn. 34; *Rojahn* (Fn. 58), Art. 24 Rn. 51; *V. Röben*, ZaöRV 63 (2003), 585 (589).

[132] *Deiseroth* (Fn. 49), Art. 24 Rn. 124; ferner *Streinz* (Fn. 58), Art. 24 Rn. 32. Zweifelnd *Hobe* (Fn. 19), Art. 24 Rn. 29. Zurückhaltend auch *Tomuschat* (Fn. 12), Art. 24 Rn. 117a. A.A. *Randelzhofer* (Fn. 58), Art. 24 I Rn. 175; *Rojahn* (Fn. 58), Art. 24 Rn. 50.

[133] BVerfGE 68, 1 (93 ff.); *Deiseroth* (Fn. 49), Art. 24 Rn. 127 ff.; *R. Wolfrum*, HStR³ X, § 221 Rn. 19 f. A.A. etwa *Hobe* (Fn. 19), Art. 24 Rn. 31 – wegen Handlung des US-Präsidenten und mangels Durchgriffswirkung; *Pernice* → Bd. II², Art. 24 Rn. 27 – keine Durchgriffswirkung; *Stern*, Staatsrecht I, S. 525, 548 – mangels Durchgriffswirkung jenseits des Verteidigungsfalls; *Streinz* (Fn. 58), Art. 24 Rn. 15, 36 – mangels Organleihe; *Tomuschat* (Fn. 12), Art. 24 Rn. 113 f., 161.

[134] *Classen* (Fn. 7), Art. 24 Rn. 62; *Hobe* (Fn. 19), Art. 24 Rn. 34; *Rojahn* (Fn. 58), Art. 24 Rn. 51. A.A. (Art. 24 II GG) *V. Röben*, ZaöRV 63 (2003), 585 (589). Generell abl. *Pernice* → Bd. II², Art. 24 Rn. 27; *Stern*, Staatsrecht I, S. 526, 548.

[135] A.A. *Frenzel*, Sekundärrechtsetzungsakte (Fn. 74), S. 203 f.; *Hobe* (Fn. 19), Art. 24 Rn. 33; *Tomuschat* (Fn. 12), Art. 24 Rn. 114.

tragung darstellen würde¹³⁶, ist bislang noch nicht erfolgt. Mangels Durchgriffsbefugnissen und mangels der Zurechenbarkeit von ihm ausgehender mittelbar-faktischer Beeinträchtigungen hat das Bundesverfassungsgericht den **IWF** ausgeklammert (→ Rn. 29)¹³⁷.

5. Vorbehalt des Gesetzes

Ausweislich des Wortlauts des Art. 24 I GG kann eine Übertragung von Hoheitsrechten nur durch **(Parlaments-)Gesetz** erfolgen, was der Tragweite dieses Akts entspricht und ein Umkehrschluss zu der differenzierenden Regelung des Art. 59 II GG bestätigt¹³⁸. Mitunter wird ein Initiativrecht des Bundestages unter Verweis auf die außenpolitische Prärogative der Bundesregierung abgelehnt (→ Art. 59 Rn. 18)¹³⁹. Trotz der Verfassungsrelevanz einer Hoheitsrechtsübertragung (→ Rn. 55) finden die förmlichen Voraussetzungen einer Verfassungsänderung (insb. Art. 79 II GG) in Einklang mit dem Wortlaut des Art. 24 I GG und der Intention des Verfassunggebers (→ Rn. 5) keine Anwendung (→ Art. 79 II Rn. 24)¹⁴⁰. Dem **Übertragungsgesetz** selbst kommt, worauf bereits der Wortlaut des Art. 24 I GG hinweist, **kein Verfassungsrang** zu¹⁴¹; die verfassungsrechtliche Öffnung enthält Art. 24 I GG.

35

Art. 24 I GG sieht, anders als Art. 23 I 2 GG im EU-Kontext, kein Erfordernis einer **Zustimmung des Bundesrates** für die Übertragung von Hoheitsrechten vor (zu entsprechenden Forderungen → Rn. 5, 9). Unter Verweis auf Wortlaut, systematische Einordnung in die Regelungen zum Bund-Länder-Verhältnis, Entstehungsgeschichte und Spezialität des Art. 24 I GG gegenüber Art. 59 II 1 GG lehnen Teile der Literatur ein solches generell ab¹⁴². Doch auch wenn man, wie hier, in Art. 24 I GG eine Spezialregelung gegenüber Art. 59 II GG sieht (→ Rn. 82), streitet der Schutz grundgesetzlich ausdrücklich normierter Zustimmungstatbestände für ein entsprechendes materienabhängiges Zustimmungserfordernis, wie es auch Art. 59 II 1 GG anordnet¹⁴³; für Auffassungen, die diesen neben Art. 24 I GG anwenden, versteht sich dieses Ergebnis von selbst¹⁴⁴. Freilich besteht damit auch bei einer Übertragung von Hoheitsrechten der Länder kein Zustimmungserfordernis mangels grundgesetzlichen Tatbestands¹⁴⁵.

36

---

¹³⁶ *Pernice* → Bd. II², Art. 24 Rn. 11.
¹³⁷ BVerfGK 8, 61 (63 f., Rn. 9).
¹³⁸ BVerfGE 58, 1 (35 f.); ferner etwa *Hobe* (Fn. 19), Art. 24 Rn. 36; *Rojahn* (Fn. 58), Art. 24 Rn. 37 f.
¹³⁹ *Deiseroth* (Fn. 49), Art. 24 Rn. 78 (für den Austritt; offener Rn. 60); *H. Mosler*, HStR VII, § 175 Rn. 45 f.; ferner – im Kontext des Art. 59 II 1 GG – BVerfGE 68, 1 (85 f.); 90, 286 (358). Differenziert *O. Rojahn*, in: v. Münch/Kunig, GG I, Art. 59 Rn. 56.
¹⁴⁰ BVerfGE 58, 1 (36). Kritisch *R. Breuer*, NVwZ 1994, S. 417 ff. (422). A.A. *Maunz*, Verfügung (Fn. 66), S. 291 ff.: verfassungsänderndes Gesetz bei einer Übertragung von Länderkompetenzen.
¹⁴¹ *Stern*, Staatsrecht I, S. 533. A.A. *Ipsen*, Gemeinschaftsrecht (Fn. 25), S. 58.
¹⁴² *Pernice* → Bd. II², Art. 24 Rn. 30; *Rojahn* (Fn. 58), Art. 24 Rn. 40; *Stern*, Staatsrecht I, S. 533 f.; *W. von Simson/J. Schwarze*, HdbVerfR, § 4 Rn. 78 f.; *Zuleeg* (Fn. 24), Art. 24 I/Ia Rn. 5.
¹⁴³ *Classen* (Fn. 7), Art. 24 Rn. 23; *H. Mosler*, HStR VII, § 175 Rn. 56.
¹⁴⁴ *Hillgruber* (Fn. 105), Art. 24 Rn. 22; *König*, Übertragung (Fn. 1), S. 103; *Randelzhofer* (Fn. 58), Art. 24 I Rn. 66; *K.-P. Sommermann*, IPE II, § 14 Rn. 12; *Streinz* (Fn. 58), Art. 24 Rn. 25; *Tomuschat* (Fn. 12), Art. 24 Rn. 31. – Allg. anerkannt ist die Anwendung des Art. 59 II 1 GG auf Teile des Zustimmungsgesetzes, die keine Übertragung von Hoheitsrechten beinhalten, s. *Classen* (Fn. 7), Art. 24 Rn. 23 Fn. 105; *Deiseroth* (Fn. 49), Art. 24 Rn. 73; *Hobe* (Fn. 19), Art. 24 Rn. 36.
¹⁴⁵ *König*, Übertragung (Fn. 1), S. 103; *Randelzhofer* (Fn. 58), Art. 24 I Rn. 66; *Tomuschat* (Fn. 12), Art. 24 Rn. 31.

Art. 24

37 Die Hoheitsrechtsübertragung unterliegt dem **Bestimmtheitsgebot**[146], das wegen der notwendigen Aushandlung des Vertragstextes geringere Anforderungen als im nationalen Kontext stellt: »Entscheidend ist, daß die Mitgliedschaft der Bundesrepublik Deutschland und die daraus sich ergebenden Rechte und Pflichten – insbesondere auch das rechtsverbindliche unmittelbare Tätigwerden [...] im innerstaatlichen Rechtsraum – für den Gesetzgeber voraussehbar im Vertrag umschrieben und durch ihn im Zustimmungsgesetz hinreichend bestimmbar normiert worden sind« (s. auch → Art. 23 Rn. 94 f.)[147]. Erfolgte eine hinreichend bestimmte Ermächtigung gemäß Art. 24 I GG auch für weitere Integrationsschritte, lässt sich ein **Gesetzesvorbehalt** für letztere angesichts des abschließenden Charakters des Art. 24 I GG auch nicht über die **Wesentlichkeitslehre** (→ Art. 20 [Rechtsstaat], Rn. 113 ff.; → Art. 20 [Demokratie], Rn. 117) herleiten[148].

38 Die **Reichweite** des Gesetzesvorbehalts ist mit Blick auf den prozesshaften Charakter der Errichtung und Funktionsweise zwischenstaatlicher Einrichtungen festzulegen. Obgleich strengere Anforderungen als im Kontext des Art. 59 II 1 GG gelten, der eine »authentische Interpretation und eine sich auf dieser Grundlage entfaltende oder jene Rechtsfortbildung allererst bewirkende Vertragspraxis« gestattet (→ Art. 59 Rn. 42 f.)[149], bedürfen im ursprünglichen Integrationsprogramm hinreichend bestimmt angelegte **Integrationsschritte** keiner erneuten Zustimmung; anderes gilt bei dessen wesentlicher Änderung[150]. Zu entwickeln sind die Bestimmtheitsanforderungen auch »aus der jeweiligen Eigenart des vom Gründungsvertrag geregelten Lebenssachverhalts im Lichte der durch Art. 24 Abs. 1 GG geschützten Rechtsgüter wie auch der durch die Vorschrift ermöglichten Gestaltungsfreiheit und ihrer Praktikabilität im internationalen Bereich«[151]. Im Kontext des NATO-Vertrags war die notwendige Flexibilität in Rechnung zu stellen, was die Bestimmtheitsanforderungen absenkte und für die Zustimmung Deutschlands zur Stationierung von Nuklearwaffen im Rahmen des Bündnisses keine erneute gesetzliche Ermächtigung gemäß Art. 24 I GG erforderte[152]. Die damit einhergehende Lockerung der Bestimmtheitsanforderungen trägt der im internationalen Verkehr notwendigen Flexibilität und der Völkerrechtsfreundlichkeit des Grundgesetzes Rechnung[153], konfligiert aber mit der im Lissabon-Urteil ausdrücklich auch auf inter- und supranationale Organisationen bezogenen Integrationsverantwortung des Parlaments (→ Art. 23 Rn. 33, 47 ff., 94 f.)[154].

---

[146] *Classen* (Fn. 7), Art. 24 Rn. 9 f. (relativ weit); *Rojahn* (Fn. 58), Art. 24 Rn. 70; *Tomuschat* (Fn. 12), Art. 24 Rn. 20.

[147] BVerfGE 89, 155 (187 f.) – im EU-Kontext. Zustimmend H. *Mosler*, HStR VII, § 175 Rn. 59; kritisch *Deiseroth* (Fn. 49), Art. 24 Rn. 91.

[148] BVerfGE 68, 1 (109).

[149] S. BVerfGE 90, 286 (362). Kritisch H. *Sauer*, ZaöRV 62 (2002), 317 (332 f.).

[150] BVerfGE 58, 1 (37); ferner E 68, 1 (98 f.). S. auch *Ress*, Auswirkungen (Fn. 130), S. 1776 ff. Konkretisierend BVerfGE 58, 1 (37); zur Möglichkeit einer Hoheitsrechtsübertragung in einer Verordnungsermächtigung ebd., 39 f.

[151] BVerfGE 68, 1 (99).

[152] BVerfGE 68, 1 (99 ff.). Anders die abweichende Meinung des Richters Mahrenholz (ebd., 111 ff.); B.-O. *Bryde*, Jura 1986, 363 (368 f.); *Deiseroth* (Fn. 49), Art. 24 Rn. 70; *Jarass*/Pieroth, GG, Art. 24 Rn. 8; *Pernice* → Bd. II², Art. 24 Rn. 29; *Streinz* (Fn. 58), Art. 24 Rn. 23. S. ferner E 77, 170 (232).

[153] *Hobe* (Fn. 19), Art. 24 Rn. 37. Kritisch *Rojahn* (Fn. 58), Art. 24 Rn. 38; *Streinz* (Fn. 58), Art. 24 Rn. 23.

[154] BVerfGE 123, 267 (351 ff., Rn. 237 ff.).

II. Übertragung von Hoheitsrechten auf zwischenstaatliche Einrichtungen   **Art. 24**

6. Grenzen der Übertragungsbefugnis

a) Allgemeines

Reichweite und Grenzen der Integrationsermächtigung des Art. 24 I GG, »eine der 39
großen verfassungsrechtlichen Fragen des Grundgesetzes«[155], die im Kontext der Verfassunggebung indes nicht hinreichend reflektiert wurde[156], standen erstmals im
»**Kampf um den Wehrbeitrag**« zur verfassungsrechtlichen Debatte, den die mit Vertrag vom 27.5.1952 geplante, schließlich aber am Veto der französischen Nationalversammlung (30.8.1954) gescheiterte Gründung der Europäischen Verteidigungsgemeinschaft auslöste[157]. Angesichts der bis zu den Wahlen zum Zweiten Deutschen
Bundestag im Jahre 1953 fehlenden verfassungsändernden Mehrheit der Regierungsfraktionen erwies sich deren Beantwortung zunächst auch als von eminenter politischer Bedeutung[158].

Bei der Öffnung der nationalen Rechtsordnung gemäß Art. 24 I GG steht dem Ge- 40
setzgeber »ein **weites Ermessen**« hinsichtlich der Frage zu, »ob und inwieweit einer
zwischenstaatlichen Einrichtung Hoheitsrechte eingeräumt werden und in welcher
Weise diese Einrichtung rechtlich und organisatorisch ausgestaltet werden soll« (zum
Staatsziel internationale Integration: → Rn. 20)[159]. Gleichwohl ermächtigt Art. 24 I
GG nicht zu einer schrankenlosen Übertragung von Hoheitsrechten. Eine systematische Interpretation des Grundgesetzes ergibt vielmehr, dass eine Übertragung von
Hoheitsrechten, »die die Identität der geltenden Verfassung der Bundesrepublik
Deutschland durch Einbruch in die sie konstituierenden Strukturen aufheben würde«,
unzulässig ist[160]; **Art. 79 III GG** zieht folglich auch der Integrationsgewalt letzte
Schranken[161]. Diese beziehen sich, wie im Kontext des Art. 23 I GG auch, sowohl auf
die Gestalt der zwischenstaatlichen Einrichtung als auch auf die nationale Verfassungsidentität, wobei eine scharfe Trennung nicht immer möglich ist (→ Art. 23
Rn. 61ff.). Teile der Literatur setzen die Integrationsschranke unterhalb der Schwelle
des Art. 79 III GG an[162], wobei die Unterschiede angesichts der gebotenen Grenzzie-

---

[155] *Stern*, Staatsrecht I, S. 535. Zur Diskussion *König*, Übertragung (Fn. 1), S. 417ff.
[156] Kritisch *K. H. Friauf*, DVBl. 1964, 781 (788); *H. Kruse*, Strukturelle Kongruenz und Homogenität, in: FS Kraus, 1954, S. 112ff. (114).
[157] Im Überblick *König*, Übertragung (Fn. 1), S. 44ff.; *W. von Simson/J. Schwarze*, HdbVerfR, § 4 Rn. 54ff. Näher Institut für Staatslehre und Politik (Hrsg.), Der Kampf um den Wehrbeitrag, 1952/1953, Bd. 2/1 und Bd. 2/2.
[158] *Ipsen*, Gemeinschaftsrecht (Fn. 25), S. 50.
[159] BVerfGE 58, 1 (28); ferner *Hobe* (Fn. 19), Art. 24 Rn. 39.
[160] BVerfGE 37, 271 (279f.); ferner E 58, 1 (40); 59, 63 (86); 73, 339 (375f.); BVerfG (K), NJW 2001, 2705 (2706, Rn. 18); BVerfGK 16, 509 (513, Rn. 13); 17, 266 (269f., Rn. 13); *Hobe* (Fn. 19), Art. 24 Rn. 40; *Schmalenbach*, Europaartikel (Fn. 35), S. 34ff.; *W. von Simson/J. Schwarze*, HdbVerfR, § 4 Rn. 59; *Zuleeg* (Fn. 24), Art. 24 I/Ia Rn. 8.
[161] S. nur BVerfGE 68, 1 (96); *Classen* (Fn. 7), Art. 24 Rn. 28; *G. Erler*, Das Grundgesetz und die öffentliche Gewalt internationaler Staatengemeinschaften, VVDStRL 18 (1960), S. 7ff. (40f.); *Rojahn* (Fn. 58), Art. 24 Rn. 58; *Stern*, Staatsrecht I, S. 535ff.; *Tomuschat* (Fn. 12), Art. 24 Rn. 25, 50f. A. A., da Verfassunggebung, *J. H. Kaiser*, Bewahrung und Veränderung demokratischer und rechtsstaatlicher Verfassungsstruktur in den internationalen Gemeinschaften, VVDStRL 23 (1966), S. 1ff. (18, LS II.3).
[162] *P. M. Huber*, AöR 119 (1991), 210 (225ff.); *Randelzhofer* (Fn. 58), Art. 24 I Rn. 95ff.; *Schmalenbach*, Europaartikel (Fn. 35), S. 36f. S. auch *Hillgruber* (Fn. 105), Art. 24 Rn. 23: jedenfalls Art. 79 III GG. A. A. (nur Art. 79 III GG) *A. Bleckmann*, Zur Funktion des Art. 24 Grundgesetz, in: FS Doehring, 1989, S. 63ff. (80f.); *M. Schröder*, Gesetzesbindung des Richters und Rechtsweggarantie im Mehrebenensystem, 2010, S. 109ff.

hung im Lichte der Integrationsoffenheit marginal sein dürften. Angesichts dieser Entscheidung für eine offene Staatlichkeit und im Interesse der Vertragsfähigkeit Deutschlands verlangt das Grundgesetz **keinesfalls** – entgegen der im Zusammenhang mit dem »Kampf um den Wehrbeitrag« (→ Rn. 39) von Kraus entwickelten Lehre von der strukturellen Kongruenz[163] – **identische Standards** auf internationaler wie auf nationaler Ebene; es genügt vielmehr eine **strukturangepasste Grundsatzkongruenz** (→ Art. 23 Rn. 63; dort, Rn. 105 auch zu Konsequenzen eines Verstoßes)[164].

41 Diese Integrationsschranken haben Rechtsprechung und Literatur namentlich, aber nicht nur im Kontext der europäischen Integration konkretisiert[165]. Mit der Schaffung des **Europa-Artikels** haben sie Eingang in den Verfassungstext gefunden: Art. 23 I 1 GG verpflichtet die EU auf demokratische, rechtsstaatliche, soziale und föderative Grundsätze sowie den Grundsatz der Subsidiarität und verlangt einen dem Grundgesetz im Wesentlichen vergleichbaren Grundrechtsschutz; Art. 23 I 3 GG bekräftigt die Geltung des Art. 79 III GG im Kontext der verfassungsrelevanten Hoheitsrechtsübertragung. Die insoweit entwickelten Grundsätze (→ Art. 23 Rn. 66ff.) lassen sich auf sonstige zwischenstaatliche Einrichtungen **prinzipiell übertragen**[166]. Zu berücksichtigen ist freilich der deutlich hinter demjenigen der EU zurückbleibende Integrationsgrad, was namentlich vom Aufgabenspektrum der zwischenstaatlichen Einrichtung abhängige Modifikationen im Detail – etwa mit Blick auf demokratische Anforderungen[167] – erfordert[168]. Jenseits des EU-Kontexts Relevanz erlangten diese Schranken etwa hinsichtlich des Rechtsschutzes gegen Maßnahmen des Europäischen Patentamts (Zulassung von Vertretern in Verfahren vor dem Europäischen Patentamt)[169].

b) Grundrechtsschutz, Rechtsstaatlichkeit und Rechtsschutz

42 Eine wichtige Schranke stellt das **Gebot eines adäquaten Grundrechtsschutzes** auf überstaatlicher Ebene dar (→ Art. 23 Rn. 81ff.)[170]. Nicht hierzu gerechnet hat das Bundesverfassungsgericht beispielsweise die aus Art. 12 I GG abgeleiteten Anforderungen an die Begründung von Prüfungsentscheidungen[171]. Auch **rechtsstaatliche Anforde-**

---

[163] *Kraus*, Kongruenz (Fn. 66), S. 550ff. – darüber hinaus Organkongruenz und Weitungen andeutend; offener *H. Kruse*, Kongruenz (Fn. 156), S. 126f.

[164] BVerfGE 58, 1 (41); 73, 339 (386); *Badura*, Bewahrung (Fn. 106), S. 38ff., 66f.; *Erler*, Grundgesetz (Fn. 161), S. 41ff.; *Hobe* (Fn. 19), Art. 24 Rn. 41; *Stern*, Staatsrecht I, S. 536; *Tomuschat* (Fn. 12), Art. 24 Rn. 7, 53ff. Im Einzelnen S. *Hobe*, in: Friauf/Höfling, GG, Art. 23 (2011), Rn. 15f. Auch insoweit abl. *Randelzhofer* (Fn. 58), Art. 24 I Rn. 107ff.; ferner *Rojahn* (Fn. 58), Art. 24 Rn. 63f. (abhängig von Natur der zwischenstaatlichen Einrichtung). Vgl. ferner BVerfGE 63, 343 (370).

[165] Im Überblick *Randelzhofer* (Fn. 58), Art. 24 I Rn. 68ff.

[166] *B. Fassbender*, AöR 132 (2007), 257 (266f.); *Hobe* (Fn. 19), Art. 24 Rn. 40; *Pernice* → Bd. II², Art. 24 Rn. 32f.; *Streinz* (Fn. 58), Art. 24 Rn. 29. Für entsprechende Strukturanforderungen schon zuvor *Tomuschat* (Fn. 12), Art. 24 Rn. 57ff. Abl. *Randelzhofer* (Fn. 58), Art. 24 I Rn. 106ff.

[167] Vgl. insoweit BVerfGE 123, 267 (364, Rn. 261).

[168] S. auch *Pernice* → Bd. II², Art. 24 Rn. 33 (»analog«); *Rojahn* (Fn. 58), Art. 24 Rn. 66f. Gänzlich abl. *Randelzhofer* (Fn. 58), Art. 24 I Rn. 106ff. Differenzierend schon *Erler*, Grundgesetz (Fn. 161), S. 42f.

[169] BVerfG (K), NJW 2001, 2705 – nicht beanstandet.

[170] BVerfGE 37, 271 (280f.); 58, 1 (40); 73, 339 (376); BVerfG (K), NJW 2001, 2705 (2706, Rn. 18); BVerfGK 16, 509 (513, Rn. 13); 17, 266 (270, Rn. 13); *Classen* (Fn. 7), Art. 24 Rn. 25ff.; *Rojahn* (Fn. 58), Art. 24 Rn. 71ff. Offen gelassen noch in BVerfGE 22, 293 (299).

[171] BVerfG (K), NJW 2001, 2705 (2706, Rn. 22).

rungen sind zu wahren[172], namentlich ein entsprechend gestaltetes Verwaltungsverfahren[173].

Im Interesse eines einheitlichen und zentralisierten Rechtsschutzes darf letzterer auf die internationale Ebene beschränkt respektive einer anderen mitgliedstaatlichen Gerichtsbarkeit zugewiesen werden[174]; das »**Grundprinzip eines wirksamen Rechtsschutzes**« muss gleichwohl gewährleistet sein[175]. Als **Minimalanforderung** an den Rechtsschutz gefordert ist »in aller Regel ei[n] Individualrechtsschutz durch unabhängige Gerichte […], die mit hinlänglicher Gerichtsbarkeit, insbesondere mit einer dem Rechtsschutzbegehren angemessenen Prüfungs- und Entscheidungsmacht über tatsächliche und rechtliche Fragen ausgerüstet sind, auf Grund eines gehörigen Verfahrens entscheiden, das rechtliches Gehör, dem Streitgegenstand angemessene Angriffs- und Verteidigungsmittel und frei gewählten, kundigen Beistand ermöglicht und deren Entscheidungen gegebenenfalls die Verletzung eines Grundrechts sachgerecht und wirksam sanktionieren.«[176] Diesen Anforderungen hielten das Rechtsschutzsystem des Europäischen Patentübereinkommens[177] und die ILO-Verwaltungsgerichtsbarkeit[178] stand. Die Möglichkeit eines **Rechtsbehelfs** ist nicht gefordert (zum kontroversen innerstaatlichen Standard: → Art. 19 IV Rn. 49, 94)[179]. Die Übertragung von Rechtsprechungskompetenzen schließt die Befugnis zur **Rechtsfortbildung** ein (→ Art. 23 Rn. 176 f.)[180]. 43

Angesichts der national zurechenbaren und zu verantwortenden Begründung der zwischenstaatlichen Einrichtung besteht eine **Schutzpflicht** Deutschlands, auf eine rechtsstaatliche, einen adäquaten Grundrechtsschutz verbürgende Binnenstruktur der zwischenstaatlichen Einrichtung hinzuwirken (s. auch Art. 23 I 1 GG; → Art. 23 Rn. 33, 37, 62)[181]. Relevant ist dies bei versagtem deutschen Rechtsschutz gegen im Binnenbereich der Organisation verbleibende Akte (→ Rn. 53). 44

c) Demokratieprinzip

Das Demokratieprinzip verlangt **hinreichende Einflussmöglichkeiten** auf die Entscheidungsfindung in der zwischenstaatlichen Einrichtung (zur Problematik der Parlamentarisierung: → Art. 23 Rn. 66 ff.)[182]. Dies setzt die Mitgliedschaft Deutschlands vor- 45

---

[172] BVerfGE 73, 339 (373); *Classen* (Fn. 7), Art. 24 Rn. 31; *Rojahn* (Fn. 58), Art. 24 Rn. 70.
[173] BVerfG (K), NJW 2001, 2705 (2706, Rn. 20).
[174] BVerfGE 58, 1 (27 ff., 42 f.); 59, 63 (91); 75, 223 (234) – Entscheidungsmonopol des EuGH; BVerfG (K), NJW 2001, 2705 (2706, Rn. 20 ff.); BVerfGK 16, 509 (513, Rn. 13); 17, 266 (270, Rn. 13). S. auch *Rojahn* (Fn. 58), Art. 24 Rn. 72 f.; *Schröder*, Gesetzesbindung (Fn. 162), S. 267 ff.
[175] BVerfGE 58, 1 (30 f.; ferner 40 f.); ferner E 59, 63 (86); BVerfG (K), NJW 2001, 2705 (2706, Rn. 18 ff.); *Schröder*, Gesetzesbindung (Fn. 162), S. 273 ff.
[176] BVerfGE 73, 339 (376). S. auch E 59, 63 (91 ff.); BVerfG (K), NJW 2001, 2705 (2706, Rn. 20).
[177] BVerfG (K), NJW 2001, 2705 (2706, Rn. 20 f.); BVerfGK 6, 368 (370, Rn. 10); 8, 15 (18, Rn. 13); 8, 325 (331, Rn. 22); 16, 509 (515, Rn. 20); 17, 266 (272, Rn. 21).
[178] BVerfGE 59, 63 (91 f.); BVerfGK 8, 325 (331, Rn. 23).
[179] BVerfGE 73, 339 (373 f.).
[180] BVerfGE 75, 223 (242 ff.).
[181] *Classen* (Fn. 7), Art. 24 Rn. 56; *Randelzhofer* (Fn. 58), Art. 24 I Rn. 140 f.; *C. Walter*, AöR 129 (2004), 39 (54 ff.). Offen gelassen in BVerfGK 8, 325 (330, Rn. 20).
[182] S. nur *Pernice* → Bd. II², Art. 24 Rn. 36; *Rojahn* (Fn. 58), Art. 24 Rn. 18, 31. Offen gelassen in BVerfGE 68, 1 (95). Restriktiv gegenüber einer Parlamentarisierung *Tomuschat* (Fn. 12), Art. 24 Rn. 60; anders bei »staatsähnlicher« Qualität *Rojahn* (Fn. 58), Art. 24 Rn. 68.

aus¹⁸³. Die Anforderungen im Detail bestimmen sich nach Umfang und Ausmaß der übertragenen Hoheitsrechte¹⁸⁴. Angesichts des grundgesetzlichen Integrationsziels ist freilich kein durchgängiges Veto- oder Letztentscheidungsrecht gefordert, sondern sind auch **Mehrheitsentscheidungen** statthaft (→ Art. 23 Rn. 71)¹⁸⁵. Eine **gleichberechtigte Mitwirkung** Deutschlands ist geboten (→ Pmbl. Rn. 44), wobei **Differenzierungen** aus sachlichen Gründen **zulässig** sind (etwa bevölkerungsproportionale Stimmgewichtung statt Staatengleichheit)¹⁸⁶. Im Ausnahmefall kann Deutschland auf ein förmliches Mitentscheidungsrecht verzichten, was das Bundesverfassungsgericht im NATO-Kontext für die Atomwaffenstationierung im Inland angenommen hat¹⁸⁷. Umgekehrt wird teils ein Ausschluss von Mitwirkungsbefugnissen insoweit für geboten erachtet, wie Staaten von **Opt-out**-Möglichkeiten Gebrauch machen¹⁸⁸. Art. 24 I GG gestattet die Beteiligung an **Verteidigungsbündnissen** einschließlich notwendiger Truppenstationierungen und der Etablierung entsprechender Befehlsstrukturen; hinsichtlich des notwendigen Ausmaßes der Souveränitätsbeschränkung kommt der Bundesregierung eine Einschätzungsprärogative zu¹⁸⁹. Teils wird eine Übertragung selbstständiger Entscheidungsbefugnisse auf mitgliedstaatliche Institutionen im Rahmen der zwischenstaatlichen Einrichtung für problematisch erachtet¹⁹⁰; das Bundesverfassungsgericht hat insoweit jedenfalls mit Blick auf die Rechtsschutzgarantie keine Bedenken geäußert¹⁹¹, und auch aus demokratischen Gründen erscheint eine Steuerung über die zwischenstaatliche Einrichtung ausreichend, aber auch notwendig (zur Zulässigkeit indirekter Übertragungen: → Art. 23 Rn. 41)¹⁹². Ebenso wenig verwehrt das integrationsoffen auszulegende **Demokratieprinzip** »als solches nicht schon die Anerkennung und Vollstreckung ausländischer Hoheitsakte durch deutsche Behörden und Gerichte im Hoheitsbereich der Bundesrepublik Deutschland.«¹⁹³ Bei der Übertragung von Kompetenzen des Bundestages ist die im Kontext der europäischen Integration aus Art. 38 I 1 i.V.m. Art. 20 I, II GG abgeleitete (wie wohl hier fernliegende) Grenze zu berücksichtigen, dass **hinreichend substantielle Aufgaben und Befugnisse für den Bundestag** verbleiben müssen (→ Art. 23 Rn. 96)¹⁹⁴.

d) Verfassungsidentität als weitere Schranke

46 Eine **Preisgabe der souveränen Staatlichkeit** deckt Art. 24 I GG nicht (→ Art. 23 Rn. 88ff.)¹⁹⁵. Dies sperrt auch die **Zuerkennung der Kompetenz-Kompetenz** an zwi-

---

¹⁸³ *Randelzhofer* (Fn. 58), Art. 24 I Rn. 49; *Rojahn* (Fn. 58), Art. 24 Rn. 18; ferner O. *Dörr*, DÖV 1993, 696 (699).
¹⁸⁴ *Rojahn* (Fn. 58), Art. 24 Rn. 67 f.
¹⁸⁵ S. nur *Classen* (Fn. 7), Art. 24 Rn. 22, 30; *Rojahn* (Fn. 58), Art. 24 Rn. 18; *Tomuschat* (Fn. 12), Art. 24 Rn. 71.
¹⁸⁶ S. nur H. *Mosler*, HStR VII, § 175 Rn. 47; *Pernice* → Bd. II², Art. 24 Rn. 36 f.; *Randelzhofer* (Fn. 58), Art. 24 I Rn. 50 f.; *Tomuschat* (Fn. 12), Art. 24 Rn. 70.
¹⁸⁷ BVerfGE 68, 1 (95). Ebenso *Hillgruber* (Fn. 105), Art. 24 Rn. 16; kritisch *Pernice* → Bd. II², Art. 24 Rn. 36, 38 Fn. 128.
¹⁸⁸ *Randelzhofer* (Fn. 58), Art. 24 I Rn. 51. A.A. *Deiseroth* (Fn. 49), Art. 24 Rn. 31.
¹⁸⁹ BVerfGE 68, 1 (96 f.).
¹⁹⁰ *Pernice* → Bd. II², Art. 24 Rn. 38 m. Fn. 128; *Tomuschat* (Fn. 12), Art. 24 Rn. 44.
¹⁹¹ BVerfGE 58, 1 (42).
¹⁹² S. auch *Classen* (Fn. 7), Art. 24 Rn. 20; *Rojahn* (Fn. 58), Art. 24 Rn. 22.
¹⁹³ BVerfGE 63, 343 (370).
¹⁹⁴ *Deiseroth* (Fn. 49), Art. 24 Rn. 83 f. S. im EU-Kontext BVerfGE 129, 124 (168, Rn. 98).
¹⁹⁵ C. *Hillgruber*, HStR³ II, § 32 Rn. 41; *Hobe* (Fn. 19), Art. 24 Rn. 41; *Menzel*, Gewalt (Fn. 66), S. 215 f.; H. *Mosler*, HStR VII, § 175 Rn. 28 ff., 79; *Rojahn* (Fn. 58), Art. 24 Rn. 21, 60.

II. Übertragung von Hoheitsrechten auf zwischenstaatliche Einrichtungen **Art. 24**

schenstaatliche Einrichtungen (→ Art. 23 Rn. 89)¹⁹⁶. Überdies greift das **Subsidiaritätsprinzip** (→ Art. 23 Rn. 77 ff.)¹⁹⁷.

7. Wirkung der Hoheitsrechtsübertragung

Angesichts der Möglichkeit, der zwischenstaatlichen Einrichtung auch neuartige, insbesondere grenzüberschreitende Handlungsbefugnisse zu verleihen, und des zwischenstaatlichen Charakters der Einrichtung ist **Übertragung** nicht als Akt der Delegation staatlicher Befugnisse zu verstehen, sondern als Begründung von Zuständigkeiten (»conferre«, nicht »transferre«)¹⁹⁸. Art. 24 I GG ermächtigt mit dem Bundesverfassungsgericht demnach »nicht eigentlich zur Übertragung von Hoheitsrechten, sondern **öffnet die nationale Rechtsordnung** [...] derart, daß der ausschließliche Herrschaftsanspruch der Bundesrepublik Deutschland im Geltungsbereich des Grundgesetzes zurückgenommen und der unmittelbaren Geltung und Anwendbarkeit eines Rechts aus anderer Quelle innerhalb des staatlichen Herrschaftsbereichs Raum gelassen wird.«¹⁹⁹ Dabei regelt Art. 24 GG nicht nur die Zulässigkeit der Übertragung, sondern impliziert auch eine **Pflicht zur innerstaatlichen Anerkennung** der neu konstituierten Hoheitsgewalt²⁰⁰. Zugleich ist damit – unbeschadet bestehender verfassungsrechtlicher Grenzen (→ Rn. 40 ff.) –»**eine neue öffentliche Gewalt** entstanden, die gegenüber der Staatsgewalt der einzelnen Mitgliedstaaten selbständig und unabhängig ist«²⁰¹.

47

Art. 24 I GG ermöglicht, völkerrechtlichen Verträgen und den Akten der durch sie konstituierten Hoheitsgewalt **unmittelbare Anwendbarkeit** und **Anwendungsvorrang** beizumessen, verpflichtet aber weder hierzu noch statuiert er dies als automatische Rechtsfolge einer Hoheitsrechtsübertragung²⁰². Diese Wirkungen folgen vielmehr aus dem innerstaatlichen Rechtsanwendungsbefehl i.V.m. den Regelungen des jeweiligen völkerrechtlichen Vertragswerks²⁰³. Wegen dieses Ableitungszusammenhangs **be**-

48

---

[196] *Rojahn* (Fn. 58), Art. 24 Rn. 60.
[197] *Pernice* → Bd. II², Art. 24 Rn. 34; *Rojahn* (Fn. 58), Art. 24 Rn. 11; *Zuleeg* (Fn. 24), Art. 24 I/Ia Rn. 8.
[198] *Badura*, Bewahrung (Fn. 106), S. 56; *Hobe* (Fn. 19), Art. 24 Rn. 16; *Pernice* → Bd. II², Art. 23 Rn. 81; *ders.* → Bd. II², Art. 24 Rn. 19; *Randelzhofer* (Fn. 58), Art. 24 I Rn. 55 ff.; *W. von Simson/J. Schwarze*, HdbVerfR, § 4 Rn. 57 f.; *Stern*, Staatsrecht I, S. 523 f.; *Tomuschat* (Fn. 12), Art. 24 Rn. 15; *M. Wendel*, Permeabilität, 2011, S. 167 ff. Noch weiter *Ipsen*, Gemeinschaftsrecht (Fn. 25), S. 55 ff.
[199] BVerfGE 37, 271 (280); ferner E 58, 1 (27, 36); 73, 339 (374 f.); *Hobe* (Fn. 19), Art. 24 Rn. 16 ff.; *Pernice* → Bd. II², Art. 24 Rn. 20; *Tomuschat* (Fn. 12), Art. 24 Rn. 19, 74; ferner *H. Krüger*, DÖV 1959, 721 (722 ff.). Anders noch E 22, 293 (296): Entäußerung. Für Abtretungsmodelle *K. H. Klein*, Die Übertragung von Hoheitsrechten, 1952, S. 27 ff., und, jüngst, *Flint*, Übertragung (Fn. 63), S. 135 ff. – dem widerspricht freilich die jedenfalls de jure bei den Mitgliedstaaten verbleibende prinzipielle Möglichkeit, das Zustimmungsgesetz aufzuheben und damit die Abtretung rückgängig zu machen, s. auch *Hobe* (Fn. 19), Art. 24 Rn. 16 m. Fn. 51. Zu konkurrierenden Deutungen auch → Art. 23 Rn. 12, 109; für eine solche etwa *Classen* (Fn. 7), Art. 24 Rn. 17 ff., 23, 36 f. (Vertrag als Geltungsgrund; Gesetz nur Ratifikationsermächtigung).
[200] BVerfGE 31, 145 (174); ferner *R. Geiger*, JZ 1996, 1093 (1094).
[201] BVerfGE 22, 293 (296).
[202] BVerfGE 73, 339 (374 f.); 75, 223 (244 f.); *Hillgruber* (Fn. 105), Art. 24 Rn. 9 f.; *Randelzhofer* (Fn. 58), Art. 24 I Rn. 16. Den Anwendungsvorrang demgegenüber als Charakteristikum einer Hoheitsrechtsübertragung betonend *Baach*, Mitwirkung (Fn. 79), S. 116 f., 120; strenger auch *Schröder*, Gesetzesbindung (Fn. 162), S. 106 f.
[203] BVerfGE 73, 339 (375); 75, 223 (244 f.); *Hillgruber* (Fn. 105), Art. 24 Rn. 10; *Randelzhofer* (Fn. 58), Art. 24 I Rn. 16. Für eine Vermutung des Vorrangs *Rojahn* (Fn. 58), Art. 24 Rn. 76.

grenzt die (nationale) Integrationsermächtigung den **Vorrang des supranationalen Rechts** (→ Art. 23 Rn. 12 f.).

49 Jedenfalls wegen der mit ihr einhergehenden Kompetenzverlagerung kommt einer Übertragung von Hoheitsrechten **verfassungsändernde Wirkung** zu (→ Art. 23 Rn. 56; → Art. 79 I Rn. 26)[204], was auch schon im Kontext der Verfassunggebung gesehen wurde (→ Rn. 5). Auch materiell ermöglicht Art. 24 I GG – in den skizzierten Grenzen (→ Rn. 40 ff.) – Abweichungen von grundgesetzlichen Standards; nachdem die Öffnung bereits im Grundgesetz angelegt ist, erscheint die Qualifikation als Verfassungsdurchbrechung[205] fragwürdig[206].

8. Wahrnehmung der Mitgliedschaftsrechte und innerstaatliche Mitwirkung von Bundestag und Bundesrat

50 Die Wahrnehmung der Mitgliedschaftsrechte obliegt gemäß Art. 32 I GG dem **Bund**[207], und zwar auch dann, wenn eine Übertragung innerstaatlich den Ländern zustehender Hoheitsbefugnisse erfolgte[208]. Die Organkompetenz liegt bei der **Bundesregierung**[209]. Im Kontext der europäischen Integration haben verfassungsrechtlich verankerte Mitwirkungsbefugnisse von Bundestag und Bundesrat (bzw. der Länder) an der innerstaatlichen Willensbildung Anerkennung gefunden, um die mit der Hoheitsrechtsübertragung einhergehenden Kompetenzverluste zu kompensieren; diese Beteiligungsrechte überwölbten das von Anfang der Integration an existierende Gesetzesrecht und haben mit der Maastrichter Vertragsrevision Eingang in den Verfassungstext (Art. 23 II–IV GG) gefunden (→ Art. 23 Rn. 3, 108 ff.). Angesichts des im EU-Kontext erreichten hohen Integrationsgrades und des damit einhergehenden besonders gewichtigen Kompensationsbedürfnisses können vergleichbare **verfassungsunmittelbare Mitwirkungsrechte** hinsichtlich sonstiger zwischenstaatlicher Einrichtungen nicht unbesehen angenommen werden. Insoweit erscheinen die allgemeinen parlamentarischen Informations- und Kontrollrechte des **Bundestag**es grundsätzlich ausreichend; Ausnahmen können etwa bei thematisch breiten oder sensiblen Integrationsgemeinschaften greifen[210]. Informations- und Stellungnahmerechte des **Bundesrates** erscheinen demgegenüber dann angezeigt, wenn innerstaatlich den Ländern zustehende Kompetenzen oder gewichtige Länderinteressen betroffen sind[211].

---

[204] BVerfGE 58, 1 (36); *W. G. Grewe*, AöR 112 (1987), 521 (539); *Hobe* (Fn. 19), Art. 24 Rn. 16; *Ipsen*, Gemeinschaftsrecht (Fn. 25), S. 58; *Pernice* → Bd. II², Art. 24 Rn. 21, 28; *Rojahn* (Fn. 58), Art. 24 Rn. 36. Anders (GG liege offenes Staatsverständnis zugrunde) *Classen* (Fn. 7), Art. 24 Rn. 2; *P. M. Huber*, AöR 119 (1991), 210 (226); *König*, Übertragung (Fn. 1), S. 90 ff.; *Tomuschat* (Fn. 12), Art. 24 Rn. 34; *Vogel*, Verfassungsentscheidung (Fn. 8), S. 6 ff. (GG unter »Integrationsvorbehalt«). Akt der Verfassunggebung: *Ipsen*, Gemeinschaftsrecht (Fn. 25), S. 55, 58; *Kaiser*, Bewahrung (Fn. 161), S. 17 ff.; *Pernice* → Bd. II², Art. 24 Rn. 21; *O. Rojahn*, JZ 1979, 118 (123); *Stern*, Staatsrecht I, S. 524; *Vogel*, Verfassungsentscheidung (Fn. 8), S. 35.
[205] So *R. Scholz*, in: Maunz/Dürig, GG, Art. 23 (2009), Rn. 114; *Thieme*, Grundgesetz (Fn. 58), S. 55 ff.
[206] *Classen* (Fn. 7), Art. 24 Rn. 2; *König*, Übertragung (Fn. 1), S. 90 ff.
[207] *Tomuschat* (Fn. 12), Art. 24 Rn. 100.
[208] *A. Bleckmann*, RIW/AWD 1978, S. 144 ff. (147); ferner *Tomuschat* (Fn. 12), Art. 24 Rn. 101.
[209] *Classen* (Fn. 7), Art. 24 Rn. 55; *Tomuschat* (Fn. 12), Art. 24 Rn. 103.
[210] Zurückhaltend *Tomuschat* (Fn. 12), Art. 24 Rn. 104 f. Für eine generelle Informationspflicht *Jarass*/Pieroth, GG, Art. 24 Rn. 14. Weiter auch *Classen* (Fn. 7), Art. 24 Rn. 58 (sofern nicht durch Zustimmungsgesetz hinreichend legitimiert).
[211] *Classen* (Fn. 7), Art. 24 Rn. 56, 58 (Rücksichtnahme- und Informationspflicht); *Jarass*/Pieroth,

9. Rechtsschutz

Für den Rechtsschutz gegen das deutsche **Zustimmungsgesetz** gemäß Art. 24 I GG gelten die im Kontext des Art. 23 GG entfalteten Grundsätze entsprechend, wobei eine Berufung auf Art. 38 I 1 GG angesichts des sektoriellen Charakters zwischenstaatlicher Einrichtungen regelmäßig fernliegt (→ Art. 23 Rn. 165 ff.). Art. 24 I GG enthält eine im Organstreit wehrfähige Position des Parlaments[212]. 51

Der Rechtsschutz gegen **Akte zwischenstaatlicher Einrichtungen** kann bei adäquater Ausgestaltung auf internationaler Ebene stattfinden (→ Rn. 43). Auf Akte zwischenstaatlicher Einrichtungen ist **Art. 19 IV GG** mangels Ausübung deutscher öffentlicher Gewalt **nicht anwendbar** (→ Art. 19 IV Rn. 51)[213]. In Fortführung der Maastricht-Rechtsprechung nimmt das Bundesverfassungsgericht eine **Reservekompetenz** für Akte unter Art. 24 I GG fallender supranationaler Organisationen in Anspruch. Auch deren Handlungen berührten nämlich Grundrechtsberechtigte in Deutschland, weshalb ein funktionales Verständnis der in die Kontrollbefugnis des Bundesverfassungsgerichts fallenden »öffentlichen Gewalt« geboten ist, zumal »es andernfalls zu einer Flucht in organisatorisch verselbständigte Einheiten auf der zwischenstaatlichen Ebene kommen könnte. Nach dem Willen des Grundgesetzes ist es der Bundesrepublik Deutschland aber nicht gestattet, sich durch die Beteiligung an der Gründung einer selbständigen Organisation verfassungsrechtlichen Bindungen zu entziehen«[214]. Hierbei ist freilich ein auf internationaler Ebene bestehendes Entscheidungsmonopol zu berücksichtigen (→ Art. 23 Rn. 169). Auch jenseits des EU-Kontexts **verzichtet das Bundesverfassungsgericht** daher **auf die Ausübung seiner Gerichtsbarkeit**, so »auf der supranationalen Ebene ein im Wesentlichen dem grundgesetzlichen vergleichbarer Grundrechtsschutz gewährleistet ist« und auch im Übrigen rechtsstaatliche Anforderungen gewahrt sind[215]. **Prüfungsgegenstand** ist nicht der supranationale Akt selbst, sondern dessen Anwendbarkeit in Deutschland (→ Art. 23 Rn. 170; zur Ultra-vires-Kontrolle → Art. 23 Rn. 175 ff.). 52

Rechtsschutz ist nicht hinsichtlich jedweden **Rechtsaktes** zwischenstaatlicher Einrichtungen i. S. d. Art. 24 I GG eröffnet, sondern nur im Kontext von deren **supranationalen Handlungsbefugnissen**, um »die völkerrechtliche Unterscheidung zwischen klassisch-zwischenstaatlichen und supranationalen Organisationen« nicht aufzuheben: »Allein das Betroffensein eines in Deutschland ansässigen Deutschen durch einen nicht-deutschen Rechtsakt macht diesen nicht automatisch zu einem Akt der öf- 53

GG, Art. 24 Rn. 14; *Rojahn* (Fn. 58), Art. 24 Rn. 29, 40 (enge Zusammenarbeit); *Tomuschat* (Fn. 12), Art. 24 Rn. 106.
[212] BVerfGE 68, 1 (69); 90, 286 (336 f.). Zu prozessualen Fragen *D. Murswiek*, NVwZ 2007, 1130 ff.
[213] BVerfGE 58, 1 (26 ff.); 59, 63 (85 f., 88); 73, 339 (372 f.); ferner E 6, 15 (16 ff.); 6, 290 (295); 22, 293 (295, 297).
[214] BVerfG (K), NJW 2001, 2705 (2705, Rn. 13); ferner BVerfGK 6, 368 (370, Rn. 8 f.); 8, 61 (63, Rn. 8); 8, 266 (268, Rn. 9); 8, 325 (328, Rn. 12 f.); 16, 509 (513 f., Rn. 14 f.); 17, 266 (269 f., Rn. 13); OVG Münster v. 18.9.2014, 4 A 2948/11, juris, Rn. 90, 92. Zurückhaltend hinsichtlich der Eröffnung des Verwaltungsrechtswegs und jedenfalls Rechtsprechungsakte ausklammernd BayVGH GRUR 2007, 444 (446 f.). Eine Kontrollbefugnis hinsichtlich Hoheitsakten der zwischenstaatlichen Einrichtung abl. *Classen* (Fn. 7), Art. 24 Rn. 46; *Deiseroth* (Fn. 49), Art. 24 Rn. 105 ff. Gegen eine aus Art. 19 IV GG folgende Auffangzuständigkeit BVerfGE 58, 1 (30); ferner E 73, 339 (372 f.). S. auch *Erler*, Grundgesetz (Fn. 161), S. 36 f.
[215] BVerfG (K), NJW 2001, 2705 (2706, Rn. 18); ferner BVerfGK 6, 368 (369 f., Rn. 11 f.). S. auch *B. Fassbender*, AöR 132 (2007), 257 (263 ff.). Zum entsprechenden Darlegungserfordernis BVerfGK 16, 509 (514 f., Rn. 19); 17, 266 (271 f., Rn. 19).

Art. 24   C. Erläuterungen

fentlichen Gewalt im Sinne von Art. 93 Abs. 1 Nr. 4 a GG. Die Frage der Supranationalität betrifft nicht die (territoriale) Wirkung in Deutschland, sondern unmittelbare Auswirkungen in der deutschen Rechtsordnung.«[216] Ausgeklammert sind damit **binnenorganisatorische Akte** (→ Rn. 30; zu etwaigen Schutzpflichten → Rn. 44), was auch der insoweit verliehenen Immunität Rechnung trägt[217]. Einbezogen hat das Bundesverfassungsgericht den Widerruf eines Patents durch das Europäische Patentamt[218].

III. Übertragung von Befugnissen auf grenznachbarschaftliche Einrichtungen (Art. 24 Ia GG)

54 Der im Zuge der **Verfassungsreform des Jahres 1992** eingefügte Absatz 1a (→ Rn. 8) gestattet den Ländern, soweit sie für die Ausübung der staatlichen Befugnisse und die Erfüllung der staatlichen Aufgaben zuständig sind, mit Zustimmung der Bundesregierung Hoheitsrechte auf grenznachbarschaftliche Einrichtungen zu übertragen. Zuvor stand dem die ausschließliche Bundeskompetenz des Art. 24 I GG entgegen (→ Rn. 22)[219]. Damit soll die Schaffung von Einrichtungen ermöglicht werden, »die im regionalen, grenznachbarschaftlichen Wirkungskreis zur Hoheitsrechtsausübung befugt sein sollten, damit sie öffentliche Aufgaben gemäß einer grenzüberschreitenden Sachgesetzlichkeit erfüllen können«[220].

55 Trotz des für seine Einführung geltend gemachten praktischen Bedürfnisses existiert auch mehr als 20 Jahre nach Inkrafttreten des Art. 24 Ia GG noch **kein Anwendungsfall**, nicht einmal in Gestalt entsprechender landesverfassungsrechtlicher Ermächtigungen[221]. Gleichwohl kooperieren die deutschen Länder und Kommunen vielfach mit ihren ausländischen Pendants auf völkerrechtlicher, öffentlich-rechtlicher, privatrechtlicher sowie informeller Grundlage miteinander[222], etwa in der Arbeitsgemeinschaft Alpenländer (Arge Alp) oder der Internationalen Bodensee Konferenz (beide gegründet 1972). Daneben existiert ein supra- und internationaler Rahmen für die grenzüberschreitende regionale und lokale Kooperation, namentlich in Gestalt des

---

[216] BVerfGK 8, 266 (270, Rn. 14); ferner K 8, 325 (328, Rn. 13); 16, 509 (514, Rn. 16); 17, 266 (270f., Rn. 16). S. auch *C. Walter*, AöR 129 (2004), 39 (45ff.).
[217] BVerfGK 8, 325 (330, Rn. 18). Ebenso *C. Walter*, AöR 129 (2004), 39 (50ff.), unter Verweis auf Lösung über grundrechtliche Schutzpflichten.
[218] BVerfGK 17, 266 (271, Rn. 17). Anders BVerfG (K), NJW 1997, 1500 (LS): »jedenfalls gegenüber einem ausländischen Beschwerdeführer kein Akt der öffentlichen Gewalt i.S. von § 90 I BVerfGG«.
[219] Zu gleichwohl teils für zulässig erachteten »unechten« Hoheitsrechtsübertragungen und Mandatierungen *Beyerlin*, Rechtsprobleme (Fn. 48), S. 254ff.; *S. Grotefels*, DVBl. 1994, 785 (788f.); kritisch insoweit *M. Baldus*, Die Verwaltung 32 (1999), 481 (493f.). Weiter *Fassbender*, Bundesstaat (Fn. 60), S. 401ff.
[220] Begründung in Entwurf der BReg. v. 2.10.1992 (BT-Drs. 12/3338), S. 10. S. zum Hintergrund *M. Kotzur*, Grenznachbarschaftliche Zusammenarbeit in Europa, 2004, S. 124ff.
[221] S. *Hobe* (Fn. 19), Art. 24 Rn. 51; auch zuvor fanden sich nahezu keine Anwendungsfälle, s. *U. Beyerlin*, ZaöRV 54 (1994), 587 (597ff.). Art. 24 Ia GG wird erwähnt in Art. 3 III Karlsruher Übereinkommen.
[222] Im Überblick *Beck*, Übertragung (Fn. 113), S. 20ff.; *Beyerlin*, Rechtsprobleme (Fn. 48), S. 43ff.; ders., ZaöRV 54 (1994), 587 (590ff.); *Deiseroth* (Fn. 49), Art. 24 Rn. 136ff.; *Kotzur*, Zusammenarbeit (Fn. 220), S. 107ff., 130ff., 461ff.; *Niedobitek*, Verträge (Fn. 71), S. 64ff.; *Wollenschläger* (Fn. 50), Art. 3a Rn. 24. S. auch *U. Beyerlin/Y. Lejeune*, Sammlung der internationalen Vereinbarungen der Länder der Bundesrepublik Deutschland, 1994; *Fassbender*, Bundesstaat (Fn. 60), S. 382ff.; ferner zum Verfassungsrahmen der lokalen grenzüberschreitenden Zusammenarbeit *Beyerlin*, a.a.O., S. 146ff.

III. Übertragung von Befugnissen auf grenznachbarschaftliche Einrichtungen **Art. 24**

Europäischen Verbunds für territoriale Zusammenarbeit[223], von EU-Förderprogrammen (Art. 174 AEUV), des im Kontext des Europarates geschlossenen Europäischen Rahmenübereinkommens über die grenzüberschreitende Zusammenarbeit zwischen Gebietskörperschaften vom 21.5.1980[224] sowie von multilateralen Rahmenübereinkommen[225]. Für Kooperationen ohne Hoheitsrechtsübertragung entfaltet Art. 24 I, Ia GG keine Sperrwirkung[226].

1. Übertragung von Hoheitsrechten

Die Hoheitsrechtsübertragung setzt zunächst eine **Vereinbarung** zwischen einem Land oder mehreren Ländern und einem oder mehreren ausländischen Hoheitsträger(n) voraus[227]. Letztere können angesichts unterschiedlicher Binnenstrukturen anderer Staaten allen Ebenen der Staatsorganisation angehören und müssen nicht (partiell) völkerrechtsfähig sein[228]; damit muss auch der Vereinbarung nicht zwingend völkerrechtlicher Charakter zukommen[229]. Aus systematischen Gründen ist der **Begriff der Hoheitsrechtsübertragung** wie in Abs. 1 zu verstehen (→ Rn. 23 ff.), womit auch identische Grenzen gelten (→ Rn. 39 ff.)[230]. Hoheitsrechte können etwa in der Befugnis, Benutzungsregeln zu erlassen, oder im Recht, Abgaben zu erheben, bestehen[231].

56

---

[223] VO (EG) Nr. 1082/2006, ABl. L 210/19, zuletzt geändert durch VO (EU) Nr. 1302/2013, ABl. L 347/303. S. *M. Kment*, Die Verwaltung 45 (2012), 155 ff.; *M. Krzymuski/P. Kubicki*, NVwZ 2014, 1338 ff.; *M. Pechstein/M. Deja*, EuR 46 (2011), 357 ff.

[224] BGBl. II 1981, S. 965. S. *Beyerlin*, Rechtsprobleme (Fn. 48), S. 112 ff.

[225] Isselburger Abkommen v. 23.5.1991, Nds. GVBl. 1992, 69 (Deutschland, Nds., NW, Niederlande) – zu diesem *J. Bauer/M. Hartwig*, NWVBl. 1994, 41 ff.; Karlsruher Übereinkommen v. 23.1.1996, BGBl. 1997 II, S. 1159 (Deutschland, Frankreich, Luxemburg, Schweizerischer Bundesrat im Namen der Kantone Solothurn, Basel-Stadt, Basel-Landschaft, Aargau und Jura) – zu diesem *F. Bräutigam*, Der »Grenzüberschreitende örtliche Zweckverband« nach dem Karlsruher Übereinkommen, 2009; *G. Halmes*, DÖV 1996, 933 (936 ff.).

[226] *A. Gern*, NJW 2002, 2593 (2598); *Jarass*/Pieroth, GG, Art. 24 Rn. 7, 15; *Kotzur*, Zusammenarbeit (Fn. 220), S. 508 f.; *J. Schwarze*, Die Übertragung von Hoheitsrechten auf grenznachbarschaftliche Einrichtungen i. S. d. Art. 24a GG, in: FS Benda, 1995, S. 311 ff. (332); *Streinz* (Fn. 58), Art. 24 Rn. 41.

[227] Zur Zulässigkeit von »Dachverträgen« mit ausländischen Staaten *Rojahn* (Fn. 58), Art. 24 Rn. 94.

[228] *U. Beyerlin*, ZaöRV 54 (1994), 587 (601); *H. Heberlein*, DÖV 1996, 100 (104); *Pernice* → Bd. II², Art. 24 Rn. 47; *M. Schröder*, ThürVBl. 1998, 97 (98); *Zuleeg* (Fn. 24), Art. 24 I/Ia Rn. 7. A.A. *S. Grotefels*, DVBl. 1994, 785 (791). Zur Vertragsfähigkeit *Niedobitek*, Verträge (Fn. 71), S. 407 ff.

[229] *U. Beyerlin*, ZaöRV 54 (1994), 587 (601 f.); *Deiseroth* (Fn. 49), Art. 24 Rn. 155; *Hillgruber* (Fn. 105), Art. 24 Rn. 33; *Kotzur*, Zusammenarbeit (Fn. 220), S. 485 f.; *Niedobitek*, Verträge (Fn. 71), S. 206; *M. Schröder*, ThürVBl. 1998, 97 (98); *Schwarze*, Übertragung (Fn. 226), S. 322 ff. A.A. *Beck*, Übertragung (Fn. 113), S. 118 ff. (für Übertragung von Hoheitsrechten, nicht für Gründungsakt); *S. Grotefels*, DVBl. 1994, 785 (791).

[230] *Hillgruber* (Fn. 105), Art. 24 Rn. 31 f.; *Hobe* (Fn. 19), Art. 24 Rn. 50 (gleichwohl ausschließlich Bezugnahme auf Durchgriffswirkung). Differenzierend *Kotzur*, Zusammenarbeit (Fn. 220), S. 211 ff. A.A. *K. Rennert*, Grenznachbarschaftliche Zusammenarbeit. Fragen zum neuen Art. 24 Abs. 1a GG, in: FS Böckenförde, 1995, S. 199 ff. (214, 217 f.). Zu Wirkung, Grenzen und Folgeproblemen der Hoheitsrechtsübertragung (insb. Rechtsschutz, Mindestanforderungen, anwendbares Recht) *Beck*, Übertragung (Fn. 113), S. 148 ff.; *U. Beyerlin*, ZaöRV 54 (1994), 587 (608 f.); *Classen* (Fn. 7), Art. 24 Rn. 75; *Rennert*, Zusammenarbeit (Fn. 230), S. 211 ff.; *M. Schröder*, ThürVBl. 1998, 97 (100); umfassend *Kotzur*, Zusammenarbeit (Fn. 220), S. 509 ff.; ferner *Beyerlin*, Rechtsprobleme (Fn. 48), S. 371 ff.

[231] GVK-Bericht (Fn. 36), S. 25.

Ferdinand Wollenschläger

Art. 24 C. Erläuterungen

57 Anders als Abs. 1 und anders als teils vorgeschlagen[232], legt sich Abs. 1a nicht auf eine bestimmte Handlungsform fest. So obliegt es dem **Landesverfassunggeber**, im Rahmen seiner Verfassungsautonomie eine entsprechende Grundlage zu schaffen, was bislang – abgesehen von insoweit nicht ausreichenden allgemeinen Bekenntnissen zur grenznachbarschaftlichen Kooperation (s. etwa Art. 3a S. 2 Verf. Bay.; → Rn. 17) – nicht geschehen ist[233]; die Bedeutung der Übertragung legt die Schaffung eines **Gesetzesvorbehalts** nahe[234]. Teils wird in Art. 24 Ia GG eine hinreichende Legitimationsgrundlage für die Öffnung gesehen und entsprechend der allgemeinen Regeln des Art. 32 III GG und des Landesverfassungsrechts der Abschluss von ratifikationsbedürftigen Staatsverträgen bzw. Verwaltungsabkommen für ausreichend erachtet[235].

58 Art. 24 Ia GG **adressiert** nur die Länder, **nicht** aber die **Kommunen**[236]. Ersteren ist es freilich unbenommen, Übertragungsmöglichkeiten auch für die kommunale Ebene zu schaffen[237], wobei teils ein Landesgesetz für jeden Einzelfall gefordert wird[238]. Einer Hoheitsrechtsübertragung jenseits dieses Rahmens steht Art. 24 Ia GG entgegen[239]. Teils normiert das Landesrecht grenzüberschreitende Zweckverbände[240].

2. Zuständigkeitsbereich der Länder nach Art. 24 Ia GG

59 Die Ermächtigung reicht nur so weit, wie »die Länder für die Ausübung der staatlichen Befugnisse und die Erfüllung der staatlichen Aufgaben zuständig sind«. Exemplarisch

---

[232] Art. 24 IV GG-E im Vorschlag der Kommission Verfassungsreform des Bundesrates, BR-Drs. 360/92, S. 3.
[233] *Pernice* → Bd. II², Art. 24 Rn. 42 m. Fn. 141. Abl. gegenüber einem Verfassungsvorbehalt *Beck*, Übertragung (Fn. 113), S. 121ff.; *U. Beyerlin*, ZaöRV 54 (1994), 587 (602f.); *Classen* (Fn. 7), Art. 24 Rn. 70; *Kotzur*, Zusammenarbeit (Fn. 220), S. 488ff.; *Randelzhofer* (Fn. 58), Art. 24 I Rn. 198; *Rojahn* (Fn. 58), Art. 24 Rn. 95; *M. Schröder*, ThürVBl. 1998, 97 (99); *Schwarze*, Übertragung (Fn. 226), S. 321.
[234] S. auch *Deiseroth* (Fn. 49), Art. 24 Rn. 154; *R. Geiger*, Verfassungsrechtliche Aspekte grenznachbarschaftlicher internationaler Zusammenarbeit von Kommunen, in: FS SächsOVG, 2002, S. 435ff. (448); *Hillgruber* (Fn. 105), Art. 24 Rn. 39 (vom Homogenitätsgebot zwingend gefordert); *Pernice* → Bd. II², Art. 24 Rn. 41; *Rojahn* (Fn. 58), Art. 24 Rn. 95 (begrenzte Delegationsmöglichkeit); *M. Schröder*, ThürVBl. 1998, 97 (98); ferner – wenigstens Parlamentsbeschluss – *Beck*, Übertragung (Fn. 113), S. 127ff.; *Kotzur*, Zusammenarbeit (Fn. 220), S. 493ff.; *Niedobitek*, Verträge (Fn. 71), S. 448; *Streinz* (Fn. 58), Art. 24 Rn. 46. A.A. *Randelzhofer* (Fn. 58), Art. 24 I Rn. 198.
[235] *M. Schröder*, ThürVBl. 1998, 97 (99). A.A. (Gesetzes- trotz Ablehnung eines Verfassungsvorbehalts) *U. Beyerlin*, ZaöRV 54 (1994), 587 (602f.).
[236] S. nur *U. Beyerlin*, ZaöRV 54 (1994), 587 (603f.); *Deiseroth* (Fn. 49), Art. 24 Rn. 156; *Rojahn* (Fn. 58), Art. 24 Rn. 87. A.A. *Classen* (Fn. 7), Art. 24 Rn. 73.
[237] *Beck*, Übertragung (Fn. 113), S. 101; *Deiseroth* (Fn. 49), Art. 24 Rn. 157; *Fassbender*, Bundesstaat (Fn. 60), S. 405 Fn. 659; *Pernice* → Bd. II², Art. 24 Rn. 43; *Schwarze*, Übertragung (Fn. 226), S. 319f. Restriktiv *Niedobitek*, Verträge (Fn. 71), S. 446f. Konstruktiv anders (Ermächtigung in völkerrechtlichem [Rahmen-]Vertrag) *Beck*, a. a. O., S. 118ff.; *U. Beyerlin*, ZaöRV 54 (1994), 587 (603f.).
[238] *Deiseroth* (Fn. 49), Art. 24 Rn. 157; *Pernice* → Bd. II², Art. 24 Rn. 43; *Rojahn* (Fn. 58), Art. 24 Rn. 87, 93; streng auch *Niedobitek*, Verträge (Fn. 71), S. 447: nur Vollzugsakt im Rahmen eines hinreichend bestimmten Integrationsprogramms; *Rennert*, Zusammenarbeit (Fn. 230), S. 204ff.: ius contrahendi (nur) beim Land, nachträgliche Zustimmung i.d.R. in Gesetzesform erforderlich. A.A. *Classen* (Fn. 7), Art. 24 Rn. 73: allg. Landesgesetz ausreichend; *Geiger*, Aspekte (Fn. 234), S. 448f.: Dachvertrag genügend; *Kotzur*, Zusammenarbeit (Fn. 220), S. 497ff. (Art und Umfang der Hoheitsrechtsübertragung müssen parlamentarisch, auch in Rahmenregelung, festgelegt sein); *M. Schröder*, ThürVBl. 1998, 97 (99f.); *Schwarze*, Übertragung (Fn. 226), S. 320.
[239] S. auch *Tomuschat* (Fn. 12), Art. 24 Rn. 44; *Zuleeg* (Fn. 24), Art. 24 I/Ia Rn. 9. A.A. wohl *Hobe* (Fn. 19), Art. 24 Rn. 43.
[240] S. § 2 IV KomZG-RP; ferner § 36 KGG Hess.; § 81 S. 1 SächsKomZG; § 21 GkZ-SH.

III. Übertragung von Befugnissen auf grenznachbarschaftliche Einrichtungen **Art. 24**

nennt der verfassungsändernde Gesetzgeber das Schul- und Hochschulwesen, das Polizeirecht sowie die Abfall- und Abwasserbeseitigung[241]. Im Bereich der **Gesetzgebung**[242] erfasst sind zunächst die ausschließlichen Zuständigkeiten der Länder und die konkurrierenden Zuständigkeiten, für die entweder kein Erfordernis einer bundesgesetzlichen Regelung (Art. 72 II GG) oder ein Abweichungsrecht (Art. 72 III GG) vorliegt. In den sonstigen Bereichen der konkurrierenden Gesetzgebung, in denen (aktuell) Länderbefugnisse gemäß Art. 72 I GG mangels (abschließender) bundesgesetzlicher Regelung bestehen, sind die Länder übertragungsbefugt; freilich ist der Gefahr einer späteren anderweitigen Bundesregelung durch Kündigungsrechte Rechnung zu tragen[243]. Wegen seiner allgemeinen Bezugnahme auf staatliche Befugnisse und Aufgaben erfasst Art. 24 Ia GG auch den Bereich der **Verwaltungs-**[244] **und sonstigen, namentlich judikativen** (einrichtungsbezogene Streitigkeiten)[245] **Zuständigkeiten** der Länder[246].

3. Grenznachbarschaftliche Einrichtungen

Nachdem Art. 24 Ia GG **keine Zwischenstaatlichkeit** voraussetzt und regionale Kooperationsformen etabliert sind, kann eine Hoheitsrechtsübertragung auch auf nach dem Recht eines beteiligten Staates gegründete Einrichtungen erfolgen[247], wobei Demokratieprinzip und Grenznachbarschaftlichkeit hinreichende Einwirkungsmöglichkeiten aller Beteiligten fordern[248]. Ausweislich der Entstehungsgeschichte[249] und entgegen Länderforderungen (→ Rn. 8) bezieht sich Art. 24 Ia GG nicht auf die **EU**. Es besteht indes keine Beschränkung auf Kooperationen mit EU-Mitgliedstaaten[250]. 60

Der Begriff grenznachbarschaftliche Einrichtungen impliziert eine entsprechende **räumliche Beschränkung**, wobei sich die mögliche Ausdehnung, gerade bei multilate- 61

---

[241] Begründung in Entwurf der BReg. v. 2.10.1992 (BT-Drs. 12/3338), S. 10; ferner GVK-Bericht (Fn. 36), S. 25. Zu Anwendungsfeldern *R. Rixecker*, Grenzüberschreitender Föderalismus, in: K. Bohr (Hrsg.), Föderalismus. Demokratische Struktur für Deutschland und Europa, 1992, S. 201 ff. (212 ff.).
[242] Für eine (angesichts des Wortlauts abzulehnende) Beschränkung auf Verwaltungsbefugnisse *Rennert*, Zusammenarbeit (Fn. 230), S. 208 ff.
[243] *Hobe* (Fn. 19), Art. 24 Rn. 48; *Streinz* (Fn. 58), Art. 24 Rn. 48. Skeptisch hinsichtlich der Realisierbarkeit *Kotzur*, Zusammenarbeit (Fn. 220), S. 503.
[244] *Zuleeg* (Fn. 24), Art. 24 I/Ia Rn. 9. Für eine Einbeziehung auch der Bundesauftragsverwaltung *Deiseroth* (Fn. 49), Art. 24 Rn. 163 (wenn Weisungsrecht des Bundes sichergestellt); *Hillgruber* (Fn. 105), Art. 24 Rn. 32; a.A. *Kotzur*, Zusammenarbeit (Fn. 220), S. 504; *Streinz* (Fn. 58), Art. 24 Rn. 49.
[245] *Pernice* → Bd. II[2], Art. 24 Rn. 44; *Rojahn* (Fn. 58), Art. 24 Rn. 89 (nur für Akte der Einrichtung, da im Übrigen Gerichtsverfassung bundesrechtlich geregelt); *Zuleeg* (Fn. 24), Art. 24 I/Ia Rn. 9. Zurückhaltend *Jarass*/*Pieroth*, GG, Art. 24 Rn. 16.
[246] *Pernice* → Bd. II[2], Art. 24 Rn. 44f.; *Rojahn* (Fn. 58), Art. 24 Rn. 88f.
[247] S. nur *Beck*, Übertragung (Fn. 113), S. 107 f., 133 ff.; *U. Beyerlin*, ZaöRV 54 (1994), 587 (604 ff.); *Niedobitek*, Verträge (Fn. 71), S. 445 f.; *Rojahn* (Fn. 58), Art. 24 Rn. 91; *Schwarze*, Übertragung (Fn. 226), S. 330 ff. Vgl. ferner (Anwendbarkeit ausländischen Rechts möglich) *H. Heberlein*, DÖV 1996, 100 (104 f.); *Kotzur*, Zusammenarbeit (Fn. 220), S. 251 f. (lediglich Ausschluss »einer einseitigen, vollständig in die Rechtsordnung nur eines Partnerstaates integrierten Einrichtung«). A.A. *S. Grotefels*, DVBl. 1994, 785 (787); *Hobe* (Fn. 19), Art. 24 Rn. 46.
[248] S. nur *U. Beyerlin*, ZaöRV 54 (1994), 587 (606 f.); *Classen* (Fn. 7), Art. 24 Rn. 71; *Hillgruber* (Fn. 105), Art. 24 Rn. 35; *Niedobitek*, Verträge (Fn. 71), S. 446. Differenziert *Geiger*, Aspekte (Fn. 234), S. 450 f.
[249] Begründung im Entwurf der BReg. v. 2.10.1992 (BT-Drs. 12/3338), S. 10; GVK-Bericht (Fn. 36), S. 25.
[250] *Hobe* (Fn. 19), Art. 24 Rn. 45; *Pernice* → Bd. II[2], Art. 24 Rn. 46.

ralen Kooperationen, nach Dimension und Art der zu erledigenden Aufgabe bestimmt[251]. Mithin ist weder eine unmittelbar grenznahe Radizierung[252] noch eine gemeinsame Grenze mit allen Vertragspartnern[253] erforderlich. Angesichts des allgemeinen Bezugs auf staatliche Befugnisse und Aufgaben in Abs. 1a scheidet eine thematische Begrenzung auf Angelegenheiten mit einem spezifischen Raumbezug aus[254]. Eine umfassende Integration der Länder ist nicht gedeckt[255].

4. Zustimmungsvorbehalt

62 Das (präventive und konstitutive[256]) Zustimmungserfordernis der Bundesregierung dient der **Wahrung gesamtstaatlicher Belange**[257]. Teile der Literatur lassen nur gewichtige Einwände als Versagungsgrund genügen[258], sehen die Darlegungslast beim Bund[259] und verlangen eine Anhörung[260]. Eine Übertragung ohne Zustimmung soll nach teils vertretener Auffassung (analog) Art. 46 VRK die Unwirksamkeit der Vereinbarung nach sich ziehen (→ Art. 32 Rn. 59)[261].

IV. Einordnung in ein System gegenseitiger kollektiver Sicherheit (Art. 24 II GG)

63 Sicherheits- und verteidigungspolitisch setzt das Grundgesetz auf **Frieden und Kooperation** (→ Rn. 20). Dementsprechend gestattet Art. 24 II GG dem Bund, sich in ein System gegenseitiger kollektiver Sicherheit (1.) zur Friedenswahrung (2.) einzuordnen und in damit einhergehende Hoheitsrechtsbeschränkungen einzuwilligen (3.). Die Beteiligung (4.) deckt auch den mit ihr einhergehenden Einsatz von Streitkräften (5.), für den indes ein konstitutiver Parlamentsvorbehalt besteht (6.).

64 Art. 24 I GG bleibt neben Art. 24 II GG anwendbar, so dass eine sicherheitspolitische Kooperation auch durch Hoheitsrechtsübertragung im Rahmen einer supranationalen Gemeinschaft möglich ist (zum fortbestehenden Parlamentsvorbehalt: → Rn. 35,

---

[251] S. auch *Beck*, Übertragung (Fn. 113), S. 109f.; *Hobe* (Fn. 19), Art. 24 Rn. 45f.; *Schwarze*, Übertragung (Fn. 226), S. 328f. Umfassend *Kotzur*, Zusammenarbeit (Fn. 220), S. 220ff.
[252] S. nur *U. Beyerlin*, ZaöRV 54 (1994), 587 (601); *Pernice* → Bd. II², Art. 24 Rn. 46. Strenger *Hillgruber* (Fn. 105), Art. 24 Rn. 34.
[253] *Niedobitek*, Verträge (Fn. 71), S. 448f.; *Schwarze*, Übertragung (Fn. 226), S. 327. A.A. *U. Beyerlin*, ZaöRV 54 (1994), 587 (601); *Rennert*, Zusammenarbeit (Fn. 230), S. 207, 209; *M. Schröder*, ThürVBl. 1998, 97 (97).
[254] *Schwarze*, Übertragung (Fn. 226), S. 326. A.A. *Rennert*, Zusammenarbeit (Fn. 230), S. 207ff.
[255] *Rennert*, Zusammenarbeit (Fn. 230), S. 209f. m. Fn. 45; *Schwarze*, Übertragung (Fn. 226), S. 327f.
[256] Wirksamkeitsvoraussetzung: *Pernice* → Bd. II², Art. 24 Rn. 49.
[257] GVK-Bericht (Fn. 36), S. 25; Begründung im Entwurf der BReg. v. 2.10.1992 (BT-Drs. 12/3338), S. 10.
[258] *Jarass*/Pieroth, GG, Art. 24 Rn. 18; *Pernice* → Bd. II², Art. 24 Rn. 49; *Streinz* (Fn. 58), Art. 24 Rn. 46. Weiter *U. Beyerlin*, ZaöRV 54 (1994), 587 (601); *Deiseroth* (Fn. 49), Art. 24 Rn. 170f.; *Kotzur*, Zusammenarbeit (Fn. 220), S. 506f.
[259] *Pernice* → Bd. II², Art. 24 Rn. 49; *Rojahn* (Fn. 58), Art. 24 Rn. 95; *Streinz* (Fn. 58), Art. 24 Rn. 46.
[260] *Rojahn* (Fn. 58), Art. 24 Rn. 95; *Streinz* (Fn. 58), Art. 24 Rn. 46.
[261] *Deiseroth* (Fn. 49), Art. 24 Rn. 169; *Kotzur*, Zusammenarbeit (Fn. 220), S. 507; ferner *S. Grotefels*, DVBl. 1994, 785 (792).

IV. Einordnung in ein System gegenseitiger kollektiver Sicherheit **Art. 24**

37 ff.; zur Anwendbarkeit des Art. 23 GG: → Rn. 82)[262]. Auch im Übrigen entfaltet Art. 24 II GG **keine Sperrwirkung** für sonstige verteidigungs- und sicherheitspolitische Kooperationen[263].

1. System gegenseitiger kollektiver Sicherheit

a) Allgemeines

Art. 24 II GG liegt ein **eigenständiger verfassungsrechtlicher Begriff** des Systems gegenseitiger kollektiver Sicherheit zugrunde[264]. Dieser ist weiter als das mitunter als herrschend angesehene völkerrechtliche Verständnis, das zwischen Systemen kollektiver Sicherheit einerseits und kollektiver Selbstverteidigung andererseits differenziert: Während erstere, wie die VN, auf eine Friedenssicherung innerhalb des Systems zielen, kennzeichnet letztere eine Beistandspflicht bei Bedrohungen von außerhalb des Systems, wie dies für den NATO-Bündnisfall vorgesehen ist (Art. 5 NATO-Vertrag)[265]. Das Bundesverfassungsgericht hat der Übernahme einer solchen völkerrechtlichen Begriffsbildung in seinem Urteil zu Out-of-area-Einsätzen vom 12.7.1994 eine Absage erteilt[266]. 65

Nach dem Bundesverfassungsgericht begründet ein System gegenseitiger kollektiver Sicherheit »durch ein friedenssicherndes Regelwerk und den Aufbau einer eigenen Organisation für jedes Mitglied einen Status völkerrechtlicher Gebundenheit [...], der wechselseitig zur Wahrung des Friedens verpflichtet und Sicherheit gewährt.«[267] Ziele sind damit ein **Gewaltverzicht im Inneren** und eine **Beistandspflicht bei Angriffen von außen**[268]. Auf welchem der beiden Aspekte Schwerpunkt oder gar Fokus liegen, ist indes unerheblich; allein entscheidend ist die friedenssichernde Zielsetzung[269]. Dieser offenen Begriffsbildung ist angesichts des für beide Varianten offenen Verfassungswortlauts, ihrer Alternativität zur Friedenssicherung und auch eines in der Praxis zu verzeichnenden Bedeutungsverlustes der Unterscheidung zuzustimmen[270]. Auch die postulierte Orientierung an der skizzierten völkerrechtlichen Begrifflichkeit erscheint 66

---

[262] S. nur *A. Randelzhofer*, in: Maunz/Dürig, GG, Art. 24 II (1992), Rn. 1 ff.; *Stern*, Staatsrecht I, S. 546, 548; *Tomuschat* (Fn. 12), Art. 24 Rn. 123.
[263] *Tomuschat* (Fn. 12), Art. 24 Rn. 124.
[264] *Hobe* (Fn. 19), Art. 24 Rn. 52 ff. A.A. (Orientierung am Völkerrecht) *Deiseroth* (Fn. 49), Art. 24 Rn. 211 ff.; *K. D. Eichen*, NZWehrR 26 (1984), 221 (222); *Frank* (Fn. 26), Art. 24 II Rn. 5.
[265] S. nur *Frank* (Fn. 26), Art. 24 II Rn. 7 f.; *Hobe* (Fn. 19), Art. 24 Rn. 52 f. Gegen ein einheitliches völkerrechtliches Begriffsverständnis BVerfGE 90, 286 (347); *Hillgruber* (Fn. 105), Art. 24 Rn. 46; *Randelzhofer* (Fn. 262), Art. 24 II Rn. 11 ff., 19; *Tomuschat* (Fn. 12), Art. 24 Rn. 127 ff. A.A. (zum Entstehungszeitpunkt) *Deiseroth* (Fn. 49), Art. 24 Rn. 189 ff.; *K. D. Eichen*, NZWehrR 26 (1984), 221 (222 ff.); *S. Oeter*, HStR³ XI, § 243 Rn. 14 f. Umfassend *N. Krisch*, Selbstverteidigung und kollektive Sicherheit, 2001, S. 25 ff.
[266] BVerfGE 90, 286 (347 ff.). Noch offen gelassen E 68, 1 (35 f.).
[267] BVerfGE 90, 286 (349).
[268] BVerfGE 90, 286 (349); *Stern*, Staatsrecht I, S. 546.
[269] BVerfGE 90, 286 (LS 5b; 349); 104, 151 (212 f., Rn. 160 f.).
[270] *W. G. Grewe*, AöR 112 (1987), 521 (542 f.); *Hillgruber* (Fn. 105), Art. 24 Rn. 46; *Hobe* (Fn. 19), Art. 24 Rn. 55; *Pernice* → Bd. II², Art. 24 Rn. 56 f.; *Randelzhofer* (Fn. 262), Art. 24 II Rn. 20 f.; *Rojahn* (Fn. 58), Art. 24 Rn. 97; *Streinz* (Fn. 58), Art. 24 Rn. 63. Umfassend *Tomuschat* (Fn. 12), Art. 24 Rn. 126 ff. A.A. *Classen* (Fn. 7), Art. 24 Rn. 77 ff.; *Deiseroth* (Fn. 49), Art. 24 Rn. 199 ff., 285 ff.; *K. D. Eichen*, NZWehrR 26 (1984), 221 (222 ff.); *D. S. Lutz*, NJ 1994, 505 (505 f.).

Art. 24 C. Erläuterungen

angesichts konkurrierender völkerrechtlicher Begriffsbildungen[271] und mangels eindeutiger Anhaltspunkte in der Entstehungsgeschichte[272] fraglich.

67 Eine Beteiligung setzt regelmäßig die Bereitschaft voraus, **Streitkräfte** zur Verfügung zu stellen[273]. Es kann sich um regional begrenzte und universale Bündnisse handeln[274], bilaterale Vereinbarungen genügen aber nicht[275]. Hinsichtlich der möglichen Aufgabenstellung des Systems ist dem **gewandelten Sicherheitsbegriff** Rechnung zu tragen, der sich nicht mehr nur auf die Abwehr militärischer Bedrohungen bezieht, sondern auch solcher aus dem internationalen Terrorismus, dem organisierten Verbrechen und sonstigen Friedensbedrohungen[276].

b) Anwendungsfälle

68 Das für Deutschland wichtigste System gegenseitiger kollektiver Sicherheit stellt die am 4.4.1949 gegründete **NATO** dar, der die Bundesrepublik am 9.5.1955 beitrat und die angesichts ihrer friedenssichernden Ausrichtung, der Beistandspflicht (Bündnisfall) und ihrer organisatorischen Strukturen Art. 24 II GG unterfällt[277]. Art. 24 II GG erfasste auch die am 23.10.1954 gegründete, indes zum 1.7.2011 aufgelöste **WEU**[278]. Auch die **VN** unterfallen Art. 24 II GG, dessen Schaffung sie als »Leitbild«[279] zugrunde lagen[280], ferner wegen ihrer friedenswahrenden Zielsetzung hinreichend institutionell verfestigte **Ad-hoc-Tribunale** (z. B. Strafgerichtshof für das ehemalige Jugoslawien)[281], mangels Dauerhaftigkeit nicht aber **Ad-hoc-Koalitionen** (z. B. Mission »Endu-

---

[271] S. Fn. 265.
[272] So BVerfGE 90, 286 (347f.); *Classen* (Fn. 7), Art. 24 Rn. 79; *Hobe* (Fn. 19), Art. 24 Rn. 55. A.A. *Deiseroth* (Fn. 49), Art. 24 Rn. 182 ff.; *K.D. Eichen*, NZWehrR 26 (1984), 221 (231 ff.); *S. Oeter*, HStR³ XI, § 243 Rn. 14f. Von einem etablierten Begriff gingen die Abg. *Schmid* und *Eberhard* aus, Parl. Rat V/2, S. 542, und Parl. Rat XIV/1, S. 175; dagegen *Randelzhofer* (Fn. 262), Art. 24 II Rn. 18; *Tomuschat* (Fn. 12), Art. 24 Rn. 133.
[273] BVerfGE 90, 286 (346); *S. Oeter*, HStR³ XI, § 243 Rn. 18.
[274] *Stern*, Staatsrecht I, S. 546.
[275] *Rojahn* (Fn. 58), Art. 24 Rn. 99; *Streinz* (Fn. 58), Art. 24 Rn. 64.
[276] *Pernice* → Bd. II², Art. 24 Rn. 57, 65 (ferner Minderheitenkonflikte und grenzüberschreitende Umweltgefahren); *Rojahn* (Fn. 58), Art. 24 Rn. 97.
[277] S. nur BVerfGE 90, 286 (350f.); 121, 135 (156f., Rn. 62); BVerwGE 111, 188 (195); *D. Blumenwitz*, NZWehrR 30 (1988), 133 (138); *W. G. Grewe*, AöR 112 (1987), 521 (542f.); *E. Klein/S. Schmahl*, RuP 35 (1999), 198 (203f.); *G. Nolte*, ZaöRV 54 (1994), 95 (111ff.); *Randelzhofer* (Fn. 262), Art. 24 II Rn. 21; *V. Röben*, Außenverfassungsrecht, 2007, S. 248ff.; *Stern*, Staatsrecht I, S. 546f.; *Tomuschat* (Fn. 12), Art. 24 Rn. 177ff.; *ders.*, HStR VII, § 172 Rn. 47; *D. Wiefelspütz*, AöR 132 (2007), 44 (87); *R. Wolfrum*, HStR³ X, § 221 Rn. 21. Noch offen gelassen in BVerfGE 68, 1 (95f.). A.A. *M. Bothe*, Die parlamentarische Kontrolle von Auslandseinsätzen der Streitkräfte, in: FS Schneider, 2008, S. 165ff. (171); *Classen* (Fn. 7), Art. 24 Rn. 94; *Deiseroth* (Fn. 49), Art. 24 Rn. 282ff.; *K.D. Eichen*, NZWehrR 26 (1984), 221 (222ff.); *Frank* (Fn. 26), Art. 24 II Rn. 7. Zur Mitgliedschaft Deutschlands in Verteidigungsbündnissen *R. Wolfrum*, HStR³ X, § 221.
[278] S. nur BVerfGE 90, 286 (OS 4); *Streinz* (Fn. 58), Art. 24 Rn. 63a; *Tomuschat* (Fn. 12), Art. 24 Rn. 182. A.A. *Classen* (Fn. 7), Art. 24 Rn. 94; *Deiseroth* (Fn. 49), Art. 24 Rn. 295ff.
[279] BVerfGE 104, 151 (195, Rn. 116) – wie Völkerbund.
[280] S. nur BVerfGE 90, 286 (349f.); ferner E 104, 151 (195, Rn. 116); 121, 135 (156f., Rn. 62); *Deiseroth* (Fn. 49), Art. 24 Rn. 256ff.; *Frank* (Fn. 26), Art. 24 II Rn. 8; *S. Oeter*, HStR³ XI, § 243 Rn. 23, 25; *Pernice* → Bd. II², Art. 24 Rn. 54; *Röben*, Außenverfassungsrecht (Fn. 277), S. 241ff.; *Tomuschat* (Fn. 12), Art. 24 Rn. 183ff. S. auch Abg. *v. Mangoldt*, Parl. Rat V/2, S. 543. Allg. zur Mitgliedschaft Deutschlands in den VN *R. Wolfrum*, HStR³ X, § 219.
[281] *Hobe* (Fn. 19), Art. 24 Rn. 59; *V. Röben*, ZaöRV 63 (2003), 585 (589).

ring Freedom«)²⁸² sowie mangels rechtlich verfestigter Struktur auch nicht die **OSZE**²⁸³. Hinsichtlich einer Einbeziehung der **EU** wegen ihrer friedenssichernden Zielsetzung im Inneren und des zunehmenden Ausbaus einer Gemeinsamen Verteidigungspolitik nach außen (s. etwa die Beistandsverpflichtung in Art. 42 VII EUV²⁸⁴)²⁸⁵ ist jedenfalls die Anwendbarkeit des Art. 23 GG für die europäische Integration zu berücksichtigen (→ Rn. 82).

2. Ziel der Friedenswahrung

Anders als Art. 24 I GG gibt Abs. 2 ein Ziel für die Souveränitätsbeschränkung vor, nämlich die Friedenswahrung. Damit ist der **defensive Zweck** der Integrationsermächtigung verfassungskräftig festgeschrieben²⁸⁶; dieser ist Ausdruck des grundgesetzlichen Friedensgebots (s. insb. Präambel, Art. 26 GG) und von fundamentaler Bedeutung²⁸⁷. Das im Grundgesetz nicht näher definierte Ziel der Friedenswahrung ist **aufgegeben**, wenn eine »machtpolitisch oder gar aggressiv motivierte Friedensstörungsabsicht [zu] erkennen« ist²⁸⁸. Völkerrechtswidrige, insbesondere das Gewaltverbot verletzende Handlungen des Bündnisses genügen für sich genommen nicht; sie können aber ein strukturelles Entfernen vom Ziel der Friedenswahrung indizieren²⁸⁹. Dementsprechend kann im Organstreit auch nicht die Völkerrechtskonformität von einzelnen NATO-Einsätzen geprüft werden, sondern nur, ob diese »bereits Anhaltspunkte dafür liefern, dass sich das Bündnis von seinem Gründungsvertrag entfernt, indem es seine friedenswahrende Ausrichtung aufgibt.«²⁹⁰ Letzteres hat das Bundesverfassungsgericht sowohl für das neue strategische Konzept der NATO (1999)²⁹¹ als auch für den ISAF-Einsatz in Afghanistan²⁹² verneint²⁹³.

69

---

²⁸² *Hobe* (Fn. 19), Art. 24 Rn. 59; *V. Röben*, ZaöRV 63 (2003), 585 (591); *D. Wiefelspütz*, AöR 132 (2007), 44 (87).
²⁸³ *Deiseroth* (Fn. 49), Art. 24 Rn. 277 ff.; *Pernice* → Bd. II², Art. 24 Rn. 54, 61. Offener (Entwicklung) *Frank* (Fn. 26), Art. 24 II Rn. 9; *Rojahn* (Fn. 58), Art. 24 Rn. 97.
²⁸⁴ Deren Rechtsverbindlichkeit offen lassend BVerfGE 123, 267 (423 f., Rn. 384 ff.). Zurückhaltend *A.C. Gerbener*, NZWehrR 53 (2011), 103 (115 f.); offener *W. Frenz*, NZWehrR 52 (2010), 187 (196 f.).
²⁸⁵ So *K. Braun/T. Plate*, DÖV 2010, 203 (208); *B. Fassbender*, HStR³ XI, § 244 Rn. 72 f.; *A.C. Gerbener*, NZWehrR 53 (2011), 103 (118 f.); *Hobe* (Fn. 19), Art. 24 Rn. 55, 57 f.; *S. Oeter*, HStR³ XI, § 243 Rn. 28; *V. Röben*, ZaöRV 63 (2003), 585 (590); *ders.*, Außenverfassungsrecht (Fn. 277), S. 250 f.; *D. Wiefelspütz*, AöR 132 (2007), 44 (87); *H.A. Wolff*, ZG 25 (2010), 209 (213 ff.); ferner *Pernice* → Bd. II², Art. 24 Rn. 63. A.A. BVerfGE 123, 267 (361, Rn. 255; 425 f., Rn. 389 ff.); *W. Frenz*, NZWehrR 52 (2010), 187 (191).
²⁸⁶ BVerfGE 104, 151 (212, Rn. 159); 118, 244 (261 f., Rn. 47); *Stern*, Staatsrecht I, S. 546.
²⁸⁷ BVerfGE 104, 151 (212, Rn. 159); ferner *Frank* (Fn. 26), Art. 24 II Rn. 11; *Pernice* → Bd. II², Art. 24 Rn. 65.
²⁸⁸ BVerfGE 104, 151 (213, Rn. 163).
²⁸⁹ BVerfGE 118, 244 (271 f., Rn. 74). Für einen weiten Ermessensspielraum *Tomuschat* (Fn. 12), Art. 24 Rn. 146.
²⁹⁰ BVerfGE 118, 244 (271, Rn. 74). S. auch *Deiseroth* (Fn. 49), Art. 24 Rn. 242 f.; *B. Fassbender*, HStR³ XI, § 244 Rn. 122 f.; *D. Murswiek*, NVwZ 2007, 1130 (1132); *H. Sauer*, Das Verfassungsrecht der kollektiven Sicherheit, in: H. Rensen/S. Brink (Hrsg.), Linien der Rechtsprechung des Bundesverfassungsgerichts, 2009, S. 585 ff. (615 f.).
²⁹¹ BVerfGE 104, 151 (212 f., Rn. 159 ff.). Zustimmend *H. Sauer*, ZaöRV 62 (2002), 317 (323 f.). Ebenso für das neue strategische Konzept (2010) *K.-M. Spieß*, UBWV 2013, 270 (271).
²⁹² BVerfGE 118, 244 (270 ff., Rn. 72 ff.).
²⁹³ Zustimmend *E. Klein*, Bemerkungen zur Rechtsprechung des Bundesverfassungsgerichts zum Auslandseinsatz deutscher Streitkräfte, in: FS Bothe, 2008, S. 157 ff. (161).

3. Einordnung und Hoheitsrechtsbeschränkung

70 Schon dem Wortlaut nach steht die Einordnung in ein System gegenseitiger kollektiver Sicherheit im **Ermessen** des Bundes[294]; das Friedensziel des Grundgesetzes und der in Art. 24 II GG angelegte Weg der Kooperation leiten freilich das sicherheitspolitische Handeln an[295]. Eine Beteiligung an mehreren (kohärenten) Systemen ist im Interesse des Friedensziels und trotz der Formulierung des Art. 24 II GG (»einem System«) möglich (s. auch Art. 52 VN-Charta)[296].

71 Eine Einwilligung in die **Beschränkung von Hoheitsrechten** erfolgt, indem sich Deutschland »an Entscheidungen einer internationalen Organisation bindet, ohne dieser damit schon im Sinne des Art. 24 Abs. 1 GG Hoheitsrechte zu übertragen«[297]. Es geht mithin um nichts anderes als die Übernahme völkerrechtlicher Verpflichtungen, freilich in einem für die Souveränität sensiblen Bereich[298]. Gedeckt sind die Einordnung deutscher Truppen in die Befehlsstrukturen des Systems, die Übernahme militärischer und sicherheitspolitischer Verpflichtungen (z.B. Rüstungskontrolle; Abrüstung) und die Präsenz fremder Truppen und Infrastruktur (Waffen) auf deutschem Territorium, etwa auf der Grundlage des NATO-Truppenstatuts[299]. Bei Beteiligung an einem System gegenseitiger kollektiver Sicherheit begründet Art. 24 II 2. Halbs. GG aufgrund seiner indikativen Formulierung (Bund »wird [...] einwilligen«) die **verfassungsrechtliche Pflicht** zur Duldung der im Rahmen des Systems vorgesehenen Hoheitsrechtsbeschränkungen[300]. Damit genießen letztere auch Vorrang vor entgegenstehendem einfachem Recht[301].

72 Nachdem Art. 24 II GG, anders als Art. 24 I GG, keine spezifische Handlungsform vorsieht, gelten die allgemeinen Regeln über die auswärtige Gewalt. Die Verbandskompetenz liegt beim Bund (Art. 32 I GG)[302]. Angesichts der Bedeutung der Einord-

---

[294] S. nur *Hillgruber* (Fn. 105), Art. 24 Rn. 43; *Tomuschat* (Fn. 12), Art. 24 Rn. 121; s. auch Abg. *Schmid*, Parl. Rat V/1, S. 323, und *v. Mangoldt*, Parl. Rat V/1, S. 327f.

[295] S. *Frank* (Fn. 26), Art. 24 II Rn. 13; *Pernice* → Bd. II², Art. 24 Rn. 52.

[296] *Pernice* → Bd. II², Art. 24 Rn. 58; V. *Röben*, ZaöRV 63 (2003), 585 (597); *ders.*, Außenverfassungsrecht (Fn. 277), S. 252ff.

[297] BVerfGE 90, 286 (346; ferner 346f.); ferner *Hobe*, Verfassungsstaat (Fn. 8), S. 147. Weiter (Hoheitsrechtsübertragung wie Unterstellung eigener Streitkräfte möglich) *H. Mosler*, HStR VII, § 175 Rn. 4. *Röben*, Außenverfassungsrecht (Fn. 277), S. 240, sieht den Unterschied zu Abs. 1 lediglich in der »Perspektive« auf »staatlich[e] Machtmittel«, nicht aber »in Gegenstand oder Intensität der Regelung«.

[298] *Classen* (Fn. 7), Art. 24 Rn. 76; *J. Hecker*, AöR 127 (2002), 291 (309); *Hobe*, Verfassungsstaat (Fn. 8), S. 147, 201ff.; *Randelzhofer* (Fn. 262), Art. 24 II Rn. 6, 26, 28, 38 (unter Betonung des Klarstellungs-, Ziel- und Ermächtigungscharakters); *Rojahn* (Fn. 58), Art. 24 Rn. 7, 104; *Tomuschat* (Fn. 12), Art. 24 Rn. 156. A.A. *Hillgruber* (Fn. 105), Art. 24 Rn. 44f.: über gewöhnliche völkerrechtliche Bindung hinausgehende Legitimation der »Unterwerfung unter verbindliche Entscheidungen von Organen des Sicherheitssystems, an denen die Bundesrepublik Deutschland nicht notwendig mitwirkt« (ebenso *ders.*, HStR³ II, § 32 Rn. 137); ähnlich *Pernice* → Bd. II², Art. 24 Rn. 60.

[299] *Classen* (Fn. 7), Art. 24 Rn. 92 (anders für die Abs. 1 unterfallende Truppenstationierung); *Pernice* → Bd. II², Art. 24 Rn. 62f.; *Rojahn* (Fn. 58), Art. 24 Rn. 101; *Streinz* (Fn. 58), Art. 24 Rn. 70f.; *Tomuschat* (Fn. 12), Art. 24 Rn. 157ff.; a. A. (sofern keine Kündigungsmöglichkeit) *Frank* (Fn. 26), Art. 24 II Rn. 12.

[300] S. nur *Deiseroth* (Fn. 49), Art. 24 Rn. 246; *Hobe* (Fn. 19), Art. 24 Rn. 70; *Randelzhofer* (Fn. 262), Art. 24 II Rn. 7, 34, 39; *Tomuschat* (Fn. 12), Art. 24 Rn. 167f. – Vorbehalte gleichwohl zulässig. Restriktiv *Jarass*/*Pieroth*, GG, Art. 24 Rn. 24; *Stern*, Staatsrecht I, S. 547.

[301] *Rojahn* (Fn. 58), Art. 24 Rn. 103; *Streinz* (Fn. 58), Art. 24 Rn. 66; *Tomuschat* (Fn. 12), Art. 24 Rn. 169 (jedenfalls vor einfachem Recht).

[302] *Hobe* (Fn. 19), Art. 24 Rn. 60.

IV. Einordnung in ein System gegenseitiger kollektiver Sicherheit   **Art. 24**

nung liegt regelmäßig ein **politischer Vertrag i.S.d. Art. 59 II 1 GG** vor (→ Art. 59 Rn. 28), der einer Ratifikation durch den Bundestag mittels einfachen Gesetzes bedarf[303]. Die Gründung eines Systems setzt eine völkerrechtliche Grundlage voraus[304]. Als actus contrarius erfolgt der **Austritt** auf dieselbe Weise. Dieser wird teils aufgrund der Verfassungsentscheidung für eine internationale sicherheits- und verteidigungspolitische Kooperation auch innerstaatlich nur im Rahmen der völkerrechtlichen Beendigungsmöglichkeiten für zulässig erachtet[305]; andererseits werden aus Souveränitätsgründen **Kündigungsmöglichkeiten** (→ Art. 23 Rn. 92, 105) gefordert[306].

Auch der Gesetzesvorbehalt des Art. 24 II i.V.m. Art. 59 II 1 GG verlangt eine **hinreichend bestimmte vertragliche Grundlage** für die Integration – eine Anforderung, die insbesondere bei der dynamischen Vertragsentwicklung Relevanz erlangt. Eine »wesentliche Fortentwicklung, die die Zustimmung des Parlaments gegenstandslos werden ließe«, respektive »wesentliche Überschreitungen oder Änderungen des im Vertrag angelegten Integrationsprogramms sind daher von dem ursprünglichen Zustimmungsgesetz nicht mehr gedeckt«[307]. Freilich ist der im Interesse der Leistungs- und Anpassungsfähigkeit notwendigen **Entwicklungsoffenheit** des Bündnisvertrages Rechnung zu tragen. Vor diesem Hintergrund hat das Bundesverfassungsgericht im NATO-Kontext eine Bestimmung der Reichweite des Gesetzesvorbehalts des Art. 59 II 1 GG im Lichte des Art. 24 II GG gefordert; daher dürfe man »nicht bereits bei einer, wenn auch erheblichen, Fortentwicklung des Vertrags durch die Organe des Sicherheitssystems einen hinreichend deutlich erkennbaren Widerspruch zum Vertrag annehmen, der auf einen konkludent zum Ausdruck gebrachten Vertragsänderungswillen schließen ließe.«[308] Im NATO-Kontext strittig war, inwieweit das ursprüngliche Vertragswerk eine Beteiligung an friedenssichernden Maßnahmen sowie an Krisenreaktionseinsätzen im Rahmen des neuen strategischen Konzepts der NATO (1999)[309] – auch außerhalb des euro-atlantischen Raumes (»out of area«) – deckt; das Bundesverfassungsgericht nahm in allen Fällen eine Fortentwicklung im Rahmen des bestehenden Integrationsprogramms an und erachtete folglich ein (weiteres) Zustimmungsgesetz für entbehrlich (→ Art. 59 Rn. 36; zum daneben stehenden Parlamentsvorbehalt für Auslandseinsätze von Streitkräften → Rn. 75)[310]. Demnach übernimmt der **Bundestag** die »grundlegende Verantwortung für die vertragliche Grundlage des Systems einerseits und für die Entscheidung über den konkreten bewaffneten Streitkräfteeinsatz andererseits«, wohingegen der **Bundesregierung** die Wahrnehmung der Mit-

73

---

[303] S. nur BVerfGE 104, 151 (194f., Rn. 116: stets); *Deiseroth* (Fn. 49), Art. 24 Rn. 221; *Hobe* (Fn. 19), Art. 24 Rn. 67; *G. Nolte*, ZaöRV 54 (1994), 95 (119); *Randelzhofer* (Fn. 262), Art. 24 II Rn. 24f.; *Rojahn* (Fn. 58), Art. 24 Rn. 96; ferner E 90, 286 (351).
[304] *Classen* (Fn. 7), Art. 24 Rn. 83 (Vertrag); *Pernice* → Bd. II², Art. 24 Rn. 61; *Tomuschat* (Fn. 12), Art. 24 Rn. 147.
[305] *Jarass*/Pieroth, GG, Art. 24 Rn. 24; *Tomuschat* (Fn. 12), Art. 24 Rn. 176.
[306] *Frank* (Fn. 26), Art. 24 II Rn. 12f.; *Streinz* (Fn. 58), Art. 24 Rn. 69.
[307] BVerfGE 104, 151 (195, Rn. 118); ferner E 118, 244 (259f., Rn. 44); *Rojahn* (Fn. 58), Art. 24 Rn. 107f.
[308] BVerfGE 104, 151 (206, Rn. 147). Zustimmend *Classen* (Fn. 7), Art. 24 Rn. 93.
[309] Zu diesem nur *H. Sauer*, ZaöRV 62 (2002), 317 (318ff.).
[310] BVerfGE 90, 286 (351, 365ff.); 104, 151 (199ff., Rn. 131f.); 118, 244 (262ff., Rn. 50ff.). Zustimmend *Rojahn* (Fn. 58), Art. 24 Rn. 109. Kritisch *Bothe*, Kontrolle (Fn. 277), S. 172ff.; *Hillgruber* (Fn. 105), Art. 24 Rn. 45. Abl. *Klein*, Bemerkungen (Fn. 293), S. 169ff.; *ders./S. Schmahl*, RuP 35 (1999), 198 (204f.); *G. Nolte*, ZaöRV 54 (1994), 95 (114ff., 119f.); *H. Sauer*, ZaöRV 62 (2002), 317 (339ff.). Für die Ratifikationsbedürftigkeit von Sonderabkommen gemäß Art. 43 VN-Satzung *Tomuschat* (Fn. 12), Art. 24 Rn. 155.

Art. 24   C. Erläuterungen

gliedschaftsrechte und namentlich »die nähere Ausgestaltung der Bündnispolitik als Konzeptverantwortung ebenso wie konkrete Einsatzplanungen« obliegen[311].

4. Ermächtigung zum Einsatz von Streitkräften und Parlamentsvorbehalt

74   Art. 24 II GG ermächtigt den Gesetzgeber zur »Übernahme der mit der Zugehörigkeit zu einem solchen System typischerweise verbundenen Aufgaben« einschließlich, wie das Bundesverfassungsgericht in seinem Urteil vom 12.7.1994 zu Out-of-area-Einsätzen klargestellt hat, einer seit Erlangung der Wehrhoheit möglichen »**Verwendung der Bundeswehr** zu Einsätzen, die im Rahmen und nach den Regeln dieses Systems stattfinden« (→ Art. 87a Rn. 15 ff.; → Art. 32 Rn. 23)[312]. Die (später eingefügte) Beschränkung des **Art. 87a II GG** steht dem nicht entgegen[313]. Daher legitimiert Art. 24 II GG eine Beteiligung an friedenssichernden VN-Missionen[314] sowie entsprechenden Einsätzen im Rahmen der NATO respektive (früher) der WEU[315]. Auch die auf VN-Sicherheitsrats-Resolutionen beruhende und im Kontext der gemeinsamen EU-Verteidigungspolitik durchgeführte Pirateriebekämpfung wird Art. 24 II GG zugeordnet[316]. Den im Lissabon-Urteil obiter[317] anklingenden **abschließenden Charakter** des Art. 24 II für Auslandseinsätze jenseits des Verteidigungsfalles[318], womit diese nur im Rahmen von Systemen gegenseitiger kollektiver Sicherheit zulässig wären (zur Einschlä-

---

[311] BVerfGE 126, 55 (71f., Rn. 56ff.); ferner E 104, 151 (209f., Rn. 152f.); 118, 244 (258ff., Rn. 42ff.); 121, 135 (157f., Rn. 64f.; 159f., Rn. 67); *E. Brissa*, DÖV 2012, 137 (138); *Pernice* → Bd. II², Art. 24 Rn. 64, 66; *Sauer*, Verfassungsrecht (Fn. 290), S. 616f.

[312] BVerfGE 90, 286 (345; ferner 351, 381); ferner E 121, 135 (156f., Rn. 62); BVerwGE 127, 1 (12); 127, 302 (311ff.), das hierzu auch die Vereinbarkeit des Einsatzes mit der UN-Charta rechnet; *Classen* (Fn. 7), Art. 24 Rn. 88ff.; *Rojahn* (Fn. 58), Art. 24 Rn. 96, 105f.; *Streinz* (Fn. 58), Art. 24 Rn. 72ff. Kritisch *D. S. Lutz*, NJ 1994, 505 (505); *G. Roellecke*, Der Staat 34 (1995), 415 (417ff.). Hinsichtlich des Bundeswehreinsatzes zur Ausbildungsunterstützung der Sicherheitskräfte im Irak umstritten ist, ob ein Einsatz auch dann im Rahmen des VN-Systems erfolgt, wenn es an einem VN-Mandat in Gestalt eines konkreten Sicherheitsratsbeschlusses zum Militäreinsatz fehlt und lediglich allgemeine Sicherheitsratsresolutionen und eine Erklärung des Präsidenten des Sicherheitsrats vorliegen – bejahend Antrag der Bundesregierung (BT-Drs. 18/3561), S. 1; Beschlussempfehlung und Bericht des Auswärtigen Ausschusses (BT-Drs. 18/3857), S. 1ff.; a. A. und Art. 87a II GG für einschlägig erachtend *R. Schmidt-Radefeldt*, Völker- und verfassungsrechtliche Grundlagen des Bundeswehreinsatzes im Irak, in: Deutscher Bundestag – Wissenschaftliche Dienste, WD 2-3000-239/14, 2015, S. 5f., 9ff.

[313] S. nur BVerfGE 90, 286 (LS 2; ferner 355ff.); 104, 151 (212f., Rn. 160); 121, 135 (156, Rn. 62); *Hobe* (Fn. 19), Art. 24 Rn. 61f.; *Randelzhofer* (Fn. 262), Art. 24 II Rn. 46ff., 54ff.; *Tomuschat* (Fn. 12), Art. 24 Rn. 171ff. A.A. *Deiseroth* (Fn. 49), Art. 24 Rn. 252f.

[314] BVerfGE 90, 286 (351ff.); ferner *Hillgruber* (Fn. 105), Art. 24 Rn. 52; *Randelzhofer* (Fn. 262), Art. 24 II Rn. 56; *Rojahn* (Fn. 58), Art. 24 Rn. 105; *W. Schroeder*, JuS 1995, 398 (402).

[315] BVerfGE 90, 286 (353ff.); 121, 135 (156f., Rn. 62); *Rojahn* (Fn. 58), Art. 24 Rn. 105; *A. Voßkuhle/A.-K. Kaufhold*, JuS 2013, 309 (310f.). Für eine Ausklammerung der humanitären Intervention im NATO-Kontext ohne VN-Mandat *B. Fassbender*, HStR³ XI, § 244 Rn. 65ff.; *Hillgruber* (Fn. 105), Art. 24 Rn. 52; gegen das Erfordernis eines VN-Mandats *D. Wiefelspütz*, AöR 132 (2007), 44 (84).

[316] Antrag der Bundesregierung (BT-Drs. 17/3691), S. 2; *K. Braun/T. Plate*, DÖV 2010, 203 (207f.) – ebd., 208f., das Trennungsprinzip problematisierend; *Classen* (Fn. 7), Art. 24 Rn. 89; *Hobe* (Fn. 19), Art. 24 Rn. 58, 65; *J. A. Kämmerer*, in: v. Münch/Kunig, GG I, Art. 27 Rn. 14; *S. Schiedermair*, AöR 135 (2010), 185 (217ff.); *H. A. Wolff*, ZG 25 (2010), 209 (215f.). A.A. *Hillgruber* (Fn. 105), Art. 24 Rn. 54: Art. 87a I GG. Siehe zu Zurechnungs- und Rechtsschutzfragen OVG Münster v. 18.9.2014, 4 A 2948/11.

[317] BVerfGE 123, 267 (360f., Rn. 254) – vgl. *H. A. Wolff*, ZG 25 (2010), 209 (221).

[318] Für eine abschließende Regelung des Art. 24 II GG auch insoweit *V. Röben*, ZaöRV 63 (2003), 585 (587f., 591). A.A. *D. Wiefelspütz*, AöR 132 (2007), 44 (85f.); *ders.*, DÖV 2010, 73 (75f.).

IV. Einordnung in ein System gegenseitiger kollektiver Sicherheit **Art. 24**

gigkeit des Art. 23 I GG → Rn. 82), hat das Bundesverfassungsgericht in seinem Urteil vom 23.9.2015 aufgegeben[319].

Gleichwohl setzt der Einsatz bewaffneter Streitkräfte grundsätzlich einen vorherigen zustimmenden Beschluss des Bundestages voraus, wobei die Initiativbefugnis bei der Bundesregierung verbleibt (→ Art. 87a Rn. 19)[320]. Dieser **konstitutive Parlamentsvorbehalt** folgt aus Verfassungstradition und Einzelbestimmungen des Grundgesetzes (s. Art. 45a, b, 87a I 2, 115a I GG), die erhellen, dass die Bundeswehr als **Parlamentsheer** konzipiert ist[321]; überdies ist der »Einsatz von Streitkräften [...] für individuelle Rechtsgüter der Soldatinnen und Soldaten sowie anderer von militärischen Maßnahmen Betroffener wesentlich und birgt die Gefahr tiefgreifender Verwicklungen in sich.«[322] Im Lissabon-Urteil hat das Bundesverfassungsgericht diesen auf konkrete Einsätze bezogenen Parlamentsvorbehalt in Art. 24 II GG verortet und für integrationsfest erklärt[323], in seinem Urteil vom 23.9.2015 aber auf jedwede Einsätze bewaffneter Streitkräfte unabhängig von deren Rechtsgrundlagen erstreckt[324]. Er »greift ein, wenn nach dem jeweiligen Einsatzzusammenhang und den einzelnen rechtlichen und tatsächlichen Umständen die Einbeziehung deutscher Soldaten in bewaffnete Auseinandersetzungen konkret zu erwarten ist«, wofür es »hinreichender greifbarer tatsächlicher Anhaltspunkte« bedarf und »eine besondere Nähe der Anwendung von Waffengewalt erforderlich« ist, nicht aber das Überschreiten einer »zusätzliche[n] militärische[n] Erheblichkeitsschwelle«[325]; ausgenommen bleibt »eine technische Integration eines europäischen Streitkräfteeinsatzes über gemeinsame Führungsstäbe, [...] die Bildung gemeinsamer Streitkräftedispositive oder [...] eine Abstimmung und Koordinierung gemeinsamer europäischer Rüstungsbeschaffungen«[326]. Bei **Gefahr im Verzug** besteht ein vorläufiges Entscheidungsrecht der Bundesregierung; der Bundestag ist jedoch umgehend zu befassen und kann die Streitkräfte zurückrufen

75

---

[319] BVerfG, Urt. v. 23.9.2015, 2 BvE 6/11, Rn. 69 – mögliche Ermächtigungsgrundlagen offen lassend.

[320] BVerfGE 90, 286 (381ff.); ferner E 104, 151 (208, Rn. 150); 108, 34 (42f., Rn. 33); 121, 135 (153ff., Rn. 57ff.); 123, 267 (425, Rn. 388); 124, 267 (275f., Rn. 18); 126, 55 (72, Rn. 58); *Pernice* → Bd. II², Art. 24 Rn. 64; *Rojahn* (Fn. 58), Art. 24 Rn. 110; *Streinz* (Fn. 58), Art. 24 Rn. 76ff.; *D. Wiefelspütz*, AöR 132 (2007), 44 (90f.). Näher *B. Fassbender*, HStR³ XI, § 244 Rn. 74, 84ff.; *Hobe* (Fn. 19), Art. 24 Rn. 61ff.; *Röben*, Außenverfassungsrecht (Fn. 277), S. 241ff., 281ff. Kritisch *G. Krings/C. Burkiczak*, DÖV 2002, 501 (505f.); *W. Schroeder*, JuS 1995, 398 (404); abl. mangels (analogiefähiger) Grundlage im Grundgesetz und mit Blick auf die Gewaltenteilung *G. Roellecke*, Der Staat 34 (1995), 415 (423ff.); ferner *D. Blumenwitz*, NZWehrR 30 (1988), 133 (145). Zur (begrenzten) Delegierbarkeit auf einen Entsendeausschuss *D. Wiefelspütz*, ZaöRV 64 (2004), 363 (383ff.).

[321] BVerfGE 90, 286 (381ff.). S. auch *Bothe*, Kontrolle (Fn. 277), S. 166f.; *R. Wolfrum*, Kontrolle der auswärtigen Gewalt, VVDStRL 56 (1997), S. 38ff. (53) – Basis: generelle parlamentarische Zustimmungsbedürftigkeit staatsleitender außenpolitischer Entscheidungen.

[322] BVerfGE 123, 267 (360f., Rn. 254); ferner E 121, 135 (160ff., Rn. 68ff.); *Streinz* (Fn. 58), Art. 24 Rn. 76, 76a.

[323] Zur Verortung: BVerfGE 123, 267 (425, Rn. 388). A.A. *B. Fassbender*, HStR³ XI, § 244 Rn. 74 (aus dem Grundgesetz »als ganzem«). Zur Integrationsfestigkeit: BVerfGE 123, 267 (361, Rn. 255).

[324] BVerfG, Urt. v. 23.9.2015, 2 BvE 6/11, Rn. 69.

[325] BVerfG, Urt. v. 23.9.2015, 2 BvE 6/11, Rn. 72ff.; ferner E 123, 267 (422, Rn. 382); ebenso bereits E 121, 135 (163ff., Rn. 74ff.); *Streinz* (Fn. 58), Art. 24 Rn. 76b. S. ferner zur Reichweite (und eine konkrete Gefahr für nicht ausreichend erachtend) *D. Wiefelspütz*, ZaöRV 64 (2004), 363 (376ff.); ferner *ders.*, DÖV 2010, 73 (78f.); speziell zum Einsatzcharakter der Mitarbeit in Stäben *Hobe* (Fn. 19), Art. 24 Rn. 66, und zu Evakuierungseinsätzen *M. Payandeh*, DVBl. 2011, 1325ff.

[326] BVerfGE 123, 267 (361, Rn. 255). Zu Praxis und Streitfällen *B. Fassbender*, HStR³ XI, § 244 Rn. 104ff.

lassen³²⁷. Einzelheiten sind im am 24.3.2005 in Kraft getretenen **Parlamentsbeteiligungsgesetz** geregelt³²⁸.

5. Grenzen der Ermächtigung nach Art. 24 II GG

76 Nachdem Art. 24 II GG keine Übertragung, sondern nur eine Beschränkung von Hoheitsrechten gestattet, wird die durch Art. 24 I GG ermöglichte Relativierung von Verfassungsbindungen für nicht einschlägig erachtet³²⁹; vielmehr besteht eine **vollumfängliche Verfassungsbindung**³³⁰. Hieran ändert auch die in Art. 24 II 2. Halbs. GG verankerte verfassungsrechtliche Pflicht zur Duldung völkerrechtlich vereinbarter Hoheitsrechtsbeschränkungen nichts, da diese eine verfassungskonforme Einordnung voraussetzt. Freilich hat die Bestimmung verfassungsrechtlicher Grenzen der Verfassungsentscheidung des Art. 24 II GG Rechnung zu tragen³³¹.

6. Rechtsschutz

77 Das Mitwirkungsrecht des Bundestages gemäß Art. 24 II i.V.m. Art. 59 II 1 GG stellt eine im **Organstreitverfahren** wehrfähige Rechtsposition dar³³². In diesem Rahmen angreifbar sind auch Ultra-vires-Akte sowie eine Missachtung der von Art. 24 II GG vorgezeichneten Verpflichtung auf die Wahrung des Friedens (→ Rn. 20)³³³. **Antragsberechtigt** sind nicht nur der Bundestag, sondern auch Fraktionen, nicht aber einzelne Abgeordnete (kritisch: → Art. 93 Rn. 53). Ein verfassungsrechtlich relevantes **Ultra-vires-Handeln** liegt nicht bereits bei einem Verstoß gegen einzelne Vertragsbestimmungen vor, sondern erst bei einer »Fortentwicklung [...] gegen wesentliche Struktur-

---

³²⁷ BVerfGE 90, 286 (388); 121, 135 (154, Rn. 58); 123, 267 (423, Rn. 383); 130, 318 (359, Rn. 142); *M. Payandeh*, DVBl. 2011, 1325 (1329f.).
³²⁸ BGBl. I, S. 775. S. *B. Fassbender*, HStR³ XI, § 244 Rn. 99ff.; *G. Gilch*, Das Parlamentsbeteiligungsgesetz, 2005, S. 174ff.; *Hobe* (Fn. 19), Art. 24 Rn. 63f.; *M. Rau*, AVR 44 (2006), 93ff.; *W. Weiß*, NZWehrR 47 (2005), 100ff. Zu Reformvorschlägen Abschlussbericht der Kommission zur Überprüfung und Sicherung der Parlamentsrechte bei der Mandatierung von Auslandseinsätzen der Bundeswehr vom 16.6.2015 (»Rühe-Kommission«, BT-Drs. 18/5000), namentlich hinsichtlich der Fälle einer zu erwartenden Einbeziehung in eine bewaffnete Unternehmung sowie der Mitwirkung in Stäben.
³²⁹ BVerfGE 90, 286 (346f.); *Deiseroth* (Fn. 49), Art. 24 Rn. 231; *Streinz* (Fn. 58), Art. 24 Rn. 54. A.A. *R. Poscher*, Das Verfassungsrecht vor den Herausforderungen der Globalisierung, VVDStRL 67 (2008), S. 160ff. (194f.).
³³⁰ *Deiseroth* (Fn. 49), Art. 24 Rn. 231; *Schröder*, Gesetzesbindung (Fn. 162), S. 112, 269f.; *Tomuschat* (Fn. 12), Art. 24 Rn. 153; *D. Wiefelspütz*, AöR 132 (2007), 44 (84). **A.A.** (Grenze nur Grundstrukturen der Verfassung) *Hobe* (Fn. 19), Art. 24 Rn. 71; *Randelzhofer* (Fn. 262), Art. 24 II Rn. 42; *Streinz* (Fn. 58), Art. 24 Rn. 54 (gleichzeitig betont, dass keine Relativierung wie bei Art. 23/24 I GG möglich). Speziell zu (im Kontext von Auslandseinsätzen virulenten) Fragen der Zurechnung und Grundrechtsbindung *B. Fassbender*, HStR³ XI, § 244 Rn. 148ff.; *Rojahn* (Fn. 58), Art. 24 Rn. 113f.; *Streinz*, a.a.O., Art. 24 Rn. 54ff., 63b; *C. Walter*, Grundrechtliche und rechtsstaatliche Bindungen der Bundeswehr beim Einsatz im Ausland, in: FS E. Klein, 2013, S. 351ff.; *ders./A. von Ungern-Sternberg*, DÖV 2012, 861 (863ff.); *A. Zimmermann*, ZRP 2012, 116ff. → Art. 1 III Rn. 45.
³³¹ *Pernice* → Bd. II², Art. 24 Rn. 66; *Schröder*, Gesetzesbindung (Fn. 162), S. 112f.; *Tomuschat* (Fn. 12), Art. 24 Rn. 170.
³³² BVerfGE 90, 286 (351); 104, 151 (193f., Rn. 113, 115). Näher, auch zur Verfassungsbeschwerde und abstrakten Normenkontrolle *B. Fassbender*, HStR³ XI, § 244 Rn. 119ff.; zu letzterer auch *Bothe*, Kontrolle (Fn. 277), S. 177f. Zu prozessualen Fragen *D. Murswiek*, NVwZ 2007, 1130ff.
³³³ BVerfGE 104, 151 (212, Rn. 159); 118, 244 (255, Rn. 31; 258, Rn. 40; 260f., Rn. 44ff.); 121, 135 (157f., Rn. 64).

V. Beitritt zu einer internationalen Schiedsgerichtsbarkeit (Art. 24 III GG)

Als weiterer Ausdruck des Friedensgebots sieht Art. 24 III GG vor, dass der Bund zur Regelung zwischenstaatlicher Streitigkeiten Vereinbarungen über eine allgemeine, umfassende, obligatorische, internationale Schiedsgerichtsbarkeit beitreten wird. Diese **Beitrittspflicht**[336] geht freilich mangels Existenz einer derart hohen Anforderungen entsprechenden Gerichtsbarkeit (→ Rn. 80) derzeit **ins Leere**; stellte man geringere Anforderungen[337], führte dies eingedenk der Beitrittspflicht zu einer weit reichenden außenpolitischen Bindung Deutschlands[338]. Aktuell ist immerhin die ebenfalls aus Art. 24 III GG folgende Pflicht, auf die Schaffung einer solchen Gerichtsbarkeit hinzuwirken[339].

78

1. Die Anforderungen im Einzelnen

Eine **Gerichtsbarkeit** i. S. d. Art. 24 III GG impliziert namentlich die Entscheidung von Streitigkeiten anhand rechtlicher Maßstäbe und die bindende Wirkung der Urteile[340]. Über den Wortlaut hinaus erfasst sind, auch zur Vermeidung von Abgrenzungsschwierigkeiten, nicht nur Schiedsgerichte, sondern generell die **institutionalisierte internationale Gerichtsbarkeit**[341]. Indes genügt nicht jedwede internationale Gerichtsinstanz, vielmehr formuliert Art. 24 III GG verschiedene Voraussetzungen. Erforderlich ist zunächst eine Entscheidung **zwischenstaatlicher Streitigkeiten**[342]. Hierzu rechnen auch Streitigkeiten mit internationalen Organisationen[343]; im Interesse der Realisierbarkeit des Art. 24 III GG stellt dies allerdings nur eine Möglichkeit, nicht aber eine Voraussetzung dar[344]. Gegenständlich muss die Gerichtsbarkeit **umfassend** sein, sich mithin auf alle wesentlichen Fragen des Völkerrechts erstrecken[345]. Die in der Völkerrechtspraxis

79

---

[334] BVerfGE 104, 151 (210, Rn. 154); ferner E 118, 244 (260f., Rn. 45).
[335] BVerfGE 104, 151 (210f., Rn. 155ff.). Ebenso für das neue strategische Konzept (2010) *K.-M. Spieß*, UBWV 2013, 270 (271).
[336] Statt vieler *Deiseroth* (Fn. 49), Art. 24 Rn. 357; *Rojahn* (Fn. 58), Art. 24 Rn. 8, 115; *Tomuschat* (Fn. 12), Art. 24 Rn. 192. A.A. etwa SPD-Bundestagsfraktion, in: Institut für Staatslehre und Politik (Fn. 61), S. 244ff. (283); relativierend *G. Graf von Baudissin/R. Platzöder*, AöR 99 (1974), 32 (42).
[337] So *Zuleeg*, in: AK-GG, Art. 24 III/Art. 25 (2001), Rn. 58: keine kumulative Anwendung der Kriterien.
[338] Vgl. *Classen* (Fn. 7), Art. 24 Rn. 98; *Tomuschat* (Fn. 12), Art. 24 Rn. 194, 205.
[339] *Pernice* → Bd. II², Art. 24 Rn. 68; *Rojahn* (Fn. 58), Art. 24 Rn. 117 (auch unterhalb der Voraussetzungen des Art. 24 III GG); *Streinz* (Fn. 58), Art. 24 Rn. 85; *R. Wolfrum*, HStR³ XI, § 242 Rn. 8. Enger *Tomuschat* (Fn. 12), Art. 24 Rn. 193: nur Frustrationsverbot. Weiter (angemessene Beteiligung) *H. Mosler*, HStR VII, § 179 Rn. 35f.
[340] *Classen* (Fn. 7), Art. 24 Rn. 96, 101; *Pernice* → Bd. II², Art. 24 Rn. 67.
[341] Statt vieler *Deiseroth* (Fn. 49), Art. 24 Rn. 336f.; *H. Mosler*, HStR VII, § 179 Rn. 16ff. (Leitbildfunktion des IGH); *A. Randelzhofer*, in: Maunz/Dürig, GG, Art. 24 III (1992), Rn. 8.
[342] *Hobe* (Fn. 19), Art. 24 Rn. 72f. Zum daraus folgenden Ausschluss von Streitigkeiten, an denen Individuen beteiligt sind, *C. Ohler*, JZ 2015, 337 (342).
[343] *Classen* (Fn. 7), Art. 24 Rn. 97; *Hobe* (Fn. 19), Art. 24 Rn. 73. A.A. etwa *Randelzhofer* (Fn. 341), Art. 24 III Rn. 9; *Tomuschat* (Fn. 12), Art. 24 Rn. 197.
[344] Vgl. auch *Tomuschat* (Fn. 12), Art. 24 Rn. 197.
[345] S. nur *Classen* (Fn. 7), Art. 24 Rn. 98; *Randelzhofer* (Fn. 341), Art. 24 III Rn. 12; ohne Einschränkung *H. Mosler*, HStR VII, § 179 Rn. 25. Entstehungsgeschichtlich: Abg. *Eberhard* und *Schmid*, Parl. Rat V/1, S. 326. A.A. *A. Bleckmann*, DÖV 1996, 137 (144f.).

Art. 24 C. Erläuterungen

übliche Möglichkeit sachlich beschränkter Unterwerfungserklärungen (Vorbehalte) ändert hieran nichts[346]. Das **Allgemeinheitserfordernis** bezieht sich auf den persönlichen Anwendungsbereich und ist nach überwiegendem Verständnis erfüllt, wenn eine Beteiligung allen Staaten offen steht, ohne dass alle Staaten beigetreten sein müssten[347]. Im Interesse der Friedenswahrung sind gleichwohl auch regionale Instanzen erfasst[348]. **Obligatorisch** ist die Gerichtsbarkeit nicht schon dann, wenn alle Staaten Vertragspartei des Statuts sind, sondern nur, wenn sich ihr einzelne Staaten nicht entziehen können[349]. Dies ist bei einem Unterwerfungserfordernis im Einzelfall zu verneinen[350].

80 Damit scheidet sowohl die auf eine Verantwortlichkeit Einzelner zielende **internationale Strafgerichtsbarkeit** als auch das Individualbeschwerdeverfahren vor dem **Europäischen Gerichtshof für Menschenrechte** (Art. 34 EMRK) aus[351]; auch die Staatenbeschwerde vor letzterem ist aufgrund ihres nicht umfassenden Charakters nicht einbezogen[352]. Aufgrund des Unterwerfungserfordernisses unterfällt nicht einmal der **Internationale Gerichtshof** mangels obligatorischer Gerichtsbarkeit Art. 24 III GG[353], womit letzterer auch **keine Pflicht zur Unterwerfung** begründet[354]. Gleichwohl hat sich Deutschland am 30.4.2008 der Gerichtsbarkeit des Internationalen Gerichtshofs gemäß Art. 36 II IGH-Statut (mit gewissen Einschränkungen[355]) unterworfen[356].

---

[346] S. nur *H. Mosler*, HStR VII, § 179 Rn. 26 (aber Widerspruch zur »Zielvorstellung des Grundgesetzes«); *Randelzhofer* (Fn. 341), Art. 24 III Rn. 12; *Tomuschat* (Fn. 12), Art. 24 Rn. 202.

[347] Statt vieler *D. Blumenwitz*, GYIL 21 (1978), 207 (226f.); *Classen* (Fn. 7), Art. 24 Rn. 98; *Deiseroth* (Fn. 49), Art. 24 Rn. 338ff.; *Tomuschat* (Fn. 12), Art. 24 Rn. 200. A.A. *A. Bleckmann*, Grundgesetz und Völkerrecht, 1975, S. 232; *Zuleeg* (Fn. 337), Art. 24 III/Art. 25 Rn. 52, 54f.; vgl. aber auch Rn. 58 zur Kritik am Allgemeinheitserfordernis. *Randelzhofer* (Fn. 341), Art. 24 III Rn. 10, führt demgegenüber als h.M. die Bindung der überwiegenden Mehrheit der Staaten an. Entstehungsgeschichtlich Abg. *Eberhard* und *Schmid*, Parl. Rat VI/1, S. 326f.

[348] Statt vieler *Deiseroth* (Fn. 49), Art. 24 Rn. 342; *Randelzhofer* (Fn. 341), Art. 24 III Rn. 11; *Tomuschat* (Fn. 12), Art. 24 Rn. 201. A.A. *Classen* (Fn. 7), Art. 24 Rn. 98.

[349] S. nur *Hobe* (Fn. 19), Art. 24 Rn. 74; *Rojahn* (Fn. 58), Art. 24 Rn. 119; *Tomuschat* (Fn. 12), Art. 24 Rn. 203. S. aber *Classen* (Fn. 7), Art. 24 Rn. 99 (fehlende Unterwerfung einzelner Staaten, solange die Gegenseitigkeit gesichert ist, unschädlich).

[350] S. nur *Deiseroth* (Fn. 49), Art. 24 Rn. 350; *Hobe* (Fn. 19), Art. 24 Rn. 74; *Rojahn* (Fn. 58), Art. 24 Rn. 119.

[351] *Hobe* (Fn. 19), Art. 24 Rn. 72; *Streinz* (Fn. 58), Art. 24 Rn. 87; *Zuleeg* (Fn. 337), Art. 24 III/Art. 25 Rn. 58. Zum Ausschluss von Verfahren vor **Investor-Staat-Schiedsgerichten**, *C. Ohler*, JZ 2015, 337 (342); dort (343 ff.) auch zu verfassungs- und unionsrechtlichen Grenzen. Zu letzteren auch *C.D. Classen*, EuZW 2014, 611 ff.

[352] *Deiseroth* (Fn. 49), Art. 24 Rn. 348; *Hobe* (Fn. 19), Art. 24 Rn. 72f. Insg. offener *C. Tomuschat*, HStR VII, § 172 Rn. 49.

[353] S. nur *G. Graf von Baudissin/R. Platzöder*, AöR 99 (1974), 32 (41f.); *Hobe* (Fn. 19), Art. 24 Rn. 74; *Randelzhofer* (Fn. 341), Art. 24 III Rn. 18; *Rojahn* (Fn. 58), Art. 24 Rn. 120; *Tomuschat* (Fn. 12), Art. 24 Rn. 204, 208. A.A. etwa *D. Blumenwitz*, GYIL 21 (1978), 207 (227f., 229f.); *Classen* (Fn. 7), Art. 24 Rn. 100; *Deiseroth* (Fn. 49), Art. 24 Rn. 354; ferner *A. Zimmermann*, ZRP 8 (2006), 248 (250).

[354] S. nur *Hobe* (Fn. 19), Art. 24 Rn. 74; *Randelzhofer* (Fn. 341), Art. 24 III Rn. 18; *Tomuschat* (Fn. 12), Art. 24 Rn. 208. A.A. etwa *Classen* (Fn. 7), Art. 24 Rn. 100; *Deiseroth* (Fn. 49), Art. 24 Rn. 354, 360f., 370; ferner *Pernice* → Bd. II², Art. 24 Rn. 68; *Rojahn* (Fn. 58), Art. 24 Rn. 120 (offener).

[355] Etwa Unterwerfung nur pro futuro und Ausklammerung militärischer Aktionen, s. *Hobe* (Fn. 19), Art. 24 Rn. 75; *Rojahn* (Fn. 58), Art. 24 Rn. 121.

[356] Erklärung über die Anerkennung der obligatorischen Zuständigkeit des Internationalen Gerichtshofs nach Artikel 36 Abs. 2 des Statuts des Internationalen Gerichtshofs (BT-Drs. 16/9218). Bekanntmachung zur Charta der Vereinten Nationen v. 29.5.2008 (BGBl. II, S. 713). Dazu *M. Bothe/E. Klein*, ZaöRV 67 (2007), 825 ff.; *C. Eick*, ZaöRV 68 (2008), 763 ff.

2. Beitritt

Der **Vollzug** des Beitritts ist in Art. 24 III GG nicht näher geregelt und bestimmt sich damit nach den allgemeinen Regeln über die auswärtige Gewalt. Erforderlich ist mit Blick auf die Tragweite der Unterwerfung unter eine derartige Gerichtsbarkeit ein gemäß Art. 59 II 1 1. Alt. GG ratifikationsbedürftiger völkerrechtlicher Vertrag[357].

81

D. Verhältnis zu anderen GG-Bestimmungen

Für die Beteiligung an der EU (zum weiten Verständnis: → Art. 23 Rn. 41) geht **Art. 23 GG** vor[358]. Auf dessen Grundlage ist auch eine verteidigungs- und sicherheitspolitische Kooperation neben bzw. alternativ zu Art. 24 II GG möglich[359]; allein der Parlamentsvorbehalt des Art. 24 II GG für den **Einsatz der Streitkräfte** ist speziell gegenüber Art. 23 GG, so dass der Streitkräfteeinsatz auch im Rahmen der EU grundsätzlich nur bei vorheriger Zustimmung des Bundestags möglich ist (→ Rn. 75)[360]. Für die Kompetenzverteilung im Bereich der auswärtigen Gewalt stellt Art. 24 GG eine Spezialregelung gegenüber **Art. 32 GG** dar[361]. Der spezielle Gesetzesvorbehalt des Art. 24 I GG geht **Art. 59 II 1 GG** vor (zur Bundesratsbeteiligung: → Rn. 36)[362]; ein Rückgriff auf letzteren hat aber im Kontext des Art. 24 II und III GG zu erfolgen[363]. Für die Ausgestaltung des Rechtsschutzes gegen Akte zwischenstaatlicher Einrichtungen ist Art. 24 I GG, mangels Ausübung deutscher öffentlicher Gewalt nicht aber **Art. 19 IV GG** einschlägig (→ Art. 19 IV Rn. 51)[364]. Die Beschränkung des **Art. 87a II GG** findet im Rahmen des Art. 24 II GG keine Anwendung (→ Rn. 74).

82

---

[357] Statt vieler *D. Blumenwitz*, GYIL 21 (1978), 207 (231 ff.); *H. Mosler*, HStR VII, § 179 Rn. 29; *Randelzhofer* (Fn. 341), Art. 24 III Rn. 14; *Tomuschat* (Fn. 12), Art. 24 Rn. 206 f. Strittig ist (namentlich im Fall des IGH), ob die völkervertraglich vorgesehene Möglichkeit einer einseitigen Unterwerfung eine erneute Zustimmungspflicht des Parlaments auslöst, so *Blumenwitz*, a.a.O.; *Deiseroth* (Fn. 49), Art. 24 Rn. 364; a.A. *Classen* (Fn. 7), Art. 24 Rn. 102; *Wolfrum*, Kontrolle (Fn. 321), S. 60.

[358] *Hobe* (Fn. 19), Art. 24 Rn. 7, 9; *Pernice* → Bd. II², Art. 24 Rn. 7, 63, 69.

[359] *Streinz* (Fn. 58), Art. 24 Rn. 63b. Für eine Spezialität des Art. 23 GG *B. Fassbender*, HStR³ XI, § 244 Rn. 74; *Scholz* (Fn. 205), Art. 23 Rn. 66; *F. Schorkopf*, in: BK, GG, Art. 23 (2011), Rn. 74; ferner *Pernice* → Bd. II², Art. 23 Rn. 121; Art. 24 Rn. 51, 63 (Konsumtion). Für einen Vorrang des Art. 24 II GG *D. Thym*, DVBl. 2000, 676 (681); s. auch obiter, ohne Subsumtion der EU (auch) unter Art. 24 II GG auszuschließen, BVerfGE 123, 267 (360 f., Rn. 254).

[360] BVerfGE 123, 267 (425, Rn. 388); *B. Fassbender*, HStR³ XI, § 244 Rn. 74; *Streinz* (Fn. 58), Art. 24 Rn. 63b.

[361] *Jarass*/Pieroth, GG, Art. 24 Rn. 2; *Niedobitek*, Verträge (Fn. 71), S. 201 ff.; *Pernice* → Bd. II², Art. 24 Rn. 69. A.A. *S. Grotefels*, DVBl. 1994, 785 (786); ferner – für eine Geltung des Art. 32 III GG neben Art. 24 Ia GG – *Classen* (Fn. 7), Art. 24 Rn. 73.

[362] *Classen* (Fn. 7), Art. 24 Rn. 23; *Pernice* → Bd. II², Art. 24 Rn. 69. Für ein bifunktionales Nebeneinander (Öffnung und Zustimmungsgesetz): *Flint*, Übertragung (Fn. 63), S. 148 ff.; *Frenzel*, Sekundärrechtsetzungsakte (Fn. 74), S. 193 ff.; *Ipsen*, Gemeinschaftsrecht (Fn. 25), S. 60, 62; *König*, Übertragung (Fn. 1), S. 73 ff., 99 f.; *Randelzhofer* (Fn. 58), Art. 24 I Rn. 7, 21, 62 f.; *Streinz* (Fn. 58), Art. 24 Rn. 24. Differenzierend: *Tomuschat* (Fn. 12), Art. 24 Rn. 28 f. Offen gelassen: *Deiseroth* (Fn. 49), Art. 24 Rn. 75. Zur Parallelfrage im Kontext des Europa-Artikels → Art. 23 Rn. 179.

[363] BVerfGE 90, 286 (351); *Pernice* → Bd. II², Art. 24 Rn. 69.

[364] BVerfGE 58, 1 (29 ff.); 73, 339 (372 f.).

Artikel 25 [Völkerrecht als Bestandteil des Bundesrechtes]

¹Die allgemeinen Regeln des Völkerrechtes sind Bestandteil des Bundesrechtes. ²Sie gehen den Gesetzen vor und erzeugen Rechte und Pflichten unmittelbar für die Bewohner des Bundesgebietes.

Literaturauswahl

Cremer, Hans-Joachim: Allgemeine Regeln des Völkerrechts, in: HStR³ XI, § 235, S. 369–411.
Doehring, Karl: Die allgemeinen Regeln des völkerrechtlichen Fremdenrechts und das deutsche Verfassungsrecht, 1963.
Knop, Daniel: Völker- und Europarechtsfreundlichkeit als Verfassungsgrundsätze, 2014.
Payandeh, Mehrdad: Völkerrechtsfreundlichkeit als Verfassungsprinzip. Ein Beitrag des Grundgesetzes zur Einheit von Völkerrecht und nationalem Recht, in: JöR 57 (2009), S. 465–502.
Proelß, Alexander: Der Grundsatz der völkerrechtsfreundlichen Auslegung im Lichte der Rechtsprechung des BVerfG, in: Hartmut Rensen/Stefan Brink (Hrsg.), Linien der Rechtsprechung des Bundesverfassungsgerichts – erörtert von den wissenschaftlichen Mitarbeitern, 2009, S. 553–584.
Rudolf, Walter: Völkerrecht und deutsches Recht, 1967.
Schorkopf, Frank: Grundgesetz und Überstaatlichkeit. Konflikt und Harmonie in den auswärtigen Beziehungen Deutschlands, 2007.
Steinberger, Helmut: Allgemeine Regeln des Völkerrechts, in: HStR VII, § 173, S. 525–570.
Talmon, Stefan: Die Grenzen der Anwendung des Völkerrechts im deutschen Recht, in: JZ 2013, S. 12–21.
Wildhaber, Luzius/Breitenmoser, Stephan: The Relationship between Customary International Law and Municipal Law in Western European Countries, in: ZaöRV 48 (1988), S. 163–207.

Leitentscheidungen des Bundesverfassungsgerichts

BVerfGE 15, 25 (32ff.) – Jugoslawische Militärmission; 16, 27 (33ff.) – Iranische Botschaft; 18, 441 (448ff.) – AG in Zürich; 23, 288 (300ff.) – Kriegsfolgelasten II; 46, 342 (362ff.) – Philippinische Botschaft; 64, 1 (22ff.) – National Iranian Oil Company; 75, 1 (18ff.) – Völkerrecht; 92, 277 (320ff.) – DDR-Spione; 94, 315 (328ff.) – Zwangsarbeit; 95, 96 (128ff.) – Mauerschützen; 96, 68 (86ff.) – DDR-Botschafter; 108, 129 (136ff., Rn. 29ff.) – Auslieferung; 109, 13 (25ff., Rn. 42ff.) – Lockspitzel I; 109, 38 (51ff., Rn. 44ff.) – Lockspitzel II; 112, 1 (24ff., Rn. 88ff.) – Bodenreform III; 113, 154 (161ff., Rn. 21ff.) – Auslieferung IV; 117, 141 (148ff., Rn. 23ff.) – Diplomatische Immunität; 118, 124 (134ff., Rn. 29ff.) – Völkerrechtliche Notstandseinrede.

Gliederung

	Rn.
A. Herkunft, Entstehung, Entwicklung	1
I. Ideen- und verfassungsgeschichtliche Aspekte	1
II. Entstehung und Veränderung der Norm	4
B. Internationale, supranationale und rechtsvergleichende Bezüge	7
I. Internationale Bezüge	7
II. Supranationale Bezüge	8
III. Rechtsvergleichende Aspekte	10
C. Erläuterungen	13
I. Allgemeine Bedeutung	13
II. Allgemeine Regeln des Völkerrechts	17
1. Zwingendes Völkerrecht (ius cogens)	18
2. Völkergewohnheitsrecht	19
3. Die allgemeinen Rechtsgrundsätze	25
4. Sonderfall EMRK	27
III. Bestandteil des Bundesrechts	28
IV. Vorrang gegenüber den Gesetzen (Art. 25 S. 2, 1. Halbs. GG)	29

V. Erzeugung von Rechten und Pflichten unmittelbar für die Bewohner des Bundesgebietes (Art. 25 S. 2, 2. Halbs. GG)	33
VI. Einzelne Regeln des allgemeinen Völkerrechts	40
VII. Sachverhalte mit Auslandsbezug	48
VIII. Völkerrechtsfreundlichkeit und völkerrechtsfreundliche Auslegung des Grundgesetzes	51
IX. Rechtsschutz	53
D. Verhältnis zu anderen GG-Bestimmungen	55

Stichwörter

Act of State-Doctrin 50 – Adressat 15 – Allgemeine Rechtsgrundsätze 20, 25 f. – Allgemeinheit 17 f., 20 ff. – Anwendungsvorrang 29 – Ausländische Hoheitsakte 48 ff. – Auslieferung 41, 49 – Berechtigte (Bewohner) 39 – Delikt, völkerrechtliches 38, 45 – Doppelbestrafung 47 – Dualismus 1 f. – EMRK 27 – Enteignungen 35, 41 – EU 8 f., 55 – Folterverbot 18, 27, 41 – Fremdenrecht 41 – Geltung, innerstaatliche 28 – Genozid 18 – Gesetzesvorbehalt 31, 37 – Gewaltverbot 18, 41 – humanitäres Völkerrecht 38, 41 – Immunität 42 f. – Inländerbehandlung 41 – ius cogens 7 f., 10, 18, 29 f., 43, 48 – Konstitutionalisierung 7 – Kriegsfolgelasten 47 – Kriegsverbrechen 42 f., 47 – Menschenrechte 16, 18, 30, 34, 41, 55 – Monismus 1 f. – ne bis in idem 47 – Normverifikationsverfahren 4, 14, 54 f. – öffentliche Sicherheit 31 – partikulares Völkergewohnheitsrecht 24 – Praxis 16, 40 ff. – Rang 5, 13, 30 – Sklavereiverbot 18, 27 – Staatenimmunität 42 – Staatsangehörigkeit 41 – Staatsnotstand 44 – Subjektivierung 28, 33 ff. – Territorialitätsprinzip 41 – Todesstrafe 47, 49 – Transformationslehre 1 f., 28 – Verfahren, faires 41 – Verfassungsbeschwerde 53 f. – Verfassungsvorbehalt 27, 52 – Völkergewohnheitsrecht 7 f., 19 ff., 32, 47, 55 – Völkerrechtsfreundlichkeit 9, 13, 15, 27, 30, 36, 49, 51 f. – Völkerstrafrecht 31 – Völkervertragsrecht 17, 23, 27, 41, 51, 55 – Vollzugslehre 1 f. – Vorlagepflicht 54 – Wirkung, unmittelbare 28.

A. Herkunft, Entstehung, Entwicklung

I. Ideen- und verfassungsgeschichtliche Aspekte

Das in Art. 25 GG (teil)geregelte **Verhältnis von Völkerrecht und nationalem Recht** 1 (zum Völkervertragsrecht: → Art. 59 Rn. 47) ist Gegenstand eines schon Jahrhunderte währenden, facettenreichen Theorienstreits, der seinen Ausgang zu Beginn der Neuzeit mit der Etablierung des Völkerrechts nahm[1]. Der zunächst vorherrschende und später etwa von Kelsen[2] vertretene **Monismus** nimmt eine einheitliche, Völker- und nationales Recht umfassende Rechtsordnung an, wobei ein Primat beider Rechtsschichten vertreten wurde. Einen Vorrang des Völkerrechts nahm Krabbe vor dem Hintergrund eines auf Vitoria und Suárez zurückgehenden Verständnisses des nationalen Rechts als Bestandteil einer universalen Rechtsordnung an[3]; sah man demgegenüber, wie Hegel, den Geltungsgrund des Völkerrechts in einer Selbstbindung der Staa-

---

[1] Im Überblick *C. Amrhein-Hofmann*, Monismus und Dualismus in den Völkerrechtslehren, 2003, S. 16 ff.; *A. Cassese*, International Law, 2. Aufl. 2005, S. 213 ff.; *C. Koenig*, in: v. Mangoldt/Klein/Starck, GG II, Art. 25 Rn. 32 ff.; *K. J. Partsch*, BDGV 6 (1964), 13 (18 ff., 41 ff.); *W. Rudolf*, Völkerrecht und deutsches Recht, 1967, S. 128 ff.; *F. Schorkopf*, Grundgesetz und Überstaatlichkeit, 2007, S. 237 ff.; *Schweitzer*, Staatsrecht III, Rn. 25 ff., 418 ff.; *C. Tomuschat*, in: BK, Art. 25 (2009), Rn. 54 ff.
[2] *H. Kelsen*, Reine Rechtslehre, 2. Aufl. 1960, S. 328 ff. (»Einheit allen Rechts«); ferner *A. Verdross*, Die Einheit des rechtlichen Weltbildes auf Grundlage der Völkerrechtsverfassung, 1923, S. 126 ff.
[3] S. *H. Krabbe*, Die Lehre der Rechtssouveränität, 1906; *F. de Vitoria*, De pot. civili n. 21 (1528), und *F. Suárez*, De Legibus ac Deo Legislatore, II (1872), cap. 19,9 (näher *J. Soder*, Francisco Suárez und das Völkerrecht, 1973, S. 220 ff.); ferner *W. Kaufmann*, Die Rechtskraft des Internationalen Rechtes und das Verhältnis der Staatsgesetzgebungen und der Staatsorgane zu demselben, 1899. Der von *G. Scelle* (Manuel élémentaire de droit international public, 1943, S. 21) vertretene radikale Monismus nahm im Kollisionsfall eine Nichtigkeit des nationalen Rechts an, wohingegen ein gemä-

ten und verstand dieses als »äußeres Staatsrecht«[4], lag ein (heute nicht mehr vertretener) Primat des nationalen Rechts nahe[5]. Die innerstaatliche Geltung von Völkerrecht beruht nach neueren monistischen Auffassungen auf einer innerstaatlichen Adoption, Inkorporation respektive Rezeption, die die Völkerrechtsnorm nicht in nationales Recht umwandelt, sondern ihre Geltung als Völkerrecht anordnet[6]. Der zu Beginn des 20. Jahrhunderts infolge der Arbeiten von Triepel[7] und Anzilotti[8] an Boden gewinnende **Dualismus** versteht Völker- und nationales Recht angesichts unterschiedlicher Rechtsquellen und Rechtssubjekte als getrennte Rechtskreise und knüpft die innerstaatliche Geltung von Völkerrecht an dessen Umwandlung in nationales Recht; mithin bedarf es im Sinne der mit dem Dualismus verbundenen **Transformationslehre** eines (generellen oder speziellen) nationalen Transformationsaktes[9]. In Abkehr der Vorstellung strikt getrennter Sphären[10] erkennen Vertreter eines gemäßigten Dualismus die Möglichkeit nicht zu leugnender Überschneidungen zwischen Völker- und nationalem Recht an und lösen Normwidersprüche mit Kollisionsregeln auf[11]. Nach der quer zu diesen Auffassungen stehenden **Vollzugstheorie** verpflichtet ein innerstaatlicher Vollzugsbefehl nationale Stellen, Völkerrecht anzuwenden[12].

2   Vor diesem Hintergrund lässt sich Art. 25 S. 1 GG sowohl als Generaltransformator i.S.d. Transformationslehre als auch als Adoptions-, Inkorporations- bzw. Rezeptionsnorm i.S. monistischer Theorien als auch als Vollzugsbefehl deuten; **Art. 25 GG beantwortet** damit den (praktisch irrelevanten[13]) **Theorienstreit nicht**[14]. Nach Auffassung des **Bundesverfassungsgerichts** illustrieren Art. 25 und 59 II GG, dass »[d]em Grundgesetz [...] deutlich die klassische Vorstellung zu Grunde [liegt], dass es sich bei dem Verhältnis des Völkerrechts zum nationalen Recht um ein Verhältnis zweier unterschiedlicher Rechtskreise handelt und dass die Natur dieses Verhältnisses aus der Sicht des nationalen Rechts nur durch das nationale Recht selbst bestimmt werden kann«[15].

ßigtes Verständnis (*A. Verdross*, Die Verfassung der Völkerrechtsgemeinschaft, 1926, S. 33 ff.) lediglich eine Anpassungspflicht postulierte.

[4] *G. W. F. Hegel*, Grundlinien der Philosophie des Rechts (1821), §§ 330 ff.

[5] Für einen Primat des Landesrechts *J. J. Moser*, Teutsches Auswärtiges Staatsrecht, 1772; *C. Bergbohm*, Staatsverträge und Gesetze als Quellen des Völkerrechts, 1877, S. 59 ff., 102 ff.; *A. Zorn*, Grundzüge des Völkerrechts, 2. Aufl. 1903, S. 5 ff.; *M. Wenzel*, Juristische Grundprobleme, 1920, S. 351 ff., 385 ff. (insb. S. 402 ff.). S. ferner m. w. N. *H.-J. Cremer*, HStR³ XI, § 235 Rn. 8 Fn. 27.

[6] Im Detail *Koenig* (Fn. 1), Art. 25 Rn. 39 f.

[7] *H. Triepel*, Völkerrecht und Landesrecht, 1899, S. 111. Hierzu nur *R. Geiger*, Heinrich Triepels Lehre über den Dualismus von Völkerrecht und Landesrecht: ein Rückblick, in: FS 600 Jahre Universität Leipzig, 2009, S. 73 ff. (74 ff.).

[8] *D. Anzilotti*, Lehrbuch des Völkerrechts, Bd. 1, 1929, S. 37 ff.

[9] S. zur (vor allem für völkerrechtliche Verträge relevanten) gemäßigten Transformationstheorie, nach der neben der materiellen Völkerrechtsnorm auch Regeln über deren Existenz und Auslegung (z. B. Inkrafttreten) ins nationale Recht transformiert werden, um so das mit der strikten Transformationstheorie einhergehende Auseinanderfallen von völkerrechtlicher und nationaler Rechtslage zu vermeiden *Rudolf*, Völkerrecht (Fn. 1), S. 164 ff., 171; *Schweitzer*, Staatsrecht III, Rn. 432 ff.

[10] So noch *Anzilotti*, Lehrbuch (Fn. 8), S. 41 ff.; *Triepel*, Völkerrecht (Fn. 7), S. 111.

[11] *Rudolf*, Völkerrecht (Fn. 1), S. 141 ff.; *G. A. Walz*, Völkerrecht und staatliches Recht, 1933, S. 259 ff. Vgl. *H.-J. Cremer*, HStR³ XI, § 235 Rn. 8 Fn. 26.

[12] S. zu dieser *K. J. Partsch*, BDGV 6 (1964), 13 (19 ff., 84 ff.); ferner (gemäßigt): *G. Papadimitriu*, Die Stellung der allgemeinen Regeln des Völkerrechts im innerstaatlichen Recht, 1972, S. 50 ff.

[13] Statt vieler *R. Geiger*, Grundgesetz und Völkerrecht, 6. Aufl. 2013, S. 15.

[14] S. *K. J. Partsch*, BDGV 6 (1964), 13 (48 ff.); ferner nur: *M. Herdegen*, in: Maunz/Dürig, GG, Art. 25 (2000), Rn. 3, 36; *Stern*, Staatsrecht I, S. 485; *R. Streinz*, in: Sachs, GG, Art. 25 Rn. 18 ff.; *Tomuschat* (Fn. 1), Art. 25 Rn. 60 f.

[15] BVerfGE 111, 307 (318, Rn. 34). *Pernice* → Bd. II², Art. 25 Rn. 16.

I. Ideen- und verfassungsgeschichtliche Aspekte Art. 25

Demnach liegt dem Grundgesetz ein gemäßigter Dualismus zugrunde[16]. Um, entsprechend der Zielsetzung des Art. 25 GG (→ Rn. 13), einen Gleichklang von innerstaatlicher und völkerrechtlicher Rechtslage zu gewährleisten, ohne die Figur einer Dauertransformation annehmen zu müssen, ist die **Vollzugs- bzw. Adoptionstheorie vorzuziehen**, die auf eine Transformation in nationales Recht verzichtet (zum Völkervertragsrecht → Art. 59 Rn. 47)[17].

Verfassungsgeschichtlich hat Art. 25 GG einen **Vorläufer in Art. 4 WRV**, der erstmals 3
in der deutschen Verfassungstradition, das anglo-amerikanische Verständnis (→ Rn. 11) rezipierend[18], im kontinentaleuropäischen Vergleich zunächst singulär[19] und in Reaktion auf alliierte Vorwürfe einer Missachtung des Völkerrechts während des Ersten Weltkriegs[20] vorsah, dass »[d]ie allgemein anerkannten Regeln des Völkerrechts […] als bindende Bestandteile des deutschen Reichsrechts« gelten[21]; **frühere Verfassungen** normierten lediglich den Abschluss völkerrechtlicher Verträge (§ 77 Paulskirchenverfassung; Art. 11 RV 1871), wobei Gerichte auch vor 1919 allgemeine Regeln des Völkerrechts (unter dem Vorbehalt entgegenstehenden Gesetzesrechts) heranzogen[22]. Einen Übergesetzesrang, wie Art. 25 S. 2, 1. Halbs. GG (→ Rn. 29 ff.), ordnete die WRV nicht an. Zudem blieb die Tragweite des Art. 4 WRV wegen seiner restriktiven Auslegung weit hinter derjenigen des Art. 25 GG zurück, erachteten Rechtsprechung und Lehre unter Verweis auf das Tatbestandsmerkmal »anerkannt« doch nur vom Deutschen Reich konsentierte Regeln für erfasst (→ Rn. 4)[23], und konnte die Regel durch widersprechendes Gesetzesrecht außer Kraft gesetzt werden[24].

---

[16] Ebenso etwa *Geiger*, Grundgesetz (Fn. 13), S. 16; *C. Hillgruber*, in: Schmidt-Bleibtreu/Hofmann/Henneke, GG, Art. 25 Rn. 2; *Rudolf*, Völkerrecht (Fn. 1), S. 128 ff., 150, 262; *Streinz* (Fn. 14), Art. 25 Rn. 19.

[17] *Geiger*, Grundgesetz (Fn. 13), S. 157; *Koenig* (Fn. 1), Art. 25 Rn. 42 f.; *K. J. Partsch*, BDGV 6 (1964), 13 (84 ff., 143 ff.); *V. Röben*, Außenverfassungsrecht, 2007, S. 69; *H. Steinberger*, HStR VII, § 173 Rn. 43; *M. Zuleeg*, in: AK-GG, Art. 24 III/Art. 25 (2001), Rn. 10 ff. – Aus den Beratungen: Abg. *Schmid*, Parl. Rat V/1, S. 317 f., XIV/1, S. 160 f. (anders Abg. *Strauß*, Parl. Rat XIV/1, S. 163: »Transformation schon durch diesen Satz des Verfassungsgesetzgebers«); zur Unergiebigkeit der Genese: *K. J. Partsch*, BDGV 6 (1964), 13 (49 ff.). Wohl in diese Richtung (aber auch der gemäßigten Transformationslehre zurechenbar) BVerfGE 46, 342 (363): »Kraft des generellen Rechtsanwendungsbefehls, den Art. 25 Satz 1 GG erteilt hat, sind auch diese Art allgemeiner Regeln des Völkerrechts in ihrer jeweiligen Tragweite als Bestandteil des Bundesrechts mit Vorrang vor den Gesetzen von allen rechtsetzenden und rechtsanwendenden Organen der Bundesrepublik Deutschland als Normen objektiven Rechts zu beachten und je nach Maßgabe ihres Tatbestands und Regelungsgehalts anzuwenden«; undeutlich BVerfGE 23, 288 (316): »inkorporierte völkerrechtliche Bundesrecht«. Für ein Verständnis des Art. 25 GG als »Generaltransformator« i.S.e. gemäßigten Transformationstheorie *Rudolf*, Völkerrecht (Fn. 1), S. 262; a.A. auch *A. Bleckmann*, DÖV 1979, 309 (313).

[18] *H. Steinberger*, HStR VII, § 173 Rn. 1 Fn. 4.

[19] S. *Koenig* (Fn. 1), Art. 25 Rn. 9; *Rudolf*, Völkerrecht (Fn. 1), S. 241; *H. Steinberger*, HStR VII, § 173 Rn. 1 Fn. 5.

[20] S. *R. Hofmann*, in: Umbach/Clemens, GG, Art. 25 Rn. 6; *E. Menzel*, DÖV 1971, 528 (532); *Tomuschat* (Fn. 1), Art. 25 Rn. 8.

[21] Zur Genese *Schorkopf*, Grundgesetz (Fn. 1), S. 35 ff.; *H. Steinberger*, HStR VII, § 173 Rn. 1 Fn. 4.

[22] S. nur RGZ 16, 263 (265 ff.); 62, 165 (165 ff.); 67, 251 (255 ff.); ferner *Anschütz*, WRV, Art. 4 Anm. 2; *H. Steinberger*, HStR VII, § 173 Rn. 1 Fn. 2 m.w.N.; *Tomuschat* (Fn. 1), Art. 25 Rn. 7.

[23] S. nur *Anschütz*, WRV, Art. 4 Anm. 4.

[24] *Anschütz*, WRV, Art. 4 Anm. 7; *Tomuschat* (Fn. 1), Art. 25 Rn. 8.

II. Entstehung und Veränderung der Norm

4 Bereits[25] **Art. 22 HChE** enthielt wesentliche Weichenstellungen für die vom Verfassunggeber beabsichtigte **Stärkung des Völkerrechts in der deutschen Rechtsordnung** (allgemein → Art. 24 Rn. 1 ff.)[26]. Entsprach auch die Erklärung der allgemeinen Regeln des Völkerrechts zum »Bestandteil des Bundesrechts« Art. 4 WRV, so verzichtete Art. 22 HChE, anders als im Übrigen einige Landesverfassunggeber (→ Rn. 12), doch zum einen auf die Notwendigkeit einer Anerkennung der Völkerrechtsnorm gerade durch Deutschland und vollzog damit eine in den Beratungen umstrittene[27] Abkehr von der WRV (→ Rn. 3, 20)[28]. Zum anderen sollte der Zusatz, dass die allgemeinen Regeln des Völkerrechts »Rechte und Pflichten unmittelbar für alle Bewohner des Bundesgebietes erzeugen«, verdeutlichen, dass »das deutsche Volk gewillt ist, im Völkerrecht mehr zu sehen als nur eine Ordnung, deren Normen lediglich die Staaten als solche verpflichten« (→ Rn. 33 ff.)[29]. In diesem Zusammenhang sah man des Weiteren die Notwendigkeit einer zentralen Instanz zur Feststellung von Existenz und Inhalt allgemeiner Regeln des Völkerrechts, die in das Normverifikationsverfahren (Art. 100 II GG; → Rn. 54, → Art. 100 Rn. 30 ff.) mündete[30].

5 Eine Ergänzung erfuhr die Verfassungsbestimmung um die **Rangfrage**, die umstritten war. Um den Vorrang allgemein anerkannter Regeln des Völkerrechts vor Gesetzen sicherzustellen, sollten erstere zunächst zum »Bestandteil des Bundesverfassungsrechts« erklärt werden[31]. Damit auch der verfassungsändernde Gesetzgeber allgemeine Regeln des Völkerrechts nicht zu derogieren vermag, schlug Abg. von Mangoldt dann die Grundgesetz gewordene Fassung vor, in der diese Intention – Abg. von Brentano unterstrich: »Das Völkerrecht geht unter allen [...] Umständen dem Bundesrecht und auch dem Bundesverfassungsrecht vor«[32] – freilich nur unvollkommen zum Ausdruck kommt[33]; damit war der Auslegungsstreit um den Rang vorprogrammiert (→ Rn. 30).

6 Art. 25 GG hat **bislang keine Änderung** erfahren; die 1973 bis 1976 tagende Enquete-Kommission Verfassungsreform sah von einer Entscheidung der umstrittenen

---

[25] Näher zur Genese *Schorkopf*, Grundgesetz (Fn. 1), S. 48 ff.
[26] Abg. *Schmid*, Parl. Rat V/1, S. 317 ff.; ferner Parl. Rat IX, S. 40, 443. S. bereits Art. C i.d.F. des Unterausschusses I, Parl. Rat II, S. 206.
[27] S. namentlich die Diskussion zwischen Abg. *von Mangoldt* und *Schmid*, Parl. Rat V/1, S. 318 ff., und XIV/1, S. 158 ff., sowie Parl. Rat XIV/1, S. 819 ff.; ferner Parl. Rat XIII/2, S. 1319 f.
[28] HChE, Darstellender Teil, Parl. Rat II, S. 517.
[29] HChE, Darstellender Teil, Parl. Rat II, S. 517. Die Möglichkeit einer Bindung Einzelner wurde explizit bejaht, s. Abg. *Eberhard*, Parl. Rat V/1, S. 317: der »Kellog-Pakt [würde] dann ausdrücklich die Bewohner binden«; ferner Abg. *Schmid*, ebd., S. 317 f., mit Blick auf die HLKO, und Parl. Rat IX, S. 40; XIV/1, S. 160 f., 164.
[30] S. namentlich Parl. Rat XIII/2, S. 1376 ff. (mit Fokus auf Zuständigkeitszuweisung an BVerfG oder Oberstes Bundesgericht), und Parl. Rat XIV/1, S. 159 f. (Antrag *Seebohm*); ferner Parl. Rat V/1, S. 319; XIII/2, S. 1319 f.; XIV/1, S. 821 f.; XIV/2, S. 1515 ff.
[31] Art. 29 i.d.F. des Allgemeinen Redaktionsausschusses vom 13.12.1948, Parl. Rat V/2, S. 889 f.; ferner Parl. Rat VII, S. 147 f.; Art. 29 i.d.F. der zweiten Lesung im Hauptausschuss am 15.12.1948, Parl. Rat VII, S. 226; XIV/1, S. 819 ff.
[32] Abg. *von Brentano*, Parl. Rat XIV/2, S. 1795.
[33] Parl. Rat XIV/2, S. 1795; s. ferner den (abgelehnten) Antrag des Abg. *von Mangoldt*, Parl. Rat XIV/2, S. 1515 f. Eine (nicht dokumentierte) Verständigung vermutend *Schorkopf*, Grundgesetz (Fn. 1), S. 61.

Rangfrage (→ Rn. 30) ab, da »man die weitere Entwicklung [...] den Gerichten überlassen könne.«[34]

B. Internationale, supranationale und rechtsvergleichende Bezüge

I. Internationale Bezüge

Das Völkerrecht verpflichtet zwar die von ihm adressierten Staaten zu seiner Einhaltung (unabhängig von entgegenstehendem nationalen Recht jedweden Ranges; vgl. Art. 27 WVK), enthält allerdings nach überkommener Lesart, obgleich es im Zeichen seiner Konstitutionalisierung und infolge des Übergangs von einem Koordinations- zu einem Kooperationsvölkerrecht zunehmend Anforderungen an die innerstaatliche Rechtsordnung aufstellt, **keine Vorgaben für** die Art und Weise seiner **Einbeziehung in die innerstaatliche Rechtsordnung**[35]. Normen des völkerrechtlichen **ius cogens** (→ Rn. 18) wird indes zunehmend (auch) innerstaatliche Relevanz zugesprochen[36]; so sollen diese zumindest im Verfassungsrang stehen (→ Rn. 30)[37] und entgegenstehendes innerstaatliches Recht brechen (→ Rn. 29). Dem von Art. 25 GG primär erfassten Völkergewohnheitsrecht (→ Rn. 19 ff.) kommt trotz einer fortschreitenden Kodifikation völkerrechtlicher Regelungen durch Verträge nach wie vor eine große Bedeutung zu (→ Rn. 55)[38].

7

II. Supranationale Bezüge

Im Primärrecht der Europäischen Union, der Rechtssubjektivität (Art. 47 EUV) und (partielle) Völkerrechtsfähigkeit (→ Art. 32 Rn. 9) zukommt, findet sich keine Parallelnorm zu Art. 25 GG. Gleichwohl ist anerkannt, dass das **Völkergewohnheitsrecht** Bestandteil der Unionsrechtsordnung ist, die Unionsorgane bindet und damit über dem Sekundärrecht steht[39]. Im Verhältnis der Mitgliedstaaten zueinander geht das Primärrecht dispositivem Völkergewohnheitsrecht vor, tritt aber – auch gegenüber Drittstaaten – hinter Normen des ius cogens zurück[40]. Als Teil der Unionsrechtsordnung hat das

8

---

[34] Schlußbericht der Enquete-Kommission Verfassungsreform (BT-Drs. 7/5924), S. 231. S. auch *W. Jellinek*, Kritische Betrachtungen zur Völkerrechtsklausel in den deutschen Verfassungsurkunden, in: FS Kaufmann, 1950, S. 181 ff. (186 f.); *E. Menzel*, DÖV 1971, 528 (532 ff.); *K. J. Partsch*, BDGV 6 (1964), 13 (148 ff.).

[35] S. nur *Cassese*, International Law (Fn. 1), S. 217 ff.; *H.-J. Cremer*, HStR³ XI, § 235 Rn. 3; *O. Rojahn*, in: v. Münch/Kunig, GG I, Art. 25 Rn. 1; *H. Steinberger*, HStR VII, § 173 Rn. 37 ff.; *L. Wildhaber/S. Breitenmoser*, ZaöRV 48 (1988), 163 (164 ff.). A.A. (nur Modalitäten nationalem Recht überlassen) *A. Bleckmann*, DÖV 1996, 137 (139 f.).

[36] *Hofmann* (Fn. 20), Art. 25 Rn. 11; *S. Kadelbach*, Zwingende Normen des Völkerrechts, 1992, S. 339 f.; *Pernice* → Bd. II², Art. 25 Rn. 6 f.

[37] *Pernice* → Bd. II², Art. 25 Rn. 7. S. auch *Kadelbach*, Normen (Fn. 36), S. 340 f. A.A. *P. Kunig*, Völkerrecht und staatliches Recht, in: W. Graf Vitzthum (Hrsg.), Völkerrecht, 5. Aufl. 2010, 2. Abschnitt Rn. 153.

[38] S. nur *K.-F. Gärditz*, AVR 45 (2007), 1 (4 f.).

[39] EuGH, Rs. C-286/90, Slg. 1992, I-6019, Rn. 9 f. – *Poulsen und Diva Navigation*; Rs. C-162/96, Slg. 1998, I-3655, Rn. 45 f. – *Racke*; ferner Rs. C-402/05 P und C-415/05 P, Slg. 2008, I-6351, Rn. 291 – *Kadi*; *O. Dörr*, in: Grabitz/Hilf/Nettesheim, EUV/AEUV, Art. 47 EUV (2011), Rn. 100 f.; *A. Epiney*, EuR Beih. 1/2012, 25 (26 ff.); *Streinz*, Europarecht, Rn. 538.

[40] *A. Epiney*, EuR Beih. 1/2012, 25 (41); *S. Hobe*, in: Friauf/Höfling, GG, Art. 25 (2011), Rn. 61; *Pernice* → Bd. II², Art. 25 Rn. 10; beschränkt auf den zwingenden Menschenrechtsschutz *Herdegen*

Völkerrecht am **Vorrang des Unionsrechts** teil und verdrängt, soweit dieser reicht und unabhängig von innerstaatlichen Rangzuweisungen für Völkerrecht, nationales Recht[41].

9 Der Grundsatz der **Völkerrechtsfreundlichkeit** prägt auch die Unionsrechtsordnung (im nationalen Kontext → Rn. 51 f.)[42]. So hat ein Gebot der völkerrechtskonformen Auslegung des (auch primären) Unionsrechts Anerkennung gefunden[43]. Überdies verlangen Art. 3 und 21 I UA 1 EUV eine Ausrichtung der internationalen Beziehungen der Union am Völkerrecht[44]. Die Kadi-Rechtsprechung, die die Geltung der Unionsgrundrechte für völkerrechtlich determiniertes Unionshandeln bekräftigt, verdeutlicht freilich, dass auch die Öffnung der Unionsrechtsordnung für das Völkerrecht **Grenzen** kennt[45].

III. Rechtsvergleichende Aspekte

10 Die Mehrzahl der **kontinental-westeuropäischen Verfassungen** regelt das Verhältnis von Völker- und Landesrecht (zum Völkervertragsrecht: → Art. 59 Rn. 13)[46]. Parallelnormen zu Art. 25 GG (mit teils unterschiedlicher Tragweite) finden sich etwa in Art. 9 I österr. Verf., nach dem die »allgemein anerkannten Regeln des Völkerrechtes [...] als Bestandteile des Bundesrechtes« gelten, oder in Art. 28 I 1 Verf. Griechenlands, der zudem einen Vorrang vor Gesetzesbestimmungen anordnet[47]. Einige nationale Verfassungen, wie etwa diejenigen der Niederlande oder Spaniens, enthalten keine explizite Regelung, Literatur und Rechtsprechung gehen aber gleichwohl von einer Einbeziehung in das nationale Recht aus[48]. Die BV sieht eine allgemeine Pflicht zur Beachtung des Völkerrechts durch Bund und Kantone (Art. 5 IV) sowie durch Bundesgericht und rechtsanwendende Behörden (Art. 190) vor und betrachtet **zwingendes Völker-**

(Fn. 14), Art. 25 Rn. 46; s. ferner, auch zur subsidiären Anwendbarkeit des allg. Völkerrechts *Dörr* (Fn. 39), Art. 47 EUV Rn. 104 ff.

[41] S. auch *H.-J. Cremer*, HStR³ XI, § 235 Rn. 28; *A. Epiney*, EuR Beih. 1/2012, 25 (35 ff.).

[42] *Pernice* → Bd. II², Art. 25 Rn. 8; ferner *Hobe* (Fn. 40), Art. 25 Rn. 60.

[43] EuGH, Rs. C-364/10, EU:C:2012:630, Rn. 43 ff., 51 – *Ungarn/Slowakei*. Zum Durchschlagen auf die Mitgliedstaaten C-240/09, Slg. 2011, I-1255, Rn. 50 – *Lesoochranárske zoskupenie*.

[44] S. zum »Beitrag der EU zur Entwicklung des allgemeinen Völkerrechts« *P. Bittner/G. Schusterschitz*, EuR Beih. 1/2012, 233 ff.

[45] EuGH, verb. Rs. C-402/05 P und C-415/05 P, Slg. 2008, I-6351, Rn. 326 – *Kadi und Al Barakaat*; verb. Rs. C-584/10 P, C-593/10 P und C-595/10 P, EU:C:2013:518, Rn. 65 ff. Näher *F. Wollenschläger*, in: A. Hatje/P.-C. Müller-Graff (Hrsg.), Enzyklopädie Europarecht, Bd. I, 2014, § 8 Rn. 41 f. Kritisch (wegen dualistischen Ansatzes) *B. Fassbender*, DÖV 2010, 333 (336 ff.); ferner *A. Paulus*, BDGV 47 (2014), 7 (33 ff., 41 f.). Ebenfalls die Autonomie der Unionsrechtsordnung im Kontext des in Art. 6 II EUV vorgesehenen EMRK-Beitritts betonend EuGH, Avis 2/13, ECLI: ELC: 2014, 2454 – *EMRK-Beitritt* (→ Art. 23 Rn. 19).

[46] Rechtsvergleichend *Cassese*, International Law (Fn. 1), S. 220 ff.; *Hobe* (Fn. 40), Art. 25 Rn. 37 ff.; *Tomuschat* (Fn. 1), Art. 25 Rn. 130 ff. S. ferner *A. Cassese*, RdC 192 (1985), 334 (334 ff.); *L. Wildhaber/S. Breitenmoser*, ZaöRV 48 (1988), 163 (179 ff.).

[47] S. ferner § 3 I 2 Verf. Estlands; Präambel Verf. Frankreichs (1946); Art. 10 I Verf. Italiens; Art. 8 I Verf. Portugals; ferner Art. 98 II Verf. Japans; Art. 15 IV 1 Verf. Russlands. Näher *Hobe* (Fn. 40), Art. 25 Rn. 38 ff., 57; *L. Wildhaber/S. Breitenmoser*, ZaöRV 48 (1988), 163 (182 ff.); *Tomuschat* (Fn. 1), Art. 25 Rn. 130 ff. Auch die Corte Costituzionale v. 19.3.2001, 73/2001, Nr. 3.1 hat einen Verfassungsvorbehalt anerkannt; ferner v. 22.10.2014, 238/2014, Nr. 3.2. Zu Russland *A. N. Babai/V. S. Timoshenko*, Russian Law 1 (2007), 77.

[48] S. *Hobe* (Fn. 40), Art. 25 Rn. 49 ff.; *L. Wildhaber/S. Breitenmoser*, ZaöRV 48 (1988), 163 (200 ff.); *Pernice* → Bd. II², Art. 25 Rn. 11; *Tomuschat* (Fn. 1), Art. 25 Rn. 137 ff.

recht als Grenze für eine Revision der Bundesverfassung (Art. 139 III, 193 IV und 194 II)[49]; das ungarische Verfassungsgericht hat einen Vorrang des ius cogens vor dem Verfassungsrecht anerkannt[50]. Art. 10 II Verf. Spaniens ordnet eine völkerrechtskonforme Auslegung der Grundrechte an (ebenso Art. 39 I lit. b Verf. Südafrikas; s. ferner Art. 233).

Nach der von Blackstone geprägten Formel »the law of the nations [...] is [...] part of the law of the land«[51] folgt die **anglo-amerikanische Rechtstradition** zwar der Inkorporationslehre, geht allerdings gleichzeitig vom Vorrang nationaler Gesetze vor dem Völkerrecht aus[52]; Art. 232 Verf. Südafrikas bringt dies auf den Punkt: »Customary international law is law in the Republic unless it is inconsistent with the Constitution or an Act of Parliament.«

11

Mit Ausnahme von Rheinland-Pfalz kannten alle nach 1945 verabschiedeten **Landesverfassungen** Völkerrechtsklauseln[53]; heute finden sich Parallelnormen nur noch in Art. 84 BayVerf. und Art. 122 S. 1 BremVerf., die indes in Anlehnung an Art. 4 WRV (→ Rn. 3) lediglich die allgemein *anerkannten* Regeln des Völkerrechts zum Bestandteil des Landesrechts erklären[54], und ferner in Art. 67 S. 1 HessVerf., der mit seiner Bezugnahme auf »Regeln des Völkerrechts« weitergeht[55]. Art. 67 S. 2 HessVerf. ordnet einen Übergesetzesrang[56], Art. 122 S. 2 BremVerf. eine Verbindlichkeit für Staat und Einzelne an. Wegen der grundgesetzlich angeordneten Geltung allgemeiner Regeln des Völkerrechts als Bundesrecht erweisen sich die landesverfassungsrechtlichen Klauseln, unbeschadet der durch sie bewirkten Parallelgeltung auch als Landesrecht, indes als **gegenstandslos**[57].

12

---

[49] Dazu auch *Tomuschat* (Fn. 1), Art. 25 Rn. 141.

[50] VerfG v. 12.10.1993, 53/1993, VerfGE 1993, 323ff. (deutsche Übersetzung bei *G. Brunner/L. Sólyom*, Verfassungsgerichtsbarkeit in Ungarn, 1995, S. 520); näher *P. Sonnevend*, ZaöRV 57 (1997), 195 (205ff.).

[51] *W. Blackstone*, Commentaries on the laws of England, 1769, Nachdruck 1966, S. 67 (Book IV, Chap. 5). S. auch U.S. Supreme Court, Paquete Habana, 175 U.S. 677 (1900).

[52] S. *Cassese*, International Law (Fn. 1), S. 225f.; *Pernice* → Bd. II², Art. 25 Rn. 14; *Tomuschat* (Fn. 1), Art. 25 Rn. 142f.; ferner *Ü. Bungert*, DÖV 1994, 797 (799ff., 805f.); *Hobe* (Fn. 40), Art. 25 Rn. 52ff. m.w.N.

[53] S. *Jellinek*, Völkerrechtsklausel (Fn. 34), S. 183ff.

[54] Näher *C. Schulz*, in: Meder/Brechmann, BV, Art. 84 Rn. 1ff.

[55] Für eine Ausklammerung des Völkervertragsrechts HessStGH, NVwZ 2008, 883 (895); *F. Pitzer*, in: G. A. Zinn/E. Stein (Hrsg.), Verfassung des Landes Hessen, Art. 67 Anm. 3 (1999); a.A. *K. R. Hinkel*, Verfassung des Landes Hessen, 2004, Art. 67 Anm. 2. Offen gelassen für die EMRK HessStGH, Urt. v. 10.1.1990, Az. P.St. 1081, juris, Rn. 24.

[56] Für einen auf Landesrecht beschränkten Geltungsvorrang *H. Günther*, Verfassungsgerichtsbarkeit in Hessen, 2004, § 39 Rn. 34.

[57] So *Rojahn* (Fn. 35), Art. 25 Rn. 59. Mangels kollidierender Rechtsfolgen und einer Sperrwirkung des Art. 25 GG überzeugt es nicht, die hinter Art. 25 GG zurückbleibenden Klauseln für gebrochen und nichtig zu erachten, so auch *Hofmann* (Fn. 20), Art. 25 Rn. 7; *Rudolf*, Völkerrecht (Fn. 1), S. 263f.; *Schulz* (Fn. 54), Art. 84 Rn. 2; *Schweitzer*, Staatsrecht III, Rn. 508; *H. Steinberger*, HStR VII, § 173 Rn. 3 m. Fn. 12, 48 Fn. 130; a.A. *Rojahn*, a.a.O.; *H. A. Wolff*, in: Lindner/Möstl/Wolff, BV, Art. 84 Rn. 6. Ebenso wenig erscheint die teils vertretene Auslegung des Landesverfassungsrechts im Lichte des Art. 25 GG angezeigt.

Art. 25

C. Erläuterungen

I. Allgemeine Bedeutung

13   Art. 25 S. 1 GG verkoppelt innerstaatliches Recht und Völkerrecht[58]. Er bezieht die allgemeinen Regeln des Völkerrechts in die deutsche Rechtsordnung ein und verzichtet, anders als Art. 59 II GG für das Völkervertragsrecht (→ Art. 59 Rn. 47), auf eine Übernahme im Einzelfall (zum gleichwohl unentschiedenen Theorienstreit → Rn. 1f.). Überdies weist Art. 25 S. 2 GG den allgemeinen Regeln des Völkerrechts, wiederum anders als völkerrechtlichen Verträgen (→ Art. 59 Rn. 47)[59], einen über dem einfachen Bundesrecht stehenden und damit **besonderen Rang** in der deutschen Rechtsordnung zu (zur strittigen Rangfrage → Rn. 30). Beide Entscheidungen sind nicht nur rechtstechnischer Natur; vielmehr verleihen sie der **Völkerrechtsfreundlichkeit des Grundgesetzes** (→ Rn. 51f.) sowie der ihm zugrunde liegenden »offenen Staatlichkeit« (→ Art. 24 Rn. 3) Ausdruck[60], verankern Deutschland in der internationalen Gemeinschaft[61] und bezwecken, »eine dem allgemeinen Völkerrecht entsprechende Gestaltung des Bundesrechts [zu erzwingen]. Der Sinn der unmittelbaren Geltung der allgemeinen Regeln des Völkerrechts liegt darin, kollidierendes innerstaatliches Recht zu verdrängen oder seine völkerrechtskonforme Anwendung zu bewirken.«[62]

14   Freilich gehen damit auch – bereits vom Verfassunggeber gesehene, aber in Kauf genommene (→ Rn. 4f.) – **Gefahren für die Autorität des Gesetzgebers und für die Rechtssicherheit** einher: »Da die allgemeinen Regeln des Völkerrechts sich ständig fortentwickeln, ist die Zahl der möglichen Kollisionen zwischen allgemeinem Völkerrecht und innerstaatlichem Recht nicht übersehbar. Der Prozeß der Umformung des innerstaatlichen Rechts durch das inkorporierte völkerrechtliche Bundesrecht vollzieht sich außerhalb des von der Verfassung vorgesehenen formellen Gesetzgebungsverfahrens.«[63] In rechtspraktischer Hinsicht soll diese Gefahren das **Normverifikationsverfahren** (Art. 100 II GG) abfedern (→ Rn. 54; → Art. 100 Rn. 30ff.). Das Allgemeinheitserfordernis (→ Rn. 17, 20ff.) gewährleistet überdies Ausgewogenheit sowie Angemessenheit der Völkerrechtsnorm und vermag so, zusammen mit der Verfassungsentscheidung für eine internationale Öffnung Deutschlands, deren innerstaatliche Verbindlichkeit ohne Einbeziehung des demokratisch legitimierten Gesetzgebers zu rechtfertigen[64].

15   Art. 25 GG verpflichtet **alle Staatsgewalten**, die allgemeinen Regeln des Völkerrechts zu beachten, und erstreckt sich mithin auf die Rechtssetzung, -auslegung und

---

[58] S. auch *H.-J. Cremer*, HStR³ XI, § 235 Rn. 2, 58.
[59] BVerfGE 6, 309 (363). Zum Unterverfassungsrang ferner E 4, 157 (169).
[60] S. nur BVerfGE 6, 309 (362f.); *Pernice* → Bd. II², Art. 25 Rn. 15; *H. Steinberger*, HStR VII, § 173 Rn. 6; *Tomuschat* (Fn. 1), Art. 25 Rn. 6.
[61] S. BVerfGE 112, 1 (25, Rn. 91); ferner *Tomuschat* (Fn. 1), Art. 25 Rn. 2f.
[62] BVerfGE 23, 288 (316); ferner E 112, 1 (25, Rn. 91); *Koenig* (Fn. 1), Art. 25 Rn. 13.
[63] BVerfGE 23, 288 (316f.).
[64] *Rojahn* (Fn. 35), Art. 25 Rn. 10; *Tomuschat* (Fn. 1), Art. 25 Rn. 6, 67; *ders.*, HStR VII, § 172 Rn. 12. Zur Legitimitätsfrage *H.-J. Cremer*, HStR³ XI, § 235 Rn. 19. Leicht kritische Untertöne bei *C. Tomuschat*, HStR VII, § 172 Rn. 11 (»Akt der Unterwerfung«), 17 (»sehr weitgehendes Souveränitätsopfer«), und mit Blick auf die »Vertrauenswürdigkeit des Völkerrechts« ibid., Rn. 19; ferner *W. K. Geck*, Das Bundesverfassungsgericht und die allgemeinen Regeln des Völkerrechts, in: Festgabe BVerfG, Bd. 2, 1976, S. 125ff. (130ff.); *M. Silagi*, EuGRZ 1980, 632 (637ff.) – die dynamische Verweisung problematisierend; *S. Talmon*, JZ 2013, 12 (12).

-anwendung⁶⁵. Das Bundesverfassungsgericht hat **drei Aspekte** dieser – ganz allgemein auch in der Völkerrechtsfreundlichkeit des Grundgesetzes wurzelnden (→ Rn. 51 f.) – Pflicht zur Respektierung des Völkerrechts herausgearbeitet: »Erstens sind die deutschen Staatsorgane verpflichtet, die die Bundesrepublik Deutschland bindenden Völkerrechtsnormen zu befolgen und Verletzungen nach Möglichkeit zu unterlassen [...]. Zweitens hat der Gesetzgeber für die deutsche Rechtsordnung zu gewährleisten, dass durch eigene Staatsorgane begangene Völkerrechtsverstöße korrigiert werden können. Drittens können die deutschen Staatsorgane – unter hier nicht näher zu bestimmenden Voraussetzungen – auch verpflichtet sein, das Völkerrecht im eigenen Verantwortungsbereich zur Geltung zu bringen, wenn andere Staaten es verletzen« (zu letzterem: → Rn. 48 ff.)⁶⁶.

Anders als Art. 4 WRV (→ Rn. 3) hat Art. 25 GG, trotz bestehender Grenzen, eine **nachhaltige Öffnung der deutschen Rechtsordnung** bewirkt⁶⁷. Dies belegen nicht zuletzt mehrere hundert Entscheidungen auf allen Ebenen der Gerichtsbarkeit, die die Existenz allgemeiner Regeln des Völkerrechts und ihre Einbeziehung in das innerstaatliche Recht betreffen. Kernfragen stellen die Staatenimmunität, die Zulässigkeit von Auslieferungen, der Menschenrechtsschutz sowie die Bewältigung der Folgen des Zweiten Weltkrieges und der deutschen Teilung dar (→ Rn. 40 ff.).

16

II. Allgemeine Regeln des Völkerrechts

Allgemeine Regeln des Völkerrechts i.S.d. Art. 25 GG stellen keine Rechtsquelle des Völkerrechts dar, beziehen sich aber auf solche. **Allgemeinheit ist einer Regelung** bei umfassender Anerkennung zu attestieren (→ Rn. 20 ff.), nicht aber werden inhaltliche Anforderungen aufgestellt (etwa i.S.e. allgemeinen Teils des Völkerrechts, umfassenden Anwendungsbereichs oder Abstraktionsgrads)⁶⁸. Ebenso wenig muss es sich um eine zwingende Norm des Völkerrechts (ius cogens) handeln⁶⁹. Art. 25 GG erfasst das **ius cogens** (1.), das **Völkergewohnheitsrecht** (2.) und die sie ergänzenden **anerkannten allgemeinen Rechtsgrundsätze** i.S.d. Art. 38 I lit. c IGH-Statut (3.)⁷⁰. Ausgeklammert

17

---

⁶⁵ BVerfGE 75, 1 (18 f.); BVerfG (K), NJW 1988, 1462 (1463); BVerfGE 109, 13 (26, Rn. 43); 109, 38 (52, Rn. 45).

⁶⁶ BVerfGE 112, 1 (26, Rn. 93; ferner 24, Rn. 88). Ein Beispiel für den dritten Aspekt stellt das Völkerstrafrecht dar, ebd. 26, Rn. 94. Zur Restitution *Herdegen* (Fn. 14), Art. 25 Rn. 10, 53; *Streinz* (Fn. 14), Art. 25 Rn. 97; *Tomuschat* (Fn. 1), Art. 25 Rn. 120 f.

⁶⁷ Einen Bedeutungszuwachs mit Beginn der 1980er Jahre konstatierend *Schorkopf*, Grundgesetz (Fn. 1), S. 165 ff.; zurückhaltend zuvor *Geck*, Bundesverfassungsgericht (Fn. 64), S. 132 f.; *Rudolf*, Völkerrecht (Fn. 1), S. 259 ff., 270; *M. Silagi*, EuGRZ 1980, 632 (635).

⁶⁸ BVerfGE 117, 141 (148, Rn. 25); 118, 124 (134, Rn. 30); *Rojahn* (Fn. 35), Art. 25 Rn. 10; *Tomuschat* (Fn. 1), Art. 25 Rn. 45 f.

⁶⁹ *Hobe* (Fn. 40), Art. 25 Rn. 27; *Rojahn* (Fn. 35), Art. 25 Rn. 10; *Tomuschat* (Fn. 1), Art. 25 Rn. 46. S. auch BVerfGE 18, 441 (448 f.); BVerfG (K), NJW 1986, 1425 (1426 f.). A.A. *M. Silagi*, EuGRZ 1980, 632 (645 ff.).

⁷⁰ Die Umschreibung variiert: Primär universell geltendes Völkergewohnheitsrecht, BVerfGE 15, 25 (32 f.); BVerfGK 19, 122 (130). Universell geltendes Völkergewohnheitsrecht und allg. Rechtsgrundsätze, BVerfGE 23, 288 (317); 31, 145 (177); 94, 315 (328); 95, 96 (129); 96, 68 (86); 109, 13 (27, Rn. 48); 109, 38 (53, Rn. 50); 117, 141 (149, Rn. 26); 118, 124 (134, Rn. 31); BVerfGK 14, 222 (227, Rn. 20); BVerfG (K), EuGRZ 2013, 563 (566, Rn. 42); *Rojahn* (Fn. 35), Art. 25 Rn. 6. Nennung aller drei Kategorien, BVerfG (K), NJW 1988, 1462 (1463); BVerwGE 127, 302 (317); *D. Deiseroth*, in: Umbach/Clemens, GG, Art. 24 Rn. 100; *Pernice* → Bd. II², Art. 25 Rn. 18 ff. Auch ius cogens, BVerfGE 112, 1 (27 f., Rn. 97).

bleiben das Völkervertragsrecht (→ Rn. 55)[71], Soft Law[72] und Beschlüsse sowie Empfehlungen internationaler Organisationen[73]. Nachdem es sich um völkerrechtliche Rechtsquellen handelt, richtet sich deren Existenz, Entwicklung und Inhalt nach dem Völker-, nicht aber dem Verfassungsrecht[74].

1. Zwingendes Völkerrecht (ius cogens)

18 Ius cogens, mithin »der Disposition der Staaten im Einzelfall entzogen[e] Normen«, umfasst »die in der Rechtsüberzeugung der Staatengemeinschaft fest verwurzelten Rechtssätze, die für den Bestand des Völkerrechts unerlässlich sind und deren Beachtung alle Mitglieder der Staatengemeinschaft verlangen können« (vgl. Art. 53 WVK)[75]. Aufgrund der notwendigen Anerkennung durch die Staatengemeinschaft erfüllt ius cogens das **Allgemeinheitserfordernis** des Art. 25 S. 1 GG[76]. Erfasst sind »Normen über die internationale Friedenssicherung«, namentlich das Gewaltverbot (Art. 2 Nr. 4 SVN), »das Selbstbestimmungsrecht [vgl. Art. 1 Nr. 2 SVN], grundlegende Menschenrechte sowie Kernnormen zum Schutz der Umwelt.«[77] Zum fundamentalen Menschenrechtsstandard (→ Art. 1 I Rn. 30) gerechnet werden das Genozid-[78], Sklaverei-[79] und Folterverbot[80], ferner das Recht auf Leben (str.)[81].

---

[71] S. nur BVerfGE 31, 145 (177f.); 41, 88 (120f.); 94, 315 (328); 117, 141 (149, Rn. 26); *H.-J. Cremer*, HStR³ XI, § 235 Rn. 10, 20; *K. Doehring*, Die allgemeinen Regeln des völkerrechtlichen Fremdenrechts und das deutsche Verfassungsrecht, 1963, S. 129 ff.; *Rojahn* (Fn. 35), Art. 25 Rn. 18. A.A. (wenn allg. Regel) *Geck*, Bundesverfassungsgericht (Fn. 64), S. 130 f.; *W. Pigorsch*, Die Einordnung völkerrechtlicher Normen in das Recht der Bundesrepublik Deutschland, 1959, S. 9 ff.; *Stern*, Staatsrecht I, S. 489.
[72] S. nur *Herdegen* (Fn. 14), Art. 25 Rn. 18; *Tomuschat* (Fn. 1), Art. 25 Rn. 39.
[73] S. nur *Koenig* (Fn. 1), Art. 25 Rn. 25 f.; *Rojahn* (Fn. 35), Art. 25 Rn. 7.
[74] BVerfGE 118, 124 (134, Rn. 31); ferner etwa *Pernice* → Bd. II², Art. 25 Rn. 16; *Streinz* (Fn. 14), Art. 25 Rn. 37.
[75] BVerfGE 112, 1 (27, Rn. 97); ferner *Cassese*, International Law (Fn. 1), S. 198 ff.; *A. Paulus*, Die internationale Gemeinschaft im Völkerrecht, 2001, S. 331 ff.; *Tomuschat* (Fn. 1), Art. 25 Rn. 21 ff. Zu seiner Maßstäblichkeit für Akte des UN-Sicherheitsrates und der NATO *Herdegen* (Fn. 14), Art. 25 Rn. 44 f. Umfassend *Kadelbach*, Normen (Fn. 36); ferner – zu Hierarchisierungsprozessen im Völkerrecht – *T. Kleinlein*, Konstitutionalisierung im Völkerrecht, 2012, S. 315 ff.
[76] BVerfG (K), NJW 1988, 1462 (1463); BVerfGE 112, 1 (27, Rn. 97); BVerwGE 127, 302 (317); *Deiseroth* (Fn. 70), Art. 24 Rn. 100; *Pernice* → Bd. II², Art. 25 Rn. 18; *Tomuschat* (Fn. 1), Art. 25 Rn. 22 (keine spezifische Rechtsquelle, sondern Völkergewohnheitsrecht bzw. allg. Rechtsgrundsätze); zur Verortung auch *Kadelbach*, Normen (Fn. 36), S. 182 ff.
[77] BVerfGE 112, 1 (27 f., Rn. 97); *Pernice* → Bd. II², Art. 25 Rn. 5. S. auch Komm. z. Art. 26 ILC-E Staatenverantwortlichkeit, Rn. 5: »Those peremptory norms that are clearly accepted and recognised include the prohibitions of aggression, genocide, slavery, racial discrimination, crimes against humanity and torture, and the right to self-determination« (abgedruckt in J. Crawford [Hrsg.], The International Law Commission's Articles on State Responsibility, 2002). Umfassend zum Normbestand *Kadelbach*, Normen (Fn. 36), S. 210 ff.; ferner *O. De Schutter*, International Human Rights Law, 2010, S. 64 ff. (Menschenrechte); *S. T. Helmersen*, Netherlands International Law Review 61 (2014), 167 ff. (Gewaltverbot).
[78] *Pernice* → Bd. II², Art. 25 Rn. 5; vgl. ferner IGH, Reports 1951, 15 (23); 1996, 595 (615 f.).
[79] IACHR v. 10.9.1993, Series C, Nr. 15, Rn. 57; *Pernice* → Bd. II², Art. 25 Rn. 5.
[80] *Pernice* → Bd. II², Art. 25 Rn. 5.
[81] *S. Hobe/C. Tietje*, AVR 32 (1994), 130 (139 ff.); *Zuleeg* (Fn. 17), Art. 24 III/Art. 25 Rn. 44.

2. Völkergewohnheitsrecht

In Anlehnung an Art. 38 I lit. b IGH-Statut und die Rechtsprechung des IGH[82] qualifiziert das Bundesverfassungsgericht eine Norm des Völkergewohnheitsrechts als »Regel, die von einer **gefestigten Praxis** zahlreicher, aber nicht notwendigerweise aller Staaten (usus) in der **Überzeugung einer völkerrechtlichen Verpflichtung** (opinio juris sive necessitatis) getragen wird«. Dabei dient das »Element der Rechtsüberzeugung [...] dazu, zwischen einer Praxis, die lediglich auf courtoisie beruht, und einer Rechtsregel zu unterscheiden.«[83] Als **Hilfsmittel** können Gerichtsentscheidungen und die völkerrechtliche Lehre herangezogen werden (vgl. Art. 38 I lit. d IGH-Statut)[84]; relevant sind ferner Kodifikationsvorhaben[85] sowie mit entsprechenden Mehrheiten verabschiedete Empfehlungen internationaler Organisationen[86].

19

Die Qualifikation einer Norm als allgemeine Regel des Völkerrechts setzt ihre **Anerkennung durch die überwiegende Mehrheit der Staaten**, nicht zwingend, was die Entstehungsgeschichte erhärtet (→ Rn. 4), auch durch die Bundesrepublik Deutschland, voraus[87]. Eine Ausnahme besteht lediglich nach allgemeinen völkerrechtlichen Regeln, wenn Deutschland als »persistent objector« im Entstehungsstadium der Norm aufgetreten ist und so eine gewohnheitsrechtliche Verpflichtung verhindert hat[88]. Die universelle Geltung allgemeiner Regeln des Völkerrechts zieht **strenge Anforderungen an deren Nachweis** nach sich[89].

20

Bezugspunkt sind nicht zwingend alle, sondern die in einer sachlichen und räumlichen Beziehung zum Regelungsgegenstand stehenden Staaten[90]. Um eine »Majorisierung durch Staaten mit ‚verfassungswidrigen' Wertvorstellungen« zu verhindern, fordern Teile der Literatur eine Anerkennung der Norm (auch) durch Staaten mit vergleichbaren Wertvorstellungen wie Deutschland[91]. Dies widerspricht freilich dem

21

---

[82] IGH, Reports 1950, 266 (276); 1951, 117; 1969, 3 (43f.); 1985, 29f.; 1986, 14 (97f.); *Cassese*, International Law (Fn. 1), S. 153ff.; *Geiger*, Grundgesetz (Fn. 13), S. 79ff.; *Schweitzer*, Staatsrecht III, Rn. 236ff. Ein Zurücktreten der Praxis zugunsten der Prinzipienbildung in der internationalen Rechtsprechung konstatierend *Tomuschat* (Fn. 1), Art. 25 Rn. 15ff.; s. auch N. Petersen, AVR 46 (2008), 502ff.

[83] BVerfGE 117, 141 (150, Rn. 31); ferner etwa E 15, 25 (35); 46, 342 (367, 389); 66, 39 (64f.); 109, 38 (53, Rn. 50).

[84] BVerfGE 117, 141 (151, Rn. 31); ferner E 15, 25 (35); 16, 27 (34); 46, 342 (367f., 389); 95, 96 (129); weiter E 109, 13 (28, Rn. 50): zwar Hilfsmittel, allerdings »ist bei der Ermittlung der Staatenpraxis den neueren Rechtsentwicklungen auf internationaler Ebene Rechnung zu tragen, die durch fortschreitende Differenzierung und eine Zunahme der anerkannten Völkerrechtssubjekte gekennzeichnet sind. Deshalb verdienen die Handlungen von Organen internationaler Organisationen und vor allem internationaler Gerichte besondere Aufmerksamkeit« (ebenso BVerfGE 109, 38 [54, Rn. 52]).

[85] BVerfGE 15, 25 (35); ferner E 16, 27 (34); 46, 342 (367f.).

[86] *Rojahn* (Fn. 35), Art. 25 Rn. 7f.

[87] BVerfGE 15, 25 (34); 16, 27 (33); 117, 141 (149, Rn. 25); 118, 124 (134, Rn. 30); *C. Hillgruber*, Der Staat 53 (2014), 475 (482f.); *Pernice* → Bd. II², Art. 25 Rn. 17, 19; *Rojahn* (Fn. 35), Art. 25 Rn. 13; *Tomuschat* (Fn. 1), Art. 25 Rn. 47ff.; s. auch BVerfGE 16, 276 (282).

[88] S. nur BVerfGE 46, 342 (389); IGH, Reports 1951, 117 (131); *C. Engel*, Völkerrecht als Tatbestandsmerkmal deutscher Normen, 1989, S. 177ff.; *Hillgruber* (Fn. 16), Art. 25 Rn. 5, 9f.; *ders.*, Der Staat 53 (2014), 475 (483); *Rojahn* (Fn. 35), Art. 25 Rn. 14. A.A., das völkerrechtliche Erlöschen dieser Regel betonend *Tomuschat* (Fn. 1), Art. 25 Rn. 50ff.

[89] BVerfGE 118, 124 (135, Rn. 31); BVerfGK 13, 7 (13, Rn. 23).

[90] *Pernice* → Bd. II², Art. 25 Rn. 20; *Rojahn* (Fn. 35), Art. 25 Rn. 9. Gegen diese Aufweichung des Allgemeinheitserfordernisses *Herdegen* (Fn. 14), Art. 25 Rn. 19.

[91] *Streinz* (Fn. 14), Art. 25 Rn. 24; ferner *Geck*, Bundesverfassungsgericht (Fn. 64), S. 128ff.

Art. 25 C. Erläuterungen

Allgemeinheitserfordernis für die Entstehung von Völkergewohnheitsrecht, das auch eine inhaltliche Gewähr für Angemessenheit und Ausgewogenheit bietet (→ Rn. 14)[92]. Überdies besteht hierfür kein Bedürfnis, da auch Art. 25 GG eine Öffnung nur im Rahmen der verfassungsmäßigen Ordnung verlangt (→ Rn. 52).

22   Hinsichtlich der **Staatspraxis** »ist in erster Linie auf das völkerrechtlich erhebliche Verhalten derjenigen Staatsorgane abzustellen, die kraft Völkerrechts oder kraft innerstaatlichen Rechts dazu berufen sind, den Staat im völkerrechtlichen Verkehr zu repräsentieren«, mithin auf Staatsoberhaupt respektive Regierung. Relevanz kann auch das Handeln anderer Staatsorgane, etwa des Parlaments oder der Gerichte, erlangen, »zumindest soweit ihr Verhalten unmittelbar völkerrechtlich erheblich ist, etwa zur Erfüllung einer völkerrechtlichen Verpflichtung oder zur Ausfüllung eines völkerrechtlichen Gestaltungsspielraums dienen kann.«[93]

23   Nachdem völkervertragliche Vereinbarungen ihnen widersprechendes (dispositives) Völkergewohnheitsrecht verdrängen und Art. 25 S. 1 GG die allgemeinen Regeln des Völkerrechts »nur mit ihrem jeweiligen Inhalt und in ihrer jeweiligen Tragweite« in die deutsche Rechtsordnung einbezieht, steht die Einbeziehung allgemeiner Regeln des Völkerrechts unter dem **Vorbehalt abweichender, innerstaatlich anwendbarer vertraglicher Absprachen**[94].

24   Art. 25 GG erstreckt sich nach Teilen der Literatur nicht auf **partikulares Völkergewohnheitsrecht**, das nur regionale, lokale oder gar nur bilaterale Geltung beansprucht, da es keine universellem Völkerrecht vergleichbare Gewähr für Ausgewogenheit und Richtigkeit biete (→ Rn. 14, 21)[95]. Die Position des Bundesverfassungsgerichts ist nicht eindeutig: Zwar definiert es die allgemeinen Regeln des Völkerrechts oftmals unter Bezugnahme auf universell geltendes Völkergewohnheitsrecht, allerdings ohne partikulares Völkergewohnheitsrecht explizit auszuschließen (→ Rn. 17 Fn. 70); überdies hat eine jüngere Kammerentscheidung regionales Völkergewohnheitsrecht explizit einbezogen[96]. Nachdem sich das Allgemeinheitserfordernis nicht absolut, sondern relativ zur räumlichen und sachlichen Beziehung zum Regelungsgegenstand bestimmt (→ Rn. 21), ist eine **Ausklammerung des partikularen Völkergewohnheitsrechts nicht gerechtfertigt**, zumal auch der Zweck des Art. 25 GG, eine Übereinstimmung von Völkerrecht und Bundesrecht zu sichern (→ Rn. 13), greift[97].

---

[92] *Rojahn* (Fn. 35), Art. 25 Rn. 11; *Tomuschat* (Fn. 1), Art. 25 Rn. 53.

[93] BVerfGE 46, 342 (367); ferner E 109, 13 (28, Rn. 49); 109, 38 (54, Rn. 51); 117, 141 (150f., Rn. 31); s. auch E 15, 25 (35); 16, 27 (34). Speziell zur Rolle der Gerichte *K.-F. Gärditz*, Der Staat 47 (2008), 381 (384ff.).

[94] BVerfGE 18, 441 (448f.); ferner BVerfG (K), NJW 1986, 1425 (1426f.); *H.-J. Cremer*, HStR³ XI, § 235 Rn. 21; *Pernice* → Bd. II², Art. 25 Rn. 17, 19, 41; *Tomuschat* (Fn. 1), Art. 25 Rn. 72ff.

[95] S. etwa *F. Czerner*, EuR 42 (2007), 537 (546f.); *Geck*, Bundesverfassungsgericht (Fn. 64), S. 128; *Herdegen* (Fn. 14), Art. 25 Rn. 19, 32ff. (gleichwohl Inkorporation gemäß Art. 25 S. 1 analog); *Rojahn* (Fn. 35), Art. 25 Rn. 10, 15ff.; *Rudolf*, Völkerrecht (Fn. 1), S. 275ff. (gleichwohl gewohnheitsrechtliche Transformationsnorm); *Schorkopf*, Grundgesetz (Fn. 1), S. 172f.

[96] BVerfG (K), NJW 2001, 3534 (3534, Rn. 6). Ablehnend für EG-Recht BVerfG (K), RIW 1986, 473 (473f.). S. auch *Tomuschat* (Fn. 1), Art. 25 Rn. 19.

[97] S. nur *A. Bleckmann*, Grundgesetz und Völkerrecht, 1975, S. 291f.; *Koenig* (Fn. 1), Art. 25 Rn. 7, 27f.; *Pernice* → Bd. II², Art. 25 Rn. 20; *Schweitzer*, Staatsrecht III, Rn. 481; *H. Steinberger*, HStR VII, § 173 Rn. 28f.; *Tomuschat* (Fn. 1), Art. 25 Rn. 19; *Zuleeg* (Fn. 17), Art. 24 III/Art. 25 Rn. 16, 27; ferner (vorsichtig) *H.-J. Cremer*, HStR³ XI, § 235 Rn. 17. Mangels hinreichenden Konsenses und wegen seiner Vertragsähnlichkeit ist **bilaterales Völkergewohnheitsrecht** auszuklammern, s. *Streinz* (Fn. 14), Art. 25 Rn. 27; *Tomuschat* (Fn. 1), Art. 25 Rn. 20; *ders.*, HStR VII, § 172 Rn. 14; a.A. *Bleckmann*, Grundgesetz (Fn. 97), S. 291; *Schweitzer*, Staatsrecht III, Rn. 481.

II. Allgemeine Regeln des Völkerrechts **Art. 25**

3. Die allgemeinen Rechtsgrundsätze

Unter den ebenfalls einbezogenen[98] allgemeinen Rechtsgrundsätzen versteht man »anerkannte Rechtsprinzipien, die übereinstimmend in den innerstaatlichen Rechtsordnungen zu finden und auf den zwischenstaatlichen Verkehr übertragbar sind« (vgl. auch **Art. 38 I lit. c IGH-Statut**)[99]. Damit sind keine originär auf letzteren bezogene Regeln erfasst[100]. Ausgeklammert bleibt demnach eine »Regel zur Reichweite des Immunitätsverzichts im Bereich der Staaten- und der diplomatischen Immunität«[101], ebenso übereinstimmende Grundsätze des IPR[102]. Anerkannt hat das Bundesverfassungsgericht den Rechtsgrundsatz Treu und Glauben (bona fides)[103]; zu nennen ist ferner das Rechtsmissbrauchs- und Bereicherungsverbot oder die Pflicht zur Entrichtung von Verzugszinsen[104]. 25

Allgemeine Rechtsgrundsätze haben das Völkergewohnheitsrecht ergänzenden Charakter[105]. Ihrer universellen **Anerkennung** soll es nicht bedürfen[106], was angesichts des Erfordernisses einer staatenübergreifenden Tradition fraglich erscheint. 26

4. Sonderfall EMRK

Als transformiertem völkerrechtlichem Vertrag kommt auch der EMRK lediglich **Gesetzesrang** zu (→ Rn. 55; → Vorb. Rn. 29)[107]. Nachdem das Bundesverfassungsgericht Verstöße des einfachen Rechts gegen die EMRK zunächst über allgemeine Kollisionsregeln, namentlich den Lex-posterior-Grundsatz gelöst hatte[108], hat es später vor dem Hintergrund der Völkerrechtsfreundlichkeit des Grundgesetzes (→ Rn. 51 f.) die EMRK einschließlich der Rechtsprechung des EGMR »als **Auslegungshilfen** für die Bestimmung von Inhalt und Reichweite von Grundrechten und rechtsstaatlichen Grundsätzen des Grundgesetzes« qualifiziert[109], zudem eine in Art. 20 III GG wurzelnde **Pflicht** 27

---

[98] S. nur BVerfGE 23, 288 (317); 118, 124 (134, Rn. 31); BVerfG (K), EuGRZ 2013, 563 (566, Rn. 42); *H.-J. Cremer*, HStR³ XI, § 235 Rn. 15; *Doehring*, Regeln (Fn. 71), S. 125 ff.; *Hofmann* (Fn. 20), Art. 25 Rn. 16; *H. Steinberger*, HStR VII, § 173 Rn. 18 m. Fn. 91; *Streinz* (Fn. 14), Art. 25 Rn. 35; ferner *L. Wildhaber/S. Breitenmoser*, ZaöRV 48 (1988), 163 (174 ff.), und Fn. 70. A.A. *Rudolf*, Völkerrecht (Fn. 1), S. 255 ff.; *Schweitzer*, Staatsrecht III, Rn. 265, 472, 472a, 486.
[99] BVerfGK 14, 222 (228, Rn. 20); ferner BVerfGE 117, 141 (149, Rn. 26); 118, 124 (134, Rn. 31). Näher *Cassese*, International Law (Fn. 1), S. 188 ff.; *Geiger*, Grundgesetz (Fn. 13), S. 88 ff.; *Schweitzer*, Staatsrecht III, Rn. 258 ff.; *Kleinlein*, Konstitutionalisierung (Fn. 75), S. 619 ff.; *Tomuschat* (Fn. 1), Art. 25 Rn. 29 ff.; *W. Weiß*, AVR 39 (2001), 394 (397 ff.).
[100] BVerfGE 117, 141 (150, Rn. 30); *H.-J. Cremer*, HStR³ XI, § 235 Rn. 15. A.A. weite Teile des völkerrechtlichen Schrifttums, s. nur *Tomuschat* (Fn. 1), Art. 25 Rn. 33 f.; *W. Weiß*, AVR 39 (2001), 394 (399 ff.).
[101] BVerfGE 117, 141 (150, Rn. 30).
[102] BVerfGK 14, 222 (228, Rn. 22).
[103] BVerfG (K), NJW 1986, 1427 (1428); ferner *Rojahn* (Fn. 35), Art. 25 Rn. 22.
[104] *Rojahn* (Fn. 35), Art. 25 Rn. 22.
[105] BVerfGE 23, 288 (305). Zur Annäherung dieser Kategorien *Tomuschat* (Fn. 1), Art. 25 Rn. 29.
[106] *Koenig* (Fn. 1), Art. 25 Rn. 23; *Rojahn* (Fn. 35), Art. 25 Rn. 22.
[107] BVerfGE 74, 358 (370); 82, 106 (114); 111, 307 (316 f., Rn. 31); 120, 180 (200, Rn. 52); 128, 326 (367, Rn. 87); 131, 268 (295, Rn. 91); BVerwGE 149, 117 (129 f.); BGHZ 189, 65 (72 f.); *Tomuschat* (Fn. 1), Art. 25 Rn. 38. A.A. (Art. 25 GG) *A. Bleckmann*, EuGRZ 1994, 149 (152 ff.).
[108] BVerfGE 6, 389 (440).
[109] BVerfGE 111, 307 (317, Rn. 32; ferner 329, Rn. 62); ferner E 120, 180 (200 f., Rn. 52); 124, 300 (319, Rn. 46); 128, 326 (367 ff., Rn. 88 f.); 131, 268 (295, Rn. 91). Erstmals BVerfGE 74, 358 (370); ferner E 82, 106 (115); BVerwGE 149, 117 (132 f.). Zur Rechtsprechung des Bundesverfassungsgerichts zur Bindung an die EMRK jüngst *R. Frau*, Der Gesetzgeber zwischen Verfassungsrecht und völkerrechtlichem Vertrag, 2015, S. 54 ff.

von Verwaltungsbehörden und Gerichten **zur Berücksichtigung** von EMRK und EGMR-Entscheidungen »im Rahmen methodisch vertretbarer Gesetzesauslegung« sowie unter Einbeziehung der »Auswirkungen auf die nationale Rechtsordnung« postuliert[110] und so mittelbar verfassungsgerichtlichen Rechtsschutz bei Konventionsverletzungen eröffnet[111]. Indes steht die Einbeziehung der EMRK unter einem **Verfassungsvorbehalt,** namentlich darf sie keine Schmälerung des grundgesetzlichen Grundrechtsschutzes bewirken[112]. Unabhängig davon kommt einzelnen Regeln der EMRK, etwa den Verboten der Folter (Art. 3) oder der Sklaverei (Art. 4 I), der Rang einer **allgemeinen Regel des Völkerrechts** zu (→ Rn. 18; → Vorb. Rn. 29)[113].

III. Bestandteil des Bundesrechts

28 Die Erklärung der allgemeinen Regeln des Völkerrechtes zum Bestandteil des Bundesrechts führt zu deren **innerstaatlicher Geltung,** mithin finden »diese Regeln ohne ein Transformationsgesetz, also unmittelbar, Eingang in die deutsche Rechtsordnung«[114]. Hierfür unerheblich ist, ob die Regel Rechte und Pflichten des Einzelnen begründet oder lediglich dem objektiven Recht zuzurechnen ist[115], ferner, ob die Norm als »self-executing«, mithin vollzugsfähig[116], qualifiziert werden kann[117]. Letzteres ist freilich Voraussetzung für deren unmittelbare Wirkung[118]. Angesichts der Maßgeblichkeit der völkerrechtlichen Regel mit ihrem aktuellen Bestand handelt es sich um eine **dynamische Verweisung**[119].

IV. Vorrang gegenüber den Gesetzen (Art. 25 S. 2, 1. Halbs. GG)

29 Die allgemeinen Regeln des Völkerrechts gehen gemäß Art. 25 S. 2, 1. Halbs. GG den Gesetzen vor. Das Rangverhältnis wird, wie im Kontext des Unionsrechts auch (→ Art. 23 Rn. 12 ff.), als **Anwendungsvorrang,** nicht aber, wie bei Art. 31 GG (→ Art. 31

---

[110] BVerfGE 111, 307 (323 ff., Rn. 47 ff.); ferner E 124, 300 (319, Rn. 46); BVerfG(K) v. 18.12.2014, 2 BvR 209/14 u. a., Rn. 41; BVerwGE 110, 203 (210 ff.); *M. Payandeh,* JöR 57 (2009), 465 (491 ff.).
[111] S. auch BVerfGE 111, 307 (328 ff., Rn. 60 ff.); 124, 300 (319, Rn. 46); ferner *A. Proelß,* Der Grundsatz der völkerrechtsfreundlichen Auslegung im Lichte der Rechtsprechung des BVerfG, in: H. Rensen/S. Brink (Hrsg.), Linien der Rechtsprechung des Bundesverfassungsgerichts, 2009, S. 553 ff. (577 ff.).
[112] BVerfGE 111, 307 (317, Rn. 32); 128, 326 (371, Rn. 93); BVerfG(K) v. 14.12.2014, 2 BvR 208/14 u. a., Rn. 41.
[113] BVerfGK 3, 159 (163 f., Rn. 16); *Tomuschat* (Fn. 1), Art. 25 Rn. 38; *R. Uerpmann,* Die Europäische Menschenrechtskonvention und die deutsche Rechtsprechung, 1993, S. 63 f. Weiter *A. Bleckmann,* EuGRZ 1994, 149 (152 ff.); *F. de Quadros,* La Convention Européenne des Droits de l'Homme: un cas de ius cogens régional?, in: FS Bernhardt, 1995, S. 555 ff. (559 ff.): EMRK im Ausmaß ihrer allg. Anerkennung regionales ius cogens; *Zuleeg* (Fn. 17), Art. 24 III/Art. 25 Rn. 50. Diesen Ansätzen entgegentretend *F. Czerner,* EuR 42 (2007), 537 (544 ff.); *Herdegen* (Fn. 14), Art. 25 Rn. 22; *Uerpmann,* ebd., S. 64 ff., 78. Indizcharakter für regionales Völkergewohnheitsrecht annehmend *Pernice* → Bd. II², Art. 25 Rn. 21, 36; ferner *Uerpmann,* ebd., S. 68, 78.
[114] BVerfGE 6, 309 (363).
[115] S. nur BVerfGE 46, 342 (362 f., 403 f.); *Koenig* (Fn. 1), Art. 25 Rn. 46 f.; *Rojahn* (Fn. 35), Art. 25 Rn. 27, 31; *H. Steinberger,* HStR VII, § 173 Rn. 45 ff.
[116] S. zur Vollzugsfähigkeit nur *Schweitzer,* Staatsrecht III, Rn. 436 ff.
[117] S. nur *Geiger,* Grundgesetz (Fn. 13), S. 157 f.; *Rojahn* (Fn. 35), Art. 25 Rn. 30; *Streinz* (Fn. 14), Art. 25 Rn. 40. A.A. *Rudolf,* Völkerrecht (Fn. 1), S. 257 ff.
[118] *Koenig* (Fn. 1), Art. 25 Rn. 45; *Streinz* (Fn. 14), Art. 25 Rn. 39.
[119] S. nur *Tomuschat* (Fn. 1), Art. 25 Rn. 66.

IV. Vorrang gegenüber den Gesetzen (Art. 25 S. 2, 1. Halbs. GG)   **Art. 25**

Rn. 42 f.), als Geltungsvorrang mit Nichtigkeitsfolge gedeutet[120]; letzterer besteht nach teils vertretener Auffassung aber bei Verstößen gegen ius cogens[121], wofür der Wortlaut freilich nichts hergibt. Dies bestimmt auch den Vorrang allgemeiner Regeln des Völkerrechts gegenüber **Landes(verfassungs)recht**, das nicht unter Verweis auf Art. 31 GG für generell gebrochen erachtet werden darf[122]. Überdies hat das Bundesverfassungsgericht ein Hineinwirken des Art. 25 GG in das Landesverfassungsrecht betont[123].

Umstritten ist das **Verhältnis** allgemeiner Regeln des Völkerrechts **zum Grundgesetz**; vertreten wird teils ein Überverfassungsrang[124] (mitunter bei Zuordnung des Art. 25 GG zum gemäß Art. 79 III GG unabänderlichen Verfassungskern[125]), teils ein Gleichrang mit dem Grundgesetz[126] sowie überwiegend ein Rang zwischen Grundgesetz und (Bundes-)Gesetzen[127].[128] Mag auch die Entstehungsgeschichte für einen Schutz auch gegenüber dem verfassungsändernden Gesetzgeber sprechen (→ Rn. 5) und ist die Zuerkennung eines Überverfassungsranges durch die Verfassung weder durch Art. 100 II GG[129] noch allgemein, wie das Beispiel der europäischen Integration

30

---

[120] BVerfGE 36, 342 (365); ferner E 23, 288 (316): »verdrängen«. S. aber auch BVerfGE 6, 309 (363): allgemeine Regeln des Völkerrechts »brechen insoweit jede Norm aus deutscher Rechtsquelle, die hinter ihnen zurückbleibt oder ihnen widerspricht.« Für einen Anwendungsvorrang statt vieler *H.-J. Cremer*, HStR³ XI, § 235 Rn. 29; *Stern*, Staatsrecht I, S. 493 f.; *Tomuschat* (Fn. 1), Art. 25 Rn. 88; *Zuleeg* (Fn. 17), Art. 24 III/Art. 25 Rn. 24. A.A. *Doehring*, Regeln (Fn. 71), S. 140 ff.

[121] Grundlegend *H. Mosler*, The International Society as a Legal Community, 1980, S. 19; ferner *S. Hobe/C. Tietje*, AVR 32 (1994), 130 (136 ff.); *Hofmann* (Fn. 20), Art. 25 Rn. 21; *Koenig* (Fn. 1), Art. 25 Rn. 49; *Rojahn* (Fn. 35), Art. 25 Rn. 58; *H. Steinberger*, HStR VII, § 173 Rn. 40, 55; ferner – bei Verstoß gegen zwingende Menschenrechtsstandards mit Blick auf Art. 1 II GG – *Herdegen* (Fn. 14), Art. 25 Rn. 43 Fn. 5.

[122] S. auch (nur Art. 25 S. 2, 1. Halbs. GG) *Stern*, Staatsrecht I, S. 704; → Art. 31 Rn. 11. A.A. (Art. 31 GG) etwa *Koenig* (Fn. 1), Art. 25 Rn. 44, 48; *Streinz* (Fn. 14), Art. 25 Rn. 91; *Tomuschat* (Fn. 1), Art. 25 Rn. 81 f.

[123] BVerfGE 1, 208 (233); 103, 332 (352 f., Rn. 66); *Pernice* → Bd. II², Art. 25 Rn. 15; *Tomuschat* (Fn. 1), Art. 25 Rn. 81.

[124] Allg. *C. F. Curtius*, DÖV 1955, 145 (145 f.); *Pigorsch*, Einordnung (Fn. 71), S. 55 ff.; für ius cogens *Hobe* (Fn. 40), Art. 25 Rn. 33 (lediglich Anpassungspflicht erwähnend); *Pernice* → Bd. II², Art. 25 Rn. 25 f.; *M. Ruffert*, JZ 2001, 633 (636); *C. Tietje*, Internationalisiertes Verwaltungshandeln, 2001, S. 218 (zumindest); *Zuleeg* (Fn. 17), Art. 24 III/Art. 25 Rn. 24; dies erwägend *Streinz* (Fn. 14), Art. 25 Rn. 90. A.A. *Tomuschat* (Fn. 1), Art. 25 Rn. 87.

[125] *C. F. Curtius*, DÖV 1955, 145 (146). A.A. *Jellinek*, Völkerrechtsklausel (Fn. 34), S. 188 f.; *Kunig*, Völkerrecht (Fn. 37), Rn. 152; ferner *A. Bleckmann*, DÖV 1979, 309 (313).

[126] Generell *A. Bleckmann*, DÖV 1979, 309 (313) – zumindest; *ders.*, DÖV 1996, 137 (141); *H.-J. Cremer*, HStR³ XI, § 235 Rn. 27; *Doehring*, Regeln (Fn. 71), S. 173 ff.; *Koenig* (Fn. 1), Art. 25 Rn. 51 ff.; *K. J. Partsch*, BDGV 6 (1964), 13 (61 ff.); *Rudolf*, Völkerrecht (Fn. 1), S. 264 ff.; *H. Steinberger*, HStR VII, § 173 Rn. 61; *Streinz* (Fn. 14), Art. 25 Rn. 90; ferner (für dispositives Völkergewohnheitsrecht) *Hobe* (Fn. 40), Art. 25 Rn. 34; *Pernice* → Bd. II², Art. 25 Rn. 25; *Tietje*, Verwaltungshandeln (Fn. 124), S. 218 f. (zumindest). Für ius cogens *K. Doehring*, HStR VII, § 178 Rn. 23 (insbesondere); *Rojahn* (Fn. 35), Art. 25 Rn. 54 ff.; ferner *Kadelbach*, Normen (Fn. 36), S. 340 f.

[127] BVerfGE 6, 309 (363); 111, 307 (318, Rn. 34); BVerwGE 47, 365 (378); *Geiger*, Grundgesetz (Fn. 13), S. 159 f.; *Herdegen* (Fn. 14), Art. 25 Rn. 42; *Hillgruber* (Fn. 16), Art. 25 Rn. 11 ff.; *ders.*, HStR³ II, § 32 Rn. 117; *Hofmann* (Fn. 20), Art. 25 Rn. 23; *J. Isensee*, AöR 138 (2013), 325 (344 ff.); *Kunig*, Völkerrecht (Fn. 37), Rn. 152; *Stern*, Staatsrecht I, S. 493 f.; *S. Talmon*, JZ 2013, 12 (15 f.); *Tomuschat* (Fn. 1), Art. 25 Rn. 83 ff.; *ders.*, HStR VII, § 172 Rn. 11; *Zuleeg* (Fn. 17), Art. 24 III/Art. 25 Rn. 22 ff. (mit Ausnahme von ius cogens).

[128] Differenziert *R. Bernhardt*, DÖV 1977, 457 (461): Vorrang des GG bei eindeutigem Widerspruch, ansonsten harmonisierende Auslegung.

[129] *Pernice* → Bd. II², Art. 25 Rn. 24 m. Fn. 105. A.A. *Hobe* (Fn. 40), Art. 25 Rn. 31; *Koenig* (Fn. 1), Art. 25 Rn. 53.

Ferdinand Wollenschläger

zeigt, ausgeschlossen (→ Art. 23 Rn. 30)[130], ist einem **Rang unter der Verfassung zuzustimmen**. Hierfür spricht schon der Wortlaut, der lediglich einen Vorrang vor den Gesetzen anordnet, worunter nicht das Grundgesetz zu verstehen ist[131]. Überdies ginge mit der Zuerkennung von zumindest Verfassungsrang ein schleichender Verfassungswandel einher, der nicht nur dem (freilich im Kontext der europäischen Integration nicht geltenden, s. Art. 23 I 3 GG[132]) Textänderungsgebot des Art. 79 I GG widerspricht, sondern wegen des mit Unsicherheiten behafteten Bestands und Inhalts allgemeiner Regeln des Völkerrechts (→ Rn. 14), deren Legitimation überdies unterhalb der Verfassung angesiedelt wird, auch erhebliche Unsicherheiten hinsichtlich des Inhalts der Verfassungsordnung begründete[133]. Gegen einen Überverfassungsrang sprechen zudem die fehlende Erwähnung in Art. 79 III GG und der Schutz der Verfassungsidentität[134]. Dieses Verständnis birgt auch nicht die ernstliche Gefahr eines Auseinanderfallens von Verfassungsrecht und allgemeinem Völkerrecht, zumal Konflikte fernliegend erscheinen[135]: Denn die gebotene **völkerrechtsfreundliche Auslegung** des **Grundgesetzes führt faktisch in die Nähe eines Verfassungsrangs**, wenn nicht gar in die Nähe eines Rangs zwischen Verfassung und unveräußerlichen Verfassungsgrundsätzen[136]; insoweit ist Normen des völkerrechtlichen ius cogens (→ Rn. 18) in besonderer Weise auf Verfassungsebene zur Durchsetzung zu verhelfen[137]. Dementsprechend hat auch das Bundesverfassungsgericht in seinem Mauerschützen-Urteil eine Durchbrechung des absolut verstandenen strafrechtlichen Rückwirkungsverbotes (Art. 103 II GG) im besonderen Ausnahmefall für zulässig erachtet, dass gesetzliche Rechtfertigungsgründe »extremes staatliches Unrecht« darstellen und die »in der Völkerrechtsgemeinschaft allgemein anerkannten Menschenrechte in schwerwiegender Weise mißachte[n]«[138]. Schließlich ändert die innerstaatliche Rangzuweisung nichts daran, dass aus völkerrechtlicher Perspektive auch Verfassungsrecht in Einklang mit Völkerrechtsnormen jedweden Ranges zu halten ist (→ Rn. 7).

31 Aus dem Unterverfassungsrang folgt, dass die allgemeinen Regeln des Völkerrechts nicht vom rechtsstaatlich-grundgesetzlichen **Gesetzesvorbehalt** dispensieren können[139]. Als Bestandteil des Bundesrechts mit der vom Grundgesetz zugesprochenen

---

[130] *Pernice* → Bd. II², Art. 25 Rn. 24. A.A. *Koenig* (Fn. 1), Art. 25 Rn. 53; ferner *Rudolf*, Völkerrecht (Fn. 1), S. 265 f.; zweifelnd auch *Rojahn* (Fn. 35), Art. 25 Rn. 55.
[131] Vgl. etwa die Differenzierung in Art. 79 I GG. So auch *Hillgruber* (Fn. 16), Art. 25 Rn. 11; *Koenig* (Fn. 1), Art. 25 Rn. 53; *Rojahn* (Fn. 35), Art. 25 Rn. 55.
[132] Dies bekräftigend *Pernice* → Bd. II², Art. 25 Rn. 26; *Streinz* (Fn. 14), Art. 25 Rn. 89. → Art. 79 I Rn. 26.
[133] *Hillgruber* (Fn. 16), Art. 25 Rn. 11 f.; *Hofmann* (Fn. 20), Art. 25 Rn. 22 f.; *Rojahn* (Fn. 35), Art. 25 Rn. 56; *Stern*, Staatsrecht I, S. 493; *S. Talmon*, JZ 2013, 12 (15 f.); *Tomuschat* (Fn. 1), Art. 25 Rn. 86. Dem entgegentretend *H.-J. Cremer*, HStR³ XI, § 235 Rn. 27; *Koenig* (Fn. 1), Art. 25 Rn. 55; *H. Steinberger*, HStR VII, § 173 Rn. 61; ferner die Bestimmtheit jedenfalls des ius cogens betonend *Pernice* → Bd. II², Art. 25 Rn. 26.
[134] *Hillgruber* (Fn. 16), Art. 25 Rn. 11 f.; *Hofmann* (Fn. 20), Art. 25 Rn. 22; *Rudolf*, Völkerrecht (Fn. 1), S. 266; *H. Steinberger*, HStR VII, § 173 Rn. 58; *Tomuschat* (Fn. 1), Art. 25 Rn. 85; ferner BVerfGE 112, 1 (25 f., Rn. 92); *Koenig* (Fn. 1), Art. 25 Rn. 53. A.A. *Pernice* → Bd. II², Art. 25 Rn. 26.
[135] S. auch *Herdegen* (Fn. 14), Art. 25 Rn. 42; *Koenig* (Fn. 1), Art. 25 Rn. 55.
[136] S. auch *M. Payandeh*, JöR 57 (2009), 465 (484); *H. Steinberger*, HStR VII, § 173 Rn. 63.
[137] Vgl. auch *Rojahn* (Fn. 35), Art. 25 Rn. 57.
[138] BVerfGE 95, 96 (133). Kritisch *H. Dreier*, JZ 1997, 421 (428 ff.); ferner zur Begründung *Herdegen* (Fn. 14), Art. 25 Rn. 48. Von einer Nichtigkeit des § 27 DDR-GrenzG wegen Verstoßes gegen ius cogens ausgehend *S. Hobe/C. Tietje*, AVR 32 (1994), 130 ff.
[139] *Rojahn* (Fn. 35), Art. 25 Rn. 28; *H. Steinberger*, HStR VII, § 173 Rn. 64, 68; *Streinz* (Fn. 14), Art. 25 Rn. 46; *S. Talmon*, JZ 2013, 12 (17 ff.); zurückhaltend auch *Tomuschat* (Fn. 1), Art. 25 Rn. 103 ff.

und entstehungsgeschichtlich belegbaren (→ Rn. 4) Fähigkeit, Pflichten unmittelbar für Einzelne zu erzeugen, vermögen sie bei hinreichender Bestimmtheit (etwa Piraterieverbot) indes selbst **Verhaltensgebote** aufzustellen[140]. Voraussetzung für einen Eingriff ist freilich, dass nicht nur das materielle Verbot, sondern auch die Konsequenzen seiner Verletzung hinreichend bestimmt festgelegt sind; hieran dürften eingreifende Maßnahmen regelmäßig scheitern, etwa weil im Strafrecht die Festlegung eines konkreten Strafrahmens gefordert ist[141]. Dies verbietet eine Sanktionierung etwa des Völkermords ohne gesetzliche Grundlage[142], eine Problematik, die die Verabschiedung des **Völkerstrafgesetzbuchs**[143] entschärft hat[144]. Eingriffsmöglichkeiten bestehen freilich im Zusammenspiel mit innerstaatlichen Verweisungsnormen, etwa der **polizeilichen Generalklausel oder § 134 BGB**[145].

Art. 25 GG gestattet keine Abweichung von der grundgesetzlichen **Kompetenzordnung**, womit er i.V.m. einer allgemeinen Regel des Völkerrechts weder den Erlass von Rechtsverordnungen ohne Vorliegen der Voraussetzungen des Art. 80 GG erlaubt[146] noch völkergewohnheitsrechtlich zulässige Einsätze der Bundeswehr, etwa im Kontext der Piraterriebekämpfung, ohne grundgesetzliche Ermächtigung (→ Art. 24 Rn. 74; → Art. 87a Rn. 15ff.) zu legitimieren vermag[147]. 32

V. Erzeugung von Rechten und Pflichten unmittelbar für die Bewohner des Bundesgebietes (Art. 25 S. 2, 2. Halbs. GG)

Mit der Regelung des Art. 25 S. 2, 2. Halbs. GG, dass die allgemeinen Regeln des Völkerrechts »Rechte und Pflichten unmittelbar für die Bewohner des Bundesgebietes« erzeugen, zielte der Verfassunggeber auf die Überwindung eines nur staatsgerichteten Verständnisses des Völkerrechts (→ Rn. 4). Gleichwohl ist die hiermit bewirkte **Subjektivierung** völkerrechtlicher Regelungen bis heute **umstritten**. 33

Die bereits durch **Art. 25 S. 1 GG** erfolgte Einbeziehung allgemeiner Regeln des Völkerrechts in das Bundesrecht **entschärft die Problematik** in zweierlei Hinsicht[148]: Ist eine Norm bereits nach dem Völkerrecht individualgerichtet, was etwa für den internationalen Menschenrechtsschutz bejaht wird[149], gilt dies auch innerstaatlich, wo- 34

---

[140] S. nur *H.-J. Cremer*, HStR³ XI, § 235 Rn. 32 Fn. 167; *Hillgruber* (Fn. 16), Art. 25 Rn. 21; *Koenig* (Fn. 1), Art. 25 Rn. 61; ferner *Tomuschat* (Fn. 1), Art. 25 Rn. 92, 100. A.A. (Vorbehalt eines geschriebenen Rechtssatzes) *Rojahn* (Fn. 35), Art. 25 Rn. 28, 45, 51; *H. Steinberger*, HStR VII, § 173 Rn. 68, 70; ferner *Zuleeg* (Fn. 17), Art. 24 III/Art. 25 Rn. 31.
[141] S. auch *Herdegen* (Fn. 14), Art. 25 Rn. 48; *Hillgruber* (Fn. 16), Art. 25 Rn. 21; *Rojahn* (Fn. 35), Art. 25 Rn. 29, 45, mit weiteren Beispielen; *S. Talmon*, JZ 2013, 12 (17 ff.); *Tomuschat* (Fn. 1), Art. 25 Rn. 103 ff. I.E. ebenso *Pernice* → Bd. II², Art. 25 Rn. 30.
[142] S. nur *Rojahn* (Fn. 35), Art. 25 Rn. 45; *H. Steinberger*, HStR VII, § 173 Rn. 68 m. Fn. 188; *S. Talmon*, JZ 2013, 12 (18 f.); *C. Tomuschat*, HStR VII, § 172 Rn. 16.
[143] BGBl. 2002 I, S. 2254.
[144] Zur Frage der strafrechtlichen Verantwortlichkeit deutscher Soldaten bei Auslandseinsätzen und Art. 25 GG *H. Frister/M. Korte/C. Kreß*, JZ 2010, 10 ff.; *M. Ladiges*, JuS 2011, 879 (883 f.); *D. Steiger/J. Bäumler*, ADV 48 (2010), 189 ff.
[145] S. *Hillgruber* (Fn. 16), Art. 25 Rn. 21; *M. Rossi*, AVR 45 (2007), 115 (134); *Tomuschat* (Fn. 1), Art. 25 Rn. 105.
[146] *Rojahn* (Fn. 35), Art. 25 Rn. 29; *H. Steinberger*, HStR VII, § 173 Rn. 64.
[147] *K. Braun/T. Plate*, DÖV 2010, 203 (206); *S. Talmon*, JZ 2013, 12 (16 f.); *Tomuschat* (Fn. 1), Art. 25 Rn. 106; *H. A. Wolff*, ZG 25 (2010), 209 (217). S. auch *M. Silagi*, EuGRZ 1980, 632 (635 f.). A.A. *D. Wiefelspütz*, DÖV 2010, 73 (77); *ders.*, UBWV 2009, 361 (364 ff.).
[148] Die geringe Bedeutung des Streits betont *Schweitzer*, Staatsrecht III, Rn. 478.
[149] *Pernice* → Bd. II², Art. 25 Rn. 29; differenzierend *Hillgruber* (Fn. 16), Art. 25 Rn. 20.

mit Art. 25 S. 2, 2. Halbs. GG insoweit lediglich deklaratorischer Charakter zukommt[150]. Einen Rekurs auf Art. 25 S. 2, 2. Halbs. GG bedarf es auch dann nicht, wenn die innerstaatliche Geltung einer nur staatengerichteten allgemeinen Regel des Völkerrechts Wirkungen zugunsten und zulasten von Einzelnen zu entfalten vermag[151]. Ein Beispiel hierfür stellen die Regeln zur Staatenimmunität dar, die die gerichtliche Durchsetzung von Ansprüchen Einzelner sperren können.

35 Ob Art. 25 S. 2, 2. Halbs. GG darüber hinaus staatengerichteten Völkerrechtsnormen subjektiv-rechtliche Wirkung verleihen kann, hat das **Bundesverfassungsgericht zunächst** – ebenso wie auch heute noch Teile der Literatur[152] – **verneint**, indem es jene Bestimmung für deklaratorisch und den subjektiv- bzw. objektiv-rechtlichen Charakter der einzubeziehenden Norm für maßgeblich erklärt hat[153]. Nachdem das Gericht diese Frage in einer weiteren Entscheidung offen gelassen hatte[154], hat es in seinem Urteil zur Bodenreform vom 26.10.2004 – freilich nur mit Blick auf die Möglichkeit einer Grundrechtsverletzung (→ Rn. 53) – dann formuliert: »In der vom Grundgesetz verfassten staatlichen Ordnung kann es unabhängig davon, ob Ansprüche von Einzelpersonen schon kraft Völkerrechts bestehen, geboten sein, Völkerrechtsverstöße als subjektive Rechtsverletzungen geltend machen zu können. Dieser Grundsatz gilt jedenfalls für Konstellationen, in denen völkerrechtliche Regelungen einen engen Bezug zu individuellen hochrangigen Rechtsgütern aufweisen, wie das im völkerrechtlichen Enteignungsrecht der Fall ist. Die Institution des Eigentums trägt die private Zuordnung von vermögenswerten Gegenständen in sich, so dass der völkerrechtliche Schutz von Eigentumspositionen, z.B. durch ein Enteignungsverbot, zumindest in der Schutzwirkung subjektiv gerichtet ist, auch wenn sich der ursprüngliche Wille eher auf die objektive Einhaltung von gegenseitig anerkannten zivilisatorischen Mindeststandards bezogen hat.«[155]

36 Um im Interesse der Völkerrechtsfreundlichkeit des Grundgesetzes die Durchsetzung völkerrechtlicher Pflichten zu effektivieren, Art. 25 S. 2, 2. Halbs. GG eine eigenständige Bedeutung neben Satz 1 zu verleihen und dem Willen des Verfassunggebers Rechnung zu tragen (→ Rn. 4), ist mit Teilen der Literatur die Möglichkeit einer **Subjektivierung staatengerichteter Rechte und Pflichten** zu bejahen, wenn diese Individualrechte oder -pflichten (reflexartig) berühren[156]. Freilich dürfen Sinn und Zweck der

---

[150] *Doehring*, Regeln (Fn. 71), S. 153; *Herdegen* (Fn. 14), Art. 25 Rn. 48; *H. Steinberger*, HStR VII, § 173 Rn. 67. S. auch BVerfGE 15, 25 (33); 46, 342 (362 f., 403). Für einen deklaratorischen Charakter wegen der Adressatenänderung qua Transformation *Rudolf*, Völkerrecht (Fn. 1), S. 270 f.
[151] BVerfGE 46, 342 (363); ferner E 63, 343 (373 f.); 112, 1 (22, Rn. 80); *Geiger*, Grundgesetz (Fn. 13), S. 158; *Streinz* (Fn. 14), Art. 25 Rn. 44.
[152] *Geiger*, Grundgesetz (Fn. 13), S. 158; *C. Hillgruber*, HStR³ II, § 32 Rn. 119; *Hofmann* (Fn. 20), Art. 25 Rn. 25 f.; *Rojahn* (Fn. 35), Art. 25 Rn. 41; *H. Steinberger*, HStR VII, § 173 Rn. 69, 71; *S. Talmon*, JZ 2013, 12 (13).
[153] BVerfGE 15, 25 (33 f.); ferner E 27, 253 (274); 41, 126 (160); 46, 342 (362 f., 403); insoweit kritisch *Stern*, Staatsrecht I, S. 492 f. m. Fn. 105. Eine subjektive Rechtsposition entsteht demnach, wenn die Norm im Individualinteresse und nicht lediglich im Interesse der Staaten besteht: BVerfGE 63, 343 (363).
[154] BVerfGE 46, 342 (363). S. auch BVerwGE 131, 316 (343).
[155] BVerfGE 112, 1 (22, Rn. 80).
[156] Grundlegend *Doehring*, Regeln (Fn. 71), S. 152 ff.; ferner etwa *Hillgruber* (Fn. 16), Art. 25 Rn. 20 f.; *Koenig* (Fn. 1), Art. 25 Rn. 60 f.; *Kunig*, Völkerrecht (Fn. 37), Rn. 147 ff.; *Röben*, Außenverfassungsrecht (Fn. 17), S. 130; *Rojahn* (Fn. 35), Art. 25 Rn. 46, 48 f.; *Stern*, Staatsrecht I, S. 492 f. S. auch *H.-J. Cremer*, HStR³ XI, § 235 Rn. 32, 59. Beispiele: Fremdenrecht oder humanitäres Völker-

Völkerrechtsnorm eine Individualberechtigung oder -verpflichtung nicht ausschließen, es darf sich mithin um keine ausschließlich staatenbezogene Norm handeln[157].

Den **Vorbehalt des Gesetzes** vermag allerdings auch Art. 25 S. 2, 2. Halbs. GG nicht zu überspielen, so dass die Aktualisierung völkerrechtlich prinzipiell legitimierter Eingriffe einschließlich einer Belastung Dritter einer Ermächtigungsgrundlage bedarf (→ Rn. 31)[158]. 37

Ansprüche aus **völkerrechtlichem Delikt** und die Ausübung **diplomatischen Schutzes** stellen Rechte des Heimatstaates, nicht aber des geschädigten Individuums dar und werden über Art. 25 S. 2, 2. Halbs. GG auch nicht subjektiviert (zum verfassungsrechtlichen Anspruch auf diplomatischen Schutz: → Art. 1 III Rn. 47)[159]. Ebenfalls abgelehnt hat das Bundesverfassungsgericht eine Subjektivierung des völkerrechtlichen Verbots, Hoheitsakte im Ausland ohne Zustimmung des betroffenen Staates vorzunehmen, unter Berufung auf Art. 25 S. 2, 2. Halbs. GG (Zustellung eines Abgabenbescheids)[160]. **Pflichten des Einzelnen** bestehen im humanitären Völkerrecht oder in Gestalt der Verbote des Angriffs auf völkerrechtlich geschützte Personen (Diplomaten, Staatsoberhäupter) oder der Piraterie (zur Ahndung → Rn. 31)[161]. 38

Die von Art. 25 S. 2, 2. Halbs. GG adressierten **Bewohner des Bundesgebietes** sind nicht nur Personen mit Wohnsitz in Deutschland, sondern mit Blick auf den unterschiedlichen Anwendungsbereich der Völkerrechtsnormen alle, die sich im räumlichen Geltungsbereich des Bundesrechts befinden[162], einschließlich juristischer Personen[163]. 39

---

recht. – Gegen die Notwendigkeit eines Adressatenwechsels *Geiger*, Grundgesetz (Fn. 13), S. 158; *Hobe* (Fn. 40), Art. 25 Rn. 29; ferner (hinsichtlich Rechten) *C. Tomuschat*, HStR VII, § 172 Rn. 16.

[157] S. nur *Doehring*, Regeln (Fn. 71), S. 157 ff., 163 ff.; *Herdegen* (Fn. 14), Art. 25 Rn. 50; *Rojahn* (Fn. 35), Art. 25 Rn. 50. Demnach nicht subjektivierungsfähig: Verbot des Angriffskriegs (*K. Doehring*, HStR VII, § 178 Rn. 24 f.; *Herdegen* [Fn. 14], Art. 25 Rn. 50; a.A. Abg. *Eberhard*, Parl. Rat V/1, S. 317) oder Interventionsverbot (*C. Tomuschat*, HStR VII, § 172 Rn. 16). Die subjektive Dimension des Gewaltverbots offen gelassen hat BVerwGE 131, 316 (343).

[158] *Rojahn* (Fn. 35), Art. 25 Rn. 51; *Streinz* (Fn. 14), Art. 25 Rn. 49, 74. A.A. *Pernice* → Bd. II², Art. 25 Rn. 30.

[159] BVerfGE 94, 315 (329 f.); BVerfGK 3, 277 (283 ff., Rn. 38 f.); *Rojahn* (Fn. 35), Art. 25 Rn. 53; *Tomuschat* (Fn. 1), Art. 25 Rn. 120. Im Kontext von Kriegs- und militärischen Handlungen BVerfGE 112, 1 (32 f., Rn. 112); BVerfGK 7, 303 (308, Rn. 21); BVerfG (K), EuGRZ 2013, 563 (566 f., Rn. 41 ff.); BGHZ 155, 279 (291 ff.); 169, 348 (352 ff.); *N. von Woedtke*, Die Verantwortlichkeit Deutschlands für seine Streitkräfte im Auslandseinsatz und die sich daraus ergebenden Schadensersatzansprüche von Einzelpersonen als Opfer deutscher Militärhandlungen, 2010, S. 363 ff. A.A. *A. Fischer-Lescano*, AVR 45 (2007), 299 (301 ff.). Offen gelassen in IGH, Reports 2012, 100 (145).

[160] BVerfGE 63, 343 (373 f.); a.A. *Pernice* → Bd. II², Art. 25 Rn. 30 Fn. 128; *Zuleeg* (Fn. 17), Art. 24 III/Art. 25 Rn. 36.

[161] *Streinz* (Fn. 14), Art. 25 Rn. 74; *Tomuschat* (Fn. 1), Art. 25 Rn. 106; *Zuleeg* (Fn. 17), Art. 24 III/Art. 25 Rn. 45.

[162] *Bleckmann*, Grundgesetz (Fn. 97), S. 295; *Geck*, Bundesverfassungsgericht (Fn. 64), S. 138; *Herdegen* (Fn. 14), Art. 25 Rn. 47; *Hillgruber* (Fn. 16), Art. 25 Rn. 18; *Kunig*, Völkerrecht (Fn. 37), Rn. 145; *Pernice* → Bd. II², Art. 25 Rn. 27; *Rojahn* (Fn. 35), Art. 25 Rn. 40; *Stern*, Staatsrecht I, S. 486; *Tomuschat* (Fn. 1), Art. 25 Rn. 91. Enger BGHZ 169, 348 (356 f.): kein Bezug auf »Ausländer im Ausland«; ferner HChE, Darstellender Teil, Parl. Rat II, S. 517 (in- und ausländische Bewohner des Landesgebiets); Abg. *Schmid*, Parl. Rat V/1, S. 318; *H.-J. Cremer*, HStR³ XI, § 235 Rn. 31; *Hobe* (Fn. 40), Art. 25 Rn. 29; *Koenig* (Fn. 1), Art. 25 Rn. 5, 56 (letzteres offener); *Streinz* (Fn. 14), Art. 25 Rn. 50; dies offen gelassen in BVerfG (K), EuGRZ 2013, 563 (567, Rn. 44).

[163] S. nur *Kunig*, Völkerrecht (Fn. 37), Rn. 145; *H. Steinberger*, HStR VII, § 173 Rn. 66; *Tomuschat* (Fn. 1), Art. 25 Rn. 90.

VI. Einzelne Regeln des allgemeinen Völkerrechts

40 Mehrere hundert **Entscheidungen deutscher Gerichte** aus allen Zweigen und auf allen Ebenen der Gerichtsbarkeit befassen sich mit Existenz, Inhalt und innerstaatlichen Konsequenzen allgemeiner Regeln des Völkerrechts (zu prozessualen Fragen: → Rn. 54)[164].

41 Anerkannt hat das Bundesverfassungsgericht: den Grundsatz »**pacta sunt servanda**«[165], ohne dass damit die einzelnen Normen des Völkervertragsrechts Art. 25 S. 2 GG unterfielen[166]; das **Gewaltverbot** einschließlich seiner Schranken (→ Präambel Rn. 51; → Art. 26 Rn. 5f., 19f.)[167], das **Nichteinmischungsgebot**[168] sowie das **Verbot erheblicher grenzüberschreitender Umweltbeeinträchtigungen**[169]. Einbezogen werden ferner: fundamentale Normen des **humanitären Völkerrechts**[170]; ein **fremdenrechtlicher Mindeststandard** (angemessener Rechtsschutz[171] und Schutz vor Enteignungen[172], nicht aber Recht auf berufliche Betätigung[173] oder auf Gleichbehandlung von In- und Ausländern[174])[175]; ein **menschenrechtlicher Mindeststandard** (grundlegende Rechte der Art. 3–11 AEMR[176] und Kerngewährleistungen der Menschenwürde[177], nicht aber der Eigentumsschutz[178])[179]; ein verfahrensrechtlicher Mindeststandard (insb. rechtliches Gehör[180] und Beiziehung eines Dolmetschers jedenfalls für die mündliche Ver-

---

[164] S. auch den umfassenden Katalog bei *Streinz* (Fn. 14), Art. 25 Rn. 51 ff.

[165] BVerfGE 31, 145 (178); BVerfG (K), VIZ 2001, 114 (114f., Rn. 9); *Rojahn* (Fn. 35), Art. 25 Rn. 18; *Tomuschat* (Fn. 1), Art. 25 Rn. 114.

[166] BVerfGE 31, 145 (178); BVerfG (K), VIZ 2001, 114 (114f., Rn. 9); *Frau*, Gesetzgeber (Fn. 109), S. 67ff.; *Rojahn* (Fn. 35), Art. 25 Rn. 18, 53; *H. Steinberger*, HStR VII, §173 Rn. 53. S. zum Treaty override BFH, DStR 2012, 949.

[167] BVerfGE 104, 151 (213, Rn. 160); 118, 244 (271, Rn. 73); BVerwGE 131, 316 (341); *Rojahn* (Fn. 35), Art. 25 Rn. 35. Zur Möglichkeit, die Befolgung militärischer Befehle unter Berufung auf das Gewaltverbot zu verweigern BVerwGE 127, 302 (316ff.); restriktiv (Funktionsfähigkeit der Bundeswehr) *Hillgruber* (Fn. 16), Art. 25 Rn. 17; im Ergebnis zustimmend *R. Geiß*, AVR 44 (2006), 217 (231ff.). Zur humanitären Intervention → Art. 26 Rn. 6 (eine Ausnahme ablehnend *Rojahn* [Fn. 35], Art. 25 Rn. 35).

[168] BVerfGK 13, 246 (252, Rn. 15; 253ff., Rn. 18ff.); *Rojahn* (Fn. 35), Art. 25 Rn. 35.

[169] BVerwGE 75, 285 (288f.); 132, 151 (158f.); *Cassese*, International Law (Fn. 1), S. 488ff.; *A. Epiney*, AVR 33 (1995), 309 (316ff.); *Pernice* → Bd. II², Art. 25 Rn. 38; *Rojahn* (Fn. 35), Art. 25 Rn. 35. S. auch Grundsatz 2 der Rio-Erklärung, ILM 31 (1992), 874 (874ff.). In casu abgelehnt in BVerfGE 72, 66 (80f.).

[170] BVerwGE 72, 241 (247); *Rojahn* (Fn. 35), Art. 25 Rn. 44; *Streinz* (Fn. 14), Art. 25 Rn. 73.

[171] BVerfGE 60, 253 (303f.); 67, 43 (63).

[172] Näher *M. Herdegen*, Internationales Wirtschaftsrecht, 10. Aufl. 2014, §20 Rn. 1ff.; zum Eigentumsschutz ferner BVerfGE 112, 1 (34f., Rn. 119); *Koenig* (Fn. 1), Art. 25 Rn. 66. Die Reichweite des Eigentumsschutzes offen gelassen in BVerfGE 6, 290 (300); BFHE 76, 824 (831); 77, 267 (270f.).

[173] BVerwGE 56, 254 (261).

[174] BVerfGK 7, 303 (309f., Rn. 25); *Pernice* → Bd. II², Art. 25 Rn. 38; *Rojahn* (Fn. 35), Art. 25 Rn. 44. Strenger BVerfGE 130, 240 (252ff., Rn. 39ff.); näher → Art. 3 Rn. 44, 131.

[175] Näher *Herdegen*, Wirtschaftsrecht (Fn. 172), §7 Rn. 22ff.; *Rojahn* (Fn. 35), Art. 25 Rn. 44. S. auch *Doehring*, Regeln (Fn. 71), S. 35ff.

[176] *Pernice* → Bd. II², Art. 25 Rn. 36; ferner *Rojahn* (Fn. 35), Art. 25 Rn. 43; weiter (»most, if not all«) *De Schutter*, Human Rights (Fn. 77), S. 50; a.A. BVerwGE 5, 153 (160f.); offener, da im Einzelfall für möglich erachtet, wiewohl für Art. 1, 18f., 23 AEMR verneint, BVerwGE 47, 365 (377f.); ferner NVwZ 1994, 1112 (1114).

[177] BVerfGK 3, 27 (32, Rn. 15f.); 3, 314 (317).

[178] BVerfGE 112, 1 (34f., Rn. 119).

[179] Zur Stellung der Menschenrechte im allg. Völkerrecht nur *De Schutter*, Human Rights (Fn. 77), S. 48ff.

[180] BVerfGE 63, 343 (374); ferner BVerfGK 6, 334 (341f., Rn. 33).

handlung[181]); ein völkerrechtlicher Mindeststandard bei **Auslieferungen** (rechtliches Gehör; Verbot von unter Folter erpressten Aussagen[182]; Verbot von Verurteilungen in Abwesenheit ohne angemessene Verteidigungsmöglichkeiten[183]; Grundsatz der Spezialität, der die Strafverfolgung nur im Umfang der Bewilligung gestattet[184])[185]. Die **Verleihung der Staatsangehörigkeit** steht prinzipiell im Ermessen des verleihenden Staates, findet seine völkerrechtliche Grenze aber im auf das Vorliegen einer hinreichend engen Beziehung (»genuine link«) bezogenen Willkürverbot (→ Art. 16 Rn. 16 ff.)[186]. Das **Territorialitätsprinzip** verbietet, hoheitliche Handlungen im Ausland ohne Zustimmung des ausländischen Staates vorzunehmen[187], worunter die Gewährung von (Sozial-)Leistungen nicht fällt[188]. Ebenso verlangt es einen inländischen Anknüpfungspunkt für Rechtsnormen mit **extraterritorialer Geltung**, was vor allem im Straf-, Wirtschafts- und Steuerrecht von Bedeutung ist[189]; Selbiges gilt für die Ausübung der inländischen Gerichtsbarkeit[190].

Eine besondere praktische Bedeutung erlangt haben Fragen der **Staatenimmunität**. Eine Ausnahme von der **inländischen Gerichtsbarkeit** besteht bei Klagen gegen ausländische Staaten nur für hoheitliches Handeln (acta iure imperii), nicht aber für ihre nicht-hoheitliche Betätigung (acta iure gestionis)[191]; zu letzterer rechnet auch die Emission von Staatsanleihen[192]. Staatenimmunität haben deutsche Gerichte auch hinsichtlich **Kriegsverbrechen** durch deutsche Streitkräfte im Zweiten Weltkrieg zuerkannt (→ Art. 1 I Rn. 30)[193]. Auch die **Vollstreckung** in hoheitlichen Zwecken dienen-

42

---

[181] BVerfG (K), NJW 1988, 1462 (1463 f.).
[182] BVerfGK 6, 334 (341 f., Rn. 33 f.).
[183] BVerfGK 3, 27 (31 ff., Rn. 14 ff.) – fehlende Unterrichtung/keine effektiven Verteidigungsmöglichkeiten; ferner BVerfGE 63, 332 (337 f.); BVerfG (K), NJW 1987, 830 (830); NJW 1991, 1411 (1411); BVerfGK 3, 314 (317 f.); 6, 13 (17 f., Rn. 22 ff.).
[184] BVerfGE 57, 9 (27 f.); BVerfG (K), NJW 1995, 1667 (1667); NJW 2001, 3111 (3112, Rn. 22); *Streinz* (Fn. 14), Art. 25 Rn. 61.
[185] BVerfGK 16, 491 (495, Rn. 18) – präzisiert indes nur für die unabdingbaren verfassungsrechtlichen Schranken (496 ff., Rn. 19 ff.); ferner BVerfGE 63, 332 (337 f.); BVerfG (K), NJW 1994, 2883 (2883); NJW 1995, 651 (651 f.); EuGRZ 1996, 324 (326 f.); NJW 2001, 3111 (3112, Rn. 22); BVerfGE 108, 129 (136 ff., Rn. 29 ff.); BVerfGK 2, 82 (84, Rn. 10); BVerfGE 109, 38 (51, Rn. 44); BVerfGK 2, 165 (172, Rn. 33); 3, 159 (163, Rn. 15); 6, 13 (17, Rn. 22); BVerfGE 113, 154 (162, Rn. 22); BVerfGK 6, 334 (341, Rn. 33); BVerfG (K), NVwZ 2008, 71 (71); BVerfGK 13, 128 (133).
[186] BVerfGE 1, 322 (328 f.); 77, 137 (153); BVerwGE 23, 274 (278 f.); 66, 277 (290); IGH, Reports 1955, 4 (str., ob Bezug nur auf Befugnis zur Ausübung diplomatischen Schutzes oder generell auf Verleihung der Staatsangehörigkeit); *M. Wollenschläger/A. Schraml*, ZRP 27 (1994), 225 (226 f.). Näher, auch zu unionsrechtlichen Grenzen *Wollenschläger* (Fn. 45), § 8 Rn. 128.
[187] BVerfGE 63, 343 (358); *Rojahn* (Fn. 35), Art. 25 Rn. 35; *M. Rossi*, AVR 45 (2007), 115 (122 ff.); speziell zur Bekanntgabe von Verwaltungsakten *C. Ohler/T. Kruis*, DÖV 2009, 93 (93 ff.).
[188] BSGE 27, 129 (132); 33, 280 (284 ff.); *Pernice* → Bd. II², Art. 25 Rn. 33; *Rojahn* (Fn. 35), Art. 25 Rn. 35. Zweifelnd *Zuleeg* (Fn. 17), Art. 24 III/Art. 25 Rn. 35.
[189] BVerfGE 63, 343 (369); BVerwGE 75, 285 (288); BGHSt 53, 238 (253 f.); *Herdegen* (Fn. 14), Art. 25 Rn. 27; *K. Ipsen*, Kriegswaffenkontrolle und Auslandsgeschäft, in: FS Bernhardt, 1995, S. 1041 ff. (1044 ff.); *Pernice* → Bd. II², Art. 25 Rn. 35; *Rojahn* (Fn. 35), Art. 25 Rn. 35 m. w. N.; *M. Rossi*, AVR 45 (2007), 115 (118 ff.). Zur Zulässigkeit des Weltrechtsprinzips im Kontext der Betäubungsmittelkriminalität BGHSt 27, 30 (32 ff.); allg. restriktiv *Tomuschat* (Fn. 1), Art. 25 Rn. 116 ff.; ferner zur Ahndung von Auslandstaten BGHSt 34, 334 (336 ff.); 53, 238 (253 f.).
[190] *Rojahn* (Fn. 35), Art. 25 Rn. 35 m. w. N.; *Streinz* (Fn. 14), Art. 25 Rn. 53.
[191] BVerfGE 16, 27 (33 ff., 61 ff.) – auch zur Abgrenzung; E 46, 342 (364); 117, 141 (153, Rn. 36); BVerfG (K), NJW 2014, 1723 (1723 f.) – auch zur prinzipiellen Maßgeblichkeit der lex fori für die Abgrenzung; BGH NJW 2013, 3184 (3185); BAG NZA 2013, 2461 (2462).
[192] BVerfGE 117, 141 (153, Rn. 36). Für die Steuererhebung BVerfG (K), NJW 2014, 1723 (1724).
[193] BVerfGK 7, 303 (307, Rn. 18); BGHZ 155, 279 (282 ff.); ferner EGMR NJW 2004, 273 (274); *O.*

des Vermögen ist unzulässig[194]. Besonderen Schutz genießen für den Amtsgebrauch einer diplomatischen Vertretung bestimmte Gegenstände, soweit die Vollstreckung die Erfüllung diplomatischer Aufgaben (bei abstrakter Betrachtung) beeinträchtigen könnte[195]. Damit unterliegt ein Botschaftskonto nicht der Zwangsvollstreckung[196]. Indes existiert keine Regel, nach der »Vollstreckungstitel, die unter völkerrechtswidriger Inanspruchnahme einer internationalen Zuständigkeit des Gerichtsstaats erlassen worden sind, in diesem Staat als unwirksam zu behandeln« sind[197]. Die nachrichtendienstliche Tätigkeit hat nicht an der Staatenimmunität teil[198]; letztere erlischt im Übrigen mit dem Untergang des jeweiligen Staates[199]. Es existieren keine allgemeinen Regeln des Völkerrechts, wonach die fortwirkende diplomatische Immunität (Art. 39 II 2 WÜD) erga omnes wirkt oder nicht nur die DDR, sondern auch die Bundesrepublik Deutschland im Wege der Staatennachfolge verpflichtet[200]. Es existiert ebenso wenig eine allgemeine Regel des Völkerrechts, wonach sich ein pauschaler **Immunitätsverzicht** auch auf Vermögen erstreckt, das dem besonderen Schutz der diplomatischen Immunität unterliegt[201].

43 **Staatsoberhäuptern und Regierungsmitgliedern** steht während ihrer Amtszeit eine gegenständlich umfassende **Immunität** zu, die hinsichtlich dienstlicher Handlung fortwirkt[202]; eine Ausnahme hiervon für Verstöße gegen ius cogens, bei Verbrechen gegen die Menschlichkeit oder Kriegsverbrechen findet zunehmend Anerkennung[203].

44 Eine Berufung auf den **Staatsnotstand** kommt nur in völkerrechtlichen Rechtsverhältnissen[204], nicht aber hinsichtlich der Erfüllung fälliger privatrechtlicher Zahlungsansprüche[205] in Betracht.

Dörr, AVR 41 (2003), 201 (207 ff.); *Streinz* (Fn. 14), Art. 25 Rn. 55; *Tomuschat* (Fn. 1), Art. 25 Rn. 133. A.A. Areopag KJ 33 (2000), 472 (474 ff.); Corte Costituzionale v. 22.10.2014, 238/2014, Nr. 3 ff.; Corte Suprema di Cassazione v. 29.5.2008, Nr. 14199, NVwZ 2008, 1100 (1101) – Ausnahme bei Verbrechen gegen die Menschlichkeit; ebenso (für Zwangsarbeit) v. 29.5.2008, Nr. 14201, NVwZ 2008, 1101 (1101 f.); *N. Paech*, AVR 47 (2009), 36.

[194] BVerfGE 46, 342 (364); ferner E 64, 1 (23 ff.); 117, 141 (154 f., Rn. 38 ff.); BGH WM 2014, 1431 (1431) – private Volksschule als kulturelle Einrichtung des ausländischen Staates (dazu auch IGH, Reports 2012, 99 [148]); WM 2013, 1469 (1470) – Währungsreserven; WM 2010, 84 (86 f.) – für kulturelle Einrichtungen verwendete Mietforderungen. Verneint hat BVerfGE 64, 1 (22 ff.) die Existenz einer »allgemeine[n] Regel des Völkerrechts, die es geböte, einen fremden Staat als Inhaber von Forderungen aus Konten zu behandeln, die bei Banken im Gerichtsstaat unterhalten werden und auf den Namen eines rechtsfähigen Unternehmens des fremden Staates lauten.«

[195] BVerfGE 117, 141 (156, Rn. 46). Die Verneinung einer abstrakten Gefahr bei Eintragung einer Arresthypothek für vertretbar erachtend BVerfGK 9, 211 (213 ff., Rn. 8 ff.). S. ferner BVerfGE 15, 25 (34 ff.).

[196] BVerfGE 46, 342 (364); 117, 141 (157, Rn. 47); BGH NJW-RR 2007, 1498 (1498).

[197] BVerfGE 64, 1 (19).

[198] BVerfGE 92, 277 (321 f.).

[199] BVerfGE 95, 96 (129); ferner BVerfG (K), DtZ 1992, 216 (216).

[200] BVerfGE 96, 68 (86 ff.).

[201] BVerfGE 117, 141 (151 ff., Rn. 32 ff.); *T. Kleinlein*, AVR 44 (2006), 405 (420 ff.). Zum Verzicht ferner BVerfG (K), NJW 2014, 1723 (1724 f.).

[202] *Rojahn* (Fn. 35), Art. 25 Rn. 35; *Streinz* (Fn. 14), Art. 25 Rn. 55 b; s. auch BGHSt 33, 97 (98).

[203] *O. Dörr*, AVR 41 (2003), 201 (207 ff., 218 f.); *Koenig* (Fn. 1), Art. 25 Rn. 64; *Rojahn* (Fn. 35), Art. 25 Rn. 35; *De Schutter*, Human Rights (Fn. 77), S. 68 ff.; *Streinz* (Fn. 14), Art. 25 Rn. 55 b. S. etwa HL v. 24.3.1999, ex Parte Pinochet [1999] UKHL 17; [2000] AC 147; restriktiver (nur für strafrechtliche Ahndung) v. 14.6.2006, Jones [2006] UKHL 26, [2007] 1 AC 270.

[204] BVerfGE 118, 124 (135 ff., Rn. 33 ff.).

[205] BVerfGE 118, 124 (134, Rn. 29 und 135 ff., Rn. 32 ff.); BGH NJW 2015, 2328 (2329 f.); OLG

Anerkennung fanden ferner: die deliktsrechtliche »Pflicht zur **Naturalrestitution**, 45
derzufolge das für eine völkerrechtlich unerlaubte Handlung verantwortliche Völkerrechtssubjekt soweit als möglich alle Folgen dieser Handlung zu beseitigen und den ohne sie vermutlich bestehenden Zustand wiederherzustellen hat«[206]; die Definition des seerechtlichen Begriffes der **Basislinie** einschließlich der Methoden ihrer Bestimmung[207]; der Estoppel-Grundsatz (Vertrauensschutz)[208].

Offen gelassen hat das Bundesverfassungsgericht die Qualifikation folgender Regeln: Beschränkung des Einsatzes von C-Waffen auf militärische Ziele[209]; Verbot der 46
Vornahme von Vollstreckungsakten in einem ausländischen Staat ohne dessen Einverständnis[210]; sog. »Wegfall der Umstände«-Klausel des Art. 1 C Nr. 5 GFK[211]; Schutz vor Ausweisung und Zurückweisung gemäß Art. 32 f. GFK[212]; Minderheitenschutz[213].

Keine allgemeinen Regeln des Völkerrechts sind: Verbot der Besteuerung von Aus- 47
ländern, um **Folgelasten eines Krieges** zu decken[214]; Zulässigkeit von **Entschädigungsregelungen für Kriegsfolgen** ausschließlich in völkerrechtlichen Verträgen und Anordnung von deren abschließenden Charakter[215]; Verbot der (Zustimmung zur) Aufstellung von **Kernwaffen** zu Verteidigungszwecken[216]; Gebot einer Haftung des besetzten Staates für Reparationsschäden[217]; Verbot der Todesstrafe (→ Art. 102 Rn. 54); Verpflichtung des »Durchlieferungsstaat[es] zur Rückführung eines Verfolgten [...], sofern die Durchlieferung aus Rechtsgründen undurchführbar wird«[218]; Verbot, die nachrichtendienstliche Tätigkeiten für die ehemalige DDR zu ahnden[219]. Das Verbot der **Doppelbestrafung** (ne bis in idem) hat das Bundesverfassungsgericht – auch mit Blick auf Auslieferungsbegehren – im Jahre 1987 aus Art. 25 GG ausgeklammert, ebenso wie im Übrigen das Gebot, dann wenigstens im Ausland verbüßte Haft anzurechnen[220], und hieran trotz einer zunehmenden Kodifizierung bis heute festgehalten (s. auch und zwischenzeitlich die Entstehung regionalen europäischen Völkergewohnheitsrechts annehmend: → Art. 103 III Rn. 7)[221]. Für in Einklang mit allgemeinen Regeln des Völkerrechts erachtet hat das Bundesverfassungsgericht die im Zusammenhang mit Kriegsverbrechen relevante Regelung des § 7 RBHG a. F., wonach »Angehörigen eines ausländischen Staates ein Amtshaftungsanspruch gegen die Bundesrepublik Deutschland nur dann zu[steht], wenn durch Gesetzgebung des ausländischen Staates

---

Frankfurt, Urt. v. 12.6.2015, 8 U 93/12, juris, Rn. 45 ff.; *T. Kleinlein*, AVR 44 (2006), 405 (413 f.); *C. Ohler*, JZ 2005, 590 (594 f.). A.A. abw. M. Richterin *Lübbe-Wolff* (ebd., 156 ff., Rn. 79 ff.).

[206] BVerfG (K), NJW 1986, 1425 (1426).
[207] BVerfG (K), NVwZ-RR 1992, 521 (522).
[208] *Rojahn* (Fn. 35), Art. 25 Rn. 21.
[209] BVerfGE 77, 170 (232 f.).
[210] BVerfGE 63, 343 (373).
[211] BVerfGK 9, 198 (201, Rn. 10); BVerfG (K) v. 26.9.2006, 2 BvR 2048/04, juris, Rn. 10; BVerfGK 9, 259 (261, Rn. 9).
[212] BVerfG (K), NVwZ Beil. 2001, 25 (26, Rn. 7).
[213] BVerfGE 1, 208 (239 f.).
[214] BVerfGE 23, 288 (305 ff.).
[215] BVerfGE 94, 315 (331 f.).
[216] BVerfGE 66, 39 (64 f.).
[217] BVerfGE 27, 253 (273 f.); 41, 126 (160).
[218] BVerfGE 10, 136 (140).
[219] BVerfGE 92, 277 (320 ff.).
[220] BVerfGE 75, 1 (18 ff.).
[221] S. BVerfG (K) v. 9.7.1997, 2 BvR 3028/95, juris, Rn. 18; BVerfGK 13, 7 (13 ff., Rn. 23 ff.); 19, 265 (272 f., Rn. 31); ferner BGH NStZ 1998, 149 (150); *Pernice* → Bd. II², Art. 25 Rn. 37; *Streinz* (Fn. 14), Art. 25 Rn. 72. Offener *Hobe* (Fn. 40), Art. 25 Rn. 22.

oder durch Staatsvertrag die Gegenseitigkeit verbürgt war.«²²² Grundsätzlich »gewohnheitsrechtlich anerkannten Grundsätzen des humanitären Völkerrechts zuwiderlaufen [würde es], wenn dem rechtswidrig geschädigten Einzelnen jeder Ersatz versagt wird«²²³. Solange aber »die persönliche Ersatzpflicht des handelnden Beamten gegenüber dem geschädigten Ausländer unberührt« bleibt, ist ein Verstoß zu verneinen²²⁴. Zurückhaltend beurteilt hat das Bundesverfassungsgericht ebenfalls die gewohnheitsrechtliche Geltung von Grundsätzen des **IPR**²²⁵.

VII. Sachverhalte mit Auslandsbezug

48 Die Pflicht zur Beachtung der allgemeinen Regeln des Völkerrechts greift auch **in Ansehung nichtdeutscher Hoheitsakte** (→ Rn. 15). So sind Behörden und Gerichte »verpflichtet, alles zu unterlassen, was einer unter Verstoß gegen allgemeine Regeln des Völkerrechts vorgenommenen Handlung nichtdeutscher Hoheitsträger im Geltungsbereich des Grundgesetzes Wirksamkeit verschafft, und gehindert, an einer gegen die allgemeinen Regeln des Völkerrechts verstoßenden Handlung nichtdeutscher Hoheitsträger bestimmend mitzuwirken.«²²⁶ Nachdem diese Pflicht »in ein Spannungsverhältnis zu der gleichfalls verfassungsrechtlich gewollten internationalen Zusammenarbeit zwischen den Staaten und anderen Völkerrechtssubjekten geraten [kann]«, hat das Bundesverfassungsgericht in einer späteren Entscheidung betont, dass, »insbesondere wenn eine Rechtsverletzung nur auf dem Kooperationswege beendet werden kann«, sich diese »Respektierungspflicht nur im Zusammenspiel und Ausgleich mit den weiteren internationalen Verpflichtungen Deutschlands konkretisieren« kann²²⁷. Maßgeblich erscheinen ferner die Fortdauer der Völkerrechtsverletzung, der Zeitraum zwischen dieser und der Anerkennung, die Beschränkung auf die ausländische Hoheitssphäre sowie die Kongruenz der Zielsetzung von Anerkennung und Völkerrechtsverstoß²²⁸. Eine **Anerkennung ausländischer Hoheitsakte** scheidet demnach nur aus, wenn diese aufgrund einer Interessenabwägung anhand der skizzierten Parameter selbst gegen Völkerrecht verstößt²²⁹. Dies ist jedenfalls bei einem Verstoß des nichtdeutschen Hoheitsakts gegen ius cogens der Fall²³⁰.

---

²²² BVerfGK 7, 303 (309, Rn. 24f.). S. ferner BVerfG (K), EuGRZ 1982, 508 (510).
²²³ BVerfGK 7, 303 (309, Rn. 25). S. ferner BVerfG (K), EuGRZ 1982, 508 (510), für einen entsprechenden fremdenrechtlichen Mindeststandard.
²²⁴ BVerfG (K), EuGRZ 1982, 508 (510); ferner BVerfGK 7, 303 (310, Rn. 25).
²²⁵ BVerfGK 14, 222 (228f., Rn. 23f.).
²²⁶ BVerfGE 75, 1 (19); ferner BVerfG (K), NJW 1988, 1462 (1463); BVerfGE 109, 13 (26, Rn. 43); 109, 38 (52, Rn. 45); 112, 1 (27, Rn. 95); BVerwGE 127, 302 (316); BVerwG ZLW 2010, 309 (315).
²²⁷ BVerfGE 112, 1 (27, Rn. 96).
²²⁸ *Herdegen* (Fn. 14), Art. 25 Rn. 40; ferner BVerfGE 112, 1 (35ff., Rn. 123f.).
²²⁹ *Herdegen* (Fn. 14), Art. 25 Rn. 40; ferner *R. Hofmann*, ZaöRV 49 (1989), 41 (48ff.); *Tomuschat* (Fn. 1), Art. 25 Rn. 108. Besonders relevant für völkerrechtswidrige Enteignungen, zu deren Korrektur andere als der enteignende Staat grundsätzlich nicht verpflichtet sind, s. *Herdegen* (Fn. 14), Art. 25 Rn. 40f.; *Tomuschat* (Fn. 1), Art. 25 Rn. 109ff.; *Zuleeg* (Fn. 17), Art. 24 III/Art. 25 Rn. 40. Das BVerfG (E 112, 1 [24, Rn. 89 und 28ff., Rn. 99ff.]; s. ferner E 84, 90 [122ff.]; 94, 12 [46f.]; BVerfG [K], VIZ 1998, 202 [202, Rn. 5]; BVerfGK 14, 498 [501, Rn. 6]; 14, 502 [505, Rn. 11]) hat eine »Pflicht zur Rückgabe des in dem Zeitraum von 1945 bis 1949 außerhalb des staatlichen Verantwortungsbereichs entschädigungslos entzogenen Eigentums« verneint (näher → Art. 143 Rn. 3, 10ff., 16, 25ff.). Gegen eine Anerkennung völkerrechtswidriger Enteignungen *Rojahn* (Fn. 35), Art. 25 Rn. 39.
²³⁰ *Streinz* (Fn. 14), Art. 25 Rn. 56 Fn. 134 (s. aber auch Rn. 56); *Tomuschat* (Fn. 1), Art. 25 Rn. 108, 111; weiter (rechtsfolgenmodifizierend) BVerfGE 112, 1 (35ff., Rn. 120ff.); für Flexibilität ferner *Herdegen* (Fn. 14), Art. 25 Rn. 40f.; *Hobe* (Fn. 40), Art. 25 Rn. 36; *R. Hofmann*, ZaöRV 49 (1989), 41

Die Völkerrechtsfreundlichkeit (→ Rn. 51f.) fordert »vor allem« auch die »**Achtung vor fremden Rechtsordnungen und Rechtsanschauungen**«[231]. Dies impliziert freilich »keine Verpflichtung zur uneingeschränkten Anwendung fremden Rechts durch inländische Hoheitsträger auf Sachverhalte mit Auslandsbeziehung«[232] und hat auch für **Auslieferungen** Bedeutung erlangt: So geht das Grundgesetz »von der Eingliederung des von ihm verfassten Staates in die Völkerrechtsordnung der Staatengemeinschaft aus. Es gebietet damit, insbesondere im Rechtshilfeverkehr Strukturen und Inhalte fremder Rechtsordnungen und -anschauungen grundsätzlich zu achten […], auch wenn sie im Einzelnen nicht mit den deutschen innerstaatlichen Auffassungen übereinstimmen. Sofern der in gegenseitigem Interesse bestehende zwischenstaatliche Auslieferungsverkehr erhalten und auch die außenpolitische Handlungsfreiheit der Bundesregierung unangetastet bleiben soll, dürfen deutsche Gerichte nur die Verletzung der unabdingbaren Grundsätze der deutschen verfassungsrechtlichen Ordnung als unüberwindbares Hindernis für eine Auslieferung zugrunde legen« (→ Art. 1 III Rn. 48f.)[233].

49

(48ff.). Strenger (keine Anerkennung bei Völkerrechtsverstoß) *Hillgruber* (Fn. 16), Art. 25 Rn. 14; ders., HStR³ II, § 32 Rn. 121; *Zuleeg* (Fn. 17), Art. 24 III/Art. 25 Rn. 39 (s. aber auch Rn. 40 für Enteignungen).

[231] BVerfGE 18, 112 (121); ferner etwa E 31, 58 (75f.); 75, 1 (17); 113, 154 (162f., Rn. 24); BVerfG (K), NVwZ 2008, 71 (71); BVerfGK 16, 491 (496, Rn. 20). Für einen Bezug auf existierende Staaten BVerfG (K), VIZ 2001, 114 (115, Rn. 11).

[232] BVerfGE 31, 58 (76). S. auch E 112, 1 (27, Rn. 96); *Herdegen* (Fn. 14), Art. 25 Rn. 41.

[233] BVerfGK 16, 491 (496, Rn. 20). Zum unabdingbaren Mindeststandard »zählt der Kernbereich des […] Verhältnismäßigkeitsgrundsatzes«. Daher Auslieferungsverbot bei »unerträglicher […], mithin unter jedem denkbaren Gesichtspunkt unangemessen erschein[ender]« Strafe. Letztere darf auch »nicht grausam, unmenschlich oder erniedrigend sein«, wofür noch nicht genügt, dass »die zu vollstreckende Strafe lediglich als in hohem Maße hart anzusehen ist und bei einer strengen Beurteilung anhand deutschen Verfassungsrechts nicht mehr als angemessen erachtet werden könnte«. Folglich begründet »lebenslange Freiheitsstrafe ohne die Möglichkeit einer Strafaussetzung zur Bewährung« noch kein Auslieferungsverbot, wohl aber der Umstand, dass »sie ohne hinreichende praktische Aussicht […] auf Wiedererlangung der Freiheit regelmäßig bis zum Tod vollstreckt wird« (496ff., Rn. 19ff.). S. ferner § 73 IRG und BVerfGE 63, 332 (337f.); 75, 1 (16f.); BVerfG (K), NJW 1991, 1411 (1411); BVerfG (K) v. 22.6.1992, 2 BvR 1901/91, juris, Rn. 10 – nachteilige Berücksichtigung des Schweigens im Strafverfahren; BVerfG (K), NJW 1994, 2883 (2883); NJW 1995, 1667 (1667) – Spezialität der Strafverfolgung; EuGRZ 1996, 324 (326f.); NJW 2001, 3111 (3112, Rn. 22) – Spezialität der Strafverfolgung; BVerfGE 108, 129 (136ff., Rn. 29ff.) – Folter und menschenunwürdige Haftbedingungen; BVerfGK 2, 82 (84f., Rn. 10); BVerfGE 109, 13 (28ff., Rn. 51ff.) – grundsätzlich kein Auslieferungshindernis, wenn jemand »aus seinem Heimatstaat zwecks Umgehung des dortigen Auslieferungsverbotes mit List in den ersuchten Staat gelockt worden ist« (27, Rn. 46); ebenso BVerfGE 109, 38 (54ff., Rn. 53ff.); ferner auch bei Tatprovokation BVerfG (K), NJW 1995, 651 (651f.); anders wohl zwischenzeitlich bei Anwendung von Gewalt BVerfGE 109, 13 (28f., Rn. 52); ferner *Tomuschat* (Fn. 1), Art. 25 Rn. 122; *C. M. Tsiliotis*, REDP 11 (1999), 1185 (1201ff.); *Zuleeg* (Fn. 17), Art. 24 III/Art. 25 Rn. 36, 42; s. demgegenüber aber noch BVerfG (K), NJW 1986, 1427 (1427f.); NJW 1995, 651 (651f.)]; BVerfGK 2, 165 (172, Rn. 33) – unabhängige Gerichte; K 3, 27 (31ff., Rn. 14ff.); 3, 159 (163f., Rn. 15f.); 3, 314 (317f.); 6, 13 (17f., Rn. 22ff.) – Verurteilung in Abwesenheit ohne angemessene Verteidigungsmöglichkeiten; BVerfGE 113, 154 (162ff., Rn. 23ff.); BVerfGK 6, 334 (341f., Rn. 33) – Gebot des rechtlichen Gehörs sowie Folter; BVerfG (K), NVwZ 2008, 71 (71f.); BVerfGK 13, 128 (133f.); 17, 178 (184f., Rn. 22). Entsprechende Bedenken kann eine völkerrechtlich verbindliche Zusicherung auf Einhaltung des Mindeststandards ausräumen, s. BVerfG (K), NJW 2001, 3111 (3112, Rn. 22, 26); BVerfGK 13, 128 (136). Macht ein Auszulieferender die Gefahr einer menschenrechtswidrigen Behandlung im ersuchenden Staat geltend, genügt hierfür nicht, dass die Gefahr »aufgrund eines bekanntgewordenen früheren Vorfalls nicht ausgeschlossen werden kann. Es müssen vielmehr begründete Anhaltspunkte für die Gefahr menschenrechtswidriger Behandlung vorliegen« (BVerfG [K], NJW 1994, 2883 [2883]). Droht die Todesstrafe, ist eine Auslieferung jedenfalls dann

Art. 25 C. Erläuterungen

50   Art. 25 GG kommt auch Bedeutung für die Bestimmung der **Reichweite von Grundrechten** bei Sachverhalten mit Auslandsbezug zu (→ Art. 1 III Rn. 44 ff.)[234]. Solange Zuständigkeits- und Verfahrensvorschriften geeignet sind, »eine bestimmende Mitwirkung aller deutschen Behörden an völkerrechtswidrigen Handlungen effektiv zu verhindern«, verlangt Art. 25 GG keine Modifikation des deutschen Verwaltungsverfahrens- und -organisationsrechts; mithin genügt es unter dieser Voraussetzung, wenn in gestuften Verfahren eine Behörde die Einhaltung der allgemeinen Regeln des Völkerrechts prüft, ohne dass es einer entsprechenden Erweiterung des Prüfprogramms anderer Behörden bedürfte[235]. Schließlich stellt die im anglo-amerikanischen Rechtskreis entwickelte »**act of state**«-**Doktrin**, nach der ausländische Hoheitsakte nicht auf ihre Rechtmäßig- und Wirksamkeit hin überprüft werden dürfen, keine allgemeine Regel des Völkerrechts dar[236].

VIII. Völkerrechtsfreundlichkeit und völkerrechtsfreundliche Auslegung des Grundgesetzes

51   Die Verfassungsentscheidung für eine offene Staatlichkeit (→ Art. 24 Rn. 3) beinhaltet das (selbst nicht unter Art. 25 GG fallende[237]) **Gebot einer völkerrechtsfreundlichen**[238] **Auslegung des Grundgesetzes**[239]. Letzteres ist »nach Möglichkeit so auszulegen [...], dass ein Konflikt mit völkerrechtlichen Verpflichtungen der Bundesrepublik Deutschland nicht entsteht«[240], etwa durch eine konventionskonforme Auslegung der Grundrechte (→ Rn. 27). Herausgestrichen hat das Bundesverfassungsgericht auch die der

---

zulässig, wenn der ersuchende Staat zusichert, dass diese nicht verhängt wird (BVerfGE 60, 348 [354]). Ist dies nicht der Fall, hat das Bundesverfassungsgericht ein Auslieferungshindernis offen gelassen (BVerfGE 60, 348 [354]; verneinend noch BVerfGE 18, 112 [116 ff.]; ebenso *Hillgruber* [Fn. 16], Art. 25 Rn. 39; *Pernice* → Bd. II², Art. 25 Rn. 37; → Art. 102 Rn. 50 ff.; ein solches besteht jedenfalls einfach-gesetzlich, s. § 8 IRG).

[234] BVerfGE 100, 313 (362 f., Rn. 174).
[235] BVerwGE 131, 316 (341 ff.); BVerwG ZLW 2010, 309 (315 f.). Strenger *B. Schmidt am Busch*, Privatization of Military Flights in the Mesh of International and National Law, in: FS Simma, 2011, S. 1262 ff. (1276).
[236] BVerfGE 95, 96 (129); *Rojahn* (Fn. 35), Art. 25 Rn. 38.
[237] BVerfG (K), VIZ 2001, 114 (115, Rn. 11).
[238] Umfassend *D. Knop*, Völker- und Europarechtsfreundlichkeit als Verfassungsgrundsätze, 2014, S. 200 ff.; ferner *Bleckmann*, Grundgesetz (Fn. 97), S. 298 ff.; *ders.*, DÖV 1979, 309; *ders.*, DÖV 1996, 137 (140 ff.); *A. Krees*, Der Staat 54 (2015), 63 (78 ff.); *M. Payandeh*, JöR 57 (2009), 465 ff. Zur völkerrechtskonformen Auslegung des nationalen Rechts als Gebot des Unionsrechts im Kontext der Aarhus-Konvention: EuGH, C-240/09, Slg. 2011, I-1255, Rn. 50 – *Lesoochranárske zoskupenie*.
[239] BVerfG (K), VIZ 2001, 114 (115, Rn. 11); BVerfGE 111, 307 (317 f., Rn. 33); BVerfGK 9, 174 (190, Rn. 54); unter Bezugnahme auf Art. 25 GG BVerfGE 6, 309 (362 f.); ohne konkrete Norm BVerfGE 18, 112 (121); 31, 58 (75 f.); aus der Literatur: *Knop*, Völker- und Europarechtsfreundlichkeit (Fn. 238), S. 209 ff.; *M. Payandeh*, JöR 57 (2009), 465 (485 f.); *Proelß*, Grundsatz (Fn. 111), S. 556 ff.; *O. Rojahn*, in: v. Münch/Kunig, GG I, Art. 24 Rn. 2 ff.; *C. Tomuschat*, HStR VII, § 172 Rn. 27 f. Speziell für Grundrechte *H.-J. Cremer*, HStR³ XI, § 235 Rn. 52 ff. *C. Tomuschat*, HStR VII, § 172 Rn. 8, definiert die Völkerrechtsfreundlichkeit als »Leitmaxime, [...] die darauf abzielt, im innerstaatlichen Rechtsraum die Befolgung völkerrechtlicher Gebote zu fördern und zu erleichtern«, und unterscheidet sie von der Offenheit des Grundgesetzes. Die Beiträge zur Völkerrechtsfreundlichkeit des Grundgesetzes im Wandel der Anschauungen von *A. Paulus*, *F. Arndt*, *S. Wasum-Rainer*, *F. Schorkopf* und *D. Richter*, in: T. Giegerich (Hrsg.), Der »offene Verfassungsstaat« des Grundgesetzes nach 60 Jahren, 2010, S. 73 ff.
[240] BVerfGE 111, 307 (318, Rn. 33); ferner BVerfGK 9, 174 (190, Rn. 54). Die Grenzen betonend *Rojahn* (Fn. 239), Art. 24 Rn. 5; *Stern*, Staatsrecht I, S. 476 f.

Völkerrechtsfreundlichkeit des Grundgesetzes immanente »**Pflicht, das Völkerrecht zu respektieren**« (→ Rn. 15)[241]. Über **Art. 20 III GG** besteht auch eine Bindung an allgemeine Regeln des Völkerrechts (Art. 25 GG) und transformiertes Völkervertragsrecht (Art. 59 II GG)[242]. Ebenso besteht »eine verfassungsunmittelbare Pflicht der deutschen Gerichte, einschlägige **Judikate** der für Deutschland zuständigen internationalen Gerichte zur Kenntnis zu nehmen und sich mit ihnen auseinanderzusetzen.«[243] Hinsichtlich der Rechtsprechung des **EGMR** greift wegen der normativen Leitfunktion seiner Konventionsauslegung sogar eine »Pflicht zur vorrangigen Beachtung [seiner] gefestigte[n] Rechtsprechung« (→ Rn. 27).[244] Eine normative Leitfunktion hat das Bundesverfassungsgericht auch der Auslegung völkerrechtlicher Verträge durch den **IGH**[245] sowie des internationalen Strafrechts durch die internationale Strafgerichtsbarkeit (Art. 16 II 2 GG)[246] beigemessen.

Freilich vermag die Völkerrechtsfreundlichkeit des Grundgesetzes keine ausdrücklichen Entscheidungen der Verfassung zu revidieren, etwa dadurch, dass völkerrechtlichen Verträgen ein Übergesetzesrang verliehen wird[247]. Auch kann die Völkerrechtsfreundlichkeit »**Wirkung nur im Rahmen des demokratischen und rechtsstaatlichen Systems des Grundgesetzes**« entfalten[248]. 52

IX. Rechtsschutz

Der Vorrang allgemeiner Regeln des Völkerrechts vor einfachem Recht kann mit der **Verfassungsbeschwerde** geltend gemacht werden: Zwar verbietet der fehlende Grundrechtscharakter des Art. 25 GG, eine Verfassungsbeschwerde unmittelbar auf diesen zu stützen[249]; von mittelbarer Bedeutung ist er allerdings insofern, als ein aufgrund einer entgegenstehenden allgemeinen Regel des Völkerrechts gemäß Art. 25 S. 2, 1. Halbs. GG unanwendbares deutsches Gesetz **keine rechtswirksame Grundlage für einen Grundrechtseingriff** darstellt[250]. In diesem Rahmen prüft das Bundesverfassungsgericht »gerichtliche Tatsachenfeststellungen und -würdigungen, die zur Nichtanwen- 53

---

[241] BVerfGE 112, 1 (26, Rn. 93). S. auch *Knop*, Völker- und Europarechtsfreundlichkeit (Fn. 238), S. 239 ff.
[242] BVerfGK 9, 174 (189 f., Rn. 52, 54). S. auch *M. Payandeh*, JöR 57 (2009), 465 (486 ff.).
[243] BVerfGK 9, 174 (190 f., Rn. 54, 58).
[244] BVerfGK 9, 174 (190, Rn. 55); ferner BVerwGE 110, 203 (210); *M. Payandeh*, JöR 57 (2009), 465 (491 ff.); *Proelß*, Grundsatz (Fn. 111), S. 564 ff., 577 ff. – auch zu Grenzen.
[245] BVerfGK 9, 174 (191 ff., Rn. 57 ff.); dort auch zu den Konsequenzen eines Verstoßes (196, Rn. 70 ff.).
[246] BVerfGK 9, 174 (190 f., Rn. 56).
[247] BVerfGE 6, 309 (362 f.); ferner *M. Payandeh*, JöR 57 (2009), 465 (483 f.).
[248] BVerfGE 111, 307 (318 f., Rn. 34 f.); ferner E 112, 1 (25 f., Rn. 92); *Knop*, Völker- und Europarechtsfreundlichkeit (Fn. 238), S. 257 ff. Insgesamt zurückhaltend auch *C. Hillgruber*, HStR³ II, § 32 Rn. 125 ff.
[249] BVerfGE 6, 389 (440); 18, 441 (451); 23, 288 (300); BVerfGK 9, 259 (260, Rn. 8); BVerfG (K), NJW 2014, 1723 (1723); vgl. ferner BRAK-Mitt. 1988, 214 (214); BVerfGE 4, 110 (111 f.).
[250] BVerfGE 23, 288 (300); 31, 145 (177); BVerfG (K), NJW 1986, 1425 (1426); VIZ 2001, 114 (114, Rn. 9); BVerfGE 112, 1 (21 f., Rn. 78 ff.); BVerfGK 9, 259 (260 f., Rn. 8); 13, 246 (252, Rn. 15); 14, 524 (533, Rn. 21); 19, 122 (127); BVerfG (K), EuGRZ 2013, 563 (566, Rn. 41); *Hillgruber* (Fn. 16), Art. 25 Rn. 22 ff.; *Pernice* → Bd. II², Art. 25 Rn. 31; *Proelß*, Grundsatz (Fn. 111), S. 577 f.; *Rojahn* (Fn. 35), Art. 25 Rn. 25; *Streinz* (Fn. 14), Art. 25 Rn. 96. Restriktiver, da eine individualschützende Zielrichtung der Regel fordernd *Herdegen* (Fn. 14), Art. 25 Rn. 54; *C. M. Tsiliotis*, REDP 11 (1999), 1185 (1209 f.); jedenfalls für die verwaltungsprozessuale Durchsetzung VG Köln v. 14.3.2013, 1 K 2822/12, juris, Rn. 62 ff.; vgl. auch BVerfGE 112, 1 (22, Rn. 80).

dung einer allgemeinen Regel des Völkerrechts und einer hieraus folgenden völkerrechtlichen Verantwortlichkeit der Bundesrepublik Deutschland führen, in besonders strenger Weise auf ihre Willkürfreiheit«[251]. Wegen eines Widerspruchs zu Art. 25 GG soll die Ungültigkeit von Gesetzen auch im Wege der **Normenkontrolle** geltend gemacht werden können[252]. Das Bundesverfassungsgericht hat offen gelassen, ob Art. 25 GG dem Bundestag im **Organstreit** wehrfähige eigene Rechte verleiht[253].

54   Art. 100 II GG sieht ein **obligatorisches Normverifikationsverfahren** vor (→ Art. 100 Rn. 30 ff.), um »eine einheitliche Rechtsprechung darüber [zu] gewährleisten, ob Regeln des Völkerrechts Bestandteil des Bundesrechts sind«[254], und »die sich aus der Eingliederung des Völkerrechts für die Autorität des Gesetzgebers und die Rechtssicherheit ergebenden Gefahren (→ Rn. 14) auf das unvermeidbare Maß zu beschränken. Bei Zweifeln über Existenz und Tragweite einer allgemeinen Völkerrechtsregel soll nur das Bundesverfassungsgericht, dieses aber allgemeinverbindlich und mit Gesetzeskraft, entscheiden.«[255] Art. 100 II GG begründet insofern **kein Entscheidungsmonopol**, als eine Vorlage bei eindeutiger Rechtslage nicht geboten ist. Unterbleibt eine gemäß Art. 100 II GG erforderliche Vorlage, kann eine auf **Art. 101 I 2 GG** gestützte Urteilsverfassungsbeschwerde erhoben werden (→ Art. 100 Rn. 42; → Art. 101 Rn. 61).

D. Verhältnis zu anderen GG-Bestimmungen

55   Die Einbeziehung von **Völkervertragsrecht** regelt ausschließlich **Art. 59 II GG**. Dieses kann dispositives Völkergewohnheitsrecht verdrängen (→ Rn. 23), schließt die parallele Existenz oder Herausbildung inhaltsgleichen Völkergewohnheitsrechts aber nicht aus; parallele Normen, etwa ein elementarer Menschenrechtsstandard oder zahlreiche Grundsätze der WVK, haben dann über Art. 25 GG und Art. 59 II GG i.V.m. dem Vertragsgesetz einen doppelten Geltungsgrund in der deutschen Rechtsordnung[256]. Das **Normverifikationsverfahren gemäß Art. 100 II GG** flankiert Art. 25 GG prozessual (→ Rn. 4, 54; → Art. 100 Rn. 30 ff.). **Art. 26 GG** steht neben Art. 25 GG (näher → Art. 26 Rn. 53). Die innerstaatliche Geltung und Anwendbarkeit von supranationalem Recht, namentlich Unionsrecht, richtet sich nach **Art. 23 f. GG**, so dass die allgemeinen Rechtsgrundsätze des Unionsrechts nicht über Art. 25 GG Bestandteil der deutschen Rechtsordnung werden[257].

---

[251] BVerfG (K), NJW 1986, 1427 (1427). S. auch *H. Steinberger*, HStR VII, § 173 Rn. 77.
[252] Jarass/*Pieroth*, GG, Art. 100 Rn. 18; *Rojahn* (Fn. 35), Art. 25 Rn. 33. A.A. *Stern*, Staatsrecht I, S. 497 f.: Art. 100 II GG.
[253] BVerfGE 100, 266 (269 f., Rn. 18).
[254] BVerfGE 15, 25 (33).
[255] BVerfGE 23, 288 (317).
[256] *H.-J. Cremer*, HStR³ XI, § 235 Rn. 26; *Pernice* → Bd. II², Art. 25 Rn. 17, 41; *Tomuschat* (Fn. 1), Art. 25 Rn. 36, 76 f. Wegen des unterschiedlichen Anwendungsbereichs ist Art. 59 II GG nicht speziell gegenüber Art. 25 GG, so auch *F. Czerner*, EuR 42 (2007), 537 (545 f.), a.A. *Hofmann* (Fn. 20), Art. 25 Rn. 17; *Koenig* (Fn. 1), Art. 25 Rn. 6, 14, 18, 29. Differenziert zum Verhältnis von Völkervertragsrecht und allg. Regeln des Völkerrechts *H.-J. Cremer*, HStR³ XI, § 235 Rn. 20 ff.
[257] *Tomuschat* (Fn. 1), Art. 25 Rn. 19. A.A. *Koenig* (Fn. 1), Art. 25 Rn. 28 (s. aber auch Rn. 29).

Artikel 26 [Verbot des Angriffskrieges]

(1) ¹Handlungen, die geeignet sind und in der Absicht vorgenommen werden, das friedliche Zusammenleben der Völker zu stören, insbesondere die Führung eines Angriffskrieges vorzubereiten, sind verfassungswidrig. ²Sie sind unter Strafe zu stellen.

(2) ¹Zur Kriegführung bestimmte Waffen dürfen nur mit Genehmigung der Bundesregierung hergestellt, befördert und in Verkehr gebracht werden. ²Das Nähere regelt ein Bundesgesetz.

Literaturauswahl

Björn, Clemens: Der Begriff des Angriffskrieges und die Funktion seiner Strafbarkeit, 2005.
Corten, Olivier: The Law Against War. The Prohibition on the Use of Force in Contemporary International Law, 2010.
Doehring, Karl: Das Friedensgebot des Grundgesetzes, in: HStR VII, § 178, S. 687–709.
Epping, Volker: Grundgesetz und Kriegswaffenkontrolle, 1993.
Gray, Christine: International Law and the Use of Force, 3. Aufl. 2008.
Krieger, Heike: Die Umsetzung des völkerrechtlichen Aggressionsverbrechens in das deutsche Recht im Lichte von Art. 26 Abs. 1 GG, in: DÖV 2012, S. 449–457.
Kunze, Andreas: Der Stellenwert des Art. 26 I GG innerhalb des grundgesetzlichen Friedensgebotes, 2004.
Meinel, Florian: Organisation und Kontrolle im Bereich der Regierung, in: DÖV 2015, S. 717–726.
Proelß, Alexander: Das Friedensgebot des Grundgesetzes, in: HStR³ XI, § 227, S. 63–89.
Stratman, Jürgen: Das grundgesetzliche Verbot friedensstörender Handlungen. Ein Beitrag zur Auslegung des Art. 26 Abs. 1 GG, Diss. jur. Würzburg 1971.

Leitentscheidungen des Bundesverfassungsgerichts

BVerfGE 66, 39 (65) – Nachrüstung; 68, 1 (103) – Atomwaffenstationierung; 77, 170 (233f.) – Lagerung chemischer Waffen; 100, 266 (268ff., Rn. 11ff.) – Kosovo; 110, 33 (49f., Rn. 89) – Zollkriminalamt; 137, 185 (230ff., Rn. 129ff.) – Informationsrechte Bundestag.

Gliederung

	Rn.
A. Herkunft, Entstehung, Entwicklung	1
I. Ideen- und verfassungsgeschichtliche Aspekte	1
II. Entstehung und Veränderung der Norm	3
B. Internationale, supranationale und rechtsvergleichende Bezüge	5
I. Internationale Bezüge	5
II. Supranationale Bezüge	12
III. Rechtsvergleichende Hinweise	14
C. Erläuterungen	16
I. Allgemeine Bedeutung	16
II. Verfassungswidrigkeit friedensstörender Handlungen (Art. 26 I 1 GG)	17
1. Friedensstörende Handlungen (Art. 26 I 1 GG)	18
a) Das Störungsverbot	18
aa) Objektiver Tatbestand: Eignung zur Friedensstörung	19
(1) Friedensstörung	19
(2) Erfasste Handlungen	24
(3) Eignung	27
bb) Subjektiver Tatbestand: Absicht der Friedensstörung	28
cc) Anwendungsfälle	29
b) Das Verbot des Angriffskriegs	30
2. Die Anordnung der Verfassungswidrigkeit	36
3. Rechtsschutz	40

III. Pönalisierungsgebot (Art. 26 I 2 GG) 41
IV. Kontrolle der Kriegswaffen (Art. 26 II GG) 43
   1. Der Rechtscharakter des Genehmigungsvorbehalts 46
   2. Die genehmigungsbedürftigen Handlungen 47
      a) Kriegswaffen 47
      b) Herstellung, Beförderung und Inverkehrbringen 48
   3. Genehmigungsvoraussetzungen 49
   4. Genehmigung durch die Bundesregierung 51
D. Verhältnis zu anderen GG-Bestimmungen 53

Stichwörter

Aggressionsdefinition 31 – Aggressionsverbot 22 – Angriffskrieg 1, 3, 7, 17, 21, 24, 30ff., 41f. – Beihilfe 26, 34f. – Briand-Kellog-Pakt 5, 31 – Bundesregierung 20, 47, 50ff. – Bundessicherheitsrat 52 – Dual-use-Güter 10, 13, 47 – Friedensgebot 1, 12, 24, 38 – Gewaltverbot 5f., 16, 19ff., 33, 53 – Grundrechtsschranke 38, 53 – Humanitäres Völkerrecht 8 – Internationaler Strafgerichtshof 7, 22, 31f., 34, 42 – Intervention, humanitäre 6, 20, 28, 33 – Irakkrieg 35 – ius ad bellum 5 – ius in bello 8 – Kosovo-Krieg 35 – Kriegswaffen (Einsatzverbote) 8 – Kriegswaffen (Export) 8, 10f., 13, 44, 48, 50, 52 – Kriegswaffen (Genehmigungspflicht) 4, 14, 16, 43ff. – Kriegswaffen (Handel) 10f., 13, 48 – Kriegswaffen (Kontrolle) 2, 8, 13, 16, 43ff., 50 – Kriegswaffen (Liste) 47 – Kriegswaffenkontrollgesetz 13, 42, 44ff. – Polizeiliches Einschreiten 37 – Pönalisierungsgebot 7, 14, 16, 20f., 28, 41f., 53 – Rechtsschutz 40 – Selbstbestimmungsrecht der Völker 21f. – Selbstverteidigung 3, 6, 19f. – Söldner 29 – Störungsverbot (Adressaten) 24 – Störungsverbot (Rechtsfolge) 36ff. – Störungsverbot (Tatbestand) 18, 21ff., 30, 33 – Terrorismus 6, 20, 22, 29, 42 – Verbrechen, völkerrechtliche 22 – Verteidigungskrieg 6, 33 – Völkerstrafrecht 7, 34 – Zwei-Plus-Vier-Vertrag 6, 9.

A. Herkunft, Entstehung, Entwicklung

I. Ideen- und verfassungsgeschichtliche Aspekte

1 Die Zulässigkeit der **Anwendung von Gewalt in den internationalen Beziehungen** hat in der religiösen, weltanschaulichen, juristischen, politischen und philosophischen Lehre sowie in der Praxis unterschiedliche Antworten gefunden[1]. Das in Art. 26 GG wirkmächtig konkretisierte **Friedensgebot des Grundgesetzes** bezieht Position, indem es »mit allen Formen des politischen Machiavellismus und einer rigiden Souveränitätsvorstellung [bricht], die noch bis zu Beginn des 20. Jahrhunderts das Recht zur Kriegsführung – auch als Angriffskrieg – für ein selbstverständliches Recht des souveränen Staates hielt […]. Das Grundgesetz schreibt demgegenüber die Friedenswahrung und die Überwindung des zerstörerischen europäischen Staatenantagonismus als überragende politische Ziele der Bundesrepublik fest«[2]. Damit steht Art. 26 GG in der **Tradition des** sich schon seit Beginn des 20. Jahrhunderts, vor allem aber nach dem Zweiten Weltkrieg zunehmend verfestigenden **internationalen Konsenses** über ein **Verbot des Angriffskriegs** (→ Rn. 5). Das **Verbot friedensstörender Handlungen im Inneren** geht auf die Aufklärung zurück[3].

2 Art. 26 GG hat **keinen Vorläufer in der deutschen Verfassungsgeschichte** (s. lediglich das allgemeine Friedensbekenntnis in der Präambel der WRV); Vorbilder finden sich

---

[1] Im Überblick C. *Björn*, Der Begriff des Angriffskrieges und die Funktion seiner Strafbarkeit, 2005, S. 19ff.; *Pernice* → Bd. II², Art. 26 Rn. 1ff.; K. *Ziolkowski*, Gerechtigkeitspostulate als Rechtfertigung von Kriegen, 2008, S. 37ff.
[2] BVerfGE 123, 267 (346, Rn. 224).
[3] S. die Problematisierung der Aufrüstung als Friedensbedrohung bei I. *Kant*, Zum Ewigen Frieden (1795), Erster Abschnitt, Dritter Art. (AA VIII, S. 345). Dazu *Pernice* → Bd. II², Art. 26 Rn. 3.

allein in den vorkonstitutionellen Verfassungen Bayerns und namentlich Hessens sowie Württemberg-Badens, Württemberg-Hohenzollerns und Badens[4]. Regelungen der Rüstungskontrolle fanden, zunächst zur Umsetzung der entsprechenden Beschränkungen in Art. 159 ff. des Versailler Vertrages, seit dem Jahre 1919 verstärkt Eingang in die deutsche Rechtsordnung[5].

II. Entstehung und Veränderung der Norm

In Reaktion auf die nationalsozialistische Gewaltherrschaft und zwei Weltkriege ordnete bereits **Art. 26 HChE** eine Pönalisierung friedensstörender Handlungen an[6]. In den insoweit kontroversen Beratungen setzte sich eine **doppelte Sanktionierung** durch: Friedensstörende Handlungen sind nicht nur unter Strafe zu stellen, sondern auch verfassungswidrig[7]. Ebenso wurde die strittige Frage, ob es auf die Eignung einer Handlung zur Friedensstörung oder eine entsprechende Absicht ankomme, durch eine Kombination beider Alternativen gelöst[8]. Um die Selbstverteidigung nicht zu sperren, beschränkte der Hauptausschuss den Verbotstatbestand überdies auf **Angriffskriege**[9]. Wegen ihres bloß deklaratorischen Charakters fanden Vorstöße, die Norm um einen programmatischen Ausspruch der Ächtung des Kriegs zu ergänzen, keine Zustimmung[10].

3

Um die Friedfertigkeit weiter zu effektivieren, wurde die Norm des Weiteren um den Genehmigungsvorbehalt für die Herstellung, die Beförderung und das Inverkehrbringen von **Kriegswaffen** ergänzt[11]. Ein strengeres Regime, das in Vorschlägen eines

4

---

[4] Zuerst Art. 47 Verf. Württ.-Bad. (ähnlich Art. 8 Verf. Württ.-Hohenzollerns und Art. 57 Verf. Bad.) – alle ohne Nachfolgeregel mit Gründung des Landes BW außer Kraft getreten. S. ferner Art. 69 HessVerf. und Art. 119 BayVerf.

[5] Gesetz Nr. 7034 v. 31.8.1919, RGBl. 1919 I, S. 1530; ferner Gesetz Nr. 7905 v. 22.12.1920 über die Ein- und Ausfuhr von Kriegsgerät, RGBl. 1920 I, S. 2167, geändert durch das Gesetz Nr. 8175 v. 26.6.1921, RGBl. 1921 I, S. 767 und das Gesetz über Kriegsgerät v. 27.7.1927, RGBl. 1927 I, S. 239, aufgehoben durch das Gesetz v. 6.11.1935, RGBl. 1935 I, S. 1337. Zur Genese der Exportkontrolle *U. Egger*, »Dual-use«-Waren: Exportkontrolle und EG-Vertrag, 1996, S. 21 ff.; *K. Pottmeyer*, Kriegswaffenkontrollgesetz, 2. Aufl. 1994, Einl. Rn. 1 ff.

[6] Zur Genese *H. Düx*, DuR 2 (1974), 182 (182 ff.); s. ferner die Dokumentation bei *D. S. Lutz*, Krieg und Frieden als Rechtsfrage im Parlamentarischen Rat 1948/49, 1982.

[7] Art. 29b i.d.F. der 29. Sitzung des Hauptausschusses (5.1.1949), Parl. Rat XIV/1, S. 867, 869. Zur Kontroverse Parl. Rat V/1, S. 331, 474, V/2, S. 546, XIV/1, S. 176 ff., 865 ff.; Art. 29b i.d.F. des Allgemeinen Redaktionsausschusses vom 13.12.1948, Parl. Rat V/2, S. 875 f., formulierte ein Pönalisierungsgebot und ein verfassungsunmittelbares Verbot; letzteres, weil die bloße Erklärung für verfassungswidrig eine Feststellung des BVerfG erfordere.

[8] Kombination: Art. 29b i.d.F. der 48. Sitzung des Hauptausschusses (9.2.1949), Parl. Rat XIV/2, S. 1518, einen Vorschlag des Allgemeinen Redaktionsausschusses aufgreifend, Parl. Rat XIV/1, S. 863. Absicht: Art. 26 HChE; Art. 31 i.d.F. der ersten (18.10.1948) und zweiten (10.11.1948) Lesung des Grundsatzausschusses, Parl. Rat V/1, S. 340, und V/2, S. 553; Art. 29b i.d.F. der 22. Sitzung des Hauptausschusses (8.12.1948), Parl. Rat XIV/1, S. 674. Eignung: Art. 29b i.d.F. des Allgemeinen Redaktionsausschusses vom 13.12.1948, Parl. Rat V/2, S. 875.

[9] Art. 29b i.d.F. der 48. Sitzung des Hauptausschusses (9.2.1949), Parl. Rat XIV/2, S. 1518; Initiative der Abg. *Dehler*, ebd., und *Brentano*, Parl. Rat XIV/1, S. 176 f. Ablehnend Abg. *Schmid*, Parl. Rat XIV/2, S. 177 f.: nur kollektive Selbstverteidigung wegen Missbrauchsgefahr.

[10] S. Diskussion auf der sechsten (19.11.1948, Parl. Rat XIV/1, S. 178 ff.), 22. (8.12.1948, Parl. Rat XIV/1, S. 673) und 29. (5.1.1949, Parl. Rat XIV/1, S. 868) Sitzung des Hauptausschusses und auf der 30. Sitzung des Grundsatzausschusses (6.12.1948), Parl. Rat V/2, S. 852 f.

[11] Vorschlag Abg. *Eberhard*, zwölfte Sitzung Grundsatzausschuss (15.10.1948), Parl. Rat V/1, S. 316 f., 331. Terminologisch strittig war, ob auf die Bestimmung oder Eignung der Waffen zur

generellen Kriegswaffenverbots[12] oder einer Einbeziehung von »Kriegsgerät jeder Art«[13] bzw. von »Waffen und Munition jeder Art«[14] Ausdruck fand, vermochte sich wegen der damit einhergehenden Beschränkungen (Rohstoffe als Kriegsgerät bzw. Waffennutzung bei Polizei und Jagd) nicht durchzusetzen[15]. Art. 26 GG hat **keine Änderung** erfahren.

B. Internationale, supranationale und rechtsvergleichende Bezüge

I. Internationale Bezüge

5   Das grundgesetzliche Verbot friedensstörender Handlungen ist im Kontext der im 20. Jahrhundert auf internationaler Ebene zunehmend Anerkennung findenden Ächtung der zwischenstaatlichen Gewaltanwendung zu sehen: Noch das **Haager Abkommen** zur friedlichen Erledigung internationaler Streitfälle vom 29.7.1899 und Art. 12 f., 15 der **Satzung des Völkerbundes** (1919) hatten das überkommene Recht zur Kriegsführung (ius ad bellum) als Ausfluss staatlicher Souveränität bekräftigt und lediglich prozedural eingehegt (→ Rn. 8), obgleich sich in der Völkerrechtslehre schon seit *Hugo Grotius* Bestrebungen zu seiner Zurückdrängung manifestierten[16]. In Anknüpfung an Art. 1 des **Briand-Kellog-Paktes** vom 27.8.1928, der dem »Krieg als Mittel für die Lösung internationaler Streitfälle [und] als Werkzeug nationaler Politik« eine Absage erteilte, normiert dann die am 26.6.1945 unterzeichnete **UN-Charta** ein umfassendes **Gewaltverbot** (Art. 2 Nr. 4 SVN), um ausweislich ihrer Präambel »künftige Geschlechter vor der Geißel des Krieges zu bewahren, die zweimal zu unseren Lebzeiten unsagbares Leid über die Menschheit gebracht hat«.

6   Dieses **Gewaltverbot**, dem überdies der Rang völkergewohnheitsrechtlichen ius cogens zukommt (→ Rn. 19 f.; Art. 25 Rn. 18), verbietet den VN-Mitgliedern »in ihren internationalen Beziehungen jede gegen die territoriale Unversehrtheit oder die politische Unabhängigkeit eines Staates gerichtete oder sonst mit den Zielen der Vereinten Nationen unvereinbare Androhung oder Anwendung von Gewalt«[17]. **Ausnahmen** hiervon gelten für die individuelle und kollektive Selbstverteidigung (Art. 51 SVN)

Kriegsführung abzustellen ist, s. Diskussion auf der 30. Sitzung des Grundsatzausschusses (6.12.1948), Parl. Rat V/2, S. 853 f.; für die heutige Fassung Art. 29c I i.d.F. der 29. Sitzung des Hauptausschusses (5.1.1949), Parl. Rat XIV/1, S. 870.

[12] S. Vorschläge des Abg. *Schmid*, 20. Sitzung Grundsatzausschuss (10.11.1948), Parl. Rat V/2, S. 549, und den dies aufgreifenden Art. 32 i.d.F. der zweiten Lesung des Grundsatzausschusses (10.11.1948), Parl. Rat V/2, S. 553; ferner Abg. *Renner*, sechste, 22. und 29. Sitzung Hauptausschuss (19.11.1948), Parl. Rat XIV/2, S. 180 ff.; (8.12.1948), Parl. Rat XIV/1, S. 674; (5.1.1949), Parl. Rat XIV/1, S. 870.

[13] So Art. 32 i.d.F. der ersten Lesung des Grundsatzausschusses (18.10.1948), Parl. Rat V/1, S. 340, und verschiedene Vorschläge auf dessen 12. Sitzung (15.10.1948), Parl. Rat V/1, S. 331 f.

[14] So der ursprüngliche Vorschlag des Abg. *Eberhard*, 12. Sitzung Grundsatzausschuss (15.10.1948), Parl. Rat V/1, S. 316 f. m. Fn. 10, S. 331 f. unter Verweis auf bewaffnete Gruppen im Inneren.

[15] S. Kritik von Abg. *Heuss*, 12. Sitzung Grundsatzausschuss (15.10.1948), Parl. Rat V/1, S. 331, und von Abg. *Eberhard*, 20. Sitzung Grundsatzausschuss (10.11.1948), Parl. Rat V/2, S. 547 f.

[16] Vgl. *Pernice* → Bd. II², Art. 26 Rn. 6 Fn. 19. Zur Entwicklung *Björn*, Begriff (Fn. 1), S. 19 ff.; *A. Randelzhofer/O. Dörr*, in: Simma/Khan/Nolte/Paulus, The Charter of the United Nations. A Commentary, Bd. I, 3. Aufl. 2012, Art. 2 (4) Rn. 4 ff.

[17] Konkretisierend: Friendly-Relations-Deklaration der VN-GV, A/RES/2625 (XXV) v. 24.10.1970. S. auch *O. Corten*, The Law Against War, 2010; *C. Gray*, International Law and the Use of Force, 3. Aufl. 2008; *Randelzhofer/Dörr* (Fn. 16), Art. 2 (4).

sowie für Akte zur Wahrung oder Wiederherstellung des Weltfriedens und der internationalen Sicherheit, die von einem Sicherheitsratsbeschluss gemäß Kapitel VII SVN gedeckt sind. Weithin für zulässig erachtet werden die Verteidigung gegen terroristische Angriffe[18], die Intervention auf Einladung[19], die (in einem hinreichenden Gefahrenbezug stehende) präventive Selbstverteidigung[20] und die Rettung eigener Staatsangehöriger[21]. Völkerrechtlich umstritten ist die teils namentlich mit Blick auf kollidierende Menschenrechtspositionen für zulässig erachtete humanitäre Intervention[22]. Der **NATO-Vertrag** vom 4.5.1949 bekräftigt das Gewaltverbot (Art. 1) und sieht eine Beistandspflicht bei Angriffen auf eine Vertragspartei vor (Art. 5). Völkerrechtlich hat sich Deutschland in Art. 2 **Zwei-plus-Vier-Vertrag** zur Einhaltung des Art. 26 I GG verpflichtet.

Der **Pönalisierungsauftrag** des Art. 26 I 2 GG findet im sich zunehmend etablierenden **Völkerstrafrecht** eine Entsprechung, das u.a. den Straftatbestand des **Angriffskriegs** kennt (Art. 6 lit. a Statut des Nürnberger Militärgerichtshofs i.V.m. Kontrollratsgesetz Nr. 10; Art. 5, 8bis I IStGH-Statut; → Rn. 31). Art. 20 I IPbpR verpflichtet, **Kriegspropaganda** Privater zu verbieten. 7

Neben dem Friedensvölkerrecht, das die (nur ausnahmsweise) Zulässigkeit der zwischenstaatlichen Gewaltanwendung regelt, normiert das **ius in bello** Grundsätze der Kriegsführung; zum Kern dieses **humanitären Völkerrechts** rechnen die vier Genfer 8

---

[18] Hier ist strittig, ob Art. 51 SVN nur bei einer indirekten staatlichen Veranlassung greift, so streng *D. Blumenwitz*, ZRP 35 (2002), 102 (104 f.), und offener (weite Zurechnung auch bei Unterstützung oder Unfähigkeit der Bekämpfung) *A. Randelzhofer/G. Nolte*, in: Simma/Khan/Nolte/Paulus, The Charter of the United Nations. A Commentary, Bd. II, 3. Aufl. 2012, Art. 51 Rn. 37 ff.; *C. J. Tams*, EJIL 20 (2009), 359 (384 ff.); ferner *D. Bethlehem*, AJIL 106 (2012), 769 (776 f.); *H.-G. Dederer*, JZ 2004, 421 (426 ff.); IGH, Legal Consequences of the Construction of a Wall in the Occupied Palestinian Territory, Advisory Opinion, ICJ Reports 2004, 194, § 139; offen IGH, Armed Activities on the Territory of the Congo (Democratic Republic of the Congo v. Uganda), ICJ Reports 2005, 168, § 147; weiter *M. Herdegen*, Völkerrecht, 12. Aufl. 2013, § 34 Rn. 16 f.; *C. Kreß*, Gewaltverbot und Selbstverteidigungsrecht nach der Satzung der Vereinten Nationen in Fällen staatlicher Verwicklung in Gewaltakte Privater, 1995, S. 206 ff.; *Ziolkowski*, Gerechtigkeitspostulate (Fn. 1), S. 221 ff. Umfassend *Corten*, Law (Fn. 17), S. 406 ff.; *Gray*, Law (Fn. 17), S. 193 ff. S. auch VN-SR, S/RES/1368 (2001) v. 12.9.2001 und 1373 (2001) v. 28.9.2001. Zu Cyber-Attacken *Randelzhofer/Nolte*, a.a.O., Rn. 42 ff.

[19] *W. Heintschel von Heinegg*, in: Epping/Hillgruber, GG, Art. 26 Rn. 19 – auch zu den str. Voraussetzungen; *H. Krieger*, DÖV 2012, 449 (452). A.A. *G. Frank*, in: AK-GG, Art. 26 (2001), Rn. 41. Differenzierend *Ziolkowski*, Gerechtigkeitspostulate (Fn. 1), S. 246 ff. Grundlegend *G. Nolte*, Eingreifen auf Einladung, 1999.

[20] Allgemein anerkannt ist dies unter der im Caroline-Fall (s. H. Miller [ed.], Treaties and other international acts of the United States of America, Vol. IV [1836–1846], S. 446 ff.; ausführlich zum Fall *R. Jennings*, AJIL 32 [1938], S. 82 ff.) etablierten Voraussetzung einer »necessity of self-defence, instant, overwhelming, leaving no choice of means, and no moment for deliberation« (s. *Herdegen*, Völkerrecht [Fn. 18], § 34 Rn. 18 f.); kritisch gegenüber einer weitergehenden Zulässigkeit von Vorfeldmaßnahmen bei verbleibender Unsicherheitsbasis – etwa i.S.d. neuen National Security Strategy der USA (2002, 2006) – *M. Bothe*, AVR 41 (2003), 255 (261 f.); *C. Kreß*, ZStW 115 (2003), 294 (315 f.); *Randelzhofer/Nolte* (Fn. 18), Art. 51 Rn. 52 ff.; *Ziolkowski*, Gerechtigkeitspostulate (Fn. 1), S. 235 ff.; vgl. ferner *M. Reisman/A. Armstrong*, AJIL 100 (2006), 525 (547 ff.); behutsam weitergehend *D. Bethlehem*, AJIL 106 (2012), 769 (775 f.); *Herdegen*, a.a.O., Rn. 19; *A. D. Sofaer*, EJIL 14 (2003), 209 (209).

[21] *Herdegen*, Völkerrecht (Fn. 18), § 34 Rn. 21 f.; *Randelzhofer/Dörr* (Fn. 16), Art. 2 (4) Rn. 58 ff.

[22] So *K. Doehring*, Völkerrecht, 2. Aufl. 2004, S. 444 ff.; *M. Herdegen*, Völkerrecht (Fn. 18), § 34 Rn. 36 ff.; *C. Tomuschat*, Die Friedenswarte 74 (1999), 33 (34 f.); s. auch VN-SR, S/RES/794 (1992) v. 3.12.1992, VN 1993, 65. Ablehnend *Corten*, Law (Fn. 17), S. 495 ff.; *D. Deiseroth*, NJW 1999, 3084 (3086 ff.); *W. Hummer/J. Mayr-Singer*, NJ 2000, 113 (114 ff.); *Randelzhofer/Dörr* (Fn. 16), Art. 2 (4) Rn. 52 ff.; s. auch VN-GV, A/RES/60/1 v. 16.9.2005. Offen gelassen, GBA, PM Nr. 10 v. 21.3.2003.

(Rotkreuz-)Abkommen des Jahres 1949[23]. Mit Blick auf das **Kriegswaffenkontrollregime des Art. 26 II GG** interessieren Beschränkungen im Bereich von Kampfmitteln (s. bereits Art. 8 V Satzung Völkerbund)[24]. Neben **Einsatzverboten**, etwa gemäß dem Protokoll über das Verbot der Verwendung von erstickenden, giftigen oder ähnlichen Gasen sowie von bakteriologischen Mitteln im Kriege (1925)[25], dem am 5.10.1978 in Kraft getretenen Umweltkriegsübereinkommen[26] oder dem am 2.12.1983 in Kraft getretenen Waffenübereinkommen der Vereinten Nationen[27], finden sich darüber hinausgehende **Herstellungs-, Besitz- und Transportverbote bzw. -beschränkungen**, so etwa in der am 29.4.1997 in Kraft getretenen Chemiewaffenkonvention[28]. Der am 5.3.1970 in Kraft getretene Atomwaffensperrvertrag gestattet nur den fünf Kernwaffenstaaten (China, Frankreich, Großbritannien, Russland, USA) nukleare Rüstung und verbietet im Übrigen den Erwerb und die Herstellung von Kernwaffen (Art. 2); Art. 1 untersagt die Weiterverbreitung von Kernwaffen[29]. Weitere Rüstungsbeschränkungen enthalten das Protokoll III über die Rüstungskontrolle vom 24.3.1955[30], der Atomteststopvertrag[31], das Übereinkommen über das Verbot der Entwicklung, Herstellung und Lagerung bakteriologischer (biologischer) Waffen und Toxinwaffen sowie über die Vernichtung solcher Waffen[32], der Weltraumvertrag[33], der Antarktisvertrag[34], der Vertrag über die Lagerung von Massenvernichtungswaffen am Meeresboden[35] und die Anti-Landminenkonvention[36].

9   Überdies haben die Regierungen der Bundesrepublik und der DDR in Art. 3 **Zwei-plus-Vier-Vertrag** (→ Rn. 6) »ihren Verzicht auf Herstellung und Besitz von und auf Verfügungsgewalt über atomare, biologische und chemische Waffen« sowie die Reduktion der Land-, Luft- und Seestreitkräfte auf 370.000 Mann bekräftigt. Rüstungsbeschränkungen in den Bereichen Kampfpanzer, gepanzerte Kampffahrzeuge, Artillerie, Kampfflugzeuge und Kampfhubschrauber hat Deutschland im am 9.11.1992 in Kraft getretenen **Vertrag über Konventionelle Streitkräfte in Europa** übernommen[37]; indes hat Russland im Jahre 2007 die Anwendung des Vertrags einseitig ausgesetzt.

10   Bedeutsame Grundsätze für den **Waffenexport** enthalten die von der **OSZE** am 25.11.1993 verabschiedeten »Prinzipien zur Regelung des Transfers konventioneller Waffen«[38]. Das **Wassenaar-Arrangement on Export Controls for Conventional Arms**

---

[23] Genfer Abkommen zur Verbesserung des Loses der Verwundeten und Kranken der Streitkräfte im Felde, BGBl. 1954 II, S. 783, zur Verbesserung des Loses der Verwundeten, Kranken und Schiffbrüchigen der Streitkräfte zur See, BGBl. 1954 II, S. 813, über die Behandlung der Kriegsgefangenen, BGBl. 1954 II, S. 838, und zum Schutze der Zivilpersonen in Kriegszeiten, BGBl. 1954 II, S. 917.
[24] S. auch *T. Roeser*, Völkerrechtliche Aspekte des internationalen Handels mit konventionellen Waffen, 1988.
[25] RGBl. 1929 II, S. 173.
[26] BGBl. 1983 II, S. 125.
[27] BGBl. 1992 II, S. 958; 1993 II, S. 935, nebst Protokollen BGBl. II 1992, S. 967 (I), 1997, S. 807 (II); 1992, S. 975 (III); 1997, S. 827 (IV).
[28] BGBl. 1994 II, S. 806.
[29] Näher *Pernice* → Bd. II², Art. 26 Rn. 7.
[30] BGBl. 1955 II, S. 256.
[31] BGBl. 1964 II, S. 906.
[32] BGBl. 1983 II, S. 132.
[33] BGBl. 1969 II, S. 1967.
[34] BGBl. 1978 II, S. 1517.
[35] BGBl. 1972 II, S. 325.
[36] BGBl. 1998 II, S. 778.
[37] BGBl. 1991 II, S. 1154.
[38] www.osce.org/de/fsc/41343?download=true (27.11.2014).

and Dual-Use Goods and Technologies vom 12.5.1996, Nachfolge-Abkommen des CO-COM, verpflichtet seine Vertragsparteien, den Export gelisteter Güter zu kontrollieren, sieht hierfür Guidelines und Procedures vor und normiert Berichtspflichten[39]. Schließlich bezweckt der im VN-Kontext geschlossene, am 24.12.2014 in Kraft getretene **Arms Trade Treaty**[40], einen internationalen Standard für den grenzüberschreitenden Handel mit konventionellen Waffen zu sichern, namentlich durch Ausfuhrverbote und die Formulierung von Ausfuhrkriterien (Art. 6 f.), und den unerlaubten Handel einzudämmen. Ein- und Ausfuhren verzeichnet seit dem Jahr 1992 das **VN-Waffenregister**[41].

Ähnlich wie das Unionsrecht (→ Rn. 13) gestattet auch Art. XXI lit. b (ii) **GATT** Beschränkungen des Handels mit Kriegswaffen und sonstigen kriegsrelevanten Gütern, so dies aus Sicherheitsinteressen für notwendig erachtet wird. Exportbeschränkungen können auch im Rahmen von **Embargo**-Maßnahmen bestehen (Art. 41 SVN; GASP-Beschluss; Art. 215 AEUV). 11

II. Supranationale Bezüge

Die Europäische Union bekennt sich zu einer **Förderung des Friedens nach innen sowie außen** (s. nur Art. 3 I, V 2, Art. 8 I, 21, 42 EUV) und ist überdies an die im allgemeinen Völkerrecht enthaltenen Verbote friedensstörender Handlungen (→ Rn. 5 f.) gebunden, die Teil der Unionsrechtsordnung sind (→ Art. 25 Rn. 8)[42]. Zunehmende Bedeutung erlangen diese Friedensgebote infolge des fortschreitenden Ausbaus einer **Gemeinsamen Sicherheits- und Verteidigungspolitik** (Art. 42 ff. EUV). 12

Relevanz für die Mitgliedstaaten hat das Unionsrecht namentlich im Bereich der **Rüstungskontrolle** erlangt[43]. Zunächst stellen die in Art. 26 II 1 GG und im einfachen Recht, namentlich im KWKG enthaltenen Beschränkungen des (unionsinternen) Rüstungsexports Beschränkungen der **Warenverkehrsfreiheit** (Art. 34 f. AEUV) dar, die sich aus Gründen der öffentlichen Sicherheit (Art. 36 AEUV) und des internationalen Friedens prinzipiell rechtfertigen lassen, zumal Art. 346 I lit. b AEUV jedem Mitgliedstaat gestattet, »Maßnahmen [zu] ergreifen, die seines Erachtens für die Wahrung seiner wesentlichen Sicherheitsinteressen erforderlich sind, soweit sie die Erzeugung von Waffen, Munition und Kriegsmaterial oder den Handel damit betreffen«[44]. Dieser Vorbehalt bezieht sich gemäß Art. 346 II AEUV indes nur auf die vom Rat am 15.4.1958 festgelegte und bislang unveränderte Warenliste. Darüber hinaus existiert ein dichter **sekundärrechtlicher Rahmen** (zum Embargo → Rn. 11). Die Rl. 2009/43/EG sieht zur Realisierung des Binnenmarktes für Verteidigungsgüter eine Vereinfachung der Vorschriften und Verfahren für die **innergemeinschaftliche Verbringung** vor[45]. Für Expor- 13

---

[39] www.wassenaar.org (27.11.2014).
[40] BGBl. 2013 II, S. 1426.
[41] VN-GV, A/RES/46/36 v. 6.12.1991.
[42] S. auch *F. C. Mayer*, AVR 41 (2003), 394 (396 ff.) – dort (402 ff.) auch zur Begründung eines Friedensgebots als Ausfluss der Rechtsstaatlichkeit.
[43] Zum Hintergrund *U. Karpenstein*, Europäisches Exportkontrollrecht für Dual-use-Güter, 1998, S. 73 ff.
[44] Näher *Egger*, »Dual-use«-Waren (Fn. 5), S. 111 ff.; *S. Hobe*, in: Friauf/Höfling, GG, Art. 26 (2011), Rn. 19; *D. Eisenhut*, Europäische Rüstungskooperation, 2010, S. 122 ff. Im Einzelnen zu Art. 346 I lit. b AEUV *Karpenstein*, Exportkontrollrecht (Fn. 43), S. 313 ff.; *L. Jaeckel*, in: Grabitz/Hilf/Nettesheim, EUV/AEUV, Art. 346 AEUV (2011), Rn. 14 f., 19 ff.
[45] ABl. L 146/1, zul. geänd. durch Delegierte Rl. 2014/18/EU, ABl. L 40/20. Zu neueren Initia-

te in Drittstaaten, für deren Regelung die Union gemäß Art. 3 I lit. e, 206f. AEUV ausschließlich zuständig ist[46], normiert Art. 1 der **Ausfuhr-VO 1061/2009**[47] den Grundsatz der Ausfuhrfreiheit, der indes aus den genannten Gründen beschränkt werden darf (Art. 10). Die novellierte **Dual-use-VO 428/2009**[48] reguliert die Kontrolle der Ausfuhr, der Verbringung, der Vermittlung und der Durchfuhr von Gütern, die sowohl einer zivilen als auch einer militärischen Nutzung zugänglich sind (Art. 1f.). Schließlich formuliert der **Gemeinsame Standpunkt des Rates** für die Ausfuhrkontrolle von Militärgütern und Militärtechnologie vom 8.12.2008[49] für die Mitgliedstaaten verbindliche Vorgaben für Rüstungsexportentscheidungen (→ Rn. 50).

III. Rechtsvergleichende Hinweise

14 Das in Art. 26 GG enthaltene Bekenntnis zum Frieden nimmt, gerade wegen seiner konkreten Rechtsfolgen (Verfassungswidrigkeit, Pönalisierungsgebot und kriegswaffenbezogener Genehmigungsvorbehalt), eine **Sonderstellung** ein, was angesichts seines Entstehungskontextes nach Naziregime und Zweitem Weltkrieg (→ Rn. 1ff.) nicht überrascht[50]. Eine noch weitergehende Regelung enthält allein das **Kriegs- und Streitkräfteverbot des Art. 9 Verf. Japans** (3.11.1946), das indes die Aufstellung von Selbstverteidigungsstreitkräften nicht sperrt und dessen Relativierung hinsichtlich Auslandseinsätzen namentlich im VN-Kontext derzeit kontrovers diskutiert wird[51].

15 Darüber hinaus existieren Normen mit einer **Art. 26 vergleichbaren Stoßrichtung**, obgleich regelmäßig mit nur programmatischem Charakter. Erstmals erteilte (der mit Verabschiedung der Franco-Verfassung 1938 außer Kraft getretene) Art. 6 Verf. Spaniens (1931) dem Krieg als Mittel der Politik eine Absage; eine entsprechende Bestimmung findet sich heute noch in Art. 11 Var. 1 Verf. Italiens [s. auch Präambel Verf. Frankreichs (1946); Art. 2 II Verf. Griechenlands; Art. 29 I–III Verf. Irlands; Art. 7 I, II Verf. Portugals; Kap. 15 Art. 13, 16 Verf. Schwedens; Art. Q I Verf. Ungarns]. **Punktuelle Regelungen** finden sich in Art. 63 II Verf. Sloweniens (Verfassungswidrigkeit der Anstiftung zum Krieg) und Art. 135 II Verf. Litauens (Verbot der Kriegspropaganda). Eine kompetentielle Parallele zu Art. 26 II 2 GG enthält Art. 107 II BV, wohingegen Art. 41 IIff. BV a.F. noch ein Bewilligungserfordernis vorsah[52]. Im **Landesverfassungsrecht** ist – neben allgemeinen Friedensbekenntnissen (s. etwa Präambel Verf. Hamb. und Thür.) und Erziehungszielen (s. etwa Art. 131 III Verf. Bay.) – auf Art. 119 Bay-

---

tiven Mitteilung der Europäischen Kommission v. 24.7.2013, KOM (2013), 542, und Bericht der Europäischen Kommission v. 24.6.2014, KOM (2014), 387.

[46] EuGH, Rs. C-70/94, Slg. 1995, I-3189, Rn. 7ff. – *Werner*; *Karpenstein*, Exportkontrollrecht (Fn. 43), S. 305ff.; *B. Wegener*, in: Calliess/Ruffert, EUV/AEUV, Art. 346 AEUV, Rn. 9.

[47] ABl. L 291/1, geändert durch VO (EU) Nr. 37/2014, ABl. L 18/1.

[48] ABl. L 134/1, zul. geändert durch VO (EU) Nr. 599/2014, ABl. L 173/79. Näher *C. Hölscher*, RIW 2009, 524 (524). Zur nationalen Umsetzung BGH NJOZ 2010, 1274; zum Vorgängerregime *Karpenstein*, Exportkontrollrecht (Fn. 43), S. 91ff., 271ff.

[49] ABl. 2008 L 335/99. S. auch den Gemeinsamen Standpunkt des Rates betreffend die Überwachung von Waffenvermittlungstätigkeiten vom 23.6.2003, ABl. L 156/79.

[50] Rechtsvergleichend *M. Bothe*, in: BK, Art. 25 (2003), Rn. 1ff.; *Hobe* (Fn. 44), Art. 26 Rn. 20ff.; *F. C. Mayer*, AVR 41 (2003), 394 (408ff.); *J. Stratmann*, Das grundgesetzliche Verbot friedensstörender Handlungen, 1971, S. 27ff.

[51] Zum Hintergrund *Stratmann*, Verbot (Fn. 50), S. 33ff.

[52] Rechtsvergleichend zum Exportkontrollregime (1998) *Karpenstein*, Exportkontrollrecht (Fn. 43), S. 186ff.

II. Verfassungswidrigkeit friedensstörender Handlungen (Art. 26 I 1 GG) **Art. 26**

Verf. und namentlich Art. 69 HessVerf., Art. 30 I Berl. Verf. und (den erst 2007 eingefügten) Art. 18a Verf. M-V[53] zu verweisen (→ Rn. 2)[54].

C. Erläuterungen

I. Allgemeine Bedeutung

Art. 26 GG stellt neben der Präambel sowie Art. 1 II, 9 II, 24, 25, 87a I 1 GG ein **Element der** im Grundgesetz angelegten **Friedensstaatlichkeit Deutschlands** dar (→ Präambel Rn. 50ff.; → Art. 24 Rn. 1ff.)[55]. Seine besondere Bedeutung liegt in der **wirkmächtigen Konkretisierung** dieses Staatsziels[56]. Mit der Erklärung friedensstörender Handlungen für verfassungswidrig (Abs. 1 S. 1; → Rn. 17ff.) sowie dem Genehmigungsvorbehalt für die Herstellung, die Beförderung und das Inverkehrbringen von Kriegswaffen (Abs. 2 S. 1; → Rn. 43ff.) sind **unmittelbar Rechtsfolgen angeordnet**. Überdies formulieren das Gebot einer Pönalisierung friedensstörenden Handelns (Abs. 1 S. 2; → Rn. 41f.) und der Konkretisierungsauftrag hinsichtlich des Kriegswaffenkontrollregimes (Abs. 2 S. 2; → Rn. 44, 47) **Handlungsaufträge an den Gesetzgeber**[57]. Vor diesem Hintergrund stellt Art. 26 GG eine **vielschichtige Regelung** dar[58]. Seine trotz dieses weit reichenden Regelungsprogramms oftmals konstatierte **geringe praktische Bedeutung**[59] resultiert primär aus der offenen Völkerrechtslage hinsichtlich neuer Anfragen an das Gewaltverbot (→ Rn. 5f., 19ff.).

16

II. Verfassungswidrigkeit friedensstörender Handlungen (Art. 26 I 1 GG)

Art. 26 I 1 GG erklärt »Handlungen, die geeignet sind und in der Absicht vorgenommen werden, das friedliche Zusammenleben der Völker zu stören, insbesondere die Führung eines Angriffskrieges vorzubereiten« (1.), für verfassungswidrig (2.) und eröffnet Rechtsschutzmöglichkeiten (3.). Als Unterfall friedensstörender Handlungen (1.a.) hebt Art. 26 I 1 GG den Angriffskrieg hervor (1.b.).

17

1. Friedensstörende Handlungen (Art. 26 I 1 GG)

a) Das Störungsverbot

Das Störungsverbot des Art. 26 I 1 GG besteht aus einem **objektiven und einem subjektiven Tatbestand**[60]. Die von ihm erfassten Handlungen müssen zum einen geeignet sein, das friedliche Zusammenleben der Völker zu stören (aa), und zum anderen in

18

---

[53] Zur Novelle W. *Erbguth*, LKV 2008, 440 (440).
[54] Zu Art. 26 GG als Bestandteil des Landesverfassungsrechts R. *Grawert*, NJW 1987, 2329 (2331).
[55] *Stern*, Staatsrecht I, S. 509. Einen (auch) programmatischen Charakter anerkennend R. *Streinz*, in: Sachs, GG, Art. 26 Rn. 5; ferner *Hobe* (Fn. 44), Art. 26 Rn. 1; a.A. K.-A. *Hernekamp*, in: v. Münch/Kunig, GG I, Art. 26 Rn. 1. Umfassend zum Friedensgebot K. *Doehring*, HStR VII, § 178; A. *Proelß*, HStR³ XI, § 227.
[56] *Hernekamp* (Fn. 55), Art. 26 Rn. 1f.: Den normativen Kern der Friedensstaatlichkeit Deutschlands und die Gefahrenabwehrfunktion betonend.
[57] M. *Herdegen*, in: Maunz/Dürig, GG, Art. 26 (2009), Rn. 2f.; *Hobe* (Fn. 44), Art. 26 Rn. 12.
[58] Ebenso *Herdegen* (Fn. 57), Art. 26 Rn. 5; *Hobe* (Fn. 44), Art. 26 Rn. 1.
[59] S. nur *Björn*, Begriff (Fn. 1), S. 87ff., 133ff., 144f. (symbolische Bedeutung); A. *Kunze*, Der Stellenwert des Art. 26 I GG innerhalb des grundgesetzlichen Friedensgebotes, 2004, S. 217ff.
[60] S. nur BVerwG NJW 1982, 194 (195).

Art. 26

dieser Absicht vorgenommen werden (bb). Abschließend seien Anwendungsfälle aufgezeigt (cc).

aa) Objektiver Tatbestand: Eignung zur Friedensstörung

(1) Friedensstörung

19 Eine Friedensstörung stellt zunächst ein **Verstoß** gegen das völkerrechtliche Gewaltverbot (Art. 2 Nr. 4 SVN; → Rn. 5 f.) dar[61]. Ein solcher und damit auch eine Verletzung des Art. 26 I 1 GG scheidet aus, wenn die Handlung als Selbstverteidigungsmaßnahme gemäß Art. 51 SVN gerechtfertigt oder von einer Ermächtigung gemäß Kapitel VII SVN gedeckt ist (→ Rn. 6)[62].

20 Besondere Schwierigkeiten wirft der Umgang mit den völkerrechtlich kontrovers beurteilten Ausnahmetatbeständen im **Graubereich des Gewaltverbots** auf, namentlich der präventiven Selbstverteidigung, der Abwehr terroristischer Angriffe und der humanitären Intervention. Unabhängig von der Frage ihrer Völkerrechtskonformität (→ Rn. 6) ist aus verfassungsrechtlicher Warte festzuhalten, dass Art. 26 I 1 GG wegen seiner einschneidenden Konsequenzen (Pönalisierungsgebot und Verfassungswidrigkeit) einerseits sowie den Schwierigkeiten einer Verifikation völkerrechtlicher Normen andererseits eine **hinreichend evidente Völkerrechtsverletzung** verlangt[63]. Dieses Erfordernis wurzelt auch im außenpolitischen Ermessen der Bundesregierung[64]. Eine entsprechend enge Auslegung des Verbots friedensstörender Handlungen tragen auch staatliche Schutzpflichten sowie die im Raum stehende Friedensstörung, zumal Art. 1 II GG die Wahrung der Menschenrechte als Grundlage des Friedens in der Welt versteht[65]. Dieser Vorbehalt (s. zu Lösungen über den subjektiven Tatbestand → Rn. 28) limitiert den Anwendungsbereich des Art. 26 I 1 GG erheblich, ist aber nicht als carte blanche misszuverstehen, da jede Maßnahme im Einzelfall zu würdigen ist.

21 Der **Tatbestand** des Art. 26 I 1 GG **geht**, anders als teils vertreten, über **das Gewaltverbot hinaus**[66]. Hierfür spricht schon sein Wortlaut, der nicht auf das Gewaltverbot, sondern auf eine Friedensstörung abhebt, und ein gewandeltes, auch für die Auslegung des Art. 26 GG maßgebliches völkerrechtliches Verständnis des Friedens, der nicht bereits bei einer Abwesenheit zwischenstaatlicher gewaltsamer Konflikte gesichert ist (s. insb. Art. 39 SVN; ebenso → Präambel Rn. 54)[67]. Gleichwohl bedarf der

---

[61] S. nur *Hobe* (Fn. 44), Art. 26 Rn. 4. Restriktiv *C. Hillgruber*, in: Schmidt-Bleibtreu/Hofmann/Henneke, GG, Art. 26 Rn. 7; *A. Proelß*, HStR³ XI, § 227 Rn. 25.

[62] *Hobe* (Fn. 44), Art. 26 Rn. 6.

[63] *Heintschel von Heinegg* (Fn. 19), Art. 26 Rn. 14, 25; *Herdegen* (Fn. 57), Art. 26 Rn. 22; *C. Kreß*, JZ 2003, 911 (915f.); *H. Krieger*, DÖV 2012, 449 (452f.).

[64] *C. Kreß*, ZStW 115 (2003), 294 (309ff.).

[65] GBA, PM Nr. 10 v. 21.4.1999 (mangels Eignung und Absicht); *Herdegen* (Fn. 57), Art. 26 Rn. 24; *Hernekamp* (Fn. 55), Art. 26 Rn. 13. Für die Rettung eigener Staatsangehöriger *Frank* (Fn. 19), Art. 26 Rn. 41. A.A. *U. Fink*, Der Begriff des äußeren Friedens im Grundgesetz, in: FS Rauschning, 2001, S. 101 ff. → Art. 1 II Rn. 23.

[66] *Bothe* (Fn. 50), Art. 25 Rn. 26; *U. Fink*, in: v. Mangoldt/Klein/Starck, GG II, Art. 26 Rn. 10ff.; *Hobe* (Fn. 44), Art. 26 Rn. 4: Verstöße gegen ius cogens und völkerrechtliche Verbrechen; *Kunze*, Stellenwert (Fn. 59), S. 33ff.; *Streinz* (Fn. 55), Art. 26 Rn. 11. (Nur) konstruktiv anders *Hernekamp* (Fn. 55), Art. 26 Rn. 6, 8, der zwar eine Beschränkung auf das Gewaltverbot vertritt, allerdings Rückwirkungen auf dieses in Fällen der Friedensbedrohung annimmt.

[67] *Hobe* (Fn. 44), Art. 26 Rn. 4. S. zum völkerrechtlichen Friedensbegriff nur *Herdegen*, Völkerrecht (Fn. 18), § 41 Rn. 9ff.; ferner – im Kontext des Art. 39 SVN – *N. Krisch*, in: Simma/Khan/Nolte/Paulus (Fn. 18), Art. 39 Rn. 12ff. Insgesamt restriktiv *A. Proelß*, HStR³ XI, § 227 Rn. 26f.

II. Verfassungswidrigkeit friedensstörender Handlungen (Art. 26 I 1 GG) Art. 26

Tatbestand der Friedensstörung einer **scharfen Konturierung**. So implizieren das Pönalisierungsgebot, der in der Verankerung im Grundgesetz zum Ausdruck kommende hohe Rang und die Rechtsfolge der Verfassungswidrigkeit eine gewisse **Intensitätsschwelle**[68]. Der hervorgehobene Fall des Angriffskriegs, die Entstehungsgeschichte (→ Rn. 3f.) und der systematische Zusammenhang mit Abs. 2, der sich auf Kriegswaffen bezieht, legen überdies einen Bezug zur **Gewaltanwendung**, jedenfalls aber zu einer erheblichen Bedrohung von Leib und Leben Einzelner nahe[69]. Schließlich verlangt die Bezugnahme auf das »friedliche Zusammenleben der Völker« eine **internationale Dimension** der in Frage stehenden Handlung; eine solche kann freilich auch bei innerstaatlichen Konflikten mit entsprechenden Auswirkungen vorliegen[70]. Insoweit ist auch das international geschützte Selbstbestimmungsrecht der Völker (Art. 1 Nr. 2 SVN) in Rechnung zu stellen[71].

Vor diesem Hintergrund **verbietet** es sich, mit einem **weiten (positiven) Friedensbegriff** alle »nichtmilitärischen Ursachen von Instabilität im wirtschaftlichen, sozialen, humanitären und ökologischen Bereich« als Friedensbedrohung[72] zu qualifizieren[73]. Gravierende, systematische **Menschenrechtsverletzungen**[74], eine **Missachtung des Selbstbestimmungsrechts der Völker** (Art. 1 Nr. 2 SVN)[75] und der **internationale Terrorismus**[76] stellen indes in den skizzierten Grenzen eine Friedensbedrohung dar[77]. Auch erfasst das Störungsverbot die Begehung von und Beteiligung an **völkerrechtlichen Verbrechen**, die geeignet sind, den Völkerfrieden zu stören; hierzu rechnen die in Art. 5 ff. IStGH-Statut normierten Straftatbestände Völkermord, Verbrechen gegen die Menschlichkeit, Kriegsverbrechen und Aggression[78].

22

Eine Einbeziehung des **völkergewohnheitsrechtlichen Interventionsverbots** (→ Art. 25 Rn. 19 ff.) geht zu weit; vielmehr ist nach der Art der Handlung anhand der

23

---

[68] BVerwG NJW 1982, 194 (195); BayVBl. 1982, 571 (572); ferner *Hobe* (Fn. 44), Art. 26 Rn. 4; *Streinz* (Fn. 55), Art. 26 Rn. 11.

[69] *Heintschel von Heinegg* (Fn. 19), Art. 26 Rn. 9; *Herdegen* (Fn. 57), Art. 26 Rn. 13f.; *Streinz* (Fn. 55), Art. 26 Rn. 11. Vgl. im völkerrechtlichen Kontext *Herdegen*, Völkerrecht (Fn. 18), § 41 Rn. 18.

[70] V. *Epping*, Der Staat 31 (1992), 39 (49ff.); *ders.*, Grundgesetz und Kriegswaffenkontrolle, 1993, S. 59ff.; *Herdegen* (Fn. 57), Art. 26 Rn. 16; *Hobe* (Fn. 44), Art. 26 Rn. 5; *Streinz* (Fn. 55), Art. 26 Rn. 12. Tendenziell restriktiv im Kontext von Bürgerkriegen BVerwG NJW 1982, 194 (195); BayVBl. 1982, 571 (571f.); zu Recht kritisch *E. Haas-Traeger*, DÖV 1983, 105 (108).

[71] Vgl. *Fink* (Fn. 66), Art. 26 Rn. 17f.; *Hernekamp* (Fn. 55), Art. 26 Rn. 8; *Pernice* → Bd. II², Art. 26 Rn. 14.

[72] So die Erklärung des Präsidenten des VN-Sicherheitsrats vom 31.1.1992, VN 1992, S. 66. S. auch *J. Galtung*, Strukturelle Gewalt, 1975, S. 8ff.

[73] Ebenfalls ablehnend *Fink* (Fn. 66), Art. 26 Rn. 15; *Herdegen* (Fn. 57), Art. 26 Rn. 13f.; *Hobe* (Fn. 44), Art. 26 Rn. 4; *H. Krieger*, DÖV 2012, 449 (451).

[74] VN-SR, S/RES/688 (1991) v. 5.4.1991, VN 1991, 77; VN-SR, S/RES/771 (1992) v. 13.8.1992, VN 1992, 216; VN-SR, S/RES/787 (1992) v. 16.11.1992, VN 1992, 220; *Herdegen* (Fn. 57), Art. 26 Rn. 14, 34; *Hernekamp* (Fn. 55), Art. 26 Rn. 6 (s. auch Rn. 12); *H. Krieger*, DÖV 2012, 449 (451f.); *Pernice* → Bd. II², Art. 26 Rn. 15; *Streinz* (Fn. 55), Art. 26 Rn. 11. A.A. (und Modifikationen nur auf Rechtsfolgenebene vornehmend) *Frank* (Fn. 19), Art. 26 Rn. 5ff.

[75] *Fink* (Fn. 66), Art. 26 Rn. 17f.; *Pernice* → Bd. II², Art. 26 Rn. 15; *Streinz* (Fn. 55), Art. 26 Rn. 11f.

[76] VN-SR, S/RES/1070 (1996) v. 16.8.1996, VN 1997, 86; VN-SR, S/RES/1368 (2001) v. 12.9.2001 und 1373 (2001) v. 28.9.2001, ILM 40 (2001), 1277ff.; VN-SR, S/RES/1540 (2004) v. 28.4.2004, ILM 43 (2004), 1237ff. Ebenso *Herdegen* (Fn. 57), Art. 26 Rn. 14, 34; *Hobe* (Fn. 44), Art. 26 Rn. 9; *H. Krieger*, DÖV 2012, 449 (451); *Streinz* (Fn. 55), Art. 26 Rn. 11.

[77] Für die Einbeziehung des Umweltschutzes *R. Geiger*, Grundgesetz und Völkerrecht, 6. Aufl. 2013, S. 326; *Pernice* → Bd. II², Art. 26 Rn. 15. Insoweit ablehnend *Herdegen* (Fn. 57), Art. 26 Rn. 14.

[78] BVerwGE 139, 272 (293); ferner *Hobe* (Fn. 44), Art. 26 Rn. 4; *H. Krieger*, DÖV 2012, 449 (452); *Streinz* (Fn. 55), Art. 26 Rn. 11.

entfalteten Kriterien zu differenzieren[79]. Zu pauschal erscheint auch die Einbeziehung »schwerwiegende[r] Beeinträchtigung[en] der Grundsätze der internationalen Ordnung«, etwa in Gestalt der systematischen Nichteinhaltung völkerrechtlicher Verpflichtungen[80].

(2) Erfasste Handlungen

24 Art. 26 I 1 GG erklärt friedensstörende Handlungen für verfassungswidrig und **adressiert** damit nicht nur **Hoheitsträger**, sondern **auch Private**, zumal auch von diesen entsprechende Gefahren ausgehen können (→ Rn. 27; enger für den Angriffskrieg → Rn. 34)[81]. Die Reichweite des Art. 26 GG entspricht derjenigen der deutschen Hoheitsgewalt, erfasst sind mithin auch Handlungen von Ausländern im Inland und von Inländern im Ausland (Personalitätsprinzip)[82]. Das Friedensgebot gilt auch für eine Beteiligung an einem System gegenseitiger kollektiver Sicherheit (→ Art. 24 Rn. 65 ff.)[83].

25 Art. 26 I 1 GG erfasst positives Tun, aber, anders als teils vertreten[84], auch ein völkerrechtswidriges **Dulden** und **Unterlassen**. Indes verpflichtet Art. 26 I GG nicht zu einer aktiven Friedenspolitik[85].

26 Die **Beihilfe** unterfällt in Einklang mit völkerrechtlichen Grundsätzen (vgl. Art. 16 ILC-E Staatenverantwortlichkeit[86]) Art. 26 I 1 GG, wobei die Voraussetzungen im Einzelnen strittig sind[87]; im Interesse klarer Konturen ist eine zielgerichtete, unmittelbar relevante und hinreichend gewichtige Unterstützungshandlung erforderlich[88]. Diese Schwelle überschreiten etwa Waffenlieferungen oder die Zurverfügungstellung militärischer Infrastruktur[89], nicht aber die bloße Billigung des Handelns Dritter[90].

---

[79] *H. Krieger*, DÖV 2012, 449 (452). Restriktiv auch *Herdegen* (Fn. 57), Art. 26 Rn. 14. A.A. *Hobe* (Fn. 44), Art. 26 Rn. 4.

[80] *E. Menzel*, in: BK, Art. 26, Anm. II 3. Ähnlich *A. Bleckmann*, Grundgesetz und Völkerrecht, 1975, S. 235; *Stratmann*, Verbot (Fn. 50), S. 169 ff.; ferner *Geiger*, Grundgesetz (Fn. 77), S. 326; *Streinz* (Fn. 55), Art. 26 Rn. 13: ius cogens und völkerrechtliche Verbrechen. Enger (friedensvölkerrechtliche Verpflichtungen) *Hernekamp* (Fn. 55), Art. 26 Rn. 18; ferner *M. Hartwig*, in: Umbach/Clemens, GG, Art. 26 Rn. 18. Ablehnend *Herdegen* (Fn. 57), Art. 26 Rn. 14.

[81] *Herdegen* (Fn. 57), Art. 26 Rn. 38; *Hobe* (Fn. 44), Art. 26 Rn. 3; *Pernice* → Bd. II², Art. 26 Rn. 18; *Stern*, Staatsrecht I, S. 511.

[82] *Herdegen* (Fn. 57), Art. 26 Rn. 39; *Hobe* (Fn. 44), Art. 26 Rn. 3; *Pernice* → Bd. II², Art. 26 Rn. 18.

[83] BVerfGE 68, 1 (102 f.).

[84] *Hernekamp* (Fn. 55), Art. 26 Rn. 11; *Hobe* (Fn. 44), Art. 26 Rn. 8; *Streinz* (Fn. 55), Art. 26 Rn. 24.

[85] *Herdegen* (Fn. 57), Art. 26 Rn. 5; *Pernice* → Bd. II², Art. 26 Rn. 17; *Stern*, Staatsrecht I, S. 510 f. A.A. *Bleckmann*, Grundgesetz (Fn. 80), S. 235 (s. aber auch S. 234); ferner *Frank* (Fn. 19), Art. 26 Rn. 30 ff., 49 ff.

[86] Abgedruckt in Yearbook of the United Nations 55 (2001), 1218 (1220). Diese Norm bestimmt: »A State which aids or assists another State in the commission of an internationally wrongful act by the latter is internationally responsible for doing so if: (a) that State does so with knowledge of the circumstances of the internationally wrongful act; and (b) the act would be internationally wrongful if committed by that State.« Für eine restriktive Auslegung wegen der erforderlichen Förderungsabsicht *H. P. Aust*, Complicity and the Law of State Responsibility, 2011, S. 192 ff.; ferner *H. Krieger*, DÖV 2012, 449 (453).

[87] *Herdegen* (Fn. 57), Art. 26 Rn. 22, 28, 32, 39; *Hobe* (Fn. 44), Art. 26 Rn. 8; *H. Krieger*, DÖV 2012, 449 (453); *Pernice* → Bd. II², Art. 26 Rn. 17.

[88] *Herdegen* (Fn. 57), Art. 26 Rn. 28 (offener Rn. 22, 32, 39). Ebenso *H. Krieger*, DÖV 2012, 449 (453).

[89] *Herdegen* (Fn. 57), Art. 26 Rn. 28. I.E. str., für eine Ausklammerung von Handlungen im Rahmen regulärer Bündnisverpflichtungen *H. Krieger*, DÖV 2012, 449 (453); differenziert *G. Nolte/H. Aust*, ICLQ 58 (2009), 1 (18 f.).

[90] *Hobe* (Fn. 44), Art. 26 Rn. 8. A.A. *Bleckmann*, Grundgesetz (Fn. 80), S. 234 f.

II. Verfassungswidrigkeit friedensstörender Handlungen (Art. 26 I 1 GG) **Art. 26**

(3) Eignung

Das Anknüpfen an die Eignung verdeutlicht, dass die **Friedensstörung noch nicht ein-** 27
getreten sein muss; geeignet sind vielmehr Handlungen, die »gemessen an den objektiven Erfahrungen und der hieraus zu entnehmenden internationalen Praxis zu schwerwiegenden, ernsten und nachhaltigen Beeinträchtigungen im zwischenstaatlichen Verkehr führen können«[91]. Damit ist im Interesse eines effektiven Friedensschutzes das Erfordernis einer **abstrakten Gefahr** formuliert[92]. Handeln Private, ist zu berücksichtigen, dass das von ihnen ausgehende Gefährdungspotential hinter dem von Amtsträgern regelmäßig zurückbleibt[93].

bb) Subjektiver Tatbestand: Absicht der Friedensstörung

In welchen Fällen die tatbestandlich geforderte Absicht vorliegt, das friedliche Zusam- 28
menleben der Völker zu stören, ist **umstritten**. Angesichts der im Verdikt der Verfassungswidrigkeit und im Pönalisierungsgebot zum Ausdruck kommenden gravierenden Konsequenzen einer Friedensstörung fordern strenge Auffassungen dolus directus zweiten Grades, mithin das Wissen um die die Friedensstörung (i.S.d. Völkerrechtsverstoßes) begründenden Tatsachen, mag diese auch unerwünscht sein[94], oder sogar dolus directus ersten Grades, wonach die Friedensstörung wesentliches Ziel der Handlung sein muss[95]. Teils wird letzteres noch qualifiziert und nur bejaht, »wenn ein inkriminiertes Verhalten vernünftigerweise unter keinem rechtlichen Gesichtspunkt zu rechtfertigen ist«[96]. Eingeführt wird damit ein Moment der »Verwerflichkeit im Sinne des rücksichtslosen Einsatzes der Mittel nationaler Machtentfaltung«, die etwa bei einer humanitären Intervention zum Schutz der Menschenrechte fehle[97]. Eine derartige Einschränkung ist auf der Basis der hier vertretenen Auffassung indes schon nicht angezeigt, da ein hinreichend evidenter Völkerrechtsverstoß bereits ein objektives Tatbestandsmerkmal des Art. 26 I 1 GG darstellt (→ Rn. 20). Vielmehr genügt im Interesse eines effektiven Friedensschutzes und wegen sonst bestehender Umgehungsmöglichkeiten **dolus eventualis**, mithin muss die Friedensstörung billigend in Kauf genommen werden[98].

---

[91] BVerwG BayVBl. 1982, 571 (571f.); ferner NJW 1982, 194 (195); *Hernekamp* (Fn. 55), Art. 26 Rn. 16ff.
[92] *Bothe* (Fn. 50), Art. 25 Rn. 28; *Pernice* → Bd. II², Art. 26 Rn. 17; *Streinz* (Fn. 55), Art. 26 Rn. 26. A.A. (konkrete Gefahr) *Fink* (Fn. 66), Art. 26 Rn. 27f.; *Herdegen* (Fn. 57), Art. 26 Rn. 30; *Hobe* (Fn. 44), Art. 26 Rn. 9; *A. Proelß*, HStR³ XI, § 227 Rn. 24. Nach der handelnden Staatsgewalt differenzierend *Frank* (Fn. 19), Art. 26 Rn. 16f.; *Kunze*, Stellenwert (Fn. 59), S. 68f.
[93] *Fink* (Fn. 66), Art. 26 Rn. 29; *Pernice* → Bd. II², Art. 26 Rn. 18.
[94] *C. Busse*, NStZ 2000, 631 (633); *Frank* (Fn. 19), Art. 26 Rn. 19; *G. Potrykus*, NJW 1963, 941 (941).
[95] *Geiger*, Grundgesetz (Fn. 77), S. 327; *Hobe* (Fn. 44), Art. 26 Rn. 10; *Kunze*, Stellenwert (Fn. 59), S. 69f.; *Stratmann*, Verbot (Fn. 50), S. 177f.; ferner BVerfGE 68, 1 (102f.); GBA, PM Nr. 10 v. 21.4.1999; *T. Maunz*, Die innerstaatliche Sicherung des äußeren Friedens durch das Grundgesetz der Bundesrepublik Deutschland, in: FS C. Schmitt I, 1968, S. 285ff. (287f.).
[96] *Hobe* (Fn. 44), Art. 26 Rn. 10.
[97] *Hobe* (Fn. 44), Art. 26 Rn. 10 (verneinend auch für gutgläubige Unterstützung des zweiten Irakkriegs). Ähnlich *Hillgruber* (Fn. 61), Art. 26 Rn. 12; *A. Proelß*, HStR³ XI, § 227 Rn. 27. Zu Recht kritisch *C. Kreß*, JZ 2003, 911 (915); *Streinz* (Fn. 55), Art. 26 Rn. 20 Fn. 61. S. auch *Herdegen* (Fn. 57), Art. 26 Rn. 25, Vermutung bei völkerrechtswidrig begonnenem Krieg, die bei Beseitigung einer einem anderen Staat zurechenbaren Friedensstörung widerlegt.
[98] *Fink* (Fn. 66), Art. 26 Rn. 30; *Herdegen* (Fn. 57), Art. 26 Rn. 25, 31; *Streinz* (Fn. 55), Art. 26 Rn. 28; ferner *Hartwig* (Fn. 80), Art. 26 Rn. 26; *Hernekamp* (Fn. 55), Art. 26 Rn. 19.

cc) Anwendungsfälle[99]

29 Die Aufrüstung als solche unterfällt nicht Art. 26 I 1 GG, erforderlich ist vielmehr ein friedensstörendes Potential und eine entsprechende Absicht[100]. Das BVerwG hat eine hinreichend intensive Störung für **kleinräumige Haus- und Straßensammlungen Privater** für Befreiungsorganisationen verneint[101]; hier ist indes nach Art, Ziel und Tätigkeit der Organisation zu differenzieren und die Schwelle zur Friedensstörung bei der Begehung von Terrorakten überschritten[102]. Die Zustimmung zur **Stationierung chemischer Waffen** in Deutschland im NATO-Kontext steht mit Art. 26 I 1 GG in Einklang, obgleich diese zu einer völkerrechtswidrigen Drohung eingesetzt werden können. Schon diese niemals auszuschließende Möglichkeit genügen zu lassen, beschränkte nämlich die außenpolitische Handlungsfähigkeit Deutschlands in zu weitem Umfang[103]. Analog ist hinsichtlich der Zustimmung zur **Stationierung von Atomwaffen** zu argumentieren[104]. Erfasst sind demgegenüber Kriegspropaganda sowie die Aufstachelung zu national, rassisch oder religiös motiviertem Hass[105]. Art. 26 I 1 GG verbietet eine friedensstörende Beteiligung an internationalen Konflikten als **Söldner**[106] sowie entsprechende Anwerbevorgänge[107].

b) Das Verbot des Angriffskriegs

30 Als **Fall** einer friedensstörenden Handlung nennt Art. 26 I 1 GG die Vorbereitung der Führung eines Angriffskriegs. Er hebt damit nicht nur einen besonders schweren Verstoß hervor; vielmehr ist auch klargestellt, dass in diesem Fall der objektive und subjektive Tatbestand des Störungsverbots erfüllt ist, ohne dass es einer weiteren Prüfung bedarf (s. aber zu subjektiven Elementen als Tatbestandsmerkmal des Angriffskriegs → Rn. 32)[108].

31 Der **Tatbestand des Angriffskriegs**, der Art. 1 f. des Briand-Kellogg-Pakts (1928) und Art. 6 lit. a des Statuts des Nürnberger Militärgerichtshofs entlehnt ist, **bestimmt sich nach völkerrechtlichen Grundsätzen**[109], wobei das Völkerrecht keine allgemein konsentierte Definition kennt[110]. **Orientierungsfunktion** kommt zum einen der Aggressi-

---

[99] Umfassend *Hernekamp* (Fn. 55), Art. 26 Rn. 20.
[100] *Herdegen* (Fn. 57), Art. 26 Rn. 26 f.; *Hernekamp* (Fn. 55), Art. 26 Rn. 20; *Pernice* → Bd. II², Art. 26 Rn. 17.
[101] BVerwG NJW 1982, 194 (195 f.); Buchholz 11 Art. 26 GG Nr. 2; BayVBl. 1982, 571 (571 f.). Zustimmend *Pernice* → Bd. II², Art. 26 Rn. 18. Kritisch *E. Haas-Traeger*, DÖV 1983, 105 (108 ff.).
[102] *Herdegen* (Fn. 57), Art. 26 Rn. 36. S. auch *E. Haas-Traeger*, DÖV 1983, 105 (108 ff.).
[103] BVerfGE 77, 170 (233 f.). Zustimmend *Herdegen* (Fn. 57), Art. 26 Rn. 26, 28; *Pernice* → Bd. II², Art. 26 Rn. 16.
[104] BVerfGE 68, 1 (102 f.); OVG Münster NWVBl. 2013, 500 (500 f.); LG Ellwangen v. 4.5.1987, Ns 76/85 3 KV 55/85, juris (LS 2); *I. von Münch*, NJW 1984, 577 (581); *Pernice* → Bd. II², Art. 26 Rn. 16; *A. Weber*, JZ 1984, 589 (589 f.). Vgl. auch BVerfGE 66, 39 (64 f.).
[105] *Herdegen* (Fn. 57), Art. 26 Rn. 34; *Hernekamp* (Fn. 55), Art. 26 Rn. 17; *Hobe* (Fn. 44), Art. 26 Rn. 6, 9; *Pernice* → Bd. II², Art. 26 Rn. 18.
[106] *Pernice* → Bd. II², Art. 26 Rn. 18.
[107] *Herdegen* (Fn. 57), Art. 26 Rn. 34.
[108] BVerwGE 127, 302 (314 f.); *Fink* (Fn. 66), Art. 26 Rn. 38 (anders für Vorbereitung, Rn. 43). A.A. *Herdegen* (Fn. 57), Art. 26 Rn. 25: Störungsabsicht; *Hobe* (Fn. 44), Art. 26 Rn. 2: widerlegbares Regelbeispiel.
[109] BVerwGE 127, 302 (314); *H. Krieger*, DÖV 2012, 449 (452). Zur Zulässigkeit einer Tötung von Zivilpersonen bei militärischen Angriffen GBA, NStZ 2010, 581 (581).
[110] *Hobe* (Fn. 44), Art. 26 Rn. 7.

II. Verfassungswidrigkeit friedensstörender Handlungen (Art. 26 I 1 GG) **Art. 26**

ons-Definition der VN-Generalversammlung vom 14.12.1974[111] zu[112], die in ihrem Art. 1 als Aggression »die Anwendung von Waffengewalt durch einen Staat, die gegen die Souveränität, die territoriale Unversehrtheit oder die politische Unabhängigkeit eines anderen Staates gerichtet oder sonst mit der Charta der Vereinten Nationen unvereinbar ist«, definiert (für weitere Konkretisierungen Art. 2 f.: Vermutungswirkung des Erstschlags und Regelbeispiele). Freilich stellt, wie die Differenzierung in Art. 5 II unterstreicht, nicht jedwede Aggression einen Angriffskrieg dar; vielmehr stellt letzterer einen qualifizierten Fall der Aggressionshandlung dar, ohne dass Art. 5 II dies näher spezifizierte[113]. Zum anderen gelang auf der Konferenz zur Überprüfung des IGH-Statuts in Kampala (2010) eine Definition des im Jahre 1998 in Rom mangels Konsenses noch offen gelassenen Tatbestands des **Aggressionsverbrechens**, der gleichfalls zur Auslegung heranzuziehen ist[114]; Art. 8bis I IStGH-Statut definiert jenes als »die Planung, Vorbereitung, Einleitung oder Ausführung einer Angriffshandlung, die ihrer Art, ihrer Schwere und ihrem Umfang nach eine offenkundige Verletzung der Charta der Vereinten Nationen darstellt, durch eine Person, die tatsächlich in der Lage ist, das politische oder militärische Handeln eines Staates zu kontrollieren oder zu lenken« (s. zur weiteren Konkretisierung Art. 8bis II IGH-Statut).

Vor diesem Hintergrund setzt ein Angriffskrieg i.S.d. Art. 26 I 1 GG zunächst eine Angriffshandlung voraus, die eine gewisse **Massivität** aufweist[115]; daher genügt nicht jedwede Angriffshandlung i.S.d. Art. 3 Aggressions-Definition[116]. In Einklang mit Art. 8bis I IStGH-Statut und aus der bereits dargelegten Notwendigkeit einer Begrenzung (→ Rn. 20) bedarf es des Weiteren eines **evidenten Völkerrechtsverstoßes**[117]. Dass überdies eine **völkerrechtswidrige Zielsetzung** der Angriffshandlung i.S.e. Angriffs auf die territoriale Integrität oder politische Unabhängigkeit erforderlich ist, die bei einem Gewalteinsatz zur Durchsetzung des Völkerrechts fehle[118], erscheint angesichts der Beschränkungen im objektiven Tatbestand zweifelhaft.   32

Völkerrechtlich zulässige Angriffshandlungen, etwa ein Verteidigungskrieg (→ Rn. 6), unterfallen, was die Entstehungsgeschichte (→ Rn. 3) und ein systematisches   33

---

[111] VN-GV, A/RES/3314 (XXIX) v. 14.12.1974.
[112] Zu deren Maßgeblichkeit *Fink* (Fn. 66), Art. 26 Rn. 33 f.; *Herdegen* (Fn. 57), Art. 26 Rn. 20; *Hobe* (Fn. 44), Art. 26 Rn. 7.
[113] S. auch *C. Kreß*, JZ 2003, 911 (912 f.); ders., ZStW 115 (2003), 294 (299 ff.).
[114] *Hobe* (Fn. 44), Art. 26 Rn. 7. Zum Hintergrund *C. Kreß/L. von Holtzendorff*, JICJ 8 (2010), 1179 ff.; *A. Paulus*, EJIL 20 (2009), 1117 ff.; *K. Schmalenbach*, JZ 2010, 745 ff.
[115] *Herdegen* (Fn. 57), Art. 26 Rn. 19 f.; *Hernekamp* (Fn. 55), Art. 26 Rn. 23; *Hillgruber* (Fn. 61), Art. 26 Rn. 7; *C. Kreß*, ZStW 115 (2003), 294 (306); *H. Krieger*, DÖV 2012, 449 (452); *M. E. Kurth*, NZWehrR 47 (2005), 59 (62); *F. Müller*, Die Pönalisierung des Angriffskrieges im Grundgesetz und im Strafgesetzbuch der Bundesrepublik Deutschland, 1970, S. 28 ff., 64 f.; ferner *Stratmann*, Verbot (Fn. 50), S. 74 ff., 195.
[116] *Herdegen* (Fn. 57), Art. 26 Rn. 19 f.; *C. Kreß*, JZ 2003, 911 (912 f.); *M. E. Kurth*, NZWehrR 47 (2005), 59 (62). A.A. *Fink* (Fn. 66), Art. 26 Rn. 33 ff.
[117] GBA, PM Nr. 10 v. 21.3.2003; *C. Kreß*, ZStW 115 (2003), 294 (302 ff.); *H. Krieger*, DÖV 2012, 449 (452 f.); ferner *Herdegen* (Fn. 57), Art. 26 Rn. 20 (»jedenfalls [...], wenn [...] Rechtfertigung nicht einmal vertretbar«); ähnlich *Hobe* (Fn. 44), Art. 26 Rn. 10. Zur Problematik dieses Vorbehalts *A. Paulus*, EJIL 20 (2009), 1117 (1122 ff.).
[118] Vgl. *Hillgruber* (Fn. 61), Art. 26 Rn. 7: »Annexionsabsicht [...] oder [...] rücksichtlose[s] Streben nach Ausdehnung eigener nationaler Macht und Herrschaft«; *M. E. Kurth*, NZWehrR 47 (2005), 59 (62); ferner *Herdegen* (Fn. 57), Art. 26 Rn. 25; *Hobe* (Fn. 44), Art. 26 Rn. 10; *Müller*, Pönalisierung (Fn. 115), S. 28 ff., 64 f. Vorsichtig in diese Richtung auch *C. Kreß*, ZStW 115 (2003), 294 (306 f., 331 ff.). A.A. BVerwGE 127, 302 (315); *Fink* (Fn. 66), Art. 26 Rn. 38.

Argument aus Art. 87a GG erhärten, nicht Art. 26 I 1 GG[119]. Nach den im Kontext des Gewaltverbots aufgezeigten Grundsätzen (→ Rn. 6, 19f.) stellt die **humanitäre Intervention** keinen Angriffskrieg i.S.d. Art. 26 I 1 GG dar[120].

34 Art. 26 I 1 GG untersagt nicht nur, die Führung eines Angriffskriegs **vorzubereiten**, mithin »jede zeitlich vor einem Angriffskrieg liegende Tätigkeit, die seine Herbeiführung oder gar seine Auslösung fördert«[121], sondern im Interesse eines effektiven Verbots über den Wortlaut hinaus auch die **Führung** eines Angriffskriegs selbst[122]. **Unterstützungshandlungen** zugunsten dritter Staaten sind unter den Voraussetzungen des Beihilfen-Tatbestands relevant (→ Rn. 26)[123]. In Einklang mit Art. 8bis I IStGH-Statut können Angriffskriege nur **Personen mit einem entsprechenden Einfluss auf das politische oder militärische Handeln eines Staates** vorbereiten oder führen (»leadership crime«)[124]; Unterstützungshandlungen sonstiger Personen unterfallen bei entsprechender Schwere dem Grundtatbestand der Friedensstörung. Daher sind die strengen Anforderungen an einen Angriffskrieg vor allem (völker)strafrechtlich, nicht aber verfassungsrechtlich von Bedeutung.

35 Wegen seiner humanitären Zielsetzung wird der **Kosovo-Krieg** (1999) überwiegend nicht als Angriffskrieg qualifiziert[125]. Der 2003 von den USA und Großbritannien begonnene **Irak-Krieg** wird weithin für völkerrechtswidrig erachtet[126]. Hierzu hat Deutschland Unterstützung geleistet (Überflugrechte, Ermöglichung der Nutzung und des Schutzes von Einrichtigungen, Einsatz deutscher Soldaten zur Luftraumüberwachung in der Türkei), die das BVerwG jedenfalls partiell als völkerrechtswidrige Beihilfe qualifiziert hat[127]; der Generalbundesanwalt hat Duldungs- und Unterstützungshandlungen nicht vom (engeren) Straftatbestand des § 80 StGB erfasst erachtet[128],

---

[119] VG Berlin v. 31.1.1979, 1 A 397.78, juris, Rn. 18f.; *Herdegen* (Fn. 57), Art. 26 Rn. 22; *Hobe* (Fn. 44), Art. 26 Rn. 7; *Pernice* → Bd. II², Art. 26 Rn. 16.

[120] *Herdegen* (Fn. 57), Art. 26 Rn. 24; *Hobe* (Fn. 44), Art. 26 Rn. 10; *H. Krieger*, DÖV 2012, 449 (452f.); *M. E. Kurth*, NZWehrR 47 (2005), 59 (62f.). S. auch Auswärtiges Amt, Denkschrift zum Gesetz zu den Änderungen vom 10. und 11. Juni 2010 des Römischen Statuts des Internationalen Strafgerichtshofs vom 17. Juli 1998, S. 15. Zur Ausklammerung des Befreiungskampfes VG Berlin v. 31.1.1979, 1 A 397.78, juris, Rn. 19.

[121] BVerwGE 127, 302 (314).

[122] BVerwGE 127, 302 (314f.); *C. Busse*, NStZ 2000, 631 (632); *Herdegen* (Fn. 57), Art. 26 Rn. 27.

[123] *Herdegen* (Fn. 57), Art. 26 Rn. 28. Wohl strenger (verbotene Vorbereitungshandlung) *Hobe* (Fn. 44), Art. 26 Rn. 7f.

[124] Gegen eine prinzipielle Anwendbarkeit auf Private *T. M. Spranger*, NZWehrR 47 (2005), 68 (71ff.). A.A. *Hobe* (Fn. 44), Art. 26 Rn. 7; *Streinz* (Fn. 55), Art. 26 Rn. 21.

[125] GBA, PM Nr. 10 v. 21.4.1999 (weder Eignung noch Absicht zur Friedensstörung); *H. Krieger*, DÖV 2012, 449 (453) – mangels Evidenz; a.A. (bei Völkerrechtswidrigkeit) *C. Busse*, NStZ 2000, 631 (632f.). Auf völkerrechtlicher Ebene (→ Rn. 6) eine in Grenzen zulässige humanitäre Intervention bejahend *C. Tomuschat*, Die Friedenswarte 74 (1999), 33 (33ff.); a.A. *W. Hummer/J. Mayr-Singer*, NJ 2000, 113 (114ff.). BVerfGE 100, 266 (268ff., Rn. 11ff.), hat ein u.a. auf die Verletzung von Art. 26 GG gestütztes Organstreitverfahren der PDS-Fraktion für unzulässig erklärt. Umfassend D. S. Lutz (Hrsg.), Der Kosovo-Krieg, 1999.

[126] BVerwGE 127, 302 (343); *Herdegen* (Fn. 57), Art. 26 Rn. 25; *C. Kreß*, ZStW 115 (2003), 294 (313ff.); *Pernice* → Bd. II², Art. 26 Rn. 16; ferner *D. Murswiek*, NJW 2003, 1014 (1015ff.); *C. Schaller*, ZaöRV 62 (2002), 641 (661ff.). Umfassend K. Ambos/J. Arnold (Hrsg.), Der Irak-Krieg und das Völkerrecht, 2004.

[127] BVerwGE 127, 302 (352f.). S. auch *M. Bothe*, AVR 41 (2003), 255 (266ff.); *C. Kreß*, ZStW 115 (2003), 294 (334ff.).

[128] GBA, PM Nr. 10 v. 21.3.2003. Eine Beihilfe, wenn auch keine Kriegsgefahr für Deutschland bejahend *C. Kreß*, JZ 2003, 911 (913f.). Mangels Evidenz und völkerrechtswidriger Zielsetzung ei-

auch im Übrigen wird ein Verstoß gegen Art. 26 I 1 GG unter Verweis auf das Erfordernis der Evidenz verneint[129].

2. Die Anordnung der Verfassungswidrigkeit

Mit dem in den Beratungen kontrovers diskutierten (→ Rn. 3) Verdikt der Verfassungswidrigkeit »soll die in einer Verfassung stärkste rechtliche Verurteilung eines Tuns ausgesprochen werden«, der Handelnde stelle sich »gewissermaßen ›hors la loi‹«[130]. Die **Konsequenzen der Verfassungswidrigkeit** hängen von der Natur der zu beurteilenden Handlung ab und bestimmen sich nach allgemeinen Regeln[131]. Gesetze sind nichtig, wobei für (formelle nachkonstitutionelle) Gesetze das Verwerfungsmonopol des BVerfG greift (Art. 100 I GG; → Art. 100 Rn. 7, 12 ff.)[132]. Auch Verwaltungsakte sind angesichts der Schwere des Verstoßes regelmäßig nichtig gemäß § 44 I (II Nr. 5) VwVfG[133]. Dienstliche Weisungen sind gemäß § 36 II 4 BeamtStG unverbindlich; auch beschränkt Art. 26 I 1 GG die Gehorsamspflicht des Soldaten (§ 11 If. SoldG)[134]. Art. 26 I 1 GG stellt überdies ein Verbotsgesetz i.S.d. § 134 BGB dar, so dass ersteren verletzende Rechtsgeschäfte nichtig sind[135].

36

Handlungen Privater, die das friedliche Zusammenleben der Völker i.S.d. Art. 26 I 1 GG stören, verletzen die unter die öffentliche Sicherheit fallende Unversehrtheit der Rechtsordnung und können damit ein **polizeiliches Einschreiten** rechtfertigen[136] (genauso wie Ausreiseverbote). Soweit Teile der Literatur Art. 26 I 1 GG eine Pflicht zu staatlichem Einschreiten entnehmen[137], ist zu berücksichtigen, dass sich eine solche nach allgemeinen sicherheitsrechtlichen Grundsätzen bestimmt; der Rang des bedrohten Rechtsguts spricht freilich regelmäßig dafür[138].

37

---

nen Angriffskriege i.S.d. § 80 StGB ablehnend *C. Kreß*, ZStW 115 (2003), 294 (313 ff.); ebd., S. 334 ff., auch zur Beihilfeproblematik.

[129] *Heintschel von Heinegg* (Fn. 19), Art. 26 Rn. 14 und 14.1; *H. Krieger*, DÖV 2012, 449 (453). Tendenziell anders *D. Deiseroth*, Deutschland im US-Irak-Krieg, in: Ambos/Arnold (Fn. 126), S. 131 ff.

[130] Abg. *Schmid*, Parl. Rat XIV/2, S. 177, XIV/1, S. 865. Bekräftigend BVerwGE 127, 302 (315).

[131] BVerwGE 127, 302 (315). Für einen generellen Vorbehalt praktischer Konkordanz *Frank* (Fn. 19), Art. 26 Rn. 22; anders – für einen abwägungsunabhängigen Vorrang des Art. 26 GG – *Kunze*, Stellenwert (Fn. 59), S. 153 ff.

[132] BVerwGE 127, 302 (315 f.).

[133] *Herdegen* (Fn. 57), Art. 26 Rn. 40; ferner *Hartwig* (Fn. 80), Art. 26 Rn. 29; strenger (stets) *Frank* (Fn. 19), Art. 26 Rn. 23. A.A. (i.d.R. nur rechtswidrig) *Hillgruber* (Fn. 61), Art. 26 Rn. 17.

[134] BVerwGE 127, 302 (316); *Herdegen* (Fn. 57), Art. 26 Rn. 40 (ohne Beschränkung).

[135] *Herdegen* (Fn. 57), Art. 26 Rn. 41; *Hobe* (Fn. 44), Art. 26 Rn. 11.

[136] *U. Battis/K. Grigoleit*, NVwZ 2001, 121 (126); *Hernekamp* (Fn. 55), Art. 26 Rn. 11; *Kunze*, Stellenwert (Fn. 59), S. 135 f.; *U. Rühl*, NVwZ 2003, 531 (535). Damit hat die zu verneinende Frage (so zu Recht *C. Gusy*, JZ 1982, 657 [659 f.]; *Kunze*, Stellenwert [Fn. 59], S. 117 ff.; a.A. *Herdegen* [Fn. 57], Art. 26 Rn. 41; *Hernekamp* [Fn. 55], Art. 26 Rn. 11; *Pernice* → Bd. II², Art. 26 Rn. 19; ferner *Hobe* [Fn. 44], Art. 26 Rn. 11), ob ein Verstoß gegen Art. 26 GG ohne weitere gesetzliche Konkretisierung zu einem Einschreiten ermächtigt, keine praktische Bedeutung. Es verbietet sich, Sicherheitsbehörden eine Anwendung des Art. 26 I GG mit dem Argument zu verwehren, ihnen obliegen keine Entscheidungsbefugnisse in auswärtigen Angelegenheiten (so aber OVG Berlin v. 26.4.1978, II B 36.78, juris, Rn. 20; für eine Einbeziehung des Auswärtigen Amtes OVG Lüneburg NJW 1978, 390 [390 f.] – kritisch *H. Frohn*, NJW 1978, 1122 [1122 f.]).

[137] *Fink* (Fn. 66), Art. 26 Rn. 46; *Herdegen* (Fn. 57), Art. 26 Rn. 41 (Regelfall); *Hobe* (Fn. 44), Art. 26 Rn. 11; *Pernice* → Bd. II², Art. 26 Rn. 19.

[138] *Hernekamp* (Fn. 55), Art. 26 Rn. 11.

38 Das mit Verfassungsrang ausgestattete Friedensgebot stellt eine (vom Gesetzgeber zu aktualisierende) **Grundrechtsschranke** dar (→ Art. 5 I, II Rn. 152f.)[139]. Zu weit geht es jedoch, Art. 26 I 1 GG mit dem OVG Münster darüber hinausgehend »verfassungsimmanent[e] Schranken demonstrativer Äußerungen nazistischer Meinungsinhalte jenseits der Strafgesetze«[140] zu entnehmen (→ Art. 8 Rn. 71)[141]. Nach dem BVerwG kann das Friedensgebot als immanente Schranke des Asylgrundrechts fungieren (→ Art. 16a Rn. 82f.)[142].

39 Verstöße sanktioniert die Rechtsordnung in vielfältiger Weise. So normieren Art. 9 II GG und § 3 I VereinsG ein **Verbot von Vereinigungen**, die sich gegen den Gedanken der Völkerverständigung richten; dieser Tatbestand ist bei i.S.d. Art. 26 I 1 GG friedensstörenden Aktivitäten erfüllt (→ Art. 9 Rn. 58)[143]. § 4 I Nr. 2, § 6 I AWG ermöglichen **Beschränkungen im Außenwirtschaftsverkehr**. Auf die Zulässigkeit der Steuererhebung soll Art. 26 I GG – unbeschadet einer verfassungswidrigen Mittelverwendung – nicht ausstrahlen[144]. (Drohende) Verstöße gegen §§ 80, 80a StGB berechtigen überdies zu bestimmten Überwachungsmaßnahmen (s. etwa § 1 I Nr. 1, § 3 I 1 Nr. 1 G10); überdies bestehen Überwachungszuständigkeiten der Verfassungsschutzbehörden von Bund und Ländern (§ 3 I Nr. 4 BVerfSchG) sowie des Militärischen Abschirmdienstes (§ 1 I 2 MADG). Auch sieht das **Luftverkehrsrecht** Untersagungsmöglichkeiten des Einflugs und der Verbringung nach Deutschland bei (dem Verdacht von) Verstößen gegen Art. 26 I 1 GG vor (§ 96a LuftVZO; vgl. ferner § 92 II LuftVZO)[145].

3. Rechtsschutz

40 Ein verfassungswidriger Akt stellt keine taugliche Grundlage für Eingriffe in Grundrechte dar, weshalb entsprechende Belastungen mit der **Verfassungsbeschwerde** abgewehrt werden können[146]. Das BVerfG hat offen gelassen, ob Art. 26 GG dem Bundestag im **Organstreit** wehrfähige eigene Rechte verleiht[147]. Bei der gerichtlichen Beurtei-

---

[139] Für Art. 5 III GG: BVerfGE 47, 327 (382); allgemein ferner *Herdegen* (Fn. 57), Art. 26 Rn. 38; *Hernekamp* (Fn. 55), Art. 26 Rn. 33; *Hobe* (Fn. 44), Art. 26 Rn. 2, 11; *Pernice* → Bd. II², Art. 26 Rn. 18f. Noch weiter (verfassungsunmittelbare Begrenzung des Grundrechtsschutzes) *Fink* (Fn. 66), Art. 26 Rn. 47f.; *Hartwig* (Fn. 80), Art. 26 Rn. 12; *Hillgruber* (Fn. 61), Art. 26 Rn. 17; *Maunz*, Sicherung (Fn. 95), S. 290f.; *Stern*, Staatsrecht IV/2, S. 846f. Differenzierend *H. Krieger*, DÖV 2012, 449 (450f.). Ablehnend *C. Gusy*, JZ 1982, 657 (659f.); *Kunze*, Stellenwert (Fn. 59), S. 128ff.; s. auch *U. Rühl*, NVwZ 2003, 531 (535): kein »Schutzbereichsausschluss«.

[140] OVG Münster NJW 2001, 2986 (2987); ferner NJW 2001, 2111 (2111f.).

[141] BVerfGE 111, 147 (158f., Rn. 26).

[142] Vgl. BVerwGE 139, 272 (292f.). Allgemein *M. Wollenschläger*, Immanente Schranken des Asylrechts, 1972.

[143] S. BVerwG NVwZ 2005, 1435 (1436); v. 8.8.2005, 6 A 1/04, juris, Rn. 26; NVwZ 2010, 459 (462) – dabei gehen die vereinsrechtlichen Beschränkungsmöglichkeiten über Art. 26 I 1 GG hinaus. Zu Art. 26 GG im Kontext der wehrhaften Demokratie *Kunze*, Stellenwert (Fn. 59), S. 161ff.

[144] FG Baden-Württemberg v. 6.5.1994, 2 K 63/94, juris, Rn. 26; ferner BVerfG (K), NJW 1993, 455 (455f.); BFH/NV 2012, 735; NJW 1992, 1407 (1407f.); FG Berlin v. 29.10.1982, III 541/82.

[145] Dazu BVerwGE 131, 316 (340).

[146] S. auch *Fink* (Fn. 66), Art. 26 Rn. 54; *Hobe* (Fn. 44), Art. 26 Rn. 11.

[147] BVerfGE 100, 266 (269f., Rn. 18). Verneinend *Fink* (Fn. 66), Art. 26 Rn. 51f.; *Hillgruber* (Fn. 61), Art. 26 Rn. 19; *Streinz* (Fn. 55), Art. 26 Rn. 31; vgl. auch BVerfGE 118, 244. Undeutlich *Kunze*, Stellenwert (Fn. 59), S. 92f., 113 (ebd., S. 97ff. zu Art. 20 IV GG und S. 111ff. zu Schadensersatzansprüchen).

III. Pönalisierungsgebot (Art. 26 I 2 GG)

Art. 26 I 2 GG verpflichtet den Gesetzgeber, friedensstörende Handlungen unter Strafe zu stellen[149]. Die Straftatbestände der Vorbereitung eines Angriffskrieges (§ 80 StGB) und des Aufstachelns zum Angriffskrieg (§ 80a StGB) setzen diesen **Verfassungsauftrag** – indes erst seit dem 1.8.1968 – um[150]. Diese **Tatbestände bleiben hinter Art. 26 I 1 GG in mehrfacher Hinsicht zurück**: So pönalisieren sie lediglich den Angriffskrieg, nicht aber allgemein friedensstörende Handlungen, setzen überdies eine Beteiligung Deutschlands und eine Kriegsgefahr für Deutschland voraus und erfassen nicht das Stadium der Durchführung, sondern nur der Vorbereitung[151]. Diese Restriktionen sind zum einen dem strikten strafrechtlichen Bestimmtheitsgebot (Art. 103 II GG) geschuldet, das eine unbesehene Anknüpfung an den offenen Tatbestand des Art. 26 I 1 GG ausschließe; zum anderen sei es nicht »Aufgabe deutscher Strafgerichte«, »eine Art internationale Gerichtsbarkeit auszuüben«[152]. Die Beschränkung auf das Vorbereitungsstadium ist schließlich dem Kombattantenprivileg geschuldet, das eine Bestrafung gegnerischer Teilnehmer an einem Angriffskrieg ausschließt[153].

41

Nachdem Art. 26 I 2 GG keine derartigen Einschränkungen vorsieht, wird eine nur **unvollkommene Erfüllung des Verfassungsauftrags** bemängelt[154]. Mit Blick auf das Verbot des Angriffskriegs ist dem insofern zuzustimmen, als das Kombattantenprivileg eine Durchbrechung für Führungspersonen zulässt (Art. 8bis IStGH-Statut)[155] und in den Grenzen des Personalitäts- und Territorialitätsprinzips auch ein Angriffskrieg ohne Bezug zu Deutschland zu pönalisieren ist[156]. Hinsichtlich sonstiger friedensstörender Handlungen ist zu berücksichtigen, dass der Strafgesetzgeber weitere Tatbestände neben den §§ 80, 80a StGB geschaffen hat, nämlich §§ 89a (Vorbereitung einer schweren staatsgefährdenden Gewalttat), 89b (Aufnahme von Beziehungen zur Begehung einer schweren staatsgefährdenden Gewalttat), 89c (Terrorismusfinanzierung), 129a (Bildung terroristischer Vereinigungen), 130 (Volksverhetzung) und 220a StGB

42

---

[148] *Fink* (Fn. 66), Art. 26 Rn. 27; *Hobe* (Fn. 44), Art. 26 Rn. 9.
[149] Zur Legitimation von Straftatbeständen durch die Friedensstaatlichkeit BVerfG (K), NJW 1999, 3325 (3325 Rn. 5).
[150] BGBl. 1968 I, S. 741. Näher *Björn*, Begriff (Fn. 1), S. 62ff., 99ff., 138ff. Zur Genese *Müller*, Pönalisierung (Fn. 115), S. 66ff. Die str. Bestimmtheit bejahend *Bothe* (Fn. 50), Art. 25 Rn. 37; *T. Fischer*, StGB, § 80 Rn. 3f.; *C. Classen*, in: MüKo, StGB, Bd. III, 2. Aufl. 2012, § 80 Rn. 10ff.; zweifelnd *Herdegen* (Fn. 57), Art. 26 Rn. 42; *Hobe* (Fn. 44), Art. 26 Rn. 12; *C. Kreß*, ZStW 115 (2003), 294 (312f.); *H. J. Rudolphi*, in: SK-StGB, Bd. II, § 80 (2001), Rn. 3; *H. U. Paeffgen*, in: Kindhäuser/Neumann/Paeffgen, StGB, Bd. II, 4. Aufl. 2013, § 80 Rn. 2, 8f.
[151] Statt vieler *Herdegen* (Fn. 57), Art. 26 Rn. 42f.; *H. Krieger*, DÖV 2012, 449 (454).
[152] BT-Drs. 5/2860 S. 2. Kritisch *Bothe* (Fn. 50), Art. 25 Rn. 33f.; *R. Frau*, Der Staat 53 (2014), 533 (537).
[153] S. Art. 43 II 1. ZP Genfer Abkommen, BGBl. 1990 II, S. 1551. Vgl. *H. Krieger*, DÖV 2012, 449 (454).
[154] Statt vieler *Bothe* (Fn. 50), Art. 25 Rn. 33ff.; *H. Düx*, DuR 2 (1974), 182 (186, 189ff.); *Hartwig* (Fn. 80), Art. 26 Rn. 31f.; *Herdegen* (Fn. 57), Art. 26 Rn. 42; *Hobe* (Fn. 44), Art. 26 Rn. 12; *Kunze*, Stellenwert (Fn. 59), S. 76ff.; *R. Frau*, Der Staat 53 (2014), 533 (533, 537). A.A. *Hernekamp* (Fn. 55), Art. 26 Rn. 26; *Stratmann*, Verbot (Fn. 50), S. 184f.
[155] So *H. Krieger*, DÖV 2012, 449 (454).
[156] *H. Krieger*, DÖV 2012, 449 (455ff.).

Art. 26 C. Erläuterungen

(Völkermord), §§ 19 ff. KWKG, §§ 17 ff. AWG und das VStGB. Solange damit eine insgesamt effektive Pönalisierung friedensstörender Handlungen erfolgt ist, erscheint ein Generaltatbestand wegen der Weite potentiell erfasster Sachverhalte aus Bestimmtheitsgründen (Art. 103 II GG) verzichtbar[157].

IV. Kontrolle der Kriegswaffen (Art. 26 II GG)

43 Art. 26 II 1 GG unterwirft die Herstellung, die Beförderung und das Inverkehrbringen von Waffen, die zur Kriegsführung bestimmt sind, wegen der mit ihnen einhergehenden Gefahren für den Frieden einem **Genehmigungsvorbehalt**[158]. Nachdem sich diese Tatbestände nicht generell als Friedensstörung qualifizieren lassen, besteht **kein Spezialitätsverhältnis zu Abs. 1**[159].

44 Art. 26 II 2 GG überantwortet dem **Bundesgesetzgeber** die nähere Regelung der Kontrolle der Kriegswaffen. Hierzu hat dieser das am 1.6.1961 in Kraft getretene und zwischenzeitlich mehrfach novellierte **KWKG** erlassen[160], das in §§ 2 ff. entsprechende Genehmigungserfordernisse statuiert. Ein Kontrollregime für den **Export anderer Rüstungsgüter und Waffen als Kriegswaffen** findet sich in §§ 1 I, 4, 8 AWG, §§ 8, 11, 46, 74 ff. i.V.m. Anlage 1 AWV (zum unionsrechtlichen Rahmen → Rn. 13). Die **Bundeskompetenz** erstreckt sich auch auf die Normierung von Eingriffsbefugnissen, die auf eine Verhütung von Straftaten nach dem KWKG zielen (z.B. § 23a ZFdG)[161]. Die Reichweite des Art. 26 GG entspricht derjenigen der deutschen Hoheitsgewalt, erfasst sind mithin auch Ausländer im Inland und nach dem Personalitätsprinzip Inländer im Ausland (s. § 21 KWKG)[162].

45 § 27 S. 2 KWKG **fingiert die Erteilung von Genehmigungen**, wenn völkerrechtliche Verpflichtungen der Bundesrepublik dies verlangen. Dies betrifft etwa die Durchfuhr aufgrund von Militärabkommen. Soweit die Übernahme der entsprechenden Verpflichtung mit Art. 26 I GG in Einklang steht, vermag die Verfassungsentscheidung für eine internationale Zusammenarbeit, gerade im Sicherheitsbereich (Art. 24 II GG), diesen Ausnahmetatbestand zu rechtfertigen[163].

---

[157] Vgl. auch *Frank* (Fn. 19), Art. 26 Rn. 26 ff.

[158] *Frank* (Fn. 19), Art. 26 Rn. 44.

[159] *Hartwig* (Fn. 80), Art. 26 Rn. 13; *Hobe* (Fn. 44), Art. 26 Rn. 13. A.A. *Pernice* → Bd. II², Art. 26 Rn. 13, 20. Ambivalent *Fink* (Fn. 66), Art. 26 Rn. 58 f.

[160] Ausführungsgesetz zu Artikel 26 Abs. 2 des Grundgesetzes (Gesetz über die Kontrolle von Kriegswaffen), BGBl. I S. 444, neugefasst durch Bekanntmachung vom 22.11.1990, BGBl. I S. 2506, zul. geändert durch VO v. 31.8.2015, BGBl. I S. 1474. Näher zum KWKG *K. Beckemper*, Verstöße gegen das Gesetz über die Kontrolle von Kriegswaffen, in: H. Achenbach/A. Ransiek (Hrsg.), Handbuch Wirtschaftsstrafrecht, 3. Aufl. 2012, 4. Kap.; *Pottmeyer* (Fn. 5), Einl.; *B. Heinrich*, in: J. Steindorf (Hrsg.), Waffenrecht, 10. Aufl. 2015, KWKG, Vorbem.; *R. Hinze*, Waffenrecht, Bd. III, KWKG (2014), Vorbem.

[161] BVerfGE 110, 33 (49 f., Rn. 89).

[162] BGH NJW 2010, 385 (389 f.); *Herdegen* (Fn. 57), Art. 26 Rn. 54; *Hobe* (Fn. 44), Art. 26 Rn. 18; *Pernice* → Bd. II², Art. 26 Rn. 25. S. auch *K. Ipsen*, Kriegswaffenkontrolle und Auslandsgeschäft, in: FS Bernhardt, 1995, S. 1041 ff. Einschränkend *Epping*, Grundgesetz (Fn. 70), S. 138 ff. (nur auf Ebene des KWKG).

[163] *Hartwig* (Fn. 80), Art. 26 Rn. 41. A.A. (verfassungswidrig) *Streinz* (Fn. 55), Art. 26 Rn. 46.

IV. Kontrolle der Kriegswaffen (Art. 26 II GG)

1. Der Rechtscharakter des Genehmigungsvorbehalts

Verwaltungsrechtsdogmatisch handelt es sich beim Genehmigungsvorbehalt um ein **repressives Verbot mit Befreiungsvorbehalt**, da ein wegen seiner Gefahren prinzipiell unerwünschtes und damit verbotenes Verhalten vorliegt[164]. Folglich besteht zum einen (trotz des grundrechtlichen Schutzes entsprechender Verhaltensweisen[165]) kein Anspruch auf Genehmigung, sondern lediglich die Möglichkeit einer Ausnahmebewilligung (vgl. § 6 KWKG)[166]; zum anderen begründet ein Handeln ohne Genehmigung die **Strafbarkeit**, ohne dass es auf die Genehmigungsfähigkeit ankäme[167]. Der Genehmigungsvorbehalt verlangt eine vorherige Zustimmung[168].

46

2. Die genehmigungsbedürftigen Handlungen

a) Kriegswaffen

In Ausfüllung des Regelungsauftrags des Art. 26 II 2 GG zählt die dem KWKG als Anlage beigegebene **Kriegswaffenliste** vom KWKG erfasste Kriegswaffen auf (§ 1 I KWKG)[169]. Die die Listung leitende Vorstellung des Gesetzgebers kommt in der der Bundesregierung zugestandenen Änderungsbefugnis zum Ausdruck, wonach die Liste »alle Gegenstände, Stoffe und Organismen enthält, die geeignet sind, allein, in Verbindung miteinander oder mit anderen Gegenständen, Stoffen oder Organismen Zerstörungen oder Schäden an Personen oder Sachen zu verursachen und als Mittel der Gewaltanwendung bei bewaffneten Auseinandersetzungen zwischen Staaten zu dienen« (§ 1 II KWKG)[170]. Solange der Ausgestaltungsspielraum des Gesetzgebers gewahrt wird, ist die Listung der Gesetzesanwendung zugrundezulegen, ohne dass eine Abweichungsbefugnis im Einzelfall bestünde[171]. Über den Wortlaut hinaus einzubeziehen sind in Einklang mit dem über zwischenstaatliche Konflikte hinausgehenden

47

---

[164] BVerwGE 61, 24 (31f.); *Bothe* (Fn. 50), Art. 25 Rn. 32; *J. Brauer*, Die strafrechtliche Behandlung genehmigungsfähigen, aber nicht genehmigten Verhaltens, 1988, S. 118ff.; *Herdegen* (Fn. 57), Art. 26 Rn. 55; *Hernekamp* (Fn. 55), Art. 26 Rn. 29; *Hobe* (Fn. 44), Art. 26 Rn. 18; *Pernice* → Bd. II², Art. 26 Rn. 20; *Stern*, Staatsrecht IV/2, S. 846; *Streinz* (Fn. 55), Art. 26 Rn. 45. S. auch BVerfG (K), NJW 1999, 3325 (3326): »allgemeines sozialethisches Unwerturteil«. A.A. *Epping*, Grundgesetz (Fn. 70), S. 104ff.; *Heintschel von Heinegg* (Fn. 19), Art. 26 Rn. 33; *G. Potrykus*, NJW 1963, 941 (942); *Pottmeyer* (Fn. 5), Einl. Rn. 71ff. Offen gelassen BVerfGE 137, 185 (256f., Rn. 182).
[165] S. nur BVerfGE 137, 185 (256f., Rn. 182).
[166] *Hernekamp* (Fn. 55), Art. 26 Rn. 29; *Pernice* → Bd. II², Art. 26 Rn. 20f. Noch restriktiver (kein Grundrechtsschutz) *Fink* (Fn. 66), Art. 26 Rn. 74f.
[167] *Beckemper*, Verstöße (Fn. 160), 4. Kap. Rn. 32; *Pernice* → Bd. II², Art. 26 Rn. 20. A.A. *Brauer*, Behandlung (Fn. 164), 1988, S. 109ff. (nur Versuchsstrafbarkeit).
[168] *Hobe* (Fn. 44), Art. 26 Rn. 18.
[169] Die Kriegswaffenliste differenziert zwischen Kriegswaffen, auf deren Herstellung die Bundesrepublik Deutschland verzichtet hat (Teil A: Atomwaffen, biologische und chemische Waffen), sowie sonstigen Kriegswaffen (Teil B: Flugkörper; Kampfflugzeuge und -hubschrauber; Kriegsschiffe und schwimmende Unterstützungsfahrzeuge; Kampffahrzeuge; Rohrwaffen; Leichte Panzerabwehrwaffen, Flammenwerfer, Minenleg- und Minenwurfsysteme; Torpedos, Minen, Bomben, eigenständige Munition; Sonstige Munition; Sonstige wesentliche Bestandteile; Dispenser; Laserwaffen).
[170] Die Bezugnahme auf zwischenstaatliche Konflikte in Widerspruch zu Art. 26 II 1 GG sehend V. *Epping*, Der Staat 31 (1992), 39 (57f.); *ders.*, Grundgesetz (Fn. 70), S. 59ff.
[171] BVerwGE 61, 24 (29); BGH NStZ 1997, 552 (552); OLG Karlsruhe NJW 1992, 1057 (1058); *Hernekamp* (Fn. 55), Art. 26 Rn. 27; *Hobe* (Fn. 44), Art. 26 Rn. 14; *Streinz* (Fn. 55), Art. 26 Rn. 36. A.A. BayObLG NJW 1971, 1375 (1376f.): Einzelfallprüfung; *Bothe* (Fn. 50), Art. 25 Rn. 39 (nur für Genehmigungsvorbehalt); *Epping*, Grundgesetz (Fn. 70), S. 82ff., 94ff.; *Frank* (Fn. 19), Art. 26 Rn. 46; *A. Proelß*, HStR³ XI, § 227 Rn. 31.

Ferdinand Wollenschläger

Verständnis des Art. 26 I 1 GG auch Waffen, die im Kontext sonstiger Bedrohungen des internationalen Friedens eingesetzt werden[172]; die praktische Tragweite dessen erscheint indes begrenzt[173]. Eine Beschränkung auf Waffen von großer Zerstörungskraft ist wegen des Gefährdungspotentials auch kleinerer Waffen abzulehnen[174]. Zu Recht versteht § 1 II KWKG die Bestimmung einer Waffe zur Kriegsführung im Interesse eines effektiven Schutzes vor Friedensbedrohungen objektiv i.S.e. Eignung und nicht subjektiv als entsprechende Verwendungsabsicht[175]. Erfasst sind auch sog. **Dual-Use-Güter**, mithin lässt die Möglichkeit einer (auch) friedlichen Nutzung die Eigenschaft als Kriegswaffe nicht entfallen[176]. Um eine Umgehung des Genehmigungstatbestands zu verhindern, erstreckt sich Art. 26 II 1 GG auch auf Bausätze[177].

b) Herstellung, Beförderung und Inverkehrbringen

48 Die drei Handlungsvarianten sind im Interesse einer effektiven Friedenssicherung weit auszulegen[178]. Die **Herstellung** erfasst Produktion und Entwicklung einschließlich entsprechender Forschungsarbeiten[179]; im Gegensatz zur Wiederherstellung soll die Instandhaltung ausgeklammert bleiben[180], genauso wie im Übrigen die Grundlagenforschung[181]. Die **Beförderung** bezieht sich auf den Transport der Kriegswaffe außerhalb der Produktionsstätte[182]. Solange ein Bezug zum deutschen Hoheitsgebiet respektive zur deutschen Hoheitsgewalt besteht (etwa Import, Export oder Durchführung, § 3 III KWKG, bzw. Transport mit inländischem Luftfahrzeug oder Seeschiff, § 4 KWKG), darf ein Genehmigungsvorbehalt im KWKG statuiert werden[183]. **Inverkehrgebracht** ist eine Kriegswaffe, wenn sie Dritten angeboten, veräußert oder anderweitig

---

[172] *Hobe* (Fn. 44), Art. 26 Rn. 14. A.A. *Pernice* → Bd. II², Art. 26 Rn. 22.
[173] Vgl. *Pernice* → Bd. II², Art. 26 Rn. 22.
[174] *Hobe* (Fn. 44), Art. 26 Rn. 14; *Pernice* → Bd. II², Art. 26 Rn. 22. A.A. *Epping*, Grundgesetz (Fn. 70), S. 78 f.
[175] *Herdegen* (Fn. 57), Art. 26 Rn. 47; *Hobe* (Fn. 44), Art. 26 Rn. 14; *Streinz* (Fn. 55), Art. 26 Rn. 38.
[176] *Frank* (Fn. 19), Art. 26 Rn. 46; *Hobe* (Fn. 44), Art. 26 Rn. 14; *Streinz* (Fn. 55), Art. 26 Rn. 39. A.A. *Herdegen* (Fn. 57), Art. 26 Rn. 49; *Pernice* → Bd. II², Art. 26 Rn. 23 (Anwendbarkeit des Art. 26 I GG); A. *Proelß*, HStR³ XI, § 227 Rn. 31. Für eine Einbeziehung ambivalenter Waffen V. *Epping*, Der Staat 31 (1992), 39 (49 ff.); *ders.*, Grundgesetz (Fn. 70), S. 72 ff.
[177] BGH NJW 1996, 1355 (1356); *Hobe* (Fn. 44), Art. 26 Rn. 14; *Pernice* → Bd. II², Art. 26 Rn. 22 – alle bejahen die Möglichkeit einer strafrechtlichen Ahndung ohne Gesetzesänderung, da das Bestimmtheitsgebot (Art. 103 II GG) gewahrt bleibe. A.A. *Epping*, Grundgesetz (Fn. 70), S. 87 ff.
[178] *Hobe* (Fn. 44), Art. 26 Rn. 14.
[179] *Epping*, Grundgesetz (Fn. 70), S. 132 ff.; *Hobe* (Fn. 44), Art. 26 Rn. 15; *Pernice* → Bd. II², Art. 26 Rn. 24; *Stern*, Staatsrecht IV/2, S. 846. Enger *Herdegen* (Fn. 57), Art. 26 Rn. 50, *Hernekamp* (Fn. 55), Art. 26 Rn. 30, und *Streinz* (Fn. 55), Art. 26 Rn. 40: Nur Fertigung von Prototypen und Endproduktion.
[180] *Herdegen* (Fn. 57), Art. 26 Rn. 50; *Hernekamp* (Fn. 55), Art. 26 Rn. 30; *Hobe* (Fn. 44), Art. 26 Rn. 16.
[181] *Fink* (Fn. 66), Art. 26 Rn. 65; *Pernice* → Bd. II², Art. 26 Rn. 24; *Stern*, Staatsrecht IV/2, S. 846.
[182] *Pernice* → Bd. II², Art. 26 Rn. 26.
[183] *Fink* (Fn. 66), Art. 26 Rn. 68 f.; *Herdegen* (Fn. 57), Art. 26 Rn. 51, 53 f.; D. *Holthausen*, JZ 1995, 284 (285 ff.); *ders.*, RIW 1997, 369 (369 ff.); *Pernice* → Bd. II², Art. 26 Rn. 26; A. *Proelß*, HStR³ XI, § 227 Rn. 29; enger *Epping*, Grundgesetz (Fn. 70), S. 173 ff.; *ders.*, RIW 1996, 453 (455 ff.); *Pottmeyer* (Fn. 5), § 3 Rn. 165.

3. Genehmigungsvoraussetzungen

Mit Blick auf das Friedensziel und dessen Effektivität verlangt Art. 26 II 1 GG nicht nur einen Genehmigungsvorbehalt, sondern auch **friedenssichernde Genehmigungskriterien**[186]. Art. 26 II 1 GG bezweckt, dass Kriegswaffen »grundsätzlich nicht in die Hand von Privatpersonen gehören und eine Genehmigung nach dem Kriegswaffenkontrollgesetz deshalb nur erteilt werden darf, wenn nach den gesamten Umständen des Einzelfalls entweder besondere öffentliche Interessen die Erteilung der Genehmigung fordern oder wenn besondere private Gründe für die Erteilung der Genehmigung sprechen und diese Genehmigung mit den durch das Verbot des Art. 26 II 1 GG geschützten öffentlichen Belangen vereinbar ist.«[187] Ein Interesse als Sammler genügt nicht[188].

49

§ 6 II, III KWKG normiert (nicht abschließende) Versagungstatbestände. Zur Konkretisierung hat die Bundesregierung am 19.1.2000 **Politische Grundsätze für den Export von Kriegswaffen und sonstigen Rüstungsgütern** erlassen[189]. Diese beziehen den vom Rat der EU am 8.12.2008 verabschiedeten, für die Mitgliedstaaten verbindlichen **Gemeinsamen Standpunkt für die Ausfuhrkontrolle von Militärgütern und Militärtechnologie**[190] ein, der acht Kriterien für Rüstungsexportentscheidungen formuliert[191]. Die Politischen Grundsätze bekennen sich zu einer **restriktiven Exportpolitik**, um »einen Beitrag zur Sicherung des Friedens, der Gewaltprävention, der Menschenrechte und einer nachhaltigen Entwicklung in der Welt zu leisten«. Besondere Bedeutung für die Genehmigung kommt dem Menschenrechtsstandard im Bestimmungs- und Endverbleibsland zu. Die Grundsätze differenzieren zwischen einem grundsätzlich zulässigen Export in NATO-Länder, EU-Mitgliedstaaten und NATO-gleichgestellte Länder (II.) und einem restriktiv zu handhabenden Export in sonstige Länder (III.), der bei Kriegswaffen nur ausnahmsweise in Betracht kommt, nämlich wenn »im Einzelfall

50

---

[184] *Epping*, Grundgesetz (Fn. 70), S. 183 ff.; *Hobe* (Fn. 44), Art. 26 Rn. 17; *Pernice* → Bd. II², Art. 26 Rn. 27.
[185] *Epping*, Grundgesetz (Fn. 70), S. 209; *Pernice* → Bd. II², Art. 26 Rn. 27.
[186] S. auch *Bleckmann*, Grundgesetz (Fn. 80), S. 236; *I. von Münch*, Äußerer und innerer Friede im Grundgesetz, in: FS Graf von Baudissin, 1985, S. 39 ff. (48). Für zu weit gefasst erachtet *Frank* (Fn. 19), Art. 26 Rn. 45, den Genehmigungstatbestand. Das Ermessen betonend *Maunz*, Sicherung (Fn. 95), S. 292.
[187] BVerwGE 61, 24 (31 f.).
[188] BVerwGE 61, 24 (32).
[189] BAnz. Nr. 19 vom 28.1.2000, S. 1299. Für deren Rechtswidrigkeit mangels gesetzlicher Grundlage *H. Hohmann*, Angemessene Außenhandelsfreiheit im Vergleich, 2002, S. 345 ff.
[190] ABl. 2008 L 335/99.
[191] 1. Einhaltung der internationalen Verpflichtungen der Mitgliedstaaten; 2. Achtung der Menschenrechte und des humanitären Völkerrechts durch das Endbestimmungsland; 3. Innere Lage im Endbestimmungsland (Spannungen oder bewaffnete Konflikte); 4. Aufrechterhaltung von Frieden, Sicherheit und Stabilität in einer Region; 5. Nationale Sicherheit der Mitgliedstaaten und befreundeter sowie verbündeter Länder; 6. Verhalten des Käuferlandes gegenüber der internationalen Gemeinschaft (insb. Haltung zum Terrorismus, Art der eingegangenen Bündnisse, Einhaltung des Völkerrechts); 7. Risiko der Abzweigung von Militärtechnologie oder Militärgütern im Käuferland oder der Wiederausfuhr von Militärgütern unter unerwünschten Bedingungen; 8. Vereinbarkeit der Ausfuhr von Militärtechnologie oder Militärgütern mit der technischen und wirtschaftlichen Leistungsfähigkeit des Empfängerlandes.

Art. 26   C. Erläuterungen

besondere außen- oder sicherheitspolitische Interessen der Bundesrepublik Deutschland unter Berücksichtigung der Bündnisinteressen« zu bejahen sind (III.2.) sowie interne und äußere Konflikte im Zielstaat dem nicht entgegenstehen (III.4f.). Ein besonderes Augenmerk richten die Grundsätze auf den Endverbleib der Güter im Endempfängerland (IV.). Überdies legt die Bundesregierung dem Bundestag jährlich einen Rüstungsexportbericht vor (V.)[192].

4. Genehmigung durch die Bundesregierung

51   Gemäß Art. 26 II 1 GG erteilt die Bundesregierung die Genehmigung. Dies schließt zunächst Entscheidungsbefugnisse des Bundestages aus[193]. Überdies wird die Bundesregierung als Kollegialorgan für zuständig erachtet (allgemein → Art. 62 Rn. 10ff.)[194], was die im Verordnungswege gemäß § 11 KWKG erfolgte Delegation auf einzelne Bundesministerien[195] ausschließe[196]; auch der Erlass politischer Grundsätze durch die Bundesregierung (→ Rn. 50) vermöge die erforderliche Entscheidung im Einzelfall nicht zu ersetzen[197].

52   Nach der Praxis der Bundesregierung kommen einem Kabinettsausschuss, dem **Bundessicherheitsrat**, (Vor-)Entscheidungsbefugnisse hinsichtlich sensibler Exportvorhaben zu[198]. Dieser tagt geheim (§ 1 II 4 GOBSR); seit einer Transparenzinitiative des Jahres 2014 sieht § 8 I GOBSR immerhin eine Unterrichtung des Bundestages über abschließende Genehmigungsentscheidungen vor, denen eine Befassung des Bundessicherheitsrates voranging[199]. Solange der Bundessicherheitsrat, wie dies § 1 II GOBSR

---

[192] Zul. Bericht der Bundesregierung über ihre Exportpolitik für konventionelle Rüstungsgüter im Jahre 2014 (Rüstungsexportbericht 2014) vom Mai 2015, http://www.bmwi.de/BMWi/Redaktion/PDF/Publikationen/ruestungsexportbericht-2014,property=pdf,bereich=bmwi2012,sprache=de,rwb=true.pdf (9.9.2015).

[193] *Hobe* (Fn. 44), Art. 26 Rn. 18. S. auch BVerfGE 137, 185 (236, Rn. 140; 247, Rn. 262).

[194] *Herdegen* (Fn. 57), Art. 26 Rn. 56; *Hobe* (Fn. 44), Art. 26 Rn. 18; *Pernice* → Bd. II², Art. 26 Rn. 28.

[195] S. § 1 Erste VO zur Durchführung des Gesetzes über die Kontrolle von Kriegswaffen, BGBl. 1961 I S. 649 zul. geändert durch VO vom 31.8.2015, BGBl. I S. 1474.

[196] *Epping*, Grundgesetz (Fn. 70), S. 210ff.; *Fink* (Fn. 66), Art. 26 Rn. 76; *Herdegen* (Fn. 57), Art. 26 Rn. 56; *Pernice* → Bd. II², Art. 26 Rn. 28; *Streinz* (Fn. 55), Art. 26 Rn. 46; ferner – allgemein – BVerfGE 26, 338 (395f.); 100, 249 (259, Rn. 37); *M. Schröder*, in: v. Mangoldt/Klein/Starck, GG II, Art. 62 Rn. 14 (Regelvermutung); *Stern*, Staatsrecht II, S. 272. Rechtsfolge bezüglich erteilter Genehmigungen: lediglich rechtswidrig, aber bestandskräftig (*Epping*, a.a.O., S. 228ff.; *Herdegen* [Fn. 57], Art. 26 Rn. 56). A.A. *Hernekamp* (Fn. 55), Art. 26 Rn. 29; ferner – für eine Ausnahmemöglichkeit aufgrund des Ressortprinzips – *S. Detterbeck*, HStR³ III, § 66 Rn. 11. Offen gelassen von BVerfGE 137, 185 (236 ff., Rn. 142 ff.; 247 ff., Rn. 264 ff.; restriktiv Rn. 165).

[197] *Herdegen* (Fn. 57), Art. 26 Rn. 56; *Hobe* (Fn. 44), Art. 26 Rn. 18.

[198] Vgl. BVerfGE 137, 185 (220ff., Rn. 100); ferner § 1 GOBSR (Geschäftsordnung des Bundessicherheitsrates vom 27.1.1959, zul. geändert durch Beschl. der Bundesregierung vom 4.6.2014, Anlage 2 zu BT-Drs. 18/1626). Zu diesem Gremium *Glawe*, Organkompetenzen und Handlungsinstrumente auf dem Gebiet der nationalen Sicherheit, 2011, S. 35ff.; *F. Meinel*, DÖV 2015, 717 (718ff.); *K. Zähle*, Der Staat 44 (2005), 462.

[199] S. Antrag der Fraktionen der CDU/CSU und SPD, BT-Drs. 18/1626; Unterrichtung durch die BReg., BT-Drs. 18/1626. Zum beschränkten Informationsrecht des Parlaments BVerfGE 137, 185 (231ff., Rn. 129ff.) – kritisch zum weiten Kernbereichsschutz *J. von Achenbach*, JZ 2015, 96 (96ff.); *M. Stemmler*, DÖV 2015, 139 (139ff.); positiver *R. Glawe*, NVwZ 2014, 1632 (1635). Insgesamt restriktiv *K. Zähle*, Der Staat 44 (2005), 462 (481f.).

vorsieht, nur vorbereitend tätig wird, ist Art. 26 II 1 GG mangels Entäußerung der Entscheidungsbefugnis nicht verletzt[200].

D. Verhältnis zu anderen GG-Bestimmungen

Art. 26 GG stellt eine **Konkretisierung der Friedensstaatlichkeit** Deutschlands dar und steht neben den weiteren Ausprägungen in der Präambel sowie Art. 1 II, 9 II, 24, 25 und 87a I 1 GG (→ Rn. 16). Obgleich das **Gewaltverbot** bereits als allgemeine Regel des Völkerrechts gemäß **Art. 25 GG** Bestandteil des Bundesrechts mit Übergesetzesrang ist (→ Art. 25 Rn. 18, 28 ff.), kommt Art. 26 GG eine **eigenständige Bedeutung** zu. Denn er verleiht dem Gewaltverbot – über Art. 25 GG hinausgehend – Verfassungsrang und vermag damit, um eine praktische Konsequenz zu nennen, Grundrechten verfassungsimmanente Schranken zu ziehen (→ Rn. 38); überdies adressiert jedenfalls Art. 26 GG Individuen und enthält ein Pönalisierungsgebot[201]. Auch ergeben sich in Randbereichen (etwa Vorverlagerung) Unterschiede in der sachlichen Reichweite[202]. Mangels Erwähnung in **Art. 79 III GG** rechnet Art. 26 GG trotz seiner fundamentalen Bedeutung nicht zum änderungsfesten Verfassungskern (→ Art. 79 III Rn. 14 ff.; zur völkerrechtlichen Absicherung → Rn. 6)[203]. Den Verfassungsauftrag zur Aufstellung von Streitkräften (**Art. 87a I 1 GG**) begrenzt Art. 87a II GG, in Einklang mit Art. 26 I 1 GG, auf die Landesverteidigung (→ Art. 87a Rn. 10 f.)[204]. **Art. 96 V GG** eröffnet die Möglichkeit, die im Kontext friedensstörender Handlungen bestehende Gerichtsbarkeit des Bundes auf die Länder zu delegieren (→ Art. 96 Rn. 34 f.).

53

---

[200] S. auch BVerfGE 137, 185 (236 f., Rn. 142 f., 247 ff., Rn. 164 ff.); *K. Zähle*, Der Staat 44 (2005), 462 (476 ff.). Die Delegation für unzulässig erachtend *R. Glawe*, NVwZ 2014, 1632 (1635 f.); ferner *F. Meinel*, DÖV 2015, 717 (721) – gesetzliche Delegation erforderlich; *M. Stemmler*, DÖV 2015, 139 (142).
[201] S. auch *K. Doehring*, HStR VII, § 178 Rn. 30 ff.; *C. Hillgruber*, in: Schmidt-Bleibtreu/Hofmann/Henneke, GG, Art. 25 Rn. 41; *Hobe* (Fn. 44), Art. 26 Rn. 2, 27 (anders hinsichtlich Verfassungsrang).
[202] *Hillgruber* (Fn. 201), Art. 25 Rn. 41; *ders.* (Fn. 61), Art. 26 Rn. 14; *C. Tomuschat*, HStR VII, § 172 Rn. 20.
[203] *Pernice* → Bd. II², Art. 26 Rn. 29. Unklar *Frank* (Fn. 19), Art. 26 Rn. 31.
[204] S. nur BVerfGE 48, 127 (159).

Artikel 27 [Handelsflotte]
Alle deutschen Kauffahrteischiffe bilden eine einheitliche Handelsflotte.

Literaturauswahl

Berger, Alina/Zink, Andreas: Das neue Flaggenrechtsgesetz, in: NordÖR 2013, S. 192–197.
Dörr, Dieter: Die deutsche Handelsflotte und das Grundgesetz, 1988.
Dörr, Dieter: Das Zweitregistergesetz, in: AVR 26 (1988), S. 366–386.
Satow, Maria: Alle deutschen Kauffahrteischiffe bilden eine einheitliche Handelsflotte. Eine Untersuchung zu Art. 27 des Grundgesetzes der Bundesrepublik Deutschland, 1957.
Schiedermair, Hartmut/Dörr, Dieter: Der Schutz der deutschen Handelsflotte, 1984.
Wolfrum, Rüdiger: Recht der Flagge und »Billige Flaggen«. Neuere Entwicklungen im Völkerrecht, in: Ulrich Drobnig/Jürgen Basedow/Rüdiger Wolfrum (Hrsg.), Recht der Flagge und »Billige Flaggen« – Neuere Entwicklungen im Internationalen Privatrecht und Völkerrecht, BDGV 31 (1990), S. 121–147.

Leitentscheidung des Bundesverfassungsgerichts

BVerfGE 92, 26 (43) – Zweitregister.

Gliederung

	Rn.
A. Herkunft, Entstehung, Entwicklung	1
B. Internationale, supranationale und rechtsvergleichende Bezüge	3
C. Erläuterungen	6
I. Die deutschen Kauffahrteischiffe	7
II. Die (bundes)einheitliche Handelsflotte	9
III. Weitere objektiv- und subjektiv-rechtliche Gehalte	11
IV. Bedeutung	14
D. Verhältnis zu anderen GG-Bestimmungen	15

Stichwörter

Ausflaggen 3, 12 – Bestandsgarantie 12 – Billigflaggen (flags of convenience) 3 – Diplomatischer Schutz 3 – Einheitlichkeit der Handelsflotte 9, 14 – Flagge 3, 9 – Flaggenhoheit 3 – Flaggenrechtsgesetz 4, 8, 10 – Flaggenstaat 3 – Gemeinschaftsflagge 4 – Gesetzgebungskompetenz 13, 15 – Gewerbliche Schifffahrt 7 – Gleichbehandlung 13, 15 – Hochseeschifffahrt 3 – Institutionelle Garantie 11 – Internationales Seeschifffahrtsregister 10 – Kauffahrteischiffe 7 – Länderflotten 9 – Piratebekämpfung 13 – Privatschiffe, nichtgewerblich genutzte 7 – Schiffsregister 3 – Schutzpflicht 12 – Seerechtsübereinkommen 3, 7 – Staatsschiffe 7 – Staatszugehörigkeit von Schiffen 3, 8 – Streitkräfteeinsatz 13 – Zweitregister 10.

A. Herkunft, Entstehung, Entwicklung

1   Art. 27 GG ordnet alle deutschen Kauffahrteischiffe einer **einheitlichen Handelsflotte (des Bundes)** zu, knüpft damit an die (nahezu) wortgleichen Art. 81 WRV sowie Art. 54 I RV (1867/1871) an und konserviert die im Kontext der Gründung von Norddeutschem Bund und Deutschem Reich als Ausdruck der neu geschaffenen staatlichen Einheit erfolgte Zusammenfassung der Länderflotten zu einer einheitlichen Handelsflotte des Bundes[1].

---

[1] *J.A. Kämmerer*, in: v. Münch/Kunig, GG I, Art. 27 Rn. 1; *R. Wolfrum*, in: BK, Art. 27 (1988),

Trotz dieser Verfassungstradition fand Art. 27 GG erst aufgrund eines **Vorschlags** 2
des Allgemeinen Redaktionsausschusses Aufnahme in den Verfassungstext[2], wohingegen der HChE noch keine entsprechende Bestimmung enthielt. Sie wurde – fälschlicherweise (→ Rn. 14) – für erforderlich erachtet, »um den deutschen Kauffahrteischiffen die Rechte zu sichern, die nach den allgemeinen Regeln des Völkerrechts oder nach bestehenden Völkerrechtsverträgen eine nationale Handelsflotte besitzt«[3]. In den folgenden Beratungen fand **keine** weitere inhaltliche **Erörterung** statt[4]. Auch hat Art. 27 GG **keine Änderung** erfahren.

B. Internationale, supranationale und rechtsvergleichende Bezüge

Die einheitliche Zuordnung aller deutschen Kauffahrteischiffe zu einer einheitlichen 3
Handelsflotte des Bundes entspricht dem völkerrechtlichen Grundsatz, dass **Gliedstaaten eines Bundesstaates** als nicht souveränen Staaten **keine eigene Flaggenhoheit** zukommt[5]. Art. 91 I SRÜ regelt in Einklang mit dem Völkergewohnheitsrecht[6] die in Art. 27 GG vorausgesetzte **Staatszugehörigkeit von Schiffen**, die sich nach dem Recht zur Flaggenführung richtet[7]. Dabei obliegt es dem einzelnen Staat, die Bedingungen festzulegen, »zu denen er Schiffen seine Staatszugehörigkeit gewährt, sie in seinem Hoheitsgebiet in das Schiffsregister einträgt und ihnen das Recht einräumt, seine Flagge zu führen.« Gefordert wird eine »echte Verbindung« zwischen Staat und Schiff[8]. Gemäß Art. 92 I SRÜ fahren Schiffe unter der Flagge nur eines Staates; eine mehrfache Staatszugehörigkeit kann nicht gegenüber Drittstaaten geltend gemacht werden. Auf Hoher See unterstehen Schiffe vorbehaltlich anderweitiger völkerrechtlicher Regelungen ausschließlich der **Hoheitsgewalt des Flaggenstaates** (Art. 92 I 1 SRÜ); Art. 94 SRÜ sieht entsprechende Aufsichtspflichten des Flaggenstaates vor, insbesondere die Führung eines **Schiffsregisters** (Abs. 2 lit. a). Divergierende nationale Regelungen in den Bereichen Sicherheit sowie Arbeits- und Steuerrecht führen zum Ausflaggen bzw. zum Ausweichen auf sog. »Billigflaggen« (**flags of convenience**)[9]. Die Genese des

---

Rn. 1. Umfassend *D. Dörr*, Die deutsche Handelsflotte und das Grundgesetz, 1988, S. 6 ff.; ferner *M. Satow*, Alle deutschen Kauffahrteischiffe bilden eine einheitliche Handelsflotte, 1957, S. 8 ff.

[2] Drs. Nr. 370 v. 13.12.1948, Parl. Rat VII, S. 148. S. auch Parl. Rat XIV/1, S. 860. Näher zum Entstehungskontext *Dörr*, Handelsflotte (Fn. 1), S. 30 ff.

[3] Drs. Nr. 370 v. 13.12.1948, Parl. Rat VII, S. 148.

[4] Im Überblick JöR 1 (1951), S. 243 f.

[5] Statt vieler *W. Durner*, in: Friauf/Höfling, GG, Art. 27 (2005), Rn. 3; *M. Herdegen*, in: Maunz/Dürig, GG, Art. 27 (2007), Rn. 3, 10. A.A. (unter Verweis auf partielle Völkerrechtsfähigkeit) *C. Hillgruber*, in: Schmidt-Bleibtreu/Hofmann/Henneke, GG, Art. 27 Rn. 4.

[6] *Kämmerer* (Fn. 1), Art. 27 Rn. 3, 9.

[7] Allg. *Dörr*, Handelsflotte (Fn. 1), S. 44 ff.; *F.-M. Fay*, RGDIP 77 (1973), 1000 ff.; *W. Heintschel von Heinegg*, in: K. Ipsen, Völkerrecht, §46 Rn. 7 ff.; *D. König*, MP-EPIL, Flag of Ships (2011), Rn. 16 ff.; *M. S. McDougal/W. T. Burke/I. Vlasio*, AJIL 54 (1960), 25 ff.; *M. Núñez-Müller*, Die Staatszugehörigkeit von Handelsschiffen im Völkerrecht, 1994.

[8] Relativierend ISG v. 1.7.1999, Case Nr. 2, Rn. 75 ff.: »purpose [...] is to secure more effective implementation of the duties of the flag State, and not to establish criteria by reference to which the validity of the registration of ships in a flag State may be challenged by other States« (Rn. 83); *Dörr*, Handelsflotte (Fn. 1), S. 58 ff.; *ders.*, AVR 26 (1988), 366 (377); *A. S. Kolb/T. Neumann/T. R. Salomon*, ZaöRV 71 (2011), 191 (199 ff.).

[9] S. nur *Herdegen* (Fn. 5), Art. 27 Rn. 14; *Núñez-Müller*, Staatszugehörigkeit (Fn. 7), S. 33 ff.; *N. St. Skourtos*, Die Billig-Flaggen-Praxis und die staatliche Flaggenverleihungsfreiheit, 1990; *R. Wolfrum*, Recht der Flagge und »Billige Flaggen«. Neuere Entwicklungen im Völkerrecht, in: U. Drobnig/J.

Art. 27 GG (→ Rn. 2) knüpft an das in Art. 90 SRÜ gewährleistete, aber auch völkergewohnheitsrechtlich anerkannte Recht jedes Staates an, »Schiffe, die seine Flagge führen, auf der Hohen See fahren zu lassen« (ferner Art. 87 I lit. a SRÜ; zum Fischereirecht lit. e); von Bedeutung sind des Weiteren der durch den Flaggenstaat auszuübende diplomatische Schutz sowie der in internationalen Abkommen für inländische Schiffe eingeräumte Marktzugang[10].

4 Das völkerrechtlich eingeräumte Ermessen hinsichtlich der Bestimmung der **Staatszugehörigkeit von Schiffen** begrenzen die **unionsrechtlichen Diskriminierungs- und Beschränkungsverbote** (namentlich Art. 49 AEUV), die ein Staatsangehörigkeitserfordernis (Eigner/Geschäftsführer) für die Registrierung im Inland verbieten (vgl. §2 FlaggRG[11])[12]. Vorschläge zur Schaffung eines Gemeinschafts-Schiffsregisters und einer Gemeinschaftsflagge haben sich indes nicht durchgesetzt[13]. Im Übrigen ist der Seeverkehr primär- (namentlich Beihilfenrecht und Dienstleistungsfreiheit) sowie sekundärrechtlich reguliert[14].

5 **Parallelvorschriften** zu Art. 27 GG finden sich weder im ausländischen noch im Landesverfassungsrecht.

C. Erläuterungen

6 Art. 27 GG fasst alle deutschen Kauffahrteischiffe (I.) zu einer **einheitlichen Handelsflotte (des Bundes)**[15] zusammen (II.). Darüber hinaus entfaltet Art. 27 GG lediglich eine sehr beschränkte objektiv-rechtliche Wirkung (III.). Dies begrenzt seine verfassungsrechtliche Bedeutung (IV.).

Basedow/R. Wolfrum (Hrsg.), Recht der Flagge und »Billige Flaggen« – Neuere Entwicklungen im Internationalen Privatrecht und Völkerrecht, BDGV 31 (1990), S. 121 ff.

[10] *Pernice* → Bd. II², Art. 27 Rn. 9. Zur Problematik des »Quota-hopping« bei der Fischerei *Herdegen* (Fn. 5), Art. 27 Rn. 16.

[11] Gesetz über das Flaggenrecht der Seeschiffe und die Flaggenführung der Binnenschiffe vom 8.2.1951, BGBl. I, S. 79; Bekanntmachung der Neufassung des Flaggenrechtsgesetzes vom 26.10.1994, BGBl. I, S. 3140; zuletzt geändert durch Art. 4 CXLI Gesetz zur Strukturreform des Gebührenrechts des Bundes vom 7.8.2013, BGBl. I, S. 3154.

[12] S. EuGH, Rs. C-246/89, Slg. 1991, I-4585, Rn. 17 ff. – Europ. Kommission/Vereinigtes Königreich; Rs. C-299/02, Slg. 2004, I-9761, Rn. 15 ff. – Europ. Kommission/Niederlande. Näher *A. Berger/A. Zink*, NordÖR 2013, 192 (193 ff.).

[13] KOM (89) 266 endg. Näher *Kämmerer* (Fn. 1), Art. 27 Rn. 6, 15; *S. Tostmann*, AVR 32 (1994), 342 (346 ff.); *D.C. Umbach*, in: Umbach/Clemens, GG, Art. 27 Rn. 27 ff.; *A. Werbke*, TranspR 13 (1990), 317 (324 f.).

[14] Vgl. Art. 56 ff., 107 ff. AEUV; VO (EWG) Nr. 4055/86 des Rates vom 22. Dezember 1986 zur Anwendung des Grundsatzes des freien Dienstleistungsverkehrs auf die Seeschiffahrt zwischen Mitgliedstaaten sowie zwischen Mitgliedstaaten und Drittländern, ABl. L 378/1, berichtigt ABl. 1988 L 117/33, geändert durch VO (EWG) Nr. 3573/90, ABl. L 353/16; VO (EWG) Nr. 3577/92 des Rates vom 7.12.1992 zur Anwendung des Grundsatzes des freien Dienstleistungsverkehrs auf den Seeverkehr in den Mitgliedstaaten (Seekabotage), ABl. L 364/7, zul. geändert durch Akte über die Bedingungen des Beitritts der Republik Kroatien und die Anpassungen des Vertrags über die Europäische Union, des Vertrags über die Arbeitsweise der Europäischen Union und des Vertrags zur Gründung der Europäischen Atomgemeinschaft vom 9.12.2011, ABl. 2012 L 112/21, 74. Als »unionsrechtlich überholt« (so aber *M. Koenig*, in: v. Mangoldt/Klein/Starck, GG II, Art. 27 Rn. 20) lässt sich Art. 27 GG nicht bezeichnen. Allg. zur Harmonisierung *H.-H. Nöll*, AVR 32 (1994), 369 ff.

[15] Für statistische Angaben zur deutschen Handelsflotte *Kämmerer* (Fn. 1), Art. 27 Rn. 18.

I. Die deutschen Kauffahrteischiffe

Der **Begriff des Kauffahrteischiffs**, der ursprünglich auf Schiffe beschränkt war, die Waren des Eigners transportieren, was heute praktisch nahezu bedeutungslos ist, erfasst in notwendigerweise erweiterter, am Wortlaut und der Verfassungstradition[16] orientierter Auslegung **alle gewerblichen Zwecken dienende Schiffe**[17]. Damit fallen zum einen Schiffe, die Hoheitszwecken dienen (vgl. Art. 96 SRÜ), heraus, zum anderen nichtgewerblich genutzte Privatschiffe[18]. Ebenfalls ausgeklammert sind Binnenschiffe[19].

Art. 27 GG setzt die **Deutscheneigenschaft** des Schiffes voraus, definiert sie aber nicht. Sie bestimmt sich, entsprechend den völkerrechtlichen Vorgaben (→ Rn. 3), nach dem Recht zur Flaggenführung[20] und findet sich im Flaggenrechtsgesetz geregelt. Zu unterscheiden sind die Pflicht (§ 1 FlaggRG) und das Recht (§§ 2, 10 f. FlaggRG) zur Flaggenführung[21]. Erstere erstreckt sich auf Seeschiffe natürlicher Personen mit deutscher Staatsangehörigkeit sowie Wohnsitz im Inland (§ 1 I FlaggRG) sowie von Personenvereinigungen bzw. juristischen Personen mit Sitz im Inland sowie einer Leitung durch Inländer (§ 1 II FlaggRG). Die fakultative Befugnis zur Flaggenführung erfasst namentlich EU-Ausländer und EU-ausländische Gesellschaften (§ 2 FlaggRG).

II. Die (bundes)einheitliche Handelsflotte

Der allgemein konsentierte, der Verfassungstradition (→ Rn. 1) und völkerrechtlichen Vorgaben (→ Rn. 3) entsprechende Kerngehalt des Art. 27 GG ist zuvörderst ein bundesstaatlicher und besteht darin, alle deutschen Kauffahrteischiffe einer einheitlichen Handelsflotte (des Bundes) zuzuordnen und damit **Handelsflotten einzelner Länder auszuschließen**[22]. Dies bedeutet freilich keine Eingliederung der Handelsflotte in den staatlichen Bereich[23].

Das Einheitlichkeitsgebot verbietet (alternative) Zweitregister[24]. Zulässig ist demgegenüber das im Jahre 1989 auf der Grundlage des Zweitregistergesetzes[25] als Mittel gegen die zunehmende Ausflaggung (→ Rn. 3) eingeführte **Internationale Seeschifffahrtsregister** (§ 12 FlaggRG). In jenes (zusätzlich) eingetragene deutsche Schiffe im

---

[16] Vgl. § 1 Gesetz, betreffend die Nationalität der Kauffahrteischiffe und ihre Befugniß zur Führung der Bundesflagge, vom 25.10.1867, BGBl. des Norddeutschen Bundes, S. 35, und § 1 Gesetz, betreffend das Flaggenrecht der Kauffahrteischiffe, vom 22.6.1899, RGBl. S. 319.
[17] Statt vieler *Dörr*, Handelsflotte (Fn. 1), S. 39 ff.; *W. Erbguth*, in: Sachs, GG, Art. 27 Rn. 5; *Herdegen* (Fn. 5), Art. 27 Rn. 17; *Kämmerer* (Fn. 1), Art. 27 Rn. 7 f. m.w.N. auch zur a.A.; *Koenig* (Fn. 14), Art. 27 Rn. 5. Partiell a.A. *W. G. Leisner*, in: Sodan, GG, Art. 27 Rn. 1 (auch Non-profit-Verkehr); *Pernice* → Bd. II², Art. 27 Rn. 7 (Ausklammerung von Fischerei- und Hilfsschiffen). Zum Schiffsbegriff *Kämmerer*, ebd. Rn. 7 m. Fn. 27.
[18] S. nur *Dörr*, Handelsflotte (Fn. 1), S. 43 f.; *Durner* (Fn. 5), Art. 27 Rn. 10; *Herdegen* (Fn. 5), Art. 27 Rn. 17. Weiter *Satow*, Kauffahrteischiffe (Fn. 1), S. 60: Seeschiffe (außer Kriegsschiffe).
[19] S. nur *Dörr*, Handelsflotte (Fn. 1), S. 42; *Erbguth* (Fn. 17), Art. 27 Rn. 5; *Kämmerer* (Fn. 1), Art. 27 Rn. 7.
[20] *Erbguth* (Fn. 17), Art. 27 Rn. 6.
[21] S. *A. Berger/A. Zink*, NordÖR 2013, 192 ff.
[22] *D. Dörr*, AVR 26 (1988), 366 (383); *Durner* (Fn. 5), Art. 27 Rn. 6, 12; *Erbguth* (Fn. 17), Art. 27 Rn. 3; *Pernice* → Bd. II², Art. 27 Rn. 6; *Wolfrum* (Fn. 1), Art. 27 Rn. 1, 5.
[23] *Kämmerer* (Fn. 1), Art. 27 Rn. 13; *Wolfrum* (Fn. 1), Art. 27 Rn. 5.
[24] *Kämmerer* (Fn. 1), Art. 27 Rn. 14.
[25] Gesetz zur Einführung eines zusätzlichen Registers für Seeschiffe unter der Bundesflagge im internationalen Verkehr (Internationales Seeschifffahrtsregister – ISR) vom 23.3.1989, BGBl. I, S. 550.

internationalen Verkehr unterliegen nicht umfassend der deutschen Rechtsordnung, namentlich können Beschäftigungsverhältnisse ausländischer Besatzungsmitglieder ausländischem Recht unterstellt werden (§ 21 IV FlaggRG). Die Vereinbarkeit mit Art. 27 GG resultiert daraus, dass es sich um kein Alternativregister handelt und die Eintragung (nur) das anwendbare Recht betrifft[26].

III. Weitere objektiv- und subjektiv-rechtliche Gehalte

11 Über den beschränkten Kerngehalt hinaus werden Art. 27 GG weitere objektiv- und subjektiv-rechtliche Gehalte entnommen. Ordnet Art. 27 GG alle deutschen Kauffahrteischiffe einer einheitlichen Handelsflotte zu, lässt sich indes lediglich eine **institutionelle Garantie** des Inhalts begründen, dass der Bundesgesetzgeber die Erlangung der deutschen Staatszugehörigkeit für Kauffahrteischiffe im völkerrechtlichen Rahmen ermöglichen muss[27].

12 Mangels Anhaltspunkten im Wortlaut, in der Verfassungstradition und in der Genese begründet Art. 27 GG (allein) jedoch weder eine **Bestandsgarantie** für die deutsche Handelsflotte[28] noch Schutzaufträge, etwa des Inhalts, eine adäquate Infrastruktur zu schaffen[29] oder die Handelsflotte zu fördern[30].[31] Ebenso wenig umfasst Art. 27 GG die Garantie einer privatwirtschaftlichen Seeschifffahrt[32]; insoweit sind freilich Art. 12 und 14 GG zu beachten. Art. 27 GG enthält auch **kein Verbot der Ausflaggung deutscher Schiffe**[33], kein Gebot, die allgemeinen Regeln des Völkerrechts zur Flaggenführung einzuhalten[34], und keinen Grundsatz, »dass die in deutschem Besitz befindlichen Handelsschiffe unter deutscher Flagge laufen sollen«[35].

---

[26] *M. Bothe*, in: AK-GG, Art. 27 (2001), Rn. 4; *D. Dörr*, AVR 26 (1988), 366 (383); *Erbguth* (Fn. 17), Art. 27 Rn. 7; *Herdegen* (Fn. 5), Art. 27 Rn. 23; *Kämmerer* (Fn. 1), Art. 27 Rn. 15; *Koenig* (Fn. 14), Art. 27 Rn. 9; *S. G. Kühl*, TranspR 12 (1989), 89 (91); *Wolfrum* (Fn. 1), Art. 27 Rn. 7. A.A. *W. Däubler*, Das zweite Schiffsregister. Völkerrechtliche und verfassungsrechtliche Probleme einer deutschen »Billig-Flagge«, 1988, S. 37 ff.; *R. Geffken*, Internationales Seeschiffahrtsregister, 1989, S. 6 ff.; *ders.*, NZA 1989, 88 (89 f.); tendenziell auch *Pernice* → Bd. II², Art. 27 Rn. 11 f. Zur Verfassungskonformität im Übrigen BVerfGE 92, 26 (28 ff.).

[27] So auch *Durner* (Fn. 5), Art. 27 Rn. 8; *Kämmerer* (Fn. 1), Art. 27 Rn. 16; ferner *Herdegen* (Fn. 5), Art. 27 Rn. 28; *Stern*, Staatsrecht III/1, S. 376. A.A. *Pernice* → Bd. II², Art. 27 Rn. 6.

[28] So auch – unter Verweis auf Wortlaut, Entstehungsgeschichte und den privatwirtschaftlichen Charakter der Schifffahrt – *Erbguth* (Fn. 17), Art. 27 Rn. 8 f.; ferner *ders.*, JuS 1996, 18 (22); *Herdegen* (Fn. 5), Art. 27 Rn. 29; *Kämmerer* (Fn. 1), Art. 27 Rn. 16; *Pernice* → Bd. II², Art. 27 Rn. 6; *Umbach* (Fn. 13), Art. 27 Rn. 25. Offengelassen von BVerfGE 92, 26 (43). Befürwortend *Dörr*, Handelsflotte (Fn. 1), S. 150 ff.; ferner *ders.*, AVR 26 (1988), 366 (379 ff.); *Geffken*, Seeschiffahrtsregister (Fn. 26), S. 7 f.; *ders.*, NZA 1989, 88 (89 f.). Von einer nicht näher entfalteten Grundsatznorm spricht *Satow*, Kauffahrteischiffe (Fn. 1), S. 100 f.

[29] *Erbguth* (Fn. 17), Art. 27 Rn. 8 Fn. 28; *Herdegen* (Fn. 5), Art. 27 Rn. 30; *Kämmerer* (Fn. 1), Art. 27 Rn. 16. A.A. *Koenig* (Fn. 14), Art. 27 Rn. 3, 11 ff.

[30] *Kämmerer* (Fn. 1), Art. 27 Rn. 16 (mit Ausnahme der Bekämpfung des Ausflaggens bei Existenzbedrohung); *Pernice* → Bd. II², Art. 27 Rn. 6. Offener *Herdegen* (Fn. 5), Art. 27 Rn. 25.

[31] Für eine Schutzpflicht *Däubler*, Schiffsregister (Fn. 26), S. 35 ff.; *Dörr*, Handelsflotte (Fn. 1), S. 172 ff., 255 ff.; *H. Schiedermair/D. Dörr*, Der Schutz der deutschen Handelsflotte, 1984, S. 37 ff.

[32] *Dörr*, Handelsflotte (Fn. 1), S. 164 f.; *ders.*, AVR 26 (1988), 366 (380); *Durner* (Fn. 5), Art. 27 Rn. 8; *Kämmerer* (Fn. 1), Art. 27 Rn. 16. A.A. *Erbguth* (Fn. 17), Art. 27 Rn. 8; *ders.*, JuS 1996, 18 (22).

[33] Statt vieler *Dörr*, Handelsflotte (Fn. 1), S. 148 f. (s. auch S. 259 ff.); *Erbguth* (Fn. 17), Art. 27 Rn. 4, 7; *Wolfrum* (Fn. 1), Art. 27 Rn. 6.

[34] So aber *Herdegen* (Fn. 5), Art. 27 Rn. 5, 22.

[35] So aber *Durner* (Fn. 5), Art. 27 Rn. 11; ebenso *Herdegen* (Fn. 5), Art. 27 Rn. 21.

IV. Bedeutung   Art. 27

Art. 27 GG verleiht keine **Gesetzgebungszuständigkeiten**, solche folgen namentlich 13
aus Art. 73 I Nr. 2 und Art. 74 I Nr. 21 GG[36]. Das Einheitlichkeitsgebot erscheint auch
überdehnt, entnähme man ihm **einen Gleichbehandlungsanspruch** aller deutschen
Kauffahrteischiffe; ein solcher wurzelt vielmehr im Gleichheitssatz[37]. Schließlich
deckt Art. 27 GG keinen Einsatz deutscher **Streitkräfte** zum Schutz der Handelsflotte[38], eine Frage, die im Kontext der Bekämpfung der Piraterie virulent wurde (→
Art. 24 Rn. 74)[39].

IV. Bedeutung

Der **Kerngehalt** der Norm erschöpft sich in der vornehmlich für das Bundesstaatsver- 14
hältnis relevanten Zuordnung der Kauffahrteischiffe zu einer einheitlichen Handelsflotte des Bundes (→ Rn. 9)[40]. Im Übrigen definiert er weder die Voraussetzungen für
eine deutsche Staatszugehörigkeit von Schiffen (→ Rn. 8) noch erfasst er andere als
Kauffahrteischiffe (→ Rn. 7)[41]. Die vom Verfassunggeber geltend gemachte Notwendigkeit einer Regelung, um Kauffahrtteischiffen völkerrechtliche Rechte zu sichern (→
Rn. 2), geht fehl, da das Völkerrecht an die – nicht in Art. 27 GG normierte – Staatszugehörigkeit eines Schiffes anknüpft[42]. Angesichts des entfalteten Gehalts ist Art. 27
GG damit zwar nicht verfassungsrechtlich entbehrlich[43]; allerdings kommt ihm eine
nur **marginale praktische Bedeutung** zu[44].

---

[36] *Dörr*, Handelsflotte (Fn. 1), S. 146 f.; *Hillgruber* (Fn. 5), Art. 27 Rn. 4; *Kämmerer* (Fn. 1), Art. 27 Rn. 5; *Pernice* → Bd. II², Art. 27 Rn. 6. A.A. *Erbguth* (Fn. 17), Art. 27 Rn. 6 (für Staatszugehörigkeit gemäß Art. 22, 27 GG); ferner *Herdegen* (Fn. 5), Art. 27 Rn. 19, 28; *Leisner* (Fn. 17), Art. 27 Rn. 2.
[37] *Durner* (Fn. 5), Art. 27 Rn. 7; *Herdegen* (Fn. 5), Art. 27 Rn. 24; *Kämmerer* (Fn. 1), Art. 27 Rn. 4, 14, 17. A.A. *Hillgruber* (Fn. 5), Art. 27 Rn. 7; *Koenig* (Fn. 14), Art. 27 Rn. 3, 7, 17; *Pernice* → Bd. II², Art. 27 Rn. 10, 13; *Satow*, Kauffahrteischiffe (Fn. 1), S. 94 ff.; *Umbach* (Fn. 13), Art. 27 Rn. 22.
[38] H.A. *Wolff*, ZG 25 (2010), 209 (216).
[39] Mangels Angriffs auf deutsches Staatsgebiet die Einschlägigkeit des Art. 87a II GG verneinend und auf Art. 24 II GG verweisend *Kämmerer* (Fn. 1), Art. 27 Rn. 15; ferner A. *Fischer-Lescano*, NordÖR 2009, 49 (52). Immerhin von einer Abwägungsposition spricht *Herdegen* (Fn. 5), Art. 27 Rn. 27, der den militärischen Schutz für unproblematisch erachtet. Die Einschlägigkeit des Art. 87a II GG verneinend und einen Einsatz für zulässig erachtend T. *Stein*, Völkerrechtliche und verfassungsrechtliche Fragen des Schutzes der deutschen Handelsflotte durch die Bundesmarine, in: FS Rauschnig, 2001, S. 487 ff. (499 ff.). Zu völkerrechtlichen Fragen C. *Lerche*, Militärische Abwehrbefugnisse bei Angriffen auf Handelsschiffen, 1993.
[40] *Kämmerer* (Fn. 1), Art. 27 Rn. 2; *Pernice* → Bd. II², Art. 27 Rn. 6; *Wolfrum* (Fn. 1), Art. 27 Rn. 1, 5.
[41] S. auch *Kämmerer* (Fn. 1), Art. 27 Rn. 2, 18.
[42] *Dörr*, Handelsflotte (Fn. 1), S. 145 f.; *Herdegen* (Fn. 5), Art. 27 Rn. 7; *Kämmerer* (Fn. 1), Art. 27 Rn. 2; *Koenig* (Fn. 14), Art. 27 Rn. 4, 19. Gleichwohl eine völkerrechtliche Funktion (Entscheidung, die völkerrechtlichen Befugnisse in Anspruch zu nehmen) annehmend *Hillgruber* (Fn. 5), Art. 27 Rn. 2 (gar von einer »Entscheidung Deutschlands für eine Existenz als ›Seefahrernation‹« sprechend); ferner *Satow*, Kauffahrteischiffe (Fn. 1), S. 98 ff.
[43] So aber R. *Herzog*, Unzulänglichkeiten des Verfassungstextes, in: FS Redeker, 1993, S. 149 ff. (154); *Kämmerer* (Fn. 1), Art. 27 Rn. 32; *Koenig* (Fn. 14), Art. 27 Rn. 18; *Umbach* (Fn. 13), Art. 27 Rn. 8.
[44] *Bothe* (Fn. 26), Art. 27 Rn. 1 ff.; *Kämmerer* (Fn. 1), Art. 27 Rn. 1; *Koenig* (Fn. 14), Art. 27 Rn. 18; *Pernice* → Bd. II², Art. 27 Rn. 6. Positiver (gewisse Bedeutung wegen Institutsgarantie des Flaggenrechts): *Durner* (Fn. 5), Art. 27 Rn. 13.

D. Verhältnis zu anderen GG-Bestimmungen

15 Mangels gleichheitsrechtlichen Gehalts ist Art. 27 GG nicht gegenüber **Art. 3 GG** speziell (→ Rn. 13). Art. 27 GG beschränkt die (konkurrierende) Zuständigkeit der Länder für die Schifffahrt gemäß **Art. 74 I Nr. 21 GG** insoweit, wie dem die Einheitlichkeit der Handelsflotte gemäß Art. 27 GG entgegensteht[45].

---

[45] *Erbguth* (Fn. 17), Art. 27 Rn. 3; *Hillgruber* (Fn. 5), Art. 27 Rn. 4; *Pernice* → Bd. II², Art. 27 Rn. 13.

Artikel 28 [Homogenitätsgebot; kommunale Selbstverwaltung]

(1) ¹Die verfassungsmäßige Ordnung in den Ländern muß den Grundsätzen des republikanischen, demokratischen und sozialen Rechtsstaates im Sinne dieses Grundgesetzes entsprechen. ²In den Ländern, Kreisen und Gemeinden muß das Volk eine Vertretung haben, die aus allgemeinen, unmittelbaren, freien, gleichen und geheimen Wahlen hervorgegangen ist. ³Bei Wahlen in Kreisen und Gemeinden sind auch Personen, die die Staatsangehörigkeit eines Mitgliedstaates der Europäischen Gemeinschaft besitzen, nach Maßgabe von Recht der Europäischen Gemeinschaft wahlberechtigt und wählbar. ⁴In Gemeinden kann an die Stelle einer gewählten Körperschaft die Gemeindeversammlung treten.

(2) ¹Den Gemeinden muß das Recht gewährleistet sein, alle Angelegenheiten der örtlichen Gemeinschaft im Rahmen der Gesetze in eigener Verantwortung zu regeln. ²Auch die Gemeindeverbände haben im Rahmen ihres gesetzlichen Aufgabenbereiches nach Maßgabe der Gesetze das Recht der Selbstverwaltung. ³Die Gewährleistung der Selbstverwaltung umfaßt auch die Grundlagen der finanziellen Eigenverantwortung; zu diesen Grundlagen gehört eine den Gemeinden mit Hebesatzrecht zustehende wirtschaftskraftbezogene Steuerquelle.

(3) Der Bund gewährleistet, daß die verfassungsmäßige Ordnung der Länder den Grundrechten und den Bestimmungen der Absätze 1 und 2 entspricht.

Literaturauswahl

Zu Art. 28 I GG

Bartlsperger, Richard: Das Verfassungsrecht der Länder in der gesamtstaatlichen Verfassungsordnung, in: HStR³ VI, § 128 (S. 231–270).

Böckenförde, Ernst-Wolfgang/Grawert, Rolf: Kollisionsfälle und Geltungsprobleme im Verhältnis von Bundesrecht und Landesverfassung, in: DÖV 1971, S. 119–127.

Boehl, Henner Jörg: Verfassunggebung im Bundesstaat. Ein Beitrag zur Verfassungslehre des Bundesstaates und der konstitutionellen Demokratie, 1997.

Dittmann, Armin: Verfassungshoheit der Länder und bundesstaatliche Verfassungshomogenität, in: HStR³ VI, § 127 (S. 201–230).

Dreier, Horst: Einheit und Vielfalt der Verfassungsordnungen im Bundesstaat, in: Karsten Schmidt (Hrsg.), Vielfalt des Rechts – Einheit der Rechtsordnung? Hamburger Ringvorlesung, 1994, S. 113–146.

Dreier, Horst: Landesverfassungsänderung durch quorenlosen Volksentscheid aus der Sicht des Grundgesetzes, in: BayVBl. 1999, S. 513–521.

Grawert, Rolf: Die Bedeutung gliedstaatlichen Verfassungsrechts in der Gegenwart, in: NJW 1987, S. 2329–2339.

Groß, Thomas: Gliedstaatliche Verfassungsautonomie im Vergleich, in: Selbstbestimmung und Gemeinwohl. Festschrift zum 70. Geburtstag von Friedrich von Zezschwitz, 2005, S. 16–28.

Hanebeck, Alexander: Der demokratische Bundesstaat des Grundgesetzes, Berlin 2004.

Herdegen, Matthias: Strukturen und Institute des Verfassungsrechts der Länder, in: HStR³ VI, § 129 (S. 271–316).

Huber, Peter M.: Die Vorgaben des Grundgesetzes für kommunale Bürgerbegehren und Bürgerentscheide, in: AöR 126 (2001), S. 165–203.

Huber, Peter M.: Die Landesverfassungsgerichtsbarkeit zwischen Anspruch und Wirklichkeit, in: ThürVBl. 2003, S. 73–79.

Lang, Heinrich: Zur Effizienz des Rechtsschutzes in getrennten Verfassungsräumen, in: DÖV 1999, S. 712–718.

Menzel, Jörg: Landesverfassungsrecht, 2002.

Möstl, Markus: Landesverfassungsrecht – zum Schattendasein verurteilt?, in: AöR 130 (2005), S. 350–391.

Art. 28

Pforr, Thomas: Die Allgemeine Unionsaufsicht, 2004.
Rozek, Jochen: Das Grundgesetz als Prüfungs- und Entscheidungsmaßstab der Landesverfassungsgerichte. Zugleich ein Beitrag zum Phänomen der in die Landesverfassung hineinwirkenden Bundesverfassung, 1993.
Schorkopf, Frank: Homogenität in der Europäischen Union – Ausgestaltung und Gewährleistung durch Art. 6 Abs. 1 und Art. 7 EUV, 2000.
Schunda, Regine: Das Wahlrecht von Unionsbürgern bei Kommunalwahlen in Deutschland, 2003.
Spiegel, Jan-Peter: Parlamentsrechtliche Strukturmerkmale im Recht der kommunalen Volksvertretung, 2005.
Storr, Stefan: Verfassunggebung in den Ländern, 1995.
Vitzthum, Wolfgang Graf: Die Bedeutung gliedstaatlichen Verfassungsrechts in der Gegenwart, VVDStRL 46 (1988), S. 7–56.
Werner, Peter: Wesensmerkmale des Homogenitätsprinzips und ihre Ausgestaltung im Bonner Grundgesetz, 1967.
Wittreck, Fabian: Verfassungsentwicklung zwischen Novemberrevolution und Gleichschaltung – Optionen und Tendenzen in den Verfassungsurkunden von Reich und Ländern, in: ders. (Hrsg.), Weimarer Landesverfassungen, 2004, S. 1–55.

Siehe auch die Angaben zu Art. 31 und Art. 142 GG.

Zu Art. 28 II GG

Bauer, Hartmut: Zukunftsthema »Rekommunalisierung«, in: DÖV 2012, S. 329–338.
Blickle, Peter (Hrsg.): Theorien kommunaler Ordnung in Europa, 1996.
Britz, Gabriele: »Kommunale Gewährleistungsverantwortung« – ein allgemeines Element des Regulierungsrechts in Europa?, in: Die Verwaltung 37 (2004), S. 145–163.
Brosius-Gersdorf, Frauke: Wirtschaftliche Betätigung von Gemeinden außerhalb ihres Gebiets, in: AöR 130 (2005), S. 392–444.
Brüning, Christoph: Kommunalverfassung, in: Ehlers/Fehling/Pünder, Bes. Verwaltungsrecht III, § 64 (S. 1–75).
Brüning, Christoph: Die Verfassungsgarantie der kommunalen Selbstverwaltung aus Art. 28 Abs. 2 GG, in: Jura 2015, S. 592–604.
Bull, Hans-Peter: Kommunale Selbstverwaltung heute – Idee, Ideologie und Wirklichkeit, in: DVBl. 2008, S. 1–11.
Burmeister, Joachim: Verfassungstheoretische Neukonzeption der kommunalen Selbstverwaltungsgarantie, 1977.
Dilcher, Gerhard: Kommune und Bürgerschaft als politische Idee der mittelalterlichen Stadt, in: Iring Fetscher/Herfried Münkler (Hrsg.), Pipers Handbuch der politischen Ideen, Bd. 2, 1993, S. 311–350.
Dieckmann, Jochen: Kommunale Selbstverwaltung – Aufgabenfelder, Handlungskompetenzen in höchstrichterlicher Sicht, in: Festgabe 50 Jahre Bundesverwaltungsgericht, 2003, S. 815–838.
Ehlers, Dirk: Die verfassungsrechtliche Garantie der kommunalen Selbstverwaltung, in: DVBl. 2003, S. 1301–1310.
Engel-Boland, Stefanie: Gemeindliches Satzungsrecht und Gesetzesvorbehalt, 1999.
Engelken, Klaas: Das Konnexitätsprinzip im Landesverfassungsrecht. Aufgabenübertragung auf die Kommunen durch die Länder, Aufgabenregelung durch den Bund. Zugleich Kommentierung des neugefassten Art. 71 Abs. 3 der Verfassung des Landes Baden-Württemberg, 2. Aufl. 2012.
Engels, Andreas: Die Verfassungsgarantie kommunaler Selbstverwaltung, 2014.
Forsthoff, Ernst: Um die kommunale Selbstverwaltung. Grundsätzliche Bemerkungen, in: ZfP 21 (1932), S. 248–267.
Gern, Alfons: Deutsches Kommunalrecht, 3. Aufl. 2003.
Gönnenwein, Otto: Gemeinderecht, 1963.
Hellermann, Johannes: Örtliche Daseinsvorsorge und gemeindliche Selbstverwaltung, 2000.
Hendler, Reinhard: Das Prinzip Selbstverwaltung, in: HStR³ VI, § 143 (S. 1103–1140).
Henneke, Hans-Günter: Verfassungsrechtlicher Schutz der Gemeindeverbände vor gesetzlichem Aufgabenentzug im dualistischen und monistischen Aufgabenmodell, in: ZG 17 (2002), S. 72–103.
Henneke, Hans-Günter (Hrsg.): Künftige Funktionen und Aufgaben der Kreise im sozialen Bundesstaat, 2004.

Henneke, Hans-Günter: Die Kommunen in der Finanzverfassung des Bundes und der Länder, 5. Aufl. 2012.
Jarass, Hans D.: Kommunale Wirtschaftsunternehmen und Verfassungsrecht, in: DÖV 2002, S. 489–500.
Knemeyer, Franz-Ludwig/Wehr, Matthias: Die Garantie der kommunalen Selbstverwaltung nach Art. 28 Abs. 2 GG in der Rechtsprechung des Bundesverfassungsgerichts, in: VerwArch. 92 (2001), S. 317–343.
Korioth, Stefan: Entlastung der Kommunen durch unmittelbare Finanzbeziehungen zum Bund?, in: NVwZ 2005, S. 503–508.
Lange, Klaus: Die Entwicklung des kommunalen Selbstverwaltungsgedankens und seine Bedeutung in der Gegenwart, in: Festschrift für Werner Weber, 1974, S. 851–872.
Lange, Klaus: Kommunalrecht, 2013.
Lange, Klaus: Öffentlicher Zweck, öffentliches Interesse und Daseinsvorsorge als Schlüsselbegriffe des kommunalen Wirtschaftsrechts, in: NVwZ 2014, S. 616–621.
Lange, Klaus: Die finanzielle Mindestausstattung und die angemessene Finanzausstattung der Kommunen, in: DVBl. 2015, S. 457–463.
Leisner-Egensperger, Anna: Rekommunalisierung und Grundgesetz – Verfassungsrechtliche Kriterien, Grenzen und Konsequenzen, in: NVwZ 2013, S. 1110–1117.
Maas, Carsten: Die verfassungsrechtliche Entfaltung kommunaler Finanzgarantien, 2004.
Mann, Thomas/Püttner, Günter (Hrsg.): Handbuch der kommunalen Wissenschaft und Praxis, Bd. 1, 3. Aufl. 2007.
Mann, Thomas: Die Stellung der Kommunen in der deutschen föderalistischen Ordnung, in: Ines Härtel (Hrsg.), Handbuch Föderalismus – Föderalismus als demokratische Rechtsordnung und Rechtskultur in Deutschland, Europa und der Welt, Bd. 2, 2012, § 32 (S. 165–176).
Maurer, Hartmut: Verfassungsrechtliche Grundlagen der kommunalen Selbstverwaltung, in: DVBl. 1995, S. 1037–1046 (auch in: Friedrich Schoch [Hrsg.], Selbstverwaltung der Kreise in Deutschland, 1996, S. 1–24).
Oebbecke, Janbernd: Der Schutz der kommunalen Aufgabenwahrnehmung durch die Selbstverwaltungsgarantie des Art. 28 II GG, in: Hans-Günter Henneke (Hrsg.), Kommunale Aufgabenerfüllung in Anstaltsform, 2000, S. 11–30.
Pagenkopf, Hans: Kommunalrecht, Bd. 1: Verfassungsrecht, 2. Aufl. 1975.
Röhl, Hans Christian: Kommunalrecht, in: Schoch, Besonderes Verwaltungsrecht, S. 9–124.
Schink, Alexander: Wirtschaftliche Betätigung kommunaler Unternehmen, in: NVwZ 2002, S. 129–140.
Schliesky, Utz: Kommunale Organisationshoheit unter Reformdruck, in: Die Verwaltung 38 (2005), S. 339–366.
Schmidt, Thorsten Ingo: Kommunale Kooperation, 2005.
Schmidt, Thorsten Ingo: Die Grundlagen des kommunalen Finanzausgleichs, in: DÖV 2012, S. 8–15.
Schmidt, Thorsten Ingo: Rechtliche Rahmenbedingungen und Perspektiven der Rekommunalisierung, in: DÖV 2014, S. 357–365.
Schmidt-Aßmann, Eberhard: Die Garantie der kommunalen Selbstverwaltung, in: Festschrift 50 Jahre Bundesverfassungsgericht, 2001, Bd. 2, S. 803–825.
Schmidt-Eichstaedt, Gerd: Bundesgesetze und Gemeinden, 1981.
Schmidt-Jortzig, Edzard: Kommunalrecht, 1982.
Schneider, Matthias Werner: Kommunaler Einfluß in Europa, 2004.
Schoch, Friedrich: Verfassungsrechtlicher Schutz der kommunalen Finanzautonomie, 1997.
Schoch, Friedrich/Wieland, Joachim: Finanzierungsverantwortung für gesetzgeberisch veranlaßte kommunale Aufgaben, 1995.
Schoch, Friedrich: Der verfassungsrechtliche Schutz der kommunalen Selbstverwaltung, in: Jura 2001, S. 121–133.
Schoch, Friedrich: Schutz der kommunalen Selbstverwaltung durch das finanzverfassungsrechtliche Konnexitätsprinzip, in: Gemeinwohl und Verantwortung. Festschrift für Hans Herbert von Arnim zum 65. Geburtstag, 2004, S. 411–428.
Schoch, Friedrich/Wieland, Joachim: Aufgabenzuständigkeit und Finanzierungsverantwortung verbesserter Kinderbetreuung, 2004.
Stepanek, Bettina: Verfassungsunmittelbare Pflichtaufgaben der Gemeinden, 2014.
Stolleis, Michael: Art. Selbstverwaltung, in: HRG IV, Sp. 1621–1625.

Art. 28

Suerbaum, Joachim: Die Wirkmächtigkeit der grundgesetzlichen Bestimmungen zum Schutz der kommunalen Selbstverwaltung, in: Horst Dreier (Hrsg.), Macht und Ohnmacht des Grundgesetzes, 2009, S. 75–105.
Tettinger, Peter J.: Europarecht und kommunale Selbstverwaltung, in: Gedächtnisschrift für Joachim Burmeister, 2005, S. 439–455.
Volkmann, Uwe: Der Anspruch der Kommunen auf finanzielle Mindestausstattung, in: DÖV 2001, S. 497–505.
Waechter, Kay: Verfassungsrechtlicher Schutz der gemeindlichen Selbstverwaltung gegen Eingriffe durch Gesetz, in: AöR 135 (2010), S. 327–362.

Zu Art. 28 III GG

Bethge, Herbert: Die Grundrechtssicherung im föderativen Bereich, in: AöR 110 (1985), S. 169–218.
Frowein, Jochen A.: Die selbständige Bundesaufsicht nach dem Grundgesetz, 1961.
Heusch, Andreas: Der Grundsatz der Verhältnismäßigkeit im Staatsorganisationsrecht, 2003.

Leitentscheidungen des Bundesverfassungsgerichts

Zu Art. 28 I GG: BVerfGE 6, 104 (111 ff.) – Kommunalwahl-Sperrklausel I; 36, 342 (360 ff.) – Niedersächsisches Landesbesoldungsgesetz; 83, 37 (50 ff.) – Ausländerwahlrecht I; 83, 60 (71 ff.) – Ausländerwahlrecht II; 93, 37 (66) – Mitbestimmungsgesetz Schleswig-Holstein; 93, 373 (376 f.) – Gemeinderat; 96, 345 (368 f.) – Landesverfassungsgerichte; 98, 145 (157 f., Rn. 42 ff.; 159 f., Rn. 49 ff.) – Inkompatibilität/Vorstandstätigkeit; 99, 1 (7 f., Rn. 42 ff.; 10 f., Rn. 54 ff.) – Bayerische Kommunalwahlen; 102, 224 (234 f., Rn. 43 ff.) – Funktionszulagen; 103, 111 (134 f., Rn. 104 ff.) – Wahlprüfung Hessen; 103, 332 (347 ff., Rn. 54 ff.) – Naturschutzgesetz Schleswig-Holstein; 120, 82 (102 ff., Rn. 94 ff.) – Kommunalwahl Sperrklausel III.

Zu Art. 28 II GG: BVerfGE 45, 63 (78 f.) – Stadtwerke Hameln; 50, 50 (50 f., 55 f.) – Laatzen; 52, 95 (109 ff.) – Schleswig-Holsteinische Ämter; 59, 216 (226 f.) – Söhlde; 61, 82 (100 ff.) – Sasbach; 76, 107 (117 ff.) – Landes-Raumordnungsprogramm Niedersachsen; 78, 331 (340 f.) – Nordhorn; 79, 127 (143 ff.) – Rastede; 86, 90 (107 ff.) – Papenburg; 91, 70 (78, 81) – Isserstedt; 91, 228 (236 ff.) – Gleichstellungsbeauftragte; 93, 373 (376 ff.) – Gemeinderat; 95, 1 (26 f.) – Südumfahrung Stendal; 98, 106 (118 ff., Rn. 60 ff) – Kommunale Verpackungsteuer; 103, 332 (358 ff., Rn. 82 ff.) – Naturschutzgesetz Schleswig-Holstein; 107, 1 (11 ff., Rn. 42 ff.) – Verwaltungsgemeinschaften; 110, 370 (399 ff., Rn. 130 ff.) – Klärschlamm; 119, 331 (352 ff., Rn. 113 ff.) – Hartz IV-Arbeitsgemeinschaften; 125, 141 (158 ff., Rn. 63 ff.) – Kommunales Hebesatzrecht; 137, 108 (153 ff., 156 f.; Rn. 106 ff., 113 ff.) – Optionskommunen; 138, 1 (16 ff., Rn. 44 ff.) – Schulträgerschaft.

Zu Art. 28 III GG: BVerfGE 8, 122 (131 f.) – Volksbefragung Hessen.

Gliederung

	Rn.
A. Herkunft, Entstehung, Entwicklung	1
I. Ideen- und verfassungsgeschichtliche Aspekte	1
1. Homogenität im Bundesstaat (Art. 28 I GG)	1
2. Kommunale Selbstverwaltung (Art. 28 II GG)	6
3. Von der Garantie zur Gewährleistung (Art. 28 III GG)	13
II. Entstehung und Veränderung der Norm	15
1. Entstehung	15
a) Art. 28 I GG (Homogenität der Landesverfassungen)	16
b) Art. 28 II GG (Kommunale Selbstverwaltung)	17
c) Art. 28 III GG (Gewährleistung durch den Bund)	19
2. Veränderung	20
B. Internationale, supranationale und rechtsvergleichende Bezüge	23
I. Internationale Rechtsdokumente	23
II. Europäisches Unionsrecht	25
1. Die Unionsebene	25
a) Homogenitätsgebot (Art. 28 I, III GG)	25

	b) Kommunale Selbstverwaltung (Art. 28 II GG)	26
	2. Einwirkungen des Unionsrechts auf Art. 28 GG	27
	a) Homogenitätsgebot und kommunales Wahlrecht für EU-Bürger (Art. 28 I GG) . .	27
	b) Kommunale Selbstverwaltung und unionsrechtliche Vorgaben (Art. 28 II GG) . .	28
III.	Rechtsvergleichende Hinweise	31
	1. Europäische und außereuropäische Staaten	31
	a) Homogenitätsgebot und Gewährleistung (Art. 28 I, III GG)	31
	b) Kommunale Selbstverwaltung (Art. 28 II GG)	34
	2. Deutsche Landesverfassungen	39
C. Erläuterungen	41
I.	Art. 28 I GG (Homogenitätsgebot, Vorgaben für das Wahlrecht)	41
	1. Verfassungsautonomie und Eigenstaatlichkeit der Länder	42
	2. Homogenitätsgebot (Art. 28 I 1 GG)	49
	a) Grundsätzliche Bedeutung, »verfassungsmäßige Ordnung«, aktuelle Relevanz . .	49
	b) Gewährleistung der Grundsätze von Republik, Demokratie, Sozialstaat, Rechtsstaat	53
	3. Vorgaben für das Wahlrecht (Art. 28 I 2–3 GG)	61
	a) Wahlrechtsgrundsätze (Art. 28 I 2 GG)	61
	aa) Verstöße und Variationsmöglichkeiten	62
	bb) Insbesondere: Gemeinde- und Kreisebene	65
	b) Kommunales Wahlrecht für EU-Bürger (Art. 28 I 3 GG)	69
	4. Rechtsfolgen bei Verletzung des Art. 28 I GG	73
	5. Gemeindeversammlungen (Art. 28 I 4 GG)	75
II.	Art. 28 II GG (Kommunale Selbstverwaltung)	76
	1. Allgemeines	76
	a) Kommunale Selbstverwaltung als Form dezentralisierter Demokratie	76
	b) Gemeinden und Grundrechte	78
	c) Schutzobjekt (Gemeinden, Gemeindeverbände) und Schutzumfang (»Angelegenheiten der örtlichen Gemeinschaft«)	80
	d) Art. 28 II GG und die Landesstaatsgewalt	83
	aa) Art. 28 II GG als Durchgriffsnorm	83
	bb) Vielfalt landesrechtlicher Ausgestaltung	85
	cc) Kommunen als »Teil« des Landes und dritte Verwaltungsebene	86
	e) Aktueller Befund; Entwicklungstendenzen	87
	2. Garantieebenen der gemeindlichen Selbstverwaltung (Art. 28 II 1 GG)	90
	a) Institutionelle Rechtssubjektsgarantie	91
	b) Objektive Rechtsinstitutionsgarantie	93
	c) Subjektive Rechtsstellungsgarantie	94
	aa) Inhalt	94
	bb) Anspruchsgegner und Grundrechte Privater	97
	cc) Verfahren	99
	3. Inhalt und Umfang der gemeindlichen Selbstverwaltung (Art. 28 II 1 GG)	101
	a) Universalität (»alle Angelegenheiten der örtlichen Gemeinschaft«)	101
	b) Eigenverantwortlichkeit (»in eigener Verantwortung zu regeln«)	105
	c) Gesetzesvorbehalt (»im Rahmen der Gesetze«)	109
	aa) Gesetzesbegriff; Bundes- und Landesgesetze; Eingriff	109
	bb) Schranken des Gesetzesvorbehalts (Kernbereich; gemeindespezifisches Aufgabenverteilungsprinzip; Verhältnismäßigkeitsprinzip)	114
	4. Insbesondere: die »Gemeindehoheiten«	120
	a) Gebietshoheit	121
	b) Organisationshoheit	123
	c) Personalhoheit	129
	d) Planungshoheit	130
	e) Finanzhoheit	132
	f) Satzungshoheit	133
	g) Ausgewählte Problembereiche gemeindlicher Tätigkeit	136
	aa) Verteidigungs- und Außenpolitik	136
	bb) Energieversorgung	137

Art. 28

cc) Umweltpolitik, insbes. Abfallpolitik	140
dd) Sparkassenwesen	141
5. Gewährleistung der finanziellen Eigenverantwortung (Art. 28 II 3 GG)	142
a) Gemeinden im System des Finanzausgleichs (Art. 106 V–IX GG)	143
b) Anspruch auf finanzielle Mindestausstattung	146
aa) Gegenüber den Ländern	148
bb) Gegenüber dem Bund	152
6. Gemeindeverbände (Art. 28 II 2 GG)	153
a) Allgemeines	153
aa) Begriff und Arten des Gemeindeverbandes	153
bb) Selbstverwaltung auf Kreisebene	156
cc) Aufgabenregionalisierung	159
b) Garantieebenen der Selbstverwaltung der Gemeindeverbände	160
aa) Institutionelle Rechtssubjektsgarantie	160
bb) Objektive Rechtsinstitutionsgarantie	161
cc) Subjektive Rechtsstellungsgarantie	165
III. Art. 28 III GG (Gewährleistung durch den Bund)	166
1. Inhalt der Gewährleistung	167
2. Anspruch auf Einschreiten des Bundes?	172
D. Verhältnis zu anderen GG-Bestimmungen	173

Stichwörter

Abfallpolitik 140 – Abgeordnetenstatus 5 – Absolutismus 7 – Abstimmungsgebot 131 – Allmende 6 – Allzuständigkeit 8, 17, 101ff. – Ämter 58, 80, 155 – Anhörungsrecht 113 – Ansprüche 96, 151 – Antike 1, 6 – Attischer Seebund 1 – Aufgabenprivatisierung 125 – Aufgabenüberbürdung 88 – Aufgabenübertragung 18, 21, 40, 81, 111 – Aufsicht 8, 14, 65, 170 – Ausgleichsfunktion 162 – Außenpolitik 136 – Ausländerwahlrecht 20, 33, 61, 69ff. – Ausschuß der Regionen 26 – Bauleitplanung 130 – Bestandteilsnormen 45, 48 – Beteiligungsrechte 96, 131 – Bezirke 155 – Bodennutzung 130 – Bürgerbegehren/-entscheid 68, 72 – Bürgermeisterverfassung 85 – Bundesaufsicht 170 – Bundesexekution 19 – Bundesgesetzgeber 112, 152 – Bundesintervention 170, 177 – Bundesverfassungsgericht 19, 30, 48, 60, 64, 170, 177 – Bundeszwang 170, 177 – Charta der kommunalen Selbstverwaltung 24 – Daseinsfürsorge 126 – Demokratie 1, 11, 32, 55, 61, 76f., 159 – Derivatives Landesverfassungsrecht 45 – Deutscher Bund 3 – Dezentralisation 15, 76 – Direkte Demokratie 11, 16, 35, 38, 47, 52, 58, 68, 72, 75, 175 – Dörfer 6 – Drittschutz 126 – Dualismus 8, 81, 157 – Durchgriffsnormen 44, 48, 173 – Eigenverantwortlichkeit 105ff. – Eingemeindungen 92 – Einvernehmen 130 – Energieversorgung 137ff. – Ergänzungsfunktion der Kreise 162 – Europarecht 25f., 27ff., 70ff. – Ewigkeitsgarantie 46, 53, 174 – Fachaufsicht 107 – Finanzausgleich 144, 147ff. – Finanzhoheit 39, 132, 142ff., 163, 176 – Finanzielle Absicherung 18, 21f. – Finanzielle Mindestausstattung 146ff., 151 – Finanzsituation 88, 132, 143, 176 – Finanzverfassung 124, 129 – Frauenbeauftragte 124, 129 – Freiherr vom Stein 8 – Friedhofssatzungen 136 – Führerprinzip 12 – Garantie 13f., 32 – Garantieebenen der Selbstverwaltung 90ff., 160ff. – Gebietsänderung 116, 121 – Gebietshoheit 121f. – Gemeindebedienstete 129 – Gemeindehoheiten 120ff. – Gemeindename 122 – Gemeindeverbände 65, 153ff. – Gemeindeversammlungen 75 – Genehmigungsvorbehalt 19, 107, 135 – Genossenschaften 6, 8 – Gesetzesvorbehalt 109, 134 – Getrennte Verfassungsräume 41f., 45 – Gewährleistung 19, 167ff. – Gewerbeertragsteuer 22 – Gewinnerzielung 126 – v. Gierke 8, 11 – Gleichstellungsbeauftragte 124, 129 – v. Gneist 8 – Grundrechte 3, 5, 9, 11, 16f., 19, 39, 47, 55, 59, 76, 78f., 98, 169 – Handlungsformen 108 – Haushaltsrecht 89 – Hebesatzhoheit 132 – Homogenität 2, 4, 16, 19, 25, 31ff., 41ff., 173 – Informationspflichten 140 – Institutionelle Garantie 11, 17, 39, 59 – Interkommunales Gleichbehandlungsgebot 95 – Kernbereich 115, 123, 133 – Klagebefugnis 100 – Kleinstgemeinden 16 – Kommunalunternehmen 125 – Kommunalverfassungsbeschwerde 30, 99, 172, 176 – Kommunalvertretungen 65ff. – Kompetenznormen 53 – Konnexitätsprinzip 49, 148f., 176 – Kooperationshoheit 128 – Korrespondenzverhältnis mit Art. 79 III GG 53, 174 – Kreise 34, 68, 154ff. – Kreisumlage 163 – Landesgrundrechte 5, 47, 59, 169 – Landesverfassungen 5, 39f., 43ff. – Landesverfassungsgerichte 47f., 60, 64 – Landkreise 80, 154, 157 – Leistungsfähigkeit 101 – Magistratsverfassung 85 – Mehrheitswahlrecht 63 – Mill 2 – Mindestausstattung 116 – Mitgliedstaatlicher Vollzug 29 – Mittelalter 1, 6 – Mittelbare Kommunalverwaltung 125 – Mitwirkungsbefugnisse 131 – Monarchie 4f., 54 – Monismus 81, 101, 148, 157 – Montesquieu 2 – Munizipalsozialismus 11 – Neue Bundesländer 87 – Neue Steuerungsmodelle 65, 89,

124 – Nichtigkeitsfolge/-dogma 73, 174 – Norddeutsche Ratsverfassung 85 – Normativbestimmung 50 – Normverwerfungskompetenz 135 – Offenbacher Weihnachtsmarkt 125 – Objektive Rechtsinstitutionsgarantie 93, 161 – Organisationshoheit 123 – Österreich 32, 35 – Parlamentarisches Regierungssystem 16 – Parlamentscharakter der Gemeindevertretung 67, 136 – Paulskirchenverfassung 3, 9, 13, 169 – Personalhoheit 129 – Physiokraten 7 – Planungshoheit 130 f. – Popularklage 99 – Preuß, Hugo 11 – Preußenschlag 19 – Preußische Kommunalordnungen 9 f. – Privatwirtschaft 126, 139 – Prüfungsmaßstab 48 – Rätegedanke 5 – Rathausparteien 66 – Raumplanung 130 – Rechtsaufsicht 8, 107 – Rechtsstaatsprinzip 56 – Rechtssubjektsgarantie 91 f., 160 – Rechtsverordnungen 133 – Regionalisierung 159 – Reichsaufsicht 14 – Reichsverfassung 4 – Rekommunalisierung 89 – Republik 1, 2, 5, 54 – Revitalisierung des Landesverfassungsrechts 47, 52 – ruhendes Mandat 62 – Samtgemeinden 80, 155 – Satzungshoheit 133 ff. – Schutzanspruch 96 – Schweiz 31 ff., 35 – Selbstauflösungsrecht 92 – Selbstverwaltung 7 f., 10 f., 15, 17, 24, 26, 28, 34 ff., 39 f., 68 – Selbstverwaltungsaufgaben 81 – Selfgovernment 8 – Souveränität 44 – Soziale Grundrechte 59 – Sozialstaat 54 – Sparkassenhoheit 141 – Sperrklauseln 63, 66 – Staatlichkeit der Länder 16, 41 f., 44 – Staatsorganisationsrecht 5, 47, 58 – Staatsziele 52, 54, 63, 59 – Städtebünde 1 – Städtepartnerschaften 136 – Steuererfindungsrecht 145 – Steuern 143 ff. – Struktursicherung 49 – Subjektive Rechtsstellungsgarantie 94 ff., 165 – Subjektives Recht 94 – Subsidiaritätsprinzip 26 – Subtraktionsmethode 115 – Süddeutsche Ratsverfassung 85 – Südschleswigscher Wählerverband 63 – Territorialbindung 127 – Umweltpolitik 140 – Uniformität 49 – Unionsaufsicht 25 – Unionsbürger 20, 27, 33, 69 ff., 74, 175 – Universalität 17, 101 – USA 13, 15, 32, 38 – Verbandsgemeinden 80, 155 – Verfassung für Europa 25 – Verfassungsautonomie 2, 5, 42, 44, 46 ff., 64, 73 f. – Verfassungshoheit 44 – Verfassungsmäßige Ordnung 16, 51, 53, 73 – Verfassungspflicht 43 – Verfassungswirklichkeit 19, 51, 168 – Verhältnismäßigkeitsprinzip 56, 114, 117 f. – Verpackungsteuer 140 – Verteidigungspolitik 136 – Volk 65 – Wahlgrundsätze 16, 55, 61 ff., 175 – Wahlprüfung 62, 64 – Weimarer Reichsverfassung 5, 11, 14 – Weinheimer Modell 81, 101 – Willkürverbot 119 – Wirkungskreise 8, 81 – Wirtschaftliche Betätigung 11, 98, 125 ff. – Zugriffsrecht 116 – Zwangsverband 128 – Zweckverbände 155.

A. Herkunft, Entstehung, Entwicklung

I. Ideen- und verfassungsgeschichtliche Aspekte

1. Homogenität im Bundesstaat (Art. 28 I GG)

Die Frage, inwieweit ein funktionierender Bund (verfassungs-)rechtliche oder zumindest soziale Homogenität seiner Glieder voraussetzt, wird seit dem **Ersten Attischen Seebund** (ca. 477–404 v. Chr.) erörtert[1]. Man hebt die gemeinsame Sprache und Kultur ebenso hervor wie den athenischen Drang nach gleichmäßiger Einführung der Demokratie (→ Art. 20 [Demokratie], Rn. 1 ff.) bei allen Bundesmitgliedern[2]. Eher zweifelhaft ist hingegen der Vorbildcharakter des mannigfaltigen und stark ausgeprägten **Bündniswesens des Mittelalters**[3], wie man dies für die Städtebünde angenommen hat[4]. Da gerade in den größeren ihrer Art (etwa im Rheinischen Bund von 1254) auch Fürsten Aufnahme finden[5], kann der bloße Stadtcharakter nicht als homogenitätsstiftend

1

---

[1] Klassisch *Aristoteles*, Politik IV, 10 (1296a 32 ff.); V, 7 (1307b 21 ff.); zum Seebund etwa *J. Bleikken*, Die athenische Demokratie, 4. Aufl. 1995, S. 78 ff., 319 ff.; *P. J. Rhodes*, Art. Attisch-Delischer Seebund, in: DNP 2, 1997, Sp. 251 ff.

[2] *J. K. Davies*, Das klassische Griechenland und die Demokratie, 2. Aufl. 1985, S. 94 ff.; *Bleiken*, Demokratie (Fn. 1), S. 68, 467 ff. (demokratische Verfassung als »Exportartikel«, S. 469).

[3] Dazu allgemein *Willoweit*, Verfassungsgeschichte, § 16 Rn. 1 ff.; *H.-J. Becker*, Art. Städtebund, in: HRG IV, Sp. 1851 ff.

[4] *G. Dilcher*, Kommune und Bürgerschaft als politische Idee, in: I. Fetscher/H. Münkler (Hrsg.), Pipers Handbuch der politischen Ideen, Bd. 2, 1993, S. 311 ff. (321).

[5] *Willoweit*, Verfassungsgeschichte, § 16 Rn. 2 f.; *E. Isenmann*, Die deutsche Stadt im Spätmittelalter, 1988, S. 121; zum rheinischen Bund *E. Ennen*, Art. Rheinischer Bund von 1254, in: HRG IV, Sp. 1017 f.

gelten. In der europäischen politischen Philosophie der Neuzeit wird auf die **spätgriechischen Bundesrepubliken**[6] mit ihrer gestuft-repräsentativen Struktur zurückgegriffen, um die Möglichkeit republikanischer Ordnungen unter großflächigen Verhältnissen zu erweisen[7].

2 Unter Bezugnahme auf die Antike formuliert für die Neuzeit erstmals ausdrücklich **Montesquieu**, daß der Staatenbund aus gleichartigen – vor allem republikanischen – Staaten bestehen muß[8]. Ähnliche Überlegungen finden sich später bei **John Stuart Mill**, der die Übereinstimmung in den politischen Institutionen für die erstrangige Bedingung des Funktionierens eines Bundes hält[9]. Von hier aus wird die Überzeugung, daß trotz der Verfassungsautonomie der Gliedstaaten ein Mindestmaß an Übereinstimmung sowohl zwischen den Gliedern untereinander als auch zwischen Gliedern und Bund notwendig ist, ebenso zum Gemeingut der Staats(rechts)lehre des 20. Jahrhunderts wie die Bezeichnung dieses Zustandes als **Homogenität**[10].

3 Der die deutsche Verfassungsgeschichte im 19. Jahrhundert prägende Dualismus von monarchischer und demokratischer Legitimität (→ Art. 20 [Demokratie], Rn. 15) findet in den Verfassungsdokumenten des **Deutschen Bundes** beredten Ausdruck in den konfligierenden normativen Vorgaben für die Verfassungen der Einzelstaaten: Art. 13 der Deutschen Bundesakte von 1815 mit der Ankündigung »landständischer Verfassungen« kontrastiert mit der Einschärfung des monarchischen Prinzips in Art. 57 der Wiener Schlußakte von 1820, das diesem Staatenbund – verbunden mit der Forderung nach äußerer wie innerer Ruhe und Sicherheit – letztlich seine Gleichgestimmtheit vermittelte[11]. Die **Paulskirchenverfassung von 1849** versteht sich als Verfassung eines Bundesstaates und bestimmt unter Aufnahme der Forderungen des Vormärz in § 186 I, daß jeder deutsche Staat eine Verfassung mit Volksvertretung haben soll; § 195 bindet zudem eine Änderung der Regierungsform in einem Einzelstaat an

---

[6] Unter ihnen ist der Achäische (Städte-)Bund auf der Peloponnes der wohl bekannteste; vgl. zu diesem Komplex näher *A. Demandt*, Antike Staatsformen, 1995, S. 235 ff. m. w. N.

[7] Dazu m. w. N. *W. Nippel*, Republik, Kleinstaat, Bürgergemeinde. Der antike Stadtstaat in der neuzeitlichen Theorie, in: P. Blickle (Hrsg.), Theorien kommunaler Ordnung in Europa, 1996, S. 225 f.); *J. Menzel*, Landesverfassungsrecht, 2002, S. 8; besonders prominent die Bezugnahme in den »Federalist Papers« von 1787/88 (z. B. 18. Artikel [*Madison*], abgedruckt in: A. u. W. P. Adams [Hrsg.], Hamilton/Madison/Jay. Die Federalist-Artikel, 1994, S. 99 ff. [102 ff.]). Skeptisch hingegen *Jellinek*, Allg. Staatslehre, S. 766: »Weder der achäische Bund noch die Hansa können zum Verständnis der modernen Staatenbünde verwendet werden.«

[8] *Montesquieu*, Vom Geist der Gesetze (1748), IX, 1 u. 2; dazu *W. Gross*, DVBl. 1950, 5 (5); *Nippel*, Republik (Fn. 7), S. 229; *Menzel*, Landesverfassungsrecht (Fn. 7), S. 39; vgl. auch die in der vorigen Fußnote genannten »Federalist Papers«.

[9] *J. S. Mill*, Considerations on Representative Government (1861), dt. unter dem Titel: Betrachtungen über die repräsentative Demokratie, 1971, S. 249.

[10] Terminus etwa bei *Huber*, Verfassungsgeschichte, Bd. 1, S. 659, 661; aus dem Staatsrecht vgl. *C. Schmitt*, Verfassungslehre, 1928, S. 375 ff.; *H. Preuß*, Reich und Länder, 1928, S. 141; BVerfGE 9, 268 (279).

[11] Eine in Art. 57 der Schlußakte namentlich erwähnte Ausnahme bleiben die freien Städte. Wie hier *E. Forsthoff*, Art. Deutsches Reich (III.), in: EvStL³, Sp. 561 ff. (576); *K. Nieding*, Das Prinzip der Homogenität in den Verfassungen des Deutschen Reiches von 1849, 1871 und 1919 unter besonderer Berücksichtigung des Artikels 17 der geltenden Reichsverfassung, Diss. jur. Jena 1926, S. 31 f., 37; *Huber*, Verfassungsgeschichte, Bd. 1, S. 651 ff.; *Willoweit*, Verfassungsgeschichte, § 30 Rn. 4; *B. Grzeszick*, Vom Reich zur Bundesstaatsidee, 1996, S. 243; *Menzel*, Landesverfassungsrecht (Fn. 7), S. 18 ff.; *R. Ham*, Bundesintervention und Verfassungsrevision, 2004, S. 24 ff.

I. Ideen- und verfassungsgeschichtliche Aspekte   Art. 28

die Zustimmung der Reichsgewalt[12]. Als wegweisend für Art. 28 III GG kann § 130 S. 2 gelten, wonach die Grundrechte »den Verfassungen der Einzelstaaten zur Norm dienen« (→ Rn. 169).

Die **Reichsverfassung von 1871** umschloß mit den Stadtstaaten auch nicht monarchische Glieder und verzichtete ebenso wie die Urkunde für den Norddeutschen Bund von 1867 auf ausdrückliche Gewährleistungsvorschriften, setzte freilich in ihrer Präambel – in Fortsetzung des Deutschen Bundes – eine **faktische Homogenität** unter den monarchischen Staaten voraus[13]. Die These von der Homogenität »im dynastischen (nicht parlamentarischen) Sinne«[14] verdunkelt indes – ebenso wie der Wortlaut der Präambeln – die maßgebliche Mitwirkung der einzelstaatlichen Parlamente bei der Verfassunggebung[15] und die wichtige Rolle von Reichstag und Landtagen bei Gesetzgebung und Budgetbewilligung[16].   4

Art. 17 der **Weimarer Reichsverfassung** enthielt drei wesentliche Vorgaben für die Länder: (1) eine »freistaatliche Verfassung«; (2) Grundsätze der allgemeinen, gleichen, unmittelbaren und geheimen Wahl nach Verhältniswahlrecht; (3) die parlamentarische Abhängigkeit der Regierung. Damit war gleichermaßen die Abkehr vom monarchischen System wie die Ablehnung des Rätegedankens dokumentiert[17]. Zusätzlich eingeengt wurde die Verfassungsautonomie der Länder durch die für Reich wie Länder geltenden Vorschriften zum Abgeordnetenstatus (Art. 36 ff. WRV)[18] sowie die vorherrschende Deutung des Art. 13 WRV, derzufolge auch inhaltsgleiches Landesrecht gebrochen werden sollte (→ Art. 31 Rn. 7). Nachdem diese Lehre Landesgrundrechte praktisch ausschloß (→ Art. 1 III Rn. 4; → Art. 142 Rn. 6 f.), blieb als Betätigungsfeld für den Landesverfassunggeber vornehmlich die Staatsorganisation, die eine beachtliche Variationsbreite aufwies[19].   5

---

[12] Dazu umfangreich *Nieding*, Homogenität (Fn. 11), S. 38 ff.; differenzierend *J.-D. Kühne*, Die Reichsverfassung der Paulskirche, 1985, S. 453 ff.; *Menzel*, Landesverfassungsrecht (Fn. 7), S. 21 ff.

[13] *Nieding*, Homogenität (Fn. 11), S. 54 ff.; *W. Gross*, DVBl. 1950, 5 (5); *W. Graf Vitzthum*, Die Bedeutung gliedstaatlichen Verfassungsrechts in der Gegenwart, VVDStRL 46 (1988), S. 7 ff. (18). Wie hier *V. Mehde*, in: Maunz/Dürig, GG, Art. 28 Abs. 1 (2014), Rn. 9.

[14] Zitat bei *K. Stern*, in: BK, Art. 28 (Zweitb. 1964), Rn. 12. Als Argument wird zumeist die maßgebliche Rolle des Bundesrates mit der faktischen Vetomöglichkeit der großen Monarchien angeführt; dazu *Huber*, Verfassungsgeschichte, Bd. 2, S. 859; *Schmitt*, Verfassungslehre (Fn. 10), S. 376 f.; *Preuß*, Reich (Fn. 10), S. 141 f.

[15] Dazu eingehend *H. Maurer*, Entstehung und Grundlagen der Reichsverfassung von 1871, in: FS Stern, 1997, S. 29 ff.; siehe auch *Menzel*, Landesverfassungsrecht (Fn. 7), S. 24 ff.

[16] Statt aller *J.-D. Kühne*, Volksvertretungen im monarchischen Konstitutionalismus (1814–1918), in: Schneider/Zeh, § 2 Rn. 1 ff.; *H. Dreier*, Der Kampf um das Budgetrecht als Kampf um die staatliche Steuerungsherrschaft – Zur Entwicklung des modernen Haushaltsrechts, in: W. Hoffmann-Riem/E. Schmidt-Aßmann (Hrsg.), Effizienz als Herausforderung an das Verwaltungsrecht, 1998, S. 59 ff. (69 ff.).

[17] Hierzu und zum folgenden zeitgenössisch *Anschütz*, WRV, Art. 17 Anm. 1 ff. (S. 130 ff.); knapp *Nieding*, Homogenität (Fn. 11), S. 74 f.; *F. Rosenberg*, Artikel 17 der Reichsverfassung, das Homogenitätsgesetz der Verfassung des Deutschen Reiches vom 11. August 1919, Diss. jur. Frankfurt/M. 1930; *M. Wenzel*, Die reichsrechtlichen Grundlagen des Landesverfassungsrechts, in: HdbDStR I, § 52 (S. 604 ff.). – Moderne Darstellung: *F. Wittreck*, Verfassungsentwicklung zwischen Novemberrevolution und Gleichschaltung, in: ders. (Hrsg.), Weimarer Landesverfassungen, 2004, S. 1 ff. (4 f.).

[18] Dieser Hinweis auch bei *Menzel*, Landesverfassungsrecht (Fn. 7), S. 29 f.

[19] Im Überblick *M. Stolleis*, Geschichte des öffentlichen Rechts in Deutschland, Bd. 3, 1999, S. 125 ff.; *F. Lechler*, Parlamentsherrschaft und Regierungsstabilität, 2002; *Wittreck*, Verfassungsentwicklung (Fn. 17), S. 10 ff., 39 ff.; fraglich insofern *Menzel*, Landesverfassungsrecht (Fn. 7), S. 31, der auch diesbezüglich eine weitreichende »Uniformität« feststellt.

2. Kommunale Selbstverwaltung (Art. 28 II GG)

6 Von der ausgeprägten **Stadtkultur der** griechisch-römischen **Antike**[20] führen nur dünne Verbindungslinien zur modernen kommunalen Selbstverwaltung. Ungeachtet eines gewissen Überdauerns von Resten der spätrömischen Stadtorganisation verkümmern im Frühmittelalter auch die alten Römerstädte auf dem Boden des Reiches zu bloßen Siedlungsschwerpunkten innerhalb territorial oder personal bestimmter Herrschaftsgebilde[21]. Erst die **Stadtgründungswelle des hohen Mittelalters** führt zur Wiedergeburt der Stadt als selbständiger, autonomer Rechtspersönlichkeit[22], wie sie ohne Parallele im Islamischen oder Byzantinischen Reich ist[23]. Die rasch aufblühenden Städte werden zu einem entscheidenden **Rationalisierungsfaktor** für Herrschaft und Gesellschaft[24]. Gleichwohl sollte man sie nicht umstandslos als Wegbereiter moderner Staatlichkeit[25], als Urzellen demokratischer Ordnung (→ Art. 20 [Demokratie], Rn. 3) oder als Vorläufer der heutigen kommunalen Selbstverwaltung verbuchen[26]. Die Stadtentwicklung findet im Kleinen ihr Pendant in der **Entwicklung der Dörfer**. Hier im ländlichen Bereich wird auch der Begriff der **Gemeinde** geprägt, »ursprünglich [...] ein bestimmtes Gebiet, die Allmende, eine Gemarkung, an der eine Gruppe von Personen gemeinsame Rechte und Pflichten besaß«[27]. Ähnlich der Stadt bestimmen unterschiedliche Anteile genossenschaftlicher und obrigkeitlicher Elemente den Grad der Selbständigkeit der Dorfgemeinden[28]. Neben den Dörfern bilden sich vor allem in Preußen **landadelige Organisationsstrukturen**[29] heraus, die die Selbstverwaltung auf Kreisebene nachhaltig beeinflußt haben.

---

[20] Zur römischen Stadtverfassung *J. Bleicken*, Verfassungs- und Sozialgeschichte des Römischen Kaiserreichs, Bd. 1, 4. Aufl. 1995, S. 176 ff.; Bd. 2, 3. Aufl. 1994, S. 21 ff.; *W. Waldstein/M. Rainer*, Römische Rechtsgeschichte, 11. Aufl. 2014, § 20 Rn. 1 ff., § 30 Rn. 2, § 36 Rn. 22 ff.

[21] Zu dieser Entwicklung *Willoweit*, Verfassungsgeschichte, § 9 Rn. 14 f.; *H. J. Berman*, Recht und Revolution, 2. Aufl. 1991, S. 563 f.; *A. Angenendt*, Das Frühmittelalter, 1990, S. 148; *L. Clemens*, Art. Stadt, in: DNP 15/3, 2003, Sp. 262 ff.; zur »vorkommunalen Stadt« *G. Dilcher*, Rechtshistorische Aspekte des Stadtbegriffs, in: ders., Bürgerrecht und Stadtverfassung im europäischen Mittelalter, 1996, S. 67 ff. (84 ff.).

[22] Zu den Faktoren *M. Weber*, Wirtschaft und Gesellschaft, 5. Aufl. 1972, S. 741 ff.; *Berman*, Revolution (Fn. 21), S. 564 ff.; *A. Laufs*, Rechtsentwicklungen in Deutschland, 6. Aufl. 2006, S. 33 ff. m. w. N.; *Isenmann*, Stadt (Fn. 5), S. 26. Speziell zur Herausbildung der Rechtspersönlichkeit *Willoweit*, Verfassungsgeschichte, § 14 Rn. 8.

[23] *Weber*, Wirtschaft (Fn. 22), S. 736 ff.; *Berman*, Revolution (Fn. 21), S. 569.

[24] Dazu *Weber*, Wirtschaft (Fn. 22), S. 815 ff.; *H. Hofmann*, Repräsentation (1974), 4. Aufl. 2003, S. 202 ff.; *Dilcher*, Kommune (Fn. 4), S. 311 ff., 342 ff.; *K. Kroeschell*, Deutsche Rechtsgeschichte 1, 13. Aufl. 2008, S. 288 ff.

[25] Vgl. *Hofmann*, Repräsentation (Fn. 24), S. 207 f. m. w. N. – Hingegen hält *S. Haack*, JöR 57 (2009), 301 (304 ff.) es für »gerechtfertigt [...], in den Städten des Hochmittelalters [...] die Urform der modernen Staatlichkeit zu erblicken« (S. 305).

[26] → Bd. II², Art. 28 Rn. 7 mit Fn. 30 ff. Siehe noch *P. Fleischmann*, Demokratie für wenige? Die Nürnberger Ratsverfassung in der frühen Neuzeit, in: E. O. Bräunche (Hrsg.), Stadt und Demokratie, 2014, S. 23 ff.

[27] *H. C. Röhl*, Kommunalrecht, in: Schoch, Bes. Verwaltungsrecht, 1. Kap., Rn. 7; *G.-C. v. Unruh*, BayVBl. 1996, 225 (226); zum Zusammenhang auch *E. Sachers*, Art. Allmende, in: HRG I, Sp. 108 ff. (110 f.) sowie *B. Schildt*, Art. Allmende, in: HRG² I, Sp. 169 ff. (169 f.); ausführlich zur Dorfgemeinde *ders.*, Art. Dorf, ebd., Sp. 1120 ff. (1122 ff.).

[28] *Willoweit*, Verfassungsgeschichte, § 14 Rn. 13 ff.; *G. Droege*, Gemeindliche Selbstverwaltung und Grundherrschaft, in: Dt. VerwGesch I, S. 193 ff. (194 ff.) mit ausführlicher Schilderung der Situation in verschiedenen Gebieten.

[29] *H. Heffter*, Die Deutsche Selbstverwaltung im 19. Jahrhundert, 2. Aufl. 1969, S. 16 ff.; C.

Nach der **Zerstörung** des genossenschaftlichen Stadtregiments **im Absolutismus**[30] 7
kommt es in der Mitte des 18. Jahrhunderts zu einer Wiederentdeckung des Selbstverwaltungsgedankens im weiteren Sinne. Als geistige Väter dieser Entwicklung fungieren die **Physiokraten**, deren wohl bedeutendster deutscher Vertreter, Johann August Schlettwein, 1779 das Wort ›Selbstverwaltung‹ erstmals als staatswirtschaftliche Bezeichnung verwendet[31]. Selbstverwaltung ist in dieser vor allem in **Frankreich** vertretenen Konzeption primär ein Aspekt der effizienten Verwaltungsorganisation, dem aber bereits das Moment einer inneren Bindung der Bürger an das Gemeinwesen zur Seite tritt[32]. Die in der Revolutionsverfassung von 1791 (Titel II, Art. 8, 9) vorgesehene großzügige Einräumung kommunaler Selbstverwaltungsrechte blieb im zentralistischen Frankreich Episode[33]; doch strahlte die Idee eines in Parallele zu den Grundrechten gedachten **pouvoir municipal** über die **Belgische Verfassung** von 1831 (Art. 31, 108) auf Deutschland (→ Rn. 9) aus[34].

Als Teil des umfassenden preußischen Reformwerkes nach der Niederlage gegen 8
Napoleon 1806 stellt die auf seiner Nassauer Denkschrift beruhende **Städteordnung von 1808 des Freiherrn vom Stein**[35] einen Meilenstein in der Entwicklung dar[36]. Ohne Verwendung des Terminus ›Selbstverwaltung‹[37] wird hier zum ersten Male der Grundsatz der Allzuständigkeit statuiert, allerdings durch eine umfassende staatliche Aufsicht[38] in Grenzen gehalten. Der Status des Aktivbürgers war im Sinne einer

---

Engeli/W. Haus (Hrsg.), Quellen zum modernen Gemeindeverfassungsrecht in Deutschland, 1975, S. 467; umfangreich *G.-C. v. Unruh*, Der Kreis, 1964, S. 18 ff.

[30] *Willoweit*, Verfassungsgeschichte, § 23 Rn. 5 f.; *E. Weis*, Art. Absolutismus, in: StL⁷, Bd. 1, Sp. 38 ff. (40); *C. Treffer*, Der Staat 35 (1996), 251 (252); *Röhl*, Kommunalrecht (Fn. 27), Rn. 8; *Heffter*, Selbstverwaltung (Fn. 29), S. 30 f.; *M. Thiel*, Die Verwaltung 35 (2002), 25 (31 ff.).

[31] *J.A. Schlettwein*, Grundveste der Staaten oder die politische Ökonomie, 1779 (ND 1971), S. 587 (Schlettwein spricht hier freilich von der Selbstverwaltung von Kammergütern in Abgrenzung zu ihrer Verpachtung); vgl. *M. Stolleis*, Art. Selbstverwaltung, in: HRG IV, Sp. 1621 ff. (1621); *D. Möller*, Art. Schlettwein, Johann August, ebd., Sp. 1439 ff. (1439).

[32] *D. Schwab*, Die »Selbstverwaltungsidee« des Freiherrn vom Stein und ihre geistigen Grundlagen, 1971, S. 84 ff.

[33] Dazu eingehend *H. Hintze*, Staatseinheit und Föderalismus im alten Frankreich und in der Revolution, 1928, S. 231 ff., 470 ff.

[34] *Stolleis*, Selbstverwaltung (Fn. 31), Sp. 1622; *E. Becker*, Kommunale Selbstverwaltung, in: Die Grundrechte IV/2, S. 673 ff. (678, 684); *Heffter*, Selbstverwaltung (Fn. 29), S. 181.

[35] Darstellung und Würdigung dieses Reformwerkes bei *Heffter*, Selbstverwaltung (Fn. 29), S. 84 ff.; *Huber*, Verfassungsgeschichte, Bd. 1, S. 172 ff.; *G.-C. v. Unruh*, Preußen. A. Die Veränderungen der Preußischen Staatsverfassung durch Sozial- und Verwaltungsreformen, in: Dt. VerwGesch II, S. 399 ff.; umfangreich *Schwab*, Selbstverwaltungsidee (Fn. 32), S. 11 ff.

[36] An dieser epochalen Bedeutung besteht im Kern kein Zweifel: vgl. nur *O. Gönnenwein*, Gemeinderecht, 1963, S. 12 f.; *F.-L. Knemeyer*, Bayerisches Kommunalrecht, 12. Aufl. 2007, Rn. 3; *R. Hendler*, HStR IV, § 106 Rn. 2 ff.; *K. Stern*, Europäische Union und kommunale Selbstverwaltung, in: M. Nierhaus (Hrsg.), Kommunale Selbstverwaltung, 1996, S. 21 ff. (21). Aber nicht immer wird namentlich in der Lehrbuch-Literatur die tiefgreifende Differenz zur kommunalen Selbstverwaltung des 20. Jahrhunderts hinlänglich betont (dazu sogleich im Text). Abwägend wie hier *v. Unruh*, Preußen (Fn. 35), S. 424 f.: eher Frage der Rechtsstaatlichkeit als der Selbstverwaltung im modernen Sinne; *P. Burg*, VerwArch. 86 (1995), 495 (504).

[37] Zur Wortgeschichte vgl. insofern *Heffter*, Selbstverwaltung (Fn. 29), S. 265 f. – *Schwab*, Selbstverwaltungsidee (Fn. 32), S. 12 weist darauf hin, daß Stein selbst den Begriff bemerkenswerterweise kaum benutzt hat.

[38] Zu ihrem Umfang mit unterschiedlichen Einschätzungen *C. Treffer*, Der Staat 35 (1996), 251 (255 ff.): »Staatsinterventionismus« (S. 256); *v. Unruh*, Preußen (Fn. 35), S. 417 f.; *K.-J. Bieback*, Die öffentliche Körperschaft, 1976, S. 87 ff.

»Honoratiorenverwaltung«[39] an Grund- oder Gewerbebesitz geknüpft und den Männern vorbehalten[40]; die anderen Stadtbewohner waren Schutzverwandte ohne politische Mitwirkungsrechte. Steins zweifellos vorwärtsweisender und ganz vom dominanten Ziel der tätigen Mitwirkung des Bürgers am politischen Gemeinwesen geprägter Entwurf darf aber ebensowenig als demokratisch-egalitäre Frühform kommunaler Selbstverwaltung heutigen Zuschnitts verbucht werden[41] wie die elitistische Konzeption **Rudolf von Gneists**, welche vor allem eine Integration der Bürger in die Administration des monarchischen Staates intendierte (näher: → Bd. II², Art. 28 Rn. 10 m. Fn. 46 ff.). In dieser Sicht ist die Gemeinde primär Staatsorgan, das *selfgovernment* staatliche Auftragsverwaltung. Nicht von ungefähr formuliert Gneist erstmals den **Dualismus der Wirkungskreise**[42], indem er von »aufgetragenem« und »autonomem« Wirkungskreis spricht (→ Rn. 81). In seiner ganz anders gearteten **Genossenschaftslehre**[43] postuliert **Otto v. Gierke** die »Anerkennung der originären Gemeindepersönlichkeit«[44]. Die Gemeinde ist dem Staat danach als lebendige Genossenschaft genauso vorgegeben wie der einzelne Mensch (→ Art. 19 III Rn. 6); sie kann vom Gesetz nicht geschaffen, sondern nur zur Kenntnis genommen werden. Der Gemeinde gegenüber verbleibt dem Staat lediglich eine Rechtsaufsicht[45].

9   Die **tatsächliche Rechtslage im 19. Jahrhundert** ist durch große Zersplitterung (allein in Preußen mit besonderen Regelungen für West- und Ostprovinzen, Städte, Kreise und Landgemeinden[46]) und Unübersichtlichkeit sowie durch unterschiedliche Tendenzen gekennzeichnet[47]. In einigen süddeutschen Gemeindeordnungen prägt sich das liberale Verständnis der »Selbstverwaltung als Eigenbereich bürgerlicher Freiheit gegenüber dem monarchischen Beamtenstaat«[48] aus, wie sie namentlich von **v. Rotteck** entwickelt und naturrechtlich begründet wurde[49]. Bestes Beispiel ist das von ihm als freiheitlichste Kommunalverfassung Europas gerühmte Badische Gemeindegesetz

---

[39] Siehe *V. Mehde*, in: Maunz/Dürig, GG, Art. 28 Abs. 2 (2012), Rn. 2 m. w. N.

[40] *Heffter*, Selbstverwaltung (Fn. 29), S. 94 f.; *Gönnenwein*, Gemeinderecht (Fn. 36), S. 13; *P. Burg*, VerwArch. 86 (1995), 495 (503); im Vergleich zu früheren Verhältnissen lag aber hierin eine Erleichterung: *Huber*, Verfassungsgeschichte, Bd. 1, S. 174 f.; *v. Unruh*, Preußen (Fn. 35), S. 416 f.

[41] Richtig *E. Forsthoff*, ZfP 21 (1932), 248 (251 f.); *K. Lange*, Die Entwicklung des kommunalen Selbstverwaltungsgedankens und seine Bedeutung in der Gegenwart, in: FS Werner Weber, 1974, S. 851 ff. (851 f., 855); *Schwab*, Selbstverwaltungsidee (Fn. 32), S. 12 ff., 157 f.; *H. J. Wolff/O. Bachof*, Verwaltungsrecht II, 4. Aufl. 1976, § 80 IIIa 1 (S. 144); *Willoweit*, Verfassungsgeschichte, § 28 Rn. 10; *B. Stepanek*, Verfassungsunmittelbare Pflichtaufgaben der Gemeinden, 2014, S. 52 f.

[42] *R. v. Gneist*, Der Rechtsstaat und die Verwaltungsgerichte in Deutschland, 2. Aufl. 1879, S. 139; dazu *H. Preuß*, Gemeinde, Staat, Reich als Gebietskörperschaften, 1889, S. 228.

[43] *O. v. Gierke*, Das deutsche Genossenschaftsrecht, Bd. 1, 1868, S. 249 ff., 300 ff., 697 ff. (das nachfolgende Zitat S. 759). Dazu *R. Hendler*, HStR IV, § 106 Rn. 9 m. w. N.; *H. Boldt*, »Den Staat ergänzen, ersetzen oder sich mit ihm versöhnen?« – Aspekte der Selbstverwaltungsdiskussion im 19. Jahrhundert, in: E. Janke/W. J. Mommsen (Hrsg.), Max Webers Herrschaftssoziologie, 2001, S. 148 ff.

[44] *v. Gierke*, Genossenschaftsrecht (Fn. 43), S. 759.

[45] *v. Gierke*, Genossenschaftsrecht (Fn. 43), S. 762 f.; kritisch *G.-C. v. Unruh*, BayVBl. 1996, 225 (227).

[46] Vgl. nur die revidierte Städteordnung von 1831 (Engeli/Haus, Quellen [Fn. 29], S. 180 ff.), die westfälische Landgemeindeordnung von 1841 (ebd., S. 257 ff.) und die Gemeindeordnung für die Rheinprovinz von 1845 (ebda., S. 281 ff.); *P. Burg*, VerwArch. 86 (1995), 495 (504 f.).

[47] *G.-C. v. Unruh*, Ursprung und Entwicklung der kommunalen Selbstverwaltung im frühkonstitutionellen Zeitalter, in: HKWP³ I, § 4 Rn. 23 ff.; *M. Thiel*, Die Verwaltung 35 (2002), 25 (42 ff.); umfangreich zu den Gemeindeordnungen des Vormärz und der Revolutionszeit *Bieback*, Körperschaft (Fn. 38), S. 83 ff., 214 ff.

[48] *Lange*, Entwicklung (Fn. 41), S. 858.

[49] *C. v. Rotteck*, Art. Gemeinde, in: ders./C. Welcker, Staatslexikon, Bd. 6, 1. Aufl. 1838, S. 390 ff.;

von 1831⁵⁰. Ihren prominentesten Ausdruck findet diese im Kern **grundrechtsanaloge Konzeption** in der **Paulskirchenverfassung von 1849**⁵¹.

Die Reichsverfassung von 1871 enthält keine normativen Vorgaben, so daß unterschiedlichste Kommunalverfassungen fortbestehen⁵². Von Bedeutung sind die preußische Kreisordnung für die Ostprovinzen von 1872⁵³ sowie die **Landgemeindeordnung von 1891**, die die bis dahin fortbestehende Geltung der Bestimmungen des PrALR (§§ 18–86, 87–92 II 7) über Dorfgemeinden und Gutsherrschaften beendete⁵⁴. Insbesondere die erstgenannte ist symptomatisch für den zögerlichen Abschied von einer ständischen Zusammensetzung der Kreistage⁵⁵ hin zu einer paritätischen Beteiligung aller Bürger an der Selbstverwaltung. Die zeitgenössische Staatsrechtsdoktrin fand zu keiner präzisen und konsensfähigen Begriffsbestimmung der Selbstverwaltung⁵⁶. 10

In seinem Entwurf zur **Weimarer Reichsverfassung** hatte Hugo Preuß die Gemeinde als unterste, demokratisch legitimierte Ebene in einem dreistufigen Staatsaufbau vorgesehen und ihre Position auch gegen die Länder gesichert⁵⁷, an deren Widerstand das Konzept scheiterte⁵⁸. Stattdessen wurde die kommunale Selbstverwaltung in **Art. 127 WRV** (»Gemeinden und Gemeindeverbände haben das Recht der Selbstverwaltung innerhalb der Schranken der Gesetze«) und damit im Grundrechtsabschnitt plaziert 11

---

ders., Art. Gemeindeverfassung, ebd., S. 428 ff.; dazu *Stolleis*, Selbstverwaltung (Fn. 31), Sp. 1622; *Becker*, Selbstverwaltung (Fn. 34), S. 678 f.; *Lange*, Entwicklung (Fn. 41), S. 857 f.

⁵⁰ Engeli/Haus, Quellen (Fn. 29), S. 205 ff. (zur Einschätzung v. Rottecks sowie zum weiteren Schicksal des Gesetzes im Zeichen der Restauration S. 13, 206 f.); *Lange*, Entwicklung (Fn. 41), S. 858. Skeptischer zum liberalen Einfluß *Becker*, Selbstverwaltung (Fn. 34), S. 683. Vgl. insgesamt *H. Ott*, Baden, in: Dt. VerwGesch II, S. 583 ff. (600 f.).

⁵¹ *W. Hofmann*, Die Entwicklung der kommunalen Selbstverwaltung von 1848 bis 1918, in: HKWP I, § 5, S. 72 ff.; *Becker*, Selbstverwaltung (Fn. 34), S. 683 f.; *Lange*, Entwicklung (Fn. 41), S. 858 f.; detailliert *Kühne*, Reichsverfassung (Fn. 12), S. 433 ff.

⁵² *Hofmann*, Entwicklung (Fn. 51), S. 76. Überblick bei Engeli/Haus, Quellen (Fn. 29), Nr. 16 ff. u. S. 15 ff., 660; eingehend *G.-C. v. Unruh*, Die normative Verfassung der kommunalen Selbstverwaltung, in: Dt. VerwGesch III, S. 560 ff. (zu kommunalen Verfassungstypen 562 ff., Aufstellung geltender Normen 573 ff.).

⁵³ Engeli/Haus, Quellen (Fn. 29), S. 467 ff.; dazu *Hofmann*, Entwicklung (Fn. 51), S. 77 ff.; *v. Unruh*, Verfassung (Fn. 52), S. 567 ff.; umfangreich *Heffter*, Selbstverwaltung (Fn. 29), S. 546 ff.

⁵⁴ Engeli/Haus, Quellen (Fn. 29), S. 540 ff.; dazu *C. Treffer*, Der Staat 35 (1996), 251 (260).

⁵⁵ Zur Zusammensetzung des Kreistages, insbesondere der Vertretung der »größeren ländlichen Grundbesitzer« siehe §§ 85 ff. der Kreisordnung; vgl. Engeli/Haus, Quellen (Fn. 29), S. 467 ff. (468 f.).

⁵⁶ So die Klage namentlich von *P. Laband*, Das Staatsrecht des Deutschen Reiches, Bd. 1, 5. Aufl. 1911, S. 102 ff. (Fn. 7) m.w.N, der sich Selbstverwaltung nur als übertragene Durchführung an sich dem Staat zustehender Hoheitsrechte vorstellen konnte (ebd., S. 103 f.); vgl. die verschiedenen Klassifizierungsversuche bei *Becker*, Selbstverwaltung (Fn. 34), S. 679 ff.; kritisch zu Labands Bestimmung *Preuß*, Gemeinde (Fn. 42), S. 222 f.; *Bieback*, Körperschaft (Fn. 38), S. 418 f.

⁵⁷ § 12 Nr. 3–6 Entwurf I bzw. II zur WRV v. 3. bzw. 20.1.1919 (abgedruckt bei H. Triepel [Hrsg.], Quellensammlung zum deutschen Reichsstaatsrecht, 5. Aufl. 1931, S. 6 ff. [7], 10 ff. [11]); dazu *H. Preuß*, Denkschrift zum Entwurf des Allgemeinen Teils der Reichsverfassung vom 3. Januar 1919 (1919), in: ders., Staat, Recht und Freiheit, 1926 (Neudruck 1964), S. 368 ff. (379, 382 f.); vgl. *H. Matzerath*, Nationalsozialismus und kommunale Selbstverwaltung, 1970, S. 21; *Lange*, Entwicklung (Fn. 41), S. 860 f.; *Stolleis*, Selbstverwaltung (Fn. 31), Sp. 1623 f.; zur genossenschaftlichen Grundlage von Preuß' Selbstverwaltungsverständnis *D. Schefold*, Selbstverwaltungstheorien: Rudolf Gneist und Hugo Preuß, in: D. Lehner/C. Müller (Hrsg.), Vom Untertanenverband zur Bürgergenossenschaft, 2003, S. 97 ff. (108 ff.). – Bemerkenswert Preuß' Vorschlag, den Gemeinderäten qua Verfassung das Recht zur Bildung von **Untersuchungsausschüssen** einzuräumen (§ 12 Nr. 4 Entwurf II [a. a. O., S. 11]). → Rn. 67.

⁵⁸ *Preuß*, Reich (Fn. 10), S. 137 ff.; *Gusy*, Reichsverfassung, S. 232; *W. Rudloff*, Die kommunale Selbstverwaltung in der Weimarer Zeit, in: HKWP³ I, § 6 Rn. 4 ff.

(→ Vorb. Rn. 16). Carl Schmitt bezeichnete sie darüber noch hinausgehend (lediglich) als **institutionelle Garantie**, »die als solche immer etwas Umschriebenes und Umgrenztes, bestimmten Aufgaben und bestimmten Zwecken Dienendes ist«[59], worin ihm die herrschende Meinung der Weimarer Staatsrechtslehre folgte[60]. Sie folgte freilich auch der Judikatur des Staatsgerichtshofes, die der Garantie einige rechtliche Relevanz abgewann: der Gesetzgeber dürfe die kommunale Selbstverwaltung nur begrenzen, sie aber nach Art. 127 WRV weder beseitigen noch »so beschränken und innerlich aushöhlen, daß sie nur noch ein Scheindasein führen kann«[61]. Diese Formel wirkt bis heute nach (→ Rn. 88, 146). Insgesamt gelingt es der Weimarer Staatsrechtslehre aber nicht, eine überzeugende und geschlossene Theorie der Selbstverwaltung in der Demokratie zu formulieren[62]. Anhand des Gegensatzpaares von ›politischer‹ oder ›juristischer‹ Selbstverwaltung[63] faßt eine etatistisch-bürokratische Richtung Selbstverwaltung verkürzt als »**unpolitische Verwaltung**« bzw. bloße Dezentralisation staatlicher Administration auf; ihre Ausweitung erscheint einseitig als Bedrohung der Staatsgewalt[64]. Eine eher an Gierkes Postulat der »Stadt als eines selbständigen Gemeinwesens mit eigener Rechtspersönlichkeit« (→ Rn. 8) angelehnte genossenschaftlich-konservative Richtung betont zwar den politischen wie den **Gemeinschaftscharakter der Gemeinde**[65]. Beide Richtungen gewinnen aber letztlich kein rechtes Ver-

---

[59] *Schmitt*, Verfassungslehre (Fn. 10), S. 171.
[60] Deutlich *Anschütz*, WRV, Art. 127 Anm. 1 Fn. 1 (S. 583). Umfangreiche Nachweise zur Diskussion in VVDStRL 2 (1925) mit Beiträgen von F. Stier-Somlo, L. Köhler und H. Helfritz (S. 122 ff., 181 ff., 223 ff.). Überblick bei *H. Herzfeld*, Demokratie und Selbstverwaltung in der Weimarer Epoche, 1957, S. 32 ff.; *E. Schmidt-Jortzig*, Die Einrichtungsgarantien der Verfassung, 1979, S. 13 ff.; vgl. auch *Rudloff*, Selbstverwaltung (Fn. 58), § 6 Rn. 4 ff.; *J. Suerbaum*, Die Wirkmächtigkeit der grundgesetzlichen Bestimmungen zum Schutz der kommunalen Selbstverwaltung, in: H. Dreier (Hrsg.), Macht und Ohnmacht des Grundgesetzes, 2009, S. 75 ff. (82 f.).
[61] StGH RGZ 126, Anhang 14 (22 f.) = H.-H. Lammers/W. Simons (Hrsg.), Die Rechtsprechung des Staatsgerichtshofs für das Deutsche Reich und des Reichsgerichts auf Grund Artikel 13 Absatz 2 der Reichsverfassung, Bd. II, 1930, S. 99 ff. (100; vgl. 107); zustimmend *R. Thoma*, Die juristische Bedeutung der grundrechtlichen Sätze der Deutschen Reichsverfassung im allgemeinen, in: H.C. Nipperdey (Hrsg.), Die Grundrechte und Grundpflichten der Reichsverfassung, Bd. 1, 1929, S. 1 ff. (21, 38), auch abgedruckt in: ders., Rechtsstaat – Demokratie – Grundrechte, hrsgg. v. H. Dreier, 2008, S. 173 ff. (195, 212 f.); desgleichen *Anschütz*, WRV, Art. 127 Anm. 2 (S. 583), der die praktische Bedeutung dieser Einschränkung aber als gering veranschlagt. S. ferner *J. Ipsen*, ZG 9 (1994), 194 (195).
[62] *Lange*, Entwicklung (Fn. 41), S. 861 f.; *Gusy*, Reichsverfassung, S. 231 f.; *F. Stier-Somlo*, Handbuch des kommunalen Verfassungsrechts in Preußen, Bd. 1, 2. Aufl. 1928, S. 19 ff. m. w. N.; *K. G. A. Jeserich*, Kommunalverwaltung und Kommunalpolitik, in: Dt. VerwGesch IV, S. 487 ff. (489 ff.). – Symptomatisch der einschlägige zeitgenössische Beitrag von *R. Brauweiler*, Art. 127. Selbstverwaltung, in: H.C. Nipperdey (Hrsg.), Die Grundrechte und Grundpflichten der Reichsverfassung, Bd. 2, 1930, S. 193 ff., der sich auf eine historische Betrachtung nebst dem Referat verschiedener Lehrmeinungen beschränkt.
[63] *Stier-Somlo*, Handbuch (Fn. 62), S. 15 ff.; *H. Peters*, Zentralisation und Dezentralisation, 1928, S. 22; *Matzerath*, Nationalsozialismus (Fn. 57), S. 24 ff.
[64] Überblick bei *Matzerath*, Nationalsozialismus (Fn. 57), S. 25 f.; *Herzfeld*, Demokratie (Fn. 60), S. 13, 36 f. Deutlich *E. Forsthoff*, ZfP 21 (1932), 248 (250 f.): »Kommunale Selbstverwaltung ist nur sinnvoll, wenn (und solange) sie der Integration des Staates dient und eine andere, zu dieser Funktion geeignetere Verwaltungsform nicht denkbar und nicht zu verwirklichen ist.« Und: »Die Frage ist die, ob nicht auch die Emanzipation der Kommunen einen Ansatz zur pluralistischen Auflösung des Staates [...] darstellt« (S. 263); vgl. dens., Die Krise der Gemeindeverwaltung im heutigen Staat, 1932, S. 20, 59 f.; *H. Peters*, Grenzen der kommunalen Selbstverwaltung in Preußen, 1926, S. 6 ff., 36 ff., 60; *ders.*, Zentralisation (Fn. 63), S. 24 ff.
[65] *A. Köttgen*, Die Krise der kommunalen Selbstverwaltung (1931), in: ders., Kommunale Selbstverwaltung zwischen Krise und Reform, 1968, S. 1 ff. (7 ff., 11 ff.; S. 32 ausdrückliche Anerkennung

hältnis zur Kommunalpraxis und -politik ihrer Zeit, insbesondere zur Rolle der Parteien[66]. Diese kommunale Praxis ist geprägt von der als »Munizipalsozialismus«[67] bezeichneten Expansion der wirtschaftlichen Tätigkeit, die sich vor allem nach 1929 einer dramatischen Finanzkrise gegenüber sieht. Die Kommunalverfassungen werden einerseits stark mit **Elementen unmittelbarer Demokratie** angereichert[68], was andererseits aufgrund der dadurch hervorgerufenen Regierungsprobleme der repräsentativen Organe den Gesetzgeber zur Stärkung des »Gemeindeleiters« veranlaßt und in der Weimarer Spätzeit eine charakteristische **Neustrukturierung nach autoritären Mustern** nach sich zieht[69].

Nach der nationalsozialistischen Machtergreifung erfolgt neben der Gleichschaltung des Städtetages die Besetzung kommunaler Spitzenpositionen mit Parteigängern[70]. Die teilweise auf älteren Vorarbeiten beruhende **Deutsche Gemeindeordnung (DGO) von 1935**[71] bringt auch normativ die Neuordnung nach dem »**Führerprinzip**«[72], indem § 6 DGO den von der Partei berufenen Bürgermeister zum alleinigen Gemeindeleiter bestimmt, ihm freilich zugleich einen »Beauftragten der Partei« an die Seite stellt (§ 33 DGO)[73]. Die durch Mitwirkung ausgesuchter Personen im Gemeinderat vorgeblich garantierte »Fühlung« der Gemeinde mit allen Schichten der Bürgerschaft (§ 48 I DGO) hatte mit demokratischer Partizipation nichts gemein.

12

3. Von der Garantie zur Gewährleistung (Art. 28 III GG)

Die **Garantie** der ›Verfassung‹ im weitesten Sinne begegnet zunächst als **Institut des Völkerrechts**[74] und wandert im späten 18. Jahrhundert in das bundesstaatliche Verfassungsrecht ein. Gleichzeitig verschiebt sich damit ihre Schutzrichtung: an die Stelle

13

---

der Selbstverwaltung als »Essentiale des Staatsaufbaus« in der Demokratie); *Matzerath*, Nationalsozialismus (Fn. 57), S. 26 ff.; *Herzfeld*, Demokratie (Fn. 60), S. 32 ff.

[66] *Forsthoff*, Krise (Fn. 64), S. 56 f., 61 f.; *Köttgen*, Krise (Fn. 65), S. 21 ff., 32 ff. (»Denaturierung der Demokratie in den Parteienstaat«, S. 32); dazu *Matzerath*, Nationalsozialismus (Fn. 57), S. 29 f.; *Rudloff*, Selbstverwaltung (Fn. 58), § 6 Rn. 11 ff., 38 ff.; *Lange*, Entwicklung (Fn. 41), S. 861.

[67] *E. Forsthoff*, ZfP 21 (1932), 248 (257 f.); *Matzerath*, Nationalsozialismus (Fn. 57), S. 23; vgl. *C. Treffer*, Der Staat 35 (1996), 251 (265 f.).

[68] Dazu umfangreich *J.H. Witte*, Unmittelbare Gemeindedemokratie der Weimarer Republik, 1997, mit positiver Gesamtwürdigung S. 231 ff.

[69] Vgl. etwa § 17 des preußischen Gesetzes über die vorläufige Regelung der Gemeindeverfassung der Hauptstadt Berlin vom 30.3.1931 (GS S. 39 [42]), wonach der Oberbürgermeister als »Führer der Verwaltung« die Verantwortung tragen sollte; dazu *Matzerath*, Nationalsozialismus (Fn. 57), S. 31 ff.; differenziertes Bild der tatsächlichen Entwicklung in den Kommunen bei *Rudloff*, Selbstverwaltung (Fn. 58), § 6 Rn. 41 ff.

[70] *Matzerath*, Nationalsozialismus (Fn. 57), S. 61 ff., 98 ff.; *ders.*, Die Zeit des Nationalsozialismus, in: HKWP³ I, § 7 Rn. 1 ff.; *A. v. Mutius*, Kommunalverwaltung und Kommunalpolitik, in: Dt. VerwGesch IV, S. 1055 ff. (1062 ff.).

[71] Text bei Engeli/Haus, Quellen (Fn. 29), S. 676 ff.; vgl. dazu *Matzerath*, Nationalsozialismus (Fn. 57), S. 132 ff.; *v. Mutius*, Kommunalverwaltung (Fn. 70), S. 1070 ff.

[72] Umfangreich *Matzerath*, Nationalsozialismus (Fn. 57), S. 139, 141, 247 ff.; *ders.* (Fn. 70), § 7 Rn. 16 ff.; knapp *Willoweit*, Verfassungsgeschichte, § 40 Rn. 1 ff. Zeitgenössisch *A. Köttgen*, Gemeinde und Staat (1939), in: ders., Selbstverwaltung (Fn. 65), S. 89 ff. (91 ff.).

[73] Siehe *Matzerath*, Nationalsozialismus (Fn. 57), S. 159, 229 ff.

[74] Beispiele: Frankreich als Garantiemacht des Westfälischen Friedens 1648 (dazu *W.G. Grewe*, Epochen der Völkerrechtsgeschichte, 2. Aufl. 1988, S. 326); Garantie der Neutralität Belgiens durch die europäischen Großmächte 1839 (dazu *F. Berber*, Lehrbuch des Völkerrechts, Bd. III, 2. Aufl. 1977, S. 100 f.). Umfangreich zur Garantie der deutschen Bundesakte durch die europäischen Großmächte *Huber*, Verfassungsgeschichte, Bd. 2, S. 675 ff.

der Abwehr äußerer Gefahren tritt die Sicherung gegen innere Verfassungsumwälzungen. In der Garantie der republikanischen Regierungsform der US-Einzelstaaten durch die Union (Art. IV Sec. 4 US-Verf.) stehen beide Elemente noch nebeneinander, erwähnt die Norm doch im gleichen Atemzug den Schutz gegen Invasionen. In der **deutschen Verfassungsgeschichte** taucht der Gedanke der »Garantie« einer Verfassungsordnung erstmals auf, als der Großherzog von Sachsen-Weimar dem Bundestag die Verfassung von 1816 mit der Bitte um Übernahme der Garantie vorlegt[75]. Im Anschluß an weitere derartige Ersuchen formuliert Art. 60 der Wiener Schlußakte das Recht des Bundes, die **Garantie einer landständischen Verfassung** zu übernehmen, sofern ein Bundesmitglied darum nachsucht. Da eine derartige Garantie sich im Zeichen der flächendeckenden monarchischen Restauration eher zugunsten der Landstände ausgewirkt hätte (→ Rn. 2), ist es nach 1820 freilich nur in einem Fall zur Garantie-Erklärung gekommen. Hinsichtlich ihrer Durchsetzung verweist die Garantie letzten Endes auf die Bundesexekution[76]. Die **Paulskirchenverfassung** enthält im Abschnitt über die »Gewähr der Verfassung« keine Vorschriften zur Garantie der Landesverfassungen, sondern läßt die Durchsetzung der §§ 186, 195 (→ Rn. 3) als Problem der Wahrung des Reichsfriedens (§ 54 Nr. 3) erscheinen[77].

14 Die Weimarer Reichsverfassung kennt keine dem Art. 28 III GG entsprechende Norm. Die Durchsetzung der Normativvorgaben des Art. 17 WRV tritt vielmehr als **Frage der Reichsaufsicht** in Erscheinung, wobei die Erfüllung der schriftlich fixierten Gebote der Reichsverfassung als Ausführung von Reichsrecht der **abhängigen**, die allgemeine Wahrung der Reichsinteressen der **selbständigen Aufsicht** unterliegen soll[78]. Für den Versuch der Konstruktion einer selbständigen Bundesaufsicht unter der Geltung des Grundgesetzes gibt diese Weimarer Diskussion allerdings weniger her als gemeinhin angenommen[79] (→ Rn. 170).

II. Entstehung und Veränderung der Norm

1. Entstehung

15 In Art. 28 GG sind mit Homogenitätsgebot und kommunaler Selbstverwaltung unterschiedliche Materien geregelt, die ursprünglich nicht in einer Bestimmung zusammengefaßt werden sollten[80]; gleichwohl bildet der gewaltenteilend-herrschaftsbegrenzen-

---

[75] Dazu und zum folgenden *Huber*, Verfassungsgeschichte, Bd. 1, S. 649 ff.

[76] Art. 31 der Wiener Schlußakte i. V. m. der Exekutionsordnung vom 3.8.1820 (Huber, Dokumente, Bd. 1, S. 116 ff.). Vgl. dazu und zu den Grenzen des Eingriffs in die Landesverfassung *Huber*, Verfassungsgeschichte, Bd. 1, S. 637 mit Anwendungsbeispielen. – Detailstudie zu Kurhessen von *Ham*, Bundesintervention (Fn. 11), S. 143 ff.

[77] *Kühne*, Reichsverfassung (Fn. 12), S. 453 ff. sieht den Schwerpunkt der Regelungen insgesamt bei der »organisatorischen Sicherung der Freiheit des einzelnen« (455); zur Reichsexekution als Ausprägung des Grundrechtsschutzes *ders.*, ebd., S. 197 f. Zur Reichsexekution *Huber*, Verfassungsgeschichte, Bd. 2, S. 839. → Art. 37 Rn. 1.

[78] So (in Anlehnung an *H. Triepel*, Die Reichsaufsicht, 1917, S. 370 ff., 411 ff.) *Anschütz*, WRV, Art. 15 Anm. 1 b (S. 113 f.). *Anschütz* räumt aber ein, daß der Unterschied zwischen beiden Aufsichtsarten »überhaupt kein ausschließlicher« sei (S. 114 Fn. 1).

[79] Zum besonderen Fall der Freien Stadt Danzig und ihrer Garantie *F. Wittreck*, ZRG (GA) 121 (2004), 415 (419 ff., 461 ff.).

[80] Entwurfsfassungen in Parl. Rat VII, S. 7, 44 f., 99, 146 f., 224, 350, 404 f., 466 f., 538, 577, 618. Vgl. insgesamt zur Entstehungsgeschichte *H. v. Mangoldt*, Das Bonner Grundgesetz, 1. Aufl. 1953, Art. 28 Anm. 1 (S. 174 ff.).

de **Dezentralisationsgedanke** eine verbindende Klammer[81]. So war es erklärtes Ziel vor allem der amerikanischen Besatzungsmacht, **föderale Strukturen** zu schaffen und die **kommunale Selbstverwaltung** zu stärken, um auf diese Weise zentralistische Machtstrukturen zu zerschlagen und Deutschland durch einen Wiederaufbau »von unten nach oben« nachhaltig zu demokratisieren[82].

a) Art. 28 I GG (Homogenität der Landesverfassungen)

In Art. 29 HChE waren einzelne Homogenitätsvorgaben für die Länder aufgeführt[83]. Der Zuständigkeitsausschuß ging zunächst noch stärker ins Detail[84], während der Grundsatzausschuß sich nach eingehender Diskussion auf die **Bindung an Grundprinzipien** beschränkte, auch um den Eindruck eines Angriffs auf die Staatlichkeit der Länder zu vermeiden[85]. Der Gedanke, die Homogenitätsvorschrift sei ein »Grundrecht des Bundes gegenüber den Ländern« (Abg. Menzel), wurde im weiteren Verlauf der Beratung ebenso verworfen wie die Einräumung eines subjektiven Anspruchs des Bürgers auf Einhaltung der Homogenität (→ Rn. 172)[86]. Der Antrag von Heuss, die Länder auf das parlamentarische Regierungssystem festzulegen (→ Art. 20 [Demokratie], Rn. 18 ff.; → Art. 63 Rn. 8 ff.), fand zuerst gegen den Widerstand Carlo Schmids Gefolgschaft, scheiterte aber ebenso wie eine wiederholte Einschärfung der Geltung der Grundrechte[87] in den Ländern letztlich im Redaktionsausschuß. Die Einfügung der **»verfassungsmäßigen Ordnung«** der Länder erfolgte, weil die Länder in ihrer Mehrzahl 1948 noch nicht über geschriebene Verfassungen verfügten und einige vielleicht gar keine erhalten würden[88]. Aussagekräftiger Konsens bestand dahingehend, daß Abs. 1 der Vorschrift »ein Rechtssatz mit Wirkung für die Länder, die Verfassungsmäßigkeit eines Landesgesetzes« (→ Rn. 73) sei[89]. Die Erstreckung der Wahlgrundsätze auf Kreise und Gemeinden führte zu Bedenken wegen der bestehenden

16

---

[81] S. auch *Stern* (Fn. 14), Art. 28 Rn. 1; wie hier *A. Dittmann*, HStR³ VI, § 127 Rn. 30 (dort fälschlich »De*konzentrations*gedanke«).

[82] Vgl. das Dokument »Decentralization of the Political Structure of Germany, Preliminary Report by the Special Advising Committee for Decentralization«, US Group CC, 23 March 1945, abgedr. in: VjZHG 24 (1976), 316 ff. (319): »Any agency or function which, if decentralized, would promote the growth of or strengthen representative and local self-government should be decentralized«; S. 320: »A minimum of central government is necessary, but federalism and local self-government should be encouraged to the maximum in order to destroy the military potential of Germany and promote democracy [...] No zonal governmental unit should be established, but the political structure should be built upon the Laender [...] Local self-government should be promoted in the Gemeinde...«. Vgl. auch das Frankfurter Dokument I in: Parl. Rat I, S. 31. Dazu *B. Diestelkamp*, JuS 1981, 409 (410 ff.); *Willoweit*, Verfassungsgeschichte, § 41 Rn. 6, § 42 Rn. 1 ff.; *H. Maurer*, DVBl. 1995, 1037 (1037); *C. Groh*, Neuanfänge der kommunalen Selbstverwaltung nach 1945, in: HKWP³ I, § 8 Rn. 16 ff.

[83] Parl. Rat II, S. 523 f., 584; JöR 1 (1951), S. 244 ff. – Im Überblick zum folgenden *J. Rühmann*, in: Umbach/Clemens, GG, Art. 28 I 1 Rn. 6 ff.

[84] Parl. Rat III, S. 233 ff., 415 ff., 489 ff.; JöR 1 (1951), S. 246 f. (Dezentralisation der Polizei).

[85] Parl. Rat V/1, S. 303 ff. (Sitzung v. 14.10.1948); Parl. Rat V/2, S. 536 (Sitzung v. 10.11.1948); zusammenfassend JöR 1 (1951), S. 250.

[86] Abg. *Menzel*, Parl. Rat III, S. 218; vgl. JöR 1 (1951), S. 246 f.

[87] »Wiederholt«, weil sich bereits aus Art. 1 III GG ergibt: JöR 1 (1951), S. 250 f.; das schien im Zuständigkeitsausschuß noch unklar (Parl. Rat III, S. 419). → Art. 1 III Rn. 37.

[88] Die anschließende Diskussion im Hauptausschuß (Sitzung v. 18.11.1948, Parl. Rat XIV/1, S. 146 ff.) zu dieser Frage offenbarte unterschiedliche Begriffe von »Verfassung« und kann die heutige Auslegung nicht fixieren; gleiches gilt für die eher beiläufige Umformulierung zu »in den Ländern« (→ Rn. 50 f., 76). Vgl. JöR 1 (1951), S. 251 f.; Parl. Rat VII, S. 146.

[89] Parl. Rat III, S. 416.

direkten Demokratie in »**Kleinstgemeinden**« und daher mittelbar zur Einfügung des heutigen Abs. 1 Satz 4, der erst in 3. Lesung des Hauptausschusses seine normtextlich weniger enge Endfassung erhielt⁹⁰.

b) Art. 28 II GG (Kommunale Selbstverwaltung)

17 Der Verfassungskonvent von Herrenchiemsee verzichtete auf Wunsch der Länder auf eine Regelung der kommunalen Selbstverwaltung⁹¹. Abg. Hoch (SPD) regte im Zuständigkeitsausschuß während der Debatte über die Homogenitätsvorschrift erstmals eine Sicherung der Gemeinden an⁹²; nach längerer Untätigkeit des Ausschusses und einer **Intervention von Vertretern des Städtetages** schlug er folgende Formulierung vor: »Den Gemeinden und Gemeindeverbänden muß das Recht gewährleistet sein, alle Angelegenheiten der örtlichen Gemeinschaft im Rahmen der Gesetze in eigener Verantwortung zu regeln«⁹³. Dabei ging er in Anknüpfung an die preußische Tradition von der Totalität bzw. **Universalität der gemeindlichen Aufgaben** aus⁹⁴, deren Reichweite in den Ausschüssen kontrovers diskutiert wurde⁹⁵. Der Grundsatzausschuß wollte die Vorschrift zunächst ausdrücklich an die Länder richten und um eine Legaldefinition der Selbstverwaltung erweitern⁹⁶; erstmals unterschied man inhaltlich zwischen Gemeinden und Gemeindeverbänden⁹⁷. In Übereinstimmung mit den meisten bereits existierenden Landesverfassungen wurde die kommunale Selbstverwaltung einhellig als **institutionelle Garantie** und nicht als Grundrecht (→ Rn. 11) ausgestaltet und aufgefaßt⁹⁸.

18 Diese Fassung des Grundsatzausschusses legte der Hauptausschuß zugrunde und verlieh ihr bereits in der 1. Lesung (18.11.1948) die endgültige Form⁹⁹. Ein zuvor eingebrachter **Antrag auf finanzielle Absicherung scheiterte** ebenso wie der Vorschlag, eine Zuweisung von neuen Aufgaben ausdrücklich an die Bereitstellung von Mitteln

---

⁹⁰ JöR 1 (1951), S. 252f.; Parl. Rat VII, S. 146f., 224, 404f.; Parl. Rat XIV/1, S. 807ff.; Parl. Rat XIV/2, S. 1513.
⁹¹ So ausdrücklich Abg. *Suhr*, in: Parl. Rat V/1, S. 310; vgl. Parl. Rat II, 213, 357 sowie *W. Sörgel*, Konsensus und Interessen (1969), 2. Aufl 1985, S. 158, 161; *H. Faber*, in: AK-GG, Art. 28 Abs. 1 II, Abs. 2 (2002), Rn. 7. In Art. 11 Nr. 5 des bayerischen Entwurfs war eine dem heutigen Art. 28 II GG entsprechende Regelung noch vorgesehen: Parl. Rat II, S. 6.
⁹² Sitzung v. 29.9.1948: Parl. Rat III, S. 239f.; JöR 1 (1951), S. 253.
⁹³ Sitzung v. 8.10.1948: Parl. Rat III, S. 413f.; JöR 1 (1951), S. 253; zur Intervention des Städtetages *Sörgel*, Konsensus (Fn. 91), S. 160ff.; zur Genese noch *Stepanek*, Pflichtaufgaben (Fn. 41), S. 60ff.
⁹⁴ Für eine solche Anknüpfung an die preußische Tradition auch *Stern*, Staatsrecht I, S. 412.
⁹⁵ Parl. Rat V/1, S. 308ff. (Grundsatzausschuß v. 14.10.1948), 313ff. (Grundsatzausschuß v. 15.10.1948); zusammenfassend JöR 1 (1951), S. 254ff.; *Faber* (Fn. 91), Art. 28 Abs. 1 II, Abs. 2 Rn. 9. Für *Schmid* war Universalität gleichbedeutend damit, »die Gemeinden in ganz anderer Weise als bisher zu allgemeinen Trägern der ersten Stufe der Obrigkeit zu machen« (Parl. Rat V/1, S. 309); *v. Mangoldt* war lediglich für die Garantie einer »gewissen Substanz« (ebd., S. 308).
⁹⁶ Parl. Rat V/1, S. 313: »Die Länder haben den Gemeinden und Gemeindeverbänden das Recht der Selbstverwaltung zu gewährleisten. Zum Wesen der Selbstverwaltung gehört, daß die Gemeinden alle Angelegenheiten der örtlichen Gemeinschaft in eigener Verantwortung zu regeln haben, soweit das Gesetz dem Lande oder einem der Gemeindeverbände nicht Aufgaben zuweist« (Koproduktion von *Heuss, v. Mangoldt* und *Schmid*).
⁹⁷ Parl. Rat V/2, S. 537; s. auch *Stern* (Fn. 14), Art. 28 (I. Entstehungsgeschichte), S. 4.
⁹⁸ Parl. Rat III, S. 414f.; vgl. *Faber* (Fn. 91), Art. 28 Abs. 1 II, Abs. 2 Rn. 8.
⁹⁹ JöR 1 (1951), S. 255ff.; Parl. Rat VII, S. 99; eingehend Parl. Rat XIV/1, S. 148ff., 154f.

II. Entstehung und Veränderung der Norm Art. 28

zu knüpfen[100] – beides läßt sich wohl mit der Rücksichtnahme auf die Interessen der Länder erklären[101].

c) Art. 28 III GG (Gewährleistung durch den Bund)

Bei den Beratungen stand hier mahnend der »Preußenschlag« von 1932[102] ebenso vor Augen wie die Entwicklung in der damaligen sowjetischen Besatzungszone[103]. Der Konvent von Herrenchiemsee strebte daher ausweislich der Begründung zu Art. 28 IV HChE (»Die Verfassungsmäßigkeit des staatlichen Lebens in den Ländern wird vom Bund gewährleistet«) eine **effektive Homogenität** an, die sich auch auf die Verfassungswirklichkeit erstrecken müsse[104]. Einen Genehmigungsvorbehalt für Änderungen der Landesverfassung nach Schweizer Muster (→ Rn. 32) lehnte der Entwurf ab und verwies für den Fall von Streitigkeiten ausdrücklich auf das Verfassungsgericht des Bundes (→ Rn. 171)[105]. Der Zuständigkeitsausschuß engte diese allgemeine Gewährleistung als »untragbar« (Abg. Laforet) durch Einfügung von »nach Maßgabe der Absätze 1–4« ein[106]; die **Ergänzung um die Grundrechte** erfolgte im Grundsatzausschuß[107]. Die Endfassung kam erst in der 3. Lesung im Hauptausschuß (9.2.1949) zustande[108] und ließ offen, ob die schließlich gewählte Formulierung »verfassungsmäßige Ordnung« im gleichen Maße wie »staatliches Leben« auch die **Verfassungswirklichkeit erfaßt**[109] und wie die Gewährleistung in der Praxis aussehen sollte. Der Grundsatzausschuß bewegte sich hier weg vom Vorrang der Verfassungsgerichtsbarkeit hin zu einer recht vagen Vorstellung von **Bundesexekution**[110].

19

2. Veränderung

Durch Gesetz vom 21.12.1992[111] wurde **Art. 28 I 3 GG eingefügt**, demzufolge auch EU-Bürger nach Maßgabe des Rechts der Europäischen Union an Wahlen in Kreisen

20

---

[100] JöR 1 (1951), S. 256; Parl. Rat XIV/1, S. 149 ff.; *Faber* (Fn. 91), Art. 28 Abs. 1 II, Abs. 2 Rn. 9. → Rn. 148 ff., 163 ff.
[101] Zu weiteren Defiziten bei den Beratungen *Faber* (Fn. 91), Art. 28 Abs. 1 II, Abs. 2 Rn. 14.
[102] Parl. Rat III, S. 424 ff.; JöR 1 (1951), S. 258. Zum Preußenschlag s. Huber, Dokumente, Bd. 4, S. 557 ff.; *ders.*, Verfassungsgeschichte, Bd. 7, S. 1015 ff., 1120 ff.; *Stern*, Staatsrecht V, S. 705 ff., 730 f.; eingehend *Gusy*, Reichsverfassung, S. 264 ff. – Das Urteil des StGH ist abgedruckt in: RGZ 138, Anhang S. 1* ff.
[103] Dazu Abg. *Suhr*, Parl. Rat V/1, S. 304; *v. Mangoldt*, ebd., S. 310; *Schmid*, Parl. Rat V/2, S. 538; JöR 1 (1951), S. 258.
[104] Parl. Rat II, S. 524. – Zum folgenden *J. Rühmann*, in: Umbach/Clemens, GG, Art. 28 III Rn. 185 ff.
[105] Parl. Rat II, S. 524 f.; vgl. insofern Parl. Rat V/1, S. 314 und V/2, S. 538.
[106] Parl. Rat III, S. 425 f.; JöR 1 (1951), S. 258.
[107] Parl. Rat V/2, S. 539 f.; JöR 1 (1951), S. 259.
[108] Vgl. JöR 1 (1951), S. 259 ff.; im einzelnen Parl. Rat XIV/2, S. 1513, 1795.
[109] JöR 1 (1951), S. 260 f.; Parl. Rat XIV/1, S. 155 ff., 810 ff.
[110] Bei der Verfassungsgerichtsbarkeit befürchtete *C. Schmid* »ein entsetzlich langes Verfahren« (Parl. Rat V/2, S. 540). Ein zwischenzeitlich aufgenommener ausdrücklicher Verweis auf den Bund-Länder-Streit wurde in der 3. Lesung des Hauptausschusses wieder gestrichen; JöR 1 (1951), S. 261 f.; vgl. Parl. Rat VII, S. 224, 405; Parl. Rat XIV/2, S. 1513. – Zentrale Diskussion zur Bundesexekution: Parl. Rat V/2, S. 540 f.; vgl. JöR 1 (1951), S. 338.
[111] BGBl. I S. 2086. Das beruhte auf einem Vorschlag der GVK (BT-Drs. 12/6000, S. 16). Der weitergehende Antrag auf Einführung eines allgemeinen kommunalen Wahlrechts für Ausländer erreichte nicht die notwendige Zweidrittelmehrheit (BT-Drs. 12/6000, S. 25 f., 97 f.); zu diesem Aspekt der Verfassungsreform *R. Scholz*, NJW 1992, 2593 (2595); *U. Berlit*, JöR 44 (1996), 17 (81 f.); einge-

und Gemeinden teilnehmen dürfen (→ Rn. 27, 70 ff.; → Art. 20 [Demokratie], Rn. 52). Diese Öffnungsklausel zur Anpassung des Verfassungstextes an die unionsrechtliche Vorgabe (Art. 22 AEUV, davor Art. 19 EGV) berücksichtigt, daß das Bundesverfassungsgericht zuvor die Einführung des kommunalen Wahlrechts für Ausländer durch den Landesgesetzgeber für verfassungswidrig erklärt hatte[112]. Die Einfügung des Art. 28 I 3 GG sollte eine Kollision zwischen Gemeinschaftsrecht (nunmehr Unionsrecht) und Grundgesetz bzw. eine Verfassungswidrigkeit des innerstaatlichen Zustimmungsgesetzes zum Maastrichter Vertrag vermeiden[113].

21 Der **Normtext des Art. 28 II GG** blieb bis 1994 stabil; allerdings war eine erste nachhaltige Änderung der Verfassungswirklichkeit der kommunalen Selbstverwaltung bereits in der Finanzverfassungsreform 1955/56 durch die Festschreibung von Steuerzuweisungen an die Gemeinden in Art. 106 GG erfolgt[114]. Durch Gesetz vom 27.10.1994 wurde in Art. 28 II GG als **neuer Satz 3 eingefügt**: »Die Gewährleistung der Selbstverwaltung umfaßt auch die Grundlagen der finanziellen Eigenverantwortung.«[115] Die Begründung wies auf die gestiegenen Belastungen der Gemeinden und Kreise bei der Erfüllung staatlicher Aufgaben und die gebotene Betonung der finanziellen Eigenverantwortung hin. Verfassungsrechtlich handelt es sich dabei um eine **bloße Klarstellung**[116]; sie blieb hinter den Erwartungen der betroffenen Gemeinden und Kreise deutlich zurück, da sie an deren Finanzausstattung nichts änderte und gerade die brennende **Frage der Finanzierungsverantwortung** bei der Aufgabenübertragung (→ Rn. 148 ff., 152) **offen** ließ[117].

22 Folgerichtig kam es 1997 zu einer **weiteren Änderung** im Zuge der Diskussion um die Abschaffung der Gewerbekapitalsteuer und im Zusammenhang mit der erneuten Änderung des Art. 106 GG (→ Art. 106 Rn. 5). Ob der **an Art. 28 II 3 GG angefügte Halbs. 2**[118] tatsächlich der ursprünglichen Zielsetzung gemäß die Gemeinden verfassungsrechtlich gegen eine kompensationslose Abschaffung der verbleibenden Gewer-

---

hend K. Barley, Das Kommunalwahlrecht für Ausländer nach der Neuordnung des Art. 28 Abs. 1 S. 3 GG, 1999, S. 39 ff.

[112] BVerfGE 83, 37; 83, 60. Zum (eher kryptischen) Hinweis des Gerichts, eine Verfassungsänderung dieses Inhalts scheitere nicht an Art. 79 III GG (E 83, 37 [59]): → Art. 20 (Demokratie), Rn. 52, 91; dort auch w.N. zur kontroversen akademischen Diskussion. → Rn. 69.

[113] K. Meyer-Teschendorf/H. Hofmann, ZRP 1995, 290 (291), unter Hinweis auf BT-Drs. 12/3338, S. 11; kritisch zu diesem Beitrag K. Engelken, ZRP 1995, 393; desgleichen ders., DÖV 1996, 737 (739); wie hier D. H. Scheuing, EuR-Beiheft 1/1997, 7 (Rn. 7, 45, 70, 92); Barley, Kommunalwahlrecht (Fn. 111), S. 173; P. J. Tettinger/K.-A. Schwarz, in: v. Mangoldt/Klein/Starck, GG II, Art. 28 Abs. 1 Rn. 118 ff.; K. Rennert, in: Umbach/Clemens, GG, Art. 28 I 2–4 Rn. 31. → Art. 23 Rn. 3.

[114] BGBl. 1955 I, S. 817; 1956 I, S. 1077; R. Voigt, Die Auswirkungen des Finanzausgleichs zwischen Staat und Gemeinden auf die kommunale Selbstverwaltung von 1919 bis zur Gegenwart, 1975, S. 137 ff.

[115] BGBl. I S. 3146. Die Ergänzung beruht auf einem Vorschlag der Regierungsfraktionen und der SPD vom 20.1.1994 (BT-Drs. 12/6633, S. 2); dazu umfangreich und m.w.N. noch R. Scholz, in: Maunz/Dürig, GG, Art. 28 (1997), Rn. 84a; komprimierter Mehde (Fn. 39), Art. 28 Abs. 2 Rn. 145 ff.

[116] BT-Drs. 12/6633, S. 7: »Eine solche Verfassungsergänzung stellt keine konstitutive Neuerung dar«; hierzu U. Berlit, JöR 44 (1996), 17 (50 ff.); Mehde (Fn. 39), Art. 28 Abs. 2 Rn. 146.

[117] Dazu H.-G. Henneke, Die vorgebliche »Stärkung« der kommunalen Selbstverwaltung« durch die Empfehlungen der Gemeinsamen Verfassungskommission aus der Sicht der Kreise – Kritische Anmerkungen und rechtspolitische Vorschläge, in: H.-G. Henneke/H. Maurer/F. Schoch (Hrsg.), Die Kreise im Bundesstaat, 1994, S. 61 ff. (106 f., 129 ff.).

[118] Gesetz v. 20.10.1997, BGBl. I S. 2470; vgl. zur Änderung J. Hidien, DVBl. 1998, 617 (618, 620 f.); H.-G. Henneke, Kommunen in der Finanzverfassung des Bundes und der Länder, 5. Aufl. 2012, S. 47 f.; Mehde (Fn. 39), Art. 28 Abs. 2 Rn. 145.

beertragsteuer abzusichern vermag, ist fraglich[119]. Es stimmt insofern skeptisch, daß die Formulierung »wirtschaftskraftbezogen« mit der ausdrücklichen Erwägung gewählt wurde, daß auf diese Weise die kommunale Finanzautonomie durch die Gewerbeertragsteuer *oder* aber »eine andere an der [sic] Wirtschaftskraft der am Wirtschaftsleben in der jeweiligen Gemeinde Beteiligten anknüpfende Steuer« gewährleistet werden solle[120]. Die verfassungsästhetisch unbefriedigende Plazierung des Hebesatzrechts schließlich beruht auf der sprachlichen Überarbeitung durch den Rechtsausschuß[121]. Die Frage der **Finanzierungsverantwortung** bleibt weiterhin offen und Gegenstand einer andauernden Reformdebatte (→ Rn. 152).

B. Internationale, supranationale und rechtsvergleichende Bezüge

I. Internationale Rechtsdokumente

Das internationale Recht verhält sich nicht näher zu der speziellen Frage interner **Homogenität** von Bundesstaaten, da es nur den (Bundes-)Staat als Zurechnungsobjekt kennt[122]. Allerdings läßt sich im 20. Jahrhundert quer durch die Gründungs- und Rechtsdokumente internationaler Organisationen eine klare Tendenz feststellen, Vorgaben für die innere Ordnung der Mitgliedstaaten zu formulieren und – in freilich stark divergierender Weise – auch durchzusetzen[123].

23

Für die **Gemeinden** und **Kreise** gilt die 1985 von den Mitgliedern des Europarates unterzeichnete **Europäische Charta der kommunalen Selbstverwaltung (EKC)**[124]. Sie will verschiedene Grundelemente der kommunalen Selbstverwaltung durch deren Anerkennung in den innerstaatlichen Rechtsvorschriften und nach Möglichkeit in der Verfassung (Art. 2) europaweit sichern, darunter (Art. 9) die hinreichende Finanzausstattung (→ Rn. 146 ff.)[125]. Als multilateraler völkerrechtlicher Vertrag bindet sie nur

24

---

[119] Zum Ziel siehe die Begründung zum Gesetzentwurf des Bundesrates in BR-Drs. 385/97; zweifelnd *H.-G. Henneke*, Der Landkreis 1997, 482 (486 f.); skeptisch auch *J. Hidien*, DVBl. 1998, 617 (620: »scheint den Gemeinden [...] mehr zu versprechen, als das Finanzrecht letztlich einlösen kann«) sowie *G. Püttner*, Die Zukunft der kommunalen Selbstverwaltung in Deutschland, in: GedS Burmeister, 2005, S. 301 ff. (307).
[120] So übereinstimmend BT-Drs. 13/8340, S. 2; 13/8348, S. 5.
[121] Vgl. BT-Drs. 13/8348, S. 5. – Der fraktionsübergreifende Antrag hatte noch formuliert: »zu diesen Grundlagen gehört eine den Gemeinden zustehende wirtschaftskraftbezogene und mit Hebesatzrecht ausgestattete Steuerquelle« (BT-Drs. 13/8340, S. 2).
[122] Vgl. etwa *Verdross/Simma*, Völkerrecht, § 678: eine Regelung bezüglich der Vertragsschlußkompetenz von Gliedstaaten wurde in die VRK ausdrücklich nicht aufgenommen.
[123] Einige Hinweise zur »Homogenität in überstaatlichen Verbindungen« bei *Menzel*, Landesverfassungsrecht (Fn. 7), S. 103 ff.
[124] Am 1.9.1988 (vgl. Deutsches Zustimmungsgesetz v. 22.1.1987: BGBl. II, S. 65; Bekanntmachung vom 15.6.1988, BGBl. II, S. 653). Siehe *F.-L. Knemeyer*, DÖV 1988, 997 ff.; ders. (Hrsg.), Die Europäische Charta der kommunalen Selbstverwaltung, 1989; *B. Schaffarzik*, Handbuch der Europäischen Charta der kommunalen Selbstverwaltung, 2002; *P. J. Tettinger*, Europarecht und kommunale Selbstverwaltung, in: GedS Burmeister, 2005, S. 439 ff. (447 f.), sowie eingehend *T. I. Schmidt*, Kommunale Kooperation, 2005, S. 84 ff.; *P. Pfisterer*, Kommunale Selbstverwaltung und lokale Governance vor dem Hintergrund des europäischen Integrationsprozesses, 2009, S. 314 ff.; *A. Puttler*, in: Calliess/Ruffert, EUV/AEUV, Art. 4 EUV Rn. 20; *I. Stirn*, Lokale und regionale Selbstverwaltung in Europa, 2013, S. 162 ff.
[125] Für Relevanz der EKC hinsichtlich der Finanzausstattung in Anlehnung an die Auslegung der EMRK *T. Marauhn*, Selbstverwaltungsgerechte und aufgabenangemessene Finanzausstattung kommunaler Gebietskörperschaften in Europa, in: M. Hoffmann u. a. (Hrsg.), Kommunale Selbstverwal-

die Unterzeichnerstaaten. Sollte die EKC in das Unionsrecht inkorporiert werden[126], wäre damit auf europäischer Ebene eine Sicherung der kommunalen Selbstverwaltung erreicht, die wohl in mancher Hinsicht über den deutschen Standard hinausginge[127].

II. Europäisches Unionsrecht

1. Die Unionsebene

a) Homogenitätsgebot (Art. 28 I, III GG)

25 Die Normen des primären Rechts der Europäischen Union enthalten ein dem Grundgesetz wenigstens teilweise entsprechendes **Homogenitätsgebot** erst seit dem Amsterdamer Vertrag in Gestalt von Art. 6 I und Art. 7 EUV a. F. Seit Inkrafttreten des Vertrags von Lissabon sind Union wie Mitgliedstaaten gemäß Art. 2 EUV gleichermaßen an die Achtung der Menschenwürde, Freiheit, Demokratie, Gleichheit, Rechtsstaatlichkeit und die Wahrung der Menschenrechte einschließlich der Rechte der Personen, die Minderheiten angehören, gebunden (→ Vorb. Rn. 40ff.; → Art. 1 II Rn. 7; → Art. 20 [Demokratie], Rn. 32; → Art. 23 Rn. 11)[128]. Art. 7 EUV sieht für den Fall der (drohenden) Verletzung dieser Werte weiterhin zwei auf Wiederherstellung der Homogenität gerichtete Verfahren unter Beteiligung des betroffenen Mitgliedstaates vor[129]: Der Rat kann mit qualifizierter Mehrheit die »eindeutige Gefahr einer schwerwiegenden Verletzung« der oben genannten Grundsätze feststellen (Art. 7 I EUV). Darüber hinaus kann der Europäische Rat einstimmig die Feststellung einer »schwerwiegenden und anhaltenden Verletzung der in Artikel 2 genannten Werte« treffen (Art. 7 II EUV), die ihn in der Folge zur Suspendierung einzelner aus den Unionsverträgen folgender Rechte des betroffenen Mitgliedes ermächtigt (Art. 7 III EUV)[130]. Auch der an Referenden Frankreichs und der Niederlande gescheiterte **Verfassungsvertrag für Europa** hatte in Art. I-59 VVE das in Art. 7 EUV niedergelegte Verfahren zur Implementie-

---

tung im Spiegel von Verfassungsrecht und Verwaltungsrecht, 1995, S. 71 ff. (76 f.) sowie *B. Weiß*, DÖV 2000, 905 (906ff.). Zur Umsetzung und praktischen Bedeutung der Kommunalcharta *M. W. Schneider*, Kommunaler Einfluß in Europa, 2004, S. 336ff.; *Stirn*, Selbstverwaltung (Fn. 124), S. 162ff.

[126] Zu entsprechenden Vorschlägen Nachweise bei *H. Heberlein*, DVBl. 1994, 1213 (1218 m. Fn. 68). *H. Hoffschulte*, DVBl. 2005, 202 (205) sieht die EKC aufgrund der Unterzeichnung durch alle Mitgliedstaaten der EU als »acquis communautaire« an (2007 erfolgte schließlich auch die formelle Ratifizierung durch Frankreich als letzten Mitgliedstaat der Europäischen Union).

[127] Vgl. *K. Lange*, Kommunalrecht, 2013, S. 65; umfassend *Schaffarzik*, Handbuch (Fn. 124), § 21 Rn. 118ff. (insb. 123ff.). – Die EKC als weniger weitreichend bewerten *G.-C. v. Unruh*, BayVBl. 1993, 10 (11); *H. Heberlein*, DVBl. 1994, 1213 (1219); *W. Löwer*, in: v. Münch/Kunig, GG I, Art. 28 Rn. 115; skeptisch auch *Stern*, Union (Fn. 36), S. 41 ff.

[128] Siehe nur *M. Hilf/F. Schorkopf*, in: Grabitz/Hilf/Nettesheim, EUV/AEUV, Art. 2 EUV (2013), Rn. 9 f. m. w. N.: das Verständnis von Art. 2 EUV als Homogenitätsklausel hat sich durchgesetzt. Ähnlich *C. Calliess*, in: ders./Ruffert, EUV/AEUV, Art. 2 EUV Rn. 7; *Mehde* (Fn. 13), Art. 28 Abs. 1 Rn. 11 f. – Ausführlich *F. Schorkopf*, Homogenität in der Europäischen Union – Ausgestaltung und Gewährleistung durch Art. 6 Abs. 1 und Art. 7 EUV, 2000; *F. Hanschmann*, Der Begriff der Homogenität in der Verfassungslehre und Europarechtswissenschaft, 2008, insb. S. 26 ff., 41 ff., jeweils noch unter Bezugnahme auf Art. 6 EUV a. F.

[129] Im einzelnen *F. Schorkopf*, in: Grabitz/Hilf/Nettesheim, EUV/AEUV, Art. 7 EUV (2010), Rn. 5 ff., 19 ff., 29 ff.; s. auch *U. Becker*, in: Schwarze, EU, Art. 7 EUV Rn. 4 ff.; *Mehde* (Fn. 13), Art. 28 Abs. 1 Rn. 13 f.

[130] Zum äußerst fragwürdigen Fall der Verhängung von Sanktionen gegen Österreich nach der Koalition von ÖVP und FPÖ im Jahre 2000: → Bd. II², Art. 28 Rn. 30 Fn. 144ff.

rung der Bindung an die damals in Art. I-2 VVE für Union wie Mitgliedstaaten für verbindlich erklärten Werte übernommen (→ Bd. II², Art. 28 Rn. 31).

b) Kommunale Selbstverwaltung (Art. 28 II GG)

Bis zum Vertrag von Lissabon war das Unionsrecht nicht nur »mit ›Landes-Blindheit‹ geschlagen«[131], sondern auch mit »Kommunalblindheit«[132]. Seitdem wird die Bedeutung der kommunalen Selbstverwaltung jedoch auch **im Primärrecht anerkannt**[133]. Gem. Art. 4 II EUV achtet die Union die jeweilige nationale Identität, die in den grundlegenden politischen und verfassungsmäßigen Strukturen der Staaten einschließlich der regionalen und lokalen Selbstverwaltung zum Ausdruck kommt. Das Subsidiaritätsprinzip ist durch den Lissabon-Vertrag neu formuliert worden und erstreckt sich erstmals auf die nationale, regionale und lokale Ebene[134]. Im selben Zuge wurde durch den EUV ein **Ausschuß der Regionen** (Art. 305 ff. AEUV) konstituiert, der sich aus Vertretern der regionalen und lokalen Gebietskörperschaften zusammensetzt und vom Europäischen Parlament, vom Rat oder von der Kommission gehört werden kann (Art. 307 AEUV)[135]. Kraft Art. 4 II EUV existiert zumindest ein normativer Anhalt für die Anerkennung **kommunaler Selbstverwaltung** auf **unionsrechtlicher Ebene**, wobei allerdings die »jeweilige nationale Identität« der Mitgliedstaaten der primäre Bezugspunkt bleibt. Gravierende Verstöße der Union gegen die diesbezügliche Achtungspflicht sind vor dem EuGH justiziabel[136]. Nach Art. 263 III AEUV erhält zudem der Ausschuß der Regionen ein Klagerecht in Bezug auf die Verletzung der Subsidiarität durch anhörungsbedürftige Gesetzgebungsakte.

26

---

[131] *H. P. Ipsen*, Als Bundesstaat in der Gemeinschaft, in: FS Hallstein, 1966, S. 248 ff. (256).
[132] Zur früheren Kommunalblindheit s. *A. Faber*, Europarechtliche Grenzen kommunaler Wirtschaftsförderung, 1992, S. 50; *Tettinger*, Europarecht (Fn. 124), S. 440. *P. Häberle*, JöR 58 (2010), 301 (307): »gemeindeblind« (jedoch seien die Kommunen bereits »Baustein für Europa als Verfassungsgemeinschaft«, S. 313). Im Ergebnis ähnlich und mit umfangreichen Nachweisen *S. v. Zimmermann-Wienhues*, Kommunale Selbstverwaltung in einer europäischen Union, 1997, S. 239 ff., 261 f. – Zur neuen Rechtslage statt vieler *B. Klein*, Kommunale Kooperationen zwischen innerstaatlichem Organisationsakt und Markt, 2012, S. 110 ff.; *M. Knauff*, EuR 2010, 725 (742 f.).
[133] Siehe nur *Mehde* (Fn. 39), Art. 28 Abs. 2 Rn. 9. Explizit *J. Schwind*, Aktuelle Entfaltungen kommunaler Einflussmöglichkeiten im europäischen Verfassungsrecht, in: FS Schmidt-Jortzig, 2011, S. 133 ff. (134): »Art. 4 Abs. 2 EUV als Ende der Kommunalblindheit Europas«.
[134] Vgl. Stellungnahme des Ausschusses der Regionen »Strategie zur wirksamen Umsetzung der Charta der Grundrechte«, ABl. C 9 vom 11.1.2012, S. 61–64; *A. v. Bogdandy/S. Schill*, in: Grabitz/Hilf/Nettesheim, EUV/AEUV, Art. 4 EUV (2013), Rn. 17; *Puttler* (Fn. 124), Art. 4 EUV Rn. 18 ff.
[135] Die Mitglieder werden vom Rat ernannt; das Auswahlverfahren regeln die Mitgliedstaaten nach Maßgabe des Art. 305 III AEUV. Für die Bundesrepublik, auf die 24 der höchstens 350 Ausschußsitze entfallen, gilt insoweit das Gesetz über die Zusammenarbeit von Bund und Ländern in Angelegenheiten der Europäischen Union vom 12.3.1993 (BGBl. 1993 I, S. 313). Nach dessen § 14 stehen Gemeinden und Gemeindeverbänden ganze drei (!) der 24 Sitze zu, den Rest besetzen die Länder. Umfangreich zu den europäischen Beteiligungsmöglichkeiten der Gemeinden *v. Zimmermann-Wienhues*, Selbstverwaltung (Fn. 132), S. 273 ff. (speziell zum Ausschuß der Regionen S. 303 ff. mit zutreffender Kritik an dessen Konzeption S. 343 ff.). Allgemein zum Ausschuß der Regionen *O. Suhr*, in Calliess/Ruffert, EUV/AEUV, Art. 305 Rn. 1 ff.; *Streinz*, Europarecht, Rn. 430 ff.; *Frenz*, Europarecht VI, Rn. 1358 ff.; *R. Hönle/M. Sichert*, in: Schwarze, EU, Art. 300 AEUV Rn. 18 ff.
[136] *R. Streinz*, in: ders., EUV/AEUV, Art. 4 EUV Rn. 12, 19; *A. v. Bogdandy/S. Schill*, ZaöRV 70 (2010), 701 (713 ff.); wohlgemerkt dürfte in der BRD im Lichte von Art. 79 III GG die »lokale« (kommunale), anders als die »regionale« (→ Rn. 46) Selbstverwaltung nicht zur »nationalen Identität« zählen: *Puttler* (Fn. 124), Art. 4 EUV Rn. 19; → Rn. 28, 30; a. A. aber *v. Bogdandy/Schill* (Fn. 134), Art. 4 EUV Rn. 17.

Art. 28 B. Internationale, supranationale und rechtsvergleichende Bezüge

2. Einwirkungen des Unionsrechts auf Art. 28 GG

a) Homogenitätsgebot und kommunales Wahlrecht für EU-Bürger (Art. 28 I GG)

27 Eine zunächst nur materielle Verfassungsänderung (→ Art. 79 I Rn. 16, 26) bewirkte Art. 8b I a. F. EGV, indem er den Unionsbürgern das **aktive und passive Wahlrecht bei Kommunalwahlen** in anderen Mitgliedstaaten als jenem, dessen Staatsangehörige sie sind, gewährte. Durch Einfügung des Art. 28 I 3 GG (→ Rn. 20, 70 ff.) wurde der Text des Grundgesetzes angepaßt[137], am 19.12.1994 wiederum gem. Art. 8b a. F. EGV die entsprechende Richtlinie 94/80 vom Rat verabschiedet[138]. Sie war von den Mitgliedstaaten bis zum 1.1.1996 umzusetzen. Die in Deutschland gem. Art. 30, 70 GG zuständigen Bundesländer sind dieser Verpflichtung nachgekommen[139]; ihre Regelungen haben verfassungsgerichtlicher Überprüfung standgehalten (→ Art. 20 [Demokratie], Rn. 52). Das Kommunalwahlrecht ist seit dem Vertrag von Lissabon in **Art. 22 I 1 AEUV** verankert.

b) Kommunale Selbstverwaltung und unionsrechtliche Vorgaben (Art. 28 II GG)

28 Ohne Zweifel sind die Aufgaben der Kommunen und ihre Erledigung – nicht anders als das gesamte staatliche Handeln – durch Vorgaben der EU geprägt. Eine Verletzung des Art. 28 II GG folgt daraus freilich nicht[140]. So wären die europatypischen Beschränkungen etwa im Wettbewerbs- oder Wirtschaftsbereich, von denen die Kommunen im Bereich des Privatrechts[141] oder als Hoheitsträger betroffen werden[142], als Reglementierungen des (Landes-)Gesetzgebers ohne weiteres möglich und zulässig. Da aber aufgrund Art. 23 (früher: Art. 24) GG Hoheitsübertragungen einschließlich von Gesetzgebungszuständigkeiten der Länder (→ Art. 23 Rn. 43) gestattet sind, entsteht insoweit kein besonderes Problem oder eine im Vergleich zu anderen Bereichen anders geartete Konstellation. Von daher spielt für die Bewertung auch keine Rolle, ob die unionsrechtlichen Regelungen ausschließlich oder in spezifischer Weise die

---

[137] Vgl. *K. Meyer-Teschendorf/H. Hofmann*, ZRP 1995, 290 (291): »Art. 28 I 3 hat [...] keinen eigenen – konstitutiven – Regelungsgehalt«; zur ähnlichen Ansicht der Bundesregierung (nicht geboten, nur verfassungspolitisch angezeigt) *E. Klein/A. Haratsch*, DÖV 1993, 785 (788 f.). → Art. 79 I Rn. 16, 26.

[138] Ausführlich zum Inhalt der Richtlinie *L. Schrapper*, DVBl. 1995, 1167 ff.

[139] Die Änderungen finden sich teilweise in den Gemeindeordnungen (z. B. §§ 30 I, 39 II, 86 IV HessGemO) oder Gemeindewahlgesetzen (z. B. Art. 1 I Nr. 1 BayGLKrWG), teilweise auch in der Verfassung (Art. 72 I BWVerf.): → Rn. 33. –Ältere Detailübersichten bei *B. Pieroth/M. Schmülling*, DVBl. 1998, 365 (368 ff.) sowie *Barley*, Kommunalwahlrecht (Fn. 111), S. 112 ff.; *R. Schunda*, Das Wahlrecht von Unionsbürgern bei Kommunalwahlen in Deutschland, 2003, S. 165 ff., 282 ff.; aktueller *Oppermann/Classen/Nettesheim*, Europarecht, § 16 Rn. 30 ff.

[140] Zum folgenden ausführlich und mit Nachweisen der älteren Diskussion: → Bd. II², Art. 28 Rn. 35 ff.

[141] So wird das Gemeindewirtschaftsrecht betroffen durch die Produkthaftungs-Richtlinie (ABl. 1985 L 210/29) oder die Verbraucherkredit-Richtlinie (ABl. 1987 L 42/48), durch gesellschaftsrechtliche Vorschriften über Offenlegung (Rl. 68/151/EWG, ABl. 1968 L 65/8), Jahresabschluß (Rl. 78/660/EWG, ABl. 1978 L 222/11) oder wettbewerbsrechtliche Normen im Hinblick auf die Versorgung mit leitungsgebundener Energie; vgl. hierzu *A. Martini*, Gemeinden in Europa, 1992, S. 82 ff.; *U. Schliesky*, Die Verwaltung 38 (2005), 339 (346 ff.) sowie eingehend die Beiträge in: G. Püttner (Hrsg.), Zur Reform des Gemeindewirtschaftsrechts, 2002; *M. Knauff*, WiVerw. 2011, 80 (84 ff.).

[142] Etwa durch unionsrechtliche Normen über Personalauswahl oder Auftragsvergabe; zum letztgenannten Aspekt *D. Carl*, EuZW 1994, 173 ff.

Kommunen betreffen¹⁴³. Hinzu tritt der allgemeine **Vorrang des Unionsrechts** (→ Vorb. Rn. 53 ff.; → Art. 23 Rn. 12 ff.; → Art. 31 Rn. 13 f.). Seine Grenze findet dieser Vorrang erst in den identitätsverbürgenden Grundstrukturen des Grundgesetzes (→ Art. 1 III Rn. 16 ff.; → Art. 23 Rn. 12 ff.), die mittlerweile allein in Art. 23 GG und damit in der grundgesetzlichen Ewigkeitsklausel fixiert sein dürften (→ Art. 79 III Rn. 11). Zu den solcherart exemten Bereichen einer Übertragung von Hoheitsrechten auf die supranationale Ebene zählt die **kommunale Selbstverwaltung** nicht: sie ist **nicht europafest**¹⁴⁴. Weder erwähnt Art. 79 III GG, der in Art. 23 I 3 GG explizit als Schranke für die Übertragung von Hoheitsrechten genannt wird (→ Art. 23 Rn. 87 ff.), die gemeindliche Selbstverwaltung ausdrücklich, noch ist sie durch die für unabänderlich erklärten Grundsätze (→ Art. 79 III Rn. 26 ff., 35 ff.) mitgeschützt¹⁴⁵. Unabhängig von der Frage, ob das Bundesverfassungsgericht neben Art. 23 I, 79 III GG auch weiterhin eine (nunmehr) zusätzliche Schranke in der »Grundstruktur der Verfassung« sehen wird, läßt sich in der Selbstverwaltungsgarantie ein solchermaßen unveränderbares, elementares Verfassungsprinzip nicht erblicken¹⁴⁶.

Aus dem Vorrang des Unionsrechts und der Überlagerung des deutschen Verfassungsrechts folgt, daß der **Gesetzesvorbehalt des Art. 28 II GG** (→ Rn. 109 ff.) auch das europäische Unionsrecht umfaßt¹⁴⁷. Dies hat nicht zur Konsequenz, daß das Unionsrecht auch den verfassungsrechtlichen Schranken für rahmensetzendes deutsches Recht unterworfen wäre, die für Unionsrecht auch dann nicht gelten, wenn es unmittelbar in den Gemeinden anwendbar ist¹⁴⁸. Umgekehrt ist der nationale Gesetzgeber, der Unionsrecht umsetzt (z. B. durch das gemeinderelevante UVPG), und sind die

29

---

¹⁴³ Das gilt etwa wegen des Regionalprinzips für die kommunalen Sparkassen (→ Rn. 141; vgl. *Martini*, Gemeinden [Fn. 141], S. 116 f.; *Stern*, Union [Fn. 36], S. 29 ff.); für Trinkwasserversorgung, Abwasserentsorgung und die Abfallwirtschaft (*Martini*, a. a. O., S. 125 ff.; *H.-W. Rengeling*, ZG 9 [1994], 277 [282 f.]); ferner für die durch § 17 UVPG betroffene Bauplanungshoheit (*W. Hoppe*, NVwZ 1990, 816 [819]). Weitere Vorgaben bei *v. Zimmermann-Wienhues*, Selbstverwaltung (Fn. 132), S. 79 ff.

¹⁴⁴ *F. Schoch*, VerwArch. 81 (1990), 18 (51); *A. Faber*, DVBl. 1991, 1126 (1129 ff.); *J. Suerbaum*, Die Kompetenzverteilung beim Verwaltungsvollzug des Europäischen Gemeinschaftsrechts in Deutschland, 1998, S. 71 ff., 150 ff.; *K. Stern*, NdsVBl. 2010, 1 (4). – A.A. *H.-H. v. Hoerner*, Stadt und Gemeinde 1994, 80 ff.; *Klein*, Kooperationen (Fn. 132), S. 109 m. w. N.

¹⁴⁵ So die ganz h.M.: *H.-J. Blanke*, DVBl. 1993, 819 (822); *A. Faber*, DVBl. 1991, 1126 (1131 f.); *W. Hoppe*, NVwZ 1990, 816 (818); *F. Schoch*, VerwArch. 81 (1990), 18 (51); *H. Siedentopf*, DÖV 1988, 981 (983 f.); *W. Spannowsky*, DVBl. 1991, 1120 (1123); *G.-C. v. Unruh*, BayVBl. 1993, 10 (11); *Stern*, Union (Fn. 36), S. 33. Eingehend hierzu *W. Müller*, Die Entscheidung des Grundgesetzes für die gemeindliche Selbstverwaltung im Rahmen der Europäischen Integration, 1992, S. 94 ff., mit fragwürdiger Einschränkung wegen der Bundesstaatlichkeit S. 164. *M. Nierhaus*, in: Sachs, GG, Art. 28 Rn. 37, will einen Bestandsschutz durch Art. 23 I 1 GG aus dem Demokratiebezug der Selbstverwaltung herleiten. – Rechtspolitischer Vorschlag zur Aufnahme der Selbstverwaltung in einen Art. 79 III GG n. F. bei *J.-K. Fromme*, ZRP 1992, 431 (433). Generell zur Unmöglichkeit einer solchen Ergänzung: → Art. 79 III Rn. 54, 58.

¹⁴⁶ Siehe *F. Schoch*, VerwArch. 81 (1990), 18 (51); *Stern*, Union (Fn. 36), S. 32 f.; *Mehde* (Fn. 39), Art. 28 Abs. 2 Rn. 8; zur inzwischen überholten Gegenauffassung: → Bd. II², Art. 28 Rn. 37 mit Fn. 181 f.

¹⁴⁷ So *W. Spannowsky*, DVBl. 1991, 1120 (1123); *G. Seele*, Der Kreis aus europäischer Sicht, 1991, S. 57; *P. M. Mombaur/H. G. v. Lennep*, DÖV 1988, 988 (991); *Mehde* (Fn. 39) Art. 28 Abs. 2 Rn. 105; *C. Brüning*, Jura 2015, 592 (597); der hier vertretenen Position ausdrücklich zustimmend *Lange*, Kommunalrecht (Fn. 127), S. 35.

¹⁴⁸ *Faber*, Wirtschaftsförderung (Fn. 132), S. 76; *Stern*, Union (Fn. 36), S. 32 m. w. N.

deutschen Behörden, die es im Regelfall[149] ausführen (»mitgliedstaatlicher Vollzug«), an die nationale Rechtsordnung ebenso wie an das EU-Recht gebunden (→ Art. 1 III Rn. 60 ff.; → Art. 20 [Rechtsstaat], Rn. 26 ff.). Nur soweit dieses Umsetzungsspielräume läßt, ist Art. 28 II GG bei deren Ausfüllung zu beachten. Gibt es aber definitiv Inhalte vor, die nach nationalem Recht nicht zulässig wären, so ist die Rechtsbindung entsprechend gelockert bzw. der Geltungsanspruch des nationalen (Verfassungs-) Rechts durch Art. 24, 23 I GG nicht anders als bei der Grundrechtsbindung (→ Art. 1 III Rn. 15 ff.) oder dem Anforderungsprofil demokratischer Legitimation (→ Art. 20 [Demokratie], Rn. 50 ff.) relativiert.

30 Vor dem Reformvertrag von 2009 fehlten jegliche **Rechtsschutzmöglichkeiten** der Gemeinden gegen europarechtliche Ingerenzen, weil dem **EuGH** keine Art. 28 II GG entsprechende Norm des EU-Rechts als Prüfungsmaßstab zur Verfügung stand; ob sich daran mit Art. 4 II 1 EUV signifikant etwas geändert hat, ist »fraglich«[150]. Denn als Berechtigter aus der dort vorgesehenen Achtungspflicht ist der jeweilige, in seiner »nationale(n) Identität« betroffene Mitgliedstaat genannt (→ Rn. 26)[151]. Auch das **Bundesverfassungsgericht** prüft die Anwendung von Unionsrecht nach seiner Doktrin vom »Kooperationsverhältnis« (→ Art. 23 Rn. 169) nur im Hinblick auf einen integrationsfesten Kernbereich der Verfassung (→ Vorb. Rn. 55; → Art. 23 Rn. 172 ff.; → Art. 79 III Rn. 11), mithin nicht auf ihre Vereinbarkeit mit Art. 28 II GG. Entsprechend hat auch eine **Kommunalverfassungsbeschwerde** (Art. 93 I Nr. 4b GG; → Rn. 99; → Art. 93 Rn. 22 ff., 87) gegen das Integrationsgesetz wenig Aussicht auf Erfolg[152].

III. Rechtsvergleichende Hinweise

1. Europäische und außereuropäische Staaten

a) Homogenitätsgebot und Gewährleistung (Art. 28 I, III GG)

31 Die verfassungsrechtliche Stellung der Gliedstaaten in föderalen Systemen fällt »äußerst heterogen«[153] aus (→ Art. 20 [Bundesstaat], Rn. 20). Der Befund reicht von Gliedstaaten ohne eigenes formelles Verfassungsrecht (Art. 36 ff. der Verfassung Indiens) bis hin zu ausgeprägter Eigenstaatlichkeit (Schweizer Kantone; vgl. Art. 3 BV). Das deutsche **Homogenitätssicherungsmodell** ist **singulär** und gewährt den Ländern vergleichsweise weitreichende Eigenständigkeit.

---

[149] Vgl. Art. 291 I AEUV. Ausnahmsweise findet ein Vollzug auf Unionsebene statt, z.B. auf dem für die kommunale Selbstverwaltung besonders relevanten Gebiet der Beihilfenkontrolle. → Rn. 28.

[150] *A. Hatje*, in: Schwarze, EU, Art. 4 EUV Rn. 14; etwas weniger skeptisch *v. Bogdandy/Schill* (Fn. 134), Art. 4 EUV Rn. 17.

[151] *Bieber/Epiney/Haag*, Europäische Union, § 2 Rn. 57 ff.; näher zur Kontrolle *A. v. Bogdandy/S. W. Schill*, ZaöRV 70 (2010), 701 (725 ff.). Bezugnahmen des EuGH auf die »nationale Identität der Mitgliedstaaten« erfolgen bislang vorwiegend im Kontext von Rügen der Freizügigkeit, z.B. EuGH v. 22.12.2010, C-208/09, Rn. 81 ff., 92 f. – *Sayn-Wittgenstein*.

[152] Hingegen läßt sich nach *Müller*, Entscheidung (Fn. 145), S. 395, »die Begründetheit der kommunalen Verfassungsbeschwerde dann bejahen, wenn die konkrete Übertragung von Hoheitsrechten [...] den Art. 28 II 1 GG verletzt, soweit er zu den Grenzen des Art. 24 I GG zählt und auch im Rahmen der europäischen Integration seine Schutzfunktion bewahrt«.

[153] *Vitzthum*, Verfassungsrecht (Fn. 13), S. 8. – Materialreich zum folgenden *Menzel*, Landesverfassungsrecht (Fn. 7), S. 56 ff.; zu den deutschsprachigen Bundesstaaten knapp *T. Groß*, Gliedstaatliche Verfassungsautonomie im Vergleich, in: FS v. Zezschwitz, 2005, S. 16 ff. (19 ff.); *G. Biaggini*, IPE III, § 53 Rn. 16 ff.; s. noch *Mehde* (Fn. 13), Art. 28 Abs. 1 Rn. 5 ff.

Explizite Homogenitätsvorschriften finden sich in den **USA** (Art. 4 Sec. IV US-Verf.)[154], **Österreich** (Art. 95 ff. B-VG)[155] und der **Schweiz** (Art. 51 BV). Die eidgenössische Bundesverfassung zeichnet sich durch die durchgreifende **Ausgestaltung des Garantieverfahrens** (Art. 51 II BV) im Sinne einer »präventiven Rechtskontrolle«[156] auf die Vereinbarkeit mit dem Bundesrecht aus (→ Art. 31 Rn. 16). Während sich der von den Kantonen zu beachtende Katalog (Art. 6 II aBV) bis 1999 von dem des Art. 28 I GG nur in der Schwerpunktsetzung unterschied[157], setzt die Gewährleistung des Bundes seit der Totalrevision im Jahre 2000 neben der Bundesrechtskonformität nur noch eine demokratische Verfassung voraus, die der Zustimmung des Volkes bedarf und auf Verlangen der Mehrheit revidiert werden kann (Art. 51 I BV)[158]. Dieser Zurückhaltung korrespondieren eine rege Reformtätigkeit der kantonalen Verfassunggeber sowie ein generell gesteigertes Interesse an den Kantonsverfassungen[159].

Das **kommunale Wahlrecht für EU-Bürger** (→ Rn. 27, 70 ff.) ist mittlerweile auch in einem Großteil der übrigen EU-Staaten auf Verfassungsebene geregelt oder zumindest vorgesehen[160], so in Irland (Art. 16 I Nr. 2 Verf.), den Niederlanden (Art. 130 Verf.), Portugal (Art. 15 IV Verf.), Spanien (Art. 13 II Verf.) und Frankreich (Art. 88-3 Verf.)[161]. Darüber hinaus räumen einige europäische Staaten (einzelne Schweizer Kantone, die nordischen Staaten untereinander, ehemalige Kolonialmächte wie Portugal oder Großbritannien) auch Staatsangehörigen anderer Länder – teilweise auf Basis der Gegenseitigkeit – das Kommunal- oder sogar Parlamentswahlrecht ein[162]. Unter den deutschen **Bundesländern** haben lediglich Baden-Württemberg (Art. 72 I 2 LVerf.),

---

[154] Näher und m.w.N. *G.A. Tarr*, Understanding State Constitutions, Princeton 1998, S. 41 ff.; *R.F. Williams*, State Constitutional Law, 3. Aufl., Charlottesville 1999, S. 97 ff., 114 ff.; *Menzel*, Landesverfassungsrecht (Fn. 7), S. 56 ff.; knapp auch *A. Hanebeck*, Der demokratische Bundesstaat des Grundgesetzes, 2004, S. 234 ff.

[155] Dort kann man wegen der starken bundesstaatlichen Komponente nur von einer relativen Verfassungsautonomie sprechen. Siehe m.w.N. *Menzel*, Landesverfassungsrecht (Fn. 7), S. 79 ff.; knapp *Groß*, Verfassungsautonomie (Fn. 153), S. 20 f.; *A. Dittmann*, HStR³ VI, § 127 Rn. 7.

[156] So zu Art. 6 aBV prägnant *P. Saladin*, in: J.-F. Aubert u. a. (Hrsg.), Kommentar zur Bundesverfassung der Schweizerischen Eidgenossenschaft, Art. 6 (1986), Rn. 34; zur alten Schweizer Rechtslage allgemein *P. Saladin*, ZSR 103 IV (1984), 431 (497 ff.); *P. Häberle*, JöR 34 (1985), 303 (334, 340 ff.).

[157] Auflistung aller Vorgaben bei *P. Saladin*, ZSR 103 IV (1984), 431 (498 f.) mit Hinweis auf die streitige Frage, ob Art. 6 aBV lex specialis zum Prinzip »Bundesrecht bricht Kantonsrecht« war. → Art. 31 Rn. 16, 29 f.

[158] Zur Neuregelung diesbezüglich *R.J. Schweizer*, JöR 48 (2000), 264 (274); ders., Homogenität und Vielfalt im schweizerischen Staatsrecht, in: Thürer/Aubert/Müller, Verfassungsrecht, § 10 Rn. 2 f., 16 ff.; *H. Koller/G. Biaggini*, EuGRZ 2000, 337 (339); *Menzel*, Landesverfassungsrecht (Fn. 7), S. 74 f.; *Groß*, Verfassungsautonomie (Fn. 153), S. 21.

[159] Siehe zu dieser Entwicklung *U. Bolz/W. Kälin*, Die neue Verfassung des Kantons Bern, in: dies. (Hrsg.), Handbuch des bernischen Verfassungsrechts, 1995, S. 5 ff. (5 ff.); *P. Häberle*, JöR 47 (1999), 149 (151 ff.); *V. Martenet*, L'autonomie constitutionelle des cantons, 1999, S. 5 ff.; *Menzel*, Landesverfassungsrecht (Fn. 7), S. 77 ff.; zur neuen Verfassung des Kantons Freiburg (2004) siehe die Beiträge im Sonderheft der FZR, 2005; zur Luzerner Kantonsverfassung *P. Richli*, SJZ 2006, 453 ff.; allgemein *P. Häberle*, JöR 56 (2008), 279 ff.

[160] Rechtsvergleichend *G. Schnedl*, Das Ausländerwahlrecht – ein europäisches Gebot, 1995, S. 53 ff.; Bericht des Max-Planck-Instituts für ausländisches öffentliches Recht und Völkerrecht, in: J. Isensee/E. Schmidt-Jortzig (Hrsg.), Das Ausländerwahlrecht vor dem Bundesverfassungsgericht, 1993, S. 284 ff.

[161] Detailliert *J. Gundel*, DÖV 1999, 353 ff.; überblicksartig für andere Mitgliedstaaten *C.D. Classen*, Nationales Verfassungsrecht in der Europäischen Union, 2013, Rn. 85 f.

[162] Im einzelnen *Schnedl*, Ausländerwahlrecht (Fn. 160), S. 53 ff.; knapp *J. Martinez Soria*, Kommunale Selbstverwaltung im europäischen Vergleich, in: HKWP³ I, § 36 Rn. 35 f.

Berlin (Art. 70 I 2 LVerf.), Rheinland-Pfalz (Art. 50 I 2 LVerf.) und das Saarland (Art. 64 S. 2 LVerf.) das Kommunalwahlrecht der Unionsbürger ausdrücklich in ihre Verfassungsurkunde aufgenommen; die Verfassung Brandenburgs erwähnt es nicht explizit, ist aber von Hause aus auf eine Öffnung des Wahlrechts der nichtdeutschen Bewohner angelegt, sofern das Bundesrecht dies zuläßt (Art. 22 I 2 i. V. m. Art. 3 I 2 LVerf.)[163].

b) Kommunale Selbstverwaltung (Art. 28 II GG)

34 Die Kommune als **Element des Verwaltungsaufbaus** ist europäisches Gemeingut (→ Rn. 6) und häufig in der Verfassung verankert[164], wird aber nur selten als selbständige, dem Staat gegenüberstehende Rechtspersönlichkeit anerkannt, sondern zumeist mehr oder minder vollkommen in das hierarchische staatliche Verwaltungsgefüge eingegliedert[165]. Namentlich die deutschen Regelungen zur Finanzhoheit und zu Finanzgarantien (→ Rn. 39 ff., 132, 142 ff.) stellen einen Sonderfall dar[166]. Auch die Selbstverwaltungsgarantie der **Kreise** (→ Rn. 156 ff.) als höhere Kommunalverbände findet kaum Parallelen[167]. Die Selbstverwaltungsgarantie in Deutschland ist daher auch und gerade unter Berücksichtigung der Rechtsschutzmöglichkeiten (→ Rn. 99 f.) besonders stark ausgeprägt. Die rechtsvergleichende Betrachtung hat in der bundesdeutschen Reformdiskussion (→ Rn. 89) eine Rolle gespielt[168].

35 Die stärkste Verwandtschaft besteht noch zu Österreich und der Schweiz. In Art. 116 der Bundesverfassung (B-VG) **Österreichs** wird die Selbstverwaltung der Gemeinden als subjektives Recht wie als Institution[169] garantiert. Ihr Wesen liegt darin, eine Reihe von Verwaltungsaufgaben in eigener Verantwortung und frei von Weisungen zu besorgen (Art. 118 IV B-VG). Neben einem eigenen Wirkungsbereich (Art. 118 B-VG) nehmen die Gemeinden als sog. Verwaltungssprengel gleichzeitig übertragene Aufgaben der staatlichen Verwaltung wahr. Der relativ dichte Regelungsbestand in der Verfassung betreffend die Gemeinden soll auch nach der Vorstellung des Österreich-Konvents grundsätzlich erhalten bleiben[170]. Mit ihrem direktdemokratischen Potential wird in der **Schweiz** die traditionell große Bedeutung der Gemeindeebene erklärt[171]. Während lange umstritten war, ob die verfassungsrechtliche Garantie der kommunalen Selbstverwaltung auf Bundes- oder Kantonsebene verankert ist, findet sich seit

---

[163] *Schunda*, Wahlrecht (Fn. 139), S. 165 ff.
[164] *Martinez Soria*, Kommunale Selbstverwaltung (Fn. 162), Rn. 17 f.
[165] Übersicht bei *M. Deubert/G. Legmann*, Rechtsgrundlagen kommunaler Selbstverwaltung und regionale Strukturen in Europa, 1989, S. 54 ff.; vgl. die Beiträge in H.-U. Erichsen/H. Hoppe/A. Leidinger (Hrsg.), Kommunalverfassungen in Europa, 1988; ferner *P. Blair*, DÖV 1988, 1002 ff.
[166] Umfangreicher Rechtsvergleich bei *Marauhn*, Finanzausstattung (Fn. 125), S. 82 ff.; knapp *Martinez Soria*, Kommunale Selbstverwaltung (Fn. 162), Rn. 63 ff.
[167] Rechtsvergleichend *G. Seele*, Der Landkreis 1991, 518 ff. (Gesamteinschätzung wie hier S. 520), 528 ff.
[168] S. nur die Beiträge in: G. Banner u. a. (Hrsg.), Kommunale Managementkonzepte in Europa, 1993.
[169] Hierzu *Martinez Soria*, Kommunale Selbstverwaltung (Fn. 162), Rn. 56, 61; zur Bedeutung der Selbstverwaltungsgarantie noch *R. Gack*, Die österreichische Kommunalverfassung, in: Erichsen/Hoppe/Leidinger, Kommunalverfassungen (Fn. 165), S. 51 ff. (S. 62 Hinweis auf die zurückhaltende Rechtsprechung des Verfassungsgerichtshofs bei Beschwerden gem. Art. 119a IX B-VG).
[170] Zu den Gemeinden im Österreich-Konvent vgl. den Überblick des Österreichischen Städtetags in ÖGZ 2004, 22 ff. sowie *C. Grabenwarter*, RFG 2004, 75 ff.; *H. Mödlhammer*, RFG 2003, 165 ff.
[171] *J. Meylan*, ZSR 1972 II, 1 (153).

dem Jahre 2000 in Art. 50 BV eine ausdrückliche bundesrechtliche Garantie der Gemeindeautonomie »nach Maßgabe des kantonalen Rechts«. Bundesrechtliche Minimalanforderungen an den Umfang der Gemeindeautonomie sollen sich hieraus allerdings nicht ergeben[172]. Nach der Rechtsprechung des Bundesgerichts ist eine Gemeinde »in einem Sachbereich autonom, wenn das kantonale Recht diesen nicht abschliessend ordnet, sondern ihn ganz oder teilweise der Gemeinde zur Regelung überlässt und ihr dabei eine relativ erhebliche Entscheidungsfreiheit einräumt«[173]. Darüber hinaus werden auch Autonomiebereiche aufgrund historischer Tradition oder ihres eindeutig lokalen Charakters anerkannt[174]. Eine Besonderheit ist der »Städteartikel« der neuen Bundesverfassung, nach dem der Bund Rücksicht auf die besondere Situation der Städte und Agglomerationen nehmen muß[175].

Die Stellung der Gemeinden im übrigen Europa ist tendenziell schwächer ausgeprägt. Ungeachtet der Dezentralisierungsmaßnahmen von 1982/83 und der verfassungsrechtlichen Gewährleistung ihrer Selbstverwaltungsfreiheit (Art. 72 II frz.Verf.) bleiben die Gemeinden in **Frankreich** in den hierarchischen Staatsaufbau eingegliedert und unterliegen weitreichender Kontrolle; zudem werden etliche Verwaltungsaufgaben mit Blick auf die geringe Größe zahlreicher Gemeinden von interkommunalen Zusammenschlüssen, Stadt-Umland-Verbänden und den staatlichen Departements wahrgenommen[176]. Auch in **Belgien**, **Italien**, **Griechenland**, den **Niederlanden** und **Luxemburg** scheint ungeachtet normtextlicher Verbürgung der Selbstverwaltung in den Verfassungen die Rechtsrealität von weitreichenden staatlichen Eingriffs- und Lenkungsmöglichkeiten geprägt[177]. 36

Relativ stark und wohl auch effektiver als andernorts wurde die kommunale Selbstverwaltung in **Spanien** (Art. 137 Verf.) und in **Portugal** (Art. 237 ff. Verf.) abgesichert[178]. Gleiches gilt von jeher für die **skandinavischen Länder**[179], wobei in Norwegen die verfassungsrechtliche Verankerung fehlt. In **Großbritannien** und **Irland** hingegen ist die Kommunalverwaltung trotz der langen historischen Tradition des »local government« (→ Rn. 8) Teil der Staatsverwaltung bei im einzelnen unterschiedlichen 37

---

[172] *H. Seiler*, Gemeinden im Schweizerischen Staatsrecht, in: Thürer/Aubert/Müller, Verfassungsrecht, § 31 Rn. 45. Anders *C. Braaker*, Die Gemeindeautonomie, in: T. Fleiner u. a. (Hrsg.), Die neue schweizerische Bundesverfassung, 2000, S. 225 ff. (241): ein »Minimum an Selbständigkeit« sei durch den Bund garantiert.
[173] BGE 122 I 279 (290 [Erwägung 8b]).
[174] *Seiler*, Gemeinden (Fn. 172), Rn. 44 m. w. N.
[175] Ausführlich zu Art. 50 III BV *A. Kölz/S. Kuster*, ZSR 121 I (2002), 137 ff.
[176] Hierzu *U. Guian*, DÖV 1993, 608 ff.; *B. Hofmann*, Die französischen Gebietskörperschaften in der Dezentralisierungsreform, 1995; *M. Fromont*, Die französische Kommunalverfassung, in: Erichsen/Hoppe/Leidinger, Kommunalverfassungen (Fn. 165), S. 81 ff., 90; *Martinez Soria*, Kommunale Selbstverwaltung (Fn. 162), Rn. 11 ff.
[177] Vgl. den Bericht des Max-Planck-Instituts (Fn. 160), S. 291, 294, 306 ff., 313 m. w. N.
[178] *S. Wagner*, DVBl. 1986, 930 ff.; *ders.*, Die spanische Gemeindeverwaltung, in: Erichsen/Hoppe/Leidinger, Kommunalverfassungen (Fn. 165), S. 120 ff. (120 f.). Rechtsvergleichend *J.-C. Pielow*, Autonomía Local in Spanien und kommunale Selbstverwaltung in Deutschland, 1993, sowie *v. Zimmermann-Wienhues*, Selbstverwaltung (Fn. 132), S. 24 ff. Kurze Skizzierung im Bericht des Max-Planck-Instituts (Fn. 160), S. 318 f. (Portugal), 331 (Spanien).
[179] Vgl. *T. Modeen*, Die Entwicklung der Kommunalverwaltung und des Kommunalrechts in den skandinavischen Staaten, 1988; Bericht des Max-Planck-Instituts (Fn. 160), S. 324 ff. (Skandinavien); *Martinez Soria*, Kommunale Selbstverwaltung (Fn. 162), Rn. 7. Speziell zu Finnland *P. Vataja*, Die Selbstverwaltung der Gemeinden in Finnland, in: Erichsen/Hoppe/Leidinger, Kommunalverfassungen (Fn. 165), S. 1 ff. (3 f.).

Organisationsstrukturen, aber ohne jede Sicherung gegenüber dem Parlament[180]. »Schubkraft« für eine Stärkung der kommunalen Strukturen auf europäischer Ebene könnte mit Ländern des ehemaligen Ostblocks zu gewinnen sein. So enthält die Verfassung **Polens**, wo die gemeindliche Selbstverwaltung nach über vierzigjähriger Unterbrechung wieder eingeführt wurde[181], in den Art. 15 f., 163 ff. ausführliche Bestimmungen zur Stellung der Kommunen, etwa die Anerkennung der Gemeinde als Rechtsperson und der Gebietshoheit[182]. Auch in **Tschechien**, dessen Verfassung die kommunale Selbstverwaltung in den Art. 99–105 behandelt, besitzen die Gemeinden Rechtspersönlichkeit und prinzipielle Zuständigkeit für alle Angelegenheiten der örtlichen Gemeinschaft[183]. In **Ungarn** erfolgte mit der Verfassung von 2011 keine grundlegende Änderung der Strukturen der nach dem Ende des Sozialismus wieder eingeführten kommunalen Selbstverwaltung (Art. 31 ff. Verf.)[184].

38 Ein vergleichbar heterogenes Bild ergibt sich außerhalb Europas. Deutsche Einflüsse lassen sich etwa in **Japan** feststellen, wo die Gemeinden Ende des letzten Jahrhunderts als nicht-autonomer Teil der Staatsverwaltung nach preußischem Vorbild geschaffen wurden[185]. Art. 92 ff. der Nachkriegsverfassung von 1946 garantieren demgegenüber zwar die kommunale Selbstverwaltung, doch ist die Praxis von einem Quasi-Weisungsrecht staatlicher Behörden geprägt. Erst seit den 1990er Jahren läßt sich nunmehr ein Trend in Richtung Dezentralisierung ausmachen[186]. In **Südkorea** scheint der kommunalen Selbstverwaltung indikatorische Funktion für den Demokratisierungsprozeß des Landes zuzukommen[187]. Während sich schließlich in der schwachen Stellung der kanadischen Gemeinden britisch-französisches Erbgut spiegelt, hat in den **USA** jede Form dezentraler Verwaltung und damit auch kommunaler Selbstverwaltung eine traditionell starke Position inne[188]. Besonderes Interesse wecken in jüngerer Zeit direktdemokratische Elemente der US-Gemeindeverfassungen[189].

---

[180] Vgl. *N. Johnson*, DVBl. 1983, 250 ff.; *ders.*, Die kommunale Selbstverwaltung in England, in: Erichsen/Hoppe/Leidinger, Kommunalverfassungen (Fn. 165), S. 19 ff. (25 ff.); *G. Treffer*, Britisches Kommunalrecht, 1988; Bericht des Max-Planck-Instituts (Fn. 160), S. 297 f., 342; *Martinez Soria*, Kommunale Selbstverwaltung (Fn. 162), Rn. 14 ff.

[181] S. *Piatek*, DÖV 1990, 717 ff.; *S. Kleb*, Die Reformen der territorialen Selbstverwaltung in der Republik Polen 1990 und 1998, 2006, S. 142 ff. (zur alten Rechtslage ebd., S. 103 ff., 121 ff.); *P.R. Czechowski*, Die Lokalverwaltung in Polen, in: Erichsen/Hoppe/Leidinger, Kommunalverfassungen (Fn. 165), S. 135 ff.

[182] *F. Schnapp*, DÖV 2001, 723 ff.

[183] *Stirn*, Selbstverwaltung (Fn. 124), S. 141 f.

[184] *H. Küpper*, Wirtschaft und Recht in Osteuropa 2014, 8 (12 f.) mit erheblichen Zweifeln an der durch geringe Größe und Finanzschwäche der Gemeinden beeinträchtigten Funktionalität in der Praxis; s. bereits ausführlich *ders.*, Autonomie im Einheitsstaat, 2002, S. 402 ff., insb. 423 f., 432.

[185] S. *Kisa/F.-L. Knemeyer*, DÖV 1990, 98 ff.

[186] *Y. Narita*, Der Wandel der kommunalen Selbstverwaltung im Nachkriegsjapan und der Trend zu einer neuerlichen Dezentralisation, in: FS Stern, 1997, S. 211 ff. (220 ff.); vgl. *H. Shiono*, AfK 35 (1996), 304 ff.

[187] Umfangreich *B. Weiß*, Die Verwaltung 31 (1998), 103 (106 ff.).

[188] Hierzu *G. Treffer*, Amerikanisches Kommunalrecht, 1984; knapp *E. Harloff*, Wert und Bedeutung der Kommunalverwaltung außerhalb Europas, in: HKWP II, § 47, S. 587 ff. (599 f.).

[189] *R. Nickel*, Direkte Demokratie in den Gemeinden: Ein Vergleich amerikanischer und bundesdeutscher Konzepte kommunaler Selbstverwaltung, in: Hoffmann, Selbstverwaltung (Fn. 125), S. 145 ff.

2. Deutsche Landesverfassungen

Alle Verfassungen der deutschen Flächenländer sichern das Institut der kommunalen Selbstverwaltung ab[190]. Teilweise garantieren sie darüber hinaus die **Finanzhoheit**[191], gewährleisten die Existenz von Gemeindeverbänden oder sehen neben der Kommunalverfassungsbeschwerde **weitere Rechtsschutzmöglichkeiten** wie etwa die Popularklage in Bayern (→ Rn. 58, 99) vor. Auch Art. 49 R-PVerf. stellt trotz seiner Plazierung im Grundrechtsteil der Landesverfassung nach mittlerweile gefestigter Anschauung kein **Grundrecht**, sondern eine **institutionelle Garantie** dar[192].

39

Die Möglichkeit der Übertragung staatlicher Aufgaben (→ Rn. 81, 111 f.) wird allgemein an eine **Kostenausgleichsregelung** gekoppelt[193] (→ Rn. 148 ff.). Die Verfassung von Sachsen-Anhalt problematisiert in Art. 88 II 2 die besondere Gefährdung der Selbstverwaltung durch Finanzzuweisungen an die Gemeinden[194].

40

C. Erläuterungen

I. Art. 28 I GG (Homogenitätsgebot, Vorgaben für das Wahlrecht)

Art. 28 I GG sucht ein bestimmtes Maß an **Einheitlichkeit** der Verfassungsstrukturen von Bund und Ländern zu sichern, **ohne** die **föderale Vielfalt zu gefährden** (→ Art. 20 [Bundesstaat], Rn. 22). Dabei ergeben sich vor dem Hintergrund der Doktrin der Eigenstaatlichkeit der Länder mit Trennung der Verfassungsräume von Bund und Land einerseits, dem Zusammenspiel von Grundgesetz und Landesverfassung andererseits gewisse Konstruktionsprobleme (→ Rn. 42 ff.); auch über die systematische Bestimmung von Inhalt und Reichweite der Vorgaben und deren Fixierung im einzelnen besteht kein allgemeiner Konsens (→ Rn. 53 ff.).

41

1. Verfassungsautonomie und Eigenstaatlichkeit der Länder

Art. 28 I 1 GG hat eine **Doppelfunktion**[195]: einerseits wird die Verfassungsautonomie der Länder ausdrücklich anerkannt, andererseits bestimmten Begrenzungen unter-

42

---

[190] Art. 71 I, II BWVerf.; Art. 11 II 2, 83 I BayVerf.; Art. 97 I, II BrandenbVerf.; Art. 144 BremVerf.; Art. 137 I–III HessVerf.; Art. 72 I M-VVerf.; Art. 57 I NdsVerf.; Art. 78 I, II NWVerf.; Art. 49 I–III R-PVerf.; Art. 117 SaarlVerf.; Art. 82 II, 84 I SächsVerf.; Art. 87 I, II S-AVerf.; Art. 54 S-HVerf.; Art. 91 I ThürVerf. Siehe auch den kompakten Überblick bei *Lange*, Kommunalrecht (Fn. 127), S. 61 ff. – Zum Verhältnis zur grundgesetzlichen Gewährleistung: → Rn. 83.

[191] Etwa Art. 83 II 2 BayVerf. (hierzu BayVerfGH BayVBl. 1993, 177 [178 ff.]); s. auch Art. 97 III BrandenbVerf.; Art. 72 III M-VVerf.; Art. 57 IV, 58 NdsVerf.; Art. 78 III NWVerf.; Art. 56 S-HVerf.; Art. 49 V R-PVerf.

[192] Für Grund- und Naturrechtscharakter noch *A. Süsterhenn/H. Schäfer*, Kommentar der Verfassung für Rheinland-Pfalz, 1950, Art. 49 Anm. 2 (S. 219); wie hier *H. Mengelkoch*, Gemeinderecht, in: R. Ley/H. P. Prümm (Hrsg.), Staats-und Verwaltungsrecht in Rheinland-Pfalz, 2. Aufl. 1990, S. 173 ff. (Rn. 21); R-PVGH AS 11, 73 (77 f.).

[193] So in Baden-Württemberg (Art. 71 III, 73), Bayern (Art. 83 III), Brandenburg (Art. 97 III), Hessen (Art. 137 VI), Mecklenburg-Vorpommern (Art. 72 III), Niedersachsen (Art. 57 IV), Nordrhein-Westfalen (Art. 78 III), Rheinland-Pfalz (Art. 49 V), Saarland (Art. 120 I, II), Sachsen (Art. 85 I, II), Sachsen-Anhalt (Art. 87 III), Schleswig-Holstein (Art. 57 II), Thüringen (Art. 93 I 2).

[194] Dazu *A. Reich*, Verfassung des Landes Sachsen-Anhalt, 2. Aufl. 2004, Art. 88 Rn. 3.

[195] *Stern* (Fn. 14), Art. 28 Rn. 13; *Jarass/Pieroth*, GG, Art. 28 Rn. 1; *H. Dreier*, Einheit und Vielfalt der Verfassungsordnungen im Bundesstaat, in: K. Schmidt (Hrsg.), Vielfalt des Rechts – Einheit der

Art. 28 C. Erläuterungen

worfen. »Anerkennung und zugleich Begrenzung«[196] der Eigenstaatlichkeit machen die Eigentümlichkeit dieser Norm aus. Nach der weithin akzeptierten Lesart des Bundesverfassungsgerichts folgt das Recht der Länder zur Verfassunggebung unmittelbar aus ihrer **Eigenstaatlichkeit**: »Das Eigentümliche des Bundesstaates ist, daß der Gesamtstaat Staatsqualität und die Gliedstaaten Staatsqualität besitzen. Das heißt aber, daß sowohl der Gesamtstaat als auch die Gliedstaaten je ihre eigene, von ihnen selbst bestimmte Verfassung besitzen. Und das wiederum heißt, daß die Gliedstaaten ebenso wie der Gesamtstaat in je eigener Verantwortung ihre Staatsfundamentalnormen artikulieren«[197]. Für die mit »eigener, nicht vom Bund abgeleiteter, sondern von ihm anerkannter Hoheitsmacht«[198] ausgestatteten Länder ist das Recht zur **Verfassunggebung** demnach **Signum ihrer Staatlichkeit**[199]. Mit der These von den **getrennten Verfassungsräumen**[200], derzufolge die Verfassungsbereiche und Verfassungsgerichte von Bund und Ländern grundsätzlich selbständig nebeneinander stehen[201], wird diese (indes zu relativierende: → Rn. 44 f.) Eigenstaatlichkeit nochmals unterstrichen.

43 Die solcherart anerkannte Verfassungsautonomie begründet allerdings **keine Verpflichtung zur förmlichen Verfassunggebung**. Die Länder sind frei, sich eine geschriebene Verfassung(surkunde) zu geben, darauf zu verzichten oder sie auf ein Organisationsstatut zu beschränken[202]. Die »verfassungsmäßige Ordnung in den Ländern«

Rechtsordnung?, 1994, S. 113 ff. (121); *Nierhaus* (Fn. 145), Art. 28 Rn. 7; *Kloepfer*, Verfassungsrecht I, § 9 Rn. 96.

[196] *A. Dittmann*, HStR³ VI, § 127 Rn. 11.

[197] BVerfGE 36, 342 (360 f.). Zu diesem zentralen Urteil eingehend *A. v. Mutius*, VerwArch. 66 (1975), 161 ff.; *P. Krause*, JuS 1975, 160 ff. – Die Literatur stimmt weitgehend zu: vgl. nur *Stern*, Staatsrecht I, S. 668 f.; *H. J. Boehl*, Verfassunggebung im Bundesstaat, 1997, S. 135, 164, 171; *Tettinger/Schwarz* (Fn. 113), Art. 28 Abs. 1 Rn. 3; *Rühmann* (Fn. 83), Art. 28 I 1 Rn. 12; *A. Dittmann*, HStR³ VI, § 127 Rn. 1. Laut *Vitzthum*, Verfassungsrecht (Fn. 13), S. 24, bereits eine »kanonisierte Formel«. → Art. 20 (Bundesstaat), Rn. 41 f.

[198] BVerfGE 1, 14 (34); 60, 175 (207); *A. Dittmann*, HStR³ VI, § 127 Rn. 9. Zur originären Staatsgewalt *Vitzthum*, Verfassungsrecht (Fn. 13), S. 24 ff.; *T. Maunz*, HStR IV, § 94 Rn. 3 f.; *J. Dietlein*, Das Verhältnis von Bundes- und Landesverfassungsrecht, in: FS 50 Jahre NWVerfGH, 2002, S. 203 ff.; *J. Isensee*, HStR³ VI, § 126 Rn. 65 ff. – Zu notwendigen Einschränkungen: → Art. 20 (Bundesstaat), Rn. 45 ff.

[199] Vgl. *Vitzthum*, Verfassungsrecht (Fn. 13), S. 23 f.; *J. Isensee*, HStR³ VI, § 126 Rn. 80; *Löwer* (Fn. 127), Art. 28 Rn. 2; *M. Möstl*, AöR 130 (2005), 350 (358); *A. Dittmann*, HStR³ VI, § 127 Rn. 1; *Kloepfer*, Verfassungsrecht I, § 9 Rn. 80 f. – Weder erforderlich noch geboten ist es, das Recht der Länder zur Verfassunggebung aus der Kompetenzordnung (*M. Sachs*, DVBl. 1987, 857 [863]; ders., ThürVBl. 1993, 121 [122]) oder direkt aus Art. 28 I GG (*M. Sachs*, Das materielle Landesverfassungsrecht, in: FS Stern, 1997, S. 475 ff. [497 f.]) abzuleiten.

[200] BVerfGE 4, 178 (189); 6, 376 (381 f.); 22, 267 (270); 36, 342 (357); 64, 301 (317); 96, 231 (242); 96, 345 (368, Rn. 77); 98, 145 (157, Rn. 42 ff.); 103, 332 (351, Rn. 61); von »Verfassungsbereiche[n]« spricht BVerfGE 103, 332 (350, Rn. 60). Aus der Literatur *Boehl*, Verfassunggebung (Fn. 197), S. 171, 183; *H. Lang*, DÖV 1999, 712 (712); *A. Dittmann*, HStR³ VI, § 127 Rn. 10. – *R. Grawert*, NJW 1987, 2329 (2331) hält die These nur in institutioneller, nicht aber in funktioneller Hinsicht für zutreffend. Weitergehend noch *H. P. Hestermeyer*, Verschränkte Verfassungsräume: das Homogenitätsprinzip in Bund und Land, in: Europäisches Zentrum für Föderalismus-Forschung Tübingen (Hrsg.), Jahrbuch des Föderalismus 2011, S. 127 ff., der von einer Verschränkung der Verfassungsräume unter Bezugnahme auf die »Hineinwirkungslehre« (→ Rn. 45) ausgeht.

[201] Deutlich BVerfGE 96, 345 (368, Rn. 77): »In dem föderativ gestalteten Bundesstaat des Grundgesetzes stehen die Verfassungsbereiche des Bundes und der Länder grundsätzlich selbständig nebeneinander.«

[202] *S. Storr*, Verfassunggebung in den Ländern, 1995, S. 178 ff.; *Sachs*, Landesverfassungsrecht (Fn. 199), S. 489 f., 498 f. m. w. N.; *H. Dreier*, BayVBl. 1999, 513 (514); wie hier *Mehde* (Fn. 13), Art. 28 Abs. 1 Rn. 32; a.A. *Löwer* (Fn. 127), Art. 28 Rn. 9: »objektive bundesverfassungsrechtliche Pflicht der

meint also nicht das formelle, sondern das materielle Verfassungsrecht, das ganz oder partiell auf einfachgesetzlicher Ebene geregelt sein kann (→ Rn. 51). Freilich verfügen mittlerweile alle deutschen Länder über geschriebene (Voll-)Verfassungen[203].

Allerdings hat es mit dem Recht zur Setzung von Landesverfassungsrecht im Bundesstaat seine eigene Bewandtnis. Denn sowenig den Ländern trotz ihrer »Staatlichkeit« die tradierten Insignien nationaler Souveränität (eigene Streitkräfte, Währung, Steuer- und Gewaltmonopol, völkerrechtliche Subjektstellung) zustehen, sowenig stellt sich ihr Recht zur Verfassunggebung als inhaltlich absolut freie, voraussetzungs- und bindungslose Urgewalt (→ Pmbl. Rn. 71; → Art. 146 Rn. 21 ff.) dar[204]. Staatlichkeit und Recht zur Verfassunggebung bestehen nur im Rahmen des bundesstaatlichen Gefüges (→ Art. 20 [Bundesstaat], Rn. 37, 41 f.). Beides unterliegt daher von vornherein und neben den expliziten Anforderungen des Homogenitätsgebotes (→ Rn. 53 ff.) mehrfachen **Bindungen und Beschränkungen**. Diese Besonderheit bringt der falsche Assoziationen vermeidende und von daher vorzugswürdige Terminus der **Verfassungsautonomie** besser zum Ausdruck als die – oft synonym gebrauchte – Rede von der »Verfassungshoheit«[205]. Neben dem Grundsatz »Bundesrecht bricht Landesrecht«, der auch – wenngleich nur in seltenen Fällen – das Landesverfassungsrecht ergreifen kann (→ Art. 31 Rn. 29 f., 35), erwächst die stärkste Bindung der Landesverfassung(gebung) aus den sog. **Durchgriffsnormen**, die unmittelbar alle staatliche Gewalt im Bund wie in den Ländern (und dort auch die verfassunggebende Gewalt) binden[206].

44

Gliedstaaten, den Mindestbestand (Organisationsstatut) einer staatsgrundgesetzlich verfaßten Ordnung zu schaffen«; ebenso *Dietlein*, Verhältnis (Fn. 198), S. 206 f.; *Menzel*, Landesverfassungsrecht (Fn. 7), S. 177 ff. Leichte Präferenz für diese Position auch bei *A. Dittmann*, HStR³ VI, § 127 Rn. 28 a. E.

[203] Bis auf Hamburg haben sich mittlerweile alle Bundesländer Verfassungen gegeben, die neben staatsorganisatorischen Regelungen auch wenigstens einzelne Grundrechtsgewährleistungen enthalten (→ Vorb. Rn. 60 ff.). *M. Niedobitek*, Neuere Entwicklungen im Verfassungsrecht der deutschen Länder, 1994, S. 4, läßt die Frage nach einer Pflicht deswegen offen; zu den neuen Bundesländern *Badura*, Staatsrecht, Rn. D 75 m. w. N.; *C. Starck*, Die Verfassungen der neuen deutschen Länder, 1994; *ders.*, HStR IX, § 208 Rn. 18 ff.; *P. Häberle*, JöR 41 (1993), 69 ff.; *ders.*, JöR 42 (1994), 141 ff.; *ders.*, JöR 43 (1995), 355 ff.; *U. Berlit*, JöR 44 (1996), 17 (75 ff.). – Erinnert sei daran, daß auch das Grundgesetz die klassische Verfassungsmaterie des Wahlsystems (nicht: der Wahlgrundsätze) offen läßt: vgl. *H. Dreier*, Jura 1997, 249 (253 ff.).

[204] Richtig *U. Sacksofsky*, NVwZ 1993, 235 (235); wie hier auch *A. Dittmann*, HStR³ VI, § 127 Rn. 2 a. E. Zur Stellung der Länder als Träger einer eingeschränkten verfassunggebenden Gewalt im Bundesstaat auch ausführlich *Storr*, Verfassunggebung (Fn. 202), S. 142 ff., 166 ff.; *Boehl*, Verfassunggebung (Fn. 197), S. 175 ff., 223; vgl. noch *J. Isensee*, HStR³ VI, § 126 Rn. 62, 81 ff. → Art. 20 (Demokratie), Rn. 82.

[205] »**Verfassungsautonomie**«: BVerfGE 90, 60 (84); 99, 1 (11, Rn. 59: »Autonomie«); *Stern*, Staatsrecht I, S. 668; *Jarass/Pieroth*, GG, Art. 28 Rn. 1; *T. Maunz*, HStR IV, § 94 Rn. 25; *Sachs*, Landesverfassungsrecht (Fn. 199), S. 486; *M. Möstl*, AöR 130 (2005), 350 (358); *A. Dittmann*, HStR³ VI, § 127 Rn. 9 f.; *Kloepfer*, Verfassungsrecht I, § 9 Rn. 81; *W. Heun*, Die Verfassungsordnung der Bundesrepublik Deutschland, 2012, S. 60; *Mehde* (Fn. 13), Art. 28 Abs. 1 Rn. 3. – »**Verfassungshoheit**«: *M. Sachs*, DVBl. 1987, 857 (863); *H.-P. Schneider*, DÖV 1987, 749 (750 f.); *Löwer* (Fn. 127), Art. 28 Rn. 4; *Dietlein*, Verhältnis (Fn. 198), S. 204, 205; *Menzel*, Landesverfassungsrecht (Fn. 7), S. 140 ff., 160 ff. (vgl. aber ebd., S. 169 ff.); *M. Möstl*, AöR 130 (2005), 350 (366); *A. Dittmann*, HStR³ VI, § 127 Rn. 11; pointiert *Tettinger/Schwarz* (Fn. 113), Art. 28 Abs. 1 Rn. 3. – BVerfGE 1, 14 (61) sieht in der Landesverfassunggebung immerhin den *pouvoir constituant* am Werke. Zahlreiche weitere Nachweise für beide Termini und ihre Verwendungsweisen bei *Boehl*, Verfassunggebung (Fn. 197), S. 171 f. (dessen eigene Gegenüberstellung von »Parallelisierungs-Theorie« und »Differenz-Theorie« [S. 164 ff.] vielleicht etwas überpointiert ist).

[206] Dazu *P. Werner*, Wesensmerkmale des Homogenitätsprinzips und ihre Ausgestaltung im Bonner Grundgesetz, 1967, S. 63, 89 ff., der von »Einwirkung« spricht (90); *R. Grawert*, NJW 1987, 2329

Die wichtigsten ihrer Art sind Art. 1 III GG i. V. m. den Grundrechten und grundrechtsgleichen Rechten (→ Art. 1 III Rn. 27, 32 ff.; → Art. 31 Rn. 22) und Art. 28 II GG (→ Rn. 83)[207]. Zu den Durchgriffsnormen zählt aber **nicht** – wie in Literatur und Rechtsprechung vereinzelt angenommen – **Art. 20 II, III GG**; das hätte zur Folge, Art. 28 I 1 GG als lediglich deklaratorische Vorschrift zu betrachten[208]. Entgegen einer in der verfassungsgerichtlichen Rechtsprechung verbreiteten Ansicht sind auch die **Kompetenznormen** des Grundgesetzes **nicht Teil des Landesverfassungsrechts**[209]; vielmehr liegt hier lediglich eine bindende Regelung auf Gesamtstaatsebene vor, ohne daß für eine parallele Regelung überhaupt Platz wäre[210]. Die grundgesetzliche Kompetenzordnung stellt auch keine weitere, neben Art. 28 I GG stehende Schranke für den Landesverfassunggeber dar, der sich ihretwegen solcher Materien nicht annehmen könnte; auftretende Kollisionsfälle sind über Art. 31 GG zu lösen (→ Art. 31 Rn. 29 f., 50 ff.).

45 Neben den Durchgriffsnormen gehen Bundesverfassungsgericht und Teile der Literatur von der Existenz sog. **Bestandteilsnormen**[211] aus: das sind Bestimmungen des Grundgesetzes, die auf eine letztlich nie näher er- oder geklärte Art und Weise in die Verfassungen der Länder hineinwirken, damit Bestandteil des förmlichen (!) Landesverfassungsrechts und – wichtigste Folge – Prüfungsmaßstab für die Landesverfassungsgerichte werden[212]. Diese vielfach und zuvörderst auf Art. 21 GG bezogene, aber

---

(2331: »verfassungsrechtliche Konkordanzmasse«); *J. Kersten*, DÖV 1993, 896 (897); *Nierhaus* (Fn. 145), Art. 28 Rn. 4; *M. Möstl*, AöR 130 (2005), 350 (360); *Mehde* (Fn. 13), Art. 28 Abs. 1 Rn. 19 ff.

[207] Nach allgemeiner, aber im einzelnen uneinheitlicher Auffassung treten weitere GG-Bestimmungen hinzu: *Vitzthum*, Verfassungsrecht (Fn. 13), S. 11 nennt insofern Art. 20 II, III, 21, 26, 34 GG; bei *Nierhaus* (Fn. 145), Art. 28 Rn. 4 sind es Art. 31, 142, 25, 26, 33 V, 34, 80 I 2, 92, 97 GG, sowie Art. 101–104 GG; *Stern*, Staatsrecht I, S. 704 erwähnt zusätzlich Art. 20 II und III, 21, 25, 31, 34 GG; zum Begriff auch *C. Degenhart/E. Sarcevic*, Landesstaatlichkeit im Rahmen bundesstaatlicher Rechtsordnung des Grundgesetzes, in: C. Degenhart/C. Meißner (Hrsg.), Handbuch der Verfassung des Freistaates Sachsen, 1997, § 3 Rn. 15.

[208] Richtig *J. Kersten*, DÖV 1993, 896 (901 f.) m. w. N.; wie hier *A. Dittmann*, HStR³ VI, § 127 Rn. 33; *Mehde* (Fn. 13), Art. 28 Abs. 1 Rn. 21. – In BVerfGE 90, 60 (86) wurde die Frage, ob die Länder auch durch Art. 20 III GG unmittelbar gebunden werden, ausdrücklich offen gelassen.

[209] So aber (mit der Folge, daß Landesverfassungsgerichte grundgesetzliche Zuständigkeiten abschließend als Vorfrage prüfen) etwa BVerfGE 60, 175 (206) (in Bestätigung von HessStGH NJW 1982, 1141 [1141 f.] = ESVGH 32, 20 [24]); hierzu kritisch *M. Sachs*, DÖV 1982, 595 ff. – Ähnlich BayVerfGHE 26, 28 (33 f.); VerfGH NW NVwZ 1993, 57 (59); R-PVerfGH NVwZ 2001, 553 (553, 554); weitere Judikatur der Landesverfassungsgerichte bei *T. Starke*, SächsVBl. 2004, 49 (50). Für ein Verständnis als »gemeinsames Grenzrecht« mit der Folge landesverfassungsgerichtlicher Prüfung *W. Löwer*, NdsVBl. 2010, 138 (143 f.).

[210] So deutlich – in seiner Eigenschaft als Landesverfassungsgericht für Schleswig-Holstein – BVerfGE 103, 332 (357 f., Rn. 77 ff.); zuvor ferner *Stern*, Staatsrecht I, S. 708; *J. Rozek*, Das Grundgesetz als Prüfungs- und Entscheidungsmaßstab der Landesverfassungsgerichte, 1993, S. 119 ff.; *Löwer* (Fn. 127), Art. 28 Rn. 7; *Sachs*, Landesverfassungsrecht (Fn. 199), S. 488 Fn. 66; *T. Starke*, SächsVBl. 2004, 49 (50, 51) – alle m. w. N.

[211] Diese Lehre geht zurück auf die insofern nicht unproblematische Judikatur des Weimarer Staatsgerichtshofes (näher und m. N. der Spruchpraxis *H. Dreier*, Verfassungsgerichtsbarkeit in der Weimarer Republik, in: T. Simon/J. Kalwoda [Hrsg.], Schutz der Verfassung: Normen, Institutionen, Höchst- und Verfassungsgerichte, 2014, S. 317 ff. [358 ff.]). Sie wurde lange Zeit eher unkritisch übernommen. Zu Art. 21 GG: BVerfGE 1, 208 (227), 4, 375 (378); 6, 367 (375); 27, 10 (17); 60, 53 (61); 66, 107 (114); *Pestalozza*, Verfassungsprozeßrecht, § 11 Rn. 15, 20 (S. 155, 157); *T. Maunz*, HStR IV, § 95 Rn. 15; kritisch *J. Kersten*, DÖV 1993, 896 (897 f.) m. w. N.; eher distanziert *W. Löwer*, HStR³ III, § 70 Rn. 143 wie auch die Schilderung in BVerfGE 103, 332 (352 f., Rn. 66 ff.). Skeptisch wie hier *Mehde* (Fn. 13), Art. 28 Abs. 1 Rn. 17 f.

[212] Deutlich *Dietlein*, Verhältnis (Fn. 198), S. 216: »unverhüllte Zweckkonstruktion zur Erweite-

darauf nicht zwingend beschränkte Konstruktion ist **abzulehnen**[213]. Sie steht in offener Diskrepanz zur These von den getrennten Verfassungsräumen (→ Rn. 42), ignoriert den Willen des Landesverfassunggebers[214] und führt zur Konstruktion derivativen, nämlich aus dem Grundgesetz abgeleiteten Landesverfassungsrechts, worin eine unzulässige Umgehung des Art. 28 I GG liegt[215]. Hinfällig wird damit auch die zumeist auf diese Konstellation bezogene und zu Recht als rätselhaft und nebulös empfundene Sentenz des Bundesverfassungsgerichts, wonach die Verfassung der Gliedstaaten eines Bundesstaates »nicht in der Landesverfassungsurkunde allein enthalten [sei], sondern in sie hinein [...] auch Bestimmungen der Bundesverfassung« wirkten und erst beide Elemente zusammen die Verfassung des Gliedstaates ausmachten[216]. Kaum klarere Konturen hat auch der Versuch von Lerche gewinnen können, an die Stelle der Bestandteilsnormen eine **gesamtstaatliche Verfassung** i. S. eines »*Grundstatus* des Verhältnisses von Bund und Ländern zueinander« zu setzen[217].

Die Verfassungsautonomie unterfällt als Bestandteil der Bundesstaatlichkeit der »Ewigkeitsgarantie« (→ Art. 79 III Rn. 48) und läßt sich vom verfassungsändernden Gesetzgeber nicht beseitigen. Eine ohnehin nur hypothetische Verschärfung der Anforderungen des Art. 28 I GG würde rasch an die Grenze der Eigenstaatlichkeit der Länder stoßen und die Gefahr ihrer »Gleichschaltung« begründen; Lockerungen hingegen würden nicht nur den Charakter des Bundesstaates in den eines bloßen Staatenbundes verfälschen, sondern – bei richtigem Verständnis von der Reichweite und Intensität der verbindlichen Vorgaben (→ Rn. 53ff.) – Art. 79 III GG berühren[218]. **46**

In der **Einrichtung von Landesverfassungsgerichten** findet die Verfassungsautonomie der Länder einen wichtigen Ausdruck[219], zumal häufig erst diese der Landesver- **47**

---

rung der landesverfassungsgerichtlichen Kontrollbefugnisse«; W. *Löwer*, NdsVBl. 2010, 138 (141): »zuvörderst pragmatische Gründe«.

[213] Jarass/*Pieroth*, GG, Art. 28 Rn. 1; *Tettinger/Schwarz* (Fn. 113), Art. 28 Abs. 1 Rn. 32; W. *März*, Bundesrecht bricht Landesrecht, 1989, S. 180 f.; H. *Maurer*, JuS 1992, 296 (297 f.); *Sachs*, Landesverfassungsrecht (Fn. 199), S. 502 m. N. in Fn. 129; P. *Lerche*, Bundesverfassungsnormen mit landesverfassungsrechtlicher Qualität?, in FS Zacher, 1998, S. 525 ff. (527, 528 f.); *Dietlein*, Verhältnis (Fn. 198), S. 226 ff.; A. *Dittmann*, HStR³ VI, § 127 Rn. 35; ausführlich *Rozek*, Grundgesetz (Fn. 210), S. 100 f.f., 157 ff., 179 ff. sowie *Menzel*, Landesverfassungsrecht (Fn. 7), S. 132 f., 156 ff., 243; skeptisch auch M. *Möstl*, AöR 130 (2005), 350 (378).

[214] Zutreffend favorisiert daher R. *Grawert*, NJW 1987, 2329 (2330 f.) eine »systemimmanente Ausdeutung des Landesverfassungsrechts«, um die auftretenden Probleme zu lösen; wie hier auch *Niedobitek*, Entwicklungen (Fn. 203), S. 52 f.

[215] So *Vitzthum*, Verfassungsrecht (Fn. 13), S. 11, der freilich die skizzierte Rechtsprechung in concreto von diesem Vorwurf ausnimmt. Sachgerechte Ergebnisse lassen sich auch ohne Bestandteilstheorie erzielen: *Löwer* (Fn. 127), Art. 28 Rn. 7.

[216] Zitat (zu Art. 21 GG): BVerfGE 1, 208 (232); Bezugnahme: E 27, 44 (55); 66, 107 (114). Restriktiver aber (als Landesverfassungsgericht für S-H hinsichtlich der Kompetenzvorschriften des GG) BVerfGE 103, 332 (352 f., Rn. 66 ff.; 357, Rn. 79). Von »rätselhaft und nebulös« spricht *Nierhaus* (Fn. 145), Art. 28 Rn. 3 im Anschluß an H. *Bethge*, DÖV 1972, 336 (339). Kritisch zu dieser Rechtsprechung *März*, Bundesrecht (Fn. 213), S. 180 f.; *Vitzthum*, Verfassungsrecht (Fn. 13), S. 11; J. *Kersten*, DÖV 1993, 896 (897 f.); skeptisch H. *Bethge*, AöR 119 (1985), 169 (197). Umfangreiche Nachweise bei *Rozek*, Grundgesetz (Fn. 210), S. 100 m. Fn. 197.

[217] *Lerche*, Bundesverfassungsnormen (Fn. 213), S. 532 ff. (Zitat S. 532; Hervorhebung i. O., H. D.).

[218] Zum Problem *Stern* (Fn. 14), Art. 28 Rn. 29; H.-U. *Evers*, in: BK, Art. 79 III (Zweitb. 1982), Rn. 119; *Werner*, Homogenitätsprinzip (Fn. 206), S. 72 f.; *Menzel*, Landesverfassungsrecht (Fn. 7), S. 277 ff.

[219] R. *Wahl*, AöR 112 (1987), 26 (28) sieht hierin die »Pointe«; zustimmend *Groß*, Verfassungsautonomie (Fn. 153), S. 18 m. Fn. 10; siehe auch H. *Dreier*, Grundrechtsschutz durch Landesverfassungsgerichte, 2000, S. 9 f. – Die »Kompetenz« zur Errichtung von Landesverfassungsgerichten wird

Art. 28 C. Erläuterungen

fassung eigenes Profil vermitteln[220]. Tatsächlich haben die Verfassungsgerichte der Länder in jüngster Zeit mehrere verfassungsrechtliche Themenkomplexe praktisch »besetzt« und damit maßgeblich zur vielzitierten »**Revitalisierung**« der Landesverfassungen beigetragen[221]. Während die breit traktierte Frage der Überprüfung von Gerichtsentscheidungen auf ihre Vereinbarkeit mit den Landesgrundrechten in den Regelungsbereich der Art. 31, 142 GG fällt (→ Art. 31 Rn. 50 ff.; → Art. 142 Rn. 80 ff.), lassen sich im Segment des Staatsorganisationsrechts reichhaltige Judikate zu Fragen der Abgrenzung von repräsentativer und plebiszitärer Demokratie (→ Rn. 58; → Art. 20 [Demokratie], Rn. 58)[222] sowie zu den Grenzen der Kreditaufnahme (→ Art. 115 Rn. 18 ff.) verzeichnen[223].

48 **Prüfungsmaßstab** der Verfassungsgerichte der Länder kann allerdings nur das formelle Landesverfassungsrecht sein; entgegen verbreiteter Auffassung zählen dazu weder die Bestandteilsnormen (→ Rn. 45) noch die Durchgriffsnormen (→ Rn. 44)[224].

---

in Art. 100 III GG vorausgesetzt, wurzelt aber letztlich wieder in der Eigenstaatlichkeit der Länder: BVerfGE 96, 345 (368 f., Rn. 77); *Schlaich/Korioth*, Bundesverfassungsgericht, Rn. 347.

[220] *J. Isensee*, HStR³ VI, § 126 Rn. 87: »Chance innovatorischer Auslegung«; *K. Stern*, Der Aufschwung der Landesverfassungsbeschwerde im wiedervereinigten Deutschland, in: FS BayVerfGH, 1997, S. 241 ff. (241 f., 246 f.); *ders.*, Einführung, in: C. Starck/K. Stern (Hrsg.), Landesverfassungsgerichtsbarkeit, 1983, Bd. I, S. 1 ff. (3 ff.); *D. Franke*, Verfassungsgerichtsbarkeit der Länder – Grenzen und Möglichkeiten, in: FS Mahrenholz, 1994, S. 923 ff. (930 f.); *C. Starck*, HStR IX, § 208 Rn. 42 ff.; *F. Kirchhof*, VBlBW 2003, 137 (138 f.); *M. Möstl*, AöR 130 (2005), 350 (356).

[221] Kritischer Überblick zu »Anspruch und Wirklichkeit« der Landesverfassungsgerichte von *P. M. Huber*, ThürVBl. 2003, 73 ff.; zum Verhältnis von Bundes- und Landesverfassungsgerichtsbarkeit *B.-O. Bryde*, NdsVBl. 2005 (Sonderheft), 5 ff. – Rechtsprechungsanalysen haben vorgelegt *K. Frey*, Fünf Jahrzehnte Verfassungsrechtsprechung in Rheinland-Pfalz, in: K.-F. Meyer (Hrsg.), 50 Jahre Verfassungs- und Verwaltungsgerichtsbarkeit in Rheinland-Pfalz, 1997, Bd. 1, S. 355 ff. (367 ff.); *M. Kilian*, Die Grundrechts-Interpretation der Verfassungsgerichte der neuen Bundesländer und Berlins, in: B. Rill (Hrsg.), Fünfzig Jahre freiheitlich-demokratischer Rechtsstaat, 1999, S. 223 ff.; *K. Huber*, BayVBl. 2010, 389 ff.; *J. F. Lindner*, BayVBl. 2013, 549 ff. (Bayern); *A. Rinken*, NordÖR 2000, 89 ff. (Bremen); *N. Bertrams*, NWVBl. 2012, 81 ff. (Nordrhein-Westfalen); *H. Sodan*, DVBl. 2002, 645 (650 ff.: Berlin); vgl. auch *K.-D. Lindemann*, Die Rechtsprechung des Bundesverfassungsgerichts und der Landesverfassungsgerichte zur Rechtsstellung von Parlament und Regierung im Vergleich, 2000, S. 25 ff.

[222] Aus der Fülle der Judikate nur BVerfGE 102, 176 (in seiner Eigenschaft als Landesverfassungsgericht für Schleswig-Holstein gem. Art. 99 GG); dazu kritisch *J. Rux*, DVBl. 2001, 549 ff.; *O. Jung*, NVwZ 2002, 41 ff.; StGH Bremen DÖV 2000, 915; BayVerfGHE 53, 42 (dazu *K. Schweiger*, BayVBl. 2002, 65 ff.); ThürVerfGH ThürVBl. 2002, 31 (dazu Anmerkungen von *M. H. Koch*, ThürVBl. 2002, 46 f.; *J. Rux*, a. a. O., 48 ff.; *M. Sachs*, LKV 2002, 249 ff.; *S. Jutzi*, NJ 2002, 645 f.; *P. M. Huber*, Volksgesetzgebung und Ewigkeitsgarantie, 2003); VerfG Bbg LKV 2002, 77 m. Anm. von *N. Janz*, LKV 2002, 67 ff.; NdsStGH NdsVBl. 2002, 11 (zustimmend *W. Löwer/J. Menzel*, NdsVBl. 2003, 89 ff.); SächsVerfGH SächsVBl. 2002, 236 (dazu *P. Neumann*, SächsVBl. 2002, 229 ff.; *D. Zschoch*, NVwZ 2003, 438 ff.); HambVerfG NordÖR 2004, 107; NordÖR 2005, 106 (dazu kritisch *K. Engelken*, DVBl. 2005, 415 ff.; *H. P. Bull*, NordÖR 2005, 99 ff.). – Kritische Gesamtdarstellungen der einschlägigen Judikatur von *P. Neumann*, Die Entwicklung der Rechtsprechung zu Volksbegehren und Volksentscheid nach der Deutschen Einheit, in: T. Schiller/V. Mittendorf (Hrsg.), Direkte Demokratie, 2002, S. 115 ff.; *S. Jutzi*, ZG 18 (2003), 273 ff. sowie *F. Wittreck*, JöR 53 (2005), 111 ff.; Zustimmung zur restriktiven Rechtsprechungslinie hingegen bei *S. Müller-Franken*, Der Staat 44 (2005), 19 ff.

[223] Hier geht es regelmäßig um die Regeln zur Begrenzung der Kreditaufnahme, die von der Opposition als verletzt gerügt werden; entsprechende Anträge hatten Erfolg in Nordrhein-Westfalen (VerfGH NW NVwZ 2004, 217) und Berlin (BerlVerfGH NVwZ 2004, 210). – Dazu Besprechungen von *C. Pestalozza*, LKV 2004, 63 ff.; *H. Tappe*, NWVBl. 2005, 209 ff.; *M. Rossi*, DVBl. 2005, 269 ff. – Knapper Überblick zu weiteren durch die Rechtsprechung der Landesverfassungsgerichte geprägten Rechtsgebieten bei *P. M. Huber*, ThürVBl. 2003, 73 (75 f.).

[224] Wie hier *Rozek*, Grundgesetz (Fn. 210), S. 57 f., 101 ff., 118 f.; *S. Bauer*, Der Prüfungsmaßstab im Kommunalverfassungsbeschwerdeverfahren, 2013, S. 208, 255 f.; *Jarass/Pieroth*, GG, Art. 28

I. Art. 28 I GG (Homogenitätsgebot, Vorgaben für das Wahlrecht) **Art. 28**

Auch Art. 28 I GG selbst kommt nicht in Betracht[225]. Vielmehr hat das Landesverfassungsgericht gemäß Art. 100 I GG vorzulegen, wenn es einen landesrechtlichen Verstoß gegen das grundgesetzliche Homogenitätsgebot feststellt (bzw. nach Art. 100 III GG, wenn es aufgrund einer abweichenden Auslegung einen Verstoß verneinen möchte); denn Art. 28 I GG ist ausschließlich Prüfungsmaßstab für das Bundesverfassungsgericht. Im einzelnen ist hier freilich vieles streitig (→ Art. 31 Rn. 47). Umgekehrt gebietet der Respekt vor der Verfassungsautonomie der Länder einen zurückhaltenden Umgang des Bundesverfassungsgerichts mit den Landesverfassungen, sofern es im Einzelfall zu deren Interpretation berufen ist[226].

2. Homogenitätsgebot (Art. 28 I 1 GG)

a) Grundsätzliche Bedeutung, »verfassungsmäßige Ordnung«, aktuelle Relevanz

Art. 28 I GG balanciert die föderale Vielfalt und Eigenstaatlichkeit der Länder auf der einen, das Prinzip bündischer Einheit und die bundesstaatliche Geschlossenheit auf der anderen Seite aus. Verlangt wird ein »Mindestmaß an Homogenität«[227], **nicht** aber **Konformität** oder gar **Uniformität**[228]. Die Bestimmung will eine gewisse Gleicharti- 49

Rn. 1 sowie BVerfGE 103, 332 (350, Rn. 60) und dazu *Menzel*, Landesverfassungsrecht (Fn. 7), S. 311. Für eine Heranziehung von **Bestandteilsnormen** als Prüfungsmaßstab der Landesverfassungsgerichte etwa *H. Bethge*, Organstreitigkeiten des Landesverfassungsrechts, in: Starck/Stern, Landesverfassungsgerichtsbarkeit (Fn. 220), Bd. II, S. 17 ff. (30); *E. Friesenhahn*, Zur Zuständigkeitsabgrenzung zwischen Bundesverfassungsgerichtsbarkeit und Landesverfassungsgerichtsbarkeit, in: Festgabe BVerfG I, S. 748 ff. (760, 797); ähnlich (freilich unter mißverständlichem Rückgriff auf Art. 28 I GG) *U. Hensgen*, Organisation, Zuständigkeiten und Verfahren des Verfassungsgerichtshofs von Rheinland-Pfalz, Diss. jur. Mainz 1986, S. 108; vgl. oben Fn. 211. **Durchgriffsnormen** als Prüfungsmaßstab der Landesverfassungsgerichte befürwortet ausdrücklich *K. Stern*, in: BK, Art. 100 (Zweitb. 1967) Rn. 271 (Anwendung »principaliter«); Art. 28 II GG zieht heran – wenn auch mit verschleiernder Begründung – ThürVerfGH ThürVBl. 1996, 209 (209 f.); 1996, 281 (281). Noch weitergehend (prinzipiell unbeschränkter Prüfungsmaßstab der Landesverfassungsgerichte) *J. Burmeister*, Vorlagen an das Bundesverfassungsgericht nach Art. 100 Abs. 3 GG, in: Starck/Stern, Landesverfassungsgerichtsbarkeit (Fn. 220), Bd. II, S. 399 ff. (452 ff.).

[225] Eingehend *Rozek*, Grundgesetz (Fn. 210), S. 107 ff., 118 f.; wie hier *Löwer* (Fn. 127), Art. 28 Rn. 12. – A. A. *Burmeister*, Vorlagen (Fn. 224), S. 429 f.; *W. Schmidt*, AöR 87 (1962), 253 (280); wohl auch *C. Pestalozza*, NVwZ 1987, 744 (749 Fn. 64); vgl. *ders.*, Verfassungsprozeßrecht, § 11 Rn. 15 (S. 155). – Anderes mag gelten, sofern das Landesverfassungsgericht im Verfahren der präventiven Kontrolle eines Volksbegehrens entscheidet; siehe BremStGH DÖV 2000, 915 (916 ff.); zustimmend im Vorfeld *A. Bovenschulte/A. Fisahn*, RuP 2000, 48 (49) sowie im Nachhinein *A. Rinken*, Volksgesetzgebung und Verfassung, in: FS Hollerbach, 2001, S. 403 ff. (418 ff.).

[226] Diese Zurückhaltung sieht *V. Sander*, NVwZ 2002, 45 ff. nicht mehr gewahrt durch die in der Tat sehr kleinteilige Interpretation der hessischen Vorschriften zur Wahlprüfung in BVerfGE 103, 111 (125 ff., Rn. 76 ff.); aus diesem Grund kritisch auch *G. Hermes*, JZ 2001, 873 (874 f.); *A. Puttler*, DÖV 2001, 849 (855) sowie (andeutungsweise) *M. Wild*, DVBl. 2001, 888 (890); zur Gefahr der Ableitung detailgetreuer Vorgaben aus Verfassungsprinzipien: → Art. 20 (Demokratie), Rn. 113 f. – Dem Bundesverfassungsgericht zustimmend hingegen *F. J. Jung/I. Schon*, ZRP 2001, 354 (354 f.); *J. Kersten*, DVBl. 2001, 768 (770 f.); *H. Damian*, Verfassungsrechtliche Aspekte der Wahlprüfung im Lande Hessen, in: FS Steinberger, 2002, S. 401 ff. (404 ff.).

[227] BVerfGE 24, 367 (390); 36, 342 (361); 60, 175 (207 f.); 90, 60 (85); vorher bereits »eine gewisse Homogenität«: BVerfGE 9, 268 (279); 27, 44 (56) – Von daher stammt die verbreitete Kurzcharakterisierung als »Homogenitätsgebot« (statt aller *Stern*, Staatsrecht I, S. 704 ff.) oder »Homogenitätsprinzip« vgl. *T. Maunz*, HStR IV, § 95 Rn. 1 ff.).

[228] BVerfGE 9, 268 (279); 41, 88 (119); 90, 60 (84 f.); 103, 332 (349, Rn. 57; 350, Rn. 60). Die Literatur stimmt zu: siehe nur *M. Möstl*, AöR 130 (2005), 350 (359); *A. Dittmann*, HStR³ VI, § 127 Rn. 13; *Kloepfer*, Verfassungsrecht I, § 9 Rn. 96.

keit von Bundesstaat und Ländern im Strukturellen, nicht bis ins Detail (→ Rn. 53, 60). Insofern hat man auch von »Gleichgestimmtheit«[229] gesprochen. Mit dieser **Struktursicherung** kommt der Norm zudem verfassungsschützende und konfliktverhütende Funktion zu[230].

50 Bei Art. 28 I GG handelt es sich um eine sog. **Normativbestimmung**[231]; damit soll gesagt sein, daß das Homogenitätsgebot im Unterschied zu den Durchgriffsnormen (→ Rn. 44, 83) nicht unmittelbar in den Ländern verbindlich geltendes Recht setzt, sondern eine normative Vorgabe für die Länder darstellt. Das ist der Sinn der verbreiteten Formel, Art. 28 I GG gelte **nicht in den Ländern, sondern für die Länder**[232]. Dieses Verständnis respektiert deren Verfassungsautonomie, was bei der Annahme einer unmittelbaren Geltung des Art. 28 I GG nicht der Fall wäre. Zudem bliebe unklar, »in welcher konkreten Ausprägung sich das jeweilige Homogenitätsgebot […] in das Landesrecht einfügen sollte«[233].

51 Gegenständlich bezieht sich das Gebot auf die »**verfassungsmäßige Ordnung**«. Diese im Grundgesetz sinnvariabel gebrauchte Wendung (→ Art. 2 I Rn. 53 ff.; → Art. 9 Rn. 57; → Art. 20 [Rechtsstaat], Rn. 83) darf hier nicht zu dem Schluß verleiten, es ginge nur um das formelle, in einer Verfassungsurkunde niedergelegte Recht[234]. Denn dann könnte – ganz abgesehen davon, daß das Grundgesetz den Ländern keine Pflicht zur formellen Verfassunggebung auferlegt (→ Rn. 43) – das Homogenitätsgebot dadurch unterlaufen werden, daß das Land ihm widersprechende Regelungen auf niederer Rechtsstufe außerhalb der formellen Verfassung träfe. Umfaßt ist vielmehr **das gesamte Landesrecht**, sofern es zu den vorgegebenen Grundsätzen in Widerspruch geraten kann; so hat das Bundesverfassungsgericht mehrfach Landesgesetze an Art. 28 I GG scheitern lassen[235]. Auch für Geschäftsordnungen der Landesverfassungsorgane kann das relevant werden. Schließlich soll mit verfassungsmäßiger Ordnung nicht nur das geschriebene Recht (»law in the books«), sondern darüber hinaus die **Verfassungswirklichkeit als gelebte Verfassung**[236] gemeint sein. Dem liegt der richtige Gedanke

---

[229] *P. Lerche*, Föderalismus als nationales Ordnungsprinzip, VVDStRL 21 (1964), S. 66 ff. (87); vgl. *Vitzthum*, Verfassungsrecht (Fn. 13), S. 28 ff.

[230] *M. Bothe*, in: AK-GG, Art. 28 Abs. 1 (2001), Rn. 3 (Verhinderung des »Aufrollens« der Demokratie von den Ländern her); zur Konfliktvermeidung *W. Roters*, in: I. v. Münch (Hrsg.), GG-Kommentar, Bd. 2, 2. Aufl. 1983, Art. 28 Rn. 4; *Storr*, Verfassunggebung (Fn. 202), S. 170. – Teilweise kritisch *Hanebeck*, Bundesstaat (Fn. 154), S. 233 ff., der Homogenität nicht für eine bundesstaatsspezifische Forderung hält.

[231] Der Begriff der Normativbestimmung findet sich schon bei *Wenzel*, Grundlagen (Fn. 17), S. 605, 606. – Unspezifische Verwendung in BVerfGE 4, 178 (189). Zum Begriff etwa *Stern*, Staatsrecht I, S. 705 f.; ferner *J. Hellermann*, in: Epping/Hillgruber, GG, Art. 28 Rn. 3 ff.; *Löwer* (Fn. 127), Art. 28 Rn. 12 f.; *Nierhaus* (Fn. 145), Art. 28 Rn. 1, 6; *A. Dittmann*, HStR³ VI, § 127 Rn. 27; *Mehde* (Fn. 13), Art. 28 Abs. 1 Rn. 30 ff.; kritisch *Menzel*, Landesverfassungsrecht (Fn. 7), S. 245 ff.

[232] BVerfGE 6, 104 (111); der Sache nach schon E 1, 208 (236). Aus der Literatur: *Stern* (Fn. 14), Art. 28 Rn. 14; *Friesenhahn*, Zuständigkeitsabgrenzung (Fn. 224), S. 760; *Rozek*, Grundgesetz (Fn. 210), S. 107 ff.; *J. Kersten*, DÖV 1993, 896 (898); *Dietlein*, Verhältnis (Fn. 198), S. 208; *Rühmann* (Fn. 83), Art. 28 I 1 Rn. 15; *Mehde* (Fn. 13), Art. 28 Abs. 1 Rn. 2.

[233] Treffend *A. Dittmann*, HStR³ VI, § 127 Rn. 27. Denn Art. 28 I GG will ja gerade nur Grundsätze garantieren, ohne konkrete Ausprägungen zu fixieren.

[234] Insofern übereinstimmend *Löwer* (Fn. 127), Art. 28 Rn. 11; *A. Dittmann*, HStR³ VI, § 127 Rn. 11, 28; *Mehde* (Fn. 13), Art. 28 Abs. 1 Rn. 46.

[235] BVerfGE 9, 268; 83, 37; 83, 60; 93, 37.

[236] Ganz h.M.: *Stern* (Fn. 14), Art. 28 Rn. 20; *H. Bethge*, AöR 110 (1985), 169 (174); *J. Kersten*, DÖV 1993, 896 (898); *Löwer* (Fn. 127), Art. 28 Rn. 11; *Nierhaus* (Fn. 145), Art. 28 Rn. 8; *Rühmann* (Fn. 83), Art. 28 I 1 Rn. 17; *Mehde* (Fn. 13), Art. 28 Abs. 1 Rn. 46. Die hier zuweilen gebrauchte For-

I. Art. 28 I GG (Homogenitätsgebot, Vorgaben für das Wahlrecht)   Art. 28

zugrunde, daß bei signifikanten Verfassungsstörungen die Textlage häufig unverändert bleibt, das Verfassungsleben sich aber gerade davon ungeleitet entwickeln wird: hier muß man auf die eventuell fehlende tatsächliche Wirksamkeit der formell geltenden Regelungen abstellen und darf sich nicht mit dem reinen Normtext begnügen. Die Gewährleistungspflicht des Bundes (→ Rn. 167) greift nicht erst bei dessen signifikanter Veränderung.

Lange Zeit von nur geringer praktischer Relevanz[237], erlangte das Homogenitätsgebot **gesteigerte aktuelle Bedeutung** im Zusammenhang mit der Verfassunggebung in den neuen Bundesländern[238] und den dort gesetzten neuen Akzenten, z.B. der Stärkung von Oppositions- und parlamentarischen Minderheitsrechten[239], der Intensivierung direktdemokratischer Elemente (→ Art. 20 [Demokratie], Rn. 58) sowie der vermehrten Aufnahme von Staatszielen (→ Rn. 59). Überwiegend wird heute – nach phasenweise recht aufgeregter Diskussion – keine generelle Unvereinbarkeit mit dem Grundgesetz mehr angenommen, wiewohl sich einzelne Bestimmungen als durchaus prekär erweisen (→ Art. 142 Rn. 60 ff.). Vom Aufschwung des Landesverfassungsrechts und der Landesverfassungsgerichtsbarkeit blieben auch die alten Länder nicht unberührt[240]. 52

b) Gewährleistung der Grundsätze von Republik, Demokratie, Sozialstaat, Rechtsstaat

Art. 28 I 1 GG verpflichtet die Länder lediglich auf die »**Grundsätze**« des republikanischen, demokratischen und sozialen Rechtsstaates und läßt ihnen ansonsten Spielraum[241]. Innerhalb der gezogenen Grenzen können sie ihre verfassungsmäßige Ordnung frei gestalten[242]. Eine getreue Kopie der grundgesetzlichen Bestimmungen ist weder verlangt noch intendiert, Variationen und Ergänzungen sind daher möglich und sogar erwünscht[243]. Diese Grundsätze sind wegen des Korrespondenzverhältnisses 53

---

mel *Carl Schmitts* (Verfassungslehre, 1928, S. 4) vom »konkreten Gesamtzustand politischer Einheit und sozialer Ordnung« führt im gegebenen Kontext allerdings eher in die Irre.

[237] Zu den Gründen *K. Hesse*, Art. Bundesstaat, in: EvStL³, Sp. 318 ff. (323, 326); s. auch *R. Grawert*, NJW 1987, 2329 (2330); *T. Maunz*, HStR IV, § 94 Rn. 10; vgl. noch *Hanebeck*, Bundesstaat (Fn. 154), S. 246 f.

[238] Dazu umfangreich K. Stern (Hrsg.), Deutsche Wiedervereinigung, Bd. III, Zur Entstehung von Landesverfassungen in den neuen Ländern der Bundesrepublik Deutschland, 1992; *C. Starck*, HStR IX, § 208 Rn. 1 ff.; im Überblick *U. Sacksofsky*, NVwZ 1993, 235 ff.; *Schlaich/Korioth*, Bundesverfassungsgericht, Rn. 351 ff.; *Dreier*, Grundrechtsschutz (Fn. 219), S. 15 f.; *Hanebeck*, Bundesstaat (Fn. 154), S. 251 ff.

[239] Im Detail zu diesen Vorschriften und ihren westlichen Nachbildern *P. Cancik*, Parlamentarische Opposition in den Landesverfassungen, 2000, S. 76 ff.; zur Vereinbarkeit mit Art. 28 I GG knapp ebd., S. 22 ff.; vgl. auch *B. Pieroth/K. Haghgu*, Stärkung der Rechte der Abgeordneten und der Opposition in den Landesverfassungen, 2004. → Art. 20 (Demokratie), Rn. 59; → Art. 38 Rn. 183.

[240] Schleswig-Holstein und Niedersachsen wandelten ihre »vorläufigen« Verfassungen in endgültige um, Niedersachsen erweiterte die Kompetenzen seines Staatsgerichtshofes um die wichtige Kommunalverfassungsbeschwerde. Zur Verfassungsentwicklung in Bremen s. *P. Häberle*, JZ 1998, 57 ff., zu Nordrhein-Westfalen *M. Sachs*, NWVBl. 1997, 161 ff., zu Rheinland-Pfalz *C. Gusy/A. Müller*, JöR 45 (1997), 509 ff.; zusammenfassend *Niedobitek*, Entwicklungen (Fn. 203), S. 7 ff.; programmatisch J. Fuchs (Hrsg.), Landesverfassungsrecht im Umbruch, 1994.

[241] Unbestritten: siehe nur *H.-G. Henneke*, in: Schmidt-Bleibtreu/Hofmann/Henneke, GG, Art. 28 Rn. 5, 8; *Kloepfer*, Verfassungsrecht I, § 9 Rn. 98.

[242] BVerfGE 4, 178 (189); 64, 301 (317); 90, 60 (84 f.); 96, 345 (368 f., Rn. 75 ff.); 102, 224 (234 f., Rn. 43 ff.).

[243] Hierzu *Dreier*, Einheit (Fn. 195), S. 122 f.; wie hier *A. Dittmann*, HStR³ VI, § 127 Rn. 12.

Art. 28　　　　　　　　　　C. Erläuterungen

zwischen Art. 20, 28 und 79 GG[244] **die gleichen wie** die über **Art. 79 III GG** gesicherten. Der Grund: »Nur was für den Bund unabdingbare Grundlage der Art und Form seiner politischen Existenz ist, kann und muß er auch seinen Gliedern vorschreiben. Soweit sie die verfassungsändernde Gesetzgebung des Bundes zu variieren und zu modifizieren vermag, steht das auch den Ländern frei. Denn solange der identitätsverbürgende Kern der Verfassung nicht angetastet wird, ist die Homogenität des Bundes nicht in Gefahr.«[245] Für die Länder ergeben sich daraus bezüglich der einzelnen Verfassungsprinzipien die folgenden **Vorgaben und Bindungen**.

54　Wegen der Sicherung des **republikanischen Prinzips** sind alle Formen einer Monarchie sowie jede andere zeitlich unbegrenzte Bestellung eines Staatsoberhauptes ausgeschlossen (→ Art. 20 [Republik], Rn. 15 f.; → Art. 79 III Rn. 35)[246]. Eine Abwendung der Länder vom **Sozialstaatsprinzip** dürfte – abgesehen von ihrer politischen Unwahrscheinlichkeit – praktisch kaum realisierbar sein[247], da dessen Konkretisierung weitestgehend dem Gesetzgeber obliegt (→ Art. 20 [Sozialstaat], Rn. 30 ff.) und insofern größtenteils der Bund zuständig ist. Unverfügbar bleibt für die Länder, die ohnehin bei der Normierung sozialer Staatsziele über die zurückhaltende Linie des Grundgesetzes hinausgehen (→ Rn. 59), lediglich der Kern des Sozialstaatsgedankens (→ Art. 79 III Rn. 46)[248].

55　Die Grundsätze des **Demokratieprinzips** umfassen den fundamentalen Gedanken der Volkssouveränität als Herrschaft Freier und Gleicher, die Geltung der Mehrheitsregel, zeitliche Limitierung der Herrschaftsbefugnisse, freie politische Willensbildung und demokratische Legitimation allen Staatshandelns (→ Art. 20 [Demokratie], Rn. 67 ff., 73 ff., 86 ff., 109 ff.); stets muß die Führungsrolle des Parlaments mit Rechtsetzungsprärogative und Budgetrecht (→ Art. 20 [Demokratie], Rn. 94 ff., 115 f.; → Art. 80 Rn. 21) sowie die Unabhängigkeit der gewählten Abgeordneten gewahrt bleiben[249]. Für den Wahlakt selbst trifft Art. 28 I 2 GG eine spezielle Aussage (→ Rn. 61 ff.); Formen direkter Demokratie stehen den Ländern offen und werden von ihnen in vielfältiger Weise genutzt (→ Art. 20 [Demokratie], Rn. 58). Die für eine demokratische Ordnung unentbehrlichen Grundrechte sind ohnehin bundesverfassungsrechtlich gewährleistet (→ Art. 1 III Rn. 32 ff.) und erfahren über Art. 31, 142 GG eine Sonderregelung (→ Art. 31 Rn. 29 f., 50 ff.).

---

[244] Vgl. dazu etwa *Evers* (Fn. 218), Art. 79 III Rn. 117, 118; *H. Hofmann*, Bundesstaatliche Spaltung des Demokratiebegriffs? (1985), in: ders., Verfassungsrechtliche Perspektiven, 1995, S. 146 ff. (153 ff.); *P. M. Huber*, AöR 126 (2001), 165 (173); *Menzel*, Landesverfassungsrecht (Fn. 7), S. 250 ff.; *B. Grzeszick*, in: Maunz/Dürig, GG, Art. 20 II. Abschnitt (2010), Rn. 254 ff.

[245] *Hofmann*, Spaltung (Fn. 244), S. 157. Dem Gedanken folgend *Mehde* (Fn. 13), Art. 28 Abs. 1 Rn. 48.

[246] *Rühmann* (Fn. 83), Art. 28 I 1 Rn. 18 f.; *Menzel*, Landesverfassungsrecht (Fn. 7), S. 254 f.; *A. Dittmann*, HStR³ VI, § 127 Rn. 16; *Kloepfer*, Verfassungsrecht I, § 9 Rn. 99.

[247] So auch *Menzel*, Landesverfassungsrecht (Fn. 7), S. 258. *A. Dittmann*, HStR³ VI, § 127 Rn. 23: »geht [...] weitgehend ins Leere«.

[248] Wie hier *A. Dittmann*, HStR³ VI, § 127 Rn. 23; *Mehde* (Fn. 13), Art. 28 Abs. 1 Rn. 77 (Bezug auf Sozialstaat »von geringer normativer Wirkkraft«).

[249] Zum letzten Punkt etwa: BremStGH NJW 1975, 635 (636); BremStGH NJW 1977, 2307 (2307 ff.); HambVerfG NJW 1998, 1054 (1055) – Entschädigungspflicht. Vgl. noch *P. Badura*, Die Stellung des Abgeordneten nach dem Grundgesetz und den Abgeordnetengesetzen in Bund und Ländern, in: Schneider/Zeh, § 15 Rn. 25 f., 74 ff.; *C. Starck*, HStR IX, § 208 Rn. 25; *Menzel*, Landesverfassungsrecht (Fn. 7), S. 255 ff.; *A. Dittmann*, HStR³ VI, § 127 Rn. 19. Einzelfälle bei *H.-H. Trute*, in: v. Münch/Kunig, GG I, Art. 38 Rn. 49 (Freiheit der Wahl), 64 (Gleichheit der Wahl), 102 (Unabhängigkeit der Abgeordneten). → Art. 38 Rn. 149 ff.

I. Art. 28 I GG (Homogenitätsgebot, Vorgaben für das Wahlrecht) **Art. 28**

Im Bereich des **Rechtsstaatsprinzip**s sind für die Länder verbindlich: Gewaltenteilung[250], Vorrang der Verfassung, Vorrang und Vorbehalt des Gesetzes einschließlich des Parlamentsvorbehalts[251] sowie die Garantie der richterlichen Unabhängigkeit (→ Art. 97 Rn. 14 ff.)[252], ferner – wenn man es nicht direkt aus den Grundrechten ableitet – das Verhältnismäßigkeitsprinzip sowie Elemente des Vertrauensschutzes, der Bestimmtheit[253] und Transparenz staatlichen Handelns (→ Art. 20 [Rechtsstaat], Rn. 129 ff., 141 ff., 146 ff., 177 ff.)[254]. Rechtsschutzmöglichkeiten sind über den in Grenzen modifizierbaren (→ Art. 79 III Rn. 53) Art. 19 IV GG, justizstaatliche Garantien über Art. 1 III GG sichergestellt. Stets geht es nicht um die penible Umsetzung aller Einzelausprägungen, die das Rechtsstaatsprinzip auf der Ebene des Grundgesetzes durch Literatur und Judikatur erfahren hat, sondern um basale Festlegungen[255]. **56**

Jenseits dieser bindenden Vorgaben verfügen die **Länder** über einen beträchtlichen **Spielraum**[256]. Sie dürfen die Verfassungsprinzipien anders konturieren und profilieren, als dies im Grundgesetz geschehen ist (→ Rn. 58); ferner können sie neue, dem Grundgesetz unbekannte Elemente etwa im Bereich der Staatszielbestimmungen aufnehmen (→ Rn. 59). **57**

Die meisten Variationsmöglichkeiten ergeben sich im Bereich der **Staatsorganisation**[257]. Teils realisierte, teils hypothetische Beispiele mögen dies illustrieren. So können die Länder das parlamentarische Regierungssystem, insbesondere den zentralen Vorgang der Bestellung und Abwahl der Regierung, abweichend vom Grundgesetz (etwa ohne konstruktives Mißtrauensvotum) regeln und tun dies auch in vielfältiger Weise[258]; selbst ein Übergang zum Präsidialsystem ist nach freilich nicht unbestrittener Ansicht möglich (→ Art. 79 III Rn. 42). Die Direktwahl des Ministerpräsidenten wäre auch ohne diesen Schritt zulässig[259]; seine Amtsperiode muß ferner nicht, wie in Art. 69 II GG vorgesehen, mit dem Zusammentritt des neuen Parlaments enden[260]. Die **58**

---

[250] BVerfGE 2, 307 (319); *Mehde* (Fn. 13), Art. 28 Abs. 1 Rn. 81. → Art. 20 (Rechtsstaat), Rn. 67 ff.
[251] BVerfGE 41, 251 (266); 90, 60 (85); BVerwGE 57, 130 (137 f.); *Mehde* (Fn. 13), Art. 28 Abs. 1 Rn. 80. → Art. 20 (Rechtsstaat), Rn. 81 ff., 92 ff., 105 ff., 119 ff.
[252] So (anhand der Landesverfassungsgerichte) BVerfGE 96, 231 (244).
[253] BVerfGE 103, 111 (135, Rn. 106). Wegen Verstoßes gegen das Bestimmtheitsgebot dürfte etwa die sog. Antifa-Klausel des Art. 18a II der Verfassung von Mecklenburg-Vorpommern grundgesetzwidrig sein (*H. Bauer/W. Abromeit*, DÖV 2015, 1 [8 ff.]).
[254] Zusammenfassend *Menzel*, Landesverfassungsrecht (Fn. 7), S. 257 f.
[255] Richtig betont von *A. Dittmann*, HStR³ VI, § 127 Rn. 22.
[256] Allgemein, z.T. mit illustrierenden Beispielen: *Stern*, Staatsrecht I, S. 668; *Hofmann*, Spaltung (Fn. 244), S. 159 f.; *M. Herdegen*, HStR³ VI, § 129 Rn. 25; *Dreier*, Einheit (Fn. 195), S. 122 ff.; *Boehl*, Verfassunggebung (Fn. 197), S. 205 f.; offengelassen bei *Niedobitek*, Entwicklungen (Fn. 203), S. 48 f. m. w. N. → Rn. 58.
[257] Als »Exklusivbereich landesrechtlicher Legislation« umschrieben von *Menzel*, Landesverfassungsrecht (Fn. 7), S. 172; siehe auch *M. Möstl*, AöR 130 (2005), 350 (358 f.).
[258] Überblick bei *M. Herdegen*, HStR³ VI, § 129 Rn. 33 ff.; *Menzel*, Landesverfassungsrecht (Fn. 7), S. 396 ff.; *M. Niedobitek*, Die Landesregierung in den Verfassungen der deutschen Länder, in: FS Klaus König, 2004, S. 355 ff.; zu diesbezüglichen Neuerungen in den neuen Ländern *C. Starck*, HStR IX, § 208 Rn. 23 ff. sowie *Storr*, Verfassunggebung (Fn. 202), S. 285 ff. Kritisch zur bundesweit einzigartigen Bindung des Ministerpräsidentenamtes an ein Landtagsmandat (Art. 52 I NWVerf.) *J. Brauneck*, ZParl. 26 (1995), 295 (297 ff.). Mindestanforderungen an die Kontrolle der Regierung durch das Parlament formuliert BremStGH NVwZ 1989, 953 (955); dazu *A. Rinken*, JöR 42 (1994), 325 (350 ff., 376 ff.).
[259] *Dreier*, Einheit (Fn. 195), S. 123; *Jarass/Pieroth*, GG, Art. 28 Rn. 5; wie hier *Mehde* (Fn. 13), Art. 28 Abs. 1 Rn. 57; eingehend *J. L. Backmann*, Direktwahl des Ministerpräsidenten, 2006.
[260] BVerfGE 27, 44 (52, 55 f.). Nach Art. 37 I HambVerf. a. F. gab es das Institut des »Ewigen Senats« (dessen Amtszeit die Neuwahl des Parlaments überdauerte); allerdings ist im Zuge der Parla-

überwiegend praktizierte Vereinigung der Ämter von Landes-Staatsoberhaupt und Regierungschef[261] ist ebenso zulässig wie die bislang nirgends vorgesehene Institutionalisierung eines »Landespräsidenten« als Außenrepräsentationsorgan in Analogie zum Amt des Bundespräsidenten[262]. Die Einrichtung einer Zweiten Kammer verstößt nicht gegen Art. 28 I GG, solange das Parlament eindeutig das Übergewicht behält[263]; auch die insbesondere in den älteren westdeutschen Landesverfassungen niedergelegten **Notverordnungsrechte der Regierung** halten sich noch im vom Grundgesetz gezogenen Rahmen[264]. **Elemente direkter Demokratie** sind auf Länderebene ebenso weit verbreitet wie unter Homogenitätsgesichtspunkten unproblematisch (→ Art. 20 [Demokratie], Rn. 58, 105 f.)[265]. Die Länder dürfen ferner die Ministeranklage[266], ein Recht des Landtags zur Akteneinsicht[267] oder ein Selbstauflösungsrecht des Parlaments vorsehen[268], die Legislaturperiode gegenüber Art. 39 GG verkürzen oder um ein Jahr verlängern (→ Art. 20 [Demokratie], Rn. 73), aber kein »ruhendes Mandat« einführen (→ Rn. 62). Das Verfahren der Verfassungsänderung kann anders geregelt sein[269], was insbesondere die quorenlose vollplebiszitäre Änderung einschließt[270]. Auch eine Popularklage (vgl. Art. 98 S. 4 BayVerf., Art. 55 I BayVerfGHG) ist zulässig.

---

mentsreform (vgl. hierzu W. Hoffmann-Riem [Hrsg.], Bericht der Enquete-Kommission »Parlamentsreform«, 1993, S. 106) im Jahre 1996 (Hamb. GVBl. S. 131) eine Änderung der Norm erfolgt.

[261] Beispiele bei *Stern* (Fn. 14), Art. 28 Rn. 27; *M. Herdegen*, HStR³ VI, § 129 Rn. 47 ff.

[262] *Dreier*, Einheit (Fn. 195), S. 123; *Jarass/Pieroth*, GG, Art. 28 Rn. 5.

[263] Freilich ist der Bayerische Senat als einziges Exempel (Art. 34 ff. BayVerf. a. F.) nach dem Volksentscheid vom 8.2.1998 abgeschafft worden.

[264] Derartige Ermächtigungen bestehen in Hessen (Art. 110), Niedersachsen (Art. 44), Nordrhein-Westfalen (Art. 60) und im Saarland (Art. 111 f.). Zu den (namentlich) zeitlichen Grenzen dieser Ermächtigungen *Jarass/Pieroth*, GG, Art. 28 Rn. 2; *M. Herdegen*, HStR³ VI, § 129 Rn. 69; für Zulässigkeit schon *v. Mangoldt*, Grundgesetz (Fn. 80), Art. 28 Anm. 2 (S. 179). Skeptischer *Stern*, Staatsrecht I, S. 706.

[265] Für einen weiten Spielraum zu Recht *A. Bovenschulte/A. Fisahn*, RuP 2000, 48 (49 ff.). – Unnötig restriktiv *P. M. Huber*, AöR 126 (2001), 165 (175 ff.), der zunächst ganz zu Recht Art. 28 I GG »weder eine Entscheidung für noch gegen die direkte Demokratie in Ländern, Kreisen und Gemeinden« entnehmen will (182), in einem zweiten Schritt aber zu dem Schluß kommt, aus dem Homogenitätsprinzip folge ein »Vorrang der repräsentativen Demokratie« (184), der detaillierte Vorgaben für Volks- und Bürgerbegehren nach sich ziehe (188 ff.); in der Tendenz vergleichbar *J. Isensee*, Der antiplebiszitäre Zug des Grundgesetzes – Verfassungsrecht im Widerspruch zum Zeitgeist, in: M. Akyürek u. a. (Hrsg.), Verfassung in Zeiten des Wandels, 2002, S. 53 ff. (77 ff.).

[266] *Jarass/Pieroth*, GG, Art. 28 Rn. 5; *Löwer* (Fn. 127), Art. 28 Rn. 15; Nachweise zu den Landesverfassungen bei *M. Herdegen*, HStR³ VI, § 129 Rn. 44. – Kritisch gegenüber der u. a. in Sachsen möglichen Abgeordnetenanklage (Art. 118 LVerf.) hingegen *B. Kunzmann*, SächsVBl. 1998, 149 (154, 156 f.), der sie für nicht mit Art. 28 I GG vereinbar hält.

[267] Zu dieser Besonderheit in Niedersachsen (Art. 24 LVerf.) *U. Schwenke*, NdsVBl. 2002, 281 ff.

[268] BerlVerfGH DÖV 2002, 431 (433); *Mehde* (Fn. 13), Art. 28 Abs. 1 Rn. 62. – Zu Einzelheiten → Art. 39 Rn. 9.

[269] → Art. 79 II Rn. 9. So war die alte Hamburger Regelung (Art. 51 a. F. HambVerf.) nicht verfassungswidrig, auch nicht die Möglichkeit formeller Verfassungsdurchbrechungen (→ Art. 79 I Rn. 9, 26). Zu den verschiedenen Verfahren *M. Herdegen*, HStR³ VI, § 129 Rn. 56.

[270] Näher *H. Dreier*, BayVBl. 1999, 513 (513 ff.); ebenso *K. Schweiger*, BayVBl. 2000, 195 (195); *J. Lege*, DÖV 2000, 283 (286 f.). – A.A. i.E. BayVerfGHE 52, 104 (127 ff.), der dieses Ergebnis allerdings ausschließlich aus der bayerischen Verfassung herleitet und Art. 28 I GG ausdrücklich nicht tangiert sieht (ebd., S. 137 f.); für die Forderung nach Quoren unmittelbar aus Art. 28 I GG *J. Isensee*, Verfassungsreferendum mit einfacher Mehrheit, 1999, S. 44 ff. sowie *H.-D. Horn*, BayVBl. 1999, 430 (431 f., 434). – Gegen jede Form der außerparlamentarischen Verfassungsänderung unter schwer haltbarer Berufung auf Art. 28 I GG *K. Herrmann*, BayVBl. 2004, 513 (515, 519).

I. Art. 28 I GG (Homogenitätsgebot, Vorgaben für das Wahlrecht)   **Art. 28**

Die Länder können schließlich **Staatsziele** in ihre Verfassungen aufnehmen, die dem 59
Grundgesetz fremd sind: dies war bis zur Einführung des Art. 20a GG im Bereich des
Staatsziels Umweltschutz (→ Art. 20a Rn. 5, 20f.) und ist noch bei den **Kulturstaatsklauseln**[271] oder Vorschriften zum Minderheitenschutz[272] der Fall. Unschädlich sind
auch die in nicht wenigen Landesverfassungen enthaltenen **sozialen Grundrechte** (→
Art. 20 [Sozialstaat], Rn. 9, 21ff., 40), die ihrer Rechtsnatur nach ebenfalls zu den
Staatszielbestimmungen zählen (→ Vorb. Rn. 81; → Art. 1 III Rn. 36), solange sie nicht
– etwa wegen eines mit diesem Charakter nicht mehr vereinbaren Konkretionsgrades
– mit Bundesrecht kollidieren (→ Art. 31 Rn. 29f., 56). Für »echte«, subjektive öffentliche Ansprüche des Individuums verbürgende Grundrechte wiederum ist nicht Art. 28
I GG[273], sondern die Kollisionsregelung der Art. 31, 142 GG einschlägig (→ Art. 31
Rn. 40, 50ff.). Hier ist auch die Frage nach einem etwaigen Grundrechtsschutz für
Gemeinden (→ Art. 19 III Rn. 65f., 68; → Rn. 79) zu verorten. Erst recht folgt aus
Art. 28 I GG keine Verpflichtung, Grundrechte oder Institutsgarantien in die Landesverfassung aufzunehmen[274].

Das **Bundesverfassungsgericht** hat die Verfassungsautonomie der Länder überwie- 60
gend geachtet und bewahrt[275], in jüngerer Zeit aber insbesondere bei der Geltung des
Demokratieprinzips die **Grenzen eng gesteckt** und den Ländern recht detaillierte Ausmünzungen des Konzepts demokratischer Legitimation (→ Art. 20 [Demokratie],
Rn. 109ff.) als über Art. 28 I GG verbindlich vorgegeben[276]. Daß Art. 28 I GG nur
»Grundsätze« absichert und diese mit denen des Art. 79 III GG identisch sind (→
Rn. 53), scheint bei dieser Judikatur nicht hinlänglich bedacht. Gleiches gilt für die
unlängst wiederholte Erstreckung der Regelung des Art. 48 GG »über Art. 28 Abs. 1
GG« auf die Länder[277]. Mehrfach akzentuiert hat das Gericht hingegen den **Spielraum
der Landesverfassungsgerichte**, deren abschließende Entscheidungen in rein landes-

---

[271] Art. 3 I BayVerf., Art. 2 I BrandenbVerf., Art. 1, 11 SächsVerf.; vgl. dazu *W. Erbguth/B. Wiegand*, DÖV 1992, 770 (779); *J. Isensee*, SächsVBl. 1994, 28 (34f.); *P. Häberle*, JöR 42 (1994), 149 (164f.); *C. Degenhart*, Die Staatszielbestimmungen der Sächsischen Verfassung, in: Degenhart/Meißner, Handbuch (Fn. 207), § 6 Rn. 32ff. m.w.N. – Zur Einführung weiterer Staatsziele bei der Verfassungsreform in Rheinland-Pfalz 2000 siehe *S. Jutzi*, NJW 2000, 1295 (1260); für Niedersachsen *K.-A. Schwarz*, NdsVBl. 1998, 225ff.
[272] Siehe *N. Helle-Meyer*, in: J. Caspar u.a. (Hrsg.), Verfassung des Landes Schleswig-Holstein, 2006, Art. 5 Rn. 1ff.; *M. Ernst*, in: H. Lieber/S.J. Iwers/M. Ernst (Hrsg.), Verfassung des Landes Brandenburg, 2012, Art. 25 Anm. 2ff. (S. 214ff.).
[273] Art. 28 I GG muß auch nicht bemüht werden, um den Fortbestand vom Grundgesetz abweichender Landesgrundrechte zu sichern (so aber *Vitzthum*, Verfassungsrecht [Fn.13], S. 33). Für prinzipielle Trennung der Lösungskapazität von Art. 31 und Art. 28 I GG auch BVerfGE 36, 342 (362).
[274] So gegen den in der Tat befremdlichen Vortrag der Antragsteller, die der praktisch grundrechtslosen schleswig-holsteinischen Landesverfassung vermittels Art. 28 I GG eine Gewährleistung des Eigentums implantieren wollten, BVerfGE 103, 332 (349, Rn. 57).
[275] Die recht ausgreifenden Thesen in BVerfGE 40, 296 (319) wurden durch E 64, 301 (318) wieder relativiert; zurückhaltend aus der jüngeren Rechtsprechung auch E 102, 224 (234f., Rn. 46); 103, 332 (349ff., Rn. 59ff.).
[276] Besonders kraß: BVerfGE 93, 37 (66); kritisch zum Urteil auch *T. v. Roetteken*, NVwZ 1996, 552 (552); *U. Battis/J. Kersten*, DÖV 1996, 584 (590ff.); *A. Rinken*, KritV 79 (1996), 282 (307f.); Zustimmung zum Bundesverfassungsgericht bei *A. v. Mutius*, Personalvertretungsrecht und Demokratieprinzip des Grundgesetzes, in: FS Kriele, 1997, S. 1119ff. (1122f.). Ob etwa das hochdifferenzierte Theorem von der **doppelten Mehrheit** (→ Art. 20 [Demokratie], Rn. 111 m. Fn. 416) ein für die Länder unaufgebbarer Grundsatz der Demokratie ist, darf bezweifelt werden.
[277] BVerfGE 98, 145 (158, Rn. 47; 160, Rn. 53); vgl. zuvor E 42, 313 (326). – Hier ist nicht allein unklar, aus welchem in Art. 28 I GG in Bezug genommenen Grundsatz diese Erstreckung folgen soll, sie erinnert in ihrer untechnischen Formulierung auch fatal an die Bestandteilstheorie (→ Rn. 45; →

verfassungsrechtlichen Streitigkeiten unter Berufung auf die Verfassungsautonomie der Länder nicht mehr im Wege der Verfassungsbeschwerde vom Bundesverfassungsgericht überprüft werden können[278]. Diese Judikatur scheint wie die zu den Wahlrechtsgrundsätzen (→ Rn. 64) und den Verfassungsbeschwerden nach Landesverfassungsrecht (→ Art. 31 Rn. 53f.; → Art. 142 Rn. 85f.) allerdings etwas einseitig von Entlastungsüberlegungen geprägt.

3. Vorgaben für das Wahlrecht (Art. 28 I 2–3 GG)

a) Wahlrechtsgrundsätze (Art. 28 I 2 GG)

61 Nach Art. 28 I 2 GG muß das Volk in den Ländern, Kreisen und Gemeinden eine Vertretung haben, die aus allgemeinen, unmittelbaren, freien, gleichen und geheimen Wahlen hervorgegangen ist. Mit der **Vertretung** des Volkes auf Landesebene meint das Grundgesetz die Landesparlamente, die im Mittelpunkt des institutionellen Entscheidungsprozesses stehen müssen; prinzipiell zulässige Elemente direkter Demokratie können das repräsentative System theoretisch wie praktisch nur ergänzen, nicht substituieren (→ Art. 20 [Demokratie], Rn. 94ff., 104ff.). Das **Volk** in den Ländern umfaßt wie in Art. 20 I GG nach h. M. das deutsche Staatsvolk (→ Art. 20 [Demokratie], Rn. 90f.)[279]. Für die Kommunen gelten in beiden Punkten Besonderheiten (→ Rn. 65, 70ff.). Inhaltlich wird auf die in Art. 38 I 1 GG niedergelegten Wahlrechtsgrundsätze Bezug genommen, die in dem dort normierten Umfang (→ Art. 38 Rn. 51ff.) für Länder, Kreise und Gemeinden verbindlich sind. Für Wählbarkeitsbeschränkungen kommt vorrangig Art. 137 GG in Betracht (→ Art. 137 Rn. 7ff.)[280]. Da nur **Wahlgrundsätze, nicht Wahlsystem** oder Wahlverfahren vorgegeben sind, ist keine schematische Übernahme des Bundeswahlrechts verlangt. Auch hier gibt es daher einen gewissen Ausgestaltungsspielraum[281].

aa) Verstöße und Variationsmöglichkeiten

62 Als **Verstöße** auf Landes- bzw. Kommunalebene gegen die Wahlgrundsätze des Art. 28 I 2 GG sind beispielhaft die folgenden zu nennen: Wahl bedeutet grundsätzlich das Vorliegen von Entscheidungsalternativen und Relevanz der Stimmabgabe; daher sind sog. Friedenswahlen unzulässig[282]. Gegen den Grundsatz der Allgemeinheit der Wahl verstößt ein Wahlvorschlagsmonopol für politische Parteien[283]. Die nachträgliche Benennung von Mandatsträgern oder die Veränderung der Reihenfolge der Nachrücker

---

Art. 48 Rn. 41); kritisch wie hier *Menzel*, Landesverfassungsrecht (Fn. 7), S. 251; *Mehde* (Fn. 13), Art. 28 Abs. 1 Rn. 22ff. – Zurückhaltender aus gutem Grund BVerfGE 102, 224 (234f., Rn. 46).

[278] BVerfGE 96, 231 (243ff.: bayerisches Verfassungsstreitverfahren über die Zulässigkeit eines Volksbegehrens); vgl. dazu (zustimmend) *C. Tietje*, AöR 124 (1999), 282 (289ff.); *Dietlein*, Verhältnis (Fn. 198), S. 220f.; distanziert-kritisch referiert von *P. M. Huber*, ThürVBl. 2003, 73 (74).

[279] Siehe *Rennert* (Fn. 113), Art. 28 I 2–4 Rn. 36f.; *Löwer* (Fn. 127), Art. 28 Rn. 26; *Tettinger/Schwarz* (Fn. 113), Art. 28 Abs. 1 Rn. 73; *A. Dittmann*, HStR³ VI, § 127 Rn. 17; *Mehde* (Fn. 13), Art. 28 Abs. 1 Rn. 88. – Kritisch *J. Rux*, ZAR 2000, 177ff., der für die von Art. 28 I GG gewährleistete Möglichkeit der Länder plädiert, ein eigenes Landesvolk über die von Art. 116 GG gezogenen Grenzen hinaus zu definieren.

[280] BVerfGE 58, 177 (191); 98, 145 (158, Rn. 47; 159ff., Rn. 51ff.).

[281] Unterstrichen von BVerfGE 99, 1 (11f., Rn. 59). *A. Dittmann*, HStR³ VI, § 127 Rn. 20.

[282] BVerfGE 13, 1 (17f.) – betr. Kommunalwahlen in Schleswig-Holstein.

[283] BVerfGE 11, 266 (271ff.). – betr. Kommunalwahlen im Saarland.

ist mit der Unmittelbarkeit der Wahl unvereinbar[284]. Im Falle des »**ruhenden Mandats**«, wie es noch in den Verfassungen Bremens (Art. 108 II) und Hamburgs (Art. 39) vorgesehen ist, liegt sowohl ein Verstoß gegen die Unmittelbarkeit wie die Gleichheit der Wahl vor[285]. Mit der Wahlrechtsgleichheit war auch die frühere bayerische (auf Regierungsbezirksebene bezogene) 10%-Klausel nicht mehr vereinbar[286]. Schließlich ist den Ländern zwingend die Einrichtung eines **Wahlprüfungsverfahrens** vorgegeben[287], nicht aber dessen (landes-)verfassungsgerichtliche Überprüfung (→ Rn. 64)[288].

Ansonsten sind **Abweichungen** von der bundesrechtlichen Ausgestaltung des Wahlverfahrens **zulässig**. Da nach h. M. auf Bundesebene ein Übergang vom Verhältniswahlrecht zum Mehrheitswahlrecht nicht ausgeschlossen wäre (→ Art. 20 [Demokratie], Rn. 97), steht diese Möglichkeit auch den Ländern offen[289]. Die Länder können das Panaschieren oder Kumulieren einführen[290], die Briefwahl ausschließen[291] und vom Bundesrecht abweichende Unterschriftenquoren für Wahlvorschläge vorsehen[292]. Für das Umrechnungsverfahren von Stimmen auf Mandate im Rahmen des Verhältniswahlrechts kann das d'Hondtsche **Höchstzahlverfahren** ebenso zugrunde gelegt werden wie das mathematische **Proportionalverfahren** nach Hare/Niemeyer oder das **Rangmaßzahlverfahren** nach Saint-Lague/Schepers[293]. Die Wahlrechtsprivilegierung der dänischen Minderheit in Schleswig-Holstein sowie der sorbischen in Brandenburg, auf deren Listen die 5%-Klausel keine Anwendung findet[294], stellt keine Abweichung vom bundesrechtlichen Modell, sondern eine Konkretisierung von § 6 VI 2 BWahlG

63

---

[284] BVerfGE 3, 45 (49 ff.); 7, 77 (84 ff.) – beide Entscheidungen zum schleswig-holsteinischen Kommunalwahlgesetz.

[285] So die ganz überwiegende Meinung in der Literatur: vgl. *Dreier*, Einheit (Fn. 195), S. 124 f. m. w. N. und Darstellung der Problematik; wie hier *Mehde* (Fn. 13), Art. 28 Abs. 1 Rn. 117, 120. Für Zulässigkeit freilich *K. David*, Verfassung der Freien und Hansestadt Hamburg, 2. Aufl. 2004, Art. 39 Rn. 20 ff.

[286] Bedenken bei *Stern* (Fn. 14), Art. 28 Rn. 54; *Bothe* (Fn. 230), Art. 28 Abs. 1 I Rn. 9. Der BayVerfGH hielt diese Regelung (bis 1973: Art. 14 IV BayVerf., Art. 51 IV Bay. LandeswahlG; anders mit 5%-Klausel für den gesamten Freistaat Art. 14 IV BayVerf., Art. 41 IV Bay. LandeswahlG) für gerade noch mit der BayVerf. vereinbar: BayVerfGHE 11, 127 (140 ff.). Vgl. BVerfGE 1, 208 (256); 47, 253 (277).

[287] BVerfGE 99, 1 (18, Rn. 83); 103, 111 (134 f., Rn. 105); für Zuordnung dieses Postulats zum demokratischen Prinzip auch *Dietlein*, Verhältnis (Fn. 198), S. 210; dem BVerfG zustimmend ferner *C. Lenz*, NJW 1999, 34 (34); kritisch hingegen *V. Sander*, NVwZ 2002, 45 (46).

[288] BVerfGE 99, 1 (18 f., Rn. 88) unter Hinweis auf Art. 19 IV GG. – Vgl. dazu *Menzel*, Landesverfassungsrecht (Fn. 7), S. 261, 525 ff. sowie (kritisch) *A. Puttler*, DÖV 2001, 849 (850 ff.).

[289] Näher *Menzel*, Landesverfassungsrecht (Fn. 7), S. 260 f., auch m. N. zur Gegenansicht. Wie hier *A. Dittmann*, HStR³ VI, § 127 Rn. 12.

[290] Übersicht über die verschiedenen Listensysteme bei *W. Schreiber/J. Hahlen/K.-L. Strelen*, BWahlG, 9. Aufl. 2013, § 27 BWahlG Rn. 12 ff.; Synopse der Kommunalwahlgesetze der Bundesländer bei *Lange*, Kommunalrecht (Fn. 127), S. 106 ff.; am Beispiel des bayerischen Kommunalrechts etwa *G. Lissack*, Bayerisches Kommunalrecht, 3. Aufl. 2009, § 4 Rn. 63 ff.

[291] BVerfGE 12, 139 (142 f.); 15, 165 (167). Zustimmend *Stern* (Fn. 14), Art. 28 Rn. 54.

[292] BVerfGE 3, 383 (394 ff.); 12, 132 (133 f.); 12, 135 (137 ff.); BayVerfGHE 13, 1 (8); *Bothe* (Fn. 230), Art. 28 Abs. 1 I Rn. 9. Zur Bindung durch den Gleichheitssatz: BVerfGE 12, 10 (27 ff.).

[293] Vergleichende Nachweise zu den Verfahren bei *Stern*, Staatsrecht I, S. 297 ff.; *H. Meyer*, HStR³ III, § 46 Rn. 54 ff.; *Schreiber/Hahlen/Strelen*, BWahlG (Fn. 290), § 6 BWahlG Rn. 8 ff.; *P. Kunth*, ZParl. 22 (1991), 297 ff.; aus der Rechtsprechung etwa BayVerfGH BayVBl. 1992, 397 (398 ff.); OVG NW NVwBl. 1996, 436 (437).

[294] § 3 I 2 S-H WahlG; § 3 I 2 Brandenb. LandeswahlG; dazu *D. Murswiek*, HStR³ X, § 213 Rn. 33 ff.; für die Verfassungswidrigkeit solcher Begünstigungen *U. Hösch*, ThürVBl. 1996, 265 (269); dagegen *B. Pieroth/T. Aubel*, NordÖR 2001, 141 (145 f.); *E. Röper*, NordÖR 2003, 391 ff. – Zwei auf die Verfassungswidrigkeit des § 3 I 2 S-H WahlG zielende Vorlagen des OVG Schleswig hat das Bundesver-

dar. Auch Modifikationen des Wahlalters sind auf Landesebene möglich[295]. Aus der Bindung der Länder an die Wahlgrundsätze folgt schließlich nicht die Zulässigkeit einer bundesrechtlich angeordneten **terminlichen Koppelung** von Landtags- und Bundestagswahlen[296]; unbedenklich mit Blick auf Art. 28 I 2 GG ist hingegen die Zusammenlegung von Kommunal- und Europawahl durch Landesorgane[297].

64 Die **verfassungsgerichtliche Kontrolle** der Einhaltung **der Wahlrechtsgrundsätze** hat das Bundesverfassungsgericht mittlerweile im Interesse der Verfassungsautonomie der Länder spürbar zurückgenommen. Im Unterschied zu Art. 38 I 1 GG gewährleiste Art. 28 I 2 GG den Bürgern in den Ländern keine verfassungsbeschwerdefähige Rechtsposition[298]; in Abkehr von einer langjährigen Rechtsprechung soll eine solche auch nicht durch Rückgriff auf den jetzt ganz zu Recht als nachrangig aufgefaßten allgemeinen Gleichheitssatz begründet werden können[299]. Ob die Länder ihrer Bindung an die damit als rein objektivrechtlich ausgewiesenen Vorgaben des Art. 28 I 2 GG genügen, unterliegt einer Kontrolle nur im Verfahren der abstrakten oder konkreten Normenkontrolle[300]. Für den Bürger bleibe die Möglichkeit der Einleitung eines Wahlprüfungsverfahrens nach Landesrecht, in der Mehrzahl der Länder auch die Anrufung des Landesverfassungsgerichts[301]. Die letzte Erwägung macht deutlich, daß diese Kehrtwende der Rechtsprechung einmal mehr von dem Bestreben diktiert scheint, durch Indienstnahme der Landesverfassungsgerichte das Bundesverfassungsgericht zu entlasten (→ Rn. 60; → Art. 31 Rn. 53 f.; → Art. 142 Rn. 85 f.).

bb) Insbesondere: Gemeinde- und Kreisebene

65 Auf der Ebene von Gemeinden und Kreisen ergeben sich im Vergleich zur länderstaatlichen Ebene einige Besonderheiten. Zunächst entfällt gemäß Art. 28 I 3 GG die Beschränkung auf das deutsche **Volk** für Staatsangehörige eines Mitgliedstaates der EG bzw. EU (→ Rn. 27). Mit **Vertretung** sind hier die Repräsentativkörperschaften Ge-

---

fassungsgericht als unzulässig verworfen; vgl. OVG Schleswig NVwZ-RR 2003, 161 (163 ff.); NordÖR 2005, 63 und dazu BVerfG (K), NVwZ 2005, 205 bzw. 568.

[295] Anderer Ansicht K. M. A. Nopper, Minderjährigenwahlrecht – Hirngespinst oder verfassungsrechtliches Gebot in einer grundlegend gewandelten Gesellschaft, 1999, S. 129, mit dem fragwürdigen Argument, das Homogenitätsgebot schließe »über das traditionelle Maß hinausgehende« Regelungen aus; wie hier *Mehde* (Fn. 13), Art. 28 Abs. 1 Rn. 90 – Zur Frage des Minderjährigenwahlrechts: → Art. 20 (Demokratie), Rn. 98.

[296] *Stern*, Staatsrecht I, S. 710; *Nierhaus* (Fn. 145), Art. 28 Rn. 20; *T. Friedrich*, ZRP 1993, 363 (366); eine Koppelung beider Termine durch die *Landes*regierung hält für zulässig VerfGH R-P DVBl. 1984, 676 (677 f.). Ebenfalls unzulässig hingegen wäre eine bundesrechtlich normierte Synchronisierung aller Landtagswahltermine: BVerfGE 1, 14 (34); *A. Haratsch*, DVBl. 1993, 1338 (1341 f.); *Rennert* (Fn. 113), Art. 28 I 2–4 Rn. 32.

[297] BVerfG (K), NVwZ 1994, 893 (893 f.).

[298] BVerfGE 99, 1 (7 f., Rn. 43); da das Wahlrecht als Ausübung von Staatsgewalt kein subjektives Recht darstelle, entfalle auch die Möglichkeit der durch Art. 2 I GG vermittelten Verfassungsbeschwerde (so zuvor auch *G. Roth*, DVBl. 1998, 214 [216]; → Art. 2 I Rn. 42). – Die Entscheidung liegt auf einer Linie mit dem ebenfalls zur bayerischen Rechtsprechung ergangenen Beschluß BVerfGE 96, 231 (→ Rn. 60): *P. M. Huber*, ThürVBl. 2003, 73 (73 f.).

[299] BVerfGE 99, 1 (8 ff., Rn. 45 ff.) mit umfangreichen Nachweisen zur bislang für die Grundsätze der Allgemeinheit und Gleichheit der Wahl anderslautenden Rechtsprechung (ebd., S. 8). → Bd. II², Art. 28 Rn. 73 Fn. 325, 327 f.

[300] BVerfGE 99, 1 (11 f., Rn. 59 f.). *K. Vogelgesang*, in: Friauf/Höfling, GG, Art. 28 (2002), Rn. 54.

[301] BVerfGE 99, 1 (17 ff., Rn. 83 ff.).

I. Art. 28 I GG (Homogenitätsgebot, Vorgaben für das Wahlrecht) **Art. 28**

meinderat (Stadtrat, Bürgerschaft o. ä.)[302] bzw. Kreistag gemeint[303]. Doch ist dadurch die Direktwahl weiterer Vertretungsorgane (Bürgermeister, Landräte) nicht ausgeschlossen (→ Rn. 89)[304]; auch sie »vertreten« die Bürger und handeln ebenso wie das kollektive Organ mit verpflichtend-repräsentativer Bindung für die Bürger, also nicht nur im Sinne einer bloß »zeremoniellen« Außenrepräsentation. Zu weit dürfte jedoch die Meinung gehen, Gemeinderat bzw. Kreistag müßten nicht kommunales Hauptorgan sein, sondern nur ein hinreichendes Mitspracherecht besitzen[305]. Umgekehrt ist die Direktwahl von Bürgermeister oder Landrat durch Art. 28 I 2 GG allerdings auch nicht geboten. Schließlich setzt die Garantie des Art. 28 I 2 GG der Einführung von nicht an den Gemeinderat (Kreistag) oder die direkt gewählte Spitze (Bürgermeister, Landrat) rückgebundenen Managementstrukturen etwa im Rahmen des »neuen Steuerungsmodells« (→ Rn. 89) Grenzen[306]. Sonstige Gemeindeverbände (→ Rn. 153 ff.), die keine kommunalen Gebietskörperschaften sind, müssen keine nach den Vorgaben des Art. 28 I 2 GG gewählte Vertretung haben, dürfen es aber[307]. Verfassungsrechtlich problematisch ist die als Kommunalaufsichtsmaßnahme (→ Rn. 107) vereinzelt vorgesehene Auflösung der Gemeindevertretung[308].

5%-Sperrklauseln sind auf Kommunalebene noch problematischer als auf Bundes- oder Landesebene (→ Art. 38 Rn. 112). Gleichwohl ging die herrschende Auffassung lange Zeit von ihrer Zulässigkeit aus[309]. Im Ansatz restriktiver bedarf es nach der jüngeren Rechtsprechung des Bundesverfassungsgerichts zu ihrer Rechtfertigung eines »zwingenden Grundes«[310]. Potentiell mag ein solcher zwar (nach wie vor) im legitimen Interesse an der Funktionsfähigkeit der Volksvertretung auf kommunaler Ebene zu finden sein, doch ist eine Sperrklausel nurmehr bei Vorliegen konkreter und die Eigenheiten der jeweiligen Kommunalverfassung in Rechnung stellender Anhalts- **66**

---

[302] Vollständiger Überblick über die Terminologie bei *R. Stober*, Kommunalrecht in der Bundesrepublik Deutschland, 3. Aufl. 1996, § 14 II 1 (S. 183 f.).
[303] *Lange*, Kommunalrecht (Fn. 127), S. 1220 f. Das wird selten ausdrücklich thematisiert. Vgl. aber *A. Bovenschulte/A. Buß*, Plebiszitäre Bürgermeisterverfassungen, 1996, S. 82 ff., wo in Gegenüberstellung von direkt gewähltem Bürgermeister und Gemeindevertretung diese ausdrücklich als »einzig notwendiges und folglich Hauptorgan der Gemeinde« bezeichnet wird.
[304] Dazu umfangreich *Bovenschulte/Buß*, Bürgermeisterverfassungen (Fn. 303), insb. S. 76 ff.
[305] *Stern* (Fn. 14), Art. 28 Rn. 50; ihm zustimmend *Bothe* (Fn. 230), Art. 28 Abs. 1 I Rn. 8.
[306] Hier gilt Gleiches wie auf der staatlichen Ebene. Vgl. *Dreier*, Budgetrecht (Fn. 16), S. 102 ff. m. w. N.; s. auch *L. Osterloh*, StWStP 8 (1997), 79 ff. Optimistischer *A. v. Mutius*, Neues Steuerungsmodell in der Kommunalverwaltung, in: FS Stern, 1997, S. 685 ff. (695 ff.). Plädoyer für eine Verknüpfung von Steuerungsmodell und direktdemokratischen Elementen bei *T. Klie/T. Meysen*, DÖV 1998, 452 (457 ff.). Näher zu den Anforderungen an eine kommunale Neuorganisation aus dem Demokratieprinzip *R. Wahl*, Organisation kommunaler Aufgabenerfüllung im Spannungsfeld von Demokratie und Effizienz, in: H.-G. Henneke (Hrsg.), Organisation kommunaler Aufgabenerfüllung, 1998, S. 15 ff. (29 ff.); zur Problematik auch *H. Schulze-Fielitz*, Die kommunale Selbstverwaltung zwischen Diversifizierung und Einheit der Verwaltung, ebd., S. 223 ff. (242 f.).
[307] BVerfGE 52, 95 (110 ff.) – Schleswig-Holsteinische Ämter; dazu eingehend *H.-M. Steinger*, Amtsverfassung und Demokratieprinzip, 1997, S. 57 ff. Zum Status von Vertretern in der Versammlung eines Zweckverbands VG Würzburg BayVBl. 1998, 88 (89 f.). → Rn. 155.
[308] *Stern* (Fn. 14), Art. 28 Rn. 47; w. N. bei *Stober*, Kommunalrecht (Fn. 302), § 9 III 1 d ee (S. 153 Fn. 53).
[309] BVerfGE 6, 104 (111 ff.); 11, 266 (277); 13, 243 (246 f.); zustimmend *Stern* (Fn. 14), Art. 28 Rn. 56; *Löwer* (Fn. 127), Art. 28 Rn. 23; zu Recht a.A. *Hamann/Lenz*, GG, Art. 28 Anm. B 4; *H. Meyer*, HStR³ III, § 46 Rn. 42.
[310] BVerfGE 120, 82 (106 f., Rn. 109) mit Hinweis auf E 1, 208 (248 f.); auf derselben Linie Thür-VerfGH NVwZ-RR 2009, 1 (1 ff.); StGH Bremen LVerfGE 20, 143 (158); VerfGH S-H v. 13.09. 2013, LVerfG 7/12, Ls. 2. Differenziert-kritische Würdigung bei *Mehde* (Fn. 13), Art. 28 Abs. 1 Rn. 104 ff.

Art. 28   C. Erläuterungen

punkte für eine andernfalls drohende Gefährdung dieses Gemeinwohlbelangs verhältnismäßig[311]. Kommunalen Wählergruppen und Wählervereinigungen (sog. **Rathausparteien**[312]) muß eine chancengleiche Teilnahme an den Wahlen möglich sein, so daß sie etwa beim Erfordernis von Unterschriftenquoren für Wahlvorschläge gegenüber politischen Parteien nicht benachteiligt werden[313]. Aus dem Grundsatz der freien Wahl (→ Art. 38 Rn. 86 ff.) folgen Einschränkungen der kommunalen **Öffentlichkeitsarbeit** im Wahlkampf; Wahlempfehlungen zugunsten einer Partei oder eines Bewerbers verstoßen gegen die den Gemeinden durch Art. 28 I 2 GG auferlegte Neutralitätspflicht[314]; gleiches dürfte auch für Stellungnahmen zu Abstimmungen zumindest auf Landesebene gelten[315]. Kommunale Wählbarkeitsbeschränkungen werden durch Art. 137 I GG geregelt[316]. Das **Verbot der Annahme des errungenen Mandates** im Falle gleichzeitiger Mitgliedschaft geschiedener Ehegatten im Gemeinderat stellt – anders als im Falle einer bestehenden Ehe – keinen »zwingenden Grund« zur Einschränkung der Wahlrechtsgleichheit gemäß Art. 28 I 2 GG dar[317]. Auch einer Senkung des Wahlalters steht die Norm nach richtiger Ansicht nicht entgegen[318].

67   Umstritten ist, ob die **kommunalen Vertretungsorgane** (Gemeinderäte, Kreistage) als **Parlamente** angesehen und von daher der Legislative zugeordnet werden können[319]. Das wird teilweise bejaht mit Hinweis auf die Entwicklung der Gemeindevertretung vom Exekutivausschuß zu einem echten Parlament sowie mit ihrer historischen Vorreiterrolle namentlich für die Anerkennung eines freien Mandats[320]. Die h. M. ordnet indes die kommunalen Vertretungen unter Verneinung ihres Parlaments-

---

[311] BVerfGE 120, 82 (110 ff., Rn. 120 ff.); weiterführend *M. Krajewski*, DÖV 2008, 345 (350 ff.).

[312] Hierzu grundlegend *W. W. Grundmann*, Die Rathausparteien, 1960. Zur herrschenden Ansicht, daß Rathausparteien nicht unter den Parteienbegriff des Grundgesetzes fallen: → Art. 21 Rn. 34, 37.

[313] BVerfGE 11, 266 (277); 12, 10 (27); 12, 135 (137 ff.); 13, 1 (16); BayVerfGHE 13, 1 (8); anders noch BVerwGE 8, 327 ff.

[314] BVerwG DVBl. 1997, 1276 (1277); BayVGH BayVBl. 1996, 145; vgl. dazu *F.-L. Knemeyer*, BayVBl. 1998, 33 ff.; *M. Wittzack*, BayVBl. 1998, 37 ff.; *W. Porsch*, Warnungen und kritische Äußerungen als Mittel gemeindlicher Öffentlichkeitsarbeit, 1997, S. 38 ff. u. ö.; *Rennert* (Fn. 113), Art. 28 I 2–4 Rn. 57.

[315] Zutreffend BayVGH DVBl. 1991, 1003 (1003 f.), wonach den Gemeinden untersagt ist, ihren Bürgern in einem Volksentscheid über einen Gesetzentwurf ein bestimmtes Abstimmungsverhalten zu empfehlen, auch wenn der Gesetzentwurf gemeindeeigene Angelegenheiten betrifft. Weitergehend zugunsten der Gemeindeorgane BayVerfGH BayVBl. 1994, 203 (206 f.); dazu mit Recht kritisch *M. Wittzack*, BayVBl. 1998, 37 (40). Auf Ortsebene, wo der Gemeinderat im Bürgerentscheid Partei ist, greift nur das »Sachlichkeitsgebot« (vgl. Art. 18a V BayGO); dazu nochmals *M. Wittzack*, ebd.

[316] BVerfGE 12, 73 (77 ff.).

[317] BVerfGE 93, 373 (377 ff.); noch weitergehend S-AVerfG NVwZ-RR 1995, 457 (459 ff.); 464 (464 ff.). Kritisch zu den genannten Judikaten *K. Engelken*, DÖV 1996, 853 (860 ff.), der diese Rechtsprechung einerseits für inkonsequent hält und andererseits stärker auf Art. 137 I GG als Rechtfertigungsgrund abstellen will; für eine weiterreichende Verfassungswidrigkeit der Regelungen in Baden-Württemberg wiederum *H. Stintzing*, VBlBW 1998, 46 (51). Umfangreiche Rechtsprechungsanalyse bei *J. Oebbecke*, Die Verwaltung 31 (1998), 219 ff. (zur Ehegattenproblematik 231 ff.).

[318] A.A. wiederum *Nopper*, Minderjährigenwahlrecht (Fn. 295), S. 131 f.

[319] Materialreiche Zusammenfassung: *J.-P. Spiegel*, Parlamentsrechtliche Strukturmerkmale im Recht der kommunalen Volksvertretung, 2005, S. 31 ff.; komprimiert *Lange*, Kommunalrecht (Fn. 127), S. 190 ff.

[320] Vgl. z. B. *Faber* (Fn. 91), Art. 28 Abs. 1 II, Abs. 2 Rn. 21, 25; *W. Frotscher*, ZParl. 7 (1976), 494 (499); *B. Hoppe/R. Kleindiek*, VR 1992, 82 (83 f.); ausführlich *Y. Ott*, Der Parlamentscharakter der Gemeindevertretung, 1994, S. 86 ff., 214, 279 ff. – Zuordnung zur Legislative auch (früher) in BVerfGE 21, 54 (62 f.); 32, 346 (361).

charakters der Exekutive zu³²¹. Letztlich ist der Streit um eine pauschale Etikettierung unfruchtbar, da sich aus ihr allein keine rechtlich relevanten Folgerungen ziehen lassen. Entscheidend kommt es vielmehr auf die konkrete Rechtsstellung der gewählten Vertreter an. Diese verfügen bei ihren Abstimmungen zwar über ein **freies Mandat**³²², das aber durch die Verschwiegenheits- und Treuepflichten sowie Mitwirkungsverbote eingeschränkt wird und die flankierenden Sicherungen der Indemnität und Immunität (→ Art. 46 Rn. 11, 24) nicht kennt. Der Gemeinderat (Kreistag) wiederum stellt wie das staatliche Parlament das wichtigste und zentrale Leitorgan der Gebietskörperschaft mit weitreichenden Zugriffsrechten dar³²³ und ist richtiger Auffassung zufolge als »Volksvertretung« i.S. des Art. 17 GG Petitionsadressat (→ Art. 17 Rn. 40), doch unterliegt er der Rechtsaufsicht. Das hindert wiederum nicht daran, in Ermangelung gesetzlicher Regelungen einzelne parlamentsrechtliche Grundsätze, etwa bei der repräsentativen Besetzung der Ausschüsse³²⁴, auf die kommunale Ebene zu übertragen³²⁵. Ein Recht zur Einrichtung von Untersuchungsausschüssen besteht freilich vorbehaltlich kommunalrechtlicher Sonderregeln nicht³²⁶. Auch für die Frage, ob kommunale Satzungen dem Vorbehalt des Gesetzes (→ Art. 20 [Rechtsstaat], Rn. 105ff., 123) genügen oder ob für Regelungen in diesem Bereich eine spezielle gesetzliche Grundlage nötig ist (→ Rn. 134), kann die Antwort nicht allein einer bejahten oder verneinten Parlamentseigenschaft der Kommunalvertretungen entnommen werden³²⁷.

Mit der Vorgabe repräsentativer Strukturen sind **direktdemokratische Elemente** auf kommunaler Ebene **ohne weiteres vereinbar**³²⁸, wie sie mittlerweile in den Kommunalverfassungen aller Bundesländer verankert wurden (→ Rn. 89)³²⁹. Grenzen sind kommunalen Bürgeranträgen, Bürgerbegehren und Bürgerentscheiden weniger durch

68

---

³²¹ BVerfGE 65, 283 (289); 78, 344 (348); BVerwGE 90, 104 (104f.); 120, 82 (112, Rn. 123). – Aus der Literatur *G. Wurzel*, Gemeinderat als Parlament?, 1975, S. 117f., 170ff.; *Röhl*, Kommunalrecht (Fn. 27), Rn. 90; *Lissack*, Kommunalrecht (Fn. 290), § 4 Rn. 54; *Rennert* (Fn. 113), Art. 28 I 2–4 Rn. 46; *Henneke* (Fn. 241), Art. 28 Rn. 34; *Mehde* (Fn. 39), Art. 28 Abs. 2 Rn. 12.
³²² Ausdrückliche Kennzeichnung in BVerwGE 90, 104 (104f.); *Lissack*, Kommunalrecht (Fn. 290), § 4 Rn. 56; eingehend *Ott*, Parlamentscharakter (Fn. 320), S. 233ff. Zur Einschränkung durch die Verschwiegenheitspflicht *R. Hahn*, VBlBW 1995, 425ff. Zur Wirkung von Gemeinwohl- und Gesetzesbindungsklauseln auf das freie Mandat *J. J. Nolte*, DVBl. 2005, 870 (875f.). – In BVerfGE 78, 344 (348) ist ausdrücklich vermerkt, daß für die Rechtsstellung des Kommunalvertreters eine dem Art. 38 I 2 GG entsprechende Vorschrift fehle.
³²³ In der süddeutschen Kreisverfassung mit ihrem starken Landrat verschiebt sich dieses Bild etwas; vgl. *A. v. Mutius*, Kommunalrecht, 1996, Rn. 674 m.w.N. in Rn. 675f.
³²⁴ BVerwGE 90, 104 (109); BayVerfGH NVwZ 1985, 823 (823f.); BayVGH BayVBl. 1993, 180 (181f.); Bad.-Württ.VGH VBlBW 1993, 296 (297f.); OVG Bremen NVwZ 1990, 1195 (1196); aus der Literatur *U. Bick*, Die Ratsfraktion, 1989, S. 32ff.; *J. Hellermann*, Jura 1995, 145 (148f.); *K. Groh*, NWVBl. 2001, 41ff.
³²⁵ In diesem Sinne auch die Detailuntersuchung von *Spiegel*, Strukturmerkmale (Fn. 319), S. 137ff.
³²⁶ VG Würzburg BayVBl. 1996, 377 (379); a.A. für das hessische Kommunalrecht *B. Hoppe/R. Kleindiek*, VR 1992, 82 (86f.).
³²⁷ So aber *Ott*, Parlamentscharakter (Fn. 320), S. 160ff.
³²⁸ Nur vereinzelt wurde Unvereinbarkeit angenommen: so etwa *A. v. Mutius*, Sind weitere rechtliche Maßnahmen zu empfehlen, um den notwendigen Handlungs- und Entfaltungsspielraum der kommunalen Selbstverwaltung zu gewährleisten?, Gutachten E zum 53. DJT, 1980, S. 212f., 226; *W. Blümel*, Gemeinden und Kreise vor den öffentlichen Aufgaben der Gegenwart, VVDStRL 36 (1978), S. 171ff. (228f.). Heute ist die Vereinbarkeit praktisch unbestritten: → Bd. II², Art. 28 Rn. 77 bei und in Fn. 354, 357.
³²⁹ Die Einführung von Bürgerbegehren/-entscheid 1995 in Bayern durch den *Volks*gesetzgeber

die kommunale Selbstverwaltung oder deren »Effektivität« als durch das Demokratieprinzip selbst gezogen[330]. Besondere Schwierigkeiten ergeben sich bei der Einführung von partizipativen Formen auf **Kreisebene**, weil hier das »subtile Beziehungsgeflecht innerhalb des Gemeindeverbands«[331] empfindlich berührt werden kann.

b) Kommunales Wahlrecht für EU-Bürger (Art. 28 I 3 GG)

69   Volk meint in Art. 20 II 1 GG das deutsche Staatsvolk, so daß ein **Ausländerwahlrecht** auf Bundes- oder Landesebene nach ganz h. M. Meinung **verfassungswidrig** ist (→ Art. 20 [Demokratie], Rn. 90). Dies gilt überwiegender Auffassung zufolge auch für Wahlen auf Gemeinde- und Kreisebene, da kommunale Selbstverwaltung Ausübung mittelbarer Staatsgewalt sei und die erforderliche demokratische Legitimation nur von Deutschen i. S. d. Grundgesetzes vermittelt werden könne[332].

70   Eine **Ausnahme** sieht vor dem Hintergrund von Art. 17, 19 EGV/Art. I-10, II-100 VVE der 1992 eingefügte (→ Rn. 20) **Art. 28 I 3 GG** vor. Danach verfügen Personen, die die Staatsangehörigkeit eines Mitgliedstaates der Europäischen Union besitzen, über das aktive und passive Kommunalwahlrecht, und zwar »nach Maßgabe von Recht der Europäischen Gemeinschaft«. Damit wird neben den Vertragsbestimmungen auf die einschlägige EG-Richtlinie[333] Bezug genommen. Ihr zufolge sind alle allgemeinen und unmittelbaren Wahlen umfaßt, die darauf abzielen, die Mitglieder der Vertretungskörperschaft und gegebenenfalls den Leiter und die Mitglieder des Exekutivorgans einer »lokalen Gebietskörperschaft der Grundstufe« zu bestimmen; gemäß einem der Richtlinie beigefügten Anhang betrifft das in Deutschland Gemeinden und Kreise, kreisfreie Städte und Stadtkreise sowie die Bezirke in Hamburg und Berlin und die Stadtgemeinde in Bremen[334].

71   Gleichwohl sind die **EU-Bürger** den deutschen Wahlberechtigten **nicht in jeder Hinsicht gleichgestellt**. Art. 7 der Kommunalwahlrichtlinie setzt grundsätzlich einen Antrag auf Eintragung in das Wählerverzeichnis voraus; die Mitgliedstaaten, in denen keine Wahlpflicht besteht, können eine Eintragung von Amts wegen vorsehen, müssen dies aber nicht. Gemäß Art. 5 III der Richtlinie ist ferner ein Ausschluß der EU-Wahl-

---

hebt hervor P. *Neumann*, Bürgerbegehren und Bürgerentscheid, in: HKWP³ I, § 18 Rn. 16. – Überblick in den Landesberichten in: A. *Kost* (Hrsg.), Direkte Demokratie in den deutschen Ländern, 2005.
[330] Insofern nur in der auf das Demokratieprinzip abstellenden Hilfserwägung zutreffend BayVerfGH BayVBl. 1997, 622 (626f.); zustimmend zur Argumentation aus der Selbstverwaltungsgarantie aber F.-L. *Knemeyer*, DVBl. 1998, 113 (114); kritisch hingegen O. *Jung*, BayVBl. 1998, 225ff. Gegen ein verfassungsrelevantes Effektivitätskriterium E. *Schmidt-Jortzig*, Erschwerung kommunaler Aufgabenerfüllung durch Personalvertretungsrecht, (Gleichstellungs-)Beauftragte und verstärkte Bürgerbeteiligung, in: H.-G. *Henneke* (Hrsg.), Stärkung der kommunalen Handlungs- und Entfaltungsspielräume, 1996, S. 97 ff. (108 f.); dafür P. M. *Huber*, AöR 126 (2001), 165 (195).
[331] E. *Schmidt-Aßmann*, DVBl. 1996, 533 (538) mit diesbezüglichen Bedenken. Das BVerfG (K), DÖV 1994, 516 hat die Abwahl eines Landrats durch die Kreisbürger zugelassen.
[332] BVerfGE 83, 37 (53 ff.); 83, 60 (71 ff.). Für die Literatur statt vieler H. *Quaritsch*, HStR V, § 120 Rn. 93, 110; J. *Gundel*, HStR³ IX, § 198 Rn. 98 ff.; K.-A. *Schwarz*, AöR 138 (2013), 411 (414 ff.). Eine Mindermeinung in der Literatur hält das kommunale Ausländerwahlrecht ohne Verfassungsänderung für zulässig: so etwa B.-O. *Bryde*, StWStP 5 (1994), 305 (317 ff.); T. *Groß*, DVBl. 2014, 1217 (1221).
[333] Rl. 94/80/EG, ABl. 1994 L 368/38; diese wurde von allen Bundesländern umgesetzt: A. *Gern*, Deutsches Kommunalrecht, 3. Aufl. 2003, Rn. 559; *Schunda*, Wahlrecht (Fn. 139), S. 282 ff.
[334] Näher zu den Stadtstaaten *Barley*, Kommunalwahlrecht (Fn. 111), S. 90 f.; zu den Problemen der Abgrenzung von staatlichen und kommunalen Funktionen in Bremen mit Blick auf Art. 28 I 3 GG E. *Röper*, NordÖR 2004, 89 ff.

bürger von bestimmten Ämtern zulässig. Von beiden Klauseln hatten 1995 zunächst Bayern und Sachsen Gebrauch gemacht[335], diesen Kurs sodann aber wieder aufgegeben[336].

Entschieden dürfte mittlerweile ferner die Frage sein, ob die Bundesländer auch die **Teilnahme** von EU-Bürgern an Abstimmungen, insbesondere **an Bürgerbegehren und -entscheiden**, vorsehen können[337]. Dem Wortlaut nach betreffen Art. 28 I 3 GG i. V. m. Art. 22 AEUV und der EG-Kommunalwahlen-Richtlinie zwar nur Wahlen, nicht auch »Abstimmungen« (zum Unterschied: → Art. 20 [Demokratie], Rn. 94 ff., 99 ff.). Obwohl Vorstöße, diese ausdrücklich einzubeziehen, erfolglos blieben[338], ist die Folgerung auf einen gewollten Ausschluß bei Bürgerbegehren und Bürgerentscheid nicht zwingend[339]. Andererseits läßt sich auch nicht annehmen, daß mit der Einfügung von Art. 28 I 3 GG der Volksbegriff modifiziert werde und den Ländern erweiterten Spielraum für die Beteiligung von Ausländern an der Ausübung von (mittelbarer) Staatsgewalt biete[340]. Entscheidend ist vielmehr die Überlegung, daß mit der europarechtsinduzierten Verfassungsänderung die demokratische Legitimation für die Kommunalebene in personaler Hinsicht erweitert werden sollte[341]. Wenn diese Verbreiterung aber sogar die Wahl von Bürgermeistern und Landräten umfaßt, denen auch die Wahrnehmung der Aufgaben im übertragenen Wirkungskreis (→ Rn. 81), also rein staatlicher Natur, obliegt, dann ist es nur folgerichtig, die **Zulässigkeit der Beteiligung von EU-Bürgern** auch für Bürgerbegehren und Bürgerentscheide anzunehmen, welche ausschließlich den eigenen Wirkungskreis betreffen[342]. 72

4. Rechtsfolgen bei Verletzung des Art. 28 I GG

Treten die »verfassungsmäßige Ordnung« (→ Rn. 51) oder die wahlrechtlichen Bestimmungen eines Landes (→ Rn. 61 ff.) in Widerspruch zu den Vorgaben des Art. 28 I GG, so stellt sich die Frage nach der Rechtsfolge (Nichtigkeit, Unvereinbarkeit, Überlagerung o. a.). Als nahezu unangefochten kann wegen des Charakters als einer Normativbestimmung (→ Rn. 50) insoweit die Auffassung gelten, daß in diesem Fall nicht 73

---

[335] Zur alten Rechtslage *Schunda*, Wahlrecht (Fn. 139), S. 291 ff., 324 ff.
[336] Eingehend und m. w. N. zur Neufassung, die in Sachsen einem Vertragsverletzungsverfahren durch die Kommission zuvorkam, *Schunda*, Wahlrecht (Fn. 139), S. 298 f., 330 ff.
[337] Nachweise älterer Literatur zu diesem Punkt: → Bd. II², Art. 28 Rn. 81 m. Fn. 365.
[338] *K. Engelken*, DÖV 1996, 737 (740). Änderungsvorschläge in der GVK, Art. 28 I 3 GG explizit auf Abstimmungen auszudehnen, gelangten nicht zur Umsetzung (vgl. *B. Burkholz*, DÖV 1995, 816 [818]).
[339] Insoweit noch übereinstimmend *B. Burkholz*, DÖV 1995, 816 (817); *K. Engelken*, NVwZ 1995, 432 (433); *M. Wehr*, BayVBl. 1996, 549 (550). – A.A. *K. Meyer-Teschendorf/H. Hofmann*, ZRP 1995, 290 (292): Art. 28 I 3 GG müsse als Ausnahmeregelung eng ausgelegt werden, so daß es dem Landesgesetzgeber nicht freistehe, Unionsbürgern das Recht auf Beteiligung an kommunalen Sachabstimmungen einzuräumen.
[340] Insofern richtig *B. Burkholz*, DÖV 1995, 816 (818); s. auch *K. Meyer-Teschendorf/H. Hofmann*, ZRP 1995, 290 (292); *M. Kaufmann*, ZG 13 (1998), 25 (28 f., 32 ff., 46). – A.A. hingegen *Barley*, Kommunalwahlrecht (Fn. 111), S. 165 ff., 174 f.
[341] Wie hier *F. Wollenschläger*, in: T. Meder/W. Brechmann (Hrsg.), Die Verfassung des Freistaates Bayern, 5. Aufl. 2014, Art. 12 Rn. 52.
[342] Zu dieser umstrittenen Frage aus der älteren Literatur nur *K. Engelken*, NVwZ 1995, 432 (435); *ders.*, DÖV 1996, 737 (738 f.); Nachweise weiterer pro- und contra-Stimmen bei *W. Brechmann*, in: Meder/Brechmann, Verfassung des Freistaates Bayern (Fn. 341), Art. 7 Rn. 3. In Bayern hat der Verfassungsgerichtshof die Berechtigung von EU-Bürgern zur Teilnahme an Bürgerbegehren und Bürgerentscheiden durch Urteil vom 12. Juni 2013 (BayVerfGH BayVBl. 2014, 17 [19 ff. und Ls. 4]) bejaht.

einfach Bundes(verfassungs)recht an die Stelle von Landes(verfassungs)recht tritt und es gleichsam substituiert[343]. Aus dem Grundsatz, daß Art. 28 I GG nur für die Länder, aber nicht in ihnen gilt (→ Rn. 50), ergibt sich aber wiederum **nicht** die gleichsam gegenläufige Folge, daß aus einem Verstoß gegen das grundgesetzliche Gebot **lediglich** eine **Unanwendbarkeit** der landesrechtlichen Regelungen und eine Pflicht der Länder zur Änderung und Anpassung ihres Rechts folge[344]. Diese Konstruktion schont zwar die Verfassungsautonomie der Länder und erschließt Art. 28 III GG einen weiten Anwendungsbereich. Doch wird sie nicht nur mit der bundesrechtsstaatlich kaum akzeptablen Folge erkauft, daß das Homogenitätsgebot verletzende Normen des Landesrechts bis zu ihrer Aufhebung durch das Land oder Maßnahmen gemäß Art. 28 III, 37 GG in Kraft blieben[345]; sie widerspricht zugleich dem allgemeinen Grundsatz von der Nichtigkeit verfassungswidriger Normen (Nichtigkeitsdogma). Mit der herrschenden und zutreffenden Auffassung ist daher von der **Nichtigkeit** des mit Art. 28 I GG unvereinbaren Landesrechts auszugehen[346]. Zur Begründung dieses Ergebnisses zieht man zuweilen zusätzlich Art. 31 GG heran[347]. Doch dessen bedarf es nicht (→ Art. 31 Rn. 19, 30, 55): vielmehr entfaltet **Art. 28 I GG** als negative Kompetenzvorschrift **selbstregulierende Wirkung**[348], führt also selbst und unmittelbar zur Nichtigkeit der entgegenstehenden landesrechtlichen Norm, was auch der Judikatur des Bundesverfassungsgerichts (→ Rn. 51) entspricht.

74 Zumeist geht man davon aus, daß neben dem direkten Verstoß einer landesrechtlichen Norm gegen Art. 28 I GG eine **zweite Fallgruppe** existiert: wenn das Land es unterläßt, seine verfassungsmäßige Ordnung dem Mindeststandard des Art. 28 I GG anzupassen[349]. Mit Ausnahme des neuen Art. 28 I 3 GG (→ Rn. 20, 27)[350] dürfte es sich

---

[343] Für eine solche Substitution im Grunde nur *W. Schmidt*, AöR 87 (1962), 253 (280); für die h. M. siehe *E.-W. Böckenförde/R. Grawert*, DÖV 1971, 119 (126); *März*, Bundesrecht (Fn. 213), S. 190f.; *Dreier*, Einheit (Fn. 195), S. 125; *Nierhaus* (Fn. 145), Art. 28 Rn. 31; *A. Dittmann*, HStR³ VI, § 127 Rn. 25 ff.

[344] So *E.-W. Böckenförde/R. Grawert*, DÖV 1971, 119 (126); *v. Mangoldt*, Grundgesetz (Fn. 80), Art. 28 Anm. 4 (S. 181).

[345] *Werner*, Homogenitätsprinzip (Fn. 206), S. 76; *Rozek*, Grundgesetz (Fn. 210), S. 117; *Dreier*, Einheit (Fn. 195), S. 126.

[346] *Stern* (Fn. 14), Art. 28 Rn. 16; *Dreier*, Einheit (Fn. 195), S. 126; *Nierhaus* (Fn. 145), Art. 28 Rn. 31; *Boehl*, Verfassunggebung (Fn. 197), S. 200; *P. M. Huber*, AöR 126 (2001), 165 (171); *Rühmann* (Fn. 83), Art. 28 I 1 Rn. 28; *A. Dittmann*, HStR³ VI, § 127 Rn. 27. Anders noch *v. Mangoldt*, Grundgesetz (Fn. 80), Art. 28 Anm. 4: bloße Anfechtbarkeit. – Eigener (und wohl überkomplizierter) Ansatz bei *Menzel*, Landesverfassungsrecht (Fn. 7), S. 201 ff., 248 ff.: er geht von der These der bloßen Überlagerung bundesrechtswidrigen Landes(verfassungs)rechts aus (→ Art. 31 Rn. 43), sieht aber Art. 28 I GG als Ausnahmevorschrift an, da der Verstoß gegen die darin niedergelegten fundamentalen Rechtsprinzipien wiederum nur zur Nichtigkeit führen könne. S. noch *M. Möstl*, AöR 130 (2005), 350 (359 f.).

[347] *Roters* (Fn. 230), Art. 28 Rn. 13; *R. Bartlsperger*, HStR³ VI, § 128 Rn. 51; dagegen deutlich *Werner*, Homogenitätsprinzip (Fn. 206), S. 76: »unsinnige Doppelung von Gebot und Verbot«.

[348] *Werner*, Homogenitätsprinzip (Fn. 206), S. 76; *März*, Bundesrecht (Fn. 213), S. 191; *Rozek*, Grundgesetz (Fn. 210), S. 116; *Dreier*, Einheit (Fn. 195), S. 126; *Löwer* (Fn. 127), Art. 28 Rn. 13; *Nierhaus* (Fn. 145), Art. 28 Rn. 31; *Rühmann* (Fn. 83), Art. 28 I 1 Rn. 28; *Vogelgesang* (Fn. 300), Art. 28 Rn. 79; *A. Dittmann*, HStR³ VI, § 127 Rn. 27 a. E.

[349] *Stern* (Fn. 14), Art. 28 Rn. 16; *Werner*, Homogenitätsprinzip (Fn. 206), S. 74; *Roters* (Fn. 230), Art. 28 Rn. 13; *Mehde* (Fn. 13), Art. 28 Abs. 1 Rn. 45.

[350] Siehe etwa die Rechtslage in Bayern. Einfachgesetzlich ist das Wahlrecht der EU-Bürger zu Gemeinde- und Landkreiswahlen geregelt, der Wortlaut der Verfassung geht aber weiterhin von einer Beschränkung auf die Staatsangehörigen aus (Art. 14 I, 12 I, 7 I, 8 BayVerf.), so daß qua Interpretation eine Erstreckung des persönlichen Geltungsbereichs auf die Unionsbürger anzunehmen ist (*Wol-*

um ein **Artefakt** handeln. Denn eine Konstellation, in der die verfassungsmäßige Ordnung im Land nicht zugleich die Nichtigkeit einschlägiger bestehender Regelungen nach sich zöge (und sei es nur, weil diese bestimmte Vorkehrungen nicht kennen), scheint angesichts der allgemeinen Normierungsdichte kaum vorstellbar. Man müßte sonst schon annehmen, daß sich im gesamten Landesrecht keine den Verfassungsprinzipien (→ Rn. 54 ff.) zuzuordnenden Aussagen fänden oder wahlrechtliche Regelungen komplett fehlten. Im übrigen trifft das Bundesverfassungsgericht, nicht anders als bei Entscheidungen über bundesrechtliche Normen, Übergangs- und Anwendungsregelungen, wenn infolge der Nichtigkeitserklärung einer Vorschrift ein Normvakuum oder eine ansonsten unklare Rechtslage drohte[351]. Allein beim Wahlrecht für EU-Bürger wäre denkbar, daß sich ein Land allen gebotenen Regelungen versagte und von daher eine Normsubstitution durch den Bund erforderlich würde; vermutlich würde aber auch hier das Bundesverfassungsgericht an die bestehenden (unvollständigen) Wahlvorschriften anknüpfen und mit Übergangsregeln arbeiten. Auf jeden Fall wäre in einer derartigen Konstellation Art. 31 GG wiederum unanwendbar; es träten vielmehr die **Rechtsfolgen aus Art. 28 III GG** (→ Rn. 171) ein[352].

5. Gemeindeversammlungen (Art. 28 I 4 GG)

Art. 28 I 4 GG stellt nach gängiger Auffassung eines der wenigen im Grundgesetz vorgesehenen direktdemokratischen Elemente dar[353]. Auf jeden Fall ist die Norm Indiz für die grundsätzliche Vereinbarkeit von Elementen unmittelbarer Bürgerentscheidung mit dem Selbstverwaltungsmodell des Grundgesetzes (→ Rn. 68). Nach der im Parlamentarischen Rat ursprünglich vorgeschlagenen Formulierung bezieht sich die Norm auf »**Kleinstgemeinden**« (→ Rn. 16). Entsprechende Regelungen in den Gemeindeordnungen wurden sukzessive in fast allen Bundesländern, zuletzt 2003 in Brandenburg, abgeschafft[354]. Eine Ausnahme bildet weiterhin **Schleswig-Holstein**, wo gemäß § 54 der Gemeindeordnung in Gemeinden bis zu 100 (früher: 70) Einwohnern an die Stelle der Gemeindevertretung die Gemeindeversammlung tritt; dafür gibt es einer Statistik aus dem Jahre 2011 zufolge 42 Anwendungsfälle[355].

75

---

lenschläger [Fn. 341], Art. 12 Rn. 7). Zur Erstreckung auf Abstimmungen im Rahmen von Bürgerbegehren und -entscheid: → Rn. 72.
[351] Illustrativ BVerfGE 93, 37 (84 f.).
[352] *Stern* (Fn. 14), Art. 28 Rn. 16; *Dreier*, Einheit (Fn. 195), S. 126 m. w. N.
[353] *Faber* (Fn. 91), Art. 28 Abs. 1 II, Abs. 2 Rn. 66; *Jarass/Pieroth*, GG, Art. 28 Rn. 9; *Nierhaus* (Fn. 145), Art. 28 Rn. 23; *Menzel*, Landesverfassungsrecht (Fn. 7), S. 263. Zu beachten bleibt, daß es hier nicht um einen Fall gesamtstaatlicher direkter Demokratie geht: → Art. 20 (Demokratie), Rn. 100 f.
[354] Zur ursprünglichen Rechtslage nach 1949 *P. Krause*, HStR[3] III, § 35 Rn. 40. Zur Abschaffung in Brandenburg Gesetz v. 4.6.2003, GVBl. I S. 172; siehe dazu *P. Schumacher*, LKV 2003, 537 (542).
[355] Siehe *R. Bracker u. a.*, in: Praxis der Kommunalverwaltung, Gemeindeordnung für Schleswig-Holstein, § 54 Anm. 1 (online-Kommentar, Abruf 16.5.2015). Freilich wird die Problematik einer solchen Laien-Selbstverwaltung durch die schleswig-holsteinischen Ämter (→ Rn. 155) deutlich abgemildert.

II. Art. 28 II GG (Kommunale Selbstverwaltung)

1. Allgemeines

a) Kommunale Selbstverwaltung als Form dezentralisierter Demokratie

76 Die Selbstverwaltungsgarantie des Art. 28 II GG macht in Abkehr von Vorstellungen namentlich des 19. Jahrhunderts (→ Rn. 9) deutlich, daß Gemeinden und (Land-) Kreise nicht in grundrechtsanaloger Position dem Staat gegenüberstehen[356], sondern selbst »**ein Stück ›Staat‹**«[357] darstellen; das folgt bereits aus der Rubrizierung im 2. Abschnitt des Grundgesetzes (»Der Bund und die Länder«). Die kommunalen Gebietskörperschaften bilden eine Hauptverwaltungsstufe im Bundesstaat und sind insofern »Teil des Staates, in dessen Aufbau sie integriert und innerhalb dessen sie mit eigenen Rechten ausgestattet sind«[358], allerdings dezentralisierter, mit eigener Rechtspersönlichkeit ausgestatteter Teil. Das kann man entgegen einer früher verbreiteten schroffen Gegenüberstellung von Staats- und Selbstverwaltung durchaus als mittelbare Staatsverwaltung[359] bezeichnen, wenn man sich der verfassungsrechtlich fundierten Besonderheiten der kommunalen »**Dezentralisierungsstufe**« bewußt bleibt[360]. Denn Wesen und Bedeutung der kommunalen Selbstverwaltung wären verfehlt, wenn man in ihr lediglich ein Moment vertikaler Gewaltenteilung oder gar nur ein Instrument zur effizienzsteigernden Aufgliederung der Verwaltungsorganisation sehen würde. Neben dem funktionalen Aspekt der Dezentralisation stützt sie sich heute (anders als früher: → Rn. 8, 11) vornehmlich auf die Verstärkung demokratischer Legitimation. Kommunale Selbstverwaltung ist nicht nur kein »Ausnahmetatbestand« gegenüber der Demokratie[361], sondern führt zu ihrer Intensivierung und Vervielfältigung[362]. Kommunen sind, um eine verbreitete Formulierung aufzugreifen, ein Stück demokratischer Staatlichkeit, Ausdruck **gegliederter Demokratie**[363] bzw. »der grundgesetzlichen Entscheidung für eine dezentral organisierte und bürgerschaftlich getragene Verwaltung«[364].

---

[356] Zu grundrechtsähnlicher Ausdeutung *K. Rennert*, in: Umbach/Clemens, GG, Art. 28 II Rn. 67 m.w.N.

[357] BVerfGE 73, 118 (191); dazu *P. Badura*, BayVBl. 1989, 1 (5); *Röhl*, Kommunalrecht (Fn. 27), Rn. 16. Siehe auch BVerfGE 83, 37 (54) und nunmehr E 138, 1 (18, Rn. 52): »Teil des Staates, in dessen Aufbau sie integriert und mit eigenen Rechten ausgestattet sind«.

[358] BVerfGE 107, 1 (11, Rn. 44). Siehe *Suerbaum*, Wirkmächtigkeit (Fn. 60), S. 81; *Mehde* (Fn. 39), Art. 28 Abs. 2 Rn. 11; *Stepanek*, Pflichtaufgaben (Fn. 41), S. 53 f.

[359] *E. Forsthoff*, Lehrbuch des Verwaltungsrechts I, 10. Aufl. 1973, S. 470 ff.; *F. Schoch/J. Wieland*, Finanzierungsverantwortung für gesetzgeberisch veranlaßte kommunale Aufgaben, 1995, S. 64; *M. Burgi*, Verwaltungsorganisationsrecht, in: Erichsen/Ehlers, Allg. Verwaltungsrecht, § 8 Rn. 11 ff.; unter Vorbehalt *Maurer*, Allg. Verwaltungsrecht, § 23 Rn. 1. Kritisch zu dieser Terminologie *Stern*, Staatsrecht I, S. 402; *Nierhaus* (Fn. 145), Art. 28 Rn. 34.

[360] *R. Hendler*, HStR IV, § 106 Rn. 41 ff.; *Mehde* (Fn. 39), Art. 28 Abs. 2 Rn. 11.

[361] Treffend *F. Wagener*, in: Kommunale Selbstverwaltung. Überprüfung einer politischen Idee – Ein Cappenberger Gespräch, 1984, S. 49 (Diskussionsbemerkung).

[362] Eingehende Begründung und Fundierung bei *U. Scheuner*, Zur Neubestimmung der kommunalen Selbstverwaltung (1973), in: ders., Staatstheorie und Staatsrecht, 1978, S. 567 ff. (572: Kommunen als »Zentren selbständiger Initiative und dezentraler Entscheidung«); s. auch *R. Hendler*, Grundbegriffe der Selbstverwaltung, in: HKWP³ I, § 1 Rn. 37.

[363] So *G.-C. v. Unruh*, DVBl. 1975, 1 (2); aufgenommen in BVerfGE 52, 95 (111 f.); s. auch E 79, 127 (143, 148 ff.). Aus der Literatur etwa *Röhl*, Kommunalrecht (Fn. 27), Rn. 17; *Schoch/Wieland*, Finanzierungsverantwortung (Fn. 359), S. 60; *Knemeyer*, Kommunalrecht (Fn. 36), Rn. 8; *Stober*, Kommunalrecht (Fn. 302), § 8 I 1 (S. 116); *K. Lange*, Kommunalrecht und Demokratie, in: H. Brinkmann (Hrsg.), Stadt, 1999, S. 70 ff.; *Stepanek*, Pflichtaufgaben (Fn. 41), S. 101 f., 104.

[364] So BVerfGE 138, 1 (18, Rn. 51).

Auf der für Bund, Länder, Kreise und Gemeinden gleichen und gleichermaßen verbindlichen demokratischen Legitimationsgrundlage (Art. 28 I 2 GG) dient kommunale Selbstverwaltung der »**Aktivierung der Beteiligten für ihre eigenen Angelegenheiten**«[365] und damit dem Aufbau der Demokratie von unten nach oben (→ Art. 20 [Demokratie], Rn. 76, 126)[366].

Aus alledem wird die typische **Doppelrolle** kommunaler Selbstverwaltung deutlich: »Teil organisierter Staatlichkeit zwar, aber eben doch nicht in jenem engeren Sinne hierarchisch aufgebauter Entscheidungszüge, sondern als dezentralisiert-partizipative Verwaltung mit einem eigenen System demokratischer Legitimation, das der Bürgernähe, Überschaubarkeit, Flexibilität und Spontaneität verbunden sein soll«[367]. Diese komplexe Struktur wird verfehlt, wo man ihre Elemente einseitig übersteigert: sei es qua Reduktion der Kommunen auf den Status entpolitisierter Staatsanstalten[368], sei es durch ihre Stilisierung zu »kleine(n) Republiken«[369]. Abgewiesen ist auch ein rein funktionales oder kompensatorisches Verständnis[370]. 77

b) Gemeinden und Grundrechte

Das Grundgesetz hat sich gegen ein grundrechtsanaloges Verständnis der kommunalen Selbstverwaltung entschieden. **Art. 28 II GG** ist **kein Grundrecht**[371], sondern eine **institutionelle Garantie**[372] (→ Vorb. Rn. 107 f.) mit mehreren Elementen (→ Rn. 90 ff.), worunter im übrigen auch subjektive Berechtigungen fallen. Die Norm kann auch nicht als »kollektive Erscheinungsform der politischen Grundrechte aller Gemeinde- 78

---

[365] Siehe etwa BVerfGE 11, 266 (275); ähnlich E 79, 127 (150); 82, 310 (314); 138, 1 (18 f., Rn. 52); s. auch E 107, 1 (12, Rn. 44): »wirksame Teilnahme an den Angelegenheiten des Gemeinwesens«. – Zur einheitlichen demokratischen Legitimationsgrundlage E 83, 37 (54 f.); *Schoch/Wieland*, Finanzierungsverantwortung (Fn. 359), S. 61.

[366] Vgl. Art. 11 IV BayVerf. und unter Bezug hierauf BVerfGE 79, 127 (149); s. noch E 82, 310 (313). Auch *Stern*, Staatsrecht I, S. 405 betont diesen demokratischen Zug neben dem der vertikalen Gewaltenteilung. – Die Funktion der Kommunen als »Labor innovativer Politik und Forum bürgerschaftlichen Engagements« lotet *M. Burgi*, VerwArch. 90 (1999), 70 ff. aus. Zu weiteren Fragen kommunaler Demokratie *W. Schmitt-Glaeser/H.-D. Horn*, BayVBl. 1999, 353 (359 ff.), 391 (391 ff.: Kommunalwahlrecht, Bürgerbegehren); *W. Graf Vitzthum/J. A. Kämmerer*, Bürgerbeteiligung vor Ort, 2000.

[367] *Röhl*, Kommunalrecht (Fn. 27), Rn. 16; in der Sache ähnlich *P. Tettinger*, Die Verfassungsgarantie der kommunalen Selbstverwaltung, in: HKWP³ I, § 11 Rn. 4 f.; *Mehde* (Fn. 39), Art. 28 Abs. 2 Rn. 12.

[368] *Forsthoff*, Verwaltungsrecht (Fn. 359), S. 470 ff. in Anknüpfung an *dens.*, ZfP 21 (1932), 248 (254).

[369] *Faber* (Fn. 91), Art. 28 Abs. 1 II, Abs. 2 Rn. 25; diese Sicht hat Folgen etwa für die Frage, ob Gemeinderäte Parlamente sind: → Rn. 67.

[370] Repräsentativ *W. Roters*, Kommunale Mitwirkung an höherstufigen Entscheidungsprozessen, 1975, S. 190 ff.; *ders.* (Fn. 230), Art. 28 Rn. 39 ff., 70 ff.; *J. Burmeister*, Verfassungstheoretische Neukonzeption der kommunalen Selbstverwaltungsgarantie, 1977. Zur Kritik an diesen – von der Problemanalyse her sehr verdienstvollen – Ansätzen statt aller *Stern*, Staatsrecht I, S. 425 ff. m. w. N.; *E. Schmidt-Jortzig*, Kommunalrecht, 1982, Rn. 498 ff.; resümierend *Stepanek*, Pflichtaufgaben (Fn. 41), S. 65 ff.

[371] Aus der Literatur nur *Stern* (Fn. 14), Art. 28 Rn. 67 ff.; *Löwer* (Fn. 127), Art. 28 Rn. 42; *Mehde* (Fn. 39), Art. 28 Abs. 2 Rn. 16; *C. Brüning*, Jura 2015, 592 (593); kritisch *H. Maurer*, DVBl. 1995, 1037 (1041 f.).

[372] BVerfGE 138, 1 (18 f., Rn. 52). Aus der Literatur *E. Schmidt-Aßmann*, Die Garantie der kommunalen Selbstverwaltung, in: FS 50 Jahre BVerfG, 2001, Bd. 2, S. 804 ff. (807 f.); *M. Burgi*, Kommunalrecht, 5. Aufl. 2015, § 6 Rn. 4; *Lange*, Kommunalrecht (Fn. 127), S. 50 f.

bürger gedeutet werden«[373]. Unbeschadet bleibt die Möglichkeit der Kommunalverfassungsbeschwerde gemäß Art. 93 I Nr. 4b GG (→ Rn. 99). Auf der Länderebene sehen die Einschätzungen zuweilen anders aus, wenn dort von der Selbstverwaltung als einem grundrechtsähnlichen oder einem grundrechtsgleichen Recht gesprochen wird[374].

79   Hiervon zu trennen ist die Frage nach der (allgemeinen) **Grundrechtsfähigkeit der Gemeinden**. Als Teil der Staatsgewalt sind diese – abgesehen von der Generalausnahme der prozessualen Grundrechte[375] (→ Art. 19 III Rn. 40 ff., 56) – prinzipiell grundrechtsgebunden, nicht grundrechtsberechtigt (→ Art. 1 III Rn. 60). Das gilt für hoheitliche wie für fiskalische Tätigkeiten[376]. Die davon punktuell abweichende bayerische Judikatur (→ Art. 19 III Rn. 26, 64, 68) stellt ein prägnantes Beispiel für die Nutzung des den Ländern verbliebenen verfassungsrechtlichen Spielraums (→ Rn. 57) dar[377].

c) Schutzobjekt (Gemeinden, Gemeindeverbände) und Schutzumfang (»Angelegenheiten der örtlichen Gemeinschaft«)

80   Geschützt werden durch Art. 28 II 1 GG zunächst die **Gemeinden**. Die Gemeinde ist nach dem von der Verfassung nicht definierten, sondern vorausgesetzten Begriff »ein auf personaler Mitgliedschaft zu einem bestimmten abgegrenzten Gebiet mit einem oder mehreren Siedlungskernen beruhender Verband, der die Eigenschaft einer (rechtsfähigen) Körperschaft des öffentlichen Rechts besitzt«[378]. Für den Status einer Gemeinde kommt es weder auf Größe noch Verwaltungskraft oder illustrierende Bezeichnung (etwa Dorf, Weiler, Bad, Flecken, Stadt) an; auch die Unterscheidung zwischen kreisfreien und kreisangehörigen Städten ist ebenso wie weitere im Kommunalrecht der Länder anzutreffende Unterteilungen nach Aufgabenbestand, Rechtsaufsicht oder anderem für die verfassungsrechtliche Garantie irrelevant[379]. Die so verstandene »**Einheitsgemeinde**« ist das »Bezugsobjekt, an das das Gemeinderecht seine Regelungen *standardmäßig* knüpft«[380]. Diffizile Zuordnungsprobleme können sich in den Fällen von »Samtgemeinden«, »Verwaltungsgemeinschaften«, »Ämtern« oder »Verbandsgemeinden« stellen, wenn der Ortsgemeinde kaum noch substantielle Selbstverwaltungsangelegenheiten verbleiben (→ Rn. 155). Unter **Gemeindeverbänden** i.S.d. Art. 28 II 2 GG versteht man vornehmlich die Landkreise (→ Rn. 154). Nicht

---

[373] So treffend *Faber* (Fn. 91), Art. 28 Abs. 1 II, Abs. 2 Rn. 26; in der Sache auch BVerfGE 61, 82 (101 f.); *Löwer* (Fn. 127), Art. 28 Rn. 58; a.A. *R. Steinberg*, DVBl. 1982, 13 (19).

[374] Insbesondere die Judikatur des Bayerischen Verfassungsgerichtshofes zu Art. 11 II BayVerf.: BayVBl. 1976, 589 (592); s. auch BayVBl. 1979, 143 (144), BayVBl. 2009, 366 (367).

[375] Siehe etwa Brandenb. VerfG DVBl. 1999, 1722 (1723). *Mehde* (Fn. 39), Art. 28 Abs. 2 Rn. 19.

[376] BVerfGE 45, 63 (79); 61, 82 (100 ff.); 75, 192 (195 ff.); BVerfG (K), DVBl. 2002, 1404 (1404 ff.); BVerfG (K), NVwZ 2005, 82 (83); BVerwGE 100, 388 (391 f.); s. allerdings zu § 903 BGB OVG Bautzen NVwZ 2002, 110 (111). Zum Streitstand in der Literatur *Stern*, Staatsrecht III/1, S. 1166 ff.; *Löwer* (Fn. 127), Art. 28 Rn. 42; *Faber* (Fn. 91), Art. 28 Abs. 1 II, Abs. 2 Rn. 57. → Art. 14 Rn. 84 f.

[377] BayVerfGHE 29, 105 (119 ff.); 37, 101 (106); dazu *M. Jachmann*, BayVBl. 1998, 129 ff. Kritisch *H. Bethge*, Selbstverwaltungsrecht zwischen Garantie und Freiheit, in: FG v. Unruh, 1983, S. 149 ff. (160). – Zu den Grenzen BayVerfGH BayVBl. 2001, 339 (340): kein Grundrechtsschutz bei der Erfüllung öffentlicher Aufgaben.

[378] *Stern* (Fn. 14), Art. 28 Rn. 80; s. auch *Wolff/Bachof/Stober*, Verwaltungsrecht III, § 94 Rn. 46; *Gern*, Kommunalrecht (Fn. 333), Rn. 105 m.w.N.; *Mehde* (Fn. 39), Art. 28 Abs. 2 Rn. 47; knapp BVerfGE 77, 288 (302).

[379] Dazu m.w.N. *Stern* (Fn. 14), Art. 28 Rn. 80; *Stober*, Kommunalrecht (Fn. 302), § 6 III 2a (S. 50 ff.); *Gern*, Kommunalrecht (Fn. 333), Rn. 183 ff.

[380] *Röhl*, Kommunalrecht (Fn. 27), Rn. 82 (Hervorhebung i.O., H.D.).

erfaßt von der Garantie kommunaler Selbstverwaltung sind die Stadtstaaten und ihre Untergliederungen, etwa die Hamburger Bezirke[381].

Art. 28 II GG garantiert die **Selbstverwaltung** der Gemeinden und Gemeindeverbände. Freilich eignet sich der Terminus der »Selbstverwaltungsangelegenheiten« (bzw. -aufgaben) lediglich bedingt zur Kennzeichnung des Schutzumfangs von Art. 28 II GG, da er aufgrund Landes(verfassungs)rechts Unterschiedliches benennt: Das sog. **dualistische Modell**[382], wie es in Bayern, Mecklenburg-Vorpommern, Niedersachsen, Rheinland-Pfalz, Saarland, Sachsen-Anhalt und Thüringen praktiziert wird, stellt die »Selbstverwaltungsaufgaben« den »Staatsaufgaben« gegenüber und legt der Abgrenzung materielle Kriterien zugrunde[383]. Man trennt hier den eigenen Wirkungskreis (bei dem wiederum freiwillige und pflichtige Selbstverwaltungsaufgaben zu unterscheiden sind[384]) vom übertragenen Wirkungskreis, der nicht in den Schutzbereich des Art. 28 II GG fällt. Hingegen geht das sog. **monistische Modell**, dem die Länder Baden-Württemberg, Brandenburg, Hessen, Nordrhein-Westfalen, Sachsen und Schleswig-Holstein folgen[385] und das auf dem Weinheimer Entwurf von 1948 basiert[386], idealtypisch von einem einheitlichen Begriff der öffentlichen Aufgabe aus, demzufolge »sämtliche auf dem Gemeindegebiet anfallenden öffentlichen Aufgaben […] grundsätzlich gemeindliche Selbstverwaltungsaufgaben sind«[387]. Allerdings ist auch hier intern zu differenzieren. Einerseits gibt es diesem Modell zufolge freie oder freiwillige Aufgaben, bei deren Wahrnehmung die Gemeinde über ein Entschließungsermessen (Ob) und ein Gestaltungsermessen (Wie) verfügt[388]. Eine zweite Kategorie ist die sog. weisungsfreie Pflichtaufgabe, bei der die Gemeinde eine Aufgabe kraft gesetzlicher Zuweisung als Selbstverwaltungsangelegenheit wahrnimmt und nur noch ein Gestaltungsermessen (Wie) ausüben kann[389]. Auch dieses entfällt bei den sog. Pflichtaufgaben zur Erfüllung nach Weisung[390]. Ungeachtet dieses weiten Verständnisses der »Selbstverwaltungsaufgabe« entspricht die den Gemeinden in Art. 28 II 1 GG für »**Angelegenheiten der örtlichen Gemeinschaft**« verbürgte Regelungsverantwortung in

---

[381] *Mehde* (Fn. 39), Art. 28 Abs. 2 Rn. 15.

[382] Nachweise bei *Stober*, Kommunalrecht (Fn. 302), § 4 IV 1 (S. 33 Fn. 23); *Schoch/Wieland*, Finanzierungsverantwortung (Fn. 359), S. 96 ff.; *Stepanek*, Pflichtaufgaben (Fn. 41), S. 74 f.

[383] *Röhl*, Kommunalrecht (Fn. 27), Rn. 61; *P. J. Tettinger/W. Erbguth/T. Mann*, Besonderes Verwaltungsrecht, 11. Aufl. 2012, Teil 1 Rn. 197.

[384] Bei den freiwilligen Selbstverwaltungsaufgaben ist den Gemeinden das Ob und das Wie freigestellt, bei den pflichtigen nur das Wie.

[385] Nachweise bei *Stober*, Kommunalrecht (Fn. 302), § 4 IV 1 (S. 33 Fn. 21); *Schoch/Wieland*, Finanzierungsverantwortung (Fn. 359), S. 98 Fn. 331; *Stepanek*, Pflichtaufgaben (Fn. 41), S. 76 f.

[386] Entwurf einer Deutschen Gemeindeordnung (verabschiedet 1948 in Weinheim), in: Engeli/Haus, Quellen (Fn. 29), S. 740 ff.; dazu *G. Schmidt-Eichstaedt*, Das System der kommunalen Aufgaben. B. Die Rechtsqualität der Kommunalaufgaben, in: HKWP III, § 48, S. 15 f.; zu Ausprägung und Differenzierungen *H.-H. Dehmel*, Übertragener Wirkungskreis, Auftragsangelegenheiten und Pflichtaufgaben nach Weisung, 1970, S. 83 ff.; *Lange*, Kommunalrecht (Fn. 127), S. 688 ff. → Rn. 101 – Für eine erneute kritische Auseinandersetzung mit dem Entwurf plädiert *M. Oldiges*, Die Gemeinde im übertragenen Wirkungskreis, in: GedS Burmeister, 2005, S. 269 ff. (288).

[387] *Lange*, Kommunalrecht (Fn. 127), S. 690; s. auch ebd., S. 61 ff.; ferner *T. I. Schmidt*, Kommunale Kooperation, 2005, S. 141.

[388] Das entspricht den freiwilligen Selbstverwaltungsaufgaben im dualistischen Modell.

[389] Das entspricht den pflichtigen Selbstverwaltungsaufgaben im dualistischen Modell.

[390] Diese sind in den Ländern des monistischen Modells unterschiedlich ausgestaltet; ihre Einordnung ist umstritten. Vgl. dazu *Lange*, Kommunalrecht (Fn. 127), S. 704; *Henneke* (Fn. 241), Art. 28 Rn. 88; *Stepanek*, Pflichtaufgaben (Fn. 41), S. 77. Guter Überblick m. w. N. in *Maurer*, Allg. Verwaltungsrecht, § 23 Rn. 16.

Art. 28 C. Erläuterungen

ihrem Umfang dem, was im Sinne des Dualismus anhand der Aufgabensubstanz als »örtliche Angelegenheit« (oder eben »Selbstverwaltungsangelegenheit«) qualifiziert und dem **eigenen Wirkungskreis** der Gemeinden zugeordnet wird[391]. Im Umkehrschluß zählt nicht zum Kreis dieser Angelegenheiten, was ausschließlich überörtliche Belange betrifft (»Auftragsangelegenheiten«)[392]; trotz Wahrnehmung auch solcher öffentlicher Aufgaben durch die Kommunen handelt es sich dabei nämlich substantiell um Staatsaufgaben, mithin nicht um Gemeindeaufgaben im Sinne von Art. 28 II 1 GG[393].

82 Durch Überbürdung von explizit als Selbstverwaltungsangelegenheiten qualifizierten Aufgaben, deren Erfüllung gesetzlich hochdetailliert geregelt wird, ist es in manchen Bereichen faktisch zu einer weitgehenden Nivellierung des Unterschieds zwischen Selbstverwaltungsangelegenheiten im Sinne von Art. 28 II GG und sonstigen Gemeindeaufgaben gekommen, da die gesetzliche Feinsteuerung nicht weniger intensiv als die Fachaufsicht eingreift[394]. Eine prinzipiell zustimmungswürdige Ansicht hat deshalb die überkommene Typologie um die Unterscheidung von **Selbstverwaltungsangelegenheiten im formellen und materiellen Sinne** erweitert, was Konsequenzen namentlich für die Behandlung der Aufgabenfinanzierung zeitigt (→ Rn. 149 ff.)[395].

d) Art. 28 II GG und die Landesstaatsgewalt

aa) Art. 28 II GG als Durchgriffsnorm

83 Art. 28 II GG stellt nach richtiger, freilich nicht unbestrittener Auffassung im Unterschied zu Art. 28 I GG **nicht lediglich** eine **Normativbestimmung** (→ Rn. 50) dar, **sondern** zählt zu den bundesverfassungsrechtlichen **Durchgriffsnorm**en (→ Rn. 44), bindet also Gesetzgebung, Verwaltung und Rechtsprechung im Bund wie in den Ländern ohne Transformationsakt als unmittelbar geltendes und anwendbares Recht[396]. Damit

---

[391] *A. Engels*, Die Verfassungsgarantie kommunaler Selbstverwaltung, 2014, S. 460 ff. m. w. N.; *M.-E. Geis*, Kommunalrecht, 3. Aufl. 2014, § 3 Rn. 6.

[392] *Röhl*, Kommunalrecht (Fn. 27), Rn. 64. – Interessanterweise sehen (überwiegend) monistisch geprägte Länder mitunter auch »Auftragsangelegenheiten« vor (z. B. § 4 HessGO).

[393] *Tettinger/Schwarz* (Fn. 113), Art. 28 Abs. 2 Rn. 168; *Gern*, Kommunalrecht (Fn. 333), Rn. 231. → Rn. 101, 103. Sofern in der Rechtsprechung vereinzelt das Selbstverwaltungsrecht ausdrücklich »auch auf die Angelegenheiten des übertragenen Wirkungskreises« erstreckt wird (BayVGH BayVBl. 2002, 336 [338]), dürfte dem in erster Linie das Bestreben zugrundeliegen, die Hürde der Klagebefugnis gem. § 42 II 2 VwGO zu überwinden.

[394] Kritisch zur Nivellierung der Differenz von Fach- und Rechtsaufsicht wegen der Detailliertheit gesetzlicher Vorgaben auch *Suerbaum*, Wirkmächtigkeit (Fn. 60), S. 92. Eine mittelbare Funktionsbeeinträchtigung der Kommunen durch ressourcenbindende Aufgabenzuweisungen betont *Schmidt-Aßmann*, Garantie (Fn. 372), S. 816 f.; vgl. auch *Püttner*, Zukunft (Fn. 119), S. 303.

[395] Eingehend *Schoch/Wieland*, Finanzierungsverantwortung (Fn. 359), S. 99 ff.; *F. Schoch*, Der Landkreis 1994, 253 (255 f.); *H. Maurer*, Die Finanzgarantie der Landkreise zwischen Bund und Ländern, in: Henneke/Maurer/Schoch, Kreise (Fn. 117), S. 139 ff. (150, 160); *ders.*, DVBl. 1995, 1037 (1046); als Unterscheidung aufgenommen etwa von *Hubert Meyer*, ZG 11 (1996), 165 (171); *H.-G. Henneke*, ZG 17 (2002), 72 (79 ff.).

[396] Für **unmittelbare Bindung** schon BVerfGE 1, 167 (174 f.); hierfür spricht auch die Entstehungsgeschichte, da die zunächst geplante Verpflichtung der Länder auf verfassungsrechtliche Absicherung gestrichen wurde. Wie hier die h. M.: *Stern*, Staatsrecht I, S. 704; *Vitzthum*, Verfassungsrecht (Fn. 13), S. 11; *Röhl*, Kommunalrecht (Fn. 27), Rn. 20; *Nierhaus* (Fn. 145), Art. 28 Rn. 2, 33; *G. Püttner*, HStR³ VI, § 144 Rn. 20; *A. Dittmann*, HStR³ VI, § 127 Rn. 33; *Suerbaum*, Wirkmächtigkeit (Fn. 60), S. 80 f.; *Stepanek*, Pflichtaufgaben (Fn. 41), S. 70, 140. Für **Normativbestimmung** hingegen *v. Mangoldt/Klein*, GG, Art. 28 Anm. IV 1 g (S. 710); *Löwer* (Fn. 127), Art. 28 Rn. 37 f.; terminologisch unklar R. *Bartlsperger*, HStR³ VI, § 128 Rn. 51.

wird aber Art. 28 II GG nicht Teil des Landesverfassungsrechts: vielmehr stehen die Garantien des Grundgesetzes und der Landesverfassungen selbständig nebeneinander (zu den Konsequenzen für den Prüfungsmaßstab der Landesverfassungsgerichte: → Rn. 99)[397]; die Landesgewalt ist an beide, der Bund nur an die des Grundgesetzes gebunden.

Die Länder sind frei, über den grundgesetzlichen **Mindeststandard** hinaus den Garantiebereich der Selbstverwaltung auszudehnen, wovon sie durchgängig Gebrauch gemacht haben[398]. Bleibt die tatsächliche Rechtslage in den Ländern hinter der bundesrechtlichen Garantie zurück, so stellt sich das Problem der Gewährleistung nach Art. 28 III GG (→ Rn. 166 ff.); meist wird freilich ein unmittelbarer Verstoß durch eine Landesrechtsnorm vorliegen (→ Rn. 74). **Art. 31 GG** spielt insofern keine Rolle, da die Nichtigkeit unmittelbar aus Art. 28 II GG selbst folgt[399]; anders ist dies nur bei Verstößen des Landesverfassungsrechts gegen einfaches Bundesrecht (→ Art. 31 Rn. 29 f., 55 ff.).

bb) Vielfalt landesrechtlicher Ausgestaltung

Art. 28 II GG stellt eine **rahmenartige Mindestgarantie** dar, die vielfältige Möglichkeiten der bundes- und landesrechtlichen Konkretisierung und Modifizierung zuläßt[400]. Insbesondere das weitgehend in die Gesetzgebungszuständigkeit der Länder fallende Kommunalrecht[401] weist mannigfache Schattierungen auf. So kennt das Landesrecht nicht unerhebliche Unterschiede bei der Aufgabentypologie (→ Rn. 81), der Regelung der Staatsaufsicht (→ Rn. 107) und der Finanzausstattung (→ Rn. 146 ff.)[402], vor allem aber bei der sog. **inneren Kommunalverfassung**, also der Kreation und des Status der Organe sowie der ihnen zugewiesenen Aufgaben. In freilich wenig erhellender Terminologie gelten hier als modifizierungsfähige **Grundmodelle**[403]: Norddeutsche Ratsverfassung, Süddeutsche (Gemeinde-)Ratsverfassung, Magistratsverfassung und (rheinische) Bürgermeisterverfassung. Sie unterscheiden sich in erster Linie hinsichtlich der

---

[397] *Stern* (Fn. 14), Art. 28 Rn. 178; *ders.*, Staatsrecht I, S. 419; *Röhl*, Kommunalrecht (Fn. 27), Rn. 19, 58; *Löwer* (Fn. 127), Art. 28 Rn. 36; a.A. *W. Weber*, Staats- und Selbstverwaltung in der Gegenwart, 2. Aufl. 1967, S. 55, der von »einem einheitlichen Garantiesystem« ausgeht, »und zwar dem des Bonner Grundgesetzes«.

[398] *Lange*, Kommunalrecht (Fn. 127), S. 61 ff. mit umfassender Zusammenschau; s. auch *Mehde* (Fn. 39), Art. 28 Abs. 2 Rn. 20 ff. → Rn. 39 f., 145 ff.

[399] Wie hier etwa *Löwer* (Fn. 127), Art. 28 Rn. 38. Nichtigkeit wegen Verstoßes setzt aber immer voraus, daß eine bundesverfassungskonforme Auslegung der betreffenden Landes(verfassungs)normen nicht möglich ist: zu solchen Fällen etwa VerfGH NW DÖV 1980, 691 (692); Brandenb. VerfG DVBl. 1994, 857 (858).

[400] Vgl. BVerfGE 1, 167 (176); 56, 298 (310); 137, 108 (156 ff., Rn. 113 ff.). Mit Blick auf die bundesgesetzlichen Ausgestaltungsmöglichkeiten sind nunmehr Art. 84 I 7 und 125a I 1 GG zu beachten: → Rn. 88, 112. Zur »Mindestgarantie« auch *Lange*, Kommunalrecht (Fn. 127), S. 3 f.

[401] Die Zuständigkeit folgt aus Art. 70 GG, s. etwa *Gern*, Kommunalrecht (Fn. 333), Rn. 38. Zu älteren Diskussionen um die Einführung einer Rahmengesetzgebungskompetenz des Bundes für das Kommunalverfassungsrecht *Faber* (Fn. 91), Art. 28 Abs. 1 II, Abs. 2 Rn. 71; *H. Pagenkopf*, Kommunalrecht, Bd. 1, 2. Aufl. 1975, S. 22 f. → Art. 70 Rn. 15.

[402] Dazu etwa *C. Maas*, Die verfassungsrechtliche Entfaltung kommunaler Finanzgarantien, 2004, S. 66 ff.

[403] S. näher *Schmidt-Jortzig*, Kommunalrecht (Fn. 370), Rn. 116 ff.; *J. Ipsen*, Niedersächsisches Kommunalrecht, 4. Aufl. 2011, Rn. 199 ff.; *Röhl*, Kommunalrecht (Fn. 27), Rn. 87 ff.; *Wolff/Bachof/Stober*, Verwaltungsrecht III, § 95 Rn. 1 ff.; *Stober*, Kommunalrecht (Fn. 302), § 4 (S. 26 ff.); *Gern*, Kommunalrecht (Fn. 333), Rn. 40 ff.; *Mehde* (Fn. 39), Art. 28 Abs. 2 Rn. 29 ff.

Art. 28 C. Erläuterungen

Stellung von Gemeindeoberhaupt und Gemeindevertretung. Angesichts des eingetretenen »Siegeszugs« der Direktwahl des Hauptverwaltungsbeamten[404] und somit der Süddeutschen Ratsverfassung wird man künftig vielleicht eher zwischen Magistratsverfassung einerseits, dualer Rat-Bürgermeisterverfassung (mit einer Spitze oder deren zwei) andererseits differenzieren[405].

cc) Kommunen als »Teil« des Landes und dritte Verwaltungsebene

86 Im zweigliedrigen Bundesstaat des Grundgesetzes (→ Art. 20 [Bundesstaat], Rn. 38), der Aufgaben und Kompetenzen zwischen Bund und Ländern verteilt (→ Art. 30 Rn. 17 ff.), sind die Kommunen **staatsorganisationsrechtlich** als **Teil der Länder** einzustufen[406]. Nicht durchzusetzen vermochte sich die Idee von der »Dritten Säule«, nach deren staatsanalogem Verständnis Gemeinden prinzipiell gleichrangig neben Bund und Ländern stehen[407]. Demnach bestimmen die Länder den Aufgabenkreis und den Wahrnehmungsmodus der Kommunen; ein direkter Zugriff des Bundes auf Gemeinden und Kreise muß insofern die eng begrenzte Ausnahme bleiben (→ Rn. 88, 112). Ungeachtet dessen sind die Kommunen wie alle Rechtssubjekte auch an die allgemeinen, vom Bund kompetenzgemäß erlassenen Normen gebunden und nicht »exterritorial«[408]. Ferner ergeben sich Konsequenzen für die Finanzausstattung (→ Rn. 146 ff.) und die Aufsicht (→ Rn. 107). Diese staatsorganisationsrechtliche Zuordnung zu den Ländern schließt nicht prinzipiell aus, die Kommunen neben der Bundes- und der Landesverwaltung als **dritte Verwaltungsebene** zu begreifen[409].

e) Aktueller Befund; Entwicklungstendenzen

87 Der heutige Zuschnitt der Gemeinden in den **alten Bundesländern** geht im wesentlichen auf die Gebietsreform in den 1970er Jahren zurück, die auf dem Wege der »Maßstabsvergrößerung« die Zahl der Gemeinden um etwa zwei Drittel (von ca. 24.000 auf ca. 8.500) verringerte[410]. Im Prozeß der deutschen Wiedervereinigung wurde ferner

---

[404] Siehe V. *Mehde*, DVBl. 2010, 465 (466 f.). Zur Direktwahl der Landräte *H.-G. Henneke/K. Ritgen*, DÖV 2010, 665 ff.; speziell zu Niedersachsen *J. Ipsen*, NdsVBl. 2010, 57 (61).
[405] *Stober*, Kommunalrecht (Fn. 302), § 4 III (S. 32); *F.-L. Knemeyer*, JuS 1998, 193 (194 f.); begrüßt von *Gern*, Kommunalrecht (Fn. 333), Rn. 45.
[406] H.M.: BVerfGE 39, 96 (109); 86, 148 (215); 137, 108 (147, Rn. 90). Aus der Literatur nur *Forsthoff*, Verwaltungsrecht (Fn. 359), S. 479; *Schoch/Wieland*, Finanzierungsverantwortung (Fn. 359), S. 53, 94 m.w.N.; *J. Isensee*, HStR³ VI, § 126 Rn. 175; *Hellermann* (Fn. 231), Art. 28 Rn. 21 f.; *Mehde* (Fn. 39), Art. 28 Abs. 2 Rn. 11, 13; *Stepanek*, Pflichtaufgaben (Fn. 41), S. 70.
[407] *R. Groß*, Städte- und Gemeindebund 1973, 202 ff.; *H. Schmitt-Vockenhausen*, Die demokratische Gemeinde 1971, 1185 f.; *J. Fuchs*, Die Verwaltung 4 (1971), 385 ff. mit dem Reformvorhaben einer »Dritten Kammer« (392 ff.); zu solchen Plänen auch *Faber* (Fn. 91), Art. 28 Abs. 1 II, Abs. 2 Rn. 67. Kritisch *J. Isensee*, HStR³ VI, § 126 Rn. 174, 176 f.; gegen die These von der »dritten Säule« (trotz Sympathie für eine Kommunalkammer) auch *H. Kremser*, Bundesverfassungsrechtliche Zulässigkeit von Landeskommunalkammern in Gestalt eines Zweikammersystems, in: Hoffmann, Selbstverwaltung (Fn. 125), S. 161 ff. (173 f.). – Abgewiesen hat die Rechtsprechung in diesem Kontext auch die Sicht der Kommunen als »natürliche Fortsetzung der Linie Individuum – Familie«: siehe *J. Dieckmann*, Kommunale Selbstverwaltung, in: Festgabe 50 Jahre BVerwG, 2003, S. 813 ff. (821) m.w.N.
[408] BVerfGE 56, 298 (311); *Schoch/Wieland*, Finanzierungsverantwortung (Fn. 359), S. 65 f.
[409] *Schoch/Wieland*, Finanzierungsverantwortung (Fn. 359), S. 53, 59, 93; *C. Brüning*, Jura 2015, 592 (592).
[410] Vgl. *v. Mutius*, Maßnahmen (Fn. 328), S. 60 ff.; *G. Püttner*, HStR³ VI, § 144 Rn. 59; *B. Stüer*, Funktionalreform und kommunale Selbstverwaltung, 1980; *W. Thieme/G. Prillwitz*, Durchführung

in den **neuen Bundesländern** die kommunale Selbstverwaltung wieder eingeführt[411]. Am 17.5.1990 beschloß die Volkskammer der DDR das »Gesetz über die Selbstverwaltung der Gemeinden und Landkreise in der DDR (Kommunalverfassung)«[412], das zentrale Elemente der Gemeinde- und Landkreisordnungen der alten Bundesländer übernahm. Es wurde 1993/94 durch die Kommunalverfassungen der fünf neuen Bundesländer abgelöst[413]. Angesichts der geringen Größe der Kommunen[414] haben die neuen Länder in den Folgejahren zunächst eine – gegenüber dem westdeutschen Vorbild weniger einschneidende – erste Gemeinde- und Kreisgebietsreform durchgeführt[415]. Der massive Bevölkerungsrückgang wie die endemische Finanznot der öffentlichen Haushalte haben mittlerweile eine **zweite Welle der Kommunal- und Verwaltungsreformen** angestoßen, die in der Mehrzahl der ostdeutschen Länder zu weit rigoroseren Fusionsmaßnahmen geführt hat[416].

Die **derzeitige Lage** der kommunalen Selbstverwaltung in Deutschland ist weiterhin geprägt durch gravierende rechtliche und faktische Veränderungen des Aufgabenbestandes[417]. Die seit längerem beklagte »fortschreitende Aushöhlung der kommunalen Selbstverwaltung«[418] verdankt sich – nur scheinbar paradox – der Zunahme von Auftragsangelegenheiten[419] und pflichtigen Selbstverwaltungsaufgaben (→ Rn. 81): **Substanzverlust** folgt nicht aus Aufgabenentzug[420], sondern aus Aufgabenzuwachs ohne (finanzielle) Kompensation (»Aufgabenüberbürdung«). Die Kommunen mußten insbesondere im sozialen Bereich vermehrt bundesgesetzlich zugewiesene Aufgaben erfüllen[421]; nicht zuletzt dadurch wurde ihre **Finanzsituation** bedrohlich[422]. Vor diesem Hintergrund konstatierte man erneut eine »Krise der kommunalen Selbstverwaltung« (→ Rn. 11)[423]. Dem Direkttransfer kostspieliger Aufgaben von Bundes- auf Kommu-

88

---

und Ergebnisse der kommunalen Gebietsreform, 1981; konzise Zusammenfassung bei *R. Wahl*, Art. Gebietsreform, in: StL⁷, Bd. 2, Sp. 782 ff. (785 f.).

[411] Zur Verwaltungsstruktur der alten DDR *R. Bauer*, BayVBl. 1990, 263 ff.

[412] GBl. DDR I S. 255. Zum Ganzen näher *O. Bretzinger*, Die Kommunalverfassung der DDR, 1994.

[413] *G. Hoffmann*, DÖV 1994, 621 ff.

[414] Von insgesamt etwa 7.500 Gemeinden hatten fast die Hälfte weniger als 500 und nur 15 mehr als 100.000 Einwohner: *G. Schmidt-Eichstaedt*, DVBl. 1990, 848 (852); *Röhl*, Kommunalrecht (Fn. 27), Rn. 10. Zur Reduzierung der Landkreise (von 189 auf 87) *Gern*, Kommunalrecht (Fn. 333), Rn. 212, 219 m.N.

[415] Umfangreiche Nachweise bei *Gern*, Kommunalrecht (Fn. 333), Rn. 211, 219. Berichte und Bewertung bei M. Nierhaus (Hrsg.), Kommunalstrukturen in den Neuen Bundesländern nach 10 Jahren Deutscher Einheit, 2002.

[416] Insofern beispielhaft die im Jahre 2007 für (landes)verfassungswidrig erklärte Kreisgebietsreform Mecklenburg-Vorpommerns; siehe *A. Katz/K. Ritgen*, DVBl. 2008, 1525 ff.; sehr kritisch *Hans Meyer*, NVwZ 2008, 24 ff. → Rn. 159.

[417] Zu (Grenzen der) Handlungsoptionen der Kommunen aus politikwissenschaftlicher Sicht *J. J. Hesse*, ZSE 11 (2013), 80 ff.

[418] So *Blümel*, Gemeinden (Fn. 328), S. 188; *Burmeister*, Neukonzeption (Fn. 370), S. 6; *v. Mutius*, Maßnahmen (Fn. 328), S. 57 ff.; *H.-G. Henneke*, Einführung in die Thematik, in: ders., Stärkung (Fn. 117), S. 11 ff. (13); differenziert *Ipsen*, Kommunalrecht (Fn. 403), Rn. 35 ff.; *H.P. Bull*, DVBl. 2008, 1 (6 ff.). Dagegen *Faber* (Fn. 91), Art. 28 Abs. 1 II, Abs. 2 Rn. 16 ff.

[419] Ihr Anteil am Gesamtvolumen der Aufgaben wird auf zwei Drittel (*Gern*, Kommunalrecht [Fn. 333], Rn. 237) bis über 80% geschätzt (*Knemeyer*, Kommunalrecht [Fn. 36], Rn. 161).

[420] Dagegen Betonung der »Hochzonung« vormals kommunaler Aufgaben bei *Rennert* (Fn. 356), Art. 28 II Rn. 73.

[421] Übersicht bei *F. Schoch*, Der Landkreis 2002, 767 ff.; *H.-G. Henneke*, VBlBW 2003, 257 ff.

[422] Zu diesem Befund eindringlich *H. Albers*, NdsVBl. 2005, 57 ff.; *M. Burgi*, DVBl. 2007, 70 (76). Vgl. noch *F. Schoch*, Verfassungsrechtlicher Schutz der kommunalen Finanzautonomie, 1997, S. 19 ff.

[423] So bereits in den 1930er Jahren *Köttgen*, Krise (Fn. 65) sowie *Forsthoff*, Krise (Fn. 64).

nalebene soll das mit der Föderalismusreform I im Jahre 2006 eingeführte **Durchgriffsverbot** der Art. 84 I 7 bzw. 85 I 2 GG entgegenwirken; es normiert ein »absolutes Verbot der Aufgabenzuweisung auf die kommunale Ebene« durch Bundesgesetz[424]. Die Regelung über die Fortgeltung bestehender Aufgabenzuweisungen in Art. 125a I 1 Fälle 2 und 3 GG (→ Art. 125a Rn. 8) ist allerdings geeignet, den Effekt deutlich zu relativieren[425]. Berechtigte Zweifel bestehen darüber, ob die in Art. 84 I 7, 85 I 2 GG normierten Verbote neben der Aufgabenneubegründung auch die **Erweiterung** all derjenigen Aufgaben delegitimieren, welche bereits vor 2006 der Gemeindeebene durch Bundesrecht zugewiesen wurden. Mangels neuerlichen Übertragungsakts dürfte diese Frage allem Anschein nach gerade nicht von Art. 84 I 7, 85 I 2 (»übertragen«) entschieden und im Lichte von Art. 125a I 1 GG eher zu verneinen sein[426] – jedenfalls solange es sich bei der Aufgabenerweiterung um eine bloße »Veränderung materiell-rechtlicher Maßstäbe und Standards schon übertragener Aufgaben handelt«[427]. Die Möglichkeit derartiger Ausgestaltung vormals wirksam delegierter Zuständigkeiten ist gewissermaßen in der durch Art. 125a I 1 GG angeordneten Fortgeltung von bundesrechtlichen Altregelungen inbegriffen. Im Ergebnis kann eine **Neubegründung** von Aufgaben für Gemeinden und Gemeindeverbände wegen Art. 84 I 7, 85 I 2 GG prinzipiell nurmehr durch Landesrecht erfolgen (→ Rn. 112), während die bloße Erweiterung (fort)bestehender Aufgaben nach wie vor durch Bundesrecht möglich erscheint.

89 An weiteren Entwicklungstendenzen ist neben dem bundesweiten Trend zur Direktwahl der Hauptverwaltungsbeamten nach dem süddeutschen Modell[428] noch die mittlerweile flächendeckende Durchsetzung direktdemokratischer Elemente auf Gemeindeebene nennen[429] (→ Rn. 68). Effizienzüberlegungen haben wiederum zu einer Fülle von organisatorischen Reformmodellen geführt, unter denen die verschiedenen »**neuen Steuerungsmodelle**«[430] nach wie vor herausragen, wenn auch die anfängliche Euphorie einer skeptischeren Einschätzung ihrer Leistungsfähigkeit gewichen zu sein scheint[431]. Parallel dazu forcierte man die Privatisierung kommunaler Aufgaben (→ Rn. 125); zahlreiche Landesgesetzgeber haben ferner zu Öffnungs- oder Experimen-

---

[424] So BVerfGE 119, 331 (359, Rn. 135) zu Art. 84 I 7 GG.
[425] Hinweis hierauf bei *F. Schoch*, DVBl. 2008, 937 (945 f.) und *T. Mann*, Die Stellung der Kommunen in der deutschen föderalistischen Ordnung, in: I. Härtel (Hrsg.), Handbuch Föderalismus, Bd. 2, 2012, § 32 Rn. 12.
[426] Zustimmungswürdig mit Blick auf Wortlaut und Systematik *K. Engelken*, DÖV 2015, 184 (188 f.); *C. Maiwald*, in: Schmidt-Bleibtreu/Hofmann/Henneke, GG, Art. 125a Rn. 8; ausführlich zum Problem *H.-G. Henneke*, ebd., Art. 84 Rn. 43 ff. m.w.N. – Die Gegenauffassung argumentiert teleologisch: statt aller *F. Schoch*, Rechtsdogmatische Fundierung der kommunalen Selbst-Verantwortung nach der Föderalismusreform I, in: H.-G. Henneke (Hrsg.), Kommunale Selbstverwaltung in der Bewährung, 2013, S. 11 ff. (18 ff., insb. 19).
[427] *Lange*, Kommunalrecht (Fn. 127), S. 97; *Schoch*, Fundierung (Fn. 426), S. 20 (»*quantitative* Erweiterung«); ferner *J. Wieland*, Der Landkreis 2008, 184 (186). Kritische Beleuchtung der Debatte durch *K. Engelken*, Das Konnexitätsprinzip im Landesverfassungsrecht, 2. Aufl. 2012, Rn. 7 ff.; *J. Knitter*, Das Aufgabenübertragungsverbot des Art. 84 Abs. 1 Satz 7 GG, 2008, S. 142 ff.
[428] *Bovenschulte/Buß*, Bürgermeisterverfassungen (Fn. 303), S. 36 ff. m.w.N. → Fn. 404 f.
[429] Literatur zu den Reformdiskussionen der 1990er Jahre: → Bd. II², Art. 28 Fn. 441.
[430] Zusammenfassend: *J. Bogumil u.a.*, Zehn Jahre Neues Steuerungsmodell, 2007, insb. S. 23 ff., 37 ff.; *Geis*, Kommunalrecht (Fn. 391), § 6 Rn. 35. Ältere Literatur: → Bd. II², Art. 28 Fn. 443.
[431] Für »weitgehend gescheitert« erklärt sie *R. Pitschas*, Justizmanagement und richterliche Unabhängigkeit. Neues Steuerungsmodell in der Verwaltungsgerichtsbarkeit, in: Dokumentation zum 13. Deutschen Verwaltungsrichtertag 2001, 2003, S. 175 ff. (182); kritisch hinsichtlich der verfassungsrechtlichen Tragfähigkeit auch *Engels*, Verfassungsgarantie (Fn. 391), S. 429 ff.

tierklauseln für das Kommunal- bzw. Kommunalhaushaltsrecht gegriffen[432]. Die aktuelle kommunalpolitische Diskussion beantwortet die Privatisierungsfrage zunehmend differenziert und sieht in bestimmten Bereichen (vor allem Infrastruktur, Wasser- und Energieversorgung) Bedarf für eine »**Rekommunalisierung**«, d.h. die Übernahme von Aufgaben durch die Kommunen oder von ihr beherrschte Unternehmen, welche bislang unter mehr oder minder intensiver Einbeziehung Privater erfüllt wurden[433]. Weiterhin stellen Veränderungen hinsichtlich tatsächlicher Gegebenheiten die Kommunen vor neue Herausforderungen, insbesondere die demographische Entwicklung mit ihren Folgewirkungen für die Daseinsvorsorge[434].

2. Garantieebenen der gemeindlichen Selbstverwaltung (Art. 28 II 1 GG)

Art. 28 II 1 GG wird ein differenziertes Schutzsystem entnommen. Einer von Klaus Stern geprägten und allgemein akzeptierten Unterscheidung zufolge[435] ist damit erstens die Existenz von Gemeinden garantiert (**institutionelle Rechtssubjektsgarantie**: → Rn. 91 ff.); zweitens umfaßt kommunale Selbstverwaltung gewisse inhaltliche Kernelemente eigenverantwortlicher Aufgabenerfüllung (**objektive Rechtsinstitutionsgarantie**: → Rn. 93, 101 ff.). Drittens schließlich steht den Gemeinden die Möglichkeit offen, gegen Eingriffe in ihre so geschützten Rechtspositionen auf dem Rechtsweg vorzugehen (**subjektive Rechtsstellungsgarantie**: → Rn. 94 ff.).

90

a) Institutionelle Rechtssubjektsgarantie

Art. 28 II 1 GG enthält zunächst die institutionelle Garantie der kommunalen Selbstverwaltung[436]. Gewährleistet ist, daß es Gemeinden (und Gemeindeverbände) als Bausteine der Verwaltungsorganisation überhaupt geben muß[437]. Sie dürfen vom Ge-

91

---

[432] Dazu *B. Grzeszick*, Die Verwaltung 20 (1997), 547 ff.; *C. Brüning*, DÖV 1997, 278 ff.; vorsichtiger *R. Wendt*, Haushaltsrechtliche und gemeindewirtschaftliche Hemmnisse, in: Henneke, Stärkung (Fn. 117), S. 115 ff. (120 ff., 135 f.); *W. Beck/C. Schürmeier*, LKV 2004, 488 ff. Vgl. auch *v. Mutius*, Steuerungsmodell (Fn. 306), S. 713 ff. (alle m. w. N.).

[433] *M. Burgi*, NdsVBl. 2012, 225 (225). Für *H. Bauer*, DÖV 2012, 329 (329, 338) handelt es sich um einen »Megatrend«. Zur aktuellen Entwicklung noch *C. Brüning*, VerwArch. 100 (2009), 453 ff.; *D. Budäus/D. Hilgers*, DÖV 2013, 701 ff.; *T. I. Schmidt*, DÖV 2014, 357 ff. → Rn. 138. – Nicht zu verwechseln mit Re-Kommunalisierung ist »Kommunalisierung« als Dezentralisierungsprozeß, vgl. *M. Burgi*, Die Verwaltung 42 (2009), 155 ff.

[434] *Röhl*, Kommunalrecht (Fn. 27), Rn. 13; *Mehde* (Fn. 39), Art. 28 Abs. 2 Rn. 34; *F. Brosius-Gersdorf*, VerwArch. 98 (2007), 317 (322 f., 347 ff.); *H. Bednarz*, Demographischer Wandel und kommunale Selbstverwaltung, 2010, S. 86 ff., 122 ff., der »demographische Grenzbelastung« als Frühwarnsystem bzw. Frühwarnindikator kommunaler Selbstverwaltung begreift.

[435] *Stern*, Staatsrecht I, S. 409; *Tettinger*, Verfassungsgarantie (Fn. 367), S. 205; dem folgend *Röhl*, Kommunalrecht (Fn. 27), Rn. 21 ff.; *Löwer* (Fn. 127), Art. 28 Rn. 45 ff.; *Nierhaus* (Fn. 145), Art. 28 Rn. 40 ff.; *Jarass/Pieroth*, GG, Art. 28 Rn. 11; *Schoch/Wieland*, Finanzierungsverantwortung (Fn. 359), S. 61 f.; *Suerbaum*, Wirkmächtigkeit (Fn. 60), S. 85 ff.; *Stepanek*, Pflichtaufgaben (Fn. 41), S. 53 ff.; nach *Mehde* (Fn. 39), Art. 28 Abs. 2 Rn. 39 handelt es sich um »Allgemeingut«. Siehe noch *Lange*, Kommunalrecht (Fn. 127), S. 2 ff.

[436] BVerfGE 1, 167 (173), 34, 9 (19); 38, 258 (278); 50, 50 (50); 56, 298 (312); 59, 216 (226); 79, 127 (143). Aus der Literatur siehe nur *Stern*, Staatsrecht I, S. 408; *ders.* (Fn. 14), Art. 28 Rn. 65; *Mehde* (Fn. 39), Art. 28 Abs. 2 Rn. 40; *C. Brüning*, Jura 2015, 592 (594). – Bedenken bei *Faber* (Fn. 91), Art. 28 Abs. 1 II, Abs. 2 Rn. 26, sowie bei *F.-L. Knemeyer*, Die verfassungsrechtliche Gewährleistung des Selbstverwaltungsrechts der Gemeinden und Landkreise, in: FG v. Unruh, 1983, S. 209 ff. (218 ff.). Kritisch zur Annahme einer institutionellen Garantie auch *G.-J. Richter*, Verfassungsprobleme der kommunalen Funktionalreform, 1977, S. 62 ff; *Henneke* (Fn. 241), Art. 28 Rn. 53.

[437] *Stern* (Fn. 14), Art. 28 Rn. 62: »zwingende organisatorische Grundentscheidung zugunsten ei-

setzgeber weder zur Gänze abgeschafft noch durch unselbständige staatliche Verwaltungseinheiten ersetzt oder als mitgliedlose Anstalten oder reine Privatrechtseinheiten ausgestaltet werden. Art. 28 II GG betrifft als Garantie formaler Natur **das bloße »Ob« der Existenz** von Gemeinden und Gemeindeverbänden[438]. Teilweise werden aber bereits gewisse inhaltliche Ausprägungen wie ein Mindestmaß an garantierter Eigenorganschaftsbildung[439] (→ Rn. 123 ff.) oder die Gebietshoheit (→ Rn. 121 f.) und das Namensrecht (→ Rn. 122) hinzugezählt[440].

92 Der institutionelle Schutz ist **kein individueller Schutz** in dem Sinne, daß jede bestehende Kommune in ihrer Existenz unverbrüchlich gesichert wäre. Vielmehr muß der Kernbereich nach auch bundesverfassungsgerichtlich bekräftigter Auffassung »nur institutionell, nicht jedoch für einzelne Gemeinden gewahrt sein«[441]. Das bedeutet (lediglich): Eine Bestandsgarantie von Existenz und Status der einzelnen Kommune ist damit nicht impliziert[442]. Daher sind **Eingemeindungen**, Gemeindezusammenschlüsse oder auch Änderungen der Gemeindegrenzen auch gegen den Willen der betroffenen Gemeinde **nicht** von vornherein **ausgeschlossen**[443]. Sie müssen allerdings bestimmten formellen und materiellen Voraussetzungen genügen (→ Rn. 121), so daß sich von einer beschränkt-individuellen Rechtssubjektsgarantie sprechen läßt[444]. Ein Selbstauflösungsrecht steht den Kommunen nicht zu[445].

b) Objektive Rechtsinstitutionsgarantie

93 Die objektive Rechtsinstitutionsgarantie stellt sicher, daß die kommunale Selbstverwaltung bei lediglich formaler Aufrechterhaltung der gemeindlichen Einrichtungsebene nicht verletzt, ausgehöhlt oder auf andere Weise inhaltlich entwertet wird. Hier liegt der **Schwerpunkt** des Schutzes kommunaler Selbstverwaltung und ihre zentrale Garantie. Positiv geht es um in Art. 28 II GG ausdrücklich angesprochene Garantien

---

nes Staatsaufbaus nach Gemeinden und Gemeindeverbänden«; s. auch *Röhl*, Kommunalrecht (Fn. 27), Rn. 17 f.; wie hier *Mehde* (Fn. 39), Art. 28 Abs. 2 Rn. 40.

[438] *Stern* (Fn. 14), Art. 28 Rn. 63. Vgl. auch *Löwer* (Fn. 127), Art. 28 Rn. 46.

[439] So *Stern* (Fn. 14), Art. 28 Rn. 82, der aber eine gewisse Überlagerung mit der objektiven Rechtsinstitutionsgarantie konzediert.

[440] Für die beiden letztgenannten *Röhl*, Kommunalrecht (Fn. 27), Rn. 22, 25; für das Namensrecht auch *Löwer* (Fn. 127), Art. 28 Rn. 44 m.w.N.; *F. Schoch*, Jura 2001, 121 (124 f.).

[441] BVerfGE 103, 332 (366, Rn. 116); ebenso BayVerfGH NVwZ 1997, 481 (484); VerfGH NW NVwZ-RR 1998, 473 (475); offengelassen von VerfGH NW NVwZ 2003, 202 (204). So schon BVerfGE 50, 50; 86, 90 (107): Art. 28 II gewährleiste »die Gemeinden nur institutionell, nicht aber individuell«. Deutlich nunmehr BVerfGE 138, 1 (19, Rn. 53): »Dem Wesen der institutionellen Garantie entsprechend bezieht sich der Schutz des Art. 28 Abs. 2 Satz 1 GG nicht auf die individuelle Gemeinde, sondern ist abstrakt-generell zu verstehen.«

[442] Damit ist natürlich nicht negiert, daß jeder Gemeinde gegen ihre Auflösung oder gegen Bestandsveränderungen Rechtsschutzmöglichkeiten zustehen. Das aber betrifft die dritte Garantie der subjektiven Rechtsstellungsgarantie. Dieser Hinweis auch zu möglicherweise mißverständlichen Aussagen von *D. Ehlers*, DVBl. 2000, 1301 (1305) und *Lange*, Kommunalrecht (Fn. 127), S. 52, wonach der Schutz nicht nur institutionell, sondern individuell sei. Wie hier *Mehde* (Fn. 39) Art. 28 Abs. 2 Rn. 153; *C. Brüning*, Jura 2015, 592 (594).

[443] BVerfGE 50, 50 (50 ff.); 50, 195 (203 f.); 86, 90 (107); *Mehde* (Fn. 39), Art. 28 Abs. 2 Rn. 153; *Löwer* (Fn. 127), Art. 28 Rn. 48; *Röhl*, Kommunalrecht (Fn. 27), Rn. 23; so auch zur brandenburgischen Gemeindegebietsreform *S. Schmahl*, DVBl. 2003, 1300 (1309).

[444] *Löwer* (Fn. 127), Art. 28 Rn. 46; *Nierhaus* (Fn. 145), Art. 28 Rn. 42 f.; *Röhl*, Kommunalrecht (Fn. 27), Rn. 24; dazu noch *Suerbaum*, Wirkmächtigkeit (Fn. 60), S. 85 f.

[445] Allerdings gestattet in Einzelfällen das Landesrecht den Eintritt in eine andere Gemeinde: *Röhl*, Kommunalrecht (Fn. 27), Rn. 24 Fn. 58.

materieller wie formeller Natur, um das »**Was**« und »**Wie**«[446] (also das **Proprium**) der kommunalen Selbstverwaltung. Garantiert ist die Gewährleistung eigenverantwortlicher Erledigung aller Angelegenheiten der örtlichen Gemeinschaft, allerdings nur »im Rahmen der Gesetze«. In der Abgrenzung zwischen der Reichweite des gesetzlichen Zugriffs und dem Proprium kommunaler Selbstverwaltung liegt der Wirkungsschwerpunkt dieser Garantiedimension. Zu klären sind also die Fragen der **Allzuständigkeit** (→ Rn. 101 ff.) und der **Eigenverantwortlichkeit** (→ Rn. 105 ff.) der Gemeinden sowie der staatliche **Gesetzesvorbehalt** (→ Rn. 109 ff.). Zugleich ergeben sich auf dieser Garantieebene die meisten Fragen nach der Vereinbarkeit bestimmter staatlicher Maßnahmen mit der Garantie der kommunalen Selbstverwaltung (etwa Aufgabenentzug, Aufgabenzuweisung i. V. m. finanziellen Belastungen; → Rn. 111 f., 149 ff.).

c) Subjektive Rechtsstellungsgarantie

aa) Inhalt

Gegen Beeinträchtigungen der institutionellen Rechtssubjektsgarantie und der objektiven Rechtsinstitutionsgarantie steht den Gemeinden Rechtsschutz zu. Die Verfassung beläßt es »nicht beim objektiven Konstitutionsprinzip, sondern gewährt eine subjektive Rechtsstellung«[447]. Die kommunale Selbstverwaltungsgarantie ist »**wehrfähig**«. Wiewohl kein Grundrecht (→ Rn. 78), wird Art. 28 II GG bzw. die jeweils aus ihm folgende Rechtsposition als **subjektives Recht** i. S. d. § 42 II VwGO eingestuft[448]. Ob daneben auch Art. 19 IV GG greift, ist streitig[449]. 94

Gemeinden können **Beeinträchtigungen** ihres Selbstverwaltungsrechts auf dem Rechtsweg **abwehren**, ohne daß der Kernbereich der Gewährleistung betroffen sein muß (zum Umfang der gerichtlichen Kontrolle bei Eingriffen in den Randbereich: → Rn. 119). Dagegen gewährt Art. 28 II 1 GG kein Abwehrrecht gegenüber Maßnahmen der Fachaufsicht im Bereich des übertragenen Wirkungskreises (→ Rn. 81, 107). Zwar können sich Gemeinden mangels Grundrechtsberechtigung (→ Art. 19 III Rn. 65 f.) nicht auf Art. 3 I GG berufen, doch greift gegebenenfalls das allgemeine Willkürverbot in Gestalt des **interkommunalen Gleichbehandlungsgebotes**[450]. 95

---

[446] So auch *H.-A. Wolff*, VerwArch. 100 (2009), 280 (284); *Mehde* (Fn. 39), Art. 28 Abs. 2 Rn. 49.
[447] So für die h. M.: *H. Maurer*, DVBl. 1995, 1037 (1042); s. noch *Röhl*, Kommunalrecht (Fn. 27), Rn. 47; *Suerbaum*, Wirkmächtigkeit (Fn. 60), S. 98; *Mehde* (Fn. 39), Art. 28 Abs. 2 Rn. 45; *C. Brüning*, Jura 2015, 592 (601), jeweils m. w. N. Hierfür sprechen der Wortlaut des Art. 28 II GG (»Recht«, »Gewährleistung«) wie die Systematik des Grundgesetzes (Art. 93 I Nr. 4b GG). Mit leichtem Vorbehalt hinsichtlich der Aussagekraft des Wortlauts *Lange*, Kommunalrecht (Fn. 127), S. 49 f.
[448] *Mehde* (Fn. 39), Art. 28 Abs. 2 Rn. 46; *C. Brüning*, Kommunalverfassung, in: Ehlers/Fehling/Pünder, Bes. Verwaltungsrecht III, § 64 Rn. 64; *ders.*, Jura 2015, 592 (601); *F. O. Kopp/W.-R. Schenke*, Verwaltungsgerichtsordnung, 21. Aufl. 2015, § 42 Rn. 138 ff.; *R. Wahl/P. Schütz*, in: Schoch/Schneider/Bier, VwGO, § 42 Abs. 2 (1997), Rn. 104 ff.; *H. Sodan*, in: H. Sodan/J. Ziekow (Hrsg.), Verwaltungsgerichtsordnung, 4. Aufl. 2014, § 42 Rn. 430 ff.
[449] Dafür: *Becker*, Selbstverwaltung (Fn. 34), S. 713; *Stern* (Fn. 14), Art. 28 Rn. 176. Dagegen: *H. Bethge*, Der Kommunalverfassungsstreit, in: HKWP³ I, § 28 Rn. 14; *E. Schmidt-Aßmann*, in: Maunz/Dürig, GG, Art. 19 IV (2014), Rn. 43; *Löwer* (Fn. 127), Art. 28 Rn. 45; *Kopp/Schenke* (Fn. 448), § 42 Rn. 136. → Art. 19 III Rn. 41; → Art. 19 IV Rn. 82 f.
[450] BVerfGE 137, 108 (153 ff., Rn. 106 ff.). – In BVerfGE 83, 363 (393) hatte es noch schlicht geheißen, der Gleichheitsgrundsatz gelte »auch im Verhältnis der Hoheitsträger untereinander«. Siehe *Mehde* (Fn. 39), Art. 28 Abs. 2 Rn. 173 (»kommunales Gleichbehandlungsgebot«).

96 Die subjektive Rechtsstellung umfaßt nicht allein die Abwehr von Eingriffen, sondern auch **positive** (Schutz- und Leistungs-) **Ansprüche**[451]: etwa auf Anhörung (vgl. Art. 29 VII 3, VIII 2 GG), auf **gemeindefreundliches Verhalten**[452] oder auf **Mitwirkung** bei staatlichen Planungsprozessen[453]. Das Mitwirkungsrecht kann als Anhörungs-, Vorschlags- oder Mitberatungsrecht bis hin zum Mitentscheidungsrecht ausgestaltet sein[454]. **Formelle Beteiligungsrechte** werden ergänzt durch den **materiellen Anspruch** auf Berücksichtigung der gemeindlichen Belange im jeweiligen Planungs- und Abwägungsprozeß[455]. Die Gemeinden haben danach ein Anrecht auf ermessensfehlerfreie Entscheidung über staatliche Fragen, die zugleich Selbstverwaltungsangelegenheiten berühren[456], deren mögliche Verletzung der Gemeinde die Klagebefugnis vermittelt[457]. Gesetzliche Ausgestaltungen derartiger Mitwirkungsbefugnisse finden sich insbesondere im Recht der Raumordnung und Landesplanung sowie im Fachplanungsrecht[458]. Andere als gemeindliche Belange (z. B. Grundrechte ihrer Bürger oder überörtliche Naturschutz- bzw. Denkmalschutzbelange) kann die Gemeinde freilich nicht geltend machen[459]. Auch kann sie aus dem **Schutz ihres Namens** (→ Rn. 91, 122) kein Recht ableiten, im Bereich hoheitlicher Kennzeichnung die Verwendung gerade dieser Benennung durchzusetzen[460].

bb) Anspruchsgegner und Grundrechte Privater

97 Als Anspruchsgegner kommt primär der Staat in Gestalt des regelnden, ausgestaltenden und eingreifenden (Landes-, ausnahmsweise Bundes-) **Gesetzgebers** in Betracht.

---

[451] *Mehde* (Fn. 39), Art. 28 Abs. 2 Rn. 45.

[452] Grundlegend *L. Macher*, Der Grundsatz des gemeindefreundlichen Verhaltens, 1971; umfangreiche Nachweise bei *Stern*, Staatsrecht I, S. 418 f. Skeptisch mit Blick auf die Leistungsfähigkeit dieser Figur *Lange*, Kommunalrecht (Fn. 127), S. 98 f. sowie *Röhl*, Kommunalrecht (Fn. 27), Rn. 50; auch die landesverfassungsgerichtliche Judikatur zögert eher, allein aus diesem Grundsatz Rechtspflichten abzuleiten; siehe etwa VerfGH NW NVwZ-RR 2010, 705 (709).

[453] Zu den von der Rspr. entwickelten Maßstäben *Mehde* (Fn. 39), Art. 28 Abs. 2 Rn. 60. → Rn. 131.

[454] *Löwer* (Fn. 127), Art. 28 Rn. 58, der diese Rechte der subjektiven Rechtsstellungsgarantie i. V. m. der objektiven Rechtsinstitutionsgarantie zuordnet; vgl. auch *Schmidt-Jortzig*, Kommunalrecht (Fn. 370), Rn. 502 ff. – *H. Maurer*, DVBl. 1995, 1037 (1043) nimmt als Mindestgehalt ein Recht zur Stellungnahme an.

[455] *Löwer* (Fn. 127), Art. 28 Rn. 53; Rechtsprechungsübersicht bei *W. Blümel*, VerwArch. 84 (1993), 123 ff.

[456] BVerwGE 94, 333 (337 ff.) – Anordnungen der Straßenverkehrsbehörden zur geordneten städtebaulichen Entwicklung nach § 45 Ib 1 Nr. 5 StVO; E 100, 388 (392 ff.) – Autobahnplanung.

[457] BVerwGE 77, 128 (132 ff.) – Breitbandverkabelung; vgl. *Wahl/Schütz* (Fn. 448), § 42 Abs. 2 Rn. 269 ff.; *Sodan* (Fn. 448), § 42 Rn. 430 ff.; *Kopp/Schenke* (Fn. 448), § 42 Rn. 138 f.

[458] Zur Landesplanung: BVerfGE 76, 107 (122); *W. Erbguth*, Raumordnungs- und Landesplanungsrecht, 2. Aufl. 1992, Rn. 109 f.; *W. Brohm*, DÖV 1989, 429 (433 ff.). Zu den verschiedenen fachplanerischen Verfahren: BVerwGE 51, 6 (13 ff.); 56, 110 (134 ff.); 69, 256 (261); 74, 124 (132); 81, 95 (106 ff.); OVG Saarland DÖV 1987, 496 (496 f.); VGH Mannheim NVwZ 1990, 487 (490); *R. Steinberg/M. Wickel/H. Müller*, Fachplanung, 4. Aufl. 2012, § 6 Rn. 110 ff. – BVerwG NVwZ 2003, 207 (209): Eine umfassende objektiv-rechtliche Planprüfung kann unter Berufung auf die Planungshoheit nicht erreicht werden; anders *J. W. Kirchberg/M. Boll/P. Schütz*, NVwZ 2002, 550 ff.

[459] BVerfGE 61, 82 (102); 125, 141 (174, Rn. 108); BVerfGE 84, 209 (213); BVerwG DVBl. 2003, 211 (213). OVG Saarland UPR 1987, 228 (228 f.); HessVGH NVwZ 1986, 680 (682).

[460] Für Autobahnausfahrten OVG Koblenz NVwZ 1986, 1033 (1033); für Autokennzeichen HessVGH ESVGH 32, 124 (125); *Löwer* (Fn. 127), Art. 28 Rn. 48. Gemeinden steht aber Rechtsschutz gegenüber der nicht korrekten Verwendung ihres Gemeindenamens zu: BVerwGE 44, 351 (354 ff.).

Doch ist die Stoßrichtung des Art. 28 II GG nicht darauf beschränkt[461]. Die Selbstverwaltungsgarantie bietet **Rundumschutz**. So können auch unzulässige Beeinträchtigungen durch andere Planungsträger[462] oder durch **Gemeindeverbände** wie die Kreise (namentlich durch die Kreisumlage: → Rn. 163) abgewehrt werden[463]. Auch untereinander können sich Gemeinden schließlich auf Art. 28 II GG berufen[464], beispielsweise – gestützt auf § 2 II 1 BauGB – gegen Planungsentscheidungen von **Nachbargemeinden** (→ Rn. 131).

In seiner Funktion als staatsorganisationsrechtliche Kompetenznorm ermächtigt Art. 28 II GG nicht zu Eingriffen in **Grundrechte Privater**: »die Tatsache, daß eine Materie zu den Angelegenheiten der örtlichen Gemeinschaft gehört, ergibt […] noch kein eigenständiges Eingriffsmandat der Gemeinde in Rechtspositionen Privater«[465]. Normiert ist ein **Aufgabenverteilungsprinzip der Staatsorganisation** (mit der Folge eines Abwehrrechts gegen ungerechtfertigte staatliche Eingriffe in die Kompetenzsphäre der Kommunen), nicht aber eine Verteilungsregel zwischen Staat und Wirtschaft[466]. Insbesondere die durch Art. 28 II GG durchaus legitimierte wirtschaftliche Betätigung der Kommunen genießt daher keinen grundrechtlichen Schutz, der mit dem Privater kollidieren könnte[467]. Denn die Gemeinden sind als Teil der Staatsgewalt grundrechtsverpflichtet, nicht jedoch grundrechtsberechtigt (→ Rn. 79). Das gilt gerade auch für privatrechtsförmige (kommunale) Unternehmen, wenn sie im Eigentum der öffentlichen Hand stehen oder von ihr »beherrscht«[468] werden. Freilich ist umstritten, unter welchen Voraussetzungen die (grundrechtsgebundene) wirtschaftliche Betätigung der Gemeinden als rechtfertigungsbedürftiger **Eingriff** in Grundrechte, namentlich in Art. 12 und 14 GG (eingerichteter und ausgeübter Gewerbebetrieb) oder Art. 2 I GG (Wettbewerbsfreiheit), zu qualifizieren ist. Unter Verweis auf die hergebrachte Maxime, die Wettbewerbsfreiheit schütze grundsätzlich nicht vor Konkurrenz[469], verfolgt die Rechtsprechung hier einen restriktiven Ansatz; ihr zufolge liegt ein Eingriff erst in der Innehabung einer **Monopolstellung** oder der Eröffnung eines regelrechten Ver-

98

---

[461] Wie hier *Mehde* (Fn. 39), Art. 28 Abs. 2 Rn. 48; *Röhl*, Kommunalrecht (Fn. 27), Rn. 20; *Lange*, Kommunalrecht (Fn. 127), S. 8.
[462] BVerfGE 56, 298 (317 f.); BVerwGE 81, 95 (106) – Militärflugplätze; 81, 111 (115 ff.) – Bundesbahn; BVerwG NVwZ 1987, 590 (591) – Post; BVerwG DÖV 1993, 826 (827) – Bahn; zum Ganzen *Gern*, Kommunalrecht (Fn. 333), Rn. 170.
[463] *Faber* (Fn. 91), Art. 28 Abs. 1 II, Abs. 2 Rn. 47, bezeichnet dies als »Binnenwirkung der Selbstverwaltungsgarantie«; s.a. *Röhl*, Kommunalrecht (Fn. 27), Rn. 20. Judikatur: OVG Koblenz DÖV 1994, 79 (80 ff.) – Grundsatz des selbstverwaltungsfreundlichen Verhaltens.
[464] Zur Bedeutung dieser interkommunalen Schutzrichtung der Selbstverwaltungsgarantie für die Eigenverantwortlichkeit mit Beispielen *J. Oebbecke*, Der Schutz der kommunalen Aufgabenwahrnehmung durch die Selbstverwaltungsgarantie des Art. 28 II GG, in: H.-G. Henneke (Hrsg.), Kommunale Aufgabenerfüllung in Anstaltsform, 2000, S. 11 ff. (27 f.).
[465] *E. Schmidt-Aßmann*, Kommunale Selbstverwaltung »nach Rastede«, in: FS Sendler, 1991, S. 121 ff. (131 f.). Ebenso *Stern* (Fn. 14), Art. 28 Rn. 72; *Löwer* (Fn. 127), Art. 28 Rn. 44; *Röhl*, Kommunalrecht (Fn. 27), Rn. 20; *Tettinger/Schwarz* (Fn. 113), Art. 28 Abs. 2 Rn. 165; *Jarass/Pieroth*, GG, Art. 28 Rn. 10; *Stepanek*, Pflichtaufgaben (Fn. 41), S. 100 f., 135 m.w.N.
[466] *F. Ossenbühl*, DÖV 1992, 1 (7 f.); *H. Lecheler*, NVwZ 1995, 8 (10); *E. Schmidt-Aßmann*, Kommunen und örtliche Energieversorgung, in: FS Fabricius, 1989, S. 251 ff. (261 ff.); vgl. *Nierhaus* (Fn. 145), Art. 28 Rn. 49; *Röhl*, Kommunalrecht (Fn. 27), Rn. 20; *Löwer* (Fn. 127), Art. 28 Rn. 44; *ders.*, DVBl. 1991, 132 (140 f.). → Rn. 139.
[467] Deutlich *H. Bethge*, HGR III, § 72 Rn. 37 m.w.N.; anders VerfGH Rh-Pf. DVBl. 2000, 992 f.
[468] BVerfGE 128, 226 (245 ff., 49 ff.). → Art. 1 III Rn. 66 ff.; → Art. 19 III Rn. 73 ff.; → Art. 20 (Demokratie), Rn. 134.
[469] BVerwGE 39, 329 (336 f.); BVerwG DVBl. 1996, 152. → Art. 12 Rn. 74.

drängungswettbewerbs zulasten Privater durch staatliche Marktteilnahme[470]. Doch auch für eine weniger enge Sichtweise lassen sich gute Gründe anführen[471]. Dem trägt die neuere verwaltungsgerichtliche Judikatur vermehrt Rechnung, indem sie dem jeweils einschlägigen kommunalen Wirtschaftsrecht zugunsten privater Wettbewerber individualschützende Wirkung zuerkennt[472]. Aus alledem folgt, daß die Wahrnehmung von Freiheitsrechten durch Private nicht ihrerseits als Zugriff auf gemeindliche Kompetenzen abgewehrt werden[473] und insbesondere Art. 28 II GG nicht vor der Eröffnung vormals kommunaler Aufgaben für private Konkurrenz schützen kann[474]. Umgekehrt hat der einzelne Bürger keinen Anspruch gegen seine Kommune, von ihrem Selbstverwaltungsrecht Gebrauch zu machen[475]; er kann nur, soweit Pflichtaufgaben betroffen sind, ein Tätigwerden der Aufsichtsbehörde anregen[476]. Wenig sinnvoll erscheint auch die Konstruktion eines Interventionsanspruches gegen den Bund vermittels Art. 28 III GG (→ Rn. 172).

cc) Verfahren

99 Als Rechtsdurchsetzungsinstrument steht Gemeinden (und Gemeindeverbänden: → Rn. 165) einmal die in Bundes- bzw. Landesverfassungsrecht[477] verankerte **Kommunalverfassungsbeschwerde** zur Verfügung[478]. Die **Subsidiaritätsklausel** des Art. 93 I Nr. 4b GG (vgl. § 91 S. 2 BVerfGG) zugunsten der Landesverfassungsgerichte (→ Art. 93 Rn. 87) gewinnt ihre praktische Bedeutung daraus, daß ungeachtet der unmittelbaren Bindungswirkung des Art. 28 II GG den Verfassungsgerichten der Länder

---

[470] Vgl. BVerwGE 17, 306 (314); 30, 191 (198 f.); 39, 329 (337) u. ö.; VerfGH Rh.-Pf. DVBl. 2000, 992 (993); OVG Münster DVBl. 2004, 133 (137). *H.-J. Papier*, DVBl. 2003, 686 (689); im Ergebnis ebenso *J. H. Klement*, Die Verwaltung 48 (2015), 55 (67) der die kommunale Betätigung als bereits vom Schutzbereich nicht umfaßten »Handlungskontext« der privaten Wettbewerber verstanden wissen will.
[471] Moderat *U. Di Fabio*, in: Maunz/Dürig, GG, Art. 2 Abs. 1 (2001), Rn. 122; entschieden mit Blick auf Art. 12 I GG *Lange*, Kommunalrecht (Fn. 127), S. 881 f. m. w. N.
[472] Zur Entwicklung *Geis*, Kommunalrecht (Fn. 391), § 12 Rn. 94, 97 (»Tendenz für eine Änderung der Rechtsprechung« in diesem Sinne) m. w. N.; zur insgesamt uneinheitlichen Lage in den Ländern noch *H.-G. Henneke/K. Ritgen*, Kommunales Energierecht, 2. Aufl. 2013, S. 114 f.; Niedersachsen verfügt seit 2011 über eine gesetzliche Drittschutzklausel (§ 136 I S. 3 NKomVG), s. *J. Ipsen*, NdsVBl. 2015, 121 (123).
[473] So aber *Schmidt-Jortzig*, Kommunalrecht (Fn. 370), Rn. 523, der eine Parallele zur Problematik der Drittwirkung von Grundrechten sieht. Wie hier *Mehde* (Fn. 39), Art. 28 Abs. 2 Rn. 94.
[474] *Nierhaus* (Fn. 145), Art. 28 Rn. 49; *Löwer* (Fn. 127), Art. 28 Rn. 44; *D. Ehlers*, DVBl. 2000, 1301 (1305 f.); anders *Röhl*, Kommunalrecht (Fn. 27), Rn. 20; *Burgi*, Kommunalrecht (Fn. 372), § 6 Rn. 11.
[475] Wie hier *Henneke* (Fn. 241), Art. 28 Rn. 62.
[476] *Lange*, Kommunalrecht (Fn. 127), S. 693 erwägt einen Anspruch des Einzelnen auf Erfüllung von Pflichtaufgaben, soweit aus diesen drittbezogene Amtspflichten im Sinne des § 839 BGB folgen (vgl. allgemein schon *Gern*, Kommunalrecht [Fn. 333], Rn. 235). Ein solcher Anspruch hätte seine Grundlage wohl eher im einfachgesetzlichen Kommunalrecht und weniger in der Garantie des Art. 28 II GG.
[477] Auf Bundesebene: Art. 93 I Nr. 4b GG; hierzu *Suerbaum*, Wirkmächtigkeit (Fn. 60), S. 101 f.; *Lange*, Kommunalrecht (Fn. 127), S. 53 ff. → Art. 93 Rn. 87. Kompakt zum Landes(verfassungs)recht *Burgi*, Kommunalrecht (Fn. 372), § 9 Rn. 5 f.
[478] Zum Streitstand hinsichtlich des Rechtscharakters der Kommunalverfassungsbeschwerde (Rechtssatzverfassungsbeschwerde oder abstrakte Normenkontrolle mit besonderem Antragsrecht) *Rennert* (Fn. 356), Art. 28 II Rn. 82; allgemein *A. Hopfauf*, in: Schmidt-Bleibtreu/Hofmann/Henneke, GG, Art. 93 Rn. 551 ff. – Plädoyer für die Abschaffung des in §§ 93a ff. BVerfGG normierten Annahmeverfahrens bei *Püttner*, Zukunft (Fn. 119), S. 307.

II. Art. 28 II GG (Kommunale Selbstverwaltung) **Art. 28**

allein die Landesverfassung als Prüfungsmaßstab dient (→ Rn. 47, 83)⁴⁷⁹. Freilich gewähren einige Landesverfassungen Rechtsschutz nur gegen förmliche Gesetze, nicht gegen sonstige Maßnahmen, oder sehen andere Einschränkungen vor, so daß hinsichtlich des unmittelbaren Zugangs der Gemeinden zum Bundesverfassungsgericht ein recht unübersichtliches Bild entsteht⁴⁸⁰. In Bayern wird umgekehrt der Schutz gegen Gesetze den Gemeinden erst durch Einräumung der **Popularklage** (Art. 98 S. 4 BayVerf.) ermöglicht⁴⁸¹. Im Verfahren einer aufgelösten Gemeinde um die Zulässigkeit ihrer Auflösung wird ihre Beteiligungsfähigkeit fingiert⁴⁸².

Zudem steht den Gemeinden (und Gemeindeverbänden: → Rn. 165) der (Verwaltungs-)**Rechtsweg** offen, um Eingriffe abzuwehren, Ansprüche und Leistungen einzuklagen oder Mitwirkungsbefugnisse durchzusetzen. Art. 28 II GG und die entsprechenden Landesgarantien (sowie die mit Blick auf Art. 28 II GG drittschützende Beteiligungsnorm im jeweiligen Planungsrecht) begründen ihre **Klagebefugnis**⁴⁸³. **100**

3. Inhalt und Umfang der gemeindlichen Selbstverwaltung (Art. 28 II 1 GG)

a) Universalität (»alle Angelegenheiten der örtlichen Gemeinschaft«)

Zentrale materielle Ausprägung der objektiven Rechtsinstitutionsgarantie (→ Rn. 93) ist das Recht der Gemeinden zur Wahrnehmung aller »Angelegenheiten der örtlichen Gemeinschaft« (Grundsatz der **Universalität** des gemeindlichen Wirkungskreises oder der **Allzuständigkeit** der Gemeinde)⁴⁸⁴. Sie bedürfen dazu keines speziellen gesetzlichen Titels. Das Bundesverfassungsgericht faßt unter diese Angelegenheiten »diejeni- **101**

---

⁴⁷⁹ A.A. ThürVerfGH ThürVBl. 1996, 209 (209 f.); 1996, 281 (281): Art. 28 II GG als »gemeindeutsche […] Garantie« gelte auch in den Ländern; zu Recht kritisch *S. Storr*, ThürVBl. 1997, 121 ff. Umgekehrt ist das Bundesverfassungsgericht auf das Grundgesetz beschränkt: BVerfGE 79, 127 (143 ff.); 83, 363 (381 ff.).
⁴⁸⁰ Eine Beschränkung auf förmliche Gesetze findet sich etwa in Baden-Württemberg (Art. 76 LVerf.), Niedersachsen (Art. 54 Nr. 5 LVerf.) und Sachsen-Anhalt (Art. 75 Nr. 7 LVerf.); weitergehend hingegen (jeder Akt der Staatsgewalt) Thüringen (Art. 80 I Nr. 2 LVerf.). Das Bundesverfassungsgericht bezieht auch untergesetzliche Normen ein, soweit sie Außenwirkung gegenüber Gemeinden entfalten: BVerfGE 71, 25 (34); 76, 107 (114); 78, 331 (340). Bei engerer Bestimmung des Beschwerdegegenstands vor dem Landesverfassungsgericht »lebt die Reservefunktion des BVerfG auf«: *S. Magen*, in: Umbach/Clemens/Dollinger, BVerfGG, § 91 Rn. 36. Nach VerfGH NW DVBl. 2003, 394 (395) ist ein Vorgehen gegen ein Gesetz dann nicht möglich, wenn dieses noch der Konkretisierung durch eine untergesetzliche, ihrerseits angreifbare Rechtsnorm bedarf.
⁴⁸¹ Dazu *Knemeyer*, Kommunalrecht (Fn. 36), Rn. 30; *Lissack*, Kommunalrecht (Fn. 290), § 1 Rn. 118 ff.; *B. Flurschütz*, Die bayerische Popularklage nach Art. 55 BayVfGHG, 2014, S. 93 ff., 117 ff. – Zur Subsidiaritätsklausel insoweit BVerfG (K), NVwZ 1994, 58 (58 f.). Zum eingeschränkten Rechtsschutz für Gemeindeverbände BayVerfGHE 2, 143 (145, 162 ff.). → Rn. 165.
⁴⁸² Dieses Prinzip hatte schon der StGH der Weimarer Republik statuiert: siehe nur StGH v. 13.3.1926, JW 1927, 456 f.; StGH v. 13.3.1926, JW 1927, 457 ff.; StGH v. 11.12.1929, RGZ 126, Anh. S. 14* ff. (21*); StGH v. 28.4.1931, RGZ 133, Anh. S. 15* ff. (24*); StGH v. 5.12.1931, RGZ 134, Anh. S. 12* ff. (19*f.). Das wurde in der Bundesrepublik aufgegriffen: BVerfGE 42, 345 (356); 86, 90 (106); BayVerfGHE 33, 37 (54); 39, 169 (173). SaarlVerfGH DÖV 1993, 910 (910 f.) lehnt die Anwendbarkeit dieses Grundsatzes für den Fall ab, daß eine ursprünglich einmal wirksam und rechtmäßig aufgelöste Gemeinde nachträglich versucht, die damit zunächst einwandfrei und unanfechtbar eingetretene Rechtsfolge wieder in Frage zu stellen.
⁴⁸³ *Wahl/Schütz* (Fn. 448), § 42 Abs. 2 Rn. 104 ff., 269 ff.; *Sodan* (Fn. 448), § 42 Rn. 430 ff.; *Kopp/Schenke* (Fn. 448), § 42 Rn. 138 ff.
⁴⁸⁴ Dazu statt vieler *Stern* (Fn. 14), Art. 28 Rn. 86 ff.; *Mehde* (Fn. 39), Art. 28 Abs. 2 Rn. 50 ff.; *Lange*, Kommunalrecht (Fn. 127), S. 8 f.; *Stepanek*, Pflichtaufgaben (Fn. 41), S. 58 f.; *C. Brüning*, Jura 2015, 592 (595 f.). Aus der Judikatur insb. BVerfGE 1, 167 (175); 21, 117 (128 f.); 56, 298 (312).

gen Bedürfnisse und Interessen, die in der örtlichen Gemeinschaft wurzeln oder auf sie einen spezifischen Bezug haben, die also den Gemeindebürgern gerade als solchen gemeinsam sind, indem sie das Zusammenleben und -wohnen der Menschen in der (politischen) Gemeinde betreffen«[485]. Auf die **Leistungsfähigkeit** soll es danach **nicht** mehr ankommen[486]. Im Zusammenhang mit dem »Weinheimer Modell«[487] ist in einer Reihe von Landesverfassungen über die Angelegenheiten der örtlichen Gemeinschaft in Art. 28 II 2 GG hinaus die Zuständigkeit der Gemeinden für die gesamte öffentliche Verwaltung in ihrem Gebiet angelegt[488]. Die Rastede-Definition wird auch von den meisten[489], aber nicht allen Landesverfassungsgerichten[490] für die Garantien auf Länderebene übernommen.

102 Zählt eine Aufgabe zu den Angelegenheiten der örtlichen Gemeinschaft, ist der **Gesetzgeber** bei der Aufgabenverteilung durch Art. 28 II 1 GG beschränkt. Allerdings verfügt er (in bestimmten Fällen) bei der Aufgabenqualifizierung über einen gerichtlich nur begrenzt überprüfbaren **Typisierungs- und Einschätzungsspielraum**[491]. Aufgaben können den Gemeinden auf zweierlei Weise abhanden kommen: durch ihren überörtlichen Charakter und durch gesetzliche Regelung[492].

---

[485] BVerfGE 79, 127 (152 f.) – Rastede. Aus der umfangreichen Literatur zu dieser Entscheidung *Schmidt-Aßmann*, Rastede (Fn. 465), S. 121 ff.; *F. Schoch*, VerwArch. 81 (1990), 18 ff.; *H. Siedentopf*, Die Rastede-Entscheidung des Bundesverfassungsgerichts, 1990, S. 8 ff.; *E. Schmidt-Jortzig*, DÖV 1993, 973 ff. Aus der Judikatur ferner BVerGE 110, 370 (400); 138, 1 (16, Rn. 45).

[486] BVerfGE 79, 127 (152); 110, 370 (400, Rn. 135); 138, 1 (19, Rn. 53); zustimmend *H. Maurer*, DVBl. 1995, 1037 (1043); *D. Ehlers*, DVBl. 2000, 1301 (1305); *Lange*, Kommunalrecht (Fn. 127), S. 15. Früher war gefordert worden, daß die jeweiligen Aufgaben »von dieser örtlichen Gemeinschaft eigenverantwortlich und selbständig bewältigt werden können« (BVerfGE 8, 122 [134]; 50, 195 [201]; 52, 95 [120]). Und in der Tat läßt sich nicht bezweifeln, daß die Größe einer Gemeinde eine Rolle für die Frage spielt, ob eine Aufgabe als gemeindetypisch anzusehen ist oder nicht (treffend *Mehde* [Fn. 39], Art. 28 Abs. 2 Rn. 52).

[487] Hierzu (neben den in Fn. 386 Genannten) *Rennert* (Fn. 356), Art. 28 II Rn. 131; *U. Heering*, Die zulässige staatliche Einflußnahme auf die Erledigung von Aufgaben durch die Gemeinde, 1969, S. 32 ff.; *M. Falk*, Die kommunalen Aufgaben unter dem Grundgesetz, 2006, S. 158 ff.; *T. Mann/T. Elvers*, Die Rechtsquellen des Kommunalrechts, in: HKWP³ I, § 10 Rn. 23 f.; weiterhin *Maurer*, Allg. Verwaltungsrecht, § 23 Rn. 16 f.; *Brüning*, Kommunalverfassung (Fn. 448), § 64 Rn. 68 ff.; zur hess. Rechtslage, die Elemente des Weinheimer Modells und der traditionellen Aufgabensystematik kombiniert, *K. Lange*, DÖV 2007, 820 (823 f.). Zur Staatsaufsicht nach dem Weinheimer Entwurf noch *W. Kahl*, Die Staatsaufsicht, 2000, S. 266 f. → Rn. 81.

[488] Art. 71 II 1 BWVerf.; Art. 137 I HessVerf.; Art. 57 III NdsVerf.; Art. 78 II NWVerf.; Art. 49 I R-PVerf.; Art. 84 I 1 SächsVerf.; Art. 87 II 1 S-AVerf.; Art. 54 I S-HVerf. Siehe hierzu auch *K. Lange*, NdsVBl. 2005, Sonderheft zum 50-jährigen Bestehen des Niedersächsischen Staatsgerichtshofs, 19 ff.

[489] VerfGH NW DÖV 2004, 662 (663); R-PVerfGH NVwZ 2000, 801 (801) trotz des Wortlauts des Art. 49 R-PVerf., nach dem die Gemeinden ausschließliche Träger der gesamten örtlichen öffentlichen Verwaltung sind.

[490] NdsStGH NVwZ 1997, 58 (59) betont die von der Beschränkung auf Angelegenheiten der örtlichen Gemeinschaft gelöste Allzuständigkeit der Gemeinden. Siehe auch HessStGH DVBl. 1999, 1725 (1726 f.).

[491] BVerfGE 79, 137 (153 f.); 110, 370 (401, Rn. 13); vgl. auch E 91, 228 (241): Typisierungsspielraum bei organisatorischen Regelungen; ebenso NdsStGH DÖV 1996, 657 (658); VerfGH NW DVBl. 2001, 1595 (1597 f.). Aus der Literatur nur *Röhl*, Kommunalrecht (Fn. 27), Rn. 27; *Mehde* (Fn. 39), Art. 28 Abs. 2 Rn. 53; *Lange*, Kommunalrecht (Fn. 127), S. 10 mit dem berechtigten Hinweis, daß die »Freistellung des Gesetzgebers« jedenfalls nicht den Unterschied zwischen Art. 28 II 1 und 2 GG verwischen darf.

[492] *G. Püttner*, HStR³ VI, § 144 Rn. 28. – Natürlich wird auch der überörtliche Charakter häufig durch Gesetz bestimmt werden.

II. Art. 28 II GG (Kommunale Selbstverwaltung) — Art. 28

Einen fixen Katalog örtlicher Angelegenheiten der Gemeinden gibt es nicht[493] (gleichwohl illustrativ Art. 83 I BayVerf.). Das Universalitätsprinzip wirkt vielmehr als eine (gesetzlich widerlegbare) **Zuständigkeitsvermutung**: »Zum Wesensgehalt der gemeindlichen Selbstverwaltung gehört kein gegenständlich bestimmter oder nach feststehenden Merkmalen bestimmbarer Aufgabenkatalog, wohl aber die Befugnis, sich aller Angelegenheiten der örtlichen Gemeinschaft, die nicht durch Gesetz bereits anderen Trägern öffentlicher Verwaltung übertragen sind, ohne besonderen Kompetenztitel anzunehmen«[494]. Gemeinden besitzen gewissermaßen ein **Aufgaben- und Funktionenerfindungsrecht**[495] in den allgemeinen, für staatliche Aufgabenwahrnehmung geltenden Grenzen (insbes. Vorrang und Vorbehalt des Gesetzes; → Art. 20 [Rechtsstaat], Rn. 92 ff., 105 ff.). **103**

Das Merkmal der **örtlichen Aufgaben** wirft angesichts der Raum- und damit Gemeinderelevanz jedweder Verwaltungs- und Staatstätigkeit schwierige **Abgrenzungsprobleme** auf; zudem sind »Wanderungsprozesse« und »Gemengelagen« zu berücksichtigen[496]. Vor allem spielt der soziale, wirtschaftliche und technische Wandel eine Rolle[497]. Bei der Einordnung sind Tradition und gängige Praxis ebenso zu berücksichtigen wie die Zweckmäßigkeit der Aufgabenerledigung durch die Gemeinden[498]. Die **Trägerschaft** der Gemeinden **für Grund- und Hauptschulen** hat das Bundesverfassungsgericht jüngst mit starkem Rekurs auf die gewachsene Tradition als Angelegenheit der örtlichen Gemeinschaft eingestuft[499]. Häufig wird eine definitive Zuordnung durch den Gesetzgeber vorgenommen werden, der dabei wiederum an bestimmte Regeln gebunden ist (→ Rn. 109 ff.). **104**

b) Eigenverantwortlichkeit (»in eigener Verantwortung zu regeln«)

Die gemeindlichen Selbstverwaltungsaufgaben sind »in eigener Verantwortung« zu regeln. Das schließt eine »umfassende staatliche Steuerung« aus[500], wie sie etwa bei staatlichen Zweckmäßigkeitsvorgaben und »Fachaufsichtsunterworfenheit« vorläge[501]. Eigenverantwortlichkeit bedeutet im Kern Weisungsfreiheit gegenüber staatlichen Institutionen, organisatorische Ausgestaltungsmöglichkeiten und freie Alternativenwahl gemäß eigenen Zweckmäßigkeitsvorstellungen im Rahmen der Rechtsordnung, also Aufgabenerfüllung »ohne Weisung und Vormundschaft des Staates«[502]. Bei **105**

---

[493] BVerfGE 107, 1 (12, Rn. 46): »kein gegenständlich bestimmter oder nach feststehenden Merkmalen bestimmbarer Aufgabenkatalog«; sachlich gleich E 138, 1 (16, Rn. 45).
[494] BVerfGE 79, 127, Ls. 2; vgl. dazu *Schmidt-Aßmann*, Rastede (Fn. 465), S. 130 f.; *F. Ossenbühl*, HStR³ V, § 101 Rn. 70; *Röhl*, Kommunalrecht (Fn. 27), Rn. 29 ff.
[495] *Faber* (Fn. 91), Art. 28 Abs. 1 II, Abs. 2 Rn. 35; *Schmidt-Jortzig*, Kommunalrecht (Fn. 370), Rn. 496; *Nierhaus* (Fn. 145), Art. 28 Rn. 48, 64; *Stern* (Fn. 14), Art. 28 Rn. 87 spricht vom »Recht zur Spontaneität«.
[496] *Röhl*, Kommunalrecht (Fn. 27), Rn. 31; von »Wanderungsprozessen« spricht auch *Schmidt-Jortzig*, Kommunalrecht (Fn. 370), Rn. 491 ff.; ähnlich *Gern*, Kommunalrecht (Fn. 333), Rn. 59. Der grundlegenden Entscheidung BVerfGE 79, 127 lag selbst ein solcher Fall zugrunde, in dem der Gemeinde die Zuständigkeit für die Abfallentsorgung zugunsten des Landkreises entzogen wurde (*Mehde* [Fn. 39], Art. 28 Abs. 2 Rn. 51).
[497] BVerfGE 138, 1 (17, Rn. 47).
[498] *Lange*, Kommunalrecht (Fn. 127), S. 11 ff. m. w. N. Ältere Literatur: → Bd. II², Art. 28 Rn. 113 Fn. 495.
[499] BVerfGE 138, 1 (23 ff., Rn. 62 ff.).
[500] BVerfGE 138, 1 (17 f., Rn. 49).
[501] Terminus: *Suerbaum*, Wirkmächtigkeit (Fn. 60), S. 91.
[502] So die schon fast klassische Wendung von *Becker*, Selbstverwaltung (Fn. 34), S. 718; vgl. *Röhl*,

den **freiwilligen Selbstverwaltungsaufgaben** bezieht sich die Eigenverantwortlichkeit auf das ›Ob‹, ›Wie‹ und ›Wann‹[503], bei den pflichtigen nur noch auf die Art und Weise der Aufgabenwahrnehmung, nicht mehr auf die Entschließungsfreiheit[504]. Je dichter und detaillierter sich die gesetzlichen Vorgaben jedoch gestalten, desto stärker wird die Eigenverantwortung auch ohne förmliches Weisungsrecht marginalisiert, so daß man von lediglich formellen Selbstverwaltungsaufgaben sprechen kann (→ Rn. 82). Gleiches gilt, wenn den Kommunen neue pflichtige Selbstverwaltungsaufgaben (→ Rn. 81, 111) auferlegt werden. Zudem wird die eigenverantwortliche Aufgabenwahrnehmung im Selbstverwaltungsbereich mittelbar beeinträchtigt durch **Zuweisung staatlicher Aufgaben** im übertragenen Wirkungskreis (→ Rn . 81). In jedem Fall bedürfen die Aufgabenzuweisungen einer gesetzlichen Grundlage (→ Rn. 109 ff.).

106 Die in Art. 28 II 1 und 3 Hs. 1 GG vorgesehene Eigenverantwortlichkeit ist weniger eng auf das Vorliegen substantiell kommunaler Aufgaben (→ Rn. 81 f.) bezogen, als der Normtext auf den ersten Blick vermuten läßt. So differenziert das Bundesverfassungsgericht zwischen sachlichen Aufgaben der Gemeinden (»örtlichen Angelegenheiten«) und einem »vorgelagerten, gemeindeinternen, Bereich«[505], der mindestens Organisations-, Finanz- und Personalhoheit umfaßt. Dieser gleicht dem Bereich der örtlichen Angelegenheiten darin, daß er genauso in den Kreis der gemeindlichen Eigenverantwortung fällt[506]. Die **Eigenverantwortlichkeit** erstreckt sich folglich auf sämtliche gemeindeinterne Fragen, und zwar unabhängig von der Natur der zu erledigenden Aufgabe, sowie auf alle Angelegenheiten der örtlichen Gemeinschaft[507].

107 Eigenverantwortlichkeit dispensiert nicht von Gesetzes- und Rechtsbindung, der die Kommunen als Träger hoheitlicher Gewalt schon gemäß Art. 20 III GG unterliegen (→ Art. 20 [Rechtsstaat], Rn. 95). So bildet die **Kommunalaufsicht** das notwendige »Correlat«[508] der Selbstverwaltung. Sie ist Sache der Länder. Eine Bundeskommunalaufsicht gibt es (auch im Bereich von Art. 84 III GG) nicht, jedoch kann das Land gegenüber dem Bund zu Kommunalaufsichtsmaßnahmen verpflichtet sein[509]. Eine besondere Form der (präventiven) Staatsaufsicht stellen Genehmigungs- und Betäti-

---

Kommunalrecht (Fn. 27), Rn. 35: »Freiheit von Zweckmäßigkeitsvorgaben anderer Hoheitsträger«; *Lange*, Kommunalrecht (Fn. 127), S. 16 ff.

[503] Statt vieler *Mehde* (Fn. 39) Art. 28 Abs. 2 Rn. 55; *Lange*, Kommunalrecht (Fn. 127), S. 17; *C. Brüning*, Jura 2015, 592 (596). *Lissack*, Kommunalrecht (Fn. 290), § 1 Rn. 57, 77 ff. spricht insofern vom »modalen« Element. Plastisch R-PVerfGH DÖV 1983, 113 (113): Eigenverantwortlichkeit »als die grundsätzliche Entschließungsfreiheit der kommunalen Gemeinwesen, die ihrer Verbandskompetenz unterliegenden Aufgaben ohne staatliche Einflußnahme so zu erfüllen, wie dies – nach Maßgabe der Rechtsordnung – ihrem Gestaltungswillen entspricht«. Zur Gestaltungsfreiheit als maßgeblichem Punkt auch *Stern* (Fn. 14), Art. 28 Rn. 95; *Stober*, Kommunalrecht (Fn. 302), § 7 II 1 c ee (S. 73 f.).

[504] *Brüning*, Kommunalverfassung (Fn. 448), § 64 Rn. 26.

[505] BVerfG (K), NVwZ 1999, 520 (520).

[506] BVerfGE 83, 363 (382); BVerfG (K), NVwZ 1999, 520 (520). Dazu etwa *Suerbaum*, Wirkmächtigkeit (Fn. 60), S. 92 f.; *C. Brüning*, Jura 2015, 592 (596 f.).

[507] BVerfGE 83, 363 (382): »Garantie der eigenverantwortlichen Regelung nicht nur bezüglich bestimmter Sachaufgaben, sondern für die gesamte Verwaltung«; dazu *Lange*, Kommunalrecht (Fn. 127), S. 28. Kritisch zu dieser Entwicklung *F.-L. Knemeyer/M. Wehr*, VerwArch. 92 (2001), 317 (336 f.).

[508] So bereits *L. v. Stein*, Die Verwaltungslehre, Bd. 1, Abt. 2, 2. Aufl. 1869, Neudr. 1975, S. 69. Dieser Zusammenhang ist praktisch unbestritten: vgl. BVerfGE 6, 104 (118); 78, 331 (341). Aus der Literatur nur *Mehde* (Fn. 39) Art. 28 Abs. 2 Rn. 108; zusammenfassend zur Sicherstellung der Bindung an Recht und Gesetz durch die Kommunalaufsicht *Brüning*, Kommunalverfassung (Fn. 448), § 64 Rn. 28, 76 ff. Ältere Literatur: → Bd. II², Art. 28 Rn. 116 Fn. 502.

[509] BVerfGE 8, 122 (138); *Stern* (Fn. 14), Art. 28 Rn. 133. A.A. (aufgrund des möglichen Ausbaus

gungsvorbehalte dar, die indes ausdrücklicher gesetzlicher Bestimmung bedürfen[510]. Maßnahmen der Rechtsaufsicht betreffen die Gemeinde als selbständiges Rechtssubjekt und unterliegen verwaltungsgerichtlicher Kontrolle[511]. Anderes gilt nach überwiegender Ansicht für **fachaufsichtliche Maßnahmen** im Bereich des übertragenen Wirkungskreises (Auftragsangelegenheiten, Pflichtaufgaben zur Erfüllung nach Weisung), vor denen Art. 28 II GG allerdings ohnehin keinen Schutz gewährt[512].

Mit den **Regelungen**, die die Gemeinden gem. Art. 28 II 1 GG treffen können, sind diese nicht auf bestimmte Handlungs- oder Organisationsformen festgelegt[513]. Im Rahmen der Rechtsordnung können sie sich vielmehr der gesamten Palette rechtlicher Handlungsmöglichkeiten privat- wie öffentlichrechtlicher, bindender wie unverbindlicher, hoheitlicher oder leistender Art bedienen. Der Erlaß von allgemeinen Vorschriften (z.B. Satzungen: → Rn. 133f.) ist genauso abgedeckt wie die Entscheidung von Einzelfällen. 108

c) Gesetzesvorbehalt (»im Rahmen der Gesetze«)

aa) Gesetzesbegriff; Bundes- und Landesgesetze; Eingriff

Die kommunale Selbstverwaltung ist »im Rahmen der Gesetze« gewährleistet. **Gesetz** meint jede staatliche Außenrechtsnorm[514], förmliche Bundes- und Landesgesetze ebenso wie Rechtsverordnungen[515]; eingeschlossen sind des weiteren Raumordnungsprogramme[516], Satzungen anderer Verwaltungsträger[517] und gewohnheitsrechtliche Regeln[518]. Nach allgemeinen Grundsätzen bedürfen wesentliche Fragen allerdings einer Regelung durch förmliches Gesetz (→ Art. 20 [Rechtsstaat], Rn. 113f.). Zum rahmensetzenden Recht i. S. d. Art. 28 II GG gehört auch das europäische Unionsrecht (→ Rn. 29). Die für institutionelle Garantien typische Ausgestaltungsbefugnis des Ge- 109

---

von Individualrechtsschutz sei Aufsicht kein unverzichtbares Element einer Rechtmäßigkeitskontrolle) *T. Franz*, JuS 2004, 937 (937).

[510] *Brüning*, Kommunalverfassung (Fn. 448), § 64 Rn. 83 f. Ältere Literatur: → Bd. II², Art. 28 Rn. 116 Fn. 504. Zur Beratung als wichtigster Form präventiver Kommunalaufsicht BVerfGE 58, 177 (195).

[511] Zu Rechtsschutzmöglichkeiten und Haftungsfragen *T. Franz*, JuS 2004, 937 (941); *Mehde* (Fn. 39) Art. 28 Abs. 2 Rn. 110.

[512] *Stern* (Fn. 14), Art. 28 Rn. 136; *Löwer* (Fn. 127), Art. 28 Rn. 72. Gleichwohl können Gemeinden klagen, wenn durch eine rechtswidrige Weisung ihr Selbstverwaltungsrecht verletzt wird; zu Details *E. Schmidt-Jortzig*, JuS 1979, 488 ff.; *Röhl*, Kommunalrecht (Fn. 27), Rn. 72; *Wahl/Schütz* (Fn. 448), § 42 Abs. 2 Rn. 106 m.w.N.; *Sodan* (Fn. 448), § 42 Rn. 118, 220; *Kopp/Schenke* (Fn. 448), § 42 Rn. 139. Speziell zur Sonderaufsicht bei den Pflichtaufgaben zur Erfüllung nach Weisung *Gern*, Kommunalrecht (Fn. 333), Rn. 821, 824; *Stober*, Kommunalrecht (Fn. 302), § 9 III 2a (S. 156 f.).

[513] BVerwGE 6, 247 (252); *Röhl*, Kommunalrecht (Fn. 27), Rn. 40; *D. Ehlers*, Verwaltung in Privatrechtsform, 1984, S. 74 ff.; *Nierhaus* (Fn. 145), Art. 28 Rn. 52.

[514] *Lange*, Kommunalrecht (Fn. 127), S. 33 ff. – *Schmidt-Aßmann*, Garantie (Fn. 372), S. 818, sieht sogar staatliche Rechtsnormen umfaßt, die »im Sinne der klassischen Rechtsquellenlehre eher den Verwaltungsvorschriften zugerechnet werden müßten«, soweit sie Außenwirkung gegenüber einer Kommune entfalten.

[515] BVerfGE 26, 228 (237); 56, 298 (309); 71, 25 (34); 107, 1 (15, Rn. 51). Aus der Literatur nur *Mehde* (Fn. 39) Art. 28 Abs. 2 Rn. 105; *Lange*, Kommunalrecht (Fn. 127), S. 33.

[516] BVerfGE 76, 107 (114); für Gebietsentwicklungspläne VerfGH NW DVBl. 1995, 465 (466). Zweifelnd *Rennert* (Fn. 356), Art. 28 II Rn. 81.

[517] Namentlich der Kreise: BVerwGE 101, 99 (111 f.); dagegen *M. Heintzen*, Die Verwaltung 29 (1996), 17 (33 f.); zustimmend Jarass/Pieroth, GG, Art. 28 Rn. 20.

[518] VerfGH NW DVBl. 1982, 1043 m. Anm. v. *W. Krebs* (1044 f.); *Stern*, Staatsrecht I, S. 415; *Lange*, Kommunalrecht (Fn. 127), S. 34.

Art. 28 C. Erläuterungen

setzgebers (→ Vorb. Rn. 107 f.) wird praktisch als **Gesetzesvorbehalt** verstanden[519] und damit dem grundrechtlichen Verständnis angenähert (→ Vorb. Rn. 136 f.). Trotz der Uneindeutigkeit von Wortlaut und Wortstellung besteht heute weitgehend Einigkeit darüber, daß der Gesetzesvorbehalt sich nicht nur auf das Merkmal der **Eigenverantwortlichkeit**, sondern auch auf die **Universalität** des Aufgabenkreises bezieht[520]: der Gesetzgeber kann »aufgabenentziehend und Eigenverantwortung begrenzend eingreifen«[521].

110 Der Gesetzesvorbehalt ist in erster Linie und zumal nach der Föderalismusreform I (→ Rn. 88) an den **Landesgesetzgeber** adressiert[522]. Er – und nicht der Bundesgesetzgeber, dem insofern engere Grenzen gesteckt sind (→ Rn. 112) – ist dazu aufgerufen, die Verteilung der Aufgaben (deren Entzug wie deren Übertragung) zu regeln sowie die Erfüllungsmodalität (→ Rn. 107) zu bestimmen; das folgt schon daraus, daß die Kommunen staatsorganisationsrechtlich den Ländern zugeordnet sind (→ Rn. 86). Als Kernproblem hat sich die Aufgabenzuweisung ohne ausreichende Finanzausstattung herauskristallisiert; ein etwaiger Anspruch auf finanzielle Kompensation (→ Rn. 149 ff.) ist freilich insofern nachrangig, als er die Bejahung der vorrangigen Frage nach der Zulässigkeit der jeweiligen Aufgabenübertragung voraussetzt[523].

111 Mit der inzwischen herrschenden Auffassung ist nicht nur der Aufgabenentzug, sondern auch die **Aufgabenübertragung** als rechtfertigungsbedürftiger **Eingriff** in die kommunale Selbstverwaltung zu qualifizieren[524]. Zumindest wenn sie den Gemeinden die Übernahme originärer Selbstverwaltungsaufgaben erschwert, ist die Selbstverwaltungsgarantie betroffen[525]. Die Rechtmäßigkeitsvoraussetzungen einer Aufgabenüberbürdung werden folgerichtig in Anlehnung an die Rechtsprechung zum Aufgaben-

---

[519] So ausdrücklich BVerfGE 79, 127 (143); 107, 1 (12, Rn. 45); 138, 1 (20, Rn. 56). Vgl. nur *Löwer* (Fn. 127), Art. 28 Rn. 67; *Mehde* (Fn. 39) Art. 28 Abs. 2 Rn. 103.

[520] BVerfGE 56, 298 (312); 79, 127 (143 ff.); 107, 1 (12, Rn. 44 f.); *Stern* (Fn. 14), Art. 28 Rn. 114; *Mehde* (Fn. 39), Art. 28 Abs. 2 Rn. 103; *Hellermann* (Fn. 231), Art. 28 Rn. 46; *Röhl*, Kommunalrecht (Fn. 27), Rn. 42; *Löwer* (Fn. 127), Art. 28 Rn. 67; *Lange*, Kommunalrecht (Fn. 127), S. 32; *C. Brüning*, Jura 2015, 592 (597). A.A. noch *Roters* (Fn. 230), Art. 28 Rn. 57; *Burmeister*, Neukonzeption (Fn. 370), S. 93 f.; *v. Mutius*, Maßnahmen (Fn. 328), S. 37 f. – Einige Autoren wollen aus Art. 28 II GG ein sog. Unbestimmtheitsgebot herleiten, wonach der Gesetzgeber – um den Kommunen Gestaltungsmöglichkeiten offenzuhalten – nur zu rahmenrechtlichen Regelungen der Eigenverantwortung befugt sei: *G. Schmidt-Eichstaedt*, Bundesgesetze und Gemeinden, 1981, S. 147, 162; *A. Janssen*, Über die Grenzen des legislativen Zugriffsrechts, 1991, S. 137, sowie *H.-G. Henneke*, ZG 9 (1994), 212 (242 f.).

[521] *G. Püttner*, HStR³ VI, § 144 Rn. 30; dafür spricht schon die Entstehungsgeschichte der Norm (vgl. BVerfGE 79, 127 [145]). → Rn. 8, 17.

[522] Nachdrücklich BVerfGE 137, 108 (164 ff., Rn. 131 ff.).

[523] *R. Wendt*, Finanzierungsverantwortung für gesetzgeberisch veranlaßte kommunale Aufgaben, in: FS Stern, 1997, S. 603 ff. (610); *Schoch/Wieland*, Finanzierungsverantwortung (Fn. 359), S. 111 f.; *F. Hufen*, DÖV 1998, 276 (277).

[524] Bereits VerfGH NW DVBl. 1993, 197 (198); Rh.-Pf. VerfGH NVwZ 2001, 912 (914). Aus der Literatur: *Brüning*, Kommunalverfassung (Fn. 448), § 64 Rn. 47; *Schoch*, Schutz (Fn. 422), S. 116 ff.; *ders./J. Wieland*, Kommunale Aufgabenträgerschaft nach dem Grundsicherungsgesetz, 2003, S. 28 ff.; *H.-G. Henneke*, DÖV 2005, 177 (183); *Suerbaum*, Wirkmächtigkeit (Fn. 60), S. 88; *Mehde* (Fn. 39) Art. 28 Abs. 2 Rn. 100; *Lange*, Kommunalrecht (Fn. 127), S. 19, 45; *Stepanek*, Pflichtaufgaben (Fn. 41), S. 78 ff.; *C. Brüning*, Jura 2015, 592 (597). – Verneint wurde das beispielsweise noch von NdsOVG NdsVBl. 1994, 18 (19); SaarlVerfGH NVwZ-RR 1995, 153 (153).

[525] BVerfGE 119, 331 (354, Rn. 118 f.); dazu *F. Schoch*, DVBl. 2008, 937 (942 ff.) mit Betonung der dogmatischen Schwächen des Urteils.

II. Art. 28 II GG (Kommunale Selbstverwaltung) Art. 28

entzug (→ Rn. 117) formuliert[526]. Dem Bundesgesetzgeber sind Aufgabenzuweisungen an die Kommunen mittlerweile aufgrund von Art. 84 I 7 GG prinzipiell untersagt (→ Rn. 88).

Ob der **Bundesgesetzgeber** trotz Durchgriffsverbots in bestimmten Fällen (über Art. 125a I 1 GG hinaus) auf das Selbstverwaltungsrecht zugreifen kann und darf, ist fraglich. Denn eine solche gesetzgeberische Intervention wäre kaum mit der kategorischen Formulierung der Art. 84 I 7, 85 I 2 GG (→ Rn. 88 mit Fn. 424) in Einklang zu bringen. Selbst wenn Bundesgesetze der kommunalen Ebene lediglich Materien zuweisen, die ohnehin zu den »Angelegenheiten der örtlichen Gemeinschaft« im Sinne von Art. 28 II 1 GG zählen, ist die Zulässigkeit der Aufgabenzuweisung vor dem Hintergrund des Durchgriffsverbots nunmehr zweifelhaft[527]. Praktischen Niederschlag findet diese Problematik etwa im Bereich der bauplanungsrechtlichen Gesetzgebung[528], deren bundesgesetzliche Normierung als gemeindliche Selbstverwaltungsaufgabe – solange es sich dabei um eine »**punktuelle Annexregelung** zu einer in die Zuständigkeit des Bundesgesetzgebers fallenden materiellen Regelung handelt«[529] – zumindest mit der prinzipiellen Ausgestaltungskompetenz der Länder konform geht.   112

Von Bedeutung für die Einschränkung der kommunalen Selbstverwaltungsgarantie durch den Gesetzesvorbehalt sind ferner (etwa bei Gebietsänderungen; → Rn. 121) **Anhörungsrechte** der Gemeinden, da der Gesetzgeber die tatsächlichen Grundlagen seiner Entscheidung durch rechtzeitige Einbeziehung der Gemeinden umfassend ermitteln muß[530]. Es können auch stärkere Formen geboten sein, die gegebenenfalls bis zur konstitutiven Mitentscheidung reichen[531].   113

bb) Schranken des Gesetzesvorbehalts (Kernbereich; gemeindespezifisches Aufgabenverteilungsprinzip; Verhältnismäßigkeitsprinzip)

Soll der Gesetzesvorbehalt nicht zur »Achillesferse«[532] der kommunalen Selbstverwaltung werden, so sind dem Zugriff des Gesetzgebers seinerseits Schranken zu setzen. Ob für deren Fixierung wegen der analogen Problemstruktur auf die zu den Grundrechten entwickelte Lehre von den »Schranken-Schranken« und in Sonderheit auf das Verhältnismäßigkeitsprinzip (→ Vorb. Rn. 144 ff.) zurückzugreifen ist, hat in der Judikatur des Bundesverfassungsgerichts unterschiedliche Antworten gefunden.   114

---

[526] *Lange*, Kommunalrecht (Fn. 127), S. 45 f. m.w.N. Knapp BVerfGE 83, 363 (384), wonach »zwingende Gründe des gemeinen Wohls« ausreichen.

[527] → Art. 84 Rn. 72. Illustrativ die Kontroverse zwischen *A. Ingold*, DÖV 2010, 134 ff. (137 f. pro Zulässigkeit von Art. 28 II 1 GG »ausgestaltenden« Gesetzen) einerseits, *A. Meßmann*, DÖV 2010, 726 ff. (729 ff. contra Zulässigkeit) andererseits; Replik *Ingolds* ebd., S. 732 f.; s. auch *Löwer* (Fn. 127), Art. 28 Rn. 62 (für Zulässigkeit); *Schoch*, Fundierung (Fn. 426), S. 17 f. (dagegen).

[528] *U. Battis/J. Kersten/S. Mitschang*, ZG 25 (2010), 246 (251 ff.); *M. Kallerhoff*, DVBl. 2011, 6 (8). → Rn. 130.

[529] BVerfGE 77, 288 (299).

[530] BVerfGE 86, 90 (107 ff.); 138, 1 (31 ff., Rn. 86 ff.); *Stern*, Staatsrecht I, S. 411 mit Fn. 75; *Löwer* (Fn. 127), Art. 28 Rn. 46; *Mehde* (Fn. 39) Art. 28 Abs. 2 Rn. 155 ff. Vgl. aber BVerwGE 97, 203 (211 ff.): kein Anhörungsrecht bei Festsetzung von Tiefflugebieten. Näher zum Anhörungsrecht *Rennert* (Fn. 356), Art. 28 II Rn. 102 f.

[531] Allgemein *Lange*, Kommunalrecht (Fn. 127), S. 42 f. – Konkret hält das Bundesverfassungsgericht ein Mitentscheidungsrecht der Gemeinde bei der Schulnetzplanung für unabdingbar, wenn es durch diese zum Übergang der Trägerschaft von Grund- und Hauptschulen von den Gemeinden auf die Kreise kommt: BVerfGE 138, 1 (31 ff., Rn. 85 ff.).

[532] *Röhl*, Kommunalrecht (Fn. 27), Rn. 42.

Während das Gericht sich zunächst auf dieser Linie bewegte[533], hat es dann in der **Rastede-Entscheidung** ein – nicht unangefochtenes – gestuftes Konzept entworfen, das geradezu ostentativ den Terminus der Verhältnismäßigkeit vermied[534]. Geschützt ist danach ein Kernbereich kommunaler Selbstverwaltung (→ Rn. 115 f.), in dessen Vorfeld das gemeindespezifische **Aufgabenverteilungsprinzip** zum Tragen kommt (→ Rn. 117 ff.). **Mittlerweile** greift das Gericht jedoch **wieder** ganz offen zur grundrechtsanalogen Terminologie (»Schutzbereich«, »Eingriff«) und wendet explizit das **Verhältnismäßigkeitsprinzip** an, in das das Aufgabenverteilungsprinzip ohne Umschweife integriert wird[535] (→ Rn. 118). Die überwiegende Literatur hatte schon seit jeher die Anwendung grundrechtsanaloger Verhältnismäßigkeitsgrundsätze favorisiert und ist dieser Linie bis heute treu geblieben[536]. Ungeachtet von Judikaturschwankungen und differierenden Positionen besteht Konstanz und Konsens allerdings insofern, als die gesetzlichen Eingriffe einen absoluten Kernbereich nicht antasten dürfen (→ Rn. 115 ff.) und in dem davor liegenden Bereich bestimmten einschränkenden Kautelen unterliegen (→ Rn. 117 ff.).

115 Gesetzliche Einschränkungen der gemeindlichen Selbstverwaltungsgarantie müssen den **Kernbereich (bzw. Wesensgehalt) der Selbstverwaltungsgarantie** unangetastet lassen[537]. Diese Grenze ergibt sich nicht aus Art. 19 II GG, weil Art. 28 II GG kein Grundrecht ist (→ Rn. 78)[538]. Freilich ist ein Kernbestand an Aufgaben nicht exakt gegenständlich fixierbar[539]. Untauglich und mittlerweile weitgehend aus der Diskussion verschwunden ist auch die sog. **Subtraktionsmethode** des Bundesverwaltungsgerichts[540]. Vielmehr ist bei der Bestimmung des Kernbereichs namentlich der histori-

---

[533] So etwa BVerfGE 26, 228 (241); 58, 298 (312 f.); 76, 107 (119 f.). Aus der Literatur *Blümel*, Gemeinden (Fn. 328), S. 269 ff. m. w. N.; *Schmidt-Jortzig*, Kommunalrecht (Fn. 370), Rn. 486 f.
[534] BVerfGE 79, 127 (143 ff.). Das Gericht »vermeidet [...] geradezu peinlich genau die Verwendung der Begriffe ›Übermaßverbot‹ oder ›Verhältnismäßigkeit‹« (*F. Schoch*, VerwArch. 81 [1990], 18 [32 f.]); s. auch *T. Clemens*, NVwZ 1990, 834 (835, 840); *Schmidt-Aßmann*, Rastede (Fn. 465), S. 135 f.
[535] Siehe etwa BVerfGE 125, 141 (167 ff., Rn. 91 ff.); 138, 1 (19 ff., Rn. 54 ff.). Rückblickend kann man also konstatieren, Versuche zur Abkehr seien »vereinzelt geblieben und letztlich nicht richtungweisend gewesen« (*Mehde* [Fn. 39], Art. 28 Abs. 2 Rn. 112); das marginalisiert freilich den Paukenschlag des Rastede-Urteils und dessen langen Nachhall doch etwas zu sehr; treffender *Suerbaum*, Wirkmächtigkeit (Fn. 60), S. 94 ff.
[536] Aus der älteren Literatur nur *Stern*, Staatsrecht I, S. 415; kompakt *Suerbaum*, Wirkmächtigkeit (Fn. 60), S. 94 ff. m. w. N. (und dem Hinweis, daß das auch für die Landesverfassungsgerichte gilt). Für »Anlehnung an die etablierten Strukturen der Grundrechtsprüfung« *Mehde* (Fn. 39), Art. 28 Abs. 2 Rn. 112 ff. (insb. 118 ff.; Zitat in Rn. 112).
[537] St. Rspr.: BVerfGE 1, 167 (175); 17, 172 (182); 22, 180 (205); 23, 353 (365). Beide Begriffe werden zuweilen synonym gebraucht, vgl. BVerfGE 79, 127 (143, 146); 125, 141 (167, Rn. 91) m. w. N. Nur von Kernbereich spricht E 107, 1 (12 f., Rn. 46 f.). Darstellung: *Lange*, Kommunalrecht (Fn. 127), S. 35 ff.; knapp *Suerbaum*, Wirkmächtigkeit (Fn. 60), S. 90 f. – Gegen diese sog. Kernbereichslehre wegen mangelnder Abgrenzbarkeit von Kernbereich und Vorfeld NdsStGH DÖV 1996, 657 (657). Zusammenfassend zur Abgrenzungsproblematik *Engels*, Verfassungsgarantie (Fn. 391), S. 44 ff.
[538] BVerfGE 48, 64 (79); 58, 177 (189); *Nierhaus* (Fn. 145), Art. 28 Rn. 40; *C. Brüning*, Jura 2015, 592 (598).
[539] BVerfGE 79, 127 (146); 107, 1 (12, Rn. 46); 138, 1 (21 f., Rn. 59). In der älteren Judikatur klangen teilweise noch gegenständliche Elemente an, vgl. E 1, 167 (178); offengelassen beispielsweise in E 56, 298 (312). Bei dieser Unbestimmtheit setzt die Kritik an (vgl. *Lange*, Kommunalrecht [Fn. 127], S. 36 f. m. w. N.). BVerfGE 138, 1 (21 f., Rn. 59) zählt zum Kernbereich Allzuständigkeit und Hoheitsrechte.
[540] Sie findet sich in BVerwGE 6, 19 (25); 6, 342 (345 f.); dazu *Lange*, Kommunalrecht (Fn. 127), S. 37 f. Wie hier *Brüning*, Kommunalverfassung (Fn. 448), § 64 Rn. 43; *ders.*, Jura 2015, 592 (598); *Stepanek*, Pflichtaufgaben (Fn. 41), S. 131.

II. Art. 28 II GG (Kommunale Selbstverwaltung)   **Art. 28**

schen Entwicklung und den verschiedenen Erscheinungsformen der Selbstverwaltung Rechnung zu tragen[541].

Das Bundesverfassungsgericht zählt zum Kernbereich neben dem **Zugriffsrecht** auf gesetzlich nicht anderweitig zugewiesene Aufgaben (→ Rn. 101 ff.) den Grundsatz, daß **Bestands- und Gebietsänderungen** von Gemeinden nur aus Gründen des öffentlichen Wohls und nach **Anhörung** der betroffenen Gebietskörperschaften zulässig sind (→ Rn. 121)[542]. Außerdem verbieten sich im Kernbereich »Regelungen, die eine eigenständige organisatorische Gestaltungsfähigkeit der Kommunen im Ergebnis ersticken würden«[543]. Sachlich gleich ist mit Blick auf die Gemeindehoheiten (→ Rn. 120 ff.) die Aussage: »Der Kernbereich des Hoheitsrechts ist jedenfalls dann verletzt, wenn es beseitigt wird oder kein hinreichender Spielraum für seine Ausübung mehr übrig bleibt«[544]. Entsprechend muß zum geschützten Kernbereich auch eine **finanzielle Mindestausstattung** gerechnet werden (→ Rn. 146 ff.)[545].   116

Mit dem Kernbereich sind die Gemeinden nur vor besonders massiven Eingriffen und krassen Verletzungen geschützt[546]. In seinem Vorfeld siedelt(e) das Bundesverfassungsgericht daher das **gemeindespezifische materielle Aufgabenverteilungsprinzip** an[547], demzufolge die Gemeinde bei der Erfüllung von Angelegenheiten der örtlichen Gemeinschaft Vorrang genießt. Das gilt zugunsten kreisangehöriger Gemeinden auch gegenüber Kreisen (→ Rn. 164). Nach der solcherart etablierten Regel-Ausnahme-Systematik dürfen Aufgaben mit örtlichem Bezug den Gemeinden nur dann entzogen werden, »wenn anders die ordnungsgemäße Aufgabenerfüllung nicht sicherzustellen wäre«, wobei Verwaltungsvereinfachung oder Zuständigkeitskonzentrationen als Rechtfertigung ausscheiden und Gründe der Wirtschaftlichkeit und Sparsamkeit der öffentlichen Verwaltung den Aufgabenentzug nur in Fällen eines unverhältnismäßi-   117

---

[541] St. Rspr.: BVerfGE 59, 216 (226); 76, 107 (118); 79, 127 (146); 125, 141 (167, Rn. 92); 138, 1 (16 f., Rn. 46 f.); *Stern* (Fn. 14), Art. 28 Rn. 124; *Mehde* (Fn. 39), Art. 28 Abs. 2 Rn. 114. – Betonung der »die Selbstverwaltung traditionell prägenden« Betätigungsfelder für die Bestimmung des Kernbereichs bei R-PVerfGH NVwZ 2000, 801 (804); eher funktionsorientierte Auslegung bei *Rennert* (Fn. 356), Art. 28 II Rn. 90.

[542] BVerfGE 86, 90 (1. und 2. Ls.). Daraus läßt sich aber wohl nicht entnehmen, daß geringfügige Verstöße gegen das Anhörungsgebot bereits eine Verletzung des Kernbereichs darstellen. Vgl. auch E 56, 298 (312 ff.). Sinngleich BVerfGE 125, 141 (168, Rn. 93): »Der Kernbereich des Hoheitsrechts ist jedenfalls dann verletzt, wenn es beseitigt wird oder kein hinreichender Spielraum für seine Ausübung mehr übrig bleibt«. Kritisch zur Vagheit solcher Formeln *Mehde* (Fn. 39), Art. 28 Abs. 2 Rn. 116.

[543] BVerfGE 91, 228 (239); 107, 1 (13, Rn. 47); 138, 1 (21 f., Rn. 59); früh bereits BVerfGE 1, 167 (175). Die entsprechenden Formulierungen gehen, wie von *Lange*, Kommunalrecht (Fn. 127), S. 36 klar gesehen, zurück auf die Judikatur des Weimarer Staatsgerichtshofs: → Rn. 11.

[544] BVerfGE 125, 141 (168, Rn. 93). Siehe auch E 138, 1 (21 f., Rn. 59): gemeindliche Hoheitsrechte zählen zum Kernbereich.

[545] Offengelassen in BVerfGE 26, 172 (181); 71, 25 (37); 83, 363 (386). Vgl. aber E 1, 167 (175); 22, 180 (205), wo das Gericht feststellt, daß der Staat die finanzielle Basis der Gemeinden nicht in einem Umfange schmälern darf, daß dadurch die Gemeinden zur Erfüllung ihrer Aufgaben außerstande gesetzt werden. Für einen Anspruch auf finanzielle Mindestausstattung aus Art. 28 II GG gegenüber den Ländern etwa *H.-G. Henneke*, Der Landkreis 2013, 111 ff.

[546] Deutlich *Lange*, Kommunalrecht (Fn. 127), S. 38: »In Anbetracht der weitgehenden Durchnormierung vieler Lebensbereiche ist das, was danach als unantastbarer Kernbereich gemeindlicher Selbstverwaltung übrig bleibt, eher dürftig.« Skeptisch auch *Mehde* (Fn. 39), Art. 28 Abs. 2 Rn. 113, 116 m. w. N.; *C. Brüning*, Jura 2015, 592 (599): »läuft […] weitgehend leer«.

[547] Grundlegend BVerfGE 79, 127 (153). Aufgreifend und fortführend E 83, 363 (383); 91, 228 (236); 110, 370 (400, Rn. 134); 137, 108 (156 f., Rn. 114). Im gerafften Überblick *C. Brüning*, Jura 2015, 592 (599 f.).

gen Kostenanstiegs rechtfertigen können⁵⁴⁸. Gleiches muß für die dem Aufgabenentzug vergleichbare Aufgabenverlagerung auf einen Zwangsverband gelten (→ Rn. 124). Die gebotene **Abwägung** des aufgabenentziehenden Gesetzgebers wird gerichtlich auf ihre **Vertretbarkeit** und nicht lediglich auf sachfremde Erwägungen hin geprüft; allerdings wird ihm bei der Qualifizierung einer Aufgabe als örtlich oder überörtlich eine gewisse Einschätzungsprärogative mit entsprechendem Typisierungsspielraum und Absicherung durch Rückübertragungsmöglichkeiten zugebilligt⁵⁴⁹.

118 Das Aufgabenverteilungsprinzip konnte (und sollte vermutlich auch) in der Rastede-Entscheidung in gewissem Umfang die Funktion des Verhältnismäßigkeitsprinzips wahrnehmen⁵⁵⁰ und zugleich zum Ausdruck bringen, daß der Aufgabenentzug nicht in individuelle Freiheitssphären eingreift, sondern das staatliche Organisationsgefüge betrifft, wofür die grundrechtlich gedeutete Figur des Verhältnismäßigkeitsprinzips außer Anwendung bleiben sollte⁵⁵¹. Seit längerem aber legt das Gericht seinen kommunalrechtlichen Entscheidungen wieder das **Verhältnismäßigkeitsprinzip** unter Betonung seines Charakters als eines allgemeinen verfassungsrechtlichen Grundsatzes zugrunde. So heißt es etwa: »Auch, wenn der Gesetzgeber abstrakt-generell in die Planungshoheit eingreift, indem er für alle Gemeinden unmittelbar regelnde Vorgaben für die Art und Weise der Ausübung der Planungshoheit – außerhalb eines eventuell geschützten Kernbereichs – setzt [...], ist der allgemeine verfassungsrechtliche Grundsatz der Verhältnismäßigkeit zu beachten und eine Güterabwägung vorzunehmen«.⁵⁵² Offenbar kann man auf die rationalitätsverbürgende Funktion des Verhältnismäßigkeitsprinzips auch im Staatsorganisationsrecht nicht verzichten⁵⁵³.

119 Seit jeher ganz unzweifelhaft in Geltung steht schließlich das allgemeine verfassungsrechtliche **Willkürverbot**, das der Gesetzgeber bei seinen Eingriffen in die Selbstverwaltungsgarantie zu beachten hat⁵⁵⁴ (→ Art. 3 Rn. 20 ff.). Dieses schließt wiederum gewisse Typisierungen und Pauschalierungen nicht aus.

---

⁵⁴⁸ Hierzu BVerfGE 79, 127 (153).
⁵⁴⁹ BVerfGE 79, 127 (154). Das erlegt dem Gesetzgeber eine höhere Argumentationslast auf. Siehe auch *Lange*, Kommunalrecht (Fn. 127), S. 39.
⁵⁵⁰ Siehe etwa *J. Ipsen*, ZG 9 (1994), 194 (205); *Nierhaus* (Fn. 145), Art. 28 Rn. 73; *K. Waechter*, AöR 135 (2010), 327 (356): »Ausformulierung der Verhältnismäßigkeit im Rahmen der Kompetenzordnung«.
⁵⁵¹ Gleichermaßen betont in BVerfGE 81, 310 (338) für das Verhältnis von Bund und Ländern. So auch *Rennert* (Fn. 356), Art. 28 II Rn. 76. – Für die Anwendung des Verhältnismäßigkeitsprinzips dagegen neben den in Fn. 536 Genannten noch *Nierhaus* (Fn. 145), Art. 28 Rn. 73 m. w. N.; *D. Ehlers*, DVBl. 2000, 1301 (1307 ff.). → Vorb. Rn. 145 mit Fn. 716; → Art. 20 (Rechtsstaat), Rn. 188.
⁵⁵² BVerfGE 103, 332 (366 f., Rn. 117). Desgleichen die jüngere und jüngste Judikatur: BVerfGE 125, 141 (167, Rn. 91): »Vielmehr sind dem beschränkenden Zugriff des Gesetzgebers seinerseits Schranken gesetzt. Er unterliegt insbesondere dem Grundsatz der Verhältnismäßigkeit«; es folgt eine schulmäßige Prüfung von legitimem Zweck, Geeignetheit, Erforderlichkeit und Zumutbarkeit der Maßnahme. BVerfGE 138, 1 (19 f., Rn. 55): »Eingriffe in den von Art. 28 Abs. 2 Satz 1 GG geschützten Aufgabenbestand unterliegen den Anforderungen des Verhältnismäßigkeitsgrundsatzes«. Das Aufgabenverteilungsprinzip wird nicht explizit aufgegeben, sondern in die Prüfung integriert.
⁵⁵³ Zu einigen Versuchen im Umfeld der Rastede-Entscheidung, das Verhältnismäßigkeitsprinzip interpretatorisch zu »retten«: → Bd. II², Art. 28 Rn. 129.
⁵⁵⁴ BVerfGE 23, 353 (372 f.); 56, 298 (313 f.); 83, 363 (394 f.). Aus der Literatur nur *Mehde* (Fn. 39), Art. 28 Abs. 2 Rn. 126.

4. Insbesondere: die »Gemeindehoheiten«

Mit den sog. **Gemeindehoheiten** (→ Rn. 121 ff.) werden nicht in abschließender Weise Selbstverwaltungsrechte aufgelistet, sondern lediglich typisierte Ausschnitte aus dem Gesamtumfang kommunaler Selbstverwaltung bezeichnet[555], die man teils den »örtlichen Angelegenheiten«, zumeist aber dem Merkmal der »Eigenverantwortlichkeit« zuordnet[556]. **120**

a) Gebietshoheit

Die Gebietshoheit umschreibt die Befugnis, im Gemeindegebiet Hoheitsgewalt gegen jedermann auszuüben (Territorialitätsprinzip)[557]. Da Art. 28 II GG nicht den Bestand der einzelnen Gemeinde, sondern nur den Bestand der Institution gewährleistet (→ Rn. 78, 91 f.), sind auf gesetzlicher Grundlage beruhende **Bestands- und Gebietsänderungen** möglich, jedoch nur aus Gründen des öffentlichen Wohls und nach Anhörung der Gemeinde zulässig: beides zählt zum Kernbereich der kommunalen Selbstverwaltung[558]. Die meisten Landesverfassungsgerichte (die in aller Regel wegen der Subsidiaritätsklausel in Art. 93 I Nr. 4b GG für die Entscheidung zuständig sind; → Rn. 99) spezifizieren das öffentliche Wohl, indem sie die »Systemgerechtigkeit« der Neugliederung verlangen und ein »Verbesserungsgebot« aufstellen[559]. Bei Korrekturen von Gebietsänderungen (»**Rück-Neugliederung**«) und Mehrfachänderungen ist zudem das Kontinuitätsinteresse der Betroffenen in der Abwägung zu berücksichtigen; in solchen Fällen trifft den Gesetzgeber eine erhöhte Darlegungslast[560]. **121**

Zur Selbstverwaltungsgarantie des Art. 28 II 1 GG, nicht aber zu dessen Kernbereich gehört das Recht zur Führung des einmal bestimmten **Gemeindenamens** (→ Rn. 91)[561]. Eine Änderung durch staatlichen Hoheitsakt ist – z. B. im Rahmen einer Gebietsreform – von daher möglich, allerdings nur nach vorheriger Anhörung und aus Gründen des Gemeinwohls[562]. **122**

---

[555] Nach *Lange*, Kommunalrecht (Fn. 127), S. 20 tragen sie »exemplarischen Charakter«. Siehe auch *Mehde* (Fn. 39), Art. 28 Abs. 2 Rn. 57: Typisierungen, heuristische Zusammenfassung.
[556] Zuordnung zur Eigenverantwortlichkeit etwa bei *Löwer* (Fn. 127), Art. 28 Rn. 69; *Nierhaus* (Fn. 145), Art. 28 Rn. 53; im Überblick *Brüning*, Kommunalverfassung (Fn. 448), § 64 Rn. 29 ff.; *Röhl*, Kommunalrecht (Fn. 27), Rn. 36; *Burgi*, Kommunalrecht (Fn. 372), § 6 Rn. 31; zu örtlichen Angelegenheiten *Jarass/Pieroth*, GG, Art. 28 Rn. 13.
[557] *Stern* (Fn. 14), Art. 28 Rn. 98; *Löwer* (Fn. 127), Art. 28 Rn. 75; *Mehde* (Fn. 39), Art. 28 Abs. 2 Rn. 58. Für Ersetzung des Terminus der Gebietshoheit durch »Verwaltungshoheit« *Lange*, Kommunalrecht, (Fn. 127), S. 21.
[558] St. Rspr.: BVerfGE 50, 50 (50 f.); 50, 195 (202); zusammenfassend und vertiefend E 86, 90 (107 ff.). Wegen des finalen Charakters der Neugliederung überprüft das Gericht die Gesetze nur auf offenkundige Fehler. Ausführlich *Rennert* (Fn. 356), Art. 28 II Rn. 96 ff.
[559] BayVerfGH BayVBl. 1978, 497 (503): »Gesamtkonzept«; Brandenb. VerfG LKV 1995, 37 (37 ff.); S-AVerfG LKV 1995, 75 (76 ff.); Anforderungen an die Anhörung formuliert eingehend SächsVerfGH LKV 1995, 115 (116 ff.); vgl. insges. *Roters* (Fn. 230), Art. 28 Rn. 34. – Besonders weiter gesetzgeberischer Spielraum soll bei der Verlegung des Sitzes einer Verwaltungsgemeinschaft bestehen: BayVerfGH BayVBl. 2003, 462 (464).
[560] BVerfGE 86, 90 (109 ff.); *Löwer* (Fn. 127), Art. 28 Rn. 47; *J. Ipsen*, ZG 9 (1994), 194 (198 ff.).
[561] BVerfGE 50, 195 (201); 59, 216 (225 ff.); *Burgi*, Kommunalrecht (Fn. 372), § 6 Rn. 23, § 5 Rn. 10; *Mehde* (Fn. 39), Art. 28 Abs. 2 Rn. 96. A.A. *Schmidt-Jortzig*, Kommunalrecht (Fn. 370), Rn. 53 Fn. 21.
[562] BVerfGE 59, 216 (227 ff.). Vgl. etwa Art. 2 II BayGO n. F.

b) Organisationshoheit

123 Die Organisationshoheit umschreibt die Befugnis der Gemeinden, Aufbau und Zusammenwirken ihrer Beschluß- und Vollzugsorgane sowie gemeindeinterner räumlicher Untergliederungen, gemeindeeigener Einrichtungen und Betriebe zu regeln[563]. Sie erstreckt sich sowohl auf die eigenverantwortliche Wahrnehmung der örtlichen Angelegenheiten als auch auf die Erfüllung übertragener staatlicher Aufgaben[564]. Grenzen erwachsen hier aus vielfältigen staatlichen Regelungen. Ihnen steht der **Kernbereich** der Organisationshoheit nach der Rechtsprechung des Bundesverfassungsgerichts nur entgegen, wenn sie »eine eigenständige organisatorische Gestaltungsfähigkeit der Kommunen im Ergebnis ersticken würden«[565]. Im Vorfeld dieses Kernbereichs hingegen bedarf der Gesetzgeber im Unterschied zum Aufgabenentzug keiner »spezifischen Rechtfertigung« für organisatorische Vorgaben[566].

124 Die Organisationshoheit ist auf dieser Linie durch die Kommunalverfassungen der Länder gesetzlich weitgehend determiniert; hinzu kommen Vorschriften über die Einrichtung von Rechnungsprüfungsämtern (etwa § 117 NdsGO), die Bestellung von kommunalen **Frauenbeauftragten**[567], die Einrichtung von Ausländerbeiräten (etwa §§ 84 ff. HessGO). Ohnehin ist der verbleibende Gestaltungsspielraum im Bereich der inneren Kommunalverfassung gering. Auch die Neugestaltung der Kommunen nach dem »neuen Steuerungsmodell« (→ Rn. 89) ist nicht unter Berufung auf die Organisationshoheit von den Kommunen allein zu leisten[568].

125 Umfaßt von der Organisationshoheit ist die Wahl zwischen Formen der unmittelbaren und der **mittelbaren Kommunalverwaltung**; mittelbar kann die Kommune durch öffentlich-rechtliche und durch privatrechtlich organisierte Rechtsträger tätig werden[569]. Bei letzteren ist eine Beteiligung Privater möglich, bereitet aber Folgeprobleme

---

[563] *Pagenkopf*, Kommunalrecht (Fn. 401), S. 68 ff.; eingehend *E. Schmidt-Jortzig*, Kommunale Organisationshoheit, 1979, S. 26 ff., 161 ff., 219 ff., 287 ff. (mit vielfältigen Differenzierungen); ferner *U. Schliesky*, Die Verwaltung 38 (2005), 339 (340 ff.); *Mehde* (Fn. 39), Art. 28 Abs. 2 Rn. 65; *Lange*, Kommunalrecht (Fn. 127), S. 28 f. Der Terminus begegnet bereits in BVerfGE 8, 256 (258).

[564] BVerfGE 83, 363 (382); 91, 228 (236, 241); 119, 331 (362, Rn. 146); 137, 108 (159, Rn. 118). Bereits früh *Schmidt-Jortzig*, Organisationshoheit (Fn. 563), S. 187 ff.; *ders.*, Kommunalrecht (Fn. 370), Rn. 554; a.A. *H. Vietmeier*, Die staatlichen Aufgaben der Kommunen und ihrer Organe, 1992, S. 246 f. – Weisungen bei der Fremdverwaltung dürfen sich daher nur auf die Gestaltung des Verwaltungsverfahrens, nicht dagegen auf die interne Organisation der Aufgabenerledigung (Einsatz der personellen und sächlichen Mittel) beziehen.

[565] BVerfGE 91, 228 (239); 137, 108 (158, Rn. 117; hier ohne die Einfügung »im Ergebnis«). BVerfGE 107, 1 (13, Rn. 47) nennt als Beispiel eine Regelungsdichte, nach der die Gemeinden keine Möglichkeit zum eigenverantwortlichen Erlaß einer Hauptsatzung mehr hätten. Siehe dazu *Mehde* (Fn. 39), Art. 28 Abs. 2 Rn. 66.

[566] BVerfGE 91, 228 (228, 240). Dazu kritisch *Suerbaum*, Wirkmächtigkeit (Fn. 60), S. 93 f.

[567] *K. Lange*, Kommunale Frauenbeauftragte, 1993, S. 68 f. verneint insofern bereits einen Eingriff. Die Rechtsprechung hält eine gesetzliche Verpflichtung der Gemeinden und Landkreise zur Bestellung einer Frauenbeauftragten für vereinbar mit der kommunalen Selbstverwaltungsgarantie, soweit es für kleinere Gemeinden eine Ausnahmeregelung gibt, BVerfGE 91, 228 (244) – Grenze: 10.000 Einwohner; NdsStGH DÖV 1996, 657 (657 ff.) – Grenze: 20.000 Einwohner; kritisch zum ganzen *F. Niebaum*, DÖV 1996, 900 (904); zustimmend *I.A. Mayer*, NVwZ 1995, 663 (664); skeptisch *Schmidt-Jortzig*, Erschwerung (Fn. 330), S. 107; *Suerbaum*, Wirkmächtigkeit (Fn. 60), S. 93; abwägend *U. Berlit*, DVBl. 1995, 293 ff.; zur Diskussion auch *v. Mutius*, Kommunalrecht (Fn. 323), Rn. 227 ff. m. w. N.

[568] *v. Mutius*, Steuerungsmodell (Fn. 306), S. 694.

[569] Hierzu *W. Engel*, Grenzen und Formen der mittelbaren Kommunalverwaltung, 1981; *W. Krebs*, HStR³ V, § 108 Rn. 18. Zur kommunalen Wahlfreiheit und möglichen Rechtsformen gemeindlicher

II. Art. 28 II GG (Kommunale Selbstverwaltung) **Art. 28**

(→ Art. 19 III Rn. 73 ff.). Kommunen wählen Formen des Privatrechts vor allem aus Gründen der Wirtschaftlichkeit und Kosteneffizienz. In diesem Zusammenhang verdienen legislative Ansätze Beachtung, durch Schaffung eines **Kommunalunternehmens** als Anstalt des öffentlichen Rechts sowohl flexible als auch der Verantwortungsklarheit dienende Organisationsstrukturen bereitzustellen[570]. Welche Grenzen sich der Organisationshoheit im Fall der Privatisierung sonst noch stellen, muß als noch im Fluß befindliche Frage bezeichnet werden[571]; insofern wird man auf jeden Fall zwischen (formeller) **Organisations-** und (materieller) **Aufgabenprivatisierung** zu unterscheiden haben[572]. Im übrigen werden die Maßstäbe für die rechtliche Beurteilung einer Privatisierungsentscheidung variieren, je nachdem, ob es sich dabei um die Privatisierung einer **freiwilligen Selbstverwaltungsaufgabe** oder aber einer (staatlichen) Pflichtaufgabe handelt[573]. Die hohe Wellen schlagende Entscheidung des Bundesverwaltungsgerichts zum **Offenbacher Weihnachtsmarkt**[574] ist daher hochproblematisch, weil die freiwillige kommunale Leistungsverwaltung schlicht und ergreifend »nicht privatisierungsfest« ist[575]. Hingegen ist die (materielle) Vollprivatisierung einer **Pflichtaufgabe** grundsätzlich unzulässig[576].

Die Ausdehnung kommunaler Wirtschaftstätigkeit sowie die vermehrte Konkurrenz Privater im Bereich der Daseinsfürsorge[577] führen zu **Konflikten zwischen Gemeinden und privaten Wettbewerbern**. Da das Selbstverwaltungsrecht »nicht auf be- **126**

Unternehmen *H.D. Jarass*, NWVBl. 2002, 335 ff.; *J. Hellermann*, Handlungsformen und Instrumentarien wirtschaftlicher Betätigung, in: W. Hoppe/M. Uechtritz (Hrsg.), Handbuch kommunale Unternehmen, 2004, § 7, S. 115 ff.; *Mehde* (Fn. 39), Art. 28 Abs. 2 Rn. 65; wie hier *Lange*, Kommunalrecht (Fn. 127), S. 29. – Insgesamt kritisch zur These von der Wahlfreiheit der Kommunen *D. Ehlers*, DVBl. 1997, 137 (141) m.w.N.

[570] Siehe Art. 89 ff. BayGO; § 94 f. BbgKVerf; § 126a HGO; § 141 NkomVG; § 114a GO NRW; §§ 86a f. GemO RP; § 106a GO SH.

[571] Zusammenfassend zur Privatisierungsdebatte sowie zu den Grenzen funktioneller Privatisierung *T. Lämmerzahl*, Die Beteiligung Privater an der Erledigung öffentlicher Aufgaben, 2007, insb. S. 127 ff., 151 ff; *M. Burgi*, Privatisierung öffentlicher Aufgaben – Gestaltungsmöglichkeiten, Grenzen, Regelungsbedarf, Gutachten D zum 67. DJT, 2008, S. 21 ff. Zu Zulässigkeit, demokratischer Legitimation und Grenzen gebietsüberschreitender wirtschaftlicher Betätigung sog. »exportierender« Gemeinden *F. Brosius-Gersdorf*, AöR 130 (2005), 392 ff.; weitere Nw. → Bd. II², Art. 28 Rn. 135 Fn. 566.

[572] Vgl. *F. Schoch*, DVBl. 1994, 962 ff.; *H. Bauer*, Privatisierung von Verwaltungsaufgaben, VVDStRL 54 (1995), S. 243 ff.; *C. Gröpl*, Möglichkeiten und Grenzen der Privatisierung kommunaler Aufgaben, in: Hoffmann, Selbstverwaltung (Fn. 125), S. 99 ff. (102 ff.). Aus jüngerer Zeit *Lange*, Kommunalrecht (Fn. 127), S. 718; *Stepanek*, Pflichtaufgaben (Fn. 41), S. 31 ff., 33 ff.; ausführlich *H. Schulze-Fielitz*, Grundmodi der Aufgabenwahrnehmung, GVwR² I, § 12 Rn. 91 ff.; kritisch zur Differenzierung anhand der verbreiteten Aufgabenkategorisierung in pflichtige und freiwillige Selbstverwaltungsaufgaben *F. Brosius-Gersdorf*, VerwArch. 98 (2007), 317 (327 f.).

[573] Sofern nach einfachem Recht zulässig, wird einer Privatisierung freiwilliger Selbstverwaltungsaufgaben – hier bezieht sich die Eigenverantwortlichkeit auf das Ob, Wie und Wann (→ Rn. 105) – auch kein verfassungsrechtliches Verbot entgegenstehen (s. *Röhl*, Kommunalrecht [Fn. 27], Rn. 80 m. Fn. 220).

[574] BVerwG NVwZ 2009, 1305 (Offenbacher Weihnachtsmarkt), wonach »aus Art. 28 Abs. 2 Satz 1 GG auch eine Pflicht der Gemeinde zur [...] Sicherung und Wahrung des Aufgabenbestandes [folgt], der zu den Angelegenheiten des örtlichen Wirkungskreises gehört« (ebd., S. 1308). Dagegen etwa *D. Ehlers*, DVBl. 2009, 1456 (1456); *F. Schoch*, DVBl. 2009, 1533 (1535 ff.); *Mehde* (Fn. 39) Art. 28 Abs. 2 Rn. 56; *Lange*, Kommunalrecht (Fn. 127), S. 18 f.

[575] So klar und deutlich *Henneke* (Fn. 241), Art. 28 Rn. 63.

[576] *Lange*, Kommunalrecht (Fn. 127), S. 718; *Stepanek*, Pflichtaufgaben (Fn. 41), S. 34.

[577] Zur defensiven Wirkung der Selbstverwaltungsgarantie gegenüber Aufgabenprivatisierungen durch den Gesetzgeber im Bereich der Daseinsfürsorge *K. Rennert*, JZ 2003, 385 (387 ff.).

stimmte Modalitäten der Erledigung der örtlichen Angelegenheiten beschränkt«[578] ist, kommt Art. 28 II GG grundsätzlich auch wirtschaftlichen Unternehmungen der Gemeinde zugute[579]. Die Selbstverwaltungsgarantie berechtigt jedoch Gemeinden nur zur Marktteilnahme, wenn damit »Sachziele verwirklicht werden, die zugleich auch Angelegenheiten der örtlichen Gemeinschaft sind«[580]. Marktteilnahme ist nur in rein dienender Funktion bei der Erfüllung kommunaler Aufgaben gerechtfertigt, es muß ein öffentlicher Zweck der Wirtschaftstätigkeit gegeben sein[581]. Die Absicht von Gewinnerzielung für die öffentliche Verwendung reicht hierbei nicht aus[582]. Allerdings besteht bezüglich des öffentlichen Zwecks eine gemeindliche Einschätzungsprärogative[583]. »Annextätigkeiten« ohne eigenständigen öffentlichen Zweck sind nach der Rechtsprechung in engen Grenzen möglich[584].

127 In Rechtswissenschaft und -praxis uneinheitlich beurteilt wird das Erfordernis der **Territorialbindung** der Gemeinden hinsichtlich ihrer wirtschaftlichen Betätigung[585]. Ein entsprechender örtlicher Bezug ist jedenfalls gegeben, wenn Produktabsatz oder Leistungserbringung des kommunalen Unternehmens im Gemeindegebiet liegt, aber auch, wenn das Unternehmen Gemeindeangehörige in nennenswertem Umfang beschäftigt[586]. Für bestimmte traditionelle Leistungen der Daseinsvorsorge ist ein hinreichender Territorialbezug heute fraglich[587]. In einigen Bundesländern, etwa Baden-Württemberg, stellt freilich sein Fehlen in bestimmten Domänen, etwa der Versorgung mit Strom und Gas, kein Rechtshindernis (mehr) für die wirtschaftliche Betätigung von Gemeinden dar[588]. Hinsichtlich der gerichtlichen **Geltendmachung etwaiger Verstöße** der Gemeinden durch Private ist fraglich, ob die jeweils verletzten Bestimmungen privaten Marktteilnehmern subjektive Rechte gewähren. Hier gestaltet sich die Rechtslage kompliziert, zumal sie permanenten Änderungen und Schwankungen unterliegt[589].

128 Ausdruck ihrer Organisationshoheit ist auch die Befugnis der Gemeinden, Aufgaben des eigenen oder des übertragenen Wirkungskreises im Zusammenwirken mit anderen Gemeinden wahrzunehmen (»**Kooperationshoheit**«)[590]. Sie ist beispielsweise

---

[578] *H.D. Jarass*, DÖV 2002, 489 (497).
[579] Vgl. BVerfG (K), NVwZ 1999, 520 (521). Siehe allerdings → Rn 98.
[580] *A. Schink*, NVwZ 2002, 129 (133); *Nierhaus* (Fn. 145), Art. 28 Rn. 49.
[581] *Lange*, Kommunalrecht (Fn. 127), S. 852 ff. mit vorzüglicher Analyse; *ders.*, NVwZ 2014, 616 ff.
[582] BVerfGE 61, 82 (106 f.); BVerwGE 39, 329 (334); OVG Münster DVBl. 2008, 919 (Ls. 4).
[583] R-PVerfGH NVwZ 2000, 801 (803); *A. Schink*, NVwZ 2002, 129 (132); *H.D. Jarass*, NWVBl. 2002, 336 (339).
[584] OVG Münster NVwZ 2003, 1520 (1522 f.); s. aber OLG Düsseldorf NVwZ 2002, 248 (250).
[585] Oft gelten spezielle landesgesetzliche Regelungen, die eine überörtliche Betätigung unter bestimmten Voraussetzungen erlauben: z.B. § 102 VII GemO BW; § 121 V HGO; § 107 III 1 GO NW (jeweils abstellend auf die »berechtigten Interessen« betroffener Gemeinden). – Aus der jüngeren Diskussion einerseits *T. Dünchheim/F.-J. Schöne*, DVBl. 2009, 146 (151 ff.), andererseits *H.-J. Reck*, DVBl. 2009, 1546 (1550 f.).
[586] *H.D. Jarass*, DÖV 2002, 489 (498). Auf den Ort der eigentlichen »Wertschöpfung« stellt ab *J. Kühling*, NJW 2001, 177 (178).
[587] BVerfG (K), NVwZ 1999, 520 zu Telekommunikationslinien; HessVGH RdE 93, 143 (144) zur Wasserversorgung. Siehe *Nierhaus* (Fn. 145), Art. 28 Rn. 51.
[588] § 102 VII 2 GO BW; auch § 107a III 1 GO NW und § 71 V 2 ThürKO.
[589] *Lange*, Kommunalrecht (Fn. 127), S. 875 ff. m. w. N.; *M. Schmidt-Leithoff*, Gemeindewirtschaft im Wettbewerb, 2011, S. 250 ff. – Hinweise zur älteren Diskussion: → Bd. II², Art. 28 Rn. 137 m. Fn. 579 ff.
[590] BVerfGE 119, 331 (362, Rn. 146); 138,1 (17 f., Rn. 49). Grundlegend *E. Schmidt-Jortzig*, Kooperationshoheit der Gemeinden und Gemeindeverbände bei Erfüllung ihrer Aufgaben, in: FG v. Unruh,

II. Art. 28 II GG (Kommunale Selbstverwaltung) — Art. 28

durch Zweckverbandsgesetze und durch Gesetze über die kommunale Zusammenarbeit ausgestaltet[591], aus denen sich freilich auch einzelne Kooperationsverbote ergeben können[592]. Eine gesetzlich verordnete Kooperation durch **Zwangsverbandsbildung** greift in die Organisationshoheit ein; sie bedarf einer rechtzeitigen Anhörung der betroffenen Gemeinden (z.B. Art. 17 II, 29 II BayKommZG) und ist nur zulässig, wenn sie aus Gemeinwohlgründen dringend geboten ist und dieser Zweck durch freiwillige gemeindliche Zusammenarbeit nicht erreicht werden kann[593]. Ferner ist sie beschränkt auf den Bereich der Pflichtaufgaben[594]. Der Kooperationshoheit drohten zeitweise Gefahren durch eine Judikatur, die die Gründung interkommunaler Unternehmen dem Vergaberecht unterwarf[595]; hier hat sich die Lage aufgrund eines wohl über den im konkreten Fall hinauswirkenden EuGH-Urteils entspannt[596]. Auch kann im Einzelfall ein Unterschreiten des von Verfassung wegen geforderten Mindestlegitimationsniveaus im Rahmen einer konkreten Kooperationseinrichtung zur verfassungsrechtlichen Unzulässigkeit kommunalrechtlicher Kooperation führen, welche auch nicht mit Effektivitäts- oder Kostengesichtspunkten zu rechtfertigen ist[597].

c) Personalhoheit

Die Personalhoheit umfaßt im geschützten Kernbereich die **Dienstherrnfähigkeit** sowie das Recht zur **Auswahl** der Gemeindebediensteten, ferner die Entscheidung über die Schaffung von Stellen sowie über ihre haupt- oder ehrenamtliche Besetzung[598]. Allerdings spannen Verfassungs- und Gesetzesrecht (Art. 33 GG, Bundes- und Landesbeamtengesetze, Kommunalordnungen, Laufbahnvorschriften, Besoldungs- und Personalvertretungsrecht etc.) ein engmaschiges Netz, das den Kommunen kaum Ge-

129

1983, S. 525 ff.; eingehend zur negativen wie positiven Kooperationshoheit *J. Suerbaum*, Verfassungsrechtliche Grundlagen kommunaler Kooperation, in: J. Oebbecke u. a. (Hrsg.), Zwischen kommunaler Kooperation und Verwaltungsreform, 2006, S. 49 ff.; s. noch *Stepanek*, Pflichtaufgaben (Fn. 41), S. 37 ff.; knapp *Burgi*, Kommunalrecht (Fn. 372), § 6 Rn. 33; *Henneke* (Fn. 241), Art. 28 Rn. 104.

[591] Ausführlich zur Rechtslage in den einzelnen Bundesländern *Gern*, Kommunalrecht (Fn. 333), Rn. 918 ff. – Zur grenzüberschreitenden kommunalen Zusammenarbeit nach dem 1997 in Kraft getretenen Karlsruher Abkommen *G. Schrenk*, Die Verwaltung 31 (1998), 559 ff.

[592] Vgl. *H. Heberlein*, BayVBl. 1990, 268 ff.; *H.-U. Erichsen*, Verfassungs- und verwaltungsrechtliche Möglichkeiten und Grenzen der Einbeziehung anderer Träger öffentlicher Verwaltung in die Erfüllung von Verwaltungsaufgaben, in: A. v. Mutius/E. Schmidt-Jortzig (Hrsg.), Probleme mehrstufiger Erfüllung von Verwaltungsaufgaben auf kommunaler Ebene, 1982, S. 3 ff. (13 ff.).

[593] VerfGH NW DVBl. 1979, 668 (668 f.) m. Anm. *G. Püttner* (670) zum verordnungsweisen Zusammenschluß mehrerer Kommunen zu sog. Gebietsrechenzentren (»Computer-Regionen«). Zu den Voraussetzungen und zur Typisierungsbefugnis des Gesetzgebers BVerfGE 107, 1 (11 ff., Rn. 43 ff.).

[594] *Schmidt-Jortzig*, Kommunalrecht (Fn. 370), Rn. 395; *Löwer* (Fn. 127), Art. 28 Rn. 82. Diese Einschränkung findet sich nicht in allen Landesgesetzen (bedenklich daher § 22 I GKommGemNW; §§ 15 I 2, 21 III NdsZweckverbandsG; vgl. dagegen Art. 17 I, 29 I BayKommZG).

[595] So EuGH NZBau 2005, 111 sowie OLG Düsseldorf NZBau 2004, 398; OLG Frankfurt/M. NZ-Bau 2004, 692. Dagegen seinerzeit kritisch und m. w. N. *U. Schliesky*, Die Verwaltung 38 (2005), 339 (353 ff.).

[596] EuGH Rs. C-480/06, Slg. 2009 I-04747 – Hamburger Stadtreinigung; dazu *W. Veldboer/C. Eckert*, DÖV 2009, 859 ff.; *S. Wagner*, EWS 2009, 326 ff.

[597] *Suerbaum*, Grundlagen (Fn. 590), S. 69 f.; *Mehde* (Fn. 39) Art. 28 Abs. 2 Rn. 73.

[598] Siehe nur BVerfGE 119, 331 (362, Rn. 146). Aus der Literatur *H. Lecheler*, Die Personalhoheit der Gemeinden, in: FG v. Unruh, 1983, S. 541 ff.; *H.A. Wolff*, VerwArch. 100 (2009), 280 (281 ff.); s. auch *Röhl*, Kommunalrecht (Fn. 27), Rn. 38; *Löwer* (Fn. 127), Art. 28 Rn. 76 ff.; *Gern*, Kommunalrecht (Fn. 333), Rn. 175 f.; *Mehde* (Fn. 39) Art. 28 Abs. 2 Rn. 90.

staltungsmöglichkeiten läßt[599]. Zulässig ist es z.B., die Auswahlbefugnis der Gemeinden bei der Einstellung von **Frauenbeauftragten** auf weibliche Bewerber zu beschränken[600].

d) Planungshoheit

130 Als Methode der Aufgabenerledigung, die der jeweiligen Sachkompetenz folgt, bezeichnet Planungshoheit die Befugnis der Gemeinden, bei der Erledigung ihrer Angelegenheiten »aufgrund von Analyse und Prognose erkennbarer Entwicklungen ein Konzept zu erarbeiten, das den einzelnen Verwaltungsvorgängen Rahmen und Ziel weist«[601]. Dazu zählen Geschäftsverteilungsregelungen ebenso wie Infrastrukturpläne. Der Schwerpunkt liegt freilich im Bereich der **Raumplanung (Bauleitplanung)** und der **Bodennutzung**[602]. Anders als die Flächennutzungsplanung gehört die grundsätzliche Zuständigkeit für die örtliche Bauleitplanung zum Kernbereich gemeindlicher Aufgaben[603]. Vorgaben für die Bauleitplanung (und Handlungsspielräume für gemeindliche Umweltpolitik) ergeben sich neben dem BauGB aus dem Immissionsschutzrecht[604], dem Bodenschutz- und dem Gewässerschutzrecht, dem Recht des Naturschutzes und der Landschaftspflege sowie dem Abfallrecht[605]. Der verfahrensmäßigen Absicherung des gemeindlichen Planungswillens dient etwa das Erfordernis des Einvernehmens nach § 36 I BauGB, das allerdings nun durch eine – in den Einzelheiten der Durchführung unklare – bundesgesetzlich angeordnete staatsaufsichtliche Ersetzungsbefugnis (§ 36 II 3 BauGB) relativiert wird[606].

131 Das interkommunale Abwägungs- und Abstimmungsgebot (§ 2 II BauGB) ist Ausformung der gemeindlichen Planungshoheit; diese schließt das **Recht** ein, sich **gegen Planungen anderer Kommunen** zur Wehr zu setzen, die die eigene Planungshoheit verletzen[607]. Gemeindliche Belange sind ferner mit überörtlichen Bedürfnissen im

---

[599] Übersicht bei *J. Hintzen*, Das kommunale Dienstrecht, in: HKWP III, § 54, S. 217ff.

[600] BVerfGE 91, 228 (245); NdsStGH DÖV 1996, 657 (659). → Rn. 124; → Art. 33 Rn. 96. Aus der Literatur nur *Mehde* (Fn. 39) Art. 28 Abs. 2 Rn. 71, 91. Die Auswahlbefugnis wird ferner zulässigerweise eingeschränkt durch allgemeine Einstellungspflichten beispielsweise für Schwerbehinderte, Spätheimkehrer, Wiedergutmachungsberechtigte sowie durch Personal-Aufnahmepflichten im Rahmen kommunaler Neugliederungsmaßnahmen.

[601] *Röhl*, Kommunalrecht (Fn. 27), Rn. 37.

[602] Hierunter fallen noch einzelne Bereiche des Straßen- bzw. Straßenverkehrsrechts, sofern man sie zum Planungsrecht zählt: In der Diskussion etwa die Entscheidung über die Ausweisung von Anwohnerparkzonen gem. § 45 Ib S. 1 Nr. 2a StVO; ferner Zuständigkeiten für die Landschaftsplanung gem. BNatSchG.

[603] In diese Richtung BVerfGE 56, 298 (312 f., 317 f.). Ausführlich *B. Widera*, Zur verfassungsrechtlichen Gewährleistung gemeindlicher Planungshoheit, 1985, S. 76 ff.; kompakt *Nierhaus* (Fn. 145), Art. 28 Rn. 56 m.w.N.; vgl. zur Kernbereichsfrage auch *U. Battis*, in: ders./M. Krautzberger/R.-P. Löhr, BauGB, 12. Aufl. 2014, § 2 Rn. 20 f.

[604] Das Immissionsschutzrecht läßt sich gerade durch bauplanungs- und bauordnungsrechtliche Instrumente verwirklichen: dazu *I. Kraft*, Immissionsschutz und Bauleitplanung, 1988, S. 59 ff. Nach BVerwGE 84, 236 (239 ff.) haben die Gemeinden die Befugnis zum vorbeugenden Immissionsschutz über den vom BImSchG vorgegebenen Mindeststandard hinaus; sie sind dabei nicht an die Mittel der Bauleitplanung gebunden (hier konkret: Wirtschaftsförderung; → Rn. 28).

[605] Hierzu *T. Bunge*, Bauleitplanung, in: G. Lübbe-Wolff/B. Wegener (Hrsg.), Umweltschutz durch kommunales Satzungsrecht, 3. Aufl. 2002, Rn. 1ff. – Zur Klagebefugnis gegen Naturschutzverordnungen BVerwGE 114, 301 (303 ff.).

[606] Trotz empfindlicher Schwächung der Planungshoheit verfassungsrechtlich unbedenklich (*H.-D. Horn*, NVwZ 2002, 406 ff.).

[607] BVerwGE 84, 209 (214 ff.); 117, 25 (31 ff.); 119, 25 (35). Siehe nur *Mehde* (Fn. 39), Art. 28

II. Art. 28 II GG (Kommunale Selbstverwaltung)   **Art. 28**

Bereich der Raumordnung und Landesplanung in Ausgleich zu bringen⁶⁰⁸. Durch **Mitwirkungsbefugnisse** in den einschlägigen Verfahren (Gegenstromprinzip, § 1 III ROG) können Einschränkungen grundsätzlich kompensiert werden⁶⁰⁹. Eine Abwehr ist möglich, wenn es zur Kollision mit einem hinreichend konkretisierten gemeindlichen Planungswillen kommt oder wesentliche Teile des Gemeindegebiets der kommunalen Planung ganz entzogen werden (→ Rn. 96, 100)⁶¹⁰.

e) Finanzhoheit

Die finanzielle Eigenverantwortung als wesentlichen Bestandteil kommunaler Selbstverwaltung bringt der Text des Art. 28 II GG mittlerweile klar zum Ausdruck (→ Rn. 21 f.)⁶¹¹; sie ist zudem Gegenstand der besonderen Garantie des Art. 28 II 3 GG (→ Rn. 142 ff.) und durch diese »konstitutiv verstärkt worden«⁶¹². In allgemeiner Weise bezeichnet **Finanzhoheit** die »Befugnis zu einer eigenverantwortlichen Einnahmen- und Ausgabenwirtschaft im Rahmen eines gesetzlich geordneten Haushaltswesens«⁶¹³ und umfaßt **Einnahmenhoheit** wie **Ausgabenhoheit**⁶¹⁴. Durch den Entzug einzelner Einnahmen ist sie nicht berührt⁶¹⁵. Zu ihr zählt auch das Recht, bei der Gestaltung von Gebühren oder finanziellen Fördermaßnahmen Gemeindebürger zu bevorzugen⁶¹⁶. Ob Art. 28 II GG außerdem eine finanzielle Mindestausstattung der Gemeinden vorsieht, hat das Bundesverfassungsgericht bislang offen gelassen⁶¹⁷. Gefährdungen der

132

Abs. 2 Rn. 61. – Typische Beispiele für abstimmungsbedürftige Vorhaben sind Mülldeponien (vgl. VerfGH NW DVBl. 1992, 710 [711 ff.]) sowie sog. Factory-Outlet-Center: vgl. den durch drei Instanzen geführten Rechtsstreit: VG Neustadt a. d. W. NVwZ 1999, 101; OVG Koblenz BauR 2002, 577; BVerwGE 117, 25.

⁶⁰⁸ *E. Schmidt-Aßmann*, Grundfragen des Städtebaurechts, 1972, S. 153 f.; *Hennecke* (Fn. 241), Art. 28 Rn. 113; *Mehde* (Fn. 39), Art. 28 Abs. 2 Rn. 60. – Unter dem nämlichen Aspekt (der Betroffenheit einer Gemeinde durch Vorhaben anderer Planungsträger) hat die Rechtsprechung mitunter Beeinträchtigungen kommunaler Einrichtungen als Eingriff in die gemeindliche Planungshoheit bezeichnet, z. B. BVerwGE 81, 95 (106); kritisch zu dieser Einordnung *Lange*, Kommunalrecht (Fn. 127), S. 26 m. w. N.

⁶⁰⁹ Zu den Anforderungen *M. Kilian/E. Müllers*, VerwArch. 89 (1998), 25 (56 ff.); *Löwer* (Fn. 127), Art. 28 Rn. 58; *G. Bartram*, Die Ziele der Raumordnung, 2012, S. 245 m. w. N.

⁶¹⁰ BVerwGE 40, 323 (325 ff.); 81, 95 (106 ff.); 84, 209 (214 f.); 90, 96 (100); 100, 388 (394); BVerwG DÖV 1985, 113 (113 f.) – Fachplanung nach § 36 BauGB; BVerwG DVBl. 2003, 211 (212 f.) – Fachplanung nach § 17 FStrG. Zu den Grenzen des Anspruchs OVG R-P DÖV 1993, 209 (210 f.); lt. VGH BW DÖV 1999, 833 f. soll etwa die Gesundheit der Gemeindebürger im Rahmen einer Anlagengenehmigung keine wehrfähige Position der gemeindlichen Planungshoheit sein.

⁶¹¹ Zur Finanzhoheit als Bestandteil der Selbstverwaltungsgarantie nach Art. 28 II GG a. F. vgl. BVerfGE 52, 95 (117); 71, 25 (36); *J. E. Rosenschon*, Gemeindefinanzsystem und Selbstverwaltungsgarantie, 1980, S. 10 ff.; *J. Hofmann-Hoeppel*, Die (finanz-)verfassungsrechtliche Problematik des BSHG-Vollzugs durch kommunale Gebietskörperschaften, 1992, S. 118 ff., 130 ff. Für die Finanzhoheit als Ausgangspunkt für Amtshaftungsansprüche von Gemeinden bei Fehlern der Finanzämter *A. v. Komorowski*, DÖV 2002, 67 ff.

⁶¹² BVerfGE 125, 141 (159, Rn. 65).

⁶¹³ BVerfGE 26, 228 (244); 71, 26 (26), vgl. auch E 125,141 (159, Rn. 67). Dem läuft die st. Rspr. der Landesverfassungsgerichte parallel: *Mehde* (Fn. 39) Art. 28 Abs. 2 Rn. 76 mit Nachweisen. Aus der Literatur des weiteren nur *Lange*, Kommunalrecht (Fn. 127), S. 29 f.

⁶¹⁴ *Mehde* (Fn. 39) Art. 28 Abs. 2 Rn. 76.

⁶¹⁵ BVerfG (K), NVwZ 1999, 520 (521); dazu *C. Koenig/T. Siewer*, NVwZ 2000, 609 ff.

⁶¹⁶ BVerwGE 104, 60 (65 ff.) für einen Zuschuß zu den Gebühren der gemeindlichen Musikschule; vgl. *A. Gern*, VBlBW 1996, 201 (202).

⁶¹⁷ BVerfGE 119, 331 (361, Rn. 142); dafür aber *Lange*, Kommunalrecht (Fn. 127), S. 30 m. w. N.; siehe noch *Nierhaus* (Fn. 145), Art. 28 Rn. 84.

Finanzhoheit ergeben sich vor allem aus der Finanzkrise der Gemeinden (→ Rn. 88, 146 ff.). Die unter dem Schlagwort der »**Hebesatzhoheit**« erörterte Frage, ob der Steuergesetzgeber die Kommunen zu einem Mindesthebesatz zwingen darf, um einen ruinösen Steuerwettbewerb der Gemeinden sowie lediglich steuerrechtlich bedingte Standortverlagerungen zu vermeiden, ist mit Blick auf Art. 106 VI 2 GG (»im Rahmen der Gesetze«) und dem legitimerweise verfolgten Zweck der Streuung von Niederlassungen Gewerbetreibender zu bejahen, wenn das Verhältnismäßigkeitsprinzip gewahrt ist[618].

f) Satzungshoheit

133 Vorzüglicher Ausweis des Selbstverwaltungscharakters und Mittel der Selbstorganisation (z. B. Hauptsatzung), der Eingriffs- und Leistungsverwaltung (z. B. Abgabensatzung, Friedhofsatzung) sowie der Planung (z. B. Haushaltsplan, Bebauungsplan) ist das Recht zum Erlaß von Satzungen[619]. Dagegen ist der einer gesetzlichen Ermächtigung bedürftige Erlaß von Rechtsverordnungen nicht von der Selbstverwaltungsgarantie erfaßt, sondern betrifft den Fremdverwaltungsbereich. Inwieweit die Satzungshoheit zum **Kernbereich** der Selbstverwaltung gehört, hat das Bundesverfassungsgericht ausdrücklich offengelassen[620]. Satzungen genießen nicht den gleichen Rang wie Bundes- oder Landesgesetze[621]; sie können zwar in funktionaler Hinsicht der Gesetzgebung gleichkommen, wenn ihr Inhalt generell-abstrakte Regelungen bildet (Abgabensatzungen), müssen dies aber nicht (Bebauungsplan).

134 Einigkeit herrscht darüber, daß der **Vorrang des Gesetzes** auch für Satzungen gilt[622] (→ Art. 20 [Rechtsstaat], Rn. 93). Für den **Vorbehalt des Gesetzes** ist zu differenzieren. Einerseits ist Art. 80 I GG mit seinen strengen Anforderungen auf Satzungen weder direkt noch analog anwendbar (→ Art. 80 Rn. 17). Andererseits reichen die allgemeinen Satzungsklauseln in den Gemeindeordnungen als Rechtsgrundlage nicht aus, wenn die konkreten Satzungen in Freiheit und Eigentum der Bürger eingreifen (z. B. Abgabensatzungen, strafbewehrte Satzungen): für diesen **klassischen Vorbehaltsbereich** bedarf es nach h. M. einer speziellen gesetzlichen Ermächtigung[623]. Dies wurde gelegentlich unter Berufung auf eine vermeintlich fehlende Prärogative des Gesetzgebers sowie die nicht weniger problematische gleiche demokratische Legitimation von

---

[618] BVerfGE 125, 141 (162 ff., Rn. 73 ff.; 167 ff., Rn. 90 ff.); dazu *P. Selmer*, JuS 2010, 755 (756); *Hellermann* (Fn. 231), Art. 28 Rn. 55 ff.

[619] *Burgi*, Kommunalrecht (Fn. 372), § 15 Rn. 1 ff.; *F. Ossenbühl*, HStR³ V, § 105 Rn. 6; *Lange*, Kommunalrecht (Fn. 127), S. 24 f. Zu den einzelnen Satzungen *D. Hegele*, Satzungsrechtliche Gestaltungsfreiheit der Gemeinden, in: Hoffmann, Selbstverwaltung (Fn. 125), S. 122 ff. (129 ff.); zur verwaltungsgerichtlichen Kontrolle kommunaler Satzunggebung *J. Oebbecke*, NVwZ 2003, 1313 ff.; *A. Funke/A. Papp*, JuS 2010, 395 ff.

[620] BVerfG (Vorprüfungsausschuß), DVBl. 1982, 27 (28); für eine solche Zuordnung *J. Ipsen*, JZ 1990, 789 (790) m. w. N.

[621] So aber *Schmidt-Eichstaedt*, Bundesgesetze (Fn. 520), S. 202 ff.; ähnlich *B. Hoppe/R. Kleindiek*, VR 1992, 82 (83); wie hier *J. Ipsen*, JZ 1990, 789 (791) m. w. N.

[622] *Stern* (Fn. 14), Art. 28 Rn. 108; *F. Ossenbühl*, HStR³ V, § 105 Rn. 28; *Röhl*, Kommunalrecht (Fn. 27), Rn. 140.

[623] BVerwGE 90, 359 (362 f.); 125, 68 (70 f.); 148, 133 (142 ff.); *Stern* (Fn. 14), Art. 28 Rn. 109; *H.-J. Friehe*, JuS 1979, 465 (470); *H. Bethge*, NVwZ 1983, 577 (579); *Mehde* (Fn. 39), Art. 28 Abs. 2 Rn. 12, 64; *Lange*, Kommunalrecht (Fn. 127), S. 25. Kritisch *H. Maurer*, DÖV 1993, 184 (188 f.). → Art. 1 III Rn. 59; → Art. 20 (Rechtsstaat), Rn. 105 ff.

Parlament und Gemeinderat (→ Rn. 61) in Frage gestellt[624]. Richtig daran ist, daß der Satzungsbereich wegen der spezifischen demokratischen Eigenlegitimation der Kommunen nicht in vollem Umfang von der Ausdehnung des Parlamentsvorbehalts erfaßt wird, so daß letztlich von einer »kommunalspezifische(n) Fassung der Gesetzesvorbehaltslehre« gesprochen werden kann[625].

Gemeinden können zum Satzungserlaß verpflichtet sein (z. B. Hauptsatzung); auch Anzeigepflichten und (punktuelle, nicht flächendeckende) Genehmigungsvorbehalte sind zulässig[626]. Eine allgemeine **Normverwerfungsbefugnis** übergeordneter Verwaltungsbehörden in bezug auf kommunale Satzungen steht diesen nicht zu[627]. 135

g) Ausgewählte Problembereiche gemeindlicher Tätigkeit

aa) Verteidigungs- und Außenpolitik

Art. 28 II GG gewährt »nur ein kommunalpolitisches, kein allgemeines politisches Mandat«[628]. Die **Verteidigungspolitik** ist demnach grundsätzlich keine Gemeindeangelegenheit. Bei der Erklärung des Gemeindegebiets zur **atomwaffenfreien Zone** verlangt das Bundesverwaltungsgericht daher, daß entsprechende Ratsbeschlüsse einen spezifischen örtlichen Bezug aufweisen, sich also nur auf eine Stationierung im Gemeindegebiet oder auf Unterstützungshandlungen von seiten der Gemeinde beziehen dürfen[629]. Auch »Vorsorgebeschlüsse« ohne konkreten Anlaß sollen dann zulässig sein[630]. Weniger umstrittene Erscheinungsformen sog. kommunaler **Außenpolitik** sind beispielsweise Städtepartnerschaften, die Betreuung von Projekten in Entwicklungsländern oder die Unterzeichnung internationaler Deklarationen[631]. Die Rechtsprechung bejaht einen Bezug zur örtlichen Gemeinschaft, wenn in der Maßnahme gleichzeitig das Engagement von Gemeindebürgern zum Ausdruck kommt[632]. Außerdem gewährleistet Art. 28 II GG den Gemeinden das Recht zur Eingehung interkommunaler Partnerschaften[633], wobei sie zwar nicht zur Homogenität mit staatlicher 136

---

[624] *S. Engel-Boland*, Gemeindliches Satzungsrecht und Gesetzesvorbehalt, 1999, S. 81 f., 98; Ablehnung des Vorbehalts des Gesetzes für die Rechtssetzungsbefugnis der Gemeinden auch bei *J.-P. Bussalb*, Gilt der Vorbehalt des Gesetzes auch für die Rechtsetzungsbefugnis der Gemeinden?, 2002, S. 196.

[625] So *Röhl*, Kommunalrecht (Fn. 27), Rn. 134.

[626] Vgl. *J. Ipsen*, JZ 1990, 789 (792); *P.-P. Humbert*, DVBl. 1990, 804 ff.; *M. Weber*, BayVBl. 1998, 327 (331 ff.) – alle m. w. N.

[627] Dazu BVerwGE 75, 142 (143 ff.); *J. Pietzcker*, DVBl. 1986, 806 ff.; *M. Hederich*, NdsVBl. 1997, 269 (270 ff.). → Art. 20 (Rechtsstaat), Rn. 98 f.

[628] So die Formel in BVerwGE 87, 228 (231).

[629] BVerwGE 87, 228 (230 ff.); 87, 237 (238 ff.); BayVGH NVwZ-RR 1990, 211 (213); kritisch zur Begründung, aber im Ergebnis zustimmend *Löwer* (Fn. 127), Art. 28 Rn. 39. Siehe noch *F. Schoch*, JuS 1991, 728 ff.; *W. Bausback/C. Poplutz*, JA 2004, 897 ff.; *Röhl*, Kommunalrecht (Fn. 27), Rn. 33; *Mehde* (Fn. 39), Art. 28 Abs. 2 Rn. 54; *Lange*, Kommunalrecht (Fn. 127), S. 13.

[630] BVerwGE 87, 228 (233 ff.); a.A. BayVGH BayVBl. 1989, 14 (15 f.). Andere Untergerichte wollten den Gemeinden ein Befassungsrecht gänzlich absprechen: VG Würzburg BayVBl. 1986, 50 (51).

[631] Hierzu *D. Blumenwitz*, Kommunale Außenpolitik, in: FG v. Unruh, 1983, S. 747 ff.; *H. Heberlein*, Kommunale Außenpolitik als Rechtsproblem, 1988; *ders.*, Die Verwaltung 26 (1993), 211 (211 f.); *E. Schmidt-Jortzig*, DÖV 1989, 142 ff.; *M. v. Schwanenflügel*, Entwicklungszusammenarbeit als Aufgabe der Gemeinden und Kreise, 1993; *ders.*, DVBl. 1996, 491 ff.; *Mehde* (Fn. 39) Art. 28 Abs. 2 Rn. 74; kritisch zum »Befassungsrecht« *Gern*, Kommunalrecht (Fn. 333), Rn. 67.

[632] BVerfGE 11, 266 (275 f.); BVerwGE 87, 237 (238); *E. Schmidt-Jortzig*, DÖV 1989, 142 (148 f.).

[633] BVerwGE 87, 237 (238 ff.) – Städtesolidarität zur Abschaffung von Atomwaffen; *H. Heberlein*, BayVBl. 1992, 417 (419 ff.).

Außenpolitik, aber zur Rücksichtnahme verpflichtet sind[634]. Das umstrittene allgemeinpolitische **Äußerungsrecht der Gemeinderäte** stellt eine Facette der Diskussion um ihren Parlamentscharakter (→ Rn. 67) dar[635]. Ebenfalls mit politischen Anliegen konnotiert sind Regelungen in gemeindlichen **Friedhofsatzungen**, welche Steinmetzen zur Bekämpfung von Kinderarbeit hinsichtlich ihres verwendeten Materials Nachweispflichten auferlegen[636], was von der Judikatur überwiegend für unzulässig gehalten wurde[637].

bb) Energieversorgung

137   Die Energieversorgung wurde als typische Aufgabe der Daseinsvorsorge[638] seit der zweiten Hälfte des 19. Jahrhunderts zunächst von den Städten übernommen, um im weiteren Verlauf vielfach auf überregionale Versorgungsunternehmen überzugehen; mittlerweile wird sie wieder verstärkt von den Gemeinden beansprucht[639]. Als problematisch erweisen sich hier die **Abgrenzung** der kommunalen **von der privatwirtschaftlichen Energieversorgung** sowie die Berechtigung der sog. Konzessionsverträge[640]. Parallel gelagert ist die Frage der Versorgung mit Wasser, das teils als normales Wirtschaftsgut, teils als natürliche Lebensgrundlage angesprochen wird und im zweiten Fall als originärer Gegenstand der kommunalen Daseinsvorsorge gilt[641].

---

[634] *Löwer* (Fn. 127), Art. 28 Rn. 41. Abwägend zur Homogenitätspflicht auch *C. Tomuschat*, Der Verfassungsstaat im Geflecht der internationalen Beziehungen, VVDStRL 36 (1978), S. 7 ff. (24 f.). Zur Rücksichtnahmepflicht: *K. Meßerschmidt*, Die Verwaltung 23 (1990), 425 (446 f.); *H. Heberlein*, BayVBl. 1992, 417 (421). Zur Einschränkung des Art. 28 II durch Art. 32 GG *M. Dauster*, NJW 1990, 1084 (1085 f.). → Art. 32 Rn. 30 f.

[635] Zu diesem Zusammenhang *A. v. Komorowski*, Der Staat 37 (1998), 122 (133 f.), der (143 ff.) mit beachtlichen Argumenten für ein allgemeines Äußerungsrecht der kommunalen Volksvertretungen plädiert.

[636] Komprimiert m.w.N *Mehde* (Fn. 39) Art. 28 Abs. 2 Rn. 54. Es geht zumeist um städtische Friedhofsatzungen, denen zufolge nur Grabmale aufgestellt werden dürfen, die nachweislich in der gesamten Wertschöpfungskette ohne ausbeuterische Kinderarbeit im Sinne der ILO-Konvention 182 hergestellt wurden.

[637] OVG Koblenz NVwZ-RR 2009, 394 ff.; BayVGH BayVBl. 2009, 367 (368 f.); BVerwG LKV 2010, 509 f. – In der Entscheidung des BayVGH aus dem Jahre 2009, eine entsprechende Friedhofsatzung für rechtswidrig zu erklären, hat der BayVerfGH (NVwZ-RR 2012, 50 ff.) wiederum eine Verletzung der kommunalen Selbstverwaltung erblickt und die Sache an den VGH zurückverwiesen. Dessen nunmehr ablehnende Entscheidung hat das Bundesverwaltungsgericht aufgehoben, weil die in den kommunalen Satzungen enthaltenen Verwendungsverbote gegen die rechtsstaatlichen Gebote der Klarheit und Bestimmtheit von Normen sowie in Ermangelung einer gesetzlichen Ermächtigungsgrundlage und wegen Unvereinbarkeit mit dem Übermaßverbot gegen die Berufsfreiheit verstießen (BVerwGE 148, 133 [140 ff.]).

[638] BVerfG (K), JZ 1990, 335 (335); BVerwGE 98, 273 (275); *W. Rüfner*, HStR³ IV, § 96 Rn. 7; *Roters* (Fn. 230), Art. 28 Rn. 42c; kritisch *Schmidt-Aßmann*, Kommunen (Fn. 466), S. 253; *J. Wieland/J. Hellermann*, DVBl. 1996, 401 (406); für überholt hält die Daseinsvorsorge als Rechtfertigung einer Betätigung der Kommunen im Energiesektor *J. H. Klement*, Die Verwaltung 48 (2015), 55 (75).

[639] Umfangreicher historischer Überblick bei *W. Löwer*, Energieversorgung zwischen Staat, Gemeinde und Wirtschaft, 1989, S. 33 ff.; zur Entwicklung *P. Becker/W. Zander*, AfK 35 (1996), 262 ff. – Zur vermehrten Eigenerzeugung durch Gemeinden *M. Burgi*, Neuer Ordnungsrahmen für die energiewirtschaftliche Betätigung der Kommunen, 2010, S. 23 f.; speziell zum Bereich der sogenannten erneuerbaren Energien *M. Waller*, »Neue Energie« für die kommunale Selbstverwaltung, 2013.

[640] Zu Rechtslage und Entwicklungen bei Strom- und Gaskonzessionen *H. Weiß*, NVwZ 2014, 1415 ff.; zur Konzessionierung als örtlicher Angelegenheit *W. Templin*, VerwArch. 100 (2009), 529 (540 ff.); *J. Wieland*, DÖV 2015, 169 (171).

[641] So BVerwGE 125, 116 (291). Zur Problematik statt aller *J. Hellermann*, Wasserversorgung als

Umstritten ist zunächst, welche der einzelnen Aspekte der Energieversorgung überhaupt als **örtliche Angelegenheiten** zu betrachten sind[642] und somit in den Schutzbereich des Art. 28 II GG fallen: Teilweise wird pauschal die Berechtigung der Gemeinde, Energieversorgung selbst zu betreiben, als dem Kernbereich zugehörig angesehen[643], während man überwiegend nach einzelnen Teilbereichen differenziert[644]. Die engste Auffassung lehnt auch die Einbeziehung der Energie*verteilung* als solcher ab[645]. 138

Kontrovers diskutiert wird weiterhin die Frage, **ob Art. 28 II GG als Zuständigkeitsnorm** für die gesamte Betätigung der Gemeinde auf dem Sektor der Energieversorgung gilt und somit letztlich umfassende Rechtsgrundlage der privatwirtschaftlichen Betätigung der Gemeinden ist, soweit diese örtlichen Bezug hat[646]. Hier ist zu beachten, daß die Gemeinden aus der Norm insbesondere keine Rechte gegenüber der privatwirtschaftlichen Konkurrenz ableiten können (→ Rn. 98). Zustimmung verdient demnach die Auffassung, wonach es (gerade auch auf dem Energiesektor) bei dem **Vorrang der grundrechtlich geschützten Betätigung der Privatwirtschaft** bleibt, so daß die Gemeinde nur bei Vorliegen einer gesetzlichen Ermächtigung wirtschaftend mit Privaten in Konkurrenz treten darf[647]. Trotzdem dürfte der lange Zeit prävalenten Tendenz zur Privatisierung[648] mittlerweile ein nicht unerheblicher Trend zur **Rekommunalisierung**[649] gegenüberstehen. In diesem Zusammenhang ist derzeit insbesondere umstritten, welche Wirkungen die Garantie der kommunalen Selbstverwaltung im Rahmen der Konzessionsvergabe für Leitungsnetze nach § 46 EnWG entfaltet[650]. 139

Gegenstand kommunaler Daseinsvorsorge, in: J. Ipsen (Hrsg.), Wasserversorgung zwischen kommunaler Daseinsvorsorge und marktwirtschaftlichem Betrieb, 2003, S. 38 ff.

[642] Überblick bei *W. Templin*, Recht der Konzessionsverträge, 2009, S. 181 ff. Gegen eine »Gebietsverhaftung« und bejahend hinsichtlich überörtlichen Engagements der Gemeinden *T. Karst*, DÖV 2002, 809 (815 f.).

[643] *R. Scholz*, Gemeindliche Gebietsreform und regionale Energieversorgung, 1977, S. 38; *J. Burmeister*, Die Zulässigkeit kommunaler Wirtschaftsbetätigung. A. Selbstverwaltungsgarantie und wirtschaftliche Betätigung der Kommunen, in: HKWP V, § 93, S. 32 ff.; *T. Karst*, DÖV 2002, 809 (811); ohne Stellungnahme hinsichtlich Zuordnung zum Kernbereich Jarass/*Pieroth*, GG, Art. 28 Rn. 13a; *S. E. Schulz/J. Tischer*, GewArch. 2014, 1 (1); *J. Wieland*, DÖV 2015, 169 (171).

[644] *Schmidt-Aßmann*, Kommunen (Fn. 466), S. 258 f.: Energieerzeugung und -verteilung geschützt, Preis- und Vertragsrecht *res mixtae*, allgemeine Energiepolitik nicht im Schutzbereich; *G. Püttner*, DÖV 1990, 461 (463): Energieverteilung und Konzessionsverträge geschützt, Energieerzeugung nur unter Einschränkungen. Differenzierend auch *H. Lecheler*, NVwZ 1995, 8 (10).

[645] *W. Löwer*, DVBl. 1991, 132 (142); ähnlich *F. Ossenbühl*, DÖV 1992, 1 (9) mit Differenzierung nach alten und neuen Ländern.

[646] So *J. Wieland/J. Hellermann*, DVBl. 1996, 401 (408); ähnlich *W. Frenz*, Die Verwaltung 28 (1995), 33 (50); *G. Hermes*, Der Staat 31 (1992), 281 (294).

[647] *W. Löwer*, DVBl. 1991, 132 (141); *H. Lecheler*, NVwZ 1995, 8 (10); *V. Stern*, Vorrang für Private in der öffentlichen Energieversorgung, 1992; *U. Hösch*, DÖV 2000, 393 (395); *C. Scharpf*, GewArch. 2005, 1 (7); a.A. *J. Wieland*, Der Landkreis 1994, 259 (260 f.); *ders./J. Hellermann*, DVBl. 1996, 401 (407). Ausführlich zur Sicherung der kommunalen Abfallwirtschaft durch Art. 28 II GG *A. Schink*, Kommunale Abfallwirtschaft, in: HKWP³ II, § 55 Rn. 24 ff.

[648] Dazu statt vieler *F. Schoch*, DVBl. 2009, 1533 ff.; ferner *Stern*, Vorrang (Fn. 647), S. 58 ff.; *R. Stober*, NJW 2008, 2301 ff.; *A. Katz*, NVwZ 2010, 405 ff. Problemaufriß zur verfassungsrechtlichen Zulässigkeit zunehmender privatrechtlicher Organisationsformen (insb. in den Sektoren Energie- und Wasserversorgung sowie Abfallwirtschaft) mit wirtschaftlicher Zielsetzung und einem Legitimationsdefizit bei gemeindegebietsüberschreitendem Tätigwerden: *F. Brosius-Gersdorf*, AöR 130 (2005), 392 (393 ff.). Kritisch hinsichtlich der Gewährleistungsfunktion der Kommunen *G. Britz*, Die Verwaltung 37 (2004), 145 (157 f.).

[649] *M. Burgi*, NdsVBl. 2012, 225 ff.; *A. Leisner-Egensperger*, NVwZ 2013, 1110 ff.; *A. Guckelberger*, VerwArch. 104 (2013), 161 ff.; *J. H. Klement*, Die Verwaltung 48 (2015), 55 (57 ff.). → Rn. 89.

[650] BGH DÖV 2015, 196 (200) erachtet insbesondere eine Bevorzugung eigener Unternehmen

cc) Umweltpolitik, insbes. Abfallpolitik

140 Die Reichweite der kommunalen Satzungsautonomie im Bereich des Abfallrechts[652] wirft zahlreiche Einzelfragen auf. Die Kommunen müssen einerseits vermeiden, sich mit ihren Satzungen in Widerspruch zu übergeordneten Regelungen zu setzen, insbesondere zu allgemeinen, namentlich grundrechtlichen Vorgaben (→ Rn. 133 f.). Andererseits haben sie in dieser Materie einen Anspruch auf Beachtung jedenfalls des Kernbereichs ihrer Satzungshoheit durch andere Hoheitsträger, wobei die konkrete Kompetenzabgrenzung einzelfallbezogen erfolgt[653]. Zum hergebrachten Repertoire gemeindlicher Aufgaben zählt entsprechend der nunmehr in § 18 I 1 KrWG[654] angeordneten Überlassungspflicht die Hausmüllentsorgung. Kommunale Satzungen können unter anderem Trennungspflichten für Problemabfälle begründen[655]. Eine kommunale Satzung zur **Erhebung einer Verpackungsteuer** war zwar nach Auffassung des Bundesverwaltungsgerichts zulässig, scheiterte vor dem Bundesverfassungsgericht indes an kompetenzrechtlichen sowie aus dem Topos der »Widerspruchsfreiheit der Rechtsordnung« hergeleiteten Bedenken (→ Rn. 145)[656]. **Informationsverpflichtungen für Gewerbebetriebe** können wegen der Grundrechtsrelevanz nicht auf Grundlage der allgemeinen Satzungsautonomie normiert werden[657]; für Betretungs- und Überwachungsrechte ist außerdem das Grundrecht auf Unverletzlichkeit der Wohnung zu beachten (→ Art. 13 Rn. 115).

---

durch Berücksichtigung spezifisch kommunaler Interessen für unzulässig. Dazu kritisch *J. Wieland*, DÖV 2015, 169 (170 ff.); *J. Hellermann*, EnWZ 2014, 339 (341 ff.). Die Gemeinden sehen sich hier einer verfassungsprozessualen Rechtsschutzlücke ausgesetzt, da der richterrechtliche Eingriff in Art. 28 II GG prinzipiell nicht mit der Kommunalverfassungsbeschwerde gerügt werden kann.

[651] *H. Lecheler*, NVwZ 1995, 8 (10) plädiert für eine Lösung nach dem Prinzip der praktischen Konkordanz; anders *K. Stern*, Energierecht im Widerstreit zwischen Bundes- und Landeskompetenz, in: Bochumer Beiträge zum Berg- und Energierecht, Bd. 1, 1988, S. 17 ff. (28): »Kompetenzprimat des Bundes für das Energierecht«; ähnlich *M. Schmidt-Preuß*, HStR³ IV, § 93 Rn. 39. Mit *S. E. Schulz/J. Tischer*, GewArch. 2014, 1 (5) ist jedoch zu bedenken, daß dem Bund im Energie- wie auch in anderen Sektoren wirtschaftlicher Betätigung eine vollständige Determination gemeindlichen Engagements versagt sein dürfte.

[652] Ältere Literatur: → Bd. II²; → Art. 28 Rn. 150 Fn. 639. Umfangreich die Beiträge in Lübbe-Wolff/Wegener, Umweltschutz (Fn. 605). – Einblick in die abfallwirtschaftsrechtliche Praxis einer Beispielsgemeinde gewähren *I. Leppelmeier/A. Faßbender*, »Abfallentsorgung«, in: G. Wurzel/A. Schraml/R. Becker (Hrsg.), Rechtspraxis der kommunalen Unternehmen, 3. Aufl. 2015, J. II. (S. 639 ff.).

[653] Beispielsweise verstößt die (landesgesetzliche) Vorgabe eines mengenbezogenen Bemessungsmaßstabs nicht gegen Art. 28 II GG: BVerwG DVBl. 1994, 820.

[654] Gesetz zur Förderung der Kreislaufwirtschaft und Sicherung der umweltverträglichen Bewirtschaftung von Abfällen v. 24.2.2012, BGBl. I S. 212. – Zum Begriff der »privaten Haushaltungen« i. S. d. insoweit wortlautgleichen Vorgängernorm (§ 13 I 1 KrW-/AbfG) BVerwG NVwZ-RR 2006, 638 f. (639).

[655] BayVGH NVwZ 1992, 1004 (1007). Zur Untersagung der Verwendung von Einweggeschirr und -besteck VGH Mannheim NVwZ 1994, 919 (919 f.); BVerwG DVBl. 1997, 1118 (1118 f.). Einen aktuellen Überblick über »Gestaltungsspielräume kommunaler Abfallsatzungen« gibt *A. Braun*, Kommunalisierung von Umweltaufgaben im europäischen Mehrebenensystem, 2012, S. 207 ff.

[656] So noch BVerwGE 96, 272; vgl. aber BVerfGE 98, 106 (118 ff., Rn. 60 ff.): Kommunale Verpackungsteuer als Eingriff in das abfallrechtliche »Kooperationskonzept« des nach Art. 74 I Nr. 24 GG zuständigen Bundesgesetzgebers. – Zur Kritik an diesem Ansatz: → Art. 31 Rn. 58.

[657] BayVGH NVwZ 1992, 1004 ff.

dd) Sparkassenwesen

Das Sparkassenwesen ist als Komponente der Daseinsvorsorge Teil der Kommunalaufgaben und daher verfassungsrechtlich geschützt[658]. Die Gemeinden können somit selbstverantwortlich über den Betrieb der Sparkassen und den Umfang der sparkassenwirtschaftlichen Betätigung entscheiden[659]. Unabhängig davon, daß sich der Tätigkeitsbereich der Sparkassen dem privatwirtschaftlicher Banken immer mehr angeglichen hat, besteht auch heute Bedarf für die Versorgung der breiten Bevölkerung mit spezifisch an ihren Bedürfnissen orientierten Bankdienstleistungen[660]. Nicht überzeugend ist freilich, diese gemeindliche Aufgabe als »**Sparkassenhoheit**« in die Reihe der anerkannten, jedoch viel abstrakter gefaßten Gemeindehoheiten zu stellen[661]. Eine derart kleinteilige Aufspaltung verspräche angesichts der schon jetzt existierenden Unklarheiten bezüglich des Verhältnisses der einzelnen Hoheiten zum Kernbereich der Selbstverwaltungsgarantie keinen Nutzen. So ist auch die Frage der Zulässigkeit der Verlagerung des Sparkassenwesens auf andere Körperschaften nach der allgemeinen Aufgabendogmatik zu lösen (→ Rn. 117). Die gesetzliche Ermächtigung zur Übertragung der Trägerschaft kommunaler Sparkassen auf einen maßgeblich vom Land beeinflußten Verband (»Sachsen-Finanzgruppe«) hat der Sächsische Verfassungsgerichtshof, wenn auch mit Bedenken, als »notwendiges Mittel zur Sicherung der Wettbewerbsfähigkeit« für verfassungsgemäß erklärt[662]. Gewissen Privilegien der Sparkassen gegenüber Privatbanken auf vollstreckungsrechtlichem Gebiet ist inzwischen der verfassungsrechtliche Boden entzogen worden[663].

141

5. Gewährleistung der finanziellen Eigenverantwortung (Art. 28 II 3 GG)

Die **Finanzhoheit** der Gemeinden (→ Rn. 132) ist seit den Verfassungsreformen von 1994 und 1997 (→ Rn. 21 f.) auch normtextlich verankert (Art. 28 II 3 GG). Die Finanzierung der Gemeinden erfolgt durch Anteile am Steueraufkommen, Finanzzuweisungen von seiten der Länder und des Bundes (→ Rn. 143 ff.) sowie eigene Einnahmen[664]. Inwiefern den Kommunen aus Art. 28 II GG eine finanzielle »Mindestausstattung« oder eine »angemessene« Finanzausstattung zu gewähren ist, wird unterschiedlich beurteilt (→ Rn. 146 ff.).

142

---

[658] BVerfGE 75, 192 (195); BVerfG (K), NVwZ 1995, 370 (370); VerfGH NW DÖV 1980, 691 ff.; BayVerfGHE 64, 10 (17 f.); *J. Oebbecke*, LKV 2006, 145 (145); *Hubert Meyer*, Der Landkreis 2010, 336 (337); wie hier *Mehde* (Fn. 39) Art. 28 Abs. 2 Rn. 93.

[659] *W. Hoppe*, DVBl. 1982, 45 (51); *J. Oebbecke*, LKV 2006, 145 (147 f.).

[660] Zur Daseinsvorsorgefunktion der Sparkassen BVerfGE 75, 192 (199 f.); BVerfG (K), NVwZ 1995, 370 (370); BVerwG DVBl. 1972, 780 (781); BGH NJW 1983, 2509 (2511); BayVerfGHE 64, 10 (17 f.).

[661] *Nierhaus* (Fn. 145), Art. 28 Rn. 53; *ders./K. Stern*, Regionalprinzip und Sparkassenhoheit im europäischen Bankenbinnenmarkt, 1992, S. 219; *W. Hoppe*, DVBl. 1982, 45 (51).

[662] SächsVerfGH DVBl. 2001, 293 ff.; hierzu *Hubert Meyer*, NVwZ 2001, 766 ff.; knapp *G. A. Handschuh*, Der öffentliche Auftrag der sächsischen Sparkassen, 2010, S. 176 f.

[663] BVerfGE 132, 372 (390 ff., Rn. 51 ff.): Unvereinbarkeit eines nach niedersächsischem Landesrecht vorgesehenen Selbsttitulierungsrechts bestimmter öffentlichrechtlicher Kreditanstalten mit Art. 3 I GG; zur Entscheidung *C. Waldhoff*, NordÖR 2013, 229 ff.

[664] Systematisierung der kommunalen Einnahmen bei *F. Zimmermann*, Das System der kommunalen Einnahmen und die Finanzierung der kommunalen Aufgaben in der Bundesrepublik Deutschland, 1988, S. 51 ff.; s. auch *M.-E. Geis/S. Madeja*, JA 2013, 321 ff.; knapp *Henneke*, Finanzverfassung (Fn. 118), S. 46.

Art. 28 C. Erläuterungen

a) Gemeinden im System des Finanzausgleichs (Art. 106 V–IX GG)

143 Die Finanzverfassung des Grundgesetzes ordnet den Gemeinden seit 1997 (→ Rn. 22) in Art. 106 VI GG das **Aufkommen** von Grundsteuer und Gewerbeertragsteuer (vorher: »Realsteuern«) sowie – nach Maßgabe der Landesgesetzgebung – Gemeinden oder Gemeindeverbänden das der örtlichen Verbrauch- und Aufwandsteuern zu. Als »**wirtschaftskraftbezogene**« Steuer im Sinne des Art. 28 II 3 GG ist den Gemeinden damit nur die **Gewerbeertragsteuer garantiert** (vgl. die Hervorhebung des Hebesatzrechtes nach Art. 28 II 3, 106 VI 2 GG, § 16 I GewStG), freilich weder im Sinne einer institutionellen Garantie noch unter völligem Ausschluß gesetzgeberischer Regelungsbefugnisse[665]. Hinzu kommen nach Art. 106 III 1, V, Va GG Anteile am Aufkommen der Einkommen- und Umsatzsteuer.

144 Neben dieser primären oder »originären« Verteilung des Steueraufkommens im Bundesstaat ist für die Kommunen der Erhalt »abgeleiteter« (derivativer) Einnahmen[666] von hoher finanzieller Bedeutung. Der Begriff des »kommunalen« Finanzausgleichs bezeichnet üblicherweise diese zweite Stufe der Umverteilung[667]. Die Zuständigkeit der Landesgesetzgebung hierfür (bzw. für die sog. Schlüsselzuweisungen) bestätigt Art. 106 VII GG; wahrgenommen wird sie in aller Regel durch den Erlaß von **Landesfinanzausgleichsgesetzen** (→ Rn. 147 ff.). Insbesondere sind Gemeinden und Gemeindeverbände gem. Art. 106 VII 1 GG am Länderanteil der Gemeinschaftssteuern (Art. 106 III 1 GG) zu beteiligen. Das System des (bundesstaatlichen) Finanzausgleichs komplettieren schließlich einige Vorschriften zur Kompensation von Sonderlasten, insbesondere Art. 106 VIII GG[668]. Am horizontalen Finanzausgleich zwischen den Ländern nehmen die Gemeinden nur mittelbar teil (Art. 107 II 1 GG).

145 Zur Erzielung weiterer Einnahmen gewähren die Landesverfassungen bzw. Kommunalabgabengesetze den Gemeinden in der Mehrzahl auch ein (begrenztes) **Steuererfindungsrecht**[669]. Dazu sind die Länder nach wohl h. M. durch Art. 28 II GG nicht verpflichtet[670]. Derartige gemeindliche Steuern müssen örtlich radiziert und dürfen bundesrechtlichen Steuern nicht gleichartig sein (vgl. Art. 105 IIa 1 GG)[671]. Einer zu-

---

[665] BVerfGE 125, 141 (161, Rn. 37; 167, Rn. 71); *Henneke*, Finanzverfassung (Fn. 118), S. 171 ff.; *J. Hidien*, DVBl. 1998, 617 (620 f.); *Mehde* (Fn. 39), Art. 28 Abs. 2 Rn. 147. Zur alten, im Ergebnis ähnlichen Rechtslage BVerfGE 26, 172 (184); 71, 28 (38).
[666] Terminologie nach *Lange*, Kommunalrecht (Fn. 127), S. 963.
[667] S. etwa *R. Wendt*, HStR³ VI, § 139 Rn. 84; *H.-G. Henneke*, in: Schmidt-Bleibtreu/Hofmann/Henneke, GG, Art. 106 Rn. 140.
[668] → Art. 106 Rn. 42; *Henneke* (Fn. 667), Art. 106 Rn. 111 ff.; hierin gehört auch Art. 91e II 2 GG (Optionskommunen), der allerdings keinen verfassungsunmittelbaren Ausgleichsanspruch gewährt (vgl. Art. 91e III): → Suppl. 2010, Art. 91e Rn. 50; zu den Finanzbeziehungen zwischen Bund und Gemeinden nach Art. 91e II GG s. BVerfGE 137, 108 (141 ff., Rn. 76 ff.).
[669] *Lange*, Kommunalrecht (Fn. 127), S. 966 ff. mit umfangreichen Nachweisen aus Judikatur und Literatur.
[670] BayVerfGH BayVBl. 1992, 365 (366 ff.) für das bayerische Verfassungsrecht; BVerwG v. 28.4.2010, 9 B 95/09, Rn. 5; *Löwer* (Fn. 127), Art. 28 Rn. 105; *P. Kirchhof*, Die kommunale Finanzhoheit, in: HKWP VI, § 112, S. 4; *Hubert Meyer*, ZG 11 (1996), 165 (168); *Tettinger/Schwarz* (Fn. 113), Art. 28 Abs. 2 Rn. 257 f. – A.A. *L. Lammers*, DVBl. 2013, 348 (349 ff.) mit engem Begriff des Steuerfindungsrechts: subjektives Recht der Gemeinden auf Übertragung der Rechtsetzungsbefugnisse nach Art. 105 IIa GG.
[671] BVerfGE 40, 56 (61); 42, 38 (41); 44, 216 (224 ff.); 69, 174 (183 f.). Die **Zweitwohnungsteuer** verstieß nicht gegen dieses sog. Gleichartigkeitsverbot: BVerwGE 58, 230 (233 ff.); BVerfGE 65, 325 (349 ff.); 114, 316 (334 ff., Rn. 90); gleiches gilt für eine kommunale **Spielautomatensteuer**: BVerfG (K), NVwZ 1997, 573.

sätzlichen Sachkompetenz bedarf es zwar nicht, doch darf die Kommune die Regelungen des Sachgesetzgebers nicht konterkarieren⁶⁷².

b) Anspruch auf finanzielle Mindestausstattung

Den Gemeinden muß als **Grundlage ihrer Handlungsfähigkeit** eine gewisse Finanzmasse zur Verfügung stehen, so daß sie sowohl ihre verschiedenen Pflichtaufgaben (→ Rn. 81) erfüllen als auch freiwillige Selbstverwaltungsaufgaben wahrnehmen können⁶⁷³; als Anhaltspunkt für eine Untergrenze wird in der Literatur mittlerweile eine **»freie Spitze« von 5 bis 10 Prozent** der insgesamt verfügbaren Mittel für freiwillige Aufgaben genannt⁶⁷⁴. Dieser Richtsatz verspricht effektiveren Schutz als die Formel der (älteren) Judikatur, wonach erst bei einer »Aushöhlung« des Selbstverwaltungsrechts (→ Rn. 115 f.) eine Verletzung des Anspruchs auf finanzielle Mindestausstattung vorliege⁶⁷⁵.

146

Während der Bund seiner Gewährleistungspflicht zunächst durch die Ausgestaltung der Finanzverfassung genügt hat, liegt der **Schwerpunkt** der Verpflichtung seit jeher auf Finanzzuweisungen der **Länder**⁶⁷⁶: sie besitzen die Gesetzgebungskompetenz, aber auch Gesetzgebungsverantwortung für den kommunalen **Finanzausgleich** (vgl. Art. 106 VII GG)⁶⁷⁷. Der Grundstruktur nach erfolgt im Rahmen der im einzelnen sehr unterschiedlichen Finanzausgleichsregelungen der Länder eine Ermittlung des normativ gewichteten Bedarfs und der ebenso angepassten Leistungsfähigkeit sowie in der Folge ein mehr oder minder vollständiger Ausgleich der Deckungslücke⁶⁷⁸.

147

---

⁶⁷² BVerfGE 98, 106 (118 ff., Rn. 60 ff.) zur Verfassungswidrigkeit einer kommunalen **Verpackungsteuer**; gegen deren Zulässigkeit schon *K.H. Friauf*, GewArch. 1996, 265 ff.; anders noch BVerwGE 96, 272 (285 ff.). → Art. 31 Rn. 58.
⁶⁷³ Insoweit allg. M.: *Stern*, Staatsrecht I, S. 422; *Löwer* (Fn. 127), Art. 28 Rn. 102, 104; *Schmidt-Jortzig*, Kommunalrecht (Fn. 370), Rn. 748; *W. Hoppe*, DVBl. 1992, 117 ff.; *F. Schoch*, ZG 9 (1994), 246 (254); *Hubert Meyer*, ZG 11 (1996), 165 (166); *Wendt*, Finanzierungsverantwortung (Fn. 523), S. 609; *Mehde* (Fn. 39), Art. 28 Abs. 2 Rn. 82 ff., 146; *C. Brüning*, Jura 2015, 592 (603 f.).
⁶⁷⁴ *Schoch/Wieland*, Finanzierungsverantwortung (Fn. 359), S. 189 f., 205; *Wendt*, Finanzierungsverantwortung (Fn. 523), S. 625; *F. Hufen*, DÖV 1998, 276 (280); *Geis*, Kommunalrecht (Fn. 391), § 6 Rn. 29; *K. Lange*, DVBl. 2015, 457 (458). – Näher zum Finanzausstattungsanspruch *Hellermann* (Fn. 231), Art. 28 Rn. 54.1 ff. m.w.N.; kritisch *U. Volkmann*, DÖV 2001, 497 (501) sowie *Engels*, Verfassungsgarantie (Fn. 391), S. 312 f.
⁶⁷⁵ VerfGH NW DVBl. 1993, 1205 (1205); kritisch *Wendt*, Finanzierungsverantwortung (Fn. 523), S. 609 m.w.N.; *F. Schoch*, ZG 9 (1994), 246 (253 f.). Vgl. zur absoluten Grenze einer Kreisumlage BVerwGE 145, 378 (385) mit Betonung darauf, daß der eigenverantwortliche Bereich kommunalen Verwaltungshandelns nicht nur auf dem Papier bestehen, sondern auch finanziell ermöglicht werden müsse, weil erst dann nicht nur de jure, sondern auch de facto die Rede von kommunaler Selbstverwaltung sein könne; zu dieser Entscheidung *H.-G. Henneke*, Der Landkreis 2013, 111 ff. – Besonders umfassend und kritisch zu einer Differenzierung zwischen finanzieller Mindestausstattung (Kernbereich) und darüber hinausgehender angemessener (aufgabengerechter) Finanzausstattung (Randbereich) *Engels*, Verfassungsgarantie (Fn. 391), S. 287 ff. m.w.N. sowie *K. Lange*, DVBl. 2015, 457 ff.; zur finanzwissenschaftlichen Problematik des Unterfinanzierungsnachweises bzw. der Bemessung aufgabenangemessener Finanzausstattung aus ökonomischer Sicht *F. Boettcher*, DÖV 2013, 460 ff.
⁶⁷⁶ BVerfGE 26, 172 (181); 86, 148 (218 f.); VerfGH NW DVBl. 1997, 483 (486); jüngst HessStGH NVwZ 2013, 1151 (1152); *Hofmann-Hoeppel*, BSHG-Vollzug (Fn. 611), S. 142; *W. Heun*, DVBl. 1996, 1020 (1026); *Hubert Meyer*, ZG 11 (1996), 165 (168); *U. Schliesky*, DÖV 2001, 714 (716); *Mehde* (Fn. 39), Art. 28 Abs. 2 Rn. 85, 148; *K. Lange*, DVBl. 2015, 457 (457); zum kommunalen Finanzausgleich aus verfassungsrechtlicher Sicht am Beispiel Hessens *O. Schmitt*, DÖV 2013, 452 ff.
⁶⁷⁷ *R. Wendt*, HStR³ VI, § 139 Rn. 80, 84; *M. Heintzen*, in: v. Münch/Kunig, GG II, Art. 106 Rn. 54.
⁶⁷⁸ Vgl. nur *T.I. Schmidt*, DÖV 2012, 8 (9 ff.).

aa) Gegenüber den Ländern

148 Die Landesverfassungen kennen zwei Grundtypen der kommunalen Finanzausstattung[679]: **Monistische Modelle** stellen ohne Aufgabenbezug allein auf einen wirtschaftskraftbezogenen Finanzausgleich ab[680]. In allen Flächenbundesländern ist jedoch mittlerweile das **Konnexitätsprinzip** eingeführt, so daß darüber hinaus eine Pflicht zur Kostendeckung bei Aufgabenübertragung durch den Landesgesetzgeber besteht. Hier dominiert mittlerweile das strikte gegenüber dem relativen Konnexitätsprinzip[681]: bei beiden trifft den aufgabenübertragenden Landesgesetzgeber die Pflicht zur gleichzeitigen Bestimmung der Kostendeckung, doch nur bei der strikten Konnexitätsregelung ist dabei ein ausdrückliches Kostenausgleichsgebot festgeschrieben, demzufolge der Umfang des Ausgleichs »entsprechend« sein muß (**Vollausgleich**)[682].

149 Nach mittlerweile überwiegender Rechtsprechung genießt der Kostenausgleich über das **Konnexitätsprinzip** gegenüber dem allgemeinen Finanzausgleich **Vorrang**[683]. Die Kostenerstattung ist danach finanzkraftunabhängig und allein in Abhängigkeit von den übertragenen Aufgaben vorzunehmen[684]. Der Verstoß gegen das Konnexitätsprinzip führt zur Verfassungswidrigkeit des Finanzausgleichsgesetzes[685], schlägt allerdings nicht auf die Aufgabenzuweisungsnorm an sich durch[686]. Auch ein verfassungsunmittelbarer Anspruch der Gemeinden auf gesetzgeberisches Handeln läßt sich nicht konstruieren[687].

150 Bei der **Ausgestaltung des allgemeinen Finanzausgleichs** ist zwischen der »vertikalen oder fiskalischen« und der »horizontalen oder distributiven Funktion« des kom-

---

[679] Dazu *H.-G. Henneke*, in: ders./Waldhoff/Pünder (Hrsg.), Recht der Kommunalfinanzen, 2006, § 24 Rn. 12 ff.; ders., Finanzverfassung (Fn. 118), S. 226 ff.; aus der älteren Literatur *Schoch/Wieland*, Finanzierungsverantwortung (Fn. 359), S. 154 ff.; *Hubert Meyer*, ZG 11 (1996), 165 (169 f.); *J. Wieland*, Strukturvorgaben im Finanzverfassungsrecht der Länder zur Steuerung kommunaler Aufgabenerfüllung, in: H.-G. Henneke (Hrsg.), Steuerung der kommunalen Aufgabenerfüllung durch Finanz- und Haushaltsrecht, 1996, S. 43 ff. (46 ff.). In manchen Details fällt die Kategorisierung unterschiedlich aus.

[680] Früher Art. 49 V R-PVerf. a. F.; Art. 137 V HessVerf. a. F.

[681] Strikte Konnexität: Art. 71 III BWVerf.; Art. 83 III BayVerf.; Art. 97 III BrandenbVerf.; Art. 137 VI HessVerf.; Art. 72 III M-VVerf.; Art. 49 V R-PVerf. n. F.; Art. 85 SächsVerf.; Art. 57 II S-HVerf.; Anordnung eines »angemessenen Ausgleichs« in Art. 87 III S-AVerf.; Art. 93 I 2 ThürVerf.; Sicherung der »erforderlichen Mittel« durch Art. 120 SaarVerf.; relatives Konnexitätsprinzip (noch) in Art. 57 IV NdsVerf. Zur 2004 erfolgten Änderung des Art. 78 III NWVerf. von relativer zu strikter Konnexität *M. Buschmann/A. Freimuth*, NWVBl. 2005, 365 ff. Zu »Funktionen und Zwecke[n]« des Konnexitätsprinzips *Engelken*, Konnexitätsprinzip (Fn. 427), Rn. 27 ff., der außerdem die 2008 reformierte baden-württembergische Rechtslage kommentiert (ebd., insb. Rn. 92 ff., 126 ff.). Umfassende Darstellung bei *Lange*, Kommunalrecht (Fn. 127), S. 1049 ff. und *Henneke*, Finanzverfassung (Fn. 118), S. 224 ff.; komprimiert *C. Brüning*, Jura 2015, 592 (600).

[682] Umstritten ist die Einordnung des »angemessenen« Ausgleichs: Für striktes Konnexitätsgebot *H.-G. Henneke*, Der Landkreis 2002, 180 (186); Einordnung als »relatives Konnexitätsprinzip mit Optimierungstendenz« bei *P. M. Huber/S. Storr*, Der kommunale Finanzausgleich als Verfassungsproblem, 1999, S. 70; ähnlich *U. Volkmann*, DÖV 2001, 497 (499).

[683] So StGH BW DVBl. 1994, 206 (207); 1998, 1276 (1278); NdsStGH DVBl. 1998, 185 (188); NdsVBl. 2001, 184 (185); SächsVerfGH SächsVBl. 2001, 61 f.; S-AVerfG DVBl. 1998, 1288 (1289); NVwZ-RR 2000, 1 (1 f.); VerfGH NW NVwZ-RR 2010, 705 (707 f.).

[684] *Maas*, Entfaltung (Fn. 402), S. 62.

[685] S-AVerfG NVwZ-RR 2000, 1 (3).

[686] In seiner Eigenschaft als Landesverfassungsgericht für Schleswig-Holstein: BVerfGE 103, 332 (365, Rn. 114); a.A. *U. Schliesky*, DÖV 2001, 714 (721).

[687] *U. Schliesky*, DÖV 2001, 714 (718 f.); zur prozessualen Problematik eines solchen Anspruchs VerfGH NW DVBl. 2000, 1283 (1285) sowie *D. Ehlers*, DVBl. 2000, 1520 ff.

munalen Finanzausgleichs zu differenzieren⁶⁸⁸. Für beide Verteilungsmodi läßt die Judikatur den Ländern einen weiten Spielraum⁶⁸⁹, erlaubt insbesondere die Rücksichtnahme auf die eigene Haushaltslage⁶⁹⁰. Das Finanzausgleichsgesetz muß lediglich dem »Harmonisierungsgebot« sowie dem »Nivellierungsverbot«⁶⁹¹ genügen und hat darüber hinaus die Gebote »interkommunaler Gleichbehandlung« sowie der »Systemgerechtigkeit« zu beachten⁶⁹². Bei Einhaltung dieser Grundsätze können danach einzelne Aufgabenübertragungen nicht unter Berufung auf die Finanzhoheit abgewehrt werden⁶⁹³.

Zwar stößt der Gestaltungsspielraum nach der Rechtsprechung an eine »absolute« Grenze, wo der Anspruch der Kommunen auf **finanzielle Mindestausstattung** bzw. »aufgabenadäquate Finanzausstattung« verletzt wird⁶⁹⁴, doch lauern im Detail viele Unklarheiten⁶⁹⁵. Uneinheitlich wird etwa beurteilt, ob für die Erfüllung dieses Anspruches ein **individueller oder ein kollektiver Bezugspunkt** zugrundezulegen ist⁶⁹⁶. Einige Landesverfassungsgerichte lassen es genügen, wenn den Gemeinden insgesamt ein hinlängliches Finanzvolumen zur Verfügung gestellt wird⁶⁹⁷, andere sehen zu Recht einen Verstoß auch darin, daß der einzelnen Kommune die verfassungsrechtlich erforderlichen Mittel vorenthalten werden⁶⁹⁸.

151

---

⁶⁸⁸ *Lange*, Kommunalrecht (Fn. 127), S. 1044; *Geis*, Kommunalrecht (Fn. 391), § 12 Rn. 51.

⁶⁸⁹ Im Überblick O. *Schmitt*, DÖV 2013, 452 (455 ff.); zum »gefährlich« großen Spielraum bei der Gestaltung von **Finanzausgleichsumlagen** K. *Lange*, DVBl. 2015, 457 (462 f.). Kritisch insb. zur »Zuflucht zu einer kommunalverfassungsrechtlichen ›Political Question Doctrine‹« M.-E. *Geis*, »Political question doctrine« im Recht des kommunalen Finanzausgleichs?, in: FS Maurer, 2001, S. 79 ff. (86 ff.).

⁶⁹⁰ Dazu kritisch H.-G. *Henneke*, DÖV 1998, 330 ff. m. w. N. und eigenem Ansatz einer »absolute(n) Untergrenze des kommunalen Finanzausgleichs« (335).

⁶⁹¹ Zum Nivellierungsverbot VerfGH NW DVBl. 1993, 1205 (1209); NdsStGH NVwZ-RR 2001, 553 (556). Ähnlich R-PVerfGH DÖV 1998, 505 (506 ff.). Aus der Literatur nur O. *Schmitt*, DÖV 2013, 452 (458).

⁶⁹² Dazu H.-G. *Henneke*, in: ders./Waldhoff/Pünder (Hrsg.), Recht der Kommunalfinanzen, 2006, § 25 Rn. 22, 27; aus der älteren Literatur A. v. *Mutius*/H.-G. *Henneke*, Kommunale Finanzausstattung und Verfassungsrecht, 1985, S. 92 ff., 106 ff., 142 ff.; W. *Hoppe*, DVBl. 1992, 117 ff.; *Hubert Meyer*, ZG 11 (1996), 165 (174). Zur interkommunalen Gleichbehandlung vgl. nunmehr BVerfGE 137, 108 (154 ff., Rn. 107 ff.).

⁶⁹³ BVerfG (K), NVwZ 1987, 123 (123); BVerfGE 71, 25 (36 f.); BayVerfGH BayVBl. 1993, 177 (178 ff.).

⁶⁹⁴ BVerwGE 145, 378 (383 ff.) mit Verweis auf die (wenigstens auf so allgemeiner Ebene) gefestigte landesverfassungsgerichtliche Spruchpraxis; vgl. BVerwGE 106, 280 (287); 140, 34 (39 f.) u. ö.

⁶⁹⁵ Diesbezüglich zwischen finanzieller Mindestausstattung und angemessener Finanzausstattung differenzierend K. *Lange*, DVBl. 2015, 457 (460 ff.).

⁶⁹⁶ Deutlich O. *Schmitt*, DÖV 2013, 452 (456 f.) mit Nachweisen für beide Positionen. So kommt Brandenb. VerfG NVwZ-RR 2000, 129 (134) zu dem Ergebnis, daß sich die finanzielle Mindestausstattung, die hinsichtlich der Gesamtheit der Gemeinden zum Kernbereich des Selbstverwaltungsrechts gehört, auch auf die Finanzausstattung der *einzelnen* Gemeinden erstrecke. Siehe auch K. *Lange*, DVBl. 2015, 457 (458): »muss sich die Mindestausstattung am Bild der – wirtschaftlich und sparsam agierenden – einzelnen Kommune orientieren.«

⁶⁹⁷ S-AVerfG, LVerfGE 10, 440 (466); VerfGH NW, Urteil v. 19.7.2011, 32/08, Rn. 67 = DVBl. 2011, 1155 (1157); BayVerfGH NVwZ-RR 1997, 301 (303).

⁶⁹⁸ Etwa BbVerfG, LVerfGE 10, 237 (242 f.); 18, 159 (188); NdsStGH, LVerfGE 12, 255 (285). Dem stimmt wohl die überwiegende Literatur zu: O. *Schmitt*, DÖV 2013, 452 (456 f.); *Engels*, Verfassungsgarantie (Fn. 391), S. 298 m. w. N. – Zur älteren Literaturauffassung, das Konnexitätsprinzip des Art. 104a I GG gelte als allgemeine Lastenverteilungsregel zwischen Ländern und Kommunen: → Bd. II², Art. 28 Rn. 162, 164.

bb) Gegenüber dem Bund

152 Nach Einführung der Durchgriffsverbote in Art. 84 I 7 und 85 I 2 GG (→Art. 84 Rn. 71 f.) bezieht sich die **Frage nach einer Finanzierungsverantwortung des Bundes**[699] bei **bundesgesetzlicher Aufgabenzuweisung** – abgesehen von im Einzelnen umstrittenen Fällen im Randbereich des Verbots[700] und der punktuellen Sonderregelung des Art. 91e GG[701] – nur noch auf die bestehenden Aufgabenübertragungsvorschriften, deren Weitergeltung mit Abänderungsbefugnis der Länder sich nach Art. 125a I GG richtet. Darüber hinausgehend erscheint neben der Garantieverantwortung nach Art. 28 III GG (→ Rn. 166 ff.) allein der Gedanke systemgerecht, »eine **(Bundes-)Teilverantwortung** für die Finanzausstattung der Gemeinden« unmittelbar aus Art. 28 II 3 GG herzuleiten[702].

6. Gemeindeverbände (Art. 28 II 2 GG)

a) Allgemeines

aa) Begriff und Arten des Gemeindeverbandes

153 Unter den **im Grundgesetz nicht näher definiert**en Gemeindeverbänden versteht das Bundesverfassungsgericht »kommunale Zusammenschlüsse, die entweder zur Wahrnehmung von Selbstverwaltungsaufgaben gebildete Gebietskörperschaften sind oder die diesen Körperschaften jedenfalls nach dem Gewicht ihrer Selbstverwaltungsaufgaben sehr nahe kommen«[703]. Die Literatur umschreibt sie als eine »Körperschaft kommunaler Art [...], die gebietlich über der Ortsgemeinde steht und deren Wirkungskreis nicht durch Zwecksetzung ad hoc begrenzt ist«[704]. Das eigentliche **Proprium** des Verbandes **bleibt** zumeist **offen**[705].

154 Als Prototyp der in Art. 28 II 2 GG angesprochenen Gemeindeverbände gelten in Rechtsprechung und Literatur unumstritten die **Landkreise**[706], bei denen freilich der Verbandscharakter kaum deutlich hervortritt. Eher noch handelt es sich bei den Kreisen, die Gebietskörperschaften sind, um maßstabsvergrößerte Gemeinden[707]; das Ver-

---

[699] Zur älteren Debatte: → Bd. II², Art. 28 Rn. 163 ff. m. w. N.
[700] Vgl. Jarass/*Pieroth*, GG, Art. 84 Rn. 7; *Löwer* (Fn. 127), Art. 28 Rn. 64; *F. Kirchhof*, in: Maunz/Dürig, GG, Art. 84 (2011), Rn. 159 ff. m. w. N.
[701] BVerfGE 137, 108 (141 ff., 147 ff.; Rn. 77 ff., 89 ff.).
[702] *Scholz* (Fn. 115), Art. 28 Rn. 84c: »gewisse Gewährleistungspflicht«; vgl. auch *Lange*, Kommunalrecht (Fn. 127), S. 1030 ff. Umfangreiche Hinweise zu anderen Ansätzen und Reformvorschlägen aus der älteren Diskussion → Bd. II², Art. 28 Rn. 164 f.
[703] BVerfGE 52, 95 (109) zur damaligen Landessatzung Schleswig-Holstein. Ähnlich BVerwGE 140, 245 (249).
[704] *Stern* (Fn. 14), Art. 28 Rn. 80; vgl. *Löwer* (Fn. 127), Art. 28 Rn. 93; Jarass/*Pieroth*, GG, Art. 28 Rn. 29. Umfangreich W. Hoppe, Die Begriffe Gebietskörperschaft und Gemeindeverband und der Rechtscharakter der nordrhein-westfälischen Landschaftsverbände, 1958, S. 34 ff.
[705] Kritisch *Löwer* (Fn. 127), Art. 28 Rn. 93 (»Normtext [...] gewissermaßen rätselhaft«); neuerliche »Annäherungsversuche« unternimmt *Engels*, Verfassungsgarantie (Fn. 391), S. 234 ff. Zur »etwas unglücklichen Wortwahl« ferner *Mehde* (Fn. 39), Art. 28 Abs. 2 Rn. 131. Ansatz zur Fruchtbarmachung des Verbandsbegriffs bei *E. Schmidt-Aßmann*, DVBl. 1996, 533 (535 f.); zur Einbeziehung großräumiger Zusammenschlüsse und zum Kriterium der gebietskörperschaftlichen Verfaßtheit *Rennert* (Fn. 356), Art. 28 II Rn. 151. → Rn. 68.
[706] BVerfGE 52, 95 (112); 83, 363 (383); aus der Literatur statt vieler *Stern* (Fn. 14), Art. 28 Rn. 80; *Röhl*, Kommunalrecht (Fn. 27), Rn. 210; *Mehde* (Fn. 39), Art. 28 Abs. 2 Rn. 130; *C. Brüning*, Jura 2015, 592 (602).
[707] Das wird selten problematisiert; etwa bei *Forsthoff*, Verwaltungsrecht (Fn. 359), S. 580; *H. Fa-*

bandselement besteht im Grunde allein in der Kreisumlage[708]. Gleichwohl ist wegen der norminternen Relation zwischen Art. 28 I 2 GG und Art. 28 II 2 GG zwingend davon auszugehen, daß die in Abs. 1 ausdrücklich hervorgehobenen und mit strukturanaloger Legitimation versehenen Kreise in Abs. 2 (jedenfalls auch) als Gemeindeverbände angesprochen sind. Landkreise sind Gebietskörperschaften, deren Mitglieder nicht – wie der Terminus Gemeindeverband nahelegen könnte – die kreisangehörigen Gemeinden, sondern die Bürger des Kreises sind[709].

Welche Einheiten ferner unter den Verbandsbegriff fallen, ist nicht abschließend geklärt. In der Literatur werden (zumeist ohne nähere Begründung) genannt: **Bezirke**, **Verbandsgemeinden** (wie niedersächsische Samtgemeinden oder rheinland-pfälzische Verbandsgemeinden[710]) und **Landschaftsverbände**[711]. Umstritten ist die Zusammenfassung zu sog. **Regionalkreisen**[712]. Mehrfach haben die **Ämter in Schleswig-Holstein** die Judikatur beschäftigt. Nach einer anfechtbaren Entscheidung des Bundesverfassungsgerichts in seiner Eigenschaft als Landesverfassungsgericht gem. Art. 99 GG sollen die Ämter in Schleswig-Holstein nicht unter Art. 28 II 2 GG fallen[713]. Hingegen hat das schleswig-holsteinische Landesverfassungsgericht im Jahr 2010 befunden, daß das einfache Landesrecht es ermögliche, daß sich die Ämter durch zunehmende Übertragung von Selbstverwaltungsaufgaben zu Gemeindeverbänden entwickelten, die Amtsordnung aber keine unmittelbare Wahl der Mitglieder des zentralen Entscheidungsorgans der Ämter vorsehe, was die Landesverfassung (im Unterschied zum Grundgesetz) für alle Gemeindeverbände und nicht nur für die Kreise verlangt[714]. Einigkeit herrscht wiederum darüber, daß **Zweckverbände** nicht erfaßt sind[715].

bb) Selbstverwaltung auf Kreisebene

Nach Art. 28 II 2 GG bedarf die Selbstverwaltungsgarantie der Gemeindeverbände der gesetzlichen Ausgestaltung, die nach der grundgesetzlichen Kompetenzverteilung

---

ber, Kommunalrecht, in: ders./H.-P. Schneider (Hrsg.), Niedersächsisches Staats- und Verwaltungsrecht, 1985, S. 225 ff. (269); *Lange*, Kommunalrecht (Fn. 127), S. 1214.

[708] Diesen Konnex zwischen Ausgleichsfunktion und Verbandscharakter stellt *E. Schmidt-Aßmann*, DVBl. 1996, 533 (535) heraus; ebenso *Faber*, Kommunalrecht (Fn. 707), S. 269.

[709] Deutlich *Mehde* (Fn. 39), Art. 28 Abs. 2 Rn. 131 a. E.; *C. Brüning*, Jura 2015, 592 (602).

[710] *Mehde* (Fn. 39), Art. 28 Abs. 2 Rn. 130. Überblick bei *M. Nierhaus/I. Gebhardt*, Kommunale Selbstverwaltung zur gesamten Hand, 2000 (S. 14 ff.: Amtsgemeinden; S. 23 ff.: Verbandsgemeinden; S. 33 ff.: Samtgemeinden; zu jüngeren Entwicklungen *Hubert Meyer*, ZG 28 (2013), 264 (286 ff.).

[711] Zusammenfassend Jarass/*Pieroth*, GG, Art. 28 Rn. 29; *Röhl*, Kommunalrecht (Fn. 27), Rn. 227 ff.; *B. Zielke*, Zwischengemeindliche Zusammenarbeit, 1993, S. 36 ff., 87 ff.; zu Landschaftsverbänden VerfGH NW DVBl. 2001, 1595 (1596 f.); *C. Görisch*, NWVBl. 2002, 418 (419 f.).

[712] Für Zulässigkeit *A. Leidinger*, NWVBl. 1991, 325 (332); *F. Schoch*, DVBl. 1995, 1047 (1047); a.A. *R. Schnur*, Regionalkreise?, 1971, S. 47 ff.; einschränkend *E. Schmidt-Aßmann*, DVBl. 1996, 533 (540), der aus der institutionellen Garantie ein Gebot der Überschaubarkeit herleitet und danach etwa Regionalkreise von der Größe der Regierungsbezirke für unzulässig hält. Zu Mecklenburg-Vorpommern: → Rn. 159.

[713] BVerfGE 52, 95 (109) anhand der Landessatzung Schleswig-Holstein; vgl. dazu *Steinger*, Amtsverfassung (Fn. 307), S. 62 ff., 151 f.

[714] S-HLVerfG v. 26.2.2010 – LVerfG 1/09 –, Umdruck S. 2, 15 ff., 24 ff., 44 ff. (Rn. 31 ff., 54 ff., 99 ff.), auch abgedruckt in: NordÖR 2010, 155 ff.; dazu *F. Nolte*, VR 2011, 45 ff. Der Gesetzgeber hat auf diese Rechtsprechung im Jahr 2012 in der Amtsordnung durch eine enumerative und quantitative Beschränkung der übertragungsfähigen Aufgaben sowie eine gestärkte Rückholklausel reagiert.

[715] *Stern*, Staatsrecht I, S. 417 Fn. 111; *Löwer* (Fn. 127), Art. 28 Rn. 93; *Röhl*, Kommunalrecht (Fn. 27), Rn. 224; *Mehde* (Fn. 39), Art. 28 Abs. 2 Rn. 130. Zum Zweckverband eingehend *T. I. Schmidt*, Kommunale Kooperation, 2005, insb. S. 27 ff.

dem für das Kommunalverfassungsrecht zuständigen **Landesgesetzgeber** obliegt[716]. Dementsprechend können die Landesverfassungen den Gemeindeverbänden auch einen Anspruch auf Zuweisung übergemeindlicher Aufgaben gewähren[717]. Es begegnet hier die aus der allgemeinen Grundrechtsdogmatik bei normgeprägten Grundrechten bekannte Problematik (→ Vorb. Rn. 67, 107), daß dem Gesetzgeber eine Ausgestaltungs- und Definitionsaufgabe zufällt, die Garantie aber auch gegenüber diesem Gesetzgeber Schutz bieten soll[718].

157 Die kreisliche Selbstverwaltung befindet sich nach verbreiteter Diagnose in einer »wenig komfortablen Lage«[719] zwischen Gemeinden und höherrangigen Verwaltungseinheiten[720]. Landkreise nehmen nach der typisierten landesgesetzlichen Ausgestaltung **freiwillige Selbstverwaltungsaufgaben**[721], **weisungsfreie Pflichtaufgaben und Auftragsangelegenheiten** (bzw. Pflichtaufgaben zur Erfüllung nach Weisung) wahr; der Unterschied zwischen Aufgabenmonismus und -dualismus (→ Rn. 81) setzt sich auf dieser Ebene fort[722]. Wesentlicher als die der Gemeinden wird die Tätigkeit der Kreise darüber hinaus von ihrer **Funktion als untere staatliche Verwaltungsbehörde** (deutlich an der Doppelstellung des süddeutschen Landrats) geprägt[723], wobei die grundsätzliche Scheidung dieser Staatsaufgaben von den unter Art. 28 II 2 GG fallenden Selbstverwaltungsangelegenheiten freilich in Einzelfällen verwischt wird[724].

158 **Drei Aufgabentypen** werden bei den freiwilligen Selbstverwaltungsaufgaben herkömmlicherweise unterschieden[725]: (1) **Übergemeindliche** (kreisintegrale) Aufgaben (überörtliches Straßennetz, öffentlicher Personennahverkehr, Naturparks); (2) **ergänzende** (komplementäre) Aufgaben, die von den Gemeinden mangels Leistungsfähigkeit nicht wahrgenommen werden können (hier erfolgt keine statische Zuordnung, sondern eine Regelung in Abhängigkeit von der konkreten Aufgabe und der Leistungsfähigkeit der einzelnen kreisangehörigen Gemeinde [z.B. Alten- und Jugendheime, Volkshochschulen, Musikschulen]); (3) **ausgleichende** Aufgaben (finanzielle Zuwendungen und Verwaltungshilfen des Landkreises für einzelne Gemeinden, die in verschiedenen Kommunalordnungen ausdrücklich vorgesehen sind). Bei Übertragung

---

[716] Zur Kompetenzfrage *Schoch/Wieland*, Finanzierungsverantwortung (Fn. 359), S. 114 ff.; *Schmidt-Aßmann*, Rastede (Fn. 465), S. 129 f.

[717] *Stern* (Fn. 14), Art. 28 Rn. 168; *A. Köttgen*, Allgemeine Grundlagen der Gemeindeordnung, in: H. Peters (Hrsg.), Handbuch der kommunalen Wissenschaft und Praxis, Bd. 1, 1956, § 23, S. 183 ff. (190 f.).

[718] Hervorgehoben bei *Mehde* (Fn. 39), Art. 28 Abs. 2 Rn. 129.

[719] *F. Schoch*, in: ders. (Hrsg.), Selbstverwaltung der Kreise in Deutschland, 1996, S. V.

[720] *F. Schoch*, DVBl. 1995, 1047 (1048 f.): »gleichsam ›eingeklemmt‹ zwischen die gemeindliche Selbstverwaltung und die regionale Aufgabenerfüllung«.

[721] Nach BVerfGE 119, 331 (355, Rn. 123) garantiert Art. 28 II 2 GG den Kreisen die Wahrnehmung freiwilliger Selbstverwaltungsaufgaben allerdings nicht.

[722] *F. Schoch*, DVBl. 1995, 1047 (1049 m.w.N.); *Röhl*, Kommunalrecht (Fn. 27), Rn. 213; *J.-C. Pielow/S.T. Groneberg*, JuS 2014, 794 (797).

[723] Kritisch *Rennert* (Fn. 356), Art. 28 II Rn. 157: die Doppelstellung schwäche die Belange des Kreises gegenüber staatlichen Organisationsakten.

[724] *E. Schmidt-Aßmann*, DVBl. 1996, 533 (536 f.) zu § 54 LKrO BW (Mitwirkungsrechte des Kreistags bei der staatlichen Verwaltung im Landkreis). Vgl. zur Doppelstellung noch *Stober*, Kommunalrecht (Fn. 302), § 7 III 2b (S. 95) m.w.N.

[725] Unterscheidung und Beispiele nach *F. Schoch*, DVBl. 1995, 1047 (1049); *A. Schink*, VerwArch. 81 (1990), 385 (410 f.); umfangreiche Darstellung bei *H.-G. Henneke*, Aufgabenzuständigkeit im kreisangehörigen Raum, 1992, S. 36 ff.; *Vogelsang* (Fn. 300), Art. 28 Rn. 161. Kritik bei *Stober*, Kommunalrecht (Fn. 302), § 7 III 2a cc (S. 92 f.), der stattdessen eine Vierfachgliederung unter Ergänzung von »Gesamtaufgaben« vorschlägt.

von ihrem Wesen nach staatlichen Aufgaben als »Selbstverwaltungsangelegenheiten« auf den Kreis liegen nur **formelle Selbstverwaltungsangelegenheiten** vor (→ Rn. 82), die die Frage nach einer Pflicht des Staates zur Kostenübernahme nach sich ziehen (→ Rn. 148 ff., 152).

cc) Aufgabenregionalisierung

Die Kreisebene ist von vielen neueren Gebietsreformvorhaben betroffen. Diskutiert wird eine stärkere **Regionalisierung** von Kreis- (und Gemeinde-)aufgaben, die über Regionalplanung und regionale Strukturpolitik hinausgeht und nicht nur mit Blick auf die Selbstverwaltungsgarantie (deren Schutz auch hier nicht allzu weit reichen dürfte[726]), sondern auch auf die **demokratische Legitimation** der noch nicht in Einzelheiten greifbaren Gremien problematisch ist (→ Art. 20 [Demokratie], Rn. 136 f.)[727]. Alternativ dazu wird vorgeschlagen, bestimmte Verwaltungsaufgaben in **neuartigen Formen kommunaler Zusammenarbeit** zu bewältigen[728]. Wichtigstes jüngeres Beispiel für ein höchst umstrittenes[729] Reformprogramm dieser Art ist das in **Mecklenburg-Vorpommern** im Jahre 2006 als Teil des Verwaltungsmodernisierungsgesetzes des Landes verkündete Funktional- und Kreisstrukturreformgesetz[730]. Ziel war die Vereinigung der ehemals 12 Landkreise zu 5 **Groß- oder Regionalkreisen** unter Einkreisung aller vordem kreisfreien Städte (§ 72 FKrG M-V), was zur Entstehung der mit Abstand flächengrößten Kreise der Bundesrepublik geführt hätte. Das Landesverfassungsgericht stellte im Jahr 2007 die Verfassungswidrigkeit des Gesetzes fest und monierte vor allem Defizite bei der Einbeziehung partizipatorischer Belange in die gebotene Abwägung zwischen Effizienzgesichtspunkten und der »bürgerschaftlich-demokratische[n] Dimension der kommunalen Selbstverwaltung«[731]. Die nur geringfügig moderatere Gebietsreform 2011 scheiterte dann nicht mehr am Widerstand des Gerichts[732].

159

b) Garantieebenen der Selbstverwaltung der Gemeindeverbände

aa) Institutionelle Rechtssubjektsgarantie

Der Gemeindeverband darf ebenso wie Gemeinden nur individuell, nicht institutionell beseitigt werden. Diese Gewährleistung umfaßt keinen bestimmten Bestand an

160

---

[726] So die zutreffende Einschätzung von *F. Schoch*, NLT 1992, 20 (29).
[727] Ansätze einer begrifflichen und verfassungsrechtlichen Erfassung bei *F. Schoch*, Regionalisierungstendenzen in Europa und Nordrhein-Westfalen, in: Landschaftsverband Westfalen-Lippe (Hrsg.), 4. Erbdrostenhofgespräch, 1995, S. 6 ff. (7 f., 15 ff.); vgl. schon *ders.*, NLT 1992, 20 (26 ff.); *A. Leidinger*, NWVBl. 1991, 325 ff. Treffend *E. Schmidt-Aßmann*, DVBl. 1996, 533 (539): »Passe-partout für diverse Ordnungsvorstellungen«.
[728] Siehe nur *Lange*, Kommunalrecht (Fn. 127), S. 1320 ff. Ältere Literatur: → Bd. II², Art. 28 Rn. 172 Fn. 709.
[729] Seinerzeit für Rechtmäßigkeit des Vorhabens *W. Erbguth*, LKV 2004, 1 ff. sowie *P. Schumacher*, LKV 2005, 349 f.; dagegen *Hubert Meyer*, LKV 2005, 233 ff.
[730] FKrG M-V, verkündet als Art. 1 des Gesetzes zur Modernisierung der Verwaltung des Landes Mecklenburg-Vorpommern v. 23.5.2006 (GVOBl. M-V 2006, S. 194).
[731] VerfG M-P DVBl. 2007, 1102 (1109 ff.); zustimmend *Hubert Meyer*, NVwZ 2007, 1024 f.; *B. Stüer*, DVBl. 2007, 1267 ff.; *A. Katz/K. Ritgen*, DVBl. 2008, 1525 ff.; überwiegend kritisch *V. Mehde*, NordÖR 2007, 331 (333 ff.) und – weit ausholend – *H.P. Bull*, DVBl. 2008, 1 (insb. 3 ff., 6 ff.).
[732] VerfG M-P NordÖR 2011, 537 – Verfassungsmäßigkeit des Kreisstrukturgesetzes M-V; zusammenfassend *Hubert Meyer*, NVwZ 2013, 1177 (insb. 1181 f.); *Lange*, Kommunalrecht (Fn. 127), S. 1219 f.

Gemeindeverbandstypen⁷³³, sondern **läßt** den **Ländern** insoweit staatsorganisatorischen **Freiraum** (→ Rn. 156 f.). Wegen der Erwähnung in Art. 28 I 2 GG gehören zum Mindestbestand **jedenfalls Kreise** bzw. kreisähnliche Organisationen⁷³⁴. Der Gesetzgeber darf die Gemeindeverbände auch nicht aufgabenlos stellen⁷³⁵.

bb) Objektive Rechtsinstitutionsgarantie

161 Den Gemeindeverbänden ist ebenso wie den Gemeinden die **eigenverantwortliche** Aufgabenerfüllung garantiert⁷³⁶. Hieraus folgt gleichzeitig die Garantie eines eigenen Wirkungskreises⁷³⁷. Es **fehlt** den Gemeindeverbänden aber eine verfassungsrechtliche Garantie der **Allzuständigkeit**. Im Gegensatz zu den Gemeinden bedürfen Gemeindeverbände einer **gesetzlichen Aufgabenzuweisung**⁷³⁸; ihr Aufgabenbereich ist daher gesetzesgeformt: »Die kommunale Selbstverwaltung der Gemeindeverbände besteht insoweit nur nach Maßgabe der Gesetze«⁷³⁹. Dabei steht es dem Gesetzgeber frei, ob er eine generelle oder eine enumerative Aufgabenzuweisung vornimmt⁷⁴⁰. Zugewiesen sind den Gemeindeverbänden zum einen **überörtliche Aufgaben**, zum anderen ordnen die entsprechenden Landesgesetze den Kreisen in genereller Form **Aufgaben** zu, **die an sich zur örtlichen Gemeinschaft gehören**, aber die Leistungsfähigkeit der kreisangehörigen Gemeinden überfordern oder aus anderen Gründen der überörtlichen Wahrnehmung bedürfen.

162 Diese **Ergänzungs- oder Ausgleichsfunktion** der Kreise⁷⁴¹ scheint nicht im Einklang zu stehen mit der Aussage aus der Rastede-Entscheidung, daß mangelnde Verwaltungskraft der Gemeinden allein keinen Aufgabenentzug rechtfertige⁷⁴². Der Wider-

---

⁷³³ *Stern* (Fn. 14), Art. 28 Rn. 81, 166; *ders.*, Staatsrecht I, S. 410; *Löwer* (Fn. 127), Art. 28 Rn. 94.
⁷³⁴ Ganz h. M.: vgl. *Stern*, Staatsrecht I, S. 410; *Löwer* (Fn. 127), Art. 28 Rn. 94; *H. Maurer*, DVBl. 1995, 1037 (1045); *Faber* (Fn. 91), Art. 28 Abs. 1 II, Abs. 2 Rn. 43; *Nierhaus* (Fn. 145), Art. 28 Rn. 80; *C. Brüning*, Jura 2015, 592 (602).
⁷³⁵ BVerfGE 137, 108 (177, Rn. 164): »Der Gesetzgeber darf Art. 28 Abs. 2 Satz 2 GG deshalb nicht dadurch unterlaufen, dass er den Kreisen keine Aufgaben zuweist, die in der von der Verfassung selbst gewährten Eigenverantwortlichkeit wahrgenommen werden könnten.« *Stern* (Fn. 14), Art. 28 Rn. 169; *A. Schink*, VerwArch. 81 (1990), 385 (409) m. w. N.; *H. Maurer*, DVBl. 1995, 1037 (1046).
⁷³⁶ Allg. Auffassung: BVerfGE 21, 117 (129); 83, 363 (383); 137, 108 (158, Rn. 116 f.). Aus der Literatur nur *Stern* (Fn. 14), Art. 28 Rn. 173; *Nierhaus* (Fn. 145), Art. 28 Rn. 79; *F. Schoch*, Die aufsichtsbehördliche Genehmigung der Kreisumlage, 1995, S. 35.
⁷³⁷ BVerfGE 83, 363 (383); 119, 331 (353, Rn. 116 f.): »Der Gesetzgeber muss deshalb einen Mindestbestand an Aufgaben zuweisen, die die Kreise unter vollkommener Ausschöpfung der auch ihnen gewährten Eigenverantwortlichkeit erledigen können. Art. 28 Abs. Satz 2 GG [...] garantiert [...] eine Zuweisung in den eigenen Wirkungskreis, also einen Bestand an überörtlichen, kreiskommunalen Angelegenheiten des eigenen Wirkungskreises«. Aus der Literatur nur *Schoch*, Genehmigung (Fn. 736), S. 36 f.; *Löwer* (Fn. 127), Art. 28 Rn. 98; *Mehde* (Fn. 39), Art. 28 Abs. 2 Rn. 136.
⁷³⁸ BVerfGE 79, 127 (150 f.). Deutlich zur Differenz BVerfGE 119, 331 (352 ff., Rn. 116 ff.): »Anders als bei den Gemeinden spricht bei den Gemeindeverbänden die Vermutung zunächst gegen einen Eingriff in das Selbstverwaltungsrecht« (354, Rn. 120). Aus der Literatur *Faber* (Fn. 91), Art. 28 Abs. 1 II, Abs. 2 Rn. 43; *Löwer* (Fn. 127), Art. 28 Rn. 98; *Burgi*, Kommunalrecht (Fn. 372), § 20 Rn. 12 (S. 308); *Mehde* (Fn. 39), Art. 28 Abs. 2 Rn. 135; *C. Brüning*, Jura 2015, 592 (602 f.).
⁷³⁹ BVerfGE 137, 108 (157, Rn. 114).
⁷⁴⁰ *F. Schoch*, DVBl. 1995, 1047 (1050 f.); *Löwer* (Fn. 127), Art. 28 Rn. 100; *Stern* (Fn. 14), Art. 28 Rn. 168. Für eine spezialgesetzliche Aufgabenzuweisung *M. Beckmann*, DVBl. 1990, 1193 (1196 f.); *E. Schmidt-Jortzig*, DÖV 1993, 973 (982).
⁷⁴¹ Dazu umfangreich *M. Falk*, Die kommunalen Aufgaben unter dem Grundgesetz, 2006, S. 182 ff., 192 ff.; *D. Ehlers*, DVBl. 1997, 225 ff.; *R. Wimmer*, NVwZ 1998, 28 ff.; vgl. auch *A. Schmitt-Glaeser*, BayVBl. 2006, 33 (36); *T. I. Schmidt*, DÖV 2013, 509 (510 f.).
⁷⁴² BVerfGE 79, 127 (Ls. 4 u. S. 151 ff.). In diesem Sinne *E. Schmidt-Jortzig*, DÖV 1993, 973 (982);

spruch läßt sich auflösen, wenn man die Existenz einer derartigen Ergänzungs- und Ausgleichsfunktion von der gesetzlichen und überprüfbaren »Transformation« dieser Funktion in konkret wahrnehmbare Aufgaben trennt[743]. Die Angelegenheiten der örtlichen Gemeinschaft bleiben gemeindliche Aufgaben, auch wenn der Landkreis sie ergänzend wahrnimmt, und können bei entsprechender Leistungsfähigkeit wieder von der Gemeinde übernommen werden[744].

Ein weiterer Problemschwerpunkt liegt bei der **Finanzausstattung der Kreise** (zur Ausgabenverantwortung für bundes- oder landesgesetzlich veranlaßte Aufgaben: → Rn. 148 ff., 152). Aus der **Finanzhoheit** der Kreise, zu der die Ausgleichsfunktion flankierend hinzutritt, folgt die Befugnis zur Erhebung der **Kreisumlage**[745], die zwischen 21,9 % und 63,2 % der Gesamteinnahmen der Kreise ausmacht[746]. Die Erhebung der Kreisumlage bedarf einer gesetzlichen Grundlage; die Mehrzahl der Bundesländer sieht weiter vor, daß die Kreisumlage bzw. die Erhöhung des Satzes einer aufsichtsbehördlichen Genehmigung im Sinne einer reinen Rechtmäßigkeitskontrolle bedarf[747]. Ein gerichtlich nur begrenzt überprüfbarer **Gestaltungsspielraum** besteht hinsichtlich der Übernahme freiwilliger Aufgaben, der Intensität der Aufgabenwahrnehmung und der Festsetzung des konkreten Umlagesatzes[748]. Aus der Finanzhoheit der Gemeindeverbände ergibt sich gerade auch ihre Befugnis, die ihnen angehörigen Gemeinden finanziell zu unterstützen bzw. per Kreisumlage »Finanzkraftunterschiede zwischen den einzelnen kreisangehörigen Gemeinden abzumildern«[749].

Schranken für die gesetzliche Ausgestaltung bestehen in formeller und materieller Hinsicht: Zuständig ist grundsätzlich der Landesgesetzgeber[750] (Kompetenzschranke). Zwar gibt es keinen »Wesensgehaltsschutz« für die Zuständigkeiten der Gemein-

---

M. Beckmann, DVBl. 1990, 1193 (1196); *F. Knöpfle*, BayVBl. 1994, 385 (387); *F. Erlenkämper*, NVwZ 1995, 649 (653); *R. Wimmer*, Administrative und finanzielle Unterstützung kreisangehöriger Gemeinden und Verbandsgemeinden durch die Landkreise in Rheinland-Pfalz, 1990, S. 26 ff.; zur Diskussion *Henneke*, Aufgabenzuständigkeit (Fn. 725), S. 1 ff., 47 ff.

[743] BVerwGE 101, 99 (103 ff.); OVG Schleswig DVBl. 1995, 469 (472 f.); *F. Schoch*, DVBl. 1995, 1047 (1050); für eine Zulässigkeit auch *G. Püttner*, HStR³ VI, § 144 Rn. 41; *D. Ehlers*, DVBl. 1997, 225 (226 f.) m. w. N.

[744] *F. Schoch*, DVBl. 1995, 1047 (1050); OVG Schleswig DVBl. 1995, 469 (473); kritisch dazu *F.-L. Knemeyer*, NVwZ 1996, 29 (30 f.); bestätigt durch BVerwGE 101, 99 (103 ff.); dazu kritisch *R. Wimmer*, NVwZ 1998, 28 (28).

[745] OVG Schleswig DVBl. 1995, 469 (470); *Löwer* (Fn. 127), Art. 28 Rn. 100 Fn. 600; wie hier *Jarass/Pieroth*, GG, Art. 28 Rn. 30. – Zusätzlich auf Art. 106 VI 6 GG abstellend *Lange*, Kommunalrecht (Fn. 127), S. 1255 m. w. N.

[746] Vgl. die Grafik für das Jahr 2011 bei *M. Wohltmann*, Der Landkreis 2012, 375 (403). Kreissteuern bestreiten demnach im Durchschnitt nur noch einen verschwindend geringen Anteil von ca. 0,05 % der Gesamteinnahmen (vgl. auch *M. Wohltmann*, Der Landkreis 2013, 356 [359] bzw. 2014, 314 [318]). Zur Finanzierung durch Kreissteuern früher *F. Kirchhof*, DVBl. 1995, 1057 (1058 f.) m. w. N.

[747] Beispielsweise § 56 II 2 KrO NW; für reine Rechtmäßigkeitskontrolle bereits OVG Münster DÖV 1990, 616 (617 ff.); VerfGH NW NWVBl. 1996, 426 (427 ff.).

[748] Vgl. etwa BVerwGE 101, 99 (109); restriktiver aber E 145, 378 (389 ff.), wonach, ausgehend von der Annahme einer verfassungsrechtlich garantierten finanziellen Mindestausstattung der Gemeinden (→ Rn. 146 f.), für die Kreisumlage eine »absolute Grenze« gilt (S. 391). Eingehend zum »Ob« und »Wie« der (umstrittenen) gerichtlichen Aufgabenwahrnehmungskontrolle anhand neuerer Judikatur aus den Ländern *J. Oebbecke*, Die Verwaltung 42 (2009), 247 (250 ff.) m. w. N.

[749] *Henneke*, Finanzverfassung (Fn. 118), S. 503, 515 ff. umfassend zur »Ausgleichsfunktion« der Umlage und diesbezüglichen Ausnahmen.

[750] *Stern* (Fn. 14), Art. 28 Rn. 171; *Löwer* (Fn. 127), Art. 28 Rn. 99; *Schmidt-Aßmann*, Rastede (Fn. 465), S. 129 f.; *F. Schoch*, DVBl. 1995, 1047 (1050); *ders.*, Genehmigung (Fn. 736), S. 37 f.

deverbände⁷⁵¹; die Aufgaben dürfen aber nicht so präzise formuliert werden, »daß für eine eigenständige ›Selbst‹verwaltung kein Spielraum bleibt«⁷⁵². Das Bundesverfassungsgericht hat auf dieser Linie formuliert: »Ein Eingriff in das verfassungsrechtlich garantierte Selbstverwaltungsrecht der Gemeindeverbände kann erst angenommen werden, wenn die Übertragung einer neuen Aufgabe ihre Verwaltungskapazitäten so sehr in Anspruch nimmt, dass sie nicht mehr ausreichen, um einen Mindestbestand an zugewiesenen Selbstverwaltungsaufgaben des eigenen Wirkungskreises wahrzunehmen, der für sich genommen und im Vergleich zu zugewiesenen staatlichen Aufgaben ein Gewicht aufweist, das der institutionellen Garantie der Kreise als Selbstverwaltungskörperschaften gerecht wird.«⁷⁵³ Die Garantie der gemeindlichen Selbstverwaltung ist wiederum als Schranke bei der Zuweisung örtlicher Angelegenheiten zu beachten (→ Rn. 117). Für Gebietsänderungen gelten die gleichen Schranken wie bei Gemeinden (→ Rn. 121).

cc) Subjektive Rechtsstellungsgarantie

165 Im Hinblick auf die »Wehrfähigkeit« ergeben sich keine grundlegenden Unterschiede zur Stellung der Gemeinden (→ Rn. 94 ff.), wie etwa die Prozesse um die **Kreisreform in den neuen Bundesländern** (→ Rn. 87, 159)⁷⁵⁴ zeigen. Einzelne Abweichungen ergeben sich hinsichtlich des unmittelbaren Zugangs der Landkreise zum Bundesverfassungsgericht im Rahmen der Kommunalverfassungsbeschwerde (→ Rn. 99)⁷⁵⁵.

III. Art. 28 III GG (Gewährleistung durch den Bund)

166 Art. 28 III GG gehört ebenso wie Bundeszwang (→ Art. 37 Rn. 1, 6) und Bundesintervention (Art. 35 III, 87a IV, 91 II GG; → Art. 35 Rn. 33 ff.; → Art. 87a Rn. 28 ff.; → Art. 91 Rn. 18 ff.) zum überkommenen Repertoire bundesstaatlichen Verfassungs-

---

⁷⁵¹ *Stern* (Fn. 14), Art. 28 Rn. 169; *Nierhaus* (Fn. 145), Art. 28 Rn. 62; *Jarass/Pieroth*, GG, Art. 28 Rn. 30; *Röhl*, Kommunalrecht (Fn. 27), Rn. 211; *Schoch*, Genehmigung (Fn. 736), S. 36 f.; a.A. *W. Cantner*, Wesen, Aufgaben, Kreiswirtschaftsrecht, Rechtsschutz, in: Peters, Handbuch (Fn. 717), § 53, S. 411 ff. (418). Zum Aufgabenentzug bei Gemeindeverbänden *H.-G. Henneke*, ZG 17 (2002), 72 (82 ff.).
⁷⁵² *Stern* (Fn. 14), Art. 28 Rn. 169.
⁷⁵³ BVerfGE 119, 331 (354 f., Rn. 120). Zustimmend *Mehde* (Fn. 39), Art. 28 Abs. 2 Rn. 136. Bekräftigend BVerfGE 137, 108 (157, Rn. 114): »Würden ihnen nur randständige, in Bedeutung und Umfang nebensächliche Aufgaben des eigenen Wirkungskreises zugewiesen, so wäre Art. 28 Abs. 2 Satz 2 GG verletzt«.
⁷⁵⁴ Beispiele aus der Rspr.: BVerfG (K), DVBl. 1995, 286 (287) – Grenzen des Landes Berlin; Brandenb. VerfG LKV 1995, 37 – Kreise Kyritz u. Pritzwalk; S-AVerfG LKV 1995, 75 – Landkreis Zeitz; SächsVerfGH LKV 1995, 115 – Landkreis Dresden-Meißen; LVerfG M-V NordÖR 2011, 537 – Kreisreform.
⁷⁵⁵ So steht etwa in Bayern zwar die Antragsberechtigung bei der Popularklage neben den Gemeinden auch den Landkreisen und Bezirken zu (*J. Müller*, in: T. Meder/W. Brechmann [Hrsg.], Die Verfassung des Freistaates Bayern, 5. Aufl. 2014, Art. 98 Rn. 8). Weil aber in der Bayerischen Verfassung das Selbstverwaltungsrecht der Landkreise nicht ausdrücklich garantiert ist, können und müssen diese sich mit allein auf die Verletzung des Selbstverwaltungsrechts gestützten Beschwerden gegen Gesetze unmittelbar an das Bundesverfassungsgericht wenden (differenziert *F. Wollenschläger*, ebd., Art. 9 Rn. 16 u. 18, Art. 10 Rn. 28); s. noch *Pestalozza*, Verfassungsprozeßrecht, § 12 Rn. 63; *D. Lück*, Der Beitrag der Kommunalverfassungsbeschwerde nach Art. 93 Abs. 1 Nr. 4b GG, § 91 BVerfGG zum Schutz der kommunalen Selbstverwaltung, 2014, S. 248 f.

III. Art. 28 III GG (Gewährleistung durch den Bund)   **Art. 28**

rechts, ist aber wie diese von geringer praktischer Bedeutung. Angesichts anderer (Rechts-)Schutzmöglichkeiten kommt ihm derzeit eher **Reservefunktion** zu[756].

1. Inhalt der Gewährleistung

Art. 28 III GG formuliert ein **rechtlich bindendes Versprechen** des Bundes im Sinne einer Garantie (→ Rn. 13)[757]. Deren Schwerpunkt hat sich in historischer Perspektive vom Schutz der Bundesländer in Richtung einer **Kontrolle** ihrer Verfassung, von der Verpflichtung des Bundes hin zu seiner **Ermächtigung** verschoben[758]. Der im Vergleich mit Art. 37 GG engere Wortlaut (»gewährleistet« statt »kann«; → Art. 37 Rn. 12) macht freilich deutlich, daß dem Bund kein Entschließungsermessen zukommt; ist der Tatbestand einer Verletzung erfüllt, muß er einschreiten[759]. 167

Mit der Gewährleistung wird ungeachtet der den Entstehungsprozeß prägenden Divergenzen (→ Rn. 16, 19) und des unterschiedlichen Wortlauts genau wie in Abs. 1 die **Verfassungswirklichkeit** in den Ländern in den Blick genommen (→ Rn. 51), also neben der geschriebenen Verfassung auch einfaches Landesrecht und die Rechtspraxis etwa auf kommunaler Ebene erfaßt[760]. 168

Die Gewährleistung zielt sowohl auf die Einhaltung der in Art. 28 I, II GG niedergelegten Grundsätze (→ Rn. 54ff., 83) als auch auf die Beachtung der **Grundrechte**. Doch hat deren durch die Paulskirchenverfassung vorgeprägte (→ Rn. 3) Erwähnung keine über die bereits durch Art. 1 III GG angeordnete umfassende Bindung auch der **Landesstaatsgewalt** (→ Rn. 44; → Art. 1 III Rn. 37) hinausgehende Bedeutung, zumal die Grundgesetzkonformität der Landesgrundrechte ohnehin durch Art. 31, 142 GG abschließend geregelt ist (→ Art. 31 Rn. 22, 30, 50ff.; → Art. 142 Rn. 30ff.). Insofern bekräftigt Art. 28 III GG also nur, was ohnehin gilt[761]. Eine Pflicht zur Gewährleistung von Grundrechten in der Landesverfassung folgt aus der Norm ebensowenig wie aus Art. 28 I GG (→ Rn. 59)[762]. 169

---

[756] Statt aller *Stern*, Staatsrecht I, S. 712 Fn. 417: »noch niemals effektuiert«. A.A. *H. Bethge*, AöR 110 (1985), 169 ff., der in Art. 28 III GG ein ergänzendes »Moment [...] *föderativen Grundrechtsschutzes*« sieht (172).

[757] *Stern* (Fn. 14), Art. 28 Rn. 183; *v. Mangoldt/Klein*, GG, Art. 28 Anm. V 2; *Nierhaus* (Fn. 145), Art. 28 Rn. 97; *Löwer* (Fn. 127), Art. 28 Rn. 116.

[758] Zu diesen verschiedenen Elementen der Garantie *v. Mangoldt/Klein*, GG, Art. 28 Anm. V 2.

[759] BVerfGE 1, 14 (33); *J. A. Frowein*, Die selbständige Bundesaufsicht nach dem Grundgesetz, 1961, S. 66 f.; *Stern* (Fn. 14), Art. 28 Rn. 186; *H. Bethge*, AöR 110 (1985), 169 (176, 181); *Löwer* (Fn. 127), Art. 28 Rn. 116; *Nierhaus* (Fn. 145), Art. 28 Rn. 98; *Menzel*, Landesverfassungsrecht (Fn. 7), S. 313 f.; *A. Heusch*, Der Grundsatz der Verhältnismäßigkeit im Staatsorganisationsrecht, 2003, S. 106 f.; *A. Dittmann*, HStR³ VI, § 127 Rn. 39.

[760] *Stern* (Fn. 14), Art. 28 Rn. 196 f., 199. Zustimmend *Löwer* (Fn. 127), Art. 28 Rn. 11; *H. Bethge*, AöR 110 (1985), 169 (174 f.); *Rühmann* (Fn. 104), Art. 28 III Rn. 198; *Menzel*, Landesverfassungsrecht (Fn. 7), S. 312 f. – A.A. *v. Mangoldt/Klein*, GG, Art. 28 Anm. V 1.

[761] Wie hier *T. Maunz*, HStR IV, § 95 Rn. 22; für das Landes*verfassungs*recht auch *H. Bethge*, AöR 110 (1985), 169 (173). *Roters* (Fn. 230), Art. 28 Rn. 28 f. sieht die Grundrechtskonformität des einfachen Landesrechts als Anwendungsfall des Art. 28 III GG an (s. aber: → Rn. 169). Die von *Löwer* (Fn. 127), Art. 28 Rn. 122 erwogene Restbedeutung (Fälle »flagranter bewußter und gewollter Verstöße gegen die Grundrechtsordnung« unabhängig von konkreten Grundrechtsverletzungen) mutet irreal an: entweder, die üblichen Mittel gegen Grundrechtsverletzungen (Rechtsweg, Bundesverfassungsgericht) reichen aus; tun sie es nicht, dürfte ein Eingreifen des Bundes nicht mehr helfen. – Wie *Löwer* wieder *Rühmann* (Fn. 104), Art. 28 III Rn. 197.

[762] Vgl. BVerfGE 103, 332 (349, Rn. 56 f.).

Art. 28

170 Art. 28 III GG trifft keine Aussage darüber, **mit welchen Mitteln** und gegenüber welchem Landesorgan der Bund tätig werden soll[763]. Unzweifelhaft kommen in Betracht: Bundeszwang nach Art. 37 GG, Bundesintervention (Art. 35 III, 87a IV, 91 II GG) sowie unter den verfassungsgerichtlichen Verfahren vornehmlich Bund-Länder-Streit und abstrakte Normenkontrolle (Art. 93 I Nr. 2, 3 GG)[764]; faßt man ferner die Bundesaufsicht nach Art. 84 III, IV, 85 IV und 108 III GG darunter, muß man zur verfassungsmäßigen Ordnung eines Landes auch die Ausführung von Bundesrecht zählen[765]. Abzulehnen ist nach ganz h. M. die These, daß Art. 28 III GG als **Rechtsgrundlage einer selbständigen Bundesaufsicht** (→ Rn. 14) angesprochen werden kann[766]; auch darf der Bund im Garantiefall nicht Ländermaterien in die eigene Gesetzgebungszuständigkeit übernehmen[767].

171 Die **Auswahl** unter den zu Gebote stehenden Mitteln liegt zwar grundsätzlich im **Ermessen** des Bundes[768]. In der Verfassungspraxis hat sich die Anrufung des Bundesverfassungsgerichts freilich als gleichzeitig schonendere wie wirksamere und damit den föderalistischen Prinzipien entsprechende Maßnahme erwiesen; sofern nicht eine extreme Ausnahmelage etwa eine sofortige Bundesintervention erforderlich macht, ist die verfassungsgerichtliche Streitschlichtung geboten[769]. Ein vorgeschaltetes »Rügeverfahren« vergleichbar dem Vertragsverletzungsverfahren der EU (Art. 258 UAbs. 1 AEuV) ist nicht vorgesehen.

2. Anspruch auf Einschreiten des Bundes?

172 Nach wie vor umstritten ist, ob sich Art. 28 III GG in einer objektiven Rechtsverpflichtung für den Bund erschöpft oder auch anderen Betroffenen (Ländern, Kommunen, Bürgern) ein subjektiv einklagbares Recht vermittelt. Für eine rein objektive Geltung werden Stellung und Zweck der Norm ins Feld geführt[770]. Entscheidend dürfte letzt-

---

[763] *Stern* (Fn. 14), Art. 28 Rn. 198, 200; *Menzel*, Landesverfassungsrecht (Fn. 7), S. 314. Einschränkend *v. Mangoldt/Klein*, Art. 28 Anm. V 1: Der Bund dürfe nach Art. 28 III GG nicht gegenüber den Gemeinden durchgreifen.

[764] *Stern* (Fn. 14), Art. 28 Rn. 201 m. w. N.; *Nierhaus* (Fn. 145), Art. 28 Rn. 100.

[765] BVerfGE 6, 309 (329); 8, 122 (130 ff.). Gegen Einbeziehung der Bundesaufsicht auch: *v. Mangoldt/Klein*, GG, Art. 28 Anm. V 2a; *Stern* (Fn. 14), Art. 28 Rn. 200 f.; *Löwer* (Fn. 127), Art. 28 Rn. 120; *Nierhaus* (Fn. 145), Art. 28 Rn. 100. Dafür: BVerfGE 3, 45 (49); *Jarass/Pieroth*, GG, Art. 28 Rn. 16; *M. Bothe*, in: AK-GG, Art. 28 Abs. 3 (2001), Rn. 2; *T. Maunz*, HStR IV, § 95 Rn. 20. Nach *W. Blümel*, HStR IV, § 101 Rn. 42 ist die Frage »ohne praktische Relevanz«.

[766] Für Art. 28 III GG als Grundlage einer derartigen Bundesaufsicht namentlich *G. A. Zinn*, DÖV 1950, 522 (524); *Frowein*, Bundesaufsicht (Fn. 759), S. 64 ff.; dagegen BVerfGE 8, 122 (131 f.); *v. Mangoldt/Klein*, GG, Art. 28 Anm. V 2a; *Stern*, Staatsrecht I, S. 713 f.; *Löwer* (Fn. 127), Art. 28 Rn. 119; *J. Isensee*, HStR³ VI, § 126 Rn. 133; *Nierhaus* (Fn. 145), Art. 28 Rn. 100; *Heusch*, Verhältnismäßigkeit (Fn. 759), S. 107; *A. Dittmann*, HStR³ VI, § 127 Rn. 40. Übersicht bei *K. Vogel*, »Selbständige Bundesaufsicht« nach dem Grundgesetz, besonders bei der Anwendung europäischen Rechts, in: FS Stern, 1997, S. 819 ff. (821 f.). → Art. 37 Rn. 15.

[767] Diese eher hypothetische Möglichkeit schließen aus *P. Lerche*, Rechtsprobleme des Werbefernsehens, 1965, S. 41 f.; *H. Bethge*, AöR 110 (1985), 169 (177); *Vitzthum*, Verfassungsrecht (Fn. 13), S. 11.

[768] BVerfGE 7, 367 (372); *Stern* (Fn. 14), Art. 28 Rn. 202; *T. Maunz*, HStR IV, § 95 Rn. 20; *Rühmann* (Fn. 104), Art. 28 III Rn. 202; *A. Dittmann*, HStR³ VI, § 127 Rn. 40.

[769] In diesem Sinne auch *Löwer* (Fn. 127), Art. 28 Rn. 121; *P. M. Huber*, AöR 126 (2001), 165 (170). – Zur Frage der Anwendbarkeit des Verhältnismäßigkeitsgrundsatzes auf die Anwendung des Art. 28 III GG *Heusch*, Verhältnismäßigkeit (Fn. 759), S. 107 f.

[770] *T. Maunz*, HStR IV, § 95 Rn. 21; *J. Isensee*, HStR³ VI, § 126 Rn. 133 Fn. 363; zur Diskussion *Stern*, Staatsrecht I, S. 711 f.

lich sein, daß sich der Weg über Art. 28 III GG als entbehrlich erweist, da den in Betracht kommenden Rechtsträgern Wege zur Verfügung stehen, die Nichteinhaltung der in Art. 28 III GG in Bezug genommenen Grundsätze unmittelbar prüfen zu lassen[771]. Befürchtet etwa ein **Land** eine Störung seiner Ordnung durch einen »Garantiefall« im Nachbarland, so versprechen ein Länderstreit nach Art. 93 I Nr. 4 2. Alt. GG bzw. ein Normenkontrollverfahren nach Art. 93 I Nr. 2 GG schnellere Abhilfe als die umständliche Konstruktion eines Anspruchs gegen den Bund und damit auf Einleitung eines weiteren Verfahrens[772]. Die Selbstverwaltungsrechte von **Gemeinden und Gemeindeverbänden** sind in umfassender Weise »wehrfähig« (→ Rn. 99 f.); neben gerichtlichen Rechtsschutzmöglichkeiten treten spezifische Schutzmechanismen nach Art der landes- oder (subsidiär) bundesrechtlichen Kommunalverfassungsbeschwerde[773]. Gegen einen Anspruch des **einzelnen Bürgers** schließlich spricht die Stellung des Art. 28 GG im Bund-Länder-Abschnitt des Grundgesetzes[774]; sein individuelles Interesse am Bestand der durch Art. 28 GG gewährleisteten Rechtsgüter ist im Falle eigener Betroffenheit durch gerichtlichen Rechtsschutz und letztlich im Wege der Verfassungsbeschwerde durchsetzbar (→ Art. 2 I Rn. 42).

D. Verhältnis zu anderen GG-Bestimmungen

Zur Gewährleistung von Homogenität zwischen Bund und Ländern wird Art. 28 I GG als Normativbestimmung (→ Rn. 50) ergänzt durch die **Durchgriffsnormen der Bundesverfassung** etwa in Art. 1 III, 21, 25, 28 II, 33, 34 GG (→ Rn. 44, 83), durch Einräumung von Ingerenzrechten an Bundesorgane (Art. 29 II, 35 III, 37, 91 GG), Anweisungen an die Landesstaatsgewalt (z. B. Art. 98 II–V GG; → Art. 98 Rn. 36, 41 ff.), Zustimmungsvorbehalte (etwa Art. 32 III GG), Normen zur Wahrung der Rechtseinheit (Art. 100 III GG) sowie durch (subsidiären) Rückgriff auf Bundeseinrichtungen, z. B. Art. 93 I Nr. 4, 99 GG[775].

173

Inhaltlich steht Art. 28 I GG in einem spezifischen **Korrespondenzverhältnis zu Art. 20 I–III und 79 III GG** bzw. zu den darin garantierten Verfassungsprinzipien (→ Rn. 53, 54 ff.; → Einf. Rn. 16). Unter die Ewigkeitsgarantie fällt auch die dem Art. 28 I GG zugrundeliegende Verfassungsautonomie der Länder (→ Rn. 46; → Art. 79 III

174

---

[771] Treffend *Löwer* (Fn. 127), Art. 28 Rn. 117; ähnlich *Menzel*, Landesverfassungsrecht (Fn. 7), S. 318; *A. Dittmann*, HStR³ VI, § 127 Rn. 39, 41.

[772] Für einen Anspruch verfassungstreuer Länder aber *Stern* (Fn. 14), Art. 28 Rn. 191; ähnlich Jarass/*Pieroth*, GG, Art. 28 Rn. 16; *Bothe* (Fn. 765), Art. 28 Abs. 3 Rn. 1; *H. Bethge*, AöR 110 (1985), 169 (179 f.); lediglich einen Anspruch auf rechtsfehlerfreie Entscheidung postuliert *Rühmann* (Fn. 104), Art. 28 III Rn. 206. Unentschieden *Nierhaus* (Fn. 145), Art. 28 Rn. 99; ablehnend *Frowein*, Bundesaufsicht (Fn. 759), S. 71.

[773] Für einen Anspruch der Gemeinden *A. Köttgen*, Die Gemeinde und der Bundesgesetzgeber, 1957, S. 17; *Frowein*, Bundesaufsicht (Fn. 759), S. 71; Jarass/*Pieroth*, GG, Art. 28 Rn. 16. *Stern* (Fn. 14), Art. 28 Rn. 189 (vgl. dens., Staatsrecht I, S. 419, 711 f.) hält eine Anspruch zwar für gegeben, aber »mangels verfassungsgerichtlicher Generalklausel nicht durchsetzbar«; differenzierend *Rühmann* (Fn. 104), Art. 28 III Rn. 205: gegen Beeinträchtigungen durch das »eigene« Land bestehe ein Anspruch auf rechtsfehlerfreie Entscheidung über die Ausübung der Gewährleistung; gegenüber anderen Ländern stehe das Sitzland in der Pflicht. – Gegen einen subjektiven Anspruch außer den in Fn. 770 Genannten *Röhl*, Kommunalrecht (Fn. 27), Rn. 58.

[774] BVerfGE 1, 208 (236); 6, 104 (111); *Rühmann* (Fn. 104), Art. 28 III Rn. 204. A.A. *Stern* (Fn. 14), Art. 28 Rn. 192; für einen Anspruch letztlich *H. Bethge*, AöR 110 (1985), 169 (180 ff.).

[775] *Stern* (Fn. 14), Art. 28 Rn. 9; Zusammenstellung der homogenitätssichernden Vorschriften auch bei *Hesse*, Bundesstaat (Fn. 237), Sp. 322 f.

Rn. 48). Als *lex specialis* schließt das Homogenitätsgebot in dem von ihm eröffneten Freiraum **Art. 31 GG** aus (→ Rn. 44, 59; → Art. 31 Rn. 19, 30); bei einem Verstoß der Länder gegen die darin niedergelegten Grundsätze folgt die Nichtigkeit der Landesnormen unmittelbar aus Art. 28 I GG (→ Rn. 73; → Art. 31 Rn. 30, 55).

175 Die Vorgaben für das Wahlrecht in Ländern und Kommunen stellen sich als Konkretisierungen des demokratischen Prinzips dar (→ Rn. 61). Im einzelnen verweist Art. 28 I 2 GG auf die Wahlrechtsgrundsätze des **Art. 38 I GG** (→ Rn. 61), während Art. 28 I 3 GG mit dem Wahlrecht für EU-Bürger der Öffnung des Grundgesetzes für die **europäische Integration** Ausdruck verleiht (→ Rn. 20, 27, 69 ff.; → Art. 20 [Demokratie], Rn. 52; → Art. 23 Rn. 35, 57); Art. 28 I 4 GG ist eines der seltenen Beispiele für (freilich auf die Gemeinde beschränkte) direktdemokratische Entscheidungsformen im Grundgesetz (→ Rn. 75; → Art. 20 [Demokratie], Rn. 101). Eine mögliche Einschränkung des Art. 28 I 2 GG folgt aus Art. 137 I GG (→ Rn. 61; → Art. 137 Rn. 9, 16).

176 Die in Art. 28 II GG garantierte und mit unmittelbarer Wirkung gegen alle anderen Hoheitsträger (→ Rn. 97) versehene subjektive Rechtsstellung der Kommunen wird bundesverfassungsrechtlich abgesichert durch die sog. **Kommunalverfassungsbeschwerde** gem. Art. 93 I Nr. 4b GG (→ Rn. 99; → Art. 93 Rn. 87). Fragen der Zuweisung von Aufgaben an die Kommunen per Bundesgesetz sowie der Aufgabenerweiterung stellen sich seit 2006 nach Maßgabe der **Art. 84 I 7, 85 I 2, 125a I GG** (→ Rn. 88, 112). Die Finanzhoheit der Kommunen besteht innerhalb des von der **Finanzverfassung** vorgegebenen Rahmens (Art. 104a ff. GG; → Rn. 143; → Art. 104a Rn. 31 ff.); eine Spezialregelung für den Verteidigungsfall enthält diesbezüglich Art. 115c III GG (→ Art. 115c Rn. 10). Ein besonderer Fall der Pflicht zur Anhörung der Gemeinden findet sich in Art. 29 VII 3, VIII 2 GG (→ Art. 29 Rn. 34, 36). Die kommunale Selbstverwaltung fällt nicht unter die »Ewigkeitsgarantie« des Art. 79 III GG (→ Rn. 28; → Art. 79 III Rn. 61)[776].

177 Hinsichtlich seiner praktischen Umsetzung verweist **Art. 28 III GG** auf Bundesintervention (→ Art. 35 Rn. 33 ff.; → Art. 87a Rn. 28 ff.; → Art. 91 Rn. 18 ff.), Bundeszwang (→ Art. 37 Rn. 13) und die Anrufung des Bundesverfassungsgerichts (namentlich Art. 93 I Nr. 2, 3 GG).

---

[776] *H.-J. Papier*, DVBl. 2003, 686 (691). Nach BayVerfGHE 53, 81 (94 f.) soll die Selbstverwaltungsgarantie jedoch als Teil der demokratischen Grundlagen des Staates unter das Verfassungsänderungsverbot des Art. 75 I 2 BayVerf. fallen; Kritik an der insgesamt zu extensiven Judikatur des Gerichts bei *F. Wittreck*, JöR 53 (2005), 111 (138 ff.); *H. Dreier*, Gilt das Grundgesetz ewig?, 2009, S. 72 ff.

Artikel 29 [Neugliederung des Bundesgebietes]

(1) ¹Das Bundesgebiet kann neu gegliedert werden, um zu gewährleisten, daß die Länder nach Größe und Leistungsfähigkeit die ihnen obliegenden Aufgaben wirksam erfüllen können. ²Dabei sind die landsmannschaftliche Verbundenheit, die geschichtlichen und kulturellen Zusammenhänge, die wirtschaftliche Zweckmäßigkeit sowie die Erfordernisse der Raumordnung und der Landesplanung zu berücksichtigen.

(2) ¹Maßnahmen zur Neugliederung des Bundesgebietes ergehen durch Bundesgesetz, das der Bestätigung durch Volksentscheid bedarf. ²Die betroffenen Länder sind zu hören.

(3) ¹Der Volksentscheid findet in den Ländern statt, aus deren Gebieten oder Gebietsteilen ein neues oder neu umgrenztes Land gebildet werden soll (betroffene Länder). ²Abzustimmen ist über die Frage, ob die betroffenen Länder wie bisher bestehenbleiben sollen oder ob das neue oder neu umgrenzte Land gebildet werden soll. ³Der Volksentscheid für die Bildung eines neuen oder neu umgrenzten Landes kommt zustande, wenn in dessen künftigem Gebiet und insgesamt in den Gebieten oder Gebietsteilen eines betroffenen Landes, deren Landeszugehörigkeit im gleichen Sinne geändert werden soll, jeweils eine Mehrheit der Änderung zustimmt. ⁴Er kommt nicht zustande, wenn im Gebiet eines der betroffenen Länder eine Mehrheit die Änderung ablehnt; die Ablehnung ist jedoch unbeachtlich, wenn in einem Gebietsteil, dessen Zugehörigkeit zu dem betroffenen Land geändert werden soll, eine Mehrheit von zwei Dritteln der Änderung zustimmt, es sei denn, daß im Gesamtgebiet des betroffenen Landes eine Mehrheit von zwei Dritteln die Änderung ablehnt.

(4) Wird in einem zusammenhängenden, abgegrenzten Siedlungs- und Wirtschaftsraum, dessen Teile in mehreren Ländern liegen und der mindestens eine Million Einwohner hat, von einem Zehntel der in ihm zum Bundestag Wahlberechtigten durch Volksbegehren gefordert, daß für diesen Raum eine einheitliche Landeszugehörigkeit herbeigeführt werde, so ist durch Bundesgesetz innerhalb von zwei Jahren entweder zu bestimmen, ob die Landeszugehörigkeit gemäß Absatz 2 geändert wird, oder daß in den betroffenen Ländern eine Volksbefragung stattfindet.

(5) ¹Die Volksbefragung ist darauf gerichtet festzustellen, ob eine in dem Gesetz vorzuschlagende Änderung der Landeszugehörigkeit Zustimmung findet. ²Das Gesetz kann verschiedene, jedoch nicht mehr als zwei Vorschläge der Volksbefragung vorlegen. ³Stimmt eine Mehrheit einer vorgeschlagenen Änderung der Landeszugehörigkeit zu, so ist durch Bundesgesetz innerhalb von zwei Jahren zu bestimmen, ob die Landeszugehörigkeit gemäß Absatz 2 geändert wird. ⁴Findet ein der Volksbefragung vorgelegter Vorschlag eine den Maßgaben des Absatzes 3 Satz 3 und 4 entsprechende Zustimmung, so ist innerhalb von zwei Jahren nach der Durchführung der Volksbefragung ein Bundesgesetz zur Bildung des vorgeschlagenen Landes zu erlassen, das der Bestätigung durch Volksentscheid nicht mehr bedarf.

(6) ¹Mehrheit im Volksentscheid und in der Volksbefragung ist die Mehrheit der abgegebenen Stimmen, wenn sie mindestens ein Viertel der zum Bundestag Wahlberechtigten umfaßt. ²Im übrigen wird das Nähere über Volksentscheid, Volksbegehren und Volksbefragung durch ein Bundesgesetz geregelt; dieses kann auch vorsehen, daß Volksbegehren innerhalb eines Zeitraumes von fünf Jahren nicht wiederholt werden können.

(7) ¹Sonstige Änderungen des Gebietsbestandes der Länder können durch Staatsverträge der beteiligten Länder oder durch Bundesgesetz mit Zustimmung des Bundesra-

Art. 29

tes erfolgen, wenn das Gebiet, dessen Landeszugehörigkeit geändert werden soll, nicht mehr als 50 000 Einwohner hat. ²Das Nähere regelt ein Bundesgesetz, das der Zustimmung des Bundesrates und der Mehrheit der Mitglieder des Bundestages bedarf. ³Es muß die Anhörung der betroffenen Gemeinden und Kreise vorsehen.

(8) ¹Die Länder können eine Neugliederung für das jeweils von ihnen umfaßte Gebiet oder für Teilgebiete abweichend von den Vorschriften der Absätze 2 bis 7 durch Staatsvertrag regeln. ²Die betroffenen Gemeinden und Kreise sind zu hören. ³Der Staatsvertrag bedarf der Bestätigung durch Volksentscheid in jedem beteiligten Land. ⁴Betrifft der Staatsvertrag Teilgebiete der Länder, kann die Bestätigung auf Volksentscheide in diesen Teilgebieten beschränkt werden; Satz 5 zweiter Halbsatz findet keine Anwendung. ⁵Bei einem Volksentscheid entscheidet die Mehrheit der abgegebenen Stimmen, wenn sie mindestens ein Viertel der zum Bundestag Wahlberechtigten umfaßt; das Nähere regelt ein Bundesgesetz. ⁶Der Staatsvertrag bedarf der Zustimmung des Bundestages.

Literaturauswahl

Bundesminister des Innern (Hrsg.): Die Neugliederung des Bundesgebietes. Gutachten des von der Bundesregierung eingesetzten Sachverständigenausschusses [Luther-Gutachten], 1955.

Bundesminister des Innern (Hrsg.): Sachverständigenkommission für die Neugliederung des Bundesgebiets [Ernst-Gutachten]. Vorschläge zur Neugliederung des Bundesgebiets gemäß Art. 29 des Grundgesetzes, 1973.

Dietlein, Johannes: Länderfusion und verfassunggebende Gewalt »in statu nascendi«. Ein Beitrag zur Auslegung der Art. 29 Abs. 8 und Art. 118a GG, in: Der Staat 38 (1999), S. 547–567.

Erbguth, Wilfried: Die Neugliederung des Bundesgebiets: eine Standortbestimmung, in: JZ 2011, S. 433–438.

Ernst, Werner: Gedanken zur Neugliederung des Bundesgebietes als Planungsaufgabe des Bundes, in: Festschrift für Werner Hoppe, 2000, S. 255–270.

Greulich, Susanne: Länderneugliederung nach dem Grundgesetz. Entwicklungsgeschichte und Diskussion der Länderneugliederungsoption nach dem Grundgesetz, 1995.

Hennings, Almuth: Der unerfüllte Verfassungsauftrag. Die Neugliederung des Bundesgebietes im Spannungsfeld politischer Interessengegensätze, 1983.

Hinsch, Andreas: Neugliederung des Bundesgebiets und europäische Regionalisierung, 2002.

Keunecke, Ulrich: Die gescheiterte Neugliederung Berlin-Brandenburg, 2001.

Klatt, Hartmut: Länder-Neugliederung: Eine staatspolitische Notwendigkeit, in: ZBR 1997, S. 137–149.

Leonardy, Uwe: Die Neugliederung des Bundesgebietes: Auftrag des Grundgesetzes, in: Karl Eckart/Helmut Jenkis (Hrsg.), Föderalismus in Deutschland, 2001, S. 9–35.

Leonardy, Uwe: Die Rollen des Ganzen und der Teile in bundesstaatlichen Territorialreformen: Ein Verfassungsvergleich zur Länderneugliederung, in: ZParl. 44 (2013), S. 329–348.

Meyer-Teschendorf, Klaus G.: Neugliederung und Bundesverfassung. Vom verbindlichen Verfassungsauftrag zur staatsvertraglichen Option, in: Festschrift für Josef Isensee, 2002, S. 341–355.

Rutz, Werner: Die Gliederung der Bundesrepublik Deutschland in Länder. Ein neues Gesamtkonzept für den Gebietsbestand nach 1990, 1995.

Sanden, Joachim: Die Weiterentwicklung der föderalen Strukturen der Bundesrepublik Deutschland. Staatsrechtliche Studien zu einem postmodernen Ansatz der Bundesstaatsreform, 2005.

Schiffers, Reinhard: Weniger Länder – mehr Föderalismus? Die Neugliederung des Bundesgebiets im Widerstreit der Meinungen 1948/49–1990. Eine Dokumentation, 1996.

Schmidt-Jortzig, Edzard: Neugliederung des Bundesgebiets. Verfassungsreformanstrengungen und die Mitwirkung des Jubilars dabei, in: Festschrift für Rupert Scholz, 2007, S. 729–746.

Timmer, Reinhard: Neugliederung des Bundesgebiets und künftige Entwicklung des föderativen Systems, in: Festschrift für Werner Ernst, 1980, S. 463–500.

Würtenberger, Thomas: Neugliederung, in: HStR³ VI, § 132, S. 413–454.

Leitentscheidungen des Bundesverfassungsgerichts

BVerfGE 5, 34 (38ff.) – Baden-Abstimmung; 13, 54 (73ff.) – Neugliederung Hessen; 49, 15 (19ff.) – Volksentscheid Oldenburg; 96, 139 (149ff.) – Volksbegehren Franken.

Gliederung   Rn.

A. Herkunft, Entstehung, Entwicklung	1
I. Ideen- und verfassungsgeschichtliche Aspekte	1
II. Entstehung und Veränderung der Norm	3
B. Internationale, supranationale und rechtsvergleichende Bezüge	7
I. Internationale Bezüge	7
II. Supranationale Bezüge	8
III. Rechtsvergleichende Hinweise	9
C. Erläuterungen	10
I. Allgemeine Bedeutung	10
1. Stellung in der grundgesetzlichen Ordnung	11
2. Praktische Bedeutung und Neugliederungsdebatte	14
II. Neuordnungsbefugnis des Bundesgesetzgebers (Art. 29 I–III GG)	15
1. Tatbestand der Neugliederung	16
2. Neugliederungsermessen und -kriterien	17
a) Neugliederungsziel (Art. 29 I 1 GG)	18
b) Richtbegriffe (Art. 29 I 1, 2 GG)	19
3. Neugliederungsverfahren	21
III. Volksinitiative (Art. 29 IV–V GG)	28
1. Neugliederungsraum	29
2. Realisierung	30
IV. Sonstige Gebietsänderungen (Art. 29 VII GG)	33
V. Neugliederung durch Staatsvertrag (Art. 29 VIII GG)	35
VI. Rechtsschutz	37
D. Verhältnis zu anderen GG-Bestimmungen	38

Stichwörter

Anhörungsrecht 21, 36 – Ausführungsgesetze 25, 34 – Baden-Württemberg 13f., 38 – Berlin/Brandenburg 6, 13, 38 – Besatzungszonen 3f. – Bestandsschutz 11, 17 – Bürgerbeteiligung 12 – Bundesstaat 1, 11f. – Demokratie 1, 12 – Eigenstaatlichkeit 11 – Einheitlichkeit der Lebensverhältnisse 1 – Ernst-Kommission 5 – Euler-Ausschuss 5 – Europäische Dimension 1, 8, 18 – Existenzgarantie 11, 17 – Finanzausgleich 1, 18, 38 – Föderalismus 1, 14 – Föderalismuskommissionen 6 – Gebietsänderungen 12f., 16, 33f. – Grenzkorrekturen 6 – Karenzregelung 25 – Kooperation 1, 16 – Länderaufteilung 16 – Länderfusion 16 – Landesplanung 19f., 29 – Leistungsfähigkeit 1, 8, 14, 18 – Luther-Kommission 5 – Neugliederung (Begriff) 16 – Neugliederung (Debatte) 1, 14 – Neugliederung (Ermessen) 17, 37 – Neugliederung (Leitlinien) 19f. – Neugliederung (Verfahren) 21ff., 35f. – Neugliederung (Ziel) 18 – Raumordnung 1, 19f., 29 – Rechtsschutz 32, 37 – Richtbegriffe 17, 19f. – Saarland 14 – Schuldenbremse 14 – Selbstbestimmungsrecht 7, 12 – Staatsqualität der Länder 11 – Staatsvertrag(soption) 11, 14, 33, 35f. – Verfassungsauftrag zur Neugliederung 3, 5f., 17 – Volksbefragung 30f. – Volksbegehren 5, 25, 30 – Volksbegriff 12 – Volksentscheid 12, 22, 24ff., 36 – Volksinitiative 12, 28ff. – Wettbewerbsföderalismus 1.

A. Herkunft, Entstehung, Entwicklung

I. Ideen- und verfassungsgeschichtliche Aspekte

Art. 29 GG eröffnet die Möglichkeit von **Änderungen im Bestand und Gebiet der Länder** und regelt **Kompetenzverteilung, Voraussetzungen und Verfahren**. Die Ausgestal- 1 tung der Neugliederungsoption reflektiert die Stellung der Länder im Bundesstaat und muss gesamt- und gliedstaatliche Interessen ausbalancieren (→ Rn. 11); ihre Aktualisierung betrifft ein Geflecht widerstreitender und unterschiedlich gewichtbarer staatstheoretischer, verwaltungspraktischer, kultureller und sozio-ökonomischer **Parameter**, was die Kontroversen um ihre Notwendigkeit (→ Rn. 14), aber auch die Erfolglosigkeit entsprechender Initiativen (→ Rn. 5) erklärt[1]: So setzen die Fähigkeit zur Erfüllung der Aufgaben im Inneren, aber auch auf Bundes- und EU-Ebene (Art. 50 GG) sowie die Wahrung des institutionellen Gleichgewichts von Bund und Ländern finanziell und politisch-administrativ leistungsfähige Länder voraus. Auch mag eine gewisse Mindestgröße die effiziente Aufgabenerledigung befördern. Die demokratische Bilanz erscheint ambivalent: Mögen kleinere Einheiten wegen der größeren Bürgernähe positiv wirken, vermag doch auch eine Schwächung aus nicht leistungsfähigen Einheiten resultieren. Bei Betonung des Werts einheitlicher Lebensverhältnisse sowie des Wettbewerbsföderalismus bestimmt die Schaffung gleich leistungsfähiger Einheiten den Zuschnitt. Letzterer kann auch mit dem Ziel, ökonomisch, kulturell, geschichtlich bzw. landsmannschaftlich zusammengehörende Einheiten zu bilden, erfolgen, auch im Interesse der Raumplanung. Von Bedeutung sind ferner die Bewertung der Vielfalt und Kontinuität im Bundesstaat, von Alternativen zur Neugliederung (Finanzausgleich oder Länderkooperation) sowie ihrer Effekte (so mag man etwa die Frage stellen, ob ein früheres Gefälle zwischen den Ländern nicht nur internalisiert wird).

2   **Verfassungsgeschichtlich** sah erstmals **Art. 18 WRV** eine **Befugnis des Bundes** zu einer Neugliederung des Bundesgebietes vor[2], während noch die RV (1871) die Bundesstaaten garantierte (vgl. Art. 1)[3]. Art. 18 WRV ermöglichte eine Neugliederung **auch gegen den Willen der betroffenen Länder**, setzte dann aber ein verfassungsänderndes Reichsgesetz voraus[4]. Sie sollte »unter möglichster Berücksichtigung des Willens der beteiligten Bevölkerung« erfolgen, war aber auch dagegen möglich[5], und verfolgte das Ziel, »der wirtschaftlichen und kulturellen Höchstleistung des Volkes [zu] dienen.« Hintergrund war, zum einen eine Aufteilung Preußens wegen dessen Übergewichts zu ermöglichen und zum anderen größere sowie leistungsfähigere Länder zu schaffen[6]. Trotz Reformplänen erlangte die Vorschrift in der Weimarer Zeit nur mit Blick auf das zweite Ziel praktische Bedeutung, indem die Zahl der Länder, namentlich durch die Schaffung des Landes Thüringen und die Angliederung Coburgs an

---

[1] Dazu und zum Folgenden T. *Würtenberger*, HStR[3] VI, § 132 Rn. 2 ff.; ferner *H.P. Bull*, NordÖR 2003, 438 (439 ff.); *W. Ernst*, DVBl. 1991, 1024 (1027 ff.); *K.-A. Schwarz*, Länderneugliederungen – ein Beitrag zur Reform der bundesstaatlichen Ordnung?, in: I. Härtel (Hrsg.), Handbuch Föderalismus, Bd. 2, 2012, § 47 Rn. 4, 17 f., 32 ff.

[2] Näher *O. Altenberg*, AöR 40 (1921), 173 ff.; *J. Dietlein*, in: BK, Art. 29 (2002), Rn. 3; *S. Greulich*, Länderneugliederung und Grundgesetz, 1995, S. 17 ff.; *A. Hennings*, Der unerfüllte Verfassungsauftrag, 1983, S. 30 ff.; *T. Maunz/R. Herzog/R. Scholz*, in: Maunz/Dürig, GG, Art. 29 (1996), Rn. 1 f.; *S. Oeter*, Integration und Subsidiarität im deutschen Bundesstaatsrecht, 1998, S. 57 ff.; zu den erfolgten Änderungen vor Inkrafttreten des Grundgesetzes im Überblick *Dietlein*, ebd., Rn. 94.

[3] *Dietlein* (Fn. 2), Art. 29 Rn. 2; *R. Schiffers*, Weniger Länder – mehr Föderalismus?, 1996, S. 11 f.; *B. Schöbener*, in: Friauf/Höfling, GG, Art. 29 (2006), Rn. 1. Zur Entwicklung auch zuvor *W. Ernst*, DVBl. 1991, 1024 (1025); *Hennings*, Verfassungsauftrag (Fn. 2), S. 25 ff.

[4] Dies für verfassungswidrig erachtend *H. Nawiasky*, Bayerisches Verfassungsrecht, 1923, S. 34 f.

[5] *O. Altenberg*, AöR 40 (1921), 173 (187); *[H.] Lucas*, AöR 42 (1922), 50 (52).

[6] *Dietlein* (Fn. 2), Art. 29 Rn. 3; *Schöbener* (Fn. 3), Art. 29 Rn. 3.

Bayern (beide 1920[7]) von 26 auf 17 reduziert werden konnte[8]; im **Dritten Reich** erfolgte neben kleineren Gebietsänderungen eine Reduktion der Zahl der Länder um zwei[9].

II. Entstehung und Veränderung der Norm

Obgleich sich Art. 29 GG in seiner heutigen, 1976 grundlegend modifizierten (→ Rn. 6) Fassung als allgemeine Norm zur Neugliederung des Bundesgebiets liest, lag seiner **Ursprungsfassung** ein auch im seinerzeitigen Wortlaut zum Ausdruck kommendes **konkretes Regelungsanliegen** zugrunde, nämlich eine **Revision** des, sieht man einmal von Bayern und den Stadtstaaten ab, »durch mehr oder weniger willkürliche Maßnahmen der Besatzungsmächte« geschaffenen Gebietszuschnitts der 12 Nachkriegs-Länder zu bewirken, in dem diese »unter den Geltungsbereich des Grundgesetzes getreten« waren[10]. Dementsprechend sah Art. 29 GG a.F. nicht nur Modalitäten, sondern auch eine **fristgebundene Handlungspflicht des Bundes** vor (s. insb. Abs. 1 und 6 Satz 1)[11].

3

Im Prozess der **Verfassunggebung** stellte die (allgemein für notwendig erachtete) Neugliederung eine äußerst kontrovers diskutierte Materie dar: So enthielt der **HChE** mangels Konsenses im Konvent **keine Regelung**[12], und auch im **Parlamentarischen Rat** war die Bestimmung **umstritten**, namentlich Kompetenz (Bund oder Länder) und Beteiligung der Länder sowie der Bevölkerung (Initiativrecht, Möglichkeit der Überstimmung Betroffener durch die Gesamtbevölkerung)[13]. Nach Verabschiedung des Grundgesetzes **suspendierten** die Westmächte indes Art. 29 GG wegen befürchteter Auswirkungen auf die Besatzungsgebiete (mit Ausnahme Württemberg-Badens und -Hohenzollerns)[14] bis zum Inkrafttreten des Deutschlandvertrags am 5.5.1955[15].

4

Der ursprüngliche **Verfassungsauftrag zur Neugliederung** blieb umstritten, vor allem aber **unerfüllt**, obgleich es an einer Mahnung des Bundesverfassungsgerichts[16],

5

---

[7] RGBl. I, S. 841 bzw. S. 842.
[8] *Greulich*, Länderneugliederung (Fn. 2), S. 21 ff.; *Hennings*, Verfassungsauftrag (Fn. 2), S. 30 ff.; *Schiffers*, Länder (Fn. 3), S. 12 ff.; *Schöbener* (Fn. 3), Art. 29 Rn. 3; ferner *L. Biewer*, Reichsreformbestrebungen in der Weimarer Republik, 1980, S. 27 ff.; *P. Burg*, Die Neugliederung deutscher Länder, 1996, S. 13 ff.
[9] Näher *U. Bachnick*, Die Verfassungsreformvorstellungen im nationalsozialistischen Deutschen Reich und ihre Verwirklichung, 1995, S. 115 f., 145 ff., 153 f., 162 ff.; *Burg*, Neugliederung (Fn. 8), S. 65 ff.; *Greulich*, Länderneugliederung (Fn. 2), S. 23 f.; *Schiffers*, Länder (Fn. 3), S. 22 ff.
[10] BVerfGE 4, 250 (288 f.). Zum Hintergrund *Dietlein* (Fn. 2), Art. 29 Rn. 5 ff.; *Greulich*, Länderneugliederung (Fn. 2), S. 24 ff.; *P. Kunig*, in: v. Münch/Kunig, GG I, Art. 29 Rn. 2 f.; *Schöbener* (Fn. 3), Art. 29 Rn. 4 ff. Speziell zur Neugliederungsdebatte vor Inkrafttreten des Grundgesetzes einschließlich des nicht realisierten Auftrags der Alliierten an die Ministerpräsidenten (Frankfurter Dokument Nr. II v. 1.7.1948, abgedruckt in JöR 1 [1951], S. 263 f.) *Stern*, Staatsrecht V, S. 1216, 1236 ff.; ferner *Burg*, Neugliederung (Fn. 8), S. 73 ff.; *Hennings*, Verfassungsauftrag (Fn. 2), S. 36 ff.; *Schiffers*, Länder (Fn. 3), S. 26 ff.
[11] Zur Ursprungsfassung *Greulich*, Länderneugliederung (Fn. 2), S. 34 ff.
[12] Parl. Rat II, S. 199 ff., 355, 520 ff., 584.
[13] Im Überblick zur Diskussion JöR 1 (1951), 265 ff.; ferner *C. Abel*, in: Schneider, GG-Dokumentation, Bd. 9. Näher *Dietlein* (Fn. 2), Art. 29 Rn. 9 f.; *Greulich*, Länderneugliederung (Fn. 2), S. 31 ff.; *D.C. Umbach*, in: Umbach/Clemens, GG, Art. 29 Rn. 14 ff.
[14] Ziff. 5 Genehmigungsschreiben zum GG v. 12.5.1949 (Verordnungsblatt für die britische Zone 1949, S. 416).
[15] Dazu auch *Kunig* (Fn. 10), Art. 29 Rn. 3.
[16] BVerfGE 13, 54 (97).

(teils) erfolgreichen Volksbegehren sowie -entscheiden[17], Gesetzesinitiativen[18] und Experten-Vorschlägen (namentlich Euler-Ausschuss [1951]; Luther-Kommission [1952/1955]: keine Änderung; Ernst-Kommission [1970/1973]: Reduktion auf fünf bis sechs Länder)[19] nicht fehlte[20].

6   Art. 29 GG hat **mehrfach Änderungen** erfahren, zunächst zum 23.8.1969 mit dem Hauptziel, eine phasenweise Erfüllung der Neugliederungspflicht zu ermöglichen[21]. Die am **28.8.1976** in Kraft getretene **grundlegende Revision**[22] gab dann das ursprüngliche Regelungsanliegen, eine Korrektur der für zufällig erachteten Grenzziehung in der Nachkriegszeit zu bewirken, mangels Realisierbarkeit sowie wegen der zwischenzeitlichen Etablierung der Länder als politische Einheiten auf, lehnte aber, anders als teils gefordert[23], eine Abschaffung ab[24] und verlieh Art. 29 GG sein **heutiges Regelungskonzept als allgemeine Neugliederungsnorm**. Der strikte Verfassungsauftrag sah sich in eine Neugliederungsoption umgewandelt[25] und deren Ziel nunmehr als Schaffung schlagkräftiger Länder definiert; dementsprechend wurden Leitlinien (»Richtbegriffe«) und Verfahren angepasst. Eine Neugliederung gegen den Willen der betroffenen Bevölkerung sollte nicht mehr zulässig sein. Hinzu kamen die Möglichkeit einer Umgliederung grenzüberschreitender Wirtschaftsräume auf Volksinitiative (vgl. Abs. 4 f. heutige Fassung), von der sich der verfassungsändernde Gesetzgeber Neugliederungsimpulse erhoffte, sowie die Erleichterung kleinerer Gebietsänderungen (vgl. Abs. 7 heutige Fassung). Weitere Änderungen erfolgten schließlich, nachdem die Neugliederungsdebatte im Kontext der **Wiedervereinigung** wieder auffachte[26], zum

---

[17] S. im Überblick Gesetzentwurf der Bundesregierung, BT-Drs. 7/4958, S. 5, sowie *Stern*, Staatsrecht I, S. 243 f. Diese Volksbegehren und -entscheide waren gemäß Art. 29 II 1 GG (1949) in »Gebietsteilen, die bei der Neubildung der Länder nach dem 8. Mai 1945 ohne Volksabstimmung ihre Landeszugehörigkeit geändert haben«, möglich. Sechs der acht 1956 nach Aufhebung der Suspendierung von Art. 29 GG durchgeführten Volksbegehren hatten Erfolg und führten – indes erst 1970 bzw. 1975 – zu Volksentscheiden, bei denen sich in zwei Fällen (Oldenburg und Schaumburg-Lippe) eine Mehrheit für die Wiederherstellung der früheren Länder fand. Wegen des Widerspruchs zu den Zielen des Art. 29 I GG beließ es der Bundesgesetzgeber indes bei der Zugehörigkeit zu Niedersachsen, BGBl. 1976 I S. 45.

[18] S. BT-Drs. IV/834, V/2410, V/2541.

[19] S. die im Literaturverzeichnis aufgeführten Berichte. Näher *Dietlein* (Fn. 2), Art. 29 Rn. 11 ff.; *Greulich*, Länderneugliederung (Fn. 2), S. 43 ff. (Euler-Ausschuss), S. 54 ff. (Luther-Kommission), S. 100 ff. (Ernst-Kommission); zur Ernst-Kommission des Weiteren: *E. Röper*, Der Staat 14 (1975), 305 ff.; *R. Timmer*, Neugliederung des Bundesgebiets und künftige Entwicklung des föderativen Systems, in: FS Ernst, 1980, S. 463 ff. (466 ff.).

[20] Im Überblick *Burg*, Neugliederung (Fn. 8), S. 92 ff.; *W. Gaebe*, ZfWG 14 (1970), 97 (97 ff.); *Greulich*, Länderneugliederung (Fn. 2), S. 43 ff.; *Hennings*, Verfassungsauftrag (Fn. 2), S. 65 ff.; *Maunz/Herzog/Scholz* (Fn. 2), Art. 29 Rn. 4 ff.; *Schiffers*, Länder (Fn. 3), S. 47 ff.; *Umbach* (Fn. 13), Art. 29 Rn. 20 ff.; *T. Würtenberger*, HStR³ VI, § 132 Rn. 30 ff.

[21] 25. Gesetz zur Änderung des GG, BGBl. I S. 1241. Zum Hintergrund Bericht des Rechtsausschusses, BT-Drs. V/4515. Zur Änderungsgeschichte H. Dreier/F. Wittreck (Hrsg.), Grundgesetz, 9. Aufl. 2014, Art. 29 Fn. 4 (S. 33 ff.).

[22] 33. Gesetz zur Änderung des GG, BGBl. I S. 2381. Zum Hintergrund Gesetzentwurf der Bundesregierung, BT-Drs. 7/4958; ferner *Greulich*, Länderneugliederung (Fn. 2), S. 120 ff.; *U. Leonardy*, Die Neugliederung des Bundesgebietes: Auftrag des Grundgesetzes, in: K. Eckart/H. Jenkis (Hrsg.), Föderalismus in Deutschland, 2001, S. 9 ff. (12 ff.).

[23] Vgl. zu Forderungen des bayerischen Ministerpräsidenten Alfons Goppel *Maunz/Herzog/Scholz* (Fn. 2), Art. 29 Rn. 9.

[24] Gesetzentwurf der Bundesregierung, BT-Drs. 7/4958, S. 6 f.

[25] Kritisch zur Umwandlung *I. von Münch*, NJW 2000, 2644 (2644); *Timmer*, Neugliederung (Fn. 19), S. 485 f.; für die Wiedereinführung einer Pflicht auch *W. Ernst*, DVBl. 1991, 1024 (1030).

[26] Im Überblick hierzu *H. Albert*, Die Föderalismusdiskussion im Zuge der deutschen Einigung, in:

15.11.1994 in Umsetzung von **Vorschlägen der GVK**, womit Art. 29 GG seine heutige Gestalt erhielt[27]. Zum einen sollten kleinere Gebietsänderungen gemäß Art. 29 VII GG nochmals erleichtert werden, zum anderen den Ländern selbst auch umfassende Neugliederungen durch Staatsvertrag, freilich nur mit Zustimmung des Bundestages, ermöglicht werden (Art. 29 VIII GG)[28]. Entsprechend dem Auftrag in Art. 5 EV[29] hat der verfassungsändernde Gesetzgeber überdies mit Art. 118a GG eine Sonderregel für die Neugliederung der Länder Berlin und Brandenburg geschaffen (→ Art. 118a Rn. 1 ff.). Zur Agenda der 2003/2004 tagenden **Föderalismuskommission I** rechnete die Neugliederungsfrage nicht[30]; die **Föderalismuskommission II** (2007–2009) nahm sie in das Programm auf, ohne dass Ergebnisse erzielt worden wären[31].

B. Internationale, supranationale und rechtsvergleichende Bezüge

I. Internationale Bezüge

Die Binnengliederung Deutschlands unterliegt nicht dem Völkerrecht[32]. Mit Blick auf die Landesvölker kann das **Selbstbestimmungsrecht der Völker** Bedeutung erlangen (Art. 1 Nr. 2 SVN)[33]. Das Bundesverfassungsgericht hat dieses indes für in die bundesstaatliche Struktur eingebunden und damit nicht verabsolutierbar erachtet[34]. Nachdem Art. 29 GG in seiner heutigen Fassung keine Neugliederung entgegen dem Willen der betroffenen Bevölkerung gestattet, sind jedenfalls keine Konflikte zu besorgen.

7

II. Supranationale Bezüge

Auch das Unionsrecht formuliert **keine Anforderungen an die territoriale Struktur der Mitgliedstaaten**, achtet vielmehr deren »nationale Identität, die in ihren grundlegenden politischen und verfassungsmäßigen Strukturen einschließlich der regionalen und lokalen Selbstverwaltung zum Ausdruck kommt« (Art. 4 II 1 EUV; → Art. 23 Rn. 15,

8

K. Bohr (Hrsg.), Föderalismus. Demokratische Struktur für Deutschland und Europa, 1992, S. 1 ff. (13 ff., 17 ff.); *Dietlein* (Fn. 2), Art. 29 Rn. 17 ff.; *Greulich*, Länderneugliederung (Fn. 2), S. 135 ff.; *H. Klatt*, VerwArch. 82 (1991), 430 (447 ff.); *Maunz/Herzog/Scholz* (Fn. 2), Art. 29 Rn. 10; *Schiffers*, Länder (Fn. 3), S. 83 ff.; *T. Würtenberger*, HStR³ VI, § 132 Rn. 42 ff. Befürwortend etwa die BReg., ablehnend die alten Länder, vgl. BR-Drs. 551/2/90 und die Materialien bei *Albert*, ebd., S. 22 ff.

[27] BGBl. I, S. 3146. Näher *Dietlein* (Fn. 2), Art. 29 Rn. 19 f.; *Maunz/Herzog/Scholz* (Fn. 2), Art. 29 Rn. 11 f., 123 ff.; *K. G. Meyer-Teschendorf*, DÖV 1993, 889.

[28] Bericht der GVK, BT-Drs. 12/6000, S. 43 ff.; ferner Gesetzentwurf der Fraktionen CDU/CSU, SPD und F.D.P., BT-Drs. 12/6633, S. 8. Zum Hintergrund auch *U. Berlit*, JöR 44 (1996), 17 (45 ff.); *Greulich*, Länderneugliederung (Fn. 2), S. 157 ff.

[29] Hierzu *Greulich*, Länderneugliederung (Fn. 2), S. 154 ff.

[30] BT/BR (Hrsg.), Dokumentation der Kommission von Bundestag und Bundesrat zur Modernisierung der bundesstaatlichen Ordnung, Zur Sache 1/2005, S. 988 ff. S. auch *K.G. Meyer-Teschendorf*, in: v. Mangoldt/Klein/Starck, GG II, Art. 29 Rn. 18.

[31] BT/BR (Hrsg.), Die gemeinsame Kommission von Bundestag und Bundesrat zur Modernisierung der Bund-Länder-Finanzbeziehungen. Die Beratungen und ihre Ergebnisse, 2010, S. 307 ff. Vgl. auch Ziff. 7 der Anlage zum Einsetzungsbeschluss, BR-Drs. 913/06 (Beschluss): »Verstärkte Zusammenarbeit und Möglichkeiten zur Erleichterung des freiwilligen Zusammenschlusses von Ländern«.

[32] *Pernice* → Bd. II², Art. 29 Rn. 7.

[33] *Maunz/Herzog/Scholz* (Fn. 2), Art. 29 Rn. 18. A.A. (Landesvölker kein Träger) *Dietlein* (Fn. 2), Art. 29 Rn. 23; *T. Würtenberger*, HStR³ VI, § 132 Rn. 78. S. allg. *M. Herdegen*, Völkerrecht, 12. Aufl. 2013, § 36 Rn. 1 ff.

[34] BVerfGE 1, 14 (50).

89). Freilich kommt der europäischen Integration insofern (mittelbar) Bedeutung für die Frage einer Neugliederung zu, als die Wahrnehmung der den Ländern zukommenden Mitwirkungsrechte am Integrationsprozess (→ Art. 23 Rn. 136 ff.) leistungsfähige Länder voraussetzt (→ Rn. 18)[35].

III. Rechtsvergleichende Hinweise

9 Bundesstaatliche Verfassungen weltweit[36] enthalten **vielfach Bestimmungen** zu Bestands- und Gebietsänderungen der Gliedstaaten[37]. Einige Verfassungen lassen, wie Art. 29 GG, Neugliederungen **ohne Zustimmung der betroffenen Länder** zu, teils sogar, anders als Art. 29 GG, ohne Beteiligung der Bevölkerung (Art. 3 Verf. Indiens; ferner Art. 73 Verf. Mexikos). Andere Verfassungen fordern zwar kein Referendum, aber eine **Zustimmung der betroffenen Länder** (Art. 124 Verf. Australiens; Art. 2 f. österr. Verf.; Art. IV Sec. 3 Verf. USA). Am strengsten ist die Schweizer Regelung in Art. 53 BV, die für Bestandsänderungen die »Zustimmung der betroffenen Bevölkerung, der betroffenen Kantone sowie von Volk und Ständen« fordert (Abs. 1) und für Gebietsänderungen die »Zustimmung der betroffenen Bevölkerung und der betroffenen Kantone« sowie die »Genehmigung durch die Bundesversammlung« (Abs. 2). **Länderautonome Änderungen** sind wie in Art. 29 GG ausgeschlossen, wobei sich Ausnahmen für Grenzbereinigungen (vgl. auch Art. 29 VII GG) finden (Art. 53 IV BV; Art. 116 Verf. Mexikos; Art. 3 III 2 österr. Verf.). Im **Landesverfassungsrecht** erklärt Art. 178 Satz 2 Verf. Bayerns die Wahrung der Eigenstaatlichkeit zur Grundlage der Mitgliedschaft im deutschen Bundesstaat[38].

C. Erläuterungen

I. Allgemeine Bedeutung

10 Art. 29 GG ermöglicht die Neugliederung des Bundesgebiets und sieht hierfür **mehrere Varianten** vor[39]. Erstens normiert Art. 29 I, II GG eine entsprechende **Befugnis des Bundesgesetzgebers**, »um zu gewährleisten, daß die Länder nach Größe und Leistungsfähigkeit die ihnen obliegenden Aufgaben wirksam erfüllen können«; ihre Aktualisierung setzt eine Anhörung der betroffenen Länder und eine Bestätigung durch

---

[35] S. *H. Klatt*, ZBR 1997, 137 (149); *Kunig* (Fn. 10), Art. 29 Rn. 60; *Umbach* (Fn. 13), Art. 29 Rn. 143 ff. A.A. *P. Bohley*, Chancen und Gefährdungen des Föderalismus, in: Bohr (Fn. 26), S. 31 ff. (72 f., 80).

[36] Vergleichend *U. Leonardy*, ZParl. 44 (2013), 329 ff.; *L. Wildhaber*, Bestandsänderungen in Bundesstaaten, in: FS Bernhardt, 1995, S. 905 ff. (908 ff.); ferner *W. Fetscherin*, Änderungen im Bestand der Gliedstaaten in Bundesstaaten der Gegenwart, 1973; *W. Rudolf*, DÖV 1971, 28 (29 f.).

[37] S. nur Art. 46 ff. Verf. Äthiopiens; Art. 124 Verf. Australiens; Art. 4 III, 7 Verf. Belgiens; Art. 18 III Verf. Brasiliens; Art. 53 BV; Art. 3 Verf. Indiens; Art. 45, 73, 116 Verf. Mexikos; Art. 8 Verf. Nigerias; Art. 2 f. österr. Verf.; Art. IV Sec. 3 Verf. USA.

[38] Zu dieser Bestimmung *W. Brechmann*, in: T. Meder/W. Brechmann (Hrsg.), Die Verfassung des Freistaates Bayern, 6. Aufl. 2014, Art. 178; *J.F. Lindner*, BayVBl. 2014, 97 ff.; ferner *ders.*, BayVBl. 2014, 645 ff. Gegen ein Sezessionsrecht der Länder *J. Isensee*, HStR³ VI, § 126 Rn. 63, 159, 310.

[39] Die konstitutionelle Dimension betonend *P. Lerche*, Föderalismus als nationales Ordnungsprinzip, VVDStRL 21 (1964), S. 66 ff. (96): »Ergänzungsakt der Verfassungsschöpfung; genauer: [...] eine zeitlich nachgesetzte Mitwirkung von verfassungsgeschaffenen Organen am Vorgang der Verfassungsgeburt«. Zur Frage der Rechtsnachfolge *J. Dietlein*, Nachfolge im Öffentlichen Recht, 1999, S. 463 ff., 489 ff.

Volksentscheid mit weit reichenden Vetopositionen voraus (II.). Zweitens kann die Zugehörigkeit eines länderübergreifenden, zusammenhängenden, abgegrenzten Siedlungs- und Wirtschaftsraums mit mindestens einer Million Einwohnern auf **Initiative der Bevölkerung** gemäß Art. 29 IVf. GG geändert werden (III.). Drittens sieht Art. 29 VII GG **kleinräumige Gebietsveränderungen durch Staatsvertrag oder Bundesgesetz** vor (max. 50.000 Einwohner betroffen; IV.). Art. 29 VIII GG gestattet viertens den Ländern, **umfassende Neugliederungen durch Staatsvertrag** – indes nur mit Zustimmung des Bundestages – vorzunehmen (V.).

1. Stellung in der grundgesetzlichen Ordnung

Art. 29 GG hat **fundamentale bundesstaatliche Bedeutung**, reflektiert er doch die **Stellung der Länder im Bundesstaat** sowie deren Staatsqualität und hat er mitunter konfligierende bundes- und gliedstaatliche Interessen auszugleichen[40]. Die dem Bund in Art. 29 I, II GG eröffnete Möglichkeit, im Interesse einer effizienten Aufgabenerfüllung Änderungen im Bestand und Gebiet der Länder auch ohne deren Zustimmung vorzunehmen, was eine Grenze lediglich in der Absage an einen Einheitsstaat findet (Art. 79 III GG; → Rn. 17), weist dem Bund und gesamtstaatlichen Interessen eine starke Rolle zu und hat Deutschland die Qualifikation eines »**labilen Bundesstaates**« eingebracht[41]. Zu berücksichtigen ist freilich, dass kompensatorisch das Erfordernis einer Zustimmung der betroffenen Bevölkerung greift und es seit der Novelle des Jahres 1976 auch nicht mehr möglich ist, die mangelnde Zustimmung der Betroffenen durch einen positiven Volksentscheid im gesamten Bundesgebiet zu überwinden. Hinzu kommt, dass die Zustimmungshürde sehr hoch liegt (vgl. Art. 29 III GG). Damit handelt es sich bislang um eine eher **staatstheoretische Labilität** und ist **Art. 29 GG**, je nach Perspektive, eine **stabilisierende** bzw. **behindernde Funktion** zugekommen[42]. Eine weitere Stärkung der Länder hat die 1994 eingeführte Möglichkeit einer **Neugliederung durch Staatsvertrag** gebracht, die wegen ihrer gesamtstaatlichen Dimension freilich von einer Zustimmung des Bundestages abhängt. 11

Art. 29 GG erweist sich auch als **für das grundgesetzliche Demokratieprinzip relevant**, stellen die für Gebietsänderungen geforderten Volksentscheide (Art. 29 II 1, VIII 3 GG) und die Volksinitiative (Art. 29 IV, V GG) doch den **einzigen Ausdruck direkt-** 12

---

[40] Die Neugliederung als Angelegenheit von Gesamtstaat und Gliedstaaten betonend E. Schmidt-Jortzig, Neugliederung des Bundesgebiets, in: FS Scholz, 2007, S. 729 ff. (736).
[41] BVerfGE 5, 34 (38); ebenso bereits E 1, 14 (48); *J. Isensee*, HStR³ VI, § 126 Rn. 23, 28; *Maunz/Herzog/Scholz* (Fn. 2), Art. 29 Rn. 16. Treffender freilich *v. Münch/Mager*, Staatsrecht I, Rn. 496: »stabiler Bundesstaat mit labilen Bundesländern«; ebenso *Dietlein* (Fn. 2), Art. 29 Rn. 23; *Meyer-Teschendorf* (Fn. 30), Art. 29 Rn. 2; *Pernice* → Bd. II², Art. 29 Rn. 12. Kritisch zur Kompetenz des Gesamtstaates ohne substantielle Länderbeteiligung *A. Hinsch*, Neugliederung des Bundesgebiets und europäische Regionalisierung, 2002, S. 85 f.
[42] Die Stabilisierungsfunktion betonend *J. Dietlein*, Der Staat 38 (1999), 547 (550); *M. Herdegen*, Neugliederung des Bundesgebietes im Spannungsfeld zwischen staatsrechtlicher Kontinuität und Effizienzerwartung, in: Bohr (Fn. 26), S. 123 ff. (127); *J. Isensee*, HStR³ VI, § 126 Rn. 28: »Veränderungssperre«; *Leonardy*, Neugliederung (Fn. 22), S. 34: »Reformverhinderungskonze[pt]«; *ders.*, ZParl. 44 (2013), 329 (343); *K.G. Meyer-Teschendorf*, DÖV 1993, 889 (890 f.); *Oeter*, Integration (Fn. 2), S. 400 ff.; *K. Rennert*, Der Staat 32 (1993), 269 (275): »Neugliederungs-Verhinderungsvorschrift«; *Schmidt-Jortzig*, Neugliederung (Fn. 40), S. 734; *Schöbener* (Fn. 3), Art. 29 Rn. 28, 114; *T. Würtenberger*, HStR³ VI, § 132 Rn. 77. Politische Widerstände als Hauptursache nennen *Umbach* (Fn. 13), Art. 29 Rn. 140. Kritisch (Etikettenschwindel) *Greulich*, Länderneugliederung (Fn. 2), S. 129 ff., 163 ff.

demokratischer Elemente im Grundgesetz dar (allg., kritisch zum Begriff »Volksentscheid« und für eine föderale Deutung → Art. 20 [Demokratie] Rn. 20ff., 57f., 93, 99ff.)[43]. Hierin kommt das im deutschen Bundesstaat auch den Völkern der Länder zustehende **Selbstbestimmungsrecht** zum Ausdruck, das freilich bundesstaatlich eingehegt ist[44]. Zwar ist seit der GG-Novelle 1976 keine Überwindung des Willens der betroffenen Bevölkerungsteile durch den Mehrheitswillen des deutschen Volkes mehr möglich (→ Rn. 11); indes sperrt Art. 29 GG landesautonome Gebietsänderungen. Überdies liegt Art. 29 GG ein variabler Volksbegriff zugrunde, indem er sich nicht nur auf das Landesvolk bezieht, sondern auch auf die Bevölkerung in Landesteilen sowie in landesübergreifenden Gebieten (Abs. 4)[45].

13 Neben Art. 29 GG stehen der mit Bildung des Landes Baden-Württemberg im Jahre 1952 gegenstandslos gewordene **Art. 118 GG** (→ Art. 118 Rn. 8) und **Art. 118a GG**, der eine »Neugliederung in dem die Länder Berlin und Brandenburg umfassenden Gebiet [...] abweichend von den Vorschriften des Artikels 29 unter Beteiligung ihrer Wahlberechtigten durch Vereinbarung beider Länder« ermöglicht und seine Bedeutung auch nach dem an der Ablehnung in Brandenburg am 5.5.1996 gescheiterten Zusammenschluss beider Länder[46] behält. Diese drei Normen regeln Gebietsänderungen **abschließend**[47].

2. Praktische Bedeutung und Neugliederungsdebatte

14 Trotz der jahrzehntewährenden **Neugliederungsdebatte**[48], der Existenz einzelner am Rande der Leistungsfähigkeit stehender Länder, auch mit Blick auf die Schuldenbrem-

---

[43] Vgl. BVerfGE 5, 34 (41f.); 49, 15 (21). Die demokratische Komponente betonend *Dietlein* (Fn. 2), Art. 29 Rn. 24; *Kunig* (Fn. 10), Art. 29 Rn. 1, 6f., 56; *Jarass/Pieroth*, GG, Art. 29 Rn. 1; *Schöbener* (Fn. 3), Art. 29 Rn. 29ff.

[44] BVerfGE 1, 14 (50). S. auch E 5, 34 (42). Zurückhaltend E 13, 54 (93f.); 49, 15 (20ff.).

[45] S. auch *Pernice* → Bd. II², Art. 29 Rn. 11, 17.

[46] Dazu *U. Keunecke*, Die gescheiterte Neugliederung Berlin-Brandenburg, 2001.

[47] BVerfGE 4, 250 (288); *Schöbener* (Fn. 3), Art. 29 Rn. 37.

[48] Befürwortend *A. Benz*, DÖV 1991, 586 (596); *G. Bovermann*, DÖV 1974, 6ff.; *W. Erbguth*, in: Sachs, GG, Art. 29 Rn. 72ff.; *ders.*, JZ 2011, 433 (438) – Verfassungspflicht; *W. Ernst*, DÖV 1974, 12 (14); *ders.*, DVBl. 1991, 1024ff.; *ders.*, Gedanken zur Neugliederung des Bundesgebietes als Planungsaufgabe des Bundes, in: FS Hoppe, 2000, S. 255ff.; *P. Feuchte*, DÖV 1974, 9 (12); *Greulich*, Länderneugliederung (Fn. 2), S. 181ff.; *J.O. Grézer*, BayVBl. 1974, 90 (97ff.); *Hennings*, Verfassungsauftrag (Fn. 2), S. 213ff.; *H. Klatt*, ZBR 1997, 137 (148f.); *Leonardy*, Neugliederung (Fn. 22), S. 20ff.; *K.G. Meyer-Teschendorf*, Neugliederung und Bundesverfassung, in: FS Isensee, 2002, S. 341ff. (342); *H.-J. Papier*, DVP 2005, 1 (5); *F. Rietdorf*, DÖV 1974, 2ff.; *J. Sanden*, Die Weiterentwicklung der föderalen Strukturen der Bundesrepublik Deutschland, 2005, S. 221ff., 816ff.; *R. Sannwald*, in: Schmidt-Bleibtreu/Hofmann/Henneke, GG, Art. 29 Rn. 72; *Schmidt-Jortzig*, Neugliederung (Fn. 40), S. 742ff.; *G. Seele*, der landkreis 1993, 113 (114ff.); *Timmer*, Neugliederung (Fn. 19), S. 475ff.; *Umbach* (Fn. 13), Art. 29 Rn. 49ff., 140ff. Ablehnend *Albert*, Föderalismusdiskussion (Fn. 26), S. 19ff., 22; *Bohley*, Chancen (Fn. 35), S. 70ff., 80; *M. Bothe*, in: AK-GG, Art. 29 (2001), Rn. 7ff.; *P. Häberle*, Ein Zwischenruf zur föderalen Neugliederungsdiskussion in Deutschland – Gegen die Entleerung von Art. 29 Abs. 1 GG, in: FS Gitter, 1995, S. 315ff. (325f.); *Herdegen*, Neugliederung (Fn. 42), S. 136f.; *S. Kempny/E. Reimer*, Gutachten D, 70. DJT 2014, S. 20f.; *C. Vondenhoff*, DÖV 2000, 949 (953ff.). Gar für eine Abschaffung des Art. 29 GG *T. Würtenberger*, HStR³ VI, § 132 Rn. 87ff. (zugunsten einer Flexibilisierung föderaler Strukturen); zurückhaltend auch *Hinsch*, Neugliederung (Fn. 41), S. 87ff., 227f. S. für Neugliederungsoptionen *W. Rutz*, Die Gliederung der Bundesrepublik Deutschland in Länder, 1995; *Sanden*, a.a.O., S. 816ff.; *G. Seele*, der landkreis 1993, 113 (117f.); *G. Seidel*, RuP 40 (2004), 86 (95f.).

se⁴⁹, und der 1976 und 1994 erfolgten Absenkung der verfassungsrechtlichen Anforderungen (→ Rn. 6) hat Art. 29 GG bislang **kaum praktische Bedeutung** erlangt⁵⁰. Hieraus und namentlich aus der Schwerfälligkeit des Änderungsverfahrens sowie der derzeit nicht den materiellen Anforderungen des Art. 29 I GG entsprechenden Gliederung des Bundes resultieren teils **Reformforderungen**⁵¹. Eine Neugliederung ist freilich nicht nur vor dem Hintergrund des oftmals betonten Ziels, effiziente Einheiten zu schaffen und damit Unitarisierungstendenzen entgegenzuwirken, zu sehen⁵², sondern auch vor dem Hintergrund föderaler Vielfalt sowie zwischenzeitlich etablierter Strukturen und Traditionen (→ Rn. 1)⁵³. Überdies kommt auch der bewirkten Stabilität Wert zu⁵⁴. Größere **Neuzuschnitte** auf der Grundlage von Art. 29 GG haben nicht stattgefunden. Die Schaffung des Landes Baden-Württemberg aus den Ländern Baden, Württemberg-Baden und Württemberg-Hohenzollern (24.5.1952) erfolgte aufgrund der Sonderregelung des Art. 118 GG (→ Art. 118 Rn. 1 ff.)⁵⁵. Der Beitritt des Saarlandes (1.1.1957) und der DDR (3.10.1990) mit ihren kurz zuvor wiederhergestellten, 1952 aufgelösten fünf Ländern⁵⁶ vollzog sich gemäß Art. 23 S. 2 GG a.F. (→ Art. 23 Rn. 2; zur **DDR** *Pernice* → Bd. II², Art. 29 Rn. 3). Zu verzeichnen ist indes eine **Vielzahl kleinerer Gebietsneuzuschnitte** durch Staatsvertrag gemäß Art. 29 VII GG⁵⁷.

II. Neuordnungsbefugnis des Bundesgesetzgebers (Art. 29 I–III GG)

Art. 29 I GG gestattet dem **Bundesgesetzgeber** eine Neugliederung des Bundesgebietes, »um zu gewährleisten, daß die Länder nach Größe und Leistungsfähigkeit die ihnen obliegenden Aufgaben wirksam erfüllen können.« 15

1. Tatbestand der Neugliederung

Neugliederung ist »die räumliche (territorial innerbundesrepublikanische) Umgestaltung des Bundesgebiets in der Weise, daß die Einteilung in Länder oder ihr Gebietsumfang anders werden, als sie gegenwärtig sind«⁵⁸. **Anwendungsfälle** sind Grenzverschiebungen, die Neuzuordnung oder Verselbstständigung von Gebietsteilen, auch im 16

---

⁴⁹ Vgl. *W. Erbguth*, JZ 2011, 433 (435 ff.).
⁵⁰ S. *Bothe* (Fn. 48), Art. 29 Rn. 11, 16; *Kunig* (Fn. 10), Art. 29 Rn. 58 ff. S. zum Hintergrund auch *Leonardy*, Neugliederung (Fn. 22), S. 16 ff.
⁵¹ Für eine Neufassung unter Verzicht auf plebiszitäre Elemente *Greulich*, Länderneugliederung (Fn. 2), S. 204 ff.; *Schöbener* (Fn. 3), Art. 29 Rn. 118 ff.; ferner *A. Benz*, DÖV 1991, 586 (596) – Modifikation; *W. Ernst*, DVBl. 1991, 1024 (1030); *ders.*, Neugliederung (Fn. 48), S. 260 f., 267; *Hinsch*, Neugliederung (Fn. 41), S. 84 ff. (Verschlankung; Ländersache bei Zustimmungsrecht des Bundestages); *U. Leonardy*, ZParl. 44 (2013), 329 (346 f.); *Schmidt-Jortzig*, Neugliederung (Fn. 40), S. 746; *Schwarz* (Fn. 1), § 47 Rn. 19 ff., 29 ff.; *T. Würtenberger*, HStR³ VI, § 132 Rn. 78. Ablehnend *Albert*, Föderalismusdiskussion (Fn. 26), S. 21; *Bohley*, Chancen (Fn. 35), S. 70 ff., 84.
⁵² S. etwa *A. Benz*, DÖV 1991, 586 (596); *F. Rietdorf*, DÖV 1974, 2 (3).
⁵³ *Bothe* (Fn. 48), Art. 29 Rn. 9; *Häberle*, Zwischenruf (Fn. 48), S. 325 f.; *Herdegen*, Neugliederung (Fn. 42), S. 130 f., 136 f.; *J. Isensee*, HStR³ VI, § 126 Rn. 296; *Pernice* → Bd. II², Art. 29 Rn. 13 f.; *Schöbener* (Fn. 3), Art. 29 Rn. 115. Zurückhaltend *Sanden*, Weiterentwicklung (Fn. 48), S. 1097 f.
⁵⁴ *Pernice* → Bd. II², Art. 29 Rn. 16.
⁵⁵ Hierzu *Greulich*, Länderneugliederung (Fn. 2), S. 59 ff.
⁵⁶ Auflösung: GBl. I Nr. 99, S. 613; Wiederherstellung (zum 14.10.1990, durch Art. 1 I EV vorgezogen auf den Beitrittstermin, vgl. BGBl. 1990 II, S. 885/890): GBl. I Nr. 51, S. 955.
⁵⁷ Übersicht bei *Dietlein* (Fn. 2), Art. 29 Rn. 94; *Kunig* (Fn. 10), Art. 29 Rn. 60 a.E. (S. 1942 f.).
⁵⁸ BayVGH NVwZ-RR 1991, 332 (333), unter Übernahme von *Maunz/Herzog/Scholz* (Fn. 2), Art. 29 Rn. 20. Zum Begriff des Bundesgebiets *Kunig* (Fn. 10), Art. 29 Rn. 8 f.

Kontext der Auflösung eines Landes, die Fusion von Ländern oder einzelner Gebietsteile zu einem neuen Land oder die Angliederung eines Landes an ein anderes Land[59]. **Geringfügige Gebietsänderungen** unterfallen ausschließlich **Abs. 7** (→ Rn. 33)[60]. Keine Neugliederung stellt eine grenzüberschreitende, auch institutionalisierte **Kooperation**, etwa im Rahmen der grenzüberschreitenden Regionalplanung, dar[61]. Anderes gilt nur für eine Übertragung von Hoheitsrechten, die einer Gebietsänderung faktisch gleichkommt; dafür müsste erstere allerdings »den Kern der politischen und rechtlichen Einflußmöglichkeiten eines Landes betr[effen] und die Möglichkeit einer Kündigung der Vereinbarung fehl[en]«[62]. Auf Gebiets- und Strukturänderungen innerhalb eines Landes findet Art. 29 GG keine Anwendung[63]. Keine Neugliederung i.S.d. Art. 29 GG stellt die Veränderung der **Außengrenzen** Deutschlands dar (zu deren Voraussetzungen und der Frage einer analogen Anwendbarkeit des Art. 29 GG → Art. 32 Rn. 47)[64]. Ebenso wenig deckt Art. 29 GG die Schaffung bundesunmittelbarer Territorien[65].

2. Neugliederungsermessen und -kriterien

17 Infolge der Aufhebung des strikten Verfassungsauftrags im Jahre 1976 (→ Rn. 6) steht das »**Ob**« **der Neugliederung im Ermessen des Gesetzgebers**. Dieses kann sich im Extremfall eines nachhaltigen Verlustes der Handlungsfähigkeit, etwa aufgrund einer Haushaltsnotlage, zu einer **Handlungspflicht** verdichten[66]. Auch hinsichtlich des »**Wie**« der Neugliederung kommt dem Gesetzgeber ein durch die Ziele des Art. 29 I 1 GG (a) und die Richtbegriffe des Art. 29 I 2 GG (b) angeleiteter **Spielraum** zu[67]. Ersteren muss eine Neugliederung stets entsprechen, letztere sind demgegenüber lediglich zu berücksichtigen und können damit im Einzelfall zurücktreten[68]. Eine letzte Grenze zieht **Art. 79 III GG**, der die Gliederung des Bundes in Länder gewährleistet und damit eine Mindestzahl handlungsfähiger Länder fordert sowie bundesunmittelbare Gebiete ausschließt, nicht aber die Abschaffung einzelner Länder sperrt (→ Art. 79 III Rn. 21f.)[69].

---

[59] *Maunz/Herzog/Scholz* (Fn. 2), Art. 29 Rn. 20.
[60] *Kunig* (Fn. 10), Art. 29 Rn. 11; *Pernice* → Bd. II², Art. 29 Rn. 20; *Schöbener* (Fn. 3), Art. 29 Rn. 112.
[61] BayVGH NVwZ-RR 1991, 332 (333). Zur »Kooperation als Alternative zur Neugliederung« *T. Würtenberger*, HStR³ VI, § 132 Rn. 81ff.; restriktiv *W. Erbguth*, JZ 2011, 433 (436); *Hennings*, Verfassungsauftrag (Fn. 2), S. 190ff., 215. Zur Praxis *W. Erbguth/F. Gebert*, NordÖR 2012, 1 ff.
[62] BayVGH NVwZ-RR 1991, 332 (333). Offener *T. Würtenberger*, HStR³ VI, § 132 Rn. 83ff.
[63] *Dietlein* (Fn. 2), Art. 29 Rn. 31; *Maunz/Herzog/Scholz* (Fn. 2), Art. 29 Rn. 20.
[64] S. *Dietlein* (Fn. 2), Art. 29 Rn. 27; *Pernice* → Bd. II², Art. 29 Rn. 20, Art. 32 Rn. 33.
[65] *Pernice* → Bd. II², Art. 29 Rn. 20.
[66] *W. Erbguth*, JZ 2011, 433 (436ff.); *Sanden*, Weiterentwicklung (Fn. 48), S. 1111ff. (beide: Voraussetzungen gegeben); ferner *C. Degenhart*, DVBl. 1990, 973 (980); *Kunig* (Fn. 10), Art. 29 Rn. 10; *Pernice* → Bd. II², Art. 29 Rn. 22 (beide: theoretische Möglichkeit); *T. Würtenberger*, HStR³ VI, § 132 Rn. 57 (unter Bejahung eines Anspruchs des betroffenen Landes). S. auch BVerfGE 1, 117 (134); offener E 86, 148 (270); 116, 327 (386f., Rn. 190). A.A. *Dietlein* (Fn. 2), Art. 29 Rn. 42; *J. Isensee*, HStR³ VI, § 126 Rn. 25; *Jarass/Pieroth*, GG, Art. 29 Rn. 2; *Schöbener* (Fn. 3), Art. 29 Rn. 21; *Umbach* (Fn. 13), Art. 29 Rn. 55.
[67] Gesetzentwurf der Bundesregierung, BT-Drs. 7/4958, S. 7; *Maunz/Herzog/Scholz* (Fn. 2), Art. 29 Rn. 23; *Pernice* → Bd. II², Art. 29 Rn. 23, 29. An planerischen Grundsätzen orientiert *Erbguth* (Fn. 48), Art. 29 Rn. 14ff. Kritisch (mangelnde Direktivkraft) *Hinsch*, Neugliederung (Fn. 41), S. 82f.
[68] S. Bericht und Antrag des Rechtsausschusses, BT-Drs. 7/5491, S. 4 (Umreihung); *Dietlein* (Fn. 2), Art. 29 Rn. 32; *T. Maunz/R. Herzog*, in: Maunz/Dürig, GG, Art. 29 (1977), Rn. 25; *Sanden*, Weiterentwicklung (Fn. 48), S. 1089ff.
[69] *J. Isensee*, HStR³ VI, § 126 Rn. 148, 294ff. (auch zu Grenzen einer Änderung des Art. 29 GG);

II. Neuordnungsbefugnis des Bundesgesetzgebers (Art. 29 I–III GG)   **Art. 29**

Eine mehrphasige Neugliederung ist zulässig, ohne dass von vornherein ein Gesamtkonzept für die abschließende Gestalt notwendig ist[70].

a) Neugliederungsziel (Art. 29 I 1 GG)

Art. 29 I 1 GG legt die Neugliederung auf ein bestimmtes Ziel fest, nämlich »zu gewährleisten, daß die Länder nach Größe und Leistungsfähigkeit die ihnen obliegenden Aufgaben wirksam erfüllen können.«[71] Größe und Leistungsfähigkeit sind mithin in Relation zu den anfallenden Aufgaben zu setzen[72]. Damit ist der **Maßstab** sowohl für den Eingriff in den Status Quo als auch für den Neuzuschnitt formuliert. Das Kriterium der **Größe** bezieht sich auf Einwohnerzahl und Gebietsumfang, das der **Leistungsfähigkeit** in Anschluss an das Ernst-Gutachten[73] auf wirtschaftliche, finanzielle, politische und administrative Aspekte[74]. Leistungsfähig ist mithin ein Land, das über hinreichende Finanzmittel, politische Gestaltungskraft vorrangig auf Landes-, aber auch auf Bundes- und EU-Ebene (vgl. Art. 23, 50 GG) sowie ausreichende (administrative) Kapazitäten zur Aufgabenerfüllung verfügt[75]. Grundsätzlich sollen die Länder ohne externe finanzielle Unterstützung (**Finanzausgleich**) auskommen[76]. (Annähernd) gleich große und leistungsfähige Länder fordert Art. 29 I 1 GG nicht[77], einem extremen Gefälle steht er aber entgegen[78]. Neugliederungsbedarf kann namentlich aus **Haushaltsnotlagen** resultieren, die die Handlungsfähigkeit eines Bundeslandes infrage stellen[79]; genannt wird auch die Notwendigkeit schlagkräftiger Länder im Zuge eines die Regionen stärkenden europäischen Integrationsprozesses (→ Rn. 3).

18

b) Richtbegriffe (Art. 29 I 1, 2 GG)

Als **Leitlinie** (»Richtbegriffe«[80]) für die Neugliederung gibt Art. 29 I 2 GG die Berücksichtigung von landsmannschaftlicher Verbundenheit, geschichtlichen und kulturellen Zusammenhängen, wirtschaftlicher Zweckmäßigkeit sowie von Erfordernissen der

19

Kunig (Fn. 10), Art. 29 Rn. 12 ff.; *Pernice* → Bd. II², Art. 29 Rn. 21; *T. Würtenberger*, HStR³ VI, § 132 Rn. 26 ff.

[70] Gesetzentwurf der Bundesregierung, BT-Drs. 7/4958, S. 7; *Dietlein* (Fn. 2), Art. 29 Rn. 45; *Pernice* → Bd. II², Art. 29 Rn. 24. Enger *Schöbener* (Fn. 3), Art. 29 Rn. 42. S. zur Ursprungsfassung noch BVerfGE 5, 34 (39 f.).
[71] Für das Erfordernis einer besseren Gliederung als Ergebnis *J. Isensee*, HStR³ VI, § 126 Rn. 296.
[72] S. auch *Dietlein* (Fn. 2), Art. 29 Rn. 33 ff.; ferner – Hilfskriterien zur Bestimmung der Leistungsfähigkeit – *Meyer-Teschendorf* (Fn. 30), Art. 29 Rn. 27. Für eine Mindestgröße von 5 Mio. Einwohnern *W. Erbguth*, JZ 2011, 433 (435); ferner *Sanden*, Weiterentwicklung (Fn. 48), S. 1092 ff.
[73] Ernst-Gutachten, Rn. 89. S. bereits zuvor *G. Püttner*, DÖV 1971, 540 (540 f.).
[74] *Erbguth* (Fn. 48), Art. 29 Rn. 18 ff.; *Hennings*, Verfassungsauftrag (Fn. 2), S. 157 ff.; *Kunig* (Fn. 10), Art. 29 Rn. 16 ff.; *Pernice* → Bd. II², Art. 29 Rn. 25 f.
[75] *Kunig* (Fn. 10), Art. 29 Rn. 16 ff.; *Pernice* → Bd. II², Art. 29 Rn. 25 f.
[76] *Dietlein* (Fn. 2), Art. 29 Rn. 36; *Kunig* (Fn. 10), Art. 29 Rn. 17; *Maunz/Herzog* (Fn. 68), Art. 29 Rn. 43; *Pernice* → Bd. II², Art. 29 Rn. 26; *Umbach* (Fn. 13), Art. 29 Rn. 48; *T. Würtenberger*, HStR³ VI, § 132 Rn. 54, 79. Anders *J. Isensee*, HStR³ VI, § 126 Rn. 25; ferner *S. Kempny/E. Reimer*, Gutachten D, 70. DJT 2014, S. 20 f.
[77] *Kunig* (Fn. 10), Art. 29 Rn. 16 f.; *Maunz/Herzog* (Fn. 68), Art. 29 Rn. 42.
[78] *Pernice* → Bd. II², Art. 29 Rn. 27; ferner (Gebot eines föderalen Gleichgewichts) *C. Vondenhoff*, DÖV 2000, 949 (951 ff.).
[79] Vgl. BVerfGE 1, 117 (134); 86, 148 (270); 116, 327 (386 f., Rn. 190).
[80] Dieser Begriff geht auf das Luther-Gutachten zurück (ebd., S. 21).

Raumordnung und der Landesplanung vor[81]. Diese Richtbegriffe sind abschließend[82] und prinzipiell gleichrangig[83].

20 Die schwer objektiv fassbare **landsmannschaftliche Verbundenheit** gründet auf gemeinsame stammesmäßige, sprachliche, dialektale, geographische und brauchtumsmäßige Wurzeln[84]. Ein **geschichtlicher Zusammenhang** ergibt sich vornehmlich aus der gewachsenen territorial-organisatorischen Zuordnung eines Gebiets[85]. Ein **kultureller Zusammenhang** folgt aus Gemeinsamkeiten in den Bereichen Kunst, Wissenschaft, Bildung (Schulen und Hochschulen), Religion, Brauchtum oder Kulinarik[86]; abgestellt wird auch auf den Einzugsbereich entsprechender Einrichtungen[87]. Die **wirtschaftliche Zweckmäßigkeit** ist mit Blick auf gesamtwirtschaftliche Interessen zu bestimmen[88]. **Erfordernisse der Raumordnung** sind als deren Ziele, Grundsätze und sonstige Erfordernisse legaldefiniert (§ 3 I Nr. 1 ROG), als **Erfordernisse der Landesplanung** lassen sich deren Leitziel und -maßstab verstehen (s. etwa Art. 5 BayLPlG)[89].

3. Neugliederungsverfahren

21 Die Neugliederung setzt gemäß Art. 29 II 2 GG eine **Anhörung der betroffenen Länder** voraus. Nach der **Legaldefinition** des Art. 29 III 1 GG fallen hierunter die Länder, »aus deren Gebieten oder Gebietsteilen ein neues oder neu umgrenztes Land gebildet werden soll«. Die Anhörung hat zur Sicherung effektiver Einflussmöglichkeiten rechtzeitig zu erfolgen und setzt eine adäquate Information über alle relevanten Umstände voraus[90]; das anzuhörende Organ bestimmt sich nach Landesverfassungsrecht[91].

22 Die Neugliederung erfolgt gemäß Art. 29 II 1 GG durch (einfaches) **Bundesgesetz**, das von allen Inhabern des Gesetzesinitiativrechts (Art. 76 I GG) initiiert werden kann[92] und ausweislich des Wortlauts keiner Zustimmung des Bundesrates bedarf[93]. Als Besonderheit ist eine **Bestätigung durch Volksentscheid** erforderlich (Art. 29 II 1 GG), der vor Ausfertigung[94] und in allen betroffenen Ländern (Art. 29 III 1 GG; → Rn. 21) durchzuführen ist.

---

[81] Deren geringe normative Steuerungskraft betonend *T. Würtenberger*, HStR³ VI, § 132 Rn. 60f.
[82] *Maunz/Herzog* (Fn. 68), Art. 29 Rn. 26; *Pernice* → Bd. II², Art. 29 Rn. 23. A.A. *T. Würtenberger*, HStR³ VI, § 132 Rn. 60.
[83] *Erbguth* (Fn. 48), Art. 29 Rn. 27.
[84] *Dietlein* (Fn. 2), Art. 29 Rn. 38; *Kunig* (Fn. 10), Art. 29 Rn. 21; *Maunz/Herzog* (Fn. 68), Art. 29 Rn. 29; *Pernice* → Bd. II², Art. 29 Rn. 30.
[85] *Kunig* (Fn. 10), Art. 29 Rn. 22; ferner – mit Forderung nach deren Aktualität – *Pernice* → Bd. II², Art. 29 Rn. 30; strenger *Maunz/Herzog* (Fn. 68), Art. 29 Rn. 30 (»Zusammengehörigkeitsgefühl [...], das heute noch Staatenbildungen tragen könnte«).
[86] *Dietlein* (Fn. 2), Art. 29 Rn. 39; *Kunig* (Fn. 10), Art. 29 Rn. 23; umfassend *Häberle*, Zwischenruf (Fn. 48), S. 320 ff. Zu Unrecht enger (bedeutsam für Staatenbildung) *Maunz/Herzog* (Fn. 68), Art. 29 Rn. 31.
[87] *Dietlein* (Fn. 2), Art. 29 Rn. 39; *Pernice* → Bd. II², Art. 29 Rn. 31.
[88] *Kunig* (Fn. 10), Art. 29 Rn. 25; *Maunz/Herzog* (Fn. 68), Art. 29 Rn. 34. Die partielle Überschneidung mit dem Kriterium der Leistungsfähigkeit betonend *Dietlein* (Fn. 2), Art. 29 Rn. 40.
[89] *Kunig* (Fn. 10), Art. 29 Rn. 25.
[90] *Kunig* (Fn. 10), Art. 29 Rn. 31; *Schöbener* (Fn. 3), Art. 29 Rn. 45 ff.
[91] *Pernice* → Bd. II², Art. 29 Rn. 35; *Schöbener* (Fn. 3), Art. 29 Rn. 49 f. A.A. *Maunz/Herzog* (Fn. 68), Art. 29 Rn. 53 f.: Landesparlament und -regierung.
[92] BVerfGE 13, 54 (77); *Kunig* (Fn. 10), Art. 29 Rn. 28.
[93] S. auch Gesetzentwurf der Bundesregierung, BT-Drs. 7/4958, S. 7; *Kunig* (Fn. 10), Art. 29 Rn. 26.
[94] *Kunig* (Fn. 10), Art. 29 Rn. 29.

II. Neuordnungsbefugnis des Bundesgesetzgebers (Art. 29 I–III GG) Art. 29

Die vom Volk zu beantwortende **Frage** lautet gemäß Art. 29 III 2 GG, »ob die betroffenen Länder wie bisher bestehenbleiben sollen oder ob das neue oder neu umgrenzte Land gebildet werden soll.« In dieser Formulierung kommt nach Vorstellung und Willen des Verfassunggebers ein Prä für die Bestandswahrung zum Ausdruck[95]. 23

Eine Neugliederung setzt zunächst eine **absolute Mehrheit mit Quorum** (→ Rn. 25) sowohl im neu gebildeten bzw. neu umgrenzten Land (Angliederung) als auch »insgesamt in den Gebieten oder Gebietsteilen eines betroffenen Landes [voraus], deren Landeszugehörigkeit im gleichen Sinne geändert werden soll« (Art. 29 III 3 GG). Überdies ist der Volksentscheid gemäß der **Veto-Regelung** des Art. 29 III 4 GG gescheitert, »wenn im Gebiet eines der betroffenen Länder eine Mehrheit die Änderung ablehnt; die Ablehnung ist jedoch unbeachtlich, wenn in einem Gebietsteil, dessen Zugehörigkeit zu dem betroffenen Land geändert werden soll, eine Mehrheit von zwei Dritteln der Änderung zustimmt, es sei denn, daß im Gesamtgebiet des betroffenen Landes eine Mehrheit von zwei Dritteln die Änderung ablehnt.« Ausweislich des Wortlauts greift die Zwei-Drittel-Regelung nur für die Abspaltung, nicht aber für die Angliederung[96]; abzustellen ist trotz des Wortlauts (»in einem Gebietsteil«) auf die gesamte umzugliedernde Bevölkerung eines Landes[97]. **Zweck** dieser Anforderungen ist, »Neugliederungsmaßnahmen möglichst nicht gegen den Willen betroffener Bevölkerungsgruppen zu ermöglichen.«[98] 24

Das Erfordernis einer **absoluten Mehrheit mit Quorum** folgt aus Art. 29 VI 1 GG, der Mehrheit definiert als »die Mehrheit der abgegebenen Stimmen, wenn sie mindestens ein Viertel der zum Bundestag Wahlberechtigten umfaßt.« **Details** regelt das gemäß Art. 29 VI 2 GG erlassene Gesetz über das Verfahren bei Volksentscheid, Volksbegehren und Volksbefragung nach Artikel 29 Abs. 6 des Grundgesetzes[99]. Von der durch Art. 29 VI 2 2. Halbs. GG ermöglichten **Karenzregelung** für die Wiederholung eines Volksbegehrens hat § 21 I lit. a G Artikel 29 Abs. 6 Gebrauch gemacht. 25

Auf den Volksentscheid sind die **Wahlrechtsgrundsätze** des Art. 38 I 1 GG analog anwendbar[100]. Ein Abstellen auf die Wohnbevölkerung (§ 4 I G Artikel 29 Abs. 6) ist zulässig[101]. Die **Kostenerstattung** für die Beteiligung am Abstimmungskampf liegt im Ermessen des Gesetzgebers, wobei der Grundsatz der Chancengleichheit zu beachten ist[102]. 26

Staatliche Stellen können hinsichtlich des Volksentscheids Position beziehen, wobei dem »das Verfassungsgebot der grundsätzlich **staatsfreien Meinungs- und Willensbildung** des Volkes bei Abstimmungen« Grenzen zieht; letztere sind überschritten, wenn Staatsorgane »gleichsam neben den beteiligten Gruppen wie eine von ihnen in den 27

---

[95] S. Bericht und Antrag des Rechtsausschusses, BT-Drs. 7/5491, S. 4f.
[96] *Dietlein* (Fn. 2), Art. 29 Rn. 59; *Kunig* (Fn. 10), Art. 29 Rn. 37; *Pernice* → Bd. II², Art. 29 Rn. 37.
[97] Gesetzentwurf der Bundesregierung, BT-Drs. 7/4958, S. 8; *Dietlein* (Fn. 2), Art. 29 Rn. 59.
[98] Bericht und Antrag des Rechtsausschusses, BT-Drs. 7/5491, S. 5. Kritisch *A. Benz*, DÖV 1991, 586 (596) – bundesweites Plebiszit; *Ernst*, Neugliederung (Fn. 48), S. 260f., 267; *U. Leonardy*, ZParl. 44 (2013), 329 (342ff.); *Timmer*, Neugliederung (Fn. 19), S. 486ff.
[99] G Artikel 29 Abs. 6 vom 30.7.1979, BGBl. I S. 1317.
[100] BVerfGE 13, 54 (91f.); 28, 220 (224); 49, 15 (19); *Pernice* → Bd. II², Art. 29 Rn. 17.
[101] BVerfGE 28, 220 (225f.).
[102] BVerfGE 42, 53 (58f.); BVerwG NVwZ 1983, 737 (737f.).

Abstimmungskampf« eingreifen[103]. Für den öffentlich-rechtlichen **Rundfunk** gelten dieselben Grundsätze wie im Wahlkampf (→ Art. 21 Rn. 99)[104].

III. Volksinitiative (Art. 29 IV–V GG)

28 Der 1976 eingeführte Art. 29 IV GG ermöglicht, die Landeszugehörigkeit eines länderübergreifenden[105], zusammenhängenden, abgegrenzten Siedlungs- und Wirtschaftsraums mit mindestens einer Million Einwohnern (1.) auf **Volksinitiative** hin zu ändern (2.). Indes blieb die vom verfassungsändernden Gesetzgeber erhoffte Impulswirkung[106] aus. Art. 29 IV GG deckt sowohl die Umgliederung als auch die Neubildung eines Landes (s. auch §20 G Artikel 29 Abs. 6)[107].

1. Neugliederungsraum

29 Der im Grundgesetz nicht weiter definierte und auch aus der Verfassungstradition nicht erschließbare, für die Durchführung eines Volksbegehrens gemäß Art. 29 IV GG entscheidende Begriff des »zusammenhängenden, abgegrenzten Siedlungs- und Wirtschaftsraum[s]« (**Neugliederungsraum**) »verweist auf sozio-ökonomische Kriterien, die insbesondere in der Raumordnung und Landesplanung verwendet werden.«[108] Angesichts der Anknüpfung an objektive Gegebenheiten kommt es nicht auf die landsmannschaftliche Verbundenheit an[109]. Beide Kriterien müssen **kumulativ** vorliegen[110]. Für den **Zusammenhang** ist die innere Verflechtung eines Raumes maßgebend[111]. **Abgegrenzt** ist ein »Raum, der nach innen Gemeinsamkeiten aufweist, die ihn gegenüber umliegenden Räumen abheben und als Einheit erscheinen lassen. Der Gesetzgeber ging dabei von einer großräumigen Verflechtung aus, wobei der Neugliederungsraum eine zusammenhängende äußere Begrenzung haben müsse und keine Oberzentren durchschneiden dürfe«[112]. Überdies muss der Raum »so verflochten sein, daß er sich weitgehend als Einheit darstellt. Dazu ist es nicht schon ausreichend, daß innerhalb des Neugliederungsraumes erhebliche Pendlerbewegungen festzustellen sind. Dieser Umstand mag zwar für eine gewisse innere Verflechtung des Gebietes sprechen. Er sagt aber nichts darüber aus, daß sich der Raum von seinem Umland abhebt. Dies ist erst bei fehlender Verflechtung mit dem Umland der Fall.«[113] Erhebli-

---

[103] BVerfGE 37, 84 (90f.). Zum Sonderfall der Fusion Berlin-Brandenburgs BVerfG (K), LKV 1996, 333 (333f.).
[104] BVerfGE 37, 84 (91f.).
[105] Für das Erfordernis nicht unerheblicher Gebietsteile in jedem Land *Erbguth* (Fn. 48), Art. 29 Rn. 51; *Meyer-Teschendorf* (Fn. 30), Art. 29 Rn. 47.
[106] Gesetzentwurf der Bundesregierung, BT-Drs. 7/4958, S. 6.
[107] *Dietlein* (Fn. 2), Art. 29 Rn. 67; *K. Engelken*, BayVBl. 1995, 556 (556ff.) – unter Verweis auf Folgeprobleme; *Meyer-Teschendorf* (Fn. 30), Art. 29 Rn. 49; *Pernice* → Bd. II², Art. 29 Rn. 41; *Schöbener* (Fn. 3), Art. 29 Rn. 70. A.A. (nur Umgliederung) *Sannwald* (Fn. 48), Art. 29 Rn. 50. Offengelassen BVerfGE 96, 139 (152).
[108] BVerfGE 96, 139 (149). Für eine Beschränkung auf industrielle Ballungsräume *Maunz/Herzog* (Fn. 68), Art. 29 Rn. 75; *Meyer-Teschendorf* (Fn. 30), Art. 29 Rn. 45; ähnlich *K. Engelken*, BayVBl. 1995, 556 (558f.): »verstädterte eng zusammenhängende Ballungsräume«; a.A. *Sannwald* (Fn. 48), Art. 29 Rn. 51; *Umbach* (Fn. 13), Art. 29 Rn. 91.
[109] BVerfGE 96, 139 (149).
[110] BVerfGE 96, 139 (150).
[111] *Dietlein* (Fn. 2), Art. 29 Rn. 63.
[112] BVerfGE 96, 139 (150).
[113] BVerfGE 96, 139 (150f.).

che **Pendlerbewegungen** in das Umland widerlegen dies[114]. Daran scheiterte die Schaffung des Landes »Franken« aus Teilen Bayerns (Unterfranken), Thüringens und Baden-Württembergs[115].

2. Realisierung

Das Volksbegehren setzt einen **Zulassungsantrag** voraus, den ein Prozent der im Neugliederungsraum zum Bundestag Wahlberechtigten unterzeichnen müssen, maximal aber 7000 Personen (im Einzelnen §§ 19 ff. G Artikel 29 Abs. 6). Das **Volksbegehren** selbst kommt zustande, wenn sich zehn Prozent der im Neugliederungsraum zum Bundestag Wahlberechtigten eingetragen haben (Art. 29 IV 1 GG; §§ 27 ff. G Artikel 29 Abs. 6). Im Erfolgsfall hat der **Bundesgesetzgeber zwei Entscheidungsalternativen**, von denen eine binnen Zwei-Jahres-Frist auszuwählen ist, nämlich entweder zu bestimmen, ob die Landeszugehörigkeit im Verfahren gemäß Art. 29 IIf. GG geändert wird (→ Rn. 21 ff.), oder eine Volksbefragung gemäß Art. 29 V GG in den betroffenen Ländern anzuordnen. Die erste Entscheidungsalternative lässt zwei Regelungen zu, nämlich entweder die Änderung herbeizuführen oder abzulehnen (»Ob«); trotz erfolgreichem Volksbegehren ist der **Bundesgesetzgeber** mithin **befugt, eine Neugliederung abzulehnen**, ohne dass hierüber noch ein Volksentscheid stattfände, der Initiative kommt damit nur **Anstoßwirkung** zu[116]. Auch kann der Bundesgesetzgeber im Rahmen des Art. 29 II GG eine abweichende Neugliederung vornehmen[117].

30

Die **Volksbefragung** richtet sich nach Art. 29 V GG. Sie ist gemäß Art. 29 V 1, 2 GG »darauf gerichtet festzustellen, ob eine in dem Gesetz vorzuschlagende Änderung der Landeszugehörigkeit Zustimmung findet. Das Gesetz kann verschiedene, jedoch nicht mehr als zwei Vorschläge der Volksbefragung vorlegen.«[118] Unbeschadet der Möglichkeit einer mehrheitlichen Ablehnung sieht Art. 29 V 3, 4 GG **im Erfolgsfall zwei Alternativen** vor, die vom Ergebnis der Volksbefragung abhängen: Bei **absoluter Mehrheit mit Quorum** i.S.d. Art. 29 VI 1 GG (→ Rn. 25) hat der Bundesgesetzgeber über das »Ob« einer Änderung der Landeszugehörigkeit gemäß Art. 29 II–III GG binnen zwei Jahren zu entscheiden; dies impliziert auch die Möglichkeit eines abweichenden Neuzuschnitts[119]. Erfüllt die Zustimmung die qualifizierten Maßgaben des Art. 29 III 3, 4 GG, mithin die für einen erfolgreichen Volksentscheid erforderlichen Voraussetzungen (qualifizierte Mehrheit und kein Veto; → Rn. 24), »so ist innerhalb von zwei Jahren nach der Durchführung der Volksbefragung ein Bundesgesetz zur Bildung des vorgeschlagenen Landes zu erlassen, das der Bestätigung durch Volksentscheid nicht mehr bedarf«.

31

---

[114] BVerfGE 96, 139 (149 ff.).
[115] S. BVerfGE 96, 139.
[116] *Kunig* (Fn. 10), Art. 29 Rn. 43; *Pernice* → Bd. II², Art. 29 Rn. 18.
[117] *Dietlein* (Fn. 2), Art. 29 Rn. 71; *Maunz/Herzog* (Fn. 68), Art. 29 Rn. 87; *Meyer-Teschendorf* (Fn. 30), Art. 29 Rn. 51 f.
[118] Für eine analoge Anwendbarkeit des Art. 29 III 2 GG und damit die Verfassungswidrigkeit des § 38 Satz 2 G Artikel 29 Abs. 6 *Meyer-Teschendorf* (Fn. 30), Art. 29 Rn. 54; *Schöbener* (Fn. 3), Art. 29 Rn. 87; ferner *Maunz/Herzog* (Fn. 68), Art. 29 Rn. 92. Zweifelnd *Dietlein* (Fn. 2), Art. 29 Rn. 74.
[119] *Kunig* (Fn. 10), Art. 29 Rn. 46; *Meyer-Teschendorf* (Fn. 30), Art. 29 Rn. 55; *Pernice* → Bd. II², Art. 29 Rn. 44; *Schöbener* (Fn. 3), Art. 29 Rn. 86. A.A. *Maunz/Herzog* (Fn. 68), Art. 29 Rn. 96 (Bindung an Ergebnis bei Entscheidung für Neugliederung).

32 **Verfassungsrechtsschutz** gegen eine Untätigkeit des Bundesgesetzgebers scheitert daran, dass weder Einzelne noch das Volk im Organstreitverfahren beteiligtenfähig sind noch Art. 29 IV GG ein verfassungsbeschwerdefähiges Recht verleiht[120].

IV. Sonstige Gebietsänderungen (Art. 29 VII GG)

33 **Geringfügige Gebietsänderungen**, d.h. solche, die die Landeszugehörigkeit von nicht mehr als 50.000 Einwohnern betreffen, stellen **keine Neugliederung** i.S.d. Abs. 1 dar, sondern unterfallen ausschließlich Abs. 7 (→ Rn. 16). Letzterer, der im Zuge der Novelle 1976 in das Grundgesetz aufgenommen und dessen Obergrenze 1994 erhöht wurde (→ Rn. 6), sieht im Vergleich zu Art. 29 I–III GG **erleichterte Voraussetzungen** vor, lässt nämlich einen Staatsvertrag der beteiligten Länder oder ein Bundesgesetz mit Zustimmung des Bundesrates genügen. Es existiert keine Untergrenze, so dass Art. 29 VII GG alle unterhalb der 50.000-Einwohner-Schwelle liegenden Gebietsänderungen erfasst[121]. Nach dem Willen des verfassungsändernden Gesetzgebers besteht ein **Vorrang der staatsvertraglichen gegenüber der bundesgesetzlichen Änderung**[122]. Mangels Verweises und angesichts der Geringfügigkeit gelten die Kriterien von Absatz 1 nicht[123].

34 **Details** regelt ein gemäß Art. 29 VII 2 GG mit Zustimmung des Bundesrates und der Mehrheit der Mitglieder des Bundestages zu erlassendes Gesetz, das zudem die Anhörung der betroffenen Gemeinden und Kreise – nicht aber eine Zustimmung der Bevölkerung[124] und bei bundesgesetzlicher Regelung der betroffenen Länder[125] – vorsehen muss (Satz 3), nämlich das Gesetz über das Verfahren bei sonstigen Änderungen des Gebietsbestandes der Länder nach Artikel 29 Abs. 7 des Grundgesetzes[126].

V. Neugliederung durch Staatsvertrag (Art. 29 VIII GG)

35 Die auf Vorschlag der GVK zum 15.11.1994 in Art. 29 GG eingefügte »**staatsvertragliche Option**« (Abs. 8) soll den Ländern eine Neugliederung (→ Rn. 16)[127] durch Staatsvertrag – auch jenseits geringfügiger Gebietsänderungen gemäß Art. 29 VII GG – er-

---

[120] *Dietlein* (Fn. 2), Art. 29 Rn. 43, 70; *Meyer-Teschendorf* (Fn. 30), Art. 29 Rn. 53; *Kunig* (Fn. 10), Art. 29 Rn. 42; *Sanden*, Weiterentwicklung (Fn. 48), S. 1115. S. auch BVerfGE 13, 54 (93f.); 49, 15 (19). Vgl. demgegenüber im Kontext des Art. 28 GG aber auch *K. Stern*, in: BK, Art. 28 (1964), Rn. 192.

[121] *Dietlein* (Fn. 2), Art. 29 Rn. 78; *Kunig* (Fn. 10), Art. 29 Rn. 11, 51; *Schöbener* (Fn. 3), Art. 29 Rn. 105. A.A. *Maunz/Herzog/Scholz* (Fn. 2), Art. 29 Rn. 20, 107.

[122] Bericht und Antrag des Rechtsausschusses, BT-Drs. 7/5491, S. 5. Ebenso *Maunz/Herzog/Scholz* (Fn. 2), Art. 29 Rn. 109; *Stern*, Staatsrecht I, S. 248; ferner (»verfassungspolitisches Plädoyer«) *Dietlein* (Fn. 2), Art. 29 Rn. 80; ebenso *Meyer-Teschendorf* (Fn. 30), Art. 29 Rn. 62. A.A. mangels Anhaltspunkten im Wortlaut *Kunig* (Fn. 10), Art. 29 Rn. 52; *Pernice* → Bd. II², Art. 29 Rn. 47; *Schöbener* (Fn. 3), Art. 29 Rn. 108.

[123] *Schöbener* (Fn. 3), Art. 29 Rn. 36, 106. A.A. *Dietlein* (Fn. 2), Art. 29 Rn. 32; *Stern*, Staatsrecht I, S. 245.

[124] Kritisch (demokratisch bedenklich, wenn auch nicht verfassungswidrig) *Maunz/Herzog/Scholz* (Fn. 2), Art. 29 Rn. 106b; ferner *T. Würtenberger*, HStR³ VI, § 132 Rn. 67. Für die Zulässigkeit einer gesetzlichen Verankerung *S. Jutzi*, BayVBl. 1997, 97 (98).

[125] Kritisch *Stern*, Staatsrecht I, S. 248.

[126] G Artikel 29 Abs. 7 vom 30.7.1979, BGBl. I S. 1325.

[127] Für eine Ausklammerung der Länderneubildung *Dietlein* (Fn. 2), Art. 29 Rn. 84.

möglichen und diese damit erleichtern[128]. Sie stellt einen **Kompromiss** zwischen die Wiedereinführung eines Neugliederungsauftrags fordernden und hinsichtlich Neugliederungen restriktiven Positionen dar[129]. Wegen der **gesamtstaatlichen Bedeutung** einer Neugliederung greift ein in seiner Reichweite zunächst umstrittener, nach der gefundenen Formulierung indes vom Umfang der Gebietsänderung unabhängiger **Zustimmungsvorbehalt zugunsten des Bundestages** (Art. 29 VIII 6 GG)[130], der einen einfachen Parlamentsbeschluss fordert[131]. Materiell richtet sich die Neugliederung nach den **Kriterien des Art. 29 I GG** (→ Rn. 18ff.)[132].

Art. 29 VIII 2 GG statuiert ein **Anhörungsrecht** der betroffenen Gemeinden und Kreise; Satz 3 unterwirft den Staatsvertrag einer **Bestätigung durch Volksentscheid** in jedem beteiligten Land, wobei eine Beschränkung der Bestätigung auf ausschließlich betroffene **Teilgebiete** gemäß Satz 4 möglich ist. Entscheidend, auch wenn nur Teilgebiete betroffen sind[133], ist »die Mehrheit der abgegebenen Stimmen, wenn sie mindestens ein Viertel der zum Bundestag Wahlberechtigten umfaßt« (Art. 29 VIII 5 1. Halbs. GG). Der Gesetzgebungsauftrag des Art. 29 VIII 5 2. Halbs. GG ist bislang unerfüllt; er bezieht sich nicht auf Regelungen für Volksentscheide in Teilgebieten (Art. 29 VIII 4 2. Halbs. GG)[134]. 36

VI. Rechtsschutz

Die Neugliederung wird als »Angelegenheit des Bundes« gesehen, die ihm nicht im Interesse der Länder, sondern »zum Wohl des Ganzen« übertragen wurde[135]; damit existiere keine im **Bund-Länder-Streit** (Art. 93 I Nr. 4 GG) wehrfähige Rechtsposition[136]. Mag dem auch mit Blick auf die Initiierung einer Neugliederung zu folgen 37

---

[128] Bericht der GVK, BT-Drs. 12/6000, S. 44f. Zur Zulässigkeit der Mitregelung der zukünftigen Verfassungsordnung im Staatsvertrag VerfG Brandenburg LKV 1996, 203 (206) – zu Art. 118a GG; restriktiv demgegenüber *Dietlein* (Fn. 2), Art. 29 Rn. 85; *ders.*, Der Staat 38 (1999), 547 (556ff.); *T. Würtenberger*, HStR³ VI, § 132 Rn. 68. Zur Überwindbarkeit landesverfassungsrechtlicher Bestandsschutzklauseln VerfG Brandenburg LKV 1996, 203 (205f.); *J. Dietlein*, Der Staat 38 (1999), 547 (553ff.). Näher zum Neugliederungsvertrag *Keunecke*, Neugliederung (Fn. 46), S. 89ff., 162ff.
[129] Bericht der GVK, BT-Drs. 12/6000, S. 44; ferner *Dietlein* (Fn. 2), Art. 29 Rn. 19; *Greulich*, Länderneugliederung (Fn. 2), S. 159ff.; *Maunz/Herzog/Scholz* (Fn. 2), Art. 29 Rn. 11f., 123ff. Für ein kritisches Fazit *Greulich*, ebd., S. 163ff.; positiv *Meyer-Teschendorf*, Neugliederung (Fn. 48), S. 355.
[130] S. – auch zu Alternativvorschlägen – Bericht der GVK, BT-Drs. 12/6000, S. 45. Für materielle Beschränkungen aufgrund der Bundestreue *Dietlein* (Fn. 2), Art. 29 Rn. 93; *T. Würtenberger*, HStR³ VI, § 132 Rn. 71; zweifelnd und allenfalls einen Willkürvorbehalt annehmend *Schöbener* (Fn. 3), Art. 29 Rn. 101. Gegen die Anwendbarkeit bei kleinen Gebietsänderungen i.S.d. Art. 29 VII GG *S. Jutzi*, BayVBl. 1997, 97 (99).
[131] Bericht der GVK, BT-Drs. 12/6000, S. 45; *Maunz/Herzog/Scholz* (Fn. 2), Art. 29 Rn. 126; *Meyer-Teschendorf* (Fn. 30), Art. 29 Rn. 73; *Sannwald* (Fn. 48), Art. 29 Rn. 71. A.A. (Gesetz) *Erbguth* (Fn. 48), Art. 29 Rn. 68.
[132] *Dietlein* (Fn. 2), Art. 29 Rn. 84; *Pernice* → Bd. II², Art. 29 Rn. 49; *Schöbener* (Fn. 3), Art. 29 Rn. 39, 94.
[133] *Kunig* (Fn. 10), Art. 29 Rn. 55; *Maunz/Herzog/Scholz* (Fn. 2), Art. 29 Rn. 117; *Meyer-Teschendorf* (Fn. 30), Art. 29 Rn. 70. A.A. *Erbguth* (Fn. 48), Art. 29 Rn. 69.
[134] *Dietlein* (Fn. 2), Art. 29 Rn. 90; *Maunz/Herzog/Scholz* (Fn. 2), Art. 29 Rn. 119f.
[135] BVerfGE 49, 10 (13f.); ferner *Kunig* (Fn. 10), Art. 29 Rn. 13. A.A. *T. Würtenberger*, HStR³ VI, § 132 Rn. 49 (unter Verweis auf Art. 29 IV und VIII GG).
[136] BVerfGE 49, 10 (13f.); *Kunig* (Fn. 10), Art. 29 Rn. 13. A.A. *H.-W. Arndt*, JuS 1993, 360 (364) – mit Blick auf das Verfassungsgebot zur Herstellung einheitlicher Lebensverhältnisse.

sein¹³⁷, so verlangt die Staatsqualität der Länder Rechtsschutz bei Bestands- und Gebietsänderungen¹³⁸. Jedenfalls ist eine **abstrakte Normenkontrolle** (Art. 93 I Nr. 2 GG) hinsichtlich des Neugliederungsgesetzes gemäß Art. 29 II GG zulässig und steht namentlich Landesregierungen offen¹³⁹. Aufgelöste Länder gelten für den Verfassungsprozess als fortbestehend¹⁴⁰. In jedem Fall ist die wegen des Ermessensspielraums des Gesetzgebers **beschränkte gerichtliche Kontrolldichte** (→ Rn. 17) zu beachten¹⁴¹. Eine Verletzung Einzelner in **Art. 2 I GG** durch die Neugliederung scheidet aus¹⁴².

D. Verhältnis zu anderen GG-Bestimmungen

38   Die Sonderregelungen für die Neugliederung von Baden-Württemberg im zwischenzeitlich gegenstandslos gewordenen **Art. 118 GG** (→ Rn. 13) und von Berlin/Brandenburg in **Art. 118a GG** (→ Rn. 6, 13) sperren keine Neugliederung jener Länder unter Rückgriff auf Art. 29 GG; die Tatbestände stehen vielmehr nebeneinander¹⁴³. Die Anforderungen des Art. 29 I GG gelten nicht für Art. 118a GG¹⁴⁴. Die Neugliederung stellt ein Mittel dar, um einer divergierenden **Finanzkraft** der Länder entgegenzuwirken; diese Lösungsmöglichkeit ändert aber nichts am Gebot des **Finanzausgleichs** einschließlich Ergänzungszuweisungen (Art. 107 II GG) zur Unterstützung finanzschwacher Länder¹⁴⁵. Der (ungeschriebene) Grundsatz der **Bundestreue** (→ Art. 20 [Bundesstaat] Rn. 45 ff.) ist im Rahmen des Art. 29 GG anwendbar¹⁴⁶.

---

¹³⁷ Vgl. BVerfGE 13, 54 (73 f.); *Sanden*, Weiterentwicklung (Fn. 48), S. 1114 f.; *Stern*, Staatsrecht I, S. 246. A.A. *H.-W. Arndt*, JuS 1993, 360 (364).
¹³⁸ *Dietlein* (Fn. 2), Art. 29 Rn. 50.
¹³⁹ So auch *Dietlein* (Fn. 2), Art. 29 Rn. 50.
¹⁴⁰ *Kunig* (Fn. 10), Art. 29 Rn. 13; vgl. ferner BVerfGE 4, 250 (267 f.); 13, 54 (86). Einschränkend (nur für den Bund-Länder-Streit) *Dietlein* (Fn. 2), Art. 29 Rn. 50 – die abstrakte Normenkontrolle zu versperren, erscheint mit Blick auf die für den Bund-Länder-Streit entwickelten Grundsätze nicht überzeugend. Im Übrigen bleibt aufgelösten Ländern angesichts der Notwendigkeit einer Bestätigung durch Volksentscheid Zeit für die Antragstellung; auch nach Untergang des Antragstellers mit Inkrafttreten bleibt ein objektives Klarstellungsinteresse bestehen.
¹⁴¹ *Dietlein* (Fn. 2), Art. 29 Rn. 51.
¹⁴² BVerfGE 49, 15 (23 f.).
¹⁴³ *Dietlein* (Fn. 2), Art. 29 Rn. 26; *Pernice* → Bd. II², Art. 29 Rn. 53; *Schöbener* (Fn. 3), Art. 29 Rn. 38; ferner – für Art. 118 GG – BVerfGE 5, 34 (43 ff.); *T. Würtenberger*, HStR³ VI, § 132 Rn. 37.
¹⁴⁴ VerfG Brandenburg LKV 1996, 203 (204).
¹⁴⁵ BVerfGE 116, 327 (386 f., Rn. 190); *Pernice* → Bd. II², Art. 29 Rn. 54.
¹⁴⁶ *Dietlein* (Fn. 2), Art. 29 Rn. 23; *Kunig* (Fn. 10), Art. 29 Rn. 1.

Artikel 30 [Kompetenzverteilung zwischen Bund und Ländern]

Die Ausübung der staatlichen Befugnisse und die Erfüllung der staatlichen Aufgaben ist Sache der Länder, soweit dieses Grundgesetz keine andere Regelung trifft oder zuläßt.

Literaturauswahl

Association française pour la recherche en droit administratif (Hrsg.): La compétence, Paris 2008.
Azoulai, Loïc (Hrsg.): The Question of Competence in the European Union, Oxford 2014.
Bothe, Michael: Die Kompetenzstruktur des modernen Bundesstaates in rechtsvergleichender Sicht, 1977.
Braams, Beate: Koordinierung als Kompetenzkategorie, 2013.
Fassbender, Bardo: »Staatliche Befugnisse und Aufgaben« im Sinne von Art. 30 GG als innere und auswärtige Kompetenzen des Bundes und der Länder, in: DÖV 2011, S. 714–720.
Fehling, Michael: Mechanismen der Kompetenzabgrenzung in föderativen Systemen im Vergleich, in: Josef Aulehner u.a. (Hrsg.), Föderalismus – Auflösung oder Zukunft der Staatlichkeit?, 1997, S. 31–55.
Gerstenberg, Katrin: Zu den Gesetzgebungs- und Verwaltungskompetenzen nach der Föderalismusreform, 2009.
Grzeszick, Bernd: Der Gedanke des Föderalismus in der Staats- und Verfassungslehre vom Westfälischen Frieden bis zur Weimarer Republik, in: Ines Härtel (Hrsg.), Handbuch Föderalismus, Bd. I, 2012, § 2 (S. 57–99).
Hangartner, Yvo: Die Kompetenzverteilung zwischen dem Bund und den Kantonen, 1974.
Hanschel, Dirk: Konfliktlösung im Bundesstaat, 2012.
Heintzen, Markus: Die Beidseitigkeit der Kompetenzverteilung im Bundesstaat, in: DVBl. 1997, S. 689–693.
Isensee, Josef: Die bundesstaatliche Kompetenz, in: HStR[3] VI, § 133 (S. 455–513).
Jestaedt, Matthias: Grundbegriffe des Verwaltungsorganisationsrechts, in: GVwR I, § 14 (S. 953–1004).
Klatt, Matthias: Die praktische Konkordanz von Kompetenzen, 2014.
Küchenhoff, Benjamin: Die verfassungsrechtlichen Grenzen der Mischverwaltung, 2010.
Merkl, Adolf: Zum rechtstechnischen Problem der bundesstaatlichen Kompetenzverteilung, in: ZöR 2 (1921), S. 336–359.
Nettesheim, Martin: Kompetenzdenken als Legitimationsdenken, in: JZ 2014, S. 585–592.
Pernice, Ingolf: Kompetenzabgrenzung im europäischen Verfassungsverbund, in: JZ 2000, S. 866–876.
Pietzcker, Jost: Zuständigkeitsordnung und Kollisionsrecht im Bundesstaat, in: HStR[3] VI, § 134 (S. 515–565).
Rengeling, Hans-Werner: Kompetenzen, in: Festschrift für Paul Kirchhof, 2013, Bd. I, § 8 (S. 85–96).
Smits, Jan M.: Who does what? On Cameron, Rutte, and the Optimal Distribution of Competences among the European Union and the Member States, 2013.
Schnüringer, Hubert: Der Begriff der Kompetenz, in: ARSP 99 (2013), S. 77–94.
Stettner, Rupert: Grundfragen einer Kompetenzlehre, 1983.
Weiß, Norman: Kompetenzlehre internationaler Organisationen, 2009.
Wittreck, Fabian: Die Bundestreue, in: Ines Härtel (Hrsg.), Handbuch Föderalismus, Bd. I, 2012, § 18 (S. 497–525).

Leitentscheidungen des Bundesverfassungsgerichts

BVerfGE 3, 407 (421ff.) – Baugutachten; 12, 205 (244ff.) – 1. Rundfunkentscheidung; 22, 180 (216f.) – Jugendhilfe; 36, 342 (360ff.) – Niedersächsisches Landesbesoldungsgesetz; 44, 125 (149ff.) – Öffentlichkeitsarbeit; 55, 274 (318ff.) – Berufsausbildungsabgabe; 84, 133 (148ff.) – Warteschleife; 106, 62 (104ff., Rn. 153ff.) – Altenpflegegesetz; 108, 169 (178ff., Rn. 38ff.) – Telekommunikationsgesetz; 119, 331 (364ff., Rn. 150ff.) – Hartz IV-Arbeitsgemeinschaften.

Art. 30

A. Herkunft, Entstehung, Entwicklung

Gliederung
                                                                                                                                                         Rn.

A. Herkunft, Entstehung, Entwicklung 1
    I. Ideen- und verfassungsgeschichtliche Aspekte 6
    II. Entstehung und Veränderung der Norm 6
B. Internationale, supranationale und rechtsvergleichende Bezüge 8
    I. Kompetenzzuordnung im Völkerrecht 8
    II. Kompetenzzuordnung im Unionsrecht 9
        1. Kompetenzabgrenzung von Union und Mitgliedstaaten 9
        2. Aus- bzw. Rückwirkungen der europäischen Integration auf Art. 30 GG 11
    III. Kompetenzzuordnung im Rechtsvergleich 12
        1. Internationaler Verfassungsvergleich 12
        2. Landesverfassungsrecht 14
C. Erläuterungen 15
    I. Allgemeine Bedeutung 15
    II. Expliziter Regelungsgehalt 17
        1. Staatliche Aufgaben und Befugnisse 17
        2. Vorbehalt anderweitiger Regelung 20
            a) Ausdrückliche Bundeskompetenzen 21
            b) Ungeschriebene Bundeskompetenzen 23
        3. Resultierende Landeskompetenzen 24
    III. Implizite Regelungsgehalte 27
        1. Art. 30 GG als zwingendes Recht 28
        2. Art. 30 GG als Zuständigkeitsvermutung zugunsten der Länder? 29
        3. Art. 30 GG als Garantie einer Mindestkompetenzausstattung 30
        4. Art. 30 GG als Verbot der Mischverwaltung? 31
    IV. Prozessuale Umsetzung 32
D. Verhältnis zu anderen GG-Bestimmungen 33

Stichwörter

Abrundungsklausel 10 – Altes Reich 4 – Althusius 3 – Aufgaben und Befugnisse 6, 17ff. – Auswärtige Gewalt 22 – Begrenzte Einzelermächtigung 9 – Belgien 13 – Brasilien 12 – Bundesstaat 1, 6f., 12ff., 15, 33 – Bundestreue 26 – Bund-Länder-Streit 32 – Delegationsverbot 28 – Deutscher Bund 2, 4 – Doppelkompetenz 13, 28 – Dynamische Verweisung 28 – Eigenstaatlichkeit 15 – Europäische Union 9ff. – Ewigkeitsklausel 30 – Exekutivföderalismus 7 – Federalist Papers 3 – Fiskalisches Handeln 18 – Föderalismusreformen 7 – Fortschreibungskompetenz 23 – Gemeinden 26 – Gesetzesfreie Verwaltung 18 – Gesetzgebungskompetenzen 21, 24 – Großbritannien 13 – Hugo, Ludolf 3 – Implied Powers 8 – Indien 12 – Jurisdiktionskonflikte 8 – Kanada 12 – Kompetenzbegriff 1f., 16, 28 – Kompetenzkonflikte 4, 32 – Kooperation 14 – Landeskompetenzen 24f. – Landesverfassungen 14, 25f. – Legitimationsfunktion 16 – Mindestkompetenzausstattung 30 – Mischverwaltung 31 – Normenkontrolle 32 – Österreich 12 – Parlamentarischer Rat 6 – Paulskirche 5 – Rationalisierungsfunktion 16 – Rechtsprechungskompetenzen 22 – Reichspublizistik 3 – Residualkompetenz 5, 12, 19 – Schweiz 12 – Spanien 13 – Strikte Interpretation 29 – Subsidiarität 9 – Südafrika 12 – Treffen oder Zulassen 20ff. – Ungeschriebene Kompetenzen 23 – USA 12 – Vermutung 2, 29 – Vertikale Gewaltenteilung 15 – Verwaltungskompetenzen 22 – Völkerrecht 8 – Weimarer Reichsverfassung 5 – Zwingendes Recht 28.

A. Herkunft, Entstehung, Entwicklung

I. Ideen- und verfassungsgeschichtliche Aspekte

1 Ideengeschichtlich ist Art. 30 GG auf das Engste mit der Genese und Entwicklung des Bundesstaatsbegriffes verknüpft (→ Art. 20 [Bundesstaat], Rn. 1ff.), kann aber selbst nicht auf eine regelrechte Ideengeschichte zurückblicken. Allerdings präsentiert sich die Norm als vorläufiges **Endprodukt** gleich mehrerer **Ausdifferenzierungs- und Rationalisierungsprozesse** des Rechts bzw. der Rechtswissenschaft. Als Zuordnungs- und Verteilungsregel setzt sie zunächst die fundamentale Unterscheidung von Staat und Gesellschaft voraus (→ Vorb. Rn. 70; → Art. 20 [Demokratie], Rn. 1 ff.). Zweitens basiert sie auf der gedanklichen Trennung der einem Amtsträger zugeordneten Kompetenzen (→ Rn. 2) von den einer Person zugeordneten Rechten, die nach maßgeblichen Vorarbeiten der hochmittelalterlichen Kanonistik im Kern von der neuzeitlichen Rechtswissenschaft geleistet worden ist (→ Vorb. Rn. 6; → Vorb. zu Art. 70–74 Rn. 2f.)[1]. Schließlich bildet sie die Abstraktionsleistung ab, Rechte bzw. Kompetenzen nicht additiv-konkret zu umschreiben, sondern anhand einer allgemeinen Regel auf verschiedene Organe bzw. Hoheitsträger zu verteilen[2].

Hingegen fußen die einzelnen Regelungselemente des Art. 30 GG auf distinkten Traditionen, die teils noch ungenügend ausgeleuchtet sind. Die Kategorie der **Kompetenz** ist zwar seit der römischen Antike als Rechtsbegriff präsent[3], bezeichnet im Mittelalter aber Einkünfte bzw. begegnet in der frühen Neuzeit als Schuldnerschutzregel[4]. Ohne trennscharfe Abgrenzung dominieren bei der Benennung von hoheitlichen Rechten demgegenüber *potestas/auctoritas*[5] oder *iurisdictio*[6]. Als Synonym für Zuständigkeit im heutigen Sinne taucht »Kompetenz« erst in den Dokumenten des Deutschen Bundes auf[7]. Demgegenüber kann die in Art. 30 GG nach verbreiteter Auffassung zur Anwendung gelangende Figur der **Vermutung** (→ Rn. 29) auf eine lange Rechtsgeschichte zurückblicken[8].

Modelle einer rationalen Verteilung von hoheitlichen Aufgaben in mehrpoligen bzw. gestuften Herrschaftsräumen werden erstmals in der sog. Reichspublizistik diskutiert[9], wobei besondere Prominenz die Entwürfe von Johannes **Althusius**

---

[1] Klassisch *E.H. Kantorowicz*, Die zwei Körper des Königs (1957), 1990, S. 317 ff. u. passim; knapper *W. Reinhard*, Geschichte der Staatsgewalt, 2. Aufl. 2000, S. 35 ff. Instruktiv auch *O. Beaud*, Compétence et souveraineté, in: Association française pour la recherche en droit administratif (Hrsg.), La compétence, Paris 2008, S. 5 ff. (8 ff.) sowie *E. Maulin*, Competénce, capacité, pouvoir, ebd., S. 33 ff. (35 ff.).

[2] Zur im Mittelalter üblichen Aufsplittung von Befugnissen *F. Wittreck*, Geld als Instrument der Gerechtigkeit, 2002, S. 95 ff.

[3] Vgl. Dig. 2.1.19.pr (*Ulpian*): »competens iudex« und dazu *F. v. Redecker*, Art. Kompetenz (III), in: Hist.Wb.Philos. IV (1976), Sp. 920 f.

[4] Näher m.w.N. *E. Klingenberg*, Art. Kompetenz (I), in: Hist.Wb.Philos. IV (1976), Sp. 918 f.

[5] Dazu *R. Geuss*, Zeitschrift für Ideengeschichte 4 (2010), 23 ff. sowie *N. Jansen*, Informelle Autoritäten in der Entwicklung des transnationalen Privatrechts, in: G.-P. Calliess (Hrsg.), Transnationales Recht, 2014, S. 115 ff. (121 ff.).

[6] Siehe dazu *D. Wyduckel*, Die Herkunft der Rechtsprechung aus der Iurisdictio, in: N. Achterberg (Hrsg.), Rechtsprechungslehre, 1986, S. 247 ff. (248 ff.); vgl. noch *F. Wittreck*, Die Verwaltung der Dritten Gewalt, 2006, S. 38 ff.

[7] Vgl. Art. X der Wiener Schlußakte und dazu nochmals *v. Redecker*, Kompetenz (Fn. 3), Sp. 920.

[8] Siehe *A. Gouron*, Aux racines de la théorie des présomptions, in: RIDC 1 (1990), 99 ff.; *A. Fiori*, Praesumptio violenta o iuris et de iure?, in: O. Condorelli/F. Roumy/M. Schmoeckel (Hrsg.), Der Einfluss der Kanonistik auf die europäische Rechtskultur, Bd. 1, 2009, S. 75 ff.; vgl. auch die Beiträge in R.H. Helmholz/W.D.H. Sellar (Hrsg.), The Law of Presumptions, 2009.

[9] Zusammenfassend jetzt *B. Grzeszick*, Der Gedanke des Föderalismus in der Staats- und Verfassungslehre vom Westfälischen Frieden bis zur Weimarer Republik, in: I. Härtel (Hrsg.), Handbuch Föderalismus, Bd. I, 2012, § 2 Rn. 6 ff.

(1603/1614)[10] und Ludolf **Hugo** (1661)[11] erlangt haben. Wirkmächtig bzw. wegweisender sind die Vorschläge der **Federalist Papers** (1787/88), die der Union wenige Zuständigkeiten nach dem Enumerationsverfahren zubilligen und den Bundesstaaten die restlichen Aufgaben überantworten[12].

4 Die Verfassung des Alten Reiches bildet zeitlebens **keine stabile Zuständigkeitsordnung** aus, sondern erlebt in ihren verschiedenen Phasen unterschiedlichste Kompetenzallokationen bei den einzelnen Akteuren, die sowohl hochgradig situativ als auch jeweils Gegenstand politischer Aushandlungsprozesse sind[13]. Lediglich die Jurisdiktion der **Reichsgerichtsbarkeit** ist zumindest nach den frühneuzeitlichen Reichsreformen vergleichsweise fest umrissen und noch dazu institutionell hinreichend verfestigt[14]. Der **Deutsche Bund** verfügt in seinen Gründungsverträgen über keinen klar akzentuierten Kompetenzkatalog; stattdessen wird von den Aufgaben (vgl. Art. II DBA v. 1815) auf die Befugnisse geschlossen[15]. Charakteristisch ist für das gesamte 19. Jahrhundert die Praxis, **Kompetenzkonflikte** innerstaatlich wie zwischen Bund und Gliedern gerichtlich klären zu lassen (dies durchaus als – prozessuales – funktionales Äquivalent zu Art. 30 GG; → Art. 93 Rn. 4)[16].

5 Im engeren Sinne steht Art. 30 GG in einer **Tradition der Residualkompetenz der einzelnen Bundesglieder**, die wenigstens bis auf die Paulskirchenverfassung (1849) zurückreicht[17]. Nach deren § 5 haben die Einzelstaaten »alle staatlichen Hoheiten und Rechte, soweit diese nicht der Reichsgewalt ausdrücklich übertragen worden sind« (dazu näher §§ 6–67 RVerf.)[18]. Diese Grundregel wird in den Verfassungen des Norddeutschen Bundes (1867) wie des Deutschen Reichs (1871) der Sache nach fortgeschrieben, aber nicht in vergleichbarer Weise explizit gemacht (vgl. Art. 2ff. RVerf.)[19]. Gleiches gilt für die **Weimarer Reichsverfassung** (1919), die nach der Enumerationsmethode die Reichskompetenzen auflistet (Art. 6ff. WRV) und lediglich unterstellt,

---

[10] *J. Althusius*, Politica methodice digesta, 1. Aufl. 1603 (Neudruck 1961), 4. Kapitel XVIII, § 91; dazu *B. Grzeszick*, Vom Reich zur Bundesstaatsidee, 1996, S. 46f. m.w.N.; *P.J. Winters*, Johannes Althusius, in: M. Stolleis (Hrsg.), Staatsdenker in der frühen Neuzeit, 3. Aufl. 1995, S. 29ff. (37f.).

[11] *L. Hugo*, Dissertatio de statu regionum Germaniae, 1661, Cap. II, § 13. Ihm schwebt eine Teilung der Hoheitsrechte zwischen Reich und Territorien nach dem Kriterium der bestmöglichen Aufgabenerfüllung vor.

[12] A. Adams/W.P. Adams (Hrsg.), Hamilton/Madison/Jay: Die Federalist-Artikel, 1994, Nr. 23 (*Hamilton*) u. Nr. 45 (*Madison*); näher dazu *dies.*, Einleitung, ebd., S. xxvii ff. (l ff.).

[13] Zusfsd. (für die Neuzeit) *B. Stollberg-Rilinger*, Des Kaisers alte Kleider, 2008, S. 89ff.; zu den »Außenkompetenzen« der Territorien *B. Fassbender*, Der Staat 42 (2003), 409ff. → Art. 32 Rn. 2.

[14] Zum Forschungsstand wie zur *de-facto*-Rechtsetzung durch die Reichsgerichte jetzt *P. Oestmann*, Zwischen Gerichtsurteil und Gesetzgebung – die Gemeinen Bescheide von Reichskammergericht und Reichshofrat, in: ders. (Hrsg.), Gemeine Bescheide, 2013, S. 1ff.

[15] Vgl. auch Art. 3 der Wiener Schlußakte von 1820. Wie hier *Huber*, Verfassungsgeschichte I, S. 597f.; *Grzeszick* (Fn. 9), § 2 Rn. 40ff. Zeitgenössisch *H. Zoepfl*, Grundsätze des gemeinen deutschen Staatsrechts, Erster Theil, 5. Aufl. 1863, §§ 147ff.

[16] Im ersten Zugriff m.w.N. *G. Lemmer*, Art. Kompetenzkonflikt, in: HRG² II, Sp. 1999ff.; siehe ferner *A. Fu*, Kompetenzkonflikte im preußischen Recht des 19. Jahrhunderts, 1999. Zeitgenössisch *C.J.A. Mittermaier*, AcP 23 (1840), 263ff.

[17] Instruktiv zum folgenden *C. Hillgruber*, in: BK, Art. 30 (2006), Rn. 4ff. sowie *W. März*, in: v. Mangoldt/Klein/Starck, GG II, Art. 30 Rn. 3ff.

[18] Näher *W. Pauly*, HStR³ I, § 3 Rn. 37; die Vorbildwirkung des Arrangements betont *J.-D. Kühne*, Eine Verfassung für Deutschland, in: C. Dipper/U. Speck (Hrsg.), 1848, 1998, S. 355ff. (359f.).

[19] Siehe *Huber*, Verfassungsgeschichte III, S. 791ff., 802ff.; *Grzeszick* (Fn. 9), § 2 Rn. 74ff.; zeitgenössisch *P. Laband*, Das Staatsrecht des Deutschen Reiches, 5. Aufl., Bd. I, 1911, S. 102ff.

daß die nicht gelisteten Sachbereiche Angelegenheit der Länder bleiben[20]. Art. 5 WRV kommt einer solchen allgemeinen Regel zwar nahe, stellt aber ohne nähere Bestimmung Reichs- und Landesangelegenheiten gegenüber[21]. Selbst die Verfassung der **DDR** von 1949 führt diese Tradition dem Namen nach fort, knüpft die Kompetenz der Zentralebene allerdings an ein fragwürdiges materielles Kriterium[22]. In einer weiteren Traditionslinie steht Art. 30 GG insofern, als seit der Reichsverfassung von 1871 **ungeschriebene Kompetenzen** (der Zentralebene) grundsätzlich anerkannt sind, sofern sie wenigstens einen Anhalt im Text der Verfassungsurkunde haben[23].

II. Entstehung und Veränderung der Norm

Im Parlamentarischen Rat bestand zwar (besatzungsrechtlich akzentuierter) **Konsens** über die Einrichtung eines **Bundesstaat**es, keineswegs aber über dessen konkrete Ausgestaltung (→ Art. 20 [Bundesstaat], Rn. 8). Gleichwohl bleibt der Normgehalt von Art. 30 GG – der die materiellen und damit »harten« Entscheidungen ja ohnehin durch Verweis ausspart – vergleichsweise stabil[24]. Schon Art. 30 HChE bildet die Grundsatzentscheidung für eine Residualkompetenz der Länder ab[25]. Gescheitert ist einerseits der Versuch von Union und DP, das Regel-Ausnahme-Verhältnis noch expliziter festzuschreiben[26]; umgekehrt sind zwei Anträge der SPD auf Streichung der Norm ohne Erfolg geblieben[27]. Die Unterscheidung von »**Befugnissen**« und »**Aufgaben**« (→ Rn. 17) verweist in diesem Kontext allerdings noch nicht auf die heute namentlich im Gefahrenabwehrrecht kanonische Unterscheidung von Aufgabe und Befugnis[28], da diese der unmittelbaren Nachkriegszeit nicht geläufig war[29].

6

---

[20] Näher *Gusy*, WRV, S. 235 ff. sowie *G. Lassar*, Die verfassungsrechtliche Ordnung der Zuständigkeiten, in: HdbDStR I, S. 301 ff.
[21] Zeitgenössisch *Anschütz*, WRV, Art. 5 Anm. (S. 71 f.); siehe ferner *L. Gebhard*, Die Verfassung des Deutschen Reichs, 1932, Vorbem. zu den Art. 6–14 Anm. 1 ff. (S. 86 ff.).
[22] Art. 1 II DDR-Verf. 1949: »Die Republik entscheidet alle Angelegenheiten, die für den Bestand und die Entwicklung des deutschen Volkes in seiner Gesamtheit wesentlich sind; alle übrigen Angelegenheiten werden von den Ländern selbständig entschieden.« Siehe dazu *S. Mampel*, Die Verfassung der sowjetischen Besatzungszone Deutschlands, 1962, Art. 1 Anm. 2.
[23] Zur Reichsverfassung von 1871 *R. Smend*, Ungeschriebenes Verfassungsrecht im monarchischen Bundesstaat (1916), in: ders., Staatsrechtliche Abhandlungen und andere Aufsätze, 3. Aufl. 1994, S. 39 ff.; *H. Triepel*, Die Kompetenzen des Bundesstaats und die geschriebene Verfassung, in: FS Laband, Bd. II, 1908, S. 247 ff. (252). Zur Weimarer Reichsverfassung *Lassar*, Ordnung (Fn. 20), S. 304; zusfsd. *Pernice* → Bd. II², Art. 30 Rn. 6.
[24] Näher zur Entstehung der Norm JöR 1 (1951), S. 295 ff.; Schneider/Kramer, GG-Dokumentation X, S. 1 ff.; *R. Mußgnug*, HStR³ I, § 8 Rn. 71 ff.; *M. Ruppelt*, in: Umbach/Clemens, GG, Art. 30 Rn. 1 ff.; *S. Korioth*, in: Maunz/Dürig, GG, Art. 30 (2006), Rn. 5 f.; *Pernice* → Bd. II², Art. 30 Rn. 7 ff. – Zusammenstellung aller Entwurfsfassungen: Parl. Rat VII, S. 9, 101, 149, 227, 352, 406, 539, 578.
[25] »Soweit nicht dieses GG die Zuweisung an den Bund anordnet oder zulässt, sind die staatlichen Befugnisse und Aufgaben Sache der Länder und der in ihnen bestehenden Selbstverwaltungen.« S. 2 buchstabiert dies regelbeispielartig aus; Parl. Rat II, S. 584.
[26] Antrag im Hauptausschuß (6. Sitzung v. 19.11.1948; Parl. Rat XIV/1, S. 183): »Alle Rechte, die nicht durch das GG dem Bunde übertragen sind, verbleiben den Ländern.«
[27] Im Hauptausschuß (57. Sitzung v. 5.5.1919; Parl. Rat XIV/2, S. 1796) sowie im Plenum (9. Sitzung v. 6.5.1949; Parl. Rat IX, S. 463 f.).
[28] Statt aller *B. Pieroth u. a.*, Polizei- und Ordnungsrecht, 8. Aufl. 2014, § 2 Rn. 45 ff.
[29] Siehe etwa für den Stand des Vorkriegspolizeirechts *B. Drews*, Preußisches Polizeirecht, Bd. I, 4. Aufl. 1933, S. 6 ff., der auf der Grundlage des § 14 Polizeiverwaltungsgesetz nur die Aufgabeneröffnung prüft; gleichsinnig *W. Jellinek*, Verwaltungsrecht, 3. Aufl. 1948, S. 427 ff.

7 Art. 30 GG ist seit 1949 normtextlich unverändert geblieben. Als Grundregel und Schleusenbestimmung, die auf die Ausformung durch weitere Regelungen verweist (→ Rn. 19 ff.), ist der konkrete Normgehalt des Art. 30 GG hingegen auf steten Wandel angelegt und bestenfalls semifest. Die regelmäßig in die Wendung vom »**Exekutivföderalismus**« gefaßte tatsächliche Kompetenzverteilung, in der dem Bund der Löwenanteil der Gesetzgebungszuständigkeiten zusteht (→ Vorb. zu Art. 70–74 Rn. 13 ff.), während den Ländern die Verwaltungs- und Rechtsprechungsaufgaben verbleiben (→ Art. 83 Rn. 18; → Art. 92 Rn. 19), ist dabei *in nuce* schon im Grundgesetz angelegt, in der konkreten Ausformung allerdings erst der Verfassungspraxis geschuldet (→ Art. 72 Rn. 3 f.)[30]. Zuletzt haben die **Föderalismusreformen** von 2006 und 2009 zwar nicht Art. 30 GG geändert, aber seinen normativen Um- bzw. Unterbau substantiell modifiziert[31], wobei zweifelhaft bleibt, ob die – ohnehin recht heterogenen – Zielvorstellungen erreicht worden sind (→ Vorb. zu Art. 70–74 Rn. 15; → Art. 72 Rn. 6; → Art. 115 [Suppl. 2010], Rn. 13).

B. Internationale, supranationale und rechtsvergleichende Bezüge

I. Kompetenzzuordnung im Völkerrecht

8 Das klassische Völker(vertrags)recht folgt dem Modell, daß die Zuständigkeit einer Institution nur durch Willens- bzw. Rechtsakt der beteiligten souveränen Staaten begründet werden kann[32]. Zusätzlich abgesichert wird die nationalstaatliche Kompetenz durch die Doktrin des **domaine réservé** (etwa Art. 2 VII UN-Charta)[33]. Im Zuge der vielzitierten »Konstitutionalisierung des Völkerrechts«[34] sind hier wenigstens drei relevante Entwicklungen zu verzeichnen. Zum einen hat die aus der Bundesstaatslehre übernommene Figur der **implied powers**, also derjenigen Befugnisse, die eine Institution zwingend benötigt, um ihre vorgesehenen Aufgaben zu erfüllen[35], zu einer Kompetenzarrondierung nicht zuletzt der **Vereinten Nationen** und ihrer diversen Unterorganisationen geführt[36]. Ferner läßt sich namentlich im Wirtschaftsvölkerrecht die Herausbildung von Regimen beobachten, die – einmal durch einvernehmliche Rechtsakte institutionalisiert – zumindest **semiautonome Rechtsetzung** betreiben[37]. Besonders prominent bzw. kontrovers ist zuletzt die Jurisdiktionskompetenz

---

[30] Eingehend *M. Gubelt*, in: v. Münch/Kunig, GG I, Art. 30 Rn. 2 ff.; vgl. auch *W. Erbguth*, in: Sachs, GG, Art. 30 Rn. 10, 29.

[31] Erste zusammenfassende Analyse *K. Gerstenberg*, Zu den Gesetzgebungs- und Verwaltungskompetenzen nach der Föderalismusreform, 2009.

[32] Siehe *M. Ruffert/C. Walter*, Institutionalisiertes Völkerrecht, 2009, Rn. 115 ff., 195 ff.; vgl. ferner *N. Weiß*, Kompetenzlehre internationaler Organisationen, 2009, S. 325 ff.

[33] Zu dieser Klausel eingehend *G. Nolte*, in: B. Simma u. a. (Hrsg.), The Charter of the United Nations, 3. Aufl., Bd. I, Oxford 2012, Article 2 (7) Rn. 6 ff.; vgl. ferner *R. Kolb*, RGDIP 110 (2006), 597 ff.

[34] Statt aller zuletzt *D. Kühne*, Materielle Konstitutionalisierung im Völkerrecht, 2014.

[35] Siehe *K. Skubiszewski*, Implied powers of international organizations, in: Y. Dinstein (Hrsg.), International law at a time of perplexity, Dordrecht u. a. 1989, S. 855 ff. sowie *Ruffert/Walter*, Völkerrecht (Fn. 32), Rn. 202 ff.

[36] Ähnlich *Ruffert/Walter*, Völkerrecht (Fn. 32), Rn. 213; *E. Klein/S. Schmahl*, Die Internationalen und die Supranationalen Organisationen, in: W. Graf Vitzthum/A. Proelß (Hrsg.), Völkerrecht, 6. Aufl. 2013, Kap. 4 Rn. 225 ff.

[37] Näher *J. Windsor*, The WTO Committee an Trade in Financial Services, in: A. v. Bogdandy u. a. (Hrsg.), The Exercise of Public Authority by International Institutions, 2010, S. 405 ff.; *I. Feichtner*,

internationaler Gerichte, die zum einen in **Jurisdiktionskonflikte** untereinander[38], mit nationalen[39] sowie mit supranationalen Rechtsprechungsinstitutionen[40] verstrickt werden können (→ Art. 93 Rn. 18ff.). Zum anderen sehen sich zumindest einzelne internationale Gerichte zunehmend mit dem Vorwurf konfrontiert, sie überdehnten ihre Kompetenzen durch das freihändige Generieren von Richterrecht[41].

II. Kompetenzzuordnung im Unionsrecht

1. Kompetenzabgrenzung von Union und Mitgliedstaaten

Das Recht der Europäischen Union übernimmt den völkerrechtlichen Ansatz (→ Rn. 8), wonach der Union lediglich diejenigen Kompetenzen zukommen, die ihr die Mitgliedstaaten vertraglich übertragen haben (**Grundsatz der begrenzten Einzelermächtigung**, Art. 5 I 1, II 1 EUV)[42], wohingegen alle nicht der Union übertragenen Zuständigkeiten bei den Mitgliedstaaten verbleiben (Art. 4 I, 5 II 2 EUV)[43]. Näher entfaltet werden diese Unionskompetenzen in Art. 2–6 AEUV (ausschließliche und geteilte Zuständigkeit, Koordinierung[44], Maßnahmen der Unterstützung, Koordinierung und Ergänzung). Daß dieser in seiner Struktur Art. 30 GG ähnelnde Mechanismus sogleich um die Sicherungsinstrumente der Grundsätze der **Subsidiarität** und **Verhältnismäßigkeit** angereichert (Art. 5 I 2 EUV) wird, die ihrerseits durch spezielle Rügeverfahren bewehrt werden (→ Art. 23 Rn. 106f.)[45], belegt die mit Händen zu greifende und erfahrungsgesättigte Sorge der Mitgliedstaaten, daß die Organe der

9

The Administration of the Vocabulary of International Trade: The Adaptation of WTO Schedules to Changes in Harmonized Systems, ebd., S. 439ff.

[38] Dazu *Y. Shany*, The Competing Jurisdictions of International Courts and Tribunals, Oxford 2003, S. 29ff. sowie *M. Nunner*, Kooperation internationaler Gerichte, 2009.

[39] Siehe dazu *Y. Shany*, Regulating Jurisdictional Relations Between National and International Courts, Oxford 2010; *N. Nabil Jurdi*, The International Criminal Court and National Courts, Farnham/Burlington 2011; speziell zum Verhältnis EGMR – Bundesverfassungsgericht *M. Klatt*, Die praktische Konkordanz von Kompetenzen, 2014, S. 75ff. (Diagnose), 284ff. (Lösungsvorschlag).

[40] Hier stehen mögliche Konflikte zwischen EGMR und EuGH im Vordergrund: *H. Sauer*, Jurisdiktionskonflikte in Mehrebenensystemen, 2008, S. 303ff.

[41] Diesem Vorwurf widmen sich die Beiträge in: S. Darcy/J. Powderly (Hrsg.), Judicial Creativity at the International Criminal Tribunals, Oxford 2010; siehe auch A. v. Bogdandy/I. Venzke (Hrsg.), International Judicial Lawmaking, 2012.

[42] Dazu im ersten Zugriff *G. Lienbacher*, in: Schwarze, EU, Art. 5 EUV Rn. 6ff.; *M. Zuleeg*, in: v. d. Groeben/Schwarze, EUV/EGV, Art. 5 EUV Rn. 2; *R. Geiger*, in: Geiger/Kahn/Kotzur, EUV/AEUV, Art. 5 EUV Rn. 3f.; *C. Callies*, in: Calliess/Ruffert, EUV/AEUV, Art. 5 EUV Rn. 2ff.; *R. Streinz*, in: Streinz, EUV/AEUV, Art. 5 EUV Rn. 8ff.; *M. J. Bast*, in: Grabitz/Hilf/Nettesheim, EUV/AEUV, Art. 5 EUV (2014), Rn. 13ff.

[43] Zusammenfassend *M. Nettesheim*, Kompetenzen, in: A. v. Bogdandy/J. Bast (Hrsg.), Europäisches Verfassungsrecht, 2. Aufl. 2009, S. 389ff.; *R. Streinz*, Die Kompetenzordnung in der föderalen Europäischen Union, in: I. Härtel (Hrsg.), Handbuch Föderalismus, Bd. IV, 2012, § 85 Rn. 21ff.; *J. M. Smits*, Who does what? On Cameron, Rutte, and the Optimal Distribution of Competences among the European Union and the Member States, 2013, S. 6ff.; *L. Azoulai*, Introduction, in: L. Azoulai (Hrsg.), The Question of Competence in the European Union, Oxford 2014, S. 1ff. – Programmatisch im Vorfeld *I. Pernice*, JZ 2000, 866 (867ff.); *A. v. Bogdandy/J. Bast*, EuGRZ 2001, 441 (451ff.).

[44] Dazu jetzt eingehend *B. Braams*, Koordinierung als Kompetenzkategorie, 2013.

[45] Speziell zur Subsidiaritätsrüge (Art. 12 lit. b EUV i.V.m. Art. 6 des Protokolls über die Anwendung der Grundsätze der Subsidiarität und der Verhältnismäßigkeit vom 13.12.2007, ABl. Nr. C 306 S. 150) siehe *J. Semmler*, ZEuS 13 (2010), 529ff.; *K. Pabel*, JRP 2011, 287ff.; *M. Buschmann/B. Daiber*, DÖV 2011, 504ff.; *C. Calliess*, in: Calliess/Ruffert, EUV/AEUV, Art. 12 EUV Rn. 11ff.; *Lienbacher* (Fn. 42), Art. 5 EUV Rn. 34; *Streinz* (Fn. 42), Art. 5 EUV Rn. 35; *P. M. Huber*, in: Streinz, EUV/

Union ihre Kompetenz im Zweifel denkbar weit auslegen und dabei vom EuGH eingedenk seines Selbstverständnisses als »Motor der Verträge« (→ Art. 93 Rn. 25) nicht wirksam überwacht oder eingehegt werden. Neue Nahrung hat das oberste Gericht der Union diesen Befürchtungen zuletzt durch seine »Åkerberg Fransson«-Entscheidung[46] sowie sein Gutachten zum Beitritt der Union zur EMRK verschafft[47].

10 Tatsächlich sind auf Unionsebene wiederum mehrere Entwicklungen zu beobachten, die zusammengenommen eine **faktische Kompetenzverteilung** bewirken, die Art. 5 EUV Lügen straft. Zum einen enthalten die Verträge verschiedene Bestimmungen, die der Union zwar keine vollgültige Kompetenz-Kompetenz vermitteln, ihr entgegen der Grundregel der Art. 4, 5 EUV aber die »Arrondierung« ihres Kompetenztableaus ermöglichen. Dazu zählen u. a. Art. 48 VI [III] EUV (vereinfachtes Vertragsänderungsverfahren), Art. 48 VII EUV (Brückenverfahren), Art. 311 I sowie Art. 352 AEUV (sog. Abrundungsklausel)[48]. In der Praxis wichtiger ist die institutionensoziologisch plausible Neigung der Organe der Union, nicht in Kompetenzen, sondern **in politischen Zielen zu denken** und dabei das Korsett der Zuständigkeitsregeln denkbar flexibel zu handhaben[49].

2. Aus- bzw. Rückwirkungen der europäischen Integration auf Art. 30 GG

11 Handlungsvorgaben, die der Bundesrepublik durch Unionsrecht überbürdet werden, zählen unzweifelhaft zu den »Aufgaben und Befugnissen« i.S.d. Art. 30 GG (→ Rn. 17 f.); sie obliegen danach den Ländern, sofern die Spezialvorschriften der Art. 70 ff. GG u. a. m. (→ Rn. 20 ff.) sie nicht dem Bund zuweisen[50]. Wichtiger ist, daß der Prozeß der europäischen Integration das **Aufgabentableau modifiziert**, das nach Art. 30 GG bzw. den von ihm in Bezug genommenen Spezialvorschriften zur Verteilung ansteht. Da sich der Transfer von Kompetenzen auf die Union nach Art. 23 GG und damit ohne Verfassungstextänderung vollzieht (→ Art. 23 Rn. 55 ff.; → Art. 79 I Rn. 26), vertieft dieser Prozeß nochmals die Kluft, die sich zwischen Art. 30 GG und der realen Kompetenzverteilung unter Bund und Ländern auftut (→ Rn. 15)[51].

AEUV, Art. 12 EUV Rn. 33 f.; *S. Hölscheidt*, in: Grabitz/Hilf/Nettesheim, EUV/AEUV, Art. 12 (2014), Rn. 40 ff.; *P. Becker*, ZPol. 23 (2013), 5 ff.

[46] EuGH, Urt. v. 26.2.2013 – C-617/10 (Åklagare/Hans Åkerberg Fransson) = JZ 2013, 613 mit Anm. *G. Dannecker*; aus der umfangreichen Besprechungsliteratur *J.M. Hoffmann/F. Kollmar*, DVBl. 2013, 717 ff.; *H.-J. Rabe*, NJW 2013, 1407 ff.; *T. Kingreen*, JZ 2013, 801 ff.; *C. Safferling*, NStZ 2014, 545 ff.; *K. Gaede*, NJW 2014, 2990 ff.; *F. Lange*, NVwZ 2014, 169 ff.

[47] EuGH, 18.12.2014 – Gutachten 2/13.

[48] Lt. BVerfGE 123, 267 (385 ff., Rn. 309 ff.) überschreiten diese Bestimmungen als solche noch nicht die Grenze, die von der souveränen deutschen Staatsgewalt der europäischen Integration gezogen wird.

[49] Luzide zuletzt *M. Nettesheim*, JZ 2014, 585 (587). Instruktiv auch *C. Timmermans*, ECJ Doctrines on Competences, in: Azoulai, Question (Fn. 43), S. 155 ff.

[50] Statt aller *A. Puttler*, HStR³ VI, § 142 Rn. 1.

[51] Bereits konstatiert von *W. Graf Vitzthum*, AöR 110 (1990), 281 (285 ff.): »Kompetenzenteignung« (289); gleichsinnig *I. Pernice*, DVBl. 1993, 909 (910 ff.) sowie *H.-P. Donoth*, Die Bundesländer in der Europäischen Union, 1996, S. 31 ff.

III. Kompetenzzuordnung im Rechtsvergleich

1. Internationaler Verfassungsvergleich

Die Verteilung der Kompetenzen zwischen Zentral- und Gliedstaatsebene gilt als schlechthin **neuralgische bundesstaatliche Stellschraube**[52]. Im Verfassungsvergleich begegnen dabei mehrere Modelle, die ihrerseits nochmals modifiziert, teils auch miteinander kombiniert werden können (→ Vorb. zu Art. 70–74 Rn. 23 ff.)[53]. Das Art. 30 GG zugrundeliegende Konzept einer Kombination von eigens aufgezählten Kompetenzen der zentralen Ebene mit einer Residualkompetenz der Gliedstaaten (→ Rn. 19) dürfte dabei in traditionsreichen Bundesstaaten überwiegen[54]. Es obwaltet namentlich in der **Schweiz**, die den Normgehalt des Art. 30 GG auf zwei Regeln verteilt (nach Art. 3 BV üben die Kantone alle Rechte aus, die nicht auf den Bund übertragen sind, während Art. 42 BV den Bund auf die ihm übertragenen [Abs. 1] und die notwendig einheitlich zu erfüllenden Aufgaben [Abs. 2] beschränkt). Die sich anschließende Aufzählung der Aufgaben (Art. 54–135 BV) enthält vornehmlich solche des Bundes, daneben einzelne der Kantone (etwa Art. 62, 69 BV)[55]. Wie in Deutschland sind ungeschriebene Bundeskompetenzen anerkannt (→ Rn. 23)[56]. **Österreich** sieht ebenfalls eine Auffangkompetenz der Länder vor (Art. 15 I B-VG), die allerdings eingedenk langer Kataloge der teils miteinander verschränkten Legislativ- und Exekutivkompetenzen (Art. 10–12, 14a B-VG) praktisch wenig Relevanz hat[57]. Im Unterschied zu Deutschland sind vertragliche Vereinbarungen über die Zuständigkeiten erlaubt (Art. 15a B-VG; → Rn. 28)[58]. Die **USA** beschränken sich auf eine ursprünglich sehr eng geschnittene Auflistung von Kompetenzen des Kongresses (Art. I, Sect. 8, §§ 1–18 US-Verf.), während die korrespondierende Residualkompetenz der Einzelstaaten erst in Amendment X (1791) niedergelegt wurde. In der Verfassungspraxis werden aber sowohl die »Interstate Commerce Clause« (§ 2) als auch die Klausel zu den »implied powers« (§ 18) sehr weit ausgelegt[59]. Auch **Brasilien** setzt eine implizite Residualkom-

12

---

[52] Unterstrichen von *J. Isensee*, HStR³ VI, § 133 Rn. 2 sowie *Hillgruber* (Fn. 17), Art. 30 Rn. 41. – Klassisch *A. Merkl*, ZöR 2 (1921), 336 ff.
[53] Siehe *M. Bothe*, Die Kompetenzstruktur des modernen Bundesstaates in rechtsvergleichender Sicht, 1977, S. 137 ff.; *M. Fehling*, Mechanismen der Kompetenzabgrenzung in föderativen Systemen im Vergleich, in: J. Aulehner u. a. (Hrsg.), Föderalismus – Auflösung oder Zukunft der Staatlichkeit?, 1997, S. 31 ff.; *Pernice* → Bd. II², Art. 30 Rn. 11 ff.; *J. Pietzcker*, HStR³ VI, § 134 Rn. 2 ff.; *O. Beaud*, The Allocation of Competences in a Federation, in: Azoulai, Question (Fn. 43), S. 19 ff. – Instruktiv zu den Verteilungsaufgaben *M. Bothe*, in: AK-GG, Art. 30 (2001), Rn. 1 ff.
[54] Wie hier *Bothe*, Kompetenzstruktur (Fn. 53), S. 137; *D. Buser*, Kantonales Staatsrecht, 2004, Rn. 138; *W. Heun*, Der Föderalismus in den USA, in: Härtel, Handbuch IV (Fn. 43), § 96 Rn. 4.
[55] Klassisch *Y. Hangartner*, Die Kompetenzverteilung zwischen dem Bund und den Kantonen, 1974, S. 56 ff.; näher jetzt *T. Jaag*, Die Rechtsstellung der Kantone in der Bundesverfassung, in: D. Thürer/J.-F. Aubert/J. P. Müller (Hrsg.), Verfassungsrecht der Schweiz, 2001, S. 473 ff.; *Buser*, Staatsrecht (Fn. 54), Rn. 138 ff.; *U. Häfelin/W. Haller/H. Keller*, Schweizerisches Bundesstaatsrecht, 8. Aufl. 2012, Rn. 1049 ff.; vgl. *D. Brühl-Moser*, Schweizerischer Föderalismus, in: Härtel, Handbuch IV (Fn. 43), § 99 Rn. 26 ff. sowie *D. Hanschel*, Konfliktlösung im Bundesstaat, 2012, S. 469 ff.
[56] *Häfelin/Haller/Keller*, Bundesstaatsrecht (Fn. 55), Rn. 1067 f.; *P. Tschannen*, Staatsrecht der Schweizerischen Eidgenossenschaft, 3. Aufl. 2011, § 20 Rn. 12 ff.
[57] Wie hier *P. Pernthaler*, Österreichisches Bundesstaatsrecht, 2004, S. 315 f.; näher *E. Wiederin*, IPE I, § 7 Rn. 78 ff.; *S. Storr*, Österreich als Bundesstaat, in: Härtel, Handbuch IV (Fn. 43), § 98 Rn. 20 ff.
[58] Speziell dazu *R. Thienel*, in: K. Korinek/M. Holoubek (Hrsg.), Österreichisches Bundesverfassungsrecht, Art. 15a B-VG (2000), Rn. 3 ff.
[59] Näher *W. Brugger*, Einführung in das öffentliche Recht der USA, 2. Aufl. 2000, S. 39 f.; *Heun*,

petenz der Bundesstaaten voraus⁶⁰. Umgekehrt gehen **Kanada**, Südafrika und Indien vor. Ersteres sieht in seiner Verfassung umfangreiche Kompetenzkataloge für Zentralebene wie Provinzen vor (Sections 91 bzw. 92 u. 92a des Constitution Act 1867), verortet die Residualkompetenz aber auf nationaler Ebene (Section 91 a. E.)⁶¹. **Südafrika** sieht ebenfalls Kompetenzkataloge für Republik wie Provinzen vor (Section 44 Verf., Anhänge 4 und 5), ordnet der Republik aber die Auffangzuständigkeit zu (Section 44 I lit. a [ii] Verf.)⁶². Gleiches gilt für **Indien**⁶³.

13 Besonders komplex präsentiert sich die Situation in den europäischen Ländern, die sich von klassischen Einheitsstaaten zu wenigstens **teilweise föderalen Gebilden** entwickeln, indem sie entweder flächendeckend Kompetenzen auf nachgeordnete Einheiten übertragen oder einzelnen Regionen Autonomie einräumen (→ Vorb. zu Art. 70–74 Rn. 25)⁶⁴. **Italien** ist in Regionen eingeteilt (Art. 131 Verf.), von denen einige besondere Autonomierechte genießen (Art. 116 Verf.). Die Gesetzgebungszuständigkeit liegt bei den Regionen (Art. 117 IV Verf.), sofern sie nicht im Wege der ausschließlichen (Art. 117 II lit. a-q Verf.) oder konkurrierenden Gesetzgebung (Art. 117 III Verf.) dem (Gesamt-)Staat übertragen ist. Die Verwaltungskompetenz liegt bei den Gemeinden, kann aber durch Gesetz höheren Ebenen übertragen werden (Art. 118 Verf.)⁶⁵. **Spanien** ist in Provinzen und »Autonome Gemeinschaften« gegliedert (Art. 137 Verf.); die Statuten der letztgenannten sind in der Verfassung nur in wenigen Grundzügen vorgespurt (Art. 138, 143–147 Verf.). Die Zuständigkeiten sind für Staat (Art. 149 I, II Verf.) wie Gemeinschaften (Art. 148 Verf.) enumeriert, wobei eine Residualkompetenz der letzteren besteht (Art. 149 III Verf.)⁶⁶. **Belgien** setzt sich aus zwei Regionen und drei sprachlichen Gemeinschaften zusammen, denen jeweils Kompetenzen übertragen werden (Art. 134 resp. Art. 127 ff. Verf.); die Zuständigkeit der Zentralebene für alle übrigen Angelegenheiten wird vorausgesetzt⁶⁷. **Großbritannien** hat im Wege der »Devolution« Gesetzgebungszuständigkeiten auf die Parlamente von Wales,

---

Föderalismus (Fn. 54), § 96 Rn. 7 ff.; *Hanschel*, Konfliktlösung (Fn. 55), S. 340 ff.; *G. R. Stone u. a.*, Constitutional Law, 7. Aufl. New York 2013, S. 346 ff. sowie *L. Hunze*, GreifRecht 16 (2013), 98 (102 ff.); instruktiv ferner *I. Joswig*, Die implied powers-Lehre im amerikanischen Verfassungsrecht, 1996, S. 3 ff.

⁶⁰ Dem stehen umfangreiche Kataloge mit ausschließlichen (Art. 21 f. Verf.), gemeinsamen und konkurrierenden Zuständigkeiten (Art. 23 resp. 24 Verf.) gegenüber; siehe *M. Piancastelli*, Federal Republic of Brazil, in: A. Majeed/R. L. Watts/D. M. Brown (Hrsg.), A Global Dialogue on Federalism, Bd. 2, Montreal u. a. 2006, S. 66 ff. (71 ff.).

⁶¹ Dazu *R. Simeon/M. Papillon*, Canada, in: Majeed/Watts/Brown, Dialogue (Fn. 60), S. 91 ff. (97 ff.) sowie *D. Brühl-Moser*, Der Föderalismus Kanadas, in: Härtel, Handbuch IV (Fn. 43), § 97 Rn. 32 ff.

⁶² *R. Grote*, Der Föderalismus in Mexiko, Indien, Südafrika und Australien, in: Härtel, Handbuch IV (Fn. 43), § 95 Rn. 17 ff.

⁶³ Vgl. Art. 245 ff. und Anhang VII zur Verfassung; dazu nochmals *Grote*, Föderalismus (Fn. 62), § 95 Rn. 12 f.

⁶⁴ Zur Gesamtentwicklung *F. Grotz*, Bundesstaaten und Einheitsstaaten im Rahmen der Europäischen Union, in: Härtel, Handbuch I (Fn. 43), § 12 Rn. 6 ff. → Art. 20 (Bundesstaat), Rn. 20 f.

⁶⁵ Näher *S. Grundmann/A. Zaccaria*, Einführung in das italienische Recht, 2007, S. 57 ff.; *M. Dogliani/C. Pinelli*, IPE I, § 5 Rn. 132 ff.; *A. Grasse*, Dissoziativer Föderalismus (2): Föderalismus in Italien, in: Härtel, Handbuch IV (Fn. 43), § 101 Rn. 4 ff.

⁶⁶ Näher *M. Medina Guerrero*, IPE I, § 11 Rn. 73 ff., 77 sowie *J. Martinez*, Der präföderale Staat, in: Härtel, Handbuch IV (Fn. 43), § 102 Rn. 12 ff. – Zur aktuellen krisenhaften Zuspitzung namentlich in der Autonomen Gemeinschaft Katalonien *R. Kühnel*, Europa ethnica 71 (2014), 13 ff.

⁶⁷ Siehe m. w. N. *M. Woydt*, Dissoziativer Föderalismus (1): Belgo-Föderalismus, in: Härtel, Handbuch IV (Fn. 43), § 100 Rn. 2 ff.

Nordirland und insb. Schottland übertragen und dabei neben einzelnen Vorbehaltsrechten echte Doppelkompetenzen (→ Rn. 28) in Kauf genommen[68].

2. Landesverfassungsrecht

In den Verfassungen der deutschen **Bundesländer** finden sich praktisch keine Normen, die dem Art. 30 GG in seiner Funktion als Kompetenzzuweisungsregel unmittelbar korrespondieren. Die vereinzelt zu verzeichnenden sog. **Nachrangklauseln** antworten in der Sache auf Art. 31 GG (→ Art. 31 Rn. 17), während die prozeduralen Regeln zum Schutz der Rechte der Volksvertretung im Prozeß der Europäischen Einigung nur die Gesetzgebung betreffen (→ Vorb. zu Art. 70–74 Rn. 28). Elemente des **Binnenföderalismus**, die sich zumeist der Maxime der Akkulturation ehemals selbständiger oder »fremder« Landesteile verdanken, weisen einen vergleichsweise schmalen Überschneidungsgrad mit Art. 30 GG auf. Sie präsentieren sich in der Sache als negative Kompetenzschranken, indem sie die Änderung von kulturell »systemrelevanten« Einrichtungen ausschließen oder erschweren. Das gilt etwa für die Volksschulklausel in Art. 15 I, II BWVerf.[69] oder Art. 89 NWVerf. zum Schulwesen in Lippe[70], wohingegen Art. 72 NdsVerf. (besondere Belange der ehemaligen Länder) zu einem Förderauftrag bzw. einer Einrichtungsgarantie unter Vorbehalt mutiert ist[71]. Nicht mit dem Wortlaut des Art. 30 GG, wohl aber mit dem ihm mittlerweile »zugewachsenen« Normprogramm (→ Rn. 28) korrespondieren schließlich Bestimmungen, die entweder allgemein (Art. 96 S. 1–2 BerlVerf.[72]; Art. 2 II HambVerf.[73]) oder für Spezialfälle (Art. 96 S. 3, 97 III BerlVerf.[74]; Art. 116 II BbgVerf.[75]; Art. 73 NdsVerf.[76]) die **Übertragung von Landeskompetenzen** auf andere Länder oder länderübergreifende Einrichtungen ermöglichen (→ Art. 99 Rn. 8, 13 ff.).

14

---

[68] Eingehend u. m.w.N. *M. Hahn-Lorber*, Parallele Gesetzgebungskompetenzen, 2012, S. 95 ff., 260 ff. – Zur Möglichkeit der »Rückholung« von Kompetenzen *S. Schmid*, ZaöRV 74 (2014), 223 ff.

[69] Vorbehalt zugunsten der Volksschulen in Baden und Württemberg-Hohenzollern; siehe *K. Braun*, Kommentar zur Verfassung des Landes Baden-Württemberg, 1984, Art. 16 Rn. 5 ff., 11; *P. Feuchte*, in: P. Feuchte (Hrsg.), Verfassung des Landes Baden-Württemberg, 1987, Art. 15 Rn. 14 ff., 21 ff.

[70] Näher *J. Ennuschat*, in: W. Löwer/P.J. Tettinger, Kommentar zur Verfassung des Landes Nordrhein-Westfalen, 2002, Art. 89 Rn. 1 ff.; *M. Kamp*, in: A. Heusch/K. Schönenbroicher (Hrsg.), Die Landesverfassung Nordrhein-Westfalen, 2010, Art. 89 Rn. 1 ff.

[71] Siehe näher zu dieser »Traditionsklausel« (*Werner Weber*) *H. Butzer*, in: V. Epping/H. Butzer (Hrsg.), Hannoverscher Kommentar zur Niedersächsischen Verfassung, 2012, Art. 72 Rn. 15 ff. sowie *J. Ipsen*, Niedersächsische Verfassung, 2012, Art. 72 Rn. 6 ff.

[72] Bildung gemeinsamer Einrichtungen mit anderen Ländern; siehe *M.J. Neumann*, in: G. Pfennig/M.J. Neumann (Hrsg.), Verfassung von Berlin, 3. Aufl. 2000, Art. 96 Rn. 1 ff.; *H.-J. Driehaus*, in: H.-J. Driehaus (Hrsg.), Verfassung von Berlin, 3. Aufl. 2009, Art. 96 Rn. 1 ff.

[73] Bildung gemeinsamer Einrichtungen mit anderen Ländern; siehe *K. David*, Verfassung der Freien und Hansestadt Hamburg, 2. Aufl. 1994, Art. 2 Rn. 13 ff.

[74] Vertiefte Zusammenarbeit mit Brandenburg; siehe *Neumann* (Fn. 72), Art. 96 Rn. 6 ff.; *G. Pfennig*, in: Pfennig/Neumann (Fn. 72), Art. 97 Rn. 5; *H.-J. Driehaus*, in: Driehaus, VvB (Fn. 72), Art. 96 Rn. 7 f., Art. 97 Rn. 6 f.

[75] Korrespondierende Vorschrift zu Berlin; näher *H. Lieber*, in: H. Lieber/S.J. Iwers/M. Ernst, Verfassung des Landes Brandenburg, 2012, Art. 116 Anm. 7.

[76] Näher zu dieser Absicherung des »Cuxhaven-Vertrags« *Ipsen*, NdsVerf. (Fn. 71), Art. 73 Rn. 7 f., der die Norm für obsolet hält; so auch *H. Butzer*, in: Epping/Butzer, NdsVerf. (Fn. 71), Art. 73 Rn. 15.

C. Erläuterungen

I. Allgemeine Bedeutung

15 Die Diskrepanz zwischen Anspruch und Wirklichkeit des Art. 30 GG (bzw. seiner Wahrnehmung in der Rechtswissenschaft) ist hoch[77]. Das Bundesverfassungsgericht bezeichnet die Norm in ständiger Rechtsprechung als »grundlegend« für das Bundesstaatsprinzip (→ Art. 20 [Bundesstaat], Rn. 22 ff.)[78]. Tatsächlich akzentuiert die Entscheidung, die Residualkompetenz für staatliches Handeln bei den Bundesländern zu verorten (→ Rn. 19), sowohl die **Eigenstaatlichkeit der Länder** (→ Art. 20 [Bundesstaat], Rn. 41; → Art. 28 Rn. 42)[79] als auch die vom Grundgesetz vorgenommene **Abkehr vom unitarischen Bundesstaat** Weimarer Prägung (→ Art. 20 [Bundesstaat], Rn. 4). Sie wird insofern zu recht als Element der sog. vertikalen Gewaltenteilung angesprochen (→ Art. 20 [Bundesstaat], Rn. 24; → Art. 20 [Rechtsstaat], Rn. 78)[80]. Allerdings sind der normative »Nettogehalt« der Norm und ihre praktische Bedeutung gleichermaßen übersichtlich[81]. Indem Art. 30 GG auf die stärker konkretisierten Zuständigkeitsvorschriften als *leges speciales* verweist (→ Rn. 20 ff.), verdeckt die Bestimmung eher, daß bereits die ursprüngliche Kompetenzverteilung des Grundgesetzes den in ihr erhobenen (hohen) Anspruch nicht einlöst, ganz zu schweigen von den seitdem eingetretenen Verschiebungen (→ Rn. 6 f.).

16 Die allgemein anerkannte Einordnung des Art. 30 GG als **Kompetenznorm**[82] ist ebenfalls ambivalent. Denn einerseits ist dieser Normkategorie zu Recht ein Schattendasein attestiert worden[83], und sie lädt bislang eher vereinzelt zu grundsätzlicher Reflektion ein[84]. Gegen die verbreitete Geringschätzung von Zuständigkeitsbestimmungen ist zunächst zu unterstreichen, daß sie wesentliche Merkmale eines ausdifferenzierten Rechtssystems darstellen: Sie erfüllen eine **Rationalisierungsfunktion**, indem sie aus (konfliktträchtigen) Machtfragen entscheidbare Rechtsfragen machen[85]. Zugleich kommt ihnen eine **Legitimationsfunktion** zu, indem das Handeln des Kompe-

---

[77] Ähnlich im Ergebnis *Gubelt* (Fn. 30), Art. 30 Rn. 2 (»weitgehend unzutreffend«); *J. Hellermann*, in: Epping/Hillgruber, GG, Art. 30 Überblick, Rn. 2.1 (»Anschein«); *C. Lutz*, Vielfalt im Bundesstaat, 2014, S. 89.

[78] BVerfGE 12, 205 (244); 108, 169 (178 f., Rn. 39); gleichsinnig E 36, 342 (365); zustimmend *Ruppelt* (Fn. 24), Art. 30 Rn. 7; *Pernice* → Bd. II², Art. 30 Rn. 16; *Hillgruber* (Fn. 17), Art. 30 Rn. 35; *Erbguth* (Fn. 30), Art. 30 Rn. 2, 30. Kritisch *Korioth* (Fn. 24), Art. 30 Rn. 1, 21.

[79] So auch *Gubelt* (Fn. 30), Art. 30 Rn. 1; *Erbguth* (Fn. 30), Art. 30 Rn. 2; differenzierend *Hillgruber* (Fn. 17), Art. 30 Rn. 36 f.

[80] Gleichsinnig *Hillgruber* (Fn. 17), Art. 30 Rn. 35; Jarass/Pieroth, GG, Art. 30 Rn. 1.

[81] Unterstrichen von *J. Pietzcker*, HStR³ VI, § 134 Rn. 8.

[82] *Bothe* (Fn. 53), Art. 30 Rn. 10; *Pernice* → Bd. II², Art. 30 Rn. 15; *Gubelt* (Fn. 30), Art. 30 Rn. 1; Jarass/Pieroth, GG, Art. 30 Rn. 1. Differenzierend *M. Heintzen*, DVBl. 1997, 689 (689).

[83] *H. Krüger*, Allgemeine Staatslehre, 2. Aufl. 1966, S. 103: »das unscheinbarste, aufschlußreichste und bedeutsamste Merkmal in der Systematik des modernen Staates«.

[84] Hierher gehören *R. Stettner*, Grundfragen einer Kompetenzlehre, 1983; *J. Isensee*, HStR³ VI, § 133 Rn. 11 ff.; *T. Spaak*, Explicating the Concept of Legal Competence, in: J. C. Hage/D. v. d. Pfordten (Hrsg.), Concepts in Law, Dordrecht 2009, S. 67 ff.; *M. Jestaedt*, Grundbegriffe des Verwaltungsorganisationsrechts, in: GVwR² I, § 14 Rn. 42 ff.; *H.-W. Rengeling*, Kompetenzen, in: FS P. Kirchhof, 2013, Bd. I, § 8 Rn. 1 ff.; *H. Schnüringer*, ARSP 99 (2013), 77 ff.; *M. Nettesheim*, JZ 2014, 585 (585 f., 589 f.); vgl. ferner die Beiträge in Association française, Compétence (Fn. 1).

[85] Prägnant *J. Isensee*, HStR³ VI, § 133 Rn. 4.

tenzträgers von weitergehenden Rechtfertigungsanforderungen freigestellt wird[86]. Diesen berechtigten Hinweisen stehen andererseits in der sog. Kompetenzlehre einzelne fragwürdige Festlegungen gegenüber, die letztlich ein »Wesen« der Zuständigkeiten normativ wenden und ihnen beispielsweise »**Statik**, **Rigidität** und **Unverfügbarkeit**«[87] zuschreiben (→ Rn. 27 ff.).

II. Explizite Regelungsgehalte

1. Staatliche Aufgaben und Befugnisse

Art. 30 GG unterscheidet – ohne Differenzierungsintention des Verfassunggebers (→ Rn. 6) – zwischen staatlichen »Aufgaben« und »Befugnissen«. Hier hat sich in Anlehnung an die Begrifflichkeit des Gefahrenabwehrrechts eine Unterscheidung etabliert, die **Aufgabe** als den weiteren Begriff anspricht, der dem Staat einen Sachbereich im Sinne einer zu erfüllenden Zielvorgabe überträgt, während **Befugnis** enger gefaßt wird und die Zuordnung konkreter Ermächtigungen bezeichnet, die im Sinne des Vorbehalts des Gesetzes Grundrechtseingriffe legitimieren können[88]. Die Unterscheidung ist plausibel, trägt aber zur Lösung der mit Art. 30 GG verbundenen Streitfragen nichts bei[89]; vorzugswürdig dürfte es sein, den **Oberbegriff Kompetenzen** zu verwenden und zugleich weit zu fassen[90]: Art. 30 GG erfaßt alles Handeln, das deutschen staatlichen Organen zugerechnet werden kann[91]. Tatsächlich besteht kein sachlicher Grund, einzelne Segmente des grundrechts- wie verfassungsgebundenen Staatshandelns (→ Art. 1 III Rn. 53 ff.; → Art. 20 [Rechtsstaat], Rn. 81 ff.) von der Kompetenzverteilungsregel des Art. 30 GG bzw. ihrer *leges speciales* (→ Rn. 20 ff.) auszunehmen[92]. Ganz im Gegenteil belegen gerade die im Rahmen dieser rechtsstaatlichen Bindungen erörterten Ausnahmen wie Gnadenakte (→ Art. 1 III Rn. 64), daß die Wahrung der Zuständigkeit hier für ein Minimum an rechtlicher Einhegung bürgt (→ Rn. 16). 17

Dementsprechend zählen zu den »**Aufgaben** und **Befugnissen**« i. S. v. Art. 30 GG auch die sog. gesetzesfreie Verwaltung[93], staatliches Handeln in Privatrechtsform[94], die fiskalische oder erwerbswirtschaftliche Teilnahme am Marktgeschehen[95] oder die 18

---

[86] Pointiert *M. Nettesheim*, JZ 2014, 585 (585), der zugleich diesen Ansatz zu vertiefen sucht; vgl. auch BVerfGE 126, 286 (319, Rn. 96) – *Sondervotum Landau*.
[87] So *M. Heintzen*, DVBl. 1997, 689 (689); vergleichbar *J. Isensee*, HStR³ VI, § 133 Rn. 48 ff.
[88] In diese Richtung *Hillgruber* (Fn. 17), Art. 30 Rn. 146 f.; *Gubelt* (Fn. 30), Art. 30 Rn. 6; Jarass/*Pieroth*, GG, Art. 30 Rn. 3; *Erbguth* (Fn. 30), Art. 30 Rn. 31.
[89] Ähnlich *Ruppelt* (Fn. 24), Art. 30 Rn. 13; *Hillgruber* (Fn. 17), Art. 30 Rn. 148 sowie *Hellermann* (Fn. 77), Art. 30 Rn. 7.
[90] Wie hier *B. Pieroth*, AöR 114 (1989), 422 (433 f.); Jarass/*Pieroth*, GG, Art. 30 Rn. 3. – Kritisch *Korioth* (Fn. 24), Art. 30 Rn. 17.
[91] Wie hier im Ergebnis *Bothe* (Fn. 53), Art. 30 Rn. 17; *Pernice* → Bd. II², Art. 30 Rn. 26; *B. Fassbender*, DÖV 2011, 714 (715); *Gubelt* (Fn. 30), Art. 30 Rn. 7; *Hellermann* (Fn. 77), Art. 30 Rn. 8; *Erbguth* (Fn. 30), Art. 30 Rn. 32.
[92] *Hillgruber* (Fn. 17), Art. 30 Rn. 149.
[93] BVerfGE 12, 205 (246 f.); 22, 180 (217); 39, 96 (109); BVerwGE 75, 292 (298); *Pernice* → Bd. II², Art. 30 Rn. 26; *Hillgruber* (Fn. 17), Art. 30 Rn. 153 f.; Jarass/*Pieroth*, GG, Art. 30 Rn. 3.
[94] BVerfGE 12, 205 (246); *J. Pietzcker*, HStR³ VI, § 134 Rn. 17; *Erbguth* (Fn. 30), Art. 30 Rn. 33.
[95] Wie hier *Bothe* (Fn. 53), Art. 30 Rn. 17; *Hillgruber* (Fn. 17), Art. 30 Rn. 155 ff.; *J. Pietzcker*, HStR³ VI, § 134 Rn. 18 f.; *Hellermann* (Fn. 77), Art. 30 Rn. 9.2; *Erbguth* (Fn. 30), Art. 30 Rn. 33; a. A. *Ruppelt* (Fn. 24), Art. 30 Rn. 17; *Gubelt* (Fn. 30), Art. 30 Rn. 8.

Förderung durch die Bereitstellung von Haushaltsmitteln[96]. Auch lediglich »anregendes«[97] oder »informierendes«[98] Staatshandeln muß sich an Art. 30 GG messen lassen; dies gilt etwa für die Berichte der diversen »Beauftragten«[99]. Auslands»aktivitäten« (sic) staatlicher Unternehmen sind ebenfalls erfaßt[100]. Nach einhelliger Auffassung gilt Art. 30 GG auch für die etwa notwendige Umsetzung oder Ausführung von europäischem Unionsrecht (→ Vorb. zu Art. 70–74 Rn. 21)[101].

19 Kernaussage des Art. 30 GG ist die Festlegung auf eine **Residualkompetenz der Länder** für die so umrissenen Aufgaben[102]. Der Bund ist lediglich zuständig, wenn er sich auf eine spezielle Zuweisung im Grundgesetz stützen kann (→ Rn. 20ff.). Mustert man diese Kataloge, so erweist sich die geläufige Redeweise von einem »**Regel-Ausnahme-Verhältnis**«[103], das noch dazu interpretationsleitend sein soll (→ Rn. 28), als anfechtbar. Als (Faust-)Regel läßt sich vielmehr formulieren, daß nach dem Grundgesetz der Bund für die Gesetzgebung sowie ausgewählte Querschnittsmaterien einsteht (→ Rn. 22; → Art. 32 Rn. 18ff.), während die Länder primär für Verwaltung und Rechtsprechung zuständig sind[104].

2. Vorbehalt anderweitiger Regelung

20 Auch der Vorbehalt »soweit dieses Grundgesetz keine andere Regelung trifft oder zuläßt« verheißt mehr Differenzierungspotential, als die Norm einzulösen vermag. Erneut legt die unbefangene Lektüre nahe, daß »Treffen« enger ist als »Zulassen«[105]. Gleichwohl wird die **Abgrenzung** beider Begriffe in der Interpretationspraxis **opak**.

a) Ausdrückliche Bundeskompetenzen

21 Vergleichsweise trennscharf ist die Zuordnung dort, wo das Grundgesetz dem Bund Gesetzgebungs-, Verwaltungs- und Rechtsprechungskompetenzen oder aber Querschnittszuständigkeiten explizit zuweist; diese Bestimmungen gehen Art. 30 GG als *leges speciales* vor und lassen sich als Bestimmungen einordnen, in denen die Verfassungsurkunde eine andere Regelung »trifft«. Hingegen reicht die bloße Erwähnung eines »Gesetzes« (regelmäßig in Form eines einfachen oder qualifizierten Gesetzes-

---

[96] BVerfGE 22, 180 (216); *Ruppelt* (Fn. 24), Art. 30 Rn. 15; *Gubelt* (Fn. 30), Art. 30 Rn. 7; *Hellermann* (Fn. 77), Art. 30 Rn. 2; *Erbguth* (Fn. 30), Art. 30 Rn. 33.
[97] Abgelehnt in BVerfGE 22, 180 (216); wie hier *Pernice* → Bd. II², Art. 30 Rn. 27; *Hillgruber* (Fn. 17), Art. 30 Rn. 166. A.A. *Gubelt* (Fn. 30), Art. 30 Rn. 7 a. E.
[98] *Hillgruber* (Fn. 17), Art. 30 Rn. 163.
[99] *Hillgruber* (Fn. 17), Art. 30 Rn. 164; *Gubelt* (Fn. 30), Art. 30 Rn. 7.
[100] A.A. *J. Hellermann*, Der Staat als Akteur auf ausländischen Märkten, in: FS Böckenförde, 1995, S. 277ff. (285f.) sowie *Gubelt* (Fn. 30), Art. 30 Rn. 9.
[101] BVerwGE 116, 234 (239); *R. Streinz*, HStR³ X, § 218 Rn. 70; *Hillgruber* (Fn. 17), Art. 30 Rn. 108ff.; *Gubelt* (Fn. 30), Art. 30 Rn. 7; *Hellermann* (Fn. 77), Art. 30 Rn. 9; *Jarass/Pieroth*, GG, Art. 30 Rn. 3; *Erbguth* (Fn. 30), Art. 30 Rn. 33.
[102] Allgemeine Auffassung: *Bothe* (Fn. 53), Art. 30 Rn. 10; *Ruppelt* (Fn. 24), Art. 30 Rn. 5f.; *Hillgruber* (Fn. 17), Art. 30 Rn. 46; *Gubelt* (Fn. 30), Art. 30 Rn. 1; *März* (Fn. 17), Art. 30 Rn. 21; zur Einordnung *J. Isensee*, HStR³ VI, § 133 Rn. 25. Kritisch *M. Heintzen*, DVBl. 1997, 689 (690ff.).
[103] Etwa bei *Bothe* (Fn. 53), Art. 30 Rn. 11.
[104] Instruktiv die neueren empirischen Darstellungen von *S. Mende*, Kompetenzverlust der Landesparlamente im Bereich der Gesetzgebung, 2009, S. 61ff.; *F. Leber*, Landesgesetzgebung im neuen Bundesstaat, 2014, S. 93ff.
[105] *Erbguth* (Fn. 30), Art. 30 Rn. 38.

II. Explizite Regelungsgehalte **Art. 30**

vorbehalts zur Einschränkung eines Grundrechts) nicht aus[106]. Ausdrückliche **Gesetzgebungskompetenzen** des Bundes finden sich dementsprechend – neben der Befugnis zur Verfassungsänderung (→ Art. 79 II Rn. 19 ff.) – in Art. 73 i.V.m. Art. 71 GG (sog. ausschließliche Gesetzgebung; → Vorb. zu Art. 70–74 Rn. 36; → Art. 71 Rn. 6 ff.; → Art. 73 Rn. 10 ff.), in Art. 74 i.V.m. Art. 72 GG (sog. konkurrierende Gesetzgebung; → Vorb. zu Art. 70–74 Rn. 37; → Art. 72 Rn. 16 ff.; → Art. 74 Rn. 17 ff.; → Art. 115c Rn. 4) sowie in den Art. 105 I, II, 106 III–VI GG (Steuergesetzgebung; → Vorb. zu Art. 70–74 Rn. 43; → Art. 105 Rn. 6, 8, 29 ff., 33 ff.). Weitere Gesetzgebungszuständigkeiten (kodiert als »Das Nähere regelt ein Bundesgesetz« bzw. »durch Gesetz, das der Zustimmung des Bundesrates bedarf«) ordnet das Grundgesetz in Art. 4 III 2 GG (→ Art. 4 Rn. 188), Art. 16a II 2 u. III 1 (→ Art. 16a Rn. 99, 101), Art. 21 III (→ Art. 21 Rn. 161 ff.), Art. 22 I 3 (→ Art. 22 Rn. 36), Art. 23 I 2, Ia 3, III 3, VII (→ Art. 23 Rn. 42, 107, 114, 128 ff.), Art. 24 I (→ Art. 24 Rn. 35 ff.), Art. 26 II 2 (→ Art. 26 Rn. 44), Art. 29 II 1, IV, V 4, VI 2, VII 2, VIII 5 (→ Art. 29 Rn. 10, 22, 30, 33, 36), Art. 38 III (→ Art. 38 Rn. 133), Art. 41 III (→ Art. 41 Rn. 25), Art. 45b S. 2, Art. 45c II (→ Art. 45c Rn. 13), Art. 45d II (→ Art. 45d Rn. 56 f.), Art. 48 III 3 (→ Art. 48 Rn. 34), Art. 54 VII (→ Art. 54 Rn. 43), Art. 59 II (→ Art. 59 Rn. 27 ff.), Art. 84 V 1 (→ Art. 84 Rn. 84 ff.), Art. 87 I 2, III 1 (→ Art. 87 Rn. 31 ff., 65 ff.), Art. 87b I 3, II 1 (→ Art. 87b Rn. 9, 11), Art. 87d I 3, II (→ Art. 87d [Suppl. 2010], Rn. 18, 46), Art. 87e I 2, II, III 4, IV 2 (→ Art. 87e Rn. 23 f.), Art. 87f I, III (→ Art. 87f Rn. 22, 27), Art. 89 II 2, 3 (→ Art. 89 Rn. 22, 27), Art. 91a II (→ Art. 91a Rn. 19 ff.), Art. 91c IV 2 (→ Art. 91c [Suppl. 2010], Rn. 21, 23 f.), Art. 91e III (→ Art. 91e [Suppl. 2010], Rn. 55), Art. 93 III (→ Art. 93 Rn. 89), Art. 94 II (→ Art. 94 Rn. 18), Art. 95 III (→ Art. 95 Rn. 33), Art. 96 II 3, V (→ Art. 96 Rn. 13 f., 34), Art. 98 I (→ Art. 98 Rn. 22), Art. 104a V 2, VI 4 (→ Art. 104a Rn. 37, 43), Art. 104b II 1 (→ Art. 104b Rn. 19), Art. 106a I 2 (→ Art. 106a Rn. 6), Art. 106b S. 2 (→ Art. 106b [Suppl. 2010], Rn. 5), Art. 107 I 2 (→ Art. 107 Rn. 16 ff.), Art. 108 I 2, II 2, IV-VI (→ Art. 108 Rn. 13, 18, 23, 26), Art. 109 V 3 (→ Art. 109 [Suppl. 2010], Rn. 65), Art. 109a S. 1 (→ Art. 109a [Suppl. 2010], Rn. 7), Art. 112 S. 3 (→ Art. 112 Rn. 16), Art. 114 II 3 (→ Art. 114 Rn. 26), Art. 115 I, II 5 (→ Art. 115 [Suppl. 2010], Rn. 14 ff., 47), Art. 115c II, III (→ Art. 115c Rn. 4, 8 ff.), Art. 115k III 2 (→ Art. 115k Rn. 13), Art. 115l III (→ Art. 115l Rn. 13), Art. 118 S. 2 (→ Art. 118 Rn. 9), Art. 120 I 1 (→ Art. 120 Rn. 5), Art. 125a II 2 (→ Art. 125a Rn. 15), Art. 131 S. 1 (→ Art. 131 Rn. 4), Art. 134 IV (→ Art. 134 Rn. 17 f.), Art. 135 IV, V, VI 2 (→ Art. 135 Rn. 11 f.), Art. 135a I (→ Art. 135a Rn. 5), Art. 143a I 1, III 3 (→ Art. 143a Rn. 4, 6, 10), Art. 143b I 2, II 3, III 3 (→ Art. 143b Rn. 4, 8), Art. 143c IV (→ Art. 143c Rn. 12) sowie Art. 143d I 7, II 5, III 2 GG (→ Art. 143d [Suppl. 2010], Rn. 12, 18, 20) an[107]. Die **Grundsatzgesetzgebungskompetenz** wird als eigener Typ aus der WRV implantiert (sie begegnet daneben in Art. 106 IV 3 sowie Art. 109 IV GG), aber nicht erläutert (→ Vorb. zu Art. 70–74 Rn. 39; → Art. 106 Rn. 30; → Art. 109 [Suppl. 2010], Rn. 53 ff.; → Art. 140/Art. 138 WRV Rn. 26).

Ausdrückliche **Verwaltungskompetenzen** des Bundes sind gebündelt in Art. 86–90 GG normiert. Daneben finden sich weitere über das Grundgesetz verstreut: Art. 32 I (→ Art. 32 Rn. 18 ff.), Art. 35 III (→ Art. 35 Rn. 33 ff.), Art. 95 II (→ Art. 95 Rn. 24 f.), **22**

---

[106] Pointiert *Erbguth* (Fn. 30), Art. 30 Rn. 35; ähnlich *J. Pietzcker*, HStR³ VI, § 134 Rn. 12 sowie *Gubelt* (Fn. 30), Art. 30 Rn. 11 f.
[107] Vgl. *Pernice* → Bd. II², Art. 30 Rn. 30 sowie eingehend *Hillgruber* (Fn. 17), Art. 30 Rn. 82 ff. und *März* (Fn. 17), Art. 30 Rn. 51 ff. Näher *H.-W. Rengeling*, HStR³ VI, § 135 Rn. 148 ff.

Art. 30   C. Erläuterungen

Art. 108 I (→ Art. 108 Rn. 10ff.), Art. 120a GG (→ Art. 120a Rn. 3, 9)[108]. **Rechtsprechungskompetenzen** räumen dem Bund zuvorderst Art. 92 (→ Art. 92 Rn. 63f.), Art. 93 (→ Art. 93 Rn. 43f.), Art. 95 I (→ Art. 95 Rn. 14), Art. 96 (→ Art. 96 Rn. 13), Art. 99 (fakultativ: → Art. 99 Rn. 7, 15) sowie Art. 100 I, II, III GG ein (→ Art. 100 Rn. 6ff., 30, 35). Es kommen verteilt über das Grundgesetz Art. 18 S. 2 (→ Art. 18 Rn. 51), Art. 21 II 2 (→ Art. 21 Rn. 155ff.), Art. 41 II (→ Art. 41 Rn. 24), Art. 61 (→ Art. 61 Rn. 13ff.), Art. 84 IV 2 (→ Art. 84 Rn. 101) sowie Art. 126 GG (→ Art. 126 Rn. 3ff.) hinzu[109]. Weitere **Bundeskompetenzen**, die erst durch Auslegung als Gesetzgebungs- oder Verwaltungszuständigkeiten qualifiziert werden müssen, ordnet das Grundgesetz durch die Wendung »der Bund ...« an (→ Vorb. zu Art. 70–74 Rn. 44)[110]; hierzu zählt etwa die Kompetenz für die Errichtung der obersten Bundesgerichte (→ Art. 95 Rn. 14). Schließlich enthält das Grundgesetz Querschnittskompetenzen des Bundes für ausgewählte Sachbereiche; dazu zählen die speziellen Integrationskompetenzen (→ Art. 23 Rn. 42ff.; → Art. 24 Rn. 21ff.)[111], die sog. Auswärtige Gewalt (→ Art. 32 Rn. 15ff.)[112], das Neugliederungsrecht (→ Art. 29 Rn. 21; → Art. 118 Rn. 8; → Art. 118a Rn. 7) sowie die Bestimmungen zu den Gemeinschaftsaufgaben (→ Art. 91a Rn. 7ff.). Die Einordnung der sog. Informationskompetenz der Bundesregierung als »andere Regelung« dürfte hingegen fragwürdig sein[113].

b) Ungeschriebene Bundeskompetenzen

23 Weniger klare Konturen gewinnt der zweite Ausnahmetatbestand des »**Zulassen**s« einer anderen Regelung. Legt man die Norm eng in dem Sinne aus, daß das Grundgesetz eine Bundeskompetenz zwar nicht anordnet, aber ihre Begründung durch einen Rechtsakt unterhalb der Verfassungsänderung ermöglicht[114], so bleiben als Anwendungsfälle praktisch nur Art. 87 III 1 (→ Art. 87 Rn. 65ff.), Art. 90 III (→ Art. 90 Rn. 27ff.), Art. 93 III (→ Art. 93 Rn. 89) sowie Art. 99 GG (→ Art. 99 Rn. 7f., 13ff.). Typischerweise wird daher hier die Debatte um die Zulässigkeit sog. **ungeschriebener Bundeskompetenzen** verortet[115]. Rechtsprechung und ganz herrschende Lehre erkennen inzwischen für den Bereich der Gesetzgebungs- wie der Verwaltungszuständigkeiten derartige Kompetenzen kraft Natur der Sache (→ Vorb. zu Art. 70–74 Rn. 45f.; → Art. 83 Rn. 22) bzw. kraft Sachzusammenhangs (→ Vorb. vor Art. 70–74 Rn. 47f.; → Art. 83 Rn. 21) an[116]. Zugleich dürfte Konsens bestehen, daß ein »Zulassen« i. S. v. Art. 30 GG irgendeinen **normtextlichen Anhalt im Grundgesetz** voraussetzt und jeden Rückgriff auf geschriebene oder ungeschriebene Rechtsquellen jenseits der Verfas-

---

[108] Vgl. *Pernice* → Bd. II², Art. 30 Rn. 30; näher *Hillgruber* (Fn. 17), Art. 30 Rn. 87ff. sowie *J. Oebbecke*, HStR³ VI, § 136 Rn. 80ff.
[109] Siehe zusammenfassend *Hillgruber* (Fn. 17), Art. 30 Rn. 96f.; vgl. *Wittreck*, Verwaltung (Fn. 6), S. 87ff.; *A. Hense*, HStR³ VI, § 137 Rn. 1ff., 8ff.
[110] BVerfGE 24, 155 (167); *Erbguth* (Fn. 30), Art. 30 Rn. 36; Jarass/*Pieroth*, GG, Art. 30 Rn. 4. → Art. 20 (Rechtsstaat), Rn. 105ff.
[111] Statt aller *Pernice* → Bd. II², Art. 30 Rn. 15. A.A. *Hillgruber* (Fn. 17), Art. 30 Rn. 102ff. Eingehende Kritik an dessen »Differenzierungslehre« bei *B. Fassbender*, DÖV 2011, 714 (715ff.).
[112] *Hillgruber* (Fn. 17), Art. 30 Rn. 98ff.; *Hellermann* (Fn. 77), Art. 30 Rn. 14.1; Jarass/*Pieroth*, GG, Art. 30 Rn. 4.
[113] So aber BVerfGE 105, 252 (271, Rn. 55); 105, 279 (307, Rn. 85).
[114] So *Bothe* (Fn. 53), Art. 30 Rn. 12 sowie *Erbguth* (Fn. 30), Art. 30 Rn. 39 (dort eher erwogen).
[115] Statt aller *J. Pietzcker*, HStR³ VI, § 134 Rn. 14.
[116] Eingehend *Gubelt* (Fn. 30), Art. 30 Rn. 14ff.

sungsurkunde ausschließt¹¹⁷. Die vielfach geforderte Ermächtigung, dem Bund eine Kompetenz durch einen weiteren Akt einzuräumen¹¹⁸, verweist dabei letztlich auf einen Interpretationsakt der Verfassungsgerichtsbarkeit (→ Rn. 32). In diesem Sinne hat das Bundesverfassungsgericht auch Verwaltungs- aus Gesetzgebungszuständigkeiten¹¹⁹ sowie – in durchaus anfechtbarer Weise – aus Art. 125a I GG eine **Fortschreibungskompetenz** abgeleitet (→ Vorb. zu Art. 70–74 Rn. 50; → Art. 125a Rn. 10)¹²⁰.

3. Resultierende Landeskompetenzen

Angesichts des Art. 30 GG eigentlich systemwidrig bzw. nur der Klarstellung geschuldet sind solche Normen, die – im Sinne einer Rück-Ausnahme – **ausdrückliche Länderkompetenzen** statuieren (→ Vorb. zu Art. 70–74 Rn. 40). Hierher gehören Art. 24 Ia (→ Art. 24 Rn. 54 ff.), Art. 74 I Nr. 1 (Recht des Untersuchungshaftvollzugs; → Art. 74 Rn. 21), Art. 74 I Nr. 7 (Heimrecht; → Art. 74 Rn. 40), Art. 74 I Nr. 11 (Recht des Ladenschlusses, der Gaststätten, der Spielhallen, der Schaustellung von Personen, der Messen und der Märkte; → Art. 74 Rn. 55), Art. 74 I Nr. 17 (Recht der Flurbereinigung; → Art. 74 Rn. 77), Art. 74 I Nr. 18 (Recht der Erschließungsbeiträge; → Art. 74 Rn. 81), Art. 74 I Nr. 23 (Bergbahnen; → Art. 74 Rn. 115 f.), Art. 74 I Nr. 24 (Schutz vor verhaltensbezogenem Lärm; → Art. 74 Rn. 120), Art. 74 I Nr. 27 (Laufbahnen, Besoldung und Versorgung; → Art. 74 Rn. 132), Art. 99 (→ Art. 99 Rn. 3 ff.), Art. 105 IIa GG (→ Art. 105 Rn. 39 ff.). Art. 137 VII WRV (→ Art. 140/137 WRV Rn. 128 ff.) sowie Art. 138 I 1 WRV (→ Art. 140/138 WRV Rn. 25) fallen als rezipierte Normen ohnehin aus dem Schema. Als Besonderheiten sind ferner die **Abweichungs-** sowie die **Ersetzungskompetenzen** der Länder zu verzeichnen (→ Art. 72 Rn. 31 ff., 42 ff.; → Art. 84 Rn. 48 ff.; → Art. 125a Rn. 9, 14; → Art. 125b Rn. 5, 6). Ebenfalls klarstellend ordnet schließlich Art. 32 III GG eine **Vertragsschlußkompetenz** der Länder an, die mit ihren Gesetzgebungszuständigkeiten korrespondiert (→ Art. 32 Rn. 48 ff.).

Fragt man danach, in welchen Sachbereichen Art. 30 GG den Ländern tatsächlich Kompetenzen zuweist, so steht an erster Stelle die **Ausführung der Landesgesetze**¹²¹, gefolgt von der gesetzesfreien Verwaltung¹²². Für das vielzitierte »Hausgut« der Länder im Bereich der Gesetzgebung ist wiederum Art. 70 I GG speziell (→ Art. 70 Rn. 15 f.). Die Kompetenz zur **Verfassunggebung** bzw. Verfassungsänderung folgt allerdings weder aus Art. 30 GG noch aus Art. 70 I GG¹²³, sondern aus der Staatsqualität der Länder, die von Art. 30 GG lediglich vorausgesetzt und von Art. 28 I GG sowohl

---

[117] So auch *Bothe* (Fn. 53), Art. 30 Rn. 13; *Pernice* → Bd. II², Art. 30 Rn. 31; *Ruppelt* (Fn. 24), Art. 30 Rn. 19; *Gubelt* (Fn. 30), Art. 30 Rn. 11; *Hellermann* (Fn. 77), Art. 30 Rn. 15; *Jarass/Pieroth*, GG, Art. 30 Rn. 5.
[118] So oder vergleichbar *Bothe* (Fn. 53), Art. 30 Rn. 12; *Jarass/Pieroth*, GG, Art. 30 Rn. 5; *Erbguth* (Fn. 30), Art. 30 Rn. 39. – A.A. *Hillgruber* (Fn. 17), Art. 30 Rn. 186; *März* (Fn. 17), Art. 30 Rn. 57 ff.; *Korioth* (Fn. 24), Art. 30 Rn. 23.
[119] Zuletzt BVerfGE 127, 165 (204 ff., Rn. 110 ff.): Art. 104a V GG räumt dem Bund neben einer Gesetzgebungs- auch eine Verwaltungskompetenz ein.
[120] BVerfGE 111, 226 (268 f., Rn. 137); 112, 226 (250, Rn. 84).
[121] Einhellige Auffassung: BVerfGE 21, 312 (325); 63, 1 (40); *Hellermann* (Fn. 77), Art. 30 Rn. 20 f.; Jarass/*Pieroth*, GG, Art. 30 Rn. 2. – Die Wendung, die Ausführung von Landesgesetzen durch Bundesbehörden sei »schlechthin ausgeschlossen« (*Leibholz/Rinck*, GG, Art. 30 [2006], Rn. 16), greift allerdings in Ansehung des Konsulargesetzes zu kurz: *Bothe* (Fn. 53), Art. 30 Rn. 25.
[122] *Hillgruber* (Fn. 17), Art. 30 Rn. 118; *Erbguth* (Fn. 30), Art. 30 Rn. 8.
[123] Gegenauffassung bei *Hillgruber* (Fn. 17), Art. 30 Rn. 115 sowie *März* (Fn. 17), Art. 30 Rn. 38. Wie hier etwa *Hellermann* (Fn. 77), Art. 30 Rn. 20.2.

Art. 30   C. Erläuterungen

bekräftigt als auch begrenzt wird (→ Art. 20 [Bundesstaat], Rn. 41; → Art. 28 Rn. 42 ff.; → Vorb. zu Art. 70–74 Rn. 32). Die These von der Entbehrlichkeit des Art. 30 GG dürfte gleichwohl zu weit gehen[124].

26 Die Ausübung der nach Art. 30 GG den Ländern obliegenden Aufgaben und Befugnisse richtet sich grundsätzlich nach der jeweiligen **Landesverfassung**[125]. Diese präsentiert sich allerdings nicht als impermeabler Hoheitsbereich, der dem Zugriff des Bundes entzogen ist; die Grenze solcher Ingerenzen ist nicht Art. 30 GG, sondern den Bestimmungen zu entnehmen, die sie zulassen bzw. begrenzen (→ Art. 28 Rn. 49 ff.; → Art. 84 Rn. 48 ff., 90 ff.; → Art. 85 Rn. 27 ff.). Deutlich schärfer akzentuiert ist allerdings seit der Föderalismusreform I das Verbot des Zugriffs des Bundes auf die dem Verfassungsbereich der Länder zugeordneten **Gemeinden** (→ Art. 28 Rn. 86; → Art. 84 Rn. 71 f.; → Art. 85 Rn. 28). Darüber hinaus wird ein Verbot der faktischen Aufhebung wie der Aushöhlung der den Ländern zugewiesenen Kompetenzen angenommen[126]. Zugleich sind diese nach allgemeinen Regeln auf das Territorium des jeweiligen Landes beschränkt, sofern nicht Bundesrecht oder Vereinbarungen zwischen den Ländern etwas anderes vorsehen (→ Rn. 28, 31)[127]. Die geläufige Vorstellung von der Einschränkung der Landeskompetenzen durch den ungeschriebenen Grundsatz des sog. bundesfreundlichen Verhaltens (»**Bundestreue**«) erweist sich allerdings als anfechtbar[128].

III. Implizite Regelungsgehalte

27 Art. 30 GG fungiert in der Verfassungspraxis bzw. in Rechtsprechung und Literatur als **normtextlicher »Anker«** für eine Reihe von Rechtsfiguren bzw. -maximen, die sich nicht unmittelbar aus seinem Wortlaut ergeben, sondern einer teleologischen Interpretation bzw. einer systematischen Zusammenschau mit anderen Grundgesetzbestimmungen entspringen. Einzelne Normgehalte sind auch gänzlich selbständig postuliert worden; ihre Anseilung an Art. 30 GG erweist sich als Notlösung. Manche Festlegungen präsentieren sich diesbezüglich auch als frag- oder zumindest kritikwürdig.

1. Art. 30 GG als zwingendes Recht

28 Teils unter ausdrücklichem Hinweis auf seinen Charakter als Kompetenzvorschrift (→ Rn. 16)[129] wird Art. 30 GG einhellig als **Norm des zwingenden Rechts** apostrophiert[130]. Damit wird eine ganze Reihe von dogmatischen Einzelaussagen gebündelt: Zunächst gilt die Maxime der Ausschließlichkeit der Kompetenzverteilung bzw. spiegelbildlich

---

[124] Prominent *Korioth* (Fn. 24), Art. 30 Rn. 1, 21; wie hier *Hellermann* (Fn. 77), Art. 30 Rn. 21.
[125] Statt aller Jarass/*Pieroth*, GG, Art. 30 Rn. 6.
[126] Faktische Aufhebung: BVerwGE 62, 376 (378 f.). – Aushöhlung: BVerfGE 61, 149 (205); 119, 331 (366, Rn. 156); *Gubelt* (Fn. 30), Art. 30 Rn. 10 a. E.; Jarass/*Pieroth*, GG, Art. 30 Rn. 6.
[127] Sog. Territorialprinzip: BVerfGE 11, 6 (19); BVerwGE 115, 373 (384 f.); näher *Bothe* (Fn. 53), Art. 30 Rn. 6 f.; Jarass/*Pieroth*, GG, Art. 30 Rn. 6.
[128] Eingehend m. w. N. F. *Wittreck*, Die Bundestreue, in: Härtel, Handbuch I (Fn. 43), § 18 Rn. 47 ff.; a. A. → Art. 20 (Bundesstaat), Rn. 45 ff.
[129] So namentlich *März* (Fn. 17), Art. 30 Rn. 26; vgl. auch G. *Tusseau*, L'indisponibilité des compétences, in: Association française, Compétence (Fn. 1), S. 101 ff.
[130] BVerfGE 39, 96 (109); 41, 291 (311); aus der Literatur *Bothe* (Fn. 53), Art. 30 Rn. 21; *Ruppelt* (Fn. 24), Art. 30 Rn. 23; *Pernice* → Bd. II², Art. 30 Rn. 20; *Hillgruber* (Fn. 17), Art. 30 Rn. 59; *Gubelt* (Fn. 30), Art. 30 Rn. 21; *Hellermann* (Fn. 77), Art. 30 Rn. 23; Jarass/*Pieroth*, GG, Art. 30 Rn. 8; *Erbguth* (Fn. 30), Art. 30 Rn. 11.

dazu das **Verbot von Doppelkompetenzen** (→ Art. 31 Rn. 49, 58; → Vorb. zu Art. 70–74 Rn. 56)[131]. Ferner schließt Art. 30 GG die Verschiebung oder Verlagerung von Kompetenzen aus, sofern sie nicht im Wege der Verfassungsänderung erfolgt oder ausnahmsweise ausdrücklich vom Grundgesetz zugelassen oder angeordnet wird[132]. Erstadressaten dieses **Delegationsverbot**s sind die Länder[133], da das Grundgesetz dem Bund diesbezüglich namentlich im Bereich der Gesetzgebung vergleichsweise viel Spielraum einräumt (→ Art. 71 Rn. 11ff.; → Art. 72 Rn. 25ff., 42ff.)[134]. Grundsätzlich ausgeschlossen ist danach insbesondere die sog. **dynamische Verweisung** auf das Recht des Bundes oder anderer Länder (→ Art. 20 [Demokratie], Rn. 118)[135]; die bloße Koordination in Gestalt von Musterentwürfen ist hingegen zulässig[136]. Weiterhin sind gemeinsame Einrichtungen der Länder[137] ebenso zulässig wie die Einräumung von Zuständigkeiten im Wege der Verwaltungshilfe[138], sofern die Zurechenbarkeit der staatlichen Aufgabenerfüllung durch entsprechende Staatsverträge und gesetzliche Regelungen gewährleistet ist[139]. In diesem Kontext hat schließlich die Debatte um das Verbot der Mischverwaltung Selbstand gewonnen (→ Rn. 31).

2. Art. 30 GG als Zuständigkeitsvermutung zugunsten der Länder?

Nach verbreiteter Auffassung ist Art. 30 GG eine **Zuständigkeitsvermutung** zugunsten der Länder zu entnehmen[140]. Das leuchtet intuitiv ein, läßt sich in dieser Form aber nur nach einer gleich mehrfachen Präzisierung der damit intendierten Vermutungsregel aufrechterhalten. Denn Art. 30 GG zielt wie dargelegt auf eine trennscharfe Kompetenzabgrenzung zwischen Bund und Ländern (→ Rn. 28), läßt also nach seiner Intention gerade keinen Raum für die Zweifel, die wiederum begriffsnotwendig sind, um Raum für die Anwendung einer Vermutungsregel zu schaffen. Zunächst sind also die vorrangigen und noch dazu deutlich stärker spezifizierten Normen zu den Gesetzgebungs-, Verwaltungs- und Rechtsprechungskompetenzen abzuarbeiten (→ Rn. 20ff.). Bleibt danach noch ein *prima facie* nichtgeregelter und damit für die Anwendung des Art. 30 GG prinzipiell offener Raum, so ist nochmals das gesamte Grundgesetz dar-

29

---

[131] Dafür BVerfGE 36, 193 (203); 67, 299 (320f.); 104, 249 (266f., Rn. 78); 106, 62 (114, Rn. 205); aus der Literatur *Bothe* (Fn. 53), Art. 30 Rn. 21; *Ruppelt* (Fn. 24), Art. 30 Rn. 4; *Jarass/Pieroth*, GG, Art. 30 Rn. 7; *Erbguth* (Fn. 30), Art. 30 Rn. 6, 15, 17. Differenzierend *Hillgruber* (Fn. 17), Art. 30 Rn. 120.
[132] Ganz h.M.: BVerfGE 32, 145 (156); 63, 1 (39); 119, 331 (364f., Rn. 152); *J. Pietzcker*, HStR³ VI, § 134 Rn. 33; *Jarass/Pieroth*, GG, Art. 30 Rn. 8. Ebenso *J. Isensee*, HStR³ VI, § 133 Rn. 50, der allerdings hier normative Schlußfolgerungen aus der bloßen Einordnung als Kompetenznorm zieht.
[133] Vgl. BVerfGE 4, 115 (139); 32, 145 (156); 55, 274 (301); wie hier in der Einschätzung *Bothe* (Fn. 53), Art. 30 Rn. 23.
[134] *Bothe* (Fn. 53), Art. 30 Rn. 22; *Pernice* → Bd. II², Art. 30 Rn. 20 a.E.
[135] Im Grundsatz einhellige Meinung: *Bothe* (Fn. 53), Art. 30 Rn. 23; *Ruppelt* (Fn. 24), Art. 30 Rn. 26; *Hillgruber* (Fn. 17), Art. 30 Rn. 62; *Gubelt* (Fn. 30), Art. 30 Rn. 21; *Jarass/Pieroth*, GG, Art. 30 Rn. 9; *Erbguth* (Fn. 30), Art. 30 Rn. 12. Differenzierend *J. Pietzcker*, HStR³ VI, § 134 Rn. 36.
[136] *Pernice* → Bd. II², Art. 30 Rn. 18.
[137] So *Hillgruber* (Fn. 17), Art. 30 Rn. 178; *J. Pietzcker*, HStR³ VI, § 134 Rn. 34.
[138] Wie hier *Hillgruber* (Fn. 17), Art. 30 Rn. 136.
[139] Als Schulbeispiel gilt die polizeiliche Nacheile: vgl. § 9 I 1 Nr. 5 POG NRW. Aus der Literatur *J. Dietlein*, Polizei- und Ordnungsrecht, in: J. Dietlein/M. Burgi/J. Hellermann (Hrsg.), Öffentliches Recht in Nordrhein-Westfalen, 5. Aufl. 2014, § 3 Rn. 38.
[140] So BVerfGE 11, 6 (15); 26, 281 (297); 42, 20 (28); 108, 169 (179, Rn. 39); BVerwGE 85, 332 (342); 129, 318 (321, Rn. 12); *Gubelt* (Fn. 30), Art. 30 Rn. 1; *G. Leisner*, in: Sodan, GG, Art. 30 Rn. 3. – Kritisch *Ruppelt* (Fn. 24), Art. 30 Rn. 11f.

aufhin zu befragen, ob es eine Bundeskompetenz entweder ausdrücklich zuweist oder zuläßt. Hier ist zurecht darauf hingewiesen worden, daß diese Auslegungsfrage weder von einer Rechts- noch von einer Tatsachenvermutung beeinflußt wird[141]. Erst wenn auch dieser Arbeitsschritt beim *non liquet* endet, senkt Art. 30 GG die Waagschale in Richtung einer Landeskompetenz[142]. Die gleiche Zurückhaltung ist gegenüber der eng verwandten Annahme angebracht, Art. 30 GG sei wie alle Kompetenznormen »strikt« auszulegen (→ Vorb. zu Art. 70–74 Rn. 51f.)[143]. Wie dargelegt, ist in Ansehung der Gesetzgebungskompetenzen schon die Annahme einer gegen den Bund gerichteten Regel sachfremd (→ Rn. 19)[144].

3. Art. 30 GG als Garantie einer Mindestkompetenzausstattung

30 Nach verbreiteter Auffassung soll Art. 30 GG darüber hinaus die verfassungsrechtliche **Garantie einer Mindestkompetenzausstattung** der Länder zu entnehmen sein[145]. Diese Deutung dürfte die Norm überdehnen, auch und gerade in systematischer Zusammenschau mit Art. 79 III GG. Dabei ist die Grundüberlegung, daß eine Bestimmung, die ihrem Wortlaut zufolge von einer grundsätzlichen Zuständigkeit der Länder ausgeht, denkbar schlecht zu einem Zustand paßt, in dem derartige Kompetenzen *in praxi* nur noch ausnahmsweise bestehen (→ Rn. 7, 19), zunächst intuitiv einleuchtend. Gleichwohl hat der Verfassunggeber 1949 genau diese Diskrepanz zumindest für die Gesetzgebungskompetenzen sehenden Auges selbst herbeigeführt. Wichtiger ist der Hinweis, daß das Problem bei Art. 30 GG falsch verortet sein dürfte, weil regelrechte Kompetenzverschiebungen regelmäßig entweder im Wege der Verfassungsänderung erfolgen und allein an Art. 79 III GG zu messen (→ Art. 79 III Rn. 47f.) oder aber auf die Übertragung von Hoheitsrechten auf die Europäische Union zurückzuführen sind (→ Art. 23 Rn. 42ff.).

4. Art. 30 GG als Verbot der Mischverwaltung?

31 Verfassungsgerichtliche Rechtsprechung wie eine verbreitete Meinung in der Literatur sehen in Art. 30 GG eine Stütze für das sog. Verbot der Mischverwaltung (→ Art. 83 Rn. 47ff.)[146]. Dieses Interpretament ist heuristisch als **Topos** einzuordnen, der in mehrfacher Hinsicht der Präzisierung und Abgrenzung bedarf[147]. Zahlreiche Bestimmungen des Grundgesetzes (→ Art. 35 Rn. 10ff.; → Art. 91a Rn. 7f.; → Art. 91b Rn. 6; → Art. 91e Rn. 23ff.[148]; → Art. 96 Rn. 34f.; → Art. 99 Rn. 7f., 13ff.; → Art. 108 Rn. 18ff.) wie des einfachen Rechts zur Organleihe und zur sog. Betrauung[149] belegen, daß die

---

[141] Präzise *J. Pietzcker*, HStR³ VI, § 134 Rn. 15; zustimmend *Bothe* (Fn. 53), Art. 30 Rn. 11; *Hellermann* (Fn. 77), Art. 30 Rn. 11 sowie *Lutz*, Vielfalt (Fn. 77), S. 87f.
[142] Ähnlich im Ergebnis *Pernice* → Bd. II², Art. 30 Rn. 17; *Hillgruber* (Fn. 17), Art. 30 Rn. 51f., 54ff.
[143] BVerfGE 12, 205 (228f.); 15, 1 (17); 42, 20 (28).
[144] Kritisch wie hier *J. Isensee*, HStR³ VI, § 133 Rn. 47.
[145] So namentlich *Hillgruber* (Fn. 17), Art. 30 Rn. 67ff.
[146] BVerfGE 41, 291 (311); 63, 1 (38ff.); 108, 169 (182, Rn. 48); 119, 331 (365, Rn. 153); BVerfGE 137, 108 (143, Rn. 81); aus der Literatur *Gubelt* (Fn. 30), Art. 30 Rn. 24; *Jarass/Pieroth*, GG, Art. 30 Rn. 10; *Erbguth* (Fn. 30), Art. 30 Rn. 13. Monographisch zum Thema, diese These jedoch ablehnend, zuletzt *B. Küchenhoff*, Die verfassungsrechtlichen Grenzen der Mischverwaltung, 2010, S. 75ff., 115.
[147] Kritisch wie hier *Pernice* → Bd. II², Art. 30 Rn. 22.
[148] BVerfGE 137, 108 (143, Rn. 80f.) apostrophiert – nach seiner Auffassung konsequent – Art. 91e GG allerdings als (zulässige) »Durchbrechung« des Verbots der Mischverwaltung.
[149] Beispielsweise § 18a Gesetz über die Finanzverwaltung oder § 6 I Wertpapierhandelsgesetz.

Verfassung möglicherweise weniger kooperationsavers ist als angenommen. Richtigerweise wird man daher Art. 30 GG wie den anderen zur Begründung des Verbots der Mischverwaltung herangezogenen Bestimmungen lediglich entnehmen können, daß die (Verwaltungs-)Kooperation von Bund und Ländern erstens nicht erzwungen werden darf[150] und zweitens einer gesetzlichen Grundlage bedarf, die einen hinreichend klaren Legitimations- und Verantwortungszusammenhang sicherstellt[151].

IV. Prozessuale Umsetzung

Das Bundesverfassungsgericht zitiert Art. 30 GG regelmäßig im **Tenor** mit, wenn es Bestimmungen wegen ihrer Nichtvereinbarkeit mit den spezielleren Vorschriften über die Gesetzgebungs- und Verwaltungskompetenzen (→ Rn. 21 ff.; → Vorb. zu Art. 70– 74 Rn. 59) verwirft[152]. Dies mag der Selbst- und Fremdvergewisserung über die fundamentale Bedeutung der Vorschrift dienen (→ Rn. 14 f.), dürfte aber den allgemeinen methodischen Regeln über den Umgang mit *leges speciales* und *generales* nicht entsprechen[153]. Wichtiger ist die Feststellung, daß Art. 30 GG im Wege der **Normenkontrolle** (→ Art. 93 Rn. 55 ff.; → Art. 100 Rn. 6 ff.) wie des **Bund-Länder-Streits** gerügt werden kann (→ Art. 93 Rn. 65 ff.)[154] und im letztgenannten Fall auch die notwendige »subjektive« Rechtsposition des antragenden Landes zu begründen vermag[155]. Verstößt ein Gesetz tatsächlich unmittelbar gegen Art. 30 GG, so folgt seine Nichtigkeit aus der Sperrwirkung der Norm, ohne daß es eines Rückgriffs auf Art. 31 GG bedürfte (→ Art. 31 Rn. 23 ff.).

32

D. Verhältnis zu anderen GG-Bestimmungen

Art. 30 GG ist eine Konkretisierung des **Bundesstaatsprinzip**s (→ Art. 20 [Bundesstaat], Rn. 17 ff.) und wird seinerseits durch die Bestimmungen über die Gesetzgebungs- (Art. 70 ff. GG; → Vorb. zu Art. 70–74 Rn. 35 ff.), Verwaltungs- (Art. 83 ff. GG) und Rechtsprechungskompetenzen (Art. 92 ff. GG) als *leges speciales* näher ausbuchstabiert; daneben findet sich eine Fülle von Vorschriften, die dem Bund insbesondere Gesetzgebungszuständigkeiten übertragen (→ Rn. 21 ff.). Art. 24 Ia GG rekurriert implizit auf Art. 30 GG, indem er den Ländern erlaubt, in ihrem Zuständigkeitsrayon Hoheitsrechte auf grenznachbarschaftliche Einrichtungen zu übertragen (→ Art. 24 Rn. 54 ff.).

33

Zulässig sind beide Formen der Kooperation lt. *Pernice* → Bd. II², Art. 30 Rn. 22; *Gubelt* (Fn. 30), Art. 30 Rn. 24; *Jarass/Pieroth*, GG, Art. 30 Rn. 11. – Der Verweis auf das einfache Recht ist wohlgemerkt nicht so zu verstehen, daß es die Richtung der Verfassungsinterpretation vorgibt. Vertreter eines strengen Verbots der Mischverwaltung müßten allerdings darlegen, warum die Bestimmungen nicht verfassungswidrig sind.

[150] Pointiert *Pernice* → Bd. II², Art. 30 Rn. 22.
[151] In diese Richtung *Küchenhoff*, Mischverwaltung (Fn. 146), S. 142.
[152] So zuletzt BVerfGE 127, 165 (166).
[153] Kritisch auch *März* (Fn. 17), Art. 30 Rn. 37.
[154] *Hillgruber* (Fn. 17), Art. 30 Rn. 229 f.; *Gubelt* (Fn. 30), Art. 30 Rn. 25; *Hellermann* (Fn. 77), Art. 30 Rn. 5; *Erbguth* (Fn. 30), Art. 30 Rn. 40. Instruktiv *Hanschel*, Konfliktlösung (Fn. 55), S. 169 ff.
[155] Explizit *Hellermann* (Fn. 77), Art. 30 Rn. 5.1 im Anschluß an BVerfGE 21, 312 (328); kritisch hingegen *Korioth* (Fn. 24), Art. 30 Rn. 24.

Artikel 31 [Vorrang des Bundesrechts]

Bundesrecht bricht Landesrecht.

Literaturauswahl

Barbey, Günther: Bundesrecht bricht Landesrecht, in: DÖV 1960, S. 566–575.
Böckenförde, Ernst-Wolfgang/Grawert, Rolf: Kollisionsfälle und Geltungsprobleme im Verhältnis von Bundesrecht und Landesverfassung, in: DÖV 1971, S. 119–127.
Boehl, Henner Jörg: Verfassunggebung im Bundesstaat. Ein Beitrag zur Verfassungslehre des Bundesstaates und der konstitutionellen Demokratie, 1997.
Brüning, Christoph: Widerspruchsfreiheit der Rechtsordnung – ein Topos mit verfassungsrechtlichen Grenzen?, in: NVwZ 2002, S. 33–37.
v. Coelln, Christian: Anwendung von Bundesrecht nach Maßgabe der Landesgrundrechte? Zur Kontrolle bundesrechtlich determinierter Akte der Länder durch die Landesverfassungsgerichte, 2000.
Dietlein, Johannes: Die Grundrechte in den Verfassungen der neuen Bundesländer – zugleich ein Beitrag zur Auslegung der Art. 31 und 142 GG, 1993.
Dreier, Horst: Einheit und Vielfalt der Verfassungsordnungen im Bundesstaat, in: Karsten Schmidt (Hrsg.), Vielfalt des Rechts – Einheit der Rechtsordnung?, 1994, S. 113–146.
Dreier, Horst: Grundrechtsschutz durch Landesverfassungsgerichte, 2000.
Enders, Christoph: Die neue Subsidiarität des Bundesverfassungsgerichts, in: JuS 2001, S. 462–467.
Engelbrecht, Kai: Die Kollisionsregel im föderalen Ordnungsverbund, 2009.
Franke, Dietrich: Verfassungsgerichtsbarkeit der Länder – Grenzen und Möglichkeiten, in: Gegenrede. Festschrift für Ernst Gottfried Mahrenholz, 1994, S. 923–941.
Haack, Stefan: Widersprüchliche Regelungskonzeptionen im Bundesstaat, 2002.
Heckmann, Dirk: Geltungskraft und Geltungsverlust von Rechtsnormen. Elemente einer Theorie der autoritativen Normgeltungsbeendigung, 1997.
Herbst, Tobias: Gesetzgebungskompetenzen im Bundesstaat, 2014.
Jabloner, Clemens: Stufung und »Entstufung« des Rechts, in: ZöR 60 (2005), S. 163–185.
Jutzi, Siegfried: Landesverfassungsrecht und Bundesrecht. Kollisionslagen und Geltungsprobleme, exemplifiziert an sozialen und wirtschaftlichen Bestimmungen des Landesverfassungsrechts, 1982.
Krapp, Isabelle Béatrice: Die Abweichungskompetenzen der Länder im Verhältnis zum Vorrang des Bundesrechts gemäß Art. 31 GG, 2015.
Lange, Klaus: Das Bundesverfassungsgericht und die Landesverfassungsgerichte, in: FS 50 Jahre Bundesverfassungsgericht, 2001, Bd. 1, S. 289–310.
Lindner, Josef Franz: Die Grundrechte der Bayerischen Verfassung – Eine dogmatische Bestandsaufnahme, in: BayVBl. 2004, S. 641–652.
März, Wolfgang: Bundesrecht bricht Landesrecht. Eine staatsrechtliche Untersuchung zu Art. 31 des Grundgesetzes, 1989.
Menzel, Jörg: Landesverfassungsrecht, 2002.
v. Olshausen, Henning: Landesverfassungsbeschwerde und Bundesrecht. Zur Geltung und prozessualen Aktualisierung von Landesgrundrechten im Bundesstaat des Grundgesetzes, 1980.
Ott, Georg: Landesgrundrechte in der bundesstaatlichen Ordnung, 2001.
Peine, Franz-Joseph: Verfassunggebung und Grundrechte – der Gestaltungsspielraum der Landesverfassunggeber, in: LKV 2012, S. 385–390.
Pietzcker, Jost: Zuständigkeitsordnung und Kollisionsrecht im Bundesstaat, in: HStR[3] VI, § 134 (S. 515–565).
Rozek, Jochen: Landesgrundrechte als Kontrollmaßstab für die Anwendung von Bundesrecht, in: HGR III, § 85 (S. 1225–1256).
Sachs, Michael: Das materielle Landesverfassungsrecht, in: Verfassungsstaatlichkeit. Festschrift für Klaus Stern zum 65. Geburtstag, 1997, S. 475–508.
Sauer, Heiko: Vorrang und Hierarchie. Zur Bewältigung von Kollisionen zwischen Rechtsordnungen durch Rangordnungsnormen, Bindungsnormen, Derogationsnormen und Kollisionsnormen, in: Rechtstheorie 44 (2013), S. 503–539.
Uerpmann, Robert: Landesrechtlicher Grundrechtsschutz und Kompetenzordnung, in: Der Staat 35 (1996), S. 428–440.
Vitzthum, Wolfgang Graf: Die Bedeutung gliedstaatlichen Verfassungsrechts in der Gegenwart, VVDStRL 46 (1988), S. 7–56.

Vranes, Erich: Lex Superior, Lex Specialis, Lex Posterior – Zur Rechtsnatur der »Konfliktlösungsregeln«, in: ZaöRV 65 (2005), S. 391–405.
Wagner, Roland: Die Konkurrenzen der Gesetzgebungskompetenzen von Bund und Ländern, 2011.
Wermeckes, Bernd: Der erweiterte Grundrechtsschutz in den Landesverfassungen. Zu Erscheinungsformen, Wirksamkeit und Bestand weitergehender Landesgrundrechte im Bundesstaat des Grundgesetzes – Zugleich ein Beitrag zur Verfassungsrechtsvergleichung im Bundesstaat, 2000.
Wermeckes, Bernd: Landesgrundrechte – Bestandssicherung durch Kollisionsvermeidung, in: DÖV 2002, S. 110–115.
Wiederin, Ewald: Bundesrecht und Landesrecht, 1995.
Wittreck, Fabian: Das Bundesverfassungsgericht und die Kassationsbefugnis der Landesverfassungsgerichte – Anmerkungen zu BVerfGE 96, 345, in: DÖV 1999, S. 634–642.
Wittreck, Fabian: Nachrangklauseln und »normative Selbstbescheidung« der Landesverfassung: Konsequenz oder Umgehung des Art. 31 GG?, in: DVBl. 2000, S. 1492–1500.

Siehe auch die Angaben zu Art. 28 I und 142 GG.

Leitentscheidungen des Bundesverfassungsgerichts

BVerfGE 26, 116 (135) – Besoldungsgesetz; 36, 342 (357 ff.) – Niedersächsisches Landesbesoldungsgesetz; 96, 345 (363 ff.) – Landesverfassungsgerichte; 98, 145 (159 f., Rn. 50 f.) – Inkompatibilität/Vorstandstätigkeit; 121, 317 (348 f., Rn. 99 f.) – Rauchverbot in Gaststätten.

Gliederung

	Rn.
A. Herkunft, Entstehung, Entwicklung	1
I. Ideen- und verfassungsgeschichtliche Aspekte	1
II. Entstehung und Veränderung der Norm	8
B. Internationale, supranationale und rechtsvergleichende Bezüge	11
I. Rang und Geltung internationalen Rechts	11
II. Vorrang des Rechts der Europäischen Union	13
III. Rechtsvergleichende Hinweise	15
C. Erläuterungen	18
I. Allgemeine Bedeutung; Art. 31 GG als Rangordnungs- und Kollisionsnorm	18
II. Art. 31 GG im Regelungsgefüge des Grundgesetzes	21
1. Die Durchgriffsnorm des Art. 1 III GG	22
2. Sperrwirkung der Gesetzgebungszuständigkeiten des Bundes (Art. 70 ff. GG)	23
3. Insbesondere: Abweichungsgesetzgebung (Art. 72 III GG)	26
4. Sonderregelungen für Landesverfassungsrecht (Art. 28 I, 142 GG)	29
III. Art. 31 GG als Kollisionsnorm	31
1. Kollisionsfall (Widerspruch von Bundes- und Landesrecht)	32
a) Bundesrecht	32
b) Landesrecht	35
c) Normwiderspruch (insb. inhaltsgleiches Landesrecht)	36
2. Kollisionsfolge: das Merkmal »brechen«	42
3. Kollisionsfeststellung: Prozessuale Möglichkeiten	44
IV. Fallgruppen und Einzelfälle	49
1. Landesverfassungsrecht	50
a) Grundrechte	50
b) Insbesondere: Anwendung der Landesgrundrechte durch die Landesverfassungsgerichte	53
c) Staatsorganisation, Staatsziele	55
2. Doppelkompetenzen (im Rahmen der einfachen Gesetzgebung)	58
3. Weitere Fälle	59
D. Verhältnis zu anderen GG-Bestimmungen	62

Stichwörter

Abstrakte Normenkontrolle 45 – Abweichungsgesetzgebung 26 – Anwendungsvorrang 13 – Ausschließliche Gesetzgebung 24 – Australien 16 – Bestandteilstheorie 22 – Bundesrecht 32 ff. – Bundesrechtskonforme Auslegung 17, 37 – DDR-Recht 32 – Derogation 9, 42 f., 52 – Deutscher Bund 6 – Divergenzvorlage 47, 53 – Doppelkompetenzen 49, 58 – Durchgriffsnormen 21 f. – EMRK 12, 32, 46, 61 – Feuerwehrabgabe 61 – Gewohnheitsrecht 34 – Grundrechtsbindung 12, 22, 62 – Grundsatzgesetzgebung 27 – Grundsatznorm 18 – Homogenitätsgebot 30, 55, 62 – Honecker-Beschluß 20 – Indien 16 – Inhaltsgleiches Landesrecht 7, 9, 40 f., 43 – ius commune 1, 3 – Kanonistik 2 – Kollisionsnorm 19, 23, 29, 31, 36 ff., 47 – Kompetenznormen 6 f., 19, 21, 23 ff., 29, 40 f., 58, 62 – Konkrete Normenkontrolle 46 – Konkurrierende Gesetzgebung 25 – Landesgrundrechte 8 f., 29 f., 40, 50 ff., 53 f. – Landesrecht 35 – Landesverfassungsgerichte 47, 51, 53 f. – Landesverfassungsrecht 10 f., 17, 29 f., 35, 40, 43, 50 ff., 55 ff. – lex posterior 18, 37, 46 – lex specialis 1, 18, 37 – lex superior 1, 18 – Mehrgewährleistungen 51 f. – Mindergewährleistungen 51 – Moser 5 – Nachrangklauseln 17 – Normative Selbstbescheidung 37 – Normwiderspruch 36 ff. – Österreich 15, 23 – Parlamentarischer Rat 9 f., 40 – Partielles Bundesrecht 25 – Paulskirche 6 – Pütter 5 – Rahmengesetzgebung 26 – Rechtsanwendungsnorm 20, 53 f. – Reichsrecht 3 ff. – Reichsverfassung 1871 6 – Rechtssprichwörter 1 – Richterliches Prüfungsrecht 7 – Richterdienstrecht 59 – Richterrecht 34 – Sanktionsnorm 7, 28 – Schweiz 16, 19 – Sperrwirkung 23 f., 40 f., 62 – Staatsziele 56 – Statutentheorie 1, 4 – Suspension 9, 13, 42 f. – Tarifverträge 33 – Territorialstaat 1, 4 f. – Unionsrecht 13 f. – Unvereinbare Normgehalte 39, 51 – USA 16 – Verfassungsautonomie 29, 43 – Verfassungsbeschwerde 48 – Verwaltungsvorschriften 33 – Völkerrecht 11, 32, 62 – Vorkonstitutionelles Recht 24 f., 32 – Weimarer Reichsverfassung 7 f., 40 – Widerspruchsfreiheit der Rechtsordnung 58 – Zweitwohnungsteuer 61.

A. Herkunft, Entstehung, Entwicklung

I. Ideen- und verfassungsgeschichtliche Aspekte

1   Als Grundnorm zur Regelung des Verhältnisses zwischen Gesamt- und Gliedstaat scheint Art. 31 GG in einprägsamer Kürze und Prägnanz der Form nach an ältere deutsche Rechtssprichwörter (»Stadtrecht bricht Landrecht«, »Landrecht bricht gemeines Recht«)[1] anzuknüpfen, ihnen aber zugleich einen strikt entgegengesetzten Inhalt zu geben und so den historischen Sieg des (nationalen) Territorialstaates über die partikularen Einheiten zu dokumentieren[2]. Diese etwas einfache Umkehrungsoptik täuscht in doppelter Hinsicht. Einmal dürften die erwähnten Parömien bereits ihrerseits ein Werk der gelehrten Jurisprudenz zum Zwecke der Ordnung des vorgefundenen heterogenen Rechtsstoffes sein[3] und nicht, wie gern angenommen, eine irgendwie »urtümliche« (germanische) Rechtsverfassung zum Ausdruck bringen. Zum zweiten geht es in den Rechtssprichwörtern wohl weniger um eine abstrakte Vorrangigkeit des engeren Verbandes gegenüber dem weiteren im Sinne einer gewissermaßen umgekehrten föderativen Hierarchie als um die Vorstellung einer größeren gegenständlichen Spezialität der dem engeren Rechtskreis entnommenen Rechtssätze: nicht also um eine Derogation nach der *lex superior*-Regel, sondern um den Vorrang der *lex specialis*[4]. Es scheint kein Zufall, daß man hiermit auch den theoretisch unbestrittenen

---

[1] *E. Graf/M. Dietherr*, Deutsche Rechtssprichwörter, 1869, S. 24 ff.; *R. Schmidt-Wiegand*, Deutsche Rechtsregeln und Rechtssprichwörter, 1996, S. 219 f.; *W. März*, Bundesrecht bricht Landesrecht, 1989, S. 25 ff.; *ders.*, in: v. Mangoldt/Klein/Starck, GG II, Art. 31 Rn. 5.
[2] S. nur *W. Ebel*, Geschichte der Gesetzgebung in Deutschland, 2. Aufl. 1958, S. 21 (»genau entgegen der im modernen Staat gültigen Rangordnung der Rechtsquellen«).
[3] Vgl. *A. Foth*, Gelehrtes römisch-kanonisches Recht in deutschen Rechtssprichwörtern, 1971, S. 69 f. mit Hinweis auf Dig. 50, 17, 80.
[4] Vgl. die einschlägigen lateinischen Parömien: *lex posterior generalis non derogat priori speciali*

Vorrang des lokalen, städtischen Rechts gegenüber dem subsidiär geltenden, universalen *ius commune* im Rahmen der oberitalienischen Statutentheorie begründete[5].

Der demgegenüber in Art. 31 GG artikulierte hierarchische Vorrang der höheren (Gebiets-)Einheit gegenüber Teilterritorien begegnet strukturell zum ersten Mal deutlich ausgeprägt in Lehren der hochmittelalterlichen Kirche, die sich einmal mehr als »Führer auf dem Weg zur Rationalität« (Max Weber) erweist. In bezug auf die unterschiedliche Autorität von Universalkonzilien und Partikular- oder Lokalsynoden formuliert **Bernold von Konstanz** († 1100) in einer Streitschrift gegen Heinrich IV. den Grundsatz, daß die von der umfassenderen Gemeinschaft herrührenden Normen denen der Teilkörper vorgehen[6]. Der **Vorrang der Universalkonzilien** wird zum Allgemeingut mittelalterlicher Kanonistik[7].

Anders als die katholische Papstkirche des Mittelalters verfügte das **Heilige Römische Reich Deutscher Nation** nicht über eine zentralistisch-hierarchische Struktur. Für einen strukturell vergleichbaren klaren Vorrang des Reichsrechts gegenüber dem Land- oder Stadtrecht gab es hier keinen Raum. Das aus einem komplexen Rezeptionsprozeß[8] resultierende *ius commune*, also das »gemeine Recht«, galt nicht als höheres und derogierendes, sondern nur als subsidiäres Recht. Wenn es sich dessenungeachtet gleichwohl weitestgehend durchsetzte, dann wegen seiner inhaltlichen Qualitäten, seiner Verbreitung durch die »gelehrten Juristen« in Verwaltung und Gericht sowie seiner prozeßstrategischen Vorzüge (partikulares Recht mußte »bewiesen« werden und war eng auszulegen). Nicht aufgrund der Stärke, sondern wegen der Schwäche der Reichsgewalt, dessen Machtvakuum es füllte, konnte sich das gemeine Recht weiterhin durchsetzen und praktisch eine Umkehrung der »eigentlichen« Normenhierarchie mit ihrem Primat des je engeren Rechtskreises herbeiführen, so daß die Subsidiarität keine praktisch bedeutsame Geltungseinschränkung bewirkte.

---

und *specialia generalibus derogant, non generalia specialibus* (zit. nach *D. Liebs*, Lateinische Rechtsregeln und Rechtssprichwörter, 6. Aufl. 1998, L 44, S 54).

[5] *R. Schulze*, Art. Statutarrecht, in: HRG IV, Sp. 1922 ff. (*ius speciale*, partikulares Recht); s. auch *F. Wieacker*, Privatrechtsgeschichte der Neuzeit, 2. Aufl. 1967, S. 83 f., 138 ff.; *W. Trusen*, Römisches und partikuläres Recht in der Rezeptionszeit, in: FS Heinrich Lange, 1970, S. 97 ff.

[6] *Bernold von Konstanz*, De vitanda excommunicatorum communione, de reconciliatione lapsorum et de conciliorum, canonum, decretorum, decretalium, ipsorumque pontificum romanorum auctoritate, in: J.-P. Migne (Hrsg.), Patrologia Latina CXLVIII (1853), Sp. 1181 ff. (1210): »Beato quoque Augustino asserente didicimus quod illa concilia quae per singulas regiones vel provincias fiunt, plenariorum conciliorum auctoritati, quae ex universo orbe Christiano fiunt, sine ullis ambagibus cedunt«. Zu Bernold s. *M. Grabmann*, Geschichte der scholastischen Methode, Bd. 1, 1909, S. 234 ff.; zum Hintergrund *U.-R. Blumenthal*, Der Investiturstreit, 1982, S. 124 ff.; *J. Laudage*, Gregorianische Reform und Investiturstreit, 1993, S. 34 ff., 45 f., 96 ff.

[7] Zur unmittelbaren Folgezeit *J. A. Brundage*, Medieval Canon Law, London-New York 1995, S. 39; *H.-J. Schmidt*, Reichs- und Nationalkonzilien, in: P. Landau/J. Müller (Hrsg.), Proceedings of the Ninth International Congress of Medieval Canon Law, Rom 1997, S. 305 ff. (309, 311 f. m. w. N.). Gesamtüberblick bei *P. Hinschius*, System des Katholischen Kirchenrechts, Bd. 3, 1883, S. 329 ff., 490 f. Das gilt im übrigen naturgemäß nur für das Verhältnis der Konzilien zueinander, nicht für die andere Konfliktlinie zwischen der Autorität des Papstes und den Konzilien.

[8] Hierzu und zum folgenden aus der Fülle der Literatur *P. Koschaker*, Europa und das römische Recht (1947), 4. Aufl. 1966; *H. Krause*, Kaiserrecht und Reichsrecht, 1952; *Wieacker*, Privatrechtsgeschichte (Fn. 5), S. 97 ff.; *W. Trusen*, Anfänge des gelehrten Rechts in Deutschland, 1962; *H. Kiefner*, Art. Rezeption (privatrechtlich), in: HRG IV, Sp. 970 ff.; *M. Stolleis*, Art. Rezeption (öffentlichrechtlich), ebd., Sp. 984 ff.; *P. G. Stein*, Römisches Recht und Europa, 1996.

Art. 31 A. Herkunft, Entstehung, Entwicklung

4   Doch hier sowenig wie sonst fand sich ein formell gesicherter und klar ausgesprochener Vorrang des Reichsrechts[9]. Dies lag wiederum weniger an der Wirkungsmacht juristischer Konzeptionen nach Art der Statutentheorie (→ Rn. 1) als daran, daß sich die Entwicklung hin zu souveräner, frühneuzeitlicher Staatlichkeit in Deutschland auf der Ebene der Landesterritorien und nicht der des Reiches vollzog[10]. Wegen des zunehmenden faktischen Machtvorsprunges der Landesherrschaften einerseits, der reichsrechtlichen Ansprüche andererseits bildete sich in der langen und wechselvollen Geschichte des Alten Reiches eine von der jeweiligen historischen Kräftekonstellation bestimmte **Gemengelage von reichsrechtlichen Ansprüchen und landesrechtlichen** Einschränkungen und **Eigenrechten**, von Geltungsvorbehalten und Anwendungsmodifikationen heraus, wie sie etwa in den »salvatorischen Klauseln« plastischen Ausdruck fand[11]. Bis zum endgültigen Ende des Alten Reiches in den ersten Jahren des 19. Jahrhunderts war in der Staatspraxis weder für die Anwendung eines klaren föderativen Vorranges des Reichsrechts noch umgekehrt für eine eindeutige souveräne Abkoppelung der Landesherrschaften vom Reichsganzen Raum[12].

5   Gleichwohl wurde zumindest ansatzweise in der Reichspublizistik des 18. Jahrhunderts namentlich von **J. J. Moser** eine Derogation des Landesrechts durch das Reichsverfassungsrecht angenommen und sogar auf die Verfassungsurkunden der Territorien erstreckt[13]. **Pütter** suchte das Rangproblem eher als »föderative Kompetenzfrage«[14] zu lösen und maß dabei den Territorien – ungeachtet des explizit formulierten Vorrangs des kompetenzgedeckten Reichsrechts – den in praxi dominierenden Part als eigentlichen Trägern der Staatsgewalt zu[15]. Letztlich blieb die Rangfrage weitgehend ungeklärt, zumal die Jurisprudenz vorhandene Ansätze, das Reich als Bundesstaat zu begreifen, nicht aufnahm[16].

---

[9] Vgl. *R. Grawert*, Art. Gesetz, in: Geschichtliche Grundbegriffe, Bd. 2, 1975, S. 863 ff. (870 ff., 875 ff.); *A. Buschmann*, Art. Reichsgesetzgebung, in: HRG III, Sp. 581 ff. (587 ff.); *H. Mohnhaupt*, Verfassung I, in: *H. Mohnhaupt/D. Grimm*, Verfassung, 1995, S. 1 ff. (64 f., 93); *A. Wolf*, Gesetzgebung in Europa, 2. Aufl. 1996, S. 106 ff. mit umfangreichen Nachweisen.

[10] *H. Quaritsch*, Staat und Souveränität, 1970, S. 395 ff.; *ders.*, Art. Souveränität, in: HRG IV, Sp. 1714 ff. (1717 ff.); *D. Willoweit*, Rechtsgrundlagen der Territorialgewalt, 1975, S. 113 ff.; *ders.*, Verfassungsgeschichte, § 18, § 22; *R. Vierhaus*, Staaten und Stände, 1984, S. 26 ff.; *H. Dreier*, Art. Souveränität, in: StL⁷, Bd. IV, Sp. 1203 ff. (1204 f.), auch in: *ders.*, Idee und Gestalt des freiheitlichen Verfassungsstaates, 2014, S. 111 ff. (114 f.).

[11] Dazu *W. Sellert*, Art. Salvatorische Klausel, in: HRG III, Sp. 1280 ff.; *März*, Bundesrecht (Fn. 1), S. 46. Zum bekanntesten Beispiel vgl. *F.-C. Schröder*, Die Peinliche Gerichtsordnung Kaiser Karls V. (Carolina) von 1532, in: ders. (Hrsg.), Die Carolina, 1986, S. 305 ff. (315 ff.) mit stärkerer Betonung eines Vorrangs der Carolina.

[12] *C. Link*, Das Gesetz im späten Naturrecht, in: O. Behrends/C. Link (Hrsg.), Zum römischen und neuzeitlichen Gesetzesbegriff, 1987, S. 150 ff. (166 f.); resümierend *März*, Bundesrecht (Fn. 1), S. 48 ff., 50.

[13] *J. J. Moser*, Neues teutsches Staatsrecht, Bd. 13/2, 1769, S. 1183; Bd. 14, 1773, S. 9; *ders.*, Nebenstunden von Teutschen Staats-Sachen, Bd. 4, 1757, S. 506 ff., 566 f. – mit bezeichnender Bevorzugung einer möglichst geltungserhaltenden Auslegung von Reichs- und Landesrecht. Zu ihm *A. Laufs*, Johann Jacob Moser, in: M. Stolleis (Hrsg.), Staatsdenker in der frühen Neuzeit, 3. Aufl. 1995, S. 284 ff.; speziell zum hier interessierenden Punkt *B. Grzeszick*, Vom Reich zur Bundesstaatsidee, 1996, S. 74.

[14] *Grawert*, Gesetz (Fn. 9), S. 861; zu Pütter auch *Grzeszick*, Reich (Fn. 13), S. 82 ff.

[15] *M. Friedrich*, Geschichte der deutschen Staatsrechtswissenschaft, 1997, S. 129; *C. Link*, Johann Stephan Pütter, in: Stolleis, Staatsdenker (Fn. 13), S. 310 ff. (320).

[16] Eingehend *R. Koselleck*, Art. Bund, Bündnis, Föderalismus, Bundesstaat, in: Geschichtliche Grundbegriffe I, 1972, S. 582 ff. (627 ff.).

I. Ideen- und verfassungsgeschichtliche Aspekte Art. 31

Der Vorrang des Bundes- bzw. Reichsrechts etabliert sich im 19. Jahrhundert. Noch 6
für den **Deutschen Bund** von 1815 ist dies aber umstritten[17]; erst die **Paulskirchenverfassung** traf insoweit in § 66 eine eindeutige Regelung: »Reichsgesetze gehen den Gesetzen der Einzelstaaten vor, insofern ihnen nicht ausdrücklich eine nur subsidiäre Geltung beigelegt ist.« Im Unterschied hierzu verknüpfte die Bismarcksche **Reichsverfassung 1871** den Vorranggedanken (Art. 2) noch einmal auf eine etwas umständlich anmutende Weise mit den Gesetzgebungszuständigkeiten (Art. 4)[18]. Das erklärt sich dadurch, daß angesichts des gerade erst vollzogenen Überganges vom Staatenbund zum Bundesstaat die Kompetenzbestimmungen in der Reichsverfassung allein noch nicht als ausreichende Grundlage für eine Derogation des Landesrechts angesehen wurden[19].

Zum unmittelbaren Vorbild für das Grundgesetz ist **Art. 13 I WRV** geworden 7
(»Reichsrecht bricht Landrecht«). Stärker noch als die bloße Textgestalt[20] wirken **drei dogmatische Festlegungen der Weimarer Staatsrechtslehre**[21] nach, ohne die weder die Diskussionen im Parlamentarischen Rat (→ Rn. 8 f.) noch die späteren Deutungsprobleme des Art. 31 GG erklärlich sind. **Erstens** verstand man den Vorrang als notwendige und natürliche Folge der bundesstaatlichen Struktur der Weimarer Republik[22]. **Zweitens** galt Art. 13 I WRV als Sanktionsnorm, durch welche erst die Nichtigkeit der mit Reichsrecht unvereinbaren Landesgesetze bewirkt wurde (→ Rn. 28)[23]. Eine direkte und alleinige Anwendung der Kompetenznormen kam auch deshalb nicht in Betracht, weil dies zu einer Überprüfbarkeit auch von kompetenzwidrigen Reichsgesetzen hätte führen müssen. Das aber war ausgeschlossen, weil die ganz h. M. ein entsprechendes allgemeines richterliches Prüfungsrecht (Überprüfung von Reichsgesetzen auf ihre Verfassungsmäßigkeit) ablehnte[24], Art. 13 II WRV auf die Überprü-

---

[17] Für einen Vorrang *Huber*, Verfassungsgeschichte, Bd. 1, S. 599 ff., 601 f.; *Grzeszick*, Reich (Fn. 13), S. 235 m. w. N.; dagegen ausführlich *März*, Bundesrecht (Fn. 1), S. 50 ff.

[18] Art. 2 Satz 1 lautete: »Innerhalb dieses Bundesgebietes übt das Reich das Recht der Gesetzgebung nach Maßgabe des Inhalts dieser Verfassung und mit der Wirkung aus, daß die Reichsgesetze den Landesgesetzen vorgehen.«

[19] Das änderte sich in der Folgezeit, indem sich Staatspraxis und Lehre vom Verfassungstext lösten und dem Vorrang dogmatische Konturen verliehen, die noch in Weimar und der Bundesrepublik fortwirkten (unmittelbarer Durchgriff auf Landesebene, Derogation statt bloßer Suspension). Dazu *März*, Bundesrecht (Fn. 1), S. 62 ff.

[20] Kritisch zur Redeweise von »Landrecht« statt »Landesrecht« etwa *Anschütz*, WRV, Art. 13 Anm. 1 (S. 102); *S. Korioth*, in: Maunz/Dürig, GG, Art. 31 (2007), Rn. 5.

[21] Zum folgenden eingehend *März*, Bundesrecht (Fn. 1), S. 68 ff.; *E. Wiederin*, Bundesrecht und Landesrecht, 1995, S. 272 ff.; besonders instruktiv *F. Fleiner/J. Lukas*, Bundesstaatliche und gliedstaatliche Rechtsordnung, VVDStRL 6 (1929), S. 2 ff., 57 ff. mit zahlreichen Diskussionsbeiträgen (u. a. von *Kelsen* und *Nawiasky*).

[22] *Anschütz*, WRV, Art. 13 Anm. 1 u. 2 (S. 101, 102): die Bestimmung ergebe sich aus der Souveränität des Reiches gegenüber den Ländern und sei »ebenso Voraussetzung wie Folge der Hoheit des Reiches über die Länder«; ähnlich *Giese*, WRV, Art. 13 Anm. 1 (S. 80), und *F. Stier-Somlo*, Deutsches Reichs- und Landesstaatsrecht I, 1924, S. 379. Dieser Gedanke (Überordnung des Bundesstaates über die Gliedstaaten als Merkmal des Bundesstaates) schon bei *Jellinek*, Allg. Staatslehre, S. 782. Dazu *März*, Bundesrecht (Fn. 1), S. 71; *Wiederin*, Bundesrecht (Fn. 21), S. 281 f.; *Korioth* (Fn. 20), Art. 31 Rn. 4.

[23] Berichterstatter *Kahl*, in: Stenographische Protokolle der Nationalversammlung, 1919, S. 1207; *J. Lukas*, VVDStRL 6 (1929), S. 66 (Diskussion). *Giese*, WRV, Art. 13 Anm. 1 hielt eine Kollision auf dem Gebiet der ausschließlichen Gesetzgebung für ausgeschlossen und wollte Art. 13 WRV in erster Linie bei der konkurrierenden bzw. fakultativen Reichskompetenz zur Anwendung kommen lassen; ähnlich *H. Nawiasky*, VVDStRL 6 (1929), S. 63 f. (Diskussion).

[24] Statt aller *Anschütz*, WRV, Art. 76 Anm. 1 (S. 401), Art. 102 Anm. 3 (S. 475 f.). Dazu *H. Dreier*,

fung von Landesgesetzen am Maßstab des Reichsrechts beschränkte[25] und desgleichen eine Entscheidungskompetenz des Reichsgerichtshofes über Reichsgesetze in Anlehnung an Art. 19 WRV zurückwies[26]. Konsequenterweise wurde akzeptiert, daß sich auch kompetenzwidriges Reichsrecht gegen entgegenstehendes Landesrecht durchzusetzen vermochte[27]; Kelsen sah hierin sogar den Kern des Satzes »Reichsrecht bricht Landrecht«[28]. **Drittens** schließlich war ganz herrschende und von Anschütz mit der »sperrenden« Kraft des Reichsgesetzes (→ Rn. 23 ff.) begründete Auffassung, daß auch **inhaltsgleiches Landesrecht** gebrochen werde[29] (→ Rn. 40 f.).

II. Entstehung und Veränderung der Norm

8 Bei den Beratungen zum Grundgesetz[30] herrschte von Anbeginn Einigkeit darüber, an die durch Art. 2 RV 1871, Art. 13 WRV gefestigte Verfassungstradition anzuknüpfen[31]. Art. 31 HChE hatte in Anlehnung an die RV 1871 formuliert: »Bundesrecht geht vor Landesrecht«, während der Allgemeine Redaktionsausschuß die sprachlich schärfere Weimarer Version bevorzugte (»Bundesrecht bricht Landesrecht«), die vom Hauptausschuß gebilligt und später nicht mehr geändert wurde. Der endgültige **Wortlaut lag** damit bereits sehr **früh fest**[32]. Mehrere Änderungsvorschläge des Abgeordneten Laforet (CSU), die insbesondere auf die Aufrechterhaltung gleichlautenden

---

ZNR 20 (1998), 28 (40 ff.); *Gusy*, Reichsverfassung, S. 216 ff.; *F. Wittreck*, ZRG (GA) 121 (2004), 415 (418 f.); *H. Dreier*, HGR I, § 4 Rn. 46 ff. – alle m. w. N. Zum Problemzusammenhang mit Art. 13 *Wiederin*, Bundesrecht (Fn. 21), S. 274 f., 286 f.

[25] *Anschütz*, WRV, Art. 13 Anm. 3c, 7f (S. 104, 108); *Giese*, WRV, Art. 13 Anm. 2; *Stier-Somlo*, Reichs- und Landesstaatsrecht (Fn. 22), S. 381: »Es kann also nur reichsrechtswidriges Landesrecht, nicht reichsverfassungswidriges Reichsrecht für ungültig erklärt werden.«

[26] Eingehend zu den durchaus diffizilen Fragen *H. Dreier*, Verfassungsgerichtsbarkeit in der Weimarer Republik, in: T. Simon/J. Kalwoda (Hrsg.), Schutz der Verfassung: Normen, Institutionen, Höchst- und Verfassungsgerichte, 2014, S. 317 ff. (327 ff., 338 ff., 344 ff.).

[27] Vgl. zum Meinungsstand *Wiederin*, Bundesrecht (Fn. 21), S. 274 f.

[28] *H. Kelsen*, Allgemeine Staatslehre, 1925, S. 221. Verfassungspolitisch opponierte er gegen eine solche Prävalenz des Bundes. Prägnant sein Diskussionsbeitrag (VVDStRL 6 [1929], S. 57): »Der Satz: Reichsrecht bricht Landesrecht steht mit dem Prinzip des Bundesstaates in Widerspruch, da durch ihn die Parität zwischen Bund und Gliedstaat in zentralistischem Sinne verschoben wird. Dadurch, daß ein Verfassungsgerichtshof eingesetzt wird, wird die Parität wiederhergestellt. [...] In Österreich gilt der Satz: Verfassungsmäßiges Bundesrecht geht verfassungswidrigem Landesrecht, verfassungsmäßiges Landesrecht geht verfassungswidrigem Bundesrecht vor.« Daraufhin sofort die Entgegnung von *G. Anschütz* (ebd., S. 65), an Art. 13 WRV dürfe nicht gerüttelt werden.

[29] *Anschütz*, WRV, Art. 13 Anm. 3 (S. 103 f.); Einschränkung für Landesgrundrechte bei *Stier-Somlo*, Reichs- und Landesstaatsrecht (Fn. 22), S. 380; gegen die h. M. *A. Hensel*, Die Rangordnung der Rechtsquellen, in: HdbDStR II, S. 313 ff. (321). – Umfängliche Literaturnachweise bei *M. Sachs*, DÖV 1985, 469 (470 Fn. 15); s. auch *H. v. Olshausen*, Landesverfassungsbeschwerde und Bundesrecht, 1980, S. 110; *Wiederin*, Bundesrecht (Fn. 21), S. 275 f.; *H. Dreier*, HGR I, § 4 Rn. 39; *F. Wittreck*, Verfassungsentwicklung zwischen Novemberrevolution und Gleichschaltung, in: ders. (Hrsg.), Weimarer Landesverfassungen, 2004, S. 1 ff. (5, 8 ff.); *H. Maurer*, HGR III, § 82 Rn. 33.

[30] Zum folgenden näher: JöR 1 (1951), S. 298 ff., 910 ff.; Schneider, GG-Dokumentation, Bd. 10, S. 60 ff.; *März*, Bundesrecht (Fn. 1), S. 76 ff.; *Wiederin*, Bundesrecht (Fn. 21), S. 287 ff.; *C. v. Coelln*, Anwendung von Bundesrecht nach Maßgabe der Landesgrundrechte?, 2000, S. 184 ff.; *Korioth* (Fn. 20), Art. 31 Rn. 6.

[31] Vgl. *R. Bernhardt/U. Sacksofsky*, in: BK, Art. 31 (Drittb. 1998), Rn. 2; *H.-J. Vogel*, Die bundesstaatliche Ordnung des Grundgesetzes, in: HdbVerfR, § 22 Rn. 40.

[32] Nämlich in der ersten Lesung des Hauptausschusses v. 19. 11. 1948 (JöR 1 [1951], S. 298; Parl. Rat XIV/1, S. 186 ff.).

Landes(verfassungs)rechts zielten, blieben letztlich vergeblich³³, führten aber immerhin dazu, daß für die Landesgrundrechte eine besondere Regelung in Art. 142 GG geschaffen wurde³⁴.

Obwohl man bei den **Verhandlungen** gewissermaßen intuitiv wichtige Fragen ansprach (Suspension oder Derogation, Erfassung inhaltsgleichen Landesrechts, »Sonderfall« Landesgrundrechte), ist ihr **Wert für** die **Interpretation** des Art. 31 GG **eher gering** zu veranschlagen. Insbesondere kann vom behaupteten »fest umrissenen Inhalt« der Norm keine Rede sein³⁵. Denn die tieferen Problemschichten blieben weitgehend unerkannt oder doch unerörtert – dies nicht zuletzt deshalb, weil durch die fragwürdige Zuordnung von Kompetenz- und Vorrangfragen zu verschiedenen Abschnitten des Grundgesetzes³⁶ mit entsprechenden Folgen für die Zuständigkeitsabgrenzung in den Ausschüssen des Parlamentarischen Rates sachlich Zusammengehöriges auseinandergerissen wurde³⁷.

9

Der **Text** des Art. 31 GG ist bislang **unverändert** geblieben. Ungeachtet dessen hat sich im Vergleich zu manchen überkommenen Fixierungen der Weimarer Staatsrechtslehre und den im Parlamentarischen Rat dominanten Vorstellungen seine **Interpretation** im Laufe der Zeit nicht unwesentlich **gewandelt** (→ Rn. 40)³⁸. Aktualität erlangte die Norm im Zusammenhang mit den Verfassungen der neuen Bundesländer und der dadurch aufgeflammten Diskussion über das Verhältnis von Bundesrecht und Landesverfassungsrecht (→ Rn. 50ff.)³⁹.

10

---

³³ Der entschiedene Föderalist *Wilhelm Laforet* hatte in der ersten Lesung im Hauptausschuß zunächst beantragt, Art. 31 auf »entgegenstehendes« Landesrecht zu beschränken, was namentlich *Carlo Schmid* für einen Pleonasmus hielt. Im Sitzungsprotokoll wurde daraufhin ausdrücklich vermerkt, daß sich Art. 31 GG **nur** auf **entgegenstehendes Landesrecht** beziehe. In der dritten Sitzung des Hauptausschusses (9.2.1949) stellte *v. Brentano* den Antrag, zur Formulierung »Bundesrecht geht vor Landesrecht« zurückzukehren, der nach kontroverser Diskussion an den Fünferausschuß überwiesen wurde (JöR 1 [1951], S. 298f.; Parl. Rat XIV/2, S. 1627ff.). In seiner schriftlichen Vorlage für das Plenum führte *v. Brentano* (CDU) dann unter expliziter Bezugnahme auf Anschützens WRV-Kommentar aus, mit der Formulierung »brechen« werde **auch inhaltsgleiches Landesrecht** erfaßt. Ein daraufhin im Hauptausschuß von *Laforet* u. a. eingebrachter Antrag, »bricht« durch »geht vor« zu ersetzen, scheiterte dort am 5.5.1949 mit 10 gegen 11 Stimmen nur knapp und blieb auch tags darauf im Plenum erfolglos (Parl. Rat IX, S. 464; Parl. Rat XIV/2, S. 1796f.; vgl. *Wiederin*, Bundesrecht [Fn. 21], S. 292f.).
³⁴ JöR 1 (1951), S. 911f.; Parl. Rat XIV/2, S. 1627f., 1826. → Art. 142 Rn. 8ff.
³⁵ So die vielzitierte Wendung *v. Brentanos* im Hauptausschuß des Parlamentarischen Rates (vgl. JöR 1 [1951], S. 300, 912; Parl. Rat XIV/2, S. 1627f.). Hierauf stellt als »Entstehungsgeschichte« ausschließlich ab *P. M. Huber*, in: Sachs, GG, Art. 31 Rn. 1; treffend hingegen *März*, Bundesrecht (Fn. 1), S. 113f.; *Wiederin*, Bundesrecht (Fn. 21), S. 290ff. Gerade die Interventionen *Laforets* und die in Fn. 33 skizzierte Kontroverse zeigen, daß ein feststehender Inhalt nicht ohne weiteres fixiert werden konnte.
³⁶ Dieser Konnex war in Art. 5 des Bayerischen Entwurfs für den Verfassungskonvent auf Herrenchiemsee festgehalten (Text in: Parl. Rat II, S. 4; zur Sache ebd., S. LVII ff.). Auch der CSU-Abgeordnete *Schwalber* verknüpfte im Plenum vom 9.7.1948 Kompetenz- und Kollisionsfrage (Parl. Rat IX, S. 95ff., 97f.; s. *Wiederin*, Bundesrecht [Fn. 21], S. 288f.).
³⁷ Dazu kritisch *März*, Bundesrecht (Fn. 1), S. 77, 80. Symptomatisch für die fehlende Synchronisation der gereizte Wortwechsel im Ausschuß für Zuständigkeitsabgrenzung (Parl. Rat III, S. 171f.); zu einer näheren Diskussion der sachlichen Fragen kam es hier nicht.
³⁸ Namentlich durch BVerfGE 36, 342; speziell dazu *A. v. Mutius*, VerwArch. 66 (1975), 161ff.; *P. Krause*, JuS 1975, 160ff.; ausführlich *März*, Bundesrecht (Fn. 1), S. 85ff., 93ff.; s. auch *W. Graf Vitzthum*, Die Bedeutung gliedstaatlichen Verfassungsrechts in der Gegenwart, VVDStRL 46 (1988), S. 7ff. (30); *H. J. Boehl*, Verfassunggebung im Bundesstaat, 1997, S. 187, der von »grundlegenden Revisionen in Rechtswissenschaft und Rechtsprechung« spricht.
³⁹ *J. Dietlein*, Die Grundrechte in den Verfassungen der neuen Bundesländer, 1993; *J. Kersten*,

B. Internationale, supranationale und rechtsvergleichende Bezüge

I. Rang und Geltung internationalen Rechts

11 Aus Art. 31 GG läßt sich kein allgemeiner Rechtssatz folgern, wonach das Recht der je höheren Einheit Vorrang genießen und die Völkerrechtsordnung pauschal nationalen Rechtsordnungen vorgehen würde. Vielmehr richtet sich die Geltung völkerrechtlicher Normen nach eigenen Anwendungsregeln[40]. Speziell für den Vorrang allgemeiner Regeln des Völkerrechts gemäß **Art. 25 GG** gilt, daß sich dieser auch gegenüber Landes(verfassungs)recht direkt aus Art. 25 GG selbst ergibt (→ Rn. 32) und es des Umweges über die Qualifikation als Bundesrecht i. V. m. Art. 31 GG nicht bedarf[41].

12 Ein Anwendungsbereich eröffnet sich für Art. 31 GG allerdings infolge der **EMRK**, die als einfaches Bundesrecht **entgegenstehendes Landesrecht** bricht (→ Vorb. Rn. 28 m. w. N.). Zwar wird regelmäßig ohnehin eine Nichtigkeit des Landesrechts gemäß Art. 1 III GG vorliegen (→ Rn. 22), doch bleibt für die Ausnahmefälle mangelnder Deckungsgleichheit zwischen den Grundrechten des Grundgesetzes und den Gewährleistungen der EMRK ein Raum, in dem für konventionswidriges Landesrecht Art. 31 GG zu aktivieren ist[42].

II. Vorrang des Rechts der Europäischen Union

13 Der allgemein akzeptierte Vorrang des Unionsrechts[43] läßt sich **nicht in Anlehnung an Art. 31 GG** bestimmen[44]. Isoliert ist die These geblieben, daß mitgliedstaatliches Recht

---

DÖV 1993, 896 ff.; *U. Sacksofsky*, NVwZ 1993, 235 ff.; *H. Dreier*, Einheit und Vielfalt der Verfassungsordnungen im Bundesstaat, in: Karsten Schmidt (Hrsg.), Vielfalt des Rechts – Einheit der Rechtsordnung?, 1994, S. 113 ff. (121 ff., 127 ff.); *ders.*, Grundrechtsschutz durch Landesverfassungsgerichte, 2000, S. 7 f.; *D. Heckmann*, Geltungskraft und Geltungsverlust von Rechtsnormen, 1997, S. 309 ff. → Art. 142 Rn. 80 ff.

[40] Vgl. *E. Vranes*, ZaöRV 65 (2005), 391 (400 ff.); wie hier auch *G. Krings*, in: Friauf/Höfling, GG, Art. 31 (2008), Rn. 2. → Art. 25 Rn. 7.

[41] So aber offenbar die Rechtsprechung (jüngst: BVerfG [K], NJW 2015, 1359 [1368 f.]) und die wohl überwiegende Meinung: *O. Rojahn*, in: v. Münch/Kunig, GG I, Art. 25 Rn. 59; *R. Streinz*, in: Sachs, GG, Art. 25 Rn. 91; *H.-J. Cremer*, HStR³ XI, § 235 Rn. 6; *R. Sannwald*, in: Schmidt-Bleibtreu/Hofmann/Henneke, Art. 31 Rn. 11; speziell zum grenzüberschreitenden Umweltrecht auch *H.-G. Dederer*, HStR³ XI, § 248 Rn. 124. Der hier vertretenen Position dürften jene Autoren zuzurechnen sein, die in Art. 25 GG eine »Durchgriffsnorm« (→ Rn. 22) sehen: *Stern*, Staatsrecht I, S. 704; *M. Nierhaus*, in: Sachs, GG, Art. 28 Rn. 4. → Art. 25 Rn. 29.

[42] Probe aufs Exempel: die Entscheidung zur Feuerschutzabgabe in Baden-Württemberg (EGMR NVwZ 1995, 365) vor der kurz darauf erfolgten Kursänderung in der bundesverfassungsgerichtlichen Judikatur (BVerfGE 92, 91). Auch eine Verfassungsbeschwerde in Karlsruhe gegen konventionswidriges Landesrecht kann über Art. 31 GG zum Erfolg führen. Vgl. *W. Bausback*, BayVBl. 1995, 737 ff.; zum Verhältnis zwischen EGMR und Bundesverfassungsgericht: → Vorb. Rn. 30.

[43] Aus der Fülle der Literatur *U. Hufeld*, HStR³ X, § 215 Rn. 4 ff.; *Oppermann/Classen/Nettesheim*, Europarecht, § 10 Rn. 4 ff.; ferner *H. F. Köck*, Grundsätzliches zu Primat und Vorrang des Unions- bzw. Gemeinschaftsrechts im Verhältnis zum mitgliedstaatlichen Recht, in: FS Ress, 2005, S. 557 ff. Weitere Ausführungen zum Vorrang und seinen Grenzen: → Vorb. Rn. 53 ff.; → Art. 1 III Rn. 13 ff.; → Art. 23 Rn. 12 ff.

[44] Wie hier *Krings* (Fn. 40), Art. 31 Rn. 2, 9 f. – Allerdings finden sich in Verfassungen anderer EU-Mitgliedstaaten sog. Vorrangklauseln (vgl. z. B. Art. 148 II Verf. Rumänien, Art. 150 Verf. Litauen i. V. m. Art. 2 des litauischen Verfassungsakts vom 13.7.2004, Art. 7 II 2 Verf. Slowakische Republik), welche die normhierarchische Kollisionsfrage im Falle eines Anwendungskonflikts zwischen Unionsrecht und nationalem Recht ausdrücklich zugunsten erstgenannter entscheiden, wenngleich danach im Umkehrschluß ein Vorrang vor nationalem Verfassungsrecht nicht besteht. Obwohl etwa die Ver-

durch Unionsrecht »gebrochen« werde⁴⁵. Vielmehr handelt es sich um einen bloßen **Anwendungsvorrang**⁴⁶, der das entgegenstehende mitgliedstaatliche Recht nur supendiert, es zurücktreten läßt, aber nicht dessen Nichtigkeit bewirkt⁴⁷ (→ Art. 23 Rn. 12 ff.). Es kann weiterhin auf rein innerstaatliche Sachverhalte und bei Außerkrafttreten des vorrangigen Unionsrechts ohne weiteres wieder in vollem Umfang angewendet werden⁴⁸.

Die noch in Art. I-6 des VVE vorgesehene Kodifizierung eines Vorrangs⁴⁹ hätte für Bundes- und Landesrecht gleichermaßen Geltung beansprucht; nach Scheitern des Verfassungsentwurfs bleibt es auch nach Einführung der Kompetenzregeln der Art. 2 ff. AEUV beim **Vorrang** des Unionsrechts **als ungeschriebener Kollisionsregel**⁵⁰. Ungeachtet der Erwähnung von regionaler und lokaler Selbstverwaltung in Art. 4 II EUV bleibt die Union »mit ›Landes-Blindheit‹ geschlagen«⁵¹, nimmt also die föderale Binnenstruktur der Mitgliedstaaten nicht wahr (→ Art. 20 [Bundesstaat], Rn. 18 f.). Die innerstaatliche Bewältigung dieses Problems mit seinen Folgen etwa für die Kompetenzverteilung zwischen Bund und Ländern (→ Art. 70 Rn. 4 f.) richtet sich wiederum nicht nach Art. 31 GG, sondern (nunmehr) nach dem Europaartikel des Grundgesetzes (→ Art. 23 Rn. 108 ff.).

III. Rechtsvergleichende Hinweise

Ein unterschiedlich ausgestalteter und nicht immer so drastisch formulierter Vorrang des Bundesrechts ist zumeist fester Bestandteil vergleichbarer föderaler Staaten, die oft eine enge Verzahnung mit den Kompetenznormen vornehmen. Besonders weit geht insofern die **Verfassung Österreichs**, der der Grundsatz »Bundesrecht bricht Lan-

---

fassung Österreichs mit Art. 23a–k der Europäischen Union einen eigenen Teil im ersten Hauptstück widmet, sucht man nach einer Vorrangklausel im beschriebenen Sinne vergeblich; ausführlich *M. Wendel*, Permeabilität im europäischen Verfassungsrecht, 2011, S. 425 ff.

⁴⁵ So *E. Grabitz*, Gemeinschaftsrecht bricht nationales Recht, 1966; dagegen u.a. *Oppermann/ Classen/Nettesheim*, Europarecht, § 10 Rn. 32 f.; *O. Rojahn*, in: v. Münch/Kunig, GG I, Art. 24 Rn. 77 f.; *Streinz*, Europarecht, Rn. 204; vgl. die Klarstellung durch EuGH v. 22.10.1998, C-10/97 bis C-22/97, Rn. 18 ff. – Ministerio delle Finanze/IN.CO.CE '90 u.a. und dazu *Schweitzer*, Staatsrecht III, Rn. 48.

⁴⁶ Ganz h.M.: s. etwa *Streinz*, Europarecht, Rn. 198 f.; *Oppermann/Classen/Nettesheim*, Europarecht, § 10 Rn. 32 f.; *Rojahn* (Fn. 45), Art. 24 Rn. 74 ff.; aus der älteren Literatur *P.M. Huber*, Recht der Europäischen Integration, 1996, S. 121 ff.; *T. Schilling*, Rang und Geltung von Normen in gestuften Rechtsordnungen, 1994, S. 426 f., 432 ff. Aus der Judikatur nur BVerfGE 123, 267 (398 ff., Rn. 335 ff.); 126, 286 (301 ff., Rn. 53 f.); 129, 78 (99 f., Rn. 81).

⁴⁷ Dazu (auch durchaus kritisch) *H. Sauer*, Rechtstheorie 44 (2013), 503 (507 f., 523 ff.), etwa mit Hinweis auf die geringen praktischen wie theoretischen Differenzen zwischen Geltungs- und Anwendungsvorrang (resümierend S. 532: die »Beschwichtigung«, Unionsrecht genieße nur Anwendungs-, aber keinen Geltungsvorrang, sei »Augenwischerei«).

⁴⁸ *Schweitzer*, Staatsrecht III, Rn. 49; *Streinz*, Europarecht, Rn. 220.

⁴⁹ Näher zu der Regelung und ihren möglichen Auswirkungen seinerzeit *T. Öhlinger*, Der Vorrang des Unionsrechts im Lichte des Verfassungsvertrages, in: FS Ress, 2005, S. 685 ff. (685 f., 691 ff.).

⁵⁰ So *Oppermann/Classen/Nettesheim*, Europarecht, § 10 Rn. 4.

⁵¹ Wendung: *H.P. Ipsen*, Als Bundesstaat in der Gemeinschaft, in: FS Hallstein, 1966, S. 248 ff. (256). Das wurde vielfach aufgenommen: siehe nur *J. Isensee*, HStR³ VI, § 126 Rn. 251; *A. Puttler*, HStR³ VI, § 142 Rn. 5, 9 ff. (mit Verweis auf länderschützende Mechanismen); *J.F. Lindner*, BayVBl. 2011, 1 (2 f.): »Der Mitgliedstaat ist aus der Sicht der EU eine ›black box‹.« Anders aber *G. Rees/J. Ukrow*, in: Grabitz/Hilf/Nettesheim, EUV/AEUV, Art. 167 AEUV Rn. 94: Mit Rekurs auf die regionale Vielfalt und den Ausschuss der Regionen (Art. 305 ff. AEUV) könne »von einer ›Landes- bzw. Föderalismusblindheit‹ der EU keine Rede mehr sein«.

desrecht« fremd ist⁵²; die Abgrenzung von Bundes- und Landesgesetzgebung wird hier allein über die Kompetenzvorschriften der Bundesverfassung (Art. 10 ff. B-VG) vorgenommen. Im Überschneidungsbereich können Bundes- und Landesgesetze einander nach allgemeinen Kollisionsregeln, insb. dem Satz vom Vorrang der *lex posterior*, wechselseitig derogieren[53]. Anerkannt ist jedoch der Vorrang von Bundesverfassungsrecht gegenüber Landesverfassungsrecht (Art. 99 I B-VG).

16   Die **Schweizerische Bundesverfassung** enthält erst seit der Verfassungsrevision von 1999 eine Art. 31 GG vergleichbare explizite Verfassungsnorm in Art. 49 I nBV (»Bundesrecht geht entgegenstehendem kantonalem Recht vor.«)[54]. Doch galt auch zuvor nach ganz herrschender Auffassung der aus Art. 3, 6 aBV i. V. m. Art. 2 der Übergangsbestimmungen (UeB) hergeleitete Satz »Bundesrecht bricht kantonales Recht«[55], wobei sich wie beim Grundgesetz das Problem der Koordinierung mit den Kompetenzvorschriften stellte[56]. Da die Schweiz keine Möglichkeit der verfassungsgerichtlichen Überprüfung formeller Bundesgesetze kennt, setzt sich hier anders als in Deutschland (→ Rn. 23) im Konfliktfall auch ein kompetenzwidriges Bundesgesetz gegenüber dem Kantonsrecht durch[57]. Die **US-Verfassung** verbindet den Vorrang der Bundesgesetzgebung gemäß der »supremacy clause« mit einem normtextlich strikt fixierten Kompetenzkatalog[58], der sein Gegenstück in der Zuständigkeitsvermutung zugunsten der Einzelstaaten findet. Der hier der Sache nach vorhandene Vorrang des (kompetenzgemäßen) Bundesrechts wird in der strukturell vergleichbaren Verfassung von **Australien** explizit formuliert[59]; ähnliches gilt für **Indien**[60]. Die Verfassung der **russischen Fö-**

---

[52] *E. Wiederin*, Österreich, in: IPE I, § 7 Rn. 79 (»bewusste Absage an die Regel ›Bundesrecht bricht Landesrecht‹«), 82 ff.; eingehend *ders.*, Bundesrecht (Fn. 21), S. 70 ff., 210 ff., 226 ff., 268 f. – Speziell zum Einfluß Kelsens (→ Rn. 7 m. Fn. 28) *F. Ermacora*, Die österreichische Bundesverfassung und Hans Kelsen, 1982; *E. Wiederin*, Österreich, in: IPE I, § 7 Rn. 11.

[53] Eingehend zur hochkomplexen »Stufung« des Rechts *C. Jabloner*, ZöR 65 (2005), 163 (166 f.) u. passim; ferner *W. Berka*, Lehrbuch Verfassungsrecht, 2. Aufl. 2008, S. 3 ff. (Rn. 10 ff.); *E. Wiederin*, Österreich, in: IPE I, § 7 Rn. 64 ff.

[54] Zur Neukonzeption der »Bundesstaatsverfassung« *R. J. Schweizer*, JöR 48 (2000), 264 (274 f.); *R. Rhinow*, Der Staat 41 (2002), 575 (587 f.); *G. Biaggini*, Schweiz, in: IPE I, § 10 Rn. 20 ff.; speziell zur Vorrangklausel *R. J. Schweizer*, Homogenität und Vielfalt im schweizerischen Staatsrecht, in: Thürer/Aubert/Müller, Verfassungsrecht, § 10 Rn. 10 ff.; *T. Fleiner/A. Misic*, Föderalismus als Ordnungsprinzip der Verfassung, ebd., § 27 Rn. 32; *A. Weber*, Europäische Verfassungsvergleichung, 2010, Kap. 13, Rn. 81 ff.; *J. Pietzcker*, HStR³ VI, § 134 Rn. 39.

[55] *F. Fleiner*, Schweizerisches Bundesstaatsrecht, 1923, S. 421 ff.; *M. Imboden*, Bundesrecht bricht kantonales Recht, 1940; *P. Widmer*, Normkonkurrenz und Kompetenzkonkurrenz im schweizerischen Bundesstaatsrecht, Diss. jur. Zürich 1966, S. 9 ff.; *P. Saladin*, in: J.-F. Aubert u. a. (Hrsg.), Kommentar zu Bundesverfassung der Schweizerischen Eidgenossenschaft, Art. 2 UeB (1986), Rn. 5 ff.; *Bernhardt/Sacksofsky* (Fn. 31), Art. 31 Rn. 116 f.

[56] Dazu *M. Bothe*, Die Kompetenzstruktur des modernen Bundesstaates in rechtsvergleichender Sicht, 1977, S. 137 ff.; *Saladin* (Fn. 55), Art. 3 (1986), Rn. 213.

[57] *U. Häfelin/W. Haller/H. Keller*, Schweizerisches Bundesstaatsrecht, 7. Aufl. 2008, Rn. 1173 ff. (insb. 1180 ff.) unter Hinweis auf Art. 49 und 190 BV; zur interföderalen Streitbeilegung auch *Weber*, Verfassungsvergleichung (Fn. 54), Kap. 13, Rn. 88; *J. Pietzcker*, HStR³ VI, § 134 Rn. 39, 47 mit Fn. 125.

[58] Vgl. zum folgenden *Bothe*, Kompetenzstruktur (Fn. 56), S. 143 ff.; *W. Brugger*, Einführung in das öffentliche Recht der USA, 1993, S. 34 ff., 56 ff. Zur »supremacy clause« und ihrer Beschränkung auf verfassungsmäßige Gesetze bereits *A. Hamilton* in den Federalist Papers Nr. 33 (abgedruckt in: A. u. W. P. Adams [Hrsg.], Hamilton/Madison/Jay. Die Federalist-Artikel, 1994, S. 183 ff. [186 ff.]). S. auch *J. Pietzcker*, HStR³ VI, § 134 Rn. 40 mit Fn. 96.

[59] Art. 109 der Verfassung vom 9.7.1900: »When a law of a State is inconsistent with a law of the Commonwealth, the latter shall prevail, and the former, to the extent of inconsistency, be invalid.« Zu Australien s. *R. Cullen*, JöR 40 (1991/92), 723 ff.; *P. L. Münch*, Der Staat 35 (1996), 284 ff.

[60] Nach Art. 254 I der Verfassung Indiens von 1949 ist ein kompetenzwidriges Gesetz eines Ein-

deration schließlich statuiert einen Vorrang bei ausschließlicher oder gemeinsamer Gesetzgebungskompetenz des Bundes, erkennt im Gegenzug aber ausdrücklich den Vorrang des kompetenzgemäßen Einzelstaatsgesetzes an[61].

In mehreren **Verfassungen der deutschen Bundesländer** finden sich gewissermaßen **spiegelbildliche Vorschriften** zu Art. 31 GG, die den Nachrang des Landesrechts aussprechen. Das traf z. B. auf alle fünf Landesverfassungen der Sowjetischen Besatzungszone zu[62], denen Art. 114 I der DDR-Verfassung von 1949 (»Gesamtdeutsches Recht geht dem Recht der Länder vor«) korrespondierte. Im Westen sahen die vorkonstitutionellen Verfassungen von Bremen (Art. 152), Rheinland-Pfalz (Art. 141) und in besonders prägnanter Weise von Hessen (Art. 153 II: »Künftiges Recht der Deutschen Republik bricht Landesrecht«) den Vorrang des Rechts des zu erwartenden Bundesstaates vor[63]. Von den neuen Bundesländern hat nur **Brandenburg** – in der nach richtiger Ansicht deklaratorischen Vorschrift des Art. 2 V der Verfassung[64] – den Vorrang des Grundgesetzes vor der Landesverfassung *und* die Bindung auch der Gesetzgebung an das Bundesrecht bestimmt.

C. Erläuterungen

I. Allgemeine Bedeutung; Art. 31 GG als Rangordnungs- und Kollisionsnorm

Art. 31 GG ist eine **Grundsatznorm** des föderalen Systems[65]. Sie bringt die prinzipielle Suprematie des Bundes im Bereich der Normsetzung zum Ausdruck und trifft insofern eine – sogleich stark zu relativierende – Aussage über die **Rangordnung** des Rechts

---

zelstaates im Umfang der Kollision nichtig; zur Interpretation *S. P. M. Bakshi*, in: Blaustein/Flanz, Constitutions, Bd. 8, India (1994), S. 187 f.; vgl. noch *M. P. Singh/S. Deva*, JöR 53 (2005), 649 (677 ff.).

[61] Art. 76 V und VI der Verfassung der Russischen Föderation von 1993 in der Fassung von 2008; zur praktischen Umsetzung etwa *W. Göckeritz*, ROW 1997, 298 (298 f.); Überblick über die Verfassungsentwicklungen im föderativen Russland bei *N. Michaleva*, Legitimation der regionalen Verfassungen und Statuten in der Russischen Föderation, in: C. Schulze (Hrsg.), Aktuelle Probleme des Öffentlichen Rechts in Deutschland und Russland, 2011, S. 181 ff.

[62] Verfassungstexte in: *K. Schultes*, Der Aufbau der Landesverfassungen in der sowjetischen Besatzungszone, 1947.

[63] Vgl. auch *J. Pietzcker*, HStR³ VI, § 134 Rn. 40. In seiner (nicht mehr aktuellen) Eigenschaft als Landesverfassungsgericht für Schleswig-Holstein gem. Art. 99 GG spricht BVerfGE 103, 332 (356, Rn. 72 ff.) der Norm eine potentielle Bedeutung dahingehend zu, daß sie dem Hessischen Staatsgerichtshof die Prüfung der Wahrung der Gesetzgebungskompetenzen der Art. 70 ff. GG eröffne: → Art. 28 Rn. 44.

[64] So BbgVerfG LKV 1999, 450 (459 f.); *Bernhardt/Sacksofsky* (Fn. 31), Art. 31 Rn. 21 (mit treffendem Hinweis auf die prozessuale Dimension); *T. Clemens*, in: Umbach/Clemens, GG, Art. 31 Rn. 4; *F. Wittreck*, DVBl. 2000, 1492 (1496 ff.); a. A. *H. Lieber*, in: ders./S. J. Iwers/M. Ernst, Verfassung des Landes Brandenburg. Kommentar, 2012, Art. 2 Erl. 6; *M. Sachs*, Die Landesverfassung im Rahmen der bundesstaatlichen Rechts- und Verfassungsordnung, in: H. Simon/D. Franke/M. Sachs (Hrsg.), Handbuch der Verfassung des Landes Brandenburg, 1994, § 3 Rn. 26; noch weitergehend *U. Berlit*, ebd., § 9 Rn. 10: auf Art. 2 V der Verfassung lasse sich die Ansicht vom bloßen Anwendungsvorrang des Bundesrechts vor der Landesverfassung stützen. – Die Verfassungen von Mecklenburg-Vorpommern (Art. 4) und Sachsen-Anhalt (Art. 2 IV) binden ihre Gesetzgebung unmittelbar nur an das Grundgesetz bzw. die verfassungsmäßige Ordnung.

[65] BVerfGE 36, 342 (362, 365); ähnlich E 96, 345 (364). Die Literatur stimmt zu: vgl. nur *Stern*, Staatsrecht I, S. 719; *Vogel* (Fn. 31), § 22 Rn. 40; *M. Gubelt*, in: v. Münch/Kunig, GG I, Art. 31 Rn. 1; *Jarass/Pieroth*, GG, Art. 31 Rn. 1; *v. Coelln*, Anwendung (Fn. 30), S. 180; *J. Pietzcker*, HStR³ VI, § 134 Rn. 47, 53; *Korioth* (Fn. 20), Art. 31 Rn. 1; *Krings* (Fn. 40), Art. 31 Rn. 1; *Sannwald* (Fn. 41), Art. 31 Rn. 3.

im deutschen Bundesstaat[66]. Denn der »einschüchternde Wortlaut«[67] täuscht. Eine schematische Regelung der Normenhierarchie nach Art des Vorrangs von *lex superior*, *lex posterior* oder *lex specialis* läßt sich dem Art. 31 GG gerade nicht entnehmen[68]. Die Norm statuiert keinen bundesrechtlichen Vorrang um jeden Preis und unter allen Umständen[69]. Vielmehr ist sie eingefügt in einen »Kranz homogenitätssichernder Vorschriften«[70] des Grundgesetzes (z. B. Art. 1 III, 28 I, 70 ff. GG); erst aus der Gesamtschau dieser positivrechtlichen Verfassungsnormen (und nicht einem vorgeordneten theoretischen Konzept oder einer bestimmten Bundesstaatstheorie) ergibt sich die eigengeartete, weil mehrschichtige Strukturierung und Hierarchisierung des Normengefüges im deutschen Bundesstaat[71]. Insbesondere ist Art. 31 GG nicht eine »rein deklarative Positivierung« eines vermeintlich »verfassungsimmanenten Prinzips der widerspruchsfreien (Bundes-)Staatlichkeit«[72], das dem Grundgesetz in dieser Form fremd ist (→ Rn. 58).

19 Regelungsanspruch und Regelungsweite des Art. 31 GG sind also aus dem Zusammenspiel jener Normen zu ermitteln. Dabei erweist sich die Vorschrift als **Kollisionsnorm, nicht** als **Kompetenznorm**[73]. Ihr gehen aus unterschiedlichen Gründen und mit unterschiedlichen Folgen die Art. 1 III, 28 I, 70 ff. GG vor (→ Rn. 21 ff.), was mitunter mit ihrem Vorrang als *leges speciales* erklärt wird[74]. Jedenfalls greift Art. 31 GG prinzipiell erst, wenn ansonsten verfassungsgemäßes und namentlich kompetenzgemäßes Bundesrecht mit Landesrecht in Konflikt gerät. Es ist Aufgabe der Zuständigkeitsverteilung bei den Gesetzgebungskompetenzen, Kollisionen zu vermeiden (→ Rn. 23 ff.).

---

[66] Die Bedeutung des Art. 31 als »Rangordnungsnorm« wird betont bei *März* (Fn. 1), Art. 31 Rn. 32; mißverständlich auch *T. Maunz*, in: Maunz/Dürig, GG, Art. 31 (1960), Rn. 1 (»Stufenfolge des Rechts«); zu allgemein *Huber* (Fn. 35), Art. 31 Rn. 7 (»Unterordnung des Landesrechts unter das Bundesrecht«) sowie *Clemens* (Fn. 64), Art. 31 Rn. 10; kritisch auch *Bernhardt/Sacksofsky* (Fn. 31), Art. 31 Rn. 11; differenzierend *Krings* (Fn. 40), Art. 31 Rn. 35 ff. Gegen eine pauschale Einstufung als Rangordnungsnorm auch deutlich *H. Sauer*, Rechtstheorie 44 (2013), 503 (509 ff., 514, 519).

[67] *U. W. Kasper*, Der Staat 31 (1992), 137. S. auch *J. Ipsen*, Staatsrecht I, Rn. 723: Art. 31 »verspricht mehr, als er bei näherem Hinsehen zu halten vermag«.

[68] Dazu näher *Dreier*, Einheit (Fn. 39), S. 114 ff., 118 f.; *E. Vranes*, ZaöRV 65 (2005), 391 (392 ff.). Zum Nebeneinander von *lex posterior*-Regel und Art. 31 GG ferner *K. Engelbrecht*, Die Kollisionsregel im föderalen Ordnungsverbund, 2009, S. 108 ff.

[69] So auch *J. Isensee*, HStR³ VI, § 126 Rn. 96; *J. Pietzcker*, HStR³ VI, § 134 Rn. 47 ff. jeweils m. w. N.

[70] *W. Roters*, in: I. v. Münch (Hrsg.), GG-Kommentar, Bd. 2, 2. Aufl. 1983, Art. 28 Rn. 4; s. auch *J. Kersten*, DÖV 1993, 896 (896, 898); *R. Bartlsperger*, HStR³ VI, § 128 Rn. 46 ff.; *J. Pietzcker*, HStR³ VI, § 134 Rn. 1. → Art. 28 Rn. 44 f.

[71] *Dreier*, Einheit (Fn. 39), S. 118 ff. m. w. N.; *Boehl*, Verfassunggebung (Fn. 38), S. 186 ff., 196 ff.; *J. Pietzcker*, HStR³ VI, § 134 Rn. 1, 38 ff.; *J. Isensee*, HStR³ VI, § 126 Rn. 9; *I. B. Krapp*, Die Abweichungskompetenzen der Länder im Verhältnis zum Vorrang des Bundesrechts gemäß Art. 31 GG, 2015, S. 272.

[72] So aber *H. Sodan*, JZ 1999, 864 (870) in (vermeintlichem) Anschluß an BVerfGE 98, 106 (118 f., Rn. 62).

[73] Ganz h. M.: BVerfGE 26, 116 (135); 36, 342 (363); 96, 345 (364); 98, 145 (159, Rn. 50); 121, 317 (349, Rn. 100). Aus der Literatur etwa *Stern*, Staatsrecht I, S. 719 f.; *M. Bothe*, in: AK-GG, Art. 31 (2001), Rn. 1; *Gubelt* (Fn. 65), Art. 31 Rn. 1; *Vogel* (Fn. 31), § 22 Rn. 41; *Huber* (Fn. 35), Art. 31 Rn. 2; *März* (Fn. 1), Art. 31 Rn. 19 f.; *J. Pietzcker*, HStR³ VI, § 134 Rn. 54 ff.; *H. Sauer*, Rechtstheorie 44 (2013), 503 (522); *Krings* (Fn. 40), Art. 31 Rn. 1; *Krapp*, Abweichungskompetenzen (Fn. 71), S. 274.

[74] *Stern*, Staatsrecht I, S. 720; *Gubelt* (Fn. 65), Art. 31 Rn. 1; hingegen spricht *März*, Bundesrecht (Fn. 1), S. 109 treffend von »Kollisionsvermeidungsnormen«; auch *H. Maurer*, HGR III, § 82 Rn. 53 betont die eine Kollision vermeidenden Funktion der getrennten Gesetzgebungsbereiche von Bund und Ländern. Die Frage kann hier dahinstehen. → Art. 71 Rn. 16. Zur Bedeutung des Art. 72 III GG (n. F.): → Art. 72 Rn. 32 ff.

Anders als etwa in der Schweiz (→ Rn. 16) bricht daher in Deutschland kompetenzwidriges Bundesrecht nicht Landesrecht, sondern ist selbst wegen Verstoßes gegen die entsprechende grundgesetzliche Norm nichtig (→ Rn. 23). Der Wortlaut des Art. 31 GG würde daher treffender, wenngleich noch immer nicht erschöpfend lauten: »**Kompetenzgemäßes Bundesrecht bricht entgegenstehendes kompetenzgemäßes Landesrecht**«[75].

Der Bereich, in dem Art. 31 GG entscheidende Wirkung zukommt, ist aufgrund dieser Vorgaben eher schmal geschnitten[76]; völlig irrelevant ist die Norm aber entgegen vereinzelten Stimmen in der Literatur[77] nicht, wie sich unschwer an einigen einschlägigen Konstellationen demonstrieren läßt (→ Rn. 49 ff., 59 ff.). Andererseits muß Versuchen eine Absage erteilt werden, Art. 31 GG im Wege von **Neu- oder Uminterpretationen** gesteigerte Bedeutung zu verleihen. Weder wird durch ihn eine Bindung der Länder an die Ziele der Bundespolitik bewirkt[78] noch läßt sich die Norm als »vorläufige pauschale Streitentscheidungsregel zugunsten des Bundesrechts« begreifen[79]. Auch stellt sie keine Rechtsanwendungsnorm dar (→ Rn. 53 f.), wie man in Reaktion auf den Honecker-Beschluß des Berliner Verfassungsgerichtshofes gemeint hat[80]. Nur in mittelbarer Weise kann Art. 31 GG die Rechtsanwendung beeinflussen. Eine befriedigende Antwort auf den Konflikt von Bundesrecht und Landesverfassungsrecht läßt sich auch bei konsequenter Anwendung des herkömmlichen Verständnisses von Art. 31 GG finden (→ Rn. 50 ff.). 20

II. Art. 31 GG im Regelungsgefüge des Grundgesetzes

Die hier zugrundegelegte Position hat zur Folge, daß es in einer Reihe von Abstimmungs- und Abgrenzungsfragen zwischen Bundes- und Landesrecht des Art. 31 GG nicht bedarf, sondern die **Lösung über andere GG-Bestimmungen** erfolgt: vermittels der Durchgriffsnorm des Art. 1 III GG (→ Rn. 22), der verfassungsrechtlichen Gesetzgebungszuständigkeiten (→ Rn. 23 ff.) oder der Sonderregelungen für die Harmonisierung von Bundes- und Landesverfassungsrecht (→ Rn. 29 f.). 21

---

[75] In Anlehnung an *v. Münch/Mager*, Staatsrecht I, Rn. 695 ff.; siehe noch *H. Maurer*, HGR III, § 82 Rn. 46 f.; ferner *J. Pietzcker*, HStR³ VI, § 134 Rn. 47; *J. Isensee*, HStR³ VI, § 126 Rn. 96; Zu den Folgen im einzelnen: → Rn. 31 ff.

[76] *Gubelt* (Fn. 65), Art. 31 Rn. 2; *Jarass/Pieroth*, GG, Art. 31 Rn. 1; *J. Pietzcker*, HStR³ VI, § 134 Rn. 53; *Schilling*, Rang (Fn. 46), S. 429; *Bernhardt/Sacksofsky* (Fn. 31), Art. 31 Rn. 29; *D. Felix*, Einheit der Rechtsordnung, 1998, S. 176; *Korioth* (Fn. 20), Art. 31 Rn. 2; *Krings* (Fn. 40), Art. 31 Rn. 1, 29; *H. Sauer*, Rechtstheorie 44 (2013), 503 (522).

[77] *G. Wolf*, BayVBl. 1956, 238 (238 f.). Weiter enthält Art. 31 GG insb. nicht die (bloße) Anordnung der Nichtigkeit nach Art. 70 ff. GG kompetenzwidrig erlassener Gesetze.; zu einer solchen Sichtweise ebenfalls zurecht kritisch *J. Pietzcker*, HStR³ VI, § 134 Rn. 49. → Rn. 23.

[78] *A. Bleckmann*, DÖV 1986, 125 (130); dagegen zu Recht *Gubelt* (Fn. 65), Art. 31 Rn. 2, 4. – In diese Richtung einer Bindung der Länder an die vom Bund verfolgten Regelungskonzeptionen weist nunmehr auch – freilich ohne Erwähnung des Art. 31 GG – die Rechtsprechung des Bundesverfassungsgerichts zur Widerspruchsfreiheit der Rechtsordnung: → Rn. 58.

[79] So *Wiederin*, Bundesrecht (Fn. 21), S. 358 ff., 391; gegen ihn auch *J. Pietzcker*, HStR³ VI, § 134 Rn. 48 mit Fn. 127.

[80] So damals *C. Starck*, JZ 1993, 231 (232). → Bd. II¹, Art. 31 Rn. 20 m. Fn. 70.

Art. 31 C. Erläuterungen

1. Die Durchgriffsnorm des Art. 1 III GG

22 Einen ersten »Filter« zur Ausscheidung von Kollisionsfällen bildet die Bindung der gesamten Landesstaatsgewalt an die Grundrechte des Grundgesetzes (→ Art. 1 III Rn. 37, 61). Denn diese tritt ohne weiteres unmittelbar, also im Sinne eines direkten Durchgriffs ein[81]. Bundesgrundrechten zuwiderlaufende Landesgesetze sind wegen Verstoßes gegen Art. 1 III GG i. V. m. dem einschlägigen Grundrecht nichtig, **ohne** daß es einer **Transformation über Art. 31 GG** bedürfte[82].

2. Sperrwirkung der Gesetzgebungszuständigkeiten des Bundes (Art. 70 ff. GG)

23 Das Grundgesetz kennt im Unterschied etwa zu Österreich (→ Rn. 15) keine »echten« kumulativ konkurrierenden Gesetzgebungszuständigkeiten (→ Art. 72 Rn. 14). Daher sind hier nach heute ganz überwiegender Auffassung Normkompetenzkonflikte in erster Linie über die Gesetzgebungszuständigkeiten der Art. 70 ff. GG zu lösen[83]: die **Kompetenzfrage ist der Kollisionsfrage vorgeordnet**[84]. Für die Kollisionsnorm des Art. 31 GG bleibt wegen der Sperrwirkung der Zuständigkeitsvorschriften kein Raum, soweit das Grundgesetz eine eindeutige Kompetenzzuweisung vorgenommen hat (→ Rn. 23 ff.; → Art. 71 Rn. 9 f.; → Art. 72 Rn. 25 ff.). **Kompetenzwidriges Landesrecht** ist allein aufgrund fehlender Zuständigkeit mit dem Grundgesetz unvereinbar und daher nichtig[85]; eines Rückgriffs auf Art. 31 GG bedarf es auch als Sanktionsvorschrift nicht

---

[81] Art. 1 III GG bildet damit den wichtigsten Fall sog. **Durchgriffsnormen** (→ Art. 28 Rn. 44), die ohne weitere Vermittlung Bundes- und Landesstaatsgewalt binden (als weitere werden Art. 25, 26, 33, 34 GG genannt). *Stern*, Staatsrecht I, S. 704 spricht insofern vom »direkten Durchgriff der Bundesverfassung auf die Länder«, *R. Grawert*, NJW 1987, 2329 (2331) von der »verfassungsrechtlichen Konkordanzmasse«, *März*, Bundesrecht (Fn. 1) S. 200 von »ganzheitliche(r) Wirkung«; s. ferner *Dreier*, Einheit (Fn. 39), S. 134; *H. Sauer*, Rechtstheorie 44 (2013), 503 (521); eingehend *P. Werner*, Wesensmerkmale des Homogenitätsprinzips und ihre Ausgestaltung im Bonner Grundgesetz, 1967, S. 63, 89 ff. – Von diesen Durchgriffsnormen zu unterscheiden ist die (abzulehnende) »**Bestandteilstheorie**« (BVerfGE 1, 208 [227, 232]; 6, 367 [375]; 60, 53 [61]; 66, 107 [114]; 121, 82 [104 f., Rn. 102] u. ö.), derzufolge Bestimmungen des Grundgesetzes wie Art. 21 GG ohne weiteres einen Bestandteil der Landesverfassungen bilden; gründliche Darstellung und Kritik bei *J. Rozek*, Das Grundgesetz als Prüfungs- und Entscheidungsmaßstab der Landesverfassungsgerichte, 1993, S. 157, 179 ff. Wie hier *Bernhardt/Sacksofsky* (Fn. 31), Art. 31 Rn. 88 ff. → Art. 28 Rn. 45.

[82] Wie hier jetzt *März* (Fn. 1), Art. 31 Rn. 97 ff.; *Clemens* (Fn. 64), Art. 31 Rn. 21; *F. Wittreck*, DVBl. 2000, 1492 (1494); *G. Ott*, Landesgrundrechte in der bundesstaatlichen Ordnung, 2001, S. 50 ff.; *J. Pietzcker*, HStR³ VI, § 134 Rn. 59. Vgl. BVerfGE 97, 298 (314 f., Rn. 69). – A. A. allerdings BbgVerfG LKV 1999, 450 (462: Verstoß eines einfachen Landesgesetzes gegen Art. 13 GG) sowie *F. Wermeckes*, Der erweiterte Grundrechtsschutz in den Landesverfassungen, 2000, S. 56 ff., der wenigstens die Landesverfassungen von der Bindung an die Bundesgrundrechte freistellen will.

[83] Näher *G. Barbey*, DÖV 1960, 566 ff.; *März*, Bundesrecht (Fn. 1), S. 116 f., 169 f.; *Boehl*, Verfassunggebung (Fn. 38), S. 190 ff. – Im Grundsatz herrscht darüber heute weitgehend Einigkeit: vgl. *E.-W. Böckenförde/R. Grawert*, DÖV 1971, 119 (122); *Gubelt* (Fn. 65), Art. 31 Rn. 2, 17 f.; *Jarass/Pieroth*, GG, Art. 31 Rn. 3; *J. Ipsen*, Staatsrecht I, Rn. 723 ff.; *R. Uerpmann*, Der Staat 35 (1996), 428 (429); *C. Brüning*, NVwZ 2002, 33 (34); *S. Haack*, Widersprüchliche Regelungskonzeptionen im Bundesstaat, 2002, S. 81 f.; *H. Maurer*, HGR III, § 82 Rn. 52. Genauer → Rn. 28.

[84] *E.-W. Böckenförde/R. Grawert*, DÖV 1971, 119 (122); *R. Uerpmann*, Der Staat 35 (1996), 428 (434); *Boehl*, Verfassunggebung (Fn. 38), S. 191; *J. Pietzcker*, HStR³ VI, § 134 Rn. 47 f.; *F.-J. Peine*, LKV 2012, 385 (388); *Krapp*, Abweichungskompetenzen (Fn. 71), S. 266, 315.

[85] Spätestens seit BVerfGE 36, 342 (364) ganz überwiegende Auffassung: Dort wurde betont, »daß nicht der Widerspruch mit einer Norm höheren Ranges in Gestalt einer bundesrechtlichen Regelung, sondern die Unvereinbarkeit mit der Kompetenzregel des Grundgesetzes, die Inkompetenz des Landesgesetzgebers zur Nichtigkeit seines Gesetzes führt.« Im Ergebnis gleich, aber mit Nennung des Art. 31 GG: BVerfGE 29, 11 (17); 31, 141 (145). Aus der Literatur: *P. Krause*, JuS 1975, 160 (162);

II. Art. 31 GG im Regelungsgefüge des Grundgesetzes Art. 31

(→ Rn. 28). Umgekehrt vermag **kompetenzwidriges Bundesrecht** entgegenstehendes Landesrecht nicht zu brechen; hier folgt aus dem Verstoß gegen Art. 30, 70 GG die Nichtigkeit des Bundesgesetzes, ohne daß Raum für eine Kollision und damit für die Anwendung von Art. 31 GG bliebe[86], der nur in sonstigen Problemfällen wie den »Doppelkompetenzen« von Belang sein kann (→ Rn. 29, 58).

Landesrecht auf dem Gebiet der **ausschließlichen Gesetzgebung** des Bundes (Art. 71, 73 GG)[87] ist nichtig, ohne daß es eines inhaltlichen Widerspruches überhaupt bedürfte[88]; werden die Ermächtigungsvorgaben des zweiten Halbsatzes (»wenn und soweit«) überschritten, so folgt die Nichtigkeit ebenfalls allein aus diesem Verstoß[89]. Gleiches gilt für den Fall vorkonstitutionellen Rechts gem. Art. 124 GG, der eine Landeskompetenz ausschließt und über gleichwohl ergehendes Landesrecht selbst das Nichtigkeitsverdikt ausspricht[90]. Im Bereich der ausschließlichen Bundesgesetzgebungszuständigkeit gelangt Art. 31 GG also nicht zur Anwendung. 24

Auf die Heranziehung von Art. 31 GG ist im Ergebnis auch bei der **konkurrierenden Gesetzgebung** zu verzichten. Hat der Bund von seiner Kompetenz Gebrauch gemacht, so entfaltet sich die Sperrwirkung des **Art. 72 I GG** dahingehend, daß bestehendes – auch inhaltsgleiches – Landesrecht unwirksam wird und neues nicht erlassen werden kann[91]. Eines Rückgriffs auf Art. 31 GG bedarf es nach zutreffender und überwiegender Auffassung nicht[92] – auch nicht für den Fall, daß zum Zeitpunkt des Gebrauchmachens von der Bundeskompetenz bereits Landesrecht existiert[93]. Die Sperrwirkung erstreckt sich ferner auf vorkonstitutionelles Recht aus dem Bereich der konkurrierenden Gesetzgebung, das nach **Art. 125 GG** fortgilt. Die 1994 (als damaliger dritter Absatz des Art. 72 GG) eingefügte Freigabebefugnis des heutigen **Art. 72 IV GG** für 25

Bothe (Fn. 73), Art. 31 Rn. 10; *Sannwald* (Fn. 41), Art. 31 Rn. 29; ausführlich *März*, Bundesrecht (Fn. 1), S. 119 ff.; s. auch die Angaben in der nächsten Fn. – Zum hier angesprochenen Nichtigkeitsdogma statt aller *Schlaich/Korioth*, Bundesverfassungsgericht, Rn. 134, 379 ff. m. w. N.

[86] *J. Ipsen*, Staatsrecht I, Rn. 724 f.; *Wiederin*, Bundesrecht (Fn. 21), S. 313 f.; *M. Führ*, KritJ 31 (1998), 503 (512); *C. Brüning*, NVwZ 2002, 33 (34); *J. Pietzcker*, HStR³ VI, § 134 Rn. 47, 49. – Den Grenzfall, daß aufgrund der prozessual eingeschränkten Überprüfungsbefugnis des Bundesverfassungsgerichts auch potentiell verfassungswidriges Bundesrecht entgegenstehendes Landesrecht qua Sperrwirkung vernichten kann, illustriert BVerfGE 98, 265 (318 ff., Rn. 215 ff.); dazu kritisch *K. F. Gärditz*, DÖV 1998, 539 (541 ff.).

[87] Hierzu zählen neben den in Art. 73 GG aufgeführten Fällen zahlreiche weitere grundgesetzliche Regelungen: → Art. 71 Rn. 6.

[88] Ganz überwiegende Auffassung: *Bothe* (Fn. 73), Art. 31 Rn. 11; *Jarass/Pieroth*, GG, Art. 31 Rn. 3; *März*, Bundesrecht (Fn. 1), S. 141 ff. m. w. N. → Art. 71 Rn. 9.

[89] *März*, Bundesrecht (Fn. 1), S. 143 f.; *Schilling*, Rang (Fn. 46), S. 430; *Wiederin*, Bundesrecht (Fn. 21), S. 312 f.; a. A. *Bothe* (Fn. 73), Art. 31 Rn. 14.

[90] *März*, Bundesrecht (Fn. 1), S. 143 f.; *M. Kirn*, in: v. Münch/Kunig, GG II, Art. 124 Rn. 3; ohne Begründung lassen Art. 31 eingreifen: *T. Giegerich*, in: Mauzn/Dürig, GG, Art. 124 (2012), Rn. 15; *Jarass*/Pieroth, GG, Art. 124 Rn. 4; *C. Schulze*, in: Sachs, GG, Art. 124 Rn. 5.

[91] BVerfGE 36, 342 (363 f.); 67, 299 (328); 77, 288 (308); 85, 134 (142); 98, 83 (98, Rn. 141); 113, 348 (372, Rn. 104); *März* (Fn. 1), Art. 31 Rn. 57. → Art. 72 Rn. 30 f.

[92] Eingehend *März*, Bundesrecht (Fn. 1), S. 144 ff. m. w. N.; so auch *P. Kunig*, in: v. Münch/ders., GG II, Art. 72 Rn. 8; *M. Bothe*, in: AK-GG, Art. 72 (2002), Rn. 2; Jarass/*Pieroth*, GG, Art. 72 Rn. 11; *J. Pietzcker*, HStR³ VI, § 134 Rn. 47 ff.; *C. Degenhart*, in: Sachs, GG, Art. 72 Rn. 38. So wohl im Kern auch BVerfGE 31, 141 (145); 29, 11 (17) – trotz argumentativ überflüssiger Nennung von Art. 31 GG in der letztgenannten Entscheidung. → Art. 72 Rn. 31.

[93] So aber *E.-W. Böckenförde/R. Grawert*, DÖV 1971, 119 (123); *J. Ipsen*, Staatsrecht I, Rn. 726; *R. Uerpmann*, Der Staat 35 (1996), 428 (436); *C. Bickel*, NVwZ 2000, 1133 (1134); *Clemens* (Fn. 64), Art. 31 Rn. 15 ff., 22; *B. G. Schubert*, Jura 2003, 607 (609); unentschieden *Bothe* (Fn. 73), Art. 31 Rn. 12. – Wie hier jetzt *Kunig* (Fn. 92), Art. 72 Rn. 8; *Degenhart*, Staatsrecht I, Rn. 198.

Gesetze, für die keine Erforderlichkeit i. S. d. insofern geänderten Art. 72 II GG mehr besteht (→ Art. 72 Rn. 17 ff.), stellt ihrerseits eine ausschließliche Bundeskompetenz (→ Rn. 23) dar: sie zieht ohne weiteres die Nichtigkeit von landesrechtlichen Regelungen nach sich, die ohne die bundesgesetzliche Freigabe erfolgen. Für mangels Freigabe unverändert weitergeltendes Bundesrecht tritt eine »versteinernd« wirkende Sperrwirkung besonderer Art ein, die wiederum für eine Anwendung des Art. 31 GG keinen Raum läßt. Gleiches gilt für **Art. 125a II 2 GG**[94]. Macht der Bundesgesetzgeber hingegen von der Freigabemöglichkeit Gebrauch, so besteht das Bundesrecht zunächst weiter, doch kommt es auch jetzt nicht zur Kollision und damit zur Anwendung von Art. 31 GG: denn bis zur Freigabe konnte kein den gleichen Gegenstand betreffendes Landesgesetz ergehen, während ein danach erlassenes ohne weiteres das fortbestehende Bundesrecht kraft nun einsetzender Landeskompetenz vernichtet. Aus diesen Gründen kollidiert auch fortgeltendes Bundesrecht gem. **Art. 125a I, 1. Alt. GG** nicht mit möglichem Landesrecht gem. Art. 125a I 2 GG[95]. In den genannten Fällen gilt der Satz: **Landesrecht bricht Bundesrecht.** Daß hier **partielles Bundesrecht** (→ Art. 72 Rn. 49) entstehen kann, liegt in der Konsequenz der vom verfassungsändernden Gesetzgeber gewählten Konstruktion. Für Art. 125a I, 2. Alt., 125a II 3 GG gilt das zur konkurrierenden Gesetzgebung Gesagte (→ Rn. 25) entsprechend.

3. Insbesondere: Abweichungsgesetzgebung (Art. 72 III GG)

26 Auch für den durch das 52. ÄndG mit Wirkung zum 1. September 2006 abgeschafften Bereich der **Rahmengesetzgebung gem. Art. 75 GG a. F.** folgte die Nichtigkeit von Landesrecht, das den bundesrechtlich abgesteckten Rahmen überschritt oder von unmittelbar geltenden Rahmenvorschriften abwich, bereits aus einem Verstoß gegen den damaligen Art. 75 III GG, ohne daß Art. 31 GG bemüht werden mußte[96]. Im Rahmen dieser Föderalismusreform[97] wurde zur Stärkung der Landesgesetzgebung die sog. **Abweichungsgesetzgebung** der Länder **gem. Art. 72 III GG**[98] eingeführt (→ Art. 72 Rn. 32 ff.); sie hat auch Eingang in Art. 84 I GG gefunden und wird in der Übergangsregelung[99] des Art. 125b I 3 GG konkretisiert. Bei Wahrnehmung der enumerativ beschränkten Abweichungsmöglichkeit durch die Länder gehen deren Gesetze wegen der expliziten grundgesetzlichen Regelung in diesen Fällen Bundesrecht vor. Freilich wird Bundesrecht nicht gebrochen, sondern im Sinne eines bloßen Anwendungsvorrangs »überlagert«, so daß bei späterem Wegfall des betreffenden Landesrechts die bundesrechtliche Regelung automatisch wieder auflebt[100]. Art. 72 III 3 GG stellt eine »temporale Kollisionsnorm«[101] dar und bildet insofern eine grundgesetzlich geregelte

---

[94] BVerfGE 111, 10 (28 ff., Rn. 100 ff.).
[95] S. zum Vorangegangenen auch *Heckmann*, Geltungskraft (Fn. 39), S. 300 ff.; *Bernhardt/Sacksofsky* (Fn. 31), Art. 31 Rn. 46 f.; *J. Pietzcker*, HStR³ VI, § 134 Rn. 41 f.
[96] Zur früheren Rechtslage → Bd. II², Art. 31 Rn. 26 m. w. N.
[97] Vgl. *M. Hahn-Lorber*, Parallele Gesetzgebungskompetenzen, 2012, S. 25 ff., 44 ff.; *H.-W. Rengeling*, HStR³ VI, Rn. 53 ff. → Vorb. zu Art. 70–74 Rn. 15; → Art. 20 (Bundesstaat), Rn. 9 ff., 12, 34.
[98] Zu diesem neuen Gesetzgebungstyp statt vieler *J. Pietzcker*, HStR³ VI, § 134 Rn. 43 f.; *H.-W. Rengeling*, HStR³ VI, § 135 Rn. 178; *J. Ipsen*, NJW 2006, 2801 (2803 ff.); *C. Degenhart*, DÖV 2010, 422 ff. → Art. 72 (Suppl. 2007), Rn. 12, 46 ff.; → Vorb. zu Art. 70–74 Rn. 41; → Art. 72 Rn. 32 ff.
[99] *Hahn-Lorber*, Gesetzgebungskompetenzen (Fn. 97), S. 55 f. Ausführlich zu den Übergangsregelungen Art. 125a–c noch *H.-W. Rengeling*, HStR³ VI, § 135 Rn. 345 ff.
[100] Zur Rechtsfolge eingehend *Krapp*, Abweichungskompetenzen (Fn. 71), S. 300 ff., 313 f., 318.
[101] *Krapp*, Abweichungskompetenzen (Fn. 71), S. 287.

Ausnahme zu Art. 31 GG, zu dem er **in einem Spezialitätsverhältnis** steht[102]. Auch eine »Ping-Pong«-Gesetzgebung (→ Art. 72 Rn. 32), bei der Bundes- und Landesgesetzgeber vor dem Hintergrund des lex posterior-Grundsatzes[103] (Art. 72 III 3 GG) jeweils vom Produkt des anderen jüngst tätig gewordenen Gesetzgebers abweichen, ist denkbar[104], wenngleich bislang nicht aufgetreten (→ Art. 72 Rn. 56). Art. 31 GG entfaltet demnach im Anwendungsbereich dieses speziellen Regelungskonzepts keine Wirkung, vielmehr wird der Vorrang des Bundesrechts durchbrochen[105] und – ungewöhnlicherweise[106] – die Kollisionsregel der lex posterior auf die Gesetzgebung rangverschiedener Normgeber angewendet. Für Art. 125a I, 2. Alt., 125a II 3 GG gilt das zur konkurrierenden Gesetzgebung Gesagte (→ Rn. 25) entsprechend.

Im Bereich der in Art. 109 IV GG (früher auch in Art. 91a II GG) geregelten **Grundsatzgesetzgebung** (→ Art. 91a Rn. 19 ff.; → Art. 109 Rn. 30 ff.) verbleibt für Art. 31 GG ebenfalls kein Raum, da grundsatzgesetzwidriges Landesrecht (ebenso wie derartiges Bundesrecht) unmittelbar gegen die genannten Normen verstößt[107]. 27

Schließlich fungiert **Art. 31 GG** auch **nicht** als **Sanktionsnorm**, durch die erst die Nichtigkeit kompetenzwidrigen Landesrechts bewirkt wird[108]. Denn verfassungswidrige und damit auch kompetenzwidrige Bundes- wie Landesgesetze sind eo ipso nichtig; einer Sonderregelung für das Bund-Länder-Verhältnis bedarf es nicht (→ Rn. 19, 23)[109]. Anders ließe sich im übrigen auch die Nichtigkeit von kompetenzwidrigem Bundesrecht kaum befriedigend erklären. 28

4. Sonderregelungen für Landesverfassungsrecht (Art. 28 I, 142 GG)

Für das Landesverfassungsrecht gilt die Abgrenzung der Art. 70 ff. GG prinzipiell nicht. Denn die **Gesetzgebungszuständigkeiten erfassen** nur das einfache Gesetzesrecht des Landes, **nicht auch Landesverfassunggebung** oder -änderung. Etwaige Widersprüche zum Bundesrecht sind nicht als Kompetenz-, sondern als Kollisionsproblem einzustufen und demgemäß aufzulösen. Das entspricht nach wie vor überwie- 29

---

[102] Siehe *L. Beck*, Die Abweichungsgesetzgebung der Länder aus staatsrechtlicher, rechtsvergleichender und dogmatischer Sicht, 2009, S. 73 ff., der die Begrifflichkeit »Kollisionsvermeidungsnorm« von *März*, Bundesrecht (Fn. 1), S. 109 aufgreift und von der Funktion einer »Kollisionsbereinigungsnorm« abgrenzt. Für Spezialität auch *Krapp*, Abweichungskompetenzen (Fn. 71), S. 324 ff.
[103] Statt vieler *Korioth* (Fn. 20), Art. 31 Rn. 26; *J. Pietzcker*, HStR³ VI, § 134 Rn. 43; *Jarass/Pieroth*, GG, Art. 72 Rn. 32.
[104] *J. Pietzcker*, HStR³ VI, § 134 Rn. 43; *H.-W. Rengeling*, HStR³ VI, § 135 Rn. 184; *Hahn-Lorber*, Gesetzgebungskompetenzen (Fn. 97), S. 159 f. → Art. 72 (Suppl. 2007), Rn. 49.
[105] *J. Isensee*, HStR³ VI, § 133 Rn. 30; *J. Pietzcker*, HStR³ VI, § 134 Rn. 43; *H.-W. Rengeling*, HStR³ VI, § 135 Rn. 60 ff., 184; *Korioth* (Fn. 20), Art. 31 Rn. 26.
[106] Zur Neuartigkeit und Besonderheit des Art. 72 III GG *Krapp*, Abweichungskompetenzen (Fn. 71), S. 287 ff., 291 ff.
[107] Überzeugend *Wiederin*, Bundesrecht (Fn. 21), S. 328 ff., 333 f. (mit Darstellung und Analyse der Gegenpositionen) sowie *März* (Fn. 1), Art. 31 Rn. 75 ff.; s. auch *W. Heun*, Staatshaushalt und Staatsleitung, 1989, S. 165 ff.
[108] So aber namentlich (in Auseinandersetzung mit der strikt entgegengesetzten Position von v. Mangoldt/Klein) *Maunz* (Fn. 66), Art. 31 Rn. 20 ff. (ihm prinzipiell zustimmend noch *R. Bernhardt*, in: BK, Art. 31 [Zweitb. 1964], Rn. 5); zu dieser Kontroverse ausführlich *G. Barbey*, DÖV 1960, 566 ff.; knapp zusammenfassend *Boehl*, Verfassunggebung (Fn. 38), S. 192 ff.; für den Fall rückwirkender Aufhebung ebenso *E.-W. Böckenförde/R. Grawert*, DÖV 1971, 119 (123). Zu dieser heute kaum noch (Ausnahme: *Clemens* [Fn. 64], Art. 31 Rn. 17 ff.) vertretenen Position und ihrer Widerlegung im einzelnen: → Bd. II², Art. 31 Rn. 28 mit Fn. 96 f.
[109] Heute ganz h. M.: vgl. nur *J. Pietzcker*, HStR³ VI, § 134 Rn. 49; *Krapp*, Abweichungskompetenzen (Fn. 71), S. 264, beide m. w. N.

gender[110], wenngleich nicht unbestrittener Auffassung[111]. Sie findet ihre Rechtfertigung in der besonderen Dignität des Landesverfassungsrechts als Ausdruck der verfassunggebenden Gewalt des Landesvolkes, also der Verfassungshoheit bzw. Verfassungsautonomie der Länder (→ Art. 28 Rn. 42 ff.). Regelungen der Staatsorganisation, Grundrechtsverbürgungen und programmatische Staatsziele gehören zum überlieferten und auch den Ländern zur Verfügung stehenden Verfassungsrepertoire. Während bei der **Staatsorganisation** eine klare Trennung von Bundes- und Landesorganen möglich sein und von daher zumeist schon keine Kollision (→ Rn. 30, 38, 55) vorliegen wird, leuchtet für die **Grundrechte** und für die ebenfalls einen gewissen Abstraktionsgrad aufweisenden **Staatsziele** ein, daß sie quer zu den einzelnen Kompetenztiteln liegen und sich nicht trennscharf bestimmten Sachmaterien zuordnen lassen; als den Ländern zur Verfügung stehender Regelungstypus sind Grundrechte in Art. 142 GG zudem ausdrücklich anerkannt. Demzufolge können und dürfen in der Landesverfassung Regelungen enthalten sein, die in Gestalt einfachgesetzlichen Landesrechts unmittelbar wegen Verstoßes gegen Art. 70 ff. GG (→ Rn. 23 ff.) nichtig wären[112]. Konkret bedeutet dies: die (formelle) Landesverfassung ist hinsichtlich der zu behandelnden Sachmaterien nicht von vornherein durch die Kompetenzabgrenzung der Art. 70 ff. GG exkludiert, sondern darf grundsätzlich auch für den Bereich der Bundeszuständigkeiten Aussagen treffen oder bundesrechtliche Regelungen inhaltsgleich wiederholen. Andererseits bietet aber das privilegierte Recht der Landesverfassunggebung keine Handhabe, die grundgesetzliche Verteilung der Zuständigkeiten durch Aufnahme kompetenzwidrigen einfachen Rechts in die Verfassungsurkunde zu unterlaufen: eine unmittelbare, konkrete, Pflichten und Rechte begründende und in Widerspruch zum Bundesrecht stehende Regelung ist und bleibt den Ländern verwehrt. Im Ergebnis gilt daher Gleiches wie bei kompetenzwidrigem einfachen Gesetzesrecht, doch ändert sich der Lösungsweg: an die Stelle der bei einfachem Recht probaten Kompetenzlösung (→ Rn. 19, 23 ff.) tritt im Falle des Landesverfassungsrechts die **Kollisionslösung**.

30 Gleichwohl greift bei unterschiedlichen Regelungen auch hier nicht sogleich Art. 31 GG ein. Vielmehr ist zu differenzieren. Als für die **Staatsorganisation** einschlägig und

---

[110] Wie hier *v. Olshausen*, Landesverfassungsbeschwerde (Fn. 29), S. 157; *S. Jutzi*, Landesverfassungsrecht und Bundesrecht, 1982, S. 21; *Dietlein*, Grundrechte (Fn. 39), S. 44 f., 48; *U. Sacksofsky*, NVwZ 1993, 235 (239); *Schilling*, Rang (Fn. 46), S. 255, 429; *M. Jachmann*, BayVBl. 1997, 321 (323 ff.); *Boehl*, Verfassunggebung (Fn. 38), S. 193 ff., 196 ff.; *Heckmann*, Geltungskraft (Fn. 39), S. 319; *Bernhardt/Sacksofsky* (Fn. 31), Art. 31 Rn. 17 ff.; *C. Degenhart*, in: Sachs, GG, Art. 70 Rn. 22; *F. Wittreck*, DÖV 1999, 634 (639); *J. Menzel*, Landesverfassungsrecht, 2002, S. 160 ff., 167 ff.; *D. Hahn*, Staatszielbestimmungen im integrierten Bundesstaat, 2010, S. 220 ff.; *J. Pietzcker*, HStR³ VI, § 134 Rn. 57; *H. Maurer*, HGR III, § 82 Rn. 47, 65. – Implizit auch BVerfGE 36, 342 (365 f.).

[111] Für eine ausnahmslose Anwendung der Kompetenznormen: *Wiederin*, Bundesrecht (Fn. 21), S. 344 ff.; *Huber* (Fn. 35), Art. 31 Rn. 16; *A. Uhle*, in: Maunz/Dürig, GG, Art. 70 (2008), Rn. 39; *R. Uerpmann*, Der Staat 35 (1996), 428 (431 ff.); *B. Lemhöfer*, NJW 1996, 1714 (1716 ff.), bei dem die Einschränkung für Grundrechte und Grundsatznormen etwas unklar bleibt; *März*, Bundesrecht (Fn. 1), S. 181 ff. nimmt scheinbar eine umfassende Bindung an die Kompetenznormen an, hält sie im folgenden aber nur für Programmsätze aufrecht; differenzierend *Krings* (Fn. 40), Art. 31 Rn. 16 ff.

[112] Beispiel: Träfe ein Bundesland in seiner Verfassung vom Bundesrecht abweichende, konkrete und verbindliche Regelungen über den Schutz der Zivilbevölkerung, so läge darin nach hier vertretener Auffassung kein unmittelbar zur Nichtigkeit führender Verstoß gegen Art. 73 Nr. 4 GG (so nur, wenn das Land diese Regelung in einem einfachen Landesgesetz vorsehen würde); die Bestimmung würde, weil gegen Bundesrecht verstoßend, durch Art. 31 GG gebrochen. – Wie hier *J. Pietzcker*, HStR³ VI, § 134 Rn. 57; *Boehl*, Verfassunggebung (Fn. 38), S. 208; *Bernhardt/Sacksofsky* (Fn. 31), Art. 31 Rn. 20; a. A. *März*, Bundesrecht (Fn. 1), S. 183 f.: direkter Verstoß gegen Bundeskompetenzen auch bei Landesverfassungsrecht.

systematisch vorrangig erweist sich das grundgesetzliche Homogenitätsgebot, welches den Ländern einen gewissen Ausgestaltungsspielraum läßt (→ Art. 28 Rn. 49 ff., 53 ff.). Wird dieser nicht überschritten, gibt es keinen Konflikt; wird er es, folgt die Nichtigkeit unmittelbar aus Art. 28 I GG, ohne daß es eines Rückgriffs auf Art. 31 GG bedürfte[113]. Bei den **Grundrechten** greift diese Norm erst unter den besonderen und ebenfalls vorrangig zu prüfenden Voraussetzungen des Art. 142 GG (→ Rn. 50 ff.; → Art. 1 III Rn. 37). Des weiteren kommt Art. 31 GG (und nicht die Kompetenzordnung)[114] zum Tragen, wenn in der Landesverfassung außerhalb des Anwendungsbereiches von Art. 28 I, 142 GG liegende **Regelungen mit oder ohne Staatszielcharakter** getroffen werden, die aufgrund ihres Konkretisierungsgrades sonstigem Bundesrecht jeder Stufe zuwiderlaufen[115] (→ Rn. 56 f.).

III. Art. 31 GG als Kollisionsnorm

Im verbleibenden **Anwendungsbereich** von Art. 31 GG als Kollisionsnorm (→ Rn. 19) bedarf der Klärung, was unter Bundes- und Landesrecht zu verstehen ist (→ Rn. 32 ff.), unter welchen Bedingungen ein Widerspruch zwischen beiden vorliegt (→ Rn. 36 ff.) und wie die mit »brechen« benannte Kollisionsfolge zu umschreiben ist (→ Rn. 42 f.).

31

1. Kollisionsfall (Widerspruch von Bundes- und Landesrecht)

a) Bundesrecht

Art. 31 GG spricht schlicht von »Bundesrecht«[116]. Damit sind alle **von Organen des Bundes gesetzten Rechtsnormen jeglicher Rangstufe** umfaßt: also namentlich das Grundgesetz selbst sowie einfache förmliche Gesetze und Rechtsverordnungen. Hinzu kommen die EMRK (→ Rn. 12) und die allgemeinen Regeln des Völkerrechts (→ Art. 25 Rn. 28 ff.; → Rn. 11). Bundesrecht jeder Stufe hat Vorrang vor Landesrecht jeder Stufe: eine Rechtsverordnung des Bundes kann also Landesverfassungsrecht brechen[117]. Nicht außenwirksame Normkomplexe wie Geschäftsordnungen von Bundesorganen (z. B. Bundestag, Bundesregierung) werden ebenso wie Satzungen bun-

32

---

[113] Wie hier *März* (Fn. 1), Art. 31 Rn. 92 f.; *A. Dittmann*, HStR³ VI, § 127 Rn. 13, 37; *J. Pietzcker*, HStR³ VI, § 134 Rn. 59. → Art. 28 Rn. 73. A. A. *Menzel*, Landesverfassungsrecht (Fn. 110), S. 183 f.

[114] → Art. 70 Rn. 44; s. auch *Degenhart* (Fn. 110), Art. 70 Rn. 22.

[115] Beispiele: (1) Die Landesverfassung kann trotz Art. 74 I Nr. 20 GG Aussagen zum Tierschutz treffen (so z. B. Art. 32 ThürVerf., Art. 39 III 1 BrandenbVerf.). Doch darf sie den Regelungen des Bundes-Tierschutzgesetzes inhaltlich nicht widersprechen; andernfalls greift Art. 31 GG. (2) Die gleiche Folge tritt ein, wenn über Art. 20a GG hinausgehende Naturschutzklauseln der Landesverfassungen (→ Art. 20a Rn. 20 f.) den Regelungen des einfachen Bundesumweltrechts widersprechen; vgl. *H. Hofmann*, StWStP 6 (1995), 155 (163). (3) Richterrechtliche Regelungen über Amtsenthebung, Versetzung etc. in Art. 128 HessVerf. oder Art. 110 I 2 BrandenbVerf. sind wegen Art. 31 GG nichtig, sofern sie gegen das DRiG verstoßen. (4) Gleiches gilt, wenn eine Landesverfassung zum Urheberrecht etwas den einschlägigen, auf Art. 73 I Nr. 9 GG gestützten bundesgesetzlichen Vorschriften Entgegenstehendes regeln würde.

[116] Zum Begriff näher *Bernhardt/Sacksofsky* (Fn. 31), Art. 31 Rn. 31 ff.; vgl. noch *Wolff/Bachof/Stober/Kluth*, Verwaltungsrecht I, §§ 25 f.; *Stern*, Staatsrecht I, S. 723 ff.; *H. Schneider*, Gesetzgebung, 3. Aufl. 2002, Rn. 652; *Huber* (Fn. 35), Art. 31 Rn. 10 ff.

[117] Vgl. *R. Bernhardt/U. Sacksofsky*, in: BK, Art. 31 [Drittb. 1998], Rn. 27; *Maunz* (Fn. 66), Art. 31 Rn. 8; *Gubelt* (Fn. 65), Art. 31 Rn. 22; *Bothe* (Fn. 73), Art. 31 Rn. 3; *Huber* (Fn. 35), Art. 31 Rn. 14; *B. G. Schubert*, Jura 2003, 607 (609); *J. Pietzcker*, HStR³ VI, § 134 Rn. 46. Allgemein *v. Münch/Mager*, Staatsrecht I, Rn. 699: »Jedes kompetenzmäßig gesetzte Bundesrecht bricht jedes entgegenstehende Landesrecht«.

Art. 31   C. Erläuterungen

desunmittelbarer Körperschaften des öffentlichen Rechts (etwa nach Art. 87 II, III GG) allerdings kaum mit Landesrecht kollidieren können[118]. **Vorkonstitutionelles Recht** wird nach den Regeln der Art. 124, 125 GG zu Bundesrecht; als solches kann **DDR-Recht** nach Art. 9 II–IV EV fortgelten (→ Art. 124 Rn. 6 ff.; → Art. 125 Rn. 4 ff.).

33   **Nicht umfaßt** sind Verwaltungsvorschriften[119], Einzelfallentscheidungen (der Exekutive wie der Judikative)[120] und Tarifverträge[121]. Verwaltungsvorschriften des Bundes gem. Art. 84 II, 85 II GG gehen solchen der Länder aufgrund dieser Normen, nicht wegen Art. 31 GG vor[122]. Unter Bundesrecht fallen auch nicht Verträge zwischen Bund und Ländern, geschweige denn solche zwischen den Ländern[123].

34   Probleme bereitet die Zuordnung des **Gewohnheitsrechts**[124]. Bildet es sich im Bereich der Gesetzgebung des Bundes[125], ist entgegenstehendes Landesrecht mangels Kompetenz nichtig. Im anderen Falle (Ausbreitung im Bereich von Länderkompetenzen) kann der Landesgesetzgeber tätig werden und das Gewohnheitsrecht durch positives Recht ersetzen oder abschaffen, selbst wenn es bundesweit bestehen sollte[126]. Beim **Richterrecht**, durch das Gewohnheitsrecht zumeist erst definitiv festgestellt wird, das aber sein eigentliches Anwendungsfeld jenseits dessen findet (→ Art. 20 [Demokratie], Rn. 141 f.; → Art. 20 [Rechtsstaat], Rn. 93, 175), gelten die gleichen Maßstäbe[127]. Einen **Sonderfall** stellt die »Gesetzes«kraft von Entscheidungen des Bundesverfassungsgerichts gem. § 31 II BVerfGG dar[128].

---

[118] Denn hier fehlt es zumeist an einer echten Kollision (→ Rn. 36 ff.). Für Satzungen ebenso *Gubelt* (Fn. 65), Art. 31 Rn. 7. → Art. 40 Rn. 17 f.

[119] *Bernhardt/Sacksofsky* (Fn. 31), Art. 31 Rn. 34; *Jarass/Pieroth*, GG, Art. 31 Rn. 2; für normkonkretisierende Verwaltungsvorschriften im Sinne der Judikatur (BVerwGE 72, 300) wird man wegen ihrer Außenwirkung aber annehmen müssen, daß sie widersprechendem Landesrecht vorgehen; so *Huber* (Fn. 35), Art. 31 Rn. 10 m. Fn. 24; *J. Pietzcker*, HStR³ VI, § 134 Rn. 45; weitergehend *März* (Fn. 1), Art. 31 Rn. 32.

[120] Deutlich *Clemens* (Fn. 64), Art. 31 Rn. 31 ff.; *J. Pietzcker*, HStR³ VI, § 134 Rn. 44; *Jarass/Pieroth*, GG, Art. 31 Rn. 2; *Huber* (Fn. 35), Art. 31 Rn. 10. Zur Nichtanwendung auf die Judikative: → Rn. 53 f.

[121] Ganz h. M.: siehe nur *Gubelt* (Fn. 65), Art. 31 Rn. 9; *März* (Fn. 1), Art. 31 Rn. 27 ff.; *Korioth* (Fn. 20), Art. 31 Rn. 18; *Krings* (Fn. 40), Art. 31 Rn. 10.

[122] Die Frage wird selten thematisiert: In der Sache wie hier BVerwGE 70, 127 (131), wo auf eine inhaltliche Begrenzung der Ermächtigung der Länder abgestellt wird. Allgemein für Vorrang *Jarass/Pieroth*, GG, Art. 84 Rn. 14; hingegen stellen *Bothe* (Fn. 73), Art. 31 Rn. 18 f. sowie *A. Dittmann*, in: Sachs, GG, Art. 84 Rn. 32 explizit auf Art. 31 GG ab. Siehe noch *F. Kirchhof*, in: Maunz/Dürig, GG, Art. 84 (2011), Rn. 186 f.; *ders.*, ebd., Art. 85 (2011), Rn. 50.

[123] Hierzu *Bothe* (Fn. 73), Art. 31 Rn. 26 ff.

[124] Siehe *Wolff/Bachof/Stober/Kluth*, Verwaltungsrecht I, § 25 Rn. 15 ff.; *M. Reinhardt*, Konsistente Jurisdiktion, 1997, S. 142 ff.

[125] *Gubelt* (Fn. 65), Art. 31 Rn. 6 will auf den räumlichen Geltungsbereich abstellen (dagegen zurecht kritisch *Bothe* [Fn. 73], Art. 31 Rn. 6); *Bernhardt/Sacksofsky* (Fn. 117), Art. 31 Rn. 38. Wie hier halten für entscheidend den Kompetenzbereich: *Jarass/Pieroth*, GG, Art. 70 Rn. 4; *Huber* (Fn. 35), Art. 31 Rn. 15; *Clemens* (Fn. 64), Art. 31 Rn. 25; *J. Pietzcker*, HStR³ VI, § 134 Rn. 44. Kombination beider Kriterien bei *Stern*, Staatsrecht I, S. 723.

[126] So ausdrücklich *März* (Fn. 1), Art. 31 Rn. 34.

[127] Konkret: die Kreation des allgemeinen Persönlichkeitsrechtes als »sonstiges Recht« i. S. d. § 823 I BGB fällt unter Bundesrecht. Gewohnheitsrecht aus dem Bereich der Landeshoheit wiederum stellt der Grundsatz der Verwirkung im Bauordnungsrecht dar; dazu *Wolff/Bachof/Stober/Kluth*, Verwaltungsrecht I, § 25 Rn. 19 m.w. Bsp.

[128] Für grundsätzlichen Rang als Bundesrecht *Pestalozza*, Verfassungsprozeßrecht, § 20 Rn. 105. Letztlich führt das Wort von der »Gesetzes«kraft aber in die Irre, da das Gericht mit seiner Entscheidung weder zum Bundes- noch zum Landesgesetzgeber wird: richtig *Schlaich/Korioth*, Bundesverfassungsgericht, Rn. 496 f.; siehe auch *März* (Fn. 1), Art. 31 Rn. 37. Treffend *H. Bethge*, in: Maunz/

b) Landesrecht

Das vom Bundesrecht gebrochene »Landesrecht« umfaßt **alle von Landesorganen erzeugten Rechtsnormen**: also die Landesverfassungen, einfache Landesgesetze, Rechtsverordnungen (auch solche, die aufgrund bundesgesetzlicher Ermächtigung [→ Art. 80 Rn. 54] erlassen werden)[129], Satzungen der zahlreichen Selbstverwaltungsträger (Körperschaften und zum Teil auch Anstalten des öffentlichen Rechts), namentlich der Gemeinden und Landkreise, die man auch insoweit den Ländern zurechnet (→ Art. 28 Rn. 86). Für Innenrecht (Geschäftsordnungen etc.) gilt das zum Bundesrecht Gesagte (→ Rn. 32).

35

c) Normwiderspruch (insb. inhaltsgleiches Landesrecht)

Nicht jedes Bundesrecht bricht Landesrecht. Es muß vielmehr eine Kollision von Rechtsnormen vorliegen, die kompetenzgemäß erlassen wurden und auch nicht aus anderen Gründen (etwa: Verstoß gegen Art. 1 III oder 28 I GG; Verstoß von Landesrecht gegen Landesverfassungsrecht oder von Rechtsverordnungen gegen die gesetzliche Ermächtigung) ungültig sind (→ Rn. 19, 23 ff., 29 f.)[130]. Eine solche **Kollision**(slage) hat das Bundesverfassungsgericht wie folgt bestimmt: »die Kollisionsnorm hinweggedacht, müssen beide Normen auf *einen* Sachverhalt anwendbar sein und bei ihrer Anwendung zu verschiedenen Ergebnissen führen können«[131]. Hieran orientiert sich auch die Literatur[132], die zum Teil unter Anknüpfung an das diesbezügliche Sondervotum von Willi Geiger zusätzliche Anforderungen stellt (→ Rn. 38 f.).

36

Vor Bejahung eines Kollisionsfalles ist allerdings zunächst zu prüfen, ob sich durch kunstgerechte **Anwendung der tradierten Auslegungsregeln (canones)** eine Möglichkeit zur Harmonisierung der beiden miteinander konfrontierten Rechtsnormen (etwa durch Feststellung eines Spielraums für das Landesrecht oder dessen »bundesrechtskonforme« Auslegung, aber auch durch Feststellung einer landesrechtlichen Annexkompetenz zur Regelung einer bestimmten Materie)[133] ergibt, wie das vom Bundesverfassungsgericht etwa im Fall der Nichtrauchergaststätten praktiziert wurde[134]. Zu weit geht allerdings das Konzept einer generellen »normativen Selbstbescheidung« des Landes(verfassungs)rechts[135]; sofern dieses darauf zielt, im Wege der interpretativen Kollisionsvermeidung Landesrecht um jeden Preis in Geltung zu halten, führt es

37

Schmidt-Bleibtreu/Klein/Bethge, BVerfGG, § 31 (2014), Rn. 161 demzufolge »Versuche, ein gesetzeskräftiges Judikat normenhierarchisch einzuordnen, müßig« sind.

[129] BVerfGE 18, 407 (414); *Stern*, Staatsrecht I, S. 723; *J. Pietzcker*, HStR³ VI, § 134 Rn. 44; *Krings* (Fn. 40), Art. 31 Rn. 11; *Gubelt* (Fn. 65), Art. 31 Rn. 6.

[130] Häufig bringt man das auf die im Grunde triviale (weil evidente) Formel, daß nur wirksame Rechtsnormen kollidieren könnten: *Korioth* (Fn. 20), Art. 31 Rn. 11; *Krings* (Fn. 40), Art. 31 Rn. 13; *Jarass/Pieroth*, GG, Art. 31 Rn. 3.

[131] BVerfGE 36, 342 (363); ähnlich E 96, 345 (364); 121, 317 (348 f., Rn. 99).

[132] *Stern*, Staatsrecht I, S. 721; *Gubelt* (Fn. 65), Art. 31 Rn. 3; *J. Pietzcker*, HStR³ VI, § 134 Rn. 54; *Sannwald* (Fn. 41), Art. 31 Rn. 21. → Rn. 38, 39.

[133] Vgl. *Gubelt* (Fn. 65), Art. 31 Rn. 21; *Dreier*, Einheit (Fn. 39), S. 145; *M. Sachs*, Das materielle Landesverfassungsrecht, in: FS Stern, 1997, S. 475 ff. (503 ff.); *Haack*, Regelungskonzeptionen (Fn. 83), S. 85 f.; *J. Pietzcker*, HStR³ VI, § 134 Rn. 54 ff. – Mit der gebotenen Zurückhaltung lassen sich die Grundsätze über die verfassungskonforme bzw. verfassungsorientierte Auslegung (→ Art. 1 III Rn. 85 f.) heranziehen.

[134] BVerfGE 121, 317 (348 f., Rn. 99 f.).

[135] Diesen Ansatz verficht insbesondere *Sachs* (Fn. 64), § 3 Rn. 26; *ders.*, Landesverfassungsrecht (Fn. 133), S. 501 f.; vgl. auch *R. Uerpmann*, Der Staat 35 (1996), 428 (439).

Art. 31 C. Erläuterungen

zu einer unzulässigen Umgehung von Art. 31 GG[136]. **Nicht** zurückzugreifen ist auch auf die Grundsätze der **lex posterior** und der **lex specialis**: sie finden – abgesehen vom Fall der Abweichungsgesetzgebung (→ Rn. 18, 26) – nur auf ein und derselben Rechtsebene Anwendung[137].

38 Eine Kollision setzt die Anwendbarkeit zweier Rechtsnormen auf einen Sachverhalt (→ Rn. 36) und damit einen zumindest **teilidentischen Regelungsgegenstand**[138] voraus. Daran fehlt es weitgehend bei der Staatsorganisation von Bund und Ländern (→ Art. 28 Rn. 58). Als klarstellend und in Grenzfällen hilfreich kann das weitergehende, von Willi Geiger geforderte und in Teilen der Literatur übernommene **Erfordernis identischer Adressaten**[139] angesehen werden.

39 Die herrschende Meinung, derzufolge es für eine Kollision »verschiedener Ergebnisse« bei der Normanwendung bedarf, läuft auf ein Kriterium des inhaltlichen Widerspruchs hinaus (→ Rn. 36). Insofern präziser ist aber die zustimmungswürdige Formel von den **unvereinbaren Normgehalten**[140]. Ihr zufolge genügt es zur Annahme eines Kollisionsfalles nicht, wenn das Landesrecht weiter reicht als das Bundesrecht oder hinter ihm zurückbleibt: vielmehr muß die Anwendung der einen Norm tatsächlich zu Ergebnissen führen, die mit denen bei Anwendung der anderen Norm inkompatibel sind[141].

40 Unter diesen Prämissen nimmt man im Kontrast zur Weimarer Lehre und in Abkehr von der Auffassung des Parlamentarischen Rates[142] (→ Rn. 7 ff.) überwiegend an, daß **inhaltsgleiches Landesrecht nicht gebrochen** wird[143]. Das hat das Bundesverfas-

---

[136] Zu Recht kritisch namentlich *F. Wittreck*, DVBl. 2000, 1492 (1496 ff. m.w.N. in Fn. 17, 50); Gegen-Kritik bei *F. Wermeckes*, DÖV 2002, 110 (111 ff., 114 f.). → Art. 142 Rn. 25.

[137] Für die *lex specialis* schon *Anschütz*, WRV, Art. 13 Anm. 2 (S. 102 f.); s. auch *J. Pietzcker*, HStR³ VI, § 134 Rn. 54. Für beide römischrechtlichen Parömien *Stern*, Staatsrecht I, S. 720; *Dreier*, Einheit (Fn. 39), S. 115 ff., 118. Die Rechtsprechung des Bundesverfassungsgerichts zur Feststellungskompetenz der Gerichte für einen Verstoß förmlicher Landesgesetze gegen späteres Bundesrecht geht von daher fehl: → Rn. 46.

[138] Treffend *J. Pietzcker*, HStR³ VI, § 134 Rn. 55.

[139] BVerfGE 36, 342 (369 f.) – Sondervotum *Geiger*; *Bothe* (Fn. 73), Art. 31 Rn. 17; *Gubelt* (Fn. 65), Art. 31 Rn. 3; *Felix*, Einheit (Fn. 76), S. 176; *März* (Fn. 1), Art. 31 Rn. 41; *v. Coelln*, Anwendung (Fn. 30), S. 183.

[140] *J. Pietzcker*, HStR³ VI, § 134 Rn. 56; *Bernhardt/Sacksofsky* (Fn. 31), Art. 31 Rn. 53; aufgegriffen von *F. Wittreck*, DÖV 1999, 634 (637); *März* (Fn. 1), Art. 31 Rn. 41; *C. Brüning*, NVwZ 2002, 33 (34); *Haack*, Regelungskonzeptionen (Fn. 83), S. 83 f.; *Krapp*, Abweichungskompetenzen (Fn. 71), S. 267. – In diese Richtung auch BVerfG (K), NJW 1996, 2497 (2498), wenn in dem dort gegebenen Fall für die Kollision verlangt wird, daß die Bestimmungen des Aktienrechts die landesrechtlich vorgesehene Beendigung der Tätigkeit als Vorstand nach Annahme eines Abgeordnetenmandats verbieten; ähnlich BVerfGE 96, 345 (365).

[141] Beispiel (keine unvereinbaren Normbefehle): Wenn eine Landesverfassung nur die Meinungs-, nicht aber die Informationsfreiheit garantiert, so ist das nicht dahingehend zu verstehen, daß weitergehender Schutz in Gestalt von Landes- oder Bundesgesetzen (einschließlich des Grundgesetzes) ausgeschlossen wäre: vgl. *J. Pietzcker*, HStR³ VI, § 134 Rn. 71. Weiterer Kollisionsbegriff als hier (wohl) bei *H. Sauer*, Ebenenimmanente Jurisdiktionskonflikte und ebenenübergreifende Konfliktfelder, 2008, S. 148 f.

[142] *H. Maurer*, HGR III, § 82 Rn. 50 m.w.N.

[143] *Stern*, Staatsrecht I, S. 722 f.; *März*, Bundesrecht (Fn. 1), S. 195; *ders.* (Fn. 1), Art. 31 Rn. 42; *Bernhardt/Sacksofsky* (Fn. 31), Art. 31 Rn. 64 ff.; *Bothe* (Fn. 73), Art. 31 Rn. 22 f.; *F. Wittreck*, DVBl. 2000, 1492 (1495); *Gubelt* (Fn. 65), Art. 31 Rn. 23; Jarass/Pieroth, GG, Art. 31 Rn. 5; *J. Pietzcker*, HStR³ VI, § 134 Rn. 60 f.; *v. Münch/Mager*, Staatsrecht I, S. 698; *Clemens* (Fn. 64), Art. 31 Rn. 46; *Krapp*, Abweichungskompetenzen (Fn. 71), S. 262; uneindeutig *Korioth* (Fn. 20), Rn. 14 f. **A.A.:** *C.-F. Menger*, VerwArch. 61 (1971), 75 (78); *R. Uerpmann*, Der Staat 35 (1996), 428 (436 f.); *Huber* (Fn. 35), Art. 31 Rn. 21 f.; *ders.*, NdsVBl. 2011, 233 (235). Eigener Ansatz bei *E.-W. Böcken-*

sungsgericht für **gleichlautendes Landesverfassungsrecht** ausdrücklich anerkannt und mit dem gebotenen Respekt vor der Landesverfassung begründet[144], für sonstiges Landesrecht aber noch offengelassen[145]. Indes kann hier nichts anderes gelten[146]. Nur diese Betrachtungsweise wird dem Charakter des Art. 31 GG als Kollisionsnorm (→ Rn. 19) gerecht. Dagegen verfängt insbesondere nicht das systematische Argument unter Bezugnahme auf **Art. 142 GG**, wonach die dort ausdrücklich angeordnete Aufrechterhaltung gleichlautender landesgrundrechtlicher Bestimmungen im Umkehrschluß bedeute, daß ansonsten anderes gelte, nämlich gleichlautendes Landesrecht gebrochen werde[147]. Allein die angeführte Rechtsprechung des Bundesverfassungsgerichts durchkreuzt diesen Schluß. Ein Pendant zu der Annahme, Reichsrecht breche inhaltsgleiches Landesrecht (→ Rn. 7), wäre heute ohnehin überflüssig[148]. Weil sich Art. 142 GG aber jener überkommenen Annahme verdankt (→ Art. 142 Rn. 7, 9), liefert diese Norm kein taugliches Argument. Sie bestätigt für den speziellen Bereich der Grundrechte nur noch den allgemeinen Grundsatz, daß inhaltsgleiches Landesrecht nicht gebrochen wird (→ Art. 142 Rn. 30 f.): die Bestimmung ist somit nicht mehr Ausnahme von der Regel, sondern **Ausdruck der Regel**[149].

Auch führt die hier vertretene Auffassung **nicht** zu einer **Einbuße an Rechtssicherheit**[150], wenn man nur konsequent den Vorrang der Gesetzgebungskompetenzen beachtet (→ Rn. 23 ff.); zudem bietet Art. 31 GG selbst nur eine höchst trügerische Sicherheit. Die »Gefahr« divergierender Rechtsprechung wiederum ist in erster Linie als Charakteristikum und Konsequenz föderativer Vielfalt sowie als Chance für die Entwicklung wichtiger Innovationsimpulse zu begreifen[151]. 41

2. Kollisionsfolge: das Merkmal »brechen«

Liegt ein echter Kollisionsfall vor (→ Rn. 32 ff., 36 ff.), wird das Landesrecht »gebrochen«, worunter man Unterschiedliches verstehen kann[152]. In Art. 31 GG ist damit die endgültige Beseitigung entgegenstehenden Landesrechts i. S. seiner **Derogation** (und 42

---

förde/R. Grawert, DÖV 1971, 119 (124 f.): entscheidend sei der jeweilige Wille des Bundesgesetzgebers.

[144] BVerfGE 36, 342 (365 ff.); 40, 296 (327); 96, 345 (364). *A. Dittmann*, HStR³ VI, § 127 Rn. 13: »Die Landesverfassung bleibt insoweit unangetastet und wird nicht zum Torso, einschließlich prozessualer Konsequenzen eines potentiell doppelten verfassungsgerichtlichen Rechtsschutzes durch Landesverfassungsgerichte und Bundesverfassungsgericht nach je eigenem verfassungsrechtlichem Maßstab.«

[145] Auch in BVerfGE 96, 345 (364). Anders die Judikatur einiger Landes(verfassungs)gerichte: BayVerfGHE n. F. 23, 155 (164) unter Hinweis auf den »föderalistischen Aufbau der Bundesrepublik«; OVG Münster NVwZ 1996, 913 (914) ohne Begründung.

[146] Wie hier *Stern*, Staatsrecht I, S. 722; *März* (Fn. 1), Art. 31 Rn. 42; *Gubelt* (Fn. 65), Art. 31 Rn. 23. A. A. *Krings* (Fn. 40), Art. 31 Rn. 22. → Rn. 36, 50 ff.

[147] *Huber* (Fn. 35), Art. 31 Rn. 22; *Wiederin*, Bundesrecht (Fn. 21), S. 372.

[148] Die in Weimar mit dieser allgemeinen Annahme bezweckten Folgen (s. hierzu *Anschütz*, WRV, Anm. 3 [S. 103 f.]) werden heute mit der Sperrwirkung kompetenzgemäßen Bundesrechts erzielt (→ Rn. 23 ff.).

[149] So treffend *März*, Bundesrecht (Fn. 1), S. 195; s. auch *Dreier*, Einheit (Fn. 39), S. 128; *Wiederin*, Bundesrecht (Fn. 21), S. 370 ff.; *B. G. Schubert*, Jura 2003, 607 (609); *v. Münch/Mager*, Staatsrecht I, Rn. 700; differenzierend *J. Pietzcker*, HStR³ VI, § 134 Rn. 60.

[150] Zweites Argument von *Huber* (Fn. 35), Art. 31 Rn. 22.

[151] Eindringlich *J. Isensee*, VVDStRL 46 (1988), S. 123 (Diskussion); s. auch *Dreier*, Einheit (Fn. 39), S. 136 ff. m. w. N.

[152] BVerfGE 36, 342 (365); *Stern*, Staatsrecht I, S. 720.

nicht lediglich seiner **Suspension**) gemeint. Diese Folge betrifft bei Erlaß des Bundesrechts bereits bestehendes Landesrecht ebenso wie solches, das erst nachträglich zustandekommt. Gerhard Anschütz' zwar nicht ganz exakter[153], aber prägnanter und bereits klassischer Formulierung gemäß wirkt das Brechen des Landesrechts »**nach rückwärts als Aufhebung, nach vorwärts als Sperre**«[154].

43 Wichtigste Konsequenz dieser Nichtigkeitsfolge ist, daß das gebrochene **Landesrecht** auch nach Fortfall des entgegenstehenden Bundesrechts **nicht wieder auflebt**[155]: es »wird derogiert, nicht suspendiert«[156]. Für den Bereich betroffenen Landesverfassungsrechts scheint die These Anhänger zu gewinnen, wonach hier aus Gründen möglichster Schonung der Verfassungsautonomie der Länder Art. 31 GG lediglich **Suspensionswirkung** entfalte[157]. Sie erweist sich indes letztlich als **nicht überzeugend**[158]. Denn erstens ist der Wortlaut eindeutig: Art. 31 GG differenziert nicht nach verschiedenen Arten von Landesrecht, zu dem auch die Landesverfassung gehört (→ Rn. 35). Zweitens ist erklärtes Ziel der Norm die Schaffung von Rechtsklarheit, der mit der eindeutigen Nichtigkeitsfolge im Sinne einer Derogation besser gedient ist als mit der Schwebelage bei bloßer Suspension. Drittens wird dem Gedanken möglichster Schonung des Landes(verfassungs)rechts mit der Aufrechterhaltung inhaltsgleichen Landesrechts hinlänglich Rechnung getragen (→ Rn. 40f.).

3. Kollisionsfeststellung: Prozessuale Möglichkeiten

44 Die materiellrechtliche Frage, ob Landesrecht durch Bundesrecht gebrochen wird, kann in **verschiedenen** (verfassungs-)gerichtlichen **Verfahren** verbindlich beantwortet werden; neben den prozessualen Wegen ist dabei der Rang des jeweils in Rede stehenden Landesrechts von Bedeutung.

45 Eine prinzipale Überprüfungsmöglichkeit für **Landesrecht jeder Stufe**[159] einschließlich der Landesverfassung bietet zunächst die abstrakte Normenkontrolle gem. **Art. 93 I Nr. 2 GG**; danach erklärt das Bundesverfassungsgericht dem Bundesrecht widersprechendes Landesrecht mit Gesetzeskraft für nichtig (§§ 31 II, 78 BVerfGG; → Art. 93

---

[153] Nicht ganz exakt ist die Formulierung deswegen, weil die »Sperre« nach vorwärts nur im übertragenen Sinne gemeint sein kann: denn auch hier wird zu brechendes, also gesetztes Landesrecht vorausgesetzt, so daß die Entstehung nicht schon ausgeschlossen ist: richtig *Wiederin*, Bundesrecht (Fn. 21), S. 273.

[154] *Anschütz*, WRV, Art. 13 Anm. 3 (S. 103). Auf diese Formel rekurriert die Literatur immer wieder: *Stern*, Staatsrecht I, S. 721; *Vogel* (Fn. 31), § 22 Rn. 44; *Bernhardt/Sacksofsky* (Fn. 31), Art. 31 Rn. 57; *März* (Fn. 1), Art. 31 Rn. 43 m. w. N.; *Korioth* (Fn. 20), Art. 31 Rn. 10, 20; *J. Pietzcker*, HStR³ VI, § 134 Rn. 62.

[155] *Maunz* (Fn. 66), Art. 31 Rn. 20; *Stern*, Staatsrecht I, S. 721; *Wiederin*, Bundesrecht (Fn. 21), S. 362 ff.; *Bernhardt/Sacksofsky* (Fn. 117), Art. 31 Rn. 55 ff.; *Gubelt* (Fn. 65), Art. 31 Rn. 20; *März* (Fn. 1), Art. 31 Rn. 43 ff.; *F. Wittreck*, DVBl. 2000, 1492 (1495 f.); *C. Enders*, JuS 2001, 462 (463); *Krings* (Fn. 40), Art. 31 Rn. 24; *Krapp*, Abweichungskompetenzen (Fn. 71), S. 270 f.

[156] BVerfGE 29, 11 (17). → Art. 142 Rn. 59.

[157] So zuerst *v. Olshausen*, Landesverfassungsbeschwerde (Fn. 29), S. 125 ff.; ihm folgend *W. Erbguth/B. Wiegand*, DÖV 1992, 770 (778); *U. Sacksofsky*, NVwZ 1993, 235 (238 f.); *U. Berlit*, KritJ 28 (1995), 269 (274, 277); *Bernhardt/Sacksofsky* (Fn. 31), Art. 31 Rn. 60 ff.; *Clemens* (Fn. 64), Art. 31 Rn. 44; *v. Coelln*, Anwendung (Fn. 30), S. 192 ff.; *Wermeckes*, Grundrechtsschutz (Fn. 82), S. 113 ff.; *Menzel*, Landesverfassungsrecht (Fn. 110), S. 201 ff., 239; *J. F. Lindner*, BayVBl. 2004, 641 (646); *H. Maurer*, HGR III, § 82 Rn. 69; differenziert abwägend *J. Pietzcker*, HStR³ VI, § 134 Rn. 62 ff.

[158] Wie hier außer den in Fn. 155 Genannten explizit: *Jutzi*, Landesverfassungsrecht (Fn. 110), S. 25 ff.; *Dietlein*, Grundrechte (Fn. 39), S. 56 f.; *Sachs*, Landesverfassungsrecht (Fn. 133), S. 506.

[159] Statt aller *Schlaich/Korioth*, Bundesverfassungsgericht, Rn. 127 ff.

Rn. 55 ff.). Art. 93 I Nr. 3, 4 GG kommen nicht in Betracht, da diese Verfahren nur zur Feststellung einer Rechtsverletzung der Antragsteller, aber nicht zum Nichtigkeitsverdikt führen.

Des weiteren besteht die Verpflichtung aller Gerichte, die Vereinbarkeit von (nachkonstitutionellen) **Landesgesetzen**[160] einschließlich der **Landesverfassung** mit dem Grundgesetz oder sonstigem Bundesrecht einschließlich der EMRK[161] zu prüfen und ggfls. im Wege einer konkreten Normenkontrolle gem. **Art. 100 I 2 GG** vorzulegen (→ Art. 142 Rn. 91 f.). Abzulehnen ist allerdings die Rechtsprechung des Bundesverfassungsgerichts, wonach jeder Richter nach der *lex posterior*-Regel selbst entscheiden könne, ob ein ursprünglich einwandfreies Landesgesetz mit einem später erlassenen Bundesgesetz vereinbar sei[162]; denn hier wird verkannt, daß die *lex posterior*-Regel grundsätzlich nur auf eine Kollision gleichrangiger Rechtsnormen Anwendung findet[163].

46

Die **Divergenzvorlage** des **Art. 100 III GG** wird durch die konkrete Normenkontrolle nicht ausgeschlossen: die verlangte Abweichung bei der Auslegung des Grundgesetzes kann, da dieses für die vorlageberechtigten Landesverfassungsgerichte nicht Prüfungsmaßstab ist, nur in der unterschiedlichen Beurteilung der Gültigkeit landesverfassungsrechtlicher Bestimmungen mit Blick auf Art. 28, 31, 142 GG liegen (→ Art. 100 Rn. 38 f.; → Art. 142 Rn. 79, 90, 94 ff.)[164]. Jedenfalls mittelbar kann es also hier zur Feststellung der Nichtigkeit einer landes(verfassungs)rechtlichen Norm kommen[165]. Hingegen ist **Art. 31 GG keine Kollisionsnorm für die Rechtsprechung** insbesondere der Landesverfassungsgerichte (→ Rn. 20, 53 f.), sondern bestimmt lediglich das im Kollisionsfall von Gesetzen obsiegende Recht[166].

47

---

[160] Obwohl in Art. 100 I 2 GG allgemein von Landesrecht die Rede ist, hält das Bundesverfassungsgericht in st. Rspr. wie auf Bundesebene auch nur förmliche Landesgesetze für vorlagefähig: BVerfGE 1, 184 (189 ff.); 1, 202 (206); 56, 1 (11); s. *Schlaich/Korioth*, Bundesverfassungsgericht, Rn. 141; *W. Heun*, AöR 122 (1997), 610 (615).

[161] Für deren Einbeziehung *Benda/Klein/Klein*, Verfassungsprozeßrecht, Rn. 881; *W. Löwer*, HStR³ III, § 70 Rn. 100; *R. Müller-Trepitz*, in: Schmidt-Bleibtreu/Hofmann/Henneke, GG, Art. 31 Rn. 15; differenzierend *H.-G. Dederer*, in: Maunz/Dürig, GG, Art. 100 (2013), Rn. 220, 229 m. w. N.

[162] BVerfGE 10, 124 (128); 25, 142 (147); 60, 135 (153); 65, 359 (373); 71, 224 (227 f.). Zustimmend *Benda/Klein/Klein*, Verfassungsprozeßrecht, Rn. 789; lediglich referierend *K. Stern*, in: BK, Art. 100 (Zweitb. 1967), Rn. 88 ff., 133; *H. Lechner/R. Zuck*, BVerfGG-Kommentar, 6. Aufl. 2011, § 80 Rn. 22, 43; *Schlaich/Korioth*, Bundesverfassungsgericht, Rn. 141, 161; *Jarass/Pieroth*, GG, Art. 100 Rn. 2. Kritisch wie hier *Krings* (Fn. 40), Art. 31 Rn. 38; *J.-R. Siekmann*, in: v. Mangoldt/Klein/Starck, GG III, Art. 100 Rn. 27.

[163] Die Vermengung von Superiorität und Posteriorität kritisiert auch *K. A. Bettermann*, Die konkrete Normenkontrolle und sonstige Gerichtsvorlagen, in: Festgabe BVerfG, Bd. I, S. 323 ff. (331 f.), hält aber die Judikatur im Ergebnis für zutreffend und erweitert sie noch (unter alleinigem Rückgriff auf die fragwürdige Prämisse, Art. 100 I GG ginge es wesentlich um den »Vorwurf« an den jeweiligen Normgeber, bestehendes höherrangiges Recht verletzt zu haben), um weitere Fälle; Ablehnend wie hier *Heckmann*, Geltungskraft (Fn. 39), S. 305 ff.; speziell zum »Vorwurfs«-Argument zweifelnd *D. Ehlers*, in: Schoch/Schmidt-Aßmann/Pietzner, VwGO, Anh. § 40, Art. 100 Abs. 1 GG (1996), Rn. 5; *Dederer* (Fn. 161), Art. 100 Rn. 59, 96; *Schlaich/Korioth*, Bundesverfassungsgericht, Rn. 141.

[164] Dazu *Stern* (Fn. 162), Art. 100 Rn. 304; *Pestalozza*, Verfassungsprozeßrecht, § 15 Rn. 1; *Benda/Klein/Klein*, Verfassungsprozeßrecht, Rn. 975; *W. Löwer*, HStR³ III, § 70 Rn. 143; *Dederer* (Fn. 161), Art. 100 Rn. 350; *Müller-Trepitz* (Fn. 161), Art. 31 Rn. 32; ausführlich *W. Kluth*, NdsVBl. 2010, 130 ff.; w. N. bei *Dreier*, Einheit (Fn. 39), S. 130. → Bd. II², Art. 31 Rn. 48 mit Fn. 147.

[165] Beispiel: BVerfGE 36, 342 (343), wo die landesrechtliche Norm Bestand hatte.

[166] Insofern zutreffend BerlVerfGH NJW 1994, 436 (437 f.); ebenso *J. Pietzcker*, HStR³ VI, § 134 Rn. 44; *C. Pestalozza*, NVwZ 1993, 340 (344 f.); *D. Franke*, Verfassungsgerichtsbarkeit der Länder – Grenzen und Möglichkeiten, in: FS Mahrenholz, 1994, S. 923 ff. (935 ff.); *Gubelt* (Fn. 65), Art. 31

Art. 31 C. Erläuterungen

48 Natürlichen und juristischen Personen, die durch bundesrechtswidrige **Landesgesetze** in ihren Bundesgrundrechten beeinträchtigt werden, steht ferner die Möglichkeit der Verfassungsbeschwerde zum Bundesverfassungsgericht offen (Art. 93 I Nr. 4a GG). **Untergesetzliche Landesrechtssätze** können hingegen von jedem Gericht auf ihre Übereinstimmung mit Bundesrecht geprüft werden, und zwar entweder mit Wirkung inter omnes im Rahmen des § 47 VwGO oder inzident in jedem Verfahren mit Wirkung inter partes[167].

IV. Fallgruppen und Einzelfälle

49 Wegen des hier vertretenen Verständnisses des Art. 31 GG als einer Kollisionsnorm und des sachlich-systematischen Vorranges der sperrenden Gesetzgebungszuständigkeiten gem. Art. 70 ff. GG (→ Rn. 19, 23 ff.) erweist sich der **Anwendungsbereich der Norm als recht schmal**. In Betracht kommen einmal trotz der eigentlich intendierten nahtlosen Scheidung der Gesetzgebungskompetenzen von Bund und Ländern verbleibende Fälle von »Doppelkompetenzen« (→ Rn. 58), zum anderen die Verdrängung kollidierenden Landesverfassungsrechts (→ Rn. 50 ff.), da dieses mit der grundgesetzlichen Kompetenzordnung nicht sachgerecht zu erfassen ist und ihr daher auch nicht widersprechen kann (→ Rn. 29). Weitere Einzelfälle treten hinzu (→ Rn. 59 ff.).

1. Landesverfassungsrecht

a) Grundrechte

50 Für Landesgrundrechte erklärt Art. 142 GG, daß diese in Kraft bleiben, soweit sie mit den grundgesetzlichen Gewährleistungen übereinstimmen (→ Art. 142 Rn. 41 ff.). Im **Fall inhaltsgleicher Grundrechte** fehlt es also bereits an einer Kollision, wobei es für die Übereinstimmung nicht auf den Normtext, sondern auf sachliche Kongruenz ankommt[168]. Nach mittlerweile gefestigter Auffassung bringt Art. 142 GG damit deklaratorisch einen allgemeinen Grundsatz zum Ausdruck (→ Rn. 40; → Art. 142 Rn. 31, 45 ff.).

51 **Umstritten** ist hingegen die **Bewertung abweichender landesgrundrechtlicher Gestaltungen**, wobei sich die Differenzen auf den personellen und sachlichen Schutzbereich (→ Vorb. Rn. 109 ff., 119 ff.) sowie auf die Einschränkungsmöglichkeiten (→ Vorb. Rn. 134 ff.) beziehen können[169]. Nach lange Zeit überwiegender, heute aber in

---

Rn. 24; a. A. *C. Starck*, JZ 1993, 231 (232); *J. Gehb*, DÖV 1993, 470 (473 f.); *J. Berkemann*, NVwZ 1993, 409 (415). Die Sicht des BerlVerfGH wurde bestätigt durch BVerfGE 96, 345 (364, 367 f.).

[167] Vgl. *F. Hufen*, Verwaltungsprozessrecht, 9. Aufl. 2013, § 19 Rn. 13 ff.; *E. Bosch/J. Schmidt*, Praktische Einführung in das verwaltungsgerichtliche Verfahren, 9. Aufl. 2012, Teil IX, Rn. 1472 ff.; eingehend *M. Gerhardt/W. Bier*, in: Schoch/Schmidt-Aßmann/Pietzner, VwGO-Kommentar, § 47 (2005), Rn. 7 ff., 15 ff.

[168] Eindeutig auch BVerfGE 96, 345 (364). Zu dieser Frage sowie zu der irrigen, früher verbreiteten Anschauung, im Falle inhaltlicher Gleichheit lägen nur unterschiedliche Sicherungen eines identischen Grundrechts vor: *März*, Bundesrecht (Fn. 1), S. 196 f.; *Dreier*, Einheit (Fn. 39), S. 129 f.; *J. Dietlein*, AöR 120 (1995), 1 (11 ff. mit umfangreichen Nachweisen in Fn. 49 f.); die heute überwiegende Meinung knapp zusammenfassend *F.-J. Peine*, LKV 2012, 385 (388).

[169] *K. Lange*, HGR III, § 83 Rn. 26 ff. unterscheidet drei theoretisch mögliche Beziehungen zwischen Landes- und Bundesgrundrechten bzgl. ihres jeweiligen Inhalts: (1) Inhaltsgleichheit ohne Textgleichheit, (2) Landesgrundrechte mit anderem Schutzbereich und (3) Landesgrundrechte mit anderen Schranken. – Eine Mindergewährleistung liegt beispielsweise vor, wenn gemäß Fall (2) das

IV. Fallgruppen und Einzelfälle

der Minderheit befindlicher Ansicht fallen Mindergewährleistungen dem Art. 31 GG zum Opfer, während Mehrgewährleistungen unberührt bleiben[170]. Dieser Generaleinschätzung ist zu widersprechen. Nach richtiger Auffassung liegt bei **Mindergewährleistungen** gar keine Kollision vor, da es an einem Normenwiderspruch i. S. unvereinbarer Normgehalte (→ Rn. 39) mangelt[171], wie mittlerweile auch das Bundesverfassungsgericht annimmt[172]. Denn auch wenn die Landesverfassung nur ein Minus gegenüber dem Grundgesetz gewährt, schließt dies den weitergehenden Schutz der Bundesgrundrechte nicht aus, deren unmittelbare Geltung auch für die Landesstaatsgewalt Art. 1 III GG anordnet (→ Rn. 22). Zu einem Grundrechtsdefizit kommt es also nicht, so daß die entsprechenden **Landesgrundrechte nicht gebrochen** werden[173], sondern in Kraft und damit – dies die wichtigste Folge – Prüfungsmaßstab für die Landesverfassungsgerichte bleiben (→ Art. 142 Rn. 48 f.)[174].

Als **problematisch** können sich hingegen Fälle der **Mehrgewährleistungen** erweisen[175]. Ganz allgemein gilt, daß Grundrechte des Grundgesetzes nicht lediglich einen landesrechtlich beliebig überbietbaren Mindeststandard, sondern zuweilen auch einen Höchststandard normieren, wenn ihnen Abwägungsentscheidungen des Verfassunggebers zwischen verschiedenen Grundrechtsträgern zugrundeliegen[176]. Weitergehende Landesgrundrechte kollidieren auch hier nicht mit denen des Grundgesetzes, wenn sie allein im bipolaren Staat-Bürger-Verhältnis subjektive Abwehrrechte stärken[177]. Kollisionen sind aber immer dann denkbar, wenn die (landesgrundrechtliche) Einräumung einer Rechtsposition zugleich die Schmälerung einer bundesgrundrechtlichen Position nach sich zieht. Hier kommen die über die abwehrrechtliche Seite hinausgehenden objektiv-rechtlichen Dimensionen der Grundrechte (→ Vorb. Rn. 94 ff.) zur Geltung. Angesichts der hohen Normierungsdichte des bundesdeutschen Rechtssystems werden nur wenige Mehrgewährleistungen denkbar sein, die wegen der unausweichlichen Interdependenzen der Freiheitssphären der einzelnen Grundrechtsträger

52

---

eine Grundrecht einen engeren Schutzbereich als das andere aufweist oder gemäß Fall (3) einen weitergehenden Schrankenvorbehalt vorsieht (oder beides). → Art. 142 Rn. 50.

[170] Vgl. *E.-W. Böckenförde/R. Grawert*, DÖV 1971, 119 (120, 126); *Jutzi*, Landesverfassungsrecht (Fn. 110), S. 38, 59 f.; *J. Rozek*, AöR 119 (1994), 450 (463 f.); *S. Storr*, Verfassunggebung in den Ländern, 1995, S. 233 ff.; *J.-J. Riegler*, Konflikte zwischen Grundgesetz und Landesverfassungen, Diss. jur. Würzburg 1996, S. 113; *R. Bartlsperger*, HStR³ VI, § 128 Rn. 50. → Art. 142 Rn. 48 mit Fn. 145; *W. Kluth*, NdsVBl. 2010, 130 (131 f.) mit Rekurs auf Art. 142 (Art. 31 GG unerwähnt lassend).

[171] Wie hier insb. *J. Pietzcker*, HStR³ VI, § 134 Rn. 70 ff.; *H. Maurer*, HGR III, § 82 Rn. 62 f.; aus der älteren Literatur *Dreier*, Einheit (Fn. 39), S. 132 ff. m.w.N.; *U. Berlit*, KritJ 28 (1995), 269 (274). → Art. 142 Rn. 48 mit Fn. 146.

[172] BVerfGE 96, 345 (365), wenngleich für Mehr- wie für Mindergewährleistungen formuliert.

[173] So auch Jarass/*Pieroth*, Art. 142 Rn. 3; *März*, Bundesrecht (Fn. 1), S. 199 ff.; *P. Kunig*, in: v. Münch/Kunig, GG II, Art. 142 Rn. 9; bestätigt durch BVerfGE 96, 345 (365 f.).

[174] So ausdrücklich BVerfGE 96, 345 (368); *A. Dittmann*, HStR³ VI, § 127 Rn. 37; früh schon *Franke*, Verfassungsgerichtsbarkeit (Fn. 166), S. 930 f.

[175] Zum folgenden näher *Dreier*, Einheit (Fn. 39), S. 139 ff.; *ders.*, Landesverfassungsgerichte (Fn. 39), S. 21 f. → Art. 142 Rn. 50 ff.

[176] Treffend *E.-W. Böckenförde/R. Grawert*, DÖV 1971, 119 (121). Stichwort: »Multipolare« und daher ausgleichsbedürftige Grundrechtslagen, in denen die Vermehrung des Freiheitsanspruches des einen zur Verminderung der Freiheitssphäre des anderen wird. → Art. 142 Rn. 51.

[177] Genauer: es liegt wegen der gegensätzlichen Rechtsfolgebestimmungen zwar »eigentlich« ein Kollisionsfall vor, der aber nicht über Art. 31 GG gelöst wird. Zustimmung verdient der Ansatz von *Dietlein*, Grundrechte (Fn. 39), S. 51, der eine Bewältigung durch »teleologische Reduktion« vorschlägt; vgl. *Dreier*, Einheit (Fn. 39), S. 141 Fn. 136. – Instruktives Beispiel (Verhältnis von Art. 28 II BerlVerf. zu Art. 13 II 2. Alt. GG) bei *N. Eschen*, LKV 2001, 114 (115 f.).

Art. 31 C. Erläuterungen

nicht zugleich eine Beschränkung grundrechtsgeschützter Positionen Dritter mit sich bringen (→ Art. 142 Rn. 50ff., 60ff., 66ff.)[178]. Sofern diese verletzt werden, **bewirkt Art. 31 GG** die (Teil-) **Nichtigkeit** des Landesgrundrechts[179]. Gleiches gilt bei Verstößen gegen einfaches Bundesrecht[180].

b) Insbesondere: Anwendung der Landesgrundrechte durch die Landesverfassungsgerichte

53 Lange Zeit unklar und durch die divergierende Judikatur der Landesverfassungsgerichte geprägt war die Frage, ob diese bei der Überprüfung von Entscheidungen der Fachgerichte des Landes, bei denen diese Bundesverfahrensrecht anzuwenden hatten, als Prüfungsmaßstab auch Landesgrundrechte in Anschlag bringen können[181]. Hier ist eine weitgehende Klärung durch die **Entscheidung des Zweiten Senats des Bundesverfassungsgerichts vom 15.10.1997** erfolgt[182]. Danach sind Gerichte der Länder bei der Anwendung von Bundesverfahrensrecht auch an die Grundrechte der Landesverfassung gebunden, soweit sie mit denen des Grundgesetzes inhaltsgleich sind (→ Rn. 40f.; → Art. 142 Rn. 45ff.)[183]. Diese Urteile unterliegen wiederum der Überprüfung und möglicherweise der Kassation durch das Landesverfassungsgericht, soweit (1) in der Sache kein Bundesgericht entschieden hat und (2) der Vorbehalt der Subsidiarität auch für die Landesverfassungsbeschwerde gewahrt bleibt[184]; zur Wahrung der Rechtseinheit hat das Bundesverfassungsgericht überdies in an sich systemwidriger Weise (→ Rn. 47) den Anwendungsbereich der Divergenzvorlage nach Art. 100 III GG ausgedehnt[185] (→ Art. 142 Rn. 79) und um die Bindung nach § 31 I BVerfGG ergänzt (→ Art. 142 Rn. 78)[186]. Die wohl durchaus auch von Entlastungsabsichten geprägte Entscheidung (wobei die Entlastung mittlerweile sehr viel stärker durch die Anhörungsrüge realisiert werden dürfte) zielt letztlich darauf ab, die Entscheidungen der Landesverfassungsgerichte so zu programmieren, daß sie exakt der Anwendung der Bundesgrundrechte entsprechen: die Inhaltsgleichheit der Grund-

---

[178] *Dreier*, Einheit (Fn. 39), S. 141 ff.; *H. Quaritsch*, Der grundrechtliche Status der Ausländer, in: HStR V, § 120 Rn. 5 ff.; *J. Pietzcker*, HStR³ VI, § 134 Rn. 75; allgemein *R. Wahl/J. Masing*, JZ 1990, 553 ff.; *J. Isensee*, HStR³ IX, § 191 Rn. 174 ff., 181 ff. u. ö. – Selbst scheinbar rein abwehrrechtliche Konstellationen (Einweisung in ein psychiatrisches Krankenhaus, Einschränkung des Eigentums) erweisen sich bei näherem Hinsehen als hochkomplexe, mehrdimensionale und ausgleichsbedürftige Grundrechtslagen.

[179] Im Einzelnen *J. Pietzcker*, HStR³ VI, § 134 Rn. 75 ff.

[180] BVerfGE 1, 264 (280 f.); 96, 345 (365 f.); Jarass/Pieroth, GG, Art. 142 Rn. 4 m. w. N.; *I. v. Münch*, Grundrechte im Bundesstaat, Bitburger Gespräche, Jahrbuch 1995/I, S. 61 ff. (74); *K. Schneider*, ZZP 115 (2002), 247 (251); a. A. wohl SächsVerfGH NJW 1996, 1736 (1737); noch weitergehend *H. Maurer*, HGR III, § 82 Rn. 69 mit Verweis auf die Folgeproblematik der »Insoweit-Nichtigkeit« bzw. »Teilnichtigkeit ohne Textreduzierung« eines Landesgrundrechts im Verhältnis zum einfachen Bundesgesetz; sollte dem Landesgrundrecht widersprechendes einfaches Bundesrecht aufgehoben werden, sei das zwischenzeitlich suspendierte Landesgrundrecht wieder voll anwendbar.

[181] *R. Grawert*, HGR III, § 81 Rn. 80. Eingehende Darstellung: → Bd. II², Art. 31 Rn. 54 m. w. N.

[182] BVerfGE 96, 345 (365 ff.). Siehe die Rekonstruktion(en) der Entscheidung bei *Dreier*, Grundrechtsschutz (Fn. 39), S. 25 ff.; *R. Grawert*, HGR III, § 81 Rn. 80; *J. Rozek*, HGR III, § 85 Rn. 19 ff., 22 ff.; *J. Pietzcker*, HStR³ VI, § 134 Rn. 83 ff.

[183] Aus der zeitnahen kritischen Literatur nur *K. Lange*, NJW 1998, 1278 ff.; *K.-E. Hain*, JZ 1998, 620 ff.; *F. Wittreck*, DÖV 1999, 634 ff.; *C. Enders*, JuS 2001, 462 ff.

[184] BVerfGE 96, 345 (371 f.).

[185] Dazu etwa *W. Löwer*, HStR³ III, § 70 Rn. 143; *J. Rozek*, HGR III, § 85 Rn. 24.

[186] BVerfGE 96, 345 (372 ff.).

rechte wird als Ergebnisgleichheit der gerichtlichen Entscheidungen interpretiert[187] (→ Art. 142 Rn. 84).

Andererseits sind mehrere Länder dazu übergegangen, der korrespondierenden Mehrbelastung ihrer Verfassungsgerichte durch Anordnung eines strikten Alternativverhältnisses von Bundes- und Landesverfassungsbeschwerde (→ Art. 142 Rn. 70 ff., 75 ff.) entgegenzuwirken[188]. Wichtiger zu betonen ist aber vor allem, daß sich die in **BVerfGE 96, 345** entwickelten Vorgaben des Bundesverfassungsgerichts **nicht auf materielle Landesgrundrechte** erstreckt **und** daß die **Landesverfassungsgerichte** bei der Auslegung von Landesgrundrechten **nicht an die Judikatur des Bundesverfassungsgerichts gebunden** sind, auch wenn es sich einen Fall der Inhaltsgleichheit handeln sollte[189]. Hier ist Raum für Innovation, dem auch Art. 31 GG nicht entgegensteht. Allem Anschein nach machen die Landesverfassungsgerichte davon auch behutsam Gebrauch und versuchen insbesondere nicht, sich durch eine Verneinung des entscheidenden Merkmals der Inhaltsgleichheit Entlastung zu verschaffen[190].

54

c) Staatsorganisation, Staatsziele

Für den Bereich der Staatsorganisation enthält das gegenüber Art. 31 GG vorrangige grundgesetzliche **Homogenitätsgebot** (→ Rn. 29 f., 36; → Art. 28 Rn. 49 ff.) bestimmte Vorgaben für das Landes(verfassungs)recht, die den diesbezüglichen Anwendungsbereich von Art. 31 GG begrenzen. Hält sich die landesrechtliche Regelung in dem von Art. 28 I GG gezogenen weiten Rahmen, sind verbleibende Divergenzen, zumal nach der ebenfalls von Art. 28 I GG gestützten Doktrin getrennter Verfassungsräume (→ Art. 28 Rn. 41 f., 45), unproblematisch; tut sie es nicht, folgt ihre Nichtigkeit unmittelbar aus Art. 28 I GG. Im Ergebnis ähnlich verhält es sich, wo das Vorliegen eines Kollisionsfalls fraglich ist, weil es um Materien geht, die (richtigerweise) von vornherein **unterschiedlichen Kompetenzen** (→ Rn. 36) zuzuordnen sind[191]; das ist insbesondere der Fall, wenn landesverfassungsrechtliche Normen mit einfachen **Bundesgesetzen** zusammentreffen, durch die derselbe Personenkreis unterschiedlichen Regelungen unterworfen wird. Schulbeispiel ist die umstrittene Frage nach der Reichweite des § 36 StGB (bzw. des Art. 74 I Nr. 1 GG), der die Indemnitätsregelung des Art. 46 I GG wiederholt, während in den Landesverfassungen hierzu teilweise abweichende Regelungen bestehen. Richtiger Auffassung zufolge werden diese nicht durch Art. 31 GG gebrochen; vielmehr rezipiert § 36 StGB nur den von den Ländern für ihren Bereich gem. Art. 28 I GG zulässigerweise (→ Art. 46 Rn. 7) vorgegebenen Garantieumfang der Indemnität der Landesabgeordneten. Im übrigen wird ein »echter« Kollisionsfall

55

---

[187] Statt vieler *J. Rozek*, HGR III, § 85 Rn. 21; *J. Pietzcker*, HStR³ VI, § 134 Rn. 83 (»Inhaltsgleichheit liegt vor, wenn sie [scil. die Prozeßgrundrechte der Landesverfassung, H.D.] im Einzelfall zu demselben Ergebnis führen.«).
[188] Vgl. seit 2000 § 43 I 2 HessStGHG, der die Grundrechtsklage zum StGH für unzulässig erklärt, sofern in der Sache Verfassungsbeschwerde zum BVerfG erhoben worden ist; gem. HessStGH JZ 2002, 939 (940 ff.) ist die Regelung mit der Hessischen Verfassung vereinbar. Zustimmend *R. Uerpmann[-Wittzack]*, JZ 2002, 942 (943). Ähnliche Regelungen gibt es in Berlin, Brandenburg und Mecklenburg-Vorpommern. Berechtigte Kritik bei *J. Pietzcker*, HStR³ VI, § 134 Rn. 84 m.w.N. (Konterkarierung des Sinns von Landesverfassungen und Landesverfassungsgerichten).
[189] *Dreier*, Grundrechtsschutz (Fn. 39), S. 28; *J. Pietzcker*, HStR³ VI, § 134 Rn. 88. → Art. 142 Rn. 47, 53.
[190] *C. Pestalozza*, HGR III, § 86 Rn. 161.
[191] Hierzu und zum folgenden *J. Pietzcker*, HStR³ VI, § 134 Rn. 58; *H.-H. Trute*, in: v. Münch/Kunig, GG I, Art. 46 Rn. 5; *W. Kluth*, in: Schmidt-Bleibtreu/Hofmann/Henneke, GG, Art. 46 Rn. 9.

gem. Art. 31 GG selten vorliegen, weil sich das Staatsorganisationsrecht in aller Regel an **unterschiedliche Adressaten** – den Bund einer-, die Länder andererseits – richtet (→ Rn. 38).

56 **Staatsziele** und andere programmatische Aussagen der Landesverfassungen bleiben unbeschadet einer Gesetzgebungskompetenz des Bundes für den betreffenden Bereich bestehen, solange sie nicht in konkreter Weise Pflichten und Rechte statuieren, die den Bundesnormen zuwiderlaufen; in diesem Fall werden sie durch Art. 31 GG gebrochen (→ Rn. 30; → Art. 28 Rn. 59). An der grundgesetzlichen Kompetenzordnung scheitern hingegen Landesnormen, die entsprechende »ungedeckte« Staatsziele auf einfachgesetzlicher Ebene oder darunter zu realisieren versuchen (→ Rn. 19, 23 ff., 29).

57 Für **sonstige Regelungen** in den Landesverfassungen gilt ebenso, daß sie nicht der Sperrwirkung der Gesetzgebungskompetenzen unterliegen (→ Rn. 29 f.), sondern im Falle eines Widerspruchs zu Bundesrecht jeder Stufe dem Nichtigkeitsverdikt des Art. 31 GG unterfallen.

2. Doppelkompetenzen (im Rahmen der einfachen Gesetzgebung)

58 Das Grundgesetz intendiert eine im Prinzip nahtlose Abgrenzung der **Gesetzgebungszuständigkeiten** von Bund und Ländern unter Ausschluß echter kumulativer Doppelzuständigkeiten[192] (→ Rn. 23; →Vorb. Art. 70–74 Rn. 56). Einzig für die Materien, hinsichtlich derer die im Zuge der Föderalismusreform 2006 eingeführte Möglichkeit der Abweichungsgesetzgebung gem. **Art. 72 III GG** (→ Rn. 26) besteht, ist seither eine Form von Doppelkompetenz vorgesehen (→ Vorb. Art. 70–74 Rn. 53)[193]. Weiterhin sind Überschneidungen[194] nicht auszuschließen, wenn Bund und Land aufgrund verschiedener Kompetenztitel zur Regelung desselben Lebenssachbereiches ermächtigt sind[195]. Als **Konfliktfelder zwischen Bundes- und Landesgesetzen** haben sich dabei bislang u.a. herauskristallisiert: divergierende Verjährungsvorschriften nach Strafrecht und Presserecht[196]; die Abgrenzung von Gesellschaftsrecht und Kommunalrecht bzw. Landeswahlrecht[197]; die Trennungslinie zwischen dem Polizeirecht der Länder und dem Strafprozeßrecht sowie den Materien der Sicherheitsrechte des Bundes[198];

---

[192] Siehe nur *J. Isensee*, HStR³ VI, § 133 Rn. 98 ff.; *J. Pietzcker*, HStR³ VI, § 134 Rn. 32, 51 f.

[193] Dazu etwa *J. Ipsen*, NJW 2006, 2801 (2804): »doppelte Vollkompetenz«; *R. Sannwald*, in: Schmidt-Bleibtreu/Hofmann/Henneke, Art. 70 Rn. 42 ff. → Art. 72 Rn. 56.

[194] Hier sind nur echte Doppelkompetenzen i. S. jeweiliger Gesetzgebungskompetenzen von Bund und Ländern gemeint. Das Recht der Länder, in ihre Verfassungen Regelungen aus dem Zuständigkeitsbereich des Bundes aufzunehmen (→ Rn. 29), läßt sich höchstens in einem übertragenen Sinn als kumulative Doppelzuständigkeit bezeichnen (so etwa *J. Pietzcker*, HStR³ VI, § 134 Rn. 51 f.).

[195] Dazu *Pestalozza*, GG VIII, Art. 70 Rn. 80 ff.; siehe noch *P. Lerche*, JZ 1972, 468 (471); *W. Brohm*, DÖV 1983, 535 (527 ff.); *J. Rozek*, in: v. Mangoldt/Klein/Starck, GG II, Art. 70 Rn. 11, 58.

[196] BVerfGE 7, 29 (38 ff.); *P. Lerche*, JZ 1972, 468 ff.; *K. Kühl*, in: M. Löffler (Hrsg.), Presserecht, 6. Aufl. 2015, § 24 LPG Rn. 28 ff.

[197] Zur gesellschaftsrechtlichen Problematik etwa *H. Dreier*, Hierarchische Verwaltung im demokratischen Staat, 1991, S. 261 f. m.w.N.; unter besonderer Berücksichtigung der einzelnen kommunalrechtlichen Anknüpfungspunkte *K. Lange*, Kommunalrecht, 2013, S. 928 ff.

[198] Beispielsweise verdrängt das BBodSchG nach h.M. das Landespolizeirecht im Hinblick auf die Person des Sanierungspflichtigen: *R. Schmidt/W. Kahl/F. Gärditz*, Umweltrecht, 9. Aufl. 2014, § 9 Rn. 24 m. Fn. 102; *M. Kniesel*, in: H. Lisken/E. Denninger (Hrsg.), Handbuch des Polizeirechts, 5. Aufl. 2012, J Teil IX Rn. 12 ff.; *L.-A. Versteyl*, in: ders./W. D. Sondermann, Bundesbodenschutzgesetz – Kommentar, 2. Aufl. 2005, § 4 Rn. 37, 39. – Zur Abgrenzung des Strafprozeßrechts vom Po-

IV. Fallgruppen und Einzelfälle **Art. 31**

unterschiedliche Regelungen von Kartellrecht und Rundfunkrecht[199] sowie von bundesrechtlichem Fachplanungs- und landesrechtlichem Bauordnungsrecht[200] (→ Vorb. Art. 70–74 Rn. 56). Probleme bereitet schließlich die (durchaus praxisrelevante) Grenzziehung zwischen der anno 2006 den Ländern zugewiesenen Kompetenz für das Recht »der Spielhallen« (Art. 74 I Nr. 11 GG) und der Bundeskompetenz zur Regelung gewerblicher Gewinnspiele und Geldspielgeräte (»Recht der Wirtschaft«, vgl. §§ 33c bis 33h GewO)[201]. Wie immer sind vor der Feststellung derartiger Normkonflikte kollisionsvermeidende Auslegungsmöglichkeiten zu prüfen (→ Rn. 37)[202]. Zur sachadäquaten Bewältigung auslegungsresistenter Konfliktlagen taugt sodann das Modell der **Kompetenzausübungsschranken** namentlich unter dem Gesichtspunkt der Bundestreue[203] letztlich ebensogut wie das **Gebot kompetentieller Rücksichtnahme**[204]. Zu unspezifisch erscheint hingegen die Berufung auf den Grundsatz der Verhältnismäßigkeit[205], wenig überzeugend – weil zu zentralistisch – der Ansatz, dem Bund zur Lösung dieser Fälle eine Art Kompetenz-Kompetenz zuzusprechen[206]. Verbleibt es allerdings trotz aller Harmonisierungsbemühungen noch immer bei einer Unvereinbarkeit von Bundesrecht und Landesrecht, so setzt sich letztlich wegen Art. 31 GG das Bundesrecht jeglicher Stufe durch[207]. Unnötig und daher nur schwer haltbar ist demgegenüber der Ansatz des Bundesverfassungsgerichts, Kollisionen ohne Prüfung des Art. 31 GG unter Rekurs auf ein aus »der Kompetenzordnung des Grundgesetzes und dem Rechtsstaatsprinzip« geschöpftes **Prinzip der Widerspruchsfreiheit der Rechtsordnung** abzuhelfen[208].

---

lizeirecht *W.-R. Schenke*, Polizei- und Ordnungsrecht, 8. Aufl. 2013, Rn. 23 ff. (insbes. 30 ff.); speziell zu § 81b, 2. Alt. StPO *H. Dreier*, JZ 1987, 1009 ff.

[199] *H. D. Jarass*, Kartellrecht und Landesrundfunkrecht, 1991, S. 35 ff.; *M. Bauer*, Öffentlich-rechtliche Rundfunkanstalten und Kartellrecht, 1993, S. 59 ff.; *Pestalozza*, GG VIII, Art. 74 Rn. 1070 ff. → Art. 74 Rn. 78. – Ferner *T. Herbst*, Gesetzgebungskompetenzen im Bundesstaat, 2014, S. 146 ff. zu BVerfGE 97, 228, wo das Gericht die kompetenzrechtliche Abgrenzung treffen mußte, ob eine Regelung über bestimmte Kurzberichterstattungen der ausschließlichen Bundeskompetenz nach Art. 73 I Nr. 9 GG (Urheberrecht) unterfällt oder eher der Rundfunkkompetenz der Länder.

[200] Dazu nur *W. Brohm*, DÖV 1983, 525 ff.; *Herbst*, Gesetzgebungskompetenzen (Fn. 199), S. 170 f., der bzgl. des Baurechts von »Kompetenzkombinationen« spricht.

[201] Vgl. BayVerfGH NVwZ 2014, 141 (141). Umfassend *H.-P. Schneider*, GewArch. 2013, 137 (137 f.).

[202] Im Falle bestimmter landesrechtlicher Vorschriften zum Nichtraucherschutz war die Kollision etwa durch systematische Auslegung zu umgehen: BVerfGE 121, 317 (348 f., Rn. 99 f.).

[203] Vgl. *A. Dittmann*, HStR[3] VI, § 127 Rn. 38. → Art. 20 (Bundesstaat), Rn. 45 ff.; *Herbst*, Gesetzgebungskompetenzen (Fn. 199), S. 287 ff.; *R. Wagner*, Die Konkurrenzen der Gesetzgebungskompetenzen von Bund und Ländern, 2011, S. 261 ff.

[204] *W. Brohm*, DÖV 1983, 525 (528); am Beispiel der Vergnügungsteuer *H. Sodan/S. Kluckert*, NVwZ 2013, 241 (243). → Art. 20 (Bundesstaat), Rn. 51.

[205] Zu Überlegungen in dieser Richtung *Jarass*, Kartellrecht (Fn. 199), S. 47 ff.; gegen das Verhältnismäßigkeitsprinzip als Kompetenzausübungsschranke *Herbst*, Gesetzgebungskompetenzen (Fn. 199), S. 308 f.; gleichfalls ablehnend *Wagner*, Konkurrenzen (Fn. 203), S. 271 ff. mit dem Hinweis, daß der Verhältnismäßigkeitsgrundsatz im Rahmen der Rechtsfolgen von Bedeutung sein mag.

[206] Zu dieser Konsequenz führte letzten Endes der Ansatz von *C. Pestalozza*, DÖV 1972, 181 (189 ff.); zur Kritik umfangreich *Wiederin*, Bundesrecht (Fn. 21), S. 334 ff.

[207] *Pestalozza*, GG VIII, Art. 70 Rn. 82; *M. Bothe*, in: AK-GG, Art. 70 (2002), Rn. 24; *Jarass*, Kartellrecht (Fn. 199), S. 42, 50 f.; *J. Rozek*, in: v. Mangoldt/Klein/Starck, GG II, Art. 70 Rn. 11, Art. 72 Rn. 252; *März* (Fn. 1), Art. 31 Rn. 65 ff. – Nicht einschlägig insofern BVerfGE 61, 149 (204).

[208] BVerfGE 98, 83 (98, Rn. 141; hier auch das Zitat); 98, 106 (117 ff., Rn. 58 ff.); 98, 265 (301, Rn. 167); 108, 169 (181 f., Rn. 47); 116, 164 (186 f., Rn. 85); hingegen in E 121, 317 (348 f., Rn. 99 f.) Art. 31 GG heranziehend. Kritische Darstellung m. w. N. bei *Wagner*, Konkurrenzen (Fn. 203), S. 245 ff., der zurecht dafür plädiert, solche Widersprüche über Art. 31 GG zu lösen; ferner *H.*

3. Weitere Fälle

59 Anwendungsfälle für Art. 31 GG hat die Judikatur des öfteren im Bereich des öffentlichen Dienst- und Organisationsrechts gesehen. Die Regelung von **Amtsbezeichnungen für Richter** im Hessischen Richterbesoldungsgesetz scheiterte, nachdem der Bund von seiner Kompetenz gem. Art. 72, 74 I Nr. 1 GG Gebrauch gemacht hatte[209]; in diesem Fall sowie bei der wegen § 39 S. 1 HRG unzulässigen **Mehrheitswahl zu den Hochschulgremien** gem. § 26 II 1 des schleswig-holsteinischen Hochschulgesetzes[210] folgte die Nichtigkeit bereits aus dem Verstoß gegen die Kompetenzordnung (→ Rn. 23 ff.), nicht (erst) aus Art. 31 GG. Auf dieser Linie hat das Bundesverfassungsgericht auch die Unvereinbarkeit der **Rechtswegvorschriften des sächsischen Richtergesetzes** mit Bundesrecht unmittelbar aus Art. 72 I GG hergeleitet[211]. Nichtig wegen Verstoßes gegen Art. 72 I GG war eine bauordnungsrechtliche Landesnorm, die im Widerspruch zu § 367 I Nr. 15 StGB a. F. eigene Strafvorschriften für das Bauen ohne Genehmigung enthielt[212].

60 Nach Art. 31 GG »verdrängen« § 43 I SGB I, § 44 BSHG die entsprechende Verfahrensvorschrift des Art. 41 BayKJHG[213]; umstritten ist, ob gleiches für § 39 VwGO im Verhältnis zum **Richtervorbehalt** des § 14 II 1 NdsGefAbwG gilt[214].

61 Verneint hat das Bundesverfassungsgericht die Nichtigkeit einer **Zweitwohnungsteuer** gem. Art. 31 GG, da deren Indexierung weder gegen das Währungsrecht noch gegen das Nominalwertprinzip verstoße[215]. Die lange Zeit in mehreren Bundesländern vorgesehene **kommunale Feuerwehrabgabe** für Männer verstieß nicht allein gegen Art. 3 III GG, sondern bereits gegen Art. 14 der im Range eines Bundesgesetzes geltenden EMRK (→ Vorb. Rn. 28) und wurde daher gemäß Art. 31 GG gebrochen[216]. Bei der umstrittenen Frage der **Bayerischen Abtreibungsgesetzgebung** kam es hingegen wesentlich auf die Abgleichung der Kompetenzvorschriften und ihrer Einhaltung an[217]. Im Bereich des landesrechtlich reglementierten Nichtraucherschutzes konnten Kollisionen mit arbeitsschutzrechtlichen Normen des Bundes hingegen durch (vorrangig zu bemühende) systematische Auslegung (→ Rn. 37) vermieden werden[218]. Die derzeit ebenfalls auf landesrechtlicher Ebene geregelte Materie des Ladenschlusses könnte der Bundesgesetzgeber an sich ziehen, was aufgrund der Sperrwirkung des Art. 72 I GG (→ Art. 72 Rn. 26 ff.) die Nichtigkeit des bereits erlassenen Landesrechts zur Folge hätte[219]. Auch die Herausnahme des Versammlungsrechts (→ Art. 74 Rn. 30)

Sodan/S. Kluckert, NVwZ 2013, 241 (245 f.). Allgemein gegen judikative Versuche, dem politischen Prozeß der Rechtsetzung Rationalitätselemente zu implantieren: *H. Dreier*, Recht und Willkür, in: C. Starck (Hrsg.), Recht und Willkür, 2012, S. 1 ff. (22 ff.).

[209] BVerfGE 32, 199 (220).
[210] BVerfGE 66, 291 (310).
[211] BVerfGE 87, 68 (69); 87, 95 (95): Nichtvereinbarkeit mit Vorschriften des DRiG und des BRRG. Dazu *G. Schmidt-Räntsch/J. Schmidt-Räntsch*, Deutsches Richtergesetz, 6. Aufl. 2009, § 78 Rn. 3 ff.
[212] BVerfGE 29, 11 (17 f.), wo ebenfalls zusätzlich auf Art. 31 GG abgestellt wird.
[213] BayVGH BayVBl. 1995, 116 (116 f.).
[214] So VG Osnabrück NdsVBl. 1994, 64 (Vorlagebeschluß); dagegen *U. Berlit*, NdsVBl. 1995, 197 ff.
[215] BVerfG (K), NVwZ 1990, 356 (357).
[216] → Rn. 12. Zum tatsächlich sehr viel komplexeren Hergang: EGMR NVwZ 1995, 365; BVerfGE 92, 91; *W. Bausback*, BayVBl. 1995, 737 ff.; *A. Bleckmann*, EuGRZ 1995, 387 ff.
[217] BVerfGE 98, 265 (318 ff., Rn. 215 ff.). – Vgl. im Vorfeld der Entscheidung *D. Seckler*, NJW 1996, 3049 ff.; *D. Oberlies*, ZRP 1997, 149 ff.
[218] BVerfGE 121, 317 (348 f., Rn. 99 f.); *F. Hufen*, NdsVBl. 2010, 122 (125 f.). → Fn. 202.
[219] BVerfGE 138, 261 (283 f., Rn. 50); vgl. dort etwa den Verweis auf *J. Ipsen*, Staatsrecht I, Rn. 726,

aus der konkurrierenden Gesetzgebung (ehemals Art. 74 I Nr. 3 GG: »das Vereins- und Versammlungsrecht«) eröffnet dem Landesgesetzgeber neue Handlungsspielräume, welche sich freilich auf der Schrankenebene angesichts einer versammlungsfreundlichen verfassungsrechtlichen Judikatur in Grenzen halten[220].

D. Verhältnis zu anderen GG-Bestimmungen

Der Vorrang internationalen oder supranationalen Rechts bestimmt sich ausschließlich nach den dafür einschlägigen **Art. 23, 24, 25 GG** (→ Rn. 11, 13 f.). Die unmittelbare Grundrechtsbindung auch der Landesstaatsgewalt (→ **Art. 1 III** Rn. 37) läßt für die Anwendung von Art. 31 GG keinen Raum. Des Rückgriffs auf diese Norm bedarf es auch nicht, wenn Landesverfassungsrecht gegen das Homogenitätsgebot des **Art. 28 I GG** verstößt und bereits aus diesem Grunde nichtig ist (→ Rn. 30; → Art. 28 Rn. 73). Die Kompetenzordnung gem. **Art. 70 ff. GG** (einschließlich der Überleitungsvorschriften, Art. 124 ff. GG) entfaltet umfassende Sperrwirkung, so daß Art. 31 GG nicht herangezogen werden muß (→ Rn. 23 ff.; → Art. 70 Rn. 9). Mit der Anordnung der *lex posterior*-Regel im Falle der Abweichungsgesetzgebung gemäß **Art. 72 III GG** ist eine verfassungsrechtliche Ausnahmeregelung zu Art. 31 GG getroffen (→ Rn. 26). **Art. 142 GG** schließlich bestätigt für den Bereich der Landesgrundrechte ausdrücklich das Fortbestehen inhaltsgleichen Landesrechts[221] und unterstreicht zusätzlich die Befugnis der Länder zur Aufnahme von Grundrechtskatalogen in ihre Landesverfassungen (→ Rn. 40; → Art. 142 Rn. 31 f., 99 f.).

62

---

der die Nichtigkeit erst aufgrund von Art. 31 GG folgert. Weiterhin *F. Hufen*, NdsVBl. 2010, 122 (125 f.).

[220] *F. Hufen*, NdsVBl. 2010, 122 (126 f.).
[221] S. noch *Engelbrecht*, Kollisionsregel (Fn. 68), S. 169 ff. m. w. N.

Artikel 32 [Auswärtige Beziehungen]

(1) Die Pflege der Beziehungen zu auswärtigen Staaten ist Sache des Bundes.
(2) Vor dem Abschlusse eines Vertrages, der die besonderen Verhältnisse eines Landes berührt, ist das Land rechtzeitig zu hören.
(3) Soweit die Länder für die Gesetzgebung zuständig sind, können sie mit Zustimmung der Bundesregierung mit auswärtigen Staaten Verträge abschließen.

Literaturauswahl

Aust, Helmut Philipp: »Global Cities« und das Grundgesetz: Kommunales Selbstverwaltungsrecht und auswärtige Gewalt, in: Manuel P. Neubauer u.a. (Hrsg.), L'État, c'est quoi? Staatsgewalt im Wandel: Beiträge der 54. Assistententagung Öffentliches Recht, 2014, S. 215–236.
Bernhardt, Rudolf: Der Abschluß völkerrechtlicher Verträge im Bundesstaat. Eine Untersuchung zum deutschen und ausländischen Bundesstaatsrecht, 1957.
Beyerlin, Ulrich: Rechtsprobleme der lokalen grenzüberschreitenden Zusammenarbeit, 1988.
Biehler, Gernot: Auswärtige Gewalt. Auswirkungen auswärtiger Interessen im innerstaatlichen Recht, 2005.
Calliess, Christian: Auswärtige Gewalt, in: HStR³ IV, § 83, S. 589–632.
Fassbender, Bardo: Auswärtige Zuständigkeiten bundesstaatlicher Gliedstaaten: Die Entstehung des Prinzips der dynamischen Verweisung im Zeitalter der Gründung des Deutschen Reiches (1866–1871), in: JöR 53 (2005), S. 207–283.
Fassbender, Bardo: Der offene Bundesstaat. Studien zur auswärtigen Gewalt und zur Völkerrechtssubjektivität bundesstaatlicher Teilstaaten in Europa, 2007.
Fastenrath, Ulrich: Kompetenzverteilung im Bereich der auswärtigen Gewalt, 1986.
Grewe, Wilhelm G.: Auswärtige Gewalt, in: HStR III, § 77, S. 921–975.
Menzel, Jörg: Internationales Öffentliches Recht. Verfassungs- und Verwaltungsgrenzrecht in Zeiten offener Staatlichkeit, 2011.
Mosler, Hermann: Die Auswärtige Gewalt im Verfassungssystem der Bundesrepublik Deutschland, in: Festschrift für Carl Bilfinger, 1954, S. 243–299.
Niedobitek, Matthias: Das Recht der grenzüberschreitenden Verträge. Bund, Länder und Gemeinden als Träger, 2001.
Papier, Hans-Jürgen: Abschluß völkerrechtlicher Verträge und Föderalismus. Lindauer Abkommen, in: DÖV 2003, S. 265–270.
Reichel, Gerhard Hans: Die auswärtige Gewalt nach dem Grundgesetz für die Bundesrepublik Deutschland vom 23. Mai 1949, 1967.
Stern, Klaus: Auswärtige Gewalt und Lindauer Abkommen, in: Festschrift für Carl Heymanns Verlag, 1995, S. 251–270.
Wildhaber, Luzius: Treaty-Making Power and Constitution. An international and comparative study, 1971.

Leitentscheidungen des Bundesverfassungsgerichts

BVerfGE 2, 347 (368 ff.) – Kehler Hafen; 6, 309 (362) – Reichskonkordat; 92, 203 (231 f.) – EG-Fernsehrichtlinie; 98, 218 (249, Rn. 130) – Rechtschreibreform.

Gliederung

	Rn.
A. Herkunft, Entstehung, Entwicklung	1
I. Ideen- und verfassungsgeschichtliche Aspekte	1
II. Entstehung und Veränderung der Norm	3
B. Internationale, supranationale und rechtsvergleichende Bezüge	7
I. Internationale Bezüge	7
II. Supranationale Aspekte	8
III. Rechtsvergleichende Hinweise	10
C. Erläuterungen	15

I. Allgemeine Bedeutung	15
1. Föderale Dimension der auswärtigen Gewalt	15
2. Kompetenzverteilung im Bundesstaat	16
II. Bundeskompetenz für die Pflege der Beziehungen zu auswärtigen Staaten (Art. 32 I GG)	18
1. Handeln gegenüber auswärtigen Staaten und sonstigen Völkerrechtssubjekten	20
2. Pflege der Beziehungen	22
3. Sache des Bundes	26
4. Möglichkeit und Grenzen des auswärtigen Handelns von Ländern und Kommunen	27
a) Länder	27
b) Kommunen	30
5. Reichweite der Vertragsschlusskompetenz des Bundes	32
a) Allgemeines	32
b) Bundeskompetenz im Bereich ausschließlicher Länderzuständigkeiten	34
c) Lindauer Abkommen	38
6. Materiell-rechtliche Bedeutung	44
III. Anhörungsrecht besonders berührter Länder vor Vertragsschlüssen des Bundes (Art. 32 II GG)	45
1. Besondere Verhältnisse eines Landes	46
2. Rechtzeitige Anhörung	47
IV. Vertragskompetenz der Länder (Art. 32 III GG)	48
1. Anwendungsbereich	49
2. Länderzuständigkeit für die Gesetzgebung	52
3. Zustimmung der Bundesregierung	57
D. Verhältnis zu anderen GG-Bestimmungen	60

Stichwörter

Acta iure imperii/gestionis 24 – Anhörung (Länder) 45 ff. – Anwendungsbereich 20 ff. – auswärtige Gewalt 1, 15 – auswärtige Staaten 20, 49 – Bundesregierung (Organkompetenz) 26 – Bundesregierung (Zustimmung) 4, 6, 16 f., 52, 57 ff. – Bundesstaat 2, 7, 10, 14, 17 – Bundestreue 29, 31, 37, 40, 43, 45, 50 – diplomatische Beziehungen 23, 29 – EU 6, 8 f., 51, 60 – GASP 9 – gemeinsame Abkommen 56 – gemischte Abkommen 9, 51 – Gesetzgebungskompetenzen 32 ff., 52, 60 – informelle Akte 22, 27 – innerstaatliche Akte 25 – Kommunen 19, 30 f., 49 – Konkordate 21 – Kulturabkommen 33, 40 – Lindauer Abkommen 5, 35, 38 ff., 51 – öffentliche Sicherheit 44 – Organkompetenz 26, 60 – Pflege der Beziehungen 22 ff. – Rücksichtnahme 29, 31 – Sperrwirkung 28, 31, 55 – Spezialregelung 60 – Staatsvertrag 60 – Transformationskompetenz 34 ff. – Vertragsschlusskompetenz (Bund) 16, 26, 32 ff. – Vertragsschlusskompetenz (EU) 9 – Vertragsschlusskompetenz (Kommunen) 19, 30 f., 49 – Vertragsschlusskompetenz (Länder) 14, 16 f., 27 ff., 34 ff., 48 ff. – Verwaltungsabkommen 28, 50, 53 – Völkerrechtsfähigkeit 7, 9, 20 – völkerrechtsförmliche Akte 22 f.

A. Herkunft, Entstehung, Entwicklung

I. Ideen- und verfassungsgeschichtliche Aspekte

In einer spezifischen Kompetenzzuweisung für die Pflege der Beziehungen zu auswärtigen Staaten klingt das überkommene **Verständnis der auswärtigen Gewalt als besondere Staatsfunktion** an, das sich schon bei John Locke (»federative power«)[1], Montes-

1

---

[1] *J. Locke*, Two Treatises of Government, Buch 2, Kap. XII, §§ 144 ff., fasst unter die von der Exekutive zu unterscheidende, dennoch mit ihr verbundene Federative Power »the power of war and peace, leagues and alliances, and all the transactions, with all persons and communities without the common-wealth«.

Art. 32 A. Herkunft, Entstehung, Entwicklung

quieu[2] oder in den Federalist Papers (»Treaty Making Power«)[3] findet[4]. Es gründet in der mit der Idee vom souveränen und abgeschlossenen Nationalstaat verbundenen Vorstellung eines **Dualismus von staatlicher Innen- und Außenwelt**[5], die indes Europäisierungs- und Internationalisierungsprozesse sowie die mit ihnen einhergehende Permeabilität zunehmend relativieren (→ Rn. 15)[6].

2   In föderalen Ordnungen stellt sich zudem die in Art. 32 GG geregelte Frage nach der **Kompetenzverteilung zwischen Bundes- und Gliedebene** (zur Parlamentarisierung → Art. 59 Rn. 2, 14 ff.). In der deutschen Verfassungstradition[7] ist eine allmähliche Zentralisierung, freilich unter Beibehaltung von Handlungsbefugnissen der Länder, zu verzeichnen. Im **Alten Reich** koexistierten Bündnisrechte des Reiches und der Reichsstände[8]. Auch die Mitglieder des **Deutschen Bundes** blieben völkerrechtlich handlungsbefugt; ihnen stand gemäß Art. 11 III der Bundesakte vom 8.6.1815 das Recht zu, Bündnisse aller Art einzugehen, wobei sich diese nicht gegen die Sicherheit des Bundes oder anderer Bundesstaaten richten durften. Mit der Wiener Schlussakte vom 18.5.1820 erlangte der Bund, entsprechend dem Regelungsauftrag in Art. 10 Bundesakte, (beschränkte) völkerrechtliche Handlungsbefugnisse (Art. XXXV, L)[9]. Die **Paulskirchenverfassung** setzte auf eine Zentralisierung, indem sie »die völkerrechtliche Vertretung Deutschlands und der einzelnen deutschen Staaten« einschließlich des Vertragsschlusses mit ausländischen Staaten der Reichsgewalt zuwies (§ 6) und den einzelnen deutschen Regierungen den Abschluss von Verträgen mit nichtdeutschen Regierungen lediglich in den Bereichen des Privatrechts, des nachbarlichen Verkehrs und der Polizei gestattete (§ 8); überdies waren alle Verträge nicht rein privatrechtlichen Inhalts der Reichsgewalt (§ 9) und dem Kaiser (§ 78) »zur Kenntnißnahme und, insofern das Reichsinteresse dabei betheiligt ist, zur Bestätigung vorzulegen«. Die **RV (1871)**[10] hielt zwar an der Völkerrechtsfähigkeit der Länder formal fest[11], verteilte allerdings die Vertragsschlusskompetenz entsprechend der innerstaatlichen Gesetzgebungszuständigkeit (arg. Art. 11 I 3, III)[12]; Verträge, die Gegenstände der Reichsge-

---

[2] *Montesquieu*, De l'esprit des loix (1748), XI. Buch, Kap. VI, identifiziert eine »puissance exécutrice des choses qui dépendent du droit des gens«, mittels derer »[le prince ou le magistrat] fait la paix ou la guerre, envoie ou reçoit des ambassades, établit la sûreté, prévient les invasions.«

[3] *A. Hamilton*, The Treaty Making Power of the Executive, Federalist No. 75: »The power in question seems therefore to form a distinct department, and to belong, properly, neither to the legislative nor to the executive.«

[4] Näher *G. Biehler*, Auswärtige Gewalt, 2005, S. 3 ff., 29 ff.; *E. Menzel*, Die auswärtige Gewalt der Bundesrepublik, VVDStRL 12 (1953), S. 179 ff. (183 ff.); *Pernice* → Bd. II², Art. 32 Rn. 1; *E. Wolgast*, AöR 44 (1923), 1 (5 ff.).

[5] S. etwa *G.W.F. Hegel*, Grundlinien der Philosophie des Rechts (1821), § 259; ferner das Bild von *E. Wolgast*, AöR 44 (1923), 1 (78), vom »Hause […] mit einer einzigen Eingangstür«.

[6] S. nur *U. Fastenrath/T. Groh*, in: Friauf/Höfling, GG, Art. 32 (2004), Rn. 5 ff.; *M. Nettesheim*, in: Maunz/Dürig, GG, Art. 32 (2007), Rn. 12 ff.; *O. Rojahn*, in: v. Münch/Kunig, GG I, Art. 32 Rn. 5 f. Zum Konzept der Permeabilität *M. Wendel*, Permeabilität im Europäischen Verfassungsrecht, 2011.

[7] Umfassend zur Genese *B. Fassbender*, in: BK, Art. 32 (2011), Rn. 25 ff., 169 ff.; *ders.*, Der offene Bundesstaat, 2007, S. 91 ff.

[8] S. Art. VIII, 2 Friedensvertrag von Osnabrück; § 63 Friedensvertrag von Münster. Näher *E.-W. Böckenförde*, Der Staat 8 (1969), 449 (454 ff.); *Fassbender* (Fn. 7), Art. 32 Rn. 26 ff.

[9] S. *Fassbender* (Fn. 7), Art. 32 Rn. 33.

[10] Zum Hintergrund *B. Fassbender*, JöR 53 (2005), 207 (223 ff.); *ders.*, Bundesstaat (Fn. 7), S. 91 ff., 201 ff.

[11] *B. Kempen*, in: v. Mangoldt/Klein/Starck, GG II, Art. 32 Rn. 2.

[12] *G. Meyer/G. Anschütz*, Lehrbuch des deutschen Staatsrechts, 7. Aufl. 1919, S. 263, 819 Anm. 14; *Fassbender* (Fn. 7), Art. 32 Rn. 39 f.; *Pernice* → Bd. II², Art. 32 Rn. 4.

setzgebung gemäß Art. 4 betreffen, unterlagen einem Zustimmungsrecht des Bundesrats (Art. 11 III). Mit der **WRV** ging eine weitere Zentralisierung einher[13]. Art. 78 I WRV wies die »Pflege der Beziehungen zu den auswärtigen Staaten« »ausschließlich« dem Reich zu; dies beseitigte das den Ländern noch unter der RV (1871) zugestandene Recht, im Rahmen ihrer Zuständigkeiten diplomatischen Verkehr mit dem Ausland zu pflegen[14]. Indes kam den Ländern gemäß Art. 78 II WRV die ausschließliche[15] Zuständigkeit dafür zu, im Rahmen ihrer Gesetzgebungskompetenzen Verträge mit auswärtigen Staaten abzuschließen; allerdings galt ein Zustimmungsvorbehalt des Reiches, für dessen Ausübung sich in der Weimarer Staatslehre und -praxis die Zuständigkeit der Reichsregierung durchgesetzt hat[16]. Zum Schutz der Länderinteressen knüpfte Art. 78 III WRV den Abschluss von Grenzverträgen an eine Zustimmung der beteiligten Länder; des Weiteren oblag es dem Reich, »im Einvernehmen mit den beteiligten Ländern die erforderlichen Einrichtungen und Maßnahmen« zu treffen, »[u]m die Vertretung der Interessen zu gewährleisten, die sich für einzelne Länder aus ihren besonderen wirtschaftlichen Beziehungen oder ihrer benachbarten Lage zu auswärtigen Staaten ergeben«. Im **Dritten Reich** verloren die Länder ihr Vertragsschlussrecht[17].

II. Entstehung und Veränderung der Norm

Bereits[18] **Art. 41 HChE** enthielt eine – indes auf den Abschluss von Verträgen mit auswärtigen Staaten beschränkte – Regelung der Kompetenzverteilung zwischen Bund und Ländern[19]. Die ursprünglich in Art. 41 I HChE vorgesehene Korrelation der **Vertragsschlusskompetenz** mit der innerstaatlichen Gesetzgebungszuständigkeit hat der Hauptausschuss durch die Grundgesetz gewordene Regelung einer Zuständigkeit des Bundes für die Pflege auswärtiger Beziehungen mit einer parallelen Vertragsschlusskompetenz der Länder im Rahmen ihrer Gesetzgebungszuständigkeiten ersetzt. Hintergrund dieser Änderung war, dass die Gesetzgebungszuständigkeit des Bundes nicht für alle wichtigen Bereiche der auswärtigen Angelegenheiten erfassend erachtet wurde (insb. Beitritt zu einem System gegenseitiger kollektiver Sicherheit und Schiedsgerichtsverträge)[20]; die mit der Änderung einhergehende Erweiterung der Bundeskompetenz über Vertragsschlüsse hinaus auf das gesamte auswärtige Handeln wurde ebenso wenig weiter thematisiert[21] wie das jedenfalls dem neuen Wortlaut nach denkbare, bis heute indes umstrittene Vertragsschlussrecht des Bundes in Bereichen aus-

3

---

[13] Umfassend *Fassbender*, Bundesstaat (Fn. 7), S. 233 ff.
[14] *Anschütz*, WRV, Art. 78 Rn. 1. S. auch *Fassbender* (Fn. 7), Art. 32 Rn. 43, 74; *Kempen* (Fn. 11), Art. 32 Rn. 3, 16.
[15] S. *Fassbender* (Fn. 7), Art. 32 Rn. 44 m. w. N., auch zur vereinzelt vertretenen Gegenauffassung (für diese *J. Hatschek*, Deutsches und preussisches Staatsrecht, Bd. 2, 1923, S. 441 ff.).
[16] *Anschütz* (Fn. 14), Art. 78 Rn. 6; vgl. auch BVerfGE 2, 347 (370).
[17] Art. 2 I Gesetz über den Neuaufbau des Reichs vom 30.1.1934, RGBl. I, S. 75. Näher *Fassbender* (Fn. 7), Art. 32 Rn. 55.
[18] Zu Vorentwürfen *Fassbender* (Fn. 7), Art. 32 Rn. 53 f.; *ders.*, Bundesstaat (Fn. 7), S. 272 ff.; *U. Bachmann*, in: Schneider, GG-Dokumentation, Bd. 10, S. 101 ff.
[19] HChE, Darstellender Teil, Parl. Rat II, S. 529.
[20] Abg. *von Mangoldt*, Parl. Rat XIV/2, S. 1522 f. Vgl. ferner die Diskussion zur Bundeskompetenz, Parl. Rat IX/1, S. 914 f., und die Diskussion im Organisationsausschuss, dokumentiert bei *U. Bachmann*, in: Schneider, GG-Dokumentation, Bd. 10, S. 149 ff.
[21] Vgl. *U. Bachmann*, in: Schneider, GG-Dokumentation, Bd. 10, S. 91; ferner *Pernice* → Bd. II², Art. 32 Rn. 25.

Art. 32 A. Herkunft, Entstehung, Entwicklung

schließlicher Landeskompetenzen (→ Rn. 34 ff.). Unklar blieb auch das Verhältnis von Art. 73 I Nr. 1 GG zu Art. 32 I GG[22].

4 Zur Wahrung gesamtstaatlicher Interessen ordnete Art. 41 II HChE nach der Art der Länderkompetenz (ausschließlich/konkurrierend) differenzierende Veto- bzw. Zustimmungs- sowie Informationsrechte des Bundes an, die nach Änderungen durch den Allgemeinen Redaktionsausschuss[23] in den einheitlichen **Zustimmungsvorbehalt der Bundesregierung** (Art. 32 III GG) mündeten. Schließlich hat auch das **Anhörungsrecht der Länder** gemäß Art. 32 II GG einen Vorläufer in Art. 41 III HChE, der Beteiligungsrechte einzelner Länder bei Verträgen des Bundes, die ihre wirtschaftlichen Interessen spezifisch betreffen, vorsah; Anwendungsbereich, Art, Ausmaß und Zeitpunkt der Länderbeteiligung (einschließlich ihrer Problematik) wurden im Zuständigkeitsausschuss ausgiebig erörtert, der dann auch die nur noch geringfügig geänderte, Grundgesetz gewordene Formulierung fand[24].

5 Art. 32 GG hat **trotz verschiedener Reformvorschläge** bislang **keine Änderung** erfahren[25]. Die Enquete-Kommission Verfassungsreform schlug 1976 eine der weiten herrschenden Auslegung entsprechende Erstreckung des Abs. 1 auf die Pflege auswärtiger Beziehungen (→ Rn. 22 ff.) und die nach wie vor umstrittene Bekräftigung einer konkurrierenden Vertragsschlusskompetenz des Bundes im Bereich ausschließlicher Länderzuständigkeiten vor, wobei die Länder zwar weiterhin transformationsberechtigt, aber auch (nach Zustimmung) transformationsverpflichtet sein sollten (→ Rn. 40)[26]. Der Reformvorschlag der Kommission Verfassungsreform des Bundesrates (1991/1992) und ein (wegen gesamtstaatlicher Bedenken und der »Bewährung« des Art. 32 GG in der Praxis nicht mehrheitsfähiger) Vorstoß des Landes Nordrhein-Westfalen im Rahmen der GVK (1992) zielten demgegenüber auf eine Bekräftigung und Erweiterung der Handlungsmöglichkeiten der Länder; sie sahen aber auch eine verfassungsrechtliche (länderfreundliche) Verankerung von Grundsätzen des Lindauer Abkommens (→ Rn. 38 ff.) vor[27].

6 Art. 32 GG hat mit Inkrafttreten des ihm gegenüber speziellen (→ Rn. 60) **Europa-Artikels** (Art. 23 GG) im Jahre 1992 ein bedeutsames Anwendungsfeld verloren; Art. 23 GG hält zwar an der Außenvertretung durch den Bund fest, normiert aber innerstaatliche Mitwirkungsrechte der Länder (Art. 23 II, IV–VI GG; → Art. 23 Rn. 115 ff., 136 f.). Der zeitgleich eingefügte, gegenüber Art. 32 GG spezielle Art. 24 Ia GG hat die auswärtigen Handlungsbefugnisse der Länder erweitert, indem er letzte-

---

[22] *U. Bachmann*, in: Schneider, GG-Dokumentation, Bd. 10, S. 141 ff. (Dokument Parl. Rat).
[23] Drs. 279, Parl. Rat VII, S. 42 ff., und Drs. 370, Parl. Rat VII, S. 133 ff.
[24] Parl. Rat III, S. 225 ff.; ferner S. 301, 524 f., 533.
[25] Positiv *Fastenrath/Groh* (Fn. 6), Art. 32 Rn. 115. Eine Reform befürworten *H.-J. Papier*, DÖV 2003, 265 (269); *Stern*, Staatsrecht I, S. 696. Umfassend zu Reformoptionen *W. Feldmann*, Zur verfassungsrechtlichen Neuverteilung der Kompetenzen beim Abschluß völkerrechtlicher Verträge in der Bundesrepublik Deutschland, 1975, S. 90 ff.
[26] Schlußbericht der Enquete-Kommission Verfassungsreform vom 9.12.1976, BT-Drs. 7/5924, S. 231 ff., 256. Näher *D. König*, Die Übertragung von Hoheitsrechten im Rahmen des europäischen Integrationsprozesses, 2000, S. 143 ff.; *W. Rudolf*, Völkerrechtliche Verträge über Gegenstände der Landesgesetzgebung, in: FS Armbruster, 1976, S. 59 ff. (70 ff.).
[27] BR-Drs. 360/92, S. 5 f., und Bericht der GVK v. 5.11.1993 (BT-Drs. 12/6000), S. 27. S. ferner Entschließung der »Martin-Kommission«, LT R-P Drs. 10/1150, S. 6. Im Überblick *König*, Übertragung (Fn. 26), S. 153 ff., 180; *K. Schmalenbach*, Der neue Europaartikel 23 des Grundgesetzes im Lichte der Arbeit der Gemeinsamen Verfassungskommission, 1996, S. 172 ff.

ren ermöglicht, Hoheitsrechte mit Zustimmung der Bundesregierung auf **grenznachbarschaftliche Einrichtungen** zu übertragen (→ Rn. 28, 55; → Art. 24 Rn. 54 ff.).

B. Internationale, supranationale und rechtsvergleichende Bezüge

I. Internationale Bezüge

Während Staaten als geborenen Völkerrechtssubjekten umfassende Völkerrechtssubjektivität zukommt (vgl. Art. 6 VRK), setzt die (partielle) **Völkerrechtssubjektivität** von Gliedstaaten eines Bundesstaates, wozu die deutschen Länder trotz der ihnen verfassungsrechtlich zuerkannten Staatsqualität rechnen (→ Art. 20 [Bundesstaat] Rn. 41), sowohl eine entsprechende Entscheidung des Gesamtstaates als auch die Anerkennung der Völkerrechtsfähigkeit in der Völkerrechtsgemeinschaft voraus[28]; sie ist damit **abgeleitet**[29]. Die innerstaatliche Zuerkennung der partiellen Völkerrechtsfähigkeit an die Länder, über deren Umfang die Staaten völkerrechtlich frei entscheiden können, liegt in Art. 32 III GG[30]; hinsichtlich der internationalen Anerkennung umstritten ist, ob sich bereits diejenige der Bundesrepublik Deutschland als Bundesstaat auf die in Art. 32 III GG enthaltene Entscheidung für eine (partielle) Völkerrechtssubjektivität der Länder erstreckt oder aber eine Anerkennung im Einzelfall notwendig ist, etwa durch den Abschluss eines völkerrechtlichen Vertrages mit einem Bundesland[31]. 7

II. Supranationale Aspekte

Der EU kommt angesichts der erreichten Integrationsdichte, der Emanzipation von ihren völkerrechtlichen Grundlagen und der institutionellen sowie rechtlichen Verflechtung, namentlich der innerstaatlichen Anwendbarkeit des Unionsrechts, eine **Sonderrolle im Rahmen der auswärtigen Beziehungen** zu, was sich nicht nur in der Rede von der »Europapolitik als Innenpolitik« niederschlägt[32], sondern auch in einem verfassungsrechtlichen Sonderregime für Beteiligung und innerstaatliche Willensbildung (Art. 23 GG), das die Kompetenzverteilung zwischen Bund und Ländern gegenüber Art. 32 GG speziell regelt (→ Rn. 60; zur völkervertraglichen Kooperation im EU-Kontext → Rn. 9). 8

Als internationaler Organisation kommt der **EU (relative) Völkerrechtssubjektivität** zu, weil ihr die Mitgliedstaaten diese zuerkannt (vgl. Art. 47 EUV, Art. 205 ff. AEUV) und Drittstaaten diese anerkannt haben[33]. Die der EU übertragene auswärtige Gewalt 9

---

[28] *Fassbender*, Bundesstaat (Fn. 7), S. 419 ff., 436 ff.; *Pernice* → Bd. II², Art. 32 Rn. 10; *W. Rudolf*, in: MP-EPIL, Federal States (2011), Rn. 16; *L. Wildhaber*, Treaty-Making Power and Constitution, 1971, S. 263 ff.; ferner – gegen Anerkennungserfordernis – *M. Niedobitek*, Das Recht der grenzüberschreitenden Verträge, 2001, S. 179 ff.

[29] *H. Mosler*, Die völkerrechtliche Wirkung bundesstaatlicher Verfassungen, in: FS Thoma, 1950, S. 129 ff. (136 f.); *Wildhaber*, Treaty-Making Power (Fn. 28), S. 263. So bereits *G. Jellinek*, Die Lehre von den Staatenverbindungen, 1882, S. 44 ff.

[30] *Rojahn* (Fn. 6), Art. 32 Rn. 7. Umstritten ist, ob der Gesamtstaat die Völkerrechtssubjektivität aberkennen kann, was als Konsequenz seiner Verfassungsautonomie teils bejaht wird (so *R. Geiger*, Grundgesetz und Völkerrecht, 6. Aufl. 2013, S. 45; s. *Pernice* → Bd. II², Art. 32 Rn. 10 Fn. 29).

[31] Für ersteres *Mosler*, Wirkung (Fn. 29), S. 163. Offen gelassen von *Rojahn* (Fn. 6), Art. 32 Rn. 7.

[32] *Pernice* → Bd. II², Art. 32 Rn. 12.

[33] *Streinz*, Europarecht, Rn. 1180 f.; im Einzelnen *W. Schroeder*, EuR-Beiheft 1/2012, 9 ff.

beschränkt die ursprünglich **gemäß Art. 32 GG Bund respektive Ländern zustehenden Handlungsbefugnisse**, indem sie Zuständigkeiten auf Unionsebene begründet und eine Mitwirkung der Mitgliedstaaten lediglich im Rahmen der primärrechtlich vorgesehenen Beteiligung auf Unionsebene (im Rat) erfolgt. Zu unterscheiden sind die **GASP** (Art. 23 ff. EUV) und das **sonstige auswärtige Handeln der Union** gemäß Art. 205 ff. AEUV. Die **GASP** erstreckt »sich auf alle Bereiche der Außenpolitik sowie auf sämtliche Fragen im Zusammenhang mit der Sicherheit der Union, einschließlich der schrittweisen Festlegung einer gemeinsamen Verteidigungspolitik, die zu einer gemeinsamen Verteidigung führen kann« (Art. 24 I UA 1 EUV). Sie ist unbeschadet ihrer voranschreitenden Institutionalisierung (namentlich Berufung eines Hohen Vertreters und Schaffung eines ihn unterstützenden Europäischen Auswärtigen Dienstes, Art. 27 EUV), nach wie vor vornehmlich intergouvernemental strukturiert und mitunter durch mitgliedstaatliche Differenzen gekennzeichnet[34]. Das **sonstige auswärtige Handeln** der Union bezieht sich auf spezifische Politikbereiche. Neben ausdrücklichen **Vertragsschlusskompetenzen**[35] sieht Art. 216 I AEUV, ausgehend von der implizite Vertragsschlusskompetenzen anerkennenden AETR-Rechtsprechung[36], ein Vertragsschlussrecht vor, »wenn der Abschluss einer Übereinkunft im Rahmen der Politik der Union entweder zur Verwirklichung eines der in den Verträgen festgesetzten Ziele erforderlich oder in einem verbindlichen Rechtsakt der Union vorgesehen ist oder aber gemeinsame Vorschriften beeinträchtigen oder deren Anwendungsbereich ändern könnte.«[37] **Verbleibende mitgliedstaatliche Handlungsbefugnisse** bestimmen sich danach, ob eine ausschließliche Zuständigkeit der EU (Art. 3 AEUV) oder parallele (Art. 4 III, IV AEUV) respektive geteilte (Art. 2 II AEUV) Zuständigkeiten vorliegen[38]. Bei zwischen Union und Mitgliedstaaten geteilter Zuständigkeit können **gemischte Abkommen** abgeschlossen werden[39] (→ Rn. 51).

III. Rechtsvergleichende Hinweise

10 Auch bundesstaatliche Verfassungen[40] **zentralisieren** die **auswärtige Gewalt** prinzipiell beim Bund. So kommen in den **USA** der Union die infolge der Unabhängigkeit erlangten »international powers« zu[41], und enthalten europäische Verfassungen Art. 32 I GG vergleichbare Regelungen (s. Art. 167 § 1 Verf. Belgiens; Art. 10 I Nr. 2 österr.

---

[34] *Streinz*, Europarecht, Rn. 1182 f., 1253 ff.

[35] S. Art. 8 II EUV (Nachbarschaftspolitik) und im AEUV Art. 79 III (Rückübernahme von Drittstaatsangehörigen), Art. 186 (Zusammenarbeit in den Bereichen Forschung, technologische Entwicklung und Demonstration), Art. 191 IV (Umwelt), Art. 207 (Handelspolitik), Art. 209 II (Entwicklungszusammenarbeit), Art. 212 II (wirtschaftliche, finanzielle und technische Zusammenarbeit mit Drittländern), Art. 214 IV (humanitäre Hilfe), Art. 217 (Assoziierungsabkommen) und Art. 219 (Währungspolitik).

[36] EuGH v. 31.3.1971, Rs. 22/70, Rn. 263 – *AETR*.

[37] Im Einzelnen *K. Schmalenbach*, in: Calliess/Ruffert, EUV/AEUV, Art. 216 AEUV Rn. 8 ff.; *S. Vöneky/B. Beylage-Haarmann*, in: Grabitz/Hilf/Nettesheim, EUV/AEUV, Art. 216 AEUV (2011), Rn. 5 ff.

[38] Näher *Schmalenbach* (Fn. 37), Art. 216 AEUV Rn. 21 ff.; *Streinz*, Europarecht, Rn. 1184 ff.

[39] Näher *F. Kaiser*, Gemischte Abkommen im Lichte bundesstaatlicher Erfahrungen, 2009; *Streinz*, Europarecht, Rn. 1202.

[40] Umfassend rechtsvergleichend *Fassbender* (Fn. 7), Art. 32 Rn. 203 ff.; *ders.*, Bundesstaat (Fn. 7), S. 40 ff., 70 ff.; ferner (Stand 1971) *Wildhaber*, Treaty-Making Power (Fn. 28), S. 278 ff.

[41] U.S. Supreme Court, *United States v. Curtiss-Wright Export Corporation*, 299 U.S. 304 (1936). Näher *C. Benedict*, JöR 49 (2001), 549 ff.; *W. Brugger*, AöR 126 (2001), 337 (392 f.).

Verf.; Art. 54 I BV). Nach der gleichwohl verbleibenden völkerrechtlichen Handlungsfähigkeit der Gliedstaaten differenzierend, lassen sich **offene und geschlossene Bundesstaaten** unterscheiden[42]. Anders als teils angenommen, kennzeichnet das erste Modell den europäischen Bundesstaat, so dass sich Art. 32 GG nicht als Ausnahme erweist[43].

Musterbeispiel[44] für das zweite Modell sind die **USA**, deren Verf. (Art. I Sec. 10 I) den Bundesstaaten untersagt, »[to] enter into any Treaty, Alliance, or Confederation«; Abs. 3 sieht lediglich den (praktisch unbedeutenden[45]) Abschluss eines »Agreement or Compact« mit anderen Staaten nach Zustimmung des Kongresses vor[46]. Demgegenüber steht im offenen Modell die **Vertragsschlusskompetenz** Bund und Gliedstaaten zu, wobei die **Kompetenzabgrenzung variiert**. Art. 167 Verf. Belgiens enthält die gliedstaatfreundlichste Regelung, indem er eine ausschließliche (vgl. § 1 f.) Vertragsschlusskompetenz der Gemeinschaften und Regionen für Materien, die in den Zuständigkeitsbereich ihres Parlaments fallen (Art. 127 ff. Verf. Belgiens), begründet (Art. 167 § 3). Dagegen verleihen Art. 56 I BV[47] und seit dem 1.1.1989 auch Art. 16 I österr. Verf.[48] den Kantonen bzw. Bundesländern zwar ein Vertragsschlussrecht in ihrem Zuständigkeitsbereich (in Österr. indes räumlich auf angrenzende Staaten oder deren Teilstaaten beschränkt); allerdings konkurriert dieses mit einer gegenständlich umfassenden Vertragsschlusskompetenz des Bundes auch im Zuständigkeitsbereich der Bundesländer bzw. Kantone (Art. 10 I Nr. 2 österr. Verf.; Art. 54 I BV)[49], wobei die Transformationsbefugnis bei letzteren verbleibt (eine Transformationsbefugnis des Bundes kennen demgegenüber Art. 51 xxix Verf. Australiens[50], Art. 253 Verf. Indiens und die USA[51])[52].

Demnach bestehende **Handlungsbefugnisse der Gliedstaaten** sind gemäß Art. 143 § 1 Verf. Belgiens[53] und Art. 56 II BV mit **Rücksicht auf den Bund** auszuüben, ohne dass ein Zustimmungsrecht des letzteren bestünde; Art. 16 I ff. österr. Verf. verlangt dagegen, die Bundesregierung vor Aufnahme der Verhandlungen zu unterrichten, und räumt dieser überdies ein Zustimmungs- sowie ein Kündigungsrecht ein[54]. Für Bun-

---

[42] Nach *Fassbender* (Fn. 7), Art. 32 Rn. 203 f.

[43] *Fassbender* (Fn. 7), Art. 32 Rn. 23; anders C. *Calliess*, HStR³ IV, § 83 Rn. 52; *Fastenrath/Groh* (Fn. 6), Art. 32 Rn. 107, und im internationalen Vergleich *Pernice* → Bd. II², Art. 32 Rn. 14.

[44] Zentralistisch auch Brasilien, zur Debatte *E. M. Ceia*, Panorama of Brazilian Law 1 (2013), 399 ff.

[45] Vgl. *Pernice* → Bd. II², Art. 32 Rn. 15.

[46] Näher L. *Henkin*, Foreign Affairs and the United States Constitution, 2. Aufl. 1996, S. 149 ff.

[47] Enger (Enumerationsprinzip) Art. 9 BV a.F. (revidiert 1999), vgl. umfassend zur Schweiz *Fassbender* (Fn. 7), Art. 32 Rn. 213 ff.

[48] Bundes-Verfassungsgesetz-Novelle 1988, ÖBGBl. 1988, Nr. 685.

[49] *Fassbender* (Fn. 7), Art. 32 Rn. 218, 226; S. *Hammer*, Länderstaatsverträge, 1992, S. 78 ff.

[50] Etabliert in High Court of Australia, *Commonwealth v. Tasmania*, (1983) 158 CLR 1, dazu W. *Rudolf*, in: MP-EPIL, Federal States (2011), Rn. 30.

[51] U.S. Supreme Court, *Missouri v. Holland*, 252 U.S. 416 (1920).

[52] P. *Tschannen*, Staatsrecht der Schweizerischen Eidgenossenschaft, 2004, S. 288; L. *Adamovich/B.-C. Funk/G. Holzinger/S. Frank*, Österreichisches Staatsrecht Bd. 1, 2. Aufl. 2011, S. 214 f.

[53] Im Detail R. *Mörsdorf*, Das belgische Bundesstaatsmodell im Vergleich zum deutschen Bundesstaat des Grundgesetzes, 1996, S. 185 ff.

[54] Zu Österreich K. *Berchtold*, ZÖR 40 (1989), 217 ff.; P. *Bittner*, Verfassungsrechtlicher Handlungsspielraum für eine eigene Außenpolitik der Länder, in: S. Hammer/P. Bußjäger (Hrsg.), Außenbeziehungen im Bundesstaat, 2007, S. 3 ff.; P. *Bußjäger*, Die innerstaatliche Koordination zwischen Bund und Ländern in auswärtigen Angelegenheiten, ebd., S. 31 ff.; *Hammer*, Länderstaatsverträge (Fn. 49), S. 75 ff.; M. *Thaler*, Die Vertragsschlußkompetenz der österreichischen Bundesländer, 1990.

deshandeln im Zuständigkeitsbereich der Kantone normieren Art. 54 III und Art. 55 BV Rücksichtnahmepflichten des Bundes sowie Informations- und Mitwirkungsrechte der Kantone[55]. Eine besonders ausdifferenzierte Regelung insoweit findet sich in der **österr. Verf.** Diese sorgt für eine effiziente Umsetzung der vom Bund abgeschlossenen Verträge im Zuständigkeitsbereich der Länder, indem Art. 16 IV nicht nur eine Umsetzungspflicht der Länder statuiert, sondern bei Verstößen auch einen Zuständigkeitsübergang auf den Bund (ebenso Art. 23d V im EU-Kontext, → Art. 23 Rn. 29; s. auch Art. 169 Verf. Belgiens); überdies kommt dem Bund das Recht zu, die Durchführung zu überwachen (Art. 16 V). Als Gegengewicht zu dieser Zentralisierung sieht Art. 10 III nicht nur ein Stellungnahmerecht der Länder vor dem Abschluss von Staatsverträgen vor, die »Durchführungsmaßnahmen [der Länder] erforderlich machen oder die den selbständigen Wirkungsbereich der Länder in anderer Weise berühren«; vielmehr ist der Bund an eine einheitliche Länderposition – vorbehaltlich zwingender außenpolitischer Gründe – gebunden. Jenseits völkerrechtlicher Verträge hat der US Supreme Court die Bundesstaaten auf ein Handeln in Einklang mit der Außenpolitik des Bundes verpflichtet und dieser zuwiderlaufende Handelssanktionen eines Bundestaates für verfassungswidrig erklärt[56]. Schließlich räumt Art. 56 III BV den Kantonen in ihrem Zuständigkeitsbereich das Recht zum direkten Verkehr mit »untergeordneten ausländischen Behörden« ein.

13 Vertragsschlusskompetenzen territorialer Untergliederungen finden sich auch in **Zentralstaaten**, oftmals als Konsequenz von Dezentralisierungsprozessen (s. etwa seit 2001 **Art. 117 IX Verf. Italiens**)[57]. In **Spanien** besteht demgegenüber eine ausschließliche Zuständigkeit des (Zentral-)Staates für die »relaciones internacionales« (Art. 149 I Nr. 3 Spanische Verf.), die die Staatspraxis und die jüngere Rechtsprechung des Tribunal Constitucional zugunsten beschränkter Zuständigkeiten der Autonomen Gemeinschaften unterhalb der Schwelle des völkerrechtserheblichen Handelns relativieren[58].

14 Im **Landesverfassungsrecht** bekräftigt Art. 181 **Verf. Bay.** »[d]as Recht des Bayerischen Staates, im Rahmen seiner Zuständigkeit Staatsverträge abzuschließen«.

---

[55] Details im Bundesgesetz über die Mitwirkung der Kantone an der Aussenpolitik des Bundes vom 22.12.1999, AS 2000, S. 1477; näher *Fassbender* (Fn. 7), Art. 32 Rn. 218.
[56] U.S. Supreme Court, *Crosby et al. v. National Foreign Trade Council*, 530 U.S. 363 (2000).
[57] Ausführungsgesetz: Art. 6 Gesetz n. 131 v. 5.6.2003, Gazzetta Ufficiale n. 132 v. 10.6.2003. Zu Italien im Überblick *Fassbender* (Fn. 7), Art. 32 Rn. 227 ff. Frankreich: Art. L1115–1 ff. Code général des collectivités territoriales v. 21.2.1996, Art. L1115–1 i.d.F. des Gesetzes Nr. 2007–147 v. 2.2.2007, Journal Officiel Nr. 31 v. 6.2.2007, S. 2160; Art. L1115–1 i.d.F. des Gesetzes Nr. 2014–58 v. 27.1.2014, Journal Officiel Nr. 23 v. 28.1.2014; ferner Art. 65 Gesetz Nr. 82–213 v. 2.3.1982, Art. 65 alin. 2, Journal Officiel v. 3.3.1982, S. 730.
[58] Im Überblick *Fassbender* (Fn. 7), Art. 32 Rn. 232 ff. S. jüngst Tribunal Constitucional de España v. 28.6.2010, 31/2010; ferner v. 26.5.1994, 165/1994 (Zulässigkeit eines EU-Büros), dazu → Art. 23 Rn. 29.

C. Erläuterungen

I. Allgemeine Bedeutung

1. Föderale Dimension der auswärtigen Gewalt

Art. 32 GG regelt die **föderale Dimension der auswärtigen Gewalt**[59]. Dieser auf Albert Haenel zurückgehende[60] und im Grundgesetz nicht verwendete Begriff reklamiert keine neben Exekutive, Judikative und Legislative tretende vierte Gewalt, sondern umfasst die grundgesetzlich zugewiesenen Kompetenzen für ein **Handeln gegenüber anderen Völkerrechtssubjekten einschließlich seiner innerstaatlichen Dimension**[61]. Er ist historisch etabliert (→ Rn. 1), nach wie vor gebräuchlich[62] und auch heute noch von Wert, mag auch die Internationalisierungs- und Europäisierungsprozesse geschuldete zunehmende Verflechtung von staatlicher Innen- und Außenwelt die Unterscheidung zwischen diesen Sphären relativieren (→ Rn. 1)[63]; denn der Handlungsbereich auswärtige Beziehungen und die mit ihm zusammenhängenden Fragen (namentlich vertikale und horizontale Kompetenzverteilung; Ausmaß der gerichtlichen Kontrolle sowie Spielräume der Regierung) sind nach wie vor aktuell[64]. Stets sind Kompetenzen, Stellung und Bedeutung der auswärtigen Gewalt aus dem Grundgesetz heraus zu bestimmen, und können nicht etwa ein Vorrang der Exekutive (→ Rn. 26) oder eine beschränkte gerichtliche Kontrolle bzw. Grundrechtsbindung aus einer vom Grundgesetz abstrahierten Vorstellung der auswärtigen Gewalt als solcher abgeleitet werden[65]. So verlangt etwa Art. 1 III GG eine umfassende Grundrechtsbindung allen und damit auch des auswärtigen Staatshandelns, mag auch die Reichweite des Grundrechtsschutzes mit Blick auf außenpolitische Belange zu bestimmen sein (→ Art. 1 III Rn. 44ff.)[66]. Als besonderer Aspekt der auswärtigen Gewalt wird teils eine in Art. 23f. GG verortete **Integrationsgewalt** identifiziert[67].

15

2. Kompetenzverteilung im Bundesstaat

Art. 32 GG verteilt die Kompetenzen zwischen Bund und Ländern in auswärtigen Angelegenheiten mit einem **Schwergewicht beim Gesamtstaat**: Gemäß Art. 32 I GG

16

---

[59] S. auch BVerfGE 1, 351 (370).
[60] *A. Haenel*, Deutsches Staatsrecht, Bd. 1, 1892, S. 531ff.
[61] S. *W. G. Grewe*, HStR III, § 77 Rn. 1, 7; *Rojahn* (Fn. 6), Art. 32 Rn. 2, 6. Für eine materielle Begriffsbildung, die auf eine Berücksichtigung von fremden Rechtsordnungen unterliegenden Gesichtspunkten abstellt: *Biehler*, Auswärtige Gewalt (Fn. 4), S. 13ff. Zwischen einer weiten, auf alle Handlungsbereiche bezogenen politologischen und einer engen auf völkerrechtsförmliches Handeln bezogenen juristischen Begriffsbildung differenzierend *U. Fastenrath*, Kompetenzverteilung im Bereich der auswärtigen Gewalt, 1986, S. 56ff.
[62] S. nur *C. Calliess*, HStR³ IV, § 83; *Rojahn* (Fn. 6), Art. 32 Rn. 2.
[63] Für »verzichtbar« erachten die Begriffsbildung *Fassbender* (Fn. 7), Art. 32 Rn. 16; *Pernice* → Bd. II², Art. 32 Rn. 18; ferner *B. Ehrenzeller*, Legislative Gewalt und Außenpolitik, 1993, S. 173ff.
[64] So etwa auch *W. G. Grewe*, HStR III, § 77 Rn. 4; *J. Menzel*, Internationales Öffentliches Recht, 2011, S. 465ff.; *Nettesheim* (Fn. 6), Art. 32 Rn. 10; *Rojahn* (Fn. 6), Art. 32 Rn. 2, 5f.
[65] *Fassbender* (Fn. 7), Art. 32 Rn. 16; *Fastenrath/Groh* (Fn. 6), Art. 32 Rn. 5; *Pernice* → Bd. II², Art. 32 Rn. 18.
[66] *Pernice* → Bd. II², Art. 32 Rn. 18, 20. Umfassend zur Wirkung auswärtiger Interessen in der deutschen Rechtsordnung *Biehler*, Auswärtige Gewalt (Fn. 4).
[67] S. etwa *W. G. Grewe*, Die auswärtige Gewalt der Bundesrepublik, VVDStRL 12 (1953), S. 129ff. (143f.); *ders.*, AöR 112 (1987), 521 (536ff.); *Menzel*, Gewalt (Fn. 4), S. 211ff.; *A. Ruppert*, Die Integrationsgewalt, 1969.

Art. 32 C. Erläuterungen

obliegt die Pflege der Beziehungen zu auswärtigen Staaten dem Bund. Den Ländern kommt lediglich eine von der Zustimmung der Bundesregierung abhängige Vertragsschlusskompetenz im Rahmen der Landesgesetzgebungszuständigkeiten zu (Art. 32 III GG); überdies normiert Art. 32 II GG ein Anhörungsrecht der von (einzelnen) Vertragsschlüssen des Bundes besonders betroffenen Länder. Verfassungssystematisch stellt Art. 32 GG damit eine **andere Regelung i.S.d. Art. 30 GG** dar, welche die nach letzterem bestehende grundsätzliche Länderzuständigkeit umkehrt (→ Art. 30 Rn. 15, 19, 20 ff.; zu Spezialregelungen → Rn. 60)[68]. Zwei **Streitfragen** stehen im Zentrum der Diskussion um Art. 32 GG, nämlich nach der Vertragsschlusskompetenz des Bundes im Bereich ausschließlicher Länderzuständigkeiten (→ Rn. 34 ff.) und nach der Sperrwirkung der Bundeskompetenz des Art. 32 I GG für nicht vertragsförmiges auswärtiges Handeln von Ländern, Kommunen und sonstigen Hoheitsträgern (→ Rn. 28, 31).

17   Art. 32 GG kommt **grundlegende bundesstaatliche Bedeutung** zu. Die Zuweisung der Pflege der Beziehung zu auswärtigen Staaten an den Bund sichert genauso wie der Zustimmungsvorbehalt der Bundesregierung für Vertragsschlüsse der Länder, dass der deutsche Bundesstaat »im völkerrechtlichen Verkehr nach außen grundsätzlich als Einheit auftritt«[69]. Dies spiegelt die (nur) beim Gesamtstaat liegende Souveränität wider[70], ist für die internationale Handlungsfähigkeit Deutschlands von Bedeutung und damit gerechtfertigt[71]. Freilich illustriert Art. 32 III GG, dass das Grundgesetz kein an die Länder gerichtetes generelles Verbot enthält, Verträge abzuschließen, »die sich auf die politischen Beziehungen des Bundes zu auswärtigen Staaten auswirken können«[72]. Außerhalb des Vertragsrechts – und heutzutage Art. 23 VI GG, der die Verhandlungsführung auf europäischer Ebene in bestimmten Fällen einem »Ländervertreter« überantwortet (→ Art. 23 Rn. 152 ff.) – steht den Ländern kein »Anteil an der auswärtigen Gewalt« zu und können diese wegen des Zustimmungsvorbehalts auch »in Ausübung der ihnen verbliebenen Vertragsgewalt keine selbständige Außenpolitik treiben.«[73] Gleichwohl stellt Art. 32 GG nicht nur eine »Grundentscheidung für

---

[68] S. nur BVerfGE 96, 100 (117); *Fassbender* (Fn. 7), Art. 32 Rn. 1 ff.; *Fastenrath/Groh* (Fn. 6), Art. 32 Rn. 17 ff.; *Pernice* → Bd. II², Art. 32 Rn. 6, 19, 47; *Stern*, Staatsrecht I, S. 692. Art. 32 GG stellt damit eine schon im Wortlaut des Art. 30 GG vorgesehene Spezialregelung gegenüber letzterem dar (s. auch *Nettesheim* [Fn. 6], Art. 32 Rn. 23; für ein anderes Spezialitätsverständnis i.S.e. Sonderregelung etwa *R. Streinz*, in: Sachs, GG, Art. 32 Rn. 7 ff.). Nachdem Art. 30 GG die gesamte Staatsgewalt erfasst (ausführlich *Fassbender*, a.a.O., Rn. 2 ff.; *ders.*, DÖV 2011, 714 [716 ff.]), verbietet es sich, ein Exklusivitätsverhältnis zwischen beiden Normen anzunehmen (so aber *C. Hillgruber*, in: Schmidt-Bleibtreu/Hofmann/Hopfauf, GG, Art. 32 Rn. 3; *J. Kölble*, DÖV 1965, 145 [146]; *Rojahn* [Fn. 6], Art. 32 Rn. 8; *Streinz*, a.a.O., Art. 32 Rn. 7 ff.). Der (fragwürdige; s. *Menzel*, Recht [Fn. 64], S. 472 Fn. 294) praktische Unterschied zwischen beiden Auffassungen soll in einer unterschiedlichen Kompetenzvermutung für Zweifelsfälle – im ersten Fall zugunsten der Länder, im zweiten Fall zugunsten des Bundes – bestehen (s. etwa *Fassbender*, a.a.O., Rn. 2, 9, 113, 175; *Rojahn* [Fn. 6], Art. 32 Rn. 8; unabhängig davon eine Kompetenzvermutung zugunsten des Bundes annehmend BVerfGE 6, 309 [361 f.]; *J. Isensee*, HStR³ VI, § 126 Rn. 243; ablehnend *Nettesheim*, a.a.O., Rn. 23; ferner *C. Calliess*, HStR³ IV, § 83 Rn. 53). Nachdem Art. 32 III GG die Grundregel des Absatzes 1 einschränkt, stellt ersterer eine konstitutive Regelung dar, mag er auch mit der Grundaussage des Art. 30 GG übereinstimmen (*Nettesheim*, a.a.O., Rn. 94; a.A. *Fassbender*, a.a.O., Rn. 9, 145, 164).
[69] BVerfGE 2, 347 (378). S. auch E 55, 349 (367 f.).
[70] S. aber Art. 178 S. 2 Verf. Bay.; dazu *W. Brechmann*, in: T. Meder/W. Brechmann (Hrsg.), Die Verfassung des Freistaates Bayern, 5. Aufl. 2014, BV, Art. 178 Rn. 2 f.
[71] *Nettesheim* (Fn. 6), Art. 32 Rn. 22; *Rojahn* (Fn. 6), Art. 32 Rn. 2.
[72] BVerfGE 2, 347 (379); ferner *Hillgruber* (Fn. 68), Art. 32 Rn. 47.
[73] BVerfGE 2, 347 (379).

das unitarische Auftreten Deutschlands nach außen« dar[74]; vielmehr ist die in Art. 32 III GG grundgelegte (partielle) Völkerrechtssubjektivität der Länder **konstitutiv für die bundesstaatliche Ordnung** des Grundgesetzes und bedeutsamer Ausdruck der **Eigenstaatlichkeit der Länder**[75]. Die damit getroffene Entscheidung für einen offenen Bundesstaat konkretisiert die offene Staatlichkeit Deutschlands (→ Art. 24 Rn. 3, 47) und reflektiert zugleich die Pluralisierung der Völkerrechtsordnung[76].

II. Bundeskompetenz für die Pflege der Beziehungen zu auswärtigen Staaten (Art. 32 I GG)

Art. 32 I GG weist die **Kompetenz**, Beziehungen zu auswärtigen Staaten und sonstigen Völkerrechtssubjekten (1.) zu pflegen (2.), dem Bund (3.) zu. Dies beschränkt Handlungsbefugnisse der Länder (s. zu deren Vertragsschlussrecht gemäß Art. 32 III → Rn. 48ff.) und sonstiger Hoheitsträger, namentlich der Kommunen, im auswärtigen Bereich (4.). Umstritten ist, ob dem Bund im Bereich ausschließlicher Länderzuständigkeiten eine Vertragsschluss- und Transformationskompetenz zukommt (5.). Als Kompetenzvorschrift hat Art. 32 GG nahezu keinen materiellen Gehalt (6.).

18

Handlungsbefugnisse verleiht Art. 32 GG ausschließlich Bund und Ländern, nicht aber von diesen (als Gebietskörperschaften) geschiedenen Untergliederungen, wie Kommunen oder Universitäten[77]. Eine Weiterdelegation ist nach einer teils vertretenen Auffassung möglich[78]. Soweit Art. 32 GG keine Sperrwirkung entfaltet, bestehen Handlungsbefugnisse im auswärtigen Bereich auch für andere Hoheitsträger als Bund und Länder (zu Kommunen → Rn. 31).

19

1. Handeln gegenüber auswärtigen Staaten und sonstigen Völkerrechtssubjekten

Unbeschadet seines Wortlauts erfasst Art. 32 I GG nicht nur die Beziehungen zu **auswärtigen Staaten**, sondern mit der ganz h.M. und bislang gescheiterten Reformvorschlägen (→ Rn. 5), die der Erweiterung des Kreises der Völkerrechtssubjekte über Staaten hinaus Rechnung tragen, in teleologischer Extension[79] **auch nichtstaatliche Völkerrechtssubjekte**, namentlich internationale Organisationen[80]. Erfasst sind auch anerkannte Exilregierungen, De-facto-Regimes und Befreiungsbewegungen[81]. Eine

20

---

[74] *Pernice* → Bd. II², Art. 32 Rn. 19.
[75] *Fassbender* (Fn. 7), Art. 32 Rn. 17ff.; *ders.*, Bundesstaat (Fn. 7), S. 411ff.
[76] Nach *Fassbender* (Fn. 7), Art. 32 Rn. 17ff.
[77] S. nur *U. Beyerlin*, Rechtsprobleme der lokalen grenzüberschreitenden Zusammenarbeit, 1988, S. 198ff.; *Fastenrath*, Kompetenzverteilung (Fn. 61), S. 99; *ders./Groh* (Fn. 6), Art. 32 Rn. 55, 99; *Hillgruber* (Fn. 68), Art. 32 Rn. 14f.; *Kempen* (Fn. 11), Art. 32 Rn. 16, 21; *M. Kotzur*, Grenznachbarschaftliche Zusammenarbeit in Europa, 2004, S. 467ff.; *Niedobitek*, Verträge (Fn. 28), S. 198f., 209ff. A.A. *G.H. Reichel*, Die auswärtige Gewalt nach dem Grundgesetz für die Bundesrepublik Deutschland vom 23. Mai 1949, 1967, S. 155.
[78] *Nettesheim* (Fn. 6), Art. 32 Rn. 23, 81ff., 120ff. A.A. *Rojahn* (Fn. 6), Art. 32 Rn. 1; ferner *Kempen* (Fn. 11), Art. 32 Rn. 16.
[79] Methodisch anders (Verweisung) *Fastenrath/Groh* (Fn. 6), Art. 32 Rn. 36; *Kempen* (Fn. 11), Art. 32 Rn. 24; *Rojahn* (Fn. 6), Art. 32 Rn. 11; (Analogie) *C. Calliess*, HStR³ IV, § 83 Rn. 54.
[80] Statt vieler *Fassbender* (Fn. 7), Art. 32 Rn. 68f.; *Fastenrath/Groh* (Fn. 6), Art. 32 Rn. 32ff.; *Kempen* (Fn. 11), Art. 32 Rn. 24f.; *Nettesheim* (Fn. 6), Art. 32 Rn. 31; *C. Tomuschat*, in: BK, Art. 24 (1981), Rn. 100.
[81] S. nur *Fastenrath/Groh* (Fn. 6), Art. 32 Rn. 35; *Kempen* (Fn. 11), Art. 32 Rn. 26; *Streinz* (Fn. 68), Art. 32 Rn. 14.

Art. 32 C. Erläuterungen

besondere Staatsähnlichkeit, etwa der Charakter als Staatenverbindung oder supranationale Organisation, ist nicht erforderlich[82]. Der Einheit muss **Völkerrechtssubjektivität** zukommen[83], womit etwa NGOs[84] oder transnationale Unternehmen[85] ausscheiden. Die partielle Völkerrechtsfähigkeit genügt, so dass mit dieser ausgestattete regionale Einheiten – wie die schweizerischen Kantone, die österreichischen Bundesländer oder die belgischen Gemeinschaften/Regionen (→ Rn. 10ff.) – erfasst sind[86]. Ausgeklammert bleiben die Beziehungen zu sonstigen, ausschließlich innerstaatlichem Recht unterstehenden Hoheitsträgern[87].

21 Eine entstehungsgeschichtlich fundierte[88], seinem nicht weltlichen Charakter Rechnung tragende Ausnahme gilt, obgleich Völkerrechtssubjekt, für den **Heiligen Stuhl**[89]. Damit unterfallen **Konkordate** nicht Art. 32 I und III GG; vielmehr richtet sich deren Abschluss allein nach den innerstaatlichen Zuständigkeiten (und ist damit im Wesentlichen Ländersache)[90]. Für die Beziehungen zur **EU** und zu anderen Mitgliedstaaten (nur[91]) im Rahmen derselben ist Art. 23 GG speziell (→ Rn. 60).

---

[82] S. nur *Fastenrath/Groh* (Fn. 6), Art. 32 Rn. 36; *Kempen* (Fn. 11), Art. 32 Rn. 25; *Nettesheim* (Fn. 6), Art. 32 Rn. 32. Insoweit ist BVerfGE 2, 347 (374), nicht abschließend zu verstehen. Für eine Ausklammerung des Souveränen Malteser Ordens und des Int. Komitees vom Roten Kreuz mangels staatlichen Charakters aber *Pernice* → Bd. II², Art. 32 Rn. 23 (zu Recht a.A. *Fastenrath/Groh* [Fn. 6], Art. 32 Rn. 36).

[83] *Hillgruber* (Fn. 68), Art. 32 Rn. 16, 19; *C. Tomuschat*, Der Verfassungsstaat im Geflecht der internationalen Beziehungen, VVDStRL 36 (1978), S. 7ff. (24). *Streinz* (Fn. 68), Art. 32 Rn. 14, verlangt zusätzlich die Eignung zur Eingehung völkervertraglicher Beziehungen mit Staaten, womit Individuen (trotz ihrer partiellen Völkerrechtssubjektivität hinsichtlich Menschenrechten) ausscheiden (ebenso *Fastenrath/Groh* [Fn. 6], Art. 32 Rn. 38; a.A. *Hillgruber* [Fn. 68], Art. 32 Rn. 17; *Kempen* [Fn. 11], Art. 32 Rn. 29; *Nettesheim* [Fn. 6], Art. 32 Rn. 38); für eine Einbeziehung von Völkern als Träger des Selbstbestimmungsrechts *Kempen* (Fn. 11), Art. 32 Rn. 26. – S. überdies Fn. 87 für die teils vertretene Einbeziehung staatlicher und sonstiger Einrichtungen ohne Völkerrechtssubjektivität.

[84] BVerfGE 2, 347 (374); *Pernice* → Bd. II², Art. 32 Rn. 23; *Rojahn* (Fn. 6), Art. 32 Rn. 11.

[85] *Fastenrath/Groh* (Fn. 6), Art. 32 Rn. 39; *Kempen* (Fn. 11), Art. 32 Rn. 30; *Rojahn* (Fn. 6), Art. 32 Rn. 13.

[86] S. nur *U. Beyerlin*, ZaöRV 54 (1994), 587 (592); *Kempen* (Fn. 11), Art. 32 Rn. 26; *Streinz* (Fn. 68), Art. 32 Rn. 14.

[87] S. nur BVerfGE 2, 347 (374f.); *R. Beck*, DÖV 1966, 20 (24); *U. Beyerlin*, ZaöRV 54 (1994), 587 (593f.); *Hillgruber* (Fn. 68), Art. 32 Rn. 19; *T. Köstlin*, Die Kulturhoheit des Bundes, 1989, S. 53f.; *Kotzur*, Zusammenarbeit (Fn. 77), S. 470, 482f., 498f.; *Rojahn* (Fn. 6), Art. 32 Rn. 11, 61. A.A. *Nettesheim* (Fn. 6), Art. 32 Rn. 48, 127; *Reichel*, Gewalt (Fn. 77), S. 155f.; *Streinz* (Fn. 68), Art. 32 Rn. 18ff., für dem Völkerrechtssubjekt Staat zuzurechnende Untergliederungen (ablehnend etwa *Fastenrath/Groh* [Fn. 6], Art. 32 Rn. 31; *Kempen* [Fn. 11], Art. 32 Rn. 28); noch weiter *J. Kersten*, VerwArch. 99 (2008), 30 (34ff.), für die Erfüllung öffentlicher Aufgaben auch gegenüber Privaten (etwa Standortmarketing).

[88] Vgl. HChE, Darstellender Teil, Parl. Rat II, S. 529. S. *Fassbender* (Fn. 7), Art. 32 Rn. 75.

[89] S. nur *Fassbender* (Fn. 7), Art. 32 Rn. 75; *Pernice* → Bd. II², Art. 32 Rn. 22f., 30; *Rojahn* (Fn. 6), Art. 32 Rn. 12. A.A. *A. Weber*, in: Umbach/Clemens, GG, Art. 32 Rn. 15; kritisch auch *M. Zuleeg*, in: AK-GG, Art. 32 (2001), Rn. 8, 31.

[90] S. nur BVerfGE 6, 309 (362); *Fastenrath/Groh* (Fn. 6), Art. 32 Rn. 37; *Kempen* (Fn. 11), Art. 32 Rn. 31; *Rojahn* (Fn. 6), Art. 32 Rn. 12. Für die Zulässigkeit diplomatischer Vertretungen der Länder beim Heiligen Stuhl *Rojahn* (Fn. 6), Art. 32 Rn. 12; a.A. *Fastenrath/Groh* (Fn. 6), Art. 32 Rn. 71; *H.-G. Franzke*, NWVBl. 1992, 345 (346f.).

[91] S. nur *Nettesheim* (Fn. 6), Art. 32 Rn. 34. A.A. *P. Häberle*, Die Zukunft der Landesverfassung der Freien Hansestadt Bremen im Kontext Deutschlands und Europas, in: Bremische Bürgerschaft (Hrsg.), 50 Jahre Landesverfassung der Freien Hansestadt Bremen, 1997, S. 19ff. (41).

2. Pflege der Beziehungen

Sowohl der Begriff der »Pflege« als auch derjenige der »Beziehungen« ist angesichts der Vielgestaltigkeit des Realbereichs **weit auszulegen**[92]. Art. 32 I GG erfasst **nicht nur völkerrechtsförmliches Handeln**[93]. Vielmehr streiten für die **Einbeziehung auch rein außenpolitischer Akte** wie Regierungserklärungen, Reden oder Stellungnahmen der weite Wortlaut (»Pflege der Beziehungen«), ein Umkehrschluss zum ausdrücklich auf völkerrechtliche Akte beschränkten Art. 59 I 1 GG, die Bedeutung nicht-rechtsförmigen Handelns in der Praxis und auch für die Völkerrechtsentwicklung sowie der hinter Art. 32 I GG stehende Zweck eines einheitlichen Auftretens im internationalen Verkehr, das in der gesamten Außenpolitik geboten ist[94]. Freilich setzt die Beziehungspflege i.S.d. Art. 32 I GG, um den Tatbestand jenseits des völkerrechtsförmlichen Handelns zu konturieren und auswärtiges Handeln unterhalb der Bundesebene, für das angesichts von Internationalisierungsprozessen ein unabweisbares Bedürfnis besteht, nicht zu sperren, eine **außenpolitische Relevanz des Sachverhalts** voraus[95]; erfasst sind nur »Akte reiner Außenpolitik«, in denen eine Repräsentation des Gesamtstaates zum Ausdruck kommt[96]. Demnach sperrt Art. 32 I GG etwa keine partnerschaftlichen Kontakte zwischen Städten und Regionen (Ländern)[97]. **Gesamtstaatliche Interessen** sichern materielle Kohärenz- und prozedurale Abstimmungspflichten (→ Rn. 29).

22

Bedeutsame **Anwendungsfälle** des Art. 32 I GG sind der Abschluss völkerrechtlicher Verträge (zur Reichweite der Bundeskompetenz → Rn. 34)[98], die Pflege diplomatischer und konsularischer Beziehungen (s. auch Art. 87 I GG)[99], selbstständige und unselbstständige einseitige Völkerrechtsakte (Erklärung von Vorbehalten, Protest, Anerken-

23

---

[92] *Pernice* → Bd. II², Art. 32 Rn. 26; *Rojahn* (Fn. 6), Art. 32 Rn. 10.
[93] Anders namentlich *Fastenrath*, Kompetenzverteilung (Fn. 61), S. 56 ff., 83 ff.; *ders.*, DÖV 1990, 125 (130 ff.); *ders./Groh* (Fn. 6), Art. 32 Rn. 11 f., 44 ff., 90; *H. Mosler*, Die Auswärtige Gewalt im Verfassungssystem der Bundesrepublik Deutschland, in: FS Bilfinger, 1954, S. 243 ff. (253, 259); ferner *M. Borchmann*, NVwZ 1988, 218 (220); *D. Dörr*, Die verfassungsrechtliche Stellung der Deutschen Welle, 1998, S. 21; *J. Isensee*, HStR³ VI, § 126 Rn. 245.
[94] S. nur *Kempen* (Fn. 11), Art. 32 Rn. 33 ff.; *Nettesheim* (Fn. 6), Art. 32 Rn. 11, 41, 52; *Pernice* → Bd. II², Art. 32 Rn. 27, 38; *Rojahn* (Fn. 6), Art. 32 Rn. 3, 10, 14; *G. Westerwelle*, ZRP 4 (1989), 121 (122 f.); *Zuleeg* (Fn. 89), Art. 32 Rn. 5 f. S. auch – im Kontext des Art. 73 I Nr. 1 GG – BVerfGE 100, 313 (368 f., Rn. 197 f.).
[95] *Fassbender* (Fn. 7), Art. 32 Rn. 84: Stellung Deutschlands in der Staatenwelt; *Niedobitek*, Verträge (Fn. 28), S. 258 ff.: Notwendigkeit eines Handelns von Staat zu Staat; *W. Rudolf*, AVR 27 (1989), 1 (29 f.); ferner *ders.*, AVR 13 (1966/67), 53 (73 f.); *C. Tietje*, Internationalisiertes Verwaltungshandeln, 2001, S. 489 ff.
[96] *Rojahn* (Fn. 6), Art. 32 Rn. 23; ähnlich *R. Bleicher*, DVBl. 1982, 433 (441, 444); *Hillgruber* (Fn. 68), Art. 32 Rn. 15; *Kempen* (Rn. 11), Art. 32 Rn. 22, 68; *Menzel*, Recht (Fn. 64), S. 477 ff. (bei Einschätzungsprärogative des Bundes); *Pernice* → Bd. II², Art. 32 Rn. 27; *Tietje*, Verwaltungshandeln (Fn. 95), S. 489 ff. (staatsleitende Akte neben den Gesamtstaat bindenden Völkerrechtsakten). S. auch *Nettesheim* (Fn. 6), Art. 32 Rn. 41: »Akte, […] die […] unter dem Völkerrecht ergriffen werden: […] beispielsweise […] vertragsvorbereitende Maßnahmen oder […] Besuche und politische Kontakte […], mit denen die Beziehungen zwischen zwei Staaten angebahnt, ausgefüllt oder auch beendet werden«. Weiter *G. Westerwelle*, ZRP 4 (1989), 121 (123): alle zur Interessenwahrnehmung erforderlichen Akte.
[97] BVerwGE 87, 237 (240); Schlußbericht Enquete-Kommission (Fn. 26), S. 232; *C. Calliess*, HStR³ IV, § 83 Rn. 62; *Hillgruber* (Fn. 68), Art. 32 Rn. 15; *Zuleeg* (Fn. 89), Art. 32 Rn. 26.
[98] S. nur *Fassbender* (Fn. 7), Art. 32 Rn. 78 f.; *Fastenrath/Groh* (Fn. 6), Art. 32 Rn. 56 f.
[99] *Fassbender* (Fn. 7), Art. 32 Rn. 70 ff.

Art. 32 C. Erläuterungen

nung von Staaten, Klageerhebung, Retorsionen und Repressalien)[100], Staatsbesuche[101], die Gewährung diplomatischen Schutzes[102], Auslieferungen[103] und die Entscheidung über die Weiterleitung von Rechtshilfeersuchen an ausländische Staaten[104] sowie die **Mitwirkung an der Beschlussfassung internationaler Organisationen** (zur Spezialität der Art. 23 f. GG → Rn. 60)[105]. Art. 32 I GG erfasst prinzipiell auch die auswärtige Kulturpolitik (einschließlich ihrer Förderung und Finanzierung)[106], den Auslandsrundfunk[107] und das Auslandsschulwesen[108]; kompetentiell ist freilich weiter zu differenzieren zwischen einem allein Art. 32 I GG unterliegenden reinen Auslandshandeln, einem Auslandshandeln mit Rückwirkung auf innerstaatliche Zuständigkeiten, das im Bereich ausschließlicher Länderzuständigkeit nur bedingt auf Art. 32 I GG gestützt werden kann (→ Rn. 36 f.), sowie ergänzendem Inlandshandeln, das ausschließlich Art. 30, 70 ff., 83 ff. GG unterliegt[109]. Der **Auslandseinsatz von Streitkräften** jenseits des Verteidigungsfalles findet seine ausschließliche Grundlage in Art. 24 II GG[110].

24   Die h. M. ordnet lediglich **hoheitliche Handlungen** (»acta iure imperii«) Art. 32 I GG zu und klammert privatrechtliche Akte (»acta iure gestionis«) aus, wobei, nachdem öffentliche Aufgaben auch in den Formen des Privatrechts erfüllt werden können, die Grenze nicht zwischen Öffentlichem Recht und Privatrecht gezogen wird, sondern zu rein fiskalischem Handeln, etwa zum Grunderwerb oder zu sonstigen Veräußerungsgeschäften[111].

25   **Innerstaatliche Akte** der Gesetzgebung, Verwaltung oder Rechtsprechung fallen, auch wenn sie sich auf die auswärtigen Beziehungen auswirken, grundsätzlich nicht

---

[100] *Kempen* (Fn. 11), Art. 32 Rn. 68; *Pernice* → Bd. II², Art. 32 Rn. 27; *Rojahn* (Fn. 6), Art. 32 Rn. 19.
[101] OVG Greifswald NordÖR 2007, 290 (292).
[102] BVerwG NJW 1989, 2208 (2208 f.); Buchholz 11 Art. 32 GG Nr. 2, 6.3.1997, S. 1 f.; *Kempen* (Fn. 11), Art. 32 Rn. 68; *Rojahn* (Fn. 6), Art. 32 Rn. 20.
[103] BVerfGE 113, 273 (311 f., Rn. 108); *Rojahn* (Fn. 6), Art. 32 Rn. 19.
[104] BGH NJW 1983, 2769 (2770). S. auch NJW 1978, 1425 (1425); OLG Hamm NStZ 1982, 215 (215). A.A. *W. Weißauer*, Völkerrechtliche Verträge – Zusammenwirken von Bund und Ländern, in: FS Bengl, 1984, S. 149 ff. (161 ff.).
[105] *Fastenrath/Groh* (Fn. 6), Art. 32 Rn. 58; *Rojahn* (Fn. 6), Art. 32 Rn. 14.
[106] VG Berlin v. 21.2.2012, 20 A 369.08, juris, Rn. 27, 44; *Rojahn* (Fn. 6), Art. 32 Rn. 24. A.A. (Art. 87 I GG), da nicht an ausländische Völkerrechtssubjekte gerichtet, *Köstlin*, Kulturhoheit (Fn. 87), S. 71 f.
[107] *Rojahn* (Fn. 6), Art. 32 Rn. 26.
[108] *Rojahn* (Fn. 6), Art. 32 Rn. 25 (Verwaltungsabkommen). A.A. (Art. 87 I GG), da nicht an ausländische Völkerrechtssubjekte gerichtet, *Köstlin*, Kulturhoheit (Fn. 87), S. 72.
[109] Vgl. auch die Differenzierung zwischen (Kultur-)Angelegenheiten mit ausschließlicher oder überwiegender Auslandswirkung und ergänzend-innenwirkenden (Kultur-)Befugnissen bei *W. Busch*, Die Lindauer Vereinbarung und die Ständige Vertragskommission der Länder, 1969, S. 71 ff.; ferner *S. Jutzi*, Die Deutschen Schulen im Ausland, 1977, S. 99 ff. m. w. N.; *Nettesheim* (Fn. 6), Art. 32 Rn. 53 ff.
[110] Obiter [s. zur Unzulässigkeit von Auslandseinsätzen außerhalb von Art. 24 II GG und der Verteidigung *H. A. Wolff*, ZG 25 (2010), 209 (220 f.); a.A. (Art. 32 I GG bzw. Art. 25 GG i.V.m. dem Völkergewohnheitsrecht als Ermächtigungsgrundlage für völkerrechtlich zulässige militärische Einsätze außerhalb von Art. 24 II GG) *D. Wiefelspütz*, DÖV 2010, 73 (76 ff.)] BVerfGE 123, 267 (360 f., Rn. 254); ferner *Fastenrath/Groh* (Fn. 6), Art. 32 Rn. 21; *S. Talmon*, JZ 2013, 12 (16). A.A. (Art. 32 I GG) *D. Wiefelspütz*, AöR 132 (2007), 44 (88 ff.); ferner für rein humanitäre Einsätze ohne Waffeneinsatz *Streinz* (Fn. 68), Art. 24 Rn. 76c.
[111] S. nur *Fastenrath*, Kompetenzverteilung (Fn. 61), S. 61, 99; *Kempen* (Fn. 11), Art. 32 Rn. 32; *J. Kölble*, DÖV 1965, 145 (147); *H. Kraus*, AVR 3 (1951/1952), 414 (417 f.); *Reichel*, Gewalt (Fn. 77), S. 158 f.; *Rojahn* (Fn. 6), Art. 32 Rn. 17; *W. Rudolf*, AVR 13 (1966/67), 53 (74); *Streinz* (Fn. 68), Art. 32 Rn. 11. A.A. (mangels Übertragbarkeit dieser auf die völkerrechtliche Immunität bezogenen Differenzierung und aufgrund der alleinigen Maßgeblichkeit des Vorliegens eines völkerrechtlichen Vertrages) *Fassbender* (Fn. 7), Art. 32 Rn. 184; *Nettesheim* (Fn. 6), Art. 32 Rn. 42.

II. Bundeskompetenz für die Pflege der Beziehungen zu auswärtigen Staaten **Art. 32**

unter Art. 32 I GG[112]; anderes gilt nur, wenn der Maßnahme über eine Reflexwirkung hinaus, analog der Qualifikation mittelbar-faktischer Grundrechtsbeeinträchtigungen (→ Vorb. Rn. 124 ff.), eine entsprechende Zielrichtung innewohnt, ein Unmittelbarkeitszusammenhang besteht bzw. sie hinreichend gravierende Konsequenzen zeitigt[113]. So dienen auch nach dem BVerwG nur **an ein fremdes Völkerrechtssubjekt gerichtete Maßnahmen** der Pflege auswärtiger Beziehungen, was bei innerstaatlichen Maßnahmen, die lediglich dem Schutz der auswärtigen Beziehungen dienen oder auf diese Auswirkungen haben, nicht der Fall ist[114]. Vor diesem Hintergrund hat das Bundesverwaltungsgericht »Beschränkungen des Betriebs eines Flughafens gegenüber Luftverkehrsunternehmen, die Militärpersonal eines anderen Staates in ein bestimmtes Einsatzgebiet transportieren«, nicht unter Art. 32 I GG subsumiert[115]. Ebenso wenig erfasst sind zum Schutz auswärtiger Interessen angeordnete Beschränkungen der Ausreise (§ 7 I Nr. 1 PassG) oder des Außenhandels (§§ 4, 6 AWG). Darüber hinaus steht Art. 32 I GG der **grenzüberschreitenden Ausstrahlung von (Inlands-)Rundfunkprogrammen** (zum Auslandsrundfunk → Rn. 23) nicht entgegen[116].

3. Sache des Bundes

Art. 32 I GG regelt die **Verbands-, nicht aber** die **Organkompetenz**. Letztere findet sich nur punktuell im Grundgesetz geregelt, namentlich für die Beteiligung an der Europäischen Union (Art. 23 GG), die Übertragung von Hoheitsrechten auf zwischenstaatliche Einrichtungen (Art. 24 I GG), die völkerrechtliche Vertretung des Bundes (Art. 59 I GG), den Abschluss von völkerrechtlichen Verträgen und Abkommen (Art. 59 II GG) sowie für den Verteidigungsfall (Art. 115a, 115l GG). Im Übrigen besteht im Interesse einer funktionsgerechten Aufgabenwahrnehmung ein **prinzipieller Vorrang der Bundesregierung** im Bereich der auswärtigen Gewalt und nur im Ausnahmefall ein Parlamentsvorbehalt (→ Art. 20 [Rechtsstaat], Rn. 73, 127; → Art. 59 Rn. 14 ff.; zum Parlamentsvorbehalt für Auslandseinsätze der Bundeswehr → Art. 24 Rn. 75; → Art. 87a Rn. 15 ff.)[117].

26

4. Möglichkeit und Grenzen des auswärtigen Handelns von Ländern und Kommunen

a) Länder

Die Länder entfalten **vielfältige auslandsgerichtete Aktivitäten**, die etwa Staatsbesuche und Delegationsreisen, Büros bzw. Vertretungen im Ausland, unterschiedlich formalisierte und verdichtete Kooperationen (informelle politische Kontakte, gemeinsame Regierungskommissionen, Arbeitsgruppen, Regionalpartnerschaften, institutionell verfestigte multilaterale Kooperationen) oder Abkommen auf völker-, öffent-

27

---

[112] *Jarass/Pieroth*, GG, Art. 32 Rn. 3; *Kempen* (Fn. 11), Art. 32 Rn. 68 (etwas enger); *Zuleeg* (Fn. 89), Art. 32 Rn. 6.
[113] S. auch *Kempen* (Fn. 11), Art. 32 Rn. 68; *Pernice* → Bd. II², Art. 32 Rn. 27; *Rojahn* (Fn. 6), Art. 32 Rn. 23. Enger (wegen Beschränkung des Art. 32 GG auf völkerrechtsförmliches Handeln) *Fastenrath/Groh* (Fn. 6), Art. 32 Rn. 49 (unmittelbare Gestaltung von Völkerrecht); *W. G. Grewe*, HStR III, § 77 Rn. 5 (Unmittelbarkeit).
[114] BVerwGE 131, 316 (338 f.).
[115] BVerwGE 131, 316 (338 f.).
[116] *Pernice* → Bd. II², Art. 32 Rn. 30; *Rojahn* (Fn. 6), Art. 32 Rn. 26.
[117] BVerfG NVwZ 2012, 954 (956 f., Rn. 91). S. bereits BVerfGE 2, 347 (379); ferner E 68, 1 (83 ff., 108 ff.); 90, 286 (357 ff.); 104, 151 (207, Rn. 149).

Art. 32 C. Erläuterungen

lich- sowie privatrechtlicher Grundlage oder informeller Natur umfassen (→ Art. 24 Rn. 55)[118].

28 Das Grundgesetz enthält **nur wenige explizite Handlungsbefugnisse**, so in Art. 32 III GG für den Abschluss von völkerrechtlichen Verträgen und Verwaltungsabkommen im Rahmen der Gesetzgebungszuständigkeit der Länder (→ Rn. 48 ff.) und in Art. 24 Ia GG für die Übertragung von Hoheitsrechten auf grenznachbarschaftliche Einrichtungen (→ Art. 24 Rn. 23, 54 ff.); überdies deckt Art. 23 II 1 GG die Errichtung von Vertretungen bzw. Länderbüros in Brüssel (→ Art. 23 Rn. 157; zum Ländervertreter ibid., Rn. 152 ff.). Im Übrigen steht die skizzierte Staatspraxis in einem **Spannungsfeld zu Art. 32 I GG**[119], der die Pflege der auswärtigen Beziehungen dem Bund zuweist und so ein einheitliches Auftreten des deutschen Bundesstaates auf internationaler Ebene im Interesse der internationalen Handlungsfähigkeit Deutschlands sichert (→ Rn. 22, 37). Gleichwohl verbietet es sich, Art. 32 I GG eine umfassende Sperrwirkung für jedwedes grenzüberschreitende Landeshandeln zu entnehmen. Denn angesichts von Internationalisierungsprozessen verlangt die effektive Wahrnehmung grundgesetzlich verliehener Zuständigkeiten oftmals eine grenzüberschreitende Kooperation, was Art. 32 III GG sogar für völkervertragliches Handeln anerkennt, rechtfertigt die Eigenstaatlichkeit der Länder eine gewisse Selbstdarstellung nach außen und impliziert Föderalismus Vielfalt[120]. Daher können die Länder **Raum für auswärtiges Handeln** beanspruchen[121], wobei die dogmatische Konstruktion divergiert. Handlungsspielräume eröffnet zunächst die enge Fassung des Art. 32 I GG, der nach hier vertretener Auffassung nur völkerrechtsförmliches Handeln und Handlungen mit außenpolitischer Relevanz erfasst (→ Rn. 22) und sich nicht auf Vereinbarungen mit nicht völkerrechtsfähigen ausländischen Hoheitsträgern und Privatpersonen (→ Rn. 20) erstreckt, wofür auch Art. 32 III GG keine Sperrwirkung entfaltet[122]. Darüber hinausgehend erscheint es angezeigt, **bestehenden Länderkompetenzen** eine **internationale Dimension** beizumessen und Art. 32 I GG entsprechend restriktiv auszulegen[123], was im Ergebnis einem Erst-Recht-Schluss zu Art. 32 III GG entspricht[124]. Das Primat des Bun-

---

[118] *M. Knodt*, Auswärtiges Handeln der deutschen Länder, in: W.-D. Eberwein/K. Kaiser (Hrsg.), Deutschlands neue Außenpolitik, Bd. 4, 1998, S. 153 ff.; *Rojahn* (Fn. 6), Art. 32 Rn. 56 f.; *F. Wollenschläger*, in: Meder/Brechmann, BV (Fn. 70), Art. 3a Rn. 23 f. S. zur Beteiligung von Ländervertretern an Delegationen des Bundes *Fassbender* (Fn. 7), Art. 32 Rn. 77.

[119] Für überzeichnet erachtet dieses Konfliktfeld *Fassbender* (Fn. 7), Art. 32 Rn. 85; praktische Probleme verneinend *Nettesheim* (Fn. 6), Art. 32 Rn. 108.

[120] S. *Köstlin*, Kulturhoheit (Fn. 87), S. 53 f.; *Kotzur*, Zusammenarbeit (Fn. 77), S. 498 f.; *Menzel*, Recht (Fn. 64), S. 474.

[121] Anders (weitreichende Sperrwirkung des Art. 32 I GG) *J. Kölble*, DÖV 1965, 145 (153); *ders.*, DÖV 1966, 25 (28 f.); *H. Krüger*, Völkerrecht im Bundesstaat, in: FS Kaufmann, 1950, S. 239 ff. (240 f.); *Reichel*, Gewalt (Fn. 77), S. 177 f.; *T. Stein*, Amtshilfe in auswärtigen Angelegenheiten, 1975, S. 30 ff.; *G. Westerwelle*, ZRP 4 (1989), 121 (122 ff.); ferner (lediglich stillschweigende Duldung durch die Bundesregierung) *Pernice* → Bd. II², Art. 32 Rn. 38.

[122] *U. Beyerlin*, ZaöRV 54 (1994), 587 (593); *Fassbender* (Fn. 7), Art. 32 Rn. 195; *Streinz* (Fn. 68), Art. 32 Rn. 52; vgl. auch BVerfGE 2, 347 (375).

[123] *Fassbender* (Fn. 7), Art. 32 Rn. 86, 195; *Fastenrath/Groh* (Fn. 6), Art. 32 Rn. 90 ff.; *Menzel*, Recht (Fn. 64), S. 479 f. Ähnlich (Annexkompetenzen) *Hillgruber* (Fn. 68), Art. 32 Rn. 58; *Köstlin*, Kulturhoheit (Fn. 87), S. 53 f.; ferner *Jarass*/Pieroth, GG, Art. 32 Rn. 18, und – mit Ausnahme der Art. 59 II GG unterfallenden Verträge – *A. Bleckmann*, NVwZ 1989, 311 (314).

[124] Für einen solchen *R. Beck*, DÖV 1966, 20 (23 f.); *Nettesheim* (Fn. 6), Art. 32 Rn. 110 ff.; ferner für Vereinbarungen *R. Bernhardt*, Der Abschluß völkerrechtlicher Verträge im Bundesstaat, 1957, S. 175 f. A.A. *Reichel*, Gewalt (Fn. 77), S. 175. Zur Frage des Zustimmungserfordernisses Rn. 29 m. Fn. 134. Dem Wortlaut des Art. 32 III GG widerspricht, diesen auf die nicht vertragsakzessorische,

des für die Pflege auswärtiger Beziehungen verlangt freilich einen hinreichend engen Zusammenhang von Kompetenz und auswärtigem Landeshandeln[125], das überdies nicht in Kernbereiche der Außenpolitik eindringen darf[126]. Der Herleitung eines Mindestmaßes an internationaler Handlungsfähigkeit aus einer **ungeschriebenen Landeskompetenz kraft Natur der Sache** bedarf es demgegenüber nur für eine nicht auf spezifische Kompetenzen bezogene Repräsentation des Landes nach außen, etwa im Kontext offizieller Besuche[127]. Abzulehnen sind Delegations- bzw. Ermächtigungslösungen[128], da diese teils auf Fiktionen beruhen und namentlich die Existenz eigenständiger Länderkompetenzen verkennen[129]. Im skizzierten Zuständigkeitsrahmen können die Länder mit ausländischen Partnern Abkommen schließen und informelle Absprachen treffen, formalisierte sowie punktuelle Kooperationen pflegen, Auslandsvertretungen bzw. -büros eröffnen oder Besuche durchführen[130].

Freilich bestehen **Schranken für das auswärtige Landeshandeln**: Aus der Grundentscheidung der Art. 32 I und III GG folgt jedenfalls, dass den Ländern eine **eigenständige Nebenaußenpolitik** verwehrt ist, wobei der Ausschluss der Pflege des diplomatischen Verkehrs bereits aus Art. 73 I Nr. 1 und Art. 87 I GG folgt[131]; überdies verpflichtet der Grundsatz der Bundestreue zu einer **Rücksichtnahme auf gesamtstaatliche Interessen**, namentlich zu einem Handeln in Einklang mit der Außenpolitik des Bundes[132]. Dieser Rahmen ist gegenstandsbezogen zu bestimmen, so dass etwa im Kulturbereich Raum für Differenz besteht[133]. Im Interesse einer einheitlichen Außenpolitik findet überdies das Zustimmungserfordernis des Art. 32 III GG auf bedeutsames Außenhandeln analog Anwendung[134]; daneben bestehen Unterrichtungspflichten[135].

29

---

allgemeine Beziehungspflege auszudehnen (so aber *Rojahn* [Fn. 6], Art. 32 Rn. 58 ff., zu Recht ablehnend *Nettesheim* [Fn. 6], Art. 32 Rn. 109; *Streinz* [Fn. 68], Art. 32 Rn. 51).

[125] S. auch *Hillgruber* (Fn. 68), Art. 32 Rn. 58.

[126] Zur Möglichkeit des Umschlagens der (zulässigen) Verfolgung von Landesinteressen in eine (versagte) Pflege auswärtiger Beziehungen *K.O. Nass*, Europa-Archiv 1986, 619 (626).

[127] *Kempen* (Fn. 11), Art. 32 Rn. 89; *J. Kersten*, VerwArch. 99 (2008), 30 (33 f.); *S. Magiera*, Außenkompetenzen der deutschen Länder, in: K. Lüder (Hrsg.), Fünfzig Jahre Hochschule für Verwaltungswissenschaften Speyer, 1997, S. 97 ff. (113 f.); *Streinz* (Fn. 68), Art. 32 Rn. 52; *Zuleeg* (Fn. 89), Art. 32 Rn. 23. A.A. (nur Bund) *Tietje*, Verwaltungshandeln (Fn. 95), S. 495 f.; (keine zwingende Zuordnung) *Hillgruber* (Fn. 68), Art. 32 Rn. 58; (gegen Grundentscheidung des Art. 32 I GG) *Pernice* → Bd. II², Art. 32 Rn. 38; (kein Bedürfnis) *Rojahn* (Fn. 6), Art. 32 Rn. 58.

[128] *J. Kölble*, DÖV 1966, 25 (28 f.); *W.G. Grewe*, HStR III, § 77 Rn. 83; *Reichel*, Gewalt (Fn. 77), S. 178; *Stein*, Amtshilfe (Fn. 121), S. 34 ff.

[129] Ablehnend *Fastenrath*, Kompetenzverteilung (Fn. 61), S. 193 f.; *J. Isensee*, HStR³ VI, § 126 Rn. 244; *Nettesheim* (Fn. 6), Art. 32 Rn. 108.

[130] S. nur *Fassbender* (Fn. 7), Art. 32 Rn. 85 ff.

[131] Statt vieler *Kempen* (Fn. 11), Art. 32 Rn. 89; *Rojahn* (Fn. 6), Art. 32 Rn. 58; *W. Rudolf*, AVR 27 (1989), 1 (17).

[132] S. nur (Kohärenzerfordernis) *Fassbender* (Fn. 7), Art. 32 Rn. 85; *J. Isensee*, HStR IV, § 98 Rn. 194; *ders.*, HStR³ VI, § 126 Rn. 168, 246; *Menzel*, Recht (Fn. 64), S. 478; *W. Rudolf*, AVR 27 (1989), 1 (29 f.); *Stern*, Staatsrecht I, S. 694; s. auch BVerfGE 6, 309 (361 f.). Über eine Einbindung in die Bundesaußenpolitik hinausgehende Spielräume betonend: *Fastenrath*, Kompetenzverteilung (Fn. 61), S. 196; weit auch *K.O. Nass*, Europa-Archiv 1986, 619 (627): Erschwerung des Bundeshandelns im auswärtigen Bereich, keine Beschränkung für außenpolitische Diskussion.

[133] *Nettesheim* (Fn. 6), Art. 32 Rn. 114.

[134] *Streinz* (Fn. 68), Art. 32 Rn. 53; im Ergebnis ähnlich *Zuleeg* (Fn. 89), Art. 32 Rn. 24; für Vereinbarungen *Bernhardt*, Abschluß (Fn. 124), S. 176; ferner *Tietje*, Verwaltungshandeln (Fn. 95), S. 496 f. (flexible Handhabung, im Regelfall Notifizierung ausreichend). Gänzlich ablehnend *Fassbender* (Fn. 7), Art. 32 Rn. 86, 178; *ders.*, Bundesstaat (Fn. 7), S. 411; *Kempen* (Fn. 11), Art. 32 Rn. 90a; s. auch BVerfGE 2, 347 (375). Auch Auffassungen, die nicht völkervertragliches auswärtiges Handeln Art. 32

Art. 32 C. Erläuterungen

b) Kommunen

30 Auch auf kommunaler Ebene sind **vielfältige Auslandsaktivitäten** zu verzeichnen, die etwa städtepartnerschaftliche Kontakte, unterschiedliche Formen der Kooperation im Bereich der Daseinsvorsorge, die Entwicklungshilfe oder den Klimaschutz umfassen (→ Art. 24 Rn. 55; → Art. 28 Rn. 136)[136].

31 Die kommunalen Außenbeziehungen werden teils aus Art. 32 GG mit der Begründung ausgeklammert, dass die Kommunen keine Träger auswärtiger Gewalt i.S.d. Art. 32 GG seien[137]. Obgleich es zutrifft, dass den Kommunen mangels Verleihung keine (partielle) Völkerrechtssubjektivität zukommt[138], und zwar auch dann nicht, wenn völkerrechtliche Rahmenverträge (→ Art. 24 Rn. 55) die Kommunen zu interkommunalen Kooperationen ermächtigen[139], stellt sich dennoch die Frage einer Sperrwirkung des Art. 32 I GG, der die Pflege der auswärtigen Beziehungen dem Bund zuweist, zumal Art. 32 III GG eine Öffnung nur zugunsten der Länder enthält. Insoweit ist analog zum auswärtigen Handeln der Länder zu argumentieren, dem **kommunalen Zuständigkeitsbereich** mithin **eine (begrenzte) Außendimension beizumessen** (→ Rn. 28). Hinzu kommt, dass Art. 32 I und III GG lediglich Beziehungen zu Völkerrechtssubjekten erfasst (→ Rn. 20) und damit interkommunale Kooperationen regelmäßig nicht sperrt[140]; überdies erstreckt sich Art. 32 I GG nicht auf partnerschaftliche Kontakte zwischen Kommunen (→ Rn. 22). Kommunale Auslandsaktivitäten müssen sich freilich im Rahmen des kommunalen Zuständigkeitsbereichs bewegen, mithin einen spezifischen Ortsbezug aufweisen (→ Art. 28 Rn. 136)[141], der angesichts der zunehmenden Verschränkung kommunaler, gesamtstaatlicher und überstaatlicher Be-

III GG zuordnen, relativieren das Zustimmungserfordernis, indem dieses nur auf vertragsnahe politische Absprachen angewendet wird (*Rojahn* [Fn. 6], Art. 32 Rn. 60) oder zwar generell, aber gleichzeitig eine allg. konkludente Zustimmung der Bundesregierung bejaht wird (*Nettesheim* [Fn. 6], Art. 32 Rn. 113). Für ein generelles Untersagungsrecht *Magiera*, Außenkompetenzen (Fn. 127), S. 114f.

[135] *J. Isensee*, HStR³ VI, § 126 Rn. 246; *Magiera*, Außenkompetenzen (Fn. 127), S. 115; *K.O. Nass*, Europa-Archiv 1986, 619 (628). S. zu Kooperationspflichten auch *Tietje*, Verwaltungshandeln (Fn. 95), S. 500ff.

[136] S. etwa *H.P. Aust*, »Global Cities« und das Grundgesetz, in: M.P. Neubauer u.a. (Hrsg.), L'État, c'est quoi?, 2015, S. 215ff. (216ff.); *H. Heberlein*, Die Verwaltung 26 (1993), 211ff.; *Rojahn* (Fn. 6), Art. 32 Rn. 66. Speziell zur kommunalen Entwicklungszusammenarbeit *C. Athenstaedt*, DÖV 2013, 835ff., zum Klimaschutz *H.P. Aust*, ZaöRV 73 (2013), 673ff. und zu Städtepartnerschaften *D. Blumenwitz*, BayVBl. 1980, 193(ff., 230ff.

[137] *C. Athenstaedt*, DÖV 2013, 835 (837); *U. Beyerlin*, Grenzüberschreitende Zusammenarbeit benachbarter Gemeinden und auswärtige Gewalt, in: A. Dittmann/M. Kilian (Hrsg.), Kompetenzprobleme der Auswärtigen Gewalt, 1982, S. 109ff. (118ff.); *Fassbender* (Fn. 7), Art. 32 Rn. 94; *Fastenrath/Groh* (Fn. 6), Art. 32 Rn. 99f.; *H. Heberlein*, Die Verwaltung 26 (1993), 211 (213f.); *Rojahn* (Fn. 6), Art. 32 Rn. 67; *C. Starck*, Die deutschen Länder und die auswärtige Gewalt, in: FS Lerche, 1993, S. 561ff. (563). A.A. – bei Delegation – *Nettesheim* (Fn. 6), Art. 32 Rn. 23, 81ff., 120ff.

[138] *Rojahn* (Fn. 6), Art. 32 Rn. 67.

[139] *Beyerlin*, Rechtsprobleme (Fn. 77), S. 190ff.; *Kempen* (Fn. 11), Art. 32 Rn. 21; *Rojahn* (Fn. 6), Art. 32 Rn. 67. A.A. *Nettesheim* (Fn. 6), Art. 32 Rn. 123; ferner – bei Ermächtigung zu völkerrechtlichem Handeln – *Niedobitek*, Verträge (Fn. 28), S. 190ff.

[140] S. nur *Aust*, »Global Cities« (Fn. 136), S. 232ff.; *Beyerlin*, Rechtsprobleme (Fn. 77), S. 226f.; *ders.*, Zusammenarbeit (Fn. 137), 109 (118ff.); *R. Geiger*, Verfassungsrechtliche Aspekte grenznachbarschaftlicher internationaler Zusammenarbeit von Kommunen, in: FS SächsOVG, 2002, S. 435ff. (438f.); *Hillgruber* (Fn. 68), Art. 32 Rn. 15; *Rojahn* (Fn. 6), Art. 32 Rn. 67.

[141] S. nur BayVerfGH NVwZ-RR 2012, 50 (51f.); BVerwGE 87, 228 (231); 87, 237 (238f.); *Aust*, »Global Cities« (Fn. 136), S. 221ff.; *H. Heberlein*, Die Verwaltung 26 (1993), 211 (214ff.); *Nettesheim* (Fn. 6), Art. 32 Rn. 128; *F. Wollenschläger*, in: Meder/Brechmann, BV (Art. 70), Art. 11 Rn. 26f. Weit

lange nicht zu eng verstanden werden darf[142]. Materiell ist angesichts der Wertentscheidung des Art. 32 I GG das **gesamtstaatliche Interesse zu wahren**[143]; letzteres im Wege der Rechtsaufsicht durchzusetzen, obliegt den Ländern als Ausfluss der Bundestreue auch gegenüber dem Bund[144]. Einzelfallabhängig ist eine **Abstimmung mit dem Bund** zu suchen[145].

5. Reichweite der Vertragsschlusskompetenz des Bundes

a) Allgemeines

Die Kompetenz des Bundes zum Abschluss völkerrechtlicher Verträge – mutatis mutandis gilt dies aber auch für sonstiges von Art. 32 I GG erfasstes Auslandshandeln (→ Rn. 22 ff.) – erstreckt sich zunächst auf Materien, die in seine **ausschließliche** (Art. 73 GG) und **konkurrierende** (Art. 74 GG) **Gesetzgebungszuständigkeit** einschließlich ungeschriebener Kompetenzen fallen. Die ausschließliche Zuständigkeit für auswärtige Angelegenheiten (Art. 73 I Nr. 1 GG) ist eng auszulegen (→ Art. 73 Rn. 11) und verleiht daher keine umfassende Regelungsbefugnis für grenzüberschreitende Sachverhalte[146]. Im Bereich **konkurrierender Zuständigkeiten** besteht die Vertragsschlusskompetenz unabhängig von der vorherigen innerstaatlichen Aktualisierung der Gesetzgebungszuständigkeit[147]; zum Schutz der Landeskompetenzen vor einer Aushöhlung durch völkervertragliches Handeln des Bundes gilt die Erforderlichkeitsklausel des Art. 72 II GG[148]. In Materien der **Abweichungsgesetzgebung** ist der Bund gesetzgebungs- und damit auch vertragsschlussbefugt; um dem Abweichungsrecht der Länder Rechnung zu tragen und gleichzeitig ein Auseinanderfallen von völkerrechtlicher und innerstaatlicher Rechtslage zu vermeiden, muss der Bund entweder entsprechende Öffnungsklauseln vereinbaren oder die vorherige Zustimmung aller Länder einholen, die dann eine innerstaatliche Abweichung sperrt. Die Fortgeltung vom Deutschen Reich abgeschlossener Staatsverträge, deren Gegenstand nunmehr in die Landeskompetenz fällt, regelt Art. 123 II GG (→ Art. 123 Rn. 25 ff.).

32

Wegen seiner außenpolitischen Zielsetzung (s. § 4 DWG) folgt die Gesetzgebungskompetenz für den **Auslandsrundfunk** aus Art. 73 I Nr. 1 GG (→ Art. 73 Rn. 12)[149], die

33

Menzel, Recht (Fn. 64), S. 483 ff., 713 ff. Zur prinzipiellen Zulässigkeit des auswärtigen Handelns nur *Geiger*, Zusammenarbeit (Fn. 140), S. 439 f.

[142] S. nur BayVerfGH NVwZ-RR 2012, 50 (51 f.); *Aust*, »Global Cities« (Fn. 136), S. 232 ff.; *Wollenschläger* (Fn. 141), Art. 11 Rn. 26 f.

[143] *H. Heberlein*, Die Verwaltung 26 (1993), 211 (221 ff.); ferner BVerfGE 8, 122 (135 ff.). Für eine Ableitung aus dem Grundsatz der Bundestreue OVG Koblenz DVBl. 1988, 796 (797 f.); *C. Calliess*, HStR³ IV, § 83 Rn. 62; *Geiger*, Zusammenarbeit (Fn. 140), S. 439; *Menzel*, Recht (Fn. 64), S. 487 f.; *K. Meßerschmidt*, Die Verwaltung 23 (1990), 425 (430 ff., 446 ff.). Ohne Einordnung *W.G. Grewe*, HStR III, § 77 Rn. 83; *Nettesheim* (Fn. 6), Art. 32 Rn. 129. A.A. (mangels Einschlägigkeit von Bundestreue und Art. 32 I GG) *A. Koreng*, SächsVBl. 2008, 157 (159 f.); ferner *Kotzur*, Zusammenarbeit (Fn. 77), S. 498 f.

[144] BVerfGE 8, 122 (137 ff.); *H. Heberlein*, Die Verwaltung 26 (1993), 211 (224 f.); *Nettesheim* (Fn. 6), Art. 32 Rn. 129; ferner *J. Isensee*, HStR³ VI, § 126 Rn. 168.

[145] Für ein Zustimmungsrecht von Bund und Land *A. Bleckmann*, NVwZ 1989, 311 (314); gegen ein Zustimmungsrecht des Bundes *K. Meßerschmidt*, Die Verwaltung 23 (1990), 425 (452).

[146] S. auch *Rojahn* (Fn. 6), Art. 32 Rn. 16.

[147] *Rojahn* (Fn. 6), Art. 32 Rn. 15. A.A. *Fassbender* (Fn. 7), Art. 32 Rn. 147; *ders.*, Bundesstaat (Fn. 7), S. 351 f.

[148] *Rojahn* (Fn. 6), Art. 32 Rn. 15. A.A. (nur innerstaatliche Relevanz) namentlich *Hillgruber* (Fn. 68), Art. 32 Rn. 22; *Kempen* (Fn. 11), Art. 32 Rn. 40; *Nettesheim* (Fn. 6), Art. 32 Rn. 56.

[149] *Dörr*, Deutsche Welle (Fn. 93), S. 20 ff.; *Fastenrath/Groh* (Fn. 6), Art. 32 Rn. 95; *C.F. Germel-*

Verwaltungskompetenz aus Art. 87 III 1 GG (anders, Art. 87 I 1 GG → Art. 87 Rn. 28)[150]. Selbiges gilt für die **auswärtige Kulturpolitik** (→ Art. 73 Rn. 12; → Art. 87 Rn. 28)[151], wobei Raum für eine kulturelle Außendarstellung der Länder bleibt[152]. Die Kompetenzverteilung für das **Auslandsschulwesen** ist umstritten und differenziert zu betrachten (→ Art. 73 Rn. 12; → Art. 87 Rn. 28)[153].

b) Bundeskompetenz im Bereich ausschließlicher Länderzuständigkeiten

34 Seit Entstehung des Grundgesetzes **umstritten** ist, ob dem Bund auch die (konkurrierende) Vertragsschluss- und Transformationskompetenz (Ratifikationsgesetz und weitere innerstaatliche Umsetzungsakte) in Bereichen zukommt, für die er keine Gesetzgebungszuständigkeit besitzt, mithin in Materien der ausschließlichen Länderzuständigkeit oder der konkurrierenden Kompetenzen bei i.S.d. Art. 72 II GG nicht erforderlicher Bundesregelung. Hier stehen sich **drei Auffassungen** gegenüber, die nach der ursprünglichen Positionierung von Bund und Ländern in den 1950er Jahren auch als süddeutsche, norddeutsche und Berliner Lösung tituliert werden[154].

35 Die **föderalistische süddeutsche Lösung** lehnt eine Bundeskompetenz ab[155]. Die vermittelnde **norddeutsche Lösung** bejaht eine konkurrierende Vertragsschlusskompe-

---

mann, Kultur und staatliches Handeln, 2013, S. 255; *F. Pieper*, Der deutsche Auslandsrundfunk, 2000, S. 96 ff.; *Rojahn* (Fn. 6), Art. 32 Rn. 26; *M. Schote*, Die Rundfunkkompetenz des Bundes als Beispiel bundesstaatlicher Kulturkompetenz in der Bundesrepublik Deutschland, 1999, S. 142 ff. A.A. (keine Bundeskompetenz) *W. Mallmann*, JZ 1963, 350 (352 f.). Offen gelassen BVerfGE 12, 205 (241 f.).

[150] *Dörr*, Deutsche Welle (Fn. 93), S. 22 ff.; *Fastenrath/Groh* (Fn. 6), Art. 32 Rn. 95; *Köstlin*, Kulturhoheit (Fn. 87), S. 73; *Pieper*, Auslandsrundfunk (Fn. 149), S. 110 ff.; *Rojahn* (Fn. 6), Art. 32 Rn. 26. A.A. (Art. 87 I 1 GG kraft Sachzusammenhangs und Art. 87 III GG) *Schote*, Rundfunkkompetenz (Fn. 149), S. 197 ff. Offen gelassen in BVerfGE 12, 205 (250).

[151] *S.-C. Lenski*, Öffentliches Kulturrecht, 2013, S. 102 ff., 119 (Verwaltungskompetenz aus Art. 87 I GG). Anders (Kompetenz kraft Natur der Sache) *Nettesheim* (Fn. 6), Art. 32 Rn. 55; *Streinz* (Fn. 68), Art. 32 Rn. 26; ferner (Art. 32 I GG) *Busch*, Lindauer Vereinbarung (Fn. 109), S. 71 ff.; (Verwaltungskompetenz aus Art. 87 I GG) *Köstlin*, Kulturhoheit (Fn. 87), S. 47 ff., 69 ff.; *Rojahn* (Fn. 6), Art. 32 Rn. 24. Differenziert *Fastenrath*, Kompetenzverteilung (Fn. 61), S. 181 ff.

[152] *Fassbender* (Fn. 7), Art. 32 Rn. 91; *Nettesheim* (Fn. 6), Art. 32 Rn. 55; ferner *Fastenrath/Groh* (Fn. 6), Art. 32 Rn. 97.

[153] Für Errichtung und Unterhaltung: Art. 73 I Nr. 1 und Art. 87 I GG *Germelmann*, Kultur (Fn. 149), S. 255 f. (nur Art. 73 I Nr. 1 GG); *Jutzi*, Schulen (Fn. 109), S. 73 ff., 99 ff. (Art. 87 I GG nur Sachzusammenhang); *Köstlin*, Kulturhoheit (Fn. 87), S. 72; weit auch *Busch*, Lindauer Vereinbarung (Fn. 109), S. 74 f.; *Fastenrath*, Kompetenzverteilung (Fn. 61), S. 178 ff. (Bundeskompetenz kraft Natur der Sache). Enger (lediglich Einrichtungen, die überwiegend an Angehörige von Beschäftigten des auswärtigen Dienstes bzw. der Bundeswehr gerichtet sind) *Kempen* (Fn. 11), Art. 32 Rn. 47; *Rojahn* (Fn. 6), Art. 32 Rn. 25; *Streinz* (Fn. 68), Art. 32 Rn. 26. Zur Kompetenzverteilung für Personalwesen und inhaltliche Aspekte *Jutzi*, a.a.O., S. 158 ff., 175 ff.

[154] Ausführlich *Fassbender* (Fn. 7), Art. 32 Rn. 99 ff.; *ders.*, Bundesstaat (Fn. 7), S. 287 ff.; ferner *Rojahn* (Fn. 6), Art. 32 Rn. 41. Zuvor systematisiert von *Grewe*, Gewalt (Fn. 67), S. 165 f. Eine Streitentscheidung offen gelassen OVG Bautzen LKV 2007, 520 (522); diese als »politische« Frage qualifizierend *P. Seidel*, Die Zustimmung der Bundesregierung zu Verträgen der Bundesländer mit auswärtigen Staaten gemäß Art. 32 III GG, 1975, S. 40 ff., 52 ff. Aus der Vertragspraxis zum Isselburger Abkommen: *J. Bauer/M. Hartwig*, NWVBl. 1994, 41 (46 f.).

[155] *Bernhardt*, Abschluß (Fn. 124), S. 140 ff.; *D. Blumenwitz*, Der Schutz innerstaatlicher Rechtsgemeinschaften beim Abschluss völkerrechtlicher Verträge, 1972, S. 93 ff., 301; *Busch*, Lindauer Vereinbarung (Fn. 109), S. 47 ff.; *Fassbender* (Fn. 7), Art. 32 Rn. 97 f.; *ders.*, Bundesstaat (Fn. 7), S. 287 ff.; *Jutzi*, Schulen (Fn. 109), S. 69 ff.; *H. Kraus*, AVR 3 (1951/1952), 414 (420 ff.); *T. Maunz*, in: Maunz/Dürig, GG, Art. 32 (1961), Rn. 29 ff.; *Reichel*, Gewalt (Fn. 77), S. 184 ff. (mit Ausnahme hochpolitischer Verträge, in die allerdings föderale Vertragsklauseln aufzunehmen sind); *W. Rudolf*, Völ-

II. Bundeskompetenz für die Pflege der Beziehungen zu auswärtigen Staaten **Art. 32**

tenz des Bundes, lehnt aber eine Transformationskompetenz desselben ab[156], wobei teils einerseits ein Zustimmungsrecht der Länder[157] oder wenigstens Rücksichtnahmepflichten des Bundes[158] sowie andererseits eine Transformationspflicht der Länder[159] postuliert werden. Die **zentralistische Berliner Lösung** vertritt eine umfassende Bundeszuständigkeit für Vertragsschluss und innerstaatliche Transformation[160]. Die am 14.11.1957 zwischen Bund und Ländern erreichte Verständigung (**Lindauer Abkommen**), die eine Vertragsschlusskompetenz des Bundes bei Zustimmungs- und Beteiligungsrechten der Länder bejaht, hat diesen Streit für die Praxis entschärft (→ Rn. 38 ff.). Bundesstaatlich bedingte Kompetenzdefizite des Bundes für die Transformation lassen sich im Übrigen auch auf völkerrechtlicher Ebene durch Bemühensverpflichtungen oder Bundesstaatsklauseln auffangen[161].

Eine von der innerstaatlichen Zuständigkeitsverteilung unabhängige, **umfassende Transformationskompetenz des Bundes ist** – genauso wie im Kontext der Umsetzung von Europarecht (→ Art. 23 Rn. 34) – **abzulehnen**, mögen auch Einheits- und Effizienzerwägungen für sie streiten. Denn diese Auffassung bedeutet nicht nur einen Übergriff des Bundes in den Ländern zugewiesene Zuständigkeitsbereiche; vielmehr widerspricht sie auch der Systematik des Grundgesetzes, das zwischen dem in Art. 32 GG geregelten Außenhandeln und innerstaatlichen Zuständigkeiten für Gesetzgebung (Art. 70 ff. GG) sowie Verwaltung (Art. 83 ff. GG) differenziert, was auch der Annah-

36

---

kerrecht und deutsches Recht, 1967, S. 184 ff., 227; *ders.*, AVR 13 (1966/67), 53 (56 ff.); *Weißauer*, Zusammenwirken (Fn. 104), S. 152 ff., 157 ff. Modifiziert (nur, wenn Landesgesetz zur Transformation notwendig) *Geiger*, Grundgesetz (Fn. 30), S. 120 f., und *Rojahn* (Fn. 6), Art. 32 Rn. 42; darüber hinaus eine Abschlusskompetenz des Bundes auch aus wesentlichen Bundesinteressen und eine entsprechende Transformationspflicht der Länder anerkennend *H. Mosler*, ZaöRV 16 (1955/56), 1 (17 ff., 31 ff.).

[156] *A. Bleckmann*, Grundgesetz und Völkerrecht, 1975, S. 204 ff.; *W. Böning*, DÖV 1957, 817 (817 ff.); *Fastenrath*, Kompetenzverteilung (Fn. 61), S. 120 ff.; *Germelmann*, Kultur (Fn. 149), S. 260 ff., 615 f.; *Hillgruber* (Fn. 68), Art. 32 Rn. 23 ff.; *C. Hirsch*, Kulturhoheit und auswärtige Gewalt, 1968, S. 104 ff.; *J. H. Kaiser*, ZaöRV 18 (1957/58), 526 (541 ff.) – unter darüber hinausgehender Annahme eines Transformationsrecht des Bundes im Ausnahmefall (548 ff.); *Kempen* (Fn. 11), Art. 32 Rn. 48 ff.; *Nettesheim* (Fn. 6), Art. 32 Rn. 65 ff.; *Niedobitek*, Verträge (Fn. 28), S. 215 ff.; *Pernice* → Bd. II², Art. 32 Rn. 42; *Starck*, Gewalt (Fn. 137), S. 563 ff.; *Stern*, Staatsrecht I, S. 696; *Zuleeg* (Fn. 89), Art. 32 Rn. 20 f.; Schlußbericht Enquete-Kommission (Fn. 26), S. 232 ff., 256 – mit entsprechendem Änderungsvorschlag (→ Rn. 5); s. auch BVerwG NVwZ 2011, 752 (753); ohne Thematisierung der Transformationsfrage *D. Haas*, AöR 78 (1952/53), 381 (382); *Menzel*, Gewalt (Fn. 4), S. 205 ff., LS A. 5.

[157] *Fastenrath/Groh* (Fn. 6), Art. 32 Rn. 65; *Pernice* → Bd. II², Art. 32 Rn. 42 f. (analog Art. 59 II 1 GG); *Streinz* (Fn. 68), Art. 32 Rn. 34, 36 ff.; ferner *H.-J. Papier*, DÖV 2003, 265 (269). Zur bei Zustimmung bestehenden Transformationspflicht → Rn. 40.

[158] *J. H. Kaiser*, ZaöRV 18 (1957/58), 526 (542 ff.); *Menzel*, Gewalt (Fn. 4), S. 207. S. zu Rücksichtnahme- und Kooperationspflichten im Kontext der (europäischen) Integration auch BVerfGE 92, 203 (230). → Art. 23 Rn. 136 ff.; → Art. 24 Rn. 50.

[159] *J. H. Kaiser*, ZaöRV 18 (1957/58), 526 (544 ff.); *Pernice* → Bd. II², Art. 32 Rn. 42; s. auch *F. Klein*, Bundesstaatsverträge und Landesstaatsgewalt, in: FS Maunz, 1971, S. 199 ff. (208 ff.). Ablehnend *W. Böning*, DÖV 1957, 817 (821); *W. Rudolf*, AVR 13 (1966/67), 53 (59 f.); *Starck*, Gewalt (Fn. 137), S. 566.

[160] *J. Dreher*, Die Kompetenzverteilung zwischen Bund und Ländern im Rahmen der auswärtigen Gewalt nach dem Bonner Grundgesetz, 1970, S. 27 ff., 97 ff.; *Grewe*, Gewalt (Fn. 67), S. 177 LS 3c; vorsichtiger S. 166 ff., 172 f.; *W. Heckt*, DÖV 1958, 445 (445 ff.); vgl. ferner *J. v. Bernstorff*, RdJB 2 (2011), 203 (207 f.).

[161] Näher *Rojahn* (Fn. 6), Art. 32 Rn. 42, 47. S. etwa Art. 30 lit. b des Übereinkommens über den Schutz und die Förderung der Vielfalt kultureller Ausdrucksformen v. 20.10.2005 (BGBl. 2007 II, S. 234).

Art. 32

me einer Annexkompetenz zu Art. 32 I GG[162], einer weiten Auslegung des Art. 73 I Nr. 1 GG[163] oder einer Berufung auf den Grundsatz der Völkerrechtsfreundlichkeit (→ Art. 25 Rn. 51 f.) entgegensteht[164]. Damit ist die **zentralistische Lösung abzulehnen**. Auf Basis der Vollzugslehre (→ Art. 25 Rn. 1 f.) ist es nicht überzeugend, zwischen einer Bundeskompetenz für den Vollzugsbefehl (Art. 59 II GG) und einer sich nach Art. 70 ff. GG bestimmenden innerstaatlichen Implementation zu differenzieren[165], da bereits mit dem Vollzugsbefehl auch auf Länderebene relevante, innerstaatliche Rechtswirkungen erzeugt werden.

37 Die **föderalistische Lösung** hat gewichtige Argumente für sich, höhlt doch eine konkurrierende Vertragsschlusskompetenz des Bundes Länderkompetenzen faktisch aus[166] und geht mit dem Auseinanderfallen von Abschluss- und Transformationsbefugnis die Gefahr von Umsetzungsdefiziten einher[167]. Angeführt werden könnte auch ein entstehungsgeschichtliches Argument, wurde die ursprünglich vorgesehene Korrelation der Vertragsschlusskompetenz mit der jeweiligen Gesetzgebungszuständigkeit doch nur deshalb durch die weite Formulierung in Absatz 1 ersetzt, um eine Bundeszuständigkeit für bedeutsame Bereiche der auswärtigen Gewalt zu begründen (namentlich Beitritt zu einem System gegenseitiger kollektiver Sicherheit und Schiedsgerichtsverträge), die nicht von Gesetzgebungszuständigkeiten erfasst waren (→ Rn. 3); die Genese ist indes nicht eindeutig[168], im Raum standen nämlich auch Kulturabkommen[169]. Eine explizite Stütze im Wortlaut des Art. 32 III GG findet die föderalistische Auffassung jedenfalls nicht. Demgegenüber lässt die umfassend formulierte Bundeskompetenz in Abs. 1 keine Einschränkungen erkennen; hinzu kommt, dass ein unbeschränktes Vertragsschlussrecht des Bundes einen einheitlichen Vertragsschluss ermöglicht, was dem internationalen Verkehr gerade bei geteilten Kompetenzen dienlich ist und dem Art. 32 GG zugrunde liegenden Einheitlichkeitsgedanken Rechnung trägt[170]. Auch kennt das Grundgesetz auswärtige Handlungsbefugnisse des Bundes im Bereich ausschließlicher Länderzuständigkeiten, nämlich in Gestalt der (sogar ausschließlichen) Integrationsbefugnis des Bundes gemäß Art. 23 I und 24 I GG. Verschiebungen im bundesstaatlichen Kompetenzgefüge lassen sich überdies prozedural durch Mitwirkungsrechte der Länder kompensieren[171]. Angesichts dessen ist die **norddeut-**

---

[162] *Dreher*, Kompetenzverteilung (Fn. 160), S. 97 ff.; *J.H. Kaiser*, ZaöRV 18 (1957/58), 526 (548 ff.).
[163] So *Grewe*, Gewalt (Fn. 67), S. 177 LS 3c.
[164] BVerfGE 6, 309 (365 ff.); BVerwG VerwRspr 1977, 775 (776 f.); BVerwGE 134, 1 (20); BVerwG NVwZ 2011, 752 (753); VGH Kassel NVwZ-RR 2010, 602 (602); *Fastenrath*, Kompetenzverteilung (Fn. 61), S. 132 ff.; *ders./Groh* (Fn. 6), Art. 32 Rn. 59 f., 66 ff.; *Hillgruber* (Fn. 68), Art. 32 Rn. 25 f.; *Kempen* (Fn. 11), Art. 32 Rn. 52 ff.; *Nettesheim* (Fn. 6), Art. 32 Rn. 70; *Rojahn* (Fn. 6), Art. 32 Rn. 44; *Streinz* (Fn. 68), Art. 32 Rn. 37.
[165] So aber *J. v. Bernstorff*, RdJB 2 (2011), 203 (207 f.).
[166] *Rojahn* (Fn. 6), Art. 32 Rn. 42.
[167] *Rojahn* (Fn. 6), Art. 32 Rn. 42, 45 f. A.A. (Notwendigkeit einer Ratifikationsermächtigung auch durch die Länder analog Art. 59 II 1 GG) *Pernice* → Bd. II², Art. 32 Rn. 42 f.
[168] S. (für die erstere Lesart) auch *Fassbender* (Fn. 7), Art. 32 Rn. 106 f.; *Maunz* (Fn. 155), Art. 32 Rn. 40. Vgl. aber für eine gegenteilige Deutung *Grewe*, Gewalt (Fn. 67), S. 166; *Kempen* (Fn. 11), Art. 32 Rn. 50; *Streinz* (Fn. 68), Art. 32 Rn. 34.
[169] Abg. *von Mangoldt*, Parl. Rat, Hauptausschuss, StenProt. der 34. Sitzung vom 11.1.1949; *ders.*, Parl. Rat, Organisationsausschuss, StenProt. der 29. Sitzung vom 11.1.1949; abgedruckt in Schneider, GG-Dokumentation, Bd. 10, S. 146, 149 f.
[170] Schlußbericht Enquete-Kommission (Fn. 26), S. 232; *Fastenrath/Groh* (Fn. 6), Art. 32 Rn. 65; *Kempen* (Fn. 11), Art. 32 Rn. 49; *Nettesheim* (Fn. 6), Art. 32 Rn. 69; *Pernice* → Bd. II², Art. 32 Rn. 42.
[171] *Fastenrath/Groh* (Fn. 6), Art. 32 Rn. 65; *Pernice* → Bd. II², Art. 32 Rn. 42.

sche Lösung vorzuziehen. Um Verschiebungen im bundesstaatlichen Kompetenzgefüge entgegenzuwirken, ist das Vertragsschlussrecht des Bundes, insoweit ausschließliche Länderzuständigkeiten betroffen sind und kein überragendes gesamtstaatliches Interesse entgegensteht, von einem **Einverständnis der Länder** abhängig zu machen; daneben verlangt die Bundestreue eine Abstimmung im Vorfeld.

c) Lindauer Abkommen

Die Verständigung zwischen der Bundesregierung und den Staatskanzleien der Länder über das Vertragschließungsrecht des Bundes vom 14.11.1957 (Lindauer Abkommen)[172] **entschärft** den **Kompetenzkonflikt** zwischen Bund und Ländern hinsichtlich des Abschlusses und der Transformation völkerrechtlicher Verträge, deren Regelungsgegenstände in die ausschließliche Gesetzgebungszuständigkeit der Länder fallen, **für die Staatspraxis**, bekräftigt aber gleichzeitig den **verfassungsrechtlichen Dissens (Nr. 1**: → Rn. 34 ff.). Das Lindauer Abkommen bezieht sich (seinem Wortlaut nach) lediglich auf Vertragsschlüsse[173], ist aber auch für länderrelevante vertragsbezogene Handlungen (z.B. Änderung oder Kündigung) heranzuziehen[174].

38

Die Länder sind in **Nr. 2** dem Bund dadurch entgegengekommen, dass eine Bundeszuständigkeit mit Blick auf Vertragsschlüsse im Kontext der Kompetenztitel des Art. 73 I Nr. 1 und Nr. 5 sowie Art. 74 I Nr. 4 GG (z.B. Konsularverträge; Handels- und Schiffahrtsverträge, Niederlassungsverträge sowie Verträge über den Waren- und Zahlungsverkehr; Beitritt zu/Gründung von internationalen Organisationen) »auch insoweit anerkannt werden [könnte], als diese Verträge Bestimmungen enthalten, bei denen es zweifelhaft sein könnte, ob sie im Rahmen eines internationalen Vertrages unter die ausschließliche Landesgesetzgebung fallen«. Voraussetzung hierfür ist jedoch, dass die fraglichen »Bestimmungen a) für solche Verträge typisch und in diesen Verträgen üblicherweise enthalten sind oder b) einen untergeordneten Bestandteil des Vertrages bilden, dessen Schwerpunkt im übrigen zweifelsfrei im Bereich der Zuständigkeit des Bundes liegt.« Exemplarisch nennt Nr. 2 Satz 3 »Bestimmungen über Privilegien bei auswärtigen Staaten und internationalen Einrichtungen hinsichtlich des Steuer-, Polizei- und Enteignungsrechts (Immunitäten) sowie über die nähere Ausgestaltung der Rechte von Ausländern in Handels-, Schiffahrts- und Niederlassungsverträgen.«

39

Für sonstige Staatsverträge, »die nach Auffassung der Länder deren ausschließliche Kompetenz berühren«, namentlich bei Kulturabkommen, sieht **Nr. 3** eine frühzeitige, noch im Verhandlungsstadium stattfindende Beteiligung der Länder vor und verlangt die Einholung von deren Einverständnis, bevor Pflichten des Bundes oder der Länder völkerrechtlich verbindlich werden[175]. Nach Erteilung des Einverständnisses durch alle Länder impliziert der Grundsatz der Bundestreue eine Transformationspflicht der

40

---

[172] Abgedruckt im Schlußbericht Enquete-Kommission (Fn. 26), S. 236.
[173] *Rojahn* (Fn. 6), Art. 32 Rn. 49.
[174] *Fassbender* (Fn. 7), Art. 32 Rn. 126.
[175] Näher zum Verfahren *Fassbender* (Fn. 7), Art. 32 Rn. 130; *B. Hartung*, Die Praxis des Lindauer Abkommens, 1984, S. 79 ff. Für ein Zustimmungsrecht nur der betroffenen Länder *Rudolf*, Verträge (Fn. 26), S. 69 f.; ferner *ders.*, AVR 27 (1989), 1 (19).

Art. 32   C. Erläuterungen

Länder[176]; ein Anwendungsbefehl auf Landesebene ist nicht verzichtbar (→ Art. 59 Rn. 48)[177].

41   Darüber hinaus normiert **Nr. 4** jenseits des Anhörungsrechts gemäß Art. 32 II GG (**Nr. 5**: → Rn. 45 ff.) die Pflicht des Bundes, die Länder über den beabsichtigten Abschluss aller Verträge, die wesentliche Länderinteressen berühren, frühzeitig zu unterrichten, und sieht die Einrichtung der (1958 geschaffenen) Ständigen Vertragskommission der Länder vor, die dem Bund als Ansprechpartner zur Verfügung steht[178].

42   Als **politische Absprache** kommt dem Lindauer Abkommen **keine Rechtsverbindlichkeit** zu[179]. Es hat praktische Bedeutung erlangt – allein für den Zeitraum 1958–1991 werden 2.201 Beratungen von Vertragsentwürfen gemäß Nr. 3 und 4 genannt[180] –; schon die Enquete-Kommission kritisierte indes im Jahre 1975 die Schwerfälligkeit des Abstimmungsverfahrens[181]. Vorstöße zur Aufnahme von Grundsätzen des Lindauer Abkommens in das Grundgesetz blieben erfolglos (→ Rn. 5).

43   Auf der Basis der hier vertretenen vermittelnden Auffassung[182] (→ Rn. 37) erweist sich das **Lindauer Abkommen** bzw., mangels Rechtsverbindlichkeit präziser, die ihm folgende Staatspraxis[183] als **verfassungskonform**. So entspricht die in Nr. 3 anerkannte

---

[176] S. nur VGH Kassel NVwZ-RR 2010, 602 (603); *H. Bauer*, Bundestreue, 1992, S. 329 f., 358; *W. Böning*, DÖV 1957, 817 (820 f.); *C.-P. Clostermeyer/S. Lehr*, DÖV 1998, 148 (150); *Fastenrath/Groh* (Fn. 6), Art. 32 Rn. 62; *Germelmann*, Kultur (Fn. 149), S. 261 f., 615 f.; *J. H. Kaiser*, ZaöRV 18 (1957/58), 526 (544 ff.); *Nettesheim* (Fn. 6), Art. 32 Rn. 71 (Obliegenheit); *Niedobitek*, Verträge (Fn. 28), S. 224; *Rojahn* (Fn. 6), Art. 32 Rn. 55; *Streinz* (Fn. 68), Art. 32 Rn. 36.
[177] *Pernice* → Bd. II², Art. 59 Rn. 34; *Rojahn* (Fn. 6), Art. 32 Rn. 55.
[178] Zur StVK *C. Bücker/M. Köster*, JuS 2005, 978 ff.; *Fassbender* (Fn. 7), Art. 32 Rn. 131.
[179] Statt vieler *Hillgruber* (Fn. 68), Art. 32 Rn. 31; *Kempen* (Fn. 11), Art. 32 Rn. 60; *Nettesheim* (Fn. 6), Art. 32 Rn. 73; *I. Winkelmann*, DVBl. 1993, 1128 (1129 f.). A.A. (Verwaltungsabkommen) *Busch*, Lindauer Vereinbarung (Fn. 109), S. 100 ff.; *R. Grawert*, Verwaltungsabkommen zwischen Bund und Ländern in der Bundesrepublik Deutschland, 1967, S. 185; a.A. (verfassungsrechtlicher Vergleich) *C.-P. Clostermeyer/S. Lehr*, DÖV 1998, 148 (149); *Hartung*, Praxis (Fn. 175), S. 19 ff., 29 ff. (und Verwaltungsabkommen). Obiter nahm das Bundesverfassungsgericht verschiedentlich und uneinheitlich auf das Lindauer Abkommen Bezug, s. BVerfGE 32, 145 (154): »im Verfassungsrecht und Verwaltungsrecht für Sonderlagen getroffene [...] Regelung [...]«; E 42, 103 (113 f.): vertragliche Vereinbarung verfassungsrechtlicher Art (relativierend *H.-J. Papier*, DÖV 2003, 265 [268]); E 92, 203 (231 f.): Absprache.
[180] *K. Stern*, Auswärtige Gewalt und Lindauer Abkommen, in: FS Heymanns Verlag, 1995, S. 251 ff. (261).
[181] Bericht der Enquete-Kommission Auswärtige Kulturpolitik vom 7.10.1975, BT-Drs. 7/4121, S. 39 f. Insg. positives Fazit bei *Stern*, Gewalt (Fn. 180), S. 269 f.
[182] Auf Basis der föderalistischen Auffassung ist Nr. 3 – unabhängig von der rechtlichen Qualifikation des Handelns des Bundes (dazu nur *Rojahn* [Fn. 6], Art. 32 Rn. 54) – nur dann verfassungskonform, wenn man angesichts der »Kann«-Regelung in Art. 32 III GG eine Überlassung der Kompetenzausübung an den Bund für zulässig erachtet: so *Blumenwitz*, Schutz (Fn. 155), S. 95 f., 190 f.; *Fassbender*, Bundesstaat (Fn. 7), S. 362 ff.; *Rojahn* (Fn. 6), Art. 32 Rn. 54; ferner *J. Bauer/M. Hartwig*, NWVBl. 1994, 41 (46); *Pernice* → Bd. II², Art. 32 Rn. 43, bei analoger Anwendung des Art. 59 II 1 GG; *Streinz* (Fn. 68), Art. 32 Rn. 41; *Weißauer*, Zusammenwirken (Fn. 104), S. 160 f.; (nur) im Ergebnis *Nettesheim* (Fn. 6), Art. 32 Rn. 74: Konkretisierungsbefugnis aufgrund der bestehenden Unsicherheit. A.A. etwa *Busch*, Lindauer Vereinbarung (Fn. 109), S. 146 ff.; *Fastenrath*, Kompetenzverteilung (Fn. 61), S. 139 f.; *ders./Groh* (Fn. 6), Art. 32 Rn. 64; *Kempen* (Fn. 11), Art. 32 Rn. 62; zweifelnd ferner *W. Rudolf*, AVR 13 (1966/67), 53 (63). Nach BVerfGE 32, 145 (154), liegt dem Lindauer Abkommen die »Unterscheidung von Kompetenz und Ausübung der Kompetenz« zugrunde; die fehlende Dispositionsbefugnis über die grundgesetzliche Kompetenzordnung betonend OVG Bautzen LKV 2007, 520 (522).
[183] S. nur *Fassbender*, Bundesstaat (Fn. 7), S. 360 ff.

konkurrierende Bundeszuständigkeit der grundgesetzlichen Kompetenzverteilung[184] und trägt Nr. 2 eine Annexkompetenz[185]; ferner stellen die den Ländern in Nr. 3 und 4 eingeräumten Mitwirkungsrechte, zumal nur »Soll«-Regelungen, eine Ausprägung des Grundsatzes der Bundestreue dar[186]. Jedenfalls der in Nr. 1 zum Ausdruck gebrachte Dissens spricht gegen die Annahme von Verfassungsgewohnheitsrecht[187].

6. Materiell-rechtliche Bedeutung

Art. 32 I GG weist dem Bund die Aufgabe der Pflege auswärtiger Beziehungen zu, weshalb von ihr erfasste Staatsbesuche zum sicherheitsrechtlichen **Schutzgut der öffentlichen Sicherheit** rechnen[188]. Weitere materiell-rechtliche Wirkungen, etwa ein weiter Ermessensspielraum im außenpolitischen Bereich, lassen sich aus Art. 32 GG als Kompetenzverteilungsregel indes nicht ableiten, sondern nur aus entsprechenden inhaltlichen Vorgaben des Grundgesetzes, etwa aus dessen Völkerrechtsfreundlichkeit (→ Art. 1 II Rn. 21; → Art. 25 Rn. 51 f.)[189].

44

III. Anhörungsrecht besonders berührter Länder vor Vertragsschlüssen des Bundes (Art. 32 II GG)

In Konkretisierung des Grundsatzes der **Bundestreue**[190] räumt Art. 32 II GG einzelnen Ländern, deren besondere Verhältnisse ein Vertragsschluss des Bundes berührt (1.), das Recht ein, rechtzeitig zuvor gehört zu werden (2.; zur Diskussion im Parl. Rat: → Rn. 4). Das an individuelle Sonderinteressen anknüpfende Anhörungsrecht tritt neben die gemäß Art. 59 II GG erforderliche Mitwirkung des Bundesrates (→ Art. 59 Rn. 44) in der Transformationsphase (zur Unterrichtungspflicht nach dem Lindauer Abkommen → Rn. 41).

45

1. Besondere Verhältnisse eines Landes

Der Anwendungsbereich des Art. 32 II GG erfasst seinem Wortlaut nach nur den Vertragsschluss; eine analoge Anwendung erscheint mit Blick auf die ihm zugrunde liegende Zwecksetzung auch auf vertragsbezogene Handlungen (z.B. Kündigung) geboten[191]. Ein Vertrag berührt dann die besonderen Verhältnisse eines Landes, wenn er die **Interessensphäre eines oder mehrerer Länder im Vergleich zu den übrigen Ländern in besonderer Weise** (durch Individualisierung oder Intensität) **betrifft**, nicht aber alle

46

---

[184] *Fastenrath*, Kompetenzverteilung (Fn. 61), S. 138; *Kempen* (Fn. 11), Art. 32 Rn. 61; *Streinz* (Fn. 68), Art. 32 Rn. 40.
[185] *Grawert*, Verwaltungsabkommen (Fn. 179), S. 179 (Sachzusammenhang); im Ergebnis ebenso *Streinz* (Fn. 68), Art. 32 Rn. 40.
[186] *Fastenrath*, Kompetenzverteilung (Fn. 61), S. 139; *Hillgruber* (Fn. 68), Art. 32 Rn. 33; ferner *Kempen* (Fn. 11), Art. 32 Rn. 61; *Zuleeg* (Fn. 89), Art. 32 Rn. 12 (nur wegen der Soll-Regelung).
[187] Ausführlich *Fassbender* (Fn. 7), Art. 32 Rn. 138 ff.; *ders.*, Bundesstaat (Fn. 7), S. 337 ff.; ferner *Nettesheim* (Fn. 6), Art. 32 Rn. 73; *Rojahn* (Fn. 6), Art. 32 Rn. 54.
[188] OVG Greifswald NordÖR 2007, 290 (292). S. auch BVerfG (K), NJW 1992, 2624 (2624); *H.-W. Bayer*, DÖV 1968, 709 (715 ff.). Für eine Zuordnung zum Schutzgut der öffentlichen Ordnung *Rojahn* (Fn. 6), Art. 32 Rn. 28.
[189] *Nettesheim* (Fn. 6), Art. 32 Rn. 28; *Pernice* → Bd. II², Art. 32 Rn. 20, 26; ferner *Kempen* (Fn. 11), Art. 32 Rn. 71 ff. S. aber BVerwG NJW 1989, 2208 (2208 f.).
[190] S. nur *Pernice* → Bd. II², Art. 32 Rn. 31; → Art. 20 (Bundesstaat) Rn. 45 ff.
[191] *Fassbender* (Fn. 7), Art. 32 Rn. 152; *Nettesheim* (Fn. 6), Art. 32 Rn. 87; ferner *Fastenrath/Groh* (Fn. 6), Art. 32 Rn. 73. Im Ergebnis ähnlich *Zuleeg* (Fn. 89), Art. 32 Rn. 11 (Bundestreue).

Art. 32 C. Erläuterungen

Länder gleichermaßen[192]. Diese verfassungsgerichtlich voll überprüfbare[193] besondere Betroffenheit kann namentlich aus territorialen, wirtschaftlichen, rechtlichen oder kulturellen Gegebenheiten resultieren[194]. Beispiele stellen Verträge über Grenzen oder über nur in einzelnen Ländern vorhandene Produktions- oder Industriezweige (z.B. Hochseefischerei) dar[195].

2. Rechtzeitige Anhörung

47 Das Anhörungsrecht verlangt eine adäquate Information des Landes, die Gelegenheit zur Stellungnahme, deren Kenntnisnahme und Prüfung sowie die begründete Mitteilung des Ergebnisses[196], impliziert aber weder eine Bindung des Bundes noch Mitgestaltungsrechte[197]. Zeitlich hat die Anhörung rechtzeitig **vor Vertragsschluss** zu erfolgen. Im Interesse effektiver Einflussmöglichkeiten ist das Land vor dem respektive im Verhandlungsstadium, mithin jedenfalls vor (aber nicht erst zum Zeitpunkt) der Paraphierung anzuhören[198]. Eine wesentliche Änderung der Verhandlungslage kann eine erneute Anhörung gebieten[199]. Umstritten ist, ob **Grenzverträge** des Bundes, die Gebietsänderungen einzelner Länder nach sich ziehen, über die gemäß Art. 32 II GG erforderliche Anhörung hinaus von weiteren Voraussetzungen abhängen[200]. Die **unterbliebene oder fehlerhafte Anhörung** stellt zwar einen Verfassungsverstoß dar, führt mangels Bezugs zum Vertragsgesetz und der andernfalls entstehenden völkerrechtlichen Komplikationen allerdings nicht zur Nichtigkeit des letzteren[201]; auch die völkerrechtliche Wirksamkeit bleibt hiervon unberührt[202].

---

[192] *Fassbender* (Fn. 7), Art. 32 Rn. 156; *Nettesheim* (Fn. 6), Art. 32 Rn. 88; *Rojahn* (Fn. 6), Art. 32 Rn. 30. A.A. (allein Intensität) *Kempen* (Fn. 11), Art. 32 Rn. 75, und (allein Individualisierung) *Pernice* → Bd. II², Art. 32 Rn. 32.

[193] S. nur *Hillgruber* (Fn. 68), Art. 32 Rn. 36; *Streinz* (Fn. 68), Art. 32 Rn. 43.

[194] S. nur *Pernice* → Bd. II², Art. 32 Rn. 32; *Rojahn* (Fn. 6), Art. 32 Rn. 30.

[195] *Pernice* → Bd. II², Art. 32 Rn. 32f.; *Rojahn* (Fn. 6), Art. 32 Rn. 30f.

[196] S. auch *Fassbender* (Fn. 7), Art. 32 Rn. 159, 161; *Pernice* → Bd. II², Art. 32 Rn. 34; *Rojahn* (Fn. 6), Art. 32 Rn. 29; ferner – ohne Begründungspflicht – *Kempen* (Fn. 11), Art. 32 Rn. 78; *Nettesheim* (Fn. 6), Art. 32 Rn. 91.

[197] *Fassbender* (Fn. 7), Art. 32 Rn. 161; *Pernice* → Bd. II², Art. 32 Rn. 34; *Rojahn* (Fn. 6), Art. 32 Rn. 29.

[198] Statt vieler *Fassbender* (Fn. 7), Art. 32 Rn. 160; *Fastenrath/Groh* (Fn. 6), Art. 32 Rn. 77; *H. Kraus*, AVR 3 (1951/1952), 414 (420); *Nettesheim* (Fn. 6), Art. 32 Rn. 92; weiter etwa (spätestens vor Ratifikation) *Rojahn* (Fn. 7), Art. 32 Rn. 29; *Weber* (Fn. 89), Art. 32 Rn. 20.

[199] *Fassbender* (Fn. 7), Art. 32 Rn. 159.

[200] Ablehnend etwa *Hillgruber* (Fn. 68), Art. 32 Rn. 42f. (u.U. Anwendbarkeit des Art. 59 II 1 GG); *Kempen* (Fn. 11), Art. 32 Rn. 80; *W. Rudolf*, AVR 27 (1989), 1 (14); *Streinz* (Fn. 68), Art. 32 Rn. 46. Volksentscheid analog Art. 29 II, III GG: *Pernice* → Bd. II², Art. 32 Rn. 33. Zustimmung des Landes: *R. Beck*, DÖV 1966, 20 (22f.); *K. Bertzel*, NJW 1963, 785 (788ff.); *Nettesheim* (Fn. 6), Art. 32 Rn. 90; *Reichel*, Gewalt (Fn. 77), S. 266ff.; *Stern*, Staatsrecht I, S. 249. Zustimmung des Bundesrates gemäß Art. 59 II 1 GG: *Fastenrath*, Kompetenzverteilung (Fn. 61), S. 154ff. (zusätzlich Anhörung betroffener Kommunen und Volksentscheid, wenn mehr als 10.000 Einwohner betroffen); ferner *Rojahn* (Fn. 6), Art. 32 Rn. 31. Verfassungsänderung: *Bernhardt*, Abschluß (Fn. 124), S. 195ff.; *K. Bertzel*, NJW 1963, 785 (789f.) (ablehnend *R. Beck*, DÖV 1966, 20 [22]; *Nettesheim* [Fn. 6], Art. 32 Rn. 90).

[201] *Hillgruber* (Fn. 68), Art. 32 Rn. 40; *Kempen* (Fn. 11), Art. 32 Rn. 79; *Nettesheim* (Fn. 6), Art. 32 Rn. 93. A.A. *Fassbender* (Fn. 7), Art. 32 Rn. 162.

[202] S. nur *Hillgruber* (Fn. 68), Art. 32 Rn. 40; *Kempen* (Fn. 11), Art. 32 Rn. 79; *Nettesheim* (Fn. 6), Art. 32 Rn. 93.

IV. Vertragskompetenz der Länder (Art. 32 III GG)

Art. 32 III GG ermächtigt die Länder, soweit diese für die Gesetzgebung zuständig sind, mit Zustimmung der Bundesregierung mit auswärtigen Staaten Verträge abzuschließen. Ihm kommt eine **Doppelfunktion** zu, indem er nicht nur eine staatsorganisationsrechtlich relevante Abweichung vom Grundsatz der Bundeskompetenz für die Pflege auswärtiger Beziehungen (Art. 32 I GG) vorsieht (→ Rn. 16), sondern auch eine Voraussetzung für die Zuerkennung partieller Völkerrechtssubjektivität an die Länder darstellt (→ Rn. 17)[203]. Diese Fähigkeit reflektiert die **Eigenstaatlichkeit der Länder** im deutschen Bundesstaat[204] und wird von Art. 181 Verf. Bay. bekräftigt. Es existiert eine überschaubare Vertragspraxis[205]. Im Landesverfassungsrecht finden sich Regelungen zur Organkompetenz (s. Art. 72 II Verf. Bay.).

1. Anwendungsbereich

Art. 32 III GG erfasst Vertragsschlüsse mit **auswärtigen Staaten** und, genauso wie Art. 32 I GG, über seinen Wortlaut hinaus auch mit **sonstigen nichtstaatlichen Völkerrechtssubjekten**; er erstreckt sich indes nicht auf ausländische Hoheitsträger, denen keine (partielle) Völkerrechtssubjektivität zukommt, sowie auf Private (→ Rn. 20)[206]. Art. 32 III GG bezieht sich lediglich auf das Handeln des Rechtsträgers Land als Gebietskörperschaft des öffentlichen Rechts, nicht aber auf die gesamte Landesstaatsgewalt[207]; er berechtigt nicht etwa Universitäten zum Vertragsschluss[208]. Art. 32 III GG ist analog auf einseitige Völkerrechtsakte anzuwenden[209]. Er erfasst des Weiteren informelle Absprachen[210].

Art. 32 III GG erfasst von den Ländern als Vertragspartei abgeschlossene Verträge, die ausschließlich diesen zugerechnet werden und damit keinen Anwendungsfall des Art. 59 II GG darstellen können[211]. Nachdem Art. 32 III GG nur das Bund-Länder-Verhältnis betrifft, aber »nicht etwa die Landesgesetzgebung in einen Gegensatz zur Landesverwaltung stellen« will, unterfallen ihm auch **Verwaltungsabkommen**[212] (zur Kompetenzfrage → Rn. 53). Art. 32 III GG ermächtigt die Länder nicht nur zum Vertragsschluss als solchem, sondern auch zur Vertragsanbahnung, -durchführung und

---

[203] S. nur *Kempen* (Fn. 11), Art. 32 Rn. 10; *Nettesheim* (Fn. 6), Art. 32 Rn. 26, 94; *Streinz* (Fn. 11), Art. 32 Rn. 6.
[204] *Fassbender* (Fn. 7), Art. 32 Rn. 17; *Pernice* → Bd. II², Art. 32 Rn. 35. Zum Schutz durch Art. 79 III GG *Fassbender*, Bundesstaat (Fn. 7), S. 411 ff. → Art. 79 III Rn. 48.
[205] S. *U. Beyerlin/Y. Lejeune*, Sammlung der internationalen Vereinbarungen der Länder der Bundesrepublik Deutschland, 1994; *Fassbender*, Bundesstaat (Fn. 7), S. 382 ff.
[206] *Fassbender* (Fn. 7), Art. 32 Rn. 184; *Pernice* → Bd. II², Art. 32 Rn. 36; *Rojahn* (Fn. 6), Art. 32 Rn. 32. A.A. *Nettesheim* (Fn. 6), Art. 32 Rn. 99, 104 ff. (alle ausländischen Rechtsträger unabhängig von deren Völkerrechtssubjektivität wegen des umfassenden Regelungsansatzes des Art. 32 GG).
[207] *Rojahn* (Fn. 6), Art. 32 Rn. 61. S. auch BVerfGE 2, 347 (374). A.A. *A. Bleckmann*, NVwZ 1989, 311 (314).
[208] *Kempen* (Fn. 11), Art. 32 Rn. 20 f.; *Rojahn* (Fn. 6), Art. 32 Rn. 61; *Streinz* (Fn. 68), Art. 32 Rn. 24. A.A. *W. Rudolf*, Rechtliche Bemerkungen über Universitätspartnerschaften, in: FS P. Schneider, 1980, S. 130 ff. (132).
[209] *Fassbender* (Fn. 7), Art. 32 Rn. 197.
[210] *Jarass/Pieroth*, GG, Art. 32 Rn. 14; *Pernice* → Bd. II², Art. 32 Rn. 37. A.A., aber eine Notifikationspflicht aufgrund der Bundestreue und der Wertung des Art. 32 I GG annehmend, *D. Deiseroth*, in: Umbach/Clemens, GG, Art. 24 Rn. 140.
[211] Vgl. BVerfGE 2, 347 (371).
[212] BVerfGE 2, 347 (369 f.); ausführlich *Fassbender* (Fn. 7), Art. 32 Rn. 179 ff.; ferner *Mosler*, Wirkung (Fn. 29), S. 151; *Rojahn* (Fn. 6), Art. 32 Rn. 34; *Streinz* (Fn. 68), Art. 32 Rn. 50.

-beendigung[213]. Teils wird allerdings nur der Vertragsschluss der Zustimmungspflicht gemäß Art. 32 III GG unterworfen und die Abstimmung im Übrigen dem Grundsatz der Bundestreue unterstellt[214].

51 Die **Beteiligung der Länder am Abschluss** völkerrechtliche**r Verträge durch die Europäische Union** mit Drittstaaten (→ Rn. 9) ist **differenziert zu beurteilen**: Besteht eine EU-Zuständigkeit, greift Art. 23 II, IVff. GG. Anderes gilt für **gemischte Abkommen**, für deren Gegenstand EU und Mitgliedstaaten parallel zuständig sind; insoweit ist zwischen der Art. 23 GG unterfallenden Zustimmung auf Unionsebene und der nach Art. 32 GG i.V.m. dem Lindauer Abkommen erfolgenden Zustimmung auf mitgliedstaatlicher Ebene zu unterscheiden[215]. Beim **Abschluss völkerrechtlicher Verträge zwischen den Mitgliedstaaten**, die sich aufgrund ihres EU-Bezugs als Angelegenheit der Europäischen Union i.S.d. Art. 23 II GG (→ Art. 23 Rn. 116ff.) darstellen (PJZS vor ihrer Vergemeinschaftung, ESM-Vertrag, Fiskalpakt), findet, auch jenseits des (weit verstandenen → Art. 23 Rn. 42ff.) Tatbestands der Hoheitsrechtsübertragung i.S.d. Art. 23 I GG, Art. 23 GG Anwendung[216], was zwischen Bund und Ländern strittig ist[217].

2. Länderzuständigkeit für die Gesetzgebung

52 Das Vertragsschlussrecht der Länder besteht in den **Bereichen** der ausschließlichen Bundeskompetenzen, soweit eine Ermächtigung gemäß Art. 71 GG vorliegt, der konkurrierenden Zuständigkeiten, die der Bund noch nicht aktualisiert hat bzw. mangels Erforderlichkeit gemäß Art. 72 II GG nicht aktualisieren darf, der Abweichungsgesetzgebung[218], der ausschließlichen Länderzuständigkeiten, etwa im Schulwesen[219], sowie

---

[213] Statt vieler *Kempen* (Fn. 11), Art. 32 Rn. 87; *Nettesheim* (Fn. 6), Art. 32 Rn. 102; *Pernice* → Bd. II², Art. 32 Rn. 37.

[214] *Fassbender* (Fn. 7), Art. 32 Rn. 196 (Kündigung); *Fastenrath/Groh* (Fn. 6), Art. 32 Rn. 88 m. Fn. 289.

[215] S. nur *Fassbender* (Fn. 7), Art. 32 Rn. 129; *C.-P. Clostermeyer/S. Lehr*, DÖV 1998, 148 (151f.); *Fassbender/Groh* (Fn. 6), Art. 32 Rn. 25; *König*, Übertragung (Fn. 26), S. 334f.; *S. Oberländer*, Aufgabenwahrnehmung im Rahmen der EU durch Vertreter der Länder, 2000, S. 168ff.; *Stern*, Gewalt (Fn. 180), S. 267; *Streinz* (Fn. 68), Art. 32 Rn. 9a. A.A. (Art. 23 GG) *C. Abt*, Die Mitwirkung der deutschen Bundesländer bei völkervertraglichen Handlungen im Rahmen der Europäischen Union, 2003, S. 111ff.; *W. Frenz*, DVBl. 1999, 945ff.; *Kaiser*, Abkommen (Fn. 41), S. 159f.; partiell a.A. *I. Winkelmann*, DVBl. 1993, 1128 (1135); ferner *R. Scholz*, in: Maunz/Dürig, GG, Art. 23 (2009), Rn. 183: Ausnahme von im Primärrecht »als Angelegenheiten von gemeinsamem Interesse« ausgewiesene Materien; noch weiter *W. Heyde*, in: Umbach/Clemens, GG, Art. 23 Rn. 85. Gegen die Einordnung von Kulturgütern erfassende Handelsabkommen als gemischte Abkommen *P. Winter*, AöR 139 (2014), 497 (511ff.).

[216] S. nur *C. Calliess*, HStR³ IV, § 83 Rn. 66; *Rojahn* (Fn. 6), Art. 32 Rn. 9; *Scholz* (Fn. 215), Art. 23 Rn. 183; *I. Winkelmann*, DVBl. 1993, 1128 (1134f.); ferner *H.-J. Papier*, DÖV 2003, 265 (270); wenn Kooperation im Primärrecht vereinbart, *Fassbender* (Fn. 7), Art. 32 Rn. 129, und *Pernice* → Bd. II², Art. 32 Rn. 44. A.A. *Stern*, Gewalt (Fn. 180), S. 267f.; *R. Uerpmann-Wittzack*, in: v. Münch/Kunig, GG I, Art. 23 Rn. 4; ferner *C.-P. Clostermeyer/S. Lehr*, DÖV 1998, 148 (152f.). Differenziert *Abt*, Mitwirkung (Fn. 215), S. 135ff.

[217] S. Nr. III.1. Vereinbarung zwischen der Bundesregierung und den Regierungen der Länder zur Regelung weiterer Einzelheiten der Zusammenarbeit von Bund und Ländern in Angelegenheiten der Europäischen Union (§ 9 Satz 2 EUZBLG) vom 10.6.2010.

[218] Uneingeschränkt etwa auch *Fassbender* (Fn. 7), Art. 32 Rn. 148; *Nettesheim* (Fn. 6), Art. 32 Rn. 116.

[219] BVerfGE 98, 218 (248, 249f., Rn. 127, 131).

IV. Vertragskompetenz der Länder (Art. 32 III GG)   Art. 32

der delegierten Rechtsetzung gemäß Art. 80 IV GG²²⁰. Um Regelungsspielräume des Bundes zu erhalten sowie ein Auseinanderfallen von völkerrechtlicher und innerstaatlicher Rechtslage zu verhindern, kann die Bundesregierung im Bereich der **Abweichungsgesetzgebung** ihre Zustimmung an die Aufnahme von Öffnungsklauseln in den völkerrechtlichen Vertrag knüpfen; eine vorbehaltlose Zustimmung schließt eine spätere Abweichung in Widerspruch zu auf Landesebene eingegangenen völkerrechtlichen Verpflichtungen aus (→ Rn. 32). Macht der Bund erstmals von einer **konkurrierenden Zuständigkeit** in einem Bereich Gebrauch, der bislang auf Landesebene in Umsetzung gemäß Art. 32 III GG eingegangener völkervertraglicher Verpflichtungen geregelt war, so wird das Landesrecht gemäß Art. 31 GG gebrochen²²¹. An der völkerrechtlichen Bindung des Landes ändert dies nach überwiegender Auffassung nichts²²².

Hinsichtlich der von Art. 32 III GG prinzipiell erfassten **Verwaltungsabkommen** (→ Rn. 50) ist umstritten, ob diese lediglich im soeben entfalteten Rahmen der Landesgesetzgebungszuständigkeiten abgeschlossen werden können oder auch in Bereichen, in denen die Länder Bundesgesetze als eigene respektive Auftragsangelegenheit ausführen (Art. 83 ff. GG)²²³. Letzterem ist indes entgegenzuhalten, dass Art. 32 III GG Innen- und Außenkompetenzen nicht vollumfänglich parallelisiert, sondern für die Außenkompetenz ausschließlich an die innerstaatliche Gesetzgebungszuständigkeit, nicht aber an Verwaltungskompetenzen anknüpft²²⁴. Freilich bestehen Landesgesetzgebungskompetenzen auch im Bereich des Verwaltungsverfahrens und der Verwaltungsorganisation (Art. 84 I und 85 I GG), was diesen Streit relativiert²²⁵.   53

Der Abschluss **hochpolitischer Verträge** i.S.d. Art. 59 II 1 1. Alt. GG (→ Art. 59 Rn. 28) wird den Ländern mangels Bezugs zur Landesgesetzgebung verwehrt²²⁶. Dass sich der Vertrag auf die politischen Beziehungen des Bundes zu anderen Völkerrechtssubjektiv auswirken kann oder politisches Gewicht hat, beseitigt indes nicht die Vertragsschlusskompetenz der Länder gemäß Art. 32 III GG; vielmehr dient das Zustimmungserfordernis gerade der Sicherung gesamtstaatlicher Interessen (→ Rn. 17)²²⁷.   54

---

²²⁰ S. nur *Hillgruber* (Fn. 68), Art. 32 Rn. 53; *Streinz* (Fn. 68), Art. 32 Rn. 56. A.A. *Nettesheim* (Fn. 6), Art. 32 Rn. 117.
²²¹ Statt vieler *Fastenrath/Groh* (Fn. 6), Art. 32 Rn. 83; *Hillgruber* (Fn. 68), Art. 32 Rn. 50; *Kempen* (Fn. 11), Art. 32 Rn. 46; *Pernice* → Bd. II², Art. 32 Rn. 41; *Rojahn* (Fn. 6), Art. 32 Rn. 33; *Streinz* (Fn. 68), Art. 32 Rn. 28.
²²² Statt vieler *Fastenrath/Groh* (Fn. 6), Art. 32 Rn. 83; *Nettesheim* (Fn. 6), Art. 32 Rn. 57; *Pernice* → Bd. II², Art. 32 Rn. 41. A.A. *Geiger*, Grundgesetz (Fn. 30), S. 119, und *Rojahn* (Fn. 6), Art. 32 Rn. 33 (Ausnahme Rn. 34 für die Abweichungsgesetzgebung): Um einen Widerspruch zwischen völkerrechtlicher und nationaler Rechtslage zu vermeiden, sei die partielle Völkerrechtsfähigkeit der Länder entsprechend beschränkt, so dass mit einer abweichenden Bundesregelung auch die völkerrechtliche Bindung ex nunc entfalle.
²²³ So *R. Bernhardt*, HStR VII, § 174 Rn. 19 (anders noch *ders.*, Abschluß [Fn. 124], S. 169 ff.); *Blumenwitz*, Schutz (Fn. 155), S. 108 f.; *Fassbender* (Fn. 7), Art. 32 Rn. 151; *Grewe*, Gewalt (Fn. 67), S. 178 LS 3f; *Niedobitek*, Verträge (Fn. 28), S. 237 ff.; im Ergebnis ebenso *Streinz* (Fn. 68), Art. 32 Rn. 55, 58 ff.
²²⁴ S. nur *H. Kraus*, AVR 3 (1951/1952), 414 (423); *Pernice* → Bd. II², Art. 32 Rn. 40; *W. Rudolf*, AVR 13 (1966/67), 53 (64 ff.); *Zuleeg* (Fn. 89), Art. 32 Rn. 14.
²²⁵ S. nur *Fastenrath*, Kompetenzverteilung (Fn. 61), S. 143 ff.; *Hillgruber* (Fn. 68), Art. 32 Rn. 52; *Kempen* (Fn. 11), Art. 32 Rn. 84; *Rojahn* (Fn. 6), Art. 32 Rn. 35; weit *Streinz* (Fn. 68), Art. 32 Rn. 59 f. A.A. (ohne ausdrückliche Thematisierung) *Zuleeg* (Fn. 89), Art. 32 Rn. 14.
²²⁶ Statt vieler *Fastenrath*, Kompetenzverteilung (Fn. 61), S. 147 ff.; *ders./Groh* (Fn. 6), Art. 32 Rn. 82; *Hillgruber* (Fn. 68), Art. 32 Rn. 47; *H. Mosler*, ZaöRV 16 (1955/56), 1 (17 ff.); *Rojahn* (Fn. 6), Art. 32 Rn. 36. A.A. (bei Bezug) *Menzel*, Gewalt (Fn. 4), S. 202.
²²⁷ BVerfGE 2, 347 (378 f.); *Rojahn* (Fn. 6), Art. 32 Rn. 36.

Art. 32   C. Erläuterungen

55   Wegen der **Sperrwirkung** der Art. 23 und 24 I GG dürfen die Länder, selbst wenn ihre ausschließlichen Kompetenzen betroffen sind, **keine Hoheitsrechte auf die Europäische Union und zwischenstaatliche Einrichtungen** übertragen (→ Rn. 60; → Art. 23 Rn. 40; → Art. 24 Rn. 22, 50, 82)[228]; auch die Einordnung in ein System gegenseitiger kollektiver Sicherheit (Art. 24 II GG) und die Beteiligung an einer internationalen Gerichtsbarkeit i.S.d. Art. 24 III GG sind dem Bund vorbehalten. Seit der Verfassungsreform des Jahres 1992 gestattet Art. 24 Ia GG den Ländern die **Hoheitsrechtsübertragung auf grenznachbarschaftliche Einrichtungen** (→ Art. 24 Rn. 54 ff.), und zwar auch jenseits von Gesetzgebungszuständigkeiten (→ Rn. 6, 28)[229]. Eine Beteiligung an politisch bedeutsamen **internationalen Organisationen** wird den Ländern verwehrt, nicht aber an technisch-administrativ ausgerichteten[230]; die Grenzziehung hat freilich anhand der Art. 23, 24 und 32 GG zu erfolgen[231].

56   Bei zwischen Bund und Ländern geteilter Zuständigkeit ist der Abschluss eines **gemeinsamen Abkommens** möglich[232].

3. Zustimmung der Bundesregierung

57   Der nur auf den Abschluss, nicht aber bereits auf die Aufnahme von Verhandlungen bezogene[233] Zustimmungsvorbehalt stellt eine **Maßnahme der präventiven Bundesaufsicht** dar[234]. Die **Entscheidung** über die Zustimmung ist an »den wohlerwogenen Interessen des Bundes« auszurichten[235]. Der Bundesregierung kommt ein **Beurteilungsspielraum** zu[236]. Entscheidend ist, ob der konkrete Vertragsschluss außenpolitischen Interessen des Bundes zuwiderläuft, namentlich einer einheitlichen Außenpolitik[237]; hierbei ist dem Vertragsschlussrecht der Länder, das auch einen grundgesetzlichen Ausdruck der Länderstaatlichkeit darstellt, Rechnung zu tragen[238]. Darüber hinaus

---

[228] *Kempen* (Fn. 11), Art. 32 Rn. 86; *Rojahn* (Fn. 6), Art. 32 Rn. 37.

[229] *Hillgruber* (Fn. 7), Art. 32 Rn. 9; *Kempen* (Fn. 11), Art. 32 Rn. 83; *Kotzur*, Zusammenarbeit (Fn. 77), S. 470 f.; *Niedobitek*, Verträge (Fn. 28), S. 205 ff.

[230] *Pernice* → Bd. II², Art. 32 Rn. 39; *Rojahn* (Fn. 6), Art. 32 Rn. 37. Gänzlich ablehnend *Zuleeg* (Fn. 89), Art. 32 Rn. 15.

[231] S. nur *Fastenrath*, Kompetenzverteilung (Fn. 61), S. 153; *ders./Groh* (Fn. 6), Art. 32 Rn. 85; *Kempen* (Fn. 11), Art. 32 Rn. 86; *W. Rudolf*, AVR 27 (1989), 1 (11 f.).

[232] *J. Bauer/M. Hartwig*, NWVBl. 1994, 41 (47); *Fassbender* (Fn. 7), Art. 32 Rn. 150, 189; *Kempen* (Fn. 11), Art. 32 Rn. 83; *Nettesheim* (Fn. 6), Art. 32 Rn. 77, 100. A.A. *Niedobitek*, Verträge (Fn. 28), S. 241 ff. Zur Diskussion im Kontext des Karlsruher Übereinkommens *G. Halmes*, DÖV 1996, 933 (936 f.).

[233] S. nur *R. Beck*, DÖV 1966, 20 (23); *Fassbender* (Fn. 7), Art. 32 Rn. 165 f.; *Seidel*, Zustimmung (Fn. 154), S. 72 ff. A.A. *K. O. Nass*, Europa-Archiv 1986, 619 (624). Für Abstimmungspflichten im Vorfeld jedenfalls aufgrund der Bundestreue *J. Kölble*, DÖV 1966, 25 (27 f.); ferner *Seidel*, a.a.O., S. 74 f.: Information über Vertragspartner.

[234] BVerfGE 2, 347 (370).

[235] BVerfGE 2, 347 (370).

[236] S. nur *Kempen* (Fn. 11), Art. 32 Rn. 90; *Nettesheim* (Fn. 6), Art. 32 Rn. 96, 130; *Rojahn* (Fn. 6), Art. 32 Rn. 39: politisches Ermessen; *Seidel*, Zustimmung (Fn. 154), S. 142 ff.

[237] *U. Beyerlin*, ZaöRV 54 (1994), 587 (591); *Fassbender* (Fn. 7), Art. 32 Rn. 176 (i.S. gesamtstaatlicher Interessen); *Kempen* (Fn. 11), Art. 32 Rn. 90; *Rojahn* (Fn. 6), Art. 32 Rn. 39; *Seidel*, Zustimmung (Fn. 154), S. 140 f. Enger (bei Beurteilungsspielraum) *Nettesheim* (Fn. 6), Art. 32 Rn. 95: manifester Widerspruch. Weit *Grewe*, Gewalt (Fn. 67), S. 177 f. LS 3e: auch Opportunität.

[238] *Fassbender* (Fn. 7), Art. 32 Rn. 176; *ders.*, Bundesstaat (Fn. 7), S. 379 ff. Streng auch *Pernice* → Bd. II², Art. 32 Rn. 45: Widerspruch zu existenter Festlegung (ablehnend *Kempen* [Fn. 11], Art. 32 Rn. 90 Fn. 45).

IV. Vertragskompetenz der Länder (Art. 32 III GG)   Art. 32

hat die Bundesregierung rechtswidrigen Verträgen ihre Zustimmung zu versagen[239]. Die Entscheidung ist substantiiert zu begründen[240] und einer verfassungsgerichtlichen Kontrolle auf eine Überschreitung des Beurteilungsspielraums hin zugänglich[241].

Das Bundesverfassungsgericht hat die Zustimmung der Bundesregierung als ausschließlich das (interne) Bund-Länder-Verhältnis betreffenden **Akt der Staatsleitung** qualifiziert[242]. Damit ist Art. 59 I GG nicht einschlägig[243]. Mitwirkungsrechte des Bundestages bestehen weder beim Vertragsschluss durch die Länder im Rahmen von deren Zuständigkeiten (kein Fall des Art. 59 II GG) noch beim Vertragsschluss mit anderen Partnern als auswärtigen Staaten[244]; die Zustimmung unterliegt lediglich allgemeinen parlamentarischen Kontrollbefugnissen[245].   58

Die Zustimmung stellt **innerstaatlich** eine **Voraussetzung für die Vollziehbarkeit des Vertrages** dar[246]. Ohne Zustimmung ist der Vertrag **völkerrechtlich unwirksam**, da es sich jedenfalls um einen offenkundigen Zuständigkeitsmangel i.S.d. Art. 46 VRK handelt[247], nach teils vertretener Auffassung sogar um ein aufgrund der beschränkten Vertragsfähigkeit der Länder unverbindliches Ultra-vires-Handeln[248]. Die Zustimmung ist vor der Ratifikation einzuholen. Fehlt sie, ist der Vertrag (schwebend) unwirksam; eine Genehmigung ist möglich[249]. Überdies kann die Zustimmung »den Rechtsschein dafür schaffen [...], daß sich das vertragschließende Land beim Vertragsabschluß innerhalb der Grenzen seiner sachlichen Zuständigkeit gehalten habe.«[250]   59

---

[239] *Fassbender* (Fn. 7), Art. 32 Rn. 176; *Pernice* → Bd. II², Art. 32 Rn. 45; *Rojahn* (Fn. 6), Art. 32 Rn. 39 (»kann«). Str. für Landesverfassungsrecht – bejahend *Seidel*, Zustimmung (Fn. 154), S. 131; a.A. *Weißauer*, Zusammenwirken (Fn. 104), S. 156 f.

[240] S. nur *Pernice* → Bd. II², Art. 32 Rn. 45; *Rojahn* (Fn. 6), Art. 32 Rn. 39. A.A. (wohl) *Kempen* (Fn. 11), Art. 32 Rn. 90.

[241] *Fastenrath/Groh* (Fn. 6), Art. 32 Rn. 87; *Nettesheim* (Fn. 6), Art. 32 Rn. 96 (nur bei Versagung); *Pernice* → Bd. II², Art. 32 Rn. 45. Näher *Seidel*, Zustimmung (Fn. 154), S. 149 ff.

[242] BVerfGE 2, 347 (370).

[243] BVerfGE 2, 347 (370 f.).

[244] BVerfGE 2, 347 (368 f.); *Fassbender* (Fn. 7), Art. 32 Rn. 202.

[245] BVerfGE 2, 347 (371); *Rojahn* (Fn. 6), Art. 32 Rn. 38.

[246] S. nur BVerfGE 2, 347 (371); *Fassbender* (Fn. 7), Art. 32 Rn. 177; *Fastenrath/Groh* (Fn. 6), Art. 32 Rn. 89; *Pernice* → Bd. II², Art. 32 Rn. 46.

[247] S. nur *Kempen* (Fn. 11), Art. 32 Rn. 91; *Nettesheim* (Fn. 6), Art. 32 Rn. 133; *Rojahn* (Fn. 6), Art. 32 Rn. 40. A.A. *Fassbender* (Fn. 7), Art. 32 Rn. 177; *Fastenrath/Groh* (Fn. 6), Art. 32 Rn. 89.

[248] So etwa *Rojahn* (Fn. 6), Art. 32 Rn. 40; *W. Rudolf*, in: MP-EPIL, Federal States (2011), Rn. 23; *Stern*, Gewalt (Fn. 180), S. 256; *Streinz* (Fn. 68), Art. 32 Rn. 63. A.A. *Fastenrath/Groh* (Fn. 6), Art. 32 Rn. 89; *Hillgruber* (Fn. 68), Art. 32 Rn. 50; *Kempen* (Fn. 11), Art. 32 Rn. 91. BVerfGE 2, 347 (371), lässt dahin stehen, ob die Zustimmung »dem Lande erst die völkerrechtliche Legitimation verschafft, in seinem Namen einen bestimmten Vertrag mit einem auswärtigen Staat abzuschließen«.

[249] S. nur *Rojahn* (Fn. 6), Art. 32 Rn. 38; *W. Rudolf*, AVR 13 (1966/67), 53 (69 f.); *Seidel*, Zustimmung (Fn. 154), S. 76 ff.; *Streinz* (Fn. 68), Art. 32 Rn. 63. A.A. (Rechtssicherheit) *Kempen* (Fn. 11), Art. 32 Rn. 91; zurückhaltend ferner *H. Kraus*, AVR 3 (1951/1952), 414 (426); *Pernice* → Bd. II², Art. 32 Rn. 46. Für eine gewohnheitsrechtliche, stillschweigende Zustimmung bei außenpolitischen Minima (Universitätsabkommen bei Zustimmung der Landesaufsicht) *Rudolf*, Universitätspartnerschaften (Fn. 208), S. 133.

[250] BVerfGE 2, 347 (371); *Rojahn* (Fn. 6), Art. 32 Rn. 40.

D. Verhältnis zu anderen GG-Bestimmungen

60 Art. 32 GG regelt die **Verteilung der Verbandskompetenz** zwischen Bund und Ländern für die Pflege auswärtiger Beziehungen und **verdrängt** insoweit **Art. 30 GG** (→ Rn. 16). **Spezialregelungen** gegenüber Art. 32 GG stellen Art. 23 I und Art. 24 I, Ia GG (Übertragung von Hoheitsrechten auf die Europäische Union sowie auf zwischenstaatliche und grenznachbarschaftliche Einrichtungen; → Art. 23 Rn. 179; → Art. 24 Rn. 82)[251], Art. 23 Iaff. GG (Mitwirkung im Rahmen der Europäischen Union), Art. 24 II GG (Einordnung in ein System gegenseitiger kollektiver Sicherheit), Art. 24 III GG (internationale Gerichtsbarkeit), Art. 87 I GG (Auswärtiger Dienst in Bundeseigenverwaltung), Art. 87a GG (Aufstellung und Einsatz von Streitkräften), Art. 91b II GG (Feststellung der Leistungsfähigkeit des Bildungswesens im internationalen Vergleich) und Art. 115a GG (Verteidigungsfall) dar. Art. 32 GG trifft keine Aussage zur **Organkompetenz** (→ Rn. 26), die anderweitig dem Grundgesetz (punktuell Art. 23, 24, 59, 115a GG) bzw. dem Landesverfassungsrecht (etwa Art. 72 II Verf. Bay.) zu entnehmen ist. Art. 32 III GG steht wegen seines Bezugs auf Länderverträge in einem **Exklusivitätsverhältnis zu Art. 59 I und II GG**[252]. Nicht von Art. 32 GG erfasst, aber verfassungsrechtlich zulässig sind **Verträge zwischen den Ländern und mit dem Bund**[253]. Anders als die Paulskirchenverfassung 1849 (§ 8 I) normiert das Grundgesetz auch im Übrigen keine Befugnis der Länder, miteinander Verträge abzuschließen; einen entsprechenden Regelungsentwurf in Art. 40 HChE hat der Parlamentarische Rat als überflüssig, da selbstverständlich, gestrichen[254]. Schließlich räumt **Art. 73 I Nr. 1 GG** dem Bund die ausschließliche Gesetzgebungskompetenz für auswärtige Angelegenheiten ein (→ Art. 73 Rn. 11).

---

[251] Statt vieler *Kempen* (Fn. 11), Art. 32 Rn. 14; *Rojahn* (Fn. 6), Art. 32 Rn. 9; *I. Winkelmann*, DVBl. 1993, 1128 (1133 f.).
[252] BVerfGE 2, 347 (370 f.).
[253] S. nur OLG Koblenz MDR 1973, 697 (697); *Fastenrath/Groh* (Fn. 6), Art. 32 Rn. 40, 56; *Kempen* (Fn. 11), Art. 32 Rn. 24, 82; *Streinz* (Fn. 68), Art. 32 Rn. 10.
[254] *U. Bachmann*, in: Schneider, GG-Dokumentation, Bd. 10, S. 176 ff., insb. 210 ff.

Artikel 33* [Gleichheit staatsbürgerlicher Rechte und Pflichten; öffentlicher Dienst]

(1) Jeder Deutsche hat in jedem Lande die gleichen staatsbürgerlichen Rechte und Pflichten.

(2) Jeder Deutsche hat nach seiner Eignung, Befähigung und fachlichen Leistung gleichen Zugang zu jedem öffentlichen Amte.

(3) ¹Der Genuß bürgerlicher und staatsbürgerlicher Rechte, die Zulassung zu öffentlichen Ämtern sowie die im öffentlichen Dienste erworbenen Rechte sind unabhängig von dem religiösen Bekenntnis. ²Niemandem darf aus seiner Zugehörigkeit oder Nichtzugehörigkeit zu einem Bekenntnisse oder einer Weltanschauung ein Nachteil erwachsen.

(4) Die Ausübung hoheitsrechtlicher Befugnisse ist als ständige Aufgabe in der Regel Angehörigen des öffentlichen Dienstes zu übertragen, die in einem öffentlich-rechtlichen Dienst- und Treueverhältnis stehen.

(5) Das Recht des öffentlichen Dienstes ist unter Berücksichtigung der hergebrachten Grundsätze des Berufsbeamtentums zu regeln und fortzuentwickeln.

Literaturauswahl

Badura, Peter: Die hoheitlichen Aufgaben des Staates und die Verantwortung des Berufsbeamtentums, in: ZBR 1996, S. 321–327.
Balzer, Ralph: Republikprinzip und Berufsbeamtentum, 2009.
Battis, Ulrich: Berufsbeamtentum und Leistungsprinzip, in: ZBR 1996, S. 193–198.
Battis, Ulrich: Streikrecht für Beamte?, in: ZBR 2011, S. 397–400.
Beilke, Steffen: … und fortzuentwickeln. Optionen zur Fortentwicklung der hergebrachten Grundsätze des Berufsbeamtentums, 2011.
Bull, Hans Peter: Positionen, Interessen und Argumente im Streit um das öffentliche Dienstrecht, in: Die Verwaltung 37 (2004), S. 327–352.
Bull, Hans Peter: Die Zukunft des Berufsbeamtentums: Zwischen Recht und Politik, Staats- und Verwaltungslehre, in: Die Verwaltung 42 (2009), S. 1–26.
Bull, Hans Peter: Öffentlicher Dienst und öffentliches Dienstrecht im Wandel, in: Festschrift für Ulrich Battis zum 70. Geburtstag, 2014, S. 533–556.
Droege, Michael: Die Alimentation des Verwaltungspersonals – Zur Reichweite der Grundrechtsdogmatik in einer institutionellen Garantie –, in: DÖV 2014, S. 785–793.
Droege, Michael: Das Alimentationsprinzip in Zeiten der Schuldenbremse, in: LKRZ 2014, S. 177–182.
Gooren, Paul: Das Ende des Beamtenstreikverbots, in: ZBR 2011, S. 400–406.
Greiner, Stefan: EMRK, Beamtenstreik und Daseinsvorsorge – oder: Was der öffentliche Dienst vom kirchlichen Arbeitsrecht lernen kann –, in: DÖV 2013, S. 623–630.
Grün, Christina: Verfassungsrechtliche Vorgaben für die Beihilfe der Beamten, 2002.
Günther, Hellmuth: Das öffentlich-rechtliche Dienst- und Treueverhältnis i. S. v. Art. 33 Abs. 4 GG, in: DÖV 2012, S. 678–685.
Hebeler, Timo: Verwaltungspersonal. Eine rechts- und verwaltungswissenschaftliche Strukturierung, 2008.
Hebeler, Timo: Noch einmal: Gibt es ein Streikrecht für Beamte?, in: ZBR 2012, S. 325–330.
Hebeler, Timo: Zentrale Entwicklungen im Beamtenrecht, in: Die Verwaltung 27 (2014), S. 549–572.
Höfling, Wolfgang/Burkiczak, Christian: Die Garantie der hergebrachten Grundsätze des Berufsbeamtentums unter Fortentwicklungsvorbehalt. Erste Überlegungen zur Änderung von Art. 33 Abs. 5 GG, in: DÖV 2007, S. 328–334.

---

* Die Kommentierung ist eine Neubearbeitung, in der jedoch einzelne Seiten samt Fußnoten aus der Vorauflage von Johannes Masing übernommen wurden. Diese wurden geprüft und gegebenenfalls verändert, so dass die volle Verantwortung für die vorliegende Fassung nunmehr allein bei der neuen Bearbeiterin liegt.

Art. 33

Huber, Peter M.: Das Berufsbeamtentum im Umbruch. Grundsätzliche Überlegungen unter besonderer Berücksichtigung der neuen Länder, in: Die Verwaltung 29 (1996), S. 437–463.
Jachmann, Monika: Das Berufsbeamtentum – Säule der Rechtsstaatlichkeit, in: ZBR 2000, S. 181–190.
Kämmerer, Jörn Axel: Europäisierung des öffentlichen Dienstrechts, in: EuR 2001, S. 27–48.
Kämmerer, Jörn Axel: Das deutsche Berufsbeamtentum im Gravitationsfeld des Europäischen Gemeinschaftsrechts, in: Die Verwaltung 37 (2004), S. 353–375.
Kenntner, Martin: Sinn und Zweck der Garantie des hergebrachten Berufsbeamtentums, in: DVBl. 2007, S. 1321–1328.
Kersten, Jens: Gendiagnostik im öffentlichen Dienst. 1. Teil: Gendiagnostik und Arbeitsverfassungsrecht, in: PersV 2011, S. 4–14.
Kersten, Jens: Neues Arbeitskampfrecht. Über den Verlust institutionellen Verfassungsdenkens, 2012.
Klaß, Franziska: Die Fortentwicklung des deutschen Beamtenrechts durch das europäische Recht, 2014.
Kühling, Jürgen/Bertelsmann, Klaus: Höchstaltersgrenzen bei der Einstellung von Beamten, in: NVwZ 2010, S. 87–94.
Kunig, Philip: Zur Einstellung von Personen mit Migrationshintergrund im Polizeivollzugsdienst, in: Festschrift für Friedrich E. Schnapp, 2008, S. 643–653.
Lecheler, Helmut: Das Berufsbeamtentum – Verfassungsrecht und Verfassungswirklichkeit, in: Festschrift 50 Jahre Bundesverfassungsgericht, Band 2, 2001, S. 359–378.
Leitges, Konrad: Die Entwicklung des Hoheitsbegriffes in Art. 33 Abs. 4 des Grundgesetzes. Untersuchung zu Inhalt und Grenzen des beamtenrechtlichen Funktionsvorbehaltes, zugleich ein Beitrag zur Hoheitsverwaltung, 1998.
Lindner, Josef Franz: Verfassungstreue und Parteienprivileg – eine Scheinkollision, in: ZBR 2006, S. 402–412.
Lindner, Josef Franz: Dürfen Beamte doch streiken?, in: DÖV 2011, S. 305–309.
Neuhäuser, Gert Armin: Formelle Vorgaben des Art. 33 GG für die Berufung von Hochschullehrern, in: WissR 45 (2012), S. 248–277.
Neuhäuser, Gert Armin: Die verfassungsrechtliche Pflicht zu einer Ausschreibung öffentlicher Ämter und ihre (allein) verfassungsimmanenten Grenzen, in: NVwZ 2013, S. 176–182.
Özfirat-Skubinn, Şirin: Rechtswidrige Beamtenernennungen, bei denen der Rechtsschutz eines Mitbewerbers vereitelt wird – Wege zur Kompensation. Ein Beitrag zu den Grundlagen und Folgen des Grundsatzes der Ämterstabilität unter besonderer Betrachtung des neuen beamtenrechtlichen Anspruchs auf Wiederherstellung, 2011.
Papier, Hans-Jürgen/Heidebach, Martin: Mehr Frauen in Führungspositionen des öffentlichen Dienstes durch Fördermaßnahmen – verfassungs- und europarechtliche Bewertung, in: DVBl. 2015, S. 125–137.
Pieroth, Bodo: Wohnsitzabhängige Studienbeitragspflicht. Hochschulgesetzliche Landeskinderregelungen am Maßstab des Verfassungs- und Europarechts, in: WissR 40 (2007), S. 229–253.
Polakiewicz, Jörg/Kessler, Adriana: Das Streikverbot für deutsche BeamtInnen. Die Bedeutung der Rechtsprechung des EGMR für deutsche Gerichte, in: NVwZ 2012, S. 841–845.
Remmert, Barbara: Warum muss es Beamte geben?, in: JZ 2005, S. 53–59.
Schenke, Wolf-Rüdiger: Neuestes zur Konkurrentenklage, in: NVwZ 2011, S. 321–327.
Schenke, Wolf-Rüdiger: Rechtsschutz bei Auswahlentscheidungen – Konkurrentenklage, in: DVBl. 2015, S. 137–143.
Schlachter, Monika: Beamtenstreik im Mehrebenensystem, in: RdA 2011, S. 341–348.
Schmid, Albert J.: Die Eignung als Zugangskriterium für ein öffentliches Amt unter besonderer Berücksichtigung des Fragerechts des Dienstherren, 2009.
Schrapper, Ludger: Der öffentliche Dienst im demografischen Wandel. Herausforderungen für das Personalmanagement, in: Die Verwaltung 46 (2013), S. 441–455.
Schubert, Claudia: Das Streikverbot für Beamte und das Streikrecht aus Art. 11 EMRK im Konflikt, in: AöR 137 (2012), S. 92–117.
Strauß, Thomas: Funktionsvorbehalt und Berufsbeamtentum. Zur Bedeutung des Art. 33 Abs. 4 GG, 2000.
Summer, Rudolf: Die Fortentwicklung der hergebrachten Grundsätze des Berufsbeamtentums und Auswirkungen des Europarechts auf das deutsche Beamtenrecht, in: PersV 2007, S. 223–231.

Thiele, Alexander: Art. 33 Abs. 4 GG als Privatisierungsschranke, in: Der Staat 49 (2010), S. 274–298.
Voßkuhle, Andreas: Europäisierung des öffentlichen Dienstes, in: Festschrift für Rupert Scholz zum 70. Geburtstag, 2007, S. 189–201.
Voßkuhle, Andreas: Personal, in: GVwR² III, § 43, S. 1–89.
Werres, Stefan: Beamtenverfassungsrecht. Systematische Darstellung des Berufsbeamtentums auf Grundlage der verfassungsrechtlichen Vorschriften, 2011.
Werres, Stefan: Der Einfluss der Menschenrechtskonvention auf das Beamtenrecht – Aktuelle Bestandsaufnahme unter besonderer Berücksichtigung der Rechtsprechung des Europäischen Gerichtshofs für Menschenrechte –, in: DÖV 2011, S. 873–881.
Widmaier, Ulrich: Verfassungstreue im Spiegel der verfassungs- und verwaltungsgerichtlichen Rechtsprechung, in: Winfried Kluth (Hrsg.), Verfassungstreue jenseits des Berufsbeamtentums, 2011, S. 35–47.
Wolff, Heinrich Amadeus: Der Kerngehalt des Alimentationsgrundsatzes als absolute Grenze für den Besoldungsgesetzgeber, in: ZRP 2003, S. 305–308.
Wolff, Heinrich Amadeus: Die Unionalisierung des Beamtenrechts, in: ZBR 2014, S. 1–8.
Ziekow, Jan: Möglichkeiten und Grenzen der Verbesserung der Chancen von Personen mit Migrationshintergrund im öffentlichen Dienst, in: DÖV 2014, S. 765–776.

Leitentscheidungen des Bundesverfassungsgerichts

BVerfGE 3, 58 (73 ff.) – Beamtenverhältnisse; 8, 1 (11 ff.) – Teuerungszulage; 38, 1 (11 ff.) – Richteramtsbezeichnungen; 39, 334 (346 ff.) – Extremistenbeschluß; 44, 249 (262 ff.) – Alimentationsprinzip; 70, 251 (265 ff.) – Schulleiter; 81, 363 (375 ff.) – Beamtenbaby; 88, 103 (113 ff.) – Streikeinsatz von Beamten; 92, 140 (150 ff.) – Sonderkündigung; 96, 189 (197 ff.) – Fink; 99, 300 (314 ff., Rn. 33 ff.) – Beamtenkinder; 106, 225 (231 ff., Rn. 24 ff.) – Beihilfefähigkeit von Wahlleistungen I; 108, 282 (294 ff., Rn. 29 ff.) – Kopftuch I; 110, 353 (364 ff., Rn. 42 ff.) – Grundgehaltsstufen; 119, 247 (259 ff., Rn. 43 ff.) – Obligatorische Teilzeitbeschäftigung von Beamten; 121, 205 (219 ff., Rn. 30 ff.) – Ämterübertragung im Beamtenverhältnis auf Zeit; 121, 241 (254 ff., Rn. 46 ff.) – Beamtenrechtlicher Versorgungsabschlag; 130, 76 (110 ff., Rn. 130 ff.) – Privatisierung des Maßregelvollzugs; 130, 263 (291 ff., Rn. 141 ff.) – Professorenbesoldung; BVerfGE 138, 296 (326 ff., Rn. 77 ff.) – Kopftuch II; BVerfG, 2 BvR 1322/12 u. a. vom 21.4.2015, Rn. 51 ff. – Einstellungshöchstalter im Öffentlichen Dienst; BVerfG, 2 BvL 17/09 u. a. vom 5.5.2015, Rn. 90 ff. – Richterbesoldung IV.

Gliederung

	Rn.
A. Herkunft, Entstehung, Entwicklung	1
I. Ideen- und verfassungsgeschichtliche Aspekte	1
II. Entstehung und Veränderung der Norm	7
1. Entstehung der Norm	7
a) Art. 33 I GG	8
b) Art. 33 II GG	18
c) Art. 33 III GG	25
d) Art. 33 IV GG	26
e) Art. 33 V GG	39
2. Veränderung der Norm	48
B. Internationale, supranationale und rechtsvergleichende Bezüge	49
I. Völker- und Unionsrecht	49
II. Rechtsvergleichende Hinweise	50
C. Erläuterungen	52
I. Regelungsprogramm des Art. 33 GG	52
II. Gleiche staatsbürgerliche Rechte und Pflichten jedes Deutschen in jedem Lande (Art. 33 I GG)	53
1. Normzweck und Gewährleistungsdimensionen	53
2. Regelungsgehalt	55
a) Jeder Deutsche	55
b) In jedem Lande	58

Art. 33

      c) Staatsbürgerliche Rechte und Pflichten 59
      d) Inhalt des besonderen Gleichheitssatzes: Verbot der Diskriminierung
         wegen der Geburt, der Abstammung oder der langjährigen Wohnsitznahme
         von der Hoheitsgewalt eines Landes unterworfenen Bürgern 63
   3. Einzelfälle. 70
III. Gleicher Zugang für Deutsche zu jedem öffentlichen Amte (Art. 33 II GG) 73
   1. Normzweck und Gewährleistungsdimensionen 73
   2. Jeder Deutsche 74
   3. Öffentliches Amt 84
   4. Gleicher Zugang. 87
   5. Zugangskriterien: Eignung, Befähigung und fachliche Leistung. 89
      a) Allgemeine Grundsätze 89
      b) Begriffe. 91
         aa) Eignung ieS 91
         bb) Befähigung. 92
         cc) Fachliche Leistung. 93
      c) Konkretisierung der Zugangskriterien durch den Dienstherrn 94
         aa) Geschlecht, Sexualität. 96
         bb) Konfession 98
         cc) Politische Überzeugung 101
         dd) Verfassungstreuepflicht 103
            (1) Meinungsstand in der Rechtsprechung und im Schrifttum 104
            (2) Stellungnahme und eigener Standpunkt 107
         ee) Gesundheit, Alter, Erscheinungsbild, Herkunft. 109
   6. Ergänzende Zugangskriterien bei gleicher Eignung, Befähigung und fachlicher
      Leistung (Leistungspatt) 116
      a) Meinungsstand in Rechtsprechung und Schrifttum 117
      b) Stellungnahme und eigener Standpunkt. 118
   7. Rechtfertigung von Einschränkungen des Leistungsprinzips 122
   8. Verfahrensrechte des Bewerbers 123
   9. Rechtsschutz bei Verletzung des Art. 33 II GG 131
   10. Schadensersatzansprüche wegen Verletzung des Art. 33 II GG 137
IV. Unabhängigkeit des Genusses bürgerlicher und staatsbürgerlicher Rechte,
   der Zulassung zu öffentlichen Ämtern sowie der im öffentlichen Dienste erworbenen
   Rechte von dem religiösen Bekenntnis; Verbot der Benachteiligung wegen
   der Religion oder Weltanschauung (Art. 33 III GG) 139
   1. Allgemeine Bedeutung, Normzweck und Gewährleistungsdimensionen 139
   2. Art. 33 III 1 GG 142
   3. Art. 33 III 2 GG 146
V. Übertragung hoheitsrechtlicher Befugnisse an Angehörige des öffentlichen Dienstes,
   die in einem öffentlich-rechtlichen Dienst- und Treueverhältnis stehen (Art. 33 IV GG) 148
   1. Allgemeine Bedeutung, Normzweck und Gewährleistungsdimensionen 148
   2. Ausübung hoheitsrechtlicher Befugnisse 152
      a) Meinungsstand in Rechtsprechung und Schrifttum 152
      b) Stellungnahme und eigener Standpunkt. 154
   3. Angehörige des öffentlichen Dienstes, die in einem öffentlich-rechtlichen Dienst-
      und Treueverhältnis stehen 160
   4. Als ständige Aufgabe 163
   5. In der Regel 165
VI. Regelung und Fortentwicklung des Rechts des öffentlichen Dienstes unter Berücksichtigung der hergebrachten Grundsätze des Berufsbeamtentums (Art. 33 V GG) . . . 168
   1. Allgemeine Bedeutung, Normzweck und Gewährleistungsdimensionen 168
   2. Das Recht des öffentliches Dienstes 172
   3. Berücksichtigungsgebot (»unter Berücksichtigung«). 174
   4. Hergebrachte Grundsätze des Berufsbeamtentums 178
      a) Regelung des Beamtenverhältnisses durch Gesetz 179
      b) Lebenszeitprinzip 180
      c) Hauptberuflichkeit und Vollzeitprinzip 183

Art. 33

    d) Leistungsprinzip 185
    e) Treuepflicht des Beamten 186
    f) Streikverbot 187
        aa) Meinungsstand in Rechtsprechung und Schrifttum. 187
        bb) Stellungnahme und eigener Standpunkt 190
    g) Fürsorgepflicht des Dienstherrn 193
    h) Alimentationsprinzip 194
    i) Weitere hergebrachte Grundsätze des Berufsbeamtentums. 202
  5. Regelungs- und Fortentwicklungsauftrag. 204
    a) Adressat und Inhalt 204
    b) Gestaltungsspielraum für Reformen. 208
D. Verhältnis zu anderen GG-Bestimmungen 209

Stichwörter

Abbruch des Verfahrens 129 – Abschließende Leistungskriterien 89 – Absolute hergebrachte Grundsätze des Berufsbeamtentums 174ff., 180, 185, 193, 205 – Absolute Quote 117, 119, 122 – Abstammung 63ff., 70ff. – Abstandsgebot 197 – Ämterpatronage 102 – Ämterstabilität 133ff., 137f., 180 – Äußeres Erscheinungsbild 114 – Akteneinsicht 128 – Alimentationsprinzip 174, 176, 194ff. – Altersgrenze 49, 110ff., 182 – Amtsangemessene Alimentierung 170, 196ff. – Amtsangemessene Beschäftigung 161, 202 – Amtsbezeichnung 174, 202 – Anforderungsprofil 125ff. – Angehörige des öffentlichen Dienstes 49, 160ff. – Angestellte 75, 85, 104ff., 143, 150, 160, 165ff., 172 – Anwendungserweiterung 56, 57, 74f., 162 – Arbeiter 104ff., 143, 150, 160, 165ff. – Arbeitnehmerfreizügigkeit 49, 54, 62, 67f., 74ff., 155, 162, 209, 211 – Aufgabenbezogenes Streikverbot 192 – Aufgabenprivatisierung 151, 157, 166 – Ausschreibungspflicht 125f. – Ausübung hoheitsrechtlicher Befugnisse 49, 148ff. – Auswahlentscheidung 118, 127f., 131ff. – Auswahlverfahren 123ff., 132 – Beamter auf Probe 104, 180f., 195 – Beamter auf Zeit 104, 180f., 195 – Befähigung 73, 89ff. – Beförderung 87, 93, 113, 180 – Behinderung 49, 109, 117, 120 – Beihilfe 197, 199, 201 – Bekenntnisunabhängigkeit 98ff., 139ff. – Bekleidungsvorschriften 114 – Bereichsausnahme für Beschäftigte der öffentlichen Verwaltung 49, 56, 75ff., 155, 162 – Berücksichtigungsgebot 174ff. – Berufliche Erfahrung 92, 111, 127 – Berufssoldaten 85, 143, 160, 173 – Besoldung 48, 81, 97, 113, 143, 179, 185, 194ff. – Besoldung für Hochschullehrer 195, 200 – Besoldung für Richter 198ff., 200, 207 – Bestenauslese 73, 89, 118f., 122, 127 – Beurteilung 88, 127 – Beurteilungsspielraum 90, 130, 131, 196, 205 – Bewerbung 88, 126, 127, 130, 131 – Bundesland 51, 58, 63ff., 70ff., 199 – Charakter 91 – Charakterliche Eignung 91 – Deutschenbegriff 55ff., 74ff. – Dienstalter 49, 81, 113, 117ff. – Dienstliche Beurteilung 88, 127 – Dienst- und Treueverhältnis 160ff., 186 – Diskriminierungsverbot wegen der Abstammung 63ff., 70ff. – Diskriminierungsverbot wegen der Geburt 49, 63ff., 70ff. – Diskriminierungsverbot wegen der Religion 49, 95, 98ff., 106f., 139ff. – Diskriminierungsverbot wegen der Weltanschauung 49, 95, 98ff., 106f., 146f., 211 – Diskriminierungsverbot wegen des Wohnsitzes 63ff., 70ff. – Dokumentation 128 – Ehepartner 195 – Ehrenbeamte 85 – Eignung 89ff., 94ff., 116ff., 122 – Eingriffsverwaltung 80, 152ff. – Einstellung 73, 87, 93, 130, 139ff. – Einstellungsanspruch 130 – Einstweiliger Rechtsschutz 132, 135 – Entlassung 87, 180ff. – Entstehungsgeschichte 1ff., 7ff., 48, 61, 158, 164, 167, 170, 173, 175 – Ergänzende Zugangskriterien bei gleicher Eignung 116ff. – Ernennung 112, 128, 132ff., 137f., 203 – EU-Bürger 49, 56f., 74ff., 125, 162 – Fachliche Leistung 89ff., 94ff. – Familie 115, 195ff., 201 – Familiengründung 70 – Fortentwicklungsauftrag 51, 168ff. – Frauenquote 117, 119, 122 – Freizügigkeit 54, 62, 67f., 209, 211 – Führungsämter auf Zeit 181, 208 – Fürsorgepflicht 161, 170, 174, 193 – Fundamentalität 176, 178 – Funktionales Streikverbot 192 – Funktionsvorbehalt 148ff., 212 – Geburt 49, 63ff., 70ff. – Genuss bürgerlicher und staatsbürgerlicher Rechte 139ff. – Geschlecht 49, 96, 117, 119, 122 – Geschlechterquote 117, 119, 122 – Gesetzlichkeit des Beamtenverhältnisses 161, 179 – Gesundheit 109, 193 – Gesundheitliche Eignung 109 – Gleiche staatsbürgerliche Rechte und Pflichten 59ff. – Gleichheitsrecht 49, 53, 63, 69, 73, 139, 209ff. – Grundrechtsgleiches Recht 53, 73, 170 – Hauptberuflichkeit 161, 183f. – Hergebrachte Grundsätze des Berufsbeamtentums 5, 49, 50, 51, 94f., 161, 174ff., 205, 213 – Hilfskriterien bei gleicher Eignung 116ff. – Hinterbliebenenversorgung 97, 194 – Hochschullehrer 159, 195, 200, 203 – Hochschulzugang 60, 71, 85 – Höchstaltersgrenze 49, 110, 112, 182 – Hoheitsrechtliche Befugnisse 49, 148ff. – Homogenitätsgebot 199, 207 – Homosexualität 49, 97 – Im öffentlichen Dienst erworbene Rechte 143 – Innerföderale Rechtsgleichheit 1, 50, 53f., 61 – Institutionelle Garantie 52, 149, 169, 176 – Irreversibilität der Beamtenernennung 133ff., 137f. – Juristische Personen 55, 57, 74, 76, 141 – Koalitionsfreiheit 49, 187ff., 208 – Kommu-

Frauke Brosius-Gersdorf

nen 58 – Konfession 98ff., 116ff., 139ff. – Konkretisierung der Zugangskriterien 94ff. – Konkurrentenstreit 123ff., 131ff., 137f. – Kopftuch bei Lehrern 100, 145 – Kopftuchverbot 100, 145 – Landeskinderklausel 62, 63ff., 70ff. – Landesstaatsangehörigkeit 54, 65f. – Landeszugehörigkeit 65ff. – Langjähriger Wohnsitz 63ff., 70ff. – Laufbahnprinzip 174, 202 – Lebensalter 49, 110ff., 117ff., 182 – Lebenspartnerschaft 97, 195 – Lebenszeitprinzip 161, 174, 176, 180ff. – Lehrer 98ff., 101, 145, 159, 203 – Leistungsfremde Auswahlkriterien 116ff., 122 – Leistungskriterien 89ff., 94ff. – Leistungspatt 116ff. – Leistungsprinzip 73, 122, 185 – Leistungsverwaltung 80, 152ff. – Leistungszulagen 179, 194, 201 – Mäßigungsgebot 95, 99ff., 101f., 161, 186 – Mindestaltersgrenze 49, 111, 182 – Mitteilung 128, 133ff. – Nebentätigkeit 179, 184, 203 – Neutralitätsgebot 95, 99 – Öffentliche Ausschreibung 125f. – Öffentlicher Dienst 49, 52, 95, 143, 160ff., 172f., 208 – Öffentliches Amt 84ff. – Öffentlich-rechtliches Dienst- und Treueverhältnis 160ff., 186 – Parameter für Beamtenalimentation 198ff. – Parteizugehörigkeit 102, 103ff. – Pflicht zu unparteiischer Amtsführung 180, 183, 186 – Politische Beamte 85, 102, 180 – Politische Bekundungen 95, 101, 103ff., 186 – Politische Überzeugung 49, 95, 101f., 103ff. – Positivliste 89 – Privatisierung 151, 157, 166 – Privatschulförderung 72 – Recht auf Bewerbung 126 – Recht des öffentlichen Dienstes 172f., 206 – Rechtsschutz 49, 131ff. – Reformvorschläge 48, 208 – Regel-Ausnahme-Verhältnis 165ff. – Regelungsauftrag 204ff. – Rekrutierung der Bewerber 89ff., 116ff., 122, 123ff. – Relative hergebrachte Grundsätze des Berufsbeamtentums 174ff., 205 – Relative Quote 117, 119 – Religionszugehörigkeit 98ff. 116ff., 139ff. – Richter 85, 160, 172, 198ff. – Richterbesoldung 198ff., 200, 207 – Schadensersatzanspruch 133, 137f. – Soldaten 85, 143, 160, 173 – Sozialstaatsprinzip 122 – Staatsanwälte 110, 172, 195, 198ff. – Staatsbürgerliche Rechte und Pflichten 59ff. – Ständige Aufgabe 163f. – Statusbezogenes Streikverbot 191 – Streikrecht 49, 187ff., 208 – Streikverbot 49, 187ff., 208 – Studiengebühren 71 – Teilhabeanspruch 64, 73, 88 – Teilzeitbeschäftigung 49, 121, 184, 208 – Teilzeitzwang 121, 184, 208 – Traditionalität 176, 178 – Treuepflicht 103ff., 161, 174, 186, 187ff. – Unabhängigkeit des Beamten 180, 183, 194 – Unionsbürger 49, 56f., 74ff., 125, 162 – Verfahrensabbruch 129 – Verfassungsänderung 189, 208 – Verfassungstreuepflicht 49, 103ff., 161 – Versorgung 48, 97, 112, 143, 170, 179, 194, 197, 200, 201, 202 – Vollzeitbeschäftigung 121, 183f. – Vollzeitprinzip 183f. – Vorbildung 92f., 202 – Waffengleichheit 170, 191 – Wahlrecht 69, 71, 85 – W-Besoldung 200 – Wohnsitz 63ff., 70ff. – Zugang zu öffentlichen Ämtern 49, 51, 56, 73ff., 209f. – Zugangskriterien 70, 89ff., 116ff., 122, 143ff., 146f. – Zweispurigkeit des öffentlichen Dienstes 150.

A. Herkunft, Entstehung, Entwicklung

I. Ideen- und verfassungsgeschichtliche Aspekte

1 **Art. 33 I GG**, der die **staatsbürgerliche Gleichheit aller Deutschen** (und Unionsbürger → Rn. 56f.) innerhalb der Bundesrepublik Deutschland gewährleistet, hat seine Wurzeln in der Herstellung der nationalen (Rechts-)Einheit Deutschlands im 19. Jahrhundert. Seine Vorläuferregelungen antworteten auf einen Regelungsbedarf, der auf der Existenz einer Staatsangehörigkeit der Länder gründete, welche die Reichsstaatsangehörigkeit vermittelte. So hatte nach § 132 Frankfurter Paulskirchenverfassung von 1849 jeder Deutsche das deutsche Reichsbürgerrecht (S. 1) und konnte die »ihm kraft dessen zustehenden Rechte [...] in jedem deutschen Lande ausüben« (S. 2). Daran anknüpfend bestimmte § 134 Paulskirchenverfassung, dass »kein deutscher Staat [...] zwischen seinen Angehörigen und andern Deutschen einen Unterschied im bürgerlichen, peinlichen und Prozeß-Rechte machen (darf), welcher die letzteren als Ausländer zurücksetzt.« § 132 und § 134 Paulskirchenverfassung standen im engen systematischen Zusammenhang mit § 133 Paulskirchenverfassung, der die Freizügigkeit der Deutschen im Reichsgebiet gewährleistete[1]. Art. 3 I Reichsverfassung von 1871 enthielt ein »gemeinsames Indigenat mit der Wirkung, daß der Angehörige (Unterthan,

---

[1] § 133 Paulskirchenverfassung: »Jeder Deutsche hat das Recht, an jedem Orte des Reichsgebietes seinen Aufenthalt und Wohnsitz zu nehmen, Liegenschaften jeder Art zu erwerben und darüber zu verfügen, jeden Nahrungszweig zu betreiben, das Gemeindebürgerrecht zu gewinnen. Die Bedin-

Staatsbürger) eines jeden Bundesstaates in jedem anderen Bundesstaate als Inländer zu behandeln und demgemäß zum festen Wohnsitz, zum Gewerbebetriebe, zu öffentlichen Ämtern, zur Erwerbung von Grundstücken, zur Erlangung des Staatsbürgerrechtes und zum Genusse aller sonstigen bürgerlichen Rechte unter denselben Voraussetzungen wie der Einheimische zuzulassen, auch in Betreff der Rechtsverfolgung und des Rechtsschutzes demselben gleich zu behandeln ist.« Hieran anschließend bestimmte Art. 3 II Reichverfassung von 1871, dass kein Deutscher »in der Ausübung dieser Befugniß durch die Obrigkeit seiner Heimath, oder durch die Obrigkeit eines anderen Bundesstaates beschränkt werden« darf. Umfassende innerföderale Rechtsgleichheit statuierte die Weimarer Reichsverfassung, die anknüpfend an die Vermittlung der Reichsangehörigkeit durch die Staatsangehörigkeit in den Ländern (s. Art. 110 I WRV) festlegte: »Jeder Deutsche hat in jedem Lande des Reichs die gleichen Rechte und Pflichten wie die Angehörigen des Landes selbst.« (Art. 110 II WRV).

Die Gewährleistung des **gleichen Zugangs zu jedem öffentlichen Amt** gem. **Art. 33 II GG** wandte sich historisch zum einen gegen Vorrechte und Bevorzugungen des Adels bei der Besetzung staatlicher Ämter[2] und suchte zum anderen die bis in das späte 18. Jahrhundert gängige Praxis des Ämterkaufs[3] zu beenden. Verfassungsrechtliche Festschreibungen des gleichen Zugangs zu öffentlichen Ämtern finden sich bereits in frühkonstitutionellen bzw. vormärzlichen Verfassungen[4]. Nach § 137 VI Paulskirchenverfassung mussten die öffentlichen Ämter »für alle Befähigten gleich zugänglich« sein. Gem. Art. 128 I WRV galt: »Alle Staatsbürger ohne Unterschied sind nach Maßgabe der Gesetze und entsprechend ihrer Befähigung und ihren Leistungen zu den öffentlichen Ämtern zuzulassen.« Und Art. 128 II WRV sicherte mit den Worten »Alle Ausnahmebestimmungen gegen weibliche Beamte werden beseitigt« erstmals ausdrücklich die beamtenrechtliche Gleichberechtigung und damit auch den gleichen Ämterzugang für Frauen[5].

Die **Verbote der Benachteiligung aufgrund des religiösen Bekenntnisses und der Weltanschauung** in **Art. 33 III GG** haben sich in Deutschland als rechtliche Grundsätze im Laufe des 19. Jahrhunderts schrittweise entwickelt. § 146 Paulskirchenverfassung ordnete sachlich-inhaltlich auf die Inanspruchnahme (staats-)bürgerlicher Rechte und Pflichten beschränkt an: »Durch das religiöse Bekenntniß wird der Genuß der bürgerlichen und staatsbürgerlichen Rechte weder bedingt noch beschränkt. Den staatsbürgerlichen Pflichten darf dasselbe keinen Abbruch thun.« Inhaltlich ähnlich lautete Art. 136 I WRV: »Die bürgerlichen und staatsbürgerlichen Rechte und Pflich-

---

gungen für den Aufenthalt und Wohnsitz werden durch ein Heimathsgesetz, jene für den Gewerbebetrieb durch eine Gewerbeordnung für ganz Deutschland von der Reichsgewalt festgesetzt.«

[2] Vgl. noch § 35, 2. Teil, 9. Titel PrALR: »Der Adel ist zu den Ehrenstellen im Staate, wozu er sich geschickt gemacht hat, vorzüglich berechtigt.«; zur weiteren Entwicklung in Preußen *C. T. Perthes*, Der Staatsdienst in Preußen, 1838, S. 75 ff. Zur Geschichte des gleichen Ämterzugangs auch *H. Hattenhauer*, Geschichte des deutschen Beamtentums, in: W. Wiese (Hrsg.), Handbuch des öffentlichen Dienstes, Bd. 1, 2. Aufl. 1993, S. 114 ff.

[3] Näher *B. Wunder*, Privilegierung und Disziplinierung: Die Entstehung des Berufsbeamtentums in Bayern und Württemberg (1780–1825), 1978, S. 71 ff.; *H. Möller*, Ämterkäuflichkeit in Brandenburg-Preußen im 17. und 18. Jahrhundert, in: K. Malettke (Hrsg.), Ämterkäuflichkeit: Aspekte sozialer Mobilität im europäischen Vergleich (17. und 18. Jahrhundert), 1980, S. 156 ff.

[4] S. z. B. Titel IV § 5 der Verfassungsurkunde für das Königreich Bayern (1818); § 22 der Verfassungsurkunde für das Königreich Württemberg (1819); § 34 der Verfassungsurkunde für das Königreich Sachsen (1831); ähnlich, allerdings beschränkt auf die einer der drei christlichen Konfessionen angehörenden Staatsbürger, § 9 der Verfassungsurkunde für das Großherzogtum Baden (1818).

[5] *A. Gedeon*, Die Stellung der Frau im deutschen Beamtenrecht, 2000, S. 81 ff.

ten werden durch die Ausübung der Religionsfreiheit weder bedingt noch beschränkt.« Art. 136 II WRV fügte hinzu: »Der Genuß bürgerlicher und staatsbürgerlicher Rechte sowie die Zulassung zu öffentlichen Ämtern sind unabhängig von dem religiösen Bekenntnis.«

4 Der **Funktionsvorbehalt für Beamte** in Art. 33 IV GG kann unmittelbar nicht auf Vorläuferbestimmungen in älteren deutschen Verfassungen zurückblicken; er ist eine Novität des Grundgesetzes.

5 Mit den **hergebrachten Grundsätzen des Berufsbeamtentums** knüpft Art. 33 V GG an die Entwicklung des Beamtentums in Deutschland ab dem späten 18. Jahrhundert an, die unter dem Einfluss der Aufklärung[6] der Ablösung des Fürstendieners durch den Staatsdiener diente[7]. Nach dem PrALR von 1794 waren die Beamten als »Diener des Staates« dem Staat »besondere Treue und Gehorsam schuldig« (§ 2, 2. Teil, 10. Titel PrALR). Art. 129 I WRV gewährleistete die Anstellung der Beamten auf Lebenszeit, soweit nicht durch Gesetz etwas anderes bestimmt war (S. 1), die gesetzliche Regelung von Ruhegehalt und Hinterbliebenenversorgung (S. 2) sowie die Unverletzlichkeit der wohlerworbenen Rechte der Beamten (S. 3; s. auch Art. 129 IV 1 WRV)[8]. Nach Art. 129 II WRV konnten die Beamten »nur unter den gesetzlich bestimmten Voraussetzungen und Formen vorläufig ihres Amtes enthoben, einstweilen oder endgültig in den Ruhestand oder in ein anderes Amt mit geringerem Gehalt versetzt werden.« Art. 130 I WRV erklärte die Beamten zu »Diener(n) der Gesamtheit, nicht einer Partei.« Allen Beamten war »die Freiheit ihrer politischen Gesinnung und die Vereinigungsfreiheit gewährleistet« (Art. 130 II WRV). Gesonderte Regelungen für einzelne Beamtengruppen sah die Weimarer Reichsverfassung für Lehrer an öffentlichen Schulen vor, die »die Rechte und Pflichten der Staatsbeamten« hatten (Art. 143 III WRV).

6 Mit dem Übergang zur **nationalsozialistischen Diktatur** begann unmittelbar nach der Machtergreifung die »Säuberung« der Beamtenschaft von »Nichtariern«, Kommunisten, Sozialdemokraten und anderen missliebigen Personen; sie wurde mit dem Gesetz zur Wiederherstellung des Berufsbeamtentums vom 7.4.1933[9] auf eine »rechtliche« Grundlage gestellt. Besiegelt wurde die Transformation des Beamtenapparates in ein Instrument der nationalsozialistischen Willkürherrschaft durch das Deutsche Beamtengesetz vom 26.1.1937[10]. Mit dem Fall des Nationalsozialismus erloschen am 8.5.1945 alle Beamtenverhältnisse (→ Art. 131 Rn. 8 f.)[11].

---

[6] *F.-W. Dollinger/D. C. Umbach*, in: Umbach/Clemens, GG, Art. 33 Rn. 11.

[7] *A. Köttgen*, Das deutsche Berufsbeamtentum und die parlamentarische Demokratie, 1928, S. 9. Zur Geschichte des Berufsbeamtentums in Deutschland allgemein *Hattenhauer*, Geschichte (Fn. 2), passim; *D. Willoweit*, Die Entwicklung des öffentlichen Dienstes, in: Dt. VerwGesch, Bd. I, S. 346 ff.; *H. Fenske*, VerwArch. 64 (1973), 117 ff.; *W. Thiele*, Die Entwicklung des deutschen Berufsbeamtentums, 1981, passim; *O. Kimminich*, Die Bedeutung des Beamtentums für die Herausbildung des modernen Staates, in: W. Leisner (Hrsg.), Das Berufsbeamtentum im demokratischen Staat, 1975, S. 47 ff.

[8] Zur Stellung des Berufsbeamtentums in der Weimarer Republik *H. Lecheler*, Das Berufsbeamtentum – Verfassungsrecht und Verfassungswirklichkeit –, in: FS 50 Jahre Bundesverfassungsgericht, 2001, S. 359 ff. (360 f.); *M. Jachmann*, ZBR 2000, 181 (182 f.); *K. Leitges*, Die Entwicklung des Hoheitsbegriffes in Art. 33 Abs. 4 des Grundgesetzes, 1998, S. 158 ff.

[9] RGBl. I S. 175.

[10] RGBl. I S. 39. Hierzu näher *Leitges*, Entwicklung (Fn. 8), S. 83 f.

[11] S. auch BVerfGE 3, 58 (LS 2). Zur Entnazifizierung der Beamten näher *Hattenhauer*, Geschichte (Fn. 2), S. 469 ff.; *H.-P. Bull*, Die Verwaltung 37 (2004), 327 (331). Zur Privilegierung der Beamtenschaft des Hitler-Regimes unter dem Ausführungsgesetz zu Art. 131 GG vom 11.5.1951 (BGBl. I

II. Entstehung und Veränderung der Norm

1. Entstehung der Norm

Den **verschiedenen Absätzen des Art. 33 GG** liegen nur teilweise Vorschläge des Verfassungskonvents von Herrenchiemsee zugrunde. Im Parlamentarischen Rat kamen sie zu unterschiedlichen Zeitpunkten zur Sprache, wurden größtenteils getrennt diskutiert und waren zunächst in verschiedenen Bestimmungen vorgesehen, die erst im Laufe der Beratungen in einer Norm zusammengeführt wurden. Während Art. 33 I (als Art. 13) und II GG (als Art. 13 bzw. Art. 19) anfänglich für den Grundrechtsteil bestimmt waren, wurden Art. 33 III (als Art. 27b) sowie IV (als Art. 29 bzw. Art. 27a) und V (als Art. 27a) GG sogleich den Bestimmungen über Bund und Länder zugeordnet, dies allerdings zunächst in jeweils verschiedenen Artikeln. Bis auf Absatz 4 stehen sämtliche Absätze des Art. 33 GG in einer gewissen Kontinuität zu den Bestimmungen der Weimarer Reichsverfassung (Art. 33 I GG – Art. 110 II WRV; Art. 33 II GG – Art. 128 I WRV; Art. 33 III – Art. 136 I, II WRV; Art. 33 V GG – Art. 129 I, II, Art. 130 I WRV).

a) Art. 33 I GG

Der Verfassungsentwurf des **Konvents von Herrenchiemsee** sah keine Art. 33 I GG entsprechenden Bestimmungen vor[12]. Erst im Zuge der Beratungen des **Parlamentarischen Rates** beriet der **Ausschuß für Grundsatzfragen** in 6. Sitzung am 5.10.1948 über einen Formulierungsvorschlag seines Redaktionsausschusses zu Art. 13: »Jeder Landesangehörige ist zugleich Bundesangehöriger. Jeder Bundesangehörige hat in jedem Lande die gleichen Rechte und Pflichten wie die Angehörigen des Landes selbst.«[13] Auf Vorschlag des Abgeordneten v. Mangoldt[14] beschloss der Grundsatzausschuss in 8. Sitzung am 7.10.1948, Art. 13 nach dem Vorbild der Schweizer Verfassung um den weiteren Satz zu ergänzen: »Niemand darf in mehr als einem Land die staatsbürgerlichen Rechte ausüben und zu den staatsbürgerlichen Pflichten herangezogen werden.«[15] Dadurch sollte verhindert werden, dass jemand mit Wohnsitzen in zwei Ländern politische Rechte wie zum Beispiel Wahlrechte in beiden Ländern fordern kann[16].

Am 18.10.1948 nahm der **Grundsatzausschuß** in 1. Lesung als Art. 13 an: »(1) Jeder Landesangehörige ist zugleich Bundesangehöriger. (2) Jeder Bundesangehörige hat in jedem Lande die gleichen Rechte und Pflichten wie die Angehörigen des Landes selbst. (3) Niemand darf in mehr als einem Land die staatsbürgerlichen Rechte ausüben und zu den staatsbürgerlichen Pflichten herangezogen werden.«[17]

Der **Allgemeine Redaktionsausschuß** vertrat in seiner Stellungnahme vom 16.11.1948 die Ansicht, dass der Inhalt von Art. 13 nicht zu den Grundrechten, sondern zu dem Abschnitt »Bund und Länder« und dort in Art. 27a gehöre. Er hegte zudem Bedenken

---

S. 307) und dem Gesetz zur Regelung der Wiedergutmachung nationalsozialistischen Unrechts für Angehörige des öffentlichen Dienstes vom 11.5.1951 (BGBl. I S. 293) *J. Perels*, KritJ 37 (2004), 186ff. Zur Beamtenpolitik der Alliierten nach 1945 *Leitges*, Entwicklung (Fn. 8), S. 97ff.

[12] Vgl. Parl. Rat V/1, S. 129.
[13] Parl. Rat V/1, S. 117 Fn. 2.
[14] Parl. Rat V/1, S. 131f.
[15] Parl. Rat V/1, S. 196f.
[16] Vgl. die Begründung von v. Mangoldt, Parl. Rat V/1, S. 131 und S. 196.
[17] Parl. Rat V/1, S. 337 und Parl. Rat VII, S. 4f.

gegen den Inhalt des Art. 13 III[18]. Als Art. 27a schlug der Redaktionsausschuß vor: »Jeder Deutsche hat in jedem Lande die gleichen Rechte und Pflichten wie die Angehörigen des Landes selbst.«[19]

11 Unter Bezugnahme auf diesen Vorschlag des Redaktionsausschusses wies der Abgeordnete v. Brentano in der 5. Sitzung des **Hauptausschusses** vom 18.11.1948 darauf hin, dass Art. 27a nur zu verstehen sei, wenn man den Begriff des »Deutschen« näher umreiße[20], was den Auftakt für eine Debatte über die Definition des Deutschenbegriffs gab[21]. Im Ergebnis nahm der Hauptausschuß Art. 27a in der Fassung des Redaktionsausschusses einstimmig an[22].

12 In der 17. Sitzung des **Hauptausschusses** vom 15.12.1948 beantragte v. Mangoldt namens des Grundsatzausschusses, Art. 27a folgende Fassung zu geben: »(1) Jeder Bundesangehörige hat in jedem Lande die gleichen Rechte und Pflichten wie die Angehörigen des Landes selbst. (2) Niemand darf in mehr als einem Land die staatsbürgerlichen Rechte ausüben und zu den staatsbürgerlichen Pflichten herangezogen werden.«[23] Dieser Vorschlag fand die Zustimmung des Hauptausschusses, wobei in Art. 27a I die Worte »Jeder Bundesangehörige« durch »Jeder Deutsche« ersetzt wurden[24].

13 Der **Fünferausschuß** unterbreitete am 5.2.1949 den Vorschlag, in Art. 27a I in der vom Hauptausschuß beschlossenen Fassung das Wort »selbst« zu streichen[25].

14 In der 48. Sitzung des **Hauptausschusses** am 9.2.1949 beantragte v. Mangoldt die Aufnahme eines neuen Art. 27a I mit folgendem Wortlaut: »Jeder Angehörige eines Landes ist zugleich Bundesangehöriger.« Die bisherigen Absätze 1 und 2 sollten zu Absätzen 2 und 3 des Art. 27a werden[26]. Nach einer Diskussion über den Sinn und die Tragweite dieses Antrages sowie das Verhältnis zwischen Bundes- und Landesangehörigkeit[27] wurde der Antrag von v. Mangoldt an den Fünferausschuß verwiesen[28]. Auf Antrag des Abgeordneten Dehler beschloss der Hauptausschuß, Art. 27a II in der Fassung des Fünferausschusses zu streichen. Art. 27a I wurde dagegen mit der Formulierung »Jeder Deutsche hat in jedem Lande die gleichen Rechte und Pflichten wie die Angehörigen des Landes« angenommen[29].

15 Der **Fünferausschuß** schlug am 28.2.1949 vor, Art. 27a I um das Wort »staatsbürgerliche« zu ergänzen und um die Worte »wie die Angehörigen des Landes« zu erleichtern, sodass er die Fassung empfahl: »Jeder Deutsche hat in jedem Lande die gleichen staatsbürgerlichen Rechte und Pflichten.«[30]

---

[18] Parl. Rat VII, S. 40.
[19] Parl. Rat VII, S. 45; s. auch die vom Redaktionsausschuß redigierte Fassung des Art. 27a vom 13.12.1948, Parl. Rat V/2, S. 889.
[20] Parl. Rat XIV/1, S. 157.
[21] Parl. Rat XIV/1, S. 157f.
[22] Parl. Rat XIV/1, S. 158; erneute Annahme in 1. Lesung des Hauptausschusses am 10.12.1948, Parl. Rat VII, S. 99.
[23] Parl. Rat XIV/1, S. 813.
[24] Parl. Rat XIV/1, S. 815.
[25] Parl. Rat VII, S. 350f.
[26] Parl. Rat XIV/2, S. 1513.
[27] Parl. Rat XIV/2, S. 1513f.
[28] Parl. Rat XIV/2, S. 1514.
[29] Parl. Rat XIV/2, S. 1514; s. auch 3. Lesung des Hauptausschusses vom 10.2.1949, Parl. Rat VII, S. 407.
[30] Parl. Rat VII, S. 446.

Der **Allgemeine Redaktionsausschuß** unterbreitete in der Zeit vom 2. bis 5.5.1949 16
den Vorschlag, Art. 27a zu streichen und dessen Inhalt mit der Formulierung des Fünferausschusses in Art. 27b I zu regeln[31].

Am 5.5.1949 fasste der **Hauptausschuß** in seiner 57. Sitzung den Beschluss, Art. 27a 17
zu streichen und dessen Regelung in Art. 27b aufzunehmen[32]. In 4. Lesung am 5.5.1949
beschloss der Hauptausschuß Art. 27b inhaltlich unverändert (Formulierung des Fünferausschusses) als Art. 33 I[33]. Mit dieser noch heute gültigen Fassung nahm das **Plenum** in 9. Sitzung am 6.5.1949 Art. 33 I an[34].

b) Art. 33 II GG

Einen Art. 33 II GG ähnlichen Artikel sah bereits der Verfassungsentwurf des **Konvents von Herrenchiemsee** vor, der in Art. 13 formulierte: »Die öffentlichen Ämter 18
stehen jedem nach Maßgabe seiner Befähigung und Eignung offen.«[35]

Im **Parlamentarischen Rat** beriet der **Ausschuß für Grundsatzfragen** in 6. Sitzung am 19
5.10.1948 den Formulierungsvorschlag seines Redaktionsausschusses zu Art. 15: »Jeder Deutsche hat zu jedem öffentlichen Amt im Rahmen der gesetzlichen Bestimmungen über die Vorbildung und nach seiner charakterlichen Eignung, seiner Befähigung und seinen Leistungen gleichen Zugang.«[36] v. Mangoldt erläuterte, die Wendung »im Rahmen der gesetzlichen Bestimmungen über die Vorbildung und nach seiner charakterlichen Eignung« solle darauf hinweisen, »daß der Charakter bei den Beamten doch eine besondere Rolle spielen sollte.« Art. 128 II WRV (»Alle Ausnahmebestimmungen gegen weibliche Beamte werden beseitigt«) sei nicht in Art. 15 aufgenommen worden, weil die Gleichberechtigung der Frau an anderer Stelle im Grundgesetz geregelt werde[37]. Auf Anregung des Abgeordneten Pfeiffer wurde Art. 15 sprachlich umformuliert in: »Jeder Deutsche hat im Rahmen der gesetzlichen Bestimmungen über die Vorbildung und nach seiner charakterlichen Eignung, seiner Befähigung und seinen Leistungen zu jedem öffentlichen Amt gleichen Zugang.«[38] Mit dieser Formulierung des Grundsatzausschusses beschloss der **Hauptausschuß** in 18. Sitzung am 4.12.1948 Art. 19[39] und in 1. Lesung am 10.12.1948 Art. 19 I[40].

Der **Allgemeine Redaktionsausschuß** schlug in seiner Stellungnahme vom 13.12.1948 20
vor, die Bezugnahme auf die Vorbildung zu streichen und Art. 19 I folgende Fassung zu geben: »Jeder Deutsche hat nach seiner charakterlichen Eignung, seiner Befähigung und seinen Leistungen im Rahmen der gesetzlichen Bestimmungen zu jedem öffentlichen Amt gleichen Zugang.« Zugleich wies er darauf hin, dass der Inhalt dieses Artikels »durch den Grundsatz der Rechtsgleichheit bereits verfassungsmäßig erfaßt ist«[41].

---

[31] Parl. Rat VII, S. 504, 505.
[32] Parl. Rat XIV/2, S. 1797.
[33] Parl. Rat XIV/2, S. 540.
[34] Parl. Rat VII, S. 578; s. auch Parl. Rat IX, S. 464.
[35] Parl. Rat II, S. 581.
[36] Parl. Rat V/1, S. 118 Fn. 2.
[37] Parl. Rat V/1, S. 135f.
[38] Parl. Rat V/1, S. 136.
[39] Parl. Rat XIV/1, S. 542.
[40] Parl. Rat VII, S. 96.
[41] Parl. Rat VII, S. 143.

21 In der 32. Sitzung des **Ausschusses für Grundsatzfragen** am 11.1.1949 sprach sich der Abgeordnete Heuss gegen die Verwendung der Worte »charakterliche Eignung« aus, da durch die »Nazis das Wort ›Charakter‹ saumäßig demoliert worden ist.« Das hierzu eingeholte Meinungsbild im Grundsatzausschuß ergab dagegen, dass die Worte beibehalten werden sollten[42].

22 Der **Hauptausschuß** beriet in 44. Sitzung am 19.1.1949 über Art. 19 I in der Fassung: »Jeder Deutsche hat nach seiner charakterlichen Eignung, seiner Befähigung und seinen Leistungen im Rahmen der gesetzlichen Bestimmungen über die Vorbildung zu jedem öffentlichen Amt gleichen Zugang.« Es entbrannte eine Diskussion über die Notwendigkeit der Bestimmung. Der Abgeordnete Eberhard beantragte, Art. 19 I zu streichen, da dessen wesentlicher Inhalt bereits durch den Gleichheitsartikel erfasst sei. v. Mangoldt entgegnete, dass Art. 19 I »das Recht auf ein öffentliches Amt« gewährleiste und ohne ihn, der zu den Grundrechten gehöre, der »Katalog der Grundrechte unvollständig« sei. Der Antrag des Abgeordneten Eberhard wurde abgelehnt[43]. Der Abgeordnete Schmid stellte den Antrag, die Worte »im Rahmen der gesetzlichen Bestimmungen über die Vorbildung« zu streichen. Damit sollte verhindert werden, »daß durch gesetzliche Bestimmungen über die Vorbildung etwas wie ein Privileg für einen bestimmten Bildungsgang geschaffen werden kann.«[44] Der Abgeordnete v. Brentano lehnte die Streichung ab und schlug stattdessen vor, die Formulierung »im Rahmen der gesetzlichen Bestimmungen« beizubehalten und die Frage der Vorbildung offenzulassen. Hiergegen wandten Schmid und v. Brentano ein, dass man dann einen allgemeinen Gesetzesvorbehalt habe, »mit dem man praktisch alles machen kann, was man will.« v. Mangoldt setzte sich dafür ein, die Worte »im Rahmen der gesetzlichen Bestimmungen über die Vorbildung« beizubehalten, da für bestimmte Ämter eine gewisse Vorbildung erforderlich sei[45]. Der Abgeordnete Renner widersprach und wandte sich zugleich gegen die Erwähnung der charakterlichen Eignung, da die Bestimmung, was Charakter sei und wer Charakter habe, »der Willkür der herrschenden Parteien [...] Tür und Tor« öffne[46]. Schmid ergänzte seinen Antrag darum, auch die Worte »charakterliche Eignung« zu streichen, da man »in der Nazizeit mit dem Wort ›charakterliche Eignung‹ weiß Gott wieviel Unfug angerichtet (habe)«[47]. Schmid schlug vor, in Art. 19 I zu formulieren: »Jeder Deutsche hat nach seiner Eignung, seiner Befähigung und seinen fachlichen Leistungen zu jedem öffentlichen Amt gleichen Zugang«, wobei in dem Wort Eignung »der ganze Komplex von Voraussetzungen« stecke. Mit dieser Formulierung nahm der Hauptausschuß Art. 19 I an[48].

23 Der **Fünferausschuß** schlug am 5.2.1949 vor, Art. 19 I zu streichen und seinen Inhalt in Art. 27b zu übernehmen[49]. Dem folgte der **Hauptausschuß**, der in der 47. Sitzung vom 8.2.1949 beschloss, Art. 19 I aufzuheben »und in Art. 27b, den Beamtenartikel, herüberzunehmen.«[50] Dementsprechend nahm der Hauptausschuß am 10.2.1949 in 3.

---

[42] Parl. Rat V/2, S. 949.
[43] Parl. Rat XIV/2, S. 1423.
[44] Parl. Rat XIV/2, S. 1424.
[45] Parl. Rat XIV/2, S. 1424.
[46] Parl. Rat XIV/2, S. 1425.
[47] Parl. Rat XIV/2, S. 1425f.
[48] Parl. Rat XIV/2, S. 1426; s. auch den Beschluss des Hauptausschusses am 20.1.1949 in 2. Lesung, Parl. Rat VII, S. 217.
[49] Parl. Rat VII, S. 345.
[50] Parl. Rat XIV/2, S. 1499.

Lesung als Art. 27b I an: »Jeder Deutsche hat nach seiner Eignung, seiner Befähigung und seinen fachlichen Leistungen zu jedem öffentlichen Amt gleichen Zugang.«[51]

Der **Allgemeine Redaktionsausschuß** unterbreitete mit Stellungnahme vom 2. bis 5.5.1949 den Vorschlag, den bisherigen Art. 27b I redaktionell etwas verändert in Art. 27b II zu übernehmen: »Jeder Deutsche hat nach seiner Eignung, Befähigung und fachlichen Leistung gleichen Zugang zu jedem öffentlichen Amt.«[52] Mit dieser Formulierung beschlossen sowohl der **Hauptausschuß** in 4. Lesung am 5.5.1949[53] als auch das **Plenum** in 2. Lesung am 6.5.1949[54] Art. 33 II. 24

c) Art. 33 III GG

Art. 33 III GG wurde erst zum Ende der Beratungen des Parlamentarischen Rates auf Vorschlag des **Allgemeinen Redaktionsausschusses** aufgenommen, der in seiner Stellungnahme vom 2. bis 5.5.1949 als Art. 27b III eine dem heutigen Art. 33 III GG entsprechende Regelung vorsah[55]. Mit der Formulierung des Redaktionsausschusses nahm der **Hauptausschuß** Art. 33 III in 4. Lesung am 5.5.1949 ohne Aussprache an[56] und beschloss das **Plenum** Art. 33 III in 9. Sitzung am 6.5.1949[57]. 25

d) Art. 33 IV GG

Art. 33 IV GG geht auf einen Vorschlag der CDU-Fraktion zurück, die in der 12. Sitzung des **Ausschusses für Zuständigkeitsabgrenzung** (Zuständigkeitsausschuß) des Parlamentarischen Rates am 14.10.1948 vermittels des Abgeordneten Strauß beantragte, Art. 29 des Herrenchiemseer Verfassungsentwurfes, der unter anderem die verfassungsmäßige Ordnung in den Ländern und den Grundsatz der Gesetzmäßigkeit der Verwaltung vorsah, um einen neuen Absatz mit folgendem Inhalt zu ergänzen: »Die staatlichen und gemeindlichen Daueraufgaben sind grundsätzlich von Berufsbeamten auszuüben, die in einem öffentlich-rechtlichen Dienst- und Treueverhältnis zu ihrem Dienstherrn stehen.« Zur Begründung verwies Strauß darauf, dass »im Hinblick auf die Verhältnisse im Osten das Berufsbeamtentum für die Länder irgendwo« verankert sein müsse. Das Wort »grundsätzlich« solle eine zu starre Regelung verhindern. Der Antrag spreche zudem bewusst nicht von »Hoheitsaufgaben«, weil dieser Begriff unklar sei. Strauß erinnerte »an die schwankende Rechtsprechung, die plötzlich die ganzen Postangelegenheiten als öffentlich-rechtliche Hoheitsangelegenheiten angesehen hat. Wir haben deswegen gesagt, das sind Daueraufgaben und nicht Hoheitsaufgaben, um klarzustellen, daß nicht unbedingt bei den Ernährungsämtern, Wirtschaftsämtern und ähnlichen staatlichen Organen, die doch wahrscheinlich Hoheitsaufgaben ausüben, lebenslänglich Beamte sein müssen.«[58] Der Abgeordnete Wagner kritisierte das Wort »Daueraufgaben« dagegen als für eine Verfassung ungeeignet; es sollten »auch in der öffentlichen Verwaltung Wirtschaftsleute mit Privatdienstvertrag« beschäftigt werden, da sich »sonst eine Bequemlichkeit« breitmache. 26

---

[51] Parl. Rat VII, S. 408.
[52] Parl. Rat VII, S. 505.
[53] Parl. Rat VII, S. 540.
[54] Parl. Rat VII, S. 578f.
[55] Parl. Rat VII, S. 505.
[56] Parl. Rat VII, S. 540.
[57] Parl. Rat VII, S. 578f.
[58] Parl. Rat III, S. 496.

Wagner betonte aber auch, dass das öffentlich-rechtliche Beamtenverhältnis »schon seine große Bedeutung im Interesse der Stabilisierung des Staates überhaupt« habe[59]. Strauß ergänzte, dass man einerseits »die Zahl dieser Beamten im Vergleich mit der Vergangenheit beschränken« müsse, aber andererseits »für den Gedanken des Berufsbeamtentums, das heißt eines unabhängigen, für die Gesetzmäßigkeit der Verwaltung sorgenden Beamtentums auch und gerade im Grundgesetz sorgen« müsse[60]. Der Abgeordnete Hoch führte an, der Begriff »grundsätzlich« bewirke »unter Umständen eine Fülle von Klagen von Beamtenorganisationen, die sagen: ›grundsätzlich‹, also *muß* es so gemacht werden, in diesem Fall ist es aber nicht so gemacht.«[61] Der Abgeordnete Wagner bemerkte zum Begriff »Daueraufgabe«, dass auch die Gas- und die Elektrizitätswerke sowie viele andere wirtschaftliche Betriebe Daueraufgaben seien[62]. Daran anknüpfend wies der Angeordnete Laforet auf Schwierigkeiten hin, die sich bei der Einordnung von Aufgaben der Wohlfahrtspflege ergäben[63]. Abschließend sagte Wagner, man müsse »eine Formulierung finden, die vor allem den Gemeinden keine Zwangsjacke bei den öffentlichen Körperschaften schafft und sie verpflichtet, Leute zu Beamten zu machen. Und keine Erweiterung gegenüber dem bisherigen Zustand.«[64] Strauß forderte »im Gegenteil, die Möglichkeit einer Verengerung.«[65] Im Ergebnis stellte der Zuständigkeitsausschuß die Frage zurück[66].

27   Wieder aufgenommen wurde die Debatte in der 13. Sitzung des **Zuständigkeitsausschusses** am 15.10.1948. Der Abgeordnete Hoch meinte, dass »staatliche und gemeindliche Daueraufgaben« ein zu weit gefasster, »zu dehnbarer Begriff« sei, und unterbreitete als Alternativvorschlag: »Dauernde Aufgaben in Ausübung öffentlicher Gewalt sind grundsätzlich nur solchen Personen zu übertragen, die in einem öffentlich-rechtlichen Dienst- und Treueverhältnis zu ihrem Dienstherrn stehen.« Ergänzend bemerkte Hoch, sein Vorschlag sehe das Wort »Berufsbeamte« bewusst nicht vor, weil das öffentlich-rechtliche Dienst- und Treueverhältnis »ja gerade das Kennzeichen für den Berufsbeamten« und eine Tautologie zu vermeiden sei[67]. Der Abgeordnete Strauß begrüßte die Formulierung »dauernde Aufgaben in Ausübung öffentlicher Gewalt« und fügte hinzu, dass das Wort »grundsätzlich« ebenfalls notwendig sei. Das Wort »Berufsbeamte« solle genannt werden, wobei er damit »nur die Institution als solche sichern, […] nicht wohlerworbene Rechte« schützen wolle. »Der Gedanke des Berufsbeamtentums bedeutet die lebenslängliche Anstellung, die Entlassung nur auf dem Disziplinarwege, die Pension und die Hinterbliebenenversorgung.«[68] Auf einen Einwand von Hoch erklärte Strauß, dass das Wort »Berufsbeamte« Widerrufsbeamte nicht ausschließe. Der Abgeordnete Laforet ergänzte, dass der Zeitbeamte »mit dem Wort »grundsätzlich« erfaßt« sei[69]. Im Übrigen bestand Einigkeit darüber, dass durch den Funktionsvorbehalt für Beamte »unter gar keinen Umständen etwa einer Vergrö-

---

[59] Parl. Rat III, S. 496 f.
[60] Parl. Rat III, S. 497.
[61] Parl. Rat III, S. 499.
[62] Parl. Rat III, S. 501.
[63] Parl. Rat III, S. 501.
[64] Parl. Rat III, S. 502.
[65] Parl. Rat III, S. 502.
[66] Parl. Rat III, S. 502.
[67] Parl. Rat III, S. 536 f.
[68] Parl. Rat III, S. 537 f.
[69] Parl. Rat III, S. 538.

ßerung des Beamtenapparates das Wort geredet«[70], sondern »gerade eine übermäßige Ausdehnung des Berufsbeamtentums« verhindert werden sollte[71]. Wagner schlug statt »grundsätzlich« die Formulierung »in der Regel« vor, weil damit ein gewisser Spielraum geschaffen werde[72]. Das Wort »grundsätzlich« lasse Ausnahmen nicht zu[73]. Über den Inhalt und die Bedeutung des Wortes »grundsätzlich« sowie über die Frage, ob »in der Regel« besser geeignet sei, um Ausnahmen vom Berufsbeamtentum zuzulassen, wurde anschließend intensiv diskutiert, ohne dass eine Einigung erzielt wurde[74].

Die Diskussion wurde in 15. Sitzung des **Zuständigkeitsausschusses** am 17.11.1948 fortgesetzt. Strauß unterbreitete den Formulierungsvorschlag: »Dauernde Aufgaben in Ausübung öffentlicher Gewalt sind grundsätzlich Berufsbeamten zu übertragen, die in einem öffentlich-rechtlichen Dienst- und Treueverhältnis zu ihrem Dienstherrn stehen.« Um »gewisse Kategorien auszunehmen«, schlug er als Zusatz vor: »soweit nicht die Art der Dienstleistung etwas anderes erfordert.«[75] Es folgte eine erneute Debatte über die Vor- und Nachteile des Wortes »grundsätzlich« und der alternativen Formulierung »in der Regel«[76]. Abermals zur Diskussion stand auch das Wort »Berufsbeamte«, das vor allem der Abgeordnete Hoch ablehnte, weil das Entscheidende für den Begriff des Berufsbeamtentums das öffentlich-rechtliche Dienst- und Treueverhältnis sei[77]. Strauß schlug gegen Ende der Diskussion die Formulierung vor: »Dauernde Aufgaben in Ausübung öffentlicher Gewalt sind in der Regel nur Berufsbeamten zu übertragen, die in einem öffentlich-rechtlichen Dienst- und Treueverhältnis zu ihrem Dienstherrn stehen, sofern nicht durch Gesetz solche Aufgaben Ehrenbeamten übertragen werden oder im Hinblick auf die Art der Dienstleistung durch Gesetz etwas anderes bestimmt wird.«[78] Der Abgeordnete Hoch setzte dagegen die Formulierung »in der Regel nur Berufsbeamten zu übertragen, die in einem Dienstverhältnis stehen«[79].

Anknüpfend an den Formulierungsvorschlag von Strauß wurde in der 17. Sitzung des **Zuständigkeitsausschusses** am 23.11.1948 die Notwendigkeit des Nachsatzes »sofern nicht durch Gesetz solche Aufgaben Ehrenbeamten übertragen werden oder im Hinblick auf die Art der Dienstleistung durch Gesetz etwas anderes bestimmt wird« erörtert[80]. Der Abgeordnete Hoch betonte, die Worte »in der Regel« sollten die Möglichkeit schaffen, Ehrenbeamte zu beschäftigen und »auch gewisse Kategorien von Trägern dauernder Aufgaben in Ausübung öffentlicher Gewalt« zu haben, »die man trotzdem nicht zu Beamten machen möchte, z.B. auf dem großen Gebiet der Fürsorge.«

Der Formulierungsvorschlag von Strauß im Zuständigkeitsausschuss vom 17.11. 1948[81] war Gegenstand der Erörterungen in der 28. Sitzung des **Ausschusses für**

---

[70] Abgeordneter Blomeyer, Parl. Rat III, S. 540.
[71] Abgeordneter Seebohm, Parl. Rat III, S. 540.
[72] Parl. Rat III, S. 540 f.
[73] Parl. Rat III, S. 544.
[74] Parl. Rat III, S. 544 ff.
[75] Parl. Rat III, S. 588 f.
[76] Parl. Rat III, S. 589 ff.
[77] Parl. Rat III, S. 590 f.
[78] Parl. Rat III, S. 595.
[79] Parl. Rat III, S. 596.
[80] Parl. Rat III, S. 645 ff.
[81] In Parl. Rat V/2, S. 790 ist von einem »Beschluß des Zuständigkeitsausschusses« die Rede.

Grundsatzfragen am 3.12.1948. v. Mangoldt führte aus, im Grundsatzausschuss bestehe Einigkeit darüber, »daß wir das keinesfalls unter die Grundrechte nehmen können.«[82] Anschließend wurde diskutiert, an welcher Stelle im Grundgesetz die Bestimmung platziert werden sollte[83]. Inhaltlich wurde die Formulierung von Strauß als zu umständlich bemängelt[84]. v. Mangoldt bevorzugte die Formulierung aus dem Antrag der Gewerkschaft Deutscher Beamtenbund (»Dauernde Aufgaben in Ausübung der öffentlichen Gewalt sind, sofern nicht in den Gesetzen Ehrenbeamte vorgesehen sind, Berufsbeamten zu übertragen, die in einem öffentlich-rechtlichen Treueverhältnis zu ihren Dienstherren stehen und grundsätzlich auf Lebenszeit mit gesetzlich zu regelnder Alters- und Hinterbliebenenversorgung anzustellen sind.«)[85]. Ebenso wie mit dem Vorschlag des Zuständigkeitsausschusses (Abgeordneter Strauß) sei damit eine Garantie des Berufsbeamtentums verbunden[86]. Auf Nachfrage des Abgeordneten Heuss erläuterte v. Mangoldt, dass »Ausübung öffentlicher Gewalt« vorliege, wenn »mit zwingender Kraft die Staatsmacht dahinter steht«, wenn sie »mit unwiderstehlicher Kraft gebieten kann«[87]. Auf Nachfrage der Abgeordneten Weber, ob auch Lehrerinnen und Lehrer hierunter fielen, bemerkte v. Mangoldt, dass Schulen Aufgabe des Staates seien und die Schulpflicht bestehe, deren Durchführung die Lehrer allerdings nicht in der Hand hätten[88]. Auf den Einwand des Abgeordneten Bergsträsser, dass dann der Kreisschulrat und der Schuldirektor, nicht hingegen der Studienrat Hoheitsaufgaben ausübe, und die Bemerkung der Abgeordneten Weber, eine Herausnahme von Lehrern aus dem Beamtentum sei nicht zu verantworten, lenkte v. Mangoldt ein, man habe »diese Lehrpersonen immer zu den Beamten gerechnet«, sodass »in dieser Beziehung keine Schwierigkeiten auftauchen« würden[89]. Weber wandte sich sodann gegen die Formulierung »Ausübung öffentlicher Gewalt«, weil dann die Gefahr bestehe, »daß man wer weiß wen in das Beamtenverhältnis übernimmt«[90]. Weitere Abgeordnete pflichteten ihr bei, da man die in der Vergangenheit übliche Verbeamtung von in der öffentlichen Verwaltung beschäftigten Schreinern, Buchdruckern, Schlossern etc. nicht konservieren dürfe[91]. Auch eine Verbeamtung von Postschalterbeamten müsse ausgeschlossen werden; sie seien überflüssig und könnten »durch Frauen ersetzt werden.«[92] v. Mangoldt schlug schließlich als Kompromiss aus den zur Debatte stehenden Formulierungsvorschlägen des Zuständigkeitsausschusses (Abgeordneter Strauß) und der Gewerkschaft Deutscher Beamtenbund vor: »Dauernde Aufgaben in Ausübung der öffentlichen Gewalt sind, sofern nicht in den Gesetzen Ehrenbeamte vorgesehen sind, in der Regel Berufsbeamten zu übertragen, die in einem öffentlich-rechtlichen Treueverhältnis zu ihrem Dienstherren stehen.«[93]

31 In der 18. Sitzung des **Hauptausschusses** vom 4.12.1948 stellte Schmid zur Debatte, als Art. 27a Satz 1 aufzunehmen: »Dauernde Aufgaben in Ausübung öffentlicher Ge-

---

[82] Parl. Rat V/2, S. 791.
[83] Parl. Rat V/2, S. 791f.
[84] Abgeordneter v. Mangoldt, Parl. Rat V/2, S. 795.
[85] Abgeordneter v. Mangoldt, Parl. Rat V/2, S. 795.
[86] Abgeordneter v. Mangoldt, Parl. Rat V/2, S. 796.
[87] Abgeordneter v. Mangoldt, Parl. Rat V/2, S. 797.
[88] Abgeordneter v. Mangoldt, Parl. Rat V/2, S. 797.
[89] Abgeordneter v. Mangoldt, Parl. Rat V/2, S. 797.
[90] Abgeordneter v. Mangoldt, Parl. Rat V/2, S. 798.
[91] Abgeordneter v. Mangoldt, Parl. Rat V/2, S. 799.
[92] Abgeordneter Bergsträsser, Parl. Rat V/2, S. 799.
[93] Abgeordneter Bergsträsser, Parl. Rat V/2, S. 800.

walt sind, sofern nicht in den Gesetzen Ehrenbeamte vorgesehen sind, in der Regel Berufsbeamten zu übertragen, die in einem öffentlich-rechtlichen Treueverhältnis zu ihrem Dienstherrn stehen.«[94]

In 22. Sitzung am 8.12.1949 beriet der **Hauptausschuß** über die Vorlage des Grundsatzausschusses zu Art. 27a I: »Die dauernde Ausübung hoheitlicher Aufgaben ist, sofern nicht in den Gesetzen Ehrenbeamte vorgesehen sind, in der Regel Berufsbeamten zu übertragen, die in einem öffentlich-rechtlichen Treueverhältnis stehen.«[95] Der Abgeordnete Hoch hielt fest, es bestehe Einigkeit, »daß man das Institutionelle in dem Grundgesetz festlegen soll, aber selbstverständlich die Möglichkeit offenlassen muss, auch Ausnahmen zuzulassen.« Solche Ausnahmen beträfen nicht nur Ehrenbeamte, »sondern es wird ganze Gruppen von Tätigkeiten im öffentlichen Dienst geben, in denen man die Dienstkräfte nicht zu Beamten machen wird, so zum Beispiel im Fürsorgewesen.«[96] Der Hauptausschuß beschloss, die Formulierung »sofern nicht in den Gesetzen Ehrenbeamte vorgesehen sind« zu streichen[97]. Entsprechend wurde als Art. 27a I angenommen: »Die dauernde Ausübung hoheitlicher Aufgaben ist in der Regel Berufsbeamten zu übertragen, die in einem öffentlich-rechtlichen Treueverhältnis stehen.«[98] In 1. Lesung am 10.12.1948 nahm der Hauptausschuß diese Formulierung als Art. 27b I an[99]. 32

Am 13.12.1948 schlug der **Allgemeine Redaktionsausschuß** vor, Art. 27b I wie folgt zu fassen: »Die dauernde Ausübung hoheitlicher Aufgaben ist in der Regel Berufsbeamten zu übertragen, die in einem öffentlich-rechtlichen Dienst- und Treueverhältnis stehen.« Die Einfügung des »Dienstverhältnisses« sei notwendig, weil auch Angestellte und jeder Staatsbürger in einem öffentlich-rechtlichen Treueverhältnis zum Staat stünden[100]. 33

In der 27. Sitzung des **Hauptausschusses** am 15.12.1948 schlug der Abgeordnete Wagner seitens des Zuständigkeitsausschusses vor, als Art. 27b zu formulieren: »Dauernde Aufgaben in Ausübung öffentlicher Gewalt sind in der Regel Berufsbeamten zu übertragen, die in einem öffentlich-rechtlichen Dienst- und Treueverhältnis stehen.« Dadurch solle die Dauer der Aufgabe betont werden[101]. Der Abgeordnete Renner gab zu bedenken, dass das Wort »Treueverhältnis« ein Streikrecht der Beamten ausschließe. »Um zu verhüten, daß aus dem Treueverhältnis […] gleichzeitig und bewußt das Streikverbot für die Beamten statuiert wird,« beantragte er die Streichung des Wortes »Treueverhältnis«. Der Antrag wurde abgelehnt. Angenommen wurde die vom Zuständigkeitsausschuß vorgeschlagene Formulierung des Art. 27b[102]. 34

In 2. Lesung am 20.1.1949 beschloss der **Hauptausschuß** Art. 27b I mit der Fassung: »Dauernde Aufgaben in Ausübung öffentlicher Gewalt sind in der Regel Berufsbeamten zu übertragen, die in einem öffentlich-rechtlichen Dienst- und Treueverhältnis stehen.«[103] 35

---

[94] Parl. Rat XIV/1, S. 544.
[95] Parl. Rat XIV/1, S. 659.
[96] Parl. Rat XIV/1, S. 659.
[97] Parl. Rat XIV/1, S. 662.
[98] Parl. Rat XIV/1, S. 662.
[99] Parl. Rat VII, S. 99.
[100] Parl. Rat V/2, S. 889 und Parl. Rat VII, S. 147.
[101] Parl. Rat XIV/1, S. 815.
[102] Parl. Rat XIV/1, S. 816.
[103] Parl. Rat VII, S. 225.

36 Mit Stellungnahme vom 25.1.1949 schlug der **Allgemeine Redaktionsausschuß** als Art. 27b I vor: »Die Ausübung hoheitsrechtlicher Befugnisse soll als ständige Aufgabe in der Regel nur Angehörigen des öffentlichen Dienstes übertragen werden, die in einem öffentlich-rechtlichen Dienst- und Treueverhältnis stehen.« Zur Begründung wies der Redaktionsausschuß darauf hin, dass die Formulierung »Ausübung öffentlicher Gewalt« weiter reiche als »Ausübung hoheitsrechtlicher Befugnisse«, was zu vermeiden sei. »Hoheitsrechtliche Befugnisse im engeren Sinne werden ausgeübt, wenn der Staat oder eine andere öffentlich-rechtliche Körperschaft als »Obrigkeit« tätig wird. Nur insoweit aber sollte man verlangen, daß die ständige Ausübung solcher Aufgaben durch Beamte erfolgen muß.« Die Ersetzung des Wortes »Berufsbeamte« durch »Angehörige des öffentlichen Dienstes, die in einem öffentlich-rechtlichen Dienst- und Treueverhältnis stehen« diene der Vermeidung eines Pleonasmus. »Angehörige des öffentlichen Dienstes, die in einem öffentlich-rechtlichen Dienst- und Treueverhältnis stehen« seien Berufsbeamte[104].

37 Der **Fünferausschuß** schloss sich am 5.2.1949 dem Beschluss des Hauptausschusses vom 20.1.1949 an, wobei er die Regelung »Dauernde Aufgaben in Ausübung öffentlicher Gewalt sind in der Regel Berufsbeamten zu übertragen, die in einem öffentlich-rechtlichen Dienst- und Treueverhältnis stehen.« als Art. 27b II vorsah[105]. Mit dieser Formulierung beschloss der **Hauptausschuß** Art. 27b II am 10.2.1949 in 3. Lesung[106].

38 Der **Allgemeine Redaktionsausschuß** hielt in seiner Stellungnahme vom 2. bis 5.5.1949 im Wesentlichen an seinem Vorschlag vom 25.1.1949 fest und empfahl, als Art. 27b IV zu beschließen: »Die Ausübung hoheitsrechtlicher Befugnisse ist als ständige Aufgabe in der Regel Angehörigen des öffentlichen Dienstes zu übertragen, die in einem öffentlich-rechtlichen Dienst- und Treueverhältnis stehen.«[107] Mit dieser Fassung beschlossen der **Hauptausschuß** in 4. Lesung am 5.5.1949[108] und das **Plenum** in 2. Lesung am 6.5.1949[109] Art. 33 IV.

e) Art. 33 V GG

39 Art. 33 V GG kam im Parlamentarischen Rat erstmals in der 28. Sitzung des **Grundsatzausschusses** am 3.12.1948 zur Sprache. Einen Vorschlag von Richard Thoma[110] aufgreifend brachte der Abgeordnete Höpker-Aschoff als Vorschlag ein: »Das Berufsbeamtentum bleibt erhalten. Seine hergebrachten Grundsätze sind verpflichtendes und beschränkendes Richtmaß aller gesetzlichen Regelung der Rechtsstellung der Berufsbeamten.«[111] Während v. Mangoldt die Auffassung vertrat, dass dieser Vorschlag eine weniger starke Garantie des Berufsbeamtentums bedeute als der vom Ausschuß gleichzeitig diskutierte Funktionsvorbehalt[112], befürchtete umgekehrt der Abgeordnete Reif, dass die von Höpker-Aschoff vorgeschlagene Bestimmung als Festschreibung des gegebenen Zustandes verstanden und dadurch die nach dem

---

[104] Parl. Rat VII, S. 225.
[105] Parl. Rat VII, S. 351.
[106] Parl. Rat VII, S. 408.
[107] Parl. Rat VII, S. 505.
[108] Parl. Rat VII, S. 540.
[109] Parl. Rat VII, S. 579.
[110] Parl. Rat V/1, S. 371, 379.
[111] Parl. Rat V/2, S. 796.
[112] Parl. Rat V/2, S. 796.

Funktionsvorbehalt mögliche Reduzierung der Beamtenstellen konterkariert werden könnte[113].

Der **Hauptausschuß** diskutierte in 18. Sitzung am 4.12.1948 über Art. 27a Satz 2 in der Fassung: »Die hergebrachten Grundsätze über die Rechtsstellung der Berufsbeamten bleiben verpflichtendes und beschränkendes Richtmaß.«[114] In der 22. Sitzung des Hauptausschusses am 8.12.1948 stand die Vorlage des Ausschusses für Grundsatzfragen zu Art. 27a II zur Debatte: »Den hergebrachten Grundsätzen über die Rechtsstellung der Berufsbeamten ist Rechnung zu tragen.«[115] Schmid bemerkte, durch Art. 27a II werde »der Gesetzgeber gebunden und muß die hergebrachten Grundsätze prüfen.«[116] Der Antrag des Abgeordneten Hoch, Art. 27a II zu streichen[117], wurde abgelehnt[118]. **40**

Am 10.12.1948 nahm der **Hauptausschuß** in 1. Lesung als Art. 27b II an: »Den hergebrachten Grundsätzen über die Rechtsstellung der Berufsbeamten ist Rechnung zu tragen.«[119] Ein erneuter Antrag, Art. 27b II zu streichen, blieb ohne Erfolg[120]. Der Abgeordnete Seebohm befand Art. 27b II für »zu locker gefaßt« und beantragte daher, die Worte »ist Rechnung zu tragen« durch »finden Anwendung« zu ersetzen[121]. Hiergegen wandte sich der Abgeordnete Wagner mit dem Hinweis, dass sich die »hergebrachten Grundsätze« »aus der Übung in der Vergangenheit« ergäben. »Wenn man sagt: »den Grundsätzen ist Rechnung zu tragen«, so ist das eine Vorschrift für den künftigen Gesetzgeber. Wenn man aber sagt: »finden Anwendung«, so ist das eine unerhörte Bindung, und Sie legen dem künftigen Gesetzgeber […] Fesseln an«. Die »Frage der Gestaltung des Berufsbeamtentums in der Zukunft« sei »eine sehr umfangreiche Materie, bei der man nicht die alten Wege gehen kann.«[122] Der Abgeordnete Heuss beantragte, als Art. 27b II zu formulieren: »Die hergebrachten Grundsätze über die Rechtsstellung der Berufsbeamten sind für die gesetzliche Regelung maßgebend.«[123] Dem stimmte Seebohm zu und zog seinen Antrag zurück[124]. Wagner beantragte dagegen, Art. 27b II wie folgt zu fassen: »Den Grundsätzen über die Rechtsstellung der Berufsbeamten ist nach Möglichkeit Rechnung zu tragen.«[125] Sein Antrag wurde abgelehnt[126]. Der Antrag von Heuss wurde angenommen[127]. **41**

Die vom **Hauptausschuß** in 2. Lesung am 20.1.1949 beschlossene Fassung des Art. 27b II lautete (entsprechend dem Vorschlag des Abgeordneten Heuss in der 27. Sitzung des Hauptausschusses vom 15.12.1948): »Die hergebrachten Grundsätze über die Rechtsstellung der Berufsbeamten sind für die gesetzliche Regelung maßgebend.«[128] **42**

---

[113] Parl. Rat V/2, S. 796.
[114] Parl. Rat XIV/1, S. 544.
[115] Parl. Rat XIV/1, S. 659.
[116] Parl. Rat XIV/1, S. 661.
[117] Parl. Rat XIV/1, S. 661.
[118] Parl. Rat XIV/1, S. 662.
[119] Parl. Rat VII, S. 100.
[120] Parl. Rat XIV/1, S. 816.
[121] Parl. Rat XIV/1, S. 816.
[122] Parl. Rat XIV/1, S. 816f.
[123] Parl. Rat XIV/1, S. 818.
[124] Parl. Rat XIV/1, S. 818.
[125] Parl. Rat XIV/1, S. 818.
[126] Parl. Rat XIV/1, S. 818.
[127] Parl. Rat XIV/1, S. 818.
[128] Parl. Rat VII, S. 225.

43 Der **Allgemeine Redaktionsausschuß** schlug demgegenüber mit Stellungnahme vom 25.1.1949 vor: »Das Recht des öffentlichen Dienstes ist unter Berücksichtigung der überlieferten Grundsätze zu regeln.«[129]

44 Der **Fünferausschuß** schloss sich mit Vorschlag vom 5.2.1949 der Fassung des Hauptausschusses an (»Die hergebrachten Grundsätze über die Rechtsstellung der Berufsbeamten sind für die gesetzliche Regelung maßgebend.«), die mittlerweile zu Art. 27b III geworden war[130]. Diese Fassung beschloss auch der Hauptausschuß in 3. Lesung am 10.2.1949[131].

45 Seinen endgültigen Anstrich erhielt Art. 33 V durch den **Allgemeinen Redaktionsausschuß**, der mit Stellungnahme vom 2. bis 5.5.1949 vorschlug, Art. 27b V wie folgt zu fassen: »Das Recht des öffentlichen Dienstes ist unter Berücksichtigung der hergebrachten Grundsätze des Berufsbeamtentums zu regeln.«[132] Diese Fassung beschlossen der **Hauptausschuß** in 4. Lesung am 5.5.1949[133] sowie das **Plenum** in 2. Lesung am 6.5.1949[134] als Art. 33 V GG.

46 Eine gesonderte Aussprache im Parlamentarischen Rat gab es zu dem **Streikrecht der Beamten**, das vornehmlich im Zusammenhang mit der Koalitionsfreiheit erörtert wurde. Im **Ausschuß für Grundsatzfragen** kam in 6. Sitzung am 5.10.1948 die Frage auf, ob »das Verbot des Beamtenstreiks und das Streikverbot für öffentliche Angestellte ausdrücklich« im Grundgesetz geregelt oder der Regelung durch den Gesetzgeber überlassen bleiben sollten[135]. Über den Grundsatz, dass Beamten kein Streikrecht zustehen sollte, bestand im Ausschuß Einigkeit[136].

47 In der 17. Sitzung des **Hauptausschusses** am 3.12.1948 setzte sich die Aussprache über eine grundgesetzliche Regelung des Streikverbotes für Beamte fort. Bezogen auf Art. 9 IV (»Das Recht der gemeinschaftlichen Arbeitseinstellung zur Wahrung und Förderung der Arbeits- und Wirtschaftsbedingungen wird anerkannt. Seine Ausübung wird durch Gesetz geregelt«[137]) monierte der Abgeordnete Kaufmann, dass Art. 9 IV das Recht zum Streik für alle feststelle; es »besteht danach keine Möglichkeit, dieses Recht für bestimmte Beamte und bestimmte Angestellte des öffentlichen Dienstes einzuschränken.« »Und das geht für zahlreiche Beamte und Angestellte des öffentlichen Dienstes eben nicht.«[138] Der Abgeordnete Heile nahm dies zum Anlass, auf einen alten Antrag seiner DP-Fraktion hinzuweisen, der als Art. 9 IV vorsah: »Das Recht, bei wirtschaftlichen und sozialen Auseinandersetzungen zu streiken, wird im Rahmen der Gesetze anerkannt. Dies gilt nicht für die auf beiderseitiger Treuepflicht beruhenden Dienstverhältnisse der Beamten.«[139] Der Abgeordnete Greve entgegnete, es sei »eine sehr prekäre Sache, zu sagen: die Beamten sollen das Streikrecht nicht haben […]. Ich weiß nicht, in welchem Sinne Sie hier Beamte meinen.« Auch seien »die Auffassungen darüber geteilt, ob diejenigen, die nach den beamtenrechtlichen Vorschrif-

---

[129] Parl. Rat VII, S. 225.
[130] Parl. Rat VII, S. 351.
[131] Parl. Rat VII, S. 408.
[132] Parl. Rat VII, S. 505.
[133] Parl. Rat VII, S. 540.
[134] Parl. Rat VII, S. 579.
[135] Parl. Rat V/1, S. 127.
[136] Parl. Rat V/2, S. 702 f.
[137] Parl. Rat XIV/1, S. 521.
[138] Parl. Rat XIV/1, S. 526 f.
[139] Parl. Rat XIV/1, S. 527.

ten Beamte sind, das Streikrecht haben sollen oder nicht.«[140] Der Abgeordnete Laforet bemerkte, Art. 9 IV gebe jedem ein Streikrecht, »auch dem Beamten und dem Angestellten des öffentlichen Dienstes, mag dieser Dienst noch so lebenswichtig sein. Der einfache Gesetzgeber könnte von dieser Regel keine Ausnahme machen. Er kann nur bei der einen oder anderen Art die Ausübung regeln. Wer wie wir auf dem Standpunkt steht, daß zunächst die öffentliche Ordnung entscheidet und das Lebensnotwendige des Volkes, der Gemeinschaft gewährleistet sein muß, muß es denjenigen, die freiwillig diesen besonderen öffentlichen Dienst übernommen haben, sei es im öffentlichrechtlichen Treueverhältnis des Beamten, sei es in dem besonderen Arbeitsverhältnis des Angestellten, unmöglich machen, gegen die Allgemeinheit vorzugehen. Er hat eine Vorzugsstellung, er hat damit aber auch besondere Pflichten.« Insbesondere den Polizeikräften könne »unter keinen Umständen ein Streikrecht gewährt werden.«[141] Der Abgeordnete Renner hielt dagegen: »Auch den Beamten muß das Streikrecht konzediert werden.« Die Vorzugsstellung des Beamten bestehe nur darin, »daß er für sein Alter einen Pensionsanspruch hat.« Dieser Pensionsanspruch werde aber »dadurch wertlos gemacht, daß die derzeitig gezahlten Gehälter für diese Gruppen im Hinblick auf die Altersversorgung bewußt niedrig gehalten sind.«[142] In seiner 18. Sitzung am 4.12.1948 beschloss der Hauptausschuß einstimmig, Art. 9 IV zu streichen[143].

2. Veränderung der Norm

Art. 33 I bis IV GG sind bis heute **unverändert** geblieben, obgleich sie unter dem anhaltenden Einfluss der fortschreitenden Europäisierung, Privatisierung und gestiegenen Erwartungen an die Wirtschaftlichkeit und Effizienz der öffentlichen Hand[144] sowie des demografischen Wandels[145] permanenten Reformvorschlägen (→ Rn. 208) und entsprechendem Veränderungsdruck ausgesetzt sind. In **Art. 33 V GG** wurden im Zuge der Föderalismusreform I durch Gesetz vom 28.8.2006[146] am Normende die Worte »und fortzuentwickeln« eingefügt[147]. Diese **Ergänzung** des Art. 33 V GG flankierte die gleichzeitige Neuverteilung der Gesetzgebungszuständigkeiten im Bereich der Laufbahnen, Besoldung und Versorgung der Beamten sowie Richter in den Ländern, deren Regelung aus der konkurrierenden Gesetzgebungskompetenz des Bundes herausgenommen und den Ländern (zurück) übertragen wurde (s. Art. 70 I, Art. 74 I Nr. 27 GG; → Art. 74 Rn. 6, 130 ff.)[148].

48

---

[140] Parl. Rat XIV/1, S. 528.
[141] Parl. Rat XIV/1, S. 528 f.
[142] Parl. Rat XIV/1, S. 531.
[143] Parl. Rat XIV/1, S. 533.
[144] Eingehend *H. P. Bull*, Öffentlicher Dienst und öffentliches Dienstrecht im Wandel, in: FS Battis, 2014, S. 533 ff. (536 ff.); *W. Höfling*, in: BK, Art. 33 Abs. 1 bis 3 (2007), Rn. 12 ff.
[145] Zum öffentlichen Dienst im demografischen Wandel *L. Schrapper*, Die Verwaltung 46 (2013), 441 ff.
[146] BGBl. I S. 2034.
[147] Zu in der Föderalismuskommission I erfolglos gebliebenen Vorschlägen, Art. 33 V GG zu streichen sowie Art. 33 IV GG zu ändern, *W. Höfling/C. Burkiczak*, DÖV 2007, 328 (331); *U. Battis*, NdsVBl. 2006, 1 (2).
[148] Vgl. BT-Drs. 16/813, S. 8. Zu dieser Neuverteilung der Gesetzgebungskompetenzen eingehend *A. Voßkuhle*, Personal, in: GVwR² III, § 43 Rn. 76 ff.; *T. Hebeler*, Die Verwaltung 47 (2014), 549 (550 f.); *S. Werres*, Beamtenverfassungsrecht, 2011, Rn. 161 ff. Zu den infolge der Gesetzgebungskompetenzneuverteilung ergangenen Änderungen der Beamtengesetze in Bund und Ländern *P. Ba-*

B. Internationale, supranationale und rechtsvergleichende Bezüge

I. Völker- und Unionsrecht

49 Speziell auf den öffentlichen Dienst in den Mitgliedstaaten bezogene (Harmonisierungs-)Rechtsetzungskompetenzen stehen der Europäischen Union nicht zu[149]. Die Kompetenz zur gesetzlichen Regelung des öffentlichen Dienstes liegt bei den Mitgliedstaaten. Gleichwohl ist die Auslegung und Anwendung des Art. 33 GG in zunehmendem Maße den Einflüssen des Völker- und Unionsrechts ausgesetzt[150]. Auswirkungen auf den Genuss staatsbürgerlicher Rechte und Pflichten in den Ländern (Art. 33 I GG) sowie den Zugang zum und die Beschäftigung im öffentlichen Dienst (Art. 33 II bis V GG) haben namentlich die im Grundsatz auch auf Beschäftigte des öffentlichen Dienstes einschließlich Beamte anwendbaren EMRK-Rechte, unionsrechtlichen Grundrechte und Grundfreiheiten sowie eine Reihe von Sekundärrechtsakten[151]. Art. 33 I GG erfährt durch die unionsrechtlich gewährleistete Freizügigkeit der Arbeitnehmer (Art. 45 AEUV) sowie entsprechende EU-Koordinierungsverordnungen im Bereich der sozialen Sicherheit (namentlich VO [EG] Nr. 883/2004 sowie VO [EG] Nr. 987/2009)[152] und durch die unionsrechtlichen Diskriminierungsverbote sowohl des AEUV als auch der EU-Grundrechtecharta (s. nur Art. 18 AEUV; Art. 21 GRC) für Unionsbürger aus anderen Staaten Verstärkungen und Erweiterungen. Art. 33 II GG gewährleistet bei der gebotenen Interpretation im Lichte der in Art. 45 AEUV gewährleisteten Arbeitnehmerfreizügigkeit, die grundsätzlich auch auf Beschäftigte des öffentlichen Dienstes einschließlich Beamte Anwendung findet (→ Rn. 75), den Zugang zu öffentlichen Ämtern im Grundsatz auch für Unionsbürger aus anderen EU-Mitgliedstaaten. Etwas anderes gilt nur im Anwendungsbereich der Bereichsausnahme des Art. 45 IV AEUV (→ Rn. 75 ff.). Erheblichen Einfluss auf die Ausgestaltung des Zugangs zu öffentlichen Ämtern haben auch die unionsrechtlichen Diskriminierungsverbote, namentlich Art. 18 AEUV und Art. 21 II GRC (Diskriminierungsverbote wegen der Staatsangehörigkeit), Art. 157 I, II AEUV (Grundsatz des gleichen Entgelts für Männer und Frauen) sowie Art. 21 I GRC (Verbot der Diskriminierung insbesondere wegen des Geschlechts, der Rasse, der Hautfarbe, der ethnischen oder sozialen Herkunft, der genetischen Merkmale, der Sprache, der Religion oder der Weltanschauung, der politischen oder sonstigen Anschauung, der Zugehörigkeit zu einer nationalen Min-

---

dura, in: Maunz/Dürig, GG, Art. 33 (2010), Rn. 45 ff., 77; *T. Hebeler*, Die Verwaltung 47 (2014), 549 (551 ff.).

[149] Näher *F. Klaß*, Die Fortentwicklung des deutschen Beamtenrechts durch das europäische Recht, 2014, S. 92 f.; vgl. auch *H. A. Wolff*, ZBR 2014, 1 ff.

[150] Eingehend zu den Einflüssen des Völker- und Unionsrechts auf das Recht des öffentlichen Dienstes *M. Burgi*, Soziale Rechte und Zugang zum Beruf: Zur Situation von Berufen in der öffentlichen Verwaltung im Zeichen des steten Wandels der Staatlichkeit, in: K. Hailbronner (Hrsg.), 30 Jahre Freizügigkeit in Europa, 1998, S. 115 ff.; *S. Alber*, ZBR 2002, 225 ff.; *J. A. Kämmerer*, Die Verwaltung 37 (2004), 353 ff.; *U. Battis*, JZ 2005, 1095 (1099 f.). Zum öffentlichen Dienst der Europäischen Union eingehend *Voßkuhle* (Fn. 148), § 43 Rn. 51 ff.; *Klaß*, Fortentwicklung (Fn. 149), S. 122 ff.; ferner *H. A. Wolff*, ZBR 2014, 1 ff.; *S. Alber*, ZBR 2002, 225 ff.

[151] Zur grundsätzlichen Anwendbarkeit der EMRK auf Beamte *Klaß*, Fortentwicklung (Fn. 149), S. 142 ff.

[152] Zur unionsrechtlichen Koordinierung der Alters- und Invaliditätsversorgung, der Beihilfe, der Familienleistungen und der Unfallfürsorge für Beamte eingehend *A. Bokeloh*, DÖV 2013, 309 (310 ff.); s. auch *F. Brosius-Gersdorf*, Familienleistungen, in: M. Schlachter/H. M. Heinig (Hrsg.), Enzyklopädie Europarecht VII, 2015, § 31 Rn. 1 ff.

derheit, des Vermögens, der Geburt, einer Behinderung, des Alters oder der sexuellen Ausrichtung) (→ Rn. 95). Maßgebliche Impulse für das Zugangsrecht nach Art. 33 II GG gehen zudem von verschiedenen Gleichstellungsrichtlinien der Union aus, insbesondere der Richtlinie 79/7/EWG zur Gleichbehandlung von Männern und Frauen im Bereich der sozialen Sicherheit[153], der Richtlinie 2000/78/EG zur Festlegung eines allgemeinen Rahmens für die Verwirklichung der Gleichbehandlung in Beschäftigung und Beruf[154], der Richtlinie 2000/43/EG zur Anwendung des Gleichbehandlungsgrundsatzes ohne Unterschied der Rasse oder der ethnischen Herkunft[155] und der Richtlinie 2006/54/EG zur Verwirklichung des Grundsatzes der Chancengleichheit und Gleichbehandlung von Männern und Frauen in Arbeits- und Beschäftigungsfragen[156], welche auch auf öffentlich-rechtliche Dienstverhältnisse Anwendung finden[157]. Maßgaben für den Zugang zum öffentlichen Dienst können sich ferner aus der Richtlinie 97/81/EG über Teilzeitarbeit[158] und der Richtlinie 1999/70/EG über befristete Arbeitsverträge[159] ergeben. Maßnahmen der Mitgliedstaaten zur Gewährleistung der vollen Gleichstellung von Männern und Frauen im Arbeitsleben sowie zum Abbau entsprechender Diskriminierungen wie gesetzliche Quotenregelungen für den öffentlichen Dienst sind unter bestimmten Voraussetzungen durch den Gleichstellungsauftrag des Art. 23 GRC sowie Art. 157 IV AEUV gerechtfertigt, bewirken aber keine Durchbrechung des Leistungsprinzips des Art. 33 II GG (→ Rn. 119). Mindest- und Höchstaltersgrenzen für die Einstellung und Beschäftigung im öffentlichen Dienst müssen sich ebenso an den primärrechtlichen Diskriminierungsverboten und Gleichstellungsrichtlinien messen lassen wie die Ausgestaltung des Besoldungsdienstalters von Beamten (→ Rn. 110ff.). Völkerrechtliche Festschreibungen des Rechts auf gleichen Zugang zu öffentlichen Ämtern finden sich in Art. 21 Nr. 2 AEMR, in Art. 25 lit. c) IPbpR und in Art. 101 III UN-Charta. Die Gewährleistungen des **Art. 33 III GG** sind entsprechend dem Grundsatz völkerrechtsfreundlicher Auslegung des Grundgesetzes[160] im Lichte der Gedanken-, Glaubens- und Gewissensfreiheit des Art. 9 EMRK sowie des Diskriminierungsverbotes aus Art. 14 EMRK zu deuten. Im Anwendungsbereich des Art. 51 I GRC[161] kommen die Gedankens-, Gewissens- und Religionsfreiheit des Art. 10 I GRC sowie das Diskriminierungsverbot des Art. 21 I GRC zum Tragen. Die »Ausübung hoheitsrechtlicher Befugnisse« iSd **Art. 33 IV GG** ist im Lichte der unionsrechtlichen Arbeitnehmerfreizügigkeit (Art. 45 AEUV) und ihrer Bereichsausnahme (Art. 45 IV AEUV) restriktiv zu interpretieren (→ Rn. 154ff.). Der Inhalt der hergebrachten Grundsätze des Berufsbeamtentums iSd **Art. 33 V GG** unterliegt vielfältigen Einflüssen namentlich der Menschenrechte und Grundfreiheiten der EMRK sowie der Unionsgrundrechte – dies etwa im Bereich des Streikverbotes für Beamte (→ Rn. 187ff.) und der Verfassungstreuepflicht (→ Rn. 103ff.). Bei beamtenrechtlichen

---

[153] ABl. L 006, S. 24.
[154] ABl. L 303, S. 16.
[155] ABl. L 180, S. 22.
[156] ABl. L 204, S. 23.
[157] Vgl. (zur früheren Richtlinie 76/207/EWG) EuGH, Rs. 248/83, Slg. 1985, 1459 (1480, Rn. 16); Rs. C-476/99, Slg. 2002, I-2891 (2932, Rn. 25); *Klaß*, Fortentwicklung (Fn. 149), S. 114.
[158] ABl. L 14, S. 9.
[159] ABl. L 175, S. 43.
[160] Zu diesem Grundsatz statt vieler BVerfGE 111, 307 (315ff., Rn. 30ff.); 128, 326 (366ff., Rn. 86ff.); *J. Isensee*, AöR 138 (2013), 325 (349ff.).
[161] Hierzu näher *F. Brosius-Gersdorf*, Demografischer Wandel und Familienförderung, 2011, S. 607ff.

Streitigkeiten etwa über den Zugang zu einem öffentlichen Amt (Art. 33 II GG) oder über hergebrachte Grundsätze des Berufsbeamtentums (Art. 33 V GG) kommt das Recht auf ein faires Verfahren gem. Art. 6 I 1 EMRK zum Tragen, dessen Justiz- und Verfahrensgarantien, zu denen namentlich das Gebot effektiven Rechtsschutzes gehört[162], grundsätzlich auch Angehörigen des öffentlichen Dienstes zugutekommen[163]. Weitere Maßgaben für den Genuss staatsbürgerlicher Rechte und Pflichten in den Ländern (Art. 33 I GG) sowie den Zugang zum und die Beschäftigung im öffentlichen Dienst (Art. 33 II bis V GG) können sich aus der Europäischen Sozialcharta und internationalen Übereinkommen namentlich der Internationalen Arbeitsorganisation zum nationalen öffentlichen Dienstrecht ergeben[164].

II. Rechtsvergleichende Hinweise

50 Art. 33 I GG vergleichbare, auf innerföderale Gleichbehandlung gerichtete Bestimmungen finden sich vor allem in Staaten mit ausgeprägt föderativem Charakter wie Spanien[165] und den USA[166]. In der Schweizer Verfassung existieren Vorschriften über die Ausübung politischer Rechte in den Kantonen ohne einen Art. 33 I GG entsprechenden Gleichheitssatz[167]. Etliche **Verfassungen europäischer und nicht-europäischer Staaten** gewährleisten in identischer oder ähnlicher Weise wie Art. 33 II GG den gleichen Zugang zu öffentlichen Ämtern[168]. Dem Art. 33 III GG entsprechende Diskriminierungsverbote bei dem Genuss (staats-)bürgerlicher Rechte, dem Zugang zu öffentlichen Ämtern oder der Ausübung von im öffentlichen Dienst (wohl-)erworbenen Rechten findet man in vergleichbarer Form in anderen Verfassungen kaum[169]. Sie können aber Ausfluss allgemeiner Gleichheitsgebote sein, die zu den konstitutiven Elementen moderner Verfassungsstaatlichkeit gehören und dementsprechend in sämtlichen Verfassungen der EU-Mitgliedstaaten kodifiziert sind[170]. Dem Funktionsvorbehalt des Art. 33 IV GG entsprechende Verfassungsbestimmungen kennen ebenfalls nur wenige andere Staaten[171]. Die verfassungsrechtliche Garantie der hergebrachten Grundsätze des Berufsbeamtentums (Art. 33 V GG) ist, soweit ersichtlich, in dieser

---

[162] Zu dem Anspruch aus Art. 6 EMRK auf effektiven Rechtsschutz statt aller EGMR, Nr. 4451/70 vom 21.2.1997, Rn. 34f.; *F. Meyer*, in: U. Karpenstein/F. C. Mayer (Hrsg.), EMRK: Konvention zum Schutz der Menschenrechte und Grundfreiheiten, Kommentar, 2. Aufl. 2015, Art. 6 Rn. 40 und 51.
[163] Hierzu und zu Ausnahmen näher EGMR, Nr. 63235/00 vom 19.4.2007, Rn. 42ff.; *Werres*, Beamtenverfassungsrecht (Fn. 148), Rn. 228ff. mit Nachweisen aus der Judikatur des EGMR; *S. Werres*, DÖV 2011, 873 (874ff.); *U. Widmaier*, ZBR 2002, 244 (247f., 251ff.); *Klaß*, Fortentwicklung (Fn. 149), S. 144ff.
[164] Hierzu *Klaß*, Fortentwicklung (Fn. 149), S. 150ff.
[165] Art. 139 I Verf. Spanien.
[166] Art. IV Abschnitt 2 Satz 1 Verf. USA.
[167] Art. 39 II bis IV Verf. Schweiz.
[168] Etwa § 125 II Verf. Finnland; Art. 51 Verf. Italien; Art. 3 Verf. Niederlande; Art. 50 I Verf. Portugal; Art. 23 II Verf. Spanien; Art. 70 Verf. Türkei. Einen Überblick über Verfassungen der Mitgliedstaaten, die für die Auswahl der Beschäftigten des öffentlichen Dienstes ein Wettbewerbsverfahren vorsehen, bietet *Voßkuhle* (Fn. 148), § 43 Rn. 55.
[169] Vgl. allenfalls Art. 44 II Nr. 3 Verf. Irland.
[170] S. nur Art. 19 Verf. Belgien; Art. 13 Verf. Griechenland; Art. 3 Verf. Italien; Art. 19 Verf. Luxemburg; Art. 14 Verf. Spanien; Kap. 2 Art. 1 Nr. 6 Verf. Schweden.
[171] S. aber den Umkehrschluss aus Art. 103 III Verf. Griechenland.

Form eine deutsche Singularität. Einzelne beamtenrechtliche Grundsätze sind dagegen in zahlreichen Verfassungen geregelt[172].

Die **Verfassungen der Bundesländer** weisen zu Art. 33 I GG vereinzelt Parallelbestimmungen auf[173]. Etliche Landesverfassungen gewährleisten in identischer oder ähnlicher Weise wie Art. 33 II GG den gleichen Zugang zu öffentlichen Ämtern[174]. Mit Art. 33 III 1 GG übereinstimmende oder vergleichbare Verfassungsbestimmungen gibt es in mehreren Bundesländern[175]. Mit dem Funktionsvorbehalt des Art. 33 IV GG inhaltsgleiche bzw. diesem ähnliche Landesverfassungsregelungen sind verbreitet[176]. Eine umfassende Garantie der hergebrachten Grundsätze des Berufsbeamtentums bzw. ein entsprechender Regelungs- und Fortentwicklungsauftrag ist den Landesverfassungen fremd. Manche Bundesländer haben aber einzelne hergebrachte Grundsätze des Berufsbeamtentums verfassungsrechtlich abgesichert[177].

51

C. Erläuterungen

I. Regelungsprogramm des Art. 33 GG

Art. 33 GG bündelt Bestimmungen zu **verschiedenen Themenkomplexen**, die in der Weimarer Reichsverfassung in einer Vielzahl von Vorschriften beheimatet waren (→ Rn. 1 ff.) und auch im Parlamentarischen Rat zunächst in verschiedenen Bestimmun-

52

---

[172] S. etwa Art. 103 f. Verf. Griechenland, die das Prinzip der gesetzlichen Regelung des Beamtenverhältnisses, eine Treue- und Ergebenheitspflicht der Beamten, den Grundsatz der Lebenszeitlichkeit des Beamtenverhältnisses sowie Ausnahmen und Besoldungsgrundsätze für Beamte festschreiben. Art. 97 Verf. Italien: Gesetzesvorbehalt für den Aufbau öffentlicher Ämter; Gewährleistung der Unparteilichkeit der Verwaltung. Art. 153 Verf. Polen: Gewährleistung der gesetzmäßigen, redlichen, unparteiischen und politisch neutralen Erfüllung der Staatsaufgaben durch die Beamtenschaft in den Behörden der Regierungsverwaltung. Art. 116 Verf. Bulgarien: Politische Neutralitätspflicht der Beamten; gesetzliche Regelung der Ernennung und Entlassung sowie des Streikrechts der Beamten. § 27 Verf. Dänemark: Gesetzliche Regelung der Ernennung von Beamten (Abs. 1 S. 1) und der Entlassung, Versetzung und Pensionierung (Abs. 2); Verfassungstreuepflicht (Abs. 1 S. 2). Kap. 12 § 7 Verf. Schweden: Regelung der grundlegenden Bestimmungen über die Rechtsstellung der Staatsbediensteten durch Gesetz. Zum Laufbahnprinzip in Verfassungen anderer Staaten *Voßkuhle* (Fn. 148), § 43 Rn. 55. Ein Vergleich der Systeme des öffentlichen Dienstes in Europa findet sich bei *C. Demmke*, ZBR 2013, 217 (219 ff.).
[173] Art. 8 Verf. Bay.; Art. 3 II und III Verf. Brandenbg.; Art. 8 I Verf. Sachs.-Anh.
[174] S. nur Art. 94 II, 116 Verf. Bay.; Art. 19 II Verf. Berl.; Art. 128 Verf. Brem.; Art. 59 I Verf. Hambg.; Art. 134 Verf. Hess.; Art. 71 I Verf. Meckl.-Vorp.; Art. 19 Verf. Rh.-Pf.; Art. 91 II Verf. Sachsen; Art. 8 II Verf. Sachs.-Anh.
[175] S. etwa Art. 107 III, IV Verf. Bay.; Art. 9 I Verf. Meckl.-Vorp. iVm Art. 136 II WRV; Art. 8 II, 19 Verf. Rh.-Pf.; Art. 109 IV Verf. Sachsen iVm Art. 136 II WRV; Art. 32 V Verf. Sachs.-Anh. iVm Art. 136 II WRV.
[176] Art. 77 I Verf. Bad.-Württ.; Art. 71 IV Verf. Meckl.-Vorp.; Art. 60 S. 1 Verf. Nds.; Art. 125 Verf. Rh.-Pf.; Art. 113 Verf. Saarl.; Art. 91 I Verf. Sachsen.
[177] S. etwa Art. 95 I Verf. Bayern: Prinzip der gesetzlichen Regelung der Grundlagen des Beamtenverhältnisses (S. 1) und Aufrechterhaltung des Berufsbeamtentums (S. 2); Art. 59 II Verf. Hambg.: Lebenszeitprinzip (S. 1) und Prinzip der gesetzlichen Regelung des Beamtenverhältnisses (S. 2); Art. 80 S. 1, 2 Verf. NRW: Unparteilichkeit der Beamten; Art. 126 I Verf. Rh.-Pf.: Lebenszeitprinzip; Art. 127 I Verf. Rh.-Pf.: Unparteilichkeit der Beamten; Art. 114 Verf. Saarl.: Garantie des Berufsbeamtentums (Abs. 1) und Prinzip der gesetzlichen Regelung des Beamtenverhältnisses (Abs. 2); Art. 115 Verf. Saarl.: (Verfassungs-)Treuepflicht der Beamten (Abs. 1); Lebenszeitprinzip (Abs. 2); Streikverbot für Beamte (Abs. 5); Art. 116 I Verf. Saarl.: Unparteilichkeit der Beamten; Art. 96 I Verf. Thür.: Unparteilichkeit der Beamten.

Art. 33 C. Erläuterungen

gen vorgesehen waren und erst im Laufe der Beratungen in einer Norm vereint wurden (→ Rn. 7 ff.). Art. 33 I und III GG sichern allen Deutschen die staatsbürgerliche Gleichheit in den Ländern der Bundesrepublik Deutschland zu. Art. 33 II bis V GG regeln die egalitäre Teilhabe an dem Zugang zu öffentlichen Ämtern nach Maßgabe des Leistungsprinzips (II, III), statuieren einen Funktionsvorbehalt für Beamte (IV), sichern bei der Regelung und Fortentwicklung des Beamtenrechts die hergebrachten Grundsätze des Berufsbeamtentums (V) und betreffen damit sämtlich den öffentlichen Dienst. Verfassungsdogmatisch beinhaltet Art. 33 GG neben grundrechtsgleichen Rechten (Art. 33 I bis III, V GG; → Vorb. Rn. 64) sowie besonderen Gleichheitssätzen und entsprechenden Diskriminierungsverboten (Art. 33 I bis III GG) auch Organisationsnormen und institutionelle Garantien (Art. 33 IV, V GG)[178].

II. Gleiche staatsbürgerliche Rechte und Pflichten jedes Deutschen in jedem Lande (Art. 33 I GG)

1. Normzweck und Gewährleistungsdimensionen

53 Art. 33 I GG gewährleistet mit der Einräumung gleicher staatsbürgerlicher Rechte und Pflichten für Deutsche in jedem Land sowie für Unionsbürger anderer Mitgliedstaaten (→ Rn. 56 f.) ein gem. Art. 93 I Nr. 4a GG verfassungsbeschwerdefähiges[179] **grundrechtsgleiches Recht**[180] (→ Vorb. Rn. 64) auf innerföderale Gleichbehandlung[181] aller Deutschen (Inländergleichbehandlung) bei der Gewährung von Rechten und Auferlegung von Pflichten durch die Länder, das sich in Gestalt eines besonderen Gleichheitssatzes[182] und entsprechenden Diskriminierungsverbotes entfaltet.

54 Als bundesstaatliche Klammer zur Verwirklichung **innerföderaler, nationaler (Rechts-)Einheit** in Deutschland[183] flankiert Art. 33 I GG einerseits die verfassungs- und unionsrechtlichen **Freizügigkeitsgarantien** (Art. 11 I GG; Art. 45 AEUV)[184], deren Durchsetzung die Norm dient[185]. Andererseits formt er einzelne Diskriminierungsverbote des Art. 3 III 1 GG speziell aus. Die verbreitete Annahme, Art. 33 I GG sei sachlich-inhaltlich auf ein Verbot der Ungleichbehandlung wegen der Landesstaatsangehörigkeit beschränkt, sodass die Bedeutung der Norm wegen des Fehlens von Lan-

---

[178] Kritisch zur Regelungsstruktur des Art. 33 GG *H. Lecheler*, HStR³ V, § 110 Rn. 6; *P. Kunig*, in: v. Münch/Kunig, GG I, Art. 33 Rn. 65 f.
[179] *Stern*, Staatsrecht I, S. 347; *Höfling* (Fn. 144), Art. 33 Abs. 1 bis 3 Rn. 10, 20; *M. Jachmann*, in: v. Mangoldt/Klein/Starck, GG II, Art. 33 Rn. 2; *Kunig* (Fn. 178), Art. 33 Rn. 2, 4.
[180] Statt vieler *Jarass*/Pieroth, GG, Art. 33 Rn. 1; *Höfling* (Fn. 144), Art. 33 Abs. 1 bis 3 Rn. 20; *P. Badura*, in: Maunz/Dürig, GG, Art. 33 (2009), Rn. 9: Grundrecht.
[181] *Hufen*, Grundrechte, § 40 Rn. 12; ähnlich *H.-H. Trute*, in: AK-GG, Art. 33 Abs. 1–3 (2001), Rn. 3 und *A. Hense*, in: Epping/Hillgruber, GG, Art. 33 Rn. 1: »innerföderale Rechtsgleichheit«; *Badura* (Fn. 180), Art. 33 Rn. 9: Sicherung der bundesstaatlichen Einheit.
[182] *S. U. Pieper*, in: Schmidt-Bleibtreu/Hofmann/Henneke, GG, Art. 33 Rn. 3; *Kunig* (Fn. 178), Art. 33 Rn. 4.
[183] Vgl. *Badura* (Fn. 180), Art. 33 Rn. 6.
[184] Ähnlich *Höfling* (Fn. 144), Art. 33 Abs. 1 bis 3 Rn. 1.
[185] Vgl. *K. Thedieck*, Deutsche Staatsangehörigkeit im Bund und in den Ländern: Genese und Grundlagen der Staatsangehörigkeit in deutschlandrechtlicher Perspektive, 1989, S. 158; *Badura* (Fn. 180), Art. 33 Rn. 9; *Jachmann* (Fn. 179), Art. 33 Rn. 2.

II. Gleiche staatsbürgerliche Rechte und Pflichten (Art. 33 I GG)   **Art. 33**

desstaatsangehörigkeiten in Deutschland gering[186] oder nicht vorhanden[187] sei, trifft nicht zu (→ Rn. 63 ff.).

2. Regelungsgehalt

a) Jeder Deutsche

Gem. Art. 33 I GG ist **Träger des grundrechtsgleichen Rechts** auf innerföderale Gleichbehandlung »jeder Deutsche«, mithin jede natürliche Person, die **Deutscher** iSd Art. 116 GG ist (→ Art. 116 Rn. 11 ff.)[188]. Ausländer und Staatenlose können aus Art. 33 I GG keine Rechte herleiten[189]. Inländische juristische Personen des Privatrechts sind nach Maßgabe des Art. 19 III GG in den personellen Schutzbereich des Art. 33 I GG einbezogen[190]. 55

Träger des grundrechtsgleichen Rechts aus Art. 33 I GG sind über den Normwortlaut hinaus wegen des Prinzips vom Vorrang des Unionsrechts vor nationalem (auch Verfassungs-)Recht[191] (→ Vorb. Rn. 53 ff.) auch **Unionsbürger anderer EU-Mitgliedstaaten**. Gem. Art. 18 I AEUV und Art. 21 II GRC ist den Mitgliedstaaten im Anwendungsbereich der europäischen Verträge jede Diskriminierung aus Gründen der Staatsangehörigkeit untersagt. Um dem Vorrang dieser primärrechtlichen Diskriminierungsverbote vor nationalem (Verfassungs-)Recht Rechnung zu tragen, stehen Unionsbürgern anderer Mitgliedstaaten im Anwendungsbereich der europäischen Verträge, d. h. insbesondere bei der Ausübung ihrer Grundfreiheiten (v. a. Arbeitnehmerfreizügigkeit gem. Art. 45 AEUV; Niederlassungsfreiheit gem. Art. 49 AEUV; Dienstleistungsfreiheit gem. Art. 56 AEUV; s. auch Art. 26 II AEUV)[192], aber auch im (weiteren) Anwendungsbereich des Art. 51 I GRC die gleichen Rechte (und Pflichten) in den Ländern zu wie Deutschen gem. Art. 33 I GG. In der Vorenthaltung grundrechtlichen Schutzes für Unionsbürger (und juristische Personen des Privatrechts aus dem EU-Ausland) läge eine unionsrechtlich unzulässige Diskriminierung. Der Bereichsausnahme des Art. 45 IV AEUV für »die Beschäftigung in der öffentlichen Verwaltung« (→ näher Rn. 75 ff.) kommt im Kontext des Art. 33 I GG allenfalls geringe Bedeutung zu, etwa bei der Gewähr von Rechten für Beschäftigte der Länder. Die Beanspruchung gleicher Rechte durch Unionsbürger beim Zugang zur Beschäftigung in den Ländern unterfällt indes nicht Art. 33 I GG, sondern dem Gewährleistungsbereich des Art. 33 II GG (→ Rn. 73 ff.). Verfassungsdogmatisch steuern die Anwendungsvorrang beanspruchenden Diskriminierungsverbote des Art. 18 I AEUV und Art. 21 II GRC die Auslegung des Grundgesetzes dabei in der Weise, dass Art. 33 I GG im Wege der **Anwendungserweiterung** als »Jeder Deutsche und jeder Unionsbürger im 56

---

[186] Vgl. *Höfling* (Fn. 144), Art. 33 Abs. 1 bis 3 Rn. 19: geringe rechtspraktische Bedeutung der Bestimmung; ebenso *U. Battis*, in: Sachs, GG, Art. 33 Rn. 16 und *W. G. Leisner*, in: Sodan, GG, Art. 33 Rn. 2; ähnlich *M. Sachs*, HStR³ VIII, § 182 Rn. 133.
[187] *Masing* → Bd. II², Art. 33 Rn. 31: Art. 33 I GG ist »zur Zeit nicht mehr von praktischer Bedeutung.«
[188] Vgl. statt aller *Jarass*/Pieroth, GG, Art. 33 Rn. 2a; *Jachmann* (Fn. 179), Art. 33 Rn. 4.
[189] Statt aller *Battis* (Fn. 186), Art. 33 Rn. 14; *Pieper* (Fn. 182), Art. 33 Rn. 7.
[190] Statt vieler *Kunig* (Fn. 178), Art. 33 Rn. 8; *Jarass*/Pieroth, GG, Art. 33 Rn. 2a.
[191] S. nur *M. Ruffert*, in: Calliess/Ruffert, EUV/AEUV, Art. 1 AEUV Rn. 16, 19; *Brosius-Gersdorf*, Demografischer Wandel (Fn. 161), S. 610; a.A. *C. Hillgruber*, JZ 2011, 1118 (1120); *J. Isensee*, HStR³ IX, § 199 Rn. 71 – zu Recht ablehnend *M. Ludwigs*, JZ 2013, 434 (438).
[192] Zu dem umstrittenen Anwendungsbereich des Art. 18 AEUV näher *M. Ludwigs*, JZ 2013, 434 (435).

Anwendungsbereich der europäischen Verträge« zu lesen ist[193]. Gegen die verfassungsdogmatische Alternative, Art. 33 I GG im Lichte der unionsrechtlichen Diskriminierungsverbote unionsrechtskonform auszulegen und den Normtext dementsprechend als »Jeder Deutsche und EU-Deutsche« zu lesen, spricht der Wortlaut der Norm als Auslegungsgrenze[194] (→ Vorb. Rn. 115f.). Dem weiteren verfassungsdogmatischen Vorschlag, für Unionsbürger statt Art. 33 I GG den vom Wortlaut her nicht auf Deutsche beschränkten allgemeinen Gleichheitssatz des Art. 3 I GG bzw. die besonderen Gleichheitssätze des Art. 3 II 1 und III GG anzuwenden und in diese Gleichheitssätze die speziellen Verbürgungen des Deutschenrechts aus Art. 33 I GG »hineinzulesen«, ist wegen des damit verbundenen juristischen »Etikettenschwindels« sowie der Gefahr, dass die speziellen Garantien des Art. 33 I GG beim »Hineinlesen« in Art. 3 I GG oder in Art. 3 II 1 oder III GG verloren gehen, nicht näherzutreten.

57 Diese Grundsätze gelten nicht nur für natürliche Personen, sondern auch für **juristische Personen aus dem EU-Ausland**, denen mit Blick auf die Anwendungsvorrang vor nationalem (Verfassungs-)Recht beanspruchenden Diskriminierungsverbote des Art. 18 I AEUV und des Art. 21 II GRC gem. Art. 33 I iVm Art. 19 III GG gleiche Rechte (und Pflichten) in den Ländern zustehen wie inländischen juristischen Personen. Art. 19 III GG erfährt insofern eine unionsrechtlich gebotene Anwendungserweiterung[195] (→ Art. 19 III Rn. 21 f., 83 ff.), sodass die Grundrechte bzw. grundrechtsgleichen Rechte (hier: Art. 33 I GG) nicht nur für inländische juristische Personen, sondern auch für Unternehmen aus anderen EU-Mitgliedstaaten gelten, soweit sie ihrem Wesen nach auf diese anwendbar sind.

b) In jedem Lande

58 Art. 33 I GG ist auf die Gewähr gleicher staatsbürgerlicher Rechte und Pflichten »in jedem Land« bezogen und beschränkt. Adressat der Norm und Grundrechtsverpflichteter ist damit jedes **Bundesland**[196], wobei innerhalb eines Landes sämtliche Staatsgewalten (→ Art. 1 III Rn. 37; → Art. 20 [Rechtsstaat], Rn. 37, 67, 78, 81 ff.) erfasst sind[197]. Die Kommunen sind als Teil der mittelbaren Landesstaatsverwaltung ebenfalls an Art. 33 I GG gebunden. Der Bund ist entsprechend dem Normzweck, der Verwirklichung innerföderaler Rechtsgleichheit (→ Rn. 54), nicht Adressat des Art. 33 I GG[198].

c) Staatsbürgerliche Rechte und Pflichten

59 Sachlich-inhaltlich gewährt Art. 33 I GG die gleichen »staatsbürgerlichen Rechte und Pflichten«. Welche Bedeutung dem Adjektiv »**staatsbürgerlichen**« zukommt und bzgl. welcher Rechte und Pflichten Art. 33 I GG dementsprechend Gleichbehandlung gebietet, ist umstritten. Zum Teil wird vertreten, dass das verglichen mit Art. 110 II WRV zusätzlich vom Parlamentarischen Rat eingefügte Wort »staatsbürgerlichen« nur solche Rechte und Pflichten erfasst, die »exklusiv mit der Staatsangehörigkeit verknüpft«

---

[193] Zum unionsrechtlichen Gebot der Anwendungserweiterung vgl. bezogen auf Art. 19 III GG BVerfGE 129, 78 (94 ff., Rn. 68 ff.).
[194] Vgl. bezogen auf Art. 19 III GG BVerfGE 129, 78 (96 f., Rn. 72 ff.) unter Berufung auf den Wortlaut und die Entstehungsgeschichte des Art. 19 III GG.
[195] Grundlegend BVerfGE 129, 78 (94 ff., Rn. 68 ff.).
[196] Statt vieler *Kunig* (Fn. 178), Art. 33 Rn. 9; *Jachmann* (Fn. 179), Art. 33 Rn. 2, 4.
[197] *Jarass*/Pieroth, GG, Art. 33 Rn. 1; *Höfling* (Fn. 144), Art. 33 Abs. 1 bis 3 Rn. 32.
[198] Ebenso *Jachmann* (Fn. 179), Art. 33 Rn. 2; a.A. *Leisner* (Fn. 186), Art. 33 Rn. 1.

II. Gleiche staatsbürgerliche Rechte und Pflichten (Art. 33 I GG)

sind[199], wobei unklar bleibt, welche Rechte und Pflichten im Einzelnen gemeint sind. Nach anderer Ansicht sind die »staatsbürgerlichen« Rechte und Pflichten weit zu interpretieren; sollen sich auf »das gesamte Rechtsverhältnis des Staatsbürgers zum Staat«[200] bzw. auf sämtliche öffentlichen und privaten Rechte und Pflichten[201] oder zumindest auf »sämtliche öffentlich-rechtlichen Rechte und Pflichten«[202] beziehen.

Im Hinblick auf das Adjektiv »staatsbürgerlichen« sind drei **verschiedene Interpretationen** des Art. 33 I GG denkbar: Das Adjektiv »staatsbürgerlichen« kann entweder eine Beschränkung des Gewährleistungsgehaltes des Art. 33 I GG auf Rechte des status activus implizieren, also namentlich auf die demokratischen Wahl- und Abstimmungsrechte, das Recht auf Kriegsdienstverweigerung und die Steuerpflicht (zu Begriff und Inhalt des status activus: → Vorb. Rn. 80). Alternativ erscheint eine Lesart im Sinne einer Gleichbehandlung aller Deutschen beschränkt auf die Gewährung öffentlicher Rechte und die Auferlegung öffentlich-rechtlicher Lasten möglich, sodass neben den Rechten des status activus beispielsweise auch sozialrechtliche Ansprüche, der Zugang zu staatlichen Schulen und Hochschulen sowie sämtliche Abgabenpflichten umfasst wären[203]. Eine dritte Interpretationsmöglichkeit besteht darin, Art. 33 I GG trotz der grammatikalischen Beschränkung auf »staatsbürgerliche« Rechte und Pflichten ein Gebot umfassender Rechtsgleichheit zu entnehmen, das sich grundsätzlich auf sämtliche öffentlich-rechtlichen und zivilrechtlichen Beziehungen zwischen Ländern und Bürgern bezieht. 60

Für eine restriktive Interpretation des Art. 33 I GG im Sinne einer Beschränkung auf Rechte des status activus oder zumindest sämtliche öffentlichen Rechte und Pflichten sprechen der **Wortlaut** der Norm (»*staats*bürgerlich«)[204] und der systematische **Textvergleich** mit Art. 33 III GG (»Der Genuss bürgerlicher *und* staatsbürgerlicher Rechte«)[205] sowie mit der Vorgängerbestimmung des Art. 110 II WRV, die keine Beschränkung auf »staatsbürgerliche« Rechte und Pflichten enthielt (»die gleichen Rechte und Pflichten«). In eine andere Richtung deutet dagegen die **Entstehungsgeschichte** der Norm. Bereits §§ 132, 134 Paulskirchenverfassung enthielten umfassende, auch bürgerliche Rechte einbeziehende Garantien der Rechtsgleichheit aller Bürger in den Ländern (→ Rn. 1). Das Gleiche gilt für Art. 3 I Reichsverfassung von 1871, dessen »gemeinsames Indigenat« nicht nur die Wirkung entfaltete, dass Angehörige eines Bundesstaates in jedem anderen Bundesstaat »zu öffentlichen Ämtern« und »zur Erlangung des Staatsbürgerrechtes« wie Einheimische zuzulassen waren, sondern auch beinhaltete, dass sie bei der Zulassung »zum festen Wohnsitz, zum Gewerbebetriebe«, bei der »Erwerbung von Grundstücken« und bei dem »Genusse aller sonstigen bürgerlichen Rechte« gleichzubehandeln waren (→ Rn. 1). Auch der Parlamentarische Rat unterschied bei der Diskussion der verschiedenen Entwurfsfassungen des Art. 33 I GG nicht zwischen staatsbürgerlichen und bürgerlichen Rechten, sondern wollte in An- 61

---

[199] *Dollinger/Umbach* (Fn. 6), Art. 33 Rn. 26.
[200] *Battis* (Fn. 186), Art. 33 Rn. 15; *K. J. Grigoleit*, in: Stern/Becker, Grundrechte, Art. 33 Rn. 19; *Höfling* (Fn. 144), Art. 33 Abs. 1 bis 3 Rn. 27.
[201] *Höfling* (Fn. 144), Art. 33 Abs. 1 bis 3 Rn. 26, 29; dezidiert a.A. *Jarass*/Pieroth, GG, Art. 33 Rn. 2; *Kunig* (Fn. 178), Art. 33 Rn. 9; *Hense* (Fn. 181), Art. 33 Rn. 4; *Jachmann* (Fn. 179), Art. 33 Rn. 1.
[202] *Jarass*/Pieroth, GG, Art. 33 Rn. 2; *Jachmann* (Fn. 179), Art. 33 Rn. 1; *Kunig* (Fn. 178), Art. 33 Rn. 10.
[203] S. zu dieser Aufzählung auch *Höfling* (Fn. 144), Art. 33 Abs. 1 bis 3 Rn. 28; *Battis* (Fn. 186), Art. 33 Rn. 15; *Hense* (Fn. 181), Art. 33 Rn. 4.
[204] Gleichsinnig *Badura* (Fn. 180), Art. 33 Rn. 9; *Höfling* (Fn. 144), Art. 33 Abs. 1 bis 3 Rn. 25.
[205] Ebenso *Dollinger/Umbach* (Fn. 6), Art. 33 Rn. 26.

knüpfung an die Vorläuferbestimmung des Art. 110 II WRV grundsätzlich jeden statusmäßigen Unterschied zwischen Bürgern ausschließen. Die sowohl vom Grundsatzausschuß als auch vom Hauptausschuß und vom Fünferausschuß über weite Teile der Beratungen des Parlamentarischen Rates präferierte Fassung des Art. 33 I GG »(1) Jeder Deutsche hat in jedem Lande die gleichen Rechte und Pflichten wie die Angehörigen des Landes. (2) Niemand darf in mehr als einem Land die staatsbürgerlichen Rechte ausüben und zu den staatsbürgerlichen Pflichten herangezogen werden.« (→ Rn. 8 f., 12 f.) zeigt, dass die innerföderale Rechtsgleichheit umfassend, nicht auf Rechte des status activus beschränkt gewährleistet werden sollte[206]. Dass mit der Ergänzung des Art. 33 I GG um das Wort »staatsbürgerliche« auf Vorschlag des Fünferausschusses eine inhaltliche Einschränkung des Gewährleistungsbereiches der Norm verbunden sein sollte, ist nicht ersichtlich.

62 Für eine weite, über Rechte und Pflichten des status activus hinausgehende Lesart des Art. 33 I GG spricht aber vor allem der **Normzweck**, der in der Flankierung und Durchsetzung der verfassungs- und unionsrechtlichen Freizügigkeitsgarantien (Art. 11 I GG; Art. 45 AEUV) besteht. Art. 33 I GG sucht die Gewährleistung des Freizügigkeitsrechtes durch ein an die Bundesländer adressiertes Verbot der Diskriminierung wegen der Herkunft und der Abstammung abzusichern. Die Garantie gleicher Rechte (und Pflichten) in jedem Bundesland stellt den Abbau von Hürden sicher, welche die Ausübung des Freizügigkeitsrechtes behindern können. Solche Hürden können aber von Benachteiligungen bei der Gewähr privater Rechte (und Pflichten) ebenso ausgehen wie von Diskriminierungen im Kontext öffentlicher Rechte (und Pflichten). Das Gleichbehandlungsgebot des Art. 33 I GG erstreckt sich daher auf sämtliche, öffentliche und private Rechte und Pflichten einbeziehenden rechtlichen Beziehungen zwischen den Bürgern und den einzelnen Ländern. Eine Beschränkung des Art. 33 I GG auf die Gewährung öffentlicher Rechte und die Auferlegung öffentlich-rechtlicher Lasten würde im Übrigen der **umfassenden Grundrechtsbindung des Staates** unabhängig von der Rechts- und Organisationsform, in der der Staat tätig wird (→ Art. 1 III Rn. 66 ff.), nicht gerecht[207] und ermöglichte den Ländern eine »Flucht ins Privatrecht«, um Differenzierungen zwischen Landeskindern und Nicht-Landeskindern zu legitimieren. Das Wort »staatsbürgerlichen« in Art. 33 I GG ist daher missverständlich und gedanklich zu streichen. Art. 33 I GG beinhaltet das Gebot, jedem Deutschen (und Unionsbürger [näher → Rn. 56 f.]) in jedem Lande die gleichen (öffentlichen und privaten) Rechte und Pflichten zu gewähren. Art. 33 I GG erstreckt sich dabei gleichermaßen auf verfassungsrechtliche und einfachgesetzliche Rechte und Pflichten[208].

d) Inhalt des besonderen Gleichheitssatzes: Verbot der Diskriminierung wegen der Geburt, der Abstammung oder der langjährigen Wohnsitznahme von der Hoheitsgewalt eines Landes unterworfenen Bürgern

63 Aus dem Normtext (»Jeder Deutsche hat in jedem Lande«) sowie der historischen Auslegung der Bestimmung, deren Vorläuferregelungen der Verwirklichung der nationalen, innerföderalen (Rechts-)Einheit durch Inländergleichbehandlung dienten (→ Rn. 1), ergibt sich, dass Art. 33 I GG anders als Art. 3 I GG keinen allgemeinen Gleich-

---
[206] Im Ergebnis ebenso *Höfling* (Fn. 144), Art. 33 Abs. 1 bis 3 Rn. 26.
[207] Ebenso *Höfling* (Fn. 144), Art. 33 Abs. 1 bis 3 Rn. 29.
[208] *Jachmann* (Fn. 179), Art. 33 Rn. 5; *Kunig* (Fn. 178), Art. 33 Rn. 11.

II. Gleiche staatsbürgerliche Rechte und Pflichten (Art. 33 I GG) Art. 33

heitssatz beinhaltet, sondern auf ein **besonderes Diskriminierungsverbot** beschränkt ist. Auf welche Differenzierungsmerkmale sich Art. 33 I GG bezieht, ist umstritten.

Einigkeit besteht nur darüber, dass Art. 33 I GG keinen originären Anspruch auf Schaffung von Rechten und Pflichten etwa durch Erlass gesetzlicher Regelungen gewährt, sondern die Existenz solcher Rechte und Pflichten voraussetzt (kein originäres Leistungsrecht; nur derivatives Teilhaberecht → Vorb. Rn. 93)[209]. Ebenso wenig wohnt der Norm ein Gebot einheitlicher Ausgestaltung der durch Landesrecht bestimmten Rechte und Pflichten inne (**kein Nivellierungsgebot**)[210]. 64

Im Übrigen ist konsentiert, dass Art. 33 I GG ein Verbot der Ungleichbehandlung wegen der Landes*staats*angehörigkeit begründet[211]. Ob indes der Regelungsgehalt des Art. 33 I GG hierauf beschränkt ist oder darüber hinausreicht, wird unterschiedlich beurteilt. Nach **engem Verständnis** erschöpft sich der Gehalt des Art. 33 I GG in dem Verbot, Rechte und Pflichten an das Bestehen der (formellen) Landesstaatsangehörigkeit zu knüpfen[212]. Landesstaatliche Regelungen, die an durch andere Merkmale begründete Beziehungen zwischen Deutschen und einem Bundesland anknüpfen, seien nicht an Art. 33 I GG, sondern an Art. 3 I GG oder an speziellen Gleichheitssätzen zu messen. Dem Diskriminierungsverbot des Art. 33 I GG sollen die Landesstaatsangehörigkeit surrogierende (materielle) Kriterien wie der Wohnort, die Geburt oder die Abstammung von Bürgern nicht unterfallen. In Anbetracht des Umstandes, dass neben dem Deutschenstatus (→ Art. 116 Rn. 41, 52 ff.) eine gesonderte Landesstaatsangehörigkeit heute nicht mehr existiert[213], ist Konsequenz des engen Normverständnisses, dass Art. 33 I GG keine Bedeutung zukommt bzw. sich seine Funktion in einer »Reserve-Norm« erschöpft[214]. Nach dem entgegengesetzten **weiten Normverständnis** kommt Art. 33 I GG dagegen über das Verbot der Diskriminierung wegen der formellen Landesstaatsangehörigkeit hinausgehende Bedeutung zu. Art. 33 I GG untersage den Ländern auch Differenzierungen in Anknüpfung an Kriterien, die zur Begründung einer Landesstaatsangehörigkeit dienen könnten (Verbot der Differenzierung wegen der »materiellen Landeszugehörigkeit«[215] bzw. wegen »Staatsangehörigkeitssurrogaten«[216])[217]. Als unzulässige materielle Surrogatskriterien werden dabei die 65

---

[209] Statt vieler *Pieper* (Fn. 182), Art. 33 Rn. 4f.: »Erstreckungsgebot«; *Höfling* (Fn. 144), Art. 33 Abs. 1 bis 3 Rn. 30: »Meistbegünstigungsklausel«; *Jarass*/Pieroth, GG, Art. 33 Rn. 4.

[210] S. nur BVerfG (K), NVwZ 1993, 55 (56); NVwZ 2002, 73 (74); *Badura* (Fn. 180), Art. 33 Rn. 13: keine »Nivellierung der Rechtspositionen« in den Ländern; *Höfling* (Fn. 144), Art. 33 Abs. 1 bis 3 Rn. 30; *Jarass*/Pieroth, GG, Art. 33 Rn. 4; *M. Sachs*, HStR³ VIII, § 182 Rn. 131.

[211] Statt aller *Höfling* (Fn. 144), Art. 33 Abs. 1 bis 3 Rn. 35.

[212] *Grigoleit* (Fn. 200), Art. 33 Rn. 19; *Höfling* (Fn. 144), Art. 33 Abs. 1 bis 3 Rn. 18.

[213] Näher, auch zu den bis 1994 existierenden Gesetzgebungskompetenzen des Bundes (konkurrierende Gesetzgebungszuständigkeit gem. Art. 74 Nr. 8 GG a. F.) bzw. der Länder (Art. 70 I GG) auf dem Gebiet der Landesstaatsangehörigkeit, von denen Bund und Länder keinen Gebrauch gemacht haben, *M. Sachs*, HStR³ VIII, § 182 Rn. 130; *Jachmann* (Fn. 179), Art. 33 Rn. 6.

[214] Vgl. *Höfling* (Fn. 144), Art. 33 Abs. 1 bis 3 Rn. 35; s. aber zu Art. 33 I GG als »faktische(r) Sperre gegenüber einer sinnvollen Einführung von Landesangehörigkeiten« *Masing* → Bd. II², Art. 33 Rn. 31.

[215] *Jachmann* (Fn. 179), Art. 33 Rn. 6 f.; vgl. auch *Jarass*/Pieroth, GG, Art. 33 Rn. 3: Verbot der »landeszugehörigkeitsbezogenen Ungleichbehandlung«; ferner *Pieper* (Fn. 182), Art. 33 Rn. 9.

[216] *Hense* (Fn. 181), Art. 33 Rn. 2.

[217] *B. Pieroth*, WissR 40 (2007), 229 (236ff.); *J. Caspar*, RdJB 2003, 48 (51f.); *Höfling* (Fn. 144), Art. 33 Abs. 1 bis 3 Rn. 37ff.; *Kunig* (Fn. 178), Art. 33 Rn. 7; *Jachmann* (Fn. 179), Art. 33 Rn. 6f.; *Jarass*/Pieroth, GG, Art. 33 Rn. 3; *M. Sachs*, HStR³ VIII, § 182 Rn. 131; *Hense* (Fn. 181), Art. 33 Rn. 2; *Trute* (Fn. 181), Art. 33 Abs. 1–3 Rn. 8.

»dauerhafte personale Bindung an ein Land«²¹⁸, der (langjährige) Wohnsitz des Bürgers²¹⁹, seine Abstammung von Landesangehörigen²²⁰ oder seine Geburt in einem Bundesland²²¹ genannt. Zum Teil wird einschränkend hinzugefügt, Art. 33 I GG schließe »Ungleichbehandlungen nicht kategorisch aus«, sondern erlaube »bundesstaatssystembedingt(e)« Differenzierungen, »die in der Disparität der Teilrechtsordnungen ihren Grund finden«²²².

66 Gegen eine restriktive Interpretation des Art. 33 I GG im Sinne eines Verbotes der Ungleichbehandlung wegen der (formellen) Landesstaatsangehörigkeit spricht bereits der **Wortlaut der Norm**, der eine uneingeschränkte Gleichbehandlung aller Deutschen in jedem Bundesland nahelegt²²³. In historischer Hinsicht nahmen zwar einige Vorläuferbestimmungen des Art. 33 I GG explizit Bezug auf die Landesstaatsangehörigkeit und untersagten Differenzierungen zwischen den Staatsangehörigen eines Landes und »Einheimischen« (s. Art. 3 I Reichsverfassung von 1871). Andere Vorgänger befohlen den Ländern die Gleichbehandlung aller »Deutschen« (s. Art. 3 II Reichverfassung von 1871; Art. 110 II WRV). Grundanliegen sämtlicher **Normvorläufer** des Art. 33 I GG war letztlich die Herstellung der nationalen (Rechts-)Einheit durch innerföderale Inländergleichbehandlung (→ Rn. 1). Hinzu kommt, dass im Parlamentarischen Rat Einigkeit bestand, dass die »Frage der Landesangehörigkeit […] durch Bundesgesetz geregelt werden« müsse (→ Rn. 11). Hätte der Parlamentarische Rat Art. 33 I GG auf ein Verbot der Differenzierung wegen der Landesstaatsangehörigkeit beschränken wollen, hätte er sehenden Auges in Kauf genommen, dass Art. 33 I GG leerläuft, wenn der (Bundes-)Gesetzgeber von seiner Befugnis zur Regelung der Landesstaatsangehörigkeit keinen Gebrauch macht. Der Regelungsgehalt des Art. 33 I GG reicht daher über ein Verbot der Differenzierung wegen der (formellen) Landesstaatsangehörigkeit hinaus.

67 Inhaltlich untersagt Art. 33 I GG den Bundesländern jede **Differenzierung wegen der Geburt, der Abstammung oder der langjährigen Wohnsitznahme von Deutschen bzw. Unionsbürgern, die ihrer Hoheitsgewalt unterworfen sind**. Dass Art. 33 I GG Differenzierungen wegen der Geburt, der Abstammung oder der langjährigen Wohnsitznahme untersagt, ergibt sich aus seinem **Normzweck**. Art. 33 I GG sucht mit der Einräumung gleicher (staatsbürgerlicher) Rechte und Pflichten für alle Deutschen (und Unionsbürger) ungeachtet ihrer Herkunft und ihrer Abstammung die Inanspruchnahme der verfassungs- und unionsrechtlichen Freizügigkeitsgarantien (Art. 11 I GG; Art. 45 AEUV) sicherzustellen. Die Garantie gleicher Rechte (und Pflichten) in jedem Bundesland stellt den Abbau von Hürden sicher, die die Ausübung des Freizügigkeitsrechtes behindern können. Wären die Länder berechtigt, Zugereiste gegenüber Einheimischen bei der Einräumung von Rechten wie z. B. demokratischen Wahl- und Abstimmungsrechten, der Gewähr von Sozialleistungen oder dem Zugang zu Schulen,

---

²¹⁸ *Höfling* (Fn. 144), Art. 33 Abs. 1 bis 3 Rn. 37; vgl. auch *B. Pieroth*, WissR 40 (2007), 229 (238 ff.); *M. Sachs*, HStR³ VIII, § 182 Rn. 131.
²¹⁹ *B. Pieroth*, WissR 40 (2007), 229 (238 ff.); *Jarass/Pieroth*, GG, Art. 33 Rn. 3; *Pieper* (Fn. 182), Art. 33 Rn. 9; *Kunig* (Fn. 178), Art. 33 Rn. 7.
²²⁰ *Jarass/Pieroth*, GG, Art. 33 Rn. 3; *M. Sachs*, HStR³ VIII, § 182 Rn. 131; *Pieper* (Fn. 182), Art. 33 Rn. 9.
²²¹ *B. Pieroth*, WissR 40 (2007), 229 (238 ff.); *M. Sachs*, HStR³ VIII, § 182 Rn. 131; *Jarass/Pieroth*, GG, Art. 33 Rn. 3; *Jachmann* (Fn. 179), Art. 33 Rn. 7; *Kunig* (Fn. 178), Art. 33 Rn. 7; *Hense* (Fn. 181), Art. 33 Rn. 2.
²²² *Höfling* (Fn. 144), Art. 33 Abs. 1 bis 3 Rn. 38; gleichsinnig *Badura* (Fn. 180), Art. 33 Rn. 11.
²²³ Vgl. *Kunig* (Fn. 178), Art. 33 Rn. 7.

II. Gleiche staatsbürgerliche Rechte und Pflichten (Art. 33 I GG)   Art. 33

Betreuungseinrichtungen und (anderen) kommunalen Einrichtungen zu benachteiligen, liefe die Inanspruchnahme des Freizügigkeitsrechtes faktisch leer. Art. 33 I GG setzt dabei voraus, dass Angehörige eines Bundeslandes (bzw. eines EU-Mitgliedstaates) von ihrem Freizügigkeitsrecht Gebrauch machen und in einem anderen Bundesland Aufenthalt oder Wohnsitz nehmen[224]. An diese Inanspruchnahme des Freizügigkeitsrechtes knüpft Art. 33 I GG an und untersagt jedem Bundesland, in das Bürger anderer Länder ihren Wohnsitz oder Aufenthalt verlagern, Rechte und Pflichten auf Landesangehörige zu beschränken, die seit jeher oder längerer Zeit in dem Land leben oder die dort geboren sind oder von einem Landesangehörigen abstammen. Machen Bürger von ihrem Freizügigkeitsrecht Gebrauch und nehmen ihren Wohnsitz oder Aufenthalt in einem anderen Bundesland als dem, in dem sie bislang gelebt haben, stehen ihnen in dem »Aufnahme«-Bundesland die gleichen Rechte und Pflichten zu wie denjenigen Landesangehörigen, die ihren Wohnsitz dort bereits länger haben oder die durch Geburt oder Abstammung in dem Bundesland verwurzelt sind. Art. 33 I GG kommt dagegen *nicht* zugunsten von Landesangehörigen zum Tragen, die von ihrem Freizügigkeitsrecht keinen Gebrauch machen und daher keinen Gebietskontakt zu einem anderen Bundesland begründen. Angehörige eines Landes, die ihr Freizügigkeitsrecht nicht ausüben und entsprechend keinen Aufenthalt oder Wohnsitz in einem anderen Bundesland nehmen, können sich auf Art. 33 I GG nicht berufen. Art. 33 I GG verpflichtet die Länder zur Gleichbehandlung der Angehörigen des eigenen Landes mit Angehörigen anderer Länder nur, wenn letztere sich durch Aufenthalts- oder Wohnsitznahme in das Hoheitsgebiet eines anderen Landes begeben. Dieses Auslegungsergebnis folgt für die Auferlegung von Pflichten zudem aus der bundesstaatlichen Kompetenzordnung und der Staatsqualität der Länder; den Ländern ist die Ausübung staatlicher Gewalt nur gegenüber den Einwohnern ihres Landes, nicht aber gegenüber den Einwohnern anderer Bundesländer gestattet.

Art. 33 I GG fordert eine Gleichbehandlung allerdings nur unter den **Bedingungen, die für die eigenen (langjährigen) Landesangehörigen auch gelten**. Die Länder sind grundsätzlich berechtigt, die Gewährung von Rechten an die Wohnsitznahme zu knüpfen und damit ihren Einwohnern vorzubehalten. Angehörigen anderer Länder darf es nur nicht verwehrt sein, diese Bedingung durch Verlagerung ihres Wohnsitzes in das betreffende Land zu erfüllen (Art. 11 I GG) und damit in den Genuss der gleichen Rechte (und Pflichten) zu kommen wie die langjährigen Landesangehörigen. Die Bedingung einer *dauerhaften* oder *langjährigen* Wohnsitznahme ist dagegen gem. Art. 33 I GG unzulässig; sie liefe dem Normzweck, die Ausübung des Freizügigkeitsrechtes durch das Verbot der Diskriminierung wegen der Herkunft und der Abstammung zu sichern, entgegen. Soweit ein solches Diskriminierungsverbot bereits aus Art. 3 III 1 GG folgt, der Benachteiligungen wegen der Abstammung, der Heimat und der Herkunft untersagt, ist Art. 33 I GG im Verhältnis zwischen verschiedenen Landesangehörigen sowie zwischen Landesangehörigen und Unionsbürgern anderer EU-Mitgliedstaaten lex specialis (→ Rn. 209). 68

Ob das Diskriminierungsverbot des Art. 33 I GG **Schranken** unterliegt und welche Schranken zum Tragen kommen, ist ungeklärt. Während Art. 33 I GG zum Teil als striktes Gleichbehandlungsgebot gedeutet wird[225], sollen anderer Ansicht zufolge 69

---

[224] Zu dieser sachlichen Reichweite des Freizügigkeitsrechts aus Art. 11 I GG BVerfGE 2, 266 (273); 80, 137 (150); 110, 177 (190f., Rn. 32).
[225] *Badura* (Fn. 180), Art. 33 Rn. 11; *M. Sachs*, HStR³ VIII, § 182 Rn. 133.

nach Art. 33 I GG an sich unzulässige Diskriminierungen durch kollidierendes Verfassungsrecht gerechtfertigt werden können[226], zu dem namentlich Art. 36 GG[227], das Bundesstaatsprinzip[228] und die Wahlrechtsgrundsätze[229] gezählt werden.

3. Einzelfälle

70 Als Verbot der Differenzierung zwischen Bürgern wegen der Geburt, der Abstammung oder der langjährigen Wohnsitznahme untersagt Art. 33 I GG den Ländern insbesondere, in anderen Ländern erworbene gleichwertige Schulabschlüsse für die Hochschulzulassung unberücksichtigt zu lassen[230] sowie Bewerber für den öffentlichen Dienst wegen ihres Wohnsitzes oder des Erwerbs ihrer (gleichwertigen) Laufbahnbefähigung in anderen Ländern zurückzuweisen[231], sofern der Bewerber bereit ist, seinen Wohnsitz in dem Anstellungsland zu nehmen; Art. 33 II GG mag insoweit allerdings als lex specialis zum Tragen kommen (→ Rn. 73 ff.)[232]. **Unzulässig** ist zudem die Beschränkung von Zuschüssen zu Maßnahmen der künstlichen Befruchtung[233] oder von Familiengründungsdarlehen auf Ehepaare mit *langjährigem* Wohnsitz in dem leistungserbringenden Land[234].

71 Die Beschränkung demokratischer Wahl- und Abstimmungsrechte[235], sozialstaatlicher Leistungen und von Leistungen der Wirtschaftsförderung[236] auf Einwohner des Landes oder einer Gemeinde ist dagegen **zulässig**, sofern Bürgern aus anderen Bundesländern und Staaten der EU der Zuzug in das Land bzw. die Gemeinde und damit die Erfüllung der Bedingung für die Rechtseinräumung möglich ist und an den Einwohnerstatus keine diskriminierenden Voraussetzungen wie ein dauerhafter oder langjähriger Wohnsitz im Land geknüpft werden. Unter diesen Bedingungen ist es mit Art. 33 I GG auch vereinbar, den Zugang zu staatlichen Schulen[237] und zu öffentlichen Betreuungseinrichtungen sowie die Nutzung kommunaler Einrichtungen auf die Landes- bzw. Gemeindeeinwohner zu beschränken. Anders als vielfach angenommen ist auch die Beschränkung des Zuganges zu Hochschulen der Länder auf Studierende mit Wohnsitz in dem jeweiligen Bundesland sub specie des Art. 33 I GG zulässig[238]. Nichts

---

[226] *Jarass*/Pieroth, GG, Art. 33 Rn. 6; *Pieper* (Fn. 182), Art. 33 Rn. 10; *Höfling* (Fn. 144), Art. 33 Abs. 1 bis 3 Rn. 42; ähnlich *Jachmann* (Fn. 179), Art. 33 Rn. 8: verfassungskräftiger Belang.
[227] *Jarass*/Pieroth, GG, Art. 33 Rn. 6; *Pieper* (Fn. 182), Art. 33 Rn. 10.
[228] *Jachmann* (Fn. 179), Art. 33 Rn. 9; *Kunig* (Fn. 178), Art. 33 Rn. 13.
[229] *Höfling* (Fn. 144), Art. 33 Abs. 1 bis 3 Rn. 42; vgl. auch *Kunig* (Fn. 178), Art. 33 Rn. 13.
[230] *Jachmann* (Fn. 179), Art. 33 Rn. 10.
[231] Vgl. BVerwGE 68, 109 (111 ff.) bezogen auf eine bayerische Praxis, bei der Auswahl für Ämter in der Finanzverwaltung ausschließlich Absolventen der letzten einschlägigen bayerischen Staatsprüfung einzubeziehen; BVerwGE 75, 133 (136) bezogen auf die Zurückweisung von Bewerbern wegen des Erwerbs der Laufbahnbefähigung in einem anderen Bundesland; LAG Köln ZBR 1990, 333 – Unzulässigkeit eines Punkte-Bonus für »Landeskinder« bei Einstellung in den öffentlichen Dienst – jeweils bezogen auf Art. 33 II GG.
[232] So die Gerichte → Fn. 231; aus dem Schrifttum *P. M. Huber*, Der Staatsangehörigenvorbehalt im deutschen Beamtenrecht, in: FS Leisner, 1999, S. 937 ff. (947 f.).
[233] Zu solchen Zuschüssen der Länder *F. Brosius-Gersdorf*, in: J. Berchtold/S. Huster/M. Rehborn (Hrsg.), Gesundheitsrecht: SGB V, SGB XI, 2015, § 27a Rn. 3.
[234] Vgl. bezogen auf Familiengründungsdarlehen *U. Fastenrath*, JZ 1987, 170 (176).
[235] Vgl. bezogen auf das Wahlrecht BVerfG (K), NVwZ 1993, 55 (56); BremStGH BremGbl. 1994, 119.
[236] Statt aller *Battis* (Fn. 186), Art. 33 Rn. 18; *Jachmann* (Fn. 179), Art. 33 Rn. 10.
[237] OVG Rh.-Pf. NVwZ 2008, 1251 (1252); *F. Hufen*, JuS 2009, 369 (370).
[238] A.A. BVerfGE 33, 303 (351 ff.), allerdings bezogen auf Art. 3 I GG und Art. 12 I GG; OVG

anderes gilt für staatliche Lasten wie z. B. Steuern und Gebühren, die nach Art. 33 I GG sowie aus Gründen der bundesstaatlichen Kompetenzordnung ausschließlich Staatsbürgern auferlegt werden dürfen, die durch ihren Wohnsitz oder ihren Aufenthalt in dem Land der Hoheitsgewalt dieses Landes unterworfen sind.

Ob dagegen auch die Ladung eines landesfremden Zeugen vor einen Landesuntersuchungsausschuss mit Art. 33 I GG vereinbar ist[239], ist mit Blick auf die Begrenzung der Staatsgewalt eines Landes auf das eigene Gebiet zweifelhaft. Eine Beschränkung der **Privatschulförderung** durch die Länder auf Schüler mit Wohnsitz in dem Förder-Bundesland wird überwiegend für zulässig gehalten[240]. Dem ist insoweit zuzustimmen, als es mit Art. 33 I GG vereinbar ist, wenn ein Bundesland die Förderung von Privatschulen auf Schüler beschränkt, die ihren Wohnsitz in diesem Bundesland haben. Ebenso wenig ist es zu beanstanden, wenn ein Bundesland den Besuch einer öffentlichen Schule im Land an den Wohnsitz der Schüler in diesem Bundesland knüpft. Bundesländer, deren Schüler (mit Wohnsitz in dem Bundesland) eine Privatschule in einem anderen Bundesland besuchen, sind dagegen gem. Art. 33 I GG iVm Art. 7 IV GG zur Förderung der Privatschule verpflichtet, auch wenn sie ihren Sitz in einem anderen Land hat. Art. 7 IV GG gewährt das Recht, anstelle einer öffentlichen Schule eine private (genehmigte Ersatz-)Schule zu besuchen. Gem. Art. 7 IV iVm Art. 11 I GG ist auch der Besuch einer Privatschule in einem anderen Bundesland gestattet. Da das Wohnsitz-Bundesland durch den Besuch von Landeskindern in einer Privatschule mit Sitz in einem anderen Bundesland ebenso entlastet wird wie durch eine Inanspruchnahme von Privatschulen im eigenen Land, ist das Bundesland, in dem die Privatschüler ihren Wohnsitz haben, zur Privatschulförderung auch dann verpflichtet, wenn die private Schule ihren Sitz in einem anderen Land hat.

III. Gleicher Zugang für Deutsche zu jedem öffentlichen Amte (Art. 33 II GG)

1. Normzweck und Gewährleistungsdimensionen

Die verfassungsrechtliche Garantie des nach Maßgabe von Eignung, Befähigung und fachlicher Leistung gleichen Zugangs zu jedem öffentlichen Amt (Art. 33 II GG) gewährleistet das dem **Leistungsprinzip** verpflichtete **Prinzip der Bestenauslese**[241].

Hambg. NVwZ 2006, 949 (950); widersprüchlich *Pieper* (Fn. 182), Art. 33 Rn. 13 einerseits und Rn. 16 andererseits; die Zulässigkeit landesrechtlicher Regelungen, nach denen zu Aufnahmeprüfungen an Fachhochschulen nur Bewerber mit Wohnsitz oder ständigem Aufenthalt in dem betreffenden Land zugelassen werden, bejaht dagegen BVerwG NVwZ 1983, 223 (224). Zur Zulässigkeit, den Verzicht auf Studienbeiträge von der Wohnsitznahme im Land abhängig zu machen, zutreffend *B. Pieroth*, WissR 40 (2007), 229 (234ff.); die Zulässigkeit verneinen dagegen *K. F. Gärditz*, WissR 38 (2005), 157 (158ff.); *Höfling* (Fn. 144), Art. 33 Abs. 1 bis 3 Rn. 46; zweifelnd auch OVG Hambg. NVwZ 2006, 949 (950f.).

[239] So BVerwG DÖV 1989, 76 (77); VG Hannover NJW 1988, 1928 (1929f.); ohne Bezugnahme auf Art. 33 I GG auch BVerfG (K), NVwZ 1994, 54 (55); a.A. OVG Nds. DVBl. 1986, 476 (478); *Höfling* (Fn. 144), Art. 33 Abs. 1 bis 3 Rn. 49.

[240] So BVerfGE 112, 74 (90, Rn. 61); *Jachmann* (Fn. 179), Art. 33 Rn. 10; *Badura* (Fn. 180), Art. 33 Rn. 18; a.A. *Höfling* (Fn. 144), Art. 33 Abs. 1 bis 3 Rn. 48; *F.-R. Jach*, DÖV 1995, 925 (929ff.); zur Problematik auch *F. Hufen*, JuS 2005, 1029 (1031).

[241] BVerfG (K), NVwZ 2013, 1603 (1604, Rn. 15); BVerwGE 86, 169 (171); 86, 244 (249); vgl. auch BVerfGE 11, 203 (215); 56, 146 (163); eingehend zum Leistungsprinzip und dem Prinzip der Bestenauslese *M. Wagner*, Das Prinzip der Bestenauslese im öffentlichen Dienst. Art. 33 II GG: Eine Untersuchung der materiell- und verfahrensrechtlichen Eigenheiten besonders gelagerter Anwendungsfäl-

Art. 33 II GG liegt damit einerseits im öffentlichen Interesse an der Sicherung des fachlichen Niveaus, der Funktionsfähigkeit, der Effektivität und der rechtlichen Integrität des Staates[242] sowie der Sicherung der Grundlagen rechtsstaatlichen Handelns der Verwaltung (Art. 20 III GG)[243]. Andererseits dient er den Interessen des einzelnen Rechtsträgers an einem chancengleichen, leistungsgerechten Zugang zu Berufen im öffentlichen Dienst[244]. Dementsprechend beinhaltet Art. 33 II GG ebenso wie Art. 33 I GG neben einem objektiven Verfassungsgrundsatz[245] auch ein gem. Art. 93 I Nr. 4a GG verfassungsbeschwerdefähiges[246] **grundrechtsgleiches Recht**[247] (→ Vorb. Rn. 64) auf leistungsgerechte Teilhabe an öffentlichen Ämtern, das sich in Gestalt eines besonderen Gleichheitssatzes[248] entfaltet. Das in Art. 33 II GG verankerte Leistungsprinzip für den öffentlichen Dienst zählt zu den hergebrachten Grundsätzen des Berufsbeamtentums iSd Art. 33 V GG[249].

2. Jeder Deutsche

74 Gem. Art. 33 II GG ist **Träger des grundrechtsgleichen Rechtes** (→ Vorb. Rn. 64) auf gleichen Zugang zu den öffentlichen Ämtern »jeder **Deutsche**« iSd Art. 116 GG (→ Art. 116 Rn. 11 ff.)[250]. Auf inländische juristische Personen des Privatrechts ist das Recht aus Art. 33 II GG gem. Art. 19 III GG nicht anwendbar[251] (→ Art. 19 III Rn. 40). Um den dem Vorrangprinzip unterliegenden Diskriminierungsverboten des Art. 18 I AEUV und Art. 21 II GRC Rechnung zu tragen, können sich im Anwendungsbereich der europäischen Verträge, namentlich bei der Inanspruchnahme der Arbeitnehmerfreizügigkeit (Art. 45 AEUV; s. auch Art. 15 II GRC), ebenso wie bei Art. 33 I GG auch **Unionsbürger** anderer EU-Mitgliedstaaten auf Art. 33 II GG berufen. Im Lichte der unionsrechtlichen Diskriminierungsverbote ist Art. 33 II GG im Wege der Anwendungserweiterung als »Jeder Deutsche und jeder Unionsbürger im Anwendungsbereich der europäischen Verträge« zu lesen (→ Rn. 56 f.)[252].

---

le, 2009, passim; *T. v. Roettecken*, ZBR 2012, 230 ff.; *Voßkuhle* (Fn. 148), § 43 Rn. 58; *C. Eckstein*, ZBR 2009, 86 ff.; *G.A. Neuhäuser*, NVwZ 2013, 176 (177); *G. Kämmerling*, RiA 2013, 49 ff.

[242] Vgl. nur BVerfGE 56, 146 (163); BVerwGE 122, 147 (150); 138, 102 (106 f., Rn. 21); *M. Kenntner*, DVBl. 2007, 1321 (1326 ff.); *J. Isensee*, Öffentlicher Dienst, in: HdbVerfR, § 32 Rn. 35; *Voßkuhle* (Fn. 148), § 43 Rn. 58; *Werres*, Beamtenverfassungsrecht (Fn. 148), Rn. 115.

[243] *M. Kenntner*, DVBl. 2007, 1321 (1327); *Höfling* (Fn. 144), Art. 33 Abs. 1 bis 3 Rn. 70.

[244] Vgl. BVerfG (K), NVwZ 2003, 200 (200); BVerwGE 86, 169 (171 f.); 101, 112 (114); 122, 147 (149); 138, 102 (106 f., Rn. 21); BAGE 121, 67 (76); näher *G.A. Neuhäuser*, NVwZ 2013, 176 (177); *Höfling* (Fn. 144), Art. 33 Abs. 1 bis 3 Rn. 63 ff. Zum Verhältnis zwischen der objektiv-rechtlichen und der individualrechtlichen Dimension des Art. 33 II GG *Isensee* (Fn. 242), § 32 Rn. 35; *Trute* (Fn. 181), Art. 33 Abs. 1–3 Rn. 15; *Dollinger/Umbach* (Fn. 6), Art. 33 Rn. 31 ff.

[245] Vgl. BVerwGE 122, 237 (239); *Jarass*/Pieroth, GG, Art. 33 Rn. 7: »objektive Wertentscheidung«; *Höfling* (Fn. 144), Art. 33 Abs. 1 bis 3 Rn. 67.

[246] BVerfGE 1, 167 (184); *T. Hebeler*, Verwaltungspersonal, 2008, S. 124 f.; *Stern*, Staatsrecht I, S. 347; *Jachmann* (Fn. 179), Art. 33 Rn. 12.

[247] BVerfGE 108, 282 (295, Rn. 33); BVerwGE 122, 237 (239); 138, 102 (106 f., Rn. 21); *Voßkuhle* (Fn. 148), § 43 Rn. 58; *Hebeler*, Verwaltungspersonal (Fn. 246), S. 124.

[248] *Battis* (Fn. 186), Art. 33 Rn. 20.

[249] BVerfGE 11, 203 (215 f.); 39, 196 (201); 56, 146 (163); 62, 374 (383); 71, 255 (268); *Voßkuhle* (Fn. 148), § 43 Rn. 58.

[250] Statt aller *Kunig* (Fn. 178), Art. 33 Rn. 19; *Battis* (Fn. 186), Art. 33 Rn. 23.

[251] Im Ergebnis ebenso *Höfling* (Fn. 144), Art. 33 Abs. 1 bis 3 Rn. 277; *Jarass*/Pieroth, GG, Art. 33 Rn. 11; *Kunig* (Fn. 178), Art. 33 Rn. 19.

[252] Zum Recht Drittstaatsangehöriger auf Zugang zu öffentlichen Ämtern in Deutschland *T. Tabbara*, ZBR 2013, 109 ff.

Eine **Anwendungserweiterung** des Art. 33 II GG ist allerdings nicht geboten, soweit **75**
Art. 45 IV AEUV zum Tragen kommt, wonach die Freizügigkeit der Arbeitnehmer keine Anwendung findet »auf die Beschäftigung in der öffentlichen Verwaltung« (noch weitergehend Art. 51 AEUV für Tätigkeiten, die mit der Ausübung öffentlicher Gewalt verbunden sind). Die Begriffe »**Beschäftigung in der öffentlichen Verwaltung**« sind autonom unionsrechtlich zu definieren und anzuwenden; ihre Bestimmung ist einer (unterschiedlichen) Deutung seitens der Mitgliedstaaten entzogen[253]. Das Begriffsverständnis der Mitgliedstaaten ist ebenso irrelevant wie die »Rechtsnatur des Verhältnisses zwischen dem Arbeitnehmer und der Verwaltung«[254]. Die mitgliedstaatliche Klassifizierung der Arbeitnehmer als Beamte, Angestellte oder Arbeiter ist für die Auslegung des Art. 45 IV AEUV ohne Belang. Namentlich ein genereller »Beamtenvorbehalt« ist Art. 45 IV AEUV fremd[255]. Als »Ausnahme vom Grundprinzip der Freizügigkeit und der Nichtdiskriminierung der Arbeitnehmer« ist Art. 45 IV AEUV **eng auszulegen**[256]. Art. 45 IV AEUV ist auf diejenigen Befugnisse beschränkt, die zur Wahrung der Interessen der Mitgliedstaaten »unbedingt erforderlich« sind[257].

Nach der **Judikatur des EuGH** gehören zur »öffentlichen Verwaltung« iSd Art. 45 IV **76**
AEUV diejenigen Stellen, »die eine unmittelbare oder mittelbare Teilnahme an der Ausübung hoheitlicher Befugnisse und an der Wahrnehmung solcher Aufgaben mit sich bringen, die auf die Wahrung der allgemeinen Belange des Staates oder anderer öffentlicher Körperschaften gerichtet sind und die deshalb ein Verhältnis besonderer Verbundenheit des jeweiligen Stelleninhabers zum Staat sowie die Gegenseitigkeit von Rechten und Pflichten voraussetzen, die dem Staatsangehörigkeitsband zugrunde liegen«[258]. Art. 45 IV AEUV gilt hingegen »nicht für Stellen, die zwar dem Staat oder anderen öffentlich-rechtlichen Einrichtungen zuzuordnen sind, jedoch keine Mitwirkung bei der Erfüllung von Aufgaben mit sich bringen, die zur öffentlichen Verwal-

---

[253] EuGH, Rs. C-473/93, Slg. 1996, I-3207 (3255, Rn. 26); Rs. C-405/01, Slg. 2003, I-10391 (10438, Rn. 38); Rs. C-47/02, Slg. 2003, I-10447 (10492, Rn. 57); vgl. auch Rs. 66/85, Slg. 1986, 2121 (2146f., Rn. 26); Rs. 225/85, Slg. 1987, 2625 (2638, Rn. 8). Eingehend zu der früheren Diskussion über die Befugnis der Mitgliedstaaten, Art. 45 IV AEUV nach eigenem Ermessen auszulegen, *Voßkuhle* (Fn. 148), § 43 Rn. 90; *G.F. Schuppert*, in: AK-GG, Art. 33 Abs. 4, 5 (2002), Rn. 47; *S. Alber*, ZBR 2002, 225 (230); *R. Summer*, Auswirkungen des Europarechts auf das Beamtenrecht, in: FS zum 30-jährigen Bestehen der Juristischen Fakultät Augsburg, 2003, S. 281 ff. (282).
[254] EuGH, Rs. 66/85, Slg. 1986, 2121 (2146, Rn. 26); Rs. 225/85, Slg. 1987, 2625 (2638, Rn. 8).
[255] EuGH, Rs. 66/85, Slg. 1986, 2121 (2146, Rn. 26); *D.-E. Khan*, in: R. Geiger/D.-E. Khan/M. Kotzur (Hrsg.), EUV/AEUV, 5. Aufl. 2010, Art. 45 AEUV Rn. 43; *J.A. Kämmerer*, Die Verwaltung 37 (2004), 353 (361); *M. Franzen*, in: Streinz, EUV/AEUV, Art. 45 AEUV Rn. 149; *C. Demmke*, ZBR 2013, 217 (218).
[256] EuGH, Rs. 149/79, Slg. 1980, 3881 (3900, Rn. 11); Rs. 66/85, Slg. 1986, 2121 (2146, Rn. 26); Rs. 225/85, Slg. 1987, 2625 (2638, Rn. 7); vgl. auch Rs. C-47/02, Slg. 2003, I-10447 (10492, Rn. 60).
[257] EuGH, Rs. 66/85, Slg. 1986, 2121 (2146, Rn. 26); Rs. C-405/01, Slg. 2003, I-10391 (10439, Rn. 41); Rs. C-47/02, Slg. 2003, I-10447 (10492, Rn. 60); Rs. C-465/01, Slg. 2004, I-8291 (8308, Rn. 39).
[258] EuGH, Rs. 66/85, Slg. 1986, 2121 (2147, Rn. 27); ähnlich Rs. C-290/94, Slg. 1996, I-3285 (3319, Rn. 2); Rs. C-4/91, Slg. 1991, I-5627 (5640, Rn. 6); Rs. C-473/93, Slg. 1996, I-3207 (3250, Rn. 2); Rs. C-405/01, Slg. 2003, I-10391 (10438, Rn. 39); Rs. C-47/02, Slg. 2003, I-10447 (10492, Rn. 58). Zu der Frage, ob die vom EuGH genannten Voraussetzungen des Art. 45 IV AEUV kumulativ oder alternativ zu verstehen sind, *J.A. Kämmerer*, Die Verwaltung 37 (2004), 353 (363); *Franzen* (Fn. 255), Art. 45 AEUV Rn. 148 m.w.N.; *Masing* → Bd. II², Art. 33 Rn. 21. Zu der Bedeutung der Formulierung »unmittelbare oder mittelbare Teilnahme« *S. Jakobs*, Europäische Arbeitnehmerfreizügigkeit und nationaler Ämterzugang, in: FS Isensee, 2002, S. 507 ff. (527 f.).

tung im eigentlichen Sinne gehören«[259]. Art. 45 IV AEUV ist dabei nicht institutionell bezogen auf ganze Verwaltungsbereiche, sondern »**im funktionellen Sinne auszulegen**«, sodass die Voraussetzungen der Norm bei dem jeweiligen Beschäftigungsverhältnis vorliegen müssen; abzustellen ist auf »die Art der mit der (jeweiligen) Stelle verbundenen Aufgaben und Verantwortlichkeiten«[260]. Geboten ist daher stets eine Betrachtung der konkreten Tätigkeit im Einzelfall[261]. Art. 45 IV AEUV gelangt dabei außerdem nur zur Anwendung, wenn hoheitliche Befugnisse »tatsächlich regelmäßig ausgeübt werden und nicht nur einen sehr geringen Teil ihrer Tätigkeit ausmachen.« Die bloß gelegentliche oder sporadische Ausübung hoheitlicher Befugnisse genügt nicht[262]. Tätigkeiten bei »einer natürlichen oder juristischen Person des Privatrechts« können der Ausnahmeregelung des Art. 45 IV AEUV nur unterfallen, wenn die Privatperson mit der Ausübung hoheitlicher Befugnisse betraut ist (Beleihung)[263]. Gründe der öffentlichen Ordnung, Sicherheit und Gesundheit iSd Art. 45 III AEUV genügen nicht, um eine Ausnahme iSd Art. 45 IV AEUV zu begründen. Art. 45 IV AEUV ist enger auszulegen als die Rechtfertigungsgründe des Art. 45 III AEUV, da diese einen generellen Ausschluss von Unionsbürgern anderer Mitgliedstaaten vom Zugang zur Beschäftigung nicht zu rechtfertigen vermögen[264].

77 Diese Voraussetzungen des Art. 45 IV AEUV sieht der EuGH bei dem Zugang zum Vorbereitungsdienst für ein **Lehramt** (Studienreferendar)[265], bei einer Beschäftigung als Lehrkraft für das höhere Lehramt[266] und als Lehrkraft an einer Grundschule[267] sowie bei Fremdsprachenlektoren an einer Universität[268] nicht als erfüllt an, sodass die Zulassung von Staatsangehörigen anderer EU-Mitgliedstaaten zu diesen Ämtern unionsrechtlich geboten ist. Die Stellen des Kapitäns und des Ersten Offiziers der staatlichen Handelsmarine hat der EuGH angesichts nur gelegentlicher Ausübung polizeilicher Befugnisse ebenfalls nicht als »Beschäftigung in der öffentlichen Verwaltung« iSd Art. 45 IV AEUV qualifiziert[269]. Auch private Sicherheitsunternehmen, die »nicht direkt und spezifisch an der Ausübung öffentlicher Gewalt beteiligt sind«, unterfallen nicht Art. 45 IV AEUV[270]. Die öffentlichen Bereiche »der **Versorgungsdienste für Wasser, Gas und Elektrizität**, des öffentlichen Gesundheitsdienstes, des Bildungswesens, des See- und Luftverkehrs, der Eisenbahnen, des öffentlichen Stadt- und Re-

---

[259] EuGH, Rs. C-473/93, Slg. 1996, I-3207 (3250, Rn. 2); Rs. C-405/01, Slg. 2003, I-10391 (10438, Rn. 40) m.w.N.; Rs. C-47/02, Slg. 2003, I-10447 (10492, Rn. 59).
[260] EuGH, Rs. C-473/93, Slg. 1996, I-3207 (3256, Rn. 27); vgl. auch Rs. 307/84, Slg. 1986, 1725 (1738, Rn. 12); näher *Franzen* (Fn. 255), Art. 45 AEUV Rn. 149; *Klaß*, Fortentwicklung (Fn. 149), S. 96 ff.; *Masing* → Bd. II², Art. 33 Rn. 21.
[261] Ebenso *Klaß*, Fortentwicklung (Fn. 149), S. 165.
[262] EuGH, Rs. C-405/01, Slg. 2003, I-10391 (10440, Rn. 44); Rs. C-47/02, Slg. 2003, I-10447 (10493 f., Rn. 63).
[263] EuGH, Rs. C-47/02, Slg. 2003, I-10447 (10492 f., Rn. 59, 62); Rs. C-405/01, Slg. 2003, I-10391 (10439, Rn. 43); näher *Franzen* (Fn. 255), Art. 45 AEUV Rn. 152.
[264] EuGH, Rs. C-114/97, Slg. 1998, I-6717 (6743, Rn. 41); Rs. C-405/01, Slg. 2003, I-10391 (10441, Rn. 49); Rs. C-47/02, Slg. 2003, I-10447 (10495, Rn. 68).
[265] EuGH, Rs. 66/85, Slg. 1986, 2121 (2147, Rn. 28 f.).
[266] EuGH, Rs. C-4/91, Slg. 1991, I-5627 (5641, Rn. 8).
[267] EuGH, Rs. C-473/93, Slg. 1996, I-3207 (3258, Rn. 34).
[268] EuGH, Rs. 33/88, Slg. 1989, 1591 (1610, Rn. 9); gegen die Anwendbarkeit des Art. 45 IV AEUV für Hochschullehrer generell *J. A. Kämmerer*, Die Verwaltung 37 (2004), 353 (362); *Badura* (Fn. 180), Art. 33 Rn. 22.
[269] EuGH, Rs. C-405/01, Slg. 2003, I-10391 (10439, Rn. 42 ff.).
[270] EuGH, Rs. C-114/97, Slg. 1998, I-6717 (6743, Rn. 39).

III. Gleicher Zugang für Deutsche zu jedem öffentlichen Amte (Art. 33 II GG) **Art. 33**

gionalverkehrs, der Forschung für zivile Zwecke, des Post- und Fernmelde- sowie des Rundfunk- und Fernsehwesens, der Oper […] sowie der städtischen und kommunalen Orchester« fallen ebenfalls nicht generell in den Anwendungsbereich des Art. 45 IV AEUV, sondern nur, soweit hoheitliche Befugnisse ausgeübt oder auf die Wahrung der allgemeinen Belange des Staates gerichtete Aufgaben wahrgenommen werden[271]. Das Gleiche gilt für eine Beschäftigung in den Bereichen Forschung, Straßen- und Schienenverkehr[272]. Ob »staatliche Leitungs- oder Beratungsfunktionen in wissenschaftlichen und technischen Fragen« als Beschäftigung in der öffentlichen Verwaltung von der Bereichsausnahme des Art. 45 IV AEUV erfasst sind, hat der EuGH offengelassen[273].

Nach Ansicht der **Kommission** unterfallen Art. 45 IV AEUV »die Streitkräfte, die Polizei und sonstige Ordnungskräfte; die Rechtspflege; die Steuerverwaltung und die Diplomatie. Außerdem gilt die Bereichsausnahme für Stellen, die in die Zuständigkeit der staatlichen Ministerien, der Regionalregierungen, der Gebietskörperschaften und sonstiger gleichgestellter Organe sowie der Zentralbanken fallen, sofern es sich um Personal handelt (Beamte und sonstige Bedienstete), das Tätigkeiten im Zusammenhang mit hoheitlichen Befugnissen des Staates« ausübt. Dagegen sollen folgende Tätigkeiten »im allgemeinen« nicht und »nur in außergewöhnlichen Fällen« Art. 45 IV AEUV zuzuordnen sein: Einrichtungen, die mit der Verwaltung und Erbringung kommerzieller Dienstleistungen betraut sind (beispielsweise: öffentliches Verkehrswesen, Strom- und Gasversorgung, Luftverkehrsunternehmen und Reedereien, Post und Fernmeldewesen, Rundfunk- und Fernsehanstalten); Einrichtungen des öffentlichen Gesundheitswesens; der Unterricht an staatlichen Bildungseinrichtungen; zivile Forschung in staatlichen Forschungsanstalten[274]. 78

Das **Bundesministerium des Innern** sieht Art. 45 IV AEUV insbesondere bei folgenden Tätigkeiten als erfüllt an: militärische und zivile Verteidigung; Vertretung des Staates nach außen; fachliche Vorbereitung auf dem Gebiet der Rechtsetzung; Tätigkeiten in den Nachrichtendiensten; Tätigkeiten auf dem Gebiet der Reaktorsicherheit; Tätigkeiten bei den Kriminalämtern; Bereich der Eingriffsverwaltung, Rechtspflege; Aufsichts- und Finanzkontrolltätigkeiten; Tätigkeiten im Bereich des Staatsangehörigkeits-, Ausländer- und Asylrechts[275]. 79

Im **Schrifttum** werden zudem Beschäftigungen in der Richter- und Staatsanwaltschaft[276], in der Polizei und der Armee[277] sowie im diplomatischen Dienst[278] als Verwaltung iSd Art. 45 IV AEUV eingeordnet. Teilweise wird auch generell differenziert zwischen **Eingriffsverwaltung**, die Art. 45 IV AEUV unterfallen soll, und **Leistungsverwaltung**, die außerhalb des Art. 45 IV AEUV stehe[279]. Dies wird jedoch der im Rahmen des Art. 45 IV AEUV gebotenen funktionellen Betrachtung der konkreten 80

---

[271] EuGH, Rs. C-290/94, Slg. 1996, I-3285 (3329, Rn. 39); Hervorhebung nur hier, F. B.-G. Zu diesen Beschäftigungsbereichen detaillierter C. Demmke, ZBR 2013, 217 (227).
[272] EuGH, Rs. C-473/93, Slg. 1996, I-3207 (3262, Rn. 50).
[273] EuGH, Rs. 225/85, Slg. 1987, 2625 (2639, Rn. 9).
[274] ABl. C 72 vom 18.3.1988, S. 3.
[275] *Bundesministerium des Innern*, Rundschreiben vom 20.5.1996, DI 1 – 210 107/96, zitiert nach Werres, Beamtenverfassungsrecht (Fn. 148), Rn. 128.
[276] *Franzen* (Fn. 255), Art. 45 AEUV Rn. 150.
[277] *V. Kreuschitz*, in: Groeben/Schwarze/Hatje, EUV/AEUV/GRC, Art. 45 AEUV Rn. 160.
[278] *Franzen* (Fn. 255), Art. 45 AEUV Rn. 150.
[279] So *Jachmann* (Fn. 179), Art. 33 Rn. 14; *Grigoleit* (Fn. 200), Art. 33 Rn. 91; *Masing* → Bd. II², Art. 33 Rn. 21.

Einzeltätigkeit nicht gerecht. Auch im Bereich der Eingriffsverwaltung können einzelne Tätigkeiten trotz der Ausübung hoheitlicher Befugnisse außerhalb des Art. 45 IV AEUV liegen, etwa weil die Befugnisse nur gelegentlich wahrgenommen werden oder weil »ein Verhältnis besonderer Verbundenheit des jeweiligen Stelleninhabers zum Staat«, das die nationale Staatsangehörigkeit erfordert, der Beschäftigung nicht zu eigen ist. Generell gilt, dass die Gründe, die einen Staatsangehörigkeitsvorbehalt iSd Art. 45 IV AEUV tragen, mit fortschreitender Integration rar werden dürften[280].

81 Soweit die Mitgliedstaaten nach Unionsrecht außerhalb der Bereichsausnahme des Art. 45 IV AEUV verpflichtet sind, Unionsbürgern anderer Mitgliedstaaten Zugang zu öffentlichen Ämtern zu gewähren, ist dieser **Zutritt in gleicher Weise** zu gestatten wie den eigenen Staatsangehörigen. Erfüllen Deutsche bestimmte Tätigkeiten als Beamte, dürfen Staatsangehörige anderer EU-Mitgliedstaaten die gleiche Tätigkeit nicht als Angestellte verrichten müssen. Die Arbeitsbedingungen für Deutsche und andere Unionsbürger müssen bezogen auf die gleiche Tätigkeit gleich sein[281]. Vordienstzeiten im öffentlichen Dienst anderer Mitgliedstaaten sind bei der Berechnung des Besoldungsdienstalters zu berücksichtigen[282].

82 Gewähren die Mitgliedstaaten, ohne dass sie dazu verpflichtet sind, Unionsbürgern anderer EU-Staaten Zugang zu einer Beschäftigung iSd Art. 45 IV AEUV, rechtfertigt Art. 45 IV AEUV keine Benachteiligung der Unionsbürger gegenüber Deutschen in Bezug auf die **Arbeitsbedingungen**[283].

83 Der deutsche **Gesetzgeber** hat dem unionsrechtlich gebotenen Zutritt von Staatsbürgern anderer EU-Mitgliedstaaten außerhalb des Anwendungsbereichs des Art. 45 IV AEUV u.a. durch § 7 I Nr. 1 lit. a), II BBG und § 7 I Nr. 1 lit. a), II BeamtStG Rechnung getragen.

3. Öffentliches Amt

84 Der Begriff »zu jedem öffentlichen Amte« ist nach seinem Wortlaut (»jedem«) und dem Art. 33 II GG zugrunde liegenden Zweck, die Funktions- und Leistungsfähigkeit des Staates zu sichern (→ Rn. 73), weit auszulegen[284]. Er geht über den Bereich des öffentlichen Dienstes iSd Art. 33 IV GG und des Art. 33 V GG hinaus (→ Rn. 160f., 172f.)[285]. Umfasst sind sämtliche vom **Staat** (Bund, Länder, Gemeinden; unmittelbare und mittelbare Staatsverwaltung) bereit gestellten Positionen **ungeachtet der Organisationsform**, in der der Staat tätig wird[286]; anderenfalls hätte die öffentliche Hand die Möglichkeit, durch Ausübung ihrer Wahlfreiheit bzgl. der Organisationsform, in der

---

[280] Vgl. *Voßkuhle* (Fn. 148), § 43 Rn. 91.
[281] *Masing* → Bd. II², Art. 33 Rn. 21.
[282] EuGH, Rs. C-15/96, Slg. 1998, I-47 (69, Rn. 28); Rs. C-187/96, Slg. 1998, I-1095 (1116, Rn. 17); näher *J. M. V. Korn*, ZBR 2013, 155 (160f.).
[283] EuGH, Rs. 225/85, Slg. 1987, 2625 (2639, Rn. 11); Rs. C-195/98, Slg. 2000, I-10497 (10548, Rn. 37).
[284] Statt vieler *Stern*, Staatsrecht I, S. 346; *Jachmann* (Fn. 179), Art. 33 Rn. 15; *Werres*, Beamtenverfassungsrecht (Fn. 148), Rn. 132.
[285] Vgl. *Höfling* (Fn. 144), Art. 33 Abs. 1 bis 3 Rn. 74.
[286] Ebenso *Höfling* (Fn. 144), Art. 33 Abs. 1 bis 3 Rn. 75, 80; ähnlich *Pieper* (Fn. 182), Art. 33 Rn. 36; a.A. *Kunig* (Fn. 178), Art. 33 Rn. 20: nur Ämter, die von einem Verwaltungsträger in öffentlich-rechtlicher Organisationsform wahrgenommen werden; *Hense* (Fn. 181), Art. 33 Rn. 10; *Werres*, Beamtenverfassungsrecht (Fn. 148), Rn. 133; *Jarass*/Pieroth, GG, Art. 33 Rn. 9. Zur Anwendbarkeit des Art. 33 II GG auf Hochschullehrer *G. Neuhäuser*, WissR 45 (2012), 248 (252f.).

III. Gleicher Zugang für Deutsche zu jedem öffentlichen Amte (Art. 33 II GG) **Art. 33**

sie öffentliche Aufgaben wahrnimmt[287], Art. 33 II GG ins Leere laufen zu lassen[288]. Die wirtschaftliche (auch auf Gewinnerzielung gerichtete) Betätigung der öffentlichen Hand unterfällt Art. 33 II GG allerdings nur, soweit sie der Erfüllung öffentlicher Zwecke dient. Erwerbswirtschaftliche Tätigkeiten dienen nicht öffentlichen Zwecken, sondern reinen Erwerbszwecken, und sind daher nicht öffentliche Ämter[289].

Erfasst sind sämtliche **Beamten-, Angestellten- und Arbeiterstellen**[290] beim Staat sowie der Zugang zum Richterdienst und Soldatenamt[291]. Das gilt auch für Bundes- und Landesrichter, die gem. Art. 95 II GG bzw. Art. 98 IV GG durch den zuständigen Minister gemeinsam mit einem Richterwahlausschuss gewählt werden[292]. Lehrbeauftragte an öffentlichen Hochschulen[293] und Vertretungsprofessoren[294] üben ebenfalls öffentliche Ämter iSd Art. 33 II GG aus. Auch der Zugang zu Beleihungen von Privatpersonen durch den Staat unterliegt den Maßgaben des Art. 33 II GG[295]. Art. 33 II GG bezieht sich sowohl auf Berufs- als auch auf Ehrenämter[296] sowie auf haupt- und nebenberufliche Tätigkeiten[297]. Mit politischen Beamten besetzte Ämter unterfallen Art. 33 II GG ebenfalls[298]; ob die Besonderheiten des Amtes im Rahmen der Eignung zu berücksichtigen sind, ist umstritten (→ Rn. 102). Für durch demokratische Wahl zu besetzende Ämter (z.B. Parlamentsabgeordnetenmandate) gilt Art. 33 II GG nur insoweit, als es um die Aufstellung der Wahlkandidaten geht; für das Wahlverfahren sind Art. 20 I, II, Art. 28 I 2 und Art. 38 GG lex specialis[299]. Nach überwiegender Ansicht unterliegt auch der Zugang zu staatlich gebundenen Berufen (z.B. Notarstellen; öffentlich bestellte Vermessungsingenieure) Art. 33 II GG[300]; allerdings »lässt die Nähe staatlich gebundener Berufe zum öffentlichen Dienst Sonderregelungen

85

---

[287] Zur Wahlfreiheit der öffentlichen Hand bzgl. der Organisation der Erfüllung ihrer Aufgaben statt vieler *D. Ehlers*, in: Schoch/Schneider/Bier, VwGO, § 40 Rn. 241ff.
[288] Vgl. *Masing* → Bd. II², Art. 33 Rn. 42; *Höfling* (Fn. 144), Art. 33 Abs. 1 bis 3 Rn. 80.
[289] Ebenso *Trute* (Fn. 181), Art. 33 Abs. 1–3 Rn. 27.
[290] BVerwGE 61, 325 (330); 81, 212 (214ff.); BAGE 103, 212 (215); 104, 295 (299).
[291] Vgl. OVG Schl.-Holst. NJW 2001, 3495ff.; VG München, M 21 K 13.467 vom 14.5.2014; *Jarass/Pieroth*, GG, Art. 33 Rn. 9; *Pieper* (Fn. 182), Art. 33 Rn. 26; *Höfling* (Fn. 144), Art. 33 Abs. 1 bis 3 Rn. 81.
[292] BVerwG DÖD 1998, 88 (89); OVG Schl.-Holst. NJW 2001, 3495ff.; *Höfling* (Fn. 144), Art. 33 Abs. 1 bis 3 Rn. 83 – auch zum Verhältnis zwischen Art. 33 II und Art. 36 GG (Rn. 85).
[293] BVerwGE 81, 212ff.; näher *Höfling* (Fn. 144), Art. 33 Abs. 1 bis 3 Rn. 86.
[294] OVG NRW NVwZ-RR 2007, 178 (179); *Höfling* (Fn. 144), Art. 33 Abs. 1 bis 3 Rn. 88.
[295] *Trute* (Fn. 181), Art. 33 Abs. 1–3 Rn. 24; *Höfling* (Fn. 144), Art. 33 Abs. 1 bis 3 Rn. 104 mit Beispielen für Beliehene.
[296] Vgl. OVG Hambg., 1 Bs 36/03 vom 13.8.2003; *Werres*, Beamtenverfassungsrecht (Fn. 148), Rn. 131; näher *Pieper* (Fn. 182), Art. 33 Rn. 31.
[297] *Werres*, Beamtenverfassungsrecht (Fn. 148), Rn. 131; *Pieper* (Fn. 182), Art. 33 Rn. 25; *Hense* (Fn. 181), Art. 33 Rn. 9.
[298] Ebenso *Pieper* (Fn. 182), Art. 33 Rn. 30; a.A. Jarass/Pieroth, GG, Art. 33 Rn. 9. Zum politischen Beamten näher *J. F. Lindner*, ZBR 2011, 150ff.; *K. Herrmann*, LKV 2012, 253ff.; *Voßkuhle* (Fn. 148), § 43 Rn. 69; *M. Schröder*, HStR³ V, § 106 Rn. 37ff.
[299] Nach allgemeiner Ansicht findet Art. 33 II GG dagegen auf Wahlämter insgesamt keine Anwendung, s. nur OVG Schl.-Holst. NJW 2001, 3495 (3496); *Badura* (Fn. 180), Art. 33 Rn. 24; *Kunig* (Fn. 178), Art. 33 Rn. 21; *Hense* (Fn. 181), Art. 33 Rn. 9; *Dollinger/Umbach* (Fn. 6), Art. 33 Rn. 40. Offen gelassen in BVerfGE 6, 445 (448).
[300] BVerfGE 73, 280 (292ff.); 73, 301 (316); 110, 304 (332, Rn. 94); *Pieper* (Fn. 182), Art. 33 Rn. 32; *Dollinger/Umbach* (Fn. 6), Art. 33 Rn. 38f.; a.A. BGH NJW 1993, 2536 (2536f.); *Trute* (Fn. 181), Art. 33 Abs. 1–3 Rn. 29; *Jachmann* (Fn. 179), Art. 33 Rn. 15; eingehend zum Problem und Streitstand *Höfling* (Fn. 144), Art. 33 Abs. 1 bis 3 Rn. 94ff.

zu«[301]. Staatliche Ausbildungsgänge werden als öffentliche Ämter angesehen, wenn ausschließlich für Tätigkeiten im öffentlichen Dienst ausgebildet wird (z. B. Verwaltungs- und Polizeifachhochschulen)[302]. In diesem Fall stellt sich der Zugang zur Ausbildung als vorgelagerte, notwendige Stufe für den späteren Zugang zum öffentlichen Amt dar. Bildet die öffentliche Hand dagegen auch für andere Berufe aus (z. B. allgemeine Hochschulen; Referendardienst), soll nicht Art. 33 II GG, sondern nur Art. 12 I GG einschlägig sein[303].

86 **Nicht von Art. 33 II GG umfasst** sind Positionen bei öffentlich-rechtlichen Religionsgemeinschaften[304], weil sie nicht dem staatlichen, sondern dem grundrechtlich umhegten Bereich zuzuordnen sind[305]. Dasselbe soll für die Tätigkeit des Insolvenzverwalters gelten[306], woran wegen der Vergabe der Insolvenzverfahren durch öffentliche Gerichte Zweifel bestehen[307].

4. Gleicher Zugang

87 »Zugang« iSd Art. 33 II GG meint das »Ob« des Zutritts zu einem öffentlichen Amt. Erfasst ist nicht nur die erstmalige **Einstellung**, sondern auch die **Beförderung**[308]. Als actus contrarius zum Zutritt ist zudem die Entfernung aus einem öffentlichen Amt an Art. 33 II GG zu messen[309]. Umstritten ist, ob sich Art. 33 II GG auch auf Versetzungen bezieht[310]. Die Gestaltung der Arbeitsbedingungen unterfällt Art. 33 II GG nicht.

88 Mit dem Recht auf »gleichen« Zugang beinhaltet Art. 33 II GG einen **derivativen Teilhabeanspruch** (→ Vorb. Rn. 93) auf den Leistungskriterien des Art. 33 II GG entsprechende Berücksichtigung bei der Vergabe öffentlicher Ämter. Art. 33 II GG ist verletzt, wenn die Besetzung eines öffentlichen Amtes den Kriterien des Art. 33 II GG

---

[301] BVerfGE 7, 377 (398); 16, 6 (22); 17, 371 (379); 73, 280 (292); 73, 301 (315); 80, 257 (265); 110, 304 (321, Rn. 64).

[302] *Kunig* (Fn. 178), Art. 33 Rn. 24; *Badura* (Fn. 180), Art. 33 Rn. 23; a.A. *Werres*, Beamtenverfassungsrecht (Fn. 148), Rn. 133; *Battis* (Fn. 186), Art. 33 Rn. 25; *Höfling* (Fn. 144), Art. 33 Abs. 1 bis 3 Rn. 116 ff.

[303] BVerfGE 39, 334 (372 ff.); 46, 43 (52 ff.); 73, 280 (294 f.); *Pieper* (Fn. 182), Art. 33 Rn. 35, 40; *Badura* (Fn. 180), Art. 33 Rn. 23; a.A. für Ausbildungsgänge, »die überwiegend auf die Qualifizierung für öffentliche Ämter angelegt sind« *Kunig* (Fn. 178), Art. 33 Rn. 24; *Battis* (Fn. 186), Art. 33 Rn. 25.

[304] *Hense* (Fn. 181), Art. 33 Rn. 10.

[305] Vgl. BVerfGE 18, 385 (386 f.); 53, 366 (387); 70, 138 (160 f.); 102, 370 (394 f., Rn. 70).

[306] BVerfGE 116, 1 (13, Rn. 32); *Battis* (Fn. 186), Art. 33 Rn. 24; *Höfling* (Fn. 144), Art. 33 Abs. 1 bis 3 Rn. 91; *Jachmann* (Fn. 179), Art. 33 Rn. 15.

[307] *N. Adam*, Ausgewählte Probleme des Konkursverfahrens in verfassungsrechtlicher Sicht, 1986, S. 126 ff.; *W. Schick*, NJW 1991, 1328 (1329); *Werres*, Beamtenverfassungsrecht (Fn. 148), Rn. 134.

[308] BVerfGE 117, 372 (382, Rn. 40); BVerfG (K), NVwZ 2009, 389 (389); NVwZ 2015, 523 (524, Rn. 14); BVerwGE 76, 243 (251); 92, 147 (151); 101, 112 (114 f.); 122, 147 (149 f.); BAGE 87, 165 (169); 105, 329 (333); 121, 67 (76); näher *W.-R. Schenke*, Die Auswahlentscheidung bei der Besetzung von Stellen im öffentlichen Dienst, in: FS Stober, 2008, S. 221 ff. (232 ff.); *Werres*, Beamtenverfassungsrecht (Fn. 148), Rn. 119 f., 131.

[309] Vgl. BVerfGE 96, 189 (198 f.); BVerwG NVwZ 1999, 75 (76); *Jarass*/Pieroth, GG, Art. 33 Rn. 10; *Trute* (Fn. 181), Art. 33 Abs. 1–3 Rn. 35; a.A. *Höfling* (Fn. 144), Art. 33 Abs. 1 bis 3 Rn. 124.

[310] Dafür BAGE 89, 300 (302); 103, 212 (216); OVG NRW, 6 B 1232/09 vom 13.10.2009, Rn. 2, 10; *Jachmann* (Fn. 179), Art. 33 Rn. 12; dagegen BVerfG (K), NJW 2008, 909 (909); BVerfGE 95, 73 (84); 122, 237 (240); 136, 204 (206 ff.); BayVGH NJW 2006, 2424 (2425); BayVBl. 1996, 758 (758 f.); OVG Rh.-Pf. DÖD 2002, 158; *Werres*, Beamtenverfassungsrecht (Fn. 148), Rn. 117 f., 122; *J. Ziekow*, DÖD 1999, 7 (10 f.); *Badura* (Fn. 180), Art. 33 Rn. 36.

III. Gleicher Zugang für Deutsche zu jedem öffentlichen Amte (Art. 33 II GG) **Art. 33**

nicht genügt[311]. Ein Verstoß gegen Art. 33 II GG kann sich dabei bereits »daraus ergeben, dass ein Leistungsvergleich gar nicht möglich ist, weil es [...] an tragfähigen Erkenntnissen über das Leistungsvermögen, d. h. an aussagekräftigen dienstlichen Beurteilungen, fehlt.«[312] Wegen der »gegenseitigen Abhängigkeit der Bewerbungen« kann die Verletzung des Art. 33 II GG darüber hinaus sowohl aus der unzutreffenden Beurteilung der Leistung des Benachteiligten oder des Begünstigten als auch aus einem fehlerhaften Leistungsvergleich zwischen ihnen folgen[313].

5. Zugangskriterien: Eignung, Befähigung und fachliche Leistung

a) Allgemeine Grundsätze

Mit den Begriffen »Eignung«, »Befähigung« und »fachliche Leistung« legt Art. 33 II GG **abschließend**[314] im Sinne einer **Positivliste**[315] verfassungsunmittelbar die Kriterien fest, nach denen Zugang zu öffentlichen Ämtern gewährt[316] und das Prinzip der Bestenauslese (→ Rn. 73) im öffentlichen Dienst verwirklicht werden darf. Die drei Kriterien stehen zwar im Grundsatz gleichrangig nebeneinander[317]; dem Dienstherrn steht aber bei ihrer Gewichtung nach Maßgabe der Erfordernisse der konkreten Stelle ein gewisser Spielraum zu[318]. Das Verhältnis der Leistungskriterien zueinander kann sich auch im Hinblick auf den einzelnen Bewerber im Laufe seines Berufslebens verschieben, etwa durch abnehmende Bedeutung der durch Ausbildungs- und Examensergebnisse gezeigten Befähigung einerseits und zunehmende Relevanz der fachlichen Leistung bei der Berufsausübung andererseits[319]. Inhaltlich überschneiden sich die drei Zugangskriterien. Vielfach werden sie mit dem Oberbegriff »Eignung im weiteren Sinne« zusammengefasst (→ Rn. 22)[320]. Die Konkretisierung und insofern Kleinteilung der Leistungskriterien obliegt dem Dienstherrn bezogen auf das konkret zu besetzende Amt; eine vorgelagerte Konkretisierung durch den Gesetzgeber wird regelmäßig nicht für erforderlich gehalten[321]. Eine Ergänzung der verfassungsrechtlichen Leistungskriterien um weitere (Hilfs-)Kriterien ist im Einzelfall nur zulässig, wenn die Anwendung der Kriterien mehrere Bewerber als gleichermaßen geeignet für das konkrete Amt ausweist (→ Rn. 116 ff.).

89

---

[311] Vgl. BVerfG (K), NVwZ 2013, 573 (573 f.); BVerwGE 122, 147 (150); 138, 102 (107, Rn. 24); *Höfling* (Fn. 144), Art. 33 Abs. 1 bis 3 Rn. 121.
[312] BVerwGE 138, 102 (107, Rn. 24).
[313] BVerfG (K), NVwZ 2008, 194 (194 f.); BVerwGE 138, 102 (107, Rn. 24); *G. Schefzik*, VBlBW 2012, 411 (416); *Werres*, Beamtenverfassungsrecht (Fn. 148), Rn. 138.
[314] Vgl. statt vieler BVerfG (K), NVwZ 2013, 1603 (1604, Rn. 15); *F. Hufen*, JuS 2013, 760 (761); *G. Neuhäuser*, WissR 45 (2012), 248 (251 f.); *Höfling* (Fn. 144), Art. 33 Abs. 1 bis 3 Rn. 137.
[315] *Höfling* (Fn. 144), Art. 33 Abs. 1 bis 3 Rn. 137.
[316] BVerfG (K), 2 BvR 462/13 vom 27.5.2013, Rn. 15.
[317] Statt vieler BVerwGE 96, 205 (211); *Kunig* (Fn. 178), Art. 33 Rn. 27; a.A. *Lecheler*, Berufsbeamtentum (Fn. 8), S. 366.
[318] Ebenso *Trute* (Fn. 181), Art. 33 Abs. 1–3 Rn. 39; *Hense* (Fn. 181), Art. 33 Rn. 14; vgl. auch *Kunig* (Fn. 178), Art. 33 Rn. 27.
[319] Vgl. *H. Lecheler*, in: Friauf/Höfling, GG, Art. 33 (2000), Rn. 21; *Höfling* (Fn. 144), Art. 33 Abs. 1 bis 3 Rn. 238: »Gesetz der abnehmenden Prüfungsbedeutung«; vgl. auch BVerfGE 110, 304 (334, Rn. 102) bezogen auf den umgekehrten Fall.
[320] S. nur BVerwGE 47, 330 (336 f.); *Höfling* (Fn. 144), Art. 33 Abs. 1 bis 3 Rn. 135; *Hense* (Fn. 181), Art. 33 Rn. 14.
[321] BVerwG DÖV 1982, 76 (76 f.); DVBl. 1990, 867 (868); BremStGH NVwZ-RR 1993, 418; bezogen auf die Besetzung von Notarassessorstellen mit Blick auf Art. 12 I GG a.A. BVerfGE 73, 280 (295 f.).

90 »Die Ermittlung des gemessen an den Kriterien der Eignung, Befähigung und fachlichen Leistung am besten geeigneten Bewerbers hat stets in Bezug auf das konkret angestrebte Amt zu erfolgen«[322]. »Maßgeblich ist insoweit der Aufgabenbereich des Amtes, auf den bezogen die einzelnen Bewerber untereinander zu vergleichen sind und anhand dessen die Auswahlentscheidung vorzunehmen ist.«[323] Die »Beurteilung der Eignung eines Bewerbers für das von ihm angestrebte öffentliche Amt durch den Dienstherrn« erfordert »eine konkrete und einzelfallbezogene Würdigung der gesamten Persönlichkeit des Bewerbers«[324]. »Auszuwählen ist der Bewerber, von dem der Dienstherr im Rahmen einer Prognose erwarten darf, dass er in der Zukunft den Anforderungen des konkret zu besetzenden Amtes am besten entspricht.«[325] Bei der Entscheidung, ob und inwieweit die Bewerber je einzeln und im Verhältnis zueinander für das zu besetzende Amt geeignet iwS sind, steht dem Dienstherrn im Hinblick auf die mit der Beurteilung verbundenen prognostischen Elemente ein weiter **Beurteilungsspielraum** zu (→ Rn. 130)[326]. Die »Nachprüfung durch die Fachgerichte beschränkt sich im Wesentlichen darauf, ob der Dienstherr von einem unrichtigen Sachverhalt ausgegangen ist, den beamten- und verfassungsrechtlichen Rahmen verkannt, allgemein gültige Wertmaßstäbe nicht beachtet oder sachfremde Erwägungen angestellt hat«[327].

b) Begriffe

aa) Eignung ieS

91 Der Begriff der Eignung (im engeren Sinne) erfasst neben der gesondert herausgestellten Befähigung und fachlichen Leistung, die er begrifflich mit umfasst[328], alle sonstigen im Hinblick auf das jeweilige Amt bedeutsamen physischen, psychischen und geistig-intellektuellen **Eigenschaften**[329]. Ein generelles Kriterium der charakterlichen Eignung stößt hingegen wegen seiner Unbestimmtheit und der Gefahr des Missbrauchs zum Ausschluss unliebsamer Bewerber auf Bedenken (s. bereits die Bedenken im Parlamentarischen Rat → Rn. 19ff.)[330]. Eignungsrelevant sind grundsätzlich alle (nicht

---

[322] BVerfG (K), NVwZ 2013, 1603 (1604, Rn. 16); vgl. BVerfGE 96, 205 (211); 108, 282 (296, Rn. 34); BVerfG (K), NVwZ 2013, 573 (574, Rn. 11).
[323] BVerfG (K), NVwZ 2013, 1603 (1604, Rn. 16).
[324] BVerfGE 108, 282 (296, Rn. 35); vgl. BVerfGE 39, 334 (353); 92, 140 (155).
[325] BVerfG (K), NVwZ 2013, 1603 (1604, Rn. 17); BVerfG (K), 2 BvR 462/13 vom 27.5.2013, Rn. 15.
[326] Vgl. statt aller BVerfGE 39, 334 (354); BVerfG (K), 2 BvR 462/13 vom 27.5.2013, Rn. 15; BVerwGE 21, 127 (129); 61, 325 (330); 68, 109 (110); 86, 244 (246); 97, 128 (129); 106, 263 (266ff.); 111, 22 (23); BAGE 33, 43 (50f.); 39, 180 (186); BAG NZA 1997, 1347 (1350); *R. F. Adam*, RiA 2005, 225 (229f.); *Voßkuhle* (Fn. 148), § 43 Rn. 59.
[327] BVerfGE 108, 282 (296, Rn. 35); vgl. auch BVerfGE 39, 334 (354); BVerfG (K), NVwZ 2013, 1603 (1604, Rn. 17); BVerwGE 61, 176 (186); 68, 109 (110); 86, 244 (246); BAGE 33, 43 (50f.); BAG NZA 1999, 717 (718).
[328] *Stern*, Staatsrecht I, S. 346.
[329] BVerfGE 92, 140 (151); 110, 304 (322, Rn. 66); BVerfG (K), 2 BvR 462/13 vom 27.5.2013, Rn. 15.
[330] Nach der Rechtsprechung ist das Abstellen auf die »Persönlichkeit und charakterliche Eigenschaften« zulässig, BVerfGE 110, 304 (322, Rn. 66); BVerfG (K), 2 BvR 462/13 vom 27.5.2013, Rn. 15; vgl. auch BVerfGE 92, 140 (151); wie hier kritisch gegenüber dem Merkmal charakterlicher Eignung *H. Lecheler*, HStR³ V, § 110 Rn. 9; ebenso *Höfling* (Fn. 144), Art. 33 Abs. 1 bis 3 Rn. 151f.

III. Gleicher Zugang für Deutsche zu jedem öffentlichen Amte (Art. 33 II GG) **Art. 33**

bereits unter die beiden anderen Zugangsmerkmale fallenden) Eigenschaften, die für die Ausübung des jeweiligen Amtes maßgeblich sind.

bb) Befähigung

Unter »Befähigung« sind alle durch Ausbildung, Studium, Beruf oder auf sonstige Weise erworbenen **fachlichen Kenntnisse und Fertigkeiten** zu verstehen[331]. Teilweise wird der Begriff weitergehend als »allgemein der Tätigkeit zugute kommende Fähigkeiten wie Begabung, Allgemeinwissen, Lebenserfahrung und allgemeine Ausbildung« definiert[332]. Zur Befähigung zählen zum Beispiel für das Amt erforderliche allgemeine Sprachkenntnisse[333]. 92

cc) Fachliche Leistung

Der Merkmal »fachliche Leistung« zielt auf das durch bisherige berufliche Tätigkeiten oder auf andere Weise erworbene »Fachwissen, Fachkönnen und (die) Bewährung im Fach«[334]. Erfasst sind also die in der Praxis bisher gezeigten **Arbeitsleistungen**. Da solche in der Praxis erbrachten fachlichen Leistungen bei der Ersteinstellung oft fehlen, spielt dieses Kriterium vor allem für Beförderungen und für die Einstellung von Quereinsteigern eine Rolle. 93

c) Konkretisierung der Zugangskriterien durch den Dienstherrn

Der Dienstherr darf zur **Konkretisierung der Eignung, Befähigung und fachlichen Leistung** grundsätzlich auf sämtliche Merkmale zurückgreifen, die für die Ausübung des konkreten Amtes erforderlich sind. Als Eignungsmerkmale zulässig sind insbesondere, wenngleich nicht nur, sämtliche Eigenschaften, die Ausdruck hergebrachter Grundsätze des Berufsbeamtentums iSd Art. 33 V GG sind[335]. Der Dienstherr darf aber auch über die hergebrachten Grundsätze des Beamtentums iSd Art. 33 V GG hinausgehen und weitere Eigenschaften als Eignungsvoraussetzung verlangen. Nach der zutreffenden Judikatur des Bundesverfassungsgerichts hat der »Gesetzgeber [...] bei der Aufstellung von Eignungskriterien für das jeweilige Amt und bei der Ausgestaltung von Dienstpflichten, nach denen die Eignung von Bewerbern für den öffentlichen Dienst zu beurteilen ist, grundsätzlich eine weite **Gestaltungsfreiheit**.«[336] 94

Grenzen dieser Gestaltungsfreiheit ergeben sich aber »aus den Wertentscheidungen in anderen Verfassungsnormen; insbesondere die Grundrechte setzen der Gestaltungsfreiheit des Gesetzgebers Schranken«[337]. Solche verfassungsimmanenten **Grenzen der Gestaltungsfreiheit** des Dienstherrn setzen insbesondere die Diskriminierungsverbote des Art. 3 II 1 und III GG sowie das Gebot religiös-weltanschaulicher Neutralität des Staates (Art. 4 I, Art. 3 III 1, Art. 33 III GG sowie Art. 140 GG iVm 95

---

[331] *Masing* → Bd. II², Art. 33 Rn. 45.
[332] BVerfGE 110, 304 (322, Rn. 66); vgl. BVerfG (K), 2 BvR 462/13 vom 27.5.2013, Rn. 15; *Jarass/Pieroth*, GG, Art. 33 Rn. 14.
[333] BVerfGE 39, 334 (368) – indes Zuordnung zur Eignung.
[334] BVerfGE 92, 140 (151); 110, 304 (322, Rn. 66); BVerfG (K), 2 BvR 462/13 vom 27.5.2013, Rn. 15; BVerwGE 122, 147 (150).
[335] Vgl. bezogen auf die Treuepflicht des Beamten *Badura* (Fn. 180), Art. 33 Rn. 33.
[336] BVerfGE 108, 282 (296, Rn. 34).
[337] BVerfGE 108, 282 (296, Rn. 34).

Art. 136 I, IV und Art. 137 I WRV)³³⁸, die als Richtschnur markieren, welche Merkmale als Eignungskriterien unzulässig sind³³⁹. Zu beachten sind auch weitere im konkreten Fall betroffene Grundrechte der Amtsanwärter, namentlich das Persönlichkeitsrecht (Art. 2 I iVm Art. 1 I GG), die Glaubens-, Gewissens- und Weltanschauungsfreiheit (Art. 4 I, II GG) und die Meinungsfreiheit (Art. 5 I 1 Halbs. 1 GG). Diese Grundrechte gelten auch im öffentlichen Dienst einschließlich im Beamtenverhältnis³⁴⁰, unterliegen aber ihrerseits durch die »hergebrachten Grundsätze des Berufsbeamtentums« gem. Art. 33 V GG weitreichenden Beschränkungsmöglichkeiten³⁴¹, was Vorwirkungen für den Zugang zu Beamtenstellen hat. Zu den hergebrachten Grundsätzen des Berufsbeamtentums gehört u.a. das Gebot politischer Mäßigung³⁴², das entsprechend für religiöse Glaubensbekundungen gelten muss³⁴³ (→ Rn. 99 f.). Ferner muss die Auswahl der Eignungskriterien (bei der Durchführung des Unionsrechts, Art. 51 I 1 GRC) den Diskriminierungsverboten des Art. 21 I GRC gerecht werden und den EU-Gleichstellungsrichtlinien entsprechen, insbesondere der Rahmenrichtlinie 2000/78/EG zur Verwirklichung der Gleichbehandlung in Beschäftigung und Beruf, der Richtlinie 2000/43/EG zur Anwendung des Gleichbehandlungsgrundsatzes ohne Unterschied der Rasse oder der ethnischen Herkunft sowie der Richtlinie 2006/54/EG zur Verwirklichung des Grundsatzes der Chancengleichheit und Gleichbehandlung von Männern und Frauen in Arbeits- und Beschäftigungsfragen (→ Rn. 49).

aa) Geschlecht, Sexualität

96 Eine Verwendung verfassungs- und unionsrechtlich inkriminierter Differenzierungsmerkmale wie z.B. des **Geschlechts** ist im Rahmen der Anwendung des Art. 33 II GG in Anlehnung an die zu Art. 3 II 1 und III GG entwickelte Dogmatik (→ Art. 3 Rn. 112) nur ausnahmsweise gestattet, »wenn gemeinsame Elemente überhaupt nicht vorhanden sind« oder »wenn der biologische Geschlechtsunterschied den Lebenssachverhalt so entscheidend prägt, daß etwa vergleichbare Elemente daneben vollkommen zurücktreten.«³⁴⁴ Diese Voraussetzungen sind z.B. erfüllt bei der Einstellung in den Polizeidienst, wenn zu dem Aufgabenbereich Leibesvisitationen bei Männern oder Frauen gehören³⁴⁵. Auch soll das Geschlecht Eignungsmerkmal für die Leitung einer Mädchenschule sein dürfen³⁴⁶. Ob das Amt der öffentlichen Gleichstellungsbeauftragten aus Eignungsgründen Frauen vorbehalten bleiben darf, ist zweifelhaft³⁴⁷. Bedingen Ämter keine Besetzung mit einem bestimmten Geschlecht, verstoßen die Auswahl

---

[338] Zum Inhalt und zur verfassungsrechtlichen Verortung des Neutralitätsgebots statt vieler BVerfGE 19, 206 (216); 93, 1 (16 f.); 105, 279 (294, Rn. 53); 108, 282 (299, Rn. 42); BVerfGE 138, 296 (338 f., Rn. 109); *E.-W. Böckenförde*, NJW 2001, 723 (725 f.).
[339] Vgl. bezogen auf Art. 3 III GG BVerwGE 61, 325 (330); *Höfling* (Fn. 144), Art. 33 Abs. 1 bis 3 Rn. 139; *Jachmann* (Fn. 179), Art. 33 Rn. 18; bezogen auf Art. 3 II und III sowie Art. 33 I GG *Kingreen/Poscher*, Grundrechte, § 11 Rn. 509.
[340] Statt vieler BVerfGE 108, 282 (296, Rn. 35 ff.).
[341] BVerfGE 39, 334 (366 f.); 108, 282 (296, Rn. 34); BVerwGE 84, 292 (294).
[342] BVerfGE 39, 334 (346 f.); BVerwGE 84, 292 (294).
[343] A.A. bezogen auf das Mäßigungsgebot des LBG BW BVerfGE 108, 282 (308, Rn. 60 f.).
[344] BVerfGE 6, 389 (422 f.); 31, 1 (4 f.).
[345] *Werres*, Beamtenverfassungsrecht (Fn. 148), Rn. 148.
[346] BVerfGE 39, 334 (368); a.A. *M. Sachs*, HStR³ VIII, § 182 Rn. 167; *Jarass*/Pieroth, GG, Art. 33 Rn. 23.
[347] So aber NdsStGH DÖV 1996, 657 (659); *K. Lange*, Kommunale Frauenbeauftragte, 1993, S. 109 ff., insb. S. 112; offen gelassen von BVerfGE 91, 228 (245).

von Frauen, die für das konkrete Amt weniger geeignet sind als männliche Mitbewerber, und entsprechende Quotenregelungen gegen Art. 33 II GG. Bei gleicher Eignung von Männern und Frauen für ein Amt ist die Auswahl nach dem Geschlecht dagegen unter bestimmten Voraussetzungen zulässig (→ Rn. 119).

Homosexualität schließt die Eignung für öffentliche Ämter nicht aus; die Nichtberücksichtigung Homosexueller bei dem Zugang zu öffentlichen Ämtern verstößt nicht nur gegen Art. 33 II GG[348], sondern auch gegen die Menschenwürdegarantie des Art. 1 I GG[349]. Partner einer eingetragenen Lebenspartnerschaft sind besoldungs- und versorgungsrechtlich mit Ehepaaren gleichzustellen[350]. 97

bb) Konfession

(Nur) Unter den Voraussetzungen für Ausnahmen von dem Verbot der Diskriminierung wegen der religiösen Anschauung gem. Art. 3 III 1 GG kann auch die **Konfession** Eignungsmerkmal iSd Art. 33 II GG sein, wobei insoweit Art. 33 III 1 GG als vorrangiger verfassungsrechtlicher Maßstab zum Tragen kommt (→ Rn. 139ff.). Die Religionszugehörigkeit muss »den Lebenssachverhalt so entscheidend präg(en), daß etwa vergleichbare Elemente daneben vollkommen zurücktreten.«[351] Nach diesen Maßstäben werden konfessionelle Gesichtspunkte als Eignungskriterium für Religionslehrer (s. Art. 7 III 1, V GG) für zulässig oder sogar geboten erachtet[352]. Auch für Theologieprofessuren darf die Konfession Auswahlkriterium sein[353]. Für Lehrer an öffentlichen Gemeinschaftsschulen ist die Konfession dagegen kein taugliches Eignungskriterium[354]. Ob die Konfession als Eignungsmerkmal für Lehrer an öffentlichen Bekenntnisschulen auch außerhalb des Fachs Religion verwendet werden darf, ist umstritten[355]. Für Gefängnis-, Krankenhaus- und Militärgeistliche darf Konfessionsgebundenheit verlangt werden[356]. 98

Umgekehrt darf der **Verzicht auf eine Konfession** bzw. deren Ausübung nur dann zur Eignungsvoraussetzung für den Ämterzugang erklärt werden, wenn die Konfessionsausübung während des Dienstes untersagt werden dürfte. Ein staatliches Verbot für Lehrer, in der Schule zu beten oder religiöse Symbole zu tragen, greift in die posi- 99

---

[348] Die Vereinbarkeit mit Art. 33 II GG bejahen dagegen bezogen auf Ämter bei der Bundeswehr BVerwGE 86, 355 (356); BVerwG ZBR 1998, 181 (181f.); zustimmend *Jachmann* (Fn. 179), Art. 33 Rn. 18; zu Recht ablehnend *J. Risse*, Der verfassungsrechtliche Schutz der Homosexualität, 1998, S. 325f.; *Kunig* (Fn. 178), Art. 33 Rn. 28.
[349] A.A. für den Zugang Homosexueller zum Aufsichtsdienst in einer Justizvollzugsanstalt für Männer *Werres*, Beamtenverfassungsrecht (Fn. 148), Rn. 146.
[350] Vgl. BVerfGE 124, 199 (217, Rn. 77ff.) – betriebliche Hinterbliebenenversorgung für Arbeitnehmer des öffentlichen Dienstes; BVerwG NJW 2011, 1466ff. – Ehegattenzuschlag für Beamte; zur besoldungs- und versorgungsrechtlichen Schlechterstellung eingetragener Lebenspartnerschaften gegenüber Ehepaaren bis 2011 *T. Hebeler*, Die Verwaltung 47 (2014), 549 (558); *C. D. Classen*, FPR 2010, 200ff.
[351] Vgl. BVerfGE 6, 389 (422f.); 31, 1 (4f.).
[352] BVerwGE 17, 267 (272f.); 19, 252 (259f.); 47, 330 (354); *Badura* (Fn. 180), Art. 33 Rn. 40; bezogen auf die Vereinbarkeit mit Unionsrecht auch *J. A. Kämmerer*, Die Verwaltung 37 (2004), 353 (373). Für Gebotenheit: *Dollinger/Umbach* (Fn. 6), Art. 33 Rn. 52.
[353] BVerfGE 122, 89 (112f., Rn. 61).
[354] BVerwGE 81, 22 (24f.); a.A. für christliche Gemeinschaftsschulen BVerfGE 41, 29 (60); 41, 65 (87).
[355] Dafür BVerfGE 39, 334 (368); BVerwGE 17, 267 (269); 19, 252 (260); 81, 22 (24f.); *Jachmann* (Fn. 179), Art. 33 Rn. 18; dagegen *M. Sachs*, ZBR 1994, 133 (136).
[356] *Jachmann* (Fn. 179), Art. 33 Rn. 27.

tive Religionsfreiheit des Lehrers ein und bedarf der verfassungsrechtlichen Rechtfertigung[357]. Auf die negative Religionsfreiheit der Schüler kann das Verbot nicht gestützt werden, weil Art. 4 I, II GG kein Recht auf Schutz vor der Konfrontation mit der Religionsausübung anderer Grundrechtsträger gewährt[358]. Das verfassungsrechtliche Gebot religiös-weltanschaulicher Neutralität des Staates, an das Lehrer als Teil der Staatsgewalt gebunden sind[359], scheidet zur Rechtfertigung regelmäßig aus, weil sich der Staat durch die Duldung der Religionsausübung des Lehrers nicht mit dessen Religion identifiziert[360]. Für ältere Schüler ist erkennbar, dass die Religionsausübung einzelner Lehrer Ausdruck ihres individuellen Glaubens und nicht staatlicher Anordnung und Identifizierung ist. Etwas anderes kann für jüngere Schüler gelten, wenn diese nicht zwischen individueller Religionsausübung des Lehrers und einer vom Staat geschaffenen Lage differenzieren können (→ Art. 4 Rn. 147). Das Religionsausübungsverbot kann aber durch das **beamtenrechtliche Mäßigungsgebot** des Art. 33 V GG legitimiert sein, wobei das Verbot einer parlamentsgesetzlichen Ermächtigungsgrundlage bedarf[361]. Geboten ist eine Abwägung im Einzelfall zwischen den Grundrechten des Lehrers und Art. 33 V GG. Kriterien für die Entscheidung der Schulverwaltung sind die Art und das Ausmaß der religiösen Äußerung des Lehrers, das Alter und die konfessionelle Zusammensetzung der Schüler[362] sowie das bestehende Konfliktpotenzial; wegen des Schutzes (auch) von Minderheiten durch Art. 4 I, II GG ist die Konfession der Mehrheit der Schüler und Eltern nicht maßgeblich[363]. Gestützt auf Art. 7 I GG kann ein Verbot der Religionsausübung in der Schule gerechtfertigt sein, wenn die Religionsbekundung den Schulfrieden und damit die Erfüllung des Bildungsauftrages des Staates »in bestimmten Schulen oder Schulbezirken aufgrund substantieller Konfliktlagen über das richtige religiöse Verhalten« konkret gefährdet«[364] (hierzu insgesamt → Art. 7 Rn. 76ff.).

100 Nach diesen Grundsätzen muss grundsätzlich im **Einzelfall** (auf gesetzlicher Grundlage) entschieden werden, ob Lehrern öffentlicher bekenntnisoffener Gemeinschaftsschulen religiöse oder weltanschauliche Bekundungen in der Schule wie das Tragen eines **muslimischen Kopftuches** untersagt werden dürfen und entsprechend ein Verzicht auf die Religionsausübung in der Schule zur Voraussetzung für den Zugang zum

---

[357] Vgl. *F. Hufen*, NVwZ 2004, 575 (576); *S. Ganz*, Das Tragen religiöser Symbole und Kleidung in der öffentlichen Schule, 2009, S. 184f.

[358] Vgl. *T. Anger*, KritV 88 (2005), 52 (58); *J. Isensee*, JZ 2010, 317 (324); a.A. HessStGH NVwZ 2008, 199 (201).

[359] *S. Mückl*, Der Staat 40 (2001), 96 (123ff.).

[360] Vgl. BVerfGE 108, 282 (305f., Rn. 54); *S. Muckel*, Gleicher Zugang zu jedem öffentlichen Amte – auch für muslimische Lehrerinnen mit Kopftuch?, in: FS Link, 2003, S. 331ff. (339f.); *K. Wiese*, ZBR 2007, 294 (298); *L. R. Reuter*, ZAR 2001, 111 (119) sieht in dem Tragen eines muslimischen Kopftuchs keinen Verstoß gegen das Neutralitätsgebot, während das Neutralitätsgebot durch Verhüllung mit einem Tschador verletzt sei; eine Verletzung der Neutralitätspflicht des Staates durch das Tragen eines muslimischen Kopftuchs einer Lehrerin bejahen dagegen BVerwGE 121, 140 (146); VGH BW VBlBW 2008, 437 (438f.); HessStGH NVwZ 2008, 199 (201); *W. Frenz*, DÖV 2007, 690 (691).

[361] BVerfGE 108, 282 (306ff., Rn. 57ff.). Zu den landesgesetzlichen Regelungen zum Tragen religiöser Symbole durch Lehrer *H. Hofmann*, ZG 24 (2009), 201 (204ff.); *K. Wiese*, ZBR 2007, 294 (295ff.).

[362] Vgl. BVerfGE 108, 282 (303, Rn. 47).

[363] Die Notwendigkeit einer Einzelfallentscheidung betont auch *L. R. Reuter*, ZAR 2001, 111 (119).

[364] BVerfGE 138, 296, Leitsatz 3.

III. Gleicher Zugang für Deutsche zu jedem öffentlichen Amte (Art. 33 II GG) **Art. 33**

Lehreramt erhoben werden darf[365]. Ein generelles gesetzliches Verbot religiöser Bekundungen »schon wegen der bloß abstrakten Eignung zur Begründung einer Gefahr für den Schulfrieden oder die staatliche Neutralität [...] ist unverhältnismäßig«[366]. Ein angemessener Ausgleich der verfassungsrechtlich verankerten Positionen – der Glaubensfreiheit der Lehrkräfte, des staatlichen Bildungsauftrages in der Schule und des beamtenrechtlichen Mäßigungsgebotes – erfordert eine hinreichend konkrete Gefahr für die Schutzgüter[367]. Die gleichen Grundsätze gelten für das Tragen christlicher oder jüdischer Symbole[368]. Die Verschleierung mit einer Burka oder einem Tschador darf einer Lehrerin nach Art. 7 I GG und entsprechend nach Art. 33 II GG untersagt werden, weil sie die Identifizierbarkeit und Kommunikationsfähigkeit der Lehrerin beeinträchtigt und die Erfüllung des Bildungsauftrages der Schule behindert[369] → Art. 7 Rn. 76 ff.).

cc) Politische Überzeugung

Diese verfassungsrechtlichen Grundsätze gelten auch für das **Verbot politischer Bekundungen** von Lehrern in öffentlichen Schulen und entsprechend für den Verzicht auf politische Bekundungen als Eignungsanforderung für den Ämterzugang. Auch insoweit ist grundsätzlich im Einzelfall zu entscheiden, ob der Verzicht auf politische Äußerungen wie z.B. das Tragen einer Anti-Atomkraft-Plakette im Schuldienst[370] oder von auf Regierungsparteien bezogene Krawatten mit der Aufschrift »Ich habe sie nicht gewählt« als Voraussetzung für den Zugang zum Lehreramt mit Blick auf den dadurch bewirkten Eingriff in das Grundrecht der Meinungsfreiheit (Art. 5 I 1 Halbs. 1 GG) durch das beamtenrechtliche Mäßigungsgebot des Art. 33 V GG legitimiert ist.

101

Die Zugehörigkeit zu einer politischen Partei oder entsprechende **politische Überzeugungen** sind grundsätzlich kein taugliches Eignungskriterium[371]. Die Gewährung des Zugangs zu öffentlichen Ämtern nach Maßgabe politischer Anschauungen der

102

---

[365] Vgl. bezogen auf die Religionsausübung von Lehrern in der Schule BVerfGE 138, 296 (327 ff., Rn. 80 ff.); *E.-W. Böckenförde*, NJW 2001, 723 (727 f.); *K. Wiese*, ZBR 2007, 294 (297 f.); *N. Coumont*, ZAR 2009, 9 ff.; *C. Walter/A. v. Ungern-Sternberg*, DÖV 2008, 488 (491 f.); *G. Robbers*, RdJB 2003, 11 (13 f.); *C. Langenfeld*, RdJB 2004, 4 (6). Anders noch BVerfGE 108, 282 (294 ff., Rn. 29 ff., insbes. 309, Rn. 62 ff.), wonach auch ein generelles gesetzliches Verbot für Lehrerinnen, ein Kopftuch in der Schule zu tragen, zulässig sei; ebenso BVerwGE 121, 140 (147 ff.); BayVerfGH NVwZ 2008, 420 ff.; HessStGH NVwZ 2008, 199 ff.; OVG Brem. NVwZ-RR 2006, 402 (404 f.); *M. Kloepfer*, DÖV 2006, 45 (50); vgl. auch EGMR NJW 2001, 2871 ff.

[366] BVerfGE 138, 296, Leitsatz 2 – allerdings auch zu der Möglichkeit, »religiöse Bekundungen durch das äußere Erscheinungsbild nicht erst im konkreten Einzelfall, sondern etwa für bestimmte Schulen oder Schulbezirke über eine gewisse Zeit auch allgemeiner zu unterbinden«, wenn »in bestimmten Schulen oder Schulbezirken aufgrund substantieller Konfliktlagen über das richtige religiöse Verhalten bereichsspezifisch die Schwelle zu einer hinreichend konkreten Gefährdung oder Störung des Schulfriedens oder der staatlichen Neutralität in einer beachtlichen Zahl von Fällen erreicht« wird. Eine solche allgemeine (gesetzliche) Untersagung religiöser Bekundungen von Lehrern muss »für alle Glaubens- und Weltanschauungsrichtungen grundsätzlich unterschiedslos geschehen« (Leitsatz 3 und 4).

[367] Vgl. BVerfGE 138, 296, Leitsatz 2, allerdings unter Benennung teilweise anderer Schutzgüter.

[368] A.A. BVerwGE 121, 140 (150 ff.); BayVerfGH NVwZ 2008, 420 (423); *Stern*, Staatsrecht IV/2, S. 470 f.

[369] *Muckel*, Zugang (Fn. 360), S. 339.

[370] Nach BVerwGE 84, 292 (293 ff.) ist das Verbot des Tragens einer Anti-Atomkraft-Plakette durch das Mäßigungsgebot des Art. 33 V GG gerechtfertigt.

[371] Vgl. *W. Kugele*, ZBR 2007, 109 (110); *H. Landau/M. Steinkühler*, DVBl. 2007, 133 (140); *B. Kortz/S. Lubig*, ZBR 2006, 397 (402); *H. Lecheler*, HStR³ V, § 110 Rn. 10; *Jarass/Pieroth*, GG, Art. 33

Art. 33   C. Erläuterungen

Bewerber (**Ämterpatronage**[372]) widerspricht dem Diskriminierungsverbot des Art. 3 III 1 GG (s. auch Art. 21 I GRC) und verstößt gegen Art. 33 II GG. Ob eine Ausnahme für sog. **politische Beamte** gilt, die als Scharnier zwischen politischer Leitung und Verwaltung stehen und dementsprechend durch politisch-gestaltende Aufgaben geprägt sind, sodass sie »nach der Art ihrer Aufgaben in besonderer Weise des politischen Vertrauens der Staatsführung bedürfen« und »in fortwährender Übereinstimmung mit den grundsätzlichen politischen Ansichten und Zielen der Regierung stehen müssen«[373], ist umstritten[374].

dd) Verfassungstreuepflicht

103 Ebenfalls umstritten ist, ob eine weitere Ausnahme vom Prinzip der Irrelevanz politischer Überzeugungen und einer Parteizugehörigkeit unter dem Gesichtspunkt der politischen Treuepflicht anzuerkennen ist, die für Beamte zu den hergebrachten Grundsätzen des Berufsbeamtentums iSd Art. 33 V GG zählt (→ Rn. 186). Kontrovers diskutiert wird v. a., ob die Einstellung im öffentlichen Dienst an die **Verfassungstreue** geknüpft werden darf (→ Art. 5 I, II Rn. 189). Anlass zur Diskussion der Problematik der Verfassungstreuepflicht gaben und geben der Umgang mit Mitgliedern rechts- oder linksextremer politischer Parteien, mit Beschäftigten des Ministeriums für Staatssicherheit der ehemaligen DDR, mit Mitgliedern von Religionsgesellschaften und mit Personen, die für den Geheimdienst eines anderen Staates tätig sind.

(1) Meinungsstand in der Rechtsprechung und im Schrifttum

104 Namentlich die Rechtsprechung sieht die Verfassungstreuepflicht verstanden als Gewähr, jederzeit für die freiheitliche demokratische Grundordnung einzutreten (s. etwa § 7 I Nr. 2, § 60 Satz 3 BBG)[375], für **Beamte** und Richter sowohl als hergebrachten Grundsatz des Berufsbeamtentums iSd Art. 33 V GG (→ Rn. 186) als auch als generell zulässiges Zugangskriterium iSd Art. 33 II GG an. Die Verfassungstreuepflicht soll dabei für jedes Beamtenverhältnis gleichermaßen gelten; Differenzierungen nach der Art des Beamtenverhältnisses (z. B. Beamte auf Lebenszeit, auf Zeit oder Probe) und

---

Rn. 22; *Pieper* (Fn. 182), Art. 33 Rn. 79; *Jachmann* (Fn. 179), Art. 33 Rn. 19; *Voßkuhle* (Fn. 148), § 43 Rn. 66.

[372] Zum Begriff, zu Erscheinungsformen und Vorschlägen der Eindämmung der Ämterpatronage eingehend *Voßkuhle* (Fn. 148), § 43 Rn. 65 ff.

[373] Formulierung aus BVerfGE 7, 155 (166).

[374] Bejahend bezogen auf politische Beamte *Hebeler*, Verwaltungspersonal (Fn. 246), S. 136 ff.; *Grigoleit* (Fn. 200), Art. 33 Rn. 35; *Jarass*/Pieroth, GG, Art. 33 Rn. 22; *Hufen*, Grundrechte, § 36 Rn. 12; anerkennend gegenüber dem Typus des politischen Beamten auch BVerfGE 7, 155 (166); bejahend bezogen auf Büroleiter, persönliche Referenten, Pressesprecher und Redenschreiber *C.-D. Bracher*, DVBl. 2001, 19 (26 f.); a.A. *Pieper* (Fn. 182), Art. 33 Rn. 30, der die Auswahl politischer Beamter nach Maßgabe der politischen Anschauung nur als ergänzendes Hilfskriterium bei gleicher Eignung der Bewerber als mit Art. 33 II GG vereinbar ansieht; zweifelnd auch *Höfling* (Fn. 144), Art. 33 Abs. 1 bis 3 Rn. 223 ff., der eine Rechtfertigung für die mit dem politischen Beamten verbundene Abweichung von Art. 3 III GG allenfalls für »wirklich regierungsnahe Ämter« anerkennt. Zum Typus des politischen Beamten näher *K. Herrmann*, LKV 2012, 253 ff.; *J. F. Lindner*, ZBR 2011, 150 ff.; *W. Kugele*, ZBR 2007, 109 ff.; *Voßkuhle* (Fn. 148), § 43 Rn. 69 f. Einen Überblick über einfachgesetzliche Regelungen des politischen Beamten gibt *Höfling* (Fn. 144), Art. 33 Abs. 1 bis 3 Rn. 221 f.

[375] Einen Überblick über die gesetzliche Regelung der Verfassungstreue als Voraussetzung für den Zugang zu öffentlichen Ämtern in den Beamtengesetzen des Bundes und der Länder gibt *Höfling* (Fn. 144), Art. 33 Abs. 1 bis 3 Rn. 186. Zum Begriff der freiheitlichen demokratischen Grundordnung in diesem Zusammenhang BVerwGE 47, 330 (335); 61, 176 (178).

III. Gleicher Zugang für Deutsche zu jedem öffentlichen Amte (Art. 33 II GG) **Art. 33**

nach der »Art der dienstlichen Obliegenheiten« seien nicht nur nicht geboten, sondern sogar unzulässig[376]. »Beamte unterliegen einer gesteigerten politischen Treuepflicht. Diese fordert ihre Bereitschaft, sich mit der Idee des Staates, d. h. seiner freiheitlichen, demokratischen, rechts- und sozialstaatlichen Ordnung, zu identifizieren und dafür aktiv einzutreten.«[377] Etwas anderes gelte für **Angestellte und Arbeiter**, die in einem privatrechtlichen Dienstverhältnis zum Staat stehen; insoweit gebe es Bereiche, bei denen es »für die konkret geschuldete Arbeitsleistung […] nicht auf die von Beamten verlangte besondere politische Loyalität« ankomme, sodass ein geringeres Maß an Verfassungstreue genüge. Das Maß der einem Arbeitnehmer des öffentlichen Dienstes obliegenden Treuepflicht soll sich dabei aus seiner Stellung und dem arbeitsvertraglich fixierten Aufgabenkreis ergeben (sog. Funktionstheorie)[378].

Nach anderer, im Schrifttum vertretener Ansicht ist die Frage, ob und mit welchem Inhalt Verfassungstreue als Einstellungsvoraussetzung für den öffentlichen Dienst verlangt werden darf, für Beamte, Angestellte und Arbeiter **differenzierend nach dem jeweiligen Amt** und der konkret übertragenen Tätigkeit zu beantworten[379]. Schließlich wird vertreten, dass die Verfassungstreue – allerdings verstanden als Bereitschaft, »die dienstlichen Aufgaben nach den Grundsätzen der Verfassung wahrzunehmen« – als »differenzierungsresistente Größe« anzusehen sei, aber die Anforderungen an die »Prognosesicherheit« je nach Amt und Aufgabenbereich abgestuft festzulegen seien[380]. **105**

Dabei wird die **Mitgliedschaft in einer als verfassungsfeindlich eingestuften Partei** oder sonstigen Organisation überwiegend zwar von der Rechtsprechung und im Schrifttum nicht per se als Eignungsmangel angesehen, aber als Indiz für das Fehlen der Bereitschaft zur Verfassungstreue; dies gelte auch dann, wenn die betreffende Partei nicht vom Bundesverfassungsgericht gem. Art. 21 II 2 GG oder die Vereinigung nicht von der zuständigen Behörde verboten wurde[381]. Auch bei Geheimdiensttätig- **106**

---

[376] BVerfGE 39, 334 (346 ff.); BVerwGE 47, 331 (340); 61, 176 (179 ff.); 62, 267 (271); 73, 263 (267); 114, 258 (263); BVerwG NVwZ 2001, 1410 (1412); VGH BW NVwZ-RR 2008, 149 (151); aus dem Schrifttum ebenso *K. Hailbronner*, ZaöRV 69 (2009), 267 (272); *Stern*, Staatsrecht IV/2, S. 371 f.; *A. J. Schmid*, Die Eignung als Zugangskriterium für ein öffentliches Amt unter besonderer Berücksichtigung des Fragerechts des Dienstherrn, 2009, S. 59 ff. Bezogen auf die Vereinbarkeit der Entlassung einer Beamtin auf Lebenszeit aus dem öffentlichen Schuldienst wegen Aktivitäten für die DKP mit den Rechten der Meinungs- und Vereinigungsfreiheit aus Art. 10 und Art. 11 EMRK a.A. EGMR NJW 1996, 375 (377 ff.). Zu den einfachgesetzlichen Regelungen der Verfassungstreuepflicht für die Beschäftigten des öffentlichen Dienstes *U. Widmaier*, Verfassungstreue im Spiegel der verfassungs- und verwaltungsgerichtlichen Rechtsprechung, in: W. Kluth (Hrsg.), Verfassungstreue jenseits des Berufsbeamtentums, 2011, S. 35 ff. (37 ff.).

[377] BAG NZA-RR 2012, 43 (45, Rn. 27) unter Bezugnahme auf BVerfGE 39, 334. Näher zum Inhalt der so verstandenen Verfassungstreuepflicht *Widmaier*, Verfassungstreue (Fn. 376), S. 35 f.

[378] BAGE 62, 256 (267); BAG NZA-RR 2012, 43 (45, Rn. 28); BAG, 2 AZR 357/90 vom 28.2.1991, Rn. 29. Ebenso wie die Rechtsprechung differenzierend zwischen einer für sämtliche Beamte gleichen Verfassungstreuepflicht und einer bei Angestellten und Arbeitern nach Maßgabe des Amtes und des konkreten Aufgabenbereiches inhaltlich abgestuften Verfassungstreuepflicht *Pieper* (Fn. 182), Art. 33 Rn. 56, 158.

[379] *Jarass/Pieroth*, GG, Art. 33 Rn. 21; *Masing* → Bd. II², Art. 33 Rn. 47 f.; vgl. auch *Trute* (Fn. 181), Art. 33 Abs. 1–3 Rn. 57; *Klaß*, Fortentwicklung (Fn. 149), S. 250 f.

[380] *Höfling* (Fn. 144), Art. 33 Abs. 1 bis 3 Rn. 206 ff.

[381] Vgl. BVerfGE 39, 334 (335, 359); BVerwGE 61, 176 (182); 73, 263 (266, 284); BVerwG NVwZ 1999, 299 (300 f.); NVwZ 2000, 80 (81); BayVGH DÖD 2006, 43 (43); BAG NZA-RR 2012, 43 (45, Rn. 31); *J. A. Kämmerer*, Die Konzeption der Verfassungstreue im Verfassungs- und Gemeinschaftsrecht, in: Kluth, Verfassungstreue (Fn. 376), S. 13 ff. (19); *J. F. Lindner*, ZBR 2006, 402 (405 ff.); *D.*

keiten für einen anderen Staat werde die Verfassungstreuepflicht verletzt[382]. Ob eine Mitgliedschaft und Tätigkeiten in der SED die Verfassungstreue entfallen lassen, soll anhand einer Einzelfallprüfung zu beurteilen sein[383]. Das Gleiche wird für die Mitgliedschaft in einer als verfassungsfeindlich angesehenen Religions- oder Weltanschauungsgemeinschaft angenommen[384].

(2) Stellungnahme und eigener Standpunkt

107 Dass die Einstellung im öffentlichen Dienst an die Voraussetzung der **Verfassungstreue als Eignungsmerkmal** iSd Art. 33 II GG geknüpft werden kann, ergibt sich bereits daraus, dass sie zu den hergebrachten Grundsätzen des Berufsbeamtentums iSd Art. 33 V GG zählt (→ Rn. 103 ff.). Diese verfassungsrechtliche Wertentscheidung des Art. 33 V GG ist bei der Auslegung und Anwendung des Art. 33 II GG zu beachten. Hiervon zu unterscheiden ist die Frage, mit welchem Inhalt Verfassungstreue von Beamten gem. Art. 33 V GG und von Bewerbern für den öffentlichen Dienst gem. Art. 33 II GG verlangt werden kann, welche Anforderungen also an das Verhalten bzw. die Einstellung der Bewerber gestellt werden dürfen. Diese Frage ist unter Abwägung der im Spannungsverhältnis stehenden Interessen des Dienstherrn einerseits und der Grundrechte der Bewerber für den öffentlichen Dienst andererseits zu beantworten: Dem Dienstherrn steht bei der Festlegung der Anforderungen und der Aufstellung der Eignungskriterien für das konkrete Amt grundsätzlich ein weiter Gestaltungsspielraum zu. Da der »moderne Verwaltungsstaat« mit seinen ebenso vielfältigen wie komplizierten Aufgaben, von deren sachgerechter, effizienter, pünktlicher Erfüllung das Funktionieren des gesellschaftlich-politischen Systems und die Möglichkeit eines menschenwürdigen Lebens der Gruppen, Minderheiten und jedes Einzelnen Tag für Tag abhängt, […] auf einen intakten, loyalen, pflichttreuen, dem Staat und seiner verfassungsmäßigen Ordnung innerlich verbundenen« Beschäftigtenapparat angewiesen ist[385], ist die Festlegung besonderer Treuepflichten für »Staatsdiener« Ausdruck legitimer Ziele und rationaler Vernunft des Dienstherrn. Die Zugangshürde der Verfassungstreue für den öffentlichen Dienst bewirkt aber Einschränkungen der **Grundrechte der Bewerber**, deren Verhalten sowohl im Vorfeld der Bewerbung als auch während der Ausübung des Amtes zumindest faktisch beeinflusst wird. Die Verfassungstreuepflicht bewirkt namentlich Einschränkungen der Grundrechte der Berufsfreiheit (Art. 12 I GG; subjektive Berufswahlregelung)[386], der Meinungsfreiheit (Art. 5 I 1 Halbs. 1 GG; s. auch Art. 10 EMRK; Art. 11 I GRC)[387] und der Vereinigungsfreiheit (Art. 9 I GG; s. auch Art. 11 EMRK; Art. 12 I GRC)[388] sowie ggf. der Glaubens-, Weltanschauungs- und Gewissensfreiheit (Art. 4 I GG; s. auch Art. 9 EMRK; Art. 10 GRC). Hinzu kommt, dass

---

Leuze, DÖD 1994, 125 (129); *Stern*, Staatsrecht IV/2, S. 372 f.; *Klaß*, Fortentwicklung (Fn. 149), S. 149; *Hense* (Fn. 181), Art. 33 Rn. 42.1; *Jachmann* (Fn. 179), Art. 33 Rn. 19. A.A. EGMR NJW 1996, 375 (378); *Dollinger/Umbach* (Fn. 6), Art. 33 Rn. 48. Für eine Beurteilung im Einzelfall *Höfling* (Fn. 144), Art. 33 Abs. 1 bis 3 Rn. 209.

[382] BVerwGE 103, 121 (126 f.); 113, 118 (124 f.).
[383] Vgl. BVerfGE 92, 140 (150) – Sekretär der SED; 96, 171 (187); 96, 189 (200); 103, 310 (326, Rn. 62); *Battis* (Fn. 186), Art. 33 Rn. 36; *Jachmann* (Fn. 179), Art. 33 Rn. 19.
[384] *Trute* (Fn. 181), Art. 33 Abs. 1–3 Rn. 66.
[385] BVerfGE 39, 334 (347).
[386] Vgl. BVerfGE 39, 334 (369 ff.).
[387] Vgl. BVerfGE 39, 334 (360 ff.).
[388] Vgl. BVerfGE 39, 334 (367).

III. Gleicher Zugang für Deutsche zu jedem öffentlichen Amte (Art. 33 II GG)   **Art. 33**

eine Verfassungstreuepflicht regelmäßig Bewerber benachteiligt, die sich politisch aktiv betätigen oder einem bestimmten Glauben bzw. einer Weltanschauung anhängen, und Bewerber begünstigt, die weder politisch aktiv noch religiös oder weltanschaulich gebunden sind. Aus diesem Grund bewirkt eine Verfassungstreueanforderung zumindest faktisch eine Benachteiligung wegen der politischen oder religiösen Anschauungen und muss daher den Diskriminierungsverboten des Art. 3 III 1 GG (s. auch Art. 21 I GRC) genügen[389]. Dieses Spannungsverhältnis zwischen dem legitimen Interesse des Dienstherrn an einer weitreichenden Loyalitäts- und Treuepflicht seiner Beschäftigten und den Grundrechten der Bewerber ist unter Beachtung des Grundsatzes der Verhältnismäßigkeit aufzulösen. Das dem Verhältnismäßigkeitsprinzip immanente Postulat der Erforderlichkeit verlangt dabei sowohl eine Differenzierung zwischen Beamten, Angestellten und Arbeitern als auch innerhalb dieser drei Dienstverhältnisse eine Unterscheidung nach dem jeweils zu besetzenden Amt und dem konkret zu erfüllenden Aufgabenbereich (**funktionsbezogene Verfassungstreuepflicht**). Nur soweit das jeweilige Amt und die konkret betroffene Funktion auf einen loyalen, pflichttreuen, dem Staat und seiner verfassungsmäßigen Ordnung innerlich verbundenen Beschäftigten objektiv angewiesen ist, ist der damit verbundene Eingriff in die Grundrechte des Bewerbers bzw. die darin liegende Benachteiligung iSd Art. 3 III 1 GG verfassungsrechtlich gerechtfertigt. So können an Beamte des höheren Dienstes objektiv höhere Anforderungen an die Verfassungstreue zu stellen sein als an Beamte des mittleren, gehobenen oder einfachen Dienstes und kann innerhalb dieser Dienstgruppen nach dem konkreten Amt und dem jeweiligen Aufgabenkreis weiter zu differenzieren sein. Für Angestellte und Arbeiter können geringere Anforderungen an die Verfassungstreue zulässig sein als für Beamte, wobei auch insoweit das konkret zu besetzende Amt und die jeweilige Funktion maßgeblich ist. Dass z. B. der Leiter des Bundes- oder eines Landesamtes für Verfassungsschutz oder der Leiter einer Polizeibehörde ein »Mehr« an Verfassungstreue aufbringen muss als ein Sachbearbeiter in der Kommunalverwaltung oder ein Angestellter der städtischen Müllabfuhr, liegt auf der Hand. Je nach Amt und Tätigkeit können auch die Anforderungen an die Prognose, ob der Bewerber die jeweiligen Verfassungstreuepflichten erfüllen wird, abgestuft festzulegen sein.

Der Dienstherr ist bei der Beurteilung der Verfassungstreue von Bewerbern, die **Mitglied einer Partei** oder sonstigen Organisation sind, welche das Bundesverfassungsgericht (s. Art. 21 II 2 GG) bzw. die zuständige Verbotsbehörde (s. § 3 II VereinsG) nicht verboten hat, nicht gehindert, eigene Beurteilungen zur Verfassungsfeindlichkeit der Partei bzw. der Vereinigung vorzunehmen und hieran negative Konsequenzen für die Eignungsbeurteilung des Bewerbers zu knüpfen. Der Dienstherr ist weder gehalten, eine Entscheidung des Bundesverfassungsgerichts über die Verfassungswidrigkeit der politischen Partei bzw. der zuständigen Verbotsbehörde über die Strafrechts- und Verfassungswidrigkeit der Vereinigung abzuwarten noch ist er inhaltlich auf den Maßstab des Art. 21 II 1 GG für die Verfassungswidrigkeitserklärung von Parteien bzw. den Maßstab des § 3 I VereinsG für die Strafrechts- und Verfassungswidrigkeit von (sonstigen) Vereinigungen gebunden. Es steht ihm grundsätzlich frei, die Verfassungstreue der Partei oder Vereinigung selbst zu beurteilen und ein höheres Maß an Verfassungstreue zu verlangen als Art. 21 II 1 GG bzw. § 3 I VereinsG für ein Parteien- bzw. Vereinigungsverbot fordert. Der Grund hierfür ist, dass Art. 33 V GG im Hinblick auf die (Verfassungs-)Treuepflicht von Beamten und Art. 33 II GG

108

---
[389] Vgl. BVerfGE 39, 334 (367 ff.).

im Hinblick auf die (Verfassungs-)Treuepflicht sämtlicher Beschäftigten des öffentlichen Dienstes sensibler reagiert als Art. 21 II GG bzw. § 3 I VereinsG. Welches Maß an Verfassungstreue von Bewerbern für den öffentlichen Dienst verlangt werden kann und welche Anforderungen dementsprechend an politische Parteien oder andere Vereinigungen, bei denen der Bewerber Mitglied ist oder für die er sich aktiv einsetzt, zu stellen sind, richtet sich nach dem konkret zu besetzenden Amt und der jeweiligen Funktion. Bei der Beurteilung der Verfassungstreue der Parteien bzw. Organisationen ist der Dienstherr an die Diskriminierungsverbote des Art. 3 III 1 GG (s. auch Art. 21 I GRC) gebunden, sodass er nicht willkürlich zwischen links- und rechtsextremen Parteien oder zwischen verschiedenen Religionsgemeinschaften differenzieren darf. Zweifel des Dienstherrn an der Verfassungstreue einer Partei oder Organisation und entsprechend des Bewerbers für den öffentlichen Dienst müssen auf Umständen beruhen, die »von hinreichendem Gewicht und bei objektiver Betrachtungsweise geeignet sind, ernste Besorgnis an der künftigen Erfüllung seiner Verfassungstreuepflicht auszulösen.«[390]

ee) Gesundheit, Alter, Erscheinungsbild, Herkunft

109   Als Eignungskriterien herangezogen werden können insbesondere die Gesundheit[391], die körperliche und psychische Belastbarkeit[392], die Auffassungsgabe und sonstige intellektuelle Fähigkeiten, Verlässlichkeit, Loyalität, Durchsetzungsfähigkeit, Motivation und Teamfähigkeit sowie die Bereitschaft zur Erfüllung aller mit dem Amt verbundenen Aufgaben[393], sofern und soweit diese Eigenschaften für das zu besetzende Amt erforderlich sind. Die **gesundheitliche Eignung** fehlt nach neuerer Rechtsprechung des Bundesverwaltungsgerichtes, »wenn tatsächliche Anhaltspunkte die Annahme rechtfertigen, dass mit überwiegender Wahrscheinlichkeit vor Erreichen der gesetzlichen Altersgrenze Dienstunfähigkeit eintreten wird.«[394] Dieser Maßstab gilt auch für die Beurteilung der gesundheitlichen Eignung aufgrund von Risikofaktoren wie genetischen Veranlagungen[395], Aids-Infektionen[396] oder Übergewicht bzw. Adipositas[397]. Eine **Behinderung** darf die Eignungsbeurteilung mit Blick auf das Verbot der Benach-

---

[390] VGH BW NVwZ-RR 2008, 149 (151, Rn. 42) unter Bezugnahme auf BVerwG NJW 1985, 506.
[391] BVerfG (K), ZBR 2009, 125 (126); BVerwGE 122, 147 (150); näher *F. Pöllmann*, Die gesundheitliche Eignung als Einstellungsvoraussetzung im Beamtenrecht am Beispiel des HIV-Tests, 2001, passim; *Dollinger/Umbach* (Fn. 6), Art. 33 Rn. 44 ff.; *Höfling* (Fn. 144), Art. 33 Abs. 1 bis 3 Rn. 172 ff.
[392] BVerfGE 92, 140 (151): »Geeignet im Sinne von Art. 33 Abs. 2 GG ist nur, wer dem angestrebten Amt in körperlicher, psychischer und charakterlicher Hinsicht gewachsen ist«; BVerfG (K), ZBR 2009, 125 (126) – st. Rspr.; s. auch BVerwGE 11, 139 (142).
[393] BVerwGE 89, 260 (265 ff.) bezogen auf die Mitwirkungsbereitschaft des Chefarztes an einer städtischen Frauenklinik bei Schwangerschaftsabbrüchen.
[394] BVerwGE 147, 244 (248); BVerwG IÖD 2014, 2; RiA 2014, 82; näher zu den Anforderungen an die gesundheitliche Prognose des Dienstherrn *L. Kathke*, KommP BY 2014, 211 ff. – auch zur vorherigen Rechtsprechung des BVerwG, die noch engere Voraussetzungen an die gesundheitliche Eignung stellte, und zu den Folgen der neuen Rechtsprechung für die Eignungsbeurteilung (212 f.); *L. Kathke*, RiA 2014, 197 ff.; *T. Hebeler*, Die Verwaltung 47 (2014), 549 (560 f.); *S. Rittig*, DÖV 2004, 1054 ff.; *C. Fricke/M. Schütte*, DÖD 2012, 121 ff.; zur Beendigung von Beamtenverhältnissen wegen Krankheit eingehend *M. Baßlsperger*, ZBR 2010, 73 ff.
[395] Dazu VG Karlsruhe, 2 K 1762/13 vom 31.7.2014; VG Münster, 4 K 512/11 vom 29.1.2013; VG Darmstadt NVwZ-RR 2006, 566 ff.; näher *W. Höfling/U. Stockter*, ZBR 2008, 17 (18 ff.).
[396] Dazu *Pöllmann*, Eignung (Fn. 391), passim.
[397] Dazu BayVGH ZBR 2013, 52 (53 f.); *M. Hillebrecht*, ZBR 2011, 84 ff. Eingehend zur Eignungsbeurteilung bei gesundheitlichen Risiken *L. Kathke*, KommP BY 2014, 211 (213).

III. Gleicher Zugang für Deutsche zu jedem öffentlichen Amte (Art. 33 II GG)   **Art. 33**

teiligung behinderter Menschen aus Art. 3 III 2 GG nur ausschließen, »wenn dienstliche Bedürfnisse eine dauerhafte Verwendung in dem angestrebten Amt zwingend ausschließen«[398]. Ob der Dienstherr die Durchführung von Gentests und die Teilnahme an anderen prädiktiven medizinischen Untersuchungen verlangen kann, bestimmt sich nach Art. 2 I iVm Art. 1 I GG sowie Art. 2 II 1 GG[399].

Gesetzliche **Höchstaltersgrenzen**, die das **Ende der** physischen, psychischen und geistig-intellektuellen **Dienstfähigkeit** festlegen[400], sodass der Amtsinhaber mit Erreichen der Altersgrenze in den Ruhestand eintritt, begründen eine Diskriminierung wegen des Alters iSd Art. 21 I GRC und iSd Art. 2 und Art. 6 Richtlinie 2000/78/EG zur Verwirklichung der Gleichbehandlung in Beschäftigung und Beruf, die nach der Judikatur des EuGH der Rechtfertigung durch legitime Ziele namentlich der Beschäftigungspolitik, des Arbeitsmarktes und der beruflichen Bildung bedarf, wobei der Grundsatz der Verhältnismäßigkeit zu wahren ist[401]. Als arbeitsmarktpolitische Rechtfertigungsgründe hat der EuGH namentlich die Schaffung einer ausgewogenen Altersstruktur, die Einstellung und Beförderung jüngerer Beamter, die Optimierung der Personalplanung und das Verhindern etwaiger Rechtsstreitigkeiten über die Fähigkeit der Beschäftigten, ihre Tätigkeit über eine bestimmte Altersgrenze hinaus auszuüben, anerkannt[402]. Fiskalische Gründe genügen nicht[403]. Ob eine solche Rechtfertigung in Zeiten des demografischen Wandels und des vielerorts bestehenden Mangels an Arbeitskräften in jedem Fall gelingt[404], mag bezweifelt werden[405]. In Anlehnung an den weiteren Rechtfertigungsgrund des Art. 4 I Richtlinie 2000/78/EG sind gesetzliche Höchstaltersgrenzen mit primärem und sekundärem Unionsrecht sowie mit Art. 33 II GG darüber hinaus aber auch dann vereinbar, wenn die Altersgrenze aufgrund der Art der konkreten beruflichen Tätigkeit eine unabdingbare berufliche Anforderung darstellt, ohne die das Amt nicht oder nicht ohne Gefahren für den Amtsinhaber oder Dritte ausgeübt werden kann. Ob dies der Fall ist, hängt von dem konkreten Amt und der auf nachvollziehbare Darlegungen des Gesetzgebers zu stützenden Einschätzung der Leistungsfähigkeit von Amtsinhabern jenseits der Altersgrenze ab. So kann für Ämter, die eine erhebliche körperliche Leistungsfähigkeit erfordern, eine Höchstaltersgrenze zulässig sein. Der EuGH hat eine gesetzliche Höchstaltersgrenze von 62 Jahren für Richter, Staatsanwälte und Notare als altersbezogene Diskrimi-

110

---

[398] BVerfG (K), ZBR 2009, 125 (126); vgl. BVerwG, 2 A 6/06 vom 21.6.2007, Rn. 28. Zur Behinderung als Eignungsmangel näher *Klaß*, Fortentwicklung (Fn. 149), S. 228 ff.

[399] Eingehend zum Problem *J. Kersten*, PersV 2011, 4 (6 ff.); zur umstrittenen Zulässigkeit von Aids-Tests EuGH NJW 1994, 3005 (3006); *P. Lichtenberg/W. Winkler*, DVBl. 1990, 10 (12 ff.).

[400] Vgl. zu diesem Zweck von Höchstaltersgrenzen BVerfGE 71, 225 (268); BVerfG (K), NVwZ 2008, 1233 (1233); *L. Kathke*, KommP BY 2014, 211 (212); *T. Buß/B. Schulte zu Sodingen*, DVBl. 1998, 1315 (1318); *Werres*, Beamtenverfassungsrecht (Fn. 148), Rn. 136. Einen Überblick über die geltenden gesetzlichen Höchstaltersgrenzen für Beschäftigte des öffentlichen Dienstes gibt *T. Hebeler*, Die Verwaltung 47 (2014), 549 (555); *Höfling* (Fn. 144), Art. 33 Abs. 1 bis 3 Rn. 154.

[401] EuGH ZBR 2011, 341 (344).

[402] EuGH, Rs. C-411/05, Slg. 2007, I-8531 (8587, Rn. 48 ff.); Rs. C-159/10 u. a., Slg. 2011, I-6919 (6941, Rn. 39).

[403] EuGH, Rs. C-159/10 u. a., Slg. 2011, I-6919 (6941, Rn. 61, 73 f., 80 f.).

[404] Näher *Brosius-Gersdorf*, Demografischer Wandel (Fn. 161), S. 75 f.

[405] Kritisch gegenüber der pauschalen Annahme der Dienstunfähigkeit aufgrund des Erreichens einer Altersgrenze auch *Werres*, Beamtenverfassungsrecht (Fn. 148), Rn. 136; a.A. HessVGH DÖV 2010, 43 (43 f.), der eine Altersgrenze, mit deren Erreichen Beamte von Gesetzes wegen in den Ruhestand treten, für vereinbar mit den Vorgaben der Richtlinie 2000/78/EG hält.

rung für unvereinbar mit der Richtlinie 2000/78/EG erklärt[406]. In einer Altersgrenze von 65 Jahren für hessische Beamte hat der EuGH dagegen keinen Verstoß gegen die Richtlinie 2000/78/EG gesehen[407]. Das Bundesverfassungsgericht hat gestaffelte Altersgrenzen für Polizeibeamte für verfassungsgemäß erklärt[408].

111 **Mindestaltersgrenzen** bewirken ebenfalls eine altersbezogene Benachteiligung und bedürfen daher einer Rechtfertigung durch besondere Anforderungen des konkreten Amtes, die das Mindestalter als unabdingbare berufliche Voraussetzung erscheinen lassen[409]. Ist für ein bestimmtes Amt ein Mindestmaß an beruflicher Erfahrung erforderlich, das typischerweise ein gewisses Lebensalter voraussetzt, kann eine Mindestaltersgrenze zulässig sein[410].

112 **Einstellungshöchstaltersgrenzen** für die erstmalige **Beamtenernennung** sind nach Ansicht des Bundesverfassungsgerichts zulässig, wenn mit Überschreiten einer bestimmten Altersgrenze typischerweise die Anforderungen des betreffenden Amtes wie namentlich physische Fähigkeiten nicht mehr erfüllt werden. In diesem Fall stelle das Lebensalter ein taugliches Eignungskriterium dar[411]. In allen anderen Fällen sei das Lebensalter als eignungsfremdes Merkmal zu qualifizieren, das in das Leistungsprinzip des Art. 33 II GG eingreife. Dieser Eingriff soll aber verfassungsrechtlich durch das Lebenszeitprinzip und das Alimentationsprinzip (Art. 33 V GG) gerechtfertigt sein, weil Einstellungshöchstaltersgrenzen »ein ausgewogenes zeitliches Verhältnis zwischen Lebensdienstzeit und Ruhestandszeit und damit zwischen aktiver Beschäftigungszeit und Versorgungsansprüchen« gewährleisteten[412]. Indes darf bezweifelt werden, ob Einstellungshöchstaltersgrenzen wegen der darin liegenden Altersdiskriminierung mit Art. 33 II GG und mit den unionsrechtlichen Diskriminierungsverboten vereinbar sind[413].

113 Die Berücksichtigung des **Dienstalters bei Beförderungen** ist kein taugliches Eignungsmerkmal iSd Art. 33 II GG[414]. Ob das System der Dienstaltersstufen zur Bestim-

---

[406] EuGH EuGRZ 2012, 752 ff.
[407] EuGH NVwZ 2011, 1249 ff.; zur Zulässigkeit von Höchstaltersgrenzen für Beamte auch BVerwG NVwZ 2012, 1052 ff.
[408] BVerfG (K), NVwZ 2008, 1233 (1233); die Zulässigkeit von Höchstaltersgrenzen bejaht auch BVerwG NVwZ 2012, 1052 (1052 f.).
[409] Zur Unzulässigkeit eines Mindestalters und einer Mindestdienstzeit für die Zulassung zum Verwendungsaufstieg BVerwGE 144, 186 (190 ff.); *Klaß*, Fortentwicklung (Fn. 149), S. 235 ff.
[410] Vgl. *Höfling* (Fn. 144), Art. 33 Abs. 1 bis 3 Rn. 145; ablehnend gegenüber Mindestaltersgrenzen für Beförderungen BVerwG NVwZ 2013, 80 ff.; *Hufen*, Grundrechte, § 36 Rn. 8; kritisch auch *J. A. Kämmerer*, ZBR 2008, 325 (329 f.).
[411] BVerfG, 2 BvR 1322/12 u. a. vom 21.4.2015, Rn. 76 – als Beispiele nennt das Bundesverfassungsgericht die Einsatzkräfte beim Militär, im Polizeivollzugsdienst und in der Feuerwehr.
[412] BVerfG, 2 BvR 1322/12 u. a. vom 21.4.2015, Rn. 80; gleichsinnig BVerwGE 133, 143 (146 ff.); 142, 59 (70); BVerwG NVwZ 2010, 251 (252). Die Vereinbarkeit einer Höchstaltersgrenze für den feuerwehrtechnischen Dienst mit Unionsrecht bejaht EuGH, Rs. C-229/08, Slg. 2010, I-18 (42, Rn. 37 ff.). Einen Überblick über die gesetzlichen Höchstaltersgrenzen für die Ernennung zum Beamten findet sich bei *B. Begerau*, LKRZ 2011, 321 ff.; *J. Kühling/K. Bertelsmann*, NVwZ 2010, 87 (87 f.).
[413] Ebenfalls kritisch *J. Kühling/K. Bertelsmann*, NVwZ 2010, 87 ff.; *S. Koch/L. Kathke*, ZBR 2010, 181 ff.; *M. Baßlsperger*, ZBR 2008, 339 ff.; *J. A. Kämmerer*, ZBR 2008, 325 (330 ff.); *Klaß*, Fortentwicklung (Fn. 149), S. 181 ff.; *Hense* (Fn. 181), Art. 33 Rn. 15; *Höfling* (Fn. 144), Art. 33 Abs. 1 bis 3 Rn. 145. Zur Vereinbarkeit gesetzlicher Regelungen des Besoldungsdienstalters mit Unionsrecht *H. A. Wolff*, ZBR 2014, 1 (4 f.); *T. Hebeler*, Die Verwaltung 47 (2014), 549 (556 ff.) – jeweils m. w. N.
[414] *J. A. Kämmerer*, ZBR 2008, 325 (337 f.); a. A. *Klaß*, Fortentwicklung (Fn. 149), S. 236 ff.

III. Gleicher Zugang für Deutsche zu jedem öffentlichen Amte (Art. 33 II GG) **Art. 33**

mung der Besoldung mit Art. 33 II GG und mit den unionsrechtlichen Diskriminierungsverboten vereinbar ist, ist umstritten[415].

Das äußere Erscheinungsbild des Bewerbers ist als Eignungskriterium zulässig, wenn ein bestimmtes **Erscheinungsbild**[416] (z.B. Uniform) für die Ausübung des konkreten Amtes nach der Festlegung des Dienstherrn relevant ist und der mit den Bekleidungsvorgaben verbundene Eingriff in die Grundrechte (insbes. Art. 2 I iVm Art. 1 I GG) des (künftigen) Amtsinhabers verhältnismäßig erscheint. **114**

Eine **Kenntnis der örtlichen Verhältnisse** oder landesüblicher Gepflogenheiten darf nur verlangt werden, wenn das Amt dieses Wissen erfordert und die Kenntnisse ohne Weiteres erlernbar sind und wenn keine Diskriminierung nicht Ortsansässiger, namentlich von Unionsbürgern, bewirkt wird. Ein genereller »Einheimischenbonus« ist Art. 33 II GG fremd[417]. **Keine die Eignung des Bewerbers prägenden Eigenschaften** sind grundsätzlich seine gesellschaftliche Herkunft, sein Familienstand und seine soziale Bedürftigkeit[418]. **115**

6. Ergänzende Zugangskriterien bei gleicher Eignung, Befähigung und fachlicher Leistung (Leistungspatt)

Obwohl Art. 33 II GG die Kriterien für den Zugang zu öffentlichen Ämtern abschließend festlegt (→ Rn. 89), ist es nach allgemeiner Ansicht bei **gleicher Eignung mehrerer Bewerber (Leistungspatt)** zulässig, auf nicht leistungsbezogene Auswahlkriterien zurückzugreifen, die ergänzend neben die Kriterien des Art. 33 II GG treten[419]. **116**

a) Meinungsstand in Rechtsprechung und Schrifttum

Überwiegend werden keine näheren Anforderungen an solche Hilfskriterien gestellt. Nur vereinzelt wird verlangt, die Hilfskriterien müssten »sich sachlich rechtfertigen lassen«, sodass sie »dem sachlichen Grund bei der Ungleichbehandlung von Sachverhalten« ähnelten[420]. Als **zulässige Hilfskriterien** anerkannt werden zum Teil das Le- **117**

---

[415] Eingehend zum Problem und Diskussionsstand *J. M. V. Korn*, ZBR 2013, 155 (156f.).
[416] Hierzu BVerwG NVwZ-RR 2007, 781 (782); VG Aachen NWVBl. 2013, 301 (302f.). Zur Frage, ob großflächige Tätowierungen bei Polizeivollzugsbeamten ein Einstellungshindernis sind, *J.-M. Günther*, ZBR 2013, 116ff.
[417] BVerwG DÖV 1979, 793 (793f.); *Jarass*/Pieroth, GG, Art. 33 Rn. 24.
[418] *Jachmann* (Fn. 179), Art. 33 Rn. 17. Zu den Möglichkeiten und Grenzen der Berücksichtigung des Migrationshintergrundes von Bewerbern für öffentliche Ämter *J. Ziekow*, DÖV 2014, 765ff.; *P. Kunig*, Zur Einstellung von Personen mit Migrationshintergrund im Polizeivollzugsdienst, in: FS Schnapp, 2008, S. 643ff.
[419] S. nur BVerfG (K), NVwZ 2013, 1603 (1604f., Rn. 21); BVerwGE 89, 260 (265); 118, 370 (378); 122, 147 (150); 140, 83 (87f.); BVerwG DVBl. 1994, 118 (119); BAGE 73, 269 (279); VGH BW NJW 1996, 2525 (2526); *U. Battis/A. Schulte-Trux/N. Weber*, DVBl. 1991, 1165 (1167); *Werres*, Beamtenverfassungsrecht (Fn. 148), Rn. 145; *Jarass*/Pieroth, GG, Art. 33 Rn. 13; *Badura* (Fn. 180), Art. 33 Rn. 26; *Höfling* (Fn. 144), Art. 33 Abs. 1 bis 3 Rn. 284f.; *Pieper* (Fn. 182), Art. 33 Rn. 66, 68; *Hense* (Fn. 181), Art. 33 Rn. 17; *Grigoleit* (Fn. 200), Art. 33 Rn. 38.
[420] *Hense* (Fn. 181), Art. 33 Rn. 18; ebenso *Höfling* (Fn. 144), Art. 33 Abs. 1 bis 3 Rn. 284. Unklar *Badura* (Fn. 180), Art. 33 Rn. 26, der einerseits die Berücksichtigung leistungsfremder Hilfskriterien bei gleicher Eignung der Bewerber ohne Weiteres zulässt und andererseits leistungsfremde Belange nur akzeptiert, wenn ihnen Verfassungsrang zukommt; ebenso *Werres*, Beamtenverfassungsrecht (Fn. 148), Rn. 145.

bensalter und das Dienstalter (sog. Anciennitätsprinzip)[421], soziale Gesichtspunkte[422] und die (Schwer-)Behinderteneigenschaft[423]. Ein Rückgriff auf die Diskriminierungsmerkmale des Art. 3 II 1 und III GG sei dagegen unzulässig[424]. Dementsprechend sollen die Konfessionszugehörigkeit[425] und das Geschlecht[426] nicht als Hilfskriterien bei gleicher Eignung der Bewerber verwendet werden dürfen. Auch Kinderreichtum soll als Auswahlkriterium bei gleicher Eignung von Bewerbern ausscheiden[427]. Geschlechterquoten (sog. Frauenquoten) für Beschäftigungsbereiche, in denen Frauen unterrepräsentiert sind, werden nicht nur dann für verfassungswidrig gehalten, wenn sie Frauen ungeachtet ihrer Eignung, also auch bei geringerer Eignung Vorrang gegenüber Männern einräumen (sog. absolute Quoten)[428], sondern zum Teil auch dann, wenn sie Frauen bei gleicher oder besserer Eignung Vorzug gegenüber männlichen Mitbewerbern gewähren (sog. relative Quoten)[429]. Als weiteres zulässiges Hilfskriterium wird Art. 36 GG genannt, der bei der Besetzung der obersten Bundesbehörden einen föderalen Proporz normiert (Abs. 1 Satz 1) und für die bei den übrigen Bundesbehörden beschäftigten Personen in der Regel die Auswahl aus dem Land ihrer Beschäftigung vorsieht (Abs. 1 Satz 2)[430].

b) Stellungnahme und eigener Standpunkt

118   Art. 33 II GG legt die Kriterien, nach denen Zugang zu öffentlichen Ämtern zu gewähren ist, abschließend fest (→ Rn. 89). Die Geltung des Bestenauslesegrundsatzes »wird nach Art. 33 Abs. 2 GG unbeschränkt und vorbehaltlos gewährleistet. Die von Art. 33 Abs. 2 GG erfassten Auswahlentscheidungen können grundsätzlich nur auf Gesichtspunkte gestützt werden, die unmittelbar Eignung, Befähigung und fachliche Leistung der Bewerber betreffen«[431]. Mit Blick auf diese abschließende Regelung der Zugangskriterien für den öffentlichen Dienst ist die ergänzende Berücksichtigung leistungs-

---

[421] Bezogen auf das Dienstalter und das Lebensalter BVerwGE 80, 123 (126); 86, 169 (175ff.); 122, 147 (151); BVerwG NVwZ-RR 1997, 41 (41); HessVGH ZBR 1994, 344 (346); ZBR 1995, 109 (109); *Werres*, Beamtenverfassungsrecht (Fn. 148), Rn. 145; a.A. BVerwGE 86, 169 (175ff.), wonach das Lebensalter nur unter engen Voraussetzungen berücksichtigungsfähig sei; ebenso OLG Hamm NVwZ-RR 2002, 522 (523); bezogen auf ein Mindestdienstalter bei Beförderungen auch *Hense* (Fn. 181), Art. 33 Rn. 18; gegen die Berücksichtigungsfähigkeit des Dienst- und Lebensalters als Hilfskriterien ferner *Hebeler*, Verwaltungspersonal (Fn. 246), S. 146 f.; *Grigoleit* (Fn. 200), Art. 33 Rn. 38.
[422] *Jachmann* (Fn. 179), Art. 33 Rn. 20; a.A. *Hense* (Fn. 181), Art. 33 Rn. 18.
[423] BVerwGE 86, 244 (249f.); OVG Sachs.-Anh. NJ 2001, 159 (160); OVG NRW DÖD 2001, 261 (261); *Hebeler*, Verwaltungspersonal (Fn. 246), S. 147; *Badura* (Fn. 180), Art. 33 Rn. 26; *Jachmann* (Fn. 179), Art. 33 Rn. 20; *Jarass*/Pieroth, GG, Art. 33 Rn. 13; *Höfling* (Fn. 144), Art. 33 Abs. 1 bis 3 Rn. 292.
[424] *Werres*, Beamtenverfassungsrecht (Fn. 148), Rn. 146; *Pieper* (Fn. 182), Art. 33 Rn. 68; *Höfling* (Fn. 144), Art. 33 Abs. 1 bis 3 Rn. 284.
[425] BVerwGE 81, 22 (24f.); *Höfling* (Fn. 144), Art. 33 Abs. 1 bis 3 Rn. 291.
[426] *Jachmann* (Fn. 179), Art. 33 Rn. 20.
[427] OVG NRW ZBR 1999, 387 (387f.); *Hense* (Fn. 181), Art. 33 Rn. 18; *Pieper* (Fn. 182), Art. 33 Rn. 73.
[428] Statt vieler H.-J. *Papier*/M. *Heidebach*, DVBl. 2015, 125 (129); M. *Sachs*, ZG 27 (2012), 52ff.; *Badura* (Fn. 180), Art. 33 Rn. 32; *Kunig* (Fn. 178), Art. 33 Rn. 34.
[429] So etwa M. *Sachs*, ZG 27 (2012), 52ff.; *Jachmann* (Fn. 179), Art. 33 Rn. 20; die Verfassungsmäßigkeit bejahen dagegen *Jarass*/Pieroth, GG, Art. 33 Rn. 13; *Grigoleit* (Fn. 200), Art. 33 Rn. 38; etwas zurückhaltender *Badura* (Fn. 180), Art. 33 Rn. 32.
[430] S. nur *Höfling* (Fn. 144), Art. 33 Abs. 1 bis 3 Rn. 340ff.
[431] BVerfG (K), NVwZ 2013, 1603 (1604, Rn. 15); vgl. auch BVerfG (K), NVwZ 2011, 746 (747); NVwZ 2011, 1191 (1191).

III. Gleicher Zugang für Deutsche zu jedem öffentlichen Amte (Art. 33 II GG) **Art. 33**

fremder Hilfskriterien bei gleicher Eignung der Bewerber – ebenso wie die Durchbrechung des Leistungsprinzips des Art. 33 II GG (→ Rn. 122) – nur zulässig, wenn den **Hilfskriterien Verfassungsrang** zukommt. Fehlen im Einzelfall solche verfassungsrechtlich fundierten Hilfskriterien, ist die Stelle durch Losentscheid zu vergeben.

Nach diesen Maßstäben ist namentlich die Heranziehung des Lebens- und Dienstalters sowie der Konfession als Hilfskriterien für die Zulassung gleich geeigneter Bewerber zum öffentlichen Dienst unzulässig. Als Hilfskriterium für die Ämterzulassung verfassungsrechtlich durch Art. 3 II 2 GG fundiert ist dagegen das Geschlecht. Art. 3 II 2 GG (s. auch Art. 23 GRC; Art. 157 IV AEUV) begründet die verbindliche verfassungsrechtliche Pflichtaufgabe für den Staat, bestehende Nachteile für Frauen oder Männer in der Gesellschaft durch begünstigende Regelungen abzubauen. Sind Frauen gegenüber Männern in bestimmten Beschäftigungsbereichen tatsächlich benachteiligt, muss der Staat durch eine gezielte Förderung der benachteiligten Geschlechtergruppe auf die Beseitigung der Benachteiligung hinwirken. Art. 3 II 2 GG bildet insoweit einen verfassungsrechtlichen Rechtfertigungsgrund für Abweichungen von dem Verbot rechtlicher Diskriminierungen wegen des Geschlechts (Art. 3 II 1, III 1 GG) und für eine Ergänzung des Bestenausleseprinzips des Art. 33 II GG. Der Nachteilsbeseitigungsauftrag des Art. 3 II 2 GG erstreckt sich aber nur auf die Verwirklichung tatsächlicher Chancengleichheit von Frauen und Männern, nicht auf die Herstellung von schematischer Ergebnisgleichheit. Staatliche Maßnahmen, die auf eine paritätische Besetzung beruflicher Positionen unabhängig von der Eignung der Frauen zielen, sind unzulässig. Art. 3 II 2 GG legitimiert ausschließlich **relative Quotenregelungen**, die Frauen bei dem Zugang zu öffentlichen Ämtern nur dann Vorrang gegenüber Männern einräumen, wenn Frauen in dem betreffenden Bereich unterrepräsentiert sind, sie für das Amt mindestens über die gleiche Eignung verfügen wie die männlichen Mitbewerber und wenn Frauen bei gleicher Qualifikation nicht automatisch bevorzugt werden, sondern der Vorrang entfällt, wenn in der Person des gleich geeigneten männlichen Bewerbers liegende besondere persönliche Gründe überwiegen (Härtefallklausel). **Absolute Quotengesetze**, nach denen Frauen ungeachtet ihrer Qualifikation und Eignung gegenüber Männern zu bevorzugen sind und die keine Härtefallklausel zur Berücksichtigung besonderer persönlicher Belange männlicher Kandidaten enthalten, sind nicht durch Art. 3 II 2 GG gedeckt und daher verfassungswidrig[432]. Diese Differenzierung entspricht auch der ständigen Rechtsprechung des EuGH[433], die nach dem Vorrangprinzip bei der Auslegung des nationalen Verfassungsrechts zu beachten ist[434].

Ein weiteres verfassungsrechtliches Hilfskriterium lässt sich Art. 3 III 2 GG entnehmen, der für Behinderte nicht nur ein Benachteiligungsverbot enthält, sondern – im Umkehrschluss zu Art. 3 III 1 GG, der anders als Art. 3 III 2 GG auch Bevorzugungen

119

120

---

[432] Hierzu insgesamt näher *F. Brosius-Gersdorf*, Constitutional and EU-law aspects of introducing gender quota in supervisory boards and management boards of commercial enterprises, in: Sejm (Hrsg.), Frauenquoten in Führungspositionen, 2014, S. 315 ff. – auch zur unionsrechtlichen Würdigung relativer und absoluter Quotengesetze.
[433] EuGH, Rs. C-450/93, Slg. 1995, I-3051 (3077, Rn. 16); Rs. C-409/95, Slg. 1997, I-6383 (6393, Rn. 35); Rs. C-158/97, Slg. 2000, I-1902 (1919, 1923, Rn. 23 und 38); Rs. C-407/98, Slg. 2000, I-5562 (5585, Rn. 62).
[434] Zu dem Gebot unionsrechtskonformer Auslegung etwa BVerfG (K), NJW 2011, 288 (289, Rn. 54); NJOZ 2010, 1428 (1430, Rn. 34).

wegen der genannten Diskriminierungsmerkmale untersagt – auch die Bevorzugung (nicht nur Schwer-)**Behinderter** gestattet (→ Art. 3 Rn. 138)[435].

121 Umgekehrt scheidet die Bereitschaft von Bewerbern für Beamtenstellen, in Teilzeit zu arbeiten, als Hilfskriterium aus, weil Art. 33 V GG als hergebrachten Grundsatz des Berufsbeamtentums die Vollzeitbeschäftigung des Beamten sichert, was **erzwungene Teilzeitbeschäftigung** gegen den Willen des Beamten ausschließt (→ Rn. 184)[436].

7. Rechtfertigung von Einschränkungen des Leistungsprinzips

122 Ebenso wie der Rückgriff auf ergänzende leistungsfremde Auswahlkriterien bei einem Leistungspatt der Bewerber (→ Rn. 116 ff.) bedarf auch die **Verwendung leistungsfremder Auswahlkriterien bei ungleicher Eignung der Bewerber** einer Rechtfertigung durch kollidierendes Verfassungsrecht. Auswahlkriterien, die das Leistungsprinzip des Art. 33 II GG einschränken, können bei der Bewerberauswahl zur Besetzung öffentlicher Ämter nur Berücksichtigung finden, wenn sie externe, außerhalb des Leistungsprinzips des Art. 33 II GG liegende Ziele von Verfassungsrang verwirklichen[437]. Durchbrechungen des Prinzips der Bestenauslese sind zudem nur auf gesetzlicher Grundlage zulässig[438]. Umstritten ist, ob solche verfassungsrechtlichen Rechtfertigungsgründe in dem Sozialstaatsprinzip (Art. 20 I GG)[439], in Art. 3 III 2 GG[440] und in Art. 36 GG[441] liegen; Art. 36 GG normiert bei der Besetzung der obersten Bundesbehörden einen föderalen Proporz (Abs. 1 Satz 1) und sieht für die bei den übrigen Bundesbehörden beschäftigten Personen in der Regel die Auswahl aus dem Land ihrer Beschäftigung vor (Abs. 1 Satz 2)[442]. Eine Durchbrechung des Leistungsprinzips des Art. 33 II GG durch **Geschlechterquoten**, die Frauen bei dem Zugang zu öffentlichen Ämtern auch bei geringerer Qualifikation Vorrang einräumen gegenüber Männern (absolute Quoten), ist nicht durch Art. 3 II 2 GG gerechtfertigt (→ Rn. 119).

8. Verfahrensrechte des Bewerbers

123 Im Interesse der Sicherung des Leistungsprinzips folgen aus Art. 33 II GG über das den Zugangskriterien der Norm entsprechende Teilhaberecht hinaus auch Direktiven für die Gestaltung des Auswahlverfahrens für öffentliche Ämter. Art. 33 II GG steuert das gesamte zur Verwirklichung des verfassungsrechtlichen Leistungsprinzips erforderliche Verfahren der Ämtervergabe und gewährleistet auf diese Weise einen effek-

---

[435] BVerfGE 96, 288 (312 f.).
[436] BVerwGE 82, 196 (204); 110, 363 (368).
[437] BVerfG, 2 BvR 1322/12 u. a. vom 21.4.2015, Rn. 77; BVerfGK 12, 184 (186); 12, 284 (287); BVerwGE 122, 147 (149 f.); 124, 99 (102); 132, 110 (113); *Jarass*/Pieroth, GG, Art. 33 Rn. 17; *Pieper* (Fn. 182), Art. 33 Rn. 67; *Trute* (Fn. 181), Art. 33 Abs. 1–3 Rn. 89.
[438] Statt aller BVerwGE 122, 147 (150); 124, 99 (102); 133, 143 (145); 134, 59 (64); *Höfling* (Fn. 144), Art. 33 Abs. 1 bis 3 Rn. 296; *Jarass*/Pieroth, GG, Art. 33 Rn. 17.
[439] Bejahend *Grigoleit* (Fn. 200), Art. 33 Rn. 39; *Jachmann* (Fn. 179), Art. 33 Rn. 21; verneinend *Kingreen*/Poscher, Grundrechte, § 11 Rn. 512.
[440] Für Schwerbehinderte bejahend *Höfling* (Fn. 144), Art. 33 Abs. 1 bis 3 Rn. 310; *Trute* (Fn. 181), Art. 33 Abs. 1–3 Rn. 91; verneinend *Battis* (Fn. 186), Art. 33 Rn. 38; *Jachmann* (Fn. 179), Art. 33 Rn. 21; *Kingreen*/Poscher, Grundrechte, § 11 Rn. 512.
[441] Bejahend *Grigoleit* (Fn. 200), Art. 33 Rn. 39; verneinend *Höfling* (Fn. 144), Art. 33 Abs. 1 bis 3 Rn. 340 ff.; *Kunig* (Fn. 178), Art. 33 Rn. 30.
[442] Zu der Frage, ob haushaltsrechtliche Erwägungen Art. 33 II GG einzuschränken vermögen, G. *Neuhäuser*, NVwZ 2013, 176 (180 f.).

III. Gleicher Zugang für Deutsche zu jedem öffentlichen Amte (Art. 33 II GG)   **Art. 33**

tiven Schutz des grundrechtsgleichen Rechts auf Ämterzugang durch **flankierende Verfahrensregelungen**[443].

Ob Ämter vergeben werden, liegt zwar grundsätzlich in der **Organisationsfreiheit** des Dienstherrn; aus Art. 33 II GG folgt von Ausnahmen abgesehen (→ Rn. 130) kein Anspruch auf Schaffung von Stellen oder auf Vergabe »freier«, nicht besetzter Positionen[444]. Bereits die Definition der Kriterien für die Vergabe öffentlicher Ämter hat aber der Kriterientrias des Art. 33 II GG und weiteren verfassungsrechtlichen Wertentscheidungen (→ Rn. 95) zu entsprechen, gegen die etwa verstoßen wird, wenn Stellen sachwidrig so zugeschnitten werden, dass sie nur bestimmte Personen erfüllen können[445].

124

Im Interesse des verfassungsrechtlichen Leistungsprinzips geboten ist grundsätzlich auch eine **öffentliche Ausschreibung** des öffentlichen Amtes gemäß dem Anforderungsprofil[446], da erst hierdurch leistungsstarken Bewerbern der Zugang zum Amt ermöglicht wird[447]. Um auch Unionsbürgern Zugang zu öffentlichen Stellen zu eröffnen, ist die Ausschreibung in geeigneter Form EU-weit publik zu machen, etwa durch Veröffentlichung im Internet. Eine Ausnahme von dem Grundsatz der Ausschreibung gilt nicht, wenn dem Dienstherrn geeignete, leistungsstarke Bewerber für eine konkrete Stelle bekannt sind[448], da nur durch eine Ausschreibung die Möglichkeit von Bewerbungen (noch) leistungsstärkerer Kandidaten besteht. Auch Ausnahmen für lediglich untergeordnete[449] oder zeitlich begrenzte Funktionen lassen sich vor dem Normzweck des Art. 33 II GG nicht rechtfertigen. Die Eilbedürftigkeit der Besetzung von Ämtern kann allenfalls eine kurze Ausschreibungsfrist rechtfertigen[450]. Der mit einer Ausschreibung erforderliche Verwaltungsaufwand dürfte angesichts der heutigen Möglichkeiten IT-gestützter Datenverarbeitung und Veröffentlichung ein Absehen von einer Ausschreibung kaum rechtfertigen[451]. Ausnahmen von der Ausschreibung bedürfen wegen der vorbehaltlosen Gewährleistung des Art. 33 II GG der Rechtfertigung durch Belange von Verfassungsrang.

125

---

[443] Vgl. *Höfling* (Fn. 144), Art. 33 Abs. 1 bis 3 Rn. 242; zum Grundrechtsschutz durch Verfahren und Organisation generell BVerfGE 53, 30 (65 f.); 73, 280 (296); 84, 34 (45 f.); 90, 60 (96); 116, 1 (16, Rn. 43).
[444] Vgl. statt aller BVerfGE 39, 334 (354); BVerwG NVwZ-RR 2001, 253 (253 f.); *Isensee* (Fn. 242), § 32 Rn. 36; *Badura* (Fn. 180), Art. 33 Rn. 27.
[445] OVG Nds. NVwZ-RR 1996, 677 (677 f.); *Masing* → Bd. II², Art. 33 Rn. 39.
[446] OVG Brem. ZBR 2010, 49 (50); OVG NRW DÖD 2001, 127 (128); *Schenke*, Auswahlentscheidung (Fn. 308), S. 224; *G. Neuhäuser*, WissR 45 (2012), 248 (255 ff.) – auch zu zulässigen Ausnahmen von der Ausschreibungspflicht; *Battis* (Fn. 186), Art. 33 Rn. 40; *Pieper* (Fn. 182), Art. 33 Rn. 43 f. – auch zu der Frage, ob Ausnahmen von der Ausschreibungspflicht durch Gesetz geregelt werden müssen oder durch Rechtsverordnung getroffen werden können (Rn. 44); a.A. BVerwGE 49, 232 (238 ff.); 56, 324 (327); *Badura* (Fn. 180), Art. 33 Rn. 34; *Werres*, Beamtenverfassungsrecht (Fn. 148), Rn. 153; offen gelassen von BVerfG (K), NVwZ 2006, 1401 (1402). Zu den gesetzlichen Regelungen zur Ausschreibung in den Beamtengesetzen des Bundes und der Länder *Kunig* (Fn. 178), Art. 33 Rn. 34; *Werres*, Beamtenverfassungsrecht (Fn. 148), Rn. 153.
[447] Vgl. *G. A. Neuhäuser*, NVwZ 2013, 176 (179); *Pieper* (Fn. 182), Art. 33 Rn. 44.
[448] So aber *Dollinger/Umbach* (Fn. 6), Art. 33 Rn. 60.
[449] So aber *Masing* → Bd. II², Art. 33 Rn. 39, der für untergeordnete Positionen eine behördeninterne Ausschreibung genügen lässt; s. auch *Jarass*/Pieroth, GG, Art. 33 Rn. 18.
[450] A.A. bezogen auf Vertretungsprofessuren OVG NRW NVwZ-RR 2007, 178 (179); *Höfling* (Fn. 144), Art. 33 Abs. 1 bis 3 Rn. 250.
[451] Vgl. aber *Kunig* (Fn. 178), Art. 33 Rn. 34.

126 Die Anwendung der Kriterien des Art. 33 II GG setzt voraus, dass für die zu besetzende Stelle vor der Ausschreibung ein präzises **Anforderungsprofil** festgelegt wird[452], durch das die Kriterien der Eignung, Befähigung und fachlichen Leistung vom Dienstherrn in Bezug auf den Aufgabenbereich des konkreten Amtes konkretisiert werden[453] und an das der Dienstherr bei der Bewerberauswahl gebunden ist[454]. Das Anforderungsprofil muss dem Leistungsprinzip des Art. 33 II GG sowie weiteren verfassungsrechtlichen Wertentscheidungen entsprechen (→ Rn. 95)[455] und darf nach seiner Veröffentlichung (Ausschreibung) nur noch konkretisiert, nicht mehr geändert werden. Von Art. 33 II GG als notwendige Vorbedingung für den Anspruch auf gleichen Zugang zu öffentlichen Ämtern umfasst ist zudem das **Recht auf Bewerbung** auf zu besetzende (und entsprechend ausgeschriebene) Stellen[456].

127 Art. 33 II GG steuert ferner die Organisation und das Verfahren der **Auswahlentscheidung** unter den Bewerbern. Damit eine Auswahl nach dem Prinzip der Bestenauslese gewährleistet ist, muss das Auswahlverfahren geeignet sein, »die fachlich besten Bewerber zu ermitteln«[457]. Der Dienstherr hat orientiert an dem festgelegten und ausgeschriebenen Anforderungsprofil der Stelle auf der Grundlage sämtlicher vorliegenden und für die zu besetzende Stelle relevanten, insbesondere aus den Bewerbungsunterlagen, der Personalakte[458] und einem Vorstellungsgespräch[459] ersichtlichen Informationen[460] eingehend die Eignung, Befähigung und fachliche Leistung des einzelnen Bewerbers sowie der Bewerber im Verhältnis zueinander für die zu besetzende Stelle zu ermitteln[461]. Die Entscheidung des Dienstherrn muss »auf hinreichend aussagekräftigen fachlichen Beurteilungsgrundlagen beruhen«[462] und sämtliche erworbenen Qualifikationen der Bewerber berücksichtigen[463] wie z.B. Prüfungsergebnisse[464], erworbene Zusatzqualifikationen[465], dienstliche Beurteilungen[466] und berufliche Er-

---

[452] BAG ZBR 2004, 273 (274); HessVGH ZBR 1994, 347 (348); *Schenke*, Auswahlentscheidung (Fn. 308), S. 225; *Pieper* (Fn. 182), Art. 33 Rn. 62; zu konstitutiven und obligatorischen Bestandteilen des Anforderungsprofils *T. Hebeler*, Die Verwaltung 47 (2014), 549 (562 f.); zum notwendigen Inhalt des Anforderungsprofils auch *G. Kämmerling*, RiA 2013, 49 (50 f.).

[453] Nach BVerfG (K), NVwZ 2013, 1603 (1604, Rn. 16) steht es im Ermessen des Dienstherrn (»können«), ob er die Leistungskriterien des Art. 33 II GG durch die Festlegung eines Anforderungsprofils bereits im Vorfeld der Auswahlentscheidung konkretisiert.

[454] BVerfG (K), ZBR 2008, 94 (95); *Werres*, Beamtenverfassungsrecht (Fn. 148), Rn. 149; *Höfling* (Fn. 144), Art. 33 Abs. 1 bis 3 Rn. 253; *Jachmann* (Fn. 179), Art. 33 Rn. 16.

[455] *Badura* (Fn. 180), Art. 33 Rn. 27, 36.

[456] Statt vieler BVerwGE 2, 151 (153); *J. F. Lindner*, ZBR 2012, 181 ff.; *Höfling* (Fn. 144), Art. 33 Abs. 1 bis 3 Rn. 120; *Pieper* (Fn. 182), Art. 33 Rn. 45; vgl. auch *G. Bochmann*, ZBR 2004, 405 (419).

[457] BVerfGE 110, 304 (336, Rn. 104); vgl. auch BVerfGE 116, 1 (16 f., Rn. 43); *Badura* (Fn. 180), Art. 33 Rn. 36.

[458] Vgl. OVG Rh.-Pf. NVwZ-RR 1996, 456 ff.

[459] BVerfG (K), 2 BvR 462/13 vom 27.5.2013, Rn. 15; ein Vorstellungsgespräch kann, da es nur eine Momentaufnahme des Leistungspotenzials des Bewerbers darstellt, die übrige Eignungsbeurteilung nur ergänzen, vgl. HessVGH ZBR 1994, 82 (83); OVG NRW NVwZ-RR 1995, 100 (100).

[460] Vgl. BVerwG NVwZ 2003, 1397; BayVGH NVwZ-RR 2004, 871; OVG Nds. NVwZ-RR 2004, 197 (198 f.).

[461] Vgl. HessVGH NVwZ 1990, 284 (285); NVwZ-RR 1998, 446 (447); *Trute* (Fn. 181), Art. 33 Abs. 1–3 Rn. 71.

[462] BVerfGE 110, 304 (332, Rn. 95).

[463] Vgl. BVerfGE 110, 304 (338, Rn. 112).

[464] HessVGH ZBR 1994, 347 (349).

[465] HessVGH ZBR 1994, 347 (349).

[466] BVerwGE 124, 99 (103); 138, 102 (116). Zu den Anforderungen an dienstliche Beurteilungen *H. Schnellenbach/J. Bodanowitz*, Die dienstliche Beurteilung der Beamten und der Richter, 2014,

III. Gleicher Zugang für Deutsche zu jedem öffentlichen Amte (Art. 33 II GG) **Art. 33**

fahrungen. Bei der Einbeziehung dienstlicher Beurteilungen sind »vor allem zeitnahe Beurteilungen heranzuziehen«, die für das betreffende Amt aussagekräftig sind[467].

Die Beteiligung externer Gutachter ist zur Sicherung des erforderlichen Fachverstandes und zur Kontrolle des Dienstherrn grundsätzlich zulässig; die Auswahlentscheidung hat aber der Dienstherr selbst zu treffen[468]. Die maßgeblichen Auswahlerwägungen sind **schriftlich zu dokumentieren**[469]. Gem. Art. 33 II iVm Art. 19 IV 1 GG hat der Dienstherr den unterlegenen Bewerbern nach Abschluss des Auswahlverfahrens den für sie negativen Verfahrensausgang mitzuteilen[470], wobei die **Mitteilung rechtzeitig**[471] vor Ernennung des Konkurrenten und unter Nennung dessen Namens[472] sowie der maßgeblichen Auswahlerwägungen[473] erfolgen muss, damit der unterlegene Bewerber effektiven Rechtsschutz gegen die Auswahlentscheidung erlangen kann (→ Rn. 131 ff.). Der Dienstherr muss nach der Mitteilung zumindest bei der Beamtenernennung »eine angemessene Zeit zuwarten, damit die Unterlegenen das Verwaltungsgericht anrufen können« (»**Mitteilungs- und Wartepflichten**«)[474]. Beantragt ein Bewerber den Erlass einer einstweiligen Anordnung, darf der Dienstherr die Ernennung dessen Konkurrenten erst nach vollständigem Abschluss des gerichtlichen Verfahrens vornehmen[475]. Im Interesse effektiven Rechtsschutzes steht dem unterlegenen Bewerber gegen den Dienstherrn auch ein **Anspruch auf Akteneinsicht** zu[476].

128

---

passim; *F. Bieler/J. Lorse*, Die dienstliche Beurteilung, 5. Aufl. 2012, passim; *S. Mauch*, Dienstliche Beurteilung, 2004, passim; *G. Kämmerling*, RiA 2013, 49 (51 ff.).

[467] BVerfGE 110, 304 (332, Rn. 94 f.); vgl. auch BVerwGE 138, 102 (116); 140, 83 (86); 145, 112 (117); OVG Rh.-Pf. NVwZ-RR 2013, 225 (227); BayVGH BayVBl. 2011, 24 (24 f.); OVG NRW NVwZ-RR 2002, 594 (595); näher *G. Schefzik*, VBlBW 2012, 411 (416); *Werres*, Beamtenverfassungsrecht (Fn. 148), Rn. 141 ff.; *T. Hebeler*, Die Verwaltung 47 (2014), 549 (561 f.). Zu den Anforderungen an aussagekräftige dienstliche Beurteilungen BVerwGE 138, 102 (116). Zur ergänzenden Berücksichtigungsfähigkeit älterer Beurteilungen BVerwG NVwZ 2003, 1397 (1398); OVG Rh.-Pf. DÖD 2007, 284 (285 f.); OVG NRW DÖD 2006, 15 (15 f.). Zu dem Fehlbewertungspotenzial dienstlicher Beurteilungen *G. Bochmann*, ZBR 2004, 405 (414 ff.); *Höfling* (Fn. 144), Art. 33 Abs. 1 bis 3 Rn. 265.

[468] Zur Frage der Zulässigkeit von Assessment-Centern OVG Thür. NVwZ-RR 2004, 52 (54 ff.); OVG NRW NVwZ-RR 2010, 159 (159 f.); NVwZ-RR 2006, 343 (344); *C. Stubbe*, Assessment Center. Rechtliche Grenzen der Verfahren zur Bewerberauswahl, 2006, passim; *M. Baßlsperger*, ZBR 2011, 217 (224); *H. Günther*, DÖD 2006, 146 ff.; *M. D. Schweiger*, ZBR 2006, 25 ff.; *Werres*, Beamtenverfassungsrecht (Fn. 148), Rn. 150 f.

[469] BVerfG (K), NVwZ 2012, 368 (369); NVwZ 2007, 1178 (1179); BVerwGE 133, 13 (14 f.); 136, 36 (39 ff.); BAGE 104, 295 (299); HessVGH NVwZ 1990, 284 (285); ZBR 1994, 347 (348); *Trute* (Fn. 181), Art. 33 Abs. 1–3 Rn. 72.

[470] BVerfG (K), NJW 1990, 501 (501); NVwZ 2007, 1178 (1179); NVwZ 2008, 70 (70 f.); BVerwGE 118, 370 (374 f.); 138, 102 (108, 112, Rn. 25, 34) – st. Rspr.; näher *Schenke*, Auswahlentscheidung (Fn. 308), S. 226; *J. F. Lindner*, ZBR 2012, 181 (184).

[471] Welche Zeitspanne zwischen der Mitteilung an den unterlegenen Bewerber und der Beamtenernennung liegen muss, ist umstritten: BVerwGE 138, 102 (112, Rn. 34): Zwei Wochen ab Zugang der Mitteilung; ebenso HessVGH LKRZ 2008, 34 (34); *Werres*, Beamtenverfassungsrecht (Fn. 148), Rn. 159; a.A. *Schenke*, Auswahlentscheidung (Fn. 308), S. 227: ein Monat; ebenso *J. Martens*, ZBR 1992, 129 (131); näher zur Rechtzeitigkeit *J. F. Lindner*, NVwZ 2013, 547 (548 ff.).

[472] VG Frankfurt NVwZ 1991, 1210 (1210).

[473] BVerfG (K), NVwZ 2007, 1178 (1179); BVerwGE 138, 102 (107, Rn. 25); BGH NJW 1995, 2344 (2345); OVG Schl.-Holst. NVwZ-RR 1994, 350 (351); *Schenke*, Auswahlentscheidung (Fn. 308), S. 228.

[474] BVerwGE 138, 102 (112, Rn. 34); *G. Schefzik*, VBlBW 2012, 411 (414).

[475] BVerfG (K), NVwZ 2003, 200 (200 f.); BVerwGE 118, 370 (374 f.); 138, 102 (111 f., Rn. 33 f.); *G. Schefzik*, VBlBW 2012, 411 (414 f.).

[476] Vgl. HessVGH DÖD 1994, 234 (234 f.); *Höfling* (Fn. 144), Art. 33 Abs. 1 bis 3 Rn. 260; *Jarass/Pieroth*, GG, Art. 33 Rn. 19.

129 Ein **Abbruch eines Verfahrens** zur Ämtervergabe kommt nur ausnahmsweise in Betracht, wenn eine Art. 33 II GG entsprechende Besetzung des Amtes angesichts des Bewerberfeldes nicht möglich ist[477]. Anderenfalls besteht die Gefahr, dass »die Zusammensetzung des Bewerberkreises« gesteuert wird[478] und für das Amt geeignete Bewerber aus sachwidrigen Gründen ferngehalten werden[479]. Dies wird übersehen, wenn dem Dienstherrn »hinsichtlich der Beendigung eines eingeleiteten Bewerbungs- und Auswahlverfahrens ein weites organisations- und verwaltungspolitisches Ermessen« zuerkannt wird und für den Abbruch des Auswahlverfahrens lediglich sachliche Gründe verlangt werden[480].

130 Art. 33 II GG gewährt dem Einzelnen grundsätzlich keinen Anspruch auf Übernahme in ein öffentliches Amt[481], sondern nur einen **Anspruch auf ermessens- und beurteilungsfehlerfreie Entscheidung** über seine Bewerbung um das öffentliche Amt[482]. Der Anspruch auf beurteilungsfehlerfreie Entscheidung kann sich ausnahmsweise im Einzelfall zu einem **Einstellungsanspruch** verdichten, wenn unter Berücksichtigung des dem Dienstherrn eingeräumten Beurteilungsspielraumes ein einzelner Bewerber am besten qualifiziert ist[483].

9. Rechtsschutz bei Verletzung des Art. 33 II GG

131 Aus Art. 33 II GG iVm Art. 19 IV 1 GG folgt ein Anspruch, das Recht auf gleichen Zugang zu öffentlichen Ämtern bei der Konkurrenz um Ämter vor einem Gericht einklagen zu können, wobei dem unterlegenen Bewerber **effektiver Rechtsschutz** gewährt werden muss (s. auch Art. 6 I 1 EMRK[484] und Art. 47 GRC[485])[486]. Da aus Art. 33 II GG in der Regel kein Anspruch auf Übernahme in ein öffentliches Amt, sondern nur ein Anspruch auf ermessens- und beurteilungsfehlerfreie Entscheidung über die Be-

---

[477] Weitergehend BVerfG (K), NVwZ 2012, 366 (367): Möglichkeit des Verfahrensabbruchs aus sachlichem Grund; NVwZ-RR 2009, 344 (345); s. auch BVerwGE 101, 112 (115f.); BVerwG NVwZ-RR 2000, 172 (172); *Trute* (Fn. 181), Art. 33 Abs. 1–3 Rn. 75f.

[478] BVerfG (K), NVwZ 2012, 366 (367, Rn. 22).

[479] Zu dieser Gefahr auch *Kunig* (Fn. 178), Art. 33 Rn. 33.

[480] BVerwGE 101, 112 (115); BVerwG NVwZ-RR 2000, 172 (173); BVerfG (K), NVwZ 2012, 366 (367, Rn. 22) – auch zur Notwendigkeit, den Grund für den Verfahrensabbruch schriftlich zu dokumentieren (367f., Rn. 23); NVwZ-RR 2009, 344 (345).

[481] BVerfGE 39, 334 (354); 108, 282 (295, Rn. 33); BVerfG (K), NVwZ 2008, 69 (69); BVerfG, 2 BvR 1322/12 u. a. vom 21.4.2015, Rn. 75; BVerwGE 68, 109 (110); 138, 102 (107, Rn. 22).

[482] Statt aller BVerfGE 39, 334 (354); BVerfG (K), BayVBl. 2010, 303 (304, Rn. 6); 2 BvR 462/13 vom 27.5.2013, Rn. 14; BVerwGE 101, 112 (114); *Werres*, Beamtenverfassungsrecht (Fn. 148), Rn. 137.

[483] BVerwGE 15, 3 (7); 138, 102 (107, Rn. 22); BVerwG DÖD 1970, 95; BAGE 28, 62 (67); 29, 247 (256f.); 53, 137 (149) – st. Rspr.; *Masing* → Bd. II², Art. 33 Rn. 36.

[484] Zu dem Anspruch aus Art. 6 EMRK auf Zugang zu Gerichten und auf effektiven Rechtsschutz bei Streitigkeiten über zivilrechtliche Ansprüche und Verpflichtungen sowie strafrechtlichen Anklagen EGMR, Nr. 4451/70 vom 21.2.1997, Rn. 34f.; *Meyer* (Fn. 162), Art. 6 Rn. 40 und 51.

[485] Zu dem Anspruch aus Art. 47 GRC auf Zugang zu Gerichten bei der Verletzung subjektiver Rechte durch Unionsrecht *H. D. Jarass*, Charta der Grundrechte der Europäischen Union, 2. Aufl. 2013, Art. 47 Rn. 23; zu dem Gebot effektiven Rechtsschutzes aus Art. 47 GRC *A. Eser*, in: Meyer, Charta, Art. 47 Rn. 10.

[486] Zum Gebot effektiven Rechtsschutzes aus Art. 33 II iVm Art. 19 IV GG statt aller BVerfG (K), ZBR 2002, 427 (428); *Pieper* (Fn. 182), Art. 33 Rn. 85. Zu den Anforderungen des Gebotes effektiven Rechtsschutzes aus Art. 19 IV GG allgemein BVerfGE 35, 263 (274); 61, 82 (110f.); 77, 275 (284); 79, 69 (74f.); 93, 1 (13); 97, 298 (315); 101, 106 (122f., Rn. 64ff.); 103, 142 (156, Rn. 42ff.).

III. Gleicher Zugang für Deutsche zu jedem öffentlichen Amte (Art. 33 II GG) **Art. 33**

werbung zusteht (→ Rn. 130)[487], ist das Gericht regelmäßig auf die Feststellung von Ermessens- und Beurteilungsfehlern und auf eine Verurteilung des Dienstherrn, erneut über die Bewerbung zu entscheiden, beschränkt[488]. Ein Anspruch auf eine erneute Entscheidung des Dienstherrn steht dem unterlegenen Bewerber dabei bereits dann zu, »wenn seine Aussichten, beim zweiten Mal ausgewählt zu werden, offen sind, das heißt wenn seine Auswahl möglich erscheint.«[489].

Soweit es um den Zugang zu einer Beamtenstelle geht, kann der unterlegene Bewerber bei einer Verletzung des Art. 33 II GG **vor Ernennung des** für das Amt ausgewählten **Kandidaten** einstweiligen Rechtsschutz gem. § 123 VwGO gegen die Ernennung vor den zuständigen Gerichten suchen[490]. Erlässt das Gericht eine einstweilige Anordnung mit dem Inhalt der Neuentscheidung des Dienstherrn, »muss der Dienstherr das Auswahlverfahren, wenn er es nicht zulässigerweise abbricht, je nach Inhalt und Reichweite des Verstoßes gegen Art. 33 Abs. 2 GG vollständig oder teilweise wiederholen und auf der Grundlage des wiederholten Verfahrens eine neue Auswahlentscheidung treffen«. »Der Dienstherr darf den ausgewählten Bewerber erst ernennen, wenn feststeht, dass der Antrag auf Erlass einer einstweiligen Anordnung keinen Erfolg hat. Ein Hauptsacheverfahren findet dann wegen der Rechtsbeständigkeit der Ernennung nicht mehr statt.«[491]

132

Wird der ausgewählte Bewerber dagegen unter Verstoß gegen die prozedurale Mitteilungspflicht des Dienstherrn gegenüber dem unterlegenen Bewerber (→ Rn. 128) ernannt, hatte der unterlegene Bewerber im Fall einer **Beamtenernennung** nach früher ständiger Rechtsprechung und der überwiegenden Ansicht im Schrifttum keine Möglichkeit, die Ernennung im Wege eines gerichtlichen Verfahrens rückgängig zu machen und eine neue Auswahlentscheidung des Dienstherrn zu erreichen. Der Grund hierfür wurde in der Notwendigkeit der **Ämterstabilität** und entsprechend der Irreversibilität der Beamtenernennung gesehen[492]. Der unterlegene Bewerber war in dieser Situation auf Schadensersatzansprüche verwiesen (→ Rn. 137).

133

Von dieser Rechtsprechung hat das BVerwG im Jahr 2010 eine **Kehrtwende**[493] vollzogen[494] und entschieden, dass der Grundsatz der Ämterstabilität der Aufhebung der Ernennung eines Beamten und eines Richters nicht entgegensteht, wenn dem unterle-

134

---

[487] Statt aller BVerfGE 39, 334 (354); BVerfG (K), 2 BvR 462/13 vom 27.5.2013, Rn. 14; BVerwGE 101, 112 (114); *Werres*, Beamtenverfassungsrecht (Fn. 148), Rn. 137.
[488] BVerfG (K), ZBR 2002, 427 (428) – st. Rspr.
[489] BVerfG (K), NVwZ 2003, 200 (201); vgl. auch BVerfG (K), NVwZ 2008, 69 (69); BVerwGE 118, 370 (373) – st. Rspr.
[490] BVerfG (K), ZBR 2002, 427 (428); BVerwGE 138, 102 (110, Rn. 31) – st. Rspr.
[491] BVerwGE 138, 102 (110, Rn. 31).
[492] S. nur BVerfG (K), NJW 1990, 501 (501); ZBR 2001, 171 (171); ZBR 2002, 427 (428); BVerwGE 80, 127 (130); 118, 370 (372f.) – früher st. Rspr.; aus dem Schrifttum *R. Wernsmann*, DVBl. 2005, 267 (276ff.); *C. Tegethoff*, ZBR 2004, 341 (343ff.); *B. Wittkowski*, NJW 1993, 817 (817f.); *O. Deinert*, RiA 1996, 5 (9f.); *U. Kernbach*, Die Rechtsschutzmöglichkeiten des unterlegenen Konkurrenten im beamtenrechtlichen Ernennungsverfahren, 1994, S. 89ff.; *H. Schnellenbach*, NVwZ 1990, 637 (637f.); *Werres*, Beamtenverfassungsrecht (Fn. 148), Rn. 154; *Badura* (Fn. 180), Art. 33 Rn. 38; *Jachmann* (Fn. 179), Art. 33 Rn. 23. Zu den Rechtsschutzmöglichkeiten vor den Arbeitsgerichten bei der Konkurrenz um Angestellten- oder Arbeiterstellen BAG NZA 2009, 901ff.; LAG Berlin NZA 1994, 526ff.; *W. Zimmerling*, öAT 2011, 78ff.; *H.-W. Laubinger*, ZBR 2010, 332ff.
[493] S. auch *C.-D. Munding*, DVBl. 2011, 1512: »Kehrtwende«; *W.-R. Schenke*, NVwZ 2011, 321 (321): »Paukenschlag«.
[494] BVerwGE 138, 102; zweifelnd an der bisherigen Rechtsprechungslinie auch bereits BVerwGE 115, 89 (91f.).

genen Bewerber »der durch Art. 19 Abs. 4 Satz 1 GG, Art. 33 Abs. 2 GG gebotene Rechtsschutz nicht erschöpfend vor der Ernennung gewährt worden ist«[495]. Nur wenn der unterlegene Bewerber die Auswahlentscheidung des Dienstherrn vor der Ernennung seines Konkurrenten in der verfassungsrechtlich gebotenen Weise gerichtlich überprüfen lassen konnte, sei die Rechtsbeständigkeit einer unter Verletzung des Art. 33 II GG erfolgten Beamtenernennung mit Art. 19 IV 1 GG vereinbar[496]. Hierfür sei es namentlich erforderlich, dass der Dienstherr die gerichtliche Nachprüfung seiner Auswahlentscheidung durch Erfüllung seiner Mitteilungspflichten ermöglicht und mit der Ernennung des ausgewählten Bewerbers abwartet, bis die unterlegenen Bewerber ihre Rechtsschutzmöglichkeiten vollständig ausgeschöpft haben (»Mitteilungs- und Wartepflichten des Dienstherrn« → Rn. 128)[497]. Verletzt der Dienstherr vor der beamtenrechtlichen Ernennung des Konkurrenten den Anspruch des unterlegenen Bewerbers aus Art. 33 II iVm Art. 19 IV 1 GG, müsse der verfassungsrechtlich gebotene Rechtsschutz nach der Ernennung im Wege der Anfechtungsklage gegen die Ernennung nachgeholt werden. Der Dienstherr könne sich auf die Ämterstabilität nicht berufen, »um Verletzungen des vorbehaltlos gewährleisteten Grundrechts aus Art. 19 Abs. 4 Satz 1 GG zu decken. Ansonsten hätte er es in der Hand, die Grundrechte unterlegener Bewerber durch vorzeitige Ernennungen auszuschalten. Gefährdungen der Funktionsfähigkeit von Justiz oder Verwaltung kann der Dienstherr vermeiden, indem er die Anforderungen der Rechtsschutzgarantie beachtet.«[498] Verstoße die Ernennung gegen Art. 33 II GG, sei sie mit Wirkung für die Zukunft aufzuheben[499].

135 Diese **Aufgabe des Dogmas der Ämterstabilität und der Irreversibilität der Beamtenernennung** ist zu begrüßen, weil die Unumkehrbarkeit einer einmal erfolgten Beamtenernennung dem verfassungsrechtlichen Gebot effektiven Rechtsschutzes gem. Art. 19 IV GG nicht gerecht wird, wenn der Dienstherr wirksamen Rechtsschutz gegen seine Auswahlentscheidung vor der Ernennung verhindert hat[500]. Auf der Grundlage eines unüberwindbaren Grundsatzes der Ämterstabilität hat es der Dienstherr in der Hand, den Anspruch des unterlegenen Bewerbers auf leistungsgerechten Ämterzugang (Art. 33 II GG) und auf effektiven Rechtsschutz (Art. 19 IV GG) gegen die Auswahlentscheidung durch Verletzung seiner Mitteilungspflichten zu vereiteln[501] und mit der Ernennung des ausgewählten Bewerbers vollendete Tatsachen zu schaffen. Dem Grundsatz der Ämterstabilität und den Interessen des ausgewählten Bewerbers an der Beamtenernennung wird dadurch einseitig Vorrang eingeräumt gegenüber den Interessen des unterlegenen Bewerbers am Ämterzugang und an dem Gebot effektiven Rechtsschutzes. Eine solche einseitige Akzentuierung der Interessen des ausgewählten Bewerbers überzeugt schon deswegen nicht, weil sein Interesse an dem Bestand einer rechtswidrigen Ernennung rechtlich keinen Schutz genießt; Art. 33 II GG kommt insoweit nicht zum Tragen. Der Grundsatz der Ämterstabilität, hinter dem letztlich das legitime Interesse des Staates an der Funktionsfähigkeit der Verwaltung

---

[495] BVerwGE 138, 102 (104, 109, Rn. 16, 29). Zu der neuen und der vorherigen Rechtsprechung des BVerwG eingehend *W.-R. Schenke*, NVwZ 2011, 321 ff.; *ders.*, DVBl. 2015, 137 ff.; *U. Battis*, DVBl. 2013, 673 ff.; *G. Schefzik*, VBlBW 2012, 411 ff.; *G. C. Burmeister*, NdsVBl. 2012, 57 ff.
[496] BVerwGE 138, 102 (110 ff., Rn. 31, 33).
[497] BVerwGE 138, 102 (111 f., Rn. 33).
[498] BVerwGE 138, 102 (113, Rn. 37).
[499] BVerwGE 138, 102 (113 f., Rn. 39).
[500] Ebenso *Ş. Özfirat-Skubinn*, Rechtswidrige Beamtenernennungen, bei denen der Rechtsschutz eines Mitbewerbers vereitelt wird – Wege zur Kompensation, 2011, S. 115 ff.
[501] Vgl. BVerfG (K), ZBR 2002, 427 (428): Der Bewerber bleibt letztlich schutzlos.

steht, genießt ebenfalls nicht per se Vorrang von den Rechten des unterlegenen Bewerbers aus Art. 33 II iVm Art. 19 IV 1 GG; dies gilt selbst dann nicht, wenn man die Ämterstabilität zu den hergebrachten Grundsätzen des Berufsbeamtentums iSd Art. 33 V GG zählt[502], weil ihm auch dann kein uneingeschränkter Vorrang vor den kollidierenden Verfassungsrechten des unterlegen Bewerbers aus Art. 33 II iVm Art. 19 IV 1 GG zukommt[503]. Vielmehr besteht ein Spannungsverhältnis zwischen dem Grundsatz der Ämterstabilität und dem Anspruch des unterlegenen Bewerbers auf effektiven Rechtsschutz gegen eine negative Auswahlentscheidung, das nach Maßgabe des Grundsatzes praktischer Konkordanz im Einzelfall aufzulösen ist. Vereitelt der Dienstherr den Anspruch des unterlegenen Bewerbers aus Art. 19 IV 1 GG, gegen die Auswahlentscheidung effektiven Rechtsschutz vor der Ernennung des Konkurrenten zu erlangen, indem der Dienstherr seine Mitteilungs- und Wartepflichten (→ Rn. 128) verletzt, kann sich weder der Dienstherr auf den Grundsatz der Ämterstabilität noch der ernannte Bewerber auf Art. 33 II GG berufen. Dem Anspruch des unterlegenen Bewerbers aus Art. 33 II iVm Art. 19 IV 1 GG auf effektiven Rechtsschutz gegen die verfassungswidrige Auswahlentscheidung kommt daher grundsätzlich Vorrang zu, sodass der unterlegene Bewerber die Ernennung im Wege der Anfechtungsklage aufheben lassen kann – Lösung des BVerwG (→ Rn. 133). Eine Alternative besteht darin, de lege ferenda den Anspruch unterlegener Bewerber auf effektiven Rechtsschutz gegen die Auswahlentscheidung des Dienstherrn dadurch zu sichern, dass die beamtenrechtliche Ernennung des Konkurrenten kraft Gesetzes erst nach einer ausreichend langen Zeit (mindestens ein Monat) ab vollständiger Mitteilung des Dienstherrn an den unterlegenen Bewerber (→ Rn. 128) wirksam wird und dass die Anhängigkeit eines einstweiligen Rechtsschutzverfahrens vor dem Verwaltungsgericht den Eintritt der Wirksamkeit der Ernennung bis zum vollständigen Abschluss des Gerichtsverfahrens hemmt.

Eine **Ausnahme** von diesen Grundsätzen ist allenfalls bei überragend wichtigen Ämtern in Not- und Krisensituationen denkbar (z. B. Leiter des Katastrophenschutzamtes in Zeiten einer Katastrophe), mit der Folge, dass der Grundsatz der Ämterstabilität vorgehen kann. In einem solchen Fall mag es angebracht sein, den unterlegenen Bewerber auf die Verpflichtungsklage zu verweisen und den Dienstherrn zu verpflichten, eine weitere, neue Planstelle zu schaffen[504].

10. Schadensersatzansprüche wegen Verletzung des Art. 33 II GG

Die Aufgabe des Dogmas der Ämterstabilität und der Irreversibilität der Beamtenernennung hat Auswirkungen auf die Frage, ob unterlegene Bewerber bei einer unter Verstoß gegen Art. 33 II GG vorgenommenen Auswahl- und Ernennungsentscheidung Ansprüche auf Schadensersatz gegen den Staat haben. Nach allgemeiner Auffassung stehen dem unter Verstoß gegen Art. 33 II GG übergangenen Bewerber **Ansprüche auf Schadensersatz**, namentlich aus Amtshaftung (Art. 34 GG, § 839 BGB), zu, wenn der Dienstherr den Konkurrenten unter Verstoß gegen Art. 33 II GG ernannt hat[505]. Dies

136

137

---

[502] So *R. Wernsmann*, DVBl. 2005, 276 (282); *M. Schmidt-Preuß*, Kollidierende Privatinteressen im Verwaltungsrecht. Das subjektive öffentliche Recht im multipolaren Verwaltungsrechtsverhältnis, 2005, S. 475 ff.; a.A. *H.-W. Laubinger*, ZBR 2010, 289 (295).
[503] Ebenso *Höfling* (Fn. 144), Art. 33 Abs. 1 bis 3 Rn. 367.
[504] Zu dieser Möglichkeit BVerwGE 118, 370 (374f.).
[505] Vgl. BVerwGE 80, 123 (124f.); 102, 33 (35ff.); 107, 29 (31); 118, 370 (379); 124, 99 (101f.);

gilt auch, wenngleich nicht nur, in Fällen, in denen der Dienstherr dem unterlegenen Bewerber den durch Art. 33 II iVm Art. 19 IV 1 GG gebotenen effektiven Rechtsschutz nicht erschöpfend vor der Ernennung des Konkurrenten gewährt hat.

138 Ein solcher Schadensersatzanspruch kann dem verfassungswidrig übergangenen Bewerber aber dann nicht zukommen, wenn er auch nach einer unter Verstoß gegen Art. 33 II iVm Art. 19 IV 1 GG vorgenommenen Ernennung seines Konkurrenten die Möglichkeit hat, die Ernennung mittels Anfechtungsklage rückgängig zu machen und eine erneute Auswahlentscheidung des Dienstherrn herbeizuführen (→ Rn. 131, 134). Da eine solche Klagemöglichkeit seinem Rechtsschutzziel näher kommt als die Geltendmachung von Schadensersatzansprüchen, ist er gehalten, diese Klagemöglichkeit zu ergreifen. Eine Wahlmöglichkeit zwischen Klage und Schadensersatzansprüchen steht ihm nicht zu. Ein Anspruch auf »**dulde und liquidiere**« existiert nicht. Verzichtet der unterlegene Bewerber auf eine Anfechtungsklage gegen die Ernennung seines Konkurrenten, scheitert ein Schadensersatzanspruch an § 254 BGB. Eine **Ausnahme** hiervon wird man nur anerkennen können, wenn dem unterlegenen Bewerber der Antritt der begehrten Stelle nach einem gerichtlichen Obsiegen nicht zumutbar ist, etwa weil das Vertrauensverhältnis zu dem Dienstherrn unwiederbringlich zerrüttet ist.

IV. Unabhängigkeit des Genusses bürgerlicher und staatsbürgerlicher Rechte, der Zulassung zu öffentlichen Ämtern sowie der im öffentlichen Dienste erworbenen Rechte von dem religiösen Bekenntnis; Verbot der Benachteiligung wegen der Religion oder Weltanschauung (Art. 33 III GG)

1. Allgemeine Bedeutung, Normzweck und Gewährleistungsdimensionen

139 Art. 33 III GG sichert die Glaubens- und Weltanschauungsfreiheit des Einzelnen (s. Art. 4 I GG) sowie das Gebot religiös-weltanschaulicher Neutralität des Staates[506] (Art. 4 I und II, Art. 3 III 1, Art. 33 III GG sowie Art. 140 GG iVm Art. 136 I, IV und Art. 137 I WRV)[507] durch spezielle (→ Rn. 211) Abwehrrechte und **Diskriminierungsverbote**[508], die grundrechtsgleiche[509], verfassungsbeschwerdefähige[510] Rechte begründen. Im Bereich des Genusses staatsbürgerlicher Rechte flankiert Art. 33 III GG die Gewährleistung des Art. 33 I GG, bezogen auf den Zugang zu öffentlichen Ämtern wird Art. 33 II GG konkretisiert.

140 Art. 33 III GG ist mehrfach **misslungen**. Zum einen folgt sein Inhalt bereits aus anderen Gewährleistungen des Grundgesetzes, namentlich aus Art. 3 III 1, Art. 4 I, II und Art. 33 II GG sowie aus Art. 140 GG iVm Art. 136 II WRV, ohne dass ersichtlich wäre, dass mit Art. 33 III GG ein Konkretisierungsgewinn oder eine Wirkungsverstärkung[511] verbunden wäre. Fehlte Art. 33 III GG in der Verfassung, hielte sich der Ver-

---

BGHZ 129, 226 (228ff.); BAGE 107, 18 (26); näher *Werres*, Beamtenverfassungsrecht (Fn. 148), Rn. 155ff.; *Klaß*, Fortentwicklung (Fn. 149), S. 232f.

[506] *Pieper* (Fn. 182), Art. 33 Rn. 89; *Jarass/Pieroth*, GG, Art. 33 Rn. 25.
[507] Zum Inhalt und zur verfassungsrechtlichen Verortung des Neutralitätsgebots s. → Fn. 338.
[508] *Jachmann* (Fn. 179), Art. 33 Rn. 24; *Hense* (Fn. 181), Art. 33 Rn. 23; *Dollinger/Umbach* (Fn. 6), Art. 33 Rn. 66; *Grigoleit* (Fn. 200), Art. 33 Rn. 42.
[509] BVerfGE 79, 69 (75); BVerwGE 116, 359 (360); *Stern*, Staatsrecht I, S. 347.
[510] BVerfGE 79, 69 (75).
[511] Näher *Kunig* (Fn. 178), Art. 33 Rn. 35.

IV. Genuß bürgerlicher und staatsbürgerlicher Rechte (Art. 33 III GG)   **Art. 33**

lust in Grenzen[512]. Zum anderen erweist sich innerhalb des Art. 33 III GG Satz 1 als speziellere Regelung gegenüber Satz 2, der lediglich für solche Benachteiligungen wegen der Religion oder der Weltanschauung zur Anwendung kommt, die nicht bereits von Satz 1 erfasst sind[513]. Die beiden Gewährleistungen des Art. 33 III GG unterscheiden sich inhaltlich dadurch, dass Satz 1 sachlich auf den Genuss bürgerlicher und staatsbürgerlicher Rechte, die Zulassung zu öffentlichen Ämtern und die im öffentlichen Dienst erworbenen Rechte beschränkt ist, während sich Satz 2 auf jegliche Freiheitsausübung bezieht. Außerdem verbürgt Satz 1 »nur« die Unabhängigkeit von dem religiösen Bekenntnis; demgegenüber statuiert Satz 2 ein Verbot der Benachteiligung wegen eines religiösen Bekenntnisses oder einer Weltanschauung.

Träger der Rechte aus Art. 33 III 1 und 2 GG ist **jedermann**, mithin jede natürliche Person ungeachtet ihrer Staatsangehörigkeit[514]. Inländische und EU-ausländische (→ Rn. 57) juristische Personen des Privatrechts sind nach Maßgabe des Art. 19 III GG in den personellen Schutzbereich des Art. 33 III GG einbezogen[515], etwa bei dem Erwerb von Grundstücken in einer Gemeinde durch Religionsgemeinschaften, den die Gemeinde aus Gründen der Konfession ablehnt.   141

2. Art. 33 III 1 GG

Der »**Genuß bürgerlicher und staatsbürgerlicher Rechte**« ist extensiv zu interpretieren und meint den Genuss sämtlicher (öffentlicher wie privater) Rechte[516]. Für eine solche Deutung spricht bereits der Wortlaut der Norm, der mit »bürgerlich« private Rechte und mit »staatsbürgerlich« öffentliche Rechtspositionen in Bezug nimmt. Trotz der Unterschiede im Normtext ist die Formulierung in Art. 33 III 1 GG damit ebenso zu verstehen wie der auf »staatsbürgerliche Rechte« (und Pflichten) beschränkte Text des Art. 33 I GG. Für eine solche extensive Interpretation des Art. 33 III 1 GG spricht ebenso wie bei Art. 33 I GG (→ Rn. 59 ff.) auch der Normzweck, die Glaubens- und Weltanschauungsfreiheit (Art. 4 I, II GG) sowie das Gebot religiös-weltanschaulicher Neutralität des Staates (Art. 4 I, Art. 3 III 1, Art. 33 III GG sowie Art. 140 GG iVm Art. 136 I, IV und Art. 137 I WRV) umfassend zu sichern. Eine Beschränkung des Art. 33 III 1 GG auf die Gewährung öffentlicher Rechte würde im Übrigen der umfassenden Grundrechtsbindung des Staates unabhängig von der Rechts- und Organisationsform, in der der Staat tätig wird, nicht gerecht und ermöglichte dem Staat eine »Flucht ins Privatrecht«, um Differenzierungen nach Maßgabe der Konfession zu legitimieren (→ Rn. 62). Art. 33 III 1 GG erstreckt sich dabei gleichermaßen auf verfassungsrechtliche wie einfachgesetzliche Rechte (→ Rn. 62). Ob Art. 33 III 1 GG ebenso wie Art. 33 I GG auch die Unabhängigkeit von dem religiösen Bekenntnis bei der Auferlegung von Pflichten umfasst, ist angesichts seines auf »Rechte« beschränkten Wortlautes zweifelhaft[517].   142

---

[512] Gleichsinnig *Höfling* (Fn. 144), Art. 33 Abs. 1 bis 3 Rn. 387: »Redundanz der Verfassung in diesem Punkte«.
[513] Abzulehnen ist daher die Charakterisierung des Art. 33 III GG als »einheitliches Grundrecht«, so aber *Jarass/Pieroth*, GG, Art. 33 Rn. 25.
[514] Statt aller *Battis* (Fn. 186), Art. 33 Rn. 43; *Höfling* (Fn. 144), Art. 33 Abs. 1 bis 3 Rn. 422.
[515] Die Grundrechtsträgerschaft juristischer Personen aus Art. 33 III GG bejaht auch *Jarass/Pieroth*, GG, Art. 33 Rn. 28; a.A. *Höfling* (Fn. 144), Art. 33 Abs. 1 bis 3 Rn. 423. → Art. 19 III Rn. 40.
[516] Statt aller *Jarass/Pieroth*, GG, Art. 33 Rn. 27; *Pieper* (Fn. 182), Art. 33 Rn. 92.
[517] Für eine Erstreckung des Art. 33 III 1 GG auf Pflichten *Jarass/Pieroth*, GG, Art. 33 Rn. 27.

Frauke Brosius-Gersdorf

143 Die »**Zulassung zu öffentlichen Ämtern**« ist gleichbedeutend mit dem »Zugang zu jedem öffentlichen Amte« iSd Art. 33 II GG (→ Rn. 73 ff.)[518]. »**Im öffentlichen Dienste erworbene Rechte**« sind sämtliche (öffentlichen und privaten) Rechte, die ein Beschäftigter des Staates, d. h. ein bei einer juristischen Person des öffentlichen Rechts beschäftigter Beamter, Angestellter, Arbeiter, Richter oder Soldat[519], in Ausübung seiner Funktion erworben hat. Hierzu zählen z. B. Besoldungs- und Versorgungsansprüche, aber auch rechtlich gesicherte Anwartschaften[520].

144 Die von Art. 33 III 1 GG geforderte **Unabhängigkeit von dem religiösen Bekenntnis** bezieht sich nach allgemeiner Auffassung nicht nur auf die Zugehörigkeit zu einer bestimmten Religion im Sinne einer organisierten Religionsgemeinschaft, sondern auch auf jede durch Art. 4 I und II GG geschützte individuelle Glaubensüberzeugung[521]. Als konfessionsbezogenes Abwehrrecht und Diskriminierungsverbot untersagt Art. 33 III 1 GG grundsätzlich jede Versagung oder Einschränkung von Rechten bzw. der Zulassung zu öffentlichen Ämtern wegen der Religion. Gestaltet der Staat den Genuss von Rechten oder die Zulassung zu einem öffentlichen Amt abhängig von dem religiösen Bekenntnis aus, unterliegt er »den strengen Rechtfertigungsanforderungen, die für Einschränkungen der vorbehaltlos gewährleisteten Glaubensfreiheit gelten«[522], sodass es eines Rechtfertigungsgrundes von Verfassungsrang bedarf[523]. Außerdem »ist das Gebot strikter Gleichbehandlung der verschiedenen Glaubensrichtungen ... zu beachten«[524] (Gebot religiös-weltanschaulicher Neutralität des Staates). Diskriminierungen wegen der Konfession sind nur ausnahmsweise aus den zu Art. 3 III 1 GG anerkannten Gründen zulässig (→ Rn. 98 ff.).

145 Die **Zulassung zu öffentlichen Ämtern abhängig von der Religionszugehörigkeit** ist daher ebenso wie bei Art. 33 II GG, der insoweit gegenüber Art. 33 III 1 GG zurücktritt (→ Rn. 210), zwar für Religionslehrer und Theologieprofessuren, aber nicht für Lehrer an öffentlichen Gemeinschaftsschulen zulässig. Ein staatliches Verbot für Lehrer, in der Schule zu beten oder religiöse Symbole wie das muslimische Kopftuch zu tragen, ist nur im **Einzelfall** bei einer konkreten Gefährdung des Bildungsauftrages der Schule (Art. 7 I GG) oder des beamtenrechtlichen Mäßigungsgebotes (Art. 33 V GG) zulässig (zu diesen und weiteren Fällen → Rn. 98 ff.). Als Hilfskriterium bei gleicher Eignung von Bewerbern für den öffentlichen Dienst ist die Konfessionszugehörigkeit unzulässig (→ Rn. 116 ff.). Das Bundesverfassungsgericht hat das Recht, ein durch Wahl erworbenes Kommunalmandat anzutreten und auszuüben, als staatsbürgerliches Recht iSd Art. 33 III 1 GG qualifiziert, dessen Ausübung nicht von einer dem Berechtigten durch seine Glaubensüberzeugung verbotenen Eidesleistung abhängig gemacht werden dürfe[525].

---

[518] Statt aller *Battis* (Fn. 186), Art. 33 Rn. 43; *Kunig* (Fn. 178), Art. 33 Rn. 37.
[519] Zu dieser weiten Auslegung des Begriffes »öffentlicher Dienst« statt vieler *Battis* (Fn. 186), Art. 33 Rn. 43 iVm Rn. 50; *Pieper* (Fn. 182), Art. 33 Rn. 94.
[520] *Höfling* (Fn. 144), Art. 33 Abs. 1 bis 3 Rn. 398.
[521] BVerfGE 79, 69 (75); 108, 282 (298, Rn. 32); *M. Sachs*, HStR³ VIII, § 182 Rn. 134.
[522] BVerfGE 108, 282 (298, Rn. 32).
[523] *Jarass*/Pieroth, GG, Art. 33 Rn. 31; *Pieper* (Fn. 182), Art. 33 Rn. 101.
[524] BVerfGE 108, 282 (298, Rn. 32).
[525] BVerfGE 79, 69 (75 f.).

3. Art. 33 III 2 GG

Mit dem Verbot der Benachteiligung wegen der **Zugehörigkeit** oder Nichtzugehörigkeit **zu einem Bekenntnis oder einer Weltanschauung** reicht Art. 33 III 2 GG sachlich-inhaltlich doppelt über den Gewährleistungsbereich des Art. 33 III 1 GG hinaus. Art. 33 III 2 GG gelangt daher nur zur Anwendung, soweit nicht Art. 33 III 1 GG als speziellere Gewährleistung einschlägig ist (→ Rn. 140). Die Begriffe »Bekenntnis« und »Weltanschauung« sind ebenso zu definieren wie der »Glauben« bzw. das »religiöse und weltanschauliche Bekenntnis« in Art. 4 I GG (→ Art. 4 Rn. 72f., 84). Gewährleistet ist explizit sowohl die positive als auch die negative Glaubens- und Weltanschauungsfreiheit. Der verglichen mit Art. 33 III 1 GG engere Wortlaut des Art. 33 III 2 GG (»Zugehörigkeit oder Nichtzugehörigkeit«) legt die Deutung nahe, dass anders als bei Art. 33 III 1 GG nur die Benachteiligung wegen einer (Nicht-)Mitgliedschaft bei einer organisierten Religions- oder Weltanschauungsgemeinschaft erfasst ist, nicht hingegen auch jede durch Art. 4 I und II GG geschützte individuelle Glaubensüberzeugung. Dagegen spricht aber, dass Art. 33 III 2 GG insgesamt der Charakter eines »Auffangtatbestandes« gegenüber Art. 33 III 1 GG zukommt[526].

146

Ebenso wie bei Art. 33 III 1 GG sind auch bei Art. 33 III 2 GG Benachteiligungen wegen der (Nicht-)Zugehörigkeit zu einer Religion oder Weltanschauung nur ausnahmsweise durch **kollidierendes Verfassungsrecht** zu rechtfertigen.

147

V. Übertragung hoheitsrechtlicher Befugnisse an Angehörige des öffentlichen Dienstes, die in einem öffentlich-rechtlichen Dienst- und Treueverhältnis stehen (Art. 33 IV GG)

1. Allgemeine Bedeutung, Normzweck und Gewährleistungsdimensionen

Art. 33 IV GG beinhaltet mit dem Gebot, die Ausübung hoheitsrechtlicher Befugnisse als ständige Aufgabe in der Regel Angehörigen des öffentlichen Dienstes zu übertragen, die in einem öffentlich-rechtlichen Dienst- und Treueverhältnis stehen, einen sog. **Funktionsvorbehalt für Beamte**[527]. Ebenso wie Art. 33 II, III und V GG liegt Art. 33 IV GG der Zweck zugrunde, das fachliche Niveau, die Funktionsfähigkeit, Effektivität und rechtliche Integrität des Staates[528] sowie die Grundlagen rechtsstaatlichen Handelns der Verwaltung (Art. 20 III GG) zu sichern[529]. Er gewährleistet außerdem »die Kontinuität hoheitlicher Funktionen des Staates«[530].

148

---

[526] Im Ergebnis ebenfalls für eine weite, auch Benachteiligungen wegen individueller Glaubens- und Weltanschauungsüberzeugungen einbeziehende Auslegung des Art. 33 III 2 GG *Leisner* (Fn. 186), Art. 33 Rn. 15.

[527] Statt aller *Voßkuhle* (Fn. 148), § 43 Rn. 71; *Stern*, Staatsrecht I, S. 348; *Badura* (Fn. 180), Art. 33 Rn. 2; *Battis* (Fn. 186), Art. 33 Rn. 45.

[528] Vgl. BVerfGE 9, 268 (284); 119, 247 (260f., Rn. 46ff.); 130, 76 (111f., Rn. 136); *J. Zado*, Privatisierung der Justiz. Zur Bedeutung und verfassungsrechtlichen Zulässigkeit von Privatisierungen in Rechtsprechung, Strafvollzug, Zwangsvollstreckung und Handelsregister, 2013, S. 370ff.; *Werres*, Beamtenverfassungsrecht (Fn. 148), Rn. 5; *Pieper* (Fn. 182), Art. 33 Rn. 104.

[529] Vgl. BVerfGE 119, 247 (260f., Rn. 46ff.); *M. Jachmann*, ZBR 2000, 181 (185f.); *H. Günther*, DÖV 2012, 678 (682ff.); *B. Remmert*, JZ 2005, 53 (58); *Zado*, Privatisierung (Fn. 528), S. 373f.; *Badura* (Fn. 180), Art. 33 Rn. 2; *Klaß*, Fortentwicklung (Fn. 149), S. 37f.

[530] BVerfGE 88, 103 (114); *Zado*, Privatisierung (Fn. 528), S. 373.

149 Art. 33 IV GG stellt eine **objektiv-rechtliche Organisationsnorm**[531] und eine institutionelle Garantie im Sinne eines »Mindesteinsatz-Bereich(es)« des Berufsbeamtentums[532] dar; diesen Gewährleistungsdimensionen korrespondiert bereits nach dem Wortlaut und dem Zweck der Norm – anders als bei allen anderen Absätzen des Art. 33 GG – **kein subjektivrechtlicher Gehalt**[533].

150 Der Funktionsvorbehalt des Art. 33 IV GG impliziert kein Verbot, Beamte auch außerhalb des durch die Norm Beamten vorbehaltenen Mindest-Einsatzbereiches einzusetzen. Art. 33 IV GG beinhaltet also **keinen** dem Funktionsvorbehalt für Beamte komplementären **Funktionsvorbehalt für Nichtbeamte**[534]. Überwiegend wird Art. 33 IV GG aber eine Garantie der Zweispurigkeit des öffentlichen Dienstes, d. h. der Beschäftigung der staatlichen Bediensteten teils als Beamte (in dem Mindest-Einsatzbereich und ggf. außerhalb dessen) und teils als Angestellte oder Arbeiter (außerhalb des Mindest-Einsatzbereiches für Beamte), entnommen[535].

151 Ob der Funktionsvorbehalt für Beamte einer Verlagerung von Staatsaufgaben auf Private im Wege einer **Privatisierung** entgegensteht, wird unterschiedlich beurteilt. Die Übertragung öffentlicher Aufgaben auf formell privatisierte juristische Personen, deren Träger der Staat ist, wird wohl überwiegend als unzulässig erachtet, soweit die Verbeamtungspflicht nach Art. 33 IV GG reicht[536]. Das Gleiche gilt für eine funktionale Privatisierung durch Aufgabenübertragung auf beliehene Privatpersonen[537]. Dagegen wird mehrheitlich angenommen, dass Art. 33 IV GG einer materiellen Privatisierung hoheitlicher Aufgaben durch Überlassung der Aufgaben an Privatpersonen zur eigenverantwortlichen Erfüllung nicht entgegensteht[538]. Art. 33 IV GG beziehe sich auf den Modus der Erfüllung staatlicher Aufgaben, nicht auf deren Bestand[539]. Nach anderer Ansicht impliziert Art. 33 IV GG die Notwendigkeit der Erfüllung hoheitsrechtlicher Befugnisse durch den Staat, sodass eine materielle Privatisierung der

---

[531] BVerfGE 6, 376 (385); 39, 79 (147); BVerfG (K), NVwZ 1988, 523 (523); VerfGH Bbg. NVwZ 2008, 210 (210); *Voßkuhle* (Fn. 148), § 43 Rn. 71.

[532] *Masing* → Bd. II², Art. 33 Rn. 60; ferner *U. Mager*, Einrichtungsgarantien. Entstehung, Wurzeln, Wandlungen und grundgesetzmäßige Neubestimmung einer dogmatischen Figur des Verfassungsrechts, 2003, S. 362; *C. Mainzer*, Die dogmatische Figur der Einrichtungsgarantie, 2003, S. 222f.

[533] BVerfGE 6, 376 (385); BVerfG (K), NVwZ 1988, 523 (523); BVerwGE 57, 55 (60); BVerwG NVwZ-RR 2001, 253 (254); *T. Strauß*, Funktionsvorbehalt und Berufsbeamtentum, 2000, S. 153ff.; *Voßkuhle* (Fn. 148), § 43 Rn. 71; *Werres*, Beamtenverfassungsrecht (Fn. 148), Rn. 12f.; a.A. *Isensee* (Fn. 242), § 32 Rn. 52; *H. Günther*, VerwArch. 99 (2008), 538 (542ff.).

[534] *Masing* → Bd. II², Art. 33 Rn. 60; vgl. auch *Stern*, Staatsrecht I, S. 350.

[535] *J. Jung*, Die Zweispurigkeit des öffentlichen Dienstes. Eine Untersuchung über die Veränderungen der Personalstruktur im öffentlichen Dienst und die Verankerung des Berufsbeamtentums im Grundgesetz, 1971, S. 112ff.; *Werres*, Beamtenverfassungsrecht (Fn. 148), Rn. 9; *Pieper* (Fn. 182), Art. 33 Rn. 107; *Kunig* (Fn. 178), Rn. 41.

[536] *Voßkuhle* (Fn. 148), § 43 Rn. 47; *E. Lindgen*, DÖD 1972, 1 (6); *Masing* → Bd. II², Art. 33 Rn. 62; a.A. *Strauß*, Funktionsvorbehalt (Fn. 533), S. 205.

[537] *R. Balzer*, Republikprinzip und Berufsbeamtentum, 2009, S. 180ff.; differenzierend *M. Hippeli*, DVBl. 2014, 1281 (1286f.); *Strauß*, Funktionsvorbehalt (Fn. 533), S. 202ff.; kritisch auch *M.A. Wiegand*, DVBl. 2012, 1134ff.

[538] *Balzer*, Republikprinzip (Fn. 537), S. 176ff.; *Strauß*, Funktionsvorbehalt (Fn. 533), S. 199ff.; *A. Thiele*, Der Staat 49 (2010), 274 (287ff.); *H.-P. Bull*, Die Staatsaufgaben nach dem Grundgesetz, 1973, S. 99ff.; *G. Püttner*, LKV 1994, 193 (194); *R. Scholz*, NJW 1997, 14 (15); *K. Waechter*, NZV 1997, 329ff.; *F.-J. Peine*, DÖV 1997, 353 (355f.); *G. Manssen*, ZBR 1999, 253 (257); *Grigoleit* (Fn. 200), Art. 33 Rn. 49; *Masing* → Bd. II², Art. 33 Rn. 62.

[539] *Masing* → Bd. II², Art. 33 Rn. 62; vgl. auch *Balzer*, Republikprinzip (Fn. 537), S. 176.

dem Funktionsvorbehalt unterfallenden Aufgaben ausscheide⁵⁴⁰. Eine solche Sperre für materielle Privatisierungen dürfte Art. 33 IV GG in der Tat regelmäßig dann begründen, wenn man die Norm im Lichte ihrer Zielsetzungen restriktiv interpretiert und die »Ausübung hoheitsrechtlicher Befugnisse« auf Aufgaben beschränkt, die zur Sicherung des fachlichen Niveaus, der Funktionsfähigkeit, der rechtlichen Integrität des Staates oder der Kontinuität der Erfüllung öffentlicher Aufgaben unerlässlich sind und deshalb ein Verhältnis besonderer Verbundenheit des jeweiligen Stelleninhabers zum Staat erfordern (→ Rn. 154 ff.). Bei einer solchen restriktiven Interpretation der hoheitlichen Befugnisse ist für eine Privatisierung kaum mehr Raum.

2. Ausübung hoheitsrechtlicher Befugnisse

a) Meinungsstand in Rechtsprechung und Schrifttum

Welche Aufgaben mit der »Ausübung hoheitsrechtlicher Befugnisse« als Mindesteinsatzbereich für Beamte (→ Rn. 149) festgelegt sind, wurde bereits im Parlamentarischen Rat eingehend diskutiert (→ Rn. 26 ff.) und ist auch heute noch eine der umstrittensten Fragen des Art. 33 GG. Weitgehende Einigkeit besteht nur darüber, dass zum einen ausschließlich Befugnisse der Exekutive, nicht hingegen der Legislative und der Judikative gemeint sind⁵⁴¹, und dass innerhalb der zweiten Gewalt rein erwerbswirtschaftliche Tätigkeiten⁵⁴² sowie untergeordnete bzw. einfache Hilfsdienste⁵⁴³ nicht dem Funktionsvorbehalt des Art. 33 IV GG unterfallen. Im Übrigen wird wohl überwiegend **jede Erfüllung öffentlicher Aufgaben ungeachtet der Organisations- und Handlungsform**, in der der Staat tätig wird, dem Funktionsvorbehalt für Beamte zugeordnet. Auch die Erfüllung hoheitlicher Aufgaben in privatrechtlicher Organisations- und Handlungsform gilt danach als Ausübung hoheitsrechtlicher Befugnisse⁵⁴⁴. Als Erfüllung hoheitlicher Aufgaben wird dabei teilweise nur der Bereich der grundrechtsbeeinträchtigenden sog. **Eingriffsverwaltung** angesehen⁵⁴⁵, in dem »die öffentliche Gewalt also durch Befehl oder Zwang unmittelbar beschränkend auf grundrechtlich geschützte Freiheiten einwirkt.«⁵⁴⁶ Nach anderer Ansicht soll auch die **Leistungsverwaltung** erfasst sein⁵⁴⁷. Differenzierend heben andere auf die Grundrechtsrelevanz des jeweiligen staatlichen Handelns ab, sodass sämtliches grundrechtsrelevante Han-

152

---

⁵⁴⁰ *A. Krölls*, GewArch. 43 (1997), 445 (451); *W. Leisner*, DVBl. 1978, 733 (735 f.); *Isensee* (Fn. 242), § 32 Rn. 55; *M. Jachmann/T. Strauß*, ZBR 1999, 289 (295).
⁵⁴¹ Vgl. *Klaß*, Fortentwicklung (Fn. 149), S. 40; *U. Battis/H. D. Schlenga*, ZBR 1995, 253 (256); *Pieper* (Fn. 182), Art. 33 Rn. 109; *Jachmann* (Fn. 179), Art. 33 Rn. 31.
⁵⁴² *Stern*, Staatsrecht I, S. 349; *Werres*, Beamtenverfassungsrecht (Fn. 148), Rn. 22; *Dollinger/Umbach* (Fn. 6), Art. 33 Rn. 79.
⁵⁴³ *Strauß*, Funktionsvorbehalt (Fn. 533), S. 69; *Klaß*, Fortentwicklung (Fn. 149), S. 40; *Jarass/Pieroth*, GG, Art. 33 Rn. 41; *Hense* (Fn. 181), Art. 33 Rn. 32; *Stern*, Staatsrecht I, S. 349; *Dollinger/Umbach* (Fn. 6), Art. 33 Rn. 79; *Isensee* (Fn. 242), § 32 Rn. 56.
⁵⁴⁴ Vgl. BVerfGE 130, 76 (111, Rn. 134); BVerwGE 57, 55 (60); NdsStGHE 4, 232 (248 ff.); *M. Klüver*, Zur Beleihung des Sicherheitsgewerbes mit Aufgaben der öffentlichen Sicherheit und Ordnung, 2006, S. 134; *O. Freitag*, Das Beleihungsrechtsverhältnis, 2004, S. 59; *A. Seidel*, Privater Sachverstand und staatliche Garantenstellung im Verwaltungsrecht, 2000, S. 56 f.; *G. Nitz*, Private und öffentliche Sicherheit, 2000, S. 397 f.; *Pieper* (Fn. 182), Art. 33 Rn. 109.
⁵⁴⁵ So v. a. die ältere Literatur, etwa *Leitges*, Entwicklung (Fn. 8), S. 261, wobei er Art. 33 IV GG die Bereiche Justiz, Polizei, Steuerverwaltung und Militär unterstellt; *Jung*, Zweispurigkeit (Fn. 535), S. 173 ff.; *D. Dörr*, ZTR 1991, 182 (186 f.); *P.-J. Peine*, Die Verwaltung 17 (1984), 415 (424).
⁵⁴⁶ Formulierung aus BVerfGE 130, 76 (113, Rn. 140).
⁵⁴⁷ *Isensee* (Fn. 242), § 32 Rn. 56 ff.

deln des Staates im Bereich der Eingriffs- und der Leistungsverwaltung Art. 33 IV GG unterfalle[548].

153 Nach anderer Auffassung sollen **ausschließlich öffentlich-rechtliche Verwaltungstätigkeiten** von Art. 33 IV GG erfasst sein, sodass für Verwaltung in Privatrechtsform kein Beamtenvorbehalt gelte[549]. Dabei wird überwiegend nicht nur die öffentlich-rechtliche Eingriffsverwaltung, sondern auch die in öffentlich-rechtlicher Form erbrachte Leistungsverwaltung als erfasst angesehen[550], wobei teilweise einschränkend hinzugefügt wird, sie müsse Grundrechtsrelevanz aufweisen[551]. Schließlich differenzieren manche nicht nach der Organisations- und Handlungsform staatlicher Aufgabenerfüllung, sondern heben für die Art. 33 IV GG unterfallenden Aufgaben auf Tätigkeiten von »hervorgehobener Bedeutung«[552], auf die »wesentlichen Kernfunktionen staatlicher Aufgabenerfüllung i. S. d. typischerweise die Staatlichkeit ausmachenden Funktionen«[553] oder die »Besonderheiten des Beamtenverhältnisses«[554] ab.

b) Stellungnahme und eigener Standpunkt

154 Der durch die »Ausübung hoheitsrechtlicher Befugnisse« Beamten reservierte Aufgabenbereich ist **eng auszulegen**. Dies ergibt sich bereits aus dem **Zweck des Art. 33 IV GG**, der eine Übertragung von Aufgaben an Beamte, die in einem besonderen Dienst- und Treueverhältnis stehen, nur fordert, soweit dies zur Sicherung des fachlichen Niveaus, der Funktionsfähigkeit, der rechtlichen Integrität des Staates oder der Kontinuität der Erfüllung öffentlicher Aufgaben notwendig ist. »Zum Gewährleistungsbereich des Art. 33 Abs. 4 GG gehören jene Aufgaben, deren Wahrnehmung die besonderen Verlässlichkeits-, Stetigkeits- und Rechtsstaatlichkeitsgarantien des Beamtentums erfordert« (→ Rn. 109)[555]. Diese Gründe können dabei sowohl für Funktionen aus dem Bereich der Eingriffsverwaltung als auch für Aufgaben der Leistungsverwaltung auf Verwirklichung drängen, zumal eine trennscharfe Sonderung der beiden Bereiche nicht immer möglich ist[556]. Irrelevant ist auch, ob sich die Aufgabenerfüllung in öffentlich-rechtlichen oder in privatrechtlichen Organisations- und Handlungsformen

---

[548] So *Strauß*, Funktionsvorbehalt (Fn. 533), S. 64 ff., insbes. S. 119 f.; *Zado*, Privatisierung (Fn. 528), S. 381; *A. Thiele*, Der Staat 49 (2010), 274 (283 ff.); *Lecheler* (Fn. 319), Art. 33 Rn. 49 ff.; vgl. auch *Balzer*, Republikprinzip (Fn. 537), S. 169 f.: Eingriffsverwaltung und sämtliche grundrechtsrelevanten Entscheidungen.

[549] *Hense* (Fn. 181), Art. 33 Rn. 28; ebenso wohl *Jarass*/Pieroth, GG, Art. 33 Rn. 41, der die öffentlich-rechtliche Entscheidungstätigkeit der Eingriffsverwaltung und der grundrechtsrelevanten Leistungsverwaltung einbezieht; vgl. dazu auch BVerwGE 37, 192 ff.

[550] *Stern*, Staatsrecht I, S. 349; *Battis* (Fn. 186), Art. 33 Rn. 57.

[551] *M. Hippeli*, DVBl. 2014, 1281 (1284); *Jarass*/Pieroth, GG, Art. 33 Rn. 41; *Hense* (Fn. 181), Art. 33 Rn. 28.

[552] *Grigoleit* (Fn. 200), Art. 33 Rn. 53.

[553] *Jachmann* (Fn. 179), Art. 33 Rn. 33; ähnlich *Klaß*, Fortentwicklung (Fn. 149), S. 42: Notwendige Staatsaufgaben, »deren Erfüllung unerlässlich für die Funktionsfähigkeit des Staates« ist; s. auch *C. v. Coelln/T. Horst*, ZBR 2009, 109 (114).

[554] *Kunig* (Fn. 178), Art. 33 Rn. 49; gleichsinnig *B. Remmert*, JZ 2005, 53 (55 ff.); *P. Badura*, ZBR 1996, 321 (325 f.); *G. Lehnguth*, ZBR 1991, 266 (268 f.).

[555] BVerfGE 119, 247 (261, Rn. 48) unter Bezugnahme auf *W. Leisner*, Beamtentum, 1995, S. 163 ff. (166); *P. Badura*, ZBR 1996, 321 (324); *J. Isensee*, ZBR 1998, 295 (304); sowie *M. Jachmann/T. Strauß*, ZBR 1999, 289 (296).

[556] *C. Gusy*, JZ 2006, 651 (655 f.); *Balzer*, Republikprinzip (Fn. 537), S. 170; *Klaß*, Fortentwicklung (Fn. 149), S. 41; *G. Lübbe-Wolff*, Die Grundrechte als Eingriffsabwehrrechte, 1988, S. 205 ff.; *Masing* → Bd. II², Art. 33 Rn. 66.

vollzieht und ob Aufgaben mit Außenwirkung gegenüber dem Bürger oder im Verwaltungsinnenbereich wahrgenommen werden. Mit Blick auf die Vielfältigkeit der zur Verwaltung gehörenden Aufgaben sind dabei nicht einzelne Aufgabenfelder (etwa die Eingriffsverwaltung oder die Leistungsverwaltung) insgesamt als »Ausübung hoheitsrechtlicher Befugnisse« zu qualifizieren, sondern es ist bezogen auf die konkret betroffene einzelne Aufgabe zu beurteilen, ob ihre Erfüllung durch Beamte notwendig erscheint (**aufgaben- und funktionsbezogene Beurteilung**). So mögen z. B. Aufgaben der Finanzverwaltung in den Finanzämtern mit Blick auf die ratio des Art. 33 IV GG nicht notwendig durch Beamte wahrzunehmen sein[557], während die Verwaltung von IT-Sicherheitssystemen im Bereich der Regierung ein besonderes Loyalitäts- und Treueverhältnis zum Staat voraussetzt und daher Beamten vorbehalten ist. Nach Maßgabe dieser Grundsätze ist auch die Einordnung gemischter Aufgaben vorzunehmen, die sowohl hoheitsrechtliche als auch nicht-hoheitsrechtliche Funktionen aufweisen. Ihre Einordnung kann mit der notwendigen Flexibilität des Gesetzgebers nach dem Schwerpunkt der Tätigkeit und der Bedeutung der hoheitsrechtlichen Funktionen für die Sicherung des fachlichen Niveaus, der Funktionsfähigkeit, der rechtlichen Integrität des Staates und der Kontinuität der Erfüllung öffentlicher Aufgaben erfolgen[558].

Insofern drängt sich die **Parallele zu der Bereichsausnahme des Art. 45 IV AEUV** für die »Beschäftigung in der öffentlichen Verwaltung« auf, für die die Freizügigkeit der Arbeitnehmer keine Anwendung findet[559]. Nach der Judikatur des EuGH gehören zu der »öffentlichen Verwaltung« iSd Art. 45 IV AEUV, für die die Freizügigkeit der Arbeitnehmer nicht zum Tragen kommt, diejenigen Stellen, »die eine unmittelbare oder mittelbare Teilnahme an der Ausübung hoheitlicher Befugnisse und an der Wahrnehmung solcher Aufgaben mit sich bringen, die auf die Wahrung der allgemeinen Belange des Staates oder anderer öffentlicher Körperschaften gerichtet sind und die deshalb ein Verhältnis besonderer Verbundenheit des jeweiligen Stelleninhabers zum Staat sowie die Gegenseitigkeit von Rechten und Pflichten voraussetzen, die dem Staatsangehörigkeitsband zugrunde liegen«[560]. Art. 45 IV AEUV ist dabei nicht institutionell bezogen auf ganze Verwaltungsbereiche, sondern »im funktionellen Sinne auszulegen«, sodass die Voraussetzungen der Norm bei dem jeweiligen Beschäftigungsverhältnis vorliegen müssen; abzustellen ist auf »die Art der mit der (jeweiligen) Stelle verbundenen Aufgaben und Verantwortlichkeiten.«[561] Geboten ist daher stets eine Betrachtung der konkreten Tätigkeit im Einzelfall. Diese **Interpretationsleitlinien zu Art. 45 IV AEUV** lassen sich **auf Art. 33 IV GG übertragen:** Nur sofern die jeweilige Aufgabe ein Verhältnis besonderer Verbundenheit, d. h. besondere Loyalitäts- und Treuepflichten des jeweiligen Stelleninhabers voraussetzt, ist es gerechtfertigt, die Aufgabe Angehörigen des öffentlichen Dienstes vorzubehalten, die in einem öffentlich-rechtlichen Dienst- und Treueverhältnis stehen (Beamte).

155

---

[557] A.A. *Klaß*, Fortentwicklung (Fn. 149), S. 42 und S. 419, die den gesamten Bereich der Finanzverwaltung dem Funktionsvorbehalt des Art. 33 IV GG unterstellt.
[558] Nach Ansicht von *Klaß*, Fortentwicklung (Fn. 149), S. 42 steht die Einordnung gemischter Aufgaben im Ermessen des Gesetzgebers. Zur Einordnung gemischter Aufgaben bereits grundlegend *Masing* → Bd. II², Art. 33 Rn. 67.
[559] Für eine Auslegung des Art. 33 IV GG im Lichte des Art. 45 AEUV auch *Klaß*, Fortentwicklung (Fn. 149), S. 166 f.
[560] EuGH, Rs. 66/85, Slg. 1986, 2121 (2147, Rn. 27).
[561] EuGH, Rs. C-473/93, Slg. 1996, I-3207 (3256, Rn. 27).

156 Eine restriktive Interpretation der »Ausübung hoheitsrechtlicher Befugnisse« erscheint zudem geboten, weil Art. 33 IV GG den **Gestaltungsspielraum des Gesetzgebers** und des Dienstherrn bei der Entscheidung, wie öffentliche Aufgaben in personeller Hinsicht erfüllt werden, **einengt**. Die Entscheidung, ob öffentliche Aufgaben durch Beamte, Angestellte oder Arbeiter wahrgenommen werden sollen, verengt Art. 33 IV GG auf Beamte. Dem Gesetzgeber verbleibt insoweit keinerlei Entscheidungsfreiheit.

157 Sofern man Art. 33 IV GG ein dem Funktionsvorbehalt für Beamte korrespondierendes **Privatisierungsverbot** entnimmt, was umstritten ist (→ Rn. 151), begründet die Norm ein staatliches Aufgabenmonopol, sodass eine enge Interpretation der »Ausübung hoheitsrechtlicher Befugnisse« auch unionsrechtlich geboten ist. Ein solches Privatisierungsverbot bewirkt nicht nur eine Einschränkung der Berufsfreiheit aus Art. 12 I GG, sondern auch der Berufsfreiheit aus Art. 15 GRC und der unternehmerischen Freiheit aus Art. 16 GRC sowie der unionsrechtlich garantierten Grundfreiheiten, namentlich der Arbeitnehmerfreizügigkeit (Art. 45 AEUV) und der Dienstleistungsfreiheit (Art. 56 AEUV). Die für die Eingriffe in die Grundrechte und Grundfreiheiten erforderliche Rechtfertigung liegt nur vor, wenn die Eingriffe auf das zur Verwirklichung des Ziels des Funktionsvorbehaltes für Beamte unbedingt erforderliche Maß beschränkt werden. Hinzu kommt, dass die Begründung staatlicher Monopole nach Art. 106 I AEUV grundsätzlich verboten ist; Ausnahmen sind nur unter engen Voraussetzungen anerkannt (s. Art. 106 II AEUV). Diesen Vorgaben des Unionsrechts ist bei der Interpretation des Art. 33 IV GG nach dem Gebot unionsrechtskonformer Auslegung Rechnung zu tragen[562].

158 Schließlich spricht auch die **Entstehungsgeschichte** für eine enge Auslegung des Art. 33 IV GG. Im Parlamentarischen Rat bestand Einigkeit, dass Art. 33 IV GG keinen weitreichenden Verbeamtungszwang begründen, sondern im Gegenteil »die Zahl dieser Beamten im Vergleich mit der Vergangenheit beschränken« und also den Weg für eine restriktivere Verbeamtungspraxis ebnen sollte. Um dieses restriktive Verständnis des Funktionsvorbehaltes für Beamte verfassungstextlich richtig umzusetzen, wurde im Parlamentarischen Rat intensiv darüber diskutiert, welche Formulierung angemessen ist. Die zunächst im Zuständigkeitsausschuss gefundene weit gefasste Wendung »Staatliche und gemeindliche Daueraufgaben« wurde während der Beratungen im Rat bewusst durch die engere Formulierung »Dauernde Aufgaben in Ausübung öffentlicher Gewalt« ersetzt, die wiederum später zugunsten des noch enger gefassten Ausdrucks »Die dauernde Ausübung hoheitlicher Aufgaben« aufgegeben wurde, bevor schließlich der endgültige Text »Die Ausübung hoheitsrechtlicher Befugnisse« gefunden wurde. Dementsprechend war man sich im Parlamentarischen Rat einig, dass z. B. die Aufgaben bei der Bahn, der Post und Betrieben der kommunalen Daseinsvorsorge wie Gas- und Elektrizitätswerken ebenso wenig Beamten vorbehalten bleiben sollten wie der Einsatz von Beamten bei den Ernährungsämtern, Wirtschaftsämtern und bei den in der öffentlichen Verwaltung beschäftigten Schreinern, Buchdruckern und Schlossern verfassungsrechtlich vorgeschrieben werden sollte (→ Rn. 26 ff.).

159 Unter Zugrundelegung einer solchen restriktiven Interpretation des Art. 33 IV GG im Lichte seines Normzwecks gilt der Funktionsvorbehalt für Beamte regelmäßig nicht für **Lehrer** an allgemeinbildenden öffentlichen Schulen, sodass ihrer Beschäftigung im Angestelltenverhältnis verfassungsrechtlich nichts im Wege steht (zur Debat-

---

[562] Zu dem Gebot unionsrechtskonformer Auslegung → Fn. 434.

te im Parlamentarischen Rat → Rn. 30)⁵⁶³. Ob für Lehrer in Leitungspositionen, namentlich Schuldirektoren, etwas anderes gilt⁵⁶⁴, ist zweifelhaft. Auch **Hochschullehrer** bedürfen gem. Art. 33 IV GG keiner Beschäftigung im Beamtenverhältnis⁵⁶⁵.

3. Angehörige des öffentlichen Dienstes, die in einem öffentlich-rechtlichen Dienst- und Treueverhältnis stehen

Die so definierten hoheitsrechtlichen Befugnisse sind nach Art. 33 IV GG in der Regel (→ Rn. 165 ff.) Angehörigen des öffentlichen Dienstes zu übertragen, die in einem öffentlich-rechtlichen Dienst- und Treueverhältnis stehen. »Angehörige des öffentlichen Dienstes« sind zwar grundsätzlich sämtliche bei einer vom Staat getragenen juristischen Person des öffentlichen Rechts beschäftigten Personen, mithin nicht nur Beamte, sondern auch Angestellte und Arbeiter⁵⁶⁶. Die einschränkende grammatikalische Bezugnahme auf das »öffentlich-rechtliche Dienst- und Treueverhältnis«, in dem die Angehörigen des öffentlichen Dienstes stehen müssen, verengt den Kreis der mit der Ausübung hoheitsrechtlicher Befugnisse befassten Beschäftigten aber nach allgemeiner Ansicht auf **(Berufs-)Beamte**⁵⁶⁷. Dies ergibt sich auch aus den Beratungen des Parlamentarischen Rates, der ursprünglich als Formulierung für Art. 33 IV GG vorgesehen hatte: »Die staatlichen und gemeindlichen Daueraufgaben sind grundsätzlich von Berufsbeamten auszuüben, die in einem öffentlich-rechtlichen Dienst- und Treueverhältnis zu ihrem Dienstherrn stehen.« Auf das Wort »Berufsbeamte« wurde nur verzichtet, weil das öffentlich-rechtliche Dienst- und Treueverhältnis »ja gerade das Kennzeichen für den Berufsbeamten« sei und eine Tautologie vermieden werden sollte (→ Rn. 27). Neben Beamten dürfen gem. Art. 33 IV GG auch Soldaten hoheitsrechtliche Befugnisse übertragen werden⁵⁶⁸. Richter sind, schon da sie keine Exekutivtätigkeiten wahrnehmen (→ Rn. 152), nicht erfasst. 160

Welche **typusprägenden Merkmale** Beamte ausmachen und wie sich Beamte namentlich von Angestellten und Arbeitern, die in einem privatrechtlichen Dienstverhältnis zum Staat stehen, unterscheiden⁵⁶⁹, regelt der Gesetzgeber unter Beachtung bzw. Berücksichtigung der durch Art. 33 V GG verbürgten hergebrachten Grundsätze 161

---

⁵⁶³ BVerfGE 119, 247 (267, Rn. 65); *Voßkuhle* (Fn. 148), § 43 Rn. 117; *B. Remmert*, JZ 2005, 53 (57); *H.-P. Bull*, DÖV 2004, 155 (159); *M. Böhm*, DÖV 2006, 665 ff.; *Jarass/Pieroth*, GG, Art. 33 Rn. 41; a.A. *Strauß*, Funktionsvorbehalt (Fn. 533), S. 133 ff.; *C. v. Coelln/T. Horst*, ZBR 2009, 109 ff.; *V. Epping*, ZBR 1997, 383 (386); *U. Battis/H.D. Schlenga*, ZBR 1995, 253 (254 f.); *Pieper* (Fn. 182), Art. 33 Rn. 113; *H. Günther*, ZBR 2014, 18 ff.; *Grigoleit* (Fn. 200), Art. 33 Rn. 59; *Badura* (Fn. 148), Art. 33 Rn. 57. Im Parlamentarischen Rat war die Frage einst umstritten (→ Rn. 7 ff.). Vgl. auch EuGH, Rs. C-66/85, Slg. 1986, 2121 (2147, Rn. 27 ff.), der die Beschäftigung von Studienreferendaren nicht als Verwaltungstätigkeit iSd Art. 45 IV AEUV (damals: Art. 48 IV EWG-Vertrag) angesehen hat.
⁵⁶⁴ So *P.M. Huber*, Die Verwaltung 29 (1996), 437 (457 f.); *Grigoleit* (Fn. 200), Art. 33 Rn. 59.
⁵⁶⁵ A.A. *C. Bäcker*, AöR 135 (2010), 78 (87 f.); *V. Epping*, ZBR 1997, 383 (386); *Badura* (Fn. 180), Art. 33 Rn. 5. Zur Frage, ob Beschäftigte der Polizei verbeamtet werden müssen, *M. Kutscha*, LKV 2007, 306 ff.
⁵⁶⁶ Statt aller *Stern*, Staatsrecht I, S. 339; *Battis* (Fn. 186), Art. 33 Rn. 50; *Pieper* (Fn. 182), Art. 33 Rn. 115; vgl. auch BVerwGE 30, 81 (88).
⁵⁶⁷ Statt aller BVerfGE 3, 162 (186); 9, 268 (284 f.); 130, 76 (114, Rn. 143); BVerfG (K), NVwZ 2012, 368 (369 f., Rn. 13, 19); BVerwGE 57, 55 (60); *Jarass/Pieroth*, GG, Art. 33 Rn. 41; *H. Lecheler*, HStR³ V, § 110 Rn. 14; *Jachmann* (Fn. 179), Art. 33 Rn. 30.
⁵⁶⁸ *Hense* (Fn. 181), Art. 33 Rn. 29.
⁵⁶⁹ Eingehend *Voßkuhle* (Fn. 148), § 43 Rn. 7 ff. – auch zur einfachgesetzlichen Ausgestaltung des Beamtenrechts einerseits sowie der Personalverhältnisse von Angestellten und Arbeitern andererseits (Rn. 79 ff.); *H. Lecheler*, HStR³ V, § 110 Rn. 59 f., 105 ff.; *Klaß*, Fortentwicklung (Fn. 149), S. 63 ff.

des Berufsbeamtentums (→ Rn. 174ff.). Zu den das Berufsbeamtentum prägenden verfassungsrechtlichen Grundsätzen, die der Gesetzgeber der Ausgestaltung des Beamtenrechts zugrunde zu legen hat, gehören insbesondere die Regelung des Beamtenverhältnisses durch Gesetz, die hauptberufliche Beschäftigung auf Lebenszeit sowie besondere Treuepflichten des Beamten gegenüber seinem Dienstherrn (u. a. Amtsführungspflicht, Verfassungstreuepflicht, Mäßigungspflicht, Streikverbot) und korrespondierende Fürsorgepflichten des Dienstherrn gegenüber dem Beamten (v. a. Alimentationspflicht, Pflicht zur amtsangemessenen Beschäftigung; → Rn. 178ff.).

162 Aus dem systematischen Zusammenhang des Art. 33 IV GG zu dem Normtext des Art. 33 II GG geht zwar hervor, dass Beamte nur Deutsche sein dürfen. Um den dem Vorrangprinzip unterliegenden Diskriminierungsverboten des Art. 18 I AEUV und Art. 21 II GRC Rechnung zu tragen, ist jedoch im Anwendungsbereich der europäischen Verträge, namentlich bei der Inanspruchnahme der Arbeitnehmerfreizügigkeit (Art. 45 AEUV; s. auch Art. 15 II GRC) auch **Unionsbürgern anderer EU-Mitgliedstaaten** Zugang zu öffentlichen Ämtern einschließlich Beamtenstellen zu gewähren. Diese unionsrechtlich gebotene Anwendungserweiterung des Art. 33 II GG (→ Rn. 74ff.) ist auch im Rahmen des Art. 33 IV GG geboten, zumal dieser anders als Art. 33 II GG den Zugang zum Berufsbeamtentum bereits textlich nicht auf Deutsche beschränkt. Die Zulassung von Unionsbürgern anderer EU-Mitgliedstaaten zum Beamtentum ist unionsrechtlich lediglich im Anwendungsbereich der Bereichsausnahme des Art. 45 IV AEUV nicht geboten (→ Rn. 75ff.). Nur sofern man Art. 33 IV GG von vornherein übereinstimmend mit Art. 45 IV AEUV (eng) auslegt, dürfen Beamtenstellen Deutschen vorbehalten bleiben.

4. Als ständige Aufgabe

163 Dass die Ausübung hoheitsrechtlicher Befugnisse als »ständige Aufgabe« Beamten zu übertragen ist, hat nach allgemeiner Ansicht die **Bedeutung**, zeitlich begrenzte Hoheitsaufgaben aus dem Funktionsvorbehalt für Beamte auszuklammern[570]. Aufgaben von absehbar endlicher Dauer sind daher nach herrschender Auffassung auch dann keine ständigen, wenn die absehbare Dauer eine langjährige ist[571].

164 Der Bezugspunkt des Adjektivs »ständig« in Art. 33 IV GG ist normtextlich unklar. Für die Interpretation, wonach lediglich dauerhaft, nicht nur vorübergehend ausgeübte Hoheitsbefugnisse Beamten zu übertragen sind, mag die Entstehungsgeschichte sprechen, da Art. 33 IV GG in der ursprünglich vorgeschlagenen Formulierung des Zuständigkeitsausschusses lautete: »Die staatlichen und gemeindlichen Daueraufgaben« und später formuliert wurde: »Dauernde Aufgaben in Ausübung öffentlicher Gewalt« (→ Rn. 26ff.). Dagegen spricht aber die teleologische Auslegung des Art. 33 IV GG, da auch vorübergehend ausgeübte Hoheitsrechtsbefugnisse nach dem Zweck der Norm Beamten zu übertragen sein können. Zudem hätte es der Gesetzgeber bzw. der Dienstherr durch (ggf. wiederholte) zeitliche Begrenzung von Hoheitsaufgaben in

---

[570] BVerfGE 83, 130 (150, Rn. 64), wonach die Indizierungstätigkeit der Bundesprüfstelle für jugendgefährdende Schriften als »zeitlich begrenzte Wahrnehmung einer öffentlichen Aufgabe« nicht dem Funktionsvorbehalt für Beamte nach Art. 33 IV GG unterfalle; *B. Remmert*, Private Dienstleistungen in staatlichen Verwaltungsverfahren, 2003, S. 360f.; *V. Haug*, NVwZ 1999, 816 (819); *Werres*, Beamtenverfassungsrecht (Fn. 148), Rn. 24: »nicht lediglich vorübergehender Natur, sondern auf unabsehbare Dauer hin angelegt«; *Klaß*, Fortentwicklung (Fn. 149), S. 43; *Jarass*/Pieroth, GG, Art. 33 Rn. 41, demzufolge »ständig« »kontinuierlich und auf unabsehbare Dauer« meine.
[571] *Klaß*, Fortentwicklung (Fn. 149), S. 43; *G. Lehnguth*, ZBR 1991, 266 (269).

der Hand, den Funktionsvorbehalt des Art. 33 IV GG zu unterlaufen. Auf die alternative Deutungsmöglichkeit, dass mit der Formulierung »ständige Aufgabe« das Lebenszeitprinzip für Beamte verfassungsrechtlich fixiert werden sollte, deutet bereits grammatikalisch nichts hin. Letztlich dürfte die Wendung »ständige Aufgabe« der Verdeutlichung dienen, dass hoheitsrechtliche Aufgaben grundsätzlich Beamten zu übertragen sind. Hierfür spricht sowohl der Bezug des Adjektivs »ständig« zur Aufgabe als auch der grammatikalisch-systematische Zusammenhang mit der darauf folgenden Einschränkung, dass die Aufgaben nur »in der Regel« Beamten übertragen werden müssen, also Ausnahmen gestattet sind. Damit erschöpft sich die Formulierung »ständige Aufgabe« in einer **Tautologie**, sodass dem Adjektiv »ständig« keine eigenständige Bedeutung zukommt.

5. In der Regel

Hoheitsrechtliche Befugnisse sind nach Art. 33 IV GG nicht ausnahmslos, sondern nur »in der Regel« Beamten zu übertragen. Es besteht Einigkeit darüber, dass Art. 33 IV GG mit dieser Formulierung Ausnahmen von dem Funktionsvorbehalt für Beamte zulässt und eine Übertragung auf Nichtbeamte, d.h. auf Angestellte und Arbeiter des öffentlichen Dienstes[572] oder auf Private, die nicht in einem Beschäftigungsverhältnis zum Staat stehen, ermöglicht. Nach welchen **Kriterien** solche Ausnahmen zulässig sind, wird jedoch unterschiedlich beurteilt.

165

Überwiegend wird angenommen, dass die Betrauung von Nichtbeamten mit hoheitsrechtlichen Befugnissen nur in »begründeten« Ausnahmefällen zulässig sei; sie bedürfe der Rechtfertigung durch einen besonderen sachlichen Grund[573] bzw. einen »rechtfertigenden Gemeinwohlbelang« im Sinne eines »legitime(n) verfassungsrechtliche(n) Ziel(es)«[574]. Dies wird teilweise näher präzisiert: Im Schrifttum wird vielfach angenommen, dass Art. 33 IV GG verletzt sei, »wenn die Zahl der mit der Aufgabe betrauten Beamten deutlich geringer wäre als die der Arbeitnehmer«[575]. Alternativ wird auf das Schwergewicht hoheitlicher Tätigkeit abgehoben[576]. Nach Ansicht des Bundesverfassungsgerichts sind dagegen sowohl quantitative als auch qualitative Gesichtspunkte maßgeblich. Das durch Art. 33 IV GG vorgegebene **Regel-Ausnahme-Verhältnis** sei verletzt, wenn »der vorgesehene Regelfall faktisch zum zahlenmäßigen Ausnahmefall wird.«[577] Allerdings erschöpfe sich die »Regel«-Vorgabe nicht in einer quantitativen Bedeutung, sondern habe auch eine qualitative Dimension. Die Möglichkeit von Ausnahmen sei »nicht zu einem innerhalb gewisser quantitativer Grenzen

166

---

[572] Statt aller BVerfGE 9, 268 (284); 88, 103 (114); 130, 76 (114, Rn. 143); BVerwGE 57, 55 (59); BVerwG NVwZ 2006, 829 (829); *Klaß*, Fortentwicklung (Fn. 149), S. 43; *Stern*, Staatsrecht I, S. 349; *Isensee* (Fn. 242), § 32 Rn. 53.

[573] BVerfGE 130, 76 (115, Rn. 146); BVerwG NVwZ 2006, 829 (829); *K. Waechter*, NZV 1997, 329 (330); *G. Lehnguth*, ZBR 1991, 266 (269); *S. Barisch*, Die Privatisierung im deutschen Strafvollzug, unter Einbeziehung des Jugendstrafvollzuges und unter Berücksichtigung entsprechender Entwicklungen in Großbritannien, Frankreich und den USA, 2010, S. 134; *Pieper* (Fn. 182), Art. 33 Rn. 114.

[574] *Werres*, Beamtenverfassungsrecht (Fn. 148), Rn. 27. Zu unzulässigen Sachgründen *M. Hippeli*, DVBl. 2014, 1281 (1285).

[575] *Klaß*, Fortentwicklung (Fn. 149), S. 44; *Hense* (Fn. 181), Art. 33 Rn. 30; *Isensee* (Fn. 242), § 32 Rn. 55.

[576] *Masing* → Bd. II², Art. 33 Rn. 67; *Klaß*, Fortentwicklung (Fn. 149), S. 44.

[577] BVerfGE 130, 76 (114, Rn. 144). S. auch BVerfGE 9, 268 (284), wonach eine Übertragung hoheitlicher Befugnisse »in größerem Umfang« auf Nichtbeamte unzulässig sei; vgl. ferner *M. Hippeli*, DVBl. 2014, 1281 (1284f.).

beliebigen Gebrauch eingeräumt worden, sondern für Fälle, in denen der Sicherungszweck des Funktionsvorbehalts die Wahrnehmung der betreffenden hoheitlichen Aufgaben durch Berufsbeamte ausweislich bewährter Erfahrung nicht erfordert oder im Hinblick auf funktionelle Besonderheiten nicht in gleicher Weise wie im Regelfall angezeigt erscheinen lässt.«[578] Diese Voraussetzungen sollen etwa erfüllt sein bei Aufgaben, die aus verfassungsrechtlichen Gründen staatsfern wahrzunehmen sind oder bei nicht schwerpunktmäßig hoheitlichen Aufgaben[579]. Rein fiskalische Gesichtspunkte, also die Kostenersparnis durch eine Aufgabenwahrnehmung durch Nichtbeamte, genügten nicht[580]. Außerdem sollen Ausnahmen dem Verhältnismäßigkeitsgebot unterliegen[581]. Unter Zugrundelegung dieser Kriterien hat das Bundesverfassungsgericht die Übertragung des Maßregelvollzuges auf formell privatisierte Träger mit der Folge, dass Beamte in den Maßregelvollzugseinrichtungen nicht mehr zum Einsatz kamen, mit Art. 33 IV GG für vereinbar erklärt[582]. Das Bundesverwaltungsgericht hat die Übertragung der hoheitlichen Überwachung der Entsorgung besonders überwachungsbedürftiger Abfälle auf eine juristische Person des Privatrechts durch den Regel-Ausnahme-Vorbehalt des Art. 33 IV GG als gedeckt angesehen[583]. Ob eine formelle oder funktionale (Übertragung auf Beliehene) Privatisierung des Gerichtsvollzieherwesens mit Art. 33 IV GG vereinbar wäre, ist umstritten[584].

167 Bereits die Entstehungsgeschichte des Art. 33 IV GG belegt, dass der Parlamentarische Rat die Formulierung »in der Regel« bewusst gewählt hat, um Ausnahmen vom Berufsbeamtentum zuzulassen und damit dem Gesetzgeber einen gewissen Spielraum zu verschaffen (→ Rn. 26 ff.). Der **Definition von Ausnahmen** als »Rechtfertigung durch einen sachlichen Grund« kommt eine überschaubare Aussagekraft zu[585]. Ebenso werden quantitative Gesichtspunkte für sich genommen weder dem Normzweck noch praktischen Bedürfnissen der Praxis gerecht. Gegen eine Schwerpunktbetrachtung spricht, dass bei der Wahrnehmung von »gemischten« Aufgaben mit nur marginal hoheitsrechtlichen Funktionen bereits das Tatbestandsmerkmal »Ausübung hoheitsrechtlicher Befugnisse« zu verneinen ist, sodass sich die Frage nach Ausnahmen von dem Beamtenvorbehalt gar nicht stellt. Gegen die Begründung von Ausnahmen im Lichte des Normzweckes, wie es letztlich das Bundesverfassungsgericht vertritt, wenn es auf den »Sicherungszweck des Funktionsvorbehalts« abstellt[586], spricht, dass der Normzweck dann sowohl für die Einordnung von Aufgaben als Beamten zu übertragende hoheitsrechtliche Befugnisse (→ Rn. 154 ff.) als auch für die Legitimierung von Ausnahmen von dem Funktionsvorbehalt herhalten muss. Diese Probleme werden vermieden, wenn man die »Ausübung hoheitsrechtlicher Befugnisse« und damit den den Beamten vorbehaltenen **Funktionskreis** von vornherein **eng** im Sinne solcher Aufgaben auslegt, die zur Sicherung des fachlichen Niveaus, der Funktionsfähigkeit, der rechtlichen Integrität des Staates oder der Kontinuität der Erfüllung öffentlicher Aufgaben unerlässlich sind und die deshalb ein Verhältnis besonderer Verbundenheit

---

[578] BVerfGE 130, 76 (114f., Rn. 145); ähnlich BVerwG NVwZ 2006, 829 (829, Rn. 4).
[579] BVerfGE 130, 76 (115f., Rn. 146).
[580] BVerfGE 130, 76 (116, Rn. 147).
[581] BVerfGE 130, 76 (117, Rn. 149).
[582] BVerfGE 130, 76 (110ff., Rn. 130ff.).
[583] BVerwG NVwZ 2006, 829 (829f.).
[584] Verfassungsrechtliche Bedenken hegt *S. Schönrock*, DGVZ 2011, 57 (58ff.); *S. Pilz*, DGVZ 2010, 65 (68ff.).
[585] *Masing* → Bd. II², Art. 33 Rn. 70.
[586] BVerfGE 130, 76 (114f., Rn. 145).

des jeweiligen Stelleninhabers zum Staat erfordern (→ Rn. 76, 80). Bei einer solchen restriktiven Interpretation der hoheitsrechtlichen Befugnisse ist für Ausnahmen von der Wahrnehmung durch Beamte kaum mehr Raum.

VI. Regelung und Fortentwicklung des Rechts des öffentlichen Dienstes unter Berücksichtigung der hergebrachten Grundsätze des Berufsbeamtentums (Art. 33 V GG)

1. Allgemeine Bedeutung, Normzweck und Gewährleistungsdimensionen

Art. 33 V GG beinhaltet einen **Regelungs- und Fortentwicklungsauftrag** für das Beamtenrecht unter Berücksichtigung der **hergebrachten Grundsätze des Berufsbeamtentums**, mit denen die Verfassung sowohl im Allgemeininteresse als auch im subjektiven Interesse des Beamten die Existenz und die Funktionsfähigkeit des Berufsbeamtentums garantiert. Der »Übernahme der funktionswesentlichen tradierten Grundstrukturen des Berufsbeamtentums in das Grundgesetz« liegt das Ziel zugrunde, eine »auf Sachwissen, fachliche Leistung und loyale Pflichterfüllung« gegründete stabile Verwaltung zu sichern »und damit einen ausgleichenden Faktor gegenüber den das Staatswesen gestaltenden politischen Kräften« zu bilden[587]. Zugleich ist das Berufsbeamtentum »ein Instrument zur Sicherung von Rechtsstaat und Gesetzmäßigkeit der Verwaltung.«[588]

168

Dem entspricht es, dass Art. 33 V GG ebenso wie Art. 33 IV GG eine **institutionelle Garantie** des Berufsbeamtentums beinhaltet[589]. »Gegenstand der Einrichtungsgarantie ist der Kernbestand von (scil.: beamtenrechtlichen) Strukturprinzipien, die sich in der Tradition entwickelt und bewährt haben«[590]. Dem korrespondiert nach der Rechtsprechung und der überwiegenden Ansicht im Schrifttum anders als bei Art. 33 IV GG ein **grundrechtsgleiches**[591] (→ Vorb. Rn. 64), verfassungsbeschwerdefähiges **Recht**[592] des Beamten, soweit seine persönliche Rechtsstellung betroffen ist[593]. Inhaltlich ist das grundrechtsgleiche Recht des Beamten darauf gerichtet, dass seine individuelle Rechtsstellung den Anforderungen des Art. 33 V GG entsprechend ausgestaltet wird. Ob ein Primat der institutionellen Garantie gegenüber dem subjektiven Recht des Beamten besteht, ist umstritten[594].

169

---

[587] BVerfGE 119, 247 (260f., Rn. 46); ebenso bereits BVerfGE 7, 155 (162); 8, 1 (12); 21, 329 (354); 64, 367 (379); 108, 314 (322, Rn. 96) – st. Rspr.

[588] BVerfGE 119, 247 (261f., Rn. 50).

[589] Statt aller BVerfGE 8, 332 (343); 44, 322 (330); 56, 146 (162); 64, 367 (379); 106, 225 (232, Rn. 26); 117, 330 (344, Rn. 45); 119, 247 (260, Rn. 45); 121, 205 (219, Rn. 67); 130, 263 (292, Rn. 143); BVerfG, 2 BvL 17/09 u.a. vom 5.5.2015, Rn. 92; *Jarass/*Pieroth, GG, Art. 33 Rn. 43.

[590] Statt aller BVerfGE 119, 247 (260, Rn. 46); vgl. BVerfGE 6, 132 (164).

[591] BVerfGE 8, 1 (11f., 17); 43, 154 (167); 64, 367 (375); 71, 39 (62); 99, 300 (314, Rn. 35); 106, 225 (231, Rn. 26); 107, 218 (236f., Rn. 66); 117, 330 (344, Rn. 45); 130, 263 (292, Rn. 143); zuletzt BVerfG, 2 BvL 17/09 u.a. vom 5.5.2015, Rn. 92; *Voßkuhle* (Fn. 148), § 43 Rn. 72; *Badura* (Fn. 148), Art. 33 Rn. 53; *Hense* (Fn. 181), Art. 33 Rn. 35; *Pieper* (Fn. 182), Art. 33 Rn. 131; a.A. *Kunig* (Fn. 178), Art. 33 Rn. 54ff.; *Lecheler* (Fn. 319), Art. 33 Rn. 91ff.; kritisch auch *M. Droege*, DÖV 2014, 785 (788ff.).

[592] BVerfGE 8, 1 (11, 17); 8, 28 (35); 12, 81 (87); 64, 367 (375) – st. Rspr.; *Battis* (Fn. 186), Art. 33 Rn. 12; *Hense* (Fn. 181), Art. 33 Rn. 35.

[593] BVerfGE 107, 218 (236f., Rn. 66); 117, 330 (344, Rn. 41); 130, 263 (292, Rn. 143); BVerfG, 2 BvL 17/09 u.a. vom 5.5.2015, Rn. 92.

[594] Bejahend BVerfGE 43, 154 (167f.); *M. Droege*, DÖV 2014, 785 (791f.); verneinend BVerfGE 9, 268 (286): Das Grundgesetz wolle »nicht in erster Linie subjektive Rechte des Beamten schützen,

Art. 33   C. Erläuterungen

170   Für ein grundrechtsgleiches Recht aus Art. 33 V GG spricht zugegebenermaßen weder der Normwortlaut noch lassen sich der Entstehungsgeschichte Hinweise hierauf entnehmen. Die Verankerung eines subjektiven, grundrechtsgleichen Individualrechts des Beamten in Art. 33 V GG folgt aber aus der »Eigenart des beamtenrechtlichen Rechtsverhältnisses«[595] und der dadurch ausgelösten Notwendigkeit einer Kompensation des strukturellen Ungleichgewichtes zwischen dem Gesetzgeber bzw. Dienstherrn und dem Beamten[596]. Erst die Einräumung eines grundrechtsgleichen Rechtes bringt zwischen dem Staat und dem Beamten **Waffengleichheit**, ohne die eine Vielzahl der durch Art. 33 V GG verbürgten Grundsätze des Beamtentums nicht einklagbar und damit letztlich zur Disposition des Gesetzgebers gestellt wäre. Die **Grundrechte des Beamten reichen** zu seinem Schutz vor Verletzungen der hergebrachten Grundsätze des Berufsbeamtentums durch den Gesetzgeber oder Dienstherrn **nicht aus**, da viele der durch Art. 33 V GG gesicherten Grundätze, etwa die Fürsorgepflicht des Dienstherrn und der Anspruch des Beamten auf amtsangemessene Besoldung und Versorgung, nicht durch Art. 1 bis 19 GG gesichert sind. Insoweit hat das Bundesverfassungsgericht frühzeitig zutreffend erkannt, dass der Beamte »dem Staat als seinem Dienstherrn gegenüber (steht), aber dieser Dienstherr in seiner Stellung als Gesetzgeber zugleich für die Regelung des Rechtsverhältnisses, die Verteilung der gegenseitigen Rechte und Pflichten allein zuständig und verantwortlich (ist). Der einzelne Beamte hat keine eigenen rechtlichen Möglichkeiten, auf die nähere Ausgestaltung seines Rechtsverhältnisses, insbesondere auf die Höhe seines Gehalts, einzuwirken […]. Er ist auf die Regelung angewiesen, die sein Dienstherr als Gesetzgeber getroffen hat. Wenn daher das Grundgesetz in Art. 33 Abs. 5 GG unmittelbar die Gewähr dafür bieten will, daß die beamtenrechtliche Gesetzgebung bestimmten eng begrenzten verfassungsrechtlichen Mindestanforderungen entspricht,« muss »den hauptsächlich und unmittelbar Betroffenen ein entsprechendes Individualrecht eingeräumt werden«, damit sie ihre verfassungsmäßige Stellung auch rechtlich wahren können[597].

171   Art. 33 V GG steht im **Spannungsverhältnis mit anderen Verfassungsnormen**, sodass die Norm namentlich einen Rechtfertigungsgrund für Beschränkungen der auch für Beamte geltenden[598] Grundrechte bildet[599], wobei Art. 33 V GG Grundrechtseinschränkungen (auf gesetzlicher Grundlage) über das bei anderen Bürgern zulässige

---

sondern die Einrichtung des Berufsbeamtentums im Interesse der Allgemeinheit erhalten«; vgl. auch BVerfGE 8, 1 (11 f.); 11, 203 (215); 64, 367 (379); *Klaß*, Fortentwicklung (Fn. 149), S. 48 f.; *Jarass/Pieroth*, GG, Art. 33 Rn. 44.

[595] Formulierung aus BVerfGE 8, 1 (17).
[596] Gleichsinnig *Pieper* (Fn. 182), Art. 33 Rn. 131.
[597] Grundlegend BVerfGE 8, 1 (17); dort auch das Zitat.
[598] Zur Geltung der Grundrechte im Beamtenrechtsverhältnis statt vieler *Stern*, Staatsrecht I, S. 378 ff. m. w. N. Gegenüber einzelnen Grundrechten wird Art. 33 V GG allerdings teilweise als lex specialis angesehen – so gegenüber dem Sozialstaatsprinzip und Art. 14 I GG in Bezug auf Kürzungen der beamtenrechtlichen Versorgungsansprüche *Pieper* (Fn. 182), Art. 33 Rn. 135; für das Verhältnis von Art. 33 V GG zu Art. 14 I GG und zum Rechtsstaatsprinzip *Hense* (Fn. 181), Art. 33 Rn. 51; vgl. auch *Jarass*/Pieroth, GG, Art. 33 Rn. 45; bezogen auf Art. 12 und Art. 14 GG *Battis* (Fn. 186), Art. 33 Rn. 12, 66.
[599] BVerfGE 19, 303 (322); 39, 334 (366 f.); *Battis* (Fn. 186), Art. 33 Rn. 65; *Lecheler* (Fn. 319), Art. 33 Rn. 89; *Jarass*/Pieroth, GG, Art. 33 Rn. 43; *Pieper* (Fn. 182), Art. 33 Rn. 133; *Kunig* (Fn. 178), Art. 33 Rn. 56.

VI. Regelung und Fortentwicklung des öffentlichen Dienstes (Art. 33 V GG) **Art. 33**

Maß hinaus legitimiert[600]. Umgekehrt unterliegt Art. 33 V GG selbst Einschränkungen durch andere Verfassungsnormen (→ Rn. 177)[601].

2. Das Recht des öffentliches Dienstes

Gegenstand des Regelungs- und Fortentwicklungsauftrages ist nicht das Recht des öffentlichen Dienstes insgesamt, sondern nur das **Beamtenrecht** sowohl des Bundes als auch der Länder; das Recht der Angestellten und Arbeiter des öffentlichen Dienstes ist nicht erfasst[602]. Dies ergibt sich sowohl aus dem grammatikalisch-systematischen Zusammenhang zwischen dem »Recht des öffentlichen Dienstes« und den »hergebrachten Grundsätzen des Berufsbeamtentums« in Art. 33 V GG als auch aus dem systematischen Zusammenspiel des Art. 33 V GG mit dem Funktionsvorbehalt des Art. 33 IV GG für Beamte. Ebenfalls einbezogen in den Anwendungsbereich des Art. 33 V GG sind Richter[603] und Staatsanwälte[604]. Für die von Art. 33 V GG jeweils erfassten Beschäftigtengruppen können die hergebrachten Grundsätze inhaltlich unterschiedlich besetzt und kann das jeweilige Rechtsgebiet entsprechend unterschiedlich auszugestalten sein (→ Rn. 204ff.)[605]. Die Maßgaben des Art. 33 V GG für die Ausgestaltung des Beamtenrechts gelten dabei für sämtliche vom Staat beschäftigten Beamten, also auch für Beamte, die außerhalb des nach Art. 33 IV GG Beamten vorbehaltenen Bereichs eingesetzt werden[606].

172

Die Garantie des Art. 33 V GG gilt dagegen **nicht** für die **Berufssoldaten**[607], was sich sowohl aus der Entstehungsgeschichte als auch aus dem Sinn und Zweck der Norm ergibt, da »hergebrachte Grundsätze« für das Berufssoldatentum zur Zeit des Inkrafttretens des Grundgesetzes nicht bestanden[608]. Ebenso wenig gelangt Art. 33 V GG für Kassenärzte[609], Minister[610], Mitglieder kommunaler Vertretungskörperschaften[611] und Bedienstete der Kirchen[612] zur Anwendung.

173

---

[600] *Lecheler* (Fn. 319), Art. 33 Rn. 89.
[601] BVerfGE 87, 348 (356); *Jarass*/Pieroth, GG, Art. 33 Rn. 44.
[602] Statt aller BVerfGE 3, 162 (186); 9, 268 (284f.); 16, 94 (110f.); *Kunig* (Fn. 178), Art. 33 Rn. 57; *Jarass*/Pieroth, GG, Art. 33 Rn. 46; *Battis* (Fn. 186), Art. 33 Rn. 69; vgl. auch *S. Graf Kielmansegg*, Grundrechte im Näheverhältnis, Eine Untersuchung zur Dogmatik des Sonderstatusverhältnisses, 2012, S. 320f. Zur Geltung des Art. 33 V GG für sämtliche Beamten einschließlich solcher auf Zeit und auf Probe *Pieper* (Fn. 182), Art. 33 Rn. 137 m.w.N. Zur Einbeziehung des Beamtenrechts des Bundes und der Länder BVerfGE 4, 115 (135); 64, 367 (378). Zur Geltung des Art. 33 V GG für Hochschullehrer *C. Bäcker*, AöR 135 (2010), 78 (79ff.).
[603] Vgl. nur BVerfGE 12, 81 (87); 15, 298 (302); 38, 139 (151); 56, 146 (165f.); BVerfG, 2 BvL 17/09 u.a. vom 5.5.2015, Rn. 120; *Battis* (Fn. 186), Art. 33 Rn. 69; *Kunig* (Fn. 178), Art. 33 Rn. 57; *Jachmann* (Fn. 179), Art. 33 Rn. 42.
[604] BVerfG, 2 BvL 17/09 u.a. vom 5.5.2015, Rn. 92.
[605] *Jarass*/Pieroth, GG, Art. 33 Rn. 47.
[606] *Masing* → Bd. II², Art. 33 Rn. 79.
[607] BVerfGE 3, 288 (334f.); 16, 94 (111); 31, 212 (221); BVerwGE 66, 147 (149); 93, 69 (73); 140, 342 (349, Rn. 34); *Kunig* (Fn. 178), Art. 33 Rn. 57; *Battis* (Fn. 186), Art. 33 Rn. 69; *Jachmann* (Fn. 179), Art. 33 Rn. 42; kritisch *Lecheler* (Fn. 319), Art. 33 Rn. 64.
[608] Näher BVerfGE 3, 288 (334f.).
[609] BVerfGE 11, 30 (39); 12, 144 (147).
[610] BVerfGE 76, 256 (344); BVerwGE 109, 258 (260).
[611] BVerfGE 6, 376 (385).
[612] Statt aller BVerfG NJW 1980, 1041; BVerfG (K), NJW 2009, 1195 (1196); BVerwGE 66, 241 (250); *Jachmann* (Fn. 179), Art. 33 Rn. 42.

3. Berücksichtigungsgebot (»unter Berücksichtigung«)

174 Welche Bedeutung das Berücksichtigungsgebot des Art. 33 V GG hat, ist umstritten. Zwar ist breit konsentiert, dass »berücksichtigen« dem Wortsinn nach schwächer ist als »beachten«[613]. Gleichwohl gilt nach ständiger Rechtsprechung namentlich des Bundesverfassungsgerichtes bei den hergebrachten Grundsätzen des Berufsbeamtentums eine **Zweiteilung**, derzufolge einige Grundsätze nicht nur zu berücksichtigen, sondern strikt zu beachten seien, während für andere Grundsätze lediglich eine Berücksichtigungspflicht bestehe. Grundsätze von »grundlegende(m) und strukturprägende(m) Charakter« habe der Gesetzgeber bei der Regelung und Fortentwicklung des Beamtenrechtes strikt zu beachten[614]. Zu den strikt zu beachtenden Grundsätzen zählt das Bundesverfassungsgericht v. a. das Alimentationsprinzip[615] (→ Rn. 194 ff.), die Fürsorgepflicht des Dienstherrn[616] (→ Rn. 193), das Lebenszeitprinzip[617] (→ Rn. 180 ff.), das Laufbahnprinzip[618] (→ Rn. 202), das Leistungsprinzip[619] (→ Rn. 185) und das Prinzip der amtsangemessenen Amtsbezeichnung[620] (→ Rn. 202); dazu gehören dürfte ferner die Treuepflicht des Beamten.

175 Im Schrifttum ist diese Judikatur teilweise auf Kritik gestoßen. Unter Berufung auf den Wortsinn des Begriffes »berücksichtigen« und seine verglichen mit »beachten« geringere normative Bindungswirkung[621] wird für sämtliche hergebrachten Grundsätze des Berufsbeamtentums **lediglich** eine **Berücksichtigungspflicht** ohne absolute Geltung angenommen[622]. Diese Interpretation werde durch den grammatikalisch-systematischen Zusammenhang mit den »Grundsätzen« und dem Fortentwicklungsauftrag[623] sowie durch die Entstehungsgeschichte und das Zusammenspiel des Art. 33 V GG mit Art. 123 I GG[624] bestätigt, wonach vor der Zeit des Grundgesetzes etablierte hergebrachte Grundsätze des Berufsbeamtentums nur Bestand haben, soweit sie dem Grundgesetz nicht widersprechen[625], was eine Relativierungsmöglichkeit der Grundsätze impliziert. Einschränkend wird teilweise ergänzt, dass der Gestaltungsspielraum des Gesetzgebers bei der Regelung und Fortentwicklung des Beamtenrechtes allerdings dort auf Grenzen stoße, wo der »Wesenskern« der hergebrachten Grundsätze

---

[613] Statt vieler BVerfGE 3, 58 (137); 8, 1 (16); *Stern*, Staatsrecht I, S. 353; *Battis* (Fn. 186), Art. 33 Rn. 67; *Pieper* (Fn. 182), Art. 33 Rn. 144.

[614] Vgl. – in den älteren Entscheidungen nur bezogen auf den Regelungsauftrag des Gesetzgebers – BVerfGE 8, 1 (16); 117, 330 (349, Rn. 55); 119, 247 (262, Rn. 51); 130, 263 (292, Rn. 143); zuletzt BVerfG, 2 BvL 17/09 u. a. vom 5.5.2015, Rn. 92; im Anschluss an die Judikatur des BVerfG ebenso *Stern*, Staatsrecht I, S. 353 f.; *Kunig* (Fn. 178), Art. 33 Rn. 50.

[615] BVerfGE 8, 1 (16); 11, 203 (210); 76, 256 (298); 81, 363 (375); 99, 300 (314, Rn. 35); 106, 225 (232, Rn. 26); 117, 130 (349, Rn. 53); 119, 247 (263, 269, Rn. 52, 70); 130, 263 (292, Rn. 143); zuletzt BVerfG, 2 BvL 17/09 u. a. vom 5.5.2015, Rn. 92; aus dem Schrifttum statt aller *M. Droege*, DÖV 2014, 785 (786).

[616] BVerfGE 43, 154 (165); 106, 225 (232, Rn. 28).

[617] BVerfGE 121, 205 (219, Rn. 66).

[618] BVerfGE 62, 374 (383); 71, 255 (268).

[619] BVerfGE 62, 374 (383); 71, 255 (268); 110, 353 (365 f., Rn. 46).

[620] BVerfGE 62, 374 (383); vgl. auch BVerfGE 71, 255 (268).

[621] *Jarass*/Pieroth, GG, Art. 33 Rn. 48.

[622] Statt vieler *Kunig* (Fn. 178), Art. 33 Rn. 59; *Pieper* (Fn. 182), Art. 33 Rn. 144 f.; *Jarass*/Pieroth, GG, Art. 33 Rn. 48.

[623] *Jarass*/Pieroth, GG, Art. 33 Rn. 48; *Kunig* (Fn. 178), Art. 33 Rn. 59 f.

[624] *Jarass*/Pieroth, GG, Art. 33 Rn. 48.

[625] BVerfGE 3, 58 (137); 15, 167 (195).

berührt werde⁶²⁶, was einen Unterschied zu der Rechtsprechung des Bundesverfassungsgerichtes nicht erkennen lässt.

Im Kern der Debatte über die Auslegung der Formulierung »unter Berücksichtigung« stehen nicht grammatikalisch-textliche Spitzfindigkeiten, sondern es geht um die elementare Frage, ob und inwieweit die durch Art. 33 V GG gesicherten hergebrachten Grundsätze des Beamtentums bei der Regelung und Fortentwicklung des Beamtenrechtes durch den Gesetzgeber **absolut** oder nur **relativ** gelten. Im ersten Fall könnte der Gesetzgeber die hergebrachten Grundsätze nicht »abschmelzen«, er dürfte also nicht hinter den herkömmlich anerkannten, überlieferten Bestand an Grundsätzen zurückgehen. Im zweiten Fall wären die Grundsätze relativierbar, weil sie von vornherein zur Disposition des Gesetzgebers stehen, der sie im Interesse anderer legitimer Ziele beschneiden darf. Für eine Differenzierung zwischen absolut und relativ geltenden hergebrachten Grundsätzen des Berufsbeamtentums spricht, dass Art. 33 V GG leerliefe, wenn nicht zumindest die Existenz der Grundsätze gegen Aufhebung und Umgestaltung durch den Gesetzgeber gesichert wäre. Ebenso wie andere Einrichtungsgarantien sichert auch Art. 33 V GG in seiner Funktion als institutionelle Garantie die Existenz und die wesentlichen Strukturprinzipien gegen Beseitigung und Änderung durch den Gesetzgeber. Da bereits die Anerkennung hergebrachter Grundsätze des Berufsbeamtentums neben der Traditionalität auch eine gewisse Fundamentalität beamtenrechtlicher Prinzipien verlangt (→ Rn. 178), erstreckt sich die absolute Geltung regelmäßig nur auf einen prägenden Kernbestand der Grundsätze. Insoweit sind sowohl die Existenz als auch die prägenden Strukturmerkmale namentlich – aber nicht nur – des Alimentationsprinzips, der Fürsorgepflicht des Dienstherrn, des Lebenszeitprinzips und des Leistungsprinzips durch Art. 33 V GG vor Umgestaltungen durch den Gesetzgeber im Rahmen seines Regelungs- und Fortentwicklungsauftrages absolut geschützt. Insofern besteht für den Gesetzgeber eine über die bloße Berücksichtigung hinausreichende strikte Beachtenspflicht, die Relativierungen der hergebrachten Grundsätze durch Aufhebung oder Änderung ihrer wesentlichen Strukturmerkmale im Interesse anderer legitimer Zielsetzungen ohne Verfassungsrang untersagt. Einzelheiten jenseits der prägenden Strukturmerkmale sind dagegen nur relativ gewährleistet und daher im Rahmen der Regelung und Fortentwicklung durch den Gesetzgeber zugunsten anderer legitimer Ziele relativierbar. Welche Grundsätze absolut gelten, welche Strukturmerkmale dabei im Einzelnen gegen Umgestaltung durch den Gesetzgeber geschützt sind und welche Grundsätze bzw. Ausprägungen der Grundsätze von vornherein zur Disposition des Gesetzgebers im Interesse anderer legitimer Zielsetzungen stehen, lässt sich nur bezogen auf den jeweiligen Grundsatz im Einzelfall beurteilen⁶²⁷.

Hiervon zu unterscheiden ist die Frage, ob die absoluten und die relativen hergebrachten Grundsätze des Berufsbeamtentums zugunsten anderer Verfassungsrechtswerte einschränkbar sind. Dies ist zu bejahen⁶²⁸. Jenseits des durch Art. 79 III GG (→ Rn. 213) geschützten Kernbereichs der Verfassung stehen sämtliche in der Verfassung enthaltenen Rechtswerte in einem Verhältnis wechselseitiger Komplementarität und Begrenzung (→ Vorb. Rn. 139). Dies gilt auch für die durch Art. 33 V GG geschützten

---

⁶²⁶ *Pieper* (Fn. 182), Art. 33 Rn. 146; ähnlich *Battis* (Fn. 186), Art. 33 Rn. 67: »Unantastbarkeit der Essentialia des Berufsbeamtentums«; »unabdingbare Grenze im Kernbereich der Strukturprinzipien des Art. 33 V GG«.
⁶²⁷ Vgl. *Voßkuhle* (Fn. 148), § 43 Rn. 73.
⁶²⁸ Ebenso BVerfG, 2 BvL 17/09 u.a. vom 5.5.2015, Rn. 125.

Grundsätze des Berufsbeamtentums. Sie sind daher insgesamt, also unabhängig davon, ob sie absolut oder lediglich relativ gewährleistet sind, grundsätzlich durch kollidierendes Verfassungsrecht nach Maßgabe des Grundsatzes praktischer Konkordanz einschränkbar. Zu solchen kollidierenden Verfassungsrechtsgrundsätzen gehören z.B. Schutzpflichten des Staates für Grundrechte Dritter oder die Schuldenbremse des Grundgesetzes (Art. 109 III GG)[629]. Auch die verschiedenen hergebrachten Grundsätze des Berufsbeamtentums stehen untereinander in einem Spannungsverhältnis und vermögen daher wechselseitig Einschränkungen zu rechtfertigen[630]. Eine Ausnahme von der Einschränkbarkeit der hergebrachten Grundsätze des Berufsbeamtentums gilt nur für den Kernbereich im Sinne des Wesensgehaltes der Grundsätze. Er ist – ebenso wie bei (anderen) Grundrechten auch (vgl. Art. 19 II, Art. 79 III GG) – unantastbar, d.h. Einschränkungen des Gesetzgebers durch **kollidierendes Verfassungsrecht** per se entzogen[631]. Hierzu zählt etwa das Recht auf Alimentation in Höhe des Existenzminimums.

4. Hergebrachte Grundsätze des Berufsbeamtentums

178 Nach ständiger Rechtsprechung des Bundesverfassungsgerichts sind die »hergebrachten Grundsätze des Berufsbeamtentums« zu definieren als »der Kernbestand von Strukturprinzipien, die allgemein oder doch ganz überwiegend während eines längeren, traditionsbildenden Zeitraums, mindestens unter der Reichsverfassung von Weimar, als verbindlich anerkannt und gewahrt worden sind«[632]. Dies wird allgemein dahingehend interpretiert, dass nur solche beamtenrechtlichen Grundsätze Art. 33 V GG unterfallen, die kumulativ die Voraussetzungen der **Traditionalität** und der **Fundamentalität** erfüllen[633]. Die Traditionalität erfordert eine Geltung mindestens seit der Zeit der Weimarer Reichsverfassung und klammert erst unter der Geltung des Grundgesetzes herausgebildete Grundsätze aus dem institutionell gewährleisteten Bestand des Art. 33 V GG aus[634]. Das Erfordernis der Fundamentalität zielt auf die zentralen, institutionsprägenden Beamtenrechtsprinzipien und schließt den Schutz untergeordneter Einzelregelungen des Beamtenrechts aus[635]. Der betreffende Grundsatz muss »das Bild des Beamtentums in seiner überkommenen Gestalt und Funktion so prägen, dass (seine) Beseitigung auch das Wesen des Beamtentums antasten würde«[636]. Der

---

[629] Ebenso BVerfG, 2 BvL 17/09 u.a. vom 5.5.2015, Rn. 126; eingehend und grundlegend *M. Droege*, LKRZ 2014, 177 (180ff.); a.A. *F. Wittreck*, Dritte Gewalt im Wandel – Veränderte Anforderungen an Legitimität und Effektivität?, VVDStRL 74 (2015), S. 115ff. (141).
[630] *Lecheler* (Fn. 319), Art. 33 Rn. 87.
[631] Vgl. BVerwGE 149, 117 (123, Rn. 28): Verbot »tiefgreifende(r) strukturelle(r) Eingriffe, die das Wesen der Institutionsgarantie Berufsbeamtentum verändern«; vgl. auch BVerfGE 119, 247 (262f., Rn. 52); 121, 205 (220f., Rn. 69).
[632] BVerfGE 8, 332 (343); 25, 142 (148); 62, 374 (382f.); 83, 89 (98); 106, 225 (232, Rn. 26); 117, 330 (344f., Rn. 41).
[633] Statt vieler *Voßkuhle* (Fn. 148), § 43 Rn. 72; *Jachmann* (Fn. 179), Art. 33 Rn. 43; *Grigoleit* (Fn. 200), Art. 33 Rn. 71; *Hense* (Fn. 181), Art. 33 Rn. 37.
[634] S. nur *Pieper* (Fn. 182), Art. 33 Rn. 141; vor dem Hintergrund des Fortentwicklungsauftrags kritisch *D. Merten*, Das Recht des öffentlichen Dienstes in Deutschland, in: S. Magiera/H. Siedentopf (Hrsg.), Das Recht des öffentlichen Dienstes in den Mitgliedstaaten der Europäischen Gemeinschaft, 1994, S. 181ff. (189).
[635] *Masing* → Bd. II², Art. 33 Rn. 73.
[636] Vgl. BVerfGE 62, 374 (383); 71, 255 (268); 117, 330 (348, Rn. 53); 119, 247 (262f., Rn. 52); 121, 205 (220, Rn. 69).

VI. Regelung und Fortentwicklung des öffentlichen Dienstes (Art. 33 V GG) **Art. 33**

Inhalt der durch Art. 33 V GG geschützten Grundsätze kann dabei je nach Art des Beamten- bzw. Richterverhältnisses unterschiedlich ausfallen. Zwar existiert **kein feststehender, abschließender Katalog** der so definierten hergebrachten Grundsätze des Berufsbeamtentums[637], jedoch haben sich im Laufe der Zeit eine Vielzahl von Strukturprinzipen des Beamtenrechtes herausgebildet, die zumindest dem Grunde nach als (absolut oder relativ gewährleistete → Rn. 175 f.) hergebrachte Grundsätze iSd Art. 33 V GG anerkannt sind[638], mögen auch Einzelheiten noch ungeklärt oder umstritten sein[639]. Der konkrete Inhalt zumindest einzelner hergebrachter Grundsätze kann im Bund und in den Ländern unterschiedlich ausfallen; auch der Spielraum, der dem Bund und den Ländern bei der Regelung und Fortentwicklung der Grundsätze zusteht, kann unterschiedlich genutzt werden (→ Rn. 204 ff.).

a) Regelung des Beamtenverhältnisses durch Gesetz

Zu den hergebrachten Grundsätzen des Berufsbeamtentums gehört nach allgemeiner Ansicht die **Regelung des Beamtenverhältnisses durch Gesetz**[640]. Dem Gesetzesvorbehalt unterliegen dabei nicht sämtliche Einzelheiten, sondern ganz im Sinne der Wesentlichkeitstheorie (→ Art. 20 [Rechtsstaat], Rn. 113 ff.) nur die für den Beginn, die Durchführung und die Beendigung des Beamtenverhältnisses sowie für die sich aus dem Beamtenverhältnis ergebenden grundlegenden Rechte und Pflichten des Beamten wesentlichen Regelungen (vgl. Art. 128 III WRV)[641]. Hierzu gehören z. B. die gesetzliche Regelung der Voraussetzungen für die Begründung[642] und die Beendigung des Beamtenverhältnisses[643] sowie die wesentlichen Grundsätze der Besoldung und Versorgung des Beamten (vgl. Art. 129 I 2 WRV)[644]. Die gesetzliche Ausgestaltung des Beamtenverhältnisses ergänzende Vereinbarungen zwischen dem Beamten und dem Dienstherrn etwa über Leistungszulagen als Teil der Besoldung[645], über Nebentätigkeiten oder über Einzelheiten der Arbeitsbedingungen[646] schließt der Grundsatz der Gesetzlichkeit des Beamtenverhältnisses nicht aus[647], wobei der Gesetzgeber wesentliche Fragen jeweils selbst regeln muss.

179

---

[637] *Isensee* (Fn. 242), § 32 Rn. 65.
[638] Eine Auflistung der in der Rechtsprechung und im Schrifttum anerkannten hergebrachten Grundsätze des Berufsbeamtentums findet sich bei *Stern*, Staatsrecht I, S. 354 ff. Versuche einer Typologisierung der hergebrachten Grundsätze des Berufsbeamtentums bei *Hense* (Fn. 181), Art. 33 Rn. 40 f.; *Leisner* (Fn. 186), Art. 33 Rn. 28.
[639] Im Parlamentarischen Rat wurden mit dem »Gedanken des Berufsbeamtentums« »die lebenslängliche Anstellung, die Entlassung nur auf dem Disziplinarwege, die Pension und die Hinterbliebenenversorgung« verbunden (→ Rn. 7 ff.).
[640] Statt aller BVerfGE 8, 1 (18); 8, 28 (35); 52, 303 (331); 81, 363 (386). Zu dem Einfluss des Unionsrechts auf den Grundsatz der Gesetzlichkeit des Beamtenverhältnisses *H.A. Wolff*, ZBR 2014, 1 (8).
[641] Vgl. *Jachmann* (Fn. 179), Art. 33 Rn. 44.
[642] Vgl. BVerwGE 133, 143 (145, Rn. 9).
[643] BVerfGE 8, 155 (163 f.); 8, 332 (352).
[644] BVerfGE 8, 1 (18); 8, 28 (35); 52, 303 (331); 81, 363 (386); BVerwGE 121, 103 (105 ff.); 131, 20 (21 f., Rn. 11 f.).
[645] Vgl. BVerfGE 110, 353 (365 ff., Rn. 45 ff.).
[646] BVerfGE 9, 268 (285).
[647] BVerfGE 52, 303 (331); 110, 353 (365 ff., Rn. 45 ff.); BVerwGE 87, 319 (323); *Battis* (Fn. 186), Art. 33 Rn. 46; grundlegend zur Zulässigkeit und den Grenzen von Vereinbarungen im Beamtenrecht *H. Plander*, Die beamtenrechtliche Vereinbarungsautonomie, 1991, passim; *W. Däubler*, ZTR 1997, 337 ff.

Art. 33 C. Erläuterungen

b) Lebenszeitprinzip

180 Ein weiterer hergebrachter Grundsatz des Berufsbeamtentums ist das Lebenszeitprinzip für Beamte, d.h. die Übertragung des **Beamtenstatus auf Lebenszeit** (vgl. bereits Art. 129 I 1 WRV)[648], was zu den absolut geltenden, vom Gesetzgeber vorbehaltlich kollidierender Verfassungsrechtsgüter strikt zu beachtenden Grundsätzen gehört (→ Rn. 174). Dem Lebenszeitprinzip liegt das Ziel zugrunde, die Unabhängigkeit und Unparteilichkeit des Beamten auch und gerade gegenüber seinem Dienstherrn[649] sowie seine Leistungsfähigkeit und Leistungsbereitschaft zu sichern und damit für Ämterstabilität zu sorgen[650]. »Erst rechtliche und wirtschaftliche Sicherheit bietet die Gewähr dafür, dass das Berufsbeamtentum zur Erfüllung der ihm vom Grundgesetz zugewiesenen Aufgabe, im politischen Kräftespiel eine stabile, gesetzestreue Verwaltung zu sichern, beitragen kann«[651]. Das Lebenszeitprinzip bewahrt den Beamten daher davor, »willkürlich oder nach freiem Ermessen politischer Gremien aus seinem Amt entfernt« zu werden (Unentziehbarkeit des statusrechtlichen Amtes)[652]. Dem Lebenszeitprinzip unterfallen sowohl das Grundamt als auch das Beförderungsamt[653]. Die Institutionen des Beamtenverhältnisses auf Zeit und auf Probe sind mit Art. 33 V GG vereinbar[654], weil sie ihrerseits als Ausnahmen von dem Lebenszeitprinzip zu den hergebrachten Grundsätzen des Berufsbeamtentums zählen dürften, solange sie das Lebenszeitprinzip nicht grundsätzlich infrage stellen[655]. Das Gleiche soll für politische Beamte gelten[656].

181 Dementsprechend kann auch die Vergabe von **Führungsämtern auf Zeit** bzw. Probe mit dem Lebenszeitprinzip des Art. 33 V GG vereinbar sein[657]. Das Lebenszeitprinzip steht in einem Spannungsverhältnis mit dem ebenfalls durch Art. 33 V GG geschützten Leistungsprinzip (→ Rn. 185)[658], welches das Lebenszeitprinzip nach Maßgabe des Grundsatzes praktischer Konkordanz einschränken kann. Ob eine solche Einschränkung gerechtfertigt ist, hängt von der konkreten Ausgestaltung der Befristung bzw. Erprobung des Führungspersonals ab. Die Vergabe von Führungsämtern

---

[648] Statt aller BVerfGE 9, 268 (286); 44, 249 (265); 71, 255 (268); 121, 205 (219ff., Rn. 66, 70); BVerfG, 2 BvR 1322/12 u.a. vom 21.4.2015, Rn. 78; *Balzer*, Republikprinzip (Fn. 537), S. 136ff.; *Voßkuhle* (Fn. 148), § 43 Rn. 72; *Isensee* (Fn. 242), § 32 Rn. 68.

[649] BVerfGE 39, 196 (201); 44, 249 (265); 70, 69 (80); *Klaß*, Fortentwicklung (Fn. 149), S. 55, 219f.

[650] *Werres*, Beamtenverfassungsrecht (Fn. 148), Rn. 64.

[651] BVerfGE 121, 205 (221, Rn. 71); vgl. ferner BVerfGE 7, 155 (162); 44, 249 (265); 64, 367 (379); 99, 300 (315, Rn. 35).

[652] BVerfGE 121, 205 (221, Rn. 71); vgl. auch BVerfGE 7, 155 (163); 70, 251 (267f.); *Balzer*, Republikprinzip (Fn. 537), S. 138ff.; *Voßkuhle* (Fn. 148), § 43 Rn. 121.

[653] Vgl. BVerfGE 70, 251 (266); näher *Werres*, Beamtenverfassungsrecht (Fn. 148), Rn. 65.

[654] Vgl. BVerfGE 7, 155 (163); 121, 205 (222f., Rn. 74); BVerfG (K), NVwZ 1994, 473 (474); BVerwGE 56, 163 (165); 81, 318 (322ff.); *Werres*, Beamtenverfassungsrecht (Fn. 148), Rn. 66.

[655] Gleichsinnig BVerfGE 121, 205 (222ff., Rn. 74, 77).

[656] BVerfGE 8, 332 (347, 349); 121, 205 (223, Rn. 76); *Stern*, Staatsrecht I, S. 374f.; *Werres*, Beamtenverfassungsrecht (Fn. 148), Rn. 67f.

[657] Ebenso *Hebeler*, Verwaltungspersonal (Fn. 246), S. 189ff.; *Y. Dorf*, DÖV 2009, 14ff.; *M. Wichmann*, ZBR 2008, 289ff.; vgl. auch *Jachmann* (Fn. 179), Art. 33 Rn. 52; a.A. *G. Bochmann*, DÖD 2009, 49ff.; *Battis* (Fn. 186), Art. 33 Rn. 73; *Badura* (Fn. 148), Art. 33 Rn. 67; *Pieper* (Fn. 182), Art. 33 Rn. 148; kritisch auch *Klaß*, Fortentwicklung (Fn. 149), S. 189ff. Grundsätzlich zum Problem *G. Bochmann*, Führungspositionen auf Zeit und ihre Bedeutung für das Berufsbeamtentum, 2000, S. 45ff.; *Y. Dorf*, DÖV 2009, 14ff.; *T. Hebeler*, ZBR 2008, 304ff.; *K.J. Grigoleit*, ZBR 2008, 296ff.; *J. Lorse*, ZBR 2002, 162 (170ff.).

[658] *Voßkuhle* (Fn. 148), § 43 Rn. 121.

VI. Regelung und Fortentwicklung des öffentlichen Dienstes (Art. 33 V GG) **Art. 33**

zunächst nur für eine Probezeit von zwei oder drei Jahren, die anschließend im Bewährungsfall auf Dauer übertragen werden, ist wegen des grundsätzlichen Festhaltens am Lebenszeitprinzip verfassungsgemäß[659]. Werden Leitungspositionen dagegen für eine lange Zeit befristet (z. B. zehn oder 15 Jahre) oder besteht nach Ablauf der Befristung bzw. Probezeit im Fall der Bewährung kein Anspruch auf lebenslange Verbeamtung, liegt ein Verstoß gegen das Lebenszeitprinzip vor. Das Bundesverfassungsgericht hat in der Vergabe von Ämtern mit leitender Funktion im Beamtenverhältnis auf Zeit für die Dauer von längstens zwei Amtszeiten je fünf Jahre, vor deren Ablauf eine Verbeamtung ausgeschlossen war und nach deren Ablauf eine Verbeamtung auf Lebenszeit erfolgen »sollte«, einen Verstoß gegen das Lebenszeitprinzip des Art. 33 V GG gesehen[660].

Gesetzliche **Altersgrenzen** sind grundsätzlich mit dem Lebenszeitprinzip vereinbar, da Art. 33 V GG weder eine bestimmte Dauer der Lebenszeitbeschäftigung noch eine für alle Beamten einheitliche Festsetzung der Altersgrenze gebietet[661]. Etwas anderes kann gelten, wenn die Mindestaltersgrenze für den Eintritt in das Beamtenverhältnis so hoch und die Höchstaltersgrenze für die Beendigung des Beamtenverhältnisses so niedrig ist, dass das Lebenszeitprinzip tatsächlich unterlaufen wird. Altersgrenzen im öffentlichen Dienst sind aber mit dem Leistungsprinzip des Art. 33 II und V GG aus unionsrechtlichen Gründen nur in engen Grenzen vereinbar (→ Rn. 110 ff.). **182**

c) Hauptberuflichkeit und Vollzeitprinzip

Eng mit dem Lebenszeitprinzip verknüpft sind die weiteren hergebrachten Grundsätze der **Hauptberuflichkeit** und der **Vollzeitbeschäftigung**[662]. Ähnlich dem Lebenszeitprinzip haben auch die Grundsätze der Hauptberuflichkeit und Vollzeitlichkeit die Funktion, die Unabhängigkeit des Beamten zu sichern und ihm eine »rechtlich und wirtschaftlich gesicherte... Position« zu verschaffen, die ihn in die Lage versetzt, »unsachlichen oder parteilichen Einflussnahmen zu widerstehen und seine Bereitschaft zu einer ausschließlich an Gesetz und Recht orientierten Amtsführung zu fördern«[663]. **183**

Dem Hauptberuflichkeitsgrundsatz entsprechend unterliegen **Nebentätigkeiten** von Beamten einer Genehmigungspflicht[664]. Eine Versagung der Genehmigung kommt wegen des damit verbundenen Eingriffs in die Berufsfreiheit des Beamten aus Art. 12 I GG sowie ggf. weitere Grundrechte (z. B. Art. 2 I iVm Art. 1 I GG; Art. 5 III GG) aber nur in Betracht, wenn die Nebentätigkeit die ordnungsgemäße Amtsführung im Einzelfall gefährdet. Dem Grundsatz der Vollzeitlichkeit korrespondiert ein Verbot unfreiwilliger Teilzeitarbeit[665]. Da die Vollzeitlichkeit wesentlich im Interesse des Beam- **184**

---

[659] Vgl. *B. Ziemske*, DÖV 1997, 605 (610 f.); *H. Günther*, ZBR 1996, 65 (73); *U. Battis*, ZBR 1996, 193 (197); *R. Summer*, ZBR 1995, 125 (133).
[660] BVerfGE 121, 205 (219 ff., Rn. 66 ff., insb. 224 ff., Rn. 78 ff.).
[661] Vgl. BVerfGE 71, 255 (270); *Werres*, Beamtenverfassungsrecht (Fn. 148), Rn. 66.
[662] Zur Hauptberuflichkeit BVerfGE 9, 268 (286); 55, 207 (240); 71, 39 (59 f.); 119, 247 (263, Rn. 53); BVerfG, 2 BvR 1322/12 u. a. vom 21.4.2015, Rn. 78. Zur Vollzeitlichkeit etwa BVerfGE 61, 43 (56); 71, 39 (59 f.); *B. Remmert*, JZ 2005, 53 (56).
[663] BVerfGE 119, 247 (264, Rn. 56); vgl. BVerfGE 70, 251 (267).
[664] BVerfGE 52, 303 (343); 55, 207 (238); *U. Battis*, NVwZ 1998, 34 (34 f.); näher *H. Schnellenbach*, Beamtenrecht in der Praxis, 8. Aufl. 2013, § 8 Rn. 12 ff. Zur Zulässigkeit einer Ablieferungspflicht von Nebentätigkeitsvergütungen BVerfG (K), NVwZ 2007, 571 (572 f.); BVerwGE 124, 347 (355); 130, 252 (253 f., Rn. 11); *Werres*, Beamtenverfassungsrecht (Fn. 148), Rn. 75. Zu hergebrachten Grundsätzen zum Nebentätigkeitsrecht eingehend *H. Günther*, ZBR 2012, 187 ff.
[665] BVerfGE 119, 247 (260 f., Rn. 44 ff.); BVerwGE 82, 196 (198 ff.); *I. Franke*, Teilzeitbeschäfti-

ten gewährleistet ist, ist freiwillige **Teilzeitarbeit** mit Art. 33 V GG vereinbar[666]. Die Festlegung der Arbeitszeit der Beamten liegt grundsätzlich im Ermessen des Gesetzgebers.

d) Leistungsprinzip

185 Als weiterer hergebrachter Grundsatz ist das Leistungsprinzip im Beamtenrecht anerkannt[667], welches bezogen auf den gesamten öffentlichen Dienst auch in Art. 33 II GG verfassungsrechtlich verankert ist (→ Rn. 73 ff., auch zu den Zwecken des Leistungsprinzips). Der Gesetzgeber und der Dienstherr haben das **Leistungsprinzip**, das zu den absoluten Grundsätzen zählt (→ Rn. 174 ff.), nicht nur bei der Regelung des Zugangs zu öffentlichen Ämtern (Art. 33 II GG), sondern auch bei sämtlichen anderen personalbezogenen Regelungen wie z. B. Ver- und Umsetzungen[668] sowie bei der Ausgestaltung der Beamtenbesoldung[669] zu beachten.

e) Treuepflicht des Beamten

186 Zu den das öffentlich-rechtliche Dienst- und Treueverhältnis iSd Art. 33 IV GG konstituierenden hergebrachten Grundsätzen gehört die Treuepflicht des Beamten gegenüber seinem Dienstherrn[670]. Das Bundesverfassungsgericht präzisiert die Treuepflicht mit den Worten: »Der Beamte ist dem Allgemeinwohl und damit zur uneigennützigen Amtsführung verpflichtet und hat bei der Erfüllung der ihm anvertrauten Aufgaben seine eigenen Interessen zurückzustellen.«[671] Als Ausprägungen der Treuepflicht und zugleich ihrerseits als selbstständige hergebrachte Grundsätze anerkannt sind die allgemeine Pflicht zur Rücksichtnahme[672]; die Gehorsamspflicht, d.h. die Verpflichtung des Beamten, seine Aufgaben rechtskonform und den Anordnungen seines Vorgesetzten entsprechend zu erfüllen[673]; sowie die Pflicht zur »vollen Hingabe« an das

---

gung im Wandel, in: FS Fürst, 2002, S. 101 ff. (111 f.); *U. Battis*, NJW 1997, 1033 (1035); *H. Schnellenbach*, NVwZ 1997, 521 (524); *H.-B. Beus/K. Bredendiek*, ZBR 1997, 201 (204); *Voßkuhle* (Fn. 148), § 43 Rn. 122; a.A. *A. v. Mutius/B. Röh*, ZBR 1990, 365 ff.; *S. Schlacke*, NordÖR 2002, 345 (347 ff.); differenzierend zwischen unfreiwilliger Einstellungsteilzeit und nachträglich verfügter Verringerung der Beschäftigungszeit *H. Wißmann*, ZBR 2010, 181 (188).

[666] Vgl. statt vieler *Bull*, Öffentlicher Dienst (Fn. 144), S. 551; *Klaß*, Fortentwicklung (Fn. 149), S. 196 – auch zur Vereinbarkeit von Beamtenteilzeit mit der unionsrechtlichen Richtlinie 97/81/EG (S. 197 ff. und S. 365 ff.; dazu auch *H.A. Wolff*, ZBR 2014, 1 [3]); *Werres*, Beamtenverfassungsrecht (Fn. 148), Rn. 72; a.A. OVG Berl.-Bbg. ZBR 2006, 253 bezogen auf eine Teilzeitanstellung auf Lebenszeit.

[667] BVerfGE 11, 203 (216); 56, 146 (163); 62, 374 (383); 64, 367 (379 f.); 71, 255 (268); 117, 372 (382, Rn. 121); 121, 205 (226, Rn. 84); *H. Malinka*, Leistung und Verfassung, 2000, S. 126 ff.; *U. Battis*, ZBR 1996, 193 (195).

[668] Vgl. *Werres*, Beamtenverfassungsrecht (Fn. 148), Rn. 71.

[669] Näher *Voßkuhle* (Fn. 148), § 43 Rn. 119.

[670] Statt aller BVerfGE 3, 58 (157); 9, 268 (286); 39, 334 (346 f.); 43, 154 (165); 119, 247 (264, Rn. 55); *Graf Kielmansegg*, Grundrechte (Fn. 602), S. 310 ff.; *Stern*, Staatsrecht I, S. 370; *H. Lecheler*, HStR³ V, § 110 Rn. 66; *J.F. Lindner*, ZBR 2006, 402 (404); *B. Remmert*, JZ 2005, 53 (56); *A. Thiele*, Der Staat 49 (2010), 274 (281); *W. Cremer/T. Kelm*, NJW 1997, 832 (837). Zu den Einflüssen des Unionsrechts auf die Treuepflicht des Beamten *H.A. Wolff*, ZBR 2014, 1 (8).

[671] BVerfGE 119, 247 (264, Rn. 55).

[672] BVerfGE 3, 58 (157).

[673] BVerfGE 9, 268 (286); 61, 43 (56); 71, 39 (60); BVerfG (K), DVBl. 1995, 192 (193); DÖD 2004, 112 (114); BVerwGE 113, 361 (363). Zu Ausnahmen von der Gehorsamspflicht *Werres*, Beamtenverfassungsrecht (Fn. 148), Rn. 50.

Amt⁶⁷⁴. Zu den Treuepflichten des Beamten gehört zudem die Pflicht zu unparteiischer Amtsführung⁶⁷⁵, die Pflicht zur Amtsverschwiegenheit⁶⁷⁶ sowie die Pflicht zur Mäßigung, die namentlich Verbote politischer und religiöser Bekundungen während und außerhalb der Amtsausübung rechtfertigen kann (→ Rn. 99 ff.)⁶⁷⁷. Eine weitere Ausprägung der allgemeinen Treuepflicht des Beamten ist seine Verpflichtung zur **Verfassungstreue**⁶⁷⁸, deren Inhalt sich wegen der mit ihr verbundenen Einschränkungen der Grundrechte des Beamten **nach Maßgabe des jeweiligen Amtes und des konkret zu erfüllenden Aufgabenbereichs** bestimmt (→ Rn. 103 ff., auch zur Bedeutung der Mitgliedschaft in einer verfassungsfeindlichen Partei oder sonstigen Organisation).

f) Streikverbot

aa) Meinungsstand in Rechtsprechung und Schrifttum

Nach früher ständiger Rechtsprechung und überwiegender Ansicht im Schrifttum sind dem Beamten als wesentliche Ausprägung seiner Treuepflicht »der Einsatz wirtschaftlicher Kampf- und Druckmittel zur Durchsetzung eigener Interessen, insbesondere auch kollektive Kampfmaßnahmen im Sinne des Art. 9 Abs. 3 GG wie das Streikrecht … verwehrt«⁶⁷⁹. Dieses Verbot soll für sämtliche Beamte ungeachtet ihres konkreten Aufgabenbereichs gelten⁶⁸⁰. Das **Streikverbot** sei erforderlich, um den vollen beruflichen Einsatz und die Loyalität des Beamten sicherzustellen⁶⁸¹ und damit letztlich die Funktionsfähigkeit des Staates zu gewährleisten. Die auch für Beamte geltende Koalitionsfreiheit aus Art. 9 III GG⁶⁸² (→ Art. 9 Rn. 100; s. auch Art. 11 I EMRK)⁶⁸³ werde dadurch in verhältnismäßiger Weise eingeschränkt⁶⁸⁴, da für Beamte verglichen mit anderen Beschäftigten des öffentlichen Dienstes und der Privatwirtschaft ein deutlich

187

---

⁶⁷⁴ BVerfGE 21, 329 (345); 44, 249 (264); 55, 207 (238); 61, 43 (56); 71, 39 (59 f.); 76, 256 (316); vgl. auch BVerfG, 2 BvR 1322/12 u. a. vom 21.4.2015, Rn. 78.
⁶⁷⁵ BVerfGE 9, 268 (286); BVerfG (K), NVwZ 1994, 473 (474); BVerwGE 90, 104 (110); 114, 37 (43 f.); näher *Klaß*, Fortentwicklung (Fn. 149), S. 58.
⁶⁷⁶ BVerfGE 28, 191 (200 f.); BVerwGE 66, 39 (42).
⁶⁷⁷ BVerfG (K), NJW 1989, 93 (93 f.); BVerwGE 84, 292 (294).
⁶⁷⁸ BVerfGE 39, 334 (346 ff.); BVerfG (K), NJW 2008, 2568 (2569); *J. F. Lindner*, ZBR 2006, 402 (404).
⁶⁷⁹ BVerfGE 119, 247 (264, Rn. 55); vgl. auch BVerfGE 8, 1 (17); 44, 249 (264); BVerwGE 53, 330 (331); 69, 208 (212 f.); 73, 97 (102); aus der Literatur statt vieler *Balzer*, Republikprinzip (Fn. 537), S. 146 ff.; *U. Di Fabio*, Das beamtenrechtliche Streikverbot. Das Streikverbot der Beamten als konstitutiver Bestandteil rechtsstaatlicher Demokratie. Rechtsgutachten im Auftrag des Deutschen Beamtenbundes, 2012, S. 31 ff.; *J. Kersten*, Neues Arbeitskampfrecht, 2012, S. 7 ff.; *J. Kutzki*, DÖD 2011, 169 ff.; *M. Schlachter*, RdA 2011, 341 (342); *A. Seifert*, KritV 92 (2009), 357 (375); *B. Remmert*, JZ 2005, 53 (56); *Lecheler*, Berufsbeamtentum (Fn. 8), S. 370; *Stern*, Staatsrecht I, S. 373 f. – auch zur Geltung des Streikverbotes bereits unter der Weimarer Reichsverfassung. Das Streikrecht der Angestellten und Arbeiter im öffentlichen Dienst wird von Art. 33 IV u. V nicht berührt, BVerfGE 88, 103 (114); es folgt allgemeinen arbeitsrechtlichen Grundsätzen.
⁶⁸⁰ *Balzer*, Republikprinzip (Fn. 537), S. 146 ff.
⁶⁸¹ BVerwGE 149, 117 (125 f., Rn. 32); vgl. auch *Jachmann* (Fn. 179), Art. 33 Rn. 44.
⁶⁸² Zur Geltung der Koalitionsfreiheit für Beamte statt aller *Balzer*, Republikprinzip (Fn. 537), S. 144; *H.-W. Laubinger*, Das Streikverbot für Beamte unter dem Anpassungsdruck des Europarechts, in: FS E. Klein, 2013, S. 1141 ff. (1162).
⁶⁸³ Zur Geltung der Koalitionsfreiheit aus Art. 11 I EMRK für Beamte *Klaß*, Fortentwicklung (Fn. 149), S. 277 m. w. N.
⁶⁸⁴ *Balzer*, Republikprinzip (Fn. 537), S. 144.

vermindertes Bedürfnis bestehe, auf die Ausgestaltung des Beamtenrechtsverhältnisses, insbesondere auf die Höhe der Besoldung, einzuwirken. An die Stelle der Sicherung angemessener Arbeitsbedingungen durch das Streikrecht für Beamte trete als funktionales Äquivalent der einklagbare Anspruch auf amtsangemessene Alimentation (→ Rn. 194 ff.)[685]. Darüber hinaus sind auch als Druckmittel eingesetzte Reduzierungen der Arbeitsleistung (sog. »Dienst nach Vorschrift«, besser: »go slow«, »go sick«) nach allgemeiner Ansicht unvereinbar mit der Treuepflicht des Beamten aus Art. 33 V GG[686] (→ Art. 9 Rn. 100). Der Einsatz von Beamten auf Arbeitsplätzen, die vom Tarifpersonal bestreikt werden, bedarf, da er von wesentlicher Bedeutung für das Verhältnis zwischen den Arbeitskampfparteien ist, im Hinblick auf Art. 9 III GG einer gesetzlichen Grundlage[687].

188 Dieses herkömmliche generelle Streikverbot für Beamte als hergebrachter Grundsatz des Berufsbeamtentums wird durch eine neuere Rechtsprechung des Europäischen Gerichtshofes für Menschenrechte teilweise infrage gestellt. Der **Europäische Gerichtshof für Menschenrechte** entschied in zwei Urteilen aus den Jahren 2008 und 2009, dass ein generelles Streikverbot für sämtliche Beamte mit Art. 11 I EMRK unvereinbar ist[688]. Zwar habe die Koalitionsfreiheit aus Art. 11 I EMRK, die auch für Angehörige des öffentlichen Dienstes gelte, keinen absoluten Charakter, sondern könne Bedingungen und Einschränkungen unterworfen werden. So könne es mit der Koalitionsfreiheit vereinbar sein, Streiks von Angehörigen des öffentlichen Dienstes zu verbieten, die im Namen des Staates Hoheitsgewalt ausüben. Ein allgemeines Streikverbot für Angehörige des öffentlichen Dienstes sei dagegen unverhältnismäßig. Ein Streikverbot könne nur für bestimmte Gruppen von Angehörigen des öffentlichen Dienstes, nicht hingegen insgesamt für den öffentlichen Dienst ausgesprochen werden. Vorschriften über das Streikrecht müssten so eindeutig und begrenzt wie möglich die Gruppen der betroffenen Angestellten des öffentlichen Dienstes bestimmen.

189 Ob diese Judikatur des Europäischen Gerichtshofes für Menschenrechte das – breit konsentierte – generelle verfassungsrechtliche Streikverbot aus Art. 33 V GG infrage stellt, ist umstritten. Zum Teil wird dies verneint, da das verfassungsrechtliche Beamtenstreikverbot einer Einschränkung durch entgegenstehendes Völkerrecht nicht zugänglich sei[689]. Nach anderer Ansicht im Schrifttum stellt die Judikatur des EGMR das verfassungsrechtliche Streikverbot für Beamte infrage; geboten sei eine Aufhebung des Streikverbotes für Beamte[690] oder zumindest eine Beschränkung des Streikverbo-

---

[685] Vgl. BVerwGE 149, 117 (123, Rn. 27).
[686] BVerwGE 53, 330 (331); 63, 293 (301); 73, 97 (102); *Balzer*, Republikprinzip (Fn. 537), S. 145; *Stern*, Staatsrecht I, S. 373; *Werres*, Beamtenverfassungsrecht (Fn. 148).
[687] BVerfGE 88, 103 (113 ff.); kritisch *J. Isensee*, DZWir 1994, 309 ff.; *C. Ehrich*, JuS 1994, 116 (120 f.).
[688] EGMR NZA 2010, 1423 ff.; NZA 2010, 1425 ff. Zu dieser Rechtsprechung des EGMR näher etwa *Laubinger*, Streikverbot (Fn. 682), S. 1144 ff.; *Di Fabio*, Streikverbot (Fn. 679), S. 3 ff.; *U. Widmaier/S. Alber*, ZEuS 15 (2012), 387 (391 ff.); *C. Schubert*, AöR 137 (2012), 92 (98 ff.); *J. Polakiewicz/A. Kessler*, NVwZ 2012, 841 (841 ff.); *R. v. Steinau-Steinrück/S. Sura*, NZA 2014, 580 ff.; *T. Hebeler*, ZBR 2012, 325 ff.; *C. Traulsen*, JZ 2013, 65 (65 f.). Zur Frage, ob das Streikrecht durch die Grundrechtecharta der EU gewährleistet ist, *M. Niedobitek*, ZBR 2010, 361 (363 ff.).
[689] So im Ergebnis OVG Nds. ZBR 2013, 57 (62 ff.); *U. Widmaier/S. Alber*, ZEuS 15 (2012), 387 (393 ff.); *C. Bitsch*, ZTR 2012, 87 ff.; *J. F. Lindner*, DÖV 2011, 305 ff.; *C. Traulsen*, JZ 2013, 65 (67 ff.); *Hense* (Fn. 181), Art. 33 Rn. 42.3.
[690] *P. Gooren*, ZBR 2011, 400 ff.; in der Tendenz ebenso *K. Lörcher*, AuR 2009, 229 (229 f.).

tes auf Beamtengruppen, die tatsächlich hoheitsrechtliche Befugnisse ausüben[691]. Für welche Beamten ein Streikverbot zulässig ist, müsse fallbezogen entschieden werden[692]. Dieses Ergebnis wird in dogmatischer Hinsicht entweder durch eine völkerrechtskonforme Auslegung des Art. 33 V GG erreicht[693] oder sei im Wege einer Verfassungsänderung[694] zu realisieren. Das **Bundesverwaltungsgericht** entschied jüngst in mehreren Urteilen aus den Jahren 2014 und 2015, dass zwar das »Verbot für Beamte, zur Durchsetzung von Arbeitsbedingungen kollektive Kampfmaßnahmen zu ergreifen, [...] als hergebrachter Grundsatz im Sinne von Art. 33 Abs. 5 GG anerkannt« sei[695]. »Mit der Rechtsnatur des Beamtenverhältnisses als eines hoheitlich ausgestalteten Dienst- und Treueverhältnisses (lasse es) sich nicht vereinbaren, dass die Konkretisierung des beamtenrechtlichen Regelungsgefüges zur Disposition der Tarifparteien gestellt, d. h. zwischen den Dienstherrn und den Gewerkschaften der Beamten ausgehandelt und vereinbart wird.«[696] Das Streikverbot gelte dabei für alle Beamten gleichermaßen; es knüpfe »nicht an den Einsatz- und Aufgabenbereich der Beamten, sondern an den Beamtenstatus an.«[697] Dieses umfassende, statusbezogene Verbot kollektiver Kampfmaßnahmen von Beamten aus **Art. 33 V GG** sei jedoch mit Art. 11 EMRK in der Interpretation des EGMR **unvereinbar**[698]. Angesichts des entgegenstehenden verfassungsrechtlichen Streikverbotes aus Art. 33 V GG könne indes Art. 11 EMRK die beamtenrechtliche Rechtsstellung nicht verändern, sondern die Gewährleistungen des Art. 11 EMRK bedürften einer Umsetzung durch den Gesetzgeber, um Rechtswirkungen für den einzelnen Beamten entfalten zu können[699]. Der Gesetzgeber müsse das bisherige Streikverbot für Beamte außerhalb der genuin hoheitlichen Verwaltung lockern. Nur für diejenigen Beamten, die Art. 33 IV GG unterfielen, dürfe das Verbot kollektiver Kampfmaßnahmen uneingeschränkt aufrechterhalten bleiben[700]. Bei der Lockerung des Streikverbotes für Beamte außerhalb des Funktionsvorbehaltes des Art. 33 IV GG stünden dem Gesetzgeber verschiedene Möglichkeiten offen. Erforderlich erscheine »jedenfalls eine erhebliche Erweiterung der Beteiligungsrechte der Gewerkschaften in Richtung eines Verhandlungsmodells.« In Betracht komme »ferner ein Verhandlungs- und Schlichtungsmodell unter paritätischer Beteiligung der Gewerkschaften in der Art des »Dritten Wegs«, wie es das Bundesarbeitsgericht für die Einrichtungen der Kirchen entwickelt hat«[701].

---

[691] *C. Schubert*, AöR 137 (2012), 92 (113 ff.); *J. Polakiewicz/A. Kessler*, NVwZ 2012, 841 (842 ff.); *S. Werres*, DÖV 2011, 873 (879 f.).
[692] *S. Werres*, DÖV 2011, 873 (879 f.).
[693] *P. Gooren*, ZBR 2011, 400 ff.; *K. Lörcher*, AuR 2009, 229 (229 f.); *S. Werres*, DÖV 2011, 873 (879 f.).
[694] *C. Schubert*, AöR 137 (2012), 92 (116); *U. Battis*, ZBR 2011, 397 (399); *A. Seifert*, KritV 92 (2009), 357 (377).
[695] Vgl. BVerwGE 149, 117 (125, Rn. 31).
[696] Vgl. BVerwGE 149, 117 (124 f., Rn. 30).
[697] BVerwGE 149, 117 (126, Rn. 33).
[698] BVerwGE 149, 117 (126 f., Rn. 34 ff.).
[699] BVerwGE 149, 117 (131 f., Rn. 51 f.).
[700] BVerwGE 149, 117 (134 f., Rn. 60 ff.); im Anschluss daran ebenso BVerwG, 2 B 7/15 u. a. vom 26.2.2015, Rn. 6 ff.; aus dem Schrifttum zu dieser Judikatur des BVerwG *M. Droege*, DÖV 2014, 785 (787 f.); *R. v. Steinau-Steinrück/S. Sura*, NZA 2014, 580 ff.
[701] BVerwGE 149, 117 (136, Rn. 64) unter Aufnahme des Vorschlags von *S. Greiner*, DÖV 2013, 623 (625 ff.).

bb) Stellungnahme und eigener Standpunkt

190 Die Rechtsprechung des Bundesverwaltungsgerichts leidet in dogmatischer Hinsicht daran, dass das Gericht einerseits Art. 33 V GG ein verbindliches statusbezogenes Verbot kollektiver Kampfmaßnahmen für alle Beamten entnimmt, das keiner völkerrechtskonformen Auslegung im Lichte des Art. 11 EMRK zugänglich sei, und andererseits den Gesetzgeber auffordert, das Streikverbot für Beamte entsprechend den Gewährleistungen des Art. 11 EMRK funktionsbezogen zu regeln. Sofern man dem Grundgesetz ein verbindliches statusbezogenes Streikverbot für sämtliche Beamte entnimmt, ist es gegenüber Einflüssen des Völkerrechts immun[702]; in diesem Fall muss der deutsche Gesetzgeber den Gewährleistungen des Art. 11 EMRK auch nicht durch eine Neuregelung des Streikverbotes Rechnung tragen. Nimmt man dagegen an, dass das Grundgesetz im Hinblick auf die Reichweite des Streikverbotes für Beamte Auslegungsspielräume eröffnet oder gar selbst ein funktionsbezogenes Streikverbot enthält (→ Rn. 191f.), bedarf es der völkerrechtskonformen Auslegung im Lichte des Art. 11 EMRK. In diesem Fall kann Beamten indes im Lichte des Art. 11 EMRK **unmittelbar aus Art. 9 III GG ein Recht auf Streik** zustehen, ohne dass der Gesetzgeber zuvor regelnd tätig wird. Da das Streikrecht für Beamte verfassungsrechtlich durch Art. 9 III GG (und Art. 11 I EMRK) verbürgt ist[703], gilt der Satz, »**dass erlaubt ist, was nicht verboten ist**«. Beamte sind daher ohne ein gesetzliches Verbot kollektiver Kampfmaßnahmen berechtigt zu streiken – und nicht umgekehrt erst, wenn der Gesetzgeber den Streik erlaubt[704]. Das Bundesverwaltungsgericht stellt die **Grundrechtsdogmatik** mithin auf den Kopf, wenn es annimmt, Beamten sei ein Streik nur erlaubt, wenn der Gesetzgeber sie hierzu ermächtige. Im Übrigen verwundert es, dass gerade im Bereich des Arbeitskampfes, der seit jeher gesetzlich kaum geregelt ist, Streik nur nach Maßgabe einer gesetzlichen Erlaubnisregelung gestattet sein soll.

191 Ein generelles Streikverbot für sämtliche Beamte erscheint weder mit Art. 9 III GG noch mit Art. 11 I EMRK vereinbar. Das Recht zum Streik ist für Beamte ebenso wie für andere Angehörige des öffentlichen Dienstes und für Beschäftigte der Privatwirtschaft durch Art. 9 III GG und Art. 11 I EMRK gewährleistet. Dieses Streikrecht ist zwar nicht absolut gewährleistet, sondern ist Einschränkungen durch kollidierendes Verfassungsrecht zugänglich, zu dem auch Art. 33 V GG samt des als hergebrachter Grundsatz des Berufsbeamtentums verbürgten Streikverbotes für Beamte gehört (→ Rn. 187); das Streikrecht aus Art. 11 I EMRK unterliegt den Schranken des Art. 11 II EMRK. Bei der Auflösung des Spannungsverhältnisses zwischen dem Streikrecht der Beamten aus Art. 9 III GG und Art. 33 V GG nach Maßgabe des Grundsatzes praktischer Konkordanz ist den kollidierenden Schutzgütern bestmöglich Rechnung zu tragen. Hiermit verträgt sich ein ausnahmsloses Streikverbot für alle Beamten ungeachtet ihres konkreten Funktions- und Aufgabenbereichs nicht (**kein statusbezogenes Streikverbot**). Einschränkungen des Streikrechtes von Beamten sind vielmehr nur gerechtfertigt, wenn sie zur Sicherung der Funktionsfähigkeit des Staates oder der Kontinuität der Erfüllung öffentlicher Aufgaben erforderlich sind. Dass Beamten ein einklagbarer Anspruch auf amtsangemessene Alimentation zusteht (→ Rn. 194ff.), steht der Notwendigkeit, Einschränkungen des Streikrechtes auf das erforderliche Maß zu

---

[702] Vgl. nur BVerfGE 111, 307 (318f., Rn. 34f.).
[703] Statt vieler BVerfGE 19, 303 (322); 88, 103 (114); *Klaß*, Fortentwicklung (Fn. 149), S. 277; vgl. bezogen auf Art. 11 I EMRK EGMR NZA 2010, 1423 (1424); NZA 2010, 1425 (1428).
[704] Im Ergebnis ebenso *J. Polakiewicz/A. Kessler*, NVwZ 2012, 841 (845).

VI. Regelung und Fortentwicklung des öffentlichen Dienstes (Art. 33 V GG) **Art. 33**

beschränken, nicht entgegen, zumal das Bedürfnis, auf die Höhe der Besoldung und die Arbeitsbedingungen durch kollektive Kampfmaßnahmen einzuwirken, zur Herstellung von »Waffengleichheit« mit dem Staat (→ Rn. 170) keineswegs gering ist.

Diese Voraussetzungen sind nicht generell, bei sämtlichen Beamten erfüllt, sondern nur bei Beamten mit Aufgaben, deren kontinuierliche Erfüllung zur Aufrechterhaltung der Funktionsfähigkeit des Staates unerlässlich ist. Ob ein Streikverbot für Beamte durch Art. 33 V GG gerechtfertigt ist, ist daher funktional, aufgabenbezogen zu bestimmen (**funktionales, aufgabenbezogenes Streikverbot**). Interpretiert man den nach Art. 33 IV GG Beamten vorbehaltenen Bereich der »Ausübung hoheitsrechtlicher Befugnisse« restriktiv als diejenigen Befugnisse, die zur Sicherung der Funktionsfähigkeit des Staates unerlässlich sind (→ Rn. 154 ff.), dürfte ein Streikverbot für Beamte in diesem Bereich regelmäßig erforderlich und daher durch Art. 33 IV und V GG gerechtfertigt sein. Ein Streikverbot für Beamte, die keine hoheitsrechtlichen Befugnisse iSd Art. 33 IV GG wahrnehmen, kann dagegen nur im Einzelfall, mit Blick auf die Besonderheiten des konkret betroffenen Funktions- und Aufgabenbereiches des Beamten oder in Not- und Krisensituationen gerechtfertigt sein. Nichts anderes ergibt sich, wie der Europäische Gerichtshof für Menschenrechte zutreffend festgestellt hat, aus Art. 11 I EMRK, der Einschränkungen des Streikrechtes für Angehörige des öffentlichen Dienstes nach Art. 11 II EMRK nur erlaubt, soweit sie aus Gründen der Funktionsfähigkeit der staatlichen Institutionen geboten seien (→ Rn. 188). Ein Konflikt zwischen dem Grundgesetz und der EMRK besteht daher nicht.

192

g) Fürsorgepflicht des Dienstherrn

Der Treuepflicht des Beamten gegenüber dem Dienstherrn (→ Rn. 186) korrespondiert eine Fürsorgepflicht des Dienstherrn, die als hergebrachter Grundsatz des Beamtentums anerkannt ist[705] und zu den absolut geltenden, vom Gesetzgeber zu beachtenden Grundsätzen zählt (→ Rn. 174 ff.). **Ausprägungen der Fürsorgepflicht** sind u.a. die verfassungsrechtlichen Verpflichtungen des Dienstherrn, den Beamten vor Gesundheitsgefährdungen am Arbeitsplatz zu schützen[706]; »den Beamten gegen unberechtigte Anwürfe in Schutz zu nehmen«[707] und nicht ohne rechtfertigenden Grund gegenüber Dritten bloßzustellen[708]; den Beamten vor für ihn negativen Maßnahmen anzuhören[709]; bei Entscheidungen »die wohlverstandenen Interessen des Beamten in gebührender Weise zu berücksichtigen« und »ihn entsprechend seiner Eignung und Leistung zu fördern«[710]. Die Fürsorgepflicht des Dienstherrn wirkt über die Beendigung des Beamtenverhältnisses hinaus[711].

193

---

[705] BVerfGE 3, 58 (157); 8, 322 (356); 9, 268 (286); 19, 76 (85); 43, 154 (165); 46, 97 (117); 83, 89 (100); 106, 225 (232, Rn. 26); aus dem Schrifttum statt aller *H. Günther*, ZBR 2013, 14 ff.; *Stern*, Staatsrecht I, S. 370; *Voßkuhle* (Fn. 148), § 43 Rn. 72.
[706] Vgl. BVerfG (K), NVwZ 2005, 926 (926 f.); *Werres*, Beamtenverfassungsrecht (Fn. 148), Rn. 55.
[707] Vgl. BVerfGE 43, 154 (165).
[708] BVerwGE 99, 56 (59).
[709] BVerfGE 8, 332 (356 f.).
[710] Vgl. BVerfGE 19, 252 (254); 43, 154 (165); BVerwG DÖD 1996, 36 ff.
[711] BVerfGE 19, 76 (85).

h) Alimentationsprinzip

194 Zu den durch Art. 33 V GG gewährleisteten hergebrachten Grundsätzen des Berufsbeamtentums, »die der Gesetzgeber angesichts ihres grundlegenden und strukturprägenden Charakters nicht nur berücksichtigen muss, sondern zu beachten hat« (→ Rn. 174ff.) gehört auch das Alimentationsprinzip[712]. Das Alimentationsprinzip ist Ausfluss der **Fürsorgepflicht des Dienstherrn**[713] und dient der **Sicherung der** rechtlichen und wirtschaftlichen **Unabhängigkeit des Beamten**. Es ist »Gegenleistung« dafür, dass sich der Beamte »mit seiner ganzen Persönlichkeit dem Dienstherrn zur Verfügung stellt und ... seine Dienstpflicht nach Kräften erfüllt«[714], nicht hingegen Entgelt für die konkrete Diensttätigkeit des Beamten[715]. Das Alimentationsprinzip schließt die Pflicht zur **Versorgung** im Ruhestand[716] sowie zur Versorgung der Hinterbliebenen ein[717] und gilt grundsätzlich auch während Krankheit des Beamten[718]. Veränderungen im System der Besoldung und Versorgung sind dadurch nicht ausgeschlossen[719]. Zulässig sind sowohl »strukturelle Neuregelungen der Besoldung in Form von Systemwechseln ..., welche die Bewertung eines Amtes und die damit einhergehende besoldungsrechtliche Einstufung betreffen«[720], als auch die Einführung neuer und die Modifizierung bestehender Leistungselemente in der Besoldung, etwa die Einführung von Leistungsprämien und Leistungszulagen[721].

195 In personeller Hinsicht gilt das Alimentationsprinzip für Lebenszeitbeamte, **Beamte auf Probe, Beamte auf Zeit**[722] sowie für **Richter** und **Staatsanwälte**[723] und **Hochschullehrer**[724], wobei mit Blick auf die Verschiedenheit der Ämter eine jeweils unterschied-

---

[712] Statt aller BVerfGE 8, 1 (16); 44, 249 (263); 76, 256 (298); 99, 300 (314, Rn. 35); 106, 225 (232, Rn. 26); 110, 353 (369, Rn. 56); 117, 330 (349, Rn. 55); 119, 247 (263, 269, Rn. 52, 70); 130, 263 (292, Rn. 143); BVerfG, 2 BvL 17/09 u. a. vom 5.5.2015, Rn. 92; *F. R. Jach*, RiA 2014, 1ff.; *H. A. Wolff*, ZPR 2003, 305ff. Zu den Einflüssen des Unionsrechts auf die Alimentation der Beamten *J. M. V. Korn*, ZBR 2013, 155 (160f.); *R. Summer*, PersV 2007, 223 (225f.); *Klaß*, Fortentwicklung (Fn. 149), S. 338ff.
[713] BVerfGE 119, 247 (263ff., Rn. 53ff.).
[714] BVerfG, 2 BvL 17/09 u. a. vom 5.5.2015, Rn. 123; vgl. auch BVerfGE 16, 94 (116); 21, 329 (345); 37, 167 (179); 39, 196 (200f.); 44, 249 (264f.); 70, 69 (80); 70, 251 (267); 71, 39 (59f.); 76, 256 (316); 99, 300 (317, Rn. 42); *Voßkuhle* (Fn. 148), § 43 Rn. 33ff.; *H. Lecheler*, HStR³ V, § 110 Rn. 118.
[715] BVerfGE 44, 249 (264); 55, 207 (241); 71, 39 (63); 99, 300 (317, Rn. 42); BVerfG, 2 BvL 17/09 u. a. vom 5.5.2015, Rn. 123; BVerfG, 2 BvR 1322/12 u. a. vom 21.4.2015, Rn. 79.
[716] BVerfG, 2 BvL 17/09 u. a. vom 5.5.2015, Rn. 92; vgl. auch BVerfGE 3, 58 (160); 8, 1 (20); 61, 43 (57, 62f.); 79, 223 (231f.). Zum als hergebrachten Grundsatz angesehenen Prinzip der Bemessung des Ruhegehalts nach dem letzten innegehabten Amt BVerfGE 11, 203 (214); 61, 43 (58); 76, 256 (324f.); *T. Linke*, NVwZ 2007, 902 (903f.). Zur Dienstzeitabhängigkeit des Ruhegehalts BVerfGE 76, 256 (322). Zu den Besonderheiten der Alimentation von Ruhestandsbeamten *D. Bayer*, DVBl. 2002, 73ff.; *Werres*, Beamtenverfassungsrecht (Fn. 148), Rn. 96ff.; *H. Lecheler*, HStR³ V, § 110 Rn. 45.
[717] Für die Hinterbliebenen folgt aus dem Alimentationsprinzip ein eigener, selbstständiger Unterhaltsanspruch, s. BVerfGE 70, 69 (80f.). Zum hergebrachten Grundsatz angemessener Hinterbliebenenversorgung auch BVerfGE 3, 58 (153, 160); 21, 329 (345); 55, 207 (237); 70, 69 (80f.).
[718] BVerfGE 83, 89 (98, 100); 106, 225 (232, Rn. 28). Zur Zulässigkeit von Eigenleistungen des Beamten für Krankenbehandlungen BVerfG (K), NJW 2008, 137 (138f.); näher *B. Köster*, DÖD 2008, 121ff.
[719] Bezogen auf die Versorgung BVerfGE 76, 256 (257, Leitsatz 4).
[720] BVerfGE 130, 263 (295, Rn. 150); ferner BVerfGE 26, 141 (158f.); 56, 146 (161ff.); 64, 367 (379).
[721] BVerfGE 110, 353 (366ff., Rn. 47ff.); 130, 263 (295ff., Rn. 150, 154).
[722] *Werres*, Beamtenverfassungsrecht (Fn. 148), Rn. 80.
[723] BVerfGE 12, 81 (88); 55, 372 (392); 107, 218 (238, Rn. 68); BVerfG, 2 BvL 17/09 u. a. vom 5.5.2015, Rn. 92.
[724] Zuletzt BVerfGE 130, 263 (291ff., Rn. 141ff.).

VI. Regelung und Fortentwicklung des öffentlichen Dienstes (Art. 33 V GG) **Art. 33**

liche Alimentation geboten sein kann. Für Beamte im Vorbereitungsdienst kommt das Alimentationsprinzip nicht zum Tragen[725]. Darüber hinaus soll sich das Alimentationsprinzip auch auf die **Familie** des Beamten erstrecken, also auf seinen Ehepartner sowie seine Kinder[726]. Das Gleiche muss für den eingetragenen Lebenspartner des Beamten gelten, da die eingetragene Lebenspartnerschaft ebenso wie die Ehe dem Schutz des Art. 6 I GG unterfällt (→ Art. 6 Rn. 81)[727].

Nach ständiger Rechtsprechung des Bundesverfassungsgerichtes verpflichtet das Alimentationsprinzip den Dienstherrn inhaltlich, »den Beamten und seine Familie lebenslang angemessen zu alimentieren«[728]. Ein absolutes Maß an konkret bezifferbarer Alimentation lässt sich Art. 33 V GG nicht entnehmen[729]. »Bei der Konkretisierung der aus Art. 33 Abs. 5 GG resultierenden Pflicht zur amtsangemessenen Alimentierung besitzt der Gesetzgeber einen weiten Entscheidungsspielraum«[730], der sich sowohl auf die Struktur als auch auf die Höhe der Besoldung erstreckt[731]. Dem **weiten Beurteilungsspielraum des Gesetzgebers** entspreche eine »auf den Maßstab evidenter Sachwidrigkeit beschränkte Kontrolle« durch das Bundesverfassungsgericht (Evidenzkontrolle)[732]. Diese Grenze evidenter Sachwidrigkeit sei überschritten, »wenn der unantastbare Kerngehalt der Alimentation als Untergrenze nicht mehr gewahrt« sei[733].

196

Zur Beurteilung, ob der Gesetzgeber seinen Gestaltungsspielraum gewahrt und dem verfassungsrechtlichen Gebot amtsangemessener Alimentation des Beamten entsprochen hat, hat sich eine **Vielzahl von Kriterien** herausgebildet[734], deren Gesamtschau für die Angemessenheit der Alimentation maßgeblich ist[735] und denen der Gesetzgeber sowohl bei strukturellen Neuausrichtungen im Besoldungsrecht als auch bei der kontinuierlichen Fortschreibung der Besoldungshöhe Rechnung tragen muss[736]. Maßgeblich für die Beurteilung der Angemessenheit der Alimentation ist ihre Ge-

197

---

[725] BVerfGE 33, 44 (50f.); BVerwG NVwZ 2004, 347 (348).
[726] Zur Geltung der verfassungsrechtlichen Alimentationspflicht für dem Hausstand angehörende Ehegatten und Kinder BVerfGE 29, 1 (9); 70, 69 (82).
[727] A.A. BVerfG (K), ZBR 2008, 37 (40f.); zustimmend *Werres*, Beamtenverfassungsrecht (Fn. 148), Rn. 90. Nach BVerfGE 131, 239 (255ff., Rn. 52ff.) folgt ein Gebot der Gleichbehandlung von Ehe und Lebenspartnerschaft bei der Beamtenbesoldung (Gewährung des Familienzuschlages) aber aus Art. 3 I GG.
[728] BVerfGE 8, 1 (14, 16ff.); 83, 89 (98); 130, 263 (292f., Rn. 145).
[729] BVerfGE 44, 249 (265ff.); 110, 218 (237, Rn. 68); 117, 330 (352, Rn. 64); 130, 263 (294, Rn. 148); *M. Droege*, LKRZ 2014, 177 (178).
[730] BVerfGE 8, 1 (22f.); 103, 310 (320, Rn. 46); 110, 353 (364, Rn. 43f.); 114, 258 (288, Rn. 114); 117, 372 (381, Rn. 38); 121, 241 (261, Rn. 68); 130, 263 (294, Rn. 148); BVerfG, 2 BvL 17/09 u.a. vom 5.5.2015, Rn. 94; BVerwGE 101, 116 (121); *M. Droege*, LKRZ 2014, 177 (178); *H.-A. Wolff*, ZBR 2005, 361 (365f.); *Voßkuhle* (Fn. 148), § 43 Rn. 33ff.; *H. Lecheler*, HStR³ V, § 110 Rn. 118.
[731] BVerfGE 130, 263 (294, Rn. 148); BVerfG, 2 BvL 17/09 u.a. vom 5.5.2015, Rn. 94; vgl. ferner BVerfGE 44, 249 (263); 49, 260 (271f.); 52, 303 (343); 81, 363 (375f.).
[732] BVerfGE 130, 263 (294f., Rn. 149); BVerfG, 2 BvL 17/09 u.a. vom 5.5.2015, Rn. 94; vgl. auch BVerfGE 65, 141 (148f.); 103, 310 (319f., Rn. 46); 110, 353 (364f., Rn. 44); 117, 330 (353, Rn. 65).
[733] BVerfGE 130, 263 (294f., Rn. 149); BVerfG, 2 BvL 17/09 u.a. vom 5.5.2015, Rn. 94; ferner BVerfGE 44, 249 (263, 267f.); 114, 258 (288f., Rn. 114). Nach BVerfGE 107, 218 (237, Rn. 67) muss die Besoldung des Beamten über die Befriedigung der Grundbedürfnisse hinaus auch ein Minimum an Lebenskomfort ermöglichen; ebenso BVerfGE 99, 300 (315, Rn. 36).
[734] Zur Maßgeblichkeit der Nettobezüge BVerfGE 44, 249 (266); 81, 363 (376); 99, 300 (315, Rn. 37); 107, 218 (237, Rn. 67); *Werres*, Beamtenverfassungsrecht (Fn. 148), Rn. 82, 84.
[735] BVerfGE 130, 263 (292f., Rn. 145); BVerfG, 2 BvL 17/09 u.a. vom 5.5.2015, Rn. 94.
[736] BVerfG, 2 BvL 17/09 u.a. vom 5.5.2015, Rn. 98; vgl. BVerfGE 130, 263 (292f., Rn. 145).

samthöhe, zu der neben dem Grundgehalt auch weitere Besoldungsbestandteile wie Sonderzahlungen gehören[737]. Die Angemessenheit der Alimentation des Beamten und seiner Familie richtet sich nach dem Dienstrang des Beamten, der mit seinem Amt verbundenen Verantwortung und Inanspruchnahme, der Bedeutung des Berufsbeamtentums für die Allgemeinheit und der Entwicklung der allgemeinen wirtschaftlichen und finanziellen Verhältnisse sowie des allgemeinen Lebensstandards[738]. Sie muss es dem Beamten ermöglichen, »sich ganz dem öffentlichen Dienst als Lebensberuf zu widmen und in rechtlicher wie wirtschaftlicher Sicherheit und Unabhängigkeit zur Erfüllung der dem Berufsbeamtentum zugewiesenen Aufgaben beizutragen«[739]. Dabei hat der Gesetzgeber »die Attraktivität des Beamtenverhältnisses für überdurchschnittlich qualifizierte Kräfte, das Ansehen des Amtes in den Augen der Gesellschaft, die vom Amtsinhaber geforderte Ausbildung und seine Beanspruchung zu berücksichtigen«[740]. Geboten ist zudem eine Gegenüberstellung mit jeweils in Betracht kommenden Vergleichsgruppen, die primär innerhalb des Besoldungssystems zu finden seien (innerhalb einer Besoldungsordnung und zwischen verschiedenen Besoldungsordnungen). Die Amtsangemessenheit bestimmt sich auch im Verhältnis zur Besoldung und Versorgung anderer Beamtengruppen. Aus Art. 33 II und V GG folgt ein **Abstandsgebot**, das es dem Gesetzgeber untersagt, »den Abstand zwischen verschiedenen Besoldungsgruppen dauerhaft einzuebnen.« Die Bezüge des Beamten müssen sich in der unterschiedlichen Wertigkeit der Ämter widerspiegeln. Die amtsangemessene Besoldung sei daher notwendigerweise eine abgestufte Besoldung[741]. Dieser systeminterne Besoldungsvergleich ist durch einen systemexternen Gehaltsvergleich mit der Privatwirtschaft zu ergänzen. Damit das Beamtenverhältnis für überdurchschnittlich qualifizierte Kräfte attraktiv ist, muss sich die Amtsangemessenheit der Alimentation auch an Einkommen orientieren, die für vergleichbare Tätigkeiten bei vergleichbarer Ausbildung außerhalb des öffentlichen Dienstes erzielt werden[742]. Die Amtsangemessenheit der Alimentation bemesse sich ferner nach der Höhe der Bezüge im Ländervergleich sowie nach dem Vergleich der Besoldung in Bund und Ländern[743]. Die Alimentation hat zudem eine qualitätssichernde Funktion[744]; dieser wird der Dienstherr nach der jüngsten Rechtsprechung des Bundesverfassungsgerichts zur Richterbesoldung nur gerecht, wenn es ihm gelingt, überdurchschnittlich qualifizierte Kräfte anzuwerben[745]. Schließlich ist die Amtsangemessenheit der Alimentation im Lichte des Niveaus der Beihilfeleistungen und entsprechend der Krankenversicherungsprämien, die der Beamte aus seiner Besoldung aufbringen muss, zu beurtei-

---

[737] BVerfGE 99, 300 (321, Rn. 56); BVerfG, 2 BvL 17/09 u.a. vom 5.5.2015, Rn. 93.
[738] BVerfGE 130, 263 (292 f., Rn. 145); BVerfG, 2 BvL 17/09 u.a. vom 5.5.2015, Rn. 93, 118; vgl. auch BVerfGE 8, 1 (14); 117, 330 (351, Rn. 60); 119, 247 (269, Rn. 70).
[739] BVerfGE 130, 263 (293 f., Rn. 147); vgl. auch BVerfGE 44, 249 (265 f.); 114, 258 (287 f., Rn. 112 f.); 119, 247 (269, Rn. 70); BVerfG, 2 BvL 17/09 u.a. vom 5.5.2015, Rn. 119.
[740] BVerfGE 130, 263 (292 f., Rn. 145); BVerfG, 2 BvL 17/09 u.a. vom 5.5.2015, Rn. 93; vgl. auch BVerfGE 44, 249 (265 f.); 99, 300 (315, Rn. 36); 107, 218 (237, Rn. 67); 114, 258 (288, Rn. 112). Zur Attraktivität des öffentlichen Dienstes *Bull*, Öffentlicher Dienst (Fn. 144), S. 545 ff.
[741] BVerfGE 130, 263 (292 f., Rn. 145 f.); ferner BVerfGE 114, 258 (293, Rn. 128); 117, 330 (355, Rn. 73); BVerfG, 2 BvL 17/09 u.a. vom 5.5.2015, Rn. 109 ff.
[742] BVerfGE 114, 258 (293 f., Rn. 129); 117, 330 (354, Rn. 69); 119, 247 (268, Rn. 68); 130, 263 (293 f., Rn. 147); BVerfG, 2 BvL 17/09 u.a. vom 5.5.2015, Rn. 100, 114, 124.
[743] BVerfG, 2 BvL 17/09 u.a. vom 5.5.2015, Rn. 114.
[744] BVerfGE 114, 258 (294, Rn. 129); 130, 263 (292, Rn. 143); BVerfG, 2 BvL 17/09 u.a. vom 5.5.2015, Rn. 117.
[745] BVerfG, 2 BvL 17/09 u.a. vom 5.5.2015, Rn. 117.

VI. Regelung und Fortentwicklung des öffentlichen Dienstes (Art. 33 V GG) Art. 33

len⁷⁴⁶. Eine ortsbezogene Differenzierung der Besoldung ist verfassungsrechtlich grundsätzlich zulässig, aber nicht geboten⁷⁴⁷.

Diese Kriterien, anhand derer die Alimentation von Beamten auf ihre Vereinbarkeit mit dem Grundsatz amtsangemessener Alimentation zu überprüfen ist, hat das Bundesverfassungsgericht bezogen auf Richter und Staatsanwälte durch Urteil vom 5. Mai 2015 konkretisiert. Es hat darin **fünf Parameter** genannt, anhand derer zu beurteilen sei, wann der Gesetzgeber das Alimentationsprinzip evident missachtet habe⁷⁴⁸. 198

Ein **erster Parameter** für eine evidente Verletzung des Gebotes amtsangemessener Alimentation sei eine deutliche Differenz zwischen der Besoldungsentwicklung und den Tarifergebnissen der Angestellten im öffentlichen Dienst in dem jeweils betroffenen Land oder bei der Bundesbesoldung auf Bundesebene. Ein weiteres Indiz für eine evidente Missachtung des Alimentationsgebotes sei eine deutliche Abweichung der Besoldungsentwicklung von der Entwicklung des Nominallohnindex im jeweils betroffenen Land (**zweiter Parameter**). Ein drittes Indiz (**dritter Parameter**) liege in einer deutlichen Abweichung der Besoldungsentwicklung von der Entwicklung des Verbraucherpreisindex in dem jeweils betroffenen Land oder – bei der Bundesbesoldung – auf Bundesebene. Der **vierte Parameter** ergebe sich aus einem systeminternen Besoldungsvergleich. Einen **fünften Parameter** als weiteres Indiz für die Bestimmung des Kerngehaltes der Alimentation bilde der notwendige Quervergleich zwischen der Beamtenbesoldung in den Ländern und auf Bundesebene, wobei sowohl Vergleiche zwischen den einzelnen Bundesländern als auch zwischen Land und Bund vorzunehmen seien. Art. 33 V GG postuliere zwar kein Homogenitätsgebot, setze aber einer unbegrenzten Auseinanderentwicklung der Bezüge im Bund und in den Ländern Grenzen. Lägen mindestens drei der fünf Parameter vor, bestehe eine Vermutung für eine verfassungswidrige Unteralimentation, die allerdings »im Rahmen einer Gesamtabwägung durch Berücksichtigung weiterer alimentationsrelevanter Kriterien widerlegt oder erhärtet werden« könne. Zu diesen weiteren Kriterien, die die Vermutung widerlegen können, gehörten das Ansehen des Amtes in den Augen der Gesellschaft, die Ausbildung und Beanspruchung des Beamten, die Entwicklung der Qualifikation des Beamten, die Qualität der Tätigkeit und Verantwortungsübernahme des Beamten, Entwicklungen im Bereich der Beihilfe und der Versorgung sowie der Vergleich mit den durchschnittlichen Bruttoverdiensten sozialversicherungspflichtig Beschäftigter mit vergleichbarer Qualifikation und Verantwortung. Obwohl das Bundesverfassungsgericht diese Parameter zur Bemessung der Amtsangemessenheit der Alimentation nur bezogen auf Richter und Staatsanwälte entwickelt hat, dürften sie künftig auch als Maßstab für die Besoldung von (anderen) Beamten anzuwenden sein. 199

Gemessen an diesen Kriterien hat das Bundesverfassungsgericht mit Urteil vom 5. Mai 2015 die Grundgehaltssätze der Besoldungsgruppe R 1 für **Richter** in Sachsen-Anhalt in den Jahren 2008 bis 2010 mit Art. 33 V GG für unvereinbar erklärt⁷⁴⁹. Drei Jahre zuvor hatte es die Besoldung der **Professoren** in Hessen aus der Besoldungsgrup- 200

---

⁷⁴⁶ BVerfG, 2 BvL 17/09 u.a. vom 5.5.2015, Rn. 122.
⁷⁴⁷ BVerfGE 107, 218 (237ff., Rn. 68ff.); 117, 330 (350ff., Rn. 59ff.); a.A. *C. Preschel*, NJ 2001, 627ff.
⁷⁴⁸ BVerfG, 2 BvL 17/09 u.a. vom 5.5.2015, Rn. 97ff.
⁷⁴⁹ BVerfG, 2 BvL 17/09 u.a. vom 5.5.2015, Rn. 90ff. Zur Amtsangemessenheit der Richterbesoldung aus der unüberschaubaren Literatur statt vieler *Wittreck*, Dritte Gewalt (Fn. 629), S. 150ff.; *ders.*, Betrifft Justiz 118 (2014), 67 (71ff.); *M. Droege*, DÖV 2014, 785ff.; *W. Tappert*, DRiZ 2013, 198 (198f.); *O. Sporré*, DRiZ 2014, 234 (234f.).

pe W 2 wegen Verstoßes gegen das Alimentationsprinzip des Art. 33 V GG für verfassungswidrig erklärt[750]. Mit Art. 33 V GG unvereinbar ist auch eine Differenzierung der Bezüge nach den Vermögensverhältnissen und sonstigem privaten Einkommen des Beamten bzw. seiner Angehörigen[751]. Die Einführung eines ausschließlich funktionsbezogenen Grundgehaltes oder einer rein leistungsbezogenen Besoldung verstieße ebenfalls gegen Art. 33 V GG[752]. Durch Art. 33 V GG geboten ist zudem die Berücksichtigung der Länge der aktiven Dienstzeit bei der Berechnung der Versorgungsbezüge[753].

201 **Mit Art. 33 V GG vereinbar** sind die Gewährung einer Mindestversorgung entsprechend der tatsächlichen Beschäftigungsdauer für Beamte, die freiwillig vorzeitig aus dem Dienst ausscheiden[754]; übergangsweise bestehende Sonderregelungen für die Besoldung der Beamten in den neuen Bundesländern[755]; das Einfrieren einer Ministerialzulage[756]; die Einführung einer Versorgungsrücklage[757]; eine Rückforderung zu viel gezahlter Bezüge nach bereicherungsrechtlichen Grundsätzen[758]; die Anrechnung von zur Existenzsicherung bestimmten Einkommen aus anderen öffentlichen Kassen[759]; die Anrechnung anderweitiger Einkommen, die durch Tätigkeiten während der Dauer einer Dienstunfähigkeit[760] oder im vorzeitigen Ruhestand aufgrund der vorzeitigen Zurruhesetzung[761] erzielt wurden. Nicht durch das Alimentationsprinzip geboten ist außerdem die Zahlung eines 13. Monatsgehaltes, von Leistungszulagen, Urlaubsgeld, eine Vergütung für Überstunden oder Zuschüsse für Essenskosten[762]; die Zusammensetzung der Beamtenbesoldung aus Grundgehalt, Kinderzuschlag und Ortszuschlag[763]; die Beibehaltung eines Höchstversorgungssatzes von 75% der ruhegehaltfähigen Dienstbezüge[764]; eine Verpflichtung zur regionalen Differenzierung der Bezüge[765]; das Beihilfesystem in seiner gegenwärtigen Gestalt[766]. Die Gewährung von Leistungsprämien und Leistungszulagen ist mit dem Alimentationsprinzip vereinbar,

---

[750] BVerfGE 130, 263 (291f., Rn. 141ff.); Besprechungen des Urteils von *M. Sachs*, NWVBl. 2013, 309ff.; *E. Gawel*, NVwZ 2013, 1054ff.; *C. Brüning*, ZBR 2013, 20ff.; *J. Schwabe*, NVwZ 2012, 610ff.; *C. D. Classen*, JZ 2012, 465ff.; *L. Budjarek*, DÖV 2012, 465ff.; *L. Knopp*, LKV 2012, 145ff.; *H. A. Wolff*, ZBR 2012, 145ff. Zu den Möglichkeiten einer Reform der Professorenbesoldung *H. A. Wolff*, WissR 46 (2013), 126ff.

[751] BVerfGE 21, 329 (347, 350); 55, 207 (239); 70, 69 (81); 83, 89 (106).

[752] *Voßkuhle* (Fn. 148), § 43 Rn. 119. Zur leistungsbezogenen Besoldung von Hochschullehrern *J. Koch*, Leistungsorientierte Professorenbesoldung. Rechtliche Anforderungen und Gestaltungsmöglichkeiten für die Gewährung von Leistungsbezügen der W-Besoldung, 2010, passim; *M. Böhm*, Leistungsorientierte Besoldung im öffentlichen Dienst – tauglicher Anreiz oder Sparpaket?, in: FS v. Zezschwitz, 2005, S. 176ff. (177ff.); *U. Battis/K. J. Grigoleit*, ZBR 2013, 73ff.

[753] BVerfGE 76, 256 (322); vgl. auch BVerfGE 114, 258 (286, Rn. 107).

[754] BVerfG (K), NVwZ 2007, 802 (802ff.); BVerwGE 120, 154 (158ff.).

[755] BVerfGE 107, 218 (236ff., Rn. 68ff.); zu Ausnahmefällen BVerfG (K), ZBR 2004, 100 (100f.).

[756] BVerfG (K), ZBR 2001, 204ff.

[757] *U. Battis/J. Kersten*, NVwZ 2000, 1337ff.

[758] BVerfGE 46, 97 (113).

[759] So BVerfGE 17, 337 (350f.); 55, 207 (239); 76, 256 (295ff., 298); BVerwGE 92, 41 (45); *B. J. Fehn/K. Fehn*, VR 1997, 73ff.

[760] BVerwG ZBR 1997, 321 (322).

[761] BVerwG NVwZ 1998, 402 (403).

[762] BVerfGE 44, 249 (263).

[763] BVerfGE 44, 249 (263).

[764] BVerfGE 114, 258 (281ff., Rn. 93ff.).

[765] BVerfGE 107, 218 (237ff., Rn. 68ff.); 117, 330 (350ff., Rn. 59ff.).

[766] BVerfGE 58, 68 (77ff.); 83, 89 (98); 106, 225 (232, Rn. 28); BVerfGK 16, 444 (445ff.); BVerwGE 89, 207 (209); eingehend *C. Grün*, Verfassungsrechtliche Vorgaben für die Beihilfe der Beamten,

VI. Regelung und Fortentwicklung des öffentlichen Dienstes (Art. 33 V GG) **Art. 33**

sofern angemessener Unterhalt weiterhin auch denjenigen geleistet wird, die keine Leistungszulage erhalten[767]. Nicht nur zulässig, sondern geboten sollen Differenzierungen nach dem familiär bedingten Bedarf sein[768]. Das Bundesverfassungsgericht entnimmt Art. 33 V GG die Verpflichtung, die Bezüge so zu bemessen, dass Beamte der gleichen Besoldungsstufe sich ohne Rücksicht auf die Größe ihrer Familien annähernd das Gleiche leisten können[769]. Ein solcher Grundsatz, so er denn Art. 33 V GG zu entnehmen ist, impliziert den weitreichenden Ausgleich kindbedingter Lasten und geht damit weit über das Fördergebot des Art. 6 I GG zugunsten der Familie hinaus[770]. Bei Beamten mit drei und mehr Kindern untersage Art. 33 V GG dem Dienstherrn, dem Beamten zuzumuten, für den Unterhalt seines dritten und weiterer Kinder auf die familienneutralen Bestandteile seines Gehaltes zurückzugreifen, um den Bedarf seiner Kinder zu decken[771].

i) Weitere hergebrachte Grundsätze des Berufsbeamtentums

Als weiterer hergebrachter Grundsatz des Berufsbeamtentums ist das **Laufbahnprinzip** samt fachlicher Vorbildung anerkannt[772], wobei dessen Einzelheiten wie z.B. die Festlegung eines bestimmten Laufbahnsystems, die Art und Anzahl der Laufbahnen oder die Abgrenzung der verschiedenen Laufbahnen voneinander nicht durch Art. 33 V GG festgelegt sind[773]. Beamten steht gem. Art. 33 V GG außerdem das Recht auf eine in Bezug auf den jeweiligen Status und die Funktion **angemessene** und aussagekräftige **Amtsbezeichnung**[774] sowie das Recht auf eine **amtsangemessene Beschäftigung**[775] zu. Beide Rechte sind Ausdruck der Fürsorgepflicht des Dienstherrn (→ Rn. 193). Außerdem unterfallen Art. 33 V GG das Haftungsprivileg für Beamte sowie

202

2002, S. 36 ff. Geboten ist aber die Deckung der Krankenversicherungskosten des Beamten, BVerfGE 79, 223 (235); *M. Jachmann*, ZBR 1997, 342 ff.

[767] Für die verfassungsrechtliche Zulässigkeit von Leistungszulagen *M. Böhm*, ZBR 1997, 101 (103 f.); *U. Battis*, ZBR 1996, 193 (195 f.); *P. Badura*, ZBR 1996, 321 (324); *H. Schnellenbach*, DVBl. 1995, 1153 (1155 ff.); implizit billigend auch BVerfGE 44, 249 (263); a.A. *A. Wenger*, Leistungsanreize für Beamte in Form von individuellen Zulagen, 1995, S. 81 ff. (insb. S. 102, 111); *H. Günther*, ZBR 1996, 65 (73 f.).

[768] Zur Tradition familienbezogener Bestandteile der Dienstbezüge in der Weimarer Republik s. statt vieler *A. Brand*, Das Beamtenrecht, 2. Aufl. 1926, S. 164 ff.

[769] BVerfGE 44, 249 (267 f.); 81, 363 (376 f.); 99, 300 (321, Rn. 55); BVerwG ZBR 1997, 16 ff.; zur Dauer der Berücksichtigung von Kindern BVerfGE 70, 69 (82). Scheidungsbedingtem Mehrbedarf muss nicht Rechnung getragen werden; vgl. BVerfG (K), NVwZ 1996, 584 (584 f.).

[770] *Brosius-Gersdorf*, Demografischer Wandel (Fn. 161), S. 415 ff.; a.A. *Jachmann* (Fn. 179), Art. 33 Rn. 50, die Art. 6 I iVm Art. 30 IV GG entnimmt, dass sich Beamte der gleichen Besoldungsstufe ohne Rücksicht auf die Größe ihrer Familien annähernd das Gleiche leisten können müssen.

[771] BVerfGE 99, 300 (314 ff., Rn. 34 f.); näher *Werres*, Beamtenverfassungsrecht (Fn. 148), Rn. 89.

[772] BVerfGE 62, 374 (383); 64, 323 (351); 71, 255 (268); 80, 59 (66); BVerwGE 109, 292 (293); *V. Epping/F. Patzke*, ZBR 2012, 289 ff.

[773] BVerfGE 13, 356 (362); *Werres*, Beamtenverfassungsrecht (Fn. 148), Rn. 76. Zu den Auswirkungen des Unionsrechts auf das Laufbahnprinzip *Klaß*, Fortentwicklung (Fn. 149), S. 323 ff. Eingehend zur einfachgesetzlichen Ausgestaltung des Laufbahnprinzips und seinen Laufbahngruppen *Voßkuhle* (Fn. 148), § 43 Rn. 33 f.; *Hebeler*, Verwaltungspersonal (Fn. 246), S. 93 ff.; *H. Lecheler*, HStR³ V, § 110 Rn. 91 ff.; *J. Lorse*, ZBR 2014, 289 (290 f.). Zu Laufbahnsystemen in anderen europäischen Ländern *Bull*, Öffentlicher Dienst (Fn. 144), S. 551.

[774] BVerfGE 38, 1 (12); 43, 154 (167); 62, 374 (383); 64, 323 (352); näher *R. Summer*, PersV 1993, 342 ff.; *Werres*, Beamtenverfassungsrecht (Fn. 148), Rn. 77.

[775] BVerfGE 70, 251 (268); BVerwGE 126, 182 (183 ff., Rn. 9 ff.); 132, 31 (33 ff., Rn. 14 ff.); näher *S. Schönrock*, ZBR 2008, 230 (230 ff.); *Badura* (Fn. 148), Art. 33 Rn. 70.

die Berechnung der Versorgungsbezüge des Beamten auf der Grundlage der ruhegehaltsfähigen Dienstbezüge seines letzten Amtes (»Versorgung aus dem letzten Amt oder amtsgemäße Versorgung«)[776].

203 **Keine hergebrachten Grundsätze des Berufsbeamtentums** sind dagegen die Begründung des Beamtenverhältnisses durch Aushändigung einer Ernennungsurkunde[777]; ein »Recht am Amt« im Sinne eines Rechtes »auf unveränderte und ungeschmälerte Ausübung der übertragenen dienstlichen Aufgaben«[778]; die Verbeamtung von Lehrern[779] und Hochschullehrern[780]; eine maximale Arbeitszeit von 40 Stunden pro Woche[781]; und die Gestattung von Nebentätigkeiten[782].

5. Regelungs- und Fortentwicklungsauftrag

a) Adressat und Inhalt

204 Art. 33 V GG richtet sich mit seinem Regelungs- und Fortentwicklungsauftrag in personeller Hinsicht an den **Gesetzgeber** (»Das Recht [...] ist [...] zu regeln und fortzuentwickeln«)[783] sowie, soweit im Delegationswege zu außenwirksamer Rechtssetzung ermächtigt, an den Verordnungsgeber[784]. Daneben ist auch der exekutive **Dienstherr** bei sämtlichen Maßnahmen gegenüber dem Beamten an die Vorgaben des Art. 33 V GG gebunden[785]. Art. 33 V GG bindet dabei sowohl den **Bund** als auch die **Länder** bei der Gestaltung der Rechtsverhältnisse ihrer Beamten[786]. Ebenso wie Art. 33 IV GG erstreckt sich auch der Regelungs- und Fortentwicklungsauftrag des Art. 33 V GG auf die Rechtsverhältnisse sämtlicher Beamten ungeachtet dessen, ob sie bei öffentlich-rechtlich organisierten Trägern der unmittelbaren oder mittelbaren Staatsverwaltung oder in privatrechtlichen Unternehmen des Staates beschäftigt sind (vgl. → Rn. 152ff.).

205 Inhaltlich verpflichtet der zukunftsgerichtete[787] Regelungs- und Fortentwicklungsauftrag des Art. 33 V GG den Gesetzgeber (und den Dienstherrn), das Beamtenrecht zu normieren und fortzuschreiben und dabei die hergebrachten Grundsätze des Berufsbeamtentums zu berücksichtigen. Dieser Regelungs- und Fortentwicklungsauftrag bezieht sich nur auf das Beamtenrecht, nicht auf den hierbei zu berücksichtigenden Maßstab und die Grenze der hergebrachten Grundsätze des Berufsbeamtentums[788]. Gleichwohl belässt das Berücksichtigungsgebot hinsichtlich der hergebrachten Grundsätze des Berufsbeamtentums dem Gesetzgeber einen **weiten Gestaltungsspielraum** bei der Fortentwicklung des Beamtenrechts: Dem Gesetzgeber steht zunächst bei der inhaltlichen Konkretisierung der aus Art. 33 V GG folgenden Grundsätze ein weiter

---

[776] Vgl. BVerfGE 11, 203 (210); 61, 43 (58); 117, 372 (373f., Rn. 16).
[777] BVerfGE 3, 255 (258f.).
[778] BVerfGE 8, 332 (344f.); 43, 242 (282f.); 52, 303 (354); 56, 146 (162); BVerwGE 60, 144ff.
[779] BVerfGE 119, 247 (267, Rn. 65).
[780] BVerfGE 130, 263 (297f., Rn. 156).
[781] BVerfG (K), DVBl. 2008, 448ff.
[782] BVerfGE 44, 249 (263); 55, 207 (238).
[783] Statt aller BVerfGE 11, 203 (210).
[784] Vgl. BVerfGE 11, 299 (303f.).
[785] Vgl. BVerfGE 43, 154 (165ff.); 44, 249 (262); 83, 89 (100); *L. Budjarek*, Das Recht des öffentlichen Dienstes und die Fortentwicklungsklausel, 2009, S. 22; a.A. *R. Summer*, ZBR 1992, 1 (1).
[786] BVerfGE 4, 115 (135); 64, 367 (378).
[787] *Badura* (Fn. 148), Art. 33 Rn. 52.
[788] BVerfGE 119, 247 (272f., Rn. 85); 121, 205 (232, Rn. 98); BVerwGE 129, 272 (281f.); *W. Höfling/C. Burkiczak*, DÖV 2007, 328 (334); *Badura* (Fn. 148), Art. 33 Rn. 62; *Werres*, Beamtenverfassungsrecht (Fn. 148), Rn. 35; *Klaß*, Fortentwicklung (Fn. 149), S. 54.

VI. Regelung und Fortentwicklung des öffentlichen Dienstes (Art. 33 V GG) **Art. 33**

Beurteilungsspielraum zu, dem eine »auf den Maßstab evidenter Sachwidrigkeit beschränkte Kontrolle« durch das Bundesverfassungsgericht korrespondiert (Evidenzkontrolle → Rn. 196). Im Übrigen beschränkt sich die Bindungswirkung des Berücksichtigungsgebotes aus Art. 33 V GG bei relativen Grundsätzen des Berufsbeamtentums darauf, den Grundsätzen bei der Abwägung mit anderen legitimen Zielen angemessen Rechnung zu tragen. Nur für absolute Grundsätze des Berufsbeamtentums besteht eine Beachtenspflicht, mit der Folge, dass der Gesetzgeber sie nicht zugunsten anderer legitimer Zwecke »abschmelzen« darf. Sowohl die absoluten als auch die relativen Grundsätze des Berufsbeamtentums unterliegen zudem außerhalb ihres unantastbaren Wesensgehaltes wechselseitig Einschränkungen und sind durch kollidierendes Verfassungsrecht beschränkbar; dem darf der Gesetzgeber bei der Regelung und Fortentwicklung Rechnung tragen.

An diesen Grundsätzen hat die Aufnahme des **Fortentwicklungsgebotes** in Art. 33 V GG nach überwiegender Ansicht nichts geändert[789]. Der Fortentwicklungsauftrag soll zwar der »Notwendigkeit einer Modernisierung und Anpassung des öffentlichen Dienstrechtes an sich ändernde Rahmenbedingungen« Rechnung tragen und »Gesetzgebung und Rechtsprechung die Weiterentwicklung des öffentlichen Dienstrechts erleichtern.«[790] Der Gestaltungsspielraum des Gesetzgebers bei der (Neu-)Regelung des Beamtenrechtes hat sich dadurch aber nicht erweitert[791]. **206**

Ob Art. 33 V GG Bund und Länder bei der Regelung und Fortentwicklung des Beamtenrechtes gleichermaßen, d.h. mit gleichem Inhalt bindet, ist zweifelhaft. Im Schrifttum wird dies bejaht[792]. Dagegen spricht, dass bereits der konkrete Inhalt der hergebrachten Grundsätze des Berufsbeamtentums angesichts der Unterschiedlichkeit der Rechts- und Lebensverhältnisse im Bund und in den Ländern und der Notwendigkeit, die Grundsätze nicht statusbezogen, sondern funktions- und amtsbezogen zu bestimmen, im Bund und in den Ländern sowie im Verhältnis der Länder untereinander unterschiedlich ausfallen dürfte. Auch der **Spielraum bei der Regelung und Fortentwicklung** des Beamtenrechts unter Berücksichtigung der hergebrachten Grundsätze des Berufsbeamtentums kann vom Bund und von den Ländern mit Blick etwa auf die Verschiedenheit der jeweiligen Aufgaben- und Verantwortungsbereiche der Bundes- und Landesbeamten sowie der Wertigkeit der Ämter, der wirtschaftlichen und finanziellen Verhältnisse sowie des Lebensstandards und der Attraktivität des Beamtenverhältnisses, an denen sich etwa die Alimentation zu orientieren hat (vgl. → Rn. 197), unterschiedlich genutzt werden. Selbst der für Bund und Länder unabänderliche Kernbereich der hergebrachten Grundsätze des Berufsbeamtentums (vgl. Art. 19 **207**

---

[789] Zu Genese, Inhalt und Bedeutung des Fortentwicklungsgebotes eingehend *Budjarek*, Recht des öffentlichen Dienstes (Fn. 785), S. 183 ff.; *S. Beilke*, ... und fortzuentwickeln. Optionen zur Fortentwicklung der hergebrachten Grundsätze des Berufsbeamtentums, 2011, S. 193 ff.
[790] BT-Drs. 6/813, S. 10.
[791] S. nur BVerfGE 119, 247 (273, Rn. 85); 121, 205 (232, Rn. 98); *W. Höfling/C. Burkiczak*, DÖV 2007, 328 (333 f.); *Voßkuhle* (Fn. 148), § 43 Rn. 74: »symbolische Novellierung«; *Jachmann* (Fn. 179), Art. 33 Rn. 54: »rein deklaratorisch«; *H. Lecheler*, ZBR 2007, 18 (23); a.A. *M. Nierhaus/S. Rademacher*, LKV 2006, 385 (388); *R. Summer*, PersV 2007, 223 (224); unklar dagegen BVerwGE 149, 117 (123, Rn. 28), wonach die Aufnahme des Fortentwicklungsgebots in Art. 33 V GG einerseits den Gestaltungsspielraum des Gesetzgebers nicht erweitert habe, aber andererseits die Befugnis des Gesetzgebers umfasse, »die hergebrachten Grundsätze in die Zeit zu stellen«, indem er den vorgegebenen Rahmen ausfüllt oder ihren Geltungsbereich einschränkt.«
[792] *Höfling* (Fn. 144), Art. 33 Abs. 1 bis 3 Rn. 8: Art. 33 V GG ist »künftig die einzige Bund und Länder gleichermaßen verpflichtende Klammerregelung im Beamtenrecht«.

II, Art. 79 III GG) wird angesichts der Unterschiedlichkeit der Lebens- und Wirtschaftsverhältnisse in Bund und Ländern zumindest bezogen auf einzelne Grundsätze (z.B. Recht auf Gewährung der das Existenzminimum sichernden Alimentation) unterschiedlich zu bestimmen sein. Dem entspricht es, dass das Bundesverfassungsgericht in seiner Entscheidung zur Richterbesoldung Art. 33 V GG **kein Homogenitätsgebot**, sondern nur das Verbot einer unbegrenzten Auseinanderentwicklung der Bezüge im Bund und in den Ländern entnommen hat (→ Rn. 199).

b) Gestaltungsspielraum für Reformen

208 Angesichts des weiten Spielraumes, den Art. 33 V GG dem Gesetzgeber bei der Regelung und Fortentwicklung des Beamtenrechtes jenseits des unabdingbaren Kernbereichs der hergebrachten Grundsätze des Berufsbeamtentums belässt (→ Rn. 177), kommt der Legislative weitreichende Gestaltungsfreiheit bei **Reformen im öffentlichen Dienst** zu. Die Vorschläge für Reformen des Berufsbeamtentums sind seit jeher zahlreich und vielfältig[793]. Einige Vorschläge wie die Einführung von Zwangsteilzeit oder die Abschaffung des Berufsbeamtentums[794] sind auf der Grundlage des geltenden Verfassungsrechts nicht realisierbar. Andere Reformen wie eine Übertragung von Führungspositionen auf Zeit (→ Rn. 181), die Reduzierung des Einsatzes von Beamten auf einen unerlässlichen Kernbereich (Art. 33 IV GG → Rn. 152ff.) oder eine Aufweichung des Streikverbotes für Beamte (→ Rn. 187ff.) können bzw. müssen (Streikverbot) dagegen ohne Verfassungsänderung verwirklicht werden.

D. Verhältnis zu anderen GG-Bestimmungen

209 Art. 33 I GG verdrängt als spezielle Norm **Art. 3 I GG**[795] und formt einzelne Diskriminierungsverbote des **Art. 3 III 1 GG** speziell aus[796] (→ Art. 3 Rn. 142). Art. 33 I GG flankiert die verfassungs- und unionsrechtlichen Freizügigkeitsgarantien (Art. 11 I GG; Art. 45 AEUV), deren Durchsetzung die Norm dient (→ Rn. 54). Art. 33 I und II

---

[793] Zu und mit Reformvorschlägen aus jüngerer Zeit *R. Koch*, DRiZ 2009, 85ff.; *H.-P. Bull*, DÖV 2007, 1029 (1038); *U. Battis*, NdsVBl. 2006, 1ff.; *B. Remmert*, JZ 2005, 53ff.; *E. Czerwick*, ZBR 2005, 24ff.; *J. Lorse*, DÖV 2005, 445ff.; *H.-P. Bull*, DÖV 2004, 155ff.; *H.-P. Bull*, Die Verwaltung 37 (2004), 327ff.; *H.-P. Bull*, Zukunft des öffentlichen Dienstes – öffentlicher Dienst der Zukunft, Bericht der von der Landesregierung Nordrhein-Westfalen eingesetzten Kommission, 2003, S. 46f.; *W. Loschelder*, ZBR 2004, 12ff.; *U. Battis*, NJW 2004, 1085 (1086); *R. Summer*, ZBR 2003, 365ff.; *K. Schönenbroicher*, DÖD 2003, 149ff. Überblicke auch bei *Battis* (Fn. 186), Art. 33 Rn. 59ff., auch zu bereits umgesetzten Reformen des öffentlichen Dienstes; *Stern*, Staatsrecht I, S. 381ff.; *Isensee* (Fn. 242), § 32 Rn. 9ff.; *Hense* (Fn. 181), Art. 33 Rn. 52ff.

[794] Jüngste Vorschläge zur Abschaffung der Differenzierung zwischen Beamten und anderen Beschäftigten des öffentlichen Dienstes und zur Einführung eines einheitlichen privatrechtlichen Beschäftigtenstatus v.a. von Innenministerium NRW (Hrsg.), Bericht der Kommission »Zukunft des öffentlichen Dienstes – öffentlicher Dienst der Zukunft« 2003 (sog. Bull-Kommission), passim; dazu näher *H.P. Bull*, DÖV 2004, 155ff.; *ders.*, Die Verwaltung 37 (2004), 327ff.; kritisch hierzu *Voßkuhle* (Fn. 148), § 43 Rn. 32; *Stern*, Staatsrecht I, S. 381f.; *R. Summer*, ZBR 2003, 365ff.; *K. Schönenbroicher*, DÖD 2003, 149ff.; *M. Kutscha*, ZRP 2003, 388ff.; zur Diskussion über weitere Vorschläge zur Abschaffung des Berufsbeamtentums *W. Höfling/C. Burkiczak*, DÖV 2007, 328 (339ff.)

[795] *Jarass/Pieroth*, GG, Art. 33 Rn. 3; *Stern*, Staatsrecht I, S. 346f.; *Jachmann* (Fn. 179), Art. 33 Rn. 3; *Höfling* (Fn. 144), Art. 33 Abs. 1 bis 3 Rn. 55.

[796] A.A. *Höfling* (Fn. 144), Art. 33 Abs. 1 bis 3 Rn. 57, demzufolge Art. 33 I GG sowie Art. 33 II und III GG nebeneinander stehen; ebenso *Battis* (Fn. 186), Art. 33 Rn. 9; *Jachmann* (Fn. 179), Art. 33 Rn. 3.

GG stehen bezogen auf den Zugang zu öffentlichen Ämtern nebeneinander[797], da sie jeweils besondere Gleichheitssätze beinhalten. Art. 33 I und III GG ergänzen einander, da sie die Verwendung unterschiedlicher Diskriminierungsmerkmale untersagen. Art. 36 GG wird entweder als verfassungsrechtliche Ausnahme zu Art. 33 I GG[798] oder als lex specialis zu Art. 33 I GG[799] angesehen.

Art. 33 II GG ist gegenüber Art. 3 I GG lex specialis[800] und ergänzt Art. 3 II und III GG[801]. Art. 12 I GG und Art. 33 GG stehen nebeneinander[802]. Art. 33 II GG ist neben Art. 33 I GG anwendbar. Art. 33 II GG wird durch Art. 33 III 1 GG bezogen auf das Verbot der Benachteiligung wegen des religiösen Bekenntnisses bei dem Zugang zu öffentlichen Ämtern konkretisiert und damit verdrängt (→ Rn. 139)[803]. Art. 33 II GG sowie Art. 33 IV und V GG ergänzen einander[804], wobei das Leistungsprinzip des Art. 33 II GG zu den durch Art. 33 V GG gewährleisteten hergebrachten Grundsätzen des Berufsbeamtentums zählt (→ Rn. 185). Zwischen Art. 33 II GG und Art. 36 GG wird entweder ein Verhältnis der Komplementarität angenommen[805] oder Art. 36 GG wird als Modifizierung des Art. 33 II GG angesehen[806].

210

Art. 33 III GG geht Art. 3 I GG[807] und Art. 3 III 1 GG[808] als lex specialis vor. Ebenso wie Art. 33 I GG ergänzt Art. 33 III GG die verfassungs- und unionsrechtlichen Freizügigkeitsgarantien und flankiert die Glaubens- und Weltanschauungsfreiheit (Art. 4 I GG)[809] sowie das Gebot religiös-weltanschaulicher Neutralität des Staates (→ Rn. 139). Im Bereich des Genusses staatsbürgerlicher Rechte tritt Art. 33 III GG neben die Gewährleistung des Art. 33 I GG; bezogen auf den Zugang zu öffentlichen Ämtern konkretisiert er Art. 33 II GG und geht ihm daher vor (→ Rn. 139)[810]. Innerhalb des Art. 33 III GG stellt sich Satz 1 als speziellere Regelung gegenüber Satz 2 dar (→ Rn. 140)[811]. Art. 33 III GG sowie Art. 33 IV und V GG ergänzen einander.

211

Art. 33 IV GG steht zu Art. 33 II, III und V GG im Verhältnis der Komplementarität[812]. Der Funktionsvorbehalt für Beamte ist nicht von der Ewigkeitsgarantie des

212

---

[797] Gleichsinnig *Battis* (Fn. 186), Art. 33 Rn. 9; *Höfling* (Fn. 144), Art. 33 Abs. 1 bis 3 Rn. 51, 57; *Jachmann* (Fn. 179), Art. 33 Rn. 3.
[798] *Höfling* (Fn. 144), Art. 33 Abs. 1 bis 3 Rn. 58; *Jachmann* (Fn. 179), Art. 33 Rn. 3.
[799] *Battis* (Fn. 186), Art. 33 Rn. 9.
[800] *Stern*, Staatsrecht I, S. 346f.; *Battis* (Fn. 186), Art. 33 Rn. 7.
[801] *Battis* (Fn. 186), Art. 33 Rn. 10; *Pieper* (Fn. 182), Art. 33 Rn. 13, 19.
[802] Gleichsinnig BVerfGE 108, 282 (295, Rn. 33); *Jarass/Pieroth*, GG, Art. 33 Rn. 8: »Idealkonkurrenz«; unklar *Jachmann* (Fn. 179), Art. 33 Rn. 13: Art. 33 I GG ist gegenüber Art. 12 GG »eine ergänzende Sonderregelung«.
[803] Vgl. *Höfling* (Fn. 144), Art. 33 Abs. 1 bis 3 Rn. 426.
[804] *Jachmann* (Fn. 179), Art. 33 Rn. 13.
[805] *Battis* (Fn. 186), Art. 33 Rn. 10.
[806] *Höfling* (Fn. 144), Art. 33 Abs. 1 bis 3 Rn. 68.
[807] *Jarass/Pieroth*, GG, Art. 33 Rn. 26; *Battis* (Fn. 186), Art. 33 Rn. 7.
[808] BVerfGE 7, 155 (162); BVerwGE 19, 252 (261); *Jachmann* (Fn. 179), Art. 33 Rn. 24; a.A. *Jarass/Pieroth*, GG, Art. 33 Rn. 28: Idealkonkurrenz.
[809] Gleichsinnig *Battis* (Fn. 186), Art. 33 Rn. 11; a.A. *Jachmann* (Fn. 179), Art. 33 Rn. 24, die Art. 33 III GG als lex specialis zu Art. 4 I und II GG ansieht.
[810] *Jachmann* (Fn. 179), Art. 33 Rn. 24; vgl. auch *Höfling* (Fn. 144), Art. 33 Abs. 1 bis 3 Rn. 426.
[811] A.A. *Jarass/Pieroth*, GG, Art. 33 Rn. 25, der Art. 33 III GG als »einheitliches Grundrecht« charakterisiert.
[812] Bezogen auf das Verhältnis zwischen Art. 33 IV und V GG ebenso *Jachmann* (Fn. 179), Art. 33 Rn. 29, 40f.

Art. 79 III GG umfasst, da sich die Art. 33 IV GG zugrunde liegenden rechtsstaatlichen Ziele auch anders als durch ein Berufsbeamtentum verwirklichen lassen[813].

213   **Art. 33 V GG** ergänzt Art. 33 II und III GG sowie Art. 33 IV GG. Zu den Grundrechten der Beamten steht er im Spannungsverhältnis (→ Rn. 171)[814]. Innerhalb des Art. 33 V GG begrenzen sich die hergebrachten Grundsätze des Berufsbeamtentums jenseits ihres Kernbereiches wechselseitig (→ Rn. 177). Ebenso wie Art. 33 IV GG unterfällt auch Art. 33 V GG nicht der Ewigkeitsgarantie des Art. 79 III GG[815].

---

[813] Ebenso *Voßkuhle* (Fn. 148), § 43 Rn. 113; *Klaß*, Fortentwicklung (Fn. 149), S. 39; a.A. *Balzer*, Republikprinzip (Fn. 537), S. 191; *D. Merten*, ZBR 1999, 1 (10).
[814] A.A. *Battis* (Fn. 186), Art. 33 Rn. 12, der Art. 33 V GG als vorrangig ansieht.
[815] *Voßkuhle* (Fn. 148), § 43 Rn. 113.

Artikel 34 [Haftung bei Amtspflichtverletzung]

¹Verletzt jemand in Ausübung eines ihm anvertrauten öffentlichen Amtes die ihm einem Dritten gegenüber obliegende Amtspflicht, so trifft die Verantwortlichkeit grundsätzlich den Staat oder die Körperschaft, in deren Dienst er steht. ²Bei Vorsatz oder grober Fahrlässigkeit bleibt der Rückgriff vorbehalten. ³Für den Anspruch auf Schadensersatz und für den Rückgriff darf der ordentliche Rechtsweg nicht ausgeschlossen werden.

Literaturauswahl

Detterbeck, Stefan: Haftung der Europäischen Gemeinschaft und gemeinschaftsrechtlicher Staatshaftungsanspruch, in: AöR 125 (2000), S. 202–256.
Höfling, Wolfram: Primär- und Sekundärrechtsschutz im Öffentlichen Recht, VVDStRL 61 (2002), S. 260–295.
Höfling, Wolfram: Vom überkommen Staatshaftungsrecht zum Recht der staatlichen Einstandspflichten, in: GVwR² III, § 51 (S. 1051–1115).
Morlok, Martin: Allgemeine Elemente der Einstandspflichten für rechtswidriges Staatshandeln, in: GVwR² III, § 52 (S. 1117–1170).
Morlok, Martin: Retrospektive Kompensation der Folgen rechtswidrigen Hoheitshandelns, in: GVwR² III, § 54 (S. 1243–1296).
Ossenbühl, Fritz/Cornils, Matthias: Staatshaftungsrecht, 6. Aufl. 2013.
Papier, Hans-Jürgen: Staatshaftung, in: HStR³ VIII, § 180 (S. 649–693).
Schoch, Friedrich: Effektuierung des Sekundärrechtsschutzes, in: Die Verwaltung 34 (2001), S. 261–290.

Leitentscheidung des Bundesverfassungsgerichts

BVerfGE 61, 149 (174 ff.) – Amtshaftung.

Gliederung

	Rn.
A. Herkunft, Entstehung, Entwicklung	1
I. Ideen- und verfassungsgeschichtliche Aspekte	1
II. Entstehung und Veränderung der Norm	7
B. Internationale, supranationale und rechtsvergleichende Bezüge	13
I. Internationales Recht	13
II. Unionsrecht	15
1. Haftung der Union	15
2. Haftung der Mitgliedstaaten aufgrund von Unionsrecht	22
III. Rechtsvergleichende Hinweise	28
C. Erläuterungen	30
I. Allgemeine Bedeutung	30
1. Schutzgut	30
2. Aktueller Befund	32
II. Haftung des Staates bei Amtspflichtverletzung (Art. 34 S. 1 GG)	33
1. Rechtsnatur des Art. 34 GG	33
2. Tatbestandsvoraussetzungen	35
a) Amtswalter (»jemand«)	35
b) Öffentliches Amt	38
c) In Ausübung	40
d) Amtspflicht	41
e) Drittrichtung	44
3. Problemfälle	48
a) Normatives Unrecht	48
b) Judikatives Unrecht	51

4. Anforderungen an die Verletzungshandlung	52
a) Kausale Schadensverursachung	52
b) Rechtswidrigkeit und Verschulden	53
5. Anspruchsverpflichteter	56
6. Haftungsbeschränkungen	58
III. Rückgriff (Art. 34 S. 2 GG)	61
IV. Rechtsweg (Art. 34 S. 3 GG)	63
D. Verhältnis zu anderen GG-Bestimmungen	64

Stichwörter

Anspruchsverpflichteter 3 ff., 11, 30 ff., 56 f. – Aufopferungsrecht 11, 64 – Beamtenrecht 2, 10, 35, 61, 64 – Gesetzgebungskompetenz für die Staatshaftung 3, 11 f., 26, 32, 64 – Haftung der Europäischen Union 15 ff., 24 – Haftung der Mitgliedstaaten nach EU-Recht 22 ff. – Haftungsbeschränkungen 52, 58 ff. – Haftungsverlagerung 31, 33 f. – Inhalt des Schadensersatzes 20 – Judikatives Unrecht 23, 51 – Neue Bundesländer 29 – Normatives Unrecht 15 f., 18, 23, 25, 48 ff. – Primärrechtsschutz 11, 27, 30, 59, 63 – Privatrecht 1, 3 f., 39 – qualifizierte Verletzung von Unionsrecht 17 f., 24 ff. – Rechtsschutzgarantie 30, 49, 64 – Rechtsstaatsprinzip 5, 8, 30, 42, 49, 51, 53, 59, 64 – Rechtsweg 11 f., 30, 63 – Rechtswidriges Handeln 13, 17 f., 20, 29, 41, 43, 56 f. – Reformbedürftigkeit des heutigen Staatshaftungsrechts 11, 35, 51, 63 – Rückgriff 9 f., 61 ff. – Sekundärrechtsschutz 44, 49 f., 59, 63 – Staatshaftungsgesetz 1981 11 – Subsidiarität der Amtshaftung 59 – Verschulden 11 f., 20 f., 25, 27, 29, 32, 50, 53 ff., 60 – Völkerrecht 13 f., 23.

A. Herkunft, Entstehung, Entwicklung

I. Ideen- und verfassungsgeschichtliche Aspekte

1   Der hoheitlich handelnde Staat galt im **18. Jahrhundert** als unrechtsunfähig. Für Schäden, die Amtsträger den Bürgern zufügten, konnte er nicht haftbar gemacht werden. Daher kam für eine Haftung aus hoheitlichem Handeln nur der jeweilige Amtsträger persönlich als Zurechnungsobjekt in Betracht. Ein Verhalten des Amtsträgers konnte dem Staat nur zugerechnet werden, wenn er sich im Rahmen der Gesetze hielt; andernfalls haftete der **Amtsträger als Privatperson** (»si excessit, privatus est«)[1].

2   Auch nach dem **öffentlich-rechtlichen Verständnis des Beamtenverhältnisses** des **19. Jahrhunderts** (→ Art. 33 Rn. 5 f.)[2] handelte der Beamte ohne Auftrag des Staates, wenn er seine Amtspflichten verletzte. Er haftete »wie jeder andere Staatsbürger« für seine »individuelle Ungesetzlichkeit«[3]. Zum wirksamen »Schutz des Unterthan gegenüber der öffentlichen Gewalt«[4] war schon im **Grundrechtskatalog der Paulskirchenverfas-**

---

[1] *H. Zoepfl*, Grundsätze des gemeinen deutschen Staatsrechts, Zweiter Theil, 5. Aufl. 1863, § 520, S. 802; vgl. ferner *F. A. von der Becke*, Von Staatsämtern und Staatsdienern, 1797, S. 173 ff.; *F. Meisterlin*, Die Verhältnisse der Staatsdiener nach rechtlichen Grundsätzen entwickelt, 1838, S. 80 ff.; *H. Rehm*, Hirths Annalen 1884, 565 ff.; 1885, 65 ff.

[2] *R. v. Mohl*, System der Präventiv-Justiz oder Rechts-Polizei, 1834, S. 552 ff.; *Zoepfl*, Grundsätze (Fn. 1), S. 798 ff.; *H. A. Zachariä*, ZgStW 19 (1863), 582 (619); *J. C. Bluntschli*, Verh. DJT, Band 6/I, 1865, S. 45 ff. (49); *L. v. Stein*, Die Verwaltungslehre, Erster Theil, 1. Abtheilung, Die vollziehende Gewalt, 2. Aufl. 1869, S. 369 f.; *C. F. v. Gerber*, Grundzüge eines Systems des Deutschen Staatsrechts, 2. Aufl. 1869, S. 207; *E. Loening*, Die Haftung des Staates aus rechtswidrigen Handlungen seiner Beamten nach Deutschem Privat- und Staatsrecht, in: FS Bluntschli, 1879, S. 96 ff. (107 f.); *O. v. Sarwey*, Das öffentliche Recht und die Verwaltungsrechtspflege, 1880, S. 302 ff.; *P. Laband*, Das Staatsrecht des Deutschen Reiches, Band I, 2. Aufl. 1876, S. 439 ff.; *G. Jellinek*, System der subjektiven öffentlichen Rechte, 2. Aufl. 1905, S. 243 f.

[3] *N. T. Gönner*, Der Staatsdienst, 1808, S. 222; *v. Stein*, Verwaltungslehre (Fn. 2), S. 369.

[4] *O. Mayer*, Deutsches Verwaltungsrecht, Band I, 3. Aufl. 1924, S. 183.

I. Ideen- und verfassungsgeschichtliche Aspekte Art. 34

sung und in der **preußischen Verfassung von 1850** bestimmt worden, dass eine Klage gegen einen Beamten wegen Amtspflichtverletzung nicht von einer vorherigen behördlichen Genehmigung abhängig gemacht werden durfte[5].

Ungeachtet der Forderung, dass der Staat für seine Beamten haften müsse, entschied sich der Gesetzgeber des **Bürgerlichen Gesetzbuchs** nur für eine **Organhaftung öffentlich-rechtlicher Körperschaften** im **privatrechtlichen Bereich** (§§ 89, 31 BGB) und hielt **daneben** an der persönlichen **Haftung des Beamten** (§ 839 BGB) fest. Die Begründung einer Staatshaftung im hoheitlichen Bereich hätte nach damaliger Auffassung die Gesetzgebungskompetenz des Reichs für die Regelung des Bürgerlichen Rechts überschritten und unzulässig in die Befugnisse der Bundesstaaten eingegriffen[6]. 3

Schon 1897 hatte der Reichsgesetzgeber in **§ 12 Reichsgrundbuchordnung**[7] das Modell des Haftungsübergangs geschaffen, das später in ganz Deutschland übernommen wurde. Danach wurde die gegen den Beamten gerichtete privatrechtliche Forderung auf den Staat »übertragen«[8]. Nur zwei Jahre später folgten Bayern[9], Baden[10] und Württemberg[11] dem **Amtshaftungsmodell** der Reichsgrundbuchordnung. 1910 schlossen sich Preußen[12] und das **Reich**[13] an. Zum Ende des Kaiserreichs galt eine Amtshaftungsregelung auch in Anhalt, Braunschweig, Lübeck, Oldenburg, Sachsen-Coburg-Gotha, Reuß jüngere Linie und Waldeck[14]. Die **Bundesstaaten** nutzten den ihnen in Art. 77 EGBGB eingeräumten Gestaltungsfreiraum, um über § 839 BGB inhaltlich hinausgehendes materielles Staatshaftungsrecht zu schaffen. So wurde nach mehreren Landesgesetzen eine **unmittelbare Staatshaftung** in dem Fall begründet, dass der handelnde Beamte nicht in Anspruch genommen werden konnte[15]. Manche Bundesstaaten 4

---

[5] § 160 RVerf. vom 28. März 1849 und Art. 97 Preuß. Verf. vom 31. Januar 1850.
[6] Siehe die Motive zu dem Entwurf eines Bürgerlichen Gesetzbuches für das Deutsche Reich, Band I, Allgemeiner Theil, 1888, S. 103; Band II, Recht der Schuldverhältnisse, 2. Aufl. 1896, S. 826; ferner die Zusammenstellung der gutachtlichen Äußerungen zu dem Entwurf eines Bürgerlichen Gesetzbuchs, 1890, Band I, S. 94; Band II, S. 419; Protokolle der Kommission für die zweite Lesung des Entwurfs des Bürgerlichen Gesetzbuchs, Band I, 1897, S. 607 ff., 611; Bericht der Reichstags-Kommission, Verhandlungen des Reichstags, IX. Legislaturperiode, IV. Session, Aktenstück Nr. 440, S. 1992 ff.; Verhandlungen des Reichstags, IX. Legislaturperiode, IV. Session, Band IV, S. 2855 ff.; dazu *H. Gehre*, Die Entwicklung der Amtshaftung in Deutschland seit dem 19. Jahrhundert, Diss. jur. Bonn 1958, S. 96 ff.; *M. Heidenhain*, Amtshaftung und Entschädigung aus enteignungsgleichem Eingriff, 1965, S. 33 f.; *H. Maurer*, Die Gesetzgebungskompetenz für das Staatshaftungsrecht, 1981, S. 24 ff.
[7] RGBl. S. 139.
[8] *Heidenhain*, Amtshaftung (Fn. 6), S. 37 Fn. 24; vgl. auch *Gehre*, Entwicklung (Fn. 6), S. 97 ff.
[9] Art. 60 AGBGB vom 9.6.1899, Beilage zum GVBl. Nr. 28, S. 1.
[10] Art. 5 I AGBGB vom 17.6.1899, GVBl. S. 229.
[11] Art. 202 I AGBGB vom 28.7.1899, Regierungsblatt S. 423.
[12] Gesetz über die Haftung des Staates und anderer Verbände für Amtspflichtverletzungen von Beamten bei Ausübung öffentlicher Gewalt vom 1.8.1910, PrGS S. 691.
[13] Gesetz über die Haftung des Reichs für seine Beamten vom 22.5.1910, RGBl. S. 798.
[14] Siehe dazu die Nachweise bei *H. Delius*, Die Beamtenhaftpflichtgesetze des Reiches und der Länder, 3. Aufl. 1921, S. 39 ff.
[15] So schon Art. 61 I Bay. AGBGB (Fn. 9); und Art. 202 II Württ. AGBGB (Fn. 11); später auch § 1 III des Gesetzes für das Großherzogtum Oldenburg, betreffend die Haftung des Staates und anderer Verbände für Amtspflichtverletzungen der öffentlichen Gewalt vom 22.12.1908, GBl. S. 1110; § 1 II des Preußischen Gesetzes (Fn. 12); § 1 II des anhaltischen Gesetzes vom 2.4.1910, PrGS S. 475; § 1 II des lübeckischen Gesetzes über die Haftung des Staates und der Gemeinden für ihre Beamten vom 17.2.1912, GVBl. S. 86.

Joachim Wieland

wie Hessen[16], Sachsen-Weimar-Eisenach[17] und Schwarzburg-Sondershausen[18] befreiten den Beamten nicht von der persönlichen Haftung, sondern ließen die betroffene öffentlich-rechtliche Körperschaft nur wie einen Bürgen neben ihm haften. In Mecklenburg-Schwerin[19] und in Mecklenburg-Strelitz[20] bildete die **ausschließliche Eigenhaftung** des Beamten sogar den Regelfall, nur ausnahmsweise haftete auch der Staat.

5   Art. 131 WRV[21] führte dann zu einer **Rechtsvereinheitlichung** auf der Grundlage des Regelungsmodells der Amtshaftung. Nachdem die Vorschrift zunächst als bloßer Programmsatz verstanden worden war[22], setzte sich unter dem Einfluss der Rechtsprechung des Reichsgerichts[23] ungeachtet des Regelungsvorbehalts zugunsten des zuständigen Gesetzgebers die Auffassung von der unmittelbaren Anwendbarkeit der Verfassungsvorschrift durch[24].

6   Die Amtshaftung des Art. 131 WRV hatte in der nationalsozialistischen Zeit praktisch keine Bedeutung[25]. Art. 131 WRV wurde schon vor der Verabschiedung des Grundgesetzes durch **landesverfassungsrechtliche Vorschriften** wie Art. 108 Bad. Verf., Art. 97 Bay. Verf., Art. 97 Württ.-Bad. Verf. und Art. 136 Hess. Verf. außer Kraft gesetzt und anderswo durch Art. 34 GG abgelöst.

II. Entstehung und Veränderung der Norm

7   Art. 120 HChE sah in Anlehnung an Art. 131 WRV eine **Haftung des Bundes** für Amtspflichtverletzungen seiner Bediensteten vor[26]. Erörtert wurde, ob neben der Haftung des Bundes nicht die Haftung des Bediensteten gegenüber dem Verletzten bestehen bleiben sollte, zumal im US-amerikanischen Rechtsverständnis hauptsächlich die Gefahr einer persönlichen Haftung Amtsmissbräuchen vorbeuge[27].

8   Der **Parlamentarische Rat** hatte mit der Regelung der Amtshaftung erhebliche Schwierigkeiten, die weniger in inhaltlichen Differenzen als in einer **Unsicherheit** über die eigentliche Natur und den systematischen Standort der zu schaffenden Bestim-

---

[16] Art. 78 I AGBGB vom 17.7.1899, Regierungsblatt S. 133.
[17] § 91 I AGBGB vom 5.4.1899, Regierungsblatt S. 123.
[18] Art. 19 I AGBGB vom 19.7.1899, PrGS S. 29.
[19] § 49 I Verordnung vom 9.4.1899 zur Ausführung des BGB, Regierungsblatt S. 57.
[20] § 48 I Verordnung vom 9.4.1899 zur Ausführung des BGB, Offizieller Anzeiger für Gesetzgebung und Staatsverwaltung S. 49.
[21] »(1) Verletzt ein Beamter in Ausübung der ihm anvertrauten öffentlichen Gewalt die ihm einem Dritten gegenüber obliegende Amtspflicht, so trifft die Verantwortlichkeit grundsätzlich den Staat oder die Körperschaft, in deren Dienste der Beamte steht. Der Rückgriff gegen den Beamten bleibt vorbehalten. Der ordentliche Rechtsweg darf nicht ausgeschlossen werden. (2) Die nähere Regelung liegt der zuständigen Gesetzgebung ob.«
[22] Siehe etwa *G. Anschütz*, Kommentar zur Reichsverfassung, 1. Aufl. 1921, Art. 131 Anm. 1.
[23] RGZ 102, 166 (168); 391 (393); 103, 429 (430); 104, 291; 105, 334 (335); 106, 34 (35).
[24] Siehe etwa *Anschütz*, WRV, Art. 131 Anm. 1; *W. Jellinek*, Verwaltungsrecht, 3. Aufl. 1931, S. 321 ff.; *F. Fleiner*, Institutionen des deutschen Verwaltungsrechts, 8. Aufl. 1928, S. 280 ff.; vgl. ferner *F. Giese*, Die Verfassung des Deutschen Reiches, 8. Aufl. 1931, Art. 131 Anm. 3; *F. Poetzsch-Heffter*, Handkommentar der Reichsverfassung vom 11. August 1919, 3. Aufl. 1928, Art. 131 Anm. 4.
[25] Vgl. etwa RGZ 167, 7; ferner *P. Dagtoglou*, in: BK, Art. 34 (Zweitb. 1970), Rn. 22.
[26] »(1) Verletzt ein Bediensteter des Bundes in Ausübung der ihm anvertrauten öffentlichen Gewalt seine Amtspflicht, so trifft die Schadensersatzpflicht ausschließlich den Bund. Dem Bund steht der Rückgriff gegen den Bediensteten zu, wenn diesen ein grobes Verschulden trifft. Der Schadensersatzanspruch gegen den Bund kann im ordentlichen Rechtsweg verfolgt werden. (2) Absatz 1 gilt entsprechend für Bedienstete einer bundesunmittelbaren Selbstverwaltung.« (Parl. Rat II, S. 607).
[27] BerichtHCh, S. 52 (Parl. Rat II, S. 565).

mung begründet waren²⁸. Schließlich nahm der Hauptausschuss auf Vorschlag des Zuständigkeitsausschusses mit einem Stimmergebnis von 20 zu 1 eine dem heutigen Art. 34 GG entsprechende Formulierung der Amtshaftungsregelung an²⁹.

Die wechselvolle Entstehungsgeschichte des Art. 34 GG steht in einem bemerkenswerten Gegensatz zur **inhaltlichen Kontinuität** gegenüber Art. 131 WRV. 9

So regelt auch Art. 34 GG das Recht der Amtshaftung keineswegs abschließend, sondern setzt die in § 839 BGB getroffenen Bestimmungen voraus und überlässt die nähere Regelung dem Gesetzgeber. Die **zivilrechtlich begründete Verantwortlichkeit wird verfassungsrechtlich auf den Staat oder die zuständige Körperschaft übertragen.** Entsprechend der Auslegung des Art. 131 WRV durch die Rechtsprechung werden nicht nur Beamte im Sinne der Beamtengesetze, sondern alle Amtsträger erfasst. Art. 34 S. 2 GG lässt den **Rückgriff** allerdings nur bei Vorsatz oder grober Fahrlässigkeit zu. Art. 34 S. 3 GG stellt klar, dass der ordentliche Rechtsweg sowohl für den Anspruch auf Schadensersatz als auch für den Rückgriff eröffnet ist³⁰. 10

Die Koexistenz mehrerer Rechtsinstitute im Staatshaftungsrecht und die uneinheitliche Rechtswegzuständigkeit führten bald zur Forderung nach Reformen³¹: Die ordentlichen Gerichte sind neben der mittelbaren Haftung für Amtspflichtverletzungen auch für die unmittelbare Haftung des Staates aus »aufopferungsgleichem« und »enteignungsgleichem« Eingriff (→ Art. 14 Rn. 155ff.) zuständig; über den Folgenbeseitigungsanspruch wird dagegen auf dem Verwaltungsrechtsweg entschieden. Eine von der Bundesregierung eingesetzte unabhängige Kommission empfahl 1973, Art. 34 GG als allgemeine Haftungsnorm für das von der öffentlichen Gewalt begangene Unrecht auszugestalten und dem Bund zur näheren Regelung von Inhalt und Umfang der Haftung eine ausschließliche Gesetzgebungsbefugnis in einem neu zu schaffenden Art. 34 II GG einzuräumen³². Das **1981** verabschiedete **Staatshaftungsgesetz**³³, das eine unmittelbare und primäre Staatshaftung für die Verletzung öffentlich-rechtlicher Pflichten vorsah, wurde vom Bundesverfassungsgericht mangels einer hinreichenden Gesetzgebungskompetenz des Bundes für verfassungswidrig und nichtig erklärt³⁴. 11

Meinungsverschiedenheiten über die Zuständigkeit zur Gesetzgebung standen auch der Umsetzung von Vorschlägen einer Arbeitsgruppe von Bund und Ländern, die von 12

---

²⁸ Siehe JöR 1 (1951), S. 324 ff.; zu den Entwurfsfassungen Parl. Rat VII, S. 5, 41 f., 128, 192 f., 225, 351, 408, 505; Parl. Rat, Zuständigkeitsausschuß, Sten. Prot. der 8. Sitzung vom 6. Oktober 1948, S. 1 ff. und der 11. Sitzung vom 13. Oktober 1948, S. 85 ff. (Parl. Rat III, S. 324 ff., 332, 479 ff.); Parl. Rat, Grundsatzausschuß, Sten. Prot. der 26. Sitzung vom 30. November 1948, S. 5 ff. (Parl. Rat V, S. 792 ff.).
²⁹ Näher dazu Parl. Rat, Hauptausschuß, Sten. Prot. der 18. Sitzung vom 4. Dezember 1948, S. 220 ff. (Parl. Rat XIV/1, S. 546 ff.); Parl. Rat, Hauptausschuß, Sten. Prot. der 27. Sitzung vom 15. Dezember 1948, S. 328 (Parl. Rat VII, S. 225); Aufzeichnung einer interfraktionellen Besprechung am 28. April 1949 von *H. Troßmann*, abgedruckt in: Schneider, GG-Dokumentation, Band 10, S. 608 f.; Protokoll einer interfraktionellen Besprechung am 3. Mai 1949, abgedruckt bei Schneider, GG-Dokumentation, Band 10, S. 610 f.; Parl. Rat, Hauptausschuß, Sten. Prot. der 57. Sitzung vom 5. Mai 1949, S. 751 (Parl. Rat XIV/2, S. 1797); Parl. Rat, Plenum, Sten. Ber. der 9. Sitzung vom 6. Mai 1949, S. 181 (Parl. Rat IX, S. 464).
³⁰ Vgl. dazu auch Parl. Rat, Schriftlicher Bericht zum Entwurf des Grundgesetzes für die Bundesrepublik Deutschland, erstattet von den Berichterstattern des Hauptausschusses, Anlage zum Sten. Ber. der 9. Sitzung vom 6. Mai 1949, S. 37 f.
³¹ Siehe dazu etwa *N. Luhmann*, Öffentlich-rechtliche Entschädigung rechtspolitisch betrachtet, in: Verh. DJT 1965, Band II, S. 144 ff.
³² Reform des Staatshaftungsrechts, Kommissionsbericht, 1973, S. 11 und 68 f.
³³ Vom 26.6.1981, BGBl. I S. 553.
³⁴ BVerfGE 61, 149. → Rn. 32.

der Justizministerkonferenz eingesetzt war[35], sowie von Gesetzentwürfen Bayerns[36] und Hamburgs[37] entgegen. Immerhin wurde Konsens darüber erzielt, dass eine verschuldensunabhängige Körperschaftshaftung etabliert und der Rechtsschutz konzentriert werden sollte[38]. Seit 1994 verfügt der **Bundesgesetzgeber** gemäß Art. 72 II i. V. m. Art. 74 I Nr. 25 und II GG über die **Kompetenz zur Regelung des Staatshaftungsrechts** mit Zustimmung des Bundesrates, so dass jedenfalls Kompetenzfragen einer Normierung des Staatshaftungsrechts nicht mehr entgegenstehen.

B. Internationale, supranationale und rechtsvergleichende Bezüge

I. Internationales Recht

13 Der **Staat haftet** nach Völkergewohnheitsrecht unter bestimmten Voraussetzungen **für das Handeln seiner Organe**[39]. Die **International Law Commission** (ILC) hat umfangreiche Regelungsentwürfe zu einer **Kodifizierung** der Staatshaftung vorgelegt[40], die von der Generalversammlung der Vereinten Nationen 2001 verabschiedet worden sind[41]. Voraussetzung für eine Staatshaftung im völkerrechtlichen Sinne ist ein **völkerrechtswidriges, dem Staat zurechenbares Handeln,** das die **Rechtsfolgen** einer **Wiedergutmachung** bzw. **Genugtuung** auslöst. Zurechenbar ist dem Staat nicht nur das Handeln seiner Organe, sondern auch das Handeln sonstiger natürlicher oder juristischer Personen in Ausübung öffentlicher Funktionen (Art. 4 ff. ILC-Artikel). Ein Handeln ist auch dann zurechenbar, wenn das betreffende Staatsorgan im Einzelfall seine nach innerstaatlichem Recht bestehenden Kompetenzen überschritten oder weisungswidrig gehandelt hat (Art. 7 ILC-Artikel)[42].

14 Nach einem Urteil des LG Bonn ergeben sich aus den Regeln des humanitären Völkerrechts für deutsche Amtsträger **unmittelbar drittschützende Amtspflichten**. Werden sie verletzt, besteht grundsätzlich ein Schadensersatzanspruch nach § 839 I BGB i. V. m. Art. 34 S. 1 GG[43]. Das entspricht der Rechtsprechung des Bundesverfassungsgerichts, wonach das völkerrechtliche Prinzip des diplomatischen Schutzes einen Anspruch nicht ausschließt, den das nationale Recht des verletzenden Staates dem Verletzten außerhalb der völkerrechtlichen Verpflichtungen gewährt[44]. Auch in der Literatur ist mittlerweile anerkannt, dass das humanitäre Völkerrecht auch Individuen schützt[45]. Im Ergebnis besteht eine Anspruchsparallelität zwischen völkerrechtlichen

---

[35] BMJ (Hrsg.), Zur Reform des Staatshaftungsrechts, 1987.
[36] BR-Drs. 644/89.
[37] BR-Drs. 632/90.
[38] *F. Ossenbühl/M. Cornils*, Staatshaftungsrecht, 6. Aufl. 2013, S. 752.
[39] *K. Ipsen*, Völkerrecht, § 40 (S. 635 ff.); *S. Hobe/O. Kimminich*, Einführung in das Völkerrecht, 8. Aufl. 2004, S. 241 ff.; *T. Stein/C. Buttlar*, Völkerrecht, 11. Aufl. 2005, Rn. 1101 ff., alle m. w. N.
[40] Näher dazu *S. Rosenne*, ILC's Draft Articles on State Responsibility, 1991; M. Spinedi/B. Simma (Hrsg.), United Nations Codification of State Responsibility, 1987; *J. Wolf*, ZaöRV 43 (1983), 481 ff.; *K. Zemanek*, Art. Responsibility of States, in: EPIL 10 (1987), 362 ff.
[41] ILC, Responsibility of States for Internationally Wrongful Acts, as adopted by the General Assembly, UN Doc. A/Res/56/83 (2001).
[42] Siehe dazu *K. Ipsen*, Völkerrecht, § 40 Rn. 65 ff. (S. 655 ff.).
[43] LG Bonn JZ 2014, 411 (413 f.).
[44] BVerfGE 94, 315 (328 ff.) mit umfangreichen Nachweisen.
[45] *S. Baufeld*, JZ 2007, 502 (503 f.); *A. Dutta*, AöR 133 (2008), 191 (222 f.); *R. Frau*, JZ 2014, 417 (419); *A. Schüller*, in: D. Weingärtner/H. Krieger (Hrsg.), Streitkräfte und nichtstaatliche Akteure, 2013, S. 149 ff. (153).

Ansprüchen und innerstaatlichen Schadensersatzansprüchen wegen Amtspflichtverletzung.

II. Unionsrecht

1. Haftung der Union

Gemäß **Art. 340 II AEUV** ersetzt die **Union** im Bereich der **außervertraglichen Haftung** »den durch ihre Organe oder Bediensteten in Ausübung ihrer Amtstätigkeit verursachten Schaden nach den allgemeinen Rechtsgrundsätzen, die den Rechtsordnungen der Mitgliedstaaten gemeinsam sind.« Art. 340 III AEUV enthält eine Sonderregelung für die EZB. Für die persönliche Haftung der Bediensteten gegenüber der Union verweist Art. 340 IV AEUV auf die Vorschriften des Beamtenstatuts[46] und auf die individuellen Beschäftigungsbedingungen. Für Ansprüche aus Art. 340 II und III AEUV ist der EuGH zuständig (Art. 268 AEUV). Der Anspruch auf Ersatz des durch Organe oder Bedienstete der Union in Ausübung ihrer Amtstätigkeit verursachten Schadens nach den allgemeinen Rechtsgrundsätzen ist in Art. 41 III GrCH grundrechtlich gesichert[47].   15

Ein Amtshaftungsanspruch gegenüber der Union **setzt** zunächst **das Handeln** eines ihrer **Organe** oder **Bediensteten voraus**. Organe der Union sind gemäß Art. 13 I EUV das Europäische Parlament, der Europäische Rat, der Rat, die Europäische Kommission, der Gerichtshof der Europäischen Union, die Europäische Zentralbank und der Rechnungshof[48]. Zu den Bediensteten zählen nicht nur die Beamten[49], sondern alle Beschäftigten. Das Handeln muss eine »unmittelbare innere Beziehung« zu den Aufgaben aufweisen, die von den Bediensteten und Organen wahrzunehmen sind, damit es **in Ausübung ihrer Amtstätigkeit** erfolgt[50]. Nicht nur administratives Organhandeln, sondern auch **normatives Handeln** der Union vermag einen Amtshaftungsanspruch zu begründen[51].   16

Anspruchsbegründend kann nur ein **rechtswidriges Handeln** sein. Diese Voraussetzung wird in Art. 340 II AEUV nicht ausdrücklich erwähnt, sondern als selbstverständlich vorausgesetzt. Ausreichend ist nicht jede Rechtswidrigkeit, vielmehr muss eine **drittschützende Norm** verletzt sein[52]. Insoweit werden allerdings keine strengen Anforderungen gestellt. Vielmehr reicht es aus, dass eine Norm neben dem Interesse der Allgemeinheit reflexartig auch individuelle Interessen schützen soll; der An-   17

---

[46] Vgl. dazu Art. 336 AEUV; Art. 22 des Statuts der Beamten der Europäischen Gemeinschaften, festgelegt durch Art. 2 VO Nr. 259/68 (EWG, Euratom, EGKS) des Rates vom 29.2.1968 (ABl. L 56/1 v. 4.4.1968) sieht vor, dass der Beamte zum vollen oder teilweisen Ersatz des Schadens herangezogen werden kann, den die Gemeinschaften durch sein schwerwiegendes Verschulden in Ausübung oder anlässlich der Ausübung seines Amtes erlitten haben.

[47] Zur Unionshaftung grundsätzlich *K. Gutmann*, CMLRev. 48 (2011), 695ff.; *Ossenbühl/Cornils*, Staatshaftungsrecht (Fn. 38), S. 662ff.; *F. Shirvani*, EuR 2011, 619ff.

[48] Umfassend zu den Anspruchsvoraussetzungen *S. Detterbeck*, AöR 125 (2000), 202 (204ff.).

[49] Vgl. Art. 1 I Beamtenstatut (→ Fn. 46).

[50] EuGHE 1969, 329 (330) – *Sayag-Leduc*; näher *Bleckmann*, Europarecht, Rn. 1028, S. 352; *M. Jacob/M. Kottmann*, in: Grabitz/Hilf/Nettesheim, EUV/AEUV, Art. 340 AEUV (2015), Rn. 73; *I. Augsberg*, in: Groeben/Schwarze/Hatje, EUV/AEUV/GRC, Art. 340 AEUV, Rn. 32.

[51] EuGHE 1971, 975 (984 Rn. 11) – *Schöppenstedt*; siehe dazu *M. Herdegen*, Die Haftung der Europäischen Wirtschaftsgemeinschaft für fehlerhafte Rechtsetzungsakte, 1983.

[52] So schon zu Art. 40 EGKSV EuGHE 1961, 435 (469) – *Vloebergh*.

spruchsteller muss in einer näheren Beziehung zu dem handelnden Organ stehen als die Allgemeinheit[53].

18 Bei **normativem Handeln** reicht die schlichte Rechtswidrigkeit allerdings zur Begründung eines Amtshaftungsanspruchs nicht aus. Vielmehr ist eine »**hinreichend qualifizierte Verletzung**« einer höherrangigen Rechtsnorm erforderlich, die dem Schutz des Einzelnen dient, wenn Rechtsetzungsakte wirtschaftspolitische Entscheidungen betreffen[54]. Nur »ausnahmsweise und unter besonderen Umständen« wird ein Amtshaftungsanspruch eingeräumt, weil die Organe der Union bei wirtschaftspolitischen Entscheidungen über einen weiten Ermessensspielraum verfügen, der nicht durch die Möglichkeit von Schadensersatzklagen verkleinert werden soll[55]. Da viele Normen des Unionsrechts im weitesten Sinne als wirtschaftspolitisch qualifiziert werden können, greift die Haftungseinschränkung regelmäßig bei Rechtsetzungsakten. Rechtsetzungsakte können in diesem Sinne alle in Art. 288 AEUV genannten Handlungen und nicht nur Verordnungen sein, weil sich das Wesen einer Handlung nicht aus ihrer äußeren Form, sondern aus ihrer allgemeinen Geltung oder deren Fehlen ergibt[56].

19 Eine hinreichend qualifizierte Rechtsverletzung liegt vor, »wenn das handelnde Organ die Grenzen seiner Befugnisse **offenkundig und erheblich überschritten** hat«[57]. Erheblich ist eine Rechtsverletzung jedenfalls, wenn sie »eine begrenzte und klar umrissene Gruppe von Unternehmen« betrifft und einen Schaden verursacht, der über die normalen wirtschaftlichen Risiken hinausgeht[58]. Daneben wird auf die Bedeutung der verletzten Rechtsnorm und das Fehlen einer hinreichenden Begründung für das Verhalten der Unionsorgane abgestellt[59]. Dagegen kommt eine Haftung für rechtmäßiges Rechtsetzungshandeln nicht in Betracht[60].

20 Ein **Verschulden** ist für den Amtshaftungsanspruch aus Art. 340 II AEUV **nicht erforderlich**[61]. Das rechtswidrige Handeln muss **für einen Schaden kausal** gewesen sein. Kausal sind Schäden, deren Eintritt nicht völlig außerhalb der Lebenswahrscheinlichkeit lag (**Adäquanztheorie**)[62]. Unter Schaden ist jeder Nachteil zu verstehen, den der Betroffene durch das rechtswidrige Handeln an seinem Vermögen oder an seinen sonstigen rechtlich geschützten Gütern erleidet; erfasst wird auch der entgangene Gewinn[63]. Der **Umfang des Schadens** wird mittels eines Vergleichs des tatsächlich

---

[53] EuGHE 1967, 331 (354ff.) – *Kampffmeyer*; Nachweise der Rechtsprechung bei *M. Ruffert*, in: Calliess/Ruffert, EUV/AEUV, Art. 340 AEUV, Rn. 18; *Augsberg* (Fn. 50), Art. 340 Rn. 41f.
[54] EuGHE 1971, 975 (985) – *Schöppenstedt*; st. Rspr.
[55] EuGHE 1978, 1209 (1224) – *HNL*.
[56] EuGE 1997, II-501 (Rn. 54) – *Schröder*.
[57] EuGHE 1978, 1209 (1224f.) – *HNL*.
[58] EuGHE 1979, 2955 (2973) – *Ireks-Arkady*.
[59] Dazu *E. Grabitz*, Zur Haftung der Europäischen Gemeinschaften für normatives Unrecht, in: FS Kutscher, 1981, S. 215ff. (225ff.).
[60] EuGHE 2008, I-6513 (Rn. 169ff.) – *FIAMM*; *M. Daní*, EJIL 21 (2010), 303; *S. Haack*, EuR 2009, 667ff.
[61] Generalanwalt *Capotorti*, EuGHE 1978, 1209 (1232) – *HNL*; näher *Jacob/Kottmann* (Fn. 50), Art. 340 Rn. 125; *Augsberg* (Fn. 50), Art. 340 Rn. 54ff.; Schweitzer/Hummer, Europarecht, S. 168; *J. Schwarze*, Europäisches Verwaltungsrecht, Band I, 2. Aufl. 2005, S. 498ff.; *R. Steinberg/A. Lubberger*, Aufopferung – Enteignung und Staatshaftung, 1991, S. 403f.; anders noch EuGHE 1963, 211 (239f.) – *Plaumann*; 1967, 385 (401) – *Becher*, zum Begriff des Amtsfehlers in Art. 34 EGKSV.
[62] EuGHE 1963, 619 (638f.) – *Aciéries du Temple*; Generalanwalt *de Lamothe*, EuGHE 1971, 325 (347) – *Lütticke*; *Augsberg* (Fn. 50), Art. 340 Rn. 74.
[63] EuGHE 1979, 2955 (2973f.) – *Ireks-Arkady*.

bestehenden Zustandes mit dem Zustand berechnet, der ohne das schadenstiftende Ereignis eingetreten wäre[64]. Der Anspruch richtet sich grundsätzlich auf **Schadensersatz in Geld.**

Der **Verweis** auf das **Beamtenstatut** in Art. 340 IV AEUV bezieht sich auf Art. 22 dieses Statuts, wonach die persönliche Haftung eines Bediensteten ein schwerwiegendes Verschulden, d.h. **Vorsatz** oder **grobe Fahrlässigkeit,** voraussetzt[65]. 21

2. Haftung der Mitgliedstaaten aufgrund von Unionsrecht

Der Europäische Gerichtshof geht von Ansprüchen aus unionsrechtlich begründeter Haftung der Mitgliedstaaten bei Verstößen gegen das Unionsrecht aus. Grundlegend war die **Francovich-Entscheidung** aus dem Jahre 1991[66]: Danach folgt aus dem Wesen der mit dem Unionsvertrag geschaffenen Rechtsordnung der Grundsatz einer **Haftung des Staates für Schäden, die dem Einzelnen** durch dem Staat zurechenbare Verstöße gegen das Unionsrecht **entstehen**. Ohne eine derartige Haftung wäre die volle Wirksamkeit der unionsrechtlichen Bestimmungen (*effet utile*) beeinträchtigt und der Schutz der durch sie begründeten Rechte gemindert[67]; weiter wird die Verpflichtung der Mitgliedstaaten zum Ersatz der genannten Schäden auf Artikel 4 III EUV gestützt, demzufolge die Mitgliedstaaten alle geeigneten Maßnahmen allgemeiner oder besonderer Art zur Durchführung des Unionsrechts zu treffen und folglich – nach Auffassung des Gerichtshofs – auch die rechtswidrigen Folgen eines Verstoßes gegen das Unionsrecht zu beheben haben[68]. Schließlich stützt sich der Gerichtshof zusätzlich auf den in Art. 340 II AEUV zum Ausdruck kommenden allgemeinen Grundsatz der Haftung öffentlicher Stellen für in Ausübung ihrer Amtstätigkeit verursachte Schäden[69]. Der Haftungsanspruch setzt voraus, dass ein mitgliedstaatliches Organ gehandelt hat. Dabei kommt es nicht auf innerstaatliche Zuständigkeiten an[70]. 22

Die unionsrechtliche Haftung ist nicht ausgeschlossen, wenn der Verstoß eines Mitgliedstaats gegen Europarecht eine **unmittelbar anwendbare unionsrechtliche Vorschrift** betrifft; insoweit soll der Entschädigungsanspruch »die notwendige Ergänzung der unmittelbaren Wirkung« darstellen[71]. Einer Haftung des Mitgliedstaats steht ebenfalls nicht entgegen, dass der zur Last gelegte Verstoß vom nationalen Gesetzgeber zu verantworten ist. Zur Begründung verweist der Gerichtshof auf das Völkerrecht, das einen Staat ebenfalls als Einheit betrachtet, ohne dass danach unterschieden wird, ob der schadensverursachende Verstoß der Legislative, der Judikative oder der 23

---

[64] EuGHE 1965, 1197 (1233f.) – *S.A. des Laminoirs*.
[65] Vgl. Fn. 46; *Augsberg* (Fn. 50), Art. 340 Rn. 98; *Jacob/Kottmann* (Fn. 50), Art. 340 Rn. 135.
[66] EuGHE 1991, I-5357; dazu *S. Detterbeck*, VerwArch. 85 (1994), 159ff.; *J. Geiger*, DVBl. 1993, 465ff.; *U. Häde*, BayVBl. 1992, 450ff.; *K. Hailbronner*, JZ 1992, 284ff.; *H.D. Jarass*, NJW 1994, 881ff.; *J. Karl*, RIW 1992, 440ff.; *S. Kopp*, DÖV 1994, 201ff.; *M. Nettesheim*, DÖV 1992, 999ff.; *F. Ossenbühl*, DVBl. 1992, 993ff.; *S. U. Pieper*, NJW 1992, 2454ff.; *H.-J. Prieß*, NVwZ 1993, 118ff.; *S. Schlemmer-Schulte/J. Ukrow*, EuR 1992, 82ff.; *F. Schockweiler*, RTD eur. 28 (1992), 27ff.; *D. Simon*, L'Actualité juridique-Droit administratif, 1993, 235ff.; *R. Streinz*, EuZW 1993, 599ff.; *T. v. Danwitz*, JZ 1994, 335ff.; *M. Zuleeg*, JZ 1994, 1ff.
[67] Siehe dazu *Herdegen*, Europarecht, § 9 Rn. 75.
[68] EuGHE 1991, I-5357 (Rn. 28ff.).
[69] EuGHE 1996, I-1029 (Rn. 28f.) – *Brasserie du pecheur/Factortame*; siehe weiter EuGHE 1996, I-1631 (Rn. 37ff.) – *British Telecom*; 1996, I-2553 (Rn. 23ff.) – *Hedley*.
[70] EuGHE 1996, I-1029 (Rn. 33f.) – *Brasserie du pecheur/Factortame*.
[71] EuGHE 1996, I-1029 (Rn. 22) – *Brasserie du pêcheur/Factortame*.

Exekutive zuzurechnen ist[72]. Auch die **Entscheidung eines letztinstanzlichen Gerichts** kann dementsprechend einen Schadensersatzanspruch begründen, wenn die verletzte Unionsrechtsnorm bezweckt, dem Einzelnen Rechte zu verleihen, der Verstoß hinreichend qualifiziert ist und ein unmittelbarer Kausalzusammenhang zwischen Rechtsverstoß und Schaden besteht[73].

24 Bezüglich der **Voraussetzungen des Haftungsanspruchs** bezieht sich der Gerichtshof auf seine Rechtsprechung zur außervertraglichen Haftung der Union gemäß Art. 340 II AEUV (→ Rn. 15ff.). Dementsprechend folgt aus dem Unionsrecht ein Entschädigungsanspruch, wenn folgende drei Voraussetzungen erfüllt sind: Der Mitgliedstaat muss gegen eine Norm des Unionsrechts verstoßen haben, die bezweckt, dem Einzelnen Rechte zu verleihen; dieser Verstoß muss hinreichend qualifiziert sein; schließlich muss zwischen dem Verstoß gegen die dem Staat obliegende Verpflichtung und dem den geschädigten Personen entstandenen Schaden ein unmittelbarer Kausalzusammenhang bestehen[74].

25 Bei **Akten des Gesetzgebers**, der regelmäßig über einen weiten Ermessensspielraum verfügt, ist ein hinreichend qualifizierter Verstoß gegen das Unionsrecht gegeben, wenn ein Mitgliedstaat die seinem Ermessen gesetzten Grenzen »offenkundig und erheblich überschritten hat« (→ Rn. 18). Für einen hinreichend qualifizierten Verstoß kann aber auch die bloße Verletzung des Unionsrechts genügen, wenn der Mitgliedstaat nicht zwischen verschiedenen gesetzgeberischen Möglichkeiten zu wählen hatte und über einen erheblich verringerten oder gar auf null reduzierten Gestaltungsspielraum verfügte[75]. Ein Verstoß gegen das Unionsrecht ist **offenkundig qualifiziert**, wenn er trotz eines entsprechenden Urteils des Gerichtshofs fortbestanden hat. Die Entschädigung darf jedoch nicht davon abhängig gemacht werden, dass den staatlichen Amtsträger, dem der Vorwurf zuzurechnen ist, ein über den hinreichend qualifizierten Verstoß gegen das Unionsrecht hinausgehendes **Verschulden** in Form von Vorsatz oder Fahrlässigkeit trifft[76]. Der Ersatz der Schäden, die dem Einzelnen durch Verstöße gegen das Unionsrecht entstehen, muss dem erlittenen Schaden **angemessen** sein, so dass ein effektiver Schutz der Rechte des Einzelnen gewährleistet ist[77]. Berücksichtigt werden darf, ob sich der Geschädigte in angemessener Form um die Verhinderung des Schadenseintritts oder um die Begrenzung des Schadensumfangs bemüht hat, insbesondere rechtzeitig von allen ihm zur Verfügung stehenden Rechtsschutzmöglichkeiten Gebrauch gemacht hat[78].

---

[72] EuGHE 1996, I-1029 (Rn. 34) – *Brasserie du pêcheur/Factortame*; ebenso schon Generalanwalt *Tesauro* in seinen Schlussanträgen, EuGHE 1996, I-1029 (Nr. 38).

[73] EuGHE 2003, I-10239 (Rn. 30ff.) – *Köbler*; siehe dazu *M. Breuer*, BayVBl. 2003, 586ff.; *W. Frenz*, DVBl. 2003, 1522ff.; *W. Obwexer*, EuZW 2003, 726ff.; *J. Grune*, BayVBl. 2004, 673 (674ff.); *J. Gundel*, EWS 2004, 8ff.; *C. Kremer*, NJW 2004, 480ff.; *S. Storr*, DÖV 2004, 545 (546ff.); *W. Kluth*, DVBl. 2004, 393ff.; *P.E. Sensburg*, NVwZ 2004, 179f.; *W. Hakenberg*, DRiZ 2004, 113ff.; *L. Radermacher*, NVwZ 2004, 1415ff.; *P.J. Wattel*, CMLRev. 41 (2004), 177 (177ff.); *F. Wittreck*, Die Verwaltung der Dritten Gewalt, 2006, S. 24, 154ff., 254.

[74] EuGHE 1996, I-1029 (Rn. 51) – *Brasserie du pêcheur/Factortame*; näher zu den Anspruchsvoraussetzungen *S. Detterbeck*, AöR 125 (2000), 202 (223ff.).

[75] EuGHE 1996, I-2553 (Rn. 28) – *Hedley Lomas*; 1996, I-4845 (Rn. 25) – *MP-Travel-Line*.

[76] EuGHE 1996, I-1029 (Rn. 55ff. und 75ff.) – *Brasserie du pêcheur/Factortame*.

[77] EuGHE 1996, I-1029 (Rn. 82) – *Brasserie du pêcheur/Factortame*.

[78] EuGHE 1996, I-1029 (Rn. 84ff.) – *Brasserie du pêcheur/Factortame*; zur Reaktion der Literatur auf die Rechtsprechung des EuGH siehe etwa *C.R. Beul*, EuZW 1996, 748ff.; *M. Böhm*, JZ 1997, 53ff.; *J. Bröhmer*, JuS 1997, 117ff.; *P.P. Craig*, Law Quarterly Review 113 (1997), 67ff.; *T. v. Dan-*

Aus verfassungsrechtlicher Sicht war seinerzeit durchaus zweifelhaft, ob die vom 26
Gerichtshof in Anspruch genommene **Rechtsfortbildungskompetenz** unionsrechtlich
hinreichend begründet ist. Die Bundesregierung hat seinerzeit die Auffassung vertreten, dass ein allgemeiner Entschädigungsanspruch einer Vertragsänderung bedurft
hätte[79]. Der Gerichtshof hat sich demgegenüber auf seine Aufgabe berufen, die Wahrung des Rechts bei der Auslegung und Anwendung des Vertrages zu sichern[80]. Heute
ist der Haftungsanspruch richterrechtlich fest verankert, zumal die Mitgliedstaaten
ihn bei mehreren Vertragsänderungen nicht beschränkt oder aufgehoben haben[81].

Mit dem BGH[82] ist von einem **eigenständigen unionsrechtlichen Anspruch** auszugehen, der neben den deutschen Amtshaftungsanspruch tritt[83]. Der im Unionsrecht bislang nur unvollkommen entfaltete Anspruch muss durch Regelungen des nationalen
Rechts vervollständigt werden, die etwa den Vorrang des Primärrechtsschutzes und
das Mitverschulden betreffen[84]. Auch die Verjährung des Anspruchs richtet sich nach
innerstaatlichem Recht[85]. Mit dem unionsrechtlichen Grundsatz der Staatshaftung
geht allerdings die Gefahr einher, dass dem nationalen Recht Maßstäbe des Eigenverwaltungsrechts der Union aufgezwungen werden[86].

III. Rechtsvergleichende Hinweise

Etwa die Hälfte der **europäischen Verfassungen** enthalten eine **Regelung** zur **Staatshaftung**, vgl. u. a. Art. 25 Verfassung Estland, Art. 118 III Verfassung Finnland, Art. 28 28
Verfassung Italien, Art. 92 III Verfassung Lettland, Art. 30 Verfassung Litauen, Art. 23
I B-VG Österreich, Art. 77 I Verfassung Polen, Art. 22 Verfassung Portugal, Art. 52
Verfassung Rumänien, Art. 146 Bundesverfassung Schweiz, Art. 46 III Verfassung
Slowakei, Art. 26 Verfassung Slowenien, Art. 9 III, 106 II und 121 Verfassung Spanien, Art. 36 III Grundrechtcharta Tschechien, Art. 40 III und 125 VII Verfassung Türkei, Art. XXIV II Verfassung Ungarn. Ihre Konkretisierung ist sehr heterogen. Unterschieden werden im Wesentlichen vier Regelungsstrukturen: Einige Rechtsordnungen
wenden ausschließlich die zivilrechtliche Deliktshaftung an, andere haben eine soge-

---

witz, DVBl. 1997, 1 ff.; *T. Jaag*, Schweizerische Zeitschrift für internationales und europäisches Recht
1996, 505 ff., alle m. w. N.

[79] Siehe die Wiedergabe der Position der Bundesregierung im Sitzungsbericht des Berichterstatters
C. G. Rodríguez Iglesias, EuGHE 1996, I-1029 (Rn. 32) – *Brasserie du pêcheur/Factortame*.

[80] EuGHE 1996, I-1029 (Rn. 27) – *Brasserie du pêcheur/Factortame*; zu Recht kritisch *T. v. Danwitz*, DVBl. 1997, 1 (2 f.); *R. Streinz*, EuZW 1996, 201 (202).

[81] Näher *Ruffert* (Fn. 53), Art. 340 Rn. 36 ff.; *Ossenbühl/Cornils*, Staatshaftungsrecht (Fn. 38),
S. 597 ff.

[82] BGHZ 134, 30 (32 ff.); 146, 153 (58 ff.); dazu *F. Schoch*, Jura 2002, 837 ff.

[83] *B.-P. Säuberlich*, EuR 2004, 954 (970 Fn. 87).

[84] Siehe in der Literatur etwa *E. Gurlit*, in: v. Münch/Kunig, GG I, Art. 34 Rn. 41; *Ossenbühl/
Cornils*, Staatshaftungsrecht (Fn. 38), S. 628 f. und *W. Rüfner*, Das Recht der öffentlich-rechtlichen
Schadensersatz- und Entschädigungsleistungen, in: Erichsen/Ehlers, Allg. Verwaltungsrecht, § 47
Rn. 53 (S. 718); ferner *W. Kluth*, in: Wolff/Bachof/Stober, Verwaltungsrecht II, § 70 Rn. 8; *Maurer*,
Allg. Verwaltungsrecht, § 31 Rn. 9.

[85] EuGHE 2009, I-2119 (Rn. 27 ff.) – *Danske Slagterier*; aus der Literatur *A. Guckelberger*, EuR
2011, 75 (78 ff.); *M. Kellner*, NVwZ 2002, 395 (396 ff.).

[86] Zutreffend *F. Schoch*, Europäisierung des Staatshaftungsrechts, in: FS Maurer, 2001, S. 759 ff.
(764).

29 In den **westdeutschen Bundesländern** enthalten nur Art. 97 Bay. Verf., Art. 136 Hess. Verf. und Art. 128 der Rheinl.-Pfälz. Verf. Regelungen der Amtshaftung, die inhaltlich alle Art. 34 GG entsprechen. In den **ostdeutschen Ländern** gilt nach dem Einigungsvertrag[88] das **Staatshaftungsgesetz der Deutschen Demokratischen Republik**[89] mit einigen Änderungen fort[90]. Voraussetzung der Staatshaftung ist die rechtswidrige Zufügung eines Schadens durch hoheitliche Tätigkeit, ein Verschulden ist nicht erforderlich[91]. Es handelt sich also um eine **unmittelbare Staatshaftung**[92]. In der Folgezeit hat das Land **Sachsen-Anhalt** das alte Staatshaftungsgesetz der DDR in das Gesetz zur Regelung von Entschädigungsansprüchen im Land Sachsen-Anhalt überführt, das an einer unmittelbaren Staatshaftung festhält, die jedoch im Wesentlichen auf eine gesetzliche Ausformung des enteignungsgleichen Eingriffs beschränkt ist[93]. **Brandenburg**, Mecklenburg-Vorpommern und Thüringen haben sich mit kleineren Änderungen des DDR-Staatshaftungsrechts begnügt[94]; in **Sachsen** ist zunächst der Entwurf eines Gesetzes zur Aufhebung des Staatshaftungsgesetzes, den die Staatsregierung vorgelegt hatte[95], nicht verabschiedet worden[96], bevor das Staatshaftungsgesetz 1998 durch ein Rechtsbereinigungsgesetz außer Kraft gesetzt worden ist[97]. **Berlin** hat das Staatshaftungsgesetz 1995 außer Kraft gesetzt[98], Mecklenburg-Vorpommern 2009[99].

---

[87] *O. Dörr*, Staatshaftung in Europa: Vergleichende Bestandsaufnahme, in: ders. (Hrsg.), Staatshaftung in Europa – Nationales und Unionsrecht, 2014, S. 1 ff. (4 ff.).

[88] Art. 9 EV i. V. m. Anhang II, Kap. III Sachbereich B: Bürgerliches Recht, Abschnitt III.

[89] DDR GBl. 1969, S. 34; zum Staatshaftungsrecht in den ostdeutschen Ländern *E. Herbst/H. Lühmann*, Die Staatshaftungsgesetze der neuen Länder – Kommentar, 1997; *H. Lühmann*, NJW 1998, 3001 ff.; *Maurer*, Allg. Verwaltungsrecht, § 29 Rn. 39 ff.; *Ossenbühl/Cornils*, Staatshaftungsrecht (Fn. 38), S. 554 ff.

[90] Näher dazu *Ossenbühl/Cornils*, Staatshaftungsrecht (Fn. 38), S. 554 ff. m. w. N.

[91] Siehe dazu schon Akademie für Staats- und Rechtswissenschaft der DDR (Hrsg.), Verwaltungsrecht, 1979, S. 346 ff.; *Steinberg/Lubberger*, Aufopferung (Fn. 61), S. 393 ff.; *K.-H. Christoph*, NVwZ 1991, 536 ff.; *S. Lörler*, NVwZ 1990, 830 ff.; *F. Ossenbühl*, NJW 1991, 1201 ff.; BGH NJW 1994, 2684.

[92] Zu diesem Unterschied *K. H. Boujong*, Zum Staatshaftungsrecht im Gebiet der früheren DDR, in: FS Gelzer, 1991, S. 273 ff.; *S. Lörler*, DtZ 1992, 135 ff.; *H. Lühmann*, LKV 1991, 120 ff.

[93] *F. Schlotter*, LKV 1993, 248 (249).

[94] Art. 2 IV des Gesetzes zur Neuordnung der ordentlichen Gerichtsbarkeit und zur Ausführung der Gerichtsverfassungsgesetze im Land Brandenburg vom 14.6.1993, GVBl. I S. 198; in Mecklenburg-Vorpommern das Gesetz zur Ausführung des Gerichtsstrukturgesetzes und zur Änderung von Rechtsvorschriften vom 10.6.1992, GVBl. S. 314, 363; Thüringer Gesetz vom 25.9.1996, GVBl. 1997 S. 150 und Erstes Thüringer Gesetz zur Änderung des Staatshaftungsgesetzes vom 22.4.1997, GVBl. 1997 S. 165.

[95] LT-Drs. 1/4472 v. 2.3.1994.

[96] Dazu *Pestalozza*, GG VIII, Art. 74 I Nr. 25 Rn. 1863; vgl. zum ganzen auch *H. J. Bonk*, in: M. Sachs (Hrsg.), GG, 6. Aufl. 2011, Art. 34 Rn. 24 ff.

[97] Rechtsbereinigungsgesetz des Freistaates Sachsen vom 17.4.1998, GVBl. S. 151.

[98] Gesetz vom 21. September 1995, GVBl. S. 607.

[99] *H.-J. Papier*, in: MüKo-BGB, § 839 Rn. 91 f.

C. Erläuterungen

I. Allgemeine Bedeutung

1. Schutzgut

Art. 34 GG schützt vor den Folgen amtspflichtwidrigen Handelns. Die Gewährleistung steht in engem Zusammenhang mit dem **Rechtsstaatsprinzip** (Art. 20 III GG) und der grundrechtlichen **Rechtsschutzgarantie** (Art. 19 IV GG): Alle Staatsgewalten sind verpflichtet, rechtmäßig zu handeln, insbesondere für die Verwaltung gilt das **Gesetzmäßigkeitsprinzip** (→ Art. 20 [Rechtsstaat], Rn. 92 ff., 170 ff.). Verstößt die Verwaltung gegen dieses Prinzip und verletzt dadurch jemanden in seinen Rechten, so steht ihm als primärer Rechtsschutz der Rechtsweg offen. Reicht das nicht aus, um Schäden zu verhindern, und verletzt das rechtswidrige Handeln des betreffenden Amtsträgers zugleich die ihm einem Dritten gegenüber obliegende Amtspflicht, **sichert Art. 34 GG** mit der Zuweisung der Verantwortlichkeit an den **Staat** dem Geschädigten einen **zahlungsfähigen Schuldner** seines – einfachgesetzlich begründeten – Schadensersatzanspruchs.

30

Die in Art. 34 GG angeordnete Haftungsverlagerung vom Amtsträger auf den Staat ist **weder** ein **Grundrecht**[100] **noch** eine **institutionelle Garantie**[101]. Das Institut der auf die Eigenhaftung des Amtsträgers gegründeten und auf den Staat übergeleiteten Amtshaftung ist dem Gesetzgeber von der Verfassung nicht vorgegeben. Vielmehr kann er auch eine unmittelbare Staatshaftung oder eine andere Ausgestaltung des Rechts der Entschädigung begründen[102]. **Art. 34 GG** enthält nur eine **Mindestgarantie** zugunsten der durch die rechtswidrige Ausübung öffentlicher Gewalt Geschädigten, die der Gesetzgeber nicht unterschreiten darf[103].

31

2. Aktueller Befund

Nachdem die verfassungsrechtlichen Voraussetzungen für die bundesgesetzliche Einführung einer **unmittelbaren Staatshaftung** durch die Einfügung von Art. 74 I Nr. 25 und II GG geschaffen worden sind, muss der Gesetzgeber entscheiden, ob er von dieser Möglichkeit Gebrauch machen will (→ Art. 74 Rn. 3, 123 f.). Es ist keineswegs sicher, ob in absehbarer Zeit dazu der politische Wille besteht. Vor allem Länder und Kommunen befürchten bei einem Verzicht auf das Verschulden eines Amtsträgers als Haftungsvoraussetzung erhebliche finanzielle Zusatzbelastungen[104].

32

---

[100] Vgl. dazu BVerfGE 2, 336 (338); *Gurlit* (Fn. 84), Art. 34 Rn. 1; *Dagtoglou* (Fn. 25), Art. 34 Rn. 28; *H.-J. Papier*, in: Maunz/Dürig, GG, Art. 34 (2009), Rn. 13; *A. v. Brünneck*, in: AK-GG, Art. 34 (2001), Rn. 29; *K. A. Bettermann*, Der Schutz der Grundrechte in der ordentlichen Gerichtsbarkeit, in: Die Grundrechte III/2, S. 779 ff. (853); *Stern*, Staatsrecht III/1, S. 378.

[101] BVerfGE 61, 149 (198 f.); *v. Brünneck* (Fn. 100), Art. 34 Rn. 28; a.A. *H. J. Bonk/S. Detterbeck*, in: Sachs, GG, Art. 34 Rn. 3; *Papier* (Fn. 100), Art. 34 Rn. 13.

[102] *Luhmann*, Entschädigung (Fn. 31), S. 205.

[103] BVerfGE 61, 149 (199); *Gurlit* (Fn. 84), Art. 34 Rn. 1; *Dagtoglou* (Fn. 25), Art. 34 Rn. 31; *T. v. Danwitz*, in: v. Mangoldt/Klein/Starck, GG II, Art. 34 Rn. 3; *W. Leisner*, Gefährdungshaftung im öffentlichen Recht?, VVDStRL 20 (1963), S. 185 ff. (237); *P. Lerche*, JuS 1961, 237 (240 f.); *H.-J. Papier*, HStR³ VIII, § 180 Rn. 18.

[104] *Bonk* (Fn. 96), Art. 34 Rn. 20; vgl. *Bundesminister der Justiz*, Rechtstatsächliche Erkenntnisse in Staatshaftungssachen, 1976.

II. Haftung des Staates bei Amtspflichtverletzung (Art. 34 S. 1 GG)

1. Rechtsnatur des Art. 34 GG

33 Art. 34 GG weist die Verantwortlichkeit für Amtspflichtverletzungen, die jemand in Ausübung eines öffentlichen Amtes begeht, dem Staat oder der Anstellungskörperschaft zu. Im Blick auf die geschichtliche Entwicklung dieser Vorschrift sieht die **herrschende Meinung** in ihr **keine Anspruchs-, sondern** eine bloße **Zurechnungsnorm**, welche die gemäß § 839 BGB den handelnden Amtswalter persönlich treffende Schadensersatzverpflichtung im Sinne einer befreienden Schuldübernahme auf den Hoheitsträger verlagert[105]. Vertreten wird jedoch auch **die Auffassung**, dass **Art. 34 GG** die eigentliche **Anspruchsnorm** darstellt, die durch **§ 839 BGB** nur konkretisiert wird[106]. Die Rechtsprechung qualifiziert § 839 BGB als haftungsbegründende und Art. 34 GG als haftungsverlagernde Norm[107]. Betont wird aber auch, dass Art. 34 GG der Einführung einer unmittelbaren Staatshaftung nicht entgegensteht. Das Bundesverfassungsgericht hat 1982 festgestellt, dass das Grundgesetz die historisch aus der Ablehnung einer Verbandshaftung entstandene mittelbare Haftung des Staates bei Amtspflichtverletzungen seiner Beamten über- und folglich auch hingenommen hat. Die Verfassung fordert also eine unmittelbare Staatshaftung nicht, lässt es aber durchaus zu, dass der Gesetzgeber die auf die Eigenhaftung des Amtsträgers gegründete und auf den Staat übergeleitete Amtshaftung durch eine direkte Haftung des Staates ersetzt. Entscheidend ist insoweit, dass Art. 34 GG den Staat nicht gegen Konsequenzen seiner Fehler abschirmen will, die über die Regelung in § 839 BGB hinausgehen. Ziel der Verfassungsbestimmung ist vielmehr der Schutz des Geschädigten[108].

34 Der **Text** des Art. 34 S. 1 GG statuiert nur die **haftungsrechtliche Verantwortlichkeit des Staates im Falle einer Amtspflichtverletzung**. Vor dem Hintergrund des § 839 BGB wirkt die Verfassungsvorschrift haftungsverlagernd. Führt der Gesetzgeber eine unmittelbare Staatshaftung ein, lässt sich Art. 34 S. 1 GG zwanglos als haftungsbegründende Norm lesen.

2. Tatbestandsvoraussetzungen

a) Amtswalter (»jemand«)

35 Art. 34 S. 1 GG stellt keine besonderen Anforderungen an die handelnde Person, sondern lässt es ausreichend, dass »jemand« in Ausübung eines ihm anvertrauten öffentlichen Amtes eine Amtspflicht verletzt[109]. Aus verfassungsrechtlicher Sicht ist der in Rechtsprechung und Literatur mit Blick auf § 839 BGB häufig verwandte Begriff »Be-

---

[105] *Gurlit* (Fn. 84), Art. 34 Rn. 9; *W. Jellinek*, JZ 1955, 147 (149); *Ossenbühl/Cornils*, Staatshaftungsrecht (Fn. 38), S. 11f.; *Papier* (Fn. 100), Art. 34 Rn. 11; *Steinberg/Lubberger*, Aufopferung (Fn. 61), S. 259; *K. Windthorst*, JuS 1995, 791 (792).
[106] *Bonk/Detterbeck* (Fn. 101), Art. 34 Rn. 2ff.; *Dagtoglou* (Fn. 25), Art. 34 Rn. 43; vgl. auch *Maurer*, Allg. Verwaltungsrecht, § 26 Rn. 10; früher schon *K. A. Bettermann*, DÖV 1954, 299ff.; *ders.*, JZ 1961, 482f.
[107] BGHZ 1, 388 (391); 4, 10 (45); 5, 102 (104); 9, 65 (67); 13, 88 (92); 34, 99 (105); BVerwGE 13, 17 (23); BVerwG NJW 1963, 69 (70).
[108] BVerfGE 61, 149 (198f.).
[109] Demgegenüber knüpfte Art. 131 WRV ebenso wie § 839 BGB den Haftungsanspruch an das Handeln eines Beamten.

amter im haftungsrechtlichen Sinn«[110] verfehlt, entscheidend ist allein die **Ausübung eines öffentlichen Amtes**[111]. Ein öffentliches Amt können neben **Beamten im beamtenrechtlichen Sinne** auch **Angestellte oder Arbeiter im öffentlichen Dienst** und **Privatpersonen** ausüben[112]. **Minister**[113], **Mitglieder eines Gemeinderats**[114] oder **eines Kreistags**[115], aber auch die Mitglieder des **Medienrats** einer Landesmedienanstalt[116] stehen in einem besonderen öffentlich-rechtlichen Amtsverhältnis und üben deshalb ein ihnen anvertrautes öffentliches Amt im Sinne von Art. 34 S. 1 GG aus. Gleiches gilt für **Parlamentsabgeordnete**[117] oder **Mitglieder von Kollegialbehörden**[118].

Da Art. 34 S. 1 GG allein auf die Wahrnehmung hoheitlicher Aufgaben und nicht auf die Eingliederung des Handelnden in die Verwaltungsorganisation oder seine persönliche Rechtsstellung abhebt[119], können auch **Private** Amtspflichten verletzen. Das gilt nicht nur für durch oder aufgrund eines Gesetzes **Beliehene**[120], sondern auch für **Verwaltungshelfer**, die im Auftrag der Verwaltung unselbständige Tätigkeiten wahrnehmen[121]. Das Verhalten eines Verwaltungshelfers ist als Ausübung eines öffentlichen Amtes zu qualifizieren, auch wenn ein anvertrauendes Gesetz nicht erlassen worden ist, weil auf das tatsächliche Handeln und nicht auf die rechtliche Zulässigkeit des Anvertrauens abgestellt wird[122].

36

Der Staat haftet auch nach Art. 34 S. 1 GG, wenn er einen **selbständigen Werk- oder Dienstunternehmer** zur Erfüllung seiner öffentlich-rechtlichen Pflichten einschaltet[123]. Erforderlich sind nach der Rechtsprechung des BGH ein innerer Zusammenhang und eine engere Beziehung zwischen der Betätigung des Privaten und der hoheitlichen Aufgabe. Die öffentliche Hand muss in so weitgehendem Maß auf die Durchführung der Arbeiten Einfluss nehmen, dass der Private gleichsam als bloßes »Werkzeug« oder

37

---

[110] So z.B. *Steinberg/Lubberger*, Aufopferung (Fn. 61), S. 262; vgl. auch *T. Meysen*, JuS 1998, 404ff.
[111] *Maurer*, Allg. Verwaltungsrecht, § 26 Rn. 14.
[112] Siehe dazu näher *Ossenbühl/Cornils*, Staatshaftungsrecht (Fn. 38), S. 14ff. mit ausführlichen Nachweisen zu Rechtsprechung und Literatur; zur neueren BGH-Rechtsprechung *E. Rinne/W. Schlick*, NJW 2004, 1918ff.
[113] BGHZ 14, 319 (321); 63, 319.
[114] BGHZ 84, 292 (298f.); 106, 323 (330).
[115] BGHZ 11, 192 (197f.).
[116] *M. Cornils*, KuR 2014, 1ff.
[117] Vgl. dazu OLG Hamburg DÖV 1971, 238 (239); *Gurlit* (Fn. 84), Art. 34 Rn. 12; *P. Dagtoglou*, Ersatzpflicht des Staates bei legislativem Unrecht?, 1963, S. 46; *H. Dohnold*, DÖV 1991, 152ff.
[118] *Rüfner* (Fn. 84), § 47 Rn. 15.
[119] So zutreffend *Maurer*, Allg. Verwaltungsrecht, § 26 Rn. 12.
[120] Z.B. Luftfahrzeugführer (§ 29 III LuftVG), Schiffskapitäne (§§ 75 I, 101, 106 SeemG), Jagdaufseher (§ 25 II BJagdG), Prüfingenieure für Baustatik (BVerwG DÖV 1972, 500; BVerwGE 57, 55 [58]); Kontrollstellen im ökologischen Landbau (BVerwG NVwZ 2011, 368); Abschleppunternehmer (BGHZ 200, 188); Sachverständige (BGH DÖV 2014, 636); weitere Beispiele bei *Ossenbühl/Cornils*, Staatshaftungsrecht (Fn. 38), S. 17ff.; *J.H. Klement*, VerwArch. 101 (2010), 112ff. → Art. 1 III Rn. 39.
[121] *C. Enders*, NVwZ 2009, 958ff.; *W.-R. Schenke*, Staatliche Haftung für Fehlverhalten von Privaten, die in die Erfüllung staatlicher Aufgaben einbezogen sind, in: J.H. Seok/J. Ziekow (Hrsg.), Die Einbeziehung Privater in die Erfüllung öffentlicher Aufgaben, 2008, S. 199ff.; *F. Shirvani*, NVwZ 2010, 283 (283); *U. Stelkens*, JZ 2004, 656 (656).
[122] Die im Gegensatz zur Auffassung von *W. Martens*, NJW 1970, 1029ff. kein Gesetz voraussetzt, weil der Gesetzesvorbehalt für Bagatellfälle nicht greift; *F. Ossenbühl*, Die Erfüllung von Verwaltungsaufgaben durch Private, VVDStRL 29 (1971), S. 137ff. (197f.); vgl. ferner *M. Zuleeg*, DÖV 1970, 627ff. sowie *Gurlit* (Fn. 84), Art. 34 Rn. 14 und *Papier* (Fn. 100), Art. 34 Rn. 111.
[123] BGH NZV 2015, 72; *H.-J. Papier*, HStR³ VIII, § 180 Rn. 23; *J. Pietzcker*, AöR 132 (2007), 393 (393); *C. Waldhoff*, JuS 2015, 92 (92).

»Erfüllungsgehilfe« des Hoheitsträgers handelt. Dann muss dieser die Tätigkeit des Privaten wie eine eigene gegen sich gelten lassen[124]. Der Staat darf sich der ihm übertragenen Verantwortung nicht durch die Einschaltung privater Unternehmen entziehen. Die Verankerung der Haftungsregelung des Art. 34 GG im Rechtsstaatsprinzip und der enge Zusammenhang mit der Rechtsschutzgewährleistung (→ Rn. 30) schließen es aus, den Staat aus seiner Verantwortung zu entlassen, wenn er einen »Erfüllungsgehilfen« einschaltet und ihn dann möglichst wenig in seinen behördlichen Pflichtenkreis einbindet[125]. Das hat vor allem Bedeutung in Fällen der Privatisierung[126].

b) Öffentliches Amt

38 Voraussetzung der Haftung nach Art. 34 GG ist die Ausübung eines öffentlichen Amtes. Die **herrschende Meinung** setzt die Ausübung eines öffentlichen Amtes mit der **Ausübung öffentlicher Gewalt** gleich und hält damit ungeachtet der anderen Formulierung am Regelungsgehalt von Art. 131 WRV (→ Rn. 5) fest. **Voraussetzung der Haftung** nach Art. 34 S. 1 GG ist damit **eine hoheitsrechtliche bzw. öffentlich-rechtliche Tätigkeit**[127]. Diese Lehre gerät in Schwierigkeiten bei Realakten und im Bereich der sogenannten Zwei-Stufen-Theorie, wie sie etwa im Subventionsrecht vertreten wird[128].

39 **Die herrschende Meinung** kann sich zwar auf die geschichtliche Entwicklung des Amtshaftungsrechts berufen, **verkennt** jedoch, **dass Art. 34 S. 1 GG** mit dem Anknüpfen an die Ausübung eines öffentlichen Amtes **Raum für eine Fortentwicklung des Haftungsrechts lässt**, die dem Wandel der Handlungsformen der Verwaltung gerecht wird. Verwaltungshandeln vollzieht sich längst nicht mehr ausschließlich oder vorrangig in öffentlich-rechtlicher Form, sondern ist – gerade auch im Bereich der Leistungsverwaltung – zunehmend privatrechtlich oder rein tatsächlich zu qualifizieren. Es ist kein Grund ersichtlich, warum dieser **Wandel der Handlungsformen** den Staat im Gegensatz zum Wortlaut der Verfassung haftungsrechtlich begünstigen sollte. Im Bereich der Grundrechtsbindung hat sich längst die Auffassung durchgesetzt, dass die öffentliche Hand sich ihrer grundrechtlich begründeten Pflichten nicht durch die **Flucht ins Privatrecht** entziehen kann (→ Art. 1 III Rn. 66 ff.). Eine parallele Entwicklung im Staatshaftungsrecht ist längst überfällig[129]. Ausreichend für die Haftung des

---

[124] BGH NZV 2015, 72; grundlegend BGHZ 121, 161 (165 f.); zuvor BGHZ 48, 98 (103); BGH NJW 1971, 2220 (2221); BGH NJW 1980, 1679; vgl. auch BGHZ 70, 212 (216).
[125] Ebenso *Maurer*, Allg. Verwaltungsrecht, § 26 Rn. 13; *M. Morlok*, GVwR² III, 2013, § 52 Rn. 49; *Ossenbühl/Cornils*, Staatshaftungsrecht (Fn. 38), S. 22 ff.; *Papier* (Fn. 100), Art. 34 Rn. 113; *Steinberg/Lubberger*, Aufopferung (Fn. 61), S. 270; *Gurlit* (Fn. 84), Art. 34 Rn. 14.
[126] Dazu *W. Höfling*, GVwR² III, § 51 Rn. 81; *F. Kirchhof*, Die Rechtsinstitute der Verwaltungshilfe und Beleihung im Sog zunehmender funktionaler Privatisierung, in: FS Rengeling, 2008, S. 127 ff.; *U. Stelkens*, JZ 2004, 656 ff.
[127] *Bonk/Detterbeck* (Fn. 101), Art. 34 Rn. 57 f.; *Gurlit* (Fn. 84), Art. 34 Rn. 15 ff.; *Jarass*/Pieroth, GG, Art. 34 Rn. 6; *Maurer*, Allg. Verwaltungsrecht, § 26 Rn. 12; *Papier* (Fn. 100), Art. 34 Rn. 120 ff.; *Steinberg/Lubberger*, Aufopferung (Fn. 61), S. 262 f.; aus der Zivilrechtsprechung etwa BGHZ 110, 253 (255).
[128] Siehe dazu etwa *Maurer*, Allg. Verwaltungsrecht, § 17 Rn. 11 ff. mit umfassenden Nachweisen; zu zahlreichen weiteren Abgrenzungsschwierigkeiten siehe die Aufzählung bei *Papier* (Fn. 100), Art. 34 Rn. 132 ff. sowie *Steinberg/Lubberger*, Aufopferung (Fn. 61), S. 263 ff. (»neutrale« Handlungen).
[129] Siehe schon *R. Böhme*, Die Beschränkung der Amtshaftung auf die Hoheitsverwaltung, Diss. jur. Freiburg 1969, S. 158 ff.; *M. Schröder*, JuS 1969, 25 (26 f.); vgl. auch BGHZ 34, 99 (101); heute grundlegend *Ossenbühl/Cornils*, Staatshaftungsrecht (Fn. 38), S. 30 f.

II. Haftung des Staates bei Amtspflichtverletzung (Art. 34 S. 1 GG) Art. 34

Staates ist, dass jemand als Amtswalter tätig wird, also ein öffentliches Amt ausübt, ohne dass es auf die Rechtsform des Handelns oder darauf ankommt, ob die Tätigkeit überhaupt als Rechtsakt einzuordnen ist.

c) In Ausübung

Zwischen der **schädigenden Handlung** und dem **öffentlichen Amt** des Handelnden muss ein **innerer Zusammenhang** bestehen[130]; ein Handeln »bei Gelegenheit« der Amtsausübung begründet keinen Haftungsanspruch gegenüber dem Staat[131]. Im Zweifel ist das Handeln eines Amtswalters dem Staat zuzurechnen[132]. 40

d) Amtspflicht

Art. 34 S. 1 GG setzt voraus, dass der handelnde Amtswalter eine ihm obliegende Amtspflicht verletzt. Mit dieser Begrifflichkeit knüpft die Bestimmung an den geschichtlichen Ursprung des Haftungsanspruchs in der persönlichen Haftung des Beamten an. Die **herrschende Meinung** versteht diese Formulierung **streng im technischen Sinne der Pflichten des Beamten gegenüber seinem Dienstherrn**[133]. Das hat zur Konsequenz, dass ein rechtmäßiges Handeln wegen Verstoßes gegen eine Verwaltungsvorschrift oder Einzelweisung amtspflichtwidrig und umgekehrt ein rechtswidriges Amtshandeln in Befolgung einer innerdienstlichen Weisung amtspflichtgemäß sein kann. 41

Unter Amtspflicht im Sinne von Art. 34 S. 1 GG ist jedoch **nicht die interne Dienstpflicht** eines Beamten, **sondern die nach außen gerichtete Rechtspflicht jedes Amtswalters** zu verstehen. Wer ein öffentliches Amt ausübt, muss die Rechtsbindungen beachten, die sich aus dem Vorrang der Verfassung (→ Art. 1 III Rn. 1) und dem Gesetzmäßigkeitsprinzip (→ Art. 20 [Rechtsstaat], Rn. 92 ff.) ergeben. Nur diese Interpretation wird dem inneren Zusammenhang zwischen dem Rechtsstaatsprinzip, der Rechtsschutzgewährleistung und der verfassungskräftig statuierten Verantwortlichkeit des Staates für Pflichtverletzungen seiner Amtswalter (→ Rn. 30) gerecht. Im Rechtsstaat des Grundgesetzes sind der Staat und seine Einrichtungen verpflichtet, Verfassung, Gesetz und Recht zu beachten. Verstoßen sie gegen diese Pflicht und verletzen dadurch Individualrechte, gewähren die Gerichte Rechtsschutz. Soweit gerichtlicher Rechtsschutz den Eintritt von Schäden nicht verhindern kann, trifft die Verantwortlichkeit nicht den einzelnen Amtswalter, sondern den Staat. Nur wenn man unter Amtspflichten im Sinne von Art. 34 S. 1 GG nicht interne Dienstpflichten, sondern 42

---

[130] *Bonk/Detterbeck* (Fn. 101), Art. 34 Rn. 59; *Gurlit* (Fn. 84), Art. 34 Rn. 19; *Dagtoglou* (Fn. 25), Art. 34 Rn. 99 ff.; *J. Masing*, in: Umbach/Clemens, GG, Art. 34 Rn. 78; *Papier* (Fn. 100), Art. 34 Rn. 154 f.; *v. Brünneck* (Fn. 100), Art. 34 Rn. 36; *Ossenbühl/Cornils*, Staatshaftungsrecht (Fn. 38), S. 28; vgl. *D. Coester-Waltjen*, Jura 1995, 368 (369).

[131] BGHZ 11, 181 (185 ff.): Polizist erschießt aus persönlichen Motiven während eines Streifengangs einen verfeindeten Nachbarn.

[132] So für den »Bummelstreik« von Fluglotsen BGHZ 69, 128 (132); vgl. ferner BGHZ 124, 15 (19) und BVerwGE 96, 45 (57); restriktiver *J. Pietzcker*, AöR 132 (2007), 393 (405 f.) und *F. Shirvani*, NVwZ 2010, 283 (285).

[133] *Gurlit* (Fn. 84), Art. 34 Rn. 21; *v. Danwitz* (Fn. 103), Art. 34 Rn. 75; *Masing* (Fn. 130), Art. 34 Rn. 79; *Maurer*, Allg. Verwaltungsrecht, § 26 Rn. 16 f.; *H.-J. Papier*, HStR³ VIII, § 180 Rn. 33; *Rüfner* (Fn. 84), § 47 Rn. 15; *Steinberg/Lubberger*, Aufopferung (Fn. 61), S. 280 ff.; aus der Zivilrechtsprechung BGHZ 28, 297 (301); BGH JZ 1977, 398 (399); BGH VersR 1985, 588; 1986, 372.

nach außen gerichtete Rechtspflichten fasst[134], wird verständlich, dass Art. 34 S. 1 GG von Amtspflichten spricht, die einem Amtswalter einem Dritten gegenüber obliegen. Interne Dienstpflichten obliegen Amtswaltern nur gegenüber dem jeweiligen Dienstherrn, nicht gegenüber Außenstehenden.

43 Die **herrschende Meinung** kommt zum **gleichen Ergebnis**, indem sie von der grundsätzlichen Amtspflicht jedes Amtswalters ausgeht, die den Staat bindenden Rechtspflichten bei der Erfüllung seiner Aufgaben zu beachten[135]. Die Rechtsprechung hat neben dieser Pflicht in einer **reichen Kasuistik** eine große Vielfalt weiterer Amtspflichten entwickelt: Pflicht zu zuständigkeits- und verfahrensgemäßem Handeln[136], zu fehlerfreier Ermessensausübung[137], zur Schonung unbeteiligter Dritter[138], zur Beachtung des Verhältnismäßigkeitsprinzips[139], zur Erteilung richtiger, klarer und unmissverständlicher Auskünfte[140], zur fristgerechten Sachentscheidung[141], zu konsequentem Verhalten[142]. Diese Aufzählung ist keinesfalls abschließend[143]. Gelegentlich scheint es, als habe das Bemühen um ein als gerecht empfundenes Urteil bei der Kreation von Amtspflichten eine gewisse Rolle gespielt. Nach der hier vertretenen Auffassung ist allein entscheidend, ob der handelnde Amtswalter gegen eine Rechtspflicht verstoßen hat, die den Staat und seine Einrichtungen nach außen hin gebunden hat. Nur rechtswidriges Amtswalterhandeln kann eine haftungsrechtliche Verantwortlichkeit des Staates begründen. Letztlich lassen sich alle Amtspflichten im Sinne von Art. 34 S. 1 GG auf die **Pflicht zu rechtmäßigem Handeln** zurückführen.

e) Drittrichtung

44 Entsprechend dem Zweck der Staatshaftung, sekundären Rechtsschutz zu gewähren, begründet nicht die Verletzung jeder objektiven Amtspflicht, sondern **nur der Verstoß gegen Rechtspflichten, die dem Amtswalter einem Dritten gegenüber obliegen**, die Verantwortlichkeit des Staates. Insoweit besteht eine keinesfalls zufällige Parallele zu den Voraussetzungen eines subjektiven Rechts[144]: Der Staat wird grundsätzlich im öffentlichen Interesse tätig; ein subjektives Recht ebenso wie ein Anspruch aus Amtshaftung setzen voraus, dass eine objektiv bestehende Rechtspflicht auch den Interessen einzelner Bürger zu dienen bestimmt ist[145]. Zwischen der verletzten Amtspflicht und dem geschädigten Dritten muss eine besondere Beziehung bestehen. Auch wenn diese besondere Beziehung besteht, wird die begünstigte Person keineswegs in allen ihren Belangen stets als Dritter im Sinne von Art. 34 S. 1 GG geschützt. Das ist viel-

---

[134] *H.-J. Papier*, HStR³ VIII, § 180 Rn. 34; *ders.* (Fn. 100), Art. 34 Rn. 157.
[135] *Detterbeck/Bonk* (Fn. 101), Art. 34 Rn. 63; *Gurlit* (Fn. 84), Art. 34 Rn. 21; *Dagtoglou* (Fn. 25), Art. 34 Rn. 110; *Masing* (Fn. 130), Art. 34 Rn. 79; *Maurer*, Allg. Verwaltungsrecht, § 26 Rn. 16; *Ossenbühl/Cornils*, Staatshaftungsrecht (Fn. 38), S. 46 f.; aus der Zivilrechtsprechung BGHZ 16, 111 (113); 91, 243 (252).
[136] RGZ 140, 423 (428); BGHZ 65, 182 (188); 81, 21 (27); BGH NVwZ 1988, 283.
[137] RGZ 154, 201 (208); BGHZ 74, 144 (156); 75, 120 (124).
[138] BGHZ 12, 206.
[139] BGHZ 18, 366 (368); 55, 261 (266).
[140] BGH DÖV 1970, 680 (681); BGHZ 51, 30; BGH DVBl. 1986, 1103; NJW 1990, 245 (246).
[141] BGHZ 15, 305 (311 ff.); BGH NVwZ 1990, 498.
[142] BVerwGE 35, 159 (163); BGH NVwZ-RR 1990, 553 (554).
[143] Siehe etwa die Kataloge bei *Ossenbühl/Cornils*, Staatshaftungsrecht (Fn. 38), S. 45 ff. und *Steinberg/Lubberger*, Aufopferung (Fn. 61), S. 283 ff.
[144] *Maurer*, Allg. Verwaltungsrecht, § 26 Rn. 19.
[145] *Maurer*, Allg. Verwaltungsrecht, § 8 Rn. 8 ff.

II. Haftung des Staates bei Amtspflichtverletzung (Art. 34 S. 1 GG)   Art. 34

mehr nur der Fall, wenn nach dem Schutzzweck der Amtspflicht »gerade das im Einzelfall berührte Interesse« geschützt werden soll[146]. Die Verantwortlichkeit des Staates ist folglich nur gegeben, wenn die verletzte Amtspflicht **erstens** drittschützende Wirkung hat[147], **zweitens** der Geschädigte dem geschützten Personenkreis zuzurechnen ist und **drittens** das konkret betroffene Recht oder Rechtsgut von der Drittwirkung erfasst wird[148].

Die Rechtsprechung zählt mit Zustimmung der Literatur auch **Bund, Länder, Kommunen und andere juristische Personen des öffentlichen Rechts zu den Dritten**[149]. Das lässt sich nur schwer begründen. Nach der Rechtsprechung des BGH ist die Stellung eines Dritten gegeben, wenn ein Träger öffentlicher Gewalt zu dem Amtswalter einer anderen öffentlich-rechtlichen Körperschaft in einem Verhältnis steht, das dem des Bürgers gegenüber dem Staat entspricht und die Amtspflicht gerade seine Interessen schützen soll[150]. Danach kann etwa die kommunale Rechtsaufsicht Amtspflichten der Aufsichtsbehörde gegenüber einer zu beaufsichtigenden Gemeinde als einer geschützten Dritten begründen. **Schutzpflichten der Aufsicht** sollen sogar bei begünstigenden Maßnahmen wie der Genehmigung eines von der Gemeinde abgeschlossenen Rechtsgeschäfts bestehen. Die Aufsicht soll verpflichtet sein, die Gemeinde vor einer Selbstschädigung zu bewahren. Das hat der BGH in einem Fall festgestellt, in dem die Aufsicht ein Leasinggeschäft einer Gemeinde genehmigt hatte, ob eine Finanzierung über Kommunalkredit günstiger gewesen wäre[151]. Gurlit weist zu Recht darauf hin, dass sich diese Rechtsprechung kaum mit einer Herleitung der Amtshaftung aus den Grundrechten vereinbaren lässt und ein bedenklich paternalistisches Verständnis der Rechtsaufsicht offenbart[152].

45

Auf dieser Grundlage hat die Rechtsprechung eine **umfangreiche Kasuistik** zur Drittrichtung von Amtspflichten entwickelt, die einer Systematisierung kaum zugänglich ist[153]. Eigentlich ist hier der Gesetzgeber gefordert, der die verfassungsrechtliche Vorgabe der Drittbezogenheit von Amtspflichten konkretisieren müsste, weil es sich um eine für den Rechtsschutz wesentliche Frage handelt. Auch der Vorschlag, eine Drittschadensliquidation anzuwenden[154], vermag dieses Problem nicht zu lösen. Immerhin steht außer Frage, dass es auch **absolute Amtspflichten** gibt, die gegenüber jedermann bestehen (z. B. die Pflicht, unerlaubte Handlungen zu unterlassen[155]). Darüber hinausgehende systematische Klarheit dürfte kaum zu erlangen sein, solange der Gesetzgeber sich darauf beschränkt, ihm unliebsame Gerichtsentscheidungen zu korrigieren, statt selbst der Rechtsprechung generelle Vorgaben zu machen.

46

---

[146] BGHZ 56, 40 (45); 100, 313 (317f.); st. Rspr.
[147] Zur Einzelfalldogmatik zu Recht kritisch *F. Schoch*, Die Verwaltung 34 (2001), 261 (268f.).
[148] *F. Schoch*, Jura 1988, 585 (590).
[149] Siehe etwa BGH DVBl. 2001, 1609 (1612); zustimmend *M. Böhm*, JZ 2000, 382 (385); *v. Danwitz* (Fn. 103), Art. 34 Rn. 89; *H.-G. Dederer*, NVwZ 2001, 258 (262); ablehnend *U. Stelkens*, DVBl. 2003, 22ff.
[150] BGHZ 26, 232 (236); st. Rspr.
[151] BGHZ 153, 198 (201).
[152] *Gurlit* (Fn. 84), Art. 34 Rn. 29; ähnlich *J. Pietzcker*, AöR 132 (2007), 393 (425); *H. Meyer*, NVwZ 2003, 818 (820f.); *von Mutius/Groth*, NJW 2003, 1278 (1282ff.).
[153] *Ossenbühl/Cornils*, Staatshaftungsrecht (Fn. 38), S. 59ff., sowie *G. Schwager-Wenz*, DVBl. 1993, 1171 (1181ff.).
[154] *N. Petersen*, DÖV 2004, 700ff.
[155] BGHZ 69, 128 (138); 78, 274 (278); 97, 97 (102).

47 So dient die **staatliche Wirtschaftsaufsicht** dem Interesse der Allgemeinheit an der Funktionsfähigkeit der beaufsichtigten Wirtschaftszweige[156]. Der BGH hat dann jedoch seine Rechtsprechung dahin geändert, dass die Bankaufsicht nicht nur die Funktionsfähigkeit der Finanzwirtschaft sichern, sondern auch Bankkunden vor Vermögensverlusten bewahren solle. In diesem Zusammenhang hat er die Bankaufsicht als spezialpolizeiliche Aufgabe des Staates qualifiziert[157]. In Reaktion auf diese Rechtsprechung hat der Gesetzgeber den Drittbezug der Aufsichtspflichten des damaligen Bundesaufsichtsamtes für das Kreditwesen durch § 6 III KWG ausgeschlossen und damit ein **Nichtanwendungsgesetz** erlassen. Heute finden sich entsprechende Vorschriften in § 4 Fin DAG und § 4 II WpÜG. Für die Versicherungsaufsicht findet sich die Regelung in § 81 I 3 VAG, für die Börsenaufsicht in § 1 VI BörsG. Der BGH ist angesichts dieser Gesetzgebung zu seiner ursprünglichen Rechtsprechung zurückgekehrt und hat die gesetzliche Neuregelung zutreffend als **vereinbar mit Art. 34 GG** bezeichnet[158]. Der EuGH hat die gesetzlichen Regelungen als vereinbar mit dem **Unionsrecht** qualifiziert[159].

3. Problemfälle

a) Normatives Unrecht

48 Normatives Unrecht soll nach der **Zivilrechtsprechung**[160] und den ihr folgenden Literaturstimmen[161] **nicht als Grundlage eines Amtshaftungsanspruchs** anerkannt werden, weil es am Drittbezug der Amtspflichten bei der Wahrnehmung gesetzgeberischer Gewalt fehle. Nur für **Maßnahme- oder Einzelfallgesetze** soll etwas anderes gelten[162]. Auch in der **Bauleitplanung** werden drittbezogene Amtspflichten nunmehr anerkannt[163].

49 Aus verfassungsrechtlicher Sicht ist **kein Grund ersichtlich, Art. 34 GG nicht** auch **auf normatives Unrecht anzuwenden** (zum Unionsrecht → Rn. 18, 25). Wer staatliche Normen erlässt – sei es als Mitglied der Legislative, sei es als Mitglied der Exekutive –, übt ein öffentliches Amt aus (→ Rn. 35, 38 f.). Dabei hat er als Amtspflichten die rechtlichen Bindungen zu beachten, denen die staatliche Normgebung in Deutschland nach der Verfassung und dem Gesetzesrecht (für Rechtsverordnungen und Satzungen) unterliegt. Da die Grundrechte Freiheit und Eigentum jedes Einzelnen schützen sollen, obliegt die Pflicht zu ihrer Beachtung den an der Normgebung beteiligten Amtswaltern auch gegenüber Dritten im Sinne von Art. 34 S. 1 GG. Weil der durch das Grund-

---

[156] So etwa BGHZ 58, 96 (98).
[157] BGHZ 74, 144 (147).
[158] BGHZ 162, 49 (66).
[159] EuGHE 2004, I-9425 – *Paul*.
[160] BGHZ 56, 40 (44); 84, 292 (300); 87, 321 (335); 100, 136; 102, 350; vgl. auch *H. Dohnold*, DÖV 1991, 152 ff.
[161] *K. H. Boujong*, Staatshaftung für legislatives und normatives Unrecht in der neueren Rechtsprechung des Bundesgerichtshofs, in: FS Geiger, 1989, S. 430 ff.; *Dagtoglou* (Fn. 25), Art. 34 Rn. 426 ff.; *Ossenbühl/Cornils*, Staatshaftungsrecht (Fn. 38), S. 104 ff.; *F. Schoch*, Jura 1988, 585 (591 f.); *Steinberg/Lubberger*, Aufopferung (Fn. 61), S. 301 ff.; a.A. *A. Leisner-Egensperger*, DÖV 2004, 65 ff. m.N. zur Mindermeinung in Fn. 65.
[162] *Dagtoglou* (Fn. 25), Rn. 432; *M. Oldiges*, Der Staat 15 (1976), 381 (388); *Ossenbühl/Cornils*, Staatshaftungsrecht (Fn. 38), S. 105 ff.; *D. H. Scheuing*, Haftung für Gesetze, in: FS Bachof, 1984, S. 343 ff. (357); aus der Zivilrechtsprechung vgl. BGHZ 56, 40 (46); 84, 292 (300); 87, 321 (335).
[163] BGHZ 92, 34 (54); *Papier* (Fn. 100), Art. 34 Rn. 200 ff.; *F. Schoch*, Jura 1988, 585 (591 f.).

gesetz konstituierte Rechtsstaat nicht nur gegen Akte der Exekutive (Art. 19 IV GG), sondern auch gegen von der Legislative erlassene Normen Rechtsschutz gewährt (Art. 93 I 4a, 100 I GG), entspricht die Gewährung von Haftungsansprüchen gegen den Staat bei normativem Unrecht auch der Eigenart des Art. 34 GG als Gewährleistung sekundären Rechtsschutzes[164].

Im Gegensatz zur Auffassung der Rechtsprechung folgt aus der Abstraktheit normativer Regelungen zwar, dass die Normsetzung ausschließlich eine gegenüber der Allgemeinheit wahrgenommene Aufgabe darstellt. Das bedeutet jedoch keinesfalls, dass die Amtspflicht zur Beachtung der Grundrechte bei der Erfüllung dieser Aufgaben nicht auch **gegenüber jedem einzelnen von der Norm Betroffenen** besteht[165]. Allerdings löst nicht jedes vom Bundesverfassungsgericht für verfassungswidrig erklärte Gesetz von Verfassungs wegen Amtshaftungsansprüche aus. Vielmehr ist es Aufgabe des Gesetzgebers, die weiteren Voraussetzungen für einen Schadensersatzanspruch bei legislativem Unrecht in dem durch Art. 34 GG vorgegebenen Rahmen zu konkretisieren. Es liegt nahe, einen Haftungsanspruch bei legislativem Unrecht verschuldensabhängig auszugestalten. In der Praxis würde das dazu führen, dass nur in außergewöhnlichen Fällen das Verhalten von Mitgliedern der Legislative die Verantwortlichkeit des Staates begründen könnte. In jedem Fall ist der Gesetzgeber zum Handeln verpflichtet[166].

b) Judikatives Unrecht

Art. 34 GG begründet **grundsätzlich auch die Verantwortlichkeit des Staates** für Amtspflichtverletzungen von Mitgliedern der Judikative. § 839 II BGB normiert mit dem sogenannten **Richterprivileg** allerdings eine weitreichende Haftungsbeschränkung; ein Beamter, der seine Amtspflicht bei einem Urteil in einer Rechtssache verletzt, ist für den daraus entstehenden Schaden nur verantwortlich, wenn die **Pflichtverletzung** in einer **Straftat** besteht[167]. Diese Haftungsschranke ist durch Art. 20 GG gerechtfertigt[168]. Der Staat darf sich von Verfassungs wegen von der Verantwortlichkeit für judikatives Unrecht jedoch nur insoweit freistellen, wie das um der Erhaltung des Rechtsfriedens als Teil der Rechtssicherheit und damit des Rechtsstaatsprinzips (→ Art. 20 [Rechtsstaat], Rn. 146 ff.) geboten ist.

---

[164] Wie hier *Gurlit* (Fn. 84), Art. 34 Rn. 27; *Morlok*, GVwR² III, 2013, § 54 Rn. 64; für die Volksgesetzgebung *B. J. Hartmann*, VerwArch. 98 (2007), 500 ff.

[165] Im Ergebnis wie hier *H. H. v. Arnim*, Die Haftung der Bundesrepublik Deutschland für das Investitionshilfegesetz, 1986, S. 44 f., 46 ff.; *Dagtoglou*, Ersatzpflicht (Fn. 117), S. 38 ff.; *W. R. Schenke*, DVBl. 1975, 121 ff.; *ders./U. Guttenberg*, DÖV 1991, 945 (949 ff.); *Scheuing*, Haftung (Fn. 162), S. 343 ff.

[166] *Maurer*, Allg. Verwaltungsrecht, § 26 Rn. 52; zu § 5 II des gescheiterten Staatshaftungsgesetzes 1981 siehe *B. Bender*, Staatshaftungsrecht, 3. Aufl. 1981, Rn. 770 ff. sowie *A. Schäfer/H. J. Bonk*, Staatshaftungsgesetz, 1982, S. 380 ff.

[167] Näher dazu *M. Breuer*, Staatshaftung für judikatives Unrecht, 2011, S. 317 ff.; *v. Danwitz* (Fn. 103), Art. 34 Rn. 108 f.; *Ossenbühl/Cornils*, Staatshaftungsrecht (Fn. 38), S. 101 ff.; zu der vergleichbaren Vorschrift des § 5 I Staatshaftungsgesetz 1981 *Bender*, Staatshaftungsrecht (Fn. 166), Rn. 752 ff.

[168] *Gurlit* (Fn. 84), Art. 34 Rn. 32.

4. Anforderungen an die Verletzungshandlung

a) Kausale Schadensverursachung

52 Mit **Verantwortlichkeit bezeichnet** Art. 34 S. 1 GG ausweislich der geschichtlichen Entwicklung der Amtshaftung (→ Rn. 1 ff.) sowie der Normgenese (→ Rn. 7 ff.) die **Pflicht zum Schadensersatz**. Implizit setzt ein verfassungsrechtlich begründeter Amtshaftungsanspruch folglich einen Schaden voraus, den ein Amtswalter durch seine Amtspflichtverletzung gegenüber einem Dritten verursacht haben muss. Der **Gesetzgeber** muss **konkretisieren**, welche Anforderungen an den Kausalzusammenhang zwischen Pflichtverletzung und Schadenseintritt zu stellen sind[169]. Wie der Schaden im Einzelnen zu berechnen ist, muss ebenfalls der Gesetzgeber bestimmen. Er hat dabei jedoch zu beachten, dass Art. 34 GG mit der Statuierung der Verantwortlichkeit des Staates grundsätzlich den Ausgleich aller durch die Amtspflichtverletzung verursachten Nachteile gebietet[170].

b) Rechtswidrigkeit und Verschulden

53 Art. 34 GG äußert sich **nicht ausdrücklich** zu der Frage, ob die Verantwortlichkeit des Staates davon abhängt, dass den Amtswalter persönlich ein **Verschulden** trifft. Aus der geschichtlichen Entwicklung der Vorschrift (→ Rn. 7 ff.), insbesondere dem engen Bezug zu § 839 BGB, sowie aus Art. 34 S. 2 GG lässt sich jedoch ableiten, dass der Gesetzgeber von Verfassungs wegen nicht gehindert ist, die Verantwortlichkeit des Staates auf rechtswidrig-schuldhafte Amtspflichtverletzungen zu begrenzen. Dem Rechtsstaatsprinzip sowie dem Charakter von Art. 34 GG als Einrichtung sekundären Rechtsschutzes (→ Rn. 30) entspricht jedoch eine **verschuldensunabhängige Haftung** besser[171]. Da Art. 34 GG dem Zweck dient, dem Geschädigten seinen Schaden zu ersetzen, ist eine Einschränkung der Haftung des Staates auf den Ausgleich von schuldhaft amtspflichtwidrigen Handlungen seiner Amtswalter eigentlich systemfremd. Der Schadensausgleich ist auch angemessen, wenn die Pflichtverletzung ohne Verschulden des Handelnden erfolgt ist. Die Probleme der geltenden rechtlichen Regelung zeigen sich in der Rechtsprechung des BGH zur unrichtigen Rechtsanwendung. Früher galt insoweit der Satz, dass ein Beamter nicht schuldhaft gehandelt habe, wenn ein mit mehreren Rechtskundigen besetztes Gericht sein Verhalten als objektiv rechtmäßig angesehen hatte[172]. Inzwischen hat der BGH diesen Grundsatz deutlich eingeschränkt. So soll er etwa nicht mehr gelten, wenn ein **Kollegialgericht** sich mit der einschlägigen Rechtsprechung nicht auseinandergesetzt hat[173].

54 Generell sucht die Rechtsprechung die Konsequenzen der Verschuldensvoraussetzung dadurch abzuschwächen, dass sie auf ein objektiviertes Verschulden abhebt und sich z. B. bei der **Verzögerung gerichtlicher Verfahren** der Rechtsfigur des Organisationsverschuldens bedient[174]. Die Rechtsprechung zur Amtspflichtverletzung durch

---

[169] Zur Adäquanztheorie der Zivilrechtsprechung BGHZ 96, 157 (171); ferner *Ossenbühl/Cornils*, Staatshaftungsrecht (Fn. 38), S. 73 f.
[170] *Bonk/Detterbeck* (Fn. 101), Art. 34 Rn. 78 f.
[171] *Bonk/Detterbeck* (Fn. 101), Art. 34 Rn. 83; vgl. *K. Windthorst*, JuS 1995, 892 (896); *D. Coester-Waltjen*, Jura 1995, 368 (370).
[172] BGHZ 27, 338 (343); früher st. Rspr., weitere Nw. bei *B. Schmidt*, NJW 1993, 1630 f.
[173] BGH NVwZ 2002, 124 (125).
[174] Siehe BGHZ 145, 265 (275); dazu *C. Brüning*, NJW 2007, 1094 (1096 f.); *F. Ossenbühl*, JZ 2007, 690 (691).

II. Haftung des Staates bei Amtspflichtverletzung (Art. 34 S. 1 GG)   **Art. 34**

Verzögerung von Gerichtsverfahren ist jedoch gerade mit Blick auf die höchstrichterliche Interpretation des Haftungsprivilegs für Urteile in einer Rechtssache in § 839 II BGB verfassungsrechtlich zweifelhaft. Schon § 839 II 2 BGB bestimmt, dass das Privileg auf eine pflichtwidrige Verweigerung oder Verzögerung der Amtsausübung keine Anwendung findet. Das BVerfG hat 2013 in einer Kammerentscheidung die Annahme des BGH, die sachgerechte Führung des Prozesses sei außerhalb des Anwendungsbereichs des Richtspruchprivilegs in der Regel in das Ermessen des verantwortlichen Richters gestellt und könne im Amtshaftungsprozess **nicht** auf ihre **Richtigkeit**, sondern **nur** auf ihre **Vertretbarkeit** geprüft werden, wobei der Zeitfaktor nicht allein entscheidend sei[175], nur als »im Grundsatz« verfassungsrechtlich nicht zu beanstanden qualifiziert. Auch die Feststellung des BGH, die Darlegungs- und Beweislast für eine Amtspflichtverletzung durch eine Verfahrensverzögerung – sei es durch individuelles richterliches Fehlverhalten, sei es in Form eines Organisationsversäumnisses – liege grundsätzlich beim Kläger, beruht nach Auffassung der Kammer zwar »nicht auf einer grundsätzlichen Verkennung« der **Gewährleistung effektiven Rechtsschutzes**. Sie kann aber nach dem aufschlussreichen Hinweis der Kammer mit dem Gebot des effektiven Rechtsschutzes unter dem Aspekt der angemessenen Verfahrensdauer unvereinbar sein, wenn die Verpflichtung des Gerichts, sich mit zunehmender Dauer nachhaltig um eine Beschleunigung des Verfahrens zu bemühen, außer Acht gelassen wird[176]. In der Literatur ist zu Recht darauf hingewiesen worden, dass die Formulierungen der Kammer die verfassungsrechtlichen Bedenken gegen die Ausführungen des BGH zeigten, die nur noch nicht die Schwelle der Verfassungswidrigkeit überschritten hätten[177].

Das BVerwG hat aus der gesetzlichen Anspruchsvoraussetzung einer schuldhaften Amtspflichtverletzung eines Amtswalters gefolgert, dass der Amtshaftungsanspruch der Annahme einer **Regelungslücke** nicht entgegenstehe[178]. Diese Annahme erlaubte ihm die Billigung einer gesetzesimmanenten richterlichen Rechtsfortbildung durch das OVG Koblenz. Das OVG hatte auf diesem Wege eine entsprechende Anwendung des § 36a III 1 SGB VIII auf jugendhilferechtliche Leistungen hergeleitet, welche die **Förderung von Kindern in Tageseinrichtungen und in der Kindertagespflege** betrafen[179]. Damit erleichterte die eigentlich anspruchserschwerende Voraussetzung des Verschuldens die Annahme einer Regelungslücke und begünstigte damit im Ergebnis die gegen die öffentliche Hand klagenden Bürger.   55

5. Anspruchsverpflichteter

Die Verantwortlichkeit trifft die **Dienstherrnkörperschaft**, d.h. dass diejenige öffentlich-rechtliche Körperschaft, die den Amtswalter in ihren Dienst gestellt und damit die Verantwortung für sein Handeln übernommen hat, auch die entsprechende Aufsicht   56

---

[175] BGH, Beschluss v. 28.3.2012, III ZR 177/11, BeckRS 2012, 08772; siehe zuvor schon BGZ 187, 287 mit kritischer Anm. *C. Brüning*, NJW 2011, 1072 (1077); kritisch ebenfalls *R. Zuck*, JZ 2011, 476 ff.
[176] BVerfG (K), NJW 2013, 3630.
[177] *C. Steinbeiß-Winkelmann*, NJW 2014, 1276 (1277); zum »Drei-Phasen-Modell« des BFH dessen Entscheidung vom 7.11.2013, BeckRS 2013, 96642 sowie *M. Pondelik*, Steuerrecht kurzgefaßt 2014, 334; zu Amtshaftungsansprüchen bei überlangen Verfahren in der Arbeitsgerichtsbarkeit *J. vom Stein/F. Brand*, NZA 2014, 113 (119).
[178] BVerwG NJW 2014, 1256 (1259); dazu *I. Schübel-Pfister*, NJW 2014, 1216 (1218).
[179] OVG Koblenz, BeckRS 2012, 59246.

ausüben kann und muss[180]. Wenn ein Amtsträger eines **Kreises** als untere Landesbehörde Amtspflichten verletzt, haftet regelmäßig der Kreis, während für staatliche Bedienstete beim Landrat das Land anspruchsverpflichtet ist[181]. Der Landesgesetzgeber kann aber auch bestimmen, dass bei Ausübung staatlicher Aufgaben generell das Land haftet[182].

57 Fehlt ausnahmsweise eine Dienstherrnkörperschaft, weil etwa ein Beliehener oder Verwaltungshelfer oder sonst eine Privatperson gehandelt hat, trifft die Verantwortlichkeit die **öffentlich-rechtliche Körperschaft**, die dem Handelnden sein **Amt anvertraut** hat[183]. Handelt ein Amtsträger auf Grund einer rechtswidrigen Weisung, soll sich der Amtshaftungsanspruch gegen die Körperschaft des anweisenden Amtswalters richten[184].

6. Haftungsbeschränkungen

58 Da Art. 34 S. 1 GG nur die »grundsätzliche« Verantwortlichkeit des Staates für Amtspflichtverletzungen anordnet (→ Rn. 31, 34), **kann** der **Gesetzgeber** die **Haftung beschränken**. Die Verfassung lässt Raum für Regelungen, die den Umfang der Haftungsübernahme modifizieren[185]. Haftungsbegrenzungen sind allerdings **nur in Ausnahmefällen** zulässig. Nach der Zivilrechtsprechung müssen gewichtige Gründe des öffentlichen Wohls für einen Haftungsausschluss sprechen, die Verhältnismäßigkeit muss gewahrt und dem Betroffenen muss der Haftungsausschluss zumutbar sein[186]. Aus öffentlich-rechtlicher Sicht ist die grundsätzliche Verantwortlichkeit des Staates im Sinne einer Vermutung zugunsten der Staatshaftung zu verstehen, die nur dadurch widerlegt werden kann, dass die Notwendigkeit einer Haftungsbeschränkung zum Schutz anderer Güter von Verfassungsrang nachgewiesen wird.

59 Den genannten Anforderungen wird die **Subsidiarität der Amtshaftung** im Falle nur fahrlässiger Pflichtverletzung gemäß § 839 I 2 BGB nicht gerecht, die sich unter der Geltung von Art. 34 GG vom Beamten- zum Fiskalprivileg entwickelt hat[187]. Der BGH schränkt deshalb den Anwendungsbereich dieser Vorschrift zu Recht ein[188]. Grundsätzlich **unbedenklich** ist dagegen das **Richterspruchprivileg** in § 839 II BGB, das dem Rechtsfrieden und damit der Rechtssicherheit als Bestandteil des Rechtsstaatsprinzips (→ Art. 20 [Rechtsstaat], Rn. 148) dient. Der Gesetzgeber hat aber in § 839 II 2 BGB (→ Rn. 54) zu Recht geregelt, dass eine pflichtwidrige Verweigerung oder Verzögerung der Ausübung des Amtes nicht unter das Privileg fällt. Verfassungsrechtlich **nicht zu beanstanden** ist auch § 839 III BGB, demzufolge die Ersatzpflicht nicht eintritt, wenn es der Verletzte vorsätzlich oder fahrlässig unterlassen hat, den Schaden durch Ge-

---

[180] *Papier* (Fn. 100), Art. 34 Rn. 289; *K. Windthorst/H.-D. Sproll*, Staatshaftungsrecht, 1994, S. 140 f.; *Ossenbühl/Cornils*, Staatshaftungsrecht (Fn. 38), S. 112 ff.
[181] BGHZ 99, 326 (332).
[182] BGH LKV 2007, 288 zu § 111 II Thüringer Kommunalordnung; BGH NVwZ-RR 2008, 672, zu §§ 53 II, 56 II LKrO BW.
[183] Zur sogenannten Anvertrauenstheorie BGHZ 53, 217 (219); 77, 11; 87, 202 (204); 99, 326 (330); vgl. ferner *Papier* (Fn. 100), Art. 34 Rn. 289; *Steinberg/Lubberger*, Aufopferung (Fn. 61), S. 318 ff.
[184] *T. Herbst*, Die Verwaltung 37 (2004), 51 ff.
[185] BVerfGE 61, 149 (199).
[186] BGHZ 25, 231 (237); 61, 7 (14); 62, 362 (367 ff.).
[187] *Bonk/Detterbeck* (Fn. 101), Art. 34 Rn. 90; *K. Windthorst*, JuS 1995, 992 (993).
[188] BGH NJW 1977, 1238 (1239); BGHZ 70, 1; 79, 35; 85, 230; 152, 380, dazu *I. Frommeyer*, Jura 2004, 49 ff.; ferner BGH DVBl. 1993, 602; vgl. *K. Windthorst*, JuS 1995, 992 (993 f.) m.w.N.

brauch eines Rechtsmittels abzuwenden. Der Vorrang primären Rechtsschutzes ist Ausdruck der verfassungsrechtlichen Eigenart des Art. 34 GG als Einrichtung sekundären Rechtsschutzes (→ Rn. 30).

Vielfältige Einzelfragen wirft die Behandlung eines **Mitverschuldens** des Geschädigten gemäß § 254 BGB auf[189]. Bei **staatlichen Genehmigungen** geht der BGH von einem schutzwürdigen Vertrauen des Adressaten auf ihren Bestand aus. Dieses Vertrauen entfällt auch dann nicht völlig, wenn ein Dritter den Genehmigungsbescheid anficht, wenn und solange der Bescheid sofort vollziehbar ist. Das Vertrauen des Genehmigungsinhabers in den Bestand der Genehmigung verliert haftungsrechtlich nicht in vollem Umfang seine Schutzwürdigkeit. Nachfolgende Investitionen bleiben daher noch im Schutzbereich der Amtspflicht. Gleichzeitig begründen Drittanfechtungen aber eine größere Eigenverantwortung des Genehmigungsinhabers mit Blick auf sein Mitverschulden[190]. Er muss die Möglichkeit der Rechtswidrigkeit der ihm erteilten Genehmigung jedenfalls ernsthaft in Betracht ziehen, wenn die Richtigkeit der Anfechtungsgründe nicht ohne Weiteres von der Hand zu weisen ist. Wenn er unter diesen Umständen sein Vorhaben fortführt, ohne die Entscheidung des Gerichts abzuwarten, so nimmt er das in der Drittanfechtung liegende Risiko bewusst auf sich[191]. 60

III. Rückgriff (Art. 34 S. 2 GG)

Art. 34 S. 2 GG begrenzt die Möglichkeit des Staates, sich für die ihm auferlegte Haftung durch Rückgriff bei dem handelnden Amtswalter schadlos zu halten, auf Fälle von **Vorsatz**[192] und **grober Fahrlässigkeit**[193]. Der Staat ist zum Rückgriff durch die Verfassung jedoch nicht gezwungen, sondern darf darauf – mit Blick auf seine Fürsorgepflicht (→ Art. 33 Rn. 193) – auch völlig verzichten[194]. Das gilt etwa, wenn der Rückgriff für den Amtsträger einen besonderen Härtefall darstellen würde[195]. In jedem Fall setzt der Rückgriff eine gesetzliche Regelung voraus[196]. 61

Der BGH hat entschieden, dass die Rückgriffsbegrenzung des Art. 34 S. 2 GG nicht zur Anwendung kommt, wenn der Staat mittels privatrechtlicher Verträge **Unternehmen** oder **Privatpersonen** die Erfüllung hoheitlicher Verwaltungsaufgaben überträgt. Ein gewerblicher Unternehmer könne selbst über Art und Umfang seines Einsatzes entscheiden und damit seine Haftungsrisiken autonom eingehen. Er könne entweder die Kosten für die Abdeckung der Risiken in sein Entgelt einkalkulieren oder von der Übernahme einer Tätigkeit absehen, wenn ihm das Risiko zu groß erscheine. Deshalb fehle es an einem inneren rechtfertigenden Grund, einen Unternehmer im Rahmen hoheitlicher Verwaltungsaufgaben von seiner vertraglichen Haftung auch nur teilweise freizustellen[197]. Entscheidend für die Rückgriffsmöglichkeiten gegenüber einem Privaten sind damit allein die vertraglichen Vereinbarungen. 62

---

[189] Siehe den Überblick bei *Ossenbühl/Cornils*, Staatshaftungsrecht (Fn. 38), S. 91.
[190] BGHZ 149, 50 (55f.).
[191] BGH NJW 2008, 2502 (2503f.).
[192] Vgl. dazu BGHZ 34, 375 (381).
[193] Vgl. dazu BGHZ 89, 153 (161).
[194] Siehe als Rückgriffsregelungen etwa § 48 BeamtStG und § 75 BBG.
[195] BGHZ 124, 15 (23ff.).
[196] BVerwG NVwZ 2011, 368; dazu *A. v. Weschpfennig*, DVBl. 2011, 1137ff.
[197] BGHZ 161, 6 (13ff.) in Anlehnung an *U. Stelkens*, JZ 2004, 656 (660f.).

IV. Rechtsweg (Art. 34 S. 3 GG)

63 Sowohl über den Amtshaftungsanspruch als auch über einen Rückgriffsanspruch entscheiden gemäß Art. 34 S. 3 GG die **ordentlichen Gerichte**[198]. Da die Streitigkeiten materiell öffentlich-rechtlich zu qualifizieren sind, ist die nur geschichtlich zu erklärende[199] Rechtswegzuweisung **überholt** und sollte bei einer Reform des Staatshaftungsrechts beseitigt werden[200]. Die geltende Fassung führt nicht nur zu einer **Verdoppelung des Rechtsweges**[201]; auch verhindern **unterschiedliche Definitionen von Amtspflichten** durch Zivilgerichte auf der einen und Verwaltungsgerichte auf der anderen Seite einen einheitlichen Rechtsschutz auf primärer und sekundärer Stufe[202].

D. Verhältnis zu anderen GG-Bestimmungen

64 Als Ausfluss des Rechtsstaatsprinzips steht Art. 34 GG in engem Zusammenhang mit **Art. 20 GG**, als Institut sekundären Rechtsschutzes weist er enge Bezüge zu **Art. 19 IV GG** auf. Ein Komplementärverhältnis besteht zu öffentlich-rechtlichen Entschädigungsansprüchen aus **Enteignung** (→ Art. 14 Rn. 93 ff.) und **Aufopferung** (→ Art. 14 Rn. 155 ff.). Die Einschränkung des Rückgriffs in Art. 34 S. 2 GG (→ Rn. 61) ist Ausdruck des **beamtenrechtlichen Fürsorgeprinzips**, das zu den durch **Art. 33 V GG** geschützten Grundsätzen des Berufsbeamtentums gehört (→ Art. 33 Rn. 193). Art. 72 II i. V. m. Art. 74 I Nr. 25 und II GG gibt dem **Bund** die **Kompetenz**, die Staatshaftung durch Zustimmungsgesetze zu regeln (→ Art. 74 Rn. 123 f., 155).

---

[198] Gemäß § 71 II Nr. 2 GVG in erster Instanz die Landgerichte.
[199] *K.A. Bettermann*, MDR 1953, 644 (646); *Dagtoglou* (Fn. 25), Art. 34 Rn. 365.
[200] Ebenso W. *Höfling*, Primär- und Sekundärrechtsschutz im Öffentlichen Recht, VVDStRL 61 (2002), S. 260 ff. (285 f.).
[201] *Jarass/Pieroth*, GG, Art. 34 Rn. 25; *Masing* (Fn. 130), Art. 34 Rn. 153; *Steinberg/Lubberger*, Aufopferung (Fn. 61), S. 323; *K.A. Bettermann*, MDR 1953, 644 (646).
[202] *Gurlit* (Fn. 84), Art. 34 Rn. 37 m. w. N.; *Papier* (Fn. 100), Art. 34 Rn. 307 ff.; *ders.* (Fn. 99), § 839 Rn. 371 f.; *Maurer*, Allg. Verwaltungsrecht, § 26 Rn. 47 i. V. m. § 14 Rn. 57; *Windthorst/Sproll*, Staatshaftungsrecht (Fn. 180), S. 144 f.

Artikel 35 [Rechts- und Amtshilfe; Hilfe in besonderen Gefahrenlagen und Notfällen]

(1) Alle Behörden des Bundes und der Länder leisten sich gegenseitig Rechts- und Amtshilfe.

(2) ¹Zur Aufrechterhaltung oder Wiederherstellung der öffentlichen Sicherheit oder Ordnung kann ein Land in Fällen von besonderer Bedeutung Kräfte und Einrichtungen des Bundesgrenzschutzes zur Unterstützung seiner Polizei anfordern, wenn die Polizei ohne diese Unterstützung eine Aufgabe nicht oder nur unter erheblichen Schwierigkeiten erfüllen könnte. ²Zur Hilfe bei einer Naturkatastrophe oder bei einem besonders schweren Unglücksfall kann ein Land Polizeikräfte anderer Länder, Kräfte und Einrichtungen anderer Verwaltungen sowie des Bundesgrenzschutzes und der Streitkräfte anfordern.

(3) ¹Gefährdet die Naturkatastrophe oder der Unglücksfall das Gebiet mehr als eines Landes, so kann die Bundesregierung, soweit es zur wirksamen Bekämpfung erforderlich ist, den Landesregierungen die Weisung erteilen, Polizeikräfte anderen Ländern zur Verfügung zu stellen, sowie Einheiten des Bundesgrenzschutzes und der Streitkräfte zur Unterstützung der Polizeikräfte einsetzen. ²Maßnahmen der Bundesregierung nach Satz 1 sind jederzeit auf Verlangen des Bundesrates, im übrigen unverzüglich nach Beseitigung der Gefahr aufzuheben.

Literaturauswahl

Baldus, Manfred: Gefahrenabwehr in Ausnahmelagen, in: NVwZ 2006, S. 532–535.
Berg, Klaus: Grenzen der Amtshilfe zwischen den Bundesländern. Zugleich ein Beitrag zu den Schranken der Vollstreckbarkeit von Pressebeschlagnahmeanordnungen im Bundesstaat, 1967.
v. Bogdandy, Armin/Arndt, Felix: Die Zusammenarbeit der Finanzverwaltungen in der Europäischen Union, in: EWS 2000, S. 1–6.
Bull, Hans Peter: Datenschutz contra Amtshilfe, in: DÖV 1979, S. 689–696.
Dietz, Andreas: Die Kompetenzverteilung des Grundgesetzes für Amtshilfe- und Unterstützungsmaßnahmen sowie Einsätze der Bundeswehr, in: DÖV 2012, S. 952–961.
Dreher, Martin: Die Amtshilfe. Die Problematik der gegenseitigen behördlichen Unterstützungspflicht unter besonderer Berücksichtigung der Situation im Bundesstaat, 1959.
Fastenrath, Ulrich: Anmerkung, in: JZ 2012, S. 1128–1132.
Frowein, Jochen Abr./Krisch, Nico: Der Rechtsschutz gegen Europol, in: JZ 1998, S. 589–597.
Klein, Eckart: Der innere Notstand, in: HStR VII, § 169, S. 387–414.
Ladiges, Manuel: Der Einsatz der Streitkräfte im Katastrophennotstand nach dem Plenarbeschluss des Bundesverfassungsgerichts, in: NVwZ 2012, S. 1225–1228.
Lehner, Dieter: Der Vorbehalt des Gesetzes für die Übermittlung von Informationen im Wege der Amtshilfe, 1996.
Martínez Soria, José: Polizeiliche Verwendung der Streitkräfte, in: DVBl. 2004, S. 597–606.
Meier, Gert: Europäische Amtshilfe – Ein Stützpfeiler des Europäischen Binnenmarktes, in: EuR 1989, S. 237–248.
Meyer-Teschendorf, Klaus G.: Die Amtshilfe, in: JuS 1981, S. 187–192.
Meyer-Teschendorf, Klaus G.: Das Rechts- und Amtshilfegebot des Art. 35 Abs. 1 GG: Antwort auf ein Föderalismusproblem, in: DÖV 1988, S. 901–907.
Pieroth, Bodo/Hartmann, Bernd J.: Der Abschuss eines Zivilflugzeugs auf Anordnung des Bundesministers für Verteidigung, in: Jura 2005, S. 729–734.
Robbers, Gerhard: Die Befugnisse der Bundeswehr im Katastrophenfall, in: DÖV 1989, S. 926–931.
Schenke, Wolf-Rüdiger: Die Verfassungswidrigkeit des § 14 III LuftSiG, in: NJW 2006, S. 736–739.
Schliesky, Utz: Die Europäisierung der Amtshilfe, 2008.
Schlink, Bernhard: Die Amtshilfe. Ein Beitrag zu einer Lehre von der Gewaltenteilung in der Verwaltung, 1982.

Art. 35

Schnapp, Friedrich E.: Zum Anwendungsbereich der Amtshilfevorschriften, insbesondere im »ressortüberschreitenden« Amtshilfeverkehr, in: DVBl. 1987, S. 561–565.
Schnapp, Friedrich E./Friehe, Heinz-Josef: Prüfungskompetenz und Rechtsschutz bei Streitigkeiten über Amtshilfeverpflichtungen, in: NJW 1982, S. 1422–1430.
Scholz, Rupert/Pitschas, Rainer: Informationelle Selbstbestimmung und staatliche Informationsverantwortung, 1984.
Spranger, Tade Matthias: Innere Sicherheit durch Streitkräfteeinsatz?, in: NJW 1999, S. 1003–1004.
Stein, Torsten: Amtshilfe in auswärtigen Angelegenheiten, 1975.
Stober, Rolf/Eisenmenger, Sven: Katastrophenverwaltungsrecht – Zur Renaissance eines vernachlässigten Rechtsgebietes, in: NVwZ 2005, S. 121–130.
Wessel, Klaus: Verfassungs- und verfahrensrechtliche Probleme der Amtshilfe im Bundesstaat, 1983.
Wettner, Florian: Die Amtshilfe im Europäischen Verwaltungsrecht, 2005.
Wieland, Joachim: Verfassungsrechtliche Grundlagen polizeiähnlicher Einsätze der Bundeswehr, in: Dieter Fleck (Hrsg.), Rechtsfragen der Terrorismusbekämpfung durch Streitkräfte, 2004, S. 167–181.

Leitentscheidungen des Bundesverfassungsgerichts

BVerfGE 27, 344 (350ff.) – Ehescheidungsakten; 63, 1 (32f.) – Schornsteinfegerversorgung; 65, 1 (45f.) – Volkszählung; 97, 198 (215, Rn. 83; 218, Rn. 89) – Bundesgrenzschutz; 100, 313 (359f., Rn. 164ff.) – Telekommunikationsüberwachung I; 115, 118 (139ff., Rn. 85ff.) – Luftsicherheitsgesetz I; 132, 1 (5ff., Rn. 14ff.) – Luftsicherheitsgesetz II; 133, 241 (259ff., Rn. 44ff.) – Luftsicherheitsgesetz III.

Gliederung

	Rn.
A. Herkunft, Entstehung, Entwicklung	1
I. Ideen- und verfassungsgeschichtliche Aspekte	1
II. Entstehung und Veränderung der Norm	4
B. Internationale, supranationale und rechtsvergleichende Bezüge	6
C. Erläuterungen	10
I. Allgemeine Bedeutung	10
II. Allgemeine Rechts- und Amtshilfe (Art. 35 I GG)	13
1. Begriff und Gegenstände	13
2. Berechtigte und verpflichtete Behörden	15
3. Voraussetzungen, Verfahren, Umfang und Grenzen	18
III. Hilfe in besonderen Gefahrenlagen und Notfällen (Art. 35 II, III GG)	25
1. Hilfe zur Aufrechterhaltung der öffentlichen Sicherheit oder Ordnung (Art. 35 II 1 GG)	27
2. Hilfe bei regionalen Notfällen (Art. 35 II 2 GG)	29
3. Hilfe bei überregionalen Notfällen (Art. 35 III GG)	33
D. Verhältnis zu anderen GG-Bestimmungen	37

Stichwörter

Amtshilfeberechtigte 15f. – Amtshilfeverpflichtete 15f. – Anwendungsbereich 12 – Arbeitskämpfe 26, 37 – Aufhebungsverlangen 36 – Bedeutung 11 – Befugnisnorm, keine 17, 23, 26 – Begriff 13 – Behörden 15 – Beleihung 15 – Beurteilungsspielraum 27 – Bundesgrenzschutz 5, 25, 28, 30, 35 – Bundespolizei 5, 25, 28, 30, 35 – Bundesrat 36f. – Bundesregierung 33, 37 – Bundesstaat 10, 25, 37 – Bundestreue 8f., 19, 21, 26 – Bundesverfassungsgericht 37 – Bundeswehr 16, 25, 32, 37 – Datenverarbeitung 11, 24 – Datenverbindungen 13 – Delegation 13, 33 – Demonstrationen 29 – Deutscher Bund 1 – Dritte 17 – Eilentscheidungen 37 – Einheit des Staates 10 – »Einrichtungen« 28 – Ermessen 30, 35 – Ersuchen 19 – Europäisierung 6, 8 – Gegenstand 14 – Gemeinden 15 – Gerichte 15 – Gesetzesvorbehalt, amtshilferechtlicher 23 – Grundrechtsbindung 23 – Hilfe im Einzelfall 13 – informationelle Selbstbestimmung 24, 37 – Informationserhebung 8 – Informationshilfe 24 – innerer Notstand 25 – Internationalisierung 6f. – »katastrophische Dimension« 29 – Kirchen 15 – Kollegium 32, 33 mit Fn. 159, 37 – Kosten 19, 22, 28, 31, 35 – »Kräfte« 28 – Luftsicherheitsgesetz 5, 11, 32 – militärische

Einsatzmittel 5, 30ff. – Nationalsozialismus 3 – Naturkatastrophe 29 – öffentliche Ordnung 27 – öffentliche Sicherheit 27 – Österreich 9 – Parteien, politische 15 – »Polizei des Bundes« 25 – präventiver Streitkräfteeinsatz 16, 32 – Rahmenvorschrift 18 – Rechtsstaat 10, 37 – Rechtsvergleich 9 – Rechtsverhältnis 17 – Regelungsgegenstände 10 – Regelungszweck 10 – Reichsverfassung (1871) 2 – Routineanfragen 13 – Rundfunkanstalten 15 – Schweiz 9 – Spontanhilfe 19 – subjektives Recht 17 – Terrorismus 5, 16, 29, 32 – Totalvorbehalt 24 – ultima ratio 30 – Umfang 21 – Unglücksfall 29 – Unionstreue 8 – Universitäten 15 – Untersuchungsausschüsse 15, 37 – Verfahrensherrschaft 20 – Verfahrensphasen 20 – Verfassungsänderung 5, 32 – Verhältnismäßigkeit 21, 23 – Verwaltungseffektivität 10 – Weimarer Reichsverfassung 3 – Weisungsbefugnis 28, 31f., 35, 37 – Weitergabeverbote 24 – Wettbewerbsaufsicht 8.

A. Herkunft, Entstehung, Entwicklung

I. Ideen- und verfassungsgeschichtliche Aspekte

Die in Art. 35 GG für alle Behörden des Bundes und der Länder geregelte Verpflichtung zu gegenseitiger Rechts- und Amtshilfe ist ohne Vorbild in den früheren deutschen Verfassungsurkunden[1], als Problem aber nicht ohne historische Tradition[2]. So finden sich schon im 19. Jahrhundert zwischen Mitgliedern des **Deutschen Bundes** Vereinbarungen über die gegenseitige Unterstützung ihrer Gerichte in Zivil- und Strafsachen[3]. Weitergehende Vorstöße zur Gewährleistung gegenseitiger Rechtshilfe unmittelbar durch den Deutschen Bund und durch Parallelgesetzgebung seiner Mitglieder hat es zwar gegeben, sie konnten sich aber nicht durchsetzen[4]. In die Zeit des Deutschen Bundes fallen außerdem normative Regelungen über die innerstaatliche Verpflichtung von Behörden zu gegenseitiger Rechts- und Amtshilfe, die zudem teilweise auch ohne ausdrückliche Vorschrift als selbstverständlich angesehen wurde[5]. Ideengeschichtlich dokumentiert diese Entwicklung die doppelte Verwurzelung der Rechts- und Amtshilfe in föderalen bzw. (potentiell) bundesstaatlichen und binnenstaatlichen Problemlagen[6]. 1

Mit Vorbildwirkung für die Verfassung des **Deutschen Reiches** von 1871[7] ermächtigte Art. 4 Nr. 11 der Verfassung des Norddeutschen Bundes 1867 den Bund u.a. zu gesetzlichen »Bestimmungen über die wechselseitige Vollstreckung von Erkenntnis- 2

---

[1] *K. G. Meyer-Teschendorf*, JuS 1981, 187 (187): »Novum in der deutschen Verfassungsgeschichte«; *S. Magen*, in: Umbach/Clemens, GG, Art. 35 Rn. 1.
[2] Zu frühen gesetzlichen und vertraglichen Regelungen vgl. etwa *K. Berg*, Grenzen der Amtshilfe zwischen den Bundesländern, 1967, S. 55ff., und *K. Wessel*, Verfassungs- und verfahrensrechtliche Probleme der Amtshilfe im Bundesstaat, 1983, S. 19ff.
[3] *K. G. Meyer-Teschendorf*, DÖV 1988, 901 (903), mit exemplarischem Hinweis auf die 1841 zwischen der Königlich Preußischen und der Herzoglich Braunschweigischen Regierung getroffene »Übereinkunft zur Beförderung der Rechtspflege«.
[4] Dazu *K. G. Meyer-Teschendorf*, DÖV 1988, 901 (903f.). S. zur Bedeutung des Vorstoßes im Deutschen Bund als Hintergrund für das Verständnis der späteren verfassungsrechtlichen Regelungen auch *B. Schlink*, Die Amtshilfe, 1982, S. 40.
[5] Vgl. etwa *Berg*, Amtshilfe (Fn. 2), S. 59ff.; *Wessel*, Amtshilfe (Fn. 2), S. 21f.; *H. P. Bull*, in: AK-GG, Art. 35 I (2001), Rn. 3, mit Hinweis u.a. auf eine preußische Verordnung von 1849. S. zur bis in das 20. Jahrhundert fortwirkenden Vorstellung, dass die innerstaatliche Verpflichtung von Gerichten und Behörden zu gegenseitigem Beistand keiner besonderen Rechtsgrundlage bedürfe, weil sie bereits aus allgemeinen staatsrechtlichen Grundsätzen folge, auch *Magen* (Fn. 1), Art. 35 Rn. 1 m.w.N.
[6] Vgl. *Bull* (Fn. 5), Art. 35 I Rn. 3f.; eingehend zum spezifischen Bundesstaatsbezug von Art. 35 I GG und seiner Vorläufer *Schlink*, Amtshilfe (Fn. 4), S. 34ff.
[7] Art. 4 Nr. 11 RV (RGBl. 1971, S. 63).

sen in Civilsachen und Erledigung von Requisitionen überhaupt«[8]; auf dieser Grundlage erging 1869 das Rechtshilfegesetz, das u. a. in Zivilsachen für alle Gerichte des Bundesgebiets die Verpflichtung zu gegenseitiger Rechtshilfe anordnete und wiederum auf spezifisch bundesstaatliche Traditionszusammenhänge der heutigen Rechts- und Amtshilfe aufmerksam macht[9]. Dies gilt auch für das spätere Reichsgesetz über Beistandsleistungen zwischen »Behörden verschiedener Bundesstaaten« u. a. auf dem Gebiet der Abgabeneinziehung[10]; beim Gerichtsverfassungsgesetz von 1877, das im Dreizehnten Titel für seinen Anwendungsbereich ebenfalls Vorschriften über die Rechtshilfe enthält, griffen die Gesetzgebungsbefugnisse des Reiches aus Art. 4 Nr. 13 RV für das gerichtliche Verfahren und Art. 4 Nr. 11 RV ergänzend ineinander[11]. Für die Rechts- und Amtshilfe innerhalb der Einzelstaaten war die Auffassung verbreitet, dass sich die Behörden einschließlich der Gerichte auch ohne ausdrückliche gesetzliche Anordnung gegenseitig Beistand zu leisten haben[12].

3 Ebenso wie die Reichsverfassung von 1871 enthielt auch die **Weimarer Reichsverfassung** noch keine Art. 35 GG entsprechende Regelung. Vielmehr knüpfte sie in Art. 7 Nr. 3 WRV an die Vorläuferregelung an und begründete für die »Amtshilfe zwischen Behörden« zusammen mit dem gerichtlichen Verfahren einschließlich des Strafvollzugs eine Gesetzgebungsbefugnis des Reiches. Einfachgesetzlich blieb die Amtshilfe im Bundesstaat lückenhaft geregelt und bereitete in der Praxis Schwierigkeiten; jenseits einschlägiger Einzelbestimmungen sah mancher die »Verträge zwischen den einzelnen Ländern aus alter Zeit« als maßgebend an[13]. Im übrigen bejahte man die umstritten gebliebene Frage einer gesetzesunabhängigen allgemeinen Amtshilfepflicht oftmals unter Hinweis darauf, dass die Behörden Teile desselben einheitlichen Staates seien[14]; auch wurde eine Unterstützungspflicht der verschiedenen Behörden mitunter »zum Wesen jeder geordneten Staatsverwaltung« gerechnet und deshalb als »eigentlich selbstverständlich« angesehen[15]. Die frühzeitige Entföderalisierung (→ Art. 20 [Bundesstaat], Rn. 6) rückte während des **Nationalsozialismus** die Amtshilfe in ein anderes Licht; sie galt nunmehr auch ohne ausdrückliche Bestimmung oder Vereinbarung in allen Gebieten des Reiches[16]. Außerdem wurde gesetzlich eine Verpflichtung

---

[8] Text bei Huber, Dokumente, Bd. 2, S. 272 ff.
[9] Näheres bei *K. G. Meyer-Teschendorf*, DÖV 1988, 901 (903 ff.).
[10] Gesetz über den Beistand bei Einziehung von Abgaben und Vollstreckung von Vermögensstrafen vom 9.6.1895 (RGBl. S. 256); das Gesetz stützte sich auf Art. 4 Nr. 11 RV. Zum Bundesstaatsbezug dieses Gesetzes s. *Schlink*, Amtshilfe (Fn. 4), S. 41, mit Hinweis auf die Begründung.
[11] *Schlink*, Amtshilfe (Fn. 4), S. 41.
[12] *Berg*, Amtshilfe (Fn. 2), S. 64 ff.; *Wessel*, Amtshilfe (Fn. 2), S. 71 ff.; *K. G. Meyer-Teschendorf*, DÖV 1988, 901 (904 ff.); vgl. auch *Schlink*, Amtshilfe (Fn. 4), S. 42 ff.; jeweils mit Hinweis auf die uneinheitlichen Begründungsansätze (Gewohnheitsrecht, althergebrachtes, allgemeines Recht, Grundsätze der Verwaltungsorganisation, Einheit der Staatsgewalt etc.).
[13] *H. Delius*, Art. Amtshilfe, in: F. Stier-Somlo/A. Elster (Hrsg.), Handwörterbuch der Rechtswissenschaft, Bd. 1, 1926, S. 132 ff. (133). S. auch *Löwenthal*, RVBl./PrVBl. 1929, 11 (12 f.), der darauf aufmerksam machte, dass eine Verpflichtung zwischen den Behörden verschiedener Länder nur bei gesetzlicher Regelung oder staatsvertraglicher Vereinbarung bestehe, und für eine umfassende reichsgesetzliche Regelung plädierte. Vgl. ferner *T. Stein*, Amtshilfe in auswärtigen Angelegenheiten, 1975, S. 79; s. aber auch ebd., S. 80.
[14] Vgl. *W. Jellinek*, Verwaltungsrecht, 3. Aufl. 1931, S. 15, zum Bestehen einer Amtshilfepflicht »zwischen Reichsbehörden untereinander, preußischen Behörden untereinander«.
[15] *Delius*, Amtshilfe (Fn. 13), S. 133; vgl. auch *K. G. Meyer-Teschendorf*, JuS 1981, 187 (187).
[16] *K. G. Meyer-Teschendorf*, DÖV 1988, 901 (906); *Berg*, Amtshilfe (Fn. 2), S. 66 f.; aus der zeitgenössischen Literatur vgl. zur Überwindung bundesstaatlicher Schwierigkeiten etwa *Naß*, RVBl. 1935, 949 (951 f.).

der öffentlichen Behörden zu Amts- und Rechtshilfe gegenüber Organen der NSDAP sowie der SA festgelegt[17].

II. Entstehung und Veränderung der Norm

In der Entstehungsgeschichte des Grundgesetzes war der heutige **Art. 35 I GG** kein zentraler Gegenstand von Kontroversen[18]. Der HChE begründete in knapper Auseinandersetzung mit der früheren Rechtslage (→ Rn. 3) die Regelung mit der Absicht, »sowohl eine besondere Gesetzgebung wie auch innerdeutsche Vereinbarungen der Länder entbehrlich zu machen, und zwar durch Ausdehnung der Amts- und Rechtshilfe auf alle Gebiete und Behörden«[19], und stellte sie systematisch in den Abschnitt über »Bund und Länder« sowie in das unmittelbare Umfeld von Vorschriften über das Staatsvertragsrecht ein; damit erweist sich Art. 35 I GG entstehungsgeschichtlich als Antwort auf ein Bundesstaatsproblem[20]. Weitergehende Regelungsgehalte u.a. über die Anerkennung von in einem Land vorgenommenen öffentlichen Beurkundungen und Beglaubigungen im ganzen Bundesgebiet waren zeitweise in der Diskussion, gingen in die Endfassung aber nicht ein.

4

In der weiteren Verfassungsentwicklung waren wiederholt **Ergänzungen bzw. Änderungen** der Norm zu verzeichnen, nämlich 1968 durch Anfügung von Art. 35 II und III GG[21], für die u.a. Erfahrungen der Hamburger Flutkatastrophe von 1962 den Anlass gegeben haben[22], sowie 1972 durch die Neufassung des damaligen Art. 35 II GG[23], die erweiterte Einsatzmöglichkeiten des Bundesgrenzschutzes eröffnete[24]. Impulse für weitere Reformvorschläge[25] gingen vor dem Hintergrund von Terroranschlägen und Flugzeugentführungen namentlich von der bundesverfassungsgerichtlichen Spruchpraxis zum präventiven Einsatz von Streitkräften mit spezifisch militärischer Bewaffnung nach dem Luftsicherheitsgesetz aus (→ Rn. 32); diese Vorstöße haben bislang aber zu keiner Verfassungsänderung geführt. Wiederholt geändert hat sich allerdings das einfach-rechtliche Umfeld. So wurde 2005 ohne begriffliche Anpassung von

5

---

[17] § 6 des Gesetzes zur Sicherung der Einheit von Partei und Staat vom 1.12.1933 (RGBl. I S. 1016); vgl. dazu auch § 6 der Verordnung zur Durchführung des Gesetzes zur Sicherung der Einheit von Partei und Staat vom 29.3.1935 (RGBl. I S. 502).
[18] Kurzüberblicke: JöR 1 (1951), S. 330 f.; *U. Bachmann*, in: Schneider/Kramer, GG-Dokumentation, Bd. 10, 1996, S. 621.
[19] Bericht über den Verfassungskonvent auf Herrenchiemsee vom 10. bis 23. August 1948, Darstellender Teil, Parl. Rat II, S. 504 ff. (529).
[20] *Schlink*, Amtshilfe (Fn. 4), S. 34 ff.; *ders.*, NVwZ 1986, 249 (250 f.); *K. G. Meyer-Teschendorf*, DÖV 1988, 901 (902).
[21] § 1 Nr. 8 des Siebzehnten Gesetzes zur Ergänzung des Grundgesetzes v. 14.6.1968 (BGBl. I S. 709). Zur Genese der Neuregelung, die ursprünglich bei Art. 91 GG erfolgen sollte, s. BT-Drs. V/1879, S. 3, 23 f.; V/2873, S. 9 f., 24; *C. Arndt*, DVBl. 1968, 729 ff.
[22] S. zum Hintergrund der Flutkatastrophe instruktiv *H. P. Bull*, DÖV 1997, 290 (291), sowie hierzu und zu fortbestehenden Problemen der Zuständigkeitsabgrenzung während der niedersächsischen Brandkatastrophe 1975 *M. Klückmann*, DÖV 1976, 333 (334) m.w.N.
[23] Art. I Nr. 1 des Einunddreißigsten Gesetzes zur Änderung des Grundgesetzes v. 28.7.1972 (BGBl. I S. 1305).
[24] *M. Gubelt*, in: v. Münch/Kunig, GG II, Art. 35 Rn. 2; *B. Grzeszick*, in: Friauf/Höfling, GG, Art. 35 (2006), Rn. 4.
[25] Vgl. etwa den Vorschlag zur Neufassung des Art. 35 GG von *D. Wiefelspütz*, ZRP 2007, 18 ff., und dazu *C. Hümmer*, ZRP 2007, 204; *M. Ladiges*, ZRP 2007, 172; *A. Meyer*, ZRP 2007, 274 f.; *A. Poretschkin*, ZRP 2007, 274.

Art. 35 GG der Bundesgrenzschutz in Bundespolizei umbenannt[26]; Aufgabenerweiterungen oder Befugnisänderungen waren damit freilich nicht verbunden. Dementsprechend heißt das frühere Bundesgrenzschutzgesetz nunmehr Bundespolizeigesetz[27]. Außerdem passte das Gesetz zur Neuorganisation der Bundespolizei[28] die Sicherheitsarchitektur an neue Gefährdungslagen wie Terrorismus und illegale Migration an und stärkte zudem die operative Ebene sowie die polizeiliche Präsenz durch Bürokratieabbau[29].

B. Internationale, supranationale und rechtsvergleichende Bezüge

6 Internationalisierung und Europäisierung rechtlich geregelter Lebenssachverhalte und Problemlagen haben aus politisch-rechtstatsächlicher Sicht seit langem ein **Bedürfnis nach grenzüberschreitender Gerichts- und Verwaltungszusammenarbeit** geweckt. Rechts- und Amtshilfe ist dadurch zu einem über nationalstaatliche Grenzen hinausweisenden Anliegen herangewachsen und in der Europäischen Union sogar tendenziell in einen Kooperationsverbund zwischen den Mitgliedstaaten sowie zwischen diesen und der Union hineingewachsen[30]. Namentlich die **Europäisierung der Amtshilfe** begründet »zwangsläufig ein mulitpolares Rechtsverhältnis und modifiziert das Verwaltungsverfahrensrecht [...], schon allein durch die Überlagerung nationaler Verwaltungsverfahren durch ein eigenständiges Amtshilfeverfahren«[31] nach dem Modell eines Behördennetzwerkes. Allerdings sind die internationale Amtshilfe und die unionale Amtshilfe von Art. 35 GG nicht erfasst[32] (→ Rn. 10, 12), auch wenn solche Amtshilfebegehren innerbundesstaatlich Anlass für (auch) durch Art. 35 geregelte Rechts- und Amtshilfe sein können.

7 Auf **internationaler Ebene** erfolgt der Rechts- und Amtshilfeverkehr primär auf der Grundlage von völkerrechtlichen Vereinbarungen, die in zahlreichen bi- und multilateralen Abkommen getroffen sind[33]. Bestehen solche Vereinbarungen nicht, richtet sich der »vertragslose« bzw. nicht-vertragliche Rechtshilfeverkehr nach den Grundsätzen völkerrechtlicher Höflichkeit (»courtoisie«). Daraus ergibt sich freilich in aller

---

[26] Gesetz zur Umbenennung des Bundesgrenzschutzes in Bundespolizei v. 21.6.2005 (BGBl. I S. 1818).
[27] Gesetz über die Bundespolizei (Bundespolizeigesetz) v. 19.10.1994 (BGBl. I S. 2978, 2979), zuletzt geändert durch Gesetz v. 20.6.2013 (BGBl. I S. 1602).
[28] Gesetz zur Änderung des Bundespolizeigesetzes und anderer Gesetze v. 29.2.2008 (BGBl. I S. 215).
[29] *Gubelt* (Fn. 24), Art. 35 Rn. 2a.
[30] Instruktiver Überblick bei *T. v. Danwitz*, in: v. Mangoldt/Klein/Starck, GG II, Art. 35 Rn. 47 ff.
[31] *U. Schliesky*, Die Europäisierung der Amtshilfe, 2008, S. 29.
[32] *J. Ziekow*, Art. Amtshilfe, in: EvStL[4], Sp. 56 ff. (58); *Grzeszick* (Fn. 24), Art. 35 Rn. 9; *V. Epping*, in: Epping/Hillgruber, GG, Art. 35 Rn. 3 m. w. N.
[33] Vgl. dazu etwa *H. Schmitz*, in: P. Stelkens/H. J. Bonk/M. Sachs (Hrsg.), VwVfG, 8. Aufl. 2014, § 4 Rn. 23 f.; *W. Clausen*, in: H. J. Knack/H.-G. Henneke (Hrsg.), VwVfG, 10. Aufl. 2014, Vor § 4 Rn. 25 ff.; *v. Danwitz* (Fn. 30), Art. 35 Rn. 48; *Gubelt* (Fn. 24), Art. 35 Rn. 4; Beispiele bei *B. v. Hoffmann/K. Thorn*, Internationales Privatrecht, 9. Aufl. 2007, S. 97 f., und *M. Söhne*, Die Rechtshilfe in der Europäischen Union – eine kritische Bestandsaufnahme am Beispiel der Verwaltungssachen, 2013, S. 77 ff. Zu den besonders hervorhebenswerten Übereinkommen zwischen den Mitgliedstaaten des Europarats s. *H. Jellinek*, NVwZ 1982, 535 ff.; *V. Lohse*, VR 1982, 401 ff.; speziell zur Verfassungsmäßigkeit des deutsch-österreichischen Rechtshilfevertrages vom 11.9.1970 s. BVerfGE 63, 343, und im Anschluss daran *C. D. Classen*, Die Entwicklung des Internationalen Verwaltungsrechts als Aufgabe der Rechtswissenschaft, VVDStRL 67 (2008), S. 365 ff. (400 f.).

Regel keine konkrete Verpflichtung zur Leistung von Rechts- und Amtshilfe, sondern nur faktischer Druck zur Hilfeleistung, weil jeder Staat auf internationale Kooperation angewiesen ist und nur bei Unterstützung des Hilfeersuchenden erwarten kann, dass dieser ihm im umgekehrten Fall ebenfalls Hilfe leisten wird[34].

Auf **europäischer Ebene** fehlt im Primärrecht der Europäischen Union eine umfassende allgemeine Rechts- und Amtshilferegelung mit detaillierten Bestimmungen über Gegenstand, Voraussetzungen, Verfahren, Grenzen und Kosten solcher Hilfeleistungen ebenso wie eine Art. 35 I GG vergleichbare Regelung. **Teilregelungen** einer Rechts- und Amtshilfe finden sich jedoch beispielsweise in Art. 105 AEUV für die Wettbewerbsaufsicht und in Normen des Sekundärrechts wie etwa in den auf der Grundlage von Art. 337 AEUV und Art. 338 AEUV ergangenen Informationserhebungsermächtigungen, die sich als unverzichtbare Basis für die Rechtsetzung der Europäischen Union erwiesen haben, eine unionsrechtliche Durchdringung der (nationalen) Verwaltungen bewirken und eine Fülle neuer Rechtsfragen aufwerfen[35]. Ein besonders markantes sekundärrechtliches Beispiel sind die Regelungen über die Verwaltungszusammenarbeit in der Dienstleistungsrichtlinie[36], die manchen als »tendenziell verallgemeinerungsfähig«[37] gelten und in Deutschland zur Einführung der ebenso umfangreichen wie detaillierten §§ 8a ff. VwVfG[38] geführt haben. Im übrigen liefert Art. 4 III EUV bzw. der Grundsatz der Unionstreue (→ Art. 20 [Bundesstaat], Rn. 18) einen übergreifenden Ansatzpunkt zur Begründung von Pflichten zu gegenseitiger Rechts- und Amtshilfe zwischen den Mitgliedstaaten und der Europäischen Uni-

8

---

[34] S. zur »courtoisie« BVerwG NJW 1984, 574 (574), und zum »vertragslosen Rechtshilfeverkehr« v. *Hoffmann/Thorn*, Internationales Privatrecht (Fn. 33), S. 101; ferner *Söhne*, Rechtshilfe (Fn. 33), S. 70 ff.

[35] Vgl. allgemein zur Rechts- und Amtshilfe z. B. v. *Danwitz* (Fn. 30), Art. 35 Rn. 49 ff.; *G. Meier*, EuR 1989, 237 (238 f.); *Nicolaysen*, Europarecht I, S. 53; speziell zum EG-Amtshilfe-Gesetz s. etwa *B. Runge*, DB 1986, 191 ff. Beispiele für sekundärrechtliche Regelungen der Rechts- und Amtshilfe sind die EG-Verordnung über Zustellung gerichtlicher und außergerichtlicher Schriftstücke in Zivil- und Handelssachen in den Mitgliedstaaten v. 13.11.2007, ABl. Nr. L 324/79 (EuZVO), die EG-Verordnung über die Zusammenarbeit zwischen den Gerichten der Mitgliedstaaten auf dem Gebiet der Beweisaufnahme in Zivil- und Handelssachen v. 28.5.2001, ABl. Nr. L 174/1 (EuBVO) und die Amtshilferichtlinie für die Steuerverwaltungen (dazu *H.-G. Kamann*, in: Streinz, EUV/AEUV, Art. 113 AEUV, Rn. 27); vgl. ferner etwa die Übereinkommen über Amtshilfe und Zusammenarbeit der Zollverwaltungen (dazu *C. Ohler*, in: Streinz, EUV/AEUV, Art. 33 AEUV, Rn. 21 ff.). Umfassend und systematisierend zur Ausbildung eines Rechtsinstituts gemeinschafts- bzw. unionsrechtlicher horizontaler und vertikaler Amts- und Rechtshilfe *F. Wettner*, Die Amtshilfe im Europäischen Verwaltungsrecht, 2005, und *Söhne*, Rechtshilfe (Fn. 33). Zu den Europäischen Informationssystemen s. v. *Danwitz*, a. a. O., Art. 35 Rn. 55 m. w. N. Zu Sonderformen der Zusammenarbeit etwa auf der Grundlage von Schengen I und II sowie hinsichtlich der Errichtung von Europol vgl. *H. Bäumler*, CR 1994, 487 ff.; *H. Nicolaus*, NVwZ 1996, 40 ff.; *M. Baldus*, Transnationales Polizeirecht, 2001; *H. P. Bull*, DRiZ 1998, 32 ff.; Kritik an der konzeptionellen Ausgestaltung von Europol namentlich unter Rechtsschutzgesichtspunkten insb. bei *J. A. Frowein/N. Krisch*, JZ 1998, 589 (592 ff.); mit einiger Berechtigung weist *Bull* (Fn. 5), Art. 35 I Rn. 42, darauf hin, dass sich Europol mit dem konventionellen Amtshilfeverständnis kaum noch angemessen erfassen lässt. Zur grenzüberschreitenden Zusammenarbeit im »Katastrophenschutzverwaltungsrecht« s. *R. Stober/S. Eisenmenger*, NVwZ 2005, 121 (126).

[36] Richtlinie 2006/123/EG des Europäischen Parlaments und des Rates v. 12.12.2006 über Dienstleistungen im Binnenmarkt, ABl. L 376 v. 27.12.2006/36-68.

[37] *U. Stelkens*, in: Stelkens/Bonk/Sachs, VwVfG (Fn. 33), EuR Rn. 188.

[38] Dazu statt vieler *H. Schmitz/L. Prell*, NVwZ 2009, 1121 ff.; vgl. zur besonderen Bedeutung der Dienstleistungsrichtlinie für das Recht der Europäischen Verwaltungszusammenarbeit auch *Schliesky*, Amtshilfe (Fn. 31), S. 13 ff.

on sowie den Unionsorganen (in deren jeweiligen Zuständigkeitsbereichen)[39]. Das ist mit Entwicklungen im deutschen Recht vergleichbar, die die Amtshilfe auf den Gedanken der Bundestreue zurückführen[40]. Perspektivisch zielen diese Ansätze in der Europäischen Union auf eine umfassende Verwaltungskooperation in einem arbeitsteiligen Zusammenwirken von Union und Mitgliedstaaten sowie der Mitgliedstaaten untereinander mit inhaltlich abgestuften Verpflichtungen und Berechtigungen der Beteiligten[41].

9 Die **rechtsvergleichende Betrachtung** zeigt eine uneinheitliche Behandlung der Rechts- und Amtshilfe auf der Verfassungsebene. So sind etwa nach Art. 22 Bundesverfassungs-Gesetz der **Republik Österreich** alle »Organe des Bundes, der Länder und der Gemeinden [...] im Rahmen ihres gesetzmäßigen Wirkungsbereiches zur wechselseitigen Hilfeleistung verpflichtet«. Demgegenüber fehlte in der früheren Bundesverfassung der **Schweizerischen Eidgenossenschaft** eine entsprechende Regelung; diese Lücke wurde allerdings mitunter durch einen (umstritten gebliebenen) Rückgriff auf die Bundestreue geschlossen. 1999 hat die neue Bundesverfassung das normative Defizit bereinigt; in ihr ist die Verpflichtung von Bund und Kantonen zu wechselseitiger Amts- und Rechtshilfe in den Teilaspekte der Bundestreue positivierenden Art. 44 eingestellt. Die **Landesverfassungen** regeln nur äußerst zurückhaltend[42] Amts- und Rechtshilfepflichten, die zudem schon allein wegen der fehlenden bundesstaatlichen Binnenstruktur der Länder nicht vergleichbar sind.

C. Erläuterungen

I. Allgemeine Bedeutung

10 Art. 35 GG hat mehrere **Regelungsgegenstände**, nämlich die allgemeine Verpflichtung der Behörden von Bund und Ländern zu gegenseitiger Amtshilfe (Art. 35 I GG) sowie die spezielle föderative Unterstützung in besonderen Gefahrenlagen auf Anforderung durch ein Land (Art. 35 II GG) oder auf Direktive der Bundesregierung (Art. 35 III GG). Traditioneller Schwerpunkt ist die allgemeine Beistandspflicht von Bund und

---

[39] EuGH NJW 1991, 2409 (2410); 1991, 2410 (2411); *W. Kahl*, in: Calliess/Ruffert, EUV/AEUV, Art. 4 EUV, Rn. 81 ff., 107, 113 m.w.N.; *v. Danwitz* (Fn. 30), Art. 35 Rn. 50; instruktiv *A. v. Bogdandy/F. Arndt*, EWS 2000, 1 ff., mit Hinweis darauf, dass das Tagesgeschäft der Amtshilfe und Kooperation »aus praktischen wie rechtlichen Gründen einer weit detailgenaueren Regelung der Informations- und Kommunikationsstrukturen bedarf« als dies das Prinzip der loyalen Zusammenarbeit leisten kann; vgl. auch *R. Streinz*, in: Streinz, EUV/AEUV, Art. 4 EUV, Rn. 51.

[40] Z.B. *N. Achterberg*, Deutschland nach 30 Jahren Grundgesetz, VVDStRL 38 (1980), S. 55 ff. (91 f. mit Fn. 120); BVerwG DÖV 1973, 490 (491); *R. Sannwald*, in: Schmidt-Bleibtreu/Hofmann/Henneke, GG, Art. 35 Rn. 1; *v. Danwitz* (Fn. 30), Art. 35 Rn. 50. Näheres bei *H. Bauer*, Die Bundestreue, 1992, S. 345 m.w.N.; zu Art. 35 II, III GG *D. Hömig*, in: Hömig, GG, Art. 35 Rn. 1; *Stern*, Staatsrecht I, S. 719.

[41] Die Mitwirkung reicht »von schlichten Mitteilungs- und Berichtspflichten über die Vorbereitung von Entscheidungen, die Zusammenarbeit in einem Netzwerk, die gegenseitige Anerkennung von Hoheitsakten [...] bis zu einer besonders intensiven Kooperation beispielsweise im Wege von Melde- und Unterrichtungsvorgängen sowie der Zusammenarbeit bei der Ausarbeitung eines gemeinschaftsweiten Konzepts zum Schutz natürlicher Lebensräume [...]« (*v. Danwitz* [Fn. 30], Art. 35 Rn. 49).

[42] Nämlich auf Untersuchungs- und Petitionsausschüsse bezogene Amts- und Rechtshilfepflichten – s. etwa zu den Untersuchungsausschüssen Art. 35 III Bad.-Württ.Verf., Art. 25 III 3 Bay.Verf., Art. 72 III 5 Brandenb.Verf., und zu den Petitionsausschüssen Art. 46 S. 3 Berl.Verf., Art. 71 II Brandenb.Verf.; dazu *Magen* (Fn. 1), Art. 35 Rn. 4 m.w.N.

Ländern, die oftmals als Ausdruck der **Einheit des Staates**, des Staatsorganismus, der Staatsgewalt oder gar der Verwaltung gewertet wird[43]. Doch tritt diese Deutung mit Recht zunehmend zurück[44] und stattdessen in Übereinstimmung mit den föderalen Wurzeln (→ Rn. 1 ff., 4) der **Bundesstaatsbezug** in den Vordergrund[45]. In diesem Kontext ermächtigt und verpflichtet Art. 35 I GG grundsätzlich alle Behörden zu gegenseitiger Rechts- und Amtshilfe; die Vorschrift fördert die Zusammenarbeit von Bund und Ländern und unterstützt auf diese Weise bundesstaatliche Integration. Die Norm enthält eine Sonderregelung gegenüber der Zuständigkeitstrennung von Bund und Ländern, will Verwaltungsabläufe in der bundesstaatlichen Ordnung vereinfachen und effektuieren und **bezweckt** damit in diesem Ordnungsrahmen neben der Integration zugleich eine Steigerung der Verwaltungseffektivität. Daneben weist Art. 35 GG Bezüge zum **Rechtsstaatsprinzip** auf: Unter gewaltenteilerisch-freiheitssicherndem Blickwinkel[46] wahrt die Vorschrift einerseits Distanz zu einheitsstaatlichen Begründungsansätzen der Amtshilfe[47] und ebnet andererseits den Weg für die Beschaffung von Informationen, die dazu beitragen, größtmögliche objektive Richtigkeit staatlicher Entscheidungen zu gewährleisten[48].

»Die gegenseitige **Amts- und Rechtshilfe** erscheint dem Außenstehenden als etwas Minimales, ist aber für die Gerichts- und Verwaltungspraxis von ungeheurer **Bedeutung**«[49]. Demgegenüber ist die praktische Bedeutung von **Art. 35 II, III GG** im Verwaltungsalltag schon allein wegen der tatbestandlichen Beschränkung auf besondere Gefahren- und Notlagen zahlenmäßig naturgemäß geringer, bei Eintritt solcher

11

---

[43] Z.B. *Gubelt* (Fn. 24), Art. 35 Rn. 1; *Epping* (Fn. 32), Art. 35 vor Rn. 1; *W. G. Leisner*, in: Sodan, GG, Art. 35 Rn. 1; *G. Haverkate*, Die Einheit der Verwaltung als Rechtsproblem, VVDStRL 46 (1988), S. 217 ff. (242 f.); *S. Hentschel*, Die innerstaatliche Rechts- und Amtshilfe, 1957, S. 73 ff.; *Hömig* (Fn. 40), Art. 35 Rn. 1; *Magen* (Fn. 1), Art. 35 Rn. 5, der in Fn. 26 die »Einheit der Staatsgewalt« sogar als »normativen Begriff« verstanden wissen will; *T. Maunz*, in: Maunz/Dürig, GG, Art. 35 (1973), Rn. 5; *Model/Müller*, GG, Art. 35 Rn. 1; *R. Pietzner*, Art. Amtshilfe I, in: EvStL[3], Sp. 50 (51); *Sannwald* (Fn. 40), Art. 35 Rn. 1; *R. Scholz/R. Pitschas*, Informationelle Selbstbestimmung und staatliche Informationsverantwortung, 1984, S. 117 f.; *Stein*, Amtshilfe (Fn. 13), S. 77; *Stern*, Staatsrecht II, S. 788; *Wessel*, Amtshilfe (Fn. 2), S. 84 ff.; vgl. auch BVerfGE 7, 183 (190: »Einheit des Staatsorganismus«); BVerwGE 38, 336 (340); 79, 339 (342).
[44] Zur Kritik der Rückführung auf die »Einheit des Staates« s. etwa *Bull* (Fn. 5), Art. 35 I Rn. 1 f., 10; *E. Denninger*, JA 1980, 280 (283 f.); *W. Erbguth*, in: Sachs, GG, Art. 35 Rn. 2; *Schlink*, Amtshilfe (Fn. 4), S. 62 ff.; *F. E. Schnapp*, Grenzen der Amtshilfe in der Sozialversicherung, in: FS Wannagat, 1981, S. 449 ff. (450 ff.).
[45] Z.B. *Bull* (Fn. 5), Art. 35 I Rn. 4, 8 ff.; *Erbguth* (Fn. 44), Art. 35 Rn. 1, 3; Jarass/*Pieroth*, GG, Art. 35 Rn. 1; *B. Schlink*, NVwZ 1986, 249 (250); vgl. auch *Gubelt* (Fn. 24), Art. 35 Rn. 1, und *J. Isensee*, HStR[3] VI, § 126 Rn. 228 f. Für die komplementäre Heranziehung des Gedankens von der Einheit der Staatsgewalt und des Bundesstaatsprinzips *v. Danwitz* (Fn. 30), Art. 35 Rn. 2, und offenbar auch *Epping* (Fn. 32), Art. 35 vor Rn. 1. Nach *Grzeszick* (Fn. 24), Art. 35 Rn. 2, soll der umstrittene Topos »Einheit der Staates bzw. der Staatsgewalt« mangels eigenständiger Bedeutung für die Auslegung von Art. 35 GG »nicht weiter relevant« sein.
[46] Vgl. *Bull* (Fn. 5), Art. 35 I Rn. 3, 8 ff.
[47] Nicht überzeugend *Wessel*, Amtshilfe (Fn. 2), S. 84 ff. (insb. S. 100), der die Amtshilfe im Bundesstaat aus allgemeinen Prinzipien herleiten und Art. 35 I GG (unhistorisch) nur noch deklaratorische Bedeutung beimessen will; gegen den Vorstoß von *Wessel* auch *Bull* (Fn. 5), Art. 35 I Rn. 9; *Gubelt* (Fn. 24), Art. 35 Rn. 1; *B. Schlink*, NVwZ 1986, 249 (250).
[48] *Erbguth* (Fn. 44), Art. 35 Rn. 4, allerdings mit weitergehenden Schlussfolgerungen für den Anwendungsbereich von Art. 35 I GG; vgl. auch *Epping* (Fn. 32), Art. 35 vor Rn. 1.
[49] So die Begründung des bayerischen Vorschlags zur allgemeinen Amts- und Rechtshilfe durch *Kollmann* in der 1. Sitzung des Unterausschusses II des Herrenchiemseer Verfassungskonvents am 13.8.1948 (Hervorhebungen hinzugefügt); abgedruckt bei *Bachmann*, GG-Dokumentation (Fn. 18), S. 628.

Gefahren- und Notlagen aber umso wichtiger[50]. Zusätzlichen Auftrieb hat die wissenschaftliche Beschäftigung mit der Amts- und Rechtshilfe durch die mit der modernen Datenverarbeitung einhergehenden neuartigen Gefahren für die Grundrechte erhalten[51]. Außerdem haben in jüngerer Zeit mehrere bundesverfassungsgerichtliche Entscheidungen zum Einsatz moderner Informationstechnologie[52], vor allem aber zu dem Art. 35 II, III GG zentral betreffenden Luftsicherheitsgesetz[53] für großes Aufsehen gesorgt.

12 Der **Anwendungsbereich** von Art. 35 GG ist auf das Verhältnis von Bundes- und Landesbehörden sowie von Behörden verschiedener Länder beschränkt, erfasst also nicht die zwischen Bundesbehörden untereinander oder zwischen Behörden desselben Landes untereinander bestehenden Beziehungen. Dies ergibt sich für Art. 35 II, III GG mit den dort vorgenommenen Präzisierungen und Eingrenzungen bereits aus dem Wortlaut. Für Art. 35 I GG folgt der eingeschränkte Anwendungsbereich aus der Entstehungsgeschichte (→ Rn. 4), dem spezifischen Bundesstaatsbezug (→ Rn. 10) und der systematischen Stellung der Norm in dem Abschnitt »Der Bund und die Länder«[54].

II. Allgemeine Rechts- und Amtshilfe (Art. 35 I GG)

1. Begriff und Gegenstände

13 Begrifflich werden Rechts- und Amtshilfe verbreitet danach unterschieden, ob es sich bei der um Unterstützung angegangenen Institution um ein Gericht oder um eine Behörde handelt; nach dieser Differenzierung erfasst **Amtshilfe** Unterstützungsleistungen durch Behörden, **Rechtshilfe** hingegen solche durch Gerichte, und zwar nach wohl überwiegend vertretener Ansicht funktionell begrenzt auf spezifisch richterliche Handlungen[55]. Mangels unmittelbarer rechtspraktischer Konsequenzen ist für Art. 35 I GG eine exakte terminologische Abschichtung von Rechts- und Amtshilfe allerdings

---

[50] S. etwa zu Einsatzfeldern von Art. 35 II GG *H. Klückmann*, DÖV 1976, 333 (334 ff. – niedersächsische Brandkatastrophe); *G. Robbers*, DÖV 1989, 926 (926 – Schnee- und Hochwasserkatastrophen in Schleswig-Holstein); *F. Ebel/P. Kunig*, Jura 1998, 113 (116 – Hochwasserkatastrophe an der Oder); weitere Beispiele aus jüngerer Zeit sind die wiederholten Hochwasserkatastrophen an der Elbe.

[51] Statt vieler *Gubelt* (Fn. 24), Art. 35 Rn. 2b. → Rn. 23 f.

[52] Vgl. *Gubelt* (Fn. 24), Art. 35 Rn. 2b unter Hinweis auf BVerfGE 120, 274; 120, 378; 121, 1; 125, 260.

[53] BVerfGE 115, 118; 132, 1; 133, 241; näher → Rn. 32.

[54] Im Ergebnis ebenso *Bull* (Fn. 5), Art. 35 I Rn. 9 f.; *Epping* (Fn. 32), Art. 35 Rn. 3; *Jarass/Pieroth*, GG, Art. 35 Rn. 1; *Schlink*, Amtshilfe (Fn. 4), S. 34, 40; *Stern*, Staatsrecht II, S. 788 f. Für eine Anwendung auch auf die bundes- und landesinternen Behördenbeziehungen hingegen *D. Wahlen*, Maritime Sicherheit im Bundesstaat, 2012, S. 149 ff.; *v. Danwitz* (Fn. 30), Art. 35 Rn. 4; *Erbguth* (Fn. 44), Art. 35 Rn. 5; *Grzeszick* (Fn. 24), Art. 35 Rn. 3; *Gubelt* (Fn. 24), Art. 35 Rn. 1; *J. Isensee*, HStR³ VI, § 126 Rn. 231; *Magen* (Fn. 1), Art. 35 Rn. 10; *Sannwald* (Fn. 40), Art. 35 Rn. 18; *R. Wendt*, NWVBl. 1987, 33 (39); die mit uneinheitlicher Begründung unter anderem auf den Topos »Einheit der Staatsgewalt« abstellen und/oder die Norm teleologisch auf eine rechtsstaatliche Radizierung verengen. Speziell zu den Besonderheiten des parlamentarischen Kontrollrechts, die es ausschließen, die Beziehungen zwischen Bundestag und Bundesregierung mit dem Begriff der Amtshilfe zu beschreiben, s. BVerfGE 67, 100 (129).

[55] OVG Lüneburg DÖV 1999, 566 (566); vgl. zu den einzelnen Differenzierungsansätzen etwa *Berg*, Amtshilfe (Fn. 2), S. 38 ff.; *M. Dreher*, Die Amtshilfe, 1959, S. 5 ff.; *Grzeszick* (Fn. 24), Art. 35 Rn. 10; *K. G. Meyer-Teschendorf*, JuS 1981, 187 (188); *W. Rudolf*, HStR³ VI, § 141 Rn. 27 f.; *Schlink*, Amtshilfe (Fn. 4), S. 43 f.; *Wessel*, Amtshilfe (Fn. 2), S. 31 ff.; *Bull* (Fn. 5), Art. 35 I Rn. 13, 16; *v. Danwitz* (Fn. 30), Art. 35 Rn. 9; *Erbguth* (Fn. 44), Art. 35 Rn. 10 f.; *Magen* (Fn. 1), Art. 35 Rn. 11; zu einfachgesetzlichen Konkretisierungen s. § 4 I VwVfG und § 156 GVG.

entbehrlich⁵⁶. Nicht entbehrlich ist dagegen eine beide Institute umfassende **Begriffsbestimmung**: Rechts- und Amtshilfe meint den ergänzenden Beistand, den eine Behörde auf Ersuchen einer anderen Behörde leistet, um dieser die Durchführung ihrer öffentlichen Aufgaben zu ermöglichen oder zu erleichtern⁵⁷. Damit verbinden sich mehrere **Abgrenzungen**. Als ergänzender Beistand ist Rechts- und Amtshilfe auf Unterstützungen im Einzelfall beschränkt, »punktuelles Zusammenwirken mit Ausnahmecharakter«⁵⁸. Nicht von ihr erfasst sind daher anderweitige organisationsrechtliche Verknüpfungen (z. B. Delegation, Mandat, Organleihe, weisungsgebundene und interne Behördenbeziehungen) sowie sonstige Formen regelmäßigen, nicht nur ausnahmsweisen und punktuellen Zusammenwirkens⁵⁹; demensprechend kann die Amtshilfe nach Art. 35 I GG auch nicht »einer allgemeinen oder bereichsbezogenen Kontrolltätigkeit des Bundes gegenüber den Ländern«⁶⁰ dienen. Ebenso schließt die Beschränkung auf **Hilfe im Einzelfall** bzw. »Aushilfe im Einzelfall«⁶¹ die Aufweichung eigenverantwortlicher Aufgabenwahrnehmung⁶² durch dauerhafte und regelmäßige Kooperation aus; verfassungsrechtlich prekär sind daher generelle Ersuchen und Routineanfragen⁶³, vorbehaltlich sondergesetzlicher Regelungen verfassungsrechtlich grundsätzlich unzulässig etwa dauerhafte Datenverbindungen (Standleitungen, online-Zugriffe) zwischen Behörden⁶⁴.

Gegenstand der Rechts- und Amtshilfe können sehr vielfältige Unterstützungsleistungen sein. Musterbeispiele dafür sind Auskunft, Akteneinsicht und -vorlage, Bereitstellung von Personal, Hilfsmitteln und Räumen, technische Hilfen und Erstattung von Gutachten, Vernehmungen und andere Ermittlungen sowie Vollstreckungshandlungen⁶⁵. Bei der rechtlichen Beurteilung dieser Hilfeleistungen ist zwischen nur intern und extern wirkenden Maßnahmen zu unterscheiden (→ Rn. 23 f.).

14

---

⁵⁶ *Gubelt* (Fn. 24), Art. 35 Rn. 9; *Epping* (Fn. 32), Art. 35 Rn. 5; *J. Isensee*, HStR³ VI, § 126 Rn. 227 mit Fn. 648; *Maunz* (Fn. 43), Art. 35 Rn. 9; *K. G. Meyer-Teschendorf*, JuS 1981, 187 (188).
⁵⁷ BVerfG (K), NVwZ 2011, 1254 (1255); vgl. auch BAGE 9, 324 (326); *Grzeszick* (Fn. 24), Art. 35 Rn. 11; *Gubelt* (Fn. 24), Art. 35 Rn. 6; *v. Mangoldt/Klein*, GG, Art. 35 Anm. V.1; *Maunz* (Fn. 43), Art. 35 Rn. 1. Zum Behördenbegriff → Rn. 15.
⁵⁸ BVerfG (K), NVwZ 2011, 1254 (1255) im Anschluss an *Jarass/Pieroth*, GG, Art. 35 Rn. 4.
⁵⁹ Vgl. etwa *Gubelt* (Fn. 24), Art. 35 Rn. 6, 8 m. w. N.; *Stein*, Amtshilfe (Fn. 13), S. 84 ff.; mit ergänzender argumentativer Abstützung im Verständnis der Rechts- und Amtshilfe als Hilfeleistung zwischen Behörden unter Überwindung bestehender Kompetenz- und Zuständigkeitsgrenzen *Epping* (Fn. 32), Art. 35 Rn. 4; *Erbguth* (Fn. 44), Art. 35 Rn. 10; *Grzeszick* (Fn. 24), Art. 35 Rn. 10 ff.; *Jarass/Pieroth*, GG, Art. 35 Rn. 4; speziell zur Unterscheidung von Rechts- und Amtshilfe im Sinne von Art. 35 I GG und Organleihe s. BVerfGE 63, 1 (32 f.). Ähnlich, hinsichtlich Ausnahmesituationen wohl offener, am Ende aber doch auf Hilfe im Einzelfall beschränkend *Magen* (Fn. 1), Art. 35 Rn. 13, 17 unter Hinweis auf BVerwGE 31, 328 (329).
⁶⁰ BVerfGE 127, 165 (204, Rn. 109).
⁶¹ BVerfGE 63, 1 (32).
⁶² S. allgemein zum »Grundsatz eigenverantwortlicher Aufgabenwahrnehmung« BVerfGE 63, 1 (41).
⁶³ *Magen* (Fn. 1), Art. 35 Rn. 17.
⁶⁴ *Erbguth* (Fn. 44), Art. 35 Rn. 17; *Gubelt* (Fn. 24), Art. 35 Rn. 6.
⁶⁵ Vgl. *H. P. Bull*, DÖV 1979, 689 (693); *ders.* (Fn. 4), Art. 35 I Rn. 21; *J. Isensee*, HStR³ VI, § 126 Rn. 227; *Magen* (Fn. 1), Art. 35 Rn. 12; *Schlink*, Amtshilfe (Fn. 4), S. 215 f. m. w. N.; speziell zu Auskunfts- und Akteneinsichtsrechten vgl. BVerfGE 10, 20 (49); 127, 165 (204, Rn. 109).

Art. 35   C. Erläuterungen

2. Berechtigte und verpflichtete Behörden

15   Zu Rechts- und Amtshilfe verpflichtet sind »alle Behörden«. Dabei zeigt bereits die Verknüpfung der Amtshilfe mit der Rechtshilfe, dass Art. 35 I GG den **Behördenbegriff** in einem spezifischen und über § 1 IV VwVfG hinausgehenden Sinn verwendet: Behörde ist jede Stelle, die unmittelbar staatliche bzw. öffentliche Aufgaben wahrnimmt[66]. Dazu gehören neben den Verwaltungsbehörden auch die Gerichte[67] und Behörden der Gesetzgebung wie z. B. die Bundestagsverwaltung[68]. Zu den Behörden im Sinne von Art. 35 I GG zählen auch die der Gemeinden, Gemeindeverbände und sonstiger juristischer Personen des öffentlichen Rechts, soweit sie Staatsgewalt ausüben[69]. Auch Untersuchungsausschüsse der Landtage haben die Stellung von Behörden nach Art. 35 I GG[70], nicht jedoch die Untersuchungsausschüsse des Bundestages, für die Art. 44 III GG als gegenüber Art. 35 I GG speziellere Vorschrift zur Anwendung kommt (→ Art. 44 Rn. 54). Nicht zu den Behörden im Sinne der Norm rechnen – abgesehen von Beleihungskonstellationen[71] – juristische Personen des Privatrechts, ferner politische Parteien[72] und Kirchen[73]; Besonderheiten gelten aus Gründen des Grundrechtsschutzes (Art. 5 I, III GG) für Rundfunkanstalten und Universitäten[74].

16   Die **Bundeswehr** zählt – jenseits der in Art. 35 II, III GG geregelten Sonderfälle (→ Rn. 25 ff.) – ebenfalls zu den amtshilfeberechtigten und -verpflichteten Behörden nach Art. 35 I GG[75] und ist in der Amtshilfe mit ihren Unterstützungsleistungen beispielsweise bei der Erntenothilfe sowie auf karitativem und sozialem Gebiet, daneben auch durch den Einsatz technischer Hilfsmittel im zivilen Rettungswesen seit langem aktiv;

---

[66] Vgl. *Epping* (Fn. 32), Art. 35 Rn. 1; *Grzeszick* (Fn. 24), Art. 35 Rn. 5; *Gubelt* (Fn. 24), Art. 35 Rn. 3.

[67] BVerfGE 31, 43 (46); OVG Lüneburg DÖV 1999, 566 (566).

[68] Z. B. *Erbguth* (Fn. 44), Art. 35 Rn. 6; zum Verhältnis von Bundestag und Bundesregierung: → Fn. 54.

[69] Vgl. dazu und zum Folgenden etwa *Stern*, Staatsrecht II, S. 788 f.; speziell zur Bundesversicherungsanstalt für Angestellte BVerwGE 38, 336 (340).

[70] BVerfG (K), NVwZ 1994, 54 (55).

[71] Soweit juristische Personen des Privatrechts oder Privatpersonen als Beliehene tätig sind, werden sie teilweise vom Anwendungsbereich des Art. 35 I GG ausgenommen; so etwa *Dreher*, Amtshilfe (Fn. 55), S. 84 ff. Dies überzeugt jedoch nicht, weil die Privaten im Rahmen und nach Maßgabe der Beleihung in die Verwaltungsorganisation eingegliedert und deshalb *insoweit* wie Behörden zu behandeln sind; s. *Bull* (Fn. 5), Art. 35 I Rn. 24; vgl. auch *Magen* (Fn. 1), Art. 35 Rn. 9; *Sannwald* (Fn. 40), Art. 35 Rn. 19; *Epping* (Fn. 32), Art. 35 Rn. 1; ferner *v. Danwitz* (Fn. 30), Art. 35 Rn. 13 mit Fn. 54, der »eine Beurteilung auf Grund der konkret wahrgenommenen Aufgabe und der übertragenen Hoheitsbefugnisse« für erforderlich hält; *Erbguth* (Fn. 44), Art. 35 Rn. 8, der die Unanwendbarkeit von Art. 35 I GG erst bei der bloßen Erfüllung öffentlicher Aufgaben durch Private annimmt und deshalb privatrechtlich organisierte Verwaltungsträger ebenso wie Verwaltungshelfer von der verfassungsrechtlichen Amtshilfeverpflichtung ausnimmt.

[72] BVerwGE 32, 333 (336).

[73] BVerwG DÖV 1972, 720 (721); OVG Lüneburg DÖV 1999, 566 (566); *A. Hollerbach*, HStR VI, § 139 Rn. 31; *S. Mückl*, HStR³ VII, § 160 Rn. 71; *W. Rüfner*, Rechts- und Amtshilfe, in: HdbStKirchR¹, Bd. II, S. 839 ff.; *B. Schlink*, Art. Amtshilfe II, in: EvStL³, Sp. 54 ff. mit Hinweisen auf Sonderlagen und w. N.

[74] *Jarass/Pieroth*, GG, Art. 35 Rn. 3; *Epping* (Fn. 32), Art. 35 Rn. 1; zur umstrittenen Reichweite dieser Besonderheiten s. einerseits *Gubelt* (Fn. 24), Art. 35 Rn. 3, der Rundfunk- und Fernsehanstalten wohlbegründet von der Amtshilferegelung ausnimmt, und andererseits *Magen* (Fn. 1), Art. 35 Rn. 9, der Art. 35 I GG für anwendbar hält und die Amtshilfepflicht durch Art. 5 I, III GG nur begrenzt sehen will; vgl. auch *v. Danwitz* (Fn. 30), Art. 35 Rn. 14; *Erbguth* (Fn. 44), Art. 35 Rn. 6.

[75] BVerfGE 132, 1 (19 f., Rn. 49 f.); 133, 241 (269, Rn. 80); *A. Dietz*, DÖV 2012, 952 (954 f.); *Epping* (Fn. 32), Art. 35 Rn. 2.

II. Allgemeine Rechts- und Amtshilfe (Art. 35 I GG)   Art. 35

Art. 87a II GG steht dem nicht entgegen, weil es sich um keinen Streitkräfteeinsatz im technischen Sinn handelt[76]. Dabei können sich allerdings schwierige Abgrenzungsfragen ergeben[77]. Auch nach der bundesverfassungsgerichtlichen Spruchpraxis bindet nämlich Art. 87a II GG »nicht jede Nutzung personeller und sächlicher Ressourcen der Streitkräfte an eine ausdrückliche grundgesetzliche Zulassung, sondern nur ihre Verwendung als Mittel der vollziehenden Gewalt in einem Eingriffszusammenhang«[78]. Danach ist etwa bei Luftzwischenfällen der **Streitkräfteeinsatz mit rein technisch-unterstützender Funktion** als Amtshilfeleistung der Bundeswehr durch Art. 35 I GG gedeckt[79]. Anders verhält es sich jedoch mit dem präventiven Einsatz der Streitkräfte zur Gefahrenabwehr im Luftraum etwa bei der Terrorabwehr schon im Vorfeld eines konkreten Vorgehens mit Zwang, »wenn personelle oder sächliche Mittel der Streitkräfte in ihrem Droh- und Einschüchterungspotential genutzt werden«[80]; ein solcher Militäreinsatz unterliegt weitergehenden grundgesetzlichen Anforderungen, weil andernfalls die in Art. 35 II, III GG, Art. 87a II, IV GG geregelten engen Voraussetzungen für einen Inlandseinsatz der Bundeswehr unterlaufen würden (→ Rn. 32).

Die Formulierung »leisten sich gegenseitig« stellt klar, dass die Rechts- und Amtshilfe in einem auf Gleichordnung beruhenden **Rechtsverhältnis** geleistet wird[81]. Daher ist für die Rechts- und Amtshilfe die Stellung der ersuchten bzw. ersuchenden Behörde in der Verwaltungshierarchie ohne Bedeutung: auch Ober- und Mittelbehörden sind unteren Behörden gegenüber zur Amtshilfe verpflichtet, und die unteren Behörden sind nicht darauf verwiesen, bei Amtshilfeersuchen einen Dienstweg etwa über die jeweilige Aufsichtsbehörde einzuhalten. Dem Grunde nach folgt die **Verpflichtung der ersuchten Behörde zu Rechts- und Amtshilfe** unmittelbar aus Art. 35 I GG[82]; dieser Verpflichtung korrespondiert nach zwar umstrittener, aber zutreffender Ansicht ein **subjektives Recht der ersuchenden Behörde auf Unterstützung**[83]. Grundsätzlich nicht

17

---

[76] *R. Jahn/N. K. Riedel*, DÖV 1988, 957 ff.; *E. Schmidt-Jortzig*, DÖV 2002, 773 (776); *J. Martínez Soria*, DVBl. 2004, 597 (600 f.); *F. Schoch*, Jura 2013, 255 (265 f.); *J. Senger*, Streitkräfte und materielles Polizeirecht, 2011, S. 172 f.; *v. Danwitz* (Fn. 30), Art. 35 Rn. 15; *Sannwald* (Fn. 40), Art. 35 Rn. 21; vgl. auch *C. Raap*, Deutsches Wehrrecht, 1999, S. 23 f.; zur Überschreitung zulässiger Amtshilfe der Bundeswehr durch Beteiligung an einem von einem privaten Verein veranstalteten »Historienspektakel« BVerwGE 127, 1 (1, 27 f., Rn. 94).

[77] Vgl. zur weiter zurückliegenden Diskussion einerseits z. B. *M. Baldus*, NVwZ 2004, 1278 (1282); *T. Linke*, DÖV 2002, 890 (894); *C. Lutze*, NZWehrR 2003, 101 (105 f.); *P. J. Tettinger*, ZLW 53 (2004), 334 (343); *J. Wieland*, Verfassungsrechtliche Grundlagen polizeiähnlicher Einsätze der Bundeswehr, in: D. Fleck (Hrsg.), Rechtsfragen der Terrorismusbekämpfung, 2004, S. 167 ff. (177); und andererseits *R. Scholz*, in: Maunz/Dürig, GG, Art. 12a (2001), Rn. 10, der in Art. 12a GG eine Regelung im Sinne des Art. 87a II GG sehen und deshalb einen Streitkräfteeinsatz auch dann zulassen will, wenn sich die Landesverteidigung wie etwa bei Bedrohungen durch sog. Staatsterrorismus mit Problemen der inneren Sicherheit »vermengt«.

[78] BVerfGE 132, 1 (20, Rn. 50); 133, 241 (269, Rn. 80); ähnlich bereits BVerwGE 132, 110 (118 f., Rn. 63 ff.).

[79] BVerfGE 132, 1 (20, Rn. 50); 133, 241 (269 f., Rn. 80); mit konkretisierenden Hinweisen auf Hilfe bei technisch oder durch gesundheitliche Probleme eines Piloten bedingten Orientierungsschwierigkeiten sowie zur Aufklärung, ob solche Hilfe benötigt wird, sowie auf Maßnahmen der Aufklärung und unterstützenden Information.

[80] BVerfGE 132, 1 (20, Rn. 50); 133, 241 (269 f., Rn. 81).

[81] Vgl. hierzu und zum Folgenden *Erbguth* (Fn. 44), Art. 35 Rn. 13 f.; *Gubelt* (Fn. 24), Art. 35 Rn. 5; *Epping* (Fn. 32), Art. 35 Rn. 11 ff.

[82] Vgl. BVerfGE 31, 43 (46); 42, 91 (95); *F. E. Schnapp/H.-J. Friehe*, NJW 1982, 1422 (1423); *J. Isensee*, HStR³ IV, § 126 Rn. 232; Jarass/Pieroth, GG, Art. 35 Rn. 1.

[83] Einen aus Art. 35 I GG abzuleitenden Anspruch der ersuchenden Behörde gegenüber der ersuchten Behörde bejahen etwa BAGE 9, 325 (326); *Bull* (Fn. 5), Art. 35 I Rn. 27; *v. Danwitz* (Fn. 30),

in ein konkretes Amtshilferechtsverhältnis einbezogen sind dagegen außenstehende **Dritte** wie unbeteiligte Behörden und Bürger. Dementsprechend hat der Bürger prinzipiell keinen Anspruch darauf, dass eine Behörde um Amtshilfe ersucht oder die ersuchte Behörde Hilfe leistet[84]. Dieser Grundsatz gilt allerdings nicht ausnahmslos, weil die ersuchende Behörde aus einem zwischen ihr und dem Bürger bestehenden anderweitigen Rechtsverhältnis verpflichtet sein kann, von der Möglichkeit eines Amts- oder Rechtshilfeersuchens Gebrauch zu machen – so namentlich bei Ermittlungs- oder Sachaufklärungspflichten[85]. Da Art. 35 I GG nicht zu Grundrechtseingriffen ermächtigt, können Individualrechtspositionen außerdem die Rechts- und Amtshilfe begrenzen (→ Rn. 23 f.); entsprechendes gilt für etwaige Übergriffe in die Zuständigkeit anderer staatlicher Stellen. Auch ermächtigt Art. 35 I GG Gebietskörperschaften nicht zu einem Tätigwerden außerhalb des Landes, in dem sie liegen[86].

3. Voraussetzungen, Verfahren, Umfang und Grenzen

18   Art. 35 I GG regelt die gegenseitige Rechts- und Amtshilfeverpflichtung aller Behörden von Bund und Ländern dem Grunde nach (→ Rn. 17), präzisiert im Wortlaut aber weder deren konkrete Voraussetzungen noch deren konkreten Umfang. Dem trägt die verbreitete Kennzeichnung der Norm als **Rahmenvorschrift**[87] bzw. Grundsatzregelung Rechnung. Obschon die Rechts- und Amtshilfepflicht bei fehlender gesetzlicher Konkretisierung unmittelbar durch Auslegung von Art. 35 I GG zu bestimmen ist, sind Voraussetzungen, Verfahren, Umfang und Grenzen der Rechts- und Amtshilfe der **verfassungsdirigierten gesetzgeberischen Ausgestaltung** zugänglich, die auch etwaige Konflikte mit gegenläufigen Verfassungsbelangen wie Geheimhaltungs- und Grund-

---

Art. 35 Rn. 23; *Epping* (Fn. 32), Art. 35 Rn. 11; *Grzeszick* (Fn. 24), Art. 35 Rn. 30; wohl auch *Erbguth* (Fn. 44), Art. 35 Rn. 14; einen entsprechenden einfach-rechtlichen Anspruch bejahen mit detaillierter Begründung *F. E. Schnapp/H.-J. Friehe*, NJW 1982, 1422 (1423 ff.); ferner etwa *Gubelt* (Fn. 24), Art. 35 Rn. 5 m. w. N.; dezidiert gegen die subjektiv-rechtliche Durchdringung der sog. organisatorischen Innenbeziehungen zwischen Verwaltungsträgern dagegen *R. Wendt*, NVwBl. 1987, 33 (39 f.). Allgemein zur längst überfälligen Reanimation subjektiver öffentlicher Rechte staatlicher Rechtsträger *H. Bauer*, DVBl. 1986, 208 ff. Zu den sich im Streitfall ergebenden Rechtsschutzfragen s. *F. E. Schnapp/H.-J. Friehe*, NJW 1982, 1422 (1425 ff., 1427 ff.); *Erbguth* (Fn. 44), Art. 35 Rn. 31 ff.

[84] *Epping* (Fn. 32), Art. 35 Rn. 12; *Erbguth* (Fn. 44), Art. 35 Rn. 26; *Grzeszick* (Fn. 24), Art. 35 Rn. 30; *Maunz* (Fn. 43), Art. 35 Rn. 11; *Sannwald* (Fn. 40), Art. 35 Rn. 7; vgl. auch BFHE 96, 455 (456).

[85] *Magen* (Fn. 1), Art. 35 Rn. 28 unter Hinweis auf § 244 StPO, § 86 VwGO; vgl. auch *Maunz* (Fn. 43), Art. 35 Rn. 11; a.A. *v. Danwitz* (Fn. 30), Art. 35 Rn. 23.

[86] BGHZ 54, 157 (163); Jarass/Pieroth, GG, Art. 35 Rn. 1; differenzierend *Erbguth* (Fn. 44), Art. 35 Rn. 22.

[87] OLG Düsseldorf NJW 1957, 1037 (1037); ebenso oder ähnlich z. B. *G. Barbey*, Amtshilfe durch Informationshilfe und »Gesetzesvorbehalt«, in: FS Juristische Gesellschaft zu Berlin, 1984, S. 25 ff. (25); *v. Danwitz* (Fn. 30), Art. 35 Rn. 5; *Epping* (Fn. 32), Art. 35 Rn. 7; *Grzeszick* (Fn. 24), Art. 35 Rn. 14; *Gubelt* (Fn. 24), Art. 35 Rn. 11; *Hömig* (Fn. 40), Art. 35 Rn. 4; *D. Lorenz*, Art. Amts- und Rechtshilfe, in: StL⁷, Bd. 1, Sp. 133 f.; *v. Mangoldt/Klein*, GG, Art. 35 Anm. II.4; *Pietzner*, Amtshilfe (Fn. 43), Sp. 52; *Schlink*, Amtshilfe (Fn. 4), S. 56, 146 (»Problem- und Verweisbegriff«); *Sannwald* (Fn. 40), Art. 35 Rn. 5; *Scholz/Pitschas*, Informationsverantwortung (Fn. 43), S. 117; *Stern*, Staatsrecht II, S. 789; BVerwGE 38, 336 (340); 50, 301 (310). Kritik bei *Magen* (Fn. 1), Art. 35 Rn. 6 f., der diese Kennzeichnung als »eher irreführend« bezeichnet, von den mit dem Stichwort »Rahmenvorschrift« verbundenen und im Text genannten Aussagen in der Sache aber nicht abweicht; vermutlich handelt es sich um rein terminologische Verständigungsschwierigkeiten, die auch auf verfehlte Assoziationen mit der Rahmengesetzgebung (*Magen* [Fn. 1], Art. 35 Rn. 6 mit Fn. 29) zurückgehen dürften.

II. Allgemeine Rechts- und Amtshilfe (Art. 35 I GG)   Art. 35

rechtsinteressen zu einem Ausgleich bringen kann. Dabei steht Art. 35 I GG zugleich als Maßstab für die verfassungsrechtliche Überprüfung solcher gesetzlicher Regelungen bereit, die bei Verfehlung der grundgesetzlichen Direktiven zu deren Verfassungswidrigkeit führt[88]. Beispiele für konkretisierendes und rahmenausfüllendes Gesetzesrecht sind §§ 156 ff. GVG, § 14 VwGO, § 27 BVerfGG, §§ 4 ff. VwVfG, §§ 3 ff. SGB X und §§ 111 ff. AO[89].

Die Verpflichtung zu Rechts- und Amtshilfe setzt das **Ersuchen** einer anderen Behörde voraus[90]. Denn staatsorganisationsrechtlich hat jede Behörde für ihren Aufgabenbereich eigenverantwortlich selbst zu prüfen, ob und inwieweit sie Hilfe benötigt, fremde Unterstützungsleistungen für zulässig und zweckmäßig erachtet, und von welcher anderen Behörde sie Hilfe anfordern will. Andernfalls eröffnete sich die Möglichkeit des unaufgeforderten Hineinwirkens in fremde Aufgabenbereiche und damit die Gefahr, bestehende Zuständigkeitsgrenzen zu überspielen, ganz abgesehen von den Kostenfolgen (→ Rn. 22) einer aufgedrängten Amtshilfe[91]. Unaufgeforderte Hilfen anderer Behörden sind daher keine Amts- und Rechtshilfe im Sinne von Art. 35 I GG, durch diese Vorschrift jedoch auch nicht generell ausgeschlossen; vielmehr kann sich die Befugnis zu einer solchen Spontanhilfe – sofern nicht spezialgesetzlich geregelt – aus öffentlich-rechtlicher Geschäftsführung ohne Auftrag oder aus allgemeinen Grundsätzen wie der Bundestreue ergeben[92]. **Weitere Voraussetzungen** der Rechts- und Amtshilfeverpflichtung sind, **(1)** dass das Ersuchen hinreichend bestimmt ist und die ersuchte Behörde zweifelsfrei über die konkret vorzunehmende Handlung informiert[93], **(2)** dass die ersuchende Behörde die angeforderte Hilfe aus rechtlichen oder tatsächlichen Gründen nicht selbst vornehmen kann[94], **(3)** dass die ersuchende Behörde ihre Befugnisse nicht mittels der Amtshilfevorschriften erweitert[95] und **(4)** dass die ersuchte Behörde rechtlich und tatsächlich in der Lage ist, die erbetene Hilfe zu er-   19

---

[88] Vgl. etwa *J. Isensee*, HStR³ VI, § 126 Rn. 232; *Pietzner*, Amtshilfe (Fn. 43), Sp. 52; *F. E. Schnapp*, NJW 1980, 2165 (2165 f.); ferner *Magen* (Fn. 1), Art. 35 Rn. 7, der die völlige Freistellung bestimmter Behörden von der Amts- und Rechtshilfe als Beispiel für eine verfassungsrechtlich unzulässige Regelung anführt; *v. Danwitz* (Fn. 30), Art. 35 Rn. 5 ff., der auf die oft schwierige Abgrenzung verfassungsnormativer Bestandteile von dem jeweils einschlägigen Fachrecht aufmerksam macht.

[89] Weitere Beispiele u. a. bei *Schlink*, Amtshilfe (Fn. 4), S. 210 Fn. 24, 213 Fn. 36; *F. E. Schnapp*, NJW 1980, 2165 (2165 Fn. 2).

[90] So die ganz überwiegende Ansicht; s. etwa BGHZ 34, 184 (187); *Dreher*, Amtshilfe (Fn. 55), S. 32 f.; *Erbguth* (Fn. 44), Art. 35 Rn. 15; *Grzeszick* (Fn. 24), Art. 35 Rn. 15; *Gubelt* (Fn. 24), Art. 35 Rn. 7; *K. G. Meyer-Teschendorf*, JuS 1981, 187 (188 f.); *Wessel*, Amtshilfe (Fn. 2), S. 45 f.; unentschieden Jarass/*Pieroth*, GG, Art. 35 Rn. 4; a. A. *Schlink*, Amtshilfe (Fn. 4), S. 220 f. Die hier vertretene Ansicht hat u. a. zur Folge, dass Mitteilungen einer Behörde an eine andere ohne ein besonderes oder generelles Ersuchen nicht durch Art. 35 I GG gerechtfertigt werden (BGHZ 34, 184 [187]).

[91] Vgl. *Dreher*, Amtshilfe (Fn. 55), S. 32 f.; *K. G. Meyer-Teschendorf*, JuS 1981, 187 (188 f.); *Epping* (Fn. 32), Art. 35 Rn. 6.

[92] Vgl. dazu – teilweise mit ergänzenden Überlegungen zur prekären Anerkennung von Hilfeleistungen auf der Grundlage ungeschriebener Not- und Eilkompetenzen – *Epping* (Fn. 32), Art. 35 Rn. 6; *Erbguth* (Fn. 44), Art. 35 Rn. 16; *Grzeszick* (Fn. 24), Art. 35 Rn. 16; *J. Isensee*, HStR³ VI, § 126 Rn. 230; *Magen* (Fn. 1), Art. 35 Rn. 14; *K. G. Meyer-Teschendorf*, JuS 1981, 187 (189); ferner *v. Danwitz* (Fn. 30), Art. 35 Rn. 17; *Wahlen*, Maritime Sicherheit (Fn. 54), S. 151 ff.; weitergehend will *Gubelt* (Fn. 24), Art. 35 Rn. 7, Spontanhilfe im grundrechtsneutralen Bereich generell ohne gesetzliche Rechtfertigung zulassen.

[93] Zu den Anforderungen an die Bestimmtheit des Ersuchens s. *v. Danwitz* (Fn. 30), Art. 35 Rn. 19.

[94] Beispiele für rechtliche Hindernisse sind das Fehlen der örtlichen oder sachlichen Zuständigkeit, für tatsächliche Hindernisse fehlende Sachmittel oder doch wenigstens Unwirtschaftlichkeit der Selbstvornahme; vgl. *Gubelt* (Fn. 24), Art. 35 Rn. 12; *K. G. Meyer-Teschendorf*, JuS 1981, 187 (190).

[95] Näheres bei *K. G. Meyer-Teschendorf*, JuS 1981, 187 (190 f.).

bringen⁹⁶; insofern bestehen gewisse Überschneidungen mit Umfang und Grenzen der Rechts- und Amtshilfe (→ Rn. 23 ff.).

20 Da es sich bei der Amts- und Rechtshilfe um Hilfe auf Ersuchen (→ Rn. 19) und um ergänzende Hilfe im Einzelfall (→ Rn. 13) handelt, bleiben die **Verfahrensherrschaft** für das Gesamtverfahren bei der ersuchenden Behörde und die Amts- und Rechtshilfe auf unselbständige und untergeordnete Teilabschnitte des Gesamtverfahrens beschränkt; Einleitung und Abschluss des Hauptverfahrens sind stets der ersuchenden Behörde vorbehalten, Teilhandlungen können selbständig und mit Außenwirkung von der ersuchten Behörde vorgenommen werden⁹⁷. Die Zulässigkeit der Maßnahme in der Hauptsache, der die Amts- und Rechtshilfe dient, »richtet sich nach dem für die ersuchende Behörde geltenden Recht, die Durchführung« der Amts- und Rechtshilfe »nach dem für die ersuchte Behörde geltenden Recht«⁹⁸. Prozedural lassen sich bei den Rechts- und Amtshilfevorgängen **drei Verfahrensphasen** unterscheiden⁹⁹: das **Grundverfahren** der ersuchenden Behörde, die **Amtshilfehandlung** der ersuchten Behörde und die **Amtshilfeleistung** der ersuchten gegenüber der ersuchenden Behörde. In allen drei Phasen ist nach Art. 20 III GG die Verfassungs- und Rechtsordnung zu beachten.

21 Die Verfassungs- und Rechtsbindung gilt insb. auch für den konkreten **Umfang** der geschuldeten Rechts- und Amtshilfe, der in Art. 35 I GG nicht ausdrücklich geregelt ist. Anhaltspunkte für die Bestimmung des Umfangs liefert zunächst das Ersuchen (→ Rn. 19). Das Ersuchen richtet sich auf die Inanspruchnahme von Verwaltungsressourcen der ersuchten Behörde und soll nach einer mitunter vertretenen Ansicht auf den **»Rahmen des Verhältnismäßigen«** beschränkt sein; diese Beschränkung habe ihre verfassungsrechtliche Basis im **Grundsatz der Verhältnismäßigkeit** und führe deshalb im einzelnen konsequent zu einer Überprüfung der Inanspruchnahme der ersuchten Behörde an den Maßstäben der Geeignetheit, Erforderlichkeit und Verhältnismäßigkeit im engeren Sinne¹⁰⁰. Indes ist der aus dem Rechtsstaatsprinzip für die Begrenzung staatlicher Einwirkungen in den Rechtskreis des Einzelnen entwickelte Verhältnismäßigkeitsgrundsatz auf die Rechtsbeziehungen zwischen Bund und Ländern nach der bundesverfassungsgerichtlichen Spruchpraxis in der bundesstaatlichen Ordnung des Grundgesetzes nicht anwendbar¹⁰¹. Überzeugender wäre für die Begrenzung des Umfangs der geschuldeten Rechts- und Amtshilfe daher ein Rückgriff auf den **Grundsatz der Bundestreue**, dessen Heranziehung für die Rechtsbeziehungen zwischen Bund und Ländern sachadäquat ist, der zudem Verbindungslinien zum Verhältnismäßigkeitsprinzip aufweist und namentlich mit dem Verbot mißbräuchlicher Rechtsausübung ein

---

⁹⁶ Vgl. *Dreher*, Amtshilfe (Fn. 55), S. 97 f., 109 f.; *Gubelt* (Fn. 24), Art. 35 Rn. 14; *Sannwald* (Fn. 40), Art. 35 Rn. 27; *F. E. Schnapp*, DVBl. 1987, 561 (562); *v. Danwitz* (Fn. 30), Art. 35 Rn. 20 ff.

⁹⁷ *Magen* (Fn. 1), Art. 35 Rn. 14 ff.

⁹⁸ *J. Isensee*, HStR³ VI, § 126 Rn. 230.

⁹⁹ Vgl. *F. E. Schnapp*, DVBl. 1987, 561 (561 f.); *Gubelt* (Fn. 24), Art. 35 Rn. 11.

¹⁰⁰ So *Magen* (Fn. 1), Art. 35 Rn. 18 f.; mit zweifelhafter Berufung auf einzelne Literaturstellen im Ansatz ähnlich Hamb.VerfG NVwZ 1996, 1201 (1203). Demgegenüber setzt *Gubelt* (Fn. 24), Art. 35 Rn. 13 ff., der für diese Ansicht ebenfalls in Anspruch genommen wird, bei der Bestimmung der Grenzen der Amtshilfe an allgemein anerkannten Rechtsgrundsätzen und Verfahrensvorschriften des einfachen (!) Rechts an (ebd., Rn. 13); danach lassen sich § 5 III VwVfG, auf den *Gubelt* (Fn. 24), Art. 35 Rn. 16, ausdrücklich verweist, in der Tat Aspekte entnehmen, die Assoziationen mit Verhältnismäßigkeitserwägungen wecken, aber nicht zwingend auf den verfassungsrechtlichen Grundsatz der Verhältnismäßigkeit zurückgehen.

¹⁰¹ Für die Rechtspraxis grundlegend BVerfGE 81, 310 (346). → Art. 20 (Bundesstaat), Rn. 53; zum Parallelproblem beim Bundeszwang: → Art. 37 Rn. 12.

II. Allgemeine Rechts- und Amtshilfe (Art. 35 I GG)   Art. 35

funktionelles Äquivalent für Verhältnismäßigkeitserwägungen bereitstellt, das die geschuldete Rechts- und Amtshilfe auch dem Umfang nach begrenzt[102].

Jenseits dieser verfassungsrechtlichen Fragen richtet sich der Umfang der geschuldeten Rechts- und Amtshilfe in der Rechtspraxis regelmäßig nach dem konkreten Ersuchen und den die Rahmenvorschrift ausfüllenden gesetzlichen Normen[103] (→ Rn. 18). Dort finden sich regelmäßig auch Aussagen zu der – in Art. 35 I GG nicht geregelten[104] – **Verteilung der Kosten** für die Rechts- und Amtshilfe. Im Grundsatz geht man für die Kostenverteilung verbreitet davon aus, dass Gebühren nicht erhoben werden, Auslagen aber zu erstatten sind[105]. Ob sich dieser Grundsatz mit Blick auf die im Zuge der Verwaltungsreformbestrebungen zu verzeichnenden Budgetierungsvorstöße à la longue fortführen lässt, bleibt abzuwarten. 22

Herausragende Bedeutung besitzt die Verfassungs- und Rechtsbindung schließlich für die Bestimmung der **Grenzen** von Rechts- und Amtshilfe. Neben den sich aus dem Amtshilfeverhältnis selbst ergebenden Grenzen[106] ist insoweit namentlich die **Grundrechtsbindung** hervorzuheben. Rechts- und Amtshilfe ist zwar auch mit Blick auf den Bürger grundsätzlich zulässig (→ Rn. 17). Art. 35 I GG ermächtigt jedoch nicht zu Grundrechtseingriffen, erweitert also weder die Eingriffsbefugnisse der ersuchenden noch die der ersuchten Behörde[107]. Sofern mit Rechts- und Amtshilfe belastende Außenwirkung für den Bürger einhergeht, ist eine Abweichung von der allgemeinen gesetzlichen Aufgaben- und Befugnisordnung nur rechtmäßig, wenn eine gesetzliche Bestimmung eben dazu ermächtigt[108] und die Anforderungen des Verhältnismäßigkeitsprinzips gewahrt sind; mitunter ist deshalb davon die Rede, dass Art. 35 I GG nur die formelle Rechtsgrundlage der Rechts- und Amtshilfe darstelle[109]. Begrenzende Grundrechtspositionen ergeben sich vornehmlich aus Art. 2 I i. V. m. Art. 1 I GG[110] (→ Rn. 24); denkbar ist aber auch die Heranziehung anderer Grundrechtsnormen wie etwa von Art. 12 und 14 GG, wenn unternehmerische Geschäftsgeheimnisse Gegen- 23

---

[102] Vgl. zu diesen Aspekten allgemein *Bauer*, Bundestreue (Fn. 40), insb. S. 239ff., 356ff.
[103] *Erbguth* (Fn. 44), Art. 35 Rn. 18; im Ansatz anders, im praktischen Ergebnis aber (wohl) ähnlich *Magen* (Fn. 1), Art. 35 Rn. 6, 18, der sich zwar nachdrücklich gegen die Deutung von Art. 35 I GG als »Rahmenvorschrift« wendet, bei der Konkretisierung des Umfangs der Rechts- und Amtshilfe aber doch auf die allgemeine Meinung und die sich in den Verwaltungsverfahrensgesetzen widerspiegelnden Grundsätze zurückgreift.
[104] VG München NVwZ-RR 2000, 742 (742f.).
[105] BVerwG DÖV 1972, 720 (720f.); *Dreher*, Amtshilfe (Fn. 55), S. 129ff.; *Gubelt* (Fn. 24), Art. 35 Rn. 20; vgl. auch *Erbguth* (Fn. 44), Art. 35 Rn. 18 (unter Hinweis auf einfaches Gesetzesrecht); ähnlich *Epping* (Fn. 32), Art. 35 Rn. 14; *Grzeszick* (Fn. 24), Art. 35 Rn. 31; ferner *Wessel*, Amtshilfe (Fn. 2), S. 177ff., und § 8 VwVfG; kritisch *v. Danwitz* (Fn. 30), Art. 35 Rn. 31f., und *Sannwald* (Fn. 40), Art. 35 Rn. 29, die zutreffend darauf hinweisen, dass es keinen verfassungsrechtlichen Grundsatz gibt, der eine Verwaltungskostenerstattung zwischen Bund und Ländern allgemein ausschließt.
[106] Insofern werden – teilweise in Anlehnung an § 5 II und III VwVfG – u. a. genannt: besondere Geheimhaltungspflichten, bessere Eignung der ersuchenden oder einer anderen Behörde zur Erfüllung der nachgesuchten Leistung, unverhältnismäßiger Aufwand für die Hilfeleistung und Gefährdung der Erfüllung eigener Aufgaben; vgl. etwa *Erbguth* (Fn. 44), Art. 35 Rn. 19ff.; *Gubelt* (Fn. 24), Art. 35 Rn. 13ff.; *F. Steinbömer*, DVBl. 1981, 340ff.; jeweils m. w. N. Vgl. allgemein zur Geheimhaltung *G. Trantas*, Akteneinsicht und Geheimhaltung im Verwaltungsrecht, 1998.
[107] BVerwGE 127, 1 (27f., Rn. 94).
[108] So *Bull* (Fn. 5), Art. 35 I Rn. 17; vgl. auch *Erbguth* (Fn. 44), Art. 35 Rn. 27, und *Schlink*, Amtshilfe (Fn. 4), S. 149ff.
[109] Vgl. BVerfGE 27, 344 (352); dazu *Bull* (Fn. 5), Art. 35 I Rn. 17.
[110] Vgl. BVerfGE 27, 344 (350ff.); BVerwGE 38, 336 (340); 50, 301 (310).

stand der Rechts- und Amtshilfe sind[111]. Daher finden – ungeachtet der insoweit stets geforderten Ermächtigungsgrundlage – Handlungen und Maßnahmen der Rechts- und Amtshilfe, die in Grundrechte eingreifen, ihre verfassungsrechtliche Grenze jedenfalls im **Grundsatz der Verhältnismäßigkeit**[112]. Im übrigen haben eingehendere Untersuchungen des verfassungsrechtlichen Problemfeldes den **amtshilferechtlichen Gesetzesvorbehalt** wie folgt formuliert: »Im Eingriffsbereich bedarf die Amtshilfe, wenn sie die sachliche Zuständigkeit betrifft, eines Spezialgesetzes, wenn die örtliche Zuständigkeit, eines Querschnittsgesetzes. Im Leistungsbereich und im Innenbereich bedarf sie, soweit die Bereiche gesetzlich geregelt sind, eines Querschnittsgesetzes, soweit sie nicht gesetzlich geregelt sind, keines Gesetzes. Dabei gilt, daß gesetzlich geregelt besonders der Leistungsbereich ist, gesetzlich nicht geregelt der Innenbereich«[113].

24 Besondere Aktualität haben der amtshilferechtliche Gesetzesvorbehalt sowie der amtshilfefeste Schutz gegen Datenweitergabe durch die zunehmende Bedeutung der **elektronischen Datenverarbeitung** und damit einhergehende Gefährdungspotentiale für das **Recht auf informationelle Selbstbestimmung** (→ Art. 2 I Rn. 79 ff.) erlangt[114]. Für die verfassungsrechtliche Behandlung dieser Problematik hat das Bundesverfassungsgericht im Volkszählungsurteil wichtige, allerdings nicht ganz eindeutige Eckpunkte gesetzt[115]. Danach fordert das Grundrecht auf informationelle Selbstbestimmung bei **personenbezogenen Daten**, die in nicht anonymisierter Form erhoben und verarbeitet werden, einen **amtshilfefesten Schutz** jedenfalls gegen zweckfremdende Datenverwendung **durch Weitergabeverbote**, durch Verwertungsverbote und gegebenenfalls durch verfahrensrechtliche Schutzvorkehrungen wie Aufklärungs-, Auskunfts- und Löschungspflichten[116]. Die Weitergabe personenbezogener Daten im Wege der Amtshilfe (sog. **Informationshilfe**) ist dadurch nicht generell ausgeschlossen[117]; doch bedarf die den ursprünglichen Verwendungszweck ändernde Weitergabe, also die **zweckverändernde Weitergabe** von Daten, die in den Schutzbereich eines Grundrechts fallen, einer gesetzlichen Grundlage, die den Anforderungen des Verhältnismäßigkeitsprinzips genügt und auch im übrigen formell und materiell verfassungsmäßig ist[118]. Von manchen wird die Informationshilfe freilich weitergehend ei-

---

[111] Vgl. *B.-O. Bryde*, Die Einheit der Verwaltung als Rechtsproblem, VVDStRL 46 (1988), S. 181 ff. (203) m. w. N.
[112] S. dazu etwa BVerfGE 27, 344 (352); *v. Danwitz* (Fn. 30), Art. 35 Rn. 27 m. w. N.
[113] *Schlink*, Amtshilfe (Fn. 4), S. 155 f.; zustimmend z. B. *Gubelt* (Fn. 24), Art. 35 Rn. 11, und Jarass/*Pieroth*, GG, Art. 35 Rn. 2; kritisch gegenüber *Schlinks* grundrechtlichem Ansatz *Barbey*, Amtshilfe (Fn. 87), S. 31 ff.; vgl. auch *Grzeszick* (Fn. 24), Art. 35 Rn. 25; *Magen* (Fn. 1), Art. 35 Rn. 21 ff.
[114] Vgl. zur Diskussion etwa *Barbey*, Amtshilfe (Fn. 87), S. 25 ff.; *E. Benda*, Privatsphäre und »Persönlichkeitsprofil«, in: FS Geiger, 1974, S. 23 ff.; *H. P. Bull*, DÖV 1979, 689 ff.; *E. Denninger*, ZRP 1981, 231 ff.; *H. Lisken*, NJW 1982, 1481 (1486 ff.); *B. Schlink*, NVwZ 1986, 249 ff.; *W. Schmidt*, ZRP 1979, 185 ff.; *S. Simitis*, NJW 1986, 2795 ff.; *W. Martens*, JR 1981, 353 (355 ff.); *D. Lehner*, Der Vorbehalt des Gesetzes für die Übermittlung von Informationen im Wege der Amtshilfe, 1996 m. w. N.
[115] BVerfGE 65, 1 (44 ff., 51 f., 61 ff.); vgl. auch BVerfGE 27, 344 (350 ff.) – Ehescheidungsakten; 34, 205 (208 ff.) – Ehescheidungsakten II; 56, 37 (53 – abweichende Meinung *Heußner*) – Konkursakten.
[116] BVerfGE 65, 1 (46); vgl. auch E 84, 239 (280); 100, 313 (359 f., Rn. 164 ff.); ferner E 120, 274 (302 f., Rn. 166 ff.); 120, 378 (397 ff., Rn. 62 ff.); 125, 260 (309 ff., Rn. 189 ff.).
[117] Dazu etwa *C. P. Wilde*, BayVBl. 1986, 230 (233); *v. Danwitz* (Fn. 30), Art. 35 Rn. 29 f.; *Magen* (Fn. 1), Art. 35 Rn. 26. Vgl. auch BVerfGE 65, 1 (51 f., 61 ff. – offen geblieben ist in dieser Entscheidung u. a., ob die direkte Weiterleitung von zu statistischen Zwecken erhobenen personenbezogenen Daten »generell und selbst dann als unvereinbar mit dem Grundsatz der Trennung von Statistik und Vollzug zu beanstanden wäre, wenn der Gesetzgeber diese Weiterleitung ausdrücklich vorsähe«); 84, 239 (289); 100, 313 (360, Rn. 166 f.).
[118] BVerfGE 100, 313 (360, Rn. 167); *Magen* (Fn. 1), Art. 35 Rn. 25 ff.

nem zum **Totalvorbehalt** verdichteten **Gesetzesvorbehalt** unterstellt[119], während andere den Bereich notwendiger gesetzlicher Regelungen enger ziehen[120].

III. Hilfe in besonderen Gefahrenlagen und Notfällen (Art. 35 II, III GG)

Art. 35 II und III GG regeln die Hilfe durch Polizeikräfte anderer Länder, durch Kräfte und Einrichtungen anderer Verwaltungen, durch den Bundesgrenzschutz (die Bundespolizei) und durch die Streitkräfte in besonderen Gefahrenlagen und Notfällen, deren Bewältigung die normalen Kapazitäten des betroffenen Landes bzw. der betroffenen Länder überfordert[121]. Beide Vorschriften behandeln **Sonderfälle bundesstaatlicher Hilfe**, haben aber gegenüber der allgemeinen Amtshilfe (→ Rn. 13 ff.) keinen abschließenden Charakter[122]. Daher können beispielsweise die Streitkräfte auch um schlichte Hilfstätigkeiten und technische Hilfeleistungen nach Art. 35 I GG ersucht werden (→ Rn. 16). Zugleich verdeutlichen Art. 35 II und III GG, dass die polizeiliche Gefahrenabwehr grundsätzlich Sache der Länder ist[123]. Die Regelungen sind dem **Recht des inneren Notstandes** zuzuordnen und stehen in engem Kontext zu Art. 91 GG[124]. Sie haben u.a. Konsequenzen für das Verständnis des Bundesgrenzschutzes (der Bundespolizei), der sich – soweit die in diesen Normen geregelten verfassungsrechtlichen Aufgaben tragen – »von einer reinen Grenzpolizei zu einer multifunktional einsetzbaren ›Polizei des Bundes‹ gewandelt« hat[125]. Doch darf der Bundesgrenzschutz trotz seiner einfach-rechtlichen Umbenennung in Bundespolizei (→ Rn. 5) inhaltlich nicht zu einer allgemeinen, mit den Landespolizeien konkurrierenden Bundespolizei ausgebaut werden, weil er andernfalls sein Gepräge als Polizei mit begrenzten Aufgaben verlieren würde[126].

25

Schlagwortartig verkürzt lassen sich **drei Tatbestände** unterscheiden: Hilfe zur Aufrechterhaltung der öffentlichen Sicherheit oder Ordnung (Art. 35 II 1 GG; → Rn. 27 f.), Hilfe bei regionalen Notfällen (Art. 35 II 2 GG; → Rn. 29 ff.) und Hilfe bei überregionalen Notfällen (Art. 35 III GG; → Rn. 33 f.). Die Hilfe erfolgt entweder auf Anforderung eines Landes (Art. 35 II GG) oder durch Direktive der Bundesregierung (Art. 35 III GG). Dabei löst die Anforderung eines Landes eine **grundsätzliche Verpflichtung** aus, ihr nachzukommen[127], auch wenn die Entscheidung bei der um Hilfe angegangenen Landesregierung bzw. Bundesregierung verbleibt. Aus Gründen der Bundestreue darf die Anforderung nämlich nicht ohne hinreichenden sachlichen Grund verweigert werden; eine Ausnahme ist deshalb nur etwa bei akutem dringendem Eigenbedarf anzuerkennen[128]. Im übrigen ist allen drei Tatbeständen gemeinsam, dass sich Maß-

26

---

[119] So *Erbguth* (Fn. 44), Art. 35 Rn. 29 f.; vgl. auch *Bull* (Fn. 5), Art. 35 I Rn. 28 ff.; *Schlink*, Amtshilfe (Fn. 4), S. 202 f.; kritisch und ablehnend *v. Danwitz* (Fn. 30), Art. 35 Rn. 30.
[120] So mit unterschiedlichen Begründungen etwa *Bryde*, Einheit (Fn. 111), S. 204 f.; *J. Isensee*, HStR³ VI, § 126 Rn. 232; *Scholz/Pitschas*, Informationsverantwortung (Fn. 43), S. 120 ff.
[121] *F. Hase*, in: AK-GG, Art. 35 II, III (2001), Rn. 2.
[122] *Grzeszick* (Fn. 24), Art. 35 Rn. 35.
[123] *Epping* (Fn. 32), Art. 35 Rn. 16; *Gubelt* (Fn. 24), Art. 35 Rn. 21; *E. Klein*, HStR VII, § 169 Rn. 29.
[124] Zur anfänglich geplanten Einbindung der ursprünglichen Neuregelung bei Art. 91 GG → Fn. 21; zur Abgrenzung → Rn. 37.
[125] BVerfGE 97, 198 (215, Rn. 83).
[126] Vgl. BVerfGE 97, 198 (218, Rn. 89).
[127] BVerwG DÖV 1973, 490 (491); *Maunz* (Fn. 43), Art. 35 Rn. 17; Jarass/Pieroth, GG, Art. 35 Rn. 5; vgl. auch *Erbguth* (Fn. 44), Art. 35 Rn. 40.
[128] BT-Drs. V/2873, S. 10.

nahmen nach Art. 35 II, III GG nicht gegen Arbeitskämpfe richten dürfen (Art. 9 III 3 GG; → Art. 9 Rn. 96). Auch stimmen Art. 35 II und III GG darin überein, dass sie keine selbständige Rechtsgrundlage für Eingriffe in die Rechtssphäre der Bürger sind[129].

1. Hilfe zur Aufrechterhaltung der öffentlichen Sicherheit oder Ordnung (Art. 35 II 1 GG)

27 Die Anforderung von Hilfe nach Art. 35 II 1 GG setzt zunächst eine Gefährdung oder Störung der öffentlichen Sicherheit oder Ordnung voraus. Insoweit orientiert man sich gemeinhin an der entsprechenden Terminologie des allgemeinen Polizeirechts. Danach meint der Begriff »**öffentliche Sicherheit**« (a) den Bestand des Staates, seiner Einrichtungen und seiner Veranstaltungen, (b) höherrangige Rechtsgüter wie Leben, Gesundheit, Eigentum, Freiheit und Ehre sowie (c) die Unverletzlichkeit der Rechtsordnung, während der Begriff »**öffentliche Ordnung**« für den Inbegriff der Normen steht, deren Befolgung nach den jeweils herrschenden sozialen und ethischen Anschauungen als unentbehrliche Voraussetzung für ein gedeihliches Miteinander von der überwiegenden Bevölkerung angesehen wird[130]. Weitere **Voraussetzung** ist das Vorliegen eines Falles von besonderer Bedeutung, also einer (Notstands-)Konstellation, in der das Ausmaß der Gefahr den polizeilichen Normalfall erheblich übersteigt[131]; da dies regelmäßig von einer konkreten, wertenden Lageeinschätzung abhängt, ist den zuständigen Landesorganen insoweit ein Beurteilungsspielraum zuzugestehen[132]. Aus denselben Gründen ist dem jeweiligen Land ein solcher Spielraum auch für die dritte Voraussetzung der Hilfeanforderung zuzubilligen, nämlich für die Beurteilung der Frage, ob die eigene Polizei die Aufgabe ohne die Unterstützung nicht oder nur unter erheblichen Schwierigkeiten erfüllen könnte[133].

28 **Rechtsfolge** einer diesen Voraussetzungen genügenden Anforderung ist grundsätzlich die Pflicht (→ Rn. 26), zur Unterstützung der Polizei des anfordernden Landes »**Einrichtungen**« (sächliche Mittel wie Fahrzeuge, Gebäude und technische Gerätschaften) und »**Kräfte**« (Bedienstete) des Bundesgrenzschutzes (der Bundespolizei) zur Verfügung zu stellen. Letztere bleiben organisatorisch dem Bundesgrenzschutz (der Bundespolizei) zugeordnet, üben materiell aber Befugnisse des anfordernden Landes aus, sind also nur zu solchen Maßnahmen befugt, die auch das Einsatzland treffen könnte; dabei unterstehen die »Kräfte« der fachlichen Weisungsbefugnis des Landes[134]. Die **Kosten** der Hilfeleistung werden – weil die angeforderten Kräfte zur

---

[129] *Epping* (Fn. 32), Art. 35 Rn. 16; *Grzeszick* (Fn. 24), Art. 35 Rn. 39; *Hase* (Fn. 121), Art. 35 II, III Rn. 2 m.w.N.
[130] So exemplarisch die Begriffsbestimmungen in Nrn. 13.1 und 13.1.2 der brandenburgischen Verwaltungsvorschriften des Ministers des Innern zur Durchführung des Ordnungsbehördengesetzes v. 11.6.1993 (ABl. S. 1238). Aus der Literatur vgl. statt vieler etwa *Epping* (Fn. 32), Art. 35 Rn. 17.1; *Gubelt* (Fn. 24), Art. 35 Rn. 22; *Stern*, Staatsrecht II, S. 1468f.; *R. Stober/S. Eisenmenger*, NVwZ 2005, 121 (123); ferner *v. Danwitz* (Fn. 30), Art. 35 Rn. 60; *Sannwald* (Fn. 40), Art. 35 Rn. 34.
[131] *Grzeszick* (Fn. 24), Art. 35 Rn. 46; *E. Klein*, HStR VII, § 169 Rn. 29.
[132] *Epping* (Fn. 32), Art. 35 Rn. 18; *Erbguth* (Fn. 44), Art. 35 Rn. 36; *Hase* (Fn. 121), Art. 35 II, III Rn. 3; *Jarass/Pieroth*, GG, Art. 35 Rn. 6.
[133] *Epping* (Fn. 32), Art. 35 Rn. 18 (mit exemplarischem Hinweis auf Großdemonstrationen); *v. Danwitz* (Fn. 30), Art. 35 Rn. 62; *Grzeszick* (Fn. 24), Art. 35 Rn. 44; *Magen* (Fn. 1), Art. 35 Rn. 31.
[134] *v. Danwitz* (Fn. 30), Art. 35 Rn. 66; *Erbguth* (Fn. 44), Art. 35 Rn. 40; dem entspricht einfachrechtlich § 11 II BPolG; vgl. – zum Parallelproblem beim Einsatz der Bundeswehr im Katastrophenfall nach Art. 35 II 2 GG – auch *G. Robbers*, DÖV 1989, 926 (927ff.); zu Art. 35 II GG anders BT-Drs.

2. Hilfe bei regionalen Notfällen (Art. 35 II 2 GG)

Wie Art. 35 II 1 GG setzt auch die Anforderung von Hilfe nach Art. 35 II 2 GG voraus, 29
dass das anfordernde Land nicht oder nur unter erheblichen Schwierigkeiten in der
Lage ist, den Notfall ohne Unterstützung zu bewältigen[136] (→ Rn. 27); dies ist in
Art. 35 II 2 GG zwar nicht ausdrücklich erwähnt, ergibt sich aber aus dem der Norm
zugrundeliegenden Gedanken der Hilfeleistung. Weitere **Voraussetzung** ist – abweichend von Art. 35 II 1 GG – eine Naturkatastrophe oder ein besonders schwerer Unglücksfall; erstere hat ihre Ursache in einem Naturereignis, letzterer geht auf menschliches und/oder technisches Versagen zurück. Dementsprechend sind **Naturkatastrophen** unmittelbar drohende Gefahrenzustände oder Schädigungen von erheblichem
Ausmaß, die durch Naturereignisse wie Erdbeben, Hochwasser, Eisgang, Unwetter,
Wald- und Großbrände durch Selbstentzündung oder Blitze, Dürre oder Massenerkrankungen ausgelöst werden. **Besonders schwere Unglücksfälle** sind Schadensereignisse von großem Ausmaß und von besonderer Bedeutung für die Öffentlichkeit, die
durch Unfälle, technisches und/oder menschliches Versagen ausgelöst oder – wie etwa
bei terroristischen Anschlägen katastrophalen Ausmaßes[137] – von Dritten absichtlich
herbeigeführt werden; zu »Ereignissen von katastrophischen Dimensionen«[138] zählen
z. B. schwere Verkehrsunfälle, schwere Flugzeug- oder Eisenbahnunglücke, Stromausfall mit Auswirkungen auf lebenswichtige Einrichtungen, Großbrände durch Brandstiftung, Unfälle in Kernenergieanlagen und andere Unfälle mit Strahlenrisiko[139].
Nicht von Art. 35 II 2 GG erfasst sind daher beispielsweise **Großdemonstrationen**[140].
Ähnlich wie bei der Naturkatastrophe müssen auch bei dem besonders schweren Unglücksfall Schäden nicht notwendigerweise bereits vorliegen; vielmehr reicht es aus,
dass »zwar die zu erwartenden Schäden noch nicht eingetreten sind, der Unglücksfall
aber bereits begonnen hat und der Eintritt katastrophaler Schäden unmittelbar droht.

V/2873, S. 10, wonach das Weisungsrecht der zuständigen Bundes- und Landesorgane gegenüber den von ihnen zur Verfügung gestellten Vollzugskräften auch während der Hilfeleistung erhalten bleibt und ein einvernehmliches Zusammenwirken zwischen den Behörden des betroffenen Landes und den zur Verfügung gestellten Hilfskräften erforderlich sei.

[135] *Epping* (Fn. 32), Art. 35 Rn. 19; *v. Danwitz* (Fn. 30), Art. 35 Rn. 67; vgl. auch *Erbguth* (Fn. 44), Art. 35 Rn. 46; *Magen* (Fn. 1), Art. 35 Rn. 33; jeweils mit ergänzendem Hinweis auf gegebenenfalls durch die Bundestreue gebotene Ausnahmen; BVerwG DÖV 1973, 490 (491f.); BayVBl. 1973, 328 mit kritischer Anm. *R. Schmitt*; *Gubelt* (Fn. 24), Art. 35 Rn. 28; *Sannwald* (Fn. 40), Art. 35 Rn. 51. Der im Text genannten Kostentragung entspricht § 11 IV 3 BPolG.

[136] *D. Esklony*, Das Recht des inneren Notstands, 2000, S. 219; *Erbguth* (Fn. 44), Art. 35 Rn. 38; *Gubelt* (Fn. 24), Art. 35 Rn. 25; *Hase* (Fn. 121), Art. 35 II, III Rn. 4; *Jarass/Pieroth*, GG, Art. 35 Rn. 7; speziell für die Anforderung des Bundesgrenzschutzes *H. Klückmann*, DÖV 1976, 333 (338).

[137] Vgl. *Epping* (Fn. 32), Art. 35 Rn. 20; *v. Danwitz* (Fn. 30), Art. 35 Rn. 70; BVerfGE 115, 118 (144, Rn. 100); 132, 1 (18, Rn. 46).

[138] BVerfGE 133, 241 (265, Rn. 70).

[139] So die bei *R. Jahn/N. K. Riedel*, DÖV 1988, 957 (960f.), und *v. Danwitz* (Fn. 30), Art. 35 Rn. 70, mitgeteilten Begriffsbestimmungen; im wesentlichen übereinstimmend BVerfGE 115, 118 (143, Rn. 98). Vgl. auch *Epping* (Fn. 32), Art. 35 Rn. 20; *Esklony*, Notstand (Fn. 136), S. 218; *R. Stober/S. Eisenmenger*, NVwZ 2005, 121 (123).

[140] BVerfGE 132, 1 (18, Rn. 46); *R. Jahn/N. K. Riedel*, DÖV 1988, 957 (961); *Magen* (Fn. 1), Art. 35 Rn. 34; vgl. auch *Erbguth* (Fn. 44), Art. 35 Rn. 38; *Gubelt* (Fn. 24), Art. 35 Rn. 25; a.A. *T. M. Spranger*, NJW 1999, 1003 (1004).

[...] Dies ist der Fall, wenn der katastrophale Schaden, sofern ihm nicht rechtzeitig entgegengewirkt wird, mit an Sicherheit grenzender Wahrscheinlichkeit in Kürze eintreten wird«[141].

30 Anders als bei Art. 35 II 1 GG können nicht nur Kräfte und Einrichtungen des Bundesgrenzschutzes (der Bundespolizei) zur Hilfe angefordert werden, sondern auch Polizeikräfte anderer Länder, Kräfte und Einrichtungen anderer Verwaltungen (des Bundes und der Länder) sowie der Streitkräfte. Die **Auswahl** unter diesen Hilfskräften und -einrichtungen trifft das anfordernde Land unter Berücksichtigung der Besonderheiten des jeweiligen Notfalles nach **pflichtgemäßem Ermessen**[142]. Dabei ist namentlich der **Einsatz der Streitkräfte** mit dem Einsatz spezifisch militärischer Abwehrmittel jedenfalls nur als **ultima ratio** zulässig[143]: Die »strenge Beschränkung auf das Erforderliche – sowohl was das Ob als auch was das Wie, einschließlich der konkreten Einsatzmittel, angeht – für Einsätze nach Absatz 2 Satz 2 wie für Einsätze nach Absatz 3 des Art. 35 GG [entspricht] dem in Art. 87a Abs. 2 GG zum Ausdruck gebrachten Willen des Verfassungsgebers zur engen Begrenzung des zulässigen Streitkräfteeinsatzes im Innern«[144]. Auch dürfen die strikten Begrenzungen für den Einsatz der Streitkräfte nach Art. 87a IV GG nicht unterlaufen werden[145].

31 **Rechtsfolge** einer Anforderung, die diesen Voraussetzungen genügt, ist grundsätzlich die Pflicht (→ Rn. 26) zur Unterstützung des anfordernden Landes mit den entsprechenden Kräften und Einrichtungen (→ Rn. 28). Organisatorisch bleiben die zur Verfügung gestellten Kräfte Teil ihrer Herkunftsorganisation, nehmen jedoch Aufgaben des Anforderungslandes wahr, sind dabei an dessen Recht gebunden und unterstehen den fachlichen Weisungen dieses Landes[146]. Die Kosten trägt das Einsatzland (→ Rn. 28). Nach einer Entscheidung des Plenums des Bundesverfassungsgerichts soll allerdings die Verwendung spezifisch militärischer Waffen, die den Polizeikräften der Länder für die Erledigung ihrer Aufgaben originär nicht zur Verfügung stehen, bei einem Einsatz der Streitkräfte unter engen Voraussetzungen (→ Rn. 30) möglich sein[147].

32 Dieser Plenarentscheidung vorausgegangen war die im Umfeld des **Luftsicherheitsgesetzes und** vor dem Hintergrund der **Terroranschläge von 9/11** politisch und verfassungsrechtlich äußerst kontrovers diskutierte Frage, ob und inwieweit Art. 35 II 2 (und/oder III) GG den **Streitkräfteeinsatz mit spezifisch militärischen Waffen insb. zur Gefahrenabwehr im Luftraum** legitimieren kann[148]. Die kontroverse Beurteilung reichte bis in das Bundesverfassungsgericht hinein: Nachdem der Erste Senat 2006 in Art. 35 II 2 und III GG keine Rechtsgrundlage für den Streitkräfteeinsatz mit spezi-

---

[141] BVerfGE 132, 1 (18, Rn. 47); 133, 241 (264, Rn. 67); ähnlich bereits BVerfGE 115, 118 (145, Rn. 102 f.); kritisch zur letztgenannten Voraussetzung U. *Fastenrath*, JZ 2012, 1128 (1129); *Epping* (Fn. 32), Art. 35 Rn. 21.2.
[142] Z.B. *Gubelt* (Fn. 24), Art. 35 Rn. 26; *Hase* (Fn. 121), Art. 35 II, III Rn. 5; Jarass/*Pieroth*, GG, Art. 35 Rn. 7; *Stern*, Staatsrecht II, S. 1464.
[143] BVerfGE 132, 1 (18, Rn. 48); 133, 241 (266 f., Rn. 74).
[144] BVerfGE 132, 1 (19, Rn. 48) unter Hinweis auf C. *Knödler*, BayVBl. 2002, 107 [108]).
[145] BVerfGE 132, 1 (9 ff., Rn. 24 ff.).
[146] E. *Klein*, HStR VII, § 169 Rn. 32; v. *Danwitz* (Fn. 30), Art. 35 Rn. 75 f.; speziell für die Anforderung des Bundesgrenzschutzes H. *Klückmann*, DÖV 1976, 333 (339); vgl. auch A. *Dietz*, DÖV 2012, 952 (955).
[147] BVerfGE 132, 1 (9 ff., Rn. 23 ff.); anders noch BVerfGE 115, 118 (146 ff., Rn. 105 ff.).
[148] Zu der im Vor- und Umfeld von BVerfGE 115, 118 – der ersten einschlägigen Entscheidung – geführten Debatte → Bd. II², Art. 35 Rn. 31 m.w. N.

III. Hilfe in besonderen Gefahrenlagen und Notfällen (Art. 35 II, III GG) **Art. 35**

fisch militärischen Waffen erkennen konnte[149], hat das vom Zweiten Senat angerufene Plenum 2012 – durch Mehrheitsentscheidung – unter engen Voraussetzungen die Möglichkeit eines solchen Einsatzes anerkannt[150] und damit die Weichen für die Anschlussrechtsprechung gestellt[151]. Danach ist für die Rechtspraxis (vorerst) insbesondere geklärt, dass, erstens, Art. 35 II 2 und III GG für die hier interessierenden Regelungen **keine Gesetzgebungsbefugnis des Bundes** begründen[152], zweitens diese beiden Normen nach Maßgabe der erwähnten Voraussetzungen und weiterer, namentlich grundrechtlicher Vorgaben[153] den **Streitkräfteeinsatz mit spezifisch militärischen Waffen möglich** machen[154] und drittens der Einsatz der Streitkräfte nach Art. 35 III 1 GG allein aufgrund eines **Beschlusses der Bundesregierung als Kollegialorgan** zulässig ist[155]. Die Plenarentscheidung hat freilich neue Kontroversen entfacht[156] und überzeugt vor allem hinsichtlich des von ihr zugelassenen Einsatzes spezifisch militärischer Waffen nicht[157]. Verfassungsrechtlich und politisch vorzugswürdig war und ist[158] der Weg über eine **Verfassungsänderung**, zumal das vom Gesetzgeber verfolgte neue Schutzkonzept erheblich vom bisherigen Verständnis der Art. 35, 87a GG abweicht (→ Bd. II², Art. 35 Rn. 31).

---

[149] BVerfGE 115, 118 (146 ff., Rn. 105 ff.).
[150] BVerfGE 132, 1 (9 ff., Rn. 23 ff., mit *abweichender Meinung* des Richters *Gaier*, 24 ff. [27 ff., Rn. 65 ff.]); zur Anrufung des Plenums s. BVerfGE 128, 325.
[151] BVerfGE 133, 241 (259, Rn. 44 ff.).
[152] BVerfGE 132, 1 (5 ff., Rn. 14 ff.); anders noch E 115, 118 (140 ff., Rn. 86 ff.).
[153] Hervorzuheben ist die bereits durch BVerfGE 115, 118 (151 ff., Rn. 118 ff.) festgestellte Unvereinbarkeit mit Art. 2 II 1 und Art. 1 I GG der gesetzlich damals noch vorgesehenen Möglichkeit, Luftfahrzeuge mit tatunbeteiligten Menschen an Bord abzuschießen; daran hat der Plenarbeschluss nichts geändert.
[154] BVerfGE 132, 1 (9 ff., Rn. 23 ff.).
[155] BVerfGE 132, 1 (21 ff., Rn. 52 ff.).
[156] Instruktive Kritik findet sich bereits in dem Sondervotum des Richters *Gaier* (BVerfGE 132, 1 [24 ff., Rn. 60 ff.]); zur kontroversen Aufnahme der beiden jüngeren Entscheidungen und zur Anschlussdiskussion in der Literatur s. etwa *J. Broscheit*, DÖV 2013, 802 ff.; *K. Bünnigmann*, DVBl. 2013, 621 ff.; *A. Dietz*, DÖV 2012, 952 ff.; *U. Fastenrath*, JZ 2012, 1128 ff.; *M. Ladiges*, NVwZ 2012, 1225 ff.; *L. Münkler*, ZG 28 (2013), 376 ff.; *C. van Ooyen*, RuP 2013, 26 ff.; *F. Schoch*, Jura 2013, 255 (263 ff.); *B. Walter*, NZWehrR 2013, 221 ff.; *W. Wette*, Betrifft Justiz 2012, 400 ff.; *D. Wiefelspütz*, NZWehrR 2013, 1 ff. Zur vorausgegangenen früheren Debatte vgl. etwa *M. Baldus*, NVwZ 2006, 532 ff.; *O. Depenheuer*, ZG 21 (2008), 1 ff.; *C. Gramm*, Der Staat 41 (2008), 375 ff.; *F. Hase*, DÖV 2006, 213 ff.; *M. Ladiges*, Die Bekämpfung nicht-staatlicher Angreifer im Luftraum, 2007; *U. Palm*, AöR 132 (2007), 95 ff.; *B. Pieroth/B. J. Hartmann*, Jura 2005, 729 (733 f.); *H. Sattler*, NVwZ 2004, 1286 (1287 ff.); *W.-R. Schenke*, NJW 2006, 736 ff.; *Senger*, Streitkräfte (Fn. 76), S. 175 ff.; ferner → Bd. II², Art. 35 Rn. 31 m. w. N.
[157] Ebenso *Hömig* (Fn. 40), Art. 35 Rn. 9; *Jarass/Pieroth*, GG, Art. 35 Rn. 7; vgl. auch *Gubelt* (Fn. 24), Art. 35 Rn. 28; *v. Danwitz* (Fn. 30), Art. 35 Rn. 76; zustimmend dagegen *Epping* (Fn. 32), Art. 35 Rn. 25.1 f.; *Erbguth* (Fn. 44), Art. 35 Rn. 38, 40; *F. Schoch*, Jura 2013, 255 (265); vgl. auch *U. Fastenrath*, JZ 2012, 1128 (1130).
[158] Siehe dazu nur die instruktive Entscheidungsanalyse von *U. Fastenrath*, JZ 2012, 1128 ff., der zutreffend auf die sich in der praktischen Auswirkung wechselseitig relativierenden Interpretationsergebnisse der Plenarentscheidung sowie den verbleibenden Gesetzestorso aufmerksam macht und zur wirkungsvollen Abwehr terroristischer Angriffe eine Grundgesetzänderung für unvermeidlich hält.

3. Hilfe bei überregionalen Notfällen (Art. 35 III GG)

33 Als Modifikation der grundsätzlichen Zuständigkeit der Länder zur Gefahrenbekämpfung räumt Art. 35 III GG der **Bundesregierung als Kollegium**[159] (→ Art. 62 Rn. 10 ff.) nach Tatbestand und Umfang begrenzte Aktionsbefugnisse ein. Eine Übertragung bzw. **Delegation** dieser Befugnisse etwa auf ein einzelnes Mitglied der Bundesregierung ist, auch in Eilfällen, im Grundsatz **unzulässig**, weil es sich bei der Befugniszuweisung an die Bundesregierung um zwingendes Recht handelt, das nicht zur freien Disposition steht[160]. Im Rahmen der von der Bundesregierung getroffenen Grundsatzentscheidung ist es allerdings möglich, »die auf einzelne Einsatzmaßnahmen bezogenen Befugnisse – auch generell – [...] zu übertragen«[161].

34 **Voraussetzungen** für die eingreifende Hilfe der Bundesregierung sind das Vorliegen einer Naturkatastrophe oder eines besonders schweren Unglücksfalles (→ Rn. 29), die das Gebiet mehr als eines Landes gefährden, und die Erforderlichkeit eines Tätigwerdens der Bundesregierung zur wirksamen Bekämpfung dieser Gefahr. Letzteres ist dann anzunehmen, wenn die betroffenen Länder zur wirksamen Bekämpfung nicht fähig oder willens sind, und verdeutlicht den subsidiären Charakter der Bundesintervention[162].

35 In diesen Fällen ist die Bundesregierung nach pflichtgemäßem Ermessen berechtigt, die Landesregierungen anzuweisen, den betroffenen Ländern Polizeikräfte zur Verfügung zu stellen; Weisungsbefugnisse gegenüber den einzusetzenden Polizeikräften hat sie jedoch nicht[163]. Alternativ oder kumulativ dazu[164] kann sie Einheiten des Bundesgrenzschutzes (der Bundespolizei) und der Streitkräfte zur Unterstützung der Polizeikräfte der betroffenen Länder einsetzen, und zwar gegebenenfalls auch gegen den Willen dieser Länder. Bezüglich der weiteren **Rechtsfolgen** (organisationsrechtliche Stellung der eingesetzten Kräfte, Weisungsbefugnisse, Rechtsgrundlagen für das Tätigwerden der Kräfte, Kosten) gelten prinzipiell die bereits erwähnten Regeln (→ Rn. 28, 31). Umstritten ist allerdings insb. die Weisungsbefugnis beim Einsatz von Bundesgrenzschutz (Bundespolizei) und Bundeswehr, die dem Einsatzland wegen der

---

[159] Die Entscheidungszuständigkeit der Bundesregierung als Kollegium sichert zugleich die Belange der betroffenen Länder, die durch den Einsatz etwa der Streitkräfte ohne vorherige Anhörung nachhaltig berührt werden (BVerfGE 115, 118 [149, Rn. 113]).
[160] Vgl. BVerfGE 115, 118 (149, Rn. 113); 132, 1 (21 ff., Rn. 52 ff.); 133, 241 (259 f., Rn. 47 ff.; 267 f., Rn. 77); *Epping* (Fn. 32), Art. 35 Rn. 28 ff.; *Gubelt* (Fn. 24), Art. 35 Rn. 29; vgl. auch *A. Dietz*, DÖV 2012, 952 (956); weniger eng *Grzeszick* (Fn. 24), Art. 35 Rn. 50.
[161] BVerfGE 133, 241 (267 f., Rn. 77) zu einer dem Bundesminister der Verteidigung eingeräumten Möglichkeit, den Inspekteur der Luftwaffe generell zur Anordnung bestimmter Maßnahmen zu ermächtigen.
[162] *Stern*, Staatsrecht II, S. 1465; *v. Danwitz* (Fn. 30), Art. 35 Rn. 79; BVerfGE 132, 1 (19, Rn. 48).
[163] Die Befugnisse der Bundesregierung sind daher geringer als in den in Art. 91 II GG geregelten Fällen des inneren Notstandes; vgl. *N.-P. Kleiner*, DVBl. 1977, 240 (242).
[164] Wie hier *E. Klein*, HStR VII, § 169 Rn. 33 m. w. N. auch zur gegenteiligen Auffassung; *Grzeszick* (Fn. 24), Art. 35 Rn. 49. A.A. *Magen* (Fn. 1), Art. 35 Rn. 39, der aus Gründen der Eigenstaatlichkeit der Länder Subsidiarität von Maßnahmen nach der zweiten Alternative von Art. 35 III 1 GG gegenüber Maßnahmen nach der ersten Alternative dieser Norm annimmt. Für diese Subsidiarität enthält der Normtext freilich keinen Anhaltspunkt. Auch lassen sich anderweitigen allgemeinen Überlegungen (etwa Wahrung der Eigenstaatlichkeit durch Beschränkung des Eingriffs auf das Erforderliche) keine weiterführenden Argumente entnehmen, weil auch die Anweisung der Bereitstellung von Polizeikräften anderer Länder Bundesintervention ist und in die Ländereigenstaatlichkeit eingreift. Entscheidend ist, dass die Norm die Auswahl zwischen den beiden Handlungsalternativen in das pflichtgemäße Ermessen der Bundesregierung stellt.

Wahrnehmung einer Bundeszuständigkeit überwiegend generell[165], wegen des unterstützenden Charakters teilweise aber auch nur für den Fall abgesprochen wird, in dem das Land zur wirksamen Bekämpfung der Gefahr weder fähig noch willens ist[166].

Die von der Bundesregierung nach Art. 35 III 1 GG getroffenen Maßnahmen sind nach Beseitigung der Gefahr unverzüglich aufzuheben (Art. 35 III 2 GG); dies gilt auch bei irrtümlicher Annahme einer solchen Gefahr oder der anderen Tatbestandsvoraussetzungen. Außerdem ist einem **Aufhebungsverlangen** des Bundesrates (Art. 50 GG) jederzeit, also auch vor Beseitigung der Gefahr, zu entsprechen; die strikte Bindung an das Votum des Bundesrates dient dem Schutz der von den Maßnahmen betroffenen Länder. 36

D. Verhältnis zu anderen GG-Bestimmungen

Art. 35 GG ist ein Element der **bundesstaatlichen Ordnung** und weist daneben Bezüge zum **Rechtsstaatsprinzip** auf (→ Rn. 10). Für Untersuchungsausschüsse des Bundestages ist die Verpflichtung von Gerichten und Verwaltungsbehörden zu Rechts- und Amtshilfe in **Art. 44 III GG** geregelt. Art. 35 III GG enthält konkrete Einzelberechtigungen von Bundesregierung und Bundesrat und ergänzt so deren Rechtsstellung nach **Art. 50 ff. GG** bzw. **Art. 62 ff. GG**. Die in Art. 35 III 1 GG festgelegte spezielle Zuständigkeit der Bundesregierung als Kollegialorgan (→ Rn. 33) schließt eine Relativierung durch die Ressortzuständigkeit der Bundesminister (**Art. 65 Satz 2 GG**) und die Zuständigkeit des Bundesministers der Verteidigung nach **Art. 65a GG** aus[167]. Bei Meinungsverschiedenheiten über die Hilfspflicht nach Art. 35 II GG oder über die Rechte der Bundesregierung nach Art. 35 III GG kann das Bundesverfassungsgericht angerufen werden (**Art. 93 I Nr. 4 GG**), das bei Eilbedürftigkeit eine einstweilige Anordnung erlassen kann[168]. Weigert sich eine Landesregierung, einer rechtmäßigen Weisung nach Art. 35 III 1 GG nachzukommen, so liegt ein Fall des **Art. 37 GG** vor[169]. **Art. 91 I GG** ist gegenüber Art. 35 I GG die speziellere Regelung, gegenüber Art. 35 II 1 GG spezieller beschränkt auf spezifisch verfassungsrelevante polizeiliche Gefahren[170]; Art. 35 II 2 GG erfasst nur Fallkonstellationen regionaler Naturkatastrophen oder besonders schwerer Unglücksfälle. Entsprechendes gilt für das Verhältnis von **Art. 91 II GG** und **Art. 87a GG** zu Art. 35 III GG[171], die zudem weitere tatbestandliche Abweichungen aufweisen. Amtshilfen der Bundeswehr sind keine »Einsätze« im Sinne von **Art. 87a II GG** (→ Rn. 16). **Grundrechtliche Konfliktlagen** können sich insb. zwischen der allgemeinen Rechts- und Amtshilfe (Art. 35 I GG) und dem **Recht auf informationelle Selbstbestimmung** ergeben (→ Rn. 23 f.), bei Art. 35 II, III GG auch mit 37

---

[165] So *E. Klein*, HStR VII, § 169 Rn. 34 m. w. N. und ergänzendem Hinweis auf eine Abstimmungspflicht zwischen der Einsatzleitung und der Polizeiführung des Einsatzlandes; *Epping* (Fn. 32), Art. 35 Rn. 30 f.; *v. Danwitz* (Fn. 30), Art. 35 Rn. 82 ff.; *A. Dietz*, DÖV 2012, 952 (956); *Erbguth* (Fn. 44), Art. 35 Rn. 41, 43; *Grzeszick* (Fn. 24), Art. 35 Rn. 54; *Hase* (Fn. 121), Art. 35 II, III Rn. 8; *Hömig* (Fn. 40), Art. 35 Rn. 12. Vgl. dort auch die Ausführungen zu dem ähnlich gelagerten Problem des anzuwendenden Rechts. Vgl. auch *G. Robbers*, DÖV 1989, 926 (927 ff.).
[166] So *Stern*, Staatsrecht II, S. 1466; vgl. auch *Magen* (Fn. 1), Art. 35 Rn. 39.
[167] BVerfGE 132, 1 (22, Rn. 57).
[168] *Gubelt* (Fn. 24), Art. 35 Rn. 32.
[169] *Stern*, Staatsrecht II, S. 1466.
[170] *K.-A. Hernekamp*, in: v. Münch/Kunig, GG II, Art. 91 Rn. 41.
[171] Vgl. *Gubelt* (Fn. 24), Art. 35 Rn. 2.

anderen Grundrechtsnormen (z. B. Art. 1 I, 2 II 1, 12 I, 13, 14, 2 I GG)[172]. Außerdem verbietet **Art. 9 III 3 GG** Maßnahmen nach Art. 35 II, III GG, die sich gegen Arbeitskämpfe richten (→ Rn. 26; → Art. 9 Rn. 96). Demgegenüber behält **Art. 11 II GG** unter den dort genannten Voraussetzungen Einschränkungen des Freizügigkeitsrechts u. a. zur Bekämpfung von Naturkatastrophen oder besonders schweren Unglücksfällen ausdrücklich vor (→ Art. 11 Rn. 27).

---

[172] Vgl. *R. Stober/S. Eisenmenger*, NVwZ 2005, 121 (128) unter Hinweis darauf, dass es keine »katastrophenfesten Grundrechte« gäbe.

Artikel 36 [Personalstruktur der Bundesbehörden; Organisationsstruktur der Bundeswehr]

(1) ¹Bei den obersten Bundesbehörden sind Beamte aus allen Ländern in angemessenem Verhältnis zu verwenden. ²Die bei den übrigen Bundesbehörden beschäftigten Personen sollen in der Regel aus dem Lande genommen werden, in dem sie tätig sind.

(2) Die Wehrgesetze haben auch die Gliederung des Bundes in Länder und ihre besonderen landsmannschaftlichen Verhältnisse zu berücksichtigen.

Literaturauswahl

Didczuhn, Alexander-Chr.: Der Grundsatz der proportionalen föderalen Parität, 1990.
Grabendorff, Walter: Zur Frage der Auslegung des Art. 36 Bonner Grundgesetz, in: DÖV 1952, S. 301–303.
Klein, Wilfred: Zur heutigen Bedeutung des Artikels 36 Absatz 1 Satz 1 Grundgesetz, in: ZBR 1988, S. 126–128.
Pleyer, Marcus C.F.: Föderative Gleichheit, 2005.
Schwidden, Frank: Der Anteil der Beamten aus den Ländern bei den obersten Bundesbehörden gemäß Art. 36 Grundgesetz, in: RiA 1994, S. 57–64.
Spranger, Tade Matthias: Bestenauslese und landsmannschaftliche Verhältnisse nach Art. 36 II GG, in: RiA 1998, S. 163–165.
Freiherr v. Stralenheim, Henning: Die Auslegung und Durchführung des Art. 36 GG, in: DÖV 1951, S. 628–631.

Leitentscheidungen des Bundesverfassungsgerichts

Diese liegen zu Art. 36 GG bislang nicht vor.

Gliederung

	Rn.
A. Herkunft, Entstehung, Entwicklung	1
I. Ideen- und verfassungsgeschichtliche Aspekte	1
II. Entstehung und Veränderung der Norm	2
B. Internationale, supranationale und rechtsvergleichende Bezüge	4
C. Erläuterungen	7
I. Allgemeine Bedeutung	7
II. »Proportionale föderale Parität« (Art. 36 I 1 GG)	11
III. Heimatprinzip (Art. 36 I 2 GG)	16
IV. Anforderungen an die Wehrgesetze (Art. 36 II GG)	19
D. Verhältnis zu anderen GG-Bestimmungen	23

Stichwörter

Angemessenheit 14 – Angestellte 12 – Arbeiter 12 – Beamte 12 – Begründungslasten 9, 21 – Bestenauslese 15, 18, 22f. – Bundesbehörden, oberste 11 – Bundesbehörden, übrige 17 – Bundesgerichte 11 – Bundesoberbehörden 11 – Bundesrichter 12 – bundesstaatliche Ordnung 7, 23 – Bundesverfassungsgericht 11 – Bundeswehr 8, 19f. – Darlegungslasten 9, 21 – Effizienzsteigerung 4, 8 – Einwohnerzahl 14 – Europäisches Unionsrecht 5 – freie Bewerber 13 – Gerichtsverwaltungen 11 – Gestaltungsspielraum 21 – Heimatprinzip 1f., 8, 11, 16f., 18 – institutionelle Garantie 9 – Länderzuordnung 13 – Landesverwaltung 17 – landsmannschaftliche Verhältnisse 19f. – Leistungsprinzip 15, 18, 22f. – Nationalsozialismus 1 – neue Länder 3, 8, 10, 12 – Normzwecke 8 – Parlamentarischer Rat 2 – Personen, beschäftigte 17 – Programmsatz 9 – »proportionale föderale Parität« 2, 11ff. – Qualifikation 15, 18, 22f. – Quotierung 14 – Rechtsvergleichung 6 – Regelungsgegenstände 7 – Sollvorschrift 6, 18 – Streitkräfte 19 – subjektive Rechte 1, 9 – Umsetzungsdefizite 10 – Vereinte Nationen 5 – Verfassungsentwicklung 3 – Verfassungspraxis 10 – vertrauensvolle Zusammenarbeit 4, 8 –

Art. 36   A. Herkunft, Entstehung, Entwicklung

Wehrgesetzgebung 19f. – Wehrverfassung 7, 19f., 23 – Wehrverwaltung 20 – Weimarer Republik 1 – Wiedervereinigung 3 – Wohnsitzprinzip 13.

A. Herkunft, Entstehung, Entwicklung

I. Ideen- und verfassungsgeschichtliche Aspekte

1   Vorläuferregelungen von Art. 36 GG finden sich bereits in der **Weimarer Republik**: Art. 16 WRV bestimmte in Satz 1, dass die mit der unmittelbaren Reichsverwaltung in den Ländern betrauten Beamten in der Regel Landesangehörige sein sollen, und in Satz 2, dass Beamte, Angestellte und Arbeiter der Reichsverwaltung – vorbehaltlich entgegenstehender dienstlicher Belange – auf ihren Wunsch in ihren Heimatgebieten zu verwenden sind[1]. Außerdem war nach Art. 79 S. 2 WRV die Wehrverfassung unter »Berücksichtigung der besonderen landsmannschaftlichen Eigenarten« reichsgesetzlich einheitlich zu regeln. Diese Normen verwirklichten u. a. das sog. Heimatprinzip, das in der zeitgenössischen Literatur aus Gründen des nationalpolitischen Interesses mitunter auf Kritik stieß[2]. Solche Vorschriften dienen föderalen Anliegen[3]. Zusammen mit den in der Staatspraxis[4] zu beobachtenden Bestrebungen zur möglichst gleichmäßigen Besetzung bestimmter Ämter mit Bediensteten aus allen Ländern erweitern sie die Sachkunde der Reichsverwaltung um landesspezifische Kenntnisse und stärken das Vertrauen der Länder in die Reichsverwaltung[5]. Gleichwohl leitete man aus Art. 16 WRV keine subjektiven Rechte der Interessenten ab – weder der Länder noch der betroffenen Bediensteten[6]. Während des **Nationalsozialismus** war mit der frühzeitigen Entföderalisierung des Gemeinwesens (→ Art. 20 [Bundesstaat], Rn. 6) für das bisherige Verständnis der »Länderrepräsentation« oder gar eines Länderproporzes in der Reichsverwaltung kein Raum mehr[7].

II. Entstehung und Veränderung der Norm

2   Art. 43 I HChE enthielt für Beamte und sonstige Bedienstete im Dienste des Bundes den Grundsatz der proportionalen föderalen Parität[8], das Heimatprinzip für die nicht

---

[1] Vgl. dazu und zur Analyse der vorausgehenden Verfassungsepochen *A.-C. Didczuhn*, Der Grundsatz der proportionalen föderalen Parität, 1990, S. 95ff.; *H. Butzer*, in: Maunz/Dürig, GG, Art. 36 (2010), Rn. 2ff.; *W. Höfling*, in: BK, Art. 36 (2006), Rn. 6ff. Nicht erfasst waren von Art. 16 WRV die Reichszentralbehörden (*Anschütz*, WRV, Art. 16 Anm. 3), deren Personalpolitik aber in der Verfassungspraxis ähnlich ausgerichtet war; dazu Didczuhn, a.a.O., S. 125ff. Nicht ausdrücklich in die WRV aufgenommen war auch der Grundsatz der proportionalen föderalen Parität des heutigen Art. 36 I 1 GG, der der Staatspraxis der Weimarer Republik aber ebenfalls nicht fremd war; s. dazu *H. Frhr. v. Stralenheim*, DÖV 1951, 628 (628f.), und *F. Schwidden*, RiA 1994, 57 (57), beide mit Hinweis auf eine »Bekanntmachung der Reichsregierung über den Beamtennachwuchs der obersten Reichsbehörden« von 1926.

[2] Deutliche Kritik bei *G. Anschütz*, Der deutsche Föderalismus in Vergangenheit, Gegenwart und Zukunft, VVDStRL 1 (1924), S. 11ff. (20f.).

[3] *Anschütz*, Föderalismus (Fn. 2), S. 20.

[4] Vgl. *Butzer* (Fn. 1), Art. 36 Rn. 5.

[5] Vgl. *U. Battis*, in: Sachs, GG, Art. 36 Rn. 1.

[6] *Anschütz*, WRV, Art. 16 Anm. 2; *Butzer* (Fn. 1), Art. 36 Rn. 4, mit ergänzenden Hinweisen zur im Verhältnis von Reich und Ländern gleichwohl möglichen Geltendmachung der Verletzung objektiven Rechts in Verfahren beim Staatsgerichtshof.

[7] *Didczuhn*, Parität (Fn. 1), S. 131f.

[8] Im darstellenden Teil des Berichts ist hierzu ausgeführt, dass die Vorschrift »eigentlich etwas

bei den obersten Bundesbehörden beschäftigten Beamten und in **Art. 43 II HChE** eine ergänzende Regelung, wonach Beamte und sonstige Bedienstete des Bundes auf »ihren Wunsch [...] in ihrem Heimatgebiet zu verwenden« sind, »wenn nicht Erfordernisse der Ausbildung oder des Dienstes entgegenstehen«[9]. Nach kontroverser Diskussion strich der **Parlamentarische Rat** Art. 43 II, weil er »nicht verfassungswichtig« und seine »praktische Bedeutung gering« erschien[10]. Auch im Übrigen war die Vorschrift umstritten, entging teilweise mit nur einer Stimme Mehrheit mehreren Streichungsanträgen[11] und wurde am Ende doch als Art. 36 GG angenommen.

Die ursprüngliche Fassung von Art. 36 GG blieb unverändert, wurde aber – ohne sachliche Änderung – 1956 im Zuge der **Ergänzung** der Vorschrift **um Art. 36 II GG**[12] zu Art. 36 I GG. Die Ergänzung geht auf eine Gesetzesinitiative zurück, die der Einordnung der Bundeswehr in den verfassungsmäßigen Aufbau des Staates diente, und orientiert sich an der Vorläuferregelung des Art. 79 S. 2 WRV (→ Rn. 1)[13]. In der weiteren **Verfassungsentwicklung** blieb Art. 36 GG bis heute unverändert. Der Vorstoß, Art. 36 I GG dahingehend zu ergänzen, dass – unter angemessener Berücksichtigung der Länder – auf »eine dezentrale Verteilung der Bundesbehörden und -institutionen sowie der europäischen und internationalen Behörden und Institutionen« zu achten ist[14], fand in der Gemeinsamen Verfassungskommission nicht die erforderliche Mehrheit[15]. Im Zuge der **Wiedervereinigung** ergaben sich aus Gründen mangelnder Verfügbarkeit geeigneter Bewerber und wegen des während der Aufbauphase vorrangigen Bedürfnisses, qualifizierte Mitarbeiter im eigenen Landes- und Kommunaldienst zu behalten, spezifische faktische Realisierungsprobleme bei der **Einbeziehung der neuen Länder** in den föderalen Proporz, die in der Übergangsphase zu einer modifizierten Handhabung führten[16].

3

Selbstverständliches« ausspreche; ihre Aufnahme sei aber geboten, weil in der Vergangenheit nicht danach verfahren wurde (Parl. Rat II, S. 564).

[9] Parl. Rat II, S. 588; zu den Beratungen des Herrenchiemseer Verfassungskonvents s. JöR 1 (1951), S. 331, und *U. Bachmann/J. Kramer*, in: Schneider, GG-Dokumentation, Bd. 10, S. 665 ff.

[10] *Bachmann/Kramer*, GG-Dokumentation (Fn. 9), S. 684 ff.; JöR 1 (1951), S. 333 f.; vgl. auch *Butzer* (Fn. 1), Art. 36 Rn. 7.

[11] Die Anträge stützten sich u. a. auf Vereinfachungsüberlegungen und den Wunsch, »alles Überflüssige« zu streichen; Dokumentation bei *Bachmann/Kramer*, GG-Dokumentation (Fn. 9), S. 693 ff.

[12] Art. I Nr. 4 Gesetz zur Änderung des Grundgesetzes vom 19.3.1956 (BGBl. I S. 111).

[13] Vgl. BT-Drs. II/124; II/2150, S. 3; s. zur damals kontroversen Beratung des landsmannschaftlichen Prinzips im Bundestagsplenum etwa 17. Sitzung am 26.2.1954 (Sten.Ber. S. 552 f.); näher zur Entstehungsgeschichte s. *E. Jess*, in: BK, Art. 36 n. F. (1956), Anm. I, sowie *Höfling* (Fn. 1), Art. 36 Rn. 4, und *Butzer* (Fn. 1), Art. 36 Rn. 8 f.

[14] Unterrichtung durch die Kommission Verfassungsreform des Bundesrates, BR-Drs. 360/92, S. 6.

[15] BT-Drs. 12/6000, S. 43; den Antrag hatten die Länder Hamburg, Mecklenburg-Vorpommern und Schleswig-Holstein sowie die beiden Freistaaten Sachsen und Thüringen gestellt (BT-Drs. 12/6000, S. 157). S. zu diesem Ergänzungsvorschlag auch *A. Jannasch*, in: Umbach/Clemens, GG, Art. 36 Rn. 30 ff.; *Höfling* (Fn. 1), Art. 36 Rn. 5.

[16] Dazu *F. Schwidden*, RiA 1994, 57 (63 f.); *Jannasch* (Fn. 15), Art. 36 Rn. 23 f.; *Höfling* (Fn. 1), Art. 36 Rn. 49 f., mit ergänzendem Hinweis darauf, dass durch die Marginalisierung der beamtenrechtlichen Folgepflicht im dienstrechtlichen Begleitgesetz von 1996 auch für Beamte aus dem Westen in Teilen der Grundsatz der proportionalen föderalen Parität weitgehend durch das Heimatprinzip ersetzt werde; vgl. allgemein zum Problem des Vorhandenseins ausreichend qualifizierter Bewerber auch *T. Maunz*, in: Maunz/Dürig, GG, Art. 36 (1959), Rn. 5; s. zur Behördenstruktur nach 1990 *F. Kroppenstedt*, VerwArch. 85 (1994), 281 (283 ff.).

B. Internationale, supranationale und rechtsvergleichende Bezüge

4 Die Berücksichtigung eines Nationalitätenproporzes in der Personalstruktur ist auch bei **internationalen und supranationalen Organisationen** anzutreffen[17]. Dort dürften die **Motive** für die Orientierung der Personalpolitik an Proporzerwägungen in der Sache ähnlich gelagert sein wie bei Art. 36 I 1 GG (→ Rn. 8): Zum einen erhöhen sich Qualität und Effizienz des Personalapparats, wenn die Beschäftigten mit den Verhältnissen in ihren Herkunftsländern vertraut sind und diese Kenntnisse in die Entscheidungsprozesse der jeweiligen Organisation einbringen; zum anderen lässt sich durch personelle Rückbindungen das Vertrauen der Mitgliedstaaten in die Aktivitäten der jeweiligen Organisation steigern und zugleich dem Eindruck von Fremdbestimmung entgegenwirken[18].

5 Im **internationalen Bereich** findet sich ein Beispiel für die Berücksichtigung eines Nationalitätenproporzes in Art. 101 III 2 der Charta der Vereinten Nationen. Danach ist bei der Einstellung der Bediensteten und der Regelung ihrer Dienstverhältnisse (auch[19]) der Umstand, »daß es wichtig ist, die Auswahl der Bediensteten auf möglichst breiter geographischer Grundlage vorzunehmen, [...] gebührend zu berücksichtigen«. Die nähere Präzisierung dieser Vorgabe erfolgt nach einem 1963 eingeführten differenzierten Mischsystem, das die wünschenswerte Quote für die geographische Verteilung auf die Kriterien Mitgliedschaft, Bevölkerungszahl und Beitragsleistung ausrichtet und in den Details seither mehrfach modifiziert wurde[20]. In ähnlicher Weise sieht das **Europäische Unionsrecht** neben dem Leistungs- und Eignungsprinzip auch die geographische Zuordnung bzw. Ausgewogenheit, den vielfach kritisierten Nationalitätenproporz, als Auswahlkriterium für Einstellungen vor[21]; eine feste Quotenregelung verbindet sich damit freilich nicht[22].

6 **Rechtsvergleichend** werden Variationen des »Grundsatzes proportionaler föderaler Parität« etwa für die Zusammensetzung des belgischen Ministerrats sowie des schweizerischen Bundesrates angenommen[23]. Im Landesverfassungsrecht findet sich eine auch sprachliche Parallele zur bundesstaatlichen Proporzklausel (Art. 36 I 1 GG) in Art. 91 Bad.-WürttVerf., allerdings abgeschwächt zu einer Sollvorschrift.

---

[17] Detaillierte Darstellung bei *Didczuhn*, Parität (Fn. 1), S. 3 ff.
[18] Vgl. *Höfling* (Fn. 1), Art. 36 Rn. 79 m.w.N.
[19] Nach Art. 101 III 1 UN-Charta soll bei Einstellungen nämlich ausschlaggebend sein, »ein Höchstmaß an Leistungsfähigkeit, fachlicher Eignung und Ehrenhaftigkeit zu gewährleisten«.
[20] Näheres bei *Didczuhn*, Parität (Fn. 1), S. 30 ff., der ergänzend auf Unzulänglichkeiten in der Verwirklichung hinweist (ebd., S. 43 ff.); vgl. ferner *Butzer* (Fn. 1), Art. 36 Rn. 11.
[21] Art. 27 Abs. 1 BeaSt (EU-Beamtenstatut), Verordnung Nr. 31 (EWG) 11 (EAG) über das Statut der Beamten und über die Beschäftigungsbedingungen für die sonstigen Bediensteten der Europäischen Wirtschaftsgemeinschaft und der Europäischen Atomgemeinschaft, ABl. 45 v. 14.6.1962, S. 1385, zuletzt geändert durch Verordnung Nr. 1023/2013 des Europäischen Parlaments und des Rates vom 22.10.2013, ABl. L 287 v. 29.10.2013/15; *S. Steinle*, in: Streinz, EUV/AEUV, 2. Aufl. 2012, Art. 336 AEUV Rn. 9; *Höfling* (Fn. 1), Art. 36 Rn. 81 ff.; ferner *Butzer* (Fn. 1), Art. 36 Rn. 12 mit Hinweis auf eine deutliche »Überrepräsentation« der Sitzländer Belgien und Luxemburg.
[22] Vgl. *Didczuhn*, Parität (Fn. 1), S. 67 f.; *Butzer* (Fn. 1), Art. 36 Rn. 12; *Höfling* (Fn. 1), Art. 36 Rn. 83.
[23] So *M. Bothe*, in: AK-GG, Art. 36 (2001), Rn. 1; *Butzer* (Fn. 1), Art. 36 Rn. 13; *Höfling* (Fn. 1), Art. 36 Rn. 79. Aus funktionellen Gründen und wegen mancherlei Besonderheiten ist die Vergleichbarkeit freilich sehr begrenzt; s. zum belgischen Ministerrat Art. 99 II Belgische Verfassung (Parität zwischen niederländischsprachigen und französischsprachigen Ministern), und zum schweizerischen Bundesrat Art. 175 IV BV (Rücksichtnahme auf die angemessene Vertretung der Landesgegenden und Sprachregionen).

C. Erläuterungen

I. Allgemeine Bedeutung

Art. 36 GG hat **drei Regelungsgegenstände**: den sog. »Grundsatz der proportionalen föderativen Parität«[24] für die Personalstruktur oberster Bundesbehörden (Art. 36 I 1 GG), das sog. Heimatprinzip (Art. 36 I 2 GG) und bundesstaatliche Anforderungen an die Wehrgesetze (Art. 36 II GG). Zusammen mit anderen Vorschriften gestaltet die Norm vornehmlich die **bundesstaatliche Ordnung** des Grundgesetzes aus; Art. 36 II GG ist zugleich Teil der Wehrverfassung.

Art. 36 I 1 GG wird als »föderalistische Konzession« der Personalhoheit des Bundes an die Länder verstanden[25]. **Zweck** der Vorschrift ist, der Bundesverwaltung Kenntnisse der Beamten über die Verhältnisse in ihren Herkunftsländern zuzuführen und das Vertrauen der Länder in die Bundesverwaltung zu stärken[26]. Die Überzeugungskraft beider Aspekte ist freilich nicht unbestritten. So soll die Nivellierung der Lebensverhältnisse zumindest in den alten Ländern die Zuführung spezifischer Kenntnisse über die Verhältnisse im Herkunftsland prekär gemacht haben. Noch fragwürdiger sei der Aspekt der Vertrauensbildung, weil er auf der unter den heutigen soziokulturellen Bedingungen zweifelhaften Prämisse einer doppelten Loyalität der Bediensteten beruhe[27]. Indes sollte das **Wissen um die Vielfältigkeit und die Unterschiede der Lebensverhältnisse** einschließlich der Verwaltungsrechtsordnungen in den Ländern nicht unterschätzt werden[28]. Die Norm erschließt der Bundesverwaltung neben bundesweitem Erfahrungsschatz die bundesweit vorhandene Qualität der Bediensteten und trägt so zur **Effizienzsteigerung der Bundesverwaltung** bei[29]. Nichts anderes gilt für den Aspekt der **vertrauensvollen Zusammenarbeit in der bundesstaatlichen Ordnung** des Grundgesetzes. Auch wenn sich frühere Gegensätze abgeschwächt haben mögen, bestehen nämlich selbst in den alten Ländern unterschiedliche Verwaltungstraditionen und -kulturen fort, die mit den zentralstaatlichen Traditionen und Kulturen der Bundesverwaltung immer wieder neu auszutarieren sind; von besonderer Brisanz sind diese Zusammenhänge für die neuen Länder[30] mit ihren grundlegend

---

[24] Vgl. z.B. *Didczuhn*, Parität (Fn. 1); *T. v. Danwitz*, in: v. Mangoldt/Klein/Starck, GG II, Art. 36 Rn. 4; *Höfling* (Fn. 1), Art. 36 Rn. 16 f.; *Jannasch* (Fn. 15), Art. 36 Rn. 6; *Maunz* (Fn. 16), Art. 36 Rn. 1. Demgegenüber macht *M. C. F. Pleyer*, Föderative Gleichheit, 2005, S. 199, zutreffend darauf aufmerksam, dass es sich – streng genommen – nicht um föderative Parität handelt, weil Art. 36 I 1 GG den Ländern kein Recht auf »gleiche«, sondern nur jeweils auf »angemessene« Berücksichtigung einräumt.
[25] BMI, GMBl. 2001, 394 (394).
[26] Vgl. BMI, GMBl. 2001, 394 (394); *Bothe* (Fn. 23), Art. 36 Rn. 2; *Höfling* (Fn. 1), Art. 36 Rn. 13 ff.; *H. Frhr. v. Stralenheim*, DÖV 1951, 628 (629); *W. Klein*, ZBR 1988, 126 (127). Die weitergehende Vorstellung, den Sinn des heutigen Art. 36 I 1 GG darin zu sehen, dass »die deutschen Stämme und Landschaften [...] mit ihren besonderen Werten« in den Bundeszentralbehörden angemessen vertreten werden (*H. Frhr. v. Stralenheim*, DÖV 1951, 628 [629]), ist nicht unangefochten geblieben; zur Kritik s. *W. Grabendorff*, DÖV 1952, 301 (302), der statt dessen den Grundgedanken von Art. 36 GG darin sieht, eine Dominanz der Beamten aus der Region, in der die meisten obersten Bundesbehörden ihren Sitz haben, zu vermeiden.
[27] *Höfling* (Fn. 1), Art. 36 Rn. 14; ähnlich *v. Danwitz* (Fn. 24), Art. 36 Rn. 5.
[28] Zutreffende Kritik der Kritik bei *Butzer* (Fn. 1), Art. 36 Rn. 15 ff.
[29] Vgl. etwa BMI, GMBl. 2001, 394 (394); *Jannasch* (Fn. 15), Art. 36 Rn. 6; *A. Hense*, in: Epping/Hillgruber, GG, Art. 36 Rn. 1.
[30] Das konzediert auch *Höfling* (Fn. 1), Art. 36 Rn. 14; vgl. auch *Jannasch* (Fn. 15), Art. 36 Rn. 6; BMI, GMBl. 2001, 394 (394).

abweichenden Erfahrungshorizonten, die auf absehbare Zeit die Herstellung der inneren Einheit zu einer anfangs völlig unterschätzten Daueraufgabe gemacht haben[31]. **Art. 36 I 2 GG** schränkt den sog. »Grundsatz proportionaler föderaler Parität« ein und verhindert mit dem sog. Heimatprinzip eine gezielte Versetzungspolitik, wie sie in manchen zentralistischen Staaten anzutreffen ist[32]; daneben soll die Norm die Verständigung zwischen der Behörde und der Bevölkerung erleichtern[33]. **Art. 36 II GG** zielt zum einen – gleichsam nach außen – auf die föderativ dirigierte Einbindung von Bundeswehr und Bundeswehrverwaltung in die bundesstaatliche Ordnung[34] und zum anderen auf die sachgerechte Integration landsmannschaftlicher Vielfalt in den Binnenstrukturen von Bundeswehr und Bundeswehrverwaltung.

9   Art. 36 I 1 und 2 GG enthalten nach herrschender Lesart für die **Länder** – nicht jedoch für die (potentiellen) Bediensteten bzw. Bewerber[35] – **subjektive Rechte**, die in dem Verfahren nach Art. 93 I Nr. 3 GG vor dem Bundesverfassungsgericht durchsetzbar sind[36]. Das folgt unmittelbar aus dem Wortlaut. Während die »Mussvorschrift« des Art. 36 I 1 GG einen strikten Rechtsanspruch gewährt, ist der Anspruch aus Art. 36 I 2 GG allerdings wegen der dort verwendeten Formulierung »sollen in der Regel« (→ Rn. 18) zweifach relativiert, weil von der »Sollvorschrift« in atypischen Konstellationen vom Normalfall abgewichen werden kann und zudem die angeordnete Rechtsfolge des sog. Heimatprinzips (→ Rn. 16 f.) nur »in der Regel« eintritt[37]. Nicht anders als Art. 36 I GG räumt auch **Art. 36 II GG** den **Ländern** – wiederum jedoch nicht betroffenen Einzelnen wie etwa (künftigen) Soldaten – einen **Rechtsanspruch** ein, der in dem Verfahren nach Art. 93 I Nr. 3 GG vor dem Bundesverfassungsgericht durchsetzbar ist[38]. Indes ist auch dieser Anspruch inhaltlich relativiert, weil die in der Norm genannten föderativen Aspekte lediglich »auch« zu berücksichtigen sind, der Gesetzgeber daneben andere Gesichtspunke zur Geltung bringen kann und sich die verfassungsrechtliche Direktive daher auf eine Berücksichtigungspflicht mit entsprechenden Darlegungs- und Begründungslasten (→ Rn. 21) reduziert[39]. Für eine hiervon abweichende alternative oder ergänzende dogmatische Deutung des Regelungsgehalts von

---

[31] Vgl. nur *H. Bauer*, HStR³ I, § 14 Rn. 5 f.
[32] *Jannasch* (Fn. 15), Art. 36 Rn. 7.
[33] *Höfling* (Fn. 1), Art. 36 Rn. 53.
[34] Vgl. *Höfling* (Fn. 1), Art. 36 Rn. 63.
[35] Vereinzelte weitergehende Überlegungen in Richtung auf eine Subjektivierung von Art. 36 I GG zugunsten der betroffenen Personen, für die sich bezüglich Art. 36 I 2 GG die umfassendere Motivationslage (→ Rn. 16) ins Feld führen lässt, finden sich bei *Maunz* (Fn. 16), Art. 36 Rn. 4. Sie haben sich bislang jedoch nicht durchgesetzt; vgl. etwa *Butzer* (Fn. 1), Art. 36 Rn. 30 f., 40 f., 49, und *Höfling* (Fn. 1), Art. 36 Rn. 44, jeweils m. w. N.
[36] Vgl. zu Art. 36 I 1 GG *Battis* (Fn. 5), Art. 36 Rn. 5; *Bothe* (Fn. 23), Art. 36 Rn. 8; *M. Gubelt*, in: v. Münch/Kunig, GG II, Art. 36 Rn. 2; *Höfling* (Fn. 1), Art. 36 Rn. 43; Jarass/*Pieroth*, GG, Art. 36 Rn. 1; *v. Mangoldt/Klein*, GG, Art. 36 Anm. III.1.b; *Maunz* (Fn. 16), Art. 36 Rn. 4; *W. G. Leisner*, in: Sodan, GG, Art. 36 Art. 1; *Hense* (Fn. 29), Art. 36 Rn. 7; *R. Sannwald*, in: Schmidt-Bleibtreu/Hofmann/Henneke, GG, Art. 36 Rn. 6; *F. Schwidden*, RiA 1994, 57 (58); BMI, GMBl. 2001, 394 (394); und zu Art. 36 I 2 GG etwa *Battis* (Fn. 5), Art. 36 Rn. 5; *Bothe* (Fn. 23), Art. 36 Rn. 8; *Höfling* (Fn. 1), Art. 36 Rn. 61; *Gubelt*, a. a. O., Art. 36 Rn. 2; *Sannwald*, a. a. O., Art. 36 Rn. 12.
[37] Ähnlich *Höfling* (Fn. 1), Art. 36 Rn. 39, 60 f.
[38] Vgl. *Battis* (Fn. 5), Art. 36 Rn. 5; *Butzer* (Fn. 1), Art. 36 Rn. 49; *v. Danwitz* (Fn. 24), Art. 36 Rn. 19; *Gubelt* (Fn. 36), Art. 36 Rn. 2, 9; *Höfling* (Fn. 1), Art. 36 Rn. 69; Jarass/*Pieroth*, GG, Art. 36 Rn. 1; *Sannwald* (Fn. 36), Art. 36 Rn. 18.
[39] Ähnlich *v. Danwitz* (Fn. 24), Art. 36 Rn. 19; *Gubelt* (Fn. 36), Art. 36 Rn. 2, 9; *Höfling* (Fn. 1), Art. 36 Rn. 68 f.

Art. 36 GG oder einzelner Teile der Norm als **institutionelle Garantie**[40] oder gar als bloßen **Programmsatz**[41] liefert der Normtext weder Anhaltspunkte noch besteht dafür ein Bedürfnis.

Untersuchungen zur Handhabung des Länderproporzes in der **Verfassungspraxis** haben gewisse **Umsetzungsdefizite** von Art. 36 I 1 GG aufgezeigt[42], die mitunter in den Vorwurf eines »klaren« Verfassungsverstoßes münden[43]. Diesem Vorwurf ist hier nicht nachzugehen, zumal etwaige Schieflagen auch auf die fehlende Bereitschaft zur Mobilität zurückzuführen sein mögen. Jedenfalls hat das Bundesministerium des Innern 2001 in einem Rundschreiben erneut Regeln und Hinweise zur Durchführung von Art. 36 I 1 GG mitgeteilt[44]. Dort ist – unter besonderer Hervorhebung der Bedeutung der Norm für die neuen Länder (→ Rn. 3) – u. a. darauf hingewiesen, dass Art. 36 GG und die Sicherstellung der Auskunftsfähigkeit gegenüber den Ländern es auch künftig erforderlich machten, die Landeszugehörigkeit (der Beamten) zu erfassen. Außerdem regt das Rundschreiben die obersten Bundesbehörden an, sich besonders um qualifizierte Mitarbeiter aus den Ländern zu bemühen, die unterrepräsentiert sind, damit die Möglichkeit besteht, aus diesem Bewerberkreis eine leistungskonforme Auswahl zu treffen. 10

II. »Proportionale föderale Parität« (Art. 36 I 1 GG)

Dem Wortlaut nach findet der in Art. 36 I 1 GG geregelte »Grundsatz der proportionalen föderalen Parität« nur auf **oberste Bundesbehörden** Anwendung, also auf oberste Verwaltungsbehörden des Bundes, die keinem Exekutivorgan unterstehen. Dazu gehören neben den Bundesministerien auch die sonstigen Bundeszentralbehörden wie Bundespräsidialamt, Bundeskanzleramt, Bundesrechnungshof und Bundesbank, außerdem die Verwaltungen von Bundestag und Bundesrat. Auf die **Bundesoberbehörden** (z. B. Bundeskriminalamt, Bundespatentamt, Statistisches Bundesamt, Umweltbundesamt), die zwar obersten Bundesbehörden nachgeordnet, aber für das gesamte Bundesgebiet zuständig sind, ist Art. 36 I 1 GG analog anzuwenden, weil andernfalls wegen des Heimatprinzips (→ Rn. 16 f.) bei ihnen regelmäßig nur Personen aus dem Land verwendet werden könnten, in dem die Behörde ihren Sitz hat, und dies der 11

---

[40] So deutet *Maunz* (Fn. 16), Art. 36 Rn. 10, Art. 36 I und II GG nicht nur als Grundlage für Rechtsansprüche, sondern zugleich »wohl« als institutionelle Garantien des föderalistischen Aufbaus der zivilen Bundesverwaltung und der Bundeswehr; im Anschluss daran qualifiziert *T. M. Spranger*, RiA 1988, 163 (164 f.), Art. 36 II GG – offenbar mit dem Ziel, subjektive Rechte betroffener Soldaten auszuschließen – als institutionelle Garantie.

[41] Für reinen Programmsatzcharakter von Art. 36 II GG *Bothe* (Fn. 23), Art. 36 Rn. 9; *v. Mangoldt/Klein*, GG, Art. 36 Anm. IV.2; *R. Bergmann*, in: Hömig, GG, Art. 36 Rn. 6; mit Recht ablehnend *Hense* (Fn. 29), Art. 36 Rn. 9.

[42] Vgl. *H. Frhr. v. Stralenheim*, DÖV 1951, 628 (628); *Didczuhn*, Parität (Fn. 1), S. 224 ff.; *W. Klein*, ZBR 1988, 126 ff.; *F. Schwidden*, RiA 1994, 57 (62 f.); vgl. auch *Hense* (Fn. 29), Art. 36 Rn. 6, und *Jannasch* (Fn. 15), Art. 36 Rn. 21 f.; speziell zu den neuen Ländern → Rn. 3. Auf durch die Föderalismusreform I verursachte, neue (rechtstatsächliche) Umsetzungsprobleme macht *A. Drescher*, RiA 2011, 10 (15), aufmerksam, der darauf hinweist, dass wegen der in der bundesstaatlichen Ordnung zunehmenden Zersplitterung des öffentlichen Dienstrechts für Beamte aus »reichen Ländern« (mit höherem Gehalt) der Anreiz fehle, sich für eine Tätigkeit in einer Bundesbehörde zu bewerben.

[43] *v. Danwitz* (Fn. 24), Art. 36 Rn. 15; vgl. zur Diskussion auch *Butzer* (Fn. 1), Art. 36 Rn. 33 f. mit zutreffendem Hinweis auf fehlendes valides Zahlenmaterial.

[44] BMI, GMBl. 2001, 394 f.; mit diesem Rundschreiben wurde das Vorgänger-Rundschreiben des BMI v. 9.4.1952 (GMBl. 1952, 75 f.) aufgehoben.

Regelungsintention von Art. 36 I 1 GG zuwider liefe[45]. Ähnliches gilt für bundesunmittelbare Körperschaften und Anstalten des öffentlichen Rechts (Art. 87 II, III GG), wenn und soweit sie Zuständigkeiten für das gesamte Bundesgebiet besitzen[46]. Auf das Bundesverfassungsgericht und die obersten Gerichtshöfe des Bundes (Art. 94, 95 GG) findet Art. 36 I 1 GG Anwendung, soweit sie keine Rechtsprechungsaufgaben wahrnehmen, d. h. auf die **Gerichtsverwaltungen**[47].

12　Art. 36 I 1 GG erfasst nur **Beamte** im statusrechtlichen Sinn[48]; für Beamte auf Widerruf gilt die Vorschrift nicht[49]. Keine Anwendung findet die Norm auf **Angestellte und Arbeiter**; aus rechtstatsächlich-politischer Sicht spricht freilich vieles für die – verfassungsrechtlich nicht gebotene – Einbeziehung auch dieses Personenkreises in die Proporzdirektive, zumal Arbeiter und Angestellte einen immer größeren Anteil der öffentlich Bediensteten ausmachen und namentlich in den neuen Ländern auch Angestellte in den Funktionsebenen des gehobenen und höheren Dienstes tätig sind[50]. Nicht erfasst sind vom Beamtenbegriff des Art. 36 I 1 GG die **Bundesrichter**, für die nach Art. 94, 95 II GG spezielle Wahl- bzw. Berufungsregelungen gelten, mag dabei in der Praxis auch landsmannschaftliche Ausgewogenheit angestrebt werden[51].

13　Die Formulierung »Beamte **aus allen Ländern**« meint nicht exklusiv Landesbeamte oder solche Personen, die die jeweilige Landesregierung als Beamte aus ihrem Land gelten lässt[52]. Vorangegangene Beschäftigung im öffentlichen Dienst eines Landes bietet allerdings den Vorteil, dass die Zuordnung des jeweiligen Beamten zu dem Land,

---

[45] Vgl. zum Vorstehenden *Battis* (Fn. 5), Art. 36 Rn. 7f.; *Bergmann* (Fn. 41), Art. 36 Rn. 3; *Bothe* (Fn. 23), Art. 36 Rn. 4; *Butzer* (Fn. 1), Art. 36 Rn. 18f.; *v. Danwitz* (Fn. 24), Art. 36 Rn. 7f.; *Gubelt* (Fn. 36), Art. 36 Rn. 4; *Hense* (Fn. 29), Art. 36 Rn. 4; *Höfling* (Fn. 1), Art. 36 Rn. 23ff.; *Jannasch* (Fn. 15), Art. 36 Rn. 8; Jarass/Pieroth, GG, Art. 36 Rn. 2; *Maunz* (Fn. 16), Art. 36 Rn. 2; *Sannwald* (Fn. 36), Art. 36 Rn. 8; *F. Schwidden*, RiA 1994, 57 (59); BMI, GMBl. 2001, 394 (394).

[46] *Höfling* (Fn. 1), Art. 36 Rn. 26; vgl. auch *v. Danwitz* (Fn. 24), Art. 36 Rn. 8; BMI, GMBl. 2001, 394 (394).

[47] *Battis* (Fn. 5), Art. 36 Rn. 7; *Butzer* (Fn. 1), Art. 36 Rn. 21; *Gubelt* (Fn. 36), Art. 36 Rn. 4; *Höfling* (Fn. 1), Art. 36 Rn. 24ff.; Jarass/Pieroth, GG, Art. 36 Rn. 2; *F. Schwidden*, RiA 1994, 57 (59f.); BMI, GMBl. 2001, 394 (394); a.A. *Didczuhn*, Parität (Fn. 1), S. 155ff.; *Jannasch* (Fn. 15), Art. 36 Rn. 9; *Maunz* (Fn. 16), Art. 36 Rn. 2; *Sannwald* (Fn. 36), Art. 36 Rn. 7.

[48] BMI, GMBl. 2001, 394 (394).

[49] *Battis* (Fn. 5), Art. 36 Rn. 8; *Butzer* (Fn. 1), Art. 36 Rn. 22f.

[50] Vgl. *Höfling* (Fn. 1), Art. 36 Rn. 31; *Butzer* (Fn. 1), Art. 36 Rn. 23; BMI, GMBl. 2001, 394 (394); Vorbehalte gegen die »Diskriminierung der Angestellten« bei *Gubelt* (Fn. 36), Art. 36 Rn. 11; weitergehend für eine analoge Anwendung auf leitende Personen, die nicht in einem Beamtenverhältnis stehen, etwa *Jannasch* (Fn. 15), Art. 36 Rn. 11f.

[51] Vgl. *Battis* (Fn. 5), Art. 36 Rn. 8; *Butzer* (Fn. 1), Art. 36 Rn. 21; *v. Danwitz* (Fn. 24), Art. 36 Rn. 9; *Didczuhn*, Parität (Fn. 1), S. 166ff.; *Gubelt* (Fn. 36), Art. 36 Rn. 5; *F. Schwidden*, RiA 1994, 57 (58f.). Weitergehende Überlegungen bei *Jannasch* (Fn. 15), Art. 36 Rn. 13f., unter Hinweis auf gelegentliche Berufungen der Staatspraxis auf den in Art. 36 I 1 GG verankerten Grundsatz bei der Wahl von Bundesrichtern; *Bergmann* (Fn. 41), Art. 36 Rn. 3, bejaht die Anwendbarkeit auf die obersten Bundesgerichte im Verfahren nach Art. 95 II GG unter allgemeinem Hinweis auf die »Staatspraxis«; auch das VG Schleswig NJW 2002, 2657 (2659), scheint von der Anwendbarkeit von Art. 36 GG auf Richterwahlen auszugehen, freilich ohne nähere Begründung. In der Verfassungspraxis kann jedenfalls beim Bundesverfassungsgericht wegen der »Überrepräsentation« mancher Länder von landsmannschaftlicher Ausgewogenheit freilich kaum die Rede sein.

[52] Gemeint sind damit z.B. Assessoren, die noch nicht im Landesdienst angestellt waren, aber vom Land als ihm zugehörig anerkannt werden; zu dieser Interpretation s. *Maunz* (Fn. 16), Art. 36 Rn. 6. Gegen eine (zu) enge Interpretation *Gubelt* (Fn. 36), Art. 36 Rn. 6, mit zutreffendem Hinweis darauf, dass anderenfalls die Personalhoheit der Bundesbehörden zu stark begrenzt würde; Jarass/Pieroth, GG, Art. 36 Rn. 3.

in dem sich der dienstliche Sitz befand, regelmäßig keine Schwierigkeiten bereitet[53]. Bei sonstigen, **freien Bewerbern** empfiehlt das Bundesministerium des Innern die Orientierung primär an dem Wohnsitzprinzip und will in Zweifelsfällen die Zuordnung dem Bewerber überlassen[54]. Das überzeugt in dieser Allgemeinheit nicht[55]. Nach dem Zweck der Vorschrift erscheint es vorzugswürdig, auf Kriterien abzustellen, die die Vertrautheit des jeweiligen Bewerbers mit den Verhältnissen in einem bestimmten Land darlegen[56]. Danach sind Anhaltspunkte für die landsmannschaftliche Zuordnung insb. langjähriger Wohnsitz, ausgeprägte Heimatbindungen des Elternhauses und Ort des Schulbesuches oder der Berufsausbildung, die eine einzelfallbezogene Handhabung erlauben[57].

Verwendung **in angemessenem Verhältnis** verlangt keine Quotierung, keine starre zahlenmäßige Bindung[58]. Gefordert ist vielmehr, dass der prozentuale Anteil der einzelnen Länder, nach gängigem Verständnis proportional bezogen auf die **Einwohnerzahl**[59], nicht zu stark über- oder unterschritten wird[60]. Dieser Direktive genügt eine hinreichende Annäherung an das Verhältnis der Einwohner[61], was eine gewisse Flexibilität der Handhabung ermöglicht[62]. Die Überzeugungskraft der gängigen proportionalen Ausrichtung auf die Einwohnerzahl wird allerdings mit einiger Berechtigung bezweifelt und statt dessen bei der Bestimmung der »Angemessenheit« für eine **entsprechende Anwendung der Bundesratsquotierung** (Art. 51 II GG) plädiert[63], weil die dort vorgenommene Gewichtung der Länder die mit Art. 36 I 1 GG verbundenen historischen Intentionen und den mit dieser Vorschrift verfolgten Zweck besser zur Geltung brächte als eine rein proportionale Berechnung[64].

14

---

[53] Vgl. *Höfling* (Fn. 1), Art. 36 Rn. 34; vgl. auch BMI, GMBl. 2001, 394 (394).
[54] BMI, GMBl. 2001, 394 (394).
[55] *Gubelt* (Fn. 36), Art. 36 Rn. 6. Vgl. ergänzend auch zum Problem der Definitionsbefugnis *v. Danwitz* (Fn. 24), Art. 36 Rn. 11, der diese zugunsten der Länder entscheidet; zustimmend *Butzer* (Fn. 1), Art. 36 Rn. 24 ff. (27). Vgl. ferner *J. Isensee*, HStR³ VI, § 126 Rn. 54, der der jeweiligen Landesregierung »die Definitionskompetenz über die Zurechnung zu ihrem Land« zuweisen will, was jedenfalls in dieser uneingeschränkten Allgemeinheit freilich ebenfalls nicht überzeugt, weil es dann ausschließlich der Landesregierung überlassen bliebe zu entscheiden, wen sie – gegebenenfalls ohne jegliche Rückbindung an das Land und damit auch ohne Rückhalt in Normtext (»aus allen Ländern in angemessenem Verhältnis«) und Normzweck – als die »Ihre« oder den »Ihren« ausgeben und anerkennen lassen will.
[56] *Höfling* (Fn. 1), Art. 36 Rn. 38.
[57] Vgl. *Höfling* (Fn. 1), Art. 36 Rn. 37 f.; *Jannasch* (Fn. 15), Art. 36 Rn. 15; *F. Schwidden*, RiA 1994, 57 (60 f.); sowie das 2001 aufgehobene Rundschreiben des BMI vom 9.4.1952, GMBl. 1952, 75 f.; kritisch *v. Danwitz* (Fn. 24), Art. 36 Rn. 11.
[58] *F. Schwidden*, RiA 1994, 57 (61).
[59] Z. B. BMI, GMBl. 2001, 394 (394); *v. Danwitz* (Fn. 24), Art. 36 Rn. 13; *Gubelt* (Fn. 36), Art. 36 Rn. 7; *Höfling* (Fn. 1), Art. 36 Rn. 40; *Jannasch* (Fn. 15), Art. 36 Rn. 17.
[60] *H. Frhr. v. Stralenheim*, DÖV 1951, 628 (631).
[61] *Bergmann* (Fn. 41), Art. 36 Rn. 3.
[62] *Höfling* (Fn. 1), Art. 36 Rn. 40.
[63] *Pleyer*, Gleichheit (Fn. 24), S. 203 ff.; vgl. auch *Hense* (Fn. 29), Art. 36 Rn. 6; ablehnend *Butzer* (Fn. 1), Art. 36 Rn. 29.
[64] *Pleyer*, Gleichheit (Fn. 24), S. 201 ff., mit Hinweis u. a. darauf, dass bei einer streng proportionalen Orientierung fast jeder vierte Beamte aus Nordrhein-Westfalen und nahezu jeder dritte aus den süddeutschen Ländern Bayern oder Baden-Württemberg stamme; deshalb könne sich bei dieser Ausrichtung ein Sachverstand aus Bremen oder dem Saarland, für die jeweils etwa einer von hundert Beamten steht, kaum noch bemerkbar machen und dementsprechend in diesen Ländern auch das Vertrauen in die Bundesexekutive nicht gestärkt werden.

15 Unabhängig davon setzt die Beachtung des Angemessenheitsgebots eine entsprechende Bewerberlage voraus[65]. Dazu gehört nicht allein in rechtstatsächlicher Hinsicht eine hinreichende Zahl von Bewerbern[66], sondern insb. auch die gebotene **Qualifikation der Bewerber**, weil Art. 36 I 1 GG den Grundsatz der **Bestenauslese** nach dem Leistungsgrundsatz des Art. 33 II GG nicht einschränkt und deshalb nur bei gleicher Qualifikation ergänzendes Entscheidungskriterium (→ Art. 33 Rn. 116 ff.) sein kann[67].

III. Heimatprinzip (Art. 36 I 2 GG)

16 Nach Art. 36 I 2 GG sollen die bei den übrigen Bundesbehörden beschäftigten Personen in der Regel aus dem Lande genommen werden, in dem sie tätig sind. Die Vorschrift regelt das sog. Heimatprinzip, das die **Verständigung** zwischen Behörden und Bevölkerung **erleichtern** und die öffentlichen Bediensteten vor unbegründeten Versetzungen schützen soll (zum **Normzweck** → Rn. 8).

17 Zu den **übrigen Bundesbehörden**, auf die das Heimatprinzip bezogen ist, gehören alle Bundesmittelbehörden (z. B. Landesarbeitsagenturen) und unteren Bundesbehörden (z. B. Arbeitsagenturen) sowie nicht in den dreistufigen Verwaltungsaufbau eingeordnete Behörden wie etwa das Bundesarchiv und die Bundesprüfstellen[68]. Abweichend von Art. 36 I 1 GG schließt der in Art. 36 I 2 GG verwendete Begriff »**beschäftigte Personen**« neben Beamten auch Angestellte und Arbeiter ein[69]. Nach dem Heimatprinzip soll dieser Personenkreis aus den Angehörigen des Landes rekrutiert werden, in dem die erwähnten Bundesbehörden tätig sind; die Zurechnung dieser Personen zu einem Land richtet sich nach den Kriterien, die auch bei Art. 36 I 1 GG heranzuziehen sind (→ Rn. 13). Schon allein wegen des klaren Wortlauts scheidet die ausdehnende Anwendung von Art. 36 I 2 GG auf die **Landesverwaltung** aus[70].

18 Die beiden Formulierungen »sollen« und »in der Regel« schwächen die normative Steuerungsintensität von Art. 36 I 2 GG zweifach ab (→ Rn. 9): Zum einen handelt es sich um eine **Sollvorschrift**, die zwar für den Normalfall bindet, von der aber in atypischen Konstellationen abgewichen werden kann. Zum anderen ist die Geltung des Heimatprinzips nur als **Regelfall** angeordnet, der Ausnahmen zulässt; das Zusammenspiel von Regelfall und Ausnahme legt die Forderung nach einer Begründung der

---

[65] *Bergmann* (Fn. 41), Art. 36 Rn. 4; *Gubelt* (Fn. 36), Art. 36 Rn. 6; *Maunz* (Fn. 16), Art. 36 Rn. 5.
[66] *Höfling* (Fn. 1), Art. 36 Rn. 42.
[67] *Battis* (Fn. 5), Art. 36 Rn. 5; *Didczuhn*, Parität (Fn. 1), S. 216 ff.; *Höfling* (Fn. 1), Art. 36 Rn. 18, 42, 71 ff.; *Bergmann* (Fn. 41), Art. 36 Rn. 4; *Gubelt* (Fn. 36), Art. 36 Rn. 10; *Jarass/Pieroth*, GG, Art. 36 Rn. 1; *F. Schwidden*, RiA 1994, 57 (62); differenzierend *M. Sachs*, HStR³ VIII, § 182 Rn. 174; *ders.*, ZBR 1994, 133 (134: Art. 36 I 1 GG gegenüber der Bestenauslese vorrangig, ohne dass jedoch die notwendige Mindestqualifikation für das Amt fehlen darf); a.A. etwa *W. Grabendorff*, DÖV 1952, 301 (303: Art. 36 GG als Ausnahme von Art. 33 II GG); *v. Danwitz* (Fn. 24), Art. 36 Rn. 14 (Art. 36 I 1 GG als lex specialis gegenüber Art. 33 II GG); *W. Klein*, ZBR 1988, 126 (127); *J. Isensee*, HStR³ VI, § 126 Rn. 54; wohl auch BMI, GMBl. 2001, 394 (394), wonach Art. 36 I 1 GG und Art. 33 II GG grundsätzlich denselben Geltungsrang besitzen sollen und im Sinne praktischer Konkordanz in Übereinstimmung gebracht werden müssten; dabei sei auch zu berücksichtigen, dass das Vorhandensein von landesspezifischen Kenntnissen zugleich ein Qualifikationsmerkmal im Sinne der Eignungskriterien des Art. 33 II GG darstelle.
[68] *Gubelt* (Fn. 36), Art. 36 Rn. 8; *Höfling* (Fn. 1), Art. 36 Rn. 54 ff.
[69] S. etwa *Battis* (Fn. 5), Art. 36 Rn. 11 f.; *Gubelt* (Fn. 36), Art. 36 Rn. 8; *Höfling* (Fn. 1), Art. 36 Rn. 58; *Butzer* (Fn. 1), Art. 36 Rn. 38.
[70] BVerwGE 68, 109 (113).

Ausnahme etwa durch sachliche Gründe wie ein dringendes dienstliches Interesse nahe[71], auch wenn der Normtext dies nicht ausdrücklich verlangt. Danach würden sich sowohl aus dem Charakter als Sollvorschrift als auch aus der nur für den Regelfall geltenden Rechtsfolgenanordnung Darlegungs- und Begründungslasten ergeben, die etwa bei entsprechenden dienstlichen Erfordernissen **Abweichungen von dem Heimatprinzip** zulassen und im praktischen Ergebnis insgesamt eine eher flexible Personalgewinnung namentlich bei der Auswahl von Führungskräften gestatten[72]. Im Übrigen kann Art. 36 I 2 GG – ähnlich wie Art. 36 I 1 GG (→ Rn. 15) – den Grundsatz der **Bestenauslese** nach dem Leistungsprinzip nicht durchbrechen; vielmehr enthält die Norm nur für den Fall **gleicher Qualifikation** eine ergänzende Sonderregelung zu Art. 33 II GG[73] (→ Art. 33 Rn. 116 ff.), was die Bedeutung des Heimatprinzips weiter abschwächt[74].

IV. Anforderungen an die Wehrgesetze (Art. 36 II GG)

Art. 36 II GG enthält für die Wehrgesetzgebung die **rechtlich verbindliche Direktive** (→ Rn. 9) zur Berücksichtigung der Gliederung des Bundes in Länder und deren besonderer landsmannschaftlicher Verhältnisse. Diese Direktive bezieht sich auf die **gesamte Organisation und Verwaltung** der Streitkräfte, also nicht nur – wie Art. 36 I GG – auf die Personalstruktur[75]. 19

Art. 36 II GG fordert[76] zum einen mit der **Berücksichtigung der Gliederung des Bundes in Länder** im Rahmen des militärisch Möglichen einen Aufbau der Territorialorganisationen der Bundeswehr und der Wehrverwaltung in Übereinstimmung mit den Ländergrenzen; dem tragen die Wehrgesetze zumindest noch für den Spannungs- oder Verteidigungsfall Rechnung[77]. Zum anderen verlangt die Vorschrift mit der **Berücksichtigung der besonderen landsmannschaftlichen Verhältnisse** u. a. die normative Steuerung einer landsmannschaftlich möglichst einheitlichen Bildung und Führung der Truppen. Diese Anforderung war bei gesetzlichen Vorschriften etwa über die Rekrutierung von Truppeneinheiten und die Besetzung von Kommandostellen zu beachten; außerdem war die Bundeswehr in Umsetzung rechtlicher Vorgaben unter Berücksichtigung des regional unterschiedlichen Planergänzungsbedarfs um eine möglichst heimatnahe Einberufung der Wehrpflichtigen bemüht[78]. 20

Mehr als deutlich abgeschwächt ist die Steuerungskraft der Vorschrift freilich durch den Zusatz »**auch**« im Normtext. Der Zusatz öffnet die Wehrgesetzgebung für die 21

---

[71] Vgl. *Höfling* (Fn. 1), Art. 36 Rn. 61; *Butzer* (Fn. 1), Art. 36 Rn. 39.
[72] Vgl. *Battis* (Fn. 5), Art. 36 Rn. 12; kritisch *Höfling* (Fn. 1), Art. 36 Rn. 60.
[73] Dazu *Gubelt* (Fn. 36), Art. 36 Rn. 10; *Höfling* (Fn. 1), Art. 36 Rn. 73 ff.; jeweils m. w. N. auch zur gegenteiligen Ansicht; ferner etwa *Battis* (Fn. 5), Art. 36 Rn. 6.
[74] Vgl. *v. Danwitz* (Fn. 24), Art. 36 Rn. 18.
[75] *Höfling* (Fn. 1), Art. 36 Rn. 62; *Butzer* (Fn. 1), Art. 36 Rn. 43.
[76] Instruktiv zu den mit Art. 36 II GG verfolgten Intentionen R. *Jaeger*, BayVBl. 1956, 329 (329).
[77] Vgl. etwa § 14 II WPflG, wonach die örtliche Zuständigkeit der Mittel- und Unterbehörden der Bundeswehrverwaltung den Grenzen der Länder anzupassen ist und eine davon abweichende örtliche Zuständigkeit im Einvernehmen mit den davon betroffenen Ländern geregelt werden kann; vgl. dazu auch *Höfling* (Fn. 1), Art. 36 Rn. 65; *Jannasch* (Fn. 15), Art. 36 Rn. 28; D. *Walz*, NZWehrR 1994, 221 (224 f.); *ders.*, NZWehrR 2000, 189 (191 ff.), freilich noch mit Blick auf die Rechtslage vor der Bundeswehrreform.
[78] Vgl. zum Ganzen etwa *Battis* (Fn. 5), Art. 36 Rn. 13; *Butzer* (Fn. 1), Art. 36 Rn. 46; *Gubelt* (Fn. 36), Art. 36 Rn. 9; *Höfling* (Fn. 1), Art. 36 Rn. 66; *Jannasch* (Fn. 15), Art. 36 Rn. 29; *Hense* (Fn. 29), Art. 36 Rn. 9; D. *Purschke/E. Schmid*, NZWehrR 1988, 186 ff.

Orientierung an anderen als den erwähnten föderalen Zielen und ermöglicht es dem Wehrgesetzgeber, neben den bundesstaatlichen Aspekten andere Gesichtspunkte aufzunehmen und zur Geltung zu bringen. Damit eröffnet und wahrt die Norm einen weiten **gesetzgeberischen Gestaltungsspielraum**, der wegen der vom Gesetzgeber zu lösenden komplexen Gestaltungsprobleme auch sachgerecht ist[79]. Er lässt es zu, gesetzgeberisch beispielsweise das Anliegen einer möglichst effizienten Organisation und Personalpolitik aufzugreifen[80] und unter abwägender Berufung auf diesen Gesichtspunkt die Zielvorgaben des Art. 36 II GG zu modifizieren, gegebenenfalls sogar in den Hintergrund zu drängen. Daraus haben sich auch Gestaltungsspielräume für die 2010 eingeleitete aktuelle Bundeswehrreform ergeben. Art. 36 II GG läuft deshalb aber nicht »leer«. Denn er hält den Gesetzgeber rechtsverbindlich mit der allgemeinen Direktive zur Berücksichtigung der in der Vorschrift genannten föderativen Aspekte an und nimmt ihn ganz konkret zumindest mit der Auferlegung von **Darlegungs- und Begründungslasten** »in die Pflicht« (→ Rn. 9). Die seit 2010 angelaufene Reform von Bundeswehr und Bundeswehrverwaltung, die durch Stichworte wie Suspendierung der Wehrpflicht, Reduzierung der Personalstärke und Schließung von Standorten gekennzeichnet ist, hat eine strukturell tiefgreifende Umorganisation eingeleitet, die noch nicht abgeschlossen ist[81].

22 Ähnlich wie Art. 36 I GG (→ Rn. 15, 18) kann nach der hier vertretenen Ansicht auch Art. 36 II GG die **Bestenauslese** nach dem Leistungsprinzip des Art. 33 II GG nicht durchbrechen; vielmehr kommen die Direktiven des Art. 36 II GG nur bei **gleicher Qualifikation** als ergänzendes Hilfskriterium in Betracht[82].

D. Verhältnis zu anderen GG-Bestimmungen

23 Art. 36 GG ist ein Element der **bundesstaatlichen Ordnung** des Grundgesetzes, Art. 36 II GG zugleich Teil der **Wehrverfassung** (→ Rn. 7). Art. 36 enthält Sonderregelungen zu **Art. 33 I GG**[83]; der Grundsatz der **Besten-Auslese** nach dem Leistungsprinzip aus **Art. 33 II GG** wird durch Art. 36 GG nicht verdrängt, aber in Fällen **gleicher Qualifikation** um ein ergänzendes Entscheidungskriterium angereichert (→ Rn. 15, 18, 22).

---

[79] *Höfling* (Fn. 1), Art. 36 Rn. 69.
[80] Vgl. *Battis* (Fn. 5), Art. 36 Rn. 13; *Höfling* (Fn. 1), Art. 36 Rn. 69.
[81] *Bergmann* (Fn. 41), Art. 36 Rn. 6.
[82] Wie hier etwa *Gubelt* (Fn. 36), Art. 36 Rn. 10; *Höfling* (Fn. 1), Art. 36 Rn. 74. A.A. etwa *T. M. Spranger*, RiA 1998, 163 (165), wonach Art. 36 II GG auch gegenüber Art. 33 I-III GG wirke und das Prinzip der Bestenauslese keine absolute Grenze für die Beachtung der landsmannschaftlichen Verhältnisse darstelle; vielmehr sei Art. 36 II GG – solange die Funktionsfähigkeit der Streitkräfte nicht beeinträchtigt werde – gegenüber dem Prinzip der Bestenauslese vorrangig.
[83] *Battis* (Fn. 5), Art. 36 Rn. 6; *Gubelt* (Fn. 36), Art. 36 Rn. 2, 10; *Höfling* (Fn. 1), Art. 36 Rn. 71f.; vgl. zu den Konkurrenzverhältnissen zwischen Art. 36 GG und Art. 33 I und II GG auch *Butzer* (Fn. 1), Art. 36 Rn. 32, 42, 50. → Art. 33 Rn. 73, 89f.

Artikel 37 [Bundeszwang]

(1) Wenn ein Land die ihm nach dem Grundgesetze oder einem anderen Bundesgesetze obliegenden Bundespflichten nicht erfüllt, kann die Bundesregierung mit Zustimmung des Bundesrates die notwendigen Maßnahmen treffen, um das Land im Wege des Bundeszwanges zur Erfüllung seiner Pflichten anzuhalten.

(2) Zur Durchführung des Bundeszwanges hat die Bundesregierung oder ihr Beauftragter das Weisungsrecht gegenüber allen Ländern und ihren Behörden.

Literaturauswahl

Heusch, Andreas: Der Grundsatz der Verhältnismäßigkeit im Staatsorganisationsrecht, 2003.
Mombaur, Peter-Michael: Bundeszwang und Bundestreue, Diss. jur. Köln 1964.
Nölting, Stefan: Der Bundeszwang – Art. 37 des Grundgesetzes, Diss. jur. Göttingen 1956.
Pauly, Walter/Pagel, Cornelia: Bundeszwang in der föderalen Finanzordnung, in: DÖV 2006, S. 1028–1035.
Pötschke, Horst-Dieter: Bundesaufsicht und Bundeszwang nach dem Grundgesetz, Diss. jur. Würzburg 1967.
Schäfer, Hans: Bundesaufsicht und Bundeszwang, in: AöR 78 (1952/53), S. 1–49.
Shirvani, Foroud: Die Bundes- und Reichsexekution in der neueren deutschen Verfassungsgeschichte, in: Der Staat 50 (2011), S. 102–121.
Sierck, Gabriela M./Pöhl, Matthias: Möglichkeiten des Bundeszwangs nach Art. 37 Grundgesetz – Einsetzung eines »Sparkommissars«?, 2006, WD 3 – 249/06.
Zinn, Georg August: Der Bund und die Länder, in: AöR 75 (1949), S. 291–306.

Leitentscheidungen des Bundesverfassungsgerichts

BVerfGE 3, 52 (57) – Weihnachtsgeld; 7, 367 (372) – Volksbefragung.

Gliederung

	Rn.
A. Herkunft, Entstehung, Entwicklung	1
I. Ideen- und verfassungsgeschichtliche Aspekte	1
II. Entstehung und Veränderung der Norm	3
B. Internationale, supranationale und rechtsvergleichende Bezüge	4
C. Erläuterungen	5
I. Allgemeine Bedeutung	5
II. Voraussetzungen und Befugnisse des Bundeszwangs (Art. 37 I GG)	7
III. Weisungsrechte zur Durchführung des Bundeszwangs (Art. 37 II GG)	14
D. Verhältnis zu anderen GG-Bestimmungen	15

Stichwörter

Anhörungspflichten 12 – Auffangfunktion 6 – Auswahlermessen 12 – Bundesaufsicht 14, 15 – Bundesexekution 4 – Bundespflichten 8 ff., 14 – Bundesrat 1, 11, 14 – Bundesregierung 12, 14, 15 f. – bundesstaatliche Ordnung 5 – Bundestag 11 – Bundestreue 10, 12 – Bundesverfassungsgericht 16 – Bundeswehr 13, 17 – Drohmittel 6 – Empfehlungen 9 – Entschließungsermessen 12 – Ermessen 12, 16 – Ersatzvornahme 2, 13 – Gerichtsentscheidungen 8, 16 – Gewohnheitsrecht 10 – internationales Recht 4 – Kosten 13 – Nationalsozialismus 2 – Normzweck 5 – notwendige Maßnahmen 12 – Österreich Rn. 4 Fn. 15 – Polizeikräfte 17 – Prüfungs- und Entscheidungsrecht 11 – Rechtsverordnungen 10 – Reichsexekution 1 ff. – Reichsverfassung (1871) 1 – Reservefunktion 6 – Schweiz 4 – Sparkommissar 9 – Staatsverträge 10 – supranationales Recht 4 – Tatbestandsvoraussetzungen 12 – Übermaßverbot 12 – ultima ratio 12 – USA 4 – Verfassungsberatungen 3 – Verfassungsentwicklung 3 – Verfassungspraxis 6 – Verhältnismäßigkeit 12 – Verwaltungsabkommen 10 – Voraussetzungen 7 ff. – Weimarer Republik 2 – Weisungsrechte 5, 14 – zulässige Maßnahmen 13 – Zustimmung des Bundesrates 11, 14 – Zwangsbefugnisse, -mittel 2, 5, 7, 12, 13.

A. Herkunft, Entstehung, Entwicklung

I. Ideen- und verfassungsgeschichtliche Aspekte

1 Als Vorläufer des heutigen Bundeszwanges ist die sog. **Reichsexekution** klassischer Regelungsgegenstand des deutschen Bundesstaatsrechts[1], dem bisweilen zentrale Bedeutung für die Konzeption des Verhältnisses zwischen Bund und Ländern beigemessen wird. Demgemäß findet sich bereits in Art. 19 der **Reichsverfassung von 1871** eine entsprechende Regelung[2]. Danach konnten die Bundesglieder für den Fall, dass sie »ihre verfassungsmäßigen Bundespflichten nicht erfüllen, [...] dazu im Wege der Exekution angehalten werden«; die Exekution war vom Bundesrat (→ Art. 50 Rn. 4) zu beschließen und vom Kaiser zu vollstrecken. Praktische Bedeutung hat diese Norm in der Verfassungswirklichkeit allerdings nicht erlangt, weil es in den fast fünfzig Geltungsjahren der Reichsverfassung zu keiner Reichsexekution kam[3].

2 Anders verhält es sich mit der Nachfolgeregelung in der **Weimarer Republik**. Art. 48 I WRV ermächtigte den Reichspräsidenten, ein Land, das »die ihm nach der Reichsverfassung oder den Reichsgesetzen obliegenden Pflichten nicht erfüllt, [...] dazu mit Hilfe der bewaffneten Macht« anzuhalten; von auf diese Ermächtigung gestützten Maßnahmen war dem Reichstag unverzüglich Kenntnis zu geben, und auf dessen Verlangen waren die Maßnahmen außer Kraft zu setzen (Art. 48 III WRV). Obschon der Verfassungstext als Mittel der Reichsexekution ausdrücklich nur den Einsatz »bewaffneter Macht« nannte, waren auch andere Zwangsmittel wie die Ersatzvornahme auf Kosten des ungehorsamen Landes oder die Einbehaltung von Zahlungen, die das Reich dem Land schuldet, anerkannt. Begründet wurde dies mit dem Schluss *a majore ad minus;* ebenso hielt es die Staatsrechtslehre für zulässig, die Reichsexekution unter zwingenden Umständen bis zur Sequestration des betreffenden Landes und seiner Regierungsgewalt auszudehnen[4]. In den politisch zeitweise stark polarisierten und radikalisierten Konfrontationen im Reich-Länder-Verhältnis setzte das Reich die Zwangsmittel der Reichsexekution wiederholt ein, nämlich 1920 gegen die thüringischen Staaten und Sachsen-Gotha, 1923 gegen Sachsen und 1932 gegen Preußen[5]. Der letztgenannte Anwendungsfall ging unter dem Stichwort »Preußenschlag«[6] in die Ge-

---

[1] Zur vorangegangenen Regelung der Bundesexekution im Deutschen Bund und deren praktischer Handhabung, die am Ende in die fehlgeschlagene Bundesexekution gegen Preußen mündete, s. *Huber*, Verfassungsgeschichte, Bd. 1, S. 634 ff.; *ders.*, Verfassungsgeschichte, Bd. 3, S. 531 ff.; *H. H. Klein*, in: Maunz/Dürig, GG, Art. 37 (2010), Rn. 10 ff.; *R. Stettner*, in: BK, Art. 37 (Drittb. 2005), Rn. 4 ff.; zur Diskussion weiter zurückreichender Traditionslinien im Heiligen Römischen Reich Deutscher Nation vgl. *S. Nölting*, Der Bundeszwang – Art. 37 des Grundgesetzes, 1956, S. 5 ff.; *Klein*, a. a. O., Rn. 6 ff.; *Stettner*, a. a. O., Rn. 1 ff.; *T. Maunz*, in: Maunz/Dürig, GG, Art. 37 (1960), Rn. 1. Siehe auch §§ 54 ff. Paulskirchenverfassung und dazu *Nölting*, a. a. O., S. 20 f., sowie *Klein*, a. a. O., Rn. 13. Periodenübergreifender Vergleich der Strukturelemente von Bundes- und Reichsexekution bei *F. Shirvani*, Der Staat 50 (2011), 102 (104 ff.).
[2] Die Regelung lehnte sich an Art. 19 der Verfassung des Norddeutschen Bundes von 1867 (Text bei Huber, Dokumente, Bd. 2, S. 272 ff.) an, wich davon zugleich jedoch nicht unerheblich ab.
[3] *Nölting*, Bundeszwang (Fn. 1), S. 24; *H.-U. Evers*, in: BK, Art. 37 (Zweitb. 1967), Rn. 2; *F. Shirvani*, Der Staat 50 (2011), 102 (103).
[4] *G. Anschütz*, Die Reichsexekution, in: HdbDStR, Bd. 2, S. 377 ff. (379); *ders.*, WRV, Art. 48 Anm. 5 m. w. N.; *H. Schäfer*, AöR 78 (1952/53), 1 (5).
[5] Dazu *Anschütz*, Reichsexekution (Fn. 4), S. 380 (zu den drei erstgenannten Anwendungsfällen); *Huber*, Verfassungsgeschichte, Bd. 6, S. 741 ff.; *Stettner* (Fn. 1), Art. 37 Rn. 21; *Klein* (Fn. 1), Art. 37 Rn. 21.
[6] Dazu *Huber*, Verfassungsgeschichte, Bd. 7, S. 1120 ff.; *H. Grund*, »Preußenschlag« und Staatsge-

schichte ein und dokumentiert besonders anschaulich die damaligen politischen Spannungen. Sie mündeten am Ende in den **Nationalsozialismus**, der mit zahlreichen Entföderalisierungsmaßnahmen frühzeitig die überkommene bundesstaatliche Struktur (→ Art. 20 [Bundesstaat], Rn. 6) und damit auch die Grundlage der konventionellen Reichsexekution beseitigte.

II. Entstehung und Veränderung der Norm

Die heutige Ausgestaltung des Bundeszwangs weicht nach Voraussetzungen, Zuständigkeit, Verfahren und Zwangsbefugnissen von den früheren Regelungen der Reichsexekution erheblich ab[7]. Sie geht auf den – systematisch ursprünglich in den Abschnitt über die Ausführung der Bundesgesetze und die Bundesverwaltung eingestellten – **Art. 115 HChE** zurück[8], dessen Wortlaut bereits weitgehend dem des jetzigen Art. 37 GG entsprach. Im Laufe der **Verfassungsberatungen** ersatzlos gestrichen wurde allerdings die in Art. 115 I 2 HChE enthaltene Vorschrift, wonach die Zustimmung des Bundesrates der Mehrheit der gesetzlichen Stimmenzahl bedarf[9]. Weitere Beratungsschwerpunkte waren der Verzicht auf eine Regelung des Bundeszwangs, die systematische Stellung des Artikels, die Inhaltsbestimmung des Bundeszwangs, der Zusammenhang zwischen Bundeszwang und Bundesfinanzverwaltung sowie die Befugnis des Bundesverfassungsgerichts zur Entscheidung über das Vorliegen der Voraussetzungen des Bundeszwangs (vorherige Anhörung des Bundesverfassungsgerichts oder nachträgliche Prüfung durch das Gericht)[10]. Die schließlich verabschiedete Fassung von Art. 37 GG blieb in der weiteren **Verfassungsentwicklung** bis heute unverändert.

3

B. Internationale, supranationale und rechtsvergleichende Bezüge

Als spezifisch bundesstaatlicher Regelungsgegenstand ist der Bundeszwang im **inter- und supranationalen Recht** naturgemäß ohne direkte Entsprechung[11]. Wie nicht zuletzt der Deutsche Bund zeigt (→ Rn. 1), sind allerdings auch in staatenbündischen Organisationsformen Exekutionsrechte anzutreffen. So verfügt die **Europäische Uni-**

4

---

richtshof im Jahre 1932, 1976; *J. Vetter*, Die Bundesstaatlichkeit in der Rechtsprechung des Staatsgerichtshofs der Weimarer Republik, 1979, S. 125 ff.; *F. Shirvani*, Der Staat 50 (2011), 102 (116 ff.); *W. Frotscher/B. Pieroth*, Verfassungsgeschichte, 13. Aufl. 2014, Rn. 563 ff. Die anschließende Entscheidung des StGH ist abgedruckt bei H.-H. Lammers/W. Simons (Hrsg.), Die Rechtsprechung des Staatsgerichtshofs für das Deutsche Reich und des Reichsgerichts auf Grund Artikel 13 Absatz 2 der Reichsverfassung, Bd. V, S. 30 ff., das Verfahren dokumentiert in dem Stenogrammbericht »Preußen contra Reich vor dem Staatsgerichtshof«, 1933.

[7] *W. Erbguth*, in: Sachs, GG, Art. 37 Rn. 1; *Maunz* (Fn. 1), Art. 37 Rn. 1; *T. v. Danwitz*, in: v. Mangoldt/Klein/Starck, GG II, Art. 37 Rn. 2 ff.

[8] Text in Parl. Rat II, S. 504 ff. (606); im darstellenden Teil ist dazu ausgeführt, dass bei hartnäckiger Weigerung eines Landes, seine Bundespflichten zu erfüllen, gegebenenfalls Bundeszwang gegen das Land stattfinden muss (ebd., S. 564).

[9] *U. Bachmann/J. Kramer*, in: Schneider, GG-Dokumentation, Bd. 10, S. 781, 783 f.; JöR 1 (1951), 339; s. dort auch zur vorhergehenden Änderung in »Mehrheit seiner Stimmen«. Nach Art. 52 III 1 GG erfolgt die Beschlussfassung des Bundesrates auch über die Zustimmung zu Maßnahmen nach Art. 37 I GG mit mindestens der Mehrheit seiner Stimmen.

[10] Näheres bei *U. Bachmann*, in: Schneider, GG-Dokumentation, Bd. 10, S. 706 ff. m. w. N.; vgl. auch JöR 1 (1951), 334 ff.; *Klein* (Fn. 1), Art. 37 Rn. 22 ff.; *Stettner* (Fn. 1), Art. 37 Rn. 2 ff.

[11] *Stettner* (Fn. 1), Art. 37 Rn. 98.

on nach Art. 7 EUV über Befugnisse, die bei schwerwiegenden Verletzungen der in Art. 2 EUV genannten Werte der Union durch einen Mitgliedstaat eingesetzt werden können und bis hin zu einer Aussetzung der Stimmrechte des Regierungsvertreters dieses Mitgliedstaats im Rat reichen. Außerdem kennt das europäische Unionsrecht im Zuge von Vertragsverletzungsverfahren (Art. 258 ff. AEUV) als Sanktion für fortwährende Vertragsverletzungen durch einen Mitgliedstaat u. a. die Verhängung von Zwangsgeldern[12], die freilich allenfalls sehr bedingt mit Verfahren und Instrumentarium des Bundeszwangs vergleichbar sind[13]. Ähnlich verhält es sich mit dem Sanktionsinstrumentarium im Bereich der Wirtschafts- und Währungsunion, das bei der Verletzung der Pflicht zur Vermeidung übermäßiger öffentlicher Defizite durch einen Mitgliedstaat sogar die Verhängung von Bußgeldern ermöglicht (Art. 126 AEUV). In unionsrechtlichem Kontext ist der Bundeszwang nach Art. 37 GG außerdem als eine Option des Bundes zur Gewährleistung fristgerecht-effektiver Umsetzung von EU-Richtlinien bei innerstaatlicher Umsetzungszuständigkeit der Länder im Gespräch[14]. Aus **rechtsvergleichender Sicht** erweist sich die in einem umfassenden Sinn verstandene Bundesexekution nicht als unverzichtbarer Bestandteil bundesstaatlicher Verfassungen[15]. Sie findet sich aber beispielsweise in der Schweiz[16]; demgegenüber ist der Verfassung der USA ein spezielles Exekutionsinstitut fremd[17], was in der Praxis Exekutionsverfahren jedoch offenbar nicht ausgeschlossen hat[18].

C. Erläuterungen

I. Allgemeine Bedeutung

5 **Regelungsgegenstände** von Art. 37 GG sind zum einen die Voraussetzungen und Befugnisse des Bundeszwangs (Art. 37 I GG) und zum anderen die Einräumung von Weisungsrechten zur Durchführung des Bundeszwangs (Art. 37 II GG). Die Norm ist ein Element der **bundesstaatlichen Ordnung** des Grundgesetzes. Sie dient der Wah-

---

[12] Art. 260 II UAbs. 2 f. AEUV.
[13] Vgl. dazu und zum Folgenden *Klein* (Fn. 1), Art. 37 Rn. 33; *Stettner* (Fn. 1), Art. 37 Rn. 98.
[14] Vgl. *H.-G. Dederer*, NVwZ 2001, 258 (259) m. w. N.; *B. Stüer/H. Spreen*, VerwArch. 96 (2005), 174 (179 f.) unter Hinweis darauf, es handle sich um eine »eher theoretische Option« und ein »in aller Regel [...] untaugliches Mittel«.
[15] S. dazu bereits *H. Kelsen*, Die Bundesexekution, in: Festgabe Fleiner, 1927, S. 127 ff. (175 ff.) m. Darstellung funktioneller Äquivalente wie Verfahren beim Verfassungsgerichtshof am Beispiel des BVG; vgl. dazu auch *L. Adamowich/H. Spanner*, Handbuch des österreichischen Verfassungsrechts, 6. Aufl. 1971, S. 159 ff.; *H. Mayer/G. Kucsko-Stadlmayer/K. Stöger*, Grundriß des österreichischen Bundesverfassungsrechts, 11. Aufl. 2015, Rn. 836 f.; ferner *Klein* (Fn. 1), Art. 37 Rn. 31; *Stettner* (Fn. 1), Art. 37 Rn. 101; zu einzelnen Zwangsbefugnissen s. Art. 100, 146 BVG. Zur Diskussion über den Verzicht der Aufnahme des Bundeszwangs in das Grundgesetz s. Parl. Rat II, S. 504 ff. (565); *Bachmann*, Grundgesetz (Fn. 10), S. 706 f. → Rn. 3.
[16] Vgl. Art. 173 I lit. e, 182 II, 185 IV BV; dazu näher *U. Häfelin/W. Haller/H. Keller*, Schweizerisches Bundesstaatsrecht, 8. Aufl. 2012, Rn. 1226 ff.; ferner *Klein* (Fn. 1), Art. 37 Rn. 30; zur früheren Verfassung (Art. 85 Nr. 8, 102 Nr. 2 BV) *Y. Hangartner*, Grundzüge des schweizerischen Staatsrechts, 1980, S. 89.
[17] Vgl. aber Art. 1 sec. 8 Nr. 15, Art. 4 sec. 4 Verfassung der Vereinigten Staaten.
[18] Vgl. *Nölting*, Bundeszwang (Fn. 1), S. 198 ff.; *Häfelin/Haller/Keller*, Bundesstaatsrecht (Fn. 16), Rn. 1228 m. Hinweis darauf, dass z. B. 1957 Bundestruppen nach Arkansas gesandt wurden, um die bundesrechtlich vorgesehene Integration von schwarzen Kindern in den Schulen durchzusetzen; vgl. auch *M. Bothe*, Die Kompetenzstruktur des modernen Bundesstaates in rechtsvergleichender Sicht, 1977, S. 134, 136; *Klein* (Fn. 1), Art. 37 Rn. 32; *Stettner* (Fn. 1), Art. 37 Rn. 100.

rung der Gesamtverfassung[19] und soll dazu beitragen, die bundesstaatliche Ordnung gegenüber den Ländern aufrechtzuerhalten und zu sichern[20].

Anders als in der Weimarer Zeit (→ Rn. 2) ist der Bundeszwang in der **Verfassungspraxis** der Bundesrepublik Deutschland bislang noch nicht zur Anwendung gekommen. Mögliche Erklärungen dafür bieten die allgemeine politische Entwicklung seit 1949, namentlich Veränderungen im föderalen Stil des Umgangs von Bund und Ländern[21], ferner das hohe Maß an Unitarisierung und Homogenität und der Trend zum kooperativen Bundesstaat mit seinen Politikverflechtungen (→ Art. 20 [Bundesstaat], Rn. 30f.), vor allem aber die hohe Akzeptanz der bundesverfassungs- und bundesverwaltungsgerichtlichen Spruchpraxis, die viel Konfliktstoff abschöpft[22]. Aus diesen Gründen dürfte ein Einsatz des Bundeszwangs auch künftig entbehrlich und nicht zu erwarten sein. Das heißt allerdings nicht, dass Art. 37 GG bedeutungslos oder gar wegen jahrzehntelanger Nichtanwendung obsolet geworden wäre. Abgesehen davon, dass der Bundeszwang als »Knüppel im Sack«[23] bzw. »fleet in being« in der Vergangenheit mitunter als **Drohmittel** eingesetzt wurde[24], kommt ihm nämlich eine wichtige **Reserve- und Auffangfunktion** zu[25] – etwa für Fallkonstellationen, in denen nach einer Änderung der bisherigen politischen Ambiance eines oder mehrere Länder den bundesstaatlichen Grundkonsens aufkündigen und eine gerichtliche Konfliktentscheidung nicht oder nicht rechtzeitig realisierbar wäre. Dafür ist Art. 37 GG eine Art Vorsorgenorm, deren Bedeutung freilich auch nicht überschätzt werden sollte[26]. 6

II. Voraussetzungen und Befugnisse des Bundeszwangs (Art. 37 I GG)

Nach Art. 37 I GG setzt die Anordnung des Bundeszwangs voraus, dass ein Land (→ Rn. 8) die ihm nach dem Grundgesetz oder einem anderen Bundesgesetz (→ Rn. 10) obliegenden Bundespflichten (→ Rn. 9) nicht erfüllt und die Zustimmung des Bundesrates (→ Rn. 11) vorliegt. Bei Vorliegen dieser **Voraussetzungen** räumt die Vorschrift der Bundesregierung (→ Rn. 12) **Befugnisse** zur Durchführung des Bundeszwangs ein, die Art. 37 I GG selbst nicht detailliert präzisiert (→ Rn. 13). 7

Die Nichterfüllung der Bundespflichten muss durch ein **Land** erfolgen, also durch eines der in der Präambel aufgeführten Länder. Andere Rechtssubjekte wie Gemeinden, Gemeindeverbände und sonstige juristische Personen des öffentlichen Rechts 8

---

[19] BVerfGE 13, 54 (79).
[20] Statt vieler *M. Bothe*, in: AK-GG, Art. 37 (2001), Rn. 1; *Erbguth* (Fn. 7), Art. 37 Rn. 3; *M. Gubelt*, in: v. Münch/Kunig, GG II, Art. 37 Rn. 1; *J. Hellermann*, in: Epping/Hillgruber, GG, Art. 37 Rn. 1; *R. Sannwald*, in: Schmidt-Bleibtreu/Hofmann/Henneke, GG, Art. 37 Rn. 2; *D. Hömig*, in: Hömig, GG, Art. 37 Rn. 1; *v. Danwitz* (Fn. 7), Art. 37 Rn. 1; zur fehlenden Ausrichtung auf den Schutz von Einzelnen vgl. BVerwG NJW 1977, 118 (119).
[21] Vgl. etwa *H. Bauer*, Die Bundestreue, 1992, S. 268f.
[22] Vgl. *Evers* (Fn. 3), Art. 37 Rn. 4; *Bothe* (Fn. 20), Art. 37 Rn. 10; *Gubelt* (Fn. 20), Art. 37 Rn. 1.
[23] So treffend *Erbguth* (Fn. 7), Art. 37 Rn. 3.
[24] *Evers* (Fn. 3), Art. 37 Rn. 4; vgl. auch *J. Rühmann*, in: Umbach/Clemens, GG, Art. 37 Rn. 15.
[25] *Hellermann* (Fn. 20), Art. 37 Rn. 2; *Klein* (Fn. 1), Art. 37 Rn. 3; *v. Danwitz* (Fn. 7), Art. 37 Rn. 12.
[26] Das gilt insb. für den Stellenwert in der Dogmatik des Bundesstaatsrechts, die – entgegen älterer Vorstellungen – nicht mehr überzeugend auf Bundeszwang (und Bundesaufsicht) fokussiert werden kann; vgl. dazu *Bauer*, Bundestreue (Fn. 21), S. 47ff., 85ff., 128ff., 264ff. → Art. 20 (Bundesstaat), Rn. 30f. Weitergehend *W. Pauly/C. Pagel*, DÖV 2006, 1028 (1029f.), die im juristisch fein ausziselierten Verfassungsrechtsverhältnis des heutigen Bundesstaats für die primitive Rechtstechnik des Bundeszwangs »eigentlich« keinen Raum mehr sehen und wegen der »Not- und Popanzfunktion« konsequent für eine »teleologische Reduktion« plädieren.

Art. 37   C. Erläuterungen

können den Tatbestand von Art. 37 I GG daher nicht verwirklichen[27]. Doch kommt die Anordnung von Bundeszwang in Betracht, wenn sich ein Land mit dem Handeln solcher Rechtssubjekte identifiziert, seine Aufsichtspflicht gegenüber diesen nicht wahrnimmt und dadurch seine Bundespflichten verletzt[28]. Gegen Gerichtsentscheidungen ist Bundeszwang aus Gründen der richterlichen Unabhängigkeit (Art. 97 I GG) jedoch ausgeschlossen[29]. Dem Bund gegenüber handelt das Land durch seine Verfassungsorgane; deshalb ist regelmäßig auf deren Verhalten abzustellen[30].

9   Das Fehlverhalten des Landes, das in einem Tun oder Unterlassen bestehen kann[31], muss sich auf **Bundespflichten** beziehen. Das sind nur solche Pflichten, die Gegenstand des bundesstaatlichen Rechtsverhältnisses sind, also das Verhältnis zwischen Bund und Ländern sowie zwischen den Ländern untereinander betreffen[32], dem Land gegenüber dem Bund oder anderen Ländern obliegen. Daher scheidet für sich allein genommen die Nichterfüllung anderer Pflichten, die den Ländern gegenüber ihren Bürgern oder gegenüber ausländischen Staaten und deren Bürgern obliegen, als Gegenstand des Bundeszwangs aus[33]. Keinen pflichtbegründenden Charakter haben mangels Rechtsverbindlichkeit Verhaltensanregungen, die sich aus bloßen Hinweisen oder Empfehlungen ergeben[34]. Auch verletzt die Haushaltsnotlage eines Landes, für sich allein genommen, noch keine Bundespflicht und rechtfertigt daher auch keine Maßnahmen auf der Grundlage von Art. 37 I GG wie etwa die Einsetzung eines »Sparkommissars«[35].

10   Die jeweilige Bundespflicht muss sich aus dem **Grundgesetz** oder einem anderen **Bundesgesetz** ergeben. Zu diesen pflichtbegründenden Normen gehören beispiels-

---

[27] *Evers* (Fn. 3), Art. 37 Rn. 19; *Gubelt* (Fn. 20), Art. 37 Rn. 3; *Klein* (Fn. 1), Art. 37 Rn. 42; *Stettner* (Fn. 1), Art. 37 Rn. 52.

[28] Vgl. *Evers* (Fn. 3), Art. 37 Rn. 19; *Gubelt* (Fn. 20), Art. 37 Rn. 3; *Hellermann* (Fn. 20), Art. 37 Rn. 4; *Klein* (Fn. 1), Art. 37 Rn. 42; *Maunz* (Fn. 1), Art. 37 Rn. 12; *Sannwald* (Fn. 20), Art. 37 Rn. 10; vgl. auch BVerfGE 8, 122 (137 ff.).

[29] *Erbguth* (Fn. 7), Art. 37 Rn. 7 m. w. N.; *Klein* (Fn. 1), Art. 37 Rn. 41, mit Hinweis auf eine abweichende Beurteilung in Fällen, in denen es das Land unterlässt, durch Rechtsmittelverzicht oder mögliche Rechtsänderung auf die Wahrung der Bundesgesetze (→ Rn. 10) hinzuwirken; ähnlich *Stettner* (Fn. 1), Art. 37 Rn. 57 f.

[30] Vgl. *Gubelt* (Fn. 20), Art. 37 Rn. 4; *Maunz* (Fn. 1), Art. 37 Rn. 13; *v. Danwitz* (Fn. 7), Art. 37 Rn. 12.

[31] Ohne Bedeutung ist, ob die Pflichten nicht, nur teilweise oder schlecht erfüllt sind und ob das Land ein Verschulden trifft oder nicht; andererseits genügt eine bloße Gefährdung der Pflichterfüllung nicht. Vgl. *Evers* (Fn. 3), Art. 37 Rn. 33 f.; *Gubelt* (Fn. 20), Art. 37 Rn. 7; *Jarass/Pieroth*, GG, Art. 37 Rn. 2; *v. Danwitz* (Fn. 7), Art. 37 Rn. 19 f.; *Rühmann* (Fn. 24), Art. 37 Rn. 17; *v. Mangoldt/Klein*, GG, Art. 37 Anm. III. 3; *Klein* (Fn. 1), Art. 37 Rn. 144; *W. G. Leisner*, in: Sodan, GG, Art. 37 Rn. 2; *Stern*, Staatsrecht I, S. 715 f.

[32] Vgl. *Jarass/Pieroth*, GG, Art. 37 Rn. 2; *v. Danwitz* (Fn. 7), Art. 37 Rn. 15; *Hellermann* (Fn. 20), Art. 37 Rn. 5; *Klein* (Fn. 1), Art. 37 Rn. 45; vgl. auch bereits *G. A. Zinn*, AöR 75 (1949), 291 (304).

[33] Vgl. *Erbguth* (Fn. 7), Art. 37 Rn. 8; *Evers* (Fn. 3), Art. 37 Rn. 27; *Gubelt* (Fn. 20), Art. 37 Rn. 5; *Jarass/Pieroth*, GG, Art. 37 Rn. 2; *Maunz* (Fn. 1), Art. 37 Rn. 16; teilweise a. A. *Bothe* (Fn. 20), Art. 37 Rn. 11: auch Pflichten gegenüber Einzelpersonen.

[34] *Erbguth* (Fn. 7), Art. 37 Rn. 8; *Gubelt* (Fn. 20), Art. 37 Rn. 5; *Klein* (Fn. 1), Art. 37 Rn. 47; *Maunz* (Fn. 1), Art. 37 Rn. 20; *Rühmann* (Fn. 24), Art. 37 Rn. 16; *Stettner* (Fn. 1), Art. 37 Rn. 63.

[35] Vgl. zur Diskussion *G. Sierck/M. Pöhl*, Möglichkeiten des Bundeszwangs nach Art. 37 Grundgesetz – Einsetzung eines »Sparkommissars«, 2006, Deutscher Bundestag, WD 3 – 249/06; ferner *H. W. Weinzen*, DÖV 2009, 454 (459); ablehnend: *W. Pauly/C. Pagel*, DÖV 2006, 1028 (1034 f.), *Jarass/Pieroth*, GG, Art. 37 Rn. 2, und *Hellermann* (Fn. 20), Art. 37 Rn. 5.4; hinsichtlich zugrundeliegender Haushaltsgesetzgebung eines Landes zweifelnd *Klein* (Fn. 1), Art. 37 Rn. 51, mit zutreffendem Hinweis auf die finanzverfassungsrechtlichen Grundlagen von Bundespflichten (vgl. Art. 109, 109 a GG).

II. Voraussetzungen und Befugnisse des Bundeszwangs (Art. 37 I GG) — Art. 37

se Art. 28 I, 35, 51 I, 84, 85 und 104a ff. GG; nicht selten wird auch die Pflicht zur Beachtung bindender bundesverfassungsgerichtlicher Entscheidungen angeführt[36]. Als pflichtenbegründende Rechtsquellen im Sinne von Art. 37 I GG auszuscheiden sind wegen des Wortlauts hingegen Bundesrechtsverordnungen, Bundesgewohnheitsrecht, ungeschriebenes Bundesrecht sowie intraföderative Staatsverträge und Verwaltungsabkommen[37], falls das in Frage stehende Recht nicht im Wege einer zulässigen Auslegung als Bestandteil des Grundgesetzes oder eines Bundesgesetzes angesehen werden kann[38]. Aus demselben Grund ist auch ein pauschaler Rückgriff auf die Bundestreue problematisch[39], die gleichwohl teilweise zu den hier interessierenden Bundespflichten gezählt wird[40].

Vor der Anwendung des Bundeszwangs muss die **Zustimmung des Bundesrates** vorliegen. Sie ist Voraussetzung für die Verfassungsmäßigkeit; daher genügt eine nachträgliche Billigung nicht[41]. Die Zustimmung des Bundesrates bezieht sich auf die Feststellung der Tatbestandsvoraussetzungen (→ Rn. 8 ff.), die Durchführung des Bundeszwangs und die zu treffenden Maßnahmen; der Bundesrat besitzt bei der Beschlussfassung, die mit der Mehrheit seiner Stimmen erfolgt (Art. 52 III 1 GG), ein entsprechendes Prüfungs- und Entscheidungsrecht. Der Normtext ist insoweit zwar nicht ganz eindeutig; doch können nur auf diese Weise die von Art. 37 I GG intendierten Ziele erreicht werden: sachangemessene, eigenverantwortliche Entscheidung des Bundesrates, Schutz vor übereilten Handlungen und effektive Sicherung der bundesstaatlichen Ordnung auf breiter föderativer Grundlage[42]. Die Zustimmung des Bun-

11

---

[36] Vgl. etwa die Zusammenstellung bei *P.-M. Mombaur*, Bundeszwang und Bundestreue, 1964, S. 32 ff.; *Hellermann* (Fn. 20), Art. 37 Rn. 5.1; *Klein* (Fn. 1), Art. 37 Rn. 52; ferner *Evers* (Fn. 3), Art. 37 Rn. 28; *Gubelt* (Fn. 20), Art. 37 Rn. 6; *Stern*, Staatsrecht I, S. 715.

[37] *Erbguth* (Fn. 7), Art. 37 Rn. 8; *Gubelt* (Fn. 20), Art. 37 Rn. 6; *Jarass/Pieroth*, GG, Art. 37 Rn. 2; *Stettner* (Fn. 1), Art. 37 Rn. 62; bezüglich der Rechtsverordnungen zweifelnd *Klein* (Fn. 1), Art. 37 Rn. 49, und a.A. etwa *Bothe* (Fn. 20), Art. 37 Rn. 13; *Evers* (Fn. 3), Art. 37 Rn. 26; *Nölting*, Bundeszwang (Fn. 1), S. 40; *Hellermann* (Fn. 20), Art. 37 Rn. 5.4; *v. Danwitz* (Fn. 7), Art. 37 Rn. 18; kritisch *Mombaur*, Bundeszwang (Fn. 36), S. 38 f., der zudem bezüglich des Gewohnheitsrechts differenziert (ebd., S. 39 ff.); vgl. auch *Rühmann* (Fn. 24), Art. 37 Rn. 21 ff.

[38] *Maunz* (Fn. 1), Art. 37 Rn. 18; vgl. auch *Erbguth* (Fn. 7), Art. 37 Rn. 8; zur vertraglichen Konkretisierung von Bundespflichten s. *H.-D. Pötschke*, Bundesaufsicht und Bundeszwang nach dem Grundgesetz, Diss. jur. Würzburg 1967, S. 171.

[39] Bedenken bei *Hellermann* (Fn. 20), Art. 37 Rn. 5.2; *Jarass/Pieroth*, GG, Art. 37 Rn. 2; *Klein* (Fn. 1), Art. 37 Rn. 48; ablehnend *W. Pauly/C. Pagel*, DÖV 2006, 1028 (1032); vgl. auch *Stettner* (Fn. 1), Art. 37 Rn. 60.

[40] Z.B. *Erbguth* (Fn. 7), Art. 37 Rn. 8; *Gubelt* (Fn. 20), Art. 37 Rn. 6; *Maunz* (Fn. 1), Art. 37 Rn. 17; *Stern*, Staatsrecht I, S. 715; *F. Schöning*, Föderale Intervention als Instrument zur Bewahrung eines Bundesstaates, 2008, S. 315 f.; vgl. auch BVerfGE 3, 52 (57). Die hier angemeldeten Vorbehalte stützen sich zum einen auf die Rechtsgrundlagen der Bundestreue (dazu *Bauer*, Bundestreue [Fn. 21], S. 234 ff.), zum anderen auf den mittlerweile erreichten Stand an konkretisierenden Ausdifferenzierungen der Bundestreue (dazu *Bauer*, ebd., S. 325 ff.). Richtiger Ansicht nach wird zu differenzieren sein: Danach bestehen keine Bedenken gegen die Anerkennung von Bundespflichten im Sinne von Art. 37 I GG, die etwa unter Heranziehung der Bundestreue im Wege der Auslegung (→ Art. 20 [Bundesstaat], Rn. 46) aus dem Grundgesetz oder anderen Bundesgesetzen ermittelt werden; demgegenüber scheidet der Bundeszwang etwa zur Durchsetzung von qua Bundestreue verbindlicher intraföderativer Vertragspflichten (→ Art. 20 [Bundesstaat], Rn. 52) aus.

[41] *Gubelt* (Fn. 20), Art. 37 Rn. 17; *Klein* (Fn. 1), Art. 37 Rn. 73; *Stettner* (Fn. 1), Art. 37 Rn. 74; *Sannwald* (Fn. 20), Art. 37 Rn. 18.

[42] Vgl. zum Vorstehenden *Bothe* (Fn. 20), Art. 37 Rn. 17 ff.; *Erbguth* (Fn. 7), Art. 37 Rn. 18; *Gubelt* (Fn. 20), Art. 37 Rn. 16 ff.; *Klein* (Fn. 1), Art. 37 Rn. 75 ff.; *Maunz* (Fn. 1), Art. 37 Rn. 37 ff.; *Stettner* (Fn. 1), Art. 37 Rn. 74 ff.; jeweils m.w.N. auch zu gegenteiligen Ansichten; für eine Beschränkung der

desrates ist jederzeit widerruflich. Folge eines Widerrufs ist, dass das weitere Verfahren und bereits eingeleitete Maßnahmen einzustellen sind[43]. Abweichend von Art. 48 III WRV (→ Rn. 2) beteiligt Art. 37 I GG den **Bundestag** nicht an dem Bundeszwangsverfahren; die parlamentarische Verantwortung ist jedoch durch die üblichen, bis hin zum Misstrauensvotum (Art. 67 GG) reichenden Kontrollrechte des Bundestags gegenüber der Bundesregierung sichergestellt.

12 Sind die Tatbestandsvoraussetzungen erfüllt, legt Art. 37 I GG Anordnung und Durchführung des Bundeszwangs – mit dem Vorbehalt vorheriger und fortwährender Zustimmung des Bundesrates (→ Rn. 11) – in die Hände der **Bundesregierung** als Kollegialorgan. Deren Vorgehen lässt sich in mehrere Abschnitte bzw. Verfahrensschritte[44] einteilen: Die Bundesregierung prüft zunächst in einem ersten Schritt, ob die **Tatbestandsvoraussetzungen** vorliegen. Die Feststellung der Tatbestandsverwirklichung trifft sie für sich grundsätzlich in eigener Verantwortung; insoweit enthält allerdings Art. 84 IV GG eine Sonderregelung, die bei der Ausführung von Bundesgesetzen als eigene Angelegenheit der Länder die Befugnis zur Feststellung einer Rechtsverletzung durch das Land dem Bundesrat zuweist. Führt die Überprüfung der Voraussetzungen zu einem positiven Ergebnis, so entscheidet die Bundesregierung in einem zweiten Schritt, »ob« aus ihrer Sicht Bundeszwang angewendet werden soll. Dabei räumt Art. 37 I GG mit der Formulierung »kann« einen Entscheidungsspielraum ein, der in Anlehnung an die verwaltungsrechtliche Terminologie bisweilen als **Entschließungsermessen** bezeichnet wird; dies eröffnet der Bundesregierung grundsätzlich auch die Möglichkeit, gänzlich untätig zu bleiben, sich auf politische Einflussnahme zu beschränken oder das Bundesverfassungsgericht in einem Verfahren nach Art. 93 I Nr. 3 GG anzurufen. Als Begrenzung des Entschließungsermessens findet sich oftmals der Hinweis auf das Übermaßverbot[45], dessen Heranziehung jedoch nicht unproblematisch ist, seitdem das Bundesverfassungsgericht diesen auf die individuelle Rechts- und Freiheitssphäre zugeschnittenen Grundsatz im kompetenzrechtlichen Bund-Länder-Verhältnis für unanwendbar erklärt hat[46]. Dies legt es nahe, die Grenzen an anderer Stelle, nämlich in dem Grundsatz bundesfreundlichen Verhaltens zu

---

Prüfungsbefugnis auf die Frage des Einschreitens und die Auswahl der notwendigen Mittel etwa *v. Danwitz* (Fn. 7), Art. 37 Rn. 32.

[43] Statt vieler *Bothe* (Fn. 20), Art. 37 Rn. 19; *Erbguth* (Fn. 7), Art. 37 Rn. 18; *Klein* (Fn. 1), Art. 37 Rn. 81; *Stettner* (Fn. 1), Art. 37 Rn. 77.

[44] Zur prozeduralen Konzeption des Vorgehens mit teilweise unterschiedlichen Abstufungen vgl. *Klein* (Fn. 1), Art. 37 Rn. 61 ff.; *Stettner* (Fn. 1), Art. 37 Rn. 68; *Hellermann* (Fn. 20), Art. 37 Rn. 8.

[45] Vgl. dazu und zum Vorstehenden etwa *Erbguth* (Fn. 7), Art. 37 Rn. 11, 14 ff.; *Gubelt* (Fn. 20), Art. 37 Rn. 8 ff.; *Hellermann* (Fn. 20), Art. 37 Rn. 10; *Hömig* (Fn. 20), Art. 37 Rn. 5; *Klein* (Fn. 1), Art. 37 Rn. 65; *Maunz* (Fn. 1), Art. 37 Rn. 28 ff., 44; *Sannwald* (Fn. 20), Art. 37 Rn. 12; *Rühmann* (Fn. 24), Art. 37 Rn. 28; *Stern*, Staatsrecht I, S. 717; *Stettner* (Fn. 1), Art. 37 Rn. 71; eingehender zu den Kontroversen *A. Heusch*, Der Grundsatz der Verhältnismäßigkeit im Staatsorganisationsrecht, 2003, S. 119 ff., insb. 124 ff. m. w. N.; offenbar für eine allgemeine Geltung des Verhältnismäßigkeitsgrundsatzes bei Art. 37 GG auch *Schöning*, Intervention (Fn. 40), S. 314.

[46] BVerfGE 81, 310 (338); hier setzt – bezüglich des Auswahlermessens – die Kritik an der Heranziehung des Verhältnismäßigkeitsgrundsatzes bei *v. Danwitz* (Fn. 7), Art. 37 Rn. 30 an; vgl. auch *Kloepfer*, Verfassungsrecht I, S. 992 f.; Kritik der Kritik bei *Heusch*, Verhältnismäßigkeit (Fn. 45), S. 125 ff.; allgemein für die Anwendbarkeit des Verhältnismäßigkeitsgrundsatzes auch im Bund-Länder-Verhältnis etwa *B. Schlink*, Der Grundsatz der Verhältnismäßigkeit, in: FS 50 Jahre BVerfG, Bd. II, 2001, S. 445 ff. (447 ff.). → Art. 20 (Rechtsstaat), Rn. 188; → Art. 28 Rn. 118. Wirklich zwingend sind die Überlegungen des BVerfG freilich nicht, weil das Gebot verhältnismäßiger Rechtsausübung in der gesamten Rechtsordnung Geltung beansprucht und daher jedenfalls bei genauerer Betrachtung nicht auf das Staat-Bürger-Verhältnis beschränkt ist.

II. Voraussetzungen und Befugnisse des Bundeszwangs (Art. 37 I GG)   Art. 37

suchen[47]. Die Bundesregierung wird dadurch nicht etwa auf eine dem Bundeszwang vorgängige Klage vor dem Verfassungsgericht verwiesen[48]. Doch können sich aus der Bundestreue beispielsweise Anhörungspflichten gegenüber dem betroffenen Land ergeben, die in Fällen der Eilbedürftigkeit allerdings entfallen[49]. Unabhängig von solchen rechtlichen Bindungen sollte der Bundeszwang jedenfalls aus Gründen verfassungspolitischer Klugheit und Rücksichtnahme nur als *ultima ratio* eingesetzt werden[50]. Ist die prinzipielle Entscheidung für die Anwendung von Bundeszwang gefallen, schließen sich in einem dritten Schritt Überlegungen darüber an, »wie«, also mit welchen Maßnahmen gegen das Land vorzugehen ist. Für dieses sog. **Auswahlermessen** stellt Art. 37 I GG keine konkret benannten Handlungsalternativen bereit, sondern ermächtigt zur Anordnung der »notwendigen Maßnahmen« (→ Rn. 13). Immerhin grenzt der Verfassungstext dieses Ermessen mit dem Merkmal »notwendig«, einem an dieser Stelle expliziten Verweis auf Verhältnismäßigkeitsanforderungen[51], ein; das verbietet Überreaktionen und beschränkt das Auswahlermessen auf die zur Wahrung der bundesstaatlichen Ordnung angemessenen Mittel. Die verbreitete (weitergehende) Heranziehung des allgemeinen Verhältnismäßigkeitsgrundsatzes ist wegen der fehlenden Betroffenheit der Länder in Grundrechten allerdings auch hinsichtlich des Auswahlermessens nicht unangefochten – statt dessen sollen sich Grenzen aus der Eigenstaatlichkeit der Länder und der Pflicht zu bundesfreundlichem Verhalten ergeben[52]. Indes dürfte es sich bei diesen Kontroversen in gewissem Umfang um Debatten über funktionelle Äquivalente handeln, die zwar rechtssystematisch und dogmatisch höchst bedeutsam sind, in der praktischen Handhabung aber über weite Strecken zu keinen unterschiedlichen Ergebnissen führen[53]. Jedenfalls wird das Vorgehen der Bundesregierung in einem vierten Verfahrensschritt mit der Durchführung der angeordneten

---

[47] Vgl. BVerfGE 81, 310 (337f., 345ff.); *v. Danwitz* (Fn. 7), Art. 37 Rn. 30.

[48] Vgl. dazu aber den auf das Verhältnismäßigkeitsprinzip gestützten Vorschlag von *Mombaur*, Bundeszwang (Fn. 36), S. 66ff. (75).

[49] Vgl. BVerfGE 81, 310 (337f., 345ff.); 84, 25 (33); *Bauer*, Bundestreue (Fn. 21), S. 354; *v. Danwitz* (Fn. 7), Art. 37 Rn. 30; *Rühmann* (Fn. 24), Art. 37 Rn. 36; Überlegungen zu einer Ankündigungspflicht bei *Maunz* (Fn. 1), Art. 37 Rn. 35, allerdings unter Hinweis auf den Verhältnismäßigkeitsgrundsatz; a.A. *Evers* (Fn. 3), Art. 37 Rn. 69.

[50] *Erbguth* (Fn. 7), Art. 37 Rn. 2; *Evers* (Fn. 3), Art. 37 Rn. 69; *Maunz* (Fn. 1), Art. 37 Rn. 35; *Hellermann* (Fn. 20), Art. 37 Rn. 7; für eine rechtliche Deutung des Bundeszwangs als *ultima ratio* A. *Pfeiffer*, DÖV 1949, 263 (265); *Stettner* (Fn. 1), Art. 37 Rn. 22.

[51] Vgl. z.B. *Bothe* (Fn. 20), Art. 37 Rn. 22; *Erbguth* (Fn. 7), Art. 37 Rn. 11, 17; *Gubelt* (Fn. 20), Art. 37 Rn. 15; *Jarass/Pieroth*, GG, Art. 37 Rn. 3; *Maunz* (Fn. 1), Art. 37 Rn. 44; *A. v. Arnauld*, JZ 2000, 276 (278, 280).

[52] *v. Danwitz* (Fn. 7), Art. 37 Rn. 30 unter Hinweis darauf, dass die Auswahl der Zwangsmittel nicht an der Erforderlichkeit und Angemessenheit der Mittel scheitern könne, sondern bis zur Grenze des Rechtsmißbrauchs zulässig sei; dazu kritisch *Heusch*, Verhältnismäßigkeit (Fn. 45), S. 124ff.

[53] Vgl. dazu auch die Überlegungen von *Gubelt* (Fn. 20), Art. 37 Rn. 11; ähnlich *Klein* (Fn. 1), Art. 37 Rn. 65 (beide Argumentationslinien »dürften regelmäßig zu den gleichen Ergebnissen führen«). Systemadäquat wäre der Rückgriff auf die Bundestreue, textadäquat wegen der »notwendigen Maßnahmen« der (freilich auf das Auswahlermessen beschränkte) Rückgriff auf Verhältnismäßigkeitsanforderungen, die nicht zwingend mit denen des allgemeinen Verhältnismäßigkeitsgrundsatzes (Geeignetheit, Erforderlichkeit, Verhältnismäßigkeit im engeren Sinn) identisch sein müssen. Beide Ansatzpunkte schließen sich nicht gegenseitig aus, sondern sind einer Kombination zugänglich und bedürftig; so liefert die Bundestreue einen Ansatzpunkt etwa für Verfahrenspflichten (Anhörung, Einräumung der Gelegenheit zur Stellungnahme, gegebenenfalls Erörterung) und der Normtext einen Ansatzpunkt etwa für die Beurteilung der Angemessenheit der in Aussicht genommenen Maßnahmen. Dagegen zwingt der Normtext nicht zum Rückgriff auf ein übergreifendes allgemeines Verfassungsprinzip der Verhältnismäßigkeit.

Maßnahme abgeschlossen, die gegen das Land zu richten ist und sich nicht direkt gegen die Bevölkerung wenden darf[54].

13 Die zur Durchführung des Bundeszwangs zulässigen **Maßnahmen** sind in Art. 37 I GG nicht näher spezifiziert. Das lässt eine flexible, einzelfallbezogene Handhabung zu. Mangels konkreter Anwendungsfälle (→ Rn. 6) fehlt allerdings praktisches Anschauungsmaterial. Die Literatur diskutiert jedoch eine Reihe von zulässigen und unzulässigen Maßnahmen[55]. Danach kommen u. a. in Betracht: **Befugnisse** zur Einstellung von Finanzzuweisungen und Sperrung von Bundeszahlungen, zur Verweigerung der Erfüllung von sonstigen Bundesaufgaben gegenüber dem Land, zur Ersatzvornahme der unterlassenen Handlung durch Bundesorgane oder Dritte, zur Einsetzung eines Bundesbeauftragten mit allgemeiner oder spezieller Vollmacht und zur vorübergehenden, treuhänderischen Ausübung administrativer und legislativer Landesfunktionen durch den Bund. Demgegenüber bestehen **keine Befugnisse** u. a. zur Auflösung des Landes oder des Landtages, zur Amtsenthebung der Regierung, zum Einsatz der Bundeswehr, zu Eingriffen in die Unabhängigkeit der Judikative, zur Wahrnehmung des Stimmrechts des Landes im Bundesrat, zu Maßnahmen mit Strafwirkung oder irreversiblem Charakter und zum Erlass einer Landesverfassung im Wege der Ersatzvornahme. Bezüglich der **Kosten**, die durch den Bundeszwang dem Bund und gegebenenfalls »dritten« Ländern entstanden sind, werden unterschiedliche Lösungen angeboten, die die Kostentragungspflicht teilweise grundsätzlich dem Bund[56] und teilweise dem rechtsuntreuen Land[57] auferlegen oder – richtiger Ansicht nach – mangels anspruchsbegründender Norm von einer Kostenerstattung im Grundsatz gänzlich absehen[58].

III. Weisungsrechte zur Durchführung des Bundeszwangs (Art. 37 II GG)

14 Das der Bundesregierung oder ihrem Beauftragten durch Art. 37 II GG eingeräumte Weisungsrecht dient der **Durchführung des Bundeszwangs**, ist selbst keine Maßnahme im Sinne von Art. 37 I GG und unterliegt deshalb nicht der Zustimmung des Bundesrates[59]. Es besteht nicht nur gegenüber dem Land, das im Wege des Bundeszwangs

---

[54] Statt vieler *Erbguth* (Fn. 7), Art. 37 Rn. 19; *Klein* (Fn. 1), Art. 37 Rn. 70; jeweils m.w.N. auch zu gegenteiligen Ansichten.

[55] Vgl. *Bothe* (Fn. 20), Art. 37 Rn. 23 ff.; *Erbguth* (Fn. 7), Art. 37 Rn. 12 f.; *Gubelt* (Fn. 20), Art. 37 Rn. 13 f.; *Hellermann* (Fn. 20), Art. 37 Rn. 9 ff.; *Jarass/Pieroth*, GG, Art. 37 Rn. 3; *Klein* (Fn. 1), Art. 37 Rn. 82 ff.; *Kloepfer*, Verfassungsrecht I, S. 993; *Maunz* (Fn. 1), Art. 37 Rn. 52 ff.; *Sannwald* (Fn. 20), Art. 37 Rn. 13 ff.; *Sierck/Pöhl*, Möglichkeiten des Bundeszwangs (Fn. 35), S. 12 f.; *Stettner* (Fn. 1), Art. 37 Rn. 80 ff., 83 f.; *v. Danwitz* (Fn. 7), Art. 37 Rn. 34 f.; *Stern*, Staatsrecht I, S. 716 f.; *F. Shirvani*, Der Staat 50 (2011), 102 (120 f.).

[56] So *Erbguth* (Fn. 7), Art. 37 Rn. 20; *Evers* (Fn. 3), Art. 37 Rn. 74; *Gubelt* (Fn. 20), Art. 37 Rn. 20; jeweils vorbehaltlich der Einsparung von Kosten durch das Land; *Stettner* (Fn. 1), Art. 37 Rn. 89, sowie *v. Danwitz* (Fn. 7), Art. 37 Rn. 36 unter Hinweis auf einen möglichen Schadensersatzanspruch nach Art. 104a V 1 GG.

[57] So *Bothe* (Fn. 20), Art. 37 Rn. 26; *Maunz* (Fn. 1), Art. 37 Rn. 58; *Nölting*, Bundeszwang (Fn. 1), S. 188 ff. unter Hinweis auf das Veranlasserprinzip; *Sannwald* (Fn. 20), Art. 37 Rn. 19.

[58] So grundsätzlich *Hellermann* (Fn. 20), Art. 37 Rn. 12; *Jarass/Pieroth*, GG, Art. 37 Rn. 5; *Klein* (Fn. 1), Art. 37 Rn. 104 (mit ergänzendem Hinweis auf mögliche Schadensersatzansprüche des Bundes nach Art. 104a V 1 GG); *Rühmann* (Fn. 24), Art. 37 Rn. 48, unter Hinweis auf die mögliche Ausnahme beim »Ersparthaben eigener Kosten seitens des rechtsuntreuen Landes durch den Bundeszwang«. Erstattungs- und Schadensersatzansprüche wären dadurch nach Maßgabe der jeweiligen gesetzlichen Voraussetzungen nicht ausgeschlossen.

[59] Das ist freilich nicht unumstritten; wie hier *Erbguth* (Fn. 7), Art. 37 Rn. 21; *Evers* (Fn. 3), Art. 37

zur Erfüllung seiner Bundespflichten angehalten wird, sondern gegenüber allen Ländern und deren Behörden. Dementsprechend können beispielsweise die Länder, die nicht Adressaten des Bundeszwangs sind, zur Nichteinmischung, aber auch zur Hilfe oder zur Mitwirkung an der Isolierung des pflichtwidrig handelnden Landes angewiesen werden. Art. 37 II GG gestattet sowohl Einzelweisungen als auch allgemeine Weisungen.

D. Verhältnis zu anderen GG-Bestimmungen

Art. 37 GG gibt der Bundesregierung keine besonderen Aufsichtsbefugnisse, sondern gestattet in Fällen, in denen das Verfahren der **Bundesaufsicht** nach Art. 84 III–V, 85 III, VI GG nicht die Abstellung festgestellter Mängel bewirkt, Vollstreckungsmaßnahmen. Weit über den Anwendungsbereich der Bundesaufsicht nach Art. 84, 85 GG hinaus ermöglicht Art. 37 GG außerdem die Abwehr der Verletzung von Bundespflichten durch die Länder[60]. Gleichwohl ist Art. 37 GG nicht zur Begründung einer selbständigen Bundesaufsicht[61] geeignet. Vielmehr sind Bundeszwang und Bundesaufsicht zu unterscheiden; allerdings verdrängt die Feststellung einer Pflichtverletzung nach Art. 84 IV GG die Tatbestandsfeststellung nach Art. 37 I GG (→ Rn. 12).

Hält das betroffene Land die angeordnete Maßnahme des Bundeszwangs für verfassungswidrig, kann es nach Art. 93 I Nr. 3 GG das **Bundesverfassungsgericht** anrufen[62]. Durch die Einleitung des Verfahrens nach Art. 93 I Nr. 3 GG ist die Bundesregierung aber nicht gehindert, das Verfahren nach Art. 37 GG weiterzubetreiben[63]. Auch braucht die Bundesregierung nicht abzuwarten, ob das Land das Bundesverfassungsgericht anrufen und wie dieses gegebenenfalls entscheiden wird[64]. Die Bundesregierung kann, muss aber nicht zur Feststellung der Voraussetzungen von Art. 37 GG eine Entscheidung des Bundesverfassungsgerichts einholen[65]; das Gericht stellt es in ihr verfassungsgerichtlich nicht überprüfbares Ermessen, ob sie die Mittel des Bundeszwangs anwenden oder eine bundesverfassungsgerichtliche Entscheidung nach Art. 93 I Nr. 3 GG herbeiführen will[66].

Rn. 77; *Gubelt* (Fn. 20), Art. 37 Rn. 21; *Hömig* (Fn. 20), Art. 37 Rn. 8; *Rühmann* (Fn. 24), Art. 37 Rn. 45; *v. Danwitz* (Fn. 7), Art. 37 Rn. 37; *Hellermann* (Fn. 20), Art. 37 Rn. 11; *Klein* (Fn. 1), Art. 37 Rn. 99 ff.; *Stettner* (Fn. 1), Art. 37 Rn. 90 ff.; anders *Bothe* (Fn. 20), Art. 37 Rn. 23 f.; Jarass/Pieroth, GG, Art. 37 Rn. 4; *Maunz* (Fn. 1), Art. 37 Rn. 55, und *Stern*, Staatsrecht I, S. 716, die das Recht aus Art. 37 II GG den Maßnahmen nach Art. 37 I GG zuordnen.

[60] *Erbguth* (Fn. 7), Art. 37 Rn. 4; *Evers* (Fn. 3), Art. 37 Rn. 8 ff.; *Gubelt* (Fn. 20), Art. 37 Rn. 2; *Hömig* (Fn. 20), Art. 37 Rn. 1; *Maunz* (Fn. 1), Art. 37 Rn. 5; *H. Schäfer*, AöR 78 (1952/53), 1 (42 f.); eingehender zum Verhältnis zur Bundesaufsicht *Klein* (Fn. 1), Art. 37 Rn. 38 f.; *Stettner* (Fn. 1), Art. 37 Rn. 45 ff.

[61] S. dazu *J. A. Frowein*, Die selbständige Bundesaufsicht nach dem Grundgesetz, 1961, S. 40 ff.; ablehnend BVerfGE 6, 309 (329); 8, 122 (130 f.); *Evers* (Fn. 3), Art. 37 Rn. 11 ff. → Art. 28 Rn. 14, 170.

[62] Eingehender zur verfassungsgerichtlichen Kontrolle *Klein* (Fn. 1), Art. 37 Rn. 105 ff.; *Stettner* (Fn. 1), Art. 37 Rn. 94 ff.

[63] *Evers* (Fn. 3), Art. 37 Rn. 38.

[64] Vgl. *Evers* (Fn. 3), Art. 37 Rn. 38 ff.

[65] *Bothe* (Fn. 20), Art. 37 Rn. 15; *Evers* (Fn. 3), Art. 37 Rn. 38; *Klein* (Fn. 1), Art. 37 Rn. 109; zu den nebeneinander bestehenden Möglichkeiten einer Anrufung des Bundesverfassungsgerichts und des Vorgehens nach Art. 37 GG s. BVerfGE 3, 52 (57); für eine Verpflichtung zur vorherigen Anrufung des Gerichts jedoch *A. Pfeiffer*, DÖV 1949, 263 (265); dagegen *G. A. Zinn*, AöR 75 (1949), 291 (305).

[66] BVerfGE 7, 367 (372).

D. Verhältnis zu anderen GG-Bestimmungen

17 **Art. 35 III, 91 II GG** enthalten abschließende Sonderregelungen zu Art. 37 GG für den Einsatz von Polizeikräften des betroffenen Landes und anderer Länder[67]. Auch im übrigen resultiert der Ausschluss einzelner Befugnisse zur Durchführung des Bundeszwangs (→ Rn. 13) oftmals aus anderweitigen Normen des Grundgesetzes – so etwa für den Einsatz der Bundeswehr aus **Art. 87a II GG**, für die Auflösung des Landes aus **Art. 29 GG**, für Eingriffe in die Rechtsprechung aus **Art. 20 III, 97 I GG** und für die Auflösung des Parlaments aus **Art. 20 II GG**. Zahlreiche Einzelfragen wirft schließlich das Verhältnis zur Gewährleistung nach **Art. 28 III GG** auf (→ Art. 28 Rn. 167 ff., 177).

---

[67] *Gubelt* (Fn. 20), Art. 37 Rn. 14, 21 f. m. w. N. auch zur gegenteiligen Ansicht.

III. Der Bundestag

Artikel 38 [Wahlrechtsgrundsätze; Abgeordnete]

(1) ¹Die Abgeordneten des Deutschen Bundestages werden in allgemeiner, unmittelbarer, freier, gleicher und geheimer Wahl gewählt. ²Sie sind Vertreter des ganzen Volkes, an Aufträge und Weisungen nicht gebunden und nur ihrem Gewissen unterworfen.

(2) Wahlberechtigt ist, wer das achtzehnte Lebensjahr vollendet hat; wählbar ist, wer das Alter erreicht hat, mit dem die Volljährigkeit eintritt.

(3) Das Nähere bestimmt ein Bundesgesetz.

Literaturauswahl

Behnke, Joachim: Das neue Wahlgesetz im Test der Bundestagswahl 2013, in: ZParl. 45 (2014), S. 17–37.
Brüning, Christoph: Der informierte Abgeordnete. Die Informationspflicht der Regierung als »Bringschuld« gegenüber dem Parlament, in: Der Staat 43 (2004), S. 511–541.
Dellmann, Hansjörg: Fraktionsstatus als geschäftsordnungsmäßige Voraussetzung für die Ausübung parlamentarischer Rechte, in: DÖV 1976, S. 153–157.
Demmler, Wolfgang: Der Abgeordnete im Parlament der Fraktionen, 1994.
Dreier, Horst: Regelungsform und Regelungsinhalt des autonomen Parlamentsrechts, in: JZ 1990, S. 310–321.
Edinger, Florian: Wahl und Besetzung parlamentarischer Gremien. Präsidium, Ältestenrat, Ausschüsse, 1992.
Frenz, Walter: Die Verfassungskonformität der 3-Prozent-Klausel für Europawahlen, in: NVwZ 2013, S. 1059–1062.
Häberle, Peter: Freiheit, Gleichheit und Öffentlichkeit des Abgeordnetenstatus, in: ders., Kommentierte Verfassungsrechtsprechung, 1979, S. 215–232.
Hauenschild, Wolf-Dieter: Wesen und Rechtsnatur der parlamentarischen Fraktionen, 1968.
Haug, Volker M.: Muss wirklich jeder ins Europäische Parlament? Kritische Anmerkungen zur Sperrklausel-Rechtsprechung aus Kalrsruhe, in: ZParl. 45 (2014), S. 467–487.
Hölscheidt, Sven: Das Recht der Parlamentsfraktionen, 2001.
Hofmann, Hasso/Dreier, Horst: Repräsentation, Mehrheitsprinzip und Minderheitenschutz, in: Schneider/Zeh, § 5, S. 165–197.
Holste, Heiko: Demokratie wieder flott gemacht: Das neue Sitzzuteilungsverfahren im Bundeswahlgesetz sichert das gleiche Wahlrecht, in: NVwZ 2013, S. 529–534.
Homann, Oliver: Die Zusammenarbeit der Parlamentsfraktionen im Deutschen Bundestag, 2005.
Horn, Hans-Detlef: Das Wahlrecht von Auslandsdeutschen – Ein Problem mit Tiefen, in: Auf festem Grund. Festschrift für Christean Wagner zum 70. Geburtstag, 2013, S. 343–362.
Kassing, Reinhold: Das Recht der Abgeordnetengruppe, 1988.
Lang, Heinrich: Wahlrecht und Bundesverfassungsgericht, 2014.
Mayer, Martina: Die Europafunktion der nationalen Parlamente in der Europäischen Union, 2012.
Kürschner, Jörg: Die Statusrechte des fraktionslosen Abgeordneten, 1984.
Meyer, Hans: Wahlsystem und Verfassungsordnung, 1973.
Meyer, Hans: Das fehlfinanzierte Parlament, in: Peter Michael Huber/Wilhelm Mößle/Martin Stock (Hrsg.), Zur Lage der parlamentarischen Demokratie, 1995, S. 17–70.
Meyer, Hans: Demokratische Wahl und Wahlsystem, in: HStR³ III, § 45, S. 521–542.
Meyer, Hans: Wahlgrundsätze, Wahlverfahren, Wahlprüfung, in: HStR³ III, § 46, S. 543–604.
Morlok, Martin: Parlamentarisches Geschäftsordnungsrecht zwischen Abgeordnetenrechten und politischer Praxis, in: JZ 1989, S. 1035–1047.
Morlok, Martin: Demokratie und Wahlen, in: Festschrift 50 Jahre Bundesverfassungsgericht, Bd. 1, 2001, S. 559–608.
Morlok, Martin: Informalisierung und Entparlamentarisierung politischer Entscheidungen als Gefährdungen der Verfassung?, VVDStRL 62 (2003), S. 37–84.

Art. 38

Morlok, Martin: Volksvertretung als Grundaufgabe, in: Morlok/Schliesky/Wiefelspütz, § 3, S. 143–186.
Morlok, Martin: Chancengleichheit ernstgenommen – Die Entscheidung des Bundesverfassungsgerichts zur Fünf-Prozent-Klausel bei der Europawahl, in: JZ 2012, S. 76–80.
Morlok, Martin: Kleines Kompendium des Wahlrechts, in: NVwZ 2012, S. 913–919.
Morlok, Martin/Hientzsch, Christina: Das Parlament als Zentralorgan der Demokratie, in: JuS 2011, S. 1–9.
Morlok, Martin/Kühr, Hana: Wahlrechtliche Sperrklauseln und die Aufgaben einer Volksvertretung, in: JuS 2012, S. 385–392.
Müller, Christoph: Das imperative und freie Mandat. Überlegungen zur Lehre von der Repräsentation des Volkes, 1966.
Nohlen, Dieter: Wahlrecht und Parteiensystem, 7. Aufl. 2013.
Pitkin, Hanna F.: The Concept of Representation, 1967.
Pukelsheim, Friedrich: Erfolgswertgleichheit der Wählerstimmen zwischen Anspruch und Wirklichkeit, in: DÖV 2004, S. 405–414.
Pukelsheim, Friedrich/Rossi, Matthias: Wahlsystemnahe Optionen zur Vermeidung negativer Stimmgewichte, in: JZ 2010, S. 922–929.
Roth, Wolfgang: Die Abgeordnetenentschädigung als Verdienstausfallentschädigung, in: AöR 129 (2004), S. 219–262.
Rühl, Ulli F. H.: Das »freie Mandat«: Elemente einer Interpretations- und Problemgeschichte, in: Der Staat 39 (2000), S. 23–48.
Sacksofsky, Ute: Wahlrecht und Wahlsystem, in: Morlok/Schliesky/Wiefelspütz, § 6, S. 279–327.
Sauer, Heiko: Beginn und Ende der Rechtsstellung als Abgeordneter, in: Morlok/Schliesky/Wiefelspütz, § 11, S. 431–447.
Sauer, Heiko: Rechtsschutz des Abgeordneten, in: Morlok/Schliesky/Wiefelspütz, § 16, S. 508–523.
Schliesky, Utz: Parlamentsfunktionen, in: Morlok/Schliesky/Wiefelspütz, § 5, S. 204–278.
Schmahl, Stefanie: Funktionszulagen – ein Verstoß gegen Mandatsfreiheit und Gleichheit der Abgeordneten?, in: AöR 130 (2005), S. 114–149.
Schneider, Georg Christoph: Die Finanzierung der Parlamentsfraktionen als staatliche Aufgabe, 1997.
Schönberger, Christoph: Das Parlament im Anstaltsstaat. Zur Theorie parlamentarischer Repräsentation im Kaiserreich (1871–1918), 1997.
Schönberger, Christoph: Das Parlament: Geschichte einer europäischen Erfindung, in: Morlok/Schliesky/Wiefelspütz, § 1, S. 61–104.
Schröder, Meinhard: Grundlagen und Anwendungsbereich des Parlamentsrechts. Zur Übertragbarkeit parlamentsrechtlicher Grundsätze auf Selbstverwaltungsorgane, insbesondere in der Kommunal- und Hochschulverwaltung, 1979.
Schulze-Fielitz, Helmuth: Theorie und Praxis parlamentarischer Gesetzgebung, 1988.
Tsatsos, Dimitris T.: Mandatsverlust bei Verlust der Parteimitgliedschaft?, in: DÖV 1971, S. 253–256.
Wiefelspütz, Dieter: Abgeordnetenmandat, in: Morlok/Schliesky/Wiefelspütz, § 12, S. 448–462.
Wild, Michael: Die Gleichheit der Wahl. Dogmengeschichtliche und systematische Darstellung, 2003.
Will, Martin: Internetwahlen. Verfassungsrechtliche Möglichkeiten und Grenzen, 2002.
Wittreck, Fabian: Genese und Entwicklung des deutschen Parlamentsrechts, in: Morlok/Schliesky/Wiefelspütz, § 2, S. 105–142.

Leitentscheidungen des Bundesverfassungsgerichts

BVerfGE 1, 208 (230 ff.) – 7,5 %-Sperrklausel; 4, 370 (373 f.) – Mandatsrelevanz; 5, 85 (392) – KPD-Verbot; 7, 63 (67 ff.) – Listenwahl; 7, 77 (84 ff.) – Platzerhalt-Mandat; 10, 4 (10 ff.) – Redezeit; 11, 266 (270 ff.) – Wählervereinigung; 21, 200 (204 ff.) – Briefwahl I; 36, 139 (141 ff.) – Wahlrecht Auslandsdeutscher; 38, 326 (336 ff.) – Inkompatibilität/Landtagsmandat; 47, 253 (268 ff.) – Gemeindeparlamente; 51, 222 (232) – 5 %-Klausel; 59, 119 (123 ff.) – Briefwahl II; 60, 374 (378 ff.) – Redefreiheit und Ordnungsrecht; 70, 324 (352 ff.) – Haushaltskontrolle der Nachrichtendienste; 78, 350 (357) – § 10b EStG; 79, 169 (170 ff.) – Überhangmandate I; 80, 188 (208 ff.) – Wüppesahl; 82, 322 (337 ff.) – Gesamtdeutsche Wahl; 83, 37 (50 ff.) – Ausländerwahlrecht I; 84, 304 (317 ff.) – PDS/Linke Liste; 89, 155 (182 ff.) – Maastricht; 89, 243 (250 ff.) – Kandidatenaufstellung; 89, 291 (300 ff.) – Wahlprüfungsverfahren; 95, 335 (348 ff.) – Überhangmandate II; 95, 408 (417 ff.) – Grundmandatsklausel; 96, 264

(278 ff., Rn. 62 ff.) – Fraktions- und Gruppenstatus; 97, 317 (322 ff., Rn. 18 ff.) – Überhang-Nachrücker; 97, 408 (414 f., Rn. 27 f.) – Gysi I; 99, 19 (29 ff., Rn. 28 ff.) – Gysi III; 102, 224 (237 ff., Rn. 56 ff.) – Funktionszulagen; 108, 251 (268 ff., Rn. 43 ff.) – Abgeordnetenbüro; 112, 118 (133 ff., Rn. 46 ff.) – Vermittlungsausschuss I; 114, 107 (114 ff., Rn. 27 ff.) – Bundestagsauflösung II; 114, 121 (147 ff., Rn. 127 ff.) – Bundestagsauflösung III; 121, 266 (294 ff., Rn. 89 ff.) – Negatives Stimmgewicht; 122, 39 (48 ff., Rn. 38 ff.) – Beratungshilfegesetz; 123, 39 (68 ff., Rn. 32 ff.) – Wahlcomputer; 123, 267 (331 ff., Rn. 171 ff.) – Lissabon; 126, 158 (159 ff., Rn. 1 ff.) – Euro Rettungsschirm; 129, 124 (167 ff., Rn. 93 ff.) – EFS; 129, 300 (316 ff., Rn. 75 ff.) – Fünf-Prozent-Sperrklausel EuWG; 130, 212 (215 ff., Rn. 28 ff.) – Minderjährigenanteil in Wahlkreisen; 131, 316 (339 ff., Rn. 46 ff.) – Überhangmandate III; 132, 39 (47 ff., Rn. 25 ff.) – Wahlberechtigung der Auslandsdeutschen; 132, 195 (234 ff., Rn. 92 ff.) – ESM- und Fiskalvertrag e.A.; 134, 25 (28 ff., Rn. 9 ff.) – Briefwahl Europawahlgesetz; 134, 141 (171 ff., Rn. 89 ff.) – Überwachung von Bundestagsabgeordneten II; 134, 366 (394 ff., Rn. 44 ff.) – OMT-Beschluss; 135, 259 (280 ff., Rn. 34 ff.) – Drei-Prozent-Sperrklausel EuWG; 135, 317 (398 ff., Rn. 158 ff.) – ESM- und Fiskalvertrag; 137, 185 (230 ff., Rn. 128 ff.) – Kriegswaffenexporte.

Gliederung

	Rn.
A. Herkunft, Entstehung, Entwicklung	1
I. Ideen- und verfassungsgeschichtliche Aspekte	1
1. Die Entwicklung des Parlaments zur Volksvertretung	1
2. Wahlrecht	7
II. Entstehung und Veränderung der Norm	12
B. Internationale, supranationale und rechtsvergleichende Bezüge	15
I. Parlament und Abgeordnete	15
1. Unionsrecht	15
2. Rechtsvergleichende Hinweise	16
II. Wahlrecht	19
1. Wahlrechtsgrundsätze	19
a) Unionsrecht	19
b) Rechtsvergleichende Hinweise	20
2. Wahlberechtigung	22
3. Internationale Organisationen und Wahlen	25
C. Erläuterungen	26
I. Institutionelle Ausgestaltung und Funktionen der Volksvertretung	26
1. Der Bundestag als Institution	26
2. Funktionen	30
a) Repräsentationsfunktion	33
b) Gesetzgebungsfunktion	39
c) Kreationsfunktion	42
d) Kontrollfunktion	43
e) Europafunktion	48
II. Wahlrecht (Art. 38 I 1, II, III GG)	51
1. Bedeutung und Grundsätze (Art. 38 I 1 GG)	51
a) Funktion	51
b) Träger und rechtstechnische Bedeutung der Wahlrechtsgrundsätze	59
c) Anwendungsbereich	64
d) Einschränkbarkeit	65
2. Allgemeinheit der Wahl	68
a) Zweck und Inhalt	68
b) Einschränkungen und ihre Rechtfertigung	72
3. Unmittelbarkeit der Wahl	79
4. Freiheit der Wahl	86
5. Gleichheit der Wahl	99
a) Zweck und Anwendungsbereich	99
b) Inhalt	102
c) Einschränkungen und ihre Rechtfertigung	105
6. Geheimheit der Wahl	121

Art. 38

7. Öffentlichkeit der Wahl	126
8. Wahlberechtigung (Art. 38 II GG)	128
9. Gesetzliche Ausgestaltung (Art. 38 III GG)	133
III. Abgeordnetenstatus (Art. 38 I 2 GG)	135
1. Funktion und Status	135
a) Funktion als Volksvertreter	135
b) Status der Freiheit, der Gleichheit und der Öffentlichkeit	139
c) Begründung und Beendigung des Status	144
2. Der Status der Freiheit	149
a) Funktion des freien Mandats	149
b) Weisungs- und Instruktionsfreiheit	153
c) Parlamentarische Informations- und Teilnahmerechte	156
d) Rechtfertigung von Beeinträchtigungen	159
3. Der Status der Gleichheit	169
4. Der Status der Öffentlichkeit	176
5. Die Fraktion	179
a) Funktion	179
b) Rechtsstellung und parlamentarische Befugnisse	184
c) Mitgliedschaft und innere Organisation	191
6. Rechtsschutz	197
D. Verhältnis zu anderen GG-Bestimmungen	198

Stichwörter

Abgeordnetenstatus 139 ff. – Alimentation 172 – Allgemeinheit 68 ff. – Altersgrenzen 77, 128 – Ausschuss 171 – Ausschussrückruf 194 – Beobachtung durch den Verfassungsschutz 149 – Bundestagsverwaltung 28 – Dreiklassenwahlrecht 8 – Erfolgswert 102, 109 – Ermächtigung der Exekutive 41 – Fehlerfolgen 59 – Fraktion 151, 179 ff. – Fraktionsdisziplin 196 – Fraktionsfinanzierung 190 – Fraktionszwang 196 – Frauenwahlrecht 10 – Freiheit 86 ff. – Funktionsfähigkeit als Verfassungsgut 112 f., 161, 163, 179 – Funktionsvergütungen 172 – Geheimdienste 168 – Geheimheit 121 ff. – Geheimnisschutz 168 – Gemeinwohl 37 – Geschäftsordnung 28 – Gesetzesvorbehalt 36 – Gleichheit 99 ff. – Grundmandatsklausel 116 – Informationsrechte 44, 156 – Initiativrecht 170 – Integration 53 – Kanzelwerbung 97 – Kontrolle 32, 38, 43 ff. – Kontrolle des Wahlverfahrens 55, 67 – Kooperativer Staat 41 – Legitimation 32, 35, 42, 86 – Legitimation durch Verfahren 37 – Listen 81, 87 – Listenvereinigungen 113 – Mandat, freies 3, 5, 17 f., 137 – Mandat, imperatives 3, 5 – Mandat, ruhendes 84 – Meinungsumfragen 98 – Minderheit 47 – Mitwirkungsrechte 46 – negatives Stimmgewicht 117 – Neutralität 93, 104 – Öffentlichkeit 34, 47, 143, 176 ff. – Öffentlichkeitsarbeit der Regierung 94 – Parlamentsvorbehalt 36 – Parteien 53, 81, 89, 145, 167 – Parteiausschluss 83, 167 – Parteiverbot 145 – Personenwahl, nicht Parteienwahl 81 – Proportionalität 110, 187 – Redezeit 171 – Regierungsbildung 42 – Repräsentation 6, 16, 18, 30, 32, 33, 53, 99 ff., 135 ff. – Rotationsprinzip 82, 145 – Sperrklausel 12 f., 112 f. – Stimmzettel 108 – subjektiv-rechtlicher Gehalt 59 ff. – Überhangmandate 118 – Unmittelbarkeit 79 ff. – Verhältniswahlrecht 10, 102, 106 – Vorbehalt des Gesetzes 36, 40 – Vorrang des Gesetzes 40 – Vorschlagsrechte 78, 89, 107 – Wahlcomputer 126 – Wahlgrundsätze 7, 11, 19 f., 51 ff., 68 ff. – Wahlkreiseinteilung 109 – Wahlpflicht 7, 88 – Wahlprüfung 67 – Wahlrecht 19 ff., 51 ff. – Wahlrecht als politisches Grundrecht 128 – Wahlrecht für Familien 129 – Wahlrechtsbeschränkungen 65, 72 ff., 132 – Wesentlichkeit 35 f. – Wettbewerb 54 ff., 99 ff., 120 – Zählwert 102, 109 – Zweikammersystem 2, 5, 8.

A. Herkunft, Entstehung, Entwicklung

I. Ideen- und verfassungsgeschichtliche Aspekte

1. Die Entwicklung des Parlaments zur Volksvertretung

Die Geschichte des Parlaments im modernen Sinne reicht weniger weit zurück als die Verwendung des Wortes »*Parlament*«[1]. Vollzieht man die historische Entwicklung zum modernen Parlament in der Geschichte nach[2], ist der Blick zunächst nicht vorrangig auf die Funktion der Demokratieverwirklichung und eine Repräsentation nach modernen Maßstäben zu richten, sondern wesentlich auf die Entwicklung der zentralen Stellung des Parlaments im Gemeinwesen und seine Dominanz im Rechtssystem[3]. 1

Älteste parlamentarische Demokratie ist wegen der historischen Kontinuität seines Regierungssystems **England**[4]. Dort wurde der Rat der Könige (*Magnum Consilium*) etwa seit der Mitte des 13. Jahrhunderts als »Parlament« bezeichnet. Nachdem die *Magna Charta* von 1215 die Erhebung neuer Steuern und Abgaben von der Zustimmung des allgemeinen Rates – bestehend aus Lehensträgern, später auch Abgesandten des einfacheren Adels und Vertretern der Städte –, dem »Parlament«, abhängig machte, entwickelte sich das englische Zweikammersystem[5]. Seit 1340 wurden Gesetzentwürfe als Petitionen der Commons an die Könige eingebracht und erhielten durch deren Zustimmung Gesetzeskraft. Nach dem englischen Bürgerkrieg und der *Glorious Revolution* (1688/89) konnten die englischen Monarchen nur noch mit Zustimmung des Parlaments regieren. Die Minister waren dem Parlament gegenüber verantwortlich. Die *Bill of Rights* (1689) weitete die Rechte des englischen Parlaments aus. Sie etablierte freie Wahlen, den regelmäßigen Zusammentritt des Parlaments, sein Recht, Gesetze aufzuheben, und knüpfte die Unterhaltung eines stehenden Heeres zu Friedenszeiten an die Zustimmung des Parlaments. Freilich handelte es sich nach modernen Maßstäben nur um einen unvollkommenen Parlamentarismus, da sich die Repräsentation schon mangels eines allgemeinen Wahlrechts nicht auf das Volk als Gesamtheit bezog. Im 18. Jahrhundert entwickelte sich in England schließlich das **parlamentarische Regierungssystem**. 2

---

[1] *Achterberg*, Parlamentsrecht, S. 16 ff.; *C. Schönberger*, Das Parlament: Geschichte einer europäischen Erfindung, in: Morlok/Schliesky/Wiefelspütz, § 1 Rn. 2 f. S. im einzelnen die Darstellung m. w. N. bei *H. Boldt*, Art. Parlament, parlamentarische Regierung, Parlamentarismus, in: Geschichtliche Grundbegriffe, Bd. 4, 2004, S. 649 ff.

[2] Einen Überblick geben die Texte in: H. Rausch (Hrsg.), Die geschichtlichen Grundlagen der modernen Volksvertretung, Bd. 1 (1980), Bd. 2 (1974), und K. Bosl (Hrsg.), Der moderne Parlamentarismus und seine Grundlagen in der ständischen Repräsentation, 1977; *Schönberger* (Fn. 1), § 1.

[3] *P. Moraw*, Hoftag und Reichstag von den Anfängen im Mittelalter bis 1806, in: Schneider/Zeh, § 1 Rn. 148; s. auch *U. Scheuner*, Das repräsentative Prinzip in der modernen Demokratie, in: K. Kluxen (Hrsg.), Parlamentarismus, 1976, S. 361 ff. (364 f.); mit einer Einteilung in drei große Phasen *Schönberger* (Fn. 1), § 1 Rn. 8.

[4] Zur englischen Parlamentsgeschichte *J. Hatschek*, Englisches Staatsrecht, Bd. I, 1905, S. 232 ff.; *ders.*, Englische Verfassungsgeschichte, 1913, S. 203 ff.; *H. M. Cam*, Theorie und Praxis der Repräsentation im mittelalterlichen England, in: Rausch, Grundlagen (Fn. 2), Bd. 1, S. 325 ff. und *K. Kluxen*, Die geistesgeschichtlichen Grundlagen des englischen Parlamentarismus, in: Rausch, Grundlagen (Fn. 2), Bd. 2, S. 507 ff.; *Schönberger* (Fn. 1), § 1 Rn. 9 ff.

[5] Der Modus *tenendi parliamentum*, eine Streitschrift gegen die Macht des Oberhauses aus dem Jahre 1321, und das *Statute of York* von 1322 behandeln das noch ungeteilte, aus Lords und Commons zusammengesetzte Parlament als feste Verfassungseinrichtung.

3 In **Frankreich**[6] bildete sich ebenfalls im 13. Jahrhundert durch Ausdifferenzierung der Justizsachen aus der *curia regis* das »parlement«, mit der Funktion eines ständigen Appellationsgerichtshofs. Aus seiner Kompetenz, königliche Erlasse zu registrieren, entwickelte sich seit dem 14. Jahrhundert der Brauch, diese zuvor auch zu debattieren[7]. Die Generalstände als Vertretungskörperschaften altständischen Typs wurden vor der Französischen Revolution zuletzt 1614 einberufen[8]. Zu Beginn der Französischen Revolution erklärten sich die Vertreter des Dritten Standes in Beanspruchung der Vertretung der gesamten Nation am 17. Juni 1789 zur **Nationalversammlung**. Damit verbunden war die Ablehnung des imperativen Mandats und der Übergang zum freien Mandat[9]. Der Begriff des »freien Mandats« umfasst im wesentlichen drei Aspekte: die Vertreterschaft der Abgeordneten für das ganze Volk, ihre Weisungs- und Instruktionsfreiheit und ihre Gewissensunterworfenheit (→ Rn. 149 ff.)[10]. Die Tradition des »freien Mandats« reicht dabei bis in die überregionalen Repräsentativversammlungen des Mittelalters zurück und wird neuzeitlich schon durch die französische Verfassung von 1791 formuliert[11]. Der Abbé Sieyès griff den Repräsentationsgedanken auf, der in der Revolutionsverfassung von 1791 seinen Ausdruck fand[12]. Die Volksvertretung wurde als die stärkste der staatlichen Gewalten ausgestaltet. Als Vordenker der wachsenden Ausprägung des Repräsentationsprinzips im späten 18. Jahrhundert ist insbesondere John Locke zu nennen (→ Art. 20 [Demokratie], Rn. 8). Jedoch erwächst dem Gedanken der Repräsentation in Jean-Jacques Rousseau in dieser Zeit auch einer der schärfsten Kritiker (→ Art. 20 [Demokratie], Rn. 10)[13].

4 Erstmaligen Eingang in eine moderne Verfassung findet der Repräsentationsgedanke in den **Vereinigten Staaten von Amerika** im Jahre 1787. Die amerikanische Unabhängigkeitserklärung von 1776 und die Verfassung von 1787 sind geprägt von den Lehren Lockes und der Gewaltenteilungslehre Montesquieus. Im Gegensatz zum englischen parlamentarischen Regierungssystem führte die amerikanische Verfassung eine striktere Trennung der Gewalten ein und ergänzte diese um den Föderalismus als Element einer vertikalen Gewaltenteilung im Flächenstaat[14].

5 In **Deutschland** gab es altständische Vertretungskörperschaften auf Reichsebene wie in den Territorien[15]. Im territorialstaatlichen Deutschland findet sich das Reprä-

---

[6] Dazu *R. Holtzmann*, Französische Verfassungsgeschichte, 1910; *H. L. Rudolff*, ZgStW 62 (1906), 597 ff.; *Schönberger* (Fn. 1), § 1 Rn. 10 ff., 22 ff.

[7] *Boldt*, Parlament (Fn. 1), S. 649 f.

[8] Dazu im Vergleich mit dem englischen Parlament *R. Fawtier*, Das englische Parlament und die französischen Generalstände im Mittelalter, in: Rausch, Grundlagen (Fn. 2), Bd. 1, S. 346 ff.

[9] Dazu *C. Müller*, Das imperative und freie Mandat, 1966, S. 161 ff.

[10] *U. F. H. Rühl*, Der Staat 39 (2000), 23 (23).

[11] *U. F. H. Rühl*, Der Staat 39 (2000), 23 (24).

[12] S. dazu *K. Loewenstein*, Volk und Parlament nach der Staatstheorie der französischen Nationalversammlung von 1789, 1922. → Art. 20 (Demokratie), Rn. 11.

[13] Vgl. *Achterberg*, Parlamentsrecht, S. 19.

[14] *A. P. Grimes*, American Political Thought, 1955; *J. Heideking*, Die Verfassung vor dem Richterstuhl – Vorgeschichte und Ratifizierung der amerikanischen Verfassung 1787–1791, 1988.

[15] *Moraw* (Fn. 3), § 1; *G. Oestreich*, Zur parlamentarischen Arbeitsweise der deutschen Reichstage unter Karl V. (1519–1556); *ders.*, Ständetum und Staatsbildung in Deutschland, jeweils in: Rausch, Grundlagen (Fn. 2), Bd. 2, S. 242 ff. und 47 ff.; vgl. auch die Beiträge von *H. Helbig*, Königtum und Ständeversammlung in Deutschland am Ende des Mittelalters; *ders.*, Fürsten und Landstände im Westen des Reiches im Übergang vom Mittelalter zur Neuzeit und *F. L. Carsten*, Die deutschen Landstände und der Aufstieg der Fürsten, jeweils in: Rausch, Grundlagen (Fn. 2), Bd. 2, S. 94 ff., 123 ff. und 315 ff.; umfassend zur Entwicklung des deutschen Parlamentsrechts im 19. Jh. *F. Wittreck*, Genese

sentationsprinzip einhergehend mit der Auflösung der Stände und dem Aufstieg des Bürgertums bereits in den frühen süddeutschen Verfassungen; die Abgeordneten wurden durch den Treueschwur in Abkehr vom imperativen Mandat altständischer Verfassungen auch auf das Wohl des gesamten Landes verpflichtet[16]. Als erstes gesamtdeutsches Parlament kann nicht das im wesentlichen noch aus Mitgliedern deutscher Ständeversammlungen gebildete »Vorparlament«, wohl aber die **Nationalversammlung von 1848** gelten. Das in dessen Verfassungsentwurf als Kammer des Reichstages enthaltene »Volkshaus« hätte Parlamentscharakter[17] aufgewiesen: Es bestand aus von allen volljährigen Männern allgemein und gleich gewählten Abgeordneten, wobei auf 50 000 Einwohner ein Mandat entfiel. Nach § 93 der **Paulskirchenverfassung** von 1849 waren die Abgeordneten solche des deutschen Volkes, die gemäß § 96 durch Instruktionen nicht gebunden werden konnten. In Art. 83 der **preußischen Verfassung** von 1848 und in Art. 82 der preußischen Verfassung von 1850 findet sich bereits annähernd die aus dem Grundgesetz bekannte Formulierung, nach der die Abgeordneten Vertreter des ganzen Volkes sind, nach freier Überzeugung abstimmen und an Aufträge nicht gebunden sind. Die preußische Verfassung von 1850 sah als letzte Ausprägung des landständischen Zweikammersystems ein Herrenhaus und ein Abgeordnetenhaus vor; nur letzteres setzte sich aus von Wahlmännern gewählten Mitgliedern zusammen. Die Wahlmänner wurden nach einem dreiklassigen Steuerzensuswahlrecht gewählt; die besitzenden Schichten waren danach überrepräsentiert. Die Verfassung des **Norddeutschen Bundes** von 1867 sowie die insoweit wortlautidentische **Reichsverfassung von 1871** sahen in Art. 29 vor, dass die Abgeordneten Vertreter des ganzen Volkes, jedoch an Aufträge und Instruktionen nicht gebunden sind[18]. Die Gewissensbindung der heutigen Vorschrift fehlte, wurde aber durch die **Weimarer Reichsverfassung von 1919** in Art. 21 aufgenommen[19]. Mit dem Reichstag der WRV erlangte erstmals ein deutsches Parlament Einfluss auf die Regierungsbildung. Gemäß Art. 54 WRV bedurften Reichskanzler und Reichsminister des Vertrauens des Reichstags. Gleichwohl relativierte die WRV den parlamentarischen Einfluss durch ein plebiszitär legitimiertes Staatsoberhaupt mit Regierungsmitverantwortung[20].

Die institutionsgeschichtliche Entwicklung des Parlaments war eingebettet in eine Auseinandersetzung mit dem Gedanken der **Repräsentation**[21]. Die ideengeschichtli-

---

und Entwicklung des deutschen Parlamentsrechts, in: Morlok/Schliesky/Wiefelspütz, § 2 Rn. 1 ff., 7 ff., 14 ff.

[16] Vgl. etwa die Verfassung Bayerns (1818), Titel VII, § 25; vgl. auch die Verfassung Badens (1819) und Verfassung Württembergs (1819), insb. § 155. Als gegenläufiges Beispiel s. die Verfassung des Großherzogtums Hessen (1820), § 88. In der Verfassung Kurhessens (1831), § 74, taucht schließlich erstmals in einer deutschen Verfassung die Verpflichtung des Abgeordneten, sein Mandat nur nach eigener Überzeugung wahrzunehmen, als ausdrückliche Grundlage seiner Tätigkeit auf.

[17] So die Wertung bei *Achterberg*, Parlamentsrecht, S. 24 f. m. w. N.; vgl. auch *Huber*, Verfassungsgeschichte, Bd. 2, S. 829 ff.; ausführlich zu jener Epoche *M. Botzenhart*, Deutscher Parlamentarismus in der Revolutionszeit 1848–1850, 1977. Zur Paulskirchenverfassung s. auch *J.-D. Kühne*, Die Reichsverfassung der Paulskirche, 2. Aufl. 1998.

[18] Der Deutsche Reichstag von 1871 beruht als erstes nationales Parlament auf einem allgemeinen Wahlrecht, ohne allerdings Frauen zu berücksichtigen.

[19] Dazu *Gusy*, Reichsverfassung, S. 126 f.

[20] Zum Ganzen *Gusy*, Reichsverfassung, S. 98 ff.; *Wittreck* (Fn. 15), § 2 Rn. 38 ff.

[21] Dazu umfassend *H. Hofmann*, Repräsentation: Studien zur Wort- und Begriffsgeschichte von der Antike bis ins 19. Jahrhundert, 4. Aufl. 2003; s. weiter H. Rausch (Hrsg.), Zur Theorie und Geschichte der Repräsentation und Repräsentativverfassung, 1968; *H.F. Pitkin*, The Concept of Representation, 1967; *G. Leibholz*, Das Wesen der Repräsentation und der Gestaltwandel der Demokratie

che Entwicklung des Repräsentationsgedankens zeichnet sich durch Funktionsbetonungen aus, die jeweils zur Favorisierung entsprechender Konzeptionen geführt haben. Diese sind vor dem Hintergrund der jeweiligen gesellschaftlichen Realitäten, teils auch tagespolitischer Absichten und strategischer Optionen zu sehen (→ Art. 20 [Demokratie], Rn. 22). Auch wenn der Repräsentationsgedanke sich seit dem frühen 19. Jahrhundert praktisch in allen Verfassungen wiederfindet, so gewinnt er seine moderne Ausprägung erst durch die Einführung des allgemeinen und gleichen Wahlrechts nach dem Ersten Weltkrieg (→ Art. 20 [Demokratie], Rn. 18). Das Verständnis des **Parlaments** und seiner Funktionen (→ Rn. 30 ff.) im Rahmen eines repräsentativen Systems unterlag vielfältigen Wandlungen. Es entstand als eine Vertretung der Untertanen, die sich Mitwirkungsbefugnisse und damit Vetopositionen bei der Ausübung der staatlichen Gewalt erkämpften. Während in England Parlament und Monarch früh zusammengedacht wurden (»King in Parliament«), wurden die deutschen Landstände und Landtage als dem – monarchisch bestimmten – Staat gegenüberstehend verstanden. Unter dem Einfluss der **Volkssouveränität** gewann der Begriff der **Volksvertretung** Bedeutung und deutete einen Verständniswandel an. Das Parlament als Staatsorgan ist eine vergleichsweise späte Konzeption, zumal in seiner Funktion als Volksvertretung[22].

2. Wahlrecht

7   Das Wahlrecht, das aktive wie das passive, erfuhr in seiner Geschichte[23] nach anfänglicher hochgradiger Selektivität eine **ständige Verbreiterung seiner Basis**. Nach der Bayerischen Verfassung von 1818 musste für das aktive wie das passive Wahlrecht noch ein Bündel von Kriterien erfüllt sein. Titel IV, § 12 setzte ein Mindestalter von 30 Jahren, einen Mindestzensus sowie die Zugehörigkeit zu einer der drei christlichen Konfessionen (→ Art. 4 Rn. 8) voraus. Ausgeschlossen waren neben Frauen die unteren Schichten, Straftäter und Angehörige anderer Bekenntnisse, insbesondere die (seit Jahrhunderten) ansässigen Juden. Außerdem bestand das Wahlrecht nur innerhalb des jeweiligen Standes. Die Bedingungen für das Wahlrecht erlaubten nur ca. 10–15 % der Bevölkerung die Teilnahme an den Wahlen[24], was aber schon ein Mehrfaches der frühen englischen Quoten darstellte. In den verschiedenen **Verfassungen des Vormärz** finden sich im Wesentlichen dieselben Kriterien in unterschiedlichen Ausprägungen. Das Wahlrecht entsprach nicht immer den Grundsätzen der Unmittelbarkeit und der Geheimheit der Wahl[25]. Erst das Revolutionsjahr 1848 brachte hier eine Ausweitung des Wahlrechts, Frauen waren weiterhin ausgeschlossen[26]. Im **Königreich Hannover**

---

im 20. Jahrhundert, 1929; in Anwendung auf den Parlamentarismus *H. Hofmann/H. Dreier*, Repräsentation, Mehrheitsprinzip und Minderheitenschutz, in: Schneider/Zeh, § 5 Rn. 1 ff., 21 ff.

[22] Dazu *C. Schönberger*, Das Parlament im Anstaltsstaat, 1997.

[23] Zur geschichtlichen Entwicklung des Wahlrechts in Deutschland vgl. *F. R. Klein*, Die Entwicklung der Wahlrechtsgrundsätze bei Parlamentswahlen in Deutschland, 1954; *H. Fenske*, Wahlrecht und Parteiensystem, 1972; vgl. für England *W. R. Anson*, Law and Custom of the Constitution, Part I, Parliament, 1886, Neudruck 1970, S. 89.

[24] *H. Boldt*, Deutsche Verfassungsgeschichte, Bd. 2, 1993, S. 80.

[25] So sah das badische Wahlgesetz vom 23.12.1818 eine geheime Wahl vor; im Gegensatz dazu bestimmten die Wahlgesetze Bayerns und Württembergs ausdrücklich die Abgabe unterzeichneter Stimmzettel.

[26] *Kühne*, Reichsverfassung (Fn. 17), S. 410 ff.

bestand nach § 92 der Verfassung von 1840 die einzige nachweisbare **Wahlpflicht** in einem deutschen Staat.

Die **Preußische Verfassung** von 1848, die auf einem Zweikammersystem beruhte, band das passive Wahlrecht an das 40. Lebensjahr; der zu Wählende musste im Vollbesitz seiner staatsbürgerlichen Rechte und seit mindestens fünf Jahren Staatsbürger sein. An der Wahl zur zweiten Kammer konnte sich jeder, der im Vollbesitz der staatsbürgerlichen Rechte war, ab einem Alter von 24 Jahren beteiligen[27]. Das passive Wahlrecht bestand jedoch erst ab dem 30. Lebensjahr und setzte die Innehabung der Staatsangehörigkeit seit mindestens einem Jahr voraus[28]. Zur gleichen Zeit trat jedoch auch das **Dreiklassenwahlrecht** nach Steuerzensus[29] in Kraft, das eine extreme Ungleichbehandlung der unteren Gesellschaftsschichten bedeutete. Weiter sah es weder Unmittelbarkeit noch Geheimheit der Wahl vor; jedoch war es als allgemeines Männerwahlrecht ausgestaltet.

Die **Paulskirchenverfassung** überließ nach § 94 den gesamten Bereich des Wahlrechts bis auf die Bestimmung der Wahlperiode einem zu schaffenden Reichsgesetz. Die Verfassung des Norddeutschen Bundes von 1867 und die auch insoweit identische **Reichsverfassung von 1871** sahen in Art. 20 allgemeine, direkte und geheime Wahlen vor. Nach § 1 des Wahlgesetzes des Norddeutschen Bundes von 1867 hatte jeder unbescholtene Bürger ab 25 Jahren das Wahlrecht.

In **Art. 22 WRV** wurde das Wahlrecht explizit ausgeweitet. Aktives und passives Wahlrecht wurden an die Vollendung des 20. Lebensjahres geknüpft, ausdrücklich wurde das **Frauenwahlrecht** festgeschrieben[30]. Auch wurde explizit das **Verhältniswahlrecht**[31] in Art. 22 WRV niedergelegt, ein Punkt, der wohl auf die Erfahrungen der Sozialdemokratie im Kaiserreich zurückzuführen sein dürfte, da keine andere Partei derart vieler Stimmen zum Gewinn eines Mandates bedurfte wie sie. Selbst in der Wahl von 1912, als die Sozialdemokraten stärkste Fraktion wurden, wirkte das Kandidatenwahlrecht sich negativ für sie aus. In der Weimarer Republik führte das Verhältniswahlsystem zu einer Zersplitterung des Parteien- und in der Folge auch des parlamentarischen Organisationssystems.

Der Wahlprinzipienkanon des Art. 38 I 1 GG fand sich mit Ausnahme der Freiheit der Wahl bereits in Art. 22 WRV; die Freiheit der Wahl wurde jedoch durch Art. 125 WRV gewährleistet. In der historischen Gesamtbetrachtung zeigt sich, dass die **allgemeine und unmittelbare** Wahl eine **Errungenschaft der Neuzeit** ist, während die Geheimheit, Gleichheit und Freiheit bereits eine deutlich längere Tradition aufweisen[32].

---

[27] Art. 70 Preuß. Verf. (1848); Art. 67 Preuß. Verf. (1850).
[28] Art. 74 Preuß. Verf. (1848); Art. 71 Preuß. Verf. (1850).
[29] *Huber*, Verfassungsgeschichte, Bd. 3, S. 85 ff.
[30] Zur geschichtlichen Entwicklung des Frauenwahlrechts vgl. *K. Eulers*, Frauen im Wahlrecht, 1991, S. 19 ff.; zum internationalen Vergleich der Einführung des Frauenwahlrechts s. die Übersicht bei *D. Nohlen*, Wahlrecht und Parteiensystem, 2. Aufl. 1990, S. 33; allgemein zur geschichtlichen Entwicklung der Frauenbewegung s. *O. Dann*, Gleichheit und Gleichberechtigung, 1980, S. 236 ff.
[31] Dazu *Nohlen*, Wahlrecht (Fn. 30), S. 185 ff.
[32] So z. B. in den Schriften des Katalanen *Ramon Lull* oder des *Nicolaus Cusanus*, dazu *F. Pukelsheim*, Auf den Schultern von Riesen: Lull, Cusanus, Borda, Condorcet et al., in: H. Gestrich/K. Reinhardt (Hrsg.), Litterae Cusanae, 2002, S. 3 ff.; *G. Hägele/F. Pukelsheim*, Studia Lulliana 97 (2001), 3 ff.; *dies.*, Die Wahlsysteme des Nicolaus Cusanus, in: Bayerische Akademie der Wissenschaften (Hrsg.), Sitzungsberichte Jahrgang 2001–2003, 2004, S. 102 ff.

II. Entstehung und Veränderung der Norm

12 Im **Parlamentarischen Rat** wurden zunächst die Wahlgrundsätze des Art. 22 I WRV wieder aufgegriffen und die in der WRV separat normierte Freiheit der Wahl (→ Rn. 86) mit in den Katalog aufgenommen[33]. Die Frage nach dem konkreten Wahlsystem wurde offengelassen. Im Vergleich zu den Vorschriften der WRV für das aktive und passive Wahlrecht hatte der HChE in Art. 45 das Wahlrecht wieder eingegrenzt; das passive Wahlrecht sollte wieder auf diejenigen, die das 25. Lebensjahr vollendet, das aktive Wahlrecht auf die, die das 21. Lebensjahr vollendet hatten, begrenzt werden[34]. Sehr strittig war die Aufnahme einer die **5%-Sperrklausel** ermöglichenden Vorschrift in die Verfassung. Die Aufnahme wurde befürwortet, da eine einfachgesetzlich eingeführte Sperrklausel ohne verfassungsrechtliche Grundlage allgemein für verfassungswidrig gehalten wurde. Aufgrund der vorgetragenen Bedenken, die insbesondere einen Verstoß gegen die Wahlgleichheit sahen, wurde die Sperrklausel mit knapper Mehrheit schließlich abgelehnt[35].

13 Die deutsche Wiedervereinigung führte für die erste gesamtdeutsche Wahl zu der Notwendigkeit zweier getrennter Gebiete, auf die sich jeweils die Sperrklausel bezog[36]. Heute gilt wieder eine einheitliche Sperrklausel für das gesamte Wahlgebiet.

14 Art. 38 GG wurde bislang **einmal geändert.** Durch das 27. Änderungsgesetz vom 31.7.1970 wurde in Absatz 2 das aktive Wahlrecht von 21 auf 18 Jahre herabgesetzt. Hinsichtlich des passiven Wahlrechts wurde auf den Eintritt der Volljährigkeit Bezug genommen[37]. Das Auseinanderfallen von aktivem und passivem Wahlrechtsalter wurde durch die Herabsetzung des Volljährigkeitsalters auf die Vollendung des 18. Lebensjahres in § 2 BGB im Jahre 1974 beendet.

B. Internationale, supranationale und rechtsvergleichende Bezüge

I. Parlament und Abgeordnete

1. Unionsrecht

15 Nach Art. 14 II EUV besteht das Europäische Parlament aus **Vertretern der Unionsbürgerinnen und Unionsbürger.** Diese werden nach Maßgabe von Art. 10 II EUV unmittelbar vom Europäischen Parlament vertreten, wobei Art. 10 I EUV die repräsentative Demokratie als Arbeitsweise festlegt. Auch wenn diese mit dem Vertrag von Lissabon 2009 eingefügte Bezugnahme auf die Unionsbürgerschaft[38] die Repräsentation eines »europäischen Volkes« nahelegt, sind als ihr Bezugspunkt im Gegensatz zu Art. 38 I 2 GG trotz fortschreitender europäischer Integration weiterhin die mitgliedstaatlichen Völker maßgeblich[39]. Die Unionsbürgerschaft nach Art. 9 S. 2, 3 EUV ist als Sammel-

---

[33] JöR 1 (1951), S. 353; Parl. Rat IX, S. 590.
[34] Vgl. JöR 1 (1951), S. 349 ff.; Parl. Rat II, S. 588.
[35] JöR 1 (1951), S. 352; Parl. Rat XIV/1, S. 23 ff.; Parl. Rat XIV/2, S. 1525 ff.; zur späteren Entstehung der Sperrklausel *H. Meyer*, Wahlsystem und Verfassungsordnung, 1973, S. 25 ff.; zur Zulässigkeit von Sperrklauseln → Rn. 112.
[36] Vgl. dazu BVerfGE 82, 322 (342); zur ersten gesamtdeutschen Wahl *M. Brenner*, AöR 116 (1991), 537 ff.
[37] Zur Divergenz von aktivem und passivem Wahlrecht zwischen 1949 und 1974 die Übersicht bei *H. Menudier*, Parteien und Wahlen, 1986, S. 36.
[38] Dazu etwa *P. M. Huber*, EuR 2013, 637 ff.
[39] BVerfGE 89, 155 (184 ff.); 123, 267 (Ls. 1; 348, Rn. 229; 372 f., Rn. 280 ff.); 129, 300 (318,

begriff für die Bürger der Mitgliedstaaten zu verstehen, die durch die national gewählten Abgeordneten der verschiedenen nationalen Gruppen im Europäischen Parlament vertreten werden (→ Art. 20 [Demokratie], Rn. 35)[40]. Dieser »Verbundcharakter« setzt sich auch bei den Parteien auf europäischer Ebene fort (Art. 10 IV EUV), die im Wesentlichen Zusammenschlüsse nationaler (Mitglieder-)Parteien darstellen (→ Art. 21 Rn. 13 f.)[41]. Die Abgeordneten selbst sind an Aufträge und Weisungen nicht gebunden[42].

2. Rechtsvergleichende Hinweise

Die Verfassungen der Mitgliedstaaten der Europäischen Union sehen nahezu durchgängig das Prinzip der **Repräsentation** explizit vor[43], denn es entscheiden jeweils die Parlamente für das Volk[44]. 16

Die Mehrheit der Verfassungen bestimmt, dass die **Abgeordneten** Vertreter des ganzen Volkes sind[45]. Die Freiheit des Abgeordneten von externen Bindungen ist ebenfalls gemeineuropäisches[46] Rechtsgut[47]. 17

In den Verfassungen der Demokratien **Osteuropas** ist das Repräsentationsprinzip ebenfalls nahezu durchgehend ausdrücklich verankert. Besonders in der Litauischen Verfassung wird seine Bedeutung plastisch[48]. Art. 104 I der Polnischen Verfassung[49] verzichtet auf die Gewissensformulierung, macht dafür aber deutlich, dass die Abgeordneten keinem *recall* unterworfen sind. Der Sache nach ist auch in der Tschechischen Verfassung die Freiheit des Abgeordneten enthalten[50]. Ebenfalls auf die Gewissensformulierung verzichtet Art. 82 der Slowenischen Verfassung. 18

Rn. 81); *S. Hölscheidt*, in: Grabitz/Hilf/Nettesheim, EUV/AEUV, Art. 14 EUV (2014), Rn. 48 ff.; *K. Hatje*, NJW 2008, 1761 (1766); grundlegend *T. Schmitz*, EuR 2003, 217 ff.
[40] Zum EP als »supranationales Parlament« s. *M. Ruffert*, Parlamentarisierung von Herrschaft im Mehrebenensystem, in: Morlok/Schliesky/Wiefelspütz, § 42 Rn. 12 ff. m.w. N.
[41] *U. Volkmann*, Parlamentarische Demokratie und politische Parteien, in: Morlok/Schliesky/Wiefelspütz, § 4 Rn. 20; *M. Morlok*, Zukünftige Weiterentwicklung des Parlamentarismus, in: Morlok/Schliesky/Wiefelspütz, § 51 Rn. 119 ff.; s. auch T. Poguntke/M. Morlok/H. Merten (Hrsg.), Auf dem Weg zu einer europäischen Parteiendemokratie, 2013.
[42] Art. 6 I 2 des Aktes zur Einführung allgemeiner unmittelbarer Wahlen der Abgeordneten des Europäischen Parlaments (Direktwahlakt); Art. 2 I des Abgeordnetenstatuts des Europäischen Parlaments (Abgeordnetenstatut); zum Status des Abgeordneten; *U. Böttger*, EuR 2002, 898 ff.; *S. Hölscheidt*, in: Grabitz/Hilf/Nettesheim, EUV/AEUV, Art. 223 AEUV (2014), Rn. 52 f.
[43] *P.M. Huber*, Die Rolle des Demokratieprinzips im europäischen Integrationsprozeß, in: T. Ellwein u.a. (Hrsg.), Jahrbuch zur Staats- und Verwaltungswissenschaft, Bd. 6, 1992/1993, S. 179 ff. (179); Durchbrechungen durch Volksentscheide: Dänemark (§§ 20 II 2, 42); Frankreich (Art. 11, 89 II 2, III 1); Griechenland (Art. 44 II); Italien (Art. 71 S. 2, 75, 132 II, 138 II, III); Irland (Art. 27, 46 II, 47); Portugal (Art. 147); Spanien (Art. 23 I, 87 III, 92, 167 III, 168 III). → Art. 20 (Demokratie), Rn. 56.
[44] Keine explizite Verankerung hat das Repräsentationsprinzip in der Verf. Schwedens gefunden. Alten Vorstellungen verhaftet bleibt Art. 16 II Verf. Irlands, wonach die Parlamentsmitglieder gesetzlich bestimmten Wahlkreise vertreten.
[45] Z.B. Belgien (Art. 42); Niederlande (Art. 50); Portugal (Art. 152 II); Spanien (Art. 66 I).
[46] Zum Begriff *P. Häberle*, Europäische Rechtskultur, 1994, S. 33 ff.
[47] So etwa in Griechenland (Art. 60 I); Frankreich (Art. 27 I); Österreich (Art. 56); Dänemark (§ 56); Italien (Art. 67); Luxemburg (Art. 50 S. 2).
[48] Art. 55 und 59 sehen ausdrücklich die Repräsentation des Volkes vor. Art. 59 garantiert darüber hinaus die Freiheit des Abgeordneten von externen Zwängen; ähnlich die Verf. der Slowakischen Republik und Bulgariens.
[49] Abgedruckt in: JöR 43 (1995), 247 ff.
[50] Vgl. Art. 26 der Verf., wonach die Abgeordneten ihr Mandat im Einklang mit ihrem Gelöbnis ausüben und an Weisungen nicht gebunden sind.

II. Wahlrecht

1. Wahlrechtsgrundsätze

a) Unionsrecht

19 Art. 14 III EUV definiert für die Wahlen zum Europäischen Parlament die Wahlrechtsgrundsätze der allgemeinen, unmittelbaren, freien und geheimen Wahlen[51]. Die Wahlrechtsgleichheit im Sinne einer **Erfolgswertgleichheit fehlt**[52], da die Mitgliedstaaten mit unterschiedlichen Sitzanteilen im Europäischen Parlament vertreten sind[53] und nach unterschiedlichen Wahlsystemen wählen, die jeweils die nationalen Parlamente festlegen.

b) Rechtsvergleichende Hinweise

20 Die **Wahlrechtsgrundsätze** des Art. 38 I 1 GG gehören zum Standardrepertoire der modernen westlichen Demokratien[54]. So finden sich in den meisten europäischen Verfassungen Normen zur Allgemeinheit[55], Unmittelbarkeit[56], Gleichheit[57], Geheimheit[58] und Freiheit[59]. In den westlichen Industriestaaten existieren Mehrheits-, Verhältnis- und Mischwahlsysteme[60]. Die Freiheit der Wahl hat keine bruchlose gemeineuropäische Tradition[61]. In den Demokratien **Osteuropas** sowie den Staaten auf dem Boden des ehemaligen Jugoslawiens wurden die Wahlgrundsätze ebenfalls weitgehend festgeschrieben; zum Teil wird auch das Wahlsystem in den Verfassungen bestimmt[62].

21 Die **Landesverfassungen** zeichnen sich in ihren wahl- und mandatsrechtlichen Regelungen durch große Vielfalt aus; gleichwohl werden sie ihrer Bindung aus Art. 28 I GG (→ Rn. 64; → Art. 28 Rn. 55, 67 ff.) gerecht[63]. Zulässig ist etwa die Privilegierung nationaler Minderheiten (→ Rn.113).

---

[51] S. auch Art. 1 III Direktwahlakt (Fn. 42) Art. 14 III EUV geht damit über seine Vorgängerregelungen (s. etwa Art. 190 I EGV-Nizza) hinaus, die nur die Grundsätze der allgemeinen und unmittelbaren Wahlen vorsahen.

[52] Dazu BVerfGE 123, 267 (371 ff., Rn. 279 ff.); Art. 9 Direktwahlakt (Fn. 42) regelt immerhin, dass jeder Wähler nur eine Stimme besitzt; zur Problematik der Gleichheit der Wahl zum Europäischen Parlament vgl. *Huber*, Integrationsprozeß (Fn. 43), S. 199 ff.

[53] Nach Art. 14 II 3, 4 EUV sind die Bürger der Mitgliedstaaten mit mindestens 6 und maximal 96 Abgeordneten vertreten.

[54] Eine Übersicht über die Wahlsysteme von Großbritannien, Frankreich, Deutschland und Spanien bei *Nohlen*, Wahlrecht (Fn. 30), S. 139 ff.

[55] Belgien (Art. 61); Dänemark (§ 31 I); Griechenland (Art. 51 III); Italien (Art. 56 S. 1) und Luxemburg (Art. 51 V).

[56] Belgien (Art. 61); Dänemark (§ 31 I); Frankreich (Art. 24 II); Griechenland (Art. 51 III); Luxemburg (Art. 51 IV); Niederlande (Art. 54 I); Österreich (Art. 26 I); Schweden (Kapitel 3 § 1).

[57] Irland (Art. 16 I Nr. 4); Italien (Art. 48 II); Österreich (Art. 26 I).

[58] Belgien (Art. 62); Dänemark (§ 31 I); Griechenland (Art. 51 III); Irland (Art. 16 I Nr. 4); Italien (Art. 48 II); Niederlande (Art. 53 II); Österreich (Art. 26 I); Schweden (Kapitel 3 § 1).

[59] Italien (Art. 48 II) und Schweden (Kapitel 3 § 1).

[60] Dazu *Nohlen*, Wahlrecht (Fn. 30), S. 131 ff.

[61] Eine zum Teil strafbewehrte Wahlpflicht besteht in: Belgien (Art. 62 III); Griechenland (Art. 51 V), Portugal (Art. 49 II) und Italien (Art. 48 II 2).

[62] So ist die Wahl ausdrücklich allgemein, geheim, gleich und direkt in Polen (Art. 96 II); Slowakei (Art. 30 III); Slowenien (Art. 80); Mazedonien (Art. 62); Estland (Art. 60); Litauen (Art. 55) und Tschechien (Art. 18). Ausdrücklich für das Verhältniswahlrecht hat sich Polen in Art. 96 II seiner Verf. entschieden.

[63] Dazu mit umfangreichen Nachweisen zu den einschlägigen Normen *P. Badura*, Die Stellung des Abgeordneten nach dem Grundgesetz und den Abgeordnetengesetzen in Bund und Ländern, in:

2. Wahlberechtigung

Hinsichtlich der Wahlberechtigung wird zwischen aktiver und passiver Wahlberechtigung, besonderen Ausschlußgründen, etwa geistigen Gebrechen, und Inkompatibilitätsvorschriften differenziert; diese werden in den einzelnen nationalen Wahlsystemen unterschiedlich geregelt. 22

Europarechtliche Regelungen finden sich nur zur Frage der Inkompatibilität[64]. Die nur fragmentarische Regelung ist auch konsequent, da das eigentliche Wahlrecht in die Hand der nationalen Gesetzgeber gelegt ist (→ Rn. 19). 23

Das **aktive Wahlrecht** wird mit Vollendung des 18.[65], aber vereinzelt auch mit Vollendung des 16.[66] oder 21.[67] Lebensjahres gewährleistet. Am frühesten gewähren manche Staaten das **passive Wahlrecht** mit der Vollendung des 18. Lebensjahres[68]; in anderen europäischen Staaten wird die Wählbarkeit mit Vollendung des 21.[69] oder 25.[70] Lebensjahres erreicht[71]. Viele Verfassungen regeln auch **Ausschluß**-[72] und **Inkompatibilitätsvorschriften**[73]. 24

3. Internationale Organisationen und Wahlen

Wahlen als Ausdruck eines demokratischen Gemeinwesens werden von internationalen Organisationen gefördert und ihre Etablierung überwacht. Namentlich die OSZE hat mit ihrem »**Office for Democratic Institutions and Human Rights**« (ODIHR) und den von diesem auf breiter Front und regelmäßig durchgeführten Wahlbeobachtungsmissionen eine bedeutsame Funktion für die Etablierung demokratischer Strukturen in instabilen oder sich konstituierenden Staatswesen[74]. Daneben arbeitet ODIHR auch beratend im Bereich der technischen Realisation von Wahlen und der Wahlrechtsgesetzgebung. Verschiedene **völkerrechtliche Übereinkommen** statuieren ein den Grundsätzen des Art. 38 I weitgehend äquivalentes Wahlsystem bzw. -recht. Art. 21 Nr. 3 der 25

Schneider/Zeh, § 15 Rn. 25 f., 74 ff.; *M. Herdegen*, HStR³ IV, § 129 Rn. 26, 29 ff.; *C. Starck*, HStR IX, § 208 Rn. 23 ff.

[64] Art. 7 Direktwahlakt (Fn. 42); s. dazu *R. Fleuter*, Mandat und Status des Abgeordneten im Europäischen Parlament, 1991, S. 106 f.; Art. 22 AEUV regelt das Wahlrecht für Unionsbürger in anderen Mitgliedstaaten.

[65] Belgien (Art. 61 I); Finnland (§ 14 I); Luxemburg (Art. 52 I Nr. 3); Niederlande (Art. 54 I); Portugal (Art. 49 I); Schweden (Kapitel 3 § 4); Polen (Art. 62 I); Estland (Art. 57); Litauen (Art. 34); Tschechien (Art. 18 III) und Slowenien (Art. 43). Italien rekurriert auf die Volljährigkeit (Art. 48 I) und Dänemark überlässt das Wahlalter der Bestimmung durch Volksentscheid (§ 29 II).

[66] Österreich (Art. 26 I).

[67] Irland (Art. 16 I Nr. 2); Slowakische Republik (Art. 74 II).

[68] Slowenien (Art. 43); Belgien (Art. 64 Nr. 3); Luxemburg (Art. 52 II Nr. 3); Österreich (Art. 26 IV).

[69] Irland (Art. 16 I); Polen (Art. 99); Estland (Art. 60 II); für die Abgeordnetenkammer Tschechien (Art. 18 – für die Senatswahlen ist die Vollendung des 40. Lebensjahres erforderlich) und die Slowakei (Art. 74 II).

[70] Griechenland (Art. 55 I); Italien (Art. 56 S. 3); Litauen (Art. 56).

[71] § 30 der Verf. Dänemarks verweist auf die Regelungen zum aktiven Wahlrecht (§ 29 II).

[72] Dänemark (§ 29 I); Griechenland (Art. 51 III 2); Irland (Art. 16 I Nr. 1); Italien (Art. 48 IV); Niederlande (Art. 54 II); Österreich (Art. 26 V); Portugal (Art. 49 I) und Spanien (Art. 68 V 1).

[73] Griechenland (Art. 56, 57 I); Portugal (Art. 154); Spanien (Art. 70 I); ausdrücklich gegen eine Inkompatibilität von Landesbeamten Dänemark (§ 30 II).

[74] S. dazu auch *Y. Beigbeder*, International Monitoring of Plebiscites, Referenda and National Elections, Dordrecht 1994, der neben Länderberichten einen Überblick über die verschiedenen Aktivitäten (vor allem der UN) zur Demokratisierung gibt.

AEMR verlangt periodische, allgemeine, geheime und freie Wahlen. Ob diese Bestimmung aber ein subjektives Recht vermittelt, kann angesichts der gegenüber Art. 21 Nr. 1 und 2 abweichenden Formulierung bezweifelt werden. Art. 25 lit. b IPbpR verlangt »echte«, den Grundsätzen des Art. 38 I ebenfalls entsprechende Wahlen, in denen sich der »freie Wille« der Wähler dokumentiert. Eine Wahlpflicht ist damit durch die Vorschrift ebenso wenig ausgeschlossen, wie beide Vorschriften eine mittelbare Wahl ebenfalls nicht ausschließen.

C. Erläuterungen

I. Institutionelle Ausgestaltung und Funktionen der Volksvertretung

1. Der Bundestag als Institution

26 Der Bundestag ist ein im Grundgesetz verfasstes Staatsorgan der Bundesrepublik Deutschland, das mit eigenen verfassungsunmittelbaren Rechten ausgestattet als teilrechtsfähige juristische Person des öffentlichen Rechts zu qualifizieren ist[75], die nach Art. 93 I Nr. 1 GG im verfassungsgerichtlichen Verfahren beteiligtenfähig ist. Neben den weiteren Bezeichnungen als **oberstes Bundesorgan** (Art. 93 I Nr. 1 i. V. m. § 63 BVerfGG), **Verfassungsorgan** (§ 1 I BVerfGG) und **Körperschaft** im Sinne eines **Kollegialorgans**[76], ist der Bundestag eines der »besonderen Organe« nach Art. 20 II 2 GG und in das vom Grundgesetz normierte gewaltenteilende Funktionenverhältnis dieser Organe zueinander eingeordnet.

27 Die **Zahl der Abgeordnetenmandate** ist nicht im Grundgesetz, sondern – auf der Grundlage von Art. 38 III GG – in § 1 BWahlG geregelt. Bei der Bestimmung der Zahl der Abgeordneten ist der Gesetzgeber an verfassungsrechtliche Vorgaben gebunden. Im Interesse der Arbeitsfähigkeit ist die Zahl der Abgeordneten zu begrenzen; andererseits kann der Bundestag seiner Repräsentationsfunktion (→ Rn. 33 ff.) für das Volk nur dann genügen, wenn er hinreichend groß ist, um in Gestalt seiner Mitglieder das erforderliche Potential für die Vertretung der pluralistisch strukturierten Gesellschaft der Bundesrepublik zu haben. Alle wesentlichen politischen Grundströmungen müssen mindestens die Möglichkeit haben, im Bundestag vertreten zu sein. Bei der Abwägung zwischen diesen gegenläufigen Zielen hat der Gesetzgeber einen Gestaltungsspielraum.

28 Der Bundestag ist gegliedert in das **Plenum** und seine **Ausschüsse**. Hinzu treten weitere Gremien und Einrichtungen wie etwa der **Wehrbeauftragte** (Art. 45b GG) und die nach § 56 GOBT gebildeten **Enquêtekommissionen**. Auf Basis der **Parlamentsautonomie** und der sich daraus ergebenden **Organisationsautonomie** kann der Bundestag seine eigenen Organisationsstrukturen selbst gestalten (→ Art. 40 Rn. 23) und genießt hinsichtlich der Ausgestaltung seiner Verfahren die **Geschäftsordnungsautonomie** (→ Art. 40 Rn. 6 ff.). Einige organisatorische Untergliederungen hat das Grundgesetz vor-

---

[75] *H. Steiger*, Organisatorische Grundlagen des parlamentarischen Regierungssystems, 1973, S. 50 ff.; *Stern*, Staatsrecht II, S. 41; *S. Magiera*, in: Sachs, GG, Art. 38 Rn. 12; zum Organbegriff *Wolff/Bachof/Stober/Kluth*, Verwaltungsrecht II, § 82 Rn. 129.
[76] Nicht jedoch im rechtstechnischen Sinne, *H. H. Klein*, in: Maunz/Dürig, GG, Art. 38 (2010), Rn. 45; *H.-P. Schneider*, in: AK-GG, Art. 38 (2002), Rn. 6; *Magiera* (Fn. 75), Art. 38 Rn. 15. Zum Kollegialprinzip im Parlamentsrecht *M. Schröder*, Grundlagen und Anwendungsbereich des Parlamentsrechts, 1979, S. 304 ff.

gegeben, so die Einrichtung des **Präsidenten** und des **Präsidiums** (Art. 40 GG), besondere Ausschüsse für Angelegenheiten der Europäischen Union, für auswärtige Angelegenheiten, für Verteidigung und für das Petitionswesen (Art. 45 bis 45c GG), außerdem die Möglichkeit zur Bildung von Untersuchungsausschüssen (Art. 44 GG)[77]. Die **Bundestagsverwaltung**[78] ist eine Hilfseinrichtung, die die Arbeit des Bundestagspräsidenten unterstützt und über ihre wissenschaftlichen Dienste auch der parlamentarischen Arbeit zugute kommt. Keine Untergliederungen des Bundestages und damit auch keine Organe oder Unterorgane sind die Fraktionen[79], weil sie ihre Rechte nicht vom Parlament als Ganzem ableiten, sondern von den Abgeordneten (→ Rn. 184 ff.).

Der Bundestag und seine Abgeordneten sind staatsfinanziert (→ Art. 48 Rn. 19 ff.). 29
Dies ist im Grundsatz zu begrüßen, da so die parlamentarische Vertretung sämtlicher sozialen Schichten im Bundestag ermöglicht wird und innerparlamentarisch die Freiheit und Gleichheit der Abgeordneten (→ Rn. 149 ff., 169 ff.) abgesichert wird. Sowohl die Höhe dieser Finanzierung an sich wie auch die Entscheidung darüber sind im einzelnen jedoch nicht unproblematisch[80] (→ Rn. 190).

2. Funktionen

Der Bundestag ist die **Volksvertretung** und als solche im Zeichen der Volkssouveräni- 30
tät (→ Art. 20 [Demokratie], Rn. 82 ff., 93) das **zentrale Staatsorgan** der Bundesrepublik Deutschland[81]. Das Volk als Quelle und Träger der Staatsgewalt äußert sich im Bereich des Bundes – sieht man von den randständigen Art. 29, 118, 118a GG ab – unmittelbar nur in der Wahl zum Bundestag (→ Rn. 51 ff.)[82], woraus dem Parlament ein **demokratischer Legitimitätsvorrang** erwächst. Daraus folgt nicht ein Legitimitätsmangel anderer Staatsorgane, aber die Notwendigkeit, die Volksvertretung bei der Begründung der Legitimation aller staatlichen Gewalt zu beteiligen. Ihrerseits darf die Volksvertretung sich nicht aller oder wesentlicher Teile ihrer Gestaltungsmacht begeben und auf diese Weise Art. 38 I GG inhaltlich entleeren[83]. In dieser Ausgestaltung des Verfassungsorgans Bundestag liegt zugleich ein Bekenntnis des Grundgesetzes zu einer **repräsentativen Demokratie**[84]; das Volk als Souverän herrscht nicht unmittelbar, sondern wird vom Parlament repräsentiert. Nach Art. 20 II 1 GG muss jedes Staatsorgan und alles Staatshandeln um seiner Legitimation willen auf das Volk, d. h. institutionspraktisch auf das Parlament, zurückführbar sein (→ Art. 20 [Demokratie], Rn. 109 ff.)[85]. Diese Konstruktion von Legitimation in Form von Ableitungs-

---

[77] Zu den Voraussetzungen und dem Verfahren der Einrichtung → Art. 40 Rn. 23 ff.
[78] Hierzu *W. Zeh*, HStR³ III, § 52 Rn. 33 f.; *L. Brocker*, Parlamentsverwaltung, in: Morlok/Schliesky/Wiefelspütz, § 34.
[79] So aber *Schneider* (Fn. 76), Art. 38 Rn. 6.
[80] Dazu *H. Meyer*, Das fehlfinanzierte Parlament, in: P. M. Huber/W. Mößle/M. Stock (Hrsg.), Zur Lage der parlamentarischen Demokratie, 1995, S. 17 ff., 26 ff.; *H. H. v. Arnim*, Der Verfassungsbruch, 2011. → Art. 21 Rn. 45, 68 ff.; → Art. 48 Rn. 21 ff.; zur institutionellen Vermischung von Regierungs-, Fraktions- und Parteiarbeit *S.-C. Lenski*, DÖV 2014, 585 ff.
[81] Ausführlich *M. Morlok*, Volksvertretung als Grundaufgabe, in: Morlok/Schliesky/Wiefelspütz, § 3 Rn. 1 ff.
[82] Zu den Inputstrukturen des Parlaments *Morlok* (Fn. 81), § 3 Rn. 19 ff.
[83] BVerfGE 97, 350 (368 f., Rn. 77 f.).
[84] Vgl. *N. Achterberg/M. Schulte*, in: v. Mangoldt/Klein/Starck, GG II, Art. 38 Rn. 8 f.; dazu auch *W. Henke*, DVBl. 1973, 553 ff.
[85] BVerfGE 44, 125 (138 f.); 83, 60 (71 f.); 93, 37 (66 f.). Angesichts des föderalen Staatsaufbaus

ketten[86] trägt aber in zahlreichen Zusammenhängen, insbesondere bei der zunehmenden Einbindung Privater in den Vorgang der Rechtsetzung, nicht[87].

31 Die dem Bundestag vom Grundgesetz übertragenen Aufgaben lassen sich nach mehreren **Funktionen** ordnen[88]. Diese Funktionsbeschreibungen haben keine rechtliche Relevanz, sie sind nur Hilfskonstruktionen, die sich aber seit langem bewährt haben[89] und das Verfassungsrechtsdenken anleiten können[90]. Aus den einzelnen Vorschriften über Aufgaben und Befugnisse lassen sich die wesentlichen Funktionen des Bundestages konstruieren. Dabei ist die konkrete Bedeutung einzelner Bestimmungen aus dem Gesamtzusammenhang der Verfassung zu erschließen, insbesondere den Eigenarten eines parlamentarischen Regierungssystems und dem differenzierten Zusammenspiel von Minderheit und Mehrheit im Parlament sowie zwischen Parlament und Regierung.

32 Die **Grundfunktion** des Bundestages ist mit »Volksvertretung« beschrieben: Für alle Einzelbefugnisse grundlegend ist diese **Repräsentationsfunktion**. Der Bundestag repräsentiert das Volk und bildet dadurch die Legitimationsgrundlage aller staatlichen Gewalt. Auf Bundesebene ist er damit Ausgangspunkt der Delegation staatlicher Zuständigkeiten und der Begründung von Verantwortungszusammenhängen. Der Bundestag kann staatliche Befugnisse an Funktionsträger delegieren, indem er diese wählt und so Legitimation auf sie überträgt. Für die Ausübung dieser übertragenen Befugnisse bleibt er gegenüber dem Volk verantwortlich. Seinerseits kontrolliert der Bundestag die von ihm Ermächtigten für das Volk. Die Repräsentationsfunktion hat damit zwei Stoßrichtungen: **Legitimation und Kontrolle**. Die im Grundgesetz an verschiedenen Stellen erwähnten Aufgaben und Befugnisse des Bundestags lassen sich unter diesen beiden Gesichtspunkten zusammenfassen (→ Rn. 33 ff.).

a) Repräsentationsfunktion

33 »Repräsentation« macht die Vielzahl der Bürger politisch handlungs- und entscheidungsfähig. Mit dem traditionsreichen Begriff[91] ist letztlich die Tatsache gemeint, dass es der **Organisation** bedarf, wenn das Volk die Ausübung der staatlichen Machtbefugnisse bestimmen soll[92]. Die Organisationsmodelle und Verfahrensformen, die dem Volk die maßgebliche Bestimmungsmacht über die staatliche Gewalt verschaffen sollen, können variieren, der Organisation bedarf jene aber immer. Damit besteht kein

---

gewährleistet Art. 28 I GG, dass die Staatsgewalt auch in den Ländern demokratisch legitimiert ist. → Art. 28 Rn. 55, 61 ff.

[86] Zur Kritik an dieser Konstruktion demokratischer Legitimation vgl. *B.-O. Bryde*, StWStP 5 (1994), 305 ff.

[87] Dazu *L. Michael*, Private Standardsetter und demokratisch legitimierte Rechtsetzung, in: H. Bauer u. a. (Hrsg.), Demokratie in Europa, 2005, S. 431 ff.

[88] Zum Begriff der Parlamentsfunktionen *Morlok* (Fn. 81), § 3 Rn. 72 ff.; *U. Schliesky*, Parlamentsfunktionen, in: Morlok/Schliesky/Wiefelspütz, § 5 Rn. 1 ff. der eine stärkere Differenzierung in 13 Funktionen vornimmt (ebd., Rn. 7 ff).

[89] Vorbildhaft wirkt die klassische Aufgabenbeschreibung durch *W. Bagehot*, The English Constitution, London 1867, Neudruck 1978, S. 151 ff.

[90] *Magiera* (Fn. 75), Art. 38 Rn. 21; *Stern*, Staatsrecht II, S. 40 f.

[91] Als Überblick m. w. N. *Hofmann/Dreier* (Fn. 21), § 5 Rn. 1 ff., 21 ff.; wichtig: *Pitkin*, Representation (Fn. 21); s. auch *W. Henke*, DVBl. 1973, 553 (554 ff.); *Hofmann*, Repräsentation (Fn. 21); *Leibholz*, Wesen (Fn. 21); *Rausch*, Theorie (Fn. 21); *C. Wefelmeier*, Repräsentation und Abgeordnetenmandat, 1991, S. 55 ff.

[92] *M. Morlok*, Demokratie und Wahlen, in: FS BVerfG, 2001, Bd. II, S. 559 ff. (579 ff.); *Morlok* (Fn. 81), § 3 Rn. 3 ff., 75 f.

kategorialer Unterschied zwischen repräsentativer und unmittelbarer Demokratie (→ Art. 20 [Demokratie], Rn. 85)[93], auch letztere bedarf der organisatorischen Ausgestaltung. Die Repräsentation des Volkes beinhaltet zum einen das **Handeln für das Volk** und zum anderen die **Verantwortlichkeit gegenüber dem Volk**. Wo in diesem Zusammenhang von Vertretung des Volkes gesprochen wird[94], ist damit nicht die Figur des bürgerlichen Rechts gemeint, die ein Weisungsverhältnis zwischen den Vertretenen und den Vertretern verlangt. Es handelt sich um einen eigenständigen verfassungsrechtlichen Begriff[95], der abgeleitet wird von den Abgeordneten des Bundestages, die in Art. 38 I 2 GG als weisungsunabhängige Vertreter des ganzen Volkes begriffen werden (→ Rn. 149 ff.).

Dieses Vertreterverhältnis impliziert das Prinzip der parlamentarischen **Öffentlichkeit**[96] (→ Art. 42 Rn. 4 ff., 20 f.). Die Vertretenen müssen über das Handeln der Vertreter informiert sein, sollen sie diese kontrollieren und beeinflussen können. Auch dort, wo die Abgeordneten Kontrollaufgaben wahrnehmen, handeln sie für das Volk, so dass auch diese Kontrollaktivitäten öffentlich sein sollen (→ Art. 44 Rn. 43 f.). Weil der Bundestag für das Volk steht und für dieses entscheidet, dient er als »**Forum der Nation**«, er erörtert die Angelegenheiten, welche die Gemeinschaft interessieren. Ihm kommt daher eine wichtige Thematisierungsfunktion[97] in der politischen Öffentlichkeit zu. Die Öffentlichkeit ist ein – in der Demokratie notwendiger (→ Art. 20 [Demokratie], Rn. 77 f.) – Faktor der parlamentarischen Arbeit, welcher die Einzelfunktionen erst erfüllbar macht, er ist aber nicht als selbständige Funktion des Parlaments zu verstehen[98]. 34

Der Bundestag ist als einziges Staatsorgan unmittelbar vom Volk legitimiert und besitzt damit insofern ein weitgehendes **Legitimationsmonopol**, als die Legitimation der von anderen staatlichen Stellen ausgeübten Staatsgewalt eine von ihm abgeleitete ist. Die Formel von der Notwendigkeit einer »ununterbrochenen Legitimationskette«, die über den Bundestag auf das Volk zurückreicht[99], bringt dies zum Ausdruck. Aus diesem Legitimitätsvorsprung erklärt sich die besondere Stellung des Bundestages, die ihn als »**demokratisches Zentralorgan**« erscheinen lässt[100]. Das bedeutet konkret, dass alle **wesentlichen Entscheidungen** in seine Hand gelegt sind, insbesondere nicht 35

---

[93] *Morlok*, Demokratie (Fn. 92), S. 580 f.; *Morlok/Michael*, Staatsorganisationsrecht, § 5 Rn. 38 f., 72 f.; anders aber *Magiera* (Fn. 75), Art. 38 Rn. 6; *Klein* (Fn. 76), Art. 38 Rn. 41; *Stern*, Staatsrecht II, S. 37.

[94] Zum Bundestag als Volksvertretung BVerfGE 80, 188 (217 f.).

[95] *Magiera* (Fn. 75), Art. 38 Rn. 4 f.; auch *Klein* (Fn. 76), Art. 38 Rn. 41; *Schröder*, Grundlagen (Fn. 76), S. 275; letztlich nicht anders *H. Meyer*, Die Stellung der Parlamente in der Verfassungsordnung des Grundgesetzes, in: Schneider/Zeh, § 4 Rn. 1.

[96] *L. Kißler*, Die Öffentlichkeitsfunktion des Deutschen Bundestages, 1976, S. 296 ff.; *Morlok* (Fn. 81), § 3 Rn. 51 f.; *Schliesky* (Fn. 88), § 5 Rn. 35 ff. m. w. N.; zu Begriff und Funktion der Plenardebatte *T. Schürmann*, Plenardebatte, in: Morlok/Schliesky/Wiefelspütz, § 20 Rn. 1 ff.

[97] Speziell für die Opposition vgl. *M. Sebaldt*, Die Thematisierungsfunktion der Opposition, 1992; im Sinne einer eigenen Oppositionsfunktion des Parlaments *Schliesky* (Fn. 88), § 5 Rn. 82 ff.; kritisch, ob die Thematisierungsfunktion eine eigenständige Aufgabe der Opposition ist, *K. Stüwe*, Die Opposition im Bundestag und das Bundesverfassungsgericht, 1996, S. 33; zu den Aufgaben der Opposition *H.-J. Waack*, Parlamentarische Opposition, in: Morlok/Schliesky/Wiefelspütz, § 22 Rn. 14 ff.

[98] So aber *H. H. Klein*, HStR³ III, § 50 Rn. 42 ff.; *Schliesky* (Fn. 88), § 5 Rn. 35 ff. und *Schneider* (Fn. 76), Art. 38 Rn. 13.

[99] BVerfGE 47, 253 (275); 83, 60 (71 f.); 93, 37 (66 ff.). *E.-W. Böckenförde*, HStR³ III, § 34 Rn. 17 ff.; *Morlok/Michael*, Staatsorganisationsrecht, § 5 Rn. 15 ff.

[100] Dazu *M. Morlok/C. Hientzsch*, JuS 2011, 1 ff.; *Morlok* (Fn. 81), § 3 Rn. 91 ff. m. w. N.

36 Der **Vorbehalt des Gesetzes**[101] ist der klassische verfassungsrechtliche Begriff zur Sicherung der Befugnisse des Parlaments und seiner Bestimmungsmöglichkeiten. Die Form des Gesetzes wird von Verfassungs wegen für eine ganze Reihe von Entscheidungen gefordert, bei denen das Parlament eine maßgebliche Rolle spielen soll[102]. Dies ist gesichert durch die Verfassungsregelungen für Grundrechtseingriffe und den Stand der verfassungsrechtlichen Doktrin (→ Vorb. Rn. 119ff.)[103]. Der Primat des Parlaments wird weiter dadurch gesichert, dass nach Art. 110 II GG der Haushalt durch Gesetz festgestellt wird (→ Art. 110 Rn. 8ff.)[104] und Verträge auf dem Gebiet der auswärtigen Beziehungen nach Art. 59 II GG der Zustimmung in der Form eines Gesetzes bedürfen (→ Art. 59 Rn. 28)[105] sowie durch die Verpflichtung auf gesetzliche Bestimmung von Inhalt, Art und Ausmaß exekutiver Rechtsetzung, Art. 80 I GG (→ Art. 80 Rn. 20). Weitere »Parlamentsschutznormen«[106] verlangen nicht ein förmliches Gesetz. Das ist beispielsweise der Fall beim klassischen *ius belli ac pacis*, siehe Art. 115a I, 115 II, III GG. Man spricht dann auch bisweilen vom schlichten **Parlamentsvorbehalt**[107], freilich ist die Terminologie hier uneinheitlich[108]. Solche einfachen Beteiligungen des Parlaments sind ohne die Durchführung eines Gesetzgebungsverfahrens in verschiedener Weise möglich. Die sogenannte **konstitutive Zustimmung** des Bundestages, wie sie für den Einsatz der Streitkräfte entwickelt wurde[109], erschöpft nicht die Mitwirkungsmöglichkeiten und notwendigen Beteiligungen des Bundestages. Bei der Be-

---

[101] S. dazu *F. Ossenbühl*, HStR³ V, § 101 Rn. 11ff.; *Hesse*, Verfassungsrecht, Rn. 503ff.; *Morlok/Michael*, Staatsorganisationsrecht, § 11 Rn. 9ff.; *M. Kloepfer*, JZ 1984, 685ff.; *C.-E. Eberle*, DÖV 1984, 485ff. → Art. 20 (Rechtsstaat), Rn. 105ff.

[102] Ausführlich zu den Handlungsformen des Parlaments *A. D. Luch*, Handlungsformen, in: Morlok/Schliesky/Wiefelspütz, § 10.

[103] Zum grundrechtlichen Gesetzesvorbehalt *W. Krebs*, Vorbehalt des Gesetzes und Grundrechte, 1975; *T. Wülfing*, Grundrechtlicher Gesetzesvorbehalt und Grundrechtsschranken, 1981; *C. Bumke*, Der Grundrechtsvorbehalt, 1998.

[104] Dazu als eigene Funktion *Schliesky* (Fn. 88), § 5 Rn. 105ff.; zum Haushaltsverfahren und der Rolle des Haushaltsausschusses *B. Hasenjäger*, Haushaltsausschuss und Haushaltsverfahren, in: Morlok/Schliesky/Wiefelspütz, § 25; zur Haushaltsgesetzgebung *C. Gröpl*, Haushaltsgesetzgebung, in: W. Kluth/G. Krings (Hrsg.), Gesetzgebung, 2014, § 30.

[105] Ausführlich *C. Tietje/K. Nowrot*, Parlamentarische Steuerung und Kontrolle des internationalen Regierungshandelns und der Außenpolitik, in: Morlok/Schliesky/Wiefelspütz, § 45 Rn. 23ff.

[106] Zur Konkretisierung des Begriffs *M. Morlok*, Informalisierung und Entparlamentarisierung politischer Entscheidungen als Gefährdungen der Verfassung?, VVDStRL 62 (2003), S. 58ff.; *M. Morlok/C. Hientzsch*, JuS 2011, 1ff.; *Morlok* (Fn. 81), § 3 Rn. 91ff.

[107] Der Begriff erscheint erstmals bei *P. Häberle*, DVBl. 1972, 909 (912), zugleich in: *ders.*, Kommentierte Verfassungsrechtsprechung, 1979, S. 138ff., 148. → Art. 20 (Rechtsstaat), Rn. 119ff.; in anderem Zusammenhang *Morlok*, Informalisierung (Fn. 106), S. 77.

[108] Zum einen meint der Begriff die Verzichtbarkeit eines Gesetzgebungsverfahrens, zum anderen das Gegenteil, ein Delegationsverbot; s. dazu *J. Staupe*, Parlamentsvorbehalt und Delegationsbefugnis, 1986, S. 27ff.; *F. Ossenbühl*, HStR III, § 62 Rn. 7ff., 38ff.; *M. Kloepfer*, JZ 1984, 685 (692ff.) für die Ablösung vom Gesetzesvorbehalt. Kritisch zu diesem Verzicht auf das Gesetzgebungsverfahren *H. Schulze-Fielitz*, Theorie und Praxis parlamentarischer Gesetzgebung, 1988, S. 176; zur Abgrenzung von Parlaments- und Plenarvorbehalt *T. Schürmann*, Plenarvorbehalt, in: Morlok/Schliesky/Wiefelspütz, § 19 Rn. 3.

[109] Grundlegend BVerfGE 90, 286 (381ff.); dazu *D. Wiefelspütz*, Das Parlamentsheer, 2005; *ders.*, AöR 132 (2007), 44ff.; *P. Scherrer*, Das Parlament und sein Heer, 2010; *T. M. Wagner*, Parlamentsvorbehalt und Parlamentsbeteiligungsgesetz, 2010; ausführlich *Tietje/Nowrot* (Fn. 105), § 45 Rn. 50ff. m. w. N.

stimmung der nicht ausdrücklich normierten gebotenen Zustimmung des Bundestages sind die Kompetenzen der anderen Staatsorgane zu achten[110]. Insbesondere im Bereich der Außenpolitik anerkennt das Bundesverfassungsgericht ein Initiativrecht und einen **Entscheidungsspielraum der Exekutive**[111]. Wann das Parlament mit einer Sache befasst werden muss, ergibt sich – nach wie vor – aus der Wesentlichkeitstheorie[112]. Ein Entscheidungsmonopol hat das Parlament daher nicht[113].

Bei all diesen Mitwirkungsrechten des Bundestages, zumal denen, die ein Gesetz fordern, dient die Beteiligung des Parlaments nicht nur einer abstrakten Verleihung von **Legitimation**. Vielmehr zeitigt das parlamentarische Verfahren selbst wesentliche Wirkungen: dazu trägt seine Öffentlichkeit ebenso bei wie die Berücksichtigung des in der Gesellschaft vorhandenen Wertefundus im Parlament[114]. Das parlamentarische Verfahren, auch soweit es auf Kompromisse zielt[115], fördert selbst das Gemeinwohl und bewirkt materielle Legitimation durch Verfahren[116].

37

Dem Schutz der maßgeblichen Rolle des Parlaments dient schließlich das **Verbot parlamentsfreier Räume**, also von Bereichen, die dem bestimmenden Einfluss und der Kontrolle der Volksvertretung entzogen sind[117]. Der Bundestag kann Äußerungen der Staatsgewalten nur legitimieren, wenn er sie inhaltlich bestimmen oder jedenfalls wesentlich beeinflussen kann. Seine maßgebliche Rolle auf den verschiedensten Gebieten kann zusammenfassend umschrieben werden als diejenige der Wahrnehmung der »Gesamtaufgabe **demokratischer Gesamtleitung**, Willensbildung und Kontrolle«[118]; das Wort von der »Gesamtaufgabe« weist hin auf den Zusammenhang der einzelnen Funktionen des Bundestags, der lediglich zu analytischen Zwecken in Aspekte aufgefächert wird.

38

---

[110] BVerfGE 49, 89 (124 ff.): aus dem »Vorrang des Parlaments« lasse sich kein »alle konkreten Kompetenzzuordnungen« überspielender Auslegungsgrundsatz herleiten; s. weiter BVerfGE 68, 1 (108 f.).
[111] BVerfGE 68, 1 (86 f.); 90, 286 (388); 104, 151 (206 f., Rn. 148 ff.); 131, 152 (195 f., Rn. 91 f.); 137, 185 (235, Rn. 138); zur Präponderanz des Verfassungsrechts vgl. auch *R. Herzog*, in: Maunz/Dürig, GG, Art. 20 II (1980), Rn. 77. → Art. 59 Rn. 14 ff.
[112] BVerfGE 49, 89 (126 f.); 84, 212 (226); im Schrifttum etwa *G. Kisker*, NJW 1977, 1313 (1317 ff.); *D. Umbach*, Das Wesentliche an der Wesentlichkeitstheorie, in: FS Faller, 1984, S. 111 ff.; *Staupe*, Parlamentsvorbehalt (Fn. 108), S. 103 ff.; *Schulze-Fielitz*, Gesetzgebung (Fn. 108), S. 169 ff.
[113] BVerfGE 49, 89 (185). → Art. 20 (Rechtsstaat), Rn. 126.
[114] Zum Parlament als pluralistisch konstituierter Input-Struktur *M. Morlok/J. Krüper*, NVwZ 2003, 573 (574); ausführlich *J. Krüper*, Autonomie und Heteronomie parlamentarischen Handelns (§ 36), Bürgerschaftlicher Einfluss auf das Parlament (§ 37), Das Wissen des Parlaments (§ 38), Parlament und Öffentlichkeit (§ 39), in: Morlok/Schliesky/Wiefelspütz.
[115] *Schulze-Fielitz*, Gesetzgebung (Fn. 108), S. 404 ff.
[116] Vgl. *Schulze-Fielitz*, Gesetzgebung (Fn. 108), S. 206 ff.
[117] S. dazu die Darstellung bei *J. Oebbecke*, Weisungs- und unterrichtungsfreie Räume in der Verwaltung, 1986 m.w.N.; *P. Füßlein*, Ministerialfreie Verwaltung, 1972; *E. Klein*, Die verfassungsrechtliche Problematik des ministerialfreien Raumes, 1974. Zur Anwendung auf eine unabhängige Notenbank s. *C. Waigel*, Die Unabhängigkeit der Europäischen Zentralbank gemessen am Kriterium demokratischer Legitimation, 1998. → Art. 20 (Demokratie), Rn. 123 f.
[118] *Hesse*, Verfassungsrecht, Rn. 572; häufig wird auch von der Funktion des Bundestages gesprochen, an der Staatsleitung mitzuwirken, vgl. *S. Magiera*, Parlament und Staatsleitung in der Verfassungsordnung des Grundgesetzes, 1979; *W. Mößle*, Regierungsfunktionen des Parlaments, 1986; s. bereits *E. Friesenhahn*, Parlament und Regierung im modernen Staat, VVDStRL 16 (1958), S. 9 ff. (37 ff.).

b) Gesetzgebungsfunktion

39 Die Setzung verbindlichen Rechts ist eine wesentliche Erscheinungsform der Staatsgewalt und damit in besonderem Maße der demokratischen Legitimation bedürftig. Nach demokratischer Tradition ist die Rechtssetzung dabei entweder der Volksvertretung vorbehalten oder wird gar unmittelbar vom Volk im Wege der Volksgesetzgebung ausgeübt (→ Art. 20 [Demokratie], Rn. 107 ff.). Dementsprechend ist – angesichts des Fehlens von Ausführungsbestimmungen für Abstimmungen i. S. v. Art. 20 II GG im Rahmen der Volksgesetzgebung – der Bundestag das **Hauptorgan der Gesetzgebung**[119]. Neben der Bundesregierung und dem Bundesrat hat er das Recht zur Gesetzgebungsinitiative (Art. 76 I GG), vor allem beschließt er die Bundesgesetze (Art. 77 I, siehe auch Art. 78 GG). Dies schließt auch die verfassungsändernde Gesetzgebung nach Art. 79 GG ein.

40 Mit der Gesetzgebungsmacht hat der Bundestag ein entscheidendes gesellschaftliches Steuerungsinstrument in der Hand, dem sich über die Budgethoheit (→ Rn. 36) ein zweites maßgebliches Steuerungsinstrument zur Seite gesellt[120]. Nimmt man die anderen Fälle eines **Vorbehaltes des Gesetzes** (→ Rn. 36) hinzu, so wird der Bundestag als das normativ fixierte Machtzentrum erkennbar. Über den **Vorrang des Gesetzes** (→ Art. 20 [Rechtsstaat], Rn. 92 ff.)[121] gewinnt der Bundestag bestimmenden Einfluss auf Rechtsprechung (Art. 20 III, 97 I GG) und Verwaltung (Art. 20 III GG).

41 Auch wenn der Bundestag das wichtigste Organ der Rechtssetzung ist, so genießt er **kein Rechtssetzungsmonopol**. Neben die im Bundesstaat selbstverständlichen Rechtssetzungsbefugnisse der Landesparlamente tritt die Rechtssetzung der Exekutive, begrenzt durch die Delegationssperre[122] des Art. 80 I GG[123], und diejenige durch die Organe der Selbstverwaltung[124]. Schließlich erweist sich Rechtssetzung zunehmend als ein Phänomen des mit Privaten kooperierenden Staates[125]. Die Rechtssetzung im Bereich des europäischen Unionsrechts kann vom Bundestag nach Art. 23 III GG beeinflusst werden (→ Rn. 48 ff.; → Art. 23 Rn. 128 ff.).

---

[119] *Magiera* (Fn. 75), Art. 38 Rn. 27; *Morlok* (Fn. 81), § 3 Rn. 79; ausführlich zur Funktion *Schliesky* (Fn. 88), § 5 Rn. 45 ff.; zum Verfahren *S. U. Pieper*, Gesetzgebungsverfahren, in: Morlok/Schliesky/Wiefelspütz, § 40; umfassend die Beiträge in W. Kluth/G. Krings (Hrsg.), Gesetzgebung, 2014.

[120] Vgl. zu Recht und Geld als entscheidenden Steuerungsmitteln des Wohlfahrtsstaats *N. Luhmann*, Politische Theorie im Wohlfahrtsstaat, 1981, S. 94 ff.

[121] Dazu *C. Gusy*, JuS 1983, 189 ff.; *F. Ossenbühl*, HStR III, § 62 Rn. 1 ff.; *J. Pietzcker*, JuS 1979, 710 ff.

[122] *T. Mann*, in: Sachs, GG, Art. 80 Rn. 21 f. → Art. 20 (Demokratie), Rn. 117; → Art. 80 Rn. 14.

[123] Zur Sicherung der Rolle des Bundestags s. *B. Busch*, Das Verhältnis des Art. 80 I 2 GG zum Gesetzes- und Parlamentsvorbehalt, 1992; *Staupe*, Parlamentsvorbehalt (Fn. 108), S. 143 ff.; *W. Cremer*, AöR 122 (1997), 248 ff.; umfassend *A. Uhle*, Die Rechtsverordnung, in: W. Kluth/G. Krings (Hrsg.), Gesetzgebung, 2014, § 24.

[124] Dazu *M.-E. Geis*, Der Erlass von Satzungen, in: W. Kluth/G. Krings (Hrsg.), Gesetzgebung, 2014, § 25.

[125] Zur Problematik umfassend *L. Michael*, Rechtssetzende Gewalt im kooperierenden Verfassungsstaat, 2002; vgl. auch *F. Becker*, Kooperative und konsensuale Strukturen in der Normsetzung, 2005; *W. Kluth*, Rechtssetzungsdelegation auf Private und kooperative Rechtssetzung, in: W. Kluth/G. Krings (Hrsg.), Gesetzgebung, 2014, § 33.

c) Kreationsfunktion

Die legitimationsstiftende Funktion des Bundestages zeigt sich deutlich in den Akten, durch welche er Positionen staatlicher Gewaltausübung besetzt[126]. Er überträgt – durch Wahl – ihm vom Volk verliehene Legitimation auf Amtswalter, die in Wahrung ihrer Kompetenzen weitere Amtsinhaber ermächtigen können. Auf diese Weise wird eine »Legitimationskette« geschmiedet bis zum Beamten der ausführenden Behörde (→ Art. 20 [Demokratie], Rn. 111 ff.). Mit Abstand am wichtigsten ist diese **Kreationsfunktion** des Bundestages bei der Bildung der Bundesregierung. Der Bundestag wählt den Bundeskanzler (Art. 63 GG)[127], nicht aber die Bundesminister, die auf Vorschlag des Kanzlers vom Bundespräsidenten ernannt werden (Art. 64 I GG)[128]. Die Bundesminister üben ihrerseits die Leitungsgewalt in ihrem Ressort aus, haben ein Weisungsrecht gegenüber nachgeordneten Behörden und bestimmen über die Besetzung von Positionen und verlängern damit die Legitimationskette. Für ihr Ressort tragen sie nach Art. 65 S. 2 GG gegenüber dem Bundestag auch die Verantwortung[129]. Der Bundestag ist weiter beteiligt an der Wahl des Bundespräsidenten (Art. 54 GG) und wählt die Hälfte der Mitglieder des Bundesverfassungsgerichtes (Art. 94 I 2 GG). Auch an der Wahl der Richter der obersten Gerichtshöfe des Bundes wirkt der Bundestag nach Art. 95 II GG mit – mit einem föderalen Korrektiv, der Mitwirkung des Bundesrates. Schließlich entsendet der Bundestag Abgeordnete in Gremien der internationalen Zusammenarbeit (etwa OSZE, Europarat, NATO) und in verschiedene Aufsichtsgremien und Beiräte[130]. Eine besondere Qualität hat die Bestimmung der eigenen Organe und Hilfsorgane im Rahmen der ihm eingeräumten Autonomie (→ Art. 40 Rn. 5, 23 ff.).

42

d) Kontrollfunktion

Dem vom Volk durch den Bundestag vermittelten Charakter der staatlichen Gewalt entspricht es, dass die staatlichen Amtswalter und ihre Aktivitäten auch der Kontrolle des Volkes und seiner Vertretung unterliegen. Der Kontrollzugriff des Bundestages erfasst dabei den gesamten Bereich der von ihm – in Abgrenzung zu den staatlichen Befugnissen der Länder – legitimierten Staatstätigkeit. Es besteht **Gleichumfänglichkeit** der legitimierten Staatlichkeit und der parlamentarischen Kontrollunterworfenheit. Das bedeutet konkret, dass es keine Bereiche gibt, die dem parlamentarischen Kontrollzugriff entzogen sind (→ Art. 44 Rn. 20); anderes gilt nur für die verfassungsrechtlich statuierte Unabhängigkeit der Bundesbank bzw. der EZB (zu beidem Art. 88 GG). Weiter ist auf die Unabhängigkeit der Richter (Art. 97 GG) und die Funktionsbedingungen der anderen Staatsorgane Rücksicht zu nehmen (→ Art. 20 [Demokratie], Rn. 131; → Art. 44 Rn. 26 ff.).

43

Grundlage jeglicher Kontrolle ist Information. Werden die Informationen dem kontrollierenden Bundestag durch die Regierung vermittelt, etwa durch Inanspruchnah-

44

---

[126] *Morlok* (Fn. 81), § 3 Rn. 81 f.; ausführlich *Schliesky* (Fn. 88), § 5 Rn. 53 ff.; politikwissenschaftlich U. Sieberer, Parlamente als Wahlorgane, 2010.
[127] Ausführlich und grundsätzlich dazu S. Roßner, Verfahren der Mehrheitsbestimmung: Wahl- und Abstimmungsverfahren, in: Morlok/Schliesky/Wiefelspütz, § 41 Rn. 53 ff.
[128] Zum Verhältnis von Regierung und Parlament vgl. P. Badura, HStR³ II, § 25 Rn. 10 ff., zur Regierungsbildung vgl. W. Zeh, HStR³ III, § 53 Rn. 21 ff.
[129] H. Dreier, Hierarchische Verwaltung im demokratischen Staat, 1991, S. 131 ff.
[130] *Ruffert* (Fn. 40), § 42 Rn. 34 ff.; *Roßner* (Fn. 127), § 41 Rn. 66 m. w. N. in Fn. 180; s. zum aktuellen Stand auch das Datenhandbuch zur Geschichte des Deutschen Bundestages, 2011, Kapitel 21.

me des Zitierrechts nach Art. 43 I GG (→ Art. 43 Rn. 8), so spricht man von **Fremdinformation**; Rechte auf **Selbstinformation** geben dem Bundestag die Möglichkeit, sich selbst eine eigene Anschauung von den Informationsgrundlagen zu bilden[131].

45 Das **Kontrollinstrumentarium**[132] ist nur unvollständig im Grundgesetz ausformuliert, eingehender hingegen in der Geschäftsordnung des Bundestages. Ausdrückliche Erwähnung im Grundgesetz finden das **Zitierrecht** (Art. 43 I GG), das **parlamentarische Untersuchungsrecht** (Art. 44, 45a II GG), das **Petitionsuntersuchungsrecht** (Art. 45c GG) sowie die Installierung eines **Wehrbeauftragten des Bundestages** durch Art. 45b GG, welche Vorkehrung ausdrücklich als »Ausübung der parlamentarischen Kontrolle« vom Grundgesetz bezeichnet wird. Das Recht der Abgeordneten, Fragen zu stellen und hierauf Antworten zu erhalten, ist in verschiedener Ausprägung, etwa als **Interpellationsrecht** (→ Art. 43 Rn. 12), anerkannt[133], aber freilich nicht ganz unbestritten[134]. In den Fällen, in denen das Grundgesetz dem Bundestag ausdrücklich ein Wahlrecht zuerkennt (Bundeskanzler, Bundespräsident, Bundesrichter), spricht es dem Bundestag auch jeweils ein spezielles, freilich an besondere Voraussetzungen geknüpftes Sanktionsinstrument zu: das Misstrauensvotum nach Art. 67 GG, die Präsidentenanklage nach Art. 61 GG und die Richteranklage nach Art. 98 II GG.

46 Die Kontrollfunktion hat zwei Ausprägungen, die in ihrer tatsächlichen Anwendung nicht immer scharf voneinander zu unterscheiden sind: Einmal wird **nachträglich** das Handeln einer selbständig entscheidenden anderen Instanz überprüft, die dem Kontrolleur Rechenschaft schuldet[135]; zum anderen umfasst »Kontrolle« in einem weiten Sinne auch die Einflussnahme auf das Verhalten der kontrollierten Instanz[136]. Angesichts der herausragenden Stellung des Bundestags im politischen Willensbildungsprozess ist eine **mitwirkende**, das Regierungshandeln beeinflussende **Kontrolle** nötig und zulässig[137]. Eine solche einflussnehmende Kontrolle verlangt rechtzeitige Infor-

---

[131] Zur Entgegensetzung von Fremd- und Selbstinformation vgl. *H.-P. Schneider*, AöR 99 (1974), 628 ff.; *H.-W. Meier*, Zitier- und Zutrittsrecht im parlamentarischen Regierungssystem, 1982, S. 90 ff.; *C. Brüning*, Der Staat 43 (2004), 511 ff. (518 ff.). → Art. 44 Rn. 8.

[132] S. dazu die ausführliche Darstellung bei *Achterberg*, Parlamentsrecht, S. 439 ff.; *H.H. Klein*, HStR³ II, § 50 Rn. 33 ff.; *Stern*, Staatsrecht II, S. 51 ff.; *Morlok* (Fn. 81), § 3 Rn. 84 f.; *Schliesky* (Fn. 88), § 5 Rn. 75; mit Länderbezug *S. Hölscheidt*, DÖV 1995, 593 ff.; zum Kontrollverfahren vgl. *W. Krebs*, Kontrolle in staatlichen Entscheidungsprozessen, 1984, S. 155 ff.; eine Analyse der Kontrolltätigkeit und -abläufe bietet *S. T. Siefken*, ZParl. 41 (2010), 18 ff.

[133] BVerfGE 13, 123 (125); 57, 1 (5, 8); 67, 100 (129); 70, 324 (355); 80, 188 (218); 124, 161 (188, Rn. 123); *Badura* (Fn. 63), § 15 Rn. 40; *Achterberg/Schulte* (Fn. 84), Art. 38 Rn. 90; *dies.*, in: v. Mangoldt/Klein/Starck, GG, Art. 43 Rn. 16 f.; *K. Abmeier*, Die parlamentarischen Befugnisse der Abgeordneten des Deutschen Bundestages nach dem Grundgesetz, 1984, S. 164 ff.; *M. Brenner*, Reichweite und Grenzen des parlamentarischen Fragerechts, 2009, S. 15 ff.; *Stern*, Staatsrecht II, S. 55 ff.; *S. Magiera*, Rechte des Bundestages und seiner Mitglieder gegenüber der Regierung, in: Schneider/Zeh, § 52 Rn. 55; *H.H. Klein*, HStR³ II, § 50 Rn. 35; *R.A. Lorz/A.M. Richterich*, Regierung im Parlament, in: Morlok/Schliesky/Wiefelspütz, § 35 Rn. 67 ff.

[134] *H.-P. Schneider*, in: AK-GG, Art. 43 (2002), Rn. 6; *M. Schröder*, in: BK, Art. 43 (2008), Rn. 6; *R. Herzog*, in: Maunz/Dürig, GG, Art. 62 (2008), Rn. 102; *Achterberg*, Parlamentsrecht, S. 163.

[135] Vgl. *U. Scheuner*, Die Kontrolle der Staatsmacht im demokratischen Staat, 1977, S. 26.

[136] Diese Bedeutung entspricht dem englischen »control«. S. zum Aspekt der Steuerung des Kontrollierten *Krebs*, Kontrolle (Fn. 132), S. 31 ff.; zur Anwendung dieses weiten Kontrollbegriffs auf die parlamentarische Kontrolle *Schulze-Fielitz*, Gesetzgebung (Fn. 108), S. 292 m.w.N.

[137] Dazu *W. Kewenig*, Staatsrechtliche Probleme parlamentarischer Mitregierung am Beispiel der Arbeit der Bundestagsausschüsse, 1970, S. 30 ff.; *Magiera*, Parlament (Fn. 118), S. 262 ff.; *ders.* (Fn. 75), Art. 38 Rn. 36; *H.H. Klein*, HStR³ III, § 50 Rn. 33; eine Mitregierung des Parlaments befürchtet *H.-P. Schneider*, Das parlamentarische System, in: HdbVerfR, § 13 Rn. 97; zur begrifflichen Unterscheidung auch *Lorz/Richterich* (Fn. 133), § 35 Rn. 3 f.

mation und Beteiligung[138]. Ausdrückliche **Mitwirkungsrechte** des Bundestages kennt das Grundgesetz in verschiedener Form, sei es durch die Notwendigkeit eines Gesetzes (Art. 59 II 1, 110 II, 115 I GG), sei es durch das Erfordernis eines einfachen Parlamentsbeschlusses, so für die Feststellung des Verteidigungsfalles (Art. 115a I GG) oder dessen Beendigung (Art. 115l II GG) oder den sonstigen Einsatz bewaffneter Streitkräfte[139]. Darüber hinaus hat die Praxis weitere Mitwirkungsvorbehalte des Bundestages entwickelt, so den Zustimmungsvorbehalt bei Rechtsverordnungen[140]. Auch die Ausschüsse kennen Mitwirkungsrechte[141].

Die Kontrolle durch den Bundestag wird immer auch stellvertretend für das Volk wahrgenommen und hat deswegen vor dem Volk zu erfolgen[142]. Dies bedeutet, dass die Kontrolltätigkeit **öffentlich** ist und auf Veröffentlichung zielt. Die Öffentlichkeit des Parlamentsgeschehens (→ Art. 42 Rn. 20 ff.) hat unter Kontrollgesichtspunkten besondere Bedeutung. Dies auch in der Hinsicht, dass die möglicherweise an das Kontrollergebnis anknüpfenden Sanktionen im Regelfall politischer Natur sind, nicht rechtlicher. Ein Reputationsverlust in der Öffentlichkeit derjenigen politischen Gruppierung, welcher der Fehler zugerechnet wird, ist die maßgebliche Sanktionsdrohung. Weil im parlamentarischen System regelmäßig die Mehrheit zusammen mit der Regierung handelt, ist eine effektive Wahrnehmung der Kontrollrechte generell nur zu erwarten, wenn diese auch der **Minderheit** offen stehen[143]. 47

e) Europafunktion

Mit der fortschreitenden Integration Deutschlands in die Europäische Union sind nicht mehr nur das Volk über die Öffentlichkeit und die Regierung die Bezugspunkte parlamentarischen Handelns, sondern – jedenfalls mittelbar – mit wachsender Tendenz auch die **Organe der Europäischen Union**. Hierbei haben die (nationalen) Parlamente ausgehend von ihrer sonst beschränkten Bedeutung im internationalen bzw. auswärtigen Handeln (→ Art. 59 Rn. 14) im supranationalen Bereich im Rahmen des Integrationsprozesses einen erheblichen Bedeutungszuwachs erfahren. Neben **neuen Aufgaben** erhalten die zuvor bereits beschriebenen Parlamentsfunktionen, insbesondere die Repräsentations-, Gesetzgebungs- und Kontrollfunktion, hinsichtlich der hinzugetretenen **Einwirkungsmöglichkeiten** der nationalen Parlamente **auf den supranationalen** 48

---

[138] S. für den Bereich der auswärtigen Angelegenheiten BVerfGE 90, 286 (357, 364); 104, 151 (208 f., Rn. 150); 131, 152 (196 ff., Rn. 92 ff.).
[139] BVerfGE 90, 286 (381 ff.); ausführlich *Tietje/Nowrot* (Fn. 105), § 45 Rn. 50 ff. m. w. N.
[140] S. etwa § 3 I UVPG; zu solchen Mitwirkungsbefugnissen bei der Rechtsverordnung *F. Ossenbühl*, HStR III, § 64 Rn. 50 ff., mit einer Übersicht über verschiedene Formen der Mitwirkung; *K. Grupp*, DVBl. 1974, 177 ff. → Art. 80 Rn. 59 ff.; für einen Nichtbefassungsbeschluss in Fällen von Verhandlungen über normvertretende Absprachen zwischen Regierung und Privaten *Morlok*, Informalisierung (Fn. 106), S. 77.
[141] So etwa qualifizierte Sperrvermerke oder Zustimmungsvorbehalte im Haushaltsrecht zur Verwirklichung der Haushaltsgewalt des Bundestages, zum Ganzen *E. Moeser*, Die Beteiligung des Bundestages an der staatlichen Haushaltsgewalt, 1978, hier besonders S. 163 ff., 173 ff.; vgl. auch *S. Müller-Franken*, Der Staat 44 (2005), 19 ff.; *Hasenjäger* (Fn. 104), § 25 Rn. 28 ff.
[142] Zur Fundierung der Kontrolle in der »auftraggebenden Gesamtheit« *U. Scheuner*, Verantwortung und Kontrolle in der demokratischen Verfassungsordnung, in: FS G. Müller, 1970, S. 379 ff. (380); zur Betonung des Volkes als Bezugspunkt der Kontrolle *K.-U. Meyn*, Kontrolle als Verfassungsprinzip, 1982, S. 280 ff.; *Morlok* (Fn. 81), § 3 Rn. 83 ff.; *Schliesky* (Fn. 88), § 5 Rn. 66 ff.
[143] Dazu *H.-P. Schneider*, Die parlamentarische Opposition im Verfassungsrecht der Bundesrepublik Deutschland, Bd. 1, 1974, S. 236 ff.; *Stüwe*, Opposition (Fn. 97), S. 35 ff.; *H. H. Klein*, HStR³ III, § 5 Rn. 34; *Waack* (Fn. 97), § 22 Rn. 16 ff. → Art. 44 Rn. 10 f.

Verhandlungsprozess ein eigenes Gepräge. Dieses Bündel aus Aspekten der anderen Parlamentsfunktion mit einer wachsenden Zahl von Aufgabenfeldern bezogen auf die Europäische Union rechtfertigt es, eine eigenständige »Europafunktion« zu benennen[144]. Das Bundesverfassungsgericht bringt diese auf den Begriff der »**Integrationsverantwortung**«[145].

49 Hauptanliegen der Europafunktion ist die Sicherung und ggf. sogar Ausweitung der politischen Bestimmungsmacht des (National-)Volkes im europäischen Mehrebenensystem[146]. Dies ist vor dem Hintergrund der Besonderheiten der Ausgestaltung der Demokratie auf europäischer Ebene zu sehen. Die Europäische Union ist durch eine **duale Legitimationsstruktur** gekennzeichnet. Demokratische Legitimität wird der Union zum einen vermittelt von den »Bürgerinnen und Bürgern« über das Europäische Parlament (Art. 10 II 1 EUV). Daneben tritt der zweite Legitimationsstrang, der über die Parlamente der Mitgliedstaaten und die jeweiligen Regierungen in den Rat führt (Art. 10 II 2 EUV). Angesichts der Länge dieser Legitimationskette kann eine Einschaltung der Parlamente in den über den Rat laufenden Teil des Entscheidungsverfahrens als eine Stärkung des Legitimationsniveaus der Union verstanden werden[147]. Dieser Legitimationskomponente kommt eine gehobene Bedeutung zu, weil das **Europäische Parlament** selbst, u. a. wegen der Ungleichheit des Wahlrechts, **Legitimationsdefizite** aufweist (→ Art. 23 Rn. 69)[148].

50 Die verfassungsrechtliche Grundlage der Europafunktion des Parlaments findet sich in **Art. 23 GG**. Die Einwirkung des Bundestages auf die Bundesregierung bei deren Mitwirkung an Rechtsakten der Europäischen Union erfolgt nach Maßgabe von Art. 23 II, III 1 und 2 GG i. V. m. dem EUZBBG[149]. Eine »Europarolle« kommt nach Art. 23 Abs. II, IV bis VII GG i. V. m. dem EUZBLG auch den Parlamenten der Länder zu[150]. Neben der Übertragung von Hoheitsrechten (Art. 23 I 2 GG) und der Mitwirkung an der europäischen Sekundärrechtsetzung (Art. 23 II, III GG) kommt dem Bundestag auch bei der Transformation von Richtlinien in deutsches Recht eine eigene Verantwortung im Rahmen des ihm eröffneten gesetzgeberischen Spielraums zu[151]. Seit 2010 kommt dem Bundestag im Kontext der beschlossenen Euro-Rettungsmaßnahmen

---

[144] Umfassend M. *Mayer*, Die Europafunktion der nationalen Parlamente in der Europäischen Union, 2012; dazu auch *Morlok* (Fn. 81), § 3 Rn. 88 ff.; ausführlich *Schliesky* (Fn. 88), § 5 Rn. 87 ff. m. w. N.; kritisch S. *Hölscheidt*, Gouvernementalisierung und Entparlamentarisierung im Mehrebenensystem, in: Morlok/Schliesky/Wiefelspütz, § 50 Rn. 5.

[145] BVerfGE 123, 267 (351 ff., Rn. 236 ff.); 126, 286 (307, Rn. 65); 129, 124 (172, Rn. 109); 132, 195 (239, Rn. 105); BVerfG (K), NJW 2014, 907 (909, Rn. 47); BVerfGE 135, 317 (399, Rn. 160; 402, Rn. 165); dazu etwa C. *Calliess*, ZG 25 (2010), 1 ff.; M. *Nettesheim*, NJW 2010, 177 ff.; umfassend F. C. *Mayer*, Regelungen des Artikels 23 GG, in: Morlok/Schliesky/Wiefelspütz, § 43 Rn. 61 ff. m. w. N.

[146] Zu den Aspekten der Gouvernementalisierung und Entparlamentarisierung *Hölscheidt* (Fn. 144), § 50; F. *Möller*/M. *Limpert*, ZG 28 (2013), 44 (56 ff.); für eine kumulative Integrationsverantwortung mit dem EP S. *Schmahl*, DÖV 2014, 501 ff.

[147] *Schliesky* (Fn. 88), § 5 Rn. 89.

[148] BVerfGE 123, 267 (370 ff., Rn. 276 ff.); dazu *Ruffert* (Fn. 40), § 42 Rn. 12 ff.; *Mayer* (Fn. 145), § 43 Rn. 37 ff. jeweils m. w. N.

[149] Ausführlich m. w. N. *Mayer* (Fn. 145), § 43 Rn. 134 ff. sowie P. *Sensburg*, Europafähigkeit der Parlamente, in: Morlok/Schliesky/Wiefelspütz, § 44 Rn. 4 ff.

[150] *Schliesky* (Fn. 88), § 5 Rn. 92 ff.; *Mayer* (Fn. 145), § 43 Rn. 190 ff.

[151] S. BVerfGE 113, 273 (292, 299 ff., Rn. 62, 77 ff.); Rahmenbeschluss des Rates 2002/584/JI.

durch seine »haushaltspolitische Gesamtverantwortung im Rahmen seines Budgetrechts«[152] ebenfalls eine zentrale Rolle zu[153].

II. Wahlrecht (Art. 38 I 1, II, III GG)

1. Bedeutung und Grundsätze (Art. 38 I 1 GG)

a) Funktion

Die Wahl zum Bundestag ist (auf Bundesebene) der grundlegende Legitimationsmodus der staatlichen Gewalt – weil die Wahl der Volksvertretung das wichtigste Mittel der Einflussnahme des Volkes auf die staatliche Willensbildung ist. Da der Volkswille praktisch nur in der Wahl unmittelbar rechtsverbindlich zum Ausdruck kommt – die sachliche Dimension der Volkssouveränität ist vom Grundgesetz nur schwach ausgestaltet worden (→ Rn. 30; → Art. 20 [Demokratie], Rn. 93, 108 ff.) –, ist sie das **zentrale Verfahren** der demokratischen Willensbildung. Durch die Wahl wird die politische Willensbildung des Volkes überführt in den Bereich der staatlichen Entscheidungsfindung. Der staatliche Bereich öffnet sich mit der Einrichtung eines Parlaments und dessen Besetzung durch Wahlen für die gesellschaftliche Einflussnahme, der Bundestag erweist sich so betrachtet als eine Input-Struktur des politischen Systems und die Bundestagswahl als Aktivierung dieser Struktur. 51

Der Verfassungsbegriff der **Wahl** umfasst den gesamten Wahlvorgang von der Erfassung der Wahlberechtigten über die Aufstellung der Bewerber bis hin zur Stimmabgabe – dem eigentlichen Wahlvorgang – und der Auszählung der abgegebenen Stimmen nebst der Feststellung des Wahlergebnisses[154]. 52

Die Wahl des Bundestages dient verschiedenen **Zielen**. Über die demokratische Wahl wird politische Einheit hergestellt, indem die »**integrative Repräsentanz**«[155] in Gestalt einer entscheidungsfähigen Volksvertretung konstituiert wird. Deren Funktionsfähigkeit ist ein eigenes Ziel der Wahl[156]. Als Akt der Volkssouveränität werden politische Präferenzen im Wahlvolk transformiert in institutionalisierte politische Macht. Dies geschieht durch die Bestimmung der personellen Zusammensetzung des Parlaments, die sich wesentlich an den politischen Parteien orientiert: Die Wahlentscheidung legt für die kommende Wahlperiode das Ergebnis des Parteienwettbewerbs fest. Sie ist in Gestalt der parteipolitischen Zusammensetzung des Parlaments der maßgebliche Ausdruck der politischen Präferenzbildung im Volk. Die Kräfteverteilung im Parlament bestimmt mittelbar auch die personelle Besetzung der Regierung und weiterer politischer Machtpositionen. Die Wahl ist – ergänzt und vermittelt durch innerparteiliche Auswahlprozesse – auch ein wichtiges Element bei der politischen Elitenselektion[157]. 53

---

[152] BVerfGE 129, 124 (179, Rn. 124); 131, 152 (205, Rn. 114); 135, 317 (387, Rn. 129).
[153] Ausführlich m. w. N. *Schliesky* (Fn. 88), § 5 Rn. 99 ff.; *Hasenjäger* (Fn. 104), § 25 Rn. 2, 34 ff.; *Mayer* (Fn. 145), § 43 Rn. 99 ff.
[154] *H. Meyer*, HStR³ III, § 45 Rn. 17; Jarass/*Pieroth*, GG, Art. 38 Rn. 6. → Art. 41 Rn. 9; → Art. 20 (Demokratie), Rn. 89 ff.
[155] BVerfGE 95, 408 (420). Zur Integrationsfunktion der Wahl vgl. auch E 6, 84 (92 f.); 51, 222 (236); 71, 81 (97); 95, 408 (418 f.).
[156] BVerfGE 4, 31 (40); 51, 222 (236); 82, 322 (338); 95, 335 (369); 95, 408 (418).
[157] Vgl. *H. Meyer*, HStR³ III, § 45 Rn. 9.

54 Durch die Gewährleistung eines Mehrparteiensystems in Verbindung mit der Beschickung des Parlaments durch miteinander konkurrierende Wahlvorschläge etabliert das Grundgesetz eine **Wettbewerbsdemokratie** (→ Art. 21 Rn. 27, 77). Das Wahlrecht ist damit, wie überhaupt weite Teile des politischen Organisationsrechts, **Wettbewerbsrecht**.

55 Die Wahlrechtsgrundsätze ziehen daraus Konsequenzen: Der offene Zugang zum Wettbewerb wird durch die Allgemeinheit der Wahl gewährleistet; die Chancengleichheit wird durch die Gleichheit der Wahl gesichert; die Freiheit der Wahl schützt vor der staatlichen Beeinflussung und trägt damit zur Chancengleichheit der bisherigen Opposition bei. Diesem Ziel dient auch die gebotene **formale Handhabung** des Wahlrechts, um die Gefahr gezielter Ungleichbehandlungen möglichst klein zu halten[158]. Die Öffentlichkeit des Wahlverfahrens dient der allgemeinen Kontrolle dieses fundamentalen Legitimationsvorgangs (→ Rn. 126).

56 Die **Wahlrechtsgrundsätze** dienen der Erfüllung der Wahlfunktionen. Sie sichern die Anbindung des Repräsentativorgans an das Volk und gewährleisten so die staatslegitimierende Bedeutung der Wahl. Die einzelnen Wahlrechtsgrundsätze[159] sind **Spezifizierungen der Volkssouveränität** (→ Art. 20 [Demokratie], Rn. 82 ff., 102) in verschiedenen Hinsichten[160]. Das Volk in seiner Gesamtheit (Allgemeinheit) soll selbst (Unmittelbarkeit) und in allen Teilen gleichermaßen (Gleichheit) die politische Bestimmungsmacht frei, d.h. ungestört durch andere (und deswegen geheim) ausüben können. Diese politische **Bestimmungsmacht** des Volkes ist in ihrem **materiellen** Gehalt verfassungsrechtlich geschützt: Das Wahlrecht darf nicht zu einer leeren Form herabgewürdigt werden durch eine zu weitgehende Verlagerung von Kompetenzen weg vom Bundestag hin auf supranationale Einrichtungen[161]. Auch wenn diese Grenze angesichts von Art. 23 I GG nicht eng zu ziehen ist (→ Art. 20 [Demokratie], Rn. 54; → Art. 23 Rn. 32, 69 ff.), so ist doch ein inhaltliches Verständnis des Wahlrechts als eines politischen Rechtes auf Einflussnahme festzuhalten (→ Rn. 59 ff.).

57 In soziologischer Betrachtungsweise tragen die Wahlrechtsgrundsätze zur Ausdifferenzierung des politischen Systems aus den sonstigen gesellschaftlichen Zusammenhängen bei[162]. Das bedeutet, dass die staatlichen Institutionen zur Herstellung bindender Entscheidungen vom Einfluss anderer, etwa religiöser, familiärer oder wirtschaftlicher Verpflichtungen befreit und nur dem rechtlichen Programm unterstellt werden; ihre Programmierung durch den Gesetzgeber wird also in den Wahlen von gesellschaftlichen Loyalitäten und Machtbeziehungen freigestellt. Insbesondere die Gleichheit der Wahl soll die **Neutralisierung gesellschaftlicher Einflussdifferenzen** für den institutionalisierten politischen Input-Prozess bewirken. Die Idee des »one man, one vote« wird zu einer mit dem Wahlrecht ausgestatteten Staatsbürgerrolle verdichtet, die frei ist von anderen gesellschaftlichen Rollen und Abhängigkeiten[163]. Dies trägt

---

[158] Für das Parteienrecht → Art. 21 Rn. 81 ff.
[159] Dazu auch BVerfGE 99, 1 (13, Rn. 62).
[160] *Morlok*, Demokratie (Fn. 92), S. 589 ff.
[161] BVerfGE 89, 155 (171 f.); weitergeführt und präzisiert durch E 123, 267 (331 f., Rn. 177 ff.); 129, 124 (170, Rn. 102 f.); 132, 195 (238 ff., Rn. 105 ff.); 134, 366 (380 ff., Rn. 17 ff.).
[162] Zum folgenden *N. Luhmann*, Die Politik der Gesellschaft, 2000, insb. S. 69 ff.; *M. Morlok*, Soziologie der Verfassung, 2014, S. 69 ff.
[163] Vgl. bereits *S. Rokkan*, Europäisches Archiv für Soziologie 2 (1961), 132 ff.; *ders.*, The Comparative Study of Political Participation, in: A. Ranney (Hrsg.), Essays on the Behavioral Study of Politics, 2. Aufl. 1962, S. 47 ff., insb. S. 66 ff.

zur Entstehung einer eigenständigen politischen Sphäre bei, auf die sich eine politische Öffentlichkeit bezieht, die ihre eigenen Gründe und Relevanzen hat.

Das Grundgesetz hat keine ausdrückliche Entscheidung für ein **Wahlsystem**[164] getroffen. Das Zusammenspiel der Wahlrechtsgrundsätze, insbesondere die Gleichheit der Wahl (→ Rn. 99), begrenzt aber die Freiheit des Gesetzgebers bei der Ausgestaltung des Wahlrechts[165]. Angesichts dessen geht das Bundesverfassungsgericht zu weit, wenn es sagt, der Gesetzgeber sei bei der Entscheidung über das Wahlsystem als solches frei und nur bei der jeweiligen Ausgestaltung des gewählten Systems an die Wahlrechtsgrundsätze gebunden (→ Art. 20 [Demokratie], Rn. 97)[166]. Nicht erst die Ausgestaltung des Systems, bereits die Systementscheidung an sich ist von Verfassungs wegen überformt (→ Rn. 99, 106).

b) Träger und rechtstechnische Bedeutung der Wahlrechtsgrundsätze

Träger der von den Wahlrechtsgrundsätzen gewährleisteten Rechte sind alle wahlberechtigten Deutschen als Wähler oder Wahlbewerber, aber auch politische Parteien und ggf. Wählervereinigungen[167] als Proponenten von Listen[168]. Die Wahlrechtsgrundsätze vermitteln diesen Berechtigten **subjektive Rechte**, die ausweislich von Art. 93 I Nr. 4a GG auch mit der Verfassungsbeschwerde durchgesetzt werden können. Den Parteien steht das Organstreitverfahren offen[169]. Beim Rechtsschutz gegen Wahlrechtsverletzungen ist das Monopol des Wahlprüfungsverfahrens auf den Ausspruch mandatserheblicher Fehlerfolgen zu beachten (→ Art. 41 Rn. 11 ff.)[170]. Die Wahlrechtsgrundsätze sind zugleich **objektive Rechtsprinzipien**[171] und sichern die legitimierende Wirkung der Wahl. Als Konsequenz aus dem Demokratieprinzip sind sie **unverzichtbar**. Praktisch wird dies jedenfalls für die Geheimheit der Wahl (→ Rn. 121 ff.). Die Wahlfreiheit hingegen umfasst auch das Recht, nicht zur Wahl zu gehen (→ Rn. 88).

Um das Einflussnahmerecht der Wähler, insbesondere in Bezug auf die weiter voranschreitende europäische Integration, zu sichern, hat das Bundesverfassungsgericht in seiner Maastricht-Entscheidung den **subjektiv-rechtlichen Gehalt** der Wahlrechts-

---

[164] Zur Kritik an diesem Begriff *Meyer*, Wahlsystem (Fn. 35), 1973, S. 152 ff.
[165] Vgl. *H. Meyer*, HStR³ III, § 45 Rn. 23 f.; zu den Wahlrechtsgrundsätzen vgl. auch *ders.*, DÖV 1970, 691 (693); *ders.*, HStR³ III, § 46 Rn. 29 ff.
[166] S. etwa BVerfGE 1, 208 (246 ff.); 6, 84 (90); 34, 81 (99); 95, 335 (349); so auch *H.-U. Erichsen*, Jura 1983, 635 (643); *ders.*, Jura 1984, 22 (26); *W. Pauly*, AöR 123 (1998), 232 (234); unentschlossen *J. A. Frowein*, AöR 99 (1974), 72 (94); kritisch zu dieser These *H. Meyer*, HStR³ III, § 45 Rn. 23 ff.
[167] Die Beschränkung der Einreichungsmöglichkeiten für Landeslisten auf Parteien (sog. Listenprivileg) durch § 27 BWahlG ist nicht verfassungsgeboten; vgl. für Einzelkandidaturen BVerfGE 41, 399 (399 f., 417); vgl. demgegenüber zur Rechtfertigung des Listenprivilegs in unbefriedigender Knappheit BVerfGE 5, 77 (82); 46, 196 (199). Für den kommunalen Bereich ist ein Privileg der Parteien verfassungswidrig: BVerfGE 11, 266 (273 ff.); zur Chancengleichheit zwischen Wählervereinigungen und politischen Parteien *A. Kißlinger*, Das Recht auf politische Chancengleichheit, 1998, S. 148 ff.
[168] BVerfGE 1, 208 (242); 4, 27 (30); 6, 84 (91); 51, 222 (233); 60, 162 (167); 82, 322 (336); 95, 408 (417).
[169] So die st. Rspr.: BVerfGE 1, 208 (223 ff.); 4, 27 (27 ff., insb. 30 f.); 51, 222 (233); 84, 290 (299). Zur Kritik → Art. 21 Rn. 48 mit Fn. 167. Zum dahinterstehenden Verständnis der Parteien als Verfassungsorgane → Art. 21 Rn. 25.
[170] Dazu *D. N. Rauber*, Materiell-rechtliche Maßstäbe für die Wahlprüfung bei Parlamentswahlen und Wahlen auf kommunaler Ebene, 2004; *T. Koch*, DVBl. 2000, 1093 ff.
[171] BVerfGE 99, 1 (12, Rn. 59 f.).

grundsätze auf den »grundlegenden demokratischen Gehalt dieses Rechts«[172] erweitert. Art. 38 I 1 GG kann mittlerweile als subjektiv-rechtliche Ausprägung des Demokratieprinzips verstanden werden, welches dem »Anspruch des Bürgers auf Demokratie«[173] zur Durchsetzung verhilft. Die Intention des Bundesverfassungsgerichts, die **Wahrung der demokratischen Legitimation im Prozess der europäischen Integration** als rügefähiges grundrechtsgleiches Recht über den Hebel des Wahlrechts auszugestalten und sich damit einhergehend die Kontrollmöglichkeit zu eröffnen, stieß teils – unberechtigterweise – auf vehemente Kritik (→ Art. 20 [Demokratie], Rn. 80 f.)[174]. Die nationale rechtspolitische Kultur einer Verschmelzung von Rechtsstaats- und Demokratieprinzip lässt die Möglichkeit der verfassungsgerichtlichen Überprüfung auch durch den Bürger als begrüßenswert erscheinen. Wahlrechtsgrundsätze können als eine Art status activus processualis[175] zum Schutze der individuellen Selbstbestimmung begriffen werden[176].

61 Rügefähig sind nach der Rechtsprechung des Bundesverfassungsgerichtes mittlerweile sechs Aspekte. Vorrangig geht es um die Wahrung des unantastbaren Kerngehalts der **Verfassungsidentität** des Grundgesetzes, welcher sich an Art. 79 III GG anlehnt und unveräußerlicher Bestandteil der demokratischen Selbstbestimmung eines Volkes ist[177]. Hierzu zählt wesentlich der legitimatorische Zusammenhang zwischen den Wahlberechtigten und der Staatsgewalt. Hierfür steht die **Kompetenzerhaltungsrüge** zu Gebote, die bei offensichtlichen und erheblichen Kompetenzüberschreitungen erhoben werden kann. Die Verhinderung einer materiellen Entleerung des Wahlrechts und damit der Verlust hinreichender Gestaltungsmöglichkeiten des Bundestages ist wesentlicher Bestandteil des Demokratieprinzips[178]. Der legitimatorische Zusammenhang erstreckt sich aber auch auf die europäische Hoheitsgewalt, so dass mittels einer **Demokratiedefizitrüge** im Hinblick auf das politische System der Europäischen Union die dortige Wahrung demokratischer Grundsätze rügefähig ist[179]. Ein Identitätswandel der Bundesrepublik Deutschland hin zu einem europäischen Bundesstaat ist ebenfalls nicht mit dem übertragungsfesten Kern des Art. 79 III GG vereinbar, so dass der Bürger die Wahrung dieser äußeren Grenzen der Mitwirkung an der europäischen Integration und damit die **Einhaltung des Entstaatlichungsverbotes** rügen kann[180]. Der Kern der Verfassungsidentität umfasst allerdings nicht nur das Demokratieprinzip, sondern zumindest auch das Sozialstaatsprinzip[181]. Ebenfalls über den Hebel der Wahlrechtsgrundsätze kann mit der Verfassungsbeschwerde eine **Identitätskontrolle**

---

[172] BVerfGE 89, 155 (171 f.).
[173] BVerfGE 135, 317 (386, Rn. 125).
[174] So u. a. *M. Jestaedt*, Der Staat 48 (2009), 497 (508 f.); *M. Nettesheim*, NJW 2009, 2867 (2869); *C. Schönberger*, Der Staat 48 (2009), 535 (539 ff.); *J. Schwarze*, EuR 2010, 108 (114); Jarass/Pieroth, GG, Art. 38 Rn. 3; *Magiera* (Fn. 75), Art. 38 Rn. 104; *H.-H. Trute*, in: v. Münch/Kunig, GG, Art. 38 Rn. 17; a. A. *Klein* (Fn. 76), Art. 38 Rn. 146; *G. Roth*, in: Umbach/Clemens, GG, Art. 38 Rn. 31.
[175] *P. Häberle*, Grundrechte im Leistungsstaat, VVDStRL 30 (1972), S. 43 ff. (86 ff.).
[176] *K. F. Gärditz/C. Hillgruber*, JZ 2009, 872 (872).
[177] BVerfGE 123, 267 (344, Rn. 218 f.; 353 f., Rn. 239 f.); 129, 124 (169, Rn. 101).
[178] BVerfGE 89, 155 (180); 123, 267 (330, Rn. 175); 129, 124 (170, Rn. 102).
[179] BVerfGE 89, 155 (183); 123, 267 (331, Rn. 177).
[180] BVerfGE 123, 267 (331 f., Rn. 179 f.); s. dazu *H. Grefrath*, AöR 135 (2010), 221 ff.
[181] BVerfGE 123, 267 (332 f., Rn. 181 f.; 362 f., Rn. 257 ff.); bezüglich der Erstreckung auf alle Staatsstrukturprinzipien: *K. F. Gärditz/C. Hillgruber*, JZ 2009, 872 (872); kritisch ob dieser Ausweitung: *Trute* (Fn. 174), Art. 38 Rn. 17b.

von europäischen Sekundärrechtsakten erreicht werden, abzielend auf eine Sicherung des unantastbaren Kerngehaltes[182].

Zu den von Art. 79 III GG geschützten und über Art. 38 I 1 GG einklagbaren grundlegenden demokratischen Kompetenzen des Bundestages gehört auch die **Budgethoheit** und die daraus folgende **haushaltspolitische Gesamtverantwortung**, welche grundlegender Bestandteil der demokratischen Selbstgestaltungsfähigkeit ist. Das Parlament darf sich nicht seiner Haushaltsverantwortung in der Weise entäußern, dass zukünftige Bundestage das Budgetrecht nicht mehr in eigener Verantwortung wahrnehmen können[183].

62

Neuerdings ist auch ein subjektives Recht auf Tätigwerden des Bundestages und der Bundesregierung vom Bundesverfassungsgericht in seinem OMT-Beschluss[184] abgeleitet worden, wiewohl nicht eine bestimmte Maßnahme gefordert werden kann. Bundestag und Bundesregierung treffen im Falle einer offensichtlichen und strukturell bedeutsamen Kompetenzüberschreitung der EU-Organe eine **Handlungspflicht zur Wahrung des Kompetenzübertragungsverfahrens** gemäß Art. 23 I 2, 3 GG. Die Handlungspflicht dient der (Wieder-)Herstellung der Legitimation oder der Beendigung des Verstoßes[185]. Die Ultra-Vires-Kontrolle eines Sekundärrechtsaktes wird damit erweitert von einer grundrechtlich gebundenen Rüge[186] hin zu einer subjektiven Rüge gestützt auf Art. 38 I 1 GG mit einem daraus folgenden sehr weiten personalisierten Anwendungsbereich, der von der Kritik mit einer unzulässigen Popularklage kongruent gesetzt wird[187].

63

c) **Anwendungsbereich**

Die Wahlrechtsgrundsätze erfassen das Wahlverfahren in seiner ganzen Erstreckung (→ Rn. 52), wozu auch das innerparteiliche Verfahren der Kandidatenaufstellung zählt, das – im Zusammenspiel mit Art. 21 III GG – demokratischen Anforderungen genügen muss[188]. Als Konkretisierungen des Demokratieprinzips sind die Wahlrechtsgrundsätze **Rechtsprinzipien**, die sich auf die staatlichen Wahlen in den Ländern und im kommunalen Bereich[189] erstrecken (→ Art. 28 Rn. 61 ff.), aber sich auch auswirken auf Wahlen im Bereich der Sozialversicherung, der Personalvertretung und der Arbeitnehmerkammern[190]. Unmittelbar erfassen die Grundsätze des Art. 38 I 1 GG aber

64

---

[182] BVerfGE 123, 267 (396f., Rn 332ff.); 135, 317 (401ff., Rn. 163ff.).
[183] BVerGE 129, 124 (177, Rn. 122); 132, 195 (239ff., Rn. 106ff.).
[184] S. zur der Entscheidung zugrunde liegenden Problematik etwa *M. Ruffert*, JuS 2014, 373ff.
[185] BVerfGE 134, 366 (394ff., Rn. 46ff.); s. zur Problematik *H. Gött*, EuR 2014, 513 (531ff.).
[186] So noch in Honeywell: BVerfGE 126, 286 (300, Rn. 49) in Bezug auf Art. 12 GG.
[187] BVerfGE 134, 366 (376, Rn. 6f.) – Sondervotum *Gerhardt;* zur Mehrheitsmeinung m.w.N.: *H. Gött*, EuR 2014, 513 (533ff.).
[188] S. die Konkretisierungen in § 17 ParteiG und § 21 III S. 2 BWahlG. Zum Ganzen BVerfGE 89, 243 (251ff.); HambVerfG DVBl. 1993, 1071ff. → Art. 21 Rn. 129; zum Problemkreis *M. Werner*, Gesetzesrecht und Satzungsrecht bei der Kandidatenaufstellung politischer Parteien, 2010; s. auch *J. Ipsen*, DVBl. 2004, 532ff. Eine Verfassungsbeschwerde gegen die Zulassung der AfD zur Europawahl aufgrund der Missachtung von demokratischen Prinzipien innerhalb der Partei wurde vom BVerfG aus Zuständigkeitsgründen nicht zur Entscheidung angenommen, BVerfG v. 19.05.2014, Az. 2 BvR 869/14.
[189] Dazu *J. Oebbecke*, Die Verwaltung 31 (1998), 219ff.
[190] BVerfGE 13, 54 (91f.); 51, 222 (234); 60, 162 (167); 71, 81 (94f.); BVerwG NVwZ 1986, 756ff.; *P. Badura*, in: BK, Anh. z. Art. 38 (2013), Rn. 5; der Sache nach auch BayVerfGH BayVBl. 1985, 625ff.

nur die Wahlen zum Bundestag[191]. Der Landesgesetzgeber kann dort, wo es zu Kollisionen zwischen den einzelnen Grundsätzen kommt, bei der Ausformung des Wahlrechts anders gewichten als der Bundesgesetzgeber. Wie weit dabei die Direktionswirkung bundesverfassungsrechtlicher Ausfaltungen des Demokratieprinzips reicht, ist vor allem eine Frage der Reichweite des Homogenitätsprinzips. Die Grenzen für die Landesgesetzgeber dürfen in diesen und verwandten Bereichen nicht zu eng gezogen werden[192]. Unmittelbar erstreckt sich der Verfassungsanspruch auch nicht auf den europäischen Bereich[193]. Personalratswahlen und erst recht Wahlen in privaten Vereinen stehen nicht unter den Grundsätzen des Art. 38 I 1 GG, weil das zu legitimierende Organ keine hoheitlichen Befugnisse besitzt.

d) Einschränkbarkeit

65 Die Wahlrechtsgrundsätze sind nach Art. 38 I 1 GG vorbehaltlos gewährleistet. Art. 38 III GG enthält keinen Gesetzesvorbehalt, sondern stellt lediglich die Begründung einer ausschließlichen Gesetzgebungskompetenz für die Wahl zum Bundestag dar[194]. Eine Einschränkung kann mithin nur gemäß dem allgemeinen Grundsatz der Einheit der Verfassung[195] dadurch gerechtfertigt werden, dass sie in Fällen der Kollision mit einer anderen **verfassungsrechtlich geschützten Position** unabdingbar ist, um beiden konkurrierenden Rechtswerten zur möglichsten Entfaltung zu verhelfen. Es ist also »praktische Konkordanz«[196] herzustellen[197]. Das Bundesverfassungsgericht verwendete früher die Formel der »zwingenden Gründe«[198], und gab damit aber den Kreis möglicher Einschränkungsgründe durch den Verzicht auf Gründe von Verfassungsrang frei. Seit einiger Zeit wird die Strenge des Kontrollmaßstabs betont und werden höhere Rechtfertigungsanforderungen gestellt, indem Gründe verlangt werden, »die durch die Verfassung legitimiert und von einem Gewicht sind, das der Wahlrechtsgleichheit die Waage halten kann«[199]. Diese Verschärfung schlägt sich neuerdings auch in der Aufgabe des Begriffes der »zwingenden Gründe« nieder[200]. Damit dürfte

---

[191] BVerfGE 99, 1 (8 ff., Rn. 43 ff.; insb. 11, Rn. 57 f.).
[192] Zur Verfassungsautonomie der Länder BVerfGE 99, 1 (11, Rn. 58).
[193] In diese Richtung BVerfGE 51, 222 (225 ff.). Art. 38 I 1 GG als spezialrechtliche Ausformung des Gleichheitssatzes und damit mittelbar auch bei den Wahlen zum Europäischen Parlament anwendbar BVerfGE 129, 300 (317, Rn. 76 f.); sowie dazu *M. Morlok*, JZ 2012, 76 (77); *S. Roßner*, NVwZ 2012, 22 (22 f.); *ders.*, KommPrax Wahlen 2012, 10 (11 f.) und weiterhin BVerfGE 135, 259.
[194] Jarass/*Pieroth*, GG, Art. 38 Rn. 27; *Trute* (Fn. 174), Art. 38 Rn. 105; auch *K.-L. Strelen*, in: Schreiber, BWahlG, Einf. Rn. 14.
[195] BVerfGE 1, 14 (32); 19, 206 (220); 30, 1 (19); 49, 24 (56), st. Rspr.; dazu *Hesse*, Verfassungsrecht, Rn. 20, 71; ausf. *H. Ehmke*, Prinzipien der Verfassungsinterpretation, VVDStRL 20 (1963), S. 61 ff. (77 ff.).
[196] BVerfGE 95, 335 (403) m.w.N.; allgemein *Hesse*, Verfassungsrecht, Rn. 72; s. auch *P. Lerche*, HStR V, § 122 Rn. 3 ff.: nach beiden Seiten möglichst schonender Ausgleich. Vgl. weiter BVerfGE 28, 243 (260 f.); 67, 213 (228); 93, 1 (21).
[197] Verfassungsrechtlich schon gar nicht haltbar sind nur traditional gerechtfertigte Einschränkungen; so aber BVerfGE 36, 139 (141 f.); 67, 146 (148); kritisch *H. Meyer*, HStR[3] III, § 46 Rn. 3, 9.
[198] Vgl. BVerfGE 1, 208 (249); 4, 375 (382 f.); 14, 121 (133); 34, 160 (163); 36, 139 (141); 93, 373 (377); 95, 335 (376); für den grundrechtlichen Kontext E 99, 341 (357, Rn. 56).
[199] BVerfGE 95, 408 (418); 129, 300 (320, Rn. 87); 130, 212 (227 f., Rn. 61 f.); der Rückverweis auf ältere Judikatur verdeckt den Wandel der Rechtfertigungsanforderungen.
[200] BVerfGE 135, 248 (287, Rn. 53) substituiert die Formel durch »besondere, sachlich legitimierte Gründe«.

kein Unterschied zur Rechtfertigung durch kollidierendes Verfassungsrecht mehr bestehen[201].

Eine Reihe von **Verfassungsbestimmungen** lässt ausdrücklich ihre Einschränkung zu, so Art. 38 I 2 GG mit der Festlegung eines Wahlalters, Art. 55 I und 94 I 2 GG als Indemnitätsvorschriften sowie Art. 137 GG mit der Beschränkbarkeit der Wählbarkeit von Angehörigen des öffentlichen Dienstes[202]. Welche anderen Gründe eine Einschränkung tragen können, ist im Detail zu erörtern. Unproblematisch ist vom Ansatz her die Beschränkung eines Wahlrechtsgrundsatzes im Interesse eines anderen. Die Wahlrechtsgrundsätze können nicht immer »in voller Reinheit verwirklicht werden«[203]. Dem Gesetzgeber eröffnet sich aus dem Zwang zur Ausbalancierung der verschiedenen Wahlrechtsgrundsätze ein **Gestaltungsspielraum** (→ Rn. 106), der nach der Rechtsprechung sogar »ein weiter« ist[204]. Freilich ist auch hier auf den systemprägenden Charakter der Wahlrechtsgrundsätze hinzuweisen, im Zweifel wird der Ausgestaltungsspielraum also eher eng sein.

Verletzungen der Wahlrechtsgrundsätze werden von der Rechtsordnung in verschiedener Weise geahndet, so drückt sich die objektiv-rechtliche Bedeutung im strafrechtlichen Schutz nach §§ 105 ff. StGB aus. Die Sonderstellung des Wahlprüfungsverfahrens ist zu beachten (→ Art. 41 Rn. 11 ff.).

2. Allgemeinheit der Wahl

a) Zweck und Inhalt

Der **Zweck** der Allgemeinheit der Wahl liegt wie bei allen Wahlrechtsgrundsätzen in der Realisierung der Volkssouveränität. Ihr besonderer Beitrag besteht in der Gewährleistung der politischen Einflusschancen des gesamten Volkes – ungeachtet der sozialen Schichtung, der Gruppenzugehörigkeit oder sonstiger möglicher Differenzierungsmerkmale[205]. Kein Teil der Bevölkerung soll von der politischen Einflussnahme ausgeschlossen sein[206]. Die Allgemeinheit der Wahl bezeichnet damit auch den Endpunkt des historischen Ausweitungsprozesses des Wahlrechts. Damit wird zugleich eine **Staatsbürgerrolle** gewährleistet, die gegenüber den verschiedensten Eigenschaften der gesellschaftlichen Zugehörigkeit isoliert ist und die Gleichberechtigung aller Angehörigen des Volkes als Bürger sichert. Die Allgemeinheit der Wahl ist insofern auch ein Unterfall der Wahlrechtsgleichheit[207].

Die Allgemeinheit der Wahl gilt für das **aktive** wie für das **passive** Wahlrecht[208]. Sie verbietet es, rechtliche Hürden zu errichten, die es einzelnen Bürgern oder bestimmten Gruppen unmöglich machen oder vergleichsweise erschweren, von ihrem Wahlrecht Gebrauch zu machen. Die auch **objektiv-rechtliche** Qualität begründet eine Ausstrahlungswirkung, so dass privatrechtlich begründete Verpflichtungen, das Wahlrecht nicht auszuüben, nichtig sind[209].

---
[201] Dazu *M. Morlok*, JZ 2012, 76 (78).
[202] Zur Einschränkbarkeit aus innerkirchlichen Gründen nach Art. 140 GG i.V.m. Art. 137 III WRV s. BVerfGE 42, 312 (340 f.).
[203] BVerfGE 3, 19 (24 f.); 59, 119 (124).
[204] BVerfGE 59, 119 (124 f.).
[205] Vgl. BVerfGE 15, 165 (166 f.); 36, 139 (141); 58, 202 (205).
[206] *H. Meyer*, HStR³ III, § 46 Rn. 1.
[207] *H.-U. Erichsen*, Jura 1983, 635 (637); Jarass/*Pieroth*, GG, Art. 38 Rn. 4.
[208] *Magiera* (Fn. 75), Art. 38 Rn. 80; s. auch die fraglose Gleichsetzung in BVerfGE 40, 296 (317).
[209] Jarass/*Pieroth*, GG, Art. 38 Rn. 18; *Trute* (Fn. 174), Art. 38 Rn. 20.

Art. 38

70 Der Gesetzgeber ist im Ergebnis nicht verpflichtet, faktische Schwierigkeiten, tatsächlich das Wahlrecht auszuüben, zu beseitigen. Zu denken ist insbesondere an Krankheit und Auslandsaufenthalte. Zwar gibt es gute Gründe für eine solche Pflicht zur Realisierungshilfe[210]; durch die **Möglichkeit der Briefwahl** können diese Hindernisse überwunden werden. Die Briefwahl gefährdet ihrerseits die Geheimheit und die Höchstpersönlichkeit der Wahl und hebt die Einheitlichkeit des Wahlzeitpunktes auf[211]. Zwischen diesen gegenläufigen verfassungsrechtlichen Direktiven gewinnt der Gesetzgeber die Möglichkeit, die Briefwahl einzuführen, ohne dazu verpflichtet zu sein[212]. Die Briefwahl (§ 36 BWahlG) hat sich bewährt, Anzeichen für eine Verletzung der Geheimhaltung und Freiheit der Wahl in größerem Umfang sind nicht ersichtlich, so dass damit mehr für als gegen die Möglichkeit der Briefwahl spricht[213]. Sogar die 2008 erfolgte Ermöglichung der Briefwahl ohne Angabe von Gründen für Bundestags- und Europawahlen ist verfassungskonform[214]. Um möglichst allen Bürgern tatsächlich den Wahlgang zu ermöglichen, besteht eine Präferenz für einen Sonn- oder Feiertag als Wahltag[215].

71 Wie alle Wahlrechtsgrundsätze erfasst auch die Allgemeinheit das gesamte Wahlverfahren unter Einschluss des **Wahlvorschlagsrechts**[216].

b) Einschränkungen und ihre Rechtfertigung

72 Die Allgemeinheit der Wahl kann zum Schutz anderer Rechtsgüter mit Verfassungsrang eingeschränkt werden (→ Rn. 65). Ausdrücklich ist die Wahlberechtigung durch Art. 38 II GG an das **Wahlalter** des vollendeten 18. Lebensjahres gebunden (→ Rn. 129). Weiter begründen verschiedene **Inkompatibilitätsvorschriften** des Grundgesetzes (→ Rn. 147) zwar keine Ineligibilität, aber die Pflicht zur Entscheidung zwischen der Annahme der Wahl und der Beibehaltung eines inkompatiblen Amtes.

73 **Formale Zulassungshürden** für die Eintragung ins Wählerverzeichnis oder der Besitz eines Wahlscheines sind zulässig[217] und sogar geboten, weil dadurch sichergestellt werden kann, dass alle Bürger darin gleich behandelt werden, nur einmal zur Wahl zu gehen. Die Erfüllung solcher formaler Voraussetzungen ist allen Wählern gleichermaßen möglich und diskriminiert nicht[218].

74 Auch wenn keine Bestimmung im Grundgesetz die Wohnsitznahme im Bundesgebiet verlangt oder zur Voraussetzung für die Ausübung des Wahlrechts macht, so spricht doch einiges für die **Sesshaftigkeit im Bundesgebiet** als überkommene Voraussetzung für die Ausübung des Wahlrechts[219], so die Erwägung, dass die Ausübung des Wahlrechts eine gewisse Vertrautheit mit den Verhältnissen in der Bundesrepublik

---

[210] S. *J.A. Frowein*, AöR 99 (1974), 72 (101 f.); *Trute* (Fn. 174), Art. 38 Rn. 20.
[211] *H. Meyer*, HStR³ III, § 46 Rn. 13.
[212] BVerfGE 12, 139 (142); 15, 165 (167).
[213] Vgl. BVerfGE 21, 200 (205 ff.); s. auch zur Schutzpflicht für die Geheimheit und Freiheit der Wahl BVerfGE 59, 119 (127).
[214] BVerfGE 134, 25 (31, Rn. 14 f.).
[215] So noch Art. 22 I 2 WRV; *P. Weides*, Bestimmung des Wahltages von Parlamentswahlen, in: FS Carstens, 1984, S. 933 ff. (940).
[216] BVerfGE 11, 266 (277); 11, 351 (364); 12, 10 (27); 60, 162 (167); *Trute* (Fn. 174), Art. 38 Rn. 21; *H. Meyer*, HStR³ III, § 46 Rn. 10.
[217] *H.-U. Erichsen*, Jura 1983, 635 (637); *Maunz* (Fn. 76), Art. 38 Rn. 40.
[218] *H.-U. Erichsen*, Jura 1983, 635 (637); *Maunz* (Fn. 76), Art. 38 Rn. 40.
[219] BVerfGE 36, 139 (142 ff.); 58, 202 (205); BVerfG (K), NJW 1991, 689 (690) – mit freilich fragwürdiger Begründung aus der Tradition (»seit jeher«). BVerfGE 132, 39 (53 ff., Rn. 39 ff.); zur Verfas-

voraussetzt[220]. Freilich erweist sich dieser Aspekt in Zeiten entwickelter Informationstechnologie als zunehmend weniger durchschlagend. Angesichts der tatsächlichen Internationalisierung des Lebenszuschnitts, nicht nur eines kleinen Kreises der Bevölkerung, ist die Erweiterung des Wahlrechts für Deutsche im Ausland (§ 12 II, IV BWahlG) im Sinne einer realistischen Anwendung des Verfassungsrechts begrüßenswert[221]. Das grundsätzliche Erfordernis, mindestens seit drei Monaten in der Bundesrepublik eine Wohnung innezuhaben oder sich gewöhnlich aufzuhalten (§ 12 I Nr. 2 BWahlG), ist verfassungsrechtlich nicht zu beanstanden, wiederum um eine mehrfache Wahlberechtigung sicher auszuschließen und (bei Zuzug aus dem Ausland) eine Vertrautheit mit den Verhältnissen voraussetzen zu können[222]. Eine einmalige Doppelrepräsentation durch zweifache Stimmabgabe hier wie dort dürfte allerdings jedenfalls einmalig nicht gegen Verfassungsrecht verstoßen. Bei mehreren Wohnsitzen ist für das aktive wie das passive Wahlrecht auf die tatsächlichen Verhältnisse abzustellen, nicht auf melderechtliche Fiktionen[223].

Nach einer Änderung des BWahlG[224] wird das Wahlrecht von dem Kriterium der Sesshaftigkeit gelöst und eine hinreichende **Verbundenheit zum Heimatland** als ausreichend erachtet. Das Erfordernis für Auslandsdeutsche, nach Vollendung des vierzehnten Lebensjahres mindestens drei Monate in der Bundesrepublik eine Wohnung innegehabt oder sich gewöhnlich aufgehalten zu haben (§ 12 II Nr. 1 BWahlG), oder persönliche und unmittelbare Vertrautheit und Betroffenheit mit den politischen Verhältnissen in Deutschland aufzuweisen (§ 12 II Nr. 2 BWahlG), um wahlberechtigt zu sein, ist verfassungsrechtlich nicht zu beanstanden und wird den Anforderungen des Bundesverfassungsgerichts gerecht[225].

Als Ausdruck der Volkssouveränität ist das Wahlrecht auf die Angehörigen des **Deutschen Volkes** (→ Art. 20 [Demokratie], Rn. 89 ff.) begrenzt[226]. Diese Begrenzung

---

sungswidrigkeit des § 12 II BWahlG i.d. Fassung v. 21.3.2008, welcher allein an einen früheren dreimonatigen Daueraufenthalt im Bundesgebiet anknüpfte.
[220] BVerfG (K), NJW 1991, 689 (690); wohl auch BVerfGE 132, 39 (53 ff., Rn. 39 ff.).
[221] Für einen unbegrenzten Wahlzugang für Auslandsdeutsche *M. Morlok/A. Bäcker*, MIP 19 (2013), 5 ff.; *U. Sacksofsky*, Wahlrecht und Wahlsystem, in: Morlok/Schliesky/Wiefelspütz, § 6 Rn. 36; ausführlich zu der Problematik auch *H.-D. Horn*, Das Wahlrecht von Auslandsdeutschen – Ein Problem mit Tiefen, in: FS Wagner, 2013, S. 343 ff.
[222] S. zum Problem BVerfG (K), NVwZ 1993, 55 (56); die verwaltungsorganisatorische Notwendigkeit der Drei-Monatsfrist bezweifelt *K.-L. Strelen*, in: Schreiber, BWahlG, § 12 Rn. 13; skeptisch auch *H. Meyer*, HStR II, § 38 Rn. 2.
[223] So ThürVerfGH NJW 1998, 525 ff.; dazu kritisch *W. Schreiber*, NJW 1998, 492 ff.; grundsätzlich zum Problem *L. Gramlich*, DVBl. 1985, 425 ff.; s. auch *E. Röper*, DÖV 1974, 838 ff.
[224] Gesetz v. 3.5.2013 (BGBl. I S. 1084).
[225] BVerfGE 132, 39 (57 ff., Rn. 51 ff.); eine umfassendere Reform befürwortend *H.-D. Horn*, Demokratie und Staatsgebiet: Die Bedeutung des Wohnsitzes für das Wahlrecht, in: G.H. Gornig/H.-D. Horn/D. Murswiek (Hrsg.), Nationales Wahlrecht und internationale Freizügigkeit, 2015, S. 55 ff.; *M. Morlok/A. Bäcker*, MIP 19 (2013), 5 (8 ff.); *C.F. Germelmann*, Jura 2014, 310 ff.; *B. Grzeszick*, ZG 29 (2014), 238 (244 ff.); a.A. *T. Felten*, DÖV 2013, 466 ff.; *U. Sacksofsky*, Stellungnahme, Ausschuss-Drucks. 17(4) 634 B.
[226] BVerfGE 83, 37 (50); 83, 60 (71); *H.-U. Erichsen*, Jura 1983, 635 (637 f.); *K. Ipsen/V. Epping*, JuS 1991, 1022 (1027); *B. Kämper*, ZRP 1989, 96 ff.; *E.-W. Böckenförde*, HStR[3] II, § 24 Rn. 28; *H. Quaritsch*, DÖV 1981, 1 (2 ff.); a.A. *H. Hasenritter*, VR 27 (1981), 14 (15); *M. Zuleeg*, Juristische Streitpunkte zum Kommunalwahlrecht für Ausländer, in: K. Sieveking/K. Barwig u.a. (Hrsg.), Das Kommunalwahlrecht für Ausländer, 1989, S. 113 ff. (116 f.); kritisch auch *Schneider* (Fn. 76), Art. 38 Rn. 61; *B.-O. Bryde*, JZ 1989, 257 ff. Jedenfalls ist die Einschränkung der Wählbarkeit auf diejenigen, die den Status als Deutscher haben (§ 15 I 1 BWahlG), verfassungsrechtlich nicht haltbar; ebenso *H. Meyer*, HStR[3] III, § 46 Rn. 13.

auf Deutsche rechtfertigt sich aus dem Umstand, dass Ausländer sich der Gesetzesunterworfenheit in Deutschland durch Wegzug entziehen können[227]. Die Beschränkung gilt auch für Unionsbürger[228]. Zwar wirkt Europarecht auf das nationale Verfassungsrecht ein (→ Vorb. Rn. 53 ff.; → Art. 23 Rn. 12 ff.), Art. 22 AEUV beschränkt das Wahlrecht jedoch ausdrücklich auf die Kommunalwahl[229], von einer verfassungsrechtlichen Erweiterung wurde abgesehen, Art. 28 I 3 GG[230].

77 Weitere Beschränkungen des Wahlrechts sind aus der Geschichte übernommen, aber kaum zu rechtfertigen. Aufgrund **geistiger Gebrechen** kann das Wahlrecht ausgeschlossen werden, wenn es an der Geschäftsfähigkeit fehlt (§ 13 Nrn. 2, 3 BWahlG)[231]. Aus Gründen der Rechtssicherheit ist für den Ausschluss vom Wahlrecht aus solchen Gründen ein Richterspruch zu fordern. Dem Wahlvorsteher im Wahllokal ist es also verwehrt, einen dem Anschein nach nicht zurechnungsfähigen Wähler von der Wahl auszuschließen, wenn dieser im Wählerverzeichnis aufgeführt ist. **Höchstaltersgrenzen** sind unzulässig, wie der Rückschluss aus Art. 38 II GG ergibt[232]. Nach dem Gesetz kann das Wahlrecht auch wegen **staatsbürgerlicher Mängel** durch Richterspruch entzogen werden (§§ 13 Nr. 1, 15 II Nr. 2 BWahlG, §§ 45, 92a, 101, 108c, 109i StGB). Die verfassungsrechtliche Beurteilung muss differenzieren zwischen dem Verlust der Wählbarkeit und des Stimmrechts aufgrund der Verurteilung wegen eines Verbrechens zu einer Freiheitsstrafe von mindestens einem Jahr (§ 45 I StGB) und dem Verlust von Stimmrecht und Wählbarkeit durch Richterspruch als Nebenfolge einer Freiheitsstrafe wegen einer Straftat aus dem Bereich der Staatsschutzdelikte[233]. Der Schutz der verfassungsrechtlich gewährleisteten Wahlen ebenso wie der Schutz des demokratischen Rechtsstaates und die Sicherheit des Staates nach außen rechtfertigen Einschränkungen des Wahlrechts bei denjenigen, die wegen Delikten gegen diese Verfassungsrechtsgüter bestraft wurden. Es bleibt jedoch zu hinterfragen, ob ein Entzug des Wahlrechts nicht den Fällen des **Art. 18 GG** vorbehalten bleiben sollte (→ Art. 18 Rn. 50). Verfassungsfeindliche Gesinnung wird auch ansonsten nicht durch den Entzug verfassungsrechtlicher Rechtspositionen sanktioniert. Warum das Wahlrecht hier einen Sonderfall bildet, ist im Ergebnis nicht einzusehen. Der Ausschluss von der Wählbarkeit wegen einer sonstigen Straftat ist jedenfalls nicht durch ein Verfassungsrechtsgut gefordert und damit nicht haltbar[234].

---

[227] *U. Spies*, JuS 1992, 1036 (1038).
[228] BVerfGE 83, 60 (71); zum Kommunalwahlrecht für Ausländer vgl. auch *U. Karpen*, NJW 1989, 1012 (1015); zur Frage, ob Bürger der Europäischen Union *de lege ferenda* zu den Wahlen zugelassen werden könnten, vgl. verneinend *B.-O. Bryde*, JZ 1989, 257 (258 ff.); *H. Meyer*, HStR³ III, § 46 Rn. 6, 8; *H. Rittstieg*, Ausländerwahlrecht – Eine Nachlese, in: K. Barwig/G. Brinkmann u.a. (Hrsg.), Vom Ausländer zum Bürger, 1994, S. 365 ff. (369); bejahend *F. Ruland*, JuS 1975, 9 (11 ff.).
[229] Hierzu *M. Kaufmann*, ZG 12 (1998), 25 ff. → Art. 28 Rn. 27, 69 ff.
[230] Aus diesem Grunde wurde auch – unter Hinweis auf Art. 28 I 1 GG – der Gesetzentwurf der Bürgerschaft Bremens, der eine Ausweitung des Wahlrechts zur Bürgerschaft (Landtag) auf Unionsbürger vorsah, vom Staatsgerichtshof Bremen für verfassungswidrig erklärt: StGH Bremen v. 31.1. 2014, St 1/13 mit Sondervotum *Sacksofsky*.
[231] BVerfGE 36, 139 (141 f.); *H. Meyer*, HStR³ III, § 46 Rn. 4; *Magiera* (Fn. 75), Art. 38 Rn. 81.
[232] *L. Gramlich*, JA 1986, 129 (132 f.). Für die Wahl zu Exekutivorganen kann anderes gelten, BVerfG (K), DVBl. 1994, 43 f.
[233] Ohne Problematisierung – und ohne Differenzierung – hält diese Einschränkung für zulässig BVerfGE 36, 139 (141 f.). S. weiter *Magiera* (Fn. 75), Art. 38 Rn. 81; *Trute* (Fn. 174), Art. 38 Rn. 24; *K.-L. Strelen*, in: Schreiber, BWahlG, § 13 Rn. 7.
[234] Allein das Ansehen des Parlaments könnte für die Fernhaltung von Straftätern sprechen. Dieser Größe ist aber ohne nähere Qualifizierung schwerlich Verfassungsrang zuzuerkennen. Dass die

Das **Wahlvorschlagsrecht**, also die förmliche Anmeldung einer Wahlbewerbung, darf nicht auf politische Parteien beschränkt werden[235]. Die Parteien haben kein Nominierungsmonopol. Das **Listenprivileg** der Parteien nach § 27 I 1 BWahlG ist nicht unproblematisch[236], aber verfassungsrechtlich haltbar, einerseits mit dem Blick auf das Ziel eines arbeitsfähigen Parlaments, andererseits weil Organisationen den Parteistatus durch Beteiligung an Wahlen unschwer erlangen können.

3. Unmittelbarkeit der Wahl

Die Unmittelbarkeit der Wahl hat den **Zweck**, den Einfluss des Volkes auf die personelle Zusammensetzung des Parlamentes zu maximieren und den Einfluss anderer Kräfte zu minimieren. Damit soll das Wahlverfahren auch dem Wähler eine rationale Entscheidung ermöglichen, indem es ihm *ex ante* erkennbar macht, wie sich die eigene Stimmabgabe auf Erfolg oder Misserfolg der Wahlbewerber auswirken kann[237]. Das Volk soll das »letzte Wort« bei der Auswahl der Kandidaten haben[238]. Unmittelbare Wahlen sind also **mediatisierungsfeindlich**.

Nach dem Grundsatz der unmittelbaren Wahl darf sich die personelle Zusammensetzung des Parlaments nur bemessen nach der Wahlentscheidung der Bürger, allenfalls modifiziert durch die negative Entscheidung eines Gewählten, sei es, dass er sein Mandat nicht annimmt, sei es, dass er später darauf verzichtet[239]. Der Gewählte ist dabei keine Instanz, die zwischen die Wähler und die Zusammensetzung des Parlamentes tritt, überdies ist es sinnlos, einen Unwilligen zum Volksvertreter zu haben. Zwischen die Entscheidung der Wähler und die Zusammensetzung des Parlaments darf **keine weitere politische Willensentscheidung** treten[240]. Damit ist ein Wahlmännersystem ausgeschlossen[241]. Darin erschöpft sich die Bedeutung der Unmittelbarkeit aber nicht. Hinsichtlich des aktiven Wahlrechts ist eine Vertretung bei der Wahl unzulässig: Das Wahlrecht muss **höchstpersönlich** ausgeübt werden[242]. Das Unmittelbarkeitserfordernis hat damit also eine institutionelle ebenso wie eine persönliche Dimension.

Ausgeschlossen ist ein Wahlrecht, in dem entgegen Art. 38 I 1 GG nicht »die Abgeordneten« gewählt werden, sondern nur Parteien[243]. Trotz der verfassungsrechtlichen Anerkennung der Parteien in Art. 21 GG bleibt die Wahl zum Bundestag eine Perso-

---

Dauer des Verlustes des Wahlrechts erst vom Tage der Verbüßung der Freiheitsstrafe an gerechnet wird (§ 45 II StGB), verstößt gegen die grundrechtlich gebotene Wahrung der Resozialisierungschance (→ Art. 1 I Rn. 67, 143; → Art. 2 I Rn. 78).

[235] BVerfGE 11, 351 (361 f.); 41, 399 (417); 47, 253 (282). Die Parteien »wirken« nach Art. 21 I 1 GG bei der politischen Willensbildung nur »mit«, genießen keine Monopolstellung (→ Art. 21 Rn. 26). Um der Offenhaltung des politischen Prozesses willen, auch unter dem Gesichtspunkt der Offenhaltung der Konkurrenz für Gruppierungen, die sich erst im Erfolgsfall möglicherweise als Partei konstituieren, ist dies geboten.

[236] Für verfassungswidrig gehalten von *Achterberg/Schulte* (Fn. 84), Art. 38 Rn. 126; *Trute* (Fn. 174), Art. 38 Rn. 25; *R. Mußgnug*, JR 1976, 353 ff.

[237] Zu diesem Gesichtspunkt BVerfGE 95, 335 (350); 121, 266 (307 f., Rn. 126 ff.).

[238] BVerfGE 3, 45 (49 f.); 7, 63 (68).

[239] Zur Unschädlichkeit einer solchen Entscheidung des Gewählten BVerfGE 3, 45 (50).

[240] BayStGH BayGVBl. 1930, 77 (87 f.); *G. Leibholz*, Die Reform des Wahlrechts, VVDStRL 7 (1932), S. 159 ff. (167 ff.); BVerfGE 3, 45 (50); 7, 63 (68); 21, 355 (356); 47, 253 (279 f.).

[241] BVerfGE 7, 63 (68); 47, 253 (279); *Achterberg/Schulte* (Fn. 84), Art. 38 Rn. 124; *H.-U. Erichsen*, Jura 1983, 635 (639).

[242] *Maunz* (Fn. 76), Art. 38 Rn. 32; *Trute* (Fn. 174), Art. 38 Rn. 69.

[243] BVerfGE 95, 335 (349).

nenwahl[244]. Der unverzichtbaren Rolle der Parteien (→ Art. 21 Rn. 19 ff.) kann Rechnung getragen werden in Gestalt der **Listenwahl**. Der Einfluss der Parteien erstreckt sich hier auf die Besetzung und die Reihenfolge der Liste. **Offene Listen**, bei denen die Wähler Kandidaten von einer anderen Liste übernehmen können, oder **ungebundene Listen**, bei denen die Wähler die Reihenfolge der Bewerber innerhalb der Parteiliste verändern können, sind mit der Unmittelbarkeit ohne weiteres zu vereinbaren. Die **starre Liste**[245] beeinträchtigt nicht die Unmittelbarkeit der Wahl, weil durch die Fixierung der Reihenfolge vor der Wahlhandlung ein Einfluss der Partei nach dem Wahlakt ausgeschlossen ist[246]. Die Praxis, auf den Stimmzetteln nur die ersten Bewerber einer jeden Liste aufzuführen (§ 45 I 2 BWahlO) ist akzeptabel, solange die öffentliche Bekanntmachung durch den Landeswahlleiter (§ 28 III BWahlG) alle Listenkandidaten enthält[247]. Ein **nachträgliches Auffüllen** der Liste ist ebenso unzulässig[248] wie ihre **nachträgliche Abänderung** oder die Streichung einzelner Bewerber[249].

82 Das sogenannte **Rotationsprinzip**, bei dem ein Abgeordneter einer Partei in der Mitte der Legislaturperiode zurücktritt, damit der nächstplatzierte Listenkandidat nachrückt, ist auch unter dem Blickwinkel der Unmittelbarkeit der Wahl problematisch[250]. Durch den verabredeten Rücktritt wird die Wahlentscheidung des Wählers geändert, und zwar nicht aufgrund von nach der Wahl eintretenden Umständen, sondern wegen einer bereits im vorhinein gefassten Abrede. Mit der Unmittelbarkeit ist eine solche Rotationspraxis nur vereinbar, wenn der Wähler bei seiner Wahlentscheidung diese Selbstfestlegung kennt[251].

83 Prima facie problematisch erscheint, dass nach § 48 I 2 BWahlG beim **Nachrücken** aus der Landesliste diejenigen Bewerber unberücksichtigt bleiben, die seit der Aufstellung der Liste aus dieser Partei ausgeschieden sind. Im Ergebnis ist diese Regelung aber zu billigen. Im einzelnen: Beim **freiwilligen Austritt** ist diese Regelung nicht zu beanstanden[252]. Vor dem Erwerb des Abgeordnetenstatus ist zum Schutz der Erwartungen der Wähler die parteipolitische Prägung der Liste der dominierende Aspekt; beim gewählten Abgeordneten geht aber die Freiheit des Mandats nach Art. 38 I 2 GG (→ Rn. 149 ff.) vor. Die Vorschrift dient der Abwehr von Bewerbern, die sich von ihrer Partei abwenden und gleichwohl für sie ins Parlament einrücken wollen. Die Austritts-

---

[244] BVerfGE 7, 63 (68); 95, 335 (349).
[245] Von einer solchen spricht man dann, wenn die Kandidaten in einer unveränderbaren Reihenfolge nominiert sind.
[246] BVerfGE 3, 45 (51); 7, 63 (69); 21, 355 (356); 47, 253 (283); *Trute* (Fn. 174), Art. 38 Rn. 29; a. A. *H.-J. Rinck*, JZ 1958, 193 (195), der aber im Ergebnis die starre Liste über Art. 21 GG rechtfertigt; kritisch *H. H. v. Arnim*, ZRP 2004, 115 (116 f.).
[247] BVerfGE 47, 253 (280 f.).
[248] BVerfGE 3, 45 (51); *Trute* (Fn. 174), Art. 38 Rn. 29; *Schneider* (Fn. 76), Art. 38 Rn. 64.
[249] BVerfGE 7, 77 (85); *Schneider* (Fn. 76), Art. 38 Rn. 64; *Achterberg/Schulte* (Fn. 84), Art. 38 Rn. 124; *Trute* (Fn. 174), Art. 38 Rn. 29.
[250] Zum Aspekt der Freiheit des Abgeordneten → Rn. 149; zum Aspekt der Dauer der Wahlperiode → Art. 39 Rn. 13.
[251] Für ohne weiteres vereinbar mit dem Grundsatz der Unmittelbarkeit halten die Rotation NdsStGH NJW 1985, 2319 (2320) und *Trute* (Fn. 174), Art. 38 Rn. 31.
[252] *Badura* (Fn 190), Anh. z. Art. 38 Rn. 15; *Trute* (Fn. 174), Art. 38 Rn. 30; *Magiera* (Fn. 75), Art. 38 Rn. 84; undifferenziert billigt diese Klausel BVerfGE 7, 63 (72) mit unzutreffender Begründung, die auf notwendige Voraussetzungen für die Übernahme des Abgeordnetenmandats abhebt, vgl. zur Kritik *J. A. Frowein*, AöR 99 (1974), 72 (103); a. A. *H.-U. Erichsen*, Jura 1983, 635 (640); Bedenken, bereits die »Mandatsanwartschaft« eines Ersatzbewerbers mit dem Verlust der Parteimitgliedschaft verloren zu geben, bei *Schneider* (Fn. 76), Art. 38 Rn. 64.

entscheidung während der Schwebezeit²⁵³ ist einem Mandatsverzicht gleichzustellen, sie tangiert zwar die Unmittelbarkeit²⁵⁴, verletzt sie aber nicht. Auch bei der Anwendung auf einen **Parteiausschluss** ist die Regelung des § 48 I 2 BWahlG verfassungsmäßig²⁵⁵. Zwar wirkt sich in diesem Fall die Ausschlussentscheidung der Partei auf die Zusammensetzung des Bundestages aus, diese Durchbrechung des Unmittelbarkeitsgrundsatzes ist aber durch Art. 21 GG gerechtfertigt: Es ist den Wählern wie einer Partei nicht zuzumuten, ihr einen Bewerber zuzurechnen, der mittlerweile nicht mehr ihr programmatisches Selbstverständnis teilt oder das notwendige Minimum an Kooperationsbereitschaft zeigt. Dass ein Ausschluss tatsächlich nur in diesen Fällen und nicht willkürlich erfolgt, wird durch die gesetzliche Bindung an § 10 IV, V PartG und die gerichtliche Nachprüfbarkeit dieser Entscheidung gewährleistet (→ Art. 21 Rn. 136, 141)²⁵⁶. Beim Abgeordneten ist der Parteiausschluss mandatsunschädlich (→ Rn. 145). Gesetzlich nicht bedacht sind **Parteispaltung** und **-neugründung**²⁵⁷. Diese Fälle sind wegen des Momentes der selbstbestimmten Veränderungen der Ausgangslage wie ein freiwilliger Austritt zu behandeln.

Das sogenannte **ruhende Mandat**, wonach das Abgeordnetenmandat während der Amtszeit eines Abgeordneten als Minister ruht und für diese Zeit ein Nachrücker für ihn ins Parlament kommt, ist unzulässig, weil der Minister durch Rücktritt – oder der Bundeskanzler durch dessen Entlassung – über die Fortdauer des Mandats des Nachfolgers entscheidet²⁵⁸. 84

Auch der Grundsatz der Unmittelbarkeit ist zum Schutz anderer Verfassungswerte **Einschränkungen** zugänglich. **Behinderte** oder des Lesens unkundige Wähler können sich nach § 33 II BWahlG eines Helfers bedienen²⁵⁹. Die Einschaltung einer solchen Hilfsperson ist gerechtfertigt, weil sie die Ausübung des Wahlrechts der behinderten Bürger erst ermöglicht und damit die Allgemeinheit der Wahl stärkt. Gleiches gilt auch für die Gefahren, welche die **Briefwahl** für die Höchstpersönlichkeit (und die Geheimheit) der Wahl begründen²⁶⁰. 85

4. Freiheit der Wahl

Der spezifische Beitrag der Freiheit der Wahl zur Realisierung der Volkssouveränität liegt in der Sicherung des wahren Ausdrucks der Präferenzen der Wähler. Diese sollen sich in den Wahlentscheidungen ungehindert von Zwang niederschlagen können. Bereits begrifflich wird »Wahl« mit der **Freiheit, zwischen mehreren Möglichkeiten entscheiden zu können**, verbunden²⁶¹, umgekehrt erweist sich die Möglichkeit der »Wahl« 86

---

²⁵³ SaarlVerfGH v. 16.4.2013, LV 10/12, S. 15 ff.: Parteiwechsel nach Feststellung des Wahlergebnisses und vor konstitutivem Zusammentritt des Parlaments ist kein Grund für einen Mandatsverlust.
²⁵⁴ Mit dieser Begründung H. Meyer, HStR³ III, § 46 Rn. 12.
²⁵⁵ A. A. H.-U. Erichsen, Jura 1983, 635 (640); O. Uhlitz, DÖV 1957, 468 (469).
²⁵⁶ Dazu auch W. Schreiber, DÖV 1976, 734 (737 ff.).
²⁵⁷ Dazu auch H. Meyer, HStR³ III, § 46 Rn. 12, freilich ohne Festlegung.
²⁵⁸ HessStGH NJW 1977, 2065 (2066); T. Dress, Das ruhende Mandat, 1985, S. 102 ff.; S. Mückl, Jura 2001, 704 ff. → Art. 28 Rn. 62.
²⁵⁹ S. weiter § 57 BWahlO und bei der Briefwahl § 36 II BWahlG, § 66 III 2, 3 BWahlO; schon bei Nicolaus Cusanus findet sich diese Möglichkeit, dort freilich bezogen auf die des Lesens unkundigen Kurfürsten, vgl. G. Hägele/F. Pukelsheim, Studia Lulliana 97 (2001), 3 (18).
²⁶⁰ Zur Verfassungsmäßigkeit der Briefwahl BVerfGE 21, 200 (204 f.); 59, 119 (125 ff.); beachte die Pflicht zur Beobachtung der Handhabung der Briefwahl: → Rn. 125.
²⁶¹ »Möglichkeit des Aussuchens unter mehreren«, J. und W. Grimm, Deutsches Wörterbuch,

als Ausdruck von Freiheit. Nur eine freie Wahl kann auch legitimierend wirken[262] und damit eine wesentliche Wahlfunktion (→ Rn. 51) erfüllen. Das wichtigste Instrument zur Sicherung der Freiheit der Wahl ist die Geheimheit der Wahl (→ Rn. 121 ff.); beide sind funktionell miteinander verbunden[263]. Auch wenn die Geheimheit der Wahl gesichert ist, behält die Wahlfreiheit ihre Bedeutung, weil sie über den Akt der Stimmabgabe hinaus weitere Wirkungen entfaltet, nämlich für die vorgelagerten Phasen des Wahlverfahrens und den Kontext der Wahlentscheidungen.

87 Die Freiheit der Wahl bedeutet zunächst, dass die Stimmabgabe ohne Zwang oder sonstige unzulässige Beeinflussung bleibt[264]. Darüber hinaus gewährleistet die Wahlfreiheit auch eine materielle Freiheit in dem Sinne, dass das Wahlverfahren Entscheidungsmöglichkeiten des Wählers offen hält, so dass eine Auswahlfreiheit besteht[265]. Diese gebietet auch die Aufstellung mehrerer konkurrierender Kandidaten bzw. Listen divergierender politischer Auffassungen[266].

88 Die gesetzliche Einführung einer **Wahlpflicht** ist unzulässig[267]. Die Freiheit der Wahl umfasst auch die Möglichkeit, von diesem Recht keinen Gebrauch zu machen (→ Vorb. Rn. 133); da der Bürger sich jedenfalls in der Wahlkabine der Stimme enthalten könnte, wäre es unverhältnismäßig, ihn gleichwohl zum Wahlgang zu zwingen. Hier wird der enge funktionale Zusammenhang zwischen Freiheit und Geheimheit der Wahl besonders deutlich. Einer Verfassungsänderung stünde jedoch Art. 79 III GG nicht entgegen[268].

89 Die Wahl ist nur dann tatsächlich frei, wenn auch die frühen Phasen vom Grundsatz der Wahlfreiheit gedeckt sind. Sie umfasst auch das Recht, **Wahlvorschläge** zu machen[269]. Ein Monopol der Parteien auf die Nominierung von Bewerbern wäre verfassungswidrig[270]. Auch bei der **Kandidatenaufstellung**[271] – unter Einschluss des innerparteilichen Bereichs[272] – muss die Wahlrechtsfreiheit beachtet werden[273]. Innerparteilich müssen mehrere Bewerber zur Auswahl stehen können, freie Wahlvorschläge möglich sein und konkurrierende Listenvorschläge zur Abstimmung gestellt werden können. Überdies muss der Versammlungsablauf demokratischen Mindestgeboten entsprechen[274].

Bd. 27, 1922, Sp. 507 f.; BVerfGE 47, 253 (283); s. auch die Aufladung des Begriffs der Wahl in BVerfGE 89, 243 (252 f.); *Trute* (Fn. 174), Art. 38 Rn. 37.

[262] BVerfGE 44, 125 (139); 73, 40 (85).
[263] BVerfGE 5, 85 (232).
[264] BVerfGE 7, 63 (69 f.); 47, 253 (282 f.); 66, 369 (380); 95, 335 (350).
[265] Dazu BVerfGE 47, 253 (282 f.); 95, 335 (350).
[266] S. auch *Schneider* (Fn. 76), Art. 38 Rn. 65: Verfassungsauftrag zur Personal- und Sachalternative.
[267] *H. Dreier*, Jura 1997, 249 (254); *W. Frenz*, ZRP 1994, 91 ff.; *Jarass/Pieroth*, GG, Art. 38 Rn. 16; *Magiera* (Fn. 75), Art. 38 Rn. 85; a. A. *Schneider* (Fn. 76), Art. 38 Rn. 66; *Maunz* (Fn. 76), Art. 38 Rn. 32; *C. Labrenz*, ZRP 2011, 214 ff.
[268] *H. Dreier*, Jura 1997, 249 (254).
[269] BVerfGE 41, 399 (417); 47, 253 (282); 89, 243 (251); *Trute* (Fn. 174), Art. 38 Rn. 40.
[270] BVerfGE 41, 399 (416 f.); 47, 253 (282). Für die Landeslisten aber → Rn. 107.
[271] Zur Problematik der Kandidatenaufstellung s. *M. Werner*, Gesetzesrecht und Satzungsrecht bei der Kandidatenaufstellung politischer Parteien, 2010; *H. H. Klein*, in: Maunz/Dürig, GG, Art. 21 (2012), Rn. 339; *M. Morlok*, NVwZ 2012, 913 (914 f.).
[272] BVerfGE 89, 243 (251 f.).
[273] BVerfGE 47, 253 (283); 89, 243 (251 f.); HambVerfG DVBl. 1993, 1070 (1071 f.) mit Anm. *U. Karpen*, 1077 (1078 f.); *P. M. Huber*, DÖV 1991, 229 (230).
[274] BVerfGE 89, 243 (250 ff., 260): ausreichende Redezeit für Bewerber – allerdings mit nicht rest-

Komplement des Wahlvorschlagsrechts ist das Recht, selbst zur Wahl zu kandidieren und im Erfolgsfalle die Wahl auch anzunehmen, das man als **passive Wahlrechtsfreiheit** bezeichnen kann[275]. Unter dem Gesichtspunkt einer »Scheinkandidatur« darf niemand von der Bewerbung ausgeschlossen werden, eine Prüfung der Ernsthaftigkeit der Kandidatur ist den Wahlorganen untersagt[276]. Die freie Kandidatur wird durch begleitende Rechtsvorschriften auch im gesellschaftlichen Bereich abgesichert[277].

Die Freiheit der Wahl deckt zunächst sowohl die mehrfache Kandidatur von Wahlbewerbern wie auch das »**Doppelauftreten**« von Parteien und Wählervereinigungen unter verschiedenen Namen. Ihm stehen jedoch die Wahlrechtsgleichheit sowie der Schutz der Wähler vor Irreführung entgegen. In diesem Konflikt der Wahlrechtsgrundsätze ist der Gesetzgeber zu einer Regelung befugt. Ein gesetzliches Verbot des Doppelauftretens ist daher zulässig[278].

Wegen Verfassungswidrigkeit **verbotene Parteien** und ihre Ersatzorganisationen (→ Art. 21 Rn. 155; § 33 PartG) sind von der Wahl ausgeschlossen[279].

Um auch tatsächliche Wahlfreiheit möglichst zu gewährleisten, wird der Schutz dieses Rechts auch auf den **Kontext** des eigentlichen Wahlverfahrens erstreckt und bezieht thematisch **Wahlbeeinflussungen** mit untunlichen Mitteln ein[280]. Die Willensbildung im gesellschaftlichen Kommunikationsprozess wird also gegen unzulässige Einflussnahme auf die Willensbildung des Wählers geschützt[281]. Dabei sind Wahlbeeinflussungen vonseiten des Staates und vonseiten Privater zu unterscheiden.

Unzulässige kommunikative Einflussnahme kann von staatlicher Seite her erfolgen. Die **Öffentlichkeitsarbeit der Regierung** ist insofern problematisch, als eine parlamentarische Regierung immer parteigetragen ist und ihre Mitglieder immer auch für ihre Partei stehen, sie bei der Öffentlichkeitsarbeit aber – anders als die Oppositionsparteien – auf Haushaltsmittel zurückgreifen kann. Als quasi-amtliche Verlautbarung genießen Regierungsverlautbarungen einen Aufmerksamkeitsvorsprung, vielleicht sogar einen Glaubwürdigkeitsvorsprung[282]. Nicht nur unter dem Gesichtspunkt der Gleichheit[283], sondern auch unter dem der Freiheit sind solche amtlichen Aktivitäten kritisch zu betrachten. Öffentlichkeitsarbeit amtlicher Stellen ist allerdings grundsätzlich zulässig, sogar notwendig[284]. Zwischen der gebotenen Neutralität der staatlichen Orga-

---

los überzeugender Ableitung aus dem Begriff der Wahl; HambVerfG DVBl. 1993, 1070 (1071 f.). → Art. 21 Rn. 128; vgl. auch *J. Ipsen*, DVBl. 2004, 532 ff.

[275] Vgl. *Achterberg/Schulte* (Fn. 84), Art. 38 Rn. 127; *Maunz* (Fn. 76), Art. 38 Rn. 47.

[276] Vgl. im kommunalen Bereich VGH Kassel DVBl. 1980, 66 (67 f.); OVG Koblenz NVwZ-RR 1992, 255 ff.

[277] S. §§ 2 f. AbgG. → Art. 48 Rn. 10 ff., 14 ff.

[278] BVerwG NVwZ 1992, 489 f.; BayVerfGH DÖV 1993, 954 ff.; *H. Büchner*, BayVBl. 1990, 321 (322); *T. Dickert*, BayVBl. 1990, 326 (329 ff.).

[279] Zur zeitlichen Komponente von Verbotsurteilen vgl. *H. Meier*, Parteiverbote und demokratische Republik, 1993, S. 219 ff.; der Entwurf des VE-Kuratoriums regelt den Ausschluß von der Wahl explizit in Art. 21 IV, S. 134.

[280] Zur historischen Perspektive *R. Arsenschek*, Der Kampf um die Wahlfreiheit im Kaiserreich, 2003, S. 173 ff. sowie zur einer inhaltlichen Erläuterung etwa BVerfGE 103, 111 (125 ff., Rn. 85 ff.).

[281] Vgl. BVerfGE 44, 125 (139): freier und offener Prozeß der Meinungsbildung. Grundlage hierfür ist allerdings auch die politische Chancengleichheit.

[282] *E. Kempen* hält daher eine exekutivische Werbung außerhalb des Parlaments für unzulässig: *ders.*, Grundgesetz, amtliche Öffentlichkeitsarbeit und politische Willensbildung, 1975, S. 260.

[283] BVerfGE 44, 125 (144 ff.); 63, 230 (243). → Art. 21 Rn. 94.

[284] BVerfGE 44, 125 (147 f.); 63, 230 (242 f.); VerfGH NW NVwZ 1992, 467 (467); *F. Schürmann*, Öffentlichkeitsarbeit der Bundesregierung, 1992, S. 125 ff.; s. auch *U. Di Fabio*, JZ 1993, 689 ff. zur grundrechtlichen Perspektive.

ne, die durch Achtung der Chancengleichheit der Parteien den politischen Kommunikationsprozess der Gesellschaft als einen freien zu erhalten haben, einerseits und der zulässigen Informationstätigkeit andererseits muss eine – zugegebenermaßen schwierige – Abgrenzung getroffen werden. Maßgebend für den Verlauf dieser Grenze ist die Einwirkung auf die Wahl. »Zulässige Öffentlichkeitsarbeit findet [...] dort ihre Grenze, wo die Wahlwerbung beginnt«[285]. Zeitlich ist die Regierung (ebenso sonstige amtliche Stellen) zu besonderer **Zurückhaltung in der Vorwahlzeit** verpflichtet[286]. Inhaltlich ist die amtliche Öffentlichkeitsarbeit gehalten, wettbewerbsneutral zu sein und sich möglichst sachlich zu präsentieren[287]. Die Ungültigkeit einer Wahl aufgrund einer unzulässigen Öffentlichkeitsarbeit der Regierung im Vorfeld der Wahl solle nur dann erfolgen, wenn eine ernsthaft in Betracht zu ziehende Möglichkeit der Beeinflussung des Wahlergebnisses besteht. An dieser Mandatsrelevanz fehlt es, wenn wegen des zeitlichen Abstandes zur Wahl, ihrer Kurzzeitigkeit, ihrer Art oder ihrer Neutralisierung durch andere politische Botschaften – welche wohl nicht als Kriterium fungieren sollten – eine Einflussnahme ausscheidet[288].

95 **Wahlbeeinflussung durch Privatpersonen**[289] ist demgegenüber grundsätzlich zulässig, soweit sie nach lebensweltlicher Betrachtung nicht Zwangswirkung entfaltet[290]. Der politische Willensbildungsprozess setzt geradezu voraus, dass die Bürger einander von ihren Auffassungen zu überzeugen suchen. Schon aus Gründen der grundrechtlichen Freiheit darf der Meinungskampf nicht eingeschränkt werden, die Wahlfreiheit gibt kein Instrument der Zensur von Wahlpropaganda ab[291].

96 **Geschenke** von Wahlbewerbern an potentielle Wähler sind zulässig, soweit sie nicht den Tatbestand der Wählerbestechung nach § 108 StGB erfüllen. Aufmerksamkeiten von geringem Wert[292], die nach der Lebenserfahrung keine Verpflichtung des Empfängers begründen, sind unbedenklich[293]. Die Wahlwerbung der **Parteien** ist durch die

---

[285] BVerfGE 63, 230 (243).
[286] BVerfGE 44, 125 (151 ff.); 63, 230 (244 f.); der SaarlVerfGH hat den Beginn der Vorwahlzeit auf drei Monate vor den Landtagswahlen datiert und damit nicht auf den Zeitraum ab Bekanntmachung des Wahltermins NVwZ-RR 2010, 785 ff. So wohl BVerfGE 63, 230 (245).
[287] BVerfGE 44, 125 (149 ff.); 63, 230 (244). Für Einzelheiten und weitere Nachweise s. *Trute* (Fn. 174), Art. 38 Rn. 45; *H. D. Jarass*, NJW 1981, 193 (194 f. – Wahrheitstreue); *Schürmann*, Öffentlichkeitsarbeit (Fn. 284), S. 307 ff., 312 f., 362 ff.; SaarlVerfGH NJW 1980, 2181 (2182). Die Abgrenzung des noch Erlaubten vom Verbotenen bleibt auch angesichts der anerkannten Gesichtspunkte schwierig. Die Verlockung, den staatlichen Apparat für parteipolitische Zwecke einzusetzen, besteht unvermindert. Beachtlich deswegen der Vorschlag von *H. Meyer*, HStR³ III, § 46 Rn. 24, Öffentlichkeitsarbeit der Regierung (von Notfällen abgesehen) während einer bestimmten Frist vor der Wahl völlig zu untersagen. Zur Dichte verfassungsgerichtlicher Kontrolle s. *D. Murswiek*, DÖV 1982, 529 ff.
[288] SaarlVerfGH NVwZ-RR 2012, 169 (176 f.); dazu insgesamt kritisch *M. Morlok*, NVwZ 2012, 913 (916); bewusst wahrheitswidrige Angaben über wahlrelevante Tatsachen oder die Täuschung durch bewusstes Vorenthalten wahrheitsrelevanter Informationen kann ebenfalls einen Wahlfehler darstellen, wenn sie durch Amtsträger erfolgt sind, BVerwG v. 5.6.2012, 8 B 24/12, Rn. 11; Täuschungen durch Private sind grundsätzlich keine Wahlfehler (ebd., Rn. 12).
[289] Zur Abgrenzung zwischen staatlicher Wahlwerbung und privater Wahlwerbung durch Amtsträger s. *S. Studenroth*, AöR 125 (2000), 257 ff.
[290] Dazu auch BVerfGE 103, 111: Betonung der Vernunft des Wählers.
[291] *Trute* (Fn. 174), Art. 38 Rn. 44; *Stern*, Staatsrecht I, S. 314. Allenfalls die allgemeinen Gesetze nach Art. 5 II GG setzen der Wahlpropaganda Grenzen. Hierzu zählen die Gesetze zum Schutz der Wahlfreiheit nach §§ 108 ff. StGB.
[292] Man denke an Feuerzeuge oder Kugelschreiber.
[293] So Beschluss des Bundestages im Wahlprüfungsverfahren v. 10.3.1966, zit. nach BVerfGE 21, 196 (197); das Gericht selbst hat die Frage der Verletzung der Wahlfreiheit in diesem Fall offengelas-

Kombination von einschlägigem Grundrecht, meist Art. 5 I GG, und Art. 21 I GG besonders geschützt[294].

Unternehmer, **Arbeitgeber** und **Gewerkschaften** dürfen für eine bestimmte politische Richtung im Rahmen der gesetzlichen Grenzen werben[295]. Problematisch wird allerdings der mehr oder weniger verhohlene Hinweis auf den Einsatz wirtschaftlicher Macht, so die Drohung mit der Entlassung[296]. Der Ausspruch einer **Kündigung** wegen des Wahlverhaltens wird kaum möglich sein, weil wegen des Wahlgeheimnisses der Arbeitgeber die Wahlentscheidung nicht kennen kann, es sei denn, der Arbeitnehmer hat seine Wahlentscheidung freiwillig offenbart. In diesem Fall ist eine Kündigung wegen der Einwirkung auf die Wahlrechtsfreiheit nichtig[297]. Einflussnahme durch Religionsgesellschaften, sogenannte **Kanzelwerbung**, ist zulässig[298] und durch Art. 4 I, II GG und Art. 140 GG i. V. m. Art. 137 III WRV[299] abgesichert, und zwar auch dann, wenn die Religionsgesellschaft den Status einer öffentlich-rechtlichen Körperschaft hat[300]. **Presseorgane** dürfen sich im Wahlkampf engagieren[301], im Normalfall unterliegen sie auch keiner Pflicht, Wahlwerbeanzeigen anzunehmen (→ Art. 21 Rn. 98).

97

Von privaten Unternehmen durchgeführte **Meinungsumfragen** und ihre Veröffentlichung sind zulässig[302]. Diese Informationen sind wichtige Entscheidungsgrundlagen für Bürger (wie für Wahlbewerber), die Freiheit der Wahlentscheidungen selbst wird von ihnen nicht tangiert. Die Manipulationsmöglichkeit ist bei ihnen nicht größer als bei anderen Informationen[303]. Eine im Zusammenhang mit den modernen Kommunikationsmitteln aufgetretenen Problematik ist die Veröffentlichung von Wählerbefragungen nach der Stimmabgabe vor Ende der Wahl etwa über den Kurznachrichtendienst Twitter. § 32 II BWahlG statuiert ein Veröffentlichungsverbot, welches dem Schutz vor Beeinflussung der Wählerwillensbildung und der Vermeidung eines Wissensvorsprungs dient und damit die Gleichheit der Wahl sichert. Eine Missachtung des Verbots kann unter besonderen Umständen und wenn eine Veröffentlichung der tatsächlichen Wahlergebnisse erfolgt ist, im Wahlprüfverfahren gemäß Art. 41 GG rügefähig sein[304].

98

---

sen und sich auf die fehlende Mandatsrelevanz zurückgezogen (198 f.), dazu kritisch *J. A. Frowein*, AöR 99 (1974), 72 (104).
[294] → Art. 21 Rn. 62. S. weiter speziell für den Wahlkampf *C. J. Walther*, Wahlkampfrecht, 1989, S. 63 ff.
[295] Dazu BVerfGE 42, 133 (139).
[296] S. zu einem solchen Fall BVerfGE 66, 369 ff.; dazu *T. L. Oppermann*, JuS 1985, 519 ff.; *H. Meyer*, HStR³ III, § 46 Rn. 17.
[297] *Trute* (Fn. 174), Art. 38 Rn. 43; Jarass/*Pieroth*, GG, Art. 38 Rn. 18.
[298] BVerwGE 18, 14 (17); zum Problem s. weiter OVG Münster JZ 1962, 767 ff. mit Anm. *H. Ridder*, 771 ff.; *F. Pitzer*, DVBl. 1963, 118 f.; *H. H. Klein*, DÖV 1967, 615 (620 ff); *F. Wittreck*, Kanzelwerbung, Kirchliche Wahlempfehlungen als Gegenstand der Wahlprüfung, in: FS Hahn, 2007, S. 179 ff.
[299] Zur Unterscheidung → Art. 4 Rn. 109 ff.
[300] Mit diesem Status ist nicht die Inkorporation in den Staat verbunden, BVerfGE 19, 129 (133 f.); 42, 312 (321 f.); 53, 366 (387); 70, 138 (160 f.). → Art. 19 III Rn. 63.
[301] Vgl. BVerfGE 37, 84 (91).
[302] *R. P. Dach*, ZParl. 28 (1997), 229 ff.; *C. H. Dumrath*, Rechtsprobleme von Wahlprognosen kurz vor der Wahl, 1986; diskussionsanstoßend *W. Hennis*, Meinungsforschung und repräsentative Demokratie, 1957; zum Einfluss von Wahlumfragen auf das Wählerverhalten *F. Brettschneider*, Wahlumfragen, 1991, S. 107 ff.
[303] Überdies verpflichten Vorschriften des Rundfunkrechts dazu, bei der Veröffentlichung von Meinungsumfragen anzugeben, ob diese repräsentativ sind, vgl. § 12 Abs. 5 LRG NW.
[304] S. dazu etwa *C. Hientzsch*, DÖV 2010, 357 ff.

5. Gleichheit der Wahl

a) Zweck und Anwendungsbereich

99 Die Gleichheit des Wahlrechts[305] soll als Instrument zur Verwirklichung der Volkssouveränität das ganze Volk gleichermaßen – ungeachtet seiner internen Heterogenität – an der Bestimmung der Politik partizipieren lassen[306]. Darin findet der egalitäre Grundzug der Demokratie (→ Art. 20 [Demokratie], Rn. 61) seinen praktischen Ausdruck[307]. Die Wahlrechtsgleichheit erweist sich damit als ein Art. 3 I ausschließender **spezieller Gleichheitssatz**[308]. Damit als Staatsbürger alle gleich sind, werden für diese Rolle die gesellschaftlichen Unterschiede neutralisiert (→ Rn. 57). Das gleiche Wahlrecht verschafft dem Bundestag als Volksvertretung erst die Repräsentativität der Zusammensetzung und damit eine grundlegende Qualität für seine Funktionserfüllung, auch für die Integrationswirkung als zentrales Staatsorgan. In der Wettbewerbsdemokratie des Grundgesetzes (→ Rn. 30, 54) kommt der Wahlrechtsgleichheit als einem Anwendungsfall des Rechts auf politische Chancengleichheit[309] weiter eine wesentliche Rolle für die Konstituierung eines **fairen Wettbewerbs** zu. Die am Ausgangspunkt des Legitimationszusammenhangs (→ Rn. 30) angesiedelte Wahlrechtsgleichheit ist damit legitimationskritisch. Die Gleichheit der Wahl ist der am häufigsten streitig in Anspruch genommene Wahlrechtsgrundsatz[310].

100 Der **Anwendungsbereich** der Wahlrechtsgleichheit erstreckt sich von vornherein nur auf die Wahlberechtigten und schließt an die Allgemeinheit der Wahl an[311]. Er umfasst zum einen das gesamte **Wahlverfahren** in allen seinen Stadien (→ Rn. 64), zum anderen aber, wie die Freiheit der Wahl, auch den **Kontext wettbewerblich relevanten Verhaltens**, also das »Vorfeld der politischen Willensbildung«[312]. Allerdings ist die Wahlrechtsgleichheit nicht grenzenlos in den gesamten Bereich der Parteienkonkurrenz auszuweiten, sondern nur dort, wo ein noch greifbarer Zusammenhang mit der Wahl besteht. Darüber hinaus ist die Chancengleichheit der Parteien (→ Art. 21 Rn. 77 ff.) einschlägig[313]. Zudem kommt ihr eine Ausstrahlungswirkung für das einfache Recht zu[314].

101 Die Wahlrechtsgleichheit erfasst das aktive wie das passive Wahlrecht und auch das Wahlvorschlagsrecht. **Träger** des Rechts sind dementsprechend die Wähler, die Wahl-

---

[305] *Morlok*, Demokratie (Fn. 92), S. 590 ff.
[306] Zur dogmengeschichtlichen Entwicklung *M. Wild*, Die Gleichheit der Wahl, 2003.
[307] *N. Nahrgang*, Der Grundsatz allgemeiner Wahl gem. Art. 38 Abs. 1 S. 1 GG als Prinzip staatsbürgerlicher Egalität, 2004.
[308] BVerfGE 99, 1 (8 ff., Rn. 32 ff.).
[309] Dazu *Kißlinger*, Chancengleichheit (Fn. 167), S. 91 ff.
[310] *H. Meyer*, HStR³ III, § 46 Rn. 29; *Trute* (Fn. 174), Art. 38 Rn. 50; *Achterberg/Schulte* (Fn. 84), Art. 38 Rn. 131.
[311] *Trute* (Fn. 174), Art. 38 Rn. 50; *H.-U. Erichsen*, Jura 1983, 635 (642).
[312] BVerfGE 8, 51 (68); 14, 121 (132); 69, 92 (107); *Achterberg/Schulte* (Fn. 84), Art. 38 Rn. 132; *Magiera* (Fn. 75), Art. 38 Rn. 91; *H. Meyer*, HStR II, § 38 Rn. 25; BVerwG v. 5.6.2012, 8 B 24/12 Rn. 11 nimmt einen Wahlfehler an bei bewusst wahrheitswidrigen wahlrelevanten Angaben oder bewusstem Vorenthalten wahrheitsrelevanter Informationen.
[313] Ebenso *Trute* (Fn. 174), Art. 38 Rn. 56; Jarass/*Pieroth*, GG, Art. 38 Rn. 12.
[314] BGH NJW 2004, 3569 (3574) zum Einfluss der Wahlgleichheit auf die Auslegung der §§ 331, 333 StGB (»Fall Kremendahl«).

bewerber und diejenigen, die Wahlvorschläge einreichen können, nach § 18 I BWahlG also auch die politischen Parteien[315].

b) Inhalt

Die Wahlgleichheit umfasst zwei Komponenten, den gleichen **Zählwert** und den gleichen **Erfolgswert** einer abgegebenen Stimme[316]. Allerdings: Bei genauer Betrachtung hängt die mandatsverschaffende Kraft einer Stimme vom Wahlsystem ab; im Mehrheitswahlsystem kommen diejenigen Stimmen, die in einem Wahlkreis für die unterlegenen Kandidaten abgegeben wurden, überhaupt nicht zur Geltung. Das Bundesverfassungsgericht schränkt deswegen den Inhalt der Wahlrechtsgleichheit bei der Mehrheitswahl ein auf den gleichen Zählwert[317]. Diese Abschwächung des gleichen Erfolgswertes jeder Stimme ist problematisch, bildet die Umsetzung in Mandate doch den eigentlichen Zweck der Wahl[318]. Wenn die Mandatsverschaffungsmacht den Kern des Stimmrechts darstellt, wird die Abschwächung der Forderung nach gleichem Erfolgswert fragwürdig. Ein Mehrheitswahlrecht begegnet deshalb verfassungsrechtlichen Zweifeln. Es entspricht der Idee der repräsentativen Volksvertretung, dass die relative Stimmverteilung im Wahlvolk sich im Parlament abbildet[319]. Im Zusammenspiel mit der Volkssouveränität und deren repräsentativen Gehalten begründet die Wahlrechtsgleichheit eine **Vermutung zugunsten des Verhältniswahlrechts**[320] (→ Rn. 58, 106). Elemente der Mehrheitswahl können als »mehrheitsbildendes Wahlsystem« zur Erzielung eines arbeitsfähigen Parlamentes gerechtfertigt werden, die Mehrheitswahl ist aber keine von vornherein gleichberechtigte Alternative zur Verhältniswahl.

102

Die Wahlrechtsgleichheit ist eine **formale Gleichheit**[321]. Die Formalität des Gleichheitssatzes und ihre strenge Praktizierung ist auch ein Gebot, das sich aus dem Funk-

103

---

[315] Vgl. dazu BVerfGE 1, 208 (237, 242); 6, 84 (91); 6, 273 (280); 24, 300 (340 f.); 41, 399 (413); 47, 43 (55); 82, 322 (336); speziell für Parteien auch E 92, 80 (91).

[316] BVerfGE 129, 300 (318 f., Rn 79 ff.); 135, 259 (285 ff., Rn. 47 ff.); *Jarass/Pieroth*, GG, Art. 38 Rn. 11 f.; *Trute* (Fn. 174), Art. 38 Rn. 52; aus stochastischer Perspektive *F. Pukelsheim*, DÖV 2004, 405 (405 f.).

[317] BVerfGE 1, 208 (244); 13, 127 (129); 47, 253 (277), st. Rspr.; s. weiter *Schneider* (Fn. 76), Art. 38 Rn. 67; *Magiera* (Fn. 75), Art. 38 Rn. 90; nach anderer Konstruktion soll beim Mehrheitswahlrecht nur die gleiche Erfolgschance geschützt sein, so *C. Lenz*, AöR 121 (1996), 337 (355 ff.); ähnlich auch BVerfGE 95, 335 (353, 371), wonach es im Mehrheitswahlrecht auf eine ex-ante-Betrachtung für den Erfolgswert ankommt. Zur Unterscheidung von Zählwert und Erfolgschance *W. Pauly*, AöR 123 (1998), 232 (246 ff.). Im Ergebnis ebenso wie *C. Lenz*, AöR 121 (1996), 337 (355 ff.), allerdings mit anderem Ansatz, *H.-U. Erichsen*, Jura 1983, 635 (642 f.); *ders.*, Jura 1984, 22 (26).

[318] *H. Meyer*, HStR³ III, § 46 Rn. 34.

[319] Zu den Wahlsystemen, ihren Voraussetzungen und Auswirkungen m. w. N. *H. Meyer*, HStR II, § 37 Rn. 25 ff.; ausführlicher *ders.*, Wahlsystem (Fn. 35), passim, hier besonders S. 99 ff., 111 ff., unter Betonung der veränderten Rolle der politischen Parteien, deren relative Stärke im Parlament jetzt das maßgebliche Ergebnis der Wahlentscheidung ist.

[320] Vgl. *Hofmann/Dreier* (Fn. 21), § 5 Rn. 32 ff.; *R. Bakker*, ZRP 1994, 457 ff.; *U. Mager/R. Uerpmann*, DVBl. 1995, 273 (276 f.); *H. Dreier*, Jura 1997, 249 (253 f.); *H. Nicolaus*, ZRP 1997, 185 (186 f.); *H. Meyer*, HStR II, § 37 Rn. 31 ff., insb. Rn. 35 f.; anders die herrschende Meinung: BVerfGE 6, 104 (111); 95, 335 (349); 97, 317 (323, Rn. 19); 120, 82 (103, Rn. 99); 121, 266 (296, Rn. 95); 131, 316 (334 f., Rn. 53 ff.); *Klein* (Fn. 76), Art. 38 Rn. 158; *Magiera* (Fn. 75), Art. 38 Rn. 106. → Art. 20 (Demokratie), Rn. 97.

[321] BVerfGE 11, 266 (272); 34, 81 (98 f.); 82, 322 (377); 95, 335 (353); 95, 408 (417), st. Rspr.; vgl. weiter *Achterberg/Schulte* (Fn. 84), Art. 38 Rn. 133; *H. H. v. Arnim*, DÖV 1984, 85 ff.; *Magiera*

tionszusammenhang der Wahl als eines Wettbewerbsverfahrens ergibt[322]. Die Wahlrechtsgleichheit ist (damit) von Art. 3 I GG abzuheben[323], sie bildet einen **besonderen Gleichheitssatz**[324]. Die Strenge des Gleichheitssatzes bedeutet, dass Beeinträchtigungen besonders rechtfertigungsbedürftig sind. Das Bundesverfassungsgericht spricht insofern von einem »besonders zwingenden Grund«[325]. Mit der neueren Rechtsprechung ist darauf zu bestehen, dass nur mit der Wahlgleichheit kollidierende Verfassungsrechtsgüter eine Beeinträchtigung zu rechtfertigen vermögen (→ Rn. 65)[326]. Der Anspruch des Gleichheitssatzes in diesem Sinne ist zu verstehen als verfassungsrechtliches Optimierungsgebot[327], etwaige Gleichheitsbeeinträchtigungen (z. B. der Zuteilungsmethoden) so weit wie möglich zu minimieren.

104 Im weiteren Schutzbereich der Wahlrechtsgleichheit, im »Vorfeld der politischen Willensbildung« (→ Rn. 100), gilt es – auch im Übergang zur allgemeinen Parteiengleichheit – Besonderheiten zu berücksichtigen. Dort, wo es um Handlungsmöglichkeiten der Parteien geht, ist der Gleichheitssatz strikt zu praktizieren. Im Bereich der **staatlichen Leistungen** gilt die sogenannte **abgestufte Chancengleichheit**, welche sich letztlich an den hinter einer Partei stehenden Bürgern orientiert (→ Art. 21 Rn. 77 ff.)[328]. Maßnahmen **amtlicher Öffentlichkeitsarbeit** berühren – im Wirkungszusammenhang von Freiheit und Gleichheit – neben der wahlrechtlichen Freiheit auch die Wahlrechtsgleichheit[329]. Der Staat ist hier zu strikter Neutralität und damit zur Wahrung der Chancengleichheit verpflichtet. **Private** sind im gesellschaftlichen Kommunikationsprozess nicht auf Gleichbehandlung von Wahlbewerbern und politischen Parteien verpflichtet, dürfen sich vielmehr parteiisch engagieren (→ Rn. 95). Private **Rundfunksender** unterliegen allerdings Einschränkungen[330].

c) Einschränkungen und ihre Rechtfertigung

105 Die Wahlrechtsgleichheit darf nur durch andere Verfassungswerte beeinträchtigt werden (→ Rn. 103)[331].

(Fn. 75), Art. 38 Rn. 90 f.; *H. Meyer*, HStR II, § 38 Rn. 21, 23 f.; *Trute* (Fn. 174), Art. 38 Rn. 51; *W. Pauly*, AöR 123 (1998), 232 (250); *H.-J. Rinck*, DVBl. 1958, 221 (222 f.).

[322] Vgl. für die Chancengleichheit der Parteien → Art. 21 Rn. 77 ff.

[323] BVerfGE 99, 1 (8 ff.); Anders *W. Pauly*, AöR 123 (1998), 232 (250), der den allgemeinen Gleichheitssatz im Wahlrecht ebenfalls streng und formal handhaben möchte.

[324] *E. Becht*, Die 5 %-Klausel im Wahlrecht, 1990, S. 60 ff.; *Jarass/Pieroth*, GG, Art. 38 Rn. 3; *H. Meyer*, HStR³ III, § 46 Rn. 32 f. mit kritischen Hinweisen zur Begründungspraxis des Bundesverfassungsgerichts; *M. Sachs*, HStR V, § 126 Rn. 136; *Trute* (Fn. 174), Art. 38 Rn. 53 ff. Anders das BVerfG in st. Rspr.: »Anwendungsfall des allgemeinen Gleichheitssatzes«, BVerfGE 1, 208 (242); allerdings finden sich variierende Formulierungen, s. etwa E 4, 375 (382) »(...) insofern hat er [scil. der Gleichheitssatz im Wahlrecht] eine selbständige Entwicklung genommen«. Vgl. auch E 41, 399 (413); ebenso *W. Pauly*, AöR 123 (1998), 232 (250); s. auch BVerfGE 99, 1.

[325] BVerfGE 1, 208 (225); 14, 121 (133); 95, 335 (376 f.); 95, 408 (417 f.), st. Rspr.

[326] BVerfGE 129, 300 (320, Rn. 87); 130, 212 (227 f., Rn. 61 f.).

[327] Zur Qualität der Wahlrechtsgrundsätze als Optimierungsgebote *Nahrgang*, Grundsatz (Fn. 307), S. 150 ff.; *Morlok/Michael*, Staatsorganisationsrecht, § 5 Rn. 92 ff.; *Morlok*, Demokratie (Fn. 92), S. 608.

[328] Zur in diesem Kontext relevanten Problematik sog. »Fernsehduelle« im Vorfeld von Wahlen in öffentlich-rechtlichen Rundfunkanstalten *M. Morlok/S. Roßner*, Parteiengleichheit und Rundfunkfreiheit, in: FS v. Arnim, 2004, S. 143 ff. (143 f.).

[329] BVerfGE 44, 125 (138 ff., 154); 103, 111 (130, Rn. 92).

[330] Etwa § 19 II LRG NW; § 21 I LRG Sachsen-Anhalt; zur gesetzlichen Verpflichtung, Wahlwerbesendungen der Parteien auszustrahlen → Art. 21 Rn. 99.

[331] BVerfGE 69, 92 (106); kritisch *W. Pauly*, AöR 123 (1998), 232 (252 f.).

II. Wahlrecht (Art. 38 I 1, II, III GG) — Art. 38

Das Grundgesetz schreibt kein **Wahlsystem** vor[332]. Der Gesetzgeber hat es nach Art. 38 III GG auszugestalten. Dabei stellen die Wahlrechtsgrundsätze inhaltliche Direktiven dar, die den Raum des Möglichen einerseits begrenzen, jedoch andererseits wegen interner Konflikte[333], die der Gesetzgeber eher in der einen oder der anderen Richtung lösen kann, ihm einen Spielraum lassen[334]. Dies bedeutet nicht, dass der Gesetzgeber frei sei, die Wahl zum Deutschen Bundestag als Mehrheits- oder Verhältniswahl zu gestalten, wie das Bundesverfassungsgericht in ständiger Rechtsprechung formuliert[335], eingeschränkt jeweils nur durch eine Bindung an die Eigenarten des jeweiligen Wahlsystems[336]. Vielmehr ist, auch angesichts der verfassungsrechtlich anerkannten Rolle der Parteien, bei den Wahlen **grundsätzlich** ein **Proportionalsystem** vom Grundgesetz nahegelegt[337]. Nur so bringt die Zusammensetzung des Bundestages die politischen Präferenzen der Bürger zum Ausdruck, nur so sind die legitimierende Wirkung der Wahl und der gleiche Erfolgswert jeder Stimme gesichert (→ Rn. 58, 102). Allerdings darf das gegenläufige Ziel eines handlungsfähigen Parlamentes zu **Modifizierungen** führen[338]. Von der Wahlrechtsgleichheit her gesehen stellt ein Parlament, in dem eine Gruppierung voraussichtlich eine deutliche Mehrheit haben wird, ein sogenanntes externes Ziel dar, das Einschränkungen der Gleichheit rechtfertigt, allerdings unter den Bedingungen der Verhältnismäßigkeit[339]. 106

Bei der **Kandidatenaufstellung** im innerparteilichen Bereich sind **Quotenregelungen** zugunsten bestimmter Gruppen im Ansatz von der Tendenzfreiheit der Parteien gedeckt (→ Art. 21 Rn. 139)[340]. Bei der **Wahlzulassung** ist das **Listenprivileg** zugunsten der politischen Partei nach § 27 BWahlG verfassungsgemäß (→ Rn. 78). Auch die **Unterschriftsquoren** nach §§ 20 II 2, III, 27 I i.V.m. § 18 II BWahlG, die nur für Wahlvorschläge von in der Vergangenheit wenig erfolgreichen Parteien und für Wahlvorschläge, die überhaupt nicht von Parteien eingereicht werden, gelten, stellen zwar eine Ungleichbehandlung dar, diese ist aber im Ansatz gerechtfertigt[341]. Die Nichtzulas- 107

---

[332] BVerfGE 6, 104 (111); 95, 335 (349).
[333] S. etwa BVerfGE 3, 19 (24); s. auch E 59, 119 (125).
[334] BVerfGE 3, 19 (24); 59, 119 (124); 95, 335 (349 ff.), st. Rspr.
[335] Zuletzt BVerfGE 95, 335 (349), tragende Auffassung; zur Kritik *Morlok*, Demokratie (Fn. 92), S. 595 ff.
[336] Vgl. die Argumentation in BVerfGE 95, 335 (352 ff.).
[337] *R. Bakker*, ZRP 1994, 457 ff.; *H. Meyer*, HStR³ III, § 46 Rn. 26; *ders.*, Wahlsystem (Fn. 35), S. 192 ff.
[338] Vgl. zu dieser Zielstruktur BVerfGE 95, 335 (369). Zum Ganzen auch *H. Meyer*, HStR³ III, § 45, insb. Rn. 25 ff.
[339] Vgl. dazu *S. Huster*, Rechte und Ziele, 1993, S. 155 ff., 225 ff., zur Anwendung auf das Wahlrecht S. 366 ff.
[340] So auch BVerfG v. 1.4.2015, 2 BvR 3058/14, Rn. 8, 25; vgl. zur Frauenquote kontrovers *I. Ebsen*, Verbindliche Quotenregelungen für Frauen und Männer in Parteistatuten, 1988; *Eulers*, Frauen (Fn. 30), S. 144 ff.; *Achterberg/Schulte* (Fn. 84), Art. 38 Rn. 144 ff.; *J. Hahlen*, RuP 49 (2013), 151 ff.; *M. Penz*, AL 2014, 392 ff.; *K. Lange*, NJW 1988, 1174 ff.; *E. V. Heyen*, DÖV 1989, 649 ff.; *B. v. Nieding*, NVwZ 1994, 1171 ff.; *J. Oebbecke*, JZ 1988, 176 ff.; *U. Sacksofsky*, Das Grundrecht auf Gleichberechtigung, 1991. Art. 1 Abs. 2 der französischen Verfassung: »La loi favorise l'égal accès des femmes et des hommes aux mandats électoraux et fonctions électives, ainsi qu'aux responsabilités professionnelles et sociales«. Konkretisiert durch die Loi n° 2000-493 du 6 juin 2000 tendant à favoriser l'égal accès des femmes et des hommes aux mandats électoraux et fonctions électives; VGH Rheinland-Pfalz v. 13.6.2014, VGH N 14/14 u.a. sieht einen Vermerk auf dem Stimmzettel, dem sich der Frauenanteil in den kommunalen Vertretungskörperschaften entnehmen lässt als verfassungswidrig an; dazu *M. Buus*, LKRZ 2014, 102 ff.
[341] BVerfGE 3, 19 (27); 3, 383 (392 ff.); 4, 375 (382); 60, 162 (167 f.); 71, 81 (96 f.); 82, 353 (364);

sung nicht ernsthafter oder von vornherein aussichtsloser Bewerber entlastet den Stimmzettel und damit den Wähler und erleichtert ihm so eine rationale Entscheidung[342], wirkt Irrtümern der Wähler über die Identität der zur Wahl stehenden Parteien sowie Fehlern bei der Stimmauszählung entgegen. Angesichts der – verglichen mit der für einen Wahlerfolg nötigen Anzahl von Stimmen – niedrigen Zahl der geforderten Unterschriften ist diese Einschränkung auch verhältnismäßig[343], allerdings darf keine unnötige Erschwerung des Einwerbens von Unterschriften erfolgen, etwa durch die Beschränkung, nur im Rathaus diese Unterschrift leisten zu können. Die Anzeigepflicht nach § 18 II BWahlG ist hingegen eine nicht gerechtfertigte Ungleichbehandlung bislang nicht erfolgreicher Parteien[344].

108 Die **Reihenfolge** der Wahlbewerber und Parteien **auf den Stimmzetteln** beeinflusst zwar tatsächlich das Wahlverhalten und behandelt die Bewerber ungleich[345], eine Reihenfolge ist aber unabdingbar; die von § 30 III BWahlG genannten Kriterien sind akzeptabel[346], zumal sie objektiven Charakter haben[347]. Jedoch sollte, vor allem bei Landtags- und Kommunalwahlen, die Reihenfolge abgestimmt sein auf die Stärkeverhältnisse der Parteien in der zu wählenden Vertretungskörperschaft und nicht auf die Verhältnisse im Bundestag[348]. **Starre Listen** schränken zwar die Auswahlfreiheit der Wähler ein und begünstigen die Bewerber auf den vorderen Plätzen, die Wahlrechtsgleichheit ist damit aber nicht beeinträchtigt, weil die für die Liste abgegebenen Stimmen denselben Zählwert besitzen[349]. Von den Bewerbern her betrachtet ist die Reihung ebenfalls nicht zu beanstanden, weil diese in einem demokratischen Verfahren festgelegt wurde und die Bewerber in die Reihenfolge eingewilligt haben[350].

109 Die **Einteilung der Wahlkreise** und ihre Größe beeinflusst – in Abhängigkeit vom Wahlsystem – möglicherweise erheblich die Wahlchancen[351]. Im geltenden System der sogenannten personalisierten Verhältniswahl (→ Rn. 134) kommt es aber letztlich auf die Zahl der insgesamt für eine Partei abgegebenen Stimmen an, damit der Zuschnitt

---

BayVerfGH BayVBl. 1995, 624 (625f.); *Badura* (Fn. 190), Anh. z. Art. 38 Rn. 21; *E. G. Mahrenholz*, Wahlgleichheit im parlamentarischen Parteienstaat der Bundesrepublik, 1957, S. 83 ff.; *J. A. Frowein*, AöR 99 (1974), 72 (97f.); zum Ganzen ausführlich *J. Lege*, Unterschriftsquoren zwischen Parteienstaat und Selbstverwaltung, 1996; zu den Chancen nicht-etablierter politischer Parteien im Wettbewerb s. jetzt *J. K. Köhler*, Parteien im Wettbewerb, 2005.

[342] Zu diesem Gesichtspunkt BVerfGE 95, 335 (350).

[343] Der vom Bundesverfassungsgericht angeführte weitere Grund, der Stimmenzersplitterung entgegenzuwirken, so BVerfGE 3, 383 (393), ist hingegen nicht zu akzeptieren. Stimmenzersplitterung an sich ist kein zu verhinderndes Übel, dazu *Lege*, Unterschriftenquoren (Fn. 341), S. 28ff., noch ist angesichts der 5%-Klausel ein Vorgehen gegen Parteien, die im Verdacht der völligen Aussichtslosigkeit stehen, zum Zweck der Mehrheitsbildung im Parlament nötig, vgl. insoweit *J. A. Frowein*, AöR 99 (1974), 72 (97f.); *H. Meyer*, HStR[3] III, § 46 Rn. 58.

[344] Vgl. zur Kritik unter Hinweis auf den Ursprung dieser Regelungen in der Zeit vor Erlass des Parteiengesetzes *H. Meyer*, HStR[3] III, § 46 Rn. 58.

[345] Zur Reihenfolge jüngst SaarVerfGH NVwZ-RR 2012, 169ff.; dazu *M. Morlok*, NVwZ 2012, 913 (917f.).

[346] Vgl. HessStGH NVwZ-RR 1993, 654 (657); *J. Hahlen*, in: Schreiber, BWahlG, § 30 Rn. 8.

[347] S. *H. Holste*, Der Staat 44 (2005), 99ff. zum amtlichen Einheitsstimmzettel.

[348] Vgl. die in diesem Sinne zutreffende Regelung des § 23 I 3 KWahlG NW.

[349] BVerfGE 7, 63 (70f.); 41, 399 (417); 47, 253 (283); 122, 304 (314, Rn. 33); 129, 300 (342f., Rn. 131ff.).

[350] BVerfGE 7, 63 (71); *Schneider* (Fn. 76), Art. 38 Rn. 69.

[351] *J. Ipsen/T. Koch*, NdsVBl. 1996, 269ff.

im Sinne einer absichtsvollen »Wahlkreisgeometrie«[352] wenig bedeutsam ist[353]. Der **Erfolgswert der Erststimme** hängt aber von der Größe des Wahlkreises ab. In einem kleinen Wahlkreis genügen schon wesentlich weniger Stimmen zur Wahl als in einem großen. Deswegen ist auf eine möglichst gleiche Größe der Wahlkreise zu achten (s. § 3 BWahlG, insbes. Abs. 1 Nr. 2). Die nach der Novelle des BWahlG 2004[354] tolerierte Abweichung in Höhe von 15 % ist akzeptabel. Als Bemessungsgrundlage für die Wahlkreiseinteilung dient die deutsche **Wohnbevölkerung**, § 3 I 1 Nrn. 2 und 3 i. V. m S. 2 BWahlG, die auch Minderjährige umfasst. Das Bundesverfassungsgericht hält diese Beeinträchtigung des Grundsatzes der Wahlrechtsgleichheit für unbedenklich, solange eine regional annähernd gleichmäßige Verteilung von Minderjährigen vorliegt[355], gab dem Gesetzgeber diesbezüglich jedoch für die Zukunft einen Prüfauftrag[356].

Wählerstimmen sollen letztlich die personelle und zugleich die wesentlich nach Parteizugehörigkeit organisierte politische Zusammensetzung des Parlaments bestimmen. Dazu muss die Stimmverteilung umgesetzt werden in Parlamentssitze. Dieses **Mandatszuteilungsverfahren** soll möglichst die Proportionalität zwischen Stimmenzahlverteilung und Mandatszuteilung bewirken. Die Abbildung der Stimmenanteile auf die Parlamentssitze stellt ein Problem dar, weil keine Bruchteilsmandate vergeben werden dürfen[357]. Zu seiner Lösung stehen verschiedene mathematische Verfahren zur Verfügung[358], die neben der möglichen Proportionalität auch die Erhaltung einer Mehrheit[359] der Wählerstimmen in einer Mehrheit der Mandate zu gewährleisten haben[360]. Die Aufgabe ist nicht ideal zu lösen; jedes Verteilungsverfahren beinhaltet typische Verzerrungen[361]. Das Höchstzahlverfahren nach d'Hondt, das stärkere Parteien begünstigt, ist ebenso verfassungsmäßig[362] wie das Verfahren nach Hare/Niemeyer[363]. Seit 2009 richtet sich das Verteilungsverfahren nach der »Divisormethode mit Standardrundung« (Saint-Laguë/Schepers), welche erfolgswertoptimierende Vorzüge aufweist (§ 6 II 2-7 BWahlG)[364]. 110

---

[352] Vgl. etwa das Beispiel bei *D. Nohlen*, Wahlrecht und Parteiensystem, 7. Aufl. 2013, S. 62 ff.; auch *G. Genssler*, Das d'Hondtsche und andere Sitzverteilungsverfahren aus mathematischer und verfassungsrechtlicher Sicht, 1984, S. 267.
[353] Vgl. BVerfGE 13, 127 (128 f.).
[354] Gesetz v. 30.7.2004 (BGBl. I S. 1950).
[355] BVerfGE 130, 212 (234 ff., Rn. 80 f.); dazu *M. Sachs*, JuS 2012, 573 ff.; ablehnend *Sacksofsky* (Fn. 221), § 6 Rn. 79.
[356] BVerfGE 130, 212 (236 f., Rn. 87 f.).
[357] S. aber den Vorschlag von *Meyer*, Wahlsystem (Fn. 35), S. 169. Dies widerspräche der Gleichheit der Abgeordneten (→ Rn. 169 ff.) und wäre auch mit der Praxis der geheimen Wahl im Parlament unverträglich (→ Art. 42 Rn. 29 f.).
[358] Dazu *P. Kunth*, ZParl. 22 (1991), 297 ff. m. w. N.; *E. Bomsdorf*, ZParl. 18 (1987), 221 ff.; *E. Fengler*, ZParl. 29 (1998), 561 ff.; *Genssler*, Sitzverteilungsverfahren (Fn. 352), S. 123 ff., 231 ff.
[359] Ob diese Forderung ein Verfassungsgebot darstellt, wird ausdrücklich offengelassen in BVerwG NVwZ 1982, 34 (35). Ihr wird entsprochen durch § 6 VII BWahlG.
[360] Hierzu *P. Kunth*, ZParl. 22 (1991), 297 (300).
[361] Einen Überblick über verschiedene Systeme gibt *F. Pukelsheim*, www.math.uni-augsburg.de/stochastik/pukelsheim/2002g.html (1.6.2015).
[362] BVerfGE 6, 130 (144); *Trute* (Fn. 174), Art. 38 Rn. 64; *Schneider* (Fn. 76), Art. 38 Rn. 68.
[363] Vgl. dazu BVerfGE 34, 81 (100 f.); *H. Meyer*, HStR³ III, § 46 Rn. 36; *Trute* (Fn. 174), Art. 38 Rn. 64. Zum Vergleich beider Verteilungsverfahren BVerwG NVwZ 1982, 34 (34 f.).
[364] *F. Pukelsheim*, DÖV 2004, 405 (409) aus mathematischer Perspektive sowie *W. Schreiber*, Kommentar zum BWahlG, 8. Aufl. 2009, § 6 Rn. 18.

111 Die Gleichheit der Wahl beansprucht nicht allein in der Vertretungskörperschaft selbst Geltung, sondern auch in den von ihr gebildeten **Ausschüssen**. Freilich kommt es dort vor allem auf die Herstellung dem Plenum entsprechender politischer Mehrheitsverhältnisse an[365], nicht auf die bloße Anwendung mathematischer Zuteilungsverfahren[366].

112 Die **5%-Sperrklausel** ist nach Rechtsprechung und überwiegender Ansicht eine zulässige Beschränkung des Erfolgswertes[367], die durch den Verfassungswert der Arbeitsfähigkeit des Parlaments gerechtfertigt wird. Eine zu große Zahl von Parteien im Parlament beeinträchtigte dessen Entscheidungsfähigkeit[368]. Dieser Zweck kann eine Sperrklausel rechtfertigen, allerdings nur in einer Höhe, die mit den Geboten der Verhältnismäßigkeit im Einklang steht[369]. Ob zur Verhinderung einer Aufsplitterung des Parlaments, die dessen Arbeitsfähigkeit wesentlich beeinträchtigte, ein Minimum von 5 % der Stimmen erforderlich ist, wird zu Recht bezweifelt[370]. Wahlrechtsbestimmungen, die über die 5%-Klausel hinausgehen, sind ganz besonders rechtfertigungsbedürftig[371]. Das Urteil über die Zulässigkeit einer Sperrklausel ist hauptsächlich ein solches über die Erforderlichkeit dieses Instruments und damit von den tatsächlichen Umständen abhängig, die immer wieder neu erhoben und gewürdigt werden müssen. Dem Gesetzgeber obliegt eine Evaluierungs- und Beobachtungspflicht[372]. So wurden zu Recht bei der ersten gesamtdeutschen Wahl andere Regelungen für notwendig erachtet[373]. Ebenfalls Folge dieses Rechtfertigungsmusters ist die Feststellung der Verfassungswidrigkeit der 5%-Klausel im Kommunalwahlrecht durch die Länderverfassungsgerichte und das Bundesverfassungsgericht[374]. Dies gilt insbesondere auch für

---

[365] BVerfGE 106, 253 (262f., Rn. 37); s. *K. Stein*, NVwZ 2003, 557ff.; jetzt auch BVerfGE 112, 118 und dazu *J. Lang*, NJW 2005, 189ff.

[366] *J. Krüper*, NWVBl. 2005, 97ff.; das BVerfG spricht von der Spiegelung des Plenums in seiner »politische[n] Gewichtung« (so BVerfGE 106, 253 [265ff., 270, Rn. 62] – *Sondervotum Broß*); strenger die Rspr. des BVerwG, zuletzt in BVerwGE 119, 305ff., die allein nach mathematischen Grundsätzen spiegeln will.

[367] BVerfGE 1, 208 (248f.); 4, 31 (40); 34, 81 (99); 82, 322 (338); 95, 408 (419f.), st. Rspr.; *H.-U. Erichsen*, Jura 1983, 635 (643); *J. Linck*, Jura 1986, 460ff.; *Badura* (Fn. 190), Anh. z. Art. 38 Rn. 11; *Schneider* (Fn. 76), Art. 38 Rn. 67; *M. Brenner*, AöR 116 (1991), 537 (580ff.) m.w.N.; *Klein* (Fn. 76), Art. 38 Rn. 126. Zur Frage der Zulässigkeit einer verfassungsunmittelbaren Sperrklausel *J. Krüper*, ZRP 2014, 130ff., der zwar kein verfassungsrechtliches Hindernis sieht, aber auf die rechtspolitischen Folgen hinweist. Kritisch zur Erfolgswertgleichheit: *H.P. Bull*, DVBl. 2014, 1213ff.

[368] Vgl. dazu *W. Pauly*, AöR 123 (1998), 232 (254): EGMR sieht keinen Konventionsverstoß durch nationale Sperrklauseln – vor dem Hintergrund des Beurteilungsspielraumes der Mitgliedsstaaten – etwa EGMR v. 8.7.2008 – 10226/03 – Yumak u. Sadak./.Türkei, NVwZ-RR 2010, 81ff. (10-Prozent-Sperrklausel); EGMR v. 7.6.2001 – 56618/00 – FNC/Spain (6-Prozent-Sperrklausel).

[369] BVerfGE 6, 84 (94); 51, 222 (238); *Huster*, Rechte (Fn. 339), S. 368f.; *U. Hösch*, ThürVBl. 1996, 265 (267).

[370] *Becht*, 5%-Klausel (Fn. 324), S. 121f.; *M. Brenner*, AöR 116 (1991), 537 (583ff.); *W. Frotscher*, DVBl. 1985, 917 (926f.); *U. Hösch*, ThürVBl. 1996, 265 (267); *H. Meyer*, HStR II, § 38 Rn. 27; *ders.*, Wahlsystem (Fn. 35), S. 225ff.; *Achterberg/Schulte* (Fn. 84), Art. 38 Rn. 138; *M. Antoni*, ZParl. 11 (1980), 93 (97ff.); *H. Dreier*, Jura 1997, 249 (255); *S.-C. Lenski*, MIP 20 (2014), 178ff.

[371] BVerfGE 1, 208 (256f.); 4, 31 (40); 34, 81 (101); 51, 222 (237); 82, 322 (338); 95, 408 (419).

[372] Beachte dazu BVerfGE 1, 208 (256) – »im gegenwärtigen Zeitpunkt«; E 82, 322 (338f.) – »nicht ein für allemal abstrakt beurteilt werden kann«; so auch E 129, 300 (322, Rn. 90); 35, 259 (288ff., Rn. 55ff.); zur gebotenen konkreten Betrachtungsweise *H.M. Heinig/M. Morlok*, ZG 15 (2000), 371ff.

[373] BVerfGE 82, 322 (339ff.); s. auch E 82, 353 (365ff.); *M. Brenner*, AöR 116 (1991), 537ff.; *H. Weiss*, AöR 116 (1991), 1 (20ff.).

[374] BVerfGE 120, 82 (insb. 110ff., Rn. 116ff.); für die Länder etwa: VerfGH NW NVwZ 2000,

die Wahlen zu Bezirksvertretungen[375]. Zur Milderung des Eingriffs in die Wahlrechtsgleichheit wurde der wenig praktikable komplexitätssteigernde Vorschlag einer **Eventualstimme** gemacht[376]. Sperrklauseln sind nicht nur im Wahlrecht zu den nationalen Parlamenten beheimatet, sondern waren auch bei der Wahl zum Europäischen Parlament, § 2 VII EuWG[377], normiert. Die im Jahre 1979 noch für verfassungskonform erachtete 5 %-Sperrklausel[378] wurde 2011 aufgrund eines Verstoßes gegen die Wahlrechtsgleichheit – welche bei der Wahl der deutschen Abgeordneten zum Europäischen Parlament in Art. 3 I GG verankert ist[379] – und die Chancengleichheit der Parteien, Art. 21 I und Art. 3 I GG, für verfassungswidrig erklärt[380]. Als »zwingender Rechtfertigungsgrund«[381] kommt die integrative Wirkung von Wahlen und, hier relevant, die Funktionsfähigkeit der gewählten Vertretungskörperschaft in Betracht. Eine abstrakte Gefährdungslage ist hierbei aber nicht ausreichend. Es ist erforderlich, die konkreten Umstände der parlamentarischen Abläufe zu analysieren[382]. Diese Analyse ergibt einen signifikanten Unterschied des Europäischen Parlaments zum Bundestag, welcher sich unter anderem in einer starken Rolle der Fraktionen[383], den Besonderheiten des Gesetzgebungsverfahrens und den divergierenden Mehrheitsanforderungen[384] sowie der fehlenden Ausrichtung auf die stetige Unterstützung der Exekutive durch das Parlament[385], manifestiert. Damit ist, anders als auf nationaler Ebene, eine Sperrklausel verfassungswidrig – und zwar in jeder Höhe, wie das Bundesverfassungsgericht 2014 mit der Verwerfung der 3 %-Sperrklausel feststellte[386].

Ausnahmen von der Sperrklausel **zugunsten nationaler Minderheiten** sind unzulässig, weil deren Schutz im Grundgesetz nicht vorgesehen ist und damit als Differenzierungsgrund im Wahlrecht ausscheidet[387]. Etwas anderes gilt im Landeswahlrecht dort, wo die Landesverfassungen den Schutz nationaler Minderheiten kennen[388]. Listenver-

---

666 f.; dazu auch *H. M. Heinig*, NWVBl. 2000, 121 ff.; StGH Bremen NordÖR 2009, 265 ff.; ThürVerfGH NVwZ-RR 2009, 14 ff. zu Kommunalwahlen in Thüringen.

[375] HambVerfG v. 15.1.2013, HVerfG 2/11.
[376] *J. Linck*, DÖV 1984, 884 ff.; *Köhler*, Parteien (Fn. 341), S. 140 ff.
[377] In der 2011 gültigen Fassung: Bekanntmachung v. 8.3.1994 (BGBl. I S. 555), zuletzt geändert durch Art. 2 des Gesetzes zur Änderung des Wahl- und Abgeordnetenrechts v. 17.3.2008 (BGBl. I S. 94).
[378] BVerfGE 51, 222.
[379] Zum Prüfungsmaßstab *M. Morlok*, JZ 2012, 76 (77); *S. Roßner*, NVwZ 2012, 22 (22 f.); *ders.*, KommPrax Wahlen 2012, 10 (11 f.); *H. Lang*, Wahlrecht und Bundesverfassungsgericht, 2015, S. 63 ff.
[380] BVerfGE 129, 300 (324, Rn. 95 ff.); *M. Morlok/H. Kühr*, JuS 2012, 385 ff.; *M. Morlok*, JZ 2012, 76 ff.; *H. H. v. Arnim*, JZ 2009, 813 ff.; *J. Prommer*, ZJS 2014, 317 ff.; *J. Geerlings/A. Hamacher*, DÖV 2012, 671 ff.; kritisch *C. Schönberger*, JZ 2012, 80 ff.
[381] Zu den Anforderungen an einen solchen »zwingenden Grund«, wie ihn BVerfGE 120, 82 (106, Rn. 107 f.) fordert, s. etwa *M. Morlok*, JZ 2012, 76 (78 f.).
[382] BVerfGE 129, 300 (321 f., Rn. 89 f.).
[383] BVerfGE 129, 300 (327 ff., Rn. 102 ff.).
[384] BVerfGE 129, 300 (332 ff., Rn. 112 ff.).
[385] BVerfGE 129, 300 (335 ff., Rn. 118 ff.).
[386] BVerfGE 135, 259 (280 ff., Rn. 34 ff.); dazu ausführlich: *B. Grzeszick*, NVwZ 2014, 537 ff.; a. A. *W. Frenz*, NVwZ 2013, 1059 ff. sowie *ders.*, DVBl. 2014, 512 ff. sowie kritisch *V. Haug*, ZParl 45 (2014), 467 ff.; *C. Hillgruber*, JA 2014, 554 ff.
[387] *U. Hösch*, ThürVBl. 1996, 265 (269); zweifelnd auch *J. Linck*, Jura 1986, 460 (465); *K.-L. Strelen*, in: Schreiber, BWahlG, § 6 Rn. 24. Für die Zulässigkeit aber BVerfGE 6, 77 (83); 6, 84 (97); *J. A. Frowein*, AöR 99 (1974), 72 (92 f.). Eine Erleichterung ist aber nicht geboten, so BVerfGE 4, 31 (42).
[388] S. die Aufzählung bei *D. Murswiek*, HStR VIII, § 201 Rn. 23; umfassend *A. Kühn*, Privilegierung nationaler Minderheiten im Wahlrecht der Bundesrepublik Deutschland und Schleswig-Hol-

einigungen von mehreren Parteien, die als reine Zählgemeinschaft die 5%-Hürde überwinden möchten, sind unzulässig, weil der Erfolgswert der für eine solche Listenvereinigung abgegebenen Stimmen größer ist als der für unverbundene Parteien[389]. Sie stellen eine manipulationsanfällige Umgehung der 5%-Klausel dar und führten auch zu dem skurrilen Ergebnis, dass eine Stimme für eine der verbundenen Parteien gleichzeitig einer anderen Partei des Verbundes zugute kommt[390]. Rückschlüsse auf die Zulässigkeit von Listenvereinigungen innerhalb einer Vertretungskörperschaft – z.B. zur Verteilung von Ausschusssitzen – können daraus allerdings nicht abgeleitet werden[391].

114 Ob es sich bei einem Wahlvorschlag um eine Listenverbindung handelt, lässt sich nur in einer wertenden **Gesamtbetrachtung** anhand einer unbestimmten Zahl von Kriterien bestimmen. Zu diesen Kriterien können zählen: die Parteimitgliedschaft der Kandidaten, etwaige Absprachen über die Reihenfolge der Kandidaten auf der Liste, Abläufe in der Nominierungsversammlung und unter Umständen auch die programmatische Nähe der Kandidaten. Der Formalität des Wahlrechts ist es geschuldet, dass die Nichtzulassung einer Listenverbindung zur Wahl nur bei evidenten Verstößen gegen das Verbot in Frage kommt, zumal die Entscheidung über die Aufstellung einzelner Kandidaten und die Orientierung an deren programmatischer Ausrichtung von der **Parteienfreiheit** gedeckt sind (→ Art. 21 Rn. 55 ff.).

115 Freilich eignen sich Listenverbindungen, um Verzerrungen des d'Hondt'schen Höchstzahlverfahrens bzw. des Verfahrens nach Hagenbach-Bischoff zu kompensieren und sind dort, wo nach diesen Verfahren zugeteilt wird, auch regelmäßig zulässig. Unzulässig ist auch das »Huckepack-Verfahren«, bei dem eine große Partei einer kleineren Wahlkreise überlässt[392], damit diese über die Grundmandatsklausel in den Bundestag einziehen kann.

116 Die **Grundmandatsklausel** nach § 6 III 1 BWahlG stellt eine verfassungswidrige Beeinträchtigung der Wahlrechtsgleichheit dar[393]. Es gibt keine zwingenden Gründe von Verfassungsrang dafür, eine Partei, deren Anhängerschaft lokal konzentriert ist, zu bevorzugen. Bundesweit gestreute Stimmen haben den gleichen Erfolgswert wie lokal konzentrierte. Das Bundesverfassungsgericht billigt hingegen die Grundmandatsregelung[394]. Als eine Rücknahme des durch die 5%-Klausel erfolgten Eingriffs in die Wahlrechtsgleichheit werde damit ein anderes Wahlziel, nämlich eine Integration des Volkes im Bundestag, verfolgt. Dabei wird auch auf die Tradition verwiesen[395]. Die Tradition ist kein verfassungsrechtlicher Grund – es kann auch verfassungswidrige

---

steins, 1991; BVerfG (K), NVwZ 2005, 205 ff. bzw. BVerfG (K), NVwZ 2005, 568 ff.; VerfG Schl.-Holst. v. 13.9.2013, LVerfG 9/12, Rn. 114 ff. bzgl. der Zulässigkeit einer Ausnahme von der 5%-Sperrklausel für den Südschleswigschen Wählerverband.

[389] BVerfGE 82, 322 (345 f.); *Trute* (Fn. 194), Art. 38 Rn. 60.
[390] Listenverbindungen i. S. d. § 7 BWahlG a. F. sind mittlerweile abgeschafft, da sie die Entstehung des negativen Stimmgewichts begünstigen.
[391] *J. Krüper*, NWVBl. 2005, 97 (98).
[392] *R. Wahl*, NJW 1990, 2585 (2591).
[393] *W. Hoppe*, DVBl. 1995, 265 ff. m.w.N.; *Meyer*, Wahlsystem (Fn. 35), S. 236 ff.; *ders.*, HStR II, § 38 Rn. 30; *H.-U. Erichsen*, Jura 1984, 22 (31 f.); *J.A. Frowein*, AöR 99 (1974), 62 (92 ff.); *R. Wahl*, NJW 1990, 2585 (2591); *H.-J. Rink*, DVBl. 1958, 221 (226); *G. Roth*, NJW 1994, 3269 (3270 f.); *K.-H. Seifert*, Bundeswahlrecht, 3. Aufl. 1976, § 6 BWahlG Rn. 27.
[394] BVerfGE 6, 84 (96); 95, 408 (421 f.); ebenso *Schneider* (Fn. 76), Art. 38 Rn. 69.
[395] BVerfGE 95, 408 (423).

Traditionen geben³⁹⁶. Die größere Integrationskraft – die auf die Bundesrepublik insgesamt zu beziehen ist – einer Partei mit erfolgreichen Wahlkreiskandidaten bleibt eine unbewiesene Behauptung. Zudem entstehen erhebliche wahl- wie verfassungsrechtliche Probleme bei der Frage der Neubesetzung eines vakant gewordenen Grundmandats³⁹⁷.

Eine schwerwiegende Beeinträchtigung der Legitimationsfunktion der Wahl wird durch die Paradoxie des **negativen Stimmgewichts** hervorgerufen³⁹⁸. Dabei führt ein Zweitstimmenzuwachs einer Partei zu einem Verlust an Sitzen der Landeslisten bei dieser Partei oder umgekehrt ein Verlust an Zweitstimmen manifestiert sich in einem Zuwachs an Sitzen der Landeslisten³⁹⁹. Dieser inverse Erfolgswert verletzt die Gleichheit der Wahl sowie die Unmittelbarkeit, da der Wähler die Wirkung seiner Stimme für das Wahlergebnis nicht vorhersehen kann. Das Bundesverfassungsgericht sah diesen Verstoß als besonders gravierend und nicht mehr mit den Besonderheiten des personalisierten Verhältniswahlsystems zu rechtfertigen an, da – im Gegensatz zu den Überhangmandaten – nicht nur der positive Erfolgswert variiert, sondern auch negative, willkürliche Effekte eintreten können⁴⁰⁰. Das Gericht erklärte aufgrund dessen das 2008 gültige Wahlrecht sowie dessen Reform 2011 für verfassungswidrig⁴⁰¹. Das im Mai 2013 in Kraft getretene Wahlrecht entkoppelt die durch Zweitstimmen zu erreichenden Sitze pro Land von der dynamischen Größe der Wahlbeteiligung, wie sie 2011 vorgesehen war⁴⁰², und bereitet damit die Grundlage zur Vermeidung des negativen Stimmgewichtes, welches nach Einschätzung von Mathematikern damit weitestgehend vermieden wird⁴⁰³.

Eng mit dem Effekt des negativen Stimmgewichts verbunden, jedoch nicht allein für diesen verantwortlich, sind **Überhangmandate**⁴⁰⁴. Die Verfassungsmäßigkeit von **Überhangmandaten ohne »Ausgleichsmandate«** war und ist umstritten⁴⁰⁵. Nach hier

---

³⁹⁶ *M. Morlok*, JZ 1989, 1035 (1041); auch *U. Hösch*, ThürVBl. 1996, 265 (269); zu traditioneller Argumentation grundsätzlich *A. Blankenagel*, Tradition und Verfassung, 1987, insb. S. 89 ff., 158 ff.

³⁹⁷ *D. Jung*, NVwZ 2004, 703 ff.

³⁹⁸ Erstmals vom BVerfG gerügt im Jahr 2008, vgl. BVerfGE 121, 266, erneut in 2012, vgl. BVerfGE 131, 316; von der Wissenschaft schon vorher problematisiert etwa *F. Pukelsheim*, DÖV 2004, 405 (407 ff.); *D. Ehlers/M. Lechleitner*, JZ 1997, 761 (763); *H. Meyer*, KritV 77 (1994), 312 (321).

³⁹⁹ Vgl. statt vieler für eine ausführliche Beschreibung dieses Effektes *Strelen* (Fn. 387), § 6 Rn. 34b, c; *Lang*, Wahlrecht (Fn. 379), S. 12 ff. sowie auch zu Vermeidungsmöglichkeiten *F. Pukelsheim/M. Rossi*, JZ 2010, 922 ff. mit Erwiderung *B. Grzeszick*, JZ 2011, 242 f.; *H. Meyer*, DVBl. 2009, 137 ff.; *W. Schreiber*, DÖV 2012, 970 ff.

⁴⁰⁰ BVerfGE 121, 266 (300 ff., insb. Rn. 105, 119).

⁴⁰¹ BVerfGE 121, 266 (294 ff., insb. Rn. 89, 100, 105 f.; 305 ff., Rn. 119, 130); 131, 316; dazu etwa *J. Krüper*, Jura 2013, 1147 ff.

⁴⁰² S. zu Einzelheiten des neuen Wahlrechts im Überblick *H. Holste*, NVwZ 2013, 529 (530 f.); *J. Behnke*, ZParl. 45 (2014), 17 (19); *F. Pukelsheim/M. Rossi*, ZG 2013, 209 (210 ff.).

⁴⁰³ Vgl. die Stellungnahme des Sachverständigen *F. Pukelsheim*, Drucksache des Innenausschusses 17 (4) 634 A, S. 9; *H. Holste*, NVwZ 2013, 529 (531); *Strelen* (Fn. 387), § 6 Rn. 34d; *G. Strohmeier*, ZfP 60 (2013), 144 (154 f.); a. A. *M. C. Hettlage*, DÖV 2012, 970 (971); *N. Dehmel/E. Jesse*, ZParl. 44 (2013), 201 (206); *C. Hesse*, ZParl. 44 (2013), 177 (196); zur Thematik sehr ausführlich *J. Behnke*, ZParl. 45 (2014), 17 (26 ff.); *H. Meyer* beschreibt ein neues verfassungsrechtliches Problem bzgl. der Unmittelbarkeit der Wahl, welches durch das Wahlrecht 2013 neu auftritt *H. Meyer*, Der Bürger im Staat 63 (2013), 208 (214 f.).

⁴⁰⁴ S. zu diesem Zusammenhang *Strelen* (Fn. 387), § 6 Rn. 34c.

⁴⁰⁵ S. die Vier-zu-Vier-Entscheidung des Bundesverfassungsgerichts BVerfGE 95, 335 (349 ff. einerseits, 367 ff. andererseits). Für die Zulässigkeit des Anfalls von Überhangmandaten BVerfGE 7, 63 (74 f.); 16, 130 (140); 79, 169 (171 f.) – allerdings »nur in engen Grenzen«. Beim Ausscheiden eines Wahlkreisabgeordneten aus dem Bundestag rückt kein Listenkandidat nach; s. BVerfGE 97, 317

vertretener Auffassung ist der Gesetzgeber auch bei der Festlegung des Wahlsystems an die Wahlrechtsgleichheit gebunden (→ Rn. 102); damit stellen nicht kompensierte Überhangmandate eine rechtfertigungsbedürftige Durchbrechung der Wahlrechtsgleichheit dar. Verfassungswerte, die Überhangmandate ohne Ausgleich rechtfertigten, sind jedoch nicht ersichtlich[406]; insbesondere verlangt das Persönlichkeitsmoment des geltenden Wahlrechts nicht, dass durch Mehrheitswahl erworbene Mandate ausgleichslos bleiben und damit die Erfolgswertgleichheit der Stimmen beeinträchtigen[407], zumal die Überhangmandate gar nicht durch Persönlichkeitswahl gewonnene Mandate sind, sondern zusätzliche Listenmandate zur Zahl der durch das Proportionalsystem errungenen Sitze (§ 6 VI 4 BWahlG). Sie sind unabhängig von ihrer Anzahl verfassungswidrig[408] und nicht nur – wie es das Bundesverfassungsgericht ausführte[409] – ab einer Anzahl, die etwa die Hälfte der für die Bildung einer Fraktion erforderlichen Zahl von Abgeordneten, etwa 15, überschreitet[410].

119 **Die Beeinträchtigung der Wahlrechtsgleichheit sowie der Unmittelbarkeit**[411] **durch ausgleichslose** Überhangmandate hat durch die Einführung von »**Ausgleichsmandaten**« 2013, § 6 V BWahlG[412], an praktischer Relevanz verloren[413]. Der Ausgleich anfallender »Überhangmandate« hat jedoch eine Vergrößerung des Parlamentes zur Folge[414]. Dies wird zum Teil vor dem Hintergrund der Arbeitsfähigkeit des Parlaments (→ Rn. 27) kritisch gesehen[415].

120 Im »Kontext wettbewerblich relevanten Verhaltens« außerhalb des Wahlverfahrens (→ Rn. 93, 100) sind staatliche Leistungen nach dem Konzept der **abgestuften Chancengleichheit** (→ Rn. 104; → Art. 21 Rn. 80 ff.) zulässig, ja geboten. Staatliche Leistungen, etwa **Rundfunksendezeiten** zu Wahlwerbezwecken für die Parteien (→ Art. 21 Rn. 99) dürfen die »vorgefundene Wettbewerbslage«[416] nicht verändern. Eben weil der politische Wettbewerb, der in Wahlen ein verbindliches Ergebnis findet, Unter-

---

(328 f.). Aus der Literatur für die Zulässigkeit von Überhangmandaten *H. Jakob*, Überhangmandate und Gleichheit der Wahl, 1998; *U. Mager/R. Uerpmann*, DVBl. 1995, 273 ff.; weiter *W. Pauly*, AöR 123 (1998), 232 (244 ff., 262 ff.); *K.-L. Strelen*, in: Schreiber, BWahlG, § 1 Rn. 23c; gegen die Verfassungsmäßigkeit *H. Meyer*, HStR II, § 38 Rn. 31 ff.; s. weiter *J. Ipsen*, JA 1987, 232 (235); Achterberg/Schulte (Fn. 84), Art. 38 Rn. 141; *H. Nicolaus*, StWStP 8 (1997), 531 (534 ff.).

[406] Vgl. *H. Nicolaus*, Demokratie, Verhältniswahl & Überhangmandate, 1995, S. 151 ff.

[407] S. dazu BVerfGE 95, 335 (392 ff.), nicht tragende Auffassung.

[408] So auch VerfG Schl.-Holst. v. 30.8.2010, LVerfG 1/10, sowie ausführlich zu der Problematik *M. Morlok*, NVwZ 2012, 1116 (1116 f.).

[409] BVerfGE 131, 316 (370, Rn. 144).

[410] Abweichend von BVerfGE 95, 335 (365 f.); s. dazu auch *Lang*, Wahlrecht (Fn. 379), S. 43 ff.

[411] BVerfGE 97, 317 (326 f.); *C. Lenz*, NJW 1998, 2878 ff.; s. auch OVG Schleswig v 22.11.2000, 2 L 25/00.

[412] Ausgleichsmandate existieren in einigen Bundesländern bei Landtagswahlen: vgl. etwa § 33 Abs. 5 LWG NRW; § 35 Abs. 8 LWG Sachs.-Anh.; gegen die Einführung von Ausgleichsmandaten etwa *H. Meyer*, Der Bürger im Staat 63 (2013), 208 (insb. 210).

[413] Zum Verstoß von Ausgleichsmandaten gegen Wahlrechtsgrundsätze *M. C. Hettlage*, DÖV 2012, 970 (972); *H. Meyer*, DVBl. 2009, 137 (138); *J. Kleinert*, ZParl. 43 (2012), 185 ff.

[414] Ausgleichsmandate fallen insbesondere an bei regionalen Parteien, die nur in einem oder in mehreren Ländern mit Landeslisten kandidieren, wie exemplarisch bei der CSU. Berechnungen zufolge produziert ein »Überhangmandat« der CSU neun Ausgleichsmandate; *H. Holste*, NVwZ 2013, 529 (532); *J. Behnke*, ZParl. 45 (2014), 17 (34 f.); zu der dynamischen Vergrößerung des Bundestages etwa *F. Pukelsheim/M. Rossi*, ZG 28 (2013), 209 (223 f.).

[415] Kritisch bzgl. des neuen Wahlrechts etwa *N. Dehme/E. Jesse*, ZParl. 44 (2013), 201 (insb. 208); *P. Weinmann*, ZParl. 44 (2013), 719 ff.; keine problematische Vergrößerung sehend *G. Strohmeier*, ZfP 60 (2013), 144 (153 f.).

[416] Zu diesem Topos BVerfGE 24, 300 (344); 78, 350 (358); 85, 264 (297).

schiede zeitigen soll, dürfen diese Unterschiede nicht staatlich nivelliert werden. Darin kommt die letztlich **individuelle Radizierung** der politischen Chancengleichheit (→ Art. 21 Rn. 81 ff.) und ihres Teilgebietes der Wahlrechtsgleichheit zum Ausdruck. Demgemäß ist auch die Staffelung der staatlichen Leistungen an die Parteien nach deren Wahlerfolg (§ 18 I, III PartG) nicht zu beanstanden. Um der Chancengleichheit von Einzelbewerbern willen müssen diese Zahlungen ergänzt werden um solche für Einzelbewerber, was durch § 49b BWahlG geschieht[417].

6. Geheimheit der Wahl

Die Geheimheit der Wahl dient dem **Schutz der Freiheit der Wahl**. Im Gegensatz zu den anderen Wahlrechtsgrundsätzen trägt sie nur mittelbar zur Verwirklichung der Volkssouveränität bei, sie ist aber ein ebenso notwendiges wie wirksames Instrument zum Schutz der politischen Bestimmung gegen staatlichen Zwang und gesellschaftliche Zumutungen. Die Abschirmung der Stimmabgabe macht die Wahlentscheidung des Einzelnen für andere unerkennbar und entzieht sie damit unmittelbarer Beeinflussbarkeit. Damit neutralisiert sie gesellschaftliche Machtpotentiale und trägt entscheidend zur Wahlrechtsgleichheit angesichts gesellschaftlicher Unterschiede bei. Gerade im Schnittpunkt unterschiedlicher Erwartungen gewinnt das Wahlgeheimnis seine funktionale Bedeutung. Das Institut des Wahlgeheimnisses zielt damit nicht nur gegen den Zugriff der Staatsgewalt, sondern auch gegen gesellschaftliche Einbindungen[418]. Das Zusammenspiel von Allgemeinheit, Gleichheit und Geheimheit der Wahl profiliert die Staatsbürgerrolle und diejenige des Wählers gegenüber anderen Rollen (→ Rn. 57, 68). Auch schützt die Verborgenheit der Wahlentscheidung den Abgeordneten vor (Gegenleistungs-) Forderungen seiner Wähler[419] und stärkt damit das freie Mandat.

121

Deswegen ist die geheime Wahl nicht nur als **subjektives Recht**, sondern auch als eine Einrichtung[420] des **objektiven Rechts**[421] ausgestaltet. Ein Bündel von Rechtsvorschriften soll dafür sorgen, dass die Wahlentscheidung tatsächlich niemand anderem aus eigener Anschauung kenntlich wird. So ist das Wahlgeheimnis in dem Sinne **unverzichtbar**, dass die Verdeckung des Akts der Stimmabgabe vor anderen eine Pflicht des Wählers darstellt[422]. Die sich größerer Beliebtheit bei jungen Wählern erfreuende Praxis, seinen Stimmzettel mit dem Smartphone in der Wahlkabine zu fotografieren und im Internet zu verbreiten, verstößt damit gegen die Geheimheit der Wahl. Der Schutz des Wahlgeheimnisses ist strafbewehrt (§ 107c StGB). Schließlich verpflichtet der Grundsatz zu verfahrensrechtlichen und materiellen Vorkehrungen (z. B. Wahlkabinen) für die Gewährleistung des Wahlgeheimnisses[423].

122

---

[417] Veranlasst durch BVerfGE 41, 399 (412 ff.).
[418] Dazu *S. Rokkan*, Europäisches Archiv für Soziologie II (1961), 132 ff.; *N. Luhmann*, Grundrechte als Institution, 5. Aufl. 2009, S. 159; *ders.*, Legitimation durch Verfahren, 2. Aufl. 1975, S. 159 f.
[419] *Schneider* (Fn. 76), Art. 38 Rn. 70; *Magiera* (Fn. 75), Art. 38 Rn. 97. S. auch BVerfGE 5, 85 (232); s. dazu auch *G. Tullock*, On Voting, 1998, S. 83.
[420] Dies kann durchaus auch im technischen Sinne der Einrichtungsgarantie (→ Vorb. Rn. 107 f.) verstanden werden; wohl nicht zufällig wird der Ausdruck im Zusammenhang mit der Wahlfreiheit wiederholt, s. etwa *J. A. Frowein*, AöR 99 (1974), 72 (105); *Strelen* (Fn. 405), § 1 Rn. 94.
[421] Deutlich wird dies bei *Maunz* (Fn. 76), Art. 38 Rn. 54; *H. Meyer*, HStR[3] III, § 46 Rn. 20; *Strelen* (Fn. 405), § 1 Rn. 24 a. E.; a. A. *Achterberg/Schulte* (Fn. 84), Art. 38 Rn. 151.
[422] *H.-U. Erichsen*, Jura 1985, 635 (645); *Stern*, Staatsrecht I, S. 314 f.; *H. Meyer*, HStR[3] III, § 46 Rn. 19 f.; *Trute* (Fn. 174), Art. 38 Rn. 69; *Schneider* (Fn. 76), Art. 38 Rn. 70.
[423] Diesen Verpflichtungen kommen nach §§ 33 I, 34 I, 35 II BWahlG und §§ 50 I, 51, 53, 56 I 2, 6 Nr. 4, Nr. 5 BWahlO.

123 Die geheime Wahl verlangt, dass die **Stimmabgabe** des Wählers **keinem anderen kenntlich** wird[424]. Der konkrete Wähler darf nicht identifizierbar sein. Eine Offenbarung durch den Wähler beeinträchtigt die Geheimheit der Wahl nicht[425], weil andere den Wahrheitsgehalt einer solchen Aussage nicht prüfen können.

124 Der **Anwendungsbereich** umfasst den Akt der Stimmabgabe und auch die Vorphasen des Wahlverfahrens[426]. Von staatlicher Seite darf das Wahlverhalten individueller Wähler weder vor noch nach der Wahl erforscht werden[427], auch dann, wenn die Verweigerung der Antwort sanktionslos bliebe[428]. Beweisaufnahmen über eine Wahlentscheidung sind unzulässig[429]. Die amtliche Wahlforschung ist zulässig, sofern sichergestellt ist, dass der konkrete Wähler nicht ermittelt werden kann. Vom Schutzzweck her (→ Rn. 121) richtet sich das Wahlgeheimnis nicht nur gegen den Staat, sondern auch **gegen Private**[430]. Ihnen ist jede Möglichkeit zur Eigeninformation über fremdes Wahlverhalten untersagt. Die sogenannten Wahlnachfragen sind zulässig, weil die Beweismöglichkeit fehlt (→ Rn. 98). Zur Vermeidung sozialen Drucks ist eine Befragung über das Wahlverhalten in einem Abhängigkeitsverhältnis untersagt[431]. Eine Verpflichtung, über seine Wahlentscheidung Auskunft zu geben, ist gemäß § 134 BGB nichtig[432].

125 **Beeinträchtigungen** der Geheimheit der Wahl können durch andere Verfassungswerte gerechtfertigt sein (→ Rn. 65). Praktisch wichtig ist die ordentliche Durchführung des Wahlverfahrens unter Wahrung der Wahlrechtsgrundsätze. Zur Vermeidung eines mehrfachen Wahlgangs durch eine Person und des darin liegenden Verstoßes gegen die Wahlrechtsgleichheit ist der **Vermerk im Wählerverzeichnis** über die Tatsache der Stimmabgabe eines Wählers zulässig (s. § 30 BWahlO)[433]. Die Namen der Nichtwähler dürfen nicht weitergegeben werden[434]. Zwar wird durch das **Unterschriftenquorum** des § 20 II 2 BWahlG[435] das öffentliche Bekenntnis von Wählern zu einem Wahlvorschlag verlangt, allerdings bleibt die Überprüfung, ob dieses Bekenntnis mit dem tatsächlichen Wahlverhalten übereinstimmt, ausgeschlossen. Diese Beeinträchtigung ist gerechtfertigt. Entsprechendes gilt auch bei der **Briefwahl** und der **Stimmabgabe mit Hilfe von Vertrauenspersonen** (§§ 33 II, 36 II BWahlG)[436]. Zwar wird hier die Geheimheit durchbrochen oder mindestens gefährdet, jedoch die Allgemeinheit der

---

[424] *H.-U. Erichsen*, Jura 1983, 635 (645); *Schneider* (Fn. 76), Art. 38 Rn. 70; *Achterberg/Schulte* (Fn. 84), Art. 38 Rn. 152; *Stern*, Staatsrecht I, S. 314.
[425] *H. Meyer*, HStR³ III, § 46 Rn. 20; *Trute* (Fn. 174), Art. 38 Rn. 69; *H.-U. Erichsen*, Jura 1983, 635 (645).
[426] BVerfGE 4, 375 (386 f.); 12, 33 (35 f.); 12, 135 (139); ausdrücklich offengelassen in E 3, 19 (31 f.). S. weiter *Schneider* (Fn. 76), Art. 38 Rn. 70.
[427] Anders für freiwillige Wählerbefragungen *Schneider* (Fn. 76), Art. 38 Rn. 72.
[428] *Trute* (Fn. 174), Art. 38 Rn. 68.
[429] BVerwGE 49, 75 (76); BGH JZ 1981, 103 ff.; *Jarass/Pieroth*, GG, Art. 38 Rn. 19; *Trute* (Fn. 174), Art. 38 Rn. 67; a. A. *P. Silberkuhl*, in: Hömig, GG, Art. 38 Rn. 16.
[430] *Maunz* (Fn. 76), Art. 38 Rn. 54; *Trute* (Fn. 174), Art. 38 Rn. 68; *Jarass/Pieroth*, GG, Art. 38 Rn. 20; *Schneider* (Fn. 76), Art. 38 Rn. 71.
[431] *Trute* (Fn. 174), Art. 38 Rn. 68.
[432] *Maunz* (Fn. 76), Art. 38 Rn. 54.
[433] *Trute* (Fn. 174), Art. 38 Rn. 71; *Magiera* (Fn. 75), Art. 38 Rn. 98; zweifelnd, ob das »Ob« der Wahl vom Schutzzweck der Geheimheit überhaupt erfasst ist: *C. Burkiczak*, JuS 2009, 805 (809).
[434] *Maunz* (Fn. 76), Art. 38 Rn. 54; *Strelen* (Fn. 405), § 1 Rn. 24.
[435] Ebenso nach § 27 I 2 BWahlG.
[436] BVerfGE 21, 200 (204 f.); *H.-U. Erichsen*, Jura 1985, 635 (645); *Magiera* (Fn. 75), Art. 38 Rn. 98; *Trute* (Fn. 174), Art. 38 Rn. 71; a. A. *H. Klüber*, DÖV 1958, 249 (250 f.); kritisch auch *Maunz* (Fn. 76), Art. 38 Rn. 54; *Achterberg/Schulte* (Fn. 84), Art. 38 Rn. 153; *H. Meyer*, HStR³ III, § 46 Rn. 21.

Wahl gefördert (→ Rn. 85). In dieser Situation widerstreitender Wahlrechtsgrundsätze durfte der Gesetzgeber eine Entscheidung zu Lasten der Geheimheit treffen. Er muss jedoch so weit als möglich die Geheimheit schützen und dazu die Praxis überprüfen und ggf. die bestehenden Vorschriften nachbessern[437].

7. Öffentlichkeit der Wahl

Neben die geschriebenen Wahlrechtsgrundsätze aus Art. 38 I GG ist seit der Entscheidung des Bundesverfassungsgerichts zum Thema Wahlcomputer aus dem Jahre 2009[438] ein **ungeschriebener weiterer Grundsatz**, die Öffentlichkeit der Wahl, in den Fokus getreten. Dieser aus Art. 38 i.V.m. Art. 20 I und II GG entwickelte Grundsatz, der seinen gedanklichen Ursprung bereits in einer früheren Entscheidung des Bundesverfassungsgerichts[439] sowie des Verfassungsgerichtshofs NRW[440] fand, soll das für die Funktionsfähigkeit einer Demokratie und die Legitimation notwendige Vertrauen in den ordnungsgemäßen Ablauf der Wahl sichern. Der Bürger soll die Möglichkeit haben, den Wahlvorgang nachzuvollziehen[441]. Dies entspricht dem Öffentlichkeitspostulat der Volkssouveränität und dem Rechtsstaatsprinzip[442]. Daneben wird Fehlern und Manipulationsmöglichkeiten vorgebeugt. Eine Einschränkung ist nur bei einer Kollision mit anderen verfassungsrechtlichen Belangen möglich[443]. Die Möglichkeit des Einsatzes technischer Geräte, insbesondere von **Wahlcomputern**, wird weitreichend eingeschränkt, da bei diesen Techniken die wesentlichen Verarbeitungsvorgänge im Verborgenen ablaufen und sich der Wahrnehmbarkeit durch den Wähler entziehen[444]. Das Bundesverfassungsgericht sah aber die Möglichkeit des Einsatzes technischer Geräte unter Beachtung bestimmter Maßgaben[445]. Angesichts dessen, dass es technisch nur schwer möglich sein wird, ein absolut manipulations- und fehlersicheres Verfahren zu etablieren[446], kann sich dies zumindest nicht vom bösen Schein der Beeinflussbarkeit befreien und damit das Vertrauen der Wähler nicht in gleicher Weise ermöglichen wie das traditionelle Wahlverfahren, welches jedem Bürger potentielle Überprüfbarkeit ermöglicht (siehe etwa § 31 S. 1 BWahlG, § 54 BWahlO). Ein verfassungsrechtlich zulässiges elektronisches Wahlsystem wird wohl seinen Anreiz, etwa im Bereich der vereinfachten Stimmenerfassung, weitreichend eingebüßt haben. Zudem sehen sich technische Wahlvorrichtungen je nach Ausgestaltung im potenziellen Konflikt mit dem Grundsatz der Gleichheit, der Allgemeinheit und insbesondere der Geheimheit der Wahl[447].

126

---

[437] BVerfGE 59, 119 (127).
[438] BVerfGE 123, 39.
[439] BVerfGE 121, 266 (291ff., Rn. 77ff.).
[440] VerfGH NW NVwZ 1991, 1175ff.
[441] Zum Informationsanspruch des Bürgers aus dem Informationsfreiheitsgesetz *S. Danzer*, KommPWahlen 2012, 2ff.
[442] BVerfGE 123, 39 (68, Rn. 107); zum Publizitätsprinzip *Klein* (Fn. 76), Art. 38 Rn. 113.
[443] BVerfGE 123, 39 (70, Rn. 111).
[444] BVerfGE 123, 39 (71ff. Rn. 117ff.); näher dazu *M. Will*, NVwZ 2009, 700 (701).
[445] BVerfGE 123, 39 (71ff. Rn. 117ff.); *M. Henning/J. Budurushi/M. Volkamer*, MMR 2014, 154ff.; sowie ausführlich zu den Möglichkeiten des Einsatzes von technischen Wahlgeräten *F. Haibl/G. Hötzel*, Verfassungskomformer Einsatz rechnergesteuerter Wahlgeräte, 2014, S. 311ff.
[446] Kritsch dazu auch *M. Will*, NVwZ 2009, 700 (701f.); *ders.*, CR 2008, 540 (542).
[447] *S. Schiedermair*, JZ 2007, 162 (166ff.); *dies.*, JZ 2009, 572ff.; *M. Will*, CR 2008, 540ff.; *ders.*, NVwZ 2009, 700ff.; *M. Eßer*, MIP 16 (2010), 69ff.; ausführlich dazu *Haibl/Hötzel*, Wahlgeräte (Fn. 445), S. 208ff.

127 Das sogenannte **e-voting**, also die Stimmabgabe über das Internet, weist daneben noch andere, im Spannungsfeld von Verfassungsrecht und Informationstechnologie angesiedelte Probleme auf[448]. Nach dem derzeitigen Stand der Technik muss es als unzulässig beurteilt werden[449].

8. Wahlberechtigung (Art. 38 II GG)

128 Art. 38 I 1 und II GG begründen das Wahlrecht als das **subjektive öffentliche Recht**[450], an der Wahl des Bundestages teilzunehmen und so Gestaltungsmacht auszuüben[451]. Das Wahlrecht gewährleistet dem Einzelnen die Einhaltung der verschiedenen Wahlrechtsgrundsätze[452]. Es ist ein **höchstpersönliches Recht**, das heißt, nicht übertragbar und nicht dauerhaft verzichtbar[453]. Mit dem Text des Grundgesetzes ist die Wahlberechtigung als das aktive Wahlrecht (Hs. 1) von der Wählbarkeit als dem passiven Wahlrecht (Hs. 2) abzuheben. Die unterschiedlichen Formulierungen gehen darauf zurück, dass früher das aktive und das passive Wahlrecht in unterschiedlichem Alter erworben wurden[454].

129 Die **Wahlberechtigung** meint das Recht zu wählen. Es umfasst die Stimmabgabe im Wahllokal, aber auch das Wahlvorschlagsrecht[455]. Der Kreis der Träger dieses Rechts wird vom Grundsatz der Allgemeinheit der Wahl (→ Rn. 68 ff.) bestimmt. Der eigenständige Gehalt von Art. 38 II GG liegt in der Festlegung des **Wahlalters**. Historisch ist ein Prozess der kontinuierlichen Herabsetzung des Wahlalters zu beobachten (→ Rn. 8 ff.). Das 18. Lebensjahr ist entsprechend §§ 187 II 2, 188 II 2. Alt. BGB am Geburtstag bereits um 00.00 Uhr vollendet[456]. Kraft dieser Verfassungsentscheidung kommt ein Minderjährigenwahlrecht für den Bundestag[457] oder die Wahrnehmung des Stimmrechts durch die Vertreter von Minderjährigen nicht in Betracht. Ein **Familienwahlrecht**[458] ist daher *de constitutione lata* unzulässig, wird freilich regelmäßig auch unter verfassungsrechtlichen und rechtsphilosophischen Aspekten (Nachhaltig-

---

[448] Umfassend *M. Will*, Internetwahlen, 2002, S. 71 ff.; *A. Hanßmann*, Möglichkeiten und Grenzen von Internetwahlen, 2004; *P. Richter*, Wahlen im Internet rechtmäßig gestalten, 2012; *M. Henning/M. Volkamer/J. Budurushi*, DÖV 2012, 789 ff.; *U. Karpen*, Elektronische Wahlen?, 2005; *E. Khorrami*, Bundestagswahlen per Internet, 2006; *R. Schönau*, Elektronische Demokratie, 2007 – Zu den Wahlrechtsgrundsätzen; s. auch *O.R. Rüß*, MMR 2000, 73 ff.; die Schweiz erprobt auf Grundlage des Art. 8a des Gesetzes über die politischen Rechte die Möglichkeiten elektronischer Wahl. Zum Einsatz einer Online-Wahl innerhalb einer Hochschule und zu den besonderen Maßgaben s. ThürOVG v. 30.5.2013, 1 N 240/12, insb. Rn. 53, 56 ff.

[449] A.A. *M. Henning/M. Volkamer/J. Budurushi*, DÖV 2012, 789 (790 ff.).

[450] BVerfGE 4, 17 (30); zu den subjektiv-rechtlichen Spannungslagen zwischen Parlamentsautonomie und den Rechten aus Art. 38 vgl. *M. Soppe*, Parlamentarische Selbstentmachtung als faktische Wahlrechtsbeeinträchtigung, 2002.

[451] BVerfGE 89, 155 (171 f.), mit Blick auf eine Entleerung der Bedeutung des Wahlrechts durch Verlagerung von Aufgaben des Bundestages auf Einrichtungen der Europäischen Union.

[452] BVerfGE 89, 155 (171).

[453] *Schneider* (Fn. 76), Art. 38 Rn. 74; *Magiera* (Fn. 75), Art. 38 Rn. 100.

[454] S. dazu *Schneider* (Fn. 76), Art. 38 Rn. 75; dies ist in vielen Staaten noch so: → Rn. 24.

[455] Es hat in §§ 18 I, 20 III BwahlG eine Ausformung gefunden.

[456] Zur Zulässigkeit der Altersgrenze BVerfG (K), NVwZ 2002, 69 (69 f.).

[457] *W. Schreiber*, DVBl. 2004, 1341 ff.; *R. Mußgnug*, Das Wahlrecht für Minderjährige auf dem Prüfstand des Verfassungsrechts, in: FS Roellecke, 1997, S. 165 ff.

[458] S. dazu die Vorschläge von *K. Löw*, FuR 1993, 25 (27); *ders.*, ZRP 2002, 448 ff.; *H. Quintern*, Das Familienwahlrecht, 2010, passim, mit dem Hinweis auf den Sinn einer Verfassungsänderung; auch *H. Hattenhauer*, JZ 1996, 9 (15 f.); im partikularen Kirchenrecht gibt es inzwischen ein Familienwahlrecht, s. *A. Post*, ZRP 1996, 377 ff.; *I. Rupprecht*, Das Wahlrecht für Kinder, 2012, passim; für

keit, intergenerationelle Gerechtigkeit) diskutiert[459]. Ihm sind aber die formale Strenge der Wahlrechtsgleichheit und die Höchstpersönlichkeit des Wahlrechts entgegen zu halten.

Einschränkungen des Wahlrechts sind bei geistigen Gebrechen zulässig (→ Rn. 77), was insofern auch zum Gehalt von Art. 38 II GG gehört, als die Festsetzung des Wahlalters auf 18 Jahre Bezug auf die geistige Reife nach bürgerlichem Recht nimmt[460]. **130**

Die Wahlberechtigung als das **passive Wahlrecht** besteht in dem Recht, zum Bundestagsabgeordneten gewählt werden zu können. Es schließt das Recht ein, eine Wahl annehmen oder ablehnen zu können. **131**

Die Inanspruchnahme des passiven Wahlrechts ist für **Strafgefangene** nicht möglich, weil sie die Justizvollzugsanstalt nicht verlassen dürfen und so gehindert sind, ihr Amt anzutreten. Ihnen ist die Ausübung des Wahlkampfs versagt. Die einschlägigen Bestimmungen des Strafvollzugsgesetzes, nach denen Ausgang und Urlaub zum Zweck der Kandidatur nicht gewährt werden müssen, sind verfassungsgemäß[461]. Auf Verfassungsebene ist diese Einschränkung durch die Voraussetzung des Instituts der Freiheitsstrafe (Art. 104 GG) gerechtfertigt[462]. Auch Art. 48 I GG begründet kein Recht auf Wahlvorbereitungsurlaub (→ Art. 48 Rn. 13). **132**

9. Gesetzliche Ausgestaltung (Art. 38 III GG)

Art. 38 III GG ist **kein Gesetzesvorbehalt** (→ Rn. 65), sondern eine **Kompetenznorm**[463]. Zugleich stellt die Norm einen Gesetzgebungsauftrag zur Ausformung der Materien der vorangehenden Absätze dar[464]. Hinsichtlich des Wahlrechts wurde dem durch das Bundeswahlgesetz und die Bundeswahlordnung nebst der Bundeswahlgeräteordnung entsprochen. Für die Rechtsverhältnisse der Abgeordneten geschah dies durch das Abgeordnetengesetz. **133**

Bei der Ausgestaltung ist der Gesetzgeber an die verfassungsrechtlichen Vorgaben gebunden, aus Konflikten zwischen den unterschiedlichen Wahlrechtsgrundsätzen ergibt sich ein weiter **Gestaltungsspielraum** des Gesetzgebers[465]. Ausdruck dessen ist die Entscheidung für die sogenannte »mit der Personenwahl verbundene Verhältniswahl« **134**

---

ein höchstpersönliches Wahlrecht der Eltern zugunsten ihrer Kinder *G. Meixner*, ZParl. 44 (2013), 419 ff.
[459] S. z.B. *R. Wernsmann*, Der Staat 44 (2005), 43 ff.; *J. Oebbecke*, JZ 2004, 987 ff.; sowie zwei fraktionsübergreifende Gruppenanträge: BT-Drs. 15/1544 (2003) und 16/9868 (2008); kritisch *W. Schroeder*, JZ 2003, 917 (922) mit Abgrenzung von Familien- versus Elternwahlrecht sowie ausführlich *U. Sacksofsky*, Wer darf eigentlich wählen?, in: FS Bryde, 2013, S. 313 ff. (327 f.). Dazu auch *J. Krüper*, Wenn ihr nicht wählet wie die Kinder – Verfassungsfragen eines Wahlrechts für Kinder und deren Eltern, in: U. v. Alemann/M. Morlok u.a. (Hrsg.), Jugend und Politik – Möglichkeiten und Grenzen politischer Betätigung der Jugend, 2006, S. 97 ff.
[460] *Mußgnug*, Wahlrecht (Fn. 457), S. 175 ff.; für den Entzug des Wahlrechts wegen staatsbürgerlicher Mängel: → Rn. 77.
[461] BVerfG (K), NStZ 1982, 83 ff. (Vorprüfungsausschuß); OLG Celle NStZ 1981, 78 ff.; zur Wahrnehmung des passiven Wahlrechts durch Strafgefangene s. *J. Jekewitz*, GA 1981, 433 ff.
[462] Vgl. auch BVerfGE 33, 1 (11).
[463] BVerfGE 95, 225 (350); *Trute* (Fn. 174), Art. 38 Rn. 105; *Morlok*, Demokratie (Fn. 92), S. 595.
[464] *Maunz* (Fn. 76), Art. 38 Rn. 71; *Magiera* (Fn. 75), Art. 38 Rn. 114.
[465] BVerfGE 59, 119 (124 f.); → Rn. 66.

(kurz: **personalisierte Verhältniswahl**)⁴⁶⁶. Dabei handelt es sich um ein Verhältniswahlsystem, das um Elemente der Mehrheitswahl angereichert ist⁴⁶⁷.

III. Abgeordnetenstatus (Art. 38 I 2 GG)

1. Funktion und Status

a) Funktion als Volksvertreter

135 Die Abgeordneten bilden die Elementareinheiten des Bundestages⁴⁶⁸. Sie nehmen die Aufgaben der **Repräsentation** (→ Rn. 33ff.) wahr und erfüllen letztlich die verschiedenen Funktionen des Bundestages (→ Rn. 31ff.). Im Verfassungstext kommt dies in der Bezeichnung der Abgeordneten als »Vertreter des ganzen Volkes« zum Ausdruck. Sie bringen die Interessen und Auffassungen des Volkes in den demokratischen Eingabestrukturen der staatlichen Institutionen, vorrangig im Parlament, zur Geltung, bestimmen entsprechend diesen Präferenzen die Inhalte der Politik und legitimieren damit die staatliche Gewalt. Die Tätigkeit der Abgeordneten ist inhaltlich deutlich von den **politischen Parteien** geprägt und äußerlich von diesen organisiert, im Parlament vor allem durch die parteigebundenen Fraktionen (→ Rn. 179ff.)⁴⁶⁹. Entsprechend Art. 21 I 1 GG wirken die Parteien an der politischen Willensbildung des Volkes mit und bringen dessen politische Ziele in die staatlichen Institutionen zur verbindlichen Entscheidung ein. Demgemäß ist die parlamentarische Tätigkeit auch zu verstehen als Aktivität der Parteien und ihrer Repräsentanten (→ Art. 21 Rn. 30, 37). Eine realistische Betrachtung des Parlaments hat dies zu berücksichtigen⁴⁷⁰.

136 Die Volksvertretung wird erst von der Gesamtheit der Abgeordneten gebildet: **Gesamtrepräsentation**⁴⁷¹. Nicht der einzelne Abgeordnete ist bereits ein Vertreter des ganzen Volkes⁴⁷², sondern die Gesamtheit der Abgeordneten vertritt das Volk als Ganzes. Sie sind damit nicht Vertreter partikularer Gruppen, auch nicht ihrer Partei und ebenfalls nicht der Bürger ihres Wahlkreises oder ihrer Wähler⁴⁷³. Die Abgeord-

---

⁴⁶⁶ Dazu *Achterberg/Schulte* (Fn. 84), Art. 38 Rn. 156ff.; *Mahrenholz*, Wahlgleichheit (Fn. 341), S. 8f.; *Nohlen*, Wahlrecht (Fn. 352), S. 191f.
⁴⁶⁷ S. dazu weiter *H. Meyer*, HStR³ III, § 45 Rn. 31ff.; *ders.*, HStR³ III, § 46 Rn. 46ff.; *H.-U. Erichsen*, Jura 1984, 22ff.; *W. Pauly*, AöR 123 (1998), 232 (234ff.).
⁴⁶⁸ Zum Rechtsstatus der Abgeordneten im Europäischen Parlament *U. Böttger*, EuR 2002, 898 (899ff.).
⁴⁶⁹ Hierzu die Schilderung von *H. Sendler*, NJW 1985, 1425ff.; aus diesem Befund hat *G. Leibholz* seine bekannten, freilich deutlich zu weit gehenden Konsequenzen gezogen, s. Der Strukturwandel der modernen Demokratie, in: *ders.*, Strukturprobleme der modernen Demokratie, Neuausgabe 1974, S. 78ff. (86ff., 93ff.); zum ganzen Problemkreis *Achterberg*, Parlamentsrecht, S. 82ff. m.w.N.
⁴⁷⁰ Dazu *Morlok*, Informalisierung (Fn. 106), S. 64.
⁴⁷¹ BVerfGE 44, 308 (316); 56, 396 (405); 70, 324 (367) – Sondervotum *Mahrenholz*; 80, 188 (218); 84, 304 (321); s. auch E 96, 264 (278f., Rn. 60, 63). Aus der Literatur *J. Hatschek*, Das Parlamentsrecht des deutschen Reiches, 1915, S. 568ff., zur geschichtlichen Entwicklung; im funktionalen Zusammenhang mit dem freien Mandat *Müller*, Mandat (Fn. 9), S. 144ff., 212f., passim; *H. Dreier*, AöR 113 (1988), 450 (456ff., 464ff.); *M. Morlok*, JZ 1989, 1035 (1037f.); *Schneider* (Fn. 76), Art. 38 Rn. 19; *Schliesky* (Fn. 88), § 5 Rn. 27ff.
⁴⁷² *H. Meyer*, Das parlamentarische Regierungssystem des Grundgesetzes, VVDStRL 33 (1975), S. 69ff.; *H. Dreier*, AöR 113 (1988), 450 (464ff.); *Schneider* (Fn. 76), Art. 38 Rn. 19; *Magiera* (Fn. 75), Art. 38 Rn. 45; *ders.*, Parlament (Fn. 118), S. 145; a.A. *W. Demmler*, Der Abgeordnete im Parlament der Fraktionen, 1994, S. 84ff.
⁴⁷³ *Hatschek*, Parlamentsrecht (Fn. 471), S. 568ff.; *Stern*, Staatsrecht I, S. 1069; *Schneider* (Fn. 76), Art. 38 Rn. 19; *P. Badura*, in: BK, Art. 38 (Drittb. 2008), Rn. 49; *Trute* (Fn. 174), Art. 38 Rn. 87ff.

neten haben im Bundestag für das gesamte vertretene Volk gleichermaßen zu entscheiden, und sie sind allen gegenüber gleichermaßen verantwortlich.

Daraus erklärt sich auch das **freie Mandat**. Trotz ihrer Einbindung in Parteien und ihren Verpflichtungen gegenüber Partialinteressen sollen die Abgeordneten danach frei sein für eine Interpretation des Gemeinwohls nach ihren Vorstellungen und für entsprechendes Handeln. Die Leistungsfähigkeit des Bundestages als Volksvertretung hängt damit ab von einer starken Stellung des einzelnen Abgeordneten. Diese umfasst insbesondere auch den Anspruch darauf, dass die Legitimität des einzelnen Mandats nicht von anderen Verfassungsorganen in Frage gestellt wird[474]. Der Rechtsstatus des Abgeordneten kann durch eine verfassungswidrige Bundestagsauflösung (Art. 68 I GG) verletzt werden (→ Art. 39 Rn. 19; → Art. 68 Rn. 11 ff.)[475].

137

Die Erfüllung der Rechtssetzungs- und der Wahlfunktion des Bundestages geschieht durch Entscheidungen, zu welchen die Abgeordneten mittels der **Mehrheitsregel** (→ Art. 42 Rn. 31 ff.) gelangen. Mehrheiten müssen aber immer erst durch **Kompromissbildung** zwischen den Abgeordneten hergestellt werden[476], auch innerhalb einer Fraktion[477]. Für den Reichtum dieser Kompromisse ist es wichtig, dass möglichst viele Abgeordnete ihn beeinflussen können. Schließlich wird die Kontrollfunktion von den Abgeordneten in ihrer Verschiedenartigkeit wahrgenommen.

138

b) Status der Freiheit, der Gleichheit und der Öffentlichkeit

Zur Sicherung dieser Rolle der Abgeordneten bei der Erfüllung der Funktionen des Bundestages ist diesen ein **dreifältiger Status** verfassungsrechtlich garantiert worden: Die Abgeordneten sind Träger von Rechten und Pflichten, die sich konzeptionell fassen lassen als ein Status der Freiheit, der Gleichheit und der Öffentlichkeit[478]. Dabei handelt es sich beim Abgeordnetenstatus um einen rechtlichen Gesamtkomplex, der sich aus verschiedenen Rechtsnormen unterschiedlicher Art und unterschiedlichen Ranges zusammensetzt.

139

Der Status der **Freiheit** (→ Rn. 149 ff.) soll sicherstellen, dass der Prozess der parlamentarischen Willensbildung einerseits frei von staatlicher Beeinträchtigung ist, damit die Abgeordneten ihre gesellschaftlichen und politischen Präferenzen zu rechtlich relevantem Ausdruck bringen und so die staatliche Gewalt erst legitimieren können, weil anders das Parlament als Akklamationsorgan der Regierung fungierte. Zugleich soll die Freiheit der Abgeordneten diese von allen partikularen Verpflichtungen freistellen und in die Lage versetzen, im Interesse des Gemeinwohls Kompromisse mit anderen Positionen einzugehen, Interessen zurückzustellen, neue Aufgaben anzuge-

140

---

[474] BVerfGE 99, 19 (32, Rn. 40).
[475] BVerfGE 114, 121 (148 f., Rn. 131).
[476] Dazu (am Beispiel der Gesetzgebung) *Schulze-Fielitz*, Gesetzgebung (Fn. 108), S. 404 ff., als Bedingung für die Mehrheitsentscheidung S. 432 f.
[477] *A. Bäcker*, Ausschluss aus der Fraktion, 2011, S. 136 f.; *dies.*, APuZ 38-39 (2012), 43 ff.
[478] In Parallelisierung zum von *Hesse* entwickelten Status der Parteien (→ Art. 21 Rn. 46 ff.) herausgearbeitet von *P. Häberle*, Freiheit, Gleichheit und Öffentlichkeit des Abgeordnetenstatus – BVerfGE 40, 296, in: ders., Kommentierte Verfassungsrechtsprechung, 1979, S. 215 ff., zuerst in NJW 1976, 537 ff.; *ders.*, Verfassungsrechtlicher Abgeordnetenstatus und Grunddiätenbesteuerung in der egalitären Demokratie, in: ders., Verfassung als öffentlicher Prozeß, 2. Aufl. 1996, S. 503 ff. (505 f.). Vgl. dazu weiter *Schneider* (Fn. 76), Art. 38 Rn. 20; *M. Morlok*, JZ 1989, 1035 (1037 f.); kritisch zur verfassungsrechtlichen Grundlage der Details des Abgeordnetenstatus *H.-J. Cremer*, Anwendungsorientierte Verfassungsauslegung, 2000, S. 49; insgesamt zum Abgeordnetenmandat: *D. Wiefelspütz*, Abgeordnetenmandat, in: Morlok/Schliesky/Wiefelspütz, § 12 passim.

hen. Sie hält den Abgeordneten jedenfalls potentiell frei, sich von anderen und neuen Faktoren beeinflussen zu lassen. Die Responsivität des Parlaments und seine Lernfähigkeit werden dadurch entscheidend gefördert, dass die Abgeordneten nicht durch Parteien vollständig mediatisiert oder durch Loyalitäten zu Interessengruppen immobilisiert werden können.

141 Die **Gleichheit** der Abgeordneten gründet darin, dass erst alle Abgeordneten in ihrer Verschiedenartigkeit zusammengenommen das Volk repräsentieren können, dass die unterschiedlichen Ideen und die Interessen in der Vielzahl der Abgeordneten eine Chance finden sollen, in den parlamentarischen Willensbildungsprozess als Input-Struktur[479] eingebracht zu werden. Die Chancen der Repräsentation des Volkes im Bundestag werden durch die gleichen Mitwirkungsmöglichkeiten aller Abgeordneten an Beratung und Entscheidung gesichert. Die Garantien der Freiheit und der Gleichheit stützen einander: Freiheit durch Gleichheit[480]! Eben weil der einzelne Abgeordnete dieselben Möglichkeiten wie die anderen hat, kann er sich Konflikte leisten, kann er seine eigene Stimme deutlich hörbar werden lassen. Der freie und gleichberechtigte Status wirkt sich in konkreten Entscheidungen aus, z. B. bei der Aufhebung der Immunität, die nicht aufgrund sachfremder, willkürlicher Motive erfolgen darf[481].

142 Die **Öffentlichkeitsgehalte** des Rechts der Abgeordneten entsprechen deren Vertreterstellung. Das Volk, für das im Parlament gehandelt wird, soll über das Verhalten der Abgeordneten und über das parlamentarische Geschehen informiert sein können[482].

143 Die Entsprechung der drei Status der Parteien (→ Art. 21 Rn. 46 ff.) und der Abgeordneten ist zum einen Konsequenz dessen, dass beide eine **Transformationsfunktion** haben: Sie sammeln und strukturieren die politischen Auffassungen der Bevölkerung und versuchen, sie in staatliche Entscheidungen umzusetzen (→ Art. 21 Rn. 21 f.)[483]. Die zweite Gemeinsamkeit besteht darin, dass beide in einen pluralistischen Wettbewerb eingestellt sind, der um die Gunst des Volkes geführt wird[484]; daraus folgen die Notwendigkeiten einer Gewährleistung von Chancengleichheit und Öffentlichkeit[485]. Im Zusammenspiel dieser drei Status formt das Grundgesetz eine rechtlich **starke Stellung des Abgeordneten** aus[486]. Diese ermöglicht eine personale Profilierung, auf die politische Hoffnungen projiziert und mit der politische Einflusschancen verbunden werden können. Im Gegenzug wächst die persönliche Verantwortlichkeit des einzelnen Abgeordneten vor der Öffentlichkeit.

c) Begründung und Beendigung des Status

144 Die Rechte und Pflichten als Abgeordneter beginnen nicht schon mit der Wahl, sondern frühestens mit deren Annahme beim zuständigen Wahlleiter oder deren Fingie-

---

[479] *M. Morlok/J. Krüper*, NVwZ 2003, 573 (573).
[480] *Häberle*, Freiheit (Fn. 478), S. 220.
[481] BVerfGE 104, 310 (325, Rn. 67).
[482] Zum parlamentarischen Öffentlichkeitsprinzip als Element der Repräsentativverfassung: → Art. 42 Rn. 20 ff. Für den Abgeordnetenstatus *Häberle*, Freiheit (Fn. 478), S. 215 ff.
[483] Deswegen sind die Fraktionen und das Parlamentsrecht allgemein von einer Ambivalenz zwischen Staat und Gesellschaft gekennzeichnet. → Art. 21 Rn. 22.
[484] Zur parteienrechtlichen Wettbewerbsdimension *M. Morlok*, Parteienrecht als Wettbewerbsrecht, in: FS Tsatsos, 2003, S. 408 ff.
[485] *Häberle*, Freiheit (Fn. 478), S. 228.
[486] Im Zusammenhang des Parlamentsrechts wird vom Grundgesetz nur der Abgeordnete, nicht die Fraktion erwähnt.

III. Abgeordnetenstatus (Art. 38 I 2 GG)   Art. 38

rung[487]. Die Abgeordnetenstellung bezieht sich immer auf eine **Legislaturperiode**[488]. Die Wahlperiode **beginnt mit dem Zusammentritt** des neu gewählten Bundestages (→ Art. 39 Rn. 14). Erst zu diesem Zeitpunkt rückt der Gewählte, auch wenn er die Wahl bereits vorher angenommen hatte[489], in die Stellung eines Abgeordneten ein. Liegt die Annahme der Wahl vor dem Zusammentritt des (neuen) Bundestages, so hat der Wahlbewerber eine Anwartschaft auf sein Mandat inne, weil es ihm nicht mehr genommen werden kann[490].

Das **Ende** der Mitgliedschaft im Bundestag tritt ein durch Tod des Abgeordneten, mit dem Ablauf der Wahlperiode oder dem Zusammentritt eines neuen nach Auflösung des vorherigen Bundestages (→ Art. 39 Rn. 19), bei Ungültigkeit der Wahl, bei Neufeststellung des Wahlergebnisses, bei Wegfall einer Wählbarkeitsvoraussetzung[491] (→ Rn. 74 ff.), bei Verzicht oder nach § 46 I Nr. 5, IV BWahlG[492]. Über mandatserhebliche Folgen von Wahlfehlern wird im Wahlprüfungsverfahren entschieden (→ Art. 41 Rn. 11 ff.). Der Verzicht ist gegenüber dem Präsidenten des Deutschen Bundestages oder einem Notar[493] zur Niederschrift zu erklären und unwiderruflich. Die gesetzlichen Bestimmungen über den Mandatsverlust bei **Parteiverbot** sind umstritten[494]. Von diesen Gründen abgesehen, ist der Bestand der **Mitgliedschaft** im Bundestag **geschützt**. Insbesondere ist der Verlust der Parteimitgliedschaft nicht mit dem Verlust des Mandats verbunden (→ Rn. 154 f., 167). Das **Rotationsprinzip** (→ Rn. 82) als Partei- oder Fraktionsbeschluss bindet den Abgeordneten nicht; auch der »freiwillige« Verzicht wird gegen Missbrauch geschützt. Eine Motivkontrolle beim Verzicht eines Abgeordneten ist dem Bundestagspräsidenten jedoch untersagt[495].

145

Der Abgeordnete ist Inhaber eines öffentlichen **Amtes** (Art. 48 II GG)[496]. Die mit dieser Position verbundenen Rechte sind Funktionsgarantien für den Bundestag als Volksvertretung[497]. Dieses Amt begründet einen verfassungsrechtlichen Status eigener Art[498]. Die Abgeordnetenrechte schützen die Amtstätigkeit, nicht die Privatperson, weshalb sich die Abgeordneten im Rahmen ihrer Amtstätigkeit nicht auf die Grundrechte berufen können[499].

146

---

[487] BVerfGE 2, 300 (304). Eingehend zum Beginn der Abgeordnetenstellung *H. Sauer*, Beginn und Ende der Rechtsstellung als Abgeordneter, in: Morlok/Schliesky/Wiefelspütz, § 11 Rn. 2 ff.
[488] Vgl. zum Zweck dieser Periodisierung → Art. 39 Rn. 10.
[489] Für die Ausgestaltung im einzelnen s. § 45 BWahlG.
[490] *Jarass/Pieroth*, GG, Art. 38 Rn. 32; a. A. *G. Kretschmer*, in: BK, Art. 39 (2009), Rn. 71.
[491] Zu einem solchen Fall BVerfGE 5, 2 (6 ff.).
[492] Eingehend zum Ende der Abgeordnetenstellung *Sauer* (Fn. 487), § 11 Rn. 5 ff.
[493] S. im einzelnen § 46 III BWahlG.
[494] Zu dieser Rechtsfolge BVerfGE 2, 1 (71 f.); für die Verfassungsmäßigkeit dieser Regelung *H. H. Klein*, HStR³ III, § 51 Rn. 19; *Schneider* (Fn. 76), Art. 38 Rn. 44; *Achterberg*, Parlamentsrecht, S. 257 f.; *Stern*, Staatsrecht I, S. 1075; *Magiera* (Fn. 75), Art. 38 Rn. 55. Die Gegenmeinung betont die Unabhängigkeit des parlamentarischen Mandats von der Parteimitgliedschaft: *Hesse*, Verfassungsrecht, Rn. 601; *D. Grimm*, Politische Parteien, in: HdbVerfR, § 14 Rn. 56. → Art. 21 Rn. 157 m. w. N.
[495] Zum Rotationsprinzip kontrovers *K. Dicke/T. Stoll*, ZParl. 16 (1985), 451 (456 ff.); *M. Möller/C. Pawlita/U. F. H. Rühl/F. Steinmeier*, DuR 12 (1984), 367 ff.; *H. H. Klein*, HStR³ III, § 51 Rn. 18; *N. Achterberg*, JA 1984, 9 (16). → Art. 39 Rn. 21.
[496] BVerfGE 40, 296 (314); dazu weiter *H. H. Klein*, HStR³ III, § 51 Rn. 1; *Demmler*, Abgeordnete (Fn. 472), S. 50 ff.; *Schröder*, Grundlagen (Fn. 76), S. 288 ff., in Abgrenzung zum traditionellen beamtenrechtlichen Amtsbegriff.
[497] *A. Greifeld*, Der Staat 23 (1984), 501 (503); *M. Morlok*, JZ 1989, 1035 (1037).
[498] BVerfGE 4, 144 (149); 20, 56 (103); 60, 374 (379 f.); *Magiera* (Fn. 75), Art. 38 Rn. 53.
[499] BVerfGE 6, 445 (447 f.); *Demmler*, Abgeordnete (Fn. 472), S. 41 ff.

Art. 38   C. Erläuterungen

147   Zur Vermeidung von Kollisionen mit der Wahrnehmung anderer Ämter bestehen **Inkompatibilitäten**, vor allem zum Schutz der Gewaltenteilung[500]. So ist ausdrücklich die Unvereinbarkeit des parlamentarischen Mandats mit dem Amt des Bundespräsidenten (Art. 55 I GG) und der Tätigkeit als Richter am Bundesverfassungsgericht (Art. 94 I 3 GG) statuiert. Auch der Wehrbeauftragte ist nach § 14 III WBeauftrG von der gleichzeitigen Mitgliedschaft im Parlament ausgeschlossen. Auf gesetzlicher Grundlage können nach Art. 137 GG weitere Inkompatibilitäten bestimmt werden[501]. Mitglieder des Bundesrates sind von der gleichzeitigen Mitgliedschaft im Bundestag ausgeschlossen (§ 2 GOBR), was wegen der föderalen Gewaltenteilung geboten ist[502]. Gleiches gilt für Landtagsabgeordnete, die über die Landesregierung einen Einwirkungsweg auf Mitglieder des Bundesrates haben[503]. Die gleichzeitige Mitgliedschaft im Europäischen Parlament hingegen ist aus der Perspektive des deutschen Verfassungsrechts zulässig, weil sich Bundestag und Europäisches Parlament nicht gegenseitig beschränken oder kontrollieren und auch nicht arbeitsteilig zusammenwirken[504].

148   In klassisch parlamentarischer Weise miteinander vereinbar sind das Mandat eines Bundestagsabgeordneten und die **Zugehörigkeit zur Bundesregierung**[505]; das Grundgesetz selbst geht in Art. 53a I 2 GG hiervon aus[506]. Die Kritik hieran stützt sich auf die Gewaltenteilung[507], verkennt aber einerseits, dass Gewaltenkontrolle heute in der Regel von den parlamentarischen Minderheiten ausgeübt wird (→ Art. 44 Rn. 10), und andererseits, dass es sich um eine gefestigte Tradition des parlamentarischen Regierungssystems handelt[508].

---

[500] *D. T. Tsatsos* spricht hier von einer »funktionsgerechten Funktionsausübung«: *ders.*, Die parlamentarische Betätigung von öffentlichen Bediensteten, 1970, S. 156; BVerfGE 98, 145 (160, Rn. 54 f.) – Inkompatibilität/Vorstandstätigkeit, zur Ausgestaltung der Inkompatibilitätsvorschriften durch den Landesgesetzgeber.

[501] Zur Inanspruchnahme dieser Ermächtigung s. u. a. §§ 5 ff. AbgG, §§ 23, 31 Nr. 2, 40, 54 BBG, §§ 4 I, 17a, 21 II Nr. 2, 36 II, 121 DRiG; *J. Henkel*, Amt und Mandat, 1977, S. 9 ff.; *Tsatsos*, Betätigung (Fn. 500), S. 116 ff.

[502] *Magiera* (Fn. 75), Art. 38 Rn. 57; *K. J. Partsch / W. Genzer*, AöR 76 (1950/51), 186 ff.; anklingend bei *D. T. Tsatsos*, Unvereinbarkeit zwischen Mandat und anderen Funktionen, in: Schneider/Zeh, § 23 Rn. 64.

[503] Dies ist nicht unbestritten, wie hier *Tsatsos* (Fn. 502), § 23 Rn. 64; a. A. *H. H. Klein*, HStR³ III, § 51 Rn. 27; *R. Wagner*, Die Zulässigkeit des parlamentarischen Doppelmandats, 1986, S. 46 ff.; BVerfGE 42, 312 (327) hält die Zulässigkeit und Angemessenheit einer Untersagungsregelung für auf der Hand liegend.

[504] Zweifelnd *Magiera* (Fn. 75), Art. 38 Rn. 57; wie hier Jarass/*Pieroth*, GG, Art. 38 Rn. 38; der Sache nach auch *H.-J. Vonderbeck*, ZParl. 10 (1979), 213 ff. Allerdings ist eine solche Doppelmitgliedschaft europarechtlich unzulässig, Art. 7 II Direktwahlakt (Fn. 42), vgl. § 7 EuAbgG; § 22 II Nr. 14 EuWG; *H. H. Klein*, HStR³ III, § 51 Rn. 28.

[505] *R. Herzog*, in: Maunz/Dürig, GG, Art. 66 (2008), Rn. 33 ff.; Jarass/*Pieroth*, GG, Art. 38 Rn. 38; *Magiera* (Fn. 75), Art. 38 Rn. 57.

[506] *Herzog* (Fn. 505), Art. 66 Rn. 36; *E. Schmidt-Jortzig*, ZStW 130 (1974), 123 (125).

[507] *Meyer* (Fn. 95), § 4 Rn. 29 ff., insb. Rn. 33; früher schon *A. Dittmann*, ZRP 1978, 52 ff., mit dem Argument, das Abgeordnetenmandat sei eine Vollzeitbeschäftigung geworden, so BVerfGE 40, 296 (314), womit sich die Inkompatibilität aus Art. 66 GG ergebe.

[508] Zu diesem Verhältnis von Gewaltenteilung und Parlamentarismus s. *Schröder*, Grundlagen (Fn. 76), S. 319 f.; zum Problem aus verfassungsrechtlicher und politikwissenschaftlicher Sicht s. die Beiträge in: D. T. Tsatsos (Hrsg.), Die Vereinbarkeit von parlamentarischem Mandat und Regierungsamt in der Parteiendemokratie, 1996.

2. Der Status der Freiheit

a) Funktion des freien Mandats

Die Position des Abgeordneten ist mit einer Reihe von Rechten und Gewährleistungen versehen, welche die freie Wahrnehmung des Mandates absichern. Dabei geht es einmal um den Schutz des Mandates gegen Verlust und zwangsweise Einflussnahme auf die Art seiner Ausübung (→ Rn. 153 ff.), sodann um die Gewährleistung parlamentarischer Handlungsmöglichkeiten (→ Rn. 156 ff.). Die rechtlichen Sicherungen von Stellung und Handlungsmöglichkeiten des Abgeordneten sollen die demokratische Einflussnahme auf die staatliche Entscheidungsfindung von Einflüssen der Inhaber der staatlichen Ämter abschirmen[509]. Dazu zählt auch die Abwehr mittelbarer staatlicher Beeinträchtigung des Mandats durch **Beobachtung** des Abgeordneten seitens des **Verfassungsschutzes**. Das gilt sowohl für die Verwendung geheimdienstlicher Mittel als auch für die Beschränkung auf offene Quellen. Eine Beobachtung durch den Verfassungsschutz (mit anschließender Bekanntgabe im Verfassungsschutzbericht) wirkt diskriminierend und ist geeignet, den ungehinderten Zugang der Bürger zum Abgeordneten zu erschweren oder zu verstellen. Insofern ist der Schutz der freien Kommunikation zwischen Abgeordneten und Informationsquellen, wie sie in Art. 47 GG geschützt wird, zu ergänzen. Eine Beobachtung von Abgeordneten ist grundsätzlich möglich[510]. Hierfür gelten aber verschärfte Bedingungen verglichen mit einer Beobachtung eines Jedermann[511] (→ Art. 21 Rn. 159). Der Abgeordnetenstatus sichert wesentlich auch die Freiheit gegenüber **gesellschaftlicher Inpflichtnahme** unter Einschluss derjenigen durch die eigene Partei. Der Abgeordnete wird als eigenständig entscheidender Akteur des parlamentarischen Handelns geschützt[512], die Freiheit des Mandats gibt ihm die Möglichkeit, sich nicht zum Funktionär einer Gruppierung machen zu lassen. Diese Freistellung soll den Abgeordneten offenhalten für immer neue und andere Beeinflussungen, denen er sich öffnen möchte (→ Rn. 140)[513].

149

Das Verhältnis zwischen dem Volk und seinen Repräsentanten ist nicht das einer Vertretung im Rechtssinne (→ Rn. 33), sondern einer zukunftsgerichteten Verantwortlichkeit für eine Politik im Interesse des Volkes. Nicht die Vollziehung von Aufträgen ist Aufgabe der Abgeordneten, sondern das Erkennen von Problemen und das Finden und Durchsetzen von Lösungen hierfür. Das **freie Mandat** steht damit im Gegensatz zum imperativen oder sonst gebundenen Mandat[514].

150

Tatsächlich werden die Abgeordneten in ihrer Wahrnehmung und in ihrer Wertung von ihren **parteipolitischen** Zugehörigkeiten und **Loyalitäten** beeinflusst und mitbe-

151

---

[509] Die Konstellation entspricht derjenigen bei der staatlichen Öffentlichkeitsarbeit im Wahlkampf: → Rn. 93 f.; zur Funktion des freien Mandats auch BVerfGE 102, 224 (238 f., Rn. 56 ff.).
[510] BVerfGE 134, 141 (171, Rn. 91 ff.).
[511] Dazu M. Morlok/E. Sokolov, DÖV 2014, 405 ff.; E. Sokolov, MIP 20 (2014), S. 170 ff. zu wenig streng BVerfGE 134, 141 (181 ff., Rn. 119 ff.), wo allein auf eine strenge Anwendung des Verhältnismäßigkeitsgrundsatzes rekurriert wird. Demgegenüber ist eine förmliche Genehmigung durch ein parlamentarisches Gremium zu verlangen.
[512] Strafrechtlich flankiert von § 108e I StGB (Abgeordnetenbestechung), der wegen des freien Mandats restriktiv gefasst ist, dazu kritisch S. Barton, NJW 1994, 1098 (1100); W. Bottke, ZRP 1998, 218 (220).
[513] S. zu diesem Zusammenhang A. Greifeld, Volksentscheid durch Parlamente, 1983, S. 70 f.; Morlok/Michael, Staatsorganisationsrecht, § 11 Rn. 69 ff.
[514] S. in historischer Herausarbeitung Müller, Mandat (Fn. 9); für einen Überblick Stern, Staatsrecht I, S. 1069 ff.; Wefelmeier, Repräsentation (Fn. 91), S. 138 ff., 147 ff., jeweils m. w. N.

stimmt[515]. Das ist wegen Art. 21 I 1 GG nicht zu beanstanden. Das freie Mandat hat keinen Antiparteienaffekt, gibt den Parlamentariern aber die rechtliche Möglichkeit eigenständigen Urteilens und Handelns. Die geschützte Position als Abgeordneter fördert damit in Partei und Fraktion das Austragen von Konflikten, die interne Demokratie[516], und steigert so die Wahrnehmungsfähigkeit der Volksvertretung insgesamt für in der Gesellschaft vorhandene Anliegen. Zwischen Art. 38 I 2 GG und Art. 21 GG gibt es also keine grundsätzliche Spannung[517]. Die Einbindung in Partei und Fraktion ist regelmäßig nützlich, ja unverzichtbar[518], aber nicht verpflichtend und nicht, jedenfalls nicht in Einzelfragen, alternativlos. Daher haben die Abgeordneten sogar ein **Assoziationsrecht**[519]. Versuche, die Parteibezogenheit der Abgeordneten in Konzepten wie denen vom »rahmengebundenen Mandat«[520] oder vom »generellen Mandat«[521] gerecht zu werden, verkennen die grundsätzliche **Zukunftsbezogenheit** als Rechtfertigung des freien Mandats. Zugespitzt formuliert: Nicht »Wähleraufträge« aus der Vergangenheit motivieren die Abgeordnetentätigkeit, sie legitimieren sie aber, sondern deren Zukunftsverantwortung im Blick auf ihre künftigen Wahlchancen[522].

152 Schließlich ist das freie Mandat unverzichtbar für ein handlungsfähiges Beschlussorgan[523]. Kompromisse sind bei gebundenen Vertretern nicht möglich. Ebensowenig könnten sie auf neue Probleme zugehen, für die sie nicht instruiert waren, und auf Zusammenhänge in der Sache eingehen, an die ihre Instruktoren möglicherweise nicht gedacht haben. Dem einzelnen Abgeordneten wächst aus dieser Freiheit das Recht zu, seine Abgeordnetenrolle nach eigenem Selbstverständnis zu interpretieren[524]. Auch die Arbeitsgebiete kann er selbst festlegen, denn rechtlich ist der Status von einer grundsätzlichen Allzuständigkeit geprägt[525]. Diese Vielfalt bei den Abgeordneten stärkt das Parlament als Ganzes.

b) Weisungs- und Instruktionsfreiheit

153 Die Freiheit der Abgeordneten hat ihren plastischen Ausdruck darin gefunden, dass sie »**nicht an Aufträge und Weisungen gebunden** sind«. Die Begriffe werden gleichbedeutend benutzt[526]. Entscheidend ist, dass der Abgeordnete keiner rechtlichen Verpflichtung unterliegt, weder intraparlamentarisch noch im Verhältnis zu seinen Wäh-

---

[515] *Wefelmeier*, Repräsentation (Fn. 91), S. 138.
[516] *Hesse*, Verfassungsrecht, Rn. 600 ff.; *M. Stolleis*, Parteienstaatlichkeit – Krisensymptome des demokratischen Verfassungsstaates?, VVDStRL 44 (1986), S. 7 ff. (16).
[517] So aber eine früher unter dem Einfluss *Leibholz'* verbreitete Auffassung, s. etwa BVerfGE 2, 1 (72): »unvereinbar«.
[518] Zu Vorteilen und Notwendigkeit einer arbeitsteiligen Organisation parlamentarischer Arbeit *Morlok*, Informalisierung (Fn. 106), S. 67 f.
[519] BVerfGE 43, 142 (149) für Fraktionen; E 70, 324 (354); 80, 188 (218); 84, 304 (322 f.); 96, 264 (278): ausdrücklich zu Gruppen. Für die Herleitung wurde früher Art. 21 GG bemüht, BVerfGE 10, 4 (14); 43, 142 (148); 70, 324 (350); s. außerdem Sondervotum *Kruis* zu BVerfGE 80, 188 (241).
[520] *N. Achterberg*, Das rahmengebundene Mandat, 1975.
[521] *T. Oppermann*, Das parlamentarische Regierungssystem des Grundgesetzes, VVDStRL 33 (1975), S. 7 ff. (51 ff.).
[522] *Morlok*, Demokratie (Fn. 92), S. 585 f.
[523] So das zentrale Ergebnis von *Müller*, Mandat (Fn. 9).
[524] *M. Morlok*, Selbstverständnis als Rechtskriterium, 1993, S. 56 f.
[525] Aus parlamentsrechtlicher Perspektive dazu *M. Boewe*, Die parlamentarische Befassungskompetenz, 2001.
[526] *Trute* (Fn. 174), Art. 38 Rn. 86; *Magiera* (Fn. 75), Art. 38 Rn. 47 mit Fn. 131; *Schneider* (Fn. 76), Art. 38 Rn. 39; Jarass/*Pieroth*, GG, Art. 38 Rn. 39.

lern⁵²⁷. Für die Ausübung seines Mandats ist nur sein eigener Entschluss maßgeblich. Er unterliegt keiner Begründungspflicht. Der Hinweis auf sein Gewissen genügt allemal⁵²⁸. Gleichwohl bestehende Verpflichtungen eines Abgeordneten sind rechtlich unwirksam (§ 134 BGB)⁵²⁹. Im Vorhinein ausgestellte Mandatsverzichtserklärungen sind ebenso nichtig⁵³⁰ wie für den Fall des Parteiaustritts unter Mitnahme des Mandats hinterlegte Schuldscheine⁵³¹, gleichfalls Stimmkaufverträge⁵³². Auch strafrechtlich wird die Freiheit des Abgeordneten geschützt durch ein spezielles Nötigungsverbot in § 106 I Nr. 2a StGB und die Strafbarkeit der Abgeordnetenbestechung nach § 108e StGB⁵³³. Parteitagsbeschlüsse sind keine verpflichtenden Instruktionen⁵³⁴; jede Art eines **imperativen Mandates** ist ausgeschlossen. Die alleinige Verpflichtung auf das eigene **Gewissen** ist als Freistellung von allen Fremdbindungen zu verstehen. Die Gewissensunterworfenheit ist eine positive Formulierung der Ungebundenheit⁵³⁵. Die Freiheit der Entscheidung ist nicht auf Gewissensfragen i.S. sittlicher Grundfragen reduziert, sondern besteht bei allen Entscheidungen⁵³⁶. Die Bezugnahme auf das Gewissen verstärkt die Freistellung des Amtsinhabers von Aufträgen und Weisungen. Die Nichtinstruiertheit der Amtsführung wird geschützt, nicht die Person des Amtswalters wie in Art. 4 GG⁵³⁷.

Die alleinige Gewissensunterworfenheit entbindet nicht von der Beachtung der Rechtsordnung⁵³⁸. Die Freiheit des Mandats wird vor allem auch geschützt durch dessen **Unentziehbarkeit**. Neben den gesetzlichen Verlustgründen (→ Rn. 145), die ihrerseits durch Verfassungsgüter gerechtfertigt sind, gibt es keine weiteren und dürfen keine weiteren eingeführt werden. Insbesondere der Verlust der Mitgliedschaft in Partei oder Fraktion ist nicht mit einem Mandatsverlust verbunden. Innerparteiliche und innerfraktionelle Auseinandersetzungen bleiben ohne Mandatsrelevanz (→ Rn. 167). 154

Der Status der Freiheit wird ergänzt um separat normierte Rechte, die an der Person des Abgeordneten ansetzen, aber die ungestörte Amtsausübung schützen oder erleichtern sollen: Die Indemnität (→ Art. 46 Rn. 9 ff.), die Immunität (→ Art. 46 Rn. 21 ff.), das Zeugnisverweigerungsrecht (→ Art. 47 Rn. 6 ff.), das Beschlagnahmeverbot (→ Art. 47 Rn. 10 ff.), das Recht auf Wahlvorbereitungsurlaub (→ Art. 48 Rn. 10 ff.) – bereits als Schutz der Kandidatur –, das Behinderungsverbot (→ Art. 48 Rn. 14 ff.), der Beförderungsanspruch (→ Art. 48 Rn. 33) und der Anspruch auf Alimentation und Amtsausstattung (→ Art. 48 Rn. 21 ff.). Diese Rechte sichern die Freiheit des Abgeord- 155

---

⁵²⁷ Zum folgenden *Wiefelspütz* (Fn. 478), § 12 Rn. 13 ff. Zur Ausgestaltung des intraparlamentarischen Status *Cremer*, Verfassungsauslegung (Fn. 478), passim.
⁵²⁸ Dazu *Schneider* (Fn. 76), Art. 38 Rn. 40; *Badura* (Fn. 63), § 15 Rn. 11.
⁵²⁹ *Trute* (Fn. 174), Art. 38 Rn. 87; *Jarass/Pieroth*, GG, Art. 38 Rn. 41 f.; *Schneider* (Fn. 76), Art. 38 Rn. 39; *Magiera* (Fn. 75), Art. 38 Rn. 47; *Achterberg/Schulte* (Fn. 84), Art. 38 Rn. 40.
⁵³⁰ BVerfGE 2, 1 (74).
⁵³¹ Dazu LG Braunschweig DVBl. 1970, 591 (592); *Trute* (Fn. 174), Art. 38 Rn. 102; *Magiera* (Fn. 75), Art. 38 Rn. 48.
⁵³² *K.M. Meessen*, Beraterverträge und freies Mandat, in: FS Scheuner, 1973, S. 431 ff.; freilich gibt es hier die Schwierigkeit, vorgeschobene Beratungsverhältnisse von tatsächlichen zu unterscheiden.
⁵³³ S. dazu *S. Barton*, NJW 1994, 1098 ff.
⁵³⁴ S. dazu NdsStGH NJW 1985, 2319 f.
⁵³⁵ *Schneider* (Fn. 76), Art. 38 Rn. 40; *Wefelmeier*, Repräsentation (Fn. 91), S. 166 f.
⁵³⁶ Ähnlich *Demmler*, Abgeordnete (Fn. 472), S. 123.
⁵³⁷ Dazu *E. v. Heyen*, Der Staat 25 (1986), 35 ff.; ebenso *C. Starck*, in: v. Mangoldt/Klein/Starck, GG I, Art. 4 Rn. 640. → Art. 4 Rn. 104 ff.
⁵³⁸ *Maunz* (Fn. 76), Art. 38 Rn. 195; *Achterberg/Schulte* (Fn. 84), Art. 38 Rn. 39; *Trute* (Fn. 174), Art. 38 Rn. 73; *Jarass/Pieroth*, GG, Art. 38 Rn. 40; *Schneider* (Fn. 76), Art. 38 Rn. 40.

Art. 38   C. Erläuterungen

neten an erwiesenermaßen prekären Stellen ab und gewährleisten die tatsächliche Grundlage für die Unabhängigkeit der Abgeordneten.

c) Parlamentarische Informations- und Teilnahmerechte

156   Der Bundestag ist körperschaftlich organisiert, die Mitwirkungsrechte des Abgeordneten sind daher Mitgliedschaftsrechte. Der Abgeordnete hat das Recht, an allen Spielarten des parlamentarischen Prozesses teilzuhaben. Er darf an den Verhandlungen des Plenums, aber auch an Sitzungen von Ausschüssen, denen er nicht angehört, **teilnehmen**, es sei denn, der Bundestag beschließt ausdrücklich anderes (§ 69 II GOBT). Dies ist Ausdruck der parlamentarischen Allzuständigkeit des Abgeordneten. Er darf an den Beschlussfassungen mitwirken und sein **Stimmrecht** ausüben[539]. Auch Selbstbetroffenheit bewirkt kein Abstimmungshindernis[540]. Anders als im Bereich der Exekutive[541] sind »**Entscheidungen in eigener Sache**«[542] zulässig[543]. Gerade die besonders heiklen Fälle der Beschlussfassung über Diäten und Parteienfinanzierung kennen mit Art. 48 III und 21 III GG eine verfassungsrechtliche Verankerung solcher Entscheidungen. Auch die Verabschiedung der Geschäftsordnung ist eine Entscheidung in eigener Sache und genießt als solche ausdrücklichen Schutz (→ Art. 40 Rn. 6 ff.). »Entscheidungen in eigener Sache« sind geradezu ein strukturprägendes Kennzeichen parlamentarischer Demokratie[544]. Die besonders heiklen Entscheidungen sind diejenigen, in denen die Parlamentsmitglieder gleichgerichtete Interessen haben, so dass ein strukturelles Kontrolldefizit besteht[545]. Solche Defizite könnten dadurch vermieden werden, dass bei ihnen auch an andere Interessen angeknüpft wird als diejenigen der Abgeordneten[546].

157   Das **Rederecht** ist als unverzichtbar zur Wahrnehmung parlamentarischer Aufgaben anerkannt[547], die Redefreiheit im Parlament unterfällt nicht Art. 5 I GG[548]. Zur Erwirkung von Entscheidungen steht dem Abgeordneten ein **Initiativrecht** in Gestalt von Antrags- und Wahlvorschlagsrechten zu[549]. Zum Teil bedürfen die Initiativrechte der

---

[539] BVerfGE 10, 4 (12); 70, 324 (355); 80, 188 (218); s. auch E 84, 304 (321).
[540] *Magiera* (Fn. 75), Art. 38 Rn. 61; *N. Achterberg*, AöR 109 (1984), 505 ff.
[541] S. etwa §§ 20 f. VwVfG, § 31 GO NW, Art. 49 BayGO.
[542] BVerfGE 40, 296 (327); zur Problematik *H.-P. Schneider*, Jahrbuch für Rechtssoziologie und Rechtstheorie 13 (1988), 327 ff.; *H. H. Rupp*, ZG 7 (1992), 285 ff.; *H.-J. Vogel*, ZG 7 (1992), 293 ff.; *H. H. v. Arnim*, Fetter Bauch regiert nicht gern, 1997, S. 307 ff.; beachte auch *N. Achterberg*, AöR 109 (1984), 505 ff. und *H. Krüger*, DVBl. 1964, 220 f.; umfassend *T. Streit*, Entscheidung in eigener Sache, 2006.
[543] Anders *W. Henke*, in: BK, Art. 21 (1991), Rn. 321 f.: rechtsstaatswidrig.
[544] S. bereits *J. Madison*, The Federalist Papers (1787/88), Nr. 10.
[545] So die Deutung bei *Streit*, Entscheidungen (Fn. 542), S. 179 ff.
[546] Die Anbindung an die Beamtenbesoldung erscheint insofern vorteilhaft. Dagegen spricht die Forderung, die Entscheidung jeweils öffentlich zu vertreten, so BVerfGE 40, 296 (316). Zu Diätenentscheidungen → Art. 48 Rn. 35.
[547] BVerfGE 10, 4 (12); 60, 364 (379 f.); 80, 188 (218); BayVerfGH NVwZ-RR 1998, 409 ff.; *Schürmann* (Fn. 96), § 20 Rn. 17 ff.; *Magiera* (Fn. 75), Art. 38 Rn. 63; *Abmeier*, Befugnisse (Fn. 133), S. 132 ff.; *H. H. Klein*, HStR³ III, § 51 Rn. 31; historisch schon *K. L. v. Bar*, Die Redefreiheit der Mitglieder gesetzgebender Versammlungen mit besonderer Beziehung auf Preußen (1868), Nachdruck 2011, S. 8 f., 14.
[548] BVerfGE 60, 374 (380).
[549] BVerfGE 80, 188 (218 f.); 84, 304 (328); *H.-J. Schreiner*, Geschäftsordnungsrechtliche Befugnisse des Abgeordneten, in: Schneider/Zeh, § 18 Rn. 4 ff.; *H.-J. Vonderbeck*, ZParl. 14 (1983), 311 (333 ff.); *H. H. Klein*, HStR³ III, § 51 Rn. 33.

III. Abgeordnetenstatus (Art. 38 I 2 GG) **Art. 38**

Unterstützung durch eine Mehrzahl von Abgeordneten (→ Rn. 163). Der Abgeordnete darf sich selbst zur Wahl stellen[550].

Zur Ausübung seiner verschiedenen Funktionen, nicht zuletzt der Kontrollfunktion (→ Rn. 43 ff.), benötigt der Bundestag Informationen. Die Abgeordneten verfügen über ein **Frage- und Informationsrecht** (→ Rn. 45), dem eine Antwortpflicht der Regierung entspricht[551]. Sie sind »Informationsschuldner« des Parlaments[552]. Zur Funktionserfüllung des Bundestages sind die einzelnen Abgeordneten Träger dieses Rechts[553]. 158

d) Rechtfertigung von Beeinträchtigungen

Die Freiheit des Abgeordneten kann begrenzt werden, allerdings nur durch andere **Rechtsgüter von Verfassungsrang**. Unabhängig vom Vorliegen eines solchen rechtfertigenden Grundes muss die Einschränkung in einem Rechtssatz fixiert sein. Für die Abgeordnetenrechte gilt eine Ausnahme vom Grundsatz des Vorbehalts des Gesetzes. Dieser Grundsatz war das Instrument, um Eingriffe in die Rechtssphäre des Bürgers nur aufgrund einer Billigung der Volksvertretung zuzulassen. Ein Eingriff in Abgeordnetenrechte ist auch aufgrund der **Geschäftsordnung** zulässig, weil bei ihr Setzer der Norm und Adressaten identisch sind (→ Art. 40 Rn. 9), dem Postulat der Selbstbestimmung also unmittelbar entsprochen wird. Selbst Eingriffe in die Grundrechte von Abgeordneten sind auf dieser Grundlage möglich[554]. Eine Beeinträchtigung des Abgeordnetenstatus, auch im innerparlamentarischen Bereich, kann ebenso durch Gesetz statuiert werden (→ Art. 40 Rn. 15 f.). Der Gesetzgeber hat von der hierfür bestehenden Gesetzgebungskompetenz aus Art. 38 III GG Gebrauch gemacht und das Abgeordnetengesetz erlassen. Eine **Überwachung** von Abgeordneten durch staatliche Stellen, insbesondere **durch** die **Verfassungsschutzbehörden**, ist nur unter anspruchsvollen Voraussetzungen möglich[555] (→ Rn. 149). 159

Als materiellrechtlicher **Rechtfertigungsgrund** kommen in erster Linie die **gleichen Rechte anderer Abgeordneter** zum Tragen[556]. Da im Parlament Gleichberechtigte zusammenwirken, kollidieren häufig deren Rechte. Paradigmatisch hierfür ist das Re- 160

---

[550] BVerfGE 70, 324 (354).
[551] Ausdrücklich VerfGH NW DVBl. 1994, 48 (50); vgl. auch BVerfGE 13, 123 (125); 57, 1 (5); 124, 161 (188 f., Rn. 122 f.); 137, 185 (230 ff., Rn. 129 f.); für einen Anspruch auf inhaltliche Beantwortung der Fragen *Badura* (Fn. 63), § 15 Rn. 40; *H.H. Klein*, HStR³ III, § 51 Rn. 32; *H. Weis*, DVBl. 1988, 368 (370 f.); *Abmeier*, Befugnisse (Fn. 133), S. 184; *D.G. Bodenheim*, Kollision parlamentarischer Kontrollrechte, 1979, S. 42; *Demmler*, Abgeordnete (Fn. 472), S. 435 ff., insb. S. 438 ff.; *J. Platter*, LKV 2005, 99 (100); das Informationsrecht erstreckt sich mit BVerfGE 110, 199 (214 f., Rn. 43 ff.) grundsätzlich auch auf Vorgänge der Willensbildung innerhalb der Regierung. Zum besonderen Problem parlamentarischer Fragerechte im Bezug auf geheimhaltungsbedürftige Vorgänge *H.A. Wolff*, JZ 2010, 173 ff. und *R. Glawe*, NVwZ 2014, 1632 ff.
[552] *C. Brüning*, Der Staat 43 (2004), 511 (526 ff.).
[553] *C. Brüning*, Der Staat 43 (2004), 511 (521); vgl. zu dieser Ableitung VerfGH NW DVBl. 1984, 48 (49 f.); *H. Weis*, DVBl. 1988, 268 (270 f.); *Demmler*, Abgeordnete (Fn. 472), S. 435 ff.; *B. Burkholz*, VerwArch. 84 (1993), 203 (220); zur Rechtsstellung der Abgeordneten des Europäischen Parlaments *U. Böttger*, EuR 2002, 898 (903 ff.). Eine Zusammenschau des Fragerechts der Abgeordneten und seiner Grenzen in Bund und Ländern bietet *J. Lennartz/G. Kiefer*, DÖV 2006, 185 ff.
[554] Das gilt für die Offenbarungspflichten der Abgeordneten, welche die Verhaltensregeln des Bundestags (Anlage 1 zur GOBT) statuieren.
[555] BVerfGE 134, 141 (171 ff., Rn. 91 ff.) zur Überwachung Bodo Ramelows durch den Verfassungsschutz des Bundes. Zu der Entscheidung *M. Morlok/E. Sokolov*, DÖV 2014, 405 ff.
[556] Vgl. BVerfGE 80, 188 (218 f.); 84, 304 (321).

derecht, das um der Arbeitsfähigkeit willen insgesamt zeitlich zu begrenzen und unter den Abgeordneten zu teilen ist[557].

161 Ein benachbarter Rechtsgrund zur Einschränkung der Rechte des einzelnen liegt in der **Funktionsfähigkeit** des Bundestages[558]. Die »Funktionsfähigkeit« des Bundestages ist ein Begriff von unscharfem Inhalt, weil es unterschiedliche Konzeptionen des »guten Funktionierens« geben kann[559]. Gleichwohl dürfen im Interesse eines sachgerechten Beratungsganges und der Entscheidungsfähigkeit des Parlaments insgesamt – auch in überschaubarer Zeit – die Rechte des einzelnen Abgeordneten gleichfalls eingeschränkt werden[560].

162 Die Einschränkbarkeit der Abgeordnetenrechte ist aber ihrerseits begrenzt. Jeder Abgeordnete muss befähigt bleiben, effektiv an den Verhandlungen und Entscheidungen des Bundestages mitwirken zu können[561]. Den Ausgleich zwischen diesen Belangen trifft aufgrund seiner **Geschäftsordnungsautonomie** (→ Art. 40 Rn. 6 ff.) der Bundestag. Er kann sich einer bestimmten Konzeption der parlamentarischen Arbeit verschreiben und diese den Geschäftsordnungsregeln zugrunde legen. Daraus ergibt sich ein **Gestaltungsspielraum** des Parlaments bei der Ausformung der Abgeordnetenrechte (→ Art. 40 Rn. 7). So orientiert sich der Bundestag an einem Modell, das den Fraktionen tragende Bedeutung für seine Arbeit zumisst[562].

163 Aus Gründen der Entscheidungsfähigkeit des Parlaments ist es zulässig, bestimmte Mitwirkungsrechte, insbesondere Initiativrechte, an eine Mindestzahl sie tragender Abgeordneter zu knüpfen. Solche **Quoren** konzentrieren die knappe Aufmerksamkeit auf Anträge, die nicht von vornherein völlig aussichtslos sind. Praktisch bedeutsam ist das in § 76 I GOBT geregelte Quorum der Fraktionsstärke. Dieses darf nicht auf solche parlamentarischen Befugnisse angewendet werden, die für den einzelnen Abgeordneten unabdingbar sind (→ Rn. 170). Auch Abgeordnetengruppen gleicher politischer Richtung, die sich zusammengeschlossen haben, ohne Fraktionsstärke zu erreichen, müssen zur effektiven gemeinsamen Arbeit befähigt sein (→ Rn. 171).

164 **Disziplinarmaßnahmen** zur Aufrechterhaltung der parlamentarischen Ordnung bis hin zum Ausschluss aus der Sitzung sind allein zulässig, wenn dies zur Gewährleistung der Arbeitsfähigkeit nötig ist[563]. Sie unterliegen einem strengen Verhältnismäßigkeitsmaßstab und müssen sich gegenüber dem Ziel der Gesamtrepräsentation durch das Parlament rechtfertigen. Sie dienen insbesondere nicht dazu, ein bestimmtes Bild einer »guten« Abgeordnetentätigkeit oder ordentlichen Verhaltens durchzusetzen. Ob ein Ausschluss auch ohne vorherigen Ordnungsruf (§ 38 I 1 GOBT) verhältnismäßig ist, ist ebenso fraglich wie der Ausschluss bis zur Dauer von dreißig Sitzungstagen (§ 38 I 3 GOBT)[564].

---

[557] Dazu BVerfGE 10, 4 (13 ff.).
[558] BVerfGE 99, 19 (32, Rn. 41).
[559] Dazu *M. Morlok*, JZ 1989, 1035 (1041).
[560] Dazu BVerfGE 99, 19 (32, Rn. 41); zuvor schon E 80, 188 (219); 84, 304 (321 f.); 96, 264 (278 f.); zu diesem Verfassungsgut s. auch BVerfGE 95, 335 (366); 95, 408 (421 f.); *Wiefelspütz* (Fn. 478), § 12 Rn. 29 ff.
[561] BVerfGE 44, 308 (316); 80, 188 (219); 84, 304 (321 f.); 96, 264 (279).
[562] BVerfGE 10, 4 (12 ff.); 70, 324 (355); 80, 188 (219 f.); 84, 304 (321 ff.); 96, 264 (278 f.).
[563] Dazu BVerfGE 60, 374 (380 ff.); *J. Bücker*, Das Parlamentarische Ordnungsrecht, in: Schneider/Zeh, § 34 Rn. 10 ff.; *L.-A. Versteyl*, NJW 1983, 379 (379 ff.); *P. Blum*, Leitungsorgane, in: Morlok/Schliesky/Wiefelspütz, § 21 Rn. 24 f.; zur Ordnungsbefugnis des Präsidenten → Art. 40 Rn. 25.
[564] Zum letzteren ebenso *M. Brandt/D. Gosewinkel*, ZRP 1986, 33 (36 f.); Jarass/*Pieroth*, GG, Art. 40 Rn. 15.

III. Abgeordnetenstatus (Art. 38 I 2 GG)

Präsenzpflichten (§ 13 II GOBT) der Abgeordneten in Plenum und Ausschüssen sind zur Erhaltung der Funktionsfähigkeit des Parlaments als Volksvertretung zulässig[565]. Auch die Integrität und die Vertrauenswürdigkeit des Parlaments selbst können als rechtfertigungsfähige Güter eine Kollegialenquête tragen[566]. 165

Dem gleichen Zweck dienen auch die **Verhaltensregeln** für Abgeordnete (Anlage 1 zur GOBT gemäß § 44b AbgG und § 18 GOBT). Diese Pflicht zur Offenlegung von sogenannten Interessenverknüpfungen (geschäftliche Interessen, Beraterverträge u.ä.) ist auch vom Status der Öffentlichkeit der Abgeordneten her gerechtfertigt: Das Volk soll wissen, in welche Loyalitätskonflikte ein Abgeordneter kommen mag (→ Rn. 177)[567]. Freilich haben die Bemühungen, weitgehende Transparenz vor allem ökonomische Abhängigkeiten betreffend zu schaffen, die Grundrechte der Abgeordneten, ihre berufsständisch verbürgten Rechte (Arztgeheimnis etc.) sowie die Rechte ggf. betroffener Dritter zu achten. 166

Maßnahmen der Fraktion (Fraktionsdisziplin) dürfen nicht die Statusrechte der Abgeordneten verletzen (→ Rn. 196). **Sanktionen der Partei** sind nach Maßgabe des Parteienrechts (→ Art. 21 Rn. 61, 134, 141 ff.) zulässig[568], bleiben aber ohne rechtliche Wirkung für den Abgeordnetenstatus. Die Mitgliedschaft im Bundestag und in einer Partei sind voneinander unabhängig (→ Rn. 145, 154 f.). Die Abstraktheit von Parteienrecht und Abgeordnetenstatus gilt jedoch auch in die andere Richtung: An den Verlust der Parteimitgliedschaft (sei es durch Austritt, sei es durch Ausschluss) darf wegen der Freiheit des Abgeordneten nicht der Mandatsverlust geknüpft werden[569]. Die Drohung mit oder die tatsächliche Verweigerung der erneuten Aufstellung greifen ohnehin nicht in den Abgeordnetenstatus ein, der von vornherein auf die Wahlperiode beschränkt ist. Es gibt keinen Anspruch auf Wiederwahl oder Wiederkandidatur. 167

Eine verfassungskräftige Gegenposition zum Abgeordnetenstatus bildet auch die **Arbeitsfähigkeit anderer Verfassungsorgane**. So darf die Inanspruchnahme des Fragerechts nicht zu einem die Regierungsarbeit erheblich beeinträchtigenden Arbeitsaufwand führen. Zudem darf auch über das Fragerecht nicht in laufende Entscheidungsprozesse anderer Verfassungsorgane, d. h. vor allem der Regierung eingegriffen werden (→ Art. 44 Rn. 7, 27 zum »Kernbereich der Exekutive«). Auch erwächst aus dem Gesichtspunkt des Schutzes der Funktionsfähigkeit anderer Verfassungsorgane ein zeitlicher Spielraum für die Erteilung der Antwort[570]. Erfordernissen des **Geheimnis-** 168

---

[565] BVerfGE 44, 308 (315 ff.); 56, 396 (405); s. § 14 AbgG zur Kürzung der Kostenpauschale wegen Abwesenheit.

[566] BVerfGE 77, 1 (44); 94, 351 (367); zur Würde des Parlaments als eigenständigem Wert vgl. auch G. *Leibholz*, Die Repräsentation in der Demokratie, 1973, S. 171 f.; M. *Brandt/D. Gosewinkel*, ZRP 1986, 33 (36); R. *Stock*, ZRP 1995, 286 ff.

[567] Dazu S. *Roßner*, MIP 14 (2007), 55 (58 ff., insb. 64 ff.) sowie mit Betonung der Bedeutung einer Realfolgenanalyse A. *van Aaken*, Der Staat 49 (2010), 369 (389 ff.).

[568] Zur Möglichkeit der Berücksichtigung von außerhalb des Parteienrechts liegenden Gesichtspunkten bei der Verhängung von Parteiordnungsmaßnahmen, insb. beim Parteiausschluss, im Rahmen des Ermessens der Parteiorgane S. *Roßner*, Parteiausschluss, Parteiordnungsmaßnahmen und innerparteiliche Demokratie, 2014, S. 178 ff. Parteiordnungsrechtliche Sanktionen vor dem Hintergrund von Art. 38 I GG für unzulässig hält dagegen W. *Frenz*, JA 2010, 126 (128).

[569] Zu dieser Diskussion, die sich an Parteiwechslern in den 1970er Jahren entzündete, s. *Henke* (Fn 543), Art. 21 Rn. 104 ff. m. w. N.; ders., DVBl. 1973, 553 ff.; s. weiter *Badura* (Fn. 63), § 15 Rn. 82 ff.; D. T. *Tsatsos/M. Morlok*, Parteienrecht, 1982, S. 204 ff.; für die Gegenmeinung F. F. *Siegfried*, ZRP 1971, 9 ff.

[570] VerfGH NW DVBl. 1994, 48 (50 f.).

schutzes ist Rechnung zu tragen[571]; dabei dient die Geheimschutzordnung des Bundestages dem Schutz von Staatsgeheimnissen. Der Geheimnisschutz darf nicht gegen das Parlament verwirklicht werden (→ Art. 44 Rn. 42)[572]. Der Ausschluss eines Abgeordneten aus Geheimschutzgründen bedarf konkreter Anhaltspunkte in seiner Person, das Fernhalten einer ganzen Fraktion stellt eine verfassungswidrige Beeinträchtigung der parlamentarischen Handlungsmöglichkeiten ihrer Mitglieder dar[573]. Das **Rederecht** der nach Art. 43 II GG Privilegierten kann das der Abgeordneten einschränken[574]. Schließlich können **Grundrechte** Privater eine Grenze der Abgeordnetenrechte bilden[575]. Wegen der durch Art. 140 GG i. V. m. Art. 137 III WRV geschützten **Integrität des kirchlichen Amtes** ist eine Beurlaubung kirchlicher Bediensteter während der Dauer des Mandats oder auch das grundsätzliche Verbot der Übernahme eines Mandats zulässig[576].

3. Der Status der Gleichheit

169 Weil nur die Gesamtheit der Abgeordneten die Volksvertretung darstellt (→ Rn. 136), müssen alle Abgeordneten über die **gleichen Mitgliedschaftsrechte** verfügen können[577]. Dies führt zu einer formalen Gleichstellung aller Abgeordneten[578] unabhängig davon, ob sie ihr Mandat als Wahlkreis- oder als Listenkandidat errungen haben. Auch der Wettbewerbscharakter der politischen Arbeit (→ Rn. 183) verlangt Chancengleichheit. Der Status der Gleichheit enthält die umfassende Befugnis jedes Abgeordneten, an den Verhandlungen und Beschlussfassungen des Bundestages mitzuwirken[579]. Das Recht auf Gleichbehandlung erstreckt sich in seinem Anwendungsbereich auf den ganzen parlamentarischen Arbeitsbereich, somit auch auf die Ausschüsse. Wird dort wichtige Parlamentsarbeit geleistet, so muss auch die Repräsentation dorthin »vorverlagert« werden[580]. Die Gleichheit der Abgeordneten sperrt auch die Ersetzung des Plenums durch kleinere innerparlamentarische Gremien sofern hierfür keine verfassungsrechtliche Gründe vorliegen[581].

---

[571] *K. Schulte*, Volksvertreter als Geheimnisträger, 1987, S. 16 ff.; zu den Regelungen der Geheimschutzordnung *U. Rösch*, Geheimhaltung in der Demokratie, 1997, S. 120 ff.

[572] Problematisch insofern die Proklamation einer der Regierungsgewalt anvertrauten Verantwortung für solche Geheimnisse: BVerfGE 70, 324 (359). Anders aber E 67, 100 (135 f.): gemeinsame Zuständigkeit für den Schutz der öffentlichen Interessen. S. auch E 70, 324 (372) – Sondervotum *Mahrenholz*: Geheimschutz gerade nicht durch den Ausschluss von Abgeordneten.

[573] Anders aber BVerfGE 70, 324 (358 ff.), s. dazu die Kritik in den Sondervoten der Richter *Mahrenholz* (ebd., 366 [372 ff.]) und *Böckenförde* (ebd., 380 [382 ff.]); s. weiter *H. Dreier*, JZ 1990, 310 (320 f.).

[574] Dazu und zur gleichheitswahrenden Praxis gegenüber der Opposition → Art. 43 Rn. 23 ff.

[575] S. etwa Grenzen der Antwortpflicht auf Abgeordnetenfragen aus Gründen des Datenschutzes, dazu *B. Burgholz*, VerwArch. 84 (1993), 203 ff.; zur Geheimsphäre des Bürgers *Rösch*, Geheimhaltung (Fn. 571), S. 107 ff.

[576] BVerfGE 42, 312 (326 ff.).

[577] BVerfGE 80, 188 (217 ff.); 84, 304 (321 f.); 96, 264 (278).

[578] BVerfGE 40, 296 (317 f.); 80, 188 (220 f.); 93, 195 (204); s. auch *Wiefelspütz* (Fn. 478), § 12 Rn. 22.

[579] BVerfGE 70, 324 (355).

[580] BVerfGE 44, 308 (319); s. weiter zu diesem Prinzip *H. Dreier*, JZ 1990, 310 (317 ff.); *M. Morlok*, JZ 1989, 1035 (1038); *H. Schulze-Fielitz*, DÖV 1989, 829 (833); *J. Kürschner*, Die Statusrechte des fraktionslosen Abgeordneten, 1984, S. 136 f.

[581] BVerfGE 137, 185 (241 ff., Rn. 150 ff.). zur Übertragung von Informationsrechten des Parlaments auf ein kleines Gremium aus Gründen des Geheimschutzes; E 130, 318 (352 f., Rn. 124 f.) zur

III. Abgeordnetenstatus (Art. 38 I 2 GG)

Sämtliche Abgeordnete genießen die verschiedenen Inhalte des Status der Freiheit; **170** beim **fraktionslosen Abgeordneten** treten sie besonders deutlich hervor[582]: Das gleiche Mitwirkungsrecht der Abgeordneten umfasst das Rederecht, daher ist eine eigene Redezeit neben den Fraktionskontingenten vorzusehen[583]. Die Bemessung der Redezeit für Fraktionslose hat »fair und loyal«[584] zu erfolgen, unter Berücksichtigung der tatsächlichen Umstände. Das Recht zur **Gesetzesinitiative** gehört nicht zum Minimum der Rechte eines einzelnen Abgeordneten; es ist ausreichend, dass (im Rahmen der zweiten Lesung nach § 82 I 2 GOBT) jeder Abgeordnete Änderungsanträge stellen kann[585]. Das Fragerecht, das seine Bedeutung vor allem im Rahmen der Kontrollfunktion des Parlaments hat, steht jedem einzelnen Abgeordneten zu (→ Rn. 43 ff.)[586]. Einzelheiten, insbesondere die Häufigkeit der Inanspruchnahme dieses Rechts, können von der Geschäftsordnung ausgestaltet werden. Auch ein fraktionsloser Abgeordneter hat Anspruch darauf, in einem Ausschuss mit Rede-, Antrags- und Stimmrecht mitzuwirken[587]. Die Möglichkeit eines einzelnen Abgeordneten, die Tagesordnung mitzubestimmen, muss sich im kollegialen Parlament auf ein individuelles Antragsrecht beschränken; ein solches ist ihm aber zuzuerkennen[588]. Sofern die finanzielle Ausstattung der Fraktionen mit Haushaltsmitteln ihren Mitgliedern Vorteile verschafft, sind diese bei fraktionslosen Abgeordneten auszugleichen[589].

Um die Vorteile parlamentarischer Zusammenarbeit zu genießen, können sich Abgeordnete einer Partei, welche die in der Geschäftsordnung bestimmte Mindeststärke für eine Fraktion (§ 10 I GOBT) nicht erreichen, zu sogenannten **Gruppen** zusammenschließen[590]. Dies ist vom Assoziationsrecht gedeckt (→ Rn. 151). Die Gruppen haben einen grundsätzlichen Anspruch auf Gleichbehandlung mit den Fraktionen, der sich aus dem Gleichbehandlungsrecht der Abgeordneten herleitet[591]. Dies ist zu beachten, wenn aus Gründen der Funktionstüchtigkeit des Bundestages bestimmte parlamentarische Rechte an den Fraktionsstatus geknüpft werden. Namentlich darf von der wahlrechtlichen Zugangshürde der 5%-Klausel nicht ohne weiteres auch auf parlamentsrechtliche Beschränkungen geschlossen werden. Auch Gruppen müssen als solche zu **171**

Übertragung von Entscheidungsbefugnissen auf ein Neunergremium nach dem Stabilisierungsmechanismusgesetz.
[582] Dazu BVerfGE 80, 188 (217 ff., 221 ff.); zu dieser Entscheidung *H. Dreier*, JZ 1990, 310 ff.; *M. Morlok*, JZ 1989, 1035 ff.; *H. Schulze-Fielitz*, DÖV 1989, 829 ff.; *H.-H. Trute*, Jura 1990, 184 ff.; *J. Ziekow*, JuS 1991, 28 ff.; *S. Hölscheidt*, DVBl. 1989, 291 ff.; früher schon *Abmeier*, Befugnisse (Fn. 133), S. 25 ff., 76 ff.; *Kürschner*, Statusrecht (Fn. 580), S. 80 ff.
[583] Dazu BVerfGE 80, 188 (228 f.); *Demmler*, Abgeordnete (Fn. 472), S. 482 ff.
[584] BVerfGE 1, 144 (149); 80, 188 (229).
[585] Dazu *Demmler*, Abgeordnete (Fn. 472), S. 329 ff. (383 f.).
[586] Zur Unentziehbarkeit *Demmler*, Abgeordnete (Fn. 472), S. 440 ff.
[587] BVerfGE 80, 188 (224 ff.), führt das Ungetüm des im Ausschuss stimmrechtslosen fraktionslosen Abgeordneten ein. Angesichts der Bedeutung der Ausschussarbeit kann dem nicht gefolgt werden, schon deswegen nicht, weil der dafür rechtfertigende Grund, die Abbildung der Mehrheitsverhältnisse des Plenums in den Ausschuss, auch anders erreicht werden kann und die Beschränkung für fraktionslose Abgeordnete damit unverhältnismäßig ist. Zur Kritik s. E 80, 188 (238 f.) – Sondervotum *Mahrenholz*; *M. Morlok*, JZ 1989, 1035 (1040); *H. Schulze-Fielitz*, DÖV 1989, 829 (833), dort auch eine Darstellung der Rechte fraktionsloser Abgeordneter in anderen Ländern (831 f.); *H.-H. Trute*, Jura 1990, 184 (189 ff.); *J. Ziekow*, JuS 1991, 28 (31 f.); zustimmend aber *H. H. Klein*, Gruppen und fraktionslose Abgeordnete, in: Morlok/Schliesky/Wiefelspütz, § 18 Rn. 29.
[588] *Demmler*, Abgeordnete (Fn. 472), S. 468 ff.
[589] BVerfGE 80, 188 (231 f.).
[590] BVerfGE 84, 304 (322 f.); *Klein* (Fn. 587), § 18 Rn. 10.
[591] BVerfGE 96, 264 (278); *Klein* (Fn. 587), § 18 Rn. 18.

effektiver parlamentarischer Mitwirkung in der Lage sein. Das ist im Grundsatz anerkannt[592], in Details umstritten. So haben auch Gruppen das parlamentarische Initiativrecht für Gesetzentwürfe und alle Anträge[593]. Bei der **Ausschussbesetzung** müssen die Gruppen entsprechend ihrer Stärke nach dem angewendeten Proportionalverfahren berücksichtigt werden, ihre Abgeordneten in den Ausschüssen sind gleichberechtigt[594]. Entgegen der Rechtsprechung[595] haben Gruppen, die in den Fachausschüssen regulär vertreten sind, auch einen Anspruch auf ein **Grundmandat** in Enquêtekommissionen und in einem Untersuchungsausschuss. Untersuchungsausschüsse sind als wichtigste Kontrollorgane bereits von der Verfassung als Instrument der parlamentarischen Minderheit angelegt (→ Art. 44 Rn. 10 f.). Dem Gegengrund, eine begrenzte Größe der Ausschüsse und die Spiegelbildlichkeit der Zusammensetzung von Plenum und Ausschuss zu erhalten, kann durch ein die Plenarmehrheit auch im Ausschuss sicherndes Ausgleichsmandat entsprochen werden (→ Art. 44 Rn. 39). Für die explorierende und vorbereitende Arbeit der Enquêtekommissionen ist eine Lockerung der strikten Proportionalität hinnehmbar: Weil nicht die Effektivität der parlamentarischen Beschlussfassung betroffen ist, kommt den Gegengründen zu einer Gleichbehandlung der Gruppe geringeres Gewicht zu[596]. Umgekehrt ist es beim Vermittlungsausschuss: Dieser darf wegen der entscheidenden Bedeutung der Erfolgsbedingungen im Parlament nur streng nach Proportionalitätsgrundsätzen besetzt werden[597]. Beim **Gemeinsamen Ausschuss** sprechen die besseren Gründe für eine obligatorische Mitwirkung einer Gruppe[598]. Der Einfluss kleinerer Gruppierungen bei der Steuerung des Ablaufs der parlamentarischen Arbeit darf begrenzt gehalten werden[599], weil hier Selektionsentscheidungen getroffen werden müssen. Ein Antragsrecht dürfte aber geboten sein, weil es die Mehrheitsentscheidung nicht behindert[600]. Bei der Vergabe der **Redezeit** ist dem Gruppencharakter insofern Rechnung zu tragen, als ein Redner für eine Gruppe auch die Meinung anderer Abgeordneter zum Ausdruck bringt[601]. In diesen wie in anderen Fragen kommt es auf eine faire und loyale Anwendung der Geschäftsordnung gegenüber allen Mitgliedern des Parlaments an[602]. Rechtsfragen gehen hier über in solche der Verfassungskultur[603]. Auch Gruppen haben einen Anspruch auf Finanzierung ihrer Arbeit, sofern auch Fraktionen eine solche Ausstattung erhalten[604].

---

[592] BVerfGE 84, 304 (322 f.); s. weiter *F. Kassing*, Das Recht der Abgeordnetengruppe, 1988; Klein (Fn. 587), § 18 Rn. 15 ff.
[593] Offengelassen in BVerfGE 84, 304 (328 f.), im Hinblick auf diese Praxis.
[594] BVerfGE 84, 304 (322 f., 327 f.); *Kassing*, Abgeordnetengruppe (Fn. 592), S. 41 f.
[595] BVerfGE 84, 304 (332 f.); 96, 264 (280, 281 f.).
[596] Anders aber BVerfGE 80, 188 (230); 96, 264 (282).
[597] BVerfGE 84, 304 (333); 96, 264 (282 ff.); 112, 118 (137 ff., Rn. 58 ff.).
[598] Das BVerfG war in dieser Frage gespalten, E 84, 304 (334 ff. einerseits, 337 ff. andererseits); dazu *M. Morlok*, DVBl. 1991, 998 (1000 f.).
[599] BVerfGE 84, 304 (330 f.).
[600] Anders für Geschäftsordnungsanträge BVerfGE 84, 304 (330 f.); zur Unterscheidung zwischen Strukturentscheidungen und dem Ablauf des parlamentarischen Geschäftsganges selbst *M. Morlok*, DVBl. 1991, 998 (1000).
[601] BVerfGE 80, 188 (228); 96, 264 (287).
[602] BVerfGE 1, 144 (149); 80, 188 (219); 84, 304 (332).
[603] *H. Schulze-Fielitz*, DÖV 1989, 829 (837).
[604] BVerfGE 84, 304 (324); auch *Kassing*, Abgeordnetengruppe (Fn. 592), S. 48 f.; *H. Martin*, Staatliche Fraktionsfinanzierung in Rheinland-Pfalz, 1995, S. 105.

III. Abgeordnetenstatus (Art. 38 I 2 GG)   Art. 38

Um es allen Abgeordneten zu ermöglichen, sich tatsächlich voll ihrem Mandat zu 172
widmen, ist eine Gleichbehandlung bei der **Alimentierung** der Abgeordneten geboten[605], eine Ausnahme erkennt das Bundesverfassungsgericht nur für den Parlamentspräsidenten und seine Stellvertreter[606] sowie für Fraktionsvorsitzende an[607]. Es erscheint jedoch angemessen, auch parlamentarische Geschäftsführer mit in den Kreis der Empfangsberechtigten von **Funktionsvergütungen** einzubeziehen[608]. Auch mag die Größe des Parlaments für die Zulässigkeit von Funktionszulagen erheblich sein[609].

Ansätze, die den Anspruch auf gleiche Alimentation nicht streng formal verstehen, 173
sondern die Abgeordnetenentschädigung material am **Verdienstausfall** des einzelnen Parlamentariers messen[610], konfligieren mit der formalen Abgeordnetengleichheit.

Der Status der Gleichheit erfasst in nicht parlamentsspezifischen Fragen auch das 174
Verhältnis zum Bürger, weshalb die Gleichheit der Besteuerung auch für die Diäten gelten muss[611]. Die frühere Privilegierung der Beamten unter den Abgeordneten, wonach sie für die Dauer der Parlamentsmitgliedschaft Ruhegehalt bezogen, war verfassungswidrig[612]. Die Demokratie ist auch im Hinblick auf die Abgeordneten **privilegienfeindlich**[613].

Die **Rechtfertigung von Beeinträchtigungen** des Status der Gleichheit verlangt eine 175
konkurrierende Verfassungsrechtsposition. Daher ist eine besondere Behandlung der Präsidiumsmitglieder möglich (Art. 40 GG)[614].

4. Der Status der Öffentlichkeit

Als Vertreter des Volkes müssen die Abgeordneten auch vor dem Volk handeln. Sie 176
sind eingestellt in den Zusammenhang von Legitimation und Kontrolle (→ Rn. 32), der auch im ersten Glied der Legitimationskette zwischen dem legitimierenden Volk und seinen Repräsentanten besteht. Das Amt des Abgeordneten ist daher in einem spezifischen Sinne ein »**öffentliches Amt**«[615]. Es unterliegt dem allgemeinen demokratischen Öffentlichkeitsgebot (→ Art. 20 [Demokratie], Rn. 76 ff.). Die Verhandlungsöffentlichkeit (→ Art. 42 Rn. 20 ff.) ist ein Teilgehalt des Status der Öffentlichkeit der Abgeordneten. Die Öffentlichkeitsunterworfenheit der Abgeordneten ist eine Parallele zu derjenigen der Parteien (→ Art. 21 Rn. 111 ff.). Schließlich sind Abgeordnete nicht nur Objekte, sondern auch Subjekte der Öffentlichkeit: Das auf Wählerwirkung

---

[605] BVerfGE 40, 296 (316 ff.). → Art. 48 Rn. 19 ff.
[606] BVerfGE 40, 296 (318).
[607] BVerfGE 102, 224 (233 ff., Rn. 42 ff.). Diese Entscheidung erging in der Funktion als Verfassungsgericht für den Freistaat Thüringen. Ihr kommt keine Bindungswirkung aus § 31 I BVerfGG zu. VerfGH Schl.-Holst. NVwZ-RR, 2014, 3 (3 ff.); HambVerfG NJW 1998, 1054 (1055 ff.) – in Abgrenzung von BVerfGE 40, 296 (318); zugleich auch unter Berücksichtigung der Hamburger Besonderheit des »Feierabendparlaments«. Dazu kritisch V. *Bahnsen*, NJW 1998, 1041 (1041 f.).
[608] So zu Recht S. *Schmahl*, AöR 130 (2005), 119 (136 f.).
[609] S. *Schmahl*, AöR 130 (2005), 119 (138).
[610] W. *Roth*, AöR 129 (2004), 250 ff.
[611] BVerfGE 40, 296 (328); dazu *Häberle*, Freiheit (Fn. 478), S. 220; R. *Stalbold*, Die steuerfreie Kostenpauschale der Abgeordneten, 2004.
[612] BVerfGE 40, 296 (321 ff.).
[613] BVerfGE 40, 296 (317); dazu *Häberle*, Freiheit (Fn. 478), S. 514.
[614] Zur Frage der Alimentierung → Rn. 172.
[615] BVerfGE 40, 296 (314); dazu *Häberle*, Freiheit (Fn. 478), S. 221; zum Teil wird in Abgrenzung zum Beamtenrecht von einem öffentlichen Amt sui generis gesprochen, s. *Schröder*, Grundlagen (Fn. 76), S. 288 ff.

zielende politische Handeln ist immer auch Darstellung für die Öffentlichkeit. Von daher sind die rechtlichen Selbstdarstellungschancen der Gleichheit verpflichtet; ebenso ist Öffentlichkeitsarbeit der Regierung im Hinblick auf Wahlchancen problematisch (→ Rn. 93, 104).

177 Der Status der Öffentlichkeit des Abgeordneten[616] begründet **Pflichten** und Verbote. Zur Vermeidung unerwünschter finanzieller Abhängigkeiten bestehen **Offenlegungspflichten**[617] für Abgeordnete, um »für die Ausübung des Mandats bedeutsame Interessenverknüpfungen« erkennen zu können. Davon erfasst werden auch Umstände aus der persönlichen Sphäre des Abgeordneten, die – potentiell – mandatserheblich sein können. Sie sind in nicht unproblematischer Weise positiviert worden[618]. Über Beruf, wirtschaftliche und andere Tätigkeiten, Einkünfte und Kapitalbeteiligungen muss der Abgeordnete die Öffentlichkeit unterrichten, und zwar in einer standardisierten Form[619]. Aufgrund der Öffentlichkeitsunterworfenheit des Abgeordnetenstatus ist über die Diäten jeweils durch Gesetz, d.h. »vor den Augen der Öffentlichkeit« zu entscheiden (→ Rn. 166; → Art. 48 Rn. 35). Dabei orientiert sich seit 2014 aber die Abgeordnetenentschädigung an der Besoldung der Richter an obersten Bundesgerichten, § 11 I AbgG, und wird innerhalb einer Wahlperiode an die Entwicklung der allgemeinen Nominallöhne angepasst, § 11 IV, V AbgG.

178 **Grenzen** der Öffentlichkeit können durch gegenläufige Verfassungswerte gezogen sein, so die Notwendigkeit des Geheimnisschutzes und die Grundrechte der Abgeordneten und betroffener Dritter[620].

5. Die Fraktion

a) Funktion

179 Die Fraktionen sind die bestimmenden Handlungseinheiten des Bundestages und damit »**notwendige Einrichtungen des Verfassungslebens**«[621]. Sie steuern den äußeren

---

[616] Vgl. dazu *Häberle*, Freiheit (Fn. 478), S. 221f.

[617] Spezifiziert in §§ 44a, 44b AbgG; die Neuregelung wurde in BVerfGE 118, 277ff. gebilligt; zu diesem Urteil *S. Roßner*, MIP 14 (2007), 55ff.; *H.-H. von Arnim*, DÖV 2007, 897ff.; *J. Linck*, NJW 2008, 24ff.; zum Verfassungsgebot der Offenlegung s. auch *Meessen*, Beraterverträge (Fn. 532), S.450f.; *T. Groß*, ZRP 2002, 472ff. zur (verfassungsmäßigen) Erstreckung der Anzeigepflicht auf Nebentätigkeiten.

[618] Nach § 44b AbgG und § 18 GOBT hat der Bundestag Verhaltensregeln beschlossen, Anlage 1 GOBT (→ Art. 40 Rn. 19, 26); dazu *A. Herbertz*, Verhaltensregeln für die Mitglieder des Deutschen Bundestages, 1998, S. 182ff.; BVerfGE 40, 296 (316f., 327).

[619] S. *A. van Aaken*, Der Staat 49 (2010), 369ff.; vgl. §§ 44a IV, 44b AbgG i.V.m. §§ 1, 4 Verhaltensregeln für Abgeordnete, Anlage 1 zur GOBT. Zuwiderhandlungen können geahndet werden, § 44a IV AbgG. Die genannten Regelungen wurden in BVerfGE 118, 277ff. geprüft und mit vier zu vier Stimmen gebilligt. Zur Entscheidung siehe *N. Janz/R. Latotzky*, NWVBl. 2007, 385ff.; *S. Roßner*, MIP 14 (2007), 55ff.; *E. Zivier*, RuP 43 (2007), 194ff. und *H.H. v. Arnim*, DÖV 2007, 897ff.

[620] Etwa der Geschäftspartner von Abgeordneten, deren Daten durch die Verhaltensrichtlinien weitergegeben werden; dazu *Herbertz*, Verhaltensregeln (Fn. 618), S. 263ff.

[621] BVerfGE 10, 4 (14); 20, 56 (104); 43, 142 (147); 84, 304 (324); grundlegend *S. Hölscheidt*, Das Recht der Parlamentsfraktionen, 2001, passim.

III. Abgeordnetenstatus (Art. 38 I 2 GG) Art. 38

Ablauf des parlamentarischen Geschehens und sichern damit seine Funktionsfähigkeit[622], sind also **Arbeitsgemeinschaften**[623].

Indem sie als Vereinigungen von Abgeordneten gleicher politischer Grundüberzeugungen[624] die parlamentarische Aufgabenbewältigung arbeitsteilig organisieren, prägen sie diese auch inhaltlich und rationalisieren sie, sind also **Tendenzgemeinschaften**[625]. Angesichts der wichtigen Funktionen der Fraktionen ist es zulässig, den Fraktionsstatus an die Voraussetzungen der **Tendenzreinheit** zu knüpfen[626]. Die Relevanz der politischen Homogenität für die Fraktionsarbeit[627] (§ 10 I 2 GOBT) rechtfertigt dies[628]. Die Tendenzqualität der Fraktionen ist auch arbeitsrechtlich erheblich: Sie sind Tendenzträger im Sinne von § 118 BetrVG[629]. 180

Zugleich **wirken** sie **integrierend** zwischen den verschiedenen Fachpolitiken[630]. Die Fraktionen binden die Vielzahl der Abgeordneten in eine überschaubare Zahl von politischen Alternativen ein, bauen Mehrheiten auf und wirken binnendisziplinierend. 181

Die **Mitgliedschaftsmotivation** des einzelnen Abgeordneten besteht zunächst darin, der enormen Komplexität der parlamentarischen Arbeit arbeitsteilig entgegentreten zu können[631]. Er kann die Hilfsdienste seiner Fraktion in Anspruch nehmen, informale politische Kontakte auf der Basis gemeinsamer Überzeugungen entwickeln[632] und politischen Einfluss dadurch ausüben, dass andere im arbeitsteiligen System auf ihn angewiesen sind[633]. 182

All dies ist überformt von der gemeinsamen politischen Programmatik. Die Fraktionen fungieren im politischen Sinne als »**Parteien im Parlament**«[634]. Insofern stehen sie in einem Konkurrenzverhältnis zueinander und sind also **Wettbewerbsgemeinschaf-** 183

---

[622] Dazu *O. Homann*, Die Zusammenarbeit der Parlamentsfraktionen im Deutschen Bundestag, 2005; *W. Zeh*, HStR³ III, § 52 Rn. 6; BayVerfGH BayVBl. 1976, 431 (433f.); *Meyer*, Parlament (Fn. 80), S. 35f.; *E. Schmidt-Jortzig/F. Hansen*, NVwZ 1994, 1145 (1146); *K.-H. Kasten*, Ausschußorganisation und Ausschußrückruf, 1983, S. 146ff.; *G.C. Schneider*, Die Finanzierung der Parlamentsfraktionen als staatliche Aufgabe, 1997, S. 54ff.

[623] Zu den Funktionen der Fraktionen vgl. *Hölscheidt*, Parlamentsfraktionen (Fn. 621), S. 246ff.; *Bäcker*, Ausschluss (Fn. 477), S. 22ff.

[624] S. die Definition in § 10 I 1 GOBT; weiter etwa *W.-D. Hauenschild*, Wesen und Rechtsnatur der parlamentarischen Fraktionen, 1968, S. 14; *Achterberg*, Parlamentsrecht, S. 274; *Stern*, Staatsrecht I, S. 806; zur funktionellen Bedeutung der politischen Homogenität *Demmler*, Abgeordnete (Fn. 472), S. 211ff.; zustimmend BbgVerfG NVwZ 1995, 583 (584); *Bäcker*, Ausschluss (Fn. 477), S. 110ff.

[625] *M. Morlok*, ZParl. 35 (2004), 633 (634); *Bäcker*, Ausschluss (Fn. 477), S. 39ff.

[626] Dazu *H.H. Klein*, ZParl. 35 (2004), 627ff.; *M. Morlok*, ZParl. 35 (2004), 633ff. (»Fall Hohmann«).

[627] *Demmler*, Abgeordnete (Fn. 472), S. 210ff.

[628] *Demmler*, Abgeordnete (Fn. 472), S. 214ff.

[629] ArbG Bonn NJW 1988, 511f.

[630] S. dazu *G. Kretschmer*, Fraktionen, 2. Aufl. 1992, S. 109; *Demmler*, Abgeordnete (Fn. 472), S. 173ff.; vgl. auch die anschauliche Schilderung bei *F. Schäfer*, Der Bundestag, 4. Aufl. 1982, S. 147ff.

[631] *W. Ismayr*, Der deutsche Bundestag, 3. Aufl. 2012, S. 85ff.; *C. Arndt*, Fraktion und Abgeordneter, in: Schneider/Zeh, § 21 Rn. 5; *Schulze-Fielitz*, Gesetzgebung (Fn. 108), S. 349ff.; zum Verhältnis zwischen Fraktion und Abgeordnetem *Hölscheidt*, Parlamentsfraktionen (Fn. 621), S. 374ff.; zur Betrachtung der Fraktionen aus der Perspektive der Abgeordneten s. *H. Schöne*, Alltag im Parlament, 2010, S. 113ff.

[632] Dazu etwa *J.C. Wahlke/H. Eulau/W. Buchanan/L.C. Ferguson*, The Legislative System, New York 1962, S. 135ff.

[633] S. zu diesem Aspekt *Demmler*, Abgeordnete (Fn. 472), S. 158ff.; *Morlok*, Informalisierung (Fn. 106), S. 64ff.

[634] *W. Schmidt*, Der Staat 9 (1970), 481 (488f.); *Demmler*, Abgeordnete (Fn. 472), S. 180ff.

Art. 38 C. Erläuterungen

ten⁶³⁵. Sie bilden die Spitze der parteipolitischen Einflussnahme auf die staatliche Willensbildung und tragen die politische Substanz in den Bundestag; zugleich wird permanent die Parteienkonkurrenz fortgesetzt. Parlamentarische Arbeit ist Handeln unter Wettbewerbsbedingungen (→ Rn. 169). Für den Bürger machen die Fraktionen die Sacharbeit der politischen Parteien recht eigentlich sichtbar. Eine Differenzierung nach Regierungs- und Oppositionsfraktionen ist von Verfassungs wegen nicht geboten. »Opposition« ist kein Begriff des Bundesverfassungsrechts (→ Art. 20 [Demokratie], Rn. 75). Mitwirkungsrechte ergeben sich daher egalitär aus der Abgeordnetenstellung, nicht jedoch aus einer spezifischen Oppositionsrolle, in den Ländern ist dies zum Teil anders⁶³⁶.

b) Rechtsstellung und parlamentarische Befugnisse

184 Fraktionen sind Vereinigungen von Abgeordneten und leiten als solche ihre Rechte von den Abgeordneten her⁶³⁷. »Wesen und Rechtsnatur der parlamentarischen Fraktion« sind damit entdramatisiert⁶³⁸, der »**Fraktionsstatus**« ist ein Bündel von letztlich im Abgeordnetenstatus wurzelnden Rechten⁶³⁹. Die Fraktionen leben nach Parlamentsrecht, nicht nach Parteienrecht⁶⁴⁰. Mangels originärer Fraktionsrechte ist die Gefahr der Mediatisierung des Abgeordneten durch seine Fraktion begrenzt, weil diese im Ansatz über keine parlamentarischen Befugnisse verfügt, die nicht auch ihm zustehen. Wenn die Geschäftsordnung den Fraktionen einzelne parlamentarische Möglichkeiten allein zuerkennt, so ist dies eine begründungspflichtige Einschränkung des Abgeordnetenstatus⁶⁴¹.

185 Die Rückführung der Fraktionsrechte auf den Abgeordnetenstatus mildert das Gleichheitsproblem, das für Vereinigungen von Abgeordneten besteht, die nicht die **Fraktionsstärke**⁶⁴² erreichen. Solchen Gruppen enthält die Geschäftsordnung zwar

---

⁶³⁵ *Bäcker*, Ausschluss (Fn. 477), S. 44 ff.; s. auch *M. Kotzur*, Demokratie als Wettbewerbsordnung, VVDStRL 69 (2010), S. 173 ff. (209 ff.).

⁶³⁶ So kennen mittlerweile die meisten Landesverfassungen eigene Oppositionsklauseln, Ausnahmen bilden nur Nordrhein-Westfalen, Baden-Württemberg, Hessen und das Saarland. Zur Bedeutung der Opposition und Oppositionsklauseln eingehend *P. Cancik*, Parlamentarische Oposition in den Landesverfassungen, 2000, passim; vgl. *S. Kropp*, ZParl. 28 (1997), 373 ff.; s. auch *B. Pieroth/K. Haghgu*, Stärkung der Rechte der Abgeordneten und der Opposition in den Landesverfassungen, 2004; zur Opposition als Rechtsbegriff vgl. *R. Poscher*, AöR 122 (1997), 444 ff. → Art. 20 (Demokratie), Rn. 75.

⁶³⁷ BVerfGE 80, 188 (219 f.); 84, 304 (322); zu dieser Konstruktion und möglichen Alternativen *M. Morlok*, JZ 1989, 1035 (1038 f.); *Demmler*, Abgeordnete (Fn. 472), S. 261 ff.; *Bäcker*, Ausschluss (Fn. 477), S. 48 ff.; umfassend zu originären und abgeleiteten Rechten der Fraktionen *Hölscheidt*, Parlamentsfraktionen (Fn. 621), S. 327 ff.

⁶³⁸ So *Hauenschild*, Fraktionen (Fn. 624).

⁶³⁹ *M. Morlok*, DVBl. 1991, 998 (999); *Bäcker*, Ausschluss (Fn. 477), S. 79 ff. Die Selbständigkeit der Fraktionen kann auf der Ebene des Verfassungsrechts nicht mit Argumenten aus der GOBT begründet werden, so aber *Schneider*, Finanzierung (Fn. 622), S. 46 ff.

⁶⁴⁰ *Henke* (Fn. 543), Art. 21 Rn. 123; *Magiera* (Fn. 75), Art. 38 Rn. 67; *Schneider* (Fn. 76), Art. 38 Rn. 45; *Schneider*, Finanzierung (Fn. 622), S. 44 ff. Die Bedeutung von Art. 21 GG tritt damit zurück; anders die frühere Rechtsprechung BVerfGE 10, 4 (14); 70, 342 (350 f., siehe aber 362 f.); 80, 188 (241) – Sondervotum *Kruis*. Diese juristische Aussage ändert nichts am obigen (→ Rn. 183) Befund, wonach die Fraktionen die Speerspitzen der Parteien sind. Dieser Doppelcharakter ist kennzeichnend für die politischen Inputstrukturen.

⁶⁴¹ Vgl. *M. Morlok*, DVBl. 1991, 998 (999).

⁶⁴² Nach § 10 I 1 GOBT können nur Vereinigungen von mindestens 5 % der Mitglieder des Bundestages eine Fraktion gründen; vgl. dazu auch *Hölscheidt*, Parlamentsfraktionen (Fn. 621), S. 395 ff.

verschiedene parlamentarische Befugnisse vor, dies ist aber jeweils rechtfertigungsbedürftig unter Beachtung des Gebots der Erforderlichkeit im Hinblick auf den erhofften Gewinn an Arbeitsfähigkeit des Parlaments. Die Entscheidung, welche parlamentarischen Handlungsmöglichkeiten nur Fraktionen, welche auch Gruppen und welche jedem Abgeordneten in die Hand gegeben werden, ist eine solche des autonomen Parlamentsrechts und nicht vollständig verfassungsrechtlich determiniert.

Die **Festlegung** der **Fraktionsstärke** bei 5 % der Mitglieder des Hauses ist von Verfassungs wegen nicht zu beanstanden, vor allem im Hinblick auf die für alle Abgeordneten gesicherten gleichen Mitwirkungsbefugnisse[643]. Eine Mindestgröße ist sachlich gerechtfertigt, um die fraktionstypischen Leistungen (→ Rn. 179 ff.) erbringen zu können, die einen besonderen Status rechtfertigen[644]. Aus dem Wahlrecht kann nichts für die innerparlamentarische Fraktionsgröße gefolgert werden, insbesondere ist der Einzug einer parteipolitisch homogenen Gruppierung in den Bundestag nicht zwingend mit der Erlangung des Fraktionsstatus verbunden[645]. Die Unabhängigkeit des Parlamentsrechts gegenüber dem Wahlrecht entspricht dem Eigengewicht des Verfassungsorgans Bundestag.

186

Zwischen den Fraktionen gilt das **Gleichbehandlungsgebot**[646]. Die nähere Ausgestaltung trifft die Geschäftsordnung. Danach wird die Redezeit der einzelnen Fraktionen[647], unabhängig vom Problem fraktionsloser Abgeordneter (→ Rn. 170), im Ältestenrat vereinbart (§ 35 I 1 GOBT)[648]. Die Gleichbehandlung wird ergänzt um das in der Repräsentationsfunktion (→ Rn. 135) wurzelnde **Proportionalitätsprinzip**, wonach Verteilungsentscheidungen gemäß der Mitgliederstärke der Fraktionen getroffen werden.

187

Vereinigungen von Abgeordneten unterhalb der Fraktionsstärke, auf die beim angewendeten Verteilungsschlüssel Ausschusssitze entfallen, müssen als **Gruppen** im Sinne der Geschäftsordnung (§ 10 IV GOBT) anerkannt werden[649]. Welche parlamentarischen Rechte einer Gruppe von Verfassungs wegen zuzuerkennen sind, ist für jede Problematik getrennt zu beurteilen (→ Rn. 171). Die angesichts der weitgehenden Verlagerung der Sacharbeit des Bundestages in die Ausschüsse (→ Rn. 169) wichtige Mitwirkungsmöglichkeit in diesen kommt jedenfalls Fraktionen wie einzelnen Abgeordneten und Gruppen gleichermaßen zu.

188

Über die **Beendigung der Rechtsstellung** enthält § 54 AbgG Bestimmungen. Als von den Abgeordneten abgeleitete Größe unterliegen sie dem Diskontinuitätsprinzip (→ Art. 39 Rn. 22 ff.), so dass mit dem Ende der Wahlperiode ihre Rechtsstellung entfällt (§ 54 I Nr. 3 AbgG). Es findet aber keine Liquidation statt, wenn sich nach Beginn der

189

---

[643] BVerfGE 83, 304 (326); 96, 264 (279); *Magiera* (Fn. 75), Art. 38 Rn. 68; *Stern*, Staatsrecht I, S. 1027 f. m. w. N.; *W. Schmidt*, Der Staat 9 (1970), 481 (495); anders *U. Hösch*, ThürVBl. 1996, 265 (268); ausführlich zum Problem *Demmler*, Abgeordnete (Fn. 472), S. 219 ff. m. w. N.; für eine konkret-realitätsbezogene Bewertung der Funktionsfähigkeit des Parlaments durch Zulassung einer Fraktion jetzt *Hölscheidt*, Parlamentsfraktionen (Fn. 621), S. 416 f.

[644] *Demmler*, Abgeordnete (Fn. 472), S. 223 f.

[645] BVerfGE 84, 304 (324 f.); 96, 264 (279 f.); *Demmler*, Abgeordnete (Fn. 472), S. 188 ff.; für die Gegenmeinung etwa *W. Schmidt*, Der Staat 9 (1970), 488 ff.

[646] BVerfGE 93, 195 (203 f.); dazu *J. Scherer*, AöR 112 (1987), 189 ff.

[647] Zur Dauer der Redezeit BayVerfGH NVwZ-RR 1998, 409 (410 f.).

[648] Dazu *J. C. Besch*, Rederecht und Redeordnung, in: Schneider/Zeh, § 33 Rn. 51; *H.-R. Lipphardt*, Die kontingentierte Debatte, 1976, S. 11 ff.

[649] BVerfGE 84, 304 (323 f.); vgl. dazu auch *Hölscheidt*, Parlamentsfraktionen (Fn. 621), S. 426 ff.; *D. Mundil*, Die Opposition, 2014, S. 148 ff.

190 Angesichts ihrer Eigenschaft als »ständige Gliederungen« des Parlaments, die der »organisierten Staatlichkeit eingefügt« sind[650], ist eine **Finanzierung** aus dem Bundeshaushalt zulässig[651]. Die Rechtfertigung liegt darin, dass ihre Tätigkeit die Arbeit des Bundestages befördert[652]. Eben deshalb dürfen Fraktionsmittel nicht für Parteiaktivitäten verwendet werden (§ 50 IV 2 AbgG, auch § 25 II Nr. 1 PartG). Hierbei bestehen Abgrenzungsprobleme und die Gefahr einer missbräuchlichen Verwendung für Parteiarbeit[653]; dies besonders im Blick auf § 47 III AbgG, wonach die Fraktionen auch zur Öffentlichkeitsarbeit berechtigt sind[654]. Die Zulässigkeit haushaltsfinanzierter Öffentlichkeitsarbeit der Fraktionen ist von den Aufgaben her, die die Fraktionsfinanzierung rechtfertigen, zweifelhaft[655]. Die Fraktionszuschüsse sind für die der parlamentarischen Koordination dienende Arbeit bestimmt[656] und insoweit zweckgebunden. Diese Zweckbestimmung erlaubt eine Beschränkung der Höhe des Fraktionszuschusses und im Ansatz auch die gebotene Kontrolle durch den Rechnungshof[657]. Eine Zweckentfremdung von Fraktionsmitteln für die allgemeine Parteiarbeit ist auch wegen der Chancengleichheit gegenüber den Parteien, die nicht im Bundestag vertreten sind, auszuschließen. Freilich begründet die Verwurzelung der Fraktion im Status des einzelnen Abgeordneten, dem Öffentlichkeitsarbeit nicht verwehrt, vielmehr geradezu aufgegeben ist, einen Gegengrund zu einer übermäßigen Beschränkung der Öffentlichkeitsarbeit der Fraktionen. Zu beachten ist jedoch: Eine opulente Ausstattung der Fraktionen hat **Rückwirkungen** auf die **innerparteiliche Demokratie**. Gegenüber dem demokratischen Parteiaufbau von unten her gewinnt die üppig ausgestattete Fraktion ein möglicherweise übermächtiges Gewicht[658]. **Mandatsträgerabgaben** an die

---

[650] BVerfGE 20, 56 (104); 62, 194 (202); 70, 324 (350f.); 80, 188 (231).

[651] BVerfGE 80, 188 (231). Zur Fraktionsfinanzierung jetzt ausführlich *Schneider*, Finanzierung (Fn. 622); *Martin*, Fraktionsfinanzierung (Fn. 604), S. 39 ff.; *Meyer*, Parlament (Fn. 80), S. 32 ff.; s. § 50 AbgG; jetzt auch *Hölscheidt*, Parlamentsfraktionen (Fn. 621), S. 500 ff.; *A. Linde*, Fraktionsfinanzierung in der parlamentarischen Demokratie, 2000.

[652] Dazu *Schneider*, Finanzierung (Fn. 622), S. 71 ff.; *Martin*, Fraktionsfinanzierung (Fn. 604), S. 47 ff.

[653] Dazu etwa *H.H. v. Arnim*, Der Staat als Beute, 1993, 286 ff.; *ders.*, Staat ohne Diener, 1995, S. 95. Angesichts verschiedener möglicher Nebenwege der Parteienfinanzierung (→ Art. 21 Rn. 108 ff.) und der darin liegenden Möglichkeit, die rechtlichen Bestimmungen zur Parteienfinanzierung zu umgehen, empfiehlt sich eine breit ansetzende Betrachtungsweise unter dem Konzept der »Politikfinanzierung«, dazu: D. T. Tsatsos (Hrsg.), Politikfinanzierung in Deutschland und Europa, 1997; zum Konzept der Politikfinanzierung *M. Morlok*, Thesen zu Einzelaspekten der Politikfinanzierung, ebd., S. 77 ff.; zur Schaffung eines transparenten Überblicks über die gesamte Politikfinanzierung schlug die *Kommission unabhängiger Sachverständiger zur Parteienfinanzierung* einen »Politikfinanzierungsbericht« vor, BT-Drs. 15/3140 (2004), S. 27 ff.

[654] *M. Morlok*, NJW 1995, 29 (31); zur Kontrolle der Verwendung der Haushaltsmittel und zur Öffentlichkeitsarbeit *U. Müller*, NJW 1990, 2046 ff.; *Hölscheidt*, Parlamentsfraktionen (Fn. 621), S. 604 ff.

[655] Gegen eine staatsfinanzierte Öffentlichkeitsarbeit der Fraktion *Meyer*, Parlament (Fn. 80), S. 36 f.; die Gegenansicht vertreten *Martin*, Fraktionsfinanzierung (Fn. 604), S. 73 ff.; *Schneider*, Finanzierung (Fn. 622), S. 161 ff.

[656] BVerfGE 80, 188 (231).

[657] *C. Jäger/R. Bresch*, ZParl. 22 (1991), 204 ff.; zur Rechnungshofkontrolle auch *Schneider*, Finanzierung (Fn. 622), S. 183 ff.; *Martin*, Fraktionsfinanzierung (Fn. 604), S. 116 ff. sowie *B. Pieroth/K. Neumann*, Fraktionsfinanzierung und Rechnungshofkontrolle, 2005, passim, insb. S. 20 ff. Vgl. auch *S.-C. Lenski*, DÖV 2014, 585 (593).

[658] Zu diesem Problem *Morlok*, Thesen (Fn. 653), S. 98 ff.

c) Mitgliedschaft und innere Organisation

Fraktionen sind freiwillige Zusammenschlüsse, deren Mitgliedschaft entweder durch Mitwirkung am Gründungsakt oder durch späteren Beitritt erworben wird. Der Beitritt und als actus contrarius der Austritt sind von der Freiheit des Abgeordneten umfasst. Parteiangehörige Mandatsträger können parteienrechtlich zur Mitwirkung in der Fraktion verpflichtet werden. Spiegelbildlich dazu besteht bei übereinstimmender Parteimitgliedschaft ein Anspruch auf Fraktionsaufnahme, soweit keine Ausschlussgründe vorliegen[660]. Verfassungswidrig wäre die Begründung einer Fraktionsmitgliedschaft aller Abgeordneten derselben Partei durch die Geschäftsordnung.

191

Fraktionen sind **Tendenzorganisationen** und von daher berechtigt, auf Tendenzreinheit zu achten. Abgeordnete, die mit der Grundlinie der Partei nicht mehr übereinstimmen, müssen nicht aufgenommen werden oder können »aus wichtigem Grund«[661] **ausgeschlossen** werden[662]. Ob ein solcher Grund vorliegt, wird auf Grundlage eines weiten politischen Ermessens der Fraktion, selbst zu bestimmen sein. Zur Bestimmung dessen, was einen »wichtigen Grund« darstellt, empfiehlt sich eine Orientierung an § 10 IV PartG (→ Art. 21 Rn. 136). Schutzgüter auf Seiten der Fraktion sind die Überzeugungshomogenität, ihre organisatorische Funktionsfähigkeit und ihre Konkurrenzfähigkeit im politischen Wettbewerb. Zur rechtsstaatlich gebotenen Verhinderung von willkürlichen Entscheidungen ist eine Fixierung möglicher Ausschlussgründe und des beim Ausschluss einzuhaltenden Verfahrens in der Fraktionssatzung geboten. Eine gerichtliche Kontrolle ist nicht von vornherein ausgeschlossen, aber nur mit reduzierter Kontrollintensität möglich[663]; wieder kann der Parteiausschluss als Vorbild dienen (→ Art. 21 Rn. 136 f.). An den (freiwilligen oder unfreiwilligen) Verlust der Parteimitgliedschaft schließt sich nicht *ex lege* der Verlust der Fraktionsmitgliedschaft an, auch wenn dies erhebliche Indizwirkung für das Vorliegen eines Ausschlussgrun-

192

---

[659] So zuletzt *H. Kühr*, Legalität und Legitimität von Mandatsträgerbeiträgen, 2014; *C. Wefelmeier*, NdsVBl. 2003, 286 (292) hält diese dagegen wegen Unvereinbarkeit mit Art. 3 I GG, § 134 BGB für verfassungswidrig; dazu auch *A. Launhardt*, MIP 9 (1999), 37 ff.; BremStGH DVBl. 2005, 131 ff.; s. dazu auch *Hölscheidt*, Parlamentsfraktionen (Fn. 621), S. 650 ff.

[660] A. A. *Stern*, Staatsrecht I, S. 1030; *H.-W. Arndt/M. Schweitzer*, ZParl. 7 (1976), 76 (82); zur Parallele des Parteibeitritts → Art. 21 Rn. 135.

[661] *Arndt* (Fn. 631), § 21 Rn. 24; *Stern*, Staatsrecht I, S. 1029 f.; *K.-H. Rothe*, DVBl. 1988, 382 (385); *D. Grimm*, Parteien und Parlament, in: Schneider/Zeh, § 6 Rn. 25; *Kasten*, Ausschußorganisation (Fn. 622), S. 164; *Demmler*, Abgeordnete (Fn. 472), S. 247 ff. m. w. N.; kritisch mit beachtenswerten Argumenten *Bäcker*, Ausschluss (Fn. 477), S. 188 ff.

[662] Zum Fraktionsausschluss *Bäcker*, Ausschluss (Fn. 477), passim; *Hölscheidt*, Parlamentsfraktionen (Fn. 621), S. 475 ff.; *J. Ipsen*, NVwZ 2005, 361 ff.; *C. Lenz*, NVwZ 2005, 364 ff.; *T. I. Schmidt*, DÖV 2003, 846 ff.; *H. H. Klein*, ZParl. 35 (2004), 627 ff.; *M. Morlok*, ZParl. 35 (2004), 633 ff.

[663] Sinngemäß *J. Ipsen*, NVwZ 2005, 361 (364) mit Hinweis auf die verfassungsrechtlich erhebliche »politische Dimension« der Ausschlussentscheidung. Gegen die dort vertretene These, den Abgeordneten stünde gegen einen Ausschluss das Organstreitverfahren nicht zur Verfügung, siehe etwa *Bäcker*, Ausschluss (Fn. 477), S. 206 f.

Art. 38 C. Erläuterungen

des hat⁶⁶⁴. Es bedarf einer eigenen Entscheidung der Fraktion⁶⁶⁵. Umgekehrt folgt aus dem Ausschluss aus der Fraktion ebenfalls nichts Zwingendes für die Parteimitgliedschaft.

193   Die Mitgliedschaft in einer Fraktion ist **neutral** gegenüber der Fortdauer des Mandats. Austritt oder Ausschluss aus der Fraktion führen nicht zum Mandatsverlust (→ Rn. 154).

194   Der **Ausschussrückruf** eines Abgeordneten, der mit der politischen Linie der Fraktion nicht mehr übereinstimmt oder in sonstiger Weise die Zusammenarbeit beeinträchtigt, ist möglich⁶⁶⁶. Die Fraktion hat ein Recht darauf, dass sie im Ausschuss nur von Abgeordneten vertreten wird, die tatsächlich die Linie der Fraktion vertreten und das Vertrauen der anderen Fraktionsmitglieder genießen⁶⁶⁷. Als Kehrseite der Besetzung der Ausschüsse durch die Fraktionen (§§ 12, 57 GOBT) ist gemäß dem »Delegationscharakter«⁶⁶⁸ der Ausschussmitgliedschaft mit dem Verlust der Fraktionszugehörigkeit die Abberufbarkeit aus dem Ausschuss verbunden⁶⁶⁹.

195   Die Fraktion ist auf die **innere Demokratie** verpflichtet. Angesichts ihrer zentralen Rolle im parlamentarischen Geschehen verlangt das allgemeine Demokratieprinzip, dass diese wichtigen Größen ebenfalls demokratisch organisiert sind⁶⁷⁰. Gerade die Erfüllung ihrer Funktionen innerhalb der Volksvertretung verlangt, dass die Fraktionen intern offen sind für vielfältige Anregungen und Überzeugungen. Art. 21 I 3 GG ist demgegenüber nicht unmittelbar einschlägig⁶⁷¹.

196   Eine effektive parlamentarische Arbeit und eine wirksame Selbstdarstellung gegenüber dem Wähler verlangen eine gewisse Einheitlichkeit des Vorgehens der Mitglieder einer Fraktion. Die Vorteile organisierten Zusammenwirkens stellen sich nur dann ein, wenn die Kooperationsverpflichtungen auch erfüllt werden. Dies beschneidet notwendigerweise die Handlungsfreiheit der einzelnen Abgeordneten. Mit dem Beitritt zu einer Fraktion sind Loyalitätspflichten verbunden, die zur **Fraktionsdisziplin** gerinnen⁶⁷², der in einem notwendig arbeitsteiligen Parlament⁶⁷³ wesentlich auch eine ra-

---

⁶⁶⁴ *H.H. Klein*, HStR³ III, § 51 Rn. 17; *Magiera* (Fn 75), Art. 38 Rn. 51; *Henke* (Fn. 543), Art. 21 Rn. 139 f.; *Grimm* (Fn. 661), § 6 Rn. 26 ff.; *Kasten*, Ausschußorganisation (Fn. 622), S. 164 f.; *Badura* (Fn. 473), Art. 38 Rn. 92 f.; *H. Sendler*, NJW 1985, 1425 (1429); *C. Lenz*, NVwZ 2005, 364 (369); umfassende Darstellung bei *B. Hagelstein*, Die Rechtsstellung der Fraktionen im deutschen Parlamentswesen, 1992, S. 179 ff.

⁶⁶⁵ *Bäcker*, Ausschluss (Fn. 477), S. 191.

⁶⁶⁶ Vgl. dazu auch *Hölscheidt*, Parlamentsfraktionen (Fn. 621), S. 463 ff.

⁶⁶⁷ Daher ist die Ausschussbesetzung auch ein autonomer Vorgang in den Fraktionen; s. *Kasten*, Ausschußorganisation (Fn. 622), S. 56.

⁶⁶⁸ *B. Dechamps*, Macht und Arbeit der Ausschüsse, 1954, S. 135, 153 et passim.

⁶⁶⁹ BVerfGE 80, 188 (233 f.); *H. Sendler*, NJW 1985, 1425 (1429); *Magiera* (Fn. 75), Art. 38 Rn. 51; zwingend ist der Ausschussrückruf freilich nicht, s. *Wefelmeier*, Repräsentation (Fn. 91), S. 176 f.; a. A. *D. Birk*, NJW 1988, 2521 (2523); *Achterberg/Schulte* (Fn. 84), Art. 38 Rn. 42 ff. Zum Problemkreis umfassend *Kasten*, Ausschußorganisation (Fn. 622), S. 167 ff., 186 f.; *J. Weiler*, DÖV 1973, 231 (232 ff.); *J. Kürschner*, Die Statusrechte der fraktionslosen Abgeordneten, 1984, S. 87 ff. m.w.N.

⁶⁷⁰ S. ausdrücklich § 48 I AbgG; dazu *Bäcker*, Ausschluss (Fn. 477), S. 123 ff. sowie *dies.*, APuZ 38-39 (2012), 43 ff.

⁶⁷¹ So aber *J. Kürschner*, DÖV 1995, 16 (19 f.).

⁶⁷² S. dazu *Badura* (Fn. 473), Art. 38 Rn. 91; *Schneider* (Fn. 75), Art. 38 Rn. 47; *H.H. Klein*, HStR³ III, § 51 Rn. 14; *Kasten*, Ausschußorganisation (Fn. 622), S. 153 ff.; Jarass/Pieroth, GG, Art. 38 Rn. 42; *Trute* (Fn. 174), Art. 38 Rn. 89; *Stern*, Staatsrecht I, S. 1075 f.; jetzt auch *Hölscheidt*, Parlamentsfraktionen (Fn. 621), S. 438 ff.

⁶⁷³ *Morlok*, Informalisierung (Fn. 106), S. 64.

tionalisierende Komponente innewohnt[674]. Die Mitglieder der Fraktion an diese Erfordernisse zu mahnen und ggf. auch mit Druck oder informalen Sanktionen auf sie einzuwirken, ist verfassungsrechtlich nicht zu beanstanden[675], solange der Rechtsstatus des Abgeordneten davon nicht berührt wird. Der Entschluss zur Mitarbeit in einer Fraktion gründet sich auf erhoffte Vorteile tatsächlicher Art, wofür der Abgeordnete eine Beschränkung bei der Ausübung der ihm rechtlich zustehenden Handlungsmöglichkeiten in Kauf nimmt. Solange die Maßnahmen der Fraktionsdisziplin sich in dieser Dimension der tatsächlichen Vor- und Nachteile bewegen, ist es Sache des Abgeordneten, eine individuelle Kosten/Nutzen-Bilanz darüber zu ziehen. Unzulässig und unwirksam ist eine rechtliche Einwirkung auf den Abgeordneten, um ihn zu einem bestimmten Verhalten im Zusammenhang mit seinem Mandat zu bewegen[676]. Man spricht hier von **Fraktionszwang**. Solche Maßnahmen verstoßen gegen das freie Mandat[677]. Der Entzug von Fraktionsämtern in Zukunft und auch die Abberufung aus einem Ausschuss (→ Rn. 194) als Maßnahme der Fraktionsdisziplin ist aber zulässig. Im Ergebnis wirken Maßnahmen der Fraktionsdisziplin damit nur, solange der betroffene Abgeordnete sie akzeptiert.

6. Rechtsschutz

Eine Verletzung seiner Statusrechte kann der Abgeordnete im Wege des Organstreitverfahrens nach Art. 93 I Nr. 1 GG geltend machen[678]. Stellt ihm die Prozessordnung aber keinen passenden Rechtsbehelf zur Verfügung, mit welchem die Verletzung des Status gerügt werden kann, können sich Abgeordnete subsidiär auf die Verfassungsbeschwerde stützen[679]. Dieses Verfahren steht auch den **Fraktionen und Gruppen** zur Verteidigung ihrer Rechte offen[680]. Fraktionen können darüber hinaus im eigenen Namen – als Prozessstandschafter – auch Rechte geltend machen, die dem Bundestag zustehen[681]. Andernfalls könnten Verletzungen der Rechte des Bundestages nicht gerügt werden, wenn die Regierungsfraktionen sich damit abfinden. Dem einzelnen Abgeordneten steht eine solche Prozessstandschaft nicht zu, er muss in eigenen Rechten wenigstens mitbetroffen sein[682].

197

---

[674] *U. F. H. Rühl*, Der Staat 39 (2000), 23 (44 ff.).
[675] S. die Nachweise in Fn. 595, vgl. weiter BVerfGE 10, 4 (14); 38, 258 (277); a. A. *Achterberg/Schulte* (Fn. 84), Art. 38 Rn. 41.
[676] Zu dieser Unterscheidung von faktischer und rechtlicher Bindung s. *Wefelmeier*, Repräsentation (Fn. 91), S. 162.
[677] Unstrittig, s. etwa BVerfGE 10, 1 (15); *H. H. Klein*, HStR³ III, § 51 Rn. 13; *Trute* (Fn. 174), Art. 38 Rn. 89; *Badura* (Fn. 473), Art. 38 Rn. 91; *Stern*, Staatsrecht I, S. 1075; *U. F. H. Rühl*, Der Staat 39 (2000), 23 (40).
[678] BVerfGE 2, 143 (164); 90, 286 (342); 97, 408 (414 f., Rn. 28 ff.), st. Rspr. Zu den Möglichkeiten, den Abgeordnetenstatus rechtlich zu schützen *H. Sauer*, Rechtsschutz des Abgeordneten, in: Morlok/Schliesky/Wiefelspütz, § 16, passim.
[679] BVerfGE 108, 251 (266 f., Rn. 38 ff.); zum Verhältnis von Organstreit und Verfassungsbeschwerde bei Streitigkeiten um den Status des Abgeordneten *Cremer*, Verfassungsauslegung (Fn. 478), S. 63 ff.
[680] BVerfGE 1, 351 (359); 90, 286 (336) – Fraktionen; E 84, 304 (317 f.); 96, 264 (278) – Gruppen; zum Rechtsschutz im Fraktionsrecht s. *S. Kürschner*, JuS 1996, 306 ff.; s. dazu auch *Hölscheidt*, Parlamentsfraktionen (Fn. 621), S. 658 ff.
[681] BVerfGE 2, 143 (165); 90, 286 (336), st. Rspr.
[682] Vgl. BVerfGE 70, 324 (354); 80, 188 (212 ff.).

D. Verhältnis zu anderen GG-Bestimmungen

198 Art. 38 GG bedeutet eine Spezifizierung des Demokratieprinzips aus **Art. 20 II GG**, dessen Prinzipien seinerseits über Art. 28 I GG für die Länder und Gemeinden verbindlich gemacht werden. Die konkrete Gestalt des politischen Prozesses, der in der parlamentarischen Repräsentanz einen Schwerpunkt hat, wird von der Gewährleistung des Parteiwesens in **Art. 21 GG** mitbestimmt, ohne dass diese Norm die Gehalte des Art. 38 GG konkret veränderte. Art. 38 I GG benennt mit dem Bundestag das Zentralorgan der parlamentarischen Demokratie, das in **Art. 39 ff. GG** weitere Ausformung erfährt. Gleiches gilt für die Regelung der Stellung der Abgeordneten, die in **Art. 46 ff. GG** ergänzt wird. **Art. 41 GG** ist eine Spezialvorschrift für die Behandlung von Wahlfehlern. Die Beziehungen des Bundestages zu den sonstigen Verfassungsorganen werden in den jenen Organen gewidmeten Bestimmungen näher ausgeformt; gleiches gilt für die Wahrnehmung der Funktionen des Bundestages. **Art. 53a** i. V. m. **Art. 115e GG** hält die Möglichkeit bereit, im Verteidigungsfalle den gemeinsamen Ausschuss als Notparlament zu installieren. **Art. 137 I GG** regelt schließlich die Möglichkeit, gesetzlich Inkompatibilitäten zwischen Abgeordnetenmandat und bestimmten Berufen zu schaffen.

Artikel 39 [Wahlperiode und Zusammentritt]

(1) ¹Der Bundestag wird vorbehaltlich der nachfolgenden Bestimmungen auf vier Jahre gewählt. ²Seine Wahlperiode endet mit dem Zusammentritt eines neuen Bundestages. ³Die Neuwahl findet frühestens sechsundvierzig, spätestens achtundvierzig Monate nach Beginn der Wahlperiode statt. ⁴Im Falle einer Auflösung des Bundestages findet die Neuwahl innerhalb von sechzig Tagen statt.

(2) Der Bundestag tritt spätestens am dreißigsten Tage nach der Wahl zusammen.

(3) ¹Der Bundestag bestimmt den Schluß und den Wiederbeginn seiner Sitzungen. ²Der Präsident des Bundestages kann ihn früher einberufen. ³Er ist hierzu verpflichtet, wenn ein Drittel der Mitglieder, der Bundespräsident oder der Bundeskanzler es verlangen.

Literaturauswahl

Belz, Reiner: Die Diskontinuität der Parlamente, Diss. jur. Tübingen 1968.
Fuchs-Wissemann, Hans: Funktion und Berechnung der Zeiträume und Fristen des Art. 39 GG, in: DÖV 1990, S. 694–698.
Hahn, Marcus: Zur verfassungssystematischen Konsistenz eines Selbstauflösungsrechts des Bundestages, in: DVBl. 2008, S. 151–158.
Jekewitz, Jürgen: Der Grundsatz der Diskontinuität der Parlamentsarbeit im Staatsrecht der Neuzeit und seine Bedeutung unter der parlamentarischen Demokratie des Grundgesetzes, 1977.
Kremer, Klemens (Hrsg.): Parlamentsauflösung, 1974.
Maassen, Hermann: Zur Einschränkung des Grundsatzes der Diskontinuität, in: Festschrift für Hubert Schorn, 1966, S. 69–83.
Michael, Lothar: Folgen der Beendigung: Elemente der Diskontinuität und Kontinuität, in: Morlok/Schliesky/Wiefelspütz, § 49, S. 1571–1603.
Payandeh, Mehrdad: Konstituierung des Parlaments, in: Morlok/Schliesky/Wiefelspütz, § 7, S. 328–340.
Scheuner, Ulrich: Vom Nutzen der Diskontinuität zwischen Legislaturperioden, in: DÖV 1965, S. 510–513.
Versteyl, Ludger-Anselm: Wider den Grundsatz der Diskontinuität der Parlamente, in: DVBl. 1973, S. 161–167.
Versteyl, Ludger-Anselm: Beginn und Ende der Wahlperiode, Erwerb und Verlust des Mandats, in: Schneider/Zeh, § 14, S. 467–476.
Weides, Peter: Bestimmung des Wahltages von Parlamentswahlen, in: Festschrift für Karl Carstens, 1984, S. 933–951.
Zeh, Wolfgang: Bundestagsauflösung und Neuwahlen, in: Der Staat 22 (1983), S. 1–20.

Leitentscheidungen des Bundesverfassungsgerichts

BVerfGE 1, 14 (33 ff.) – Südweststaat; 62, 1 (32 ff.) – Bundestagsauflösung I; 114, 121 (147 ff., Rn. 127 ff.) – Bundestagsauflösung III.

Gliederung

	Rn.
A. Herkunft, Entstehung, Entwicklung	1
I. Ideen- und verfassungsgeschichtliche Aspekte	1
II. Entstehung und Veränderung der Norm	5
B. Internationale, supranationale und rechtsvergleichende Bezüge	7
C. Erläuterungen	10
I. Wahlperiode (Art. 39 I GG)	10
1. Sinn und Zweck	10
2. Begriffliche Abgrenzung	12
3. Dauer der Wahlperiode (Art. 39 I 1 GG)	13

4. Beginn und Ende der Wahlperiode	14
5. Diskontinuität	22
6. Zeitpunkt der Neuwahl	26
II. Zusammentritt (Art. 39 II GG)	27
III. Sitzungen des Bundestages (Art. 39 III GG)	29
D. Verhältnis zu anderen GG-Bestimmungen	31

Stichwörter

Beginn 14 – Dauer der Wahlperiode 10, 13 – Diskontinuität 22ff. – Herrschaft auf Zeit 10 – Konstituierung 14 – Legislaturperiode 12 – Legitimation 10 – Neuwahl 17 – Organidentität 25 – Parlamentslose Zeit 16 – Rotation 21 – Selbstauflösungsrecht 19 – Selbstversammlungsrecht 29 – Verkürzung 20 – Verlängerung 10 – Volkssouveränität 10 – Wahlperiode 10, 12 – Zusammentritt 14, 27.

A. Herkunft, Entstehung, Entwicklung

I. Ideen- und verfassungsgeschichtliche Aspekte

1 Die parlamentsrechtlichen Vorschriften des Grundgesetzes zeigen noch deutliche Züge ihrer Formierungsepoche. Die **Einberufung** der Mitbestimmungsgremien war anfänglich das **Recht des Monarchen**[1]. Mit der Etablierung der Vertreterversammlungen gewannen diese zunehmend **Selbstversammlungs- und Selbstorganisationsrechte**[2].

2 Die frühen Formen von Vertreterversammlungen wurden in unregelmäßigen Abständen aus aktuellem Anlass einberufen. In England bildete sich ein Schutz vor der Auflösung durch den König heraus[3]. Hier liegt auch der Ursprung der Diskontinuität[4]. Mit der Etablierung repräsentativer Deutungen von Vertretungskörperschaften gewann auch die Notwendigkeit periodischer Neuwahlen Anerkennung: Herrschaft ist nur legitimiert auf Zeit[5] (→ Art. 20 [Demokratie], Rn. 73). Als Instrument der Gewaltenteilung fungierte dabei das **Auflösungsrecht des Monarchen**[6].

3 Die erste Verfassung auf deutschem Boden, die eine repräsentative Volksvertretung vorsah, war die des **Königreichs Westfalen** (1807). Sie sprach in Art. 32 dem König das Recht zu, die Stände zu berufen, zu versammeln, zu vertagen, zu schließen und aufzulösen. Alle drei Jahre sollte ein Drittel der 100 Mitglieder (Art. 29) neu gewählt werden (Art. 30). Im **Vormärz** enthielten einzelne Verfassungen deutscher Staaten repräsentative Regelungen, in denen Dauer, Beginn und Ende der Wahlperiode wie auch Erwerb und Verlust der Mandate festgeschrieben waren[7]. Nach der **Paulskirchenverfassung** teilten sich Reichstag und Reichsoberhaupt die Rechte über die Einberufung

---

[1] S. die Darstellung aus der Umbruchzeit: *F. Schmitthenner*, Grundlinien des allgemeinen oder idealen Staatsrechtes, 1845 (Neudruck 1966), S. 149, 235; vgl. weiter *H. Boldt*, Deutsche Verfassungsgeschichte, Bd. 2, 2. Aufl. 1993, S. 86.

[2] *Boldt*, Verfassungsgeschichte (Fn. 1), S. 86.

[3] *J. Hatschek*, Englisches Staatsrecht unter Berücksichtigung der für Schottland und Irland geltenden Sonderheiten, 1905, 1. Bd., Die Verfassung, S. 334f.

[4] *U. Scheuner*, DÖV 1965, 510 (511).

[5] *U. Scheuner*, DÖV 1965, 510 (511ff.); *H. Hofmann/H. Dreier*, Repräsentation, Mehrheitsprinzip und Minderheitenschutz, in: Schneider/Zeh, § 5 Rn. 28 m. w. N.; *M. Morlok*, Volksvertretung als Grundaufgabe, in: Morlok/Schliesky/Wiefelspütz, § 3 Rn. 2, 5ff.

[6] Zur Dogmengeschichte der Parlamentsauflösung anhand des französischen Materials *K. Loewenstein*, Volk und Parlament, 1922 (Neudruck 1964), S. 234ff.

[7] *L.-A. Versteyl*, Beginn und Ende der Wahlperiode, Erwerb und Verlust des Mandats, in: Schneider/Zeh, § 14 Rn. 3. So etwa: §§ 3, 6ff. Verf. Sachsen-Weimar-Eisenach 1816; §§ 127ff. Verf. Württemberg 1819; §§ 82, 116ff. Verf. Hannover 1833.

und Vertagung des Parlaments (§§ 104, 109). Das Ende der Sitzungsperiode wurde vom Reichsoberhaupt bestimmt (§ 108), dem auch ein Auflösungsrecht zustand (§ 106). Entsprechende Regelungen enthielt die **Verfassung des Deutschen Reichs von 1871**[8].

Die **Weimarer Reichsverfassung** kannte eine starre Wahlperiode von vier Jahren mit einem spätesten Termin der Neuwahl nach ihrem Ablauf (Art. 23 I). Der Reichstag wiederum musste sich spätestens am 30. Tage danach konstituieren (Art. 23 II). Schluss der Tagung und der Tag des Wiederzusammentritts lagen in der Hand des Reichstages (Art. 24 II). Der Reichspräsident besaß ein Auflösungsrecht (Art. 25 I).   4

II. Entstehung und Veränderung der Norm

Grundlage der Beratungen des **Parlamentarischen Rates** waren Art. 48 (Dauer), 49 (Beginn und Ende) und 56 (Selbstversammlungsrecht) des **Herrenchiemseer Entwurfs**. Der Parlamentarische Rat beschloss, den Bundestag als **permanent** tagendes Verfassungsorgan einzurichten, weshalb Art. 39 GG nur noch den Begriff der **Wahlperiode**, nicht aber mehr denjenigen der Tagung, der Sitzungsperiode und der Session enthält[9].   5

Aus Anlass der Auflösungen des 6. und 15. Bundestages wurde die verfassungspolitische Diskussion zu Art. 39 GG, insbesondere zur Einführung eines **Selbstauflösungsrechts**[10], jeweils erneut entfacht. Von den verschiedenen Vorschlägen wurde mit der **33. Grundgesetzänderung**[11] einer verwirklicht: Durch die Flexibilisierung der Wahlperiode bis zu drei Monaten wurde die **parlamentslose Zeit beseitigt** (→ Rn. 16)[12]. Die Absicht, im Interesse einer möglichst breiten Wahlbeteiligung eine Kollision des Wahltermins mit den Sommerferien zu vermeiden, führte schließlich **1998** zur Verschiebung der Fristen in Art. 39 I 3 GG um jeweils einen Monat sowie zur klarstellenden Anpassung des Art. 39 I 1 GG[13].   6

B. Internationale, supranationale und rechtsvergleichende Bezüge

In den **Verfassungen demokratischer Staaten** werden neben periodisch stattfindenden Wahlen zu den Parlamenten[14] regelmäßig das Selbstversammlungsrecht[15], oft auch ein Selbstauflösungsrecht[16] gewährleistet. Daneben findet sich die Möglichkeit der Auflösung durch das Staatsoberhaupt[17].   7

---

[8] Art. 12 ff.: Berufung, Vertagung und Schließung; Art. 24 f.: Legislaturperiode und Auflösung des Reichstags; ausführlich *J. Jekewitz*, Der Grundsatz der Diskontinuität der Parlamentsarbeit im Staatsrecht der Neuzeit und seine Bedeutung unter der parlamentarischen Demokratie des Grundgesetzes, 1977, S. 103 ff.
[9] Parl. Rat VII, S. 154, Anm. zu Art. 48; JöR 1 (1951), S. 356 ff.
[10] Vgl. den Schlussbericht der Enquete-Kommission Verfassungsreform, BT-Drs. 7/5924, S. 39 ff.; *W. Zeh*, Der Staat 22 (1983), 1 (18); *Achterberg*, Parlamentsrecht, S. 207 m. w. N.; *N. Achterberg/M. Schulte*, in: v. Mangoldt/Klein/Starck, GG II, Art. 39 Rn. 10; *S. Magiera*, in: Sachs, GG, Art. 39 Rn. 10. → Rn. 19.
[11] 33. Gesetz zur Änderung des GG v. 23.8.1976 (BGBl. I S. 2381).
[12] *Achterberg*, Parlamentsrecht, S. 203.
[13] 46. Gesetz zur Änderung des GG v. 16.7.1998 (BGBl. I S. 1822).
[14] Z. B. Art. 65 Belgien; Art. 24, 25 Frankreich; Art. 56 Luxemburg; Art. 171, 174 Portugal; Art. 98 Polen.
[15] Z. B. Art. 28, 29 Frankreich; Art. 72 Luxemburg; Art. 176 Portugal.
[16] Z. B. Art. 56 Luxemburg.
[17] Z. B. Art. 46 Belgien; Art. 74 Luxemburg; Art. 98 IV Polen.

8 Die fünfjährige Wahlperiode der Abgeordneten des **Europäischen Parlaments** ergibt sich aus Art. 14 III EUV, Art. 5 Direktwahlakt.

9 Auch die **Landesverfassungen** enthalten die typischen Elemente wie die Dauer der Wahlperiode[18] und das Selbstversammlungsrecht. Im Gegensatz zum Grundgesetz ist in allen Landesverfassungen das **Selbstauflösungsrecht**[19] (→ Rn. 19) verankert.

C. Erläuterungen

I. Wahlperiode (Art. 39 I GG)

1. Sinn und Zweck

10 Das Prinzip der Volkssouveränität (→ Art. 20 [Demokratie], Rn. 82 ff.) verlangt eine regelmäßig neu vermittelte **Legitimation der Volksvertretung** durch Wahlen[20], so dass **Herrschaft nur auf Zeit** (→ Art. 20 [Demokratie], Rn. 73 m. w. N.) verliehen wird. So erhält das Volk Einfluss auf die Repräsentanten, indem es politische Prioritäten ausdrücken und bisheriges Handeln sanktionieren kann. Zeitnah bevorstehende Wahlen erhalten den Abgeordneten die Furcht vor dem Prinzipal: dem Volk als Souverän[21]. Regelmäßige Neuwahlen in nicht zu langen Abständen sind also konstitutiv für die Verantwortlichkeit der Abgeordneten gegenüber dem Volk. Diese Aspekte der Volkssouveränität sind als Grundsätze[22] des Art. 20 GG gemäß Art. 79 III GG einer Verfassungsänderung entzogen (→ Art. 79 III Rn. 37). Verändert werden kann hingegen die konkrete Ausgestaltung des Prinzips der Volkssouveränität[23]. Damit der Einfluss des Volkes auch tatsächlich wirksam werden kann, darf die **Dauer der Wahlperiode** nicht zu lang bemessen sein. Das Gedächtnis der Wähler für die Leistungen der Gewählten darf nicht überstrapaziert werden; außerdem werden Urteilsbildungen durch die Fülle der Erfahrungen mit den Gewählten über eine lange Zeit zu schwierig. Auch eine veränderte Zusammensetzung der Aktivbürgerschaft muss ihren Niederschlag finden: Soll das Parlament tatsächlich vom Volk legitimiert sein, muss das zu einem gegebenen Zeitpunkt tatsächlich existierende Volk auch das Parlament bestimmt haben. Die Festlegung der Wahlperiode in Art. 39 I 1 GG dient diesem Zweck. Gegenläufig zur zeitlichen Begrenzung der Wahlperiode im Interesse der Einflussmöglichkeiten der Wähler ist der Gesichtspunkt der Arbeitsfähigkeit des Parlaments zu beachten[24]. Die Abgeordneten benötigen, so sie neu im Bundestag sind, eine Zeit der Einarbeitung; erfahrungsgemäß ist das Ende der Wahlperiode von Wahlkampfaktivitäten überlagert. Die Regelwahlperiode von vier Jahren trifft eine Festlegung, die im Lichte der Volkssouveränität wie auch der effektiven Arbeitsmöglichkeiten des Verfassungsor-

---

[18] Ab 2015 sehen 15 Landesverfassungen eine fünfjährige Wahlperiode vor; nur Bremen kennt eine vierjährige Wahlperiode (Art. 75 I 1).
[19] S. z. B. Nordrhein-Westfalen Art. 35 I; Hessen Art. 80; Thüringen Art. 50 II 1 Nr. 1; zu unterscheiden sind zwei Regelungssysteme: die sofortige Auflösung (z. B. Art. 35 LVerf NRW) und die Herbeiführung von Neuwahlen mit Fortbestand des Parlaments (z. B. Art. 1 LVerf HH).
[20] BVerfGE 13, 54 (91); 18, 125 (139); 18, 151 (154); 44, 125 (139); 77, 1 (40).
[21] Vgl. BVerfGE 44, 125 (139); grundsätzlich *Morlok* (Fn. 5), § 3 Rn. 1 ff.
[22] Vgl. BVerfGE 30, 1 (24 f.).
[23] Zu den Dimensionen und der Ausgestaltungsbedürftigkeit der Volkssouveränität: *M. Morlok*, Demokratie und Wahlen, in: FS BVerfG, Bd. 2, 2001, S. 559 ff. (562 ff.).
[24] Dazu BVerfGE 62, 1 (32, 44).

gans Bundestag nicht zu beanstanden ist²⁵. Eine Verlängerung über fünf Jahre hinaus dürfte mit dem Grundsatz der Volkssouveränität nicht mehr im Einklang stehen (→ Art. 20 [Demokratie], Rn. 73)²⁶.

Neben dieser objektiv-rechtlichen Bedeutung erkennt das Bundesverfassungsgericht Art. 39 I GG auch eine **subjektiv-rechtliche Dimension** zu²⁷: An der Gewährleistung der Dauer einer Wahlperiode durch Art. 39 I 1 GG habe »der Status des einzelnen Abgeordneten notwendigerweise Anteil«²⁸. Diese subjektiv-rechtliche Aufladung erlaubt die verfassungsgerichtliche Überprüfung einer aus verfassungsrechtlicher Sicht zweifelhaften Verkürzung der Wahlperiode²⁹. **11**

2. Begriffliche Abgrenzung

Der Begriff der »**Wahlperiode**«³⁰ umfasst den Zeitraum, für den ein Parlament unmittelbar durch das Volk gewählt wird, d.h. zur Wahrnehmung seiner verfassungsmäßigen Aufgaben in einer bestimmten personellen Zusammensetzung berufen ist³¹. Neben diesem Begriff, der sich schon in Art. 27 WRV fand, wird synonym der Begriff der **Legislaturperiode** verwendet³². Er ist in seinem Funktionsbezug enger als der der Wahlperiode und vernachlässigt weitere dem Parlament obliegende Aufgaben (→ Art. 38 Rn. 30 ff.). Anders als seine Vorgänger ist der Bundestag ein permanent tagendes Organ (→ Rn. 5, 29). Er hat sich freilich einen eigenen Rhythmus gegeben, in dem sich die Parlamentarier zu sog. Sitzungswochen (im Gegensatz zu sitzungsfreien Wochen) versammeln. Dieser Einteilung fehlt jede verfassungsrechtliche Relevanz, sie ist allein innerorganisatorischer Natur. **12**

3. Dauer der Wahlperiode (Art. 39 I 1 GG)

Die Regeldauer der Wahlperiode beträgt vier Jahre. Bei einer Neuwahl des Bundestages im 48. Monat der ablaufenden Wahlperiode kann sich die Wahlperiode je nach Zeitpunkt des Zusammentritts des neuen Bundestages (Art. 39 II GG) auf bis zu 49 Monate verlängern. Dies ist eine **Obergrenze**, sie bezieht sich auf den Ablauf einer Wahlperiode und vernachlässigt die Möglichkeit der vorzeitigen Beendigung. Das **Ende** der alten und der **Beginn** der neuen Wahlperiode **fallen** in jedem Fall zeitlich **zusammen**. **13**

---

²⁵ Schlussbericht der Enquete-Kommission Verfassungsreform, BT-Drs. 7/5924, S. 34; *Hesse*, Verfassungsrecht, Rn. 153, 583; *Achterberg/Schulte* (Fn. 10), Art. 39 Rn. 4; *H.-P. Schneider*, in: AK-GG, Art. 39 (2002), Rn. 5.
²⁶ Eine Verlängerung um bis zu 2 Jahren für zulässig haltend: *L. Michael*, Beendigungsgründe, in: Morlok/Schliesky/Wiefelspütz, § 48 Rn. 1.
²⁷ BVerfGE 61, 1 ff.
²⁸ BVerfGE 62, 1 (32).
²⁹ Da Fraktionen ihre Rechte und Pflichten von den sie bildenden Abgeordneten ableiten (→ Art. 38 Rn. 184 ff.), ist konsequenterweise auch Fraktionen ein eigenes Antragsrecht im Organstreit gegen eine Verkürzung der Wahlperiode zuzugestehen; a.A. *D. C. Umbach*, Der »eigentliche« Verfassungsstreit vor dem Bundesverfassungsgericht: Abgeordnete und Fraktionen als Antragsteller im Organstreit, in: FS Zeidler, Bd. 2, 1987, S. 1235 ff. (1257).
³⁰ Zur Begriffserläuterung *L.-A. Versteyl*, in: v. Münch/Kunig, GG I, Art. 39 Rn. 7 f. m. w. N.
³¹ *Schneider* (Fn. 25), Art. 39 Rn. 4; ähnlich *K. Dicke*, in: Umbach/Clemens, GG, Art. 39 Rn. 6 f.
³² *Stern*, Staatsrecht II, S. 69; *T. Maunz/H. H. Klein*, in: Maunz/Dürig, GG, Art. 39 (1997/1999), Rn. 1; *W. Kluth*, in: Schmidt-Bleibtreu/Hofmann/Henneke, GG, Art. 39 Rn. 3; *Versteyl* (Fn. 30), Art. 39 Rn. 7 m. w. N.

4. Beginn und Ende der Wahlperiode

14 Das Grundgesetz legt den **Beginn** der Wahlperiode nicht ausdrücklich fest[33]. Aus Art. 39 I 2 GG ergibt sich, dass der Beginn der Wahlperiode der Zeitpunkt des **ersten Zusammentritts** eines neugewählten Bundestages ist[34]. Ganz exakt beginnt die Wahlperiode mit der Eröffnungserklärung des Alterspräsidenten des Bundestages[35]. Sollte der neugewählte Bundestag an der Durchführung der festgelegten konstituierenden Sitzung verhindert sein, so besteht der bisherige Bundestag bis zum Ablauf der Wahlperiode fort (→ Rn. 28).

15 Zwar kann der neugewählte Bundestag sofort nach der Wahl zur konstituierenden Sitzung einberufen werden, gleichwohl muss den Gewählten eine **angemessene Frist** zur Ablehnung der Wahl gewährt werden (§ 45 I 2 BWahlG)[36]. Vor Beginn der Wahlperiode wird aus Gründen der Arbeitsökonomie die Konstituierung der neuen Fraktionen – eigentlich Vorfraktionen – abgewartet[37].

16 Entsprechend dem Zweck der Norm, die Volkssouveränität mit ihrem aktuellen Inhalt zu sichern, wird durch den **Zusammentritt des neugewählten Bundestages** in seiner konstituierenden Sitzung das Ende der vorherigen Wahlperiode bewirkt. Die Beendigung durch den Zusammentritt des neugewählten Bundestages lässt **keine parlamentslose Zeit** mehr entstehen[38]. Auch bei einer vorzeitigen Auflösung des Bundestages (Art. 39 I 4 GG) wird das **Ende** der Wahlperiode erst durch die **konstituierende Sitzung** des neuen Bundestages markiert, nicht aber bereits durch die Auflösungsentscheidung des Bundespräsidenten gemäß Art. 63 IV 3 oder Art. 68 I 1 GG. »Auflösung« meint also nicht die sofortige Beendigung der Existenz des Alt-Bundestages, sondern die Herbeiführung von Neuwahlen. Der alte Bundestag ist nach der Auflösungsanordnung noch existent und arbeitsfähig. Nach der Logik jener Auflösungsbestimmungen kann er jedoch keinen neuen Bundeskanzler wählen (→ Art. 68 Rn. 22); die Entscheidung des Bundespräsidenten versperrt dies[39]. Erst mit der Konstituierung entfallen das Abgeordnetenmandat der Mitglieder des alten Bundestages und deren

---

[33] *E. Klein/T. Giegerich*, AöR 112 (1987), 544 (546); *P. Weides/M. Kremke*, NJW 1990, 1888 (1888); *Achterberg/Schulte* (Fn. 10), Art. 39 Rn. 1.

[34] *E. Klein/T. Giegerich*, AöR 112 (1987), 544 (546); *Achterberg/Schulte* (Fn. 10), Art. 39 Rn. 1; *Jarass/Pieroth*, GG, Art. 39 Rn. 2; *Schneider* (Fn. 25), Art. 39 Rn. 12; *G. Kretschmer*, in: BK, Art. 39 (2009), Rn. 13; *Kluth* (Fn. 32), Art. 39 Rn. 21. Nur die erstmalige Versammlung der Abgeordneten nach einer Wahl wird als »Zusammentritt« bezeichnet.

[35] *Schneider* (Fn. 25), Art. 39 Rn. 12; *Kretschmer* (Fn. 34), Art. 39 Rn. 77; *A. Kochsiek*, Der Alt-Bundestag, 2002, S. 63 f.

[36] *J. Hahlen*, in: Schreiber, Bundeswahlgesetz, § 45 Rn. 8 ff.; *Kretschmer* (Fn. 34), Art. 39 Rn. 71; *M. Payandeh*, Konstituierung des Parlaments, in: Morlok/Schliesky/Wiefelspütz, § 7 Rn. 10.

[37] Vgl. *S. Hölscheidt*, Das Recht der Parlamentsfraktionen, 2001, S. 423 f.

[38] Anders die frühere Rechtslage, unter der es besonderer Regelungen für die Zeit zwischen den Wahlperioden bedurfte, s. Art. 45, 45a I 2, 49 GG a. F.; zu den legitimatorischen Beschränkungen der Handlungsbefugnisse des Alt-Bundestages zwischen Neuwahl und konstituierender Sitzung des neuen Bundestages *L. Michael*, Folgen der Beendigung: Elemente der Diskontinuität und Kontinuität, in: Morlok/Schliesky/Wiefelspütz, § 49 Rn. 10 ff.

[39] Strittig: wie hier *Schneider* (Fn. 25), Art. 39 Rn. 15; *Magiera* (Fn. 10), Art. 39 Rn. 9; wenn die Aktivierung des Bundespräsidenten in seiner »Reservefunktion« erfolgt ist, treten die Normalfunktionen zurück, so *Jekewitz*, Grundsatz (Fn. 8), S. 256 f. m. w. N.; a. A. *Maunz/Klein* (Fn. 32), Art. 39 Rn. 90; *U. Mager*, in: v. Münch/Kunig, GG I, Art. 68 Rn. 33; *J. Ipsen*, Staatsrecht I, Rn. 374. Die Entscheidungsmacht des Präsidenten sei durch die Entscheidungsfähigkeit der regierenden Organe »auflösend bedingt«, so *M. L. Lippert*, Bestellung und Abberufung des Regierungschefs und ihre funktionale Bedeutung für das parlamentarische Regierungssystem, 1973, S. 64; eine Kanzlerwahl für möglich haltend auch *Kretschmer* (Fn. 34), Art. 39 Rn. 145; *Michael* (Fn. 38), § 49 Rn. 5 ff.

I. Wahlperiode (Art. 39 I GG) Art. 39

spezifische Rechte und Pflichten[40], nicht schon mit der Auflösungsentscheidung (→ Art. 38 Rn. 145).

Art. 39 I 3 GG legt für die **Neuwahl** eine Zeitspanne als Spielraum fest, so dass die Regelwahlperiode von vier Jahren um maximal zwei Monate verkürzt bzw. maximal einen Monat verlängert werden kann[41]. 17

Die **Verlängerung der laufenden Wahlperiode** ist nicht zulässig, auch nicht im Wege der Verfassungsänderung: Sie stellte eine der Volkssouveränität zuwiderlaufende Selbstermächtigung dar (→ Art. 20 [Demokratie], Rn. 73)[42]. Zu einer Verlängerung der Wahlperiode kann es aber nach **Art. 115h I 1 GG** im Verteidigungsfall kommen. Verfassungspolitische Bedenken hiergegen[43], in einer Krise brauche die Unzufriedenheit der Bevölkerung eine Ausdrucksmöglichkeit, wiegen weniger schwer als die Sicherung der Funktionsfähigkeit der Staatsorgane[44] und auch die Gewährleistung ordnungsgemäßer Wahlen, was im Verteidigungsfalle kaum möglich ist. 18

Das Grundgesetz kennt **kein Selbstauflösungsrecht**[45] des Bundestages. Gleichwohl können durch das (verabredete) Scheitern einer »Vertrauensfrage« oder den Rücktritt des Bundeskanzlers, dem sich abredegemäß keine Neuwahl eines Bundeskanzlers anschließt, vorzeitige Neuwahlen erreicht werden[46]. Der 1983 gegangene Weg über die Vertrauensfrage wurde seinerzeit intensiv diskutiert (→ Art. 68 Rn. 14)[47]. Gleiches gilt auch für die Vertrauensfrage im Jahr 2005[48]. Um die vom Verfassunggeber bewusst verwehrte Selbstauflösung des Parlaments (→ Art. 68 Rn. 3f.) auf dem Wege des Art. 68 GG doch erreichen zu können, hat das Bundesverfassungsgericht in seinen beiden Entscheidungen zu einer Auflösung des Bundestages nach gescheiterter Vertrauensfrage den von Art. 68 GG vorgesehenen Verfahrensschritten (→ Art. 68 Rn. 17ff.) das zusätzliche und ungeschriebene materielle Tatbestandsmerkmal des Verlusts der politischen Handlungsfähigkeit hinzugefügt. Offen bleibt freilich, wie das 19

---

[40] *Jekewitz*, Grundsatz (Fn. 8), S. 256f. m.w.N.; *Schneider* (Fn. 25), Art. 39 Rn. 14.
[41] *Schneider* (Fn. 25), Art. 39 Rn. 11. Zur Wahltagsbestimmung und Übergangszeiten *M. Droege*, DÖV 2009, 649ff.; zu rechtspolitischen Fragen der Wahltermine im Bundesstaat: *K. v. Beyme*, ZParl. 23 (1992), 339ff.
[42] BVerfGE 1, 14 (33); 18, 151 (154); *Achterberg/Schulte* (Fn. 10), Art. 39 Rn. 4; im Ergebnis so auch *Kluth* (Fn. 32), Art. 39 Rn. 12; *Magiera* (Fn. 10), Art. 39 Rn. 4; *P. Weides*, Bestimmung des Wahltages von Parlamentswahlen, in: FS Carstens, 1984, S. 933ff. (947f.); differenzierend *Dicke* (Fn. 31), Art. 39 Rn. 23f. Aus diesem Grund erfolgte die Änderung 1998 (→ Rn. 6) erst mit Wirkung für die 14. Wahlperiode; vgl. BT-Drs. 13/9393.
[43] *R. Herzog*, in: Maunz/Dürig, GG, Art. 115h (1969), Rn. 10; *D. Sterzel*, in: AK-GG, Abschn. Xa. (2001), Rn. 114f.; *Achterberg/Schulte* (Fn. 10), Art. 39 Rn. 11.
[44] *D. Rauschning*, in: BK, Art. 115h (1974), Rn. 3; *Kretschmer* (Fn. 34), Art. 39 Rn. 48.
[45] Grundlegend zum Problem *D. C. Umbach*, Parlamentsauflösung in Deutschland, 1989; *M. Hahn*, DVBl. 2008, 151ff.; für die Länderverfassungen: → Rn. 9.
[46] Zur auflösungsgerichteten Vertrauensfrage *Michael* (Fn. 26), § 48 Rn. 25ff.
[47] *H. Maurer*, DÖV 1982, 1001ff.; *M. Schröder*, JZ 1982, 786ff.; *G. Püttner*, NJW 1983, 15ff.; *W.-R. Schenke*, NJW 1982, 2521ff.; *Maunz/Klein* (Fn. 32), Art. 39 Rn. 83f.; *R. Herzog*, in: Maunz/Dürig, GG, Art. 68 (1984), Rn. 69f. m.w.N.; *W. Zeh*, Der Staat 22 (1983), 1ff. – Das Bundesverfassungsgericht hat ihn gebilligt: BVerfGE 62, 1ff. – Zur Problematik 1972: *H.-P. Schneider*, JZ 1973, 652 (653); *H. P. Bull*, ZRP 1972, 201 (203); *B. Tiemann*, JZ 1972, 510 (511); *W. Blischke*, Der Staat 5 (1973), 65 (68); *G. Kretschmer*, Wege der Parlamentsauflösung nach deutschem Bundes- und Landesrecht, in: K. Kremer (Hrsg.), Parlamentsauflösung, 1974, S. 1ff.; *W. Zeh*, Der Staat 22 (1983), 1ff.; *Achterberg/Schulte* (Fn. 10), Art. 39 Rn. 6 m.w.N.; *Magiera* (Fn. 10), Art. 39 Rn. 8f.; Schlussbericht der Enquete-Kommission Verfassungsreform, BT-Drs. 7/5924, S. 34.
[48] *S. U. Pieper*, ZParl. 38 (2007), 287ff. m.w.N.; dazu die Diskussionsbeiträge von *K. Niclauß*, ZParl. 38 (2007), 667f. und *S. Leunig*, ZParl. 39 (2008), 157ff.

Vorliegen dieses Merkmals überprüft oder genauer, im Fall einer gescheiterten Vertrauensfrage gleichwohl abgelehnt werden kann (→ Art. 68 Rn. 15). Es ist insoweit dem Sondervotum von Gertrude Lübbe-Wolff zuzustimmen, in dem darauf hingewiesen wird, mit der Vertrauensfrage werde nicht nach dem ermittelbaren Wissen, sondern nach dem **Willen** des Parlaments gefragt[49]: Der Wille des Organs Bundestag aber wird ausschließlich durch Abstimmung kundgetan. Der so geäußerte Wille des Parlaments lässt sich nicht in justitiabler Weise auf seine Motive überprüfen; das verborgene Vertrauen bleibt unauffindbar. Gleiches gilt, sofern man die auflösungsgerichtete Vertrauensfrage für zulässig erachtet (→ Art. 68 Rn. 18) *mutatis mutandis*, für die Einschätzung des Bundeskanzlers, ob ein Verlust der politischen Handlungsfähigkeit vorliegt oder jedenfalls droht[50]. Es ist daher sinnvoll, das vom Bundesverfassungsgericht eingeführte Kriterium einer materiellen Auflösungslage mangels Überprüfbarkeit entfallen zu lassen[51]. Ein Korrektiv zu den Entscheidungen der aneinandergeketteten Verfassungsorgane Bundeskanzler und Bundestag liegt in der Mitwirkung des Bundespräsidenten als pouvoir neutre und vor allem der öffentlichen Meinung, die sich im Fall einer Bundestagsauflösung zum Wahlakt des Souveräns verdichtet. Aus verfassungsrechtspolitischer Sicht ist die Einführung eines Selbstauflösungsrechts diskutabel. Erwägenswert ist auch, dem Volk als Souverän die Möglichkeit zu geben, das Parlament während der laufenden Wahlperiode durch Volksentscheid abzuwählen und so Neuwahlen herbeizuführen[52]. Mit Blick auf die Erhaltung der Arbeitsfähigkeit des Parlamentes müssten aber beide Wege zu Neuwahlen an hohe Voraussetzungen geknüpft werden. Andernfalls würde der Sinn und Zweck des Art. 39 GG, ein Mindestmaß an Kontinuität zu sichern, unterlaufen.

20 Die **Verkürzung der laufenden Wahlperiode** durch den Bundestag selbst ist nicht zulässig wegen der Festlegung in Art. 39 I 1 GG[53]. Im Regelfall kann es auch nicht durch Verfassungsänderung zu einer Verkürzung der laufenden Wahlperiode kommen. Die rechtsstaatliche Trennung von einer Entscheidung über den Einzelfall und einer solchen über Regeln sollte beibehalten werden, es sei denn »unabweisbare Gründe« liegen vor[54].

21 Nach der Dauer der Wahlperiode richtet sich auch die Dauer des Mandats. Der einzelne Verzicht eines Abgeordneten ist jederzeit zulässig. Das sog. **Rotationsprinzip**[55], wonach die Abgeordneten verabredungsgemäß durch Verzicht (§ 46 I 1 Nr. 4 BWahlG) ihre Mandatsperiode verkürzen, ist damit nicht zu vereinbaren. Eine andere Frage ist, inwieweit eine konkrete Verzichtserklärung eines Abgeordneten auf die ihr zugrun-

---

[49] BVerfGE 114, 121 (182ff., Rn. 213ff.).
[50] Ähnlich wie hier *J. Ipsen*, NJW 2005, 2201 ff.; bezüglich des Bundestages wie hier, in Hinsicht auf den Bundeskanzler jedoch eine materielle Prüfung fordernd *T. Gas*, BayVBl. 2006, 65 ff.; strenge Prüfung einer materiellen Auflösungslage fordernd *R. Dickmann*, BayVBl. 2006, 72 ff.; materielle Prüfung im Rahmen der Ermessensausübung durch den Bundespräsidenten befürwortend *C. Pestalozza*, NJW 2005, 2817 ff.; für ein noch zu schaffendes Selbstauflösungsrecht des Bundestages *V. Busse*, ZRP 2005, 257 ff.; *G. Mahrenholz*, ZRP 2005, 245 ff.; *M. Hahn*, DVBl. 2008, 151 ff.
[51] A.A. *Michael* (Fn. 26), § 48 Rn. 33 f.
[52] Eine vergleichbare Möglichkeit gewähren zum Beispiel die Verfassungen von Baden-Württemberg (Art. 43 II), Bayern (Art. 18 III) und Berlin (Art. 54 III).
[53] *Weides*, Bestimmung (Fn. 42), S. 947 f.; *Kluth* (Fn. 32), Art. 39 Rn. 12; *Magiera* (Fn. 10), Art. 39 Rn. 4; a.A. *F. Neubauer*, DÖV 1973, 597 (598).
[54] *Maunz/Klein* (Fn. 32), Art. 39 Rn. 25; *Versteyl* (Fn. 30), Art. 39 Rn. 6.
[55] Aus der Diskussion: *K. Dicke/T. Stoll*, ZParl. 16 (1985), 451 ff. m.w.N.; *D. Jung*, DÖV 1984, 197 ff.; *Versteyl* (Fn. 30), Art. 39 Rn. 24 m.w.N.; *Achterberg/Schulte* (Fn. 10), Art. 39 Rn. 19 ff.; *Dicke* (Fn. 31), Art. 39 Rn. 9; NdsStGH NJW 1985, 2319 ff. mit Anm. *H.H. Rupp*.

deliegenden Beweggründe vom Bundestagspräsidenten überprüft werden darf und kann. Falls nicht außergewöhnliche Umstände vorliegen, steht Art. 38 I 2 GG einer solchen Motivforschung entgegen[56].

5. Diskontinuität

Nach Neuwahlen setzt sich das parlamentarische Geschehen gegenüber der vorangegangenen Wahlperiode ab. Dies wird »Diskontinuität«[57] genannt und stellt eine Spezifizierung des Gedankens der »Herrschaft auf Zeit« dar (→ Rn. 2, 10)[58]. Ihr **Zweck** ist der Schutz des neugebildeten und in der veränderten Zusammensetzung des Bundestags zum Ausdruck gekommenen Volkswillens. Die Arbeit des neugewählten Parlaments soll nicht durch Entscheidungen seines Vorgängers belastet sein.

Der **Anwendungsbereich** der Diskontinuität ist in Ansehung ihres Zweckes zu **beschränken** auf Angelegenheiten der politischen Willensbildung. Der gesamte Beratungs- und Entscheidungsgang des Parlaments soll sich an der letzten Äußerung des Volkswillens orientieren und nicht beeinträchtigt werden durch organisatorische, prozedurale oder inhaltliche Festlegungen auf mittlerweile überholter Legitimationsgrundlage. Die Diskontinuität zeitigt grundsätzlich nur organinterne Wirkungen und spielt keine Rolle für das Verhältnis zwischen den Verfassungsorganen – mit Ausnahme der legitimatorisch unmittelbar bestehenden Abhängigkeit der Regierung vom Parlament (Art. 69 II GG).

Die Unterbrechung der parlamentarischen Arbeit hat eine personelle, eine institutionelle und eine sachliche Dimension. Die **personelle Diskontinuität** bedeutet, dass mit dem Ende der Wahlperiode das Mandat der bisherigen Abgeordneten erlischt. Als **institutionelle Diskontinuität** wird der Umstand bezeichnet, dass alle Gremien des Bundestages, deren Einrichtung und personelle Zusammensetzung auf einer Entscheidung des Bundestags beruhen, erlöschen, so alle nichtpflichtigen Ausschüsse, auch parlamentarische Untersuchungsausschüsse und Enquete-Kommissionen[59]. Personelle und institutionelle Diskontinuität werden auch als »funktionelle Diskontinuität« bezeichnet. Die **sachliche** (oder »materielle«) **Diskontinuität** bewirkt, dass mit dem Ende der Wahlperiode des alten Bundestages alle eingebrachten Beschlussvorlagen (siehe dazu §§ 75 f. GOBT) als erledigt gelten[60] (§ 125 GOBT), ausgenommen die Petitionen (→ Art. 45c Rn. 21). Die Erstreckung auf alle nicht zum Abschluss gebrachten Entscheidungsverfahren rechtfertigt sich aus der materiellen Erheblichkeit der Verfah-

---

[56] *H. Hofmann*, Verfassungsrechtliche Sicherungen der parlamentarischen Demokratie (1985), in: ders., Verfassungsrechtliche Perspektiven, 1995, S. 129 ff. (142); *Achterberg/Schulte* (Fn. 10), Art. 39 Rn. 22; *K. Dicke/T. Stoll*, ZParl. 16 (1985), 451 (454); a.A. *Maunz/Klein* (Fn. 32), Art. 39 Rn. 27. → Art. 38 Rn. 145.

[57] Insgesamt kritisch zur Diskontinuität: *A. Leisner*, Kontinuität als Verfassungsprinzip, 2002, S. 390 ff.; *Michael* (Fn. 38), § 49 Rn. 22 ff.

[58] Hinsichtlich der Herleitung differenzierend bzgl. der verschiedenen Dimensionen *Leisner*, Kontinuität (Fn. 57), S. 395 ff.; *Michael* (Fn. 38), § 49 Rn. 22 ff.

[59] Nicht erfasst sind die obligatorischen Ausschüsse, so die nach Art. 45a, 45c, 95 II GG, die lediglich personell erneuert werden, aber institutionell perennierend sind.

[60] Ausführlich hierzu *Jekewitz*, Grundsatz (Fn. 8), S. 15 f. m.w.N.; *R. Belz*, Die Diskontinuität der Parlamente, Diss. jur. Tübingen 1968, S. 62, 68; ferner *H. Maassen*, Zur Einschränkung des Grundsatzes der Diskontinuität, in: FS Schorn, 1966, S. 68 ff.; *D. Hömig/K. Stoltenberg*, DÖV 1973, 689 ff.; *M. Hilf*, ZaöRV 27 (1967), 742 ff.; *Leisner*, Kontinuität (Fn. 57), S. 401 ff.; insb. zu den Auswirkungen auf Gesetzesvorlagen vgl. *W. Leinemann*, JZ 1973, 618 ff.; für Haushaltsentwürfe s. *L.-A. Versteyl*, DVBl. 1973, 161 ff.; kritisch und zu Einzelfällen *Michael* (Fn. 38), § 49 Rn. 42 ff., 46 ff.

rensschritte, die der verbindlichen Entscheidung vorausgehen, so die Verfahrensgestaltung, die (Nicht-)Heranziehung von Informationen, die Ausscheidung oder Einbeziehung von Alternativen. Soll die parlamentarische Arbeit an solche Vorlagen anknüpfen, müssen sie neu eingebracht werden. Allerdings mag man dem Bundestag das Recht zugestehen, durch Beschluss seine umfassende Entscheidungshoheit/-steuerungsmacht aufzugeben und Entscheidungsverfahren des Vorgängerparlaments weiterzuführen[61]. Die materielle Diskontinuität ist entsprechend ihrer Wurzel in der Periodizität des Bundestages beschränkt auf dessen Sphäre und erfasst nicht Abschnitte von Gesetzgebungsverfahren in anderen Verfassungsorganen (Bundesregierung, Bundesrat oder Bundespräsident).

25   Die Diskontinuität umgreift von ihrer Zweckrichtung her nur die politischen und die damit verbundenen organisatorischen Gehalte des parlamentarischen Geschehens, nicht aber die Institution des Bundestages als solche. Der Diskontinuität der Arbeit im Parlament steht die sog. »**Organidentität**«[62] oder »**Organkontinuität**« des Bundestages im Verhältnis zu anderen Rechtssubjekten gegenüber. Diese Rechtsverhältnisse werden vom Ende der Wahlperiode nicht beeinträchtigt[63]. Dies gilt auch für Prozesshandlungen[64]. Die Möglichkeiten objektiver **Rechtskontrolle** und des subjektiven **Rechtsschutzes im Organstreitverfahren** werden nicht beeinträchtigt. Nach überholter Auffassung[65] fällt in Organstreitverfahren, an denen auf mindestens einer Seite ein der Diskontinuität unterliegendes Rechtssubjekt beteiligt ist, mit dem Ende der Wahlperiode die Beteiligtenfähigkeit weg und damit die Zulässigkeit des Verfahrens. Das weitet die Diskontinuität zweckwidrig aus[66]. Die Klärung der Rechtslage und der Schutz subjektiver Rechte gegenüber Beeinträchtigungen durch ein anderes Verfassungsorgan sind unabhängig von den in der konkreten personellen Zusammensetzung des Parlaments zum Ausdruck kommenden politischen Präferenzen. Dies ist anerkannt für das Verfahren der **abstrakten Normenkontrolle**, das vom Bundesverfassungsgericht als »objektives Verfahren«[67] verstanden wird. Auch für das **Organstreitverfahren** von Abgeordneten hat das Bundesverfassungsgericht richtigerweise keinen Einfluss der Diskontinuität auf einen anhängig gemachten Verfassungsstreit gesehen[68]. Dies begegnet auch deswegen keinen Bedenken, weil das Urteil feststellenden Cha-

---

[61] So der Vorschlag von *Michael* (Fn. 38), § 49 Rn. 80 f.
[62] Vgl. BVerfGE 4, 144 (152): »[…] die Identität einer gesetzgebenden Körperschaft durch die Neuwahl ihrer Mitglieder nicht berührt wird«; ebenso *Stern*, Staatsrecht II, S. 68; *Leisner*, Kontinuität (Fn. 57), S. 393 f.; *Magiera* (Fn. 10), Art. 39 Rn. 14; *Kluth* (Fn. 32), Art. 39 Rn. 9; *J. Jekewitz*, JöR 27 (1978), 75 (82).
[63] *Magiera* (Fn. 10), Art. 39 Rn. 14; *Schneider* (Fn. 25), Art. 39 Rn. 9; *Jarass/Pieroth*, GG, Art. 39 Rn. 4.
[64] BVerfGE 79, 311 (327) für einen Antrag im Normenkontrollverfahren; dazu *Maunz/Klein* (Fn. 32), Art. 39 Rn. 51.
[65] *J. Jekewitz*, JöR 27 (1978), 75 (141); *Achterberg*, Parlamentsrecht, S. 212; *Achterberg/Schulte* (Fn. 10), Art. 39 Rn. 15; so noch W. *Löwer*, HStR II, § 56 Rn. 12.
[66] So bereits die Vorauflage und inzwischen auch W. *Löwer*, HStR³ III, § 70 Rn. 12 m. w. N.; *Michael* (Fn. 38), § 49 Rn. 82 ff.; auf Länderebene zuletzt S-H VerfG BeckRS 2013, 56425.
[67] BVerfGE 1, 208 (219); 52, 63 (80); 79, 311 (326 f.), st. Rspr.; vgl. dazu auch *M. Graßhof*, in: Umbach/Clemens/Dollinger, BVerfGG, § 76 Rn. 13.
[68] BVerfGE 4, 144 (152); dort betraf die Diskontinuität sowohl den antragstellenden Abgeordneten als auch das Parlament als Antragsgegner. In BVerfGE 108, 251 (272 f., Rn. 54 ff.) wird zwischen der Antragsbefugnis, die sich auf den Zeitpunkt der Antragstellung bezieht und daher auch nach Auflösung des Bundestages gegeben ist, und dem Rechtsschutzbedürfnis unterschieden. Letzteres entfällt nach der Auflösung.

rakter hat (§ 67 BVerfGG) und keine Gestaltungswirkung entfaltet. Jedenfalls muss die Diskontinuität in Rechtsschutzfragen unbeachtlich sein, weil es andernfalls angesichts der langen Verfahrensdauer beim Bundesverfassungsgericht zu gravierenden Rechtsschutzlücken käme: Rechtsschutz in Organstreitverfahren unter Beteiligung von der Diskontinuität unterliegenden Beteiligten fände in der zweiten Hälfte der Legislaturperiode nicht mehr statt.

6. Zeitpunkt der Neuwahl

Der Zeitpunkt der Neuwahl wird analog §§ 187 ff. BGB berechnet[69]. Er wird gem. § 16 S. 1 BWahlG vom Bundespräsidenten festgesetzt. Die Fristberechnung[70] ist von Bedeutung, da eine **zu früh** stattfindende Wahl **ungültig**, eine **zu spät** durchgeführte Wahl **zwar verfassungswidrig**, aber gleichwohl **gültig** ist, weil andernfalls die laufende Wahlperiode unzulässigerweise verlängert würde. 26

II. Zusammentritt (Art. 39 II GG)

Die 30-Tage-Frist des Art. 39 II GG wird entsprechend §§ 187 I und 188 I BGB berechnet. Der Präsident des vorhergehenden Bundestages beruft den neuen Bundestag ein (§ 1 I GOBT)[71]. Der darin liegende Verstoß gegen die Diskontinuität (→ Rn. 22 ff.) wird gewohnheitsrechtlich toleriert[72]. Die Leitung der konstituierenden Sitzung obliegt dann aber dem neuen Alterspräsidenten (§ 1 II GOBT)[73]. Art. 39 III 3 GG ist nicht entsprechend auf den Zusammentritt nach Absatz 2 anwendbar, weil dies Einfluss auf Beginn und Ende der Wahlperiode verschaffte[74]. 27

Der neue Bundestag ist verpflichtet, spätestens am 30. Tag nach der Wahl zusammenzutreten. Verzögert sich der Zusammentritt über 30 Tage hinaus, liegt er aber noch innerhalb der Wahlperiode des alten Bundestages, so ist dies zwar verfassungswidrig, beeinträchtigt aber nicht seine Konstituierung. Versammelt sich der Bundestag nicht innerhalb der Höchstdauer der Wahlperiode – aus welchen Gründen auch immer –, tritt gleichwohl keine »parlamentslose Zeit« ein. In Ansehung von Art. 39 I 2 GG kommt dem bisherigen Bundestag eine »Notkompetenz« zu[75]. 28

---

[69] Da die fristenauslösende Sitzung (§ 187 I BGB) üblicherweise nicht an einem Samstag stattfindet, kommt es nicht zur Anwendung des § 193 BGB; dessen Heranziehung muss jedenfalls ausscheiden, weil dies die Wahlperiode verlängern könnte.
[70] Ausführlich hierzu *H. Fuchs-Wissemann*, DÖV 1990, 694 (696 ff.).
[71] Verfassungsrechtliche Vorgaben bestehen nur hinsichtlich der Frist, Vorgaben für den Ort der konstituierenden und der späteren Sitzungen des Bundestages lassen sicher weder dem GG noch der GOBT entnehmen, ebenso *Maunz/Klein* (Fn. 32), Art. 39 Rn. 47; *Magiera* (Fn. 10), Art. 39 Rn. 21; a.A. Ritzel/Bücker/Schreiner, § 1 GOBT (2010), Anm. I. g).
[72] *Achterberg/Schulte* (Fn. 10), Art. 39 Rn. 23; *Maunz/Klein* (Fn. 32), Art. 39 Rn. 42; *Payandeh* (Fn. 36), § 7 Rn. 9.
[73] *Payandeh* (Fn. 36), § 7 Rn. 11; umfassend zum Alterspräsidenten *H. W. Klopp*, Das Amt des Alterspräsidenten im Deutschen Bundestag, 2000.
[74] *Magiera* (Fn. 10), Art. 39 Rn. 21; *Maunz/Klein* (Fn. 32), Art. 39 Rn. 43.
[75] A.A. *Schneider* (Fn. 25), Art. 39 Rn. 19: der bisherige Bundestag könne keine Funktionen mehr wahrnehmen; dies erscheint inkonsequent, wenn es keine parlamentslose Zeit gibt.

III. Sitzungen des Bundestages (Art. 39 III GG)

29 Das Parlament beruft sich selbst ein, indem es den Beginn und Schluss seiner Sitzungen bestimmt. Eine Einschränkung findet sich am Beginn der Wahlperiode[76]. Das **Selbstversammlungsrecht**[77] ist Bestandteil der Parlamentsautonomie, die ihrerseits aus der Volkssouveränität (→ Art. 20 [Demokratie], Rn. 82 ff.; → Art. 40 Rn. 5) folgt[78]. Der **Bundeskanzler** kann ein Einberufungsverlangen stellen, weil er als Vertrauensperson des Bundestages in der Lage sein muss, jederzeit notwendige Entscheidungen herbeizuführen oder ihm seine Sicht darzulegen[79]. Das Einberufungsverlangen des **Bundespräsidenten** ist ein Anwendungsfall seiner Reservefunktion und soll den Bundestag zum Tätigwerden anhalten.

30 **Sitzungen** i. S. d. Art. 39 III 1 GG sind die Zeitabschnitte, in denen der Bundestag zu Beratungen zusammentritt[80]. Sie werden fortlaufend nummeriert und durch den Schluss der Sitzung (sog. Vertagung) i. S. v. Art. 39 III 1 GG unterbrochen[81].

D. Verhältnis zu anderen GG-Bestimmungen

31 Die Bestimmungen über die Wahlperiode sind Spezifizierungen des zeitlichen Gehalts der **Volkssouveränität** und des **Demokratieprinzips** nach Art. 20 II 1 GG. Art. 69 II GG formuliert eine weitere Folgerung dieser Grundsätze[82] und nimmt auf Art. 39 I 2, II GG Bezug. Eine Ausnahme von der strengen Limitierung der Wahlperiode enthält für den Verteidigungsfall **Art. 115h I 1 GG**. Das Selbstversammlungsrecht ergänzt die Parlamentsautonomie nach **Art. 40 GG**. Die Rechte des Bundespräsidenten sind Konsequenz seiner Kompetenzen nach **Art. 63 IV 3, 68 I 1 GG**, die Rechte des Bundeskanzlers entsprechen der parlamentarismustypischen Abhängigkeit der Regierung vom Parlament (**Art. 63, 67, 68 GG**) und den damit verbundenen Einwirkungsmöglichkeiten der Regierung auf den Bundestag, wie sie in **Art. 43 II GG** normiert sind.

---

[76] Zur Einschränkung des Selbstversammlungsrechts bei der konstituierenden Sitzung → Rn. 27; vertiefend: *Maunz/Klein* (Fn. 32), Art. 39 Rn. 42, 66; *Schneider* (Fn. 25), Art. 39 Rn. 18.

[77] *Achterberg*, Parlamentsrecht, S. 598 f.; *J.-D. Kühne*, Volksvertretungen im monarchischen Konstitutionalismus (1814–1918), in: Schneider/Zeh, § 2 Rn. 100; *Achterberg/Schulte* (Fn. 10), Art. 39 Rn. 24.

[78] *Schneider* (Fn. 25), Art. 39 Rn. 20.

[79] *Achterberg*, Parlamentsrecht, S. 598 f.; *Kretschmer* (Fn. 34), Art. 39 Rn. 142; *Kluth* (Fn. 32), Art. 39 Rn. 27.

[80] *Achterberg*, Parlamentsrecht, S. 598 f.; *Kretschmer* (Fn. 34), Art. 39 Rn. 127 f.; *Achterberg/Schulte* (Fn. 10), Art. 39 Rn. 25; *Jarass/Pieroth*, GG, Art. 39 Rn. 6.

[81] *Jarass/Pieroth*, GG, Art. 39 Rn. 6; *Achterberg/Schulte* (Fn. 10), Art. 39 Rn. 25.

[82] Zur Abkopplung der Wahl des Regierungschefs von der Wahlperiode des Parlaments mangels einer Art. 69 II GG entsprechenden Verfassungsvorschrift BVerfGE 27, 44 (55 f.). Kritisch dazu: *P. Häberle*, JZ 1969, 613 (614 f.); *P. Krause*, DÖV 1975, 401 ff.; ebenso Schlussbericht der Enquete-Kommission Verfassungs- und Parlamentsreform des Schleswig-Holsteinischen Landtags v. 29.6.1988, LT-Drs. 12/180, S. 17 ff.; keine vergleichbare Regelung enthalten nur die Verfassungen von Berlin und Rheinland-Pfalz, s. *R. Ley*, ZParl. 41 (2010), 390 (399).

Artikel 40 [Bundestagspräsident; Geschäftsordnung]

(1) ¹Der Bundestag wählt seinen Präsidenten, dessen Stellvertreter und die Schriftführer. ²Er gibt sich eine Geschäftsordnung.

(2) ¹Der Präsident übt das Hausrecht und die Polizeigewalt im Gebäude des Bundestages aus. ²Ohne seine Genehmigung darf in den Räumen des Bundestages keine Durchsuchung oder Beschlagnahme stattfinden.

Literaturauswahl

Arndt, Klaus Friedrich: Parlamentarische Geschäftsordnungsautonomie und autonomes Parlamentsrecht, 1966.
Bollmann, Gerhard: Verfassungsrechtliche Grundlagen und allgemeine verfassungsrechtliche Grenzen des Selbstorganisationsrechts des Bundestages, 1992.
Bücker, Joseph: Das Parlamentsrecht in der Hierarchie der Rechtsnormen, in: ZParl. 17 (1986), S. 324–333.
Cancik, Pascale: Rechtsquellen des Parlamentsrechts, in: Morlok/Schliesky/Wiefelspütz, § 9, S. 365–393.
Dreier, Horst: Regelungsform und Regelungsinhalt des autonomen Parlamentsrechts, in: JZ 1990, S. 310–321.
Edinger, Florian: Wahl und Besetzung parlamentarischer Gremien, 1992.
Günther, Herbert: Hausrecht und Polizeigewalt des Parlamentspräsidenten, 2013.
Haug, Volker: Bindungsprobleme und Rechtsnatur parlamentarischer Geschäftsordnungen, 1994.
Kasten, Hans-Hermann: Plenarvorbehalt und Ausschußfunktion, in: DÖV 1985, S. 222–226.
Köhler, Gerd Michael: Die Polizeigewalt des Parlamentspräsidenten im deutschen Staatsrecht, in: DVBl. 1992, S. 1577–1585.
Köhler, Michael: Die Rechtsstellung der Parlamentspräsidenten in den Ländern der Bundesrepublik Deutschland und ihre Aufgaben im parlamentarischen Geschäftsgang, 2000.
Kretschmer, Gerald: Geschäftsordnungen deutscher Volksvertretungen, in: Schneider/Zeh, § 9, S. 291–331.
Kühn, Matthias K.: Verhaltensregeln für Bundestagsabgeordnete, 2011.
Kühnreich, Mathias: Das Selbstorganisationsrecht des Deutschen Bundestages unter besonderer Berücksichtigung des Hauptstadtbeschlusses, 1997.
Morlok, Martin: Parlamentarisches Geschäftsordnungsrecht zwischen Abgeordnetenrechten und politischer Praxis, in: JZ 1989, S. 1035–1047.
Morlok, Martin/Hientzsch, Christina: Das Parlament als Zentralorgan der Demokratie, in: JuS 2011, S. 1–9.
Pietzcker, Jost: Schichten des Parlamentsrechts: Verfassung, Gesetze und Geschäftsordnung, in: Schneider/Zeh, § 10, S. 333–357.
Röper, Erich: Parlamentarische Ordnungsmaßnahmen gegenüber Regierungsmitgliedern, in: ZParl. 22 (1991), S. 189–196.
Scherer, Joachim: Fraktionsgleichheit und Geschäftsordnungskompetenz des Bundestages, in: AöR 112 (1987), S. 189–214.
Schmidt, Torsten Ingo: Die Geschäftsordnungen der Verfassungsorgane als individuell-abstrakte Regelungen des Innenrechts, in: AöR 123 (2003), S. 608–648.
Schröder, Meinhard: Grenzen der Gestaltungsfreiheit bei der Festlegung des Beratungsmodus, in: Jura 1987, S. 469–475.
Schroeder, Daniela: Der Genehmigungsvorbehalt des Bundestagspräsidenten nach Art. 40 II 2 GG, in: Jura 2008, S. 95–100.
Schulze-Fielitz, Helmuth: Der Fraktionslose im Bundestag: Einer gegen alle?, in: DÖV 1989, S. 829–838.
Schulze-Fielitz, Helmuth: Parlamentsbrauch, Gewohnheitsrecht, Observanz, in: Schneider/Zeh, § 11, S. 359–393.
Schwerin, Thomas: Der Deutsche Bundestag als Geschäftsordnungsgeber. Reichweite, Form und Funktion des Selbstorganisationsrechts nach Art. 40 Abs. 1 S. 2 GG, 1998.

Art. 40   A. Herkunft, Entstehung, Entwicklung

Leitentscheidungen des Bundesverfassungsgerichts

BVerfGE 1, 144 (148ff.) – Geschäftsordnungsautonomie; 10, 4 (10ff.) – Redezeit; 44, 308 (313ff.) – Beschlußfähigkeit; 60, 374 (378ff.) – Redefreiheit und Ordnungsrecht; 70, 324 (354ff.) – Haushaltskontrolle der Nachrichtendienste; 80, 188 (217ff.) – Wüppesahl; 84, 304 (321ff.) – PDS/Linke Liste; 96, 264 (278ff.) – Fraktions- und Gruppenstatus; 108, 251 (273ff., Rn. 58ff.) – Abgeordnetenbüro.

Gliederung   Rn.

	Rn.
A. Herkunft, Entstehung, Entwicklung	1
I. Ideen- und verfassungsgeschichtliche Aspekte	1
II. Entstehung und Veränderung der Norm	3
B. Internationale, supranationale und rechtsvergleichende Bezüge	4
C. Erläuterungen	5
I. Parlamentsautonomie	5
II. Geschäftsordnungsautonomie (Art. 40 I 2 GG)	6
1. Zweck und Gegenstandsbereich	6
2. Erlass und Handhabung der Geschäftsordnung	9
3. Personeller Anwendungsbereich	12
4. Gesetz als mögliche Regelungsform	15
5. Rang und Rechtsnatur	17
6. Gerichtliche Kontrolle von Geschäftsordnungsrecht	20
III. Organisationsautonomie (Art. 40 I 1 GG)	23
1. Organisationsautonomie und Organstellung der Untergliederungen	23
2. Bildung und Zuständigkeit der Untergliederungen	24
a) Parlamentspräsident	24
b) Präsidium, Schriftführer und Ältestenrat	26
c) Ausschüsse	29
d) Fraktionen	33
IV. Räumliche Integrität des Bundestags (Art. 40 II GG)	35
1. Hausrecht und Polizeigewalt (Art. 40 II 1 GG)	35
2. Genehmigungserfordernis für Durchsuchungen und Beschlagnahmen (Art. 40 II 2 GG)	38
D. Verhältnis zu anderen GG-Bestimmungen	39

Stichwörter

Abstrakte Normenkontrolle 20 – Anlagen zur Geschäftsordnung 19 – Auslegungszweifel bei der Geschäftsordnung 10 – Ausschüsse 29ff. – Ausschussbesetzung 30f. – Außenwirkung der Geschäftsordnung 13f. – Beschlagnahmen 38 – Diskontinuität 9, 15 – Disziplin im Parlament 6 – Durchsuchungen 38 – Enquetekommissionen 32 – Fraktionen 33ff. – Funktionalität 6 – Genehmigungsvorbehalt 38 – Gesetz als Regelungsform 15 – Gestaltungsspielraum für die Geschäftsordnung 7 – Gewohnheitsrecht 8 – Hausrecht 14, 35ff. – Organisationsautonomie 5, 23 – Parlamentsbrauch 8 – Parlamentspräsident 24f. – Polizeigewalt 36 – Präsidium 26ff. – Rang der Geschäftsordnung 17f. – Rechtsnatur der Geschäftsordnung 17f. – Selbstorganisation 6 – Selbstversammlungsrecht 2 – Verfassungsbindung der Geschäftsordnung 7, 15, 20ff. – Verstöße gegen die Geschäftsordnung 21f.

A. Herkunft, Entstehung, Entwicklung

I. Ideen- und verfassungsgeschichtliche Aspekte

1   Die **Parlamentsautonomie** (→ Rn. 5), also die institutionelle Unabhängigkeit des Parlaments von der Exekutive und seine Eigenverantwortlichkeit bei der Regelung innerer Angelegenheiten, wurzelt im konstitutionellen Denken. Später als in England und

Frankreich¹ entwickelte sie sich in Deutschland im Ringen der monarchischen Exekutive um den Erhalt eines größtmöglichen Einflusses auf die Parlamente erst mit dem Aufkommen von Repräsentativverfassungen zu Beginn des 19. Jahrhunderts².

Erste verfassungsrechtliche Fixierungen von Organisation, Verfahren und Disziplin als wesentliche Aspekte der Parlamentsautonomie erfolgten in der **Paulskirchenverfassung** und in der **Verfassungsurkunde für den Preußischen Staat**³. Die zuletzt genannte Regelung wurde später in die Verfassungen des **Norddeutschen Bundes** und des **Deutschen Reiches** übernommen⁴. Darin wurde die parlamentarische Geschäftsordnungsautonomie⁵ gewährleistet; das Selbstversammlungsrecht und die Polizeigewalt in ihren Gebäuden hatten die preußischen Kammern und der Reichstag jedoch nicht⁶. Eine umfassende Anerkennung fanden diese Parlamentsrechte erst in der **Weimarer Reichsverfassung**⁷. 2

II. Entstehung und Veränderung der Norm

Die Fassung des Art. 40 GG entspricht weitgehend den Regelungen von Art. 27 S. 2 RVerf. von 1871 und Art. 26, 28 S. 1, 38 II WRV⁸, an die sich auch die Art. 50, 52 HChE anlehnten. Diese durchliefen die Sitzungen des **Parlamentarischen Rates** und seiner Ausschüsse unproblematisch und fast unbeanstandet⁹. Die Möglichkeit, sich bei der Formulierung stark an der Tradition zu orientieren, zeugt davon, dass sich konkreter Inhalt und Zielrichtung der Geschäftsordnungsautonomie erst im Zusammenhang mit 3

---

¹ In England wurde der Machtkampf zwischen Parlament und Monarchen bereits im 17. Jh. ausgefochten; vgl. *H. Rösch*, Wesen und Rechtsnatur der parlamentarischen Geschäftsordnung, 1934, S. 7 ff.; *J. Redlich*, Recht und Technik des Englischen Parlamentarismus, 1905; *K. Haagen*, Die Rechtsnatur der parlamentarischen Geschäftsordnung, 1929, S. 5 ff.; in Frankreich verfügte die Nationalversammlung von 1789 bereits über – später aber wieder eingeschränkte – Autonomie; hierzu *Rösch*, ebd., S. 15 ff.; *Haagen*, ebd., S. 8 ff.
² Geschäftsordnungsrechtliche Regelungen entstanden zwar schon in der Zeit der Landstände, deren Existenz allein bedeutete aber noch keine Geschäftsordnungsautonomie: vgl. *J. L. Klüber*, Öffentliches Recht des Teutschen Bundes und der Bundesstaaten, 1840 (Neudruck 1975), S. 455 f.; *K. F. Arndt*, Parlamentarische Geschäftsordnungsautonomie und autonomes Parlamentsrecht, 1966, S. 18 ff.; *G. Kretschmer*, Geschäftsordnungen deutscher Volksvertretungen, in: Schneider/Zeh, § 9 Rn. 3 ff. m. w. N.; *H. Boldt*, Reich und Länder – Texte zur deutschen Verfassungsgeschichte im 19. und 20. Jahrhundert, 1987, S. 263 f., 279 ff. m. w. N.; *H. H. Klein*, in: Maunz/Dürig, GG, Art. 40 (2014), Rn. 10 ff.
³ §§ 116 S. 1, 110, 114 der Paulskirchenverfassung; vgl. hierzu *J. D. Kühne*, Die Reichsverfassung der Paulskirche, 2. Aufl. 1998, S. 59 f.; Art. 77 I 2 der Verfassungsurkunde für den Preußischen Staat vom 5.12.1848; vgl. außerdem Art. 78 I 2 der Verfassungsurkunde für den Preußischen Staat vom 31.1.1850.
⁴ Art. 27 S. 2 der Verfassung des Norddeutschen Bundes vom 17.4.1867; Art. 27 S. 2 der Verfassung des Deutschen Reiches vom 16.4.1871.
⁵ Zur historischen Entwicklung des Geschäftsordnungsrechts siehe *J. Hatschek*, Das Parlamentsrecht des Deutschen Reiches, Bd. I, 1915 (Neudruck 1973), insb. S. 62 ff.; *Arndt*, Geschäftsordnungsautonomie (Fn. 2), S. 19 ff. m. w. N.; einen Überblick gibt *Kretschmer* (Fn. 2), § 9 Rn. 7 ff.
⁶ *Arndt*, Geschäftsordnungsautonomie (Fn. 2), S. 34.
⁷ Art. 26, 28 S. 1, 38 II WRV. Zum Parlamentsrecht der Weimarer Zeit vgl. *K. Perels*, Geschäftsgang und Geschäftsformen, in: HdbDStR, Bd. 1, § 40, S. 449 ff.; *ders.*, Geschäftsgang, Geschäftsformen, Rechtsstellung der Mitglieder, ebd., § 55, S. 642 ff.
⁸ Die Regelung des Art. 33 IV WRV, nach welcher die Regierungsmitglieder der Ordnungsgewalt des Parlamentspräsidenten unterstehen, wurde nicht übernommen.
⁹ Der zunächst als eigenständiger Artikel konzipierte Satz »Der Bundestag gibt sich eine Geschäftsordnung« (Art. 52 HChE) wurde in Art. 40 I GG eingefügt; vgl. JöR 1 (1951), S. 359 f. m. w. N.

den rechtlichen und tatsächlichen Umständen ergeben[10]. Seit ihrem Erlass blieb die Norm **unverändert**.

B. Internationale, supranationale und rechtsvergleichende Bezüge

4   Die maßgeblichen Aspekte der **Parlamentsautonomie** – selbständige Regelung von innerer Organisation und Geschäftsgang – sind allgemein **kennzeichnend für repräsentativ-demokratische Verfassungen**[11], wenngleich der verfassungsrechtliche Rahmen unterschiedlich weit gesteckt ist[12]. Die ausdrückliche Regelung des Schutzes der parlamentarischen Arbeit in räumlicher Hinsicht bildet dagegen eine Besonderheit deutscher Verfassungen. Im übrigen sind Verständnis und Ausgestaltung der Parlamentsautonomie durch die jeweilige historische Entwicklung der Staaten geprägt[13].

C. Erläuterungen

I. Parlamentsautonomie

5   Art. 40 GG bildet das **Kernstück** der sog. Parlamentsautonomie. Sie ist Ausdruck der in Art. 20 II GG verankerten Prinzipien der Volkssouveränität (→ Art. 20 [Demokratie], Rn. 82 ff.) und der Gewaltenteilung (→ Art. 20 [Rechtsstaat], Rn. 67 ff.) und soll Unabhängigkeit und Selbständigkeit der Volksvertretung gewährleisten[14]. Das Selbstbestimmungsrecht umfasst mehrere Bereiche: Wesentlich ist die Befugnis des Bundestages, seine innere **Organisation** und seinen **Geschäftsgang** eigenverantwortlich zu regeln (Art. 40 I, 39 III GG); nach außen wird die Parlamentsautonomie ergänzt durch den Schutz vor Eingriffen der Exekutive oder Judikative in den räumlichen Bereich (Art. 40 II GG) und den Schutz des personellen Bestandes (Art. 41, 46 GG).

---

[10] Vgl. *Kretschmer* (Fn. 2), § 9 Rn. 1 ff., 32.
[11] Vgl. etwa Belgien Art. 52, 60; Frankreich Art. 25; Italien Art. 63, 64; Japan Art. 58; Lettland Art. 16, 21; Österreich Art. 30; Polen Art. 110, 112. Vgl. außerdem z. B. Art. 14 IV, 232 S. 1 EUV; → Art. 28 EU. Für die Landesverfassungen siehe etwa Bayern Art. 20, 21; Mecklenburg-Vorpommern Art. 29; Niedersachsen Art. 18, 21; Nordrhein-Westfalen Art. 38, 39; Sachsen-Anhalt Art. 46, 49; Thüringen Art. 57.
[12] Unterschiedlich weitgehend sind z. B. die Vorgaben für Ausschüsse (Frankreich Art. 43) oder Beschlussfassung (Griechenland Art. 70 II; Niederlande Art. 67). Entsprechendes gilt für die Landesverfassungen, z. B. unterstellen einige Verfassungen Regierungsmitglieder der Ordnungsgewalt des Parlamentspräsidenten (etwa Hamburg Art. 23 II 2; Niedersachsen Art. 23 II 3; Rheinland-Pfalz Art. 89 IV; Sachsen Art. 49 II 2; Sachsen-Anhalt Art. 52 II 3) oder sehen als Regelungsinstrument für Geschäftsordnungsfragen auch das Gesetz vor (Saarland Art. 70 I; Bremen Art. 106); vgl. zu den Landesverfassungen auch *J. Pietzcker*, Schichten des Parlamentsrechts: Verfassung, Gesetze und Geschäftsordnung, in: Schneider/Zeh, § 10 Rn. 8; *V. Haug*, Bindungsprobleme und Rechtsnatur parlamentarischer Geschäftsordnungen, 1994, passim; *E. Röper*, ZParl. 15 (1984), 529 ff.
[13] So umfasst die Parlamentsautonomie in England etwa auch die Regelung außerparlamentarischer Angelegenheiten, vgl. *Pietzcker* (Fn. 12), § 10 Rn. 3.
[14] *H.-P. Schneider*, in: AK-GG, Art. 40 (2002), Rn. 2; *W. Kluth*, in: Schmidt-Bleibtreu/Hofmann/Henneke, GG, Art. 40 Rn. 1; vgl. auch BVerfGE 44, 308 (314); 70, 324 (360 f.); zu Art. 40 GG als »Parlamentsschutznorm« vgl. *M. Morlok/C. Hientzsch*, JuS 2011, 1 (3).

II. Geschäftsordnungsautonomie (Art. 40 I 2 GG)

1. Zweck und Gegenstandsbereich

Ihren praktisch wichtigsten Ausdruck findet die Parlamentsautonomie in der Geschäftsordnungsautonomie[15]. Sie gewährleistet, dass der Bundestag seine Arbeitsformen und Verfahren eigenverantwortlich gestalten kann. Damit dient sie **zwei Zielen**: erstens dem Schutz des Bundestages vor Einmischung anderer Verfassungsorgane und damit der **unbeeinflussten Verwirklichung des Volkswillens**; weiterhin der **Funktionalität** der innerparlamentarischen Regelungen, indem sie deren Gestaltung den daran unmittelbar Beteiligten überlässt. Die Gestaltungsbefugnis begründet auch die hohe Anpassungsfähigkeit der Institution Parlament gegenüber sich wandelnden politisch-gesellschaftlichen Kontexten. Der Regelungsbereich der Geschäftsordnung bestimmt sich dabei weitgehend aus den Aufgaben, die **traditionell** als autonome Parlamentsangelegenheiten gelten und prinzipiell auch vom Grundgesetz diesem Bereich zugewiesen werden[16]. Zu nennen sind die **Selbstorganisation**, der **Geschäftsgang**[17] und die **Disziplin** im Parlament[18]. Zu den Organisationsfragen zählen die Gliederung des Parlaments in Fraktionen und Ausschüsse und deren nähere Gestaltung; prozedural geht es etwa um Antragsbefugnisse und Redezeiten. Zur Gewährleistung eines disziplinierten Sitzungsablaufs übt der Präsident die parlamentarische **Ordnungsgewalt** aus (§ 7 I GOBT).

6

Die Geschäftsordnungsautonomie bedeutet allerdings **keine völlige Gestaltungsfreiheit**; vielmehr ist der Bundestag an verschiedene Verfassungsentscheidungen gebunden[19]. So bilden die Art. 39 II, 39 III, 40 I 1, 40 II, 42 I, 42 II GG sowie Art. 44, 45a, 45c GG zugleich **Grenzen** der Gestaltungsmacht des Bundestages. Außerdem werden der Geschäftsordnungsautonomie durch den Abgeordnetenstatus (→ Art. 38 Rn. 135 ff.) Grenzen gezogen[20]. Daraus ergibt sich auch das Gebot der innerparlamentarischen Chancengleichheit[21]. Als Gegengesichtspunkt von Verfassungsrang ist aber die Entscheidungsfähigkeit des Bundestages zu berücksichtigen[22], die auch die demokratische

7

---

[15] BVerfGE 44, 308 (315); 80, 188 (218f.); 84, 304 (321f.); *L. Brocker*, in: BK, Art. 40 (2011), Rn. 207; Morlok/Michael, Staatsorganisationsrecht, Rn. 726; ausführlich zur Parlamentsautonomie *U. Schliesky*, Parlamentsfunktionen, in: Morlok/Schliesky/Wiefelspütz, § 5 Rn. 59 ff.

[16] BVerfGE 1, 144 (148); 80, 188 (219); *Kluth* (Fn. 14), Art. 40 Rn. 5 ff.; zur Flexibilität des Parlaments bemerkt *W. I. Jennings*, »daß das Geheimnis der ewigen Jugend eines Parlaments in der Fähigkeit liegt, die Technik seines Verfahrens jeweils der Entwicklung anzupassen, so daß sie den Problemen neuer Generationen gerecht wird«: zitiert nach *C. J. Friedrich*, Der Verfassungsstaat der Neuzeit, 1953, S. 350.

[17] Die Geschäftsordnungsautonomie (Art. 40 I 2 GG) umfasst Organisation *und* Verfahren; die Organisation wird zur besseren Übersichtlichkeit unter »Organisationsautonomie« (→ Rn. 23 ff.) behandelt; vgl. *G. Bollmann*, Verfassungsrechtliche Grundlagen und allgemeine verfassungsrechtliche Grenzen des Selbstorganisationsrechts des Bundestages, 1992, S. 28; *Arndt*, Geschäftsordnungsautonomie (Fn. 2), S. 68; *Klein* (Fn. 2), Art. 40 Rn. 2.

[18] Jarass/Pieroth, GG, Art. 40 Rn. 10; *Kluth* (Fn. 14), Art. 40 Rn. 15; *M. Morlok/C. Hientzsch*, JuS 2011, 1 (3).

[19] *Bollmann*, Grundlagen (Fn. 17), S. 29; *Pietzcker* (Fn. 12), § 10 Rn. 6, 7; *H. Schulze-Fielitz*, Parlamentsbrauch, Gewohnheitsrecht, Observanz, in: Schneider/Zeh, § 11 Rn. 1.

[20] Auswirkungen auf die Rechte und Pflichten haben etwa die Verhaltensregeln für Abgeordnete (Anlage 1 zur GOBT), wonach beispielsweise auch Nebentätigkeiten und Unternehmensbeteiligungen veröffentlicht werden müssen; dazu *T. Groß*, ZRP 2002, 472 ff.

[21] Vgl. BVerfGE 10, 4 (16); 44, 308 (315 ff.); 80, 188 (220 f.); 84, 304 (322 f.); 96, 264 (279); vgl. *Schneider* (Fn. 14), Art. 40 Rn. 10; *Stern*, Staatsrecht I, S. 972.

[22] BVerfGE 80, 188 (219, 222); 84, 304 (321); 99, 19 (32, Rn. 41). Geschützt sind auch die Integrität

Möglichkeit der Mehrheit umfasst, sich durchzusetzen[23]. In diesem Rahmen verbleibt dem Bundestag ein weiter **Gestaltungsspielraum**.

8 Das parlamentarische Leben gestaltet sich nicht primär nach rechtlichen, sondern politischen Maßstäben, was seinen Ausdruck in zahlreichen **informellen Regeln** findet[24]. Teilweise kommt diesen Rechtscharakter zu, teilweise gelten sie als bloße Konventionen[25]. Nach dem Grad der Verbindlichkeit[26] unterscheidet man sog. **parlamentarisches Gewohnheitsrecht** und bloßen **Parlamentsbrauch**[27]. Erforderlich auch für parlamentarisches Gewohnheitsrecht ist die Anwendung über einen langen Zeitraum in der gemeinsamen Überzeugung der Richtigkeit und rechtlichen Verbindlichkeit[28]. Dagegen handelt es sich beim Fehlen einer solchen Überzeugung um Parlamentsbrauch, der nichtrechtlicher Natur ist, aber einen politischen Verbindlichkeitsanspruch erhebt[29]. Ob es sich bei einer Regel um Gewohnheitsrecht handelt, wird im Einzelfall nach § 127 GOBT vom Bundestagspräsidenten oder vom Geschäftsordnungsausschuss, tatsächlich aber meist vom Ältestenrat festgestellt. Die Anerkennung als Gewohnheitsrecht bleibt die Ausnahme; regelmäßig wird eine rechtliche Bindung dort, wo eine schriftliche Fassung nicht erfolgt, auch nicht gewollt sein[30]. Festzuhalten ist jedenfalls die Offenheit der Geschäftsordnung gegenüber informalen Verständigungen – etwa zur Anpassung an veränderte Gegebenheiten[31].

2. Erlass und Handhabung der Geschäftsordnung

9 Eine Besonderheit des Geschäftsordnungsrechts liegt darin, dass **Geber, Anwender und Adressat** der Norm **identisch** sind. Bei sonstigen Rechtsnormen besteht der demokratischen Idee nach eine solche Übereinstimmung zwar auch, bleibt aber im repräsentativen System eine nur gedachte; diese Besonderheit ermöglicht eine vergleichs-

---

und die politische Vertrauenswürdigkeit des Parlamentes. Vor diesem Hintergrund durfte auch der Bundestag nach der Wende ein Verfahren einführen, das den einzelnen Abgeordneten auf seine früheren Beziehungen zum Ministerium für Staatssicherheit untersucht, BVerfGE 94, 351 (368). Die Rechte des Abgeordneten mussten demgegenüber zurücktreten.

[23] *Brocker* (Fn. 15), Art. 40 Rn. 228; s.a. *Schneider* (Fn. 14), Art. 40 Rn. 10; *Klein* (Fn. 2), Art. 40 Rn. 20.

[24] Dazu *Schulze-Fielitz* (Fn. 19), § 11, insb. Rn. 3, 19f.; *ders.*, Der informale Verfassungsstaat, 1984; *M. Morlok*, Informalisierung und Entparlamentarisierung politischer Entscheidungen als Gefährdungen der Verfassung, VVDStRL 62 (2003), S. 37ff. (insb. 64ff.).

[25] *Schulze-Fielitz* (Fn. 19), § 11 Rn. 4.

[26] *H. Steiger*, Organisatorische Grundlagen des parlamentarischen Regierungssystems, 1973, S. 48; *Achterberg*, Parlamentsrecht, S. 67; *Schneider* (Fn. 14), Art. 40 Rn. 14; *Bollmann*, Grundlagen (Fn. 17), S. 138.

[27] *Bollmann*, Grundlagen (Fn. 17), S. 138. Terminologie und Abgrenzung hinsichtlich des ungeschriebenen Parlamentsrechts sind allerdings uneinheitlich, so wird teilweise zwischen Gewohnheitsrecht und Observanz unterschieden, was aber zu keiner größeren Klarheit verhilft; in diesem Sinne auch *N. Achterberg/M. Schulte*, in: v. Mangoldt/Klein/Starck, GG II, Art. 40 Rn. 51; vgl. weiter *Schulze-Fielitz* (Fn. 19), § 11 Rn. 11f., 14; umfassend *P. Cancik*, Rechtsquellen des Parlamentsrechts, in: Morlok/Schliesky/Wiefelspütz, § 9 Rn. 43ff.

[28] *Schneider* (Fn. 14), Art. 40 Rn. 14; vgl. *Schulze-Fielitz* (Fn. 19), § 11 Rn. 8.

[29] *Schulze-Fielitz* (Fn. 19), § 11 Rn. 14f.; *Schneider* (Fn. 14), Art. 40 Rn. 14; *Achterberg/Schulte* (Fn. 27), Art. 40 Rn. 51.

[30] Zum Verhältnis von geschriebenem und ungeschriebenem Verfahrensregeln *W. Zeh*, HStR³ III, § 53 Rn. 12; Beispiele für Gewohnheitsrecht bei *Schulze-Fielitz* (Fn. 19), § 11 Rn. 10; *Brocker* (Fn. 15), Art. 40 Rn. 92ff.

[31] Vgl. *Klein* (Fn. 2), Art. 40 Rn. 35.

weise flexible Handhabung der Geschäftsordnung[32]. Für ihre Setzung ist ein einfacher innerparlamentarischer Rechtsakt ausreichend, sofern darin eine auf den Erlass gerichtete Willenserklärung des Plenums zum Ausdruck kommt[33]. Wegen des beschränkten Adressatenkreises wird die Geschäftsordnung nur bekanntgemacht, eine förmliche Verkündung ist nicht erforderlich[34]. Ihre Geltung unterliegt der **Diskontinuität**, ist also beschränkt auf die Wahlperiode des jeweiligen Bundestages[35]. Bis zum Zusammentritt des neuen Bundestages bleibt die alte Geschäftsordnung in Kraft[36]. In der Praxis wird die Geschäftsordnung des alten vom neuen Bundestag auf seiner konstituierenden Sitzung (→ Art. 39 Rn. 14 ff., 26) übernommen[37].

Auslegungszweifel bei der Anwendung der Geschäftsordnung werden im Einzelfall durch den Bundestagspräsidenten ad hoc entschieden, § 127 I 1 GOBT[38]. Über den Einzelfall hinausgehende Auslegungsfragen werden vom Ausschuss für Wahlprüfung, Immunität und Geschäftsordnungsfragen behandelt; maßgeblich bleibt aber letztlich immer das Plenum, § 127 I 2 GOBT. Bei der Auslegung sind parlamentarische Tradition und Praxis so zu berücksichtigen, wie sie sich durch die historische und politische Entwicklung geformt haben[39]. **Änderungen** der Geschäftsordnung, also die abstrakte Neuregelung von Geschäftsordnungsbestimmungen, können mit einfacher Mehrheit (Art. 42 II 1 GG) vorgenommen werden, die Befugnis dazu wird von der Ermächtigung zum Erlass umfasst[40]. Darüber hinaus eröffnet § 126 GOBT die Möglichkeit, im **Einzelfall** mit einer Zweidrittelmehrheit der anwesenden Mitglieder des Bundestages von einer Bestimmung **abzuweichen**. Dies gilt auch für ungeschriebene Parlamentsregeln, falls ihr Rechtscharakter bejaht wird[41]. 10

Aus der relativ geringen Stabilität der Geschäftsordnung folgt, dass sie keine gegen Abweichungen gesicherten Rechtspositionen (insbesondere der Minderheiten) begründet. Solche ergeben sich nur aus der Verfassung, die damit auch die Änderungsmöglichkeiten begrenzt. Die parlamentarische Rechts- und Praxislage ist immer Ausdruck der sich austarierenden Kräfteverhältnisse und Interessenlagen innerhalb des Bundestages[42]. Zugleich setzt konstruktive parlamentarische Arbeit einen breiten **Konsens in Verfahrensfragen** voraus. Dieser wird auch oft zu erzielen sein, zumal die Möglichkeit eines Wechsels der Mehrheitsverhältnisse einkalkuliert werden muss. 11

---

[32] Vgl. *Pietzcker* (Fn. 12), § 10 Rn. 2; *Cancik* (Fn. 27), § 9 Rn. 33. Es ergeben sich hieraus allerdings Fragen für den persönlichen Anwendungsbereich. → Rn. 12.
[33] *Achterberg/Schulte* (Fn. 27), Art. 40 Rn. 54.
[34] *Achterberg/Schulte* (Fn. 27), Art. 40 Rn. 54.
[35] *Morlok/Michael*, Staatsorganisationsrecht, Rn. 731; *Achterberg*, Parlamentsrecht, S. 329 f.; *Arndt*, Geschäftsordnungsautonomie (Fn. 2), S. 129 ff.; *Kluth* (Fn. 14), Art. 40 Rn. 46. → Art. 39 Rn. 22 ff. Anschaulich in dieser Hinsicht ist die Vorschrift des § 126 a GOBT, die nur eine Regelung für die 18. Legislaturperiode trifft.
[36] Vgl. *Achterberg/Schulte* (Fn. 27), Art. 40 Rn. 55.
[37] *Kretschmer* (Fn. 2), § 9 Rn. 125; vgl. dazu BVerfGE 1, 144 (148).
[38] Für die sichtlich gleiche Problematik in den Landtagen ausführlich *T. I. Schmidt*, AöR 128 (2003), 608 (628 ff.). Gleiches gilt auch für die Landtagspräsidenten, dazu ausführlich *M. Köhler*, Die Rechtsstellung der Parlamentspräsidenten in den Ländern der Bundesrepublik Deutschland und ihre Aufgaben im parlamentarischen Geschäftsgang, 2000, S. 166 ff.
[39] BVerfGE 1, 144 (148 f.).
[40] Anders die Regelung in Art. 32 I 2 der Verfassung von Baden-Württemberg, wonach Geschäftsordnungsänderungen einer 2/3-Mehrheit bedürfen.
[41] *Schulze-Fielitz* (Fn. 19), § 11 Rn. 7; vgl. *Schneider* (Fn. 14), Art. 40 Rn. 14.
[42] *Schulze-Fielitz* (Fn. 19), § 11 Rn. 3; vgl. auch *Brocker* (Fn. 15), Art. 40 Rn. 214.

Art. 40   C. Erläuterungen

3. Personeller Anwendungsbereich

12 Aus der Ermächtigung zur Regelung der eigenen Angelegenheiten ergibt sich als Kehrseite die Beschränkung der Rechtswirkungen der Geschäftsordnung. Dies gilt vor allem für die Adressatenkreise: Gegenüber der **Allgemeinheit** kann die Geschäftsordnung wegen ihres innenrechtlichen Charakters keine Bindung begründen[43]. Außer Frage steht ihre Verbindlichkeit dagegen für die **Abgeordneten** als Angehörige des für die Geschäftsordnungsgebung zuständigen Personenverbandes[44].

13 Rechtliche Maßnahmen gegenüber **Zuhörern** lassen sich nicht auf die Geschäftsordnung, sondern nur auf das Hausrecht aus Art. 40 II 1 GG stützen[45]. Das Hausrecht, das sich gegen unzulässige Handlungen auf dem gesamten Bundestagsgelände richtet (→ Rn. 35), ist jedoch auf die Regelung eines funktionsgerechten Sitzungsablaufs nicht zugeschnitten. Zutreffender ist daher darauf abzustellen, dass mit der Teilnahme am parlamentarischen Geschehen zugleich die **Geltung der Geschäftsordnung** (Art. 40 I 2 GG) anerkannt wird. So lässt sich zwanglos auch die Verbindlichkeit parlamentarischer Regeln für Bürger im Rahmen von Anhörungen oder als Sachverständige in Enquete-Kommissionen erklären (§§ 70, 74 GOBT).

14 Weiter hält die h.M. eine Bindung der **Mitglieder der Bundesregierung und des Bundesrates** an die Geschäftsordnung für ausgeschlossen[46]. Auch ihnen gegenüber ließen sich Ordnungs- und Sitzungsbefugnisse des Präsidenten nur beschränkt auf das Hausrecht stützen, da dieses vom jederzeitigen Zutritts- und Rederecht nach Art. 43 II GG[47] begrenzt werde[48]. Dessen Ausübung werde rechtlich nur durch die äußerste Grenze des Missbrauchsverbots beschränkt[49]. Dieses Verständnis der Rechte der Privilegierten vermag angesichts der grundgesetzlichen Konzeption des parlamentarischen Regierungssystems nicht zu überzeugen, das durch die Gegenüberstellung von Regierung und Mehrheitsfraktionen auf der einen und der Opposition auf der anderen Seite geprägt ist[50]. Eine konstruktive Zusammenarbeit des Bundestages mit anderen Verfassungsorganen ist aufgrund vielfältiger Berührungspunkte unabdingbar (→ Art. 43 Rn. 25)[51]. Demgemäß ist der **Geltungsbereich** der Geschäftsordnung nicht nur personell, sondern **funktional** zu bestimmen: Die durch Art. 40 I 2 GG intendierte Ordnung

---

[43] Zur Beachtlichkeit von Geschäftsordnungsverstößen für Bürger: → Rn. 22.
[44] Zum Problem der Zulässigkeit von Verhaltensregeln, die in die persönliche Sphäre der Abgeordneten hineinreichen, vgl. §§ 44a, 44b AbgG; außerdem BVerfGE 40, 296 (319); 118, 277 ff.; *H. Troßmann*, Parlamentsrecht des Deutschen Bundestages, 1977, § 22 GOBT Rn. 5; *H. Freund*, DÖV 1987, 435 ff.; *A. Herbertz*, Verhaltensregeln für die Mitglieder des Deutschen Bundestages, 1998; *T. Schwerin*, Der Deutsche Bundestag als Geschäftsordnungsgeber, 1998, S. 51 ff.; *M.K. Kühn*, Verhaltensregeln für Bundestagsabgeordnete, 2011; *Cancik* (Fn. 27), § 9 Rn. 41.
[45] So etwa *Achterberg*, Parlamentsrecht, S. 652; *Arndt*, Geschäftsordnungsautonomie (Fn. 2), S. 119; *J. Bücker*, Das parlamentarische Ordnungsrecht, in: Schneider/Zeh, § 34 Rn. 53; *G. Kretschmer*, ZParl. 17 (1986), 334 (341); *W. Zeh*, HStR³ III, § 53 Rn. 38; *Brocker* (Fn. 15), Art. 40 Rn. 248.
[46] Vgl. BVerfGE 1, 144 (148); *H. Lechner/K. Hülshoff*, Parlament und Regierung, 1971, S. 186; *Ritzel/Bücker*, Anm. 2 Vorb. §§ 36–41 GOBT (2004), Anm. I d) bb) § 41 GOBT (2004); *S. Magiera*, Rechte des Bundestages und seiner Mitglieder gegenüber der Regierung, in: Schneider/Zeh, § 52 Rn. 37; *Stern*, Staatsrecht II, S. 84; *Kluth* (Fn. 14), Art. 40 Rn. 39; *Achterberg/Schulte* (Fn. 27), Art. 40 Rn. 38 f. Zur Verfassungsgeschichte *Huber*, Verfassungsgeschichte, Bd. 3, S. 311 f., 897.
[47] Vgl. § 43 GOBT.
[48] *Brocker* (Fn. 15), Art. 40 Rn. 250, 88; *Troßmann*, Parlamentsrecht (Fn. 44), § 45 GOBT a. F. Rn. 4.
[49] Vgl. BVerfGE 10, 4 (18).
[50] *M. Schröder*, Rechte der Regierung im Bundestag, in: Schneider/Zeh, § 53 Rn. 3; *W. Zeh*, HStR³ III, § 53 Rn. 31; instruktiv *Haug*, Bindungsprobleme (Fn. 12), S. 116 ff., 122.
[51] Dem entspricht die parlamentarische Praxis, Redebeiträge der Regierung auf das Redezeitkon-

des parlamentarischen Geschehens bildet den Rahmen, in dem die Privilegierten ihr Zutritts- und Rederecht ausüben können; Art. 43 II GG bestimmt das »ob«, nicht das »wie« dieser Rechte[52]. Die privilegierten Redner bewegen sich insoweit im innerparlamentarischen Bereich und bleiben in ihren Gastrollen gleichsam der Regie des Theaters, in dem sie auftreten, unterworfen[53]. Dieses Ergebnis entspricht auch dem Grundsatz der Verfassungsorgantreue[54] und steht im Einklang mit der deutschen Parlamentstradition.

4. Gesetz als mögliche Regelungsform

Regelungen, die Fragen des im Parlament anzuwendenden Verfahrens oder der internen Aufgabenverteilung berühren, finden sich auch in **förmlichen Gesetzen** (z. B. § 23a II, III ParteiG und § 6 BVerfGG)[55]. Ein Gesetz eröffnet jedoch Mitwirkungsmöglichkeiten von Bundesregierung (Initiativrecht), Bundespräsident (Ausfertigung, evtl. Prüfungsrecht) und Bundesrat (auch im Falle eines Einspruchsgesetzes, vgl. Art. 77 IV GG), welche die Geschäftsordnungsautonomie relativieren. Zudem bindet eine gesetzliche Regelung auch spätere Bundestage und beeinträchtigt die Diskontinuität[56]. Unproblematisch ist dies, wo die Gesetzesform auf eine verfassungsrechtliche Ermächtigung gestützt werden kann (z. B. Art. 10 II 2, 45b S. 2, 45c II, 41 III GG)[57]. Weiter steht die Gesetzesform dort außer Frage, wo nicht nur Abgeordnete, sondern auch andere Rechtssubjekte berechtigt oder verpflichtet werden sollen, da durch die Geschäftsordnung eine solche externe Wirkung nicht erreicht werden kann[58].

15

Für die verbleibenden Fälle wird vertreten, aus Art. 40 I 2 GG resultiere nicht nur das Recht des Bundestages, seine Angelegenheiten in der Geschäftsordnung zu regeln, sondern auch die **Pflicht**, sich dieser Regelungsform zu bedienen[59]. Nur so bleibe der Bundestag Herr im eigenen Hause[60]. Das Bundesverfassungsgericht hat dagegen angenommen, Organisations- und Verfahrensgesetze seien ausnahmsweise dann zulässig, wenn sie nicht der Zustimmung des Bundesrates bedürfen, der Kern der Geschäfts-

16

---

tingent der Mehrheitsfraktionen und Beiträge aus dem Bundesrat je nach politischer Führung des Landes einer Fraktion anzurechnen. → Art. 43 Rn. 25 Fn. 74.

[52] *Haug*, Bindungsprobleme (Fn. 12), S. 118 ff.; vgl. *H. Troßmann*, JöR 28 (1979), 1 (42); im Ergebnis ähnlich *K.-H. Rothaug*, Die Leitungskompetenz des Bundestages, 1979, S. 69; *Schulze-Fielitz* (Fn. 19), § 11 Rn. 71; *Schwerin*, Geschäftsordnungsgeber (Fn. 44), S. 113 ff.

[53] Im Ergebnis wie hier *Klein* (Fn. 2), Art. 40 Rn. 64 ff. → Art. 40 Rn. 23 ff.

[54] Vgl. hierzu *W.-R. Schenke*, Die Verfassungsorgantreue, 1977, S. 96 ff.; *M. Kühnreich*, Das Selbstorganisationsrecht des Deutschen Bundestages unter besonderer Berücksichtigung des Hauptstadtbeschlusses, 1997, S. 76.

[55] Ausführlich dazu *J. Bücker*, ZParl. 17 (1986), 324 (325 ff.); *S.-F. Chen*, Die Zulässigkeit der Regelung des parlamentarischen Geschäftsordnungsrechts durch ein förmliches Gesetz, 1997, S. 227 f.

[56] *Arndt*, Geschäftsordnungsautonomie (Fn. 2), S. 124; vgl. auch *Pietzcker* (Fn. 12), § 10 Rn. 14.

[57] In Litauen etwa hat die gesamte Geschäftsordnung des Parlamentes kraft Verfassung Gesetzeskraft, Litauen Art. 76.

[58] Hierzu *J. Bücker*, ZParl. 17 (1986), 324 (326 ff.); *Pietzcker* (Fn. 12), § 10 Rn. 9 ff.; *Chen*, Zulässigkeit (Fn. 55), S. 227 f.; *F. Ossenbühl*, Grundlagen und Reichweite des parlamentarischen Organisationsvorbehaltes, in: M. Ruffert (Hrsg.), Recht und Organisation, 2003, S. 1 ff. (16 f.); *T. I. Schmidt*, AöR 128 (2003), 608 (616).

[59] Sondervoten *E. G. Mahrenholz*, BVerfGE 70, 366 ff. und *E.-W. Böckenförde*, BVerfGE 70, 380 ff. zu BVerfGE 70, 324 ff.; siehe *Achterberg/Schulte* (Fn. 27), Art. 40 Rn. 48; *Steiger*, Regierungssystem (Fn. 26), S. 45; *H. Troßmann*, JöR 28 (1979), 1 (45); *Jarass/Pieroth*, GG, Art. 40 Rn. 8; *Bollmann*, Grundlagen (Fn. 17), S. 184 f. m. w. N.

[60] Sondervotum *E. G. Mahrenholz*, BVerfGE 70, 366 (377 ff.) zu BVerfGE 70, 324 ff.

ordnungsautonomie nicht berührt wird und außerdem gewichtige Gründe für ein Gesetz sprechen[61]. Dem ist zuzustimmen. Denn einerseits wiegt die Unabhängigkeit des Parlaments im Rahmen des verfassungsrechtlichen Gefüges der Bundesrepublik nicht mehr so schwer wie in konstitutioneller Frontstellung[62]. Andererseits ist eine Grenzziehung zwischen der Regelungsmaterie von Gesetzen und Verfahrens- und Organisationsfragen nicht trennscharf möglich; insoweit kann der enge sachliche Zusammenhang eines Gesetzes mit innerparlamentarischen Gesichtspunkten für eine einheitliche Regelung sprechen[63]. Wegen der beachtlichen Bedenken gilt es allerdings, bei der Wahl der Gesetzesform im Einzelfall deren Vorteile gegen denkbare Nachteile abzuwägen[64].

5. Rang und Rechtsnatur

17 **Die Stellung** der Geschäftsordnung **in der Hierarchie der Rechtsnormen** ist umstritten, vor allem das Verhältnis zum einfachen Gesetzesrecht. Für eine **Nachrangigkeit** der Geschäftsordnung sprechen ihre leichtere Änderbarkeit und ihre relative Schwäche hinsichtlich Bindungsumfang und Bindungsdauer[65]. Die Auffassung, das Verhältnis von Geschäftsordnungsrecht und Gesetz stelle kein Rang-, sondern allein ein Kompetenzproblem dar[66], kann angesichts der Möglichkeit, innerparlamentarische Fragen auch durch Gesetz zu regeln (→ Rn. 15f.), nicht befriedigen[67]. Ungeachtet der praktischen Bedeutung des Geschäftsordnungsrechts steht dieses im Rang daher auch einfachen Gesetzen nach[68].

18 Eine stark umstrittene Frage ist die nach der **Rechtsnatur** der Geschäftsordnung[69]. Die Einordnungsvorschläge reichen von gemischter Rechts- und Verwaltungsverord-

---

[61] BVerfGE 60, 374 (379); 70, 324 (361); vgl. dazu aber die beachtlichen Gegengründe in den Sondervoten *E.G. Mahrenholz*, BVerfGE 70, 366 (376ff.) und *E.-W. Böckenförde*, BVerfGE 70, 380 (386ff.).
[62] *Kretschmer* (Fn. 2), § 9 Rn. 32, 41.
[63] Vgl. *W. Zeh*, HStR³ III, § 53 Rn. 11; *J. Bücker*, ZParl. 17 (1986), 324 (329); *M. Schröder*, Jura 1987, 469 (473); umfassend *Brocker* (Fn. 15), Art. 40 Rn. 222ff.; differenzierend *Pietzcker* (Fn. 12), § 10 Rn. 15ff.
[64] Nach ausführlicher Diskussion im Ergebnis ebenso *Kühnreich*, Selbstorganisationsrecht (Fn. 54), S. 120ff., 143; umfassend dazu *Klein* (Fn. 17), Art. 40 Rn. 77ff.
[65] *Kühnreich*, Selbstorganisationsrecht (Fn. 54), S. 80ff., 85; vgl. auch *Morlok/Michael*, Staatsorganisationsrecht, Rn. 729.
[66] So *Achterberg/Schulte* (Fn. 27), Art. 40 Rn. 40; *H. Dreier*, JZ 1990, 310 (313); *Bollmann*, Grundlagen (Fn. 17), S. 187; Sondervotum *E.G. Mahrenholz* zu BVerfGE 70, 324ff. in BVerfGE 70, 366 (377); *Steiger*, Regierungssystem (Fn. 26), S. 44f.; für eine Gleichordnung von Geschäftsordnung und Gesetz auch *T.I. Schmidt*, AöR 128 (2003), 608 (637f.); *S. Magiera*, in: Sachs, GG, Art. 40 Rn. 26.
[67] Vgl. zur Möglichkeit von Kollisionsfällen auch *Kühnreich*, Selbstorganisationsrecht (Fn. 54), S. 80f.; *J. Bücker*, ZParl. 17 (1986), 324 (326ff.).
[68] So BVerfGE 1, 144 (148); *Haug*, Bindungsprobleme (Fn. 12), S. 52f.; *L.-A. Versteyl*, in: v. Münch/Kunig, GG II, Art. 40 Rn. 18; *Pietzcker* (Fn. 12), § 10 Rn. 41; *C. Arndt*, Parlamentarische Kontrolle der Nachrichtendienste, in: Schneider/Zeh, § 50 Rn. 4; *Klein* (Fn. 17), Art. 40 Rn. 74; *Schneider* (Fn. 14), Art. 40 Rn. 11; *Kretschmer* (Fn. 2), § 9 Rn. 42; Jarass/Pieroth, GG, Art. 40 Rn. 8; *H.-P. Schneider*, Das Parlamentsrecht im Spannungsfeld von Mehrheitsentscheidung und Minderheitsschutz, in: FS BVerfG, Bd. 2, 2001, S. 627ff. (635); a.A. *Brocker* (Fn. 15), Art. 40 Rn. 221.
[69] Zum Streitstand s. *Köhler*, Rechtsstellung (Fn. 38), S. 164f.; *Achterberg*, Parlamentsrecht, S. 38ff.; *Arndt*, Geschäftsordnungsautonomie (Fn. 2), S. 136ff.; *Kretschmer* (Fn. 2), § 9 Rn. 43ff.; *Pietzcker* (Fn. 12), § 10 Rn. 38; *Achterberg/Schulte* (Fn. 27), Art. 40 Rn. 34ff.; *Versteyl* (Fn. 68), Art. 40 Rn. 17; *Morlok/Michael*, Staatsorganisationsrecht, Rn. 727; *Cancik* (Fn. 27), § 9 Rn. 33f.; alle m.w.N.

nung[70], öffentlich-rechtlicher Vereinbarung[71] über die Qualifikation als parlamentarisches Innenrecht[72] hin zur autonomen Satzung[73]. Als anerkannt darf jedoch gelten, dass Geschäftsordnungsbestimmungen überhaupt Rechtssatzcharakter zukommt[74]. Im Übrigen ist eine Zuordnung nirgendwo zwanglos möglich[75]. Demzufolge sollte man die Geschäftsordnung des Bundestages schlicht als **eigenen Regelungstypus** anerkennen[76]. Die wohl noch überwiegende Einordnung als autonome Satzung betont die Selbständigkeit des Parlaments bei der Regelung seiner Angelegenheiten[77].

Die **Anlagen zur Geschäftsordnung** des Bundestages werden vom Bundestag selbst beschlossen, die Grundsätze über die Behandlung von Immunitätsangelegenheiten (→ Art. 46 Rn. 37) werden nach § 107 II GOBT vom Ausschuss für Wahlprüfung, Immunität und Geschäftsordnung aufgestellt und haben dieselbe Qualität wie die Geschäftsordnung[78]. Die Verhaltensregeln nach § 18 GOBT und § 44a AbgG (→ Art. 38 Rn. 166)[79] sind jedenfalls rechtsverbindlich[80]. **19**

6. Gerichtliche Kontrolle von Geschäftsordnungsrecht

Die **Regelungen der Geschäftsordnung**[81] selbst unterliegen der abstrakten Normenkontrolle gem. Art. 93 I Nr. 2 GG und im Organstreitverfahren nach Art. 93 I Nr. 1 GG der Überprüfung darauf, ob sie verfassungsmäßig begründete Rechte eines Antragstellers verletzen[82]. Die Kontrolle ist wegen des geschäftsordnungsrechtlichen Gestaltungsspielraums beschränkt auf die Einhaltung der Verfassung; Zweckmäßigkeitserwägungen bleiben außer Betracht[83]. **20**

---

[70] *G. Jellinek*, Das System der subjektiven öffentlichen Rechte, 1905, S. 169; *F. Giese*, Das Grundgesetz für die Bundesrepublik Deutschland, 4. Aufl. 1955, Art. 40 Anm. 3.

[71] *H. v. Brentano*, Die Rechtsstellung des Parlamentspräsidenten nach deutschem Verfassungs- und Geschäftsordnungsrecht, 1930, S. 11.

[72] *N. Achterberg*, Grundzüge des Parlamentsrechts, 1971, S. 49; *ders.*, Parlamentsrecht, S. 59.

[73] So schon *P. Laband*, Das Staatsrecht des Deutschen Reiches, Bd. 1, 5. Aufl. 1911, S. 344f.; BVerfGE 1, 144 (148); *Schneider* (Fn. 14), Art. 40 Rn. 11; *E. Röper*, ZParl. 15 (1984), 529 (532); *J. Bücker*, ZParl. 17 (1986), 324 (329); *Klein* (Fn. 2), Art. 40 Rn. 61; *Schneider*, Parlamentsrecht (Fn. 68), S. 634f.; weitere Nachweise insb. bei *Arndt*, Geschäftsordnungsautonomie (Fn. 2), S. 138ff.; *Stern*, Staatsrecht II, S. 82; *C. Dicke*, in: Umbach/Clemens, GG, Art. 40 Rn. 9.

[74] Anders früher *Hatscheck*, Parlamentsrecht (Fn. 5), S. 42ff.; kritisch auch *Arndt*, Geschäftsordnungsautonomie (Fn. 2), S. 162ff.; wie hier *Achterberg/Schulte* (Fn. 27), Art. 40 Rn. 38; *Pietzcker* (Fn. 12), § 10 Rn. 39; *Kretschmer* (Fn. 2), § 9 Rn. 45.

[75] Kritisch zu den Einordnungsbemühungen *Klein* (Fn. 2), Art. 40 Rn. 58ff.

[76] *Kretschmer* (Fn. 2), § 9 Rn. 53; *Kühnreich*, Selbstorganisationsrecht (Fn. 54), S. 62ff., 90f.; *Klein* (Fn. 2), Art. 40 Rn. 61; *G. Robbers*, in: Sachs, GG, Art. 52 Rn. 14; *T. I. Schmidt*, AöR 128 (2003), 608 (613ff.): »eine von einem Verfassungsorgan erlassene, individuell-abstrakte Regelung des Innenrechts«.

[77] → Fn. 73.

[78] *Klein* (Fn. 2), Art. 40 Rn. 49.

[79] Eingehend *Klein* (Fn. 2), Art. 40 Rn. 50ff.

[80] BVerfGE 118, 277 (317f., Rn. 189).

[81] Ausführlich zum Ganzen *G. Theodossis*, Gerichtskontrolle der parlamentarischen Geschäftsordnungen in Griechenland, Frankreich und der Bundesrepublik Deutschland, 1996.

[82] Das Bundesverfassungsgericht hat klar konstatiert, dass eine Geschäftsordnungsvorschrift eine Maßnahme i. S. v. § 64 I BVerfGG darstellen kann: BVerfGE 80, 188 (209).

[83] BVerfGE 80, 188 (220); 84, 304 (322); *Pietzcker* (Fn. 12), § 10 Rn. 45.

21 Für die Rüge von **Verstößen gegen die Geschäftsordnung** kommt nur ein Organstreitverfahren in Betracht. Hier kommt es darauf an, ob der Geschäftsordnungsverstoß zugleich eine Verletzung verfassungsmäßig eingeräumter Rechte darstellt[84].

22 Für die Beurteilung der **unter Verstoß gegen die Geschäftsordnung zustande gekommenen Entscheidungen** ist zwischen solchen mit Außenwirkung und bloß intern wirkenden Beschlüssen zu differenzieren. **Entscheidungen mit Außenwirkung** (vor allem Gesetzesbeschlüsse) gelten grundsätzlich aus Gründen der Rechtssicherheit unabhängig von Geschäftsordnungsverstößen. Dritte können nämlich in den parlamentsinternen Bereich nur schwer Einblick gewinnen. Zugleich dient die Geschäftsordnung aber der Ausgestaltung und Gewährleistung eines **demokratischen Willensbildungsprozesses**, dessen Ergebnis in hohem Maße vom Gang des Verfahrens abhängig ist[85]. Erscheint ein solches Verfahren wegen eines schwerwiegenden Geschäftsordnungsverstoßes als nicht mehr gesichert, kann dieser deshalb zur **Ungültigkeit eines Beschlusses** führen, auch ohne dass zugleich ein Verfassungsverstoß vorliegt[86]. Entsprechendes gilt aufgrund der normativen Steuerungsfunktion der Geschäftsordnung für Entscheidungen im parlamentarischen **Innenbereich**, zumal hier dem Aspekt der Rechtssicherheit weniger Bedeutung zukommt[87].

III. Organisationsautonomie (Art. 40 I 1 GG)

1. Organisationsautonomie und Organstellung der Untergliederungen

23 Aufgrund der Geschäftsordnungsautonomie (→ Rn. 6) kann sich der Bundestag die für die Erfüllung seiner Aufgaben erforderlichen Einrichtungen schaffen (**Organisationsautonomie**) und seine Leitungspersonen und -gremien wählen. Art. 40 I 1 GG regelt die innere Organisation nur bruchstückhaft[88], daneben sehen Verfassung (vgl. Art. 44, 45a, 45b, 45c, 53a I GG) und Geschäftsordnung weitere Untergliederungen vor. Soweit diese selber entscheiden und nicht nur vorbereitend für das Plenum tätig werden, werden sie als Organe[89] bzw. Hilfs- oder Unterorgane[90] des Bundestages charakterisiert, deren Handeln diesem unmittelbar zugerechnet wird[91].

---

[84] BVerfGE 60, 374 (380f.); *Morlok/Michael*, Staatsorganisationsrecht, Rn. 730; *Pietzcker* (Fn. 12), § 10 Rn. 47; *W. Zeh*, HStR³ III, § 53 Rn. 6f.; mit weiteren Nachweisen *Versteyl* (Fn. 68), Art. 40 Rn. 18.

[85] Zur Bedeutung von Verfahrensfehlern allgemein *H.-J. Mengel*, Gesetzgebung und Verfahren, 1997, insb. S. 295ff., 326ff.; *M. Morlok*, Die Folgen von Verfahrensfehlern am Beispiel von kommunalen Satzungen, 1988, S. 181ff.; zur Gesetzgebung *H. Schulze-Fielitz*, Theorie und Praxis parlamentarischer Gesetzgebung, 1988, S. 177ff., zur Rationalitätssicherung durch Verfahren s. ebd. S. 454ff.

[86] So auch *Haug*, Bindungsprobleme (Fn. 12), S. 144f.; ähnlich *Schneider* (Fn. 14), Art. 40 Rn. 13; *Versteyl* (Fn. 68), Art. 40 Rn. 18; a.A. *Klein* (Fn. 2), Art. 40 Rn. 57; *E.-W. Böckenförde*, Die Organisationsgewalt im Bereich der Regierung, 1964, S. 126; *Stern*, Staatsrecht II, S. 84; *Achterberg/Schulte* (Fn. 27), Art. 40 Rn. 61; vgl. auch BVerfGE 1, 144 (151); 29, 221 (234).

[87] Vgl. *Haug*, Bindungsprobleme (Fn. 12), S. 146; a.A. aber *Pietzcker* (Fn. 12), § 10 Rn. 43.

[88] Die Fassung des Art. 40 I 1 GG hat historische Ursachen, siehe dazu *Bollmann*, Grundlagen (Fn. 17), S. 27f.

[89] Bei strenger Betrachtung können nur juristische Personen Organe haben, der Bundestag ist aber keine juristische Person, sondern selbst Organ der Bundesrepublik Deutschland. Insoweit ist jedoch die Teilrechtsfähigkeit des Bundestages als ausreichend zu erachten. Dazu BVerfGE 1, 144 (152); *Klein* (Fn. 2), Art. 40 Rn. 82; *Bollmann*, Grundlagen (Fn. 17), S. 35 Fn. 49f.

[90] *Schneider* (Fn. 14), Art. 40 Rn. 3; *Jarass/Pieroth*, GG, Art. 40 Rn. 2.

[91] Für die Parteifähigkeit im Rahmen des Art. 93 I Nr. 1 GG ist ausreichend, dass es sich um ständig vorhandene Gliederungen des Bundestages handelt, auf die Organqualität kommt es insoweit nicht an; vgl. BVerfGE 2, 143 (160).

III. Organisationsautonomie (Art. 40 I 1 GG)   Art. 40

2. Bildung und Zuständigkeit der Untergliederungen

a) Parlamentspräsident

Der Parlamentspräsident wird gem. §§ 1, 2 GOBT in geheimer Wahl bestimmt. Einer alten Praxis gemäß wird er von der **größten Fraktion** gestellt[92]. Zwar ist die Möglichkeit einer Abwahl des Präsidenten in der Geschäftsordnung nicht geregelt, demokratischen Grundsätzen entsprechend ist sie jedoch möglich[93]. Da § 2 I 1 GOBT die Wahl allerdings für die gesamte Wahlperiode vorsieht, wird man hierfür eine Zweidrittelmehrheit entsprechend § 126 GOBT verlangen müssen[94].   **24**

Die Aufgabe des Präsidenten liegt darin, Würde und Rechte des Bundestages zu wahren und dessen Arbeit zu fördern. Dabei ist er zu einer politisch neutralen und unparteiischen Amtsführung verpflichtet, § 7 I 2 GOBT; als **Personifizierung des Parlaments** hat er dieses in seiner Gesamtheit zu vertreten[95]. Im übrigen lassen sich seine zahlreichen Einzelbefugnisse[96] in vier Bereiche gliedern. Zunächst ist der Präsident für den gerichtlichen und außergerichtlichen Rechtsverkehr des Bundestages zuständig (§§ 7 I 1, III 1 GOBT): **Vertretungsbefugnis**. Weiter ist der Präsident für die Vollziehung des Haushaltsplanes und die Wahrnehmung dienstrechtlicher und verwaltungstechnischer Aufgaben zuständig, §§ 7 I 1, III 2, IV, V GOBT: **Geschäftsführungsbefugnis**[97]. Bei den Aufgaben während der Plenarsitzungen ist schließlich zu differenzieren zwischen Leitungs- und Ordnungsbefugnissen. Zu den **Leitungsbefugnissen** zählen etwa das Recht zur Einberufung des Parlaments, zur Sitzungseröffnung und -leitung und zur Auslegung der Geschäftsordnung im Einzelfall, §§ 21–28, 46, 48 III, 51 II, 120, 127 I GOBT[98]. Die Sitzungsleitung unterliegt keiner Diskussion, da Autorität und Ansehen von Präsident und Parlament in der Öffentlichkeit hierdurch untergraben werden könnten[99]. Die **Ordnungsbefugnis**[100] des Präsidenten umfasst Maßnahmen zur Gewährleistung eines effektiven und störungsfreien Sitzungsablaufs, §§ 35 III, 36ff., 119 II GOBT[101]. Der Präsident hat insoweit Einwirkungsmöglichkeiten   **25**

---

[92] Dazu *K.-U. Meyn*, JZ 1977, 167ff.; *Jarass/Pieroth*, GG, Art. 40 Rn. 1; *Kluth* (Fn. 14), Art. 40 Rn. 55; diese Übung findet eine Stütze in § 7 VI GOBT. Zur Frage, ob dies bereits Gewohnheitsrecht ist, bejahend *Achterberg*, Parlamentsrecht, S. 190f.; kritisch *Schulze-Fielitz* (Fn. 19), § 11 Rn. 72.

[93] So auch *Brocker* (Fn. 15), Art. 40 Rn. 115, *Klein* (Fn. 2), Art. 40 Rn. 91; *Versteyl* (Fn. 68), Art. 40 Rn. 4; *Schneider* (Fn. 14), Art. 40 Rn. 5; *Magiera* (Fn. 66), Art. 40 Rn. 5; *Jarass/Pieroth*, GG, Art. 40 Rn. 1; dagegen aber *Ritzel/Bücker*, Anm. I. 1. e) § 2 GOBT (2003); *Achterberg*, Parlamentsrecht, S. 213; *J. Bücker*, Präsident und Präsidium, in: Schneider/Zeh, § 27 Rn. 2; *H. Steiger*, Selbstorganisation und Ämterbesetzung, in: Schneider/Zeh, § 25 Rn. 8; *O. Uhlitz*, AöR 87 (1962), 296ff.

[94] So zutreffend *Magiera* (Fn. 66), Art. 40 Rn. 5; *Klein* (Fn. 2), Art. 40 Rn. 91; *Gröpl*, Staatsrecht I, Rn. 1065.

[95] Vgl. dazu BVerfGE 1, 114 (116); 1, 144 (156); 27, 152 (157); 80, 188 (227).

[96] Eine Übersicht bei *Bücker* (Fn. 93), § 27 Rn. 7ff.

[97] Der Präsident ist oberste Dienstbehörde der Bundestagsbeamten, vgl. auch § 176 BBG. Umfassend zur Bundestagsverwaltung *P. Schindler*, Die Verwaltung des Bundestages, in: Schneider/Zeh, § 29; *C. v. Boetticher*, Parlamentsverwaltung und parlamentarische Kontrolle, 2002.

[98] Umfassend zur Leitungsbefugnis des Präsidenten *Rothaug*, Leitungskompetenz (Fn. 52), passim.

[99] *Achterberg/Schulte* (Fn. 27), Art. 40 Rn. 4; *Bücker* (Fn. 93), § 27 Rn. 29; zu den Leitungsbefugnissen der Landtagspräsidenten *Köhler*, Rechtsstellung (Fn. 38), S. 102ff.

[100] Auch als Ordnungs- oder Sitzungsgewalt bezeichnet, vgl. etwa *Schneider* (Fn. 14), Art. 40 Rn. 17; zur Ordnungsbefugnis der Landtagspräsidenten *Köhler*, Rechtsstellung (Fn. 38), S. 175ff.

[101] Vgl. *H.-A. Roll*, ZParl. 17 (1986), 313 (317); ausführlich zum parlamentarischen Ordnungsrecht *Bücker* (Fn. 45), § 34 Rn. 10ff.; *L.-A. Versteyl*, NJW 1983, 379ff.; *Kluth* (Fn. 14), Art. 40 Rn. 64.

auf Redner, die teilnehmenden Abgeordneten und auf Zuhörer[102]. Schließlich ist der Präsident Inhaber des Hausrechts und der Polizeigewalt, Art. 40 II GG (→ Rn. 35f.).

b) Präsidium, Schriftführer und Ältestenrat

26 Das **Präsidium** des Bundestages besteht aus dem Präsidenten und seinen Stellvertretern, die – wie der Präsident selbst – in der ersten Sitzung des Bundestages gewählt werden, §§ 2 I 1, 5 GOBT. Jede Fraktion muss im Präsidium durch mindestens einen Vizepräsidenten vertreten sein, § 2 I 2 GOBT. Die Zahl der Stellvertreter insgesamt wird durch Vereinbarung der Fraktionen bestimmt[103]. **Aufgaben** des Präsidiums sind in der Geschäftsordnung nur vereinzelt geregelt, §§ 7, 8 GOBT sowie §§ 1, 8 der Verhaltensregeln für Mitglieder des Deutschen Bundestages (Anlage 1 zur GOBT). Wichtiger als die schriftlich fixierten Aufgaben ist die praktische **Beratungs- und Schlichtungsfunktion** und die Klärung administrativer Fragen[104]. Hauptaufgabe der **Stellvertreter** ist es, den Präsidenten bei der Sitzungsleitung zu vertreten, §§ 8, 7 IV GOBT. Sie sind von Amts wegen Mitglieder des Ältestenrates, § 6 I 1 GOBT.

27 Die vom Bundestag gewählten **Schriftführer** haben vor allem die Aufgabe, den amtierenden Präsidenten bei der Sitzungsleitung zu unterstützen; pro Sitzung werden diesem jeweils zwei Schriftführer beigeordnet, die zusammen mit ihm den **Sitzungsvorstand** bilden, §§ 8, 9 GOBT.

28 Der **Ältestenrat**[105] dient als Koordinations- und Lenkungsgremium; insbesondere soll er eine Verständigung zwischen den Fraktionen über die Besetzung der Vorsitzendenposition in den Ausschüssen sowie über die parlamentarischen Abläufe herbeiführen, §§ 6 II, 20 I, 35 I GOBT. Er ist aber grundsätzlich **kein Beschlussorgan**; kommt es zu keiner Einigung oder wird ein Vorschlag vom Bundestag nicht angenommen, beschließt das Plenum hierüber[106]. Der Ältestenrat setzt sich zusammen aus dem **Präsidium sowie weiteren 23 Mitgliedern**, die gemäß §§ 6, 12 GOBT von den Fraktionen entsprechend ihrer Stärke benannt werden. Sofern Gruppen gemäß § 10 IV GOBT bestehen, entsenden diese derzeit jeweils ein Mitglied in den Ältestenrat. Die Gruppen erhalten somit Gelegenheit, ihre Vorstellungen einzubringen; für interfraktionelle Vereinbarungen wird allerdings der Konsens allein der Fraktionen als ausreichend erachtet[107].

---

[102] Aufzählung der verschiedenen Ordnungsmittel bei *Schneider* (Fn. 14), Art. 40 Rn. 17; vgl. W. Zeh, HStR³ III, § 53 Rn. 36; zu der Reichweite und den unterschiedlichen rechtlichen Grundlagen der Ordnungsgewalt gegenüber den verschiedenen Adressatenkreisen: → Rn. 12 ff.

[103] *Ritzel/Bücker*, Anm. I. 2. a) § 2 GOBT (2003).

[104] Vgl. *Bücker* (Fn. 93), § 27 Rn. 28 f.; *Brocker* (Fn. 15), Art. 40 Rn. 156, 120; zu den Aufgaben der Präsidien in den Landtagen ausführlich *Köhler*, Rechtsstellung (Fn. 38), S. 76 ff.

[105] Instruktiv zum Ganzen *H.-A. Roll*, Der Ältestenrat, in: Schneider/Zeh, § 28 Rn. 5 ff.; *Morlok/Michael*, Staatsorganisationsrecht, Rn. 736; *Cancik* (Fn. 27), § 9 Rn. 50.

[106] Vgl. *Kluth* (Fn. 14), Art. 40 Rn. 58; *Brocker* (Fn. 15), Art. 40 Rn. 159; ausführlich *Roll* (Fn. 105), § 28 Rn. 20 ff. Als Beschlussorgan wird der Ältestenrat nur selten tätig, etwa bei der Aufstellung des Haushaltsvoranschlags, vgl. § 6 III GOBT.

[107] Vgl. BVerfGE 84, 304 (326 f.); 96, 264 (280). Entgegen dem Bundesverfassungsgericht gebührt den Gruppen jedoch ein Repräsentant mit den gleichen Rechten wie den Fraktionsvertretern. Auch die organisatorisch-prozedurale Strukturierung der parlamentarischen Arbeit wird vom Prinzip gleichberechtigter parlamentarischer Mitwirkung erfasst. Allgemein zur Bedeutung interfraktioneller Vereinbarungen *Schwerin*, Bundestag (Fn. 44), S. 266 ff.

c) Ausschüsse

Der überwiegende Teil der inhaltlichen Arbeit des Bundestages, auch der Exekutivkontrolle, wird nicht im Plenum, sondern in den Ausschüssen geleistet[108]. Grundlage für ihre Bildung sind Bestimmungen teils der Verfassung (Art. 44, 45, 45a, 45c GG), teils der einfachen Gesetze[109], im übrigen der Geschäftsordnung, §§ 54ff. GOBT. Schreiben Verfassung, Gesetz oder Geschäftsordnung[110] ihre Einrichtung nicht ausdrücklich vor, ist der Bundestag insofern frei. Zu den freiwilligen Ausschüssen gehören **Sonderausschüsse**, die für einzelne Angelegenheiten eingerichtet werden und mit Erfüllung ihrer Aufgabe enden, und **ständige Ausschüsse**[111], § 54 I GOBT.

29

Die Aufgaben der Ausschüsse werden durch § 62 I 2 GOBT dahingehend charakterisiert, dass sie als **vorbereitende** Beschlussorgane für den Bundestag Empfehlungen erarbeiten[112]. Praktisch findet jedoch die Herstellung der Entscheidungen fast ausschließlich in den Ausschüssen statt, während in den Plenarsitzungen deren Darstellung und die Information der Öffentlichkeit im Vordergrund stehen[113]. Durch die weitgehende **Vorwegnahme des Entscheidungsprozesses**[114] in den Ausschüssen hat ihre **Besetzung** besondere Bedeutung: Mit der Verlagerung der Entscheidungsfindung wird auch die **Repräsentationsfunktion** der Volksvertretung auf die Ausschüsse verlagert; ebenso erstreckt sich nach dem Prinzip der **Chancengleichheit der Abgeordneten** (→ Art. 38 Rn. 141) deren Recht auf Partizipation an der Willensbildung auf die Mitwirkung in den Ausschüssen[115]. Dies gilt auch für fraktionslose Abgeordnete[116]. Dem entspricht im Ansatz die Regelung des § 12 GOBT, also die Ausschussbesetzung ge-

30

---

[108] *Morlok/Michael*, Staatsorganisationsrecht, Rn. 704; *Dicke* (Fn. 73), Art. 40 Rn. 43; *H. Schöne*, Alltag im Parlament, 2010; *W. Zeh*, HStR³ III, § 52 Rn. 40f.; → Art. 43 Rn. 9 Fn. 24.

[109] § 3 WahlPG – Wahlprüfungsausschuss; § 6 BVerfGG – Wahlausschuss; Gremium gemäß § 9 G 10; Parlamentarische Kontrollkommission gemäß § 1 des Gesetzes über die Kontrolle nachrichtendienstlicher Tätigkeiten des Bundes; Vertrauensgremium gemäß § 10a BHO; zur Vertiefung siehe *H. Frost*, AöR 95 (1970), 38 (52ff.); *F. Edinger*, Wahl und Besetzung parlamentarischer Gremien, 1992, S. 216ff.

[110] Vgl. §§ 96, 112, 114, 129 GOBT.

[111] Näher hierzu *H. Frost*, AöR 95 (1970), 38 (53); *Steiger*, Regierungssystem (Fn. 26), S. 121ff.; vgl. auch *Achterberg/Schulte* (Fn. 27), Art. 40 Rn. 17. Die ständigen »Fachausschüsse« bilden der Zahl nach den Hauptteil der Bundestagsausschüsse, sie sind größtenteils den Ressorts der Bundesregierung zugeordnet und für die Behandlung von Gesetzesvorlagen zuständig; *W. Zeh*, HStR II, § 42 Rn. 42; *Edinger*, Wahl (Fn. 109), S. 187.

[112] Diese müssen sich grundsätzlich auf die überwiesenen Vorlagen beziehen, allerdings kommt den Ausschüssen auch ein beschränktes Selbstbefassungsrecht zu, § 62 I 3 GOBT; vgl. BVerfGE 1, 144 (152).

[113] *H. Dreier*, JZ 1990, 310 (318); *W. Zeh*, HStR³ III, § 50 Rn. 42ff., § 52 Rn. 39ff.; *Edinger*, Wahl (Fn. 109), S. 186.

[114] Zu weitergehenden Entscheidungsbefugnissen vgl. § 62 I 4 GOBT. Zur Übertragung von Kompetenzen des Bundestages auf Ausschüsse auch BVerfGE 44, 308 (318f.); 70, 324 (363); 80, 188 (221); *W. Berg*, Der Staat 9 (1970), 21ff.; *H.-H. Kasten*, DÖV 1985, 222ff.

[115] Dazu BVerfGE 44, 308 (316); 56, 396 (405); 70, 324 (363); 80, 188 (217f.); 84, 304 (321). Zu Unzulässigkeit gemeinsamer Wahlvorschläge für Sitze in kommunalen Ausschüssen BVerwGE 119, 305ff.; *J. Krüper*, NWVBl. 2005, 97ff. m.w.N.; s. auch BVerfGE 112, 118 – Vermittlungsausschuß I.

[116] Zu den Rechten des fraktionslosen Abgeordneten *M. Morlok*, ZParl. 35 (2004), 633ff.; *H.H. Klein*, ZParl. 35 (2004), 627ff.; *Morlok/Michael*, Staatsorganisationsrecht, Rn. 703; *W. Kluth*, in: Schmidt-Bleibtreu/Hofmann/Henneke, GG, Art. 38 Rn. 78; umfassend *H.H. Klein*, Gruppen und fraktionslose Abgeordnete, in: Morlok/Schliesky/Wiefelspütz, § 18. Fraktionslosen Abgeordneten in Ausschüssen Mitwirkungsmöglichkeiten, aber kein Stimmrecht, einzuräumen (§ 57 I 2 GOBT), erscheint fragwürdig. So aber BVerfGE 80, 188 (244ff.); kritisch hierzu das *Sondervotum E. G. Mahrenholz* in BVerfGE 80, 235 (237); *M. Morlok*, JZ 1989, 1035 (1040ff.); *H. Schulze-Fielitz*, DÖV 1989,

mäß den Fraktionsstärken; die Ausschüsse müssen sich als verkleinerte Abbilder des Plenums darstellen[117]. Da Verkleinerung notwendig zur **Vergröberung** der Abbildung führt, ist eine Abwägung erforderlich zwischen Proportionalität und Repräsentativität. Hierfür sind Größe der Gremien und Besetzungssystem[118] maßgeblich, deren Bestimmung aufgrund seiner Geschäftsordnungsautonomie dem Bundestag (§ 57 I 1 GOBT) obliegt. Unter dem Aspekt der Arbeits- und Funktionsfähigkeit kommt ihm insoweit ein »Organisationsermessen« zu[119]. Laut Bundesverfassungsgericht kann daher bei der Ausschussbesetzung ausnahmsweise eine Fraktion vernachlässigt werden, sofern dies für die Arbeitsfähigkeit oder aufgrund der Besonderheiten des Verhandlungsgegenstandes (Geheimschutz) als notwendig erachtet wird[120]. Diese Auffassung trägt dem Postulat möglichst vollständiger Repräsentation in den Gremien als Ausfluss der Volkssouveränität zu wenig Rechnung, das den Gestaltungsspielraum des Parlaments begrenzt. Der Aspekt der Proportionalität wird hier von dem einer umfassenden Repräsentation überwogen, solange – ggf. durch Ausgleichsmandate – gewährleistet bleibt, dass die Mehrheit im Plenum auch über die Mehrheit in den Ausschüssen verfügt. Daher ist eine Berücksichtigung von Minderheitsfraktionen in **allen Ausschüssen** zu verlangen[121]. Für Gruppen (§ 10 IV GOBT) ist eine Repräsentation jedenfalls in Untersuchungsausschüssen zu verlangen, da diese Oppositionsmeinungen in besonderem Maße Rechnung tragen müssen.

31 Die **Verteilung der Vorsitzendenpositionen** in den **Ausschüssen** und die Bestimmung der übrigen Mitglieder regeln die §§ 58, 6 II 2, 12, 57 II GOBT. Die Ausschusssitzungen erfolgen gemäß § 69 I 1 GOBT grundsätzlich nicht öffentlich; allerdings sind Ausnahmen möglich, vgl. §§ 69 II, 70 GOBT (→ Art. 42 Rn. 24f.).

32 Der Bundestag kann zur Bearbeitung umfangreicher und komplexer Sachgebiete **Enquete-Kommissionen** einsetzen (§ 56 GOBT), die sich, anders als Ausschüsse, nicht nur aus Abgeordneten, sondern auch aus externen Sachverständigen zusammensetzen.

d) Fraktionen

33 Der Zusammenschluss in Fraktionen bildet ein **wesentliches Gliederungsprinzip** des Bundestages. Die Rechte der Fraktionen leiten sich aus den Rechten der Abgeordneten

---

829ff.; vgl. auch *H.-H. Trute*, Jura 1990, 184ff.; *J. Ziekow*, JuS 1991, 28ff.; *G. Roth*, in: Umbach/Clemens, GG II, Art. 38 Rn. 118.

[117] Vgl. für den Grundsatz der Spiegelbildlichkeit BVerfGE 80, 188 (222); 84, 304 (323f.); *Morlok/Michael*, Staatsorganisationsrecht, Rn. 707.

[118] Siehe *W. Zeh*, Das Ausschußsystem im Bundestag, in: Schneider/Zeh, § 39 Rn. 15f.; *ders.*, HStR³ III, § 52 Rn. 46; *Edinger*, Wahl (Fn. 109), S. 323ff.; *H.-P. Schneider*, ZParl. 1 (1970), 442ff.; zu verschiedenen Berechnungsverfahren zur Ausschussbesetzung in Parlamenten s. *F. Hermsdorf*, ZParl. 39 (2008), 30ff.

[119] Siehe *H. Dreier*, JZ 1990, 310 (318f.); vgl. BVerfGE 80, 188 (219f.); 96, 264 (278f.).

[120] BVerfGE 70, 324 (364); vgl. auch BayVerfGH BayVBl. 1989, 173 (174). Dagegen aber mit guten Gründen die *Sondervoten E.G. Mahrenholz*, BVerfGE 70, 366 (367ff.) und *E.-W. Böckenförde*, BVerfGE 70, 380 (381ff.); s.a. *W. W. Schmidt*, DÖV 1986, 236ff.

[121] Zutreffend *H. Dreier*, JZ 1990, 310 (316ff.); im Ergebnis ebenso *Schneider* (Fn. 14), Art. 40 Rn. 9; *W. Zeh*, HStR³ III, § 52 Rn. 47; *K.-H. Hohm*, NJW 1985, 408 (411); vgl. auch *H. Meyer*, Die Stellung der Parlamente in der Verfassungsordnung des Grundgesetzes, in: Schneider/Zeh, § 4 Rn. 108ff.; anders aber BVerfGE 84, 304 (324); 96, 264 (280); *Dicke* (Fn. 73), Art. 40 Rn. 46; Jarass/Pieroth, GG, Art. 40 Rn. 5; *Magiera* (Fn. 66), Art. 40 Rn. 17.

ab, die sich zu Fraktionen zusammenschließen[122] (→ Art. 38 Rn. 184 ff.). Gleichwohl stellen sie sich faktisch als Repräsentationsinstanzen der Parteien dar: als **Parteien im Parlament**. Durch sie vollzieht sich die Transformation der gesellschaftlichen Willensbildung in staatliches Handeln[123]. Die Fraktionen bewirken Handlungsfähigkeit durch Meinungsbündelung, zudem ist fraktionsinterne **Arbeitsteilung** unabweisbare Voraussetzung für die Bewältigung der zu behandelnden Komplexität[124].

Dementsprechend stellt der Bundestag bei der Regelung von Organisation und Verfahren in hohem Maße auf die Fraktionen ab. Bei der Ausgestaltung des Fraktionsstatus kommt ihm ein Gestaltungsspielraum zu[125]. Insoweit ist die Festlegung einer **Fraktionsmindeststärke** (§ 10 I GOBT) und eine Beschränkung von Gruppen (§ 10 IV GOBT) und fraktionslosen Abgeordneten bei Initiativ- und Rederechten zur Straffung der parlamentarischen Arbeit gerechtfertigt[126]. Allerdings trägt der Bundestag für eine solche Beschränkung von Abgeordnetenrechten die **Argumentationslast**[127].

IV. Räumliche Integrität des Bundestages (Art. 40 II GG)

1. Hausrecht und Polizeigewalt (Art. 40 II 1 GG)

Nach Art. 40 II 1 GG, § 7 II 1 GOBT übt der Präsident in den Parlamentsgebäuden das Hausrecht und die Polizeigewalt aus. Diese Bestimmungen dienen dem Schutz der parlamentarischen Arbeit gegen Störungen von außen. Das **Hausrecht** wird überwiegend auf das Eigentum und die daraus folgenden Benutzungsrechte des Bundestages an seinen Räumlichkeiten gestützt[128]. Zutreffender erscheint eine originär öffentlich-rechtliche Herleitung aus der Befugnis des Bundestages, seine ordnungsgemäße Funktionserfüllung zu sichern[129]. Der Präsident ist insoweit dafür zuständig, die Gebäude

---

[122] BVerfGE 10, 4 (14); 80, 188 (219); 84, 304 (322); gegen BVerfGE 80, 188 aber das *Sondervotum K. Kruis*, BVerfGE 80, 241 (241 f.). Zur Debatte um Anerkennung der Fraktionen und Befugnisse einzelner Abgeordneter *E. Schütt-Wetschky*, Grundfragen parlamentarischer Demokratie: Klassisch-altliberaler Typ und Gruppentyp, 1984. Umfassend zu Fraktionen vgl. *Morlok/Michael*, Staatsorganisationsrecht, Rn. 693 ff.

[123] Weil die Fraktionen den Bundestag nicht in seiner Gesamtheit repräsentieren und ihre Rechte von den Abgeordneten ableiten, sind sie keine Organe des Parlaments: so auch BVerfGE 62, 194 (202); 84, 304 (322); *Klein* (Fn. 2), Art. 40 Rn. 83 m.w.N.; a.A. *Jarass/Pieroth*, GG, Art. 40 Rn. 7; *Schneider* (Fn. 14), Art. 40 Rn. 3; *J. Scherer*, AöR 112 (1987), 189 (197 ff.) m.w.N. Zur parlamentarischen Praxis vgl. *F. Schäfer*, Der Bundestag, 1982, S. 135 ff.; *K. v. Beyme*, Der Gesetzgeber, 1997, S. 130 ff.; *W. Ismayr*, Der Deutsche Bundestag, 1992, S. 37 ff., 83 ff.

[124] Vgl. *H. Dreier*, JZ 1990, 310 (318). Zum historischen Zusammenhang von Parteien und Fraktionsbildung: → Art. 21 Rn. 4.

[125] Einen guten Überblick gibt *N. Görlitz*, DÖV 2009, 261 ff.; die Regelung der Fraktionsrechte kann in der Geschäftsordnung nur für den parlamentsinternen Bereich erfolgen; Bestimmungen mit Außenwirkung müssen durch Gesetz getroffen werden, vgl. insoweit §§ 45 ff. AbgG; hierzu *M. Morlok*, NJW 1995, 29 ff.

[126] BVerfGE 84, 304 (321 ff.); 96, 264 (278 f.); *Brocker* (Fn. 15), Art. 40 Rn. 180, 196.; zur Mitwirkung fraktionsloser Abgeordneter in Ausschüssen → Rn. 30 Fn. 116.

[127] Vgl. BVerfGE 84, 304 (321 ff.); 93, 109 (204); 96, 264 (278).

[128] Fiskalischen Charakter des Hausrechts nehmen an etwa *Achterberg/Schulte* (Fn. 27), Art. 40 Rn. 63; *Kluth* (Fn. 14), Art. 40 Rn. 63; *Versteyl* (Fn. 68), Art. 40 Rn. 23; *Köhler*, Rechtsstellung (Fn. 38), S. 235 f.; *T. Wilrich*, DÖV 2002, 152 (155); differenzierend Jarass/Pieroth, GG, Art. 40 Rn. 14.

[129] Zutreffend *Dicke* (Fn. 73), Art. 40 Rn. 51; *Klein* (Fn. 2), Art. 40 Rn. 144; *H. Günther*, Hausrecht und Polizeigewalt des Parlamentspräsidenten, 2013, S. 52 ff.; vgl. zum öffentlich-rechtlichen Hausrecht zur Sicherung der Aufgabenerfüllung *Maurer*, Allg. Verwaltungsrecht, § 3 Rn. 34; *Wolff/Bachof/Stober*, Verwaltungsrecht I, § 22 Rn. 51.

und Grundstücke des Bundestags für diesen zu verwalten sowie eine Hausordnung zu erlassen (§ 7 II GOBT) und für deren Durchsetzung zu sorgen. Verstöße gegen entsprechende Maßnahmen stellen Ordnungswidrigkeiten i. S. v. § 112 OWiG dar; wer entgegen einer Verweisung des Präsidenten im Bundestag verweilt, begeht Hausfriedensbruch gemäß § 123 StGB.

36 Die **Polizeigewalt** verleiht dem Präsidenten alle hoheitlichen Befugnisse der allgemeinen Polizeibehörden[130], allerdings beschränkt auf die Aufgaben der Gefahrenabwehr. Im Bereich des Bundestages ist zugleich jede andere Polizeigewalt ausgeschlossen[131] – darin liegt ein wesentlicher Zweck der Verleihung der Polizeigewalt an den Parlamentspräsidenten. Auf **Ersuchen** des Präsidenten sind die örtlichen Polizeibehörden jedoch verpflichtet, diesem **Amtshilfe** zu leisten. Insoweit sind die tätig werdenden Beamten den **Weisungen des Präsidenten unterworfen**, dem entsprechende Maßnahmen rechtlich zuzurechnen sind[132]. Die Polizei ist ohne ein Ersuchen zum Betreten des Bundestagsgeländes weder verpflichtet noch berechtigt, anderes kommt nur in Notfällen in Betracht. Richtschnur ist, dass Störungen der parlamentarischen Tätigkeit durch den einschreitenden Hoheitsträger ausgeschlossen sind[133]. Zur Durchsetzung seiner sich aus Hausrecht und Polizeigewalt ergebenden Befugnisse kann sich der Präsident eines eigenen **Ordnungsdienstes** bedienen, der weisungsbefugt und berechtigt ist, seine Anordnungen auch durch unmittelbaren Zwang durchzusetzen[134].

37 Hausrecht und Polizeigewalt erstrecken sich auf die **Gebäude des Bundestages** einschließlich seiner Nebengebäude, sowie auf das Reichstagsgelände; nicht aber automatisch auf jeden Ort, an dem ein Ausschuss tagt. Sofern dies nämlich an Orten geschieht, die nicht dem Bundestag zuzurechnen sind (etwa bei Ortsbesichtigungen), wäre ein Ausschluss der allgemeinen polizeilichen Zuständigkeit bedenklich[135]. Außerdem sind solche Räumlichkeiten nicht ohne weiteres zu den Gebäuden des Bundestages zu rechnen, die von Abgeordneten oder Fraktionen eigenmächtig angemietet oder bezogen werden, sei es auch für parlamentarische Zwecke[136].

2. Genehmigungserfordernis für Durchsuchungen und Beschlagnahmen (Art. 40 II 2 GG)

38 Eine Durchsuchung oder Beschlagnahme darf in den Gebäuden des Bundestages nicht ohne vorherige Genehmigung des Präsidenten erfolgen[137], § 184 BGB findet keine

---

[130] *Schneider* (Fn. 14), Art. 40 Rn. 16; *Achterberg/Schulte* (Fn. 27), Art. 40 Rn. 64; *A. Ramm*, NVwZ 2010, 1461 (1462).
[131] *Schneider* (Fn. 14), Art. 40 Rn. 16; vgl. aber *Stern*, Staatsrecht II, S. 85.
[132] *Versteyl* (Fn. 68), Art. 40 Rn. 24; *A. Ramm*, NVwZ 2010, 1461 (1463).
[133] So zutreffend *Brocker* (Fn. 15), Art. 40 Rn. 162; *Schneider* (Fn. 14), Art. 40 Rn. 16; a.A. *Troßmann*, Parlamentsrecht (Fn. 44), § 7 GOBT Rn. 38; *Klein* (Fn. 2), Art. 40 Rn. 150; *Jarass/Pieroth*, GG, Art. 40 Rn. 14.
[134] Vgl. § 7 HausO BT v. 11.6.1975 (i. d. F. vom 7.8.2002; BGBl. I S. 3483); abgedruckt bei *Ritzel/Bücker*, Anlage zu § 7 II GOBT (2004).
[135] *Achterberg/Schulte* (Fn. 27), Art. 40 Rn. 62; *Klein* (Fn. 2), Art. 40 Rn. 165; *Versteyl* (Fn. 68), Art. 40 Rn. 25. Anderes gilt allerdings für den Zusammentritt der Bundesversammlung gemäß Art. 54 IV GG i.V.m. § 8 des Gesetzes über die Wahl des Bundespräsidenten v. 25.4.1959, wonach die entsprechenden Vorschriften der GOBT analog anwendbar sind; vgl. insoweit § 7 II GOBT.
[136] *Versteyl* (Fn. 68), Art. 40 Rn. 28.
[137] Zur Frage, ob der Genehmigungsvorbehalt dem Hausrecht oder der Polizeigewalt zuzuordnen ist oder gar eine Kompetenz sui generis darstellt, vgl. *D. Schroeder*, Jura 2008, 95 (96).

Anwendung[138]. Sie ist erforderlich für **Beschlagnahmen** (§§ 94 ff. StPO) und **Durchsuchungen** (§§ 102 ff. StPO) sowie entsprechende Eingriffe aufgrund anderer Rechtsgrundlagen, vor allem nach polizeirechtlichen Regelungen[139]. Die Erteilung der Genehmigung liegt im Ermessen des Präsidenten, auf sie kann weder der Präsident noch ein betroffener Abgeordneter verzichten[140]. Auch ein Parlamentsbeschluss, der die Aufhebung der Immunität von Abgeordneten für inländische Ermittlungsverfahren generell anordnet (→ Art. 46 Rn. 38), entbindet den Präsidenten nicht von der eigenständigen Würdigung des Einzelfalls, in der er die Arbeits- und Funktionsfähigkeit des Parlaments einerseits und die Statusrechte des Abgeordneten (insbesondere Art. 46, 47 GG) andererseits berücksichtigen muss[141]. Es handelt sich dabei um eine Evidenzkontrolle, die gerichtlich nur auf eine Verletzung des Willkürverbotes überprüft werden kann[142]. Im einzelnen muss der Präsident nicht prüfen, ob eine Verletzung von Abgeordnetenrechten tatsächlich eintreten wird[143]. Die Genehmigung dient so vornehmlich der Sicherung der Funktionsfähigkeit des Parlaments und entfaltet keine darüber hinausgehende schützende Wirkung gegenüber dem Abgeordneten[144]. Festnahmen und Verhaftungen (§§ 112 ff. StPO) werden dagegen bereits von Art. 46 II–IV GG erfasst[145]. Ergänzt wird der räumliche Schutz des Bundestages durch § 106b StGB und § 16 III VersG i.V.m. § 2 BefBezG.

D. Verhältnis zu anderen GG-Bestimmungen

Die Parlamentsautonomie des Bundestages wird begrenzt durch eine Reihe von Verfassungsbestimmungen: So müssen die Abgeordnetenrechte aus Art. 38 I 2 GG und diverse Vorgaben für das **Verfahren** (Art. 42, 121, 39 I, 41, 43 II, 76, 77 IV, 79 II, 81, 110 III GG) und die **Organisation** (Art. 10 II 2, 44 I, 45a, 45c, 45b GG) beachtet werden. Zu nennen sind ferner diejenigen Vorschriften, die **Kompetenzen** und Aufgaben des Bundestages in Hinblick auf andere Verfassungsorgane betreffen (Art. 53a I, 54 IV 2, 56 S. 1, 61 I, 63, 67 I, II, 93 I Nr. 2, 94 I, 95 II GG). Ergänzt wird die externe Parlamentsautonomie schließlich durch Art. 39 III, 46 II–IV GG.

39

---

[138] *Kluth* (Fn. 14), Art. 40 Rn. 64.
[139] Vgl. *Kluth* (Fn. 14), Art. 40 Rn. 63; *Versteyl* (Fn. 68), Art. 40 Rn. 29.
[140] *Schneider* (Fn. 14), Art. 40 Rn. 18; *Jarass/Pieroth*, GG, Art. 40 Rn. 13; anders *G. M. Köhler*, DVBl. 1992, 1577 (1581).
[141] Vgl. VerfGH SN v. 25.6.2009, Vf. 130-I-08, Rn. 40 ff.
[142] BVerfGE 108, 251 (275, Rn. 65).
[143] BVerfGE 108, 251 (275, Rn. 64); *D. Schroeder*, Jura 2008, 95 (97).
[144] BVerfGE 108, 251 (274 f., Rn. 63 f.); vgl. auch E 104, 310 (325, Rn. 67).
[145] *Magiera* (Fn. 66), Art. 40 Rn. 33; *Jarass/Pieroth*, GG, Art. 40 Rn. 16; a.A. *Schneider* (Fn. 14), Art. 40 Rn. 16; näher dazu *Achterberg*, Parlamentsrecht, S. 126 m.w.N. → Art. 46 Rn. 26 ff.

Art. 41

Artikel 41 [Wahlprüfung und Mandatsprüfung]

(1) ¹Die Wahlprüfung ist Sache des Bundestages. ²Er entscheidet auch, ob ein Abgeordneter des Bundestages die Mitgliedschaft verloren hat.
(2) Gegen die Entscheidung des Bundestages ist die Beschwerde an das Bundesverfassungsgericht zulässig.
(3) Das Nähere regelt ein Bundesgesetz.

Literaturauswahl

von Heyl, Arnulf: Wahlfreiheit und Wahlprüfung, 1975.
Hüfler, Thomas: Wahlfehler und ihre materielle Würdigung, 1979.
Karpenstein, Peter: Die Wahlprüfung und ihre verfassungsrechtlichen Grundlagen, 1962.
Koch, Thorsten: »Bestandsschutz« für Parlamente? – Überlegungen zur Wahlfehlerfolgenlehre, DVBl. 2000, S. 1093–1100.
Koenig, Christian: Mandatsrelevanz und Sanktionen im verfassungsrechtlichen Wahlbeschwerdeverfahren, in: ZParl. 25 (1994), S. 241–253.
Kretschmer, Gerald: Wahlprüfung, in: Schneider/Zeh, § 13, S. 441–465.
Loschelder, Hansjörg: Das aktive Wahlrecht und die Rechtsweggarantie des Artikels 19 Absatz 4 GG, 1968.
Morlok, Martin: Kleines Kompendium des Wahlrechts, in: NVwZ 2012, S. 913–919.
Olschewski, Bernd-Dietrich: Wahlprüfung und subjektiver Wahlrechtsschutz, 1970.
Puttler, Adelheid: Landeswahlprüfung durch ein Gericht: Art. 19 Abs. 4 GG, die Länderautonomie und die hessischen Wahlprüfungsbestimmungen, in: DÖV 2001, S. 849–856.
Roth, Gerald: Subjektiver Wahlrechtsschutz und seine Beschränkungen durch das Wahlprüfungsverfahren, in: Festschrift für Karin Graßhof, 1998, S. 53–68.
Schmitt-Vockenhausen, Hermann: Die Wahlprüfung in Bund und Ländern unter Einbeziehung Österreichs und der Schweiz, 1969.
Seifert, Karl-Heinz: Bundeswahlrecht, 3. Aufl. 1976.

Leitentscheidungen des Bundesverfassungsgerichts

BVerfGE 4, 370 (372ff.) – Mandatsrelevanz; 40, 11 (29ff.) – Wahlprüfung; 85, 148 (157ff.) – Wahlprüfungsumfang; 89, 291 (299ff.) – Wahlprüfungsverfahren; 103, 111 (125ff., Rn. 76ff.) – Wahlprüfung Hessen; 122, 304 (306ff., Rn. 7ff.) – Wahlprüfungsbeschwerde nach Bundestagsauflösung.

Gliederung

	Rn.
A. Herkunft, Entstehung, Entwicklung	1
I. Ideen- und verfassungsgeschichtliche Aspekte	1
II. Entstehung und Veränderung der Norm	4
B. Internationale, supranationale und rechtsvergleichende Bezüge	5
C. Erläuterungen	6
I. Wahl- und Mandatsprüfung durch den Bundestag (Art. 41 I GG)	6
1. Wahlprüfung (Art. 41 I 1 GG)	7
a) Sinn und Zweck	7
b) Gegenstand	9
c) Abgrenzung zu sonstigen Rechtsbehelfen	11
d) Das Wahlprüfungsverfahren	14
e) Materielles Wahlprüfungsrecht	15
2. Mandatsprüfung (Art. 41 I 2 GG)	22
II. Beschwerde zum Bundesverfassungsgericht (Art. 41 II GG)	24
III. Nähere Regelung durch Bundesgesetz (Art. 41 III GG)	25
D. Verhältnis zu anderen GG-Bestimmungen	26

Stichwörter

Abstimmungen 10 – Anfechtungsprinzip und Offizialmaxime 14 – Berichtigung 19 – Bestandsschutz 18 – Diskontinuität 23 – Dritte als Verursacher von Wahlfehlern 9 – Fehlerfolgenbegrenzung 18 – Kombinationslösung 5 – Legitimation 7, 18, 22 – Mandatsrelevanz 7, 19f., 24 – Parlamentsautonomie 7 – Prüfungskompetenz 15 – Rechtsschutz 12f. – Selbstprüfung 2, 4, 7 – Sicherungsinstrument 7 – Subjektives Wahlrecht 7 – Unmittelbarkeit des Fehlers 11f. – Verfassungswidriges Wahlgesetz 21 – Verhältnismäßigkeit 18 – Verlustgründe 23 – Volkssouveränität 7 – Wahlfehler 17 – Wahlprüfungsverfahren 9, 14.

A. Herkunft, Entstehung, Entwicklung

I. Ideen- und verfassungsgeschichtliche Aspekte

Die altständischen Vertretungen und auch der Reichstag des alten Reiches kannten eine Prüfung der Legitimation ihrer Mitglieder in Gestalt einer Prüfung ihrer Vollmachten[1]. Diese Prüfung beschränkte sich aber auf die formale Seite. Aus dieser Legitimationsprüfung entwickelte sich die Prüfung der Korrektheit der Wahlen zu den und der Rechtmäßigkeit der Mitgliedschaft in den Vertretungskörperschaften. Die englische Entwicklung[2] ging dabei voraus, entwand dem König diese Prüfungen und legte sie in die Hand des Unterhauses selbst – allerdings wurde dieses Recht parteilich ausgeübt[3]. Einfluss auf die deutsche Entwicklung nahmen die amerikanische Verfassung[4] und vor allem die französische Theorie und Praxis[5]. Dort war schon 1789 bei der Einberufung der Generalstände der Kampf um die »verification des pouvoirs« entbrannt, in dem die Lehre vom pouvoir constituant ausgefochten wurde. Das Recht der **Wahlprüfung** wurde als unveräußerliches **Element der Volkssouveränität** verstanden[6]. 1

In den frühkonstitutionalistischen Verfassungen Deutschlands gab es verschiedenartige Regelungen[7]. Die Wahlprüfung oblag entweder der Regierung oder einem landständischen Ausschuss, Regierung und Landtagsvorstand gemeinsam[8], zunehmend aber wurde sie als Recht der **Selbstprüfung des Parlaments** ausgestaltet[9]. Die Wahlprüfung war auch nach § 112 **Paulskirchenverfassung** und Art. 27 **RV 1871** Sache des Parlaments. Die englische Entwicklung war mittlerweile von der Entscheidung in ei- 2

---

[1] *J. Hatschek*, Das Parlamentsrecht des Deutschen Reiches, 1. Teil, 1915, S. 395 ff.; *J. Ruszoly*, Der Staat 21 (1982), 203 (206 f.).
[2] *Hatschek*, Parlamentsrecht (Fn. 1), S. 420 ff.
[3] *Hatschek*, Parlamentsrecht (Fn. 1), S. 426 ff.
[4] Art. 1 Sec. 5 I macht jedes Haus zum »Judge of the Elections, Returns and Qualifications of its own Members«.
[5] Dazu *Hatschek*, Parlamentsrecht (Fn. 1), S. 399 ff. Zum Einfluss auf die deutsche Entwicklung s. a. *A. v. Heyl*, Wahlfreiheit und Wahlprüfung, 1975, S. 48 f.
[6] Mit zeitgenössischen Nachweisen *Hatschek*, Parlamentsrecht (Fn. 1), hier besonders S. 406. Die Wahlprüfung ist in Frankreich durch Art. 31 des Gesetzes vom 13.6.1791 dem Parlament übertragen worden.
[7] Zum folgenden *P. M. Ehrle*, Volksvertretung im Vormärz, 1979, Teil 2, S. 752 ff. mit Einzelnachweisen.
[8] So nach §§ 48 ff. i.V.m. § 58 der Verfassung von Sachsen-Weimar-Eisenach 1816.
[9] Siehe etwa § 41 Baden 1818; § 160 IV Württemberg 1819; § 10 des Wahlgesetzes Sachsen von 1831; dazu *Hatschek*, Parlamentsrecht (Fn. 1), S. 396 ff.; *M. Botzenhart*, Deutscher Parlamentarismus in der Revolutionszeit 1848–1850, 1977, S. 464 ff.

3 **Art. 31 WRV** behielt die Tradition der Selbstentscheidung durch das Parlament bei, verband sie aber mit der anderen Tradition der Prüfung durch ein Gericht[11]. Der »Mittelweg«[12] sah ein »Wahlprüfungsgericht« beim Reichstag vor, das aus Mitgliedern des Reichstags und des Reichsverwaltungsgerichts bestand.

II. Entstehung und Veränderung der Norm

4 Die Heranziehung beider Modelle ist – in veränderter Form – auch für das Grundgesetz prägend geworden: in Gestalt einer Kombination von parlamentarischer Selbstprüfung und Entscheidung durch ein unabhängiges Gericht. **Art. 51 HChE** sah vor, die ausschließlich als Mandatslegitimationsprüfung verstandene Wahlprüfung der Entscheidungsgewalt des Bundestages zu unterwerfen und nur im Streitfall über die Gültigkeit der Wahl im ganzen die Anrufung des Bundesverfassungsgerichts zu ermöglichen[13]. Vorschläge während der **Beratungen im Parlamentarischen Rat**, zur Klärung von nicht auf die Wahl im ganzen bezogenen Einzelfragen ein Wahlprüfungsgericht einzusetzen, wurden unter Hinweis auf die Stellung des Bundestages als eines der Hauptorgane des Staates abgelehnt[14]. Nach mehreren Debatten über den Umfang des Prüfungsrechts des Bundesverfassungsgerichts[15] sowie darüber, ob die Gründe aufgeführt werden sollten, die zum Verlust der Abgeordneteneigenschaft führen könnten[16], wurde schließlich nach textlichen Änderungen das Beschwerdemodell eingeführt, das am 9.2.1949 vom Hauptausschuss in dritter Lesung beschlossen wurde und den Text der bis heute gültigen Fassung von Art. 41 GG fixierte.

B. Internationale, supranationale und rechtsvergleichende Bezüge

5 Die Regelungen in den ausländischen Verfassungen und den deutschen Ländern halten sich an die in der geschichtlichen Entwicklung sichtbar gewordenen Möglichkeiten. Sie übertragen entweder die Entscheidung auf das Parlament[17] oder auf ein (eigens eingerichtetes oder bereits bestehendes) Gericht[18]. Die deutsche Kombinationslösung, die

---

[10] Dazu *Hatschek*, Parlamentsrecht (Fn. 1), S. 428 ff., 441 ff.; *H. Schmitt-Vockenhausen*, Die Wahlprüfung in Bund und Ländern unter Einbeziehung Österreichs und der Schweiz, 1969, S. 5.

[11] Ihr war § 9 Verfassung Elsass-Lothringen 1911 vorangegangen. Auch in Deutschland war die Entscheidung des Parlaments in eigener Sache kritisiert worden, siehe *M. v. Seydel*, Gutachten für den 19. Deutschen Juristentag, Bd. 1, 1888, S. 130 ff. Zur rechtspolitischen Diskussion um die Jahrhundertwende *Hatschek*, Parlamentsrecht (Fn. 1), S. 485 ff.

[12] *Anschütz*, WRV, Art. 31 Anm. 1.

[13] *H.-P. Schneider*, in: AK-GG, Art. 41 (2002), Rn. 1.

[14] *P. J. Glauben*, in: BK, Art. 41 (2008), Rn. 4 unter Hinweis auf Organisationsausschuss, 6. Sitzung v. 24.9.1948, Sten. Prot. S. 49; vgl. auch Parl. Rat XIII/1, S. 181.

[15] Organisationsausschuss, 11. Sitzung v. 7.10.1948, Parl. Rat XIII/1, S. 424 ff.; *Glauben* (Fn. 14), Art. 41 Rn. 5.

[16] Organisationsausschuss, 11. Sitzung v. 7.10.1948, Parl. Rat XIII/1, S. 429 f.; *Glauben* (Fn. 14), Art. 41 Rn. 5 f.

[17] So z. B. Belgien (Art. 48); Dänemark (§ 33); Italien (Art. 66); Lettland (Art. 18). S. im Einzelnen auch die Darstellung bei R. Wolfrum/G. Schuster (Hrsg.), Verfahren der Kandidatenaufstellung und der Wahlprüfung im europäischen Vergleich, 1994.

[18] So etwa Griechenland (Art. 58); Spanien (Art. 70 II); Bulgarien (Art. 66). Dem Wahlprüfungsgremium der hessischen Verfassung (Art. 78 III) hat das Bundesverfassungsgericht wegen fehlender

auch Eingang in zahlreiche Landesverfassungen gefunden hat[19], ist, soweit ersichtlich, eine Besonderheit geblieben. Nach § 26 Europawahlgesetz obliegt auch die Prüfung der Wahlen zum **Europäischen Parlament** dem Bundestag und dem Bundesverfassungsgericht. Eine eigenständige Mandatserwerbsprüfung des Europäischen Parlaments sieht Art. 3 GOEP vor.

C. Erläuterungen

I. Wahl- und Mandatsprüfung durch den Bundestag (Art. 41 I GG)

Das Wahlprüfungsrecht des Bundestages umfasst die Kontrolle der Wahlen zum Deutschen Bundestag gemäß Art. 41 I 1 GG (**Wahlprüfung**) sowie die Überprüfung des nachträglichen Verlustes der Mitgliedschaft im Bundestag nach Art. 41 I 2 GG (**Mandatsprüfung**), herkömmlich auch als Wahlprüfung im engeren (Art. 41 I 1) und im weiteren Sinne (Art. 41 I 2) bezeichnet[20]. Die Wahl- und Mandatsprüfung ist eine Rechtskontrolle[21], ohne jedoch Rechtsprechung im formellen und materiellen Sinne zu sein[22].

1. Wahlprüfung (Art. 41 I 1 GG)

a) Sinn und Zweck

Die Wahlprüfung ist vom Grundsatz der Volkssouveränität (→ Art. 20 [Demokratie], Rn. 82 ff.) her zu verstehen. Sie sichert die ordnungsgemäße Durchführung der Wahlen als maßgeblichen Legitimationsmodus (→ Art. 38 Rn. 51) und die korrekte Zusammensetzung des Bundestages[23] als zentrales Verfassungsorgan, von dem aus die Legitimation der weiteren Staatsorgane erfolgt. Sie dient damit der Gewährleistung des – gemessen am Wahlrecht – ordnungsgemäßen personellen Ausdrucks des Volkswillens am Beginn der Legitimationskette und lässt sich als ein spezifisches **Sicherungsinstrument der Volkssouveränität** begreifen[24]. Von diesem Zweck her dient sie nach traditio-

---

sachlicher Unabhängigkeit die Gerichtsqualität abgesprochen, weil ihm – neben den beiden höchsten Richtern des Landes – auch drei Landtagsabgeordnete angehören, BVerfGE 103, 111 (136 ff., Rn. 110 ff.).

[19] Baden-Württemberg (Art. 31); Niedersachsen (Art. 11); Nordrhein-Westfalen (Art. 33); Hamburg (Art. 9, 65 III Nr. 7); Bayern (Art. 33, 63); Rheinland-Pfalz (Art. 82).

[20] *H. H. Klein*, in: Maunz/Dürig, GG, Art. 41 (2013), Rn. 1 f.; *D. Hömig*, in: ders., GG, Art. 41 Rn. 2; kritisch *G. Roth*, in: Umbach/Clemens, GG, Art. 41 Rn. 8. Für die begrifflichen Unterscheidungen vgl. *G. Kretschmer*, Wahlprüfung, in: Schneider/Zeh, § 13 Rn. 4.

[21] *Glauben* (Fn. 14), Art. 41 Rn. 28; *S. Magiera*, in: Sachs, GG, Art. 41 Rn. 14; *Kretschmer* (Fn. 20), § 13 Rn. 3; *L.-A. Versteyl*, in: v. Münch/Kunig, GG II, Art. 41 Rn. 1; *W. Kluth*, in: Schmidt-Bleibtreu/Hofmann/Henneke, GG, Art. 41 Rn. 25; *Hömig* (Fn. 20), Art. 41 Rn. 4; *Morlok/Michael*, Staatsorganisationsrecht, § 5 Rn. 122 f.; *H. Lackner*, JuS 2010, 307 (308).

[22] S. hierzu umfassend *N. Achterberg/M. Schulte*, in: v. Mangoldt/Klein/Starck, GG II, Art. 41 Rn. 51 ff., insb. Rn. 53. Der Streit um die Rechtsnatur wurde in der Auseinandersetzung um die Ansiedelung des Wahlprüfungsrechts beim Parlament oder bei einem Gericht geführt, dazu *Hatschek*, Parlamentsrecht (Fn. 1), S. 481 ff.; *Achterberg*, Parlamentsrecht, S. 186 f. Die Entscheidung in der Frage des Rechtsprechungscharakters ist aber nicht zwangsläufig mit einer bestimmten Ausgestaltung des Wahlprüfungsverfahrens verknüpft.

[23] BVerfGE 4, 370 (372 f.); 85, 148 (158 f.); 89, 291 (304), st. Rspr.; *W. Ewer*, Wahlprüfung, in: Morlok/Schliesky/Wiefelspütz, § 8 Rn. 8.

[24] Vgl. BVerfGE 103, 111 (134 f., Rn. 103); vgl. auch *Morlok/Michael*, Staatsorganisationsrecht, § 5 Rn. 122.

neller Ansicht dem Schutz des **objektiven Wahlrechts** und ist hierauf auch begrenzt. Dafür spricht, dass die Prüfung des legitimationsschaffenden Massenverfahrens der Wahl in überschaubarer Zeit (»Zügigkeitsgebot«[25]) zu einem überzeugenden Ergebnis gebracht werden können muss. Die Beschränkung auf das objektive Wahlrecht allein bedeutet allerdings eine Begrenzung schon des Gegenstandes der Wahlprüfung und führt dazu, dass Verstöße gegen subjektives Wahlrecht, die nicht zugleich auch einen Verstoß gegen objektives Wahlrecht darstellen, überhaupt nicht gerügt werden können. Eine solche rigorose Verkürzung des subjektiven Rechtsschutzes des Bürgers kann vor Art. 19 IV GG keinen Bestand haben. Zwar bildet Art. 41 GG eine Ausnahme zur Rechtsschutzgarantie des Art. 19 IV GG, soweit es um Verstöße gegen subjektives Wahlrecht geht, die sich auf die Zusammensetzung des Parlamentes auswirken, also **mandatserheblich** sind (→ Rn. 19). Hier soll das Parlament selbst entscheiden. Die Wahlprüfung ist ein spezifisches Instrument der parlamentarischen Selbstkontrolle[26], dessen Ausrichtung auf die Konstituierung des Bundestages es rechtfertigt, sie in den Bereich der Parlamentsautonomie (→ Art. 40 Rn. 5) zu legen, freilich eingeschränkt durch die Kontrolle des Bundesverfassungsgerichts nach Art. 41 II GG[27].

8 Soweit es um **Verstöße gegen subjektives Wahlrecht ohne Mandatserheblichkeit** geht, greift der Vorrang von Art. 41 GG gegenüber Art. 19 IV GG allerdings nicht. Daher kann auch die Verletzung (nur) eines subjektiven Wahlrechts vom Bürger zur gerichtlichen Überprüfung gestellt werden, und zwar vor und nach der Wahl[28]. Andernfalls verlöre der Bürger sein »vornehmstes Recht«[29] im demokratischen Gemeinwesen. Dem folgend wurde der individuelle Rechtsschutz in jüngster Zeit deutlich ausgeweitet[30], auch wenn etwa die Regelung des § 5 III 2 WahlPG, wonach die Durchführung von Ermittlungen zu Verletzungen subjektiven Wahlrechts grundsätzlich von der Mandatsrelevanz abhängig gemacht wird, dem individuellen Rechtsschutz eher abträglich sein dürfte. Ein Verstoß gegen das subjektive Wahlrecht allein kann wegen des Bestandsschutzes der Wahl eine Ungültigerklärung der Wahl gleichwohl nicht tragen. Geboten ist aber deswegen nicht schon die Begrenzung des Umfangs der Wahlprüfung, vielmehr die Orientierung der Fehlerfolge an Gewicht und Ausmaß des Wahlfehlers.

b) Gegenstand

9 Art. 41 I 1 GG enthält keine Begriffsbestimmung der »Wahlprüfung«. Lediglich § 1 I WahlPG konkretisiert, es handele sich um die Entscheidung »über die Gültigkeit der Wahlen zum Bundestag« und die mögliche Verletzung von Rechten bei der Vorberei-

---

[25] W. Hoppe, DVBl. 1996, 344 (344). Vgl. weiter BVerfGE 21, 359 (361); 85, 148 (159); Magiera (Fn. 21), Art. 41 Rn. 7. Kritisch W. Hoppe, DVBl. 1996, 344 ff.; H. Meyer, KritV 77 (1994), 312 (353 ff.).
[26] B. D. Olschewski, Wahlprüfung und subjektiver Wahlrechtsschutz, 1970, S. 67 f.
[27] Magiera (Fn. 21), Art. 41 Rn. 1; Schneider (Fn. 13), Art. 41 Rn. 3; Achterberg/Schulte (Fn. 22), Art. 41 Rn. 15; Olschewski, Wahlprüfung (Fn. 26), S. 67 f.
[28] Roth (Fn. 20), Art. 41 Rn. 9 f.; ders., Subjektiver Wahlrechtsschutz und seine Beschränkungen durch das Wahlprüfungsverfahren, in: FS Graßhof, 1998, S. 53 ff.; Morlok/Michael, Staatsorganisationsrecht, § 5 Rn. 123; A. Puttler, DÖV 2001, 849 (852); in diese Richtung auch Achterberg/Schulte (Fn. 22), Art. 41 Rn. 10, sowie Nachweise in Fn. 33; ähnlich BVerfGE 85, 148 (158 f.); anders E 4, 370 (372 f.); 40, 11 (29); 48, 271 (280); 59, 119 (123); 89, 291 (304); BVerfGK 16, 148 (151); vgl. zur Notwendigkeit und Möglichkeit solchen Rechtsschutzes auch M. Morlok/A. Bäcker, NVwZ 2011, 1153 ff.
[29] BVerfGE 1, 14 (53); s. auch E 89, 155 (182 ff.).
[30] Gesetz zur Verbesserung des Rechtsschutzes in Wahlsachen v. 12.7.2012, BGBl. I S. 1501 ff.

tung oder Durchführung der Wahl. In diesem umfassenden Sinn ist Gegenstand der Wahlprüfung die Gesamtheit der Wahlvorgänge zum Bundestag[31]. Erfasst sind damit Entscheidungen und Maßnahmen, die **sachlich** die Wahlvorbereitung, die öffentliche Wahlhandlung und die Wahlergebnisfeststellung umfassen und in **personell**er Hinsicht von Wahlorganen, Parteien und Wählervereinigungen herrühren[32]. In Abgrenzung von Handlungen bloß anlässlich des Wahlverfahrens stellt § 49 BWahlG dies klar[33]. Dritte können Wahlfehler i.S.v. Art. 41 GG verursachen, weil die legitimierende Kraft der Wahl grundsätzlich auch durch nichtstaatliches Handeln gestört werden kann. Voraussetzung ist allerdings, dass in schwerwiegender Art und Weise auf den Wählerwillen eingewirkt wurde und keine Rechtsschutzmöglichkeit dagegen bestand[34]. **Zeitlich** ist das Wahlprüfungsverfahren auf durchgeführte Wahlen vor Ablauf der betreffenden Legislaturperiode beschränkt[35].

Zeitlich wie inhaltlich ist die Wahlprüfung von der staatlichen **Zulassung der Kandidaten** vor der Wahl abzugrenzen[36]. Abstimmungen i.S.v. Art. 20 II 2 GG (→ Art. 20 [Demokratie], Rn. 99 ff.) werden nicht von Art. 41 GG erfasst[37].

c) Abgrenzung zu sonstigen Rechtsbehelfen

Im Wahlprüfungsverfahren – und nur in diesem – wird über die Gültigkeit der Wahl entschieden: Es genießt ein **Monopol** auf den Ausspruch **mandatserheblicher Fehlerfolgen**[38]. Die Gültigkeit der Wahl betreffen dabei nur solche Entscheidungen und Maßnahmen, die selbst Bestandteil des Wahlverfahrens sind, also in unmittelbarem Zusammenhang mit der Wahl stehen (§ 49 BWahlG). Mangels Überprüfbarkeit der die Wahl nur **mittelbar** beeinflussenden Handlungen[39] nach Art. 41 I 1 GG müssen angesichts **Art. 19 IV GG** andere Rechtsschutzmöglichkeiten offenstehen. Insoweit ist vor der Wahl der Verwaltungsrechtsweg nach § 40 I 1 VwGO eröffnet[40].

---

[31] *Olschewski*, Wahlprüfung (Fn. 26), S. 32; *Klein* (Fn. 20), Art. 41 Rn. 59; Jarass/*Pieroth*, GG, Art. 41 Rn. 2; *Kluth* (Fn. 21), Art. 41 Rn. 3.
[32] Ausführlich dazu *Glauben* (Fn. 14), Art. 41 Rn. 59 ff.; zur Aufgabe der Parteien im Bereich des Wahlverfahrens und Fehlern in dieser Hinsicht BVerfGE 89, 243 (251 f.).
[33] Freilich ist davon zu unterscheiden die Frage, ob das Wahlprüfungsverfahren insoweit auch einen Rechtswegausschluss beinhaltet: → Rn. 11 ff.
[34] So BVerfGE 103, 111 (132 f., Rn. 97 f.); a.A. HambVerfG NVwZ 1999, 354 ff. Allerdings scheidet die Rüge eines Wahlfehlers insoweit aus, als er vom Beschwerdeführer selbst vorsätzlich verursacht wurde.
[35] *Magiera* (Fn. 21), Art. 41 Rn. 2; *Kluth* (Fn. 21), Art. 41 Rn. 3.
[36] Dazu *S. Koch*, Das Wahlzulassungsverfahren der Bundestagswahl, 1998.
[37] Vgl. statt vieler *Achterberg/Schulte* (Fn. 22), Art. 41 Rn. 9 m.w.N.
[38] Das dürfte auch die – nicht erklärte – ratio sein, ein Organstreitverfahren der Partei Bündnis 90/Die Grünen wegen Verletzung der Wahlrechtsgleichheit mit kaum überzeugender Begründung als verfristet scheitern zu lassen: BVerfGE 92, 80 (86 ff.); allgemein zur Monopolstellung vgl. *Morlok/Michael*, Staatsorganisationsrecht, § 5 Rn. 123; Jarass/*Pieroth*, GG, Art. 41 Rn. 5; *Hömig* (Fn. 20), Art. 41 Rn. 6.
[39] So etwa die Nichtgewährung von Sendezeiten im öffentlich-rechtlichen Rundfunk für Wahlwerbung oder die unrechtmäßige Verwendung staatlicher Mittel zu Wahlkampfzwecken. Dazu und zu weiteren Fällen s. *K.-H. Seifert*, Bundeswahlrecht, 3. Aufl. 1976, S. 271; *J. Hahlen*, in: Schreiber, Bundeswahlgesetz, § 49 Rn. 6 ff.; ausgenommen sind besonders schwere Beeinträchtigungen des Wahlrechts durch Dritte.
[40] So auch BVerwGE 51, 69 (71 ff.). Entgegen in der Literatur vereinzelt vertretener Auffassungen, so z.B. *Hahlen* (Fn. 39), § 49 Rn. 2, handelt es sich bei Konflikten im Wahlverfahren nicht um Streitigkeiten verfassungsrechtlicher Art; so auch *H. Meyer*, HStR³ III, § 46 Rn. 100 ff.

Art. 41 C. Erläuterungen

12 Der in § 49 BWahlG für alle in unmittelbarem Zusammenhang mit der Wahl stehenden Maßnahmen und Entscheidungen enthaltene Ausschluss anderer als der dort vorgesehenen[41] Rechtsschutzmöglichkeiten stellt eine verfassungsrechtlich **unzulässige Rechtswegversagung** dar[42]. Art. 19 IV GG garantiert dem Inhaber subjektiver Rechte einen lückenlosen Rechtsschutz gegen Akte staatlicher Gewalt (→ Art. 19 IV Rn. 40). Angesichts der Beschränkung des Wahlprüfungsverfahrens auf die bereits durchgeführte Wahl muss es zur Gewährleistung eines effektiven, nämlich rechtswahrenden Rechtsschutzes möglich sein, subjektive Rechte, z. B. die Eintragung ins Wählerverzeichnis, bereits **im Vorfeld der Wahl** gerichtlich durchzusetzen[43]. Insoweit wird auch die Verfassungsbeschwerde nicht durch Art. 41 I GG verdrängt[44]. Ergreift der Bürger ihm zumutbare Rechtsschutzmöglichkeiten vor der Wahl nicht, so kann ihm der Weg zum Wahlprüfungsverfahren nach der Wahl versperrt werden[45]. Ein solcher Präklusionseffekt ist zulässig. Rechtsschutz vor der Wahl ist nunmehr auch durch die Nichtanerkennungsbeschwerde des Art. 93 I Nr. 4c GG, § 18 IVa BWahlG gewährleistet, so dass Vereinigungen vor dem Bundesverfassungsgericht gegen die Nichtanerkennung als Partei seitens des Bundeswahlausschusses für die Wahl zum Bundestag vorgehen können[46].

13 Aber auch **nach der Wahl** stehen dem in seinen subjektiven Wahlrechten verletzten Bürger wegen Art. 19 IV GG Rechtsschutzmöglichkeiten (→ Rn. 8) zur Verfügung. Ein nachträgliches Rechtsschutzverfahren ist allerdings – wenn der Wahlfehler nicht mandatsrelevant ist – auf eine die Rechtsverletzung feststellende Entscheidung beschränkt[47]. Das Rechtsschutzbedürfnis folgt aus dem sog. Rehabilitierungsinteresse[48], wobei es aber letztlich eher um eine symbolische Rechtsverteidigung geht: Wesentliche Rechte dürfen um der Behauptung des Rechts willen nicht sanktionslos verletzt werden[49]. Fraglich ist allerdings, von welcher Institution Rechtsschutz verlangt werden kann. Nach einem Vorschlag von *Roth* soll auch diese feststellende Entscheidung im Wahlprüfungsverfahren nach Art. 41 I, II GG erfolgen[50]. Dagegen spricht allerdings, dass weder der Bundestag noch das Bundesverfassungsgericht Rechtsschutz im

---

[41] Neben der Wahlprüfung ist nur eine verwaltungsinterne Kontrolle durch Rechtsbehelfe des BWahlG und der BWahlO zugelassen.
[42] Wie hier *Olschewski*, Wahlprüfung (Fn. 26), S. 151; *H. Loschelder*, Das aktive Wahlrecht und die Rechtsweggarantie des Artikels 19 Absatz 4 GG, 1968, S. 102. Vgl. auch *Magiera* (Fn. 21), Art. 41 Rn. 7, der eine Rechtswegvorenthaltung als nicht gerechtfertigt bezeichnet. *Achterberg/Schulte* (Fn. 22), Art. 41 Rn. 13 f. und *Schneider* (Fn. 13), Art. 41 Rn. 15, plädieren angesichts Art. 19 IV GG für eine verfassungskonforme Auslegung des § 49 BWahlG; anders aber BVerfGE 34, 81 (94); 66, 232 (234); 74, 96 (101); *Hahlen* (Fn. 40), § 49 Rn. 5; *Versteyl* (Fn. 21), Art. 41 Rn. 17; *W. Pauly*, AöR 123 (1998), 232 (282). Ausführlich zum Streitstand *Glauben* (Fn. 14), Art. 41 Rn. 52ff.
[43] *Olschewski*, Wahlprüfung (Fn. 26), S. 151 f.; *H. Meyer*, HStR³ III, § 46 Rn. 103; *M. Morlok/A. Bäcker*, NVwZ 2011, 1153 ff.; vgl. auch BVerwGE 51, 69 (71).
[44] Vgl. *H. Meyer*, HStR³ III, § 46 Rn. 103; *Magiera* (Fn. 21), Art. 41 Rn. 7 m. w. N.
[45] *Roth* (Fn. 20), Art. 41 Rn. 18.
[46] Dazu *R. Frau*, DÖV 2014, 421 ff.; *L. Bechler/S. Neidhardt*, NVwZ 2013, 1438 ff.; *Jarass/Pieroth*, GG, Art. 93 Rn. 78a f.
[47] So auch *Schneider* (Fn. 13), Art. 41 Rn. 15; *H. Meyer*, HStR³ III, § 46 Rn. 105; i. E. auch *Olschewski*, Wahlprüfung (Fn. 26), S. 166, der allerdings vorrangig auf die Durchsetzung subjektiver Rechte bereits vor der Wahl abstellt.
[48] Vgl. auch *Olschewski*, Wahlprüfung (Fn. 26), S. 166.
[49] Es geht also um die Bekräftigung der normgemäßen Erwartung und den Schutz künftiger Erwartungsbildung; dazu *M. Morlok*, Die Folgen von Verfahrensfehlern am Beispiel von kommunalen Satzungen, 1988, S. 85 ff.
[50] *Roth* (Fn. 20), Art. 41 Rn. 11, 21 und *ders.*, Wahlrechtsschutz (Fn. 28), S. 63. Einen pragmatischen

Sinne von Art. 19 IV GG gewähren können. Ohnehin erscheint der Bundestag funktionell-rechtlich gesehen nicht als das richtige Organ, um über Verstöße gegen subjektive Rechte zu befinden. Als Alternative käme ein Verfahren vor den Verwaltungsgerichten in Betracht[51]. Dagegen spricht, dass der Bürger schwerlich entscheiden kann, ob nur subjektives Wahlrecht oder auch objektives Wahlrecht verletzt wird; er befindet sich also ggf. in der Ungewissheit, wo er Rechtsschutz geltend machen kann.

d) Das Wahlprüfungsverfahren

Das Wahlprüfungsverfahren ist geregelt im **Wahlprüfungsgesetz**, das in § 1 I die **Erstzuständigkeit des Bundestages** festlegt. Nach dem in § 2 I WahlPG statuierten Anfechtungsprinzip[52] werden Bundestagswahlen nur überprüft, wenn und soweit ein Einspruch erhoben wird. Die Einspruchsberechtigung ergibt sich aus § 2 II WahlPG[53]. Das weitere Verfahren wird nach der Offizialmaxime im Amtsbetrieb durch den Bundestag als »Herr des Verfahrens«[54] fortgeführt. Der Einspruch ist gem. § 2 III WahlPG zu begründen; die Begründung muss substantiiert sein, d. h. den durch glaubhaft gemachte Tatsachen dargestellten wahlfehlerhaften Tatbestand erkennen lassen[55]. Der Einspruch ist innerhalb von zwei Monaten[56] nach Bekanntmachung des Wahlergebnisses beim Bundestag einzureichen, § 2 IV WahlPG. Dessen Entscheidung wird durch den Ausschuss für Wahlprüfung, Immunität und Geschäftsordnung vorbereitet[57]. Nach geheimer Beratung ist dem Bundestag ein Entscheidungsvorschlag (§§ 10, 11 WahlPG)[58] zuzuleiten; diesen kann der Bundestag nur annehmen oder ablehnen, § 13 WahlPG[59]. Bei Ablehnung kann das Plenum nach wiederholter Vorlage ohne erneute Aussprache entscheiden[60]. Der Bundestag entscheidet durch Beschluss mit einfacher Mehrheit. Bei einer Verletzung von Rechten des Einspruchsführers muss der Bundestag ferner in seinem öffentlichen Plenarbeschluss nach § 1 II 2 WahlPG die Rechtsverletzung ausdrücklich feststellen, wenn er die Wahl nicht für ungültig erklärt.

14

Mittelweg wählt *Klein* (Fn. 20), Art. 41 Rn. 53, der die Gewährung subjektiven Rechtsschutzes in das Ermessen des Bundesverfassungsgerichts stellt.

[51] So *A. Ortmann*, ThürVBl. 2006, 169 (174).
[52] Demgegenüber erfolgte in der Weimarer Zeit von Amts wegen (Offizialprinzip) eine inhaltlich vollständige Überprüfung (Totalitätsprinzip), vgl. *Seifert*, Bundeswahlrecht (Fn. 39), S. 73 f.; *Kretschmer* (Fn. 20), § 13 Rn. 31.
[53] Zum Kreis der Einspruchsberechtigten siehe *Seifert*, Bundeswahlrecht (Fn. 39), S. 381.
[54] *Seifert*, Bundeswahlrecht (Fn. 39), S. 380 f.
[55] BVerfGE 40, 11 (30 ff.); 59, 119 (124); 79, 50 (50); zur Verfassungsmäßigkeit dieses Erfordernisses E 85, 148 (159).
[56] Eine Wiedereinsetzung in den vorigen Stand kommt verschuldensunabhängig nicht in Betracht, so auch OVG Münster OVGE 21, 332 (339); BayVGH BayVBl. 1968, 68 (68).
[57] Zunächst in nichtöffentlicher (Umkehrschluss aus § 8 WahlPG) Vorprüfungsverhandlung (§§ 3, 5 WahlPG) und anschließend unter Einhaltung der Ladungsfristen (§ 6 II, IV WahlPG) in mündlicher öffentlicher Verhandlung (§ 8 I WahlPG); ausführlich *N. Paschmanns*, Ausschuss für Wahlprüfung, Immunität und Geschäftsordnung, in: Morlok/Schliesky/Wiefelspütz, § 24 Rn. 18 ff.
[58] Tenor des Beschlusses ist die Zurückweisung des Einspruchs oder die Feststellung der Ungültigkeit der Wahl verbunden mit den sich daraus ergebenden Folgen bezogen auf den Wahlakt als solchen, das Stimmergebnis oder den Mandatserwerb: vgl. *Glauben* (Fn. 14), Art. 41 Rn. 47.
[59] Unzulässig ist eine Anweisung des Bundestages an den Prüfungsausschuss, einen dem Plenum genehmen Antrag auszuarbeiten und vorzulegen: *Seifert*, Bundeswahlrecht (Fn. 39), S. 392.
[60] *Versteyl* (Fn. 21), Art. 41 Rn. 31.

e) Materielles Wahlprüfungsrecht

15 Das materielle Wahlprüfungsrecht hat keine nähere gesetzliche Ausgestaltung erfahren, sondern wurde in weiten Teilen durch Rechtsprechung und Literatur entwickelt. Es umfasst Fragen des Umfangs der Prüfungskompetenz, der Wahlfehler sowie der Fehlerfolgen[61]. Die **Prüfungskompetenz** erstreckt sich auf die Einhaltung aller gesetzlichen Wahlvorgaben, insbesondere der Bestimmungen für das Wahlverfahren im BWahlG und in der BWahlO, aber auch der Wahlgrundsätze des Art. 38 I 2 GG sowie aller anderen Gesetze, die unmittelbar wahlbezogene Regelungen enthalten, so §§ 107 ff. StGB und § 17 PartG[62].

16 Im Prüfungsumfang ist der Bundestag auf die **Anwendung des geltenden Rechts** beschränkt. Aus dem Gewaltenteilungsgrundsatz folgt, dass der Bundestag, soweit er Wahlrechtsvorschriften für verfassungswidrig hält, nur zu einer ex nunc wirkenden **Gesetzesänderung** befugt ist. Eine Prüfungs- und gegebenenfalls Vorlagebefugnis in (analoger) Anwendung des Art. 100 I GG steht dem Bundestag nicht zu, da er nicht als Gericht (→ Rn. 6), sondern selbstprüfend in Ausübung seiner Autonomie (→ Rn. 7) tätig wird[63].

17 Der Bundestag überprüft inhaltlich, ob **Wahlfehler**, d. h. Verstöße gegen zwingende Wahlrechtsvorschriften, bei der Vorbereitung, Durchführung und Ergebnisermittlung der Bundestagswahl vorliegen[64]. Rechtsprechung und Lehre haben hierzu eine umfangreiche Kasuistik entwickelt[65].

18 Werden Wahlfehler festgestellt, führen diese nicht zwangsläufig zur Ungültigkeit der Wahl, weder teilweise, geschweige denn im ganzen. Vielmehr ist zu klären, ob der festgestellte Verstoß Fehlerfolgen zeitigte und welcher Art diese sind. Dabei ist ein normatives Verständnis des Wahlrechts vonnöten. Nicht die empirisch erfahrbaren Auswirkungen eines Wahlfehlers sind maßgeblich für die Frage seiner Beachtlichkeit, der Wähler muss vielmehr sein »Urteil in einem freien, offenen Prozess der Meinungsbildung gewinnen und fällen«[66]. Ein solches idealisiertes Bild der Entscheidungsfindung ist auch für die Behandlung von Wahlfehlern beachtlich, selbst wenn die tatsächlichen Folgen des Wahlfehlers nicht exakt aufklärbar sind[67]. Die Zumessung der Fehlerfolgen hat ein erhebliches verfassungsrechtliches Interesse am **Bestand des gewählten Bundestages** zu berücksichtigen: Um die neue Legitimation der Staatsgewalt

---

[61] *Kretschmer* (Fn. 20), § 13 Rn. 52.

[62] Vgl. *Magiera* (Fn. 21), Art. 41 Rn. 14.

[63] Vgl. BVerfGE 121, 266 (290, Rn. 80). Das hat die missliche Konsequenz, dass eine Wahlanfechtung, die sich darauf stützt, bestimmte Wahlrechtsnormen seien verfassungswidrig, in der Phase beim Bundestag gar nicht inhaltlich geprüft wird, der wahlfehlerhafte Tatbestand aber auch in dieser Hinsicht umfassend vorzutragen ist; dazu W. Hoppe, DVBl. 1996, 344 (345f.); *H. Meyer*, KritV 77 (1994), 312 (360); *Versteyl* (Fn. 21), Art. 41 Rn. 21 ff. m. w. N.; zum Verhältnis von Wahlprüfung und Normenkontrolle *M. Morlok*, JZ 2011, 234 (234f.).

[64] *Kretschmer* (Fn. 20), § 13 Rn. 54; *Schneider* (Fn. 13), Art. 41 Rn. 9; *T. Hüfler*, Wahlfehler und ihre materielle Würdigung, 1979, S. 12 f.

[65] So z. B. die rechtswidrige Zurückweisung von Wahlvorschlägen sowie deren vorschriftswidrige Zulassung, verbotene staatliche Wahlbeeinflussung oder die Wahl eines nicht wählbaren Bewerbers. Dazu und zu weiteren Fällen ausführlich *Hüfler*, Wahlfehler (Fn. 64), S. 37 ff.; *Glauben* (Fn. 14), Art. 41 Rn. 73 ff.; *Seifert*, Bundeswahlrecht (Fn. 39), S. 402 ff.; *H. Lackner*, JuS 2010, 307 (310f.); *M. Morlok*, NVwZ 2012, 913 ff.

[66] BVerfGE 44, 125 (139).

[67] Mit einem solchen normativen Verständnis ist eine unzulässige regierungsamtliche Wahlpropaganda daher mangels messbarer Auswirkungen nicht zwingend als unerheblich zu betrachten, vgl. VerfGH Saarl. NVwZ-RR 2012, 169 ff. m. Anm. *M. Morlok*, NVwZ 2012, 913 (915f.).

I. Wahl- und Mandatsprüfung durch den Bundestag (Art. 41 I GG)   Art. 41

zu erhalten, ein beratungs- und entscheidungsfähiges Parlament und in der Folge eine handlungsfähige Regierung sicherzustellen. Das materielle Wahlprüfungsrecht ist insoweit ein klassisches Feld der **Fehlerfolgenbegrenzung**[68]. Die Balancierung zwischen dem Bestandsinteresse und dem gleich wichtigen Gebot, den legitimationsspendenden Wahlvorgang fehlerfrei zu halten, erfolgt durch die Anwendung des Prinzips der **Verhältnismäßigkeit**[69].

Kann ein Wahlfehler nicht zweifelsfrei nachgewiesen werden, spricht eine Vermutung für die Gültigkeit der Wahl[70]. Eine mögliche **Berichtigung** des Wahlergebnisses hat Vorrang vor der Ungültigkeitserklärung[71]. Kommt dies nicht in Betracht, hängt die Ungültigkeit von der **Mandatsrelevanz** des Wahlfehlers ab[72]. Nach dem Konzept der **potentiellen Kausalität**[73] kommt es darauf an, ob die Rechtsverletzung sich möglicherweise auf die Mandatsvergabe ausgewirkt hat. Mit welcher Wahrscheinlichkeit ein Wahlfehler mandatserheblich sein muss, ist ungeklärt[74]. 19

Liegt ein nicht zu berichtigender mandatsrelevanter Wahlfehler vor, gebietet der Verhältnismäßigkeitsgrundsatz, den Eingriff in den Bestand der Wahl nur so weit gehen zu lassen, wie es der festgestellte Wahlfehler verlangt[75]. Demgemäß begrenzt § 44 I BWahlG die **Wiederholungswahl** auf die territoriale Reichweite der Ungültigkeitserklärung[76]. Kann ausnahmsweise durch eine Wiederholungswahl der Fehler nicht beseitigt werden, findet eine solche nicht statt[77]. 20

Verstoßen wesentliche Normen des Wahlgesetzes gegen die Verfassung[78], so kann dies zur Ungültigkeit der Wahl führen – freilich fehlt es dann an einer Volksvertretung, welche ein verfassungsmäßiges Wahlgesetz erlassen kann. In diesem Fall ist das fehlerhaft zusammengesetzte Parlament für eine **Übergangszeit** in seinen Funktionen zu belassen mit dem Auftrag, ein verfassungsmäßiges Wahlgesetz zu schaffen[79]. 21

---

[68] *Morlok*, Folgen (Fn. 49), S. 146.
[69] *v. Heyl*, Wahlfreiheit (Fn. 5), S. 202 f., 205 f.; *Klein* (Fn. 20), Art. 41 Rn. 112; *Versteyl* (Fn. 21), Art. 41 Rn. 12; *Kretschmer* (Fn. 20), § 13 Rn. 57.
[70] *Glauben* (Fn. 14), Art. 41 Rn. 74; *Schneider* (Fn. 13), Art. 41 Rn. 5; *P. Karpenstein*, Die Wahlprüfung und ihre verfassungsrechtlichen Grundlagen, 1968, S. 80 ff.
[71] Vgl. *Glauben* (Fn. 14), Art. 41 Rn. 76; *Schneider* (Fn. 13), Art. 41 Rn. 13; *Hahlen* (Fn. 39), § 49 Rn. 13.
[72] BVerfGE 4, 370 (373 f.); 35, 300 (301 ff.); 66, 369 (378); 89, 291 (304); 103, 111 (134, Rn. 103), st. Rspr.; *v. Heyl*, Wahlfreiheit (Fn. 5), S. 84 ff., 114 ff., 205 f.; *Olschewski*, Wahlprüfung (Fn. 26), S. 43 ff.; *Morlok/Michael*, Staatsorganisationsrecht, § 5 Rn. 125; *Ewer* (Fn. 23), § 8 Rn. 43.
[73] Dazu *Morlok*, Folgen (Fn. 49), S. 190 ff.
[74] Das Bundesverfassungsgericht wendet einen Maßstab der praktischen Wahrscheinlichkeit an: »nicht nur eine theoretische Möglichkeit«, vielmehr »eine nach der allgemeinen Lebenserfahrung konkrete und nicht ganz fernliegende«, BVerfGE 89, 291 (304). Ausführlich dazu *C. Koenig*, ZParl. 25 (1994), 241 (245 f.); *Glauben* (Fn. 14), Art. 41 Rn. 75; *Karpenstein*, Wahlprüfung (Fn. 70), S. 79 f., 86 ff.; *Seifert*, Bundeswahlrecht (Fn. 39), S. 400 m.w.N.
[75] BVerfGE 121, 266 (311, Rn. 134); E 123, 39 (87, Rn. 161); vgl. *Glauben* (Fn. 14), Art. 41 Rn. 76; *Schneider* (Fn. 13), Art. 41 Rn. 5; *v. Heyl*, Wahlfreiheit (Fn. 5), S. 224 ff.
[76] Dazu im Einzelnen *Hahlen* (Fn. 39), § 44 Rn. 1 ff.
[77] Zu denken ist etwa an den zwischenzeitlichen Verlust der Wählbarkeit eines zuvor benachteiligten Kandidaten, dazu *v. Heyl*, Wahlfreiheit (Fn. 5), S. 224 ff.; s.a. *Glauben* (Fn. 14), Art. 41 Rn. 76 m.w.N.; *Schneider* (Fn. 13), Art. 41 Rn. 5.
[78] Zu Wahlfehlern aufgrund der Verfassungswidrigkeit geltender Wahlrechtsvorschriften *Ewer* (Fn. 23), § 8 Rn. 34 ff.
[79] S-H VerfG JZ 2011, 254 (261); dazu und allgemein zu den Folgen eines verfassungswidrigen Wahlgesetzes *M. Morlok*, JZ 2011, 234 (238 f.).

2. Mandatsprüfung (Art. 41 I 2 GG)

22 Mit dem Begriff »Mandatsprüfung« wird die kontinuierliche Kontrolle der ordnungsgemäßen Zusammensetzung des Parlaments unabhängig von der vorgängigen Durchführung einer Wahl bezeichnet. Ihr **Zweck** liegt darin, den **Fortbestand** parlamentarischer Legitimation zu gewährleisten[80].

23 Gegenstand der Mandatsprüfung ist der nachträgliche Verlust des zunächst gültig erworbenen Mandats[81]. Das **Verfahren** hierbei entspricht im wesentlichen dem Wahlprüfungsverfahren (→ Rn. 14), ist jedoch, mit Ausnahme der Fälle, in denen der Ältestenrat oder der Bundestagspräsident entscheiden, nicht fristgebunden (§ 15 WahlPG). Die Entscheidung ergeht von Amts wegen (§ 47 III 2 BWahlG). Sie ist konstitutiv und wirkt ex nunc[82]. Der Abgeordnete behält seine Rechte und Pflichten aus dem Mandat bis zur Rechtskraft der Entscheidung (§§ 47 II BWahlG, 16 I WahlPG), er kann aber von der Teilnahme an den Arbeiten des Bundestages ausgeschlossen werden (§ 16 II WahlPG)[83]. Nähere Bestimmungen, insbesondere auch **Verlustgründe**[84], enthalten die §§ 46ff. BWahlG. Die Mandatsprüfung unterliegt der **Diskontinuität** (→ Art. 39 Rn. 22ff.) und ist hinfällig, wenn vor Ende der Wahlperiode keine Entscheidung getroffen wurde[85].

II. Beschwerde zum Bundesverfassungsgericht (Art. 41 II GG)

24 Für die Beschwerde an das Bundesverfassungsgericht[86] gelten, unabhängig von ihrer Rechtsnatur[87], die Vorschriften des BVerfGG, insbesondere die §§ 13 Nr. 3, 48 (§ 18 WahlPG). **Gegenstand** des Beschwerdeverfahrens ist ausschließlich die Entscheidung des Bundestages über den Wahleinspruch (§ 48 I BVerfGG). Nicht beachtlich sind jedoch Verfahrensverstöße des Bundestages im Wahlprüfungsverfahren, soweit sie der Entscheidung nicht ihre Grundlage entziehen[88]. Ein neuer Sachvortrag zum Wahleinspruch ist präkludiert, sofern er nicht lediglich erläuternden Charakter hat[89]. Beschwerdeberechtigt sind: der Abgeordnete, dessen Mitgliedschaft bestritten ist; ein Wahlberechtigter oder eine Gruppe von wahlberechtigten Personen[90], deren Einspruch vom Bundestag verworfen worden ist; eine Fraktion oder eine Minderheit des Bundestages, die wenigstens ein Zehntel der gesetzlichen Mitgliederzahl umfasst. Die

---

[80] *Kretschmer* (Fn. 20), § 13 Rn. 39.
[81] Zur Abgrenzung von der in der Regel mittelbar durch Art. 41 I 1 GG erfassten Mandatserwerbsprüfung vgl. *Kretschmer* (Fn. 20), § 13 Rn. 40.
[82] *Schneider* (Fn. 13), Art. 41 Rn. 18.
[83] Vom Wahlprüfungsverfahren selbst ist der betroffene Abgeordnete durch § 17 WahlPG ausgeschlossen.
[84] Die Aufzählung in § 46 I BWahlG ist nicht abschließend. Hinzu kommen Verlustgründe wie der Tod des Abgeordneten oder die Übernahme inkompatibler Ämter; dazu *Glauben* (Fn. 14), Art. 41 Rn. 83 m.w.N.; *Achterberg/Schulte* (Fn. 22), Art. 41 Rn. 48.
[85] *Versteyl* (Fn. 21), Art. 41 Rn. 40 m.w.N.
[86] Vgl. allgemein zur Wahlprüfungsfunktion des Bundesverfassungsgerichts W. *Schreiber*, DVBl. 2010, 609ff.
[87] Zur Einordnung *Schneider* (Fn. 13), Art. 41 Rn. 19 m.w.N.; *Glauben* (Fn. 14), Art. 41 Rn. 95f.
[88] BVerfGE 89, 291 (299f.); a.A. *Achterberg/Schulte* (Fn. 22), Art. 41 Rn. 56, die eine Überprüfung des Wahlprüfungsverfahrens gänzlich ausschließen.
[89] *Achterberg/Schulte* (Fn. 22), Art. 41 Rn. 56; *Schneider* (Fn. 13), Art. 41 Rn. 20; *Glauben* (Fn. 14), Art. 41 Rn. 110; *Hömig* (Fn. 20), Art. 41 Rn. 9.
[90] Das ehemals geltende Quorum i.H.v. 100 Wahlberechtigten wurde durch das Gesetz zur Verbesserung des Rechtsschutzes in Wahlsachen, BGBl. I 2012, S. 1501, gestrichen.

Beschwerde ist ebenso wie der Wahleinspruch innerhalb von zwei Monaten (§ 48 I BVerfGG) schriftlich mit substantiierter Begründung zu erheben. Eine besondere »Beschwer« ist nicht erforderlich[91]. Inhaltlich prüft das Gericht die Beschwerde nur auf solche Wahlfehler, die für die Sitzverteilung von Einfluss gewesen sein können (»Mandatsrelevanz« → Rn. 7, 19). Verfahrensfehler in der parlamentarischen Phase der Wahlprüfung (→ Rn. 14) können sich nicht auf die Zusammensetzung der Volksvertretung auswirken und sind deswegen für die Entscheidung des Gerichts unbeachtlich[92].

III. Nähere Regelung durch Bundesgesetz (Art. 41 III GG)

Das in Ausführung des Auftrags aus Art. 41 III GG ergangene **Wahlprüfungsgesetz** regelt in §§ 1 ff. für die Wahlprüfung und §§ 15 ff. für die Mandatsprüfung ebenso wie §§ 13 Nr. 3, 48 BVerfGG für die Beschwerde ausschließlich Verfahrensfragen. Ob hierdurch der Verfassungsauftrag erfüllt wurde[93] ist zu bezweifeln, da es keinerlei gesetzliche Fixierung des materiellen Wahlprüfungsrechts gibt[94]. 25

D. Verhältnis zu anderen GG-Bestimmungen

Die Wahlprüfungsbestimmungen sind Spezialregelungen zur Durchsetzung der Wahlrechtsgrundsätze aus **Art. 38 I 1 GG** (→ Rn. 15; → Art. 38 Rn. 51 ff.). Art. 41 III GG ergänzt **Art. 38 III GG**. Die Ausgestaltung nimmt Rücksicht auf die Parlamentsautonomie (**Art. 40 GG**). Art. 41 GG wird teilweise eine Einschränkung von **Art. 19 IV GG** entnommen (→ Art. 19 Rn. 57). Im Verhältnis zu **Art. 21 GG** können sich Abgrenzungsprobleme zwischen der Vorphase des staatlichen Wahlverfahrens und dem rein innerparteilichen Geschehen ergeben[95]. 26

---

[91] *Glauben* (Fn. 14), Art. 41 Rn. 97, 103; *Achterberg/Schulte* (Fn. 22), Art. 41 Rn. 55; *Jarass/Pieroth*, GG, Art. 41 Rn. 4, 9; *Schneider* (Fn. 13), Art. 41 Rn. 19, verlangt allerdings zumindest ein allgemeines Rechtsschutzinteresse.
[92] Saarl. VerfGH NVwZ-RR 2012, 169 (172); *M. Morlok*, NVwZ 2012, 913 (919).
[93] *Kretschmer* (Fn. 20), § 13 Rn. 68; wohl auch *Magiera* (Fn. 21), Art. 41 Rn. 20.
[94] Dazu *Versteyl* (Fn. 21), Art. 41 Rn. 51; *Schneider* (Fn. 13), Art. 41 Rn. 21; *H. Lackner*, JuS 2010, 307 (308); *Kluth* (Fn. 21), Art. 41 Rn. 17. Weitergehende Regelungen zumindest für wünschenswert halten *Achterberg/Schulte* (Fn. 22), Art. 41 Rn. 58 und *W. Schreiber*, DVBl. 2010, 609 (616 f.); *Glauben* (Fn. 14), Art. 41 Rn. 120.
[95] Hierzu BVerfGE 89, 243 (251 ff.).

Art. 42

Artikel 42 [Öffentlichkeit der Sitzungen; Mehrheitsprinzip]

(1) ¹Der Bundestag verhandelt öffentlich. ²Auf Antrag eines Zehntels seiner Mitglieder oder auf Antrag der Bundesregierung kann mit Zweidrittelmehrheit die Öffentlichkeit ausgeschlossen werden. ³Über den Antrag wird in nichtöffentlicher Sitzung entschieden.

(2) ¹Zu einem Beschlusse des Bundestages ist die Mehrheit der abgegebenen Stimmen erforderlich, soweit dieses Grundgesetz nichts anderes bestimmt. ²Für die vom Bundestage vorzunehmenden Wahlen kann die Geschäftsordnung Ausnahmen zulassen.

(3) Wahrheitsgetreue Berichte über die öffentlichen Sitzungen des Bundestages und seiner Ausschüsse bleiben von jeder Verantwortlichkeit frei.

Literaturauswahl

Binder, Reinhart: Die »Öffentlichkeit« nach Art. 42 Abs. 1 Satz 1, 44 Abs. 1 Satz 1 GG und das Recht der Massenmedien zur Berichterstattung, in: DVBl. 1985, S. 1112–1119.
Dieterich, Roland: Die Funktion der Öffentlichkeit der Parlamentsverhandlungen im Strukturwandel des Parlamentarismus, 1970.
Dreier, Horst: Das Majoritätsprinzip im demokratischen Verfassungsstaat, in: ZParl. 17 (1986), S. 94–118.
Häberle, Peter: Öffentlichkeit und Verfassung (1969), in: ders., Verfassung als öffentlicher Prozeß, 2. Aufl. 1996, S. 225–245.
Hett, Hans-Jürgen: Die Öffentlichkeitsfunktion der Parlamentsverhandlungen, das Grundrecht der Informationsfreiheit und Informationspflichten der Exekutive, 1987.
Heun, Werner: Das Mehrheitsprinzip in der Demokratie, 1983.
Hillgruber, Christian: Die Herrschaft der Mehrheit. Grundlagen und Grenzen des demokratischen Mehrheitsprinzips, in: AöR 127 (2002), S. 460–473.
Hofmann, Hasso/Dreier, Horst: Repräsentation, Mehrheitsprinzip und Minderheitenschutz, in: Schneider/Zeh, § 5, S. 165–197.
Jekewitz, Jürgen: Parlamentsausschüsse und Ausschußberichterstattung, in: Der Staat 25 (1986), S. 399–424.
Kemmler, Klaus: Die Abstimmungsmethode des Deutschen Bundestages, 1969.
Kißler, Leo: Die Öffentlichkeitsfunktion des Deutschen Bundestages, 1976.
Krüper, Julian: Parlament und Öffentlichkeit, in: Morlok/Schliesky/Wiefelspütz, § 39, S. 1178–1194.
Linck, Joachim: Die Öffentlichkeit der Parlamentsausschüsse aus verfassungsrechtlicher und rechtspolitischer Sicht, in: DÖV 1973, S. 513–520.
Linck, Joachim: Die Parlamentsöffentlichkeit, in: ZParl. 23 (1992), S. 673–708.
Magsaam, Niels: Mehrheit entscheidet, 2014.
Martens, Wolfgang: Öffentlich als Rechtsbegriff, 1969.
Martenson, Sten: Parlament, Öffentlichkeit und Medien, in: Schneider/Zeh, § 8, S. 261–288.
Mayntz, Gregor: Die Fernsehberichterstattung über den Deutschen Bundestag. Eine Bilanz, in: ZParl. 24 (1993), S. 351–366.
Oberreuter, Heinrich: Scheinpublizität oder Transparenz?, in: ZParl. 6 (1975), S. 77–99.
Oberreuter, Heinrich (Hrsg.): Wahrheit statt Mehrheit?, 1986.
Scheuner, Ulrich: Das Mehrheitsprinzip in der Demokratie, 1973.
Smend, Rudolf: Zum Problem des Öffentlichen und der Öffentlichkeit, in: Gedächtnisschrift für Walter Jellinek, 1955, S. 11–20.
Steffani, Winfried: Mehrheitsentscheidungen und Minderheiten in der pluralistischen Verfassungsdemokratie, in: ZParl. 17 (1986), S. 569–586.
Steiger, Heinhard: Organisatorische Grundlagen des parlamentarischen Regierungssystems, 1973.

Leitentscheidung des Bundesverfassungsgerichts

BVerfGE 70, 324 (354ff.) – Haushaltskontrolle der Nachrichtendienste.

Gliederung

	Rn.
A. Herkunft, Entstehung, Entwicklung	1
I. Parlamentarisches Öffentlichkeitsprinzip	2
1. Ideen- und verfassungsgeschichtliche Aspekte	2
2. Entstehung und Veränderung der Norm	9
II. Parlamentarisches Mehrheitsprinzip	10
1. Ideen- und verfassungsgeschichtliche Aspekte	10
2. Entstehung und Veränderung der Norm	13
B. Internationale, supranationale und rechtsvergleichende Bezüge	14
I. Parlamentarisches Öffentlichkeitsprinzip	14
II. Parlamentarisches Mehrheitsprinzip	18
C. Erläuterungen	20
I. Öffentlichkeit der Verhandlungen (Art. 42 I GG)	20
1. Sinn und Zweck	20
2. Anwendungsbereich	22
3. Inhalt	26
4. Ausschluss der Öffentlichkeit (Art. 42 I 2, 3 GG)	29
II. Parlamentarisches Mehrheitsprinzip (Art. 42 II GG)	31
1. Sinn und Zweck	31
2. Anwendungsbereich	32
3. Inhalt	34
4. Besondere Mehrheitserfordernisse	36
III. Verantwortungsfreiheit von Berichten (Art. 42 III GG)	40
D. Verhältnis zu anderen GG-Bestimmungen	45

Stichwörter

Ausschluss der Öffentlichkeit 29 – Ausschussöffentlichkeit 24 – Berichterstattungsöffentlichkeit 27 – Berichtsbegriff 41 – Beschluss des Bundestages 32 – Beschlussfähigkeit des Bundestages 33 – Beschlussfähigkeitsquoren in anderen Verfassungsordnungen 18 – Legitimität des staatlichen Entscheidungsverfahrens 20 – Materielle Öffentlichkeit von Bundestagsdebatten 21 – Mehrheitsbegriffe 34 – Mehrheitsprinzip 31 ff. – Minderheitenrechte 39 – Öffentlichkeit der Organisation parlamentsinterner Abläufe 25 – Öffentlichkeitsprinzip 14 – Öffentlichkeit von Plenarsitzungen 22 – Publizitätsprinzip im internationalen Recht 14 – Rechtsfolgen der Verletzung des Öffentlichkeitsgebotes 28 – Sitzungsöffentlichkeit 26 – Stimmenthaltung 34 – Wahrheitstreue des Berichts 43.

A. Herkunft, Entstehung, Entwicklung

Art. 42 GG enthält **zwei** wesentliche **Rechtsprinzipien**: Einerseits die Öffentlichkeit parlamentarischer Verhandlungen mitsamt dem ihr zuzuordnenden Rechtssatz der Sanktionsfreistellung wahrheitsgetreuer Berichte darüber, andererseits die Entscheidung mit Mehrheit. Sie haben unterschiedliche, wenngleich aufeinander bezogene ideen- und verfassungsgeschichtliche Wurzeln.

I. Parlamentarisches Öffentlichkeitsprinzip

1. Ideen- und verfassungsgeschichtliche Aspekte

Die Öffentlichkeit parlamentarischer Verhandlungen setzte sich mit der Herausbildung repräsentativer Entscheidungsgremien durch. Die von den Deputierten Vertretenen müssen über deren Handlungen und Beweggründe Bescheid wissen können. Dies gilt umso mehr, wenn die Vertreter ein freies Mandat innehaben und das gesamte Volk, nicht nur einen Teil, repräsentieren[1]. Nur so können die Vertreter beanspruchen, für die Vertretenen zu handeln, nur so können sich die Vertretenen dessen versichern. Tatsächlich haben die Generalstände zu Beginn der französischen Revolution denn auch die Öffentlichkeit ihrer Verhandlungen beschlossen[2]. Hinzu treten weitere Vorteile, die man sich von der Beobachtung der parlamentarischen Debatte versprach, so die **Bildung** des Publikums und die Entwicklung eines rationalisierten öffentlichen Interesses[3], die Schaffung eines höheren Gemeingeistes und damit auch eine Stärkung der Identifikation mit dem Gemeinwesen[4].

3   Das Vertrauen in die Öffentlichkeit ist aufklärerisches Gedankengut auf naturrechtlicher Grundlage[5]. Alle Menschen sind zur Urteilsbildung berufen, zur Vernunft befähigt und bilden einen kritischen Maßstab jeder Autorität, so auch der staatlichen. Insbesondere bei **Kant** wird Publizität zum Anspruch an das Recht. Ohne sie kann es keine Gerechtigkeit geben: »Alle auf das Recht anderer Menschen bezogenen Handlungen, deren Maxime sich nicht mit der Publizität verträgt, sind unrecht«[6]. Von daher gewinnt die Publizität der Rechtsetzung inhaltliche Bedeutung als Garant der Gerechtigkeit[7].

4   Vor diesem geistesgeschichtlichen Hintergrund hat sich in der Verfassungsgeschichte seit Anfang des 19. Jahrhunderts die Öffentlichkeit zu einem gemeineuropäischen **Rechtsgrundsatz** entwickelt[8]. Allerdings gab es verschiedene Versuche, die Öffentlichkeit der Landstände in den Staaten des Deutschen Bundes einzuschränken[9].

5   In der frühen Parlamentsgeschichte, also der **Englands**, wurde die Öffentlichkeit der Verhandlungen keineswegs gewährleistet. Obgleich seit 1547 das Commons Journal geführt wurde[10], galt es bis 1771 als **breach of privilege**, parlamentarische Verhandlungen zu veröffentlichen; zugleich war die Anwesenheit aller Nichtangehörigen und Nichtmitarbeiter des Parlaments bis 1845 untersagt[11]. Die **US-amerikanische Verfassung** von 1787 kennt ebenfalls noch keine Öffentlichkeit der Debatten in den beiden Häusern, wenngleich Art. I Abs. 5 Satz 2 nach englischem Vorbild die Führung eines offiziellen »journal« vorsieht, das »from time to time« publiziert werden soll.

6   Früheste formelle Anerkennung fand der Grundsatz der Öffentlichkeit in Titel 3 Kapitel 3 Abs. II Art. 1 der **französischen Verfassung von 1791**. Die positive Veranke-

---

[1] Siehe am Beispiel der französischen Entwicklung im Juni 1789 C. *Müller*, Das imperative und freie Mandat, 1966, S. 176ff.

[2] Vgl. dazu P. *Gaxotte*, La révolution francaise, 1975, S. 104f. Der Deputierte *Volney* formulierte denkwürdig: »Tous les citoyens, etaient non seulement nos frères, mais nos maitres ...«.

[3] Vgl. etwa G. W. F. *Hegel*, Grundlinien der Philosophie des Rechts (1821), § 315 nebst Zusatz.

[4] Vgl. J. *Habermas*, Strukturwandel der Öffentlichkeit (1962), 17. Aufl. 1987 (ND 1990), S. 114.

[5] Dazu etwa L. *Hölscher*, Art. Öffentlichkeit, in: Geschichtliche Grundbegriffe, Bd. 4, 1978, S. 413ff. (438).

[6] I. *Kant*, Zum ewigen Frieden (1795), Anhang, A 92f.

[7] Vgl. auch J. G. *Fichte*, Grundlage des Naturrechts nach Prinzipien der Wissenschaftslehre, 2. Aufl. 1922, S. 165: »müssen alle Verhandlungen der Staatsgewalt, mit allen Umständen und Gründen der Entscheidung, ohne Ausnahme, die höchste Publizität haben«.

[8] H. *Steiger*, Studium Generale 23 (1970), 710ff.

[9] Die Gegenbewegung ging aber nicht einseitig von den herrschenden Monarchen aus. So weigerten sich die Landstände des Großherzogtums Sachsen-Weimar-Eisenach, dem Vorschlag des Großherzogs, die Öffentlichkeit der Debatten einzuführen, zu entsprechen. Vgl. hierzu J. L. *Klüber*, Öffentliches Recht des Teutschen Bundes und der Bundesstaaten, 1840, S. 456 Fn. i.

[10] J. *Hatschek*, Das englische Staatsrecht, Bd. I, 1904, S. 418.

[11] J. *Redlich*, Recht und Technik des englischen Parlamentarismus, 1905, S. 280ff.; H. *Steiger*, Studium Generale 23 (1970), 710ff.

rung wurde auch in den folgenden Verfassungstexten beibehalten. 1819 legte Frankreich gesetzlich die Freistellung offizieller und privater Berichterstattung, soweit sie wahrheitsgetreu und gutgläubig erfolgte, von jeglicher Sanktion fest[12]. Die später durch die Konstitution von 1852 eingeführte ausschließlich amtliche Parlamentsberichterstattung wurde jedoch in Angleichung an die englische Rechtslage nach und nach aufgegeben.

Die frühen deutschen Verfassungen kennen die Öffentlichkeit der Verhandlungen nur teilweise und sehen oft weitreichende Ausschlussmöglichkeiten vor[13]. Ab 1848 setzte sich das Öffentlichkeitsprinzip durch. In § 111 der **Paulskirchenverfassung** von **1849** war sie ebenso vorgesehen wie in Art. 78 der oktroyierten Preußischen Verfassung von 1848. Die Regelung wurde 1850 als Art. 78 unverändert in die revidierte Preußische Verfassung übernommen. Art. 22 **RVerf. (1871)** und Art. 29 **WRV (1919)** sahen das Publizitätsprinzip ebenfalls vor.

Die Preußische Verfassung von 1850 erweiterte die **Freiheit** der parlamentarischen Rede auch auf den **Berichterstatter**. Die diesbezügliche Regelung des § 38 des preußischen Pressegesetzes vom 12.5.1851[14], die nahezu wortgleich mit dem heutigen Art. 42 III GG ist, gehört seither zum deutschen Verfassungsgut und findet sich in beinahe allen deutschen Verfassungen, so in Art. 22 Verfassung des Norddeutschen Bundes von 1867, in Art. 22 **RVerf.** und Art. 30 **WRV**. Auch in der einzigen »neuen« Verfassung der Hohenzollernzeit, der des »Reichslandes« Elsass-Lothringen, findet sich der Rechtsgrundsatz wieder[15]. Lediglich Art. 22 II BayVerf. (1946) macht eine Ausnahme. Hier bleibt die Berichterstattung über ehrverletzende Verleumdungen strafbar.

2. Entstehung und Veränderung der Norm

Die **Publizitätsbestimmung** wurde vom Parlamentarischen Rat ohne Veränderungen aus Art. 53 HChE übernommen und war gänzlich unstrittig[16]. Lediglich der Begriff der Wahrheit in Art. 42 III GG war Gegenstand parlamentarischer Diskussion. Letztlich setzte sich die Ansicht durch, nach der auf einen **objektiven Wahrheitsbegriff** abzustellen ist[17].

---

[12] Hierzu *L. Kißler*, Die Öffentlichkeitsfunktion des Deutschen Bundestages, 1976, S. 301.
[13] § 78 I Badische Verfassung (1818) sieht ebenso wie §§ 167, 168 Württembergische Verfassung (1819) die Öffentlichkeit parlamentarischer Verhandlungen vor, für deren Ausschluss allerdings unterschiedliche Mehrheitserfordernisse galten; dagegen statuieren Art. 99, 100 der Verfassung des Großherzogtums Hessen (1820) grundsätzlich nur eine druckweise Veröffentlichung der Debatten, wobei den Kammern aber das Recht zur Herstellung der Öffentlichkeit zustand; § 77 Kurhessische Verfassung (1831) erhob die Öffentlichkeit zur Regel; § 104 Verfassung des Königreichs Hannover ermöglichte hingegen eine nachherige Veröffentlichung der Verhandlungen des Landtags nach Maßgabe der Geschäftsordnung.
[14] Dazu RGSt 18, 207 (210).
[15] § 15 Elsass-Lothringische Verfassung (1911).
[16] JöR 1 (1951), S. 363; Parl. Rat XIII/1, S. 430f.
[17] Die Privilegierung wahrheitsgetreuer Berichterstattung sollte dem Abgeordneten *Löwenthal* zufolge, anders als das Reichsgericht, nicht nur auf wortgetreue, vollständige Berichte beschränkt sein. Der Abgeordnete *Renner* wollte auf den Begriff »wahrheitsgetreu« gänzlich verzichten. Er ging von einem subjektiven Wahrheitsbegriff aus, während der Abgeordnete *Schönfelder* Wahrheit als relativen Begriff bezeichnete. *Carlo Schmid* wies dies jedoch zurück, es sei vielmehr auf einen objektiven Wahrheitsbegriff abzustellen, ansonsten würden strafbare Bemerkungen, die allein vom Berichterstatter geäußert werden, straffrei gestellt. S. JöR 1 (1951), S. 364f.; Parl Rat XIV/1, S. 37f.

II. Parlamentarisches Mehrheitsprinzip

1. Ideen- und verfassungsgeschichtliche Aspekte

10 Das **parlamentarische Mehrheitsprinzip**[18] (→ Art. 20 [Demokratie], Rn. 67 ff.) ist ideengeschichtlich weiter zurückzuverfolgen als das Öffentlichkeitsprinzip. So verfügt das Majoritätsprinzip über eine **lange vormoderne Tradition**. In der Moderne wurzelt es in der Idee vom gleichen Anspruch aller Menschen auf Freiheit[19]. Allerdings gewinnt es seine herausragende Bedeutung mit dem gleichzeitigen Aufstieg des Repräsentationsprinzips[20] (→ Art. 38 Rn. 6). Seit dem 19. Jahrhundert jedenfalls ist das Mehrheitsprinzip **europäisches Gemeingut**[21].

11 In den **landständischen deutschen Verfassungen** gilt das Mehrheitsprinzip wie im Reichstag des heiligen Römischen Reiches zuvor nur eingeschränkt[22]: zwar setzte sich innerhalb der Kollegien bzw. Kammern die Mehrheit durch, diese Körperschaften mussten jedoch untereinander Übereinstimmung herstellen[23].

12 Die **Paulskirchenverfassung** verlangte das Vorhandensein einer einfachen Mehrheit. Art. 28 **RVerf.** sah die Notwendigkeit einer absoluten Mehrheit vor, wie schon die Preußischen Verfassungen von 1848 und 1850. Art. 32 **WRV** entsprach weitgehend der heutigen Regelung.

2. Entstehung und Veränderung der Norm

13 Die heutige Fassung des Art. 42 II GG folgt, abgesehen von geringfügigen, vor allem redaktionellen Änderungen, im wesentlichen Art. 54 I **HChE**. Weder Art. 54 I 3 HChE, der die anteilige Ausschussbesetzung regelte, noch Art. 54 II HChE, der die Festlegung der **Beschlussfähigkeit** der Geschäftsordnung überließ, wurden übernommen[24]. Insbesondere das Fehlen einer Beschlussfähigkeitsbestimmung war im Parlamentarischen Rat nicht unumstritten. Der Arbeitsfähigkeit des Parlamentes wurde letztlich der Vorrang eingeräumt[25].

---

[18] Zur Entstehung und kulturellen Dynamik *E. Flaig*, Die Mehrheitsentscheidung, 2013.

[19] Zur vormodernen Geschichte des Majoritätsprinzips vgl. insbesondere *H. Dreier*, ZParl. 17 (1986), 94 ff.; *O. v. Gierke*, Schmollers Jahrbuch 39 (1915), 565 ff.; *U. Scheuner*, Das Mehrheitsprinzip in der Demokratie, 1973, S. 8 ff. Zu der Idee der gleichen Freiheit aller und daraus folgend dem Mehrheitsprinzip grundlegend *J. Locke*, Two Treatises of Government, II, §§ 95, 98, in: The Works of John Locke, Bd. 5 1823 (ND 1963), S. 394 ff.; *H. Kelsen*, Vom Wesen und Wert der Demokratie, 2. Aufl. 1929, S. 4 ff.

[20] *Scheuner*, Mehrheitsprinzip (Fn. 19), S. 10.

[21] *Scheuner*, Mehrheitsprinzip (Fn. 19), S. 12.

[22] Siehe etwa *O. v. Gierke*, Schmollers Jahrbuch 39 (1915), 565 (569 f.).

[23] Für den Fall fehlender Übereinstimmung wurden nach § 61 Badische Verfassung (1818) die Stimmen beider Kammern zusammengezählt und auf die absolute Mehrheit abgestellt. Ein kompliziertes Verständigungsverfahren gab es in §§ 177 ff. Württembergische Verfassung (1819).

[24] JöR 1 (1951), S. 363; Parl. Rat XIII/1, S. 35, 182 ff.

[25] Die Abgeordneten *Selbert* und *Dehler* stellten Anträge auf Einfügung einer solchen Bestimmung. Der Abgeordnete *Lehr* jedoch fürchtete um die Arbeitsfähigkeit des Parlaments und setzte sich letztlich mit seiner Argumentation durch. Siehe JöR 1 (1951), S. 363 f.; Parl. Rat XIII/1, S. 183 f.

B. Internationale, supranationale und rechtsvergleichende Bezüge

I. Parlamentarisches Öffentlichkeitsprinzip

Die Öffentlichkeit parlamentarischer Verhandlungen gehört heute zum Standardrepertoire parlamentarischer Verfassungen, findet sich ihrer Natur nach aber nur dort, wo es Parlamente gibt, das heißt im innerstaatlichen Bereich oder beim Europäischen Parlament. Immerhin hat das Publizitätsprinzip in das internationale Recht durch das Friedensabkommen von Dayton vom 14.12.1995 ebenfalls Eingang gefunden. In Art. 4 des Verfassungsvorschlags des Vertrags findet sich eine entsprechende Regelung. Innerhalb der Europäischen Union sollen nach Art. 1 EUV Entscheidungen »möglichst offen und möglichst bürgernah getroffen werden«, womit das Öffentlichkeitsgebot zugleich als Optimierungsgebot in Erscheinung tritt. Nach Art. 15 Abs. 2 AEUV tagt das Europäische Parlament dem folgend grundsätzlich öffentlich. **Art. 233 AEUV** bestimmt für die Erörterung des von der Kommission vorzulegenden Gesamtberichts die Öffentlichkeit der Sitzungen des Europäischen Parlaments. Überdies legt Art. 232 AEUV die Veröffentlichung der Verhandlungsniederschriften (nach Maßgabe der GOEP) fest. Gemäß Art. 103 GOEP verpflichtet sich das Parlament ferner zur größtmöglichen Transparenz seiner Tätigkeiten, sowie zur Öffentlichkeit seiner Aussprachen. Flankiert wird dies durch Art. 42 GRC, der ein Recht der Unionsbürger auf Zugang zu Dokumenten des Parlaments konstatiert.

14

In den meisten[26] Verfassungen **europäischer Staaten** ist die Öffentlichkeit der parlamentarischen Verhandlungen ebenso vorgesehen wie in der deutschen. Jedoch finden sich abweichende Regelungen zum Ausschluss der Öffentlichkeit[27].

15

In sämtlichen Verfassungen der **deutschen Länder** findet sich das Öffentlichkeitsprinzip[28]. Zum Ausschluss der Öffentlichkeit ist stets eine Zweidrittelmehrheit erforderlich, einzig die Antragsvoraussetzungen differieren im Detail. Die Verfassungen von Berlin (Art. 44 I 2) und Schleswig-Holstein (Art. 17 III 1) statuieren daneben auch die Ausschussöffentlichkeit.

16

Art. 42 III GG stellt wohl – trotz seines englischen Ursprungs[29] – eine **genuin deutsche Regelung** dar, die sich so in keiner der hier angeführten ausländischen Verfassungen findet.

17

II. Parlamentarisches Mehrheitsprinzip

Nach Art. 231 AEUV entscheidet das Europäische Parlament mit Mehrheit. Das Mehrheitsprinzip gehört zum Grundbestand moderner parlamentarischer Demokratien,

18

---

[26] In der Slowenischen und Litauischen Verfassung finden sich keine Publizitätsbestimmungen.
[27] Bei differierenden Antragsvoraussetzungen statuieren die Verfassungen unterschiedliche Mehrheitserfordernisse. Zwei-Drittel-Mehrheit: Irland (Art. 15 VIII); Lettland (Art. 22); Estland (§ 72). Absolute Mehrheit: Spanien (Art. 80), soweit die GO keine Regelung enthält; Belgien (Art. 47 III); Polen (Art. 113). Einfache Mehrheit: Griechenland (Art. 66), allerdings mit der Besonderheit, dass die Mehrheitsentscheidung nach der Debatte zu bestätigen oder mit der Anordnung der öffentlichen Wiederholung aufzuheben ist; Dänemark (§ 49); Frankreich (Art. 33); Niederlande (Art. 66 II, III). Luxemburg (Art. 61) überlässt die Festlegung von Publizitätsausnahmen der GO.
[28] So in Baden-Württemberg (Art. 33 I); Bayern (Art. 22 I); Brandenburg (Art. 64 II); Hessen (Art. 89); Mecklenburg-Vorpommern (Art. 31); Nordrhein-Westfalen (Art. 42); Sachsen (Art. 48 I); Sachsen-Anhalt (Art. 50); Thüringen (Art. 60).
[29] *J. Hatschek*, Deutsches und Preußisches Staatsrecht, Bd. I, 2. Aufl. 1930, S. 564 ff.; *J. Jekewitz*, Der Staat 25 (1986), 399 (401).

Art. 42

wenngleich für Beschlüsse verschiedene Mehrheiten verlangt werden[30]. In den meisten[31] Verfassungen europäischer Staaten sind zugleich **Beschlussfähigkeitsquoren** vorgesehen, die die Anwesenheit von mindestens einem Drittel[32] oder der Hälfte[33] der Abgeordneten verlangen. Die irische Verfassung[34] verweist für die Festlegung eines Quorums auf die Geschäftsordnung und entspricht damit der deutschen Rechtslage.

19 Alle Verfassungen der deutschen **Länder** kennen das Mehrheitsprinzip[35]. Auch Beschlussfähigkeitsquoren sind überwiegend vorgesehen[36].

C. Erläuterungen

I. Öffentlichkeit der Verhandlungen (Art. 42 I GG)

1. Sinn und Zweck

20 Die Öffentlichkeit parlamentarischer Verhandlungen ist ein notwendiges Begleitelement der repräsentativen Regierungsform[37]. Wird im Zeichen der **Volkssouveränität** (→ Art. 20 [Demokratie], Rn. 82 ff.) Herrschaft durch Vertreter ausgeübt, so haben die Vertretenen Anspruch darauf, über deren Aktivitäten und ihre Gründe informiert zu sein[38]. Die Parlamentsöffentlichkeit ist notwendige Voraussetzung der Kontrollrechte des Volkes als Souverän[39]. Sie gewährleistet die »**Oberaufsicht des Publikums**«[40] und

---

[30] Absolute Mehrheit: Belgien (Art. 53 I); Griechenland (Art. 67); Luxemburg (Art. 62); Tschechische Republik (Art. 39 II); Lettland (Art. 24). Einfache Mehrheit: Irland (Art. 15 XI); Italien (Art. 64 III); Niederlande (Art. 67 II); Spanien (Art. 79 II); Slowenien (Art. 86); Litauen (Art. 69 II) und Polen (Art. 120). Portugal (Art. 175 lit. b) legt nur für die Wahl des Parlamentspräsidenten das Erfordernis einer absoluten Mehrheit fest. Frankreich enthält sich jeglicher Regelung.

[31] Keine Quoren kennen die Slowenische Verfassung und die Litauische Verfassung.

[32] Tschechien (Art. 39 I).

[33] Belgien (Art. 53 III); Dänemark (§ 50); Italien (Art. 64 III); Niederlande (Art. 67 I); Luxemburg (Art. 62); Spanien (Art. 79 I); Lettland (Art. 23); Polen (Art. 120); Estland für außerordentliche Parlamentssitzungen (§ 70 Satz 2), im Übrigen wird auf einfachgesetzliche Bestimmungen verwiesen.

[34] Art. 15 XI 3. Gleiches gilt für das Europäische Parlament (Art. 231 AEUV).

[35] Siehe etwa Baden-Württemberg (Art. 33 II); Bayern (Art. 23 I); Brandenburg (Art. 65); Hessen (Art. 88); Mecklenburg-Vorpommern (Art. 32 I); Nordrhein-Westfalen (Art. 44 II); Sachsen (Art. 48 III); Sachsen-Anhalt (Art. 51 I); Thüringen (Art. 61 II).

[36] So in Baden-Württemberg (Art. 33 II); Bayern (Art. 23 II); Hessen (Art. 87); Mecklenburg-Vorpommern (Art. 32 III); Nordrhein-Westfalen (Art. 44 I); Sachsen (Art. 48 II); Sachsen-Anhalt (Art. 51 II); Thüringen (Art. 61 I).

[37] *F.P. Guizot*, Histoire des origines du gouvernement représentatif en Europe, 1851, Bd. 1, S. 104: »... le caractère le plus essentiel du gouvernement représentatif«, Bd. 2, S. 15; *R. Smend*, Zum Problem des Öffentlichen und der Öffentlichkeit, in: GS Jellinek, 1955, S. 11 ff. (16); *Morlok/Michael*, Staatsorganisationsrecht, § 11 Rn. 49; *H. Hofmann/H. Dreier*, Repräsentation, Mehrheitsprinzip und Minderheitenschutz, in: Schneider/Zeh, § 5 Rn. 18 a.E.; *C. Dicke*, in: Umbach/Clemens, GG, Art. 42 Rn. 5; *B. Pieroth*, JuS 2010, 473 (479).

[38] BVerfGE 131, 152 (204 ff., Rn. 112 ff.); *Morlok/Michael*, Staatsorganisationsrecht, § 11 Rn. 49; *Roßner*, Verfahren der Mehrheitsbestimmung: Wahl- und Abstimmungsverfahren, in: Morlok/Schliesky/Wiefelspütz, § 41 Rn. 25 ff.; *U. Schliesky*, Parlamentsfunktionen, in: Morlok/Schliesky/Wiefelspütz, § 5 Rn. 35 ff.

[39] *B. Pieroth*, JuS 2010, 473 (479); zur idealtypischen Konstruktion *J. Dewey*, The Public and Its Problems, 1954, S. 34 f., 76 f.

[40] *J. Bentham*, Political Tactics, in: M. James/C. Blamires/C. Pease-Watkin (Hrsg.), The Collected Works of Jeremy Bentham, 1999, S. 32; s. weiter *Guizot*, Histoire, Bd. 2 (Fn. 37), S. 15 f.; *Habermas*, Strukturwandel (Fn. 4), S. 113 f. m.w.N. Zur Kontrolle der Wähler und zur Oberaufsicht s. auch *Hegel*, Grundlinien (Fn. 3), § 314, sowie zum Gesamtzusammenhang der öffentlichen Diskussion § 315:

I. Öffentlichkeit der Verhandlungen (Art. 42 I GG)

sichert den Einfluss der Wähler – als Publikum – auf die Gewählten mittels der öffentlichen Meinung. Damit ist ein kontinuierlicher **öffentlicher Diskussionszusammenhang** angesprochen zwischen den Repräsentanten und den Repräsentierten wie auch innerhalb dieser beiden Gruppierungen; dieser hat in der parlamentarischen Verhandlung nur seine repräsentative Spitze[41]. Funktional steht die Öffentlichkeit der Verhandlung der Repräsentanten im engen Zusammenhang mit dem freien Mandat und der Gesamtrepräsentation der Wählerschaft[42]. Sie ist Voraussetzung der **Verantwortlichkeit** der Abgeordneten. Zur Verwirklichung dieser Ziele dient die Öffentlichkeit der Herstellung und Beförderung der Kommunikation zwischen Repräsentanten und Repräsentierten[43]. Sie ermöglicht die in einer pluralistischen Gesellschaft und in einem beeinflussbaren Staat unverzichtbare Herausarbeitung und Artikulation von Interessen und Überzeugungen, sie klärt Konfliktlinien, ermöglicht Kompromisse und ist unerlässlich für die Legitimität des staatlichen Entscheidungsverfahrens[44]. Sie steigert so – unter Voraussetzung eines prozeduralen Gemeinwohlbegriffs – als eine Bedingung eines guten Verfahrens die Qualität und damit auch die Akzeptanz staatlichen Entscheidens. Insoweit bedarf es der Transparenz der politischen Entscheidungen zur Erhaltung des für das Funktionieren einer parlamentarischen Demokratie unerlässlichen Vertrauens des Souveräns in seine Vertreter[45]. Die Öffentlichkeit der parlamentarischen Auseinandersetzung und Entscheidungssuche ist ein wesentliches Element der staatlichen Demokratie[46] sowie des Parlamentarismus[47] und als solches von der Ewigkeitsgarantie des Art. 79 III GG umfasst[48].

Angesichts steigender Komplexität der zu bewältigenden Probleme gewinnt die Öffentlichkeit neue Relevanz: Unverständlichkeit schürt Misstrauen. Öffentlichkeit und Transparenz sind mehr denn je Voraussetzungen gelingender parlamentarischer Demokratie. Verständlichkeit des parlamentarischen Geschehens wird damit zum Verfassungsgebot[49]. Art. 42 I GG gewährleistet nicht nur die formelle, sondern auch die **materielle Öffentlichkeit** der Debatten, woraus letztlich folgt, dass die Verhandlungen transparent, nachvollziehbar und einsichtig sein sollen[50]. Dem Beobachter müssen die Argumente deutlich und verständlich werden, um ihm eine eigene Meinungsbildung

21

»Die Eröffnung dieser Gelegenheit von Kenntnissen hat eine allgemeine Seite, daß so die öffentliche Meinung zu wahrhaften Gedanken und zur Einsicht in den Zustand und Begriff des Staates und dessen Angelegenheiten gelangt und damit erst die Fähigkeit, darüber vernünftiger zu urteilen, kommt«.

[41] S. dazu bereits *C. T. Welcker*, Öffentlichkeit, in: C. v. Rotteck/C.T. Welcker (Hrsg.), Staatslexikon, Bd. 12, 1841, S. 252ff. (270ff.); aktuell *J. Krüper*, Parlament und Öffentlichkeit, in: Morlok/Schliesky/Wiefelspütz, § 39 Rn. 2.

[42] S. am Beispiel der französischen Entwicklung im Juni 1789 *Müller*, Mandat (Fn. 1), S. 176ff.

[43] *Kißler*, Öffentlichkeitsfunktion (Fn. 12), S. 296f.

[44] Vgl. auch *Kißler*, Öffentlichkeitsfunktion (Fn. 12), S. 296f.; *J. Linck*, ZParl. 23 (1992), 673 (674); *M. Morlok*, Informalisierung und Entparlamentarisierung politischer Entscheidungen als Gefährdungen der Verfassung?, VVDStRL 62 (2003), S. 37ff. (62).

[45] BVerfGE 40, 296 (327).

[46] BVerfGE 131, 152 (204ff., Rn. 112ff.); *P. Häberle*, Öffentlichkeit und Verfassung (1969), in: ders., Verfassung als öffentlicher Prozeß, 2. Aufl. 1996, S. 225ff.; *ders.*, Struktur und Funktion der Öffentlichkeit im demokratischen Staat, in: ders., Die Verfassung des Pluralismus, 1980, S. 126ff.; *D. Hömig*, in: ders., GG, Art. 42 Rn. 1; Jarass/Pieroth, GG, Art. 42 Rn. 1. → Art. 20 (Demokratie), Rn. 77.

[47] BVerfGE 70, 324 (355); 84, 304 (329); *J. Linck*, ZParl. 23 (1992), 673 (673).

[48] → Art. 79 III Rn. 41; *S. Magiera*, in: Sachs, GG, Art. 42 Rn. 1; *H.-P. Schneider*, in: AK-GG, Art. 42 (2002), Rn. 2.

[49] *Kißler*, Öffentlichkeitsfunktion (Fn. 12), S. 297.

[50] *N. Achterberg/M. Schulte*, in: v. Mangoldt/Klein/Starck, GG II, Art. 42 Rn. 2; *Achterberg*, Parlamentsrecht, S. 562.

über das zu lösende Problem zu ermöglichen[51]. In diesem Zusammenhang mag Öffentlichkeit wohl zwangsläufig auch die Information der Bürger über das eigene Tun bedeuten.

2. Anwendungsbereich

22 Unter den durch Art. 42 I GG dem Öffentlichkeitsgebot unterstellten Verhandlungen des Bundestages werden zunächst die **Plenarsitzungen** des Bundestages verstanden[52]. Erfasst wird dabei nicht nur die Debatte, sondern die gesamte Tätigkeit des Plenums vom Beginn bis zum Schluss einer Sitzung[53] unter Einschluss der Anträge, der Beantwortung von Anfragen als auch persönlicher Erklärungen. »Verhandeln« ist damit in einem weiten, den **gesamten Prozess der Entscheidungsfindung** im Plenum umfassenden Sinne zu verstehen[54].

23 Das Öffentlichkeitsgebot bezieht sich unmittelbar aber nur auf die **Zugänglichkeit des parlamentarischen Geschehens**, will dieses selbst jedoch nicht regeln. Dessen Regulierung ist Gegenstand der parlamentarischen Geschäftsordnungsautonomie[55] (→ Art. 40 Rn. 6 ff.). Insofern ist die Frage geheimer Abstimmungen und Wahlen nicht unmittelbar von Art. 42 I GG her zu beantworten. Die Norm wirkt aber auf das Geschäftsordnungsrecht in der Weise ein, dass dieses durch konträr wirkende Regelungen das Öffentlichkeitsgebot faktisch nicht unterlaufen darf. Im Einklang damit kennt die Geschäftsordnung des Bundestages **keine geheimen Abstimmungen**[56], die nicht nur verfassungspolitisch[57], sondern auch verfassungsrechtlich bedenklich wären[58]. Eine Ausnahme wird allgemein für **geheime Wahlen** gemacht, die zulässig sein sollen[59]. Sie wird gerechtfertigt als Maßnahme zum Schutz des freien Mandats aus Art. 38 I 2 GG[60], weil der auf dem Abgeordneten lastende Geschlossenheitsdruck bei Personalentscheidungen höher sei als bei Sachabstimmungen. Allerdings verdient die Frage der geheimen Wahlen vor dem Hintergrund der öffentlichen Verantwortlichkeit des Parlaments, zu deren Herstellung die Öffentlichkeit des Parlaments dient (→ Rn. 20 f.), eine eingehendere und differenziertere Betrachtung, die den Blick darauf lenkt, ob die

---

[51] *Achterberg/Schulte* (Fn. 50), Art. 42 Rn. 2. Zur Relevanz materieller Öffentlichkeit – insb. bei Entscheidungen in eigener Sache (→ Art. 38 Rn. 149) – BVerfGE 40, 296 (327); *T. Streit*, Entscheidung in eigener Sache, 2005.
[52] *L. Kißler*, Parlamentsöffentlichkeit: Transparenz und Artikulation, in: Schneider/Zeh, § 36 Rn. 39; *L.-A. Versteyl*, in: v. Münch/Kunig, GG II, Art. 42 Rn. 2; *Achterberg/Schulte* (Fn. 50), Art. 42 Rn. 3; *Jarass/Pieroth*, GG, Art. 42 Rn. 1; *Magiera* (Fn. 48), Art. 42 Rn. 2.
[53] *Jarass/Pieroth*, GG, Art. 42 Rn. 1; *Schneider* (Fn. 48), Art. 42 Rn. 3.
[54] BVerfGE 10, 4 (12); 89, 291 (303); *Versteyl* (Fn. 52), Art. 42 Rn. 10; *Magiera* (Fn. 48), Art. 42 Rn. 4.; *Roßner* (Fn. 38), § 41 Rn. 27.
[55] Vgl. *M. Morlok*, JZ 1989, 1035 (1040).
[56] Geheime Sachabstimmungen waren allerdings in § 103 II, III der vorläufigen GO BT bis zum 1. März 1950 vorgesehen. Dazu *Roßner* (Fn. 38), § 41 Rn. 38.
[57] So aber *Magiera* (Fn. 48), Art. 42 Rn. 4; *Schneider* (Fn. 48), Art. 42 Rn. 3.
[58] *B. Pieroth*, JuS 1991, 89 (93 f.); *C. Thiele*, Regeln und Verfahren der Entscheidungsfindung innerhalb von Staaten und Staatenverbindungen, 2008, S. 487; *Roßner* (Fn. 38), § 41 Rn. 38; *Jarass/Pieroth*, GG, Art. 42 Rn. 1: ausgeschlossen kraft Verfassungsgewohnheitsrechts; a.A. *E. Röper*, ZParl. 11 (1980), 503 (506 ff.).
[59] Ausführlich *H. H. Klein*, in: Maunz/Dürig, GG, Art. 42 (2013), Rn. 37; *Schneider* (Fn. 48), Art. 42 Rn. 3; *Achterberg/Schulte* (Fn. 50), Art. 42 Rn. 3; *Magiera* (Fn. 48), Art. 42 Rn. 4; *Jarass/Pieroth*, GG, Art. 42 Rn. 1; *B. Pieroth*, JuS 1991, 89 (93 f.).
[60] Mit Hinweis auf die Disziplinierungspotentiale der Parteien bei *Klein* (Fn. 59), Art. 42 Rn. 37.

Funktionsbedingungen der zu besetzenden Stelle eine geheime Wahl erfordern[61]. Von der geheimen Wahl und der geheimen Abstimmung sind die nichtöffentliche Wahl und die nichtöffentliche Abstimmung zu unterscheiden[62].

Die Tätigkeit in den **Ausschüssen**[63] des Deutschen Bundestages ist nach bisheriger Praxis und überwiegender Auffassung nicht vom Öffentlichkeitsverlangen des Art. 42 I GG erfasst[64]. Die grundsätzliche Nichtöffentlichkeit der Ausschusssitzungen soll für ein freieres Redeverhalten der Abgeordneten sorgen, insbesondere das tastende Erkunden von Kompromisspotentialen ermöglichen, und der Verlagerung wichtiger Diskussionen in informale Zirkel entgegenwirken[65]. Demgegenüber ist zu sehen, dass der Bundestag die Vielfalt seiner Aufgaben arbeitsteilig bewältigt, indem er seine Arbeit in erheblichem Umfang in die Ausschüsse verlagert[66]. Dort werden die Entscheidungen des Bundestages sachlich hergestellt, im Plenum in der Regel lediglich dargestellt[67]. Zwar unterliegen die Verhandlungen der Ausschüsse – vorbehaltlich anderweitiger verfassungsrechtlicher (Art. 44 I 1 GG) oder einfachgesetzlicher (§ 8 WahlPG) Regelung – der durch Art. 40 I 2 GG statuierten Geschäftsordnungsautonomie[68]. Die in § 69 I 1 GOBT vorgesehene grundsätzliche Nichtöffentlichkeit[69] der Ausschusssitzungen ist jedoch verfassungsrechtlich nicht haltbar[70]. Angesichts dessen, dass in den Ausschüssen zunehmend die maßgebliche parlamentarische Arbeit geleistet wird[71],

24

---

[61] Dazu *Roßner* (Fn. 38), § 41 Rn. 22ff., insb. Rn. 28.

[62] *Magiera* (Fn. 48), Art. 42 Rn. 4; *Klein* (Fn. 59), Art. 42 Rn. 37; *Achterberg/Schulte* (Fn. 50), Art. 42 Rn. 3.

[63] Nach Art. 44 I 2 GG ist die Beweiserhebung von Untersuchungsausschüssen öffentlich. Jedoch kann nach § 14 I PUAG auch im Rahmen der Arbeit von Untersuchungsausschüssen die Öffentlichkeit ausgeschlossen werden. Es handelt sich hierbei um Parlamentsöffentlichkeit, nicht um nach den Regeln des GVG zu beurteilende Gerichtsöffentlichkeit (→ Art. 44 Rn. 43f.).

[64] BVerfGE 1, 144 (152); *Magiera* (Fn. 48), Art. 42 Rn. 2; *Achterberg/Schulte* (Fn. 50), Art. 42 Rn. 10; *Jarass/Pieroth*, GG, Art. 42 Rn. 1; *Versteyl* (Fn. 52), Art. 42 Rn. 4ff.; *Schneider* (Fn. 48), Art. 42 Rn. 5; a.A. *H. Pünder*, Wahlrecht und Parlamentsrecht als Gelingensbedingungen repräsentativer Demokratie, VVDStRL 72 (2013), S. 191 ff. (242); *Morlok/Michael*, Staatsorganisationsrecht, § 11 Rn. 55.

[65] Zur Funktion nichtöffentlicher Sitzungen: *N. Luhmann*, Legitimation durch Verfahren, 1969, S. 189 f.; *J. Jekewitz*, Der Staat 25 (1986), 399 (417 ff.); *W. Ismayr*, Der Deutsche Bundestag, 1992, S. 356 ff.; vgl. auch *H. Schmitt-Vockenhausen*, Durchgangsstation und sonst nichts?, in: E. Hübner (Hrsg.), Der Bundestag von innen gesehen, 1969, S. 137 ff. (148); *H. Apel*, Der Deutsche Parlamentarismus, 1968, S. 147 ff.; *R. Dieterich*, Die Funktion der Öffentlichkeit der Parlamentsverhandlungen im Strukturwandel des Parlamentarismus, 1970, S. 105 f.

[66] BVerfGE 80, 188 (221 f.); zur Praxis der Ausschussberatungen s. *H. Schulze-Fielitz*, Theorie und Praxis parlamentarischer Gesetzgebung, 1988, S. 304 ff.; vgl. auch *J. Linck*, DÖV 1973, 513 (517). → Art. 40 Rn. 29 f.; → Art. 43 Rn. 9.

[67] Zur Differenz von Herstellung und Darstellung in der Politik *A. Kieserling*, Herstellung und Darstellung politischer Entscheidungen, in: O. Jarren/B. Knaup/H. Schatz (Hrsg.), Rundfunk im politischen Kommunikationsprozeß, 1995, S. 125 ff.; *K. Japp/I. Kusche*, ZfS 33 (2004), 511 ff.

[68] *H. Steiger*, Organisatorische Grundlagen des parlamentarischen Regierungssystems, 1973, S. 141.

[69] Zu Ausnahmen s. §§ 69 I 2, 70 GOBT.

[70] Eine breitere Öffentlichkeit der Ausschusssitzungen fordern auch *H. Meyer*, Das parlamentarische Regierungssystem des Grundgesetzes, VVDStRL 33 (1975), S. 69 ff. (117); *K. Carstens*, ZParl. 6 (1975), 93 (109); *H. Oberreuter*, ZParl. 6 (1975), 77 (90 ff.); *J. Linck*, DÖV 1973, 513 (517); ders., ZParl. 23 (1992), 673 (698 f.); *K.-H. Mattern*, Grundlinien des Parlaments, 1969, S. 64, 83; *J. Kurschildgen*, Die demokratisch verfaßte Öffentlichkeit, 1998, S. 236 ff.; *Versteyl* (Fn. 52), Art. 42 Rn. 6; *Schneider* (Fn. 48), Art. 42 Rn. 5; differenzierend *J. Bröhmer*, Transparenz als Verfassungsprinzip, 2002, S. 104 ff.

[71] Historisch und rechtsvergleichend hierzu *G. Sommer/R. Graf v. Westphalen*, Organisation der

kommt eine realitätsgerechte Verfassungsinterpretation dazu, das Öffentlichkeitsgebot auch auf die Ausschüsse zu erstrecken. Die normativen Vorgaben für das parlamentarische Geschehen müssen überall dort gelten, wo wesentliche Arbeit geleistet wird[72]. Die Herstellung parlamentarischer Entscheidungen darf nicht allein einem engen Kreis von in den Ausschüssen tätigen Spezialisten überlassen werden, ohne die entscheidungslegitimierende Kommunikation mit dem Volk als Souverän herzustellen[73]. Andererseits ist auch den Notwendigkeiten vertraulicher Konsensfindung Genüge zu tun[74]. Den Notwendigkeiten informaler Beratungen wird in der Praxis häufig in und zwischen den Fraktionsarbeitskreisen entsprochen. Der Ort der Informalität ist dagegen regelmäßig nicht der Ausschuss[75]. Tatsächlich kennen die Parlamente Bayerns und Berlins seit langem die Ausschussöffentlichkeit, ohne dass dies zu bekannt gewordenen Beeinträchtigungen der Arbeit geführt hätte[76]. Im Ergebnis ist daher – auch vor dem Hintergrund des Verhältnismäßigkeitsgrundsatzes – eine Umkehrung des Regel-Ausnahmeverhältnisses bezüglich der Ausschussöffentlichkeit zu verlangen[77].

25 Das Öffentlichkeitsgebot gilt **nur für das parlamentarische Geschehen** selbst, nicht für dessen Ablauforganisation. Insbesondere der Ältestenrat ist als der Selbstorganisation des Parlaments im Rahmen der Parlamentsautonomie dienendes Gremium davon auszunehmen; dasselbe hat für das Bundestagspräsidium zu gelten. Fraktionssitzungen sind keine Versammlungen des Bundestages oder eines ihn in seiner Gesamtheit repräsentierenden Gremiums.

3. Inhalt

26 Das Öffentlichkeitsgebot verlangt die **ungehinderte Zugangsmöglichkeit** zu den Verhandlungen für jedermann[78]. Öffentlichkeit meint die unqualifizierte (und damit gleiche) Zugänglichkeit. Bei Kapazitätsproblemen sind Einschränkungen zulässig (etwa die Ausgabe kostenloser Eintrittskarten), soweit die Chancengleichheit der Zugangs-

---

Parlamente – Historische Grundlagen und aktuelle Ausformungen, in: R. Graf v. Westphalen (Hrsg.), Parlamentslehre, 1993, S. 81 ff. (98 ff.).

[72] Die Ausschüsse sind deswegen »in die Repräsentation des Volkes durch das Parlament einbezogen«: BVerfGE 80, 188 (222); vgl. *M. Morlok*, JZ 1989, 1035 (1040); *H. Dreier*, JZ 1990, 310 (317 ff.); konsequenterweise bezieht Art. 43 I, II GG auch die Ausschüsse ein.

[73] Vgl. dazu *N. Luhmann*, Öffentliche Meinung, in: ders., Politische Planung, 1971, S. 9 ff. (21 ff.); a.A. *W. Martens*, Öffentlich als Rechtsbegriff, 1969, S. 69, der die vertrauliche Expertendiskussion in Ausschüssen als einzig sachgerecht bezeichnet. Zur Frage des defizitären Informationsflusses in der Praxis s. *S. Martenson*, Parlament, Öffentlichkeit und Medien, in: Schneider/Zeh, § 8 Rn. 19 ff.

[74] *Morlok*, Informalisierung (Fn. 44), S. 67 ff.

[75] *H. Schöne*, Alltag im Parlament, 2010, S. 179 ff.

[76] Dieses Argument ist freilich aufgrund des erheblich höheren Maßes an öffentlicher Aufmerksamkeit, das dem Bundestag im Vergleich zu den Landtagen zukommt, von begrenzter Tragkraft. Vgl. *H.-J. Hett*, Die Öffentlichkeit der Parlamentsverhandlungen, das Grundrecht der Informationsfreiheit und Informationspflichten der Exekutive, 1987, S. 198 f. m.w.N., der allerdings selbst einen »Mittelweg zwischen der Öffentlichkeit der Ausschußsitzungen und der Öffentlichkeitsarbeit in der jetzigen Form« befürwortet; *Dicke* (Fn. 37), Art. 42 Rn. 11.

[77] *J. Linck*, ZParl. 23 (1992), 673 (699 f.); *Bröhmer*, Transparenz (Fn. 70), S. 108 f., zum Gesamtergebnis ebd., S. 104 ff.; *H. Pünder*, Wahlrecht und Parlamentsrecht als Gelingensbedingungen repräsentativer Demokratie, VVDStRL 72 (2013), S. 191 ff. (242).

[78] *Versteyl* (Fn. 52), Art. 42 Rn. 12; Jarass/Pieroth, GG, Art. 42 Rn. 1; *Achterberg/Schulte* (Fn. 50), Art. 42 Rn. 3; *J. Linck*, DÖV 1973, 513 (514); *Klein* (Fn. 59), Art. 42 Rn. 32 f.; *Hömig* (Fn. 46), Art. 42 Rn. 1.

I. Öffentlichkeit der Verhandlungen (Art. 42 I GG)

berechtigten gewahrt bleibt[79]. Jedoch ist das Parlament zur Schaffung von Zuhörerkapazitäten verpflichtet, wobei ihm ein recht freies Ermessen zukommt.

Von dieser Sitzungsöffentlichkeit zu unterscheiden ist die **Berichterstattungsöffentlichkeit**, die die amtliche und nichtamtliche Berichterstattung über die Verhandlungen gewährleistet[80]. Praktisch beinhaltet sie die Zugangsmöglichkeit für die Medien[81]. Im Hinblick darauf, dass heute die Massenmedien erst die eigentliche Öffentlichkeit der Verhandlungen herstellen[82], indem sie durch moderne Kommunikationsmittel einer breiten Öffentlichkeit die Möglichkeit der Kenntnisnahme von den Parlamentsverhandlungen bieten[83], ist Art. 42 I GG eine Verpflichtung des Bundestages zu entnehmen, vorbehaltlich der tatsächlichen Möglichkeiten den Massenmedien Zugang zu verschaffen[84]. Allerdings darf die Öffentlichkeit nicht auf die Berichterstattungsöffentlichkeit reduziert werden: es gibt kein Monopol für berufsmäßige Informationsvermittler. Die allgemeine Zugangsmöglichkeit muss erhalten bleiben.

Ein Mangel an vorgeschriebener Öffentlichkeit kann nicht folgenlos bleiben. Die Öffentlichkeit der Verhandlungen leistet einen Beitrag zur inhaltlichen Qualität der getroffenen Entscheidungen und ermöglicht die Kontrolle der Abgeordneten und legitimiert damit deren Arbeit. Ihr kommt verfassungsrechtlicher Eigenwert zu[85]. Auch ohne ausdrückliche Fehlerfolgenvorschrift steht der die Legitimität des staatlichen Entscheidungsverfahrens bezweckende Gehalt des Öffentlichkeitsprinzips (→ Rn. 20) einer Reduzierung auf eine bloße Ordnungsvorschrift entgegen[86]. Eine **Verletzung des Öffentlichkeitsgebots** muss Fehlerfolgen zeitigen. Einzig in Betracht kommende Fehlerfolge ist indes die Nichtigkeit des Beschlusses[87].

4. Ausschluss der Öffentlichkeit (Art. 42 I 2, 3 GG)

Art. 42 I 2 GG sieht vor, dass die Öffentlichkeit ausgeschlossen werden kann. Hierzu bedarf es eines ordnungsgemäßen **Antrags** von mindestens einem Zehntel der Abgeordneten oder der Bundesregierung. Materielle Voraussetzungen bestehen nicht. Beratung und Abstimmung über den Ausschlussantrag erfolgen bereits in nichtöffentli-

---

[79] *Klein* (Fn. 59), Art. 42 Rn. 33; *Versteyl* (Fn. 52), Art. 42 Rn. 12; *Achterberg/Schulte* (Fn. 50), Art. 42 Rn. 3.
[80] *Achterberg/Schulte* (Fn. 50), Art. 42 Rn. 7 ff.; *Kißler*, Öffentlichkeitsfunktion (Fn. 12), S. 320 ff.; *Klein* (Fn. 59), Art. 42 Rn. 34.
[81] Überdies bedient sich das Parlament seit geraumer Zeit eigener Medien parlamentarischer Öffentlichkeit, dazu ausführlich *Krüper* (Fn. 41), § 39 Rn. 16 ff.
[82] *H.-U. Jerschke*, Öffentlichkeitspflicht der Exekutive und Informationsrecht der Presse, 1971, S. 56 ff.; *Morlok/Michael*, Staatsorganisationsrecht, § 11 Rn. 53; *Versteyl* (Fn. 52), Art. 42 Rn. 12; *Magiera* (Fn. 48), Art. 42 Rn. 3.
[83] Zur Entwicklung und statistischen Bestandsaufnahme der Parlamentsberichterstattung in den Medien s. *G. Mayntz*, ZParl. 24 (1993), 351 ff.
[84] Vgl. dazu auch *R. Binder*, DVBl. 1985, 1112 (1115); *Jerschke*, Öffentlichkeitspflicht (Fn. 82), 1971, S. 57 f.; *Kißler*, Öffentlichkeitsfunktion (Fn. 12), S. 315 f.; *Bröhmer*, Transparenz (Fn. 70), S. 100; *Morlok/Michael*, Staatsorganisationsrecht, § 11 Rn. 53; einschränkend *Klein* (Fn. 59), Art. 42 Rn. 34 f., und *Martens*, Rechtsbegriff (Fn. 73), S. 70, die den Medienzugang als nicht von der Garantie des Art. 42 I GG erfasst betrachten.
[85] Zu unterschiedlichen Arten von Verfahrensbestimmungen s. *M. Morlok*, Die Folgen von Verfahrensfehlern am Beispiel von kommunalen Satzungen, 1988, S. 118 ff.
[86] A.A. *Achterberg/Schulte* (Fn. 50), Art. 42 Rn. 6; *Achterberg*, Parlamentsrecht, S. 566.
[87] So auch *Kißler*, Öffentlichkeitsfunktion (Fn. 12), S. 314; *Dieterich*, Funktion (Fn. 65), S. 113; *K. Perels*, AöR 15 (1900), 548 (564); *M. v. Seydel*, Commentar zur Verfassungsurkunde für das Deutsche Reich, 2. Aufl. 1879, S. 199; Diskussion m. w. N. *Dicke* (Fn. 37), Art. 42 Rn. 25 ff.

cher Sitzung[88]. Der Antrag muss nicht eingehend begründet werden, weil der Zweck des Ausschlusses durch eine solche Begründung zunichte gemacht würde[89] und der Ausschließungsbeschluss selbst keiner Begründung bedarf. Wegen der überragenden Bedeutung des Öffentlichkeitsprinzips ist aber eine kursorische Begründung zu verlangen, die den Zweck der Geheimhaltung nicht illusorisch macht, jedoch erkennen lässt, ob tragfähige Gründe vorliegen[90]. Zur Annahme des Ausschlussantrages genügt eine Zweidrittelmehrheit der abgegebenen Stimmen (Art. 42 II 1 GG)[91].

30 **Vom Ausschluss** sind alle **betroffen**, die kein eigenes Recht zur Teilnahme an den Verhandlungen des Bundestages haben: ein solches Recht haben die Bundestagsabgeordneten und die nach Art. 43 II GG Zutrittsberechtigten[92]. Der Ausschluss kann auch für nur einzelne Teile einer Debatte vorgenommen werden[93]. Ein Ausschluss einzelner Gruppen von Zuhörern, soweit sie sich an Hausrecht und Ordnungsgewalt halten, widerspricht der von Art. 42 I 2 GG verfolgten Absicht qualifikationsunabhängiger Zugangsberechtigung und stellte eine unzulässige Diskriminierung dar[94].

II. Parlamentarisches Mehrheitsprinzip (Art. 42 II GG)

1. Sinn und Zweck

31 Das Mehrheitsprinzip ist ein Strukturelement der freiheitlich-demokratischen Grundordnung und insofern von herausragender Bedeutung für das Staatswesen der Bundesrepublik (→ Art. 20 [Demokratie], Rn. 67ff.). Es ist als parlamentarische Entscheidungsregel eine Ausprägung des Demokratieprinzips des Art. 20 I, II GG[95]. Letztlich gibt es keine tragfähige Alternative zum Mehrheitsprinzip, da nur dieses die Entscheidungsfähigkeit erhält und gleichzeitig dem Gebot gleicher Teilhabe aller an Herrschaftsakten entspricht[96].

---

[88] *Magiera* (Fn. 48), Art. 42 Rn. 6; *Versteyl* (Fn. 52), Art. 42 Rn. 19.

[89] *Magiera* (Fn. 48), Art. 42 Rn. 5; *Klein* (Fn. 59), Art. 42 Rn. 49 m.w.N.

[90] *J. Linck*, ZParl. 23 (1992), 673 (687); *Versteyl* (Fn. 52), Art. 42 Rn. 14; a.A. *Achterberg/Schulte* (Fn. 50), Art. 42 Rn. 18; *Magiera* (Fn. 48), Art. 42 Rn. 5; Jarass/*Pieroth*, GG, Art. 42 Rn. 2; in diesem Zusammenhang zur Post-Privacy-Debatte vgl. *M. Klar*, DÖV 2013, 103ff.

[91] *Klein* (Fn. 59), Art. 42 Rn. 50.

[92] Jarass/*Pieroth*, GG, Art. 42 Rn. 2; *Schneider* (Fn. 48), Art. 42 Rn. 9; *Klein* (Fn. 59), Art. 42 Rn. 54; *Magiera* (Fn. 48), Art. 42 Rn. 7; *Versteyl* (Fn. 52), Art. 42 Rn. 18.

[93] *Achterberg/Schulte* (Fn. 50), Art. 42 Rn. 21; *Schneider* (Fn. 48), Art. 42 Rn. 9; *Klein* (Fn. 59), Art. 42 Rn. 53; Jarass/*Pieroth*, GG, Art. 42 Rn. 2.

[94] Vgl. auch *J. Linck*, ZParl. 23 (1992), 673 (695); *Magiera* (Fn. 48), Art. 42 Rn. 7. Für die Zulässigkeit eines Ausschlusses einzelner Teile der Öffentlichkeit in den Grenzen des Willkürverbots sprechen sich aus: *Achterberg/Schulte* (Fn. 50), Art. 42 Rn. 21; Jarass/*Pieroth*, GG, Art. 42 Rn. 2.

[95] BVerfGE 1, 299 (315); 29, 154 (165); *W. Steffani*, ZParl. 17 (1986), 569 (574f.); *W. Westphal*, Zukunftsgestaltung als Parlamentsaufgabe: Entscheidungsnot und Entscheidungszwang, in: H. Oberreuter (Hrsg.), Wahrheit statt Mehrheit?, 1986, S. 11ff. (15); *Achterberg/Schulte* (Fn. 50), Art. 42 Rn. 25; Jarass/*Pieroth*, GG, Art. 42 Rn. 3; *Badura*, Staatsrecht, S. 323 (D 8); *B. Pieroth*, JuS 2010, 473 (480); *N. Magsaam*, Mehrheit entscheidet, 2014, S. 40ff., 108ff.

[96] *W. Heun*, Das Mehrheitsprinzip in der Demokratie, 1983, S. 79ff., insb. S. 96, 101; *H. Oberreuter*, Abgesang auf einen Verfassungstyp? Aktuelle Herausforderungen und Mißverständnisse der parlamentarischen Demokratie, in: ders., Wahrheit (Fn. 95), S. 23ff. (28); *Morlok/Michael*, Staatsorganisationsrecht, § 11 Rn. 56; *C. Hillgruber*, AöR 127 (2002), 460ff. Zu verschiedenen Begründungen: → Art. 20 (Demokratie), Rn. 68ff.

2. Anwendungsbereich

Beschluss i.S.d. Art. 42 II GG meint die verbindliche Entscheidung des Parlaments als Abschluss eines Willensbildungsprozesses – gleichviel, worum es geht. Der Begriff umfasst alle möglichen parlamentarischen Akte. Dazu zählen die Rechtswirkung entfaltenden Parlamentsentscheidungen wie Gesetzgebungsbeschlüsse, Wahlen, die Einsetzung von Ausschüssen und die Zitierung nach Art. 43 I GG, aber auch alle anderen Meinungskundgaben des Parlaments ohne rechtlich verbindliche Wirkung wie die sog. einfachen oder schlichten Parlamentsbeschlüsse[97]. Auch die Entscheidungen des Bundestages über Entschließungsanträge sind Beschlüsse in diesem Sinne, selbst wenn sie keine Bindungswirkung entfalten[98]. 32

Keine Aussage trifft das Grundgesetz über die **Beschlussfähigkeit** des Bundestages; diese ist in § 45 GOBT geregelt. Sie ist gegeben, wenn mehr als die Hälfte der Mitglieder im Sitzungssaal präsent ist. Weil ein wesentlicher Teil der Arbeit des Bundestages in den Ausschüssen erledigt wird (→ Rn. 24), kommt eine so hohe Präsenz im Plenum häufig nicht zustande. Um die Beschlussfähigkeit zu erhalten, wird diese solange fingiert, bis auf Antrag die Beschlussunfähigkeit festgestellt wird. Ein Beschluss bedarf daher zwar der grundsätzlichen Mitwirkung aller Abgeordneten[99], für das wirksame Zustandekommen eines Gesetzes genügt jedoch die Anwesenheit auch einer nur geringen Zahl von Abgeordneten[100]. 33

3. Inhalt

Der Mehrheitsbegriff des Art. 42 II GG meint die Abstimmungsmehrheit oder **einfache Mehrheit**[101]. Dies ist die vom Grundgesetz vorgesehene **Regelmehrheit**. Sie ist erreicht, wenn mindestens eine Ja-Stimme mehr als Nein-Stimmen abgegeben wurde, während bei Stimmengleichheit der Antrag als abgelehnt gilt[102]. Die Stimmenthaltung kann mangels tatsächlicher Meinungsäußerung weder als Ablehnung eines Antrages[103] noch als Zustimmung zur Entscheidung der existierenden Mehrheit gewertet werden. Es ist vielmehr das willentliche Nichtbekunden einer Meinung, das als solches bei der Stimmauszählung eben auch unberücksichtigt zu bleiben hat. Gleiches gilt für ungültige Stimmen. 34

Das Mehrheitsprinzip beinhaltet zwar das **Recht** der Mehrheit, sich im Parlament durchzusetzen und auch die Minderheit zu binden, **nicht** aber die **Pflicht** der Minderheit, die Auffassung der Mehrheit zu übernehmen[104]. 35

---

[97] K. Kemmler, Die Abstimmungsmethode des Deutschen Bundestages, 1969, S. 111; *Magiera* (Fn. 48), Art. 42 Rn. 8; *Klein* (Fn. 59), Art. 42 Rn. 80; *Schneider* (Fn. 48), Art. 42 Rn. 13; *Versteyl* (Fn. 52), Art. 42 Rn. 20; *Magsaam*, Mehrheit (Fn. 95), S. 156 ff.

[98] So zu Recht *K.-A. Sellmann*, Der schlichte Parlamentsbeschluß, 1966, S. 53, 68.

[99] BVerfGE 44, 308 (316).

[100] BVerfGE 44, 308 (321).

[101] Vgl. dazu *Kemmler*, Abstimmungsmethode (Fn. 97), S. 111; *N. Achterberg*, DVBl. 1980, 512 (518). Zu besonderen Mehrheitserfordernissen → Rn. 36 ff.

[102] *Versteyl* (Fn. 52), Art. 42 Rn. 24; *Magiera* (Fn. 48), Art. 42 Rn. 10.

[103] *Heun*, Mehrheitsprinzip (Fn. 96), S. 107; *Jarass/Pieroth*, GG, Art. 42 Rn. 4; *Hömig* (Fn. 46), Art. 42 Rn. 2; *B. Pieroth*, JuS 2010, 473 (480); anders aber *Versteyl* (Fn. 52), Art. 42 Rn. 25.

[104] BVerfGE 2, 143 (172); BVerfGE 70, 366 (368 f.) – *Sondervotum Mahrenholz*; vgl. auch *W. Steffani*, ZParl. 17 (1986), 569 (579).

4. Besondere Mehrheitserfordernisse

36 Nach **Art. 42 II 1 GG** genügt grundsätzlich für eine Entscheidung die einfache Mehrheit. **Art. 42 II 2 GG** lässt hiervon abweichende Regelungen durch die Geschäftsordnung für die vom Bundestag vorzunehmenden Wahlen zu[105], also für Personalentscheidungen[106]. Die Ausnahme gilt nicht für die Fälle, für die grundgesetzlich besondere Mehrheitserfordernisse statuiert sind, etwa die Wahl des Bundeskanzlers nach Art. 63 GG. Sie bezieht sich allein auf die Regelmehrheit nach Art. 42 II 1, 1. Hs. GG, nicht aber auf verfassungstextlich positivierte Abweichungen i. S. d. Art. 42 II 1, 2. HS GG[107].

37 Eine andere Mehrheit als die Regelmehrheit statuiert das Grundgesetz selbst in einer Reihe von Bestimmungen. Die höchsten Anforderungen, nämlich die einer **Mehrheit von zwei Dritteln der Mitglieder des Bundestages**, werden dabei gemäß Art. 61 I 3 GG für die Anklage des Bundespräsidenten (→ Art. 61 Rn. 13) und für eine Grundgesetzänderung (→ Art. 79 II Rn. 15, 19ff.) gestellt. **Absolute Mehrheiten** werden verlangt gemäß Art. 29 VII GG für Gebietsänderungen der Länder, gemäß Art. 63 II, III GG für den ersten und zweiten Wahlgang bei der Bundeskanzlerwahl, gemäß Art. 67 I 1 GG für das konstruktive Misstrauensvotum, gemäß Art. 68 I 1 GG im Falle der Vertrauensfrage des Kanzlers, gemäß Art. 77 IV 1 GG für die Zurückweisung eines qualifizierten Einspruchs des Bundesrates, gemäß Art. 80a III 2 GG für die Aufhebung eines Beschlusses eines internationalen Organs im Spannungsfalle und gemäß Art. 87 III 2 GG für die Errichtung bundeseigener Mittel- und Unterbehörden. Einer Mehrheit von **zwei Dritteln der abstimmenden Abgeordneten** bedarf es gemäß Art. 42 I 2 GG für den Ausschluss der Öffentlichkeit und gemäß Art. 80a I 2 GG für die Feststellung des Spannungsfalles; ebenso im Falle des Art. 77 IV 2 GG, hier aber mindestens der Mehrheit der Mitglieder des Bundestages. Besondere Regeln gelten gemäß Art. 115a bis Art. 115i GG für die Feststellung des Verteidigungsfalles und im **Verteidigungsfall**.

38 Von der Abstimmungsmehrheit i. S. d. Art. 42 II GG zu unterscheiden ist die **Mehrheit der anwesenden Mitglieder**, die in §§ 80 II, 81 I, 84b, 126 GOBT vorgesehen ist, sowie die **Mehrheit der Mitglieder des Bundestages** i. S. d. Art. 121 GG (→ Art. 121 Rn. 6f.).

39 Da es sich bei den **Minderheitenrechten**, wie etwa der Einsetzung eines Untersuchungsausschusses (→ Art. 44 Rn. 11, 36) oder dem Antrag auf Einberufung einer Sitzung des Bundestages, um Antragsrechte handelt, denen zu entsprechen ist, liegen insoweit keine »Beschlüsse« des Bundestages i. S. d. Art. 42 II GG vor, so dass die Fälle dieser Minderheitenrechte keine Durchbrechungen des hier festgeschriebenen Mehrheitsprinzips darstellen.

---

[105] Davon wird z. B. Gebrauch gemacht bei der Wahl des Bundestagspräsidenten und seiner Stellvertreter, s. insb. § 2 II 4 GOBT: Losentscheid bei Stimmengleichheit.

[106] Nicht erfasst ist die »Auswahl« des Sitzes einer Bundesbehörde nach § 50 GOBT. *Magiera* (Fn. 48), Art. 42 Rn. 15; *Klein* (Fn. 59), Art. 42 Rn. 92; *Jarass/Pieroth*, GG, Art. 42 Rn. 5; *Hömig* (Fn. 46), Art. 42 Rn. 2; a.A. *Schneider* (Fn. 48), Art. 42 Rn. 15.

[107] Die Auffassung, dass nur erschwerende, nicht aber erleichternde Abweichungen zulässig sind, die mit Hinweis auf den zwingenden Charakter des Verfassungsrechts begründet wird – so etwa *Schneider* (Fn. 48), Art. 42 Rn. 15 –, ist bei dieser Lesart der Ausnahmemöglichkeit nach Art. 42 II 2 GG gegenstandslos.

III. Verantwortungsfreiheit von Berichten (Art. 42 III GG)

Zweck des Art. 42 III GG ist die Sicherung der freien Kommunikation des Parlaments mit dem Volk als Souverän[108] und der öffentlichen Kommunikation über das parlamentarische Geschehen. Die Vorschrift soll eine ungehinderte, wahrheitsgetreue, vollständige Berichterstattung aus dem Parlament ermöglichen; sie ist ein Sicherungselement für die **freie Bildung der öffentlichen Meinung**[109]. Sie dient der Gewährleistung der Berichterstattungsöffentlichkeit (→ Rn. 27) und hilft, die Sitzungsöffentlichkeit (→ Rn. 26) tatsächlich zu verwirklichen. Art. 42 III GG formt eine Komplementärgarantie zu Art. 42 I GG aus, die durch die Pressefreiheit verstärkt[110] und die Indemnität der Abgeordneten (→ Art. 46 Rn. 9 ff.) ergänzt wird[111]. Art. 42 III GG hat insoweit grundrechtsähnlichen Charakter[112], ist aber auch im Öffentlichkeitsprinzip verortet und weist von daher Parlamentsbezug auf[113]. Die tatsächliche Bedeutung der Vorschrift ist ihrem Anwendungsbereich entsprechend begrenzt, zumal stets auf Art. 5 I GG zurückgegriffen werden kann.

Ein **Bericht** ist eine »erzählende Darstellung eines historischen Vorganges in seinem wesentlichen Verlauf«[114]. Es handelt sich um eine Tatsachendarstellung, deren Wahrheitsgehalt grundsätzlich objektiv überprüfbar ist[115]. In den Anwendungsbereich des Art. 42 III GG fallen somit nicht nur Wiedergaben der Stenographischen Berichte, sondern auch eigenständige Darstellungen des parlamentarischen Geschehens, und zwar in allen Medien[116]. Nicht erfasst sind persönliche Bemerkungen, Bewertungen, Schlussfolgerungen und Kommentare des Berichterstatters, soweit sie dem Bericht seinen Charakter als solcher nehmen und ihn als Meinungsäußerung erscheinen lassen[117]. Für derartige Darstellungen tritt jedoch der Schutz des Art. 5 I GG ein. Andererseits ist bei der Zuordnung Vorsicht geboten, da Art 42 III GG, anders als Art. 5 I GG[118], vorbehaltlosen Schutz bietet.

Das Privileg des Art. 42 III GG bezieht sich nur auf **Berichte über** die öffentlichen **Sitzungen** des Bundestages, und zwar im gesamten dargestellten Umfang (→ Rn. 22). Weiterhin erfasst sind Berichte über Sitzungen der Ausschüsse des Bundestages. § 37 StGB stellt i.V.m. § 36 StGB eine einfachgesetzliche Parallelregelung zu Art. 42 III GG dar, die über den Bundestag hinaus auch die Bundesversammlung und die Landtage samt ihren Ausschüssen erfasst[119].

---

[108] *Magiera* (Fn. 48), Art. 42 Rn. 16; *Klein* (Fn. 59), Art. 42 Rn. 57; *Achterberg/Schulte* (Fn. 50), Art. 42 Rn. 56.
[109] *Schneider* (Fn. 48), Art. 42 Rn. 16; *Klein* (Fn. 59), Art. 42 Rn. 58 ff.
[110] Zum Zusammenhang zwischen Öffentlichkeitsgeboten für die Staatsgewalt und der Pressefreiheit s. bereits *Guizot*, Histoire, Bd. 2 (Fn. 37), S. 15.
[111] *Versteyl* (Fn. 52), Art. 42 Rn. 32.
[112] *Schneider* (Fn. 48), Art. 42 Rn. 16; vgl. *Magiera* (Fn. 48), Art. 42 Rn. 16; *Achterberg/Schulte* (Fn. 50), Art. 42 Rn. 56.
[113] Ausschließlich Parlamentsbezug annehmend *Hatschek*, Staatsrecht (Fn. 29), S. 581 f., 585 ff.; *Klein* (Fn. 59), Art. 42 Rn. 66 ff.
[114] RGSt 18, 207 (210).
[115] *Dicke* (Fn. 37), Art. 42 Rn. 76.
[116] *Schneider* (Fn. 48), Art. 42 Rn. 17; *Klein* (Fn. 59), Art. 42 Rn. 59; *Magiera* (Fn. 48), Art. 42 Rn. 17.
[117] *Schneider* (Fn. 48), Art. 42 Rn. 17; *Klein* (Fn. 59), Art. 42 Rn. 59; *Magiera* (Fn. 48), Art. 42 Rn. 17; a.A. *Versteyl* (Fn. 52), Art. 42 Rn. 35.
[118] Zur Schwierigkeit der Abgrenzung von Meinungen und Tatsachen → Art. 5 I, II Rn. 62 ff.
[119] Vor dem Hintergrund des Art. 42 III GG kann § 37 StGB nicht lediglich als Strafausschließungsgrund betrachtet werden, sondern muss rechtfertigende Wirkung haben. Zum diesbezüglichen Streitstand in der strafrechtlichen Diskussion *T. Fischer*, StGB, 62. Aufl. 2015, § 37 Rn. 2.

43 Die bereits im Parlamentarischen Rat umstrittene (→ Rn. 9) Abgrenzung von »**wahrheitsgetreu**« und »nicht wahrheitsgetreu« ist problematisch. Einen Bericht als wahrheitsgetreu zu definieren, wenn er »das gesamte Geschehen oder einen in sich abgeschlossenen Teil richtig und vollständig wiedergibt«[120], verschiebt die Abgrenzungsproblematik lediglich in die Definition der Begriffe Richtigkeit und Vollständigkeit. Handhabbare Abgrenzungskriterien bieten im Sinne einer Negativdefinition durch Rechtsprechung und Lehre bereits hinreichend konkretisierte Gegenbegriffe wie »Fälschung«, »Entstellung« und »irreführende Auslassung«[121]. Jedenfalls nicht privilegiert sind bewusste Fehldarstellungen.

44 Die **eigenständige Bedeutung** des Art. 42 III GG gegenüber Art. 5 I, II GG liegt darin, dass auch beleidigende und verleumderische Äußerungen von Abgeordneten gegenüber anderen Abgeordneten oder Dritten als solche berichtet werden können, ohne irgendeine Verantwortlichkeit des Berichterstatters auszulösen[122]. Rechtsfolge des Eingreifens der Garantie ist Sanktionslosigkeit für alle Berichte, die dem Wahrheitskriterium entsprechen. Weder strafrechtliche, dienstrechtliche, zivilrechtliche, presserechtliche noch sonstige Sanktionen dürfen als Folge der Berichterstattung verhängt werden[123], sie bleibt frei von negativen Rechtsfolgen jeglicher Art. Die Indemnität (→ Art. 46 Rn. 9 ff.) schützt den Abgeordneten selbst.

D. Verhältnis zu anderen GG-Bestimmungen

45 Das für die Demokratie fundamentale Öffentlichkeitsprinzip ist im Grundgesetz nur in Art. 42 I, **44 I** und **52 III 2** sowie in **Art. 21 I 4 GG** ausformuliert worden, hat seine Wurzel aber im Demokratieprinzip (→ Art. 20 [Demokratie], Rn. 77). Es wird durch die Gewährleistungen der Kommunikationsgrundrechte abgesichert, die in Art. 42 III GG eine spezifische Bekräftigung und in Art. 46 I GG eine Ergänzung erfahren.

46 Auch das **Mehrheitsprinzip** ist demokratisches Hauptelement und begegnet dementsprechend in zahlreichen weiteren Grundgesetzbestimmungen, welche gegenüber der Regelmehrheit des Art. 42 II 1 GG Abweichendes bestimmen (→ Rn. 36 ff.).

---

[120] Diese Ansicht beruht letztlich auf RGSt 18, 207 (207 ff.), und dem diesem Urteil folgenden Schrifttum in der Weimarer Republik, s. *Anschütz*, WRV, Art. 30 Anm. 4 (S. 209); *Klein* (Fn. 59), Art. 42 Rn. 63; *Magiera* (Fn. 48), Art. 42 Rn. 18.

[121] Vgl. aber die abweichende Regelung in Art. 22 II BayVerf.: Ausnahme für »die Wiedergabe von Ehrverletzungen«.

[122] Vgl. auch *Schneider* (Fn. 48), Art. 42 Rn. 18. → Art. 5 I, II Rn. 316.

[123] *Magiera* (Fn. 48), Art. 42 Rn. 20.

Artikel 43 [Zitier-, Zutritts- und Rederecht]

(1) Der Bundestag und seine Ausschüsse können die Anwesenheit jedes Mitgliedes der Bundesregierung verlangen.

(2) ¹Die Mitglieder des Bundesrates und der Bundesregierung sowie ihre Beauftragten haben zu allen Sitzungen des Bundestages und seiner Ausschüsse Zutritt. ²Sie müssen jederzeit gehört werden.

Literaturauswahl

Besch, Johann: Rederecht und Redeordnung, in: Schneider/Zeh, § 33, S. 939–959.
Bodenheim, Dieter G.: Kollision parlamentarischer Kontrollrechte, 1979.
Einem, Joachim von: Die Auskunftpflicht der Regierung gegenüber dem Parlament, Diss. jur. Göttingen 1977.
Fauser, Bernd: Die Stellung der Regierungsmitglieder und ihrer Vertreter im Parlament, 1973.
Hölscheidt, Sven: Frage und Antwort im Parlament, 1992.
Lipphardt, Hans-Rudolf: Die kontingentierte Debatte, 1976.
Magiera, Siegfried: Rechte des Bundestages und seiner Mitglieder gegenüber der Regierung, in: Schneider/Zeh, § 52, S. 1421–1446.
Maiwald, Christian: Berichtspflichten gegenüber dem Deutschen Bundestag, 1993.
Meier, Heinz-Wilhelm: Zitier- und Zutrittsrecht im parlamentarischen Regierungssystem, 1982.
Queng, Stefan: Das Zutritts- und Rederecht nach Art. 43 II GG, in: JuS 1998, S. 610–614.
Röper, Erich: Parlamentarische Ordnungsmaßnahmen gegenüber Regierungsmitgliedern, in: ZParl. 22 (1991), S. 189–196.
Schönfeld, Gert: Das Zitier-, Zutritts- und Rederecht des Art. 43 Grundgesetz, 1973.
Schröder, Meinhard: Rechte der Regierung im Bundestag, in: Schneider/Zeh, § 53, S. 1447–1455.
Vogelsang, Klaus: Die Verpflichtung der Bundesregierung zur Antwort auf parlamentarische Anfragen, in: ZRP 1988, S. 5–10.
Vonderbeck, Hans-Josef: Parlamentarische Informations- und Redebefugnisse, 1981.
Weis, Hubert: Parlamentarisches Fragerecht und Antwortpflicht der Regierung, in: DVBl. 1988, S. 268–273.

Leitentscheidung des Bundesverfassungsgerichts

BVerfGE 10, 4 (5ff.) – Redezeit.

Gliederung

	Rn.
A. Herkunft, Entstehung, Entwicklung	1
I. Ideen- und verfassungsgeschichtliche Aspekte	1
II. Entstehung und Veränderung der Norm	6
B. Internationale, supranationale und rechtsvergleichende Bezüge	7
C. Erläuterungen	8
I. Zitierrecht (Art. 43 I GG)	8
1. Zweck	8
2. Träger und Adressaten	9
3. Inhalt und Grenzen	11
4. Durchsetzbarkeit	16
II. Zutrittsrecht (Art. 43 II 1 GG)	17
1. Zweck	17
2. Träger und Adressaten	18
3. Inhalt und Grenzen	20
III. Rederecht (Art. 43 II 2 GG)	21
1. Zweck	21
2. Träger und Adressaten	22
3. Inhalt und Grenzen	23
D. Verhältnis zu anderen GG-Bestimmungen	26

Stichwörter

Anhörungsrecht 21f. – Antwortpflicht 11, 15 – Anwesenheitspflicht 14 – Enquête-Kommission 9 – Grenzen des Rederechts 23ff. – Interpellationsrecht 12 – Kontrollrecht 8, 26 – Mehrheitsrecht 13, 16 – Ministerverantwortlichkeit 8 – persönliches Erscheinen 11, 14, 23 – Redepflicht 11 – Rederecht 21ff. –Redezeit 25 – Videokonferenzen 14, 22 – Zitierrecht 8ff. – Zutrittsrecht 17ff. – Zwangsinformation des Parlaments 21.

A. Herkunft, Entstehung, Entwicklung

I. Ideen- und verfassungsgeschichtliche Aspekte

1 Während (alt-)ständische Versammlungen unter Ausschluss des Monarchen berieten[1], wurde es mit der zunehmenden Konstitutionalisierung und der damit einhergehenden Erweiterung der Rechte der Vertreterversammlungen notwendig, die Volksvertretung und die in zunehmende Abhängigkeit hiervon kommende Regierung in systematischen Kontakt zu bringen. Zum einen sollte ein **Zutrittsrecht** und ein damit verbundenes **Rederecht** der Minister es diesen erlauben, ihren Standpunkt gegenüber der Volksvertretung zur Geltung zu bringen. Zum anderen entstand ein Bedürfnis nach Kontrolle der Regierung, das auch durch die **Herbeirufung** der Minister befriedigt werden sollte[2].

2 Insbesondere die Regelungen in **Frankreich**[3] und **Belgien**[4] hatten einen nachhaltigen Einfluss auf die deutsche Verfassungsentwicklung. Zutritts- und Rederecht ebenso wie das Herbeirufungsrecht entstanden mit der Herausbildung der Verantwortlichkeit der Regierung.

3 Regelungen zum **Zutritts- und Rederecht** finden sich in nahezu allen frühkonstitutionellen deutschen Verfassungen[5]. Zutritts- und redeberechtigt waren regelmäßig nicht nur die zuständigen **Minister**, sie konnten sich auch von anderen »Staatsdienern« begleiten lassen[6]. Das hatte allerdings zur Folge, dass sich der Kreis der Verantwortlichen verwischte. Art. 9 S. 1 der **RVerf. 1871** begründete entsprechend der Bundesstaatlichkeit des Reiches ein Zutritts- und Rederecht für die **Mitglieder des Bundesrates**. In der Praxis nahmen jedoch sowohl der Reichskanzler als auch seine Stellvertreter das Zutrittsrecht ebenfalls in Anspruch.

4 Einen eigenständigen Anspruch auf Herbeirufung von Ministern (**Zitierrecht**) sah erstmals[7] **§ 122 Paulskirchenverfassung** vor, sogar nebst einer Pflicht zur Auskunfts-

---

[1] *F. Hartung*, Deutsche Verfassungsgeschichte, 7. Aufl. 1959, S. 38.
[2] Einen Überblick zur geschichtlichen Entwicklung geben *H.-W. Meier*, Zitier- und Zutrittsrecht im parlamentarischen Regierungssystem, 1982, S. 58 ff.; *G. Schönfeld*, Das Zitier-, Zutritts- und Rederecht des Art. 43 GG, 1973, S. 11 ff.
[3] Erste Regelungen zum Zutritts- und einem beschränkten Rederecht finden sich in Titel III Kapitel III Abschnitt IV Art. 10 der Constitution von 1791; vgl. auch Art. 54 der Charte Constitutionelle von 1814; zum Zitierrecht vgl. Art. 75–77 der republikanischen Verfassung von 1795.
[4] Art. 88 der belgischen Verfassung von 1831; dazu *Meier*, Zitierrecht (Fn. 2), S. 60.
[5] So z. B. § 169 Verfassung Württemberg von 1819, § 114 Grundgesetz Königreich Hannover von 1833; s. später dann auch § 121 Paulskirchenverfassung; weitere Angaben bei: *Schönfeld*, Zitierrecht (Fn. 2), S. 11.
[6] So § 169 Verfassung Württemberg von 1819, und zwar von solchen, welche »den vorliegenden Gegenstand besonders bearbeitet haben, oder sonst vorzügliche Kenntnis davon besitzen«.
[7] Bereits vorher hatte die Staatsrechtslehre einen Anspruch auf Herbeirufung des Ministers zur Aufklärung über die zu seinem Wirkungskreis gehörenden Gegenstände anerkannt, siehe *F. Schmitthenner*, Grundlinien des allgemeinen oder idealen Staatsrechts, 1845 (Neudruck 1966), S. 590.

erteilung. Bestandteil einer in Kraft getretenen deutschen Verfassung wurde das Zitierrecht in **Art. 60 II der Preußischen Verfassung von 1850**; es blieb im preußischen Budgetkonflikt aber umstritten und war nicht durchsetzbar[8]. Auch wenn weder die Verfassung des Norddeutschen Bundes noch die Reichsverfassung von 1871 ein Zitierrecht enthielten, so erkannte die Regierung doch faktisch eine letztlich der politischen Ministerverantwortlichkeit entspringende Verpflichtung an, im Reichstag zu erscheinen, um Rede und Antwort zu stehen – allerdings nur, wenn sie es für richtig erachtete[9].

Art. 33 WRV fasste die Bestimmungen über Zutritts-, Rede- und Zitierrecht in einer Norm zusammen und stellte das Zitierrecht an die Spitze der Norm (Abs. 1). Der Anwendungsbereich dieser Rechte wurde auf die Ausschüsse erstreckt, auch die Vertreter der Länder waren zutritts- und redeberechtigt. Das Rederecht war beschränkt auf den »Gegenstande der Verhandlung«. Neu war die ausdrückliche Unterwerfung der im Parlament anwesenden Regierungsmitglieder unter die Ordnungsgewalt des Parlamentes in Abs. 4.

II. Entstehung und Veränderung der Norm

Art. 55 HChE übernahm die Regelungen des Art. 33 WRV zum Zutritts-, Rede- und Zitierrecht nahezu inhaltsgleich. Lediglich die Bestimmungen über die Ordnungsgewalt wurden ausgenommen. Zudem wurde das Entsendungsrecht der Länder (Art. 33 II 2 WRV) zu einem Zutrittsrecht für die Mitglieder des Bundesrates. Der **Parlamentarische Rat** fügte Art. 55 HChE ohne Diskussion als Art. 43 I in das Grundgesetz ein. Nur Art. 55 II HChE wurde geringfügig modifiziert[10]. Der Normtext blieb seither unverändert.

B. Internationale, supranationale und rechtsvergleichende Bezüge

Die in Art. 43 GG normierten Zitier-, Zutritts- und Rederechte sind fester Bestandteil einer parlamentarischen Ordnung. Sie finden sich in vergleichbaren Verfassungen. Die europäischen Verfassungen kennen das Zutritts- und Rederecht durchgängig[11]. Das Zitierrecht ist nicht immer geregelt[12]. Auch **Art. 230 AEUV** ermöglicht die Beteiligung der Kommission an den Sitzungen des Europäischen Parlamentes und begründet ein Fragerecht des Parlamentes und seiner Mitglieder[13]. Dem Rat wird nach Abs. 4 ein Anhörungsrecht eingeräumt. Weiterhin enthalten sämtliche **Landesverfassungen** der

---

[8] *Meier*, Zitierrecht (Fn. 2), S. 70 f.
[9] *Meier*, Zitierrecht (Fn. 2), S. 77 f.; *Huber*, Verfassungsgeschichte, Band 3, S. 901 f.
[10] Zur Klarstellung, dass das Rederecht auch außerhalb der Tages- und Redeordnung in Anspruch genommen werden kann, verzichtete man auf den Zusatz »während der Beratung« und ließ es bei dem Wort »jederzeit« bewenden. Außerdem wurde auf Vorschlag des Redaktionsausschusses die Formulierung »die von ihnen bestellten Beauftragten« durch »ihre Beauftragten« ersetzt; vgl. *M. Schröder*, in: BK, Art. 43 (2008), S. 7 f.
[11] So z. B. Griechenland Art. 66 Abs. 2; Frankreich Art. 31; Niederlande Art. 69; Belgien Art. 100; Luxemburg Art. 80; Dänemark § 40; Irland Art. 28 VIII; Österreich Art. 52 Abs. 3; Portugal Art. 177; vgl. auch den Überblick bei *H. H. Klein*, in: Maunz/Dürig, GG, Art. 43 (2013), Rn. 32 f.
[12] Enthalten ist es etwa in Art. 64 IV Verfassung Italien oder in Art. 38 II Verfassung Tschechien, nicht aber in der französischen Verfassung.
[13] Dazu *W. Kluth*, in: Calliess/Ruffert, EUV/AEUV, Art. 230 AEUV Rn. 4.

Bundesrepublik Deutschland Regelungen, die im wesentlichen dieselbe Ausgestaltung haben wie Art. 43 GG[14]; allerdings steht das Zitierrecht in einigen Landesverfassungen auch der Minderheit zu[15]. Schließlich finden sich ausdrückliche Statuierungen der Pflicht zur Antwort[16].

C. Erläuterungen

I. Zitierrecht (Art. 43 I GG)

1. Zweck

8 Art. 43 I GG regelt das Recht des Parlamentes und seiner Ausschüsse zur Herbeirufung von Regierungsmitgliedern. Dieses sogenannte »Zitier-« oder »Zitierungsrecht« ist ein Instrument zur Realisierung der **parlamentarischen Verantwortlichkeit** der Regierung gegenüber dem Parlament[17]. Es dient als **Kontrollrecht**, wobei »Kontrolle« auch im weiten, dem Angelsächsischen entlehnten Sinne von Steuerung und Einflussnahme gemeint ist[18]. Das Zitierrecht ist damit ein Ausdruck der **Ministerverantwortlichkeit**[19]. Diese Verantwortlichkeit ist dabei vor allem im politischen Sinne zu verstehen und dementsprechend mit politischen Sanktionen bewehrt: dem Entzug des Vertrauens. Das Bestehen auf rechtlichen Sanktionen trifft nicht den Funktionsmodus heutiger parlamentarischer Regierungsformen. Die Herbeirufung verfolgt entweder das Ziel, der Regierung die Auffassung des Parlamentes zu Ohren zu bringen[20], oder eine Stellungnahme eines Ministers herbeizuführen und so ein Informationsbedürfnis des Parlamentes zu befriedigen. Weil die Informationen dem Bundestag durch die Regierung vermittelt werden, räumt Art. 43 I GG ein Recht auf »**Fremdinformation**« ein[21]. Dem stehen die weitergehenden Rechte auf **Selbstinformation** zur Seite[22].

---

[14] Vgl. z. B. Baden-Württemberg Art. 34; Bayern Art. 24; Hamburg Art. 23; Hessen Art. 91; Mecklenburg-Vorpommern Art. 38 ff.; Nordrhein-Westfalen Art. 45; Sachsen Art. 49 ff.; Thüringen Art. 66 ff. Vgl. auch den Überblick über die Regelungen in den Landesverfassungen bei *S. Hölscheidt*, DÖV 1993, 593 (594 ff.); *Meier*, Zitierrecht (Fn. 2), S. 188 f. und *Klein* (Fn. 11), Art. 43 Rn. 25.

[15] S. Brandenburg Art. 66 I; Mecklenburg-Vorpommern Art. 38 I; Schleswig-Holstein Art. 21 I.

[16] Vgl. z. B. Brandenburg Art. 56 II; Hamburg Art. 25 II; Niedersachsen Art. 24 I; Thüringen Art. 67 I.

[17] *M. Morlok/C. Hientzsch*, JuS 2011, 1 (8); *N. Achterberg/M. Schulte*, in: v. Mangoldt/Klein/ Starck, GG II, Art. 43 Rn. 1; *H.-P. Schneider*, in: AK-GG, Art. 43 (2002), Rn. 2 m. w. N.; *Badura*, Staatsrecht, Rn. E 108.

[18] Zur Entfaltung eines solchen Begriffs von »Kontrolle«, der insbesondere durch Mitwirkung auf die Beeinflussung des Entscheidungsergebnisses zielt, *H. Schulze-Fielitz*, Theorie und Praxis parlamentarischer Gesetzgebung, 1988, S. 292 ff. m. w. N.; zum Steuerungsaspekt vor allem *W. Krebs*, Kontrolle in staatlichen Entscheidungsprozessen, 1984, S. 31 ff.; zur »Kontrolle durch Zusammenwirken« *K.-U. Meyn*, Kontrolle als Verfassungsprinzip, 1982, S. 173 ff.; *Morlok/Michael*, Staatsorganisationsrecht, § 11 Rn. 46.

[19] Dazu *K. Kröger*, Die Ministerverantwortlichkeit in der Verfassungsordnung der Bundesrepublik Deutschland, 1972, S. 5 ff. m. w. N.; *P. Badura*, ZParl. 11 (1980), 573 ff.; siehe auch *Schönfeld*, Zitierrecht (Fn. 2), S. 53 ff.

[20] Zu dieser Funktion *U. Thaysen*, ZParl. 5 (1974), 459 (465 ff.).

[21] Zu Fremd- und Selbstinformation vgl. *H.-P. Schneider*, AöR 99 (1974), 628 ff.; *M. Morlok/C. Hientzsch*, JuS 2011, 1 (8); *C. Teuber*, Parlamentarische Informationsrechte, 2007, S. 60 ff.; *Meier*, Zitierrecht (Fn. 2), S. 90 ff. → Art. 44 Rn. 8, 12.

[22] So das Enquête-Recht des Art. 44 GG, das Informationsrecht des Petitionsausschusses nach Art. 45c in Verbindung mit Art. 17 GG wie auch die Institution des Wehrbeauftragten nach Art. 45b GG.

2. Träger und Adressaten

Mit »**Bundestag**« ist das Plenum gemeint, das über die Ausübung seines Rechtes mit einfacher Mehrheit beschließt[23]. Die Erweiterung auf die **Ausschüsse** trägt der Tatsache Rechnung, dass ein wesentlicher Teil der Beratungsarbeit des Bundestages dort geschieht[24]. Zu den Ausschüssen i. S. v. Art. 43 I GG zählen sowohl die vom Grundgesetz vorgesehenen als auch die sonstigen durch Beschluss des Plenums eingerichteten[25]. Diese sind auch dann zur Herbeirufung befugt, wenn sie sich mit ihnen nicht vom Plenum überwiesenen Angelegenheiten befassen, sondern mit solchen, die sie im Rahmen ihres Geschäftsbereiches selbst aufgegriffen haben[26]. Auch **Unterausschüssen** (§ 55 GOBT) steht das Zitierrecht zu. Die Organisationsfreiheit des Bundestages darf nicht durch den drohenden Verlust des Zitierrechts eingeschränkt werden[27]. Umstritten ist, ob **Enquête-Kommissionen** nach § 56 GOBT das Zitierrecht zusteht. Entgegen einer Auffassung, die sich darauf stützt, dass ihnen auch Nicht-Abgeordnete angehören[28], ist den Enquête-Kommissionen das Herbeirufungsrecht aus dem formellen Gesichtspunkt der parlamentarischen Bestellung aller Mitglieder zuzuerkennen[29]. Als spezielles Instrument der parlamentarischen Enquête ist es schon von deren Aufgabenbereich her auch materiell gerechtfertigt, ihnen das Zitierrecht zuzubilligen[30]. Auch dem **Vermittlungsausschuss** kommt das Herbeirufungsrecht zu[31], weil er sich als gemischter Ausschuss einerseits auf Art. 43 I GG und andererseits auf Art. 53 I GG stützen kann. Falls der **Gemeinsame Ausschuss** gemäß Art. 53a, 115e I GG aktiviert wird, kann er das Zitierrecht wahrnehmen, da er in diesem Falle die Rechte des Bundestages und des Bundesrates wahrnimmt[32]. Im Frieden hat er jedenfalls nach Art. 53a II 1 GG ein Herbeirufungs- und Informationsrecht bezüglich der dort erwähnten Planungen (→ Art. 53a Rn. 14 f.)[33]. Der **Ältestenrat** hat kein Herbeirufungsrecht, da er

9

---

[23] *Klein* (Fn. 11), Art. 43 Rn. 51; *Schneider* (Fn. 17), Art. 43 Rn. 4.
[24] BVerfGE 80, 188 (224); *W. Ismayr*, Der Deutsche Bundestag, 1992, S. 184 ff.; *K. v. Beyme*, Der Gesetzgeber, 1997, S. 188 ff.; *Schulze-Fielitz*, Theorie (Fn. 18), S. 304 ff.; *M. Morlok*, JZ 1989, 1035 (1040 f.) m. w. N.; *H. Dreier*, JZ 1990, 310 (317 ff.); *D. Engels*, Organisation und Arbeitsweise des Deutschen Bundestages, in: J. Bellers/R. von Westphalen (Hrsg.), Parlamentslehre, 1993, S. 208 ff. (216 ff., 227 ff.).
[25] *Klein* (Fn. 11), Art. 43 Rn. 52; *Achterberg/Schulte* (Fn. 17), Art. 43 Rn. 21; *Schneider* (Fn. 17), Art. 43 Rn. 4.
[26] Vgl. zu dieser früher streitigen Frage die Ausführungen bei *Klein* (Fn. 11), Art. 43 Rn. 46.
[27] Auch so *L.-A. Versteyl*, in: v. Münch/Kunig, GG II, Art. 43 Rn. 7; *S. Magiera*, Rechte des Bundestages und seiner Mitglieder gegenüber der Regierung, in: Schneider/Zeh, § 52 Rn. 5; *ders.*, in: Sachs, GG, Art. 43 Rn. 3; differenzierend *Klein* (Fn. 11), Art. 43 Rn. 53; a. A. *Schneider* (Fn. 17), Art. 43 Rn. 4; *Achterberg/Schulte* (Fn. 17), Art. 43 Rn. 21; *Schröder* (Fn. 10), Art. 43 Rn. 17 jeweils m. w. N.
[28] *Achterberg/Schulte* (Fn. 17), Art. 43 Rn. 22; *H. Trossmann*, Parlamentsrecht des Deutschen Bundestages, 1977, § 74a GOBT a. F. Rn. 15; *Versteyl* (Fn. 27), Art. 43 Rn. 11; *Klein* (Fn. 11), Art. 43 Rn. 54.
[29] So die überwiegende Literatur, s. *G. Kretschmer*, DVBl. 1986, 923 (927 f.); *W. Kluth*, in: Schmidt-Bleibtreu/Hofmann/Henneke, GG, Art. 43 Rn. 12; *Schneider* (Fn. 17), Art. 43 Rn. 4; *Schröder* (Fn. 10), Art. 43 Rn. 18 f.; *Magiera* (Fn. 27), Art. 43 Rn. 3; *ders.* (Fn. 27), § 52 Rn. 6.
[30] *Schneider* (Fn. 17), Art. 43 Rn. 4.
[31] *Schneider* (Fn. 17), Art. 43 Rn. 4; *Klein* (Fn. 11), Art. 43 Rn. 56; *Achterberg/Schulte* (Fn. 17), Art. 43 Rn. 23; *Schröder* (Fn. 10), Art. 43 Rn. 20; Jarass/*Pieroth*, GG, Art. 43 Rn. 1; *Magiera* (Fn. 27), Art. 43 Rn. 3; *ders.* (Fn. 27), § 52 Rn. 6; *Achterberg*, Parlamentsrecht, S. 463; *Meier*, Zitierrecht (Fn. 2), S. 123; *Stern*, Staatsrecht II, S. 53 f., 177.
[32] *Schröder* (Fn. 10), Art. 43 Rn. 21; *Achterberg/Schulte* (Fn. 17), Art. 43 Rn. 24; *Schönfeld*, Zitierrecht (Fn. 2), S. 121.
[33] Jarass/*Pieroth*, GG, Art. 53a Rn. 3; *Schönfeld*, Zitierrecht (Fn. 2), S. 120 f.

bloß ein Gremium für die Selbstverwaltung des Parlamentes ist[34]. Dem Richterwahlausschuss nach Art. 95 II GG steht wegen seiner eng begrenzten Aufgaben und seiner besonderen Zusammensetzung kein Zitierrecht zu[35]. Auch den **Fraktionen** steht ein derartiges Recht nicht zu, weil sie keine organisatorische Einheit des Parlamentes selbst sind.

10 **Adressat des Zitierrechts** ist jedes Mitglied der Bundesregierung (→ Art. 62 Rn. 21). Als Schlüsselfigur der Regierung (Art. 63, 64 I, 65 S. 1, 67 GG) und Träger der Gesamtverantwortung kommt der Herbeirufung des **Bundeskanzlers** besondere Bedeutung zu. Unproblematisch ist auch die Zitierung des nach seinem Ressort für den Beratungsgegenstand **zuständigen Ministers**. In Anbetracht dessen, dass der Zitierte Rede und Antwort stehen muss (→ Rn. 11, 15), wird die Rechenschaftspflicht nach einer Auffassung begrenzt auf den jeweils zuständigen Minister[36]. Angesichts des Wortlauts, der keine Beschränkung nach Zuständigkeit vorsieht, sachlich vor allem wegen der häufigen Zuständigkeit mehrerer Ressorts und des Kollegialprinzips (Art. 65 S. 3 GG), können grundsätzlich alle Minister zitiert werden[37]. Jedenfalls kann jeder Minister herbeigerufen werden, um ihm bestimmte Ansichten des Parlamentes oder eines Ausschusses zur Kenntnis zu bringen.

3. Inhalt und Grenzen

11 Das zitierte Regierungsmitglied hat die **Pflicht, persönlich zu erscheinen**, weil Art. 43 I GG im Gegensatz zu Absatz 2 Satz 1 die Entsendung eines Beauftragten gerade nicht zulässt. In der Praxis werden jedoch häufig parlamentarische Staatssekretäre als Vertreter akzeptiert, obwohl es hierfür keine rechtliche Grundlage gibt. Die Anwesenheitspflicht beschränkt sich auf die Beratungsgegenstände, zu denen das Regierungsmitglied herbeigerufen wurde. Der parlamentarischen Legitimation der Regierung entspricht eine Verantwortlichkeit und Kontrollunterworfenheit, der nicht genügt wird, wenn ein Regierungsmitglied nur stumm dabeisitzt[38]. Richtigerweise wird Art. 43 I GG die Verpflichtung entnommen, **Rede und Antwort** zu stehen[39].

12 Das Zitierrecht ist aber **nicht** mit dem Frage- oder **Interpellationsrecht** gleichzustellen[40]; es deckt sich vielmehr nur mit einem schmalen Ausschnitt aus dessen Gesamtbereich[41]. Das Interpellationsrecht als Fragerecht der Abgeordneten gegenüber der

---

[34] *H.-A. Roll*, Der Ältestenrat, in: Schneider/Zeh, § 28 Rn. 20 ff.; *F. Edinger*, Wahlen und Besetzung parlamentarischer Gremien, 1992, S. 178 ff.
[35] *Klein* (Fn. 11), Art. 43 Rn. 58.
[36] *Schneider* (Fn. 17), Art. 43 Rn. 5; *Schröder* (Fn. 10), Art. 43 Rn. 23 m. w. N.
[37] *B. Fauser*, Die Stellung der Regierungsmitglieder und ihrer Vertreter im Parlament, 1973, S. 106 ff.; *K. Dicke*, in: Umbach/Clemens, GG, Art. 43 Rn. 22; *Achterberg/Schulte* (Fn. 17), Art. 43 Rn. 27 m. w. N.; *Klein* (Fn. 11), Art. 43 Rn. 61; *Kluth* (Fn. 29), Art. 43 Rn. 15.
[38] So bereits *Anschütz*, WRV, Art. 33 Anm. 1 S. 213.
[39] *Achterberg/Schulte* (Fn. 17), Art. 43 Rn. 13; *Badura*, Staatsrecht, Rn. E 46; *Schneider* (Fn. 17), Art. 43 Rn. 3; *Klein* (Fn. 11), Art. 43 Rn. 69 f.; *D. Hömig*, in: ders., GG, Art. 43 Rn. 3; *Kluth* (Fn. 29), Art. 43 Rn. 17; *K. Vogelsang*, ZRP 1988, 5 (7); *C. Maiwald*, Berichtspflichten gegenüber dem Bundestag, 1993, S. 139 ff.; *H. Weis*, DVBl. 1988, 268 (269); *S. Hölscheidt*, Frage und Antwort im Parlament, 1992, S. 18 ff.; a.A. *Achterberg*, Parlamentsrecht, S. 462 f.; *Meier*, Zitierrecht (Fn. 2), S. 134 ff.
[40] *Schneider* (Fn. 17), Art. 43 Rn. 6; *Jarass/Pieroth*, GG, Art. 43 Rn. 3; *Achterberg/Schulte* (Fn. 17), Art. 43 Rn. 7 f.; *Magiera* (Fn. 27), Art. 43 Rn. 2 f.; *D. G. Bodenheim*, Kollision parlamentarischer Kontrollrechte, 1979, S. 23 f.; *J. Hatschek*, Das Interpellationsrecht im Rahmen der modernen Ministerverantwortlichkeit, 1909, S. 137, 155 f.; a.A. *Stern*, Staatsrecht II, S. 55 f., der von einer Fortentwicklung des Zitierrechts spricht.
[41] Zum Interpellationsrecht ausführlich *S. Morscher*, Die parlamentarische Interpellation, 1973;

Regierung war ursprünglich nur auf große Anfragen bezogen, ist aber inzwischen auf kleine und mündliche Anfragen ausgedehnt[42]. Es wendet sich an die Regierung als Kollegium und ist unabhängig von der Präsenz ihrer Mitglieder im Parlament. Es ist als **Minderheitenrecht** ausgestaltet und wurzelt im Abgeordnetenstatus (→ Art. 38 Rn. 135 ff.).

Da Art. 43 I GG gemäß seiner konstitutionalistischen Herkunft als **Mehrheitsbefugnis** auf einen Konflikt zwischen Regierung und Parlamentsmehrheit abstellt, der für das parlamentarische System eher untypisch ist, kommt ihm lediglich eine **Reservefunktion** zu[43]. In der Praxis sind bisher auch nur wenige erfolgreiche Anträge nach Art. 43 I GG gestellt worden[44]. 13

Die **persönliche Anwesenheitspflicht** des Zitierten findet eine **Schranke** in der persönlichen Unzumutbarkeit, so etwa bei Erkrankung. Bei sonstigen Hindernissen sind in Anlehnung an § 51 II 1 StPO Grund und voraussichtliche Dauer der Verhinderung gegen die Dringlichkeit der parlamentarischen Beratung und die Bedeutung des Zitieranlasses abzuwägen[45]. Liegt eine genügende Entschuldigung vor, so muss das Parlament darüber entscheiden, ob es das entschuldigte Regierungsmitglied zu einem späteren Zeitpunkt erneut zitieren will oder sich mit einem angebotenen Vertreter begnügt. In Ausnahmefällen mag eine Zuschaltung per Videokonferenz genügen. 14

Auch die **Antwortpflicht** des Herbeigerufenen (→ Rn. 11) unterliegt gewissen **Einschränkungen**. Unter strengen Voraussetzungen gibt es ausnahmsweise ein Antwortverweigerungsrecht – jedenfalls im Plenum, so aus Rücksicht auf Belange des Geheimschutzes[46], der Funktionsfähigkeit der Regierung als eigenständige Entscheidungsträgerin[47], des allgemeinen Persönlichkeitsrechts[48] und sonstiger grundrechtlich geschützter Privatinteressen. Die Verweigerung ist zu begründen. 15

Hatschek, Interpellationsrecht (Fn. 40); zur Begrifflichkeit siehe auch *Bodenheim*, Kontrollrechte (Fn. 40), S. 12 f.

[42] S. dazu §§ 100 ff. GOBT; weiter etwa *Schröder* (Fn. 10), Art. 43 Rn. 3; *Morlok/Michael*, Staatsorganisationsrecht, § 11 Rn. 40; zum parlamentarischen Frageverfahren s. allgemein *S. T. Siefken*, ZParl. 41 (2010), 18 ff.

[43] *Schröder* (Fn. 10), Art. 43 Rn. 13, 15, 38; *Jarass/Pieroth*, GG, Art. 43 Rn. 1; *Schneider* (Fn. 17), Art. 43 Rn. 2; *Fauser*, Stellung (Fn. 37), S. 117. – Zur Ausgestaltung als Minderheitenrecht in neueren Landesverfassungen s. Fn. 15. Verfassungspolitisch ist eine Umstellung wegen des Obstruktionspotentials nicht geboten; *Klein* (Fn. 11), Art. 43 Rn 44 f.

[44] Vgl. die Übersicht bei *Meier*, Zitierrecht (Fn. 2), S. 203; *U. Thaysen*, ZParl. 5 (1974), 459 ff.; in der 17. Wahlperiode waren lediglich zwei Anträge unmittelbar erfolgreich, vgl. Kapitel 6.16 der Internetausgabe des Datenhandbuchs des Bundestags, www.bundestag.de/dokumente/datenhandbuch/06 (13.02.2015).

[45] *Schönfeld*, Zitierrecht (Fn. 2), S. 67 ff.; *Schröder* (Fn. 10), Art. 43 Rn. 26 ff.; *Achterberg/Schulte* (Fn. 17), Art. 43 Rn. 10.

[46] *Klein* (Fn. 11), Art. 43 Rn. 74, 103; *Achterberg/Schulte* (Fn. 17), Art. 43 Rn. 14; *Schneider* (Fn. 17), Art. 43 Rn. 3; *J. v. Einem*, Die Auskunftspflicht der Regierung gegenüber dem Parlament, 1977, S. 183 ff.; a.A. *Schröder* (Fn. 10), Art. 43 Rn. 35; *K. Vogelsang*, ZRP 1988, 5 (7); *N. Kazele*, VerwArch. 101 (2010), 469 ff.

[47] *Achterberg/Schulte* (Fn. 17), Art. 43 Rn. 14; *Kluth* (Fn. 29), Art. 43 Rn. 22; *M. Morlok/C. Hientzsch*, JuS 2011, 1 (8); *Hömig* (Fn. 39), Art. 43 Rn. 3; *Badura*, Staatsrecht, Rn. E 17; *B. Pieroth*, JuS 2010, 473 (479); *K. Vogelsang*, ZRP 1988, 5 (7 f.); vgl. auch *Morlok/Michael*, Staatsorganisationsrecht, § 11 Rn. 41.

[48] Dazu ausführlich *K. Vogelsang*, ZRP 1988, 5 (7 f.); *H.-J. Vonderbeck*, Parlamentarische Informations- und Redebefugnisse, 1981, S. 21; *Kluth* (Fn. 29), Art. 43 Rn. 22.

4. Durchsetzbarkeit

16 Zu einem Herbeirufungsantrag berechtigt sind nach § 42 GOBT eine Fraktion oder 5% der anwesenden Mitglieder des Bundestages[49]. Als Geschäftsordnungsantrag ist er vorrangig zu behandeln, Vertagung oder Übergang zur Tagesordnung sind unzulässig. Über den Antrag entscheidet der Bundestag mit **einfacher Mehrheit** der abgegebenen Stimmen. Als förmliche **parlamentarische Sanktion** des Nichterscheinens kommen ein Missbilligungsbeschluss oder gar ein **Misstrauensvotum** nach Art. 67 GG in Betracht. Die Missachtung eines Herbeirufungsbeschlusses verletzt aber auch das Recht des Parlamentes, so dass ein **Organstreitverfahren** gemäß Art. 93 I Nr. 1 GG i.V.m. §§ 13 Nr. 5, 63 ff. BVerfGG angestrengt werden kann.

II. Zutrittsrecht (Art. 43 II 1 GG)

1. Zweck

17 Das Zutrittsrecht räumt die Befugnis ein, sich unmittelbar über alle Sitzungsinhalte der maßgeblichen Gremien des Bundestages zu unterrichten[50]. Ebenso wie das Rederecht nach Art. 43 II 2 GG bildet es ein notwendiges Instrument der kommunikativen **Zusammenarbeit zum gemeinen Besten** zwischen den aus Gesichtspunkten der Gewaltenteilung und der Bundesstaatlichkeit separierten Verfassungsorganen[51]. Während für das Zutrittsrecht der Regierung die im heutigen Parlamentarismus typische Verbundenheit mit der Parlamentsmehrheit eine wichtige raison d'être darstellt[52], stehen beim Bundesrat die bundesstaatliche Aufgliederung und die Notwendigkeit ihrer Reintegration im Vordergrund.

2. Träger und Adressaten

18 Träger des Rechts sind zum einen die **Mitglieder des Bundesrates** (Art. 51 I GG). Sie können auch für ihr Land auftreten[53]. Nach Art. 51 I 1 GG sind das Angehörige der Landeskabinette mit Sitz und Stimme (→ Art. 51 Rn. 12 ff.). Deren Stellvertreter können das Zutrittsrecht nur dann und solange ausüben, soweit sie die Vertretungsfunktion tatsächlich wahrnehmen. Für die **Beauftragten** von Bundesratsmitgliedern besteht keine Qualifikationsvoraussetzung[54]. Es genügt die Beauftragung durch jeweils ein Mitglied; doch ist auch die Beauftragung durch den Bundesrat insgesamt zulässig[55]. Das Zutrittsrecht des Beauftragten kann somit nicht an das Erfordernis einer

---

[49] *Schneider* (Fn. 17), Art. 43 Rn. 4; *A. Roll/A. Rüttger*, ZParl. 11 (1980), 484 (490 f.). Parlamentarischen Gruppen (§ 10 IV GOBT) braucht dieses Recht nicht eingeräumt zu werden, so BVerfGE 84, 304 (331); *Ritzel/Bücker*, Anm. a zu § 42 GOBT.

[50] Siehe auch §§ 20 II und 61 III GOBT.

[51] *Schröder* (Fn. 10), Art. 43 Rn. 43; *Schneider* (Fn. 17), Art. 43 Rn. 8; *Schönfeld*, Zitierrecht (Fn. 2), S. 109 ff.; *R.A. Lorz/M.A. Richterich*, Regierung im Parlament, in: Morlok/Schliesky/Wiefelspütz, § 35 Rn. 9 ff.

[52] *Schneider* (Fn. 17), Art. 43 Rn. 8.

[53] *Schröder* (Fn. 10), Art. 43 Rn. 47; *Hömig* (Fn. 39), Art. 43 Rn. 6; *H.-J. Vonderbeck*, DÖV 1976, 555 ff.; *D. Wilke/B. Schulte*, Der Bundestag als Forum des Bundesrates, in: Gedächtnisschrift für Friedrich Klein, 1977, S. 574 ff. (599 ff.); noch immer bedeutsam *R. v. Mohl*, Das deutsche Staatsrecht, 1873, S. 448 ff.

[54] *Schneider* (Fn. 17), Art. 43 Rn. 10 m.w.N.

[55] Umfassend dazu *Schröder* (Fn. 10), Art. 43 Rn. 51 ff.; *Klein* (Fn. 11), Art. 43 Rn. 126; *Schönfeld*, Zitierrecht (Fn. 2), S. 95.

Ermächtigung geknüpft werden, für oder gegen den Bundesrat Erklärungen abgeben oder Auskünfte erteilen zu können[56]. Der Beauftragte handelt nur an Stelle und auf Weisung des Auftraggebers, kann also sowohl im Interesse des Bundesrates als auch eines einzelnen Landes die Teilnahme an der Sitzung begehren. In der Parlamentspraxis nehmen an den Plenarsitzungen nur Mitglieder des Bundesrates oder deren Stellvertreter teil, während in die Ausschüsse überwiegend Beamte entsandt werden. Neben den **Mitgliedern der Bundesregierung** genießen auch deren **Beauftragte** das Zutrittsrecht. Auch hier reicht eine Beauftragung durch einen Bundesminister aus, nach dessen Weisung der Beauftragte zu handeln hat[57]. In der Praxis erscheint im Plenum meist der Minister selbst oder sein Parlamentarischer Staatssekretär, während in den Ausschüssen zumeist der Abteilungsleiter oder der zuständige Referent anwesend ist[58].

Adressaten des Zutrittsrechts sind die gleichen Gremien, die das Zitierrecht innehaben (→ Rn. 9). Insofern korrespondiert Absatz 1 mit Absatz 2[59]. Allerdings ist der unterschiedliche funktionale Gehalt, den das Recht für die Bundesregierung und den Bundesrat hat, zu beachten. 19

3. Inhalt und Grenzen

Obwohl das Zutrittsrecht zu den Ausschüssen dem Text nach keinen Beschränkungen unterliegt, wird dies für **Kontrollgremien** zurecht kritisch gesehen, und zwar für nichtöffentliche Sitzungen eines **Untersuchungs-,** des **Petitions-, Wahlprüfungs-** oder **Rechnungsprüfungsausschusses**[60]. Die Arbeit dieser Kontrollgremien kann durch die Anwesenheit der zu Kontrollierenden beeinträchtigt werden, jedenfalls wenn diese zur Unzeit, etwa bei der Entwicklung der Kontrollstrategie, anwesend sind. In diesem Sinne ist eine funktionssichernde Restriktion des Zutrittsrechts angezeigt[61]. Mit dem Bundesverfassungsgericht[62] ist aus Gründen des Geheimschutzes eine weitere Grenze dadurch zu ziehen, dass bei Sitzungen über geheim zu haltende Inhalte der Zutritt auf je ein Mitglied oder einen Beauftragten der Zutrittsberechtigten begrenzt wird[63]. 20

---

[56] *Schneider* (Fn. 17), Art. 43 Rn. 10; *Schröder* (Fn. 10), Art. 43 Rn. 53; H.-J. *Vonderbeck*, DÖV 1976, 555 (558); *Klein* (Fn. 11), Art. 43 Rn. 127; s. auch die Darstellung bei *Achterberg/Schulte* (Fn. 17), Art. 43 Rn. 38, wo eine Qualifikation eines Beauftragten wegen des Vorliegens einer Antwortpflicht verlangt wird. Die Antwortpflicht betrifft jedoch nur Regierungsmitglieder und nicht sämtliche Zutrittsberechtigte.

[57] *Fauser*, Stellung (Fn. 37), S. 27 ff.; *Schneider* (Fn. 17), Art. 43 Rn. 10.

[58] M. *Schröder*, Rechte der Regierung im Bundestag, in: Schneider/Zeh, § 53 Rn. 8; *Schönfeld*, Zitierrecht (Fn. 2), S. 107.

[59] *Klein* (Fn. 11), Art. 43 Rn. 130; *Achterberg/Schulte* (Fn. 17), Art. 43 Rn. 43.; *Dicke* (Fn. 37), Art. 43 Rn. 30.

[60] Vgl. dazu *Schröder* (Fn. 10), Art. 43 Rn. 61 ff.; *Schneider* (Fn. 17), Art. 43 Rn. 12; *Magiera* (Fn. 27), Art. 43 Rn. 10; P. *Groß/R. Groß*, JR 1963, 335 (336); a.A. *Achterberg/Schulte* (Fn. 17), Art. 43 Rn. 44 ff.; S. *Queng*, JuS 1998, 610 (612 f.); H.-P. *Schneider*, NJW 2001, 2604 (2607).

[61] Die Enquête-Kommission Verfassungsreform des Deutschen Bundestages vertritt für die internen Beratungen eines Untersuchungsausschusses eine generelle Einschränkbarkeit des Anwesenheits- und Rederechts für alle aus Art. 43 II GG Berechtigten, während für die Beweisaufnahme und andere Sitzungen nur der Ausschluss einzelner Personen zulässig sein soll, Schlussbericht BT-Drs. 7/5924, S. 55 f. Das Gesetz zur Regelung des Rechts der Untersuchungsausschüsse des Deutschen Bundestages (PUAG) vom 19. Juni 2001 hat sich leider einer einschlägigen Regelung enthalten.

[62] BVerfGE 74, 7 (8 f.).

[63] Ebenso *Magiera* (Fn. 27), Art. 43 Rn. 10. Vgl. zu dieser Problematik den Schlussbericht der Enquête-Kommission Verfassungsreform (Fn. 61), S. 55 f.

III. Rederecht (Art. 43 II 2 GG)

1. Zweck

21 Aus den gleichen Zwecken des funktionellen Zusammenwirkens der Verfassungsorgane, die hinter dem Zutrittsrecht stehen, wird dieses ergänzt durch das Rederecht, auch »**Anhörungsrecht**« genannt. Über die Selbstinformation hinaus gibt es die Möglichkeit einer **Einflussnahme durch Information:** die Sichtweise der vom Parlament abhängigen Regierung diesem deutlich vor Augen zu stellen oder aber die Anliegen des Bundesrates und der Länder in den Beratungsgang des Bundestages einzubringen. Das Recht, reden zu dürfen, begründet gewissermaßen eine **Zwangsinformation** des Parlamentes. Die Berechtigten haben eine Rolle als **aktiver Gast**.

2. Träger und Adressaten

22 Auch wenn das Anhörungsrecht im Absatz über die Zutrittsberechtigten geregelt ist, so kommt es nicht nur diesen zu, sondern auch nach Art. 43 I GG **herbeigerufenen Regierungsmitgliedern**[64]. Voraussetzung der Inanspruchnahme des Rederechts ist die körperliche Anwesenheit der Zutrittsberechtigten. Die Zuschaltung per Videokonferenz genügt nicht. Wer ein Privileg in Anspruch nehmen will, hat auch die damit verbundene Last auf sich zu nehmen[65].

3. Inhalt und Grenzen

23 Wenn die Berechtigten **jederzeit** gehört werden müssen, so unterliegen sie dem Wortlaut nach keinerlei zeitlichen Beschränkungen. Grenzen ergeben sich jedoch aus den Notwendigkeiten eines ordnungsgemäßen Sitzungsablaufs (→ Rn. 24). Die Wortmeldung eines Anhörungsberechtigten unterbricht nicht den Redner, sondern nur die Rednerliste[66]. Das Rederecht erlaubt keine Intervention in die laufenden Beiträge der Abgeordneten und keine Zwischenfragen. Das Recht der privilegierten Gäste ist auf Meinungsbeiträge beschränkt, umfasst kein Recht auf Mitgestaltung des Beratungs- und Entscheidungsganges, insbesondere also kein Antragsrecht[67]. Nur Mitgliedern der Volksvertretung steht ein solches zu, von der Ausnahme des Art. 76 I GG abgesehen. Das Rederecht endet bei Unterbrechungen und nach Schließung der Sitzung[68]. Der Redeberechtigte kann außerhalb der Tagesordnung sprechen[69]. Der **Inhalt der Äußerungen** muss sich nicht auf den jeweiligen Beratungsgegenstand beziehen[70]. Mitglieder des Bundesrates dürfen nicht nur für ihr Organ, sondern auch für ihre Länder sprechen. Eine Einschränkung auf bundespolitische Interessen ist bei realistischer Be-

---

[64] *Achterberg/Schulte* (Fn. 17), Art. 43 Rn. 61; *Klein* (Fn. 11), Art. 43 Rn. 143; *Meier*, Zitierrecht (Fn. 2), S. 175; *Schönfeld*, Zitierrecht (Fn. 2), S. 166.
[65] *Kretschmer* (Fn. 29), Art. 43 Rn. 31.
[66] *Schröder* (Fn. 58), § 53 Rn. 17 m. w. N.
[67] *Klein* (Fn. 11), Art. 43 Rn. 145; *Dicke* (Fn. 37), Art. 43 Rn. 34; *Hömig* (Fn. 39), Art. 43 Rn. 6.
[68] *Meier*, Zitierrecht (Fn. 2), S. 175 f.; *Schröder* (Fn. 58), § 53 Rn. 18; *Schneider* (Fn. 17), Art. 43 Rn. 13; *Jarass/Pieroth*, GG, Art. 43 Rn. 6.
[69] BVerfGE 10, 4 (17).
[70] *Schröder* (Fn. 10), Art. 43 Rn. 83; *Achterberg/Schulte* (Fn. 17), Art. 43 Rn. 64; *J. C. Besch*, Rederecht und Redeordnung, in: Schneider/Zeh, § 33 Rn. 17; *Schröder* (Fn. 58), § 53 Rn. 18.

III. Rederecht (Art. 43 II 2 GG) **Art. 43**

trachtungsweise ebensowenig sinnvoll und durchführbar wie ein Ausschluss parteipolitischer Themen[71].

Die **Grenzen** des jederzeitigen Rederechts liegen zunächst in den Grundregeln der Redeordnung, wonach niemand das Wort ergreifen darf, bevor der Parlamentspräsident in Ausübung seiner Leitungsbefugnis (→ Art. 40 Rn. 25) es ihm erteilt hat. Auch der Inhalt der Äußerungen und die Redezeit unterliegen einem Missbrauchsverbot, das zum Tragen kommt, wenn die Redezeit für sachfremde Ziele und übermäßig in Anspruch genommen wird, etwa um die Opposition von bevorzugten Fernsehzeiten fernzuhalten[72]. Missbräuchlich kann auch eine übermäßig polemisierende oder beleidigende Rede sein. Der Missbrauch kann letztlich durch Wortentziehung geahndet werden, sofern dies zuvor angedroht wurde[73]. 24

Für die **Redezeit** besteht darüber hinaus die Gefahr, dass angesichts der Verbundenheit von Regierung und Bundestagsmehrheit das Fehlen einer zeitlichen Beschränkung der privilegierten Redner die Opposition benachteiligen kann. Im Hinblick darauf, dass die Regierung nicht nur Exponent der Parlamentsmehrheit sei, hielt das Bundesverfassungsgericht eine Anrechnung der Redezeit der Regierungsmitglieder auf diejenige der Mehrheit oder eine entsprechende Verlängerung der Redezeit der Opposition nicht für geboten[74]. Der Hinweis auf die eigenständige Rolle der Spitze der Exekutive erschöpft aber nicht die relevanten verfassungsrechtlichen Positionen, weshalb die Entscheidung des Bundesverfassungsgerichts zu Recht auf Kritik gestoßen ist[75]. Neben der eigenständigen Stellung der Regierung und der bundesstaatlichen Rolle des Bundesrates ist auch das Erfordernis einer **Verteilung des Redekontingents proportional zur Sitzverteilung** im Parlament zu beachten. Soll das Parlament seine Rolle als Volksvertretung angemessen wahrnehmen können, müssen alle Auffassungen entsprechend ihrer Resonanz beim Wähler zum Ausdruck kommen können. Das Prinzip der parlamentarischen Verhandlung ist das von Rede und Gegenrede[76]. Der verfassungsrechtlich gebotene Ausgleich dieser einander widersprechenden Positionen wird weder durch ein unbegrenztes und nicht anzurechnendes Rederecht der Regierungsmitglieder noch durch eine zwingende vollständige Anrechnung der Redezeit der Privilegierten erreicht. Eine verfassungsrechtlich tragbare und sachgerechte Lösung dieses Prinzipienkonflikts obliegt dem Bundestag im Rahmen seiner Geschäftsordnungsautonomie (→ Art. 40 Rn. 6 ff.)[77]. In der Praxis ist es zu einer akzeptablen Verständigung gekommen[78]. Solche Regelungen sind im Ansatz verfassungsrechtlich geboten. 25

---

[71] *H. Hablitzel*, BayVBl. 1979, 39 (44 f.) m. w. N.; *W. Steffani*, ZParl. 7 (1976), 322 (324 ff.); a. A. *Wilke/Schulte*, Bundestag (Fn. 53), S. 608 ff.; *C. Arndt*, ZParl. 7 (1976), 317 (319 ff.).
[72] BVerfGE 10, 4 (18); *H.-R. Lipphardt*, Die kontingentierte Debatte, 1976, S. 49 ff.; *Schneider* (Fn. 17), Art. 43 Rn. 14; *Achterberg/Schulte* (Fn. 17), Art. 43 Rn. 70; *Fauser*, Stellung (Fn. 37), S. 33; *Schröder* (Fn. 58), § 53 Rn. 21; *E. Röper*, ZParl. 22 (1991), 189 (190 ff.).
[73] So z. B. im Fall der Rede des damaligen Hamburger Senators für Inneres, Roland Schill, in der 251. Sitzung des Deutschen Bundestages am 29. August 2002; vgl. zu den Einzelheiten *J. Lang*, ZParl. 35 (2004), 295 ff.
[74] BVerfGE 10, 4 (17 ff.); s. auch E 96, 264 (286).
[75] *Lipphardt*, Debatte (Fn. 72), S. 73, 77, 90 ff.; *Schönfeld*, Zitierrecht (Fn. 2), S. 178 ff.; *Schneider* (Fn. 17), Art. 43 Rn. 16; *Schröder* (Fn. 10), Art. 43 Rn. 88.
[76] *Klein* (Fn. 11), Art. 43 Rn. 151.
[77] Insoweit unterliegen auch die Bundesratsmitglieder dem Binnenrecht des Bundestages, da sie sich durch die Wahrnehmung des Rederechts im Bundestag dessen innerer Ordnung unterwerfen.
[78] S. §§ 28 I 2 2. HS, 35 II, 44 GOBT, siehe dazu weiter *Besch* (Fn. 70), § 33 Rn. 29 m. w. N.; *Magiera* (Fn. 27), Art. 43 Rn. 14; *Schneider* (Fn. 17), Art. 43 Rn. 16; zuletzt etwa unter den Bedingungen

D. Verhältnis zu anderen GG-Bestimmungen

26 Zitier- und Interpellationsrecht sind Teilausprägungen der **parlamentarischen Verantwortlichkeit** der Regierung und stehen im Zusammenhang mit denjenigen Normen, die diese begründen und ausgestalten, also mit Art. 62 ff. GG und mit den anderen **Kontrollrechten des Parlamentes**, so dem Fragerecht der Abgeordneten (→ Art. 38 Rn. 45, 158) und dem Enquête-Recht des Bundestages gem. Art. 44 GG. Hinzuzurechnen sind auch die Einrichtungen des Wehrbeauftragten (Art. 45b GG) und des Petitionsausschusses (Art. 45c GG). Fundiert sind die Abhängigkeit der Regierung vom Parlament und die daraus resultierenden Kontrollrechte des Bundestages in der Volkssouveränität und dem Demokratieprinzip gem. **Art. 20 I, II GG**. Fragen und Antworten haben nach Art. 1 III GG die **Grundrechte** der Bürger zu wahren. Nach **Art. 53a II 2 GG** beeinträchtigt der Gemeinsame Ausschuss das Zitierrecht des Bundestages nicht.

27 Zutritts- und Rederecht sollen die Zusammenarbeit der verschiedenen Verfassungsorgane optimieren. Sie setzen insofern die Bestimmungen über den Status und die Aufgaben der Bundesregierung und des Bundesrates (Art. 62 ff., 50 ff. GG) voraus. Eine entsprechende Regelung für das Verhältnis der Bundesregierung zum Bundesrat findet sich in **Art. 53 GG**. Zutritts- und Rederecht schränken die Geschäftsordnungsautonomie des Bundestages **(Art. 40 I 2 GG)** und die Leitungsgewalt seines Präsidenten **(Art. 40 I 1, II 1 GG)** ein.

---

einer großen Koalition im 18. Deutschen Bundestag s. *Morlok/Michael*, Staatsorganisationsrecht, § 11 Rn. 23 f.

Artikel 44 [Untersuchungsausschüsse]

(1) ¹Der Bundestag hat das Recht und auf Antrag eines Viertels seiner Mitglieder die Pflicht, einen Untersuchungsausschuß einzusetzen, der in öffentlicher Verhandlung die erforderlichen Beweise erhebt. ²Die Öffentlichkeit kann ausgeschlossen werden.

(2) ¹Auf Beweiserhebungen finden die Vorschriften über den Strafprozeß sinngemäß Anwendung. ²Das Brief-, Post- und Fernmeldegeheimnis bleibt unberührt.

(3) Gerichte und Verwaltungsbehörden sind zur Rechts- und Amtshilfe verpflichtet.

(4) ¹Die Beschlüsse der Untersuchungsausschüsse sind der richterlichen Erörterung entzogen. ²In der Würdigung und Beurteilung des der Untersuchung zugrunde liegenden Sachverhaltes sind die Gerichte frei.

Literaturauswahl

Bachmann, Ulrich/Schneider, Hans-Peter (Hrsg.): Zwischen Aufklärung und politischem Kampf, 1988.

Badura, Peter: Das parlamentarische Untersuchungsrecht in der Parteiendemokratie, in: Völkerrecht und deutsches Recht, in: Festschrift für Walter Rudolf zum 70. Geburtstag, 2001, S. 235–246.

Beckedorf, Ingo: Das Untersuchungsrecht des Europäischen Parlaments, 1995.

Bräcklein, Susann: Investigativer Parlamentarismus: parlamentarische Untersuchungen in der Bundesrepublik Deutschland, 2005.

Böckenförde, Ernst-Wolfgang: Parlamentarische Untersuchungsausschüsse und kommunale Selbstverwaltung, in: AöR 103 (1978), S. 1–42.

Brocker, Lars: Untersuchungsausschüsse, in: Morlok/Schliesky/Wiefelspütz, § 31, S. 959–987.

Cancik, Pascale: Der »Kernbereich exekutiver Eigenverantwortung« – zur Relativität eines suggestiven Topos, in: ZParl. 45 (2014), S. 885–907.

Damkowski, Wulf (Hrsg.): Der parlamentarische Untersuchungsausschuß, 1987.

Di Fabio, Udo: Rechtsschutz im parlamentarischen Untersuchungsverfahren, 1988.

Ehmke, Horst: Empfiehlt es sich, Funktion, Struktur und Verfahren der parlamentarischen Untersuchungsausschüsse grundlegend zu ändern?, Verh. des 45. DJT 1964, Bd. II: Referate und Diskussionsbeiträge, 1965, S. E 7–51.

Engels, Dieter: Parlamentarische Untersuchungsausschüsse, 2. Aufl. 1991.

Frey, Burkhard: Parlamentarische Kontrolle und Untersuchungsrecht, 1992.

Friedrich, Klaus-Dieter: Der parlamentarische Untersuchungsausschuß, Diss. jur. Mannheim 1990.

Gascard, Johannes Rainer: Das parlamentarische Untersuchungsrecht in rechtsvergleichender Sicht, Diss. jur. Kiel 1966.

Glauben, Paul J./Brocker, Lars: Das Recht der parlamentarischen Untersuchungsausschüsse in Bund und Ländern, 2. Aufl. 2011.

Hake, Andreas: Zur Aktenvorlagepflicht öffentlich-rechtlicher Kreditinstitute gegenüber Untersuchungsausschüssen des nordrhein-westfälischen Landtages, in: AöR 113 (1988), S. 424–449.

Hilf, Meinhard: Untersuchungsausschüsse vor den Gerichten. Zur neueren Rechtsprechung zum Recht der Untersuchungsausschüsse, in: NVwZ 1987, S. 537–545.

Kerbein, Björn: Individuelle Selbstbelastungsfreiheit versus parlamentarisches Aufklärungsinteresse, 2004.

Kipke, Rüdiger: Die Untersuchungsausschüsse des Deutschen Bundestages, 1985.

Köhler, Marc: Umfang und Grenzen des parlamentarischen Untersuchungsrechts gegenüber Privaten, 1996.

Lucke, Diana: Strafprozessuale Schutzrechte und parlamentarische Aufklärung in Untersuchungsausschüssen mit strafrechtlich relevantem Verfahrensgegenstand, 2009.

Mager, Ute: Das neue Untersuchungsausschussgesetz des Bundes – Parlamentarische Organisation von Kontrolle durch Publizität, in: Der Staat 41 (2002), S. 597–615.

Masing, Johannes: Parlamentarische Untersuchungen privater Sachverhalte, 1998.

Müller-Boysen, Ulrike: Die Rechtsstellung des Betroffenen vor dem parlamentarischen Untersuchungsausschuß, 1980.

Art. 44

Peters, Butz: Untersuchungsausschussrecht. Länder und Bund, 2012.
Platter, Julia: Das parlamentarische Untersuchungsverfahren vor dem Verfassungsgericht, 2004.
Richter, Werner: Privatpersonen im Parlamentarischen Untersuchungsausschuß, 1991.
Schleich, Albrecht: Das parlamentarische Untersuchungsrecht des Bundestages, 1985.
Schmidt-Hartmann, Achim: Schutz der Minderheit im parlamentarischen Untersuchungsverfahren, 1994.
Scholz, Rupert: Parlamentarischer Untersuchungsausschuß und Steuergeheimnis, in: AöR 105 (1980), S. 564–622.
Schröder, Meinhard: Empfiehlt sich eine gesetzliche Neuordnung der Rechte und Pflichten parlamentarischer Untersuchungsausschüsse?, Verh. des 57. DJT 1988, Bd. I: Gutachten, 1988, Teil E.
Simons, Wolfgang: Das parlamentarische Untersuchungsrecht im Bundesstaat, 1991.
Steffani, Winfried: Die Untersuchungsausschüsse des Preußischen Landtages zur Zeit der Weimarer Republik, 1960.
Stern, Klaus: Die Kompetenz der Untersuchungsausschüsse nach Artikel 44 Grundgesetz im Verhältnis zur Exekutive unter besonderer Berücksichtigung des Steuergeheimnisses, in: AöR 109 (1984), S. 199–303.
Studenroth, Stefan: Die parlamentarische Untersuchung privater Bereiche, 1992.
Thaysen, Uwe/Schüttemeyer, Suzanne S. (Hrsg.): Bedarf das Recht der parlamentarischen Untersuchungsausschüsse einer Reform?, 1988.
Weisgerber, Anja: Das Beweiserhebungsverfahren parlamentarischer Untersuchungsausschüsse des Deutschen Bundestages, 2003.
Wiefelspütz, Dieter: Das Untersuchungsausschussgesetz, 2003.
Wolf, George Alexander: Parlamentarischer Untersuchungsausschuss und Strafjustiz, 2005.
Ziemske, Burkhard: Das parlamentarische Untersuchungsrecht in England – Vorbild einer deutschen Reform?, 1991.

Leitentscheidungen des Bundesverfassungsgerichts

BVerfGE 49, 70 (77 ff.) – Untersuchungsgegenstand; 67, 100 (127 ff.) – Flick-Untersuchungsausschuß; 76, 363 (381 ff.) – Lappas; 77, 1 (38 ff.) – Neue Heimat; 96, 264 (278 ff., Rn. 60 ff.) – Fraktions- und Gruppenstatus; 105, 197 (221 ff., Rn. 103 ff.) – Parteispendenuntersuchungsausschuss; 110, 199 (214 ff., Rn. 42 ff.) – Aktenvorlage II; 113, 113 (120 ff., Rn. 24 ff.) – Visa-Untersuchungsausschuß; 124, 78 (114 ff., Rn. 104 ff.) – BND-Untersuchungsausschuß.

Gliederung

	Rn.
A. Herkunft, Entstehung, Entwicklung	1
I. Ideen- und verfassungsgeschichtliche Aspekte	1
II. Entstehung und Veränderung der Norm	4
B. Internationale, supranationale und rechtsvergleichende Bezüge	5
I. Europäisches Unionsrecht	5
II. Rechtsvergleichende Hinweise	6
C. Erläuterungen	8
I. Grundlagen	8
1. Funktion und Leitprinzipien	8
2. Staatsorganisationsrechtliche Stellung	15
II. Zuständigkeit und Grenzen des parlamentarischen Untersuchungsrechts	19
1. Gegenstandsbereich	19
2. Schranken	22
a) Bundesstaatsprinzip	23
b) Gewaltenteilungsprinzip	26
c) Grundrechte	30
d) Reichweite des Untersuchungsauftrages	33
e) Abgeordnetenrechte	34
f) Diskontinuitätsprinzip	35
III. Verfahren	36
1. Einsetzung (Art. 44 I 1 GG)	36

2. Untersuchungsverfahren (Art. 44 I 2, II, III GG) 41
     a) Grundlagen 41
     b) Grundsatz der öffentlichen Verhandlung (Art. 44 I 2 GG) 43
     c) Beweiserhebung (Art. 44 II GG) 45
     d) Rechts- und Amtshilfe (Art. 44 III GG) 54
  3. Abschluss 55
 IV. Rechtsschutz und Verhältnis zur Gerichtsbarkeit (Art. 44 IV GG) 57
D. Verhältnis zu anderen GG-Bestimmungen 64

Stichwörter

Aktenvorlage 50 f. – Auftragserweiterung 38 – Aussageverweigerung 48 f. – Ausschussarten 17 – Bericht 55 f. – Betroffene 48 – Beweiserhebung 42, 45 ff. – Bundesstaatsprinzip 23 ff. – Diskontinuität 35 – Einsetzungsantrag 37 – Ende 55 – Fraktionslose Abgeordnete 39 – Gerichtsakten 51 – Gesetzliche Regelung 18 – Gewaltenteilung 26 ff. – Grundmandat 39 – Grundrechtsschutz 14, 21, 30, 58 – Kernbereich der Exekutive 7, 27 – Kollegialenquête 34 – Korollartheorie 19, 22 – Medienöffentlichkeit 43 – Minderheitenrecht 11, 36, 45 – Öffentliches Interesse 30 f. – Parlamentarische Gruppen 39 – Parlamentarische Kontrolle 8 – Politisches Kampfmittel 9 – Politische Parteien 21 – Privatgerichtete Untersuchung 21 – PUAG 18 – Publizität 13, 43 – Rechtsschutz 57 ff. – Rechtsweg 58 f. – Selbstinformation 8, 12, 42, 45 – StPO 18, 47 – Themenveränderung 7 – Träger 16 – Unterorgan 19, 39 – Vereidigung 49 – Vorsitz 40 – Zeugnisverweigerung 49 f. – Zusammensetzung 39, 44 – Zwangsmittel 42, 47.

A. Herkunft, Entstehung, Entwicklung

I. Ideen- und verfassungsgeschichtliche Aspekte

Untersuchungsrechte der Parlamente entstanden im Zuge ihrer der Monarchie abgerungenen Teilhabe an der politischen Macht als Teil ihrer Kontrollbefugnisse. In **England**, dem Mutterland des Parlamentarismus, war die ursprüngliche Aufgabe des Parlaments lediglich, die das Land ruinierende Finanzpolitik der Krone durch Kontrolle und Veto zu zügeln. Dazu wurden bereits 1340 »Select Committees« eingesetzt[1]. Die Konturen parlamentarischer Untersuchungsinstitutionen verfestigten sich jedoch erst in den Verfassungskämpfen Ende des 17. Jahrhunderts[2]. Die strikte Trennung von Exekutive und Legislative im präsidentiellen Regierungssystem der **Vereinigten Staaten**[3] verhinderte die Entwicklung eines systematischen Kontrollsystems zwischen den Staatsgewalten. Unter Berufung auf die »implied powers-Theorie« betrieb der Kongress »legislative investigations«. Deren Rechtmäßigkeit bestätigte der Supreme Court, welcher auch die Grenzen der Einzelbefugnisse vorgab, erst 1927[4]. In **Frankreich** folgte der Revolution von 1789 eine Kompetenzkonzentration auf die Legislati-

1

---

[1] Dazu schon: RGZ 104, 423 (432); *J. Hatschek*, Englisches Staatsrecht, Bd. 1, 1905, S. 409, 413 ff., 558 ff.; *J. Redlich*, Technik des englischen Parlamentarismus, 1905, S. 469; *W. Steffani*, Parlamentarische und präsidentielle Demokratie, 1979, S. 182 f., 188 ff.; eine entwicklungsgeschichtliche Gegenüberstellung zu den Royal Commissions und den Departmental Committees bei *dems.*, Die Untersuchungsausschüsse des Preußischen Landtages zur Zeit der Weimarer Republik, 1960, S. 19 ff.; *ders.*, PVS 1 (1960), 153 ff.; umfassend *B. Ziemske*, Das parlamentarische Untersuchungsrecht in England – Vorbild einer deutschen Reform?, 1991.
[2] Die Bill of Rights (1689) stärkte das Parlament auch durch die Zurückdrängung der Royal Committees zugunsten der Select Committees, so *Steffani*, Untersuchungsausschüsse (Fn. 1), S. 21 m. w. N.
[3] Dazu umfassend *Steffani*, Untersuchungsausschüsse (Fn. 1), S. 26 ff. m. w. N.
[4] Mc Grain v. Daugherty, 273 U.S. 135 (1927), wodurch die einschränkende Auffassung aus Kilbourne v. Thompson, 103 U.S. 168 (1880) aufgehoben wurde; vgl. *E. Fraenkel*, ZfP 1 (1954), 99 (126 ff.); ferner *G. R. Stone et al.*, Constitutional Law, 3. Aufl. 1996, S. 1480 ff.

ve, woraus sich ein unbestrittenes Untersuchungsrecht entwickelte. Der Vorstellung des Vertreters eines ungeteilten Souveräns gemäß[5] gestaltete man die Verfahren, um unsachlichen Parteienhader zu vermeiden.

2   Eingang in die **deutschen Verfassungen** des 19. Jahrhunderts fand das parlamentarische Untersuchungsrecht als Beschwerde- oder Anzeigerecht der Volksvertretung gegenüber der Regierung für den Fall von Missbräuchen und Mängeln in Rechtspflege und Verwaltung; ausdrücklich erwähnt werden Ausschüsse »zur Anstellung von Untersuchungen« zum ersten Mal 1816[6], wobei sie mangels Festschreibung konkreter Rechte in der monarchisch geprägten Ära der Restauration als Handlungsgrundlage zunächst ohne nennenswerte praktische Auswirkungen blieben. § 99 der **Paulskirchenverfassung** statuierte dann das selbständige Recht des Parlaments zur »Erhebung von Thatsachen«. Nach der Revolution von 1848 fand sich das Untersuchungsrecht in den Territorialverfassungen[7], erlangte indes mangels Ausführungsbestimmungen keine Bedeutung. Die Bemühungen, in Art. 23 der Reichsverfassung von 1871 ein Untersuchungsrecht des Reichstages einzufügen, blieben erfolglos[8]. Obwohl ein präzise definiertes Untersuchungsrecht zu dieser Zeit Akzeptanzverluste für das weitgehende Machtmonopol von Monarch und Reichskanzler befürchten ließ kam es aufgrund besonderer Gesetzesbeschlüsse zur Bildung von Untersuchungskommissionen[9]. Die Befugnisse des Parlaments hingen jedoch allein von der freiwilligen Kooperationsbereitschaft der Exekutive ab. Ein wirksames Untersuchungsrecht war erst nach einer Parlamentarisierung der Regierung möglich.

3   Mit dem Zusammenbruch des Kaiserreichs 1918 wurde das Parlament zum Zentrum der politischen Macht. Die gesicherte Möglichkeit der Kontrolle gegenüber der Verwaltung stellte dabei die »grundlegende Vorbedingung« für die maßgebende Rolle des Parlaments als Staatsorgan dar[10]. Entscheidend für die Kontrolle der Verwaltung war nach **Max Weber** das Mittel der Enquête[11]. Weber verwies zudem auf die **Öffentlichkeit** als wesentliche Wirkkomponente[12] und hielt es für notwendig, das Enquêterecht als **Minoritätsrecht** auszugestalten[13]. Diese Anregungen gingen ein in Art. 34

---

[5] Zum Ganzen *J. Barthélemy*, Essai sur le travail parlementaire et le système des commissions, 1934; *Steffani*, Untersuchungsausschüsse (Fn. 1), S. 34 ff. m. w. N.

[6] §§ 91 f. Verfassung Sachsen-Weimar-Eisenach; später § 93 Verfassung Kurhessen (1831): Mischung aus Frage- und Untersuchungsrecht.

[7] Vgl. u. a. die Verfassungen von Schleswig-Holstein (1848), § 73; Gotha (1849), § 67; Waldeck-Pyrmont (1849), § 66; Hamburg (1849/50), Art. 51. Hierzu *F. Biedermann*, Die Untersuchungsausschüsse im deutschen Staatsrecht, Diss. jur. Halle-Wittenberg 1929, S. 25 ff.

[8] Vgl. *H. H. Lammers*, Parlamentarische Untersuchungsausschüsse, in: HdbDStR, Bd. 2, S. 454 ff. (456 f.); dazu *J. Platter*, Das parlamentarische Untersuchungsverfahren vor dem Verfassungsgericht, 2004, S. 23 m. w. N.; *A. Schmidt-Hartmann*, Schutz der Minderheit im parlamentarischen Untersuchungsverfahren, 1994, S. 11 f. In den Jahren 1891 und 1913 scheiterten Anträge der SPD, das Enquêterecht in die Verfassung aufzunehmen.

[9] *K. Heck*, Das parlamentarische Untersuchungsrecht, 1925, S. 11. Trotz teilweiser Mitarbeit von Abgeordneten lassen sich diese eher administrativen Enquêten nicht als parlamentarische Untersuchungsausschüsse bezeichnen; s. *J. Masing*, Parlamentarische Untersuchungen privater Sachverhalte, 1998, S. 13.

[10] *M. Weber*, Parlament und Regierung im neugeordneten Deutschland (1918), in: ders., Gesammelte politische Schriften, 4. Aufl. 1980, S. 306 ff., 339 ff., hier besonders 354; *B. Frey*, Parlamentarische Kontrolle und Untersuchungsrecht, 1992, S. 96 f., 105.

[11] *Weber*, Parlament (Fn. 10), S. 353 ff.

[12] *Weber*, Parlament (Fn. 10), S. 351 ff., s. etwa S. 353, 355, 357, 359.

[13] *Weber*, Parlament (Fn. 10), S. 359.

WRV[14], wonach ein Fünftel der Reichstagsmitglieder das Recht hatte, den Untersuchungsausschuss zu erzwingen, der öffentlich verhandelt und die Beweise erhebt, die der Ausschuss »oder die Antragsteller« für erforderlich erachten.

II. Entstehung und Veränderung der Norm

Der **Parlamentarische Rat** übernahm die Regelung des Art. 34 WRV, schwächte jedoch die Minderheitsposition, indem es nunmehr eines Viertels der Mitglieder des Bundestages zur Einsetzung bedurfte[15]. Als Argument dafür diente der Erhalt der Arbeitsfähigkeit von Parlament und Regierung[16]. Die Möglichkeit aus Art. 57 HChE, das Bundesverfassungsgericht anzurufen, sofern Mindestverfahrensgrundsätze nicht eingehalten würden, wurde gestrichen[17]. Bei dem dafür später eingefügten Absatz 4[18] wurde die umstrittene Frage bewusst offengelassen[19], inwiefern eine Untersuchung auszusetzen ist, wenn ein Gericht über dieselbe Sache verhandelt. Bis heute blieb der Text unverändert.

4

B. Internationale, supranationale und rechtsvergleichende Bezüge

I. Europäisches Unionsrecht

Für das **Europäische Parlament** regelt **Art. 226 AEUV**[20] die Einsetzung von Untersuchungsausschüssen durch Plenarbeschluss, die durch ein Viertel seiner Mitglieder beantragt werden kann; nach dem Wortlaut ist das Untersuchungsrecht kein Minderheitenrecht[21]. Verfahrensdetails enthält ein auf Grundlage von Art. 226 III AEUV angenommener Beschluss von Parlament, Rat und Kommission (UA-Beschluss)[22]. Be-

5

---

[14] Zur Rolle Max Webers bei der Modernisierung des Untersuchungsrechts: *Frey*, Kontrolle (Fn. 10), S. 99 ff.; *Masing*, Untersuchungen (Fn. 9), S. 44 ff. Zur Verfassungspraxis *Gusy*, Reichsverfassung, S. 138 f.

[15] Umfassend hierzu: *Masing*, Untersuchungen (Fn. 9), S. 63 ff.; s. a. *P. J. Glauben*, in: BK, Art. 44 (2013), Rn. 1 ff.; *K.-D. Friedrich*, Der parlamentarische Untersuchungsausschuß, Diss. jur. Mannheim 1991, S. 29 ff.

[16] JöR 1 (1951), S. 366 f.; Parl. Rat XIII/1, S. 36 f., 187. Ein weitergehender Antrag, das Einsetzungsrecht auf ein Drittel zu beschränken, scheiterte: JöR 1 (1951), S. 367; Parl. Rat XIII/1, S. 434.

[17] Parl. Rat II, S. 396 f. Dass man aus damaliger Sicht eine Verfassungsvorschrift für solche Ausnahmefälle als unangemessen betrachtete – so die heutige Interpretation bei *K.-H. Kästner*, NJW 1990, 2649 (2653) – entspricht nicht dem knappen Abstimmungsergebnis von 10 gegen 9 Stimmen. Art. 57 V HChE ließ als Sanktion nur die Feststellung der Rechtswidrigkeit, nicht die Kassation des Beschlusses zu.

[18] Nach mehrmaliger Ablehnung im Hauptausschuss wurde er erst auf Vorschlag des Fünferausschusses ohne Gegenstimme bestätigt. Die Beratungen hierzu thematisierten nicht die Justiziabilität, sondern den Einfluss auf bzw. durch parallele gerichtliche Verfahren; vgl. Parl. Rat XIV/1, S. 15 ff., 393, 632.

[19] JöR 1 (1951), S. 367; Parl. Rat XIII/2, S. 740 ff. Zu den Bemühungen der Gemeinsamen Verfassungskommission nach der deutschen Wiedervereinigung: BT-Drs. 12/6000, 92 f.; *R. Sannwald*, ZParl. 25 (1994), 15 (28).

[20] Eingefügt durch den Vertrag von Lissabon über die Europäische Union und am 01.12.2009 in Kraft getreten.

[21] »Das Europäische Parlament kann […] die Einsetzung […] beschließen.« Für die Auslegung als Muss-Bestimmung *I. Beckedorf*, Das Untersuchungsrecht des Europäischen Parlaments, 1995, S. 337 ff.

[22] Anlage IX der GOEP, ABl. 1995 Nr. L 113 vom 19.4.1995, S. 1 ff. Zur rechtlichen Einordnung dieses interinstitutionellen Beschlusses *Beckedorf*, Untersuchungsrecht (Fn. 21), S. 306 ff.

merkenswert ist, dass ein gerichtliches Verfahren, das mit den behaupteten Sachverhalten befasst ist, der Einsetzung eines Untersuchungsausschusses entgegensteht (Sperre der Rechtshängigkeit). Dies gilt auch für Verfahren vor nationalen Gerichten[23]. Art. 226 AEUV ist in seiner Formulierung sowohl schwächer als auch unpräziser als Art. 44 GG. Eine unmittelbare Sanktionierung der Nichtbefolgung einer Vorladung ist nicht vorgesehen, und es fehlen Regelungen zu den Gegenständen der Absätze 2–4 des Art. 44 GG. Ein weitergefasstes Untersuchungsrecht besitzt nach Art. 228 AEUV der Bürgerbeauftragte.

II. Rechtsvergleichende Hinweise

6 Obwohl allgemein faktisch praktizierter Standard[24], sind die Grundlagen des parlamentarischen Enquêterechts nicht in allen Verfassungen parlamentarischer Demokratien festgeschrieben[25]. Die meisten der europäischen Staaten, die sogar ein **Minderheitenrecht** formulieren[26], sind Staaten, die sich seit den siebziger Jahren nach der Befreiung aus Diktaturen neue Verfassungen gaben. **Rechte der Untersuchungsausschüsse**, also etwa ein Beweiserhebungsrecht oder die Anforderung von Amtshilfe, werden wiederum häufiger benannt[27]. Art. 32 tschechische Verfassung ordnet ausdrücklich die **Inkompatibilität** der Ausschussmitgliedschaft mit einem Regierungsamt an. Noch der älteren Verfassungsstruktur, ähnlich der Preußens von 1850 (→ Rn. 2), entsprechen die Vorschriften der Beneluxstaaten, die den Parlamenten lediglich das Enquêterecht zugestehen, eine weitere Ausgestaltung aber dem einfachen Gesetz überlassen[28].

7 In den **deutschen Landesverfassungen** spiegeln sich die in der Bundesrepublik bezüglich der Rechte der Untersuchungsausschüsse bestehenden Auseinandersetzungen wider: Spätere Positivierungen nehmen Erfahrungen von Rechtsprechung und Wissenschaft auf[29]: Eine **Veränderung des Antragsthemas durch die Mehrheit** schließt die Brandenburgische Regelung aus[30]. Das Recht der **Beweiserhebung** wurde – vorbildlich für den Bund – in allen neuen Verfassungen der Antragsminderheit eingeräumt. In der Sächsischen Verfassung wurde das Untersuchungsrecht jedoch ausdrücklich auf den Bereich begrenzt, der nicht in den »**Kernbereich der Exekutive**« (→ Rn. 27) fällt[31]. Nur

---

[23] S. Hölscheidt, in: Grabitz/Hilf/Nettesheim, EUV/AEUV, Art. 226 (2011), Rn. 13; Beckedorf, Untersuchungsrecht (Fn. 21), S. 325 ff.; S. Höpfner, Parlamentarische Kontrolle in Deutschland und der Europäischen Union, 2004, S. 117 ff.

[24] Ausf. Erläuterung und Gegenüberstellung für das Untersuchungsrecht in den Mitgliedstaaten der EU bei Beckedorf, Untersuchungsrecht (Fn. 21), S. 33 ff.

[25] Ausdrücklich erwähnt in Belgien Art. 56; Dänemark § 51; Finnland § 35; Frankreich Art. 51-2; Griechenland Art. 68; Italien Art. 82; Lettland Art. 26; Luxemburg Art. 64; Niederlande Art. 70; Österreich Art. 53; Polen Art. 111 I; Portugal Art. 156 lit. f); Spanien Art. 76; Slowenien Art. 93; Tschechien Art. 30; sowie Bulgarien Art. 79 III; Rumänien Art. 61 IV; Türkei Art. 98. Keine Regelungen enthalten u.a. die Verfassungen von Estland, Irland, Litauen, der Slowakei und der Republik Zypern.

[26] Die Antragsminderheit variiert zwischen einem Fünftel und einem Drittel; s. Griechenland Art. 68 II; Lettland Art. 26; Portugal Art. 156 lit. f), 178 IV; Slowenien Art. 93; Tschechien Art. 30.

[27] Vgl. zum Beweiserhebungsrecht: Dänemark § 51; Italien Art. 82; Slowenien Art. 93 und Spanien Art. 76 II; außerdem zur Amtshilfe Österreich Art. 53 III.

[28] Vgl. Niederlande Art. 70; Polen Art. 111 II; Luxemburg Art. 64 und Slowenien Art. 93; so auch die Handhabung in Frankreich (Art. 51-2) und in der Schweiz (Art. 153 IV BV).

[29] Dies im Sinne der Textstufenanalyse von P. Häberle, Textstufen als Entwicklungswege des Verfassungsstaates, in: ders., Rechtsvergleichung im Kraftfeld des Verfassungsstaates, 1992, S. 3 ff.

[30] Art. 72 I 3; ähnlich auch Art. 54 II 2 Verf. S-A.

[31] Art. 54 IV Sächs. Verf.

zwei der neuen Länder haben die Einschränkung des Grundgesetzes beim **Antragsrecht** nachvollzogen, die notwendige Antragsminderheit ist meist auf ein Fünftel der Mitglieder des Landtages abgesenkt worden[32]. Einige Verfassungen regeln **Enquêtekommissionen** unter Beteiligung von Sachverständigen[33].

C. Erläuterungen

I. Grundlagen

1. Funktion und Leitprinzipien

Der Untersuchungsausschuss ist ein **spezifisches Instrument parlamentarischer Kontrolle**. Im parlamentarischen Regierungssystem leitet die Regierung und damit die übrige Exekutive ihre Legitimation von der Volksvertretung ab (→ Art. 20 [Demokratie], Rn. 111, 120 ff.; → Art. 38 Rn. 31, 35); sie ist deswegen im grundsätzlich gleichen Umfang aber auch der Kontrolle des Parlaments unterworfen: Gleichauf von Legitimation und Kontrollunterworfenheit (→ Art. 38 Rn. 43). Die parlamentarische Verantwortlichkeit der Regierung kann nur verwirklicht werden, wenn eine ständige effektive parlamentarische Kontrolle gesichert ist[34]. Die Regierung als »informierte Gewalt« ist verfassungsrechtlich verpflichtet, den Abgeordneten die zur Ausübung ihres Mandats erforderlichen Informationen zu verschaffen[35]. Im Normalfall – in dem das Verhältnis des Parlaments zur Regierung von Vertrauen getragen ist – dienen Fragerechte der Abgeordneten und Antwortpflichten der Regierung (→ Art. 38 Rn. 157; → Art. 43 Rn. 8 ff.) der Versorgung mit den für die Kontrolle notwendigen Informationen. Bei einer gestörten Vertrauensbeziehung hat das Parlament das **Recht zur Selbstinformation**. Über die Kontrollfunktion des Parlaments hinaus dient die Informationsbesorgung auch der Erfüllung der weiteren Parlamentsfunktionen (→ Art. 38 Rn. 30 ff.), etwa der Gesetzgebung.

8

Parlamentarische Kontrolle zielt in erster Linie ab auf politische Sanktionen, also auf die Herstellung politischer Verantwortlichkeit, nicht auf Sanktionen rechtlicher Natur[36]. Demgemäß hat der Untersuchungsausschuss als schärfstes Kontrollinstrument[37] vor allem Bedeutung als **politisch-propagandistisches Kampfmittel** im Wettbewerb mit dem parteipolitischen Gegner[38]. Realistisch betrachtet zielt ein Untersu-

9

---

[32] Nur Art. 34 I Verf. M-V, Art. 54 I Verf. S-A fordern ein 25 %iges Quorum. Ansonsten genügt ein Fünftel als Antragsminderheit. Siehe Art. 64 I Thür. Verf., Art. 72 I Verf. Brandenb. und Art. 54 I Sächs. Verf.

[33] Vgl. Art. 55 Verf. S-A und Art. 73 Verf. Brandenb. sowie Hamburg (Art. 27) und Bayern (Art. 25a).

[34] S. dazu nochmals *Weber*, Parlament (Fn. 10), S. 354 f.

[35] BVerfGE 57, 1 (5); 67, 100 (129); *P. Badura*, Die Stellung des Abgeordneten, in: Schneider/Zeh, § 15 Rn. 40; *S. Magiera*, Rechte des Bundestages und seiner Mitglieder, in: Schneider/Zeh, § 52 Rn. 56; *J. Linck*, DÖV 1983, 957 (958).

[36] *J. Masing*, ZRP 2001, 36 ff.

[37] *J. Vetter*, Die Parlamentsausschüsse im Verfassungssystem der Bundesrepublik Deutschland, 1986, S. 112 spricht von dem »schwersten Geschütz« parlamentarischer Kontrolltätigkeit.

[38] Vgl. *H. H. Klein*, in: Maunz/Dürig, GG, Art. 44 (2005), Rn. 108; dazu auch *C. Germis*, Parlamentarische Untersuchungsausschüsse und politischer Skandal, 1988, S. 55 ff.; jüngst auch *M. Riede/H. Scheller*, ZParl. 44 (2013), 93 ff. sowie *B. Peters*, Untersuchungsausschussrecht, 2014, Rn. 5; vgl. ferner die Darstellung und Analyse der Untersuchungsausschüsse der 1.–9. Wahlperiode bei *R. Kipke*, Die Untersuchungsausschüsse des Deutschen Bundestages, 1985, S. 117 ff. Unverständlich insoweit

chungsausschuss, der ein vermutetes Fehlverhalten auf seiten des politischen Gegners aufklären will, auf Wirkung in der Öffentlichkeit: Beabsichtigt ist ein Vertrauens- und Ansehensverlust des politischen Gegners. Aus Furcht vor solchen Wirkungen zieht die betroffene Gruppierung dann oft auch selbst Konsequenzen aus einem Missstand.

10 Hieraus ergeben sich **drei Leitprinzipien**, welche das parlamentarische Untersuchungsrecht des Grundgesetzes strukturieren: Es ist um seiner Wirksamkeit willen ausgestaltet als (1) ein **Minderheitenrecht** und als (2) Recht auf **Selbstinformation**; letztlich (3) zielt es auf die demokratische **Öffentlichkeit**. Auch über ihren positivierten Anwendungsbereich hinaus prägen diese Prinzipien von Verfassungs wegen das Recht der parlamentarischen Untersuchungsausschüsse.

11 In der parlamentarischen Demokratie wird die Regierung von der Parlamentsmajorität getragen. Nach der politischen Logik ist es die **Minderheit**, die als Opposition das parlamentarische Wächteramt ausübt[39]. Zur wirksamen Erfüllung dieser Aufgabe[40] – ggf. auch gegen den Widerstand der Mehrheit – bedarf es als Ausnahme zum demokratischen Mehrheitsprinzip der Gewährleistung von Minderheitenrechten. Über das positiv formulierte Recht einer Minderheit auf Einsetzung eines Untersuchungsausschusses hinaus muss diese Minderheit daher auch im Verfahren die maßgebliche Gestaltungsmacht innehaben[41]. Das Bundesverfassungsgericht geht von dieser starken Stellung einer potentiellen Einsetzungsminderheit im Untersuchungsausschuss sogar bei der Mehrheitsenquête aus[42].

12 Gegenüber der Regierung befindet sich das Parlament in einem **strukturellen Informationsdefizit**[43]. Die Informationen, derer das Parlament für die Erfüllung seiner Aufgaben bedarf, sind ihm von der Regierung als dafür ausgestattetes Verfassungsorgan zur Verfügung zu stellen[44]. Ausnahmsweise aber steht dem Parlament das Recht zur **Selbstinformation** zu. Hiervon wird normalerweise dann Gebrauch gemacht, wenn ein vermuteter Missstand besonderes politisches Gewicht hat; wenn ein Verdacht gegen Mitglieder der Regierung besteht, auf deren Angaben man sich in dieser Sache nicht verlassen möchte; aber in der praktischen Politik auch dann, wenn Indizien auf Missstände hinweisen, die sich für öffentlichkeitswirksame politische Vorwürfe eignen. Mittels des Untersuchungsausschusses kann sich das Parlament – nötigenfalls

---

das Überraschen bei *J. M. Plöd*, Die Stellung des Zeugen in einem Untersuchungsausschuss des Deutschen Bundestages, 2003, S. 32 ff., dass der Untersuchungsausschuss auch Instrument der Parlamentsmehrheit sein kann. Zur Forderung nach einer Verobjektivierung des Untersuchungsverfahrens s. *A. Weisgerber*, Das Beweiserhebungsverfahren parlamentarischer Untersuchungsausschüsse des Deutschen Bundestages, 2003, S. 447 ff. und insb. *Klein* (Fn. 38), Art. 44 Rn. 252 ff.

[39] BVerfGE 49, 70 (85 f.); *H. Hofmann/H. Dreier*, Repräsentation, Mehrheitsprinzip und Minderheitenschutz, in: Schneider/Zeh, § 5 Rn. 60 ff., 68; *A. Seidel*, BayVBl. 2002, 97 ff.

[40] Zu den Aufgaben der Opposition *H.-P. Schneider*, Die parlamentarische Opposition, Bd. 1, 1974, S. 32 ff., 46 ff., 180 ff., 299 ff.; VerfG Sachsen-Anhalt LKV 1998, 101 ff.; *S. Haberland*, Die verfassungsrechtliche Bedeutung der Opposition nach dem Grundgesetz, 1995, S. 39 ff.; zur Theorie der Opposition *N. Luhmann*, ZfP 36 (1989), 13 ff.; zur historischen Entwicklung *K. Kluxen*, Das Problem der politischen Opposition, 1956; *W. Jäger*, Politische Partei und parlamentarische Opposition, 1971. → Art. 20 (Demokratie), Rn. 60, 75.

[41] S. BVerfGE 105, 197 (221 ff., Rn. 103 ff.); HessStGH DVBl. 2011, 169 (172) m. w. N. vgl. die Gesetze über das Verfahren von Untersuchungsausschüssen in verschiedenen Ländern s. etwa §§ 13 II, 24 I 3, 5, 25 III UAG NW; S. dazu: *Schmidt-Hartmann*, Schutz (Fn. 8), S. 31 ff.; *Haberland*, Bedeutung (Fn. 40), S. 93 ff.; differenzierend *Peters*, Untersuchungsausschussrecht (Fn. 38), Rn. 39 ff.

[42] BVerfGE 105, 197 (221 ff., Rn. 103 ff.). S. auch § 17 II PUAG.

[43] *U. Di Fabio*, Der Staat 29 (1990), 599 (612 f.).

[44] So *Magiera* (Fn. 35), § 52 Rn. 55 m. w. N.; *U. Di Fabio*, Der Staat 29 (1990), 599 (612).

unter Einsatz von Zwangsmaßnahmen[45] – eine eigene Anschauung von den existierenden Beweismitteln machen und ist damit nicht auf die Beurteilung durch die Exekutive angewiesen[46].

Im Rahmen des Untersuchungsrechts kommt dem **Öffentlichkeitsgrundsatz** als allgemeinem parlamentarischen Prinzip[47] eine besondere Funktion zu: Erst durch die Veröffentlichung bekannt gewordener Missstände gewinnt das parlamentarische Untersuchungsrecht Effizienz[48]. In der Einwirkung auf die öffentliche Meinung liegt das wesentliche Sanktionspotential einer parlamentarischen Untersuchung. Außerdem wird durch die Öffentlichkeit der Untersuchung ein Stück Volkssouveränität (→ Art. 20 [Demokratie], Rn. 82 ff.) hergestellt. Denn in der repräsentativen Demokratie vertritt das Parlament den Bürger auch bei der Kontrolle über die von ihm legitimierte Regierung. Diese Kontrollrechte werden letztlich für den Bürger eingesetzt, weshalb auch er über die Ergebnisse informiert werden muss. Das Bemühen der Ausschussmehrheit, die Regierung in Schutz zu nehmen, wird hinsichtlich der Beweiserhebung und Beweiswürdigung unter eine externe Rechtfertigungskontrolle gestellt[49]; auch Eifer und Form der Untersuchung müssen von denjenigen, die sie betreiben, öffentlich vertreten werden. 13

Als Instrument, das politische Folgen intendiert[50], zielt das Untersuchungsrecht auf die Öffentlichkeit, beschwört in dieser Hinsicht insofern aber auch **Gefahren** herauf, als die grundrechtsgeschützte Privatsphäre von Bürgern berührt wird. Schon mit dem Einbringen des Einsetzungsantrages wird eine Verdächtigung ausgesprochen, die als Tatsache in der Öffentlichkeit kursiert. In der »öffentlichen Erinnerung« bleibt weniger das Untersuchungsergebnis als vielmehr die Eröffnung des Verfahrens haften. Gerade wegen der Öffentlichkeitswirkung ist deswegen der Untersuchungsgegenstand sorgfältig zu bestimmen und sind die Rechte eventuell betroffener Privater (→ Rn. 21, 33) zu achten. Letztlich bedarf es aber über rechtliche Regelungen hinaus der Maßstäbe der politischen Kultur, um das parlamentarische Enquêterecht wirksam zu erhalten und zugleich möglicherweise tangierte Privatinteressen zu schonen. 14

2. Staatsorganisationsrechtliche Stellung

Untersuchungsausschüsse sind vom Bundestag eingesetzte, mit hoheitlichen Befugnissen ausgestattete Gremien aus mehreren Abgeordneten mit der Aufgabe, durch Ermittlung und Bewertung von Tatsachen Beschlüsse des Bundestages vorzubereiten. Auch wenn ein Untersuchungsausschuss öffentliche Gewalt ausübt[51], bleibt er ein Gremium des Parlaments und stellt **keine Behörde** dar[52]. 15

---

[45] S. etwa VG Berlin NVwZ-RR 2003, 708 ff. Zur grundsätzlichen Zulässigkeit auch BVerfG (K), NVwZ 2002, 1499 ff.; *K. Pabel*, NJW 2000, 788 (788 f.).
[46] *U. Di Fabio*, Der Staat 29 (1990), 599 (612); *J. Masing*, Der Staat 27 (1988), 273 (281); *J. Kölble*, DVBl. 1964, 701 (701 f.).
[47] → Art. 20 (Demokratie), Rn. 76 f.; → Art. 42 Rn. 20. Dabei ist es wenig sachgerecht, für den Öffentlichkeitsgrundsatz an Art. 5 I GG anzuknüpfen. So aber *S. Bräcklein*, ZRP 2003, 348 ff.
[48] *R. Binder*, DVBl. 1985, 1112 (1117).
[49] *F. Rotter*, PVS 20 (1979), 111 (121).
[50] Im Unterschied zur Gerichtsbarkeit, was sich in Art. 44 IV GG niederschlägt. → Rn. 57 ff.
[51] BVerfGE 76, 363 (387); 77, 1 (46). → Art. 1 III Rn. 56.
[52] Die Verfahrensordnung des VwVfG ist nicht unmittelbar anwendbar: *U. Di Fabio*, Rechtsschutz im parlamentarischen Untersuchungsverfahren, 1988, S. 68 ff.; *H.-P. Schneider*, in: AK-GG, Art. 44 (2002), Rn. 17 mit dem Argument, dass sonst die Vorschrift des Art. 44 III GG überflüssig wäre; anders BVerfG (K), NVwZ 1994, 54 (55); OVG Berlin DVBl. 1970, 293 (294); so auch *H. Bäumler*, DVBl.

Art. 44 C. Erläuterungen

16 Der **Bundestag** selbst ist **Träger** des Untersuchungsrechts, er übt es in eigenem Namen durch den Untersuchungsausschuss aus[53]. Dieser ist Unterorgan mit besonderen Befugnissen, die dem Plenum selbst nicht zustehen[54]. Die eigenständigen Befugnisse zur Wahrnehmung des Enquêterechts schließen die **Selbstentscheidungskompetenz als »Herr des Verfahrens«** ein[55]. Untersuchungsausschüsse fallen unter die nichtständigen Sonder- oder ad-hoc-Ausschüsse, die nur aus besonderem Anlass eingesetzt werden.

17 Nach ihrem Gegenstand werden verschiedene Arten unterschieden[56]. Das Handeln von Regierung und Verwaltung prüfen **Kontroll- oder Missstandsenquêten**. Sie bilden die häufigste Variante[57]. Die **Gesetzgebungsenquêten** zur längerfristigen Vorbereitung legislativer Vorhaben sind seit Einführung der dafür besser geeigneten Enquête-Kommissionen[58] praktisch bedeutungslos geworden. In parlamentsinternen Angelegenheiten wie der Tätigkeit parlamentarischer Organe und dem Verhalten von Abgeordneten ermitteln **Kollegialenquêten**[59]. Für Untersuchungsausschüsse, die versuchen, Missstände in nichtstaatlichen Bereichen des öffentlichen Lebens aufzuklären, findet sich auch die Bezeichnung **Skandalenquêten**[60]. Diese Ordnungsleistung der Literatur hat lediglich deskriptiven Charakter und entbehrt rechtlicher Erheblichkeit[61].

18 Seit dem 19. Juni 2001 besteht mit dem **PUAG**[62] neben Art. 44 GG eine **einfachgesetzliche Rechtsgrundlage**, deren Zulässigkeit nicht unumstritten ist[63]. Zu Unrecht wird hier eine allzu enge, auf reine Verfassungskonkretisierung beschränkte Gesetz-

---

1978, 291 (296); *S. Magiera*, in: Sachs, GG, Art. 44 Rn. 2; Jarass/*Pieroth*, GG, Art. 44 Rn. 1; *D. C. Umbach*, in: Umbach/Clemens, GG, Art. 44 Rn. 91.

[53] *Glauben* (Fn. 15), Art. 44 Rn. 37; *Klein* (Fn. 38), Art. 44 Rn. 62; *Peters*, Untersuchungsausschussrecht (Fn. 38), Rn. 10.

[54] Von »Hilfsorgan« sprechen BVerfGE 67, 100 (123); 77, 1 (41); 113, 113 (120, Rn. 27, 29); *U. Keßler*, AöR 88 (1963), 313 (313f.); »Unterorgan« bei *Glauben* (Fn. 15), Art. 44 Rn. 39; unentschieden *Klein* (Fn. 38), Art. 44 Rn. 64; *W. Löwer*, Jura 1985, 358 (361f.): »Unter- (oder Hilfs-) organ«. Wegen eigenständiger Befugnisse als »Organteil« oder »Teil-Verfassungsorgan« eingeordnet von *A. Schleich*, Das parlamentarische Untersuchungsrecht des Bundestages, 1985, S. 13 m.w.N.; *N. Achterberg/M. Schulte*, in: v. Mangoldt/Klein/Starck, GG II, Art. 44 Rn. 76f.; an der Benennung hängt nichts. → Art. 40 Rn. 23.

[55] *W. Steffani*, PVS 1 (1960), 153 (165); *R. Scholz*, AöR 105 (1980), 591 (604ff.); *K. Stern*, AöR 109 (1984), 199 (225ff.).

[56] *Achterberg/Schulte* (Fn. 54), Art. 44 Rn. 9.

[57] *P. Schindler* (Hrsg.), Datenhandbücher zur Geschichte des Deutschen Bundestages, zuletzt 1983–1991, Kap. 8.7; Übersicht bei *L.-A. Versteyl*, in: v. Münch/Kunig, GG II, Art. 44 nach Rn. 57.

[58] Zu den Enquête-Kommissionen s. § 56 GOBT; *G. Kretschmer*, DVBl. 1986, 923ff.; *W. Hoffmann-Riem/U. Ramcke*, Enquête-Kommissionen, in: Schneider/Zeh, § 47 m.w.N.; *E. Schmidt-Jortzig*, Enquetekommissionen, in: Morlok/Schliesky/Wiefelspütz, § 32 m.w.N.

[59] Beispiele bei *K.J. Partsch*, Empfiehlt es sich, Funktion, Struktur und Verfahren der parlamentarischen Untersuchungsausschüsse grundlegend zu ändern?, Verh. des 45. DJT, Bd. I/3, 1964, S. 21f.

[60] Als zulässig betrachtet von BVerfGE 76, 363 (381f.); *E.-W. Böckenförde*, AöR 103 (1978), 1 (11); *J. Kölble*, DVBl. 1964, 701 (702). → Rn. 21, 30ff.

[61] Zur Fruchtlosigkeit, durch eine Taxonomie der Untersuchungszwecke Kompetenzen bestimmen zu können, s. *Di Fabio*, Rechtsschutz (Fn. 52), S. 22; *K. Stern*, AöR 109 (1984), 199 (225f.); *M. Hilf*, NVwZ 1987, 537 (538); *W. Becker*, DÖV 1964, 505 (507).

[62] Gesetz zur Regelung des Rechts der Untersuchungsausschüsse des Deutschen Bundestages (Untersuchungsausschussgesetz – PUAG) vom 19.6.2001, BGBl. I S. 1142, das durch Artikel 4 Absatz 1 des Gesetzes vom 5. Mai 2004 (BGBl. I S. 718) geändert worden ist.

[63] Vgl. *U. Mager*, Der Staat 41 (2002), 597 (602f.); *Platter*, Untersuchungsverfahren (Fn. 8), S. 150ff. m.w.N. Die Regelung in einem Gesetz ist als letztlich unproblematisch anzusehen, da mangels Zustimmungspflichtigkeit die Einwirkung des Bundesrats minimal ist. Darüber hinaus empfiehlt sich die Regelung durch Gesetz sogar: Immerhin berührt es die Grundrechte Dritter.

gebungskompetenz des Bundestags postuliert[64]. Zwar besitzt Art. 44 GG keinen Regelungsvorbehalt, jedoch ist der dynamische Verweis des Abs. 2 Satz 1 in die StPO[65] so zu verstehen, dass dem Gesetzgeber ein nicht völlig unerheblicher Gestaltungsspielraum insbesondere für das Beweiserhebungsverfahren zukommt. Der Gesetzgeber kann die StPO jedoch im verfassungsrechtlichen Rahmen ändern. Derselbe Spielraum steht ebenso dem Gesetzgeber eines Untersuchungsausschussgesetzes zu. Insbesondere darf er auch ein besonderes Rechtsschutzverfahren implementieren[66]. In jedem Falle ist positiv festzustellen, dass die Rechtsunsicherheit – die durch die grundsätzliche Anwendung der **IPA-Regeln**[67] nur bedingt verringert wurde[68] – hinsichtlich des Verfahrens in den Untersuchungsausschüssen durch das PUAG erheblich geringer wurde.

II. Zuständigkeit und Grenzen des parlamentarischen Untersuchungsrechts

1. Gegenstandsbereich

Als **Unterorgan des Bundestages** ist einem Untersuchungsausschuss der Zuständigkeitsrahmen gesetzt, in dem der Bundestag selbst steht[69]. Dies wird mit der sogenannten **Korollartheorie**[70] ausgedrückt, wonach der aus den einschlägigen Verfassungsbestimmungen abzuleitende Zuständigkeitsbereich des Bundestages und seine Enquêtekompetenz sich decken[71]. Daraus ergibt sich ein weiter möglicher Untersuchungsbereich. Hieran wird historisch begründete Kritik geübt[72], weil das Untersuchungsrecht ursprünglich als reine Exekutivkontrolle konzipiert worden war[73]. In den Verfassungstext ist diese Einschränkung aber gerade nicht aufgenommen worden[74]. Im Wege systematischer Argumentation wird aus der Verhinderung von Übergriffen auf andere Gewalten ebenfalls eine eingeschränkte Zuständigkeit abgeleitet[75].

19

---

[64] *L. Brocker*, in: P.J. Glauben/L. Brocker (Hrsg.), Das Recht der parlamentarischen Untersuchungsausschüsse in Bund und Ländern, 2. Aufl. 2011, § 3 Rn. 23 m.w.N.
[65] BVerfGE 76, 363 (385f.); 77, 1 (47).
[66] Anders *Platter*, Untersuchungsverfahren (Fn. 8), S. 166f.
[67] Entwurf eines Gesetzes über Einsetzung und Verfahren von Untersuchungsausschüssen des Bundestages v. 14. 5.1969, BT-Drucks. V/4209. Dieser ging aus der Arbeit der 1962 konstituierten Innerparlamentarischen Arbeitsgemeinschaft (IPA) hervor und wurde nicht als Gesetz verabschiedet.
[68] Dazu *Peters*, Untersuchungsausschussrecht (Fn. 38), Rn. 33 m.w.N.
[69] § 1 III PUAG verzichtet auf eine eigenständige Definition des Zuständigkeitsbereichs und verweist auf die »verfassungsmäßige Zuständigkeit des Bundestages«.
[70] Sie geht zurück auf *E. Zweig*, ZfP 6 (1913), 265 (265f.). Zu ihrem Inhalt aus zeitgeschichtlicher Sicht *Masing*, Untersuchungen (Fn. 9), S. 18ff.
[71] Vgl. jetzt auch 1 III PUAG: »Ein Untersuchungsverfahren ist zulässig im Rahmen der verfassungsmäßigen Zuständigkeit des Bundestages«.
[72] Systematisch aufbereiteter Diskussionsstand zum Folgenden bei *Friedrich*, Untersuchungsausschuss (Fn. 15), S. 65ff.
[73] S. die Darstellung bei *M. Köhler*, Umfang und Grenzen des parlamentarischen Untersuchungsrechts gegenüber Privaten im nichtöffentlichen Bereich, 1996, S. 31ff.
[74] Vgl. § 52 des ersten Entwurfs der Weimarer Reichsverfassung, dazu BVerfGE 77, 1 (45f.); *Heck*, Untersuchungsrecht (Fn. 9), S. 14; *Di Fabio*, Rechtsschutz (Fn. 52), S. 28; zweifelnd *Masing*, Untersuchungen (Fn. 9), S. 46ff., 59f. Vgl. auch den Bericht des Verfassungsausschusses der Ministerpräsidenten-Konferenz der Westlichen Besatzungszonen, Darstellender Teil, S. 36f.; BVerfGE 77, 1 (45f.); *Di Fabio*, Rechtsschutz (Fn. 52), S. 30; *Masing*, Untersuchungen (Fn. 9), S. 64f.
[75] *J. Masing*, Der Staat 27 (1988), 273 (282); *J.R. Gascard*, Das parlamentarische Untersuchungsrecht in rechtsvergleichender Sicht, Diss. jur. Kiel 1990, S. 77ff. m.w.N.

Art. 44 C. Erläuterungen

20 Entgegen solchen Bemühungen ist an einem **weiten Zuständigkeitsbereich** des parlamentarischen Untersuchungsrechts festzuhalten. Die Volksvertretung ist nicht mehr (wie im Konstitutionalismus) auf eine nur reagierende Rolle gegenüber der eigentlich handelnden Exekutive beschränkt, vielmehr ist sie das **zentrale Staatsorgan**, das – in den Grenzen der bundesstaatlichen Kompetenzverteilung – umfassend zur politischen Willensbildung und Beschlussfassung zuständig ist (→ Art. 20 [Demokratie], Rn. 94, 116 ff.). In Wahrnehmung seiner Repräsentationsfunktion darf das Parlament in der Gesellschaft diskutierte Themen aufgreifen, politisch zuspitzen und wertend zu ihnen Stellung nehmen[76]. Eine wirksame Wahrnehmung der verschiedenen Parlamentsfunktionen (→ Art. 38 Rn. 30 ff.) fordert ggf. eine eigenständige Informationsmöglichkeit[77]. Besondere Bedeutung kommt aber der Kontrollbefugnis des Parlaments gegenüber Regierung und Verwaltung zum Zwecke der Einforderung politischer Verantwortlichkeit (→ Art. 65 Rn. 38 ff.) zu[78]. Die parlamentarische Kontrollbefugnis erstreckt sich auch auf die Tätigkeit solcher Organe der Exekutive oder auch der Legislative, die gegenüber Weisungen unabhängig sind, wie dies etwa bei den Datenschutzbeauftragten der Fall ist[79] (zu den Schranken des Untersuchungsrechts → Rn. 22 ff., insb. Schranke der gravierenden Funktionsbeeinträchtigung → Rn. 28).

21 Gegenüber **Privaten** besteht keine solche politische Kontrollbefugnis mangels entsprechender Verantwortlichkeit[80]. Anders als dem staatlichen Hoheitsträger ist dem Privaten die Handlungsfreiheit nicht zur gemeinwohlfördernden Ausübung leihweise übertragen, sondern um ihrer selbst willen anerkannt (→ Vorb. Rn. 70). Die Gesetzmäßigkeit des Handelns Privater wird ausschließlich von Exekutive und Judikative kontrolliert[81]. Die Enquêtekompetenz umfasst damit jedenfalls **keine rein privatgerichteten Enquêten**[82]. Der privat-gesellschaftliche Bereich kann nur mittelbar Gegenstand einer parlamentarischen Untersuchung werden[83], wenn er tauglicher Gegenstand parlamentarischer Befassung ist[84]. **Politische Parteien** gehören wegen ihrer von Art. 21 GG festgeschriebenen Aufgaben und Pflichten (Art. 21 I 3, 4 GG) nicht allein dem gesellschaftlichen Bereich an. Untersuchungen – insbesondere ihres Finanzgebarens – sind daher zulässig[85]. Wann im Einzelfall eine Untersuchung bei Privaten zu-

---

[76] S. BVerfGE 77, 1 (44 f.); *Di Fabio*, Rechtsschutz (Fn. 52), S. 39; *S. Magiera*, Parlament und Staatsleitung in der Verfassungsordnung des Grundgesetzes, 1979, S. 232 ff.; *D. Wiefelspütz*, Das Untersuchungsausschussgesetz, 2003, S. 34 ff.

[77] HessStGH ESVGH 17, 1 (15 f.).

[78] BVerfGE 49, 70 (85); 77, 1 (43); *P. Kunig*, Jura 1993, 220 (222 f.). Ähnlich schon früher die Vertreter einer Generalkompetenz, vgl. *W. Lewald*, AöR 44 (1923), 269 (292 f.); *R. Smend*, Verfassung und Verfassungsrecht (1928), in: ders., Staatsrechtliche Abhandlungen, 2. Aufl. 1968, S. 119 ff. (245 f.); *E. Fraenkel*, ZfP 1 (1954), 99 (126 ff.).

[79] Vgl. etwa § 22 IV BDSG für den Bundesbeauftragten für den Datenschutz und die Informationsfreiheit.

[80] *J. Masing*, Der Staat 27 (1988), 273 (283). Für eine Ermächtigung, »sofern ein erkennbarer politischer Bezug besteht«, *Di Fabio*, Rechtsschutz (Fn. 52), S. 40; vgl. *M. Hilf*, NVwZ 1987, 537 (538).

[81] *S. Studenroth*, Die parlamentarische Untersuchung privater Bereiche, 1992, S. 126; *J. Masing*, Der Staat 27 (1988), 273 (282).

[82] *Klein* (Fn. 38), Art. 44 Rn. 110 ff.; *Masing*, Untersuchungen (Fn. 9), S. 220 ff., 329 ff.

[83] *Klein* (Fn. 38), Art. 44 Rn. 134; *Studenroth*, Untersuchung (Fn. 81), S. 142 ff.

[84] Dabei darf sogar der Name der untersuchten Privat- oder juristischen Person als Bezeichnung des Ausschusses vom Parlament gewählt werden, SaarlVerfGH NVwZ-RR 2003, 393 ff.

[85] So insb. auch *Masing*, Untersuchungen (Fn. 9), S. 319. Vgl. a. *M. Schröder*, NJW 2000, 1455 (1456 f.); *P. Badura*, Das parlamentarische Untersuchungsrecht in der Parteiendemokratie, in: FS Rudolf, 2001, S. 235 ff. (236 ff.); *Umbach* (Fn. 52), Art. 44 Rn. 44; a. A. *Klein* (Fn. 38), Art. 44 Rn. 127 ff.

lässig ist, ist angesichts des weiten Befassungsrechts des Parlaments keine Frage der Enquêtekompetenz, sondern eine solche der Schranken der Enquêtebefugnisse[86].

2. Schranken

Beschränkungen des parlamentarischen Untersuchungsrechts ergeben sich unter zwei Aspekten. Zum einen folgt aus der **negativen Seite der Korollartheorie** eine gegenständliche Begrenzung der Untersuchungsausschüsse als Unterorgane des Bundestages auf den verfassungsrechtlich festgelegten Wirkungskreis des Parlaments[87]. Zum anderen ergeben sich **selbständige Schranken** des Untersuchungsrechts. Auch eine noch so begrenzte Aufgabenstellung kann allerdings eine Kollision mit (Grund-)Rechten Dritter nicht ausschließen[88].

a) Bundesstaatsprinzip

Untersuchungsausschüsse des Bundestages dürfen sich nicht mit Vorgängen befassen, die ausschließlich Sache der Länder sind[89]. Ausgeschlossen werden damit Gesetzgebungsenquêten im Kompetenzbereich der Länder, aber auch umgekehrt Untersuchungen durch Untersuchungsausschüsse der Länder im Zuständigkeitsbereich des Bundes[90]. Im Rahmen der **Verwaltungskontrolle** ist ein Untersuchungsausschuss des Bundestags unproblematisch im Bereich der bundeseigenen Verwaltung[91]. Für die Untersuchung von Vorgängen in politischen Parteien ist wegen der Bundeszuständigkeit nach Art. 21 III GG eine Untersuchung stets möglich. Beim Vollzug der Bundesgesetze durch die Länder (Art. 83 ff. GG) ist zulässiger Untersuchungsgegenstand die (ordnungsgemäße) Ausübung der Bundesaufsicht. Die mittelbare Untersuchung von Aktivitäten der Länderverwaltung ist damit zulässig[92]; ihre Intensität variiert nach Maßgabe der beim Bund verbleibenden Einwirkungsmöglichkeiten[93].

Auch im Bereich des **Landesvollzuges von Landesgesetzen** bestehen Ingerenzrechte und damit ein grundsätzliches Untersuchungsrecht des Bundes wegen der Homogenitätsklausel des Art. 28 I 1 GG (→ Art. 28 Rn. 49 ff.) und der Bindung des Landes an das Bundesrecht gem. Art. 20 III GG. Zudem ist das Land Adressat der Bundestreuepflicht (→ Art. 20 [Bundesstaat], Rn. 45 ff.). Auf diesen Feldern besteht die Möglichkeit einer Enquête zur Aufklärung des Umgangs der Bundesregierung mit ihren Rech-

---

Stark differenzierend und einen allzu weiten Schutz insbesondere finanzieller Geheimnisse der Parteien zulassend: *P. J. Glauben*, in: Glauben/Brocker, Untersuchungsausschüsse (Fn. 64), § 5 Rn. 109 ff.

[86] So auch mit der Begründung, die Korollartheorie sei nicht einschränkend auszulegen: *Köhler*, Umfang (Fn. 73), S. 79 f.; *H. Steinberger*, Rechtsgutachten zum Untersuchungsauftrag BT-Drs. 11/1683, in: BT-Drs. 11/7800, Anlage 7, 1181 (1186 ff.); *E.-W. Böckenförde*, AöR 103 (1978), 1 (10); *W. Richter*, Privatpersonen im parlamentarischen Untersuchungsausschuss, 1991, S. 27 ff.

[87] BVerfGE 1, 14 (32 ff.); 77, 1 (44). S. auch § 1 PUAG.

[88] *A. Hake*, AöR 113 (1988), 424 (441).

[89] S. zur Untersuchungskompetenz des Bundestages für Landesbehörden statt vieler *P. J. Glauben*, DVBl. 2012, 737 ff.

[90] S. mit differenzierter Abgrenzung BVerwG NJW 2000, 160 (163 f.).

[91] *W. Simons*, Das parlamentarische Untersuchungsrecht im Bundesstaat, 1991, S. 101 ff.

[92] Ausf. *Achterberg/Schulte* (Fn. 54), Art. 44 Rn. 35 ff.; *M. Schröder*, Empfiehlt sich eine gesetzliche Neuordnung der Rechte und Pflichten parlamentarischer Untersuchungsausschüsse?, in: 57. DJT, Bd. 1, 1988, E 31; *Schleich*, Untersuchungsrecht (Fn. 54), S. 77.

[93] *Friedrich*, Untersuchungsausschuss (Fn. 15), S. 133; *F. Arloth*, NJW 1987, 808 (809).

Art. 44 C. Erläuterungen

ten aus Art. 37 GG – unter zwangsläufig mittelbarem Einbezug der ursächlichen Ländermaterie[94].

25 Keine Befugnis für eine Enquête des Bundestags ergibt sich aus Art. 28 III GG[95]; diese Norm weist nur eine Aufgabe zu, begründet aber keine Befugnis (→ Art. 28 Rn. 169f.)[96]. Ein Untersuchungsrecht des Bundestages kann nicht aus seiner Stellung als »Forum der deutschen Nation«[97] oder aus einem gesamtstaatlichen Interesse[98] gefolgert werden. Letzteres widerspricht der eindeutigen Kompetenzverteilung zwischen Bund und Ländern[99]. Der kommunale Bereich ist der staatlichen Aufsicht durch die Länder unterworfen und damit einer Enquête des Bundestages verschlossen[100].

b) Gewaltenteilungsprinzip

26 Auch das Gewaltenteilungsprinzip (→ Art. 20 [Rechtsstaat], Rn. 67ff.) begrenzt das parlamentarische Enquêterecht[101], obschon dieses gerade auch auf Vorgänge im Bereich der anderen Gewalten zielt. Die gebotene **Rücksichtnahme** auf die anderen Gewalten verlangt, dass ein Untersuchungsausschuss deren Fähigkeit zur Erfüllung ihrer Funktionen nicht gravierend beeinträchtigen darf.

27 Für Untersuchungen gegenüber der Exekutive wurde dies auf die Formel vom zu achtenden **Kernbereich der Exekutive** gebracht: Die Funktionentrennung begründe einen grundsätzlich unausforschbaren Initiativ-, Beratungs- und Handlungsbereich der Exekutive[102]. Die undifferenzierte Heranziehung dieser Figur, insbesondere i. S. eines fixen Bereichs der Kontrollentzogenheit begegnet freilich **Bedenken**. Das Kontrollrecht des Parlaments bezieht sich ganz wesentlich auf Verwaltung und Regierung. Das Zusammenspiel der Gewalten nach dem Grundgesetz umfasst die legitimatorische Abhängigkeit der Regierung vom Vertrauen des Parlaments und damit auch ihre Kontrollunterworfenheit. Ein genereller Bereich »exekutiver Eigenverantwortung«[103]

---

[94] *Schleich*, Untersuchungsrecht (Fn. 54), S. 77; *Steinberger*, Rechtsgutachten (Fn. 86), S. 1188.
[95] So aber *Schleich*, Untersuchungsrecht (Fn. 54), S. 76.
[96] Vgl. BVerfGE 6, 309 (329); 8, 122 (131); *Achterberg/Schulte* (Fn. 54), Art. 44 Rn. 35ff.
[97] So aber *J. Kölble*, DVBl. 1964, 701 (703).
[98] So aber LG Frankfurt NJW 1987, 787 (788); dazu vorsichtiger BVerfGE 77, 1 (59); richtig *Schröder*, Neuordnung (Fn. 92), E 32: Auch privat(wirtschaftliches) Verhalten ist kompetenzrechtlich relevant und fällt nicht prinzipiell wegen vorgeblicher gesamtstaatlicher Interessen in die Bundeszuständigkeit.
[99] So auch *Schleich*, Untersuchungsrecht (Fn. 54), S. 76.
[100] Zur Kontrolle der Kommunen durch die Untersuchungsausschüsse der Länder: *W. Blümel/M. Ronellenfitsch*, Parlamentarische Untersuchungsausschüsse und kommunale Selbstverwaltung, 1978, insb. S. 69ff.; *E.-W. Böckenförde*, AöR 103 (1978), 1 (19ff.).
[101] BVerfGE 124, 78 (120ff., Rn. 119ff.).
[102] BVerfGE 67, 100 (139); 110, 199 (214ff., Rn. 42ff.); 124, 78 (120ff., Rn. 119ff.); viel zu weitgehend HambVerfG DÖV 1973, 745 (746f.); vgl. zu dieser Rechtsfigur zuletzt *P. Cancik*, ZParl. 45 (2014), 885ff.; weiter *R. A. Lorz*, Interorganrespekt im Verfassungsrecht, 2001, S. 283ff.; *P. J. Glauben*, in: Glauben/Brocker, Untersuchungsausschüsse (Fn. 64), § 5 Rn. 48ff.; *Magiera*, Parlament (Fn. 76), S. 321; *R. Scholz*, AöR 105 (1980), 564 (598); *T. Kuhl*, Der Kernbereich der Exekutive, 1993; *V. Busse*, DÖV 1989, 45ff.; eher abl.: BremStGH DVBl. 1989, 453 (454ff.), dazu *D. Engels*, Jura 1990, 71ff.; *C. Meyer-Bohl*, Die Grenzen der Pflicht zur Aktenvorlage und Aussage vor parlamentarischen Untersuchungsausschüssen (1992), S. 99ff.; *M. Hilf*, NVwZ 1987, 537 (539); *H. Maurer*, Der Verwaltungsvorbehalt, VVDStRL 43 (1985), S. 135ff. (149ff.); *J. Linck*, DÖV 1988, 264 (265); *W. Löwer*, Jura 1985, 358 (363ff.); *Masing*, Untersuchungen (Fn. 9), S. 92ff., 322ff.; *U. Rösch*, Geheimhaltung in der rechtsstaatlichen Demokratie, 1999, S. 183ff.; *Peters*, Untersuchungsausschussrecht (Fn. 38), Rn. 73ff. → Art. 64 Rn. 22f.
[103] So BVerfGE 67, 100 (139); *R. Scholz*, AöR 105 (1980), 564 (598).

II. Zuständigkeit und Grenzen des parlamentarischen Untersuchungsrechts **Art. 44**

begegnet von daher systematischen Einwänden[104]. Dies gilt insbesondere für die Einbeziehung bereits abgeschlossener Vorgänge[105]. Nicht zuletzt birgt die Formel die Gefahr missbräuchlicher Inanspruchnahme. Deswegen ist sie jedenfalls nur restriktiv zu handhaben. Allein funktionelle Hemmnisse, die zur **Arbeitsunfähigkeit** des kontrollierten Organs führen, rechtfertigen eine Verweigerung der Kontrolle. Diese Grenze leitet sich aus dem Verbot ab, Handlungen oder Hoheitsakte vorzunehmen, die anderen Staatsorganen zugewiesen sind. Folglich darf kein Kompetenzübergriff stattfinden, der anstehende Entscheidungen blockiert[106]. Keinesfalls dürfen sich nachgeordnete Verwaltungsbereiche der Kontrolle entziehen, da dies die Einlösung der politischen Verantwortlichkeit der Regierung zunichte machte. Die besseren Gründe sprechen deswegen dafür, den sogenannten »Kernbereich der Exekutive« nicht als gegenständliche Grenze des Enquêterechts anzusehen. Die Bereichsmetapher führt in die Irre. Mit ihr benannt wird der Gesichtspunkt der Rücksichtnahme auf die Handlungsbedingungen der Exekutive, die ggf. durch Maßnahmen des Geheimschutzes zu sichern sind, nicht durch Exemtion von der Kontrolle. Die Formel vom exekutiven Kernbereich ist daher als **Abwägungsgebot** zu verstehen, das zur Berücksichtigung der jeweiligen Umstände verpflichtet[107]. Beruft sich die Bundesregierung auf das Recht, einem Untersuchungsausschuss Beweismittel vorzuenthalten, so hat sie dies substantiiert zu begründen, s. § 18 II 2 PUAG[108]. Die grundsätzliche Rolle der verschiedenen Gewalten darf freilich nicht beeinträchtigt werden. **Ständige Untersuchungsausschüsse** zur Überwachung von Exekutive oder Judikative sind daher **unzulässig**[109]. Eine entscheidungsbegleitende Kontrolle darf die Handlungsfähigkeit von Judikative und Exekutive nicht durch vorbeugende Beobachtung minimieren[110]. Zu Recht hat das PUAG den Kernbereich der Exekutive als solchen nicht benannt. Vielmehr versteht § 18 I PUAG den Kernbereich als verfassungsrechtliche Grenze nur der einzelnen Beweiserhebung, nicht des Untersuchungsausschusses schlechthin.

Der Schutz des exekutivischen Kernbereichs ist ein Recht der Regierung und begründet **keine Pflicht zur Aktenverweigerung**. Es steht der jeweiligen Regierung zur pflichtgemäßen Ausübung gegenüber einem Informationsverlangen zur Verfügung[111]. 28

---

[104] S. BVerfGE 110, 199 (215ff., Rn. 45ff.) unter Verweis auf die parlamentarischer Kontrolle.
[105] Vgl. hierzu in der Begründung BVerfGE 110, 199 (219ff., Rn. 52ff.).
[106] *E.-W. Böckenförde*, AöR 103 (1978), 1 (16f.); *R. Scholz*, AöR 105 (1980), 564 (597f.). Vgl. a. BVerfGE 110, 199 (214f., Rn. 42ff.).
[107] BVerfGE 110, 199 (bes. 218f., Rn. 51ff.); 124, 78 (122, Rn. 126).
[108] Dazu BVerfGE 124, 78 (128f., Rn. 138ff.); s. auch 124, 161 (193, Rn. 132ff.) zu den Anforderungen an die Begründungspflicht und zu nicht akzeptablen Gründen NdsStGH v. 24.10.2014, 7/13, StGH 7/13, Rn. 90ff.
[109] *Schleich*, Untersuchungsrecht (Fn. 54), S. 56ff.; *E.-W. Böckenförde*, AöR 103 (1978), 1 (17f.); *Heck*, Untersuchungsrecht (Fn. 9), S. 40. Ein solcher Einsetzungsantrag wäre nicht hinreichend bestimmt: so *Friedrich*, Untersuchungsausschuss (Fn. 15), S. 83ff.; a.A. *B. Cordes*, Das Recht der Untersuchungsausschüsse des Bundestages, Diss. jur. Münster 1958, S. 50ff.; *H. Thieme*, Das Verhältnis der parlamentarischen Untersuchungsausschüsse zur Exekutive, Diss. jur. Göttingen 1983, S. 105ff. In Anlehnung an Art. 45a GG sei jedenfalls eine permanente Kontrolle interner Parlamentsvorgänge zu erlauben: so *P. Köchling*, Verfassungsrechtliche Fragen, in: W. Damkowski (Hrsg.), Der parlamentarische Untersuchungsausschuß, 1987, S. 23ff. (29); *T. Maunz*, in: Maunz/Dürig, GG, Art. 44 (Erstb. 1960), Rn. 17.
[110] Zur Beschränkung auf eine ex-post-Kontrolle *Friedrich*, Untersuchungsausschuss (Fn. 15), S. 86f. m. w. N.; *Masing*, Untersuchungen (Fn. 9), S. 309ff. verlangt Verantwortungsreife im Einzelfall; BVerfGE 67, 100 (139) spricht von einer lediglich »grundsätzlichen« Begrenzung.
[111] *P. Cancik*, ZParl. 45 (2014), 885ff.; anders *M. Reinhardt*, NVwZ 2014, 991 (994).

29 Im **Justizbereich** verwehrt Art. 97 GG die Überprüfung rechtsprechender Tätigkeit[112], auch nach Abschluss der gerichtlichen Verfahren.

c) Grundrechte

30 Untersuchungsausschüsse üben hoheitliche Gewalt aus und sind damit an die Grundrechte – einschlägig ist insbesondere das Recht auf informationelle Selbstbestimmung (→ Art. 2 I Rn. 79 ff.) – gebunden (→ Art. 1 III Rn. 56)[113]. Dies bezieht sich auf die Einleitung eines Untersuchungsverfahrens zu einem bestimmten Gegenstand[114] wie auf Einzelfragen der Beweiserhebung[115]. Eine **vorgelagerte Begrenzung** ist geboten, weil dem Einsetzungsbeschluss eine besondere Öffentlichkeitswirkung zukommt (→ Rn. 14, 37 f.). Soweit grundrechtlich geschützte Bereiche von einem Untersuchungsausschuss untersucht werden, ist dies als Grundrechtseingriff rechtfertigungsbedürftig (→ Vorb. Rn. 123 ff.). Insbesondere bedarf es eines **öffentlichen Interesses** an der Untersuchung der Privatsphäre eines Bürgers[116]. Diese Notwendigkeit ist das »**rechtsstaatliche Komplement** zur Erweiterung des Gegenstandsbereiches parlamentarischer Untersuchungen und zur inzwischen medial gewordenen Öffentlichkeit«[117]. Daran ändert auch die fehlende Nennung im PUAG nichts[118]. Das öffentliche Interesse wird dabei als konkretisierungsbedürftiger, unbestimmter Rechtsbegriff verstanden[119], wobei den Antragstellern ein Einschätzungsermessen zusteht[120].

31 Umstritten ist, ob das **öffentliche Interesse** am Untersuchungsgegenstand normativer oder faktischer Art zu sein hat[121]. Ein **faktisches** öffentliches **Interesse** allein kann den Kontrollzugriff des Untersuchungsausschusses nicht begründen, weil es allein durch die Tatsache eines entsprechenden Antrages regelmäßig indiziert sein dürfte und damit keine selektive Bedeutung hat[122]. Ein hinreichendes öffentliches Interesse ist jedenfalls dann gegeben, wenn eine **öffentlich-rechtliche** Norm betroffen ist, die eine besondere Verpflichtung des Privaten gegenüber dem Staat begründet[123]. Nur

---

[112] *Schleich*, Untersuchungsrecht (Fn. 54), S. 59; *W.-R. Schenke*, JZ 1988, 805 (810); *Friedrich*, Untersuchungsausschuss (Fn. 15), S. 138 f.; *Klein* (Fn. 38), Art. 44 Rn. 166; ausdrücklich gegen Urteilsschelten *G. Kisker*, NJW 1981, 889 (890 ff.).

[113] BVerfGE 67, 100 (142); 76, 363 (387); 77, 1 (46); 124, 78 (125, Rn. 132 ff.); *M. Schröder*, Untersuchungsausschüsse, in: Schneider/Zeh, § 46 Rn. 23; *Magiera* (Fn. 52), Art. 44 Rn. 10.

[114] So BayVGH v. 17.11.2014, Vf. 70-VI-14; ebenso wohl *S. Bräcklein*, Investigativer Parlamentarismus, 2005, S. 69; *K. Gärditz*, ZParl. 36 (2005), 854 (871 f.); a.A *Klein* (Fn. 38), Art. 44 Rn. 244.

[115] BVerfG (K), NVwZ 1994, 54 (55).

[116] *Achterberg/Schulte* (Fn. 54), Art. 44 Rn. 24 f.; a.A. *D. Engels*, Parlamentarische Untersuchungsausschüsse, 2. Aufl. 1991, S. 59; *Höpfner*, Kontrolle (Fn. 23), S. 272.

[117] *E.-W. Böckenförde*, AöR 103 (1978), 1 (15).

[118] S. insb. *Wiefelspütz*, Untersuchungsausschussgesetz (Fn. 76), S. 57 f. sowie *Peters*, Untersuchungsausschussrecht (Fn. 38), Rn. 86 ff.; a.A. aber *H.-P. Schneider*, NJW 2001, 2604 (2605). Positiv verankert ist das öffentliche Interesse etwa in § 1 I UAG BW und § 18 UAG NW.

[119] *Achterberg/Schulte* (Fn. 54), Art. 44 Rn. 26; BayVerfGHE 38, 165 (177); zu Verwendungsweisen und -aspekten allgemein *P. Häberle*, Öffentliches Interesse als juristisches Problem, 1970.

[120] *Schneider* (Fn. 52), Art. 44 Rn. 11.

[121] Dazu *E.-W. Böckenförde*, AöR 103 (1978), 1 (14 f.); *J. Vetter*, DÖV 1987, 426 (430); *Di Fabio*, Rechtsschutz (Fn. 52), S. 42 f.; *Platter*, Untersuchungsverfahren (Fn. 8), S. 36 ff. Kritisch zur Brauchbarkeit der Begrifflichkeit *G.A. Wolf*, Parlamentarischer Untersuchungsausschuss und Strafjustiz, 2005, S. 64 ff.

[122] *E.-W. Böckenförde*, AöR 103 (1978), 1 (14.); a.A. unter Geltung des PUAG *H.-P. Schneider*, NJW 2001, 2604 (2605).

[123] *Richter*, Privatpersonen (Fn. 86), S. 42. In allen bisherigen Fällen bestanden solche besonderen rechtlichen Bindungen, s. auch *Richter*, Privatpersonen (Fn. 86), S. 18 f.

dann besteht die rechtsstaatlich unverzichtbare Voraussehbarkeit einer möglichen Enquête, ist auch die Frage, ob ein öffentliches Interesse gegeben ist, gerichtlich überprüfbar[124]. Eine überzeugende Möglichkeit, ein öffentliches Interesse zu begründen, hebt darauf ab, dass das mögliche Ergebnis der Untersuchung rechtliche, grundsätzlich die Allgemeinheit betreffende Konsequenzen zeitigen muss. Der Begriff des öffentlichen Interesses hat insoweit nach wie vor besondere Bedeutung, als er den Grundrechtsschutz Dritter bereits in die Prüfung der Zulässigkeit der Einsetzung selbst vorverlagert.

Eine weitere einschränkende Voraussetzung für eine privatgerichtete parlamentarische Untersuchung ist der **konkrete Anlass**[125]. Dieser liegt vor, wenn es um die Vorbereitung rechtsverbindlicher Beschlüsse oder um die auf tatsächliche Anhaltspunkte[126] gestützte Kontrolle staatlichen Handelns geht. Eine privatgerichtete Untersuchung ist also verdachtsakzessorisch[127]. Die zwangsbewehrte Informationserhebung zur Vorbereitung schlichter Parlamentsbeschlüsse ist unzulässig, weil unverhältnismäßig. Das Interesse muss an einem konkreten, nicht austauschbaren Individuum bestehen; allgemeine Erhebungen für **statistische Informationen** sind **unstatthaft**[128]. Kann die gewünschte Aufklärung auch mit Hilfe der Exekutive nicht erreicht werden, entfällt das Erfordernis der Verdachtsakzessorietät.

d) Reichweite des Untersuchungsauftrages

Der Gegenstand der Untersuchung ist **begrenzt durch den Einsetzungsbeschluss**, vgl. § 3 S. 1 PUAG. Er muss klar und eindeutig[129] bereits im Antrag[130] umschrieben sein. Ein dem Ausschuss überlassenes Selbstbefassungsrecht wäre eine verfassungswidrige Delegation von Kompetenzen des Plenums[131], welches letztverantwortlicher Träger des Untersuchungsrechts ist[132]. Auch der Grundrechtsschutz Privater verlangt die **Bestimmtheit des Untersuchungsauftrages**. Allerdings dürfen die Präzisionsansprüche nicht überspannt werden[133], weil vor der Untersuchung das, was für den Untersu-

---

[124] *E.-W. Böckenförde*, AöR 103 (1978), 1 (16). Angesichts des dichten Geflechts von Förderungsvorschriften ist ein großer Teil der Privatwirtschaft besonderen öffentlich-rechtlichen Verpflichtungen unterworfen: so *Köhler*, Umfang (Fn. 73), S. 96.
[125] So *Schröder*, Neuordnung (Fn. 92), E 21.
[126] So BayVerfGH BayVBl. 1994, 463 ff.; wohl auch *O. Depenheuer/G. Winands*, ZRP 1988, 258 (262); abl. *D. Weingärtner*, ZRP 1991, 232 (232).
[127] S. BVerfGE 105, 197 (227 ff., Rn. 116 ff., insb. Rn. 122, 125); a.A. aber *Wiefelspütz*, Untersuchungsausschussgesetz (Fn. 76), S. 62 ff.
[128] Stehen andere geeignete Beweismittel zur Verfügung, fehlt es mit Blick auf die Verhältnismäßigkeit an der Erforderlichkeit. Vgl. *R. Scholz*, AöR 105 (1980), 564 (620); *Studenroth*, Untersuchung (Fn. 81), S. 151 f.
[129] BVerfGE 124, 78 (119, Rn. 117 f.); so schon StGH RGZ 104, 423 (430); vgl. HessStGH ESVGH 17, 1 (17 f.); BayVerfGH BayVBl. 1977, 597 (600 f.); BayVerfGHE 38, 165 (175 f.); *Schneider* (Fn. 52), Art. 44 Rn. 6; *Steinberger*, Rechtsgutachten (Fn. 86), S. 1201 ff.; *Achterberg/Schulte* (Fn. 54), Art. 44 Rn. 30 ff. m. w. N.
[130] BWStGH ESVGH 27, 1 (5 ff.); BayVerfGHE 38, 165 (175 f.) m. w. N.; AG Bonn NJW 1989, 1101 (1102); *Achterberg/Schulte* (Fn. 54), Art. 44 Rn. 31 ff. Für eine unterschiedliche Behandlung von Mehrheits- und Minderheitsenquête *Klein* (Fn. 38), Art. 44 Rn. 85.
[131] Angedeutet in BVerfGE 88, 63 (68).
[132] Vgl. auch BVerfGE 67, 100 (125).
[133] Vgl. *H.-P. Schneider*, JA 1977, 407 (411), der eine »stufenweise Konkretisierung« durch den Einsetzungsbeschluss genügen lässt. Durch nachträgliche Akzentverschiebung einer Missstandsenquête zu einer Gesetzgebungsenquête können föderale Begrenzungen überwunden werden. Dies ist

e) Abgeordnetenrechte

34 Wegen der Freiheit des Abgeordneten nach Art. 38 I 2 GG ist die Zulässigkeit von sogenannten **Kollegialenquêten**, also solchen, welche sich gegen Abgeordnete richten, nicht unproblematisch[135]. Die Gefahr der politischen Instrumentalisierung liegt nicht fern. Unter dem Gesichtspunkt der **Ansehenswahrung** des Parlaments ist die Zulässigkeit aber grundsätzlich zu bejahen. Eine Überprüfung des Verhaltens von Abgeordneten vor ihrer Wahl ist regelmäßig ausgeschlossen[136]. Eine Untersuchung zum Handeln von Parlamentsfraktionen ist nach allgemeinen Maßstäben zulässig. Fraktionen sind Teil der institutionalisierten Staatlichkeit und haben sich an das für sie einschlägige Recht zu halten, das schließt die Verwendung von Haushaltmitteln ein[137].

f) Diskontinuitätsprinzip

35 Wegen der Diskontinuität (→ Art. 39 Rn. 22 ff.) endet die Einsetzung eines Untersuchungsausschusses zeitlich mit **Ablauf der Legislaturperiode**[138]. Der neue Bundestag kann eine neue Enquête zum selben Thema einrichten, welche die Teilergebnisse ihrer Vorgängerin verwerten darf[139], wobei frühere Beweiserhebungen beigezogen und im Wege des Urkundenbeweises verwertet werden können[140]. In dieser Konstellation gelten gerichtliche Entscheidungen bezüglich des Ursprungsausschusses, die erst nach einer Neukonstituierung des Bundestages ergehen, auch in den neuen Rechtsverhältnissen (→ Art. 39 Rn. 24 f.). Rechtsfragen, die unabhängig von der personellen Zusammensetzung des Bundestages mit gleichem Inhalt zu entscheiden sind, tangieren den Diskontinuitätsgrundsatz nicht. Das Ende der Legislaturperiode wirkt sich damit nach hier vertretener Auffassung nicht auf ein anhängiges Organstreitverfahren aus[141].

---

nicht schlechthin rechtswidrig; die Rechtmäßigkeit richtet sich nach dem Einsetzungsbeschluss, dazu LG Bonn NJW 1987, 790 (791); LG Frankfurt NJW 1987, 787 ff.

[134] *Schneider* (Fn. 52), Art. 44 Rn. 6.

[135] Dazu H. *Ehmke*, Referat, Verh. des 45. DJT 1964, Bd. 2, E 7 (14 ff.); C.-J. v. *Heydebeck*, Referat, Verh. des 45. DJT 1964, Bd. 2, E 64 (66 f.); *Klein* (Fn. 38), Art. 44 Rn. 158 ff.; R. *Stock*, ZRP 1995, 286 ff.

[136] Ein ausnahmebegründender Umstand wurde für den Übergang von der Diktatur zur Demokratie angenommen; so die Bewertung der Rechtmäßigkeit des § 44b AbgG durch BVerfGE 94, 351 (366 ff.), wo es um allgemeine Untersuchungsrechte gegenüber Abgeordneten im Rahmen der Parlamentsautonomie ging. Krit. R. *Stock*, ZRP 1995, 286 ff.; vgl. BVerfGE 97, 408 (414 f., Rn. 30 f.).

[137] So auch Rh-PfVerfGH NVwZ 2011, 115; ablehnend J. *Ipsen*, Untersuchungsausschüsse gegen Parlamentsfraktionen?, in: FS Schmidt-Jortzig, 2011, S. 511 ff.

[138] S. auch BVerwGE 109, 258 (263).

[139] *Friedrich*, Untersuchungsausschuss (Fn. 15), S. 110.

[140] *Engels*, Untersuchungsausschüsse (Fn. 116), S. 165.

[141] S. dazu die präzise Problematisierung bei J. *Jekewitz*, DÖV 1976, 657 (659 ff.), der aber zu einem anderen Ergebnis kommt. Zum Ganzen m. w. N. → Art. 39 Rn. 25.

III. Verfahren

1. Einsetzung (Art. 44 I 1 GG)

Wird ein Untersuchungsausschuss auf Antrag der Mehrheit eingesetzt, so spricht man von einer **Mehrheitsenquête**. Das Recht, einen Untersuchungsausschuss herbeizuführen, ist durch Art. 44 I 1 GG aber zugleich als wichtiges **Minderheitenrecht** (→ Rn. 11) ausgeformt worden. Auf den rechtlich zulässigen **Antrag** einer qualifizierten Minderheit[142] von einem Viertel der gesetzlichen Mitgliederzahl i. S. v. Art. 121 GG ist der Bundestag verpflichtet, einen Untersuchungsausschuss einzusetzen. Diesem Verlangen hat der Bundestag unverzüglich nachzukommen, d. h. der Antrag muss auf die Tagesordnung der nächsten Sitzung gesetzt werden[143]; § 2 I PUAG. Nach § 1 II PUAG erfolgt ein ausdrücklicher Einsetzungsbeschluss[144]. Die Mehrheit hat allerdings nur einen recht begrenzten Entscheidungsspielraum, der sich auf Fragen der Verfassungsmäßigkeit des Antrags beschränkt; einem rechtmäßigen Antrag muss sie zustimmen. Im Interesse eines effektiven Minderheitenschutzes spricht überdies eine **Vermutung** für dessen rechtliche **Zulässigkeit**, anders nur bei offensichtlich verfassungswidrigen Untersuchungsaufträgen[145]. Verweigert die Mehrheit die Einsetzung, so ist dies zu begründen[146]. Bei teilweiser Unzulässigkeit ist jedenfalls für den verfassungsgemäßen Teil ein Ausschuss einzusetzen[147]; so auch § 2 III 1 PUAG. Ein ursprünglich mit verfassungswidrigem Inhalt beschlossener Untersuchungsauftrag kann zur Fehlerbeseitigung verändert und dem Bundestag erneut zur Beschlussfassung vorgelegt werden[148]. Besondere rechtliche Schwierigkeiten erwachsen aus der politischen Situation einer sog. Großen Koalition, die zu einer Opposition führen kann, die nicht mehr in der Lage ist, das notwendige Einsetzungsquorum selber zu erfüllen. In der 18. Legislaturperiode hat sich der Bundestag entschlossen, der Opposition mit der Einführung von § 126 a I Nr. 1 GOBT eine Möglichkeit zu geben, dennoch einen Untersuchungsausschuss einzusetzen. Nach dieser Norm soll nämlich ein Einsetzungsbeschluss durch das Plenum gefasst werden, falls 120 Abgeordnete dies fordern. Rechtlich verbindlich kann die Geschäftsordnung dies allerdings nicht abweichend von Art. 44 I 1 GG regeln[149].

36

---

[142] *H. Troßmann*, Parlamentsrecht des Deutschen Bundestags, 1977, § 63 Rn. 6; »absolutes Minderheitenrecht«: *N. Achterberg/M. Schulte*, in: v. Mangold/Klein/Starck, GG II, Art. 42 Rn. 47. → Art. 42 Rn. 36 ff. »Das Recht, Untersuchungsausschüsse einzusetzen, ist weniger das Recht, die Ausschüsse einzusetzen, als (vielmehr) das Recht, durch die eingesetzten Ausschüsse Untersuchungen vorzunehmen.«: *F. Poetzsch-Heffter*, Handkommentar der Reichsverfassung, 3. Aufl. 1928, Art. 34 Rn. 2.
[143] Dazu Jarass/*Pieroth*, Art. 44 Rn. 5; *Magiera* (Fn. 52), Art. 44 Rn. 14.
[144] S.a. *P. J. Glauben*, in: Glauben/Brocker, Untersuchungsausschüsse (Fn. 64), § 6 Rn. 5.
[145] BayVerfGH BayVBl. 1977, 597 ff.; *R. Scholz*, AöR 105 (1980), 564 (599); *Achterberg/Schulte* (Fn. 54), Art. 44 Rn. 88.
[146] *Schröder* (Fn. 113), § 46 Rn. 21; *Magiera* (Fn. 52), Art. 44 Rn. 14; Jarass/*Pieroth*, Art. 44 Rn. 5; a.A. BayVerfGHE 38, 165 (183 f.).
[147] A.A. für das nordrhein-westfälische Landesrecht: NWVerfGH NVwZ 2002, 75 ff. So auch *Klein* (Fn. 38), Art. 44 Rn. 77.
[148] BVerfGE 83, 175 (180); dazu *Versteyl* (Fn. 57), Art. 44 Rn. 4, 12.
[149] *L. Brocker*, DÖV 2014, 475 ff.; vgl. »politische Selbstverpflichtung« bei *J. Ennuschat*, VR 61 (2015), S. 1 ff. (3); »freiwillige Selbstbindung« bei *P. Cancik*, NVwZ 2014, 18 (22), allerdings mit teilweise abweichender Ansicht: Für den besonderen Fall der Großen Koalition sei wegen der »Funktionsgarantie der Opposition« eine teleologische Reduktion von Art. 44 I 1 GG – dessen Wortlaut auch ein geringeres Quorum nicht ausschließe – geboten.

Rechtspolitisch ist daher an eine Absenkung des Quorums im Verfassungstext zu denken, so wie dies auch in den meisten Landesverfassungen bereits geschehen ist[150].

37 Im **Einsetzungsantrag** muss der **Untersuchungsgegenstand** hinreichend genau beschrieben sein (→ Rn. 32). Bei ungenügender Bestimmtheit kann der Bundestag mit gebotener Begründung den Einsetzungsbeschluss wegen Verfassungswidrigkeit verweigern[151]. Dennoch dürfen die Anforderungen an die Bestimmtheit nicht zu hoch angesetzt werden, da eine allzu enge Fassung des Einsetzungsbeschlusses sonst die effektive Untersuchung zu behindern vermag. Die Mehrheit ist nicht verpflichtet, an der genaueren Bestimmung eines Minderheitsantrages mitzuwirken[152].

38 Die Mehrheit darf gegen die Einsetzungsminderheit den Untersuchungsgegenstand weder thematisch verengen noch wesentlich erweitern[153]; vgl. §§ 2 II, 3 S. 2 PUAG. Letzteres deswegen, weil die Effektivität politischer Kontrolle von der Aktualität des Themas abhängig ist. Ein zu breites Untersuchungsfeld erschwert die Untersuchung, kann zu Verzögerungen führen und damit die Wirksamkeit des Kontrollinstruments in Frage stellen[154]. Von diesem Grundsatz der **Themenhoheit** der Antragsminderheit lässt das Bundesverfassungsgericht **Ausnahmen** unter restriktiven Bedingungen zu: So seien Zusatzfragen zulässig, wenn diese offensichtlich erforderlich für ein umfassendes, wirklichkeitsgetreueres Bild des angeblichen Missstandes sind[155]. Wegen der Unschärfe dieser Kriterien und der darin liegenden Missbrauchsgefahr ist dieser Auffassung mit großer Zurückhaltung zu begegnen[156]. Änderungen seitens der Antragssteller sind vor den Beratungen über den Schlussbericht möglich, weil sie auch einen neuen Einsetzungsantrag stellen könnten[157].

39 Als Unterorgan des Bundestages besteht ein Untersuchungsausschuss nur aus Abgeordneten[158]. Seine **Zusammensetzung** bemisst sich nach dem Stärkeverhältnis der Fraktionen[159], § 4 S. 2 PUAG. Die Mehrheitsverhältnisse im Plenum werden damit auf den Untersuchungsausschuss abgebildet, so dass sich dort wie bei der Einsetzung im Plenum das Problem des gebotenen Minderheitenschutzes stellt. Fraktionslose Abgeordnete genießen die gleichen parlamentarischen Mitwirkungsrechte[160] (→ Art. 38

---

[150] Nachweise: → Fn. 32.
[151] *Schneider* (Fn. 52), Art. 44 Rn. 12.
[152] Aus der Ablehnung folgt keine Pflicht zur Konkretisierungshilfe: BWStGH ESVGH 27, 1 (5ff.); BayVerfGHE 38, 165 (183f.).
[153] BVerfGE 49, 70 (85ff.; dort Darstellung von Literatur und Rechtsprechung, auch für die Zeit der WRV, S. 79ff.); BayVerfGH BayVBl. 1977, 597ff.; HessStGH NVwZ 2011, 938f. Die Pflicht, den Untersuchungsgegenstand nicht zu verengen, auch nicht bei teilweiser Verfassungswidrigkeit der Untersuchung, verabsolutiert NWVerfGH NVwZ 2002, 75ff.
[154] BVerfGE 49, 70 (86). S. auch *U. Schliesky*, AöR 126 (2001), 244ff.
[155] BVerfGE 49, 70 (87f.); s. auch § 2 IV IPA-Entwurf (Fn. 67).
[156] Vgl. zur Kritik *W. Hempfer*, ZParl. 10 (1979), 295 (302); *Achterberg/Schulte* (Fn. 54), Art. 44 Rn. 89f.
[157] Bedenklich ist die Ansicht von *U. Schliesky*, AöR 126 (2001), 244 (254ff.), die beliebigen qualifizierten Minderheiten bei der Mehrheitsenquête das Veränderungsrecht einräumen will – dieses Recht müsste dann auch bei der Minderheitsenquête für jede beliebige qualifizierte Minderheit, also auch die Parlamentsmehrheit gelten.
[158] *Umbach* (Fn. 52), Art. 44 Rn. 20. Anders bei Enquête-Kommissionen nach § 56 GOBT, wo auch Sachverständige Mitglieder sind.
[159] Die Zusammensetzung wird berechnet nach St. Lague/Schepers, dazu *Wiefelspütz*, Untersuchungsausschussgesetz (Fn. 76), S. 194.
[160] BVerfGE 80, 188 (217f.); 84, 304 (321); 96, 264 (278, Rn. 60). Anders: *P. J. Glauben*, in: Glauben/Brocker, Untersuchungsausschüsse (Fn. 64), § 4 Rn. 10 (fraktionslose Abgeordnete müssten nicht berücksichtigt werden).

Rn. 167); Zusammenschlüsse solcher Abgeordneter gewinnen in dem Umfang Sitze, wie es ihrer Größe unter Anwendung des jeweiligen Wahlverfahrens entspricht[161]. Wegen der großen Bedeutung der Ausschussarbeit generell (→ Art. 38 Rn. 163; → Art. 40 Rn. 29 f.) und der besonderen Bedeutung eines Untersuchungsausschusses für die Wahrnehmung der Kontrollfunktion des Bundestages (→ Art. 38 Rn. 43 ff.) spricht vieles dafür, dass Fraktionen und Abgeordnetenzusammenschlüsse mit Gruppenstatus[162] Anspruch auf ein **Grundmandat** (→ Art. 40 Rn. 30), also auf mindestens ein Mandat in einem Untersuchungsausschuss haben[163]. Die in § 4 S. 3 PUAG gefundene Regelung sieht ein Grundmandat für alle Fraktionen vor und verweist für die parlamentarischen Gruppen auf die allgemeine Beschlusslage des Bundestages. Angesichts von Grundmandaten und Vertretung parlamentarischer Gruppen kann es nötig sein, die Gesamtzahl der Ausschussmitglieder höher anzusetzen, um bei der Verteilung der Sitze auf die Fraktionen nach § 4 S. 5 PUAG die Mehrheitsverhältnisse des Plenums abbilden zu können. Aus Gründen der Arbeitsfähigkeit sollte die Zahl der Ausschussmitglieder andererseits relativ klein sein[164]; vgl. § 4 S. 2 PUAG, welche Norm beide Gesichtspunkte – Mehrheitsverhältnisse und Arbeitsfähigkeit – zu berücksichtigen versucht.

Der **Vorsitzende** und sein Stellvertreter werden entsprechend §§ 6, 7 PUAG bestimmt[165]. Sie gehören verschiedenen Fraktionen an, wobei in der Parlamentspraxis alternierend die Mehrheit und die Opposition die Position des Vorsitzenden besetzen[166]. Die Abwahl des Vorsitzenden ist grundsätzlich möglich[167], rührt aber an den Arbeitskonsens eines Untersuchungsausschusses. Zur Beschleunigung und Effektivierung der Untersuchung ist darüber nachzudenken, den Vorsitz stets den Antragstellern einzuräumen, da dadurch eine gewisse Verfahrensherrschaft abgesichert wird. Die Benennung und der Rückruf der **Mitglieder** obliegt gem. § 5 PUAG den Fraktionen. Der **Rückruf** eines Abgeordneten gegen dessen Willen ist wegen der tragenden Rolle der Fraktionen zulässig, erst recht beim Ausscheiden aus der Fraktion[168]. Auch die Tatsache, dass ein Untersuchungsausschuss öffentliche Gewalt ausübt, macht eine Wahl durch das Plenum[169] nicht erforderlich[170]. Diskutiert wird, ob zur Vermeidung von Interessenkollisionen und im Interesse einer objektiven Aufklärung Abgeordnete, 40

---

[161] BVerfGE 84, 304 (322 f., 332 f.); s. auch BVerfGE 96, 264 (280, Rn. 69).
[162] Dazu § 10 IV GOBT.
[163] Anders aber BVerfGE 96, 264 (281 f., Rn. 74 ff.); s. auch *Klein* (Fn. 38), Art. 44 Rn. 90.
[164] In der Praxis hat sie sich bislang bei 11 Mitgliedern eingependelt: *Engels*, Untersuchungsausschüsse (Fn. 116), S. 63.
[165] Zu Beginn der konstituierenden Sitzung führt der Bundestagspräsident oder einer seiner Stellvertreter den Vorsitz und leitet die förmliche – weil einvernehmlich im Ältestenrat nach dem von Saint Lague/Schepers entwickelten Proporzverfahren abgesprochene – Wahl des Ausschussvorsitzenden; dazu *Engels*, Untersuchungsausschüsse (Fn. 116), S. 63 ff.; *Wiefelspütz*, Untersuchungsausschussgesetz (Fn. 76), S. 199. Beachte dazu BVerfGE 96, 264 (282 f., Rn. 78 ff.), wonach es in der Geschäftsordnungsautonomie des Parlaments liegt, das Proportionalverfahren zu wählen.
[166] S. dazu §§ 6, 7 PUAG; *Engels*, Untersuchungsausschüsse (Fn. 116), S. 66.
[167] Dazu m. w. N. *Achterberg/Schulte* (Fn. 54), Art. 44 Rn. 95.
[168] S. für Ausschüsse allgemein BVerfGE 80, 188 (223 f.); *M. Morlok*, JZ 1989, 1035 (1042). Zum Ganzen → Art. 38 Rn. 189.
[169] So die Rechtslage in Nordrhein-Westfalen: § 4 I 1 UAG NW.
[170] BVerfGE 77, 1 (40 ff.); s. *P. J. Glauben*, in: Glauben/Brocker, Untersuchungsausschüsse (Fn. 64), § 7 Rn. 15.

die am zu untersuchenden Sachverhalt beteiligt waren, **ausgeschlossen** werden sollten[171], jedoch hat das PUAG auf eine entsprechende Regelung verzichtet[172].

2. Untersuchungsverfahren (Art. 44 I 2, II, III GG)

a) Grundlagen

41 Die Durchführung eines parlamentarischen Untersuchungsverfahrens muss sich unmittelbar an den Verfassungsbestimmungen, am PUAG und am Einsetzungsbeschluss orientieren. Dieser Rahmen lässt Raum für die Entfaltung der **Verfahrensautonomie** des Ausschusses. Bei der Klärung von Zweifelsfragen kommen die drei Leitprinzipien (→ Rn. 9) zur Geltung: Das Untersuchungsverfahren hat sicherzustellen, dass das Recht auf **Selbstinformation** des Bundestages realisiert wird, es muss dem Charakter als **Minderheitenrecht** gerecht werden und zielt auf Information der **Öffentlichkeit**.

42 Der Grundsatz der **Unmittelbarkeit** der Beweiserhebung sichert das Recht auf **Selbstinformation** (→ Rn. 12). Nicht ausgeschlossen wird dadurch, dass ein Untersuchungsausschuss arbeitsteilig vorgeht, etwa einen Unterausschuss mit bestimmten Beweisaufnahmen beauftragt, jedoch sieht das PUAG diese Möglichkeit in verfassungsmäßig zulässiger Weise nicht mehr vor. Bedenken begegnet die Übertragung von Aufgaben an den **Ermittlungsbeauftragten**[173] nach § 10 PUAG, die auch auf Antrag der qualifizierten Minderheit im Ausschuss zu erfolgen hat. Dagegen spricht die typischerweise fehlende Mitgliedschaft des Beauftragten im Ausschuss[174] und dass sich der Untersuchungsausschuss damit zu weitgehend seinem Auftrag und der Unmittelbarkeit der Beweisaufnahme entziehen kann; auch wird das Verfahren allzu sehr einer Exekutivermittlung angenähert[175]. Grundsätzlich kann der Ausschuss Teile der Beweisaufnahme durch Gerichte und Behörden im Wege der Rechts- und Amtshilfe durchführen lassen[176], jedoch findet sich hierfür im PUAG keine Grundlage. Die verfassungsrechtliche **Beweiserhebungskompetenz** liegt in **Art. 44 I 1 GG**[177], nicht erst in Art. 44 II 1 oder gar im Hinblick auf die Aktenvorlage in Art. 44 III GG. Die Ausübung der Befugnis aus Art. 44 I 1 GG wird dabei modifiziert durch die Anordnung der sinngemäßen Anwendung der strafprozessualen Vorschriften nach **Art. 44 II 1 GG**. Diese

---

[171] *H. Rechenberg*, in: BK, Art. 44 (Zweitb. 1978), Rn. 19; *Schneider* (Fn. 52), Art. 44 Rn. 13; *Magiera* (Fn. 52), Art. 44 Rn. 16. Für einen steten Ausschluss wegen »Befangenheit« *C. Knebel-Pfuhl*, Mitwirkungsverbot wegen Befangenheit für Parlamentarier, Diss. jur. Berlin 1978, S. 271 f. Für die Aufnahme von Befangenheitsregeln im Falle der »Vorverurteilung« durch Ausschussmitglieder *Plöd*, Stellung des Zeugen (Fn. 38), S. 124. Ausdrücklich dagegen: *Glauben* (Fn. 15), Art. 44 Rn. 91; *Weisgerber*, Beweiserhebungsverfahren (Fn. 38), S. 381 ff.

[172] Dazu *Klein* (Fn. 38), Art. 44 Rn. 93; *Wiefelspütz*, Untersuchungsausschussgesetz (Fn. 76), S. 196. Zum Ausschluss von Fraktionsmitarbeitern, die auch Zeugen sind: BVerfGE 93, 195 (205 ff.).

[173] Vgl. *Wolf*, Strafjustiz (Fn. 121), S. 90 ff.; *K. Rogall*, Das Untersuchungsausschussgesetz des Bundes und seine Bedeutung für das Straf- und Strafverfahrensrecht, in: GS Meurer, 2002, S. 449 ff. (457 ff.). Zum Institut vgl. *J. Rathje*, Der Ermittlungsbeauftragte des parlamentarischen Untersuchungsausschusses, 2004.

[174] Eine Mitgliedschaft ist zwar rechtlich nicht ausgeschlossen, wäre aber zweckwidrig, da die Einrichtung des Untersuchungsbeauftragten gerade der Arbeitsentlastung des Untersuchungsausschusses dienen soll, vgl. *Pieper/Spoerhase*, PUAG, § 10 Rn. 7.

[175] S. hierzu *H.-P. Schneider*, NJW 2001, 2604 (2608); *ders.*, NJW 2002, 1328 (1328). Zur Gegenargumentation *H. Bachmaier*, NJW 2002, 348 ff.; *Rathje*, Ermittlungsbeauftragte (Fn. 173), S. 152 ff.

[176] *Schneider* (Fn. 52), Art. 44 Rn. 15; s.a. *Anschütz*, WRV, Art. 34 Anm. 8 (S. 221 f.). → Art. 35 Rn. 13 f.

[177] BVerfGE 67, 100 (128 f., 133); 76, 363 (387); *A. Hake*, AöR 113 (1988), 424 (425 f.); *Jarass/Pieroth*, GG, Art. 44 Rn. 8.

Norm hat Doppelcharakter: Einerseits geben die Bestimmungen der StPO einem Untersuchungsausschuss Zwangsmittel zur Beschaffung von Beweismitteln, wie sie nun in §§ 21, 27, 29 II PUAG verbürgt sind, an die Hand, andererseits stellen sie den Informationsverschaffungsanspruch unter rechtsstaatliche Kautelen, insbesondere die Anordnung von Zwangshaft ebenso wie Beschlagnahmen unter Richtervorbehalt[178], s. §§ 27 II, III; 29 II 2, 3 PUAG. Der Untersuchungsausschuss erhebt die nach seinem Dafürhalten notwendigen Beweise und betreibt das Untersuchungsprogramm von Amts wegen. Die Arbeit eines Untersuchungsausschusses wird unterstützt durch die in Art. 44 III GG statuierte Pflicht zur **Rechts- und Amtshilfe** (→ Rn. 54).

b) Grundsatz der öffentlichen Verhandlung (Art. 44 I 2 GG)

Das allgemeine Öffentlichkeitsgebot des Art. 42 II GG (→ Art. 42 Rn. 20f.) gilt auch für einen Untersuchungsausschuss, vgl. § 13 I 1 PUAG. Es ist wesentlich für die – politische – Wirksamkeit seiner Arbeit (→ Rn. 13). Daraus folgt, dass die Ausschussöffentlichkeit die gleiche ist wie die des Parlaments – daher ist die Medienöffentlichkeit der Beweiserhebung entgegen § 13 I 2, 4 PUAG als Regelfall zu gewährleisten[179], der Ausschluss der Rundfunkmedien die Ausnahme[180]. Allerdings kann die Öffentlichkeit ausgeschlossen werden; dafür genügt im Unterschied zu Art. 42 I 1 GG die einfache Mehrheit[181], vgl. § 14 IV PUAG. Daneben sind die strafprozessualen Vorschriften und damit auch die §§ 171a, b, 172 GVG wegen der Verschiedenheit der Intentionen eines Strafverfahrens und eines parlamentarischen Untersuchungsverfahrens nicht unmittelbar anwendbar[182], wenngleich das Abwägungsprogramm darin zutreffend umschrieben wird. Der Ausschuss ist »**Herr über die Öffentlichkeit seiner Verhandlungen**«[183]. Ein Ausschluss der Öffentlichkeit kommt vor allem in Betracht zum Schutz grundrechtlich gewährleisteter Privatinteressen, vgl. § 14 I Nr. 1–3 PUAG (→ Rn. 30ff., 53), und zur Wahrung öffentlicher Geheimhaltungsinteressen, vgl. § 14 I Nr. 4 PUAG. Die darüber hinausgehende Anwendung der Geheimschutzvorschriften[184], s. §§ 16, 18 II 2 PUAG, soll der Bundesregierung ermöglichen, geheimes Material an den Untersuchungsausschuss zu übermitteln, ohne ihrerseits die Pflicht zur Geheimhaltung zu verletzen[185]. Der Schutz staatlicher Geheimnisse ist grundsätzlich kein Grund, einem Untersuchungsausschuss Unterlagen vorzuenthalten: Geheimschutz ist nicht gegen das, sondern mit dem Parlament zu realisieren[186]. Der Öffentlichkeitsausschluss und Geheimschutzmaßnahmen können also sonst bestehende Hindernisse für den

43

---

[178] Vgl. zu diesem Aspekt BVerfGE 77, 1 (51);s. auch BVerfG (K), NVwZ 2002, 1499ff.
[179] S.a. *R. Binder*, DVBl. 1985, 1112 (1116ff.); *M. Morlok*, RuP 2000, 208 (212f.); *M. Quaas/R. Zuck*, NJW 1988, 1873 (1876f.).
[180] A.A. *Rogall*, Untersuchungsausschussgesetz (Fn.173), S.453f.; *H.-P. Schneider*, NJW 2001, 2604 (2606); *M. Schröder*, NJW 2000, 1455 (1458); *Weisgerber*, Beweiserhebungsverfahren (Fn.38), S.371f.; *Wiefelspütz*, Untersuchungsausschussgesetz (Fn.76), S.211.
[181] Zur Erleichterung des Ausschlusses der Öffentlichkeit in der geschichtlichen Entwicklung s. BVerfGE 67, 100 (136f.); *Achterberg/Schulte* (Fn.54), Art.44 Rn.107.
[182] So *J. Linck*, ZRP 1987, 11 (15f.); anders die h.M.: *Glauben* (Fn.15), Art.44 Rn.41; *Magiera* (Fn.52), Art.44 Rn.19; *R. Scholz*, AöR 105 (1980), 564 (588f.); *P.J. Glauben*, in: Glauben/Brocker, Untersuchungsausschüsse (Fn.64), § 1 Rn.2.
[183] BVerfGE 67, 100 (137).
[184] S. die Geheimschutzordnung des Deutschen Bundestages vom 26.04.1975, BGBl. I S.992, Anlage 3 zur GOBT.
[185] BVerfGE 67, 100 (137).
[186] *J. Linck*, ZRP 1987, 11 (16ff.); *M. Schröder*, Aktuelle Fragen des Geheimnisschutzes bei der

Zugriff auf Informationen durch einen Untersuchungsausschuss aus dem Weg räumen[187], s. auch §§ 15 f. PUAG.

44 Der Ausschluss der Öffentlichkeit betrifft – entsprechend der Reichweite der parlamentarischen Öffentlichkeit (→ Art. 42 Rn. 30) – alle Personen, die kein eigenes Teilnahmerecht haben; ein solches steht neben den Mitgliedern des Untersuchungsausschusses nach Maßgabe von § 69 II GOBT auch den anderen Mitgliedern des Bundestages und den **Zutrittsberechtigten** nach **Art. 43 II GG** (→ Art. 43 Rn. 18) zu. Bei Missstandsenquêten ist das Zutrittsrecht für von der Untersuchung Betroffene und ihre Beauftragten einzuschränken[188], andernfalls kontrollieren die Kontrollierten die Kontrolleure[189]. Die Rechtfertigung für diese Einschränkung von Art. 43 II GG ist konstruktiv über den Gedanken der praktischen Konkordanz[190] zu erreichen: Die Zutrittsberechtigung darf nicht die Funktionsfähigkeit eines Untersuchungsausschusses beeinträchtigen[191]. Verfassungspolitisch vorzugswürdig ist die ausdrückliche Nichtanwendbarkeit des Zutrittsrechts für Untersuchungsausschüsse[192]. Eine weitere Beschränkung auf einen Repräsentanten der Zutrittsberechtigten ist aus Gründen des Geheimschutzes hinzunehmen[193].

c) Beweiserhebung (Art. 44 II GG)

45 Mit der Beweiserhebung durch den Untersuchungsausschuss verwirklicht das Parlament sein Recht auf Selbstinformation (→ Rn. 12). Die selbstbestimmte Beweiserhebung gehört zum Kern des parlamentarischen Untersuchungsrechts und ist unmittelbar in Art. 44 I GG enthalten (→ Rn. 42)[194]. »Beweiserhebung« bezeichnet den Vorgang der Verschaffung der Informationsgrundlagen für die Aufklärungsarbeit des Ausschusses[195]. Er wird durch **Beweisbeschlüsse** des Untersuchungsausschusses gesteuert, § 17 I PUAG. Diese umfassen auch wesentliche Gestaltungsmittel der Beweiserhebung[196], wie etwa den Ort der Vernehmung eines Zeugen[197] oder die Reihenfolge der Zeugenvernehmung. Beweisbeschlüsse werden zwar mit Mehrheit getroffen, doch muss bei einer Minderheitenenquête effektive Aufklärungsarbeit auch gegen den Widerstand der Mehrheit möglich sein. Deswegen kommt der Vertretung der Einsetzungsminderheit im Untersuchungsausschuss, die, sofern es sich um einen fraktions-

---

Heranziehung von Akten in parlamentarischen Untersuchungsverfahren, in: Gesellschaft für Rechtspolitik-FG, 1984, S. 401 ff.; *H. Dreier*, JZ 1990, 310 (319 f.); *Rösch*, Geheimhaltung (Fn. 102), S. 122.

[187] Das Ermessen bleibt mit der Bestimmung des Geheimhaltungsgrades jedoch beim Ausschuss (§ 7 II GOBT); so auch *K. Stern*, AöR 109 (1984), 199 (293 f.).

[188] Immer noch instruktiv *R. Pietzner*, JR 1969, 43 ff.; s.a. *M. Schröder*, in: BK, Art. 43 (Zweitb. 1978), Rn. 73 ff.; *H.-P. Schneider*, in: AK-GG, Art. 43 (2002), Rn. 12; *S. Magiera*, in: Sachs, GG, Art. 43 Rn. 10; → Art. 43 Rn. 20; *N. Achterberg/M. Schulte*, in: v. Mangoldt/Klein/Starck, GG II, Art. 43 Rn. 44 ff., Art. 44 Rn. 113.

[189] *Schröder* (Fn. 188), Art. 43 Rn. 73 ff.; *Klein* (Fn. 38), Art. 44 Rn. 189 m. w. N.

[190] *Hesse*, Verfassungsrecht, Rn. 72. → Vorb. Rn. 139 ff.; → Art. 2 II Rn. 54.

[191] S.a. *Wiefelspütz*, Untersuchungsausschussgesetz (Fn. 76), S. 206 ff.

[192] So etwa in Art. 45 III Verf. NW ebenso Art. 23 I 2 Hamb. Verf.; Art. 23 III Verf. Nds; Art. 52 III Verf. S-A; Art. 49 III Sächs. Verf.; Art. 66 II 3 Thür. Verf.; s.a. *H.-P. Schneider*, NJW 2001, 2604 (2607).

[193] BVerfGE 74, 7 (8 f.); dazu Stellungnahme des Bundesrates v. 19.12.1986, BR-Drs. 597/86.

[194] S. nur für die Aktenvorlage *Partsch*, Funktion (Fn. 59), S. 126 f.; *J. Vetter*, DÖV 1986, 590 (597).

[195] S. zum allgemeinen Begriff und den Grenzen der Beweiserhebung auch *B. Peters*, NVwZ 2012, 1574 (1575 ff.).

[196] S. BVerfGE 105, 197 (221 ff., Rn. 103 ff.); HessStGH DVBl. 2011, 169 (172) m. w. N.

[197] Zum Problem des Ortes von Zeugenvernehmungen *M. Roßbach*, JZ 2014, 975 ff.

gebunden Antrag handelt, über die Zugehörigkeit zu den jeweiligen Einsetzungsantrag stellenden Fraktionen politisch zu identifizieren ist, auch ein Beweisantragsrecht zu[198], dem die Mehrheit stattgeben muss, sofern der Beweisantrag rechtmäßig ist[199], § 17 II PUAG. Nachzudenken ist hier auch darüber, ob wegen des Minderheitenschutzes nicht die gerichtliche Darlegungslast der Mehrheit aufgebürdet werden sollte, die eine Beweiserhebung ablehnt., sodass in concreto also die Beweiserhebung stattfindet, falls nicht die Mehrheit gerichtliche Schritte einleitet[200]. Das Bundesverfassungsgericht hat den Vertretern jeder potentiellen Einsetzungsminderheit im Ausschuss das Beweiserzwingungsrecht ebenfalls eingeräumt[201]. Dem ist grundsätzlich nicht zu folgen, da nunmehr jedwede beliebige qualifizierte ad-hoc-Minderheit in der Lage ist, durch überzogene und überflüssige Beweisanträge sowohl die Mehrheits- als auch die Minderheitenenquête lahmzulegen[202], wenn, wie das Bundesverfassungsgericht vorschreibt[203], sicherzustellen ist, dass die Beweisanträge gleichermaßen zum Tragen kommen[204]. Streitigkeiten über Fragen der Beweisanträge entscheidet nach § 17 IV PUAG der Ermittlungsrichter beim BGH, ein Organstreitverfahren beim BVerfG ist möglich[205].

Beweisanträge können als unrechtmäßig **zurückgewiesen** werden[206], wenn sie sich nicht im Rahmen des Untersuchungsauftrags halten, insbesondere, wenn bei der Untersuchung des Verhaltens Privater, auch politischer Parteien, kein hinreichender Verdacht der Rechtswidrigkeit des Verhaltens besteht, solcher aber im Rahmen des Untersuchungsauftrages zu klären ist[207]. Beweisbeschlüsse müssen das Beweisthema hinreichend erkennen lassen und sind für abweichende Fragenkomplexe neu zu fassen[208]. Ist ein Zeuge zu einem Komplex bereits von einem früheren Untersuchungsausschuss als

46

---

[198] BVerfGE 105, 197 (222, Rn. 104); *W. Gollwitzer*, Die sinngemäße Anwendung der StPO bei der Beweiserhebung parlamentarischer Untersuchungsausschüsse, in: FS Dünnebier, 1982, S. 327 ff. (345); *Schleich*, Untersuchungsrecht (Fn. 54), S. 85; *Magiera* (Fn. 52), Art. 44 Rn. 21; *Schneider* (Fn. 52), Art. 44 Rn. 5; Jarass/*Pieroth*, GG, Art. 44 Rn. 9; grundsätzlich auch BVerfGE 49, 70 (86 f.). Ablehnend jedoch *Platter*, Untersuchungsverfahren (Fn. 8), S. 118 ff., die das Beweiserhebungsrecht nur bei der Einsetzungsminderheit selbst, nicht aber bei deren Vertretern im Ausschuss sehen will. Für die Gesetze der Länder z. B. § 13 II UAG NW.
[199] *Schneider* (Fn. 52), Art. 44 Rn. 5; Jarass/*Pieroth*, GG, Art. 44 Rn. 9; *Achterberg/Schulte* (Fn. 54), Art. 44 Rn. 166; mit einer »Vermutung zugunsten der Erforderlichkeit eines Minderheitsantrages«; *Magiera* (Fn. 52), Art. 44 Rn. 21; s. a. BbgVerfGH LKV 2004, 177 ff.; BWStGH VBlBW 2003, 110 ff.
[200] Vgl. für eine solche Regelung bzgl. der Aktenvorlage durch die Regierung Art. 29 III SchlH. Verf.
[201] BVerfGE 105, 197 (222, Rn. 104). Zustimmend *Klein* (Fn. 38), Art. 44 Rn. 200; *Magiera* (Fn. 52), Art. 44 Rn. 21; *M. Sachs*, JuS 2002, 1120 (1121); *Wiefelspütz*, Untersuchungsausschussgesetz (Fn. 76), S. 230; *B. Peters*, ZParl. 43 (2005), 831 (834).
[202] Zu bedenken ist, dass in jeder Ausschussmehrheit mindestens zwei qualifizierte Minderheiten stecken.
[203] BVerfGE 105, 197 (226, Rn. 113).
[204] Siehe zur Problematik der Durchsetzbarkeit des Beweisantragsrechts potentieller Einsetzungsminderheiten *Platter*, Untersuchungsverfahren (Fn. 8), S. 156 ff.
[205] *A. Seidel*, BayVBl. 2002, 97 (98); *K. Gärditz*, ZParl. 36 (2005), 854 (866). Zur Frage der Zuständigkeit von BVerfG oder BGH *L. Brocker*, NVwZ 2015, 410 ff.
[206] Eine Übersicht der zulässigen Gründe für die Zurückweisung eines Beweisantrags eine qualifizierten Minderheit durch die Ausschussmehrheit findet sich bei *Peters*, Untersuchungsausschussrecht (Fn. 38), Rn. 231 ff.
[207] BVerfGE 105, 197 (227 ff., Rn. 116 ff., insb. Rn. 122, 125).
[208] Vgl. BVerfGE 105, 197 (227, Rn. 118).

Art. 44 C. Erläuterungen

Zeuge vernommen worden, so kann die Mehrheit dessen nochmalige Vernehmung ablehnen[209].

47 Die **sinngemäße Anwendung** der **Vorschriften** über den **Strafprozess**[210] in Art. 44 II GG bezieht sich nur auf die Modalitäten der Beweiserhebung, d. h. den Prozess der Beweisverschaffung und Beweissicherung[211] (→ Rn. 42). Zweck dieser Verweisung ist, das Beweisverschaffungsrecht mit Zwangsmitteln zu bewehren[212], zugleich aber auch, Betroffene zu schützen (→ Rn. 48). Die Heranziehung des Strafprozessrechts erfolgt nur insofern, als dies mit dem vom Strafverfahren deutlich unterschiedenen Zweck eines Untersuchungsausschusses vereinbar ist. Dort geht es um die staatliche Verhängung von Strafen, hier um die Aufklärung von Sachverhalten im Interesse politischer Handlungsmöglichkeiten und vor allem der öffentlichen Konstituierung politischer Verantwortlichkeit[213]. Die für eine effektive parlamentarische Kontrolle[214] ggf. notwendige Beibringung der erforderlichen Beweise durch den **Einsatz sämtlicher Zwangsmittel** ist – für die Erzwingungshaft nach beantragter richterlicher Entscheidung[215] – zulässig[216]; s. auch §§ 27 II, 29 II PUAG.

48 Die Stellung des **Betroffenen** ist gemäß der Intention des Verfahrens – als sanktionslose (!) Sachverhaltsaufklärung – zu Recht im PUAG nicht gesondert geregelt[217]. Die Annahme einer öffentlich-rechtlichen Auskunftspflicht sui generis[218] vermeidet

---

[209] BVerfGE 105, 197 (228f., Rn. 123ff.).
[210] Insgesamt dazu *C. Schachtel*, Die sinngemäße Anwendung der Strafprozeßordnung auf das Verfahren der Untersuchungsausschüsse, Diss. jur. Heidelberg 1927; *Gollwitzer*, Anwendung (Fn. 198), S. 327ff.
[211] Zur Frage der Weite des Begriffsverständnisses *E. Kaufmann*, Untersuchungsausschuß und Staatsgerichtshof, 1920, S. 29; *Heck*, Untersuchungsrecht (Fn. 9), S. 54; *Schleich*, Untersuchungsrecht (Fn. 54), S. 21.
[212] BVerfGE 77, 1 (48).
[213] Zur Diskussion um die Bedeutung der Verweisung *E.-W. Böckenförde*, AöR 103 (1978), 1 (37); *Achterberg/Schulte* (Fn. 54), Art. 44 Rn. 117ff., jeweils m.w.N.
[214] BVerfGE 67, 100 (130).
[215] Zwangsmaßnahmen mit Ausnahme des Ordnungsgeldes stehen wegen ihrer Grundrechtsrelevanz unter Richtervorbehalt, vgl. BremStGH DÖV 1970, 386ff.; *M. Hilf*, NVwZ 1987, 537 (544); *C. Lässig*, DÖV 1976, 727 (728f.); *Gollwitzer*, Anwendung (Fn. 198), S. 340; a.A. *G. Dickersbach*, in: G. Geller/K. Kleinrahm (Hrsg.), Die Verfassung des Landes Nordrhein-Westfalen, Art. 41 (1982), Anm. 11 c) bb); Überblick bei *Di Fabio*, Rechtsschutz (Fn. 52), S. 117ff. Bei der Beugehaft s. Art. 104 II GG.
[216] Zur Beugehaft BVerfGE 76, 363 (383ff.); LG Bonn NJW 1987, 790ff.; AG Bonn v. 19.10.1986 – 50 Gs 1150/86; zum Ordnungsgeld VG Hamburg NJW 1987, 1568ff.; zur zwangsweisen Vorführung OVG Lüneburg DÖV 1986, 210ff. Diese Zwangsmittel sind nicht auf Behörden und juristische Personen des öffentlichen Rechts anwendbar; s. auch *A. Hake*, AöR 113 (1988), 424 (449).
[217] Vgl. aber noch § 18 I Nr. 4, II, III IPA-Entwurf (Fn. 67). Anders in Großbritannien, »wo das Parlament ursprünglich selbst ein Gerichtshof war«, so *Kaufmann*, Untersuchungsausschuß (Fn. 211), S. 61. Dennoch liegt hier ein eigenständiger Schwerpunkt jüngerer Debatten, s. *Richter*, Privatpersonen (Fn. 86); *B. K. Buchholz*, Der Betroffene im parlamentarischen Untersuchungsausschuß, 1990, S. 59ff.; *U. Müller-Boysen*, Die Rechtsstellung des Betroffenen vor dem parlamentarischen Untersuchungsausschuß, 1990; *Köhler*, Umfang (Fn. 73), S. 113ff.; *Rogall*, Untersuchungsausschussgesetz (Fn. 173), S. 460ff.; *P. J. Glauben*, in: Glauben/Brocker, Untersuchungsausschüsse (Fn. 64), § 23; zur Ausbalancierung von Aufklärungsinteresse und strafprozessrechtlichen Schutzrechten *D. Lucke*, Strafprozessuale Schutzrechte und parlamentarische Aufklärung in Untersuchungsausschüssen mit strafrechtlich relevantem Verfahrensgegenstand, 2009.
[218] *J. Jekewitz*, Diskussionsbeitrag, Verhandlungen des 57. DJT, Bd. 2, 1988, Teil M, S. 180; *H.-P. Schneider*, Referat, in: 57. DJT, Bd. 2, 1988, M 54ff. (84).

eine frühzeitige Diskriminierung[219], behindert die Untersuchung nicht durch Aussageverweigerungen der wichtigsten Informationsträger[220] und eine daran anschließende gerichtliche Auseinandersetzung um die Unterscheidung zwischen Zeugen und Betroffenen[221]. Andererseits ist nicht zu verkennen, dass Personen, denen die Aufmerksamkeit einer Skandalenquête gilt, sich in einer einem Beschuldigten ähnlichen Zwangslage[222] befinden und die öffentliche Aufmerksamkeit für die Kritik an ihrem Verhalten schwerwiegende Auswirkungen hat[223]. Für Betroffene gelten jedenfalls unmittelbar dem Rechtsstaatsprinzip zu entnehmende prozedurale Mindestgarantien. Dazu zählen ein Aussageverweigerungsrecht, geregelt in § 22 II PUAG, das demjenigen aus § 55 StPO[224] entspricht, und die Gelegenheit zur Äußerung über den entscheidungserheblichen Sachverhalt nach § 32 PUAG[225]. De lege ferenda ist jedoch über eine Auskunftspflicht auch bei Betroffenheit nachzudenken, die dann mit einer eventuellen Strafbefreiung einhergehen müsste[226]. Alternativ käme die Einrichtung eines »Beichtrichters« in Betracht, der – bei völliger Verschwiegenheitspflicht – vorab klären kann, ob tatsächlich strafrechtliche Vorwürfe im Raum stehen[227]. Zeugen dürfen rechtlichen Beistand zu ihrer Vernehmung hinzuziehen[228], § 20 II PUAG, deren Kosten nach § 35 II 2 PUAG auf Antrag erstattet werden können. Die Beachtlichkeit der Grundrechte der Beteiligten bleibt unberührt (→ Rn. 30 ff.).

49 Alle natürlichen und juristischen Personen unterliegen der durch die grundrechtlichen und strafprozessrechtlichen Verweigerungsrechte[229] begrenzten **Zeugnis- und**

---

[219] *M. Langner*, Podiumsbeitrag, in: U. Thaysen/S.S. Schüttemeyer (Hrsg.), Bedarf das Recht der Untersuchungsausschüsse einer Reform?, 1988, S. 55 ff. (58).
[220] *Schröder*, Neuordnung (Fn. 92), E 48 f.; *C. Arndt*, Diskussionsbeitrag, in: Verhandlungen des 57. DJT, Bd. 2, Teil M, 1988, S. 183.
[221] Eine Analyse anhand der Gesetze und Gesetzesentwürfe bei *Schröder*, Neuordnung (Fn. 92), E 49 ff.; *W. Zeh*, DÖV 1988, 701 (705).
[222] *W. Gollwitzer*, BayVBl. 1982, 417 (418); *Müller-Boysen*, Rechtsstellung (Fn. 217), S. 154.
[223] *W. Damkowski*, Der aktuelle Regelungsbedarf im Recht der parlamentarischen Untersuchungsausschüsse, in: Thaysen/Schüttemeyer, Untersuchungsausschüsse (Fn. 219), S. 138 ff. (146).
[224] Berechtigte in diesem Sinne sind Personen, die im Verdacht der Beteiligung an einer Straftat stehen, deren Aufklärung zum Gegenstand der Untersuchung zu rechnen ist, so BGH NJW 1960, 1960 (1962); *Schleich*, Untersuchungsrecht (Fn. 54), S. 53; *Müller-Boysen*, Rechtsstellung (Fn. 217), S. 117; *Di Fabio*, Rechtsschutz (Fn. 52), S. 48 f.
[225] OVG NW NVwZ 1987, 606 (607); *Di Fabio*, Rechtsschutz (Fn. 52), S. 63 ff.; *W. Gollwitzer*, BayVBl. 1982, 417 (423); *I. Beckedorf*, ZParl. 20 (1989), 35 (42 f.); *Müller-Boysen*, Rechtsstellung (Fn. 217), S. 63 ff., der zusätzlich für ein Beweisantragsrecht des Betroffenen plädiert (S. 85), was freilich nicht mit der Autonomie des Ausschusses vereinbar ist.
[226] S. zur Debatte *P. Danckert*, ZRP 2000, 476 ff.; *B. Kerbein*, Individuelle Selbstbelastungsfreiheit versus parlamentarisches Aufklärungsinteresse, 2004; *R. Kölbel/M. Morlok*, ZRP 2000, 217 ff.; *B. Kramer*, ZRP 2001, 386 ff.; *H.-P. Schneider*, NJW 2000, 3332 ff.; *ders.*, NJW 2001, 2604 (2607 f.); *Wiefelspütz*, Untersuchungsausschussgesetz (Fn. 76), S. 255 ff.; *Wolf*, Strafjustiz (Fn. 121), S. 145 ff.; kritisch zu einer Schwächung des Status Betroffener *H. Jung*, Zum Status Betroffener im Recht parlamentarischer Untersuchungsausschüsse, in: FS Christian Richter II, 2006, S. 267 ff.; *Lucke*, Schutzrechte (Fn. 217), S. 334 ff., 338 ff.
[227] *R. Kölbel/M. Morlok*, ZRP 2000, 217 (221); *M. Morlok*, RuP 2000, 208 (209 ff.). Kritisch *Wolf*, Strafjustiz (Fn. 121), S. 220 ff.; kritisch *Lucke*, Schutzrechte (Fn. 217), S. 357 ff.
[228] S.a. OVG Saarlouis NVwZ-RR 2003, 253 f. Zum fehlenden Ausschlussrecht des Ausschusses als Öffentlichkeit gegenüber einem Rechtsbeistand, der zu einem späteren Zeitpunkt Zeugen beraten will s. OVG Berlin NJW 2002, 313 ff.
[229] §§ 52 ff. StPO (Zeugnisverweigerungsrecht der Angehörigen, der Berufsgeheimnisträger und der Berufshelfer); s. hierzu etwa AG Berlin-Tiergarten, wistra 2004, 319; § 55 StPO (Selbstbezichtigung); § 68 StPO (Gefährdung des Zeugen oder Dritter); nicht einschlägig sind § 384 ZPO, §§ 93, 404 AktG und § 85 GmbHG; dazu insgesamt BVerfGE 76, 363 (387).

# Art. 44 C. Erläuterungen

Auskunftspflicht. Eigene Probleme werfen Zeugen auf, die sich im Ausland aufhalten, dies gilt für Deutsche wie für Ausländer[230]. Eine **Aussagegenehmigung** für Richter und Beamte nach § 54 StPO und § 62 BBG, jeweils i.V.m. § 23 I PUAG, muss erteilt werden[231], weil der Schutzzweck der Genehmigungspflichtigkeit von Verfassungs wegen nicht gegen die parlamentarische Kontrolle zielen darf und jedenfalls durch Geheimschutzmaßnahmen ebenfalls erreicht werden kann, für den Bereich der Bundesregierung statuiert § 23 II PUAG eine Genehmigungspflicht. Das PUAG sieht keine Vereidigungsmöglichkeit von Zeugen vor[232]. Wegen der Regelungskompetenz des Gesetzgebers (→ Rn. 18) ist das Vereidigungsrecht auch nicht unmittelbar aus Art. 44 II GG abzuleiten[233].

50 **Sächlichen Beweismitteln**[234], **insbesondere Akten**, kommt gegenüber dem Zeugenbeweis ein erhöhter Beweiswert zu: »weil das Gedächtnis von Zeugen aus mancherlei Gründen unergiebig werden kann«[235]. Der Anspruch auf Aktenvorlage gegen die Exekutive, der in Art. 44 I GG enthalten ist[236] (→ Rn. 42), ist nicht durch die Annahme eines exekutivischen Arkanbereiches zu verkürzen (→ Rn. 27). Den Notwendigkeiten eines im Einzelfall bestehenden Schutzes von Staatsgeheimnissen kann durch Vorkehrungen für den **Geheimnisschutz** genügt werden[237], vgl. §§ 18, 15 f. PUAG. Der Geheimschutz ist nicht allein der Exekutive anzuvertrauen[238]. Besteht Streit zwischen der Exekutive und dem Untersuchungsausschuss oder dessen Minderheit darüber, ob ein Sachverhalt des Geheimschutzes bedarf, so kann im verfassungsgerichtlich gebilligten[239] Vorsitzendenverfahren[240] darüber befunden werden, wenngleich das PUAG

---

[230] Zu den Facetten dieser Problematik *M. Roßbach*, JZ 2014, 975 ff.
[231] Zur vollständigen gerichtlichen Nachprüfbarkeit von Versagungsgründen BVerwG NJW 2000, 160 (162 f.). Das allgemeine Dienstgeheimnis gilt schon für Mitteilungen im dienstlichen Verkehr nicht und kann nicht das mit Verfassungsrang ausgestattete Untersuchungsrecht begrenzen, so *A. Hake*, AöR 113 (1988), 424 (431 f.). Für ein enges Verständnis der §§ 54, 96 StPO und zu ihrem Verhältnis zueinander: *U. Keßler*, AöR 88 (1963), 313 (317 ff.); ähnlich *D. Dreher*, Beamte und Regierungsmitglieder vor Untersuchungsausschüssen, in: U. Bachmann/H.-P. Schneider (Hrsg.), Zwischen Aufklärung und politischem Kampf, 1988, S. 97 ff. (100 ff.); zu restriktiv gegenüber dem Recht auf Selbstinformation *R. Scholz*, AöR 105 (1980), 564 (612 ff.): Die Fürsorgepflicht des Dienstherrn gestatte nicht ein Auskunftsverlangen des Ausschusses gegenüber unteren Behörden. Die kompetenzgerechte Kontrolle durch die jeweils oberste Dienstbehörde bleibe vorgeschaltet.
[232] Zur Auseinandersetzung über deren Zulässigkeit *K.-H. Groß*, ZRP 2002, 91 (91 f.); *U. Güther/R. Seiler*, NStZ 1993, 305 ff.; *R. Hamm*, ZRP 2002, 11 ff.; vgl. a. *W. Kluth*, in: Schmidt-Bleibtreu/Hofmann/Henneke, GG, Art. 44 Rn. 36; *U. Sacksofsky*, Die Vereidigung von Zeugen vor Untersuchungsausschüssen, in: FG Schlink, 2014, 221 ff.; *H. C. Schaefer*, NJW 2002, 490 (490 f.); *D. Wiefelspütz*, ZRP 2002, 14 ff.
[233] A.A. *L. Brocker*, in: Glauben/Brocker, Untersuchungsausschüsse (Fn. 64), § 24 Rn. 5. S. für die Rechtlage in den Ländern HessStGH NVwZ-RR 1999, 483 ff.; für den Bund vor Inkrafttreten des PUAG VG Berlin NVwZ-RR 2003, 708 ff.
[234] Eine entstehungsgeschichtliche Analyse der Aktenvorlage bei *A. Olschewski*, Verweigerung der Herausgabe von Akten an parlamentarische Untersuchungsausschüsse aus Gründen des Staatswohls, in: Bachmann/Schneider, Aufklärung (Fn. 231), S. 67 ff.
[235] BVerfGE 67, 100 (132); 77, 1 (48); 124, 78 (117, Rn. 113).
[236] Für eine Ableitung aus Art. 44 III GG: *W. Löwer*, DVBl. 1984, 757 (759 ff.); *K. Stern*, AöR 109 (1984), 199 (243); OLG Köln NJW 1985, 336 (336). → Rn. 42.
[237] BVerfGE 67, 100 (138); *U. Keßler*, AöR 88 (1963), 313 (324 f.); *H. Fenk*, ZBR 1971, 41 (51 f.); *H. Ehmke*, DÖV 1956, 417 (420).
[238] Vgl. zur notwendigen Beteiligung beider Gewalten *Rösch*, Geheimhaltung (Fn. 102), S. 245 ff.
[239] BVerfGE 67, 100 (138 f.).
[240] Hiernach prüfen Vorsitzender und Stellvertreter, die unterschiedlichen politischen Lagern angehören, die Stichhaltigkeit der vorgetragenen Zurückhaltungsgründe. Vermag die Regierung die beiden Vorsitzenden nicht von der Entbehrlichkeit der angeforderten Akten oder dem reklamierten

auf diese Möglichkeit verzichtet hat, wohl auch, um den Gesamtausschuss zu stärken. § 18 III PUAG gibt die Entscheidung direkt dem Bundesverfassungsgericht auf[241]. Gleiches wie zu § 54 StPO gilt für **§ 96 StPO (amtliche Schriftstücke)**. Die Gesichtspunkte des öffentlichen Interesses, die hinter dieser Norm stehen, sind im Einzelfall anzuerkennen, ihnen ist aber durch Maßnahmen des Geheimschutzes zu entsprechen[242].

Gerichtsakten, die gerichtliche Verfahren beinhalten, sind im Wege der Amtshilfe nach Art. 44 III GG beizuziehen[243]; § 18 IV PUAG. Im Streitfalle entscheidet der Ermittlungsrichter beim Bundesgerichtshof[244]. 51

Zur wirksamen Wahrnehmung der Rechte bezüglich der sächlichen Beweismittel stehen ebenfalls geeignete Zwangsmittel zur Verfügung, die beim Ermittlungsrichter am BGH zu beantragen sind[245], § 29 II PUAG. Wie auch früher praktiziert[246], hat der nach § 29 III PUAG die **Beschlagnahme** oder eine **Durchsuchung** anordnende Richter die Verfassungsmäßigkeit der Enquête gemäß § 36 II PUAG zu prüfen[247]. Allerdings darf er nicht die konkrete Beweiserheblichkeit der Schriftstücke prüfen, § 30 II PUAG, sondern ist wegen Art. 44 IV 1 GG auf die Prüfung von unmittelbar durch die zwangsweise Beweiserhebung erfolgenden Grundrechtsverletzungen beschränkt (→ Rn. 30 ff., 53). Bei Gefahr im Verzuge kann der Ausschuss selbst – vorläufig – entsprechend §§ 98, 105 StPO die Beschlagnahme oder eine Untersuchung anordnen[248], wenngleich das PUAG auf eine entsprechende Regelung verzichtet. 52

Geheimhaltungsgrad zu überzeugen, so sind die angeforderten Akten herauszugeben. Das Vorsitzendenverfahren ist kein Mittel, um dem Untersuchungsausschuss Akten zu verweigern. S. BVerfGE 124, 78 (139 f., Rn. 166 ff.); krit. dazu *M. Schröder*, ZParl. 15 (1984), 473 (478); *W. Löwer*, Jura 1985, 358 (365).
[241] Vorbildlich die Regelung des Art. 29 III SchlHVerf., wonach die Akten grundsätzlich vorzulegen sind, wenn nicht die Regierung das Verfassungsgericht anruft.
[242] Ebenso *Schneider* (Fn. 52), Art. 44 Rn. 18; a.A. *M. Schröder*, ZParl. 15 (1984), 473 (478). Formal – aber nicht unbedingt inhaltlich – zieht BVerfGE 67, 100 (139 f.) § 96 StPO heran.
[243] *Achterberg/Schulte* (Fn. 54), Art. 44 Rn. 153.
[244] Zur bisherigen Rechtslage bei Herausgabe von staatsanwaltschaftlichen Unterlagen vgl. OLG Frankfurt a.M. NJW 2001, 2340 ff.; NStZ 2001, 40 ff.; NStZ 2001, 46 ff.; BGHSt 46, 261 ff.; s.a. *Wolf*, Strafjustiz (Fn. 121), S. 78 ff.
[245] Der Verweis auf die StPO umfasst auch Maßnahmen, die der Vorbereitung der Beweiserhebung dienen, also auch §§ 94 ff., 103 StPO. Bestätigt durch BVerfGE 77, 1 (39 ff.); BVerfG (Vorprüfungsausschuss), NJW 1984, 2276 (2277); BremStGH DÖV 1970, 386; so auch *Friedrich*, Untersuchungsausschuß (Fn. 15), S. 172 ff.; *Di Fabio*, Rechtsschutz (Fn. 52), S. 49 ff., 59; schon früher *J. Hatschek*, Deutsches und preußisches Staatsrecht, Bd. 1, 1922, S. 614 f.; *Lammers*, Untersuchungsausschüsse (Fn. 8), S. 471 f. m.w.N. Zur ablehnenden Diskussion seit der Weimarer Republik: *Anschütz*, WRV, Art. 34 Anm. 8b; *W. Rosenberg*, Gutachten über die Frage der Abänderung der Bestimmungen über parlamentarische Untersuchungsausschüsse, Verh. des 34. DJT (1926) Bd. 1, S. 3 ff. (19); noch vertreten von *Rechenberg* (Fn. 171), Art. 44 Rn. 29; *N. Pfander*, NJW 1970, 314 ff.
[246] BVerfGE 77, 1 (39); LG Bonn NJW 1989, 1101 ff.; a.A. LG Frankfurt NJW 1987, 787 (789); einschränkender *Di Fabio*, Rechtsschutz (Fn. 52), S. 140 f. Auch bei Gefahr im Verzug besteht dieses Verfahrenserfordernis.
[247] *Klein* (Fn. 44), Art. 44 Rn. 185 f. weist darauf hin, dass mit Verabschiedung des PUAG nach § 30 I iVm § 29 III 1 zwar ein Ermittlungsrichter des BGH über die Herausgabe von Beweismitteln entscheidet, nicht jedoch über die Einstufung als geheim, die vom Untersuchungsausschuss selbst vorzunehmen ist. *Klein* befürchtet eine Gefährdung der weiteren Geheimhaltung, falls die Beweismittel dem Ausschuss bekannt werden. Kritisch zur fehlenden Möglichkeit einer Vorprüfung ebenfalls *A. Prehn*, NVwZ 2013, 1581 ff.
[248] *W. Damkowski*, ZRP 1988, 340 (342); s. auch dazu BVerfGE 77, 1 (52); *Magiera* (Fn. 52), Art. 44 Rn. 24. Offengelassen bei *Schröder* (Fn. 113), § 46 Rn. 40.

53 Bei den Zwangsmaßnahmen der Beweiserhebung sind **Grundrechte der Bürger** zu achten, insbesondere die Verhältnismäßigkeit der Eingriffe zu wahren[249]. Die Schutzwürdigkeit des **Steuergeheimnisses**[250] richtet sich, soweit es grundrechtlich definiert wird (Art. 2 I i.V.m. Art. 1 I GG), nach den Vorgaben für die Beeinträchtigung von Grundrechten (→ Rn. 30 ff.). Die Verhältnismäßigkeit wird ggf. durch Geheimschutz gewahrt (→ Rn. 43)[251]. Das **zwingende öffentliche Interesse** in § 30 IV Nr. 5 c AO ist in diesem Sinne auszulegen[252]. **Art. 44 II 2 GG** verbietet dem Ausschuss jeglichen Eingriff in das Brief-, Post- und Fernmeldegeheimnis[253]. Die Verfassung gewichtet dieses Grundrecht höher als das Untersuchungsinteresse des Parlaments. Daraus folgt die Nichtanwendbarkeit der §§ 99 ff. StPO. § 353d Nr. 3 StGB, welche Norm die wörtliche Wiedergabe von Anklageschriften oder anderen amtlichen Schriftstücken aus Straf-, Bußgeld- oder Diziplinarverfahren vor der öffentlcihen Erörterung im Verfahren oder vor Verfahrensabschluss mit Strafe bedroht, ist verfassungskonform dahingehend auszulegen, dass die Verwendung in einem Untersuchungsausschuss nicht tatbestandlich ist[254].

d) Rechts- und Amtshilfe (Art. 44 III GG)

54 Die Zuordnung des Aktenvorlagerechts zum Beweiserhebungsrecht gemäß Art. 44 I 1 GG (→ Rn. 42) reduziert die Bedeutung der Amtshilfe auf die **Kooperation** mit der gleichzeitig ermittelnden Staatsanwaltschaft und anderen Untersuchungsausschüssen oder Behörden, die nicht unmittelbar von der Untersuchung des Ausschusses betroffen werden[255]. Eine entsprechende Anwendung der §§ 4 ff. VwVfG ist hilfreich[256]. Die Versagungstatbestände des § 5 II VwVfG bilden aber keine eigenständige Grenze für die Befugnisse eines Untersuchungsausschusses[257]. Nicht das Recht der Amtshilfe und dort angesiedelte Gemeinwohlklauseln sind einschlägig, sondern die Grenzen des parlamentarischen Untersuchungsrechts selbst (→ Rn. 22 ff.; → Art. 35 Rn. 13, 20). Des Weiteren ist die Vernehmung von Zeugen und Sachverständigen im Wege der Rechts- und Amtshilfe zulässig[258].

---

[249] Vgl. BVerfG (K), NVwZ 2002, 1499 (1500 f.); BVerfGE 124, 78 (125, Rn. 132 ff.).
[250] Dazu BVerfGE 67, 100 (142); *Schleich*, Untersuchungsrecht (Fn. 54), S. 3 m.w.N.; *E. Benda*, DStZ 1984, 159 (163); *ders.*, DStR 1984, 351 (354); *A. Hake*, AöR 113 (1988), 424 ff.
[251] FG München NVwZ 1994, 100 (104).
[252] Vgl. *R. Scholz*, AöR 105 (1980), 565 (568 ff.); *K. Stern*, AöR 109 (1984), 199 (260 ff.).
[253] *Achterberg/Schulte* (Fn. 54), Art. 44 Rn. 173; *Klein* (Fn. 38), Art. 44 Rn. 219 ff.; *Rechenberg* (Fn. 171), Art. 44 Rn. 28; *Versteyl* (Fn. 57), Art. 44 Rn. 34; *Jarass/Pieroth*, GG, Art. 44 Rn. 9a. → Art. 10 Rn. 47.
[254] So überzeugend *T. Geiger*, NVwZ 2015, 405 ff.
[255] *B. Berthy*, Informationsbeschaffung und -weitergabe durch Untersuchungsausschüsse, in: Damkowski, Untersuchungsausschuß (Fn. 109), S. 32 ff. (40). Für Fragen der Amtshilfe sieht BVerwG den Verwaltungsrechtsweg eröffnet, weil es sich insoweit bei der Beweiserhebung um materielle Verwaltungstätigkeit handele, BVerwG v. 10.08.2011, 6 A 1/11.
[256] *Achterberg/Schulte* (Fn. 54), Art. 44 Rn. 182 f.; *W. Damkowski*, Verbesserungsvorschläge, in: ders., Untersuchungsausschuß (Fn. 109), S. 149 ff. (155).
[257] Anders *Achterberg/Schulte* (Fn. 54), Art. 44 Rn. 183.
[258] *Gollwitzer*, Anwendung (Fn. 198), S. 333. In den Landesgesetzen zu den Untersuchungsausschüssen findet sich unter der Überschrift »Rechts- und Amtshilfe« vorwiegend diese Alternative. Vgl. u.a.: § 20 UAG BW; § 12 UAG Brem.; § 21 UAG NW. Das PUAG kennt eine entsprechende Regelung nicht.

3. Abschluss

Die Arbeit eines Untersuchungsausschusses endet mit seiner Auflösung durch Bundestagsbeschluss[259], mit Ablauf der Wahlperiode (→ Rn. 35) oder durch die Erreichung des Verfahrenszieles. Nach Beendigung der Ermittlungstätigkeiten wird der Bundestag in einem **Bericht** über die Aufklärung und Bewertung der im Untersuchungsauftrag bezeichneten Tatsachenkomplexe unterrichtet, § 33 PUAG. In dieser Berichtspflicht manifestiert sich die Eigenschaft des Untersuchungsausschusses als Hilfsorgan des Parlaments. Die Schließung der Beweisaufnahme bei einer Minderheitenquête darf nicht gegen den Willen der Viertelminderheit erfolgen, da sonst die Effektivität als Minderheiteninstrument gefährdet wäre[260]. Im Falle des nahenden Endes der Legislaturperiode ist sicherzustellen, dass in der verbleibenden Zeit die qualifizierte Minderheit die Möglichkeit erhält, auf den Restzeitplan hinreichend einzuwirken. Soweit dies der Fall ist, hat die Ausschussmehrheit die Möglichkeit, die Beweiserhebung im Hinblick auf die notwendige Berichterstattung zu beenden[261].

55

Bei der Erstellung des Berichts kollidieren oft die Ansichten und Interessen von Minderheit und Mehrheit hinsichtlich der Bewertung der Beweisergebnisse und der auszusprechenden Empfehlung. Der Abschlussbericht der Mehrheit kann daher durch **Sondervoten** jedes Ausschussmitgliedes, die Bestandteil des Berichtes sind, ergänzt werden[262]. Der vorgelegte Bericht wird im Plenum beraten, woraufhin der Bundestag regelmäßig der Empfehlung folgt, den Bericht zur Kenntnis zu nehmen.

56

IV. Rechtsschutz und Verhältnis zur Gerichtsbarkeit (Art. 44 IV GG)

Art. 44 IV GG entzieht die Beschlüsse der Untersuchungsausschüsse der richterlichen Erörterung. Dies ist eine **Ausnahme** von der Rechtsschutzgarantie des **Art. 19 IV GG**. Nach ganz vorherrschender Auffassung[263] findet diese Bestimmung nur Anwendung auf verfahrensabschließende Beschlüsse, insbesondere Abschlussberichte der Untersuchungsausschüsse einschließlich ihrer Sondervoten. Nicht herangezogen wird die Norm für Fragen des Rechtsschutzes gegen sonstige Maßnahmen eines Untersuchungsausschusses, wenngleich der Wortlaut auch dies deckte.

57

---

[259] Hierbei muss die jeweilige Einsetzungsminderheit quantitativ – d.h. ohne Rücksicht auf die konkreten Personen – überstimmt werden, so dass eine Mehrheit von mehr als drei Vierteln der Abgeordnetenzahl des Bundestags erforderlich ist. Dazu *Engels*, Untersuchungsausschüsse (Fn. 116), S. 165; *P. Köchling*, Verfassungsrechtliche Fragen von der Einsetzung bis zur Beendigung des Untersuchungsausschusses, in: Damkowski, Untersuchungsausschuß (Fn. 109), S. 23 ff. (31); *Klein* (Fn. 38), Art. 44 Rn. 68. In Folge von BVerfGE 105, 197 (221 ff., Rn. 103 ff.), die jeder beliebigen qualifizierten Minderheit das Beweiserzwingungsrecht gibt, wird man das Auflösungsrecht der Parlamentsmehrheit bei der Mehrheitsenquête in Frage stellen müssen; auch hier ist nunmehr eine Dreiviertelmehrheit vonnöten. Anderes gilt freilich für jede Art der Enquête, wenn die Mehrheit nachträglich zur Überzeugung kommt, der Untersuchungsausschuss sei verfassungswidrig eingesetzt worden.

[260] *Engels*, Untersuchungsausschüsse (Fn. 116), S. 165.

[261] BVerfGE 105, 197 (234 f., Rn. 146 f.). S. zur Notwendigkeit eines Berichts auch § 33 III PUAG.

[262] Vgl. § 33 II PUAG; dazu auch *Engels*, Untersuchungsausschüsse (Fn. 116), S. 168 ff.

[263] Statt vieler und m. w. N. *D. Kortekamp/R. Steffens*, Rechtsschutz gegen Abschlußberichte von Untersuchungsausschüssen, in: Bachmann/Schneider, Aufklärung (Fn. 231), S. 107 ff.; *Schneider* (Fn. 52), Art. 44 Rn. 10; Glauben (Fn. 15), Art. 44 Rn. 134; *Klein* (Fn. 38), Art. 44 Rn. 234; *M. Hilf*, NVwZ 1987, 537 (543); siehe aber kritische Auseinandersetzungen bei *K.-H. Kästner*, NJW 1990, 2649 (2652 ff.); *R. Klenke*, NVwZ 1995, 644 (646 f.); *W.-R. Schenke*, JZ 1988, 805 (817); *Di Fabio*, Rechtsschutz (Fn. 52), S. 92 ff.

58 Zum Schutz von Rechten Betroffener wird in der Rechtspraxis durchaus gerichtlicher **Rechtsschutz gegen** Maßnahmen in einem **Untersuchungsverfahren** gewährt. Gegen Maßnahmen eines Untersuchungsausschusses selbst, so die Ladung als Zeuge oder die Anordnung der Herausgabe von Akten, ist nach Inkrafttreten[264] des § 36 PUAG der BGH anzurufen, da hiermit eine abdrängende Sonderzuweisung i.S.d. § 40 I 1 VwGO gegeben ist[265]. Gegen die richterliche Anordnung von Zwangsmaßnahmen ist nach der Zuweisung an ein oberstes Bundesgericht durch §§ 27 II, III, 29 II PUAG kein Rechtsmittel mehr gegeben[266]. Letztlich kann ein Bürger Verfassungsbeschwerde erheben[267]. Bei Streitigkeiten zwischen dem Untersuchungsausschuss oder der Einsetzungsminderheit[268] und der Regierung steht gemäß § 18 III PUAG das Organstreitverfahren bereit, welches – wie § 2 III 2 PUAG deutlich macht – auch zum Tragen kommt, wenn der Bundestag die Einsetzung gegen die qualifizierte Minderheit für verfassungswidrig hält. Mit § 17 IV PUAG ist auch für die Auseinandersetzung zwischen Minderheit und Mehrheit im Ausschuss der Weg zum Ermittlungsrichter beim Bundesgerichtshof offen. Zu Unrecht wird angenommen, dass gemäß § 36 I PUAG daneben gleichzeitig und nicht erst nach dem Gang zum Bundesgerichtshof das Organstreitverfahren offen stehen soll[269].

59 Diese bestehende Regelung des Rechtsschutzes begegnet **Bedenken**[270]: So bleibt die Zuweisung an einen Einzelrichter problematisch; auch widerspricht die Zuweisung zur ordentlichen Gerichtsbarkeit dem Prinzip einer fachlichen Spezialisierung der Gerichte. Sinnvoller wäre hier die Zuweisung zur Verwaltungsgerichtsbarkeit gewesen.

60 Bei der Detailbestimmung, welche Kontrollrechte Gerichten einzuräumen sind und welche Einschätzungsprärogative einem Untersuchungsausschuss zuzugestehen ist, gilt es, zu beachten, dass das Enquêterecht in erster Linie ein **politisches Instrument** ist, das auf politische Wirkungen zielt, nicht – wie ein Gerichtsverfahren – auf rechtliche Sanktionen.

61 Daraus ergibt sich die Möglichkeit, **gerichtlichen Rechtsschutz** gegen Akte eines Untersuchungsausschusses **einzuschränken**, wofür Art. 44 IV GG die verfassungsrechtlichen Grundlagen bietet. Damit soll keinem neuen justizfreien Hoheitsakt[271] in Gestalt eines justizfreien Parlamentsaktes das Wort geredet werden. Ein Untersuchungsausschuss ist rechtsgebunden. In Fragen der Einschätzung und bei Auslegungsspielräumen ist aber die Kompetenz des Parlaments gegenüber derjenigen der Gerichte zu stärken. Zur Wahrung der Eigenständigkeit des Untersuchungsausschusses bei

---

[264] Kritisch zur Regelung der rechtlichen Zuständigkeiten ohne verfassungsrechtliche Zulässigkeit eines Ausführungsgesetzes *Platter*, Untersuchungsverfahren (Fn. 8), S. 150ff.

[265] S. *K. Gärditz*, ZParl. 36 (2005), 854 (864); *Platter*, Untersuchungsverfahren (Fn. 8), S. 162ff.

[266] S. *Platter*, Untersuchungsverfahren (Fn. 8), S. 165. Zur Rechtslage bis zum Erlass des PUAG LG Frankfurt NJW 1987, 787ff.; LG Bonn NJW 1987, 790ff.; *Di Fabio*, Rechtsschutz (Fn. 52), S. 117ff., 123f.

[267] Siehe *Platter*, Untersuchungsverfahren (Fn. 8), S. 175. S.a. BVerfG (K), NVwZ 2002, 1499ff.

[268] Für ein Recht der Ausschussminderheit BVerfGE 67, 100 (123ff.), das hierbei allerdings auf die Gefährdung des Untersuchungsauftrages und damit auf die Einsetzungsminderheit rekurriert; *Schröder*, Neuordnung (Fn. 92), E 115ff.; *Schmidt-Hartmann*, Schutz (Fn. 8), S. 145ff., jedoch ohne die Rechte der Ausschussminderheit herzuleiten.

[269] So aber BVerfGE 113, 113 (123, Rn. 38); *P. J. Glauben*, in: Glauben/Brocker, Untersuchungsausschüsse (Fn. 64), § 28 Rn. 68; *A. Seidel*, BayVBl. 2002, 97 (98).

[270] Zur Zuständigkeit des Ermittlungsrichters des BGH nach §§ 17 IV, § 36 I PUAG s. BGH v. 20.02.2009, I ARs 3/2008; kritisch dagegen *Klein* (Fn. 38), Art. 44 Rn. 239.

[271] So aber *Maunz* (Fn. 109), Art. 44 Rn. 65. Zu dessen Unhaltbarkeit: → Art. 1 III Rn. 63f.; → Art. 19 IV Rn. 55.

der Verfolgung seiner spezifischen Beweiszwecke ist die **gerichtliche Kontrollkompetenz** auf Rechtsmittel eines Bürgers hin **einzuschränken**: Kontrollmaßstab sind nur diejenigen Rechtssätze, die unmittelbar dem Bürger ein subjektives Recht geben, insbesondere also die Grundrechte. Nicht Gegenstand der Kontrolle im Verhältnis zu Privaten sollte entgegen der Annahme des § 36 II PUAG die Rechtmäßigkeit der Einsetzung des Ausschusses und die Ausgestaltung seines Untersuchungsauftrages an sich, konkret die Zuständigkeit des Bundes und damit des Bundestages sein[272]; die mittelbare Heranziehung von Sätzen des objektiven Rechts sollte unterbleiben.

Parallele Verfahren vor einem Untersuchungsausschuss und einem Gericht stören sich rechtlich nicht, weil sie unterschiedliche Ziele verfolgen[273]. Praktische Schwierigkeiten im Verhältnis der beiden Verfahren zueinander sind durch rechtshilfliche Kooperation zu bewältigen (→ Rn. 54). Die Ermittlungsergebnisse eines Untersuchungsausschusses sind für gerichtliche Verfahren gemäß **Art. 44 IV 2 GG** in keiner Weise präjudiziell. 62

Der Abschlussbericht selbst ist von gerichtlicher Kontrolle ausgenommen[274]. Allerdings darf die Rechtsschutzgarantie nach Art. 19 IV GG insbesondere für die Verteidigung von Grundrechten nur in dem für den Zweck von Untersuchungsausschüssen (→ Rn. 19 ff.) notwendigen Maße eingeschränkt werden. Vor allem die im Abschlussbericht zum Ausdruck kommende **politische Bewertung** von Sachverhalten **unterliegt** daher nach Art. 44 IV GG **keiner gerichtlichen Beurteilung**. Auch ist es ausgeschlossen, dass im Wege gerichtlicher Entscheidungen das Erscheinen von Abschlussberichten verhindert oder der Berichtstext geändert wird[275]. Möglich und zum Schutz von Grundrechten auch geboten scheint aber eine gerichtlich angeordnete Gegendarstellung, die etwa als Anlage zum Bericht erfolgen kann[276]. 63

D. Verhältnis zu anderen GG-Bestimmungen

Das Enquêterecht des Parlaments steht im Zusammenhang der sonstigen verfassungsrechtlichen Regelungen, welche die Grenze für die Aktivitäten eines Untersuchungsausschusses des Bundestages darstellen (→ Rn. 22 ff.). So muss ein Untersuchungsausschuss die **Grundrechte** betroffener Bürger ebenso achten wie die Abgeordnetenfreiheit nach **Art. 38 I 2 GG**. Die Zuständigkeitsverteilung zwischen Bund und Ländern beschränkt den möglichen Gegenstandsbereich (→ Rn. 23 f.). Die **Gewaltenteilung** verlangt Rücksicht auf die Funktionsbedingungen anderer Gewalten und ihre Verfassungsorgane (→ Rn. 26 ff.). Ausweislich von Art. 44 IV 1 GG besteht eine Ausnahme 64

---

[272] Anders aber – ein abschreckendes Beispiel – AG Bonn NJW 1989, 1101 f.
[273] Ebenso m. w. N. *Achterberg/Schulte* (Fn. 54), Art. 44 Rn. 15 ff.; *Glauben* (Fn. 15), Art. 44 Rn. 52; *Magiera* (Fn. 52), Art. 44 Rn. 29.
[274] *L. Brocker*, Untersuchungsausschüsse, in: Morlok/Schliesky/Wiefelspütz, § 31, Rn. 77 f. Kritisch *Platter*, Untersuchungsverfahren (Fn. 8), S. 168 f. Einschränkend *Achterberg/Schulte* (Fn. 54), Art. 44 Rn. 185 f. Vgl. *Peters*, Untersuchungsausschussrecht (Fn. 38), Rn. 358 ff., der rechtspolitische Zweifel anmeldet.
[275] Vgl. aber für das hamburgische Verfassungsrecht, das mit Art. 26 V 1 HambVerf. eine Parallelvorschrift zu Art. 44 IV GG aufweist, jetzt OVG Hamburg, NVwZ 2014, 1386 ff. mit Untersagung bestimmter Tatsachenbehauptungen im Bericht. Das Gericht hielt wegen Art. 19 IV GG den Ausschluss gerichtlicher Überprüfung durch Art. 26 V 1 HambVerf. für unzulässig, sofern Grundrechtsverletzungen in Rede stehen; dazu kritisch *L. Brocker*, NVwZ 2014, 1357 ff.
[276] *H.-P. Schneider*, Verhandlungen 57. DJT (1988), M 54 (M 85 f.); 57. DJT (1988), Beschluß Nr. 30, M 252 f.

gegenüber **Art. 19 IV GG** (→ Rn. 57). Begrenzt wird das Untersuchungsrecht weiter durch die **Kirchenfreiheit** aus Art. 140 GG in Verbindung mit Art. 137 III WRV[277]. Gegenüber anderen Kontrollrechten, insbesondere dem Fragerecht (→ Art. 38 Rn. 45, 157; → Art. 43 Rn. 8, 12), ist das Enquêterecht insofern stärker, als es ein Recht auf Selbstinformation gibt; das parlamentarische Fragerecht wird aber durch einen Untersuchungsausschuss zum selben Thema nicht verdrängt[278]. Art. 44 I 2 ist lex specialis gegenüber **Art. 42 I 2 GG**. Gegenüber Art. 44 I ist **Art. 45a II und III GG** die speziellere Regelung, da nur der Verteidigungsausschuss Enquêten auf dem Gebiet der Verteidigung durchführen kann.

---

[277] C. *Link/H. de Wall*, JZ 1992, 1152 ff.
[278] BVerfGE 124, 161 (192, Rn. 129).

Artikel 45 [Ausschuß für Angelegenheiten der Europäischen Union]

¹Der Bundestag bestellt einen Ausschuß für die Angelegenheiten der Europäischen Union. ²Er kann ihn ermächtigen, die Rechte des Bundestages gemäß Artikel 23 gegenüber der Bundesregierung wahrzunehmen. ³Er kann ihn auch ermächtigen, die Rechte wahrzunehmen, die dem Bundestag in den vertraglichen Grundlagen der Europäischen Union eingeräumt sind.

Literaturauswahl

Crum, Ben/Fossum, John Erik (Hrsg.): Practices of Inter-Parliamentary Coordination in International Politics: The European Union and Beyond, 2013.
Eberbach-Born, Birgit/Kropp, Sabine/Stuchlik, Andrej/Zeh, Wolfgang (Hrsg.): Parlamentarische Kontrolle und Europäische Union, 2013.
Freundorfer, Clarissa: Die Beteiligung des Deutschen Bundestages an der Sekundärrechtsetzung der Europäischen Union. Der Beitrag der Fachausschüsse am Beispiel der Tätigkeit des Rechtsausschusses in der 15. Legislaturperiode, 2008.
Fuchs, Michael: Der Ausschuss für Angelegenheiten der Europäischen Union des Deutschen Bundestages, in: ZParl. 35 (2004), S. 3–24.
Hansmeyer, Sandra: Die Mitwirkung des Deutschen Bundestages an der europäischen Rechtsetzung, 2001.
Janowski, Cordula Agnes: Die nationalen Parlamente und ihre Europa-Gremien. Legitimationsgarant der EU?, 2005.
Lang, Ruth: Die Mitwirkungsrechte des Bundesrates und des Bundestages in Angelegenheiten der Europäischen Union gemäß Art. 23 Abs. 2 bis 7 GG, 1997.
Lorenz, Claudia: Entstehung und Arbeitsweise des Ausschusses für Angelegenheiten der Europäischen Union des Deutschen Bundestages, 2004.
Mayer, Martina: Die Europafunktion der nationalen Parlamente in der Europäischen Union, 2012.
Sterzing, Christian/Tidow, Stefan: Die Kontrolle der deutschen Europapolitik durch den EU-Ausschuss des Deutschen Bundestages – Bilanz und Reformpotentiale, in: Integration 24 (2001), S. 274–288.

Leitentscheidung des Bundesverfassungsgerichts

BVerfGE 123, 267 (432, Rn. 405) – Lissabon.

Gliederung

	Rn.
A. Herkunft, Entstehung, Entwicklung	1
B. Supranationale und rechtsvergleichende Bezüge	4
I. Unionsrecht	4
II. Rechtsvergleichende Aspekte, Landesverfassungsrecht	5
C. Erläuterungen	8
I. Allgemeine Bedeutung	8
II. Einrichtung eines EU-Ausschusses	11
1. Pflichtausschuss, Zusammensetzung und Rechtsstellung	11
2. Zuständigkeitsbereich	13
III. (Plenarersetzende) Wahrnehmung der Mitwirkungsrechte des Bundestages (Art. 45 S. 2 und 3 GG)	17
1. Delegation der Mitwirkungsrechte gemäß Art. 23 GG (Art. 45 S. 2 GG)	17
2. Delegation der Mitwirkungsrechte auf europäischer Ebene (Art. 45 S. 3 GG)	20
3. Verfassungsrechtliche Zulässigkeit eines plenarersetzenden Tätigwerdens	24
IV. Praxisbefund, Kritik und Bewertung	28
D. Verhältnis zu anderen GG-Bestimmungen	32

Art. 45   A. Herkunft, Entstehung, Entwicklung

Stichwörter

Ausschuss, obligatorischer 2, 8 – Bundesrat, Europakammer 8 – Bundestag, EU-Ausschuss 1ff. – COSAC 4 – Delegation 8, 17ff. – Doppelmandat 1 – EU-Angelegenheiten 2, 9, 14 – EU-Ausschuss, Aufgaben 10, 13ff. – EU-Ausschuss, Zusammensetzung 11 – Europäisches Parlament 1, 11 – Europakammer 8 – Fachausschüsse, Verhältnis 1, 14ff., 27ff., 32 – Federführung 14f., 28f. – Gemeinsame Verfassungskommission 2 – Institutionelle Garantie 11 – IPEX-Datenbank 4 – Landesparlamente 7 – Lissabon-Urteil 24 – Nationale Parlamente 4ff. – Neunergremium 24 – Obligatorischer Ausschuss 2, 8 – Öffentlichkeit 27 – Parlamente, nationale 4, 9 – Plenarersetzende Funktion 17ff. – Subsidiaritätsklage/-rüge 22 – Überweisungsvorschlag 15 – Unionsdokumente 15 – Verbindungsbüro 8 – Vertrag von Lissabon 2 – Vertrag von Maastricht 1.

A. Herkunft, Entstehung, Entwicklung

1 Die Pflicht des Bundestages, einen Ausschuss für Angelegenheiten der Europäischen Union (EU-Ausschuss) zu bestellen, fand im Kontext der **Maastrichter Vertragsreform** Eingang in das Grundgesetz[1]. Diese zum 25.12.1992 in Kraft getretene Änderung füllt die Lücke, die die im Jahre 1976 erfolgte Streichung des Art. 45 GG a.F. (Einrichtung eines Ständigen Ausschusses) hinterließ (→ Art. 39 Rn. 6)[2]. Der erste EU-Ausschuss wurde in der 13. WP eingesetzt[3]. Als Institution kann er auf verschiedene **Vorläufer** zurückblicken[4], deren Befugnisse und Schlagkraft indes im Vergleich zu ihm begrenzt waren, was jeweils Reformforderungen nach sich zog[5]; überdies verkoppelte das bis 1979 bestehende obligatorische **Doppelmandat** in Bundestag und Europäischem Parlament die beiden Ebenen[6]. Die Entstehung des EU-Ausschusses ist der zunehmenden Einsicht in die Notwendigkeit eines spezialisierten und effektiven Gremiums zur Behauptung des Bundestages in EU-Angelegenheiten geschuldet, gerade auch mit Blick auf die 1988 eingerichtete EG-Kammer des Bundesrates. Gleichzeitig musste sich die-

---

[1] Art. 1 Nr. 4 Gesetz zur Änderung des Grundgesetzes v. 21.12.1992, BGBl. I S. 2086f.
[2] Art. 1 Nr. 2 Dreiunddreißigstes Gesetz zur Änderung des Grundgesetzes v. 23.8.1976, BGBl. I S. 2381f. Zum Ständigen Ausschuss W. *Sandtner*, Entwicklung, Wesen und Befugnisse des Ständigen Ausschusses, in: K. Kremer (Hrsg.), Parlamentsauflösung. Praxis-Theorie-Ausblick, 1974, S. 63ff.
[3] BT-Drs. 13/35.
[4] 10. WP: **Europa-Kommission** als Enquête-Kommission (BT-Drs. 10/161; dazu P. *Mehl*, Die Europa-Kommission des Deutschen Bundestages, 1987; K. *Pöble*, ZParl. 15 [1984], 352 [352]); 11. WP: **Unterausschuss für Fragen der EG** (BT-Drs. 11/927; dazu A. *Brück*, ZParl. 19 [1988], 220); 12. WP: Ständiger **EG-Ausschuss** (BT-Drs. 12/739; dazu A. E. *Töller*, Europapolitik im Bundestag, 1995, S. 74ff.).
[5] Zur Genese N. *Achterberg/M. Schulte*, in: v. Mangoldt/Klein/Starck, GG II, Art. 45 Rn. 6ff.; C. *Freundorfer*, Die Beteiligung des Deutschen Bundestages an der Sekundärrechtsetzung der Europäischen Union, 2008, S. 90ff.; M. *Fuchs*, ZParl. 35 (2004), 3 (4ff.); S. *Hansmeyer*, Die Mitwirkung des Deutschen Bundestages an der europäischen Rechtsetzung, 2001, S. 273ff.; S. *Hölscheidt*, KritV 77 (1994), 405 (416ff.); C.A. *Janowski*, Die nationalen Parlamente und ihre Europa-Gremien – Legitimationsgarant der EU?, 2005, S. 72ff.; R. *Kabel*, Die Mitwirkung des Deutschen Bundestages in Angelegenheiten der Europäischen Union. Gedanken zur Umsetzung der Art. 23 und 45 GG in die Geschäftsordnung des Deutschen Bundestages, in: GS Grabitz, 1995, S. 241ff. (248ff.); G. *Kretschmer*, in: BK, Art. 45 (2006), Rn. 4ff.; R. *Lang*, Die Mitwirkungsrechte des Bundesrates und des Bundestages in Angelegenheiten der Europäischen Union gemäß Art. 23 Abs. 2 bis 7 GG, 1997, S. 75ff.; U. *Leonardy*, ZParl. 20 (1989), 527 (529ff.); C. *Lorenz*, Entstehung und Arbeitsweise des Ausschusses für Angelegenheiten der Europäischen Union des Deutschen Bundestages, 2004, S. 17ff.; R. *Seider*, Die Zusammenarbeit von deutschen Mitgliedern des Europäischen Parlamentes und des Deutschen Bundestages und ihr Beitrag zum Abbau des parlamentarischen Defizits in der Europäischen Union, 1990, S. 217ff.
[6] Vgl. *Seider*, Zusammenarbeit (Fn. 5), S. 175ff.

ses Gremium aber erst in Konkurrenz zu Kompetenzen des auswärtigen Ausschusses und der Fachausschüsse durchsetzen. Dies erklärt auch den Kompromisscharakter des Art. 45 GG, der mit der Delegationsmöglichkeit zwar potentiell weit reichende Befugnisse vorsieht; allerdings hängt deren Aktualisierung von einer entsprechenden Ermächtigung durch den Bundestag ab, die aus nämlichen Gründen bis heute restriktiv gehandhabt wird[7].

Art. 45 GG geht nicht auf den Regierungsentwurf, sondern erst auf eine **Initiative des Bundestag-Sonderausschusses** »Europäische Union (Vertrag von Maastricht)« zurück, der seinerseits eine entsprechende **Empfehlung der GVK** (→ Art. 23 Rn. 4)[8] übernahm[9]. Die Errichtung eines obligatorischen EU-Ausschusses ist im Zusammenhang mit den zeitgleich in Art. 23 II, III GG verankerten **Beteiligungsrechten des Bundestages** an der Willensbildung in EU-Angelegenheiten zu sehen (→ Art. 23 Rn. 115 ff.) und soll dessen **Stellung** insoweit **institutionell stärken**[10]. Die mit Art. 45 S. 2 GG ermöglichte (und im GG singuläre) Delegationsmöglichkeit von Befugnissen des Plenums wurde »[w]egen der Besonderheiten des Willensbildungsprozesses in der Europäischen Union und des Zeitdrucks, unter dem die Meinungsbildung und Entscheidungsfindung des Bundes in Angelegenheiten der Europäischen Union stehen kann«, geschaffen[11]. 2

Im Kontext der **Lissabonner Vertragsreform** erfolgte eine am 1.12.2009 in Kraft getretene **Ergänzung des Art. 45 GG** um seinen Satz 3, der eine Wahrnehmung der seitdem primärrechtlich verankerten Beteiligungsrechte des Bundestages durch den EU-Ausschuss ermöglicht (→ Rn. 20 ff.)[12]. 3

B. Supranationale und rechtsvergleichende Bezüge

I. Unionsrecht

Zwar sieht das EU-Primärrecht eine **zunehmende Einbindung der nationalen Parlamente in den Integrationsprozess** vor (Art. 12 EUV, Protokoll [Nr. 1] über die Rolle der nationalen Parlamente in der Europäischen Union; → Rn. 21; → Art. 23 Rn. 162 f.); allerdings erfolgt dies schon aufgrund der institutionellen Autonomie der Mitgliedstaaten ohne nähere Regelung der innerparlamentarischen Kompetenzverteilung und damit ohne Bezugnahme auf etwaig gebildete EU-Ausschüsse. Erwähnung finden letztere lediglich in Art. 10 Prot. nat. Parl., der die (koordinierenden und beratenden) Aufgaben der 1989 gegründeten **Konferenz der Europa-Ausschüsse der Parlamente** (COSAC) normiert[13]; daneben existiert eine Konferenz der Parlamentspräsidenten der EU-Mitglied- 4

---

[7] *W. Kluth*, in: Schmidt-Bleibtreu/Hofmann/Henneke, GG, Art. 45 Rn. 2; *Kretschmer* (Fn. 5), Art. 45 Rn. 20 f.; *C. Sterzing/S. Tidow*, Integration 24 (2001), 274 (275).
[8] Bericht der Gemeinsamen Verfassungskommission v. 5.11.1993 (BT-Drs. 12/6000), S. 24. Zur Debatte in dieser *R. Sannwald*, ZParl. 25 (1994), 15 (19 f.).
[9] BT-Drs. 12/3896, S. 17 und 21. S. auch. *R. Sannwald*, ZParl. 25 (1994), 15 (20 f.).
[10] BT-Drs. 12/3896, S. 21; Bericht der Gemeinsamen Verfassungskommission v. 5.11.1993 (BT-Drs. 12/6000), S. 24.
[11] Bericht der Gemeinsamen Verfassungskommission v. 5.11.1993 (BT-Drs. 12/6000), S. 24.
[12] Gesetz zum Vertrag von Lissabon v. 13.12.2007, BGBl. II 2008, S. 1038; Art. 1 Nr. 2 Gesetz zur Änderung des Grundgesetzes (Artikel 23, 45 und 93) v. 8.10.2008, BGBl. I S. 1926. BT-Drs. 16/8488, S. 2, 4; BT-Drs. 16/8912, S. 1 f.
[13] Allg. zur interparlamentarischen Zusammenarbeit *A. Eppeler*, Zusammenarbeit von Parlamenten zur Stärkung der parlamentarischen Kontrollfunktion?, in: B. Eberbach-Born/S. Kropp/A.

staaten[14]. Zum Zwecke des interparlamentarischen Informationsaustausches haben die nationalen Parlamente die **IPEX-Datenbank** geschaffen, die das nationale parlamentarische Handeln mit EU-Bezug dokumentiert[15]. Art. 142ff. GOEP (2014) regeln die Beziehungen des Europäischen Parlaments zu den nationalen Parlamenten.

II. Rechtsvergleichende Aspekte, Landesverfassungsrecht

5   Alle **mitgliedstaatlichen Parlamente** haben Europa-Ausschüsse eingerichtet, teils, wie in Österreich und Großbritannien, weiter untergliedert[16], wobei neben Deutschland lediglich § 96 II Verf. Finnlands, Art. 23k II österr. Verf. und Art. 88-4 (3) Verf. Frankreichs eine explizite verfassungsrechtliche Verankerung kennen[17]. In Zwei-Kammer-Systemen finden sich teils, wie etwa in Belgien oder Spanien, gemeinsame, teils, wie in Deutschland, Polen oder Frankreich, separate Gremien. Aufgabenbereich und Zuschnitt der Ausschüsse variieren[18]; typisierend unterscheiden lassen sich EU-dokumentenbasierte, prozessbegleitende (mandatierende) sowie Mischmodelle[19].

6   Eine umfassende Delegation von Mitwirkungsbefugnissen ist in Dänemark auf das **Folketing's European Committee** erfolgt, das eine starke Rolle auch gegenüber den

---

Stuchlik/W. Zeh (Hrsg.), Parlamentarische Kontrolle und Europäische Union, 2013, S. 317ff.; V. *Knutelská*, Cooperation Among National Parliaments, in: B. Crum/J. E. Fossum (Hrsg.), Practices of Inter-Parliamentary Coordination in International Politics, 2013, S. 33ff.; *Kretschmer* (Fn. 5), Art. 45 Rn. 234ff., und zur COSAC ibid., Rn. 241ff., *M. Mayer*, Die Europafunktion der nationalen Parlamente in der Europäischen Union, 2012, S. 153ff., sowie www.cosac.eu/documents (6.2.2015).

[14] S. www.ipex.eu/IPEXL-WEB/euspeakers/getspeakers.do (6.2.2015); zu dieser *Mayer*, Europafunktion (Fn. 13), S. 152f.

[15] www.ipex.eu/IPEXL-WEB/home/home.do (6.2.2015).

[16] Österreich: EU-Hauptausschuss des Nationalrats plus ständiger Unterausschuss in Angelegenheiten der Europäischen Union sowie sog. »Feuerwehrkomitee«; EU-Ausschuss des Bundesrats (vgl. §§ 31c, 31d, 31e Bundesgesetz über die Geschäftsordnung des Nationalrates [Geschäftsordnungsgesetz 1975] sowie §§ 13a, 13b Geschäftsordnung des Bundesrats; *Mayer*, Europafunktion [Fn. 13], S. 519); Großbritannien: European Unions Select Committee mit sechs Sub-Committees und das European Scrutiny Committee des House of Commons (ausführlich hierzu: *A.J. Cygan*, National Parliaments in an Integrated Europe, 2001, S. 50ff.). Eine Beteiligung (auch) des Ausschusses für auswärtiges Handeln findet sich in Estland, Italien, Litauen, Slowenien und Tschechien (vgl. www.ipex.eu/IPEXL-WEB/parliaments/neparliaments.do [6.2.2015]).

[17] S. auch (nicht europaspezifisch) Art. 10b III Verf. Tschechiens; Nr. 3 Constitutional Act EU Litauen.

[18] Vergleichend: *A. Buzogány*, Learning from the Best? Interparliamentary Networks and the Parliamentary Scrutiny of EU Decision-Making, in: Crum/Fossum (Fn. 13), S. 17ff.; *Janowski*, Parlamente (Fn. 5), S. 69ff., 84ff.; *Kretschmer* (Fn. 5), Art. 45 Rn. 257ff.; *Mayer*, Europafunktion (Fn. 13), S. 177ff. Länderbezogen: *F. Baach*, Parlamentarische Mitwirkung in Angelegenheiten der Europäischen Union. Die Parlamente Deutschlands und Polens im europäischen Verfassungsverbund, 2008, S. 210ff.; *J. Buche*, Europäisierung parlamentarischer Kontrolle im Norden Europas: Dänemark, Finnland und Schweden im Vergleich, in: Eberbach-Born/Kropp/Stuchlik/Zeh (Fn. 13), S. 367ff.; *A. Buzogány*, Potemkin'sche Parlamente? Die Europagremien mittelosteuropäischer Staaten zwischen Schein und Sein, in: Eberbach-Born u.a., a.a.O., S. 397ff.; *A. Stuchlik*, Europäisierung und parlamentarische Kontrolle in Westeuropa: Frankreich und Großbritannien im Vergleich, in: Eberbach-Born u.a., a.a.O., S. 419ff.

[19] Vgl. 8th Bi-annual Report on EU Procedures and Practises (Oktober 2007), www.cosac.eu/documents/bi-annual-reports-of-cosac/ (6.2.2015). Beispiele für das erste sind Belgien, Bulgarien, Deutschland, Frankreich, Großbritannien, Irland, Italien, Luxemburg, Österreich, Portugal, Spanien, Tschechien und Zypern, für das zweite Dänemark, Estland, Finnland, Griechenland, Lettland, Malta, Polen, Schweden, die Slowakei und Slowenien, und für das dritte Estland, Litauen, die Niederlande, Rumänien und Ungarn.

Fachausschüssen einnimmt[20]. Die Möglichkeit zum plenarersetzenden Tätigwerden kennen auch weitere Mitgliedstaaten (Stellungnahmerecht: Nr. 3 S. 4 Constitutional Act EU Litauens; Art. 23k II österr. Verf.; Art. 10b III Verf. Tschechiens). In wiederum anderen Mitgliedstaaten kommen den Europaausschüssen eher allgemein gehaltene Kontroll-, Beratungs- oder Koordinierungsbefugnisse zu[21]. Eine wichtige Rolle spielt auch das **britische European Scrutiny Committee** (des Unterhauses), das die Bedeutung der von der Regierung mit einem erläuternden Memorandum zu übermittelnden EU-Gesetzgebungsvorhaben analysiert und auf dieser Basis über die Freigabe bzw. die Notwendigkeit einer weiteren Erörterung im Plenum oder in Ad-hoc-Europaausschüssen entscheidet, vor deren Abschluss der britische Regierungsvertreter im Rat nicht votieren soll; als bedeutsam identifizierte Vorhaben werden überdies im Wochenbericht veröffentlicht, zudem werden Untersuchungen allgemeiner Fragen durchgeführt[22].

Das die europäische Integration zunehmend thematisierende **Landesverfassungsrecht** (→ Art. 23 Rn. 31) sieht keine Errichtung von EU-Ausschüssen der Landesparlamente vor; gleichwohl haben letztere Ausschüsse, die für Angelegenheiten der EU (mit)zuständig sind, eingerichtet.

7

C. Erläuterungen

I. Allgemeine Bedeutung

Art. 45 GG verpflichtet den Bundestag zur Einrichtung eines EU-Ausschusses (S. 1; dazu unter II.) und gestattet die sonst nicht im GG ausdrücklich vorgesehene, wohl aber praktizierte (s. etwa §§ 4 ff. ESMFinG) Übertragung von Befugnissen des Plenums auf einen Parlamentsausschuss (S. 2 und 3; dazu unter III.). Weitere **obligatorische Ausschüsse** sehen Art. 45a GG (Ausschuss für auswärtige Angelegenheiten; Ausschuss für Verteidigung) und Art. 45c GG (Petitionsausschuss) vor; die Schaffung eines eigenen Artikels für den EU-Ausschuss soll nicht nur dessen Bedeutung, sondern auch die andersartige Aufgabenstellung im Vergleich zu den ersteren (namentlich **Delegationsmöglichkeit von Rechten des Plenums**) betonen[23]. Der zeitgleich eingefügte Art. 52 IIIa GG ermöglicht auch dem **Bundesrat**, eine **Europakammer** zu bilden (→ Art. 52 Rn. 22 ff.). Überdies hat der Bundestag 2007 ein Verbindungsbüro in Brüssel eingerichtet (→ Art. 23 Rn. 135).

8

Die Einrichtung des EU-Ausschusses reagiert auf kontinuierlich gestärkte **Mitwirkungsrechte des Bundestages in EU-Angelegenheiten** auf nationaler (Art. 23 II, III GG) und unionaler (Art. 12 EUV) Ebene, womit der europäischen Integration geschuldete Kompetenzverluste der nationalen Parlamente kompensiert und die demokratische Legitimation der Europäischen Union erhöht werden sollen (näher → Art. 23

9

---

[20] Zu diesem *Buche*, Europäisierung (Fn. 18), S. 367; *F. Laursen*, JLS 11 (2005), 412 (412).
[21] Namentlich Griechenland (Artikel 32A and 41B Standing Orders), die Niederlande (vgl. www.eerstekamer.nl/eu/begrip/english_3 [6.2.2015]), Ungarn (Gesetz XXXVI 2012 über die Nationalversammlung), Rumänien, Schweden und Slowenien (vgl. für die drei letztgenannten www.ipex.eu/IPEXL-WEB/parliaments/neparliaments.do [6.2.2015]).
[22] Siehe www.parliament.uk/business/committees/committees-a-z/commons-select/european-scrutiny-committee/role/ (6.2.2015). Zur Entwicklung *P. Birkinshaw/D. Ashiagbor*, CML Rev. 33 (1996), 499 (504 ff.). Im Überblick auch *Stuchlik*, Europäisierung (Fn. 18), S. 431 ff.
[23] Bericht der GVK v. 5.11.1993 (BT-Drs. 12/6000), S. 24.

Rn. 109 ff.). Insoweit verbessert die Schaffung eines spezialisierten, mit Blick auf Brüsseler Termin- und Verhandlungslagen flexiblen und auch plenarersetzend tagenden Gremiums die **Schlagkraft des Bundestages**, gerade auch angesichts der großen Anzahl an EU-Vorlagen der Bundesregierung[24].

10 Mit unterschiedlicher Akzentuierung werden seine **Aufgaben** als (federführender) Fachausschuss für grundlegende integrationspolitische Angelegenheiten, als (mitberatender) Fachausschuss für sonstige Themen mit EU-Bezug, als europabezogener Querschnittsausschuss bei fachübergreifenden Fragen sowie als koordinierender Integrationsausschuss beschrieben[25]. Schließlich wacht der EU-Ausschuss auch über die Umsetzung von Sekundärrecht, die anderen Ausschüssen obliegt[26].

II. Einrichtung eines EU-Ausschusses (Art. 45 S. 1 GG)

1. Pflichtausschuss, Zusammensetzung und Rechtsstellung

11 Art. 45 S. 1 GG statuiert eine verfassungsrechtliche **Pflicht zur Bestellung** eines EU-Ausschusses und normiert eine **institutionelle Garantie** desselben[27]. Als Bundestagsausschuss muss seine Zusammensetzung ein verkleinertes Spiegelbild des Plenums darstellen (→ Art. 40 Rn. 30); dies schließt parlamentsfremde (beratende) Mitglieder nicht aus, wobei nur Abgeordneten ein Stimmrecht zukommen darf[28]. In der laufenden 18. Wahlperiode (2013–2017) gehören dem EU-Ausschuss 34 Abgeordnete des Bundestages an. Hinzu kommen 16 mitwirkungs-, freilich nicht stimmberechtigte Mitglieder des Europäischen Parlaments[29]; letzteren steht gemäß § 93b VIII 3 GOBT das Recht zu, »die Beratung von Verhandlungsgegenständen anzuregen sowie während der Beratungen des Ausschusses für die Angelegenheiten der Europäischen Union Auskünfte zu erteilen und Stellung zu nehmen.« Anders als gewöhnliche Fachausschüsse (s. § 62 I 2 GOBT) kann der EU-Ausschuss plenarersetzend tätig werden (→ Rn. 17 ff.).

12 Als mit eigenen Rechten in GG und GOBT ausgestatteter Teil des Bundestages[30] kann der EU-Ausschuss seine Rechte im **Organstreitverfahren** verteidigen (Art. 93 I Nr. 1 GG; → Art. 93 Rn. 53).

---

[24] *Pernice* → Bd. II², Art. 45 Rn. 1.
[25] *Achterberg/Schulte* (Fn. 5), Art. 45 Rn. 14; *J. Bila/U. Gehlen/H. Groos/B. Hasenjäger*, Der Ausschuss für die Angelegenheiten der Europäischen Union des Deutschen Bundestages, 2. Aufl. 1998, S. 18 ff. (www.uni-mannheim.de/edz/pdf/1998/eu_deu.pdf [6.2.2015]); *Freundorfer*, Beteiligung (Fn. 5), S. 96 f.; *Kretschmer* (Fn. 5), Art. 45 Rn. 180; *Kluth* (Fn. 7), Art. 45 Rn. 6; *Mayer*, Europafunktion (Fn. 13), S. 244; *C. Mellein*, EuR-Beiheft 1/2011, 13 (28 f.); *C. Sterzing/S. Tidow*, Integration 24 (2001), 274 (277 f.).
[26] Fristenkontrollverfahren (Beschlüsse des EU-Ausschusses v. 24.4.1996 und 1.10.1997 sowie der Europastaatssekretäre v. 29.11.2001 i.d.F. v. 13.1.2003), vgl. *C. Mellein*, EuR-Beiheft 1/2011, 13 (29, Fn. 67).
[27] S. nur *Achterberg/Schulte* (Fn. 5), Art. 45 Rn. 11; *Kretschmer* (Fn. 5), Art. 45 Rn. 154, 163; *R. Scholz*, in: Maunz/Dürig, GG, Art. 45 (2009), Rn. 5. Zur zeitlichen Komponente dieser Pflicht und zu möglichen verfassungsrechtlichen Konflikten bei Einsetzung eines übergangsweisen „Hauptausschusses" *T. Hadamek*, ZG 29 (2014), 353 (362 ff.); *N. Koschmieder*, NVwZ 2014, 852 (853 f.); zu Letzterem auch *M. Fuchs*, DVBl. 2014, 886 (891 f.).
[28] S. nur *R. Uerpmann-Wittzack*, in: v. Münch/Kunig, GG I, Art. 45 Rn. 4. Im Einzelnen *Kretschmer* (Fn. 5), Art. 45 Rn. 183 ff. (gegen eine Pflicht zur Wahl der Mitglieder ibid., Rn. 185 ff.; gegen eine Qualifikation der EP-Abgeordneten als Mitglieder ibid., Rn. 189).
[29] Für eine Streichung *Lorenz*, Entstehung (Fn. 5), S. 264.
[30] Anders wohl *H.-P. Schneider*, in: AK-GG, Art. 45 Rn. 1: »selbständige[s] (Teil-)Verfassungsorga[n]«.

II. Einrichtung eines EU-Ausschusses (Art. 45 S. 1 GG)   Art. 45

2. Zuständigkeitsbereich

Die in Art. 45 GG nicht näher geregelte Ausgestaltung von Zuständigkeiten und Verfahren des EU-Ausschusses obliegt dem Bundestag im Rahmen seiner **Geschäftsordnungsautonomie** (Art. 40 I 2 GG; → Art. 40 Rn. 6 ff.)[31]. Dabei kommt ihm ein Gestaltungsspielraum zu: »Er legt die Rechte des Unionsausschusses gegenüber den primären und umfassenden Rechten des Bundestages, seiner Fachausschüsse und Organe durch Umfang und Zeitrahmen der Ermächtigung fest.«[32] Dieser Gestaltungsspielraum hat freilich **verfassungsrechtliche Grenzen** (speziell zur Delegation: → Rn. 24 ff.).   13

Zunächst erstreckt sich der **Zuständigkeitsbereich** des EU-Ausschusses auf alle Angelegenheiten der Europäischen Union i.S.d. Art. 23 II 1 GG (→ Art. 23 Rn. 116 ff.)[33]. Insoweit verlangt die institutionelle Garantie ein **Befassungsrecht mit allen EU-Angelegenheiten**[34] und insgesamt hinreichend gewichtige **Mitwirkungsrechte**[35]. Dies bedeutet freilich keine Federführung in jedem Einzelfall[36]; nachdem nämlich eine große Zahl von Themen eine europäische Dimension aufweist, bedarf es vielmehr einer Abstimmung mit dem Zuständigkeitsbereich der Fachausschüsse[37]. Demnach kommt dem EU-Ausschuss eine **Federführung** von Verfassungs wegen nur für **europapolitische Grundsatzfragen** ohne spezifischen Fachbezug zu, etwa für Änderungen des Primärrechts oder den Erweiterungsprozess[38]. Im Übrigen kann er auf ein Mitberatungsrecht bei Federführung eines Fachausschusses beschränkt werden; letztere setzen mitunter europabezogene Unterausschüsse ein[39]. In der Verfassung angelegt ist schließlich eine **koordinierende Rolle** hinsichtlich der Mitwirkungsrechte des Bundestages in EU-Angelegenheiten[40].   14

Nähere Regelungen finden sich in § 93b GOBT. Dem EU-Ausschuss »obliegt nach Maßgabe der Geschäftsordnung und der Beschlüsse des Bundestages die **Behandlung der Unionsdokumente**« (§ 93b I GOBT), worunter gemäß § 93 I GOBT »Dokumente, Berichte, Unterrichtungen, Mitteilungen und sonstige Informationen in Angelegenheiten der Europäischen Union, die dem Bundestag von der Bundesregierung oder Organen der Europäischen Union übermittelt werden, sowie Unterrichtungen des Europäischen Parlaments« fallen. Dies bedeutet freilich **keine Federführung** des EU-Ausschusses **für alle Angelegenheiten mit EU-Bezug**; vielmehr bleibt es bei einer federführenden Zuständigkeit des jeweiligen Fachausschusses für Fachthemen, und   15

---

[31] *Achterberg/Schulte* (Fn. 5), Art. 45 Rn. 14; *Kretschmer* (Fn. 5), Art. 45 Rn. 30.
[32] Bericht der GVK v. 5.11.1993 (BT-Drs. 12/6000), S. 24; ferner *Achterberg/Schulte* (Fn. 5), Art. 45 Rn. 18; *Hansmeyer*, Mitwirkung (Fn. 5), S. 281 ff.
[33] Statt aller *Kretschmer* (Fn. 5), Art. 45 Rn. 49 ff.; *G. Krings*, in: Friauf/Höfling, GG, Art. 45 (2009), Rn. 10; *Pernice* → Bd. II², Art. 45 Rn. 6; *Scholz* (Fn. 27), Art. 45 Rn. 6.
[34] *Krings* (Fn. 33), Art. 45 Rn. 10.
[35] *Hansmeyer*, Mitwirkung (Fn. 5), S. 281 f.; *Kretschmer* (Fn. 5), Art. 45 Rn. 163; *Uerpmann-Wittzack* (Fn. 28), Art. 45 Rn. 3.
[36] *Kluth* (Fn. 7), Art. 45 Rn. 4; *Krings* (Fn. 33), Art. 45 Rn. 10; *Uerpmann-Wittzack* (Fn. 28), Art. 45 Rn. 3. Anders wohl *Pernice* → Bd. II², Art. 45 Rn. 7, 9 f.
[37] *Achterberg/Schulte* (Fn. 5), Art. 45 Rn. 14; *Hansmeyer*, Mitwirkung (Fn. 5), S. 282; *Kretschmer* (Fn. 5), Art. 45 Rn. 164; *Scholz* (Fn. 27), Art. 45 Rn. 9.
[38] *Achterberg/Schulte* (Fn. 5), Art. 45 Rn. 14; *Kluth* (Fn. 7), Art. 45 Rn. 7 ff. S. auch *Pernice* → Bd. II², Art. 45 Rn. 7.
[39] S. nur *Kretschmer* (Fn. 5), Art. 45 Rn. 18; *K. Rohleder*, ZG 26 (2011), 105 (111); *F. Schulz*, Die Mitwirkung des Deutschen Bundestages in europäischen Angelegenheiten, 2011, S. 109 ff. Speziell zum Rechtsausschuss und seinem Unterausschuss Europarecht *Freundorfer*, Beteiligung (Fn. 5), S. 111 ff.
[40] *Pernice* → Bd. II², Art. 45 Rn. 7.

Art. 45 C. Erläuterungen

kommt dem EU-Ausschuss die Federführung nur in grundlegenden integrationspolitischen Fragen zu. Indes nimmt der EU-Ausschuss, unterstützt durch sein Sekretariat und das Europabüro[41], beide seit 2013 einer eigenen Unterabteilung Europa zugeordnet, eine bedeutsame **Verteilungs- und Filterfunktion** wahr (Überweisungsvorschlag, § 93 V GOBT)[42]. Im Interesse einer effizienten parlamentarischen Arbeit kommen gemäß § 93 III 1 GOBT grundsätzlich nur Vorhaben oder Unterrichtungen i.S.d. §§ 3 und 5 EUZBBG für eine Überweisung an Ausschüsse in Betracht, und erfolgt seit dem Jahre 2008 eine **Priorisierung** bei der Überweisungsentscheidung (§ 93 III 2 GOBT). Überdies können Fachausschüsse auch nicht überwiesene Dossiers zum Verhandlungsgegenstand erklären (§ 93 IV GOBT). Schließlich hat der EU-Ausschuss gemäß § 93b IX GOBT »Grundsätze über die Behandlung der ihm zugeleiteten Unionsvorlagen aufzustellen«; diese wurden am 25.10.1995 verabschiedet[43].

16 Bei schlichter Mitberatung steht dem EU-Ausschuss gemäß § 93b VII GOBT – anders als den übrigen Fachausschüssen (s. § 76 I GOBT) – das Recht zu, Änderungsanträge gegenüber dem Plenum zu stellen, was nicht nur eine flexible Reaktion auf veränderte Brüsseler Beschlusslagen ermöglicht, sondern auch die Rolle des EU-Ausschusses gegenüber den Fachausschüssen stärkt[44]. § 93b V GOBT sieht gegenüber § 60 GOBT erleichterte Voraussetzungen für **außerordentliche Ausschusssitzungen** vor, »wenn es die Terminplanung der zuständigen Organe der Europäischen Union erfordert und die Genehmigung des Präsidenten erteilt worden ist.«

III. (Plenarersetzende) Wahrnehmung der Mitwirkungsrechte des Bundestages (Art. 45 S. 2 und 3 GG)

1. Delegation der Mitwirkungsrechte gemäß Art. 23 GG (Art. 45 S. 2 GG)

17 Gemäß Art. 45 S. 2 GG kann der Bundestag den EU-Ausschuss ermächtigen, seine gemäß Art. 23 GG bestehenden **Unterrichtungs- und Beteiligungsrechte in EU-Angelegenheiten** gegenüber der Bundesregierung wahrzunehmen. Einfach-gesetzlich wiederholt § 2 S. 2 und 3 EUZBBG diese Delegationsbefugnis[45]. Sie reagiert auf die »Besonderheiten des Willensbildungsprozesses in der Europäischen Union und de[n] Zeitdruc[k], unter dem die Meinungsbildung und Entscheidungsfindung des Bundes in Angelegenheiten der Europäischen Union stehen kann«[46].

18 In den **Anwendungsbereich** des Art. 45 S. 2 GG fallen zunächst das Recht auf Unterrichtung durch die Bundesregierung (Art. 23 II 2 GG) und das Stellungnahmerecht (Art. 23 III 1 GG), ferner solche einfach-gesetzlichen Positionen, die diese Rechte konkretisieren (§§ 5f., 9 I IntVG)[47]. Nicht erfasst sind demgegenüber Beteiligungsrechte

---

[41] *T. Beichelt*, Deutschland und Europa, 2009, S. 257; *K. Rohleder*, ZG 26 (2011), 105 (112).
[42] Zur Entwicklung *Hansmeyer*, Mitwirkung (Fn. 5), S. 286 ff.
[43] Abgedruckt bei *Bila/Gehlen/Groos/Hasenjäger*, Ausschuss (Fn. 25), S. 61 ff. Näher *Kretschmer* (Fn. 5), Art. 45 Rn. 198 ff.
[44] *Achterberg/Schulte* (Fn. 5), Art. 45 Rn. 25; *Bila/Gehlen/Groos/Hasenjäger*, Ausschuss (Fn. 25), S. 31; *M. Fuchs*, ZParl. 35 (2004), 3 (17); *Hansmeyer*, Mitwirkung (Fn. 5), S. 300.
[45] Zum Symbolcharakter *Kretschmer* (Fn. 5), Art. 45 Rn. 173.
[46] Bericht der GVK v. 5.11.1993 (BT-Drs. 12/6000, S. 24).
[47] *Pernice* → Suppl. 2010, Art. 45 Rn. 10c.

III. (Plenarersetzende) Wahrnehmung der Mitwirkungsrechte des Bundestages **Art. 45**

nach dem IntVG im Übrigen[48], genauso wie eine Beteiligung auf gesetzlicher Grundlage[49].

Eine nähere Ausgestaltung findet sich in §93b II GOBT: Dieser sieht zum einen die Möglichkeit einer **Ermächtigung im Einzelfall** auf Antrag einer Fraktion oder von fünf vom Hundert der Mitglieder des Bundestages vor (S. 1), die bei im IntVG ausgestalteten Mitwirkungsrechten ausscheidet, wenn ihre Wahrnehmung in Gesetzesform erfolgt (S. 2); zum anderen räumt S. 3 eine **generelle Wahrnehmungskompetenz** ein, die indes unter dem Vorbehalt des Widerspruchs eines der beteiligten Ausschüsse steht und gemäß S. 4 weder die GASP noch den Notbremsemechanismus (§9 IntVG) erfasst. Unbeschadet dieser Delegation bleibt das **Plenum** jederzeit (vorrangig) **entscheidungsbefugt** (S. 6). §93b IIIf. GOBT sehen einen Abstimmungsmechanismus mit den übrigen Ausschüssen, §93b VI GOBT sieht eine Berichtspflicht gegenüber dem Plenum vor. 19

2. Delegation der Mitwirkungsrechte auf europäischer Ebene (Art. 45 S. 3 GG)

Der im Kontext der Lissabonner Vertragsreform eingefügte Art. 45 S. 3 GG (→ Rn. 3) ermöglicht dem Bundestag, seine **im EU-Primärrecht normierten Mitwirkungsrechte** auf den EU-Ausschuss zu übertragen. Insoweit diese, wie die Subsidiaritätsrüge und -klage (Art. 23 Ia GG; → Art. 23 Rn. 106 f.), auch in Art. 23 GG normiert sind, ist Art. 45 S. 3 GG gegenüber S. 2 speziell (s. auch §93b II 5 GOBT). Einfach-gesetzlich wiederholt §2 S. 4 EUZBBG diese Delegationsbefugnis. 20

Unionsrechtlich ist die Mitwirkung der nationalen Parlamente in **Art. 12 EUV** normiert (→ Art. 23 Rn. 162 f.). Sie umfasst neben der soeben erwähnten Subsidiaritätskontrolle EU-Organen obliegende Unterrichtungspflichten hinsichtlich EU-Vorhaben, eine Beteiligung im Rahmen des RFSR (Art. 70 S. 2 AEUV) und der PJZS (namentlich Vetorecht gemäß Art. 81 III UAbs. 3 AEUV im Familienrecht; Unterrichtung gemäß Art. 85 I UAbs. 3 [Eurojust] und 88 II UAbs. 2 [Europol] AEUV), der Vertragsänderung (Unterrichtung, Art. 48 II 3 EUV; Konventsbeteiligung, Art. 48 III 1 EUV; Vetorecht im vereinfachten Verfahren, Art. 48 VII UAbs. 3 AEUV) und des Beitritts neuer Mitgliedstaaten (Art. 49 UAbs. 1 S. 2 EUV) sowie der Mechanismen der interparlamentarischen Kooperation. Einzelheiten regelt das Prot. nat. Parl. 21

Eine vollständige Delegation der Entscheidung, **Subsidiaritätsklage** zu erheben (Art. 8 UAbs. 1 SubsidiaritätsP, Art. 23a I 1, 2 GG, §12 I IntVG), scheidet zum Schutz der in Art. 23a I 2 GG verankerten Minderheitenrechte aus[50]. Eine partielle Delegation, die das Klagerecht der Parlamentsminderheit parallel erhält, ist möglich; unproblematisch ist auch die (subsidiäre) Ermächtigung des EU-Ausschusses zur Klageerhebung gemäß §93d IV GOBT für den Ausnahmefall, dass »der Ablauf der Frist für die Einreichung einer Subsidiaritätsklage auf einen Zeitpunkt außerhalb des Zeitplanes des Bundestages« fällt. §93d I und II GOBT überantworten die Durchführung der Subsidiaritätsklage einschließlich der Prozessführung dem Europaausschuss, wobei Abstimmungspflichten im Falle einer Minderheiteninitiative bestehen. Die **Subsidiari-** 22

---

[48] *Pernice* → Suppl. 2010, Art. 45 Rn. 10c.
[49] *Kluth* (Fn. 7), Art. 45 Rn. 30; *Kretschmer* (Fn. 5), Art. 45 Rn. 217; *Pernice* → Suppl. 2010, Art. 45 Rn. 10b, c.
[50] *Mayer*, Europafunktion (Fn. 13), S. 288 f.; *Pernice* → Suppl. 2010, Art. 23 Rn. 92i; Suppl. 2010, Art. 45 Rn. 4b; *R. Streinz*, in: Sachs, GG, Art. 23 Rn. 139. A.A. *K. Rohleder*, ZG 26 (2011), 105 (108); *Scholz* (Fn. 27), Art. 45 Rn. 8; *Uerpmann-Wittzack* (Fn. 28), Art. 45 Rn. 10.

tätsrüge ist demgegenüber delegationsfähig (s. insoweit § 11 I IntVG, § 93c i.V.m. § 93b IIff. GOBT)[51].

23 Infolge des Lissabon-Urteils hat die **Delegationsmöglichkeit hinsichtlich der Veto-Rechte** gemäß Art. 48 VII UAbs. 3 (vereinfachte Vertragsänderung) und Art. 81 III UAbs. 3 (Familienrecht) AEUV (s. § 10 IntVG)[52] **erheblich an Bedeutung verloren**, da in diesen Fällen eine gesetzliche Ermächtigung zur Herbeiführung des Ratsbeschlusses verfassungsrechtlich geboten ist (s. auch § 4 IntVG; → Art. 23 Rn. 47 ff.)[53].

3. Verfassungsrechtliche Zulässigkeit eines plenarersetzenden Tätigwerdens

24 Nimmt ein Ausschuss Rechte des Bundestages plenarersetzend wahr, verkürzt dies Mitwirkungsrechte der Abgeordneten sowie Entscheidungsbefugnisse des Plenums (→ Art. 40 Rn. 30). Dies wird teils verfassungsrechtlich für bedenklich erachtet[54]. Das Bundesverfassungsgericht hat in seinem Lissabon-Urteil die Delegationsmöglichkeit sybillinisch für prinzipiell verfassungskonform erklärt, gleichzeitig aber darauf verwiesen, dass »allein ihre Ausübung [...] im Einzelfall verfassungsrechtlichen Bedenken ausgesetzt sein« kann[55]. Eine tendenziell strengere Linie liegt den Entscheidungen des Bundesverfassungsgerichts zum plenarersetzenden Tätigwerden von Untergremien des Bundestages im Kontext der Euro-Rettung (Neunergremium und Haushaltsausschuss) zugrunde, die allerdings auf einfach-gesetzlicher Grundlage erfolgten und zudem das fundamentale Budgetrecht des Parlaments betrafen: Zwar kann die Wahrnehmung der dem Plenum zustehenden haushaltspolitischen Gesamtverantwortung (→ Art. 23 Rn. 98) im Interesse der Sicherung der Funktionsfähigkeit des Bundestages für Fälle der Eilbedürftigkeit oder Vertraulichkeit auf Untergremien delegiert werden; wegen der damit einhergehenden Beschneidung von Abgeordnetenrechten muss allerdings die **Delegationsmöglichkeit** »auf wenige Ausnahmen mit begrenztem Anwendungsbereich beschränkt bleiben und zwingend erforderlich sein.«[56] Vor diesem Hintergrund hat das Bundesverfassungsgericht die Delegation von Entscheidungsbefugnissen auf das **Neunergremium** – mit Ausnahme des Falles absolut zu gewährender Vertraulichkeit beim Ankauf von Staatsanleihen auf dem Sekundärmarkt – für verfassungswidrig erachtet und bei Eilbedürftigkeit allenfalls eine Entscheidung durch den Haushaltsausschuss für zulässig erklärt[57]. Nach Wegfall der Geheimhaltungsbedürf-

---

[51] *S. Magiera*, in: Sachs, GG, Art. 45 Rn. 7; *Pernice* → Suppl. 2010, Art. 45 Rn. 10d; *K. Rohleder*, ZG 26 (2011), 105 (108).

[52] Für die Delegationsfähigkeit *Pernice* → Suppl. 2010, Art. 45 Rn. 4c. A.A. *Streinz* (Fn. 50), Art. 23 Rn. 139.

[53] BVerfGE 123, 267 (388ff., Rn. 315 f.; 412 ff., Rn. 363, 366; 434 ff., Rn. 413 ff.). S. auch *Pernice* → Suppl. 2010, Art. 45 Rn. 4c, 10b, d.

[54] Mit Blick auf die schwächere demokratische Legitimation des Europaausschusses den Flexibilitätsbelangen geschuldeten Ausnahmecharakter einer Delegation des Stellungnahmerechts betonend und eine umfassend-dauerhafte Delegation für verfassungswidrig erachtend *Baach*, Mitwirkung (Fn. 18), S. 207 f.; ferner *P. Badura*, Das Staatsziel »europäische Integration« im Grundgesetz, in: FS Schambeck, 1994, S. 887 ff. (901); *Kabel*, Mitwirkung (Fn. 5), S. 265 f. S. auch – freilich primär bezogen auf die nach dem Lissabon-Urteil nunmehr einer Mitwirkung in Gesetzesform bedürfender und damit nicht Art. 45 S. 3 GG unterfallender Mitwirkungsrechte – *D. Murswiek*, Der Vertrag von Lissabon und das Grundgesetz, 2. Aufl. 2008, S. 117 f.

[55] BVerfGE 123, 267 (432, Rn. 405). S. auch E 1, 372 (379 f.). Von einer generellen Verfassungskonformität ausgehend *Pernice* → Suppl. 2010, Art. 45 Rn. 10e.

[56] BVerfGE 130, 318 (359 f., Rn. 144).

[57] BVerfGE 130, 318 (356 ff., Rn. 132 ff.).

III. (Plenarersetzende) Wahrnehmung der Mitwirkungsrechte des Bundestages **Art. 45**

tigkeit hat die Bundesregierung das Plenum zu unterrichten[58]. Schließlich hat es das Bundesverfassungsgericht in seiner Entscheidung zur Griechenlandhilfe – nach ihrer Interpretation durch das spätere Urteil zum Neunergremium – »im Fall einer besonders gelagerten, an gesetzlich bestimmte Inanspruchnahmevoraussetzungen gebundenen, streng konditionalen und zeitlich eng befristeten Gewährleistungsübernahme gebilligt, dass die grundsätzlich dem Plenum vorbehaltene Zustimmung durch den Haushaltsausschuss erteilt wird«[59]. Als **Grundsatz** hat das Bundesverfassungsgericht dann im ESM-Urteil vom 12.9.2012 festgehalten, dass »[e]ine selbstständige und plenarersetzende Tätigkeit des Haushaltsausschusses [...] lediglich bei untergeordneten oder bereits ausreichend klar durch das Plenum vorherbestimmten Entscheidungen erfolgen [darf].«[60]

Die **Delegationsmöglichkeit** ist **verfassungskonform**. Zunächst ist zu berücksichtigen, dass sie als verfassungsrechtliche Ermächtigung – anders als die einfach-gesetzliche Ermächtigung von Neunergremium und Haushaltsausschuss im Kontext der Euro-Rettung – lediglich der Schranke des Art. 79 III GG unterliegt. Dass unaufgebbare Grundsätze des Demokratieprinzips berührt sind (allgemein → Art. 79 III Rn. 36 ff.), ist zu verneinen[61]. Denn zunächst sichert das in Art. 45 S. 2, 3 GG vorgesehene Delegationserfordernis eine Beteiligung von Plenum sowie jedem einzelnen Abgeordneten an der Ermächtigung und eine jederzeitige Rückholmöglichkeit. Ferner rechtfertigt der nicht nur gewichtige, sondern seinerseits im Demokratieprinzip wurzelnde Sachgrund einer Effektivierung der Mitwirkungsbefugnisse des Bundestages (Flexibilität, Konzentration, EU-spezifische Kompetenz des Europaausschusses: → Rn. 9) das plenarersetzende Tätigwerden des EU-Ausschusses. Des Weiteren erfasst Art. 45 S. 2, 3 GG keine Mitwirkungsbefugnisse, die wegen ihrer grundlegenden Bedeutung eines Gesetzes bedürfen (→ Rn. 18, 23). Der Bundestag hat die Delegationsmöglichkeit im Übrigen mit dem Grundsatz der Einzeldelegation, einer nur beschränkten Generalermächtigung mit Widerspruchsrecht sowie dem jederzeitigen Befassungsrecht des Plenums zurückhaltend ausgeübt.

25

Hinsichtlich verfassungsrechtlich möglicher **Ausgestaltungsoptionen** ist sowohl eine generelle als auch eine punktuelle Delegation[62] als auch der Verzicht auf eine solche[63] zulässig. Wortlaut und Effizienzanliegen sprechen gegen eine Verfassungspflicht zur restriktiven Handhabung[64]. Nachdem der EU-Ausschuss nur abgeleitete Rechte des

26

---

[58] BVerfGE 130, 318 (366f., Rn. 158 ff.).
[59] So BVerfGE 130, 318 (352, Rn. 123), unter Bezugnahme auf E 129, 124 (185f., Rn. 141). S. auch NJW 2012, 3145 (3156f., Rn. 283).
[60] BVerfGE 132, 195 (275, Rn. 190).
[61] *Freundorfer*, Beteiligung (Fn. 5), S. 99; *Kluth* (Fn. 7), Art. 45 Rn. 12; *Kretschmer* (Fn. 5), Art. 45 Rn. 212; *Scholz* (Fn. 27), Art. 45 Rn. 3. Umfassend *Hansmeyer*, Mitwirkung (Fn. 5), S. 306 ff., 325 ff.; *Lang*, Mitwirkungsrechte (Fn. 5), S. 332 ff. S. auch allg. *N. Achterberg*, Parlamentsrecht, 1984, S. 678 ff.
[62] Statt vieler *Kretschmer* (Fn. 5), Art. 45 Rn. 213, 219; *Krings* (Fn. 33), Art. 45 Rn. 15; *Scholz* (Fn. 27), Art. 45 Rn. 9; *D. C. Umbach/F.-W. Dollinger*, in: Umbach/Clemens, GG, Art. 45 Rn. 12 (wenngleich eine allg. Delegation befürwortend). A.A. (generelle Delegation) *Pernice* → Bd. II², Art. 45 Rn. 8. A.A. (keine generelle, nur hinreichend bestimmte Delegation) *Schneider* (Fn. 30), Art. 45 Rn. 6; ferner *Kabel*, Mitwirkung (Fn. 5), S. 265 f., und – eine ungeschriebene Beschränkung auf Eilfälle in den Raum stellend – *Hansmeyer*, Mitwirkung (Fn. 5), S. 331 f.
[63] *Kretschmer* (Fn. 5), Art. 45 Rn. 213, 219; *Pernice* → Bd. II², Art. 45 Rn. 5; *Scholz* (Fn. 27), Art. 45 Rn. 9.
[64] *Achterberg/Schulte* (Fn. 5), Art. 45 Rn. 18. A.A. *Kabel*, Mitwirkung (Fn. 5), S. 265 f.; ferner *S. Hölscheidt/T. Schotten*, Integration 17 (1994), 230 (232).

Art. 45   C. Erläuterungen

Bundestages wahrnimmt, muss ein **jederzeitiges Entscheidungsrecht des Plenums** gesichert sein (s. § 93b II 6 GOBT; § 45d GOBR)[65].

27   Mit Blick auf den Öffentlichkeitsgrundsatz (Art. 42 I 1 GG) ist bei einem plenarersetzendem Tätigwerden wenigstens eine öffentliche Schlussberatung erforderlich, wie sie auch § 10 der Grundsätze (→ Rn. 15) ermöglicht[66].

IV. Praxisbefund, Kritik und Bewertung

28   Die **Aufgabenverteilung zwischen EU-Ausschuss und Fachausschüssen** spiegelt eine starke Stellung der letzteren auch bei Dossiers mit EU-Bezug wider. Zahlen belegen dies: So wurden dem EU-Ausschuss in der 17. Wahlperiode insgesamt 1.558 Vorlagen überwiesen, davon aber nur ein Bruchteil federführend[67]. Hierin ist jedoch kein Defizit zu sehen. Denn eine vereinzelt geforderte[68] Federführung für alle europabezogenen Dossiers würde angesichts deren Zahl nicht nur den EU-Ausschuss fachlich und kapazitätsmäßig überfordern, sondern auch den Zuständigkeitsbereich der Fachausschüsse, die zudem über eine entsprechende Fachkompetenz verfügen, übermäßig beschneiden[69]. Eine Verkoppelung zwischen Fach- und EU-Ausschuss stellt überdies die verbreitete Doppelmitgliedschaft sicher[70].

29   Die in Art. 45 S. 2f. GG ermöglichte Wahrnehmung der Beteiligungsrechte des Bundestages durch seinen EU-Ausschuss hat **keine große praktische Bedeutung** erlangt[71]. Dies liegt nicht nur in der verteidigten Federführung der Fachausschüsse begründet[72]. Vielmehr hat sich die bislang noch nicht aktualisierte[73] antragsgebundene Delegation auch als wenig praktikabel und effizient erwiesen[74]; teils wird dieser Einwand auch

---

[65] Bericht der GVK v. 5.11.1993 (BT-Drs. 12/6000), S. 24; *Achterberg/Schulte* (Fn. 5), Art. 45 Rn. 18; *F. Schorkopf*, in: BK, Art. 23 (2011), Rn. 132. S. auch *Freundorfer*, Beteiligung (Fn. 5), S. 99.

[66] Statt vieler *Baach*, Mitwirkung (Fn. 18), S. 208; *Pernice* → Bd. II², Art. 45 Rn. 11; *Schneider* (Fn. 30), Art. 45 Rn. 7. S. auch *H.-G. Kamann*, Die Mitwirkung der Parlamente der Mitgliedstaaten an der europäischen Gesetzgebung, 1997, S. 328; *Lang*, Mitwirkungsrechte (Fn. 5), S. 342 ff.; *Mayer*, Europafunktion (Fn. 13), S. 249. Offener *Hansmeyer*, Mitwirkung (Fn. 5), S. 335 ff. A.A. *Kluth* (Fn. 7), Art. 45 Rn. 20; *Kretschmer* (Fn. 5), Art. 45 Rn. 226 ff.; ferner *Lorenz*, Entstehung (Fn. 5), S. 261. Offen gelassen: *Achterberg/Schulte* (Fn. 5), Art. 45 Rn. 19. § 10 der Grundsätze als angemessen flexible Lösung qualifizierend *M. Kaufmann*, Europäische Integration und Demokratieprinzip, 1997, S. 371 f.

[67] 50 federführend und 527 mitberatend überwiesene BT-Drs. sowie 133 federführend und 848 mitberatend überwiesene EU-Vorlagen. S. www.bundestag.de/bundestag/ausschuesse18/a21/Bilanz_17__Wahlperiode.html (31.1.2014). S. (für die 15. WP) auch *Freundorfer*, Beteiligung (Fn. 5), S. 101 f.

[68] *Mayer*, Europafunktion (Fn. 13), S. 297. S. auch *Kamann*, Mitwirkung (Fn. 66), S. 327.

[69] *Freundorfer*, Beteiligung (Fn. 5), S. 105 ff.; *C. Rath*, Entscheidungspotenziale des Deutschen Bundestages in EU-Angelegenheiten, 2001, S. 37, 64; *M. Schröder*, EuR 37 (2002), 301 (313).

[70] S. *M. Fuchs*, ZParl. 35 (2004), 3 (10). Zurückhaltend *Schulz*, Mitwirkung (Fn. 39), S. 105 f.

[71] *Baach*, Mitwirkung (Fn. 18), S. 209; *R. Brosius-Linke*, ZParl. 40 (2009), 731 (733); *Hansmeyer*, Mitwirkung (Fn. 5), S. 339 ff. S. auch Datenhandbuch BT v. 13.8.2014, Kapitel 10.8 Unionsvorlagen, S. 7 (www.bundestag.de/blob/196212/c57dae16c5646b35ff90f9417a231b51/kapitel_10_08_unionsvorlagen-data.pdf [6.2.2015]). Allg. zur Arbeit des EU-Ausschusses *R. Brosius-Linke*, ZParl. 40 (2009), 731 (731) (16. WP); *Lorenz*, Entstehung (Fn. 5), S. 113 ff.; *F. Pflüger*, RuP 38 (2002), 220 ff. (14. WP).

[72] *R. Brosius-Linke*, ZParl. 40 (2009), 731 (732 f.); *C. D. Classen*, in: v. Mangoldt/Klein/Starck, GG II, Art. 23 Rn. 80 Fn. 8; *Mayer*, Europafunktion (Fn. 13), S. 518 f.; *Pernice* → Bd. II², Art. 45 Rn. 9 f. S. auch *U. Leonardy*, ZParl. 20 (1989), 527 (538 f.). Anders akzentuierend *Rath*, Entscheidungspotenziale (Fn. 69), S. 37.

[73] *K. Rohleder*, ZG 26 (2011), 105 (109).

[74] *Achterberg/Schulte* (Fn. 5), Art. 45 Rn. 23; *Bila/Gehlen/Groos/Hasenjäger*, Ausschuss (Fn. 25),

gegenüber der in bislang acht Fällen in Anspruch genommenen[75] generellen Delegation mit Widerspruchsrecht artikuliert[76]. Dementsprechend mahnen Kritiker eine entsprechende Stärkung des EU-Ausschusses an[77]; auch hierin schlägt sich freilich wieder die nur begrenzte federführende Zuständigkeit des EU-Ausschusses nieder[78].

Auch die übrigen **Sonderrechte** (Änderungsanträge an Plenum; Sondersitzungen) werden nur sehr **spärlich ausgeübt**[79]; insoweit haben sich aber informelle Mechanismen herausgebildet[80]. Überdies mahnt die thematische Überschneidung und Konkurrenz mit Fachausschüssen zu Zurückhaltung[81]. Als verkleinertes Abbild des Plenums haben schließlich auch im Ausschuss die die Regierung tragenden Parteien die Mehrheit inne, was die Ausübung von Kontrollbefugnissen mitbestimmt[82]. 30

Gleichwohl kommt dem EU-Ausschuss eine **bedeutsame Rolle** zu, da er sich namentlich mit Grundsatzfragen der europäischen Integration federführend befasst und die Zuweisung von Unionsvorlagen an die Ausschüsse steuert[83]. Die zuletzt genannte Aufgabe verlangt eine Bewältigung der **Informationsflut**: So leiten EU-Stellen und die Bundesregierung dem Bundestag jährlich ca. 17.000 Dokumente zu, darunter etwa 1.000 förmliche Zuleitungen durch die Bundesregierung[84]. Zu Recht wird insoweit eine weitere **Effektivierung des Überweisungsverfahrens** angemahnt[85]. In diese Richtung weist die seit dem Jahre 2008 durchgeführte Priorisierung nach der Beratungsrelevanz[86]; das nach wie vor durchzuführende Abstimmungsverfahren ist freilich ei- 31

S. 28; *M. Fuchs*, ZParl. 35 (2004), 3 (15); *Pernice* → Bd. II², Art. 45 Rn. 8; *Uerpmann-Wittzack* (Fn. 28), Art. 45 Rn. 7. Für eine Aufhebung *Lorenz*, Entstehung (Fn. 5), S. 264.

[75] *K. Rohleder*, ZG 26 (2011), 105 (109).
[76] *Pernice* → Bd. II², Art. 45 Rn. 10.
[77] *Lorenz*, Entstehung (Fn. 5), S. 260f.; *Pernice* → Bd. II², Art. 45 Rn. 9f.; *R. Scholz*, Zur nationalen Handlungsfähigkeit in der Europäischen Union, in: FS Zuleeg, 2005, S. 274ff. (279, 282f.). Demgegenüber mit Blick auf die schwächere demokratische Legitimation des Europaausschusses den Flexibilitätsbelangen geschuldeten Ausnahmecharakter einer Delegation des Stellungnahmerechts betonend und eine umfassend-dauerhafte Delegation für verfassungswidrig erachtend *Baach*, Mitwirkung (Fn. 18), S. 207. Für eine Ermächtigung des jeweils federführenden Ausschusses (GG-Änderung notwendig): *S. Hölscheidt/T. Schotten*, Integration 17 (1994), 230 (233); für eine Stärkung der allg. Europakompetenz des Bundestages auch *Beichelt*, Deutschland (Fn. 41), S. 272f.; *Schulz*, Mitwirkung (Fn. 39), S. 102, 115f., 275.
[78] S. auch das von *S. Hölscheidt/T. Schotten*, Integration 17 (1994), 230 (232), beschriebene Dilemma: weite Zuständigkeit stößt auf Kapazitätsprobleme und beschneidet Fachausschüsse; enge Zuständigkeit stellt Ermächtigung in Frage.
[79] *Schulz*, Mitwirkung (Fn. 39), S. 93ff.; *C. Sterzing/S. Tidow*, Integration 24 (2001), 274 (279).
[80] *C. Sterzing/S. Tidow*, Integration 24 (2001), 274 (279).
[81] *Rath*, Entscheidungspotenziale (Fn. 69), S. 37, 64; *C. Sterzing/S. Tidow*, Integration 24 (2001), 274 (279f.).
[82] *Hansmeyer*, Mitwirkung (Fn. 5), S. 346ff.; *C. Sterzing/S. Tidow*, Integration 24 (2001), 274 (280).
[83] *Rath*, Entscheidungspotenziale (Fn. 69), S. 64; *K. Rohleder*, ZG 26 (2011), 105 (111). Sehr positiv *M. Fuchs*, Der Ausschuss für die Angelegenheiten der Europäischen Union des Deutschen Bundestages – kein Ausschuss wie jeder andere!, 2. Aufl. 2003, S. 16. Zurückhaltend mit Blick auf Fachausschüsse *Freundorfer*, Beteiligung (Fn. 5), S. 101ff.; insgesamt skeptisch *Beichelt*, Deutschland (Fn. 41), S. 252ff., 272ff. Ausgewogen *Lorenz*, Entstehung (Fn. 5), S. 244ff.; *Rath*, Entscheidungspotenziale (Fn. 69), S. 62ff.; *M. Schröder*, EuR 37 (2002), 301 (312f.).
[84] *K. Rohleder*, ZG 26 (2011), 105 (112).
[85] *C. Sterzing/S. Tidow*, Integration 24 (2001), 274 (281ff., 285); für ein Screening wie in Großbritannien: *P.M. Huber*, ZG 21 (2006), 354 (367); ähnlich *Uerpmann-Wittzack* (Fn. 28), Art. 45 Rn. 5, 11.
[86] Positiv *Mayer*, Europafunktion (Fn. 13), S. 250ff.; *C. Mellein*, EuR-Beiheft 1/2011, 13 (47).

ner Straffung zugänglich[87]. Weitere Reformvorschläge bestehen in einer Abstimmung der Sitzungstermine mit denjenigen der EU-Gremien[88], einer intensiveren Wahrnehmung der Kontrolle der Bundesregierung, etwa mittels einer Kontrolle der Fachministerräte durch die Fachausschüsse[89], und in der Schaffung eines gemeinsamen Ausschusses von Bundestag und Bundesrat[90].

D. Verhältnis zu anderen GG-Bestimmungen

32 Art. 45 GG ist speziell gegenüber **Art. 45a GG**[91]; ein Mitberatungsrecht des **Ausschusses für auswärtige Angelegenheiten** in EU-Angelegenheiten schließt dies freilich nicht aus[92]. Ebenso wenig bestehen Bedenken gegen eine Federführung des Auswärtigen Ausschusses in Fragen der Beziehung der EU zu Drittstaaten, solange damit keine dem EU-Ausschuss vorbehaltenen europapolitischen Grundsatzfragen aufgeworfen sind, wozu etwa der Beitritt von Drittstaaten zur EU rechnet[93]. Selbiges gilt mit Blick auf den Verteidigungsausschuss (Art. 45a GG) im Kontext der Gemeinsamen Sicherheits- und Verteidigungspolitik (Art. 42 ff. EUV)[94]. Die Kompetenzen des Petitionsausschusses (**Art. 45c GG**) und von Untersuchungsausschüssen (**Art. 44 GG**) schränkt Art. 45 GG nicht ein[95].

---

[87] *Mayer*, Europafunktion (Fn. 13), S. 254, 296 ff.
[88] *C. Sterzing/S. Tidow*, Integration 24 (2001), 274 (285).
[89] *Freundorfer*, Beteiligung (Fn. 5), S. 106.
[90] *R. Hrbek*, Der deutsche Bundesstaat in der EU, in: FS Zuleeg, 2005, S. 256 ff. (272); *C.O. Lenz*, Die Bundesrepublik Deutschland in einem vereinten Europa, in: FS Ress, 2005, S. 615 ff. (618); *Scholz*, Handlungsfähigkeit (Fn. 77), S. 279 f., 285 f. S. auch *Mayer*, Europafunktion (Fn. 13), S. 305 f.
[91] *Achterberg/Schulte* (Fn. 5), Art. 45 Rn. 14; *Kluth* (Fn. 7), Art. 45 Rn. 9; *Pernice* → Bd. II², Art. 45 Rn. 6, 12; *Umbach/Dollinger* (Fn. 62), Art. 45 Rn. 16.
[92] *Krings* (Fn. 33), Art. 45 Rn. 10.
[93] S. auch *Kluth* (Fn. 7), Art. 45 Rn. 9; *Kretschmer* (Fn. 5), Art. 45 Rn. 202 f.
[94] *Pernice* → Bd. II², Art. 45 Rn. 12.
[95] *Pernice* → Bd. II², Art. 45 Rn. 12; *Umbach/Dollinger* (Fn. 62), Art. 45 Rn. 16.

Artikel 45a [Ausschuß für auswärtige Angelegenheiten; Verteidigungsausschuß]

(1) Der Bundestag bestellt einen Ausschuß für auswärtige Angelegenheiten und einen Ausschuß für Verteidigung.

(2) ¹Der Ausschuß für Verteidigung hat auch die Rechte eines Untersuchungsausschusses. ²Auf Antrag eines Viertels seiner Mitglieder hat er die Pflicht, eine Angelegenheit zum Gegenstand seiner Untersuchung zu machen.

(3) Artikel 44 Abs. 1 findet auf dem Gebiet der Verteidigung keine Anwendung.

Literaturauswahl

Berg, Hans-Joachim: Der Verteidigungsausschuß des Deutschen Bundestages, 1982.
Busch, Eckart: Zur parlamentarischen Kontrolle der Streitkräfte, in: NZWehrR 25 (1983), S. 81–90.
Hucko, Elmar: Der parlamentarische Untersuchungsausschuß auf dem Gebiet der Verteidigung, in: ZParl. 10 (1979), S. 304–311.
Münzing, Ekkehard/Pilz, Volker: Der Auswärtige Ausschuß des Deutschen Bundestages: Aufgaben, Organisation und Arbeitsweise, in: ZParl. 29 (1998), S. 575–604.
Patz, Günther: Parlamentarische Kontrolle der Außenpolitik. Fallstudien zur politischen Bedeutung des Auswärtigen Ausschusses des Deutschen Bundestages, 1976.
Pilz, Volker: Der Auswärtige Ausschuss des Deutschen Bundestages und die Mitwirkung des Parlaments an der Auswärtigen und internationalen Politik, 2008.
Schweitzer, Carl Christoph: Der Auswärtige Ausschuß des Deutschen Bundestages im außenpolitischen Entscheidungssystem, in: APuZ, B 19/1980, S. 3–24.
Weichert, Jürgen C.: Der Ausschuß für Auswärtige Angelegenheiten, in: Außenpolitik 11 (1960), S. 618–627.
Willms, Gerd: Parlamentarische Kontrolle und Wehrverfassung, Diss. jur. Göttingen 1961.

Leitentscheidungen des Bundesverfassungsgerichts

BVerfGE 67, 100 (127 ff.) – Flick-Untersuchungsausschuß; 90, 286 (385) – Out-of-area-Einsätze.

Gliederung

	Rn.
A. Herkunft, Entstehung, Entwicklung	1
B. Internationale, supranationale und rechtsvergleichende Bezüge	2
C. Erläuterungen	3
I. Allgemeine Bedeutung	3
II. Bestellung der Ausschüsse	4
III. Aufgaben und Befugnisse der Ausschüsse	5
IV. Der Verteidigungsausschuß als Untersuchungsausschuß (Art. 45a II, III GG)	8
D. Verhältnis zu anderen GG-Bestimmungen	10

Stichwörter

Bestimmungsrecht der Fraktionen 4 – Geheimhaltungsinteressen der Regierung 7 – Parlamentarische Kontrollkompetenz 5 – Untersuchungsmonopol des Verteidigungsausschusses 9 – Verhältnis zum Gemeinsamen Ausschuß 10.

A. Herkunft, Entstehung, Entwicklung

Sowohl die auswärtigen Beziehungen als auch das Militär waren im **Konstitutionalismus der unmittelbaren parlamentarischen Kontrolle entzogen**, so daß diese Bereiche

1

allenfalls mit Hilfe des Budgetrechts parlamentarisch kontrolliert werden konnten[1]. Abgesehen von dem praktisch kaum bedeutsamen Ausschuß für auswärtige Angelegenheiten des Bundesrates gem. Art. 8 III RVerf. 1871[2] wurde ein Auswärtiger Ausschuß überhaupt erst aufgrund der Regelung des Art. 35 WRV im Reichstag eingerichtet[3]. Schon vor der Verabschiedung des Art. 45a GG gab es allerdings unter dem Grundgesetz Vorläufer des Auswärtigen Ausschusses[4] und des Verteidigungsausschusses[5]. Art. 45a GG wurde erst **1956 durch die Wehrnovelle** in das Grundgesetz eingefügt[6], wobei der Regierungsentwurf eine entsprechende Ergänzung noch nicht enthielt. Sie wurde vielmehr erst durch den Ausschuß für Fragen der Europäischen Sicherheit vorgenommen und dann nach Streichung der vorgesehenen Nichtöffentlichkeit der Sitzungen und der Delegationsmöglichkeit auf einen Unterausschuß in der endgültigen Fassung verabschiedet[7], die nur noch einmal 1976 durch die Streichung des Art. 45a I 2 GG (»Die beiden Ausschüsse werden auch zwischen zwei Wahlperioden tätig«) modifiziert wurde[8].

B. Internationale, supranationale und rechtsvergleichende Bezüge

2 Die Einbindung in die Europäische Union und in die NATO berühren die Aufgabenstellung der beiden Ausschüsse, aber nicht ihre institutionelle Stellung. Im übrigen entspricht die Einrichtung der beiden Ausschüsse internationalen **Gepflogenheiten parlamentarischer Kontrolle** der Exekutive. Ihre Einrichtung beruht allerdings selten auf verfassungsrechtlicher Normierung, sondern meist auf einer Regelung durch Gesetz und Geschäftsordnung[9]. Beide Ausschüsse gelten regelmäßig als einflußreich und genießen hohes Prestige[10].

---

[1] Vgl. *Huber*, Verfassungsgeschichte I, S. 350.
[2] Dazu *Huber*, Verfassungsgeschichte III, S. 931.
[3] Zu seinen Aufgaben *Anschütz*, WRV, S. 224f.; eingehend *V. Pilz*, Der Auswärtige Ausschuss des Deutschen Bundestages und die Mitwirkung des Parlaments an der auswärtigen und internationalen Politik, 2008, S. 45ff.; zur Kontrolle der Reichswehr s. *H.-J. Berg*, Der Verteidigungsausschuß des Deutschen Bundestages, 1982, S. 25f.
[4] »Ausschuß für das Besatzungsstatut und auswärtige Angelegenheiten« (BT-Drs. I/45), seit 3.6.1953 »Ausschuß für auswärtige Angelegenheiten« (BT-Drs. I/4149).
[5] Ab 1952 bestand der (Sonder-) »Ausschuß zur Mitberatung des EVG-Vertrages und der damit zusammenhängenden Fragen«, der zu Beginn der 2. Legislaturperiode in »Ausschuß für Fragen der europäischen Sicherheit« umbenannt wurde (Sten. Ber. II/11672).
[6] 7. Gesetz zur Änderung des GG v. 19.3.1956 (BGBl. I S. 111); zur Entstehung der Wehrverfassung im ganzen → Vorb. zu Art. 115a–115l Rn. 3ff.
[7] Zur Entstehungsgeschichte eingehend *Berg*, Verteidigungsausschuß (Fn. 3), S. 33ff.; *W. Berg*, in: BK, Art. 45a GG (Erstb. 1986), Anm. I 2.
[8] Im Zusammenhang mit der Neufassung des Art. 39 GG durch das 33. ÄnderungsG v. 23.8.1976 (BGBl. I S. 2381). → Art. 39 Rn. 6.
[9] Nur in Finnland (Art. 40 Reichstagsordnung) und Schweden (Kap. 10, Art. 7 Regierungsform) finden die Auswärtigen Ausschüsse einen verfassungsrechtlichen Anhaltspunkt. Zur Einrichtung dieser Ausschüsse in Großbritannien vgl. *S. A. Walkland*, ZParl. 12 (1981), 461ff.
[10] Zu den einflußreichen Ausschüssen des amerikanischen Kongresses: *J. M. McCormick*, Decision-Making in the Foreign Affairs and Foreign Relations Committees, in: R. B. Ripley/J. Lindsay (Hrsg.), Congress Resurgent: Foreign and Defense Policy on Capitol Hill, 1993, S. 115ff.; *C. Deering*, Decision Making in the Armed Services Committees, ebd., S. 155ff., jeweils m.w.N.

C. Erläuterungen

I. Allgemeine Bedeutung

Grundsätzlich liegt die Einrichtung von Ausschüssen im Rahmen der Autonomie des Parlaments und ist daher vornehmlich in der Geschäftsordnung geregelt[11]. In Abkehr von dieser Grundregel erhebt Art. 45a I GG die beiden Gremien zu **verfassungsunmittelbaren**[12] **Pflichtausschüssen**[13]. Sie bleiben aber Hilfsorgane des Parlaments und erlangen nicht etwa den Status eines Verfassungsorgans[14]. Die verfassungsrechtliche Verankerung wirkt als institutioneller und kompetentieller Bestandsschutz und sichert die beiden Ausschüsse daher auch gegen einen sachwidrigen Entzug, eine Aushöhlung ihrer Kompetenzen oder eine Zusammenlegung[15]. Eine Kooperation, selbst durch gemeinsame Unterausschüsse, wird dadurch freilich nicht ausgeschlossen[16]. Als Pflichtausschüsse gehören die beiden Gremien zu den sog. **ständigen Ausschüssen** im Gegensatz zu den Sonderausschüssen[17]. Obwohl die Führung der Außenpolitik in erster Linie bei der Regierung liegt, genießt der Auswärtige Ausschuß hohes Ansehen bei den Parlamentariern[18]. Das Prestige des Verteidigungsausschusses gründet sich schon auf die Bedeutung der Wehrpolitik und der Wehrausgaben[19].

3

II. Bestellung der Ausschüsse

Infolge der zwingend vorgeschriebenen Existenz der beiden Ausschüsse ist das Bestellungsverfahren an sich auf die Bestimmung der jeweiligen Mitgliederzahl und ihre Besetzung beschränkt. Formal im Widerspruch dazu »setzt« der Bundestag die beiden Ausschüsse jedoch regelmäßig »ein«[20]. Das Plenum bestellt die Ausschußmitglieder und ihre Stellvertreter durch Wahl, wobei den Fraktionen gem. §§ 12, 57 GOBT nach Maßgabe des Rangmaßzahlverfahrens das personelle Bestimmungsrecht zukommt[21].

4

---

[11] §§ 54 ff. GOBT. Das war schon die Praxis des Reichstages, vgl. *K. Perels*, Geschäftsgang und Geschäftsformen, in: HdbDStR I, S. 449 ff. (449 f., 454 f.).

[12] *Berg*, Verteidigungsausschuß (Fn. 3), S. 103; *Berg* (Fn. 7), Art. 45a Rn. 9.

[13] *H. H. Klein*, in: Maunz/Dürig, GG, Art. 45a (1996), Rn. 12; *K.-A. Hernekamp*, in: v. Münch/Kunig, GG II, Art. 45a Rn. 2; *Stern*, Staatsrecht II, S. 92; *v. Mangoldt/Klein*, GG, Art. 45a Anm. II, 3; *G. Krings*, in: Friauf/Höfling, GG, Art. 45a (2009), Rn. 7; »obligatorische Ausschüsse« *K.-A. Versteyl*, in: I. v. Münch, Grundgesetz-Kommentar, Bd. 2, 2. Aufl. 1983, Art. 43 Rn. 4; vgl. auch § 54 II GOBT.

[14] Vgl. für Untersuchungsausschüsse BVerfGE 67, 100 (123f.); ferner *S. Magiera*, in: Sachs, GG, Art. 45a Rn. 2; *Berg* (Fn. 7), Art. 45a Rn. 25; sie sind aber beteiligtenfähig gem. Art. 93 I Nr. 1 GG.

[15] *Klein* (Fn. 13), Art. 45a Rn. 12; *Hernekamp* (Fn. 13), Art. 45a Rn. 2; *N. Achterberg/M. Schulte*, in: v. Mangoldt/Klein/Starck, GG II, Art. 45a Rn. 12; die Einsetzung eines Hauptausschusses zu Beginn der 18. WP war daher insoweit verfassungswidrig s. *M. Fuchs*, DVBl. 2014, 886 ff.; *N. Koschmieder*, NVwZ 2014, 852 ff.

[16] Vgl. § 55 IV GOBT; *Hernekamp* (Fn. 13), Art. 45a Rn. 2.

[17] § 54 I GOBT; *W. Kluth*, in: Schmidt-Bleibtreu/Hofmann/Henneke, GG, Art. 45a Rn. 5; zur nicht unproblematischen Begrifflichkeit vgl. *Achterberg*, Parlamentsrecht, S. 134 f.

[18] Zum Prestige und zur politischen Bedeutung vgl. *J. C. Weichert*, Außenpolitik 11 (1960), 618 ff.; *C.-C. Schweitzer*, APuZ B 19 (1980), 3 ff.; *E. Münzing/V. Pilz*, ZParl. 29 (1998), 575 ff.; sowie die Fallstudien in *G. Patz*, Parlamentarische Kontrolle der Außenpolitik, 1976.

[19] Vgl. hierzu *Berg*, Verteidigungsausschuß (Fn. 3), S. 152 ff., 175 ff.

[20] *Berg* (Fn. 7), Art. 45a Rn. 73; *Berg*, Verteidigungsausschuß (Fn. 3), S. 103 ff.; *E. Busch*, NZWehrR 25 (1983), 81 (85); a.A. *Achterberg*, Parlamentsrecht, S. 193.

[21] Dazu im einzelnen *H. Troßmann/A. Roll*, Parlamentsrecht des Deutschen Bundestages, 1981, § 57 Rn. 1; zur Bestimmung des Ausschußvorsitzenden *Achterberg/Schulte* (Fn. 15), Art. 45a Rn. 15.

Art. 45a   C. Erläuterungen

Bei Ausscheiden des Ausschußmitglieds aus der Fraktion besteht ein Rückrufrecht[22]. Ein Fraktionsmitglied kann demgegenüber gegen seinen Willen allenfalls in besonders begründeten Fällen zurückgerufen werden[23]. Im übrigen sind beide Gremien geschlossene Ausschüsse gem. § 69 II GOBT[24].

III. Aufgaben und Befugnisse der Ausschüsse

5   Der Aufgabenbereich des Auswärtigen Ausschusses ist grundsätzlich deckungsgleich mit dem Begriff der auswärtigen Angelegenheiten des Art. 73 Nr. 1 GG[25], so daß jedenfalls diejenigen Beziehungen, die sich aus der Stellung der Bundesrepublik als Völkerrechtssubjekt zu anderen Staaten und Völkerrechtssubjekten ergeben[26], Gegenstand der Beratungen sein können. Die begriffliche Übereinstimmung mit Art. 73 Nr. 1 GG bedeutet freilich keine Beschränkung auf den Bereich der Gesetzgebung. Die Aufgabe erstreckt sich vielmehr auf die Kontrolle der gesamten Tätigkeit der Exekutive in diesem Bereich[27]. Politisch entspricht der Geschäfts- und Aufgabenbereich des Ausschusses dem des Auswärtigen Amtes, was dem Sinn der von der Gesetzgebungs- und Kontrollfunktion des Parlaments geforderten Symmetrie zwischen (Fach-)Ressortkompetenzen und (Fach-)Ausschußkompetenz entspricht[28]. Im Hinblick auf Art. 45 GG ist der Auswärtige Ausschuß allerdings nicht für die Beziehungen zur Europäischen Union zuständig (→ Art. 45 Rn. 32)[29]. Die Kompetenzen müssen sich innerhalb der (Kontroll-)Befugnisse des Bundestages halten. Dies kann wegen des parlamentarischen Regierungssystems und des Budgetrechts jedoch keine Beschränkung auf die Befugnisse des Art. 59 II GG beinhalten und damit die politische Gestaltung der außenpolitischen Beziehungen über Art. 59 II GG hinaus nicht aus den Beratungen ausschließen[30]. Die **Kontrollaufgaben** können im voraus, etwa durch die Ausgabenbewilligungen, begleitend durch die parlamentarischen Informationsrechte und nachwirkend durch eine Durchführungskontrolle wahrgenommen werden[31]. Die parlamentarische **Kontrollkompetenz** ist insoweit entgegen der Rechtsprechung[32] nicht auf eine nachträgliche Kontrolle begrenzt[33]. Die Federführung für die parlamentarische Zustimmung zu Auslandseinsätzen der Bundeswehr liegt heute beim Auswärti-

---

[22] Vgl. BVerfGE 80, 188 (221 ff.).
[23] *Berg* (Fn. 7), Art. 45a Rn. 103; *N. Achterberg/M. Schulte*, in: v. Mangoldt/Klein/Starck, GG II, Art. 38 Rn. 44 ff. m. w. N.
[24] Vgl. *Troßmann/Roll*, Parlamentsrecht (Fn. 21), § 69 Rn. 2.
[25] *T. Maunz*, in: Maunz/Dürig, GG, Art. 73 (1988), Rn. 29; *Hernekamp* (Fn. 13), Art. 45a Rn. 4; kritisch *Berg* (Fn. 7), Art. 45a Rn. 111, dessen Position aber nicht ganz klar wird; eingehend zu den Mitwirkungsrechten des Bundestages an der Außenpolitik *Kluth* (Fn. 17), Art. 45a Rn. 12 ff.
[26] BVerfGE 33, 52 (60); *Magiera* (Fn. 14), Art. 45a Rn. 3; die Beziehungen zur DDR gehörten nach h. M. nicht dazu, vgl. nur *Achterberg/Schulte* (Fn. 15), Art. 45a Rn. 18 m. w. N.
[27] *Magiera* (Fn. 14), Art. 45a Rn. 5; vgl. auch *Pilz*, Ausschuss (Fn. 3), S. 68 ff.
[28] *Hernekamp* (Fn. 13), Art. 45a Rn. 2; *Achterberg/Schulte* (Fn. 15), Art. 45a Rn. 17; s. a. *Berg* (Fn. 7), Art. 45a Rn. 111.
[29] Vgl. *Magiera* (Fn. 14), Art. 45a Rn. 4; *D. C. Umbach*, in: Umbach/Clemens, GG, Art. 45a Rn. 7; für parallele Zuständigkeit *Krings* (Fn. 13), Art. 45a Rn. 11.
[30] So aber *Berg* (Fn. 7), Art. 45a Rn. 113; *Achterberg/Schulte* (Fn. 15), Art. 45a Rn. 19.
[31] Zutreffend *Hernekamp* (Fn. 13), Art. 45a Rn. 4.
[32] BVerfGE 67, 100 (139); BayVerfGH NVwZ 1986, 822 (824).
[33] *W. Krebs*, Kontrolle in staatlichen Entscheidungsprozessen, 1984, S. 151 ff.; *W. Heun*, Staatshaushalt und Staatsleitung, 1989, S. 108 Fn. 110, 500 Fn. 71.

gen Ausschuss³⁴, nachdem sie zuerst kurzzeitig vom Verteidigungsausschuss wahrgenommen worden ist³⁵.

Der **Geschäftsbereich** des Verteidigungsausschusses umfaßt nur die **militärische** 6
Verteidigung einschließlich der militärischen Abwehr (MAD), der Bundeswehrverwaltung, des Wehrersatz- und Wehrbeschaffungswesens und der Bundeswehrhochschulen, nicht jedoch die zivile Verteidigung und das Zivildienstwesen. Das folgt sowohl aus dem von Art. 17a II, 73 Nr. 1, 87b II 1 GG abweichenden Wortlaut³⁶ als auch aus der funktionalen Symmetrie zu den Fachressorts, da die beiden letzteren Aufgaben bei anderen Ministerien ressortieren³⁷. In Haushaltsfragen kommt dem Verteidigungsausschuß, wie allen Fachausschüssen, im wesentlichen nur das Recht zur gutachterlichen Stellungnahme gem. § 95 I GOBT zu³⁸, er wird aber auch bei militärischen Beschaffungsvorhaben informell herangezogen³⁹.

Noch stärker als beim Auswärtigen Ausschuß kann das parlamentarische Auskunftsrecht des Verteidigungsausschusses durch die **Geheimhaltungsinteressen** der 7
Regierung beschränkt werden. Die erforderliche Abwägung zwischen den gegenläufigen Interessen muß freilich die Ausschöpfung aller parlamentarischen Geheimhaltungsmöglichkeiten (vgl. §§ 16 ff., 69, 73 GOBT, GeheimSchutzO, Anl. 3 zur GOBT) zugrundelegen⁴⁰. Der Geheimnisschutz kann darüber hinaus die ohnehin nur im Rahmen der §§ 62, 63 I, 66 GOBT bestehende Berichtspflicht gegenüber dem Plenum einschränken⁴¹.

IV. Der Verteidigungsausschuß als Untersuchungsausschuß (Art. 45a II, III GG)

Abweichend von Art. 44 I GG i.V.m. § 54 GOBT besitzt der Verteidigungsausschuß die 8
Rechte eines Untersuchungsausschusses aufgrund des Art. 45a II 1 GG bereits unmittelbar von Verfassungs wegen und bedarf insofern nicht der formellen Einsetzung durch das Plenum. Die Wahrnehmung dieser Rechte des Ausschusses setzt im Einzelfall eine **förmliche Konstituierung als Untersuchungsausschuß** voraus⁴², die aufgrund

---

³⁴ Vgl. BT-Drs. 12/7561 (Kambodscha); BT-Drs. 16/5636 (ISAF); 16/3321 (OEF); 16/2614 (UNIFIZ); 16/1148 (UNMIS); s. a. *Pilz*, Ausschuss (Fn. 3), S. 70 f.; zur Parlamentsbeteiligung näher → Art. 87a Rn. 19.
³⁵ BT-Drs. 12/5338 (AWACS/UNOSOM II).
³⁶ H.M.: *v. Mangoldt/Klein*, GG, Art. 45a Anm. III, 4; *Klein* (Fn. 13), Art. 45a Rn. 21; *G. Hahnenfeld*, NJW 1963, 2145 (2146); *Hernekamp* (Fn. 13), Art. 45a Rn. 6; *Berg* (Fn. 7), Art. 45a Rn. 115; *Achterberg/Schulte* (Fn. 15), Art. 45a Rn. 20.
³⁷ Vgl. LuftschG, KatSG, Sicherstellungsgesetze sowie § 2 ZDG; zur Kontrollaufgabe vgl. auch BVerwG ZBR 1981, 107; eingehend zur Parlamentsbeteiligung bei Auslandseinsätzen *Kluth* (Fn. 17), Art. 45a Rn. 21 ff.
³⁸ Kritisch dazu *Berg*, Verteidigungsausschuß (Fn. 3), S. 203 ff.; *Berg* (Fn. 7), Art. 45a Rn. 137, 142; *Achterberg/Schulte* (Fn. 15), Art. 45a Rn. 21.
³⁹ *Berg*, Verteidigungsausschuß (Fn. 3), S. 186; *Heun*, Staatshaushalt (Fn. 33), S. 458 f.
⁴⁰ Vgl. BVerfGE 67, 100 (135 f.); *Hernekamp* (Rn. 13), Art. 45a Rn. 7; *Berg* (Fn. 7), Art. 45a Rn. 151 ff., 172 ff.; *Berg*, Verteidigungsausschuß (Fn. 3), S. 138 ff.
⁴¹ *Hernekamp* (Fn. 13), Art. 45a Rn. 7; *Berg* (Fn. 7), Art. 45a Rn. 248 f.; *M. Oldiges*, Wehr- und Zivilverteidigungsrecht, in: D. Ehlers/M. Fehling/H. Pünder, Besonderes Verwaltungsrecht, Bd. 3, 3. Aufl. 2013, § 74 Rn. 74; pauschal a.A. *W. Martens*, Grundgesetz und Wehrverfassung, 1961, S. 8. Beispiel: BT-Drs. 12/5338.
⁴² *G. Willms*, Parlamentarische Kontrolle und Wehrverfassung, Diss. jur. Göttingen 1961, S. 35; *Klein* (Fn. 13), Art. 45a Rn. 35; *Hernekamp* (Fn. 13), Art. 45a GG Rn. 8; *G. Frank*, in: AK-GG, Art. 45a (2001), Rn. 44; *Berg* (Fn. 7), Art. 45a (II) Rn. 220 ff.; *Achterberg/Schulte* (Fn. 15), Art. 45a Rn. 30; *Ma-*

Art. 45a D. Verhältnis zu anderen GG-Bestimmungen

eines einfachen Mehrheitsbeschlusses des Verteidigungsausschusses oder auf Antrag einer qualifizierten Minderheit gem. Art. 45a II 2 GG erfolgt[43]. Daher ist der Verteidigungsausschuß genau besehen kein »Daueruntersuchungsausschuß«[44]. Für diese Rechte gelten im übrigen die allgemeinen Regeln und Schranken für Untersuchungsausschüsse gem Art. 44 GG.

9 Art. 45a III GG begründet ein **Untersuchungsmonopol** des Verteidigungsausschusses, indem er durch den Ausschluß des Art. 44 I GG dem Plenum in Verteidigungsfragen eine eigenständige (bindende) Untersuchungsinitiative versperrt[45]. Das gilt auch für solche Untersuchungsaufträge, die nur teilweise in das Monopol fallen[46], jedoch wegen des rechtsstaatlichen Verbots einer Selbstkontrolle nicht für Fälle, in denen der Verteidigungsausschuß selbst oder einzelne seiner Mitglieder Untersuchungsgegenstand sind, wie etwa bei Korruptionsvorwürfen[47]. Das Enquêtemonopol befreit den Ausschuß nicht von seiner **Berichtspflicht** gegenüber dem Plenum[48]. Im übrigen sind die Untersuchungen im Gegensatz zu Art. 44 I GG ausnahmslos nicht-öffentlich durchzuführen[49].

D. Verhältnis zu anderen GG-Bestimmungen

10 Gegenüber dem Wehrbeauftragten (**Art. 45b GG**) besitzt der Verteidigungsausschuß die vorrangige Zuständigkeit und ein Weisungsrecht, das dem des Plenums vorgeht; der Wehrbeauftragte ist jedoch in der Ausübung seiner Tätigkeit als selbständiges

---

giera (Fn. 14), Art. 45a Rn. 7; »Förmlicher Einleitungsbeschluß«. So auch *Oldiges*, Wehrrecht (Fn. 41), Rn. 74. Jüngste Beispiele: Kundus-Untersuchungsausschuß 2009 BT-Drs. 17/7400, S. 3f.; Euro Hawk-Untersuchungsausschuß 2013 BT-Drs. 17/14650, S. 17f.; zur Zulässigkeit der Bildung von Unterausschüssen *Klein* (Fn. 13), Art. 45a Rn. 49f.; s. auch §34 PUAG.

[43] So §34 I 2 PUAG; s. ferner *Achterberg/Schulte* (Fn. 15), Art. 45a Rn. 31; *Klein* (Fn. 13), Art. 45a Rn. 37; *Magiera* (Fn. 14), Art. 45a Rn. 7; anders noch *Berg*, Verteidigungsausschuß (Fn. 3), S. 229f. m.w.N. → Bd. II², Art. 45a Rn. 8 mit Fn. 41.

[44] So mißverständlich einige Stellungnahmen im Rechtsausschuß, Nachweis in: *Berg* (Fn. 7), Art. 45a Anm. I 2b; sowie *v. Mangoldt/Klein*, GG, Art. 45a Anm. III, 3 c; kritisch zur Behinderung der übrigen Ausschußarbeit durch die Tätigkeit als Untersuchungsausschuß *Klein* (Fn. 13), Art. 45a Rn. 47.

[45] *Klein* (Fn. 13), Art. 45a Rn. 39; *Hernekamp* (Fn. 13), Art. 45a Rn. 10; *Berg* (Fn. 7), Art. 45a Rn. 210 m.w.N.; *Achterberg/Schulte* (Fn. 15), Art. 45a Rn. 35; *Kluth* (Fn. 17), Art. 45a Rn. 9; a.A. *Jarass/Pieroth*, GG, Art. 45a Rn. 1; *Krings* (Fn. 13), Art. 45a Rn. 16; praktisch hat der Bundestag im Fall des Untersuchungsausschusses zur HS-30 Affäre dagegen verstoßen, s. *E. Busch*, NZWehrR 25 (1983), 81 (89); bloße Empfehlungen sind wohl zulässig: *Umbach* (Fn. 29), Art. 45a Rn. 11.

[46] *R. Schick*, Wehrwissenschaftliche Rundschau 1968, 1 (10); *Berg*, Verteidigungsausschuß (Fn. 3), S. 221f.; *Berg* (Fn. 7), Art. 45a Rn. 211ff.; *Achterberg/Schulte* (Fn. 15), Art. 45a Rn. 36.

[47] *Hernekamp* (Fn. 13), Art. 45a Rn. 10; *Achterberg/Schulte* (Fn. 15), Art. 45a Rn. 37; a.A. *R. Schick*, Wehrwissenschaftliche Rundschau 1968, 1 (9).

[48] *Hamann/Lenz*, GG, Art. 45a, Erl.; *Martens*, Grundgesetz (Fn. 41), S. 177; *Berg*, Verteidigungsausschuß (Fn. 3), S. 244f.; *Achterberg/Schulte* (Fn. 15), Art. 45a Rn. 42; *Magiera* (Fn. 14), Art. 45a Rn. 8; *Klein* (Fn. 13), Art. 45a Rn. 43; a.A. *G. Dürig*, in: Maunz/Dürig, GG, Art. 45a (1960), Rn. 10; *Hernekamp* (Fn. 13), Art. 45a Rn. 10; *Stern*, Staatsrecht II, S. 92; *Willms*, Kontrolle (Fn. 42), S. 70.

[49] S.a. §12 PUAG; *Klein* (Fn. 13), Art. 45a Rn. 45f.; *Hernekamp* (Fn. 13), Art. 45a Rn. 10; *Achterberg/Schulte* (Fn. 15), Art. 45a Rn. 39; a.A. *Kluth* (Fn. 17), Art. 45a Rn. 10; *Jarass/Pieroth*, GG, Art. 45a Rn. 2; vgl. auch *Berg* (Fn. 7), Art. 45a Rn. 236ff. der insoweit zwischen Beweisaufnahme und Beratung differenziert; zum Problem noch *E. Hucko*, ZParl. 10 (1979), 304 (306ff.).

Kontrollorgan weisungsunabhängig[50]. Die Befugnisse des Gemeinsamen Ausschusses (**Art. 53a GG**) berühren die Kompetenzen des Auswärtigen Ausschusses und des Verteidigungsausschusses weder im Spannungs- noch im Verteidigungsfall (**Art. 80a, 115a GG**). Seine Tätigkeit als Ersatzorgan des Plenums (**Art. 115e I, 115l I GG**) erfordert in diesen Fällen auch keine Neukonstituierung der weiter bestehenden Ausschüsse[51].

---

[50] Vgl. *K.-A. Hernekamp*, in: v. Münch/Kunig, GG II, Art. 45b Rn. 19 f.; *Achterberg/Schulte* (Fn. 15), Art. 45a Rn. 23 ff. → Art. 45b Rn. 13 ff.
[51] *Hernekamp* (Fn. 13), Art. 45a Rn. 11.

Art. 45b

Artikel 45b [Wehrbeauftragter]

¹Zum Schutz der Grundrechte und als Hilfsorgan des Bundestages bei der Ausübung der parlamentarischen Kontrolle wird ein Wehrbeauftragter des Bundestages berufen. ²Das Nähere regelt ein Bundesgesetz.

Literaturauswahl

Busch, Eckart: Das Amt des Wehrbeauftragten des Deutschen Bundestages, 1969.
Busch, Eckart: Der Wehrbeauftragte des Bundestages, in: Schneider/Zeh, § 51, S. 1393–1419.
Erbel, Günter: Parlament und Wehrbeauftragter in der Verfassungsentwicklung der Bundesrepublik Deutschland, in: Der Staat 14 (1975), S. 347–370.
Hartenstein, Frank-Helmut: Der Wehrbeauftragte des Deutschen Bundestages, 1977.
Klenner, Jochen: Der Wehrbeauftragte als Kontrollinstitution des Deutschen Bundestages, in: NZWehrR 10 (1968), S. 81–94.
Krämer, Ulrich: Der Wehrbeauftragte des Deutschen Bundestages, in: UBWV 2010, S. 305–312.
Maurer, Hartmut: Wehrbeauftragter und Parlament, 1965.
Müser, Andreas: Wehrbeauftragter und Gewaltenteilung, 1976.
Oertel, Julius E.: Der Wehrbeauftragte des Deutschen Bundestages und sein Verhältnis zum Parlament, Diss. jur. Bonn 1979.
Schlaffer, Rudolf J.: Der Wehrbeauftragte 1951 bis 1985, 2006.
Vogt, Wolfgang R.: Militär und Demokratie, 1972.

Leitentscheidungen des Bundesverfassungsgerichts

Diese liegen zu Art. 45b GG bislang nicht vor.

Gliederung

	Rn.
A. Herkunft, Entstehung, Entwicklung	1
B. Internationale, supranationale und rechtsvergleichende Bezüge	2
C. Erläuterungen	3
I. Allgemeine Bedeutung	3
II. Die Rechtsstellung des Wehrbeauftragten	4
1. Organ des Bundestages	4
2. Amtsverhältnis	5
3. Wahl und Amtsdauer	6
III. Aufgaben und Befugnisse	8
1. Aufgaben und Kompetenzbereich	8
2. Verhältnis zu Bundestag und Verteidigungsausschuß	12
a) Handeln auf Weisung	13
b) Handeln aufgrund eigener Entscheidung	16
3. Amtsbefugnisse	18
4. Berichterstattung	19
D. Verhältnis zu anderen GG-Bestimmungen	20

Stichwörter

Heye-Krise 19 – Innere Führung 3, 10, 11 – Kontrollbereich 8 – Kontrollorgan des Bundestages 3, 4 – Petitionsinstanz 17, 20 – Vakanz 7 – Vorrang des Verteidigungsausschusses 13 – Wählbarkeit von Frauen 6.

A. Herkunft, Entstehung, Entwicklung

Das Amt des Wehrbeauftragten ist in der deutschen Verfassungsgeschichte ohne Vorbild. Bei der Aufnahme des Art. 45b in das Grundgesetz durch das 7. Änderungsgesetz vom 19.3.1956[1] hat man sich vielmehr an dem **schwedischen »Militie-Ombudsman«** orientiert[2]. Der Wehrbeauftragte wurde anstelle eines zunächst erwogenen besonderen Mißtrauensvotums gegen den Verteidigungsminister[3] auf Initiative der Opposition[4] im Rahmen der Beratungen des Ausschusses für Fragen der europäischen Sicherheit eingefügt und gegen Bedenken der CDU/CSU als Ausgleich für den Verzicht der SPD auf das Mißtrauensvotum im Zuge der Wehrnovelle[5] verfassungsrechtlich verankert. Die Norm des Art. 45b GG ist seitdem unberührt geblieben, das aufgrund des Art. 45b GG ergangene »Gesetz über den Wehrbeauftragten des Bundes« vom 26.6.1957[6] ist jedoch ersetzt worden durch das grundlegend neugefaßte Gesetz vom 16.6.1982[7]. 1

B. Internationale, supranationale und rechtsvergleichende Bezüge

Nachdem das schwedische Vorbild 1968 durch die Zusammenlegung mit dem Justitie-Ombudsman in eine einheitliche Institution umgewandelt worden ist[8], ist der deutsche Wehrbeauftragte die **weltweit einzige Institution** seiner Art[9]. Demgegenüber gibt es jedoch zahlreiche verschiedene Ausprägungen eines Ombudsmans, der als Institution seit den sechziger Jahren zunehmende Verbreitung gefunden hat[10]. Im übrigen bleibt die Institution des Wehrbeauftragten von europarechtlichen Einwirkungen unbeeinflußt. Die Eingliederung in die NATO begrenzt die Kontrollzuständigkeit des Wehrbeauftragten nur insoweit, als operative Führungsmaßnahmen ausländischer Vorgesetzter bei einer Unterstellung deutscher Soldaten nicht Kontrollgegenstand sein können[11]. 2

---

[1] BGBl. I S. 111.
[2] Vgl. dazu *G. Hahn*, AöR 84 (1959), 377 ff.; *R.J. Schlaffer*, Der Wehrbeauftragte 1951 bis 1985, 2006, S. 48 ff.
[3] Vgl. Sten. Ber. II/132. Sitzung, S. 6820 ff.
[4] Vgl. BT-Drs. II/2150, S. 3.
[5] *E. Busch*, Das Amt des Wehrbeauftragten des Deutschen Bundestages, 1969, S. 69 ff.; *ders.*, in: BK, Art. 45b (Zweitb. 1984), I (Entstehungsgeschichte); *A. Müser*, Wehrbeauftragter und Gewaltenteilung, 1976, S. 44 ff.
[6] BGBl. I S. 652.
[7] BGBl. I S. 677; dazu *P. Wolf*, NZWehrR 24 (1982), 8 ff., 46 ff., 92 ff.; geändert durch G. vom 30.3.1990, BGBl. I S. 599 (WBeauftrG); dazu *E. Busch*, ZG 7 (1992), 71 ff.; zuletzt geändert durch G. v. 5.2.2009 (BGBl. I S. 160).
[8] Vgl. Kap. 12 § 6 Verf. von 1974; dazu *N. Stierquist*, JöR 26 (1977), 315 (364).
[9] Vergleichbar ansonsten nur noch der australische Defence Force Ombudsman.
[10] Überblicke bei *M.A. Hadi*, Revue Internationale des Sciences Administratives 1977, 334 ff.; *E. Busch*, in: BK, Art. 45b (Erstb. 1981), III (Rechtsvergleichende Hinweise); *G.E. Caiden*, International Handbook of the Ombudsman, 2 Bde., 1983; *F. Matscher* (Hrsg.), Ombudsmann in Europa, 1994.
[11] *K.A. Klang*, NZWehrR 28 (1986), 103 (107 ff.).

C. Erläuterungen

I. Allgemeine Bedeutung

3 Als wesentlicher **Bestandteil der Wehrverfassung** dient die Einrichtung des Wehrbeauftragten vor allem der Verstärkung parlamentarischer Kontrolle über die Streitkräfte[12], zugleich aber auch der Integration der Streitkräfte in das demokratische System[13]. Der Wehrbeauftragte ist daher sowohl **Kontrollinstrument des Parlaments** (→ Art. 38 Rn. 43) als auch **Beschwerdeinstanz und Vertrauensperson der Streitkräfte** und damit Mittler zwischen den Streitkräften einerseits sowie Staat und Gesellschaft andererseits[14]. Schließlich soll durch die Einrichtung des Wehrbeauftragten die durch die Konzepte der Inneren Führung[15] und des Staatsbürgers in Uniform (→ Art. 17a Rn. 1) gekennzeichnete innere Struktur der Bundeswehr institutionell abgesichert werden. Nach anfänglichen Schwierigkeiten[16] ist der Wehrbeauftragte heute eine weitgehend unangefochtene Einrichtung[17], für deren nähere Ausgestaltung Art. 45b Satz 2 GG auf ein Bundesgesetz verweist, bei dem es sich um das WBeauftrG (→ Rn. 1 a. E.) handelt; auch Normen der GOBT (§§ 113 ff.) spielen eine Rolle.

II. Die Rechtsstellung des Wehrbeauftragten

1. Organ des Bundestages

4 Der Wortlaut des Art. 45b GG (»Zum Schutz der Grundrechte und als Hilfsorgan des Bundestages«) legt zunächst die Annahme einer Doppelfunktion des Wehrbeauftragten nahe. Danach ist zwischen dem Grundrechtsschutz und der Kontrolltätigkeit als Hilfsorgan zu unterscheiden, woraus zusätzlich auf eine Doppelstellung als selbständiges Organ und abhängiges Hilfsorgan geschlossen worden ist[18]. Demgegenüber sieht die herrschende Meinung den Wehrbeauftragten zu Recht **in seinem gesamten Funktionsbereich als Organ des Bundestages an**[19]. Nach Wortlaut (»Wehrbeauftragter des

---

[12] BVerfGE 90, 286 (385).
[13] Vgl. BT-Drs. II/2150, S. 3.
[14] Vgl. *Busch*, Amt (Fn. 5), S. 28 ff.; *ders.* (Fn. 5), Art. 45b Rn. 20 ff.; *G. Erbel*, Der Staat 14 (1975), 347 (353).
[15] § 1 III 1 WBeauftrG; *W. R. Vogt*, Militär und Demokratie, 1972, S. 24 ff.; *Busch* (Fn. 5), Art. 45b Rn. 22, 71 ff.; *F.-H. Hartenstein*, Der Wehrbeauftragte des Deutschen Bundestages, 1977, S. 136 ff.; zum Konzept der Inneren Führung vgl. hier nur *W. Graf Baudissin*, Soldat für den Frieden, 1969, S. 117 ff.; *G.-G. v. Ilsemann*, Die innere Führung in den Streitkräften, 1981; *D. Walz* (Hrsg.), Drei Jahrzehnte Innere Führung, 1987; *W. Brunkow*, NZWehrR 12 (1970), 10 ff.; *A. Prüfert* (Hrsg.), Innere Führung im Wandel, 1998; *E. Opitz* (Hrsg.), 50 Jahre Innere Führung, 2001; *E. Wiesendahl* (Hrsg.), Neue Bundeswehr – neue Innere Führung?, 2005; *J. Groß*, Weiterentwicklung der Inneren Führung, 2002; *A. Dörfler-Dierken*, Ethische Fundamente der Inneren Führung, 2005.
[16] *G. Moritz*, Bundeswehrverwaltung 1974, 25 ff.; *J. Klenner*, NZWehrR 10 (1968), 81 (92 ff.); vgl. auch die empirischen Untersuchungen von *Vogt*, Militär (Fn. 15), S. 112 ff.; *J. E. Oertel*, Der Wehrbeauftragte des Deutschen Bundestages und sein Verhältnis zum Parlament, Diss. jur. Bonn 1979, S. 212 ff.
[17] *K.-A. Hernekamp*, in: v. Münch/Kunig, GG II, Art. 45b Rn. 2; kritisch *W. Frhr. v. Bredow*, Blätter für deutsche und internationale Politik 13 (1968), 821 ff.; *Vogt*, Militär (Fn. 15), S. 195 ff., 204 ff.
[18] *C. H. Ule*, JZ 1957, 422 ff.; *v. Mangoldt/Klein*, GG, Art. 45b Anm. III, 2; *Hamann/Lenz*, GG, Art. 45b, Erl.; *H. J. Wolff/O. Bachof*, Verwaltungsrecht II, 4. Aufl. 1976, § 75 I e 2 b (S. 68).
[19] *H. H. Klein*, in: Maunz/Dürig, GG, Art. 45b (1999), Rn. 13 ff.; *W. Martens*, Grundgesetz und Wehrverfassung, 1961, S. 183 ff.; *G. Willms*, Parlamentarische Kontrolle und Wehrverfassung, Diss. jur. Göttingen 1961, S. 100 ff.; *Busch* (Fn. 5), Art. 45b Rn. 35 ff.; *N. Achterberg/M. Schulte*, in: v. Man-

Bundestages«), systematischer Stellung und Zweck des Art. 45b GG ist der Wehrbeauftragte dem Bundestag als Kontrollorgan zugeordnet. Anders als § 2 WBeauftrG 1957 bringt § 1 I WBeauftrG 1982 dies nunmehr deutlich zum Ausdruck[20]. Die Aufgabe der Grundrechtsüberwachung ist zutreffend als verfassungsrechtlich festgelegter Dauerauftrag im Gegensatz zu den in den übrigen Fällen speziellen Auftragserteilungen durch den Bundestag zu verstehen[21]. Insofern sind auch Differenzierungen zwischen funktioneller und organisatorischer Stellung[22] oder Tätigkeiten als selbständiges und unselbständiges Organ[23] verfehlt. Das schließt die einfachgesetzliche Einräumung einer gewissen Selbständigkeit (§ 5 II WBeauftrG) und eigenständiger Initiative (§ 1 III WBeauftrG) nicht aus.

2. Amtsverhältnis

Das einfachgesetzlich geregelte Amtsverhältnis des Wehrbeauftragten ist an das der Bundesminister angelehnt. Dementsprechend steht der Wehrbeauftragte gem. § 15 WBeauftrG in einem **öffentlich-rechtlichen Amtsverhältnis** zum Bund[24]. Der Wehrbeauftragte hat seinen Sitz beim Bundestag (§ 16 I WBeauftrG)[25], untersteht aber nicht mehr der Dienstaufsicht des Bundestagspräsidenten[26]. Im übrigen ist der Wehrbeauftragte gem. § 16 II WBeauftrG Vorgesetzter der ihm beigegebenen Beschäftigten[27].

5

3. Wahl und Amtsdauer

Der Wehrbeauftragte wird vom Bundestag auf Vorschlag des Verteidigungsausschusses, einer Fraktion oder einer Abgeordnetengruppe in Fraktionsstärke ohne Aussprache mit verdeckten Stimmzetteln (§ 49 GOBT) mit absoluter Mehrheit[28] gem. § 13 WBeauftrG/§ 113 GOBT gewählt. Die **Wählbarkeit** ist an die aktive Wahlberechtigung zum Bundestag, die deutsche Staatsangehörigkeit sowie die Vollendung des 35. Lebensjahres geknüpft. Das zusätzliche Erfordernis einer mindestens einjährigen

6

---

goldt/Klein/Starck, GG II, Art. 45b Rn. 8 ff.; *Müser*, Wehrbeauftragter (Fn. 5), S. 54 ff.; *Stern*, Staatsrecht II, S. 94; *G. Frank*, in: AK-GG, hinter Art. 87 (2001), Rn. 53; *F. Kirchhof*, HStR III, § 78 Rn. 19; *M. Oldiges*, Wehr- und Zivilverteidigungsrecht, in: D. Ehlers/M. Fehling/H. Pünder, Besonderes Verwaltungsrecht, Bd. 3, 3. Aufl. 2013, § 74 Rn. 75; *S. Magiera*, in: Sachs, GG, Art. 45b Rn. 3; *F.-W. Dollinger*, in: Umbach/Clemens, GG, Art. 45b Rn. 3; *G. Krings*, in: Friauf/Höfling, GG, Art. 45b (2005), Rn. 12; *W. Kluth*, in: Schmidt-Bleibtreu/Hofmann/Henneke, GG, Art. 45b Rn. 4.

[20] Vgl. auch *Busch* (Fn. 5), Art. 45b Rn. 34a, 48a; *Hartenstein*, Wehrbeauftragte (Fn. 15), S. 73 ff.; kritisch demgegenüber *Hernekamp* (Fn. 17), Art. 45b Rn. 9.

[21] So zuerst *G. Dürig*, in: Maunz/Dürig, GG, Art. 45b (Erstb. 1960), Rn. 7; dem folgend *Busch* (Fn. 5), Art. 45b Rn. 36; *Achterberg/Schulte* (Fn. 19), Art. 45b Rn. 10.

[22] *H. Maurer*, Wehrbeauftragter und Parlament, 1965, S. 19 ff.; *J. Klenner*, NZWehrR 1968, 82 (84); *G. Brunner*, Kontrolle in Deutschland, 1972, S. 182; kritisch *Busch* (Fn. 5), Art. 45b Rn. 51 ff.

[23] *Hernekamp* (Fn. 17), Art. 45b Rn. 6; kritisch dazu *Busch* (Fn. 5), Art. 45b Rn. 55.

[24] *Achterberg*, Parlamentsrecht, S. 198 f.; *Maurer*, Wehrbeauftragter (Fn. 22), S. 25 f.; *Achterberg/Schulte* (Fn. 19), Art. 45b Rn. 14 f.

[25] Konkretisiert durch Organisationserlaß des Bundestagspräsidenten v. 25.6.1982.

[26] So noch § 16 I 1 WBeauftrG 1957; kritisch dazu *Dürig* (Fn. 21), Art. 45b Rn. 14.

[27] I.S.v. § 3 II 2 BBG, nicht Dienstvorgesetzter i.S.v. § 3 II 1 BBG; *Achterberg/Schulte* (Fn. 19), Art. 45b Rn. 32.

[28] Rechtspolitische Kritik mit Plädoyer für eine Zweidrittelmehrheit bei *Dürig* (Fn. 21), Art. 45b Rn. 12 Fn. 2; kritisch auch *Stern*, Staatsrecht II, S. 94; gelassener *Klein* (Fn. 19), Art. 45b Rn. 19.

Wehrdienstleistung ist 1990 aufgegeben worden[29], so daß nunmehr uneingeschränkt **auch Frauen** wählbar sind[30].

7 Die **Amtszeit** beträgt fünf Jahre – unabhängig von den Wahlperioden des Bundestages[31]. Eine Wiederwahl ist unbegrenzt möglich (§ 14 II WBeauftrG). Gem. Art. 14 III WBeauftrG ist das Amt mit einer Mitgliedschaft in gesetzgebenden Körperschaften unvereinbar. Die Regelung ist zulässig, aber nicht geboten[32]. Das Amtsverhältnis beginnt mit der Ernennung durch den Bundespräsidenten (§ 15 I, II WBeauftrG) und endet gem. § 15 III WBeauftrG, wenn nicht durch Tod, Abberufung oder Entlassung auf Verlangen, unmittelbar mit Ablauf der Amtsperiode und nicht mehr mit der Ernennung des Nachfolgers (so noch § 15 III Nr. 1 WBeauftrG 1957). Obwohl nicht zuletzt wegen der Notwendigkeit des Grundrechtsschutzes eine verfassungsrechtliche Pflicht zur sofortigen Bestellung eines Wehrbeauftragten besteht[33], ergibt sich nunmehr das **Risiko einer Vakanz**, das durch die Vertretungsregelung des § 17 WBeauftrG nicht vollständig aufgefangen wird[34]. Insbesondere steht dem leitenden Beamten, dem im Fall der Vakanz und der Verhinderung die Vertretung obliegt, das wichtige Inspektionsrecht gem. § 3 Nr. 4 WBeauftrG allenfalls nach drei Monaten zu[35].

III. Aufgaben und Befugnisse

1. Aufgaben und Kompetenzbereich

8 Art. 45b GG weist dem Wehrbeauftragten die übergreifende **Aufgabe der parlamentarischen Kontrolle** im Bereich der militärischen Verteidigung verfassungsrechtlich zu. Im Begriff der parlamentarischen Kontrolle liegt beschlossen, dass die Kompetenzen des Wehrbeauftragten nur soweit reichen wie die Kontrollkompetenzen des Bundestages[36]. Das gilt im Hinblick auf die durch das Bundesstaatsprinzip[37] ebenso wie durch den Grundsatz der Gewaltenteilung[38] gezogenen Grenzen. Darüber hinaus ist der **Kontrollbereich** des Wehrbeauftragten sachlich auf den gesamten Bereich **der militärischen Verteidigung beschränkt**[39]. Das ergibt sich schon aus der Bezeichnung als

---

[29] Novelle vom 30.3.1990 (BGBl. I S. 599).
[30] Da Frauen eine Wehrdienstleistung möglich war (s. § 1 III SoldG), waren sie prinzipiell auch zuvor wählbar; a.A. noch *Dürig* (Fn. 21), Art. 45b Rn. 12; Übersicht über die Wehrbeauftragten bis 2000 in: *K. Gleumes*, Stichwort: Der Wehrbeauftragte, 2001, S. 26ff.
[31] Zu diesem Element der Kontinuität *E. Busch*, Der Wehrbeauftragte des Bundestages, in: Schneider/Zeh, § 51 Rn. 19.
[32] *Krings* (Fn. 19), Art. 45b Rn. 15.
[33] *Hernekamp* (Fn. 17), Art. 45b Rn. 15: »Verfassungspflicht«; *Krings* (Fn. 19), Art. 45b Rn. 10.
[34] Kritisch zum Vakanzrisiko *Hernekamp* (Fn. 17), Art. 45b Rn. 15; *Busch* (Fn. 5), Art. 45b Rn. 358a; *Achterberg/Schulte* (Fn. 19), Art. 45b Rn. 26; anders die Begründung zur Neuregelung: BT-Drs. 9/419, S. 8; Gegenkritik bei *Dollinger* (Fn. 19), Art. 45b Rn. 11.
[35] Nach § 17 II WBeauftrG kann insoweit der Verteidigungsausschuß den Vertreter ermächtigen; zur Vertretungsregelung näher *E. Busch*, DÖV 1970, 331ff.; *ders.* (Fn. 5), Art. 45b Rn. 385ff.; zu Recht kritisch zur Kann-Regelung *Hernekamp* (Fn. 17), Art. 45b Rn. 16.
[36] *G. Moritz*, NZWehrR 18 (1976), 41 (45); *Busch* (Fn. 5), Art. 45b Rn. 121; *Achterberg/Schulte* (Fn. 19), Art. 45b Rn. 69, 75.
[37] Die Kontrollbefugnis umfaßt insoweit aber auch die mittelbaren Einwirkungen aufgrund der Aufsichtsbefugnisse des Bundes, vgl. *Busch* (Fn. 5), Art. 45b Rn. 125; *Hartenstein*, Wehrbeauftragte (Fn. 15), S. 85; *Achterberg/Schulte* (Fn. 19), Art. 45b Rn. 69.
[38] *Hartenstein*, Wehrbeauftragte (Fn. 15), S. 79ff.
[39] *Achterberg/Schulte* (Fn. 19), Art. 45b Rn. 70: »thematische Begrenzung«; vgl. a. *Hartenstein*, Wehrbeauftragte (Fn. 15), S. 86ff.; *Krings* (Fn. 19), Art. 45b Rn. 19.

III. Aufgaben und Befugnisse   Art. 45b

*Wehr*beauftragter. Damit sind sowohl der zivile Ersatzdienst[40] als auch die zivile Verteidigung[41], nicht dagegen die Bundeswehrverwaltung[42] der Kontrolle des Wehrbeauftragten verschlossen. Allerdings ist der Zuständigkeitsbereich nicht völlig deckungsgleich mit dem Geschäftsbereich des Bundesministers für Verteidigung[43]. Personell erfaßt die parlamentarische Kontrolle die **Soldaten, aber auch zivile Bedienstete und Reservisten**[44].

Die parlamentarische Kontrolle stellt die übergreifende Aufgabe des Wehrbeauftragten dar. Die gesamte Tätigkeit des Wehrbeauftragten ist **parlamentarische Kontrolle**[45]. Der Schutz der Grundrechte und der Grundsätze der Inneren Führung sind Teilbereiche des parlamentarischen Kontrollauftrags, die von Art. 45b GG unmittelbar und durch § 1 III WBeauftrG konkretisiert zum Dauerauftrag erhoben werden (→ Rn. 4).   9

Schon aufgrund der Formulierung des Art. 45b GG kommt der Aufgabe des Grundrechtsschutzes hervorgehobene Bedeutung zu. Das der Bundeswehr zugrundeliegende Verständnis der Soldaten als **Staatsbürger in Uniform** und die **prinzipielle Geltung der Grundrechte** im Wehrdienstverhältnis[46] bilden die Grundlage dieser Aufgabe des Wehrbeauftragten. Unter Grundrechten sind sowohl die Grundrechte der Art. 1–19 GG als auch die grundrechtsgleichen Rechte im Sinne des Art. 93 I Nr. 4a GG zu verstehen[47]. Die Beschränkung des Schutzes auf »Grundrechte der Soldaten« gem. § 1 III WBeauftrG ist die gerechtfertigte Konkretisierung des Zwecks des Grundrechtsschutzes durch den Wehrbeauftragten, der die grundrechtlichen Gefahren des eigentlichen Wehrdienstes ausgleichen soll[48]. Für Reservisten kommt es auf den Zeitpunkt des gerügten Vorgangs während des Wehrdienstes oder von Wehrübungen, nicht auf den Zeitpunkt der Eingabe an[49]. Außerdem fallen sonstige Beschwerden von Reservisten und ungedienten Wehrpflichtigen in den Bereich der allgemeinen parlamentarischen Kontrolle (→ Rn. 9).   10

Der durch § 1 III WBeauftrG ebenfalls dem Wehrbeauftragten übertragene Schutz der »**Grundsätze der Inneren Führung**« ist auch ein Ausschnitt des übergreifenden   11

---

[40] *Hernekamp* (Fn. 17), Art. 45b Rn. 10; *Klein* (Fn. 19), Art. 45b Rn. 32; a.A. *Hamann/Lenz*, GG, Art. 45b, Erl.; *v. Mangoldt/Klein*, GG, Art. 45b Anm. IV, 1 b.

[41] *Hernekamp* (Fn. 17), Art. 45b Rn. 10.

[42] *Martens*, Grundgesetz (Fn. 19), S. 178; *Hartenstein*, Wehrbeauftragte (Fn. 15), S. 87; *Busch* (Fn. 5), Art. 45b Rn. 126; *Achterberg/Schulte* (Fn. 19), Art. 45b Rn. 71.

[43] *Busch* (Fn. 5), Art. 45b Rn. 124 ff.; *Achterberg/Schulte* (Fn. 19), Art. 45b Rn. 71; a.A. *Hernekamp* (Fn. 17), Art. 45b Rn. 10.

[44] *G. Moritz*, NZWehrR 18 (1976), 41 (47); *Hartenstein*, Wehrbeauftragte (Fn. 15), S. 106 f.; *Busch* (Fn. 5), Art. 45b Rn. 127; *Achterberg/Schulte* (Fn. 19), Art. 45b Rn. 72; dagegen fallen die Angehörigen der ehemaligen DDR-Grenztruppen nicht in die Zuständigkeit des Wehrbeauftragten, s. *R. Thiemann*, NZWehrR 35 (1993), 147 (155); *Hernekamp* (Fn. 17), Art. 45b Rn. 10.

[45] Das folgt aus der allgemeinen Funktionsbestimmung des Wehrbeauftragten als Organ des Bundestages → Rn. 4; s. auch *Achterberg/Schulte* (Fn. 19), Art. 45b Rn. 74.

[46] → Art. 17a Rn. 4; im vorliegenden Zusammenhang auch *Hartenstein*, Wehrbeauftragte (Fn. 15), S. 129; *Maurer*, Wehrbeauftragter (Fn. 22), S. 15.

[47] *Hartenstein*, Wehrbeauftragte (Fn. 15), S. 131 f.; *P. Lerche*, Die Grundrechte der Soldaten, in: Die Grundrechte IV/1, S. 447 ff. (529 Fn. 294); *Achterberg/Schulte* (Fn. 19), Art. 45b Rn. 77. → Vorb. Rn. 63; → Art. 1 III Rn. 29 ff.

[48] *Hernekamp* (Fn. 17), Art. 45b Rn. 25; vgl. auch *C.H. Ule*, JZ 1957, 422 (429); auch die Grundrechtsgefährdung einbeziehend *Frank* (Fn. 19), hinter Art. 87 Rn. 50; *Dollinger* (Fn. 19), Art. 45b Rn. 17.

[49] *Hernekamp* (Fn. 17), Art. 45b Rn. 21.

parlamentarischen Kontrollauftrags[50]. Dieses Reformkonzept moderner soldatischer Menschenführung[51] verfügt begrifflich »trotz seiner Schlüsselfunktion für das Binnengefüge der Streitkräfte über rechtlich nur schwer fassbare Konturen«[52]. Obwohl es teilweise als unbestimmter Rechtsbegriff angesehen wird[53], spricht mehr für eine Charakterisierung als vornehmlich politische Kategorie[54]. Als Teilelement politischer Kontrolle liegt die Definitionskompetenz beim Bundestag und damit auch untergeordnet beim Wehrbeauftragten[55]. Durch die Beschränkung auf den Schutz der »Grundsätze« der Inneren Führung wird die Kompetenz des Wehrbeauftragten von vornherein auf die Verletzung und Gefährdung der wesentlichen Prinzipien der Inneren Führung konzentriert[56].

2. Verhältnis zu Bundestag und Verteidigungsausschuß

12 Nach Maßgabe der einfachgesetzlichen Ausgestaltung der Tätigkeit des Wehrbeauftragten kann dieser entweder gem. **§1 II WBeauftrG** auf Weisung des Bundestages oder des Verteidigungsausschusses sowie gem. **§1 III WBeauftrG** aufgrund eigener Entscheidung tätig werden.

a) Handeln auf Weisung

13 Das **Weisungsrecht des Bundestages** konkretisiert die Hilfsorgan-Funktion des Wehrbeauftragten. Das doppelte Weisungsrecht wirft aber zugleich die Frage des Vorrangs der Weisungsbefugnisse auf, da der Gesetzgeber sich den verfassungsrechtlichen Bedenken gegen das Weisungsrecht des Bundestages[57] zu Recht nicht angeschlossen hat[58]. Der Wehrbeauftragte ist Organ des Bundestages und neben dem Verteidigungsausschuß als Instrument parlamentarischer Kontrolle eingerichtet worden. Andererseits muß sich auch der Wehrbeauftragte in das Gefüge der parlamentarischen Kontrolle des Verteidigungsbereichs des Grundgesetzes einfügen, und dieses konzentriert die Kontrollkompetenzen durch Art. 45a GG vornehmlich beim Verteidigungsausschuß. Dementsprechend sieht §1 II 2 WBeauftrG eine **Weisungssperre** für das Plenum vor, wenn der Verteidigungsausschuß den Vorgang zum Gegenstand seiner eigenen Beratung macht. Beratung ist allerdings nicht bloß als eine Befassung i.S.d. §62 I 3 GOBT, sondern als inhaltliche Willensbildung zu verstehen[59]. Aus systematischen Gründen muß auch eine Weisung des Verteidigungsausschusses eine entsprechende

---

[50] *Achterberg/Schulte* (Fn.19), Art.45b Rn.79.
[51] Näher *Busch* (Fn.5), Art.45b Rn.86ff.; vgl. auch BT-Drs. 13/10 000, S.37; → Rn.3.
[52] *Hernekamp* (Fn.17), Art.45b Rn.26.
[53] W. *Brunkow*, NZWehrR 12 (1970), 10ff.; P. *Wolf*, NZWehrR 24 (1982), 8 (18); BT-Drs. 7/334, S.16; *Achterberg/Schulte* (Fn.19), Art.45b Rn.80.
[54] Zutreffend G. *Moritz*, NZWehrR 16 (1974), 161 (163ff.); *Busch* (Fn.5), Art.45b Rn.74ff.; unentschieden *Hernekamp* (Fn.17), Art.45b Rn.26.
[55] Vgl. *Hernekamp* (Fn.17), Art.45b Rn.26; in der Sache hat die Dienstvorschrift des Bundesministers für Verteidigung »Hilfen für die Innere Führung« (ZDV 10/1) die Konkretisierungsaufgabe wahrgenommen; s. auch Weißbuch 1973/74, Rn.186.
[56] *Hernekamp* (Fn.17), Art.45b Rn.28; *Dollinger* (Fn.17), Art.45b Rn.18; zum Verhältnis zwischen Grundrechtsschutz und Grundsätzen der Inneren Führung *Busch* (Fn.5), Art.45b Rn.70, 137.
[57] BT-Drs. 9/419, S.2f., 6 im Anschluß an *Hartenstein*, Wehrbeauftragte (Fn.15), S.93ff.; s.a. P. *Wolf*, NZWehrR 24 (1982), 8 (12f.); G. *Erbel*, Der Staat 14 (1975), 347 (361).
[58] BT-Drs. 9/1367; 9/1407; 9/1441; vgl. auch *Busch* (Fn.5), Art.45b Rn.175; *Achterberg/Schulte* (Fn.19), Art.45b Rn.38.
[59] BT-Drs. 9/419, S.6; P. *Wolf*, NZWehrR 24 (1982), 8 (14); *Hernekamp* (Fn.17), Art.45b Rn.19.

Sperrwirkung entfalten[60], so daß sich der Verteidigungsausschuß jederzeit zum Herr des Verfahrens machen kann. Diese **Vorrangwirkung** will vor allem Doppeluntersuchungen vermeiden und eine Aushöhlung des Untersuchungsmonopols des Verteidigungsausschusses nach Art. 45a III GG verhindern[61].

Gem. §1 II 1 WBeauftrG dürfen Weisungen nur die Prüfung »bestimmter Vorgänge« betreffen[62]. Unzulässig sind negative Weisungen[63]. Eine »Ablenkung« des Wehrbeauftragten durch Weisungen wird nur bei offensichtlichem Mißbrauch als unzulässig angesehen werden können. Außerdem bezieht sich die Weisungsunterworfenheit des Wehrbeauftragten nur darauf, ob der Wehrbeauftragte tätig wird. In Vorgehensweise, Kontrollverfahren und Ergebnissen ist der Wehrbeauftragte gem. §5 II WBeauftrG weisungsfrei[64]. 14

In der Praxis spielen Weisungen nur eine untergeordnete Rolle. Der Bundestag hat bislang von seinem Weisungsrecht gar keinen[65], der Verteidigungsausschuß nur wenige Male Gebrauch gemacht[66]. Aufgrund eines Beschlusses des Verteidigungsausschusses vom 13.4.1967[67] ist ein erleichtertes Weisungsverfahren eingeführt worden, wonach eine Weisung als erteilt gilt, wenn auf eine entsprechende Information durch den Wehrbeauftragten hin nicht binnen vier Wochen ein Viertel der Ausschußmitglieder die Erörterung des Vorgangs im Verteidigungsausschuß verlangt hat. 15

b) Handeln aufgrund eigener Entscheidung

Soweit dem Wehrbeauftragten Umstände bekannt werden, die auf eine Verletzung von Grundrechten der Soldaten oder der Grundsätze der Inneren Führung schließen lassen, kann er gem. §1 III WBeauftrG »nach pflichtgemäßem Ermessen auf Grund seiner Entscheidung« tätig werden. Das **Handeln aufgrund eigener Entscheidung** wird freilich durch das positive Weisungsrecht und die Sperrwirkung des Befassungsrechts des Verteidigungsausschusses begrenzt[68]. 16

Der Wehrbeauftragte kann hier nicht nur auf Verdacht tätig werden, sondern bedarf konkreter Anhaltspunkte, wie sich auch aus der Formulierung des §1 III WBeauftrG ergibt[69]. Als Erkenntnisquellen für Umstände, die ein Tätigwerden des Wehrbeauftragten rechtfertigen, dienen sein Inspektionsrecht gem. §3 Nr. 4 WBeauftrG, Mitteilungen von Mitgliedern des Bundestages, **vor allem** aber Beschwerden von Soldaten, 17

---

[60] Die Sperrwirkung sogar darauf beschränkend *Hernekamp* (Fn. 17), Art. 45b Rn. 19; eine Sperrwirkung verneint *Frank* (Fn. 19), hinter Art. 87 Rn. 55.
[61] Vgl. BT-Drs. 9/419, S. 6; *Busch* (Fn. 5), Art. 45b Rn. 195 ff. m.w.N.; *P. Wolf*, NZWehrR 20 (1978), 121 ff.; zum Untersuchungsmonopol → Art. 45a Rn. 9.
[62] *Hernekamp* (Fn. 17), Art. 45b Rn. 21.
[63] *C.H. Ule*, JZ 1957, 422 (426); *H. Brinkers*, DVBl. 1968, 417 (417); *Achterberg/Schulte* (Fn. 19), Art. 45b Rn. 43; *Klein* (Fn. 19), Art. 45b Rn. 47.
[64] *Busch* (Fn. 5), Art. 45b Rn. 170; *G. Erbel*, Der Staat 14 (1975), 347 (361); *Achterberg/Schulte* (Fn. 19), Art. 45b Rn. 37.
[65] *P. Schindler*, Datenhandbuch zur Geschichte des Deutschen Bundestages 1949 bis 1999, Bd. III, 1999, S. 3168.
[66] *Schindler*, Datenhandbuch (Fn. 65), S. 3167 f.; *Busch* (Fn. 5), Art. 45b Rn. 177; *S. Schmidt*, Bundeswehrverwaltung 2007, 97 (99).
[67] Vgl. BT-Drs. V/1641, S. 10; vgl. dazu *R. Kreutzer*, DÖV 1977, 165 f.; *P. Wolf*, DÖV 1977, 592 ff.; *Klein* (Fn. 20), Art. 45b Rn. 54.
[68] *Achterberg/Schulte* (Fn. 19), Art. 45b Rn. 41 f.; kritisch zu dieser Beschränkung der Eigenständigkeit des Wehrbeauftragten *Hernekamp* (Fn. 17), Art. 45b Rn. 23; a.A. *Frank* (Fn. 19), hinter Art. 87 Rn. 55; vgl. auch generell *Hartenstein*, Wehrbeauftragte (Fn. 15), S. 111 ff. → Rn. 13.
[69] *Hernekamp* (Fn. 17), Art. 45b Rn. 29.

da der Wehrbeauftragte weitgehend als spezielle **Petitionsinstanz** wirkt[70]. Hier liegt sogar tatsächlich eine Hauptaufgabe[71].

3. Amtsbefugnisse

18 Die Amtsbefugnisse des Wehrbeauftragten leiten sich aus der politischen Kontrollkompetenz des Bundestages ab und enthalten deshalb keine Gestaltungs- oder Weisungsrechte gegenüber der Exekutive[72]. Die Amtsbefugnisse sind **einfachgesetzlich durch §3 WBeauftrG konkretisiert** worden und umfassen[73] ein allgemeines Auskunfts- und Akteneinsichtsrecht[74], das Recht zur Anhörung von Zeugen und Sachverständigen bei Weisungen nach §1 II WBeauftrG und Eingaben[75], das wichtige freie Inspektionsrecht[76], das Recht, Berichte anzufordern, die Möglichkeit, Straf- und Disziplinarverfahren oder die Regelung einer Angelegenheit anzuregen, sowie schließlich das Recht auf Anwesenheit bei Straf- und Disziplinarverfahren[77].

4. Berichterstattung

19 Die Wirkungsmöglichkeiten des Wehrbeauftragten beruhen vornehmlich auf seinen Berichtsbefugnissen, die auch in die Öffentlichkeit hineinwirken[78]. Das Hauptgewicht liegt auf dem schriftlichen jährlichen Gesamtbericht für den Bundestag gem. **§2 I WBeauftrG**[79], in die gleiche Richtung wirken aber auch die schriftlichen oder mündlichen[80] Einzelberichte, die der Wehrbeauftragte gem. §2 III WBeauftrG für den jeweiligen Auftraggeber oder nach eigenem Ermessen gem. §2 II WBeauftrG erstattet[81]. Im Anschluß an die sog. Heye-Krise 1964[82] sind die Öffentlichkeitswirkungen insofern verstärkt worden, als gem. §114 I GOBT bereits eine Fraktion oder 5% der Abgeordneten einen Bericht auf die Tagesordnung setzen können und andernfalls zumindest der Verteidigungsausschuß gem. §114 II GOBT an das Plenum Bericht zu erstatten hat. Inzwischen finden jedenfalls über den Jahresbericht regelmäßig Plenardebatten

---

[70] *Hernekamp* (Fn.17), Art.45b Rn.30f.; *Achterberg/Schulte* (Fn.19), Art.45b Rn.84f.; *Hartenstein*, Wehrbeauftragte (Fn.15), S.162ff.; *Busch* (Fn.31), §51 Rn.35ff.; *Klein* (Fn.19), Art.45b Rn.68ff.; vgl. ferner *G. Moritz*, NZWehrR 17 (1975), 201ff.

[71] → Rn.20; vgl. auch die statistische Übersicht in: BT-Drs. 18/300, S.83ff.

[72] *Klein* (Fn.19), Art.45b Rn.58; *Hernekamp* (Fn.17), Art.45b Rn.32; *Busch* (Fn.5), Art.45b Rn.251 m.w.N.; *Achterberg/Schulte* (Fn.19), Art.45b Rn.87; *Kluth* (Fn.19), Art.45b Rn.7; kritisch dazu *C.H. Ule*, JZ 1957, 422 (427); *v. Mangoldt/Klein*, GG, Art.45b Anm. IV, 2 c.

[73] Vgl. im einzelnen *Busch* (Fn.5), Art.45b Rn.253ff.; *Achterberg/Schulte* (Fn.19), Art.45b Rn.88ff.; *U. Krämer*, UBWV 2010, 305 (311f.).

[74] Soweit keine zwingenden Geheimhaltungsgründe entgegenstehen gem. §3 Nr.1 Satz 2WBeauftrG; dazu auch *Busch* (Fn.5), Art.45b Rn.255f.; *Achterberg/Schulte* (Fn.19), Art.45b Rn.89.

[75] Allerdings ohne entsprechende Aussagepflichten oder Zwangsmittel.

[76] *Klein* (Fn.19), Art.45b Rn.62; *Dollinger* (Fn.19), Art.45b Rn.22; zur Vertretungsregelung → Rn.7.

[77] Der Wehrbeauftragte ist jedoch nicht Verfahrensbeteiligter: BVerwG NJW 1973, 1059f.

[78] »Hauptwaffe«, so *Hernekamp* (Fn.17), Art.45b Rn.33.

[79] Vgl. dazu *Busch* (Fn.31), §51 Rn.43ff.; zu den Jahresberichten 1959–75: *Müser*, Wehrbeauftragter (Fn.5), S.140ff.; Jahresbericht 2013 in BT-Drs. 18/300 mit Verzeichnis aller Jahresberichte seit 1959, S.92ff.

[80] *Achterberg/Schulte* (Fn.19), Art.45b Rn.60.

[81] Zu den verschiedenen Berichten vgl. ausführlich *Achterberg/Schulte* (Fn.19), Art.45b Rn.51ff.

[82] Der seinerzeitige Wehrbeauftragte *Heye* hatte am Parlament vorbei seine Auffassungen in die Öffentlichkeit getragen, eingehend dazu *Busch* (Fn.5), Art.45b Rn.226ff. m.w.N.; *Oertel*, Wehrbeauftragte (Fn.16), S.165ff.

statt[83]. Eine Flucht an die Öffentlichkeit am Parlament vorbei und außerhalb der Berichtsbefugnisse dürfte jedoch unzulässig sein[84].

D. Verhältnis zu anderen GG-Bestimmungen

Durch §§ 7 ff. WBeauftrG ist der Wehrbeauftragte in Ergänzung zum Petitionsrecht nach Art. 17 GG zusätzlich zur **Petitionsinstanz** erhoben worden[85]. Diese neben die Kontrollfunktion tretende **Rechtsschutzfunktion**[86] kompensiert partiell den Ausschluß des Sammelpetitionsrechts gem. Art. 17a I GG durch § 1 IV WBO. Darüber hinaus kann er anders als der Petitionsausschuß gem. Art. 45c GG aus eigener Initiative tätig werden und auch dadurch die Grundrechte der Soldaten schützen[87]. Der Wehrbeauftragte ist jedoch auch für den Grundrechtsschutz nicht beteiligtenfähig im Sinne des Art. 93 I Nr. 1 GG[88].

20

---

[83] Vgl. *Schindler*, Datenhandbuch (Fn. 65), S. 815 ff.; zur Worterteilung und Herbeirufung des Wehrbeauftragten s. § 115 GOBT.

[84] *Busch* (Fn. 5), Art. 45b Rn. 225; *Achterberg/Schulte* (Fn. 19), Art. 45b Rn. 66; vgl. auch *Klein* (Fn. 19), Art. 45b Rn. 87; eine Rüge parlamentarischen Boykotts zulassend dagegen *Hernekamp* (Fn. 17), Art. 45b Rn. 35.

[85] *Hartenstein*, Wehrbeauftragte (Fn. 15), S. 164 f.; *Krings* (Fn. 19), Art. 45b Rn. 23; zu den im Vergleich zu Art. 17 GG engeren Grenzen des Eingaberechts näher *T.M. Spranger*, NZWehrR 40 (1998), 8 (11 ff.); vgl. auch die »Verfahrensgrundsätze für die Zusammenarbeit zwischen dem Petitionsausschuss und dem Wehrbeauftragten«, Abdruck jeweils im Jahresbericht s. BT-Drs. 18/300, S. 69.

[86] *Achterberg/Schulte* (Fn. 19), Art. 45b Rn. 84.

[87] *P. Wolf*, NZWehrR 24 (1982), 8 (16); *Achterberg/Schulte* (Fn. 19), Art. 45b Rn. 85; zur Koordination von Petitionsausschuß und Wehrbeauftragten s. ebd., Rn. 86.

[88] *K. Stern*, in: BK, Art. 93 (1982), Rn. 99; *W. Löwer*, HStR³ III, § 70 Rn. 18; a.A. *Benda/Klein*, Verfassungsprozeßrecht, Rn. 1003; *Hernekamp* (Fn. 17), Art. 45b Rn. 39 m.w.N.

Artikel 45c [Petitionsausschuß]

(1) Der Bundestag bestellt einen Petitionsausschuß, dem die Behandlung der nach Artikel 17 an den Bundestag gerichteten Bitten und Beschwerden obliegt.
(2) Die Befugnisse des Ausschusses zur Überprüfung von Beschwerden regelt ein Bundesgesetz.

Literaturauswahl

Bauer, Hartmut: Demokratisch inspirierte Petitionsrechtsmodernisierungen – Zugleich ein Beitrag zur Elektronisierung des Petitionswesens, in: Festschrift für Thomas Würtenberger, 2013, S. 639–654.
Bauer, Hartmut: Partizipation durch Petition – Zu Renaissance und Aufstieg des Petitionsrechts in Deutschland und Europa, in: DÖV 2014, S. 453–464.
Bauer, Hartmut: Petitionsrecht, in: HGR V, § 117 (S. 389–462).
Bockhofer, Reinhard (Hrsg.): Mit Petitionen Politik verändern, 1999.
Brink, Stefan: Zur Unterrichtung des Plenums über Entscheidungen des Petitionsausschusses, in: NVwZ 2003, S. 953–956.
Guckelberger, Annette: Aktuelle Entwicklungen des parlamentarischen Petitionswesens, 2011.
Guckelberger, Annette: Der europäische Bürgerbeauftragte und die Petitionen zum Europäischen Parlament, 2004.
Guckelberger, Annette: Neue Erscheinungen des Petitionsrechts: E-Petitionen und öffentliche Petitionen, in: DÖV 2008, S. 85–94.
Hornig, Michael: Die Petitionsfreiheit als Element der Staatskommunikation, 2001.
Kellner, Martin: Die E-Petition zum Bundestag: Ein Danaergeschenk, in: NJ 2007, S. 56–59.
Langenfeld, Christine: Das Petitionsrecht, in: HStR³ III, § 39 (S. 263–295).
Mehde, Veith: Rechtliche und rechtspolitische Potentiale von Petitionsrecht und Ombudsmanneinrichtungen, in: ZG 16 (2001), S. 145–160.
Pietzner, Rainer: Petitionsausschuß und Plenum, 1974.
Riehm, Ulrich/Böhle, Knud/Lindner, Ralf: Elektronische Petitionssysteme, 2013.
Riehm, Ulrich/Coenen, Christopher/Lindner, Ralf/Blümel, Clemens: Bürgerbeteiligung durch E-Petitionen, 2009.
Rinken, Alfred: Das Petitionsrecht als Menschenrecht und als Parlamentsrecht, in: NordÖR 1998, S. 132–136.
Röper, Erich: Fast überall unzureichende Berichte der Petitionsausschüsse, in: ZParl. 33 (2002), S. 239–244.
Röper, Erich: Notwendiger Inhalt der Berichte des Petitionsausschusses, in: NVwZ 2002, S. 53–54.
Röper, Erich: Über Administrativpetitionen, in: DÖV 2015, S. 456–464.
Schick, Rupert: Petitionen, 3. Aufl. 1996.
Schmitt-Vockenhausen, Monika: Verfassungsrechtliche Probleme der Behandlung von Petitionen durch den Bundestag nach Artikel 17 GG, 1979.
Schneider, Axel Rolf: Petitionen zum Europäischen Parlament unter Berücksichtigung des Bürgerbeauftragten, 2009.
Graf Vitzthum, Wolfgang: Petitionsrecht und Volksvertretung, 1985.
Graf Vitzthum, Wolfgang/März, Wolfgang: Der Petitionsausschuß, in: Schneider/Zeh, § 45 (S. 1221–1244).
Würtenberger, Thomas: Massenpetitionen als Ausdruck politischer Diskrepanzen zwischen Repräsentanten und Repräsentierten, in: ZParl. 18 (1987), S. 383–394.

Siehe auch die Angaben zu Art. 17 GG.

Leitentscheidungen des Bundesverfassungsgerichts

BVerfGE 2, 225 (229ff.) – Petitionsbescheid; BVerfG, 1 BvR 444/78, unveröffentlichter Beschluss des Ersten Senats (Dreierausschuss) vom 13.7.1981 – Vorprüfung; BVerfG (K), DVBl. 1993, S. 32f. – Begründungspflicht bei Petitionsbescheiden.

Gliederung

	Rn.
A. Herkunft, Entstehung, Entwicklung	1
I. Ideen- und verfassungsgeschichtliche Aspekte	1
II. Entstehung und Veränderung der Norm	3
B. Internationale, supranationale und rechtsvergleichende Bezüge	7
C. Erläuterungen	12
I. Allgemeine Bedeutung	12
1. Regelungsgegenstand	12
2. Aktueller Befund	14
II. Verfassungsrechtliche Stellung und Organisation	19
III. Aufgaben und Befugnisse	22
1. Aufgaben	22
2. Befugnisse	25
IV. Verfahren und Erledigungsarten	28
V. Insbesondere: Öffentliche Petitionen	32
D. Verhältnis zu anderen GG-Bestimmungen	38

Stichwörter

Administrativpetitionen Fn. 60, 86 – Amtshilfe 27, 38 – Anhörungsrechte 5, 35f. – Aufgabenzuweisung 22ff. – Ausschussdienst 20, 28f., 34, 36 – Ausschussvorsitz 20 – Befugnisgesetz 4, 27 – Befugnisse 25ff. – »Behandlung« 23 – Beschlussvorlagen 23 – »Beschwerden« 27 – »Bitten« 27 – Bundeszuständigkeit 24 – Bürgerbeauftragter 9, 11 – demokratische Funktion 9, 11, 32ff., 38 – Deutsches Reich (1871) 2 – Diskontinuität 21 – einfach-rechtliche Befugnisse 27 – Eingangszahlen 15 – E-Demokratie 6, 11, 17, 32ff. – E-Mail 6, 34, 36 – E-Parlament 6 – Elektronisierung 6, 8, 11, 17, 32ff. – Erledigungsarten 30 – Europäische Bürgerinitiative 9 – Europäisches Unionsrecht 8ff. – Europäisierung 9 – Frühwarnsystem 14 – Funktionenordnung 38 – Funktionenvielfalt 14 – Geschäftsordnung 3f., 8, 11, 19ff., 22ff., 28, 33ff. – Gewaltenteilung 38 – Grundrechte Dritter 40 – informationelle Selbstbestimmung 40 – internationale Zusammenarbeit 18 – Konfliktmanagement 16 – Landesverfassungsrecht 11 – Mediation 16 – Mittelalter 1 – Monopol 22 – öffentliche Meinung 16, 35 – Öffentliche Petition 6, 17, 32ff. – Ombudsman 3, 10f., 16, 18 – Partizipation 11, 14, 32ff. – Petitionsberichte 28f. – Petitionsgegenstände 16 – Petitionsinformationsrecht 25 – Petitionsüberweisungsrecht 26 – Pflichtausschuss 19 – Private Petitionsplattformen 16 – Rechtsschutzfunktion 14, 38 – Reformdiskussion 3f. – Regelungsgegenstand 12f. – Regelungszweck 14 – Supplikationsausschuss 1 – Überweisung 30 – Unionsrecht 8ff. – Verfahren 28ff., 35f. – Verfahrensgrundsätze 13, 33 – Verfassungsentwicklung 5 – Völkerrecht 7 – Wehrbeauftragter 39 – Weimarer Republik 2 – Wiedervereinigung 15 – Zusammensetzung 20.

A. Herkunft, Entstehung, Entwicklung

I. Ideen- und verfassungsgeschichtliche Aspekte

Als mit Verfassungsrang ausgestattete Institution besitzt der Petitionsausschuss des Bundestages in der deutschen Verfassungsgeschichte **keine rechtshistorische Tradition**. Obschon erst 1975 in das Grundgesetz aufgenommen (→ Rn. 3f.), ist er aber nicht völlig »geschichtslos«. Bereits im ausgehenden Mittelalter setzten nämlich die Reichstage zur Erledigung der damaligen Bitten und Beschwerden[1] Kommissionen ein, die einerseits den gesamten Reichstag von der Beschäftigung mit Privat- und Nebensachen entlasten und andererseits namentlich bei schwierigeren Problemen die Herbeiführung einer sachgerechten Lösung durch kleinere Gremien erleichtern sollten[2]; spä-

1

---

[1] → Art. 17 Rn. 2f.
[2] *H. Neuhaus*, Reichstag und Supplikationsausschuß, 1977, S. 148.

2 ter etablierte sich beim Reichstag zeitweise ein besonderer Supplikationsausschuss als feste Institution[3].

2 Die **Verfassung des Deutschen Reiches von 1871** erwähnte zwar in Art. 23 ein Petitionsüberweisungsrecht, enthielt jedoch keine spezifischen Aussagen über einen Petitionsausschuss. Allerdings sah die Geschäftsordnung für den Reichstag »nach Maßgabe des sich herausstellenden Bedürfnisses« die Möglichkeit der Wahl einer Petitionskommission vor und regelte zudem einige organisations- sowie verfahrensrechtliche Aspekte dieser Kommission[4]. Ähnlich gestaltete sich die Rechtslage in der **Weimarer Republik**: Während auf Verfassungsebene neben dem Petitionsrecht in gewissem Umfang allgemein auch das Recht der Ausschüsse normiert war[5], fanden sich die besonderen Regelungen über den Petitionsausschuss in der Geschäftsordnung für den Reichstag[6]; dort war – zusammen mit organisations- und verfahrensrechtlichen Vorgaben – die Einsetzung eines Petitionsausschusses als ständiger Ausschuss vorgeschrieben[7].

II. Entstehung und Veränderung der Norm

3 Die Bundesrepublik Deutschland folgte anfangs in wesentlichen Punkten der **Tradition geschäftsordnungsrechtlicher Ausgestaltung**[8]. Unzulänglichkeiten des damaligen parlamentarischen Petitionsverfahrens[9] führten jedoch schon in den 60er Jahren zu einer weit ausgreifenden **Reformdiskussion**[10], die als politische Alternative oder Ergänzung auch die Einrichtung eines Ombudsman nach skandinavischem Vorbild[11]

---

[3] *Neuhaus*, Reichstag (Fn. 2), S. 148 ff.; vgl. auch *H. Neuhaus*, Art. Supplikationsausschuß, in: HRG V, Sp. 92 ff. (94), der den Petitionsausschuss als »spätneuzeitliche Parallele« zum Supplikationsausschuss bezeichnet, und *H.H. Klein*, in: Maunz/Dürig, GG, Art. 45c (2011), Rn. 1.

[4] §§ 26, 28, 35, 50 GO; Text bei Huber, Dokumente, Bd. 2, S. 423 ff. Näher zur verfahrensmäßigen Ausgestaltung und zu den sich in der Praxis herausbildenden Kategorien der Petitionsentscheidungen *H.-J. Vonderbeck*, ZParl. 6 (1975), 178 (180) unter Hinweis auf Vorläufervorschriften in der Geschäftsordnung des Preußischen Abgeordnetenhauses; vgl. auch *Klein* (Fn. 3), Art. 45c Rn. 1.

[5] Art. 33 ff., 126 WRV.

[6] Bekanntmachung der am 12.12.1923 angenommenen Geschäftsordnung für den Reichstag vom 17.2.1923 (RGBl. II S. 101); vgl. auch *Klein* (Fn. 3), Art. 45c Rn. 2; *D. C. Umbach*, in: Umbach/Clemens, GG, Art. 45c Rn. 1.

[7] §§ 26 ff., 63 ff. GO; näheres hierzu und zu den Fortentwicklungen gegenüber der Geschäftsordnung des alten Reichstags bei *H.-J. Vonderbeck*, ZParl. 6 (1975), 178 (181 f.). Zur Entwicklung des Petitionswesens im Nationalsozialismus s. *H. Bauer*, HGR V, § 117 Rn. 10 m.w.N.

[8] Vgl. §§ 60 ff., 112 f., 126 GOBT vom 28.1.1952 (BGBl. II S. 389).

[9] Zu lange Bearbeitungszeiten für Petitionen, unzureichende Ausstattung des Petitionsausschusses mit Rechten und sonstigen Möglichkeiten, um seine Aufgaben ordnungsgemäß zu erfüllen (unzulängliche Auskunftsrechte, fehlende Aktenvorlage- bzw. Akteneinsichtsrechte, weitgehend verwehrte Möglichkeiten eigener Sachaufklärung etc.); s. zu diesen und anderen Kritikpunkten den Zwischenbericht der Enquete-Kommission für Fragen der Verfassungsreform, BT-Drs. VI/3829, S. 29 ff.

[10] Zu der knapp anderthalb Jahrzehnte dauernden parlamentarischen Diskussion s. die zusammenfassenden Überblicke bei *W. Banse*, Parl. 4 (1973), 171 ff.; *Klein* (Fn. 3), Art. 45c Rn. 4 ff.; *T. Würtenberger*, in: BK, Art. 45c (1995), Rn. 1 ff., jeweils m.w.N. Speziell zur Reformdiskussion auf Länderebene vgl. *S. Mielke*, ZParl. 2 (1971), 419 ff.

[11] Vgl. zusammenfassend zu der auch nach der Verfassungsänderung fortgeführten Diskussion über das Ombudsman-Modell etwa *N. Achterberg/M. Schulte*, in: v. Mangoldt/Klein/Starck, GG II, Art. 45c Rn. 5 f.; *Würtenberger* (Fn. 10), Art. 45c Rn. 2 f., 39 ff., sowie allgemein zu Bedeutung und Verbreitung dieses Modells *R. Pietzner*, Art. Ombudsman, in: EvStL[3], Sp. 2311 ff.; *U. Kempf/M. Mille*, ZParl. 23 (1992), 29 ff.; *K. Groh*, Art. Ombudsmann, in: EvStL[4], Sp. 1684 ff.

einbezog, am Ende aber nicht realisierte¹², und stattdessen eine Verstärkung der Rechtsstellung des Petitionsausschusses favorisierte. Nach mehreren erfolglosen Vorstößen in früheren Legislaturperioden¹³ mündeten die Reformbestrebungen während der 7. Wahlperiode in die verfassungsrechtliche Verankerung des Petitionsausschusses und eine – ohne Grundgesetzänderung nicht erreichbare¹⁴ – Erweiterung seiner Befugnisse.

Der schließlich **als Kompromiss in das Grundgesetz eingefügte Art. 45c GG** geht auf einen von den Fraktionen der SPD, CDU/CSU und FDP gemeinsam und zusammen mit dem Entwurf eines einfachen Gesetzes über die Befugnisse des Petitionsausschusses¹⁵ eingebrachten Gesetzentwurf¹⁶ zurück, der trotz vorheriger interfraktioneller Abstimmung im Gesetzgebungsverfahren weder gänzlich unverändert noch unangefochten blieb. Obschon die Verbesserung des Petitionswesens als Zielsetzung von den beteiligten Akteuren begrüßt und dementsprechend die verfassungsrechtliche Absicherung des Petitionsausschusses unverändert als Art. 45c I GG beschlossen wurde, erfuhr die ursprüngliche Entwurfsfassung von Art. 45c II GG auf Vorschlag der beratenden Ausschüsse eine Änderung, die ausweislich der Begründung freilich nur der Kürzung und Straffung der Formulierung diente¹⁷. Gewichtiger ist bezüglich Art. 45c II GG die Anrufung des Vermittlungsausschusses durch den Bundesrat, in der es – wenn auch im Ergebnis ohne Erfolg¹⁸ – als »verfassungspolitisch nicht vertretbar und in verfassungssystematischer Hinsicht bedenklich« eingestuft wurde, »durch eine unbestimmte Generalklausel die Ausgestaltung der Befugnisse des Petitionsausschusses ganz dem einfachen Gesetzgeber zu überlassen«¹⁹. Im übrigen dokumentieren die Beratungen mancherlei Stichworte, die sich später in der Kritik wiederfinden und Ansatzpunkte für erneute Reformvorschläge lieferten²⁰. Vorerst aber fügte das 32. Gesetz zur Änderung des Grundgesetzes Art. 45c GG in die Verfassung ein²¹. Institution

---

¹² S. zur Diskussion und zum ablehnenden Votum der Enquete-Kommission Verfassungsreform deren Zwischenbericht (BT-Drs. VI/3829, S. 33 ff. [34]) und deren Schlussbericht (BT-Drs. 7/5924, S. 63 f. [64]); vgl. dazu auch *N. Achterberg*, DÖV 1977, 548 (553 f.).
¹³ Zu den aus unterschiedlichen Gründen erfolglos gebliebenen Gesetzesinitiativen in der 5. und 6. Wahlperiode s. *Würtenberger* (Fn. 10), Art. 45c Rn. 4 ff.
¹⁴ Begründung des Gesetzentwurfs zur Einfügung von Art. 45c in das Grundgesetz, BT-Drs. 7/580, S. 4 unter Hinweis auf einen früheren Bericht des Rechtsausschusses (BT-Drs. V/4514, S. 4) und den Zwischenbericht der Enquete-Kommission für Fragen der Verfassungsreform (BT-Drs. VI/3829, S. 31).
¹⁵ Entwurf eines Gesetzes über die Befugnisse des Petitionsausschusses des Deutschen Bundestages (Gesetz nach Artikel 45c des Grundgesetzes) vom 17.5.1973 (BT-Drs. 7/581). Zu den Änderungsvorschlägen nach den Ausschussberatungen s. Bericht und Antrag des Ausschusses für Wahlprüfung, Immunität und Geschäftsordnung vom 20.2.1975, BT-Drs. 7/3252.
¹⁶ Entwurf eines Gesetzes zur Änderung des Grundgesetzes (Artikel 45c) vom 17.5.1973 (BT-Drs. 7/580).
¹⁷ Die ursprüngliche Fassung lautet: »(2) Bei der Überprüfung von Beschwerden wird der Ausschuß als parlamentarisches Kontrollorgan tätig. Das Nähere regelt ein Bundesgesetz.« (BT-Drs. 7/580, S. 3). Zu den Motiven für die spätere Änderung s. Bericht und Antrag des Rechtsausschusses vom 30.1.1975, BT-Drs. 7/3195, S. 3.
¹⁸ Nach dem Einigungsvorschlag des Vermittlungsausschusses wurden sowohl die vom Bundestag beschlossene Fassung von Art. 45c GG als auch das Gesetz nach Art. 45c GG bestätigt (BT-Drs. 7/3548, 7/3549); zur Zustimmung des Bundesrates am 30.5.1975 s. BR-Drs. 324/75, 325/75.
¹⁹ BT-Drs. 7/3495, S. 1 mit entsprechenden Präzisierungsvorschlägen; zur gleichzeitigen Anrufung des Vermittlungsausschusses wegen des Petitionsgesetzes s. BT-Drs. 7/3496.
²⁰ So insb. der Ombudsman bzw. Bürgerbeauftragte und die Erstreckung der Befugnisse aus Art. 45c II GG auch auf »Bitten«; vgl. BT-Drs. 7/580, 7/3195.
²¹ Gesetz vom 15.7.1975 (BGBl. I S. 1901).

und Befugnisse des Petitionsausschusses waren damit auf ein neues verfassungsrechtliches Fundament gestellt, das durch das fast zeitgleich ergangene, in Art. 45c II GG vorgesehene Gesetz über die Befugnisse des Petitionsausschusses des Deutschen Bundestages (Gesetz nach Art. 45c GG)[22] sowie anschließende Änderungen der GOBT[23] einfachrechtlich konkretisiert und ergänzt wurde.

5 In der weiteren **Verfassungsentwicklung** blieb der Normtext von Art. 45c GG unverändert. Ebenso unverändert ist der Regelungsgegenstand aber »in Bewegung«. Kritik, Verbesserungs- und Ergänzungsvorschläge konzentrieren sich insb. auf die Ausdehnung der Befugnisse aus Art. 45c II GG auch auf »Bitten«[24], die Einrichtung von Anhörungsrechten und -pflichten bei Massen- und Sammelpetitionen[25], die Festschreibung von Ausschussrechten im Grundgesetz[26], den Ausbau der Optionen für eine persönliche Begegnung von Petitionsausschuss und Petenten[27], die ergänzende Einführung eines Bürgerbeauftragten[28] und anderes mehr[29] – dies alles freilich bislang ohne normative Konsequenzen für das Grundgesetz.

6 Bislang nicht im Text des Grundgesetzes niedergeschlagen haben sich insb. auch Vorstöße, die im Petitionswesen den modernen Informations- und Kommunikationstechnologien mit der Einräumung der Option zur **Petitionseinlegung durch E-Mail** (→ Art. 17 Rn. 36) Rechnung tragen und in diesem Zusammenhang in das **Zeitalter von E-Parlament und E-Demokratie** eintreten. Im Juni 2005 hat der Petitionsausschuss allerdings die Verfahrensgrundsätze (→ Rn. 13) geändert und für Eingaben an das Parlament eine elektronische Plattform eingerichtet. Nach dieser zunächst als Modellversuch gestarteten und inzwischen auf Dauer gestellten Innovation sind – jeweils unter im einzelnen näher benannten Voraussetzungen – u.a. die Petitionseinlegung auch auf elektronischem Weg möglich und bei der neu eingeführten Form der »Öffentlichen Petition« im Einvernehmen mit dem Petenten die Veröffentlichung auf der Internetseite des Petitionsausschusses vorgesehen, die weiteren Personen die Mitzeichnung erlaubt[30] (→ Rn. 32 ff.).

---

[22] Gesetz vom 19.7.1975 (BGBl. I S. 1921), geändert durch Gesetz vom 5.5.2004 (BGBl. I S. 718).
[23] Bekanntmachung der Neufassung der GOBT vom 2.7.1980 (BGBl. I S. 1237); dazu *M. Schmitt-Vockenhausen*, NJW 1981, 737 f.
[24] Vgl. dazu etwa die von der Fraktion BÜNDNIS 90/DIE GRÜNEN eingebrachten Gesetzentwürfe zur Ergänzung von Art. 45c II GG und des Gesetzes nach Art. 45c GG (BT-Drs. 13/3570, 13/3571).
[25] VE-Kuratorium zu Art. 45c II GG; vgl. auch Bericht der Gemeinsamen Verfassungskommission, BT-Drs. 12/6000, S. 93 f.
[26] VE-Kuratorium zu Art. 45c III GG.
[27] BT-Drs. 10/3600, S. 14.
[28] S. dazu etwa den Anfang 1996 von der Fraktion BÜNDNIS 90/DIE GRÜNEN eingebrachten Entwurf eines Bürgerbeauftragtengesetzes (BT-Drs. 13/3578).
[29] S. etwa zur Einrichtung eines Minderheitenvotums den Antrag der Fraktion BÜNDNIS 90/DIE GRÜNEN zur Änderung der GOBT (BT-Drs. 13/3572); vgl. ferner *W. Graf Vitzthum/W. März*, Der Petitionsausschuß, in: Schneider/Zeh, § 45 Rn. 45 ff. Vgl. im übrigen zu Kritik und Reformvorschlägen auch *S. Beck/K.A. Klang*, ZParl. 17 (1986), 49 (58 ff.); *Klein* (Fn. 3), Art. 45c Rn. 11; *P. Scholz*, ZParl. 17 (1986), 448 ff.; *K. Wittrock*, DÖV 1987, 1102 (1103 f.).
[30] Näheres zu Einrichtung und Fortentwicklung des elektronischen Petitionssystems bei *A. Guckelberger*, DÖV 2008, 85 ff.; *U. Riehm/C. Coenen/R. Lindner/C. Blümel*, Bürgerbeteiligung durch E-Petitionen, 2009, S. 207 ff.; *U. Riehm/K. Böhle/R. Lindner*, Elektronische Petitionssysteme, 2013, S. 51 ff.; *H. Bauer*, Das Petitionsrecht: eine Petitesse?, in: FS Stern, 2012, S. 1211 ff. (1217 ff.).

B. Internationale, supranationale und rechtsvergleichende Bezüge

Mangels den nationalen Parlamenten vergleichbarer Institutionen stellen sich im **internationalen Recht** die spezifischen Probleme eines parlamentarischen Petitionsausschusses naturgemäß nicht, zumal die Gewährleistung des Petitionsrechts dort ohnehin nur schwach ausgeprägt ist[31]. Immerhin ist aber auch im Völkerrecht im Zusammenhang mit der Behandlung von Petitionen bisweilen die Bildung besonderer Ausschüsse mit Entlastungsfunktion zu beobachten[32].

Im **Europäischen Unionsrecht** ist zwar das Petitionsrecht zum Europäischen Parlament seit dem Vertrag von Maastricht (1992) primärrechtlich zu einem Unionsbürgerrecht ausgebaut und heute in Art. 20 II 2 lit. d, 24 II, 227 AEUV geregelt[33], der Petitionsausschuss jedoch nicht in den Verträgen, sondern lediglich in der Geschäftsordnung des Europäischen Parlaments behandelt[34]. Durch die nur geschäftsordnungsrechtliche Regelung haben sich im Vergleich mit dem deutschen Recht Befugnisdefizite ergeben[35], die allerdings teilweise durch eine interinstitutionelle Vereinbarung zwischen Parlament, Rat und Kommission »aufgefangen« wurden[36]. Die **praktische Bedeutung** des Rechts, Petitionen an das Europäische Parlament zu richten, wurde lange Zeit als eher gering eingestuft, hat aber inzwischen zugenommen[37]. Im unmittelbaren Vergleich mit den beim Deutschen Bundestag eingegangenen Petitionen ist das Petitionsaufkommen beim Europäischen Parlament allerdings noch immer auffallend niedrig[38]. Der nur auf Eingangszahlen abstellende statistische Vergleich darf frei-

---

[31] *H. Bauer*, HGR V, § 117 Rn. 18; vgl. auch *C. Langenfeld*, HStR³ III, § 39 Rn. 8.

[32] Ein oftmals angeführtes Beispiel betrifft die Einrichtung eines Committee für die Behandlung von Petitionen in Treuhandgebieten, das inzwischen obsolet geworden ist; vgl. dazu *R. Geiger*, in: B. Simma (Hrsg.), The Charter of the United Nations, A Commentary, Bd. II, 2002, Art. 87 Rn. 7, 12.

[33] Näher dazu und zum Zurücktreten des ebenfalls das Petitionsrecht regelnden Art. 44 ChGrEU nach Art. 52 Abs. 2 ChGrEU → Art. 17 Rn. 13 f.; vgl. ferner zur Entwicklung sowie zu Abweichungen gegenüber der deutschen Regelung etwa *H. Betz*, Petitionsrecht und Petitionsverfahren, in: FS Hanisch, 1994, S. 13 ff.; *A. Hamers*, Der Petitionsausschuß des Europäischen Parlaments und der Europäische Bürgerbeauftragte, 1999, S. 58 ff.; *J. M. Meese*, Das Petitionsrecht beim Europäischen Parlament und das Beschwerderecht beim Bürgerbeauftragten der Europäischen Union, 2000, S. 65 ff., 89 ff., 310 ff.; *A. Guckelberger*, Der Europäische Bürgerbeauftragte und die Petitionen zum Europäischen Parlament, 2004, S. 22 ff. m.w.N.; *dies.*, DÖV 2003, 829 (830 ff.); *A. R. Schneider*, Petitionen zum Europäischen Parlament unter Berücksichtigung des Bürgerbeauftragten, 2009.

[34] Danach ist der Petitionsausschuss als ständiger Ausschuss gebildet und zuständig für Petitionen, die Organisation von Öffentlichen Anhörungen zu Bürgerinitiativen gemäß Art. 211 GOEP sowie die Beziehungen zum Europäischen Bürgerbeauftragten (Art. 196 GOEP 2014 mit Anlage VI.XX). Zur organisations- und verfahrensrechtlichen Behandlung von Petitionen vgl. Art. 215–218 GOEP 2014; vgl. ferner zur Entwicklung *Betz*, Petitionsrecht (Fn. 33), S. 18 ff.; *Guckelberger*, Petitionen (Fn. 33), S. 64 ff.; *Hamers*, Petitionsausschuß (Fn. 33), S. 82 ff.

[35] *Betz*, Petitionsrecht (Fn. 33), S. 24 f.; *Guckelberger*, Petitionen (Fn. 33), S. 66 ff.; zu den Unzulänglichkeiten der früheren deutschen geschäftsordnungsrechtlichen Regelung → Rn. 3 mit Fn. 9.

[36] Näheres bei *Guckelberger*, Petitionen (Fn. 33), S. 67 ff.

[37] Nach der bei *E. Marias*, ELRev. 19 (1994), 169 (182) mitgeteilten Statistik stiegen die Eingangszahlen beim Europäischen Parlament von 20 in der parlamentarischen Sitzungsperiode 1977/78 auf 900 in der Periode 1992/93 kontinuierlich an. Nach *Guckelberger*, Petitionen (Fn. 33), S. 39, lag die Zahl der jährlich beim Europäischen Parlament eingegangenen Petitionen Ende der 70er Jahre bei etwa 50, in der Sitzungsperiode 1993/94 erstmals bei über 1000 und in der Sitzungsperiode 2002/03 bei 1514. Nach dem Bericht über die Tätigkeiten des Petitionsausschusses 2013, S. 17, »erreichte die Zahl der registrierten Petitionen« im Jahr 2013 »die Dreitausend-Marke, was einem Anstieg um mehr als 45 % seit 2012 und eine Verdoppelung seit 2011 bedeutet«; konkret handelte es sich um 2.885 Petitionen, die der Petitionsausschuss 2013 erhalten hat (Dok. EP A7-0131/2014).

[38] So stehen im Jahr 2013 den 2.885 Petitionseingängen beim Europäischen Parlament (Fn. 37)

lich nicht den Blick dafür verstellen, dass Petitionen beim Europäischen Parlament namentlich im Bereich des Umweltschutzes mit zum Teil außerordentlich hohen Unterstützerzahlen aufwarten[39]. Auch können dort eingereichte Petitionen ganz beträchtliche Wirkungen entfalten[40]. So haben sie häufig Vertragsverletzungsverfahren gegen Mitgliedstaaten ausgelöst oder unterstützt und in einem Fall sogar zur Einsetzung eines nichtständigen Untersuchungsausschusses (Art. 226 AEUV) geführt. Ein weiterer Bedeutungszuwachs ist von dem auch auf der europäischen Ebene angestrebten Ausbau eines elektronischen Petitionssystems zu erwarten[41].

9   Bei der Bewertung des Petitionsaufkommens ist außerdem zu berücksichtigen, dass auf der europäischen Ebene mit dem Europäischen Bürgerbeauftragten und der Europäischen Bürgerinitiative zwei **funktionell** partiell **vergleichbare Institute** bereitstehen, die das Recht zur Parlamentspetition ergänzen und dadurch eine gewisse Entlastung des Petitionsausschusses bewirken können. Der heute in Art. 24 III, 228 AEUV und ergänzenden Vorschriften[42] geregelte **Europäische Bürgerbeauftragte** ist längst zu einer Erfolgsgeschichte geworden[43]. Entgegen anfangs befürchteter Abstimmungsschwierigkeiten hat sich mit dem Petitionsausschuss eine »proaktive« Zusammenarbeit im Interesse der Bürger[44] mit Effizienzsteigerungen und Synergieeffekten entwickelt. Dementsprechend lobte das Parlament unlängst die »hervorragenden Beziehungen zwischen dem Bürgerbeauftragten und« dem »Ausschuss im institutionellen Gefüge«[45]. Ähnlich erfolgversprechend ist die **Europäische Bürgerinitiative** nach Art. 11 IV EUV, Art. 24 I AEUV und ergänzenden Vorschriften[46], mit der die Kommission zur Unterbreitung eines Gesetzgebungsvorschlags aufgefordert werden kann. Zu dieser durch den Vertrag von Lissabon (2009) neu eingeführten Petitionsform liegen bislang freilich nur erste Erfahrungen vor[47]. Die mitunter als »neuartiges direktdemo-

---

14.800 Neueingänge beim Petitionsausschuss des Deutschen Bundestages gegenüber (BT-Drs. 18/1300, S. 87); zu Vergleichszahlen in früheren Jahren vgl. *H. Bauer*, HGR V, § 117 Rn. 58 m. Fn. 356.

[39] So berichten *E. Marias*, ELRev. 19 (1994), 169 (183) von einer Petition gegen Tierversuche, die von 2,5 Millionen Petenten unterzeichnet wurde, und *A. Maurer/S. Vogel*, Die Europäische Bürgerinitiative, 2009, S. 12, von einer von Umweltverbänden organisierten Petition zum Schutz wildlebender Vogelarten mit ebenfalls über zwei Millionen Unterstützern; und im Jahresbericht 2010 des europäischen Petitionsausschusses (Dok. EP A7-0232/2011, S. 6) ist zu lesen, dass »beim Parlament kampagnenhafte Petitionen mit mehr als einer Million Unterschriften eingegangen« seien.

[40] Dazu und zum Folgenden *H. Bauer*, HGR V, § 117 Rn. 58 m.w.N.

[41] Petitionsbericht 2013 (Fn. 37), S. 18 f.

[42] Art. 219–221 GOEP 2014 mit Anlage X und ergänzenden Durchführungsbestimmungen; ferner Art. 43 ChGrEU.

[43] S. zum Europäischen Bürgerbeauftragten etwa *Betz*, Petitionsrecht (Fn. 33), S. 21 f.; *E. Marias*, ELRev. 19 (1994), 169 (181 f.); *Hamers*, Petitionsausschuß (Fn. 33), S. 115 ff.; *Guckelberger*, Petitionen (Fn. 33), S. 77 ff.; *dies.*, DÖV 2003, 829 (834 ff.); *M. Hornig*, Die Petitionsfreiheit als Element der Staatskommunikation, 2001, S. 152 f.; *Meese*, Petitionsrecht (Fn. 33), S. 123 ff., 310 ff.; *R. Strempel*, JA 1997, 261 ff.; jeweils m.w.N.

[44] Der Europäische Bürgerbeauftragte, Jahresbericht 2013, 2014, S. 33.

[45] Petitionsbericht 2013 (Fn. 37), S. 15.

[46] Verordnung (EU) Nr. 211/2011 des Europäischen Parlaments und des Rates vom 16. Februar 2011 über die Bürgerinitiative (ABl. L 65 vom 11.3.2011, S. 1); ergänzende Regelungen für Deutschland finden sich in dem am 1.4.2012 in Kraft getretenen Gesetz zur Durchführung der Verordnung (EU) Nr. 211/2011 des Europäischen Parlaments und des Rates vom 16. Februar 2011 über die Bürgerinitiative (EBIG) vom 7.3.2012 (BGBl I S. 446).

[47] Vgl. allgemein zu den Motiven, Zielen und Erwartungen auch *A. Guckelberger*, DÖV 2010, 745 (745 ff.); *H. Goerlich/B. Assenbrunner*, ZG 26 (2011), 268 ff.; *B. Assenbrunner*, SächsVBl. 2011, 201 (203 ff.); *H. Bauer*, Demokratisch inspirierte Petitionsrechtsmodernisierungen, in: FS Würtenberger,

B. Internationale, supranationale und rechtsvergleichende Bezüge **Art. 45c**

kratisches Instrument«[48] bezeichnete Bürgerinitiative gilt auf der europäischen Ebene als wichtiges Element »assoziativer und direkter Demokratie«[49], ist auch in die Arbeit des Petitionsausschusses einbezogen[50] und soll zusammen mit anderen petitionsrechtlichen Innovationen die **demokratische Funktionsweise des Gemeinwesens** verbessern[51].

Die Petitionsausschüsse des Europäischen Parlaments und des Deutschen Bundestages sind rechtlich wie institutionell auf unterschiedlichen Ebenen angesiedelt. Deshalb sind **wechselseitige Einwirkungen** der jeweiligen normativen Regelungen im Sinne von Überformungen schwer vorstellbar. Eine »Kooperation« etwa durch parallele Vorstöße der beiden Ausschüsse in geeigneten Fällen, die wegen der zunehmenden Europäisierung rechtlicher Problemlagen künftig vermehrt auftreten werden, ist dadurch freilich nicht ausgeschlossen (→ Rn. 18 m. Fn. 94). Im Übrigen sind wechselseitig ausgehende Impulse für potentielle Rechtsänderungen denkbar – so etwa für die Stärkung der Befugnisse des europäischen Petitionsausschusses nach deutschem Vorbild oder umgekehrt für die Einführung eines deutschen Ombudsman nach dem europäischen Modell[52]. 10

Rechtsvergleichend sind Regelungen über den Petitionsausschuss sowohl auf der Ebene der Verfassung[53] als auch lediglich auf der Ebene der Geschäftsordnung[54] nachweisbar. Nicht selten finden sich im **ausländischen Verfassungsrecht** ergänzend die Einrichtung eines Ombudsman[55] und funktionelle Äquivalente in Ombudsman-Traditionen[56]. Die globale »Ombudsmania«[57] ist am deutschen Verfassungsrecht fast spurlos vorbeigegangen; inzwischen ist Deutschland bei der verfassungsrechtlichen Einrichtung von Bürgerbeauftragten sogar weltweit in eine Außenseiterposition geraten. In den **deutschen Ländern** sehen die Verfassungen ganz überwiegend[58] Petitions- 11

2013, S. 639 ff. (649 ff.); zur ersten erfolgreichen Bürgerinitiative (»right2water«) s. *H. Bauer*, DÖV 2014, 453 (461 f.); *S. Sule*, EuZW 2014, 725 ff.
[48] *Maurer/Vogel*, Bürgerinitiative (Fn. 39), S. 5.
[49] BVerfGE 123, 267 (377 f., Rn. 290).
[50] Art. 218 GOEP 2014.
[51] Näheres dazu bei *H. Bauer*, DÖV 2014, 453 ff.
[52] Überlegungen dazu etwa bei *M. Frank*, Ein Ombudsmann für Deutschland?, 1999; zu entsprechenden Überlegungen mit einem rechtsvergleichenden Ansatz *V. Mehde*, ZG 16 (2001), 145 (155 ff.); kritisch zum fehlenden nationalen Bürgerbeauftragten Petitionsbericht 2013 (Fn. 37), S. 15.
[53] Art. 178 III Verfassung der Republik Portugal.
[54] So in Österreich (vgl. §§ 100 ff. Geschäftsordnung des Nationalrats); zur niederländischen Regelung s. *K. Riezebos*, ZParl. 23 (1992), 16 ff.
[55] → Art. 17 Rn. 16; vgl. ergänzend zum Ombudsman im Vereinigten Königreich *V. Mehde*, ZG 16 (2001), 145 (150 ff.).
[56] Vgl. *H. Bauer*, HGR V, § 117 Rn. 11 ff., 19, 23 m.w.N.
[57] Inzwischen haben weit über 100 Staaten die Idee eines Ombudsman aufgegriffen und auf nationaler, regionaler oder lokaler Ebene umgesetzt; vgl. zur Entwicklung *Groh*, Ombudsmann (Fn. 11), Sp. 1684 ff.; *G. Kucsko-Stadlmayer*, Europäische Ombudsman-Institutionen, 2008; *J. Haas*, Der Ombudsmann als Institution des Europäischen Verwaltungsrechts, 2012. Vgl. zum Eigen- und Mehrwert von Bürgerbeauftragten auch *H. Bauer*, DÖV 2014, 453 (463), und *J. Gundel*, Die Stellung des Europäischen Bürgerbeauftragten im Rechtsschutzsystem der EU, in: FS Würtenberger, 2013, S. 497 ff. (insb. 502 ff.).
[58] Abweichend aber insb. die Regelung im Land Niedersachsen; dort werden bei der Behandlung von Petitionen die Fachausschüsse eingeschaltet (vgl. Art. 26 NdsVerf.). Im Freistaat Bayern und im Land Hessen ist das Petitionsverfahrensrecht in den Geschäftsordnungen der Landtage geregelt (*R. Schick*, Petitionen, 3. Aufl. 1996, S. 128, 130, 134). Vgl. dazu und zum Folgenden auch *G. Krings*, in: Friauf/Höfling, GG, Art. 45c (2004), Rn. 6 f.; *H. Bauer*, HGR V, § 117 Rn. 25.

ausschüsse vor[59]. Die landesverfassungsrechtliche Ausgestaltung weicht allerdings teilweise erheblich vom Bundesverfassungsrecht ab, und zwar insb. durch die bereits in der Verfassung erfolgende Aus- bzw. Vorformung der Befugnisse des Petitionsausschusses[60]. Auch im Übrigen ist bundesstaatliche Vielfalt angesagt: So enthalten etwa die Verfassung von Berlin[61] »eine Art Recht des Selbstpetitionierens für jedes Mitglied des Petitionsausschusses«[62], die Verfassung Hamburgs das Institut der Volkspetition[63] und die Verfassung des Landes Mecklenburg-Vorpommern zusätzlich zum parlamentarischen Petitionswesen die Institution eines Bürgerbeauftragten[64]. Ähnlich wie auf der Bundesebene sind auch auf der Landesebene Vorstöße zur **verfassungsrechtlichen Verankerung eines Bürgerbeauftragten** zu beobachten[65]. Danach spricht vieles dafür, dass es nur noch eine Frage der Zeit sein könnte, bis Deutschland bei der Aufnahme von (weiteren) Ombudspersonen in das Grundgesetz und in Landesverfassungen den Anschluss an die internationale und europäische Verfassungsentwicklung findet. Aus verfassungsvergleichender Sicht nicht nur am Rande bemerkenswert ist schließlich der ebenenübergreifende und grenzüberschreitende Gedankenaustausch[66] bei der Digitalisierung bzw. **Elektronisierung des Petitionswesens** durch die Bereitstellung und Fortentwicklung von elektronischen Petitionssystemen; er zielt auf eine **Verbesserung der Partizipationsmöglichkeiten** und den Aufbruch in die Welt von **E-Parlament** und **E-Demokratie**.

---

[59] Art. 35a Bad.-WürttVerf.; Art. 46 BerlVerf.; Art. 71 BrandenbVerf.; Art. 105 VI BremVerf.; Art. 28f. HambVerf.; Art. 35 Meckl.-VorpVerf.; Art. 41a Nordrh.-WestfVerf.; Art. 90a Rheinl.-PfälzVerf.; Art. 78 SaarlVerf.; Art. 53 SächsVerf.; Art. 61 Sachs.-AnhVerf.; Art. 19 Schl.-HolstVerf.; Art. 65 ThürVerf. Zur Praxis auf Landesebene s. etwa für Baden-Württemberg W. *Hempfer,* Das Petitionsrecht in der parlamentarischen Praxis, in: FS v. Simson, 1983, S. 69 ff., für Bayern S. *Klasen,* Das Petitionsrecht zum Bayerischen Landtag – eine Ombudsman-Einrichtung, 1991, für Niedersachsen und Nordrhein-Westfalen T. *Wawzik,* ZParl. 20 (1989), 72 ff.; zu Hessen, Rheinland-Pfalz und Saarland A. *Guckelberger/F. Geber/C. Zott,* LKRZ 2012, 125 ff.

[60] So etwa Art. 71 II BrandenbVerf.; Art. 35 II Meckl.-VorpVerf.; Art. 90a Rheinl.-PfälzVerf.; anders aber z.B. Art. 53 SächsVerf. Speziell zur Übertragung der Zuständigkeit zur Entscheidung über Petitionen an den Petitionsausschuss s. *Klein* (Fn. 3), Art. 45c Rn. 25 m.w.N., und speziell zu den gegenüber der grundgesetzlichen Regelung erweiterten Informationsrechten des Petitionsausschusses der Bremischen Bürgerschaft nach Art. 105 VI BremVerf. s. BremStGH NVwZ-RR 1997, 145. Vgl. zur Vielfalt der landesverfassungsrechtlichen Entwicklungen auch den instruktiven Bremer Vorstoß zur Aufwertung von Administrativpetitionen durch eine gesetzliche Berichtspflicht der Landesregierung gegenüber dem Landesparlament, über den E. *Röper,* DÖV 2015, 456 (458 ff.), berichtet.

[61] Art. 46 BerlVerf.

[62] R. *Luster,* ZParl. 2 (1971), 15 (16).

[63] Art. 29 HambVerf.

[64] Art. 36 Meckl.-VorpVerf. Vgl. auch U. Kempf/H. Uppendahl (Hrsg.), Ein deutscher Ombudsman, 1986, insb. zum einfach-gesetzlich eingerichteten Bürgerbeauftragten in Rheinland-Pfalz; auf gesetzlicher Grundlage sind Bürgerbeauftragte außerdem in Thüringen und speziell für soziale Angelegenheiten in Schleswig-Holstein eingerichtet. Zu verschiedenen Organisationsmodellen und Mischformen aus parlamentarischen Ausschuss- und Bürgerbeauftragtensystemen s. *Hornig,* Petitionsfreiheit (Fn. 43), S. 147 ff.

[65] Dazu A. *Guckelberger,* DÖV 2013, 613 ff.; H. *Bauer,* DÖV 2014, 453 (461 f.).

[66] Vgl. *Riehm/Coenen/Lindner/Blümel,* Bürgerbeteiligung (Fn. 30), insb. S. 92 ff., 133 ff., 207 ff.; *Riehm/Böhle/Lindner,* Petitionssysteme (Fn. 30), insb. S. 108 ff., 119 ff., 181 ff.; zum innerdeutschen Diskurs A. *Guckelberger,* Aktuelle Entwicklungen des parlamentarischen Petitionswesens, 2011, S. 44 ff.; ferner H. *Bauer,* DÖV 2014, 453 (459).

I. Allgemeine Bedeutung Art. 45c

C. Erläuterungen

I. Allgemeine Bedeutung

1. Regelungsgegenstand

Art. 45c GG verankert den Petitionsausschuss im Grundgesetz und sieht für die Befugnisse des Ausschusses eine bundesgesetzliche Regelung vor. Gegenüber der ursprünglich in wesentlichen Teilen nur geschäftsordnungsrechtlichen Ausgestaltung (→ Rn. 3) ist dies eine deutliche **Aufwertung**, die nicht zuletzt dem Bedeutungszuwachs des parlamentarischen Petitionswesens in der Verfassungswirklichkeit (→ Rn. 15 ff.) Rechnung trägt; der in Abgeordnetenkreisen lange Zeit »eher als Bewährungsposten für Parlamentsneulinge«[67] empfundene Petitionsausschuss hat dadurch ein anderes Gewicht erhalten[68]. Außerdem ermöglicht Art. 45c GG die **Ausstattung des Petitionsausschusses mit erweiterten Befugnissen**, die nach der alten Rechtslage nicht erreichbar schien (→ Rn. 3 mit Fn. 14).

12

Gleichwohl normiert Art. 45c GG Aufgaben und Befugnisse des Petitionsausschusses nur in den **Grundzügen**[69], die durch das Gesetz nach Art. 45c GG (Petitionsausschussgesetz)[70] konkretisiert und ausgeformt werden. Weitere **Rechtsgrundlagen** enthalten §§ 108 ff. GOBT, die auf der Grundlage von § 110 I GOBT erstellten »Grundsätze des Petitionsausschusses über die Behandlung von Bitten und Beschwerden« (Verfahrensgrundsätze)[71] sowie die darauf gestützte »Richtlinie für die Behandlung von öffentlichen Petitionen (öP) gem. Ziff. 7.1 (4) der Verfahrensgrundsätze« (Richtlinie)[72]. Die Verfahrensgrundsätze sollen die Gleichbehandlung der an den Bundestag gerichteten Petitionen gewährleisten[73].

13

2. Aktueller Befund

Wie andere Ausschüsse[74] hat auch der Petitionsausschuss traditionell Entlastungsfunktion für das Parlament, das die »tägliche Flut von Bürgereingaben arbeitsmäßig gar nicht bewältigen« könnte[75]. Seine Tätigkeit trägt zudem zur Beschleunigung von

14

---

[67] *K.-A. Hernekamp*, in: v. Münch/Kunig, GG II, Art. 45c Rn. 19.; ähnlich *Kloepfer*, Verfassungsrecht I, S. 621 (vor allem junge Abgeordnete und Hinterbänkler).
[68] Abweichende Einschätzung der politischen Bedeutung der grundgesetzlichen Garantie des Petitionsausschusses bei *Krings* (Fn. 58), Art. 45c Rn. 2 (»kaum größeres politisches Gewicht innerhalb des Parlaments«).
[69] Zu an dem Gewaltenteilungsgrundsatz, der parlamentarischen Geschäftsordnungsautonomie und dem Verfassungsvorbehalt für die Regelung von Interorganbeziehungen ansetzenden Bedenken gegen Art. 45c GG s. *Würtenberger* (Fn. 10), Art. 45c Rn. 65 ff., und *Klein* (Fn. 3), Art. 45c Rn. 74 ff. Vorbehalte gegen die »generalklauselartige Ermächtigung« in Art. 45c II GG bereits bei *G. Dürig*, in: Maunz/Dürig, GG, Art. 45c (1976), Rn. 3, und später bei *Umbach* (Fn. 6), Art. 45c Rn. 17, die jedoch beide ihre zunächst formulierten Bedenken am Ende wieder zurücknehmen bzw. als unbegründet einstufen.
[70] Fn. 22.
[71] Vom 8.3.1989, zuletzt geändert mit Wirkung zum 1.1.2012 durch Beschluss vom 9.11.2011; für die 18. Wahlperiode übernommen durch Beschluss vom 15.1.2014, abgedruckt als Anlage 8.IV zu BT-Drs. 18/4990 S. 130 ff.; vgl. ergänzend zu Anhörungen vor dem Petitionsausschuss auch § 110 III GOBT i.V.m. § 70 I GOBT und dazu *C. Stöhr*, ZParl 20 (1989), 87 ff.
[72] Ebenfalls abgedruckt als Anlage 8.IV zu BT-Drs. 18/4990, S. 140 f.
[73] *Klein* (Fn. 3), Art. 45c Rn. 12.
[74] Vgl. BVerfGE 80, 188 (222 f.); 84, 304 (323); *W. Zeh*, HStR II, § 42 Rn. 40 f.
[75] *R. Pietzner*, Petitionsausschuß und Plenum, 1974, S. 15 f.

Petitionsverfahren und so im Falle erfolgreicher Petitionen auch zur schnelleren und wirksameren Hilfe für den Petenten bei[76]. Aus diesen **Regelungszwecken** ergeben sich Rückwirkungen auf Art. 17 GG, die gelegentlich als »grundrechtseffektuierend«[77] bezeichnet werden und das parlamentarische Petitionsverfahren mit der Funktionenvielfalt des Petitionsrechts (→ Art. 17 Rn. 7, 19) verknüpfen[78]: Interessen- und Rechtsschutzfunktion, Integrations- und Partizipationsfunktion, Artikulations- und Informationsfunktion mit Anstoßeffekten für Kontrolle und Innovation, nicht zuletzt Gnaden- und »Purgationsfunktion des ›Herzausschüttenkönnens‹«[79]. Namentlich die **Impulse für parlamentarische Kontrolle, für Innovation und Optimierung politischer Entscheidungen** spielen dabei eine wichtige Rolle. Mit einer vielzitierten Wendung lässt sich das Petitionswesen deshalb auch als »**soziales Frühwarnsystem**«[80] kennzeichnen, das auf tatsächliche oder vermeintliche Fehlentwicklungen ebenso wie auf gesellschaftliche Veränderungen aufmerksam macht und zum Nachdenken über Korrekturen und Neuerungen anregt.

15 In der **Verfassungswirklichkeit** haben die beim Bundestag eingereichten Petitionen beträchtlichen und nach der Wiedervereinigung zeitweise überproportional angestiegenen[81] Umfang erreicht. Während für 1980 noch 10.735 Neueingänge zu verzeichnen waren und sich die **Eingangszahlen** in den anschließenden Jahren in dem »Korridor« zwischen gut 11.000 und knapp 14.000 bewegten, ist für die ersten Jahre nach der Wiedervereinigung ein sprunghafter Anstieg zu beobachten, der 1992 mit fast 24.000 Eingaben eine »Spitze« erreichte. Die Eingangszahlen schwanken freilich stark: 1995

---

[76] *Dürig* (Fn. 69), Art. 45c Rn. 4.
[77] Vgl. *W. Graf Vitzthum*, Petitionsrecht und Volksvertretung, 1985, S. 30 ff.; *Würtenberger* (Fn. 10), Art. 45c Rn. 16.
[78] Vgl. zum Folgenden vor allem *Würtenberger* (Fn. 10), Art. 45c Rn. 15 ff., der zusätzlich die Legitimationsfunktion sowie die Bedeutung des parlamentarischen Petitionsverfahrens als prozedurale Garantie des Rechtsstaatsprinzips hervorhebt; ferner mit unterschiedlichen Akzentuierungen *Achterberg/Schulte* (Fn. 11), Art. 45c Rn. 1 ff.; *E. Stein*, in: AK-GG, Art. 45c (2001), Rn. 2 f.; *Graf Vitzthum/März* (Fn. 29), § 45 Rn. 13, 20 ff.; sowie näher → Art. 17 Rn. 19 m. w. N.; s. speziell zur Deutung als parlamentarisches Kontrollrecht auch *A. Rinken*, NordÖR 1998, 132 (135 f.).
[79] *G. Dürig*, in: Maunz/Dürig, GG, Art. 17 (1960), Rn. 1.
[80] Zwischenbericht der Enquete-Kommission für Fragen der Verfassungsreform, BT-Drs. VI/3829, S. 29; vgl. auch *W. Kluth*, in: Schmidt-Bleibtreu/Klein, GG, Art. 45c Rn. 1; *T. Würtenberger*, ZParl. 18 (1987), 383 (388); BremStGH NVwZ-RR 1997, 145 (146); kritisch *Krings* (Fn. 58), Art. 45c Rn. 2.
[81] Dazu und zu möglichen Erklärungsansätzen → Art. 17 Rn. 23; *Schick*, Petitionen (Fn. 58), S. 60, 126. Bis Mitte der neunziger Jahre hatte sich das Verhältnis der jeweils auf eine Million Einwohner berechneten Petitionseingänge aus den alten und aus den neuen Ländern leicht angenähert (vgl. BT-Drs. 13/1415, S. 6, 67). Doch waren beispielsweise auch 1995 die Unterschiede noch auffallend groß: Während auf eine Million Einwohner in den alten Ländern 221 Eingaben entfielen, betrug diese Zahl in den neuen Ländern 410; bezogen auf die Gesamtzahl der Bevölkerung wandten sich die Bürger aus den neuen Ländern also knapp doppelt so häufig an den Petitionsausschuss wie diejenigen aus den alten Ländern (BT-Drs. 13/4498, S. 6, 69). Die Vergleichszahlen schwanken allerdings und werden zudem in den jüngeren Tätigkeitsberichten des Petitionsausschusses nicht mehr getrennt nach »West-« und »Ostdeutschland«, sondern nur noch nach Ländern ausgewiesen. Vernachlässigt man Berlin (mit 436 Petitionen pro eine Million Einwohner), dann gingen 2013 beim Bundestag – jeweils bezogen auf eine Million Einwohner – aus den alten Ländern durchschnittlich nur 156 Petitionen ein, denen durchschnittlich rund 187 Petitionen aus den neuen Ländern gegenüberstehen. Die Abweichungen sind mit rund 20 % noch immer signifikant, aber nicht mehr so gravierend wie in früheren Jahren, in denen auch nach der Jahrtausendwende pro eine Million Einwohner aus Ostdeutschland mehr als doppelt so viele Petitionen wie aus Westdeutschland eingingen (→ Bd. II², Art. 45c Rn. 13 mit Fn. 62; *H. Bauer*, HGR V, § 117 Rn. 32). Vgl. allgemein zur Bedeutung des Petitionsrechts in den neuen Ländern auch *G. M. Sierck*, DRiZ 1998, 442 (443), und *R. Wedde*, SächsVBl. 2004, 97 (97), ferner zum Eingabewesen in der DDR *Bauer*, a. a. O., § 117 Rn. 33 ff.

wurden lediglich 21.291, im Jahr 2002 sogar nur noch 13.832 Neueingänge registriert. Seit 2003 sind die Zahlen wieder kontinuierlich angestiegen (2003: 15.534, 2004: 17.999). 2005 haben sie mit 22.140 Neueingängen einen Spitzenwert erzielt und sich anschließend in einem Bereich zwischen gut 15.000 (2011) und knapp 19.000 (2009) bewegt, bevor die Neueingänge im Jahr 2013 auf 14.800 gesunken sind und erstmals wieder die Grenzlinie von 15.000 unterschritten haben, dabei aber nicht weniger als fast 1,2 Millionen Unterstützer vorweisen können; 2014 war ein Anstieg auf 15.325 Neueingänge mit 1.237.724 Unterstützern zu verzeichnen[82].

Die **Gegenstände der Petitionen** sind thematisch breit gefächert. Sie reichen von den »kleinen Sorgen und Nöten« bis hin zu den »großen Themen der Zeit«. Bei einer Analyse der Petitionsinhalte unter dem Gesichtspunkt der Ressortzuständigkeit der Bundesministerien war 2014 das Bundesministerium für Arbeit und Soziales mit der Zuständigkeit für mehr als 20% aller beim Bundestag eingereichten Petitionen »Spitzenreiter«, gefolgt von dem Bundesministerium der Justiz und für Verbraucherschutz, dem Bundesministerium des Innern, dem Bundesministerium für Gesundheit und dem Bundesministerium der Finanzen mit jeweils zwischen rund 9,5 und gut 11%[83]. Bemerkenswert ist, dass die Petitionsbehandlung oftmals nicht nach dem »Alles-oder-Nichts-Prinzip« erfolgt und das herkömmliche Petitionsverfahren zu einem eher informellen, **mediativen Konfliktmanagement** fortentwickelt[84]. Dementsprechend bemühen sich die Akteure bisweilen um »weichere« Problemlösungen, die den Anliegen des Petenten zwar nicht in der begehrten, aber in anderer Form Rechnung tragen sollen. Danach bewirken mitunter »bereits Stellungnahmeersuchen des Petitionsausschusses bei den staatlichen Stellen eine gründlichere Abwägung des Sachverhalts«, was freilich nichts daran ändert, dass oftmals »ausführlichere Gespräche der Berichterstatter unter Beteiligung von Vertretern der Bundesregierung notwendig [sind], um Lösungswege aufzuzeigen«.[85] Inzwischen scheint dem Petitionsausschuss die **Pluralisierung der Petitionsformen** Sorgen zu bereiten. Denn die zahlreichen, fast unüberschaubaren öffentlichen und privaten Ombudseinrichtungen, Schlichtungsstellen und Beauftragten, vor allem aber die **privaten Petitionsplattformen** mit ihrer hohen Anziehungskraft machen es zunehmend schwerer, »sich zu entscheiden, an wen man sich im Einzelfall sinnvollerweise wendet«.[86] Aus politisch-rechtstatsächlicher Sicht ist schließ-

16

---

[82] Zu den Zahlen s. Anlage 1 zu BT-Drs. 18/4990, S. 98, 106; zur Erledigungspraxis → Rn. 31.
[83] Tätigkeitsbericht des Petitionsausschusses für das Jahr 2014, Anlage 1 (BT-Drs. 18/4990, S. 100); zu teilweise abweichenden inhaltlichen Schwerpunkten parlamentarischer Petitionen auf Landesebene vgl. *G. Blaser/B. Kuckuck*, BWVPr 1984, 194 (194).
[84] Näheres dazu bei *H. Bauer*, DÖV 2014, 453 (458) m.w.N. und konkreten Beispielen wie »Generation Praktikum« und »Bombodrom«.
[85] Tätigkeitsbericht des Petitionsausschusses für das Jahr 2013, BT-Drs. 18/1300, S. 7f.
[86] Vgl. dazu die Tätigkeitsberichte des Petitionsausschusses für die Jahre 2013 (BT-Drs. 18/1300, S. 11f.) und 2014 (BT-Drs. 18/4990, S. 7, 12). Näheres zu den privaten Petitionsplattformen (mit oftmals niederschwelligeren Zugangshürden) und der petitionsrechtsdogmatischen Einordnung bei *E. Röper*, DÖV 2015, 456 (457, 460ff., 463); vgl. dazu ferner die Ausführungen von *Gregor Hackmack* bei der Anhörung zum Thema »Reformbedarf des bayerischen Petitionswesens« in: Bayerischer Landtag, Gemeinschaftliche informatorische Sitzungen gem. § 137 der Geschäftsordnung für den Bayerischen Landtag des Ausschusses für Verfassung, Recht und Parlamentsfragen sowie des Ausschusses für Eingaben und Beschwerden am 21.5.2015, nicht autorisiertes Wortprotokoll, insb. S. 33ff. Die bislang eher auf Abgrenzung und Abschottung setzende Haltung des Petitionsausschusses des Bundestags gegenüber privaten öffentlichen Petitionsplattformen im Internet verkennt den grundrechtlichen Schutz für Aktivitäten privater Petitionsportale und drängt deren Petitionen tendenziell in den Bereich der namentlich an Regierungen gerichteten Administrativpetitionen ab; Nä-

lich hervorzuheben, dass auf die **Beeinflussung der »öffentlichen Meinung«** gerichtete Massen- und Sammelpetitionen schon seit langem darauf abzielen, das Parlament zur breiten- und öffentlichkeitswirksamen Auseinandersetzung mit der Kritik, den Ideen und Anregungen der Petenten zu zwingen[87].

17 Ein völlig neues Kapitel hat der Petitionsausschuss mit dem seit seiner Einführung mehrfach fortentwickelten **elektronischen Petitionssystem** und vor allem mit dem neuen Petitionstyp der »Öffentlichen Petition« aufgeschlagen (→ Rn. 6, 11, 32 ff.). Auf der neuen E-Petitionsplattform können die Nutzer Petitionen interaktiv diskutieren und mitzeichnen. Das preisgekrönte Petitionsportal wird im Durchschnitt täglich 33.040 Mal angeklickt und ist »klarer Spitzenreiter der Internetangebote des Deutschen Bundestages«.[88] Das moderne internetgestützte System hat die Attraktivität des parlamentarischen Petitionswesens weiter erhöht, fordert das herkömmliche **Demokratieverständnis** mit catchwords wie »Liquid Democracy«[89] oder »Schwarmdemokratie«[90] heraus (→ Art. 20 [Demokratie], Rn. 77). Obschon der »plebiszitäre Institutionenwandel«[91] verfassungsrechtlich nicht unproblematisch ist (→ Rn. 36), wertet die digitale Modernisierung das Petitionsrecht beträchtlich auf und unterstützt damit die schon seit geraumer Zeit beobachtete **Renaissance des Petitionsrechts**[92].

18 Eine wirklichkeitsorientierte Befundnahme bliebe unvollständig, zeigte sie nicht wenigstens kurz auch **Arbeitsbeziehungen des Petitionsausschusses zu vergleichbaren Einrichtungen** auf. Ausweislich der Ausschussberichte gehören dazu beispielsweise Kontakte mit den Petitionsausschüssen der Länder sowie die Zusammenarbeit auf internationaler und europäischer Ebene, in Sonderheit mit dem Petitionsausschuss des Europäischen Parlaments[93]. Sie dienen nicht nur dem wechselseitigen Erfahrungsaustausch, sondern erleichtern auch Harmonisierungsbestrebungen. Und bei Problemlagen mit »europäischem Bezug« kann das »Zusammenwirken« der Petitionsausschüsse des Bundestages und des Europäischen Parlaments zu einer schnelleren und wirksameren Hilfe für den Bürger führen, also letztlich zu einer effektiveren Realisierung des Petitionsgrundrechts[94]. Daneben unterstützen die Verfassungsdialoge durch Informationstransfers den Aufbau von Bürgerrechts- und Ombudsmaneinrichtungen in Transformationsgesellschaften und fördern dort im Interesse der Bürger Demokratisierungsprozesse nach den Maximen von Good Governance.

---

heres dazu, zu der damit verbundenen Gefahr einer (entparlamentarisierenden) politischen Machtverschiebung hin zur Exekutive sowie zur Notwendigkeit, die Administrativpetitionen aus der »Abstellkammer demokratischer Partizipation« bzw. der »Dunkelkammer der Demokratie« herauszuholen, bei *Hartmut Bauer*, Stellungnahme anlässlich der erwähnten Anhörung im Bayerischen Landtag, Anlage 1 zum Wortprotokoll, a.a.O., S. 41 (52 ff., 55 ff.).

[87] Vgl. *T. Würtenberger*, ZParl. 18 (1987), 383 (387 f.); *ders.*, Massenpetitionen zielen auf politische Richtungskontrolle, in: R. Bockhofer (Hrsg.), Mit Petitionen Politik verändern, 1999, S. 169 ff. (169, 171 ff.); *W. Ismayr*, Massenpetitionen und Politisierung, ebd., S. 163 ff. → Art. 17 Rn. 21 ff.

[88] Tätigkeitsbericht des Petitionsausschusses für das Jahr 2013, BT-Drs. 18/1300, S. 9; etwas zurückhaltender BT-Drs. 18/4990, S. 9.

[89] *M. Seckelmann*, DÖV 2014, 1 (3 f.).

[90] *J. Kersten*, JuS 2014, 673 (680).

[91] *J. Kersten*, JuS 2014, 673 (680).

[92] *Schick*, Petitionen (Fn. 58), S. 5; *H. Bauer*, DÖV 2014, 453 ff.

[93] Z. B. BT-Drs. 18/1300, S. 11; BT-Drs. 18/4990, S. 11 f.

[94] Ein anschauliches Beispiel für eine solche (eher unkonventionelle) »Zangenbewegung« aus dem Bereich des Scheidungsrechts findet sich bei *Schick*, Petitionen (Fn. 58), S. 151 ff. m.w.H. insb. zum Rentenrecht.

II. Verfassungsrechtliche Stellung und Organisation

Die Einsetzung des Petitionsausschusses ist durch Art. 45c GG zwingend für die Dauer der Wahlperiode vorgeschrieben[95] und somit der Geschäftsordnungsautonomie des Parlaments[96] entzogen. Der Petitionsausschuss ist daher neben den Ausschüssen für Angelegenheiten der Europäischen Union (Art. 45 GG), für auswärtige Angelegenheiten und für Verteidigung (Art. 45a GG) ein weiterer **ständiger Pflichtausschuss** des Bundestages. Als Einrichtung des Bundestages ist er kein eigenständiges Verfassungsorgan und wird dementsprechend grundsätzlich nur vorbereitend und unterstützend für den Bundestag tätig[97] (→ Rn. 23). Eine gewisse **Sonderstellung** wird ihm allerdings wegen der ihm von Verfassung wegen eingeräumten Aufgaben und Befugnisse zugeschrieben[98], zu denen die ausschließliche Zuständigkeit für die Behandlung parlamentarischer Petitionen und die Befugnisse zur Überprüfung von an den Bundestag gerichteter Beschwerden zählen[99].

19

Obgleich der Petitionsausschuss unmittelbar verfassungsrechtlich vorgegeben ist, bestimmt der Bundestag **Stärke und Zusammensetzung** des Ausschusses nach §§ 54 II, 57, 12 GOBT[100]. In der weiter zurückliegenden Vergangenheit schwankte die Mitgliederzahl zwischen 25 und 33; in der laufenden 18. Legislaturperiode hat der Petitionsausschuss aktuell 26 ordentliche und 26 stellvertretende Mitglieder, die sich nach dem Verhältnis der Stärke der Fraktionen zusammensetzen[101] und von den Fraktionen benannt wurden (§ 57 II GOBT). Die **Besetzung des Ausschussvorsitzes** (§ 58 GOBT) aus den Reihen der Opposition hat sich zwar noch nicht zu einem ständig beachteten Parlamentsbrauch entwickelt[102], wäre aber insb. wegen der Kontrollfunktion des par-

20

---

[95] Der Verpflichtung des Bundestages zur Bestellung eines Petitionsausschusses korrespondiert ein Recht des Bürgers, der sein Petitionsrecht an den Bundestag ausübt; der Anspruch richtet sich darauf, dass die Petitionsentscheidung von dem dafür verfassungsrechtlich vorgesehenen Petitionsausschuss vorbereitet wird und beruht auf Art. 17 GG i.V.m. Art. 45c GG. Aus dem Zusammenspiel dieser Normen ist nämlich zu folgern, dass Art. 17 GG auch das Recht umfasst, dass der sachlich zuständige Bundestagsausschuss die Entscheidung vorbereitet. Vgl. dazu *Hernekamp* (Fn. 67), Art. 45c Rn. 4; *Würtenberger* (Fn. 10), Art. 45c Rn. 44; *W. Graf Vitzthum/W. März*, JZ 1985, 809 (813); *dies.* (Fn. 29), § 45 Rn. 26; *Graf Vitzthum*, Petitionsrecht (Fn. 77), S. 72 f. m.w.N.; näheres – auch zur gerichtlichen Durchsetzung – bei *Klein* (Fn. 3), Art. 45c Rn. 20.
[96] Vgl. Art. 40 I 2 GG; § 54 GOBT.
[97] S. zur vorbereitenden und unterstützenden Funktion auch *S. Magiera*, in: Sachs, GG, Art. 45c Rn. 2, der zutreffend darauf hinweist, dass es im Übrigen auf Bezeichnungen wie »Organ«, »Unterorgan« und »Hilfsorgan« nicht ankommt; ähnlich *Klein* (Fn. 3), Art. 45c Rn. 15. Für die Möglichkeit, eigene Rechte geltend machen zu können, ist der rein terminologische Streit letztlich ohne Erkenntniswert; vgl. *Stern*, Staatsrecht II, S. 86 f. m.w.N.; *Klein*, a.a.O. Zu Begriff und Rechtsnatur ständiger Ausschüsse s. *Achterberg*, Parlamentsrecht, S. 134 ff.
[98] *Achterberg/Schulte* (Fn. 11), Art. 45c Rn. 7 ff.; *Magiera* (Fn. 97), Art. 45c Rn. 2; *Stern*, Staatsrecht II, S. 93 f.
[99] In letzterem wird mitunter eine Annäherung des Petitionsausschusses an einen Untersuchungsausschuss nach Art. 44 GG gesehen; so etwa *Achterberg/Schulte* (Fn. 11), Art. 45c Rn. 8; *H. Troßmann*, Parlamentsrecht des Deutschen Bundestages, 1977, § 112 Rn. 14.4; vgl. auch *H. Seidel*, Das Petitionsrecht, 1972, S. 63; zu den gleichwohl bestehenden Unterschieden zwischen Petitions- und Untersuchungsausschuss s. *Graf Vitzthum*, Petitionsrecht (Fn. 77), S. 73 mit Fn. 219; *Klein* (Fn. 3), Art. 45c Rn. 18.
[100] Vgl. *Kluth* (Fn. 80), Art. 45c Rn. 3; *Klein* (Fn. 3), Art. 45c Rn. 14; *Würtenberger* (Fn. 10), Art. 45c Rn. 43.
[101] Vgl. *Schick*, Petitionen (Fn. 58), S. 43; zur derzeitigen Zusammensetzung s. BT-Drs. 18/4990, Anlage 3, S. 116.
[102] *Graf Vitzthum/März* (Fn. 29), § 45 Rn. 2; *Schick*, Petitionen (Fn. 58), S. 44 ff.; *Klein* (Fn. 3), Art. 45c Rn. 14; *Krings* (Fn. 58), Art. 45c Rn. 13; derzeit ist die Abgeordnete *Kersten Steinke* (DIE

lamentarischen Petitionsverfahrens (→ Rn. 14) als verbindliche Auswahlmaxime begrüßenswert. Zur Vorbereitung und Unterstützung seiner Tätigkeit ist dem Petitionsausschuss ein sog. **Ausschussdienst** zugeordnet[103]. Der Ausschussdienst ist eine Unterabteilung für Petitionen und Eingaben, die zur Abteilung Wissenschaftliche Dienste der Bundestagsverwaltung gehört; in ihm sind derzeit rund 80 Mitarbeiter tätig.

21 Während der Petitionsausschuss selbst zusammen mit dem Bundestag mit dem Ablauf der Wahlperiode seine Tätigkeit beendet, gilt der **Grundsatz der Diskontinuität** nicht für unerledigte Petitionen, die von dem Petitionsausschuss der nachfolgenden Wahlperiode weiter bearbeitet werden (§ 125 GOBT)[104].

III. Aufgaben und Befugnisse

1. Aufgaben

22 Mit der »Behandlung der nach Art. 17 GG an den Bundestag gerichteten Bitten und Beschwerden« knüpft die **Aufgabenzuweisung** an den Petitionsausschuss in Art. 45c I GG an den Regelungsgegenstand des Petitionsgrundrechts an[105]. Diese Aufgabenzuweisung ist exklusiv, begründet also für den Ausschuss ein **verfassungsrechtliches Monopol**, das der Disposition durch die GOBT entzogen ist[106]; einer Regelung durch die GOBT ist der Petitionsausschuss nur insoweit zugänglich, als seine verfassungsrechtlich (und anderweitig gesetzlich) geregelte Rechtsstellung davon unberührt bleibt – so beispielsweise bezüglich der Zusammensetzung (→ Rn. 20). Wegen des verfassungsrechtlichen »Petitionsbehandlungsmonopols« kann sich das Plenum des Bundestages weder die »Behandlung« der Petitionen selbst vorbehalten noch Petitionen statt an den Petitions- an einen Fachausschuss überweisen[107].

23 Der für die Abgrenzung der Aufgaben des Petitionsausschusses wichtige Begriff **»Behandlung«** lässt seinem Wortlaut nach eine Deutung zu, die über die Vorbereitung der Entscheidung über eine Petition hinaus auch die Entscheidung selbst einschließt[108]. Unter Hinweis auf die Entstehungsgeschichte, die systematische Stellung des Petitionsausschusses (→ Rn. 19), den parlamentarischen Sprachgebrauch und die Parlamentspraxis (vgl. § 112 I GOBT) wird unter »Behandlung« jedoch oftmals nur die **parlamentarische Tätigkeit zur Erarbeitung von Beschlussvorlagen** verstanden[109]. Eine

---

LINKE) Vorsitzende. Vgl. ferner allgemein zum Parlamentsbrauch *H. Schulze-Fielitz*, Parlamentsbrauch, Gewohnheitsrecht, Observanz, in: Schneider/Zeh, § 11.

[103] Dazu und zum Folgenden *Klein* (Fn. 3), Art. 45c Rn. 21; *Schick*, Petitionen (Fn. 58), S. 51 ff.; *Graf Vitzthum/März* (Fn. 29), § 45 Rn. 27; zur Organisation siehe die Übersicht in BT-Drs. 18/4990, Anlage 4, S. 117.

[104] *Magiera* (Fn. 97), Art. 45c Rn. 6.

[105] Hinsichtlich Grundrechtsberechtigung, Petitionsbegriff, Zulässigkeitsvoraussetzungen einer Petition, Gewährleistungsgehalt etc. kann daher grundsätzlich auf die Ausführungen zu Art. 17 GG verwiesen werden (→ Art. 17 Rn. 26 ff.). S. zu diesen Aspekten auch insb. Nrn. 1 bis 4 der Verfahrensgrundsätze (BT-Drs. 18/4990, Anlage 8.IV, S. 130 f.).

[106] *Achterberg/Schulte* (Fn. 11), Art. 45c Rn. 10; *Hernekamp* (Fn. 67), Art. 45c Rn. 10; *Klein* (Fn. 3), Art. 45c Rn. 17, 22; *C. Langenfeld*, HStR³ III, § 39 Rn. 16; *Magiera* (Fn. 97), Art. 45c Rn. 7; *Würtenberger* (Fn. 10), Art. 45c Rn. 92.

[107] *Klein* (Fn. 3), Art. 45c Rn. 22.

[108] *Klein* (Fn. 3), Art. 45c Rn. 24.

[109] *Hernekamp* (Fn. 67), Art. 45c Rn. 9; *Kluth* (Fn. 80), Art. 45c Rn. 4; *C. Langenfeld*, HStR³ III, § 39 Rn. 56; *Magiera* (Fn. 97), Art. 45c Rn. 8; *Stein* (Fn. 78), Art. 45c Rn. 7; *Troßmann*, Parlamentsrecht (Fn. 99), § 112 Rn. 10 unter Hinweis auf BT-Drs. 7/3252, S. 2; vgl. auch *Würtenberger* (Fn. 10), Art. 45c

III. Aufgaben und Befugnisse   **Art. 45c**

weitergehende, bislang nicht praktizierte[110] Delegation der Entscheidungsbefugnis vom Parlamentsplenum auf den Petitionsausschuss wäre allenfalls im Wege eines Parlamentsgesetzes möglich[111].

Die Aufgabenzuweisung ist auf die **an den Bundestag gerichteten Petitionen** beschränkt. Dazu gehören nicht nur die unmittelbar an den Bundestag adressierten Petitionen, sondern auch diejenigen, die andere parlamentarische Einrichtungen, Abgeordnete oder sonstigen Stellen an ihn auftragsgemäß oder zuständigkeitshalber weiterreichen[112]. Inhaltlich können diese Petitionen im Rahmen der verfassungsrechtlichen **Zuständigkeiten des Bundes** (sog. Verbandskompetenz) ein Verhalten in den Bereichen von Legislative, Exekutive oder Judikative betreffen, wobei bezüglich der Abhilfemöglichkeiten allerdings mancherlei Einschränkungen zu beachten sind – so etwa für Petitionen, die auf einen unzulässigen Eingriff in die richterliche Unabhängigkeit zielen[113]. 24

2. Befugnisse

Bei der Bearbeitung und Bescheidung von Petitionen verfügt das Parlament über ein **grundgesetzliches Informationsrecht**. Dieses Petitionsinformationsrecht ist auf Verfassungsebene zwar nicht ausdrücklich geregelt, wird in einem gewissen Mindestumfang aber überwiegend aus Art. 17 GG hergeleitet[114]; ergänzend lässt sich auf Art. 45c GG verweisen, dem das Bundesverfassungsgericht »unmittelbar« die »grundsätzliche 25

Rn. 56 und Rn. 117ff.; weitergehend *Achterberg/Schulte* (Fn. 11), Art. 45c Rn. 9, 11, 29ff.; *Stern*, Staatsrecht II, S. 93; kritisch *Klein* (Fn. 3), Art. 45c Rn. 25.

[110] In der Praxis führt die Vielzahl der Petitionen freilich dazu, dass die in einer Sammelübersicht vorgelegten Beschlussempfehlungen des Petitionsausschusses vom Plenum in aller Regel ohne nähere inhaltliche Beschäftigung pauschal übernommen werden; *Klein* (Fn. 3), Art. 45c Rn. 45; *C. Langenfeld*, HStR³ III, § 39 Rn. 57. Vgl. auch *Umbach* (Fn. 6), Art. 45c Rn. 13, der darauf hinweist, dass in der Verfassungspraxis die Entscheidung über Petitionen »faktisch durch die Beschlußempfehlung des Petitionsausschusses« falle, wohingegen der Bundestag lediglich der Sammelübersicht zustimme. Zur Kritik → Rn. 29.

[111] Vgl. *Achterberg/Schulte* (Fn. 11), Art. 45c Rn. 29ff.; *Klein* (Fn. 3), Art. 45c Rn. 26; *Magiera* (Fn. 97), Art. 45c Rn. 8; *Würtenberger* (Fn. 10), Art. 45c Rn. 118f.; anders *Dürig* (Fn. 69), Art. 45c Rn. 10, und *D. Rohlf*, JZ 1976, 359 (359, 363), die eine Regelung durch die GOBT genügen lassen wollen; differenzierend *Krings* (Fn. 58), Art. 45c Rn. 20, wonach das Plenum des Bundestages die Entscheidung über Petitionen jederzeit selbst treffen, die Entscheidungsbefugnis jedoch durch bloße Geschäftsordnungsregelung auf den Petitionsausschuss übertragen können soll.

[112] *Hernekamp* (Fn. 67), Art. 45c Rn. 7; *Magiera* (Fn. 97), Art. 45c Rn. 5; *Stein* (Fn. 78), Art. 45c Rn. 6.

[113] Näheres bei *Klein* (Fn. 3), Art. 45c Rn. 29ff., und *Würtenberger* (Fn. 10), Art. 45c Rn. 47ff.; zur Handhabung der Zuständigkeitsfragen in der Praxis s. Nr. 5 Verfahrensgrundsätze; vgl. ferner zur Unterscheidung der Zuständigkeit des Bundestages für die Petitionsbehandlung (sog. Befassungskompetenz) und seiner Zuständigkeit zur Abhilfe (sog. materielle Abhilfekompetenz) *Graf Vitzthum*, Petitionsrecht (Fn. 77), S. 44.

[114] Vgl. dazu und zum Folgenden etwa *Achterberg/Schulte* (Fn. 11), Art. 45c Rn. 48ff.; *Dürig* (Fn. 79), Art. 17 Rn. 75; *Klein* (Fn. 3), Art. 45c Rn. 49ff.; *C. Langenfeld*, HStR³ III, § 39 Rn. 62; *Graf Vitzthum*, Petitionsrecht (Fn. 77), S. 56ff.; *W. Graf Vitzthum/W. März*, Petitionsausschüsse in Bund und Ländern, in: Kempf/Uppendahl, Ombudsman (Fn. 64), S. 209ff. (218); *dies.*, JZ 1985, 809 (814); *Würtenberger* (Fn. 10), Art. 45c Rn. 126; BremStGH NVwZ-RR 1997, 145; teilweise wird auf Art. 43 I GG (so etwa *Troßmann*, Parlamentsrecht [Fn. 99], § 112 Rn. 11; mit Recht kritisch gegenüber diesem Begründungsansatz *H. Hablitzel*, BayVBl. 1986, 97 [101f.]), teilweise auf das »allgemeine Kontrollrecht« der Legislative gegenüber der Exekutive (*Krings* [Fn. 58], Art. 45c Rn. 26) und wohl auch auf Art. 35 GG (*P. Dagtoglou*, in: BK, Art. 17 [Zweitb. 1967], Rn. 97) abgestellt. S. ferner Nr. 6.1 Verfahrensgrundsätze (BT-Drs. 18/4990, Anlage 8.IV, S. 132).

Verpflichtung der Exekutive zur Zusammenarbeit mit dem Parlament bei der Behandlung von Bitten und Beschwerden« entnimmt[115]. Das Petitionsinformationsrecht eröffnet dem Parlament die Möglichkeit, sich über die der Petition zugrundeliegenden Sachverhalte zu informieren und von der Bundesregierung oder dem zuständigen Bundesminister die für die Petitionserledigung erforderlichen Auskünfte einzufordern; entsprechendes gilt für der Bundesregierung nicht verantwortliche Behörden, deren Tätigkeit in den Zuständigkeitsbereich des Bundestages als Petitionsadressat fällt[116].

26   Ähnlich wie dieses Informationsrecht ist auch das **grundgesetzliche Petitionsüberweisungsrecht** nicht ausdrücklich geregelt, im praktischen Ergebnis jedoch anerkannt[117]. Es gibt dem Parlament die Befugnis, der Bundesregierung oder dem zuständigen Bundesminister eine Petition unter Beifügung der eigenen Auffassung mit der Bitte um Erledigung[118] zuzuleiten; gleiches gilt wiederum für die soeben erwähnten Behörden (→ Rn. 25). Namentlich bei einer Überweisung von Petitionen zur Berücksichtigung oder zur Erwägung (→ Rn. 30) ist der Adressat nicht verpflichtet, dem Ersuchen in der Sache zu entsprechen; denn insoweit hat das Ersuchen lediglich politischen Charakter. Der Adressat ist jedoch rechtlich zur Prüfung verpflichtet und gehalten, den Bundestag über die Erledigung des Ersuchens zu unterrichten; das Parlament wird durch diesen Bericht des Überweisungsadressaten[119] über den Erfolg seiner Petitionsüberweisung informiert und kann gegebenenfalls mit geeigneten Maßnahmen »nachfassen«[120].

27   Während es hinsichtlich der Bearbeitung von Bitten bei den allgemeinen Befugnissen bleibt, besitzt der Petitionsausschuss **zur Überprüfung von Beschwerden erweiterte einfach-rechtliche Befugnisse**, die sich aus dem auf der Grundlage von Art. 45c II GG ergangenen Gesetz (→ Rn. 4 mit Fn. 22), dem sog. Befugnisgesetz, ergeben. Damit reagierte der Gesetzgeber auf Unzulänglichkeiten der bis dahin geltenden Rechtslage (→ Rn. 3 f., 12) durch die Einräumung erweiterter Sachaufklärungsmöglichkeiten. Die nach diesem Gesetz allein dem Petitionsausschuss zustehenden Befugnisse beschränken sich auf die Überprüfung von **Beschwerden**, die in Abgrenzung zu Petitionen in Form einer »Bitte« verstanden werden als »Beanstandungen, die sich gegen ein Handeln oder Unterlassen von staatlichen Organen, Behörden oder sonstigen Einrichtun-

---

[115] BVerfGE 67, 100 (129).
[116] Näheres bei *C. Langenfeld*, HStR³ III, § 39 Rn. 62 ff. m. w. N.; speziell zur Problematik der Rückwirkung von Privatisierungsvorgängen auf das Petitionsinformationsrecht s. *E. Röper*, ZParl. 30 (1999), 748 (752 ff., 757 ff.); *Langenfeld*, a. a. O., § 39 Rn. 39 m. w. N.; → Art. 17 Rn. 41. Zu auf das IFG gestützten Ansprüchen auf Zugang zu in Petitionsverfahren gegenüber dem Petitionsausschuss abgegebenen ministeriellen Stellungnahmen s. BVerwG NVwZ 2012, 251 ff. m. Anm. *F. Schoch*, NVwZ 2012, 254 ff.
[117] Wie das Petitionsinformationsrecht wird auch das Petitionsüberweisungsrecht überwiegend aus Art. 17 GG abgeleitet bzw. als notwendiger Bestandteil, Annex, sich aus der »Natur der Sache« ergebendes oder »mitgeschriebenes« Element des Petitionsgrundrechts angesehen. Vgl. dazu und zum Folgenden etwa *Achterberg/Schulte* (Fn. 11), Art. 45c Rn. 52 f.; *J. Burmeister*, HStR II, § 32 Rn. 54 f.; *Dagtoglou* (Fn. 114), Art. 17 Rn. 113; *Dürig* (Fn. 79), Art. 17 Rn. 73; *H. Hablitzel*, BayVBl. 1986, 97 (98 f.); *Klein* (Fn. 3), Art. 45c Rn. 52 ff.; *C. Langenfeld*, HStR³ III, § 39 Rn. 70; *Magiera* (Fn. 97), Art. 45c Rn. 10; *Stein* (Fn. 78), Art. 45c Rn. 10; *Graf Vitzthum*, Petitionsrecht (Fn. 77), S. 63 ff.; jeweils m. w. N.; im Ergebnis wohl übereinstimmend, hinsichtlich der Begründung aber kritisch *Krings* (Fn. 58), Art. 45c Rn. 28, der statt dessen auf die originären Rechte des Parlaments abstellt.
[118] Etwa zur Berücksichtigung, zur Erwägung, als Material etc. → Rn. 30.
[119] Zur Berichtspflicht und deren Rechtsgrundlagen Näheres bei *Klein* (Fn. 3), Art. 45c Rn. 53.
[120] Vgl. *Würtenberger* (Fn. 10), Art. 45c Rn. 124 m. w. N.

gen wenden, die öffentliche Aufgaben wahrnehmen«[121]. Inhaltlich betreffen die erweiterten **Befugnisse nach dem Befugnisgesetz** Rechte auf Aktenvorlage, Auskunft und Zutritt gegenüber der Bundesregierung und den Behörden des Bundes sowie den bundesunmittelbaren Körperschaften, Anstalten und Stiftungen des öffentlichen Rechts in dem Umfang, in dem sie der Aufsicht der Bundesregierung unterstehen, Begrenzungen dieser Rechte aus zwingenden Geheimhaltungsgründen, das Recht zur Anhörung von Petenten, Zeugen und Sachverständigen (allerdings ohne Zwangsmittel), die Möglichkeit, die Ausübung der Befugnisse im Einzelfall auf eines oder mehrere Mitglieder des Ausschusses zu übertragen und schließlich das Recht auf Amtshilfe durch Gerichte und Verwaltungsbehörden[122].

IV. Verfahren und Erledigungsarten

Der **Ablauf des Petitionsverfahrens** ist im Grundgesetz nicht ausdrücklich geregelt und im Befugnisgesetz nur bezüglich der erweiterten Befugnisse des Petitionsausschusses bei der Behandlung von Beschwerden (→ Rn. 27). Die detaillierten Regelungen über das Verfahren finden sich in §§ 108 ff. GOBT und in den Verfahrensgrundsätzen (→ Fn. 71). Danach lassen sich unter ergänzender Berücksichtigung der Ausschusspraxis im wesentlichen folgende **Verfahrensschritte** unterscheiden[123]: 28

(1) Entgegennahme und Registrierung,
(2) Eingangsbestätigung an den Petenten,
(3) Vorprüfung und Überweisung durch den Ausschussdienst,
(4) Beratung und Prüfung im Petitionsausschuss,
(5) Berichterstattung mit Beschlussempfehlung in einer Sammelübersicht an das Bundestagsplenum,
(6) Beschluss des Bundestages über die Petitionserledigung und
(7) Erledigungsmitteilung an den Petenten[124].

---

[121] So Nr. 2.1 III Verfahrensgrundsätze (BT-Drs. 18/4990, Anlage 8.IV, S. 130); s. dort auch die Definition für »Bitten« in Nr. 2.1 II (»Bitten sind Forderungen und Vorschläge für ein Handeln oder Unterlassen von staatlichen Organen, Behörden oder sonstigen Einrichtungen, die öffentliche Aufgaben wahrnehmen. Hierzu gehören insbesondere Vorschläge zur Gesetzgebung.«); ebenso *Umbach* (Fn. 6), Art. 45c Rn. 9; zustimmend wohl auch *Klein* (Fn. 3), Art. 45c Rn. 57, der darauf hinweist, dass sich bei der Abgrenzung in der Praxis offenbar kaum Probleme ergeben haben. Im Schrifttum wird oftmals die Rüge »eines konkret-individuell erfahrenen staatlichen Fehlverhaltens«, das abgestellt oder geändert werden soll, stärker akzentuiert; vgl. etwa *Hernekamp* (Fn. 67), Art. 45c Rn. 12; *Magiera* (Fn. 97), Art. 45c Rn. 4; *Würtenberger* (Fn. 10), Art. 45c Rn. 128 ff.; kritisch gegenüber den vorherrschenden Interpretationsansätzen *Krings* (Fn. 58), Art. 45c Rn. 25. Demgegenüber ist nach Ansicht von *J. Burmeister*, HStR II, § 32 Rn. 51 mit Fn. 105, der den im Befugnisgesetz festgeschriebenen Rechten (unzutreffend) offenbar nur deklaratorische Bedeutung beimisst, die Unterscheidung zwischen »Bitten« und »Beschwerden« gekünstelt und letztlich obsolet; mit der Entstehungsgeschichte, dem Normtext und der Verfassungspraxis kann diese Einschätzung freilich nicht in Übereinstimmung gebracht werden.

[122] §§ 1 bis 7 Befugnisgesetz; näheres dazu etwa bei *Achterberg/Schulte* (Fn. 11), Art. 45c Rn. 54 ff.; *Klein* (Fn. 3), Art. 45c Rn. 58 ff.; *Würtenberger* (Fn. 10), Art. 45c Rn. 138 ff., 166 ff., 173 ff.

[123] Näheres zur Verfahrensgestaltung mit teilweise abweichender Gliederung der Verfahrensschritte etwa bei *Achterberg/Schulte* (Fn. 11), Art. 45c Rn. 10 ff.; *Klein* (Fn. 3), Art. 45c Rn. 34 ff.; *Krings* (Fn. 58), Art. 45c Rn. 30 ff.; *C. Langenfeld*, HStR³ III, § 39 Rn. 59; *Würtenberger* (Fn. 10), Art. 45c Rn. 78 ff.

[124] Zur Begründungspflicht für die Erledigungsmitteilung s. § 112 III GOBT; zu den (umstrittenen) verfassungsrechtlichen Anforderungen an den Inhalt der Erledigungsmitteilung s. BVerfGE 2, 225 (230); BVerfG (K), DVBl 1993, 32; *H. Bauer*, HGR V, § 117 Rn. 44, 47 m.w.N.; → Art. 17 Rn. 43 f., 49.

29 Gegen diese Verfahrensgestaltung wurden bezüglich der **Tätigkeit des Ausschussdienstes**[125] wiederholt **verfassungsrechtliche Bedenken** angemeldet[126], weil diese Verwaltungsstelle bei der Vorprüfung befugt sei, in bestimmten Fallkonstellationen ohne Beteiligung des Ausschusses abschließende Entscheidungen zu treffen. Das Bundesverfassungsgericht hielt diese dem Ausschussdienst eingeräumten Befugnisse für unbedenklich, wenn sich bei Petitionen, die kraft zwingenden Rechts ausschließlich negativ beschieden werden können, der Petitionsausschuss mit dem streitigen Petitionstypus vorab generell befasst und dem Ausschussdienst klare Anweisungen für die Bescheidung derartiger Eingaben gegeben hat[127], wenn die Entscheidung des Ausschussdienstes also auf eindeutige Fälle beschränkt ist und nach detaillierten Anweisungen des Petitionsausschusses in dessen Auftrag erfolgt. Im Hinblick darauf, dass der Ausschussdienst im Rahmen der Vorprüfung neben Nicht-Petitionen in gewissem Umfang auch wiederholende (erneute) Petitionen (Nr. 7.4 Verfahrensgrundsätze) und unter den Voraussetzungen von Nr. 7.10 Verfahrensgrundsätze offensichtlich erfolglose Petitionen aussondern könne, sind wegen einer Verkürzung des Grundrechts aus

---

Vgl. auch speziell zur Praxis des Sächsischen Landtages, bei Massenpetitionen aus Gründen der »Verfahrensvereinfachung« den beantwortenden Beschluss des Landtages im Amtsblatt zu veröffentlichen, kritisch und zutreffend auf den Widerspruch zu Art. 35 SächsVerf. hinweisend R. *Wedde*, SächsVBl. 2004, 97 (101), mit nicht überzeugender Entgegnung von G. *Packbier*, SächsVBl. 2004, 225 ff.

[125] Zur organisatorischen Stellung des Ausschussdienstes → Rn. 20.

[126] Vgl. zur Diskussion etwa J. *Burmeister*, HStR II, § 32 Rn. 58; *Hernekamp* (Fn. 67), Art. 45c Rn. 7; *Klein* (Fn. 3), Art. 45c Rn. 21, 37f.; *Krings* (Fn. 58), Art. 45c Rn. 39ff.; *Pietzner*, Petitionsausschuß (Fn. 75), S. 23 f.; H.-A. *Roll*, ZParl. 13 (1982), 21 (22 ff.); M. *Schmitt-Vockenhausen*, Verfassungsrechtliche Probleme der Behandlung von Petitionen durch den Bundestag nach Artikel 17 GG, 1979, S. 96 ff.; *dies.*, DVBl. 1980, 522 (523 ff.).

[127] BVerfG, 1 BvR 444/78, unveröffentlichter Beschluss des Ersten Senats (Dreierausschuss) vom 13.7.1981. Die Gründe haben folgenden Wortlaut: »Art. 17 GG ist nicht verletzt. Erheblichen verfassungsrechtlichen Bedenken unterliegt zwar die Auffassung des Bundesverwaltungsgerichts, der Petitionsausschuß des Deutschen Bundestages sei berechtigt gewesen, die ihm auf Grund von Art. 17 GG obliegende Prüfungs- und Bescheidungspflicht auf die Zentralstelle für Petitionen und Eingaben zu delegieren. Im Ergebnis ist die vom Beschwerdeführer angegriffene Verfahrensweise bei Behandlung seiner Eingabe verfassungsrechtlich gleichwohl nicht zu beanstanden. Art und Weise der Erledigung von Petitionen stehen grundsätzlich im parlamentarischen Ermessen. Innerhalb der durch Art. 17 GG gezogenen Grenzen kann die Ausübung dieses Ermessens namentlich auch von der Erwägung beeinflußt werden, die ohnedies schon bestehende Arbeitsüberlastung des Parlaments in diesem Bereich sei möglichst gering zu halten; dies umso mehr, als in Anbetracht der großen Zahl beim Bundestag eingehender Petitionen sachgemäße und zugleich zeitgerechte Bearbeitung ohne Beteiligung von Hilfspersonen nicht möglich ist. Geht es – wie hier – um Petitionen, deren Sachprüfung oder gar Erledigung im Sinne der Wünsche des Petenten dem Parlament aus verfassungsrechtlichen Gründen von vornherein verwehrt ist und die deshalb kraft zwingenden Rechts ausschließlich dahin beschieden werden können, der Petition sei nicht abzuhelfen, wäre es bloßer Formalismus, auf einer verfassungsrechtlichen Verpflichtung des Petitionsausschusses oder des Plenums zur Prüfung jeder einzelnen Eingabe dieser Art zu bestehen; den Anforderungen des Art. 17 GG ist unter diesen besonderen Umständen schon dann genügt, wenn sich der Petitionsausschuß mit dem streitigen Petitionstypus generell und vorab befaßt und der Zentralstelle – wie hier – Anweisungen für die Bescheidung derartiger Eingaben gibt, die klar sind und zumal ohne Schwierigkeiten auch im Einzelfall angewandt werden können, wenn die beauftragte Stelle mit rechtlich geschultem Personal besetzt ist« (der damaligen »Zentralstelle« entspricht heute der Ausschussdienst); dazu H.-A. *Roll*, ZParl. 13 (1982), 21 (22 ff.). Dem Beschluss zustimmend z.B. Jarass/*Pieroth*, GG, Art. 45c Rn. 1; *Umbach* (Fn. 6), Art. 45c Rn. 12. Vgl. auch C. *Langenfeld*, HStR³ III, § 39 Rn. 54, 60, die den Ausschussdienst allerdings zumindest missverständlich noch als »Zentralstelle« bezeichnet; ähnlich W. G. *Leisner*, in: Sodan, GG, Art. 45c Rn. 2; D. *Hömig*, in: Hömig, GG, Art. 45c Rn. 1.

IV. Verfahren und Erledigungsarten   Art. 45c

Art. 17 GG die verfassungsrechtlichen Vorbehalte allerdings nicht ganz verstummt[128]. Darüber hinaus ist in jüngerer Zeit wiederholt bezweifelt worden, ob die **Berichte des Petitionsausschusses** an den Bundestag zusammen mit den in ihnen enthaltenen Beschlussempfehlungen den **verfassungsrechtlichen Anforderungen** genügen, weil sie nicht hinreichend detailliert seien; Folge der unzureichend begründeten Sammelberichte sei ein Verstoß gegen die Abgeordnetenrechte aus Art. 38 I 2 GG, weil sich die Abgeordneten kein unabhängiges Bild von der Sache selbst machen könnten[129].

Als **Erledigungsarten** für das Verfahren im Petitionsausschuss haben sich insb. folgende Beschlussempfehlungen herausgebildet[130]: 30
– **Überweisung** der Petition an die Bundesregierung »**zur Berücksichtigung**«, weil das Anliegen des Petenten begründet und Abhilfe notwendig ist;
– **Überweisung** der Petition an die Bundesregierung »**zur Erwägung**«, weil die Eingabe Anlass zu dem Ersuchen gibt, das Anliegen noch einmal zu überprüfen und nach Möglichkeiten der Abhilfe zu suchen;
– **Überweisung** der Petition an die Bundesregierung »**als Material**«, um beispielsweise zu erreichen, dass die Eingabe in die Vorbereitung von Gesetzentwürfen, Verordnungen etc. einbezogen wird;
– **schlichte Überweisung** der Petition an die Bundesregierung, um sie auf die Begründung des Beschlusses des Bundestages hinzuweisen oder um sie auf das Anliegen des Petenten besonders aufmerksam zu machen;
– **Kenntnisgabe** der Petition **an die Fraktionen** (z.B. als Anregung für eine parlamentarische Initiative);
– **Zuleitung** der Petition **an das Europäische Parlament**, weil dessen Zuständigkeit berührt ist;
– **Abschluss des Verfahrens**, etwa weil dem Anliegen des Petenten entsprochen wurde oder nicht entsprochen werden kann, weil das Verhalten der Verwaltung nicht zu beanstanden ist oder weil die Eingabe inhaltlich nicht behandelt werden kann.

In der **Verfassungspraxis** wurden von den im Berichtszeitraum 2014 inhaltlich geprüften Petitionen[131] an die Bundesregierung 0,01% zur Berücksichtigung, 0,17% zur Erwägung, 2,49% als Material und 2,79% ohne Zusatz überwiesen; den Fraktionen des Bundestages zur Kenntnis zugeleitet wurden 0,23%. Dem Europäischen Parlament wurden 0,11%, den Landesparlamenten 0,52% der Petitionen zugeleitet. Bei 9,67% der Petitionen wurde dem Anliegen entsprochen, bei 36,72% dagegen nicht entsprochen; 28,46% haben sich auf andere Weise (Rat, Auskunft, Verweisung, Materialübersendung usw.) erledigt. In der Gesamtbetrachtung sind dies recht **beachtliche Erfolgsquoten**, die zusammen mit den Fortentwicklungen in Richtung eines Konfliktmanagements (→ Rn. 16) abfälligen Einschätzungen etwa nach den Maximen des 31

---

[128] *Achterberg/Schulte* (Fn. 11), Art. 45c Rn. 17 ff. (m. w. N. auf die ältere Literatur), die gegenüber der derzeitigen Ausgestaltung zudem eine gesetzliche Grundlage fordern; vgl. auch *Klein* (Fn. 3), Art. 45c Rn. 37 f.; *Würtenberger* (Fn. 10), Art. 45c Rn. 84 ff.
[129] *E. Röper*, NVwZ 2002, 53 f.; *ders.*, ZParl. 33 (2002), 239 (243 f.); zur Kritik der Kritik s. *S. Brink*, NVwZ 2003, 953 ff.; *Krings* (Fn. 58), Art. 45c Rn. 21.
[130] Die im Text nachfolgende Aufzählung hat keinen abschließenden Charakter. Vgl. zu ihr und zu weiteren Arten der Erledigung Nr. 8.1 i.V.m. Nr. 7.14 f. Verfahrensgrundsätze (BT-Drs. 18/4990, Anlage 8.IV, S. 134 f.); ferner *Klein* (Fn. 3), Art. 45c Rn. 43 ff.; *C. Langenfeld*, HStR³ III, § 39 Rn. 61; *Würtenberger* (Fn. 10), Art. 45c Rn. 100 ff., sowie zu den früheren Formen von Beschlussempfehlungen *J. Burmeister*, HStR II, § 32 Rn. 54; *W. Graf Vitzthum/W. März*, JZ 1985, 809 (814).
[131] Angaben nach BT-Drs. 18/4990, Anlage 1, S. 105; die Anteile der einzelnen Erledigungsarten weichen in den verschiedenen Berichtsjahren freilich nicht unbeträchtlich voneinander ab.

Art. 45c C. Erläuterungen

schlechten Juristenwitzes, Petitionen seien »formlos, fristlos, fruchtlos«, die rechtstatsächliche Grundlage entziehen.

V. Insbesondere: Öffentliche Petitionen

32 Die Öffentliche Petition ist eine nach Funktionen, Voraussetzungen und Rechtsfolgen von herkömmlichen Parlamentseingaben abweichende Petitionsform, die der Petitionsausschuss 2005 zunächst als befristeten Modellversuch nach schottischem Vorbild eingeführt, später in den Regelbetrieb übernommen und anschließend wiederholt modifiziert und technisch ambitioniert fortgewickelt hat[132]. Der **neue Petitionstyp** zielt darauf ab, »allen Nutzern [...] dieses interaktiven Instrumentariums zusätzliche Kommunikations-, Deliberations- und Partizipationsmöglichkeiten zu bieten und die repräsentative Demokratie zu stärken«[133]. Die Begleitforschung konstatierte alsbald einen Bedeutungszuwachs des Petitionswesens, begrüßte die Schritte zu mehr Transparenz, Zugänglichkeit und Teilhabe und zählt die elektronischen Petitionssysteme zu den zentralen Aktivitäten im Bereich von E-Demokratie und E-Partizipation[134]. Dementsprechend versteht der Petitionsausschuss in seinen Tätigkeitsberichten die Öffentliche Petition als wichtigen Beitrag zu mehr E-Demokratie oder jedenfalls zu einer »lebendigeren Demokratie«.[135]

33 Obschon es sich bei der Öffentlichen Petition um eine außerordentlich anspruchsvolle Innovation handelt, ist sie weder im Grundgesetz noch im Petitionsgesetz ausdrücklich geregelt. Die **Rechtsgrundlage** der neuen Petitionsform findet sich vielmehr im Kern in den auf § 110 I GOBT gestützten Verfahrensgrundsätzen und der dazu erlassenen Richtlinie für die Behandlung von öffentlichen Petitionen (→ Rn. 13). Dort steht auch die **Legaldefinition:** »Öffentliche Petitionen sind Bitten oder Beschwerden von allgemeinem Interesse an den Deutschen Bundestag«[136].

34 Die beiden Regelwerke schreiben eine ganze Reihe von Voraussetzungen fest, denen Öffentliche Petitionen genügen müssen, und sie enthalten außerdem Vorgaben für das Verfahren. Zu den **Voraussetzungen** gehören die Petitionseinreichung in elektronischer Form sowie Anforderungen an Gegenstand und Begründung des Anliegens. Danach muss die Eingabe »ein Anliegen von allgemeinem Interesse zum Gegenstand« haben, und »das Anliegen und dessen Darstellung [müssen] für eine sachliche öffentliche Diskussion geeignet«[137] sein. Die Erfüllung der Voraussetzungen überprüft der beim Petitionsausschuss eingerichtete Ausschussdienst, der hinsichtlich der Veröffentlichung im Internet einen strengen Bewertungsmaßstab anlegt[138]. Gelangt die Überprüfung durch den Ausschussdienst zu einem negativen Ergebnis, dann wird die Ein-

---

[132] Vgl. dazu neben den Nachw. in Fn. 30 *R. Lindner/U. Riehm*, ZParl. 40 (2009), 495 (500 ff.); *U. Riehm/M. Trénel*, ZParl. 40 (2009), 512 ff.; *Bauer*, Petitionsrechtsmodernisierungen (Fn. 47), S. 641 ff.; *ders.*, DÖV 2014, 453 (455 ff.).
[133] BT-Drucks. 16/2500, S. 10.
[134] *Riehm/Coenen/Lindner/Blümel*, Bürgerbeteiligung (Fn. 30), S. 13 ff.; vgl. auch *Riehm/Böhle/Lindner*, Petitionssysteme (Fn. 30), insb. S. 9 f.
[135] Vgl. etwa BT-Drs. 16/9500, S. 9; BT-Drs. 17/13660, S. 8; BT-Drs. 18/1300, S. 9; BT-Drs. 18/4990, S. 10.
[136] Nr. 2.2 IV der Verfahrensgrundsätze.
[137] Nr. 2.1 der Richtlinie.
[138] Nr. 5 der Richtlinie.

gabe als solche nicht etwa abgewiesen, sondern die weitere Behandlung erfolgt nach den allgemeinen Verfahrensgrundsätzen für Petitionen[139].

Demgegenüber führt die Annahme einer Eingabe als Öffentliche Petition in mehrfacher Hinsicht zu einer **Sonderbehandlung im Verfahren.** Sind nämlich die Zulassungshürden genommen, dann wird die Öffentliche Petition »im Einvernehmen mit dem Petenten auf der Internetseite des Petitionsausschusses veröffentlicht. Mit der Veröffentlichung erhalten weitere Personen oder Personengruppen über das Internet die Gelegenheit zur Mitzeichnung der Petition oder zur Abgabe eines Diskussionsbeitrages hierzu«[140]. **Rechtsfolge** der Annahme einer Petition als Öffentliche Petition ist demnach zuallererst der Zugang zu der elektronischen Plattform, auf der das mit der Eingabe verfolgte Anliegen öffentlich gemacht, diskutiert und die Eingabe selbst durch Mitzeichnung unterstützt werden kann. In diesen Optionen für elektronische Kommunikation, Interaktion, Partizipation, Unterstützung und Mitzeichnung liegt die eigentliche Innovation der Öffentlichen Petition[141]. Doch geht es bei dem neuen Institut nicht allein um die Nutzung der kommunikativen und interaktiven Möglichkeiten internetgestützter Diskussionsforen. In der Verfassungspraxis können sich vielmehr noch ganz andere Wirkungen ergeben. Hervorzuheben ist vor allem das Quorum von 50.000 Unterstützern, dessen Erreichung **weitere Rechtsfolgen** auslöst. Solche Petitionen werden in der Ausschusssitzung einzeln aufgerufen, und in der öffentlichen Ausschusssitzung werden regelmäßig ein Petent oder mehrere Petenten angehört, damit sie die Petition eingehender darstellen und erläutern können[142]. Schließlich sind Öffentliche Petitionen gegenüber konventionellen Eingaben auch noch durch die Veröffentlichung der abschließenden Entscheidung einschließlich ihrer Begründung im Internet[143] privilegiert. Diese Unterrichtung der Öffentlichkeit schafft zusätzliche Transparenz und bietet Bürgern und Presse Ansatzpunkte für nachsetzende Anschlusskommunikation, Einflussnahme auf die Öffentliche Meinung und damit insgesamt für die Teilhabe an politischen Entscheidungsprozessen.

Die mehrfache Privilegierung Öffentlicher Petitionen ist ein klarer **Mehrwert gegenüber »normalen« Eingaben.** Sie liegt im Trend der Aufwertung des Petitionswesens in »politischen Angelegenheiten«, stößt allerdings auch auf **verfassungsrechtliche Vorbehalte.** Die Vorbehalte richten sich bereits gegen die elektronische Form der Petitionseinreichung, weil der Grundrechtsschutz nach Art. 17 GG bekanntlich Schriftform voraussetzt[144]. Einen weiteren Ansatzpunkt für das Verdikt der Verfassungswidrigkeit könnten mit Blick auf eine etwa intendierte »plebiszitäre Ersatzfunktion« wegen

---

[139] Nr. 5 der Richtlinie.
[140] Nr. 2.2 (4) der Verfahrensgrundsätze.
[141] *Riehm/Böhle/Lindner,* Petitionssysteme (Fn. 30), S. 81ff.
[142] Nrn. 8.2.1 und 8.4 IV der Verfahrensgrundsätze. Diese weiteren Rechtswirkungen sind zwar keine Besonderheit der Öffentlichen Petition, weil sie nach den Verfahrensgrundsätzen ganz allgemein bei Sammel- und Massenpetitionen eintreten. Doch liegt es auf der Hand, dass bei herkömmlichen Eingaben Unterschriftensammlungen etwa im öffentlichen Straßenraum zumindest potentiell wesentlich aufwendiger sind als das Einsammeln von Unterstützer-Mitzeichnungen per Mausklick in einem elektronisch unterstützten Verfahren. Allgemeine verfassungsrechtliche Vorbehalte gegen die doppelte Privilegierung von Massen- und Sammelpetitionen mit mindestens 50.000 Unterstützern bei *Klein* (Fn. 3), Art. 45c Rn. 69, der dafür eine Verfassungsänderung verlangt.
[143] Nr. 12 der Richtlinie.
[144] Wichtige Grundsatzkritik bei *M. Kellner,* NJ 2007, 56 (57ff.); näheres zu dieser Debatte: → Art. 17 Rn. 35f. Nicht zuletzt wegen des Verweises auf Art. 17 GG in Art. 45c GG kann jedenfalls die These, das Grundgesetz enthalte keine Formvorschriften für Petitionen (vgl. *Kluth* [Fn. 80], Art. 45c Rn. 14), nicht überzeugen.

der Beschränkung der Verfahrensherrschaft des Bundestages die Grundsätze parlamentarischer Demokratie liefern[145]; doch überschreitet die Neuerung nicht die Grenzlinie zur Volksgesetzgebung, auch wenn die faktische Wirkungsverstärkung der Partizipation per Petition mit der Option zur Öffentlichen Petition nicht zu unterschätzen ist. Neben der verfassungsrechtlich prekären Stellung des Ausschussdienstes, der »einen relativ großen Spielraum [hat], eigentlich zulässige öffentliche Petitionen [...] auszuschließen«[146], sind es vor allem der auf Art. 17 GG (gegebenenfalls in Verbindung mit Art. 3 Abs. 1 GG) gestützte Anspruch auf gleichen Zugang zum Institut der Öffentlichen Petition sowie die Ungleichbehandlung von Petitionen mit großer und kleiner Unterstützerzahl oder gar von Individualpetitionen, die das Verfassungsrecht auf den Plan rufen. Zwar mag sich für die **mehrfache Privilegierung der Öffentlichen Petition**[147] rechtfertigendes Argumentationsmaterial auch aus den Funktionen des Petitionsrechts erschließen lassen. Doch ist die Sonderbehandlung im Verfahren mit den vorgestellten weitreichenden Konsequenzen und Außenwirkungen für die Grundrechtsträger verfassungsrechtlich jedenfalls nicht durch eine Änderung der auf die Geschäftsordnung (!) des Bundestages gestützten Verfahrensgrundsätze (!) und einer ergänzenden Richtlinie zu bewerkstelligen. Vielmehr fordern die massiven Akzentverschiebungen in der Ordnungsidee des Petitionsrechts, die außenwirksamen Ungleich- und Sonderbehandlungen im Verfahren durch mehrfache Privilegierung der Öffentlichen Petition, die zweifelhaften Kriterien für die Zulassung einer Eingabe als Öffentliche Petition und deren Handhabung in der Praxis sowie die Verfahrensgestaltung und die Entscheidungsbefugnisse des Ausschussdienstes[148] in der juristischen Gesamtbewertung eine **Regelung durch den parlamentarischen Gesetzgeber,** also ein förmliches Gesetz[149].

37 Die **fachgerichtliche Spruchpraxis** hat – soweit ersichtlich – diese Konsequenz bislang nicht gezogen. Stattdessen haben die Berliner Verwaltungsgerichte Anträge, die auf Zulassung einer Petition als Öffentliche Petition gerichtet waren, abgewiesen.[150] Die Begründungen stellten freilich nicht auf die demokratische Partizipationsfunktion ab, sondern auf die in der Tradition der Untertanenbitte stehende »kleine« Funktion

---

[145] S. zu diesem Vorbehalt *Klein* (Fn. 3), Art. 45c Rn. 69, der allerdings zu Recht auf (historische) Zusammenhänge zwischen Massenpetition und Volksinitiative hinweist; vgl. zu diesen Zusammenhängen auch *E. Röper,* ZParl. 36 (2005), 152 (153), wonach die Volksinitiativen ein »petitionsrechtliches Instrument unterhalb der eigentlichen Volksgesetzgebung« sein sollen und »aus der Massenpetition entwickelt« wurden.

[146] Bericht des Ausschusses für Bildung, Forschung und Technikfolgenabschätzung (18. Ausschuss) gemäß §56a der Geschäftsordnung vom 28.3.2009, BT-Drs. 16/12509, S. 103. Zu hier ansetzenden verfassungsrechtlichen Vorbehalten s. *Bauer,* Petitesse (Fn. 30), S. 1228f.

[147] Erhöhte Publizität durch Präsenz im Internet mit Optionen zur elektronischen Mitzeichnung und einem entsprechend erhöhten politischen Druckpotential; zusätzliche Aufmerksamkeit durch Einzelaufruf; Gelegenheit zur Erläuterung des Anliegens in öffentlicher Ausschusssitzung; Veröffentlichung der Petitionsentscheidung mit Begründung im Internet.

[148] Eingehender zu den durch die Nichtzulassungsentscheidungen des Ausschussdienstes ausgelösten Vorbehalten *Riehm/Böhle/Lindner,* Petitionssysteme (Fn. 30), S. 70ff.

[149] Im Ergebnis übereinstimmend A. *Guckelberger,* DÖV 2008, 85 (92, 94); *Klein* (Fn. 3), Art. 45c Rn. 69a; a.A. *L. Brocker,* in: Epping/Hillgruber, GG, Art. 45c Rn. 15.

[150] Die Entscheidungen ergingen teilweise in Verfahren des einstweiligen Rechtsschutzes und hatten zum Teil auch Anträge auf Bewilligung von Prozesskostenhilfe zum Gegenstand; vgl. VG Berlin, Beschl. vom 21.3.2007, VG 2 A 12.07 (bestätigt durch OVG Berlin-Brandenburg, Beschl. vom 11.5.2007, OVG 3 S 31.07/OVG 3 M 27.07); VG Berlin, Urt. vom 4.12.2008, VG 2 A 106.07; VG Berlin, Urt. vom 19.7.2010, VG 2 K 213.09 (bestätigt durch OVG Berlin-Brandenburg, Beschl. vom 20.6.2012, OVG 3 N 126.12); VG Berlin, Urt. vom 3.5.2012, VG 2 K 179.11.

des Petitionsrechts, wonach die Bittsteller mit Eingaben ihre »kleinen« Sorgen und Nöte vortragen können.¹⁵¹ Bei diesem Vorverständnis fällt es offenbar leicht, einen unmittelbar auf Art. 17 GG oder wenigstens auf Art. 17 GG in Verbindung mit Art. 3 I GG gestützten Anspruch auf (gleichen) Zugang zum Institut der Öffentlichen Petition zu verneinen und die Ablehnungsentscheidungen nicht zu beanstanden – und dies selbst dann, wenn der Ausschussdienst die Zulassung einer auf die Verbesserung der normativen Rahmenbedingungen von Behindertenwerkstätten gerichteten Eingabe als Öffentliche Petition mit der Begründung ablehnt, das Anliegen des Petenten »und seine Darstellung [erscheine] für eine sachliche öffentliche Diskussion deshalb ungeeignet, weil fundierte, sachorientierte Diskussionsbeiträge der Allgemeinheit bei dieser speziellen Materie angesichts des anzunehmenden [!] unterdurchschnittlichen Wissens um die Bedingungen in Werkstätten für geistig und seelisch behinderte Menschen bei weiten Teilen der Bevölkerung kaum [!] zu erwarten sind«¹⁵². Im Anschluss an eine **bundesverfassungsgerichtliche Intervention** zeichnet sich inzwischen allerdings auch bei der Berliner Verwaltungsgerichtsbarkeit jedenfalls eine intensivere Beschäftigung mit der neuen Petitionsform ab¹⁵³. Es bleibt zu hoffen, dass es dabei zu einem Umdenken kommt und das Gericht dem durch Art. 17 GG gewährleisteten Bündel an Unterlassungs- und Leistungsansprüchen auch in den Arenen staatlich bereitgestellter elektronischer Petitionssysteme zu grundrechtlicher Wirksamkeit verhilft.

D. Verhältnis zu anderen GG-Bestimmungen

Für die an den Bundestag gerichteten Petitionen erhöht Art. 45c GG die Effektivität des Petitionsgrundrechts aus **Art. 17 GG**, übernimmt mit diesem (→ Art. 17 Rn. 60) komplementär zu **Art. 19 IV GG** teilweise Rechtsschutzaufgaben und lässt sich so als ein Bestandteil der prozeduralen Garantien des **Rechtsstaatsprinzips** begreifen¹⁵⁴.

38

---

¹⁵¹ Vgl. nur VG Berlin, Beschl. vom 21.3.2007, VG 2 A 12.07, S. 2 (bestätigt durch OVG Berlin-Brandenburg, Beschl. vom 11.5.2007, OVG 3 S 31.07/OVG 3 M 27.07); VG Berlin, Urt. vom 4.12.2008, VG 2 A 106.07, S. 3.
¹⁵² So die vom Gericht bestätigte Argumentation des Ausschussdienstes (VG Berlin, Beschl. v. 21.03.2007, VG 2 A 12.07, S. 3; bestätigt durch OVG Berlin-Brandenburg, Beschl. v. 11.05.2007, OVG 3 S 31.07/OVG 3 M 27.07, S. 2, und VG Berlin, Urt. v. 04. 12 2008, VG 2 A 106.07, S. 3); zur Kritik s. *Bauer*, Petitesse (Fn. 30), S. 1212 f., 1226 ff.
¹⁵³ Das Bundesverfassungsgericht konnte sich zunächst einer inhaltlichen Auseinandersetzung mit der Öffentlichen Petition enthalten, weil die dazu an das Gericht herangetragenen Beschwerden aus prozessualen Gründen (fehlende Rechtswegerschöpfung, nicht hinreichend substantiierte Begründung) vorerst scheiterten; vgl. BVerfG (K), 1 BvR 1558/11, Beschl. vom 27.9.2011, NVwZ-RR 2012, 1; BVerfG (K), 2 BvR 1720/12, Beschl. vom 21.11.2012. Im Februar 2014 hat das Gericht in der Versagung von Prozesskostenhilfe eine Verletzung des grundrechtlichen Anspruchs auf Rechtsschutzgleichheit gesehen, weil das OVG Berlin-Brandenburg in Fortführung seiner bisherigen Spruchpraxis eine eingehendere gerichtliche Überprüfung der Zulassung einer Petition als Öffentliche Petition abgelehnt und dadurch zu schwierigen, bislang ungeklärten Rechtsfragen nicht hinreichend Stellung bezogen hat (BVerfG [K], 2 BvR 57/13, Beschl. vom 17.2.2014, insb. Rn. 11); zur im Ergebnis noch unentschiedenen Anschlussrechtsprechung s. OVG Berlin-Brandenburg, Beschl. vom 9.7.2014, OVG 3 N 24.14.
¹⁵⁴ Vgl. *Würtenberger* (Fn. 10), Art. 45c Rn. 24, 29 f.; kritisch *Umbach* (Fn. 6), Art. 45c Rn. 25. Zu den jenseits spezifischer Interpretationsfragen von Art. 45c GG liegenden, vielfältigen Fragen verfassungs- und verwaltungsgerichtlichen Rechtsschutzes s. etwa *Würtenberger*, a.a.O., Rn. 176 ff.; *Achterberg/Schulte* (Fn. 11), Art. 45c Rn. 42 ff.; *C. Langenfeld*, HStR³ III, § 39 Rn. 73 ff.; *Kluth* (Fn. 80), Art. 45c Rn. 23 ff.; zur gerichtlichen Durchsetzung der Rechte des Petitionsausschusses s. *Klein* (Fn. 3), Art. 45c Rn. 80 ff.

»Politische Petitionen« und namentlich die demokratisch inspirierten Petitionsrechtsmodernisierungen der letzten Jahre[155] stellen deutliche Bezüge zum **Demokratieprinzip** her, die sich künftig noch verstärken dürften, Art. 17, 45c GG aber nicht im konventionellen Verständnis zu einem plebiszitär-demokratischen Element des Grundgesetzes machen (→ Art. 17 Rn. 63). Trotz seiner Informations- und Sachaufklärungsbefugnisse (→ Rn. 25 ff.) ist der Petitionsausschuss **kein Untersuchungsausschuss** und kann seine Befugnisse nicht im gleichen Maß wie ein Untersuchungsausschuss durchsetzen[156]; **Amtshilfe** nach Art. 35 I GG kann der Petitionsausschuss nur in beschränktem Umfang in Anspruch nehmen[157]. Unter dem Aspekt der Funktionenordnung (Gewaltenteilung) fügen sich namentlich die parlamentarischen Kontrollbefugnisse des Petitionsausschusses in das grundgesetzliche Gefüge der »**checks and balances of powers**« ein[158].

39 Art. 45c GG lässt die besonderen Befugnisse des Wehrbeauftragten (**Art. 45b GG**) unberührt[159]. Die Koordination zwischen Wehrbeauftragtem und Petitionsausschuss regeln Verfahrensgrundsätze über die Zusammenarbeit zwischen dem Petitionsausschuss und dem Wehrbeauftragten des Deutschen Bundestages[160]. Der Petitionsausschuss hat das **Interpellationsrecht** (→ Art. 43 Rn. 12).

40 Der Petitionsausschuss muss die Direktiven von Art. 17 GG wahren und den Anspruch der Petenten auf gleichen Zugang (→ Rn. 36 f.) achten. Die Ausübung der Rechte des Petitionsausschusses kann in die **Grundrechte Dritter**, in Sonderheit in das Recht auf »informationelle Selbstbestimmung«[161] eingreifen[162]. Dementsprechend können sich einzelne grundrechtsrelevante Maßnahmen des Petitionsausschusses unter Beachtung des Verhältnismäßigkeitsgrundsatzes als verfassungsrechtlich unzulässig erweisen[163]; dabei sind allerdings auch Möglichkeiten des Geheimnisschutzes zu berücksichtigen[164].

---

[155] *Bauer*, Petitionsrechtsmodernisierungen (Fn. 47).
[156] *Klein* (Fn. 3), Art. 45c Rn. 18; → Fn. 99.
[157] *Klein* (Fn. 3), Art. 45c Rn. 70 ff.
[158] Vgl. *W. Graf Vitzthum/W. März*, JZ 1985, 809 (813).
[159] § 108 I 2 GOBT; vgl. auch *Hernekamp* (Fn. 67), Art. 45c Rn. 18, und zu Koordinierungsaufgaben *Würtenberger* (Fn. 10), Art. 45c Rn. 63; ferner *Krings* (Fn. 58), Art. 45c Rn. 46; *Umbach* (Fn. 6), Art. 45c Rn. 20 ff.
[160] Nr. 7.6 der Verfahrensgrundsätze mit dazugehöriger Anlage (BT-Drs. 18/4990, Anlage 8, S. 133, 139).
[161] BVerfGE 65, 1 (43). → Art. 2 I Rn. 79 ff.
[162] *Klein* (Fn. 3), Art. 45c Rn. 63. → Art. 17 Rn. 62.
[163] Vgl. *Achterberg/Schulte* (Fn. 11), Art. 45c Rn. 57; *Klein* (Fn. 3), Art. 45c Rn. 63.
[164] *Klein* (Fn. 3), Art. 45c Rn. 63.

Artikel 45d [Parlamentarisches Kontrollgremium]

(1) Der Bundestag bestellt ein Gremium zur Kontrolle der nachrichtendienstlichen Tätigkeit des Bundes.
(2) Das Nähere regelt ein Bundesgesetz.

Literaturauswahl

Arndt, Claus: Parlamentarische Kontrolle der Nachrichtendienste, in: Schneider/Zeh, § 50, S. 1369–1392.
Baier, Maximilian: Die parlamentarische Kontrolle der Nachrichtendienste und deren Reform, 2009.
Borgs-Maciejewski, Hermann: Vertrauensbildung durch Kontrolle der Polizei und der Geheimdienste, in: Wolbert K. Smidt/Ulrike Poppe/Wolfgang Krieger/Helmut Müller-Enbergs (Hrsg.), Geheimhaltung und Transparenz. Demokratische Kontrolle der Geheimdienste im internationalen Vergleich, 2007, S. 80–89.
Brenner, Michael: Bundesnachrichtendienst zwischen geheimdienstlicher Effizienz und rechtsstaatlicher Bindung, 1990.
Bull, Hans Peter: Sind Nachrichtendienste unkontrollierbar?, in: DÖV 2008, S. 751–759.
Christopeit, Vera/Wolff, Heinrich Amadeus: Die Reformgesetze zur parlamentarischen Kontrolle der Nachrichtendienste, in: ZG 25 (2010), S. 77–96.
Droste, Bernadette: Handbuch des Verfassungsschutzrechts, 2007.
Fischer-Lescano, Andreas/Tohidipur, Timo: Europäisches Grenzkontrollregime. Rechtsrahmen der europäischen Grenzschutzagentur FRONTEX, in: ZaöRV 67 (2007), S. 1219–1277.
Gröpl, Christoph: Die Nachrichtendienste im Regelwerk der deutschen Sicherheitsverwaltung. Legitimation, Organisation und Abgrenzungsfragen, 1993.
Gusy, Christoph: Parlamentarische Kontrolle der Nachrichtendienste im demokratischen Rechtsstaat, in: ZRP 2008, S. 36–40.
Hansalek, Erik: Die parlamentarische Kontrolle der Bundesregierung im Bereich der Nachrichtendienste, 2006.
Hempel, Marcel: Der Bundestag und die Nachrichtendienste – eine Neubestimmung durch Art. 45d GG?, 2014.
Heußner, Kristina: Informationssysteme im Europäischen Verwaltungsverbund, 2007.
Hirsch, Alexander: Die Kontrolle der Nachrichtendienste. Vergleichende Bestandsaufnahme, Praxis und Reform, 1996.
Hörauf, Dominic: Die demokratische Kontrolle des Bundesnachrichtendienstes. Ein Rechtsvergleich vor und nach 9/11, 2011.
Huber, Bertold: Die Reform der parlamentarischen Kontrolle der Nachrichtendienste und des Gesetzes nach Art. 10 GG, in: NVwZ 2009, S. 1321–1328.
Krieger, Wolfgang: Die historische Entwicklung der Kontrolle von Geheimdiensten, in: Wolbert K. Smidt/Ulrike Poppe/Wolfgang Krieger/Helmut Müller-Enbergs (Hrsg.), Geheimhaltung und Transparenz. Demokratische Kontrolle der Geheimdienste im internationalen Vergleich, 2007, S. 13–29.
Krieger, Wolfgang: Geschichte der Geheimdienste. Von den Pharaonen bis zur CIA, 2009.
Kumpf, Tobias: Die Kontrolle der Nachrichtendienste des Bundes. Zur Reform der Kontrolle der Nachrichtendienste und zur Kontrolle der nachrichtendienstlichen Beobachtung von Abgeordneten des Bundestages, 2014.
Ritter, Falko: Die geheimen Nachrichtendienste der Bundesrepublik Deutschland. Rechtsgrundlagen – Aufgaben – Arbeitsweisen – Koordinierung – Kontrolle, 1989.
Schiffers, Reinhard: Verfassungsschutz und parlamentarische Kontrolle in der Bundesrepublik Deutschland 1949–1997 – Mit einer Dokumentation zum »Fall John« im Bundestagsausschuß zum Schutz der Verfassung, 1997.
Schmidt, Jörg: Die demokratische Legitimationsfunktion der parlamentarischen Kontrolle, 2007.
Shirvani, Foroud: Reform der parlamentarischen Kontrolle der Nachrichtendienste – Die Novellen zum Grundgesetz und zum Kontrollgremiumgesetz, in: VBlBW 2010, S. 99–104.
Smidt, Wolbert K.: Systeme parlamentarischer Kontrolle von Geheimdiensten – Versuch eines Vergleichs, in: Wolbert K. Smidt/Ulrike Poppe/Wolfgang Krieger/Helmut Müller-Enbergs (Hrsg.), Geheimhaltung und Transparenz. Demokratische Kontrolle der Geheimdienste im internationalen Vergleich, 2007, S. 235–256.

Art. 45d

Waske, Stefanie: Mehr Liaison als Kontrolle. Die Kontrolle des BND durch Parlament und Regierung 1955–1978, 2009.
Wolff, Heinrich Amadeus: Der nachrichtendienstliche Geheimnisschutz und die parlamentarische Kontrolle, in: JZ 2010, S. 173–180.
Wolff, Heinrich Amadeus: Der neue Art. 45d GG und die Reform des PKGrG im Jahr 2009, in: Martin H. W. Möllers/Robert van Oyen (Hrsg.), Jahrbuch Öffentliche Sicherheit 2010/2011, Erster Halbband, 2011, S. 397–409.

Siehe auch die Angaben zu Art. 44 bis 45c GG.

Leitentscheidungen des Bundesverfassungsgerichts

BVerfGE 66, 26 (38 f.) – Bundeshaushaltsplan II e.A.; 67, 100 (127 ff.) – Flick-Untersuchungsausschuß; 70, 324 (362 ff.) – Haushaltskontrolle der Nachrichtendienste; 110, 199 (214 ff., Rn. 42 ff.) – Aktenvorlage II; 124, 78 (120 ff., Rn. 119 ff.) – BND-Untersuchungsausschuß; 124, 161 (188 ff., Rn. 122 ff.) – Überwachung von Bundestagsabgeordneten.

Gliederung

	Rn.
A. Herkunft, Entstehung, Entwicklung	1
I. Ideen- und verfassungsgeschichtliche Aspekte	1
II. Entstehung und Veränderung der Norm	6
B. Internationale, supranationale und rechtsvergleichende Bezüge	9
I. Europäische Union	9
II. Rechtsvergleichende Aspekte	10
C. Erläuterungen	12
I. Funktion, systematische Stellung und Regelungsgehalt	12
1. Parlamentarische Kontrolle von Nachrichtendiensten zwischen Öffentlichkeit und Geheimhaltung	13
2. Verhältnis zu anderen Kontrollorganen und Ausschüssen	16
3. Beschränkter Regelungsgehalt und Bedeutung des Kontrollgremiumgesetzes	20
II. Kontrollgegenstand	22
1. Nachrichtendienstliche Tätigkeit	22
2. Adressaten der Kontrolle	29
III. Institutionelle und verfahrensrechtliche Ausgestaltung	33
1. Obligatorisches Hilfsorgan des Bundestages	33
2. Größe und Zusammensetzung des Gremiums	35
3. Verfahren im Gremium	39
IV. Kontrollinstrumente	40
1. Informationserhebung	41
2. Öffentlichkeit und Berichterstattung	45
3. Grenzen der Kontrolle	47
a) Kernbereich exekutiver Eigenverantwortung	51
b) Grundrechte	52
c) Staatswohl und Funktionsfähigkeit der Nachrichtendienste	53
d) Zuständigkeit und Begründungspflicht der Bundesregierung	55
V. Nähere Regelung durch Gesetz (Art. 45d II GG)	56
VI. Schutz des Kontrollrechts durch das Bundesverfassungsgericht	58
D. Verhältnis zu anderen GG-Bestimmungen	60

Stichwörter

Aktenherausgabe 43 – Art. 10-Gesetz 27, 56 – Auskunftsverlangen 42 – Ausschuß 17 – Befragungsrechte 43 – Bundesamt für Verfassungsschutz (BfV) 4, 22 f. – Bundesbehörden 30 – Bundeskriminalamt 25 – Bundesnachrichtendienst (BND) 4, 5, 7, 22 f. – Europol 9 – Fraktionen 35 ff., 59 – Fremdinformation 43 – G 10-Kommission 27, 60 – Geheimhaltung 13, 15, 24, 46, 47 ff. – Gesetzgebungsauftrag 33, 56 – Hilfsorgan 16, 34 – Kontrollgremiumgesetz 6, 21, 46, 56 – Landesbehörden 29 – Militärischer Abschirmdienst (MAD) 4, 22 f. – Minderheitsfraktionen 35 ff., 59 – Nachrichtenzugang 50, 54 – Öffentlichkeit 13, 45 f. – Opposition 11, 35 ff., 59 – Organstreitverfahren 58 f. – parlamentarische Kontrollkommission 5 – parlamentarisches Untersuchungsrecht 2 – Parlamentarisches Vertrauensmännergremium 5 – Private 32 – Privatrechtsform 31 – Rechts- und Amtshilfe 43 – Rechtsschutzfunktion parlamentarischer Kontrolle 14 – Sachverständige 44 – Selbstinformation 43 – Sondervotum 39, 46 – Spiegelbildlichkeit 11, 35 ff. – Streitkräfte 30 – Terrorismusbekämpfungsergänzungsgesetz 26 – Unterrichtungspflicht 41 f. – Untersuchungsausschuß 18, 59, 60 – Vertrauensgremium (§ 10a BHO) 19 – Zollkriminalamt 25 – Zutrittsrecht 43.

A. Herkunft, Entstehung, Entwicklung

I. Ideen- und verfassungsgeschichtliche Aspekte

Die Entwicklung parlamentarischer Kontrolle der Nachrichtendienste ist untrennbar mit der Entstehung und Formung parlamentarischer Verantwortlichkeit der Regierung verknüpft. Strukturell versteht sich das deutsche Regierungssystem als ein parlamentarisches System, dessen Wesensmerkmal und Legitimationsgrundlage die **parlamentarische Verantwortlichkeit der Regierung** ist (→ Art. 63 Rn. 1 ff., 8 ff.). Dabei erstreckt sich diese Verantwortlichkeit über den engeren Bereich der Regierung, also Bundeskanzler und Minister, hinaus auf den gesamten Exekutivbereich. Entsprechend betont Art. 20 II 1 GG, daß alle Staatsgewalt vom Volke ausgeht (→ Art. 20 [Demokratie], Rn. 82 ff.). Nachrichtendienstlich arbeitende staatliche Institutionen sind als Sicherheitsbehörden im weitesten Sinne Teil der Exekutive und unterliegen daher auch parlamentarischer Kontrolle[1]. So unterstreicht der Entwurf zur Konkretisierung des Art. 45d GG aus dem Jahr 2009, daß die Nachrichtendienste »wie alle anderen Organe der vollziehenden Gewalt« der Kontrolle durch das Parlament unterliegen und somit das Parlament »die legitimatorische Verknüpfung zwischen Souverän und Exekutive« herstellt[2]. 1

Ein zentrales Instrument zur Durchsetzung parlamentarischer Verantwortlichkeit der Regierung sind **parlamentarische Untersuchungsrechte**[3]. Ihre Ursprünge reichen zurück in die finanzpolitischen Kontrollen der Krone durch das englische Parlament im 14. Jahrhundert[4], verfestigen sich aber erst durch die »select committees« des Parlaments in der 2. Hälfte des 19. Jahrhunderts[5]. In Deutschland finden sich erste Ansätze im 19. Jahrhundert und verdichten sich mit der (revolutionären) konstitutionellen Bewegung von 1848/49 zu der Vorstellung von einem Recht der Volksvertretung auf Tatsachenerhebung und Untersuchung, das sich jedoch als einheitliches Rechtsinstitut nur schwer durchzusetzen vermochte[6]. Während ein solches Untersuchungsrecht noch in der Reichsverfassung von 1871 keinen Niederschlag gefunden hatte, installierte Art. 34 WRV eine durchsetzungsstarke Exekutivkontrolle durch Untersuchungsausschüsse, die mit gerichtsähnlichen Zwangsbefugnissen ausgestattet und be- 2

---

[1] *J. Schmidt*, Die demokratische Legitimationsfunktion der parlamentarischen Kontrolle, 2007, S. 112 f.; *E. Busch*, Parlamentarische Kontrolle, 1991, S. 9 ff.; *H.-U. Evers*, Die rechtlichen Grenzen der Nachrichtensammlung durch die Ämter für Verfassungsschutz, in: Bundesministerium des Innern (Hrsg.), Verfassungsschutz, 1966, S. 93 ff. (93); *V. Mehde*, in: Epping/Hillgruber, GG (online, Stand: 1.3.2015), Art. 45d Rn. 3.
[2] BT-Drs. 16/12411, S. 1.
[3] Hierzu ausführlich → Art. 44 Rn. 1 ff.
[4] *A. Schleich*, Das parlamentarische Untersuchungsrecht des Bundestages, 1985, S. 9.
[5] *H. Ridder*, Art. Untersuchungsausschuß, in: StL[6], Bd. 7, Sp. 1170 ff. (1171).
[6] Ausführlich *J. Masing*, Parlamentarische Untersuchungen privater Sachverhalte, 1998, S. 8 ff.

reits als Instrument der Parlamentsminderheit ausgestaltet waren[7]. Von dort führte der Weg dann zur Normierung der Untersuchungsausschüsse im Grundgesetz (→ Art. 44 Rn. 1 ff.).

3   Neben der generell bestehenden Möglichkeit der Einsetzung eines speziellen Untersuchungsausschusses, dessen Einsetzung für keinen politischen Tätigkeitsbereich ausgeschlossen ist, machte die parlamentarische Kontrolle der Nachrichtendienste eine gesonderte Kontrollstruktur erforderlich, die den besonderen Aufgaben und Funktionsweisen der **Nachrichtendienste** Rechnung zu tragen hatte. Die Einrichtung eines Nachrichtendienstes in Deutschland geht zurück auf die militärischen Nachrichtenbüros während des Deutschen Krieges 1866 und des Deutsch-Französischen Krieges 1870/71 und wurde nach Kriegsende im militärischen Kontext weiter ausgebaut[8]. Trotz der offiziellen Auflösung nach dem Ersten Weltkrieg durch den Versailler Vertrag existierte ein Referat »Abwehr« im Bereich des Truppenamtes weiter und wurde ab 1929 zu einer eigenen Abteilung unter dem Reichswehrminister ausgebaut[9]. Im Dritten Reich wurde diese Abwehr zunächst in der Abwehrabteilung des Oberkommandos der Wehrmacht organisiert. Ab 1944 gliederten sich dann umfangreiche Nachrichten- bzw. Geheimdienste im Reichssicherheitshauptamt und im Heer. Raum für eine parlamentarische Kontrolle im Bereich des Nachrichtendienstes eröffnete sich erst mit der Installierung eines ständigen Nachrichtendienstes nach dem Krieg.

4   Die Vorgängerorganisation der heutigen Nachrichtendienste war die sog. »Organisation Gehlen«, die seit 1945/46 im Auftrag der US-Regierung operierte und zugleich militärische wie politische Aufklärung betrieb. Erst 1955 wurde – gestützt auf die Organisationsgewalt der Bundesregierung, also ohne gesetzliche Grundlage – der **Bundesnachrichtendienst** (BND) geschaffen[10], dem als erster Präsident Gehlen vorstand[11]. Der BND wurde allein zur nachrichtendienstlichen Auslandsaufklärung auf außenpolitischem, wirtschaftlichem und militärischem Gebiet errichtet[12]. Eine gesetzliche Grundlage für dessen Tätigkeit wurde erst 1990 mit dem Gesetz über den Bundesnachrichtendienst (BNDG) geschaffen[13]. Das **Bundesamt für Verfassungsschutz** (BfV) basiert indes auf dem schon 1950 verabschiedeten Gesetz über die Zusammenarbeit des Bundes und der Länder in Angelegenheiten des Verfassungsschutzes

---

[7] *Schleich*, Untersuchungsrecht (Fn. 4), S. 10 f. Ideengeschichtlich ist hier insbesondere der entsprechende Vorschlag von *Max Weber* zur Einrichtung eines entsprechenden parlamentarischen Minderheitenrechts relevant, vgl. M. *Weber*, Parlament und Regierung im neugeordneten Deutschland, 1918, S. 58 ff., 66 ff. Zur Praxis des Untersuchungsrechts in der Weimarer Republik vgl. *Masing*, Parlamentarische Untersuchungen (Fn. 6), S. 48 ff.

[8] *F. Ritter*, Die geheimen Nachrichtendienste der Bundesrepublik Deutschland, 1989, S. 58 ff. Ausführlich dazu *F. Ebert*, Einleitung: Historische Einführung, in: H. Borgs-Maciejewski/F. Ebert (Hrsg.), Das Recht der Geheimdienste, 1986, S. 13 ff.

[9] *C. Gröpl*, Die Nachrichtendienste im Regelwerk der deutschen Sicherheitsverwaltung, 1993, S. 42 f.

[10] Die Tätigkeit des BND beruht auf den Beschlüssen der Bundesregierung vom 11.6.1955 und 2.10.1963 (vgl. den Bericht des 2. Untersuchungsausschusses der 7. Wahlperiode des Bundestages, BT-Drs. 7/3246, S. 47).

[11] Eingehend zum historischen Kontext *R. Schiffers*, Verfassungsschutz und parlamentarische Kontrolle in der Bundesrepublik Deutschland 1949–1957, 1997; *S. Waske*, Mehr Liaison als Kontrolle, 2009.

[12] *Ritter*, Nachrichtendienste (Fn. 8), S. 63 ff., der auf S. 67 auch den Erlaß des Staatssekretärs des Bundeskanzleramtes vom 23. November 1956 abdruckt, der zugunsten des neugegründeten BND Amts- und Rechtshilfe durch Bundes- und Landesbehörden erbittet.

[13] BND-Gesetz vom 20. Dezember 1990 (BGBl. I S. 2954 [2979]), das zuletzt durch Artikel 7 des Gesetzes vom 20. Juni 2013 (BGBl. I S. 1602) geändert worden ist.

I. Ideen- und verfassungsgeschichtliche Aspekte   Art. 45d

(BVerfSchG)[14]. Das auf die innere Sicherheit ausgerichtete Bundesamt hat die Sammlung und Auswertung von Auskünften, Nachrichten und sonstigen Unterlagen über Bestrebungen, die gegen die freiheitliche demokratische Grundordnung gerichtet sind, sicherheitsgefährdende oder geheimdienstliche Tätigkeiten fremder Dienste und den Schutz auswärtiger Belange im Geltungsbereich des Gesetzes zur Aufgabe[15]. Der **Militärische Abschirmdienst** (MAD) ist in organisatorischer und funktionaler Hinsicht der Bundeswehr zugeordnet und wurde 1956 durch Organisationsakt des Bundesverteidigungsministers errichtet[16].

Das Grundgesetz enthielt bis zur **Ergänzung um Art. 45d GG im Jahr 2009** keine   5
Regelung zur Einrichtung und Kontrolle der Nachrichtendienste. Das Fehlen einer verfassungsrechtlichen Regelung wurde kontrovers diskutiert[17], bedeutete jedoch keinen Verzicht auf eine Kontrolle der Tätigkeit der Geheimdienste. Neben der Organisationsgewalt der Regierung, die die Grundlage einer informellen exekutiven Kontrolle bildete, wurde früh die grundsätzliche Kontrollzuständigkeit beim Bundestag verortet, obwohl die besondere Geheimhaltungsbedürftigkeit eine unmittelbare Kontrolle durch das Plenum kaum zuläßt[18]. Das notwendige Maß von Transparenz und Kontrolle war von Anbeginn Thema im Zusammenhang mit der Bereitstellung von Haushaltsmitteln für die Dienste[19]. **Zunächst** gab es **nur** einen **Ausschuß zum Schutz der Verfassung**[20]. Kurz nach Gründung des BND setzten die Bundestagsfraktionen auf der Basis eines informellen politischen Kompromisses 1956 die Gründung eines **Parlamentarischen Vertrauensmännergremiums** durch, das aus Vertretern der Bundestagsfraktionen bestand. Dieses Gremium hatte keinerlei ausdrückliche rechtliche Grundlage[21]. Vorsitzender des Gremiums war zunächst kein Parlamentarier sondern der Bundeskanzler, und es trat auch nur auf dessen Einladung hin zusammen. Später wurde dann ein Selbstversammlungsrecht und ein rotierender Vorsitz praktiziert[22]. Während die Wirksamkeit der Kontrolle durch das Vertrauensmännergremium bezweifelt werden konnte und mehrere vergebliche Versuche einer gesetzlichen Verankerung des Kontrollrechts unternommen wurden[23], waren einzelne Untersuchungs-

---

[14] BVerfSchG vom 27.9.1950, BGBl. I S. 682, das zuletzt durch Artikel 6 des Gesetzes vom 20. Juni 2013 (BGBl. I S. 1602) geändert worden ist.
[15] Vgl. § 3 BVerfSchG.
[16] BT-Drs. 8/3835, S. 71. Weiter hierzu *K. Dau*, DÖV 1991, 661 ff. Aktuelle Grundlage ist das Gesetz über den Militärischen Abschirmdienst (MADG), vom 20. Dezember 1990 (BGBl. I S. 2954 [2977]), zuletzt geändert durch Artikel 8 des Gesetzes vom 20. Juni 2013 (BGBl. I S. 1602).
[17] *Waske*, Liaison (Fn. 11), S. 42; Rechtsausschuß des Bundestages, BT-Drs. 8/1599, S. 6; ebenso *C. Arndt*, Parlamentarische Kontrolle der Nachrichtendienste, in: Schneider/Zeh, § 50 Rn. 12; *H.H. Klein*, Verfassungstreue und Schutz der Verfassung, VVDStRL 37 (1978), S. 53 ff. (91 f.); *H.-U. Evers*, NJW 1978, 1144 f.; *E. Friesenhahn*, Die Kontrolle der Dienste, in: Bundesministerium des Innern (Hrsg.), Verfassungsschutz und Rechtsstaat, 1981, S. 87 ff. (107); *H. Roewer*, Nachrichtendienstrecht der Bundesrepublik Deutschland, 1987, S. 178 f.
[18] Ebenso *Mehde* (Fn. 1), Art. 45d Rn. 1.
[19] *Waske*, Liaison (Fn. 11), S. 41 f.
[20] *Schiffers*, Verfassungsschutz (Fn. 11); *C. Gusy*, Jura 1986, 296 ff.; *H.A. Wolff*, in: BK, Art. 45d (2012), Rn. 1.
[21] *E. Hansalek*, Die parlamentarische Kontrolle der Bundesregierung im Bereich der Nachrichtendienste, 2006, S. 33.
[22] *C. Arndt*, DVBl. 1978, 385 (385).
[23] *K. Miltner*, Die parlamentarische Kontrolle des Verfassungsschutzes, in: Bundesamt für Verfassungsschutz (Hrsg.), Verfassungsschutz in der Demokratie, 1990, S. 53 ff. (57). Zum Versuch ausdrücklicher Einbeziehung eines »Ausschusses für nachrichtendienstliche Angelegenheiten« in der 5. Wahlperiode (BT-Drs. V/4208 und V/4445) und der ablehnenden Haltung der Enquête-Kommission

ausschüsse wirkungsvoller[24]. Erst 1978 wurde auf bundesgesetzlicher Ebene ein Gesetz zur Errichtung einer **parlamentarischen Kontrollkommission** (→ Rn. 6) verabschiedet[25], das bis zur Aufnahme des Art. 45d in das Grundgesetz die maßgebliche und alleinige Rechtsgrundlage für die parlamentarische Kontrolle der Nachrichtendienste darstellte.

II. Entstehung und Veränderung der Norm

6   Der **Art. 45d GG** wurde mit **verfassungsänderndem Gesetz vom 17.7.2009**[26] neu in das Grundgesetz eingefügt und trat am 23.7.2009 in Kraft. Parallel zu der Grundgesetzänderung wurde das neue Gesetz über die parlamentarische Kontrolle nachrichtendienstlicher Tätigkeit des Bundes (PKGrG) verabschiedet[27], das am 4.8.2009 in Kraft trat. Dieses Gesetz ersetzte das bis dahin geltende Nachrichtendienste-Kontrollgesetz von 1978[28], das zuletzt nach seiner Revision 1999 den gleichen Titel trug wie das heutige Kontrollgremiumgesetz aus dem Jahr 2009[29].

7   Hintergrund der Errichtung des Kontrollgremiums im Jahre **1978** war die Diskussion um die Tätigkeit der Nachrichtendienste in Reaktion auf die »**terroristische Bedrohung der Freiheit**« in den siebziger Jahren[30]. Auffällig ist, daß auch die Entwicklung des parlamentarischen Kontrollrechts zu Beginn des 21. Jahrhunderts und seine verfassungsrechtliche Verankerung im Kontext einer Rejustierung der Tätigkeit der Dienste angesichts eines erstarkten Bedrohungsszenarios stattfanden. Denn die Aufnahme des Art. 45d in das Grundgesetz beruht ausweislich des Gesetzentwurfs auf der gesteigerten Bedeutung der Geheimdienste nach den Anschlägen vom **11. September 2001** und den in der Folge entstandenen neuen Bedrohungsszenarien[31]. Überdies resultiert ein politisches Bedürfnis nicht zuletzt auch aus einer besonderen öffentlichen Aufmerksamkeit, in deren Folge sich teils auch Mißstände der Tätigkeit der Dienste herausstellten[32]. Ein entscheidender Auslöser für die Gesetzesinitiativen[33] waren die Versuche der Aufklärung unterschiedlicher Sachverhalte im Zusammenhang mit der Beteiligung bei internationaler Terrorbekämpfung und dem Irakkrieg, u. a. durch die Einsetzung des sog. **BND-Untersuchungsausschusses**[34].

Verfassungsreform (BT-Drs. 7/5924, S. 61 ff.) siehe *H. H. Klein*, in: Maunz/Dürig, GG, Art. 45d (2009), Rn. 4f.

[24] Vgl. die Angaben bei *C. Arndt*, DVBl. 1978, 385 (385, dort insb. Fn. 9).
[25] Ausführlich hierzu *Waske*, Liaison (Fn. 11), S. 259 ff.
[26] 55. Gesetz zur Änderung des Grundgesetzes (Artikel 45d), BGBl. I S. 1977.
[27] Kontrollgremiumgesetz vom 29.7.2009, BGBl. I S. 2346.
[28] Gesetz über die parlamentarische Kontrolle nachrichtendienstlicher Tätigkeit des Bundes vom 11. April 1978, BGBl. I S. 453; zu den Hintergründen und zur Entstehungsgeschichte dieses Gesetzes s. *M. Hempel*, Der Bundestag und die Nachrichtendienste, 2014, S. 39 ff.
[29] Eingehend zur Revision *Hansalek*, Kontrolle (Fn. 21), S. 125 ff.
[30] Ausführlich *C. Arndt*, DVBl. 1978, 385 (385 f.).
[31] BT-Drs. 16/12412, S. 4.
[32] *V. Christopeit/H. A. Wolff*, ZG 25 (2010), 77 (78) mit ausführlichen Nachw.; *Mehde* (Fn. 1), Art. 45d Rn. 2.1.
[33] Einen Überblick über die verschiedenen Gesetzesinitiativen liefert *M. Baier*, Die parlamentarische Kontrolle der Nachrichtendienste und deren Reform, 2009, S. 111 ff.
[34] Zugleich der 1. Untersuchungsausschuß in der 16. Wahlperiode. Vgl. BT-Drs. 16/1179, 16/3191, 16/7540 und den Bericht des Ausschusses in BT-Drs. 16/13400. Dazu *B. Huber*, NVwZ 2009, 1321 (1321).

II. Entstehung und Veränderung der Norm **Art. 45d**

Sowohl die **Ergänzung des Grundgesetzes** als auch die Neufassung des Kontrollgremiumgesetzes waren im Hinblick auf ihre Notwendigkeit und die Art und Weise **nicht unumstritten**. Schon 2006 wurde von der FDP-Fraktion ein Gesetzentwurf zur Änderung des Kontrollgremiumgesetzes mit besonderem Fokus auf die stärkere Akzentuierung der Berichtspflichten der Bundesregierung eingebracht[35]. Dieser war zunächst ebenso erfolglos wie zwei Gesetzentwürfe von den Fraktionen BÜNDNIS 90/DIE GRÜNEN und DIE LINKE aus dem Jahre 2009, die jeweils auf eine Änderung der bestehenden Gesetzeslage zielten[36], aber im weiteren Gesetzgebungsverfahren keine mehrheitliche Unterstützung fanden. Erst die zwei folgenden gemeinsamen Gesetzentwürfe der Fraktionen CDU/CSU, SPD und FDP zur Einfügung des Art. 45d GG[37] und der Neufassung des Kontrollgremiumgesetzes[38] waren im Gesetzgebungsverfahren erfolgreich[39]. Die Verankerung des Kontrollgremiums im Grundgesetz durch den neuen Art. 45d GG findet demnach seine Grundlage darin, dem Ungleichgewicht entgegenzuwirken, das durch die Ausweitung der Aktivitäten der Dienste im Zuge der Terrorismusbekämpfung und der fehlenden adäquaten Veränderung auf Seiten parlamentarischer Kontrolle entstanden ist[40]. Das neue Kontrollgremiumgesetz soll entsprechend der Begründung im Gesetzentwurf keine völlige Neukonzeption darstellen, sondern systemkonform die Kontrollmöglichkeiten in »bchutsamen Schritten« erweitern[41]. Nach der ersten Lesung im Bundestag am 27. März 2009 wurden beide Entwürfe in die zuständigen Ausschüsse verwiesen[42]. Notwendigkeit und Ausgestaltung der grundgesetzlichen und bundesrechtlichen Neuregelung waren sodann Gegenstand einer **Sachverständigenanhörung** des Innenausschusses des Bundestages. Hier wurde durchweg die Idee der Stärkung parlamentarischer Kontrolle der Geheimdienste begrüßt[43], wenngleich im Detail Unterschiede in der Bewertung der konkreten Durchführung zutage traten. So wurde eine Schwächung des generellen – eigentliche demokratische Legitimation stiftenden – Kontrollrechts des Bundestages durch zu viele spezielle Kontrollgremien befürchtet[44]. Überdies wurde in der **Neuregelung eine Form der Verrechtlichung** des schon bislang bestehenden status quo gesehen, die keinen erheblichen »Mehrwert« bringe[45]. Doch selbst wenn die Verankerung nicht zwingend geboten sei, unterstreiche eine Einfügung des Art. 45d GG die herausragende Bedeutung des Gremiums[46]. Nach der zweiten und dritten Beratung der Entwürfe im Bundestag[47] wurden diese mit den erforderlichen Mehrheiten verabschiedet. Der Bundesrat stimmte der Änderung des Grundgesetzes am 10. Juli 2009 mit Zwei-Drittel-

8

---

[35] BT-Drs. 16/1163, der auf S. 1 eine erhöhte »Bringschuld« der Bundesregierung hinsichtlich Berichtspflichten formuliert.
[36] So der Gesetzentwurf von der Fraktion BÜNDNIS 90/DIE GRÜNEN vom 4.3.2009, BT-Drs. 16/12189 sowie der Gesetzesentwurf der Fraktion DIE LINKE vom 20.3.2009, BT-Drs. 16/12374.
[37] BT-Drs. 16/12412.
[38] BT-Drs. 16/12411.
[39] Zur Entstehungsgeschichte ausführlich *Hempel*, Bundestag (Fn. 28), S. 49 ff.
[40] BT-Drs. 16/12412, S. 4.
[41] BT-Drs. 16/12411, S. 7.
[42] 215. Sitzung des Bundestages v. 27.3.2009, PlenProt. 16/215, S. 23409 ff. (23418 f.).
[43] H.A. *Wolff*, Stellungnahme, BT-Innenausschuß A-Drs. 16(4)614 E, S. 1.
[44] C. *Möllers*, Stellungnahme, BT-Innenausschuß A-Drs. 16(4)614 D.
[45] C. *Gusy*, Stellungnahme, BT-Innenausschuß A-Drs. 16(4)614 B, S. 2; V. *Christopeit/H.A. Wolff*, ZG 25 (2010), 77 (87, 89).
[46] A. *Funke*, Stellungnahme, BT-Innenausschuß A-Drs. 16(4)614 A, S. 1.
[47] 225. Sitzung des Bundestages v. 29.5.2009, PlenProt. 16/225, S. 24895 ff.

Mehrheit zu und erhob gegen das Gesetz zur Fortentwicklung der parlamentarischen Kontrolle der Nachrichtendienste des Bundes keinen Einspruch[48].

B. Internationale, supranationale und rechtsvergleichende Bezüge

I. Europäische Union

9 Die Europäische Union verfügt über keine eigenen nachrichtendienstlichen Institutionen. Eine entsprechende Kompetenz ist in den Verträgen nicht enthalten. Gleichwohl operieren europäische Institutionen mit sensiblen Daten in einem stark vernetzten Bereich der inneren und äußeren Sicherheit[49]. Die Ausdifferenzierung im Sicherheitsbereich wird zum großen Teil von selbständigen Verwaltungseinrichtungen der Union, den Agenturen, getragen. So ist eine Kernaufgabe des als Agentur errichteten **Europäischen Polizeiamts (Europol)**[50] die Erleichterung des Informationsaustauschs zwischen den Mitgliedstaaten und der Aufbau eigener computerbasierter Datenspeichersysteme, des Europol-Informationssystems, die dann in Kooperation mit innereuropäischen, aber auch außereuropäischen Agenturen/Institutionen genutzt werden sollen[51]. Zu diesem Zweck nimmt Europol auch Informationen von Drittstaaten und Drittinstitutionen zur Speicherung und Weiterverarbeitung entgegen[52]. Im Rahmen von Geheimschutzabkommen ist auch der Austausch von sog. »Verschlusssachen«[53] ausdrücklich vorgesehen[54]. Zur internen Kontrolle wurde gemäß Art. 34 Europol-Beschluß eine gemeinsame Kontrollinstanz gegründet, die wiederum mit jeweils nationalen Kontrollinstanzen[55] kooperiert. Eine Zusammenarbeit mit anderen Aufsichtsbehörden ist möglich (Art. 34 V Europol-Beschluß), wobei das PKGr als parlamentarisches und nicht bürokratisches Gremium damit nicht direkt angesprochen ist. Ein unmittelbares Aufsichtsrecht des Europäischen Parlaments ist nicht vorgesehen. Dafür gehen diesem die Berichte der Gemeinsamen Kontrollinstanz zu (Art. 34 VI Europol-Beschluß), und es besteht neben Anhörungspflichten bei Erlaß bestimmter Rechtsakte eine allgemeine Unterrichtungspflicht des Rates und der administrativen Leitung von Europol gegenüber dem Europäischen Parlament auf dessen Ersuchen

---

[48] 860. Sitzung des Bundesrates am 10.7.2009, PlenProt. 860, S. 279.
[49] A. Fischer-Lescano/T. Tohidipur, ZaöRV 67 (2007), 1219 (1224 ff.).
[50] Beschluß des Rates vom 6. April 2009 zur Errichtung des Europäischen Polizeiamts (Europol) (2009/371/JI), Abl. L 121 (Europol-Beschluß), S. 37. Gegründet wurde Europol allerdings bereits durch das sog. »Europol-Übereinkommen« von 1992, Übereinkommen aufgrund von Artikel K.3 des Vertrags über die Europäische Union (i. d. F. v. Maastricht) über die Errichtung eines Europäischen Polizeiamts; vgl. hierzu auch Europol-Gesetz vom 16. Dezember 1997 (BGBl. II S. 2150), zuletzt geändert durch Artikel 1 des Gesetzes vom 31. Juli 2009 (BGBl. I S. 2504).
[51] Speziell zur Frage des Abrufens durch innerstaatliche Stellen auch die Europol-Abfrageverordnung vom 22. Mai 2007 (BGBl. I S. 940); eingehend K. Heußner, Informationssysteme im Europäischen Verwaltungsverbund, 2007, S. 119 ff.
[52] Rechtsakt des Rates vom 3. November 1998 über Bestimmungen über die Entgegennahme der von Dritten gelieferten Informationen durch Europol (1999/C26/03), Abl. 1999 C 26, S. 17 ff.
[53] Gemäß Art. 1 lit. k) des Beschlusses 2009/968/JI des Rates vom 30. November 2009 zur Annahme der Vertraulichkeitsregeln für Europol-Informationen (ABl. L 332, S. 17–22) sind dies alle Informationen und Materialien in jeder beliebigen Form, deren unerlaubte Weitergabe wesentlichen Interessen von Europol oder eines oder mehrerer Mitgliedstaaten Schaden unterschiedlichen Ausmaßes zufügen könnte.
[54] Vgl. Art. 22 II und IV sowie Art. 23 II–VIII Europol-Beschluß.
[55] In Deutschland der Bundesbeauftragte für Datenschutz und Informationsfreiheit.

(Art. 48 Europol-Beschluß). Tendenzen einer Formalisierung der parlamentarischen Kontrolle auf Unionsebene erschöpfen sich in der allgemeinen Zuständigkeit des Parlamentsausschusses »Bürgerliche Freiheiten, Justiz und Inneres« (LIBE) für Fragen der Datensicherheit.

II. Rechtsvergleichende Aspekte

Während Spionage selbst auf eine jahrtausendealte Tradition blickt, entstand die heute bekannte Form der Nachrichtendienste in den Industriestaaten im 19. Jahrhundert und ist gekennzeichnet durch einen hohen Grad an Bürokratisierung und die umfassende Nutzung moderner Kommunikationstechnik[56]. Die geheime Tätigkeit der Dienste verhinderte in westlichen Demokratien gerade zu Zeiten des Kalten Krieges zunächst eine effektive, gar parlamentarische Kontrolle zugunsten der Idee exekutiver Selbstkontrolle[57]. Die Sorge um die Geheimhaltung stand im Vordergrund[58]. Und selbst bis heute wird nicht überall wirklich parlamentarischen Gremien die Kontrolle übertragen. So wurde in **Großbritannien** mit dem Intelligence Service Act von 1994 ein Intelligence and Security Comitee eingerichtet[59], das zwar aus Parlamentariern besteht, aber unmittelbar nur dem Premierminister verantwortlich bleibt, der dann seinerseits über den Umfang der Weiterleitung von Berichten an das Parlament entscheidet. In den **USA** hat sich ein parlamentarisch verfestigtes Kontrollsystem, das aus je einem Ausschuß des Kongresses und des Repräsentantenhauses besteht, mit seinen umfangreichen Informationsrechten für die Ausschüsse etabliert und zugleich seine Schwächen offenbart[60]. Wenngleich also parlamentarische Gremien in vielen Staaten existieren, steht die Effektivität der Kontrolle zuweilen hinter separaten exekutiven Kontrollstrukturen zurück[61]. Doch auch wenn die exekutive Kontrolle effektiv sein mag, fehlt einem solchen System die legitimatorische Dimension parlamentarischer Steuerung und Kontrolle und die Vermittlung des gebotenen Maßes von Transparenz bei der Tätigkeit geheimer Dienste[62]. So etablieren auch neue Mitglieder der EU die Installation parlamentarischer Kontrollstrukturen[63]. Im Geiste globaler Bedrohung zeichnet sich ein internationaler Trend zur Neujustierung des Verhältnisses von Sicherheit und Bürgerfreiheit und damit auch der Kontrolle von Nachrichtendiensten ab[64].

10

In den deutschen **Landesverfassungen** finden sich grundsätzlich keine Regelungen zu einer parlamentarischen Kontrolle der jeweiligen Landesämter für Verfassungs-

11

---

[56] *W. Krieger*, Geschichte der Geheimdienste, 2009, S. 20 ff. und 146 ff.
[57] *A. Hirsch*, Die Kontrolle der Nachrichtendienste, 1996, S. 272 f.
[58] *W. Krieger*, Die historische Entwicklung der Kontrolle von Geheimdiensten, in: W. K. Smidt/U. Poppe/W. Krieger/H. Müller-Enbergs (Hrsg.), Geheimhaltung und Transparenz, 2007, S. 13 ff. (21).
[59] Hierzu ausführlich *Hirsch*, Kontrolle (Fn. 57), S. 261 f.; *D. Hörauf*, Die demokratische Kontrolle des Bundesnachrichtendienstes, 2011, S. 266 ff.
[60] *W. K. Smidt*, Systeme parlamentarischer Kontrolle von Geheimdiensten, in: Smidt/Poppe/Krieger/Müller-Enbergs, Geheimhaltung (Fn. 58), S. 235 ff. (236); *Hörauf*, Kontrolle (Fn. 59), S. 297 ff.
[61] *Hirsch*, Kontrolle (Fn. 57), S. 273.
[62] *Smidt*, Systeme (Fn. 60), S. 235 ff.
[63] *C. Nicolescu*, Kontrolle des Rumänischen Auslandsnachrichtendienstes, in: Smidt/Poppe/Krieger/Müller-Enbergs, Geheimhaltung (Fn. 58), S. 166 ff.
[64] *H. Borgs-Maciejewski*, Vertrauensbildung durch Kontrolle der Polizei und der Geheimdienste, in: Smidt/Poppe/Krieger/Müller-Enbergs, Geheimhaltung (Fn. 58), S. 80 ff. (88). Zur Frage der demokratischen Kontrolle der Geheimdienste im internationalen Vergleich siehe die ausführlichen Studien in: Smidt/Poppe/Krieger/Müller-Enbergs, Geheimhaltung (Fn. 58).

schutz. Einzige Ausnahme ist der Art. 46a der BerlVerf. Die Ausgestaltung parlamentarischer Kontrolle ergibt sich durch einfachgesetzliche Regelungen, den Verfassungsschutzgesetzen der Länder. Dort werden in der Regel Parlamentarische Kontrollkommissionen eingerichtet, die ihrerseits deutliche Anlehnung an den bundesrechtlichen Standard von 1999 aufweisen[65]. Die Beteiligung der Opposition ist dabei selten ausdrücklich in den Verfassungsschutzgesetzen vorgesehen: vgl. § 24 I 3 Brandenb., § 27 II 2 M-V, § 16 II 2 Sachsen, § 25 I 2 S-A. Interessante Besonderheiten zeigen sich in den landesverfassungsrechtlichen Normierungen in Berlin und Niedersachsen: hier wird die **Spiegelbildlichkeit des Gremiums**, also das Prinzip, daß jede Fraktion mit mindestens einem Mitglied vertreten sein muß, ausdrücklich im jeweiligen Verfassungsschutzgesetz festgelegt, vgl. § 33 II 2 BerlVerfSchG und §§ 23 ff. NdsVerfSchG.

C. Erläuterungen

I. Funktion, systematische Stellung und Regelungsgehalt

12 Die **Funktion** von Art. 45d GG liegt darin, die parlamentarische **Kontrolle**[66] nachrichtendienstlicher Tätigkeit zu **stärken**[67] **und verfahrensmäßig abzusichern**[68] und dabei den Besonderheiten einer solchen Kontrolle gerecht zu werden, die »wegen des notwendigen Schutzes der betroffenen Sachmaterie auf besondere Geheimhaltung angewiesen« ist[69]. Anlaß für eine spezielle verfassungsrechtliche Normierung dieses Problemkreises besteht deshalb, weil die Einrichtung eines speziellen Gremiums und seine Ausstattung mit besonderen Kontrollbefugnissen gegenüber der Bundesregierung Abweichungen von der verfassungsrechtlichen »Normallage« mit sich bringen kann oder sogar muß. Das gilt sowohl im Verhältnis zwischen dem Plenum des Bundestages und seinen Hilfsorganen (→ Rn. 34) als auch im Verhältnis zwischen Parlament und Regierung (→ Rn. 40 ff.)[70].

1. Parlamentarische Kontrolle von Nachrichtendiensten zwischen Öffentlichkeit und Geheimhaltung

13 Wie jeder Versuch, eine parlamentarische Kontrolle nachrichtendienstlicher Tätigkeit rechtlich zu strukturieren, sieht sich auch Art. 45d GG einem nur schwer lösbaren

---

[65] *Klein* (Fn. 23), Art. 45d Rn. 13 f.
[66] Trotz des – im Gegensatz zu Art. 45b GG – nur von »Kontrolle« sprechenden Wortlauts meint auch Art. 45d GG die »parlamentarische Kontrolle«, *Wolff* (Fn. 20), Art. 45d Rn. 97; a.A. Jarass/Pieroth, GG, Art. 45d Rn. 2.
[67] Deshalb kann aus der verfassungsrechtlichen Normierung eines besonderen Kontrollgremiums keine Beschränkung anderer Instrumente (Interpellationsrecht, Untersuchungsausschüsse) parlamentarischer Kontrolle hergeleitet werden; → Rn. 60.
[68] *R. Uerpmann-Wittzack*, in: v. Münch/Kunig, GG I, Art. 45d Rn. 1, spricht von »symbolischer Stärkung«.
[69] BT-Drs. 16/12412, S. 1, mit Verweis auf BVerfGE 70, 324 (358 ff.).
[70] Das Kontrollgremium wird deshalb als »rechtfertigungsbedürftige Ausnahmeerscheinung« qualifiziert von *H.A. Wolff*, JZ 2010, 173 (180); Nachweise der punktuellen Zweifel, die deshalb gegenüber der (nur) einfachgesetzlichen Regelung vor 2009 geltend gemacht wurden, bei *Klein* (Fn. 23), Art. 45d Rn. 29.

Konflikt gegenüber[71]. Einerseits ist Demokratie auf Öffentlichkeit[72] im Allgemeinen und auf **parlamentarische Öffentlichkeit** (→ Art. 42 Rn. 2 ff., 14 ff., 20 ff.) im Besonderen angewiesen. Andererseits kann nachrichtendienstliche Tätigkeit (→ Rn. 22 ff.) ihre Funktion nur unter der Voraussetzung erfüllen, daß sie in wesentlichen Aspekten der **Geheimhaltung** unterliegt. Auf die deshalb berechtigte Frage, in welcher Form Nachrichtendienste aufgrund ihrer Arbeitsweise überhaupt kontrollierbar sind[73], gibt Art. 45d GG eine partielle Antwort, indem er diese Kontrolle einem speziellen parlamentarischen Gremium anvertraut, dessen Organisation und Verfahren der Gesetzgeber vor dem Hintergrund des erwähnten Konfliktes näher ausgestalten kann. Der näheren Konkretisierung des Art. 45d I GG im Wege der Verfassungsinterpretation wie auch seiner Ausgestaltung durch den Gesetzgeber ist deshalb die Aufgabe zugewiesen, Anforderungen an eine wirksame parlamentarische Kontrolle mit den Notwendigkeiten nachrichtendienstlicher Tätigkeiten auszubalancieren. Dies kann nur im Wege besonderer **organisations- und verfahrensrechtlicher Vorkehrungen** gelingen, die einerseits von den Öffentlichkeits- und Transparenzstandards parlamentarischer Kontrolle abweichen können, sich andererseits aber um kompensierende[74] Arrangements zu bemühen haben.

Zu beachten ist zunächst, daß im parlamentarischen Regierungssystem des Grundgesetzes die **Nachrichtendienste** als **Teil der Exekutive**, deren Handeln von dem zuständigen Minister parlamentarisch zu verantworten ist, zwingend der **parlamentarischen Kontrolle** unterliegen[75]. Explizite Ausnahmen von diesem Grundsatz im Hinblick auf die Nachrichtendienste kennt das Grundgesetz nicht[76]. Auch Art. 45d GG kann nicht im Sinne einer solchen Ausnahme, sondern nur als besondere institutionelle Ausprägung und Modifikation verstanden werden, die die allgemeinen Instrumente parlamentarischer Kontrolle nicht ausschließt und auch die Verantwortlichkeit des Bundestages als Plenum nicht entfallen läßt[77]. Denn gerade dieser Sektor exekutiver Tätigkeit generiert ein erhebliches Machtpotential durch Wissen und Information, das eher besondere Überwachung erfordert[78] als Ausnahmen von parlamentarisch-demokratischen Kontrollstandards zuzulassen. Hinzu kommt, daß von nachrichtendienstlichen Maßnahmen individuell Betroffene regelmäßig nichts erfahren, weshalb der parlamentarischen Kontrolle neben der allgemeinen **politischen**[79] eine **rechtsschutzersetzende Funktion** zukommt[80].

14

---

[71] S. dazu *Hansalek*, Kontrolle (Fn. 21), S. 152 f., 223 ff.; *H.A. Wolff*, JZ 2010, 173 (175 f.); *Uerpmann-Wittzack* (Fn. 68), Art. 45d Rn. 2.
[72] BVerfGE 70, 324 (358). → Art. 20 (Demokratie), Rn. 77 m. w. N.
[73] *H.P. Bull*, DÖV 2008, 751 ff.
[74] Nach *Klein* (Fn. 23), Art. 45d Rn. 28, müssen wegen des Fehlens öffentlicher Kontrolle die – nichtöffentlichen – Kontrollbefugnisse erweitert werden gegenüber dem Normalfall.
[75] BVerfGE 124, 161 (190 ff., Rn. 125 ff.); *Klein* (Fn. 23), Art. 45d Rn. 27; *Mehde* (Fn. 1), Art. 45d Rn. 3; *Hörauf*, Kontrolle (Fn. 59), S. 51; *T. Kumpf*, Die Kontrolle der Nachrichtendienste des Bundes, 2014, S. 100 ff.; *Hempel*, Bundestag (Fn. 28), S. 56 ff.; *H.A. Wolff*, JZ 2010, 173 (174 f.).
[76] *Mehde* (Fn. 1), Art. 45d Rn. 11, der auf einzelne Verfassungsnormen außerhalb des Art. 45d GG verweist, die eine Einschränkung parlamentarischer Kontrolle rechtfertigen können.
[77] *Klein* (Fn. 23), Art. 45d Rn. 27.
[78] Zu diesem Dilemma statt vieler *H.P. Bull*, DÖV 2008, 751 ff.; *C. Arndt*, DÖV 1978, 385 ff.
[79] Zum primär politischen Charakter der Kontrolle s. etwa *D. Peitsch/C. Polzin*, NVwZ 2000, 388 (388 f.); dazu, daß Art. 45d GG keine Ziele und Maßstäbe für diese allgemeine politische Kontrolle vorgibt, s. nur *Klein* (Fn. 23), Art. 45d Rn. 38 f.
[80] *Klein* (Fn. 23), Art. 45d Rn. 28.

Art. 45d   C. Erläuterungen

15   Allerdings haben die Modalitäten der parlamentarischen Kontrolle dem offensichtlichen Umstand Rechnung zu tragen, daß der Auftrag der Nachrichtendienste, deren Existenz und Funktionsfähigkeit in Art. 87 I GG offensichtlich vorausgesetzt wird[81], unumgänglich **geheim erfolgende Tätigkeiten** voraussetzt. Die Frage, »wie« die Nachrichtendienste die für die Erfüllung ihrer Aufgaben relevanten Informationen erlangen, soll sich gerade einer öffentlichen Kenntnis entziehen, da ansonsten die Betroffenen nachrichtendienstlicher Informationserlangung das Auffinden der Informationen verhindern könnten. Weil ein »transparenter Geheimdienst« ein Widerspruch in sich wäre[82], gehört die Geheimhaltung auch im Rahmen der parlamentarischen Kontrolle zu seinen Funktionsnotwendigkeiten[83].

2. Verhältnis zu anderen Kontrollorganen und Ausschüssen

16   Art. 45d GG ist im dritten Abschnitt des Grundgesetzes in unmittelbarer Nähe der Vorschriften verortet, die mit den Untersuchungsausschüssen (Art. 44 GG), den besonderen ständigen Ausschüssen (Art. 45, 45a, 45c GG) sowie dem Wehrbeauftragten des Bundestages (Art. 45b GG) besondere **Hilfsorgane** des Bundestages verfassungsrechtlich vorschreiben oder ermöglichen und diesen teilweise besondere Rechte zuweisen. Wie diese stellt auch das Gremium nach Art. 45d GG ein Hilfsorgan des Bundestages dar (→ Rn. 33 f.). Die Begründung des Gesetzentwurfs zur Einfügung des Art. 45d GG legt Wert auf die Feststellung, daß es sich bei dem Kontrollgremium um ein »kontrollkompetentes Hilfsorgan des Bundestages«[84] handelt. Zwar fordert die parlamentarische Demokratie grundsätzlich eine Kontrollmöglichkeit durch das gesamte Parlament[85]. Allerdings ist gerade die gesonderte verfassungsrechtliche Normierung von Hilfsorganen in Art. 44 ff. GG Ausdruck der Erkenntnis, daß der Bundestag seine Kontrollaufgaben regelmäßig nicht in seiner Gesamtheit, als Plenum, erfüllen kann und daher auf besondere Organe angewiesen ist.

17   Mit der Bezeichnung »**Gremium**« soll das in Art. 45d GG normierte Hilfsorgan des Bundestages offenbar deutlich unterschieden werden von allen anderen kollegialen Hilfsorganen, die in Art. 44 ff. GG durchgängig als **Ausschüsse** bezeichnet werden. Diese terminologische Differenzierung beruht offensichtlich auf dem Bemühen, das Kontrollgremium der Anwendung der Geschäftsordnungsregeln über die Ausschüsse – insbesondere der Vorschrift des § 12 GOBT über die spiegelbildliche Zusammensetzung – zu entziehen[86]. Die verfassungsrechtlichen Minimalanforderungen an eine repräsentative Zusammensetzung kollegialer Hilfsorgane des Parlaments im Allgemeinen und des Kontrollgremiums im Besonderen sind dadurch allerdings nicht verändert worden (→ Rn. 35 ff.). In der Sache handelt es sich also bei dem Kontrollgremium nach

---

[81] S. nur BVerfGE 30, 1 (20).
[82] *C. Gusy*, ZRP 2008, 36 (38).
[83] *Mehde* (Fn. 1), Art. 45d Rn. 11; krit. zu den damit einhergehenden Modifikationen parlamentarischer Prinzipien V. *Christopeit/H. A. Wolff*, ZG 25 (2010), 77 (81).
[84] BT-Drs. 16/12412, S. 5 (Hervorhebung nicht i.O.).
[85] BVerfGE 124, 161 (191, Rn. 127); *Mehde* (Fn. 1), Art. 45d Rn. 4.
[86] BT-Drs. 16/12412, S. 5; darstellend *Hempel*, Bundestag (Fn. 28), S. 159 ff.; zustimmend *Klein* (Fn. 23), Art. 45d Rn. 24. Bereits der Entwurf eines Gesetzes über die parlamentarische Kontrolle nachrichtendienstlicher Tätigkeit des Bundes aus dem Jahr 1978 (→ Fn. 28) wich ausweislich der Gesetzesbegründung (BT-Drs. 8/1140, S. 3) bewusst von der Bezeichnung als Ausschuß ab, um das uneingeschränkte Zutrittsrecht der Mitglieder von Bundesrat oder Bundesregierung sowie ihrer Beauftragten gem. Art. 43 II GG zu verhindern.

Art. 45d GG um ein sich von den Ausschüssen nur unwesentlich[87] unterscheidendes Hilfsorgan des Bundestages[88].

Anders als bei den nur auf Antrag einzusetzenden **Untersuchungsausschüssen** nach Art. 44 GG ist die Konstituierung des Kontrollgremiums nach Art. 45d GG ebenso wie die der ständigen Ausschüsse nach Art. 45, 45a und 45c GG zwingend (→ Art. 45 Rn. 8). Im Unterschied zu den Untersuchungsausschüssen sieht Art. 45d GG die öffentliche Verhandlung nicht als Regel vor und ist – insoweit den anderen ständigen Ausschüssen vergleichbar – auf kontinuierliche Kontrolltätigkeit angelegt, ohne daß es eines in einem Einsetzungsantrag (→ Art. 44 Rn. 36 ff.) aufgegriffenen konkreten Anlasses oder eines Auftrags des Plenums bedarf. Aus der unterschiedlichen Funktion der kontinuierlichen Kontrolle nach Art. 45d GG einerseits und dem punktuellen – anlassbezogenen – Untersuchungsrecht nach Art. 44 GG andererseits folgt, daß Art. 45d GG die Einsetzung eines Untersuchungsausschusses zu Fragen der nachrichtendienstlichen Tätigkeit des Bundes nicht ausschließt, also nicht im Verhältnis verdrängender Spezialität zu Art. 44 GG steht[89]. Was die **G 10-Kommission** angeht, so bleibt auch ihre Tätigkeit von Art. 45d GG unberührt, wobei hier Überschneidungen auftreten[90] (→ Rn. 27).

Überschneidungen liegen auch nahe zwischen der Tätigkeit des Kontrollgremiums nach Art. 45d GG und dem **Vertrauensgremium** nach § 10a BHO, in dessen Zuständigkeit der Bundestag die Billigung der Wirtschaftspläne der Nachrichtendienste legen kann und regelmäßig legt[91]. Allerdings ist die Billigung der Wirtschaftspläne der Nachrichtendienste keine Kontrolltätigkeit im Sinne des Art. 45d GG. Sie mußte deshalb nicht in die Hände des Kontrollgremiums nach Art. 45d GG gelegt werden. Eine naheliegende und verfassungsrechtlich nicht zu beanstandende verfahrensrechtlich abgesicherte Kooperation[92] beider Gremien erlaubt es, Erkenntnisse eines Gremiums in die Kontrolltätigkeit des anderen Gremiums einzubeziehen.

3. Beschränkter Regelungsgehalt und Bedeutung des Kontrollgremiumgesetzes

Der normative Gehalt des Art. 45d I GG liegt zunächst in der verfassungsrechtlichen Anordnung, daß eine Kontrolle nachrichtendienstlicher Tätigkeit des Bundes durch ein vom Bundestag bestelltes Gremium stattfinden muß. Dem verfassungsändernden Gesetzgeber ging es um eine »**ausdrückliche Verankerung** des Parlamentarischen Kontrollgremiums **in der Verfassung**«[93]. Möglichen Zweifeln an einer in der Vergangenheit

---

[87] Unwesentliche Abweichungen gelten z. B. für die Ausgestaltung der Diskontinuität, die in § 3 III PKGrG im Interesse der Vermeidung einer kontrollfreien Zeit so ausgestaltet wurde, daß die Mitglieder ihr Amt erst mit Wahl der neuen Mitglieder verlieren; dazu W. Kluth, in: Schmidt-Bleibtreu/Hofmann/Henneke, GG, Art. 45d Rn. 19; Wolff (Fn. 20), Art. 45d Rn. 73.
[88] In BVerfGE 130, 318 (351, Rn. 122), wird Art. 45d GG als Beispiel für »Ausschüsse« genannt, denen Befugnisse »zur selbständigen und plenarersetzenden Wahrnehmung« übertragen werden; zur geringen Bedeutung der Bezeichnung als »Gremium« s. auch Mehde (Fn. 1), Art. 45d Rn. 12.1 f.; a. A. Klein (Fn. 23) Art. 45d Rn. 24 f.; Achterberg/Schulte, GG II, Art. 45d Rn. 16 (»Kontrollorgan sui generis«); eine Klassifizierung als Ausschuß – auch sui generis – ablehnend Kumpf, Kontrolle (Fn. 75), S. 128, Anm. 437.
[89] BVerfGE 124, 161 (189 ff., Rn. 124 ff.); V. Christopeit/H. A. Wolff, ZG 25 (2010), 77 (81, 86) m. w. N.
[90] Überblick dazu bei Baier, Kontrolle (Fn. 33), S. 89 ff.
[91] Übersicht bei Baier, Kontrolle (Fn. 33), S. 97 ff.
[92] S. § 9 PKGrG.
[93] BT-Drs. 16/12412, S. 1.

Art. 45d   C. Erläuterungen

nur auf gesetzlicher Basis praktizierten Verlagerung von Kontrollkompetenzen des Plenums auf ein spezielles Gremium ist damit die Grundlage entzogen, weil das Grundgesetz nunmehr das Gremium »als ein mit eigenen Rechten ausgestattetes Hilfsorgan«[94] anerkennt. Konkrete rechtliche Konturen werden dem Gremium durch Art. 45d GG zwar nicht verliehen. Immerhin ergeben sich aus Begriff und Funktion der parlamentarischen »Kontrolle« aber Minimalanforderungen, die das nach Art. 45d II GG erforderliche Bundesgesetz nicht unterschreiten darf (→ Rn. 33 ff., 40 ff.).

21   Die nähere Ausgestaltung der Zusammensetzung, des Verfahrens und der Befugnisse des Gremiums überantwortet Art. 45d GG in seinem zweiten Absatz einer bundesgesetzlichen Regelung. Da der Gesetzgeber zeitgleich mit der Ergänzung des Grundgesetzes um Art. 45d GG auch das neue **Kontrollgremiumgesetz** 2009 erlassen hat (→ Rn. 6), ist diese bundesgesetzliche Regelung in die Erläuterungen des Art. 45d GG in Bezug auf die nachrichtendienstliche Tätigkeit des Bundes als Kontrollgegenstand (→ Rn. 22 ff.), die institutionelle Ausgestaltung (→ Rn. 33 ff.) und die dem Gremium zustehenden Befugnisse und Instrumente (→ Rn. 40 ff.) einzubeziehen, ohne daß dem einfachen Gesetz insoweit eine Monopolstellung als Auslegungsrichtlinie zukommt[95].

II. Kontrollgegenstand

1. Nachrichtendienstliche Tätigkeit

22   Den sachlichen Gegenstand der parlamentarischen Kontrolle definiert Art. 45d I GG mit dem offenen Begriff der nachrichtendienstlichen Tätigkeit. Der weder durch die Verfassung selbst noch durch Gesetz definierte Begriff »Nachrichtendienste«[96] wird pragmatisch als Sammelbegriff verstanden, der auf Bundesebene den Bundesnachrichtendient (**BND**), den militärischen Abschirmdienst (**MAD**) und das Bundesamt für Verfassungsschutz (**BfV**) zusammenfasst[97]. Schon mit Blick auf zukünftige andere organisatorische Gestaltungsmöglichkeiten enthebt dieser Konsens das Verfassungsrecht allerdings nicht von der Aufgabe, den Begriff der **nachrichtendienstlichen Tätigkeit** zu konkretisieren. Da eine semantisch angeleitete Unterscheidung von Geheimdienst und Nachrichtendienst[98] kaum klarere Konturen zu liefern vermag, kann nur auf die spezifische Aufgabe (→ Rn. 23) sowie die Arbeitsweise (→ Rn. 24) abgestellt werden, die Art. 45d GG mit dem Wort »nachrichtendienstlich« umschreibt[99].

23   Auf der Grundlage der Gesetzgebungskompetenzen[100] und der Verwaltungskompetenzen[101], auf denen die drei Nachrichtendienste basieren, sowie auf der Grundlage

---

[94] BT-Drs. 16/12412, S. 6.

[95] So aber im Ergebnis *Achterberg/Schulte*, GG II, Art. 45d Rn. 17; wie hier *V. Christopeit/H. A. Wolff*, ZG 25 (2010), 77 (84).

[96] Dazu, daß es sich nicht um einen juristischen Fachterminus handelt, s. *B. Droste*, Handbuch des Verfassungsschutzrechts, 2007, S. 27.

[97] So ausdrücklich der Gesetzentwurf für das PKGrG 2009, BT-Drs. 16/12411, S. 1.

[98] *Gröpl*, Nachrichtendienste (Fn. 9), S. 35 ff.; *Hörauf*, Kontrolle (Fn. 59), S. 12 ff.

[99] Auch *Mehde* (Fn. 1), Art. 45d Rn. 23: »funktionale« sowie »auf die eingesetzten Mittel« bezogene Kriterien; ähnlich *Uerpmann-Wittzack* (Fn. 68), Art. 45d Rn. 4; insbesondere zu den – stark abnehmenden – Unterschieden zwischen nachrichtendienstlichem und exekutivischem (polizeilichem) Verfassungsschutz *Hempel*, Bundestag (Fn. 28), S. 127 ff.

[100] BfV: Art. 73 I Nr. 10 lit. b GG; BND: Art. 73 I Nr. 1 GG (Auslandsaufklärung als Bereich der auswärtigen Angelegenheiten) und Art. 73 I Nr. 10 lit. b GG; MAD: Art. 73 I Nr. 1 GG (Verteidigung).

[101] BfV: Art. 87 I 2 GG; BND: Art. 87 III 1 GG und/oder Art. 87 I 2 GG; MAD: Art. 87a I 1 GG. Zu den umstrittenen Einzelheiten der Verwaltungskompetenz, auf der insbesondere der BND beruht, s.

ihrer näheren gesetzlichen Ausgestaltung (→ Rn. 4) besteht die **spezifische gemeinsame Aufgabe** aller drei Einrichtungen darin, die freiheitliche demokratische Grundordnung und den »Bestand« des Bundes und der Länder sowie die auswärtigen Belange der Bundesrepublik Deutschland zu schützen (**Staats- und Verfassungsschutz**). Nachrichtendienstliche Tätigkeit ist also ausgerichtet auf den Schutz des Staates und seiner Grundordnung, wobei der Staat nicht als Selbstzweck des Schutzes bedarf, sondern nur in seiner verfassungsrechtlich ausgeformten »freiheitlichen demokratischen Grundordnung«, die die Verfassungsprinzipien der Rechtsstaatlichkeit und Demokratie ebenso umfasst, wie das Wohl der Staatsbürger bzw. der von der staatlichen Hoheitsgewalt Betroffenen. Hierauf beruht die Legitimation der Nachrichtendienste[102]. Das Vorliegen einer **konkreten Gefahr** gehört nicht zu den Voraussetzungen für ein Tätigwerden der Nachrichtendienste[103], und ihre Abwehr ist nachrichtendienstliche Aufgabe nur insoweit, als es um die Analyse von Gefährdungslagen im Vorfeld konkreter Gefahren geht. Gleiches gilt für Aufgaben der **Strafverfolgung**.

Die **Arbeitsweise** der Nachrichtendienste ist gekennzeichnet durch das offene oder verdeckte Sammeln und Analysieren sowie das systematische und praxisrelevante Aufbereiten **sicherheitsrelevanter Informationen**[104]. Berücksichtigt man darüber hinaus, daß der rechtfertigende Grund für die Verlagerung der parlamentarischen Kontrolle vom Plenum auf ein besonderes Gremium in der Geheimhaltungsbedürftigkeit liegt, so muß die nachrichtendienstliche Tätigkeit durch eben diese **Geheimhaltungsbedürftigkeit** charakterisiert sein. Maßnahmen und Einrichtungen des Bundes, die bei typisierender Betrachtungsweise nicht durch ein den drei genannten Einrichtungen (→ Rn. 22) vergleichbares Tätigkeitsprofil gekennzeichnet sind, nehmen keine nachrichtendienstlichen Tätigkeiten wahr. 24

Vor diesem Hintergrund läßt sich die nachrichtendienstliche Tätigkeit, die Gegenstand des Art. 45d GG ist, umschreiben als die planmäßige, regelmäßig im Verborgenen stattfindende und deshalb geheimhaltungsbedürftige **Informationsbeschaffung und -auswertung** zum Zwecke der **inneren und äußeren Sicherheit** im Vorfeld[105] der Abwehr konkreter Gefahren und der Verfolgung von Straftaten. Die Aktivitäten des **Bundeskriminalamt**es sowie des **Zollkriminalamt**es sind jedenfalls teilweise der Kategorie nachrichtendienstlicher Tätigkeit in diesem Sinne zuzuordnen[106]. Daß diese Einrichtungen nicht der Kontrolle des parlamentarischen Kontrollgremiums unterfallen, weil sie als Polizeibehörden organisatorisch von den Nachrichtendiensten getrennt[107] sind, wird zunehmend mit guten Gründen in Zweifel gezogen[108]. 25

---

nur *Gröpl*, Nachrichtendienste (Fn. 9), S. 74, 76; *M. Brenner*, Bundesnachrichtendienst zwischen geheimdienstlicher Effizienz und rechtsstaatlicher Bindung, 1990, S. 39 f.; *T. Rieger*, ZRP 1985, 3 (10).

[102] *P. Badura*, Die Legitimation des Verfassungsschutzes, in: Bundesamt für Verfassungsschutz, Verfassungsschutz (Fn. 23), S. 27 ff.

[103] *Mehde* (Fn. 1), Art. 45d Rn. 23.

[104] Vgl. zu den Aufgaben auch *Roewer*, Nachrichtendienstrecht (Fn. 17), S. 182; *Ritter*, Nachrichtendienste (Fn. 8), S. 16 ff.

[105] So auch *V. Christopeit/H. A. Wolff*, ZG 25 (2010), 77 (85): »Vorfeldermittlung«.

[106] So auch *Klein* (Fn. 23), Art. 45d Rn. 40; *H. A. Wolff*, JZ 2010, 173 ff.

[107] *Hirsch*, Kontrolle (Fn. 57), S. 26.

[108] Weil das BKA durch die Zunahme von Befugnissen (Ermittlungen zur Verdachtsgewinnung im Gefahrenvorfeld) in die Nähe von Geheimdiensten rücke; s. etwa *M. Thiel*, Die »Entgrenzung« der Gefahrenabwehr, 2011, S. 373; ähnlich *C. Gusy*, Parlamentarische Kontrolle der Geheimdienste im demokratischen Rechtsstaat – die Aufgabenverschiebung der Nachrichtendienste, in: N. Röttgen/H. A. Wolff (Hrsg.), Parlamentarische Kontrolle. Die Nachrichtendienste im demokratischen Rechtsstaat, 2008, S. 13 ff. (25). Insofern wurden Bedenken bzgl. des Trennungsgebotes geäußert, vgl. *F. Roggan*,

26 In den Aufgabenbereich des Gremiums fallen dagegen die Kontrollaufgaben, die sich auf die Befugnisse der Nachrichtendienste beziehen, kunden- oder nutzerbezogene Daten bei Luftfahrtunternehmen, Kreditinstituten und Finanzdienstleistern, Postunternehmen, Telekommunikations- und Teledienstunternehmen zu erheben und technische Mittel zur Ortung und Identifizierung aktiv geschalteter Mobiltelefone (sog. IMSI-Catcher) einzusetzen. Bei der Wahrnehmung dieser Befugnisse auf der Grundlage des **Terrorismusbekämpfungsergänzungsgesetz**es[109] handelt es sich um nachrichtendienstliche Tätigkeit. Die Unterrichtungspflicht des zuständigen Ministeriums gegenüber dem Kontrollgremium sowie dessen Berichtspflicht gegenüber dem Plenum des Bundestages und der Öffentlichkeit[110] sind zwar speziell und thematisch beschränkt außerhalb des Kontrollgremiumgesetzes geregelt. Das ändert aber nichts daran, daß auch diese Kontrolltätigkeit ihre verfassungsrechtliche Grundlage in Art. 45d GG findet und folglich dem Kontrollgremium zugewiesen werden mußte. Die spezialgesetzlichen Berichtspflichten gehören deshalb zu den ausgestaltenden Gesetzen im Sinne des Art. 45d II GG.

27 Vergleichbares gilt für die Kontrolle von Beschränkungen des Brief-, Post- und Fernmeldegeheimnisses nach dem **Artikel 10-Gesetz**. Allerdings wird die allgemeinere Vorschrift des Art. 45d GG hier ergänzt durch Art. 10 II 2 GG, wonach als Ersatz für gerichtlichen Rechtsschutz von der Volksvertretung bestellte »**Organe und Hilfsorgane**« solche Beschränkungen des Brief-, Post- und Fernmeldegeheimnisses nachprüfen, die dem Staats- oder Verfassungsschutz dienen. Obwohl es sich bei diesen Maßnahmen um nachrichtendienstliche Tätigkeit handelt, ist die Kontrollaufgabe durch das Gesetz zur Beschränkung des Brief-, Post- und Fernmeldegeheimnisses im Schwerpunkt nicht dem Kontrollgremium, sondern der **G 10-Kommission** zugewiesen[111], deren acht Mitglieder nicht aus der Mitte des Bundestages bestellt werden müssen[112]. Allerdings liegt die Bestellung dieser G 10-Kommission seit 1999[113] in der Hand des Parlamentarischen Kontrollgremiums, das nunmehr seine verfassungsrechtliche Grundlage in Art. 45d GG findet. Darüber hinaus ist dem Kontrollgremium auch die Aufgabe zugewiesen, aufgrund regelmäßiger Unterrichtung durch das zuständige Bundesministerium dem Plenum des Bundestages jährlich einen Bericht über Durchführung sowie Art und Umfang der Maßnahmen nach dem Artikel 10-Gesetz zu erstatten[114]. Die Abweichung von Art. 45d GG, die in der Einsetzung einer besonderen G 10-Kommission liegt, ist durch die spezielle Ermächtigung in Art. 10 II 2 GG gedeckt.

NJW 2009, 257 (262) m.w.N. in Fn. 2 (Geiger und Kutscha); *G.R. Baum/P. Schantz*, ZRP 2008, 137 (140); s. aber auch *K. Nehm*, NJW 2004, 3289ff. Angesichts einer zunehmenden »Vernachrichtendienstlichung der Polizei« – so *H.A. Wolff*, DÖV 2009, 597 (599) m.w.N. – wurde eine teilweise Einbeziehung von BKA und ZKA mit guten Gründen im Gesetzgebungsverfahren erwogen. Wegen des notwendigerweise funktional und nicht institutionell geprägten Begriffs der nachrichtendienstlichen Tätigkeit in Art. 45d GG ist diese Verfassungsnorm offen für eine Einbeziehung des BKA, sollte dieses sich weiter funktional wandeln; dazu *A. Schmidt*, KritJ 43 (2010), 307ff.

[109] S. dazu § 8a VI 2 und § 9 IV BVerfSchG sowie §§ 2a und 3 BNDG, §§ 4a und 5 MADG.
[110] S. etwa die Unterrichtung für das Jahr 2007 in BT-Drs. 16/11560.
[111] § 15 Artikel 10-Gesetz; *Kluth* (Fn. 87), Art. 45d Rn. 15.
[112] Nach § 15 I Artikel 10-Gesetz muß der Vorsitzende die Befähigung zum Richteramt besitzen. Vorgaben für die drei Beisitzer und die vier stellvertretenden Mitglieder (Rede- und Fragerecht) enthält die Vorschrift nicht.
[113] Durch Art. 2 des Gesetzes zur Änderung von Vorschriften über parlamentarische Gremien vom 17.6.1999, BGBl. I S. 1334, sind die Aufgaben des früheren G10-Gremiums auf das Parlamentarische Kontrollgremium übertragen worden.
[114] § 14 Artikel 10-Gesetz; siehe etwa den Bericht für 2007 in BT-Drs. 16/11559.

Eine Beschränkung des Kontrollgegenstandes auf **abgeschlossene Vorgänge**, die in den Beratungen zu Art. 45d GG und zum Kontrollgremiumgesetz punktuell befürwortet wurde[115], hat im Wortlaut der Norm keinen Niederschlag gefunden und entspricht auch nicht ihrer Funktion[116]. Jenseits eines eng begrenzten Kernbereichs exekutiver Eigenverantwortung (→ Rn. 51) bildet deshalb die gesamte nachrichtendienstliche Tätigkeit des Bundes den Gegenstand der Kontrolle des Gremiums nach Art. 45d GG[117]. Dazu gehören nicht nur in der Vergangenheit liegende – abgeschlossene – nachrichtendienstliche Maßnahmen, sondern auch und sogar in erster Linie die aktuellen und noch in der Durchführungsphase befindlichen Aktivitäten der Nachrichtendienste. Ob einzelne Vorgänge ausreichenden **Anlaß für eine genauere Untersuchung** bieten, entscheidet das Kontrollgremium ohne Bindung an eine »Vorauswahl« durch die Exekutive und ohne Bindung an materielle – politische oder rechtliche – Kontrollmaßstäbe[118].

28

2. Adressaten der Kontrolle

Der Adressat der parlamentarischen Kontrolle in einem (staats-)organisationsrechtlichen Sinne wird in Art. 45d I GG nicht genauer benannt, weil sich die Vorschrift auf die funktionale Umschreibung des Kontrollgegenstandes beschränkt. Immerhin ist durch die ausdrückliche Beschränkung der Kontrolle auf die nachrichtendienstliche Tätigkeit des Bundes klargestellt, daß Maßnahmen und Behörden der **Länder außerhalb der Kontrollaufgabe des Gremiums** liegen. Ungeachtet der nur ungenauen Abgrenzung der Kompetenzbereiche von Bundes- und Landesbehörden im Bereich des Verfassungsschutzes[119] und trotz vielfältiger – mitunter wenig transparenter – Kooperationsformen zwischen Polizeibehörden und Nachrichtendiensten des Bundes und der Länder[120] kann das Kontrollgremium keine Kontrollinstrumente gegenüber Landesregierungen oder Landesbehörden einsetzen.

29

Entsprechend der Konkretisierung in § 1 I PKGrG und den Gesetzesmaterialien ist primärer Adressat der parlamentarischen Kontrolle die »**Bundesregierung**«[121], d. h. der Bundeskanzler, bei dem der Bundesnachrichtendienst ressortiert[122], sowie dieje-

30

---

[115] Z.B. Abg. Oppermann (SPD), PlenProt. 16/225, S. 24899; w. Nachw. bei *Klein* (Fn. 23), Art. 45d Rn. 34 mit Fn. 89.

[116] Allg. zur parlamentarischen Kontrolle als »mitlaufender Kontrolle« *Wolff* (Fn. 20), Art. 45d Rn. 33 m. w. N.; *D. Peitsch/C. Polzin*, NVwZ 2000, 388 (389); a. A. offenbar *Achterberg/Schulte*, GG II, Art. 45d Rn. 23 unter Bezugnahme auf BVerfGE 67, 100 (139).

[117] So auch *Klein* (Fn. 23), Art. 45d Rn. 34 f. Die Beschränkung des parl. Kontrollrechts auf abgeschlossene Vorgänge in BVerfGE 124, 78 (120 f., Rn. 123), steht im Zusammenhang mit dem Kernbereich exekutiver Eigenverantwortung und bezieht sich auf die Willensbildung der Regierung.

[118] Beispiele – auch jenseits skandalträchtiger Vorkommnisse – bei V. *Neumann*, Das parlamentarische Kontrollgremium, in: Smidt/Poppe/Krieger/Müller-Enbergs, Geheimhaltung (Fn. 58), S. 46 ff.; zur sowohl politischen als auch rechtlichen Dimension der Kontrolle nachrichtendienstlicher Tätigkeit → Rn. 14; zum Kontrollmaßstab s. auch *Mehde* (Fn. 1), Art. 45d Rn. 19 f.

[119] *Gröpl*, Nachrichtendienste (Fn. 9), S. 163 ff.

[120] Dazu *M. Dombert/K. Räuker*, DÖV 2014, 414 (415 ff.), die für das »Gemeinsame Terrorismus Abwehrzentrum« (GTAZ), das »Gemeinsame Abwehrzentrum Rechtsextremismus« (GAR) und das »Gemeinsame Extremismus- und Terrrorismusabwehrzentrum« (GETZ) als »Großraumbüro der Sicherheitsbehörden« (S. 418) adäquate Kontrollstrukturen zwischen Bund und Ländern vermissen.

[121] BT-Drs. 16/12412, S. 1. Siehe auch *Klein* (Fn. 23), Art. 45d Rn. 33; *Hempel*, Bundestag (Fn. 28), S. 68 ff.

[122] Nach § 1 I 1 BNDG ressortiert der Bundesnachrichtendienst beim Bundeskanzleramt; dazu *Hempel*, Bundestag (Fn. 28), S. 71 f.

nigen Minister, in deren Ressortverantwortung[123] die anderen Nachrichtendienste fallen. Allerdings beschränken sich die Kontrollbefugnisse des Gremiums nach Art. 45d GG nicht auf Entscheidungen und Maßnahmen der Regierung und folglich nicht auf den Kanzler und die jeweiligen Minister und die Amtsträger in den Ministerien. Vielmehr ist die Kontrolltätigkeit bezogen auf alle Funktionsträger innerhalb der **Bundesbehörden**, denen nachrichtendienstliche Aufgaben zugewiesen sind oder die solche Aufgaben tatsächlich wahrnehmen[124]. Denn wirksame parlamentarische Kontrolle setzt Instrumente der Selbstinformation (→ Rn. 43 f.) voraus, die auf eine unmittelbare Informationserhebung bei den Nachrichtendiensten selbst angewiesen ist, obwohl die politische Verantwortlichkeit dem jeweiligen Minister zugewiesen ist. Das gilt unabhängig davon, ob es sich um Teile der bundeseigenen Verwaltung gem. Art. 87 I 2 GG[125] oder, wie der MAD, organisatorisch und funktional um eine unselbständige Einrichtung der **Streitkräfte** handelt (→ Art. 87a Rn. 9)[126].

31 Die funktionale Umschreibung des Kontrollgegenstandes in Art. 45d I GG ist offen für Gestaltungen, die von dem aktuellen organisationsrechtlichen Modell nachrichtendienstlicher Aufgabenwahrnehmung abweichen und sich etwa – in den verfassungsrechtlichen Grenzen – der Möglichkeiten formeller und funktionaler Privatisierung bedienen. Deshalb gehören auch Träger nachrichtendienstlicher Aufgaben in **privater Rechtsform** und solche privaten **Unternehmen** zu den Adressaten der Kontrolle nach Art. 45d GG, die **im Auftrag von Bundesbehörden** nachrichtendienstliche Vorbereitungs- oder Unterstützungsdienste erbringen. Sobald derartige Dienste einen spezifisch nachrichtendienstlichen Gehalt aufweisen, sind ihre Erbringer unmittelbar der parlamentarischen Kontrolle nach Art. 45d GG unterworfen. Anderenfalls müßte Art. 45d GG ein Privatisierungsverbot entnommen werden.

32 Außerhalb des Adressatenkreises der Kontrolle liegen dagegen **Private**. Das gilt auch dann, wenn sie »Opfer« nachrichtendienstlicher Tätigkeiten geworden sind und deshalb einen Beitrag zu deren Kontrolle leisten könnten. Insoweit ist nur darauf zu verweisen, daß es sich bei Art. 45d GG um ein spezielles Instrument der parlamentarischen Kontrolle der Exekutive handelt, und daß im Unterschied zu Art. 44 II GG besondere Sicherungen der Rechte privater Betroffener fehlen.

III. Institutionelle und verfahrensrechtliche Ausgestaltung
1. Obligatorisches Hilfsorgan des Bundestages

33 Das Gremium zur Kontrolle der nachrichtendienstlichen Tätigkeit des Bundes schreibt Art. 45d GG als obligatorisches »Hilfsorgan«[127] des Bundestages vor. Die Vorschrift begründet also eine **verfassungsrechtliche Pflicht**, zu Beginn jeder Wahlperiode das

---

[123] Das Bundesamt für Verfassungsschutz untersteht dem Bundesministerium des Innern (§ 2 I 2 BVerfSchG), der Militärische Abschirmdienst ist dem Bundesministerium der Verteidigung zugeordnet (§ 1 I 1 MADG).
[124] So auch *V. Christopeit/H. A. Wolff*, ZG 25 (2010), 77 (85); *Wolff* (Fn. 20), Art. 45d Rn. 100; unklar insoweit *Mehde* (Fn. 1), Art. 45d Rn. 21; nur die Bundesregierung betrachten als Adressat der Kontrolle *Kluth* (Fn. 87), Art. 45d Rn. 7; *Kumpf*, Kontrolle (Fn. 75), S. 127.
[125] So auch *Mehde* (Fn. 1), Art. 45d Rn. 3.
[126] BT-Drs. 8/3835, S. 71. Weiter dazu *Hansalek*, Kontrolle (Fn. 21), S. 26 f.
[127] So BT-Drs. 16/12412, S. 6; zust. *Mehde* (Fn. 1), Art. 45d Rn. 15; *Kluth* (Fn. 87), Art. 45d Rn. 11; *Uerpmann-Wittzack* (Fn. 68), Art. 45d Rn. 4 (»besonderes Unterorgan«); krit. *Klein* (Fn. 23), Art. 45d Rn. 24.

Gremium zu bestellen[128]. Neben dieser Verpflichtung, die durch das nach Art. 45d II GG erforderliche Gesetz allenfalls deklaratorisch aufgegriffen werden kann[129], sind organisatorische und verfahrensrechtliche Vorkehrungen erforderlich, die eine **wirksame Wahrnehmung der Kontrollaufgabe** ermöglichen. Dazu gehört etwa die gesetzliche Regelung, daß das Gremium regelmäßig tagt[130] und über eine angemessene Sach- und Personalausstattung verfügt[131]. Vor allem aber muß das Gremium über wirksame Kontrollinstrumente verfügen (→ Rn. 40 ff.).

Die Qualifizierung als **Hilfsorgan** bringt zum Ausdruck, daß die von ihm wahrgenommene Kontrollfunktion eine solche des gesamten Bundestages bleibt und auf das Gremium lediglich »zur selbständigen und plenarersetzenden Wahrnehmung«[132] übertragen wurde[133]. Die verfassungsrechtlich fundierte **Eigenständigkeit** des Kontrollgremiums in Art. 45d GG bedeutet allerdings, daß die ihm aus Gründen der Geheimhaltung exklusiv zugewiesenen Kontrollbefugnisse als **eigene Rechte des Gremiums**[134], also nicht als solche des Plenums zu qualifizieren und von diesem weder im Einzelfall noch generell rückholbar sind[135]. Auch die zulässige Entscheidung des Gesetzgebers in § 3 III PKGrG, das Gremium über das Ende der Wahlperiode hinaus bis zur Konstituierung eines neuen Gremiums durch den nachfolgenden Bundestag amtieren zu lassen[136], ist Ausdruck dieser Selbständigkeit des Hilfsorgans. Die **Herrschaft des Plenums** über die Tätigkeit seines Hilfsorgans findet deshalb ihren Ausdruck nur darin, daß das Plenum das Gremium bestellt, sich nach Maßgabe näherer gesetzlicher Ausgestaltung gem. Art. 45d II GG von dem Gremium berichten lässt und ihm konkrete Kontrollaufgaben vorgeben kann. Das wird sich in der Praxis insbesondere dort anbieten, wo die Berichte des Gremiums (→ Rn. 45 f.) Anlaß zu Nachfragen geben, ohne daß diese einen Untersuchungsausschuß rechtfertigen würden.

34

2. Größe und Zusammensetzung des Gremiums

Art. 45d GG macht selbst keine konkreten Angaben über Größe und Zusammensetzung des Gremiums. Nach § 2 PKGrG werden die Mitglieder zu Beginn jeder Wahlperiode durch den Bundestag aus dessen Mitte[137] gewählt. Außerdem bestimmt das Plenum die Zahl der Mitglieder, die Zusammensetzung und die Arbeitsweise. Eine proportionale (spiegelbildliche) Beteiligung aller im Bundestag vertretenen Fraktionen ist nicht vorgesehen. Auch eine **Beteiligung** aller **Minderheitsfraktionen** des Bundestages

35

---

[128] V. Christopeit/H. A. Wolff, ZG 25 (2010), 77 (83, 85); Kluth (Fn. 87), Art. 45d Rn. 10.
[129] S. § 2 PKGrG.
[130] Diesem Erfordernis wird § 3 I PKGrG gerecht, wonach das Gremium mindestens viermal jährlich zusammentritt.
[131] S. § 12 PKGrG; dazu Klein (Fn. 23), Art. 45d Rn. 51; Kumpf, Kontrolle (Fn. 75), S. 148 f.
[132] So – u. a. zu Art. 45d GG – BVerfGE 130, 318 (351, Rn. 122).
[133] Dazu Hempel, Bundestag (Fn. 28), S. 77 ff.
[134] B. Huber, NVwZ 2009, 1321 (1321).
[135] Zustimmend Wolff (Fn. 20), Art. 45d Rn. 76.
[136] Für die Zulässigkeit auch Mehde (Fn. 1), Art. 45d Rn. 16.
[137] Wenn V. Christopeit/H. A. Wolff, ZG 25 (2010), 77 (84), meinen, die Wahl von Nicht-Parlamentariern sei durch Art. 45d GG nicht notwendigerweise ausgeschlossen, so vernachlässigen sie dabei die Hilfsorganstellung des Gremiums und den Umstand, daß der weitgehende Ausschluß einer Kontrolle durch das Plenum kompensiert werden muß durch Vorkehrungen, die die Kontrolle durch das Gremium, so weit es geht, gleichwertig mit derjenigen des Plenums ausgestalten (→ Rn. 13). Das kann nur bei einer Besetzung mit Abgeordneten des Bundestages gelingen. So im Ergebnis auch Uerpmann-Wittzack (Fn. 68), Art. 45d Rn. 3.

Art. 45d C. Erläuterungen

sieht das Gesetz nicht vor. Das wirft die Frage auf, ob das Gremium nach Art. 45d GG seiner Kontrollaufgabe gerecht werden kann, wenn es ohne Beachtung derartiger **Mindestanforderungen** zusammengesetzt ist[138].

36 Die parallele Frage, die sich im Hinblick auf das mit der Genehmigung der Wirtschaftspläne der Nachrichtendienste betraute Gremium stellte, hat das **Bundesverfassungsgericht** in einer Entscheidung aus dem Jahr **1986** grundsätzlich bejaht[139]. Danach ist eine Größe des Gremiums, die bei Anwendung des Proportionalitätsprinzips (→ Art. 38 Rn. 187) zu einer **Berücksichtigung aller Fraktionen** führt, **verfassungsrechtlich nicht geboten**. Zur Vermeidung des Vorwurfs mißbräuchlicher Verfahrensweise soll es ausreichen, wenn die Mehrheit auch Vertreter der Opposition in das Gremium wählt[140], wobei einzelne Oppositionsfraktionen aber ausgeschlossen bleiben dürfen. Da der verfassungsändernde Gesetzgeber bei der Einführung von Art. 45d GG an diese Entscheidung explizit angeknüpft hat, sollen die verfassungsgerichtlichen Grundsätze aus dem Jahr 1986 auch für dieses Kontrollgremium gelten[141]. Auch wird auf den Umstand verwiesen, daß Art. 45d GG das Kontrollgremium explizit nicht als »Ausschuß« einordnet, um es der Anwendung der geschäftsordnungsrechtlichen Ausschußregeln[142] einschließlich des Proportionalitätsprinzips zu entziehen (→ Rn. 17)[143].

37 Allerdings war bereits die Entscheidung des Bundesverfassungsgerichts aus dem Jahr 1986 durchgreifenden Bedenken ausgesetzt, weil sie dem **gleichen Status aller Abgeordneten** und vor allem dem Grundsatz nicht ausreichend gerecht wird, daß nur der Bundestag in seiner Gesamtheit die zentrale demokratische Repräsentationsaufgabe erfüllen kann (→ Art. 38 Rn. 136)[144]. Dieser Grundsatz der **Gesamtrepräsentation** zieht das Proportionalitätsprinzip (Spiegelbildlichkeit)[145] bei der Besetzung von Ausschüssen und Gremien, die als Hilfsorgane des Bundestages fungieren, zwingend nach sich[146]. Das gilt mit besonderer Strenge bei der Wahrnehmung der parlamentarischen Kontrollfunktion[147], weil Kontrolle ohne (oder ohne repräsentative) Beteiligung der Opposition ein Widerspruch in sich wäre[148]. Dem Grundsatz der Gesamtrepräsentation ist auch nicht dadurch Genüge getan, daß (nur) ein – von der Mehrheit »ausgesuchter« – Vertreter der Opposition in dem Gremium vertreten ist[149], während andere Oppositionsfraktionen ausgeschlossen bleiben.

---

[138] Ausführlich und problembewußt dazu *Hempel*, Bundestag (Fn. 28), S. 162 ff.
[139] BVerfGE 70, 324 (362 ff.).
[140] So BVerfGE 66, 26 (38 f.); 70, 324 (366).
[141] BT-Drs. 16/12412, S. 5; *Klein* (Fn. 23), Art. 45d Rn. 31 f.; differenzierend *Mehde* (Fn. 1), Art. 45d Rn. 4, 12 ff.; jeweils unter Berufung auf BVerfGE 70, 324 (362 ff.).
[142] Vgl. §§ 57, 12 GOBT für die Bundestagsausschüsse.
[143] *Klein* (Fn. 23), Art. 45d Rn. 24 f.; *Uerpmann-Wittzack* (Fn. 68), Art. 45d Rn. 3; *V. Christopeit/H.A. Wolff*, ZG 25 (2010), 77 (83 f.).
[144] Dazu BVerfGE 70, 324 (366 ff., 380 ff.) – Sondervoten *Mahrenholz* und *Böckenförde*. Deutlich anders als die Senatsmehrheit im Jahr 1986 inzwischen auch BVerfGE 130, 318 (353 ff., Rn. 126 ff.).
[145] Grundsatz der Spiegelbildlichkeit, vgl. BVerfGE 80, 188 (222); 84, 304 (323 f.); 96, 264 (281); 112, 118 (133, Rn. 46); 130, 318 (353 ff., Rn. 126 ff.).
[146] BVerfGE 80, 188 (222); 84, 304 (323); 106, 253 (262, Rn. 37); *H. Dreier*, JZ 1990, 310 (316 ff.); eine Ausnahme, die bei entscheidungsvorbereitenden Ausschüssen in BVerfGE 112, 118 (141, Rn. 65), zugelassen wird, ist bei Art. 45d GG nicht einschlägig, weil es hier allein um die Kontrollaufgabe geht.
[147] BVerfGE 49, 70 (86); zutreffend weist *Mehde* (Fn. 1), Art. 45d Rn. 14.3, darauf hin, daß das Mehrheitsprinzip nicht dem Ausschluß der Kontrolle (insbesondere durch die Opposition) dient; weiter hierzu *M. Kutscha*, BT-Innenausschuß A-Drs. 16(4)614 C neu, S. 2 ff.
[148] Nicht problemadäquat sind Aussagen wie die von *V. Christopeit/H.A. Wolff*, ZG 25 (2010), 77 (92): »Das Parlamentarische Kontrollgremium ist kein Ort für die Entfaltung der Opposition«.
[149] So aber *Uerpmann-Wittzack* (Fn. 68), Art. 45d Rn. 3; *Kluth* (Fn. 87), Art. 45d Rn. 17; wohl auch

III. Institutionelle und verfahrensrechtliche Ausgestaltung Art. 45d

Den Vorzug verdient deshalb eine Auslegung des Art. 45d GG, die als Voraussetzung der dort normierten Kontrolltätigkeit des Gremiums regelmäßig dessen **Zusammensetzung im Verhältnis der Stärke der einzelnen Fraktionen** verlangt[150]. Nur wenn das Gremium nach Einschätzung des Plenums aus Gründen des Geheimnisschutzes kleiner sein soll als dies für eine proportionale Zusammensetzung erforderlich wäre, kann von dem Proportionalitätsprinzip abgewichen werden. Diese Abweichung muß dann allerdings in der Weise zu Lasten der Regierungsmehrheit gehen, daß **mindestens ein Vertreter jeder Oppositionsfraktion** in dem Gremium vertreten ist[151]. Den vollständigen Ausschluß einer Fraktion lässt Art. 45d GG nicht zu. Auch der Verdacht der Mehrheit, einzelne Mitglieder oder eine Oppositionsfraktion insgesamt akzeptiere die Geheimhaltungsregeln nicht ausreichend, rechtfertigt eine solche vollständige Verweigerung der Mitwirkung an einer zentralen Kontrollaufgabe des Parlamentes nicht[152]. Denn ein solches Prüfungsrecht der Mehrheit liefe auf ihre Befugnis zur Korrektur des Wahlergebnisses am Maßstab ihrer Einschätzung der Zuverlässigkeit von Oppositionsabgeordneten hinaus. Die Praxis des 18. Deutschen Bundestages entspricht diesen verfassungsrechtlichen Anforderungen[153] und belegt zugleich deren Praktikabilität. Auch in einigen Bundesländern finden sich ausdrückliche Regelungen zugunsten einer spiegelbildlichen Repräsentation aller im Parlament vertretenen Fraktionen (→ Rn. 11).

38

3. Verfahren im Gremium

Nicht anders als die Zusammensetzung des Gremiums (→ Rn. 35 ff.) steht auch das innerhalb des Gremiums zu beachtende Verfahren unter dem verfassungsrechtlichen Gebot, den durch die Verlagerung auf ein spezielles Gremium bewirkten Verlust der Kontrollkompetenz des Bundestages durch angemessene Arrangements zu kompensieren, die auf möglichst wirksame Kontrolle zielen. Dazu gehört zunächst die in § 10 PKGrG näher ausgestaltete Bindung der Mitglieder des Gremiums an strenge **Geheimnisschutzregeln**[154], ohne die die Balance zwischen Kontrolle und Geheimhaltungsbedürfnis (→ Rn. 13 ff.) nicht gelingen kann. Sodann kommt den **Verfahrensrechten** der Vertreter der **Minderheitsfraktionen** im Gremium und der **einzelnen Mitglieder** eine besondere Bedeutung zu, weil die von Art. 45d GG gebotene wirksame Kontrolle verunmöglicht würde, wenn die Regierungsmehrheit im Gremium Nachforschungen und Kontrollmaßnahmen verhindern, verzögern oder sonst beeinträchtigen könn-

39

Mehde (Fn. 1), Art. 45d Rn. 14.3. Nach *Wolff* (Fn. 20), Art. 45d Rn. 82, soll dies zur Zulässigkeit eines Zweiergremiums mit einem Vertreter der Regierungskoalition und einem Oppositionsabgeordneten führen. Dagegen auch *Hempel*, Bundestag (Fn. 28), S. 182.

[150] So auch *Hansalek*, Kontrolle (Fn. 21), S. 270 f.; *Kumpf*, Kontrolle (Fn. 75), S. 130; *Hempel*, Bundestag (Fn. 28), S. 187, 191.

[151] Ähnlich *Kumpf*, Kontrolle (Fn. 75), S. 133 f., der ansonsten einen Verstoß gegen Art. 38 I GG annimmt; a. A. *Mehde* (Fn. 1), Art. 45d Rn. 14.1; *Uerpmann-Wittzack* (Fn. 68), Art. 45d Rn. 3; *Wolff* (Fn. 20), Art. 45d Rn. 89.

[152] A. A. *Mehde* (Fn. 1), Art. 45d Rn. 14.4 f.; *Uerpmann-Wittzack* (Fn. 68), Art. 45d Rn. 3.

[153] In der 18. Wahlperiode hat das PKGr 9 Mitglieder, wovon 4 auf CDU/CSU, 3 auf SPD und jeweils 1 auf DIE LINKE und BÜNDNIS 90/DIE GRÜNEN entfallen, s. http://www.bundestag.de/bundestag/gremien18/pkgr/mitglieder/261126 (Stand: 19.5.2015).

[154] S. dazu nur *V. Christopeit/H. A. Wolff*, ZG 25 (2010), 77 (80 f.); *Kluth* (Fn. 87), Art. 45d Rn. 8; auch *Hempel*, Bundestag (Fn. 28), S. 174 ff., insbesondere zum Verhältnis zur Geheimschutzordnung des Bundestages.

te[155]. Das in § 3 II PKGrG normierte Recht jedes einzelnen Mitgliedes, die **Einberufung und Unterrichtung**[156] des Gremiums zu verlangen, erscheint aus dieser Perspektive als verfassungsrechtlich geboten. Allerdings vermag es nur unter der Voraussetzung eine wirksame Kontrolle zu gewährleisten, daß alle Fraktionen in dem Gremium vertreten sind (→ Rn. 38). Gleiches gilt für das in § 10 II PKGrG gewährleistete Recht jedes einzelnen Mitgliedes, eine abweichende Bewertung (**Sondervotum**) zu einer öffentlichen Bewertung bestimmter Vorgänge durch das Gremium zu veröffentlichen, die ihrerseits einer Mehrheit von zwei Dritteln im Gremium bedarf. Nicht als Minderheitsrecht ist dagegen die Beauftragung eines Sachverständigen durch das Gremium ausgestaltet (→ Rn. 44).

IV. Kontrollinstrumente

40 Bereits mit dem Wort »Kontrolle« bringt Art. 45d I GG zum Ausdruck, daß das Gremium durch das Gesetz nach Art. 45d II GG mit Kontrollinstrumenten ausgestattet werden muß, die eine **wirksame Kontrolle** ermöglichen, damit es sich nicht als »blinder Wächter ohne Schwert«[157] erweist. Dazu gehören neben organisations- und verfahrensrechtlichen Vorkehrungen (→ Rn. 37 f., 39) vor allem solche Rechte gegenüber der Exekutive, die eine umfassende **Erhebung von Informationen** über die Aktivitäten der Nachrichtendienste, über deren nähere Umstände und die Verantwortlichkeiten innerhalb der zuständigen Dienststellen ermöglichen (→ Rn. 41). Da es parlamentarische Kontrolle unter vollständigem Ausschluß des Plenums und der Öffentlichkeit nicht geben kann (→ Rn. 13; → Art. 38 Rn. 47), bedarf es darüber hinaus geeigneter Instrumente, die deren Unterrichtung unter Wahrung der erforderlichen Geheimhaltung ermöglichen (→ Rn. 45 f.).

1. Informationserhebung

41 Die besondere Art der Tätigkeit von Nachrichtendiensten führt unweigerlich zu einem erheblichen Informationsvorsprung der Exekutive. Eine wirksame Kontrolle erfordert daher zuallererst Information über die zu kontrollierenden Tätigkeiten (→ Art. 38 Rn. 44), weil nur dort Kontrolle stattfinden kann, wo ein Kontrollgegenstand bekannt ist. Da zielgerichtete Auskunftsverlangen oder andere konkrete Informationserhebungen durch das Gremium bereits eine Informationsgrundlage voraussetzen, muß die Basis der Informationserhebung durch das Gremium eine **kontinuierliche allgemeine Unterrichtungspflicht der Bundesregierung** gegenüber dem Gremium sein, die sich auf die »allgemeine Tätigkeit« der Dienste ebenso wie auf »Vorgänge von besonderer

---

[155] Dazu aus der Sicht eines Beteiligten W. Nešković, PR statt Aufklärung, FAZ v. 10.8.2013, www.faz.net/aktuell/politik/geheimdienstkontrolle-pr-statt-aufklaerung-12496027.html (30.6.2015); nach H.A. Wolff, Der neue Art. 45d GG und die Reform des PKGrG im Jahr 2009, in: M.H.W. Möllers/R. van Ooyen (Hrsg), Jahrbuch Öffentliche Sicherheit 2010/2011, Erster Halbband, 2011, S. 397 ff. (404), soll der Grund für die schwache Ausgestaltung der Rechte der Minderheit im Gremium durch das PKGrG darin liegen, daß sich das Parlament bei der Kontrolle der Nachrichtendienste im Gegensatz zum sonstigen politischen Alltag »als Einheit« wahrnehme.

[156] Dabei dürfte bei verfassungskonformer Auslegung die »Unterrichtung«, die jedes Mitglied verlangen kann, nicht beschränkt sein auf die Unterrichtung durch die Bundesregierung nach § 4 PKGrG, sondern auch die Selbstinformationsrechte nach § 5 PKGrG umfassen.

[157] C. Gusy, ZRP 2008, 36 (39); einen knappen Überblick über die im Jahr 2009 erweiterten Kontrollinstrumente des PKGrG liefert Wolff, Reform (Fn. 155), S. 402 f.

Bedeutung« bezieht[158]. Dabei ist der Umfang der Unterrichtungspflicht aus tatsächlichen Gründen auf die Informationen beschränkt, die der **tatsächlichen Verfügungsmacht** der Nachrichtendienste des Bundes und der Bundesregierung (→ Rn. 30) unterliegen. Das Interesse Dritter – und sei dies der Nachrichtendienst eines verbündeten Staates – an einem Ausschluß parlamentarischer Kontrolle ändert nichts an dieser tatsächlichen Verfügungsmacht und entzieht diese Informationen der parlamentarischen Kontrolle grundsätzlich nicht[159]. Deren Grenzen sind vielmehr im Einzelfall nach Maßgabe strenger Anforderungen zu prüfen (→ Rn. 53 f.).

Aufbauend auf dieser allgemeinen Unterrichtungspflicht der Bundesregierung muß diese weiter verpflichtet werden, auf konkrete Nachfragen des Gremiums zu antworten. Das allgemeine parlamentarische Recht der Abgeordneten, der Regierung Fragen zu stellen und hierauf Antworten zu erhalten (→ Art. 38 Rn. 45, 158), muß wegen der durch Art. 45d GG bewirkten Zuweisung der Kontrollaufgabe im Hinblick auf die Nachrichtendienste an das Gremium ebenfalls auf dieses verlagert werden. Die **Berichtspflicht der Bundesregierung**, die durch **konkrete Auskunftsverlangen** des Gremiums ausgelöst und inhaltlich bestimmt[160] wird[161], gehört also zu den verfassungsrechtlichen Minimalanforderungen, die der Gesetzgeber bei der näheren Ausgestaltung nach Art. 45d II GG zu beachten hat. Weil Träger des allgemeinen Frage- und Informationsrechts der einzelne Abgeordnete ist, muß jedem Mitglied des Ausschusses das Recht zustehen, einen Bericht der Bundesregierung zu einem konkreten Auskunftsverlangen zu initiieren (→ Rn. 39)[162]. 42

Da die Informationen, die das Gremium im Wege der allgemeinen Unterrichtung oder der Erledigung konkreter Auskunftsersuchen von der Bundesregierung erlangt, eine Form der »gefilterten« Fremdinformation darstellen, bedarf es darüber hinaus geeigneter Instrumente der **Selbstinformation**[163]. Dazu gehört insbesondere das Recht des Kontrollgremiums, Angehörige und Beauftragte der Nachrichtendienste, Mitarbeiter und Mitglieder der Bundesregierung sowie Beschäftigte anderer Bundesbehörden zu befragen oder von ihnen schriftliche Auskünfte zu verlangen (§ 5 II PKGrG). Neben diesen **Befragungsrechten**, die durch eine Verpflichtung zu wahrheitsgemäßer und vollständiger Auskunft zu ergänzen sind und nicht von einer Aussagegenehmigung abhängig gemacht werden dürfen[164], gehört auch das Recht auf **Aktenherausgabe** und **Datenübermittlung** sowie ein **Zutrittsrecht** zu den Räumen der zu kontrollieren- 43

---

[158] Dies ist auch einfachgesetzlich in § 4 I 1 PKGrG festgelegt; dazu *Kluth* (Fn. 87), Art. 45d Rn. 25 m. w. N.

[159] A. A. *Mehde* (Fn. 1), Art. 45d Rn. 11.3; *Kumpf*, Kontrolle (Fn. 75), S. 138; *G. Warg*, NVwZ 2014, 1263 (1266), die meinen, in solchen Fällen fehle es bereits an der Verfügungsbefugnis; s. aber auch *Kumpf*, Kontrolle (Fn. 75), S. 142.

[160] Je genauer und detaillierter das Ersuchen des Kontrollgremiums ist, desto umfassender hat die Bundesregierung zu antworten.

[161] S. dazu § 4 I 2 PKGrG.

[162] § 3 II PKGrG bedarf insoweit der verfassungskonform erweiternden Auslegung, weil das dort normierte Recht jedes Mitglieds nur auf die »Unterrichtung des Parlamentarischen Kontrollgremiums« gerichtet ist und diese »Unterrichtung« nach der Systematik des § 4 I PKGrG beschränkt ist auf die »allgemeine Tätigkeit« und auf »Vorgänge von besonderer Bedeutung«. Demgegenüber muß § 3 II PKGrG auch auf konkrete Auskunftsverlangen nach § 4 I 2 PKGrG bezogen werden.

[163] Zustimmend *Wolff* (Fn. 20), Art. 45d Rn. 112; zu der zugrunde liegenden Unterscheidung: → Art. 38 Rn. 44; → Art. 43 Rn. 8; zur Frage der konstitutiven Wirkung von Art. 45d GG als verfassungsrechtlicher Grundlage für Selbstinformationsrechte s. *Hempel*, Bundestag (Fn. 28), S. 105 ff.

[164] Wenn § 5 II PKGrG eine Unterrichtung der Bundesregierung vor der Befragung verlangt, so folgt daraus nicht das Recht der Bundesregierung, die Befragung zu unterbinden, wohl aber die Ge-

den Dienste zu den unverzichtbaren Quellen einer wirksamen Selbstinformation (§ 5 I PKGrG). Schließlich dürften die Möglichkeiten des Gremiums, **Rechts- und Amtshilfe** durch Gerichte und Behörden in Anspruch zu nehmen (§ 5 IV PKGrG) zu der notwendigen Ausstattung des Gremiums mit Selbstinformationsrechten gehören.

44 Eine Sonderrolle kommt der Einschaltung von **Sachverständigen** durch das Gremium zu. Wenn diese Möglichkeit in § 7 PKGrG ausdrücklich vorgesehen wurde, so trägt dies offensichtlich der Erkenntnis Rechnung, daß das Gremium über die Unterstützung durch Mitarbeiter[165] hinaus auf externen Sachverstand angewiesen sein kann. Allerdings hat der Gesetzgeber dieses Instrument offenbar nicht dem verfassungsrechtlich gebotenen Minimum an Kontrollinstrumenten zugerechnet. Denn die Einschaltung eines Sachverständigen bedarf der Entscheidung des Gremiums mit einer Mehrheit von zwei Dritteln seiner Mitglieder (§ 7 PKGrG) und steht somit der Minderheit oder einem einzelnen Abgeordneten nicht zur Verfügung. Solange keine klaren Anhaltspunkte dafür vorliegen, daß ohne die Einschaltung von Sachverständigen eine wirksame Kontrolle unmöglich ist, dürfte diese Einschätzung nicht zu beanstanden sein.

2. Öffentlichkeit und Berichterstattung

45 Das grundlegende Spannungsverhältnis zwischen der notwendigen Öffentlichkeit, ohne die parlamentarische Kontrolle der Exekutive nicht möglich ist, einerseits und der unausweichlichen Geheimhaltungsbedürftigkeit nachrichtendienstlicher Tätigkeit andererseits (→ Rn. 13) kann nicht vollständig zulasten der Öffentlichkeit aufgelöst werden. Art. 45d GG verlangt deshalb mit der verfassungsrechtlichen Institutionalisierung einer speziellen Form der parlamentarischen Kontrolle der Nachrichtendienste, daß adäquate Formen der **Berichterstattung an das Plenum und die Öffentlichkeit** eingerichtet werden, die diese unter Beachtung der erforderlichen Geheimhaltung in die Lage versetzen, sich einen Überblick über die Tätigkeit der Nachrichtendienste und die Funktionsfähigkeit der Kontrolle durch das Gremium zu verschaffen[166].

46 Das **Kontrollgremiumgesetz** setzt diese Anforderung um, indem es einerseits in § 10 PKGrG die Beratungen als geheim einstuft und die Mitglieder auch über den Zeitpunkt ihres Ausscheidens hinaus zur Geheimhaltung der »Angelegenheiten« verpflichtet, die ihnen bei ihrer Tätigkeit im Kontrollgremium bekannt geworden sind. Auf der anderen Seite statuiert das Gesetz eine allgemeine Berichtspflicht des Kontrollgremiums gegenüber dem Plenum in der Mitte und am Ende der Wahlperiode[167]. Das schließt zusätzliche Berichte zu besonderen Vorgängen nicht aus[168]. Das Gremium kann mit einer Mehrheit von zwei Dritteln der anwesenden Mitglieder »Bewertungen bestimmter Vorgänge« zustimmen, für die dann die allgemeine Geheimhaltungs-

---

fahr, daß Aussagen und schriftliche Auskünfte unter ihren Einfluß geraten und damit die Möglichkeiten der Selbstinformation des Gremiums unterminiert werden können.
[165] S. dazu §§ 11 und 12 PKGrG.
[166] So zuletzt durch den Jahresbericht 2013 zu den Maßnahmen nach dem Terrorismusbekämpfungsgesetz vom 8.1.2015 (BT-Drs. 18/3708 [neu]) und den Tätigkeitsbericht vom 19.12.2013 (BT-Drs. 18/217 mit Hinweis auf ältere Berichte des Gremiums auf S. 3).
[167] S. § 13 PKGrG.
[168] Zu Vorgängen im Zusammenhang mit dem Irak-Krieg und der Bekämpfung des internationalen Terrorismus s. z. B. BT-Drs. 16/800.

pflicht eingeschränkt wird[169]. Eine solche Bewertung durch das Gremium löst das Minderheitsrecht auf ein Sondervotum aus (→ Rn. 39). Insbesondere das zuletzt erwähnte **verfahrensrechtliche Modell** dürfte sich als verallgemeinerungsfähig erweisen: Es geht um eine letztlich normativ nicht programmierbare Einzelfallentscheidung zwischen der Geheimhaltungsbedürftigkeit von Sachverhalten, deren Veröffentlichung die Funktionsfähigkeit der Nachrichtendienste beeinträchtigen würde, einerseits und allgemeinen politischen Bewertungen nachrichtendienstlicher Tätigkeit andererseits, die von der Geheimhaltungspflicht auch dann nicht erfaßt werden, wenn sie auf Erkenntnissen beruhen, die im Rahmen des Kontrollgremiums gewonnen wurden. Den Verlauf dieser Gratwanderung kann nur das Kontrollgremium selbst bestimmen. Wenn es bei seiner Berichtstätigkeit solche Einzelfallentscheidungen mit einfacher (Berichte nach § 13 PKGrG) oder mit einer Mehrheit von zwei Dritteln der anwesenden Mitglieder (Bewertungen bestimmter Vorgänge nach § 10 II PKGrG mit eingeschränkter Geheimhaltung) trifft, so wird auf diese Weise konsensual oder **mehrheitlich** ein **Geheimhaltungsstandard** definiert, bei dessen Beachtung jedes Mitglied in formalisierter (**Sondervotum**) oder sonstiger Form **öffentlich abweichende Bewertungen** vornehmen darf.

3. Grenzen der Kontrolle

Welchen Grenzen die Kontrolle nachrichtendienstlicher Tätigkeit des Bundes durch das Kontrollgremium unterliegt, präzisiert Art. 45d GG nicht. Schon aus Gründen der Einheit der Verfassung kann daraus aber nicht der Schluß gezogen werden, die Kontrolle unterliege keinen Einschränkungen. Soweit **entgegenstehende verfassungsrechtlich geschützte Rechte und Belange** berührt sind, bedarf die in Art. 45d GG vorgeschriebene besondere Form der parlamentarischen Kontrolle nach Maßgabe praktischer Konkordanz einer Zuordnung zu diesen Rechten und Belangen. 47

Weil sich die Kontrolle durch das Gremium in erster Linie durch die Erhebung von Informationen vollzieht, ist die Frage nach den Grenzen des Kontrollrechts gleichbedeutend mit derjenigen nach legitimen Gründen dafür, daß die Adressaten der Kontrolle gegenüber dem Kontrollgremium die Herausgabe von Informationen verweigern. Eine solche Berufung auf **besondere Gründe für eine Geheimhaltung** ist allerdings in zweierlei Hinsicht Bedenken ausgesetzt. Erstens ist das **Geheimhaltungsinteresse** insoweit **unspezifisch**, als es sich als solches nicht auf ein konkretes verfassungsrechtlich geschütztes Interesse zurückführen lässt. Es bedarf deshalb – zumindest im Einzelfall – der Anreicherung und Präzisierung durch solche verfassungsrechtlich geschützten Belange, die bei Offenbarung gegenüber dem Gremium beeinträchtigt wären. 48

Zweitens ist das spezifisch auf die nachrichtendienstliche Tätigkeit bezogene **Geheimhaltungsinteresse bereits durch Art. 45d GG selbst berücksichtigt**, indem er ein besonderes – kleines, nicht öffentlich tagendes, seine Mitglieder zur Geheimhaltung verpflichtendes – Gremium vorsieht. Wenn sich deshalb Art. 45d GG die Verpflichtung und auf ihrer Grundlage die Vermutung entnehmen lässt, daß die erforderliche Geheimhaltung durch das Gremium selbst gewährleistet wird, so bedarf die Behauptung eines »besseren« Geheimnisschutzes durch die Exekutive einer besonderen rechtfertigenden Begründung. Die pauschale Annahme, nachrichtendienstliche »Ge- 49

---

[169] S. Einzelheiten in § 10 PKGrG; dazu *F. Shirvani*, VBlBW 2010, 99 (102); *B. Huber*, NVwZ 2009, 1321 (1322 f.).

50 Vor diesem Hintergrund sind die drei Gründe zu würdigen, die bislang als Grenze des Kontrollrechts in Betracht gezogen wurden. In der Sprache des Gesetzgebers sind dies der »**Kernbereich der exekutiven Eigenverantwortung**«, der Schutz von »**Persönlichkeitsrechten Dritter**« und die »zwingenden **Gründe des Nachrichtenzugangs**«[171]. Vor allem deshalb, weil dem Geheimnisschutz durch das Kontrollgremium strukturell keine mindere Qualität unterstellt werden darf, können diese drei Gründe allenfalls in **seltenen Ausnahmefällen** der Kontrollbefugnis eine Grenze ziehen. Eine darüber hinausreichende allgemeine und unspezifische Berechtigung, dem Gremium mit Rücksicht auf das »**Staatswohl**« Informationen vorzuenthalten, kennt die Verfassung nicht (→ Rn. 53).

a) Kernbereich exekutiver Eigenverantwortung

51 Nicht anders als das parlamentarische Untersuchungsrecht nach Art. 44 GG sieht sich das Kontrollrecht nach Art. 45d GG dem Versuch ausgesetzt, unter Berufung auf die politische Verantwortung der Bundesregierung[172] und auf einen Kernbereich exekutiver Eigenverantwortung parlamentarischer Kontrolle Grenzen zu ziehen. Hier wie dort gilt allerdings, daß solche Versuche im parlamentarischen System des Grundgesetzes unter Berufung auf unverzichtbare Kernelemente des Gewaltenteilungsprinzips allenfalls dort erfolgreich sein können, wo es um die **Willensbildung innerhalb der Bundesregierung** geht, die durch die parlamentarische Kontrolle nicht blockiert werden darf (→ Art. 44 Rn. 27)[173]. Das ist bei abgeschlossenen Vorgängen nicht und bei laufenden Maßnahmen nur in seltenen Ausnahmefällen denkbar[174]. Auch bezieht sich diese Grenze der durch Art. 45d GG normierten Kontrolle **nicht** auf **nachgeordnete Behörden**, sondern nur auf die Bundesregierung[175]. Organisatorische und verfahrensrechtliche Möglichkeiten haben darüber hinaus stets Vorrang vor einer Verweigerung parlamentarischer Kontrolle. § 6 II PKGrG, der die Unterrichtungspflicht der Exekutive dort enden lässt, wo der Kernbereich der exekutiven Eigenverantwortung betroffen ist, bedarf in diesem Sinne einer verfassungskonform engen Auslegung[176].

---

[170] Zutreffend weist die Rechtsprechung des BVerfG darauf hin, daß Lücken im Geheimnisschutz bei allen drei Gewalten vorkommen und deshalb eine exklusive Zuordnung von Geheimnissen zur Exekutive nicht rechtfertigen; BVerfGE 67, 100 (136); 124, 78 (124, Rn. 130).
[171] § 6 II PKGrG.
[172] BT-Drs. 16/12411, S. 9.
[173] BVerfGE 67, 100 (139); 110, 199 (214, Rn. 43); 124, 78 (120f., Rn. 122ff.); *Klein* (Fn. 23), Art. 45d Rn. 36.
[174] Ähnlich in der Tendenz *Kluth* (Fn. 87), Art. 45d Rn. 27; in der Abstufung zwischen abgeschlossenen und laufenden Entscheidungsverfahren ähnlich, allerdings großzügiger zugunsten der Geheimhaltungsinteressen der Bundesregierung, BVerfGE 124, 78 (120ff., Rn. 119ff.); *Klein* (Fn. 23), Art. 45d Rn. 36.
[175] So auch *Mehde* (Fn. 1), Art. 45d Rn. 10; *Uerpmann-Wittzack* (Fn. 68), Art. 45d Rn. 5; a. A. *D. Peitsch/C. Polzin*, NVwZ 2000, 388 (392f.).
[176] A. A. *Achterberg/Schulte*, GG II, Art. 45d Rn. 22f. Stattdessen solle die Unterrichtungspflicht der Bundesregierung gem. § 4 PKGrG zum Schutz des Kernbereichs exekutiver Eigenverantwortung restriktiv ausgelegt werden (Rn. 20).

b) Grundrechte

Das Kontrollgremium ist gem. Art. 1 III GG an die Grundrechte gebunden[177]. Allerdings erscheint es sehr unwahrscheinlich, daß das Gremium in der Praxis seiner Kontrolltätigkeit auf grundrechtliche Grenzen stößt. Denn Private gehören nicht zu den Adressaten der Kontrolle durch das Gremium (→ Rn. 32) und es verfügt im Unterschied zu Untersuchungsausschüssen über keine Eingriffsbefugnisse gegenüber diesen. Das schließt zwar nicht aus, daß es »bei Gelegenheit« der auf amtliches – und insoweit keinen Grundrechtsschutz genießendes – Handeln bezogenen Kontrolltätigkeit zu Grundrechtseingriffen durch das Kontrollgremium kommen kann. Soweit es sich dabei aber um unvermeidbare **Nebenfolgen der Kontrolltätigkeit** des Gremiums handelt, sind diese **durch Art. 45d GG** und das ausgestaltende Gesetz nach Art. 45d II GG **legitimiert**. Das gilt insbesondere für den – neuen – Grundrechtseingriff, der darin liegt, daß von Nachrichtendiensten erlangte personenbezogene Informationen an das Gremium weitergegeben und auf diese Weise der Kreis der Kenntnisnehmenden erweitert wird[178]. Vergleichbares gilt etwa für die Identität von V-Leuten[179]. Soweit ihre Offenbarung durch einen Nachrichtendienst gegenüber dem Kontrollgremium als Grundrechtseingriff zu qualifizieren ist, handelt es sich um eine unausweichliche Folge der durch Art. 45d GG verfassungsrechtlich vorgeschriebenen Kontrolle, die nicht unter Berufung auf die Grundrechte um ihre Wirksamkeit gebracht werden darf. Im übrigen wirkt sich auch hier der allgemeine Grundsatz aus, daß Geheimhaltungsinteressen bereits durch Art. 45d GG selbst und seine gesetzliche Ausgestaltung berücksichtigt sind (→ Rn. 49). Dies gilt auch, soweit die Geheimhaltungsinteressen sich auf den Persönlichkeitsschutz von Informanten, V-Leuten oder anderer »Dritter« beziehen. Deshalb kann die Zurückhaltung von Informationen gegenüber dem Gremium nicht mit einem erhöhten Verschwiegenheitsbedarf aus Gründen des Persönlichkeits- oder Datenschutzes begründet werden[180].

c) Staatswohl und Funktionsfähigkeit der Nachrichtendienste

Ein verfassungsrechtlich geschütztes Interesse, das unter Berufung auf ein besonderes Geheimhaltungsbedürfnis die Verweigerung von Informationen rechtfertigen könnte, ist das »**Staatswohl**« nicht[181]. Zwar lässt sich dieses bei entsprechender Konkretisierung zweifellos als verfassungsrechtlich geschützter Belang ausweisen. Aber dieses wie auch immer konkretisierte »Staatswohl« ist dem Bundestag und der Bundesregierung gemeinsam anvertraut[182].

---

[177] S. zu der parallelen Problematik bei Untersuchungsausschüssen BVerfGE 67, 100 (142); 76, 363 (387); 77, 1 (46); 124, 78 (125 ff., Rn. 132 f.). → Art. 1 III Rn. 56.

[178] Dazu – bezogen auf Untersuchungsausschüsse – BVerfGE 124, 78 (127 f., Rn. 136), wonach die Kontrollaufgabe gegen eine Übertragung der allgemeinen Regeln über Verwertungsverbote auch auf das parlamentarische Kontrollorgan spricht.

[179] *Mehde* (Fn. 1), Art. 45d Rn. 11.2.

[180] So auch *Kluth* (Fn. 87), Art. 45d Rn. 27.

[181] *S. Magiera*, in: Sachs, GG, Art. 45d Rn. 10; *Klein* (Fn. 23), Art. 45d Rn. 48; *Kluth* (Fn. 87), Art. 45d Rn. 27; a.A., allerdings ohne ausreichendes Problembewußtsein, *Hörauf*, Kontrolle (Fn. 59), S. 72 f.

[182] So mit der gebotenen Klarheit BVerfGE 124, 78 (124, Rn. 130); dies wird von vielen – repräsentativ *G. Warg*, NVwZ 2014, 1263 (1266 ff.) – verkannt, die eine Information des Gremiums gleichsetzen mit »Offenbarung«, »Bekanntgabe« oder »Weitergabe« von Geheimnissen an »Dritte«.

54 Bei genauerem Hinsehen zeigt sich, daß hinter der Berufung auf das »Staatswohl« immer und nur die Sorge steht, daß Geheimnisse der Exekutive in den Händen des Kontrollgremiums keine Geheimnisse bleiben[183]. Nichts anderes kann auch gemeint sein, wenn § 6 II PKGrG »**zwingende Gründe des Nachrichtenzugangs**« als legitimen Grund dafür nennt, daß die Bundesregierung dem Kontrollgremium Informationen verweigert. Solche zwingenden Gründe, die vor Art. 45d GG Bestand haben könnten, sind aber nicht ersichtlich. Besteht die nachrichtendienstliche Tätigkeit in einem konkreten Fall in der Auswertung öffentlich zugänglicher Quellen, so sind ohnehin legitime Gründe für eine Geheimhaltung, die mit der Funktionsfähigkeit der Dienste in Zusammenhang stehen, schlechterdings nicht erkennbar[184]. Würde dagegen die »Quelle« nachrichtendienstlicher Erkenntnisse versiegen, wenn sie mit der Information des Kontrollgremiums rechnen muß, so führt dies wieder zurück auf die bereits erwähnte Erkenntnis, daß dem exekutiven Geheimnisschutz weder tatsächlich noch rechtlich eine höhere Qualität zukommt als dem parlamentarischen (→ Rn. 49). Dem naheliegenden Hinweis darauf, daß sich nachrichtendienstliche Quellen dieser verfassungsgerichtlichen Erkenntnis möglicherweise verschließen könnten, kann nur begegnet werden mit der Frage, welchem legitimen Staats- oder Verfassungsschutzinteresse die Abschöpfung von Quellen dienen könnte, die nur unter Mißachtung fundamentaler verfassungsrechtlicher Grundsätze parlamentarischer Kontrolle erkauft werden kann[185]. Dies gilt auch und insbesondere für Informationen **befreundeter Nachrichtendienste**. Den Nachrichtendiensten des Bundes steht nicht die Befugnis zu, durch (vertragliche) Zusagen gegenüber diesen oder anderen Dritten die parlamentarische Kontrolle auszuschließen. Das Grundgesetz versagt durch Art. 45d GG solchen Zusagen die rechtliche Anerkennung unter Inkaufnahme der Gefahr, daß solche Quellen dann in Zukunft versiegen mögen[186].

d) Zuständigkeit und Begründungspflicht der Bundesregierung

55 Die **Entscheidungszuständigkeit** über die Verweigerung von Informationen aufgrund eines der zuvor genannten Gründe kann nur bei der **Bundesregierung** oder dem zuständigen **Minister** liegen, weil nur sie und nicht die nachgeordneten Behörden es sind, die dem Parlament gegenüber die politische Verantwortung für die nachrichtendienstliche Tätigkeit tragen, und deshalb primärer Adressat der Kontrolle sind (→ Rn. 30). Wenn die Bundesregierung der Auffassung ist, daß überwiegende Gründe im Einzelfall gegen eine Herausgabe von Informationen an das Kontrollgremium sprechen, so hat sie dies **substantiiert** und nicht lediglich formelhaft zu **begründen** und muß insbesondere die Gesichtspunkte der Abwägung, die zu der Verweigerungsentscheidung

---

[183] Exemplarisch *Mehde* (Fn. 1), Art. 45d Rn. 22, der – obwohl er dies für »problematisch« hält – eine Verweigerung der Herausgabe an das Gremium für den Fall der Zusicherung besonderer Geheimhaltung gegenüber Informanten für zulässig hält.
[184] Ähnlich BVerfGE 124, 161 (194 f., Rn. 136).
[185] Insofern vermögen auch die von *G. Warg*, NVwZ 2014, 1263 (1266 ff.) genannten Fallgruppen nicht zu überzeugen.
[186] Zutreffend *Wolff* (Fn. 20), Art. 45d Rn. 47, der darauf hinweist, daß im Zweifelsfall solche Informationen gar nicht erst angenommen werden dürfen. A. A. – allerdings ohne Begründung – *Mehde* (Fn. 1), Art. 45d Rn. 11.3; nicht überzeugend *Hörauf*, Kontrolle (Fn. 59), S. 83 f., der parlamentarische Kontrolle hinter »internationaler Kooperationsfähigkeit auf Dienstebene« zurückstehen lassen will.

V. Nähere Regelung durch Gesetz (Art. 45d II GG)

Absatz 2 des Art. 45d GG begründet eine verfassungsrechtliche Pflicht zum Erlaß eines Ausführungsgesetzes und ist deshalb als verbindlicher **Gesetzgebungsauftrag** zu verstehen[188]. Zugleich ist durch Art. 45d II GG entschieden, daß das Gesetz – und nicht die Geschäftsordnung des Bundestages – die verfassungsrechtlich zulässige und gebotene Regelungsform darstellt[189]. Das gilt sowohl für das Verhältnis des Gremiums zur Exekutive – also insbesondere für die Ausgestaltung der Kontrollinstrumente – als auch für das Verhältnis des Plenums zum Kontrollgremium sowie für die institutionelle und verfahrensrechtliche Ausgestaltung des Kontrollgremiums. Der Gesetzgeber ist dem Auftrag mit dem **Kontrollgremiumgesetz** nachgekommen. Daneben finden sich Regelungen zu den Aufgaben des Kontrollgremiums im **Artikel 10-Gesetz** (→ Rn. 27) und in den **drei die Nachrichtendienste betreffenden Gesetzen** (→ Rn. 26).

56

Der nicht weiter konturierte Gesetzgebungsauftrag räumt dem Gesetzgeber **weitreichende Ausgestaltungsbefugnisse** ein. Allerdings sind die zuvor dargelegten **Minimalanforderungen** zu beachten, die sich aus Art. 45d GG als Ausprägung des parlamentarischen Systems des Grundgesetzes ergeben. Sie lassen sich zusammenfassen in dem Gebot, organisations- und verfahrensrechtliche Regelungen sowie geeignete Kontrollinstrumente vorzusehen, die unter Wahrung der erforderlichen Geheimhaltung eine **wirksame Kontrolle**[190] der nachrichtendienstlichen Tätigkeit des Bundes unter repräsentativer Beteiligung der parlamentarischen Minderheit ermöglichen.

57

VI. Schutz des Kontrollrechts durch das Bundesverfassungsgericht

Die verfassungsrechtliche Verankerung des Kontrollgremiums in Art. 45d GG als eigenständiges Hilfsorgan des Bundestages mit eigenen Rechten (→ Rn. 33 f.) hat gem. Art. 93 I Nr. 1 GG zur Folge, daß das Gremium **parteifähig** im **Organstreitverfahren** vor dem Bundesverfassungsgericht ist. Denn es ist ein anderer Beteiligter, der durch dieses Grundgesetz – nämlich durch die aus Art. 45d GG folgenden verfassungsrechtlichen Mindestanforderungen an die Ausgestaltung des Gremiums[191] (→ Rn. 57) – mit eigenen Rechten ausgestattet ist[192]. Streitgegenstand kann beispielsweise die Verweigerung der Herausgabe von Informationen oder Dokumenten durch die Exekutive sein, für die die Bundesregierung im Organstreitverfahren verantwortlich gemacht werden kann. Wenn § 14 PKGrG bestimmt, daß das Bundesverfassungsgericht über Streitigkeiten zwischen dem Gremium und der Bundesregierung entscheidet, so han-

58

---

[187] BVerfGE 124, 78 (128 ff., Rn. 138); 124, 161 (193, Rn. 132); s. auch *Klein* (Fn. 23), Art. 45d Rn. 49; *Mehde* (Fn. 1), Art. 45d Rn. 22.
[188] *Klein* (Fn. 23), Art. 45d Rn. 23.
[189] *Mehde* (Fn. 1), Art. 45d Rn. 25; ausführlich zum Hintergrund *Hempel*, Bundestag (Fn. 28), S. 195 ff.; dazu, daß dies Befassungen des Bundestages mit nachrichtendienstlichen Angelegenheiten (außerhalb der laufenden Kontrolle) auf der Grundlage der Geschäftsordnung (Anfragen etc.) nicht ausschließt, s. nur *Kluth* (Fn. 87), Art. 45d Rn. 9.
[190] *Klein* (Fn. 23), Art. 45d Rn. 23.
[191] Ähnlich *Klein* (Fn. 23), Art. 45d Rn. 53.
[192] So auch *Uerpmann-Wittzack* (Fn. 68), Art. 45d Rn. 6; *Wolff* (Fn. 20), Art. 45d Rn. 107.

delt es sich insoweit nur um eine deklaratorische[193] Bestätigung dessen, was bereits aus dem Grundgesetz folgt. Lediglich der Vorgabe des § 14 PKGrG, wonach es eines Antrags von zwei Dritteln der Mitglieder des Gremiums bedarf, kommt konstitutive Wirkung zu[194]. Theoretisch denkbar ist darüber hinaus auch ein Konflikt zwischen dem Kontrollgremium und dem Bundestag wegen mangelhafter Personal- oder Sachausstattung des Gremiums[195].

59 Ungeklärt ist bislang die Frage, auf welche Weise die **Opposition** – im Kontrollgremium oder im Plenum – eine mögliche Verletzung der Kontrollrechte insbesondere durch die Bundesregierung verfassungsgerichtlich durchsetzen kann. Der Gesetzgeber hat in § 14 PKGrG das Antragsrecht des Kontrollgremiums im Organstreitverfahren an ein Quorum von zwei Dritteln der Mitglieder des Gremiums geknüpft. Hätte es dabei sein Bewenden, würde dies bedeuten, daß die gerichtliche Durchsetzung des parlamentarischen Kontrollrechts in dem sensiblen Bereich der nachrichtendienstlichen Tätigkeit von dem »guten Willen« der die Regierung tragenden Mehrheit im Kontrollgremium abhängig wäre. Auf diese Weise würde die parlamentarische Kontrolle der Nachrichtendienste aber ad absurdum geführt, weil nach dem parlamentarischen Regierungssystem des Grundgesetzes kontrollierte Bundesregierung und kontrollierende Mehrheit im Bundestag eine politische Einheit bilden. Es sind nur drei Auswege ersichtlich: Zunächst könnte man die Opposition auf das Instrument des **Untersuchungsausschusses** verweisen, das neben dem Kontrollgremium zulässig bleibt (→ Rn. 18). Allerdings widerspräche dies der Intention des Art. 45d GG, aus Gründen der Geheimhaltung die Kontrolle der Nachrichtendienste auf ein spezielles Gremium zu verlagern. Außerdem dürfte der mit einem Untersuchungsausschuß verbundene Aufwand eine erhebliche Hürde für die Durchsetzung der Kontrollrechte bedeuten, wenn die Rechtsverletzung durch die Bundesregierung unterhalb der für Untersuchungsausschüsse erforderlichen Bedeutungsschwelle bleibt. Als zweite Möglichkeit ist ein Antragsrecht jeder **Fraktion im Plenum** in Betracht zu ziehen, die nach gefestigter Rechtsprechung in Prozeßstandschaft Rechte des Bundestages geltend machen kann (→ Art. 93 Rn. 53). Das setzt allerdings voraus, die Kontrollbefugnisse des Gremiums – seiner Stellung als Hilfsorgan entsprechend – als solche des Bundestages zu qualifizieren, die durch das Gremium lediglich ausgeführt oder wahrgenommen werden (→ Rn. 34). Wer diesen Weg unter Verweis auf die eigenständige Funktion des Kontrollgremiums nicht gehen will, muß der **Minderheit im Kontrollgremium** die Möglichkeit eröffnen, ein Organstreitverfahren vor dem Bundesverfassungsgericht zu initiieren, und § 14 PKGrG insoweit für verfassungswidrig halten.

D. Verhältnis zu anderen GG-Bestimmungen

60 Obwohl es sich bei Art. 45d GG um ein besonderes Instrument der parlamentarischen Kontrolle der Exekutive im Bereich der nachrichtendienstlichen Tätigkeit handelt, steht die Vorschrift zu den **allgemeinen parlamentarischen Kontrollinstrumenten**, die

---

[193] So V. Christopeit/H.A. Wolff, ZG 25 (2010), 77 (91). A.A. Uerpmann-Wittzack (Fn. 68), Art. 45d Rn. 7, der eine verfassungsrechtliche Streitigkeit ablehnt, in § 14 PKGrG eine Sonderzuweisung erblickt und von einem »speziellen Organstreit« spricht.
[194] F. Shirvani, VBlBW 2010, 99 (103).
[195] V. Christopeit/H.A. Wolff, ZG 25 (2010), 77 (86 f.).

insbesondere aus **Art. 38 I 2 GG** (→ Art. 38 Rn. 43 ff., 158)[196] und aus **Art. 43 ff. GG** folgen, nicht im Verhältnis verdrängender Spezialität[197]. Denn durch die verfassungsrechtliche Verankerung des Kontrollgremiums in Art. 45d GG sollten die parlamentarischen Kontrollmöglichkeiten verbessert und nicht beschränkt werden[198]. Insbesondere beschränkt die Existenz des Kontrollgremiums weder das **parlamentarische Fragerecht** von Abgeordneten und Fraktionen und die korrespondierende Antwortpflicht der Bundesregierung[199] noch verhindert sie die Möglichkeit der Einsetzung eines **Untersuchungsausschusses** in Bezug auf die nachrichtendienstliche Tätigkeit des Bundes (→ Rn. 18). Eine spezielle und von Art. 45d GG abweichende Regelung parlamentarischer Kontrolle der Nachrichtendienste findet sich in **Art. 10 II 2 GG**, weil die dort vorgesehene Kontrolle durch »von der Volksvertretung bestellte Organe und Hilfsorgane« die Konstituierung eines Kontrollorgans (G 10-Kommission) neben dem Kontrollgremium nach Art. 45d GG erlaubt (→ Rn. 27).

---

[196] Zum Frage- und Informationsrecht des Bundestages gegenüber der Bundesregierung aus Art. 38 I 2 und Art. 20 II 2 GG s. zuletzt nur BVerfGE 124, 161 (188 f., Rn. 123) m. w. N.
[197] BVerfGE 124, 161 (189 ff., Rn. 124 ff.); *Uerpmann-Wittzack* (Fn. 68), Art. 45d Rn. 4; V. *Christopeit/H.A. Wolff*, ZG 25 (2010), 77 (81, 86) m. w. N.; *Hempel*, Bundestag (Fn. 28), S. 121 ff.; *Wolff* (Fn. 20), Art. 45d Rn. 119 f.
[198] Nach § 1 II PKGrG bleiben generell die Rechte des Bundestages, seiner Ausschüsse und der Kommission nach dem Artikel 10-Gesetz unberührt.
[199] BVerfGE 124, 161 (192, Rn. 129); s. dazu auch V. *Beck/M. Schlikker*, NVwZ 2006, 912 ff.; F. *Shirvani*, VBlBW 2010, 99 (101).

Artikel 46 [Indemnität und Immunität]

(1) ¹Ein Abgeordneter darf zu keiner Zeit wegen seiner Abstimmung oder wegen einer Äußerung, die er im Bundestage oder in einem seiner Ausschüsse getan hat, gerichtlich oder dienstlich verfolgt oder sonst außerhalb des Bundestages zur Verantwortung gezogen werden. ²Dies gilt nicht für verleumderische Beleidigungen.

(2) Wegen einer mit Strafe bedrohten Handlung darf ein Abgeordneter nur mit Genehmigung des Bundestages zur Verantwortung gezogen oder verhaftet werden, es sei denn, daß er bei Begehung der Tat oder im Laufe des folgenden Tages festgenommen wird.

(3) Die Genehmigung des Bundestages ist ferner bei jeder anderen Beschränkung der persönlichen Freiheit eines Abgeordneten oder zur Einleitung eines Verfahrens gegen einen Abgeordneten gemäß Artikel 18 erforderlich.

(4) Jedes Strafverfahren und jedes Verfahren gemäß Artikel 18 gegen einen Abgeordneten, jede Haft und jede sonstige Beschränkung seiner persönlichen Freiheit sind auf Verlangen des Bundestages auszusetzen.

Literaturauswahl

Brenner, Michael: Abgeordnetenstatus und Verfassungsschutz, in: Festschrift für Peter Badura, 2004, S. 25–55.
Brocker, Lars: Umfang und Grenzen der Immunität des Abgeordneten im Strafverfahren, in: GA 149 (2002), S. 44–54.
Brocker, Lars: Die Immunität des Abgeordneten – Anspruch und Wirklichkeit eines Statusrechts, in: Festschrift für Christian Richter II, 2006, S. 87–104.
Butzer, Hermann: Immunität im demokratischen Rechtsstaat, 1991.
Eickhoff, Jens-Peter: Das Funktionsrecht des Europäischen Parlaments, 2008.
Erbguth, Wilfried/Stollmann, Frank: Der praktische Fall – Öffentliches Recht: Anfrage mit Nebenwirkungen, in: JuS 1993, S. 488–493.
Glauben, Paul: Immunität – auch für die Abgeordneten mehr »Plage als Wohltat«, in: DRiZ 2003, S. 51–55.
Glauben, Paul: Immunität der Parlamentarier – Relikt aus vordemokratischer Zeit?, in: DÖV 2012, S. 378–385.
Härth, Wolfgang: Die Rede- und Abstimmungsfreiheit der Parlamentsabgeordneten in der Bundesrepublik Deutschland, 1983.
Kischel, Uwe: Immunität als Recht des Abgeordneten, in: Gerrit Manssen (Hrsg.), Die verfassungsrechtlich garantierte Stellung der Abgeordneten in den Ländern Mittel- und Osteuropas, 2009, S. 87–109.
Klein, Hans Hugo: Indemnität und Immunität, in: Schneider/Zeh, § 17, S. 555–592.
Kreicker, Helmut: Die strafrechtliche Indemnität und Immunität der Mitglieder des Europäischen Parlaments, in: GA 151 (2004), S. 643–654.
Lange, Friederike: Das parlamentarische Immunitätsprivileg als Wettbewerbsvorschrift, 2009.
Schultz-Bleis, Christian: Die parlamentarische Immunität der Mitglieder des Europäischen Parlaments, 1995.
Uppenbrink, Eva: Das Europäische Mandat – Status der Abgeordneten des Europäischen Parlaments, 2004.
Walter, Tonio: Indemnität und Immunität (Art. 46) im Überblick, in: Jura 2000, S. 496–502.
Wiefelspütz, Dieter: Die Immunität des Abgeordneten, in: DVBl. 2002, S. 1229–1238.
Wiefelspütz, Dieter: Die Immunität und Zwangsmaßnahmen gegen Abgeordnete, in: NVwZ 2003, S. 38–43.
Wiefelspütz, Dieter: Das Immunitätsrecht der Abgeordneten des Bundestages nach dem *Pofalla*-Urteil des Bundesverfassungsgerichts, in: ZParl. 34 (2003), S. 754–763.
Winterberg, Carsten: Immunität von Abgeordneten und polizeiliche Maßnahmen, in: Die Polizei 2002, S. 284–293.
Witt, Olaf: Das Immunitätsrecht im Grundgesetz, in: Jura 2001, S. 585–588.

Wurbs, Richard: Regelungsprobleme der Immunität und der Indemnität in der parlamentarischen Praxis, 1988.

Leitentscheidung des Bundesverfassungsgerichts

BVerfGE 104, 310 (325 ff., Rn. 63 ff.) – Pofalla II.

Gliederung

	Rn.
A. Herkunft, Entstehung, Entwicklung	1
B. Internationale, supranationale und rechtsvergleichende Bezüge	4
C. Erläuterungen	8
I. Allgemeine Bedeutung	8
II. Indemnität (Art. 46 I GG)	9
1. Begriff, Schutzzweck, Rechtsnatur	9
2. Schutzumfang (Art. 46 I 1, 1. Halbsatz GG)	11
a) Persönlicher Geltungsbereich	11
b) Sachlicher Geltungsbereich	13
3. Art und Rechtsfolgen des Verfolgungsschutzes (Art. 46 I 1, 2. Halbsatz GG)	18
III. Immunität (Art. 46 II–IV GG)	21
1. Begriff, Schutzzweck, Rechtsnatur	21
2. Schutzumfang (Art. 46 II–IV GG)	24
a) Persönlicher Geltungsbereich	24
b) Schutz vor Strafverfolgung (Art. 46 II GG)	26
c) Schutz vor anderen Freiheitsbeschränkungen und vor dem Verwirkungsverfahren (Art. 46 III GG)	32
3. Die Verfahrensrechte des Bundestages	36
a) Die Genehmigung von Strafverfolgung, Freiheitsbeschränkungen oder Verwirkungsverfahren (Art. 46 II, III GG)	36
b) Das Reklamationsrecht (Art. 46 IV GG)	42
D. Verhältnis zu anderen GG-Bestimmungen	46

Stichwörter

Abstimmungen 13 – Äußerungen 13 ff. – Bagatelldelikte 27, 39 – Beleidigungen 14 – Bundestag 15 – Bundestagsplenum 40 – Bundestagspräsident 19 – Durchsuchungen 28, 33, 40 – Durchsuchungsmaßnahmen 38 – Ermessen 37, 41 – Europäisches Parlament 4, 5 – Festnahmen und Verhaftungen 31 – Freiheitsbeschränkungen 32 ff., 36 – Freiheitsentziehungen 30 f., 33 – Freiheit des Abgeordneten 9, 21 – Funktionsfähigkeit des Bundestages 8, 22 – Genehmigungsentscheidung 36 ff. – Landesverfassungen 7 – Mandat 12, 25, 46 – Mitgebrachte Verfahren 26 – Redefreiheit 1, 8 f. – Reklamationsrecht 42 ff. – Repräsentationsprinzip 22 – Strafbare Handlungen 26 – Strafverfolgung 26 ff. – Schriftliche Äußerungen 13, 17 – Schutz der Redefreiheit 9 – Schutzzweck der Immunität 22 – Verhältnismäßigkeitsprüfung 37 – Verkehrsdelikte 31, 39 – Verleumdungen 14 – Verwertungsverbot 41.

A. Herkunft, Entstehung, Entwicklung

Der **Schutz der Parlamentsabgeordneten** vor Verfolgung wegen ihrer parlamentarischen Tätigkeit (Indemnität) **wurzelt in der Tradition des englischen Parlamentarismus**[1] und wurde als Privileg zur Redefreiheit zuerst in Sektion 9 der Bill of Rights

---

[1] *S. Magiera*, in: BK, Art. 46 (Drittb. 2011), Rn. 26 ff.; *H.H. Klein*, Indemnität und Immunität, in: Schneider/Zeh, § 17 Rn. 9 ff.; *W. Härth*, Die Rede- und Abstimmungsfreiheit der Parlamentsabgeordneten in der Bundesrepublik Deutschland, 1983, S. 26 ff.; *J. Linden*, Historische, rechtstheoretische und pragmatisch-politische Rechtfertigung der Indemnität in der parlamentarischen Demokratie der

(1689) festgelegt; parallel und unabhängig davon entwickelte sich der Genehmigungsvorbehalt des Parlaments bei sonstiger Strafverfolgung von Abgeordneten (Immunität) im englischen Parlamentsrecht seit etwa 1400[2]. An diese Rechtslage knüpfte auch die amerikanische Verfassung an (Art. I Abschnitt 6 Verf. von 1787)[3]. In Frankreich beanspruchte die Nationalversammlung von 1789 stets die Unverletzlichkeit der Delegierten i.S.v. Indemnität und Immunität, wie sie in ihren Beschlüssen vom 23.6.1789 bzw. vom 26.6.1790 und in Titel III, Kap. 1, Sektion V, Art. 7 und 8 der französischen Verfassung von 1791 ihren Niederschlag fand[4]. Über Art. 44 und 45 der europaweit vorbildgebenden belgischen Verfassung von 1831 und in Anknüpfung an einzelne Verfassungen der deutschen Einzelstaaten[5] gehörten Indemnität und Immunität seit § 120 bzw. §§ 117–119 der Paulskirchenverfassung zu den »klassischen« Bestandteilen der Verfassungen des Konstitutionalismus (vgl. Art. 30 bzw. 31 RV von 1871)[6]; später erstreckten Art. 36 WRV den Indemnitätsschutz und Art. 37 WRV die Immunität unter Ausweitung ihres Schutzbereichs auch auf die Mitglieder der Landtage[7].

2   **Ideengeschichtlich** lassen sich Indemnität und Immunität mit dem Gedanken der Repräsentation i.S.d. freien Mandats[8] (→ Art. 38 Rn. 5, 140) und mit dem Schutz der Ersten Gewalt verbinden, wie sie Montesquieu in England beobachtete und für Kontinentaleuropa theoretisch nachhaltig untermauerte.

3   **Art. 46 GG** wurde **im Parlamentarischen Rat einmütig** und ohne große Diskussion **beraten** und in Übernahme bestehender Vorbilder formuliert[9]: Er fasst die Regelungen der Art. 36 und 37 WRV unter Beschränkung auf den Bundestag und unter Erstreckung auf die gesamte Wahlperiode zusammen; neu wurden verleumderische Beleidigungen vom Indemnitätsschutz ausgeschlossen und das Verfahren nach Art. 18 GG in den Immunitätsschutz einbezogen. Die Norm ist bislang nicht geändert worden und

---

Bundesrepublik Deutschland und im Rechtsvergleich mit anderen Verfassungen, Diss. jur. Köln 1978, S. 5 ff.; *W.M. Ibert*, Die berufliche Immunität der Abgeordneten, 1933, S. 3 ff.

[2] Vgl. *T. Walter*, Jura 2000, 496 (496 f.); ausf. *F. Lange*, Das parlamentarische Immunitätsprivileg als Wettbewerbsvorschrift, 2009, S. 18 ff.; *H. Butzer*, Immunität im demokratischen Rechtsstaat, 1991, S. 34 ff.; *E. Hilgendorf*, Die Entwicklungsgeschichte der parlamentarischen Redefreiheit in Deutschland, 1991, S. 1 ff.

[3] *Klein* (Fn. 1), § 17 Rn. 10; *Härth*, Rede- und Abstimmungsfreiheit (Fn. 1), S. 28 f.

[4] *T. Walter*, Jura 2000, 496 (497); *Klein* (Fn. 1), § 17 Rn. 11; *Magiera* (Fn. 1), Art. 46 Rn. 28; ausf. *Härth*, Rede- und Abstimmungsfreiheit (Fn. 1), S. 31 f.; *Butzer*, Immunität (Fn. 2), S. 41 ff.; *Linden*, Rechtfertigung (Fn. 1), S. 4 f., 13 ff.; *Ibert*, Immunität (Fn. 1), S. 14 ff.

[5] *Klein* (Fn. 1), § 17 Rn. 12 ff.; *Magiera* (Fn. 1), Art. 46 Rn. 29.; ausf. *Härth*, Rede- und Abstimmungsfreiheit (Fn. 1), S. 35 ff.; *Butzer*, Immunität (Fn. 2), S. 47 ff.; *Linden*, Rechtfertigung (Fn. 1), S. 19 ff., 24 ff.; *W.-E. Ahrens*, Immunität von Abgeordneten, 1970, S. 25.

[6] Vgl. *Lange*, Immunitätsprivileg (Fn. 2), S. 27 ff.; *T. Walter*, Jura 2000, 496 (497); *Klein* (Fn. 1), § 17 Rn. 17 f.; *H.-P. Schneider*, in: AK-GG, Art. 46 (2002), Rn. 1; *P. Bockelmann*, Die Unverfolgbarkeit der Abgeordneten nach deutschem Immunitätsrecht, 1951, S. 9 ff.; *Ibert*, Immunität (Fn. 1), S. 34 ff.

[7] *A. Graf zu Dohna*, Insbesondere: Redefreiheit, Immunität und Zeugnisverweigerungsrecht, in: HdbDStR I, § 39, S. 439 ff.

[8] Vgl. nur *H. Hofmann/H. Dreier*, Repräsentation, Mehrheitsprinzip und Minderheitenschutz, in: Schneider/Zeh, § 5 Rn. 38 ff.; ausf. *C. Wefelmeier*, Repräsentation und Abgeordnetenmandat, 1990.

[9] JöR 1 (1951), S. 371 ff.; *Schneider* (Fn. 6), Art. 46 Rn. 1; ausf. *Magiera* (Fn. 1), Art. 46 Rn. 1 ff.; *W. Pfeifer*, Die parlamentarische Immunität, Diss. jur. Würzburg 1951, S. 39 ff.; ausf. Nw. der Materialien bei *D.C. Umbach*, in: Umbach/Clemens, GG, Art. 46 Rn. 9 ff.

kann unbeschadet langer verfassungspolitischer Zweifel[10] in einer »Reservefunktion«[11] bis heute praktische Bedeutung entfalten[12].

B. Internationale, supranationale und rechtsvergleichende Bezüge

Indemnität und Immunität sind weltweit verbreitete Formen des Schutzes von Abgeordneten[13], die auch für Gremien wie die Parlamentarische Versammlung des Europarats (Art. 40 I der Satzung des Europarats) in den entsprechenden internationalen Abkommen normiert sind. **Im Recht der EU** verweist Art. 6 II DWA[14] bzw. Art. 5 I GO-EP **für die Mitglieder des Europäischen Parlaments** deklaratorisch auf Vorrechte und Befreiungen nach dem (primärrechtlichen) »Protokoll über die Vorrechte und Befreiungen der Europäischen Gemeinschaften« vom 8.4.1965[15]: Danach gelten für sie Indemnität (Art. 8)[16] und Immunität (Art. 9)[17]. Ihnen steht »im Hoheitsgebiet ihres eigenen Staates die den Parlamentsmitgliedern zuerkannte Unverletzlichkeit zu« (Art. 9 I lit. a), während sie im Hoheitsgebiet jedes anderen Mitgliedstaats nach gemeinschaftlichen Maßstäben »weder festgehalten noch verhaftet werden« dürfen (Art. 9 I lit. b)[18]; das gilt nicht bei »Ergreifung auf frischer Tat« (Art. 9 III)[19].

4

Dementsprechend **räumt** auch **das deutsche Recht den Europaabgeordneten Indemnität und Immunität ein** (§ 5 EuAbgG)[20], wobei der Umfang der Indemnität sich nach dem Grundgesetz bestimmen soll (§ 5 I 2 EuAbgG). Da Art. 8 des Protokolls vom 8.4.1965 nach der Praxis des EP über den Schutzbereich der Indemnität nach Art. 46 I GG hinausreicht[21], ist dieser gegenüber § 5 I 2 EuAbgG vorrangig[22]. Das Europäische Parlament muss bei seinen Immunitätsentscheidungen gem. Art. 5 GO-EP das Immu-

5

---

[10] Vgl. bereits *H. Kelsen*, Vom Wesen und Wert der Demokratie, 2. Aufl. 1929, S. 41 f.; w. Nw. in Fn. 101.

[11] *H. Butzer*, in: Epping/Hillgruber, GG (online, Stand: 1.9.2014), Art. 46 Rn. 1.

[12] BVerfGE 104, 310 (328 ff., Rn. 76 ff.); zust. *H.H. Klein*, in: Maunz/Dürig, GG, Art. 46 (2008), Rn. 102 f.; *H.-H. Trute*, JZ 2003, 148 (148); *D. Wiefelspütz*, DVBl. 2002, 1229 (1230 f.); s. auch *M.H. Wiegandt*, KritJ 30 (1997), 340 (342 ff.); anders *Kloepfer*, Verfassungsrecht I, § 15 Rn. 376; differenzierend *P. Glauben*, DÖV 2012, 378 (382 f.).

[13] Zu völkerrechtlichen Einwirkungen auf Indemnität und Immunität nach Art. 46 GG s. näher *G. Kretschmer*, in: Schmidt-Bleibtreu/Hofmann/Henneke, GG, Art. 46 Rn. 40 ff.

[14] Akt zur Einführung allgemeiner unmittelbarer Wahlen der Abgeordneten der Versammlung vom 20.9.1976, ABl. EG 1976 Nr. L 278, S. 5 = BGBl. 1977 II S. 733; zuletzt geändert durch Beschluss vom 25.6./23.9.2002, ABl. EG 2002 Nr. L 283, S. 1 = BGBl. 2003 II S. 810.

[15] ABl. EG 1967 Nr. 152, S. 13 = BGBl. 1965 II S. 1452 i.d.F. der Bek. vom 30.03.2010, ABl.EU 2010, C 83/01 (Protokoll Nr. 7); *J.-P. Eickhoff*, Das Funktionsrecht des Europäischen Parlaments, 2008, S. 74 f., 102 ff., 110 ff.; *C. Schultz-Bleis*, Die parlamentarische Immunität der Mitglieder des Europäischen Parlaments, 1995, S. 19 ff.

[16] Dazu näher EuGH v. 21.10.2008, C-200/07, Rn. 24 ff. – *Marra*.

[17] Übersichtlich zuletzt EuG v. 17.01.2013, T-346/11, Rn. 34 ff. – *Gollnisch*; *S. Salome/R. Raffaelli*, The Immunity of Members of the European Parliament, 2014, S. 6 ff. (abrufbar unter www.europarl.europa.eu/studies).

[18] *Lange*, Immunitätsprivileg (Fn. 2), S. 40 ff.; *H. Kreicker*, GA 151 (2004), 643 (648 f.); *Schultz-Bleis*, Immunität (Fn. 15), S. 40 ff.

[19] S. näher *H. Kreicker*, GA 151 (2004), 643 (649 f.).

[20] Krit. zur Existenzberechtigung *H. Sieglerschmidt*, EuGRZ 1986, 445 (452); s. auch ausf. pro und contra *Schultz-Bleis*, Immunität (Fn. 15), S. 47 ff., 54 ff., 58 f.

[21] Vgl. EuGH v. 06.09.2011, C-163/10, Rn. 28 ff. – *Patriciello*.

[22] *H. Kreicker*, GA 151 (2004), 643 (644); ausf. *E. Uppenbrink*, Das Europäische Mandat – Status der Abgeordneten des Europäischen Parlaments, 2004, S. 54 ff. m.w.N.

nitätsrecht des jeweiligen Mitgliedstaats des Abgeordneten zugrundelegen[23]. Weicht die Auslegung des EP von der mitgliedstaatlichen Praxis (bzw. der Auffassung der antragstellenden deutschen Staatsanwaltschaft) ab[24], so geht die Auffassung des EP aus Gründen des Rechtsanwendungsvorrangs vor[25]. Die Staatsanwaltschaft muss ggf. eine gerichtliche Klärung beim EuGH anstreben; dabei kann aber nur der Mitgliedstaat Nichtigkeitsklage erheben[26]. Auch das Recht des EP zur Aufhebung der Exemtion eines MdEP bleibt durch mitgliedstaatliches Recht unberührt[27].

6 Für die meisten europäischen Verfassungsstaaten in der EU ist eine verfassungsrechtliche Ausgestaltung des Status der Parlamentsabgeordneten typisch. Abgesehen von den Niederlanden und vom Vereinigten Königreich[28] haben alle **anderen Mitgliedstaaten** der **Europäischen Union** Indemnität und Immunität verfassungsrechtlich **kodifiziert**, von Art. 58, 59 Verf. Belgien bis Art. 71 Verf. Spanien; allerdings ist ihre Reichweite unterschiedlich[29]. Indemnität und Immunität waren und sind auch in den Verfassungen der ost- und der außereuropäischen Staaten, d.h. in großen Teilen der Welt bekannt[30].

7 Alle **Landesverfassungen** der Bundesrepublik enthalten Indemnitäts- und Immunitätsregeln (z.B. Art. 27, 28 Verf. Bayern; Art. 47, 48 Verf. Nordrhein-Westfalen) mit nicht zu vernachlässigenden Unterschieden[31], z.B. der Möglichkeit der Delegation der parlamentarischen Immunitätsentscheidung an einen Landtagsausschuss (Art. 48 IV 2 Verf. Nordrhein-Westfalen; Art. 94 IV Verf. Rheinland-Pfalz; Art. 55 IV Verf. Thüringen) oder der Reduzierung des Immunitätsschutzes auf eine nachträgliche Reklamationsmöglichkeit (Art. 58 Verf. Brandenburg)[32].

---

[23] *H. Kreicker*, GA 151 (2004), 643 (646ff.); *R. Bieber*, EuR 16 (1981), 124 (131); ausf. *Uppenbrink*, Mandat (Fn. 19), S. 60ff.; *Schultz-Bleis*, Immunität (Fn. 15), S. 29ff.; zu den Immunitätsunterschieden in Europa s. *S. Hölscheidt*, in: Grabitz/Hilf, EUV/EGV, Art. 190 (2004), Rn. 43.

[24] Krit. *Schultz-Bleis*, Immunität (Fn. 15), S. 30f., 72ff., 119ff.; *H. Sieglerschmidt*, EuGRZ 1986, 445 (447ff.); zur abweichenden Immunitätspraxis des EP *Uppenbrink*, Mandat (Fn. 22), S. 66ff.; *Kretschmer* (Fn. 13), Art. 46 Rn. 10, 21.

[25] Zum Beschluss des EP, dem Europäischen Amt für Betrugsbekämpfung (OLAF) weitgehende Untersuchungsmöglichkeiten gegenüber MdEP einzuräumen, vgl. EuGH v. 30.03.2004, C-167/02.P; *N. Lavranos*, EuR 39 (2004), 775ff.

[26] Dazu *Schultz-Bleis*, Immunität (Fn. 15), S. 150ff.; zu weiteren Zuständigkeiten des EuGH in Immunitätsangelegenheiten *H. Kreicker*, GA 151 (2004), 643 (652f.).

[27] *H. Kreicker*, GA 151 (2004), 643 (651).

[28] S. näher *F. Lange*, Art. Immunität, Indemnität, in: EvStL⁴, Sp. 984ff. (985f.); *Klein* (Fn. 12), Art. 46 Rn. 30; *T. Walter*, Jura 2000, 496 (501f.); *Schultz-Bleis*, Immunität (Fn. 15), S. 83f.

[29] Vgl. *Klein* (Fn. 1), §17 Rn. 57ff.; zur Immunität ausf. *Uppenbrink*, Mandat (Fn. 22), S. 91ff.; *Schultz-Bleis*, Immunität (Fn. 15), S. 77ff.; Europäisches Parlament, Generaldirektion Wissenschaft (Hrsg.), Die parlamentarische Immunität in den Mitgliedstaaten der Europäischen Gemeinschaft und im Europäischen Parlament, 1993, S. 11ff., 41ff.

[30] *Linden*, Rechtfertigung (Fn. 1), S. 119ff., 122ff.; ausf. *Pfeifer*, Immunität (Fn. 9), S. 223ff., 234ff.; s. z.B. RussVerfG EuGRZ 1997, 583ff.; zu den USA *T. Walter*, Jura 2000, 496 (502).

[31] *Klein* (Fn. 1), §17 Rn. 2f.; *Härth*, Rede- und Abstimmungsfreiheit (Fn. 1), S. 80ff.; zum Verhältnis zu §36 StGB vgl. ausf. *Klein* (Fn. 12), Art. 46 Rn. 24f.; *T. Walter*, JZ 1999, 981ff.; *Härth*, Rede- und Abstimmungsfreiheit (Fn. 1), S. 98ff.

[32] Vgl. *H. Lieber/E.C. Rautenberg*, DRiZ 2003, 56 (57f.).

C. Erläuterungen

I. Allgemeine Bedeutung

Art. 46 GG gilt dem Schutz der Bundestagsabgeordneten vor (Straf-)Verfolgung und **konkretisiert** den **verfassungsrechtlichen Status der einzelnen Abgeordneten**[33] im Blick auf ihre äußere Stellung (→ Art. 38 Rn. 139, 149 ff.): Durch Indemnität (Art. 46 I GG; → Rn. 9 ff.) und Immunität (Art. 46 II–IV GG; → Rn. 21 ff.) soll die subjektive Freiheit ihrer parlamentarischen Tätigkeit vor Beeinträchtigungen geschützt und **zugleich** objektiv-institutionell die Freiheit der Diskussionen und Abstimmungen im Parlament[34], dessen repräsentative Zusammensetzung und **Arbeits- und Funktionsfähigkeit gesichert** werden[35]. Die Aufgabenerfüllung von Bundestag und seinen Mitgliedern soll vor sachwidrigen Einflussnahmen anderer Gewalten geschützt werden[36], zunehmend auch vor dem »Kesseltreiben« gegen einzelne Abgeordnete unter den Bedingungen der Mediengesellschaft[37]. Im Unterschied zur **Indemnität**, die primär den einzelnen Abgeordneten schützt, dient die **Immunität** primär objektiv der Institution Bundestag[38]; darin gründen unterschiedliche Rechtsfolgen.

II. Indemnität (Art. 46 I GG)

1. Begriff, Schutzzweck, Rechtsnatur

Art. 46 I GG gewährleistet **Indemnität** (von lat. indemnitas: Schadloshaltung), also die außerparlamentarische **Verantwortungsfreiheit des Bundestagsabgeordneten für seine innerparlamentarische Tätigkeit**[39]: Abgeordnete dürfen für ihre Abstimmungen und Äußerungen im Bundestag nicht zur Verantwortung gezogen werden, sofern es sich nicht um verleumderische Beleidigungen (→ Rn. 14) handelt. Zweck der Indemnität ist der Schutz der Redefreiheit der Abgeordneten und die Gewährleistung offener parlamentarischer Diskussionen[40].

Soweit die Indemnität vor Strafverfolgung schützt, handelt es sich strafrechtsdogmatisch um einen persönlichen **Strafausschließungsgrund**, der Tatbestandsmäßigkeit, Rechtswidrigkeit und Schuld nicht beseitigt[41], im sonstigen einfachen Recht um ein

---

[33] Jarass/*Pieroth*, GG, Art. 46 Rn. 1; *S. Magiera*, in: Sachs, GG, Art. 46 Rn. 1; *H.-H. Trute*, in: v. Münch/Kunig, GG II, Art. 46 Rn. 1, 22 f.; *R. Wurbs*, Regelungsprobleme der Immunität und der Indemnität in der parlamentarischen Praxis, 1988, S. 15; *P. Häberle*, NJW 1976, 537 (539); s. auch *H. Bethge*, Art. Abgeordneter, in: StL⁷, Bd. 1, Sp. 9 ff. (11 f.).
[34] Vgl. z. B. StGH Bremen DVBl. 1967, 622 (625); *Wurbs*, Regelungsprobleme (Fn. 33), S. 25 ff., 88 f.; *N. Achterberg/M. Schulte*, in: v. Mangoldt/Klein/Starck, GG II, Art. 46 Rn. 3.
[35] BVerfGE 104, 310 (328, Rn. 76); *D. Wiefelspütz*, ZParl. 34 (2003), 754 (756); *Magiera* (Fn. 33), Art. 46 Rn. 36; *Trute* (Fn. 33), Art. 46 Rn. 1 f., 4, 22, 40; *Schneider* (Fn. 6), Art. 46 Rn. 2, 10; *Klein* (Fn. 1), § 17 Rn. 20 f., 39; krit. *U. Kischel*, Immunität als Recht des Abgeordneten, in: G. Manssen (Hrsg.), Die verfassungsrechtlich garantierte Stellung der Abgeordneten in den Ländern Mittel- und Osteuropas, 2009, S. 87 (97 ff.); *R. Bornemann*, DÖV 1986, 93 (94 f.).
[36] *Trute* (Fn. 33), Art. 46 Rn. 1, 4, 23; *Kretschmer* (Fn. 13), Art. 46 Rn. 1.
[37] Vgl. *F. Schäfer*, Der Bundestag, 4. Aufl. 1982, S. 172; s. auch *Klein* (Fn. 1), § 17 Rn. 68.
[38] Zu ihrem Zusammenspiel *Lange*, Immunitätsprivileg (Fn. 2), S. 152 ff.
[39] *Magiera* (Fn. 33), Art. 46 Rn. 1; *Trute* (Fn. 33), Art. 46 Rn. 4; *Schneider* (Fn. 6), Art. 46 Rn. 2; *Klein* (Fn. 1), § 17 Rn. 19.
[40] Jarass/*Pieroth*, GG, Art. 46 Rn. 2; *Klein* (Fn. 12), Art. 46 Rn. 31, 103.
[41] Jarass/*Pieroth*, GG, Art. 46 Rn. 4; *Achterberg/Schulte* (Fn. 34), Art. 46 Rn. 4; *Schneider* (Fn. 6), Art. 46 Rn. 3; *H.-J. Rinck*, JZ 1961, 248 (250); a. A. *E. Helle*, NJW 1961, 1896 (1900): Rechtfertigungs-

spezielles Verfahrenshindernis i.S. eines **persönlichen Verfolgungsausschlussgrundes**[42]. In jedem Falle kann der einzelne Abgeordnete sich gegenüber Staatsakten, die ihn wegen seiner parlamentarischen Handlungen zur Verantwortung ziehen wollen, auf Art. 46 I GG berufen[43].

2. Schutzumfang (Art. 46 I 1, 1. Halbsatz GG)

a) Persönlicher Geltungsbereich

11 Der Schutz der **Indemnität** gilt **für Abgeordnete des Bundestages**[44] (und aufgrund gesetzlicher Anordnung für Mitglieder der Bundesversammlung[45] und Abgeordnete des Europäischen Parlaments, → Rn. 5), **nicht** aber **für andere Amtsinhaber** wie Bundespräsident (vgl. Art. 60 IV GG), Mitglieder der Bundesregierung[46], des Bundesrates[47], außerparlamentarische Mitglieder von (gemischten) Bundestagsausschüssen[48], Landtagsabgeordnete, Parlamentsbeauftragte oder Sachverständige, die sich in öffentlichen Anhörungen im Bundestag äußern[49], sofern diese nicht zugleich Bundestagsabgeordnete sind[50]. Selbst wenn sie es sind, entfällt der Indemnitätsschutz, wenn der betreffende Bundestagsabgeordnete als sonstiger Amtsträger auftritt, z.B. als Regierungsmitglied bei Beantwortung einer parlamentarischen Anfrage[51].

12 Der Abgeordnete wird **vom Erwerb des Mandats an** (regelmäßig mit Eingang der Annahmeerklärung beim Bundeswahlleiter und Zusammentritt des neuen Bundestages, vgl. § 45 BWahlG, Art. 39 I 2 GG)[52] **für immer** geschützt. Er verliert den Schutz nie, auch nicht nach der Beendigung des Mandats[53]. Weder kann der Bundestag die Indemnität durch Beschluss aufheben[54], noch kann der Abgeordnete auf sie verzichten[55].

---

grund; *Klein* (Fn. 12), Art. 46 Rn. 32; *W. Erbguth/F. Stollmann*, JuS 1993, 488 (488): Verfahrenshindernis; zur Meinungsvielfalt übersichtlich *T. Walter*, Jura 2000, 496 (498).

[42] So *Magiera* (Fn. 33), Art. 46 Rn. 10; ähnlich *Schneider* (Fn. 6), Art. 46 Rn. 3; *Jarass/Pieroth*, GG, Art. 46 Rn. 4; *Klein* (Fn. 1), § 17 Rn. 20.

[43] *Trute* (Fn. 33), Art. 46 Rn. 19; *Klein* (Fn. 1), § 17 Rn. 21.

[44] *Trute* (Fn. 33), Art. 46 Rn. 5; *Magiera* (Fn. 1), Art. 46 Rn. 45; *Klein* (Fn. 12), Art. 46 Rn. 35; *Achterberg/Schulte* (Fn. 34), Art. 46 Rn. 5; *Schneider* (Fn. 6), Art. 46 Rn. 4.

[45] Vgl. § 7 des Gesetzes über die Wahl des Bundespräsidenten durch die Bundesversammlung vom 25.4.1959 (BGBl. I S. 230), zuletzt geändert durch G. vom 12.7.2007 (BGBl. I S. 1326).

[46] *Trute* (Fn. 33), Art. 46 Rn. 7; *Achterberg/Schulte* (Fn. 34), Art. 46 Rn. 8; *K.A. Bettermann*, DVBl. 1965, 886 (886); a.A. *H.-U. Geck*, Die Fragestunde im Deutschen Bundestag, 1986, S. 125f.; *G. Witte-Wegmann*, DVBl. 1974, 866 (868ff.).

[47] *Klein* (Fn. 1), § 17 Rn. 22; *Schneider* (Fn. 6), Art. 46 Rn. 5; *Magiera* (Fn. 1), Art. 46 Rn. 53.

[48] *Jarass/Pieroth*, GG, Art. 46 Rn. 1; *Schneider* (Fn. 6), Art. 46 Rn. 5.

[49] BGH NJW 1981, 2117 (2117f.); *Achterberg/Schulte* (Fn. 34), Art. 46 Rn. 9.

[50] *Kretschmer* (Fn. 13), Art. 46 Rn. 12; *Klein* (Fn. 1), § 17 Rn. 22; *Härth*, Rede- und Abstimmungsfreiheit (Fn. 1), S. 113; *Magiera* (Fn. 1), Art. 46 Rn. 51; ausf. *W.A. Kewenig/S. Magiera*, ZParl. 12 (1981), 223 (229ff.); zu Petenten i.S. von Art. 17 GG vgl. OLG Düsseldorf NVwZ 1983, 502 (502).

[51] OVG NW DVBl. 1967, 51 (53); *Jarass/Pieroth*, GG, Art. 46 Rn. 1; *Magiera* (Fn. 33), Art. 46 Rn. 2; *Klein* (Fn. 12), Art. 46 Rn. 35f.; weitergehend *E. Graul*, NJW 1991, 1717 (1718).

[52] Z.B. *Trute* (Fn. 33), Art. 46 Rn. 6; *Magiera* (Fn. 1), Art. 46 Rn. 74; *Klein* (Fn. 12), Art. 46 Rn. 37; a.A. *L.-A. Versteyl*, Beginn und Ende der Wahlperiode, Erwerb und Verlust des Mandats, in: Schneider/Zeh, § 14 Rn. 28: ab Konstituierung des Parlaments. → Art. 38 Rn. 145.

[53] BVerwGE 83, 1 (15f.); *Magiera* (Fn. 33), Art. 46 Rn. 7; *Trute* (Fn. 33), Art. 46 Rn. 8.

[54] *Magiera* (Fn. 1), Art. 46 Rn. 79; *Achterberg/Schulte* (Fn. 34), Art. 46 Rn. 7; *Schneider* (Fn. 6), Art. 46 Rn. 3.

[55] *Jarass/Pieroth*, GG, Art. 46 Rn. 3; *Magiera* (Fn. 33), Art. 46 Rn. 7.

II. Indemnität (Art. 46 I GG)   Art. 46

b) Sachlicher Geltungsbereich

Der Abgeordnete darf sachlich **nur wegen Abstimmungen oder Äußerungen** während 13
seiner Amtszeit als Mitglied des Bundestages[56] nicht verfolgt werden. Mit Abstimmungen sind hier begrifflich – anders als sonst im Grundgesetz (→ Art. 20 [Demokratie], Rn. 94ff., 99ff.) – sowohl Personal- als auch Sachentscheidungen gemeint[57]. Auf die Modalitäten (Probeabstimmungen, Umlaufverfahren) kommt es nicht an[58]. Der weitergehende Begriff der Äußerungen zielt auf mündliche, schriftliche oder konkludente Meinungsäußerungen und Tatsachenbehauptungen im weitesten Sinne (z.B. auch demonstratives Sitzenbleiben)[59]; Abstimmungen sind nur ein Unterfall der Äußerungen[60].

Keine Äußerungen i.S. von Art. 46 I GG sind ausdrücklich verleumderische Beleidigungen (Art. 46 I 2 GG; §§ 103, 187, 187a II StGB): Sie werden schon tatbestandlich 14
nicht vom Schutz der Äußerungen umfasst[61]. Das gilt ebenso für Tätlichkeiten[62] und reine Privatgespräche[63]. Eine strafrechtliche Verfolgung setzt aber den Nachweis, nicht nur die Glaubhaftmachung der Unwahrheit der Tatsachen[64] für die Aufhebung der Immunität durch den Bundestag voraus[65] (→ Rn. 36ff.).

Geschützt sind nur Äußerungen, die **im Bundestag oder in einem seiner Ausschüsse** 15
gefallen sind, unabhängig von Ort, Zweck und Modalitäten der Sitzung[66]. Gemeint ist die Gesamtheit der Erscheinungsformen parlamentarischer Selbstorganisation im Kontext parlamentarischer Verhandlungen[67], wie sie kraft Geschäftsordnungskompetenz (Art. 40 I 2 GG) als Form der Bundestagsarbeit vorgesehen sind[68]: Plenum, Bundestagspräsidium, Ältestenrat, Ausschüsse einschließlich der gemischten Ausschüsse (z.B. Richterwahlausschuss) und Enquete-Kommissionen[69], aber auch wegen ihres funktional-organisatorischen Bezugs zur Arbeit des Bundestages die Fraktionen (und ihre Untergliederungen wie Fraktionsvorstände und Fraktionsarbeitskreise)[70], weil

---

[56] Dazu §§ 45ff. BWahlG; *Trute* (Fn. 33), Art. 46 Rn. 6; *Achterberg/Schulte* (Fn. 34), Art. 46 Rn. 6.
[57] *Jarass/Pieroth*, GG, Art. 46 Rn. 1; *Magiera* (Fn. 33), Art. 46 Rn. 3; *Achterberg/Schulte* (Fn. 34), Art. 46 Rn. 12; *Klein* (Fn. 1), § 17 Rn. 23.
[58] *Trute* (Fn. 33), Art. 46 Rn. 9; *Härth*, Rede- und Abstimmungsfreiheit (Fn. 1), S. 121 f.
[59] T. *Walter*, Jura 2000, 496 (498); *Trute* (Fn. 33), Art. 46 Rn. 10; W. *Erbguth/F. Stollmann*, JuS 1993, 488 (489f.); *Klein* (Fn. 1), § 17 Rn. 24; M. *Schröder*, Der Staat 21 (1982), 25 (38ff.).
[60] So *Jarass/Pieroth*, GG, Art. 46 Rn. 2; *Schneider* (Fn. 6), Art. 46 Rn. 6.
[61] Vgl. etwa OLG Hamburg, Beschluss vom 8.4.1997, Az. 7 W 26/97, ZParl. 29 (1998), 317 (317f.), mit krit. Anm. M. *Wild*, ZParl. 29 (1998), 318 ff.; *Klein* (Fn. 1), § 17 Rn. 26.
[62] BVerwGE 83, 1 (16); *Achterberg/Schulte* (Fn. 34), Art. 46 Rn. 10.
[63] *Klein* (Fn. 1), § 17 Rn. 27; *Härth*, Rede- und Abstimmungsfreiheit (Fn. 1), S. 124.
[64] *Jarass/Pieroth*, GG, Art. 46 Rn. 4; *Trute* (Fn. 33), Art. 46 Rn. 20; M. *Heintzen*, ZParl. 29 (1998), 728 (731f.); a.A. OLG Hamburg ZParl. 29 (1998), 317 (317f.).
[65] *Magiera* (Fn. 1), Art. 46 Rn. 75.
[66] *Magiera* (Fn. 33), Art. 46 Rn. 4; *Trute* (Fn. 33), Art. 46 Rn. 9, 11; *Klein* (Fn. 1), § 17 Rn. 29.
[67] *Trute* (Fn. 33), Art. 46 Rn. 11; M. *Brenner*, Abgeordnetenstatus und Verfassungsschutz, in: FS Badura, 2004, S. 25ff. (39ff.); E. *Friesenhahn*, DÖV 1981, 512 (513f.).
[68] Ausf. *Achterberg/Schulte* (Fn. 34), Art. 46 Rn. 14f.; *Magiera* (Fn. 1), Art. 46 Rn. 58ff.
[69] *Magiera* (Fn. 33), Art. 46 Rn. 4; *Trute* (Fn. 33), Art. 46 Rn. 12f.; *Klein* (Fn. 12), Art. 46 Rn. 41f.; *Schneider* (Fn. 6), Art. 46 Rn. 7; *Achterberg*, Parlamentsrecht, S. 241; L.-A. *Versteyl*, ZParl. 6 (1975), 290 (292).
[70] *Trute* (Fn. 33), Art. 46 Rn. 12; *Achterberg/Schulte* (Fn. 34), Art. 46 Rn. 16 m.w.N.; *Kretschmer* (Fn. 13), Art. 46 Rn. 6; *Schneider* (Fn. 6), Art. 46 Rn. 7; *Magiera* (Fn. 1), Art. 46 Rn. 65.

Art. 46   C. Erläuterungen

der Bundestag heutzutage nur als ein »Fraktionenparlament« funktionsfähig sein kann[71].

16   **Nicht geschützt** sind originäre **Äußerungen außerhalb des Bundestages**, etwa auf Partei- und Wahlveranstaltungen[72] (es sei denn, es handelte sich um wörtliche Zitate von parlamentarischen Äußerungen[73]) und Äußerungen, die erst nach Ende der Mitgliedschaft im Bundestag gefallen sind[74].

17   **Schriftliche Anfragen** können mit Einreichung beim Bundestagspräsidenten[75], mit dessen Weiterleitung an die Bundesregierung[76], mit ihrer Veröffentlichung als Drucksache[77] oder ihrer Beantwortung[78] als Äußerung »im Bundestag« getan sein. Da der Schutz nicht vom Verhalten Dritter oder vom Zufall abhängig sein sollte, wird er schon mit dem Eingang der Anfrage beim Bundestagspräsidenten einsetzen müssen; das gilt **entsprechend** für **andere schriftliche Äußerungen** (z.B. Anträge), sobald der Abgeordnete sie in den dafür vorgesehenen Geschäftsgang gegeben hat[79], nicht aber zwingend auch für eine sofortige unmittelbare (außerparlamentarische) Presseveröffentlichung durch den Abgeordneten[80].

3. Art und Rechtsfolgen des Verfolgungsschutzes (Art. 46 I 1, 2. Halbsatz GG)

18   Der Indemnitätsschutz verbietet **jede** außerparlamentarische staatliche **Maßnahme**, die den Abgeordneten beeinträchtigt[81]. Gemeint sind alle Maßnahmen **der staatlichen** (z.B. Straf-, Ehren-, Zivil-)**Gerichtsbarkeit**[82], also etwa auch Entscheidungen über zi-

---

[71] Vgl. BVerfGE 84, 304 (322 ff.); 80, 188 (219 f.); *H. Dreier*, JZ 1990, 310 (317 ff.); *H.-H. Trute*, Jura 1990, 184 (185); *H. Schulze-Fielitz*, DÖV 1989, 829 (830, 834); *M. Morlok*, JZ 1989, 1035 (1036ff.).

[72] BGH NJW 1982, 2246 (2246); OLG München BayVBl. 1975, 54 (54 f.); *Trute* (Fn. 33), Art. 46 Rn. 11, 14; *Achterberg/Schulte* (Fn. 34), Art. 46 Rn. 17; *Klein* (Fn. 1), § 17 Rn. 34; *Wurbs*, Regelungsprobleme (Fn. 33), S. 94 ff.; *M. Schröder*, Der Staat 21 (1982), 25 (41).

[73] BGHZ 75, 384 (387 f.); *Magiera* (Fn. 1), Art. 46 Rn. 59, 66; *W.A. Kewenig/S. Magiera*, ZParl. 12 (1981), 223 (226 ff.); *Klein* (Fn. 1), § 17 Rn. 27; *D. Jung*, JuS 1983, 431 (433).

[74] *Magiera* (Fn. 33), Art. 46 Rn. 6; *Butzer* (Fn. 11), Art. 46 Rn. 7.

[75] So z.B. *W. Erbguth/F. Stollmann*, JuS 1993, 488 (490 f.); *Achterberg/Schulte* (Fn. 34), Art. 46 Rn. 20; *Geck*, Fragestunde (Fn. 46), S. 124; *G. Witte-Wegmann*, DVBl. 1974, 866 (870). Zur Einreichung beim Fraktionssekretariat *J. Bücker*, Aktuelle Fragen der Immunität und Indemnität, in: FS Blischke, 1982, S. 45 ff. (58 f.).

[76] *Jarass/Pieroth*, GG, Art. 46 Rn. 2.

[77] So z.B. *Jarass/Pieroth*, GG, Art. 46 Rn. 2; *M. Schröder*, Der Staat 21 (1982), 25 (40 f.); *H.-A. Roll*, NJW 1980, 1439 (1440).

[78] So BGHZ 75, 384 (388 f.); krit. *D. Jung*, JuS 1983, 431 (433); *K. Warnecke*, ZParl. 11 (1980), 540 (541 f.).

[79] So auch *Magiera* (Fn. 33), Art. 46 Rn. 5; *Achterberg/Schulte* (Fn. 34), Art. 46 Rn. 20; *W.A. Kewenig/S. Magiera*, ZParl. 12 (1981), 223 (228); *E. Friesenhahn*, DÖV 1981, 512 (518).

[80] H.M., z.B. BGHZ 75, 384 (389); *W. Erbguth/F. Stollmann*, JuS 1993, 488 (491 f.); *K. Mang*, BayVBl. 1980, 550 (552); a.A. (weitergehend im Blick auf den Dialog der parlamentarischen mit der allgemeinen Öffentlichkeit) *Kretschmer* (Fn. 13), Art. 46 Rn. 7; *W. Meyer-Hesemann*, DÖV 1981, 288 (289 f.); *E. Röper*, DVBl. 1980, 563 ff.

[81] Vgl. *Klein* (Fn. 12), Art. 46 Rn. 45 f.; *Kretschmer* (Fn. 13), Art. 46 Rn. 13; *Achterberg/Schulte* (Fn. 34), Art. 46 Rn. 21 ff.; *Klein* (Fn. 1), § 17 Rn. 35; *Härth*, Rede- und Abstimmungsfreiheit (Fn. 1), S. 124 ff.

[82] Zur Notwendigkeit einer verfassungskonformen Auslegung auch des Zivilprozessrechts *M. Heintzen*, ZParl. 29 (1998), 728 (731 f.).

vilrechtlichen Schadensersatz[83], Unterlassungen[84], Widerruf und Vollstreckung[85], über disziplinarische oder polizeiliche Maßnahmen[86], **oder** solche **der Exekutive**, mit denen Abgeordnete zur Verantwortung gezogen werden können, z.B. von Polizei, Staatsanwaltschaft, Gerichtsvollzieher, Verfassungsschutzämtern[87], auch bei Maßnahmen nur interner oder tatsächlicher Natur[88].

Art. 46 GG schützt den Abgeordneten nur gegen Beeinträchtigungen von außen. **Maßnahmen des Bundestagspräsidenten** etwa im Rahmen seiner Ordnungsbefugnisse (→ Art. 40 Rn. 25) werden **nicht erfasst**[89], ebensowenig Maßnahmen von Ausschussvorsitzenden[90], Fraktionen[91], politische Sanktionen durch den Wähler, Abgeordnetenüberprüfungen auf frühere »Stasi«-Mitarbeit durch den Bundestag[92], oder die Strafbarkeit der Abgeordnetenbestechung (§ 108e StGB) wegen unlauterer Abreden im Vorfeld der Abstimmung[93].

Der Indemnitätsschutz richtet sich seinem Sinn nach nur gegen staatliche Sanktionen, **nicht** aber gegen **Maßnahmen von Privaten**[94], also z.B. nicht gegen Parteiausschlussverfahren[95], Vertragskündigungen oder gesellschaftlichen Boykott[96]; solche können aber nach Art. 38 I 2, 48 II GG unzulässig sein (→ Rn. 46).

III. Immunität (Art. 46 II–IV GG)

1. Begriff, Schutzzweck, Rechtsnatur

Immunität (von lat. immunitas: Freisein von Leistungen) ist die **Freiheit** des Abgeordneten **von** allen **staatlichen Verfolgungsmaßnahmen**, z.B. Strafverfolgung, Strafvollstreckung und Freiheitsbeschränkungen, die die parlamentarische Tätigkeit als Abgeordneter behindern könnten, indem solche Maßnahmen im Regelfall eine Genehmigung des Parlaments voraussetzen[97].

---

[83] *Trute* (Fn. 33), Art. 46 Rn. 16; *M. Schröder*, Der Staat 21 (1982), 25 (34 ff.); *Magiera* (Fn. 1), Art. 46 Rn. 67; a.A. *F. Ruland*, Der Staat 14 (1975), 457 (479 ff.).
[84] Z.B. OLG Karlsruhe NJW 1956, 1840 (1840); *W. Erbguth/F. Stollmann*, JuS 1993, 488 (489); zur möglichen Zuständigkeit der Verwaltungsgerichte *M. Wild*, ZParl. 29 (1998), 317 (318 ff.).
[85] Vgl. OLG Karlsruhe NJW 1956, 1840 (1840); a.A. LG Koblenz NJW 1961, 125.
[86] *Trute* (Fn. 33), Art. 46 Rn. 17; *Achterberg/Schulte* (Fn. 34), Art. 46 Rn. 23 m.w.N.
[87] BVerfGE 134, 141 (183 f., Rn. 124); *M. Morlok/E. Sokolov*, DÖV 2014, 405 (407); *H.A. Wolff*, JZ 2014, 93 (94 f.); einschränkend *Brenner*, Abgeordnetenstatus (Fn. 67), S. 42 ff.
[88] *Jarass/Pieroth*, GG, Art. 46 Rn. 4; *Schneider* (Fn. 6), Art. 46 Rn. 8; *T. Walter*, Jura 2000, 496 (498 f.).
[89] *Kretschmer* (Fn. 13), Art. 46 Rn. 14; *Magiera* (Fn. 33), Art. 46 Rn. 9; *Härth*, Rede- und Abstimmungsfreiheit (Fn. 1), S. 135 ff.
[90] *Achterberg/Schulte* (Fn. 34), Art. 46 Rn. 27; *U. Bernzen*, ZParl. 8 (1977), 36 (39 ff.).
[91] *Achterberg/Schulte* (Fn. 34), Art. 46 Rn. 28; *Härth*, Rede- und Abstimmungsfreiheit (Fn. 1), S. 127 f.
[92] *Trute* (Fn. 33), Art. 46 Rn. 15; *J. Vetter*, ZParl. 24 (1993), 211 (215 f.).
[93] *Trute* (Fn. 33), Art. 46 Rn. 16; *T. Fischer*, StGB, 62. Aufl. 2014, § 108e Rn. 12.
[94] H.M., z.B. *Klein* (Fn. 1), § 17 Rn. 36; anders *Achterberg/Schulte* (Fn. 34), Art. 46 Rn. 24.
[95] *Klein* (Fn. 12), Art. 46 Rn. 48; *Magiera* (Fn. 33), Art. 46 Rn. 8; a.A. *Achterberg/Schulte* (Fn. 34), Art. 46 Rn. 24.
[96] *Magiera* (Fn. 33), Art. 46 Rn. 8; *Trute* (Fn. 33), Art. 46 Rn. 17; *Klein* (Fn. 1), § 17 Rn. 36; a.A. *Achterberg*, Parlamentsrecht, S. 241; *ders./Schulte*, GG VI, Art. 46 Rn. 24.
[97] Vgl. *Trute* (Fn. 33), Art. 46 Rn. 21; *Magiera* (Fn. 1), Art. 46 Rn. 24; *Klein* (Fn. 12), Art. 46 Rn. 49; *Schneider* (Fn. 6), Art. 46 Rn. 9.

Art. 46 C. Erläuterungen

22 Die Immunität des Abgeordneten soll weniger dem Ansehen oder der Souveränität des Bundestages[98] als der Sicherung der **Funktionsfähigkeit des Bundestages** als ganzem dienen[99]. Sie findet ihren Grund im Prinzip der Repräsentation, das eine Mitwirkung aller Abgeordneten sicherstellen muss[100]. Die gegenüber dem 19. Jahrhundert gewandelte Gefahrenlage für die Parlamentsarbeit hat diesen Zweck weithin erledigt[101], wie auch die großzügige Bundestagspraxis bei der Aufhebung der Immunität belegt, ohne dass er zum Schutz der parlamentarischen Wettbewerbsordnung[102] praktisch völlig bedeutungslos geworden wäre (→ Rn. 3).

23 Der Rechtsnatur nach ist die Immunität ein höchstpersönliches **Verfahrenshindernis**[103]; Verfolgungsmaßnahmen gegen Beteiligte, die nicht Abgeordnete sind, bleiben unberührt[104]. Das einzelne MdB kann sich auf sein Recht zur Immunität berufen[105], aber nicht darauf verzichten[106], weil es um die Arbeitsfähigkeit des Bundestages geht; nur dieser hat das Recht, die Immunität aufzuheben (→ Rn. 36).

2. Schutzumfang (Art. 46 II–IV GG)

a) Persönlicher Geltungsbereich

24 Der Schutz der **Immunität** gilt **für Abgeordnete des Deutschen Bundestages**[107], ergänzend für den Bundespräsidenten (Art. 60 IV GG), für die deutschen Mitglieder des Europäischen Parlaments (→ Rn. 5) und für die Mitglieder der Bundesversammlung[108]. Der Schutz gilt nicht für eine KG, deren Kommanditist MdB ist[109], oder eine Rechtsanwaltssozietät mit einem Abgeordneten als Anwalt, wenn sich das Verfahren nicht gegen den Abgeordneten richtet[110].

---

[98] Abl. z.B. *Magiera* (Fn. 1), Art. 46 Rn. 38; *Lange*, Immunitätsprivileg (Fn. 2), S. 44 ff.; *D. Wiefelspütz*, DVBl. 2002, 1229 (1230); a.A. z.B. *G. Wolfslast*, NStZ 1987, 433 (435 f.).

[99] BVerfGE 104, 310 (325, 329, Rn. 67, 78); *Magiera* (Fn. 1), Art. 46 Rn. 36, 40, 139; *Klein* (Fn. 12), Art. 46 Rn. 50; *Kretschmer* (Fn. 13), Art. 46 Rn. 16; krit. *R. Bornemann*, DÖV 1986, 93 (94 f.); ausf. *Butzer*, Immunität (Fn. 2), S. 66 ff., 164 ff.; *Achterberg*, Parlamentsrecht, S. 246 ff.

[100] BVerfGE 104, 310 (329 f., Rn. 78 f.); *P. Glauben*, DÖV 2012, 378 (379 f.); *Lange*, Immunitätsprivileg (Fn. 2), S. 51; *D. Wiefelspütz*, DVBl. 2002, 1229 (1231 f.) m.w.N.

[101] So z.B. *O. Witt*, Jura 2001, 585 (588); *H. Jendral*, Immunität – noch zeitgemäß?, 1993, S. 126 ff.; *Ahrens*, Immunität (Fn. 5), S. 97 ff.; *W.R. Beyer*, Immunität als Privileg, 1966, S. 59 u.ö.

[102] *Lange*, Immunitätsprivileg (Fn. 2), S. 60 ff.

[103] BVerfGE 104, 310 (326, Rn. 68); *Jarass/Pieroth*, GG, Art. 46 Rn. 5; *P. Glauben*, DÖV 2012, 378 (380); *Klein* (Fn. 1), § 17 Rn. 38; *Magiera* (Fn. 1), Art. 46 Rn. 137; zu strafprozessrechtlichen Folgerungen *G. Wolfslast*, NStZ 1987, 433 ff.

[104] *Magiera* (Fn. 33), Art. 46 Rn. 91; *Klein* (Fn. 12), Art. 46 Rn. 52.

[105] *Schneider* (Fn. 6), Art. 46 Rn. 23; *Trute* (Fn. 33), Art. 46 Rn. 23; *Klein* (Fn. 12), Art. 46 Rn. 51; krit. *Kischel*, Immunität (Fn. 35), S. 90 ff.; *Lange*, Immunitätsprivileg (Fn. 2), S. 69 ff., 106 ff.

[106] *Trute* (Fn. 33), Art. 46 Rn. 23; *Magiera* (Fn. 33), Art. 46 Rn. 12; *M. Morlok/C. Hientzsch*, JuS 2011, 1 (4); *Klein* (Fn. 12), Art. 46 Rn. 50; *Stern*, Staatsrecht I, S. 1062.

[107] *Jarass/Pieroth*, GG, Art. 46 Rn. 5 und 1; *Trute* (Fn. 33), Art. 46 Rn. 27; *Schneider* (Fn. 6), Art. 46 Rn. 11; *Magiera* (Fn. 1), Art. 46 Rn. 80; ausf. *Lange*, Immunitätsprivileg (Fn. 2), S. 111 ff.; *Butzer*, Immunität (Fn. 2), S. 168 ff.

[108] § 7 des Gesetzes vom 25.4.1959 (Fn. 45); *Klein* (Fn. 1), § 17 Rn. 40; ausf. *H. Winkelmann*, ZParl. 39 (2008), 61 ff. → Art. 54 Rn. 32.

[109] LG Arnsberg BB 1974, 1134.

[110] LG Kiel NVwZ 1994, 96 (97); BVerfG (K), NVwZ 1994, 54 (56).

III. Immunität (Art. 46 II–IV GG) **Art. 46**

Der **Schutz** gilt **für die Dauer des Mandats**[111], nach dessen Ablauf eine Strafverfolgung wieder möglich wird. Während der Dauer des Immunitätsschutzes ruht die Verfolgungs- und Vollstreckungsverjährung (§§ 78b, 79a StGB)[112]. 25

b) Schutz vor Strafverfolgung (Art. 46 II GG)

Ein Bundestagsabgeordneter darf wegen einer Straftat **grundsätzlich nicht ohne vorherige Genehmigung** des Bundestages (→ Rn. 36) **zur Verantwortung gezogen** oder verhaftet werden (Art. 46 II GG). Der Schutz vor Verfolgung wegen einer mit Strafe bedrohten Handlung zielt auf **strafbare Handlungen** in einem sehr weiten Sinne: neben Kriminalstrafen einschließlich der Maßregeln der Besserung und Sicherung[113] auch Sanktionen des Ordnungswidrigkeitenrechts[114], des Disziplinar- und des Standesrechts[115]. Auf den Zeitpunkt der strafbaren Handlung schon vor Mandatserwerb (sog. mitgebrachte Verfahren) oder während der Mandatszeit kommt es nicht an[116]. 26

Ausgenommen sind nur **Beugemaßnahmen** sowie wegen ihres Bagatellcharakters **gebührenpflichtige Verwarnungen**[117]. Weil auch ein engeres Verständnis die Funktionsfähigkeit des Bundestages kaum berührt[118], tendiert die Praxis der Genehmigungserteilung zu einer großzügigen Handhabung. 27

Art. 46 II GG gewährt **Schutz gegen jede** Form einer strafgerichtlichen oder behördlichen **Untersuchung**[119] **mit dem Ziel einer (Straf-)Verfolgung** bzw. einer entsprechenden Sanktion, z. B. durch Polizei, Staatsanwaltschaft oder die für disziplinar-, berufs- und ehrengerichtliche Ermittlungen zuständigen Behörden[120]; dazu gehören auch Durchsuchungen und Beschlagnahmen[121] oder die Überwachung des Abgeordneten nach §§ 100a, 100b StGB[122]. 28

Keine (Straf-)Verfolgungsmaßnahmen sind: die Entgegennahme von Anzeigen; Ermittlungen mit dem Ziel der Feststellung, ob eine Verfolgungsgenehmigung des Bun- 29

---

[111] BVerfG(K), NJW 2014, 3085 (3086 f.); BGH NJW 1992, 701 (701 f.); *Magiera* (Fn. 33), Art. 46 Rn. 12; *Jarass/Pieroth*, GG, Art. 46 Rn. 5; *Trute* (Fn. 33), Art. 46 Rn. 27; *Klein* (Fn. 1), § 17 Rn. 51.
[112] BGHSt 20, 248 (249 ff.); *Magiera* (Fn. 33), Art. 46 Rn. 12; *Jarass/Pieroth*, GG, Art. 46 Rn. 5.
[113] *Klein* (Fn. 12), Art. 46 Rn. 61 ff.; *Butzer*, Immunität (Fn. 2), S. 171 ff.
[114] *H. Kreicker*, GA 151 (2004), 643 (647); *Trute* (Fn. 33), Art. 46 Rn. 24; *L. Brocker*, GA 149 (2002), 44 (48 ff.); *Butzer*, Immunität (Fn. 2), S. 175 ff.; *Klein* (Fn. 1), § 17 Rn. 43; a. A. OLG Düsseldorf NJW 1989, 2207; OLG Köln NJW 1988, 1606; *E. Göhler*, NStZ 1988, 65 (65); *Kretschmer* (Fn. 13), Art. 46 Rn. 25, und die Bundestagspraxis, vgl. Nr. 2 b des Beschlusses in Anlage 7 zur GOBT.
[115] RGSt 23, 184 (193); BayDStH BDHE 1, 184 (185 f.); BVerfGE 42, 312 (328); *Jarass/Pieroth*, GG, Art. 46 Rn. 6; *Magiera* (Fn. 1), Art. 46 Rn. 86; *Trute* (Fn. 33), Art. 46 Rn. 25; *Achterberg/Schulte* (Fn. 34), Art. 46 Rn. 35 ff.; *Butzer*, Immunität (Fn. 2), S. 185 ff., 193 f.; *K. Kemper*, DÖV 1985, 880 ff.; a. A. BVerwGE 83, 1 (8 f.); *R. Bornemann*, DÖV 1986, 93 (95 f.); *Kretschmer* (Fn. 13), Art. 46 Rn. 13.
[116] *Magiera* (Fn. 33), Art. 46 Rn. 12; *Trute* (Fn. 33), Art. 46 Rn. 27; *L. Brocker*, GA 149 (2002), 44 (50 f.); *Butzer*, Immunität (Fn. 2), S. 285 ff.; *Klein* (Fn. 1), § 17 Rn. 48; *Schneider* (Fn. 6), Art. 46 Rn. 10; a. A. früher OLG Celle JZ 1953, 564 (564) m. zust. Anm. *P. Bockelmann*, S. 565.
[117] *Jarass/Pieroth*, GG, Art. 46 Rn. 6; *Magiera* (Fn. 1), Art. 46 Rn. 88; *Klein* (Fn. 12), Art. 46 Rn. 63; *Schneider* (Fn. 6), Art. 46 Rn. 13.
[118] Vgl. *R. Bornemann*, DÖV 1986, 93 (94 f.); *Stern*, Staatsrecht I, S. 1058, 1061; fundamentale Kritik bei *Beyer*, Immunität (Fn. 101), S. 80 ff., pass.
[119] Vgl. *Jarass/Pieroth*, GG, Art. 46 Rn. 7; *Magiera* (Fn. 1), Art. 46 Rn. 89 ff.; *T. Walter*, Jura 2000, 496 (499 f.); *Butzer*, Immunität (Fn. 2), S. 203 ff.
[120] *Trute* (Fn. 33), Art. 46 Rn. 33; *Klein* (Fn. 1), § 17 Rn. 45; zu Privatklagen *Magiera* (Fn. 1), Art. 46 Rn. 94 f.; *Klein* (Fn. 12), Art. 46 Rn. 67.
[121] BVerfGE 104, 310 (334 ff., Rn. 93 ff.); *Kretschmer* (Fn. 13), Art. 46 Rn. 33.
[122] *Klein* (Fn. 12), Art. 46 Rn. 66; *D. Wiefelspütz*, NVwZ 2003, 38 (41 f.).

destages einzuholen ist[123]; die Einstellung offensichtlich unzulässiger und unbegründeter Verfahren[124]; strafrechtliche Ermittlungen gegen Dritte, durch die der Abgeordnete betroffen wird[125]; Überwachungsmaßnahmen nach § 1 G 10[126]; Beobachtung durch den Verfassungsschutz[127]; parlamentarische Maßnahmen[128] wie z.B. die Überprüfung von Abgeordneten auf »Stasi«-Mitarbeit durch einen Untersuchungsausschuss[129]; auch zivilrechtliche Klagen, selbst wenn sie an eine mit Strafe bedrohte Handlung anknüpfen[130], einschließlich Vollstreckungsmaßnahmen[131], die keine Freiheitsbeschränkungen sind (zu diesen → Rn. 32ff.), ebensowenig Maßnahmen wie Parteiausschlüsse oder arbeitsrechtliche Kündigungen[132].

30 Als **genehmigungsbedürftige** Verhaftung i.S. von Art. 46 II GG sind (wie auch aus Art. 46 III GG folgt, → Rn. 32f.) nur solche **Freiheitsentziehungen** anzusehen, die wegen einer mit Strafe bedrohten Handlung erfolgen. Dazu gehören vor allem die Untersuchungshaft nach §§ 112ff. StPO[133], Festnahmen i.S. von § 127 II StPO[134] oder die Sistierung zwecks erkennungsdienstlicher Maßnahmen (§ 81b StPO)[135], aber auch zum Zwecke der Blutentnahme (§ 81a StPO)[136] (zu Ausnahmen → Rn. 31).

31 **Festnahmen und Verhaftungen** von Abgeordneten sind ohne eine Genehmigung des Bundestages nur **bei Begehung der Tat**, also »auf frischer Tat« i.S. von §§ 127 I, 104 I StPO, oder im Laufe des folgenden Tages (bis 24.00 Uhr) zulässig[137]. Gemeint sind Zufallsfestnahmen und Festnahmen, die ohne weitere Ermittlungen möglich sind, etwa weil die Voraussetzungen der Festnahme eines Haftbefehls in Form eines dringenden Tatverdachts offenkundig vorliegen[138]; das gilt auch für jede sonstige Freiheitsentziehung im Zusammenhang mit einem Untersuchungsverfahren wegen einer mit Strafe bedrohten Handlung[139], aber nie für präventiv-polizeiliche Maßnahmen. Hauptanwendungsfälle sind Sicherungsmaßnahmen bei Verkehrsdelikten (z.B. Ent-

---

[123] *Trute* (Fn. 33), Art. 46 Rn. 33; *Butzer*, Immunität (Fn. 2), S. 206ff.; zur Abgrenzung von Ermittlungen *P. Glauben*, DÖV 2012, 378 (378f.); anders bei Ermittlungen mit dem Ziel der Einstellung, vgl. *L. Brocker*, GA 149 (2002), 44 (46ff.).
[124] *Jarass/Pieroth*, GG, Art. 46 Rn. 7; *Magiera* (Fn. 1), Art. 46 Rn. 92.
[125] *Jarass/Pieroth*, GG, Art. 46 Rn. 7; *Seifert/Hömig*, GG, Art. 46 Rn. 3; *H. Lieber/E.C. Rautenberg*, DRiZ 2003, 56 (62f.); a.A. mit beachtlichen Gründen *Kretschmer* (Fn. 13), Art. 46 Rn. 34; *P. Glauben*, DRiZ 2003, 51 (53f.).
[126] *Klein* (Fn. 12), Art. 46 Rn. 66, 79; *D. Wiefelspütz*, NVwZ 2003, 38 (42f.).
[127] *Brenner*, Abgeordnetenstatus (Fn. 67), S. 37f.; *U. Böttger*, ThürVBl. 2002, 125ff.; a.A. *Lange*, Immunitätsprivileg (Fn. 2), S. 130ff.
[128] *Jarass/Pieroth*, GG, Art. 46 Rn. 7; *Trute* (Fn. 33), Art. 46 Rn. 23.
[129] Vgl. *J. Vetter*, ZParl. 24 (1993), 211 (216ff.); implizit BVerfGE 94, 351 (366ff.).
[130] Vgl. OLG Hamburg, Beschluss vom 8.4.1997, Az. 7 W 26/97, unv.; *Magiera* (Fn. 33), Art. 46 Rn. 15; *Trute* (Fn. 33), Art. 46 Rn. 24; *Butzer*, Immunität (Fn. 2), S. 194ff.
[131] BGHZ 75, 384 (385f.); *Klein* (Fn. 12), Art. 46 Rn. 63.
[132] *Kretschmer* (Fn. 13), Art. 46 Rn. 31.
[133] *Jarass/Pieroth*, GG, Art. 46 Rn. 7; *Magiera* (Fn. 33), Art. 46 Rn. 16; *Klein* (Fn. 1), § 17 Rn. 46.
[134] *Trute* (Fn. 33), Art. 46 Rn. 34; *Butzer*, Immunität (Fn. 2), S. 211ff.
[135] *Achterberg/Schulte* (Fn. 34), Art. 46 Rn. 53; *Schneider* (Fn. 6), Art. 46 Rn. 14; anders *C. Winterberg*, Die Polizei 2002, 284 (292).
[136] OLG Bremen NJW 1966, 743 (744); OLG Oldenburg NJW 1966, 1764 (1766).
[137] Vgl. *Kretschmer* (Fn. 13), Art. 46 Rn. 26; *Magiera* (Fn. 33), Art. 46 Rn. 17; *Trute* (Fn. 33), Art. 46 Rn. 35; *T. Walter*, Jura 2000, 496 (500); *Butzer*, Immunität (Fn. 2), S. 214ff.; *Schneider* (Fn. 6), Art. 46 Rn. 14; *Klein* (Fn. 12), Art. 46 Rn. 70.
[138] *Jarass/Pieroth*, GG, Art. 46 Rn. 8; *Magiera* (Fn. 1), Art. 46 Rn. 97; *Schneider* (Fn. 6), Art. 46 Rn. 14.
[139] So *Trute* (Fn. 33), Art. 46 Rn. 35, unter Verweis auf OLG Bremen NJW 1966, 743 (744); OLG Oldenburg NJW 1966, 1764; *Klein* (Fn. 1), § 17 Rn. 47.

III. Immunität (Art. 46 II–IV GG) Art. 46

nahme einer Blutprobe; Durchführung erkennungsdienstlicher Maßnahmen)[140]. Maßnahmen, die nicht mit einer Festnahme verbunden sind (z.B. die Wegnahme eines Führerscheins), sind stets auch ohne vorherige Genehmigung des Bundestages zulässig[141]. Zulässige Festnahmen machen eine Genehmigung des nachfolgenden Untersuchungsverfahrens (auch bei zwischenzeitlicher Freilassung[142]), nicht aber der Vollstreckung einer etwaigen Freiheitsstrafe entbehrlich[143].

c) Schutz vor anderen Freiheitsbeschränkungen und vor dem Verwirkungsverfahren (Art. 46 III GG)

Der **Schutz der Immunität** erstreckt sich (über die von Absatz 2 im Zusammenhang mit Maßnahmen der Strafverfolgung erfassten Freiheitsbeschränkungen hinaus) auf **alle sonstigen Beschränkungen der persönlichen Freiheit** eines Abgeordneten (insbesondere auch aufgrund präventiv-polizeilicher Maßnahmen) **sowie** auf die Freiheit vor einem **Verwirkungsverfahren nach Art. 18 GG**[144]. 32

Beschränkungen der persönlichen Freiheit sind wie bei Art. 2 II 2, 104 GG (→ Art. 2 II Rn. 101 ff.) alle staatlichen Maßnahmen, die die körperliche Bewegungsfreiheit des Abgeordneten für eine gewisse Mindestdauer durch **Freiheitsentziehungen** aufheben (z.B. Freiheitsstrafvollzug, Ordnungshaft, Unterbringung in einer geschlossenen Anstalt, Ersatzzwangshaft, Polizeigewahrsam, persönlicher Arrest) **oder** durch kurzfristige **Freiheitsbeschränkungen** beeinträchtigen (z.B. durch Aufenthaltsbeschränkungen, Sistierungen, Durchsuchungen der Person, unmittelbaren Zwang in Vollstreckung hoheitlicher Gebote, zwangsweise Unterbringungen)[145], ggf. auch aufgrund zivilrechtlicher Vollstreckung[146]. 33

Keine Freiheitsbeschränkungen sind **sonstige staatliche Zwangsmaßnahmen** (z.B. Ladung als Zeuge, Anordnung persönlichen Erscheinens als Prozesspartei, Festsetzung einer Haftstrafe[147], Vollstreckung von anderen als [Ersatz-]Freiheitsstrafen)[148]. Erst recht ist die Erstreckung durch analoge Anwendung auf Durchsuchungen von Wohn- und Geschäftsräumen oder auch Fahrzeugen, Beschlagnahmen[149] oder die Überwachung des Fernmeldeverkehrs[150] aus sprachlichen, systematischen und histo- 34

---

[140] Jarass/*Pieroth*, GG, Art. 46 Rn. 8; *Butzer*, Immunität (Fn. 2), S. 215; *Schneider* (Fn. 6), Art. 46 Rn. 14.
[141] OLG Bremen NJW 1966, 743 (744); OLG Oldenburg NJW 1966, 1764 (1765); *Magiera* (Fn. 33), Art. 46 Rn. 18; *Achterberg/Schulte* (Fn. 34), Art. 46 Rn. 53.
[142] *Trute* (Fn. 33), Art. 46 Rn. 35; *Achterberg/Schulte* (Fn. 34), Art. 46 Rn. 54.
[143] *Butzer*, Immunität (Fn. 2), S. 225 ff.; *Klein* (Fn. 12), Art. 46 Rn. 70.
[144] *Trute* (Fn. 33), Art. 46 Rn. 36; *Achterberg/Schulte* (Fn. 34), Art. 46 Rn. 56; *Magiera* (Fn. 1), Art. 46 Rn. 103 ff.; ausf. *Lange*, Immunitätsprivileg (Fn. 2), S. 150 ff.; *Butzer*, Immunität (Fn. 2), S. 233 ff.
[145] Vgl. *Magiera* (Fn. 33), Art. 46 Rn. 23; *Butzer*, Immunität (Fn. 2), S. 236 ff.; *Schneider* (Fn. 6), Art. 46 Rn. 15; *K.-H. Rosen*, ZRP 1974, 80 (81); *Klein* (Fn. 12), Art. 46 Rn. 73 ff.
[146] Jarass/*Pieroth*, GG, Art. 46 Rn. 10; *Klein* (Fn. 12), Art. 46 Rn. 74; *Butzer*, Immunität (Fn. 2), S. 200 ff.; a.A. *Magiera* (Fn. 33), Art. 46 Rn. 24; offen lassend BGHZ 75, 384 (385): »allenfalls«.
[147] Vgl. zur Anordnung als Freiheitsbeeinträchtigung *Klein* (Fn. 1), § 17 Rn. 49; a.A. jetzt *ders.* (Fn. 12), Art. 46 Rn. 74; zweifelnd Jarass/*Pieroth*, GG, Art. 46 Rn. 10; a.A. z.T. die Bundestagspraxis, vgl. Nr. 14a der Anlage 6 zur GOBT und *Bücker*, Fragen (Fn. 75), S. 50.
[148] *Magiera* (Fn. 1), Art. 46 Rn. 107; *Klein* (Fn. 1), § 17 Rn. 49; *Butzer*, Immunität (Fn. 2), S. 250 ff.
[149] Dafür *Butzer*, Immunität (Fn. 2), S. 252 ff.; *Wurbs*, Regelungsprobleme (Fn. 33), S. 34 f.
[150] Dafür *Klein* (Fn. 12), Art. 46 Rn. 79; *H.-U. Borchert*, DÖV 1992, 58 (59 f.); wohl auch *Trute* (Fn. 33), Art. 46 Rn. 36; wie hier *D. Wiefelspütz*, NVwZ 2003, 38 (42; 43).

rischen Gründen abzulehnen[151], zumal in diesen Fällen im Regelfall Art. 46 II GG eingreift[152].

35 Der **Immunitätsschutz** gilt **auch für die Einleitung des Verfahrens** zur Feststellung der Verwirkung von Grundrechten **nach Art. 18 GG** vor dem Bundesverfassungsgericht; es beginnt mit der Antragstellung (§ 36 BVerfGG)[153]. Die notwendigen Ermittlungen davor sind ohne Genehmigung zulässig[154].

3. Die Verfahrensrechte des Bundestages

a) Die Genehmigung von Strafverfolgung, Freiheitsbeschränkungen oder Verwirkungsverfahren (Art. 46 II, III GG)

36 Die Immunität des Abgeordneten kann jeweils für ein bestimmtes Verfahren auf Antrag der zuständigen staatlichen Stellen[155] (z.B. der Staatsanwaltschaft) auf dem Dienstweg[156] durch Entscheidung des Bundestages zum Zwecke der Strafverfolgung (Art. 46 II GG) bzw. der anderen Freiheitsbeschränkungen oder des Verfahrens nach Art. 18 GG (Art. 46 III GG)[157] aufgehoben werden. Die **Genehmigungsentscheidung** als ein Recht des Bundestages im Rahmen seiner verfassungsrechtlich begründeten Autonomie[158] hat das Recht auf Immunität des einzelnen Abgeordneten mitzuberücksichtigen[159], ohne dass seine Interessen im Vordergrund stehen müssen[160]. Sie muss **durch ausdrückliche vorherige Zustimmung des Plenums** mit einfacher Mehrheit erfolgen[161]; dabei darf der betroffene Abgeordnete nach allgemeinen parlamentarischen Grundsätzen in eigener Sache mitstimmen[162]. Die Genehmigung gilt längstens für die Dauer der Wahlperiode und ist in Konsequenz des Diskontinuitätsgrundsatzes (→ Art. 39 Rn. 22 ff.) bei einer Wiederwahl des Abgeordneten in jedem Falle neu zu ertei-

---

[151] Jarass/*Pieroth*, GG, Art. 46 Rn. 10; *D. Wiefelspütz*, NVwZ 2003, 38 (40); *Magiera* (Fn. 1), Art. 46 Rn. 108; anders aus funktionalen Gründen die frühere BT-Praxis (→ Rn. 38) und demgemäß *Kretschmer* (Fn. 13), Art. 46 Rn. 28, 33; *Butzer*, Immunität (Fn. 2), S. 235 ff., 252 ff.; zum Streitstand *ders.* (Fn. 11), Art. 46 Rn. 18.1.

[152] Vgl. *Magiera* (Fn. 33), Art. 46 Rn. 24; *Achterberg/Schulte* (Fn. 34), Art. 46 Rn. 57.

[153] Jarass/*Pieroth*, GG, Art. 46 Rn. 10; *Magiera* (Fn. 33), Art. 46 Rn. 25; *Butzer*, Immunität (Fn. 2), S. 279 f.; *Schneider* (Fn. 6), Art. 46 Rn. 16.

[154] *Magiera* (Fn. 33), Art. 46 Rn. 25; *Trute* (Fn. 33), Art. 46 Rn. 38; *Achterberg/Schulte* (Fn. 34), Art. 46 Rn. 58; *Klein* (Fn. 12), Art. 46 Rn. 80.

[155] Zu diesen s. *Kretschmer* (Fn. 13), Art. 46 Rn. 35; *T. Walter*, Jura 2000, 496 (501); *Klein* (Fn. 1), § 17 Rn. 55; *Magiera* (Fn. 1), Art. 46 Rn. 123.

[156] *L. Brocker*, GA 149 (2002), 44 (46); *O. Ranft*, ZRP 1981, 271 (272).

[157] Vgl. BVerfGE 134, 141 (180, Rn. 115).

[158] Vgl. BVerfGE 102, 224 (236, Rn. 51 f.); 104, 310 (332, Rn. 86); 134, 141 (176, Rn. 102); *H.-H. Trute*, JZ 2003, 148 (149); *D. Wiefelspütz*, DVBl. 2002, 1229 (1234); *Badura*, Staatsrecht, E 30; *Achterberg/Schulte* (Fn. 34), Art. 46 Rn. 32; ausf. *Butzer*, Immunität (Fn. 2), S. 86 ff., 105 ff. → Art. 40 Rn. 23 ff.

[159] *Trute* (Fn. 33), Art. 46 Rn. 23, 29; → Rn. 23.

[160] So BVerfGE 104, 310 (332, Rn. 87); *D. Wiefelspütz*, DVBl. 2002, 1229 (1238); a.A. *Kischel*, Immunität (Fn. 35), S. 94 ff.

[161] *Kretschmer* (Fn. 13), Art. 46 Rn. 38; *Magiera* (Fn. 33), Art. 46 Rn. 50; *Trute* (Fn. 33), Art. 46 Rn. 28; *Achterberg/Schulte* (Fn. 34), Art. 46 Rn. 42.

[162] *Klein* (Fn. 12), Art. 46 Rn. 96; *Butzer*, Immunität (Fn. 2), S. 342 f.; *N. Achterberg*, AöR 109 (1984), 505 (505 f.); a.A. etwa *Magiera* (Fn. 1), Art. 46 Rn. 121; ausf. *K. Abmeier*, Die parlamentarischen Befugnisse des Abgeordneten des Deutschen Bundestages nach dem Grundgesetz, 1984, S. 96 ff.

III. Immunität (Art. 46 II–IV GG)   Art. 46

len¹⁶³. Der Bundestag war in den ersten 14 Wahlperioden mit 742 Immunitätsfällen (davon 325 betr. Verkehrsdelikte) befasst; er hat in 561 Fällen (= 76%), darunter in 323 Verkehrsfällen, die Immunität aufgehoben¹⁶⁴.

Die Genehmigungsentscheidung steht **im pflichtgemäßen Ermessen** des Bundestages¹⁶⁵ und ist mehr als nur eine »politische Entscheidung«¹⁶⁶. Sie erfolgt nach Maßgabe von Beschlussempfehlungen des Ausschusses für Wahlprüfung, Immunität und Geschäftsordnung im Rahmen von »Grundsätzen in Immunitätsangelegenheiten«¹⁶⁷ (§ 107 i.V.m. Anlage 6 GOBT)¹⁶⁸, die als Sondergeschäftsordnung partiell rechtlich bindende Außenwirkung entfalten sollen¹⁶⁹. Der Ausschuss nimmt praktisch eine Plausibilitäts- und Verhältnismäßigkeitsprüfung vor¹⁷⁰, ohne dass der Bundestag zu einer umfassenden rechtlichen Würdigung verpflichtet wäre¹⁷¹. 37

Der Bundestag kann die **Genehmigung** zu Beginn der Wahlperiode (zur Vermeidung der negativen Publizität bei Immunitätsentscheidungen) **generell** für inländische Ermittlungsverfahren¹⁷² wegen bestimmter Straftaten gegen alle seine Mitglieder erteilen¹⁷³, bestimmte Straftaten ausnehmen (z.B. Beleidigungen politischen Charakters, vgl. Nr. 1 des Beschlusses in Anlage 7 und Nr. 5 der Anlage 6 zur GOBT) oder jeweils für bestimmte Fallgruppen (z.B. Strafverfolgung, Verhaftung, Beschränkungen der persönlichen Freiheit) spezifizieren¹⁷⁴. Ohne nähere Spezifizierung impliziert die Aufhebung der Immunität die Genehmigung entsprechender räumlicher Durchsuchungsmaßnahmen¹⁷⁵; anders sah der Bundestag früher in Durchsuchungen stets Freiheitsbeschränkungen, die einer Genehmigung in jedem Einzelfall bedürften (vgl. Nr. 2c des Beschlusses in Anlage 7 zur GOBT)¹⁷⁶. 38

---

¹⁶³ *Trute* (Fn. 33), Art. 46 Rn. 31; *Achterberg/Schulte* (Fn. 34), Art. 46 Rn. 50; *Klein* (Fn. 12), Art. 46 Rn. 53; *Bücker*, Fragen (Fn. 75), S. 53 f.
¹⁶⁴ Statistische Daten bei *P. Schindler* (Bearb.), Datenhandbuch zur Geschichte des Deutschen Bundestages 1949 bis 1999, 1999, Bd. I, S. 394 f., Bd. III, S. 4346; *M.F. Feldkamp/B. Ströbel* (Bearb.), Datenhandbuch zur Geschichte des Deutschen Bundestages 1994 bis 2003, 2005, S. 120; zur Länderpraxis *Ahrens*, Immunität (Fn. 5), S. 48 ff.
¹⁶⁵ *Jarass/Pieroth*, GG, Art. 46 Rn. 9; *Trute* (Fn. 33), Art. 46 Rn. 29; *Magiera* (Fn. 1), Art. 46 Rn. 127; *Klein* (Fn. 12), Art. 46 Rn. 95; *Achterberg/Schulte* (Fn. 34), Art. 46 Rn. 47
¹⁶⁶ So aber BVerfGE 134, 141 (176, Rn. 102); *P. Glauben*, DÖV 2012, 378 (380 f.).
¹⁶⁷ Zu ihnen *H. Butzer*, ZParl. 24 (1993), 384 ff.
¹⁶⁸ *Magiera* (Fn. 33), Art. 46 Rn. 19; ausf. auch zur BT-Praxis *Klein* (Fn. 12), Art. 46 Rn. 55, 89 ff.; *D. Wiefelspütz*, ZParl. 34 (2003), 754 (756 f.); *O. Witt*, Jura 2001, 585 (586 f.); *Butzer*, Immunität (Fn. 2), S. 126 ff., 335 ff.
¹⁶⁹ *D. Wiefelspütz*, DVBl. 2002, 1229 (1234 f.); *Butzer*, Immunität (Fn. 2), S. 139 f.; Zweifel bei *Klein* (Fn. 12), Art. 46 Rn. 57.
¹⁷⁰ *Kretschmer* (Fn. 13), Art. 46 Rn. 38; *P. Glauben*, DRiZ 2003, 51 (54); *D. Wiefelspütz*, DVBl. 2002, 1229 (1235); krit. *H. Lieber/E.C. Rautenberg*, DRiZ 2003, 56 (63 ff.); *O. Witt*, Jura 2001, 585 (587), unter Hinweis auf ein Beweiswürdigungsverbot.
¹⁷¹ BVerfGE 104, 310 (332 f., Rn. 88 ff.); *H.-H. Trute*, JZ 2003, 148 (150).
¹⁷² Zu Auslandsstrafverfahren *W. Härth*, NStZ 1987, 109 f.; a.A. *W. Walter*, NStZ 1987, 396 ff.
¹⁷³ *Jarass/Pieroth*, GG, Art. 46 Rn. 9; *P. Glauben*, DRiZ 2003, 51 (53 f.); *D. Wiefelspütz*, DVBl. 2002, 1229 (1236 f.); *Klein* (Fn. 1), § 17 Rn. 53; *Magiera* (Fn. 1), Art. 46 Rn. 120; *Wurbs*, Regelungsprobleme (Fn. 33), S. 38 ff.; *O. Ranft*, ZRP 1981, 271 ff.; zu den Gründen *Bücker*, Fragen (Fn. 75), S. 47 ff.; krit. *H.-H. Trute*, JZ 2003, 148 (151).
¹⁷⁴ Vgl. *Kretschmer* (Fn. 13), Art. 46 Rn. 24; *Magiera* (Fn. 33), Art. 46 Rn. 21; *Klein* (Fn. 1), § 17 Rn. 56; krit. wegen der fehlenden Einzelfallprüfung *H.-H. Trute*, JZ 2003, 148 (151); *Schneider* (Fn. 6), Art. 46 Rn. 17.
¹⁷⁵ Vgl. *K.-H. Rosen*, ZRP 1974, 80 (81); *R. Elf*, NStZ 1994, 375; a.A. *J. Bücker*, ZRP 1975, 23 f.
¹⁷⁶ Krit. *D. Wiefelspütz*, NVwZ 2003, 38 (40 f.), der Durchsuchungen und Beschlagnahmen »unbe-

Art. 46   C. Erläuterungen

39   Soweit in der Praxis des Bundestages das Plenum den **Immunitätsausschuss bei Bagatell- und Verkehrsdelikten** zu – in der Praxis einstimmigen – »Vorentscheidungen« mit Zwei-Drittel-Mehrheit **ermächtigt** (Nr. 13 der Anlage 6 zur GOBT), die als Entscheidungen des Bundestages gelten[177], hält sich das im Rahmen der Selbstorganisationskompetenz des Bundestages (→ Art. 40 Rn. 23 ff.), sofern dem Plenum wie hier grundsätzlich eine nachträgliche Korrekturmöglichkeit verbleibt[178]; diese darf aber nicht an den Parlamentspräsidenten delegiert werden[179].

40   Die **Notwendigkeit der Entscheidung durch das Bundestagsplenum** verursacht bei Durchsuchungen einen mehrmonatigen Vorbereitungs- und Geheimhaltungsaufwand, damit zwischen Ausschussberatung und -empfehlung, Plenumsbeschluss und (z. B.) der Durchsuchung vor Ort möglichst weniger als eine halbe Stunde liegt, so dass der betreffende Abgeordnete die beantragten Maßnahmen nicht unterlaufen kann, zumal bei ihnen gemäß Beschluss des Bundestages von 1987 ein weiterer Abgeordneter – im Regelfall aus der Fraktion des Betroffenen – anwesend sein soll (vgl. Nr. 5 der Anlage 7 zur GOBT)[180]. Eine Entscheidungsdelegation an den Immunitätsausschuss[181] ist mit Art. 46 GG unvereinbar[182]; geboten ist eine Verfassungsänderung.

41   Der betroffene **Abgeordnete hat** einen beschränkten **Anspruch auf eine willkürfreie Entscheidung**[183], bei deren Interessenabwägung der verfassungsrechtliche Status des MdB nicht infolge sachfremder Motive grob verkannt werden darf[184]. Er muss vorher angehört werden (und kann ggf. auch Anträge – auch auf Aufhebung seiner Immunität[185] – stellen), wenn eine Strafverfolgung dadurch nicht faktisch verhindert zu wer-

---

stritten« nur nach Art. 46 II GG für genehmigungsbedürftig hält, ebd. S. 39; *O. Witt*, Jura 2001, 585 (587).

[177] Zweifelnd *Magiera* (Fn. 1), Art. 46 Rn. 119; *Trute* (Fn. 33), Art. 46 Rn. 30; vgl. *Achterberg/Schulte* (Fn. 34), Art. 46 Rn. 46; *Klein* (Fn. 1), § 17 Rn. 54; *Schneider* (Fn. 6), Art. 46 Rn. 17; *H. Steiger*, Organisatorische Grundlagen des parlamentarischen Regierungssystems, 1973, S. 139 f.

[178] *Klein* (Fn. 12), Art. 46 Rn. 94; *D. Wiefelspütz*, DVBl. 2002, 1229 (1236 f.); *A. Schulz*, DÖV 1991, 448 (449 f.); *W. Berg*, Der Staat 9 (1970), 21 (35 f.); a.A. *A. Kreuzer*, Der Staat 7 (1968), 183 (203 ff.).

[179] So aber die Praxis einiger Länder, vgl. *A. Schulz*, DÖV 1991, 448 (452 ff.); krit. auch *Butzer*, Immunität (Fn. 2), S. 384; s. auch *O. Ranft*, ZRP 1981, 271 (277). → Rn. 7.

[180] Vgl. näher *D. Wiefelspütz*, NVwZ 2003, 38 (39); *Butzer*, Immunität (Fn. 2), S. 376 ff.

[181] Dafür z. B. *R. Elf*, NStZ 1994, 375; *H.-U. Borchert*, DÖV 1992, 58 (60); *Butzer*, Immunität (Fn. 2), S. 381 ff., 384; *Wurbs*, Regelungsprobleme (Fn. 33), S. 83.

[182] *Trute* (Fn. 33), Art. 46 Rn. 37, 40; a.A. *D. Wiefelspütz*, NVwZ 2003, 38 (41). – Zum Landesverfassungsrecht → Rn. 7.

[183] BVerfGE 104, 310 (325, 332, Rn. 67, 87); 108, 251 (276, Rn. 67); *Magiera* (Fn. 1), Art. 46 Rn. 129, 133 f.; *Butzer* (Fn. 11), Art. 46 Rn. 25; ausf. *L. Brocker*, Die Immunität des Abgeordneten – Anspruch und Wirklichkeit eines Statusrechts, in: FS Christian Richter II, 2006, S. 87 (93 ff.); weitergehend *P. Austermann*, Die Anrechnungsbestimmungen im Abgeordnetenrecht des Bundes und der Länder, 2010, S. 111; *Kischel*, Immunität (Fn. 35), S. 100 f., 108 u. ö.

[184] BVerfGE 104, 310 (325, 331 ff., Rn. 67, 85 f.); 108, 251 (276, Rn. 67); *Klein* (Fn. 12), Art. 46 Rn. 51, 95, 101; *D. Wiefelspütz*, DVBl. 2002, 1229 (1233, 1237 f.); *Jarass/Pieroth*, GG, Art. 46 Rn. 9; *Trute* (Fn. 33), Art. 46 Rn. 32; *Klein* (Fn. 1), § 17 Rn. 52; *Schneider* (Fn. 6), Art. 46 Rn. 18; s. auch BayVGHE 1, 38 (42); 19, 1 (3 ff.); a.A. *Achterberg/Schulte* (Fn. 34), Art. 46 Rn. 51; zur Auslegungsprärogative des Parlaments *Butzer*, Immunität (Fn. 2), S. 106 ff.

[185] *Trute* (Fn. 33), Art. 46 Rn. 30; *Ahrens*, Immunität (Fn. 5), S. 35; *Bockelmann*, Unverfolgbarkeit (Fn. 6), S. 35; a.A. *Magiera* (Fn. 1), Art. 46 Rn. 124; *Klein* (Fn. 12), Art. 46 Rn. 92 mit Anm. 2.

den droht¹⁸⁶. Der Bundestag hat einen weiten Entscheidungsspielraum¹⁸⁷, ohne dass die genauen Prüfungsmaßstäbe für die Feststellung sachfremder oder willkürlicher Motive geklärt wären¹⁸⁸, und braucht seine Entscheidung nicht zu begründen¹⁸⁹. Verweigert der Bundestag die Genehmigung, ist das Verfahren einzustellen. Ein Verstoß gegen die Immunitätsregeln muss angesichts der nun geklärten Funktion der Immunität, auch den subjektiven Interessen des Abgeordneten zu dienen (→ Rn. 21f.), zu einem (strafrechtlichen) Verwertungsverbot führen¹⁹⁰.

b) Das Reklamationsrecht (Art. 46 IV GG)

Der **Bundestag hat** nach Art. 46 IV GG das **Recht**, in jedem denkbaren Verfahren nach Art. 46 II GG oder Art. 46 III GG die **Aussetzung des Verfahrens** (nur) für die Dauer der Wahlperiode **zu verlangen** (sog. Anforderungs- oder Reklamationsrecht). Dieses Recht gilt unabhängig davon, ob der Bundestag eine Genehmigung erteilt hat oder nicht, und ob eine Genehmigung erforderlich war oder nicht (wie im Fall des Art. 46 II, 2. HS GG)¹⁹¹, oder ob das Verfahren ohnehin von Amts wegen auszusetzen war (z.B. bei mitgebrachten Verfahren: → Rn. 26). Er hat von diesem Recht zum einzigen Male 1997 Gebrauch gemacht¹⁹². 42

Das **Reklamationsrecht sichert den Immunitätsschutz** zusätzlich ab¹⁹³. Der Bundestag kann auf eine Aussetzung verzichten, auch wenn Verfolgungsmaßnahmen ohne seine Genehmigung stattgefunden haben¹⁹⁴ und er die Genehmigung entsprechend seiner Praxis ohnehin erteilt hätte, oder wenn der betroffene Abgeordnete und der Bundestag ein gemeinsames Interesse haben, den Verstoß gegen die Immunität ungerügt zu lassen. 43

Der Abgeordnete hat ein subjektives öffentliches **Recht auf willkürfreie Entscheidung** über sein Verlangen, das Strafverfahren auszusetzen¹⁹⁵; dem kann auf Seiten des Bundestages eine Aussetzungspflicht korrespondieren, wenn das Ersuchen zur Aufhebung der Immunität formell mangelhaft oder unschlüssig ist¹⁹⁶. Er kann eine Verletzung i.V.m. Art. 38 I 2 GG ggf. im Organstreitverfahren nach Art. 93 I Nr. 1 GG gegen- 44

---

¹⁸⁶ Vgl. *Klein* (Fn. 12), Art. 46 Rn. 93; D. *Wiefelspütz*, ZParl. 34 (2003), 754 (763); *Trute* (Fn. 33), Art. 46 Rn. 30; *Butzer*, Immunität (Fn. 2), S. 342 f.; enger z.B. *Kretschmer* (Fn. 13), Art. 46 Rn. 38; E.C. *Rautenberg*, NJW 2002, 1090 (1091); *Achterberg/Schulte* (Fn. 34), Art. 46 Rn. 44, 49; offen lassend BVerfGE 104, 310 (334 f., Rn. 95).
¹⁸⁷ BVerfGE 104, 310 (332 f., Rn. 87 ff.); *Jarass/Pieroth*, GG, Art. 46 Rn. 9.
¹⁸⁸ Zu großzügig VerfGH NW NVwZ-RR 2006, 1 (2); krit. *Brocker*, Immunität (Fn. 183), S. 97 ff.; zu Prüfungsmaßstäben näher *Kischel*, Immunität (Fn. 35), S. 106 f.; H.-H. *Trute*, JZ 2003, 148 (149 f.).
¹⁸⁹ *Lange*, Immunitätsprivileg (Fn. 2), S. 176 f.
¹⁹⁰ So auch *Kretschmer* (Fn. 13), Art. 46 Rn. 19 (o. Begr.); *Klein* (Fn. 12), Art. 46 Rn. 87 f.; L. *Brokker*, GA 149 (2002), 44 (52 ff.); anders noch O. *Witt*, Jura 2001, 585 (588) m.w.N., obsolet durch BVerfGE 104, 310 (325, 331 ff., Rn. 66 f., 85 ff.).
¹⁹¹ BayVGHE 11, 146 (155); OLG Bremen NJW 1966, 743 (745); *Magiera* (Fn. 33), Art. 46 Rn. 26; *Klein* (Fn. 12), Art. 46 Rn. 82; *Achterberg/Schulte* (Fn. 34), Art. 46 Rn. 59; ausf. *Butzer*, Immunität (Fn. 2), S. 280 ff.
¹⁹² Vgl. BT-Drs. 13/9045 vom 13.11.1997 betr. MdB *Riedl*.
¹⁹³ *Klein* (Fn. 12), Art. 46 Rn. 86; für eine Reduzierung des Immunitätsrechts auf Reklamationsrechte des Bundestages H. *Lieber/E.C. Rautenberg*, DRiZ 2003, 56 ff.
¹⁹⁴ Zu Folgen der Nichtbeachtung der Immunität *Butzer*, Immunität (Fn. 2), S. 385 ff.; vgl. Fn. 190.
¹⁹⁵ BVerfGE 104, 310 (331, Rn. 82); *Kretschmer* (Fn. 13), Art. 46 Rn. 39; *Jarass/Pieroth*, GG, Art. 46 Rn. 10; W. *Frenz*, JA 2010, 126 (126); *Klein* (Fn. 12), Art. 46 Rn. 85.
¹⁹⁶ So *Butzer* (Fn. 11), Art. 46 Rn. 28; *Schneider* (Fn. 6), Art. 46 Rn. 19.

Art. 46　　　D. Verhältnis zu anderen GG-Bestimmungen

über dem Bundestag geltend machen[197]; gegenüber allen anderen Trägern öffentlicher Gewalt kann er eine mögliche Verletzung seiner Immunität durch Verfassungsbeschwerde geltend machen[198].

45 **Rechtsfolge der Reklamation** ist das sofortige Ruhen der jeweiligen Verfahren, ggf. unter Freilassung des Abgeordneten, bis zur Beendigung des Mandats. Die Vollstreckung aus einem rechtskräftigen Urteil ist gehemmt[199].

D. Verhältnis zu anderen GG-Bestimmungen

46 Soweit der spezifische **Schutz von Art. 46 GG nicht greift**, kann entweder das **Hinderungsverbot des Art. 48 II GG als lex specialis oder** aber der allgemeine Schutz der Mandatsfreiheit durch **Art. 38 I 2 GG** Anwendung finden[200]. Die Frage des Mandatsverlustes nach einem Parteiverbot wird nicht von Art. 46 III, sondern von Art. 38 I 2, 21 II GG beantwortet (→ Art. 21 Rn. 156; → Art. 38 Rn. 145)[201]. Nicht nach Art. 46 I GG geschützte Äußerungen im Rahmen der Parlamentsberichterstattung können nach Art. 42 III GG geschützt sein[202]. Art. 46 GG gehört nicht zu jenen Grundsätzen i.S.v. Art. 28 I 1 GG, von denen die Länder nicht abweichen dürften[203]; er kann kein streitiges materielles Verfassungsrechtsverhältnis zwischen Bund und Ländern begründen[204].

---

[197] BVerfGE 104, 310 (325, Rn. 66); ausf. *Lange*, Immunitätsprivileg (Fn. 2), S. 182 ff.; *D. Wiefelspütz*, DVBl. 2002, 1229 (1233 f.); *Magiera* (Fn. 33), Art. 46 Rn. 21; *Trute* (Fn. 33), Art. 46 Rn. 32; *Klein* (Fn. 1), § 17 Rn. 52; a.A. *Achterberg/Schulte* (Fn. 34), Art. 46 Rn. 51.
[198] BVerfG(K), NJW 2014, 3085 (3086).
[199] *Trute* (Fn. 33), Art. 46 Rn. 39.
[200] *Magiera* (Fn. 33), Art. 46 Rn. 8.
[201] Vgl. *Trute* (Fn. 33), Art. 46 Rn. 38; *Butzer*, Immunität (Fn. 2), S. 279 f., jeweils m.w.N.
[202] *Magiera* (Fn. 33), Art. 46 Rn. 5.
[203] *Trute* (Fn. 33), Art. 46 Rn. 5; *R. Wolfrum*, DÖV 1982, 674 (679); a.A. *E. Friesenhahn*, DÖV 1981, 512 (517 f.); zu § 36 StGB Nw. in Fn. 31; → Art. 31 Rn. 55.
[204] BVerfGE 103, 81 (86 ff., Rn. 25 ff.).

Artikel 47 [Zeugnisverweigerungsrecht und Beschlagnahmeverbot]

¹Die Abgeordneten sind berechtigt, über Personen, die ihnen in ihrer Eigenschaft als Abgeordnete oder denen sie in dieser Eigenschaft Tatsachen anvertraut haben, sowie über diese Tatsachen selbst das Zeugnis zu verweigern. ²Soweit dieses Zeugnisverweigerungsrecht reicht, ist die Beschlagnahme von Schriftstücken unzulässig.

Literaturauswahl

Benda, Ernst/Umbach, Dieter C.: Stasi-Akten und das Persönlichkeitsrecht von Politikern, 2004.
Borchert, Hans-Ulrich: Der Abgeordnete des Deutschen Bundestages im G 10-Verfahren, in: DÖV 1992, S. 58–62.
Dach, R. Peter: Zur Kontrolle von Abgeordnetenpost durch den Verfassungsschutz, in: ZRP 1992, S. 1–4.
Neumann, Heinzgeorg: Das berufliche Zeugnisverweigerungsrecht des Abgeordneten – eine Essentiale der Opposition, in: ZParl. 31 (2000), S. 797–804.
Ohler, Christoph: Verfassungsrechtliche Grenzen staatsanwaltlicher Durchsuchungen im Bundestag, in: NVwZ 2004, S. 696–699.
Uppenbrink, Eva: Das Europäische Mandat – Status der Abgeordneten des Europäischen Parlaments, 2004.
Schulte, Klaus: Volksvertreter als Geheimnisträger, 1987.
Werle, Gerhard: Schutz von Vertrauensverhältnissen bei der strafprozessualen Fernmeldeüberwachung, in: JZ 1991, S. 482–488.
Wiefelspütz, Dieter: Das Zeugnisverweigerungsrecht des Abgeordneten – Funktionsnotwendigkeit für das Abgeordnetenmandat?, in: Der Staat 43 (2004), S. 543–562.

Leitentscheidung des Bundesverfassungsgerichts

BVerfGE 108, 251 (268ff., Rn. 43ff.) – Abgeordnetenbüro.

Gliederung

	Rn.
A. Herkunft, Entstehung, Entwicklung	1
B. Internationale, supranationale und rechtsvergleichende Bezüge	2
C. Erläuterungen	4
I. Allgemeine Bedeutung	4
II. Zeugnisverweigerungsrecht (Art. 47 S. 1 GG)	6
III. Beschlagnahmeverbot (Art. 47 S. 2 GG)	10
D. Verhältnis zu anderen GG-Bestimmungen	16

Stichwörter

Akzessorietät des Beschlagnahmeverbots 10 – Akzessorietät des Mitarbeiterschutzes 6 – Berufsgeheimnis 1, 6 – Beschlagnahme von Schriftstücken 10f. – Europäisches Parlament 2 – Freies Mandat 1, 5 – Mitarbeiter der Abgeordneten 6, 11f. – Präventiv-polizeiliche Beschlagnahmen 14 – Recht der parlamentarischen Redefreiheit 1 – Schutzzweck 5, 10 – Verwertungsverbot 9, 14.

A. Herkunft, Entstehung, Entwicklung

Das **Zeugnisverweigerungsrecht** für Abgeordnete ist namentlich in England **aus dem Recht der parlamentarischen Redefreiheit entwickelt** worden[1] und darüber hinaus 1

---

[1] S. näher *K. Gabrian*, Das Zeugnisverweigerungsrecht der Abgeordneten, Diss. jur. Köln 1953, S. 11ff. → Art. 46 Rn. 1.

auch in der Redefreiheit gemäß Art. I Abschnitt 6 der US-Verfassung von 1787 verankert[2]. Es lässt sich ideengeschichtlich außer aus der Redefreiheit, aus der es auch in Frankreich und Belgien (1884) entwickelt wurde[3], auch aus dem freien Mandat ableiten (→ Art. 38 Rn. 5). Trotzdem haben die deutschen Verfassungen des 19. Jahrhunderts ein solches Recht nicht kodifiziert. Gleichwohl forderte der Reichstag für die Reichsverfassung von 1871 eine ähnliche Regelung des Zeugnisverweigerungsrechts für Abgeordnete, wie sie damals im Strafprozessrecht schon für Geistliche, Rechtsanwälte und Ärzte im Blick auf ihr Berufsgeheimnis bestand[4]. Diese Forderung verdichtete sich 1917 zu einem Gesetzesentwurf zur Änderung der RV 1871, dessen Inhalt aber erst später unter Rückgriff auf diesen Entwurf und den Ausschussbericht dazu als Art. 38 I WRV erstmals geltendes Verfassungsrecht wurde[5]. Art. 47 GG hat (Art. 61 HChE folgend) diese Regelung weithin inhaltsgleich und ohne nähere Diskussion im Parlamentarischen Rat übernommen[6]; sie ist seither unverändert geblieben.

B. Internationale, supranationale und rechtsvergleichende Bezüge

2   Im internationalen Vergleich lässt sich ein ausdrücklich normiertes Zeugnisverweigerungsrecht für Abgeordnete nur selten feststellen. Mangels Abkommens über die nähere Bezeichnung der Vorrechte und Immunitäten gemäß Art. 40 II der Satzung des Europarats haben die Mitglieder der Parlamentarischen Versammlung des Europarats kein Zeugnisverweigerungsrecht. Auch für **Abgeordnete des Europäischen Parlaments** ist das Zeugnisverweigerungsrecht nicht europarechtlich[7], sondern durch § 6 EuAbgG eingeräumt[8], der der Regelung des § 53 I Nr. 4 StPO entspricht[9]; eine gewohnheitsrechtliche Ableitung auf europäischer Ebene dürfte an den unterschiedlichen Verfassungslagen in den Mitgliedstaaten scheitern[10].

3   Ein Zeugnisverweigerungsrecht für Abgeordnete ist auf verfassungsrechtlicher Ebene nur in einzelnen **Staaten der EU** normiert (Art. 61 III Verf. Griechenland; Art. 15

---

[2] *J. Linden*, Historische, rechtstheoretische und pragmatisch-politische Rechtfertigung der Indemnität in der parlamentarischen Demokratie der Bundesrepublik Deutschland und im Rechtsvergleich mit anderen Verfassungen, Diss. jur. Köln 1978, S. 11f., unter Berufung auf *W.M. Ibert*, Die berufliche Immunität der Abgeordneten, 1933, S. 13.

[3] Vgl. *D.C. Umbach*, in: BK, Art. 47 (Zweitb. 1989), Rn. 38, 39; *Gabrian*, Zeugnisverweigerungsrecht (Fn. 1), S. 17ff. bzw. 22ff.

[4] *K. Schulte*, Volksvertreter als Geheimnisträger, 1987, S. 43; ausf. *Gabrian*, Zeugnisverweigerungsrecht (Fn. 1), S. 47ff.; *A. Graf zu Dohna*, Insbesondere: Redefreiheit, Immunität und Zeugnisverweigerungsrecht, in: HdbDStR I, § 39, S. 439ff. (446f.).

[5] *Anschütz*, WRV, Art. 38 Anm. 1; *Gabrian*, Zeugnisverweigerungsrecht (Fn. 1), S. 59ff.

[6] Vgl. JöR 1 (1951), S. 375; *H.-P. Schneider*, in: AK-GG, Art. 47 (2002), Rn. 1; *Schulte*, Volksvertreter (Fn. 4), S. 45ff.; ausf. Nw. der Materialien bei *D.C. Umbach*, in: Umbach/Clemens, GG, Art. 47 Rn. 5ff.

[7] Vgl. *J.-P. Eickhoff*, Das Funktionsrecht des Europäischen Parlaments, 2008, S. 121ff.; *E. Uppenbrink*, Das Europäische Mandat – Status der Abgeordneten des Europäischen Parlaments, 2004, S. 72; *C. Schultz-Bleis*, Die parlamentarische Immunität der Mitglieder des Europäischen Parlaments, 1995, S. 25f.

[8] Für Anwendbarkeit dieses Zeugnisverweigerungsrechts vor deutschen Gerichten auch für alle anderen Mitglieder des EP *Umbach* (Fn. 3), Art. 47 Rn. 43; *M. Haag/R. Bieber*, in: Groeben/Schwarze, EUV/EGV, Anhang zu Art. 190, Art. 4 DWA Rn. 11; krit. *Uppenbrink*, Mandat (Fn. 7), S. 73f.

[9] Vgl. *H. Kreicker*, GA 151 (2004), 643 (648).

[10] *Uppenbrink*, Mandat (Fn. 7), S. 72; *Umbach* (Fn. 3), Art. 47 Rn. 42.

X Verf. Irland)¹¹; in England ist es ein Parlamentsprivileg¹². Demgegenüber enthalten in Deutschland ausnahmslos alle **Landesverfassungen** eigenständige Regelungen eines Zeugnisverweigerungsrechts für Abgeordnete (z.B. Art. 29 Verf. Bayern; Art. 49 Verf. Nordrhein-Westfalen)¹³, das teilweise (z.B. Art. 39 S. 2 Verf. Baden-Württemberg) ausdrücklich auf ihre Mitarbeiter erstreckt wird, vereinzelt auf einen Informantenschutz verengt ist (Art. 51 II Verf. Berlin). Einige kennen darüber hinaus punktuelle Verschwiegenheitspflichten (z.B. Art. 83 II Verf. Bremen; Art. 85 I 2 Verf. Saarland).

C. Erläuterungen

I. Allgemeine Bedeutung

Art. 47 GG verleiht den Abgeordneten ein **Zeugnisverweigerungsrecht und** normiert ein ergänzendes **Beschlagnahmeverbot** für »Schriftstücke«; er konkretisiert (wie Art. 46 und 48 GG) nach außen die in Art. 38 I 2 GG allgemein gewährleistete verfassungsrechtliche Stellung des Abgeordneten (→ Art. 38 Rn. 135, 149 ff.). 4

Der **Schutzzweck** des Art. 47 GG zielt auf die **ungestörte Kommunikation** zwischen Abgeordneten und Bürgern und will insoweit ein Vertrauensverhältnis zwischen ihnen ermöglichen¹⁴. Art. 47 GG stärkt das freie Mandat i.S. der Unabhängigkeit, Entscheidungsfreiheit und -fähigkeit des Abgeordneten¹⁵, zugleich aber auch die »Repräsentationsmächtigkeit der Volksvertretung«¹⁶ und fördert so mittelbar die Arbeits- und Funktionsfähigkeit des Parlaments im Blick auf seine Aufgaben zur Kontrolle und zu offener demokratischer Willensbildung¹⁷. Er kommt im parlamentarischen Regierungssystem gerade auch der Opposition als parlamentarischer Minderheit und ihrem Kontrollauftrag zugute¹⁸. 5

II. Zeugnisverweigerungsrecht (Art. 47 S. 1 GG)

Das Zeugnisverweigerungsrecht steht ausdrücklich nur den **Abgeordneten des Bundestages** i.S. eines parlamentarischen Berufsgeheimnisses¹⁹ zu²⁰, nicht Regierungsmitgliedern ohne Abgeordnetenmandat, Mitgliedern des Bundesrates, dem Bundespräsi- 6

---

[11] *Uppenbrink*, Mandat (Fn. 7), S. 109 ff.; *Umbach* (Fn. 3), Art. 47 Rn. 40; zu deren begrenzten Geltungsumfang Rn. 41. – S. auch Art. 157 II Verf. Portugal und das Beschlagnahmeverbot in Art. 68 III Verf. Italien.
[12] *Uppenbrink*, Mandat (Fn. 7), S. 108; *Umbach* (Fn. 3), Art. 47 Rn. 37, 40.
[13] Nw. bei *H.-H. Trute*, in: v. Münch/Kunig, GG II, Art. 47 Rn. 3; zum Vergleich mit Art. 47 GG *Schulte*, Volksvertreter (Fn. 4), S. 59 ff.
[14] Vgl. Jarass/*Pieroth*, GG, Art. 47 Rn. 1; *S. Magiera*, in: Sachs, GG, Art. 47 Rn. 1; *Trute* (Fn. 13), Art. 47 Rn. 2; *R.P. Dach*, ZRP 1992, 1 (2 f.); *P. Badura*, Die Stellung des Abgeordneten nach dem Grundgesetz und den Abgeordnetengesetzen in Bund und Ländern, in: Schneider/Zeh, § 15 Rn. 61.
[15] *N. Achterberg/M. Schulte*, in: v. Mangoldt/Klein/Starck, GG II, Art. 47 Rn. 2; *H.H. Klein*, in: Maunz/Dürig, GG, Art. 47 (2008), Rn. 2, 14; *Schneider* (Fn. 6), Art. 47 Rn. 2; *Umbach* (Fn. 3), Art. 47 Rn. 4.
[16] So jedenfalls BVerfGE 108, 251 (269, Rn. 45).
[17] Jarass/*Pieroth*, GG, Art. 47 Rn. 1; *Magiera* (Fn. 14), Art. 47 Rn. 1; *Trute* (Fn. 13), Art. 47 Rn. 2.
[18] *H. Neumann*, ZParl. 31 (2000), 797 (799); a.A. *D. Wiefelspütz*, Der Staat 43 (2004), 543 (546 f.). Solches galt schon unter der Geltung des Art. 38 WRV, vgl. *Huber*, Verfassungsgeschichte VI, S. 373.
[19] Vgl. *Klein* (Fn. 15), Art. 47 Rn. 1; so bereits *v. Mangoldt/Klein*, GG, Art. 47 Anm. III 1.
[20] Jarass/*Pieroth*, GG, Art. 47 Rn. 2; *Magiera* (Fn. 14), Art. 47 Rn. 2; *Trute* (Fn. 14), Art. 47 Rn. 3; ebenso Mitgliedern der Bundesversammlung, so § 7 des Gesetzes über die Wahl des Bundespräsiden-

denten (vgl. Art. 60 IV GG) oder dritten Informanten, schon damit diese sich nicht durch Information des Abgeordneten ihrer Zeugnispflicht entziehen können[21]. Nach Sinn und Zweck der Regelung muss das Zeugnisverweigerungsrecht **auch** für die **Mitarbeiter der Abgeordneten** (Sekretärinnen, Assistenten, Referenten, Praktikanten usw., aber auch beigezogene Sachverständige[22], Fraktionsmitarbeiter[23], vielleicht auch Mitarbeiter der Bundestagsverwaltung[24]) gelten[25], nicht aber für bloße Gesprächspartner[26]; auf ein Arbeitsverhältnis kommt es nicht an[27]. Es gilt freilich nur akzessorisch, wenn und soweit der Abgeordnete selbst sich als Zeuge auf das Zeugnisverweigerungsrecht beruft[28]. Es umfasst die während der Mandats anvertrauten Tatsachen, wirkt aber **zeitlich unbegrenzt** über die Dauer des Mandats des Abgeordneten hinaus[29] und endet erst mit dessen Tod[30], selbst wenn Abgeordnete ihr Mandat verlieren, etwa wenn ihre Partei für verfassungswidrig erklärt wird (§ 46 I Nr. 5 BWahlG)[31].

7   Art. 47 S. 1 GG verleiht dem Abgeordneten **ein individuelles subjektives Recht zur Zeugnisverweigerung**, über dessen Wahrnehmung nur er nach Maßgabe seines Gewissens[32] und nicht der Bundestag disponieren kann[33]. Auch ein Informant oder Adressat des Abgeordneten hat insoweit keine Rechtsmacht über diesen[34], etwa durch Entbindung des Abgeordneten von seiner Geheimhaltungspflicht. Der Abgeordnete ist nicht zur Zeugnisverweigerung verpflichtet[35], soll aber nicht von vornherein generell auf sein Zeugnisverweigerungsrecht verzichten dürfen[36]. Andere durch Rechtsnorm (vgl. z.B. § 17 GOBT i.V.m. Anlage 3 zur GOBT; § 353b II StGB) oder Vertrag begründete Verschwiegenheitspflichten bleiben unberührt[37].

---

ten durch die Bundesversammlung vom 25.4.1959 (BGBl. I, S. 2312), zuletzt geändert durch G. vom 12.7.2007 (BGBl. I S. 1326).

[21] *Achterberg/Schulte* (Fn. 15), Art. 47 Rn. 5; *Schneider* (Fn. 6), Art. 47 Rn. 3.
[22] *H. Neumann*, ZParl. 31 (2000), 797 (800, 801) m.w.N.
[23] *W. Kluth*, in: Schmidt-Bleibtreu/Hofmann/Henneke, GG, Art. 47 Rn. 13; *L. Brocker*, DVBl. 2003, 1321 (1322).
[24] So jedenfalls *Kluth* (Fn. 23), Art. 47 Rn. 13.
[25] *Magiera* (Fn. 14), Art. 47 Rn. 2; *Klein* (Fn. 15), Art. 47 Rn. 17; *Schneider* (Fn. 6), Art. 47 Rn. 3; *F. Lange*, Das parlamentarische Immunitätsprivileg als Wettbewerbsvorschrift, 2009, S. 120 ff.; grdl. *A. Heitzer*, NJW 1952, 89 (89 f.).
[26] *Kluth* (Fn. 23), Art. 47 Rn. 5.
[27] *D. Wiefelspütz*, Der Staat 43 (2004), 543 (550); *H. Neumann*, ZParl. 31 (2000), 797 (800).
[28] *Klein* (Fn. 15), Art. 47 Rn. 23; *D. Wiefelspütz*, Der Staat 43 (2004), 543 (550); *C. Ohler*, NVwZ 2004, 696 (697 f.); *Trute* (Fn. 14), Art. 47 Rn. 3.
[29] *Jarass/Pieroth*, GG, Art. 47 Rn. 2; *Magiera* (Fn. 14), Art. 47 Rn. 5; *Achterberg/Schulte* (Fn. 15), Art. 47 Rn. 9; *Umbach* (Fn. 3), Art. 47 Rn. 9.
[30] *Trute* (Fn. 14), Art. 47 Rn. 5; *Schneider* (Fn. 6), Art. 47 Rn. 4.
[31] *Trute* (Fn. 14), Art. 47 Rn. 5.
[32] *Kluth* (Fn. 23), Art. 47 Rn. 4; *H. Neumann*, ZParl. 31 (2000), 797 (799); so bereits *Graf zu Dohna*, Redefreiheit (Fn. 4), S. 447.
[33] *Trute* (Fn. 14), Art. 47 Rn. 2; *Kluth* (Fn. 23), Art. 47 Rn. 3f.; *R.P. Dach*, ZRP 1992, 1 (4); *D. Nolte*, MDR 1989, 514 (514f.); *Klein* (Fn. 15), Art. 47 Rn. 20.
[34] *Jarass/Pieroth*, GG, Art. 47 Rn. 2; *Schneider* (Fn. 6), Art. 47 Rn. 3; *Schulte*, Volksvertreter (Fn. 4), S. 170 ff.
[35] *Trute* (Fn. 14), Art. 47 Rn. 4; *D. Nolte*, MDR 1985, 514 (515); *Umbach* (Fn. 3), Art. 47 Rn. 4; *Achterberg*, Parlamentsrecht, S. 261; ausf. *Schulte*, Volksvertreter (Fn. 4), S. 13 ff.
[36] *Magiera* (Fn. 14), Art. 47 Rn. 3; *Trute* (Fn. 13), Art. 47 Rn. 4; *Achterberg/Schulte* (Fn. 15), Art. 47 Rn. 3; *Klein* (Fn. 15), Art. 47 Rn. 20.
[37] *Klein* (Fn. 15), Art. 47 Rn. 22; *Umbach* (Fn. 3), Art. 47 Rn. 11 ff.; *Schulte*, Volksvertreter (Fn. 4), S. 21 ff.

III. Beschlagnahmeverbot (Art. 47 S. 2 GG)   Art. 47

Das Zeugnisverweigerungsrecht bezieht sich **inhaltlich** auf die Identität der **Personen**, die den Abgeordneten informiert haben (Informanten) oder die der Abgeordnete informiert hat (Adressaten) und auf die von diesen anvertrauten **Tatsachen** und die Modalitäten der Mitteilung, sofern sie einen Rückschluss auf ihren Inhalt zulassen[38]. Tatsachen sind anvertraut, wenn sie vertraulich, d.h. mit einer Beschränkung der Befugnis zur Verwertung[39] mitgeteilt wurden, selbst wenn es sich um (objektiv) nicht vertrauliche Tatsachen handelt[40]. Die Tatsachen müssen dem Abgeordneten in dieser Eigenschaft anvertraut worden sein, d.h. in einem unmittelbaren Zusammenhang mit seiner spezifisch parlamentarischen (und nicht seiner etwaigen regierungs- oder parteiamtlichen) Tätigkeit stehen[41] und sich nicht nur auf rein private oder geschäftliche Angelegenheiten beziehen[42]. Das Zeugnisverweigerungsrecht schützt nicht rechtswidriges oder gar strafbares Handeln des Abgeordneten (z.B. die rechtswidrige Entgegennahme von Spenden)[43].

8

Das Zeugnisverweigerungsrecht gilt verfassungsunmittelbar für alle Zeugnispflichten **in gerichtlichen und behördlichen Verfahren**, unabhängig von einer deklaratorischen Wiederholung in Verfahrensgesetzen (wie z.B. in § 53 I Nr. 4 StPO)[44]. Über das Vorliegen seiner Voraussetzungen, die der Abgeordnete glaubhaft machen muss[45], entscheidet die staatliche Stelle, der gegenüber er sich auf das Recht beruft. Der Bundestagspräsident ist bei seiner Genehmigungsentscheidung nach Art. 40 II 2 GG auf eine reine Evidenzkontrolle beschränkt (→ Art. 40 Rn. 38)[46]. Rechtsfolge der Zeugnisverweigerung ist, dass Gerichte und Behörden keine Sanktionen daran knüpfen dürfen[47]. Werden Mitarbeiter des Abgeordneten unter Missachtung der Akzessorietät (→ Rn. 6) vernommen, unterliegen ihre Aussagen einem Verwertungsverbot[48].

9

III. Beschlagnahmeverbot (Art. 47 S. 2 GG)

Art. 47 S. 2 GG verbietet die Beschlagnahme von Schriftstücken in dem Umfang, in dem das Zeugnisverweigerungsrecht reicht: Dieses **akzessorische Beschlagnahmeverbot** soll eine Umgehung des Zeugnisverweigerungsrechts verhindern: statt des Zeugenbeweises würde ansonsten der Urkundenbeweis ermöglicht[49]. Der Schutzzweck

10

---

[38] *Trute* (Fn. 14), Art. 47 Rn. 6; *Achterberg/Schulte* (Fn. 15), Art. 47 Rn. 6; *M. Morlok/E. Sokolov*, DÖV 2014, 405 (408).
[39] So *H. Neumann*, ZParl. 31 (2000), 797 (798); s. näher *C. Ohler*, NVwZ 2004, 696 (698).
[40] *Magiera* (Fn. 14), Art. 47 Rn. 4; ausf. *Schulte*, Volksvertreter (Fn. 4), S. 90ff.
[41] *Jarass/Pieroth*, GG, Art. 47 Rn. 2; *Kluth* (Fn. 23), Art. 47 Rn. 7; *Trute* (Fn. 14), Art. 47 Rn. 3, 7; *Klein* (Fn. 15), Art. 47 Rn. 24; anders *H. Neumann*, ZParl. 31 (2000), 797 (799).
[42] *Magiera* (Fn. 14), Art. 47 Rn. 4; *Umbach* (Fn. 3), Art. 47 Rn. 8; *Schneider* (Fn. 6), Art. 47 Rn. 5; *Klein* (Fn. 15), Art. 47 Rn. 24.
[43] *D. Wiefelspütz*, Der Staat 43 (2004), 543 (547ff.); zum Problem ausf. *H. Butzer*, in: Epping/Hillgruber, GG (online, Stand: 1.9.2014), Art. 47 Rn. 2.1ff.
[44] *Magiera* (Fn. 14), Art. 47 Rn. 5; *Achterberg/Schulte* (Fn. 15), Art. 47 Rn. 8; *Umbach* (Fn. 3), Art. 47 Rn. 16ff.; *R. Wolfrum*, DÖV 1982, 674 (675).
[45] *Trute* (Fn. 14), Art. 47 Rn. 8; *Klein* (Fn. 15), Art. 47 Rn. 26; *Umbach* (Fn. 3), Art. 47 Rn. 17; *Schulte*, Volksvertreter (Fn. 4), S. 49ff.
[46] BVerfGE 108, 251 (273ff., Rn. 58ff.); *C. Ohler*, NVwZ 2004, 696 (698); s. auch *H. Bachmeier*, ZParl. 35 (2004), 310ff.
[47] *Jarass/Pieroth*, GG, Art. 47 Rn. 2.
[48] *H. Neumann*, ZParl. 31 (2000), 797 (803).
[49] *Magiera* (Fn. 14), Art. 47 Rn. 6; *Trute* (Fn. 14), Art. 47 Rn. 10; *Umbach* (Fn. 3), Art. 47 Rn. 24f.; *Schneider* (Fn. 6), Art. 47 Rn. 6; *Klein* (Fn. 15), Art. 47 Rn. 10, 27f.

von Zeugnisverweigerungsrecht und Beschlagnahmeprivileg ist insoweit identisch (→ Rn. 4), auch ihr Charakter als subjektives öffentliches Individualrecht des Abgeordneten[50] gegen Akte hoheitlicher Kenntnisnahme, nicht gegen unbefugte Entwendung durch Dritte[51]. Einfachgesetzliche Beschlagnahmeverbote können über Art. 47 S. 2 GG hinausreichen[52].

11 Schutzgegenstand sind nur Schriftstücke als **vergegenständlichte Mitteilungen**, ohne dass es auf Art und Material der Aufzeichnung ankommt; erfasst sind neben Urkunden, Druck- und Handschriftstücken, Kopien[53] z. B. auch Ton-, Bild- und elektronische digitalisierte Datenträger, etwa E-mails[54]. Unzulässig ist damit die Beschlagnahme von Schriftstücken, die den Anforderungen des Art. 47 S. 1 GG entsprechen, d. h. den Abgeordneten (oder ihren Mitarbeitern, → Rn. 6) als solchen anvertraut worden sind (→ Rn. 8)[55].

12 Sie müssen sich zudem **im Gewahrsam** des Abgeordneten (oder seiner Mitarbeiter) befinden[56], wie sich aus Wortlaut, Entstehungsgeschichte und systematisch aus der Beschränkung des Zeugnisverweigerungsrechts auf den Abgeordneten ergibt. Dazu sollen Gegenstände im »funktionellen Herrschaftsbereich des Abgeordneten« nur innerhalb, nicht mehr außerhalb der Räumlichkeiten des Bundestages gehören[57], so dass die Verbringung von Schriftstücken aus der »Beherrschungssphäre« des Bundestages etwa in Fahrzeuge auf Dienstreisen, in Wahlkreisbüros oder Privatwohnungen von Mitarbeitern den Schutz des Art. 47 S. 2 GG entfallen lassen soll; diese räumliche Abgrenzung sollte zugunsten einer funktionalen aufgegeben werden[58].

13 Die Schriftstücke müssen schließlich **beweismittelfähig** i. S. der Ersetzung eines Zeugenbeweises sein[59]. Schriftstücke, die als solche unmittelbar Gegenstand eines Strafverfahrens gegen den Abgeordneten sind (z. B. bei Urkundenfälschung, Hehlerei), können aber mangels der Eigenschaft des Abgeordneten als Zeugen beschlagnahmt werden, sofern das mit den sonstigen verfassungsrechtlichen Anforderungen aus Art. 40 II 2, 46 II GG vereinbar ist[60].

---

[50] BVerfGE 108, 251 (266f., Rn. 38ff.); *Klein* (Fn. 15), Art. 47 Rn. 29; *Kluth* (Fn. 23), Art. 47 Rn. 9.
[51] BVerwGE 121, 115 (123); *Trute* (Fn. 14), Art. 47 Rn. 15a.
[52] Dazu *Butzer* (Fn. 43), Art. 47 Rn. 6.1.
[53] S. etwa *Achterberg/Schulte* (Fn. 15), Art. 47 Rn. 11; *Kluth* (Fn. 23), Art. 47 Rn. 10; *Schneider* (Fn. 6), Art. 47 Rn. 7.
[54] *Jarass/Pieroth*, GG, Art. 47 Rn. 3; *L. Brocker*, DVBl. 2003, 1321 (1322); *Magiera* (Fn. 14), Art. 47 Rn. 8; *Trute* (Fn. 14), Art. 47 Rn. 12; *Klein* (Fn. 15), Art. 47 Rn. 30.
[55] Zu den Abgrenzungsschwierigkeiten in der Praxis *C. Ohler*, NVwZ 2004, 696 (698f.).
[56] BVerfGE 108, 251 (269f., Rn. 47); BVerwGE 121, 115 (123); *D. Wiefelspütz*, Der Staat 43 (2004), 543 (550f.); *Magiera* (Fn. 14), Art. 47 Rn. 8; *Trute* (Fn. 14), Art. 47 Rn. 13; *Kluth* (Fn. 23), Art. 47 Rn. 12; *G. Werle*, JZ 1991, 482 (486f.); *Klein* (Fn. 15), Art. 47 Rn. 32f.; a.A. *E. Benda/D.C. Umbach*, Stasi-Akten und das Persönlichkeitsrecht von Politikern, 2004, S. 186f.; *R.P. Dach*, ZRP 1992, 1 (2ff.); *H.-U. Borchert*, DÖV 1992, 58 (61); *Umbach* (Fn. 3), Art. 47 Rn. 28.
[57] So BVerfGE 108, 251 (269f., Rn. 47); zust. *C. Ohler*, NVwZ 2004, 696 (697).
[58] In diesem Sinne krit. zur räumlichen Abgrenzung *Butzer* (Fn. 43), Art. 47 Rn. 10.1.; *Magiera* (Fn. 14), Art. 47 Rn. 8; *Achterberg/Schulte* (Fn. 15), Art. 47 Rn. 12; *D. Wiefelspütz*, Der Staat 43 (2004), 543 (554ff.); *Kluth* (Fn. 23), Art. 47 Rn. 14; *L. Brocker*, DVBl. 2003, 1321 (1322f.); *Klein* (Fn. 15), Art. 47 Rn. 34.
[59] *Trute* (Fn. 14), Art. 47 Rn. 14; *Schneider* (Fn. 6), Art. 47 Rn. 8; a.A. *Benda/Umbach*, Stasi-Akten (Fn. 56), S. 190ff.
[60] BVerfGE 108, 251 (269, Rn. 45); *Jarass/Pieroth*, GG, Art. 47 Rn. 3; *Magiera* (Fn. 14), Art. 47 Rn. 8; *Achterberg/Schulte* (Fn. 15), Art. 47 Rn. 13; *D. Wiefelspütz*, Der Staat 43 (2004), 543 (556f.); *Schneider* (Fn. 6), Art. 47 Rn. 8; krit. *Kluth* (Fn. 23), Art. 47 Rn. 15.

Das Beschlagnahmeverbot gilt **nicht nur** für **strafprozessrechtliche Beschlagnahmen** 14
i.e.S. (§ 94 II StPO), sondern nach seinem Sinn und Zweck auch für präventiv-polizeiliche Beschlagnahmen und Sicherstellungen und sonstige Hoheitsmaßnahmen, die eine zwangsweise Wegnahme intendieren[61], etwa die Herausgabeerzwingung (§ 95 StPO), Durchsuchungen (§§ 102 ff. StPO)[62], Briefkontrollen[63] (z.B. aufgrund Art. 1 § 2 II 3–5 G 10) und »Zufallsfunde« anlässlich anderweitiger Durchsuchungen[64]. Eine Beschlagnahme liegt bereits in einem sehr kurzfristigen Eingriff z.B. durch Anhalten, Öffnen und Lesen eines Briefes[65]. Deshalb ist Art. 47 S. 2 GG angesichts gewandelter technischer Möglichkeiten analog auf Vorgänge anzuwenden, die funktional äquivalent zur Beschlagnahme wirken wie z.B. das Anfertigen von Kopien, die Erstellung von Duplikaten elektronischer Datenträger oder technische Überwachungsmaßnahmen (z.B. nach §§ 100 a ff. StPO)[66].

Eine Verletzung des Art. 47 S. 2 GG kann im Wege der Verfassungsbeschwerde wegen Verletzung von Art. 38 I 2 i.V.m. Art. 47 S. 2 GG[67], bei Verfassungsorganen als Streitgegnern im Wege einer Organstreitigkeit[68] geltend gemacht werden. **Rechtsfolgen einer Verletzung** des Art. 47 S. 2 GG sind die Pflicht zur Rückgabe und ein Verwertungsverbot[69]. Das muss wohl auch gelten, wenn sich die zugrundeliegenden Ermittlungen nur gegen Mitarbeiter des Abgeordneten richten, aber dessen Rechte aus Art. 47 S. 2 GG verletzt werden[70]. 15

D. Verhältnis zu anderen GG-Bestimmungen

Soweit Art. 47 GG unanwendbar ist, kann sich ein Schutz des Abgeordneten gegen Beschlagnahmen aus **Art. 46 II, 40 II 2 GG** ergeben[71]. Das Zeugnisverweigerungsrecht gilt auch gegenüber Untersuchungsausschüssen nach **Art. 44 GG**[72]. 16

---

[61] *Trute* (Fn. 14), Art. 47 Rn. 15; *M. Morlok/E. Sokolov*, DÖV 2014, 405 (408); *H.-U. Borchert*, DÖV 1992, 58 (60 f.).
[62] *Jarass/Pieroth*, GG, Art. 47 Rn. 3; *Kluth* (Fn. 23), Art. 47 Rn. 11; *Klein* (Fn. 15), Art. 47 Rn. 31.
[63] *Jarass/Pieroth*, GG, Art. 47 Rn. 3; *H.-U. Borchert*, DÖV 1992, 58 (61); *R.P. Dach*, ZRP 1992, 1 ff.
[64] *Magiera* (Fn. 14), Art. 47 Rn. 7; *Achterberg/Schulte* (Fn. 15), Art. 47 Rn. 10 f.
[65] So *R.P. Dach*, ZRP 1992, 1 (1); wohl auch *Schneider* (Fn. 6), Art. 47 Rn. 6.
[66] *Trute* (Fn. 14), Art. 47 Rn. 15, 17 m.w.N.; zust. *Benda/Umbach*, Stasi-Akten (Fn. 56), S. 188; a.A. wegen des fehlenden Gewahrsams an nicht vergegenständlichten Mitteilungen *D. Wiefelspütz*, NVwZ 2003, 38 (42).
[67] BVerfGE 108, 251 (266 ff., Rn. 37 ff); *Klein* (Fn. 15), Art. 47 Rn. 37; *C. Ohler*, NVwZ 2004, 696 (696 f.).
[68] Vgl. BVerfGE 108, 251 (267, 270 ff., Rn. 39 f., 50 ff.); *Butzer* (Fn. 43), Art. 47 Rn. 12; *Trute* (Fn. 14), Art. 47 Rn. 16.
[69] *Magiera* (Fn. 14), Art. 47 Rn. 8; *Trute* (Fn. 14), Art. 47 Rn. 16; *G. Schäfer*, in: Löwe-Rosenberg, StPO, § 97 Rn. 103 ff.; *K. Amelung*, in: AK-StPO, § 97 Rn. 34.
[70] Vgl. BVerfGE 108, 251 (269 f., Rn. 47); krit. *D. Wiefelspütz*, Der Staat 43 (2004), 543 (558 f.).
[71] Vgl. zum Verhältnis von Art. 47 S. 2 GG zu Art. 40 II 2 *Klein* (Fn. 15), Art. 47 Rn. 35, zu Art. 46 II GG *Umbach* (Fn. 3), Art. 47 Rn. 29 f.
[72] Ausf. *Umbach* (Fn. 3), Art. 47 Rn. 21 m.w.N.

Artikel 48 [Urlaubsanspruch; Behinderungsverbot; Entschädigungs- und Beförderungsanspruch]

(1) Wer sich um einen Sitz im Bundestage bewirbt, hat Anspruch auf den zur Vorbereitung seiner Wahl erforderlichen Urlaub.

(2) ¹Niemand darf gehindert werden, das Amt eines Abgeordneten zu übernehmen und auszuüben. ²Eine Kündigung oder Entlassung aus diesem Grunde ist unzulässig.

(3) ¹Die Abgeordneten haben Anspruch auf eine angemessene, ihre Unabhängigkeit sichernde Entschädigung. ²Sie haben das Recht der freien Benutzung aller staatlichen Verkehrsmittel. ³Das Nähere regelt ein Bundesgesetz.

Literaturauswahl

v. Arnim, Hans Herbert: Die Besoldung von Politikern, in: ZRP 2003, S. 235–241.
v. Arnim, Hans Herbert: Nebeneinkünfte von Bundestagsabgeordneten, in: DÖV 2007, S. 897–907.
v. Arnim, Hans Herbert: Der Verfassungsbruch, 2011.
v. Arnim, Hans Herbert: Abgeordnetengesetz ohne Kontrolle – Zur Diätennovelle der großen Koalition, in: DVBl. 2014, S. 605–615.
v. Arnim, Hans Herbert: Die Bezahlung von Politikern: Art, Höhe und Verfahren, in: RuP 50 (2014), S. 138–152.
Austermann, Philipp: Die Anrechnungsbestimmungen im Abgeordnetenrecht des Bundes und der Länder, 2011.
Badura, Peter: Das politische Amt des Abgeordneten und die Frage seiner Entschädigung, in: ZSE 3 (2005), S. 167–184.
Braun, Werner/Jantsch, Monika/Klante, Elisabeth: Abgeordnetengesetz des Bundes – unter Einschluß des Europaabgeordnetengesetzes und der Abgeordnetengesetze der Länder, 2002.
Brocker, Lars/Messer, Thomas: Funktionszulagen für Abgeordnete und Oppositionszuschläge – Fortentwicklung der verfassungsgerichtlichen Rechtsprechung durch den BremStGH, in: NVwZ 2005, S. 895–898.
Butzer, Hermann: Diäten und Freifahrt im Deutschen Reichstag, 1999.
Butzer, Hermann: Verbotene Zuwendungen an Abgeordnete des Niedersächsischen Landtags, in: NdsVBl. 2005, S. 169–175.
v. Eichborn, Wolfgang: Zur angemessenen Bezahlung parlamentarischer Führungspositionen in: KritV 84 (2001), S. 55–82.
Hellermann, Johannes: Vom einfachen Abgeordneten und besonderen Funktionsträgern im Parlament, in: ZG 16 (2001), S. 177–190.
Hölscheidt, Sven: Funktionszulagen für Abgeordnete, in: DVBl. 2000, S. 1734–1742.
Käßner, Anne: Nebentätigkeiten und Nebeneinkünfte der Mitglieder des Deutschen Bundestages, 2010.
Kretschmer, Gerald: Das Diätenurteil des Bundesverfassungsgerichtes (21. Juli 2000): Vom »fehlfinanzierten« zum »fehlverstandenen« Parlament?, in: ZParl. 31 (2000), S. 787–797.
Krönke, Christoph: Verfassungsmäßigkeit von Funktionszulagen im Deutschen Bundestag, in: DVBl. 2013, S. 1492–1497.
Kühn, Matthias K.: Verhaltensregeln für Bundestagsabgeordnete, 2011.
Lang, Heinrich: Gesetzgebung in eigener Sache, 2007.
Lediger, Astrid: Die Entschädigung der Bundestagsabgeordneten, 2001.
Meyer, Hans: Das fehlfinanzierte Parlament, in: KritV 76 (1995), S. 216–257.
Piechaczek, Oliver: Lobbyismus im Deutschen Bundestag, 2014.
Rau, Markus: Parlamentarische Funktionszulagen und der verfassungsrechtliche Status der Abgeordneten – BVerfGE 102, 224, in: JuS 2001, S. 755–759.
Roth, Wolfgang: Die Abgeordnetenentschädigung als Verdienstausfallentschädigung, in: AöR 129 (2004), S. 219–262.
Schmahl, Stefanie: Funktionszulagen – ein Verstoß gegen Mandatsfreiheit und Gleichheit der Abgeordneten?, in: AöR 130 (2005), S. 114–149.
Stalbold, Reimer: Die steuerfreie Kostenpauschale der Abgeordneten, 2004.

Uppenbrink, Eva: Das Europäische Mandat – Status der Abgeordneten des Europäischen Parlaments, 2004.
v. Waldthausen, J. Christian: Gesetzgeberische Gestaltungsfreiheit und öffentliche Kontrolle im Verfahren zur Festsetzung der Abgeordnetenentschädigung, 2000.
Welti, Felix: Die soziale Sicherung der Abgeordneten des Deutschen Bundestages, der Landtage und der deutschen Abgeordneten im Europäischen Parlament, 1998.
Welti, Felix: Funktionszulagen im Konflikt mit Freiheit und Gleichheit der Abgeordneten?, in: DÖV 2001, S. 705–714.
Wiefelspütz, Dieter: Diäten für Abgeordnete – eine unendliche Geschichte? Plädoyer für eine Indexierung der Abgeordnetenentschädigung, in: ZParl. 32 (2001), S. 765–784.

Leitentscheidungen des Bundesverfassungsgerichts

BVerfGE 40, 296 (310ff.) – Abgeordnetendiäten; 42, 312 (326ff.) – Inkompatibilität/Kirchliches Amt; 76, 256 (341ff.) – Beamtenversorgung II; 102, 224 (234ff., Rn. 43ff.) – Funktionszulagen; 118, 277 (323ff., Rn. 206ff.) – Nebeneinkünfte der Abgeordneten.

Gliederung   Rn.

A. Herkunft, Entstehung, Entwicklung   1
B. Internationale, supranationale und rechtsvergleichende Bezüge   4
C. Erläuterungen.   8
    I. Allgemeine Bedeutung   8
   II. Urlaubsanspruch (Art. 48 I GG)   10
  III. Behinderungsverbot (Art. 48 II GG).   14
  IV. Entschädigungs- und Beförderungsanspruch (Art. 48 III GG)   19
      1. Entschädigungsanspruch: Alimentation und Amtsausstattung (Art. 48 III 1 GG). . .   21
      2. Beförderungsanspruch: Benutzung staatlicher Verkehrsmittel (Art. 48 III 2 GG). . .   33
      3. Abgeordnetengesetzgebung (Art. 48 III 3 GG)   34
D. Verhältnis zu anderen GG-Bestimmungen   41

Stichwörter

Abgeordnetengesetz 37 – Alimentation 21f., 37 – Altersversorgung 28 – Amtsausstattung 21, 38 – Anspruch auf Entschädigung 1, 7 – Aufwandsentschädigung 5, 21, 32, 38 – Beförderungsanspruch 33, 39 – Behinderungsverbot 3ff., 14ff. – Benachteiligungsverbot 15 – Beraterverträge 23, 31 – Diäten 19, 30, 35 – Diätenkommissionen 36 – Entschädigungsanspruch 9, 19ff. – Europaabgeordnete 4f. – Europäisches Parlament 4f. – Freiheit des Abgeordneten 23 – Funktionsfähigkeit des Bundestages 8 – Funktionszulagen 25 – Gesetzgebung in eigener Sache 34f. – Gestaltungsspielraum des Gesetzgebers 21 – Gleichheit des Abgeordneten 24, 29 – Gleitklauseln 35f. – Kündigungen 16 – Landesverfassungen 7 – Mittelpunkt der Abgeordnetentätigkeit 15 – Nebeneinkünfte 30f. – Öffentlichkeitsstatus des Abgeordneten 26 – Parteifinanzierung 27 – Rechtsweg 40 – Staffeldiäten 35 – Steuerpflicht 29 – Transparenzpflichten 30 – Übergangsgeld 28 – Unterlassungsanspruch 14, 18 – Urlaubsanspruch 2, 7f., 10ff. – Vollalimentation 21, 37 – Wahlbewerber 10, 14 – Zusatzeinkommen 30.

A. Herkunft, Entstehung, Entwicklung

Die in Art. 48 GG normierten Rechte entstammen unterschiedlichen Verfassungsepochen[1]. Der **Anspruch auf Entschädigung** (Art. 48 III GG) kann auf die **längste Tradition**   1

---

[1] *H.-P. Schneider*, in: AK-GG, Art. 48 (2002), Rn. 1; ausf. *F. Welti*, Die soziale Sicherung der Abgeordneten des Deutschen Bundestages, der Landtage und der deutschen Abgeordneten im Europäischen Parlament, 1998, S. 92ff., 130ff., 133ff.

zurückblicken². Schon Art. I, Abschnitt 6 der US-Verfassung von 1787 sah eine Entschädigung für Abgeordnete vor. Einem solchen Anspruch liegt das Leitbild des ehrenamtlich tätigen Abgeordneten zugrunde, der für seine parlamentarische Tätigkeit eine Aufwandsentschädigung in Form von Tagegeld (»Diäten«) und Reisekosten erhält³. Doch war schon 1830 in den Beratungen der europaweit vorbildgebenden belgischen Verfassung umstritten, ob Abgeordneten nicht ein Gehalt zu gewähren sei; durchgesetzt hat sich in Deutschland die Gegenauffassung⁴, nachdem auf Reichsebene zunächst ein Besoldungsverbot für Abgeordnete in Art. 32 RVerf. 1871 als Korrektiv gegen die Allgemeinheit der Wahl zugunsten solcher Mandatsträger gewirkt hatte, deren wirtschaftliche Existenz unabhängig von dem Mandat gesichert war⁵. Erst 1906 wurde die Reichsverfassung i.S. der Zulässigkeit einer (Aufwands-)Entschädigung geändert⁶, auch um wirtschaftliche Barrieren beim Zugang zum Parlament abzusenken⁷. Auch Art. 40 WRV verstand den Entschädigungsanspruch als bloße Aufwandsentschädigung⁸; nur der Beförderungsanspruch galt nun nicht mehr nur für die Sitzungs-, sondern für die gesamte Wahlperiode. **Art. 63 HChE** und Art. 48 III GG haben diese Regelungen mit redaktionellen Modifikationen übernommen⁹; ihr inhaltliches Verständnis hat sich aber namentlich durch die Rechtsprechung des Bundesverfassungsgerichts wesentlich verändert¹⁰. Ein Versuch, durch Änderung des Art. 48 III GG die Entschädigungshöhe für Abgeordnete an die Besoldung von Bundesrichtern zu koppeln, scheiterte 1995 am Bundesrat¹¹.

2   Der **Urlaubsanspruch** zur Wahlvorbereitung (Art. 48 I GG) wurde **erstmals in Art. 39 II WRV** normiert¹² und unter Verallgemeinerung seiner damals auf Beamte und Wehr-

---

² Ausf. *P. Austermann*, Die Geschichte der Abgeordnetenentschädigung, in: S.S. Schüttemeyer/E. Schmidt-Jortzig (Hrsg.), Der Wert der parlamentarischen Repräsentation, 2014, S. 103 ff.

³ Vgl. *H.-H. Trute*, in: v. Münch/Kunig, GG I, Art. 48 Rn. 17; ausf. *J.C. v. Waldthausen*, Gesetzgeberische Gestaltungsfreiheit und öffentliche Kontrolle im Verfahren zur Festsetzung der Abgeordnetenentschädigung, 2000, S. 30 ff.; *F.J. Hospach*, Diäten in Deutschland, Diss. jur. Tübingen 1992; *J.-D. Kühne*, Volksvertretungen im monarchischen Konstitutionalismus (1814–1918), in: Schneider/Zeh, § 2 Rn. 65 ff.; *H.H. v. Arnim/T. Drysch*, in: BK, Art. 48 (Drittb. 2010), Rn. 54 ff.

⁴ Vgl. *H.H. Klein*, in: Maunz/Dürig, GG, Art. 48 (1998/2001/2007), Rn. 1 ff.; *v. Arnim/Drysch* (Fn. 3), Art. 48 Rn. 55 ff.; *Hospach*, Diäten (Fn. 3), S. 16 ff., 57 ff.

⁵ Vgl. *Hospach*, Diäten (Fn. 3), S. 161 ff., 171 ff., 200 ff.; *H.H. v. Arnim*, Entschädigung und Amtsausstattung, in: Schneider/Zeh, § 16 Rn. 7; *J. Hatschek*, Das Parlamentsrecht des Deutschen Reiches, 1. Teil, 1915, S. 610 f.

⁶ *Austermann*, Geschichte (Fn. 2), S. 122 ff.; *v. Arnim/Drysch* (Fn. 3), Art. 48 Rn. 60; *Hospach*, Diäten (Fn. 3), S. 233 ff.

⁷ *W. Kluth*, in: Schmidt-Bleibtreu/Hofmann/Henneke, GG, Art. 48 Rn. 2; ausf. *H. Butzer*, Diäten und Freifahrt im Deutschen Reichstag, 1999, S. 50 ff., 247 ff., 316 ff.; anders *W. Roth*, AöR 129 (2004), 219 (225).

⁸ *Anschütz*, WRV, Art. 40 Anm. 2; *v. Arnim/Drysch* (Fn. 3), Art. 48 Rn. 63; ausf. *Austermann*, Geschichte (Fn. 2), S. 127 ff.

⁹ S. näher JöR 1 (1951), S. 375 ff.; *P. Austermann*, ZParl. 45 (2014), 270 (271 ff., 277 ff.); *Klein* (Fn. 4), Art. 48 Rn. 15 ff.; *v. Arnim/Drysch* (Fn. 3), Art. 48 Abschnitt I; ausf. Nw. der Materialien bei *D.C. Umbach*, in: Umbach/Clemens, GG, Art. 48 Rn. 6 ff.

¹⁰ Grdl. BVerfGE 40, 296 (310 ff.); krit. *H.H. Klein*, Diäten-Urteil und Diäten-Streit. Legendenbildung im Verfassungsrecht, in: FS Blümel, 1999, S. 224 ff. → Rn. 19.

¹¹ S. näher *D. Wiefelspütz*, ZParl. 32 (2001), 765 (767 ff.); *Welti*, Sicherung (Fn. 1), S. 158 ff.; *W. Schmitt Glaeser*, Das Bundesverfassungsgericht als »Gegengewalt« zum verfassungsändernden Gesetzgeber? – Lehren aus dem Diäten-Streit 1995, in: FS Stern, 1997, S. 1183 ff.; *L. Determann*, BayVBl. 1997, 385 (391 f.); *H.H. v. Arnim*, Die Partei, der Abgeordnete und das Geld, 1996, S. 332 ff.

¹² *Anschütz*, WRV, Art. 39 Anm. 5; *D. Spoerhase*, Probleme des grundgesetzlichen Verbots der Abgeordnetenbehinderung (Artikel 48, Absatz 1 und 2 GG), Diss. jur. Saarbrücken 1980, S. 15 ff.

machtsangehörige beschränkten Geltung von Art. 62 II HChE übernommen; die Auseinandersetzung im Parlamentarischen Rat, ob der Urlaub bezahlt oder unbezahlt sein solle, blieb ausdrücklich unentschieden[13].

Ohne Vorbild in Reichsverfassungen, die nur Urlaubsregelungen für Beamte zur Mandatsbewerbung kannten (Art. 21 RVerf. 1871), ist das **Behinderungsverbot** (Art. 48 II GG), das der Organisationsausschuss des Parlamentarischen Rates in Anlehnung an Art. 69 I Verf. Baden 1947 neu aufnahm; dabei war die Zumutbarkeit des Kündigungsschutzes für private Unternehmen lange umstritten[14]. 3

B. Internationale, supranationale und rechtsvergleichende Bezüge

Die **Rechtsstellung der Abgeordneten des Europäischen Parlaments** ist im Detail nicht im Primärrecht der Europäischen Union geregelt. Seit 2009 gilt eigenständig das Abgeordnetenstatut des Europäischen Parlaments[15], wie es (seit dem Amsterdamer Vertrag) jetzt in Art. 223 II AEUV gefordert wird. Zudem gewährleisten im deutschen Recht (parallel zu Art. 48 I, II GG) unverändert die §§ 4, 8 EuAbgG einen Anspruch auf (unbezahlten) **Wahlvorbereitungsurlaub** und § 3 I, III 1 EuAbgG ein **Behinderungsverbot**[16]. 4

Die **Entschädigung** der Europaabgeordneten beträgt nach Art. 10 des Abgeordnetenstatuts 38,5% des Grundgehalts eines Richters am EuGH, z.Zt. also 8.021 Euro; hinzu kommen europäisch finanzierte Aufwandsentschädigungen und Versorgungsleistungen nach Art. 13 ff. Abgeordnetenstatut[17], die nicht der nationalen Besteuerung unterliegen[18]. Dies alles führt zur Gleichheit der Entschädigung für alle Mitglieder des EP, doch führen die Kaufkraftunterschiede in den Mitgliedstaaten zu unterschiedlichen Be- und Entlastungsfolgen, wenn z.B. ein EU-Parlamentarier mehr verdient als seine Staats- oder Ministerpräsidenten[19] oder weniger als Abgeordnete des nationalen Parlaments[20]. Als Besonderheit ist bemerkenswert, dass seit 1.12.2012 ein Verhaltenskodex für die Abgeordneten des EP gilt, der sie zur Transparenz von Nebentätigkeiten, Nebeneinkünften und Geschenken verpflichtet[21]. 5

Auch in den 15 alten Staaten der EU normieren drei Verfassungen einen **Anspruch auf Urlaub** zur Wahlvorbereitung (z.B. Art. 4 Verf. Niederlande), vier ein **Behinde-** 6

---

[13] *Schneider* (Fn. 1), Art. 48 Rn. 1; JöR 1 (1951), S. 377; Parl. Rat XIV/1, S. 60 ff.
[14] Vgl. JöR 1 (1951), S. 376 f.; Parl. Rat XIII/1, S. 43 f.; XIV/1, S. 60; *P. Feuchte*, AöR 111 (1986), 325 (333 ff.; zur Entwicklung im 19. Jahrhundert S. 326 ff.); *Schneider* (Fn. 1), Art. 48 Rn. 1.
[15] Vom 28.9.2005 (ABl. Nr. L 262/1).
[16] Europaabgeordnetengesetz vom 6.4.1979 (BGBl. I, S. 413), zuletzt geändert durch Gesetz vom 11.7.2014, BGBl. I, S. 908; vgl. auch *R. Fleuter*, Mandat und Status des Abgeordneten im Europäischen Parlament, 1991, S. 104 f.
[17] Krit. *H.H. v. Arnim*, RuP 50 (2014), 138 (140 f.); in monatlichen Zahlen (2014): Kostenpauschale 4.299 Euro; Sitzungsgeld 304 Euro pro Teilnahmetag; volle Reisekostenerstattung; Mitarbeiter-Zulage bis zu 21.209 Euro; eingerichtetes Büro; Übergangsgeld und Ruhegehalt, Lebens-, Invaliditäts-, Diebstahlversicherungen und eine Hinterbliebenenversorgung; schließlich zusätzlich nach deutschem Recht Leistungen nach §§ 10 ff. EuAbgG.
[18] Vgl. Art. 12 Abgeordnetenstatut; zuvor EuGH v. 15.9.1981, C-208/80, Rn. 19 – *Lord Bruce*; zust. *R. Bieber*, EuR 16 (1981), 124 (137).
[19] *H.H. v. Arnim*, RuP 50 (2014), 138 (140); zur früheren Reformdiskussion *E. Uppenbrink*, Das Europäische Mandat – Status der Abgeordneten des Europäischen Parlaments, 2004, S. 246 ff.; krit. *H.H. v. Arnim*, 9053 Euro Gehalt für Europaabgeordnete?, 2004.
[20] *W. Kluth*, in: Calliess/Ruffert, EUV/AEUV, Art. 223 AEUV, Rn. 10.
[21] Abrufbar unter www.europarl.europa.eu.

rungsverbot (z.B. §30 II Verf. Dänemark) und zehn eine Regelung betr. eine **Entschädigung** für die Abgeordneten (z.B. Art. 66 I, V, 71 Verf. Belgien) – wobei zwei Verfassungen die Parlamentspräsidenten besonders hervorheben (z.B. Art. 15 IX Nr. 2 Verf. Irland) und fünf den Anspruch auf Benutzung staatlicher Verkehrsmittel (z.B. Art. 63 II Verf. Griechenland).

7 Von den 16 Verfassungen der Länder der Bundesrepublik kennen neun einen **Urlaubsanspruch** zur Wahlvorbereitung (z.B. Art. 29 I Verf. Baden-Württemberg), elf ein **Behinderungsverbot** (z.B. zuletzt Art. 13 III Verf. Hamburg 1996), 14 einen Anspruch auf angemessene, die Unabhängigkeit sichernde **Entschädigung** (z.B. Art. 31 Verf. Bayern; zuletzt Art. 13 I Verf. Hamburg 1996) und sieben einen Beförderungsanspruch (z.B. Art. 50 Verf. Nordrhein-Westfalen). Art. 54 II Verf. Thüringen koppelt die Höhe der Entschädigung an die Entwicklung der allgemeinen Lebenshaltungskosten[22].

C. Erläuterungen

I. Allgemeine Bedeutung

8 Art. 48 GG sichert die Rechtsstellung des Bundestagsabgeordneten[23] i.S. eines allein durch Art. 38 I 2 GG gewährleisteten Status der Freiheit, Gleichheit und Öffentlichkeit[24] ergänzend ab[25] und bündelt **drei heterogene** individuelle **Rechtsansprüche**. Absatz 1 gewährleistet einen leistungsrechtlichen **Urlaubsanspruch** des Bewerbers um ein Bundestagsmandat für die Wahlkampfzeit, und Absatz 2 gibt einen abwehrrechtlichen **Anspruch** darauf, nicht nur bei der Bewerbung, sondern auch bei Übernahme des Mandats **nicht** durch rechtliche Nachteile oder einen Arbeitsplatzverlust unangemessen **behindert zu werden**; beide Ansprüche stärken die Rechtsstellung gegenüber privaten Dritten im Interesse des passiven Wahlrechts[26]. Art. 48 III GG sichert demgegenüber durch »leistungsrechtliche« Ansprüche gegen den Staat den wirtschaftlichen **Lebensunterhalt** des Abgeordneten während des Mandats und gehört damit zu den »Essentialen des demokratischen Prinzips«[27]. Mittelbar tragen diese Regelungen auch zur Funktionsfähigkeit des Parlaments bei, indem sie eine sozial einseitige Zusammensetzung des Parlaments zu verhindern suchen[28].

9 Während Rechtskonflikte um Urlaubsanspruch und Behinderungsverbot in der Praxis eher von untergeordneter Bedeutung sind, verknüpfen sich mit dem Entschädigungsanspruch aktuelle **Grundsatzfragen der parlamentarischen Demokratie**: der Wandel des Parlamentariers zum Berufspolitiker[29], die gewandelte Wertschätzung

---

[22] *L. Determann*, BayVBl. 1997, 385 (392); *P.M. Huber*, ThürVBl. 1995, 80ff.; *J. Linck*, ThürVBl. 1995, 104ff.; *A. Fischer*, Abgeordnetendiäten und staatliche Fraktionsfinanzierung in den fünf neuen Bundesländern, 1995, S. 236ff.

[23] *Klein* (Fn. 4), Art. 48 Rn. 22ff.; *v. Arnim/Drysch* (Fn. 3), Art. 48 Rn. 5ff., 50ff.; *H. Bethge*, Art. Abgeordneter, in: StL[7], Bd. 1, Sp. 9ff. (12f.).

[24] *P. Häberle*, NJW 1976, 537 (538f.); *ders.*, Verfassungsrechtlicher Abgeordnetenstatus und Grunddiätenbesteuerung in der egalitären Demokratie (BVerfGE 40, 296), in: *ders.*, Verfassung als öffentlicher Prozeß, 3. Aufl. 1998, S. 503ff. (505ff.); zust. *Umbach* (Fn. 9), Art. 48 Rn. 12. → Art. 38 Rn. 139ff.

[25] BVerfGE 118, 277 (334, Rn. 231).

[26] *Jarass/Pieroth*, GG, Art. 48 Rn. 1; *v. Arnim/Drysch* (Fn. 3), Art. 48 Rn. 7, 22, 31.

[27] *P. Badura*, ZSE 3 (2005), 167 (169).

[28] *Trute* (Fn. 3), Art. 48 Rn. 1ff., 18; krit. *H.H. v. Arnim*, ZRP 2003, 235 (239f.).

[29] Vgl. näher *K. v. Beyme*, Die politische Klasse im Parteienstaat, 1994, S. 120ff.; *K. Burmeister*,

von Politikern[30] oder die Probleme von gesetzgeberischen Entscheidungen in eigener Sache (→ Rn. 34). Auseinandersetzungen um Diätenerhöhungen spiegeln Rang und Akzeptanz der parlamentarischen Demokratie wider.

II. Urlaubsanspruch (Art. 48 I GG)

Der Bewerber um ein Bundestagsmandat hat einen verfassungsunmittelbaren **Anspruch auf** den zur Vorbereitung seiner Wahl erforderlichen **Urlaub**, wenn er passiv wahlberechtigt ist und seine Bewerbung personell und zeitlich ernsthaft ist[31], z.B. wenn er in einen Wahlvorschlag als Wahlkreis- oder Listenbewerber aufgenommen worden ist (§§ 20, 27 BWahlG) oder die konkrete objektivierbare Aussicht besteht, in einen solchen Wahlvorschlag aufgenommen zu werden[32]. Die Erfolgsaussichten bei der Wahl sind insoweit irrelevant[33].

10

Urlaub meint die Freistellung von privatrechtlichen oder öffentlich-rechtlichen Dienstverpflichtungen gegenüber Dritten[34]. **Urlaubsberechtigt** sind daher nur **unselbständig Beschäftigte**[35] einschließlich solcher Arbeitnehmer, die in einer religiösen Gemeinschaft oder einem ideell ausgerichteten Verband tätig sind[36], arbeitnehmerähnlich Beschäftigte (§ 12a TVG) sowie Beamte, Richter und Soldaten (vgl. §§ 33 I BRRG, 89 II 2 BBG, 36 I DRiG, 25 I, 28 VI SG; s.a. § 12 III WPflG).

11

Nicht anspruchsberechtigt sind Selbständige[37], Strafgefangene[38] und Untersuchungshäftlinge, Sozialhilfeempfänger mit gemeinnütziger Arbeitsgelegenheit[39] oder Werkvertragsverpflichtete[40]. Art. 48 I GG gilt allein der Abhängigkeit in Erwerbsverhältnissen, nicht sonstigen Hinderungsgründen[41].

12

Art und Umfang des zweckgebundenen **Urlaubs** richten sich nach der Inanspruchnahme des Bewerbers unabhängig von den Interessen des anspruchsverpflichteten Arbeits- bzw. Dienstberechtigten[42]. Ein bis zwei Monate vor dem Wahltag (§ 3 S. 1

13

Die Professionalisierung der Politik, 1993, S. 46ff., 106ff.; *K. Hesse*, Art. Abgeordneter, in: EvStL³, Sp. 11ff. (13f.).
[30] *Burmeister*, Professionalisierung (Fn. 29), S. 120 ff.; zum Selbstverständnis der Abgeordneten ausf. *W.J. Patzelt*, ZParl. 27 (1996), 462 ff.
[31] *Jarass/Pieroth*, GG, Art. 48 Rn. 2; *S. Magiera*, in: Sachs, GG, Art. 48 Rn. 3; *Trute* (Fn. 3), Art. 48 Rn. 4; *J. Medding*, VR 1990, 161 (161 f.); *v. Arnim/Drysch* (Fn. 3), Art. 48 Rn. 23; *Klein* (Fn. 4), Art. 48 Rn. 49 ff.
[32] So *Magiera* (Fn. 31), Art. 48 Rn. 3; *N. Achterberg/M. Schulte*, in: v. Mangoldt/Klein/Starck, GG II, Art. 48 Rn. 1 f.; *Schneider* (Fn. 1), Art. 48 Rn. 3; *v. Arnim/Drysch* (Fn. 3), Art. 48 Rn. 23; zu Parteilosen VG Köln DÖV 1972, 356 (357); *Spoerhase*, Probleme (Fn. 12), S. 65.
[33] *Jarass/Pieroth*, GG, Art. 48 Rn. 2; *Trute* (Fn. 3), Art. 48 Rn. 4; *Klein* (Fn. 4), Art. 48 Rn. 59.
[34] *Magiera* (Fn. 31), Art. 48 Rn. 4; *I. Edebohls*, ArbRB 2009, 147 ff.
[35] *Magiera* (Fn. 31), Art. 48 Rn. 4; *Trute* (Fn. 3), Art. 48 Rn. 5; ausf. *Achterberg/Schulte* (Fn. 32), Art. 48 Rn. 4 ff.; *J. Medding*, VR 1990, 161 (162 ff.); krit. *Welti*, Sicherung (Fn. 1), S. 104 ff., 130 f.
[36] *Achterberg/Schulte* (Fn. 32), Art. 48 Rn. 6; *J. Medding*, VR 1990, 161 (163).
[37] BGHZ 94, 248 (255); *Jarass/Pieroth*, GG, Art. 48 Rn. 2; *Magiera* (Fn. 31), Art. 48 Rn. 4.
[38] BVerfG (Vorprüfungsausschuss), NVwZ 1982, 96; *Trute* (Fn. 3), Art. 48 Rn. 6; *Klein* (Fn. 4), Art. 48 Rn. 53 f.; *J. Jekewitz*, GA 1981, 433 (440); *v. Arnim/Drysch* (Fn. 3), Art. 48 Rn. 21; a.A. *Schneider* (Fn. 1), Art. 48 Rn. 2.
[39] *Trute* (Fn. 3), Art. 48 Rn. 6; a.A. *Achterberg/Schulte* (Fn. 32), Art. 48 Rn. 9.
[40] *Jarass/Pieroth*, GG, Art. 48 Rn. 2; *Achterberg/Schulte* (Fn. 32), Art. 48 Rn. 9.
[41] BVerfG (Vorprüfungsausschuss), NVwZ 1982, 96; *Trute* (Fn. 3), Art. 48 Rn. 6; a.A. für Arbeitslose gegenüber dem Arbeitsamt *Achterberg/Schulte* (Fn. 32), Art. 48 Rn. 4.
[42] *Magiera* (Fn. 31), Art. 48 Rn. 4; *Achterberg/Schulte* (Fn. 32), Art. 48 Rn. 12; *Schneider* (Fn. 1), Art. 48 Rn. 4.

AbgG) reichen praktisch aus[43], zumal der Anspruch sich (wie bei § 3 S. 2 AbgG) nur auf unbezahlten Urlaub erstreckt[44]; darin soll sich die Ernsthaftigkeit einer Bewerbung zeigen[45]. Der Urlaub muss beantragt, gewährt und bei Ablehnung ggf. gerichtlich erstritten werden[46]; Art. 48 I GG rechtfertigt kein eigenmächtiges Fernbleiben aus Wahlkampfgründen[47].

III. Behinderungsverbot (Art. 48 II GG)

14 Art. 48 II GG gewährt einen **Abwehranspruch** sowohl gegenüber der öffentlichen Gewalt als auch gegenüber privaten Dritten[48] für jeden, der das Amt eines Bundestagsabgeordneten übernehmen oder ausüben will, unabhängig von der Art seiner beruflichen Tätigkeit[49]. Anspruchsberechtigt sind nicht nur **gewählte Abgeordnete**, sondern auch **Bewerber i.S. von Art. 48 I GG**[50] von der Aufstellung als Wahlbewerber (→ Rn. 10) an (so auch § 2 III 3 AbgG); Sinn und Zweck gebieten eine begrenzte Fortwirkung des Schutzes über das zeitliche Ende des Abgeordnetenmandats hinaus (so auch § 2 III 4 AbgG: um ein Jahr)[51].

15 Das **Benachteiligungsverbot** des Art. 48 II 1 GG verbietet jede diskriminierende Schlechterstellung, die ihren Grund allein in der Mandatsübernahme oder -ausübung hat, also etwa auch Versetzungen, Zuweisung anderer Tätigkeiten, Beförderungsstopps, Arbeitszeitdiskriminierungen u.a.[52]. Als Behinderung wird teilweise[53] in einem weiten Sinne jede Handlung verstanden, die unabhängig von ihrer Intention die Mandatsausübung unvermeidlicherweise als tatsächliche Folge beeinträchtigt. Demgegenüber muss nach herrschender Auffassung das Verhalten **intentional** auf eine Be-

---

[43] *Achterberg/Schulte* (Fn. 32), Art. 48 Rn. 13; *W. Braun/M. Jantsch/E. Klante*, Abgeordnetengesetz, 2002, § 3 Rn. 12; *Klein* (Fn. 4), Art. 48 Rn. 61 ff.; *v. Arnim/Drysch* (Fn. 3), Art. 48 Rn. 22.

[44] *Jarass/Pieroth*, GG, Art. 48 Rn. 2; *Trute* (Fn. 3), Art. 48 Rn. 8; *Klein* (Fn. 4), Art. 48 Rn. 67 ff.; kritisch *Schneider* (Fn. 1), Art. 48 Rn. 5; *v. Arnim/Drysch* (Fn. 3), Art. 48 Rn. 26 f.; anders *G. Sadtler*, Die Bedeutung des Art. 48 GG und des Art. 160 Weimarer Verfassung für das Arbeitsrecht, 1968, S. 60 ff.

[45] Vgl. *Magiera* (Fn. 31), Art. 48 Rn. 5; zur Zulässigkeit abweichender Vereinbarungen *P. Dobberahn*, NZA 1994, 396 (398); *U. Berger-Delhey*, PersV 1994, 241 (243).

[46] *Magiera* (Fn. 31), Art. 48 Rn. 5; *Trute* (Fn. 3), Art. 48 Rn. 10; *J. Medding*, VR 1990, 161 (167f.); *v. Arnim/Drysch* (Fn. 3), Art. 48 Rn. 26f.

[47] Vgl. *Achterberg/Schulte* (Fn. 32), Art. 48 Rn. 20 ff.; *W. Dütz*, DB 1976, 1428, 1480 (1483); z.T. a.A. *Spoerhase*, Probleme (Fn. 12), S. 87 ff.

[48] Vgl. BVerfGE 42, 312 (328); *Magiera* (Fn. 31), Art. 48 Rn. 7; *Schneider* (Fn. 1), Art. 48 Rn. 8; *v. Arnim/Drysch* (Fn. 3), Art. 48 Rn. 7, 31.

[49] *Jarass/Pieroth*, GG, Art. 48 Rn. 3; *Kluth* (Fn. 7), Art. 48 Rn. 8; *Klein* (Fn. 4), Art. 48 Rn. 80, 87, 100; *Umbach* (Fn. 9), Art. 48 Rn. 17; anders BGHZ 94, 248 (249 ff.); *Spoerhase*, Probleme (Fn. 12), S. 35 ff.: nur Arbeitnehmer und Beamte.

[50] LAG Hessen NJW 1976, 1655 (1655f.); *Trute* (Fn. 3), Art. 48 Rn. 11; *Klein* (Fn. 4), Art. 48 Rn. 75 f.; *J. Medding*, DÖV 1991, 494 (495); *Achterberg/Schulte* (Fn. 32), Art. 48 Rn. 15 f., 27, 33, 35 f.; *v. Arnim/Drysch* (Fn. 3), Art. 48 Rn. 33; etwas anders *Magiera* (Fn. 31), Art. 48 Rn. 8.

[51] *Jarass/Pieroth*, GG, Art. 48 Rn. 3; *Magiera* (Fn. 31), Art. 48 Rn. 8; a.A. *J. Medding*, DÖV 1991, 494 (496f.); allg. zum Zweck *P. Feuchte*, AöR 111 (1986), 325 (342 ff.); zur Ausformung in § 2 AbgG *P. Badura*, Die Stellung des Abgeordneten nach dem Grundgesetz und den Abgeordnetengesetzen in Bund und Ländern, in: Schneider/Zeh, § 15 Rn. 68.

[52] *Trute* (Fn. 3), Art. 48 Rn. 14; *J. Medding*, DÖV 1991, 494 (500); *Achterberg/Schulte* (Fn. 32), Art. 48 Rn. 36; *Schneider* (Fn. 1), Art. 48 Rn. 8; *Welti*, Sicherung (Fn. 1), S. 110 ff.

[53] So BGHZ 43, 384 (387); *B. Pieroth/A. Meßmann*, ZParl. 41 (2010), 535 (535f.); *Klein* (Fn. 4), Art. 48 Rn. 85 f.; *Welti*, Sicherung (Fn. 1), S. 110 ff.

III. Behinderungsverbot (Art. 48 II GG) **Art. 48**

hinderung gerichtet sein[54], um die Übernahme oder Ausübung des Mandats zu erschweren oder unmöglich zu machen. Daran fehlt es, wenn Bezüge wegen Fernbleiben vom Dienst ohne Beurlaubung nicht bezahlt werden[55], dienstliche Gegenstände nicht zur Wahlwerbung verwendet werden dürfen[56], Beamte wegen Verstoßes gegen ihre Treuepflicht aufgrund einer Kandidatur für »verfassungsfeindliche« Parteien disziplinarisch belangt werden[57] oder gesetzlich gefordert wird, dass für Abgeordnete die Mandatsausübung im Mittelpunkt der beruflichen Tätigkeit zu stehen hat[58]; auch straf- oder disziplinarrechtlich bedingte Behinderungen sind von Art. 48 I GG nicht erfasst[59]. Diese engere Auffassung ist Konsequenz aus der Aufwertung des Abgeordneten zum vollalimentierten Berufstätigen[60], kann aber u.U. zu Schutzlücken bei freiberuflich Tätigen führen; teilweise wird daher weniger einschränkend darauf abgestellt, ob vernünftige, d.h. nicht diskriminierende Gründe für eine getroffene Regelung oder Maßnahme fehlen[61].

Kündigungen und Entlassungen (Art. 48 II 2 GG) sind beispielhaft[62] hervorgehobene Erscheinungsformen der Behinderungen i.S. der Gesamtheit der Formen unfreiwilligen Ausscheidens aus einem Dienst- oder Arbeitsverhältnis[63], um dem erhöhten Schutzbedürfnis unselbständig Beschäftigter Rechnung zu tragen[64]. Schon die Androhung solcher Maßnahmen ist unzulässig[65], doch müssen sie wegen der Annahme oder Ausübung des Mandats, nicht aus anderen Gründen erfolgen (vgl. § 2 III 1 AbgG)[66]. Keine Kündigung i.S.v. Art. 48 II 2 GG soll die Kündigung von Gesellschaftsverträgen   **16**

---

[54] BVerfGE 42, 312 (329); BVerwGE 73, 263 (282); 76, 157 (170); 86, 211 (216); OVG NW NVwZ-RR 1989, 375; BGHZ 94, 248 (251); *A. van Aaken*, Der Staat 49 (2010), 369 (385f.); *P. Austermann*, Die Anrechnungsbestimmungen im Abgeordnetenrecht des Bundes und der Länder, 2011, S. 113 ff.; *Kluth* (Fn. 7), Art. 48 Rn. 7; *J. Müller*, NVwZ 1994, 120 (121 f.); *J. Medding*, DÖV 1991, 494 (498 f.); *P. Feuchte*, AöR 111 (1986), 325 (339, 358); *D. Jung*, DÖV 1984, 197 (199 f.); *J. Jekewitz*, GA 1981, 433 (441).
[55] BVerwGE 86, 211 (216 f.); Jarass/*Pieroth*, GG, Art. 48 Rn. 4; *Magiera* (Fn. 31), Art. 48 Rn. 14; *P. Dobberahn*, NZA 1994, 396 (397); *U. Berger-Delhey*, PersV 1994, 241 (242 f.).
[56] BVerwG NVwZ 1999, 424.
[57] So BVerwGE 73, 263 (282); 76, 157 (170); implizit a.A. EGMR NJW 1996, 375 (376 ff. – Rn. 52 ff.) – *Dorothea Vogt*; s. auch BVerwGE 86, 99 (118).
[58] BVerfGE 118, 277 (333 f., Rn. 229 ff.); *O. Piechaczek*, Lobbyismus im Deutschen Bundestag, 2014, S. 178 ff.; *M.K. Kühn*, Verhaltensregeln für Bundestagsabgeordnete, 2011, S. 155 ff.; *N. Janz/R. Latotzky*, NWVBl. 2007, 385 (389 ff.); *H.H. v. Arnim*, DÖV 2007, 897 (902 f.); a.A. BVerfGE 118, 277 (346 ff., Rn. 256 ff.) – nicht tragende Auffassung; *C. Waldhoff*, ZParl. 37 (2006), 251 ff.
[59] BVerwG NJW 1989, 2254 (2557); BVerfG (Vorprüfungsausschuss), NVwZ 1982, 96.
[60] *Magiera* (Fn. 31), Art. 48 Rn. 10; *v. Arnim/Drysch* (Fn. 3), Art. 48 Rn. 34; sinnverkehrend *Umbach* (Fn. 9), Art. 48 Rn. 18.
[61] *H. Butzer*, in: Epping/Hillgruber, GG (online, Stand: 1.9.2014), Art. 48 Rn. 9.3; *Klein* (Fn. 4), Art. 48 Rn. 88, 102, 176; *Trute* (Fn. 3), Art. 48 Rn. 12; *J.-D. Kühne*, ZParl. 17 (1986), 347 (350 f., 358 f.).
[62] Vgl. BVerfGE 42, 312 (328); *Trute* (Fn. 3), Art. 48 Rn. 13; *v. Arnim/Drysch* (Fn. 3), Art. 48 Rn. 32.
[63] Jarass/*Pieroth*, GG, Art. 48 Rn. 4; *U. Berger-Delhey*, PersV 1994, 241 ff.; Achterberg/Schulte (Fn. 32), Art. 48 Rn. 30f.
[64] Vgl. BGHZ 94, 248 (255); *Klein* (Fn. 4), Art. 48 Rn. 100 ff.; *Magiera* (Fn. 31), Art. 48 Rn. 12.
[65] *Achterberg/Schulte* (Fn. 32), Art. 48 Rn. 36; *Schneider* (Fn. 1), Art. 48 Rn. 7.
[66] BAGE 77, 184 (187 f.); *Butzer* (Fn. 61), Art. 49 Rn. 12; *Magiera* (Fn. 31), Art. 48 Rn. 13; *Achterberg/Schulte* (Fn. 32), Art. 48 Rn. 31; *J. Medding*, DÖV 1991, 494 (499); *Spoerhase*, Probleme (Fn. 12), S. 120.

17 Art. 48 II GG verbietet keine **Behinderungen aus verfassungsrechtlich zulässigen Gründen**[69], z.B. Inkompatibilitätsregeln (Beschränkungen der Wählbarkeit nach Art. 38 II oder 137 I GG[70]; Ausschluss von Doppelmandaten in Bundestag und Landtag oder dem Europäischen Parlament, weil schon ein Mandat den Abgeordneten voll ausfüllt[71]; kirchliche Unvereinbarkeitsvorschriften[72]; nicht aber Unvereinbarkeitsregelungen nur aus wirtschaftlichen Gründen[73]) oder Transparenzvorschriften über Nebeneinkünfte oder Nebentätigkeiten[74], impliziert aber die Zulässigkeit einer Berufsausübung neben dem Abgeordnetenmandat[75]. Zulässig sind auch der fehlende Versicherungsschutz in der Arbeitslosenversicherung[76], gesetzliche Regelungen wie Kürzungen von Diäten bei einem Doppelmandat[77] oder europa- und völkerrechtliche Unvereinbarkeitsregeln (vgl. z. B. § 22 II Nr. 11a EuWahlG)[78].

18 Art. 48 II GG gibt dem betroffenen Abgeordneten einen **Unterlassungsanspruch** gegen den, der ihn beeinträchtigt; er kann ihn grundsätzlich im Zivil- oder Verwaltungsrechtsweg, nicht aber unmittelbar verfassungsgerichtlich geltend machen[79]. Zivilrechtliche Übereinkünfte, die gegen Art. 48 II GG verstoßen, sind nichtig (§ 134 BGB)[80] und führen u.U. zu Schadensersatzforderungen (§ 823 II BGB)[81]. Gesetzliche

---

[67] So BGHZ 94, 248 (252ff.) für Art. 17 II 1 Verf. Niedersachsen a.F.; *v. Arnim/Drysch* (Fn. 3), Art. 48 Rn. 42; *P. Feuchte*, AöR 111 (1986), 325 (349ff.); *U. Bertermann*, BB 1967, 270ff.; krit. *Welti*, Sicherung (Fn. 1), S. 104ff.; *Trute* (Fn. 3), Art. 48 Rn. 13; *Schneider* (Fn. 1), Art. 48 Rn. 6; *J.-D. Kühne*, ZParl. 17 (1986), 347ff.

[68] So *Magiera* (Fn. 31), Art. 48 Rn. 12; zur Vereinbarkeit von Mandat und Anwaltsberuf BGH DÖV 1979, 444 m. Anm. *R. Zuck*, S. 446ff.; *G. Kretschmer*, ZParl. 11 (1980), 527ff.

[69] BVerfGE 42, 312 (326); *Magiera* (Fn. 31), Art. 48 Rn. 14; *Trute* (Fn. 3), Art. 48 Rn. 15; zur Zulässigkeit des »Rotationsprinzips« der »Grünen« zu Beginn der 80er Jahre *K.-H. Hohm/T. Rauschenberg*, NJW 1984, 1657 (1663) einerseits, *D. Jung*, DÖV 1984, 197 (200f.) andererseits.

[70] Ausf. *Achterberg/Schulte* (Fn. 32), Art. 48 Rn. 37ff.; *Schneider* (Fn. 1), Art. 48 Rn. 9; *Klein* (Fn. 4), Art. 48 Rn. 92; s. auch *J. Grünert*, VR 1992, 413 (414ff.).

[71] BVerfGE 42, 312 (327); *Jarass/Pieroth*, GG, Art. 48 Rn. 5; *Klein* (Fn. 4), Art. 48 Rn. 96ff.; *v. Arnim/Drysch* (Fn. 3), Art. 48 Rn. 45f.

[72] BVerfGE 42, 312 (326ff.); *Trute* (Fn. 3), Art. 48 Rn. 15; *Klein* (Fn. 4), Art. 48 Rn. 93; *L.-A. Versteyl*, ZParl. 11 (1980), 518ff.; *H. Goerlich*, Der Staat 18 (1979), 102 (118ff.); *U. Steiner*, Der Staat 14 (1975), 491ff.

[73] BGHZ 72, 70 (75); *Badura*, ZSE 3 (2005), 167 (177); *Klein* (Fn. 4), Art. 48 Rn. 94; ausf. *Piechaczek*, Lobbyismus (Fn. 58), S. 221ff.; *A. Käßner*, Nebentätigkeiten und Nebeneinkünfte der Mitglieder des Deutschen Bundestages, 2010, S. 210ff., 226f.; a.A. *v. Arnim/Drysch* (Fn. 3), Art. 48 Rn. 48f.; *C. Richter*, Lobbyismus und Abgeordnetenbestechung, 1997, S. 158ff., 190ff.; zweifelnd *Magiera* (Fn. 31), Art. 48 Rn. 15; *Schneider* (Fn. 1), Art. 48 Rn. 9.

[74] BVerfGE 118, 277 (334, Rn. 231); *Piechaczek*, Lobbyismus (Fn. 58), S. 189ff.; *S. Korioth*, Das freie Mandat des Abgeordneten des Deutschen Bundestages, in: G. Manssen (Hrsg.), Die verfassungsrechtlich garantierte Stellung der Abgeordneten in den Ländern Mittel- und Osteuropas, 2009, S. 63 (80ff.).

[75] BVerfGE 118, 277 (323, Rn. 207); *M. Cornils*, Jura 2009, 289 (291).

[76] BSG MDR 1990, 471 (472); *K. Berlinger*, Arbeit und Beruf 1990, 123.

[77] Vgl. BVerfGE 4, 144 (154ff.); 18, 172 (181f.); *v. Arnim/Drysch* (Fn. 3), Art. 48 Rn. 43.

[78] *Kluth* (Fn. 7), Art. 48 Rn. 6f.

[79] *Umbach* (Fn. 9), Art. 48 Rn. 21; *Klein* (Fn. 4), Art. 48 Rn. 108.

[80] BGHZ 43, 384 (387); *Jarass/Pieroth*, GG, Art. 48 Rn. 5; *Magiera* (Fn. 31), Art. 48 Rn. 7; *Trute* (Fn. 3), Art. 48 Rn. 15; *Klein* (Fn. 4), Art. 48 Rn. 109.

[81] *Jarass/Pieroth*, GG, Art. 48 Rn. 5; *Magiera* (Fn. 31), Art. 48 Rn. 7.

IV. Entschädigungs- und Beförderungsanspruch (Art. 48 III GG)

Der Anspruch der Abgeordneten auf angemessene, ihre Unabhängigkeit sichernde Entschädigung (Art. 48 III 1 GG) ist die **verfassungsrechtliche Grundlage für das Recht der Diäten**. Die Inanspruchnahme des einzelnen Abgeordneten durch die Pflichten aus einem Bundestagsmandat haben im Laufe der Jahrzehnte das Mandat zur Hauptbeschäftigung der Abgeordneten werden lassen[83], neben der eine gewöhnliche Berufsausübung nur begrenzt möglich ist[84]. Dadurch hat die Entschädigung eine veränderte Bedeutung gewonnen[85]: Sie vergütet die Tätigkeit des Abgeordneten als Inhabers eines hauptberuflich ausgeübten öffentlichen Amtes[86]. Art. 48 III GG hat einen weithin anerkannten Verfassungswandel (→ Art. 79 I Rn. 38ff.) erfahren.

19

Ansprüche aus Art. 48 III GG gelten **für alle Abgeordneten des Bundestages** in gleicher Weise (grundsätzlich) für die Dauer des Mandats; sie wollen die wirtschaftliche Unabhängigkeit des Abgeordneten und damit seine Entschließungsfreiheit sichern, im Verhältnis zur öffentlichen Gewalt wie zu gesellschaftlichen Machtgruppen, besonders auch zur eigenen Partei bzw. Fraktion[87]. Der Abgeordnete soll vor Zumutungen bewahrt werden, die bei politischen Entscheidungen seine eigenen wirtschaftlichen Partialinteressen dominieren lassen; eine angemessene Entschädigung dient so auch dem Demokratieprinzip[88].

20

1. Entschädigungsanspruch: Alimentation und Amtsausstattung (Art. 48 III 1 GG)

Der subjektiv-öffentliche Entschädigungsanspruch umfasst **zwei** rechtlich strikt zu unterscheidende **Formen**[89]: eine zu versteuernde **Entschädigung mit Alimentationscharakter** und eine steuerfreie Aufwandsentschädigung i.S. einer **Amtsausstattung**. Aus dem tatsächlichen Wandel der Funktionen der Abgeordneten hat die Rechtsprechung anfangs gefolgert, dass nur noch eine Entschädigung i.S. einer Vollalimentation angemessen ist[90], später aber keine verfassungsrechtliche Pflicht zur dauernden Voll-

21

---

[82] Verfassungsprozessrechtlich ist der Anspruch durch Verfassungsbeschwerde durchzusetzen, so *Schneider* (Fn. 1), Art. 48 Rn. 8.
[83] BVerfGE 40, 296 (312f.); *Magiera* (Fn. 31), Art. 48 Rn. 18; *Trute* (Fn. 3), Art. 48 Rn. 22; *C. Grimm*, Mandat als Beruf, in: Bitburger Gespräche, Jahrbuch 1993/2, 1993, S. 159ff.; krit. *W. Roth*, AöR 129 (2002), 219 (227ff.); *A. Lediger*, Die Entschädigung der Bundestagsabgeordneten, 2001, S. 30f.
[84] Vgl. BVerfGE 32, 157 (164); 40, 296 (312f., 315f.); 76, 256 (342); BayVerfGH DVBl. 1983, 706 (707ff.); *v. Arnim/Drysch* (Fn. 3), Art. 48 Rn. 51f.
[85] *Butzer* (Fn. 61), Art. 48 Rn. 14; ausf. *v. Arnim/Drysch* (Fn. 3), Art. 48 Rn. 99ff., 106ff.; krit. *L. Determann*, BayVBl. 1997, 385 (388f.).
[86] BVerfGE 40, 296 (314, 316); *Kluth* (Fn. 7), Art. 48 Rn. 13; *Klein* (Fn. 4), Art. 48 Rn. 24ff., 38; a.A. *W. Roth*, AöR 129 (2004), 219 (231ff., 257f.): bloße Verdienstausfallentschädigung.
[87] Vgl. BVerfGE 4, 144 (150); 20, 56 (103); 32, 157 (164); 40, 296 (310ff.); 102, 224 (239, Rn. 60ff.); *Magiera* (Fn. 31), Art. 48 Rn. 17; *Trute* (Fn. 3), Art. 48 Rn. 18; *Klein* (Fn. 4), Art. 48 Rn. 115ff.; *Schneider* (Fn. 1), Art. 48 Rn. 10; → Art. 38 Rn. 137.
[88] *v. Arnim* (Fn. 5), § 16 Rn. 9f.
[89] Vgl. *v. Arnim/Drysch* (Fn. 3), Art. 48 Rn. 143.
[90] So BVerfGE 40, 296 (310ff.); s. bereits BVerfGE 32, 157 (164f.); krit. etwa *L. Determann*, BayVBl. 1997, 385 (388f., 392); *Schneider* (Fn. 1), Art. 48 Rn. 11f.

alimentation angenommen[91]: Der Diätengesetzgeber hat einen breiten Spielraum bei der Festlegung des Umfangs der Entschädigung[92].

22 **Geboten** ist eine »angemessene« Entschädigung, die über eine bloße Aufwandsentschädigung hinaus als **Alimentation i.S. eines Einkommens aus der Staatskasse** zu gewähren ist[93], so dass der Abgeordnete während der Dauer des Mandats eine ausreichende wirtschaftliche Lebensgrundlage hat, ihm und seiner Familie eine entsprechende Lebensführung auch ohne ein ggf. entfallendes berufliches Einkommen möglich ist[94], und die Bezahlung der Bedeutung des durch Volkswahl demokratisch legitimierten Amtes entspricht[95]. Deshalb ist eine zu enge Anlehnung an das Beamtenrecht unzulässig[96].

23 Die nähere **Bestimmung des Angemessenen** ist wegen der Schwierigkeiten der Ermittlung von Einkommensgerechtigkeit[97] und der spezifischen Einmaligkeit des Abgeordnetenberufs[98], der sich gegen ein allein wirtschaftlich motiviertes Karriereverhalten zu sperren scheint[99], sehr problemgeladen[100]. Zum Schutz der **Freiheit des Abgeordneten** (→ Art. 38 Rn. 149ff.) muss die Höhe der Alimentation den Abgeordneten einerseits vom Druck befreien, aus wirtschaftlichen Gründen Interessenbindungen etwa in Form von Beraterverträgen ohne eigentliche Dienstleistungen außer der parlamentarischen Interessenwahrung einzugehen[101], andererseits von der Gefahr, bei weit überdurchschnittlichen Mandatseinkommen von Partei und Fraktion abhängig zu werden[102]; auch sonst widersprechen Finanzierungsmodalitäten der Freiheit des Mandatsträgers, wenn sie Abhängigkeiten oder Hierarchien der Abgeordneten fördern könnten[103], etwa auch Nebeneinkünfte, die nicht mit beruflichen oder gewerblichen Gegenleistungen korrespondieren[104].

---

[91] So BVerfGE 76, 256 (341f.); zuvor 40, 330 (338f.) – *Sondervotum Seuffert*; Jarass/*Pieroth*, GG, Art. 48 Rn. 6; *Achterberg/Schulte* (Fn. 32), Art. 48 Rn. 49; *Klein* (Fn. 4), Art. 48 Rn. 186; anders *Fischer*, Abgeordnetendiäten (Fn. 22), S. 28f.

[92] BVerfGE 76, 256 (342); 102, 224 (236f., 240, Rn. 54, 63); *Kluth* (Fn. 7), Art. 48 Rn. 11, 19f.; *Trute* (Fn. 3), Art. 48 Rn. 19; *Klein* (Fn. 4), Art. 48 Rn. 181; *H.H. Rupp*, ZG 7 (1992), 285 (288); *Achterberg/Schulte* (Fn. 32), Art. 48 Rn. 53; zur Zulässigkeit einer Teilalimentation Jarass/*Pieroth*, GG, Art. 48 Rn. 6; *Trute* (Fn. 3), Art. 48 Rn. 23; *Schneider* (Fn. 1), Art. 48 Rn. 13; ausf. *O. Behrend*, DÖV 1982, 774ff.

[93] *Trute* (Fn. 3), Art. 48 Rn. 22, 26; *v. Arnim/Drysch* (Fn. 3), Art. 48 Rn. 154ff.

[94] BVerfGE 40, 296 (316); 102, 224 (239, Rn. 60); Jarass/*Pieroth*, GG, Art. 48 Rn. 7; *Magiera* (Fn. 31), Art. 48 Rn. 20.

[95] BVerfGE 40, 296 (315); *Trute* (Fn. 3), Art. 48 Rn. 24; *v. Arnim/Drysch* (Fn. 3), Art. 48 Rn. 157.

[96] BVerfGE 40, 296 (316); 76, 256 (341ff.); *Trute* (Fn. 3), Art. 48 Rn. 26; s. auch *P. Badura*, ZSE 3 (2005), 167 (172, 174); krit. relativierend *Klein* (Fn. 4), Art. 48 Rn. 158ff.

[97] Dazu ausf. *E. v. Hippel*, KritV 80 (1997), 159 (168f.); *O. Kissel*, Vom gerechten Lohn des Bundestagsabgeordneten, in: FS Zeuner, 1994, S. 79ff.

[98] Vgl. *Trute* (Fn. 3), Art. 48 Rn. 19; *E. Eyermann*, ZRP 1992, 201 (202); ausf. zu Angemessenheitskriterien *H. Lang*, Gesetzgebung in eigener Sache, 2007, S. 57ff.; *Welti*, Sicherung (Fn. 1), S. 150ff.; *Fischer*, Abgeordnetendiäten (Fn. 22), S. 40ff., 52ff.; *v. Beyme*, Klasse (Fn. 29), S. 138ff.; *v. Arnim/Drysch* (Fn. 3), Art. 48 Rn. 160ff.

[99] S. aber *S. Schmahl*, AöR 130 (2005), 114 (138ff.); *W. v. Eichborn*, KritV 84 (2001), 55 (61ff.).

[100] *Butzer* (Fn. 61), Art. 48 Rn. 18.1.

[101] BVerfGE 40, 296 (319); *Trute* (Fn. 3), Art. 48 Rn. 21.

[102] *L. Determann*, BayVBl. 1997, 385 (387); *Schneider* (Fn. 1), Art. 48 Rn. 12; *E. Röper*, ZParl. 36 (2005), 425 (427); für eine Obergrenze *v. Arnim/Drysch* (Fn. 3), Art. 48 Rn. 147ff.

[103] BVerfGE 102, 224 (239, 241, Rn. 60, 65f.).

[104] So auch BVerfGE 40, 296 (319); 118, 277 (386, Rn. 358f.) – nicht tragende Auffassung; *Trute* (Fn. 3), Art. 48 Rn. 21; *R. Käß*, VerwArch. 101 (2010), 457ff.; *H.H. v. Arnim*, DÖV 2007, 897 (904);

IV. Entschädigungs- und Beförderungsanspruch (Art. 48 III GG)   **Art. 48**

Nach dem **Grundsatz der Gleichheit** des Abgeordneten (→ Art. 38 Rn. 169ff.) muss 24
der Leistungsumfang jedermann eine Abgeordnetentätigkeit unabhängig von Geschlecht, Beruf, Alter und Lebenssituation ermöglichen[105]. Im einzelnen muss die Entschädigung in einem stark »formalisierten« Verständnis[106] für jeden Abgeordneten bei der Grundentschädigung gleich hoch sein[107]; ausnahmsweise lässt sich eine Ungleichbehandlung vor allem zugunsten von verfassungsrechtlich klar bestimmten Positionen wie Bundestagspräsidenten mitsamt Stellvertretern oder für die Fraktionsvorsitzenden (und sei es nur der Oppositionsfraktionen) rechtfertigen[108], dem Bundesverfassungsgericht zufolge aber nicht zugunsten von stellvertretenden Fraktionsvorsitzenden, Fraktionsgeschäftsführern oder Ausschussvorsitzenden[109], obwohl ihre politische und praktische Bedeutung kaum hinter der von Fraktionsvorsitzenden zurücksteht und die Fraktionsgrößen nicht vernachlässigt werden sollten[110]. Zulässig ist aber stets eine höhere Aufwandsentschädigung für Abgeordnete mit besonderen Funktionen[111].

Diese Rechtsprechung zur weitgehenden **Unzulässigkeit von** funktional gestaffelten 25
Diäten oder **Funktionszulagen** ist wegen ihres vermeintlich »egalitären Rigorismus«[112] nicht nur bei praxisnahen Autoren[113] weithin umstritten[114]; Rechtslage und Staatspraxis weichen in Bund und Ländern seit langem davon ab und lassen teilweise auch für stellvertretende Fraktionsvorsitzende, Ausschussvorsitzende, parlamentarische Geschäftsführer und sogar die Vorsitzenden von Fraktionsarbeitskreisen (gegen-

---

ausf. *S. Helmes*, Spenden an politische Parteien und an Abgeordnete des Deutschen Bundestages, 2014, S. 283ff.; *Käßner*, Nebentätigkeiten (Fn. 73), S. 183ff.
[105] BVerfGE 40, 296 (318); *Trute* (Fn. 3), Art. 48 Rn. 20.
[106] BVerfGE 40, 296 (318); 102, 224 (237, Rn. 56); *W. Roth*, AöR 129 (2004), 219 (220f.) m.w.N.
[107] BVerfGE 40, 296 (317f.); 102, 224 (237ff., Rn. 55ff.); BayVerfGH BayVBl. 1992, 304 (305); *v. Arnim/Drysch* (Fn. 3), Art. 48 Rn. 120ff.; grundsätzlich a.A. jetzt *W. Roth*, AöR 129 (2004), 219 (222ff., 251ff.); zur Kritik auch *S. Schmahl*, AöR 130 (2005), 114 (129f.); *Kluth* (Fn. 7), Art. 48 Rn. 21ff.; *Klein* (Fn. 4), Art. 48 Rn. 131, 169; *L. Determann*, BayVBl. 1997, 385 (387); *D. Meyer*, Jahrbuch für Wirtschaftswissenschaften 47 (1996), 324 (333f.); *J. Linck*, ZParl. 7 (1976), 54 (57ff.).
[108] S. näher BVerfGE 40, 296 (318); 102, 224 (242ff., Rn. 67ff.); *Welti*, Sicherung (Fn. 1), S. 207ff.; *Trute* (Fn. 3), Art. 48 Rn. 25; *Schneider* (Fn. 1), Art. 48 Rn. 14; ausf. Kritik an Funktionszulagen bei *v. Arnim/Drysch* (Fn. 3), Art. 48 Rn. 181ff.; *C.C. Müller-York/C. Irrgang*, ZParl. 29 (1998), 295 (303ff.); *Fischer*, Abgeordnetendiäten (Fn. 22), S. 69ff., 77ff.; für strikte Gleichbehandlung *H. Meyer*, KritV 76 (1995), 216 (251ff.).
[109] BVerfGE 102, 224 (244f., Rn. 74ff.); zust. *Lang*, Gesetzgebung (Fn. 98), S. 83ff.; *E. Röper*, ZParl. 34 (2003), 419ff.; *H.-P. Schneider*, Das Parlamentsrecht im Spannungsfeld von Mehrheitsentscheidung und Minderheitenschutz, in: FS 50 Jahre BVerfG, Bd. 2, 2001, S. 627ff. (646); *J. Hellermann*, ZG 16 (2001), 177 (186).
[110] *S. Schmahl*, AöR 130 (2005), 114 (137f., 142f.); *B. Laubach*, ZRP 2001, 159 (160f.); *W. v. Eichborn*, KritV 84 (2001), 55 (70f.); *S. Hölscheidt*, DVBl. 2000, 1734 (1739f.); *G. Kretschmer*, ZParl. 31 (2000), 787 (789ff.).
[111] Vgl. BVerfGE 40, 296 (318, 327f.); 102, 224 (242ff., Rn. 68ff.); ThürVerfGH NVwZ-RR 2003, 793 (794ff.); *S. Schmahl*, AöR 130 (2005), 114 (146f.); *F. Welti*, DÖV 2001, 705 (712); *B. Laubach*, ZRP 2001, 159 (162); *J. Hellermann*, ZG 16 (2001), 177 (187); *Fischer*, Abgeordnetendiäten (Fn. 22), S. 125ff.
[112] *Stern*, Staatsrecht I, S. 1057.
[113] *G. Kretschmer*, ZParl. 31 (2000), 787 (788ff.); *Klein* (Fn. 4), Art. 48 Rn. 169f.; *B. Laubach*, ZRP 2001, 159 (160ff.); *S. Hölscheidt*, DVBl. 2000, 1734 (1739f.).
[114] Krit. etwa auch *Kluth* (Fn. 7), Art. 48 Rn. 21f.; *Achterberg/Schulte* (Fn. 32), Art. 48 Rn. 47; *Trute* (Fn. 3), Art. 48 Rn. 25; *Umbach* (Fn. 9), Art. 48 Rn. 26; *S. Schmahl*, AöR 130 (2005), 114 (131f., 141ff.); *F. Welti*, DÖV 2001, 705 (707ff.); *M. Rau*, JuS 2001, 755 (757ff.); *J. Menzel*, ThürVBl. 2001, 6 (7ff.).

über der Grundentschädigung prozentual erhöhte) Entschädigungen zu[115], neuerdings auch im Bund[116]. Die Abweichungen können sich auf den Spielraum berufen, der den Ländern und ihren autonomen Parlamenten trotz Art. 28 I 1 GG (→ Rn. 41) bleibt[117] – zu Recht, soweit solche Zulagen in Teilzeitparlamenten mit teilalimentierten Abgeordneten gezahlt werden[118], aber zu Unrecht, wenn sie aus Fraktionsgeldern nach freier Maßgabe fraktionsautonomer Entscheidungen finanziert werden[119], es sei denn, sie sind auf eine geringe Zahl (von nicht mehr als etwa 10%) begrenzt[120]. Das könnte auch für den Bund gelten[121], selbst wenn das 2. Diäten-Urteil für ihn keine Bindungswirkung i.S. von § 31 I BVerfGG entfalten mag[122].

26 Aus dem **Status der Öffentlichkeit** des Abgeordneten (→ Art. 38 Rn. 176 ff.) folgt eine Alimentation, die eine Zusammensetzung des Parlaments gewährleistet, die als eine Repräsentation des ganzen Volkes und seiner verschiedenen Gruppen, Interessen und Ansichten angesehen werden kann[123], und eine öffentliche parlamentarische Entscheidungsfindung des Angemessenen (zu Folgerungen → Rn. 34 f.).

27 Die Diäten dienen **nicht** der **Mitfinanzierung der politischen Parteien** oder der Fraktionen[124]; entsprechende hohe Abgaben eines jeden Abgeordneten einer Fraktion an seine Partei oder Fraktion[125] sind nicht per se verfassungswidrig[126], indizieren aber eine unangemessene Höhe der Entschädigung[127].

---

[115] Ausf. Belege bei *H.H. v. Arnim*, Der Verfassungsbruch, 2011, S. 80 ff.; *S. Schmahl*, AöR 130 (2005), 114 (119 ff.); *E. Röper*, ZParl. 34 (2003), 419 (420 f.); *S. Hölscheidt*, DVBl. 2000, 1734 ff. m.w.N.: Danach erhalten ein bis zwei Drittel aller Länderparlamentarier Funktionszulagen.

[116] Krit. *H.H. v. Arnim*, DVBl. 2014, 605 (608 ff.).

[117] Vgl. BVerfGE 96, 345 (268 f.); 99, 1 (11, Rn. 59); 102, 224 (234 f., Rn. 46); SchlHVerfG NVwZ-RR 2014, 3 (4, Rn. 52); *J. Kersten*, NWVBl. 2006, 46 (48); *G. Kretschmer*, ZParl. 31 (2000), 787 (793 f., 796 f.).

[118] StGH Bremen NVwZ 2005, 929 (931 f.); VerfGH Hamburg NJW 1998, 1054 (1056); *S. Schmahl*, AöR 130 (2005), 114 (142 f.); *S. Hölscheidt*, DVBl. 2000, 134 (1742); anders *L. Brocker/T. Messer*, NVwZ 2005, 895 (896).

[119] BVerfGE 40, 296 (318); StGH Bremen NVwZ 2005, 929 (931); *S. Schmahl*, AöR 130 (2005), 114 (144 f.); *E. Röper*, ZParl. 34 (2003), 419 (422 ff.); differenzierend *F. Welti*, DÖV 2001, 705 (711); *W. v. Eichborn*, KritV 84 (2001), 55 (59 f.); a.A. *L. Brocker/T. Messer*, NVwZ 2005, 895 (896 f.); *H. Lesch*, ZRP 2002, 159 (160 f.); zum Streitstand *Butzer* (Fn. 61), Art. 48 Rn. 19.1 f.

[120] SchlHVerfG NVwZ-RR 2014, 3 (4, 7, Rn. 54, 74 ff.); *C. Krönke*, DVBl. 2013, 1492 (1496 f.); gleichsinnig *S. Jutzi*, ZParl. 45 (2014), 307 (314).

[121] Vgl. jetzt *C. Krönke*, DVBl. 2013, 1492 (1495 ff.); anders *H.H. v. Arnim*, ZRP 2003, 235 (237 f.); *B. Laubach*, ZRP 2001, 159 (161); *W. v. Eichborn*, KritV 84 (2001), 55 (58 f.).

[122] S. näher *S. Schmahl*, AöR 130 (2005), 114 (118); *S. Hölscheidt*, DVBl. 2000, 1734 (1740 ff.); a.A. *v. Arnim*, Verfassungsbruch (Fn. 115), S. 67 ff.

[123] Vgl. *Trute* (Fn. 3), Art. 48 Rn. 18, 20; *Häberle*, Abgeordnetenstatus (Fn. 24), S. 517 f.; anders *P. Badura*, Die »Gemeinpflichtigkeit« des freien Mandats des Abgeordneten und der »Status der Öffentlichkeit des Abgeordneten«, in: FS H.-P. Schneider, 2008, S. 153 ff. (156 ff., 161 f., 164); *C. Waldhoff*, ZParl. 37 (2006), 251 (261 f.).

[124] *Magiera* (Fn. 31), Art. 48 Rn. 20; s. auch *G.C. Schneider*, Die Finanzierung der Parlamentsfraktionen als staatliche Aufgabe, 1997, S. 76 f., 151 ff.

[125] Zur Praxis jetzt *C. Lontzek*, Die Beiträge von Abgeordneten an Partei und Fraktion, 2012, S. 38 ff.; *v. Arnim*, Partei (Fn. 11), S. 312 ff.; *M. Mardini*, Die Finanzierung der Parlamentsfraktionen durch staatliche Mittel und Beiträge der Abgeordneten, 1990.

[126] *Butzer* (Fn. 61), Art. 48 Rn. 182; *Kluth* (Fn. 7), Art. 48 Rn. 25; *C. Wefelmeier*, NdsVBl. 2003, 286 ff.; *F. Welti*, DÖV 1991, 705 (711); ausf. *Lontzek*, Sonderbeiträge (Fn. 125), S. 116 ff., 242 ff.; a.A. *W. Roth*, AöR 129 (2004), 219 (246); *B. Becker*, ZParl. 27 (1996), 377 ff.; *v. Arnim/Drysch* (Fn. 3), Art. 48 Rn. 288 ff.; *R. Stober*, ZRP 1983, 209 (212); *H. Klatt*, ZParl. 7 (1976), 61 (64); s. auch zur Kritik *Hub. Meyer*, NdsVBl. 2010, 62 (63); *H. Meyer*, KritV 78 (1995), 216 (242 ff.); *Fischer*, Abgeordnetendiäten (Fn. 22), S. 167 f.

IV. Entschädigungs- und Beförderungsanspruch (Art. 48 III GG)   Art. 48

Art. 48 III GG erlaubt und gebietet[128] auch eine **begrenzte Altersversorgung** als Annex der Besoldung[129] und die Berücksichtigung einer begrenzten zeitlichen Fortwirkung nach Ende des Mandats i.S. eines **Übergangsgeldes**[130] maximal für ein Jahr[131].   28

Das Gebot der Gleichbehandlung aus Art. 3 I GG fordert, dass das **Einkommen der Abgeordneten** in Form der Grundentschädigung wie jedes andere Einkommen **zu versteuern ist**[132], anders als der Ersatz (nur) für wirklich entstandenen, sachlich angemessenen Aufwand i.S. der Amtsausstattung[133] (→ Rn. 32).   29

Grundsätzlich sind **zusätzliche Einkommen neben** den **Diäten** erlaubt; 1992 waren ca. 30% der Bundestagsabgeordneten in einem Zweitberuf tätig[134], ohne dass die 2002 erweiterten, 2005 durch Gesetz ermöglichten und 2013 ausdifferenzierten Anzeige- bzw. Veröffentlichungspflichten in den Verhaltensregeln des Bundestages (vgl. Anlage 1 zur GOBT) zu uneingeschränkter Transparenz von doppelten Einnahmequellen und ggf. Interessenkonflikten führen würden[135]. Eine gesetzliche Pflicht zur zahlenmäßigen Veröffentlichung aller Nebeneinkünfte soll, da ungeeignet und gleichheitswidrig, mangels verfassungsrechtlichen Rechtfertigungsgrundes verfassungswidrig sein[136]. Das gilt jedenfalls nicht für die modifizierten Anzeigepflichten gegenüber dem Bundestagspräsidenten (vgl. jetzt §§ 44a IV, 44b AbgG i.V.m. Anlage 1, §§ 1 ff. der GOBT)[137].   30

Verfassungsrechtlich unzulässig sind jedenfalls Modalitäten wie Bezüge aus einem Beratungsrechtsverhältnis, in dem der Abgeordnete sich zu einem bestimmten politischen Verhalten verpflichtet (vgl. auch § 44a II 2 AbgG)[138]; die Weiterzahlung von Beamtengehältern an Beamte, die Diäten erhalten[139] (vgl. §§ 5 ff. AbgG); die vollstän-   31

---

[127] *Lediger*, Entschädigung (Fn. 83) S. 61 f.; zum Rückgang ihrer praktischen Bedeutung *A. Linde*, Fraktionsfinanzierung in der parlamentarischen Demokratie, 2000, S. 253 ff.
[128] So *P. Badura*, ZSE 3 (2005), 167 (174).
[129] BVerfGE 32, 157 (165); 40, 296 (311); *M. Grundmann*, DÖV 1994, 329 (330); ausf. *v. Arnim/Drysch* (Fn. 3), Art. 48 Rn. 201 ff.; zur Verfassungswidrigkeit der Einbeziehung in die gesetzliche Rentenversicherung *R. Giesen*, DVBl. 1999, 291 ff.
[130] *Klein* (Fn. 4), Art. 48 Rn. 177; *v. Arnim/Drysch* (Fn. 3), Art. 48 Rn. 190 ff.; *Fischer*, Abgeordnetendiäten (Fn. 22), S. 85 ff.; a.A. *Lang*, Gesetzgebung (Fn. 98), S. 95 ff.
[131] So jedenfalls *Jarass/Pieroth*, GG, Art. 48 Rn. 6; *v. Arnim/Drysch* (Fn. 3), Art. 48 Rn. 194 ff.
[132] BVerfGE 40, 296 (327 f.); *Jarass/Pieroth*, GG, Art. 48 Rn. 7; *Magiera* (Fn. 31), Art. 48 Rn. 21; *H.H. v. Arnim*, (Fn. 5), § 16 Rn. 61 ff.
[133] BVerfGE 40, 296 (328); *Trute* (Fn. 3), Art. 48 Rn. 27.
[134] Vgl. Bericht und Empfehlungen der Unabhängigen Kommission zur Überprüfung des Abgeordnetenrechts vom 3.6.1993, BT-Drs. 12/5020, S. 83.
[135] Krit. *H.H. v. Arnim*, DÖV 2007, 897 (905 f.); *E. v. Hippel*, KritV 80 (1997), 159 (169); *D. Pohl*, ZParl. 26 (1995), 385 ff.; *Richter*, Lobbyismus (Fn. 73), S. 50 ff.; ausf. *Welti*, Sicherung (Fn. 1), S. 281 ff.; zur Gefahr der Abgeordnetenkorruption *L. Schrapper*, DÖD 2012, 49 (54 f.); *H.H. v. Arnim*, JZ 1990, 1014 ff.; für Mitwirkungsverbote aufgrund von Befangenheitsregeln *E. Röper*, ZParl. 32 (2005), 425 (428 ff.); anders *Käßner*, Nebentätigkeiten (Fn. 73), S. 231 ff.
[136] *M. Brenner*, ThürVBl. 2007, 249 (254); *F.E Schnapp*, NWVBl. 2006, 401 ff.; *P. Badura*, ZSE 3 (2005), 167 (181 f.); anders *E.R. Zivier*, RuP 41 (2005), 152 (155 ff.); *F. Welti*, DÖV 2001, 705 (713 f.); zu empirischen Folgen *A. van Aaken*, Der Staat 49 (2010), 369 (389 ff., 396 ff.).
[137] BVerfGE 118, 277 (352 ff., Rn. 270 ff.); BVerwGE 135, 77 (Rn. 31 ff.); ausf. *Piechaczek*, Lobbyismus (Fn. 58), S. 182 ff.; *Käßner*, Nebentätigkeiten (Fn. 73), S. 151 ff., 172 ff.; *Kühn*, Verhaltensregeln (Fn. 58), S. 185 ff. → Rn. 17; → Art. 38 Rn. 177.
[138] Vgl. BVerfGE 40, 296 (318 f.); 42, 312 (328); NdsOVG NdsVBl. 2008, 226 ff.; *S. Jutzi*, ZParl. 35 (2008), 503 ff.; *H.H. v. Arnim*, NVwZ 2006, 249 ff.; *H. Butzer*, NdsVBl. 2005, 169 (172 ff.); *Trute* (Fn. 3), Art. 48 Rn. 21; *v. Arnim/Brysch* (Fn. 3), Art. 48 Rn. 304 ff.; ausf. *Helmes*, Spenden (Fn. 104), S. 281 ff.
[139] BVerfGE 40, 296 (321 ff.); *v. Arnim/Drysch* (Fn. 3), Art. 48 Rn. 227 ff.

dige Nichtanrechnung der Abgeordnetenentschädigung auf andere Bezüge aus öffentlichen Kassen[140] (vgl. § 29 AbgG), nicht aber auf sonstige Bezüge[141]. Diese Wertungen sprechen auch gegen volle doppelte Einkommen für Minister und Abgeordnete in Personalunion[142].

32 Soweit zur Alimentation eine Amtsausstattung als **Aufwandsentschädigung** hinzutritt, gilt z.T. Abweichendes: Sie ist steuerfrei, muss sachlich angemessen, bei pauschalierender Bemessung am tatsächlichen Aufwand orientiert sein[143] und darf deshalb zwischen Abgeordneten differenzieren[144]. Ihre Einschmelzung in eine entsprechend erhöhte Entschädigung ist zulässig, aber nicht unproblematisch[145].

2. Beförderungsanspruch: Benutzung staatlicher Verkehrsmittel (Art. 48 III 2 GG)

33 Der Anspruch auf freie **Benutzung aller staatlichen Verkehrsmittel** (Art. 48 III 2 GG) konkretisiert einen **Teil der Aufwandsentschädigung**. Er erstreckt sich nur auf staatliche Verkehrsmittel des Bundes, nicht der Länder, der Gemeinden oder Privater[146]. Die Staatlichkeit von Verkehrsmitteln bestimmt sich nicht nach der rechtlichen Organisationsform[147], sondern nach dem rechtlichen Einfluss des Bundes: Art. 48 III 2 GG verliert gegenüber privatisierten Bahn- und Fluggesellschaften seine verfassungsunmittelbare Grundlage, wenn der staatliche Anteil an den Gesellschaften unter 25 v.H. beträgt; er besteht daher nur noch für Eisenbahnen des Bundes (vgl. § 16 I AbgG). Der Beförderungsanspruch ist auf die Mandatsausübung im Bundesgebiet beschränkt[148].

3. Abgeordnetengesetzgebung (Art. 48 III 3 GG)

34 Art. 48 III 3 GG sieht eine nähere **Regelung durch Bundesgesetz** als ausschließliche Bundeskompetenz vor. Die Abgeordneten entscheiden insoweit **in eigener Sache**[149], regelmäßig mit hohem Konsens, ohne direkte Kontrolle und damit missbrauchsanfällig[150]. Deshalb hat die Rechtsprechung zur Stärkung demokratischer Kontrolle durch das Gesetzgebungsverfahren den Grundsatz entwickelt, dass der Bundestag selbst, im

---

[140] BVerfGE 40, 296 (329f.); *Magiera* (Fn. 31), Art. 48 Rn. 22; *Fischer*, Abgeordnetendiäten (Fn. 22), S. 111ff.; ausf. *P. Austermann*, DÖV 2013, 187ff.; *v. Arnim/Drysch* (Fn. 3), Art. 48 Rn. 231ff.; anders BVerfGE 76, 256 (341ff.); *Kluth* (Fn. 7), Art. 48 Rn. 23; *Trute* (Fn. 3), Art. 48 Rn. 26.

[141] BVerfGE 76, 256 (341ff.); BVerwG NJW 1990, 462 (463); krit. *v. Arnim/Drysch* (Fn. 3), Art. 48 Rn. 228ff.; anders beim Übergangsgeld auch *Fischer*, Abgeordnetendiäten (Fn. 22), S. 88ff.

[142] Dazu zuletzt *H.H. v. Arnim*, RuP 50 (2014), 138 (143f.); ausf. *ders.*, Politik, Macht, Geld, 2001, S. 36ff.

[143] BVerfGE 40, 296 (328); ausf. *Klein* (Fn. 4), Art. 48 Rn. 187ff.

[144] Ausf. *v. Arnim/Drysch* (Fn. 3), Art. 48 Rn. 256ff., 274.

[145] S. näher *P. Badura*, ZSE 3 (2005), 167 (176); entsprechender grundlegender Paradigmenwechsel in NRW durch Gleichstellung mit dem allgemeinen Steuerbürger im Abgeordnetengesetz vom 5.4.2005 (GV. NRW S. 252): einheitliche Monatsbezüge (9.500); private Altersversicherung; keine sonstige Kostenpauschalen. Zu den entsprechenden Vorschlägen einer Kommission: *J. Geerlings*, NWVBl. 2003, 129ff.

[146] *Jarass/Pieroth*, GG, Art. 48 Rn. 8; *Trute* (Fn. 3), Art. 48 Rn. 30; *Schneider* (Fn. 1), Art. 48 Rn. 15.

[147] *Magiera* (Fn. 31), Art. 48 Rn. 25; *v. Arnim/Drysch* (Fn. 3), Art. 48 Rn. 276.

[148] So *Jarass/Pieroth*, GG, Art. 48 Rn. 8; *Achterberg/Schulte* (Fn. 32), Art. 48 Rn. 57.

[149] BVerfGE 40, 296 (327); *v. Arnim/Drysch* (Fn. 3), Art. 48 Rn. 116; ausf. *Lang*, Gesetzgebung (Fn. 98), S. 275ff.; *Lediger*, Entschädigung (Fn. 83), S. 128ff. → Art. 38 Rn. 156.

[150] Vgl. zuletzt *H.H. v. Arnim*, DVBl. 2014, 1489ff.; *ders.*, RuP 50 (2014), 138 (146ff.); *Trute* (Fn. 3), Art. 48 Rn. 28, 29, 36; ferner *T. Streit*, Entscheidung in eigener Sache, 2006, S. 140ff.; *J. Isensee*, ZParl. 31 (2000), 402ff.; *H.H. Rupp*, ZG 7 (1992), 285 (286); *Stern*, Staatsrecht I, S. 1065f.; ausf. *v. Waldthausen*, Gestaltungsfreiheit (Fn. 3), S. 154ff.

IV. Entschädigungs- und Beförderungsanspruch (Art. 48 III GG) **Art. 48**

Plenum (also öffentlich, für die Allgemeinheit transparent und verständlich) und ausdrücklich über die Bemessung der Diäten entscheiden muss[151]; Distanz gewährte auch eine Entscheidung nur für die zukünftige Legislaturperiode[152].

Diätenentscheidungen müssen deshalb **ausdrücklich begründet** werden; dazu kann eine beratende unabhängige Sachverständigenkommission sinnvoll sein[153]. Auch sind automatische Gleitklauseln unzulässig, die die Bemessung der Entschädigung relativ an andere Einkommen etwa von Beamten oder an Lebenshaltungsindices koppeln[154], wohl auch gestaffelte Erhöhungen für mehrere Jahre in einem Gesetz[155], weil sie die ggf. jährliche öffentliche Neubegründung von Diätenerhöhungen und die damit verbundene öffentliche Debatte[156] unterlaufen und so »den Abgeordneten die leidige Konfrontation mit der Anhebung ihrer Diäten zu ersparen«[157]; das dürfte nach bisherigen Maßstäben auch für eine auf die Dauer einer Legislaturperiode begrenzte Dauer des Gleitklauselautomatismus gelten[158]. Hingegen ist es zulässig, einschlägige parallele Vorschriften in anderen Gesetzen zu übernehmen[159]. 35

Die **Delegation** der Entscheidungen an eine **unabhängige Kommission**[160] oder Dynamisierungsklauseln verlangten eine Verfassungsänderung[161]. Diese Einschränkungen des Gesetzgebers durch die Verfassungsrechtsprechung lassen sich funktionell-rechtlich nur durch die Ausnahmesituation rechtfertigen, dass die Entscheidungen der Ab- 36

---

[151] BVerfGE 40, 296 (316f., 327); gleichsinnig ThürVerfGH NVwZ-RR 1999, 282 (284); *Klein* (Fn. 4), Art. 48 Rn. 148; *v. Arnim/Drysch* (Fn. 3), Art. 48 Rn. 125ff.; *P. Häberle*, NJW 1976, 537 (540); ausf. *v. Waldthausen*, Gestaltungsfreiheit (Fn. 3), S. 72ff., 192ff.; krit. BVerfGE 40, 330 (349ff.) – Sondervotum Seuffert; *Schneider*, Finanzierung (Fn. 124), S. 80ff.
[152] *v. Arnim/Drysch* (Fn. 3), Art. 48 Rn. 139; ausf. *Lang*, Gesetzgebung (Fn. 98), S. 505ff.
[153] *Trute* (Fn. 3), Art. 48 Rn. 29; *v. Arnim* (Fn. 5), § 16 Rn. 42; krit. *Lediger*, Entschädigung (Fn. 83), S. 143ff.; *L. Determann*, BayVBl. 1997, 385 (388; 389f.); vgl. z.B. Bericht (Fn. 134), S. 8ff.
[154] BVerfGE 40, 296 (316f.); *Achterberg/Schulte* (Fn. 32), Art. 48 Rn. 50; *v. Arnim/Drysch* (Fn. 3), Art. 48 Rn. 124, 128ff.; ausf. *Lang*, Gesetzgebung (Fn. 98), S. 144ff., 184ff.; a.A. *P. Badura*, ZSE 3 (2005), 167 (175); *Trute* (Fn. 3), Art. 48 Rn. 28; *Klein* (Fn. 4), Art. 48 Rn. 156ff.; *Braun/Jantsch/Klante* (Fn. 43), § 11 Rn. 36ff.; für die Landesverfassungsebene zu Bayern als Vorbild *D. Wiefelspütz*, ZParl. 32 (2001), 765 (778, 782ff.); am Beispiel Thüringens ThürVerfGH NVwZ-RR 1999, 282 (285ff.); *v. Waldthausen*, Gestaltungsfreiheit (Fn. 3), S. 300ff.; *F. Edinger*, ZParl. 30 (1999), 296 (300ff.); *Klein*, Diäten-Urteil (Fn. 10), S. 247ff.; *P.M. Huber*, ThürVBl. 1995, 80 (81); *J. Linck*, ZParl. 26 (1995), 372 (373ff.).
[155] *Lediger*, Entschädigung (Fn. 83), S. 63f.; *v. Waldthausen*, Gestaltungsfreiheit (Fn. 3), S. 284ff.; *C.C. Müller-York/C. Irrgang*, ZParl. 29 (1998), 295ff.; *L. Determann*, BayVBl. 1997, 385 (388); *C. Pestalozza*, NJW 1987, 818ff.; a.A. *D. Wiefelspütz*, ZParl. 32 (2001), 765 (772, 782); *Klein* (Fn. 4), Art. 48 Rn. 145, 155.
[156] Zweifel an deren Zweckmäßigkeit etwa bei *Butzer*, Diäten (Fn. 7), S. 442ff.
[157] Dafür *D. Wiefelspütz*, ZParl. 32 (2001), 765 (782).
[158] *H.H. v. Arnim*, DVBl. 2014, 605 (607); a.A. Bericht und Empfehlungen der Unabhängigen Kommission zu Fragen des Abgeordnetenrechts, BT-Drs. 17/12500, S. 18ff.; *E. Schmidt-Jortzig*, ZParl. 45 (2014), 247 (252f.); *B. Straßburger*, JZ 2015, 33ff.; sehr krit. *H.H. v. Arnim*, NVwZ-Extra 8a/2013, 1ff.
[159] *Kluth* (Fn. 7), Art. 48 Rn. 12; *Klein*, Diäten-Urteil (Fn. 10), S. 249f.; anders *Lediger*, Entschädigung (Fn. 83), S. 49ff.
[160] Dafür *W. Henke*, in: BK, Art. 21 (Drittb. 1991), Rn. 322; *H.-J. Vogel*, ZG 7 (1992), 293 (300f.); krit. *P. Badura*, ZSE 3 (2005), 167 (184); *Fischer*, Abgeordnetendiäten (Fn. 22), S. 229ff.; *H.H. Rupp*, ZG 7 (1992), 285 (289ff.); *E. Eyermann*, ZRP 1992, 201 (201f.).
[161] *D. Wiefelspütz*, ZParl. 32 (2001), 765 (780); *Klein* (Fn. 4), Art. 48 Rn. 207; *Kissel*, Lohn (Fn. 97), S. 85f.; zum Scheitern entsprechender verfassungspolitischer Vorstöße *R. Sannwald*, ZParl. 25 (1994), 15 (24ff.); *A. Meyer*, Aus Politik und Zeitgeschichte B 52–53/93, S. 44ff.; gegen die Zulässigkeit einer Verfassungsänderung z.B. *Lediger*, Entschädigung (Fn. 83), S. 149f.

Art. 48 C. Erläuterungen

geordneten in eigener Sache sonst keinen wirksamen Kontrollen unterliegen[162]. Diese detaillierten Anforderungen gelten aber nicht umstandslos über Art. 28 I 1 GG in den Ländern, weil sie nicht zum Kerngehalt des Demokratieprinzips gehören[163] (→ Rn. 41).

37   Das **Abgeordnetengesetz**[164] hat sich in enger Anlehnung an das Leitbild der Beamtenbesoldung[165] und die Höhe der Bezüge eines Bundesrichters für eine **Vollalimentation** entschieden: eine monatliche Grundentschädigung von (ab 1.1.2015) 9.082 (§ 11 I 2 AbgG), ein Übergangsgeld in Höhe der monatlichen Grundentschädigung für jedes Jahr der Mitgliedschaft im Bundestag[166], eine Alters-, Invaliditäts- und Hinterbliebenenversorgung (§§ 19 ff. AbgG), jeweils unter Anrechnung anderweitiger Bezüge (§§ 18 II, 29 AbgG)[167], sowie Beihilfen in Krankheits-, Geburts- und Todesfällen (§§ 27f. AbgG)[168], ein eingerichtetes Büro und die Bereitstellung von Informations- und Kommunikationssystemen (§§ 12 IV 1 AbgG). Namentlich die Ansprüche der ausgeschiedenen Abgeordneten und ihrer Hinterbliebenen dürften jedenfalls nicht durchweg verfassungsrechtlich geboten sein[169]; ihre Ausgestaltung wird z.T. als verfassungswidrig angesehen[170].

38   Hinzu kommen **Aufwandsentschädigungen in Geld**: als Amtsausstattung eine steuerfreie[171] indexierte Kostenpauschale für die durch das Mandat veranlassten Aufwendungen, insbesondere für Büros am Sitz des Bundestages und außerhalb (im Wahlkreis) sowie für Mehraufwendungen am Sitz des Bundestages und Fahrtkosten (§ 12 II AbgG) in Höhe von z.Zt. 4.204 Euro[172]. Zusätzlich kann jeder Abgeordnete Mitarbeiter beschäftigen; Aufwendungen dafür werden gegen Nachweis (§ 12 III AbgG)[173]

---

[162] Vgl. *P. Häberle*, NJW 1976, 537 (542f.); *Achterberg/Schulte* (Fn. 32), Art. 48 Rn. 50; *v. Arnim/Drysch* (Fn. 3), Art. 48 Rn. 134ff.; krit. *Klein* (Fn. 4), Art. 48 Rn. 152ff.; *Schmitt Glaeser*, Bundesverfassungsgericht (Fn. 11), S. 1192ff.; *Trute* (Fn. 3), Art. 48 Rn. 29. – Für strenge Beachtung parlamentarischer Fristen *v. Arnim*, Partei (Fn. 11), S. 381f.

[163] ThürVerfGH NVwZ-RR 1999, 282 (285ff.).

[164] I.d.F. der Bek. vom 21.2.1996 (BGBl. I, S. 326), s. dazu *H.H. v. Arnim*, Das neue Abgeordnetengesetz, 1997; *L. Determann*, BayVBl. 1997, 385 (391f.); zuletzt geändert durch Gesetz vom 11.7.2014 (BGBl. I, S. 906).

[165] Krit. *H.H. v. Arnim*, DVBl. 2014, 605 (606); *Trute* (Fn. 3), Art. 48 Rn. 33; *Schneider* (Fn. 1), Art. 48 Rn. 14; differenzierend *Klein* (Fn. 4), Art. 48 Rn. 156ff., 161ff.

[166] Ausf. *Braun/Jantsch/Klante* (Fn. 43), § 18 Rn. 11ff.

[167] Ausf. *P. Austermann*, DÖV 2013, 187 (189ff.); zur Verfassungsmäßigkeit *ders.*, Anrechnungsbestimmungen (Fn. 54), S. 201ff., 217f., 224ff.; a.A. *v. Arnim/Drysch* (Fn. 3), Art. 48 Rn. 246, 248.

[168] S. näher *v. Arnim* (Fn. 5), § 16 Rn. 46ff.; umfassend *Welti*, Sicherung (Fn. 1), S. 203ff., 268ff., 292ff., 339ff., 344ff. sowie S. 215ff.

[169] BVerfGE 40, 296 (330); 76, 256 (341ff.); BVerwG NVwZ 1998, 501 (502); *Jarass/Pieroth*, GG, Art. 48 Rn. 6; *Schneider* (Fn. 1), Art. 48 Rn. 16; zu Reformmöglichkeiten Bericht (Fn. 158), S. 22ff.; *F. Welti*, ZParl. 45 (2014), 258 (262ff.).

[170] *Lang*, Gesetzgebung (Fn. 98), S. 93ff., 105ff.; *Lediger*, Entschädigung (Fn. 83), S. 72ff.; *v. Arnim*, Partei (Fn. 11), S. 256ff.; zuletzt *ders.*, DVBl. 2014, 605ff.; ausf. schon *ders.*, Diener vieler Herren, 1998, S. 127ff.

[171] Zur Verfassungsmäßigkeit BVerfGK 14, 438ff.; *C. Waldhoff*, FR 2007, 225ff.; a.A. *J. Englisch*, NJW 2009, 894 (894f.); *T. Drysch*, DStR 2008, 1217ff.; *Lang*, Gesetzgebung (Fn. 98), S. 79ff.; *R. Stalbold*, Die steuerfreie Kostenpauschale der Abgeordneten, 2004, S. 81ff.

[172] S. *Butzer* (Fn. 61), Art. 48 Rn. 27.1; näher *Braun/Jantsch/Klante* (Fn. 43), § 12 Rn. 6ff., 96f.; zur Indexierung *D. Wiefelspütz*, ZParl. 32 (2001), 765 (773f.); krit. zur Intransparenz der Festsetzung der Pauschale nach § 12 II 3 AbgG *Trute* (Fn. 3), Art. 48 Rn. 34; *H.H. v. Arnim*, DVBl. 2014, 605 (611f.).

[173] Krit. zu den Missbrauchsmöglichkeiten *H. Meyer*, KritV 78 (1995), 216 (246ff.); *W. Stolz*, ZRP 1992, 372 (374f.); krit. zu Art und Höhe der Pauschalen *Trute* (Fn. 3), Art. 48 Rn. 34; ausf. *v. Arnim/Drysch*, (Fn. 3), Art. 48 Rn. 279ff.; zur ökonomischen Zweckmäßigkeit vgl. *D. Meyer*, PVS 39 (1998), 329ff.; *H.H. v. Arnim*, PVS 39 (1998), 345ff.; zur fehlenden gesetzlichen Regelung vgl. VerfGH NW

bis ca. 16.019 Euro monatlich vom Bund in Form von Vergütungen direkt an die Mitarbeiter getragen[174].

Der **Beförderungsanspruch** wird als Recht der freien Benutzung der Deutschen **39** Bahn AG konkretisiert, unabhängig davon, ob der Abgeordnete in Ausübung seines Mandats reist (§ 16 I 1 AbgG). Fahrtkosten **innerhalb des Bundesgebiets** gelten als durch die Kostenpauschale abgegolten (§ 12 II Nr. 3 AbgG); zusätzlich werden Flug- und Schlafwagenkosten (§ 16 I 2 AbgG), Fahrtkosten für die Benutzung der Berliner Verkehrsbetriebe und Fahrtkosten bei Dienstreisen (§ 17 AbgG)[175] erstattet. Hinzu kommt die freie Benutzung von Dienstfahrzeugen des Bundestages (§ 12 IV i.V.m. § 16 AbgG).

Gegen Entscheidungen des Bundestagspräsidenten als Verwaltungsbehörde[176] über **40** Entschädigungsangelegenheiten ist der **Verwaltungsrechtsweg** gegeben[177], ggf. durch Anfechtungsklage. Gegen die rechtliche Ausgestaltung seines Status als Abgeordneter kann (nur) dieser im Wege des Organstreits vorgehen[178].

D. Verhältnis zu anderen GG-Bestimmungen

Art. 48 I GG[179], Art. 48 II GG[180] und Art. 48 III 1 GG[181] sollen zu den »Essentialien« **41** des demokratischen Prinzips gehören und insoweit **über Art. 28 I 1 GG auch für die Länder** gelten; soweit das für alle von der Rechtsprechung daraus abgeleiteten Einzelheiten gelten soll, wird damit das Gewicht von Art. 48 GG überbetont[182], die Kontrollkompetenz des Bundesverfassungsgerichts zu weit zu Lasten der Landesverfassungsgerichte ausgedehnt (→ Art. 28 Rn. 60)[183]. Behinderungen i.S. von Art. 48 II GG können unmittelbar verfassungsrechtlich gerechtfertigt sein (→ Rn. 17).

NVwZ 1996, 164 (165); *Lediger*, Entschädigung (Fn. 83), S. 87 f.; *L. Determann*, BayVBl. 1997, 385 (391).
[174] *Butzer* (Fn. 61), Art. 48 Rn. 27.1; kritisch *H.H. v. Arnim*, DÖV 2011, 345 ff.
[175] Vgl. *Klein* (Fn. 4), Art. 48 Rn. 192 f.; ausf. *Braun/Jantsch/Klante* (Fn. 43), § 16 Rn. 4 ff., § 17 Rn. 10 ff.
[176] S. näher *C. v. Boetticher*, Parlamentsverwaltung und parlamentarische Kontrolle, 2002, S. 61 ff., 187 ff.
[177] BVerwG NVwZ 1992, 173 (174); NJW 1990, 462 (462); *Trute* (Fn. 3), Art. 48 Rn. 35.
[178] BVerfGE 4, 144 (147 ff.); 64, 301 (312 ff.); *H.H. v. Arnim*, DVBl. 2014, 605 (613 f.); kritisch *M. Cornils*, Jura 2009, 289 (294).
[179] *Schneider* (Fn. 1), Art. 48 Rn. 2, unter Verweis auf BremStGH NJW 1975, 635 (636).
[180] *Schneider* (Fn. 1), Art. 48 Rn. 6; *v. Arnim/Drysch* (Fn. 3), Art. 48 Rn. 13; *Welti*, Sicherung (Fn. 1), S. 100 ff.
[181] So BVerfGE 40, 296 (319); 102, 224 (234 f., Rn. 46); *Umbach* (Fn. 9), Art. 48 Rn. 13; *Schneider* (Fn. 1), Art. 48 Rn. 10; offenlassend BVerfGE 64, 301 (318).
[182] Krit. *Klein* (Fn. 4), Art. 48 Rn. 43 ff.
[183] Nur scheinbar zurückhaltender BVerfGE 102, 224 (235, Rn. 46), konkret anders ebd. S. 237 ff., Rn. 55 ff.; kritisch *Trute* (Fn. 3), Art. 48 Rn. 16.

IV. Der Bundesrat

Artikel 50 [Aufgaben]

Durch den Bundesrat wirken die Länder bei der Gesetzgebung und Verwaltung des Bundes und in Angelegenheiten der Europäischen Union mit.

Literaturauswahl

Badura, Peter: Schlußbericht: Der Bundesrat in der Verfassungsordnung, in: Bundesrat (Hrsg.), Vierzig Jahre Bundesrat, 1989, S. 317–335.
Blanke, Hermann-Josef: Der Bundesrat im Verfassungsgefüge des Grundgesetzes, in: Jura 1995, S. 57–66.
Bundesrat (Hrsg.): Handbuch des Bundesrates für das Geschäftsjahr 2013/2014, 2014.
Calliess, Christian: Die Integrationsverantwortung von Bundestag und Bundesrat unter Berücksichtigung der Rolle des Bundesverfassungsgerichts, in: Bernd Rill (Hrsg.), Von Nizza nach Lissabon – neuer Aufschwung für die EU, 2010, S. 53–72.
Dolzer, Rudolf: Das parlamentarische Regierungssystem und der Bundesrat – Entwicklungsstand und Reformbedarf, VVDStRL 58 (1999), S. 7–38.
Erichsen, Hans-Uwe: Verfassungsrechtsgeschichtliche Prolegomena zur Bestimmung von Standort und Funktion des Bundesrates, in: Bundesrat (Hrsg.), Der Bundesrat als Verfassungsorgan und politische Kraft, 1974, S. 9–33.
Eschenburg, Theodor: Bundesrat – Reichsrat – Bundesrat, Verfassungsvorstellungen und Verfassungswirklichkeit, in: Bundesrat (Hrsg.), Der Bundesrat als Verfassungsorgan und politische Kraft, 1974, S. 35–62.
Frowein, Jochen Abr.: Bundesrat, Länder und europäische Einigung, in: Bundesrat (Hrsg.), Vierzig Jahre Bundesrat, 1989, S. 285–302.
Gramm, Christof: Gewaltenverschiebung im Bundesstaat, in: AöR 124 (1999), S. 212–236.
Groß, Thomas: Zwei-Kammer-Parlamente in der Europäischen Union, in: ZaöRV 63 (2003), S. 29–57.
Gusy, Christoph: Das parlamentarische Regierungssystem und der Bundesrat – Entwicklungsstand und Reformbedarf, in: DVBl. 1998, S. 917–928.
Hanf, Dominik: Bundesstaat ohne Bundesrat?, 1999.
Herzog, Roman: Stellung des Bundesrates im demokratischen Bundesstaat, in: HStR[3] III, § 57 (S. 943–964).
Herzog, Roman: Aufgaben des Bundesrates, in: HStR[3] III, § 58 (S. 965–979).
Klein, Hans H.: Der Bundesrat der Bundesrepublik Deutschland – die »Zweite Kammer«, in: AöR 108 (1983), S. 329–370.
Klein, Hans H.: Die Legitimation des Bundesrates und sein Verhältnis zu den Landesparlamenten und Landesregierungen, in: Bundesrat (Hrsg.), Vierzig Jahre Bundesrat, 1989, S. 95–111.
Klein, Hans H.: Der Bundesrat im Regierungssystem der Bundesrepublik Deutschland, in: ZG 17 (2002), S. 297–315.
Limberger, Gerhard: Die Kompetenzen des Bundesrates und ihre Inanspruchnahme, 1982.
Maurer, Hartmut: Der Bundesrat im Verfassungsgefüge der Bundesrepublik Deutschland, in: Festschrift für Günther Winkler, 1997, S. 615–637.
Merten, Detlef (Hrsg.): Der Bundesrat in Deutschland und Österreich, 2001.
Meyer, Hans: Der Bundesrat – Instrument der Länder, der Verwaltung, der Opposition?, in: Friedhelm Hufen (Hrsg.), Bundesstaat – Parlament – Opposition, 2001, S. 33–40.
Morsey, Rudolf: Die Entstehung des Bundesrates im Parlamentarischen Rat, in: Bundesrat (Hrsg.), Der Bundesrat als Verfassungsorgan und politische Kraft, 1974, S. 63–77.
Mulert, Gerrit: Der Bundesrat im Lichte der Föderalismusreform, in: DÖV 2007, S. 25–29.
Oppermann, Thomas: Bundesrat und auswärtige Gewalt, in: Bundesrat (Hrsg.), Der Bundesrat als Verfassungsorgan und politische Kraft, 1974, S. 299–332.
Oschatz, Georg-Berndt/Risse, Horst: Die Bundesregierung an der Kette der Länder?, in: DÖV 1995, S. 437–452.

Art. 50

Posser, Diether: Der Bundesrat und seine Bedeutung, in: HdbVerfR, § 24 (S. 1145–1198).
Reuter, Konrad: Praxishandbuch Bundesrat, 2. Aufl. 2007.
Reuter, Konrad: Bundesrat und Bundesstaat: Der Bundesrat der Bundesrepublik Deutschland, 14. Aufl. 2009.
Rührmair, Alfred: Der Bundesrat zwischen Verfassungsauftrag, Politik und Länderinteressen, 2001.
Sachs, Michael: Das parlamentarische Regierungssystem und der Bundesrat – Entwicklungsstand und Reformbedarf, VVDStRL 58 (1999), S. 39–80.
Schäfer, Hans: Der Bundesrat, 1955.
Schmidt, Thorsten Ingo: Der Bundesrat. Geschichte, Struktur, Funktion, in: Ines Härtel (Hrsg.), Handbuch Föderalismus, Bd. I, 2012, § 22 (S. 651–689).
Scholl, Udo: Der Bundesrat in der deutschen Verfassungsentwicklung, 1982.
Streinz, Rudolf: Das Lissabon-Urteil des Bundesverfassungsgerichts und seine nationalen und europäischen Konsequenzen, in: Bernd Rill (Hrsg.), Von Nizza nach Lissabon – neuer Aufschwung für die EU, 2010, S. 37–51.
Thiele, Carmen: Institutionelle Änderungen des Bundesrates – Ein Beitrag zur Diskussion über eine Reform des föderalen Organs, in: KritV 93 (2010), S. 168–189.
Wyduckel, Dieter: Der Bundesrat als Zweite Kammer, in: DÖV 1989, S. 181–192.
Ziller, Gerhard/Oschatz, Georg-Berndt: Der Bundesrat, 10. Aufl. 1998.

Siehe auch die Angaben zu Art. 51–53 GG.

Leitentscheidungen des Bundesverfassungsgerichts

BVerfGE 1, 76 (79) – Steuerverwaltung; 1, 299 (310f.) – Wohnungsbauförderung; 8, 104 (120f.) – Volksbefragung; 8, 274 (296f.) – Preisgesetz; 28, 66 (79f.) – Postgebühren; 37, 363 (380ff.) – Bundesrat; 92, 203 (232ff.) – EG-Fernsehrichtlinie; 94, 297 (311) – Treuhandanstalt II; 105, 313 (338ff., Rn. 65ff.) – Lebenspartnerschaftsgesetz; 106, 310 (330ff., Rn. 135ff.) – Zuwanderungsgesetz; 123, 267 (347ff., Rn. 226ff.; 363ff., Rn. 261ff.) – Lissabon.

Gliederung

	Rn.
A. Herkunft, Entstehung, Entwicklung	1
I. Ideen- und verfassungsgeschichtliche Aspekte	1
II. Entstehung und Veränderung der Norm	7
B. Internationale, supranationale und rechtsvergleichende Bezüge	10
C. Erläuterungen	15
I. Allgemeine Bedeutung	15
II. Verfassungsrechtliche Stellung	18
III. Aufgaben und Befugnisse	22
1. Mitwirkung bei der Gesetzgebung	24
2. Mitwirkung bei der Verwaltung	26
3. Mitwirkung in Angelegenheiten der Europäischen Union	30
D. Verhältnis zu anderen GG-Bestimmungen	32

Stichwörter

Angelegenheiten der Europäischen Union 30f. – Aufgaben 18, 22ff. – Ausschuss der Regionen 11 – Bedeutung 16 – Belgien 14 – »Blockadepolitik« 16 – Bundesaufsicht 27 – Bundesinteressen 18 – Bundesorgan 18 – bundesstaatliche Ordnung 15, 19, 32 – Bundestreue 18 – Bundeszwang 27 – demokratische Legitimation 19, 32 – Deutscher Bund 2 – Deutscher Zollverein 2 – Entscheidungsverantwortung 18 – europäische Integration 17 – Europäische Union 11, 30f. – Europäisches Parlament 11 – Europäisierung 12 – »föderatives Bundesorgan« 19 – »Frankfurter Dokumente« 7 – »gesamtstaatliche Repräsentation« 28 – Geschäftsordnungen 26 – Gesetzgebung 24f. – Gesetzgebungsnotstand 25 – Gesetzgebungsverfahren 24 – Gewaltenteilung 19f. – Heiliges Römisches Reich 1 – Herrenchiemseer Verfassungsentwurf 8 – Integrationsverantwortung 13, 31 – Internationale Kontakte 10 – Katastrophenhilfe 27 – Kompensation 17 – Konkretisierungen 32 – konstitutive Bedeutung 15 – Kontrolle der Bundesregierung 29 – kooperativer Föderalismus 21 – Kreationsrechte 28 – »Länderkammer« 18 – Landesinteressen 18 – Landesparlamente 17 – Ministerrat 11 – Mitwirkung 23ff. – Modernisierungskommission 9 – Nationalsozialismus 6 – NATO 10 – Notstandsfälle 27 – Organtreue 18 – Österreich 14 – Parlamentarischer Rat 8 – »Parteienbundesstaat« 20 – Paulskirchenverfassung 3 – Personalentscheidungen 28 – Rechtsstaatsprinzip 19, 32 – Rechtsvergleich 14 – Reformvorstöße 9 – Regelungsgehalt 15 – Reichsrat 5f. – Reichsverfassung (1871) 4 – Schweiz 14 – Selbstkoordinierung der Länder 21 – Senatsmodell 8 – Staatenhaus 3, 5 – Subsidiaritätsklage 13, 31 – Unitarisierungstendenzen 17 – USA 14 – Verfassungsänderung 25, 33 – Verfassungsentwicklung 9 – »Verfassungserbgut« 2 – Verfassungsorgan 18 – Verordnungserlaß 26 – Verteidigungsfall 25 – Verwaltung 26ff. – Verwaltungsvorschriften 26 – Weimarer Reichsverfassung 5 – »Zweite Kammer« 22.

A. Herkunft, Entstehung, Entwicklung

I. Ideen- und verfassungsgeschichtliche Aspekte

1   Die historischen Traditionslinien des Bundesrates werden nicht selten bis zu den **Reichstagen des Heiligen Römischen Reiches Deutscher Nation** zurückverfolgt, und zwar insb. bis zu dem seit 1663 als ständige Einrichtung etablierten Gesandtenkongress (»ewiger Reichstag«), in dem die Reichsstände vertreten waren und der mit dem Reich 1806 sein Ende gefunden hat[1]. Doch handelt es sich dabei allenfalls um einen **vorbundesstaatlichen Vorläufer** des heutigen Bundesrates, der auf die institutionalisierte Beteiligung partikularer bzw. territorialer Interessen an der politischen Entscheidungsfindung auf »gesamtdeutscher« Ebene aufmerksam macht[2]; denn die Reichstage sind wegen der eigengearteten Verfassungs- und Ordnungsstrukturen des Heiligen Römischen Reiches mit den Institutionen der bundesstaatlichen Ordnung des Grundgesetzes nur sehr bedingt vergleichbar[3].

2   Ähnliches gilt für die – oftmals auch als »Bundestag« bezeichnete[4] – **Bundesversammlung des Deutschen Bundes** (1815–1866). Sie besorgte als permanenter Kongress von Bevollmächtigten der Verbündeten die Angelegenheiten des Bundes[5], diente der Organisation und Durchsetzung bestimmter gemeinsamer Interessen der Mitglieder und mag deshalb als Vorläufer des Bundesrates angeführt werden[6]; dies ändert aber

---

[1] So z. B. *D. Blumenwitz*, in: BK, Vorbem. z. Art. 50–53 (Zweitb. 1978), Rn. 1; *J. Jekewitz*, in: AK-GG, vor Art. 50 (2001), Rn. 2; *Kloepfer*, Verfassungsrecht I, S. 500f.; *H. Maurer*, Der Bundesrat im Verfassungsgefüge der Bundesrepublik Deutschland, in: FS Winkler, 1997, S. 615ff. (625f.); *G. Robbers*, in: Sachs, GG, Art. 50 Rn. 1; *K. Reuter*, Praxishandbuch Bundesrat, 2. Aufl. 2007, S. 2ff. m. w. N.; *T. I. Schmidt*, Der Bundesrat, in: I. Härtel (Hrsg.), Handbuch Föderalismus, Bd. I, 2012, § 22 Rn. 1ff.; *B. Schöbener*, in: BK, Vorbem. zu Art. 50–53 (Drittb. 2010), Rn. 1; vgl. auch *H. Schäfer*, Der Bundesrat, 1955, S. 17ff.; *U. Scholl*, Der Bundesrat in der deutschen Verfassungsentwicklung, 1982, S. 15ff.; *S. Korioth*, in: v. Mangoldt/Klein/Starck, GG II, Art. 50 Rn. 3ff.; differenzierend *A. Rührmair*, Der Bundesrat zwischen Verfassungsauftrag, Politik und Länderinteressen, 2001, S. 16ff.; *H. de Wall*, in: Friauf/Höfling, GG, Art. 50 (2002), Rn. 1.

[2] Vgl. *Robbers* (Fn. 1), Art. 50 Rn. 1.

[3] Ähnliche Vorbehalte bei *D. Posser*, Der Bundesrat und seine Bedeutung, in: HdbVerfR, § 24 Rn. 3; *Rührmair*, Bundesrat (Fn. 1), S. 18. Vgl. ferner allgemein zur problematischen Einordnung des Heiligen Römischen Reiches in die Kategorie des Bundesstaates *A. Randelzhofer*, Völkerrechtliche Aspekte des Heiligen Römischen Reiches nach 1648, 1967, S. 67ff., und - mit zusätzlichen Hinweisen zum Parallelproblem hinsichtlich des Deutschen Bundes - *O. Kimminich*, HStR I, § 26 Rn. 25ff., sowie *H. Bauer*, Die Bundestreue, 1992, S. 35f. → Art. 20 (Bundesstaat), Rn. 1f.

[4] Vgl. etwa Art. 8 Wiener Schlußakte (1820); Text bei Huber, Dokumente, Bd. 1, S. 91ff.

[5] Vgl. Art. 6f. Deutsche Bundesakte (1815); Text bei Huber, Dokumente, Bd. 1, S. 84ff.

[6] Z. B. *H.-U. Erichsen*, Verfassungsrechtsgeschichtliche Prolegomena zur Bestimmung von Standort und Funktion des Bundesrates, in: Bundesrat (Hrsg.), Der Bundesrat als Verfassungsorgan und politische Kraft, 1974, S. 9ff. (12ff., 31ff.); *Blumenwitz* (Fn. 1), Vorbem. z. Art. 50–53 Rn. 1ff.; *Jeke-*

nichts daran, dass der Deutsche Bund als »völkerrechtlicher Verein«[7] jedenfalls nach heute gängigem Verständnis als Staatenbund und nicht als Bundesstaat einzustufen ist[8]. Auch die vielfach als Bundesratsvorgänger erwähnte **Versammlung der »Conferenz-Bevollmächtigten«** der Mitglieder des 1833/34 gegründeten **Deutschen Zollvereins** beruhte auf einer rein völkerrechtlichen Grundlage[9]. Die reichlich pathetische Deutung des Bundesrates als »Verfassungserbgut«[10] aus einer bis in das Mittelalter zurückreichenden »Generationenabfolge«[11] darf daher nicht missverstanden werden; verfassungsrechtsgeschichtlich liegt keine ungebrochene Kontinuität vor[12], mögen einzelne Strukturelemente älterer Organbildungen auch Modell- oder gar Vorbildcharakter für spätere Verfassungsdebatten und Rechtsentwicklungen entfaltet haben (→ Rn. 4 f., 7).

Als ein Element spezifisch bundesstaatlicher Ordnung sah hingegen die 1849 beschlossene **Paulskirchenverfassung** mit dem **Staatenhaus** eine aus den Vertretern der deutschen Staaten zusammengesetzte Einrichtung vor[13], die gemeinsam mit dem aus den Abgeordneten des Volkes bestehenden Volkshaus den Reichstag bilden sollte; für Reichstagsbeschlüsse war nach der Verfassung die Übereinstimmung beider Häuser erforderlich[14]. Obschon die Paulskirchenverfassung letztlich scheiterte[15], wirkte die in ihr enthaltene Konzeption des Staatenhauses ideengeschichtlich auf die Beratungen späterer Verfassungen ein (→ Art. 51 Rn. 2, 6).

Die **Verfassung des Deutschen Reiches von 1871** ging bei der Gestaltung des Bundesrates[16] und dessen Einfügung in eine nunmehr bundesstaatliche Ordnung (mit monarchisch-bündischer Einfärbung) allerdings andere Wege. In Anlehnung an das Organisationsmuster des Norddeutschen Bundes[17] orientierte sie sich teilweise an vorbundesstaatlichen Vorläufern[18] und strebte zudem einen Ausgleich der damaligen Konflikte zwischen den Zielen der Herstellung nationaler Einheit, der weitgehenden

---

witz (Fn. 1), vor Art. 50 Rn. 2; *Posser* (Fn. 3), § 24 Rn. 3; *Schöbener* (Fn. 1), Vorbem. z. Art. 50–53 Rn. 2 ff.

[7] Art. 1 Wiener Schlußakte (Fn. 4).

[8] Dazu statt vieler O. *Kimminich*, HStR I, § 26 Rn. 29.

[9] S. dazu und zu der 1867 erfolgten Ersetzung der Generalkonferenz durch den »Zollbundesrat«, dem ein »Zollparlament« zur Seite gestellt wurde, etwa *Erichsen*, Prolegomena (Fn. 6), S. 16 ff.; *Reuter*, Bundesrat (Fn. 1), S. 6 f.

[10] Vgl. O. *Becker*, Bismarcks Ringen um Deutschlands Gestaltung, 1958, S. 249.

[11] So *Reuter*, Bundesrat (Fn. 1), S. 2; ähnlich wohl *Schöbener* (Fn. 1), Vorbem. z. Art. 50–53 Rn. 1; einschränkend H. *Hofmann*, in: B. Schmidt-Bleibtreu/F. Klein, GG, 10. Aufl. 2004, Art. 50 Rn. 2 (der Bundesrat ist mit Verfassungserbgut ausgestattet, das ihn in die Tradition des Bundesrates des Kaiserreiches und des Reichsrats der Weimarer Republik stellt); mit Recht zurückhaltend D. *Weckerling-Wilhelm*, in: Umbach/Clemens, GG, Art. 50 Rn. 1.

[12] Prekär daher *Robbers* (Fn. 1), Art. 50 Rn. 1: »in der Sache wie dem Namen nach […] ein Kontinuum der deutschen Geschichte«.

[13] Die Mitglieder des Staatenhauses sollten je zur Hälfte durch die Regierungen und die Volksvertretungen der einzelnen Länder ernannt werden und durch Instruktionen nicht gebunden sein (§§ 88, 96 Paulskirchenverfassung; Text bei Huber, Dokumente, Bd. 1, S. 375 ff.). S. dazu und zu weiteren Reformprojekten aus der Zeit des Deutschen Bundes *Reuter*, Bundesrat (Fn. 1), S. 7 f.

[14] §§ 85 ff. Paulskirchenverfassung.

[15] Dazu *Huber*, Verfassungsgeschichte, Bd. 2, S. 842 ff.

[16] Art. 6 ff. Reichsverfassung (RGBl. 1871 S. 63).

[17] S. dazu und zum Folgenden etwa *Blumenwitz* (Fn. 1), Vorbem. z. Art. 50–53 Rn. 5 ff.; *Erichsen*, Prolegomena (Fn. 6), S. 18 ff.; *Jekewitz* (Fn. 1), vor Art. 50 Rn. 3; *Posser* (Fn. 3), § 24 Rn. 6; *Reuter*, Bundesrat (Fn. 1), S. 8 ff.; *Schöbener* (Fn. 1), Vorbem. z. Art. 50–53 Rn. 9 ff.

[18] Instruktiv T. *Eschenburg*, Bundesrat – Reichsrat – Bundesrat, in: Bundesrat, Verfassungsorgan (Fn. 6), S. 35 ff. (38 ff.).

Achtung einzelstaatlicher Souveränität, der Anerkennung gesamtstaatlicher Aufgaben und Befugnisse, der Wahrung monarchischer Vorstellungen und der Einräumung demokratischer Mitwirkungsbefugnisse an. Unter den gegebenen staatsrechtlichen und politischen Verhältnissen führte dies normativ zu einer – später noch ausgebauten[19] – starken Stellung des aus Bevollmächtigten der Bundesmitglieder zusammengesetzten Bundesrates im Verfassungstext. Die herausgehobene Position kann schon rein äußerlich daran abgelesen werden, dass die Regelungen über den **Bundesrat** in der Verfassung noch vor denen über den Kaiser und denen über den Reichstag rangierten[20]. Der Bundesrat war bis hin zu einem absoluten Vetorecht im Gesetzgebungsprozess an der Gesetzgebung des Reiches beteiligt[21], er konnte mit Zustimmung des Kaisers den Reichstag während einer laufenden Legislaturperiode auflösen[22], er besaß Aufgaben im Bereich der Exekutive, er hatte das Letztentscheidungsrecht im Rahmen der Reichsaufsicht[23], und ihm waren einzelne Rechtsprechungsfunktionen übertragen[24].

5   Nach dem Zusammenbruch der Monarchie am Ende des Ersten Weltkrieges geriet mit der alten bundesstaatlichen Ordnung auch die überkommene Konzeption des Bundesrates unter politischen Druck. Vorstöße, den überlieferten monarchischen Bundesstaat in einen dezentralisierten demokratischen Einheitsstaat zu überführen, haben sich damals jedoch ebensowenig durchgesetzt wie der Plan, in Anlehnung an die Paulskirchenverfassung (→ Rn. 3) ein »Staatenhaus« mit von den Landesparlamenten gewählten Mitgliedern zu schaffen[25]. Stattdessen wurde in Fortführung eines als Nachfolger des früheren Bundesrates bereits im Vorfeld der neuen Verfassung errichteten »Staatenausschusses«[26], in dem die Einzelstaaten durch Regierungsbeauftragte vertreten waren, in der **Weimarer Republik** »zur Vertretung der deutschen Länder bei der Gesetzgebung und Verwaltung des Reichs« der **Reichsrat** gebildet, der sich aus Mitgliedern der Landesregierungen zusammensetzte[27]. Im Vergleich mit ihrer Vorgängerin baute die Weimarer Reichsverfassung die Aufgaben und Befugnisse des

---

[19] Durch § 3 Gesetz über die Ermächtigung des Bundesrats zu wirtschaftlichen Maßnahmen und über die Verlängerung der Fristen des Wechsel- und Scheckrechts im Falle kriegerischer Ereignisse vom 4.8.1914 (RGBl. S. 327) wurde der Bundesrat ermächtigt, unter Ausschaltung des Parlaments »während der Zeit des Krieges diejenigen gesetzlichen Maßnahmen anzuordnen, welche sich zur Abwehr wirtschaftlicher Schädigungen als notwendig erweisen«.

[20] In der Staatspraxis wurden die damit verbundenen verfassungsrechtlichen Möglichkeiten von den Mitgliedern des Bundesrates freilich nicht voll ausgeschöpft; vgl. dazu *Reuter*, Bundesrat (Fn. 1), S. 11 ff. Vielmehr verlor der Bundesrat in der politischen Praxis zugunsten des Reichstages zunehmend an Bedeutung; dazu etwa *M. Rauh*, Die Parlamentarisierung des Deutschen Reiches, 1977, S. 17 ff.

[21] Vgl. Art. 5, 7 I Nr. 1 Reichsverfassung.

[22] Art. 24 Reichsverfassung.

[23] Art. 19 Reichsverfassung.

[24] Vgl. Art. 76 Reichsverfassung.

[25] Vgl. dazu und zum Folgenden etwa *Huber*, Verfassungsgeschichte, Bd. 5, S. 1181 f.; *Erichsen*, Prolegomena (Fn. 6), S. 25 ff.; *Reuter*, Bundesrat (Fn. 1), S. 16 ff.; ferner *Blumenwitz* (Fn. 1), Vorbem. z. Art. 50–53 Rn. 12 ff.; *Jekewitz* (Fn. 1), vor Art. 50 Rn. 4; *Posser* (Fn. 3), § 24 Rn. 7 f.; *Schöbener* (Fn. 1), Vorbem. z. Art. 50–53 Rn. 27 ff.

[26] Gesetz über die vorläufige Reichsgewalt vom 10.2.1919 (RGBl. S. 169); zu den Aufgaben des Staatenausschusses im Rahmen der Gesetzgebung s. *Huber*, Verfassungsgeschichte, Bd. 5, S. 1079.

[27] S. dazu und zu Ausnahmen bezüglich der preußischen Provinzialverwaltungen Art. 60 ff. WRV vom 11.8.1919 (RGBl. S. 1383); allgemein zum Reichsrat *G.-J. Rose*, Der Reichsrat der Weimarer Republik, 1964.

Reichs zu Lasten der Länder erheblich aus[28] und beschnitt zugleich die verfassungsrechtliche Stellung des Reichsrates[29]. Abgesehen von dem ihm verbliebenen Initiativrecht[30] war der Reichsrat im Bereich der Gesetzgebung auf eine bloße Mitwirkung[31] ohne echtes Vetorecht beschränkt; Einsprüche des Reichsrates gegenüber den vom Reichstag beschlossenen Gesetzen konnten überwunden werden[32]. Auch im übrigen waren seine Aufgaben gegenüber denjenigen des früheren Bundesrates beschränkt[33]. Diese Aufgabeneinbußen und namentlich die verfassungsrechtliche Gewichtsverschiebung hin zu dem als Verkörperung der Volkssouveränität angesehenen Reichstag ist wiederum auch rein äußerlich unübersehbar: in der Reihung der obersten Reichsorgane behandelte die Verfassung den Reichsrat nach Reichstag, Reichspräsident und Reichsregierung erst an vierter Stelle[34].

Im Zuge der »Entföderalisierung« der staatlichen Ordnung[35] durch den **Nationalsozialismus** blieben die Länder 1933 zwar erhalten. Sie wurden jedoch institutionell grundlegend umgeformt und mit der Perspektive auf die Schaffung einheitsstaatlicher Strukturen als eigenständige politische Macht- und potentielle dezentrale Widerstandszentren ausgeschaltet. Wichtige Markseine dieser Entwicklung waren die beiden Gleichschaltungsgesetze aus dem Jahr 1933[36], das »Gesetz über den Neuaufbau des Reichs« vom 30. Januar 1934[37] sowie das »Gesetz über die Aufhebung des Reichsrats« vom 14. Februar 1934[38], das in § 1 den Reichsrat förmlich aufhob und in § 2 lapidar feststellte: »Die Mitwirkung des Reichsrats in Rechtsetzung und Verwaltung fällt fort«.

6

II. Entstehung und Veränderung der Norm

Bei der **Neuordnung des deutschen Gemeinwesens nach dem Zweiten Weltkrieg** wurden frühzeitig die Weichen für die Wiederherstellung einer bundesstaatlichen Ord-

7

---

[28] Zur unitarischen Gestaltung des Reich-Länder-Verhältnisses vgl. etwa *R. Thoma*, Das Reich als Bundesstaat, in: HdbDStR, Bd. 1, S. 169 ff. (180); *H. Schneider*, HStR[3] I, § 5 Rn. 23 ff.
[29] Dazu z. B. *Stern*, Staatsrecht II, S. 114 ff.; aus der zeitgenössischen Literatur etwa *C. Bilfinger*, Bedeutung und Zusammensetzung (des Reichsrates), in: HdbDStR, Bd. 1, S. 545 ff.
[30] Art. 69 II WRV.
[31] Formell bedurfte die Einbringung von Gesetzesvorlagen der Reichsregierung zwar der »Zustimmung des Reichsrats«, deren Fehlen die Gesetzesinitiative jedoch nicht verhindern konnte (Art. 69 WRV).
[32] Art. 74 WRV; zur Sonderregelung für Verfassungsänderungen s. Art. 76 WRV und zur sog. »vereinfachten Gesetzgebung« *C. Bilfinger*, Zuständigkeit und Verfahren (des Reichsrates), in: HdbDStR, Bd. 1, S. 559 ff. (560).
[33] Vgl. *Bilfinger*, Zuständigkeit (Fn. 32), S. 562 ff.; *Reuter*, Bundesrat (Fn. 1), S. 19 f.
[34] Vgl. ergänzend zur uneinheitlich eingeschätzten Bedeutung des Reichsrates in der Verfassungswirklichkeit einerseits *E. Deuerlein*, Föderalismus, 1972, S. 266 (»eine auf deklamatorische Übungen beschränkte föderative Verfassungsattrappe […] ohne politische Wirksamkeit«), und andererseits – überzeugend – *Bilfinger*, Bedeutung (Fn. 29), S. 548 f.; *Eschenburg*, Bundesrat (Fn. 18), S. 49 (trotz »verminderter Befugnisse […] wachsendes Ansehen«); *Reuter*, Bundesrat (Fn. 1), S. 22 f.; *Stern*, Staatsrecht I, S. 116 (»durchaus nicht einflußlos«).
[35] S. dazu und zum Folgenden etwa *R. Grawert*, HStR[3] I, § 6 Rn. 11 ff.; *Rührmair*, Bundesrat (Fn. 1), S. 22; *Schöbener* (Fn. 1), Vorbem. z. Art. 50–53 Rn. 39 ff.
[36] Vorläufiges Gesetz zur Gleichschaltung der Länder mit dem Reich vom 31.3.1933 (RGBl. I S. 153); Zweites Gesetz zur Gleichschaltung der Länder mit dem Reich vom 7.4.1933 (RGBl. I S. 173).
[37] RGBl. I S. 75.
[38] RGBl. I S. 89.

nung³⁹ gestellt: Zum einen hatten die westlichen Alliierten im ersten der sog. »Frankfurter Dokumente« vom 1. Juli 1948 der Verfassunggebenden Versammlung vorgegeben, eine demokratische Verfassung auszuarbeiten, »die für die beteiligten Länder eine Regierungsform des föderalistischen Typs schafft, die [...] die Rechte der beteiligten Länder schützt«⁴⁰. Zum anderen war die Schaffung föderaler Strukturen nach den Erfahrungen des nationalsozialistisch-zentralistischen Staates auch ein deutsches Anliegen⁴¹. In der Grundsatzentscheidung für eine bundesstaatliche Ordnung stimmten die Vorstellungen der westlichen Besatzungsmächte und die nationalen Intentionen überein⁴². Über den Bundesrat war damit allerdings noch keine Aussage getroffen.

8 In den **Verfassungsberatungen** gehörte der dem Bundesrat gewidmete Abschnitt nach einer vielzitierten Äußerung »zu den umstrittensten Teilen des Grundgesetzes«⁴³. Normativer Schauplatz der Kontroversen, auf die unterschiedliche Konzeptionen früherer Modelle der Länderbeteiligung und Erfahrungen des ausländischen Bundesstaatsrechts einwirkten⁴⁴, war jedoch – sieht man von der Bezeichnung ab – nicht der heutige Art. 50 GG. Umstritten waren vielmehr vor allem die unter dem Stichwort »Bundesrats- oder Senatsmodell« debattierten Grundfragen über die Organisationsstruktur⁴⁵ bzw. die Zusammensetzung des Bundesrates⁴⁶, dessen Aufgaben bei der Gesetzgebung⁴⁷ und das Stimmenverhältnis⁴⁸. Das prinzipielle verfassungspolitische Bedürfnis nach einer neben dem Parlament bestehenden »Kammer«, durch die »das Element Land« zur Geltung kommt, stand hingegen außer Streit. Dementsprechend geht die heutige Fassung von Art. 50 GG mit geringfügigen Modifikationen im Parlamentarischen Rat auf den Herrenchiemseer Verfassungsentwurf zurück; weitergehende Änderungsanträge haben sich im Parlamentarischen Rat nicht durchgesetzt⁴⁹.

9 In der weiteren **Verfassungsentwicklung** wurde der Wortlaut von Art. 50 GG bislang nur durch die Einfügung des Mitwirkungsrechts des Bundesrates in Angelegenheiten der Europäischen Union⁵⁰ geändert (→ Rn. 12, 30 f.); außerdem sind mehrere Veränderungen des normativen Umfeldes zu verzeichnen⁵¹. Darüber hinausgehende prinzipi-

---

³⁹ Zu »überzonalen Institutionen« der Länder in der Zeit von 1945 bis 1949 (Länderrat etc.) s. *Blumenwitz* (Fn. 1), Vorbem. z. Art. 50–53 Rn. 19; *Reuter*, Bundesrat (Fn. 1), S. 23 ff.; *Schöbener* (Fn. 1), Vorbem. z. Art. 50–53 Rn. 42 ff.; zur Interimsregelung der »Länderkammer« in der DDR (1949–1958) s. *Schmidt* (Fn. 1), § 22 Rn. 13 f.; *Schöbener*, a.a.O., Rn. 57 ff.; *de Wall* (Fn. 1), Art. 50 Rn. 6.
⁴⁰ Text in Parl. Rat I, S. 30 ff. (31).
⁴¹ Z.B. *R. Mußgnug*, HStR³ I, § 8 Rn. 71; *Bauer*, Bundestreue (Fn. 3), S. 111 f. m.w. N.
⁴² *Jekewitz* (Fn. 1), vor Art. 50 Rn. 6; *R. Morsey*, Die Entstehung des Bundesrates im Parlamentarischen Rat, in: Bundesrat, Verfassungsorgan (Fn. 6), S. 63 ff. (65 f.); *Rührmair*, Bundesrat (Fn. 1), S. 23. → Art. 20 (Bundesstaat), Rn. 7.
⁴³ *H. v. Mangoldt*, Das Bonner Grundgesetz, 1. Aufl. 1953, S. 262.
⁴⁴ Vgl. etwa die Darstellung in JöR 1 (1951), S. 379 ff.; *Morsey*, Entstehung (Fn. 42), S. 65 ff.; *R. Mußgnug*, HStR³ I, § 8 Rn. 67 ff.; *Blumenwitz* (Fn. 1), Vorbem. z. Art. 50–53 Rn. 20 ff.; *Korioth* (Fn. 1), Art. 50 Rn. 8; zur Diskussion des Herrenchiemseer Verfassungskonvents s. Parl. Rat II, S. 69 f., 83 ff., 128 ff.; zur Diskussion im Hauptausschuss s. Parl. Rat XIV/1, S. 308 ff.; XIV/2, S. 1242 ff., 1537 ff.
⁴⁵ S. dazu an dieser Stelle nur *Rührmair*, Bundesrat (Fn. 1), S. 24 ff. m.w. N.
⁴⁶ Näheres zu den Kontroversen über die beiden Modelle → Art. 51 Rn. 6.
⁴⁷ Zum Verhältnis zum Bundestag → Rn. 24.
⁴⁸ Insb. Berechnung der Stimmenzahl → Art. 51 Rn. 6.
⁴⁹ Vgl. *Morsey*, Entstehung (Fn. 42), S. 75 ff.; *Reuter*, Bundesrat (Fn. 1), S. 35 f.; knapper Überblick zur Entwicklung im Parlamentarischen Rat bei *B. Schöbener*, in: BK, Art. 50 (Drittb. 2010), Rn. 3 f.; eingehender *ders.* (Fn. 1), Vorbem. z. Art. 50–53 Rn. 47 ff.
⁵⁰ Art. 1 Nr. 5 Gesetz zur Änderung des Grundgesetzes vom 21.12.1992 (BGBl. I S. 2086).
⁵¹ So etwa durch die Einfügung zusätzlicher Aufgaben im Zuge der Einführung der Notstandsver-

elle Reformüberlegungen hat es zwar immer wieder gegeben[52]; sie haben sich aber lange Zeit nicht in einer Verfassungsänderung niedergeschlagen[53]. Erst die weitreichenden, eine Stärkung der Handlungsfähigkeit sowohl des Bundes als auch der Länder anstrebenden Föderalismusreformen der Jahre 2006 und 2009 (→ Art. 20 [Bundesstaat], Rn. 12f.) brachten Änderungen der bundesstaatlichen Ordnung, die mittelbar und unmittelbar auf die Rechtsstellung des Bundesrates zurückwirken. So wurden die Rahmengesetzgebung des Art. 75 GG aufgehoben und in Art. 72 Abs. 3, 84 I 2 GG die Abweichungsgesetzgebung[54] eingeführt. Damit und mit weiteren Modifikationen namentlich der Stellschraube des Art. 84 I GG sollte die Zahl der Zustimmungsgesetze nach Art. 84 I GG gesenkt werden[55]. Als »neues Einfallstor« für eine »gegenläufige« Erweiterung der Zustimmungsbedürftigkeit gilt manchen die Neufassung des Zustimmungstatbestandes in Art. 104a IV GG[56]. Es bleibt abzuwarten, ob die anspruchsvollen Reformziele langfristig erreicht werden und die Reformen den Praxistest bestehen[57]. Im übrigen ist festzuhalten, dass die jüngeren Reformvorstöße regelmäßig nicht zentral den IV. Abschnitt des Grundgesetzes betreffen, sondern im Kern an jenseits dieses Abschnitts liegenden Verfassungsnormen ansetzten und ansetzen.

B. Internationale, supranationale und rechtsvergleichende Bezüge

Die zunehmende Verflechtung des Verfassungsstaates in internationalen Beziehungen[58] hat das Bedürfnis nach außenpolitischer Kooperation und Koordination über 10

---

fassung (1968), die Änderung von Art. 51 II GG im Zusammenhang mit der Wiedervereinigung (1990), die Einfügung von Art. 23, 52 IIIa GG im Zusammenhang mit der Ratifizierung des EUV (1992), die Änderung von Art. 52 IIIa GG im Zuge der Föderalismusreform (2006) und die Einfügung von Art. 23 Ia GG durch den Vertrag von Lissabon (2009).

[52] Vgl. zur Diskussion etwa die grundsätzliche Beschäftigung mit Zusammensetzung und Aufgaben des Bundesrates im Schlußbericht der Enquete-Kommission Verfassungsreform, BT-Drs. 7/5924, S. 95ff. (mit Sondervoten S. 102ff.), dazu *W. Knies*, DÖV 1977, 575ff.; ferner den Vorstoß zur Stärkung der Landesparlamente im Zusammenhang mit Gesetzesinitiativen VE-Kuratorium zu Art. 50 II GG (mit Erläuterung auf S. 54); weiter noch eher im Vorfeld der jüngeren Modernisierungsdebatten zum ersten Beratungsgegenstand der Potsdamer Staatsrechtslehrertagung »Das parlamentarische Regierungssystem und der Bundesrat – Entwicklungsstand und Reformbedarf« die Berichte von *R. Dolzer* und *M. Sachs*, VVDStRL 58 (1999), S. 7ff., 39ff.; außerdem *Jekewitz* (Fn. 1), vor Art. 50 Rn. 12; *Korioth* (Fn. 1), Art. 50 Rn. 33; *R. Sturm*, ZParl. 33 (2002), 166ff.; *U. Wagschal/M. Grasl*, ZParl. 35 (2004), 732 (737ff.); *C. Thiele*, KritV 93 (2010), 168ff. Zu den sich aus Art. 79 III GG für Reformen ergebenden Grenzen → Rn. 33; → Art. 51 Rn. 28; → Art. 79 III Rn. 21ff., 47f.

[53] Das galt zunächst auch für Arbeit der 2003 eingesetzten Modernisierungskommission (»Kombo«) → Art. 20 (Bundesstaat), Rn. 11.

[54] Dazu etwa *C. Franzius*, NVwZ 2008, 492ff.

[55] Positiv zur Zielerreichung *H. Risse*, Die Neuregelung der Zustimmungsbedürftigkeit von Bundesgesetzen durch die Föderalismusreform, in: FS Hans-Peter Schneider, 2008, S. 271ff. (284); ausweislich der statistischen Angaben des Bundesrates ist die Anzahl der Zustimmungsgesetze von 50,8% in der 15. Legislaturperiode des Bundestages (2002–2005) über 41,8% in der 16. Legislaturperiode des Bundestages (2005–2009) auf 38,3% in der 17. Legislaturperiode des Bundestages (2009–2013) gesunken (Bundesrat [Hrsg.], Handbuch des Bundesrates für das Geschäftsjahr 2013/2014, 2014, S. 311).

[56] *Schmidt* (Fn. 1), § 22 Rn. 25f.

[57] Anfänglich kritisch oder jedenfalls verhalten zu den Reformen *C. Degenhart*, NVwZ 2006, 1209ff.; *L. Knopp*, NVwZ 2006, 1216ff.; *M. Höreth*, ZParl. 38 (2007), 712ff.; *G. Mulert*, DÖV 2007, 25ff.; *H.-J. Papier*, NJW 2007, 2145ff.; positiv dagegen *J. Ipsen*, NJW 2006, 2801ff.

[58] S. allgemein zum »Verfassungsstaat im Geflecht der internationalen Beziehungen« *C. Tomuschat* und *R. Schmidt*, VVDStRL 36 (1978), S. 7ff., 65ff.

den Aufgabenbereich der Regierung hinaus ausgedehnt. Trotz wiederholter Vorstöße, die diesem Anliegen Rechnung tragen sollten, ist die Präsenz des Bundesrates als Akteur auf der **internationalen Ebene** jedoch eher schwach ausgeprägt[59]. Neben Kontakten, die der Information und dem wechselseitigen Erfahrungsaustausch dienen, findet sich aber immerhin eine ständige Mitwirkung des Bundesrates in der Parlamentarischen Versammlung der NATO, einer interparlamentarischen Vereinigung des Nordatlantischen Bündnisses von Parlamentariern der NATO-Mitgliedstaaten, für die der Bundesrat ein Drittel der Mitglieder der deutschen Delegation stellt[60]. Weitere Kontakte unterhält der Bundesrat zu den Parlamentarischen Versammlungen der OSZE, des Europarates und der Western European Union (WEU) sowie zur Interparlamentarischen Union (IPU), bei denen er aber jeweils nur Beobachterstatus hat[61].

11 Schon mangels Bundesstaatlichkeit[62] ist auf der **Ebene der Europäischen Union** kein »Parallelorgan« zum Bundesrat anzutreffen, obgleich hinsichtlich der Zusammensetzung aus Vertretern der Mitgliedstaaten auf Ministerebene[63] der Rat der Europäischen Union freilich nur allenfalls ansatzweise vergleichbare Strukturen aufweist[64]. Als Forum zur Vertretung regionaler wie lokaler Belange und damit (auch) von Länderinteressen sehen Art. 300 I und III, 305ff. AEUV den **Ausschuss der Regionen**[65] vor, der beratende Aufgaben hat (Art. 13 IV EUV; Art. 300 Abs. 1 AEUV; → Art. 28 Rn. 26)[66]; die Einrichtung dieses Ausschusses trägt insb. (auch) dem deutschen Verständnis des föderalen Prinzips Rechnung[67]. Außerdem unterhält der Bundesrat **Verbindungen zum Europäischen Parlament**, die dem Informationsaustausch dienen, Kontakte zwischen den Mitgliedern des Europäischen Parlaments und des Bundesrates herstellen und gemeinsame Begegnungen vorbereiten sollen[68]. Dem Meinungs- und Erfahrungsaustausch dienen auch eher **informelle Kontakte** (Besuchsreisen, Teilnahme an Tagun-

---

[59] Vgl. dazu und zum Folgenden *G. Jaspert*, Der Bundesrat in internationalen parlamentarischen Gremien, in: R. Hrbek (Hrsg.), Miterlebt – Mitgestaltet, 1989, S. 405ff.; *G. Ziller/G.-B. Oschatz*, Der Bundesrat, 10. Aufl. 1998, S. 109ff.; vgl. ergänzend zur Teilhabe des Bundesrates an den auswärtigen Beziehungen der Bundesrepublik Deutschland auch *T. Oppermann*, Bundesrat und auswärtige Gewalt, in: Bundesrat, Verfassungsorgan (Fn. 6), S. 299ff.; *F. Klein*, JZ 1971, 752ff.; *J.A. Frowein*, JuS 1972, 241ff.

[60] *Ziller/Oschatz*, Bundesrat (Fn. 59), S. 111ff.; Bundesrat, Handbuch 2013/2014 (Fn. 55), S. 26.

[61] Bundesrat, Handbuch 2013/2014 (Fn. 55), S. 26.

[62] Zur umstrittenen Deutung der Europäischen Union als »Staatenverbund« s. BVerfGE 89, 155 (181, 184ff.); 123, 267 (267; 348, Rn. 229); → Art. 20 (Bundesstaat), Rn. 17; → Art. 23 Rn. 16f., 69.

[63] Art. 16 II EUV.

[64] Vgl. *H. Risse*, in: Hömig, GG, Vorbem. z. Art. 50 Rn. 1; *de Wall* (Fn. 1), Art. 50 Rn. 10. Zu vorerst noch verfassungspolitischen Konzepten, das Europäische Parlament in einem Zwei-Kammer-Parlament weiterzuentwickeln und den Ministerrat in eine Staatskammer umzuwandeln, s. *T. Groß*, ZaöRV 63 (2003), 29 (29f., 50ff. m. w. N.).

[65] Nach Art. 300 III AEUV setzt sich der Ausschuss aus »Vertretern der regionalen und lokalen Gebietskörperschaften« der Europäischen Union zusammen. Zur Zusammensetzung → Art. 51 Rn. 8.

[66] Der Ausschuss unterstützt das Europäische Parlament, den Rat und die Kommission (Art. 13 IV EUV; Art. 300 I AEUV).

[67] Vgl. *M. Burgi/P. Hölbling*, in: Streinz, EUV/AEUV, Art. 300 AEUV Rn. 15; *M. Kotzur*, in: R. Geiger/D.-E. Khan/M. Kotzur, EUV/AEUV, 5. Aufl. 2010, Art. 305 Rn. 2; *P. Häberle*, Europäische Verfassungslehre, 6. Aufl. 2009, S. 457f.; *O. Suhr*, in: Calliess/Ruffert, EUV/AEUV, Art. 300 Rn. 18, 22. Zur Vorgeschichte des Ausschusses der Regionen und zum Einfluss der deutschen Länder auf dessen Einrichtung s. *R. Theissen*, Der Ausschuß der Regionen (Art. 198a-c EG-Vertrag), 1996, S. 59ff.; ferner allgemein C. Tomuschat (Hrsg.), Mitsprache der dritten Ebene in der europäischen Integration: Der Ausschuß der Regionen, 1995.

[68] Dazu etwa *A. Pfitzer*, Der Bundesrat, 4. Aufl. 1995, S. 101f.; *Ziller/Oschatz*, Bundesrat (Fn. 59), S. 111; Bundesrat, Handbuch 2013/2014 (Fn. 55), S. 26.

gen, Symposien und Konferenzen etc.), die der Bundesrat namentlich zu parlamentarischen Einrichtungen auch über die Mitgliedstaaten der Europäischen Union hinaus im europäischen Raum pflegt[69].

Die 1992 im Zusammenhang mit der Ratifizierung des Vertrages von Maastricht eingefügte[70] Mitwirkung »in Angelegenheiten der Europäischen Union« kann als handgreiflicher Ausdruck der mittlerweile an vielen Stellen des Grundgesetzes zu beobachtenden **Europäisierung des** (deutschen) **Staatsorganisationsrechts** gelten, die auf eine Empfehlung der Gemeinsamen Verfassungskommission zurückgeht[71]. Nach den Vorstellungen der Kommission soll diese »Erweiterung«[72] der Aufgaben des Bundesrates die »effektive und verantwortungsvolle Wahrnehmung seiner Mitwirkungsrechte«[73] in der fortschreitenden europäischen Integration sicherstellen (→ Rn. 30f.). Zur Wahrung der Länderrechte sowie des Einflusses der Landesparlamente in diesem Prozess finden sich vergleichbare Bemühungen auf Landesebene – so etwa durch die Einrichtung von Europaausschüssen der Landesparlamente und – im exekutiven Bereich – von Ministerien für Europaangelegenheiten[74], die Schaffung von EU-Referenten in den Landesministerien, durch Aus- und Fortbildungsmaßnahmen und die Entsendung von Landesbeamten in die Kommission[75]. (Zu weiteren Vorstößen, die Belange der Länder wirksam geltend zu machen und zu wahren [Einrichtung der sog. Länderbeobachter, Unterhaltung von Länderbüros in Brüssel und Konstituierung der Europaministerkonferenz etc.] → Art. 23 Rn. 36 ff.). 12

Die Mitwirkungsrechte sind anlässlich des Ende 2009 in Kraft getretenen **Vertrages von Lissabon** deutlich ausgebaut worden. Wie allen anderen Verfassungsorganen obliegt nämlich dem Bundesrat eine dauerhafte **Integrationsverantwortung**, die darauf gerichtet ist, »bei der Übertragung von Hoheitsrechten und bei der Ausgestaltung der europäischen Entscheidungsverfahren« für die Wahrung des grundgesetzlichen Demokratieprinzips zu sorgen[76]. Hervorzuheben ist die Einbeziehung in die »unionsrechtlich normierte Mitwirkung auf europäischer Ebene (Subsidiaritätskontrolle)«[77]. Danach kann der Bundesrat mit der Subsidiaritätsrüge und der Subsidiaritätsklage die beiden Institute der neuen europäischen Subsidiaritätskontrolle einsetzen[78]. Das **eige-** 13

---

[69] Vgl. *Ziller/Oschatz*, Bundesrat (Fn. 59), S. 109; Bundesrat, Handbuch 2013/2014 (Fn. 55), S. 26.
[70] S. Fn. 50.
[71] Beschlußempfehlung und Bericht des Sonderausschusses »Europäische Union (Vertrag von Maastricht)« (BT-Drs. 12/3896, S. 17, 21); vgl. auch Bericht der Gemeinsamen Verfassungskommission, BT-Drs. 12/6000, S. 16, 24 f.
[72] Vgl. BT-Drs. 12/6000, S. 25; dazu kritisch *W. Krebs*, in: v. Münch/Kunig, GG II, Art. 50 Rn. 12 unter Hinweis darauf, dass es sich um keine »neuartige Funktion« handle, weil auch diese Mitwirkung in den Formen der Staatsfunktionen »Gesetzgebung« und »Verwaltung« erfolge.
[73] BT-Drs. 12/6000, S. 25.
[74] Vgl. frühzeitig zu den Europaausschüssen *D. Fechtner*, VR 1992, 157 (158), und zu den mit anderen Sachgebieten kombinierten sog. »Europaministerien« *K. Zumschlinge/A. Sierigk*, Die Verwaltung 27 (1994), 525 (538).
[75] *D. Fechtner*, VR 1992, 157 (158).
[76] S. zur Integrationsverantwortung der den Bundesrat einschließenden gesetzgebenden Körperschaften BVerfGE 123, 267 (267; 351ff., Rn. 236 ff.; 356 ff., Rn. 244 ff. [Zitat: 356, Rn. 245]); aus der überbordenden Literatur etwa *C. Calliess*, Die Integrationsverantwortung von Bundestag und Bundesrat unter besonderer Berücksichtigung der Rolle des Bundesverfassungsgerichts, in: B. Rill (Hrsg.), Von Nizza nach Lissabon – neuer Aufschwung für die EU, 2010, S. 53 ff.; zur einfachrechtlichen Ausgestaltung der Wahrnehmung der Integrationsverantwortung durch Bundestag und Bundesrat s. Integrationsverantwortungsgesetz (IntVG) vom 22.09.2009, BGBl. I S. 3022.
[77] *Schöbener* (Fn. 49), Art. 50 Rn. 94 ff.
[78] Näher dazu *R. Uerpmann-Wittzack*, EuGRZ 2009, 461 (466 ff.); *Schöbener* (Fn. 49), Art. 50 Rn. 94 ff.

ne Klagerecht des Bundesrates zum Gerichtshof der Europäischen Union beruht auf unionalen und nationalen Rechtsgrundlagen[79]. Es eröffnet dem Bundesrat die Möglichkeit, Nichtigkeitsklage gemäß Art. 263 AEUV zu erheben, wenn er das Subsidiaritätsprinzip durch einen Legislativakt der Europäischen Union verletzt sieht. Manche deuten die erweiterten Mitwirkungsrechte unter Berücksichtigung der Integrationsverantwortung sogar als »Pflichtaufgaben«[80] des Bundesrates.

14 Der **Verfassungsvergleich** zeigt, dass in vielen Staaten neben der vom gesamten Volk gewählten ersten eine weitere, anders zusammengesetzte Kammer existiert[81]. Dabei handelt es sich nicht notwendig um Vertretungen von Gliedstaaten in einem Gesamtstaat, weil auch einige Einheitsstaaten zweite Kammern kennen, die sich beispielsweise im wesentlichen aus Vertretern der Regionen[82] oder von Gebietskörperschaften[83] zusammensetzen oder sich in ihrer Zusammensetzung auf andere Weise von der ersten Kammer unterscheiden[84]. Unter spezifisch bundesstaatlichem Blickwinkel finden sich Paralleleinrichtungen etwa in Belgien, in Österreich, in der Schweiz und in den USA[85]. In ihrer Gesamtheit weichen all diese Institutionen allerdings nicht nur in der

---

[79] Art. 23 Ia GG i.V.m. Art. 8 Subsidiaritätsprotokoll (ABlEU 2012 C 326/208; BGBl. II 2008 S. 1094).
[80] So *H. Risse*, in: Hömig, GG, Art. 50 Rn. 5.
[81] *A. Bleckmann*, Staatsrecht I – Staatsorganisationsrecht, 1993, S. 815. S. zum Vergleich mit Zweikammersystemen im Ausland *K. v. Beyme*, Die Funktionen des Bundesrates, in: Bundesrat, Verfassungsorgan (Fn. 6), S. 365 ff.; speziell zum auf die Mitgliedstaaten der Europäischen Union (vor der Osterweiterung) bezogenen Rechtsvergleich *R. Groß*, ZaöRV 63 (2003), 29 (31 ff.); rechtsvergleichend unter Einbeziehung der Bundesstaatslehren ferner *O. Hanf*, Bundesstaat ohne Bundesrat?, 1999, S. 36 ff. (zur Bundesrepublik Deutschland), 95 ff. (zu Belgien) und 137 ff. (zu Spanien); politikwissenschaftlich *R. Sturm*, ZParl. 33 (2002), 166 (167 ff.); ferner *J. Schmidt*, Die Struktur der Zweiten Kammer im Rechtsvergleich, 2006. Zur Problematik der Deutung des Bundesrates als »zweite Kammer« → Rn. 22. Demgegenüber besteht das Parlament beispielsweise in Dänemark, Griechenland und Portugal nur aus einer Kammer (§§ 28 ff. Verfassung des Königreiches Dänemark; Art. 26, 51 ff. Verfassung der Republik Griechenland; Art. 147 ff. Verfassung der Republik Portugal). Zu – wegen des einheitsstaatlichen Charakters und der überwiegend geringen räumlichen Ausdehnung seltenen – Zwei-Kammer-Systemen in den Mitgliedstaaten der EU, die 2004 im Zuge der Osterweiterung beigetreten sind, s. Art. 95 ff. Verfassung der Republik Polen und Art. 15 ff. Verfassung der Tschechischen Republik.
[82] So der italienische Senat (Art. 57 ff. Verfassung der Republik Italien); vgl. dazu *S. Mattarella*, AöR 108 (1983), 370 ff. Vgl. ferner etwa Art. 66, 69 Verfassung des Königreiches Spanien.
[83] So der französische Senat (Art. 24 Verfassung der Republik Frankreich); vgl. dazu *R. Grote*, Das Regierungssystem der V. französischen Republik, 1995, S. 70 ff. und passim.
[84] Ein plakatives Beispiel ist das britische Oberhaus, das demokratisch nicht legitimiert ist und sich überwiegend aus dem alten Adelsstand zusammensetzt; dazu etwa *S. Schüttemeyer/R. Sturm*, ZParl. 23 (1992), 517 (521). Der irische Senat, der im politischen System eine eher untergeordnete Rolle spielt, besteht teilweise aus ernannten, teilweise aus gewählten Mitgliedern und ist letztlich eine korporative Versammlung (Art. 15, 18 f. Verfassung der Republik Irland). Der slowenische Staatsrat (Art. 96 ff. Verfassung der Republik Slowenien), der sich aus Vertretern berufsständischer und lokaler Interessen zusammensetzt, ist in mancherlei Hinsicht mit dem irischen Senat vergleichbar. Zu Besonderheiten auf Länderebene s. die früheren Regelungen in Art. 34 ff. BayVerf. über den – inzwischen durch Verfassungsänderung mit Wirkung vom 1.1.2000 abgeschafften – bayerischen Senat, der als Vertretung der sozialen, kulturellen, wirtschaftlichen und gemeindlichen Körperschaften konzipiert war und sich im übrigen auch funktionell deutlich abhob.
[85] Art. 67 ff. der belgischen Verfassung; Art. 34 ff. Verfassung der Bundesrepublik Österreich (vgl. dazu *H. Schambeck*, JöR 26 [1977], 215 ff.; vgl. auch die Beiträge in: D. Merten [Hrsg.], Der Bundesrat in Deutschland und Österreich, 2001, die sich allerdings nicht ausschließlich mit dem Bundesrat in Deutschland und in Österreich beschäftigen); Art. 148 ff. Bundesverfassung der Schweizerischen Eidgenossenschaft (vgl. zur Vorläuferregelung in Art. 80 ff. Bundesverfassung der Schweizerischen Eidgenossenschaft a.F. s. *G. Schmid*, ZParl. 8 [1977], 334 ff.; rechtsvergleichend *M. Heger*, Deutscher Bundesrat und Schweizer Ständerat, 1990; *T. Fleiner*, Deutscher Bundesrat – Schweizerischer Stän-

Benennung (Senat, Ständerat etc.) voneinander ab, sondern auch hinsichtlich ihrer Struktur, ihrer Aufgaben, ihrer Zusammensetzung und ihres politischen Gewichts[86]. Der Bundesrat der Bundesrepublik Deutschland hat deshalb letztlich ein »unverwechselbares Profil«[87].

C. Erläuterungen

I. Allgemeine Bedeutung

Art. 50 GG errichtet im IV. Abschnitt des Grundgesetzes[88] den Bundesrat als Organ[89], durch das »die Länder bei der Gesetzgebung und Verwaltung des Bundes und in Angelegenheiten der Europäischen Union« mitwirken, und konkretisiert damit die in Art. 20 I GG festgeschriebene bundesstaatliche Ordnung der Bundesrepublik Deutschland[90] (→ Art. 20 [Bundesstaat], Rn. 22). Für die Existenz des Bundesrates[91] und die prinzipielle Aufgabenzuordnung[92] hat der **Regelungsgehalt** von Art. 50 GG daher konstitutive Bedeutung[93]. Im übrigen ist Art. 50 GG seinerseits auf Konkretisierung ange-

15

---

derat, Zweikammer-Entwicklungen im Vergleich, in: FS Maurer, 2001, S. 67 ff.); Art. I Verfassung der Vereinigten Staaten von Amerika (vgl. dazu *W. Brugger*, Einführung in das öffentliche Recht der USA, 2. Aufl. 2001, S. 34 f., sowie – rechtsvergleichend – die Magisterarbeit von *S. Brieske*, Bundesrat und US-Senat im Vergleich – Die Zweite Kammer im politischen System der Bundesrepublik Deutschland und der USA, 2001). Vgl. auch *M. Bothe*, Die Kompetenzstruktur des modernen Bundesstaates in rechtsvergleichender Sicht, 1977, S. 84 m. w. N.; *Stern*, Staatsrecht I, S. 726 f.; *Schöbener* (Fn. 49), Art. 50 Rn. 132 ff.

[86] Vgl. *Stern*, Staatsrecht I, S. 726 f.; *ders.*, Staatsrecht II, S. 111 ff.
[87] *Pfitzer*, Bundesrat (Fn. 68), S. 13; ähnlich *Eschenburg*, Bundesrat (Fn. 18), S. 42 (»in seiner Art ein einzigartiges Organ in der Welt«); *Maurer*, Bundesrat (Fn. 1), S. 616 (»weltweit einmaliges Gepräge«); *I. v. Münch*, Staatsrecht I, 6. Aufl. 2000, Rn. 732 (»Unikum«); *I. von Münch/U. Mager*, Staatsrecht I, Rn. 240 (»Novum«); *Weckerling-Wilhelm* (Fn. 11), Art. 50 Rn. 1 (»staatsrechtliche Besonderheit«); *H. Risse*, in: K.-H. Seifert/D. Hömig (Hrsg.), GG, 7. Aufl. 2003, Vorbem. z. Art. 50 Rn. 1 mit Hinweis auf Ausstrahlungswirkungen einzelner Elemente des Bundesrates auf den russischen Föderationsrat und den südafrikanischen National Council of Provinces.
[88] Die uneinheitlichen Schlussfolgerungen, die bisweilen aus der Reihung der Staatsorgane im Grundgesetz für die Rangordnung gezogen werden (vgl. *D. Blumenwitz*, in: BK, Art. 50 [Zweitb. 1987], Rn. 2; *Robbers* [Fn. 1], Art. 50 Rn. 10; *Stern*, Staatsrecht II, S. 125: nach dem Bundestag an zweiter Stelle; anders *J. Jekewitz*, in: AK-GG, Art. 50 [2001], Rn. 1 [dritter Rang nach Bundesvolk und Bundestag]), sind rechtlich ohne Bedeutung (*Korioth* [Fn. 1], Art. 50 Rn. 11; *Reuter*, Bundesrat [Fn. 1], S. 39 f.; *Krebs* [Fn. 72], Art. 50 Rn. 4; *Schöbener* [Fn. 49], Art. 50 Rn. 8).
[89] Näher zur verfassungsrechtlichen Stellung → Rn. 18 ff. und zur Kontinuität (»permanentes Organ«) → Art. 51 Rn. 10.
[90] *Jekewitz* (Fn. 88), Art. 50 Rn. 1.
[91] *Robbers* (Fn. 1), Art. 50 Rn. 8; ähnlich *Krebs* (Fn. 72), Art. 50 Rn. 2: Grundsatzentscheidung für den Bundesrat; *H. Maurer*, Mitgliedschaft und Stimmrecht im Bundesrat, in: FS Schmitt Glaeser, 2003, S. 157 ff. (159 f.).
[92] Vgl. *R. Herzog*, HStR³ III, § 58 Rn. 1 ff. Dabei ist der Normtext, streng genommen, unvollständig, zumindest aber ungenau, weil das GG dem Bundesrat über die in Art. 50 GG genannten Aufgaben hinaus auch Befugnisse in anderweitigen Aufgabenbereichen (z. B. bei der Wahl von Richtern des Bundesverfassungsgerichts [Art. 94 I GG]) zuweist; s. dazu *Herzog*, ebd., Rn. 2, und *T. Maunz/R. Scholz*, in: Maunz/Dürig, GG, Art. 50 (1996), Rn. 12, 23.
[93] In diesem Sinne wohl auch BVerfGE 1, 299 (311); 94, 297 (311); 105, 313 (339, Rn. 68); 106, 310 (330, Rn. 136): »Art. 50 GG umschreibt nur die Funktion dieses Bundesverfassungsorgans«). A.A. *Korioth* (Fn. 1), Art. 50 Rn. 1, der Art. 50 GG als rein »deklaratorische Norm« deutet, die »entbehrlich« sei. Doch schließen die Konkretisierungsbedürftigkeit von Art. 50 GG und die durch die Erwähnung des Bundesrates in anderweitigen Befugnisnormen vorausgesetzte Existenz dieses Organs nicht die Konstituierung des Bundesrates und die prinzipielle Aufgabenzuweisung an den Bundesrat durch

Art. 50 C. Erläuterungen

legt, weil er »nur grundsätzlich die besondere Funktion des Bundesrates als eines Verfassungsorgans des Bundes« umreißt[94]. Diese Konkretisierung findet sich teilweise in Art. 51–53 GG, teilweise in grundgesetzlichen Normen außerhalb des IV. Abschnitts (→ Rn. 24f., 26ff., 30f.) und – soweit dies verfassungsrechtlich unbedenklich ist[95] – teilweise auch im einfachen Gesetzesrecht[96]. Konkrete Einzelbefugnisse lassen sich deshalb aus Art. 50 GG nicht herleiten. Immerhin ist aber klargestellt, dass die Länder nicht an Stelle des Bundesrates handeln können, soweit diesem durch das Grundgesetz Aufgaben und Befugnisse zugewiesen sind[97].

16 Nach anfänglicher Skepsis[98] dürfte als **aktueller Befund** bis heute die Einschätzung überwiegen, dass sich der Bundesrat im Grundsatz bewährt hat[99]. Wegen tatsächlicher oder vermeintlicher »Blockadepolitik« und im Lauf der Verfassungsentwicklung beobachtbarer institutioneller Gewichtsverschiebungen im deutschen Föderalismus ist dieser Eindruck freilich nicht ungetrübt[100]. Bei einer Gesamtbetrachtung ist gleichwohl im

---

eine gesonderte Norm aus, ganz abgesehen davon, dass die gegenteilige Ansicht die gebotene Unterscheidung zwischen Aufgaben und Befugnissen übersieht. S. im übrigen zu den entstehungsgeschichtlichen Überlegungen von *Korioth* die Kritik von *Maurer*, Mitgliedschaft (Fn. 91), S. 159f. mit Fn. 11.

[94] BVerfGE 1, 299 (311); 106, 310 (330, Rn. 136); *Risse* (Fn. 80), Art. 50 Rn. 1.

[95] Ausdrückliche Vorschriften des Grundgesetzes oder ihrer Natur nach nicht beschränkbare Zuständigkeiten dürfen nicht entgegenstehen; vgl. BVerfGE 1, 299 (311).

[96] *Krebs* (Fn. 72), Art. 50 Rn. 2; *Risse* (Fn. 80), Art. 50 Rn. 1; *de Wall* (Fn. 1), Art. 50 Rn. 17, 28f.; *O. Dörr*, in: Epping/Hillgruber, GG, Art. 50 Rn. 4; *W. G. Leisner*, in: Sodan, GG, Art. 50 Rn. 2; *Schöbener* (Fn. 49), Art. 50 Rn. 36; a.A. Jarass/*Pieroth*, GG, Art. 50 Rn. 2; *Korioth* (Fn. 1), Art. 50 Rn. 25. Beispiele für die einfach-gesetzliche Zuweisung von Rechten finden sich in § 43 I BVerfGG (Antragsrecht des Bundesrates in Parteiverbotsverfahren), in § 149 GVG (Mitwirkung des Bundesrates bei der Ernennung des Generalbundesanwalts und der Bundesanwälte) und in Zusammenhang mit der Mitwirkung des Bundesrates bei der Besetzung von Gremien (z. B. § 118 TKG), ferner in § 51 HGrG, § 18 StabG und § 1 StabRatG.

[97] BVerfGE 1, 299 (311). → Rn. 18.

[98] Vgl. zur älteren Diskussion über die politische Bedeutung des Bundesrates etwa *Stern*, Staatsrecht II, S. 127ff.

[99] Z.B. *Sachs*, Bundesrat (Fn. 52), S. 76f.; *H. H. Klein*, ZG 17 (2002), 297 (309ff.); *Kloepfer*, Verfassungsrecht I, S. 527; *Krebs* (Fn. 72), Art. 50 Rn. 19; *de Wall* (Fn. 1), Art. 50 Rn. 44; *Schmidt* (Fn. 1), § 22 Rn. 120; differenzierend *Korioth* (Fn. 1), Art. 50 Rn. 30ff. Abweichende Einschätzung etwa bei *Dolzer*, Bundesrat (Fn. 52), S. 27ff., wonach sich nur wenige Stimmen finden lassen sollen, die den *status quo* verteidigen, gleichzeitig aber keine Einigkeit über Art und Umfang der Reformen bestehe (ebd., S. 27); kritisch *H. Meyer*, Der Bundesrat – Instrument der Länder, der Verwaltung, der Opposition?, in: F. Hufen (Hrsg.), Bundesstaat – Parlament – Opposition, 2001, S. 33ff.

[100] Vgl. etwa *C. Gramm*, AöR 124 (1999), 212 (213ff.); *G. Lehmbruch*, Parteienwettbewerb im Bundesstaat, 3. Aufl. 2000; *Kloepfer*, Verfassungsrecht I, S. 503ff.; *Rührmair*, Bundesrat (Fn. 1), S. 56f.; *U. Wagschal/M. Grasl*, ZParl. 35 (2004), 732 (733ff.); *M. Diekmann*, Das Verhältnis des Bundesrates zu Bundestag und Bundesregierung im Spannungsfeld von Demokratie- und Bundesstaatsprinzip, 2007, S. 1ff.; → Rn. 20. Zum Suggestivbegriff der »Blockadepolitik« gegen »die politische Propaganda und ihre Nachbeter in der veröffentlichten Meinung« mit Recht klärend und überzeugend *H. H. Klein*, ZG 17 (2002), 297 (297ff.); aus politikwissenschaftlicher Sicht das immer wieder angeprangerte »Vetoverhalten« des Bundesrates teilweise relativierend *S. Leunig*, ZParl. 34 (2003), 778 (790f.); *G. Strohmeier*, ZParl. 35 (2004), 717 (729ff.); vgl. auch *C. Gusy*, DVBl. 1998, 917 (917f., 927). Bei distanzierterer Betrachtung spricht vieles dafür, dass das in politischen Arenen über die Jahre und Jahrzehnte hinweg immer wieder geäußerte Unbehagen an konkreten Ausgestaltungen des deutschen Föderalismus über weite Strecken weniger ein Institutionenversagen, sondern vor allem Formen des Politikversagens betrifft, und zwar aus ganz unterschiedlichen Gründen – so, wenn zeitgleich einerseits eine Föderalismuskommission aus Gründen der Verantwortungsklarheit »Entflechtungen« vorbereiten soll (→ Art. 20 [Bundesstaat], Rn. 11) und andererseits – politisch vollkommen inkonsistent – gleichsam »im Nebenzimmer« bei der Verwaltungsorganisation nach dem Hartz IV-Gesetz einfach-rechtlich eine »Bund-Länder-Verflechtung« par excellence eingerichtet wird (vgl.

I. Allgemeine Bedeutung Art. 50

Bundesrat die föderale Einheit eines staatlichen Pluralismus wirksam institutionalisiert; er genießt in der Bevölkerung hohes Ansehen und hat sich durch eine von Anbeginn nicht restriktive, sondern extensive Handhabung seiner Zuständigkeiten »beachtlichen Einfluß auf die Staatsführung zu sichern gewußt«[101]. Besonders eindrucksvoll zeigt sich das politische Gewicht des Bundesrates im Bereich der Bundesgesetzgebung[102], die exemplarisch verdeutlicht, dass der Bundesrat im Verlauf der Entwicklung **zunehmendes Gewicht für die Bundespolitik** erlangt hat, »wesentlich bedeutender als bei der Beratung und Verabschiedung des Grundgesetzes angenommen«[103].

Der Bedeutungszuwachs ist nicht zuletzt Ergebnis der seit langem[104] konstatierten **Unitarisierungstendenzen**, die sich vor allem in einer Verlagerung von Gesetzgebungsbefugnissen auf den Bund niedergeschlagen und damit zwangsläufig die Mitwirkung des Bundesrates verstärkt haben[105]. In diesem Prozess haben die Länder gleichsam als eine Art »Kompensation«[106] für verlorengegangene Gestaltungsmöglichkeiten der Landesparlamente an Einfluss auf die Bundesgesetzgebung durch den Bundesrat über ihre Regierungsvertreter gewonnen – mit entsprechenden Konsequenzen für Machtverschiebungen von der Legislative auf die Exekutive in der Wirklichkeit des Landesverfassungsrechts[107]. Ein anschauliches Beispiel dafür liefern die zur »Kompensation« bundesstaatlicher »Erosionen«[108] im Zuge der fortschreitenden europäischen Integration geschaffenen Vorkehrungen zum Schutz der Länderbelange, an deren vorläufigem Endpunkt Art. 23 GG[109] mit einem »Bundesratsverfahren« steht (→ Art. 23 Rn. 108 ff., 136 ff.).

17

BVerfGE 119, 331 [361 ff., Rn. 84 ff.]; dazu nunmehr Art. 91e GG), oder wenn bei Abstimmungen im Bundesrat trickreicher Institutionenmissbrauch betrieben wird (vgl. BVerfGE 106, 310 [329 ff., Rn. 132 ff.]), oder wenn rechtlich vorhandene Politikspielräume für föderale Vielfalt schlicht nicht institutionenadäquat genutzt werden (vgl. *H. Bauer*, Zustand und Perspektive des deutschen Föderalismus aus Sicht der Wissenschaft, in: M. Kloepfer [Hrsg.], Umweltföderalismus, 2002, S. 31 ff. [58 ff.]).

[101] So zusammenfassend *H.-J. Blanke*, Jura 1995, 57 (66) m. w. N. Instruktiv sind auch die vom Bundesrat anlässlich seiner besonderen oder »runden Geburtstage« herausgegebenen Darstellungen: 10 Jahre Bundesrat, o.J. (1959); Der Bundesrat 1949–1969, 1969; Der Bundesrat als Verfassungsorgan und politische Kraft, 1974; 30 Jahre Bundesrat, 1949–1979, 1979; Vierzig Jahre Bundesrat, 1989; 50 Jahre Herrenchiemseer Verfassungskonvent – Zur Struktur des deutschen Föderalismus, 1999. Vgl. ferner U. Jun/S. Leunig (Hrsg.), 60 Jahre Bundesrat, 2011.

[102] Zu dem früher bereits an der Statistik der Zustimmungsgesetze ablesbaren Bedeutungszuwachs: → Bd. II², Art. 50 Rn. 15 f.; zu den an der Zustimmungsbedürftigkeit ansetzenden Korrekturbemühungen: → Art. 20 (Bundesstaat), Rn. 12, jeweils m. w. N.

[103] *P. Badura*, Schlußbericht: Der Bundesrat in der Verfassungsordnung, in: Bundesrat (Hrsg.), Vierzig Jahre Bundesrat, 1989, S. 317 ff. (335); ähnlich *Posser* (Fn. 3), § 24 Rn. 15.

[104] Dazu frühzeitig vor allem *K. Hesse*, Der unitarische Bundesstaat, 1962, insb. S. 22; später etwa *M. Brenner*, DÖV 1992, 903 (905 f.); *Maurer*, Bundesrat (Fn. 1), S. 621.

[105] Vgl. *Posser* (Fn. 3), § 24 Rn. 15.

[106] Grundsätzlich zur »Kompetenz- und Rechtskompensation« *E. Klein*, DVBl. 1981, 661 ff.; vor dem Hintergrund der europäischen Integration unter spezifisch bundesstaatlichem Blickwinkel *K. Kruis*, Variationen zum Thema Kompetenzkompensation, in: FS Willi Geiger, 1989, S. 155 ff.; vgl. auch *I. Pernice*, DVBl. 1993, 909 (920). In Wahrheit handelt es sich freilich um eine sehr zweifelhafte Kompensation, weil der Bundesrat als Bundesorgan den Machtzuwachs des Bundes nicht reduziert und die über den Bundesrat vermittelte Mitwirkung der Länder nur ein unvollkommener Ausgleich für verlorengegangene Autonomie ist. S. zur Kritik auch *Rührmair*, Bundesrat (Fn. 1), S. 122 ff.; *P. M. Huber*, Deutschland in der Föderalismusfalle?, 2003, S. 4 ff.

[107] *H. Eicher*, Der Machtverlust der Landesparlamente, 1988, insb. S. 76 ff.; *I. Pernice*, DVBl. 1993, 909 (920); *Rührmair*, Bundesrat (Fn. 1), S. 118 ff.

[108] *M. Schröder*, JöR 35 (1986), 83 ff.

[109] In Verbindung mit dem Gesetz über die Zusammenarbeit von Bund und Ländern in Angelegenheiten der Europäischen Union vom 12.3.1993 (BGBl. I S. 313), zuletzt geändert durch Gesetz vom

II. Verfassungsrechtliche Stellung

18 Die Einrichtung und die Begründung der wesentlichen Zuständigkeiten des Bundesrates erfolgen unmittelbar durch das Grundgesetz. Der Bundesrat ist daher ein Verfassungsorgan, und zwar – trotz des auf die Mitwirkung »der Länder« ausgerichteten Normtextes – ein **Verfassungsorgan des Bundes**[110], ein »oberstes Bundesorgan«[111], keine Gemeinschaftseinrichtung der Länder, auch kein Organ der Länder, weder »Länderrat« noch »Länderkammer«[112]. Das hat mehrere Konsequenzen: Erstens sind die vom Bundesrat wahrzunehmenden Aufgaben ausschließlich solche des Bundes mit der Folge, dass auch die Entscheidungen des Bundesrates dem Bund und nicht den Ländern zuzurechnen sind[113]. Dementsprechend ist – zweitens – der Bundesrat als Organ des Bundes gehalten, nicht nur föderale Belange zur Geltung zu bringen[114], sondern auch die bundesstaatliche Gesamtverantwortung des Bundes zu wahren[115]. Drittens ist der Bundesrat im Verhältnis zu anderen Bundesorganen nicht – wie verschiedentlich angenommen[116] – Adressat des Grundsatzes der Bundestreue, sondern des Grundsatzes der Organtreue[117], der die Bundesorgane zu wechselseitiger Rücksichtnahme verpflichtet[118]. Viertens: Soweit das Grundgesetz dem Bundesrat Aufgaben und Befugnisse zuweist, können die Länder nicht an dessen Stelle handeln[119].

22.9.2009 (BGBl. I S. 3031), und der nach § 9 dieses Gesetzes getroffenen Vereinbarung (Text in: Bundesrat, Handbuch 2013/2014 [Fn. 55], S. 198 ff.).

[110] *Hanf*, Bundesstaat (Fn. 81), S. 58; *J. Ipsen*, Staatsrecht I, Rn. 339; *I. v. Münch*, Staatsrecht I, 7. Aufl. 2009, Rn. 239; *Reuter*, Bundesrat (Fn. 1), S. 39 f.; *Korioth* (Fn. 1), Art. 50 Rn. 10 ff.; *K. Odendahl*, in: Schmidt-Bleibtreu/Hofmann/Henneke, GG, Art. 50 Rn. 3; *Risse* (Fn. 64), Vorbem. z. Art. 50 Rn. 4; *Robbers* (Fn. 1), Art. 50 Rn. 5; *Schmidt* (Fn. 1), § 22 Rn. 34; *Stern*, Staatsrecht II, S. 124; *Wekkerling-Wilhelm* (Fn. 11), Art. 50 Rn. 3; BVerfGE 1, 299 (311); 8, 104 (120); 106, 310 (330, Rn. 136: »kollegiales Verfassungsorgan des Bundes«). Näheres zu Organisation und Verfahren → Kommentierungen zu Art. 51–53 GG.

[111] Im Sinne von Art. 93 I Nr. 1 GG; §§ 13 Nr. 5, 63 BVerfGG.

[112] *Posser* (Fn. 3), § 24 Rn. 13; *K. Reuter*, Bundesrat und Bundesstaat: Der Bundesrat in der Bundesrepublik Deutschland, 14. Aufl. 2009, S. 34; *D. Wyduckel*, DÖV 1989, 181 (190); BVerfGE 106, 310 (330, Rn. 136). Der klare verfassungsrechtliche Befund wird freilich immer wieder durch missglückte Wortspiele vernebelt (vgl. etwa nur *Hofmann* [Fn. 11], Art. 50 Rn. 5: sowohl »Länderkammer des Bundes« als auch »Bundeskammer der Länder«, freilich in Rn. 7 mit Hinweis darauf, dass die »Kammer-Kontroversen« rein terminologischer Natur seien), die fast zwangsläufig zu verfehlten Deutungen des Bundesrates führen (vgl. etwa *Hanf*, Bundesstaat [Fn. 81], S. 58: »Funktional kann der Bundesrat somit als Länderorgan eingesetzt werden.«) und zur Überspielung der (auch) bundesstaatlichen Gesamtverantwortung tendieren.

[113] *Blumenwitz* (Fn. 88), Art. 50 Rn. 3; *Krebs* (Fn. 72), Art. 50 Rn. 5.

[114] Vgl. BVerfGE 13, 54 (77).

[115] *Blumenwitz* (Fn. 88), Art. 50 Rn. 3; *T. Hebeler*, JA 2003, 522 (527 f.); *Korioth* (Fn. 1), Art. 50 Rn. 18; *Krebs* (Fn. 72), Art. 50 Rn. 5; *Risse* (Fn. 64), Vorbem. z. Art. 50 Rn. 4; *Rührmair*, Bundesrat (Fn. 1), S. 69 ff. m. w. N. zum Meinungsspektrum; weitergehend für die Unterordnung partikularer und gemeinsamer Interessen der Länder gegenüber der gesamtstaatlichen Verantwortung des Bundes etwa *Sachs*, Bundesrat (Fn. 52), S. 48.

[116] Dazu *K. Lange*, Die Legitimationskrise des Bundesrates, in: FS Stein, 1983, S. 181 ff. (189 f.); *Bauer*, Bundestreue (Fn. 3), S. 295 f. m. w. N.

[117] Dazu allgemein *W.-R. Schenke*, Die Verfassungsorgantreue, 1977; *R. A. Lorz*, Interorganrespekt im Verfassungsrecht, 2001, S. 38 ff., 80 ff.; ferner *A. Voßkuhle*, NJW 1997, 2216 (2217); aus der Spruchpraxis s. etwa BVerfGE 89, 155 (191, 203); 90, 286 (337 f.); 97, 350 (375).

[118] *H. Schneider*, Der Niedergang des Gesetzgebungsverfahrens, in: FS G. Müller, 1970, S. 421 ff. (422 f.); *Krebs* (Fn. 72), Art. 50 Rn. 4; *Robbers* (Fn. 1), Art. 50 Rn. 6; *Stern*, Staatsrecht I, S. 134 f., 731; *de Wall* (Fn. 1), Art. 50 Rn. 17 (mit ergänzendem Hinweis auf mittelbare Bindungen auch an die Bundestreue); vgl. auch *R. Herzog*, in: Maunz/Dürig, GG, Art. 20 IV (1980), Rn. 65.

[119] BVerfGE 1, 299 (311).

Deshalb kann – fünftens – die allein durch den Bundesrat erfolgende Mitwirkung der Länder bei der Bundesgesetzgebung auch nicht von einem Land als eigenes Recht geltend gemacht werden[120].

Obschon Bundesorgan, hebt sich der Bundesrat von anderen obersten Verfassungsorganen des Bundes (Bundespräsident, Bundestag, Bundesversammlung, Bundesregierung und Bundesverfassungsgericht), die grundsätzlich unitarisch organisiert sind[121], durch seinen föderalen Charakter signifikant ab. Er ist Konkretisierung der **bundesstaatlichen Ordnung** (→ Rn. 15), »föderatives Bundesorgan«[122], durch das die Länder an Bundesangelegenheiten mitwirken und in den Bund eingebunden sind, auch wenn Art. 51 I GG nicht die Länder, sondern die dazu bestellten Mitglieder der Landesregierungen zu Mitgliedern des Bundesrates erklärt[123]. Die gegenüber den unitarischen Verfassungsorganen andersartige **demokratische Legitimation** empfinden manche als prekär[124]; doch ist darin kein wirkliches Legitimationsdefizit zu erkennen, weil der Bundesrat als Einrichtung unmittelbar durch die Verfassung, also durch die verfassunggebende Gewalt des Bundesvolkes (→ Pmbl. Rn. 63ff., 71ff.), legitimiert ist und die Bundesratsmitglieder in ihren Ländern der parlamentarischen Verantwortung unterliegen[125]. Als Bundesorgan ist der Bundesrat ein **Element horizontaler Gewaltenteilung**, die mit der die bundesstaatliche Ordnung des Grundgesetzes kennzeichnenden vertikalen Gewaltenteilung verknüpft ist[126]. Bei einer Gesamtbetrachtung liegt der Bundesrat daher im Überschneidungsbereich von drei tragenden Strukturprinzipien des Grundgesetzes: des bundesstaatlichen, des demokratischen und des rechtsstaatlichen Prinzips[127].

19

Parteipolitisch motivierte Bundesratsbeschlüsse sind dadurch nicht von vornherein ausgeschlossen[128]. Gewiss sieht das Grundgesetz für den Bundesrat keine parteipolitische Gliederung vor. Doch hat die namentlich vor dem Hintergrund unterschiedlicher parteipolitischer Mehrheitsverhältnisse in Bundesrat und Bundestag[129] lange Zeit unter dem plakativen Stichwort »**Parteienbundesstaat**« geführte Debatte[130] gezeigt,

20

---

[120] BVerfGE 94, 297 (311); *de Wall* (Fn. 1), Art. 50 Rn. 30.
[121] Dazu *R. Herzog*, HStR³ III, § 57 Rn. 1.
[122] BVerfGE 8, 104 (120); *Hanf*, Bundesstaat (Fn. 81), S. 58; ähnlich *Sachs*, Bundesrat (Fn. 52), S. 44.
[123] *R. Herzog*, HStR³ III, § 57 Rn. 3, spricht insofern von einer »gewissen Inkonsequenz« des Grundgesetzes; zustimmend *Rührmair*, Bundesrat (Fn. 1), S. 69.
[124] Vgl. *E.-W. Böckenförde*, Sozialer Bundesstaat und parlamentarische Demokratie, in: FS Friedrich Schäfer, 1980, S. 182ff. (190); *Jekewitz* (Fn. 1), vor Art. 50 Rn. 11.
[125] *H. H. Klein*, Die Legitimation des Bundesrates und sein Verhältnis zu den Landesparlamenten und Landesregierungen, in: Bundesrat (Hrsg.), Vierzig Jahre Bundesrat, 1989, S. 95ff. (102ff.); *Korioth* (Fn. 1), Art. 50 Rn. 15; *Maurer*, Bundesrat (Fn. 1), S. 636f.; *ders.*, Staatsrecht, § 16 Rn. 47; *Risse* (Fn. 64), Vorbem. z. Art. 50 Rn. 4; *Robbers* (Fn. 1), Art. 50 Rn. 15; *C. Thiele*, KritV 93 (2010), 168 (170f.); kritisch gegenüber der Legitimation über die parlamentarische Verantwortung in den Ländern *C. Möllers*, Der parlamentarische Bundesstaat – Das vergessene Spannungsverhältnis von Parlament, Demokratie und Bundesstaat, in: J. Aulehner u. a. (Hrsg.), Föderalismus – Auflösung oder Zukunft der Staatlichkeit?, 1997, S. 81ff. (102f.).
[126] *Hesse*, Verfassungsrecht, Rn. 231f.; *W.-R. Schenke*, JuS 1989, 698 (701f.); *Maurer*, Bundesrat (Fn. 1), S. 631f.; vgl. auch *U. Fastenrath*, JuS 1986, 194 (197, 200); a.A. etwa *Möllers*, Bundesstaat (Fn. 125), S. 108; Vorbehalte auch bei *Stern*, Staatsrecht II, S. 123.
[127] *Klein*, Legitimation (Fn. 125), S. 105; *ders.*, ZG 17 (2002), 297 (306); *Hofmann* (Fn. 11), Art. 50 Rn. 8.
[128] *Krebs* (Fn. 72), Art. 50 Rn. 6; *Schöbener* (Fn. 49), Art. 50 Rn. 128ff.
[129] Überblicke bei *Posser* (Fn. 3), § 24 Rn. 108ff., und *G. Strohmeier*, ZParl. 35 (2004), 717 (718ff.).
[130] Z.B. *R. Herzog*, BayVBl. 1966, 181ff.; *H. Laufer*, Der Bundesrat, 1972, S. 21ff.; *ders.*, ZParl. 1

dass sich ein generelles Verbot parteipolitischer Verbundenheit[131] bei der Beschlussfassung im Bundesrat nicht verifizieren lässt; vielmehr ist es für den Bundesrat charakteristisch, dass in ihm – auch mit Blick auf seine gewaltenteilende Funktion – andere Kräftegruppierungen entstehen können als im Bundestag[132], ganz abgesehen davon, dass parteipolitische Orientierung im Bundesrat deutlich weniger stark ausgeprägt ist als im Bundestag[133]. Im Schrifttum ist der durch den Bundesrat vermittelte parteipolitische Einfluss auf die Bundespolitik deshalb inzwischen verfassungsrechtlich weithin akzeptiert[134].

21 Im Bundesrat ist die Mitwirkung der Länder gebündelt, jedoch nicht abschließend erfasst[135]. Eine **Länderbeteiligung außerhalb des Bundesrates** sowie ein Zusammenwirken von Bund und Ländern ist grundgesetzlich wie einfach-rechtlich teilweise ausdrücklich geregelt[136] und erfolgt zudem oftmals auf informellen Wegen[137]. Auch sind jenseits des Bundesrates stattfindende **Selbstkoordinierungen der Länder** untereinander verbreitet und haben etwa in Gestalt von Ministerpräsidenten- und Ressortministerkonferenzen eine lange Tradition[138].

III. Aufgaben und Befugnisse

22 Die Aufgaben des Bundesrates sind in Art. 50 GG nur sehr allgemein umschrieben (→ Rn. 15); weiterführende Konkretisierungen lassen sich jedoch den Befugnissen entnehmen, die dem Bundesrat außerhalb von Art. 50 GG zugeordnet sind[139]. Dabei

---

(1970), 318 ff.; *Lehmbruch* (Fn. 100); *H. H. Klein*, DÖV 1971, 325 ff.; *G. Jahn*, ZParl. 7 (1976), 291 ff.; *F. K. Fromme*, ZRP 1976, 201 ff.; *H. Hablitzel*, BayVBl. 1979, 1 ff., 39 ff.; *H. Abromeit*, ZParl. 13 (1982), 462 ff.; *Maurer*, Bundesrat (Fn. 1), S. 633 ff.; *Rührmair*, Bundesrat (Fn. 1), S. 33 ff.; *A. Benz*, APuZ 29–30/2003, S. 32 ff.; *G. Strohmeier*, ZParl. 35 (2004), 717 ff.

[131] In diesem Sinne aber wohl *T. Maunz*, Die Rechtsstellung der Mandatsträger im Bundesrat, in: Bundesrat, Verfassungsorgan (Fn. 6), S. 193 ff. (209 f.); *ders.*, in: Maunz/Dürig, GG, Art. 50 (1982), Rn. 25.

[132] Vgl. *Hesse*, Verfassungsrecht, Rn. 614.

[133] Vgl. etwa *H. Herles*, Der Stil von Bundesrat und Bundestag. Kammerton und Schaubühne, in: Bundesrat (Hrsg.), Vierzig Jahre Bundesrat, 1989, S. 231 ff. (236 ff.); *R. Herzog*, Erfahrungen mit dem Bundesrat, in: R. Hrbek (Hrsg.), Miterlebt – Mitgestaltet, 1989, S. 224 ff. (234 ff.); *Ziller/Oschatz*, Bundesrat (Fn. 59), S. 117 ff.

[134] *Blumenwitz* (Fn. 88), Art. 50 Rn. 57, der als äußerste Grenze die Verfassungsorgantreue erwähnt; *Korioth* (Fn. 1), Art. 50 Rn. 17 f.; *Krebs* (Fn. 72), Art. 50 Rn. 6; *Hofmann* (Fn. 11), Art. 50 Rn. 34 ff.; *Risse* (Fn. 64), Vorbem. z. Art. 50 Rn. 5 f.; *Schöbener* (Fn. 49), Art. 50 Rn. 128; *Dörr* (Fn. 96), Art. 50 Rn. 6; *Robbers* (Fn. 1), Art. 50 Rn. 16 mit ergänzendem Hinweis darauf, dass eine überzeugende Abgrenzung von Politik und Parteipolitik ohnehin kaum möglich erscheint; *Rührmair*, Bundesrat (Fn. 1), S. 54 f., 60 ff.; *de Wall* (Fn. 1), Art. 50 Rn. 18.

[135] S. dazu und zum Folgenden an dieser Stelle nur *Blumenwitz* (Fn. 88), Art. 50 Rn. 14 ff.; *Krebs* (Fn. 72), Art. 50 Rn. 8 f.; *Maunz/Scholz* (Fn. 92), Art. 50 Rn. 10 f.; *Robbers* (Fn. 1), Art. 50 Rn. 17; eingehender zum kooperativen Föderalismus → Art. 20 (Bundesstaat), Rn. 30.

[136] S. z. B. Art. 32 II, 54 III, 91a, 91b, 91e, 95 II GG. Zu einfach-rechtlichen Regelungen s. z. B. § 51 HGrG; § 18 StabG; § 51a BImSchG und der Konjunkturrat, Art. 109a GG i. V. m. § 1 StabRatG; zu Zulässigkeit und Grenzen bundesgesetzlicher Formen der Einflussnahme der Länder auf die Bildung des Bundeswillens vgl. BVerfGE 1, 299 (311) sowie → Rn. 15; ausführlich dazu *B. Fassbender*, Der offene Bundesstaat, 2007, S. 263 ff.

[137] Dazu etwa *H. Laufer/U. Münch*, Das föderative System der Bundesrepublik Deutschland, 1998, S. 270 ff.; *W. Rudolf*, HStR³ IV, § 141 Rn. 31 ff.; *de Wall* (Fn. 1), Art. 50 Rn. 34.

[138] Näheres etwa bei *Krebs* (Fn. 72), Art. 50 Rn. 9 m. w. N.; *Maunz/Scholz* (Fn. 92), Art. 50 Rn. 11; *Risse* (Fn. 64), Vorbem. z. Art. 50 Rn. 8; *de Wall* (Fn. 1), Art. 50 Rn. 36; vgl. auch *M. Brenner*, DÖV 1992, 903 (906); *Hofmann* (Fn. 11), Art. 50 Rn. 33; *Schöbener* (Fn. 49), Art. 50 Rn. 38 f.

[139] *R. Herzog*, HStR³ III, § 58 Rn. 3; vgl. auch *Maurer*, Bundesrat (Fn. 1), S. 620.

haben die dem Bundesrat im Gesetzgebungsverfahren eingeräumten Rechte immer wieder Anlass zu der Frage gegeben, ob es sich bei ihm um eine »**Zweite Kammer**« handelt[140]. Vom Bundesverfassungsgericht wurde dies unter Hinweis auf die Verkündungsformel für Gesetze und die grundgesetzliche Ausgestaltung der Mitwirkung des Bundesrates im Gesetzgebungsverfahren verneint[141]. Demgegenüber wird der Bundesrat in der Literatur gelegentlich als »Zweite Kammer« qualifiziert, freilich oftmals mit erläuternden Zusätzen[142]. Rechtliche Konsequenzen ergeben sich daraus jedoch nicht[143], ganz abgesehen davon, dass der Bundesrat jenseits seiner Mitwirkungsbefugnisse bei der Gesetzgebung auch solche etwa im exekutivischen Bereich besitzt, weshalb er mitunter auch als »Organ sui generis« bezeichnet wird[144].

Die in Art. 50 GG geregelte »**Mitwirkung**« durch den Bundesrat legt die Beteiligung der Länder an Entscheidungsprozessen des Bundes nur grundsätzlich fest und besagt noch nichts über deren Ausgestaltung im einzelnen; die notwendigen Konkretisierungen finden sich außerhalb von Art. 50 GG (→ Rn. 15, 21). Im Schrifttum wurden sie wiederholt nach teilweise unterschiedlichen Ordnungskriterien zusammengestellt und systematisiert[145]. Bei einer Orientierung am Normtext lassen sich die wichtigeren Einzelberechtigungen[146] in folgende Gruppen einteilen:

1. Mitwirkung bei der Gesetzgebung

Die Einflussnahme auf die Gesetzgebung[147] bezieht sich zunächst auf das in Art. 76–78 GG geregelte **ordentliche Gesetzgebungsverfahren**, in dem der Bundesrat neben

---

[140] Vgl. zur Diskussion etwa *Hanf*, Bundesstaat (Fn. 81), S. 22 ff.; *H. H. Klein*, AöR 108 (1983), 329 ff.; *Korioth* (Fn. 1), Art. 50 Rn. 24; *Schöbener* (Fn. 49), Art. 50 Rn. 15 ff.; *Odendahl* (Fn. 110), Art. 50 Rn. 7; *v. Münch/Mager*, Staatsrecht I, Rn. 240; *R. W. Schmitt*, BayVBl. 1974, 685 ff.; *D. Wyduckel*, DÖV 1989, 181 ff.; vgl. auch *H. Schulze-Fielitz*, Theorie und Praxis parlamentarischer Gesetzgebung, 1988, S. 361: faktisch eine Zweite Kammer. Zum Begriff des Zweikammersystems s. *R. Herzog*, Art. Zweikammersystem, in: EvStL³, Sp. 4109 ff.

[141] BVerfGE 37, 363 (380 f.): Der Bundesrat ist »nicht eine zweite Kammer eines einheitlichen Gesetzgebungsorgans, die gleichwertig mit der ›ersten Kammer‹ entscheidend am Gesetzgebungsverfahren beteiligt wäre« (mit Hinweis auf *E. Friesenhahn*, Die Rechtsentwicklung hinsichtlich der Zustimmungsbedürftigkeit von Gesetzen und Verordnungen des Bundes, in: Bundesrat, Verfassungsorgan [Fn. 6], S. 251 ff.); dazu *H. H. Klein*, ZParl. 5 (1974), 485 ff., und *H. Schäfer*, DVBl. 1975, 96 (101 ff.). S. auch *K. Graßhof*, in: BK, Ergänzungen zu Art. 50 (2003), Rn. 6, zur Bestätigung der die Qualifizierung des Bundesrates als »Zweite Kammer« ablehnenden bisherigen Spruchpraxis durch BVerfGE 105, 313 (339, Rn. 68); 106, 310 (330, Rn. 136).

[142] Vgl. etwa *H.-J. Vonderbeck*, Der Bundesrat – ein Teil des Parlaments der Bundesrepublik Deutschland?, 1964, S. 110 (»nichtparlamentarische Zweite Kammer«); *D. Wyduckel*, DÖV 1989, 181 (182, 191: »faktisch die Stellung einer parlamentarischen Zweiten Kammer«); ferner *Weckerling-Wilhelm* (Fn. 11), Art. 50 Rn. 6.

[143] *Blumenwitz* (Fn. 88), Art. 50 Rn. 6; *R. Herzog*, HStR³ III, § 57 Rn. 30; *Hofmann* (Fn. 11), Art. 50 Rn. 7; *Krebs* (Fn. 72), Art. 50 Rn. 7; *Reuter*, Bundesstaat (Fn. 112), S. 51; *de Wall* (Fn. 1), Art. 50 Rn. 41; *Schöbener* (Fn. 49), Art. 50 Rn. 19.

[144] *Stern*, Staatsrecht I, S. 743 f.; *ders.*, Staatsrecht II, S. 126 f.

[145] Vgl. etwa *H. Voß*, DVBl. 1965, 102 ff., 141 ff.; *Posser* (Fn. 3), § 24 Rn. 17 ff., 47 ff., 60 ff., 65; *Blumenwitz* (Fn. 88), Art. 50 Rn. 17 ff.; *R. Herzog*, HStR³ III, § 58 Rn. 3, 5 ff.; *T. Hebeler*, JA 2003, 522 (523 ff.); *Hofmann* (Fn. 11), Art. 50 Rn. 9 ff., 22 ff.; *Korioth* (Fn. 1), Art. 50 Rn. 22 ff.; *Maunz/Scholz* (Fn. 42), Art. 50 Rn. 12 ff.; *Reuter*, Bundesstaat (Fn. 112), S. 35 ff.; *Risse* (Fn. 80), Art. 50 Rn. 2 f.; *Sachs*, Bundesrat (Fn. 52), S. 54 ff.; *de Wall* (Fn. 1), Art. 50 Rn. 19 ff.; *Weckerling-Wilhelm* (Fn. 11), Art. 50 Rn. 4 ff.

[146] Die nachfolgende Zusammenstellung hat keinen abschließenden Charakter.

[147] Zur Ausgestaltung der arbeitsteiligen Gesetzgebung s. *M. Anderheiden*, HStR³ VI, § 140 Rn. 42 ff.

Bundesregierung und Bundestag das Initiativrecht (Art. 76 I GG) besitzt; bei Gesetzesvorlagen der Bundesregierung ist er zur Stellungnahme berechtigt (Art. 76 II GG). Gegen Gesetzesbeschlüsse des Bundestages kann er den Vermittlungsausschuss anrufen (Art. 77 II GG) und unter den Voraussetzungen von Art. 77 III GG Einspruch einlegen, der jedoch vom Bundestag zurückgewiesen werden kann (Art. 77 IV GG); und bei zustimmungsbedürftigen[148] Gesetzen kann der Bundesrat seine Zustimmung erteilen oder verweigern (vgl. Art. 77 IIa, 78 GG). Demnach wirkt er »immer in irgendeiner Form beim Zustandekommen eines Gesetzes«[149] mit[150]. Ergänzend ist außerdem das Zutritts- und Rederecht bei Sitzungen des Bundestages und seiner Ausschüsse zu erwähnen (Art. 43 II GG).

25 Im **Gesetzgebungsnotstand** richtet sich die Beteiligung des Bundesrates an der Gesetzgebung nach Art. 81 GG; für den **Verteidigungsfall** enthalten Art. 115a ff. GG in Verbindung mit Art. 53a GG Sonderregelungen. **Verfassungsänderungen** setzen neben der Zustimmung von zwei Dritteln der Mitglieder des Bundestages auch die Zustimmung von zwei Dritteln der Stimmen des Bundesrates voraus (Art. 79 II GG).

2. Mitwirkung bei der Verwaltung

26 Die Beteiligung an der Verwaltung betrifft zunächst **Rechtsverordnungen**, für die der Bundesrat unter den Voraussetzungen und nach Maßgabe von Art. 80 GG Initiativ- und Zustimmungsrechte besitzt[151]. Bezüglich des Erlasses von allgemeinen **Verwaltungsvorschriften** finden sich Beteiligungsrechte in Art. 84 II, 85 II, 108 VII und 129 I GG, bezüglich des Erlasses von **Geschäftsordnungen** in Art. 53a I, 77 II 2 und 115d II 4 GG[152].

27 Im Bereich der **Landesverwaltung unter Bundesaufsicht** obliegt dem Bundesrat im sog. Mängelrügeverfahren die Feststellung, ob ein Land das Recht verletzt hat[153]. Maßnahmen des – bislang noch nicht praktisch gewordenen – **Bundeszwanges** setzen

---

[148] Die Zustimmungsbedürftigkeit muss im GG angeordnet sein (sog. Enumerationsprinzip); vgl. dazu etwa den Katalog der Zustimmungsgesetze bei *F. Ossenbühl*, AöR 99 (1974), 369 (373 ff.); *Maunz/Scholz* (Fn. 92), Art. 50 Rn. 15; *Hofmann* (Fn. 11), Art. 50 Rn. 12; *Odendahl* (Fn. 110), Art. 50 Rn. 12. Nach der ursprünglichen Konzeption des GG handelt es sich zumeist um Materien, die den Interessenbereich der Länder besonders stark berühren (BVerfGE 1, 76 [79]; 37, 363 [381]); in der Verfassungswirklichkeit war die als Ausnahme gedachte Zustimmungsbedürftigkeit (BVerfGE 105, 313 [339, Rn. 68]) allerdings bald bei der Mehrzahl der Gesetze gegeben (→ Bd. II², Art. 50 Rn. 15 f. mit Fn. 95); zur Katalogisierung der früher die Zustimmungsbedürftigkeit auslösenden GG-Normen s. *G. Limberger*, Die Kompetenzen des Bundesrates und ihre Inanspruchnahme, 1982, S. 46 f., und zur Reformdebatte vor der Föderalismusreform *K. Selg*, Die Mitwirkung des Bundesrates bei der Gesetzgebung des Bundes, 2009. Die Neufassung des Art. 84 GG im Zuge der Föderalismusreform I (→ Art. 20 [Bundesstaat], Rn. 12 mit Fn. 61) zielt auf eine deutliche Reduzierung der zustimmungsbedürftigen Gesetze; vgl. dazu *Korioth* (Fn. 1), Art. 50 Rn. 21; *U. Häde*, JZ 2006, 930 ff. (931); *W. Kahl*, NVwZ 2008, 710 ff.; *P. M. Huber*, Deutschland nach der Föderalismusreform – in besserer Verfassung, in: FS Scholz, 2007, S. 595 ff. (602); zu den Auswirkungen in der Verfassungspraxis vgl. Fn. 55.
[149] BVerfGE 28, 66 (79); ähnlich E 8, 274 (296).
[150] Speziell zur Problematik der Beteiligung des Bundesrates an Ratifikationsgesetzen zu völkerrechtlichen Verträgen vgl. *Oppermann*, Bundesrat (Fn. 59), S. 299 ff.; *Posser* (Fn. 3), § 24 Rn. 41 ff.
[151] Speziell zum Initiativrecht bei Rechtsverordnungen s. *G. Müller-Brandeck-Bocquet*, Die Verwaltung 29 (1996), 143 (150 f.), sowie zu ersten Erfahrungen mit diesem Recht *J. Jekewitz*, ZRP 1995, 248 ff.; *ders.*, ZG 15 (2000), 344 (345 ff.); → Art. 80 Rn. 62 ff. Zu weiteren Beteiligungen in Verfahren der Verordnungsgebung vgl. etwa Art. 119, 129 I GG.
[152] Zur Geschäftsordnungsautonomie → Art. 52 Rn. 20.
[153] Art. 84 IV 1 GG; vgl. zu weiteren Verfahrensrechten des Bundesrates im Rahmen der Bundesaufsicht auch Art. 84 III 3 GG.

die vorherige Zustimmung des Bundesrates voraus (Art. 37 I GG). Und in **Notstandsfällen** sind Anordnungen der Bundesregierung auf Verlangen des Bundesrates jederzeit aufzuheben (Art. 91 II GG; vgl. auch Art. 87a IV GG). Ebenso verhält es sich bei Maßnahmen der **Katastrophenhilfe** nach Art. 35 III GG.

Daneben besitzt der Bundesrat **Kreationsrechte** und **Mitwirkungsbefugnisse bei Personalentscheidungen** des Bundes. So wird nach Art. 94 I GG die Hälfte der Mitglieder des Bundesverfassungsgerichts von ihm gewählt, und gem. § 18 StabG bestimmt er die Vertreter der Kommunen im Konjunkturrat[154]. Außerdem wirkt er in anderen Einrichtungen mit (vgl. § 13 GOBR) wie etwa in den Verwaltungsräten der Bundesagentur für Arbeit, der Kreditanstalt für Wiederaufbau und der »Deutschen Welle«[155]. Die Mitentgegennahme des Amtseides des Bundespräsidenten (Art. 56 GG) und die Vertretung des Bundespräsidenten durch den Präsidenten des Bundesrates (Art. 57 GG) lassen sich als Ausprägungen der »**Teilhabe an gesamtstaatlicher Repräsentation**«[156] verstehen.

28

Der **Kontrolle** durch den Bundesrat dienen die Verpflichtung der Bundesregierung, den Bundesrat über die Führung der Geschäfte auf dem Laufenden zu halten, und das Zitierungsrecht (Art. 53 GG) ebenso wie weitere Informations- (z.B. Art. 23 II 2 GG) und Beteiligungsrechte[157]. Außerdem besitzt der Bundesrat Antragsbefugnisse für bestimmte Verfahren (z.B. Art. 61 I, 93 I Nr. 1 und 2a GG) und Beteiligungsrechte in Verfahren vor dem Bundesverfassungsgericht[158].

29

3. Mitwirkung in Angelegenheiten der Europäischen Union

Gemeinsam mit Art. 23 GG klärt die 1992 erfolgte Erweiterung des Normtextes von Art. 50 GG um die Mitwirkung »in Angelegenheiten der Europäischen Union« (→ Rn. 9, 12) die während der Geltung des EEAG noch umstrittene Frage[159], ob die **Länderbeteiligung** in diesem Bereich **über den Bundesrat** organisiert werden darf[160]. Inhaltlich entspricht die Neufassung der Formulierung in Art. 23 II 1 GG, wonach in »Angelegenheiten der Europäischen Union [...] durch den Bundesrat die Länder« mitwirken[161]. Über die konkrete Ausgestaltung der Mitwirkung sind damit allerdings noch keine Aussagen getroffen.

30

Sie finden sich in Art. 23 I 2 und 3, Ia, II 2, IV–VI GG, dem auf der Grundlage von Art. 23 VII GG ergangenen Gesetz und der hierzu getroffenen Vereinbarung[162]. Dort

31

---

[154] Der Finanzplanungsrat, bei dessen Besetzung der Bundesrat ebenfalls die kommunalen Mitglieder bestimmte (§ 51 I Nr. 3 HGrG a. F.), ist inzwischen durch den auf der Grundlage von Art. 109a GG, § 1 StabRatG gebildeten und anders zusammengesetzten Stabilitätsrat abgelöst.
[155] Bundesrat, Handbuch 2013/2014 (Fn. 55), S. 303.
[156] *Jekewitz* (Fn. 88), Art. 50 Rn. 6; speziell zur Vertretung des Bundespräsidenten durch den Bundesratspräsidenten s. *R. Pitschas*, Der Staat 12 (1973), 183ff.
[157] Z.B. Entgegennahme der Haushaltsrechnung des Bundesfinanzministers und des Berichts des Bundesrechnungshofes (Art. 114 GG); zu weiteren einfach-gesetzlich geregelten Informationsrechten im finanz- und haushaltswirtschaftlichen Bereich s. etwa § 10 BHO.
[158] §§ 65, 69, 77, 82, 83 II, 85 II, 88, 94 IV und V BVerfGG.
[159] → Bd. II², Art. 50 Rn. 29 mit Fn. 153; im Nachhinein klärend BVerfGE 92, 203 (233ff.).
[160] *G.-B. Oschatz/H. Risse*, DÖV 1995, 437 (441f.); vgl. auch *H.-J. Blanke*, Jura 1995, 57 (63).
[161] Vgl. Jarass/*Pieroth*, GG, Art. 50 Rn. 5 (lediglich »wiederholender« Charakter); *Korioth* (Fn. 1), Art. 50 Rn. 21 (»überflüssig«, aber unschädlich); *Robbers* (Fn. 1), Art. 50 Rn. 44 (»nämlicher Inhalt«); *K.-P. Sommermann*, LKV 1994, 382 (386).
[162] → Fn. 109.

sind für die Beteiligung des Bundesrates abgestufte Mitwirkungsrechte festgelegt[163]. Beispiele für diese **konkreten Einzelbefugnisse** sind das Informationsrecht (Art. 23 II 2 GG), die Beteiligung an der Willensbildung des Bundes (Art. 23 IV–VI GG) und die Benennung eines Vertreters der Länder, auf den unter den Voraussetzungen von Art. 23 VI GG die Wahrnehmung der der Bundesrepublik Deutschland als Mitgliedstaat der Europäischen Union zustehenden Rechte übertragen wird. Weitere Befugnisse hat der Bundesrat im Zusammenhang mit dem Vertrag von Lissabon und der dazu ergangenen Entscheidung des Bundesverfassungsgerichts[164] erhalten[165]. Insgesamt handelt es sich um ein **abgestuftes System der Mitwirkung** des Bundesrates **in Unionsangelegenheiten**[166]. Nach dem Lissaboner Vertrag besonders zu erwähnen sind die (Mit-)Wahrnehmung der **Integrationsverantwortung** und das neuartige Klagerecht nach Art. 23 Ia GG, das es (auch) dem Bundesrat ermöglicht, **Subsidiaritätsklage** vor dem Europäischen Gerichtshof zu erheben[167] (→ Rn. 13; → Art. 23 Rn. 106 f.).

D. Verhältnis zu anderen GG-Bestimmungen

32 Art. 50 GG hat für den Bundesrat nur begrenzt konstitutive Bedeutung und ist auf an anderer Stelle erfolgende Konkretisierung angelegt (→ Rn. 15). Neben andernorts geregelten Befugnissen finden sich wichtige **organisations- und verfahrensrechtliche Konkretisierungen** in **Art. 51–53 GG**. Im übrigen sind zahlreiche **Einzelberechtigungen** des Bundesrates **an vielen anderen Stellen des Grundgesetzes** ausgewiesen (→ Rn. 15, 22 ff.). Bei einer Gesamtbetrachtung liegt der Bundesrat im **Überschneidungsbereich des bundesstaatlichen, des demokratischen und des rechtsstaatlichen Prinzips** (→ Rn. 19).

33 Art. 79 III GG schützt neben dem Bundesstaatsprinzip nur »die grundsätzliche Mitwirkung der Länder bei der Gesetzgebung«. Demgemäß ist die jenseits der Gesetzgebung liegende Mitwirkung der Länder weder bei der Verwaltung des Bundes noch in Angelegenheiten der Europäischen Union einer **Verfassungsänderung** entzogen; selbst die konkrete Ausgestaltung der Beteiligung an der Bundesgesetzgebung ist einer Änderung zugänglich[168] (→ Art. 79 III Rn. 21 ff., 47 f.), wobei allerdings die Mitwirkung

---

[163] *G.-B. Oschatz/H. Risse*, DÖV 1995, 437 ff. Näheres → Art. 23 Rn. 136 ff.
[164] BVerfGE 123, 267.
[165] Die Mitwirkungsrechte des Bundesrates sind durch die Begleitgesetze zum Vertrag von Lissabon (BGBl 2009 I, S. 3022, 3026, 3031) und insb. das IntVG deutlich ausgeweitet worden; vgl. *R. Streinz*, in: Rill, Aufschwung (Fn. 76), S. 37 ff.; *Schöbener* (Fn. 49), Art. 50 Rn. 94 ff.; *Dörr* (Fn. 96), Art. 50 Rn. 28 ff.
[166] *Dörr* (Fn. 96), Art. 50 Rn. 29.
[167] Für die Beschlussfassung über die Klageerhebung lässt Art. 23 Ia 3 GG die gesetzliche Regelung einer Ausnahme von Art. 52 III 1 GG zu. Von der in § 12 II IntVG enthaltenen Ermächtigung des Bundesrates zu einer geschäftsordnungsrechtlichen Regelung der Beschlussfassung über die Klageerhebung hat der Bundesrat bislang keinen Gebrauch gemacht. Verfassungsrechtlich wäre eine geschäftsordnungsrechtlich geregelte Abweichung von dem in Art. 52 III 1 GG geregelten Mehrheitsprinzip freilich unzulässig, zumindest aber prekär, weil eine solche Abweichung nach dem Wortlaut von Art. 23 Ia 3 GG eines zustimmungsbedürftigen Gesetzes bedarf und deshalb nicht ohne weiteres dem Geschäftsordnungsrecht übertragen und überlassen werden kann. Die Delegation müsste im Gesetz wenigstens klar und unmissverständlich zum Ausdruck gebracht werden. Dies ist bei § 12 II IntVG nicht der Fall. Vielmehr lässt sich der Gesetzesbegründung entnehmen, dass eine Delegation nicht beabsichtigt war. Näheres bei *R. Uerpmann-Wittzack*, EuGRZ 2009, 461 (467).
[168] Vgl. dazu und zum Folgenden *H.-U. Evers*, in: BK, Art. 79 III (Zweitb. 1982), Rn. 217 ff.; *Korioth* (Fn. 1), Art. 50 Rn. 19; *Krebs* (Fn. 72), Art. 50 Rn. 3; *Maunz/Scholz* (Fn. 92), Art. 50 Rn. 9; *Reuter*,

der Länder nicht auf eine bloß formale Beteiligung ohne sachliche Einflussmöglichkeiten reduziert werden darf[169]. Ebenfalls nicht verfassungsänderungsfest sind die gegenwärtige organisatorische Form und Gestaltung (→ Art. 51 Rn. 28).

Bundesrat (Fn. 1), S. 41 ff.; *H. Ridder*, in: AK-GG, Art. 79 (2001), Rn. 32; *de Wall* (Fn. 1), Art. 50 Rn. 32.

[169] *Hanf*, Bundesstaat (Fn. 81), S. 77 ff., 186 f.; *K. Hesse*, AöR 98 (1973), 1 (19); *M. Jestaedt*, HStR³ II, § 29 Rn. 67; wesentlich »enger« *J. Harbich*, Der Bundesstaat und seine Unantastbarkeit, 1965, S. 130 ff., wonach die »Grundstruktur« des Bundesrates durch Art. 79 III GG geschützt sei. A.A. *U. Wagschal/M. Grasl*, ZParl. 35 (2004), 732 (752), und wohl auch *Hofmann* (Fn. 11), Art. 50 Rn. 5, wonach der Bundesrat »an dem hohen Bestandsschutz« von Art. 79 III GG partizipieren soll.

Artikel 51 [Mitgliedschaft; Stimmenzahl und Stimmabgabe]

(1) ¹Der Bundesrat besteht aus Mitgliedern der Regierungen der Länder, die sie bestellen und abberufen. ²Sie können durch andere Mitglieder ihrer Regierungen vertreten werden.

(2) Jedes Land hat mindestens drei Stimmen, Länder mit mehr als zwei Millionen Einwohnern haben vier, Länder mit mehr als sechs Millionen Einwohnern fünf, Länder mit mehr als sieben Millionen Einwohnern sechs Stimmen.

(3) ¹Jedes Land kann so viele Mitglieder entsenden, wie es Stimmen hat. ²Die Stimmen eines Landes können nur einheitlich und nur durch anwesende Mitglieder oder deren Vertreter abgegeben werden.

Literaturauswahl

Bandorf, Wolf-Rüdiger: Das Stimmverhalten im Bundesrat als Gegenstand von Koalitionsvereinbarungen, in: ZRP 1977, S. 81–84.
Bauer, Hartmut: Verfassungspoker im Bundesrat, in: RuP 38 (2002), S. 70–82.
Deecke, Carsten: Verfassungsrechtliche Anforderungen an die Stimmverteilung im Bundesrat, 1998.
Gröschner, Rolf: Das Zuwanderungsgesetz im Bundesrat, in: JZ 2002, S. 621–627.
Herzog, Roman: Zusammensetzung und Verfahren des Bundesrates, in: HStR³ III, § 59 (S. 981–999).
Kratsch, Otger: Verfassungsrechtliche Probleme einer Mitwirkung der Landesparlamente an Bundesratsangelegenheiten, in: DÖV 1975, S. 109–116.
Küpper, Herbert: Die Mitgliedschaft im Bundesrat – Schwachstellen eines widersprüchlichen Konzepts, in: Der Staat 42 (2003), S. 387–408.
Maunz, Theodor: Die Rechtsstellung der Mandatsträger im Bundesrat, in: Bundesrat (Hrsg.), Der Bundesrat als Verfassungsorgan und politische Kraft, 1974, S. 193–211.
Maurer, Hartmut: Mitgliedschaft und Stimmrecht im Bundesrat, in: Festschrift für Walter Schmitt Glaeser, 2003, S. 157–178.
Meyer, Hans (Hrsg.): Abstimmungskonflikt im Bundesrat im Spiegel der Staatsrechtslehre, 2003.
Paptistella, Gertrud: Mitgliedschaft, Stimmverhältnis und Stimmabgabe im Bundesrat, in: APF 1998, S. 5–8.
Pleyer, Marcus C.F.: Föderative Gleichheit, 2005.
Schenke, Wolf-Rüdiger: Die verfassungswidrige Bundesratsabstimmung, in: NJW 2002, S. 1318–1324.
Scholz, Rupert: Landesparlamente und Bundesrat, in: Festschrift für Karl Carstens, Bd. 2, 1984, S. 831–851.
Starck, Christian: Legitimation politischer Entscheidungen durch Verfahren, in: ZG 18 (2003), S. 81–91.
Tsatsos, Dimitris: Die Unzulässigkeit der Kumulation von Bundestags- und Bundesratsmandat, 1965.

Siehe auch die Angaben zu Art. 50, 52, 53 GG.

Leitentscheidungen des Bundesverfassungsgerichts

BVerfGE 8, 104 (120f.) – Volksbefragung; 106, 310 (330ff., Rn. 135ff.; 338ff., Rn. 157ff.) – Zuwanderungsgesetz.

Siehe auch die Angaben zu Art. 50 GG.

Gliederung

	Rn.
A. Herkunft, Entstehung, Entwicklung	1
I. Ideen- und verfassungsgeschichtliche Aspekte	1
II. Entstehung und Veränderung der Norm	6

B. Internationale, supranationale und rechtsvergleichende Bezüge	8
C. Erläuterungen	10
I. Allgemeine Bedeutung	10
II. Mitgliedschaft (Art. 51 I GG)	12
III. Stimmenzahl und Stimmenverteilung (Art. 51 II GG)	20
IV. Stimmabgabe (Art. 51 III GG)	22
D. Verhältnis zu anderen GG-Bestimmungen	28

Stichwörter

Abberufung 15 – Abstimmung 17 – Anwesenheit 25 – Ausländer 21 – Ausschuss der Regionen 8 – Beendigung der Mitgliedschaft 15 – Bestellungsakt 14, 16 – »Bundesratsklauseln« 27 – Bundesratsmodell 2, 6, 10 – Bundesstaat 28 – Demokratie 28 – Einwohnerbegriff 21 – Entsendungsrecht 22 – »ewiges« Organ 10 – »Fehlkonstruktion« 11 – Folgen fehlerhafter Stimmabgabe 24, 26 – freies Mandat 17 – Gleichheit, abgestufte 20 – Herrenchiemseer Verfassungsentwurf 6 – »hessischer Einwohnersprung« 21 – Immunität 19 – Indemnität 19 – Inkompatibilität 18 – Koalitionsvereinbarungen 27 – landeseinheitliche Stimmabgabe 24 – Landesregierung 12 ff., 26 – Landesverfassungsrecht 13 – Losentscheid 27 – Mitgliedschaft 2, 10, 12 ff. – Nationalsozialismus 5 – Organisation der Stimmenzuordnung 21 – organisations- und verfahrensrechtliche Konkretisierungen 1, 28 – Österreich 9 – Parlamentarischer Rat 6 – Paulskirchenverfassung 2 f. – »permanentes« Organ 10 – Recht zur Nachfrage 24 – Rechtsstaat 28 – Rechtsstellung der Bundesratsmitglieder 17, 26 – Rechtsvergleich 9 – Regelungsgegenstände 10 – Reichsverfassung (1871) 2 ff. – sachliche Diskontinuität, keine 10 – Schweiz 9 – Senatsmodell 2, 6 – »Sperrminorität« 7 – Staatenausschuss 10 – Stellvertreter 16 – Stimmabgabe 4, 10, 17, 22 ff. – Stimmensplitting 24 – »Stimmenspreizung« 7 – Stimmenverteilung 3, 6 f., 10, 20 f. – Stimmenzahl 3, 6 f., 10, 20 f. – Stimmführer 23 – Umlaufverfahren 25 – Unionsrecht 8 – USA 9 – Verfahren der Stimmabgabe 24 – Verfahren zur Stimmenermittlung 21 – Verfassungsänderung 28 – Volkssouveränität 21 – Weimarer Reichsverfassung 2 ff. – Weisungsgebundenheit 17, 26 – Wiedervereinigung 7 – Zeugnisverweigerungsrecht 19.

A. Herkunft, Entstehung, Entwicklung

I. Ideen- und verfassungsgeschichtliche Aspekte

Mit den Regelungen über die Mitgliedschaft, die Stimmenzahl und -verteilung sowie die Stimmabgabe enthält Art. 51 GG **organisations- und verfahrensrechtliche Konkretisierungen** (→ Art. 50 Rn. 15) der Zusammensetzung und »Binnenordnung« des Bundesrates. Alle drei Regelungsgegenstände haben in der verfassungsrechtsgeschichtlichen Entwicklung[1] Tradition.   **1**

Dabei treten hinsichtlich der **Mitgliedschaft** insb. zwei Grundtypen hervor, nämlich das Senats- und das Ratsmodell. Während beim **Senatsmodell** die Mitglieder des föderalen Organs unmittelbar vom Volk gewählt werden, werden sie beim **Ratsmodell** von den Landesregierungen bestellt[2]. Eine gewisse Mischform der Modelle[3] sah § 88 **Paulskirchenverfassung** mit dem Staatenhaus vor, dessen Mitglieder je zur Hälfte durch die   **2**

---

[1] Dazu allgemein → Art. 50 Rn. 3 ff.; *J. Jekewitz*, RuP 43 (2007), 202 (203 ff.).

[2] S. zu den beiden Modellen etwa *Stern*, Staatsrecht I, S. 728; *ders.*, Staatsrecht II, S. 112; jeweils unter Hinweis auf zwei weitere Modelle, nämlich das Modell »mittelbarer Repräsentation«, bei dem die Mitglieder durch die Volksvertretungen der Gliedstaaten gewählt werden, und das »Ernennungsmodell«, bei dem die Mitglieder vom Staatsoberhaupt auf Zeit ernannt werden. Terminologie und Modellbeschreibungen sind nicht ganz einheitlich; vgl. etwa *T. Maunz*, in: Maunz/Dürig, GG, Art. 50 (1982), Rn. 4, der der sog. »Senatslösung« auch solche föderalen Organe zuordnet, deren Mitglieder von den Landesparlamenten gewählt werden.

[3] Es handelt sich um eine Verbindung des Ratsmodells mit dem Modell »mittelbarer Repräsentation« (→ Fn. 2).

Regierungen und die Volksvertretung der einzelnen Staaten ernannt werden und weisungsunabhängig sein sollten[4]. Demgegenüber orientierte sich die **Verfassung des Deutschen Reiches von 1871** in Anlehnung an die Staatsorganisation des Norddeutschen Bundes, später auch die **Verfassung der Weimarer Republik** an dem Bundesratsmodell[5] mit (überwiegend[6]) weisungsgebundenen Vertretern der Mitglieder des Bundes bzw. Mitgliedern der Landesregierungen.

3   Die Festlegung der **Stimmenzahl** und der **Stimmenverteilung** im föderalen Organ kann sich an unterschiedlichen Modellen orientieren. Sie kann entweder bundesstaatliche Gleichheit anstreben und jedem Land eine gleich große Zahl von Stimmen einräumen oder das »Gewicht« der einzelnen Länder (bestimmt nach räumlicher Größe, Bevölkerungszahl, politischer Bedeutung, Wirtschaftskraft oder ähnlichen Kriterien) berücksichtigen und ihnen eine abgestufte Stimmenzahl zuweisen[7]. Letzteres, also die Stimmenstaffelung, entspricht der deutschen Verfassungsentwicklung. So regelte bereits § 87 **Paulskirchenverfassung** unter Orientierung an der politischen Bedeutung[8] der Einzelstaaten die konkrete Aufteilung der Gesamtzahl von 192 Mitgliedern des Staatenhauses auf die einzelnen Staaten. Wiederum in Anlehnung an den Norddeutschen Bund verteilte auch Art. 6 der **Reichsverfassung von 1871** die insgesamt 58 Stimmen im Bundesrat nach konkreten Zahlen, für deren Festlegung vor allem die politische und wirtschaftliche Bedeutung der einzelnen Bundesmitglieder für den Gesamtstaat maßgebend war[9]. Die **Weimarer Verfassung** hielt am Grundsatz der Stimmenstaffelung fest, brach aber mit der Tradition der konkreten Stimmenzahlausweisung[10]. Danach hatte jedes Land mindestens eine Stimme; im übrigen wurden die Stimmenanteile nunmehr abstrakt nach Maßgabe der Einwohnerzahlen berechnet, wobei allerdings kein Land durch mehr als zwei Fünftel aller Stimmen vertreten sein durfte[11].

---

[4] → Art. 50 Rn. 3 mit Fn. 14.

[5] Art. 6 Reichsverfassung (1871); Art. 63 WRV; vgl. dazu etwa *K. Reuter*, Praxishandbuch Bundesrat, 2. Aufl. 2007, S. 8ff. → Art. 50 Rn. 4f.

[6] Im Reichsrat waren die Vertreter der preußischen Provinzialverwaltungen nicht an Weisungen der Regierung gebunden (vgl. Art. 63 I 2 WRV). Das »freie Stimmrecht« dieser Vertreter wurde später als Beispiel für »Ländervertreter senatorialen Typs« in der deutschen Verfassungsgeschichte angeführt; vgl. den Diskussionsbeitrag von *A. Süsterhenn* in der Plenarsitzung des Herrenchiemseer Verfassungskonvents am 12.8.1948 (Parl. Rat II, S. 148).

[7] Dazu etwa *K. Reuter*, Der Bundesrat als Parlament der Länderregierungen, in: Schneider/Zeh, § 56 Rn. 26ff.; *Stern*, Staatsrecht II, S. 139f.

[8] Bei der Stimmenverteilung wurde ein »Mix« aus unterschiedlichen Faktoren (Bevölkerung, Fläche, historische und politische Bedeutung etc.) wirksam; vgl. *K. Behnke*, Die Gleichheit der Länder im deutschen Bundesstaat, 1926 (Nachdruck 1995), S. 71f.; *M.C.F. Pleyer*, Föderative Gleichheit, 2005, S. 73ff.

[9] Nach Ansicht von *Behnke*, Gleichheit (Fn. 8), S. 75, beruhte der Maßstab nur auf »einer ungefähren Schätzung« und entbehrte »jeder Genauigkeit«. S. ferner *E. Busch*, ZG 5 (1990), 307 (325), wonach Einwohnerzahl, Fläche, wirtschaftliche Leistungsfähigkeit, politische Bedeutung und historische Aspekte eine Rolle spielten; *Pleyer*, Gleichheit (Fn. 8), S. 87f.

[10] Die Regelung der WRV schließt an den Staatenausschuß von 1919 (→ Art. 50 Rn. 5 mit Fn. 28) an; bereits dort bestimmte sich die Stimmenzahl entsprechend der Bevölkerungsgröße des jeweiligen Landes nach einem besonderen, erstmalig abstrakten Berechnungsmodus (*W. Apelt*, DJZ 1919, 206 [206]).

[11] Art. 61 WRV in Verbindung mit dem Gesetz über die Vertretung der Länder im Reichsrat vom 24.3.1921 (RGBl. S. 440); vgl. dazu *Pleyer*, Gleichheit (Fn. 8), S. 112ff.

Was schließlich die **Stimmabgabe** betrifft, so schrieb Art. 6 der **Reichsverfassung** 4
von 1871 im Anschluss an die Regelung des Norddeutschen Bundes[12] für jedes Land
die einheitliche Stimmabgabe vor. Im Reichsrat der **Weimarer Republik** galt hingegen
das im übrigen vom Bundesrat übernommene Gebot der einheitlichen Stimmabgabe
für die Vertreter der preußischen Provinzialverwaltungen nicht[13].

Wegen der bereits 1934 erfolgten Aufhebung des Reichsrats (→ Art. 50 Rn. 6) erle- 5
digen sich für die Zeit des **Nationalsozialismus** auch Fragen nach der Binnenorganisation und nach der Verfahrensordnung dieses Verfassungsorgans.

II. Entstehung und Veränderung der Norm

Während im Vorfeld des Grundgesetzes die Weichen frühzeitig für die Wiederherstel- 6
lung einer bundesstaatlichen Ordnung gestellt waren und auch über die Notwendigkeit eines föderalen Organs Einverständnis bestand[14], blieb die konkrete Ausgestaltung dieses Organs in den **Verfassungsberatungen** lange Zeit umstritten. In der zum Teil quer durch die parteipolitischen Gruppierungen geführten Kontroverse kristallisierten sich in dem hier interessierenden Zusammenhang vor allem zwei Brennpunkte[15] heraus: Umstritten war erstens die unter dem Stichwort »**Bundesrats- oder Senatsprinzip**« erörterte Grundsatzfrage der Zusammensetzung aus weisungsgebundenen Mitgliedern der Landesregierungen oder aus unabhängigen, von den Landtagen oder direkt vom Volk zu wählenden Senatoren einschließlich kombinatorischer Mischmodelle. Meinungsverschiedenheiten bestanden zweitens über die Anzahl der den einzelnen Ländern zuzuordnenden Mitglieder; in der Auseinandersetzung über das **Stimmenverhältnis** sprach sich ein Teil für die gleiche Mitgliederzahl aller Länder aus, weil zu einem echten Föderativsystem die gleiche Repräsentation gehöre, während andere dafür plädierten, ohne obere Stimmenbegrenzung bei der Stimmenberechnung allein auf die Bevölkerungszahl abzustellen, und wieder andere die Stimmenstaffelung nicht allein rein arithmetisch auf die Bevölkerungszahl ausrichten wollten. Nachdem der Herrenchiemseer Entwurf noch alternative Vorschläge für ein Bundesrats- und ein Senatssystem unterbreitet hatte[16], einigte man sich im Parlamentarischen Rat nach langwierigen Debatten schließlich auf die bis heute in wesentlichen Grundzügen unverändert gebliebene Konzeption eines Bundesratsmodells[17].

Im Zuge der **Wiedervereinigung** wurde allerdings der Wortlaut von Art. 51 II GG 7
»beitrittsbedingt« geändert[18]. Abgesehen von geringfügigen sprachlichen Glättungen

---

[12] *Reuter*, Bundesrat (Fn. 5), S. 9.
[13] *Reuter*, Bundesrat (Fn. 5), S. 18 f. m. w. N.
[14] S. dazu und zum Folgenden → Art. 50 Rn. 7 f. m. w. N. sowie *Reuter*, Bundesrat (Fn. 5), S. 170 ff.
[15] Zu dem weiteren Diskussionsschwerpunkt der Festlegung der Aufgaben und Befugnisse des Bundesrates, insb. der Festlegung des Verhältnisses zum Bundestag → Art. 50 Rn. 8.
[16] Art. 65 ff. HChE.
[17] Vgl. zur Kontroverse »Bundesrats- oder Senatsprinzip« JöR 1 (1951), S. 387; Parl. Rat XIV/2, S. 1537 f. Die damaligen Auseinandersetzungen wurden später in Reformdiskussionen neu belebt; vgl. etwa Schlußbericht der Enquete-Kommission Verfassungsreform, BT-Drs. 7/5924, S. 95 ff., der freilich im Wesentlichen für die Beibehaltung der bisherigen Konzeption eintritt. Die Änderungsanregungen zu Art. 51 GG in VE-Kuratorium, S. 117, beschränken sich auf Formulierungen zur Frauengleichstellung. Rechtspolitische Vorschläge zur Stärkung der Landesparlamente mit Blick auf die Stimmabgabe im Bundesrat im Falle der Übertragung von Länderkompetenzen durch Ergänzung von Art. 51 GG diskutieren *C. Grimm/M. Hummrich*, DÖV 2005, 280 (281 ff.). Zu weiteren Reformvorstößen → Art. 50 Rn. 9.
[18] Einigungsvertragsgesetz vom 23.9.1990 (BGBl. II S. 885) in Verbindung mit Art. 4 Nr. 3 EV; zu

führte die damalige Änderung zusätzlich zu der bis dahin geltenden Stimmenstaffelung[19] die Kategorie der »Länder mit mehr als sieben Millionen Einwohnern« ein und erhöhte für diese Länder die Zahl der Stimmen von bislang fünf auf sechs. Mit dieser **»Stimmenspreizung«** soll sichergestellt werden, dass die großen Länder durch die Wiedervereinigung nicht unverhältnismäßig an Stimmengewicht einbüßen und auch künftig nicht mit einer Zwei-Drittel-Mehrheit überstimmt werden können[20]. Wäre es bei der Stimmenstaffelung nach Art. 51 II GG a. F. geblieben, dann hätte sich – bezogen auf den Einwohnerstand von 1990 – die Gesamtstimmenzahl im Bundesrat nämlich auf 65 erhöht, von denen die fünf neuen Länder jeweils vier und damit insgesamt 20 Stimmen erhalten hätten[21]. Mit diesem Stimmenanteil hätten die neuen Länder im Bundesrat dasselbe Abstimmungsgewicht wie die vier großen westlichen Länder gehabt; zudem hätten die vier großen alten Länder die »Sperrminorität« von mehr als einem Drittel der Bundesratsstimmen verloren, die namentlich für Verfassungsänderungen (Art. 79 II GG), daneben auch für die Gesetzgebung (Art. 77 IV 2 GG) bedeutsam ist. Die »beitrittsbedingte Änderung« von Art. 51 II GG, nach der den vier großen alten Ländern zusammen 24 der derzeit insgesamt 69 Stimmen im Bundesrat zukommen, wahrt die **»Sperrminorität«** punktgenau, weil die Zwei-Drittel-Mehrheit bei 46 Stimmen liegt; demgegenüber können die fünf neuen Länder ohne die Unterstützung von wenigstens einem größeren der alten Länder die »Sperrminorität« nicht erreichen. Das hat den vier großen alten Ländern den Vorwurf eingetragen, sie hätten die Verhandlungen über den Einigungsvertrag »parasitär« für die Erhöhung ihres Gewichts im Bundesrat genutzt und damit zugleich das föderale Prinzip geschwächt[22]. Anderweitige **Reformvorstöße** haben sich bislang nicht durchgesetzt (→ Fn. 17; → Art. 50 Rn. 9)[23].

Vor- und Entstehungsgeschichte der Neuregelung s. *E. Busch*, ZG 5 (1990), 307 (308 ff.); *Reuter*, Bundesrat (Fn. 5), S. 189 f.; *B. Schöbener*, in: BK, Art. 51 (Drittb. 2010), Rn. 11 f., und (mit einem eigenen Reformvorschlag) *C. Thiele*, KritV 93 (2010), 168 (175 ff.).

[19] Nach der bis 1990 geltenden Fassung von Art. 51 II GG hatte jedes Land mindestens drei Stimmen, abweichend hiervon jedoch Länder mit mehr als zwei Millionen Einwohnern vier und Länder mit mehr als sechs Millionen Einwohnern fünf Stimmen. Dementsprechend gab es in der alten Bundesrepublik drei Ländergruppen mit insgesamt 45 Stimmen im Bundesrat: Die großen Länder Baden-Württemberg, Bayern, Niedersachsen und Nordrhein-Westfalen mit je fünf Stimmen, die mittleren Länder Berlin, Hessen, Rheinland-Pfalz und Schleswig-Holstein mit je vier Stimmen und die kleineren Länder Bremen, Hamburg und Saarland mit je drei Stimmen. S. dazu z. B. *S. Korioth*, in: v. Mangoldt/Klein/Starck, GG II, Art. 51 Rn. 18.

[20] *V. Busse*, DÖV 1991, 345 (350); *E. Klein*, DÖV 1991, 569 (573); *H. Weis*, AöR 116 (1991), 1 (28); *E. Busch*, ZG 5 (1990), 307 (317).

[21] Näheres dazu und zum Folgenden bei *Korioth* (Fn. 19), Art. 51 Rn. 18 f.

[22] *J. Isensee*, Einheit in Ungleichheit: der Bundesstaat, in: K. Bohr (Hrsg.), Föderalismus, 1992, S. 139 ff. (147); abgeschwächte Kritik auch bei *Korioth* (Fn. 19), Art. 51 Rn. 19 m. w. N. S. zur Kritik der durch die Änderung des Grundgesetzes erreichten Begünstigung der Altländer zu Lasten der Neuländer auch *H. Meyer*, KritV 76 (1993), 399 (414 ff.). Gegenkritik bei *H. de Wall*, in: Friauf/Höfling, GG, Art. 51 (2002), Rn. 4, der jedoch die durch die Sieben-Millionen-Einwohner-Grenze ermöglichte Einbeziehung Niedersachsens in den Kreis der großen Länder für »einigermaßen willkürlich« hält, diesen Einwand allerdings nur in einem politischen, nicht auch in einem verfassungsrechtlichen Sinn verstanden wissen will.

[23] Zu aktuellen Reformvorschlägen *F. Decker*, RuP 44 (2008), 213 ff.; *J. Jekewitz*, RuP 45 (2009), 23 ff.; *G. Mulert*, DÖV 2007, 25 (28 f.); *P. Sick*, BayVBl. 2010, 165 ff.; *C. Thiele*, KritV 93 (2010), 168 ff.

B. Internationale, supranationale und rechtsvergleichende Bezüge

Da der Bundesrat eine spezifisch bundesstaatliche Einrichtung ist, lassen sich auf **inter- und supranationaler Ebene** naturgemäß keine »Parallelorgane« ausmachen (→ Art. 50 Rn. 11). Der im **europäischen Unionsrecht** als Institution (auch) zur Vertretung von Länderbelangen errichtete **Ausschuss der Regionen** (→ Art. 28 Rn. 28; → Art. 50 Rn. 11) setzt sich nach Art. 305 I AEUV aus höchstens 350 Mitgliedern zusammen. Derzeit besteht er aus 350[24] Mitgliedern aus 28 Mitgliedstaaten, von denen auf die einzelnen Mitgliedstaaten nach ihrer Größe[25] unterschiedliche, konkret festgelegte Anteile entfallen; die Bundesrepublik Deutschland entsendet 24 Mitglieder[26]. Die Ausschussmitglieder werden vom Rat auf Vorschlag der Kommission durch einstimmigen Beschluss für die Dauer von fünf Jahren ernannt (Art. 305 II, III AEUV). Die deutschen Mitglieder werden von den Ländern benannt und von der Bundesregierung dem Rat vorgeschlagen[27].

Im **Verfassungsvergleich** zeigt sich, dass Zusammensetzung, Stimmenzahl und Stimmenverteilung für die weiteren Kammern (→ Art. 50 Rn. 14) sehr unterschiedlich geregelt sind. So setzt sich etwa in den USA der Senat aus zwei Senatoren eines jeden Staates zusammen, wobei jeder Senator eine Stimme besitzt; bis 1913 wurden die Senatoren nach dem sog. mittelbaren Repräsentationsprinzip[28] von der gesetzgebenden Körperschaft der Gliedstaaten gewählt, seither nach dem sog. Senatsprinzip unmittelbar durch das Volk[29]. In Österreich richtet sich die Zahl der auf die einzelnen Länder entfallenden Mitglieder des Bundesrates unter Garantie einer Mindestvertretung von drei Mitgliedern nach einem an der Bürgerzahl ausgerichteten Proporz; gewählt werden die Mitglieder von den Landtagen[30]. Nach Art. 150 der Bundesverfassung der Schweizerischen Eidgenossenschaft besteht der Ständerat aus 46 Abgeordneten der Kantone, wobei grundsätzlich jeder Kanton zwei Abgeordnete wählt, sechs namentlich aufgeführte Kantone[31] jedoch nur einen Abgeordneten[32].

---

[24] Vormals 344 Mitgliedern aus 27 Mitgliedstaaten; vgl. *H.-J. Blanke*, in: Grabitz/Hilf/Nettesheim, EUV/AEUV, Art. 305 AEUV Rn. 1; *O. Suhr*, in: Calliess/Ruffert, EUV/AEUV, Art. 305 AEUV Rn. 1.

[25] *M. Kotzur*, in: R. Geiger/D.-E. Khan/M. Kotzur, EUV/AEUV, 5. Aufl. 2010, Art. 305 AEUV Rn. 4; kritisch *K. Hasselbach*, Der Ausschuß der Regionen in der Europäischen Union, 1996, S. 110f. Obschon sich die Sitzverteilung an der Größe orientiert, ist sie weit weniger differenziert als beispielsweise im Europäischen Parlament und insb. nicht proportional zur Bevölkerungszahl. Im wesentlichen folgt die Sitzverteilung einem »Modell der Gruppenbildung«. Sie tendiert zu einer Überrepräsentation kleinerer Staaten, die sich aus dem Prinzip der Staatengleichheit erklärt (vgl. *M. Burgi/P. Hölbling*, in: Streinz, EUV/AEUV, Art. 305 AEUV Rn. 2; *Suhr* (Fn. 24), Art. 305 AEUV Rn. 6.

[26] Mitgliederauflistung des Ausschusses nach Ländern geordnet mit Angabe der Vertreter unter http://cor.europa.eu/de/about/nationaldelegations/Pages/national-delegations.aspx (19.7.2015).

[27] Dabei haben die Länder ein Beteiligungsverfahren für die Kommunen zu regeln, das sichert, dass diese auf Vorschlag der kommunalen Spitzenverbände mit drei gewählten Vertretern im Ausschuss der Regionen vertreten sind (§ 14 II EUZBLG). Zur Benennung der Mitglieder durch die anderen Mitgliedstaaten s. *Hasselbach*, Ausschuß der Regionen (Fn. 25), S. 115 ff.

[28] → Fn. 2.

[29] Vgl. Art. I Section 3 der Verfassung der Vereinigten Staaten von Amerika von 1787 und den 1913 in Kraft getretenen Zusatzartikel 17.

[30] Art. 34 f. Verfassung der Bundesrepublik Österreich.

[31] Obwalden, Nidwalden, Basel-Stadt, Basel-Landschaft, Appenzell Ausserrhoden und Appenzell Innerrhoden.

[32] S. ergänzend etwa zur Entwicklung in Kanada *S. Schüttemeyer/R. Sturm*, ZParl. 23 (1992), 517 (525f.).

C. Erläuterungen

I. Allgemeine Bedeutung

10 Art. 51 GG hat **drei Regelungsgegenstände**: Mitgliedschaft, Stimmenzahl und -verteilung, Stimmabgabe. Durch sie wird das »Bundesratprinzip« des Grundgesetzes in wesentlichen Teilen ausgeformt. Neben der – aus deutscher Sicht – traditionellen Stimmenstaffelung und dem Gebot der einheitlichen Stimmabgabe (Art. 51 II, III GG) ist vor allem Art. 51 I GG von übergeordneter Bedeutung. Die dort geregelte Zusammensetzung aus von den Landesregierungen bestellten Mitgliedern macht den Bundesrat nämlich zu einem »permanenten«[33] bzw. »**ewigen Organ**«[34]. Anders als etwa für den Bundestag (Art. 39 I GG) sind für ihn keine Wahlperioden vorgesehen. Die personelle Erneuerung erfolgt mehr oder weniger kontinuierlich durch das Ausscheiden bisheriger und die Bestellung neuer Mitglieder durch die Regierungen der Länder etwa nach einzelnen Landtagswahlen oder anderen politischen Ereignissen, die zu einer veränderten Zusammensetzung der jeweiligen Landesregierung geführt haben[35]. Rechtlich hat diese Gestaltung zur Folge, dass für die Tätigkeit des Bundesrates der für den Bundestag geltende (→ Art. 39 Rn. 23) **Grundsatz der sachlichen Diskontinuität keine Anwendung** findet[36].

11 Obschon der Bundesrat anfangs gelegentlich als »Fehlkonstruktion«[37] bezeichnet wurde und auch später immer wieder Reformüberlegungen zu verzeichnen waren[38], dürfte als **aktueller Befund** die Einschätzung vorherrschen, dass sich die in Art. 51 GG enthaltenen Konstruktionselemente in der Staatspraxis im wesentlichen bewährt haben[39].

II. Mitgliedschaft (Art. 51 I GG)

12 Der Bundesrat setzt sich aus »Mitgliedern der Landesregierungen«[40] zusammen, nicht aus den Ländern[41]. Die **Mitgliedschaft der »Mitglieder der Regierungen der Länder«**

---

[33] Z.B. *R. Herzog*, HStR³ III, § 59 Rn. 6; *Korioth* (Fn. 19), Art. 51 Rn. 9; *W. G. Leisner*, in: Sodan, GG, Art. 51 Rn. 1.
[34] Z.B. *Reuter* (Fn. 7), § 56 Rn. 20; *de Wall* (Fn. 22), Art. 51 Rn. 8.
[35] Statt vieler *W. Krebs*, in: v. Münch/Kunig, GG II, Art. 51 Rn. 5, und *Reuter* (Fn. 7), § 56 Rn. 20 ff., die ergänzend darauf hinweisen, dass die Kontinuität der Arbeit des Bundesrates auch rein äußerlich in der Durchnummerierung der Sitzungen des Plenums und seiner Ausschüsse zum Ausdruck kommt.
[36] *R. Herzog*, HStR³ III, § 59 Rn. 6; *Jarass/Pieroth*, GG, Art. 51 Rn. 2; *H. Maurer*, Der Bundesrat im Verfassungsgefüge der Bundesrepublik Deutschland, in: FS Winkler, 1997, S. 615 ff. (619); *D. Posser*, Der Bundesrat und seine Bedeutung, in: HdbVerfR, § 24 Rn. 14; *Stern*, Staatsrecht II, S. 125, sowie die Nachw. in Fn. 35.
[37] *E. Friesenhahn*, Parlament und Regierung im modernen Staat, VVDStRL 16 (1958), S. 9 ff. (50) u.a. unter Hinweis auf die Zusammensetzung aus Vertretern der Regierungen der Länder.
[38] → Rn. 6 mit Fn. 17.
[39] Vgl. dazu etwa die zusammenfassenden Würdigungen von *Krebs* (Fn. 35), Art. 51 Rn. 16, und *de Wall* (Fn. 22), Art. 51 Rn. 31; ferner → Rn. 6 mit Fn. 17.
[40] BVerfGE 8, 104 (120); 106, 310 (330, Rn. 135); in der Sache ebenso *R. Scholz*, Landesparlamente und Bundesrat, in: FS Carstens, 1984, Bd. 2, S. 831 ff. (840); *G. Paptistella*, APF 1998, 5 (6); *H. Küpper*, Der Staat 42 (2003), 387 (389); *Korioth* (Fn. 19), Art. 51 Rn. 2; *Leisner* (Fn. 33), Art. 51 Rn. 1; *T. Schmidt*, in: I. Härtel (Hrsg.), Handbuch Föderalismus, Bd. I, 2012, § 22 Rn. 35 f.; *de Wall* (Fn. 22), Art. 51 Rn. 9.
[41] Für die Mitgliedschaft der Länder aber *Maurer*, Bundesrat (Fn. 36), S. 617 f.; *ders.*, Mitgliedschaft und Stimmrecht im Bundesrat, in: FS Schmitt Glaeser, 2003, S. 157 ff. (158 ff. mit der Unterscheidung

stellt bereits der Wortlaut von Art. 51 I 1 GG unmissverständlich klar[42], vor allem aber die darin enthaltene sprachliche Abkehr von Art. 63 I 1 WRV[43]; zusätzlich lässt sie sich durch systematische Überlegungen absichern[44]. Die in Art. 51 III 2 GG vorgeschriebene einheitliche Stimmabgabe ändert daran nichts; sie vermag allenfalls faktisch, nicht aber rechtlich eine Annäherung an eine Mitgliedschaft der Länder[45] zu bewirken.

Die Mitgliedschaft im Bundesrat ist nach Art. 51 I 1 GG an zwei **Voraussetzungen** gebunden. Erstens muss die zu bestellende Person **Mitglied der jeweiligen Landesregierung** sein, also mit Sitz und Stimme der bestellenden Landesregierung angehören[46]. Diese Mitgliedschaft in der Landesregierung, zu der auch eine nur geschäftsführende Landesregierung gehört[47], bestimmt sich nach dem jeweiligen Landesverfassungsrecht[48]. Das **Landesverfassungsrecht** regelt die Zusammensetzung der Landesregierungen uneinheitlich. Oftmals sind in den Flächenstaaten nur die Ministerpräsidenten und Minister[49] und in den Stadtstaaten die (Ersten bzw. Regierenden) Bürgermeister und Senatoren[50] Mitglieder der Landesregierung. Doch handelt es sich dabei nur um den Regelfall. Denn im Freistaat Bayern[51] und im Saarland[52] gehören auch die Staatssekretäre der Landesregierung an. Auch im übrigen ist bundesstaatliche Vielfalt anzutreffen. So können im Freistaat Sachsen[53] Staatssekretäre als weitere Mitglieder der Staatsregierung ernannt werden und in Baden-Württemberg[54] auch Staatssekretäre

13

---

zwischen den Ländern als den eigentlichen, wirklichen oder institutionellen »Mitgliedern des Bundesrates« und den Landesministern als individuellen oder personellen »Bundesratsmitgliedern«); *Schöbener* (Fn. 18), Art. 51 Rn. 14 ff., der von einer »Doppelmitgliedschaft« sowohl der Länder als auch der in den Bundesrat konkret berufenen Mitglieder der Länderregierungen ausgeht; *v. Mangoldt/Klein*, GG, Art. 50 Anm. III.1; *Reuter* (Fn. 7), § 56 Rn. 2 ff.; *ders.*, Bundesrat (Fn. 5), S. 180; *U. Scholl*, Der Bundesrat in der deutschen Verfassungsentwicklung, 1982, S. 42; *A. Hanikel*, Die Organisation des Bundesrats, 1991, S. 81 ff. Bei *H. Hofmann*, in: B. Schmidt-Bleibtreu/F. Klein, GG, 10. Aufl. 2004, Art. 51 Rn. 3, ist (ohne erkennbaren Mehrwert) davon die Rede, dass das Grundgesetz »rechtstatsächlich« die Regierungsmitglieder als Mitglieder des Bundesrates betrachte, die Länder als solche aber als die »rechtstheoretischen Mitglieder« des Bundesrates anzusehen seien; die etwas eigenwillige Differenzierung ist nunmehr übernommen von *K. Odendahl*, in: Schmidt-Bleibtreu/Hofmann/Henneke, GG, Art. 51 Rn. 3.

[42] *R. Herzog*, HStR³ III, § 59 Rn. 1; vgl. aber auch *Stern*, Staatsrecht II, S. 134, wonach das Wort »bestehen« noch »jede Deutung« zulasse.

[43] *Krebs* (Fn. 35), Art. 51 Rn. 2.

[44] *T. Maunz*, in: Maunz/Dürig, GG, Art. 51 (1991), Rn. 5.

[45] Vgl. *Stern*, Staatsrecht II, S. 136; *D. Blumenwitz*, in: BK, Art. 51 (Zweitb. 1987), Rn. 1.

[46] *Blumenwitz* (Fn. 45), Art. 51 Rn. 8; *Hofmann* (Fn. 41), Art. 51 Rn. 4; *J. Jekewitz*, in: AK-GG, Art. 51 (2001), Rn. 2; *Odendahl* (Fn. 41), Art. 51 Rn. 4; *H. Risse*, in: K.-H. Seifert/D. Hömig (Hrsg.), GG, 7. Aufl. 2003, Art. 51 Rn. 1; a.A. *T. Maunz*, Die Rechtsstellung der Mandatsträger im Bundesrat, in: Bundesrat (Hrsg.), Der Bundesrat als Verfassungsorgan und politische Kraft, 1974, S. 193 ff. (199), der es für zulässig hält, dass eine Landesregierung Mitglieder einer anderen Landesregierung bestellt; s. aber auch *ders.* (Fn. 44), Art. 51 Rn. 7, 9.

[47] *Blumenwitz* (Fn. 45), Art. 51 Rn. 8 m. w. N.

[48] *R. Herzog*, HStR³ III, § 59 Rn. 3; *Jekewitz* (Fn. 46), Art. 51 Rn. 3; *Maunz*, Rechtsstellung (Fn. 46), S. 197; *Risse* (Fn. 46), Art. 51 Rn. 1.

[49] Art. 82 BrandenbVerf.; Art. 100 HessVerf.; Art. 41 II Meckl.-VorpVerf.; Art. 28 II NdsVerf.; Art. 51 Nordrh.-WestfVerf.; Art. 98 I Rheinl.-PfälzVerf.; Art. 64 I Sachs.-AnhVerf.; Art. 26 Schl.-HolstVerf.; Art. 70 II ThürVerf.

[50] Art. 55 II BerlVerf.; Art. 33 I, II HambVerf.

[51] Art. 43 II BayVerf.

[52] Art. 86 SaarlVerf.

[53] Art. 59 II SächsVerf.

[54] Art. 45 II 2, 4 Bad.-WürttVerf.

und ehrenamtliche Staatsräte Mitgliedstatus und Stimmrecht in der Landesregierung haben; und in der Freien Hansestadt Bremen[55] können Staatsräte zu weiteren Mitgliedern des Senats gewählt werden. Derzeit sind alle »Regierungschefs« der Länder und daneben ganz überwiegend Minister bzw. Senatoren Mitglieder und stellvertretende Mitglieder des Bundesrates[56].

14 Die Bundesratsmitgliedschaft setzt zweitens die **Bestellung durch die Landesregierung** voraus. Der Bestellungsakt hat konstitutive Wirkung[57], wobei die Landesregierungen zur Bestellung von wenigstens einem Mitglied durch das Grundgesetz verpflichtet sind[58]. Die Ausgestaltung eines solchen Bestellungsakts ist durch das Grundgesetz nicht vorgegeben; es bleibt daher grundsätzlich den Ländern überlassen, intern das Bestellungsverfahren zu regeln[59]. Verfassungsrechtlich unzulässig wäre es jedoch, dabei dem Landesparlament anstelle der Landesregierung die Entscheidung über die Bestellung zu überlassen, weil dies zu einer Annäherung an das vom Grundgesetz nicht verwirklichte »Senatsprinzip« führte[60]. Diesbezüglich sind aus der Rechtspraxis bisher allerdings keine Streitigkeiten bekannt geworden. Statt dessen wird aus der Verfassungspraxis berichtet, die Landesregierungen seien seit langem dazu übergegangen, alle Mitglieder der Landesregierung als Mitglieder des Bundesrates zu benennen – die »Regierungschefs« und einen Teil der übrigen Kabinettsmitglieder entsprechend der Stimmenzahl des Landes als ordentliche Mitglieder und die restlichen Regierungsmitglieder als stellvertretende Mitglieder des Bundesrates[61].

---

[55] Art. 107 BremVerf.

[56] In der Rechtspraxis wird freilich auch von der landesverfassungsrechtlich vermittelten Möglichkeit Gebrauch gemacht, Staatssekretäre und Staatsräte als ordentliche bzw. stellvertretende Mitglieder des Bundesrates zu bestellen; vgl. Bundesrat (Hrsg.), Handbuch des Bundesrates für das Geschäftsjahr 2013/2014, 2014, S. 225 ff.

[57] Die in § 1 GOBR vorgesehene Mitteilung an den Bundesratspräsidenten hat nur deklaratorische Bedeutung (*Blumenwitz* [Fn. 45], Art. 51 Rn. 10 m. w. N.); *de Wall* (Fn. 22), Art. 51 Rn. 11; im Ergebnis ebenso *H. Küpper*, Der Staat 42 (2003), 387 (390); *D. Weckerling-Wilhelm*, in: Umbach/Clemens, GG, Art. 51 Rn. 5. Davon zu unterscheiden ist die von *Weckerling-Wilhelm*, a.a.O., in Rn. 4 aufgeworfene (und verneinte) Frage, ob der Bundesratspräsident die Erfüllung der Bestellungsvoraussetzungen bei einer von einer Landesregierung als Bundesratsmitglied bestellten Person prüfen darf. Gegen eine solche Prüfung der vom Grundgesetz an die Bundesratsmitgliedschaft gestellten Anforderungen ist nichts zu erinnern (ähnlich *Korioth* [Fn. 19], Art. 51 Rn. 7 mit Fn. 15). Solange mit diesem sog. »Prüfungsrecht« nicht weitere Rechte wie etwa ein Zurückweisungsrecht assoziiert oder gar verbunden werden, steht es der konstitutiven Wirkung des Bestellungsakts nicht entgegen; dass die Bestellung in den ohnehin wohl nur eher hypothetischen Fällen, in denen sie nicht den Anforderungen des Grundgesetzes genügt, gegen die Verfassung verstößt, steht auf einem anderen Blatt.

[58] Teilweise wird allerdings angenommen, dass die Landesregierungen die den Ländern nach Art. 51 II, III GG zustehende Anzahl von Mitgliedern bestellen müssen; so etwa *Blumenwitz* (Fn. 45), Art. 51 Rn. 10; *Maunz* (Fn. 44), Art. 51 Rn. 14; *Korioth* (Fn. 19), Art. 51 Rn. 7. Demgegenüber ist jedoch darauf hinzuweisen, dass Art. 51 III 1 GG als »Kann-Vorschrift« ausgestaltet ist und deshalb keine Pflicht zur Bestellung einer der Stimmenzahl entsprechenden Mitgliederzahl besteht; außerdem muss es in der bundesstaatlichen Ordnung des Grundgesetzes den Ländern überlassen bleiben zu entscheiden, ob und in welchem Umfang sie über die Erfüllung bundesstaatlicher Mindestanforderungen hinaus auf den Gesamtstaat Einfluss nehmen wollen. Im Ergebnis wie hier etwa Jarass/Pieroth, GG, Art. 51 Rn. 2; *Krebs* (Fn. 35), Art. 51 Rn. 4; *Reuter*, Bundesrat (Fn. 5), S. 181; *G. Robbers*, in: Sachs, GG, Art. 51 Rn. 5; *Odendahl* (Fn. 41), Art. 51 Rn. 5; unentschieden *Weckerling-Wilhelm* (Fn. 57), Art. 51 Rn. 4.

[59] *Blumenwitz* (Fn. 45), Art. 51 Rn. 9; *de Wall* (Fn. 22), Art. 51 Rn. 11.

[60] Näheres dazu bei *Maunz*, Rechtsstellung (Fn. 46), S. 198; vgl. auch *Stern*, Staatsrecht II, S. 161.

[61] *Reuter* (Fn. 7), § 56 Rn. 18; s. auch Bundesrat, Handbuch 2013/14 (Fn. 56), S. 225.

Als actus contrarius zur Bestellung ist die **Abberufung** eines Bundesratsmitglieds durch die Landesregierung für die Beendigung der Mitgliedschaft ebenfalls konstitutiv[62]. **Weitere Beendigungsgründe** der Mitgliedschaft sind das Ausscheiden aus der Landesregierung, der Fristablauf bei einer nach Landesrecht befristeten Mitgliedschaft, der Tod des Mitglieds und auch der Verzicht des Betroffenen auf seine Bundesratsmitgliedschaft[63]; dagegen hat ein bloßer Ressortwechsel innerhalb einer Landesregierung keinen Einfluss auf die Mitgliedschaft im Bundesrat[64].

15

Anders als in den Ausschüssen (→ Art. 52 Rn. 27 ff.) können die ordentlichen Mitglieder im Bundesrat nur durch andere Mitglieder ihrer Regierungen vertreten werden (Art. 51 I 2 GG). Hinsichtlich dieser Vertretungsregelung ist umstritten, ob die Stellvertreter schon auf Grund ihrer Amtsstellung ohne besonderen Bestellungsakt »geborene« **stellvertretende Bundesratsmitglieder** sind[65] oder ob auch für sie das Erfordernis eines konstitutiven Bestellungsakts gilt[66]; praktische Bedeutung hat diese Kontroverse derzeit nicht, weil alle Mitglieder der Landesregierungen entweder als ordentliche oder stellvertretende Bundesratsmitglieder bestellt sind[67]. Die Stellvertreter besitzen die gleichen Rechte und Pflichten wie die ordentlichen Mitglieder des Bundesrates; demgemäß stellt § 46 GOBR ausdrücklich klar, dass auch die Stellvertreter Mitglieder des Bundesrates und seiner Ausschüsse im Sinne der GOBR sind.

16

Die **Rechtsstellung der Bundesratsmitglieder**[68] ist im Grundgesetz nur teilweise ausdrücklich geregelt. Art. 43 II GG normiert für sie ein Zutritts- und Rederecht im Bundestag[69], und nach Art. 93 I Nr. 1 GG sind sie im Organstreitverfahren beteiligtenfähig. Hinzu kommen Mitwirkungsrechte im Bundesrat, die im Grundgesetz zwar nicht explizit normiert, dort aber vorausgesetzt sind und teilweise in der GOBR ausgeformt werden[70]. Bei ihrem **Abstimmungsverhalten** im Bundesrat sind die Mitglieder **weisungsgebunden**; anders als die Mitglieder des Bundestages (Art. 38 I 2 GG) besit-

17

---

[62] *Reuter* (Fn. 7), § 56 Rn. 14, der in Rn. 18 ergänzend darauf hinweist, dass Abberufungen in der Praxis bislang nicht zu verzeichnen waren.

[63] Vgl. *Hanikel*, Organisation (Fn. 41), S. 126 f.; *Blumenwitz* (Fn. 45), Art. 51 Rn. 13; *Kloepfer*, Verfassungsrecht I, S. 508 f.; *Reuter*, Bundesrat (Fn. 5), S. 183 f.; *Robbers* (Fn. 58), Art. 51 Rn. 2; *Schöbener* (Fn. 18), Art. 51 Rn. 52 f.; demgegenüber hält *Maunz* (Fn. 44), Art. 51 Rn. 11 mit Fn. 2 einen isolierten Verzicht auf die Bundesratsmitgliedschaft für unzulässig.

[64] *Odendahl* (Fn. 41), Art. 51 Rn. 5; *Risse* (Fn. 46), Art. 51 Rn. 1; *de Wall* (Fn. 22), Art. 51 Rn. 12; *H. Küpper*, Der Staat 42 (2003), 387 (390).

[65] So *R. Herzog*, HStR³ III, § 59 Rn. 4; *Maunz*, Rechtsstellung (Fn. 46), S. 200; *ders.* (Fn. 44), Art. 51 Rn. 12.

[66] So zutreffend z. B. *Blumenwitz* (Fn. 45), Art. 51 Rn. 11; *Hanikel*, Organisation (Fn. 41), S. 127 f.; *Jarass/Pieroth*, GG, Art. 51 Rn. 2; *Krebs* (Fn. 35), Art. 51 Rn. 6; *Scholl*, Verfassungsentwicklung (Fn. 41), S. 52 f.; *Stern*, Staatsrecht II, S. 135.

[67] Bundesrat, Handbuch 2013/14 (Fn. 56), S. 225; *de Wall* (Fn. 22), Art. 51 Rn. 14; → Rn. 14.

[68] S. dazu etwa *Hanikel*, Organisation (Fn. 41), S. 114 ff., 128 ff.; *Krebs* (Fn. 35), Art. 51 Rn. 7 ff.; *Maunz* (Fn. 44), Art. 51 Rn. 14 ff.; *Reuter*, Bundesrat (Fn. 5), S. 207 ff.; *ders.* (Fn. 7), § 56 Rn. 46 ff.; *Robbers* (Fn. 58), Art. 51 Rn. 8 ff.; *Stern*, Staatsrecht II, S. 161 ff.

[69] Dazu eingehender *C. Arndt*, ZParl. 7 (1976), 317 ff.; *H. Hablitzel*, BayVBl. 1979, 1 ff., 39 ff.; *W. Steffani*, ZParl. 7 (1976), 322 ff.; *D. Wilke/B. Schulte*, Der Bundestag als Forum des Bundesrates, in: GS F. Klein, 1977, S. 574 ff.; *dies.*, ZParl. 8 (1977), 413 ff. Beauftragte können diese Rechte ebenfalls wahrnehmen, wobei das beauftragende Organ selbst entscheiden kann, wer Beauftragter ist; dazu *H.-J. Vonderbeck*, DÖV 1976, 555 (557).

[70] Vgl. etwa §§ 4 (Ausweise, Fahrkarten), 19 (Fragerecht), 40 (Recht der Teilnahme an Verhandlungen der Ausschüsse und Unterausschüsse) GOBR. Auf einfachgesetzlicher Ebene enthalten Sondervorschriften für Bundesratsmitglieder u. a. §§ 382 II, 402 ZPO, §§ 50 I, 72 StPO, §§ 90b, 105, 106, 106b, 188 StGB. S. zum Ganzen eingehender *Reuter*, Bundesrat (Fn. 5), S. 213 ff.

Art. 51 C. Erläuterungen

zen sie also kein freies Mandat[71]. Dies ergibt sich aus der Abberufungsmöglichkeit (Art. 51 I 1 GG), aus dem Gebot der einheitlichen Stimmabgabe (Art. 51 III 2 GG) sowie aus einem Umkehrschluss aus Art. 53a I 3, 77 II 3 GG, die als Ausnahmevorschriften für die Mitglieder des Bundesrates im Gemeinsamen Ausschuss bzw. im Vermittlungsausschuss eine Weisungsgebundenheit ausschließen (→ Art. 53a Rn. 11; → Art. 77 Rn. 37).

18 Die Mitgliedschaft im Bundesrat ist nach Art. 55, 94 I 3 GG inkompatibel mit dem Amt des Bundespräsidenten und der Zugehörigkeit zum Bundesverfassungsgericht. Nach umstrittener Ansicht ist bereits in Art. 66 GG, einfach-rechtlich aber jedenfalls in § 4 BMinG außerdem **Inkompatibilität** mit den Ämtern des Bundeskanzlers und der Bundesminister angeordnet. Ganz überwiegend wird darüber hinaus auch ein grundgesetzliches **Verbot der Doppelmitgliedschaft in Bundesrat und Bundestag** angenommen[72], das durch unterbundesverfassungsrechtliche Normen in § 2 GOBR und in einigen Landesverfassungen ausdrücklich geregelt ist[73]. Begründet wird dies vor allem mit dem Konkurrenz- und Kontrollverhältnis von Bundesrat und Bundestag. Bei gleichzeitiger Mitgliedschaft in Bundesrat und Bundestag sei eine unabhängige Willensbildung innerhalb der Organe und damit eine effektive Kontrolle gefährdet; die Inkompatibilität ergebe sich deshalb bereits aus ungeschriebenem Verfassungsrecht. Unbestritten geblieben ist diese Argumentation freilich nicht[74]. Die Kritik macht insb. das Gebot einer einschränkenden Auslegung von Inkompatibilitätsvorschriften geltend, weist darauf hin, dass angesichts der ausdrücklichen Inkompatibilitätsregelungen im Grundgesetz das Fehlen entsprechender Normen für die Doppelmitgliedschaft in Bundesrat und Bundestag zumal unter Berücksichtigung der historischen Entwicklung nicht belanglos sei, dass auch bei Bundesregierung und Bundestag trotz des zwischen diesen beiden Organen bestehenden Kontrollverhältnisses nicht von einem bundesverfassungsrechtlichen Verbot der Doppelmitgliedschaft ausgegangen werde und zudem etwaige Interessenkollisionen anderweitig »entstört« werden könnten. Daher sei eine Inkompatibilität zwischen der Mitgliedschaft in Bundesrat und Bundestag vom Grundgesetz nicht zwingend vorgegeben (→ Art. 66 Rn. 17ff.).

19 Anders als die Mitglieder des Bundestages (Art. 46, 47 GG) genießen die Bundesratsmitglieder weder **Immunität** noch **Indemnität**; auch ist ihnen kein **Zeugnisverweigerungsrecht** eingeräumt[75]. Diese Rechtslage geht auf eine bewusste Entscheidung des

---

[71] BVerfGE 106, 310 (334, Rn. 148f.); aus dem Schrifttum z.B. *Korioth* (Fn. 19), Art. 51 Rn. 11; *Krebs* (Fn. 35), Art. 51 Rn. 8; *H. Küpper*, Der Staat 42 (2003), 387 (393); *Maunz* (Fn. 44), Art. 51 Rn. 15ff.; *G. Paptistella*, APF 1998, 5 (7); zur Weisungsgebundenheit bei der Stimmabgabe, zur Weisungsbefugnis und zu den Rechtsfolgen weisungswidriger Stimmabgabe s. → Rn. 26.

[72] *D. Tsatsos*, Die Unzulässigkeit der Kumulation von Bundestags- und Bundesratsmandat, 1965; *K.J. Partsch/W.E. Genzer*, AöR 76 (1950/51), 186ff.; *Blumenwitz* (Fn. 45), Art. 51 Rn. 23; *Jarass/Pieroth*, GG, Art. 51 Rn. 3; *Jekewitz* (Fn. 46), Art. 51 Rn. 6; *Korioth* (Fn. 19), Art. 51 Rn. 12; *Odendahl* (Fn. 41), Art. 51 Rn. 7; *Risse* (Fn. 46), Art. 51 Rn. 1; *Schöbener* (Fn. 18), Art. 51 Rn. 74; *Stern*, Staatsrecht II, S. 161f.; *de Wall* (Fn. 22), Art. 51 Rn. 19.

[73] Art. 41 III Meckl.-VorpVerf.; Art. 28 III NdsVerf.; Art. 64 IV Nordrh.-WestfVerf.; Art. 64 II Sachs.-AnhVerf.

[74] S. zur Kritik insb. *Krebs* (Fn. 35), Art. 51 Rn. 10 m.w.N.; zweifelnd, im Ergebnis allerdings unentschieden *Robbers* (Fn. 58), Art. 51 Rn. 6. Nach *Reuter*, Bundesrat (Fn. 5), S. 216, geht die Praxis davon aus, dass ein in den Bundestag gewähltes Mitglied des Bundesrats binnen »angemessener Frist« mitteilen muss, welches der beiden Ämter es niederlegt.

[75] Eingehender *Reuter*, Bundesrat (Fn. 5), S. 214f. m.w.N. → Art. 46 Rn. 11; → Art. 47 Rn. 6.

III. Stimmenzahl und Stimmenverteilung (Art. 51 II GG)   **Art. 51**

Parlamentarischen Rates zurück[76], wird verfassungspolitisch heute jedoch teilweise als unbefriedigend empfunden[77].

III. Stimmenzahl und Stimmenverteilung (Art. 51 II GG)

In Anlehnung an die deutsche Verfassungstradition (→ Rn. 3, 6f.) orientiert sich Art. 51 II GG an dem Grundgedanken einer »**abgestuften Gleichheit**« der Länder[78] und macht die **Stimmenzahl** der einzelnen Länder von der Anzahl der jeweiligen »Einwohner«, zu denen auch Ausländer und Staatenlose gerechnet werden[79], abhängig. Für die Berechnung sind nach § 27 GOBR die Ergebnisse der amtlichen Bevölkerungsfortschreibung maßgebend, sofern nicht die Ergebnisse einer amtlichen Volkszählung vorliegen. Danach beträgt die Gesamtstimmenzahl derzeit 69 Stimmen; von diesen entfallen auf Baden-Württemberg, Bayern, Niedersachsen und Nordrhein-Westfalen je sechs, auf Hessen fünf, auf Berlin, Brandenburg, Rheinland-Pfalz, Sachsen, Sachsen-Anhalt, Schleswig-Holstein und Thüringen je vier sowie auf Bremen, Hamburg, Mecklenburg-Vorpommern und das Saarland je drei Stimmen[80].   20

Die auf den ersten Blick eher unscheinbare Norm hat sich politisch und rechtlich als außerordentlich brisant erwiesen. Vor dem Hintergrund des »hessischen ›Einwohner-Sprungs‹«[81], der Anfang 1996 zu einer Veränderung der (partei-)politischen Mehrheitsverhältnisse im Bundesrat führte[82], wird nämlich die **Einbeziehung von Ausländern** bei der Berechnung der Einwohnerzahlen (→ Rn. 20) für **verfassungswidrig** gehalten, weil sie gegen den Grundsatz der Volkssouveränität (→ Art. 20 [Demokratie], Rn. 60ff., 82ff.) und gegen das Prinzip demokratischer Gleichheit verstoße[83]. Doch zeigt eine genauere Normanalyse, dass bei der Berechnung des Stimmenverhältnisses im Bundesrat das Demokratieprinzip durch das bundesstaatliche Prinzip überlagert ist; gegen die Berücksichtigung von Ausländern ist daher in der Sache verfassungsrechtlich nichts zu erinnern[84]. **Verfassungsrechtlich prekäre Problemfelder der bishe-**   21

---

[76] Vgl. JöR 1 (1951), S. 381.
[77] Vgl. zur rechtspolitischen Diskussion etwa *Krebs* (Fn. 35), Art. 51 Rn. 9; *Reuter*, Bundesrat (Fn. 5), S. 214f. m.w.N.
[78] Vgl. *Korioth* (Fn. 19), Art. 51 Rn. 16; *Krebs* (Fn. 35), Art. 51 Rn. 11; *de Wall* (Fn. 22), Art. 51 Rn. 20; *Pleyer*, Gleichheit (Fn. 8), S. 161f., 194ff.
[79] *Reuter*, Bundesrat (Fn. 5), S. 190; *Robbers* (Fn. 58), Art. 51 Rn. 11.
[80] Bundesrat, Handbuch 2013/14 (Fn. 56), S. 225.
[81] *C. Deecke*, Verfassungsrechtliche Anforderungen an die Stimmenverteilung im Bundesrat, 1998, S. 18.
[82] Im Januar 1996 wurden für Hessen rund 5.000 Einwohner mehr als im Vormonat gezählt. Dadurch erhöhte sich die Bevölkerungszahl Hessens auf 6.000.669 Einwohner mit der Folge, dass Hessen statt der bisher vier nunmehr fünf Stimmen im Bundesrat besaß, und zwar mit Auswirkungen auf die (partei-)politischen Mehrheitsverhältnisse: Durch die zusätzliche Stimme Hessens ging die Mehrheit damals auf die von SPD alleine oder zusammen mit Bündnis 90/Die Grünen »regierten« Länder über. Zu alledem eingehender *Deecke*, Stimmenverteilung (Fn. 81), S. 18ff.
[83] So *T. Maunz/R. Scholz*, in: Maunz/Dürig, GG, Art. 51 (1996), Rn. 3; aus ähnlichen Erwägungen forderte bereits in der Weimarer Republik *C. Bilfinger*, Bedeutung und Zusammensetzung (des Reichsrats), in: HdbDStR, Bd. I, S. 545ff. (555f.) eine »Remedur« der damaligen Regelung. S. zur Kontroverse auch *G. Paptistella*, APF 1998, 5 (7).
[84] Näheres bei *Deecke*, Stimmenverteilung (Fn. 81), insb. S. 71ff., 92ff., 146; im praktischen Ergebnis zustimmend ebenso *Reuter*, Bundesrat (Fn. 5), S. 191f.; *O. Dörr*, in: Epping/Hillgruber, GG, Art. 51 Rn. 12; *Korioth* (Fn. 19), Art. 51 Rn. 16; *Maurer*, Staatsrecht, § 16 Rn. 7; *Odendahl* (Fn. 41), Art. 51 Rn. 9; *Risse* (Fn. 46), Art. 51 Rn. 2; *Schöbener* (Fn. 18), Art. 51 Rn. 22; *de Wall* (Fn. 22), Art. 51 Rn. 22f.

rigen Praxis der Stimmenverteilung liegen hingegen an anderer Stelle, nämlich insb. bei der fehlenden gesetzlichen Regelung des Einwohnerbegriffs und des Verfahrens zur Ermittlung der Einwohnerzahlen[85]. Denn der Verfassungstext trifft keine Aussage dazu, (erstens) wer (zweitens) zu welchem Zeitpunkt (drittens) an Hand welcher Erhebungen oder Unterlagen (viertens) in welchem Verfahren die Berechnung der Einwohnerzahlen verbindlich vorzunehmen und (fünftens) in welcher Form die daraus zu ziehenden Konsequenzen festzustellen bzw. zu veröffentlichen hat – oder anders: **Organisation und Verfahren der Stimmenzuordnung** sind auf der Verfassungsebene nicht ausdrücklich geregelt. Dieser Befund legt es verfassungsrechtlich nahe, unter Hinweis auf die Wesentlichkeitsrechtsprechung für die Organisation und das Verfahren der Stimmenzuordnung wenigstens in den Grundzügen eine Regelung durch den parlamentarischen Gesetzgeber zu fordern. Die derzeit auf § 27 GOBR gestützte Praxis genügt dieser Anforderung nicht[86].

IV. Stimmabgabe (Art. 51 III GG)

22 Wegen der Einstellung in Art. 51 III GG und der damit einhergehenden systematischen Verknüpfung mit der Stimmabgabe bezieht sich das in Art. 51 III 1 GG geregelte **Entsendungsrecht** – anders als das Recht zur Bestellung der Bundesratsmitglieder (Art. 51 I 1 GG) – auf einzelne Sitzungen des Bundesrates[87].

23 Für die Stimmabgabe ist es ausreichend, wenn **ein ordentliches oder stellvertretendes Bundesratsmitglied** anwesend ist, das alle Stimmen seines Landes als sog. Stimmführer abgibt[88]. In der Verfassungspraxis verständigen sich bei der **Stimmführerschaft**, die eine lange historische Tradition hat[89], regelmäßig die Bundesratsmitglieder eines Landes selbst oder im Vorfeld einer Bundesratssitzung die jeweilige Landesregierung darauf, wer aus dem Kreis der ordentlichen oder stellvertretenden Bundesratsmitglieder dieses Landes die Stimmen des Landes abgibt[90]. Diese Verständigung verleiht dem Stimmführer aber weder eine rechtliche Sonderstellung noch die Befugnis, das Votum anders abstimmender Bundesratsmitglieder seines Landes durch die eigene Stimmabgabe zu ersetzen[91]. Vielmehr respektiert das Grundgesetz die Praxis der landesautonom bestimmten Stimmführer, ohne dabei mit Geboten oder Festlegungen in den Verfassungsraum der Länder überzugreifen; daraus folgt, dass »der Abgabe der Stimmen durch einen Stimmführer jederzeit durch ein anderes Bundesratsmitglied desselben Landes widersprochen werden kann und damit die Voraussetzungen der Stimm-

---

[85] Dazu grundlegend und eingehend *Deecke*, Stimmenverteilung (Fn. 81), S. 134 ff., 138 ff., unter Hinweis auf die unzureichende geschäftsordnungsrechtliche Regelung und mit aufschlussreichen zusätzlichen Informationen zu informellen Vorgehensweisen in der bisherigen Praxis (a.a.O., insb. S. 120 ff.); zustimmend *C. Thiele*, KritV 93 (2010), 168 (174); keine verfassungsrechtlichen Bedenken hingegen bei *Reuter*, Bundesrat (Fn. 5), S. 193; *Schöbener* (Fn. 18), Art. 51 Rn. 23; *de Wall* (Fn. 22), Art. 51 Rn. 24.
[86] *Dörr* (Fn. 84), Art. 51 Rn. 14.
[87] *Jarass/Pieroth*, GG, Art. 51 Rn. 5; *Jekewitz* (Fn. 46), Art. 51 Rn. 9; *Robbers* (Fn. 58), Art. 51 Rn. 14; a.A. *Maunz* (Fn. 44), Art. 51 Rn. 14.
[88] Z.B. *Blumenwitz* (Fn. 45), Art. 51 Rn. 30; *Maurer*, Mitgliedschaft (Fn. 41), S. 164; ausgeschlossen ist dagegen die Abgabe der Stimmen eines Landes durch ein Bundesratsmitglied eines anderen Landes als Vertreter (*Maunz*, Rechtsstellung [Fn. 46], S. 208).
[89] *Reuter*, Bundesrat (Fn. 5), S. 196 f.
[90] BVerfGE 106, 310 (330 f., Rn. 135 ff.).
[91] *W.-R. Schenke*, NJW 2002, 1318 (1321 f.); *H. Bauer*, RuP 38 (2002), 70 (72 f.); jeweils m.w.N. auch zur gegenteiligen Ansicht.

IV. Stimmabgabe (Art. 51 III GG) **Art. 51**

führerschaft insgesamt entfallen«[92]. Dementsprechend kann der Bundesratspräsident die Stimme eines Bundesratsmitgliedes nur dann als Stimmabgabe für das ganze Land entgegennehmen, wenn und solange die anderen Bundesratsmitglieder dieses Landes erkennbar mit der Stimmführerschaft einverstanden sind, ihr also insb. nicht widersprechen oder sogar abweichend abstimmen[93].

Art. 51 III 2 GG gebietet eine **landeseinheitliche Stimmabgabe**, d.h. alle Stimmen eines Landes müssen gleichlautend abgegeben werden: Ja, Nein oder Enthaltung[94]. Ein Stimmensplitting ist daher ebenso unzulässig wie die Stimmenthaltung einzelner Mitglieder eines Landes[95]. Werden die Stimmen eines Landes gleichwohl uneinheitlich abgegeben, ist die Stimmabgabe ungültig[96]. Insoweit sind differenzierende Lösungen[97] wegen des klaren Wortlauts ausgeschlossen[98]. Dieser zweifelsfreie Ausgangsbefund wurde im März 2002 anlässlich der Abstimmung über das Zuwanderungsgesetz in Frage gestellt. Die damalige »Trickserei im Bundesrat«[99], bei der alle Beteiligten der politischen Verfassungskultur der Republik extrem geschadet haben, löste eine Flut kontroverser Stellungnahmen[100] aus. Inzwischen hat das Bundesver-

24

---

[92] BVerfGE 106, 310 (330f., Rn. 135ff.).
[93] Vgl. BVerfGE 106, 310 (331, Rn. 139f.); dazu *K. Graßhof*, in: BK, Ergänzungen zu Art. 51 (2003), zu Rn. 29, 30; im Ergebnis anders *H. Küpper*, Der Staat 42 (2003), 387 (402ff.), der u.a. unter Hinweis auf Art. 50 GG bei widersprüchlichen Äußerungen des Landeswillens durch die Vertreter eines Landes dem ranghöchsten Vertreter eines Landes (Ministerpräsidenten) die Stimmführerschaft *ex officio* zuerkennen will.
[94] *Reuter*, Bundesrat (Fn. 5), S. 196. Gegen die Option zur Enthaltung und – gestützt auf die Verwendung der Formulierung »Mitwirkung« in Art. 50, 79 III GG – für eine »Pflicht zur Mitwirkung« im Sinne einer Abstimmung mit »Ja« oder »Nein« *P. M. Huber*, Deutschland in der Föderalismusfalle?, 2003, S. 21ff.; zu Reformvorschlägen *G. Mulert*, DÖV 2007, 25 (28f.); *Odendahl* (Fn. 41), Art. 51 Rn. 22.
[95] Z.B. *Blumenwitz* (Fn. 45), Art. 51 Rn. 29; *Korioth* (Fn. 19), Art. 51 Rn. 21; *Krebs* (Fn. 35), Art. 51 Rn. 13; *Odendahl* (Fn. 41), Art. 51 Rn. 17, 19; *Schöbener* (Fn. 18), Art. 51 Rn. 85.
[96] Z.B. *Jarass/Pieroth*, GG, Art. 51 Rn. 6; *Jekewitz* (Fn. 46), Art. 51 Rn. 10; *Odendahl* (Fn. 41), Art. 51 Rn. 17; in der Begründung abweichend, im Ergebnis jedoch übereinstimmend *Maurer*, Mitgliedschaft (Fn. 41), S. 177.
[97] S. dazu etwa *Stern*, Staatsrecht II, S. 137, der bei ungleicher Stimmabgabe die Stimme des Kabinettsvorsitzenden für ausschlaggebend halten will, und *v. Mangoldt/Klein*, GG, Art. 51 Anm. III.4 b, wonach eine Wiederholung der Stimmabgabe möglich sein soll; unentschieden *Blumenwitz* (Fn. 45), Art. 51 Rn. 29; vgl. auch *Kloepfer*, Verfassungsrecht I, S. 513f.
[98] Wie hier *Krebs* (Fn. 35), Art. 51 Rn. 13; *Robbers* (Fn. 58), Art. 51 Rn. 15.
[99] Mit der hier gebotenen Vereinfachung: Auslöser für den damaligen Eklat war die uneinheitliche Abgabe der Stimmen des Landes Brandenburg bei der Abstimmung über das Zuwanderungsgesetz am 22.3.2002. Das Stimmensplitting hatte sich bereits im Vorfeld der Sitzung abgezeichnet und traf die beteiligten Akteure weder unerwartet noch unvorbereitet. In der Sitzung selbst bestätigte bereits die der Abstimmung vorausgehende Debatte das zu erwartende Stimmensplitting. Im Abstimmungsverfahren setzten die Beteiligten ihre vorbereiteten und angekündigten Strategien um. Beim Aufruf des Landes Brandenburg stimmten zunächst zwei Minister uneinheitlich. Die daraufhin an den Ministerpräsidenten des Landes gerichtete Frage, wie Brandenburg abstimme, beantwortete dieser mit einem dem Gesetz zustimmenden »Ja«, das allerdings nicht ohne eine kritische Reaktion des abweichenden Ministers im Raum stehen blieb. Auf die anschließende Feststellung des Bundesratspräsidenten, damit habe Brandenburg zugestimmt, brach im Bundesrat ein Tumult aus, in dessen Verlauf die Vertreter mehrerer Länder aus Protest den Sitzungssaal verließen. S. zum Geschehensablauf im einzelnen Stenographischer Bericht, 774. Sitzung des Bundesrates am 22.3.2002, S. 131ff. (im Internet abrufbar unter www.bundesrat.de [Stand: 7.4.2015], in Auszügen abgedruckt in BVerfGE 106, 310 [313ff., Rn. 5ff.; 318ff., Rn. 42ff.]); detaillierte Analyse des Sitzungsverlaufs etwa bei *R. Gröschner*, JZ 2002, 621ff.; zu strategischen Vorbereitungen der Akteure s. *H. Bauer*, RuP 38 (2002), 70 (74f.).
[100] Eine Auswahl erster Reaktionen findet sich bei H. Meyer (Hrsg.), Abstimmungskonflikt im Bundesrat im Spiegel der Staatsrechtslehre, 2003 (mit Beiträgen von *H. Meyer* [S. 5ff., 146ff.], *P.*

Art. 51 C. Erläuterungen

fassungsgericht¹⁰¹ die Streitfragen für die Rechtspraxis geklärt. Danach meint **Stimmabgabe** »die Verlautbarung der Stimmen des Landes durch einen willentlichen Begebungsakt«, wobei – wegen Art. 51 III 2 GG – mehrere Stimmabgaben der Bundesratsmitglieder eines Landes übereinstimmen müssen. Fehlt es an dieser **Übereinstimmung** und damit an einer landeseinheitlichen Stimmabgabe, dann darf der gespaltene Landeswille im Abstimmungsergebnis des Bundesrates nicht durch eine Aufteilung der Stimmen des Landes berücksichtigt werden. Bei Unklarheiten im Abstimmungsverlauf ist der die Abstimmung leitende Bundesratspräsident grundsätzlich berechtigt, mit geeigneten Maßnahmen eine Klärung herbeizuführen und auf eine wirksame Abstimmung des Landes hinzuwirken¹⁰². Dies gilt allerdings nur, wenn Unklarheiten Anlass für Rückfragen geben. Dementsprechend entfällt das **Recht zur Nachfrage**, wenn »ein einheitlicher Landeswille nicht besteht und nach den gesamten Umständen nicht zu erwarten ist, dass ein solcher noch während der Abstimmung zustande kommen werde«¹⁰³. So verhielt es sich in dem erwähnten Abstimmungsstreit mit der Folge, dass das Zuwanderungsgesetz nicht wirksam zustande gekommen war.

25   Die von Art. 51 III 2 GG außerdem geforderte **Anwesenheit** der Abstimmenden meint Zugegensein am Ort des Geschehens und damit in der Praxis bei der Abstimmung den **Aufenthalt** eines Abstimmungsberechtigten **im Sitzungssaal**¹⁰⁴. Daher wären schriftliche oder mit den Mitteln der Telekommunikation vorgenommene Stimmabgaben von außerhalb (Telefon, E-Mail etc.) unzulässig¹⁰⁵. Wegen des Anwesenheitserfordernisses sind insb. auch **Stimmabgaben im Umlaufverfahren** ausgeschlossen¹⁰⁶. Letzteres ist allerdings nicht unbestritten. Nachdem zunächst für die spezifische Funktion der Europakammer (Art. 52 IIIa GG; → Art. 52 Rn. 22 ff.) die verfassungs-

---

Lerche [S. 12 f.], *C. Pestalozza* [S. 14 f.], *M. Morlok* [S. 16 f.], *W.-R. Schenke* [S. 18 ff.], *C.F. Soerensen* [S. 31 ff.], *R. Fritz/K.-H. Hohm* [S. 34 ff.], *C.-P. Bienert* [S. 53 ff.], *F. Becker* [S. 59 ff.], *J. Ipsen* [S. 68 ff.], *W. Hoppe* [S. 74 f.], *D. Dörr/H. Wilms* [S. 76 ff.], *R. Gröschner* [S. 84 ff.], *A. v. Mutius/J. Pöße* [S. 96 ff.], *T. Linke* [S. 108 ff.], *H. Bauer* [S. 119 ff.] und *J. Jekewitz* [S. 134 ff.]); ferner – ohne Anspruch auf Vollständigkeit – *C. Burkiczak*, BayVBl. 2002, 578 ff.; *A. Fischer-Lescano/P. Spengler*, KritJ 35 (2002), 337 ff.; *R. Lamprecht*, NJW 2002, 2686 ff.; *K. Odendahl*, JuS 2002, 1049 ff.; *T. Starke*, SächsVBl. 2002, 232 ff.; bereits mit Würdigung der Entscheidung des BVerfG *C. Burkiczak*, JA 2003, 463 ff.; *C. Gusy*, ZParl. 34 (2003), 605 ff.; *U. Kramer*, JuS 2003, 645 ff.; *J. Lang*, ZParl. 34 (2003), 596 ff.; *V. Lohse*, DVP 2003, 149 ff.; *R.A. Lorz*, ZRP 2003, 36 ff.; *H. Pünder*, Jura 2003, 622 ff.; *G. Renner*, NJW 2003, 332 f.; *H. Risse*, DVBl. 2003, 390 f.; *C. Starck*, ZG 18 (2003), 81 ff.; *T. Tetzlaff*, DÖV 2003, 693 ff.; *P. Tschäpe*, VR 2003, 109 ff.
¹⁰¹ BVerfGE 106, 310 (329 ff., Rn. 132 ff.).
¹⁰² BVerfGE 106, 310 (332, Rn. 143). Hinweise zur Konkretisierung der »Nachfragesituation« etwa bei *C. Starck*, ZG 18 (2003), 81 (91): uneinheitliche Abstimmung eines Landes ohne vorherige Ankündigung, weil dann ein Versehen vorliegen kann; missverständliches Votum eines Abstimmenden; akustische Nichtverständlichkeit des Votums.
¹⁰³ BVerfGE 106, 310 (332, Rn. 143); demgegenüber geht die abweichende Meinung der Richterinnen *L. Osterloh* und *G. Lübbe-Wolff* davon aus, dass das Land Brandenburg bei der ersten Abstimmung seine Stimmen noch nicht wirksam abgegeben und deshalb eine »Reparaturmöglichkeit« bestanden habe (ebd., 337 ff., Rn. 154 ff.).
¹⁰⁴ Ähnlich *Risse* (Fn. 46), Art. 51 Rn. 3.
¹⁰⁵ Vgl. etwa *Scholl*, Verfassungsentwicklung (Fn. 41), S. 55; *Reuter*, Bundesrat (Fn. 5), S. 195; *Maurer*, Mitgliedschaft (Fn. 41), S. 164; *Hofmann* (Fn. 41), Art. 51 Rn. 16; *Korioth* (Fn. 19), Art. 51 Rn. 22; *Odendahl* (Fn. 41), Art. 51 Rn. 18.
¹⁰⁶ *Risse* (Fn. 46), Art. 51 Rn. 3; im Ergebnis ebenso *M. Hilf*, Europäische Union: Gefahr oder Chance für den Föderalismus in Deutschland, Österreich und der Schweiz?, VVDStRL 53 (1994), S. 7 ff. (19), mit zutreffendem Hinweis darauf, dass durch den Ende 1992 eingefügten Art. 52 IIIa GG das zuvor nach der damaligen GOBR in der Europakammer praktizierte Umlaufverfahren ausgeschlossen ist.

IV. Stimmabgabe (Art. 51 III GG)   **Art. 51**

rechtliche Unbedenklichkeit eines im Wege der Geschäftsordnungsregelung einzuführenden und auf besonders gelagerte Ausnahmefälle beschränkten Umlaufverfahrens erwogen wurde[107], findet sich nämlich mittlerweile die noch wesentlich weitergehende allgemeine Bemerkung, ausnahmsweise könnten aus Zeitgründen auch Abstimmungen im Umlaufverfahren geboten sein, und zwar sowohl der Europakammer als auch des Bundesrates[108]. Danach sollen solche Abstimmungen in »analoger Anwendung der Rspr. des BVerfG« zur Beschlussfassung der Bundesregierung im Umlaufverfahren dann als verfassungskonform anzusehen sein, »wenn alle auf gleicher Informationsbasis entscheiden und die Einhaltung des Majoritätsquorums« gesichert ist[109]. Selbst bei Zurückstellung methodologischer Vorbehalte gegen derartige »Rechtsprechungsanalogien« ist dieser Vorschlag jedenfalls mit dem Wortlaut von Art. 51 III 2 GG nicht kompatibel, ganz abgesehen davon, dass die Beschlussfassung der Bundesregierung über Verordnungen im Umlaufverfahren (→ Art. 80 Rn. 23, 56) weder im normativen Ausgangspunkt noch hinsichtlich der normativen Umgebung, der institutionellen Einordnung, den zugrundeliegenden Wertungen und den rechtstatsächlichen Gegebenheiten auch nur ansatzweise mit der Beschlussfassung des Bundesrates vergleichbar ist[110]. Zu dem inzwischen durch Verfassungsänderung, die im Umkehrschluss für das Bundesratsplenum die hier vertretene Auffassung bestätigt, ermöglichten Umlaufverfahren in der Europakammer → Art. 52 Rn. 25.

Obgleich das Grundgesetz die **Weisungsgebundenheit der Bundesratsmitglieder** 26
nicht ausdrücklich regelt, sind sie weisungsabhängig[111]; weisungswidrige Stimmabgaben sind jedoch gültig und können nicht rückgängig gemacht werden, weil die Instruktionen nur im Innenrechtsverhältnis zum Weisungsbefugten rechtserheblich sind[112]. **Weisungsbefugt** sind die jeweiligen **Landesregierungen**, aus bundesverfassungsrechtlicher Sicht nicht jedoch etwaige Inhaber einer landesrechtlichen Richtlinienkompetenz[113]. Die weisungsbefugten Landesregierungen sind nicht verpflichtet, Weisungen

---

[107] S. dazu *R. Scholz*, in: Maunz/Dürig, GG, Art. 52 (1996), Rn. 29, der unter Hinweis auf die soeben in Fn. 106 erwähnte frühere Regelung der GOBR, auf das mit Art. 52 IIIa GG verfolgte Ziel, in Fällen der Eilbedürftigkeit möglichst rasch und effektiv tätig werden zu können, sowie auf die zum Umlaufverfahren der Bundesregierung beim Erlass von Rechtsverordnungen entwickelten Überlegungen in BVerfGE 91, 148 (165ff.) erkennbar nur für die Europakammer eine auf Ausnahmefälle beschränkte geschäftsordnungsrechtliche Einführung des Umlaufverfahrens zulassen will; für die Zulässigkeit des Umlaufverfahrens in der Europakammer grundlegend vorher schon *G.-B. Oschatz/H. Risse*, DÖV 1995, 437 (448f.).
[108] So *Weckerling-Wilhelm* (Fn. 57), Art. 51 Rn. 12.
[109] *Weckerling-Wilhelm* (Fn. 57), Art. 51 Rn. 12.
[110] S. dazu nur die den Bundesrat betreffenden grundgesetzlichen Vorgaben zur Abstimmungsmehrheit, zur u. a. Transparenz, Verantwortungszuordnung und Kontrolle ermöglichenden Öffentlichkeit und zu (nicht ausschließbaren) Teilnahmerechten der Bundesregierung (Art. 52 III, 53 GG).
[111] BVerfGE 8, 104 (120f.); 106, 310 (334, Rn. 147f.). S. aus der Literatur etwa *Reuter*, Bundesrat (Fn. 5), S. 200f.; *A. Horsch*, ThürVBl. 2012, 241 (243); *Kloepfer*, Verfassungsrecht I, S. 507; *A. Rührmair*, Der Bundesrat zwischen Verfassungsauftrag, Politik und Länderinteressen, 2001, S. 84ff.; *H. Küpper*, Der Staat 42 (2003), 387 (401); *Korioth* (Fn. 19), Art. 51 Rn. 23 m.w.N.; *de Wall* (Fn. 22), Art. 51 Rn. 27; zur Begründung → Rn. 17. *Maurer*, Mitgliedschaft (Fn. 41), S. 175, hält die Redeweise von der »Weisungsgebundenheit« für missverständlich und zieht aus der Rückbindung an Kabinettsbeschlüsse Rückschlüsse auf die Mitgliedschaft im Bundesrat.
[112] *Maurer*, Staatsrecht, § 16 Rn. 22; *Risse* (Fn. 46), Art. 51 Rn. 3; *Odendahl* (Fn. 41), Art. 51 Rn. 14; *Rührmair*, Bundesrat (Fn. 111), S. 91; im Ergebnis auch *Blumenwitz* (Fn. 45), Art. 51 Rn. 16; Jarass/Pieroth, GG, Art. 51 Rn. 6; vgl. zur Unterscheidung von Innen- und Außenrechtsverhältnis auch *R. Gröschner*, JZ 2002, 621 (624f.).
[113] Landesverfassungsrechtlich eingerichtete Rangverhältnisse innerhalb der Landesregierung

zu erteilen[114]. Die Zuständigkeit der Landesregierung schließt Instruktionen der Bundesratsmitglieder durch das Landesparlament oder gar das Landesvolk (Volksabstimmung) aus[115]. Die parlamentarische Verantwortlichkeit der Landesregierungen gegenüber ihren Landesparlamenten für das Stimmverhalten im Bundesrat bleibt davon freilich unberührt[116].

27 In der Verfassungspraxis sind in den Ländern **Koalitionsvereinbarungen** über das Abstimmungsverhalten im Bundesrat verbreitet[117]. Sofern sie nicht konkrete Festlegungen für bestimmte Gesetzgebungsvorhaben enthalten, sehen sie für Fälle unausräumbarer Meinungsverschiedenheiten zwischen den Koalitionspartnern regelmäßig vor, dass sich das Land mit seinen Stimmen im Bundesrat enthält[118]; daneben hat die Verfassungspraxis für Konstellationen unausräumbarer Meinungsverschiedenheiten auch einen mit einer Rotation gekoppelten **Losentscheid** hervorgebracht[119]. Stuft man solche Koalitionsvereinbarungen nicht ohnehin als unverbindlich ein[120], so sind sie jedenfalls verfassungsrechtlich unzulässig, wenn sie generell die Entscheidungsmöglichkeit der Landesregierung ausschließen[121]. Dagegen ist die Verständigung auf politische Vorgaben für bestimmte Projekte und Gesetzgebungsvorhaben zulässig, weil dadurch das Entscheidungsrecht der Landesregierung nicht in toto aufgehoben wird, ganz abgesehen davon, dass solche Vereinbarungen stets politische Bestandsvoraussetzungen für koalitionsgebildete Landesregierungen sind[122]; auch im übrigen sind die konventionellen »**Bundesratsklauseln**« im Schrifttum heute überwiegend akzeptiert[123].

---

sind auf der Bundesebene unbeachtlich. Deshalb hat der Inhaber einer landesrechtlichen Richtlinienkompetenz insb. auch keine bundesverfassungsrechtlich herausgehobene Stellung, die es ihm erlaubte, bei einer Abstimmung im Bundesrat »einen Abstimmungsdissens zweier anderer anwesender« Bundesratsmitglieder seiner Landesregierung »allein durch seine Willensbekundung zu überwinden« (BVerfGE 106, 310 [334, Rn. 147f.]).

[114] *Blumenwitz* (Fn. 45), Art. 51 Rn. 16; *Rührmair*, Bundesrat (Fn. 111), S. 90f.; BVerfGE 106, 310 (334f., Rn. 149).

[115] Vgl. BVerfGE 8, 104 (120f.); StGH Bad.-Württ. ESVGH 36, 161 (163); *Maunz* (Fn. 44), Art. 51 Rn. 18; *Scholz*, Landesparlamente (Fn. 40), S. 839ff.; *O. Kratzsch*, DÖV 1975, 109 (111f.); *H. Küpper*, Der Staat 42 (2003), 387 (394); *Maurer*, Bundesrat (Fn. 36), S. 618f.; *Rührmair*, Bundesrat (Fn. 111), S. 94ff. m. w. N.; a. A. z. B. *H.-W. Arndt*, VBlBW 1986, 416 (418 – kritisch zu StGH Bad.-Württ., a.a.O.); *v. Mangoldt/Klein*, GG, Art. 51 Anm. IV.3 b; differenzierend *Stern*, Staatsrecht II, S. 138f.

[116] BVerfGE 8, 104 (121); *J. Linck*, DVBl. 1974, 861 (863).

[117] Vgl. etwa *Posser* (Fn. 36), § 24 Rn. 71ff.; *Reuter*, Bundesrat (Fn. 5), S. 73ff., 202f., 521; *Rührmair*, Bundesrat (Fn. 111), S. 64ff.; *C. Thiele*, KritV 93 (2010), 168 (185f.).

[118] *Odendahl* (Fn. 41), Art. 51 Rn. 15; *Risse* (Fn. 46), Art. 51 Rn. 3. Dabei wirkt die Stimmenthaltung wie eine Nein-Stimme, weil der Bundesrat nach Art. 52 III 1 GG seine Beschlüsse mit mindestens der Mehrheit seiner Stimmen fasst. Reformvorschläge dazu etwa von *F. Decker*, RuP 2008, 213ff.; *P. Sick*, BayVBl. 2010, 165ff.; *C. Thiele*, KritV 93 (2010), 168 (184ff.).

[119] So das »Wechselstimmverfahren« nach der »Mainzer Bundesratsklausel« in einer früheren Koalitionsvereinbarung von SPD und F.D.P. aus dem Jahr 1996; danach sollte bei Uneinigkeit das Los entscheiden, welche Haltung beim ersten Dissenspunkt ausschlaggebend sein soll und bei den folgenden Dissensfällen den Koalitionspartnern die Stimmführerschaft alternierend zufallen. S. zu dieser Bundesratsklausel *S. Jutzi*, ZRP 1996, 380ff.; *R. Zuck*, NJW 1997, 297ff.; *Korioth* (Fn. 19), Art. 51 Rn. 24; *Reuter*, Bundesrat (Fn. 5), S. 74f.; *Rührmair*, Bundesrat (Fn. 111), S. 66f.; *de Wall* (Fn. 22), Art. 51 Rn. 30.

[120] *Blumenwitz* (Fn. 45), Art. 51 Rn. 16; vgl. allgemein auch *H. Schulze-Fielitz*, JA 1992, 332 (334ff.) m. w. N.

[121] *Reuter*, Bundesrat (Fn. 5), S. 202f.

[122] Vgl. *Robbers* (Fn. 58), Art. 51 Rn. 11.

[123] Vgl. *W.-R. Bandorf*, ZRP 1977, 81 (83f.); *Posser* (Fn. 36), § 24 Rn. 71; *Schöbener* (Fn. 18), Art. 51 Rn. 61f.; *Schmidt* (Fn. 40), § 22 Rn. 69; *Weckerling-Wilhelm* (Fn. 57), Art. 51 Rn. 11; zur bun-

D. Verhältnis zu anderen GG-Bestimmungen

Zusammen mit **Art. 52, 53 GG** konkretisiert Art. 51 GG den in **Art. 50 GG** nur grundsätzlich konturierten Bundesrat (→ Art. 50 Rn. 15) durch organisations- und verfahrensrechtliche Ausgestaltung (Mitgliedschaft, Stimmzahl und -verteilung, Stimmabgabe). Die Rechtsstellung der Bundesratsmitglieder ist weder in Art. 51 GG noch im IV. Abschnitt des Grundgesetzes abschließend geregelt; vielmehr finden sich dazu wichtigere weitere Aussagen z.B. in **Art. 43 II, 53a I 3, 77 II 3, 93 I Nr. 1 GG** (→ Rn. 17). Als Konkretisierung von Art. 50 GG weist auch Art. 51 GG Bezüge zum **bundesstaatlichen**, **demokratischen** und **rechtsstaatlichen Prinzip** des Grundgesetzes (→ Art. 50 Rn. 19, 32) auf. Die Ausgestaltung des Bundesrats durch Art. 51 GG ist durch **Art. 79 III GG** einer Verfassungsänderung nicht entzogen[124]; tiefgreifende strukturelle Änderungen sind in der derzeitigen verfassungspolitischen Ambiance und im Hinblick auf die hierfür benötigte Mehrheit auch von zwei Dritteln der Stimmen des Bundesrates (→ Art. 79 II Rn. 21) allerdings kaum zu erwarten.

28

---

des- und landesverfassungsrechtlichen Problematik speziell der »Mainzer Klausel« s. *S. Jutzi*, ZRP 1996, 380 (383 ff.); *Reuter*, Bundesrat (Fn. 5), S. 74 f.; vgl. dazu auch *R. Zuck*, NJW 1997, 297 ff.

[124] Vgl. *Reuter*, Bundesrat (Fn. 5), S. 41 ff., der allerdings eine aus Senatoren mit freiem Mandat gebildete Körperschaft anstelle des Bundesrates für »nicht vereinbar« mit Art. 79 III GG hält; für die verfassungsrechtliche Zulässigkeit der Umwandlung des föderativen Organs in einen Senat *A. Elgeti*, Inhalt und Grenzen der Föderativklausel des Art. 79 III GG, 1968, S. 69 ff.; s. auch *S. Korioth*, in: v. Mangoldt/Klein/Starck, GG II, Art. 50 Rn. 19; *ders.* (Fn. 19), Art. 51 Rn. 4; → Art. 50 Rn. 33; → Art. 79 III Rn. 24.

Art. 52

Artikel 52 [Organisation und Verfahren]

(1) Der Bundesrat wählt seinen Präsidenten auf ein Jahr.

(2) ¹Der Präsident beruft den Bundesrat ein. ²Er hat ihn einzuberufen, wenn die Vertreter von mindestens zwei Ländern oder die Bundesregierung es verlangen.

(3) ¹Der Bundesrat faßt seine Beschlüsse mit mindestens der Mehrheit seiner Stimmen. ²Er gibt sich eine Geschäftsordnung. ³Er verhandelt öffentlich. ⁴Die Öffentlichkeit kann ausgeschlossen werden.

(3a) Für Angelegenheiten der Europäischen Union kann der Bundesrat eine Europakammer bilden, deren Beschlüsse als Beschlüsse des Bundesrates gelten; die Anzahl der einheitlich abzugebenden Stimmen der Länder bestimmt sich nach Art. 51 Abs. 2.

(4) Den Ausschüssen des Bundesrates können andere Mitglieder oder Beauftragte der Regierungen der Länder angehören.

Literaturauswahl

Classen, Claus Dieter: Hauptstadtfrage und Verbesserung der Europatauglichkeit, in: Christian Starck (Hrsg.), Föderalismusreform, 2007, S. 95–123.
Fischer, Wolfgang/Koggel, Claus Dieter: Die Europakammer des Bundesrates, in: DVBl. 2000, S. 1742–1750.
Hanikel, Andreas: Die Organisation des Bundesrates, 1991.
Müller-Terpitz, Ralf: Die Beteiligung des Bundesrates am Willensbildungsprozeß der Europäischen Union, 1999.
Pfitzer, Albert: Die Organisation des Bundesrates, in: Bundesrat (Hrsg.), Der Bundesrat als Verfassungsorgan und politische Kraft, 1974, S. 173–191.
Schütz, Hans-Joachim: Die EG-Kammer – Delegationsbefugnis und Geschäftsordnungsautonomie des Bundesrates, in: NJW 1989, S. 2160–2165.

Siehe auch die Angaben zu Art. 50, 51, 53 GG.

Leitentscheidung des Bundesverfassungsgerichts

BVerfGE 106, 310 (330 ff., Rn. 135 ff.; 338 ff., Rn. 157 ff.) – Zuwanderungsgesetz.

Siehe auch die Angaben zu Art. 50 GG.

Gliederung

	Rn.
A. Herkunft, Entstehung, Entwicklung	1
I. Ideen- und verfassungsgeschichtliche Aspekte	1
II. Entstehung und Veränderung der Norm	7
B. Internationale, supranationale und rechtsvergleichende Bezüge	9
C. Erläuterungen	12
I. Allgemeine Bedeutung	12
II. Wahl des Bundesratspräsidenten und Amtsdauer (Art. 52 I GG)	13
III. Einberufung des Bundesrates (Art. 52 II GG)	18
IV. Mehrheit, Geschäftsordnung, Öffentlichkeit (Art. 52 III GG)	19
V. Europakammer (Art. 52 IIIa GG)	22
VI. Bundesratsausschüsse (Art. 52 IV GG)	27
D. Verhältnis zu anderen GG-Bestimmungen	30

Stichwörter

Abstimmungen 4, 24 – Ältestenrat 17 – Amtsbeendigung 15 – Amtsdauer 15 – Amtsführung, neutrale, unparteiische 16 – Anwesenheitspflicht 25 – Ausschluss der Öffentlichkeit 21 – Ausschuss der Regionen 9 – Ausschussbesetzung 29 – Ausschüsse 5, 20, 23, 27 ff. – Ausschussvorsitzende 29 – Autonomie 7, 12 – Beauftragte 20, 24, 29 – Bericht 25 – Beschlussfähigkeit 19 – Beschlussfassung 4 – Beschlussgremium 23 – Bevollmächtigte der Länder 17 – Bundesratspräsidentenwahl 13 ff. – Bundesregierung 17 f., 25 – Bundesstaatsprinzip 30 – Demokratieprinzip 30 – Durchführungsregeln 25 – Einberufung 3, 16, 18 – Europäisches Unionsrecht 9 – Europäisierung 10 – Europakammer 8, 10, 12, 19, 22 ff., 30 – funktionsinadäquate Organisationsstruktur 22 – Geschäftsordnung 4, 18, 19 f., 25 – Herrenchiemseer Verfassungskonvent 7 – informelle Verständigungen 17 – Internationales Recht 9 – Königsteiner Abkommen 14 f. – Konkretisierungen 1, 30 – Mehrheit 4, 19, 30 – Ministerrat 9 – Mitglieder der Europakammer 24 – Nationalsozialismus 6 – Öffentlichkeitsgrundsatz 4, 21, 26 – Organtreue 16 – Parlamentarischer Rat 7 – Paulskirchenverfassung 2 ff. – Permanentes Organ 20 – Plenum 19 ff., 23 – Präsidium 17 – Rechte und Pflichten des Bundesratspräsidenten 16 – Rechtsstaatsprinzip 30 – Rechtsvergleich 11 – Reformvorschläge 8 – Regelungsgegenstände 1, 12 – Reichsverfassung (1871) 2 ff. – Rotationsprinzip 14 – Selbstorganisationsrecht 12 – Sitzungen 18 – Sitzungsleitung 16 – Sonderausschüsse 28 – Sondersitzungen 18 – Ständige Ausschüsse 28 – Ständiger Beirat 17 – Stimmengewichtung 24 – Stimmenthaltungen 19 – Supranationales Recht 9 – Umfrage- bzw. Umlaufverfahren 22, 25 – Verfahrensgestaltung 16 – Verfassungsentwicklung 8 – Vertretung des Bundespräsidenten 16 – Vizepräsidenten 17 – Wahlen 2, 7, 13 ff. – Weimarer Reichsverfassung 2 ff. – »Zimmer 13« Fn. 39.

A. Herkunft, Entstehung, Entwicklung

I. Ideen- und verfassungsgeschichtliche Aspekte

Ähnlich wie Art. 51 GG (→ Art. 51 Rn. 1) enthält auch Art. 52 GG **organisations- und verfahrensrechtliche Konkretisierungen** der bundesstaatlichen Ordnung für den Bundesrat (→ Art. 50 Rn. 15). Sie beschäftigen sich mit der Wahl des Bundesratspräsidenten, der Einberufung des Bundesrates, der Beschlussfassung, der Geschäftsordnung, dem Öffentlichkeitsgrundsatz, der Europakammer und den Bundesratsausschüssen. Mit Ausnahme der erst nachträglich in das Grundgesetz aufgenommenen Europakammer (→ Rn. 8, 10, 22 ff.) haben all diese Regelungsgegenstände in der verfassungsrechtsgeschichtlichen Entwicklung[1] Tradition: 1

Abweichend von § 110 Paulskirchenverfassung, wonach das Staatenhaus (→ Art. 50 Rn. 3) seinen **Präsidenten** selbst **wählen** sollte, stand nach Art. 15 der Reichsverfassung von 1871 der Vorsitz im Bundesrat dem Reichskanzler zu, der vom Kaiser zu ernennen war. Im Reichsrat der Weimarer Republik führte ein Mitglied der Reichsregierung den Vorsitz (Art. 65 WRV). 2

Für die Sitzungen des aus »Staatenhaus« und »Volkshaus« bestehenden Reichstages enthielt die Paulskirchenverfassung vergleichsweise detaillierte Regelungen. Danach sollte etwa bei der **Einberufung** vom Reichsoberhaupt die Zeit der Zusammenkunft angegeben werden; auch war die Möglichkeit vom Reichsoberhaupt einzuberufender außerordentlicher Sitzungen des Reichstages vorgesehen[2]. Nach Art. 12 ff. der Reichsverfassung von 1871 stand es dem Kaiser zu, den Bundesrat zu berufen, zu eröffnen, zu vertagen und zu schließen; die alljährliche Einberufung des Bundesrates war jedoch vorgeschrieben, und eine Einberufung musste erfolgen, sobald dies von einem 3

---

[1] Dazu allgemein → Art. 50 Rn. 3 ff.
[2] § 104 Paulskirchenverfassung; vgl. im übrigen zu Auflösung, Vertagung und Bestimmung des Endes der Sitzungsperioden §§ 105 ff. Paulskirchenverfassung.

Drittel der Stimmenzahl verlangt wurde. Für die Einberufung des Reichsrats der Weimarer Republik war die Reichsregierung zuständig, die auf Verlangen von einem Drittel seiner Mitglieder zur Einberufung verpflichtet war (Art. 64 WRV).

4 Zur **Beschlussfassung** im Staatenhaus waren die Teilnahme wenigstens der Hälfte der gesetzlichen Mitgliederzahl und die einfache Mehrheit erforderlich; das Recht, sich selbst eine **Geschäftsordnung** zu geben, wurde ausdrücklich anerkannt, und für die Sitzungen war der **Öffentlichkeitsgrundsatz** vorgeschrieben, gleichzeitig aber die Option für vertrauliche Sitzungen eröffnet (§§ 98, 111, 116 Paulskirchenverfassung). Nach der Reichsverfassung von 1871 erfolgte die Beschlussfassung im Bundesrat grundsätzlich mit einfacher Mehrheit, wobei im Falle der Stimmengleichheit die (preußische) Präsidialstimme den Ausschlag gab (Art. 7 III); Vorschlags- und Vortragsrechte der Bundesglieder waren in Art. 7 II geregelt. Bei Abstimmungen des Reichsrats der Weimarer Republik entschied die einfache Mehrheit; der Reichsrat tagte in seinen Vollsitzungen öffentlich und regelte seinen Geschäftsgang durch eine Geschäftsordnung, nach deren Maßgabe u. a. die Öffentlichkeit für einzelne Beratungsgegenstände ausgeschlossen werden konnte (Art. 66 WRV).

5 Ausdrückliche Regelungen über **Ausschüsse** finden sich in Art. 8 der Reichsverfassung von 1871; danach waren für bestimmte Materien dauernde Ausschüsse zu bilden, in denen außer dem Präsidium jeweils mindestens vier Bundesstaaten vertreten waren, die abweichend von der Stimmengewichtung im »Plenum« jeweils nur eine Stimme besaßen. Art. 62 WRV sah für den Reichsrat die Bildung von Ausschüssen vor, in denen, wiederum abweichend von dem Stimmverhältnis im Plenum, kein Land mehr als eine Stimme führte.

6 Mit der bereits 1934 erfolgten Aufhebung des Reichsrats (→ Art. 50 Rn. 6) entfielen in der Zeit des **Nationalsozialismus** auch Probleme der organisations- und verfahrensrechtlichen Organisation dieses Verfassungsorgans.

II. Entstehung und Veränderung der Norm

7 Sowohl im Verfassungskonvent von Herrenchiemsee als auch im Parlamentarischen Rat wurden die Regelungsgegenstände des späteren Art. 52 GG (→ Rn. 1, 12) zum Teil kontrovers diskutiert und redaktionell wiederholt umformuliert[3]. Hervorzuheben sind einige der in den **Verfassungsberatungen** erörterten Alternativen für die Bestimmung des Bundesratspräsidenten, nämlich erstens die Wahl aus der Mitte des Bundesrates für die Dauer eines Jahres, wobei eine sofortige Wiederwahl unzulässig sein sollte, zweitens die Zuwahl des Bundesratspräsidenten für die Dauer von drei Jahren[4] und schließlich drittens die auf die WRV (→ Rn. 2) zurückgehende Lösung, den Vorsitz im Bundesrat dem Bundeskanzler oder seinem Stellvertreter ohne Stimmrecht zu übertragen. Die Ablehnung der letztgenannten Alternative geht u. a. auf die Überle-

---

[3] Vgl. die Darstellung in JöR 1 (1951), S. 391 ff.; ferner *D. Blumenwitz*, in: BK, Art. 52 (Zweitb. 1987), S. 3 f.; *B. Schöbener*, in: BK, Art. 52 (Drittb. 2010), Rn. 1 ff.; *K. Reuter*, Praxishandbuch Bundesrat, 2. Aufl. 2007, S. 227 ff.

[4] Nach diesem Vorschlag hätte der Bundesratspräsident im Bundesrat kein Land mehr vertreten dürfen; eine Mitgliedschaft in der Bundes- oder Landesregierung wäre ebenso wie eine Stellung als Bundesbeamter ausgeschlossen gewesen. Der Vorschlag wurde von der Überlegung getragen, der Bundesratspräsident solle eine vom Einzelinteresse seines Landes losgelöste Persönlichkeit sein und nicht durch das Misstrauensvotum seines heimischen Parlaments gestürzt werden können. Vgl. Parl. Rat II, S. 593, und JöR 1 (1951), S. 391.

gung zurück, dass ein so wichtiges Organ wie der Bundesrat die Autonomie haben müsse, seinen Präsidenten selbst zu bestimmen[5]. Vor diesem Hintergrund und im Vergleich mit den »Vorläufernormen« (→ Rn. 2ff.) zeigt die Regelung, auf die man sich am Ende verständigte, dass Art. 52 GG die »**Autonomie des Bundesrates**« besonders akzentuiert[6].

Die Einzelregelungen von Art. 52 GG blieben in der weiteren **Verfassungsentwicklung** lange Zeit unverändert, wurden aber Ende 1992[7] um Art. 52 IIIa GG ergänzt, der dem Bundesrat die Befugnis einräumt, für Angelegenheiten der Europäischen Union eine **Europakammer** zu bilden. Wie die Änderung von Art. 50 GG (→ Art. 50 Rn. 9, 12, 30f.) geht auch die Einfügung von Art. 52 IIIa GG auf eine Empfehlung der Gemeinsamen Verfassungskommission[8] zurück, die auf die Schaffung der »institutionellen Voraussetzungen für eine effektive und verantwortungsvolle Wahrnehmung« der Mitwirkungsrechte des Bundesrates zielte (→ Rn. 22ff.). In der ursprünglichen Fassung von Art. 52 IIIa GG wurden 2006 im Zuge der Föderalismusreform I (→ Art. 20 [Bundesstaat], Rn. 12) der letzte Halbsatz geändert und der früher darin enthaltene Verweis auf Art. 51 III 2 GG gestrichen[9], um die **Beschlussfassung der Europakammer** im Umlauf- bzw. im schriftlichen Umfrageverfahren zu ermöglichen[10] (→ Rn. 25). Außerdem ist eine **Änderung im normativen Umfeld** mit dem 2009 durch den Vertrag von Lissabon eingefügten Art. 23 Ia GG zu verzeichnen (→ Rn. 25, 30; → Art. 50 Rn. 9, 31; → Art. 23 Rn. 106f.), der für den dort genannten Bereich eine gesetzlich geregelte Ausnahme von Art. 52 III 1 GG ermöglicht. Weitere **Reformvorschläge** liegen zwar seit längerem vor[11], haben sich aber bislang nicht durchgesetzt.

8

---

[5] Dazu *Reuter*, Bundesrat (Fn. 3), S. 228f.
[6] So *W. Krebs*, in: v. Münch/Kunig, GG II, Art. 52 Rn. 1; ähnlich *S. Korioth*, in: v. Mangoldt/Klein/Starck, GG II, Art. 52 Rn. 1; *H. de Wall*, in: Friauf/Höfling, GG, Art. 52 (2002), Rn. 1, 5; vgl. auch *D. Weckerling-Wilhelm*, in: Umbach/Clemens, GG, Art. 52 Rn. 1 (»starke Geschäftsordnungsautonomie«).
[7] Art. 1 Nr. 6 Gesetz zur Änderung des Grundgesetzes vom 21.12.1992 (BGBl. I S. 2086).
[8] Beschlussempfehlung und Bericht des Sonderausschusses »Europäische Union (Vertrag von Maastricht)« (BT-Drs. 12/3896, S. 17, 21); vgl. auch Bericht der Gemeinsamen Verfassungskommission, BT-Drs. 12/6000, S. 16, 25.
[9] Art. 1 Nr. 4 Gesetz zur Änderung des Grundgesetzes (Artikel 22, 23, 33, 52, 72, 73, 74, 74a, 75, 84, 85, 87c, 91a, 91b, 93, 98, 104a, 104b, 105, 107, 109, 125a, 125b, 125c, 143c) vom 28.8.2006 (BGBl. I S. 2034).
[10] Entwurf eines Gesetzes zur Änderung des Grundgesetzes (Artikel 22, 23, 33, 52, 72, 73, 74, 74a, 75, 84, 85, 87c, 91a, 91b, 93, 98, 104a, 104b, 105, 107, 109, 125a, 125b, 125c, 143c), BT-Drucks. 16/813, S. 10; → Art. 52 [Suppl. 2007], Rn. 8a, 10a, 24a ff.
[11] So etwa Vorschläge zum Abstimmungsmodus: u. a. Übergang vom Erfordernis der absoluten Mehrheit (Art. 52 III 1 GG) zum Erfordernis der einfachen Mehrheit; Verabschiedung des Erfordernisses der einheitlichen Stimmabgabe (Art. 51 III 2 GG) und Zulassung des Stimmensplittings; Ergänzung von Art. 52 III 2 GG dahingehend, dass bei Abstimmungen über Gesetze, die der Zustimmung des Bundesrates bedürfen, Enthaltungen nicht zulässig sind; bei Beibehaltung des bisherigen Mehrheitserfordernisses Umkehr der Abstimmungsfrage mit der Folge, dass Enthaltungen nicht mehr wie Nein-Stimmen wirken und ein Bundesrats-Veto schwerer erreichbar ist; vgl. zu diesen Vorschlägen nur Deutscher Bundestag/Bundesrat/Öffentlichkeitsarbeit (Hrsg.), Dokumentation der Kommission von Bundestag und Bundesrat zur Modernisierung der bundesstaatlichen Ordnung, Zur Sache 1/2005, S. 997ff. (unter Rückgriff auf bereits früher unterbreitete Anregungen); ferner aus der Literatur etwa *C. Thiele*, KritV 93 (2010), 168 (180ff.) m. w. N.

Art. 52 C. Erläuterungen

B. Internationale, supranationale und rechtsvergleichende Bezüge

9 Die in Art. 52 GG enthaltenen organisations- und verfahrensrechtlichen Normierungen beziehen sich auf eine bundesstaatliche Ordnung und sind schon allein aus diesem Grund im **inter- und supranationalen Recht** ohne »Parallele« (→ Art. 50 Rn. 10f.). Für den – strukturell freilich allenfalls ansatzweise vergleichbaren (→ Art. 50 Rn. 11) – Rat trifft das **Europäische Unionsrecht** jedoch Regelungen über die Einberufung[12], die Beschlussfassung, die Geschäftsordnung, den Ausschuss der Ständigen Vertreter und ähnliches[13]. Der **Ausschuss der Regionen**[14] wählt aus seiner Mitte seinen Präsidenten und sein Präsidium auf zweieinhalb Jahre; er gibt sich eine Geschäftsordnung, und er wird von seinem Präsidenten auf Antrag des Europäischen Parlaments, des Rates oder der Kommission einberufen, kann aber auch von sich aus zusammentreten (Art. 306 AEUV).

10 Ähnlich wie die Änderung von Art. 50 GG (→ Art. 50 Rn. 12) kann auch die Einfügung von Art. 52 IIIa GG (→ Art. 50 Rn. 8) als Ausdruck der **Europäisierung des deutschen Verfassungsrechts** gewertet werden. Die dort eröffnete und in der Staatspraxis auch verwirklichte[15] Möglichkeit der Bildung einer Europakammer als (zweites) Beschlussgremium des Bundesrates wurde zur effektiven Wahrnehmung der dem Bundesrat in Angelegenheiten der Europäischen Union zustehenden Mitwirkungsbefugnisse für notwendig erachtet (→ Rn. 8, 22 ff.). Die spätere Änderung dieser Vorschrift (→ Rn. 8) zielt in dieselbe Richtung und soll durch die Erleichterung einer zügigen Beschlussfassung in der Europakammer die **Europatauglichkeit des Grundgesetzes** insgesamt verbessern[16].

11 Bei einer **rechtsvergleichenden Betrachtung** sind im Zusammenhang mit den weiteren Kammern (→ Art. 50 Rn. 14) Aussagen über Präsidentschaft bzw. Vorsitz, Einberufung, Beschlussfassung, Geschäftsordnung, Verfahrensgrundsätze (Öffentlichkeit) und Ausschüsse auch in ausländischen Verfassungstexten anzutreffen[17], allerdings mit teilweise von den in Art. 52 GG getroffenen Regelungen abweichender Ausrichtung.

C. Erläuterungen

I. Allgemeine Bedeutung

12 Zusammen mit Art. 51 GG gestalten die **Regelungsgegenstände** von Art. 52 GG Organisation und Verfahren des Bundesrates in wesentlichen Teilen mit stets **aktueller Bedeutung** aus. In der Praxis hat sich die bei einem historischen Vergleich im Grundgesetz erfolgte Verstärkung (→ Rn. 7) des Selbstorganisationsrechts bewährt[18]. Nicht

---

[12] Art. 237 AEUV.
[13] Art. 238 ff. AEUV.
[14] Art. 305 ff. AEUV. → Art. 50 Rn. 11; → Art. 51 Rn. 8.
[15] §§ 45b ff. GOBR.
[16] *C.D. Classen*, Hauptstadtfrage und Verbesserung der Europatauglichkeit, in: C. Starck (Hrsg.), Föderalismusreform, 2007, S. 95 ff., Rn. 191 ff. (S. 113, Rn. 244). → Art. 52 [Suppl. 2007], Rn. 10a m.w.N.
[17] Vgl. etwa Art. I Section 3, 5 Verfassung der Vereinigten Staaten von Amerika; Art. 150 ff. Bundesverfassung der Schweizerischen Eidgenossenschaft; Art. 36 f. Verfassung der Bundesrepublik Österreich; Art. 44, 47, 52 f., 60 der koordinierten Verfassung Belgiens.
[18] *Krebs* (Fn. 6), Art. 52 Rn. 18; *de Wall* (Fn. 6), Art. 52 Rn. 38.

abschließend geklärt ist allerdings die Leistungsfähigkeit der Europakammer[19] (→ Rn. 22 ff.) und des Umfrageverfahrens (→ Rn. 25).

II. Wahl des Bundesratspräsidenten und Amtsdauer (Art. 52 I GG)

Art. 52 I GG beschränkt seinem Wortlaut nach die **Wählbarkeit** für das Amt des Bundesratspräsidenten nicht auf Bundesratsmitglieder. Daraus wird mitunter gefolgert, dass auch die Wahl von Nichtmitgliedern (»Zuwahl von außen«) verfassungsrechtlich zulässig sei[20]. Unter Berufung auf die Entstehungsgeschichte (→ Rn. 7) geht man jedoch überwiegend und zutreffend davon aus, dass die Wahl des Bundesratspräsidenten »aus der Mitte« des Bundesrates zu erfolgen hat, also nur ein **Bundesratsmitglied** zum Präsidenten gewählt werden kann[21]. Die in § 5 I GOBR ausdrücklich auf Bundesratsmitglieder beschränkte Wählbarkeit nimmt diese Vorgabe auf und ist daher verfassungskonform. 13

Die **Wahl** erfolgt durch den Bundesrat. Gewählt ist, wer mindestens die Mehrheit der Stimmen erhält (Art. 52 III 1 GG). In der Verfassungswirklichkeit haben sich die Ministerpräsidenten der Länder am 30.8.1950 im sog. **Königsteiner Abkommen**[22] darauf verständigt, den Bundesratspräsidenten in jährlichem Wechsel aus dem Kreis der Regierungschefs der Länder zu wählen. Der Turnus beginnt mit dem Regierungschef des einwohnerreichsten Landes; an ihn schließen sich in absteigender Reihenfolge die Regierungschefs der Länder mit der jeweils nächstkleineren Bevölkerungszahl an. Diesem **Rotationsprinzip** ist die Praxis der bisherigen »Wahlen« gefolgt[23]. Die Wahl des Bundesratspräsidenten wurde dadurch (partei-)politischen Erwägungen und Aus- 14

---

[19] In den Anfangsjahren war die Bedeutung der Europakammer schon allein ausweislich der seltenen Sitzungstermine gering (→ Bd. II[2], Art. 52 Rn. 12 mit Fn. 19). Auch heute lässt die im unmittelbaren Vergleich mit dem Plenum und dem Ausschuss für Fragen der Europäischen Union geringe Sitzungshäufigkeit (einschließlich der Umfragen nach § 45i GOBR) eine eher geringe praktische Bedeutung vermuten (vgl. http://www.bundesrat.de/DE/homepage/homepage-node.html [29.3.2015]). Dies könnte sich – nicht zuletzt wegen geänderter normativer Rahmenbedingungen (→ Rn. 8) – künftig freilich ändern, und zwar namentlich dann, wenn die Europakammer mit den Aufgaben der Subsidiaritätskontrolle (→ Art. 50 Rn. 13, 31) betraut werden sollte (vgl. Schöbener [Fn. 3], Art. 52 Rn. 12).

[20] Diese Auffassung findet sich vor allem in der älteren Literatur (z. B. W. Grewe, DRZ 1949, 349 [352]), vereinzelt aber auch noch im jüngeren Schrifttum (Reuter, Bundesrat [Fn. 3], S. 234 f.; wohl auch Weckerling-Wilhelm [Fn. 6], Art. 52 Rn. 3) und gewinnt in jüngster Zeit wieder verstärkt Anhänger (de Wall [Fn. 6], Art. 52 Rn. 10 m. w. N.). Folge hiervon wäre u. a., dass ein zum Bundesratspräsidenten gewähltes Bundesratsmitglied beim Ausscheiden aus dem Landeskabinett (etwa im Falle eines Regierungswechsels oder eines Rücktritts) zwar die Mitgliedschaft im Bundesrat verlöre, aber bis zum Ende des Amtsjahres weiterhin Bundesratspräsident bleiben könnte (so konsequent Reuter, a.a.O., S. 234 f.). Außerdem wäre § 5 GOBR kaum mit Art. 52 I GG zu vereinbaren.

[21] Vgl. aus der älteren Literatur etwa H. Schäfer, Der Bundesrat, 1955, S. 44 f.; aus späterer Zeit etwa A. Pfitzer, Die Organisation des Bundesrates, in: Bundesrat (Hrsg.), Der Bundesrat als Verfassungsorgan und politische Kraft, 1974, S. 173 ff. (181); Blumenwitz (Fn. 3), Art. 52 Rn. 16; W.G. Leisner, in: Sodan, GG, Art. 52 Rn. 2; G. Robbers, in: Sachs, GG, Art. 52 Rn. 3; Schöbener (Fn. 3), Art. 52 Rn. 54; Korioth (Fn. 6), Art. 52 Rn. 3, sieht in der Beschränkung der Wählbarkeit auf »Mitglieder« (§ 5 I GOBR) eine zulässige Konkretisierung des grundgesetzlichen Rahmens; vgl. auch O. Dörr, in: Epping/Hillgruber, GG, Art. 52 Rn. 2 (jedenfalls durch die Geschäftsordnungsautonomie gedeckt).

[22] Das »Abkommen« ist urkundlich nicht fixiert. Es ergibt sich lediglich aus dem Stenographischen Bericht über die damalige Ministerpräsidentenkonferenz in Königstein/Taunus. Der Inhalt des Abkommens ist zusammen mit späteren Modifikationen teilweise wiedergegeben bei Reuter, Bundesrat (Fn. 3), S. 306, 309.

[23] S. dazu und zu den wenigen Fällen geringfügiger Verschiebungen Reuter, Bundesrat (Fn. 3),

einandersetzungen entzogen, und es konnte eine Gleichbehandlung aller Länder bei der Besetzung des protokollarisch hochrangigen Amtes erreicht werden[24].

15 Die **Amtsdauer** beträgt ein Jahr[25]. Eine Wiederwahl ist nach dem Grundgesetz zwar zulässig, wird nach dem Königsteiner Abkommen (→ Rn. 14) aber nicht praktiziert. Zu einer **vorzeitigen Beendigung** der Präsidentschaft können der Tod des Amtsinhabers, die Amtsniederlegung und das Ausscheiden aus der Landesregierung führen[26], nicht jedoch die Veränderung der Position des Amtsinhabers innerhalb der Landesregierung[27], solange die Mitgliedschaft im Bundesrat bestehen bleibt[28]. In Fällen der vorzeitigen Beendigung des Amtes erfolgt eine **Neuwahl**, die nach § 5 II GOBR innerhalb von vier Wochen stattfinden soll[29].

16 Die **Rechte und Pflichten des Bundesratspräsidenten** sind im Grundgesetz nur sehr unvollständig geregelt. Dazu gehören die Einberufung des Bundesrates (Art. 52 II GG) und die Vertretung des Bundespräsidenten (→ Art. 57 Rn. 4 ff.), daneben auch die letztlich wohl aus dem Grundsatz der Organtreue ableitbare Pflicht zu unparteiischer Sitzungsleitung und fairer Verfahrensgestaltung[30] – oder allgemeiner: die Verpflichtung zu parteipolitisch unabhängiger und neutraler Amtsführung. Weitergehenden Aufschluss über die Rechte und Pflichten im übrigen liefert die GOBR, die dem Bundesratspräsidenten u. a. die Vorbereitung und Leitung der Sitzungen des Bundesrates (§§ 15 II, 20 I), die Überweisung von Vorlagen an Ausschüsse und die Europakammer (§§ 36 I, 45a I, 45d IV) sowie die Vertretung der Bundesrepublik Deutschland in allen Angelegenheiten des Bundesrates (§ 6 I 1) zuordnet[31].

17 Nach § 8 GOBR bildet der Bundesratspräsident zusammen mit den ebenfalls für ein Jahr gewählten[32] zwei Vizepräsidenten das Präsidium. Die **Vizepräsidenten** vertreten den Präsidenten im Falle seiner Verhinderung oder bei vorzeitiger Amtsbeendigung und haben überdies beratende Funktionen, teilweise aber auch (Mit-)Entscheidungs-

---

S. 307 f.; zur geringfügig verzögerten Einbeziehung der neuen Länder in diese Regelung s. *Korioth* (Fn. 6), Art. 52 Rn. 4.

[24] Vgl. *Pfitzer*, Organisation (Fn. 21), S. 182; *J. Jekewitz*, in: AK-GG, Art. 52 (2001), Rn. 2, spricht deshalb von einem »Ritualcharakter« der Wahlen.

[25] § 3 GOBR legt den Beginn des Geschäftsjahres auf den 1.11. und dessen Ende auf den 31.10. des folgenden Jahres fest.

[26] Statt vieler *Schöbener* (Fn. 3), Art. 52 Rn. 59; hinsichtlich des Ausscheidens aus der Landesregierung ist dies allerdings umstritten (→ Fn. 20).

[27] Etwa ein Wechsel von der Position des Ministerpräsidenten in ein Ministeramt.

[28] Die Präsidentschaft setzt verfassungsrechtlich neben der Wahl nämlich nur die Mitgliedschaft im Bundesrat zwingend voraus; s. dazu statt vieler *Korioth* (Fn. 6), Art. 52 Rn. 6; *Krebs* (Fn. 6), Art. 52 Rn. 3 m. w. N. auch zur gegenteiligen Ansicht.

[29] Für den Neugewählten gilt die in Art. 52 I GG vorgeschriebene einjährige Amtszeit, nicht etwa nur die Zeit bis zum Ablauf der bisherigen Amtsperiode; für diese Beschränkung aber etwa *Reuter*, Bundesrat (Fn. 3), S. 313 f., und *Weckerling-Wilhelm* (Fn. 6), Art. 52 Rn. 3; wie hier *Korioth* (Fn. 6), Art. 52 Rn. 6; *Krebs* (Fn. 6), Art. 52 Rn. 3; *Schöbener* (Fn. 3), Art. 52 Rn. 60. Dem neugewählten Präsidenten bleibt die vorzeitige Amtsniederlegung nach Ablauf der eigentlichen Amtszeit seines Vorgängers jedoch unbenommen (so zutreffend *Krebs*, a. a. O., Art. 52 Rn. 3 m. w. N.; *Schöbener*, a. a. O., Art. 52 Rn. 60; *de Wall* [Fn. 6], Art. 52 Rn. 13). Die Verfassungspraxis orientiert sich an der Wahl des Nachfolgers für den Rest des begonnenen Amtsteits, um den »Länderturnus« zu wahren; vgl. § 12 II GOBR und dazu *Dörr* (Fn. 21), Art. 52 Rn. 6; *Korioth*, a. a. O., Art. 52 Rn. 6.

[30] Vgl. BVerfGE 106, 310 (332, Rn. 143); *H. Risse*, in: Hömig, GG, Art. 52 Rn. 2 – beide unter Hinweis auf eine dem Bundesratspräsidenten insoweit in gewissem Umfang zustehende Einschätzungsprärogative.

[31] S. ergänzend die Zusammenstellung etwa bei *Schöbener* (Fn. 3), Art. 52 Rn. 61 ff. m. w. N.

[32] § 5 I GOBR.

II. Wahl des Bundesratspräsidenten und Amtsdauer (Art. 52 I GG)   **Art. 52**

befugnisse (§§ 7, 8 GOBR). Das **Präsidium** hat die Aufgabe, den Entwurf des Haushaltsplanes des Bundesrates aufzustellen; außerdem entscheidet es über die inneren Angelegenheiten des Bundesrates, die weder dem Präsidenten noch dem Plenum vorbehalten sind (vgl. § 8 II GOBR)[33]. Beim Präsidium besteht ein **Ständiger Beirat** (§ 9 GOBR), dem die Bevollmächtigten der Länder[34] angehören. Der Ständige Beirat tagt in der Regel wöchentlich und nimmt vor allem zwei Aufgaben wahr: Zum einen berät und unterstützt er den Präsidenten und das Präsidium bei der Vorbereitung der Bundesratssitzungen und der Verwaltungsentscheidungen; insoweit ist er funktionell mit einem Ältestenrat[35] vergleichbar, den es beim Bundesrat nicht gibt[36]. Zum anderen wirkt er bei der Aufrechterhaltung der laufenden Verbindung zwischen Bundesrat und Bundesregierung mit – so etwa durch wechselseitige Information, Konsultation, Koordination und Kooperation, und zwar bis hin zur institutionalisierten Zusammenarbeit durch die Beteiligung eines Vertreters der Bundesregierung in Sitzungen des Ständigen Beirats[37]. Spektrum, Umfang und Wichtigkeit dieser Aufgaben dokumentieren die »große praktische Bedeutung«[38] des Ständigen Beirats, der zusammen mit informellen Verständigungen[39] eine Schlüsselrolle in der Tätigkeit des Bundesrates spielt[40].

---

[33] *Risse* (Fn. 30), Art. 52 Rn. 2, weist darauf hin, dass dem Präsidium nur »geringe tatsächliche Bedeutung« zukomme.

[34] Die Bevollmächtigten der Länder im Ständigen Beirat müssen nicht notwendig ordentliche oder stellvertretende Bundesratsmitglieder sein und sind dies in der Verfassungspraxis auch nicht durchgängig; s. dazu und zu den Aufgaben der Länder-Bevollmächtigten, gewissermaßen als »Botschafter im eigenen Land« ihr Land nicht nur im Bundesrat, sondern auch im Bundestag sowie bei der Bundesregierung zu vertreten und zu repräsentieren, Bundesrat (Hrsg.), Handbuch des Bundesrates für das Geschäftsjahr 2013/2014, 2014, S. 16, 337 ff.

[35] S. etwa zum Ältestenrat des Bundestages § 6 GOBT.

[36] Vgl. *R. Herzog*, HStR³ II, § 59 Rn. 15; *Risse* (Fn. 30), Art. 52 Rn. 2; Bundesrat, Handbuch 2013/14 (Fn. 34), S. 16.

[37] Der Ständige Beirat tritt regelmäßig wenige Stunden nach der Sitzung der Bundesregierung zusammen; bei diesen Zusammenkünften informiert ein Vertreter der Bundesregierung (vgl. § 9 III 2 GOBR) die Bevollmächtigten über die Beschlüsse des Bundeskabinetts (Bundesrat, Handbuch 2013/14 [Fn. 34], S. 16).

[38] *Risse* (Fn. 30), Art. 52 Rn. 2; ähnlich *Schöbener* (Fn. 3), Art. 52 Rn. 78 (»bewährtes und eingespieltes Informations- und Koordinationsgremium«).

[39] S. etwa zur sog. »Vorbesprechung« im unmittelbaren zeitlichen Vorfeld der Plenarsitzungen sowie zu vertraulichen Absprachen über Interessen- und Parteigrenzen hinweg in »Zimmer 13« *R. Herzog*, HStR³ III, § 59 Rn. 31. Bei »Zimmer 13« handelte es sich am früheren Bonner Amtssitz des Bundesrates um das Beratungszimmer des Bundesratsdirektors, in dem normalerweise auch der Ständige Beirat tagte. Dort trafen sich die Stimmführer und die Landesbevollmächtigten zu einer absolut vertraulichen Vorbesprechung von Geschäftsordnungs- und Sachfragen, die bis hin zu Probeabstimmungen reichen konnten. An in »Zimmer 13« getroffenen Absprachen wurde während der folgenden Plenarsitzung unverbrüchlich festgehalten, und zwar über Interessen- und Parteigrenzen hinweg. Näheres zu »Zimmer 13« bei *Herzog*, ebd.

[40] Vorbehalte gegen den Ständigen Beirat, die sich u. a. auf die Tradition der Bevollmächtigten der Länder in den einstigen Ländergesandten bei der Reichsregierung, auf (vermeintliche) Informalität, auf Öffentlichkeits- und Transparenzdefizite stützen, bei *Korioth* (Fn. 6), Art. 52 Rn. 8; vgl. auch die kritischen Überlegungen bei *G. Lehmbruch*, Parteienwettbewerb im Bundesstaat, 3. Aufl. 2000, S. 95 ff.

Hartmut Bauer

III. Einberufung des Bundesrates (Art. 52 II GG)

18 Die Einberufung des Bundesrates obliegt dem Bundesratspräsidenten und steht grundsätzlich in dessen Ermessen (Art. 52 II 1 GG)[41]. Eine **Verpflichtung zur Einberufung** besteht jedoch, wenn die Vertreter von mindestens zwei Ländern oder die Bundesregierung die Einberufung verlangen (Art. 52 II 2 GG). § 15 I GOBR will das Ermessen des Bundesratspräsidenten weiter einschränken und ihn bereits dann »unverzüglich« zur Einberufung verpflichten, »wenn ein Land [...] es verlangt«. Im Hinblick auf den eindeutigen Wortlaut des Grundgesetzes ist diese **geschäftsordnungsrechtliche Einschränkung der Befugnisse des Bundesratspräsidenten** (mit Rückwirkungen auf andere Bundesratsmitglieder und den Bundesrat als Ganzes) verfassungsrechtlich äußerst zweifelhaft[42], obgleich Aspekte des föderativen Minderheitenschutzes politisch für die Einberufung auch schon auf Wunsch nur eines Landes sprechen mögen[43]. In der Praxis finden die Sitzungen des Bundesrates in der Regel alle drei Wochen statt, unterbrochen durch Pausen in Winter, Frühjahr und Sommer[44]; Sondersitzungen sind dagegen selten[45].

IV. Mehrheit, Geschäftsordnung, Öffentlichkeit (Art. 52 III GG)

19 Nach Art. 52 III 1 GG bedürfen Beschlüsse des Bundesrates mindestens der Mehrheit seiner Stimmen, also der **absoluten Mehrheit** von derzeit 35 der insgesamt 69 Stimmen (→ Art. 51 Rn. 20); Stimmenthaltungen[46] werden dadurch wie Gegenstimmen gewertet. Die absolute Mehrheit ist nur bei Beschlüssen des Plenums und der Europakammer

---

[41] Vgl. *Blumenwitz* (Fn. 3), Art. 52 Rn. 20; *T. Maunz*, in: Maunz/Dürig, GG, Art. 52 (1961), Rn. 18; *Schöbener* (Fn. 3), Art. 52 Rn. 62.

[42] Mit guten Gründen als verfassungswidrig stufen die Regelung ein *Dörr* (Fn. 21), Art. 52 Rn. 10; Jarass/*Pieroth*, GG, Art. 52 Rn. 2; *Maunz* (Fn. 41), Art. 52 Rn. 18; *Schäfer*, Bundesrat (Fn. 21), S. 46. Vgl. auch *Korioth* (Fn. 6), Art. 52 Rn. 10, der die Vorschrift für »verfassungsrechtlich bedenklich« hält, aber gleichwohl die teilweise Verfassungswidrigkeit verneint, weil »Befugnisse und Interessen der in Art. 52 Abs. 2 S. 2 genannten zwei Länder nicht beeinträchtigt werden«; über die Beschränkung der Rechte und Entscheidungsspielräume des Bundesratspräsidenten ist damit freilich nichts gesagt.

[43] Mit diesem Argument für die Verfassungsmäßigkeit der Regelung etwa *F. Münch*, AöR 80 (1955/56), 240 (241); *Blumenwitz* (Fn. 3), Art. 52 Rn. 20; *Jekewitz* (Fn. 24), Art. 52 Rn. 4; *v. Mangoldt/Klein*, GG, Art. 52 Anm. IV.2 a; *Reuter*, Bundesrat (Fn. 3), S. 237, 380f.; (wohl) unentschieden: *Krebs* (Fn. 6), Art. 52 Rn. 6. *Risse* (Fn. 30), Art. 52 Rn. 3, stellt zur Begründung der Verfassungsmäßigkeit auf die Vereinbarkeit mit »Sinn und Zweck des Satzes 2« ab, ohne diesen jedoch darzulegen. *Robbers* (Fn. 21), Art. 52 Rn. 10, greift für die Begründung der Verfassungsmäßigkeit auf die Geschäftsordnungsautonomie zurück, die freilich durch Art. 52 II 2 GG gerade beschränkt ist. Von *K. Odendahl*, in: Schmidt-Bleibtreu/Hofmann/Henneke, GG, Art. 52 Rn. 8, wird die Regelung als verfassungsmäßig angesehen, »weil sie den einzelnen Ländern nicht weniger, sondern mehr als die grundgesetzlich vorgesehenen Rechte gibt«, und dabei übersehen, dass gleichzeitig die Verpflichtung des Bundesratspräsidenten verschärft wird und zudem nicht nur der Bundesrat insgesamt, sondern auch die anderen Bundesratsmitglieder davon betroffen sind. Ähnlich *Schöbener* (Fn. 3), Art. 52 Rn. 62, der auf den Schutzzweck von Art. 52 II 2 GG (!) abstellt und keinen Eingriff in die Rechte und Entscheidungsspielräume des Bundesratspräsidenten aus Art. 52 II 1 GG mit ihren Rückwirkungen auf das Gremium als Ganzes und die anderen Bundesratsmitglieder erkennen kann. Den anderen Betroffenen spricht allerdings *de Wall* (Fn. 6), Art. 52 Rn. 18, das Schutzbedürfnis ab und stellt stattdessen auf das allgemeine Missbrauchsverbot ab.

[44] Vgl. etwa den Terminplan für 2013/14 in Bundesrat, Handbuch 2013/14 (Fn. 34), S. 7.

[45] *Jekewitz* (Fn. 24), Art. 52 Rn. 4.

[46] → Art. 51 Rn. 24 mit Fn. 95.

IV. Mehrheit, Geschäftsordnung, Öffentlichkeit (Art. 52 III GG)   Art. 52

erforderlich; in den Ausschüssen (→ Rn. 27ff.) genügt die einfache Mehrheit. Die Option für eine gesetzlich zu regelnde **Ausnahme vom Erfordernis der absoluten Mehrheit** eröffnet Art. 23 Ia 3 GG für die Wahrnehmung von unionsvertraglichen Rechten des Bundesrates; der Gesetzgeber hat davon allerdings noch keinen Gebrauch gemacht und statt dessen in § 12 II IntVG diese Befugnis gleichsam der Geschäftsordnungsautonomie des Bundesrates zugewiesen[47]. Eine von der absoluten Mehrheit abweichende **Zwei-Drittel-Mehrheit** fordern Art. 61 I 3 GG für die Anklage des Bundespräsidenten und Art. 79 II GG für Grundgesetzänderungen (→ Art. 61 Rn. 13; → Art. 79 II Rn. 21). Besonderheiten ergeben sich außerdem, wenn der Bundesrat mit einer Mehrheit von zwei Dritteln seiner Stimmen den Einspruch gegen ein Einspruchsgesetz beschlossen hat, weil dann der Bundestag den Einspruch ebenfalls nur mit einer Mehrheit von zwei Dritteln, mindestens der Mehrheit der Mitglieder des Bundestages überwinden kann (Art. 77 IV GG). Art. 52 III 1 GG enthält indirekt auch eine Regelung der **Beschlussfähigkeit** des Bundesrates, da diese fehlt, wenn die für das Erreichen der (absoluten) Mehrheit geforderte Stimmenzahl nicht mehr vertreten ist[48].

Die auf der Grundlage von Art. 52 III 2 GG erlassene **Geschäftsordnung**[49] ergänzt   20
die grundgesetzlichen Vorschriften über die Organisation des Bundesrates und regelt dessen Verfahren sowie dessen innere Angelegenheiten. Unabhängig von den Kontroversen über die Rechtsnatur der GOBR[50] werden durch sie grundsätzlich weder andere Bundesorgane[51] noch sonstige Außenstehende gebunden[52]; in personeller Hinsicht erfasst sie also die ordentlichen und stellvertretenden Mitglieder des Bundesrates und seiner Ausschüsse sowie alle sonstigen Vertreter und Sitzungsbeauftragten der Länderregierungen im Plenum und in den Ausschüssen[53]. Die GOBR steht im **Rang** unter dem Grundgesetz und dem förmlichen Bundesgesetz[54]. Insoweit ist die Geschäftsordnungsautonomie des Bundesrates beschränkt; doch darf der Bundestag seine Gesetzgebungsbefugnisse nicht dazu gebrauchen, in die dem Bundesrat verfassungsunmittelbar eingeräumte Autonomie einzugreifen, wenn er dazu nicht besonders ermächtigt

---

[47] *Dörr* (Fn. 21), Art. 52 Rn. 12; näher dazu und zu verfassungsrechtlichen Vorbehalten gegen eine solche »Optionen-Übertragung« → Rn. 8; → Art. 50 Rn. 9 und 31 mit Fn. 171.
[48] *Dörr* (Fn. 21), Art. 52 Rn. 14; *Jarass/Pieroth*, GG, Art. 52 Rn. 6 m.w.N.; *Schöbener* (Fn. 3), Art. 52 Rn. 39. Zur früheren Deutung von Art. 52 III 1 GG nur als Regelung der Beschlussfähigkeit s. *Reuter*, Bundesrat (Fn. 3), S. 237f.; *Schöbener*, a.a.O., Art. 52 Rn. 39.
[49] GOBR in der Fassung der Neubekanntmachung vom 26.11.1993 (BGBl. I S. 2007), zuletzt geändert durch Bekanntmachung v. 8.6.2007 (BGBl. I S. 1057).
[50] Die Debatte verläuft parallel zu den entsprechenden Diskussionen über die Rechtsnatur der GOBT (und anderer Geschäftsordnungen). Vgl. allgemein *Achterberg*, Parlamentsrecht, S. 38ff.; *G. Kretschmer*, Geschäftsordnungen deutscher Volksvertretungen, in: Schneider/Zeh, § 9 Rn. 43ff.; *T. Schmidt*, AöR 128 (2013), 608 (609ff.); speziell zur GOBR *Dörr* (Fn. 21), Art. 52 Rn. 15f.; *Schöbener* (Fn. 3), Art. 52 Rn. 16f.; *A. Hanikel*, Die Organisation des Bundesrates, 1991, S. 33ff.; *Korioth* (Fn. 6), Art. 52 Rn. 14; *de Wall* (Fn. 6), Art. 52 Rn. 22; *Odendahl* (Fn. 43), Art. 52 Rn. 12f.; *Reuter*, Bundesrat (Fn. 3), S. 242f. Mittlerweile ist die Einstufung als »autonome Satzung« wohl überwiegend akzeptiert, auch wenn dies bei manchen auf begriffliche Vorbehalte stößt, weil der Bundesrat keine Selbstverwaltungskörperschaft ist. → Art. 40 Rn. 17f.
[51] Eine Ausnahme bildet die Bundesregierung, wenn sie von ihren Rechten aus Art. 53 GG Gebrauch macht; vgl. *Krebs* (Fn. 6), Art. 52 Rn. 8.
[52] *Blumenwitz* (Fn. 3), Art. 52 Rn. 2f.; *Reuter*, Bundesrat (Fn. 3), S. 244.
[53] Z.B. *Blumenwitz* (Fn. 3), Art. 52 Rn. 3; *Schöbener* (Fn. 3), Art. 52 Rn. 21; *Reuter*, Bundesrat (Fn. 3), S. 244.
[54] Vgl. zur GOBT BVerfGE 1, 144 (148); 44, 308 (315), und zur diesbezüglichen Kontroverse über das Verhältnis von Gesetz und Geschäftsordnung etwa *H. Dreier*, JZ 1990, 310 (313ff.); zur GOBR *Korioth* (Fn. 6), Art. 52 Rn. 15; *Reuter*, Bundesrat (Fn. 3), S. 244f.; *de Wall* (Fn. 6), Art. 52 Rn. 23.

ist[55]. Da der Bundesrat ein permanentes Bundesorgan ist (→ Art. 51 Rn. 10), hängt die zeitliche Geltung der GOBR nicht von Wahlperioden ab; obschon die zeitliche Geltung unbeschränkt ist, bleibt die GOBR aber selbstverständlich jederzeit einer Änderung zugänglich[56]. Im übrigen bedürfen Abweichungen von den Vorschriften der GOBR im Einzelfall nach § 48 GOBR eines einstimmigen Beschlusses des Bundesrates. Auch ein unter Verstoß gegen die GOBR zustande gekommener (rechtswidriger) Beschluss ist wirksam, wenn und soweit er nicht gleichzeitig gegen höherrangiges Recht verstößt[57].

21 Die Öffentlichkeit der Verhandlungen des Bundesrates (Art. 52 III 3 und 4 GG) bezieht sich nur auf Sitzungen des Plenums und der Europakammer[58], nicht jedoch auf die Sitzungen der Ausschüsse[59]. Der **Grundsatz der Öffentlichkeit** (Art. 52 III 3 GG) stellt den freien und gleichen Zugang für jedermann im Rahmen der zur Verfügung stehenden Raumverhältnisse sicher[60], ermöglicht aber nur die passive Teilnahme, nicht die aktive Sitzungsbeteiligung[61]. Er erfasst den gesamten Zeitraum vom Beginn bis zum Ende der Sitzung, und zwar einschließlich der Abstimmungen[62]. Über den **Ausschluss der Öffentlichkeit** (Art. 52 III 4 GG) berät und beschließt der Bundesrat nach § 17 GOBR in nichtöffentlicher Sitzung. Der Ausschluss der Öffentlichkeit steht im Ermessen des Bundesrates, bedarf nach dem Normtext von Art. 52 III 4 GG keiner Begründung und soll für die betroffenen Besucher nicht anfechtbar sein[63]; nach der Gesetzessystematik und den mit dem Öffentlichkeitsgrundsatz (auch) verfolgten Zielen der Transparenz und der Kontrolle staatlicher Entscheidungen muss der Ausschluss aber jedenfalls auf Ausnahmefälle beschränkt sein[64].

---

[55] S. *Reuter*, Bundesrat (Fn. 3), S. 245; *Dörr* (Fn. 21), Art. 52 Rn. 15; *Korioth* (Fn. 6), Art. 52 Rn. 15.
[56] *Maunz* (Fn. 41), Art. 52 Rn. 15; *Risse* (Fn. 30), Art. 52 Rn. 5; *Reuter*, Bundesrat (Fn. 3), S. 244.
[57] *Blumenwitz* (Fn. 3), Art. 52 Rn. 3; differenzierend *Reuter*, Bundesrat (Fn. 3), S. 246 f., der zwischen geschäftsordnungswidrigen Entscheidungen mit Verfassungsverstoß, Entscheidungen mit Außen- und Entscheidungen mit Innenwirkung unterscheidet.
[58] Die Regelung in § 45f I 1 GOBR ist verfassungsrechtlich geboten, weil die Europakammer nach Art. 52 IIIa GG ein Beschlussgremium ist; vgl. *Krebs* (Fn. 6), Art. 52 Rn. 9 (»verfassungsrechtlich zwingend«).
[59] *Reuter*, Bundesrat (Fn. 3), S. 248.
[60] *Reuter*, Bundesrat (Fn. 3), S. 248; *Krebs* (Fn. 6), Art. 52 Rn. 9 m.w.N.; *Schöbener* (Fn. 3), Art. 52 Rn. 27.
[61] *Blumenwitz* (Fn. 3), Art. 52 Rn. 6; *Maunz* (Fn. 41), Art. 52 Rn. 25; *Schöbener* (Fn. 3), Art. 52 Rn. 27.
[62] *Dörr* (Fn. 21), Art. 52 Rn. 17; *Hofmann* (Fn. 43), Art. 52 Rn. 13; *Korioth* (Fn. 6), Art. 52 Rn. 16; *Krebs* (Fn. 6), Art. 52 Rn. 9; *Odendahl* (Fn. 43), Art. 52 Rn. 14. Auch aus diesem Grund ist die von *Weckerling-Wilhelm* (Fn. 6), Art. 52 Rn. 6, befürwortete Zulassung von Abstimmungen im Umlaufverfahren indiskutabel; dazu *de Wall* (Fn. 6), Art. 52 Rn. 30, und eingehender bereits → Art. 51 Rn. 25.
[63] *Korioth* (Fn. 6), Art. 52 Rn. 16.
[64] Vgl. *Dörr* (Fn. 21), Art. 52 Rn. 18; *Korioth* (Fn. 6), Art. 52 Rn. 16. Wegen des mit systematischen und teleologischen Überlegungen begründeten Ausnahmecharakters und der Funktionen der Öffentlichkeit überzeugt freilich die im Text erwähnte komplette Freistellung von Begründungspflicht und Anfechtungsmöglichkeit nicht wirklich. Sie lässt sich letztlich nur mit einem viel zu floskelhaften Hinweis auf angeblich nur reflexartige Betroffenheit der Bürger vom Tisch wischen und passt nicht zu anspruchsvolleren Konzepten eines modernen Verständnisses der Funktionen von Öffentlichkeit (Repräsentation, Partizipation, Kommunikation, Integration, Information, Legitimation und Kontrolle; s. dazu an dieser Stelle nur *Reuter*, Bundesrat [Fn. 3], S. 248).

V. Europakammer (Art. 52 IIIa GG)

Die dem Bundesrat in Art. 52 IIIa GG eingeräumte Befugnis zur Bildung einer Europakammer wurde 1992 zur Ausräumung verfassungsrechtlicher Vorbehalte[65] gegen die bis dahin lediglich geschäftsordnungsrechtlich[66] eingerichtete Kammer für Vorlagen der Europäischen Gemeinschaften (EG-Kammer) in das Grundgesetz aufgenommen (→ Rn. 8, 10). Von der **fakultativ ausgestalteten Befugnis zur Errichtung einer Europakammer** hat der Bundesrat in §§ 45b ff. GOBR Gebrauch gemacht. Die Einrichtung der Europakammer wurde für notwendig erachtet, weil der »Arbeitsrhythmus der EU-Organe« dem (normalen) »Entscheidungsablauf beim Bundesrat nicht angepaßt« ist[67]; von ihr versprach man sich insb. rechtzeitige Einwirkungen auf den innerstaatlichen Entscheidungsprozess in Angelegenheiten der Europäischen Union (→ Art. 23 Rn. 113). Indes hat die Europakammer die anfangs teilweise in sie gesetzten hohen Erwartungen nicht erfüllt und in der Verfassungspraxis nur eine **eher geringe Bedeutung** erlangt[68]. Als Gründe für die geringe praktische Bedeutung sind vornehmlich Aspekte einer **funktionsinadäquaten Organisationsstruktur** im Gespräch, in Sonderheit die eingeschränkten Zuständigkeiten der Europakammer, daneben auch Empfindlichkeiten und Widerstände der Fachausschüsse des Bundesrates sowie die im routinemäßigen Sitzungsrhythmus häufigen Sitzungen des Bundesratsplenums. Der früher ebenfalls kritisierte Verweis auf Art. 51 III 2 GG, der – nach umstrittener, aber zutreffender Ansicht – eine Entscheidungsfindung im Umlaufverfahren ausschloss[69], ist seit 2006 durch Verfassungsänderung entfallen (→ Rn. 8, 10, 24)[70].

22

Bei der Europakammer handelt es sich um einen »Bundesrat en miniature«[71]. Sie ist neben dem Plenum ein **zweites Beschlussgremium**[72], weil ihre Beschlüsse nach Art. 52 IIIa GG als Beschlüsse des Bundesrates gelten; im Gegensatz zur Arbeit der Ausschüsse (→ Rn. 27f.) hat die Tätigkeit der Europakammer also nicht nur vorbereitenden Charakter. Der Bundesrat wird durch die Europakammer nicht aus seiner Zuständigkeit zur Mitwirkung in Angelegenheiten der EU verdrängt[73]. Da die Einrichtung der

23

---

[65] S. dazu etwa *J. A. Frowein*, Bundesrat, Länder und europäische Einigung, in: Bundesrat (Hrsg.), Vierzig Jahre Bundesrat, 1989, S. 285ff. (296f.); *D. Merten*, Die Beteiligung der Bundesländer an der Setzung europäischen Gemeinschaftsrechts, in: M. Kloepfer u. a. (Hrsg.), Die Bedeutung der Europäischen Gemeinschaften für das deutsche Recht und die deutsche Gerichtsbarkeit, 1989, S. 31ff. (47ff.); *H.-J. Schütz*, NJW 1989, 2160ff.; zusammenfassend *R. Müller-Terpitz*, Die Beteiligung des Bundesrates am Willensbildungsprozeß der Europäischen Union, 1999, S. 344; *A. Rührmair*, Der Bundesrat zwischen Verfassungsauftrag, Politik und Länderinteressen, 2001, S. 152ff. m. w. N.

[66] Auf der Grundlage der damals neugefassten GOBR vom 10.6.1988 (BGBl. I S. 857).

[67] Bundesrat (Hrsg.), Handbuch des Bundesrates für das Geschäftsjahr 1996/97, 1997, S. 17; vgl. auch *Maurer*, Staatsrecht, § 16 Rn. 16; *Dörr* (Fn. 21), Art. 52 Rn. 19; sowie zur Notwendigkeit rascher und flexibler Stellungnahmen im Hinblick auf anstehende Entscheidungen im Rat *M. Hilf*, Europäische Union: Gefahr oder Chance für den Föderalismus in Deutschland, Österreich und der Schweiz?, VVDStRL 53 (1994), S. 7ff. (18f.).

[68] S. dazu und zum Folgenden *G.-B. Oschatz/H. Risse*, DÖV 1995, 437 (448); *W. Fischer/C. D. Koggel*, DVBl. 2000, 1742 (1743); *Müller-Terpitz*, Beteiligung (Fn. 65), S. 349f.; *Rührmair*, Bundesrat (Fn. 65), S. 157f.; *Dörr* (Fn. 21), Art. 52 Rn. 26; *Risse* (Fn. 30), Art. 52 Rn. 7, der einen Bedeutungszuwachs der Europakammer durch die Option zur Subsidiaritätsrüge nach Art. 12 lit. b EUV sieht; zur anfangs auffallend geringen Zahl der Sitzungen s. bereits → Fn. 19.

[69] → Bd. II², Art. 52 Rn. 22, 24.

[70] → Art. 52 [Suppl. 2007], Rn. 24a.

[71] *Rührmair*, Bundesrat (Fn. 65), S. 154 m. w. N.

[72] *Krebs* (Fn. 6), Art. 52 Rn. 12; *Dörr* (Fn. 21), Art. 52 Rn. 20; *Schöbener* (Fn. 3), Art. 52 Rn. 87f.

[73] *Krebs* (Fn. 6), Art. 52 Rn. 12, unter Hinweis auf die Klarstellung in § 45d V GOBR: »Die Zuweisung eines Beratungsgegenstandes an die Europakammer steht bis zu deren Beschlußfassung der

Europakammer fakultativ ist, kann sie vom Bundesrat wieder aufgelöst werden[74]; aus demselben Grund kann der Bundesrat auch ihre Zuständigkeit[75] anders zuschneiden, solange er die Vorgaben von Art. 52 IIIa GG wahrt[76].

24 Für die Organisationsstruktur der Europakammer ist neben der systematischen Stellung **der letzte Halbsatz von Art. 52 IIIa GG** mit der dort angeordneten Geltung von Art. 51 II GG von zentraler Bedeutung. Danach muss erstens die **Stimmengewichtung** in der Europakammer mit der des Bundesratsplenums (→ Art. 51 Rn. 20) übereinstimmen[77]. Zweitens können **Mitglieder der Europakammer** nur Mitglieder des Bundesrates (→ Art. 51 Rn. 12 ff.) sein[78]. Daher ist in der Europakammer – anders als im Ausschuss für Fragen der Europäischen Union – die Abstimmungsberechtigung auf Mitglieder einer Landesregierung beschränkt[79], eine Beteiligung von Beauftragten der Landesregierungen an der Beschlussfassung unzulässig; insoweit scheidet auch eine Analogie zu Art. 52 IV GG aus[80]. Schließlich gilt für die Stimmabgabe, drittens, das **Gebot landeseinheitlicher Stimmabgabe,** das nunmehr in Art. 52 IIIa letzter Halbsatz GG ausdrücklich aufgenommen ist[81].

25 Mit der Streichung der früher in Art. 53 IIIa GG enthaltenen Bezugnahme auf Art. 51 III 2 GG ist seit 2006 dagegen das Anwesenheitsgebot durch »ein beredtes Schweigen des Verfassungsgebers«[82] ersatzlos entfallen[83]. Die **Abschaffung der Anwesenheitspflicht bei der Stimmabgabe** erlaubt das in der Europakammer bis dahin unzulässige Umlaufverfahren[84]. Gegenüber der bisherigen, funktionsinadäquaten Organisationsstruktur der Europakammer[85] ermöglicht das **Umfrageverfahren** eine beschleunigte Beschlussfassung. Dabei kann das Umfrageverfahren insb. dazu beitragen, dass die gem. Art. 23 V GG von der Bundesregierung bzw. gem. Art. 23 VI GG vom Ländervertreter zu berücksichtigenden Stellungnahmen des Bundesrates die Adressaten

---

Beratung in den Ausschüssen und der Verhandlung und Beschlußfassung durch den Bundesrat nicht entgegen.«

[74] Diese Beschränkung beruht zum einen auf dem Parallelcharakter zum Plenum (zweites Beschlussgremium, Funktionsäquivalenz) und zum anderen auf der fehlenden Parallelregelung zu Art. 52 IV GG; dazu *Dörr* (Fn. 21), Art. 52 Rn. 20; *Schöbener* (Fn. 3), Art. 52 Rn. 83.

[75] Derzeit ist die Europakammer nach § 45d I GOBR in Eilfällen oder bei zu wahrender Vertraulichkeit nach Zuweisung eines Beratungsgegenstandes zuständig für die Wahrung der Mitwirkungsrechte des Bundesrates in Angelegenheiten der Europäischen Union. Nach § 45i GOBR ist ein Umfrageverfahren möglich, wenn der Vorsitzende die mündliche Beratung einer EU-Vorlage für entbehrlich hält.

[76] Vgl. *Krebs* (Fn. 6), Art. 52 Rn. 12; *Dörr* (Fn. 21), Art. 52 Rn. 20.

[77] Demnach hat jedes Land in der Europakammer die nach Art. 51 II GG zu ermittelnden Stimmen.

[78] *Dörr* (Fn. 21), Art. 52 Rn. 24.

[79] Dem tragen §§ 45b II, 45h I 3 GOBR Rechnung.

[80] Vgl. dazu bereits *I. Pernice*, DVBl. 1993, 909 (920 mit Fn. 145); aus jüngerer Zeit etwa *Korioth* (Fn. 6), Art. 52 Rn. 21; *Schöbener* (Fn. 3), Art. 52 Rn. 84. Für die gegenteilige Auffassung (*G.-B. Oschatz/H. Risse*, DÖV 1995, 437 [449]; vgl. auch *W. Fischer/C.D. Koggel*, DVBl. 2000, 1742 [1746 f.]) sprechen gute rechtspolitische Gründe. Beim derzeitigen Rechtsbefund hat sie sich jedoch mit Recht nicht durchgesetzt.

[81] *Dörr* (Fn. 21), Art. 52 Rn. 22; *Korioth* (Fn. 6), Art. 52 Rn. 21; *Krebs* (Fn. 6), Art. 52 Rn. 13; *Schöbener* (Fn. 3), Art. 52 Rn. 86.

[82] *Reuter*, Bundesrat (Fn. 3), S. 252.

[83] → Art. 52 [Suppl. 2007], Rn. 24a. Zu der früheren Rechtslage und den damaligen Kontroversen über die Anwesenheitspflicht → Bd. II², Art. 52 Rn. 24 m. w. N.

[84] Entwurf eines Gesetzes zur Änderung des Grundgesetzes (Artikel 22, 23, 33, 52, 72, 73, 74, 74a, 75, 84, 85, 87c, 91a, 91b, 93, 98, 104a, 104b, 105, 107, 109, 125a, 125b, 125c, 143c), BT-Drucks. 16/813, S. 10.

[85] → Rn. 22; *Classen*, Europatauglichkeit (Fn. 16), Rn. 244.

schneller und vor allem rechtzeitig vor den Verhandlungen erreichen[86], und zudem für Subsidiaritätsrüge und -klage (vgl. Art. 23 Ia GG) Bedeutung erlangen[87]. In der alsbald an den geänderten Art. 52 IIIa GG angepassten[88] **Geschäftsordnung** regelt der 2006 neu eingefügte § 45i GOBR Voraussetzungen und ergänzende Direktiven für das Umlauf- bzw. Umfrageverfahren. Allerdings ist die in § 45i II GOBR zwingend angeordnete Einleitung des Umfrageverfahrens in allen Fällen der Beschlussunfähigkeit der Europakammer namentlich wegen der Gefährdung des Öffentlichkeitsprinzips (→ Rn. 21, 26) sowie des Anwesenheits- und Rederechts der Bundesregierung (→ Art. 53 Rn. 7ff.) verfassungsrechtlich prekär; die Vorschrift bedarf daher einer **verfassungskonformen Auslegung**, wonach das Umfrageverfahren wegen Beschlussunfähigkeit nur eingeleitet werden darf, wenn eine mündliche Beratung entbehrlich erscheint[89]. Im übrigen verbleiben der Verfassungspraxis bei der **Durchführung des Umfrageverfahrens** im vorgegebenen grundgesetzlichen Rahmen gewisse Gestaltungsspielräume[90]. Dabei ist jedoch zu beachten, dass das Umlaufverfahren nur hinsichtlich der mündlichen Beratung und der Anwesenheitspflicht bei der Stimmabgabe vom »normalen« Beschlussverfahren der Europakammer abweicht. Die Durchführung des Umfrageverfahrens hat sich deshalb an bestimmten Regeln zu orientieren[91]. Ergänzend verlangt § 45i I 2 GOBR die Anfertigung eines Berichts über die Umfrage. Und nach § 45i III GOBR kann, außer in den Fällen des § 45i II GOBR, jedes Land der Beschlussfassung im Umfrageverfahren widersprechen; auf den Widerspruch, der keiner Begründung bedarf, ist das Umlaufverfahren aufzuheben[92]. Ob das Umfrageverfahren in der **Praxis der Europakammer** auf längere Sicht den erhofften Bedeutungszuwachs bringt, bleibt abzuwarten[93].

Wegen des in Art. 52 IIIa GG fehlenden Verweises auch auf Art. 51 III 1 GG fällt es im Rahmen der verfassungsrechtlich vorgegebenen Mindest- und Höchstzahlen in die Geschäftsordnungsautonomie des Bundesrates, die **Zahl der Bundesratsmitglieder in der Europakammer** zu bestimmen[94]. Dies ist in § 45b II GOBR geschehen. Danach entsendet jedes Land ein Bundesratsmitglied als Mitglied in die Europakammer; die übrigen Bundesratsmitglieder sind stellvertretende Mitglieder der Europakammer. Mangels eines Rückverweises auf Art. 52 III 3, 4 GG lässt sich dem Wortlaut von

26

---

[86] *Classen*, Europatauglichkeit (Fn. 16), Rn. 244.
[87] Vgl. *Risse* (Fn. 30), Art. 52 Rn. 5; *B. Schöbener*, in: BK, Art. 50 (Drittb. 2010), Rn. 101.
[88] Änderung der Geschäftsordnung des Bundesrates vom 22.9.2006 (BGBl. I S. 2176).
[89] Näheres bei *Reuter*, Bundesrat (Fn. 3), S. 678f.
[90] *Reuter*, Bundesrat (Fn. 3), S. 677.
[91] Zu diesen Regeln gehören die Information aller Länder über die Einleitung des Umfrageverfahrens (als Ersatz für die Zuleitung der Tagesordnung), die Ausrichtung der Beschlussfähigkeit (Quorum) und der für die Beschlussfassung erforderlichen Abstimmungsmehrheit (Majorität) auf die absolute Mehrheit der Stimmen der Europakammer, die Beschränkung der Stimmabgabeberechtigung auf Mitglieder und stellvertretende Mitglieder der Europakammer sowie die Bestimmung einer angemessenen Schlussfrist für die Stimmabgabe; vgl. zum Ganzen *Reuter*, Bundesrat (Fn. 3), S. 677ff.
[92] *Reuter*, Bundesrat (Fn. 3), S. 679.
[93] Zurückhaltend *Dörr* (Fn. 21), Art. 52 Rn. 26; *Korioth* (Fn. 6), Art. 52 Rn. 22; anders (wohl) *Risse* (Fn. 30), Art. 52 Rn. 7, der im Zusammenhang mit der Subsidiaritätsrüge unter Hinweis auf Umfrageverfahren einen »erheblichen Bedeutungsgewinn« der Europakammer konstatiert. Die Homepage des Bundesrates verzeichnet bislang insgesamt 22 Umfragen der Europakammer nach § 45i GOBR und für die Zeit von Dezember 2012 bis Dezember 2014 drei solcher Umfragen (http://www.bundesrat.de/DE/bundesrat/europakammer/europakammer-node.html#doc4353516bodyText3 [30.3.2015]).
[94] *Dörr* (Fn. 21), Art. 52 Rn. 25; *Jarass/Pieroth*, GG, Art. 52 Rn. 4; *Krebs* (Fn. 6), Art. 52 Rn. 13; *Korioth* (Fn. 6), Art. 52 Rn. 21; *Schöbener* (Fn. 3), Art. 52 Rn. 85.

Art. 52 IIIa GG nicht entnehmen, ob der **Öffentlichkeitsgrundsatz** (→ Rn. 21) von Verfassungs wegen auch für die Europakammer gilt. Gleichwohl ist dies prinzipiell zu bejahen, weil die Europakammer Beschlussfunktionen wahrnimmt[95]; dementsprechend schreibt § 45f GOBR auf Geschäftsordnungsebene für die Europakammer grundsätzlich eine öffentliche Verhandlung vor.

VI. Bundesratsausschüsse (Art. 52 IV GG)

27 Anders als für den Bundestag besteht für den Bundesrat keine Pflicht, sondern nur ein **Recht, Ausschüsse einzusetzen** (Art. 52 IV GG)[96]. Die Ausschüsse haben als Hilfsorgane die Aufgabe, die Stellungnahmen und Beschlüsse des Bundesrates vorzuberaten und vorzubereiten[97]. Obschon ihre Vorarbeiten und Beschlüsse keinerlei rechtliche Bindungswirkung entfalten[98], kommt ihnen in der Verfassungswirklichkeit eine nicht zu unterschätzende, faktisch oftmals bereits weichenstellende **Bedeutung** zu, weil die Beratungen im Plenum regelmäßig auf der Grundlage der Ausschussarbeit erfolgen[99].

28 Der Bundesrat hat derzeit nach § 11 I 1 GOBR sechzehn **ständige Ausschüsse** gebildet[100]. Daneben wurden in der Vergangenheit mehrfach nichtständige **Sonderausschüsse** nach § 11 I 2 GOBR eingesetzt[101]. Nicht abschließend geklärt ist die bislang noch nicht praxisrelevant gewordene Frage, ob der Bundesrat Untersuchungsausschüsse bilden darf[102]; ein solcher Ausschuss hätte jedenfalls keine Befugnisse nach Art. 44 GG[103].

29 Für die **Ausschussbesetzung** findet Art. 51 I 1 GG keine Anwendung, weil nach Art. 52 IV GG den Ausschüssen neben den Bundesratsmitgliedern auch »Beauftragte« der Länderregierungen, also vor allem Ministerialbeamte angehören können[104]. In jedem Ausschuss ist jedes Land durch ein Bundesratsmitglied oder einen Beauftragten vertreten (§ 11 II GOBR). In der Praxis sind meist Regierungsmitglieder ordentliche Mitglieder in einem Ausschuss, die allerdings häufig durch Beauftragte vertreten wer-

---

[95] → Rn. 23; *Dörr* (Fn. 21), Art. 52 Rn. 22; *Schöbener* (Fn. 3), Art. 52 Rn. 90 m. w. N.
[96] Z.B. *Dörr* (Fn. 21), Art. 52 Rn. 27; *Jekewitz* (Fn. 24), Art. 52 Rn. 6; *Korioth* (Fn. 6), Art. 52 Rn. 23; *Robbers* (Fn. 21), Art. 52 Rn. 18; *Schöbener* (Fn. 3), Art. 52 Rn. 92.
[97] Statt vieler *Dörr* (Fn. 21), Art. 52 Rn. 27.
[98] *Kloepfer*, Verfassungsrecht I, S. 511; *Krebs* (Fn. 6), Art. 52 Rn. 14.
[99] Vgl. etwa *Dörr* (Fn. 21), Art. 52 Rn. 27; *R. Herzog*, HStR³ III, § 59 Rn. 16; zurückhaltender *Jekewitz* (Fn. 24), Art. 52 Rn. 6.
[100] Dabei handelt es sich um die Ausschüsse für (1) Agrarpolitik und Verbraucherschutz, (2) Arbeit und Sozialpolitik, (3) Auswärtige Angelegenheiten, (4) Fragen der Europäischen Union, (5) Familie und Senioren, (6) Frauen und Jugend, (7) Innere Angelegenheiten, (8) Kulturfragen, (9) Städtebau, Wohnungswesen und Raumordnung, (10) Umwelt, Naturschutz und Reaktorsicherheit, (11) Verteidigung sowie um (12) den Finanzausschuss, (13) den Gesundheitsausschuss, (14) den Rechtsausschuss, (15) den Verkehrsausschuss und (16) den Wirtschaftsausschuss (Bundesrat, Handbuch 2013/14 [Fn. 34], S. 17f.).
[101] *Pfitzer*, Organisation (Fn. 21), S. 187; *Reuter*, Bundesrat (Fn. 3), S. 344f.
[102] Bejahend z.B. *Dörr* (Fn. 21), Art. 52 Rn. 29; *R. Herzog*, HStR³ III, § 59 Rn. 16 (»wahrscheinlich zu bejahen«); *Robbers* (Fn. 21), Art. 52 Rn. 18; *Weckerling-Wilhelm* (Fn. 6), Art. 52 Rn. 19; *de Wall* (Fn. 6), Art. 52 Rn. 33; ablehnend etwa *v. Mangoldt/Klein*, GG, Art. 52 Anm. III.4.a; *Jarass/Pieroth*, GG, Art. 52 Rn. 5; wohl auch *Stern*, Staatsrecht II, S. 159f.; differenzierend *Maunz* (Fn. 41), Art. 52 Rn. 9 mit Fn. 2; unentschieden *Schöbener* (Fn. 3), Art. 52 Rn. 93.
[103] Vgl. neben der in Fn. 102 nachgewiesenen Literatur *Krebs* (Fn. 6), Art. 52 Rn. 15 m. w. N.
[104] *Kloepfer*, Verfassungsrecht I, S. 511; *Weckerling-Wilhelm* (Fn. 6), Art. 52 Rn. 16. Zur Verfassungspraxis, in der neben Kabinettsmitgliedern auch Beauftragte, d. h. Beamte, bestellt werden, s. *Risse* (Fn. 30), Art. 52 Rn. 8.

den[105]; nur in den sog. politischen Ausschüssen (Auswärtige Angelegenheiten, Verteidigung) nehmen in der Regel die Regierungschefs selbst teil[106]. Die **Ausschussvorsitzenden** werden gemäß § 12 I GOBR aus dem Kreis der Ausschussmitglieder vom Bundesrat gewählt; in der Praxis hat sich dafür in den beiden letzten Jahrzehnten ein »Erbhofsystem« eingespielt[107].

D. Verhältnis zu anderen GG-Bestimmungen

Zusammen mit **Art. 51, 53 GG** konkretisiert Art. 52 GG den in **Art. 50 GG** nur grundsätzlich konturierten Bundesrat (→ Art. 50 Rn. 15) durch organisations- und verfahrensrechtliche Ausgestaltung (Wahl des Bundesratspräsidenten, Einberufung des Bundesrates, Beschlussfassung, Geschäftsordnung, Öffentlichkeitsgrundsatz, Europakammer, Bundesratsausschüsse) und weist als Konkretisierung von Art. 50 GG wie dieser (→ Art. 50 Rn. 32) Bezüge zum **bundesstaatlichen, demokratischen** und **rechtsstaatlichen Prinzip** des Grundgesetzes auf. Bei einer Gesamtbetrachtung regelt Art. 52 GG die von ihm erfassten Materien auf der Verfassungsebene nicht erschöpfend – so finden sich etwa zusätzliche grundgesetzliche Aussagen zu den Aufgaben des Bundesratspräsidenten in **Art. 57 GG** und zu den für bestimmte Beschlüsse erforderlichen Mehrheiten in **Art. 61 I 3, 79 II GG** (→ Rn. 19). Die Europakammer (Art. 52 IIIa GG) soll es dem Bundesrat ermöglichen und erleichtern, die ihm in **Art. 23 Ia, IV–VI GG** eingeräumten Mitwirkungsbefugnisse effektiv wahrzunehmen; sie steht in einer gewissen Parallele zu **Art. 45 GG**. Von der in **Art. 23 Ia 3 GG** eingeräumten Option für eine gesetzliche Ausnahmeregelung zu Art. 52 III 1 GG wurde bislang kein Gebrauch gemacht (→ Rn. 8, 19).

30

---

[105] Vgl. *Reuter*, Bundesrat (Fn. 3), S. 256.
[106] *Pfitzer*, Organisation (Fn. 21), S. 188; Bundesrat, Handbuch 2013/14 (Fn. 34), S. 267f., 291.
[107] S. *Reuter*, Bundesrat (Fn. 3), S. 248 ff., mit ergänzenden Hinweisen zur teilweise abweichenden früheren Praxis.

Art. 53

Artikel 53 [Beteiligungsrechte und -pflichten der Bundesregierung]

¹Die Mitglieder der Bundesregierung haben das Recht und auf Verlangen die Pflicht, an den Verhandlungen des Bundesrates und seiner Ausschüsse teilzunehmen. ²Sie müssen jederzeit gehört werden. ³Der Bundesrat ist von der Bundesregierung über die Führung der Geschäfte auf dem laufenden zu halten.

Literaturauswahl

Frowein, Jochen Abr.: Bemerkungen zu den Beziehungen des Bundesrates zu Bundestag, Bundesregierung und Bundespräsident, in: Bundesrat (Hrsg.), Der Bundesrat als Verfassungsorgan und politische Kraft, 1974, S. 115–126.
Herzog, Roman: Die Beziehungen des Bundesrates zu Bundestag und Bundesregierung (insbesondere die Information nach Art. 53 Satz 3 GG), in: Bundesrat (Hrsg.), Vierzig Jahre Bundesrat, 1989, S. 167–178.
Konow, Gerhard: Das Fragerecht der Landesregierungen im Bundesrat, in: DÖV 1969, S. 318–324.
Lang, Joachim: Zum Fragerecht von Landesregierungen im Bundesrat, in: ZParl. 32 (2001), S. 281–290.
Schüle, Adolf: Die Informationspflicht der Bundesregierung gegenüber dem Bundesrat, in: Festschrift Carl Bilfinger, 1954, S. 441–471.

Siehe auch die Angaben zu Art. 50–52 GG.

Leitentscheidungen des Bundesverfassungsgerichts

Siehe die Angaben zu Art. 50 GG.

Gliederung

	Rn.
A. Herkunft, Entstehung, Entwicklung	1
B. Internationale, supranationale und rechtsvergleichende Bezüge	3
C. Erläuterungen	5
I. Allgemeine Bedeutung	5
II. Teilnahmerecht und -pflicht (Art. 53 Satz 1 GG)	7
III. Anhörungsrecht (Art. 53 Satz 2 GG)	12
IV. Pflicht zu kontinuierlicher Unterrichtung (Art. 53 Satz 3 GG)	13
D. Verhältnis zu anderen GG-Bestimmungen	15

Stichwörter

Anhörungsrecht 12 – Auskunftspflicht 10f. – Ausschüsse 8ff. – Bedeutung 6 – Bundesstaatsprinzip 15 – »Courtoisie« 10 – Demokratie 15 – Europakammer 8ff. – Fragerecht 6, 10f., 13 – »Führung der Geschäfte« 14 – Geheimhaltungsinteressen 11, 14 – Herrenchiemseer Verfassungsentwurf 2 – Informations- und Kommunikationsbeziehungen 6, 15 – Informationsanspruch 13 – Internationales Recht 3 – Interorganschaftliches Rechtsverhältnis 5, 13 – Missbrauchsverbot 12 – Nationalsozialismus 1 – Organtreue 5, 12f. – Österreich 4 – Parlamentarischer Rat 2 – Paulskirchenverfassung 1 – Pflicht zur Antwort 10f. – Rechtsstaatsprinzip 15 – Rechtsvergleich 4 – Rederecht 12 – Regelungsgegenstände 1, 5 – Regelungszwecke 5 – Reichsverfassung (1871) 1 – Reservefunktion 6 – Schweiz 4 – Ständiger Beirat 8 – Stimmrecht 12 – Supranationales Recht 3 – Teilnahmeberechtigte 7 – Teilnahmepflicht 9 – Teilnahmerecht 6, 7ff. – Teilnahmeverpflichtete 9 – Unterrichtungspflicht 6, 13f. – USA 4 – Verfassungsentwicklung 2 – »Verhandlungen« 8 – Weimarer Reichsverfassung 1 – Zitierrecht 6, 9f.

A. Herkunft, Entstehung, Entwicklung

Die in Art. 53 GG geregelten Beteiligungsrechte und -pflichten der Bundesregierung haben in der verfassungsrechtsgeschichtlichen Entwicklung des Bundesrates[1] eine gewisse, wenn auch keineswegs durchgängige Tradition. So sah schon 1849 die **Paulskirchenverfassung** das Recht der Reichsminister vor, den Verhandlungen beider Häuser des Reichstages, also auch des Staatenhauses (→ Art. 50 Rn. 3), beizuwohnen und jederzeit von denselben gehört zu werden; außerdem sollten die Reichsminister verpflichtet sein, »auf Verlangen jedes der [beiden] Häuser des Reichstages in demselben zu erscheinen und Auskunft zu erteilen«[2]. Nach der gänzlich anders konzipierten **Reichsverfassung von 1871** standen dem Reichskanzler der Vorsitz im Bundesrat und die Leitung der Geschäfte zu[3]; erst 1918 fügte ein Änderungsgesetz zusätzlich wenigstens die Verantwortlichkeit des Reichskanzlers und seiner Stellvertreter für ihre Amtsführung gegenüber dem Bundesrat (und dem Reichstag) in die Verfassung ein[4]. Die **Weimarer Reichsverfassung** regelte neben der Zuweisung des Reichsratsvorsitzes an ein Mitglied der Reichsregierung rechtsverbindlich das Recht und auf Verlangen die Pflicht der Regierungsmitglieder, an den Verhandlungen des Reichsrates und seiner Ausschüsse teilzunehmen; außerdem mussten die Mitglieder der Reichsregierung während der Beratung auf Verlangen jederzeit gehört werden[5]. Auch hatte die Reichsregierung im Reichsrat ein Antragsrecht (Art. 66 WRV). Die Reichsministerien mussten den Reichsrat über die Führung der Reichsgeschäfte auf dem laufenden halten, und zu Beratungen über wichtige Gegenstände sollten von den Reichsministerien die zuständigen Ausschüsse des Reichsrats zugezogen werden (Art. 67 WRV). Im **Nationalsozialismus** hatte sich mit der schon 1934 erfolgten Auflösung des Reichsrates (→ Art. 50 Rn. 6) die Frage nach den wechselseitigen Informationsbeziehungen zwischen Reichsregierung und Reichsrat frühzeitig erledigt.

1

In den **Verfassungsberatungen** übernahm der Parlamentarische Rat inhaltlich in wesentlichen Punkten Art. 73 HChE in der »Bundesratsvariante«; weitergehende Überlegungen wurden insb. – in Anlehnung an das Vorbild von Art. 66 I WRV – zu einem Antragsrecht des Bundeskanzlers im Bundesrat und – in Anlehnung an das Vorbild von Art. 67 S. 2 WRV – zur Hinzuziehung der zuständigen Bundesratsausschüsse durch die Bundesminister zur Beratung über wichtige Gegenstände angestellt, am Ende aber nicht verwirklicht[6]. In der weiteren **Verfassungsentwicklung** blieb der Wortlaut von Art. 53 GG bis heute unverändert.

2

---

[1] Dazu allgemein → Art. 50 Rn. 3 ff.
[2] §§ 121 f. Paulskirchenverfassung; Text bei Huber, Dokumente, Bd. 1, S. 375 ff.
[3] Art. 15 Reichsverfassung (RGBl. 1871 S. 63), → Art. 52 Rn. 2.
[4] Gesetz zur Abänderung der Reichsverfassung vom 28.10.1918 (RGBl. S. 1274), das u. a. Art. 15 Reichsverfassung entsprechend ergänzte.
[5] Art. 65 WRV (RGBl. 1919 S. 1383).
[6] Vgl. JöR 1 (1951), S. 396 f.; *D. Blumenwitz*, in: BK, Art. 53 (Zweitb. 1987), S. 3; *S. Korioth*, in: v. Mangoldt/Klein/Starck, GG II, Art. 53 Rn. 1; *K. Odendahl*, in: Schmidt-Bleibtreu/Hofmann/Henneke, GG, Art. 52 Rn. 1; *B. Schöbener*, in: BK, Art. 53 (Drittb. 2010), Rn. 2; *K. Reuter*, Praxishandbuch Bundesrat, 2. Aufl. 2007, S. 262 f.

B. Internationale, supranationale und rechtsvergleichende Bezüge

3 Art. 53 GG regelt im Kern gegenseitige Informationsrechte und -pflichten von Bundesrat und Bundesregierung, die auf eine bundesstaatliche Ordnung bezogen sind und Möglichkeiten zu wechselseitiger Einwirkung, Einflussnahme und Kontrolle eröffnen[7]. Mangels vergleichbarer Einrichtungen im **inter- und supranationalen Recht** finden sich dort keine »Parallelnormen«. Bezüge zum internationalen und europäischen Recht weist Art. 53 GG allerdings dann auf, wenn diesen Regelungsmaterien zuzuordnende Fragen zum Gegenstand der Information nach Art. 53 GG gemacht werden.

4 Aus **verfassungsvergleichender** Sicht stellt sich die wechselseitige Information zwischen dem föderativen Organ und der Regierung als verallgemeinerungsfähiges bzw. gemeinsames Problem bundesstaatlicher Ordnungen dar. Dementsprechend enthält etwa die österreichische Verfassung eine Regelung[8], die inhaltlich Art. 53 S. 1 und 2 GG nahe kommt. Die nur einen Teilaspekt von Art. 53 GG betreffende Informationspflicht der Regierung gegenüber dem föderativen Organ findet sich beispielsweise in den Verfassungen der Schweiz[9] und der Vereinigten Staaten[10].

C. Erläuterungen

I. Allgemeine Bedeutung

5 Art. 53 GG regelt das interorganschaftliche Rechtsverhältnis zwischen Bundesrat und Bundesregierung durch die Statuierung von konkreten Rechten und Pflichten[11] bezüglich der Teilnahme von Regierungsmitgliedern an Bundesratsverhandlungen (Art. 53 S. 1 GG), der Anhörung von Regierungsmitgliedern im Bundesrat (Art. 53 S. 2 GG) und der Unterrichtung des Bundesrates durch die Bundesregierung (Art. 53 S. 3 GG). Diese **Regelungsgegenstände** zielen im Kern auf wechselseitige Information als Grundlage für Meinungsbildung, Entscheidungsfindung, Mitwirkung, Einwirkung, Einflussnahme und Kontrolle[12]. Einfachrechtlich sind sie teilweise durch die GOBR und die GGO präzisiert[13]. Mit den eben erwähnten **Regelungszwecken** lässt sich die Norm

---

[7] Vgl. *Reuter*, Bundesrat (Fn. 6), S. 263; *H. de Wall*, in: Friauf/Höfling, GG, Art. 53 (2002), Rn. 2.

[8] Art. 75 Verfassung der Bundesrepublik Österreich; ähnlich auch Art. 100 der koordinierten Verfassung Belgiens (»Die Minister haben Zutritt zu jeder Kammer, und auf ihren Antrag hin muß ihnen das Wort erteilt werden. [...] Der Senat kann ihre Anwesenheit verlangen [...]«).

[9] Zur – freilich gegenüber der Bundesversammlung und damit nicht nur gegenüber dem Ständerat, sondern auch gegenüber dem Nationalrat bestehenden – Berichtspflicht des Bundesrates, also der obersten leitenden und vollziehenden Behörde des Bundes in der Schweiz, s. Art. 187 lit. b Bundesverfassung der Schweizerischen Eidgenossenschaft; s. ergänzend auch zum Antragsrecht des schweizerischen Bundesrates zu einem in Beratung stehenden Geschäft Art. 160 II Bundesverfassung der Schweizerischen Eidgenossenschaft.

[10] Art. II Section 3 Verfassung der Vereinigten Staaten von Amerika.

[11] *O. Dörr*, in: Epping/Hillgruber, GG, Art. 53 vor Rn. 1.

[12] → Rn. 3; s. speziell zur »Kontrollfunktion« als Hintergrund von Art. 53 GG auch *R. Herzog*, HStR³ III, § 58 Rn. 36; *Korioth* (Fn. 6), Art. 53 Rn. 2; *W. Krebs*, in: v. Münch/Kunig, GG II, Art. 53 Rn. 1; *M. Sachs*, Das parlamentarische Regierungssystem und der Bundesrat – Entwicklungsstand und Reformbedarf, VVDStRL 58 (1999), S. 39 ff. (72: »übergreifende Kontrollmöglichkeiten«). Zur Heranziehung von Art. 53 GG zur Begründung allgemeiner Informationspflichten der Regierung gegenüber dem Parlament vgl. *J. Linck*, DÖV 1983, 957 (960 f.) m.w. N.

[13] Insb. §§ 9 III, 18 f., 40, 45g GOBR; § 33 GGO.

I. Allgemeine Bedeutung Art. 53

auch als Konkretisierung des Verfassungsgrundsatzes der Organtreue deuten[14]. Für das Verhältnis des Bundesrates zum Bundestag enthält Art. 43 II GG eine Parallele, die jedoch sowohl dem Wortlaut nach als auch inhaltlich keinen völlig identischen Regelungsgehalt aufweist (→ Art. 43 Rn. 18)[15].

Zur **aktuellen Bedeutung** von Art. 53 GG in der Verfassungspraxis finden sich für die dort geregelten Einzelberechtigungen und -verpflichtungen divergierende Einschätzungen: Während eine – in der Praxis des Bundesrates als »stillos« geltende – förmliche Zitierung von Regierungsmitgliedern bislang, soweit ersichtlich, noch nie beschlossen wurde und der Bundesrat von seinem Fragerecht im Plenum (anders als in den Ausschüssen) nur sehr zurückhaltenden Gebrauch macht[16], nehmen an den Plenarsitzungen regelmäßig Bundesminister und an den Ausschusssitzungen mehrere Vertreter der beteiligten Bundesressorts teil[17]. Die laufende Unterrichtung des Bundesrates durch die Bundesregierung nach Art. 53 S. 3 GG wird in der Praxis mitunter als unzureichend eingestuft[18]; doch ist dieses Defizit durch den Informationsfluss über anderweitige Kanäle faktisch abgeschwächt[19], auch wenn der darin zum Ausdruck

6

---

[14] *Dörr* (Fn. 11), Art. 53 vor Rn. 1; *Korioth* (Fn. 6), Art. 53 Rn. 2; s. auch → Rn. 13 mit Fn. 59.

[15] So werden die »Verhandlungen« (Art. 53 S. 1 GG) im Vergleich mit den »Sitzungen« (Art. 43 II 1 GG) nicht selten als der umfassendere Begriff verstanden; vgl. etwa *Blumenwitz* (Fn. 6), Art. 53 Rn. 4; *Jarass/Pieroth*, GG, Art. 53 Rn. 1; *T. Maunz*, in: Maunz/Dürig, GG, Art. 53 (1961), Rn. 3; *Odendahl* (Fn. 6), Art. 53 Rn. 8; *G. Robbers*, in: Sachs, GG, Art. 53 Rn. 4; a.A. *J. Jekewitz*, in: AK-GG, Art. 53 (2001), Rn. 1; *Korioth* (Fn. 6), Art. 53 Rn. 4; *Schöbener* (Fn. 6), Art. 53 Rn. 12; *Reuter*, Bundesrat (Fn. 6), S. 265; *de Wall* (Fn. 6), Art. 53 Rn. 7; unklar *H. Hofmann*, in: Schmidt-Bleibtreu/Klein, GG, 10. Aufl. 2004, Art. 53 Rn. 8. Außerdem steht das Zutritts- und Rederecht nach Art. 43 II GG auch den »Beauftragten« zu. Auch fehlt in Art. 43 II GG eine Art. 53 S. 3 GG entsprechende Regelung. Und schließlich hat Art. 53 GG nichts mit parlamentarischer Verantwortlichkeit zu tun; dazu etwa *H. Risse*, in: Hömig, GG, Art. 53 Rn. 1 – Im praktischen Ergebnis keine Unterschiede begründen hingegen die Formulierungen »Zutritt« (Art. 43 II 1 GG) einerseits und »Teilnahme« (Art. 53 S. 1 GG) andererseits (so mit uneinheitlicher Begründung *Korioth*, a.a.O., Art. 53 Rn. 4, und *Maunz*, a.a.O., Art. 53 Rn. 4).

[16] S. zum sog. »Zitierrecht« *Korioth* (Fn. 6), Art. 53 Rn. 8; *Reuter*, Bundesrat (Fn. 6), S. 268; *G. Ziller/G.-B. Oschatz*, Der Bundesrat, 10. Aufl. 1998, S. 97 und zum Fragerecht *D. Posser*, Der Bundesrat und seine Bedeutung, in: HdbVerfR, § 24 Rn. 92ff., sowie *Ziller/Oschatz*, a.a.O., S. 100f., die darauf hinweisen, dass in den Ausschüssen ein »laufendes Gespräch« zwischen den Mitgliedern des Bundesrates und den Vertretern der Bundesregierung stattfinde. Nach *D. Weckerling-Wilhelm*, in: Umbach/Clemens, GG, Art. 53 Rn. 5a, wurde das Fragerecht zwischen 1949 und 1990 insgesamt nur sieben Mal und zwischen 1990 und 2000 – vornehmlich aus europarechtlichem Anlass – nur acht Mal ausgeübt. Darunter befanden sich auch an sich unzulässige Fragen einzelner Landesregierungen, die von der Bundesregierung zwar aus Gründen der »Courtoisie«, jedoch teilweise unter Hinweis auf die fehlende verfassungsrechtliche Verpflichtung beantwortet wurden; dazu *Korioth*, a.a.O., Art. 53 Rn. 8; *J. Lang*, ZParl. 32 (2001), 281 (287ff.).

[17] S. zur Teilnahme von Mitgliedern bzw. Beauftragten der Bundesregierung *Ziller/Oschatz*, Bundesrat (Fn. 16), S. 96ff.

[18] S. zur Unterrichtungspflicht nach Art. 53 S. 3 GG *Korioth* (Fn. 6), Art. 53 Rn. 15 (in »der Verfassungspraxis wird die Verpflichtung des Art. 53 S. 3 nicht beachtet«); *J. Lang*, ZParl. 32 (2001), 281 (284ff.); *Reuter*, Bundesrat (Fn. 6), S. 272, 280ff.; *Weckerling-Wilhelm* (Fn. 16), Art. 53 Rn. 10; *Ziller/Oschatz*, Bundesrat (Fn. 16), S. 98ff.; *Dörr* (Fn. 11), Art. 53 Rn. 14ff.

[19] In der Praxis hat sich ein dichtes Geflecht von »Informationsbahnen« außerhalb des Bundesrates entwickelt. Dazu gehören u.a. unmittelbare Arbeitsbeziehungen zwischen den Ministerialverwaltungen des Bundes und der Länder, Fachministerkonferenzen, an denen die jeweils zuständigen Minister der Länder teilnehmen, Besprechungen des Bundeskanzlers mit den Ministerpräsidenten der Länder, auch Parteizirkel und persönliche Verbindungen; vgl. dazu näher etwa *J.A. Frowein*, Bemerkungen zu den Beziehungen des Bundesrates zu Bundestag, Bundesregierung und Bundespräsident, in: Bundesrat (Hrsg.), Der Bundesrat als Verfassungsorgan und politische Kraft, 1974, S. 115ff. (121ff.); *R. Herzog*, Die Beziehungen des Bundesrates zu Bundestag und Bundesregie-

kommende »Trend zur Aushöhlung von Institutionen« mit einiger Berechtigung auf Kritik stößt[20]. Ob man vor diesem Hintergrund den Einzelregelungen von Art. 53 GG »überwiegend symbolische Funktion« zusprechen[21] oder sie als »Kardinalnorm des parlamentarischen Kontaktes zwischen dem zentralen Bundesexekutivorgan und dem föderativen Organ«[22] bezeichnen will, mag dahinstehen. Jedenfalls haben sie eine »wichtige Reservefunktion«, wenn die wünschenswerte Staatspraxis eines reibungslosen Verfahrensablaufs zwischen Bundesregierung und Bundesrat gestört sein sollte[23]. Allein durch ihre Existenz prägen sie die Verfassungskultur, wirken sie auch ohne streitige Inanspruchnahme in der politischen Praxis gleichsam als »fleet in being« potentiellen Schieflagen entgegen, und sind sie im übrigen letztlich ein »verfassungsrechtlich abgesichertes ›Auffangnetz‹«[24].

II. Teilnahmerecht und -pflicht (Art. 53 Satz 1 GG)

7 Inhaber des Rechts zur Teilnahme an den Verhandlungen des Bundesrates und seiner Ausschüsse sind nach Art. 53 S. 1 GG die **Mitglieder der Bundesregierung**, also der Bundeskanzler und die Bundesminister (Art. 62 GG), nicht jedoch Staatssekretäre oder andere Beauftragte der Bundesregierung[25]. Damit zieht Art. 53 S. 1 GG den Kreis der von Verfassungs wegen Teilnahmeberechtigten enger als Art. 43 II GG, der auch Beauftragten der Bundesregierung das Zutrittsrecht zu Sitzungen des Bundestages und seiner Ausschüsse einräumt. Im Rahmen seiner Geschäftsordnungsautonomie (→ Art. 52 Rn. 7, 12, 20) gewährt der Bundesrat allerdings die **Teilnahmeberechtigung** für das Plenum in § 18 I GOBR u. a. auch Staatssekretären des Bundes sowie – nach Zulassung durch den Bundesratspräsidenten – anderen Personen wie etwa Bundesbeamten; weitere Sonderregelungen finden sich in §§ 18 II, 40 und 45g GOBR.

8 Der **Inhalt des Teilnahmerechts** beschränkt sich – zumindest bei Berücksichtigung des Rederechts nach Art. 53 S. 2 GG – nicht auf eine rein passive Beteiligung, sondern schließt die **aktive Mitarbeit** ein[26]. Im direkten Vergleich mit der in Art. 43 II GG verwendeten Terminologie (»Sitzungen«) wird der Begriff »**Verhandlungen**« nicht selten

---

rung (insbesondere die Information nach Art. 53 Satz 3 GG), in: Bundesrat (Hrsg.), Vierzig Jahre Bundesrat, 1989, S. 167 ff. (173 ff.); *Reuter*, Bundesrat (Fn. 6), S. 282 f.; *Ziller/Oschatz*, Bundesrat (Fn. 16), S. 99 f.; → Art. 50 Rn. 19 f. Verfassungsrechtlich erscheinen diese »Ersatzinformationsstränge« auf den ersten Blick prekär, weil nach dem Text des Grundgesetzes der Bundesrat als solcher von der Bundesregierung auf dem laufenden zu halten ist; doch ist es dem Bundesrat unbenommen, seine Informationsrechte durchzusetzen (vgl. *Herzog*, a.a.O., S. 174), und zwar bis hin zu der verfassungsprozessualen Option der Durchsetzung im Organstreitverfahren nach Art. 93 I Nr. 1 GG (dazu etwa *de Wall* [Fn. 6], Art. 53 Rn. 16). Letzteres ist bislang allerdings noch nicht praktisch geworden; dazu *Weckerling-Wilhelm* (Fn. 16), Art. 53 Rn. 11.

[20] *Korioth* (Fn. 6), Art. 53 Rn. 16.
[21] Vgl. *Krebs* (Fn. 12), Art. 53 Rn. 8.
[22] So eine vielzitierte Formulierung von *H. U. Scupin*, in: BK, Art. 53 (Erstb. 1950), Erl. II 1. Mit Recht hat *A. Schüle*, Die Informationspflicht der Bundesregierung gegenüber dem Bundesrat, in: FS Bilfinger, 1954, S. 441 ff. (443 mit Fn. 4, 451 mit Fn. 22), frühzeitig korrigierend darauf hingewiesen, dass es sich dabei jedenfalls um keinen parlamentarischen Kontakt handelt. Vgl. zu den Diskussionen über den Stellenwert von Art. 53 S. 2 GG auch *J. Lang*, ZParl. 32 (2001), 281 (281).
[23] *Krebs* (Fn. 12), Art. 53 Rn. 8.
[24] *de Wall* (Fn. 6), Art. 53 Rn. 18.
[25] *Dörr* (Fn. 11), Art. 53 Rn. 1; *Korioth* (Fn. 6), Art. 53 Rn. 3; *Krebs* (Fn. 12), Art. 53 Rn. 2; *Odendahl* (Fn. 6), Art. 53 Rn. 3; *Schöbener* (Fn. 6), Art. 53 Rn. 7; *de Wall* (Fn. 6), Art. 53 Rn. 5.
[26] Die Kontroverse über die Deutung des Begriffs »Teilnahme« im Sinne eines bloßen Zutrittsrechts, also eines Rechts zur lediglich passiven Teilnahme, oder im Sinne eines Rechts zur aktiven

II. Teilnahmerecht und -pflicht (Art. 53 Satz 1 GG)   Art. 53

umfassender dahingehend gedeutet, dass von ihm nicht nur die öffentlichen und nichtöffentlichen Sitzungen, sondern auch Vor- und Nachbereitungsphasen erfasst werden[27], was freilich nicht unbestritten ist[28]. Die Kontroverse hat u. a. Konsequenzen für die umstritten gebliebene[29] Teilnahme an Sitzungen des **Ständigen Beirats** (→ Art. 52 Rn. 17), für die § 9 III 2 GOBR eine Sonderregelung trifft[30]. Die Praxis bezieht das Teilnahmerecht nicht auf Gremien wie das Präsidium und interne Besprechungen, namentlich nicht auf die länderinternen Vorbesprechungen vor jeder Bundesratssitzung[31] und die üblicherweise den Plenarsitzungen vorangehenden Vorbesprechungen und Beratungen über Geschäftsordnungs- und Sachfragen in »Zimmer 13«[32]. Jenseits der Meinungsverschiedenheiten über den Verhandlungsbegriff erstreckt sich das verfassungsrechtliche Teilnahmerecht auf die Verhandlungen des **Plenums** (»Bundesrat«) und der »**Ausschüsse**«. Zu den Ausschüssen wird teilweise auch der Vermittlungsausschuss (Art. 77 II GG) gezählt[33], was wegen der Formulierung »seiner« Ausschüsse (Art. 53 S. 1 GG) und Art. 52 IV GG jedoch nicht zwingend ist[34]. Gleichwohl ist im praktischen Ergebnis die Teilnahmeberechtigung auch für den Vermittlungsausschuss zu bejahen. Sie beruht auf einer systematischen und teleologischen Interpretation von Art. 43 II GG und Art. 53 S. 1 GG, weil sich dieser Ausschuss aus Mitgliedern des Bundestages und des Bundesrates zusammensetzt und die Bundesregierung nach dem Grundgesetz zu den Ausschüssen jedes dieser beiden Organe ein eigenes Zutrittsrecht besitzt. Das Teilnahmerecht erstreckt sich außerdem auch auf die **Europakammer** (→ Art. 52 Rn. 22 ff.). Zwar ist die Europakammer weder »Ausschuss« im Sinne von Art. 52 IV GG noch der gemeinhin mit dem Plenum gleichgesetzte »Bundesrat« im Sinne von Art. 53 S. 1 GG[35]; sie nimmt aber Beschlussfunktionen des Bundesrates und damit Aufgaben wahr, die über diejenigen eines Ausschusses hinausgehen. Dies rechtfertigt es, das Teilnahmerecht für die Europakammer anzuerkennen – sei es im Wege der Zuordnung der Europakammer zu den »Ausschüssen« im Sinne von Art. 53 S. 1 GG, sei es im Wege der analogen Anwendung dieser Norm[36].

Eine **Teilnahmepflicht** der Mitglieder der Bundesregierung besteht, wenn dies »verlangt« wird. Dieser Verpflichtung korrespondiert das sog. »**Zitierrecht**« (Herbeiru-   9

Mitarbeit ist jedenfalls wegen des in Satz 2 eingeräumten Rederechts praktisch bedeutungslos; *Reuter*, Bundesrat (Fn. 6), S. 266; ebenso *de Wall* (Fn. 6), Art. 53 Rn. 6; a.A. *Korioth* (Fn. 6), Art. 53 Rn. 4.

[27] S. dazu die Nachw. in Fn. 15.
[28] Ablehnend etwa *Korioth* (Fn. 6), Art. 53 Rn. 4; *de Wall* (Fn. 6), Art. 53 Rn. 7; *Schöbener* (Fn. 6), Art. 53 Rn. 12; jeweils m. w. N.
[29] Bejahend etwa *Jarass/Pieroth*, GG, Art. 53 Rn. 1; ablehnend etwa *Weckerling-Wilhelm* (Fn. 16), Art. 53 Rn. 6; jeweils m. w. N.
[30] *Hofmann* (Fn. 15), Art. 53 Rn. 8 f., bezieht die Teilnahmeberechtigung zwar auch auf »gewisse Vorbereitungsgremien und nichtförmliche Sitzungen«, nimmt davon Sitzungen des Bundesratspräsidiums und des Ständigen Beirats aber ausdrücklich aus.
[31] *Risse* (Fn. 15), Art. 53 Rn. 2.
[32] *Hofmann* (Fn. 15), Art. 53 Rn. 9; *Odendahl* (Fn. 6), Art. 53 Rn. 8; *Reuter*, Bundesrat (Fn. 6), S. 266; zu »Zimmer 13« *ders.*, a.a.O., S. 378. → Art. 52 Fn. 43.
[33] So *Maunz* (Fn. 15), Art. 53 Rn. 2; *Risse* (Fn. 15), Art. 53 Rn. 2; *Robbers* (Fn. 15), Art. 53 Rn. 4; *Schöbener* (Fn. 6), Art. 53 Rn. 10; ablehnend *Weckerling-Wilhelm* (Fn. 16), Art. 53 Rn. 6.
[34] So *Krebs* (Fn. 12), Art. 53 Rn. 3.
[35] Die Europakammer ist personell anders zusammengesetzt und funktional nur in einem beschränkten Bereich, nämlich in Angelegenheiten der Europäischen Union, tätig. → Art. 52 Rn. 22 ff.
[36] Vgl. *Dörr* (Fn. 11), Art. 53 Rn. 2; *Korioth* (Fn. 6), Art. 53 Rn. 4; *Reuter*, Bundesrat (Fn. 6), S. 265; *Risse* (Fn. 15), Art. 53 Rn. 1; *de Wall* (Fn. 6), Art. 53 Rn. 8. § 45g GOBR trägt dem Rechnung und eröffnet u. a. den Mitgliedern der Bundesregierung das Recht zur Teilnahme an Verhandlungen der Europakammer.

Art. 53

fungsrecht), das nur dem Bundesrat (Plenum), seinen Ausschüssen[37] und der Europakammer (→ Rn. 8) zusteht. Daher sind weder einzelne Bundesratsmitglieder noch Landesregierungen zur Ausübung des Zitierrechts berechtigt[38]. Das »Verlangen« wird durch Beschluss des jeweiligen Gremiums festgestellt, der von jedem seiner Mitglieder beantragt werden kann[39]. Zum Erscheinen im Bundesrat, in seinen Ausschüssen oder in der Europakammer sind nur die Kabinettsmitglieder (→ Rn. 7) verpflichtet. Deshalb können insb. Staatssekretäre und Beauftragte nicht herbeizitiert werden. Die mit einer »verlangten Teilnahme« an ein Regierungsmitglied verbundene Anregung, etwa einen Beauftragten beizuziehen, ist dadurch nicht ausgeschlossen[40]. Eine förmliche Zitierung war bislang allerdings noch nicht erforderlich, weil dem Wunsch auf persönliche Teilnahme stets auch ohne förmliche Aufforderung entsprochen wurde (→ Rn. 6).

10 Die Teilnahmepflicht umfasst neben der Pflicht zum **persönlichen Erscheinen** die Pflicht zur **Auskunftserteilung** auf bzw. zur Beantwortung von verfassungsrechtlich zulässigen Fragen[41], also die Pflicht, »Rede und Antwort zu stehen«[42]. Diese Pflicht ist untrennbar verbunden mit dem Zitierrecht, das andernfalls sinnlos wäre oder jedenfalls funktionell leerliefe[43]. Wie das Zitierrecht stehen auch das **Frageecht** und der Anspruch auf Auskunftserteilung nur den jeweiligen Gremien (Plenum, Ausschüsse, Europakammer) zu, und wie beim Zitierrecht sind zur Antwort nur die verfassungsmäßig herbeigerufenen Regierungsmitglieder verpflichtet, weil es sich um »unselbständige akzessorische Rechte und Pflichten«[44] handelt. Die Regelung des Fragerechts in § 19 GOBR, wonach jedes Bundesratsmitglied Fragen zu den Gegenständen der Tagesordnung und überdies sogar jedes Land nicht mit einem Tagungsordnungsgegenstand im Zusammenhang stehende Fragen stellen kann, geht über die verfassungsrechtliche Verpflichtung der Regierungsmitglieder hinaus[45]. Solange das Plenum, der jeweilige Ausschuss oder die Europakammer solche Fragen nicht übernimmt[46], also aufgreift und sich zu eigen macht, besteht daher keine **Pflicht zur Antwort**, mögen derartige Fragen auch in der Bundesratspraxis aus Gründen der »Courtoisie« und ohne Anerkennung einer Rechtspflicht beantwortet werden[47].

11 **Inhaltliche Beschränkungen** des Fragerechts und der korrespondierenden Antwortpflicht ergeben sich aus dem Aufgabenbereich des Bundesrates[48]. Weitergehende Beschränkungen etwa durch »wichtige Gründe«[49] oder »wichtige staatspolitische

---

[37] *Blumenwitz* (Fn. 6), Art. 53 Rn. 8; *Dörr* (Fn. 11), Art. 53 Rn. 6; *Reuter*, Bundesrat (Fn. 6), S. 268; *Schöbener* (Fn. 6), Art. 53 Rn. 28.
[38] *Korioth* (Fn. 6), Art. 53 Rn. 5; *de Wall* (Fn. 6), Art. 53 Rn. 10.
[39] *Reuter*, Bundesrat (Fn. 6), S. 268.
[40] *de Wall* (Fn. 6), Art. 53 Rn. 10.
[41] Letzteres ist allerdings umstritten. Näheres dazu bei *Reuter*, Bundesrat (Fn. 6), S. 269 ff. m. w. N.; *Krebs* (Fn. 12), Art. 53 Rn. 5; *Odendahl* (Fn. 6), Art. 53 Rn. 11; *Schöbener* (Fn. 6), Art. 53 Rn. 18 ff.
[42] Vgl. *Ziller/Oschatz*, Bundesrat (Fn. 16), S. 100.
[43] *Dörr* (Fn. 11), Art. 53 Rn. 7; *Krebs* (Fn. 12), Art. 53 Rn. 5; *Korioth* (Fn. 6), Art. 53 Rn. 6; *Odendahl* (Fn. 6), Art. 53 Rn. 11; *de Wall* (Fn. 6), Art. 53 Rn. 11.
[44] Vgl. *Jekewitz* (Fn. 15), Art. 53 Rn. 3; *Korioth* (Fn. 6), Art. 53 Rn. 7.
[45] S. zur Problematik eines selbständigen Fragerechts der Länder auch → Fn. 60.
[46] Vgl. § 19 III 3 GOBR.
[47] *Krebs* (Fn. 12), Art. 53 Rn. 5. S. dazu und zur zurückhaltenden Ausübung des Fragerechts in der Praxis auch *Risse* (Fn. 15), Art. 53 Rn. 4, und bereits oben → Rn. 6 mit Fn. 16. Vgl. zu den rechtstatsächlichen Vorgängen auch *J. Lang*, ZParl. 32 (2001), 281 (287 ff.).
[48] *Krebs* (Fn. 12), Art. 53 Rn. 5; *Odendahl* (Fn. 6), Art. 53 Rn. 7; *de Wall* (Fn. 6), Art. 53 Rn. 12; weitergehend *Korioth* (Fn. 6), Art. 53 Rn. 7.
[49] *Maunz* (Fn. 15), Art. 53 Rn. 7.

Gründe«⁵⁰ finden im Grundgesetz keinen hinreichenden Anhalt und können daher weder Fragerecht noch Antwortpflicht beschränken; etwaigen berechtigten Geheimhaltungsinteressen ist durch den Ausschluss der Öffentlichkeit (Art. 52 III 4 GG) Rechnung zu tragen⁵¹. Nichts anderes gilt für eine angebliche »politisch-praktische Begrenzung« durch die »vielfältigen Möglichkeiten der differenzierenden und ausweichenden Beantwortungsreichweite«⁵², weil das Verfassungsrecht für die Bereiche, die es verbindlich regelt, keine Umgehungsstrategien toleriert und auch keine politischen »Tricksereien« akzeptiert.

III. Anhörungsrecht (Art. 53 Satz 2 GG)

Art. 53 S. 2 GG räumt den Mitgliedern der Bundesregierung ein Anhörungsrecht ein, dem eine Anhörungspflicht des Bundesrates, seiner Ausschüsse und der Europakammer (→ Rn. 8) entspricht. Wegen des systematischen Zusammenhangs mit Art. 53 S. 1 GG bezieht sich dieses **Rederecht**, das schon nach dem Normtext selbstverständlich **kein Stimmrecht** einschließt⁵³, auf die erwähnten »Verhandlungen« (→ Rn. 8). Es kann »**jederzeit**« ausgeübt werden, also auch unter Durchbrechung der Tagesordnung und der Rednerliste⁵⁴. In der Praxis werden sich die Mitglieder der Bundesregierung aus zumindest verfassungspolitisch gebotener Rücksichtnahme regelmäßig an die Tagesordnung der Sitzungen halten und ihre Redebeiträge darauf abstimmen⁵⁵; dies erleichtert nicht zuletzt die Vorabmitteilung von Ort, Zeit und vorläufiger Tagesordnung der Bundesratssitzungen an die Bundesregierung (§ 15 V GOBR). Verfassungsrechtlich ist die Ausübung des Rederechts durch das normativ letztlich aus der Organtreue herzuleitende **Missbrauchsverbot** beschränkt⁵⁶; daher darf es insb. nicht zur Verhinderung von Beratungen und Entscheidungen des Bundesrates oder zur Verfolgung sonstiger sachfremder Ziele eingesetzt werden⁵⁷. In der Verfassungswirklichkeit machen die Mitglieder der Bundesregierung von ihrem Rederecht häufig Gebrauch, ohne dass es dabei bislang zu verfassungsrechtlichen Konflikten gekommen wäre⁵⁸.

12

IV. Pflicht zu kontinuierlicher Unterrichtung (Art. 53 Satz 3 GG)

Auch ohne ausdrückliches »Verlangen« (Art. 53 S. 1 GG) obliegt der Bundesregierung nach Art. 53 S. 3 GG eine Pflicht zu kontinuierlicher Unterrichtung des Bundesrates⁵⁹.

13

---

⁵⁰ *Jekewitz* (Fn. 15), Art. 53 Rn. 3.
⁵¹ *Dörr* (Fn. 11), Art. 53 Rn. 8; *Korioth* (Fn. 6), Art. 53 Rn. 7; *de Wall* (Fn. 6), Art. 53 Rn. 12.
⁵² So die von *Hofmann* (Fn. 15), Art. 53 Rn. 10, angenommene Grenze; ähnlich *Odendahl* (Fn. 6), Art. 53 Rn. 11.
⁵³ *Krebs* (Fn. 12), Art. 53 Rn. 6.
⁵⁴ Z.B. *Dörr* (Fn. 11), Art. 53 Rn. 11; *Jekewitz* (Fn. 15), Art. 53 Rn. 4; *H. Schäfer*, Der Bundesrat, 1955, S. 58.
⁵⁵ *Jekewitz* (Fn. 15), Art. 53 Rn. 4; *Weckerling-Wilhelm* (Fn. 16), Art. 53 Rn. 7.
⁵⁶ S. zum Missbrauchsverbot statt vieler *Blumenwitz* (Fn. 6), Art. 53 Rn. 5; *Schöbener* (Fn. 6), Art. 53 Rn. 15.
⁵⁷ Vgl. z.B. *Dörr* (Fn. 11), Art. 53 Rn. 12; *Jekewitz* (Fn. 15), Art. 53 Rn. 4; *Robbers* (Fn. 15), Art. 53 Rn. 5.
⁵⁸ *Korioth* (Fn. 6), Art. 53 Rn. 10.
⁵⁹ Die beiden Rechte aus Art. 53 S. 1 GG und Art. 53 S. 3 GG stehen nebeneinander (*Maunz* [Fn. 15], Art. 53 Rn. 12). Der Unterrichtspflicht der Bundesregierung korrespondiert ein Recht des Bundesrates, nicht etwa der Länder oder Ländervertreter (*Maunz*, ebd., Art. 53 Rn. 13); sie besteht also in einem (organschaftlichen) Rechtsverhältnis zwischen Bundesorganen. Daher sind immer

Dieser Pflicht entspricht ein **Informationsanspruch** des Bundesrates, wie bei dem Anspruch aus Art. 53 S. 1 GG nicht jedoch der einzelnen Bundesratsmitglieder oder gar der Länder[60]. Diesem Anspruch muss die Bundesregierung ohne besondere Aufforderung nachkommen, d. h. sie hat den Bundesrat regelmäßig, rechtzeitig und vollständig zu unterrichten[61]. Die Bundesregierung kann sich dabei auf Benachrichtigungen, Mitteilungen, Auskünfte, Hinweise etc. beschränken; denn **Information** verpflichtet weder zur Abstimmung noch zur Konsultation, die über die bloße Unterrichtung hinaus gemeinsame Beratung, wechselseitigen Gedankenaustausch etc. einforderte[62]. Verfahren und Form der Unterrichtung sind verfassungsrechtlich nicht eingehend geregelt. Mangels entgegenstehender Vorgaben des Grundgesetzes kann sie daher schriftlich oder mündlich geschehen; in der Verfassungspraxis erfolgt die Unterrichtung in beschränktem Umfang vornehmlich im Ständigen Beirat[63]. Die Fokussierung auf den Ständigen Beirat ist wegen des normativ dem Bundesrat zugeordneten Informationsanspruches ähnlich zweifelhaft[64] wie die aus rechtstatsächlicher Sicht jenseits der verfassungsrechtlich dafür vorgesehenen Bahnen erfolgende Befriedigung föderaler Kommunikationsbedürfnisse namentlich auf informellen Wegen[65], scheint bei den politischen Akteuren aber weithin akzeptiert zu sein.

---

wieder anzutreffende Assoziationen, die die Unterrichtungspflicht nach Art. 53 S. 3 GG mit dem Grundsatz bundesfreundlichen Verhaltens in Verbindung bringen (so frühzeitig *Schüle*, Informationspflicht [Fn. 22], S. 452; vgl. auch *Jekewitz* [Fn. 15], Art. 53 Rn. 5; unter Hinweis auf den subsidiären Charakter der Bundestreue kritisch *J. A. Frowein*, Bundesrat, Länder und europäische Einigung, in: Bundesrat [Hrsg.], Vierzig Jahre Bundesrat, 1989, S. 285 ff. [292]; → Fn. 59), verfehlt (*H. Bauer*, Die Bundestreue, 1992, S. 295 f.). Stattdessen läßt sich Art. 53 GG als Beispiel für eine Konkretisierung des mit dem Rechtsgrundsatz der Verfassungsorgantreue verfolgten Anliegens verstehen (so *W.-R. Schenke*, Die Verfassungsorgantreue, 1977, S. 35 f.; *Korioth* [Fn. 6], Art. 53 Rn. 2; *Reuter*, Bundesrat [Fn. 6], S. 279 mit Fn. 73; → Rn. 5; vgl. allgemein zur Verfassungsorgantreue auch *A. Voßkuhle*, NJW 1997, 2216 [insb. 2217]).

[60] Anders *J. Lang*, ZParl. 32 (2001), 281 (287 ff.), der das Fragerecht mit dem dazugehörigen Informationsanspruch verfassungsrechtlich auch den Landesregierungen erschließen will und zur Begründung auf Aspekte der Verfassungspraxis sowie die Pflicht zu bundesfreundlichem Verhalten verweist, was zu einer Lesart von Art. 53 S. 3 GG führen soll, wonach »jedem Land das Recht zusteht, eine umfassende Unterrichtung durch die Bundesregierung einzufordern«. Das kann schon deshalb nicht überzeugen, weil eine auf das interorganschaftliche Rechtsverhältnis zwischen Bundesrat und Bundesregierung bezogene Norm ohne hinreichende methodologische Begründung unter Zuhilfenahme der Bundestreue in eine (auch) das föderative Rechtsverhältnis zwischen Bund und Ländern regelnde Norm »umgepolt« wird, obwohl eben dies weder historisch gewollt noch teleologisch angestrebt war und auch mit dem Wortlaut nicht zu vereinbaren ist. Im Anschluss an *Lang* für ein selbständiges bzw. nichtakzessorisches Fragerecht eines einzelnen Landes bzw. einer einzelnen Landesregierung allerdings auch *Hofmann* (Fn. 15), Art. 53 Rn. 13; vgl. auch *Odendahl* (Fn. 6), Art. 53 Rn. 14. Zu einem bereits früher unternommenen Versuch in Richtung auf Anerkennung eines selbständigen Fragerechts der einzelnen Landesregierungen s. *G. Konow*, DÖV 1969, 318 (321 ff.); unentschieden *Risse* (Fn. 15), Art. 53 Rn. 4; im Ergebnis ablehnend wie hier z. B. *Jarass/Pieroth*, GG, Art. 53 Rn. 2; *Schöbener* (Fn. 6), Art. 53 Rn. 32; *Jekewitz* (Fn. 15), Art. 53 Rn. 5; *Kloepfer*, Verfassungsrecht I, S. 523; *Korioth* (Fn. 6), Art. 53 Rn. 14; *Krebs* (Fn. 12), Art. 53 Rn. 5, 7; *Maunz* (Fn. 15), Art. 53 Rn. 13.

[61] *Posser* (Fn. 18), § 24 Rn. 90; *de Wall* (Fn. 6), Art. 53 Rn. 15.

[62] Dazu *Schüle*, Informationspflicht (Fn. 22), S. 454 f.; *Blumenwitz* (Fn. 6), Art. 53 Rn. 14; *Posser* (Fn. 18), § 24 Rn. 90; *Kloepfer*, Verfassungsrecht I, S. 523; *Korioth* (Fn. 6), Art. 53 Rn. 11; vgl. zu den Unterschieden zwischen Information und Konsultation auch *Bauer*, Bundestreue (Fn. 59), S. 346 f.

[63] Vgl. *Ziller/Oschatz*, Bundesrat (Fn. 16), S. 99; zum beschränkten Informationswert dieser Unterrichtung s. *Reuter*, Bundesrat (Fn. 6), S. 281; zum Ständigen Beirat → Art. 52 Rn. 17.

[64] *Korioth* (Fn. 6), Art. 53 Rn. 14.

[65] → Rn. 6 mit Fn. 18.

Gegenstand der Unterrichtungspflicht ist die »**Führung der Geschäfte**«. Dazu wird **14**
alles gerechnet, »was die staatsleitende Tätigkeit der Bundesregierung einschließlich
der Ministerialverwaltung ausmacht: die Vorhaben auf dem Gebiet der Gesetz- und
Verordnungsgebung sowie der Verwaltung ebenso wie [...] die allgemeine politische
Lage, die Außenpolitik und die Verteidigungsangelegenheiten«[66]; die Informationspflicht soll allerdings beschränkt sein, wenn im Einzelfall ein sachlich begründetes
Informationsinteresse des Bundesrates ausgeschlossen werden kann[67]. Nicht zum Gegenstand der Unterrichtungspflicht gehört jedenfalls das »forum internum«[68] der Bundesregierung, weil interne Angelegenheiten wie beispielsweise Fragen der Regierungsbildung und der konkrete Verlauf von Beratungen der Einwirkung von außen
entzogen sind[69]. Dagegen ist die Unterrichtungspflicht nach Art. 53 S. 3 GG nicht
durch die Geheimhaltungsbedürftigkeit von Vorgängen begrenzt[70]; vielmehr ist berechtigten Geheimhaltungsinteressen – nicht anders als bei der Pflicht zur Beantwortung konkreter Fragen nach Art. 53 S. 1 GG (→ Rn. 11) – durch den Ausschluss der
Öffentlichkeit (Art. 52 III 4 GG), gegebenenfalls durch die Anwendung der Geheimschutzordnung Rechnung zu tragen[71].

D. Verhältnis zu anderen GG-Bestimmungen

Zusammen mit **Art. 51**, **52 GG** konkretisiert Art. 53 GG die in **Art. 50 GG** nur grund- **15**
sätzlich konturierte Stellung des Bundesrates im Verfassungsgefüge (→ Art. 50 Rn. 15)
durch die Ausgestaltung der »Informations- und Kommunikationsbeziehungen« zwischen Bundesrat und Bundesregierung; als Konkretisierung von Art. 50 GG weist
Art. 53 GG wie dieser (→ Art. 50 Rn. 32) Bezüge zum **bundesstaatlichen, demokratischen** und **rechtsstaatlichen Prinzip** des Grundgesetzes auf. Die »Informations- und
Kommunikationsverhältnisse«, in die der Bundesrat zu anderen Bundesorganen verfassungsrechtlich eingebunden ist, sind in Art. 53 GG nicht abschließend geregelt; weitere wichtige Regelungen finden sich in **Art. 23 II 2, 43 II, 114 GG** sowie – vermittelt
über die »Bundesratsbank« – in **Art. 53a II 1 GG**[72]. All diese »Informations- und Kommunikationsbeziehungen« schaffen wesentliche Voraussetzungen für die Meinungsbildung und Entscheidungsfindung im Bundesrat sowie für dessen effektive Mitwirkung, Einwirkung, Einflussnahme und Kontrolle in der bundesstaatlichen Ordnung
des Grundgesetzes (→ Rn. 5).

---

[66] *Reuter*, Bundesrat (Fn. 6), S. 276 m. w. N.
[67] Näheres bei *Reuter*, Bundesrat (Fn. 6), S. 276 m. w. N. auch zu engeren Eingrenzungen in der Literatur; vgl. auch *J. Lang*, ZParl. 32 (2001), 281 (283).
[68] *Krebs* (Fn. 12), Art. 53 Rn. 7.
[69] *Korioth* (Fn. 6), Art. 53 Rn. 13; im Ergebnis übereinstimmend Jarass/*Pieroth*, GG, Art. 53 Rn. 2.
[70] *Korioth* (Fn. 6), Art. 53 Rn. 13.
[71] *J. Lang*, ZParl. 32 (2001), 281 (283).
[72] Vgl. *R. Herzog*, HStR³ III, § 58 Rn. 37.

Art. 53a

IVa. Gemeinsamer Ausschuß

Artikel 53a [Zusammensetzung; Verfahren]

(1) ¹Der Gemeinsame Ausschuß besteht zu zwei Dritteln aus Abgeordneten des Bundestages, zu einem Drittel aus Mitgliedern des Bundesrates. ²Die Abgeordneten werden vom Bundestage entsprechend dem Stärkeverhältnis der Fraktionen bestimmt; sie dürfen nicht der Bundesregierung angehören. ³Jedes Land wird durch ein von ihm bestelltes Mitglied des Bundesrates vertreten; diese Mitglieder sind nicht an Weisungen gebunden. ⁴Die Bildung des Gemeinsamen Ausschusses und sein Verfahren werden durch eine Geschäftsordnung geregelt, die vom Bundestage zu beschließen ist und der Zustimmung des Bundesrates bedarf.

(2) ¹Die Bundesregierung hat den Gemeinsamen Ausschuß über ihre Planungen für den Verteidigungsfall zu unterrichten. ²Die Rechte des Bundestages und seiner Ausschüsse nach Artikel 43 Abs. 1 bleiben unberührt.

Literaturauswahl

Amann, Hermann: Verfassungsrechtliche Probleme des Gemeinsamen Ausschusses nach Art. 53a Abs. 1 GG, 1971.
Delbrück, Jost: Kritische Bemerkungen zur Geschäftsordnung des Gemeinsamen Ausschusses, in: DÖV 1970, S. 229–234.
Emmelius, Hans Hermann: Der Gemeinsame Ausschuß, in: Dieter Sterzel (Hrsg.), Kritik der Notstandsgesetze, 1968, S. 118–160.
Evers, Hans Ulrich: Die perfekte Notstandsverfassung, in: AöR 91 (1966), S. 1–36, 193–222.
Fritz, Gernot: Handlungsbereich und Tätigkeitsdauer des Gemeinsamen Ausschusses im Verteidigungsfall, in: BayVBl. 1983, S. 72–76.
Schäfer, Hans: Die lückenhafte Notstandsverfassung, in: AöR 93 (1968), S. 37–80.
Schick, Rupert: Der Gemeinsame Ausschuß, in: Schneider/Zeh, § 58, S. 1579–1597.
Twenhöven, Jörg: Die Stellung der Legislative im Staatsnotstand, Diss. jur. Fribourg 1972.

Leitentscheidung des Bundesverfassungsgerichts

BVerfGE 84, 304 (334 ff.) – PDS/Linke Liste.

Gliederung

	Rn.
A. Herkunft, Entstehung, Entwicklung	1
B. Internationale, supranationale und rechtsvergleichende Bezüge	3
C. Erläuterungen	4
I. Allgemeine Bedeutung	4
II. Die Stellung des Gemeinsamen Ausschusses	5
III. Die Zusammensetzung des Gemeinsamen Ausschusses	6
1. Die Mitglieder des Bundestages	7
2. Die Mitglieder des Bundesrates	9
IV. Bildung und Verfahren des Gemeinsamen Ausschusses	13
V. Unterrichtung durch die Bundesregierung (Art. 53a II GG)	14
D. Verhältnis zu anderen GG-Bestimmungen	16

Stichwörter

Geschäftsordnung 13 – Informationspflicht der Regierung 14 – Inkompatibilität 8, 11 – Notparlament 5 – Vereinbarkeit mit Art. 79 III GG 12 – Vorschlagsrecht der Fraktionen 7 – Weisungsunabhängigkeit der Mitglieder 11.

A. Herkunft, Entstehung, Entwicklung

Die Bildung eines je zur Hälfte aus Bundestag und Bundesrat zusammengesetzten Notstandsgremiums ist in der vorliegenden Form eine **Erfindung des Grundgesetzes**. Nach herkömmlicher, bis in die Weimarer Zeit nahezu unbestrittener Auffassung ist der Notstand »die Stunde der Exekutive«[1]. Die Idee eines eigenständigen parlamentarischen Notstandsgremiums, das ein Gegengewicht zur Exekutive bilden kann, ist erst in Verfassungssystemen denkbar, in denen ein Parlament maßgebliche Kompetenzen besitzt[2]. Der Gedanke eines **parlamentarischen Ausschusses mit Notstandsvollmachten** kommt daher nicht zufällig erstmals im England des 17. Jahrhunderts bei James Harrington auf[3]. Verfassungsgeschichtlich findet der Gemeinsame Ausschuß zuerst im landständischen Ausschuß der Kurhessischen Verfassung von 1831[4], später im Zustimmungsrecht des Ständigen Ausschusses zu Notverordnungen der Regierung nach der Preußischen Verfassung von 1920[5] sowie schließlich in einigen Länderverfassungen[6] Vorbilder.

Der heutige **Art. 53a GG** wurde erst durch das 17. Gesetz zur Ergänzung des Grundgesetzes vom **24.6.1968** eingeführt[7]. Bereits in der Diskussion zu Art. 111 HChE war jedoch überlegt worden, das Notverordnungsrecht an die Zustimmung eines Hauptausschusses des Bundestages neben der Zustimmung des Bundesrates zu binden[8]. Der erste Regierungsentwurf einer Notstandsverfassung sah eine derartige Institution jedoch nicht vor[9]. Der Vorschlag eines Notstandsausschusses wurde vielmehr erstmals im Gesetzentwurf des Bundesrates in die Beratungen eingebracht[10]. Die heutige Bezeichnung wurde schließlich vom Rechtsausschuß des Bundestages eingeführt[11], während Ausgestaltung und Kompetenzen des Gemeinsamen Ausschusses noch später

---

[1] Vgl. bereits die Konzentration der Notstandsbefugnisse bei den preußischen Oberpräsidenten durch die Instruktion vom 31.12.1825 (GS 1826, S. 1 ff.); zur Weimarer Notstandskonzeption *E. R. Huber*, Zur Lehre vom Verfassungsnotstand in der Staatstheorie der Weimarer Zeit, in: ders., Bewahrung und Wandlung, 1975, S. 193 ff.; von der »Stunde der Exekutive« sprach noch der 1. Regierungsentwurf zur Notstandsverfassung 1960 (Schröder-Entwurf), BT-Drs. III/1800.

[2] Das römische Dezemvirat mit seinen Notstandsbefugnissen kann daher nur begrenzt als Vorläufer gelten, vgl. dazu nur *T. Mommsen*, Römisches Staatsrecht, Bd. II/1, 3. Aufl. 1887 (Neudruck o. J.), S. 702 f.

[3] *J. Harrington*, The Oceana and other Works, 1771 (Neudruck 1963), S. 593; zur geschichtlichen Entwicklung s. *J. Seifert*, Der Notstandsausschuß, 1968, S. 27 ff.

[4] § 95 II 2 Verf. von Kurhessen 1831.

[5] Art. 55 Preuß. Verf. 1920, der freilich praktisch durch Art. 48 IV WRV überlagert wurde, aber auch Vorbild für einen gescheiterten Entwurf zur Änderung der WRV war, s. dazu *Seifert*, Notstandsausschuß (Fn. 3), S. 31 f. m. w. N.

[6] Art. 110 Hess. Verf. v. 1946; Art. 35 II i.V.m. Art. 12 Nds. Verf. v. 1951; Art. 60 II Nordrh.-Westf. Verf.

[7] BGBl. I S. 709.

[8] Bericht über den Verfassungskonvent, S. 48.

[9] BT-Drs. III/1800.

[10] BT-Drs. III/1800, S. 6 f.

[11] BT-Drs. IV/3494, S. 2 sowie *zu* BT-Drs. IV/3494, S. 8.

nach verschiedenen Wendungen[12] und nach einer einmaligen provisorischen Bildung eines solchen Ausschusses [13] endgültig in der abschließenden Vorlage festgelegt wurden[14].

B. Internationale, supranationale und rechtsvergleichende Bezüge

3   Neben den historischen Vorläufern fand der Verfassungsgesetzgeber auch in einigen wenigen ausländischen Verfassungen ähnliche Gremien vor. So gab es in der **Tschechoslowakischen Verfassung von 1920** einen Parlamentsausschuß mit Notstandsbefugnissen[15] und seit 1965 in **Schweden** in Gestalt der sog. Kriegsdelegation[16] eine vergleichbare Institution. Im übrigen wird die Institution des Gemeinsamen Ausschusses als solche durch Europarecht oder internationales Recht nicht berührt.

C. Erläuterungen

I. Allgemeine Bedeutung

4   Die Schaffung des Gemeinsamen Ausschusses ist aus der Überlegung geboren, daß im Falle des äußeren Notstands der Bundestag unter Umständen nicht rechtzeitig zusammentreten kann und nicht funktionsfähig ist, andererseits jedoch nicht die gesamte staatliche Machtfülle bei der Exekutive bzw. der Bundesregierung konzentriert sein soll[17]. Das Gremium soll folglich ein Minimum an parlamentarischer Beratungsstruktur mit einem Maximum an Schnelligkeit des Zusammentretens und rascher Entscheidungsfindung kombinieren[18]. Ob der Gemeinsame Ausschuß im Ernstfall die ihm zugedachten umfassenden parlamentarischen Gesetzgebungs- und Kontrollfunktionen wird in vollem Umfang ausfüllen können, erscheint im Hinblick auf seine Größe und Zusammensetzung zumindest zweifelhaft[19]. Das Selbstversammlungsrecht von Bundestag und Bundesrat bleibt ohnehin unberührt; diese Organe können ferner alle Maßnahmen des Gemeinsamen Ausschusses jederzeit aufheben (Art. 115l I GG) und damit seine Tätigkeit auch beenden. Der Gemeinsame Ausschuß ist **ausschließlich Ersatzorgan**[20]. Die Furcht vor einer Ausschaltung des Parlaments durch ein Notverord-

---

[12] Zum weiteren Verlauf vgl. näher *J. Delbrück/S. Hobe*, in: BK, Art. 53a (Zweitb. 1997), Rn. 1; zum weiteren politischen Hintergrund s. auch *Seifert*, Notstandsausschuß (Fn. 3), S. 42 ff.; zur Entstehungsgeschichte vgl. auch *H.H. Emmelius*, Der Gemeinsame Ausschuß, in: D. Sterzel (Hrsg.), Kritik der Notstandsgesetze, 1968, S. 118 ff.

[13] Im Rahmen der NATO-Übung »Fallex 66« wurde ein solcher Gemeinsamer Ausschuß schon gebildet, s. 5. WP., Sten. Prot., S. 3167 D.

[14] BT-Drs. V/2873, S. 10 f.

[15] § 54 Tschechoslowakische Verf. v. 29.2.1920; dazu *Seifert*, Notstandsausschuß (Fn. 3), S. 36 ff.

[16] Zunächst § 50 II, III Regierungsform v. 26.3.1965 (abgedruckt in: *H. Walter*, ZaöRV 26 [1966], 68 [81 f.]); jetzt Kap. 13, §§ 2, 3 Schwed. Regierungsform v. 1.1.1975; weitere Beispiele bei *J. Twenhöven*, Die Stellung der Legislative im Staatsnotstand, Diss. jur. Fribourg 1972, S. 97 ff.

[17] *R. Herzog*, in: Maunz/Dürig, GG, Art. 53a (1971), Rn. 2.

[18] Vgl. *Herzog* (Fn. 17), Art. 53a Rn. 2; *S. Hendrichs*, in: I. v. Münch (Hrsg.), Grundgesetz-Kommentar, Bd. 2, 2. Aufl. 1983, Art. 53a Rn. 2; *H. H. Klein*, in: Maunz/Dürig, GG, Art. 53a (2009), Rn. 9.

[19] Vgl. *Delbrück/Hobe* (Fn. 12), Art. 53a Rn. 4; *Hendrichs* (Fn. 18), Art. 53a Rn. 30; die Kritik relativierend jetzt *W. Krebs*, in: v. Münch/Kunig, GG II, Art. 53a Rn. 22.

[20] *D. Sterzel*, in: AK-GG, Abschn. Xa (2001), Rn. 64; *H.U. Evers*, AöR 91 (1966), 1 (5); *Klein* (Fn. 18), Art. 53a Rn. 9; *B. Grzeszick*, in: Friauf/Höfling, GG, Art. 53a (2005), Rn. 2; zur Subsidiarität

nungsrecht der Exekutive i.S.d. Art. 48 WRV, dessen Bedeutung für den Untergang der Weimarer Republik ohnehin weit überschätzt wird[21], hat den Verfassungsgesetzgeber zu dieser Konstruktion verführt, die auch wegen der Trennung der Regelungen über das Organ (Art. 53a GG) und seine Kompetenzen (Art. 115a II, 115e GG) verfassungssystematisch wenig geglückt ist[22].

II. Die Stellung des Gemeinsamen Ausschusses

Der Gemeinsame Ausschuß wird zu Recht überwiegend als ein **selbständiges oberstes Bundesorgan** bzw. **Verfassungsorgan** angesehen[23]. Dies ergibt sich schon aus Art. 115e I GG (→ Art. 115e Rn. 7), der dem Ausschuß nicht nur die Rechte, sondern auch die Stellung von Bundestag und Bundesrat im Verteidigungsfall zuweist. Dafür spricht außerdem die systematische Stellung des Art. 53a GG in der Verfassung sowie der eindeutige Wille des historischen Verfassungsgesetzgebers[24]. Diese Stellung ist auch für Friedenszeiten zu bejahen, da er währenddessen bereits über Befugnisse zur Vorbereitung seiner Tätigkeit im Notstandsfall verfügt[25] und anders als der Bundestag nicht dem Grundsatz der Diskontinuität[26] unterliegt. Gem. Art. 93 I Nr. 1 GG ist der Gemeinsame Ausschuß daher möglicher **Verfahrensbeteiligter im Organstreitverfahren**[27]. Die verfassungsrechtliche Stellung kommt in der eher nichtssagenden Bezeichnung als Gemeinsamer Ausschuß nur unzureichend zum Ausdruck. Die Bezeichnung als **Notparlament** ist nicht nur plastischer[28], sondern hätte seine Stellung und Funktion klarer hervorgehoben[29].

5

III. Die Zusammensetzung des Gemeinsamen Ausschusses

Aus dem Zusammenspiel von Art. 53a I 1 GG, der das Verhältnis zwischen Bundestags- und Bundesratsmitgliedern mit 2:1 festlegt, und Art. 53a I 3 GG, wonach jedes Bundesland durch ein Bundesratsmitglied vertreten wird, ergibt sich unmittelbar Größe und **Zusammensetzung** des Gemeinsamen Ausschusses: **32 Bundestags- und 16 Bundesratsmitglieder**[30].

6

---

s. insb. auch *G. Fritz*, BayVBl. 1983, 72ff; *K. Odendahl*, in: Schmidt-Bleibtreu/Hofmann/Henneke, GG, Art. 53a Rn. 3 spricht von einer »parlamentarischen Reservefunktion«.

[21] *Delbrück/Hobe* (Fn. 12), Art. 53a Rn. 5.
[22] Zur Kritik vgl. auch *H. Schäfer*, AöR 93 (1968), 37 (59ff.).
[23] BVerfGE 84, 304 (335); *H. Klein* (Fn. 18), Art. 53a Rn. 10ff.; *Delbrück/Hobe* (Fn. 12), Art. 53a Rn. 6; *Krebs* (Fn. 19), Art. 53a Rn. 2; *Stern*, Staatsrecht II, S. 169f.; *G. Robbers*, in: Sachs, GG, Art. 53a Rn. 2; *U. Fink*, in: v. Mangoldt/Klein/Starck, GG II, Art. 53a Rn. 5; *D.C. Umbach/T. Clemens*, in: Umbach/Clemens, GG, Art. 53a Rn. 5; *Odendahl* (Fn. 20), Art. 53a Rn. 4; eingehend *H. Amann*, Verfassungsrechtliche Probleme des Gemeinsamen Ausschusses nach Art. 53a Abs. 1 GG, 1971, S. 18ff.
[24] BT-Drs. zu IV/3494, S. 8; BT-Drs. V/1879, S. 15, 20.
[25] *Klein* (Fn. 18), Art. 53a Rn. 13.
[26] *Stern*, Staatsrecht II, S. 170; *Hendrichs* (Fn. 18), Art. 53a Rn. 7; vgl. § 2 I 1 GOGemA.
[27] *Klein* (Fn. 18), Art. 53a Rn. 14; *Krebs* (Fn. 19), Art. 53a Rn. 6.
[28] *Herzog* (Fn. 17), Art. 53a Rn. 1.
[29] Vgl. bereits BT-Drs. V/2130, S. 6f.; *Delbrück/Hobe* (Fn. 12), Art. 53a Rn. 6; *Hendrichs* (Fn. 18), Art. 53a Rn. 6.; *R. Schick*, Der Gemeinsame Ausschuß, in: Schneider/Zeh, § 58 Rn. 10ff.; kritisch zu den Begriffsalternativen *Krebs* (Fn. 19), Art. 53a Rn. 6.
[30] Durch die Wiedervereinigung hat sich die Zahl von 33 auf 48 Mitglieder erhöht, s. jetzt § 1 I GOGemA n.F.

1. Die Mitglieder des Bundestages

7 Im Unterschied zur Besetzung der Parlamentsausschüsse gem. §§ 12, 57 II GOBT, wonach die Fraktionen die auf sie entfallenden Mitglieder benennen, besitzen die **Fraktionen** bei der Besetzung des Gemeinsamen Ausschusses **nur das Vorschlagsrecht**[31], die verbindliche Bestellung der einzelnen vorgeschlagenen Bundestagsmitglieder verbleibt jedoch gem. Art. 53a I 2 GG in der alleinigen Entscheidungskompetenz des Bundestages, der insoweit nur an das Stärkeverhältnis, nicht an die Einzelvorschläge der Fraktionen gebunden ist[32]. An diesem problematischen Bestellungsmodus wird man wegen des Wortlauts des Art. 53a I 2 GG nicht vorbeikommen. Da der Fraktionsstatus nicht in der Verfassung, sondern durch die Geschäftsordnung des Bundestages festgelegt wird[33], birgt die Regelung des Art. 53a I 2 GG in sich die Gefahr einer Manipulation durch die Parlamentsmehrheit. Demokratieprinzip, Repräsentationsgedanke und der gleiche Abgeordnetenstatus verbieten indes eine beliebige Festsetzung der Fraktionsstärke[34]. Andererseits verlangt Art. 53a I 2 GG nicht, unabhängig vom Fraktionsstatus alle im Bundestag vorhandenen politischen Formationen in das Proportionalverfahren einzubeziehen[35]. Angesichts des Wortlauts wird man Art. 53a I 2 GG auch keine verfassungsrechtliche Festschreibung des inzwischen zugunsten des Rangmaßzahlverfahrens aufgegebenen d'Hondtschen Höchstzahlverfahrens entnehmen können[36]. Die Besetzung erfolgt daher durch (Mehrheits-)Beschluß gem. Art. 42 II GG, § 2 I GOGemA. Die Bestellung der Stellvertreter erfolgt nach den gleichen Grundsätzen gem. §§ 1 II, 2 I GOGemA. Die von den Fraktionen gem. § 5 II 2 GOGemA angegebene Reihenfolge der Stellvertreter ist nur maßgebend, wenn sie vom Bundestag in seinem allein verbindlichen Mehrheitsbeschluß übernommen worden ist[37]. Das in § 1 III GOGemA vorgesehene Nachrückverfahren für weitere Stellvertreter ist nach zutreffender allgemeiner Auffassung wegen eines Verstoßes gegen Art. 53a I 2 GG verfassungswidrig, da die verbindliche Entscheidung des Bundestages zwingend vorgeschrieben ist[38]. Ansonsten haben die Stellvertreter gem. § 5 I GOGemA die gleichen Rechte und Pflichten (Präsenzpflicht) wie die Mitglieder, das Stimm- und Antragsrecht steht ihnen freilich nur im Vertretungsfall zu.

---

[31] § 2 I 2 GOGemA; nur in seltenen Fällen wird sich das unterschiedliche Bestellungsrecht auch praktisch auswirken.

[32] *Klein* (Fn. 18), Art. 53a Rn. 21; *Delbrück/Hobe* (Fn. 12), Art. 53a Rn. 11; *Krebs* (Fn. 19), Art. 53a Rn. 8; *Stern*, Staatsrecht II, S. 175; *Odendahl* (Fn. 20), Art. 53a Rn. 8; a.A. *Emmelius*, Ausschuß (Fn. 12), S. 133, der eine Bindung an die Fraktionsvorschläge annimmt; vermittelnd *Sterzel* (Fn. 20), Abschn. Xa Rn. 66; *Grzeszick* (Fn. 20), Art. 53a Rn. 4.

[33] BVerfGE 84, 304 (335) faßt Art. 53a GG insoweit als dynamische Verweisung auf; s. auch BVerfGE 96, 264 (280f.); *Umbach/Clemens* (Fn. 23), Art. 53a Rn. 12; Gegenauffassung bei *Krebs* (Fn. 19), Art. 53a Rn. 9f. sowie die *abweichende Meinung* in BVerfGE 84, 304 (337ff.).

[34] Vgl. auch *Delbrück/Hobe* (Fn. 12), Art. 53a Rn. 9; *Stern*, Staatsrecht II, S. 175f.; *Emmelius*, Ausschuß (Fn. 12), S. 134; *C. O. Lenz*, Notstandsverfassung des Grundgesetzes, 1971, Art. 53a Rn. 6.

[35] BVerfGE 96, 264 (281); so aber BVerfGE 84, 304 (337ff.) – *abweichende Meinung*; *Krebs* (Fn. 19), Art. 53a Rn. 9f.; *Schick*, Ausschuß (Fn. 29), S. 1585f.

[36] Wohl h.M.: *Stern*, Staatsrecht II, S. 175; *Hendrichs* (Fn. 18), Art. 53a Rn. 12; *Sterzel* (Fn. 20), Abschn. Xa Rn. 69; a.A. *Herzog* (Fn. 17), Art. 53a Rn. 15.

[37] *Hendrichs* (Fn. 18), Art. 53a Rn. 10.

[38] *Klein* (Fn. 18), Art. 53a Rn. 37; *Stern*, Staatsrecht II, S. 173; *Krebs* (Fn. 19), Art. 53a Rn. 8; a.A. jetzt *Robbers* (Fn. 23), Art. 53a Rn. 7; *Fink* (Fn. 23), Art. 53a Rn. 14; *Umbach/Clemens* (Fn. 23), Art. 53a Rn. 15ff.

III. Die Zusammensetzung des Gemeinsamen Ausschusses **Art. 53a**

Nach der ausdrücklichen Regelung des Art. 53a I 2 GG sind die **Mitgliedschaft im** **8** **Gemeinsamen Ausschuß und die Zugehörigkeit zur Bundesregierung unvereinbar.** Dadurch sollen für den Verteidigungsfall ein Minimum an Gewaltenteilung und die Kontrollfunktion bewahrt werden[39]. Zur Bundesregierung zählen aufgrund § 1 II des Gesetzes über die Rechtsverhältnisse der Parlamentarischen Staatssekretäre vom 24.7.1974 auch die Parlamentarischen Staatssekretäre, da sie Regierungsfunktionen wahrnehmen. Außer dieser einzigen Einschränkung bei der Auswahl der Abgeordneten, die in den Gemeinsamen Ausschuß entsandt werden, bleibt ihre Rechtsstellung als Abgeordnete unberührt[40].

2. Die Mitglieder des Bundesrates

Jedes Land[41] **entsendet (nur) einen Vertreter** in den Gemeinsamen Ausschuß, so daß **9** die Regelung über das ungleiche Stimmgewicht des Art. 51 II GG keine Anwendung findet. Nach dem Wortlaut des Art. 53a I 3 GG müssen die jeweiligen Vertreter der Länder Mitglieder des Bundesrates i.S.d. Art. 51 I 1 GG sein. Nach § 4 I 1 GOGemA und allgemeiner Auffassung reicht jedoch auch eine stellvertretende Mitgliedschaft gem. Art. 51 I 2 GG aus[42], da sich deren Rechtsstellung nicht von derjenigen der ordentlichen Mitglieder unterscheidet und die Mitgliedschaft in den Landesregierungen das maßgebende Kriterium ist.

Der Entsendungsmodus wird von Art. 53a I 3 GG nicht explizit festgelegt. Da die **10** entsandten Ländervertreter Mitglieder des Bundesrates sein müssen und anders als beim Bundestag nicht der Bundesrat als ganzer entsendungsberechtigt ist, gilt nach allgemeiner Überzeugung für die **Entsendung der Ländervertreter Art. 51 I GG entsprechend**[43], so daß allein die Landesregierungen berechtigt sind, ihre Vertreter zu bestimmen.

Während Art. 53a I 2 GG für Bundestagsmitglieder explizit die **Inkompatibilität mit** **11** **Ämtern in der Bundesregierung** vorschreibt, fehlt eine entsprechende Regelung für die Bundesratsmitglieder. Die Inkompatibilität ergibt sich für die Bundesratsmitglieder jedoch daraus, daß gem. Art. 66 GG, § 4 BMinG ein Mitglied der Bundesregierung nicht gleichzeitig Mitglied einer Landesregierung sein darf[44]. Insofern sind die Mitglieder des Bundestages und des Bundesrates im Gemeinsamen Ausschuß gleichgestellt. Auch im übrigen sind die Bundesrats- und die Bundestagsvertreter im Hinblick auf ihre Rechtsstellung gleichberechtigt[45]. Für die Bundesratsmitglieder wird dies durch Art. 53a I 3 GG hinsichtlich ihrer Weisungsfreiheit geregelt, da die Ländervertreter im Bundesrat ansonsten grundsätzlich weisungsabhängig sind[46]. Neben der Garantie gleicher Rechtsstellung für die Bundesratsmitglieder ist die **Weisungsunabhängigkeit** auch

---

[39] *Klein* (Fn. 18), Art. 53a Rn. 22; *Krebs* (Fn. 19), Art. 53a Rn. 11; *Fink* (Fn. 23), Art. 53a Rn. 15.
[40] Art. 38 I 2, 46, 47, 48 GG; s. *Herzog* (Fn. 17), Art. 53a Rn. 17; *Delbrück/Hobe* (Fn. 12), Art. 53a Rn. 12; zur überholten Berlinproblematik *dies.*, ebd., Rn. 20; *Klein* (Fn. 18), Art. 53a Rn. 38.
[41] Zur insoweit ebenfalls überholten Berlinproblematik *Hendrichs* (Fn. 18), Art. 53a Rn. 16 sowie die Nachweise in Fn. 40.
[42] *Klein* (Fn. 18), Art. 53a Rn. 28; *Delbrück/Hobe* (Fn. 12), Art. 53a Rn. 15; *Krebs* (Fn. 19), Art. 53a Rn. 12; *Fink* (Fn. 23), Art. 53a Rn. 17.
[43] *Klein* (Fn. 18), Art. 53a Rn. 27; *Delbrück/Hobe* (Fn. 12), Art. 53a Rn. 15; *Krebs* (Fn. 19), Art. 53a Rn. 12.
[44] *Klein* (Fn. 18), Art. 53a Rn. 30; *Krebs* (Fn. 19), Art. 53a Rn. 15; *Fink* (Fn. 23), Art. 53a Rn. 19.
[45] *Klein* (Fn. 18), Art. 53a Rn. 31; *Stern*, Staatsrecht II, S. 167; *Krebs* (Fn. 19), Art. 53a Rn. 16.
[46] *Klein* (Fn. 18), Art. 53a Rn. 32; *Krebs* (Fn. 19), Art. 53a Rn. 14.

Voraussetzung rascher und flexibler Entscheidungsfindung⁴⁷. Im übrigen läßt sich die Gleichheit der Rechtsstellung mittelbar aus Art. 115e I GG schließen, da die Rechte des Gemeinsamen Ausschusses einheitlich wahrgenommen werden⁴⁸. Folglich stehen den Vertretern des Bundesrates wie denen des Bundestages das Recht der Immunität und alle weiteren Abgeordneten-Privilegien zu⁴⁹. Bundestags- und Bundesratsmitglieder tagen daher gemeinsam und stimmen gemeinsam ab. Die Redewendung von einer Bundestags- und einer Bundesratsbank⁵⁰ weckt insofern allenfalls irreführende Vorstellungen.

12 Gegen die Zusammenfassung von Bundestag und Bundesrat zu einem einheitlichen Organ⁵¹ und vor allem gegen die einheitliche, gleichberechtigte und unabhängige Entscheidungsfindung sind **rechtsstaatliche und bundesstaatliche Bedenken** erhoben und sogar ein Verstoß gegen Art. 79 III GG erwogen worden⁵². Derartige Bedenken sind jedoch **unbegründet**. Art. 79 III GG garantiert nur die grundsätzliche Mitwirkung der Länder an der Bundesgesetzgebung und legt keine bestimmte Beteiligung fest. Darüber hinaus werden die Mitwirkungsrechte der Länder im Gemeinsamen Ausschuß nur zeitlich und sachlich begrenzt eingeschränkt, sogar durch die Beteiligung an allen Gesetzgebungsvorhaben mit vollem Stimmrecht partiell erweitert, so daß sich das Übergewicht des Bundestages überhaupt nur bei Zustimmungsgesetzen auswirken kann⁵³. Die teilweise geforderte Abstimmung nach »Bänken« steigert demgegenüber die gegenseitige Kontrolle nicht und könnte allenfalls die rasche und effektive Arbeit des Gemeinsamen Ausschusses behindern⁵⁴.

IV. Bildung und Verfahren des Gemeinsamen Ausschusses

13 Bildung und Verfahren des Gemeinsamen Ausschusses werden im wesentlichen nicht von der Verfassung selbst geregelt, sondern bleiben gem. Art. 53a I 4 GG der Regelung durch eine Geschäftsordnung überlassen, die eine nur den Gemeinsamen Ausschuß bindende Satzung ist. In Abweichung zu anderen Geschäftsordnungen wird die **Geschäftsordnung des Gemeinsamen Ausschusses** jedoch nicht kraft eigener Geschäftsordnungsautonomie, sondern vom Bundestag mit Zustimmung des Bundesrates erlassen⁵⁵. Nur unter den Voraussetzungen des Art. 115e I GG kann der Gemeinsame Ausschuß die Geschäftsordnung selbst ändern, da die Einschränkungen des Art. 115e II

---

⁴⁷ Teilweise kritisch dazu *Delbrück/Hobe* (Fn. 12), Art. 53a Rn. 17 ff.
⁴⁸ *Krebs* (Fn. 19), Art. 53a Rn. 16.
⁴⁹ *Klein* (Fn. 18), Art. 53a Rn. 34; *Krebs* (Fn. 19), Art. 53a Rn. 16, 11.
⁵⁰ So insb. *Herzog* (Fn. 17), Art. 53a Rn. 12 ff.; weitere Nachweise → Fn. 54.
⁵¹ Hier wird gelegentlich von einem Einkammersystem gesprochen: *Herzog* (Fn. 17), Art. 53a Rn. 24, 40; *Stern*, Staatsrecht II, S. 167.
⁵² *Emmelius*, Ausschuß (Fn. 12), S. 156 ff.; H. H. *Holz*, Blätter für deutsche und internationale Politik 11 (1966), 608 (609 f.); vgl. auch T. *Maunz*/R. *Herzog*/R. *Scholz*, in: Maunz/Dürig, GG, Art. 115e (1969), Rn. 8; L.-A. *Versteyl*, in: v. Münch/Kunig, GG III, Art. 115e Rn. 9.
⁵³ Im Ergebnis übereinstimmend *Klein* (Fn. 18), Art. 53a Rn. 35; *Stern*, Staatsrecht II, S. 167; *Hendrichs* (Fn. 18), Art. 53a Rn. 8; *Delbrück/Hobe* (Fn. 12), Art. 53a Rn. 25 f.; H.-U. *Evers*, AöR 91 (1966), 1 (6 f.); *Robbers* (Fn. 23), Art. 53a Rn. 10; *Fink* (Fn. 23), Art. 53a Rn. 21; *Sterzel* (Fn. 20), Abschn. Xa Rn. 72a.
⁵⁴ *Stern*, Staatsrecht II, S. 167 gegen *Maunz/Herzog/Scholz* (Fn. 52), Art. 115e Rn. 8; *Versteyl* (Fn. 52), Art. 115e Rn. 6; *Seifert*, Notstandsausschuß (Fn. 3), S. 65 ff; s. auch *Grzeszick* (Fn. 20), Art. 53a Rn. 9.
⁵⁵ Geschäftsordnung v. 23.7.1969 (BGBl. I S. 1102), zuletzt geändert am 20.7.1993 (BGBl. I S. 1500); s. auch *Klein* (Fn. 18), Art. 53a Rn. 40 f.

GG insoweit nicht greifen⁵⁶. Die Geschäftsordnung enthält teilweise weitreichende Regelungen⁵⁷, wie insbesondere über die Beteiligung der Fraktionen (→ Rn. 7), die Präsenzpflicht (§ 6)⁵⁸, und die Nichtöffentlichkeit der Sitzungen (§ 10)⁵⁹. Durch die Verfassung und damit vorrangig gegenüber der Geschäftsordnung wird demgegenüber vor allem der Zeitpunkt der Bildung festgelegt, da sich aus Art. 53a GG ergibt, daß der Ausschuß bereits in Friedenszeiten zu bilden ist, auch wenn seine Aufgaben erst im Verteidigungsfall wahrzunehmen sind⁶⁰. Außerdem schreibt das Grundgesetz in Art. 115a II, 115e und 115h II GG für bestimmte Entscheidungen qualifizierte Mehrheiten vor⁶¹. Im übrigen werden Bildung und Verfahren durch die Geschäftsordnung des Gemeinsamen Ausschusses ausgefüllt, die ihrerseits für verbleibende Lücken auf die Geschäftsordnung des Bundestages verweist (§ 18).

V. Unterrichtung durch die Bundesregierung (Art. 53a II GG)

Art. 53a II GG normiert eine umfassende Informationspflicht der Bundesregierung. Wie die Formulierung »Planungen für den Verteidigungsfall« erkennen läßt, begründet Art. 53a II GG **nicht erst für den Verteidigungsfall**, sondern **bereits in Friedenszeiten eine Informationspflicht**⁶². Die Unterrichtungspflicht ist umfassend und erstreckt sich auf das gesamte Gebiet der militärischen und zivilen Verteidigung und schließt alle Absichten und Planspiele der Regierung ein⁶³. Art. 53a II GG verlangt eine regelmäßige Unterrichtung auch ohne ausdrückliches Verlangen des Gemeinsamen Ausschusses in Parallele zu Art. 53 Satz 3 GG⁶⁴. Gem. § 8 II GOGemA ist eine Information mindestens zweimal jährlich zu erteilen, und die Bundesregierung muß ferner gem. § 11 II GOGemA auf Beschluß des Gemeinsamen Ausschusses an allen seinen Sitzungen teilnehmen⁶⁵. Umgekehrt besitzen die Mitglieder der Bundesregierung Zutrittsrecht⁶⁶. Der Gemeinsame Ausschuß kann gegebenenfalls seine Informationsrechte im Organstreitverfahren durchsetzen⁶⁷.

14

Art. 53a II 2 GG bestimmt ausdrücklich, daß die **Informationsrechte** des Gemeinsamen Ausschusses **die Rechte des Bundestages und seiner Ausschüsse unberührt** lassen. Das gilt in Friedenszeiten wie im Verteidigungsfall. Dadurch soll vor allem der Bundesregierung verwehrt werden, entsprechende Informationen durch Unterrichtung

15

---

⁵⁶ *Robbers* (Fn. 23), Art. 53a Rn. 12.
⁵⁷ Vgl. im einzelnen kritisch *J. Delbrück*, DÖV 1970, 229 ff.; *Hendrichs* (Fn. 18), Art. 53a Rn. 26 i.V.m. 11; *Schick* (Fn. 29), § 58 Rn. 46.
⁵⁸ Dazu eingehender *Klein* (Fn. 18), Art. 53a Rn. 47 f.
⁵⁹ Näher *Klein* (Fn. 18), Art. 53a Rn. 49 ff.; *Odendahl* (Fn. 20), Art. 53a Rn. 12; *Achterberg*, Parlamentsrecht, S. 549; kritisch *J. Delbrück*, in: BK, Art. 115e (Erstb. 1969), Rn. 61 f.; *ders.*, DÖV 1970, 229 (233 f.); *Emmelius*, Ausschuß (Fn. 12), S. 137 ff.; *Schick* (Fn. 29), § 58 Rn. 28 ff.; *Sterzel* (Fn. 20), Abschn. Xa Rn. 72.; *Fink* (Fn. 23), Art. 53a Rn. 26; vgl. auch *Twenhöven*, Stellung (Fn. 16), S. 143 ff.
⁶⁰ *Delbrück/Hobe* (Fn. 12), Art. 53a Rn. 22; *Hendrichs* (Fn. 18), Art. 53a Rn. 24.
⁶¹ Dazu auch *Delbrück/Hobe* (Fn. 12), Art. 53a Rn. 23 f.
⁶² *Klein* (Fn. 18), Art. 53a Rn. 78 ff.; *Fink* (Fn. 23), Art. 53a Rn. 29 f.
⁶³ *Klein* (Fn. 18), Art. 53a Rn. 79; *Stern*, Staatsrecht II, S. 177; *Krebs* (Fn. 19), Art. 53a Rn. 20.
⁶⁴ *Klein* (Fn. 18), Art. 53a Rn. 80; *Stern*, Staatsrecht II, S. 170; *Hendrichs* (Fn. 18), Art. 53a Rn. 27.
⁶⁵ Insofern besitzt der ›Gemeinsame Ausschuß‹ bereits in Friedenszeiten das Zitierrecht: *Fink* (Fn. 23), Art. 53a Rn. 31; *Robbers* (Fn. 23), Art. 53a Rn. 16; a.A. *M. Schröder*, in: BK, Art. 43 (Zweitb. 1978), Rn. 31a.
⁶⁶ *W. Kluth*, in: Schmidt-Bleibtreu/Hofmann/Henneke, GG, Art. 43 Rn. 29; *Schröder* (Fn. 65), Art. 43 Rn. 69; *Robbers* (Fn. 23), Art. 53a Rn. 17.
⁶⁷ *Klein* (Fn. 18), Art. 53a Rn. 81. → Rn. 5.

des Gemeinsamen Ausschusses dem Bundestag vorzuenthalten[68]. Im Umkehrschluß aus Art. 53a II 2 GG gilt ferner, daß sich die Bundesregierung gegenüber entsprechenden Informationsersuchen des Bundestages nicht auf ihr Geheimhaltungsinteresse berufen darf, was eine Berücksichtigung dieser Geheimhaltungsinteressen durch entsprechende Sicherheitsvorkehrungen des Parlaments (Nichtöffentlichkeit, Befassung nur des Verteidigungsausschusses) nicht ausschließt[69].

D. Verhältnis zu anderen GG-Bestimmungen

16 Art. 53a GG hat nur die Institution, Organisation und Verfahren des Gemeinsamen Ausschusses zum Gegenstand. Seine **Kompetenzen** sind dagegen in **Art. 115a II, 115e GG geregelt**.

---

[68] *Amann*, Probleme (Fn. 23), S. 46 ff.; *Krebs* (Fn. 19), Art. 53a Rn. 21; *Delbrück/Hobe* (Fn. 12), Art. 53a Rn. 32; *J. Linck*, DÖV 1983, 957 (961).
[69] *Klein* (Fn. 18), Art. 53a Rn. 79; *Hendrichs* (Fn. 18), Art. 53a Rn. 28.

V. Der Bundespräsident

Artikel 54 [Wahl; Amtsdauer; Bundesversammlung]

(1) ¹Der Bundespräsident wird ohne Aussprache von der Bundesversammlung gewählt. ²Wählbar ist jeder Deutsche, der das Wahlrecht zum Bundestage besitzt und das vierzigste Lebensjahr vollendet hat.

(2) ¹Das Amt des Bundespräsidenten dauert fünf Jahre. ²Anschließende Wiederwahl ist nur einmal zulässig.

(3) Die Bundesversammlung besteht aus den Mitgliedern des Bundestages und einer gleichen Anzahl von Mitgliedern, die von den Volksvertretungen der Länder nach den Grundsätzen der Verhältniswahl gewählt werden.

(4) ¹Die Bundesversammlung tritt spätestens dreißig Tage vor Ablauf der Amtszeit des Bundespräsidenten, bei vorzeitiger Beendigung spätestens dreißig Tage nach diesem Zeitpunkt zusammen. ²Sie wird von dem Präsidenten des Bundestages einberufen.

(5) Nach Ablauf der Wahlperiode beginnt die Frist des Absatzes 4 Satz 1 mit dem ersten Zusammentritt des Bundestages.

(6) ¹Gewählt ist, wer die Stimmen der Mehrheit der Mitglieder der Bundesversammlung erhält. ²Wird diese Mehrheit in zwei Wahlgängen von keinem Bewerber erreicht, so ist gewählt, wer in einem weiteren Wahlgang die meisten Stimmen auf sich vereinigt.

(7) Das Nähere regelt ein Bundesgesetz.

Literaturauswahl

Braun, Beate: Die Bundesversammlung, 1993.
Butzer, Hermann: Der Bundespräsident und sein Präsidialamt, in: VerwArch. 82 (1991), S. 497–525.
Doehring, Karl: Der »pouvoir neutre« und das Grundgesetz, in: Der Staat 3 (1964), S. 201–219.
Herzog, Roman: Bundespräsident und Bundesverfassungsgericht, in: Festschrift für Karl Carstens, Bd. 2, 1984, S. 600–611.
Heun, Werner: Die Stellung des Bundespräsidenten im Licht der Vorgänge um die Auflösung des Bundestages, in: AöR 109 (1984) S. 13–36.
Jülich, Christian: Die Wahl des Bundespräsidenten, in: DÖV 1969, S. 92–97.
Kaltefleiter, Werner: Die Funktionen des Staatsoberhauptes in der parlamentarischen Demokratie, 1970.
Kimminich, Otto: Das Staatsoberhaupt in der parlamentarischen Demokratie, VVDStRL 25 (1967), S. 2–94.
Maurer, Hartmut: Hat der Bundespräsident ein politisches Mitspracherecht?, in: DÖV 1966, S. 665–675.
Mehlhorn, Lutz: Der Bundespräsident der Bundesrepublik Deutschland und der Republik Österreich, 2010.
Nettesheim, Martin: Amt und Stellung des Bundespräsidenten in der grundgesetzlichen Demokratie, in: HStR³ III, § 61, S. 1031–1071.
Nettesheim, Martin: Die Aufgaben des Bundespräsidenten, in: HStR³ III, § 62, S. 1073–1103.
Nettesheim, Martin: Die Bundesversammlung und die Wahl des Bundespräsidenten, in: HStR³ III, § 63, S. 1105–1113.
Rau, Johannes: Vom Gesetzesprüfungsrecht des Bundespräsidenten, in: DVBl. 2004, S. 1–8.
Schlaich, Klaus: Die Bundesversammlung und die Wahl des Bundespräsidenten, in: HStR II, § 47, S. 523–528.
Schlaich, Klaus: Der Status des Bundespräsidenten, in: HStR II, § 48, S. 529–540.
Schlaich, Klaus: Die Funktion des Bundespräsidenten im Verfassungsgefüge, in: HStR II, § 49, S. 541–584.

Art. 54

Scheuner, Ulrich: Das Amt des Bundespräsidenten als Aufgabe verfassungsrechtlicher Gestaltung, 1966.
Steiner, Wolfgang: Die innerstaatliche Repräsentation und Vertretung der Bundesrepublik durch den Bundespräsidenten, 1970.
Tomuschat, Christian: Präsidialsystem und Demokratie, in: Festschrift für Karl Carstens, Bd. 2, 1984, S. 911–932.
Wiegand, Marc André: Zum Begriff des Staatsoberhauptes, in: AöR 133 (2008), S. 475–522.

Leitentscheidungen des Bundesverfassungsgerichts

BVerfGE 62, 1 (34ff.) – Bundestagsauflösung I; 114, 121 (147ff., Rn. 124ff.) – Bundestagsauflösung III; 136, 277 (309ff., Rn. 90ff.) – Bundesversammlung; 136, 323 (331ff., Rn. 24ff.) – NPD-Äußerung.

Gliederung   Rn.

A. Herkunft, Entstehung, Entwicklung 1
   I. Ideen- und verfassungsgeschichtliche Aspekte 1
   II. Entstehung und Veränderung der Norm 4
B. Internationale, supranationale und rechtsvergleichende Bezüge 5
   I. Internationales Recht und Europäisches Unionsrecht 5
   II. Rechtsvergleichende Hinweise 7
C. Erläuterungen 11
   I. Die Stellung des Bundespräsidenten im Verfassungsgefüge 11
      1. Der Bundespräsident als Staatsoberhaupt 11
      2. Funktionen und Kompetenzen 13
         a) Repräsentations- und Integrationsaufgabe 15
         b) Politische Reservefunktion 19
         c) Legalitätsreserve 20
         d) Gesamtwürdigung 23
   II. Voraussetzungen und Wählbarkeit (Art. 54 I 2 GG) 24
   III. Wahl durch die Bundesversammlung (Art. 54 I 1, III–VI GG) 28
      1. Zusammensetzung und Wahl der Mitglieder der Bundesversammlung
         (Art. 54 I 2 GG) 28
      2. Zusammentritt und Einberufung der Bundesversammlung (Art. 54 IV, V) 30
      3. Das Wahlverfahren (Art. 54 I 1, VI GG) 32
      4. Der Status der Mitglieder der Bundesversammlung 37
   IV. Amtsdauer und Wiederwahl (Art. 54 II GG) 38
   V. Gesetzesvorbehalt (Art. 54 VII GG) 43
D. Verhältnis zu anderen GG-Bestimmungen 44

Stichwörter

Amtsdauer 38 – Amtsverhältnis 42 – Außenvertretung 5, 15f. – Beamtenernennung 17, 20 – Beglaubigung 5 – Begnadigung 17 – Bundesbehörde, oberste 12 – Bundeskanzler 13 – Bundesländer 10, 28 – Bundespräsidialamt 12 – Bundesregierung 12f. – Bundestagsauflösung 19 – Bundesversammlung 4, 28, 30, 32, 37 – Bundeswappen 13 – Diktaturgewalt 3 – Ernennung 17, 20 – Europäischer Rat 6 – Flagge 13 – GASP 6 – Geschäftsordnung 32 – Gesetzgebungsnotstand 19 – Hüter der Verfassung 22 – Identität 17 – Immunität 37 – Kompetenzen 13f., 19 – Länderparlamente 4 – Missionschefs 5 – Monarch 1 – Monarchie, konstitutionelle 2 – Nationalhymne 13 – Natur der Sache 13 – Neutralität 12 – Orden 13, 17 – pouvoir neutre 12 – Präsidialsystem 7 – Prüfungskompetenz 20 – Ratspräsidentschaft 6 – Reichspräsident 3 – Repräsentationsfunktion 15ff. – Republik 3 – Staatsnotar 21 – Staatsoberhaupt 5ff., 11ff. – Verteidigungsfall 38 – Vertretung, völkerrechtliche 5, 16 – Volkssouveränität 2f. – Wahl 24ff., 28ff. – Wahlverfahren 32 – Wiederwahl 4, 38ff.

A. Herkunft, Entstehung, Entwicklung

I. Ideen- und verfassungsgeschichtliche Aspekte

Der republikanische Bundespräsident ist in vielfacher Hinsicht der **Nachfolger des Monarchen im frühneuzeitlichen Staat**[1], dessen rechtliche Stellung durch das von Jean Bodin klassisch formulierte Konzept der Souveränität[2] gekennzeichnet ist und dessen Legitimation göttlicher Natur ist[3]. Zugleich verkörpert der Monarch die Einheit des Staates als dessen oberster Repräsentant. Der Monarch ist in dieser Eigenschaft wie als Souverän vor allem auch oberster Gesetzgeber. 1

Der göttliche Legitimitätsanspruch ebenso wie der unumschränkte Souveränitätsanspruch werden spätestens mit der Amerikanischen und der Französischen Revolution durchgreifend erschüttert, in denen sich der von den englischen Theoretikern[4] und zugespitzt von Jean-Jacques Rousseau[5] entwickelte, aber weit zurückreichende Gedanke der **Volkssouveränität**[6] durchsetzte. Trotz der weiteren Verwendung der alten Formel »von Gottes Gnaden«[7] gerade durch die preußischen Könige[8] konnten die deutschen Monarchen auf göttliche Legitimierung nicht mehr ungebrochen zurückgreifen[9]. Aufgrund des als neue **Legitimationsgrundlage** herangezogenen **monarchischen Prinzips** wurde anfangs sogar noch die monarchische Souveränität sowohl für die Inhaberschaft als auch die Ausübung der Staatsgewalt behauptet[10]. Angesichts der unbestreitbaren Bindung auch des Monarchen an die zunächst kraft umfassender Souveränität erlassenen Verfassungen ließ sich freilich letztere nicht dauerhaft aufrechterhalten[11]. Die Monarchie des deutschen Konstitutionalismus im 19. Jahrhundert war deshalb auf einen Kompromiss zwischen der demokratisch legitimierten Volksvertretung und eigenständig legitimierten Monarchen gerade in Verfassungsfragen angewie- 2

---

[1] *H. Maurer*, DÖV 1966, 665 (666): »direkter Erbe des Monarchen«.
[2] Vgl. *J. Bodin*, Six Livres de la République, Paris 1583 (Ndr. 1977), I, 10 (S. 221 ff.); dazu und zu den historischen Grundlagen vgl. hier nur *H. Quaritsch*, Staat und Souveränität I, 1970, S. 243 ff.; *ders.*, Souveränität, 1986, S. 13 ff.
[3] Die Göttlichkeit und göttliche Legitimation des monarchischen Herrschers findet sich bereits im alten Ägypten und im alten Orient und wird über die griechisch-römische Antike durch das Mittelalter hin zur Neuzeit tradiert, vgl. *Bodin*, Livres (Fn. 2), I, 10 (S. 211 f.); und gesteigert bei *J. B. Bossuet*, Politique tirée des propres paroles de l'écriture sainte à Monseigneur le Dauphin, 3. ed., Paris 1714, III, 2 (S. 94).
[4] Vgl. dazu nur *E. S. Morgan*, Inventing the People, New York 1988.
[5] *J.-J. Rousseau*, Du contrat social, 1762; dazu hier nur *M. Forschner*, Rousseau, 1977, S. 89 ff., 117 ff.; *I. Fetscher*, Rousseaus politische Philosophie, 2. Aufl. 1968, S. 90 ff.
[6] Vgl. hier nur *P. Graf Kielmannsegg*, Volkssouveränität, 1977, S. 16 ff.
[7] Vgl. hier nur knapp: *A. Erler*, Dei Gratia, in: HRG I, Sp. 672 f. zur Überlieferung auch *ders.*, Gottes Gnaden, ebd., Sp. 1762.
[8] Vgl. Präambel der Preuß. Verfassung von 1848 (in: W. Heun [Hrsg.], Deutsche Verfassungsdokumente 1806–1849, Teil V, 2008, S. 109). Die Streichung durch die Preuß. Nationalversammlung war ein Grund für ihre Auflösung; die Preuß. Verf. von 1850 (Huber, Dokumente I, S. 501) nahm sie daher wieder auf.
[9] Das Legitimitätsprinzip Talleyrands auf dem Wiener Kongreß ist die Antwort auf dieses Dilemma, vgl. *T. Würtenberger*, Die Legitimität staatlicher Herrschaft, 1973, S. 123 ff.
[10] Vgl. im Einzelnen *H. Boldt*, Deutsche Staatslehre im Vormärz, 1975, S. 16 ff.; *W. Heun*, Das monarchische Prinzip und der deutsche Konstitutionalismus des 19. Jahrhunderts, in: FS Rauschning, 2000, S. 41 ff.
[11] Zur Umdeutung des monarchischen Prinzips als Gegenprinzip zum englischen parlamentarischen Regierungssystem im Sinne bloßer konstitutioneller Ministerverantwortlichkeit *W. Heun*, Der Staat 45 (2006), 365 (380).

sen[12]. Das kam zudem in der eigentümlichen Vorstellung zum Ausdruck, dass das Gesetzgebungsrecht weiterhin allein beim Monarchen lag und die Volksvertretung nur über den Inhalt der Gesetze mitbestimmen konnte[13]. Die Verfassung der Paulskirche beruhte dagegen erstmals, wenngleich notgedrungen, auf der freilich verschleierten Idee der Volkssouveränität[14], so dass die Stellung des vorgesehenen Kaisers allein vom Volk abgeleitet war. Die Ablehnung der Kaiserwürde durch den preußischen König war vor allem auch darauf zurückzuführen[15]. Der Kaiser in der Reichsverfassung von 1871 war dagegen zunächst allein ein Titel[16], zog aber bald eine eigenständige cäsaristische Legitimation auf sich, die neben die monarchisch-bündische und nationalstaatliche Legitimation des Kaiserreichs und seiner Verfassung trat[17]. Seine Beteiligung an der Gesetzgebung war lediglich noch auf die formale Ausfertigung und Verkündung reduziert[18].

3   Die **Weimarer Verfassung** beruhte dagegen endgültig auf dem demokratischen Prinzip der Volkssouveränität (Art. 1 S. 2 WRV)[19] und schuf das Amt eines republikanischen Reichspräsidenten, das aufgrund der Vorstellungen Max Webers[20] und Hugo Preuß[21] noch aus antiparlamentarischen Überzeugungen Züge eines Ersatzmonarchen trug[22]. Im Rahmen des von der Weimarer Reichsverfassung errichteten gemischt **parlamentarisch-präsidentiellen Regierungssystems**[23] war der unmittelbar vom Volk gewählte Reichspräsident (Art. 41 WRV)[24] mit den typischen Befugnissen der Auflösung des Reichstags (Art. 25 I WRV) sowie der Ernennung und Entlassung der Reichsregierung (Art. 53 WRV) ausgestattet, während der Reichskanzler und die Reichsminister aber zugleich des Vertrauens des Parlaments bedurften und insoweit jederzeit vom Reichstag gestürzt werden konnten (Art. 54 WRV). Darüber hinaus konnte der Reichspräsident theoretisch Volksentscheide über vom Reichstag beschlossene Gesetze herbeiführen (Art. 73 I WRV), verfügte über den militärischen Oberbefehl (Art. 47 WRV) und konnte als Ausfluß der sog. »Diktaturgewalt«[25] gem. Art. 48 II WRV so-

---

[12] Vgl. zur Idee der »paktierten Verfassung« *H. Mohnhaupt/D. Grimm*, Verfassung, 1995, S. 123 f.
[13] *Huber*, Verfassungsgeschichte I, S. 347; *W. Heun*, Der Staat 45 (2006), 365 (377).
[14] *W. Heun*, Der Staat 45 (2006), 365 (380 f.).
[15] Vgl. dazu *Huber*, Verfassungsgeschichte II, S. 846 ff.
[16] Vgl. Art. 11 S. 1 RVerf 1871.
[17] Vgl. *H. Hofmann*, Das Problem der cäsaristischen Legitimität im Kaiserreich, in: ders., Recht – Politik – Verfassung, 1986, S. 181 ff.
[18] *P. Laband*, Das Staatsrecht des Deutschen Reiches, Bd. II, 5. Aufl. 1911, S. 29 ff., schrieb das Sanktionsrecht deshalb dem Bundesrat zu, während *Huber*, Verfassungsgeschichte III, S. 925 f. es weiter dem Kaiser zuweist.
[19] *R. Thoma*, Das Reich als Demokratie, in: HdbDStR I, S. 186 ff.; *H. Heller*, Gesammelte Schriften, Bd. 2, 2. Aufl. 1992, S. 92 ff.
[20] Vgl. *M. Weber*, Gesammelte Politische Schriften (1921), 5. Aufl. 1988, S. 468 ff., 498 ff.
[21] Vgl. *H. Preuß*, Deutschlands republikanische Reichsverfassung, 2. Aufl. 1923, S. 67 ff.; *ders.*, Um die Reichsverfassung von Weimar, 1924, S. 63 ff.
[22] Vgl. *T. Eschenburg*, Die improvisierte Demokratie (1963), Neuausgabe: Die Republik von Weimar, 1984, S. 65 ff.; *W. Weber*, Spannungen und Kräfte im westdeutschen Verfassungssystem, 3. Aufl. 1970, S. 159.
[23] *K. Loewenstein*, Der Staatspräsident (1949), in: ders., Beiträge zur Staatssoziologie, 1961, S. 331 ff. (335) bezeichnet die Weimarer Konstruktion als »keineswegs glückliche Mischung«.
[24] Allg. zu seiner Stellung *Huber*, Verfassungsgeschichte VI, S. 307 ff.; *C. Gusy*, Die Weimarer Reichsverfassung, 1997, S. 98 ff.
[25] *R. Grau*, Die Diktaturgewalt des Reichspräsidenten und der Landesregierungen 1922; *Anschütz*, WRV, Art. 48 Anm. 6 (S. 275); vgl. auch *Huber*, Verfassungsgeschichte VI, S. 444 ff. zum Notverordnungsrecht; *Gusy*, Reichsverfassung (Fn. 24), S. 107 f.

wohl Notverordnungen erlassen als auch sonstige Notstandsmaßnahmen (Preußenschlag) ergreifen. Während Maßnahmen nach Art. 48 WRV erheblich bei der Überwindung der nachrevolutionären Krisen bis 1923 halfen, wirkten sich diese Befugnisse in den Jahren ab 1930 verhängnisvoll aus und trugen erheblich zum Scheitern der Republik und zum Übergang in die Diktatur bei[26].

II. Entstehung und Veränderung der Norm

Die Regelungen über die Stellung des Bundespräsidenten im Grundgesetz stehen ganz im Bann der negativen Erfahrungen am Ende der Weimarer Republik[27]. Die **Abkehr von der Vorgängerverfassung** ist – jedenfalls im Bereich des Staatsorganisationsrechts – **nirgends deutlicher als beim Präsidentenamt**[28]. Die starke Beschneidung der Kompetenzen, die Amtszeitbegrenzung, einmalige Wiederwahl sowie der Verzicht auf eine unmittelbare Volkswahl, deren demagogische Verführung vor allem Theodor Heuss fürchtete[29], sind die Konsequenzen, die sich freilich systematisch völlig in das Konzept eines parlamentarischen Regierungssystems einfügen, für welches sich das Grundgesetz dezidiert entschieden hat[30]. Der von einer Minderheit im Herrenchiemseer Konvent befürwortete Alternativvorschlag eines Dreierkollegiums als Präsidium statt eines Bundespräsidenten, um dem Provisoriumscharakter des Grundgesetzes Ausdruck zu verleihen, konnte sich nicht durchsetzen[31]. Von Anfang an bestand Einigkeit darin, statt der unmittelbaren Volkswahl eine parlamentarische Bestellung auf föderal erweiterter Grundlage vorzusehen. Art. 75 HChE wollte dieses Anliegen durch einen »übereinstimmenden Beschluss des Bundestages und des Bundesrates« umsetzen[32]. Allmählich setzte sich aber im Parlamentarischen Rat die auch durch Theodor Heuss propagierte endgültige Lösung einer Wahl durch eine Bundesversammlung durch, die jeweils zur Hälfte aus den Abgeordneten des Bundestages und aus durch die Länderparlamente gewählten Vertretern der Länder zusammengesetzt sein sollte, wobei der Bundesrat von der Beteiligung ausgeschlossen wurde[33], da dessen Mitwirkung infolge seiner besonderen Struktur »ein Schönheitsfehler im staatstechnischen Sinn« sei[34]. Die fünfjährige Amtszeit und die Beschränkung auf eine einmalige Wiederwahl waren dagegen unumstritten[35].

4

---

[26] Vgl. *F. Poetzsch-Heffter*, JöR 1925, 141 ff.; 1929, 99; 1933/34, 127; *R. Haugg*, Die Anwendung des Art. 48 WRV, Diss. jur. Würzburg 1975, S. 28 ff.; *K.-D. Bracher*, Die Auflösung der Weimarer Republik, 1955, S. 47 ff., 287 ff.
[27] Parl. Rat IX, S. 440; *E. Lange*, VjHZG 26 (1978), 601 ff.; kritisch *Weber*, Spannungen (Fn. 22), S. 9 f., 31 f., 36 f.; s. auch *K. F. Fromme*, Von der Weimarer Reichsverfassung zum Bonner Grundgesetz, 1960.
[28] *U. Scheuner*, Das Amt des Bundespräsidenten, 1966, S. 12; *Stern*, Staatsrecht II, S. 197 f.
[29] Vgl. *Scheuner*, Amt (Fn. 28), S. 33.
[30] Dieser Gesichtspunkt wird allgemein viel zu wenig beachtet.
[31] Vgl. Parl. Rat II, S. 292 f.
[32] Parl. Rat II, S. 594.
[33] JöR 1 (1951), S. 400 ff. mit den Details der zahlreichen Modifizierungen im Beratungsprozess.
[34] *T. Heuss*, Parl. Rat XIV/1, S. 286.
[35] Parl. Rat XIV/2, S. 998; s. schon Art. 76 HChE.

B. Internationale, supranationale und rechtsvergleichende Bezüge

I. Internationales Recht und Europäisches Unionsrecht

5   Das **internationale Recht** setzt ein Staatsoberhaupt voraus und erkennt den Bundespräsidenten als Staatsoberhaupt an. Art. 7 II WVK **sieht das Staatsoberhaupt kraft Amtes als Vertreter seines Staates** an. Die Beglaubigung von Missionschefs der Klasse 1 und 2 ist gem. Art. 14 WÜD dem Staatsoberhaupt vorbehalten. Die Anerkennung der völkerrechtlichen Vertretungsbefugnis im internationalen Rechtsverkehr und die protokollarische Bedeutung des Amtes erlauben aber keine Schlußfolgerung auf die innerstaatlichen sachlichen Kompetenzen, deren Umfang sich ausschließlich nach der staatlichen Verfassungs- und Rechtsordnung richtet. Parallelen zu Stellung und Funktion des Staatsoberhauptes auf völkerrechtlicher Ebene bestehen zur Zeit nicht und sind auch nicht absehbar[36]. Immerhin vertritt der Generalsekretär der UNO in der Praxis die Vereinten Nationen völkerrechtlich, obwohl er durch Art. 97 SVN nicht ausdrücklich mit der Repräsentation nach außen betraut ist. Er handelt insofern Abkommen für die UNO aus, schließt sie ab und nimmt wichtige politische Funktionen wahr (vgl. Art. 99 SVN)[37].

6   **Das Europäische Unionsrecht** nimmt den Bundespräsidenten als Staatsoberhaupt gar nicht zur Kenntnis und lässt sein Amt unberührt. Das gilt, abgesehen von dem Vertragsschluss selbst und der Präambel, auch für seine Funktion als Repräsentant des deutschen Staates. Auch gibt es in der Europäischen Union kein dem Staatsoberhaupt vergleichbares Organ. Die Außenvertretung der EU ist aufgeteilt. Im allgemeinen Rechtsverkehr wird sie gem. Art. 335 AEUV durch die Kommission vertreten, im Bereich der Außen- und Sicherheitspolitik gem. Art. 27 II EUV durch den Hohen Vertreter für die Außen- und Sicherheitspolitik sowie daneben durch den Präsidenten des Europäischen Rates gem. Art. 15 VI 2 EUV und ansonsten wiederum durch die Kommission gem. Art. 17 I 6 EUV. Der Abschluß von Verträgen der Union mit Drittstaaten oder internationalen Organisationen richtet sich nach Art. 218 AEUV (→ Art. 59 Rn. 9).

II. Rechtsvergleichende Hinweise

7   Die **Stellung des Staatsoberhauptes** im internationalen Vergleich wird sachlich **durch das jeweilige Regierungssystem** bestimmt. Nach der klassischen Unterscheidung von James Bryce[38] lassen sich die demokratischen Regierungssysteme in die drei Typen des Präsidialsystems, des parlamentarischen Regierungssystems und des Direktorialsystems einteilen, die durch das gemischt parlamentarisch-präsidentielle oder auch semipräsidentielle System als eigenständige Typen ergänzt werden können[39]. Der älteste Typus eines demokratischen Regierungssystems ist das klassische **Präsidialsystem der Vereinigten Staaten**. Der unmittelbar demokratisch durch das Volk gewählte

---

[36] Etwas optimistischer *Pernice* → Bd. II², Art. 54 Rn. 6 bei einer zunehmenden Konstitutionalisierung der Staatengemeinschaft.
[37] Vgl. *W. Fiedler*, in: B. Simma (Hrsg.), Charta der Vereinten Nationen, Kommentar, 2. Aufl. 2002, Art. 98 Rn. 24, 55, Art. 99 Rn. 1ff.
[38] *J. Bryce*, Modern Democracies, 1923, Bd. II, S. 506ff. (dt.: Moderne Demokratien, Bd. III, 1926, S. 140ff.).
[39] Vgl. hier nur *G. Brunner*, Vergleichende Regierungslehre, Bd. I, 1979, S. 100ff.

Präsident bildet die monistische Spitze der Exekutive, der Regierungschef und Staatsoberhaupt in einer Person ist. Anders als in anderen Präsidialsystemen sind die »Minister« formal lediglich Berater des Präsidenten (*secretary*), in jedem Fall werden sie von ihm ernannt und entlassen. Der Präsident verfügt über umfassende Befugnisse, gerade auch im Bereich von Militär und Außenpolitik (*imperial presidency*)[40]. Im übrigen zeichnet sich das System durch eine striktere Gewaltenteilung aus, die einen Sturz der Regierung durch den Kongress ebenso wie dessen Auflösung durch den Präsidenten ausschließt. Im Gesetzgebungsverfahren verfügt der Präsident aber über ein schwer überwindbares Vetorecht[41].

Im **parlamentarischen Regierungssystem**, das sich in der überwältigenden Mehrzahl der Demokratien durchgesetzt hat[42], ist das Staatsoberhaupt weitgehend auf eine symbolische, repräsentative Integrationsfunktion beschränkt. Innerhalb der dualistischen Exekutive liegt die aktive Politik in der Hand der vom Vertrauen des Parlaments in ihrem Bestand abhängigen Regierung. Lediglich in Krisenfällen wachsen dem Staatsoberhaupt politische Reservefunktionen zu[43] (→ Rn. 19). So kam etwa dem italienischen Staatspräsidenten in der Nachkriegszeit häufig eine wichtige Rolle bei der Regierungsbildung zu. 8

Die traditionellen **parlamentarischen Monarchien** Europas[44] und Japans[45] gehören zum Typus der parlamentarischen Regierungssysteme und zeichnen sich durch eine besondere Betonung der Integrationsfunktion aus, die auch in den Verfassungen teilweise explizit zum Ausdruck kommt[46]. Das schließt eine politische Reservefunktion im Krisenfall nicht aus. Das Direktorialsystem zeichnet sich durch eine monistische und zugleich kollegiale Exekutivspitze, das Direktorium, aus, welches vom Parlament bestellt wird, aber nicht gestürzt werden kann. Das einzige Beispiel eines Direktorialsystems ist heute die Schweiz. Staatsoberhaupt ist dort der im Jahresrhythmus wechselnde Vorsitzende des Bundesrates, der den Titel Bundespräsident trägt und nur repräsentative und geschäftsführende Funktionen wahrnimmt, jedoch ansonsten lediglich gleichberechtigtes Mitglied des Bundesrates ist[47]. 9

Im gemischt parlamentarisch-präsidentiellen System verfügt der Präsident wie in Frankreich[48] und früher in der Weimarer Republik über eine starke Stellung und wird 10

---

[40] Vgl. *A. M. Schlesinger*, The Imperial Presidency, 1973.
[41] Umfassende, immer noch maßgebende juristische Monographie: *E. S. Corwin*, The President. Office and Powers, 4th ed. 1957 (5th ed. 1984); zum semi-demokratischen Regierungssystem Russlands vgl. *S. Stepien*, Die Stellung des Präsidenten gemäß der Weimarer Reichsverfassung, der Verfassungen Belarus von 1994 und 1996 sowie der Verfassung Russlands, 2013; zu anderen Systemen siehe *C. Tomuschat*, Präsidialsystem und Demokratie, in: FS Carstens, Bd. 2, 1984, S. 911 ff.; vgl. ferner *Loewenstein*, Staatspräsident (Fn. 23), S. 337 ff., 383 ff.
[42] Vgl. *K. v. Beyme*, Die parlamentarischen Regierungssysteme Europas, 2. Aufl. 1973.
[43] Vgl. insbes. *W. Kaltefleiter*, Die Funktionen des Staatsoberhauptes in der parlamentarischen Demokratie, 1970, S. 48 ff.; *M. R. Lippert*, Bestellung und Abberufung der Regierungschefs und ihre funktionale Bedeutung für das parlamentarischen Regierungssystem, 1973, S. 164 ff., 309 ff., 392 ff., 464 ff.
[44] Vgl. im Überblick *J. Hartmann/U. Kempf*, Staatsoberhäupter in der Demokratie, 2011, S. 21 ff.; zum Ursprungsland des parlamentarischen Regierungssystems vgl. *V. Bogdanov*, The Monarchy and the Constitution, 1995, S. 61 ff.
[45] Zu Japan vgl. *S. Matsui*, The Constitution of Japan, 2011, S. 58 ff.
[46] Vgl. Art. 1 JapVerf. 1947; Art. 1 II SpanVerf.; Art. 33 BelgVerf.
[47] Vgl. *C. Mader*, Bundesrat und Bundesverwaltung, in: D. Thürer/J.-F. Aubert/J.P. Müller (Hrsg.), Verfassungsrecht der Schweiz, 2001, § 67, S. 1047 ff. (Rn. 28 ff.).
[48] *R. Grote*, Das Regierungssystem der V. französischen Republik, 1995, S. 203 ff.

auch unmittelbar vom Volk gewählt. Die Exekutive hat jedoch eine dualistische Spitze. Die Regierung wird zwar vom Präsidenten ernannt und entlassen, ist aber zugleich in ihrem Bestand vom Vertrauen des Parlaments abhängig. Das bedingt eine gewisse Instabilität des Systems, das daher langfristig zu einem stärker parlamentarisch dominierten System tendiert, wie sich etwa auch an Österreich zeigt[49]. Auch in **Diktaturen** als Gegenbegriff zu Demokratien gibt es schon aus Gründen außenpolitischer Vertretung regelmäßig ein Staatsoberhaupt. In der DDR wurde diese Funktion zuletzt im wesentlichen vom Staatsratsvorsitzenden wahrgenommen[50]. In den deutschen Bundesländern werden wesentliche Funktionen durch die jeweiligen Ministerpräsidenten wahrgenommen[51].

C. Erläuterungen

I. Die Stellung des Bundespräsidenten im Verfassungsgefüge

1. Der Bundespräsident als Staatsoberhaupt

11 Der Bundespräsident wird allgemein auch als **Staatsoberhaupt** bezeichnet[52], obwohl das Grundgesetz den Begriff nicht kennt[53]. Der Begriff bedient sich der Körpermetapher, deren Parallelisierung des Gemeinwesens mit einem Körper vor allem in der christlichen Lehre ihren wirksamen Ausdruck findet[54] und dann insbesondere in der Romantik und der organologischen Staatstheorie neuen Aufschwung erfährt[55]. Die Vorstellung, dass der Monarch das natürliche Oberhaupt des Staates ist, findet als »Stabilisierungsargument«[56] gegenüber der revolutionären Infragestellung der Monarchie Eingang in Art. 5 WSA, obwohl schon Georg Wilhelm Friedrich Hegel seine Wertlosigkeit konstatiert hatte[57]. Als solches kommt dem Begriff daher auch keine eigenständige rechtliche Bedeutung zu[58], ohne deswegen seine vornehmlich deskriptive Verwendung für den obersten Repräsentanten des Staates auszuschließen[59].

---

[49] Vgl. dazu insbes. *P. Pernthaler*, Das Staatsoberhaupt in der parlamentarischen Demokratie, VVDStRL 25 (1967), S. 95 ff.; *K. Berchthold*, Der Bundespräsident, 1969; *L. Mehlhorn*, Der Bundespräsident der Bundesrepublik Deutschland und der Republik Österreich, 2010, S. 286 ff.; *Hartmann/Kempf*, Staatsoberhäupter (Fn. 44), S. 122 ff. rechnen Österreich daher umstandslos zu den parlamentarischen Regierungssystemen.

[50] Dazu und zur Entwicklung *G. Brunner*, Das Staatsoberhaupt der DDR, in: FS Carstens, Bd. 2, 1984, S. 509 ff.

[51] Vgl. exemplarisch *M. F. Zacher*, Das Staatsoberhaupt Bayerns, in: FS Carstens, Bd. 2, 1984, S. 953 ff.

[52] Vgl. z. B. *R. Herzog*, in: Maunz/Dürig, GG, Art. 54 (1986/2009), Rn. 3.

[53] *P. Kunig*, Jura 1994, 217 (221); *Pernice* → Bd. II², Art. 54 Rn. 14.

[54] *M. A. Wiegand*, AöR 133 (2008), 475 (484 ff.).

[55] *M. A. Wiegand*, AöR 133 (2008), 475 (493 ff.); s. auch *O. Kimminich*, Das Staatsoberhaupt in der parlamentarischen Demokratie, VVDStRL 25 (1967), S. 2 ff. (3 ff.).

[56] *M. A. Wiegand*, AöR 133 (2008), 475 (502).

[57] *G. W. F. Hegel*, Die Verfassung Deutschlands (1802) in: ders., Werke, Bd. I, 1986, S. 470 f.

[58] Vgl. a. *Herzog* (Fn. 52), Art. 54 Rn. 14.

[59] Dagegen jeglichen Gehalt verneinend *M. A. Wiegand*, AöR 133 (2008), 475 (505 ff., 520); demgegenüber gibt es keinen Staat, der kein »Staatsoberhaupt« kennt.

Der Bundespräsident ist **oberstes Bundesorgan**[60] und **Verfassungsorgan**[61], aber keine Behörde[62]. Mit dem Präsidialamt ist ihm allerdings eine Behörde zugeordnet[63]. Als Verfassungsorgan ist der Bundespräsident beteiligtenfähig im Organstreit gem. Art. 93 I Nr. 1 GG, § 63 BVerfGG[64]. Als Bundesorgan rangiert er entsprechend der klassischen Vorstellung vom Staatsoberhaupt an erster Stelle[65]. Im grundgesetzlichen System der Gewaltenteilung des Art. 1 III, 20 III GG gehört der Bundespräsident zur Exekutive[66]. Als oberstes Bundesorgan ist er selbstverständlich aber nicht an Aufträge und Weisungen gebunden und untersteht keiner Aufsicht[67]. Er ist insoweit von der Bundesregierung nach Art. 62 GG getrennt. Anders als in Frankreich und Weimar nimmt der Bundespräsident auch nicht an den Kabinettssitzungen selbst teil, wohl aber der Chef des Bundespräsidialamtes (§ 23 I GOBReg). Das Grundgesetz macht in dieser Hinsicht keine Vorgaben[68]. Er ist deshalb »kein regierender Präsident«[69]. Daraus, aber mindestens ebenso aus seiner Integrationsfunktion folgt auch das Gebot zur **Neutralität des Bundespräsidenten** bei seiner Amtsführung[70]. Der Amtsinhaber soll eine gewisse Distanz zu den Parteiinteressen in tagespolitischen Fragen einhalten. Anders als in Weimar muss der Bundespräsident eine Parteimitgliedschaft nicht aufgeben, lässt sie jedoch traditionell ruhen. Außerdem üben die parteipolitischen Konstellationen der Wahl auch durchaus Einfluss auf die Amtsausübung aus[71]. Die Neutralität schließt einen dezidiert politisch-moralischen Standpunkt in seinem Reden und Handeln nicht aus[72]. Der Bundespräsident verfügt hier über einen weiten Gestaltungsspielraum, der seine Grenzen in der Bindung an Verfassung und Gesetze findet[73]. Beleidigungen und Schmähkritik sind ihm untersagt. Auch die Verfassungsorgantreue kann hier Steuerungskraft entfalten[74]. Das Neutralitätsgebot erhebt den Bundespräsident freilich **nicht zur »pouvoir neutre«** im Sinne Benjamin Constants[75]. Das auf den konstitutionellen Monarchen der Restauration bezogene staatstheoretische Konzept wies dem

---

[60] *Herzog* (Fn. 52), Art. 54 Rn. 16.
[61] *A. v. Arnauld*, in: Münch/Kunig, GG I, Art. 54 Rn. 1; *H. Butzer*, in: Schmidt-Bleibtreu/Hofmann/Henneke, GG, Art. 54 Rn. 2.
[62] Vgl. *D. C. Umbach*, in: Umbach/Clemens, GG, vor Art. 54ff. Rn. 8.
[63] Vgl. dazu *H. Butzer*, VerwArch. 82 (1991), 497 (508ff.); *F. Spath*, Das Bundespräsidialamt, 5. Aufl. 1993.
[64] BVerfGE 62, 1 (33); *C. Waldhoff/H. Grefrath*, in: Friauf/Höfling, GG, Art. 54 (2009), Rn. 69.
[65] *Herzog* (Fn. 52), Art. 54 Rn. 16.
[66] *v. Arnauld* (Fn. 61), Art. 54 Rn. 2; *Herzog* (Fn. 52), Art. 54 Rn. 17ff.; *Butzer* (Fn. 61), Art. 54 Rn. 3; mit äußerst fragwürdiger Begründung a.A.: nicht einzuordnen *G. Fritz*, in: BK, Art. 54 (2001), Rn. 32; *Waldhoff/Grefrath* (Fn. 64), Art. 54 Rn. 58; wohl auch *U. Fink*, in: v. Mangoldt/Klein/Starck, GG II, Art. 54 Rn. 5.
[67] *v. Arnauld* (Fn. 61), Art. 54 Rn. 1; *Butzer* (Fn. 61), Art. 54 Rn. 2.
[68] *Herzog* (Fn. 52), Art. 54 Rn. 18.
[69] *Stern*, Staatsrecht II, S. 211.
[70] *O. Kimminich*, in: BK, Vorbem. zu Art. 54–61 (1968), Rn. 16ff.; *Herzog* (Fn. 52), Art. 54 Rn. 90; *K. Schlaich*, HStR II, § 49 Rn. 82.
[71] *T. Oppelland*, ZParl. 11 (2001), 551ff.
[72] Vgl. *Fritz* (Fn. 66), Art. 54 Rn. 115ff.; *Waldhoff/Grefrath* (Fn. 64), Art. 54 Rn. 55; *F. Knöpfle*, DVBl. 1966, 713 (719): keine absolute Neutralität; feinfühlig *K. Schlaich*, HStR II, § 49 Rn. 84.
[73] BVerfGE 136, 323 (331ff., Rn. 24ff.); vgl. auch die jüngsten Äußerungen von *Gauck* zur Partei »Die Linke« anlässlich der Regierungsbildung in Thüringen, die erneut die Grenzen testen, s. FAZ v. 3.11.2014, S. 1.
[74] *K. Schlaich*, HStR II, § 49 Rn. 85.
[75] *B. Constant*, Cours de politique constitutionnelle, 1861, I, S. 18ff. (dt. in: ders., Werke, Bd. IV, 1972, S. 31ff.).

König eine über den anderen Gewalten stehende Position zu, die schon nach Benjamin Constants Auffassung nicht auf einen pouvoir républicain[76] und erst recht nicht auf das parlamentarische Regierungssystem des Grundgesetzes übertragbar ist[77]. Dieser Begriff sollte auch nicht als allgemeine Redensart verwendet werden[78] und verdankt seine Virulenz ohnehin dem verfehlten Wiederbelebungsversuch Carl Schmitts[79].

2. Funktionen und Kompetenzen

13 Amt und Funktion des Bundespräsidenten lassen sich nur teilweise aus den Normen des Grundgesetzes unmittelbar erschließen. Zwar finden sich nicht nur im V. Abschnitt, sondern über das Grundgesetz verstreut, zahlreiche, meist formale Kompetenzzuweisungen (Art. 39 III 3, 59 I, 60 I, II, 63, 64, 65 S. 4, 68 I, 69 III, 81, 82 I, 93 I Nr. 1, 115a III, IV, V GG), aber einige Kompetenzen werden als ungeschriebene Kompetenzen aus der »Natur der Sache« abgeleitet[80]. Die Natur der Sache kann insoweit freilich allein eine Verbandskompetenz des Bundes begründen, nicht aber eine Organkompetenz. In erster Linie kommt eine Kompetenzzuweisung durch einfaches Bundesgesetz in Betracht[81]. Dementsprechend verleiht der Bundespräsident Orden und Ehrenzeichen gem. § 2 I, 3 I Gesetz über Titel, Orden und Ehrenzeichen vom 26.7. 1957[82], bestimmt den Tag der Bundestagswahl (§ 16 BWahlG) und beruft eine Parteifinanzierungskommission (§ 18 VI PartG)[83]. Darüber hinaus wurde auch im Konsens mit der Bundesregierung dem Bundespräsidenten in der Staatspraxis eine **Reihe von Befugnissen, die in der Tradition des Staatsoberhauptes verwurzelt** sind, zuerkannt. Dazu gehören die Festlegung von Staatssymbolen (Nationalhymne[84], Flaggen[85], Wappen, Dienstsiegel), Bestimmung nationaler Gedenkstätten, Anordnung von Staatsakten, von Dienstgradbezeichnungen und Uniformen[86] oder die Gründung des Ordens Pour le mérite[87]. Außerdem sind wesentliche Aufgaben im Rahmen seiner Integrationsfunktion ungeregelt und haben sich erst im Lauf der Zeit zur heutigen Gestalt entwickelt. Vor allem in diesem Bereich kam der Amtsführung des ersten Bundespräsidenten und der Abstimmung seiner Kompetenzen mit dem ersten Bundeskanz-

---

[76] *Constant*, Cours (Fn. 75), S. 25 (dt. S. 41).
[77] Darin besteht heute Übereinstimmung, auch wenn der erste Bundespräsident es zunächst auf sich bezogen hat (s. *Scheuner*, Amt [Fn. 28], S. 45); s. *K. Doehring*, Der Staat 3 (1964), 201 ff.; *R.-R. Grauhan*, Gibt es in der Bundesrepublik Deutschland ein pouvoir neutre?, Diss. jur. Heidelberg 1959; *H. Maurer*, DVBl. 1966, 665 (673 ff.); *H. Lehne*, Der Bundespräsident als neutrale Gewalt, Diss. jur. Bonn 1960; *Kimminich* (Fn. 70), Vorbem. zu Art. 54–61 Rn. 20; *Herzog* (Fn. 52), Art. 54 Rn. 90; *T. Stein*, ZaöRV 69 (2009), 249 ff.
[78] *K. Schlaich*, HStR II, § 49 Rn. 86.
[79] *C. Schmitt*, Der Hüter der Verfassung (1931), 4. Aufl. 1996, S. 132 ff.
[80] *Herzog* (Fn. 52), Art. 54 Rn. 69; *Stern*, Staatsrecht II, S. 218.
[81] *J. Jekewitz*, in: AK-GG, Vorbem. Art. 54 (2001), Rn. 16; *Stern*, Staatsrecht II, S. 219 f.; *v. Arnauld* (Fn. 61), Art. 54 Rn. 6; *Kimminich* (Fn. 70), Vorbem. zu Art. 54–61 Rn. 22; a.A. *Waldhoff/Grefrath* (Fn. 64), Art. 54 Rn. 50: Vortritt des Bundespräsidenten.
[82] Vgl. *H. Kirchner/B. Laitenberger*, Deutsche Orden und Ehrenzeichen, 5. Aufl. 1997.
[83] Weitere Nachweise bei *Butzer* (Fn. 61), Art. 54 Rn. 11.
[84] Das »Lied der Deutschen« wurde auf Vorschlag des Bundeskanzlers im Schreiben vom 29.4.1952 durch Antwortscheiben des Bundespräsidenten vom 3.5.1952 als deutsche Nationalhymne eingeführt.
[85] Anordnung des Bundespräsidenten über die deutschen Flaggen vom 7.6.1950 (BGBl. I S. 205).
[86] Anordnung des Bundespräsidenten über die Dienstgradbezeichnung und die Uniform der Soldaten vom 25.3.1974 (BGBl. I S. 796), geändert durch Anordnung vom 25.9.1975 (BGBl. I S. 2590).
[87] Vgl. weitere Erlasse und Anordnungen in *Stern*, Staatsrecht II, S. 220 f.

ler[88] besondere Bedeutung zu[89] und die Integrationsfunktion ist im weiteren Verlauf durch die anderen Bundespräsidenten zusätzlich konkretisiert worden[90]. Die Staatspraxis hat hier ungewöhnlich prägende Kraft entfaltet.

Die **Funktionen und Kompetenzen** des Bundespräsidenten werden **mehr durch das vom Grundgesetz etablierte parlamentarische Regierungssystem**[91] **als durch die einzelnen Normen selbst bestimmt**. Die Verfassungsgeber waren sich zwar in der Ablehnung des Weimarer Modells einig, verfügten aber über wenig klare Vorstellungen über das parlamentarische Regierungssystem[92] und seine Konsequenzen für die Ausgestaltung des Amtes. Auch die Literatur hat lange eher verqueren Vorstellungen angehangen und die konstitutionelle Schwäche des Staatsoberhaupts beklagt[93]. Im parlamentarischen Regierungssystem verfügt das Staatsoberhaupt jedoch regelmäßig über eine Repräsentations- und Integrationsaufgabe sowie eine politische Reservefunktion, zu der speziell in Deutschland eine rechtliche Kontrollfunktion tritt[94]. Dagegen erscheint es wenig sinnvoll, zusätzlich eine »Vorbeugefunktion«[95] anzunehmen, da jede Kompetenz immer auch Vorwirkungen entfaltet. 14

a) Repräsentations- und Integrationsaufgabe

Die **Repräsentations- und Integrationsaufgabe** wird vom Bundesverfassungsgericht lapidar formuliert: »Der Bundespräsident repräsentiert Staat und Volk der Bundesrepublik Deutschland nach außen und innen und soll die Einheit des Staates verkörpern«[96]. Man kann daher drei Elemente unterscheiden. 15

Der Bundespräsident repräsentiert kraft expliziter Normierung die Bundesrepublik gem. Art. 59 I GG nach außen (→ Art. 59 Rn. 19ff.). Die **völkerrechtliche Vertretung** kommt vor allem in der Ratifikation völkerrechtlicher Verträge, dem Empfang von Diplomaten und gegenseitigen Staatsbesuchen, aber auch Reden, Interviews und Glückwünschen zum Ausdruck[97]. 16

Umstritten ist, ob der Bundespräsident auch innerstaatlich den Staat repräsentiert[98]. Die Vorstellung einer Repräsentation des Staates durch den Bundespräsidenten sei dem obrigkeitlichen Staatsverständnis des Konstitutionalismus des 19. Jahrhunderts 17

---

[88] Vgl. dazu insbes. *Scheuner*, Amt (Fn. 28), S. 40 ff.; *U. Wengst*, Staatsaufbau und Regierungspraxis 1948–1953, 1984, S. 274 ff.; *E. Pikart*, Theodor Heuss und Konrad Adenauer, 1976, S. 77 ff., 120 ff.

[89] *D. Lenski*, Von Heuss bis Carstens, 2009, S. 39 ff., 147 ff. weist zudem auch Lübke maßgebende Bedeutung zu.

[90] Vgl. a. *Butzer* (Fn. 61), Art. 54 Rn. 14ff., 15 f.; *ders.*, VerwArch. 82 (1991), 497 (505ff.); *H. Rausch*, Der Bundespräsident, 2. Aufl. 1984, S. 129ff.; *S. U. Pieper*, in: Epping/Hillgruber, GG, Art. 54 Rn. 8ff.; *v. Arnauld* (Fn. 61), Art. 54 Rn. 4; zu den verschiedenen Persönlichkeiten E. Jäckel/H. Möller/H. Rudolph (Hrsg.), Von Heuss bis Herzog, 1999; *G. Scholz/M. E. Süskind*, Die Bundespräsidenten, 5. Aufl. 2004; *P. Horst*, ZParl. 26 (1995), 586ff.

[91] *Kaltefleiter*, Funktionen (Fn. 43), S. 14ff., 198.

[92] *C. Schönberger*, Gibt es im Grundgesetz ein Erbe der Monarchie?, in: T. Biskup/M. Kohlrausch (Hrsg.), Erbe der Monarchie, 2008, S. 284ff. (298).

[93] Vgl. *W. Henke*, DVBl. 1966, 723 (723, 725, 727); *F. Knöpfle*, DVBl. 1966, 713 (719), die beide dem Bundespräsidenten wegen fehlender Macht eine glaubhafte Repräsentationsfunktion absprechen.

[94] Vgl. *W. Heun*, AöR 109 (1983), 13 (15 f.); *K. Schlaich*, HStR II, § 49 Rn. 53ff.

[95] So *X. Gu*, ZParl. 30 (1999), 761 ff.

[96] BVerfGE 136, 323 (332, Rn. 25); 136, 277 (309 ff., Rn. 91 ff.).

[97] Vgl. a. *Butzer* (Fn. 61), Art. 54 Rn. 19; *Waldhoff/Grefrath* (Fn. 64), Art. 54 Rn. 47 mit übersteigerter Einschätzung seiner Einflussmöglichkeiten.

[98] *Herzog* (Fn. 52), Art. 54 Rn. 7; *Stern*, Staatsrecht II, S. 218; dezidiert *Waldhoff/Grefrath* (Fn. 64),

Art. 54   C. Erläuterungen

verhaftet, wonach der Monarch den Staat gegenüber der Gesellschaft bzw. dem Volk repräsentierte[99]. Das ist ein Missverständnis, das partiell auf einem unklaren Repräsentationsverständnis beruht. Repräsentation bedeutet in erster Linie Vertretung[100], aber auch Vergegenwärtigung. Aus dem Gedanken der Repräsentation des Staats(volks) durch das Parlament folgt auch nicht, dass insoweit ein autoritärer Staat dem Volk gegenübertritt. Vielmehr handelt es sich bei der Repräsentation durch das Parlament und durch den Bundespräsidenten nur um zwei Typen von Vertretung, nämlich eine Identitätsrepräsentation durch das Parlament und eine **Vorstandsrepräsentation durch den Bundespräsidenten**[101], die beide problemlos nebeneinander bestehen können. Insofern »repräsentiert« der Bundespräsident die Bundesrepublik nach außen wie nach innen. So ist die Ausfertigung der Gesetze gem. Art. 82 I GG nicht nur, aber auch Ausdruck der Repräsentationsfunktion, da damit das Gesetz durch den Vertreter der Einheit des Staates über den Mehrheitsbeschluss hinaus für alle Verbindlichkeit erhält. Ähnliches gilt für die Verleihung von Orden, die Ernennung der Beamten (Art. 60 GG) oder andere symbolische Handlungen für den Staat bis hin zum Begnadigungsrecht (Art. 60 II GG). Im Übrigen repräsentiert der Bundespräsident als Bundesorgan Bund und Länder in ihrer Gesamtheit[102].

18   Eng mit der Repräsentationsfunktion verbunden[103] ist die **Integrationsfunktion**[104]. Diese Funktion ist kaum rechtlich determiniert, sondern weitgehend Stil und Persönlichkeit des jeweiligen amtierenden Bundespräsidenten überlassen. Sie wird vornehmlich durch außerrechtliche Mittel der Einflussnahme, insbesondere Reden, Empfänge, Gespräche und öffentliche Auftritte ausgefüllt[105]. Der Bundespräsident agiert als Personifizierung des Gemeinwesens und fördert aktiv die Einheit des Gemeinwesens. Insoweit darf er sich aber nicht als außerparlamentarische Opposition gerieren[106]. Darstellung und Förderung fließen ineinander, die Funktion ist die der »Sichtbarma-

---

Art. 54 Rn. 49 ff.; a.A. *Kimminich* (Fn. 70), Vorbem. zu Art. 54–61 Rn. 5, 14 f.; *ders.*, Staatsoberhaupt (Fn. 55), S. 71; *Pernice* → Bd. II², Art. 54 Rn. 15; *v. Arnauld* (Fn. 61), Art. 54 Rn. 8.

[99] S. die a.A. in Fn. 98.

[100] Verfehlt daher die Differenzierung zwischen Vertretung (nach außen) und Repräsentation (nach innen) bei *Waldhoff/Grefrath* (Fn. 64), Art. 54 Rn. 47 ff., denn Repräsentation ist Vertretung; verworrene Repräsentationskonzepte auch bei *W. Steiner*, Die innerstaatliche Repräsentation und Vertretung der Bundsrepublik durch den Bundespräsidenten, Diss. jur. Würzburg 1971, S. 10 ff.; *O. Kimminich*, AVR 26 (1988), 129 (142 ff.).

[101] Vgl. *H. Hofmann*, Repräsentation, 1974, insbes. S. 214 ff.; *ders.* Repräsentation in der Staatslehre der frühen Neuzeit, in: ders., Recht – Politik – Verfassung, 1986, S. 1 ff. (11 ff.).

[102] Vgl. hier nur *Herzog* (Fn. 52), Art. 54 Rn. 15 f.; *Pernice* → Bd. II², Art. 54 Rn. 17.

[103] Teils werden Repräsentations- und Integrationsfunktion deutlich getrennt (z. B. *Butzer* [Fn. 61], Art. 54 Rn. 19 ff.; *Waldhoff/Grefrath* [Fn. 64], Art. 54 Rn. 47 ff.), teils wird die Integrationsfunktion als Teil der Repräsentationsfunktion (*M. Nettesheim*, HStR³ III, § 61 Rn. 31 ff.) teils umgekehrt letztere als Teil der ersteren (*K. Schlaich*, HStR II, § 49 Rn. 53 ff.) behandelt, ohne dass in der Sache große Unterschiede bestünden.

[104] *K. Schlaich*, HStR II, § 49 Rn. 55; *Stern*, Staatsrecht II, S. 198; *Herzog* (Fn. 52), Art. 54 Rn. 13; *v. Arnauld* (Fn. 61), Art. 54 Rn. 9; mit dem eigenwilligen Begriff der Integration von *R. Smend*, Verfassung und Verfassungsrecht (1928), in: ders., Staatsrechtliche Abhandlungen, 3. Auflage 1994, S. 119 ff. (136) sollte diese Funktion aber nicht verknüpft werden; vgl. auch kritisch *R. van Ooyen*, JöR 57 (2009), 235 ff.

[105] Näher *Herzog* (Fn. 52), Art. 54 Rn. 93 ff.; *M. Nettesheim*, HStR³ III, § 62 Rn. 25 ff.; *Waldhoff/Grefrath* (Fn. 64), Art. 54 Rn. 51 ff.; *K. Schlaich*, HStR II, § 49 Rn. 53 ff.; *Scheuner*, Amt (Fn. 28), S. 50 ff.; *M. Jochum*, Worte als Taten, 2000, S. 41 ff.

[106] So aber *R. Lhotta*, ZParl. 39 (2008), 118 ff.; er ist auch kein Vetospieler (so ebd., S. 122, 132 f.).

chung und Erhaltung staatlicher Einheit«[107]. Der Präsident wirkt kraft seiner Autorität[108], nicht aufgrund seiner Machtbefugnisse und auch nicht kraft Charismas[109]. Auch informell durch Konsultationen und Beratung mit der Regierung vermag ein Bundespräsident durchaus Einfluss auszuüben[110].

b) Politische Reservefunktion

In besonderen **Krisensituationen des parlamentarischen Regierungssystems** wachsen dem Bundespräsidenten besondere Aufgaben zu, die mit eigenständiger Entscheidungsfreiheit und damit realer politischer Macht verbunden sind. Die Bezeichnung der politischen Reservefunktion[111] bringt treffend zum Ausdruck, dass der Bundespräsident im Regelfall an der Staatsleitung nicht partizipiert, sondern nur im Ausnahmefall als »Reserve« in Erscheinung tritt. Sie knüpft an die im funktionierenden parlamentarischen Regierungssystem praktisch rein formalen Kompetenzen an, die die Bestellung sowie Abberufung des Regierungschefs und die Auflösung des Parlaments betreffen. Erst in der Krise fällt dem Bundespräsident dann die **Reservemacht** zu, eigenständige Wege aus der Krise zu finden. Hinzu tritt noch die Beteiligung im Gesetzgebungsnotstand (Art. 81 GG). Auch in dieser Krisenlage wird der Bundespräsident nicht wie der Reichspräsident der Weimarer Republik zur Neben- oder Ersatzregierung, der an die Stelle von Parlament und Regierung tritt[112], sondern er muss und darf lediglich systemkonform versuchen, das parlamentarische Regierungssystem wieder zum Funktionieren zu bringen. Seine Tätigkeit und Macht ist allein beratend, fördernd und subsidiär, sie entfällt sofort mit der Beendigung der Krise. Insoweit kommt es auf das Geschick, die Urteilsfähigkeit und die im Amt erworbene persönliche Autorität und nicht auf formale Kompetenzen an[113].

c) Legalitätsreserve

Die Legalitätsreserve[114], die heute häufiger als rechtliche Reservefunktion bezeichnet wird[115], tritt in Erscheinung, wenn der Bundespräsident Akte anderer Organe formal ausfertigt, vollzieht, umsetzt, ratifiziert oder verkündet und sie zuvor auf die Einhal-

19

20

---

[107] *Hesse,* Verfassungsrecht, Rn. 56.
[108] Vgl. *Scheuner,* Amt (Fn. 28), S. 45; *H. Maurer,* DVBl. 1966, 665 (667).
[109] Problematisch *v. Arnauld* (Fn. 61), Art. 54 Rn. 9.
[110] *Jochum,* Worte (Fn. 105), S. 17 ff., 31 ff.
[111] Grundlegend *Kaltefleiter,* Funktionen (Fn. 43), S. 31 ff., 48 ff.; *Lippert,* Bestellung (Fn. 43), S. 61 ff.; zuvor schon *F. A. Hermens,* Verfassungslehre, 1964, S. 262; dann *W. Heun,* AöR 109 (1983), 13 (15 f.); *K. Schlaich,* HStR II, § 49 Rn. 58; seitdem hat sich dieser Begriff durchgesetzt, s. etwa *Butzer* (Fn. 61), Art. 54 Rn. 36 f.; *v. Arnauld* (Fn. 61), Art. 54 Rn. 10; ablehnend mit abwegiger Begründung *Waldhoff/Grefrath* (Fn. 64), Art. 54 Rn. 64 ff.; die Bezeichnung als »Kustosfunktion« (*M. Nettesheim,* HStR³ III, § 61 Rn. 10, 36 ff. sowie § 62 Rn. 3 ff.) ist wenig glücklich; das gilt auch für die Qualifizierung als »politischer Mediator«: *Pernice* → Bd. II², Art. 54 Rn. 25 f. *Pernthaler,* Staatsoberhaupt (Fn. 49), S. 179 ff. sprach noch von »Legitimitätsreserve«.
[112] Völlig verkannt von *Waldhoff/Grefrath* (Fn. 64), Art. 54 Rn. 64: »Fortleben Weimarer Mentalität«, »Lust am Ausnahmezustand«, die die gesamte Grundlagenliteratur zum parlamentarischen Regierungssystem und der Rolle des Staatsoberhauptes erst gar nicht zur Kenntnis nehmen.
[113] Vgl. auch *K. Schlaich,* HStR II, § 49 Rn. 58.
[114] *H. Nawiasky,* in: Verfassungskonvent Herrenchiemsee Parl. Rat II, S. 408; *W. Heun,* AöR 109 (1983), 13 (16); *Fink* (Fn. 66), Art. 54 Rn. 18.
[115] *K. Schlaich,* HStR II, § 49 Rn. 59; *Butzer* (Fn. 61), Art. 54 Rn. 53; der Begriff legt aber zu leicht eine Verwechslung mit der politischen Reservefunktion nahe, s. etwa *Kaltefleiter,* Funktionen (Fn. 43), S. 255 ff.

tung der Verfassung überprüft. Sie ist im internationalen Vergleich eher ungewöhnlich und **kein notwendiges Element eines parlamentarischen Regierungssystems**. Dieses Prüfungsrecht wird vor allem mit dem inzwischen allgemein anerkannten **formellen und materiellen Prüfungsrecht** im Gesetzgebungsverfahren[116] sowie der Ernennung der Minister und Beamten[117] in Verbindung gebracht, betrifft aber auch noch eine ganze Reihe anderer Entscheidungen, nämlich bei der Ausübung der internationalen Vertretungsmacht (Art. 59 I, II GG)[118], bei der Genehmigung der GeschOBReg (Art. 65 S. 4 GG), bei der Überprüfung der Voraussetzungen des Antrags des Bundeskanzlers bei Art. 68 GG – die *vor* der eigenen Entscheidung nach Art. 68 GG liegt – und bei einfachgesetzlich übertragenen Ernennungen (§ 2, 4 ParlStG, § 7, 8 BBankG, § 5 I BRHG). Der Bundespräsident kann, muss aber nicht prüfen und er kann, muss aber nicht die Ausfertigung unterlassen, wenn er den Akt für verfassungswidrig hält (→ Art. 82 Rn. 12f.). Wegen der anschließenden Möglichkeit einer Kontrolle durch das Bundesverfassungsgericht ist die Prüfung einerseits erträglich, im Normalfall aber auch nicht wirklich erforderlich. Ihre eigentliche Bedeutung erlangt die »rechtswahrende Funktion«[119] der Legalitätsreserve erst im Fall einer ernsthaften Verfassungskrise. Die Wirksamkeit hängt dann aber von ihrer vorherigen Anerkennung und Ausübung in der Normallage ab[120].

21 Die Funktion der Legalitätsreserve wird teilweise auch mit dem Begriff »oberster **Staatsnotar**« bezeichnet.[121] Sie beschreibt jedoch allenfalls die Normalsituation der Ausfertigung ohne rechtliche Bedenken zutreffend[122]. Die Legalitätsreserve bezeichnet demgegenüber gerade den Krisenfall, in dem der Bundespräsident einschreitet[123]. Insofern ist die Befugnis des Staatsnotars die formale Grundlage der materiellen Legalitätsreserve, und gerade deshalb davon zu unterscheiden.

22 Die Legalitätsreserve sollte **nicht** dazu verleiten, das Amt des Bundespräsidenten im Anschluss an Carl Schmitt[124] als »**Hüter der Verfassung**« zu qualifizieren[125]. Angesichts der geringen Kompetenzen und der auch bei der Legalitätsreserve eher schwachen Position des Bundespräsidenten im Vergleich zum Weimarer Reichspräsidenten,

---

[116] Vgl. hierzu nur *J. Mewing*, Die Prüfungskompetenz des Bundespräsidenten bei der Gesetzesausfertigung, 1977; *Stern*, Staatsrecht II, S. 229 ff.; aus jüngerer Zeit *J. Jekewitz*, RuP 2007, 11 ff.; *T. Linke*, DÖV 2009, 434 ff.; *F. Schoch*, Jura 2007, 354 ff.; *ders.*, ZG 23 (2008), 209 ff.; *J. Rau*, DVBl. 2004, 1 ff.; *S. Pieper*, Das Ausfertigungsverweigerungsrecht des Bundespräsidenten, in: GedS Bleckmann, 2007, S. 289 ff.; überzeugendste Darlegung der Gegenposition immer noch *E. Friesenhahn*, Zum Prüfungsrecht des Bundespräsidenten, in: FS Leibholz, 1966, S. 679 ff.; → Art. 82 Rn. 12 f.; *G. Taylor*, ICon 12 (2014), 303 (326) qualifiziert das Prüfungsrecht als »constitutional convention« im britischen Sinn.
[117] → Art. 60 Rn. 20.
[118] Zum Prüfungsrecht bei int. Verträgen *J. Ley*, JZ 2010, 165 (167 f.); bei europäischem Recht *A. Neumann*, DVBl. 2007, 1335 ff.
[119] *Stern*, Staatsrecht II, S. 234.
[120] Vgl. auch *K. Schlaich*, HStR II, § 49 Rn. 59; ablehnend deswegen für den »Normalfall« *K. H. Friauf*, Zur Prüfungszuständigkeit des Bundespräsidenten bei der Ausfertigung der Bundesgesetze, in: FS Carstens, Bd. 2, 1984, S. 545 ff.
[121] Begriffsprägung *T. Eschenburg*, Staat und Gesellschaft in Deutschland, 2. Aufl. 1956, S. 647; dagegen »abwertende Missdeutung des Amtes« *M. Nierhaus*, in: Sachs, GG, Art. 54 Rn. 5; kritisch auch *H. Maurer*, DVBl. 1966, 665 (671 f.).
[122] So zustimmend zum Begriff *Butzer* (Rn. 61), Art. 54 Rn. 24; *Pernice* → Bd. II², Art. 54 Rn. 22.
[123] Vgl. insoweit auch *Butzer* (Rn. 61), Art. 54 Rn. 24.
[124] *Schmitt*, Hüter (Rn. 79), S. 132 ff. (= AöR 55 [1929], 161 ff.).
[125] *Herzog* (Rn. 52), Art. 54 Rn. 78; *ders.*, Bundespräsident und Bundesverfassungsgericht, in: FS Carstens, Bd. 2, 1984, S. 601 ff.

auf den der schon damals nicht unproblematische Begriff[126] gemünzt war, verbietet sich seine Übertragung auf den Bundespräsidenten. Auch das Diminutiv des »Mit-Hüters der Verfassung«[127], das die Begrenzung auf »Einzelaspekte« zum Ausdruck bringen soll[128], ist abgesehen von der völligen Verwässerung des Konzepts nicht geeignet, das Amt des Bundespräsidenten zu charakterisieren[129].

d) Gesamtwürdigung

Das Amt des Bundespräsidenten erfüllt mit der Repräsentations- und Integrationsfunktion eine wichtige Daueraufgabe und verfügt mit der politischen Reservefunktion und der Legalitätsreserve über bedeutsame Krisenkompetenzen, auch wenn diese bisher kaum relevant geworden sind. Das Amt und seine Amtsinhaber – diese freilich in durchaus unterschiedlichem Maß – haben auch allgemeine Anerkennung und Respekt gefunden. Die nicht nur in der Presse und im Internet erhobenen Forderungen oder Empfehlungen einer Abschaffung des Amtes oder jedenfalls die Behauptung seiner Überflüssigkeit[130] verkennen Sinn und **Notwendigkeit eines derartigen Amtes** auch und gerade **in einem parlamentarischen Regierungssystem**, wie die fast ausnahmslose Verbreitung dieses Amtes eines Staatsoberhauptes zeigt, und sind daher zu Recht politisch chancenlos. 23

II. Voraussetzungen und Wählbarkeit (Art. 54 I 2 GG)

Art. 54 I 2 GG normiert abschließend **drei Voraussetzungen für die Wählbarkeit**[131]. Die Inkompatibilitätsvorschrift des Art. 55 GG begründet dagegen keine Ineligibilität, sondern wird erst mit Amtsantritt wirksam[132]. Die Mitgliedschaft in einer Regierung kann daher prinzipiell ebenso wenig einer Wahl entgegenstehen wie die Zugehörigkeit zum Bundesverfassungsgericht[133]. Allenfalls können Schwierigkeiten auftreten, wenn die Mitgliedschaft, wie im Fall Christian Wulff, nicht allein durch Rücktritt zu beenden ist[134]. Ausgeschlossen ist die Wahl allerdings durch Art. 54 II 2 GG nach zwei aufeinander folgenden Amtsperioden (→ Rn. 41). Im Übrigen müssen die Wählbarkeitsvoraussetzungen zum Zeitpunkt der Wahl, also beim ersten Wahlgang vorliegen[135]. 24

Der Bundespräsident muss zum Zeitpunkt der Wahl **Deutscher gem. Art. 116 II GG** sein. Auf den Erwerb der Staatsangehörigkeit durch Geburt oder Einbürgerung kommt 25

---

[126] Vgl. *G. C. Unruh*, VR 1980, 217 (219f., 221).
[127] *F. Schack*, AöR 89 (1964), 82 (93); *Nierhaus* (Rn. 121), Art. 54 Rn. 5; *Stern*, Staatsrecht II, S. 236; *Kimminich*, Staatsoberhaupt (Fn. 55), S. 85; *Pernice* → Bd. II², Art. 54 Rn. 27; *v. Arnauld* (Fn. 61), Art. 54 Rn. 13.
[128] *Kimminich* (Fn. 70), Vorbem. zu Art. 54–61 Rn. 19; *Pernice* → Bd. II², Art. 54 Rn. 27.
[129] Vgl. auch *Fink* (Fn. 66), Art. 54 Rn. 8 ff.
[130] *M. Gehrlein*, DÖV 2007, 280 ff.; polemisch *J. Isensee*, NJW 1994, 1329 f. mit Gegenkritik von *D. Leuze*, NJW 1994, 1768 ff.; s. auch *P. Schwarz*, Die Zeit Nr. 17 v. 17.4.2008; dagegen *R. Leicht*, Die Zeit Nr. 18 v. 24.4.2008.
[131] *Butzer* (Fn. 61), Art. 54 Rn. 41; *v. Arnauld* (Fn. 61), Art. 54 Rn. 16.
[132] BVerfGE 89, 359 (362).
[133] Vgl. BVerfGE 89, 359 (362 ff.) – Herzog; s. zu Wulff auch BVerfGE 128, 278.
[134] Nach Art. 33 IV NV sind die Mitglieder der Landesregierung verpflichtet, die Geschäfte bis zur Bestellung eines Nachfolgers fortzuführen. Im Fall des Scheiterns der Wahl des Nachfolgers könnte der Ministerpräsident also nicht aus seinem Amt ausscheiden.
[135] *v. Arnauld* (Fn. 61), Art. 54 Rn. 16; anders in den USA.

es nicht an[136]. Bisher waren alle Bundespräsidenten gebürtige Deutsche. Schon wegen Art. 3 II GG ist die Bezeichnung »jeder Deutsche« geschlechtsneutral zu verstehen[137].

26 Das **vierzigste Lebensjahr** muss mit Ablauf des Vortages des Wahltages zum 40. Geburtstag vollendet werden. Alle Bundespräsidenten waren bisher deutlich älter, nämlich zwischen 51 (Christian Wulff) und 69 (Gustav Heinemann)[138].

27 Art. 54 I 2 GG setzt nach seinem Wortlaut zumindest **das aktive Wahlrecht** zum Bundestag gem. Art. 38 II 1, III GG i.V.m § 12, 13 BWahlG voraus. Das passive Wahlrecht zum Bundestag ist nach h.M. nicht Bedingung[139], dies betrifft aber lediglich den Fall, dass nur die Wählbarkeit und nicht das Wahlrecht gem. § 15 II Nr. 2 BWahlG durch Richterspruch aberkannt worden ist. Ein solcher Fall ist jedoch kaum vorstellbar und ließe sich wohl auch dann lösen[140].

III. Wahl durch die Bundesversammlung (Art. 54 I 1, III–VI GG)

1. Zusammensetzung und Wahl der Mitglieder der Bundesversammlung

28 Die Bundesversammlung besteht gem. Art. 54 III GG aus **sämtlichen Mitgliedern des Bundestages** einschließlich der Abgeordneten aufgrund von Überhangmandaten (§ 6 V BWahlG)[141] (geborene Mitglieder) und der **gleichen Anzahl von Delegierten der Bundesländer**, die von den Landtagen bestimmt werden (gekorene Mitglieder). Die jetzige Lösung anstatt einer Beteiligung des mit ungleich weniger Mitgliedern besetzten Bundesrates gewährleistet eine Parität der beiden föderalen Ebenen und sichert die Unabhängigkeit der Delegierten ebenso wie die Repräsentativität der Ländervertreter[142]. Durch die Wahl seitens der Bundesversammlung erhält der Bundespräsident keine schwächere demokratische Legitimation als durch eine Volkswahl, sondern eine breite, freilich anders vermittelte, demokratische und föderale Legitimation[143]. Eine unmittelbare Volkswahl, die mit einer stärkeren Politisierung verbunden wäre, würde dem Amt eine überschießende politische Legitimation verleihen, die im parlamentarischen Regierungssystem verfehlt ist[144]. Die Delegierten der Länder müssen weder

---

[136] In der Weimarer Republik galt gem. Art. 41 II WRV dasselbe, so dass Hitler durch eine kurzfristige Einbürgerung die Wählbarkeitsvoraussetzung erfüllen konnte.

[137] *Jekewitz* (Fn. 81), Art. 54 Rn. 6; Liste der bisher allesamt erfolglosen Kandidatinnen bei *Butzer* (Fn. 61), Art. 54 Rn. 43.

[138] *Butzer* (Fn. 61), Art. 54 Rn. 44; Art. 41 II WRV verlangte nur die Vollendung des 35. Lebensjahres.

[139] *Fink* (Fn. 66), Art. 54 Rn. 21; *Fritz* (Fn. 66), Art. 54 Rn. 148; *Butzer* (Fn. 61), Art. 54 Rn. 45; a.A. *v. Arnauld* (Fn. 61), Art. 54 Rn. 16; *Pernice* → Bd. II², Art. 54 Rn. 33.

[140] Vgl. *Herzog* (Fn. 52), Art. 54 Rn. 23.

[141] Bei Wegfall des Überhangmandats stellt die Staatspraxis auf den Zeitpunkt der Bekanntmachung der Wahl (§ 2 I 4 BPräsWahlG) ab, s. *Butzer* (Fn. 61), Art. 54 Rn. 49; *M. Fischer*, NVwZ 2005, 416ff.; *Waldhoff/Grefrath* (Fn. 64), Art. 54 Rn. 74.

[142] Vgl. JöR 1 (1951) S. 403f.; Parl. Rat XIV/1, S. 284ff.; → Rn. 4; s. ferner *Fritz* (Fn. 66), Art. 54 Rn. 125f.; *v. Arnauld* (Fn. 61), Art. 54 Rn. 20.

[143] *K. Schlaich*, HStR II, § 49 Rn. 90; vgl. auch *M. Nettesheim*, HStR³ III, § 61 Rn. 28f., § 63 Rn. 4; *Butzer* (Fn. 61), Art. 54 Rn. 37; *v. Arnauld* (Fn. 61), Art. 54 Rn. 20; kritisch dagegen *Herzog* (Fn. 52), Art. 54 Rn. 10 sowie die Vertreter einer Volkswahl.

[144] Für eine Volkswahl aber etwa *S. Seltenreich*, KritJ 28 (1995), 238ff.; *J. Ipsen*, Volkswahl des Bundespräsidenten?, in: FS Schneider, 2008, S. 197ff.; wohl auch *W. Leisner*, NJW 2009, 2938 (2939f.); dagegen z. B. *J. Isensee*, NJW 1994, 1329 (1330); *M. Nierhaus*, Braucht die Bundesrepublik Deutschland ein volksgewähltes Staatsoberhaupt?, in: FS Bethge, 2009, 39ff.; *L. Wellkamp*, BayVBl. 2002, 267ff.

III. Wahl durch die Bundesversammlung (Art. 54 I 1, III–VI GG) **Art. 54**

Landtagsabgeordnete noch Landeskinder sein, sondern lediglich zum Bundestag wählbar sein (§ 3 BPräsWahlG). In der Praxis werden deshalb Prominente aus Sport und Kultur oder sogar aus den Klatschspalten der Regenbogenpresse entsandt[145].

Neben der durch die Zahl der Bundestagsabgeordneten mittelbar bestimmten Ge- 29 samtzahl der Mitglieder der Bundesversammlung bedarf es zusätzlich der **Verteilung der Landesvertreter unter den Ländern**, die nach den letzten amtlichen Bevölkerungszahlen ohne Berücksichtigung von Ausländern (§ 2 I 2, 3 BPräsWahlG) festgesetzt werden und die daher im Lauf der Jahre variieren[146]. Die Bundesregierung setzt beide Zahlen (Gesamtzahl und Zahl der jeweiligen Landesvertreter) fest und macht diese im Bundesgesetzblatt bekannt (§ 2 II 1 BPräs WahlG). Die Wahl in den Landtagen hat danach »unverzüglich« zu erfolgen, anderenfalls bleiben die Sitze unbesetzt (§ 2 BPräsWahlG). Eine vorgezogene Wahl am Beginn der Legislaturperiode ist allenfalls unter Änderungsvorbehalt zulässig[147]. Die Wahl erfolgt nach Vorschlagslisten (§ 4 I BPräsWahlG). Bei Vorliegen mehrerer Listen werden entsprechend Art. 54 III GG (»Grundsätze der Verhältniswahl«) die Sitze nach dem Höchstzahlverfahren d'Hondt zugeteilt (§ 4 III BPräsWahlG)[148]. In der Praxis einigen sich in den meisten Ländern[149] alle Fraktionen auf einen gemeinsamen Wahlvorschlag (Einheitsliste), was der Wortlaut des Gesetzes zulässt[150]. Gelegentlich ist es nötig, bei knapp vor der Wahl stattfindenden Landtagswahlen, kurzfristig nach Konstituierung des neuen Landtags noch diesen wählen zu lassen[151]. Im Übrigen ist auch eine Wahlprüfung vorgesehen (§ 5 BPräsWahlG). Die Mitgliedschaft beginnt mit Annahme der Wahl (§ 4 IV BPräsWahlG) und endet mit Beendigung der Bundesversammlung (§ 9 V BPräsWahlG).

2. Zusammentritt und Einberufung der Bundesversammlung (Art. 54 IV, V)

Gem. Art. 54 IV 1 GG tritt die Bundesversammlung **spätestens 30 Tage vor Ablauf der** 30 **regulären fünfjährigen Amtsperiode** des amtierenden Bundespräsidenten bzw. **spätestens 30 Tage nach dessen vorzeitiger Amtsbeendigung** zusammen. Die 30 Tage Fristen gelten für den Zusammentritt, nicht den Abschluss von Beratungen und Wahl[152]. Seit 1979 trat die Bundesversammlung regelmäßig am 23. Mai[153] zusammen (Ausnahmen: 30. Juni 2010 [Christian Wulff] und 18. März 2012 [Joachim Gauck])[154], während der Amtsantritt regulär jeweils der 1. Juli ist[155]. Das ist nach der Wahl von Joachim Gauck (vorläufig) nicht mehr möglich. Art. 54 V GG, der abweichend auf den Zeitpunkt des ersten Zusammentritts eines neu gewählten Parlaments abstellt, ist durch die Neufassung des Art. 39 I 2 GG von 1976 (→ Art. 39 Rn. 6) obsolet geworden[156], da eine par-

---

[145] Vgl. näher mit Namen *Butzer* (Fn. 61), Art. 54 Rn. 47.
[146] Vgl. die Aufstellung für 2004, 2009, 2010 bei *Butzer* (Fn. 61), Art. 54 Rn. 51.
[147] Vgl. *Herzog* (Fn. 52), Art. 54 Rn. 29; *Fritz* (Fn. 66), Art. 54 Rn. 123.
[148] Zu daraus resultierenden (möglichen) Problemen *C. Jülich*, DÖV 1969, 92 (94 f.).
[149] S. BVerfGE 136, 277 (285 f., Rn. 13).
[150] Vgl. auch BT-Drs. 3/358, S. 4; *Butzer* (Fn. 61), Art. 54 Rn. 53.
[151] *Butzer* (Fn. 61), Art. 54 Rn. 54; *v. Arnauld* (Fn. 61), Art. 54 Rn. 22.
[152] *Butzer* (Fn. 61), Art. 54 Rn. 60.
[153] Vielleicht gerade weil der Verfassungstag anders als in der Weimarer Republik nicht gesondert gefeiert wird.
[154] Tag der ersten freien Wahl in der DDR.
[155] *Butzer* (Fn. 61), Art. 54 Rn. 57; Mitglieder und Protokolle in: Deutscher Bundestag (Hrsg.), Die Bundesversammlungen 1949 bis 2010, 2012.
[156] *Fink* (Fn. 66), Art. 54 Rn. 42; *Nierhaus* (Fn. 121), Art. 54 Rn. 15; *v. Arnauld* (Fn. 61), Art. 54 Rn. 22; *Fritz* (Fn. 66), Art. 54 Rn. 138; *Butzer* (Fn. 61), Art. 54 Rn. 63 ff.

lamentslose Zeit seitdem nicht mehr eintreten kann. Sinn und Zweck des Art. 54 I GG war es, die Beteiligung des (alten) Bundestages auch für diesen Fall zu gewährleisten. Eine Fristversäumung könnte im Organstreitverfahren gerügt werden, ist aber für die Gültigkeit der Wahl unbeachtlich[157].

31 Gem. Art. 54 IV 2 GG **beruft der Präsident des Bundestages die Bundesversammlung ein**. Das schließt die vorherige Bestimmung von Ort und Zeit des Zusammentritts ein (§ 1 BPräsWahlG), wobei er an die Vorgaben des Art. 54 IV 1 GG gebunden ist, innerhalb dieses Rahmens jedoch nach seinem Ermessen entscheidet. Allerdings ist der Termin so anzusetzen, dass Neuwahlen von Bundestag und Landtagen möglichst noch berücksichtigt werden[158]. Der Tagungsort muss im Inland liegen, wobei bisher nur Bonn und Berlin gewählt wurden[159].

3. Das Wahlverfahren (Art. 54 I 1, VI GG)

32 Die Bundesversammlung tagt **öffentlich**. Das ergibt sich nicht aus einer entsprechenden Anwendung der Art. 42 I 1, 52 III 3 GG, sondern aus dem allgemeinen demokratischen Prinzip der Öffentlichkeit gem. Art. 20 II GG[160] (→ Art. 20 [Demokratie], Rn. 77). Die Öffentlichkeit hat auch »eine andere Funktion als für den Bundestag«, sie soll »die Sichtbarkeit des Wahlaktes in seinen realen und symbolischen Dimensionen« verbürgen[161]. Die Sitzungsleitung und Ordnungsgewalt liegt beim Bundestagspräsidenten (§ 8 S. 1 u. 2 BPräsWahlG)[162]. Nicht aufgrund eigener Autonomie, sondern kraft Ermächtigung gem. Art. 54 VII GG, § 8 II BPräs WahlG kann die Bundesversammlung sich eine Geschäftsordnung geben[163], sie übernimmt aber bisher die GOBT mit kleinen Änderungen.

33 **Wahlvorschläge** darf jedes Mitglied der Bundesversammlung beim Bundestagspräsidenten zusammen mit einer schriftlichen Zustimmungserklärung des Vorgeschlagenen einreichen (§ 9 I 3 BPräsWahlG). Die Wahlvorschläge können auch kurzfristig, aber spätestens bis zum Beginn des Wahlvorgangs eingereicht werden[164]. Für den 2. und 3. Wahlgang können sogar neue Vorschläge eingereicht werden (§ 9 I 2 BPräsWahlG). Nach rechtlicher Prüfung der Einhaltung der formellen Wählbarkeitsvoraussetzungen des Art. 54 I 2 GG erfolgt gem. § 9 II BPräs WahlG gegebenenfalls eine Zurückweisung durch die Bundesversammlung.

34 Nach Art. 54 I 1 GG findet die Wahl **ohne Aussprache** statt. Durch dieses Ausspracheverbot soll eine Personaldebatte unterbunden werden, um in erster Linie die »Würde des Wahlaktes«[165], aber auch die Autorität des späteren Bundespräsidenten zu

---

[157] *Fink* (Fn. 66), Art. 54 Rn. 40; *v. Arnauld* (Fn. 61), Art. 54 Rn. 22.
[158] *Butzer* (Fn. 61), Art. 54 Rn. 61.
[159] *Herzog* (Fn. 52), Art. 54 Rn. 38; *v. Arnauld* (Fn. 61), Art. 54 Rn. 24; *Butzer* (Fn. 61), Art. 54 Rn. 62; *Jarass/Pieroth*, GG, Art. 54 Rn. 4; *Umbach* (Fn. 62), Art. 54 Rn. 78.
[160] *Nierhaus* (Fn. 121), Art. 54 Rn. 17; *Butzer* (Fn. 61), Art. 54 Rn. 65; *v. Arnauld* (Fn. 61), Art. 54 Rn. 24; a.A. *Fink* (Fn. 66), Art. 54 Rn. 44.
[161] BVerfGE 136, 277 (314, Rn. 103).
[162] Vgl. auch *Nierhaus* (Fn. 121), Art. 54 Rn. 17; v. *Arnauld* (Fn. 61), Art. 54 Rn. 23; *Butzer* (Fn. 61), Art. 54 Rn. 66, dort auch zum sonstigen Verfahren.
[163] BVerfGE 136, 277 (316, Rn. 112).
[164] Auch zur bisherigen Praxis *Butzer* (Fn. 61), Art. 54 Rn. 67.
[165] BVerfGE 136, 277 (315, Rn. 109); s. auch *Waldhoff/Grefrath* (Fn. 64), Art. 54 Rn. 81; *M. Nettesheim*, HStR³ III, § 63 Rn. 12; *Herzog* (Fn. 52), Art. 54 Rn. 40; *Fink* (Fn. 66), Art. 54 Rn. 44 und zuletzt BVerfGE 138, 125.

III. Wahl durch die Bundesversammlung (Art. 54 I 1, III–VI GG)   **Art. 54**

schützen. Selbst eine Vorstellung der Kandidaten durch sie selbst ist ausgeschlossen[166]. Diskussionen im Vorfeld, die Person und Amt schädigen können, sind dagegen nicht ausgeschlossen[167] und lassen sich auch gar nicht verhindern. Sachdiskussionen etwa über Verfahrensfragen sind aber möglich[168].

Der **Wahlakt selbst erfolgt geheim** (§ 9 II 1 BPräsWahlG). Im ersten und zweiten Wahlgang ist nur gewählt, wer die Mehrheit der gesetzlichen Mitgliederzahl der Bundesversammlung gem. Art. 54 VI 1 i.V.m. Art. 121 GG erhält. Es wird nicht nach »Bänken« getrennt für Mitglieder des Bundestags und der Landtage abgestimmt[169]. Im **dritten Wahlgang genügt die relative Mehrheit** (Art. 54 VI 2 GG)[170]. Führt auch dieser zu keinem Ergebnis, müssen notfalls mehrere weitere Wahlgänge durchgeführt werden[171]. Ein Losentscheid ist anders als in Art. 75 II 4 HChE nicht vorgesehen[172]. Zur Auflösung der Pattsituation können über den Wortlaut des § 9 I 2 BPräsWahlG hinaus auch neue Wahlvorschläge gemacht werden[173]. **35**

Der Gewählte muss ausdrücklich gegenüber dem Bundestagspräsidenten die **Annahme der Wahl** innerhalb einer Frist von zwei Tagen erklären, andernfalls gilt die Wahl als unwiederbringlich abgelehnt (§ 9 IV BPräsWahlG). In der Staatspraxis teilt der Bundestagspräsident dem anwesenden Gewählten das Ergebnis mit und dieser erklärt die Annahme in der Bundesversammlung, verbunden mit einer kurzen Ansprache[174]. Erst nach Annahme der Wahl erklärt der Bundestagspräsident die Bundesversammlung gem. § 9 V BPräsWahlG für beendet. Damit ist die Bundesversammlung aufgelöst und kann nicht wieder einberufen werden[175]. Eine Wahlprüfung analog Art. 41 GG findet nicht statt[176], da nicht die Zusammensetzung der Bundesversammlung gerügt wird (vgl. § 5 BPräsWahlG), sondern Unregelmäßigkeiten der Wahl in der Bundesversammlung. Dafür ist der Organstreit das richtige Verfahren[177]. **36**

---

[166] BVerfGE 136, 277 (315 f., Rn. 109); *Butzer* (Fn. 61), Art. 54 Rn. 55; *M. Nettesheim*, HStR³ III, § 63 Rn. 12; kritisch zum Ausspracheverbot *C. Jülich*, DÖV 1969, 92 (96).
[167] Vgl. *B. Braun*, Die Bundesversammlung, 1993, S. 113 ff.; *Fritz* (Fn. 66), Art. 54 Rn. 142 ff.; *J. Isensee*, NJW 1994, 1329 (1330); *Umbach* (Fn. 62), Art. 54 Rn. 23 ff.; *Butzer* (Fn. 61), Art. 54 Rn. 69; zur Demontage des Kandidaten Heitmann 1994 im Vorfeld s. *W. Billing*, ZParl. 26 (1995), 595 ff.
[168] Vgl. § 8 II BPräsWahlG.
[169] *Herzog* (Fn. 52), Art. 54 Rn. 43; *Butzer* (Fn. 61), Art. 54 Rn. 71.
[170] Das wird meist falsch qualifiziert: weder die »einfache Mehrheit« (*Butzer* [Fn. 61], Art. 54 Rn. 71), noch »die Mehrheit der abgegebenen Stimmen« (*v. Arnauld* [Fn. 61], Art. 54 Rn. 26) wird in Art. 54 VI 2 GG geregelt. Noch anders *Nierhaus* (Fn. 121), Art. 54 Rn. 19: »relative Mehrheit i. S. der Anwesensmehrheit«; richtig dagegen *Waldhoff/Grefrath* (Fn. 64), Art. 54 Rn. 83.
[171] *Herzog* (Fn. 52), Art. 54 Rn. 45; *Nierhaus* (Fn. 121), Art. 54 Rn. 19; *Umbach* (Fn. 62), Art. 54 Rn. 87; *Butzer* (Fn. 61), Art. Rn. 72; *v. Arnauld* (Fn. 61), Art. 54 Rn. 26.
[172] Würdewidrig wäre ein Losentscheid aber nicht, so jedoch *Herzog* (Fn. 52), Art. 54 Rn. 45; *M. Nettesheim*, HStR³ III, § 63 Rn. 13; *v. Arnauld* (Fn. 61), Art. 54 Rn. 26.
[173] *Butzer* (Fn. 61), Art. 54 Rn. 72; kritisch *Fritz* (Fn. 66), Art. 54 Rn. 146; *v. Arnauld* (Fn. 61), Art. 54 Rn. 26.
[174] *Butzer* (Fn. 61), Art. 54 Rn. 73.
[175] *Nettesheim*, HStR³ III, § 63 Rn. 15; *v. Arnauld* (Fn. 61), Art. 54 Rn. 27.
[176] A.A. *M. Nettesheim*, HStR³ III, § 63 Rn. 15; *Pieper* (Fn. 90), Art. 54 Rn. 29.8; *Stern*, Staatsrecht II, S. 187; *E. Stöve*, Die Bundesversammlung mit dem Entwurf eines Ausführungsgesetzes gem. Art. 54 Abs. 7 Grundgesetz, Diss. jur. Köln 1956, S. 111 ff.
[177] *Butzer* (Fn. 61), Art. 54 Rn. 74; *v. Arnauld* (Fn. 61), Art. 54 Rn. 25.

Art. 54   C. Erläuterungen

4. Der Status der Mitglieder der Bundesversammlung

37 Der **Status der Mitglieder der Bundesversammlung** entspricht weitgehend derjenigen der Bundestagsabgeordneten. Gem. § 7 S. 3 BPräsWahlG sind sie an Aufträge und Weisungen nicht gebunden, nach § 7 S. 1 BPräsWahlG finden Art. 46, 47, 48 II GG entsprechende Anwendung. Ab Annahme der Wahl genießen sie daher Immunität[178] und Indemnität für Äußerungen in der Bundesversammlung, besitzen ein Zeugnisverweigerungsrecht und dürfen an der Ausübung ihres Amtes nicht gehindert werden. § 7 BPräsWahlG normiert insoweit nur den sich unmittelbar aus der Verfassung ergebenden Rechtsstatus[179]. Die Entscheidungszuständigkeit für Immunitätsangelegenheiten liegt nach ihrer Konstituierung bei der Bundesversammlung, davor gem. § 7 S. 2 BPräsWahlG beim Bundestag[180].

IV. Amtsdauer und Wiederwahl (Art. 54 II GG)

38 Die **Amtszeit des Bundespräsidenten** beträgt gem. Art. 54 II 1 GG fünf Jahre und kann allenfalls im Verteidigungsfall gem. Art. 115h I 2 GG bis zu 9 Monaten zur Verhinderung einer Vakanz verlängert werden (→ Art. 115h Rn. 6). Die Abweichung von der Legislaturperiode des Bundestages um ein Jahr soll die Unabhängigkeit des Amtes gegenüber den anderen Organen und die Kontinuität gerade im Hinblick auf die Regierungsbildung und gegebenenfalls die Reservefunktion sichern[181]. Die Verkürzung von sieben auf fünf Jahre gegenüber der Amtszeit des Reichspräsidenten soll eine ohnehin hier kaum plausible Machtkonzentration verhindern und könnte allenfalls durch eine Verfassungsänderung wieder rückgängig gemacht werden[182].

39 Die Amtszeit des gewählten Präsidenten **beginnt »automatisch«**[183] ohne Ernennung mit dem Ablauf der Amtszeit des Vorgängers, nicht jedoch vor Eingang der Annahmeerklärung beim Bundestagspräsidenten (§ 10 BPräsWahlG). Wegen des regelmäßig rechtzeitigen Zusammentritts der Bundesversammlung gem. Art. 54 IV GG kommt es auf die letztere Variante nur bei vorzeitiger Beendigung (Rücktritt, Tod) an. Der Amtseid ist keine konstitutive Voraussetzung des Amtsantritts[184]. Nach einer Wiederwahl wird die Amtsausübung dagegen nahtlos fortgesetzt[185].

40 Das **Amt endet** regelmäßig ebenfalls **automatisch durch Zeitablauf**, also mit Ablauf des fünften Jahrestages des Beginns der Amtszeit. Ein vorzeitiges Ende der Amtszeit kann durch Tod, Rücktritt, Amtsverlust nach Art. 61 GG oder durch Verlust der Wählbarkeit eintreten, die Voraussetzung auch für die Amtsträgerschaft und nicht lediglich für die Amtsübernahme ist[186]. Eine Abwahl ist im Gegensatz zu Art. 43 II WRV im Hinblick auf die geringe Machtposition nicht vorgesehen. Der Rücktritt ist, da die Bundesversammlung als eigentlicher Adressat ausscheidet, in erster Linie dem Bun-

---

[178] Dazu *H. Winkelmann*, ZParl. 39 (2008), 61 ff.
[179] Vgl. *Fink* (Fn. 66), Art. 54 Rn. 48; *v. Arnauld* (Fn. 61), Art. 54 Rn. 28.
[180] Vgl. *Butzer* (Fn. 61), Art. 54 Rn. 76; *H. Winkelmann*, ZParl. 39 (2008), 61 ff. auch zu den Vorgängen 2004.
[181] Vgl. auch *Nierhaus* (Fn. 121), Art. 54 Rn. 20; *Umbach* (Fn. 62), Art. 54 Rn. 34; *v. Arnauld* (Fn. 61), Art. 54 Rn. 17; *Butzer* (Fn. 61), Art. 54 Rn. 77 auch zu den bisherigen Terminkollisionen.
[182] Vgl. *P. Kunig*, Jura 1994, 217 (218); *v. Arnauld* (Fn. 61), Art. 54 Rn. 17.
[183] *Herzog* (Fn. 52), Art. 54 Rn. 51.
[184] *Herzog* (Fn. 52), Art. 54 Rn. 51, 53. → Art. 56 Rn. 6.
[185] *Butzer* (Fn. 61), Art. 54 Rn. 78.
[186] *Herzog* (Fn. 52), Art. 54 Rn. 56 ff.; *v. Arnauld* (Fn. 61), Art. 54 Rn. 17.

destagspräsidenten[187], aus Gründen des Interorganrespekts und der Courtoisie ebenfalls gegenüber dem Bundesratspräsidenten, auch im Hinblick auf dessen Vertretung in der Interimszeit nach Art. 57 GG, sowie dem Bundeskanzler[188] gegenüber zu erteilen, bevor die Öffentlichkeit informiert wird.

Art. 54 II 2 GG erlaubt im Gegensatz zur WRV **nur eine einzige »anschließende** 41 **Wiederwahl«**[189]. Ein Wiederaufleben »quasi-monarchischer« Elemente soll durch diese republikanische Zeitbegrenzung verhindert werden, auch wenn derartige Befürchtungen bei der konkreten Ausgestaltung des Amtes überzogen erscheinen. Ausgeschlossen ist nach dem eindeutigen Wortlaut allein eine zweite anschließende Wiederwahl, nicht eine erneute Kandidatur und Wahl, wenn inzwischen ein weiterer Bundespräsident amtiert hat[190]. Das gilt auch für eine kurze Amtszeit, die etwa wegen Tod oder Rücktritt vorzeitig endet[191]. Nur im Fall eines offenen Missbrauchs – etwa ein nur pro forma gewählter Bundespräsident tritt unmittelbar nach Amtsantritt zurück – würde Art. 54 II 2 GG eine Wiederwahl verhindern[192].

Das Amtsverhältnis des Bundespräsidenten ist, abgesehen von Art. 55, 60 IV GG, 42 weder verfassungsrechtlich noch einfachgesetzlich geregelt. Auch ohne Ernennungsurkunde handelt es sich aber um ein besonderes **öffentlich-rechtliches Amtsverhältnis**[193]. Eine gesetzliche Regelung eines Anspruchs auf Amtsbezüge fehlt ebenfalls, die Amtsbezüge werden vielmehr jährlich im Haushaltsplan festgesetzt. Geregelt sind indes in einem besonderen Gesetz die Ruhebezüge des Bundespräsidenten (BGBl. I v. 17.6.1953 S. 406)[194]. Der Bundespräsident erhält ferner freie Amtswohnung mit Ausstattung, die neuerdings in Grunewald liegt, seinen Dienstsitz Schloss Bellevue sowie eine Aufwandsentschädigung.

V. Gesetzesvorbehalt (Art. 54 VII GG)

Art. 54 VII GG begründet eine **ausschließliche Gesetzgebungskompetenz des Bundes**, 43 auf dessen Grundlage das Bundespräsidentenwahlgesetz vom 25. April 1959[195] erlassen worden ist.

---

[187] Allg. Ansicht: *Herzog* (Fn. 52), Art. 54 Rn. 59; *K. Schlaich*, HStR II § 48 Rn. 15; *Fritz* (Fn. 66), Art. 54 Rn. 163; *Waldhoff/Grefrath* (Fn. 64), Art. 54 Rn. 88, die ihn als alleinigen Adressaten ansehen.

[188] *v. Arnauld* (Fn. 61), Art. 54 Rn. 17; *Butzer* (Fn. 61), Art. 54 Rn. 80 will zusätzlich den Präsidenten des Bundesverfassungsgerichts informieren.

[189] *Herzog* (Fn. 52), Art. 54 Rn. 21; *Umbach* (Fn. 62), Art. 54 Rn. 46; *Jekewitz* (Fn. 81), Art. 54 Rn. 8 (»Wahlkaiser«); *Butzer* (Fn. 61), Art. 54 Rn. 82; *v. Arnauld* (Fn. 61), Art. 54 Rn. 18.

[190] *Herzog* (Fn. 52), Art. 54 Rn. 21; *M. Nettesheim*, HStR³ III, § 63 Rn. 11; *v. Arnauld* (Fn. 61), Art. 54 Rn. 18; *Fink* (Fn. 66), Art. 54 Rn. 33.

[191] Vgl. *v. Arnauld* (Fn. 61), Art. 54 Rn. 18; *Waldhoff/Grefrath* (Fn. 64), Art. 54 Rn. 91; *Nierhaus* (Fn. 121), Art. 54 Rn. 21.

[192] Zutreffend *Herzog* (Fn. 52), Art. 54 Rn. 21; *Butzer* (Fn. 61), Art. 54 Rn. 83f.; *Fink* (Fn. 66), Art. 54 Rn. 33.

[193] *Herzog* (Fn. 52), Art. 54 Rn. 61; *Stern*, Staatsrecht II, S. 216 m. w. N.

[194] Im Fall des Rücktritts von Christian Wulff waren die Anspruchsvoraussetzungen umstritten; vgl. *H. H. v. Arnim*, NVwZ-Extra 4/2012, 1ff.; im Ergebnis wurde der Ehrensold aber zu Recht gewährt, s. auch *M. Wagner*, DÖV 2012, 517ff.

[195] BGBl. I S. 230; zuletzt geändert durch Gesetz v. 12.7.2007 (BGBl. I S. 1326).

D. Verhältnis zu anderen GG-Bestimmungen

44 Die **Kompetenzen des Bundespräsidenten** sind nicht nur im V. Abschnitt geregelt, sondern finden sich vielmehr **verstreut im Grundgesetz**. Art. 115h I 2 GG erlaubt eine kurzzeitige Verlängerung der Amtszeit abweichend von Art. 54 II GG. Darüber hinaus sind keine Konflikte oder Überschneidungen mit anderen Vorschriften des Grundgesetzes zu konstatieren.

Artikel 55 [Inkompatibilitäten; Berufs- und Gewerbeverbot]

(1) Der Bundespräsident darf weder der Regierung noch einer gesetzgebenden Körperschaft des Bundes oder eines Landes angehören.

(2) Der Bundespräsident darf kein anderes besoldetes Amt, kein Gewerbe und keinen Beruf ausüben und weder der Leitung noch dem Aufsichtsrate eines auf Erwerb gerichteten Unternehmens angehören.

Literaturauswahl

Hömig, Dieter: Designierter Bundespräsident und Mitgliedschaft in der Bundesregierung, in: DÖV 1974, S. 798–802.
Traupel, Tobias: Ämtertrennungen und Ämterverbindungen zwischen staatlichen Leitungsämtern und Leitungsämtern in Verbänden, 1991.
Tsatsos, Dimitris: Inkompatibilität zwischen dem Bundespräsidentenamt und dem parlamentarischen Mandat, in: DÖV 1965, S. 597–604.

Siehe auch die Angaben zu Art. 54 GG.

Leitentscheidung des Bundesverfassungsgerichts

BVerfGE 89, 359 (362) – Herzog.

Gliederung

	Rn.
A. Herkunft, Entstehung, Entwicklung	1
B. Internationale, supranationale und rechtsvergleichende Bezüge	3
C. Erläuterungen	4
I. Allgemeine Bedeutung	4
II. Unvereinbarkeit mit politischen Ämtern (Art. 55 I GG)	5
III. Unvereinbarkeit mit besoldeten Ämtern (Art. 55 II GG)	7
IV. Zeitpunkt und Wirkungen	12
D. Verhältnis zu anderen GG-Bestimmungen	15

Stichwörter

Anklage 14 – Aufsichtsrat 11 – Beruf 7 f., 10 – Bundesversammlung 5 – Ehrenämter 9 – Gewerbe 10 – Inkompatibilität 1 ff., 12 – Neutralität 1, 4, 11 – Organstreit 14 – Parteimitgliedschaft 6.

A. Herkunft, Entstehung, Entwicklung

In den Monarchien des 19. Jahrhunderts war es undenkbar, dass der Herrscher als Souverän Mitglied eines anderen Staatsorgans sein oder gar einem privaten Beruf nachgehen könnte. Weder die Verfassungen der Länder noch die Paulskirchenverfassung oder die Reichsverfassung trafen daher irgendwelche Inkompatibilitätsregelungen. Allenfalls wurde eine Personalunion für andere Staaten wie in Art. 55 Preuß. Verf. 1850 ohne Zustimmung der Legislative untersagt[1]. Eine klare und eindeutige **Inkompatibilitätsvorschrift** enthielt hingegen **erst Art. 44 WRV**. Danach durfte der

1

---

[1] Das liegt aber eher in der Tradition eines Verbots der Landesteilung ohne Zustimmung der Stände und der Sicherung der Einheit und Handlungsfähigkeit des Staates.

Art. 55   C. Erläuterungen

Reichspräsident nicht zugleich Mitglied des Reichstags sein. Der Regelung lag einerseits der Gedanke der Gewaltenteilung[2] und andererseits die Überlegung der Sicherung der Neutralität und Distanz des Reichspräsidenten gegenüber der mit dem Parlament assoziierten Parteipolitik[3] zugrunde.

2   Während der Herrenchiemseer Entwurf die Inkompatibilität lediglich neben dem Bundestag auf den Bundesrat erstreckte, wurde im **Parlamentarischen Rat** die Inkompatibilität auf jedes andere Amt und jede andere Tätigkeit erweitert und schließlich die heutige Formulierung gefunden. Man war einhellig der Auffassung, dass das Bundespräsidentenamt ein selbständiges Amt sei, das eine Personalunion mit irgendeinem anderen Amt nicht dulde[4].

B. Internationale, supranationale und rechtsvergleichende Bezüge

3   Weder internationales noch supranationales Recht beeinflusst in irgendeiner Weise die Inkompatibilitätsvorschrift des Art. 55 GG. **Republikanische Verfassungen** anderer Staaten enthalten **häufig ganz ähnliche Regelungen**. So bestimmt Art. 84 Ital. Verf., dass das Präsidentenamt »mit jedem anderen Amt unvereinbar« ist[5]. Anders als noch Art. 43 Frz. Verf. 1946 kennt der Verfassungstext der V. Republik keine Inkompatibilitätsvorschrift. Nach allgemeiner Ansicht gilt das Verbot jedoch gewohnheitsrechtlich fort[6]. In Monarchien ist eine explizite Inkompatibilitätsregelung traditionell überflüssig. Die neue Schwedische Verfassung von 1975 hat in Kap. 5 § 2 I allerdings inzwischen eine Unvereinbarkeitserklärung aufgenommen.

C. Erläuterungen

I. Allgemeine Bedeutung

4   Sinn und Zweck dieser Regelung ist die **Sicherung der Funktionsfähigkeit und Integrationsfähigkeit des Amtes** eines Staatsoberhauptes. Das entspricht auch dem Gedanken der Gewaltenteilung im Sinne der Lehre von der Funktionsgerechtigkeit[7], weniger im Sinne eines dogmatischen Gewaltentrennungsverständnisses[8]. Daneben spielt auch die Verpflichtung zur Konzentration auf das Amt[9], das keine Nebentätigkeit wie etwa

---

[2] Vgl. *Anschütz*, WRV, Art. 44 Anm. 1 (S. 254); W. *Weber*, AöR 19 (1930), 161 (171 ff.).
[3] *C. Schmitt*, Der Hüter der Verfassung (1931), 4. Aufl. 1996, S. 156; W. *Weber*, AöR 19 (1930), 161 (202 ff.); *D. Tsatsos*, DÖV 1965, 597 (599 f.).
[4] Parl. Rat XIII/2, S. 769.
[5] Vgl. ferner Art. 61 I Österr. Verf.; Art. 12 VI Nr. 3 Irland Verf.; Art. 48 II Malta Verf.
[6] *R. Grote*, Das Regierungssystem der V. französischen Republik, 1995, S. 213.
[7] Vgl. BVerfGE 68, 1 (86); W. *Heun*, Staatshaushalt und Staatsleitung, 1989, S. 97 ff.; *C. Möllers*, Die drei Gewalten, 2008, S. 43 ff., 57 ff. → Art. 20 (Rechtsstaat), Rn. 71.
[8] So aber die wohl h.M. *M. Nierhaus*, in: Sachs, GG, Art. 55 Rn. 3; Jarass/*Pieroth*, GG, Art. 55 Rn. 1; *R. Herzog*, in: Maunz/Dürig, GG, Art. 55 (1986/2009), Rn. 3; *H. Butzer*, in: Schmidt-Bleibtreu/Hofmann/Henneke, GG, Art. 55 Rn. 2; s. auch *N. Achterberg*, Zeitschrift für die gesamte Staatswissenschaft 126 (1970), 344 (349), der sogar Art. 20 II GG im Verhältnis zum Bundestag für maßgebend hält; dem allgemeinen Mißverständnis unterliegt auch die Kritik von *C. Waldhoff/H. Grefrath*, in: Friauf/Höfling, GG, Art. 55 (2009), Rn. 3; vgl. *U. Fink*, in: v. Mangoldt/Klein/Starck, Art. 55 Rn. 3 f.; *A. v. Arnauld*, in: v. Münch/Kunig, GG I, Art. 55 Rn. 4.
[9] *Nierhaus* (Fn. 8), Art. 55 Rn. 2; *Pernice* → Bd. II[2], Art. 55 Rn. 5; *M. Nettesheim*, HStR[3] III, § 61 Rn. 62; *Butzer* (Fn. 8), Art. 55 Rn. 2; kritisch *Waldhoff/Grefrath* (Fn. 8), Art. 55 Rn. 4.

bei Parlamentariern erlaubt, eine Rolle. Vornehmlich soll der Bundespräsident als Repräsentant des Gesamtstaates und Integrationsorgan von anderen Bindungen und Interessen[10] auch zur Sicherung seiner Unabhängigkeit, Neutralität[11] und Distanz losgelöst sein. Nach ganz überwiegender Auffassung ist Art. 55 GG daher umfassend zu verstehen und weit auszulegen[12].

II. Unvereinbarkeit mit politischen Ämtern (Art. 55 I GG)

Nach Art. 55 I GG darf der Bundespräsident **weder einer Regierung noch einer gesetzgebenden Körperschaft von Bund und Ländern** angehören. Bundeskanzler und Bundesminister (Art. 62 GG) sind daher im Bund ebenso erfasst wie Ministerpräsidenten, Erste/Regierende Bürgermeister, Minister und Senatoren sowie gegebenenfalls auch Staatssekretäre auf Landesebene (vgl. Art. 43 II BayVerf.; 59 II SächsVerf.). Gesetzgebende Körperschaften des Bundes sind Bundestag und Bundesrat, dessen Mitglieder zugleich als Regierungsmitglieder ausgeschlossen sind. In den Ländern sind Abgeordnete in den Landtagen und Bürgerschaften betroffen. Zu Recht wird das Verbot auch auf die Mitgliedschaft im Europaparlament (vgl. § 22 Nr. 7 EuropawahlG) und sonstige Wahlämter auf europäischer und internationaler Ebene erstreckt[13]. Kommunalvertretungen sind zwar keine »gesetzgebenden Körperschaften« im strengen Sinn, werden aber ebenfalls vom Verbot erfasst[14]. Die Mitgliedschaft in einer kommunalen Exekutivposition fällt formal nicht unter Art. 55 I GG, ebensowenig wie in Selbstverwaltungsgremien der Sozialversicherung oder von Berufsständen[15], wird aber im Fall einer Besoldung von Art. 55 II GG geregelt und ist sachlich mit dem Amt ansonsten über die Vorschrift hinaus kaum vereinbar. Auch die Bundesversammlung fällt als reines Wahlorgan nicht unter Art. 55 I GG, eine Beteiligung des amtierenden Bundespräsidenten an seiner Wiederwahl oder der Wahl des Nachfolgers wird daher durch Art. 55 I GG nicht verhindert[16], ist im Gegensatz zur (häufigen) Beteiligung eines Kandidaten[17] aber politisch absolut unpassend[18]. Im Übrigen verbietet Art. 55 I GG nicht nur die Ausübung, sondern bereits das Innehaben der betreffenden Ämter, die man daher nicht bloß ruhen lassen kann[19].

---

[10] *Herzog* (Fn. 8), Art. 55 Rn. 3; *v. Arnauld* (Fn. 8), Art. 55 Rn. 3; *Waldhoff/Grefrath* (Fn. 8), Art. 55 Rn. 5; *H. Krüger*, Zeitschrift für die gesamte Staatswissenschaft 106 (1950), 700 (713) verweist auf die monarchische Tradition.
[11] *K. Schlaich*, HStR II, § 48 Rn. 3; *v. Arnauld* (Fn. 8), Art. 55 Rn. 3.
[12] *Nierhaus* (Fn. 8), Art. 55 Rn. 9; *Stern*, Staatsrecht II, S. 204; *G. Sturm*, Die Inkompatibilität, 1967, S. 73; *Butzer* (Fn. 8), Art. 55 Rn. 3; a.A. *Herzog* (Fn. 8), Art. 55 Rn. 3; *J. Jekewitz*, in: AK-GG, Art. 55 (2001), Rn. 4.
[13] *S. Pieper*, in: Epping/Hillgruber, GG, Art. 55 Rn. 1.1; *Butzer* (Fn. 8), Art. 55 Rn. 4; *v. Arnauld* (Fn. 8), Art. 55 Rn. 10; Köhler ist deshalb vom Amt des Geschäftsführenden Direktors beim IWF zurückgetreten.
[14] *Stern*, Staatsrecht II, S. 204; *Nierhaus* (Fn. 8), Art. 55 Rn. 9; *M. Nettesheim*, HStR[3] III, § 61 Rn. 63; *Butzer* (Fn. 8), Art. 55 Rn. 4; a.A. *Herzog* (Fn. 8), Art. 55 Rn. 16; *G. Fritz*, in: BK, Art. 55 (2001), Rn. 23; *v. Arnauld* (Fn. 8), Art. 55 Rn. 11.
[15] *Butzer* (Fn. 8), Art. 55 Rn. 5; *v. Arnauld* (Fn. 8), Art. 55 Rn. 11.
[16] *Fink* (Fn. 8), Art. 55 Rn. 24; *Herzog* (Fn. 8), Art. 55 Rn. 15; *Nierhaus* (Fn. 8), Art. 55 Rn. 9; *Pieper* (Fn. 13), Art. 55 Rn. 23; *Fritz* (Fn. 14), Art. 55 Rn. 22.
[17] *Butzer* (Fn. 8), Art. 55 Rn. 6.
[18] *v. Arnauld* (Fn. 8), Art. 55 Rn. 11; *Fink* (Fn. 8), Art. 55 Rn. 24; *Herzog* (Fn. 8), Art. 55 Rn. 15.
[19] *Herzog* (Fn. 8), Art. 55 Rn. 5, 9; *Fritz* (Fn. 14), Art. 55 Rn. 20; *v. Arnauld* (Fn. 8), Art. 55 Rn. 9.

Art. 55 C. Erläuterungen

6 Weder Art. 55 I GG noch 55 II GG untersagt dem Bundespräsidenten, eine **Parteimitgliedschaft** fortzuführen oder Parteiämter wahrzunehmen[20]. In der Staatspraxis hat sich jedoch durchgesetzt, die Parteimitgliedschaft ruhen zu lassen[21], geboten ist das nicht[22], zumal ohnehin bei jedem Bundespräsidenten die Parteimitgliedschaft allgemein bekannt ist. Das ändert freilich nichts an der Verpflichtung des Bundespräsidenten, sein Amt mit Distanz zur aktuellen Parteipolitik zu führen, was wohl aktive Führungspositionen in einer Partei faktisch ausschließt.

III. Unvereinbarkeit mit besoldeten Ämtern (Art. 55 II GG)

7 Art. 55 II GG hat gegenüber der lex specialis des Art. 55 I GG einen weiteren Anwendungsbereich und ist insoweit **subsidiäre Auffangvorschrift**[23]. Art. 55 II GG untersagt lediglich die »Ausübung« eines Amtes oder Berufs, nicht aber das Innehaben bei Ruhen aller Rechte und Pflichten, so dass eine Wiederaufnahme nach Ausscheiden aus dem Präsidialamt möglich bleibt[24].

8 **Besoldetes Amt** ist jedes öffentliche Amt im statusrechtlichen Sinn einschließlich Richter- und Soldatenamt[25]. Das Amt eines Richters des Bundesverfassungsgerichts wird daher von Art. 55 II GG erfasst[26]. Das bloße Ruhenlassen dürfte gleichwohl unpassend sein[27]. Kirchenämter fallen im Hinblick auf die Trennung von Kirche und Staat gem. Art. 140 GG i.V.m. Art. 137 WRV nicht unter den Begriff des Amtes[28], sind aber fast immer ein Beruf i.S.d. Vorschrift. Ämter innerhalb der EU sowie anderer internationaler Organisationen werden dagegen erfasst[29].

9 **Besoldung i.S.d. Art. 55 II GG** setzt voraus, dass regelmäßig der erbrachte Amtsaufwand dotiert wird[30]. Eine Auslagenerstattung ist noch keine Besoldung, wohl aber eine Aufwandsentschädigung[31]. Art. 55 II GG steht damit einer Übernahme öffentlicher nicht besoldeter **Ehrenämter** nicht entgegen[32]. Die Übernahme von Schirmherrschaften und anderen Ehrenämtern dient häufig gerade seiner Integrationsfunktion. Zweifelhaft ist dagegen, ob der Bundespräsident etwa als ehrenamtlicher Richter fungieren kann[33], weniger wegen Art. 55 II GG als im Hinblick auf seine Stellung als Staatsoberhaupt und die Unabhängigkeit der Justiz.

---

[20] *Jekewitz* (Fn. 12), Art. 55 Rn. 4; *Nierhaus* (Fn. 8), Art. 55 Rn. 9; *Waldhoff/Grefrath* (Fn. 8), Art. 55 Rn. 9; *v. Arnauld* (Fn. 8), Art. 55 Rn. 11.
[21] *Butzer* (Fn. 8), Art. 55 Rn. 15.
[22] Ähnlich *Herzog* (Fn. 8), Art. 55 Rn. 19; *Butzer* (Fn. 8), Art. 55 Rn. 15.
[23] *Waldhoff/Grefrath* (Fn. 8), Art. 55 Rn. 10; *Butzer* (Fn. 8), Art. 55 Rn. 10; *v. Arnauld* (Fn. 8), Art. 55 Rn. 12.
[24] *Jekewitz* (Fn. 12), Art. 55 Rn. 6; *Fritz* (Fn. 14), Art. 55 Rn. 25; *Waldhoff/Grefrath* (Fn. 8), Art. 55 Rn. 14; *v. Arnauld* (Fn. 8), Art. 55 Rn. 12.
[25] *Fink* (Fn. 8), Art. 55 Rn. 28.
[26] *Fink* (Fn. 8), Art. 55 Rn. 25; *v. Arnauld* (Fn. 8), Art. 55 Rn. 13; vgl. BVerfGE 89, 359 (362).
[27] *Herzog* (Fn. 8), Art. 55 Rn. 16; *Butzer* (Fn. 8), Art. 55 Rn. 7.
[28] *Butzer* (Fn. 8), Art. 55 Rn. 10; *Waldhoff/Grefrath* (Fn. 8), Art. 55 Rn. 11; *v. Arnauld* (Fn. 8), Art. 55 Rn. 13; a.A. *Herzog* (Fn. 8), Art. 55 Rn. 20; *M. Nettesheim*, HStR³ III, § 61 Rn. 63.
[29] *Pieper* (Fn. 13), Art. 55 Rn. 4.1; *v. Arnauld* (Fn. 8), Art. 55 Rn. 13.
[30] *Fritz* (Fn. 14), Art. 55 Rn. 29.
[31] *Fink* (Fn. 8), Art. 55 Rn. 29; *Butzer* (Fn. 8), Art. 55 Rn. 11.
[32] *Fritz* (Fn. 14), Art. 55 Rn. 26; *Waldhoff/Grefrath* (Fn. 8), Art. 55 Rn. 12; *v. Arnauld* (Fn. 8), Art. 55 Rn. 14.
[33] *Butzer* (Fn. 8), Art. 55 Rn. 11.

Die Unvereinbarkeit des Amtes mit einem **Beruf oder Gewerbe** verbietet jede selb- 10
ständige und unselbständige Erwerbstätigkeit. Entsprechend Art. 12 I GG ist darunter
jede auf Schaffung und Erhaltung der Lebensgrundlage gerichtete Tätigkeit zu verstehen, die kein besoldetes Amt ist[34]. Seine Berufszugehörigkeit (Anwaltszulassung,
Approbation) muss er ebenso wenig aufgeben wie sein Eigentum an einem Gewerbebetrieb oder Aktienunternehmen[35].

Demgegenüber verbietet Art. 55 II GG explizit die bloße Zugehörigkeit zu einer 11
Unternehmensleitung oder einem **Aufsichtsrat**[36]. Dadurch sollen Interessenkollisionen
im Ansatz vermieden werden. Darüber hinaus sind jedoch Mitgliedschaften und Aktivitäten bis hin zur Übernahme von Leitungsfunktionen in Vereinen, Organisationen
und Verbänden mit Art. 55 II GG prinzipiell vereinbar[37]. Schirmherrschaften sind sogar ein klassisches Element seiner Integrationsfunktion. Allenfalls muss der Bundespräsident diese Übernahmen mit seiner neutralen Amtsführung in Einklang bringen
können[38].

IV. Zeitpunkt und Wirkungen

Es ist umstritten, ab welchem **Zeitpunkt** Art. 55 II GG eingreift. Vorgeschlagen wird 12
der Zeitpunkt der Wahl[39], der Annahme der Wahl[40] und schließlich des Amtsantritts[41].
Nur letzteres kann nach dem Wortlaut sowie Sinn- und Zweck richtig sein. Erst ab
Amtsantritt ist der Gewählte Präsident, bei der Kandidatur und Wahl ist der Ausgang
noch ungewiss und ein »Anwartschaftsrecht des ignotus«[42] ist kein Inkompatibilitäts-
grund. Allenfalls ist der künftige Bundespräsident verpflichtet, Vorkehrungen zu treffen, dass zum Zeitpunkt des Amtsantritts die Unvereinbarkeiten beseitigt sind[43].

Spiegelbildlich **endet das Verbot mit dem Amtsende**[44]. Weder die Zahlung eines 13
»Ehrensolds« als Ruhebezüge noch die Bereitstellung einer großzügigen Ausstattung
vermögen dagegen zu begründen, dass irgendwelche Unvereinbarkeiten fortgelten.
Eine »Vermarktung« seiner früheren Stellung ist allein eine Frage des politischen Stils,
keine Rechtsfrage[45].

---

[34] Vgl. *Fink* (Fn. 8), Art. 55 Rn. 30; → Art. 12 Rn. 33 ff.; *Fritz* (Fn. 14), Art. 55 Rn. 30.
[35] *v. Arnauld* (Fn. 8), Art. 55 Rn. 15 f.; *Butzer* (Fn. 8), Art. 55 Rn. 12.
[36] Das galt für Wulffs Mitgliedschaft im Aufsichtsrat der VW-AG.
[37] *Stern*, Staatsrecht II, S. 204 f.; *Fritz* (Fn. 14), Art. 55 Rn. 27; *Butzer* (Fn. 8), Art. 55 Rn. 14; a.A. *T. Traupel*, Ämtertrennungen und Ämterverbindungen zwischen staatlichen Leitungsämtern und Leitungsämtern in Verbänden, 1991, S. 170 ff.
[38] Großzügig *v. Arnauld* (Fn. 8), Art. 55 Rn. 14; etwas enger *Butzer* (Fn. 8), Art. 55 Rn. 14.
[39] *Stern*, Staatsrecht II, S. 205 f.; vgl. auch V. *Epping*, DVBl. 1994, 449 (453 f.).
[40] *Nierhaus* (Fn. 8), Art. 55 Rn. 5; ders., JR 1975, 265 (271 f.); *F. Klein*, Grundgesetz und unmittelbarer Wechsel vom Mitglied der Bundesregierung zum Bundespräsidenten, Sonderdruck der Blätter für dt. u. int. Politik zu Heft 6/1959, S. 10 ff.
[41] H.M. BVerfGE 89, 359 (362); *M. Nettesheim*, HStR³ III, § 61 Rn. 62; *Pieper* (Fn. 13), Art. 55 Rn. 2; *v. Arnauld* (Fn. 8), Art. 55 Rn. 5; wohl auch *Butzer* (Fn. 8), Art. 55 Rn. 18; eingehend *D. Hömig*, DÖV 1974, 798 ff.
[42] *M. Nierhaus*, JR 1975, 265 (271 f.).
[43] Zum Sonderproblem im Falle Wulff vgl. auch *J. Ipsen*, NdsVBl. 2010, 289 ff.
[44] *Fink* (Fn. 8), Art. 55 Rn. 12; *Waldhoff/Grefrath* (Fn. 8), Art. 55 Rn. 8; *Butzer* (Fn. 8), Art. 55 Rn. 20.
[45] Zutreffend *v. Arnauld* (Fn. 8), Art. 55 Rn. 6 gegen *Butzer* (Fn. 8), Art. 55 Rn. 20; *M. Nettesheim*, HStR³ III, § 61 Rn. 64.

14 Art. 55 II GG begründet **lediglich die Pflicht, die unvereinbaren Ämter aufzugeben**[46], lässt dagegen nicht diese Ämter oder Berufsausübung automatisch erlöschen[47]. Dafür spricht der von Art. 44 WRV verschiedene Wortlaut (»darf nicht«)[48]. Zudem ist unklar, welches Amt ansonsten erlöschen soll. Umgekehrt führt auch die Weiterführung eines unvereinbaren Amtes oder Berufs sowie die Aufnahme eines solchen nicht zum Erlöschen des Amtes des Bundespräsidenten kraft konkludenten Amtsverzichts[49]. Ein Amtsverzicht kann auch wegen der Bedeutung dieser Entscheidung nur durch ausdrückliche und bestimmte Erklärung erfolgen[50]. Die Weiterführung oder Aufnahme eines Amtes oder Berufs kann sowohl Gegenstand eines Organstreits wie Anlass eines Anklageverfahrens nach Art. 61 GG sein[51].

D. Verhältnis zu anderen GG-Bestimmungen

15 Art. 55 GG regelt die **Inkompatibilität allein für den Bundespräsidenten**, Art. 66 GG enthält die entsprechende Regelung für den Bundeskanzler und die Bundesminister. Art. 55 GG enthält im Unterschied zu Art. 54 GG keine Wählbarkeitsvoraussetzungen. Im Übrigen bestehen keine Überschneidungen und Konflikte mit anderen Bestimmungen des Grundgesetzes.

---

[46] H.M.: *Fink* (Fn. 8), Art. 55 Rn. 16f.; *Herzog* (Fn. 8), Art. 55 Rn. 6; *Fritz* (Fn. 14), Art. 55 Rn. 16; *v. Arnauld* (Fn. 8), Art. 55 Rn. 7; *Butzer* (Fn. 8), Art. 55 Rn. 21; *Waldhoff/Grefrath* (Fn. 8), Art. 55 Rn. 6.

[47] So *L.-A. Versteyl*, Beginn und Ende der Wahlperiode, Erwerb und Verlust des Mandats, in: Schneider/Zeh, § 14 Rn. 25; *U. Domgörgen*, in: Hömig, GG, Art. 55 Rn. 2 in Fortführung der Weimarer Auffassung von *Anschütz*, WRV, Art. 44 Anm. 2 (S. 254).

[48] *v. Arnauld* (Fn. 8), Art. 55 Rn. 7; *Waldhoff/Grefrath* (Fn. 8), Art. 55 Rn. 6.

[49] *Herzog* (Fn. 8), Art. 55 Rn. 6; *Jarass/Pieroth*, GG, Art. 55 Rn. 1; *v. Arnauld* (Fn. 8), Art. 55 Rn. 8; a.A. *Nierhaus* (Fn. 8), Art. 55 Rn. 10; einschränkend *Butzer* (Fn. 8), Art. 55 Rn. 22.

[50] *Fink* (Fn. 8), Art. 55 Rn. 15.

[51] *v. Arnauld* (Fn. 8), Art. 55 Rn. 8; *Butzer* (Fn. 8), Art. 55 Rn. 24.

Artikel 56 [Amtseid]

¹Der Bundespräsident leistet bei seinem Amtsantritt vor den versammelten Mitgliedern des Bundestages und des Bundesrates folgenden Eid:
»Ich schwöre, daß ich meine Kraft dem Wohle des deutschen Volkes widmen, seinen Nutzen mehren, Schaden von ihm wenden, das Grundgesetz und die Gesetze des Bundes wahren und verteidigen, meine Pflichten gewissenhaft erfüllen und Gerechtigkeit gegen jedermann üben werde. So wahr mir Gott helfe.«
²Der Eid kann auch ohne religiöse Beteuerung geleistet werden.

Literaturauswahl

Bahlmann, Kai: Der Eideszwang als verfassungsrechtliches Problem, in: Festschrift für Adolf Arndt, 1969, S. 37–52.
Friesenhahn, Ernst: Der politische Eid, 1928 (Neudruck 1979).
Friesenhahn, Ernst: Über den Anwaltseid im Rahmen der neueren Entwicklung des politischen Eides, in: Festschrift für Karl Carstens, Bd. 2, 1984, S. 569–587.
Kirchschläger, Rudolf: Gelöbnis des Bundespräsidenten und dessen religiöse Beteuerung, in: Festschrift für Herbert Schambeck, 1994, S. 29–34.
Wetzel, Andreas: Eid und Gelöbnis im demokratischen, weltanschaulich neutralen Staat, 2001.

Siehe auch die Angaben zu Art. 54 GG.

Leitentscheidungen des Bundesverfassungsgerichts

BVerfGE 33, 23 (28, 31) – Eidesverweigerung aus Glaubensgründen; 79, 69 (74 ff., 77) – Eidespflicht.

Gliederung

	Rn.
A. Herkunft, Entstehung, Entwicklung	1
B. Internationale, supranationale und rechtsvergleichende Bezüge	3
C. Erläuterungen	4
I. Allgemeine Bedeutung	4
II. Vereidigung bei Amtsantritt	7
III. Eidesformel und Eideszwang	9
D. Verhältnis zu anderen GG-Bestimmungen	11

Stichwörter

Beteuerung, religiöse 2, 4, 9 f. – Bundesversammlung 7 – Eidesleistungen 5, 6, 9 – Eidespflichten 6 – Integrationsfunktion 5 – Neutralität, religiös-weltanschauliche 9 – Prüfungsrecht 6 – Stellvertretung 6 – Wirkung 5 – Zweck der Eidespflicht 5.

A. Herkunft, Entstehung, Entwicklung

Das »ethnologische Phänomen«[1] des Eides will ursprünglich durch Anrufung der Elemente oder der Götter bzw. eines Gottes elementare oder göttliche Sanktionen bei seiner Verletzung provozieren. Die **Form des promissorischen (Versprechens-)Eids**[2] im

1

---

[1] A. Erler, Art. Eid, Ethnologisch, in: HRG I, Sp. 861.
[2] Vgl. dazu G. Dilcher, Art. Eid, Versprechenseide, in: HRG I, Sp. 866 ff.

Unterschied zum assertorischen (Wahrheits-)Eid[3] ist für die Herrscher schon in der Antike bezeugt und setzt sich bis in die Neuzeit für Staatsoberhäupter fort[4]. So musste der deutsche König des Mittelalters bei seiner Krönung nach dem Sachsenspiegel feierlich geloben, »dass er das Recht stärken und Unrecht schwächen und dem Reich vorstehen an seinem Rechte, als er könne und vermöge«[5]. Hinzu trat der dem Papst geleistete Eid als deutscher Kaiser[6]. Die häufige Beibehaltung entsprechender Krönungseide im Absolutismus war Ausdruck einer weiter bestehenden religiösen Bindung an eine göttliche Ordnung[7]. Im Konstitutionalismus griff man seit der französischen Revolution auf den Eid als Garantie der Bindung des Landesherrn zurück[8]. Auch § 190 II Paulskirchenverfassung sah eine entsprechende Verpflichtung des Kaisers auf die Verfassung vor, während nach der Reichsverfassung 1871 kein Eid vom Kaiser zu leisten war.

2 Art. 42 WRV verpflichtete dagegen wiederum den Reichspräsidenten zur Ableistung eines Verfassungseids mit der Besonderheit, dass eine religiöse Beteuerung für zulässig erklärt wurde, aber nicht als Regelfall galt[9]. Nachdem der Herrenchiemseer Konvent ganz auf eine Festlegung der Eidesformel verzichtet hatte, fügte der **Parlamentarische Rat** erneut eine Eidesformel in Anknüpfung an die Weimarer Regelung ein, wobei die religiöse Beteuerung zum Regelfall gemacht und zudem im Sinne eines aktiven Verfassungsschutzes die Verpflichtung begründet wurde, die Verfassung nicht nur zu »wahren«[10], sondern auch zu »verteidigen«[11].

B. Internationale, supranationale und rechtsvergleichende Bezüge

3 Weder Europäisches Unionsrecht noch das Recht anderer Internationaler Organisationen kennen vergleichbare Eidespflichten. Demgegenüber sehen die meisten **monarchischen**[12] und **republikanischen**[13] **Verfassungen** derartige promissorische Eide auf die Verfassung, regelmäßig auch mit der Möglichkeit religiöser Beteuerung, vor. Vorbild[14] ist Art. II § 1 US-Verfassung als älteste Verfassung einer Republik[15].

---

[3] *Aristoteles*, Politik, III, 10; *Livius* I, cap. 18; vgl. auch *R. Hirzel*, Der Eid, 1902, S. 2 ff.
[4] Zur Geschichte des monarchischen Eides *E. Friesenhahn*, Der politische Eid, 1928, S. 35 ff.
[5] Sachsenspiegel, III 54 § 2.
[6] *H. Günter*, Kleine Texte für Vorlesungen und Übungen, V. 132, 1915.
[7] Trotz des Eidesverbotes im Neuen Testament (Matthäus 5, 33–37; Jacobus 5, 12) ließ die christliche Lehre im weltlichen Bereich den Eid zu, s. *K. Bahlmann*, Der Eideszwang als verfassungsrechtliches Problem, in: FS Arndt, 1969, S. 37 ff. (38 f.).
[8] Vgl. Frz.Verf. 1791, Titel III, Kap. 2, Art. 4.
[9] Nur Hindenburg nahm die religiöse Beteuerung in Anspruch.
[10] Zur Bedeutung dieses Begriffs hier *E. Friesenhahn*, Über den Anwaltseid im Rahmen der neueren Entwicklung des politischen Eides, in: FS Carstens, Bd. 2, 1984, S. 569 ff. (569).
[11] Parl. Rat XIV/1, S. 268.
[12] Z. B. Art. 61 Span.Verf.; Art. 91 II Belg.Verf.; Überblick im Jahr 1928: *Friesenhahn*, Eid (Fn. 4), S. 39 f.
[13] Art. 62 Österr.Verf.; vgl. dazu *R. Kirchschläger*, Gelöbnis des Bundespräsidenten und dessen religiöse Beteuerung, in: FS Schambeck, 1994, S. 29 ff.; Art. 91 Ital.Verf. oder Art. 82 Russ.Verf.; Überblick im Jahr 1928 in: *Friesenhahn*, Eid (Fn. 4), S. 41.
[14] So die zeitweise Überlegung im Parl. Rat, s. JöR 1 (1951), S. 409.
[15] Vgl. dazu *E. S. Corwin*, The Constitution and What It Means Today, Rev. Ed. 1978, S. 155 f.

C. Erläuterungen

I. Allgemeine Bedeutung

Im säkularen Staat kann der politische Eid als promissorischer Eid mit und ohne religiöse Beteuerung lediglich als säkulare Verpflichtung verstanden werden, deren Verletzung keine göttliche Rache oder Sanktion nach sich zieht[16]. Im Vordergrund steht vielmehr die **ethisch-moralische Selbstbindung** des Betroffenen durch sein Gewissen[17]. Weltliche oder religiöse Eidesformeln überlassen die innere Selbstverpflichtung der Entscheidung des Betroffenen, die jeweilige Quelle der Bindung ist für die Verpflichtung selbst aber unerheblich[18]. Insofern bewirkt die religiöse Beteuerung keine zusätzliche Bindung[19].

Neben dieser inneren Bindungswirkung verfolgt die Eidesleistung einen äußeren staatsbezogenen Zweck, der sich vor allem in der **Zeremonie der Vereidigung** äußert[20]. Durch die besondere Form, die Feierlichkeit und auch massenmedial hergestellte Öffentlichkeit[21] erhält die Eidesleistung vor Bundestag und Bundesrat als Repräsentation des Volkes den Charakter einer Selbstdarstellung des Gemeinwesens[22] von hohem Symbolwert[23]. Sie ist damit auch erster Ausdruck der Integrationsfunktion des Staatsoberhauptes[24].

Die Eidesleistung ist eine **Rechtspflicht**, deren Verletzung eine Präsidentenanklage gem. Art. 61 GG nach sich ziehen kann[25]. Sie ist aber nicht konstitutiv für den Amtsantritt, sondern Rechtsfolge des Amtserwerbs[26], auch wenn der Eid bei Amtsantritt zu leisten ist. Daraus folgt, dass Amtshandlungen vor der Vereidigung zulässig und wirksam sind, unabhängig davon, ob sie unaufschiebbar sind[27]. Die Eidespflicht trifft nur den Amtsinhaber, nicht etwa auch den Bundesratspräsidenten bei Übernahme der Stellvertretung (→ Art. 57 Rn. 9). Im Übrigen können aus dem Amtseid keine eigenständigen, zusätzlichen Kompetenzen abgeleitet werden[28]. Das gilt auch für die Frage, ob dem Bundespräsidenten ein materielles Prüfungsrecht zusteht.

---

[16] Vgl. *A. v. Arnauld*, in: v. Münch/Kunig, GG I, Art. 56 Rn. 3; skeptisch zum Treueid *G. Heimann-Trosien*, JZ 1973, 609 (611 f.).

[17] Vgl. *E. E. Hirsch*, Über die Gesellschaftsbezogenheit des Eides, in: FS Heinitz, 1972, S. 139 ff. (154 ff.); mit Freudscher Terminologie vom Über-Ich *v. Arnauld* (Fn. 16), Art. 56 Rn. 3.

[18] *v. Arnauld* (Fn. 16), Art. 56 Rn. 3; s. auch *Friesenhahn*, Eid (Fn. 4), S. 8 ff.; *C. Waldhoff/H. Grefrath*, in: Friauf/Höfling, GG, Art. 56 (2009), Rn. 4.

[19] So aber *H. Butzer*, in: Schmidt-Bleibtreu/Hofmann/Henneke, GG, Art. 56 Rn. 2; dagegen *G. Fritz*, in: BK, Art. 56 (2001), Rn. 3, 5: rechtlich bedeutungslos.

[20] *Hirsch*, Gesellschaftsbezogenheit (Fn. 17), S. 144; *Waldhoff/Grefrath* (Fn. 18), Art. 56 Rn. 4.

[21] *R. Herzog*, in: Maunz/Dürig, GG, Art. 56 (1986), Rn. 7–9.

[22] *Herzog* (Fn. 21), Art. 56 Rn. 1; *Butzer* (Fn. 19), Art. 56 Rn. 3; *U. Fink*, in: v. Mangoldt/Klein/Starck, GG II, Art. 56 Rn. 2; *M. Nierhaus*, in: Sachs, GG, Art. 56 Rn. 2; *v. Arnauld* (Fn. 16), Art. 56 Rn. 4: »Selbstrepräsentation des Staates«; allgemein dazu H. Quaritsch (Hrsg.), Die Selbstdarstellung des Staates, 1977.

[23] *Butzer* (Fn. 19), Art. 56 Rn. 3; *v. Arnauld* (Fn. 16), Art. 56 Rn. 4.

[24] Vgl. *A. Wetzel*, Eid und Gelöbnis im demokratischen, weltanschaulich neutralen Staat, 2001, S. 144 ff.

[25] *Herzog* (Fn. 21), Art. 56 Rn. 12 f.; *Butzer* (Fn. 19), Art. 56 Rn. 4, 23; *Waldhoff/Grefrath* (Fn. 18), Art. 56 Rn. 9; kritisch *Fritz* (Fn. 19), Art. 56 Rn. 5; bei Streit über die Pflicht selbst u. U. auch ein Organstreit.

[26] *Butzer* (Fn. 19), Art. 56 Rn. 4; s. auch *v. Arnauld* (Fn. 16), Art. 56 Rn. 5: »keine selbständige Bedeutung«.

[27] *v. Arnauld* (Fn. 16), Art. 56 Rn. 7; a. A. *Fink* (Fn. 22), Art. 56 Rn. 4.

[28] *Herzog* (Fn. 21), Art. 56 Rn. 20 f.; *v. Arnauld* (Fn. 16), Art. 56 Rn. 5.

Art. 56   C. Erläuterungen

II. Vereidigung bei Amtsantritt

7   Art. 56 GG schreibt die Vereidigung bei **Amtsantritt** vor, der mit dem automatischen Amtsbeginn nicht identisch ist[29], aber in dessen unmittelbarer zeitlicher Nähe liegen soll[30]. In der Staatspraxis findet die Vereidigung vor den versammelten Mitgliedern des Bundestages und Bundesrates (ohne Quorum) am Tag des Amtsbeginns statt, auch wenn bei vorzeitigem Ende der Präsidentschaft der Amtsantritt direkt nach der Wahl der Bundesversammlung erfolgen soll[31]. An der Vereidigung, die vom Bundestagspräsidenten vorgenommen wird (§ 11 BPräsWahlG) nehmen regelmäßig auch Vertreter der anderen Staatsorgane (Regierung, Gerichte, Verwaltung) teil[32].

8   Nach ganz h.M. und durchgängiger Staatspraxis kann **bei Wiederwahl** des amtierenden Bundespräsidenten auf eine erneute Vereidigung **verzichtet** werden, da die Amtsführung ohne Unterbrechung fortgesetzt wird[33]. Im Hinblick auf die symbolische und repräsentative Bedeutung dieses Aktes ist diese Praxis vielleicht bedauerlich, aber nicht verfassungswidrig[34].

III. Eidesformel und Eideszwang

9   Die **Eidesformel** des Art. 56 GG **ist zwingend vorgeschrieben**, die Eidesleistung mit anderer Formulierung wird als Eidesverweigerung angesehen[35]. Freigestellt ist dem Betreffenden lediglich, ob er die insoweit ebenfalls vorgegebene religiöse Beteuerung wählt oder nicht[36]. Die höchstpersönliche Entscheidung des Bundespräsidenten ist Konsequenz des religiösen und weltanschaulichen Neutralitätsgebots (Art. 4 I, II, 3 III, 33 III 1, 140 GG iVm. Art. 136 IV WRV)[37], auch wenn die Tatsache, dass das Grundgesetz im Gegensatz zu Art. 44 WRV die religiöse Beteuerung als Regelfall betrachtet, ein Ausdruck der christlichen Renaissance nach dem Nationalsozialismus ist[38].

10   Umstritten ist der **Eideszwang**, soweit der Betreffende zwar nicht zur religiösen Beteuerung, wohl aber zur Formulierung »Ich schwöre« gezwungen wird. Der einfachgesetzliche Eideszwang kann in Kollision zur Religions- und Gewissensfreiheit gem. Art. 4 I GG geraten[39]. Art. 56 GG gibt jedoch auf Verfassungsebene den Eid vor, so dass ganz überwiegend und zu Recht eine Abweichung von der Formulierung »Ich schwöre«, die ohnehin nur »ich versichere feierlich« bedeutet, de lege lata unzulässig

---

[29] v. Arnauld (Fn. 16), Art. 56 Rn. 6.
[30] Fink (Fn. 22), Art. 56 Rn. 4; Fritz (Fn. 19), Art. 56 Rn. 8.
[31] Butzer (Fn. 19), Art. 56 Rn. 11.
[32] Butzer (Fn. 19), Art. 56 Rn. 11.
[33] Nierhaus (Fn. 22), Art. 56 Rn. 6; Jarass/Pieroth, GG, Art. 56 Rn. 1; Fritz (Fn. 19), Art. 56 Rn. 11; Butzer (Fn. 19), Art. 56 Rn. 13; a.A. Herzog (Fn. 21), Art. 56 Rn. 18.
[34] v. Arnauld (Fn. 16), Art. 56 Rn. 8; vgl. auch Fink (Fn. 22), Art. 56 Rn. 12.
[35] Fink (Fn. 22), Art. 56 Rn. 19; Fritz (Fn. 19), Art. 56 Rn. 19 f.; W. Haensle, Jura 2009, 670 (674).
[36] M. Nettesheim, HStR³ III, § 61 Rn. 55; v. Arnauld (Fn. 16), Art. 56 Rn. 11: für Textstrenge; a.A. Fink (Fn. 22), Art. 56 Rn. 19; W. Haensle, Jura 2009, 670 (675); Fritz (Fn. 19), Art. 56 Rn. 20; wohl auch Butzer (Fn. 19), Art. 56 Rn. 9.
[37] v. Arnauld (Fn. 16), Art. 56 Rn. 12; Pernice → Bd. II², Art. 56 Rn. 10; zur Neutralität: → Art. 140 Rn. 36 ff.
[38] Fritz (Fn. 19), Art. 56 Rn. 21; Herzog (Fn. 21), Art. 56 Rn. 22 spricht hier von »Pikanterie«.
[39] BVerfGE 33, 23 (28 ff., 32 f.); 79, 69 (76 f.).

ist[40]. In der Staatspraxis haben anders als in der Weimarer Republik ohnehin alle Amtsinhaber die religiöse Beteuerung gewählt[41].

D. Verhältnis zu anderen GG-Bestimmungen

Art. 56 GG normiert **allein den Eid für den Bundespräsidenten**, aufgrund des Verweises in Art. 64 II GG findet die Eidesformel jedoch auch auf den Eid des Bundeskanzlers und der Bundesminister Anwendung. 11

---

[40] BVerfGE 33, 23 (28 ff., 31 f.); 79, 68 (77); *Fritz* (Fn. 19), Art. 56 Rn. 29; *Butzer* (Fn. 19), Art. 56 Rn. 10; *v. Arnauld* (Fn. 16), Art. 56 Rn. 13; anders *Pernice* → Bd. II², Art. 56 Rn. 10.
[41] *Butzer* (Fn. 19), Art. 56 Rn. 10.

Artikel 57 [Vertretung]

Die Befugnisse des Bundespräsidenten werden im Falle seiner Verhinderung oder bei vorzeitiger Erledigung des Amtes durch den Präsidenten des Bundesrates wahrgenommen.

Literaturauswahl

Guckelberger, Annette: »Das Prüfungsrecht des Bundespräsidenten – alles ausdiskutiert? Wie verhält es sich mit der Vertretung des Bundespräsidenten bei der Gesetzesausfertigung?«, in: NVwZ 2007, S. 406–410.
Meiertöns, Heiko/Ehrhardt, Felix C.: Der Präsident des Bundesrates als Vertreter des Bundespräsidenten, in: Jura 2011, S. 166–670.
Paterok, Norbert: Die Wahrnehmung der Befugnisse des Bundespräsidenten durch den Präsidenten des Bundesrates, Art. 57 GG, Diss. jur. München 1966.
Pitschas, Rainer: Die Vertretung des Bundespräsidenten durch den Präsidenten des Bundesrates, in: Der Staat 12 (1973), S. 183–206.
Wahl, Rainer: Stellvertretung im Verfassungsrecht, 1971.

Siehe auch die Angaben zu Art. 54 GG.

Leitentscheidungen des Bundesverfassungsgerichts

Diese liegen zu Art. 57 GG bislang nicht vor.

Gliederung

	Rn.
A. Herkunft, Entstehung, Entwicklung	1
B. Internationale, supranationale und rechtsvergleichende Bezüge	3
C. Erläuterungen	4
I. Allgemeine Bedeutung	4
II. Der Vertretungsfall	5
III. Dauer und Umfang der Vertretung	10
D. Verhältnis zu anderen GG-Bestimmungen	13

Stichwörter

Befangenheit 5, 8, 12 – Bundesrat 2, 8, 9 – Eidespflicht 9 – Erledigung des Amtes 5, 7, 10, 12 – Gegenzeichnung 11 – Monarchie 1, 3 – Nebenvertretung 5f., 12 – Präsidentenanklage 2 – Verhinderung 5, 7 – Vertretungsfall 5, 8f., 12 – Weisungen 12.

A. Herkunft, Entstehung, Entwicklung

1 **In der Monarchie** stellt sich die Frage einer Vertretung in ganz anderer Form als in einer Republik. In der Wahlmonarchie des Hl. Römischen Reichs gab es die Institution des Reichsvikariats[1]. Bei Minderjährigkeit oder schwerwiegender Krankheit wird in der Regel in Erbmonarchien ein Regent bestellt[2], ansonsten kann in der konstitutionellen Monarchie ein Stellvertreter durch monarchische Verfügung ernannt werden[3].

---

[1] W. *Hermkes,* Reichsvikariat in Deutschland, 1968.
[2] Vgl. Art. 56 Preuß. Verf. 1850.
[3] Vgl. G. *Meyer/G. Anschütz,* Lehrbuch des deutschen Staatsrechts, 7. Aufl. 1919, S. 309ff. zur Regentschaft und Stellvertretung.

In der **Weimarer Republik** sah Art. 51 WRV vor, dass der Reichspräsident kurzfristig durch den Reichskanzler vertreten werden sollte, der Fall einer voraussichtlich längeren Vertretung sollte indes durch Reichsgesetz geregelt werden. Ein Gesetz von 1932 sah dann eine Vertretung durch den Reichsgerichtspräsidenten vor[4]. Im Übrigen verfügte der Vertreter über alle verfassungsmäßigen Befugnisse des Reichspräsidenten einschließlich Art. 48 WRV[5].

Während Art. 79 I HChE noch eine kurzfristige Vertretung des Bundespräsidenten durch den Präsidenten des Bundesverfassungsgerichts im Anschluss an die späte Weimarer Regelung vorsah und zudem Regelungen für die vorzeitige Amtsbeendigung sowie eine längerfristige Verhinderung enthielt, verzichtete der **Parlamentarische Rat** auf die Differenzierung zwischen kurz- und langfristiger Verhinderung und einigte sich ferner auf eine Vertretung des Bundespräsidenten durch den Bundesratspräsidenten, da andernfalls die Unabhängigkeit des Bundesverfassungsgerichts bei einer Präsidentenanklage gefährdet sein könnte[6]. 2

B. Internationale, supranationale und rechtsvergleichende Bezüge

Internationales und Europäisches Unionsrecht beeinflussen die Vertretungsregelung nicht und kennen im Unterschied zu anderen Verfassungen kein paralleles Problem. In **Monarchien** wird regelmäßig an der traditionellen Form der Führung der Geschäfte durch einen Regenten festgehalten[7]. Die **Staatspräsidenten in Republiken** werden durch verschiedene Staatsorgane vertreten, in den USA durch den Vizepräsidenten[8], in Frankreich[9] und Italien[10] durch den Senatspräsidenten, in Russland durch den Ministerpräsidenten[11], in Österreich zunächst durch den Bundeskanzler und bei längerer Verhinderung durch ein Kollegium aus den ersten, zweiten und dritten Präsidenten des Nationalrats[12]. 3

C. Erläuterungen

I. Allgemeine Bedeutung

Die Vertretungsregelung des Art. 57 GG soll die **Kontinuität in der Wahrnehmung der Funktionen des Staatsoberhauptes** sichern, wenn der Amtsinhaber aus rechtlichen 4

---

[4] Ges. v. 17.12.1932 (RGBl. S. 547); dazu *C. Schmitt*, DJZ 38 (1933), 27 ff.
[5] *Anschütz*, WRV, Art. 51 Anm. 2 (S. 309).
[6] Parl. Rat Bd. XIII/1, S. 483.
[7] Art. 37 Niederl. Verf. (Reichsverweser); Art. 59 Span. Verf. (Kronprinz); Art. 42 Luxemb. Verf. (Prinz); Ausnahme: § 9 Dän. Verf. (Regelung durch Gesetz).
[8] Art. II Sect. I, § 6; vgl. *E. S. Corwin*, The President. Office and Powers. 1787–1984, 5th ed. 1984, S. 59 ff.
[9] Art. 7 IV Frz. Verf. 1958 ohne Auflösungsrecht und Einleitung von Referenden.
[10] Art. 86 Ital. Verf.
[11] Art. 92 II Russ. Verf., ohne Duma-Auflösungsrecht; s. *S. Stepien*, Die Stellung des Präsidenten gemäß der Weimarer Reichsverfassung, der Verfassungen Belarus von 1994 und 1996 sowie der Verfassung Russlands, 2013, S. 72 f.
[12] Art. 64 I Österr. B-VG; s. *L. Mehlhorn*, Der Bundespräsident der Bundesrepublik Deutschland und der Republik Österreich, 2010, S. 365 ff.

oder tatsächlichen Gründen daran gehindert ist[13]. Angesichts der weitgehend repräsentativen Aufgaben war es nicht notwendig, einen ständigen Vizepräsidenten zu institutionalisieren, sondern ausreichend die Vertretung einem anderen Verfassungsorgan zu übertragen[14]. Nicht einmal der Begriff der Vertretung wird verwendet[15].

II. Der Vertretungsfall

5 Art. 57 GG nennt als Vertretungsfälle die **Verhinderung** als praktisch wichtigste und die **vorzeitige Erledigung** des Amtes als zweite Konstellation. Bei der Verhinderung wird zwischen der Ersatzvertretung und der Nebenvertretung unterschieden[16]. Ein Fall der Ersatzvertretung liegt vor, wenn der Bundespräsident aus tatsächlichen oder rechtlichen Gründen vorübergehend, d. h. zeitlich befristet, an der Ausübung seiner Amtsbefugnisse verhindert ist[17]. Tatsächliche Verhinderungsgründe sind vor allem Krankheit, Urlaub oder im Extremfall Gefangennahme[18]. Zu den rechtlichen Verhinderungsgründen zählen die Folgen einer einstweiligen Anordnung nach Art. 61 II 2 GG[19] sowie die Befangenheit, bei der es zwar um eine einzelne Amtshandlung, aber gleichwohl um eine durch Ersatzvertretung zu behebende völlige Unmöglichkeit der Amtausübung geht[20]. Hier lassen sich §§ 18, 19 III BVerfGG entsprechend heranziehen[21]. Die Weigerung des Bundespräsidenten, eine bestimmte Amtshandlung vorzunehmen, ist dagegen kein Verhinderungsfall[22].

6 Eine **Nebenvertretung** wird angenommen, wenn der Bundespräsident wegen der Erfüllung einer Amtspflicht durch Terminkollision verhindert ist, eine andere Amtspflicht wahrzunehmen. Teilweise wird die Zulässigkeit einer derartigen Nebenvertretung bei Art. 57 GG prinzipiell abgelehnt[23], wobei dann allerdings für Auslandsreisen doch eine Ausnahme zugelassen wird[24]. Insoweit wird man zunächst einerseits konstatieren können, dass Art. 57 GG nicht generell eine Nebenvertretung ausschließt[25].

---

[13] Zur Kontinuitätssicherung *M. Nierhaus*, in: Sachs, GG, Art. 57 Rn. 2; *A. v. Arnauld*, in: v. Münch/Kunig, GG I, Art. 57 Rn. 1.

[14] Vgl. *R. Herzog*, in: Maunz/Dürig, GG, Art. 57 (1986/2009), Rn. 6; *M. Nettesheim*, HStR³ III, § 61 Rn. 56.

[15] Vgl. *v. Arnauld* (Fn. 13), Art. 57 Rn. 1.

[16] Grundlegend *R. Wahl*, Stellvertretung im Verfassungsrecht, 1971, S. 27 ff., 124 f.; vgl. auch *G. Fritz*, in: BK, Art. 57 (2001), Rn. 16 f.; *Herzog* (Fn. 14), Art. 57 Rn. 15 ff.; *M. Nettesheim*, HStR³ III, § 61 Rn. 58.

[17] *Nierhaus* (Fn. 13), Art. 57 Rn. 7; *H. Butzer*, in: Schmidt-Bleibtreu/Hofmann/Henneke, GG, Art. 57 Rn. 5; *C. Waldhoff/H. Grefrath*, in: Friauf/Höfling, GG, Art. 57 (2009), Rn. 4; *v. Arnauld* (Fn. 13), Art. 57 Rn. 5 (noch im Besitz seiner Amtsbefugnisse).

[18] *Herzog* (Fn. 14), Art. 57 Rn. 15; *Butzer* (Fn. 17), Art. 57 Rn. 5; a.A. für Urlaub (Nebenvertretung): *Fritz* (Fn. 16), Art. 57 Rn. 17.

[19] *J. Jekewitz*, in: AK-GG, Art. 57 (2001), Rn. 3; *Jarass/Pieroth*, GG, Art. 57 Rn. 1; *v. Arnauld* (Fn. 13), Art. 57 Rn. 5; a.A. *U. Fink*, in: v. Mangoldt/Klein/Starck, GG II, Art. 57 Rn. 17; *Herzog* (Fn. 14), Art. 57 Rn. 12.

[20] *Butzer* (Fn. 17), Art. 57 Rn. 5; *v. Arnauld* (Fn. 13), Art. 57 Rn. 5.

[21] *Wahl*, Stellvertretung (Fn. 16), S. 128; *S. Pieper*, in: Epping/Hillgruber, GG, Art. 57 Rn. 5; *Herzog* (Fn. 14), Art. 57 Rn. 20; *Nierhaus* (Fn. 13), Art. 57 Rn. 7; *Butzer* (Fn. 17), Art. 57 Rn. 6.

[22] *v. Arnauld* (Fn. 13), Art. 57 Rn. 5.

[23] *R. Pitschas*, Der Staat 12 (1973), 183 (200); *Wahl*, Stellvertretung (Fn. 16), S. 124 f.; *Waldhoff/Grefrath* (Fn. 17), Art. 57 Rn. 6.

[24] *Wahl*, Stellvertretung (Fn. 16), S. 127 f.; *Waldhoff/Grefrath* (Fn. 17), Art. 57 Rn. 6.

[25] *Fink* (Fn. 19), Art. 57 Rn. 13 f.; *Herzog* (Fn. 14), Art. 57 Rn. 17; *Nierhaus* (Fn. 13), Art. 57 Rn. 3; *Fritz* (Fn. 16), Art. 57 Rn. 18 ff.; *v. Arnauld* (Fn. 13), Art. 57 Rn. 6.

II. Der Vertretungsfall — Art. 57

Andererseits kann der Bundespräsident die Wahrnehmung von Amtspflichten aus Gründen der Terminkollision nicht nach Belieben delegieren[26]. In der Regel wird die Nebenvertretung daher nur bei Auslandsreisen und zwingenden Terminen, die kollidieren, zulässig sein, was auch der Staatspraxis entspricht[27].

Die **vorzeitige Erledigung** gem. Art. 57 GG betrifft nur den Fall des endgültigen Hinderungsgrundes, ansonsten liegt eine Verhinderung vor[28]. Eine derartige Erledigung tritt ein bei Tod, Rücktritt[29], Amtsenthebung nach Art. 61 GG oder Verlust der Wählbarkeit[30]. Eine unheilbare Geisteskrankheit führt nicht automatisch zur Erledigung, sondern erst der Fortfall der Wählbarkeit durch eine entsprechende Feststellung nach Maßgabe der Gesetze[31]. 7

Art. 57 GG sieht **kein besonderes Verfahren** über die Feststellung des Vertretungsfalles vor. Bei tatsächlichen Gründen obliegt die Entscheidung über den Vertretungsfall beim entscheidungsfähigen Bundespräsidenten, der insoweit über eine Entscheidungsprärogative unter Mißbrauchsvorbehalt verfügt[32]. Bei rechtlichen Gründen liegt die Entscheidung regelmäßig bei den Gerichten (Art. 61 GG, Befangenheit, Verlust der Wählbarkeit)[33]. Der Bundesratspräsident kann allenfalls in evidenten Fällen von sich aus die Vertretung übernehmen[34]. Im Streitfall ist ein Organstreit zu führen. 8

Im Vertretungsfall übt der **Präsident des Bundesrates**, der gem. Art. 52 I GG jährlich wechselt, die Befugnisse des Bundespräsidenten aus, ohne dass es eines besonderen Bestellungsaktes bedürfte[35]. Die Voraussetzungen der Wählbarkeit und des Amtsantritts wie insbesondere die Eidesleistung[36] sind aufgrund des eigenen verfassungsrechtlichen Status nicht erforderlich. Ist auch der Bundesratspräsident verhindert, geht die Vertretung auf einen Vizepräsidenten des Bundesrates nach Maßgabe ihrer Reihenfolge gem. § 7 I sowie § 5 GOBR über[37]. § 7 I 2 GOBR sieht zudem vor, dass während der Stellvertretung der Bundesratspräsident zeitweilig verhindert ist, seine Amtsgeschäfte auszuüben[38]. 9

---

[26] *Fink* (Fn. 19), Art. 57 Rn. 14; *v. Arnauld* (Fn. 13), Art. 57 Rn. 6.
[27] *Butzer* (Fn. 17), Art. 57 Rn. 3.
[28] Vgl. eingehender *Fritz* (Fn. 16), Art. 57 Rn. 27ff. auch zum Grenzfall eines lange andauernden Komas.
[29] Vgl. dazu *J. P. Schaefer*, DÖV 2012, 417 (418ff.).
[30] *Butzer* (Fn. 17), Art. 57 Rn. 7; *Nierhaus* (Fn. 13), Art. 57 Rn. 8.
[31] *N. Paterok*, Die Wahrnehmung der Befugnisse des Bundespräsidenten durch den Präsidenten des Bundesrates, Art. 57 GG, Diss. jur. München 1966, S. 48; *Fink* (Fn. 19), Art. 57 Rn. 16; *Waldhoff/Grefrath* (Fn. 17), Art. 57 Rn. 3; *v. Arnauld* (Fn. 13), Art. 57 Rn. 7; a.A. *Butzer* (Fn. 17), Art. 57 Rn. 7; *Nierhaus* (Fn. 13), Art. 59 Rn. 8.
[32] Vgl. mit unterschiedlicher Nuancierung *Fink* (Fn. 19), Art. 57 Rn. 15; *Butzer* (Fn. 17), Art. 57 Rn. 8; *v. Arnauld* (Fn. 13), Art. 57 Rn. 8; s. auch *Fritz* (Fn. 16), Art. 57 Rn. 20; anders *M. Nettesheim*, HStR³ III, § 61 Rn. 58f.
[33] Vgl. *Fink* (Fn. 19), Art. 57 Rn. 15; *v. Arnauld* (Fn. 13), Art. 57 Rn. 8.
[34] *Fritz* (Fn. 16), Art. 57 Rn. 21; *Herzog* (Fn. 14), Art. 57 Rn. 22; *v. Arnauld* (Fn. 13), Art. 57 Rn. 8; *H. Meiertöns/F. C. Ehrhardt*, Jura 2011, 166 (167); anders *K. Schlaich*, HStR II, § 48 Rn. 21.
[35] *Herzog* (Fn. 14), Art. 57 Rn. 29; *Fritz* (Fn. 16), Art. 57 Rn. 13; *Butzer* (Fn. 17), Art. 57 Rn. 11.
[36] Näher *U. Fink*, in: v. Mangoldt/Klein/Starck, GG, Art. 56 Rn. 14ff.; *Fritz* (Fn. 16), Art. 57 Rn. 16ff. m. w. N.; s. auch *Butzer* (Fn. 17), Art. 57 Rn. 17.
[37] *Fink* (Fn. 19), Art. 57 Rn. 26; *Butzer* (Fn. 17), Art. 57 Rn. 10; BVerwG LKV 2009, 522 (523); Nichtannahme durch BVerfG v. 13.1.2010, 2 BvR 2124/09; s. auch *M. Sachs*, JuS 2010, 275ff.
[38] Vgl. dazu *J. P. Schaefer*, DÖV 2012, 417 (422).

III. Dauer und Umfang der Vertretung

10 Art. 57 GG enthält **keine zeitliche Begrenzung** der Vertretung. Bei einer vorzeitigen Erledigung setzt die Frist zur Neuwahl gem. Art. 54 IV 1 GG eine zeitliche Grenze von höchstens 30 Tagen (zuzüglich der Annahmefrist), die aber durch vorzeitige Einberufung der Bundesversammlung und die Verschiebung der Wirksamkeit des Rücktritts auf den Zeitpunkt des Amtsantritts des Nachfolgers verkürzt werden kann[39]. Dagegen ist die Vertretung wegen Verhinderung zeitlich unbegrenzt, allenfalls setzt das Ende der Amtszeit ein definitives Ende[40].

11 Im Außenverhältnis werden alle Amtshandlungen des Vertreters dem Bundespräsidenten zugerechnet, unabhängig von dessen Einverständnis[41]. Der **Vertreter rückt allerdings nur in die Amtsbefugnisse des Bundespräsidenten ein**, nicht in dessen persönliche Stellung und Ehrenrechte[42]. Vorrechte, die an die besondere Würde des Amtes anknüpfen, stehen ihm nicht zu, dagegen kann er alle Absicherungen der Ausübung der Amtsbefugnisse (z. B. Immunität gem. Art. 60 IV GG und Zeugnisverweigerungsrechte) beanspruchen[43]. An die Grenzen der Amtsbefugnisse wie die Gegenzeichnung (Art. 58 GG) ist auch der Vertreter gebunden[44]. Den Vertreter trifft aber keine umfassende Neutralitätsverpflichtung – er ist ja weiterhin vornehmlich Regierungschef –, sondern nur ein punktuelles Zurückhaltungsgebot bei der Vornahme von Amtshandlungen für den Bundespräsidenten[45].

12 Der **Umfang der Vertretungskompetenz** ist abhängig vom Vertretungsfall. Bei der Ersatzvertretung und der vorzeitigen Amtserledigung nimmt der Vertreter alle Amtsbefugnisse bis hin zur Auflösung wahr[46]. Pauschale Einschränkungen hinsichtlich der Kompetenzen mit eigenem politischen Ermessen und des Prüfungsrechts sind nicht gerechtfertigt[47]. Bei Befangenheit übernimmt er nur die streitbefangene Aufgabe. Bei einer Nebenvertretung muss der Bundespräsident die Aufgaben bestimmen[48]. Inhaltlich ist der Vertreter frei und vor allem auch nicht an Weisungen des Bundespräsidenten gebunden[49]. Allerdings wird teilweise aus der Verfassungsorgantreue[50] oder der Formulierung des Art. 57 GG von der bloßen »Wahrnehmung der Befugnisse«[51] auf eine weitreichende Rücksichtnahmepflicht geschlossen, die bei der vorzeitigen Erledi-

---

[39] Vgl. *Butzer* (Fn. 17), Art. 57 Rn. 13.
[40] *Nierhaus* (Fn. 13), Art. 57 Rn. 10; *Waldhoff/Grefrath* (Fn. 17), Art. 57 Rn. 12; *Butzer* (Fn. 17), Art. 57 Rn. 12; a.A. *Paterok*, Wahrnehmung (Fn. 31), S. 61ff.
[41] *Herzog* (Fn. 14), Art. 57 Rn. 29; *Nierhaus* (Fn. 13), Art. 57 Rn. 4, 13; *Butzer* (Fn. 17), Art. 57 Rn. 16.
[42] *Jekewitz* (Fn. 19), Art. 57 Rn. 5; *v. Arnauld* (Fn. 13), Art. 57 Rn. 11; eingehend *Paterok*, Wahrnehmung (Fn. 31), S. 70ff.
[43] *Wahl*, Stellvertretung (Fn. 16), S. 141f.; *Butzer* (Fn. 17), Art. 57 Rn. 21f.; widersprüchlich: *Herzog* (Fn. 14), Art. 57 Rn. 27 und ebd., Art. 60 Rn. 64.
[44] *Butzer* (Fn. 17), Art. 57 Rn. 14; *v. Arnauld* (Fn. 13), Art. 57 Rn. 11.
[45] *Fritz* (Fn. 16), Art. 57 Rn. 15; *Jekewitz* (Fn. 19), Art. 57 Rn. 5; *v. Arnauld* (Fn. 13), Art. 57 Rn. 11.
[46] *Herzog* (Fn. 14), Art. 57 Rn. 29; *Nierhaus* (Fn. 13), Art. 57 Rn. 4; *Fink* (Fn. 19), Art. 57 Rn. 20; *Butzer* (Fn. 17), Art. 57 Rn. 14.
[47] So *J. P. Schaefer*, DÖV 2012, 417 (423ff.).
[48] Vgl. *Pieper* (Fn. 21), Art. 57 Rn. 8; *v. Arnauld* (Fn. 13), Art. 57 Rn. 12.
[49] H.M. *Wahl*, Stellvertretung (Fn. 16), S. 135ff.; *Herzog* (Fn. 14), Art. 57 Rn. 28; *Nierhaus* (Fn. 13), Art. 57 Rn. 12; *Fritz* (Fn. 16), Art. 57 Rn. 23; *v. Arnauld* (Fn. 13), Art. 57 Rn. 12.
[50] So besonders weitgehend *Butzer* (Fn. 17), Art. 57 Rn. 15; vgl. auch *R. A. Lorz*, Interorganrespekt im Verfassungsrecht, 2001, S. 526ff.; kritisch *Fink* (Fn. 19), Art. 57 Rn. 23.
[51] *Waldhoff/Grefrath* (Fn. 17), Art. 57 Rn. 9; vgl. auch *R. Pitschas*, Der Staat 12 (1973), 183 (204ff.).

gung ohnehin nicht in Betracht kommt und bei der Ersatzvertretung angesichts der geringen Entscheidungsbefugnisse kaum relevant ist[52], während bei der Nebenvertretung[53] und im Fall der Befangenheit die Befugnisse auf konkrete Maßnahmen beschränkt sind.

D. Verhältnis zu anderen GG-Bestimmungen

Die Regelung des Art. 57 GG **gilt allein für den Bundespräsidenten**. Konflikte oder Überschneidungen mit anderen Vorschriften des Grundgesetzes bestehen nicht. 13

---

[52] Vgl. *Herzog* (Fn. 14), Art. 57 Rn. 15f.; *v. Arnauld* (Fn. 13), Art. 57 Rn. 12 (keine Konflikte zu erwarten); a.A. *R. Pitschas*, Der Staat 12 (1973), 183 (187ff.); s. auch *A. Guckelberger*, NVwZ 2007, 406ff. zur Gesetzesausfertigung und der Ausübung des Prüfungsrechts.
[53] Zur Praxis *Pieper* (Fn. 21), Art. 57 Rn. 8.1ff.

Artikel 58 [Gegenzeichnung]

¹Anordnungen und Verfügungen des Bundespräsidenten bedürfen zu ihrer Gültigkeit der Gegenzeichnung durch den Bundeskanzler oder durch den zuständigen Bundesminister. ²Dies gilt nicht für die Ernennung und Entlassung des Bundeskanzlers, die Auflösung des Bundestages gemäß Artikel 63 und das Ersuchen gemäß Artikel 69 Absatz 3.

Literaturauswahl

Biehl, Hansjörg: Die Gegenzeichnung im parlamentarischen Regierungssystem der Bundesrepublik Deutschland, 1971.
Erichsen, Hans-Uwe: Der Bundespräsident. Zugleich ein Beitrag zum Organstreit nach Art. 93 Abs. 1 Nr. 1 GG, in: Jura 1985, S. 373–381.
Herzog, Roman: Entscheidung und Gegenzeichnung, in: Festschrift für Gebhard Müller, 1970, S. 117–139.
Jaeger, Richard: Die staatsrechtliche Bedeutung der ministeriellen Gegenzeichnung im deutschen Reichsstaatsrecht 1871–1945, in: Festschrift für Wilhelm Laforet, 1952, S. 155–175.
Kastner, Jürgen: Die Gegenzeichnung im deutschen Staatsrecht. Ein Beitrag zur Auslegung des Art. 58 des Bonner Grundgesetzes, Diss. jur. Münster 1962.
Maurer, Hartmut: Die Gegenzeichnung nach dem Grundgesetz, in: Festschrift für Karl Carstens, Bd. 2, 1984, S. 701–719.
Menzel, Eberhard: Ermessensfreiheit des Bundespräsidenten bei der Ernennung der Bundesminister?, in: DÖV 1965, S. 581–597.
Nierhaus, Michael: Entscheidung, Präsidialakt und Gegenzeichnung, 1973.
Schulz, Axel: Die Gegenzeichnung. Eine verfassungsgeschichtliche Untersuchung, 1978.
Servatius, Kurt: Die Gegenzeichnung von Handlungen des Bundespräsidenten, Diss. jur. Köln 1960.
Weber, Christine: Das Gegenzeichnungsrecht unter besonderer Berücksichtigung der Verfassung des Fürstentums Lichtenstein, 1997.

Leitentscheidung des Bundesverfassungsgerichts

BVerfGE 62, 1 (34 f.) – Bundestagsauflösung.

Gliederung

	Rn.
A. Herkunft, Entstehung, Entwicklung	1
I. Ideen- und verfassungsgeschichtliche Aspekte	1
II. Entstehung und Veränderung der Norm	3
B. Internationale, supranationale und rechtsvergleichende Bezüge	4
C. Erläuterungen	5
I. Allgemeine Bedeutung	5
II. Gegenstand der Gegenzeichnung	10
III. Rechtswirkungen	13
IV. Gegenzeichnungsberechtigte	14
V. Gegenzeichnungsform und -verfahren	15
VI. Ausnahmen von der Gegenzeichnungspflicht	18
1. Ausnahmen nach Art. 58 S. 2 GG	18
2. Problemfälle und ungeschriebene Ausnahmen	19
D. Verhältnis zu anderen GG-Bestimmungen	23

Stichwörter

Anordnungen 10, 12, 19 – Begnadigung 21 – Bundeskanzler 14, 18, 22 – Bundestagsauflösung 11 – Delegation nach Art. 60 III GG 21 – Einheit der Staatsleitung 8f., 17 – Ermessen 16, 20 – Ernennung

6, 11, 18, 21f. – Gegenzeichnung als Vorzeichnung 17, 22 – Gegenzeichnungsberechtigte 14, 18, 22 – Gesetzgebungsnotstand 22 – Gnadenakte 20 – Kontrasignatur 1, 4, 14, 16, 22 – Kontrolle 6f. – Minister 1, 14, 18, 20 – Monarch 1 – Neutralität 12 – Organstreit 8, 11, 16, 22 – Privathandlungen 10 – Rücksichtnahmegebot 7 – Selbstkontrolle 16 – Staatsoberhaupt 4, 12, 22 – Umpolungsthese 6 – Unterlassungen 11 – Verantwortlichkeit 1, 3 – Verantwortung, politische 2, 20 – Verfassungsorgantreue 7, 10, 16 – Verfügungen 10, 12, 19 – Verkündung von Gesetzen 23 – Verteidigungsfall 21.

A. Herkunft, Entstehung, Entwicklung

I. Ideen- und verfassungsgeschichtliche Aspekte

Die Kontrasignatur[1] findet sich zwar schon im spätrömischen Kaiserreich als Bezeugung der Echtheit der Unterschrift des Herrschers[2], das Institut der Gegenzeichnung gewann seine historische, bis heute nachwirkende Bedeutung aber erst im Konstitutionalismus[3]. Sie setzt die Ausdifferenzierung einer Regierung innerhalb der monarchischen Exekutive voraus[4], deren Mitglieder durch die Gegenzeichnung den Monarchen von jeglicher Verantwortlichkeit entlasten und seine Unverletzlichkeit sichern, während **Regierungschef und Minister die Verantwortlichkeit übernehmen**[5]. Die Verantwortlichkeit besteht anfänglich nur gegenüber der Nation, mit dem Erlass von Verfassungen aber vornehmlich gegenüber dem Parlament als Repräsentant des Volkes, dem die Regierung aufgrund der Gegenzeichnung Rede und Antwort stehen muss und teilweise gegebenenfalls einer Ministeranklage unterworfen sein kann[6]. § 74 Paulskirchenverfassung und Art. 17 II RVerf 1871[7] spiegeln diese konstitutionelle Kontrasignatur wider.

Art. 50 WRV übernahm das Institut aus dem monarchischen Konstitutionalismus in Form und Inhalt, ohne der grundlegenden Veränderung durch Republik und Parlamentarisierung der Regierung Rechnung zu tragen. Auch die Weimarer Staatsrechtslehre verfehlte die grundlegende Änderung des Verfassungssystems[8]. In der **NS-Zeit** mutierte die Gegenzeichnung zur »Mitzeichnung«, mit der der Zeichnende die politische Verantwortung gegenüber dem faktisch unverantwortlichen »Führer« übernahm,

---

[1] Zur Geschichte *H. Biehl*, Die Gegenzeichnung im parlamentarischen Regierungssystem der Bundesrepublik Deutschland 1971, S. 25 ff., 31 ff.; *M. Nierhaus*, Entscheidung, Präsidialakt und Gegenzeichnung, 1973, S. 6 ff.; *W.-R. Schenke*, in: BK, Art. 58 (2015), Rn. 41 ff.; *C. Weber*, Das Gegenzeichnungsrecht unter besonderer Berücksichtigung der Verfassung des Fürstentums Liechtenstein, 1997, S. 28 ff.
[2] *H. v. Frisch*, Die Verantwortlichkeit der Monarchen und höchsten Magistrate, 1904, S. 12 ff.; diese Bedeutung hatte die Gegenzeichnung durch den Erzkanzler im Hl. Römischen Reich; zum 17./18. Jahrhundert *F.C. v. Moser*, Abhandlung von der Contra-Signatur, in: Kleine Schriften, Bd. V, Frankfurt/M. 1755, S. 1 ff. (93 ff.); s. auch *K. Servatius*, Die Gegenzeichnung von Handlungen des Bundespräsidenten, Diss. jur. Köln 1960, S. 19 m.w.N.
[3] Dazu v.a. *A. Schulz*, Die Gegenzeichnung, 1978.
[4] In Preußen durch die Regierungsreform von 1808 s. *Huber*, Verfassungsgeschichte I, S. 149 ff.
[5] *Schulz*, Gegenzeichnung (Fn. 3), S. 15 ff., 24 ff.; erstmals Frz. Verf. 1791.
[6] Vgl. dazu *von Frisch*, Verantwortlichkeit (Fn. 2), S. 39 ff.; *K. Kröger*, die Ministerverantwortlichkeit in der der Verfassungsordnung der Bundesrepublik Deutschland, 1972, S. 12 ff.; *F. Greve*, Die Ministerverantwortlichkeit im konstitutionellen Staat, 1977, S. 42 ff.; *P. Popp*, Ministerverantwortlichkeit und Ministeranklage im Spannungsfeld von Verfassungsgebung und Verfassungswirklichkeit, 1996, S. 21 ff.
[7] Dazu *Schulz*, Gegenzeichnung (Fn. 3), S. 53 ff.; s. auch *Servatius*, Gegenzeichnung (Fn. 2), S. 20 f. m.w.N. zu den Verfassungen des 19. Jahrhunderts.
[8] *Schulz*, Gegenzeichnung (Fn. 3), S. 73 ff.; *Nierhaus*, Entscheidung (Fn. 1), S. 18 ff.

ohne dass die Signatur für die Gültigkeit des Aktes erforderlich war. Die Mitzeichnung sollte die Urheberschaft offenlegen und sachliche Verantwortung dokumentieren[9].

II. Entstehung und Veränderung der Norm

3 In das Grundgesetz wurde die Gegenzeichnung durch eine kritiklose Übernahme konstitutioneller Vorbilder **ohne Verständnis für** die erneuten **Veränderungen des Verfassungssystems**[10] aufgenommen. Art. 80 HChE stimmte fast wörtlich mit Art. 58 S. 1 GG überein, enthielt aber noch keine Ausnahmen. Eine Bezugnahme auf die Wehrmacht erübrigte sich und eine Regelung entsprechend Art. 50 S. 2 WRV, wonach die Verantwortlichkeit durch die Gegenzeichnung auf den Gegenzeichnenden übergeht, wurde für überflüssig gehalten[11]. Art. 58 GG blieb bislang unverändert, seine Reichweite wurde weitgehend gleich am Anfang durch Theodor Heuss und Konrad Adenauer festgelegt.

B. Internationale, supranationale und rechtsvergleichende Bezüge

4 Das klassische Institut der Kontrasignatur findet sich bis heute **in konstitutionellen Monarchien**[12] ebenso wie in Republiken, und zwar weitgehend unabhängig vom jeweiligen Regierungssystem[13], mit Ausnahme des reinen Präsidialsystems[14]. Unterschiede bestehen vor allem im Hinblick auf die Reichweite der Gegenzeichnung. Teilweise liegt die Initiative für Präsidialakte bei der Regierung[15]. Manche Verfassungen erlauben keinerlei gegenzeichnungsfreie Maßnahmen[16], andere gewähren dem Staatsoberhaupt weitgehende Befreiungen[17] oder Ausnahmen. In Spanien ist die Gegenzeichnung einzelner Akte dem Parlamentspräsidenten vorbehalten[18]. Auch Art. 106 DDR Verf. 1949 sah eine Kontrasignatur für den Präsidenten vor.

---

[9] Zeitgenössisch W. *Weber*, Jahrbuch der Akademie für Dt. Recht 4 (1937), 184 ff.; näher *R. Jaeger*, Die staatsrechtliche Bedeutung der ministeriellen Gegenzeichnung im deutschen Reichsstaatsrecht 1871–1945, in: FS Laforet, 1952, S. 155 ff. (164 ff.); ferner *Schulz*, Gegenzeichnung (Fn. 3), S. 107 ff.

[10] Darin besteht heute Konsens, vgl. *J. Jekewitz*, in: AK-GG, Art. 58 (2001), Rn. 3; *H. Butzer*, in: Schmidt-Bleibtreu/Hofmann/Henneke, GG, Art. 58 Rn. 1; *R. Herzog*, in: Maunz/Dürig, GG, Art. 58 (1986/2009), Rn. 8 ff.; *v. Arnauld*, in: v. Münch/Kunig, GG I, Art. 58 Rn. 2; *Schenke* (Fn. 1), Art. 58 Rn. 55 f.

[11] JöR 1 (1951), S. 412.

[12] Zuerst Art. 4 Frz. Verf. 1791; heute Art. 42 II Niederl. Verf.; Art. 56 Span. Verf.; Art. 106 Belg. Verf. (seit 1831); vgl. *Weber*, Gegenzeichnungsrecht (Fn. 1), S. 87 ff.

[13] Vgl. Art. 19 Frz. Verf. 1958 einerseits und Art. 89 Ital. Verf., Art. 35 Griech. Verf. andererseits.

[14] Die US-Verf. kennt typischerweise das Institut nicht, ebenso die Präsidialverfassungen der GUS-Staaten Russland, Weißrussland, Armenien, Aserbeidschan, Usbekistan.

[15] Art. 67 Österr. Verf.; Art. 89 Ital. Verf.; Art. 34 Finn. Verf.

[16] So v. a. Monarchien, Art. 106 Belg. Verf. und Art. 47, 48 Niederl. Verf.

[17] Art. 143 Portug. Verf.; Art. 35 Griech. Verf.; vor allem semipräsidentielle Systeme, Art. 19 Frz. Verf. 1958.

[18] Art. 64 I 2 Span. Verf.

C. Erläuterungen

I. Allgemeine Bedeutung

Der **ursprüngliche Sinn der Gegenzeichnung**, die weitreichenden Entscheidungskompetenzen des Monarchen institutionell einzufangen, dessen Unverletzlichkeit und Unverantwortlichkeit zugleich beizubehalten, **ist** spätestens unter dem Grundgesetz **entfallen**. Parlament und Regierung entscheiden, der Bundespräsident vollzieht[19]. Dieser Funktionsverlust hat eine Sinnsuche mit zweifelhaften Ergebnissen ausgelöst. 5

Die radikalste Neudeutung der Gegenzeichnung ist die sog. **Umpolungsthese**, die einen Rollentausch zwischen Präsident und Regierung diagnostiziert[20]. Die Regierung entscheide, der »gegenlesende« Präsident zeichne gegen und übe durch sein formelles und materielles Prüfungsrecht die Funktion eines »Hüters der Verfassung« aus[21]. Das ist **mehrfach verfehlt**. Die Regierung handelt nicht durch Gegenzeichnung, zumal häufig die Entscheidung beim Parlament und nicht bei der Regierung liegt[22]. Gegenstand der Gegenzeichnung ist meist auch nicht die materielle Entscheidung, sondern der präsidiale Formalakt wie Ausfertigung oder Ernennung[23]. Schließlich ist bei eigenständigen Entscheidungen des Präsidenten dieser Handelnder und die Regierung Kontrolleur. Und zur Auslegung des Art. 58 GG trägt die Umpolungsthese nichts bei[24]. 6

Ein anderer Ansatz erblickt in der Gegenzeichnung eine besondere Ausprägung des Grundsatzes der **Verfassungsorgantreue**[25]. Die allgemeine Verpflichtung zur gegenseitigen Rücksichtnahme werde für Präsident und Regierung in Art. 58 GG und zusätzlich für das Verhältnis zur Legislative in Art. 82 GG normiert. Der Sinn der Gegenzeichnung bestehe heute nicht mehr in der politischen Bändigung präsidialer Machtentfaltung, sondern »in der Erzwingung einer regelmäßigen Kommunikation, Koordination und Kontrolle« sowie in »der Konfliktvermeidung durch Funktionsverschränkung«[26]. **Zweifelhaft** ist insoweit die Gleichsetzung einer Kompetenzregel (Art. 58 GG) mit einer Kompetenzausübungsregel (Rücksichtnahme), die Mitwirkungsrechte der Verfassungsorgane untereinander begrenzt[27]. Das ist nicht der Sinn des Art. 58 GG. Außerdem liegt hier keine »Funktionsverschränkung« vor. 7

Allerdings ist auch die **traditionelle Deutung** der Gegenzeichnung, wonach Art. 58 GG den doppelten Zweck der Übernahme der Verantwortung durch die Bundesregierung sowie die Sicherung der Einheitlichkeit der Staatsleitung verfolgt, zumindest 8

---

[19] *K. Schlaich*, HStR II, § 49 Rn. 62.
[20] Erfindung durch *R. Herzog*, Entscheidung und Gegenzeichnung, in: FS Müller, 1970, S. 117 ff. (127 ff.); dem folgend *Biehl*, Gegenzeichnung (Fn. 1), S. 53, 75 f., 119 f.; *Nierhaus*, Entscheidung (Fn. 1), S. 83 ff.; *Schulz*, Gegenzeichnung (Fn. 3), S. 110 ff.; vgl. a. *E. Dreher*, NJW 1950, 130 (132); *J. Kastner*, Die Gegenzeichnung im deutschen Staatsrecht, Diss. jur. Münster 1961, S. 35 f.
[21] *Herzog* (Fn. 10), Art. 58 Rn. 14, 16; kritisch zum Hüter der Verfassung insoweit *Jekewitz* (Fn. 10), Art. 58 Rn. 4; *H. Maurer*, Die Gegenzeichnung nach dem Grundgesetz, in: FS Carstens, Bd. 2, 1984, S. 701 ff. (710); *C. Waldhoff/H. Grefrath*, in: Friauf/Höfling, GG, Art. 58 (2009), Rn. 5. → Art. 54 Rn. 22.
[22] *K. Schlaich*, HStR II, § 49 Rn. 63.
[23] *Nierhaus*, Entscheidung (Fn. 1), S. 131; *Pernice* → Bd. II², Art. 58 Rn. 7.
[24] *v. Arnauld* (Fn. 10), Art. 58 Rn. 3.
[25] *Schenke* (Fn. 1), Art. 58 Rn. 59; *ders.*, Die Verfassungsorgantreue, 1977, S. 62 ff.; *Nierhaus*, Entscheidung (Fn. 1), S. 213 ff.; *ders.*, in: Sachs, GG, Art. 58 Rn. 6; *Butzer* (Fn. 10), Art. 58 Rn. 1.
[26] *Butzer* (Fn. 10), Art. 58 Rn. 1; ausführlicher *ders.*, in: Schmidt-Bleibtreu/Hofmann/Hopfauf, GG, 11. Aufl. 2008, Art. 58 Rn. 14 f.
[27] *Waldhoff/Grefrath* (Fn. 21), Art. 58 Rn. 4; *v. Arnauld* (Fn. 10), Art. 58 Rn. 4.

nicht mehr in vollem Umfang tragfähig. Die Regierung »übernimmt« keine Verantwortung mehr. Rechtlich ist der Bundespräsident im Organstreit und im Rahmen des Art. 61 GG selbst verantwortlich[28].

9   Politisch ist der Bundespräsident zwar nicht in dem Sinn verantwortlich, dass er dem Parlament Rede und Antwort (Art. 43 GG) stehen müsste oder gar gestürzt werden könnte. Die Bundesregierung ist aber auch ohne Gegenzeichnung in jeder Hinsicht dem Parlament politisch bis hin zum Sturz verantwortlich (Art. 43, 67, 68 GG) und der Bundestag kann ebenfalls ohne Gegenzeichnung auch Fragen debattieren, die den Bundespräsidenten berühren[29]. Selbst als »Brücke zwischen Präsidialbereich und Zwangsrechten des Bundestages«[30] bedarf es der Gegenzeichnung nicht. Jedenfalls insoweit ist sie eine »ehrwürdige Überflüssigkeit«[31]. So bleibt als alleinige **Restfunktion** die **Sicherung der Einheitlichkeit der Staatsleitung**[32]. Trotz der weitgehenden Reduzierung eigenständiger Entscheidungsbefugnisse verfügt der Bundespräsident noch über Spielräume bei der Ausübung seiner Funktionen, die zumindest theoretisch zu Konflikten mit der Regierung führen können. Auch wenn dieser Bereich heute relativ eng gezogen ist und teilweise gerade hier Ausnahmen von der Gegenzeichnungspflicht bestehen[33], wird dadurch jedenfalls in bestimmten Bereichen die Gegenzeichnung nicht sinnlos, während sie in anderen Bereichen in der Tat zur leeren Form geworden ist.

II. Gegenstand der Gegenzeichnung

10 Die Wendung »**Anordnungen und Verfügungen**« greift die Formulierung des Art. 17 RVerf 1871 auf. Versuche einer Differenzierung zwischen beiden Begriffen[34] sind gescheitert[35]. Die erneute Einfügung des Wortes »Verfügungen« durch den Parlamentarischen Rat gegenüber dem Herrenchiemsee-Entwurf[36] ist daher wohl nur auf die Tradition und eine Vorliebe für »Paarformeln«[37] zurückzuführen. Nach heutigem Verständnis bilden die Worte einen **Doppel-Begriff mit einheitlichem Sinn**[38], der jedenfalls alle Handlungen erfasst, die rechtliche Verbindlichkeit beanspruchen, unabhängig von schriftlicher, mündlicher, elektronischer oder sonstiger Form[39]. Erforderlich ist

---

[28] *Waldhoff/Grefrath* (Fn. 21), Art. 58 Rn. 3; *v. Arnauld* (Fn. 10), Art. 58 Rn. 5.
[29] *Waldhoff/Grefrath* (Fn. 21), Art. 58 Rn. 3; *K. Schlaich*, HStR II, § 49 Rn. 73; *Butzer* (Fn. 26), Art. 58 Rn. 29.
[30] *v. Arnauld* (Fn. 10), Art. 58 Rn. 5; s. auch *Butzer* (Fn. 26), Art. 58 Rn. 72; *U. Fink*, in: v. Mangoldt/Klein/Starck, GG II, Art. 58 Rn. 12; *H.-U. Erichsen*, Jura 1985, 373 (379).
[31] *K. Schlaich*, HStR II, § 49 Rn. 67.
[32] *K. Schlaich*, HStR II, § 49 Rn. 67; *Stern*, Staatsrecht II, S. 212 f.; *M. Nettesheim*, HStR³ III, § 62 Rn. 30; *Fink* (Fn. 30), Art. 58 Rn. 19; *Waldhoff/Grefrath* (Fn. 21), Art. 58 Rn. 4; die These der Verfassungsorgantreue zielt immerhin auch in diese Richtung: → Rn. 7.
[33] *v. Arnauld* (Fn. 10), Art. 58 Rn. 5; jedenfalls ist sie kein wesentlicher Bestandteil des Verfassungssystems mehr, so aber noch *H.-U. Erichsen*, Jura 1985, 373 (379).
[34] Vgl. *F. Münch*, Die Bundesregierung, 1954, S. 132; *J. Kniesch*, NJW 1960, 1325 (1326); *Herzog* (Fn. 10), Art. 58 Rn. 22 ff., 27 ff.
[35] *Waldhoff/Grefrath* (Fn. 21), Art. 58 Rn. 8.
[36] JöR 1 (1951), S. 412; kritisch *Nierhaus*, Entscheidung (Fn. 1), S. 38.
[37] *Waldhoff/Grefrath* (Fn. 21), Art. 58 Rn. 8; *G. Dilcher*, Paarformeln in der Rechtssprache des frühen Mittelalters, 1961.
[38] *Nierhaus* (Fn. 25), Art. 58 Rn. 7; *Butzer* (Fn. 10), Art. 58 Rn. 2; *Schenke* (Fn. 1), Art. 58 Rn. 62 f.; vgl. auch *Kastner*, Gegenzeichnung (Fn. 20), S. 39 ff., 49 f.
[39] *Schenke* (Fn. 1), Art. 58 Rn. 66; *Fink* (Fn. 30), Art. 58 Rn. 26 ff.

eine rechtliche Außenwirkung nicht notwendig gegenüber dem Bürger, aber über das Amt selbst hinaus, also nicht Weisungen innerhalb der Präsidialverwaltung[40]. Selbstverständlich gilt Art. 58 GG nur für amtliche Handlungen des Bundespräsidenten als Organwalter, nicht des Privatmanns und für private Rechtsgeschäfte[41].

Fast einhellig werden rechtserhebliche **Unterlassungen und die Verweigerung förmlicher Rechtsakte** (Ablehnung einer Ernennung oder der Bundestagsauflösung) durch den Bundespräsidenten für **gegenzeichnungsfrei** gehalten[42]. Das folgt schon aus dem Wortlaut des Art. 58 GG[43]. Die Tatsache, dass der Bundespräsident eine eigenständige Entscheidung trifft, kann die Gegenzeichnungspflicht nicht begründen. Zwar mag der praktische Einwand, dass Unterlassungen schwer gegengezeichnet werden können, durch die Konstruktion konkludenter Zustimmung im Einzelfall überwindbar sein[44], die Verweigerung der »Gegenzeichnung« kann den Akt aber nicht positiv erzwingen, ist also sinnlos[45]. Die Begründung der Gegenzeichnungspflicht ist auch überflüssig, da der Bundespräsident gegebenenfalls im Organstreit verpflichtet werden kann[46].

Reden und andere lediglich politisch bedeutsame Handlungen (Staatsbesuche, Glückwunschtelegramme etc.) sind von Art. 58 GG **formal nicht erfasst**, da diese Akte keine auf rechtliche Verbindlichkeit angelegten Anordnungen und Verfügungen sind[47]. In Fortführung der Weimarer Lehre[48] wird teilweise eine Einbeziehung gefordert[49]. Bei Reden im Inland hat die Staatspraxis seit Theodor Heuss zu Recht von einer Gegenzeichnung abgesehen, da sie zu der Integrationsfunktion des Bundespräsidenten in Widerspruch stehen würde. Das Staatsoberhaupt soll einen eigenen Standpunkt unter Beachtung der Neutralitätspflicht beziehen und nicht den Willen der Regierung rhetorisch umsetzen[50]. Bei **Reden im Bereich der Außenpolitik** vertritt das Staatsoberhaupt dagegen den Willen des Gesamtstaates und ist zur Abstimmung mit der Regierung aus dem Grundsatz der Verfassungsorgantreue verpflichtet[51]. In der Sache,

---

[40] *Herzog* (Fn. 10), Art. 58 Rn. 28, 43; *Fink* (Fn. 30), Art. 58 Rn. 46; *Butzer* (Fn. 10), Art. 58 Rn. 4; *Biehl*, Gegenzeichnung (Fn. 1), S. 109f.

[41] *Butzer* (Fn. 10), Art. 58 Rn. 3f.; *Fink* (Fn. 30), Art. 58 Rn. 45; *Schenke* (Fn. 1), Art. 58 Rn. 71; *Servatius*, Gegenzeichnung (Fn. 2), S. 47ff.

[42] *Herzog* (Fn. 10), Art. 58 Rn. 44f.; *Nierhaus*, Entscheidung (Fn. 1), S. 145ff.; *Schenke* (Fn. 1), Art. 58 Rn. 119ff.; *Stern*, Staatsrecht II, S. 214f.; *Fink* (Fn. 30), Art. 58 Rn. 74ff.; *Butzer* (Fn. 10), Art. 58 Rn. 15; *K. Schlaich*, HStR II, § 49 Rn. 69f.; *L. Mehlhorn*, Der Bundespräsident der Bundesrepublik Deutschland und der Republik Österreich, 2010, S. 79f.; a.A. *Biehl*, Gegenzeichnung (Fn. 1), S. 84ff.; *Kastner*, Gegenzeichnung (Fn. 20), S. 69ff.

[43] *Schenke* (Fn. 1), Art. 58 Rn. 119; *Butzer* (Fn. 10), Art. 58 Rn. 15.

[44] So *v. Arnauld* (Fn. 10), Art. 58 Rn. 7; obwohl dies von dem normalen Procedere nicht erfasst ist: s. auch *Herzog* (Fn. 10), Art. 58 Rn. 44.

[45] *Pernice* → Bd. II², Art. 58 Rn. 11; *v. Arnauld* (Fn. 10), Art. 58 Rn. 7.

[46] *Herzog* (Fn. 10), Art. 58 Rn. 45; *Jekewitz* (Fn. 10), Art. 58 Rn. 5; *Nierhaus* (Fn. 25), Art. 58 Rn. 21; *Butzer* (Fn. 10), Art. 58 Rn. 16.

[47] Eingehend *Herzog* (Fn. 10), Art. 58 Rn. 50ff.; *K. Schlaich*, HStR II, § 49 Rn. 71ff.; *Schenke* (Fn. 1), Art. 58 Rn. 99ff.; *Fink* (Fn. 30), Art. 58 Rn. 63ff.; *Butzer* (Fn. 10), Art. 58 Rn. 6ff.

[48] *Anschütz*, WRV, Art. 50 Anm. 3 (S. 306f.).

[49] *Maurer*, Gegenzeichnung (Fn. 21), S. 713ff.; *A. Randelzhofer*, Der Bundespräsident an der kurzen Leine des Bundeskanzlers? Erfordert die Auflösung des Bundestages nach Art. 68 Abs. 1 GG die Gegenzeichnung des Bundeskanzlers?, in: FS Driehaus, 2005, S. 564ff. (565f.); *Biehl*, Gegenzeichnung (Fn. 1), S. 80; *Kastner*, Gegenzeichnung (Fn. 20), S. 60f.

[50] *Herzog* (Fn. 10), Art. 58 Rn. 54ff.; *Nierhaus* (Fn. 25), Art. 58 Rn. 19; *Waldhoff/Grefrath* (Fn. 21), Art. 58 Rn. 13; *v. Arnauld* (Fn. 10), Art. 58 Rn. 8; *Butzer* (Fn. 10), Art. 58 Rn. 9; zur Staatspraxis *ders.* (Fn. 26) Art. 58 Rn. 26f., auch zur Einigung zwischen Heuss und Adenauer.

[51] Vgl. *Schenke* (Fn. 1), Art. 58 Rn. 111, 113ff.; *K. Schlaich*, HStR II, § 49 Rn. 71; *Pernice* → Bd. II², Art. 58 Rn. 10; *v. Arnauld* (Fn. 10), Art. 58 Rn. 8.

wenngleich nicht formell, sind diese Reden, die meist das Auswärtige Amt verfasst, gegenzeichnungspflichtig[52], weil sie zwar nicht Art. 58 GG unterfallen, aber abgestimmt werden müssen.

III. Rechtswirkungen

13 Die Gegenzeichnung ist **rechtliche Wirksamkeitsvoraussetzung** des Präsidialaktes, da Art. 58 GG von seiner »Gültigkeit« spricht[53]. Bis zur Gegenzeichnung ist der Akt schwebend unwirksam, bei endgültiger Verweigerung ist er nichtig[54], ohne nachträgliche Heilungsmöglichkeit[55]. Im Fall von Zuständigkeits- oder Formfehlern bleibt der Präsidialakt nach Sinn und Zweck bis zur Heilung des Mangels schwebend unwirksam[56].

IV. Gegenzeichnungsberechtigte

14 Zuständig für die Gegenzeichnung sind gem. Art. 58 S. 1 GG der **Bundeskanzler oder der zuständige Bundesminister**. Eine kumulative Kontrasignatur ist nicht erforderlich, aber zulässig. Die andere Formulierung des § 29 I GOBReg tritt dahinter zurück. Sinn der Regelung ist die Entlastung des Regierungschefs von reinen Ressortfragen[57]. Nach überwiegender und zutreffender Ansicht ist der Bundeskanzler nicht nur im Hinblick auf die Richtlinien der Politik gegenzeichnungsberechtigt[58]. Die Zuständigkeit der Minister bestimmt sich nach ihrem Geschäftsbereich und der GOBReg[59]. Strittig ist, ob bei Zuständigkeit mehrerer Minister die Unterschrift eines Ministers ausreicht[60] oder alle gegenzeichnen müssen[61], wobei beide Seiten sich auf den Wortlaut berufen[62]. Die Regelung des § 29 I 2 GOBReg, wonach alle zuständigen Minister gegenzeichnen, wird man angesichts der Unklarheit als zulässige Konkretisierung ansehen können[63], aus Gründen der Rechtssicherheit wird man aber insbesondere im Streitfall eine Unterschrift ausreichen lassen müssen, zumal die GOBReg keine Außenwirkung entfaltet.

---

[52] *K. Schlaich*, HStR II, § 49 Rn. 71, 74; für formelle Gegenzeichnung wohl *Nierhaus* (Fn. 25), Art. 58 Rn. 17, 19; *Butzer* (Fn. 10), Art. 58 Rn. 14, s. aber auch Rn. 11; a.A. *R. Streinz*, in: Sachs, GG, Art. 59 Rn. 17. → Art. 59 Rn. 22.

[53] *Jekewitz* (Fn. 10), Art. 58 Rn. 7; *Butzer* (Fn. 10), Art. 58 Rn. 39; *Nierhaus* (Fn. 25), Art. 58 Rn. 27; *v. Arnauld* (Fn. 10), Art. 58 Rn. 9.

[54] *Fink* (Fn. 30), Art. 58 Rn. 91; *Herzog* (Fn. 10), Art. 58 Rn. 46; *Schenke* (Fn. 1), Art. 58 Rn. 163; *v. Arnauld* (Fn. 10), Art. 58 Rn. 9.

[55] *Herzog* (Fn. 10), Art. 58 Rn. 46.

[56] *Fink* (Fn. 30), Art. 58 Rn. 91f.; *Schenke* (Fn. 1), Art. 58 Rn. 166ff.; *Butzer* (Fn. 10), Art. 58 Rn. 40.

[57] JöR 1 (1951), S. 412.

[58] *Herzog* (Fn. 10), Art. 58 Rn. 71f.; *Stern*, Staatsrecht II, S. 214; *S. U. Pieper*, in: Epping/Hillgruber, GG, Art. 58 Rn. 3; *v. Arnauld* (Fn. 10), Art. 58 Rn. 13; *Butzer* (Fn. 10), Art. 58 Rn. 29; a.A. *Biehl*, Gegenzeichnung (Fn. 1), S. 87; *Kastner*, Gegenzeichnung (Fn. 20), S. 103f.; *Nierhaus* (Fn. 25), Art. 58 Rn. 23; *Schenke* (Fn. 1), Art. 58 Rn. 126ff.; *Fink* (Fn. 30), Art. 58 Rn. 78f.

[59] *Herzog* (Fn. 10), Art. 58 Rn. 68; Jarass/*Pieroth*, GG, Art. 58 Rn. 4; zur Vertretung § 14 GOBReg sowie *Kastner*, Gegenzeichnung (Fn. 20), S. 109ff.; *Schenke* (Fn. 1), Art. 58 Rn. 138ff.; *Butzer* (Fn. 10), Art. 58 Rn. 33.

[60] *Jekewitz* (Fn. 10), Art. 58 Rn. 7; *Schenke* (Fn. 1), Art. 58 Rn. 136; *Fink* (Fn. 30), Art. 58 Rn. 81; *Stern*, Staatsrecht II, S. 324; *Butzer* (Fn. 10), Art. 38 Rn. 30.

[61] *Herzog* (Fn. 10), Art. 58 Rn. 69; Jarass/*Pieroth*, GG, Art. 58 Rn. 4; *D. C. Umbach*, in: Umbach/Clemens, GG II, Art. 58 Rn. 19.

[62] Vgl. *Herzog* (Fn. 10), Art. 58 Rn. 69 gegen *Butzer* (Fn. 10), Art. 58 Rn. 30.

[63] So *v. Arnauld* (Fn. 10), Art. 58 Rn. 13.

V. Gegenzeichnungsform und -verfahren

Der Begriff der Gegenzeichnung geht von einer schriftlichen Billigung durch eigenhändige Unterschrift auf einer vom Bundespräsidenten »vollzogenen«[64] Urkunde aus. Ein **Formzwang** besteht indes prinzipiell **nicht**. Üblicherweise werden schriftliche Akte schriftlich gegengezeichnet, während nicht-schriftliche Akte mündlich oder konkludent gebilligt werden[65]. Die Gegenzeichnung ist bedingungsfeindlich. Ist die Regierung zur Gegenzeichnung verpflichtet, ist der Zusatz unbeachtlich, andernfalls ist die Gegenzeichnung unwirksam[66].

Die Entscheidung über die Gegenzeichnung steht prinzipiell im **Ermessen der Bundesregierung**, das aber je nach dem eigentlichen Urheber des Präsidialaktes abgestuft eingeschränkt sein kann[67]. Sofern der Akt von der Bundesregierung selbst ausgeht, dient die Kontrasignatur der Rückversicherung und Selbstkontrolle. Geht der Akt von einem dritten Verfassungsorgan aus, ist die Regierung auf eine formelle und materielle Rechtskontrolle beschränkt[68]. Bei originären Präsidialakten verfügt die Regierung über ein rechtliches und politisches Prüfungsrecht, das allenfalls wiederum durch den Grundsatz der Verfassungsorgantreue eingehegt wird, der zumindest eine Obstruktion verbietet[69]. Zweifelhaft ist, ob »bei wirklichen präsidentiellen Prärogativen«[70] die Prüfung auf eine rechtliche Willkürkontrolle[71] und auf »politische Untragbarkeit«[72] zu begrenzen ist. Sofern der Bundespräsident zum Erlass des Aktes verpflichtet ist (Art. 82 I GG), ist auch die Regierung zur Gegenzeichnung verpflichtet[73]. Gegebenenfalls ist ein Organstreit einzuleiten.

Da Art. 58 GG den Zeitpunkt der Gegenzeichnung nicht festlegt, hat sich in der Staatspraxis die sog. »**Vorzeichnung**« gem. § 29 II GOBReg durchgesetzt, wonach die Akte dem Bundespräsidenten erst nach Gegenzeichnung zur Vollziehung vorzulegen sind, wovon auch Art. 82 I 1 GG ausgeht[74]. Dies entspricht völlig Sinn und Zweck dieses Instituts, das der Sicherung der Einheitlichkeit der Staatsleitung dient und ist bei internationalen Verträgen zwingend[75]. Die problematisierenden Ausführungen sind offenbar auf die Formulierung des Art. 58 GG zurückzuführen, sind aber nicht

---

[64] Vgl. § 2 I BMinG, § 29 II GOBReg.
[65] *Herzog* (Fn. 10), Art. 58 Rn. 66; *Schenke* (Fn. 1), Art. 58 Rn. 66, 141; strenger, nämlich für geboten halten dies *Butzer* (Fn. 10), Art. 58 Rn. 34; *Kastner*, Gegenzeichnung (Fn. 20), S. 59 ff.; *Waldhoff/Grefrath* (Fn. 21), Art. 58 Rn. 24: Spiegelbildlichkeit; s. ferner *Servatius*, Gegenzeichnung (Fn. 2), S. 31 ff.
[66] *v. Arnauld* (Fn. 10), Art. 58 Rn. 12, präzisierend gegenüber *Butzer* (Fn. 10), Art. 58 Rn. 34.
[67] *v. Arnauld* (Fn. 10), Art. 58 Rn. 10 im Anschluss an *Pernice* → Bd. II², Art. 58 Rn. 17; generell für Ermessen *Jekewitz* (Fn. 10), Art. 58 Rn. 7; *Schenke* (Fn. 1), Art. 58 Rn. 154; *Waldhoff/Grefrath* (Fn. 21), Art. 58 Rn. 23.
[68] *Butzer* (Fn. 10), Art. 58 Rn. 38.
[69] *Pernice* → Bd. II², Art. 58 Rn. 17; *v. Arnauld* (Fn. 10), Art. 58 Rn. 10.
[70] *Nierhaus* (Fn. 25), Art. 58 Rn. 25; *v. Arnauld* (Fn. 10), Art. 58 Rn. 10.
[71] *Butzer* (Fn. 10), Art. 58 Rn. 38.
[72] So nach der Formulierung von *E. Menzel*, DÖV 1965, 581 (592); hier *Nierhaus* (Fn. 25), Art. 58 Rn. 25; *v. Arnauld* (Fn. 10), Art. 58 Rn. 10; a.A. *R. Herzog*, in: Maunz/Dürig, GG, Art. 60 (1986/2009), Rn. 38; *Pieper* (Fn. 58), Art. 58 Rn. 11.
[73] *Herzog* (Fn. 10), Art. 58 Rn. 67; *Fink* (Fn. 30), Art. 58 Rn. 90; *Nierhaus* (Fn. 25), Art. 58 Rn. 26; *Schenke* (Fn. 1), Art. 58 Rn. 156.
[74] *Butzer* (Fn. 10), Art. 58 Rn. 35; *v. Arnauld* (Fn. 10), Art. 58 Rn. 11.
[75] *Butzer* (Fn. 10), Art. 58 Rn. 36; *Fink* (Fn. 30), Art. 58 Rn. 88; *Schenke* (Fn. 1), Art. 58 Rn. 151 f.

gerechtfertigt. Eher ist die nachträgliche Gegenzeichnung ein Problem[76], die freilich die schwebende Unwirksamkeit beseitigt[77].

VI. Ausnahmen von der Gegenzeichnungspflicht

1. Ausnahmen nach Art. 58 S. 2 GG

18 Art. 58 S. 2 GG sieht vor, dass Präsidialakte in drei Fällen gegenzeichnungsfrei sein sollen, in denen eine Gegenzeichnung verfehlt wäre. Teilweise fehlt es schon formal an einem geeigneten Gegenzeichnungsberechtigten, in allen Fällen liegt der Hauptzweck jedoch in der Sicherung der autonomen Entscheidung des Bundespräsidenten[78]. Im Fall der **Ernennung und Entlassung des Bundeskanzlers** (Art. 63 II 2, 63 IV 2, 3, 67 I 2 GG) kommen weder der abtretende noch der neugewählte Bundeskanzler für eine Gegenzeichnung in Frage. Bei der **Auflösung des Bundestages** nach Art. 63 IV 3 GG verfügt der Bundespräsident auch gegenüber einem Minderheitenkanzler über autonome Entscheidungsbefugnisse aufgrund seiner Reservefunktion. Beim **Ersuchen zur Übernahme der Geschäftsführung nach Art. 69 III GG** ist zwischen Bundeskanzler und Bundesministern zu differenzieren[79]. Der Bundeskanzler ist selbst betroffen und zur Befolgung des Ersuchens verpflichtet[80]. Das Ersuchen gegenüber Ministern erscheint allenfalls prima facie »problematischer«[81], weil ein Minister auch gegen den Willen des Bundeskanzlers ersucht werden kann. Der Bundeskanzler kann jedoch jederzeit gem. Art. 64 II GG einen neuen Minister zur Ernennung vorschlagen[82], so dass auch hier der Präsident autonom entscheidet.

2. Problemfälle und ungeschriebene Ausnahmen

19 Nach allgemeiner, zutreffender Ansicht sind die **Ausnahmen** des Art. 58 S. 2 GG **nicht abschließend**. Das gilt schon deshalb, weil im Gegensatz zu Art. 50 WRV nicht mehr »alle« Anordnungen und Verfügungen gegenzeichnungspflichtig sind[83]. Die Ausnahmen folgen aus Sinn und Zweck der Gegenzeichnung[84]. Ohne verfassungsrechtliche Legitimation ist ein Ausschluss der Gegenzeichnungspflicht durch einfache Gesetze mangels Gesetzesvorbehalt unzulässig[85].

20 **Keine Ausnahme** und damit prinzipiell gegenzeichnungspflichtig sind nach überwiegender Auffassung **Gnadenakte** nach Art. 60 II GG[86]. Trotz des weiten Ermessensspielraums des Bundespräsidenten muss die Regierung die politische und parlamentarische

---

[76] Obwohl keine Pflicht zur Vorzeichnung besteht *Schenke* (Fn. 1), Art. 58 Rn. 145.
[77] *Butzer* (Fn. 10), Art. 58 Rn. 36.
[78] *Herzog* (Fn. 10), Art. 58 Rn. 32 ff.; *Fink* (Fn. 30), Art. 58 Rn. 48 ff.; *Schenke* (Fn. 1), Art. 58 Rn. 73 ff., die gleiches Gewicht auf die Gründe legen.
[79] *Schenke* (Fn. 1), Art. 58 Rn. 77 ff.; *Fink* (Fn. 30), Art. 58 Rn. 52 ff.; *Nierhaus* (Fn. 25), Art. 58 Rn. 12; *v. Arnauld* (Fn. 10), Art. 58 Rn. 14.
[80] *Nierhaus* (Fn. 25), Art. 58 Rn. 12.
[81] *v. Arnauld* (Fn. 10), Art. 58 Rn. 14.
[82] *Fink* (Fn. 30), Art. 58 Rn. 55; *v. Arnauld* (Fn. 10), Art. 58 Rn. 14.
[83] *Butzer* (Fn. 10), Art. 58 Rn. 18; *Herzog* (Fn. 10), Art. 58 Rn. 36 ff.; *v. Arnauld* (Fn. 10), Art. 58 Rn. 15.
[84] *Waldhoff/Greffrath* (Fn. 21), Art. 58 Rn. 18; *Butzer* (Fn. 10), Art. 58 Rn. 18.
[85] *Herzog* (Fn. 10), Art. 58 Rn. 36, 41; *v. Arnauld* (Fn. 10), Art. 58 Rn. 15.
[86] *Herzog* (Fn. 10), Art. 58 Rn. 24, 40; *Schenke* (Fn. 1), Art. 58 Rn. 66; *K. Schlaich*, HStR II, § 49 Rn. 79; *Waldhoff/Grefrath* (Fn. 21), Art. 58 Rn. 19; *v. Arnauld* (Fn. 10), Art. 58 Rn. 18; *Butzer* (Fn. 10), Art. 58 Rn. 20; a.A. *Stern*, Staatsrecht II, S. 265. → Art. 60 Rn. 29.

VI. Ausnahmen von der Gegenzeichnungspflicht Art. 58

Verantwortung für den Verzicht auf den staatlichen Straf- und Vollstreckungsanspruch übernehmen. Gegebenenfalls ist die Regierung zur Gegenzeichnung verpflichtet[87]. Die Gegenzeichnungspflicht entspricht der Tradition seit dem Konstitutionalismus[88] und wird dadurch, dass eine Stellungnahme des Ministers in der Staatspraxis vorab ohne formelle Gegenzeichnung abgegeben wird, weithin entschärft[89].

Der Gegenzeichnungspflicht unterliegt auch die **Delegation der Ernennungs-, Entlassungs- und Begnadigungsrechte** nach Art. 60 III GG. Ansonsten könnte der Bundespräsident ohne Abstimmung mit der Bundesregierung diese Präsidialakte der Gegenzeichnung entziehen[90]. Der Widerruf der Delegation ist dagegen gegenzeichnungsfrei[91]. Erklärungen im Verteidigungsfall bedürfen ebenfalls der Gegenzeichnung, da Art. 115a III 1 GG auf Art. 82 GG verweist und Art. 115a V 1 GG ohne Koordination ansonsten in die außenpolitische Prärogative der Bundesregierung eingreifen würde[92]. Wenn eine funktionsfähige Regierung fehlt, ist die Gegenzeichnung nachzuholen[93]. 21

Demgegenüber sind nach übereinstimmender Auffassung drei Akte des Bundespräsidenten von der Kontrasignatur befreit. Der **Kanzlervorschlag** gem. Art. 63 I, 115h II 1 GG ist wie die Ernennung des Kanzlers schon angesichts des Fehlens eines Gegenzeichnungsberechtigten gegenzeichnungsfrei[94]. Die **Einberufung des Bundestages** nach Art. 39 III GG setzt ein autonomes Recht des Bundespräsidenten neben dem des Bundeskanzlers voraus[95]. Ein **Antrag auf Organstreit** nach Art. 93 I Nr. 1 GG dient der Verteidigung eigener Rechte, über die der Präsident eigenständig entscheiden kann[96]. Im Übrigen ist auch der eigene Rücktritt nicht von der Gegenzeichnung abhängig[97]. Hochumstritten ist das Erfordernis der Gegenzeichnung bei der **Auflösung des Bundestages gem. Art. 68 I GG**[98] und entsprechend bei der **Erklärung des Gesetzgebungsnotstandes nach Art. 81 GG**[99]. Die bisherige Diskussion verfehlt hier weitgehend das 22

---

[87] *v. Arnauld* (Fn. 10), Art. 58 Rn. 18.
[88] *G. Meyer/G. Anschütz*, Lehrbuch des Deutschen Staatsrechts, 7. Aufl. 1919, S. 278; zu Weimar *Anschütz*, WRV, Art. 49, Anm. 1 a.E. (S. 301).
[89] Dazu *Butzer* (Fn. 26), Art. 58 Rn. 43 ff.; *S. U. Pieper*, Das Gnadenrecht des Bundespräsidenten – Eine Bestandsaufnahme, in: FS Herzog, 2009, S. 355 ff. (358 f.).
[90] *Fink* (Fn. 30), Art. 58 Rn. 41; *Schenke* (Fn. 1), Art. 58 Rn. 90; *Herzog* (Fn. 72), Art. 60 Rn. 39; *Butzer* (Fn. 10), Art. 58 Rn. 21; *v. Arnauld* (Fn. 10), Art. 58 Rn. 20; a.A. *Jekewitz* (Fn. 10), Art. 58 Rn. 10; *Nierhaus* (Fn. 25), Art. 58 Rn. 14; *K. Schlaich*, HStR II, § 49 Rn. 78.
[91] *Fink* (Fn. 30), Art. 58 Rn. 42; *Schenke* (Fn. 1), Art. 58 Rn. 37; *v. Arnauld* (Fn. 10), Art. 58 Rn. 20; *Butzer* (Fn. 10), Art. 58 Rn. 22. → Art. 60 Rn. 22.
[92] *Schenke* (Fn. 1), Art. 58 Rn. 39; *Fink* (Fn. 30), Art. 58 Rn. 91; *v. Arnauld* (Fn. 10), Art. 58 Rn. 17; *Butzer* (Fn. 10), Art. 58 Rn. 27.
[93] *Herzog* (Fn. 10), Art. 58 Rn. 39a.
[94] *Herzog* (Fn. 10), Art. 58 Rn. 38; *Fink* (Fn. 30), Art. 58 Rn. 58; *Butzer* (Fn. 10), Art. 58 Rn. 19.
[95] *Herzog* (Fn. 10), Art. 58 Rn. 37; *Fink* (Fn. 30), Art. 58 Rn. 60; *v. Arnauld* (Fn. 10), Art. 58 Rn. 16; *Butzer* (Fn. 10), Art. 58 Rn. 19.
[96] *Schenke* (Fn. 1), Art. 58 Rn. 87f.; *Herzog* (Fn. 10), Art. 58 Rn. 39; *Fink* (Fn. 30), Art. 58 Rn. 62; *Butzer* (Fn. 10), Art. 58 Rn. 19.
[97] *Butzer* (Fn. 10), Art. 58 Rn. 4; *v. Arnauld* (Fn. 10), Art. 58 Rn. 6; *Schenke* (Fn. 1), Art. 58 Rn. 71; *Fink* (Fn. 30), Art. 58 Rn. 47.
[98] Für Gegenzeichnungspflicht BVerfGE 62, 1 (34f.); *Herzog* (Fn. 10), Art. 58 Rn. 34; *Pieper* (Fn. 58), Art. 58 Rn. 10.3; auch *Fink* (Fn. 30), Art. 58 Rn. 30; dagegen *Jekewitz* (Fn. 10), Art. 58 Rn. 10; *Nierhaus* (Fn. 25), Art. 58 Rn. 15; *M. Nettesheim*, HStR³ III, § 62 Rn. 31; *Randelzhofer*, Bundespräsident (Fn. 49), S. 569; *A. Thiele*, JA 2005, 871 (873).
[99] Zur Parallelität *Waldhoff/Grefrath* (Fn. 21), Art. 58 Rn. 20; *Butzer* (Fn. 10), Art. 58 Rn. 26.

Problem und haftet an den Normen. Eine Analogie des Art. 63 IV 3 GG[100] ist dem Einwand ausgesetzt, dass Art. 58 S. 2 GG die Ernennung und Entlassung, aber nicht die Auflösung aufführt. Der Umkehrschluss[101] geht daran vorbei, dass die Initiative bei der Bundesregierung liegt[102]. Teilweise wird deshalb die Frage umgangen, indem im Auflösungsantrag des Bundeskanzlers die Vorzeichnung oder deren Äquivalent gesehen wird[103]. Nach Sinn und Zweck des Art. 58 GG ist die Auflösung jedoch notwendig gegenzeichnungsfrei, weil der Bundespräsident nach dem Antrag des Bundeskanzlers politisch frei und unabhängig von der Regierung darüber entscheiden soll, ob eine Auflösung einen Ausweg aus der Krise darstellt oder sie vielleicht verschärft. Die Bindung an die Gegenzeichnung – auch die Vorzeichnung – verkennt genau diesen Sinn der Entscheidung des Staatsoberhaupts.

D. Verhältnis zu anderen GG-Bestimmungen

23 Die Ausfertigung und Verkündung von Gesetzen gem. **Art. 82 I 1 GG ist ein spezieller Anwendungsfall des Art. 58 GG.** Im Verhältnis zu Art. 65 S. 2 GG ist dagegen Art. 58 S. 1 lex specialis[104]. Weitere Konflikte oder Überschneidungen bestehen nicht.

---

[100] So z. B. *Jekewitz* (Fn. 10), Art. 58 Rn. 10; *Maurer*, Gegenzeichnung (Fn. 21), S. 708.
[101] *Herzog* (Fn. 10), Art. 58 Rn. 34; *Pernice* → Bd. II², Art. 58 Rn. 22.
[102] *v. Arnauld* (Fn. 10), Art. 58 Rn. 19.
[103] *Waldhoff/Grefrath* (Fn. 21), Art. 58 Rn. 20; *v. Arnauld* (Fn. 10), Art. 58 Rn. 19; *Butzer* (Fn. 10), Art. 58 Rn. 25 mit Verweis auf die Staatspraxis.
[104] *Waldhoff/Grefrath* (Fn. 21), Art. 58 Rn. 22; *v. Arnauld* (Fn. 10), Art. 58 Rn. 13; *Butzer* (Fn. 10), Art. 58 Rn. 29.

Artikel 59 [Völkerrechtliche Vertretung und Verträge]

(1) ¹Der Bundespräsident vertritt den Bund völkerrechtlich. ²Er schließt im Namen des Bundes die Verträge mit auswärtigen Staaten. ³Er beglaubigt und empfängt die Gesandten.

(2) ¹Verträge, welche die politischen Beziehungen des Bundes regeln oder sich auf Gegenstände der Bundesgesetzgebung beziehen, bedürfen der Zustimmung oder der Mitwirkung der jeweils für die Bundesgesetzgebung zuständigen Körperschaften in der Form eines Bundesgesetzes. ²Für Verwaltungsabkommen gelten die Vorschriften über die Bundesverwaltung entsprechend.

Literaturauswahl

Bayer, Hermann-Wilfried: Die Aufhebung völkerrechtlicher Verträge im deutschen parlamentarischen Regierungssystem, 1969.
Bleckmann, Albert: Grundgesetz und Völkerrecht, 1975.
Bryde, Brun-Otto: Konstitutionalisierung des Völkerrechts und Internationalisierung des Verfassungsrechts, in: Der Staat 42 (2003), S. 61–76.
Dregger, Meinulf: Die antizipierte Zustimmung des Parlaments zum Abschluß völkerrechtlicher Verträge, die sich auf Gegenstände der Bundesgesetzgebung beziehen, 1989.
Ehrenzeller, Bernhard: Legislative Gewalt und Außenpolitik, 1993.
Fastenrath, Ulrich: Kompetenzverteilung im Bereich der auswärtigen Gewalt, 1986.
Giegerich, Thomas: Verfassungsgerichtliche Kontrolle der auswärtigen Gewalt im europäisch-atlantischen Verfassungsstaat: Vergleichende Bestandsaufnahme mit Ausblick auf die neuen Demokratien in Mittel- und Osteuropa, in: ZaöRV 57 (1997), S. 409–564.
Grewe, Wilhelm G.: Auswärtige Gewalt, in: HStR III, § 77, S. 921–975.
Kadelbach, Stefan/Guntermann, Ute: Vertragsgewalt und Parlamentsvorbehalt, in: AöR 126 (2001), S. 563–587.
Kleinlein, Thomas: Konstitutionalisierung im Völkerrecht, 2012.
Kokott, Juliane: Kontrolle der auswärtigen Gewalt, in: DVBl. 1996, S. 937–950.
Kokott, Juliane: Art. 59 Abs. 2 GG und einseitige völkerrechtliche Akte, in: Festschrift für Karl Doehring, 1989, S. 503–528.
Meyring, Bernd: Die Entwicklung zustimmungsbedürftiger völkerrechtlicher Verträge nach ihrem Abschluss und ihre Auswirkungen in der deutschen Rechtsordnung, 2001.
Müller, Michael M.: Die innerstaatliche Umsetzung von einseitigen Maßnahmen der auswärtigen Gewalt, 1994.
Ress, Georg: Verfassungsrechtliche Auswirkungen der Fortentwicklung völkerrechtlicher Verträge, in: Festschrift für Wolfgang Zeidler, 1987, Bd. 2, S. 1175–1197.
Riesenfeld, Stefan A./Abbott, Frederick M. (Hrsg.): Parliamentary Participation in the Making and Operation of Treaties: A Comparative Study, 1994.
Röben, Volker: Außenverfassungsrecht, 2007.
Rosengarten, Ulrich: Der Begriff der völkerrechtlichen Verträge im Sinne des Art. 59 Abs. 2 Satz 1, 1. Alt. GG im Lichte moderner Entwicklungen des Völkerrechts, 1994.
Schorkopf, Frank: Grundgesetz und Überstaatlichkeit, 2007.
Schwarz, Henning: Die verfassungsgerichtliche Kontrolle der Außen- und Sicherheitspolitik. Ein Verfassungsvergleich Deutschland – USA, 1995.
Seidel, Dietmar: Der Bundespräsident als Träger der auswärtigen Gewalt, 1972.
Tomuschat, Christian: Der Verfassungsstaat im Geflecht der internationalen Beziehungen, VVDStRL 36 (1978), S. 7–63.
Tomuschat, Christian: Staatsrechtliche Entscheidung für die internationale Offenheit, in: HStR³ XI, § 226, S. 3–61.
Weiß, Siegfried: Auswärtige Gewalt und Gewaltenteilung, 1971.
Wildhaber, Luzius: Treaty-Making Power and Constitution: An International and Comparative Study, 1971.
Wolfrum, Rüdiger: Kontrolle der auswärtigen Gewalt, VVDStRL 56 (1997), S. 38–66.

Art. 59

Leitentscheidungen des Bundesverfassungsgerichts

BVerfGE 1, 351 (360ff.) – Petersberger Abkommen; 1, 372 (380ff.) – Deutsch-Französisches Wirtschaftsabkommen; 1, 396 (400ff.) – Deutschlandvertrag; 4, 157 (161ff.) – Saarstatut; 36, 1 (13ff.) – Grundlagenvertrag; 40, 141 (156ff.) – Ostverträge; 68, 1 (78ff.) – Atomwaffenstationierung; 72, 200 (240ff.) – Einkommensteuerrecht; 77, 170 (222ff.) – Lagerung chemischer Waffen; 90, 286 (344ff.) – Out-of-area-Einsätze; 104, 151 (195ff., Rn. 116ff.) – NATO-Konzept; 108, 34 (44ff., Rn. 37ff.) – Bewaffnete Bundeswehreinsätze; 111, 307 (315ff., Rn. 25ff.) – Görgülü.

Gliederung

	Rn.
A. Herkunft, Entstehung, Entwicklung	1
I. Ideen- und verfassungsgeschichtliche Aspekte	1
II. Entstehung und Veränderung der Norm	5
B. Internationale, supranationale und rechtsvergleichende Bezüge	6
I. Internationale Bezüge	6
II. Supranationale Aspekte	8
III. Rechtsvergleichende Hinweise	11
C. Erläuterungen	14
I. Allgemeine Bedeutung	14
II. Außenrepräsentation des Bundespräsidenten	19
1. Völkerrechtliche Vertretung des Bundes (Art. 59 I 1 GG)	20
2. Verträge mit auswärtigen Staaten (Art. 59 I 2 GG)	24
3. Gesandtschaftsrecht (Art. 59 I 3 GG)	26
III. Gesetzesvorbehalt für besondere Verträge (Art. 59 II 1 GG)	27
1. Verträge über die politischen Beziehungen (Art. 59 II 1, 1. Alt. GG)	28
2. Gegenstände der Bundesgesetzgebung (Art. 59 II 1, 2. Alt. GG)	30
3. Reichweite des Gesetzesvorbehalts	35
a) Vertragsänderungen	36
b) Einseitige völkerrechtliche Akte	37
c) Soft Law	42
4. Zustimmung oder Mitwirkung	44
5. Rechtswirkungen	46
IV. Verwaltungsabkommen (Art. 59 II 2 GG)	48
V. Richterliche Kontrolle der auswärtigen Gewalt	51
D. Verhältnis zu anderen GG-Bestimmungen	54

Stichwörter

Abkommen, gemischte 9 – Adoption 46 – Agrément 26 – Akkreditierung 26 – Akte, einseitige 37f. – Anerkennung 20, 23, 37 – Auslegung, dynamische 36 – Auswärtige Gewalt 1f., 4, 14ff., 51f. – Beglaubigung 26 – Beziehungen, politische 5, 28, 35 – Bologna-Prozeß 42 – Bundesgesetzgebung, Gegenstände 5, 30f., 35 – Bundespräsident 14, 18ff., 49, 53 – contracting-out 40 – Delegation 23, 45 – Demokratieprinzip 16, 18, 36 – einseitige Handlungen 20 – EMRK 47 – Erklärungen 20ff., 37ff. – EU 8ff., 20 – Exekutive, Kernbereich 41 – Finanzhilfen 33 – Funktionsgerechtigkeit 16f. – GASP 9f. – Gegenzeichnung 21, 25 – Gesandtschaftsrecht 3, 14, 19, 23, 26 – Gesetzesvorbehalt 27f., 34f. – Gewalt, kombinierte 16 – Gewaltenteilung 2, 15ff. – Impermeabilität 7 – Integrationsprogramm 36 – Kompetenz, implizite 9 – Konstitutionalisierung 7 – Kontrolle 16, 18, 31, 51 – Kündigung 20, 23, 39, 53 – Länder 14, 31, 33, 48f., 55 – Landesgesetzgebung 31, 44, 48 – Normenkontrolle 51, 53 – opting-out 40 – Organadäquanz 16f. – Organkompetenz 31, 54 – Parallelabkommen 34 – Parlamentsvorbehalt 4, 18, 27 – Ratifikation 9, 21, 25, 38, 40, 44, 49, 53 – Rechtsanwendungsbefehl 46, 50 – Rechtsfortbildung 36 – Rechtsverordnung 22, 45, 48ff. – Repräsentativfunktion des Bundespräsidenten 19f. – Richtlinienkompetenz 21 – soft law 35, 42, 43 – Staatsoberhaupt 6, 11, 17, 22 – Transformationslehre 46 – Verteidigungsfall 20 – Vertrag, finanzwirksamer 33 – Vertrag, politischer 27ff. – Vertragsänderung 35f., 43 – Vertragsgesetz 21, 32f., 38, 40, 44, 46f., 51f. – Verwaltungsabkommen 4, 14, 23f., 31, 48f., 50, 52 – Vollzugstheorie 46 – Vorbehalt 13, 25, 38.

A. Herkunft, Entstehung, Entwicklung

I. Ideen- und verfassungsgeschichtliche Aspekte

Die **Aufteilung** der auswärtigen Gewalt **auf verschiedene Organe** in Art. 59 GG **verbindet verschiedene Traditionsstränge**, wobei Art. 59 GG mit der Außenvertretung und der Verabschiedung völkerrechtlicher Verträge nur einen Teilbereich der auswärtigen Gewalt erfasst, die sachlich die Entstehung des modernen Staates mit der Unterscheidung von Innenbereich und Außenbeziehungen voraussetzt und als Begriff erst von Albert Haenel geprägt worden ist[1]. 1

Die **Repräsentationsfunktion in Art. 59 I GG** findet ihren Ursprung in der umfassenden Stellung des Monarchen im Staat der Frühen Neuzeit, die selbstverständlich auch die Vertretung nach außen umschloss. Die Staatstheorie spiegelte die Realität wider. Obwohl John Locke der auswärtigen Gewalt als federative power im System der Gewaltenteilung eine eigenständige Position einräumt, soll sie doch immer mit der executive power in einer Hand vereinigt sein[2]. Bei Montesquieu erscheint sie als »Vollziehung von Völkerrechtssätzen« ebenfalls als Teil der exekutiven Gewalt, was zusätzlich durch die Aufgabe der Gewährleistung der Sicherheit nach außen untermauert wird[3]. Noch bei Hegel wird der Staat als individuelles Subjekt verstanden, dass allein vom Monarchen in seinen Außenbeziehungen vertreten werden kann[4]. 2

Diese traditionelle Auffassung spiegelt sich auch in den deutschen Verfassungen. Sowohl die Paulskirchenverfassung von 1849 (§§ 75 S. 1, 77) als auch die Reichsverfassung von 1871 (Art. 11 I 2 RVerf.) übertrug die **völkerrechtliche Vertretung** einschließlich der Kompetenz zum Abschluss von Verträgen und die Ausübung des Gesandtschaftsrechts dem **Kaiser**. Art. 45 I WRV wies diese Befugnisse dem **Reichspräsidenten** zu[5]. 3

Die Befugnis zum Abschluss internationaler Verträge war zwar bis ins 18. Jahrhundert exklusiv dem Monarchen zugewiesen[6], die zentrale Entscheidung im Bereich der auswärtigen Gewalt über Krieg und Frieden gehörte indes von Anfang an zum Kern der Kompetenzen der Ständeversammlungen[7]. Die **amerikanische Verfassung** erweiterte dieses Zustimmungsrecht dann erstmals auf völkerrechtliche Verträge (Art. II, § 2, cl. 2), ohne allerdings den Vorrang der Exekutive im Bereich der Außenpolitik zu verleugnen[8]. Kant sah dagegen eher traditionell eine Beteiligung des Volkes bei Entscheidungen über Krieg und Frieden als notwendig zur Sicherung des Friedens an[9]. Die Verfassungen des **Konstitutionalismus** sahen schließlich zunehmend eine **Beteili-** 4

---

[1] *A. Haenel*, Deutsches Staatsrecht, 1892, Bd. I, V. Kap., S. 531; zur Entstehung und Tradition s. *W. G. Grewe*, HStR III, § 77 Rn. 1 ff.; *G. Biehler*, Auswärtige Gewalt, 2005, S. 29 ff.
[2] *J. Locke*, Two Treatises of Government, II (1690), §§ 145–147, hier § 148.
[3] *C. de Montesquieu*, De l'Esprit des lois (1748), XI, 6.
[4] *G. W. F. Hegel*, Grundlinien der Philosophie des Rechts (1821), § 321, 329; zur historischen Entwicklung allgemein *O. Kimminich*, AVR 26 (1988), 129 (131 ff.).
[5] Zu den aus Art. 45 I WRV abgeleiteten Befugnisse des Reichspräsidenten vgl. hier nur *Anschütz*, WRV, Art. 45 Anm. 1 (S. 257).
[6] *Montesquieu*, l'Esprit (Fn. 3), XI, 6.
[7] Vgl. *H. Boldt*, Deutsche Verfassungsgeschichte, Bd. 1, 1984, S. 182 f.; s. auch *H. W. Baade*, Das Verhältnis von Parlament und Regierung im Bereich der auswärtigen Gewalt der Bundesrepublik, 1962, S. 146 ff.
[8] Vgl. The Federalist (ed. J. Cooke) (1788), Nr. 64 (*J. Jay*) und Nr. 75 (*A. Hamilton*); ähnliche Kompetenzverteilung in den frz. Verfassungen von 1791 und 1793.
[9] *I. Kant*, Über den Gemeinspruch: Das mag in der Theorie richtig sein, taugt aber nicht für die

gung des Parlaments bei völkerrechtlichen Verträgen vor[10]. Vorbildwirkung entfaltete die belgische Verfassung von 1831[11]. Schon Benjamin Constant hatte auf die Gefahr hingewiesen, dass die Verfassung ansonsten durch völkerrechtliche Verträge unterlaufen werden könnte[12]. Nach der Paulskirchenverfassung (§ 77 iVm. § 102 Nr. 5) bedurfte der Abschluss von Handels-, Schiffahrts-, Auslieferungs- und völkerrechtlichen Verträgen, sofern sie das Reich belasteten, der Zustimmung des Reichstages. Art. 11 III RVerf 1871 erweiterte diesen Parlamentsvorbehalt auf alle Verträge, die sich auf Gegenstände der Reichsgesetzgebung bezogen[13]. Die Kriegserklärung bedurfte nur der Zustimmung des Bundesrates (Art. 11 II RVerf 1871). Nach Art. 45 II WRV erfolgten dann Kriegserklärung und Friedensschluss durch Reichsgesetz und Art. 45 WRV erweiterte das Zustimmungsrecht des Reichstags zusätzlich auf Bündnisse. Der Abschluß von **Verwaltungsabkommen** oblag durchweg der Exekutive[14].

II. Entstehung und Veränderung der Norm

5 Während Art. 59 I GG gegenüber Art. 81 HChE lediglich durch die Sätze 2 und 3 ergänzt wurde, war Art. 59 II 1 GG Gegenstand vielfacher Diskussion im Parlamentarischen Rat[15]. Erstens wurde der Bezug auf »Staatsverträge« bzw. »Verträge mit auswärtigen Staaten« gestrichen, da auch Konkordate einbezogen werden sollten[16]. Zweitens sollten auch **Bündnisse** wie in Art. 45 WRV erfasst werden, so dass zunächst generell »politische Verträge« für zustimmungsbedürftig erklärt wurden, was schließlich durch die Formulierung »Verträge, welche die politischen Beziehungen des Bundes regeln oder sich auf Gegenstände der Bundesgesetzgebung beziehen«, ersetzt wurde. Drittens wurde die umstrittene Frage, ob ein parlamentarischer Beschluss ausreicht oder die **Gesetzesform** erforderlich ist, im letzteren Sinn entschieden. Art. 59 III 2 GG blieb in den Beratungen dagegen unverändert. Der Normtext ist dann bis heute nicht modifiziert worden[17], Anwendungsbereich und Verständnis haben sich jedoch stark gewandelt.

Praxis, in: Werke (ed. Weischedel), VI, S. 125 ff. (170); *ders.*, Zum ewigen Frieden (1795), ebd., S. 191 ff. (205 ff.).

[10] Vgl. näher *H.-W. Bayer*, Die Aufhebung völkerrechtlicher Verträge im deutschen parlamentarischen Regierungssystem, 1969, S. 72 ff.

[11] Vgl. *W. G. Grewe*, HStR III, § 77 Rn. 16; anders aber etwa noch die Charte constitutionnelle von 1814.

[12] *B. Constant*, Esquisse de constitution, Additions et Notes (1818), in: ders., Cours de politique constitutionnelle, 2 Bde., 1861 (ed. Laboulaye), I, S. 271 ff. (300); dazu *W. G. Grewe*, HStR III, § 77 Rn. 15.

[13] Der Abschluss bedürfe der Zustimmung des Bundesrates, die Gültigkeit derjenigen des Reichstages; zur Frage, ob die Vertretungsbefugnis des Kaisers dadurch beschränkt wurde, *P. Laband*, Das Staatsrecht des Deutschen Reiches, Bd. 2, 5. Aufl. 1911, S. 144 ff.; *E. Meier*, Über den Abschluss von Staatsverträgen, 1874, S. 108.

[14] Vgl. *W. Kesseler*, Geschichtliche Entwicklung internationaler Verwaltungsabkommen im deutschen Recht, 1960, S. 14 ff.

[15] Zusammenfassend JöR 1 (1951), S. 413 ff.; siehe auch Parl. Rat XIV/2, S. 1005.

[16] Die freilich nach BVerfGE 6, 309 (362) mangels Bundeskompetenz nicht unter Art. 59 II GG fallen.

[17] Revisionsvorschläge bei *E. Menzel*, DÖV 1971, 528 (531 ff.).

B. Internationale, supranationale und rechtsvergleichende Bezüge

I. Internationale Bezüge

Die Repräsentationsfunktion des **Art. 59 I GG** entspricht den **völkerrechtlichen Vertretungsregeln** im Bereich **des diplomatischen Verkehrs**[18] und **des internationalen Vertragsrechts**[19]. Nach Art. 7 II WVK werden das Staatsoberhaupt, der Regierungschef und der Außenminister als Vertreter ihres Staates zur Vornahme aller auf einen Vertragsschluss gerichteten Handlungen angesehen. Ein innerstaatlicher Kompetenzmangel oder Verfassungsverstoß kann gem. Art. 46 WVK einer völkerrechtlichen Bindung des Vertrages nur im Fall der Evidenz wirksam entgegengehalten werden[20]. Ansonsten überlässt das Völkerrecht die Entscheidung der innerstaatlichen Rechtsordnung, wobei es auf die tatsächlich wirksame Verfassung im Sinne des Effektivitätsgrundsatzes ankommt[21].

Art. 59 GG fußt auf der **traditionellen Vorstellung des Staates als geschlossenem Körper**, der nach außen ungeachtet interner organisatorischer Vielfalt als Einheit auftritt, welche in dem Gedanken der »Impermeabilität des Staates« Ausdruck findet[22]. Prinzipiell folgt daraus auch, dass Völkerrecht und nationales Recht im Sinne des Dualismus zwei verschiedene, voneinander unabhängige Rechtsordnungen darstellen[23]. Die Idee der Staatenwelt als Gebilde isolierter Monaden entsprach noch nie – auch zur angeblichen Hochzeit der Staatensouveränität am Ende des 19. Jahrhunderts nicht – der Realität[24], ihr ist aber in der Staatenpraxis wie in der Rechtsanschauung gerade im Zuge der zweiten Globalisierung[25] in jüngster Zeit zunehmend der Boden entzogen worden[26]. Die Lebenssachverhalte gewinnen immer mehr grenzüberschreitenden Charakter, Unternehmen operieren weltweit, die Kommunikation findet durch das Internet zeitgleich weltumspannend statt, in den Bereichen Wirtschaft, Umwelt und Sicherheit stellen sich die Herausforderungen staatsübergreifend, es bildet sich auch international ein Netzwerk nichtstaatlicher Organisationen (NGOs), all dies zwingt auch die Staaten zur rechtlichen Kooperation, so dass alle Staatsfunktionen international und völkerrechtlich vielfältig eingebunden werden[27]. Nicht nur der Außenwirtschaftsverkehr (WTO, GATT, GATS, TRIPS), Umwelt- und Arbeitsschutz

---

[18] Wiener Übereinkommen über diplomatische Beziehungen v. 18. April 1961 (BGBl. II S. 959).
[19] Wiener Übereinkommen über das Recht der Verträge v. 23. Mai 1969 (BGBl. II S. 926).
[20] Vgl. a. *Verdross/Simma*, Universelles Völkerrecht, § 690 f.; *R. Geiger*, Grundgesetz und Völkerrecht, 6. Aufl. 2013, S. 103 f.
[21] *Verdross/Simma*, Universelles Völkerrecht, § 687.
[22] *H. Krüger*, Allgemeine Staatslehre, 2. Aufl. 1966, S. 862; von »Undurchdringlichkeit« spricht *G. Jellinek*, Allgemeine Staatslehre, 3. Aufl. 1914, S. 396.
[23] Vgl. v. a. *H. Triepel*, Völkerrecht und Landesrecht, 1899, S. 253 ff.; zu den Konsequenzen für den erforderlichen Umsetzungsakt: → Rn. 46.
[24] Zur Bedeutung der sog. 1. Globalisierung vgl. *M. D. Bordo/B. Eichengreen/D. Irwin*, Is Globalization Today Really Different than Globalization a Hundred Years Ago?, NBER Working Paper 7195, June 1999; *M. D. Bordo/A. M. Taylor/J. G. Williamson* (Hrsg.), Globalization in Historical Perspective, 2003.
[25] Zum Begriff der Globalisierung vgl. *U. Hingst*, Auswirkungen der Globalisierung auf das Recht der völkerrechtlichen Verträge, 2001, S. 19 ff.; *J. A. Scholte*, Globalization, 2. Aufl. 2005, S. 49 ff.; *A. Puttler*, HStR³ XI, § 234.
[26] Vgl. hier nur *Verdross/Simma*, Universelles Völkerrecht, § 52 ff.; *C. Calliess*, HStR³ IV, § 83 Rn. 6; *U. Fastenrath/T. Groh*, in: Friauf/Höfling, GG, Art. 59 (2007), Rn. 6.
[27] *Fastenrath/Groh* (Fn. 26), Art. 59 Rn. 6; *V. Röben*, Außenverfassungsrecht, 2007, S. 49 ff.; *P.-T. Stoll*, DVBl. 2007, 1064 ff.

(Kyoto-Protokoll, ILO-Abkommen), Rechtshilfeabkommen, UN-Kaufrecht und Patentübereinkommen werden durch internationale Regelungen maßgebend bestimmt, die auch natürliche und juristische Personen des Privatrechts betreffen, darüber hinaus entwickelt sich eine internationale Ordnung der Grund- und Menschenrechte, die auf den Einzelnen einwirkt. Die verbreitete Bezeichnung dieses Vorgangs als »Konstitutionalisierung«[28] ist freilich fragwürdig, da damit sehr unterschiedliche Sachverhalte bezeichnet werden[29] und sie sich wesentlich von Prozessen innerstaatlicher Konstitutionalisierung unterscheidet. Richtig ist allerdings, dass die scharfe Trennung zwischen Außenbeziehungen und innerer Ordnung nicht aufrecht zu erhalten ist[30]. Begrifflich wird dies vielfach mit den Formulierungen vom offenen oder entgrenzten Staat einzufangen versucht[31]. Völkerrechtliche Verpflichtungen treffen insofern heute nicht mehr nur den Staat als Ganzes, sondern können auch unmittelbar für die Hoheitsträger eines Staates verpflichtende Wirkung entfalten, freilich ohne damit die Umsetzungsregeln der Art. 25 und 59 II GG zu umgehen oder den Vorrang der Verfassung und des Gesetzes zu durchbrechen[32]. Auch darf die verbleibende Kompetenz und Macht des Staates mit seiner eigenständigen personalen und territorialen Legitimation nicht unterschätzt werden[33]. Vielmehr ergibt sich ein vielfältig differenziertes Bild des Ineinandergreifens internationaler und nationaler Ordnungen.

II. Supranationale Aspekte

8 Die europäische Integration erfährt in Art. 23 GG eine spezielle Regelung, die vor allem Reichweite und Grenzen sowie das Verfahren betreffen (→ Art. 23 Rn. 32 ff.). Unabhängig davon **vermag die Europäische Union völkerrechtliche Verträge abzuschließen**, die sowohl die Union als auch die Mitgliedstaaten binden (Art. 216 II AEUV). Sie bilden einen »integrierenden Bestandteil der Gemeinschaftsrechtsordnung«[34] und genießen im Umfang ihrer Vollziehbarkeit sogar Vorrang vor dem Sekun-

---

[28] Vgl. etwa *C. Tomuschat*, AVR 33 (1995), 1 (6ff.); *M. Weller*, Cambridge Review of International Affairs 10 (1997), 40 ff.; *B. Fassbender*, UN Security Council Reform and the Right of Veto: A Constitutional Perspective, 1998; ders., Columbia Journal of Transnational Law 36 (1998), 529 ff.; ders./*A. Siehr* (Hrsg.), Suprastaatliche Konstitutionalisierung, 2012; *J. A. Frowein*, BDGV 39 (2000), 427 ff.; *R. Uerpmann*, JZ 2001, 565 (566 ff.); *M. Nettesheim*, JZ 2002, 569 ff.; *B.-O. Bryde*, Der Staat 42 (2003), 61 ff.; *J. Ley*, ZaöRV 69 (2009), 317 ff.; *T. Kleinlein*, Konstitutionalisierung im Völkerrecht, 2012.
[29] Vgl. *F. Schorkopf*, Grundgesetz und Überstaatlichkeit, 2007, S. 197 ff. m. w. N.
[30] *U. Fastenrath*, Kompetenzverteilung im Bereich der auswärtigen Gewalt, 1986, S. 62 ff.
[31] *K. Vogel*, Die Verfassungsentscheidung des Grundgesetzes für eine internationale Zusammenarbeit, 1964, S. 33 f.; *U. Di Fabio*, Das Recht offener Staaten, 1998; *S. Hobe*, Der offene Verfassungsstaat zwischen Souveränität und Interdependenz, 1998; ders., Der Staat 34 (1998), 521 ff.; *K.-P. Sommermann*, KritV 1998, 404 ff.; *C. Tomuschat*, HStR VII, § 172 Rn. 1; ders., HStR³ XI, § 226 Rn. 1 ff.; *J. Kokott/T. Vesting*, Die Staatsrechtslehre und die Veränderung ihres Gegenstandes, Konsequenzen von Europäisierung und Internationalisierung, VVDStRL 63 (2004), S. 7 ff., 41 ff.; *W. Graf Vitzthum*, Der Staat der Staatengemeinschaft, 2006, S. 12 ff.; kritisch dagegen *C. Hillgruber*, HStR³ II, § 32 Rn. 128.
[32] *Fastenrath/Groh* (Fn. 26), Art. 59 Rn. 8 f.; s. auch BVerfGE 111, 307 (318 f., Rn. 34); 112, 1 (26, Rn. 86); a. A. *C. Hillgruber*, HStR³ II, § 32 Rn. 122. → Rn. 47.
[33] Vgl. *R. Streinz*, Sinn und Zweck des Nationalstaats in der Zeit der Europäisierung und Globalisierung, in: FS Ress, 2005, S. 1277 ff.
[34] EuGH v. 30.4.1974, C-181/73, EuGHE 1974, 449 (460) – *Hagemann*; EuGH v. 14.11.1989, Rs. 30/88, Rn. 12 – *Griechenland/Kommission*.

därrecht³⁵. Einzelne Bestimmungen können darüber hinaus unmittelbare Wirkung für die Bürger haben und subjektive Rechte verleihen, sofern Sinn und Zweck des Vertrages dies zulassen und die vertragliche Norm eine klare und eindeutige Verpflichtung enthält, deren Erfüllung oder Wirkungen nicht vom Erlass eines weiteren Rechtsaktes abhängen³⁶.

Im Bereich der Außenbeziehungen, in dem ebenfalls das Prinzip der begrenzten Einzelermächtigung gilt, sind der **Union** mittlerweile **zahlreiche ausschließliche Kompetenzen** ausdrücklich zugewiesen; darunter vor allem die Zuständigkeiten in der Zollpolitik (Art. 28 ff. AEUV), der Währungspolitik (Art. 127 ff. AEUV) und der Gemeinsamen Handelspolitik (Art. 206 ff. AEUV)³⁷. Außerdem verfügt die Union über ausschließliche Kompetenzen im Außenbereich, sofern dies zur Verwirklichung eines Vertragsziels erforderlich ist (Art. 3 II, 216 I 2. Alt. AEUV). Damit greift der Vertrag von Lissabon die ursprüngliche, weiterreichende Rechtsprechung des EuGH zu den impliziten Außenkompetenzen (implied powers)³⁸ wieder auf, die dieser zwischenzeitlich etwas eingeschränkt hatte³⁹. Außerdem kann sich die Union durch Sekundärrechtsakt zum Abschluss internationaler Abkommen ermächtigen (Art. 216 I 3 Alt. AEUV). Diese impliziten Kompetenzen sollen ein Handeln der Mitgliedstaaten ausschließen, soweit der betreffende Bereich durch das Unionsrecht abschließend geregelt ist⁴⁰. Das Unionsrecht soll durch ein paralleles und eigenständiges Handeln der Mitgliedstaaten nicht konterkariert oder modifiziert werden⁴¹. Die lange nach Sinn und Zweck der Verträge beurteilte Frage der Ausschließlichkeit einer Kompetenz ist inzwischen ebenfalls explizit in Art. 3 AEUV normiert⁴². Daneben bestehen vielfach parallele Außenzuständigkeiten von Union und Mitgliedstaaten. In diesem Fall werden gemischte Abkommen wie im Rahmen der ILO und WTO geschlossen⁴³. Unionsorgane und Mitgliedstaaten sind insoweit wegen der »Notwendigkeit einer geschlossenen Vertretung« der Union zur engen Zusammenarbeit verpflichtet (s. auch Art. 4 III EUV)⁴⁴. Dieser Grundsatz gilt entsprechend für die Ausübung von Stimmrechten in

---

³⁵ Das wird unterstellt in EuGH v. 12.12.1972, C-21/72, EuGHE 1972, 1219 (1227f.) – *International Fruit Company*; s. auch *Oppermann/Classen/Nettesheim*, Europarecht, § 38 Rn. 34.
³⁶ EuGH v. 30.9.1987, C-12/86, Rn. 14 – *Demirel*; s. auch EuGH v. 20.9.1990, C-192/89, Rn. 15 – *Sevince*; EuGH v. 4.5.1999, C-262/96, Rn. 60 – *Sürül*; anders im Fall des GATT: EuGH v. 5.10.1994, C-280/93, Rn. 103 ff. – *Bananenmarktordnung*.
³⁷ Vgl. *Oppermann/Classen/Nettesheim*, Europarecht, § 38 Rn. 15.
³⁸ EuGH 31.3.1971, C-22/70, EuGHE 1971, 263 (275) – *AETR*; EuGH v. 14.7.1976, C-3/76, 4/76 und 6/76, EuGHE 1976, 1279 (1309 ff.) – *Kramer*; EuGH Gutachten v. 26.4.1977, Avis 1/76, Rn. 2 ff. – *Stilllegungsfonds*.
³⁹ EuGH Gutachten v. 15.11.1994, Avis 1/94 – *WTO-Gutachten*; EuGH v. 5.11.2002, C-476/98 – *Open Skies*; vgl. auch EuGH Gutachten v. 19.3.1993, Avis 2/91, Rn. 7 ff. – *ILO-Gutachten*; EuGH Gutachten v. 24.3.1995, Avis 2/92, Rn. 31 ff. – *OECD-Gutachten*.
⁴⁰ EuGH v. 31.3.1971, C-22/70, EuGHE 1971, 263 (275) – *AETR*.
⁴¹ EuGH Gutachten v. 19.3.1993, Avis 2/91, Rn. 9 – *ILO-Gutachten*; EuGH Gutachten v. 24.3.1995, Avis 2/92, Rn. 31 ff. – *OECD-Gutachten*; *C. Tomuschat*, How to Handle Parallel Treaty-Making Powers of the Member States and their Territorial Subdivisions, in: J.H.J. Bourgeois/J.-L. Dewost/A. Gaiffe (Hrsg.), La Communauté européenne et les accords mixtes, 1997, S. 65 f.
⁴² Vgl. EuGH Gutachten v. 15.11.1994, Avis 1/94, Rn. 94 ff. – *WTO-Gutachten*; *Oppermann/Classen/Nettesheim*, Europarecht, § 38 Rn. 22 ff.
⁴³ Vgl. EuGH Gutachten v. 19.3.1993, Avis 2/91, Rn. 13 ff. – *ILO-Gutachten*; EuGH Gutachten v. 15.11.1994, Avis 1/94, Rn. 70 f., 77 ff. – *WTO-Gutachten*; s. auch *C. Tietje*, Internationalisiertes Verwaltungshandeln, 2001, S. 580 ff.; *S. Sattler*, Gemischte Abkommen und gemischte Mitgliedschaften der EG und ihrer Mitgliedstaaten, 2007, S. 32 ff.
⁴⁴ EuGH Gutachten v. 19.3.1993, Avis 2/91, Rn. 36 – *ILO-Gutachten*; EuGH Gutachten v.

internationalen Organisationen, deren Mitglieder die Union und die Mitgliedstaaten nebeneinander sind[45], was auch die außenpolitische Handlungsfähigkeit beeinträchtigen kann[46]. Parallele Mitgliedschaften ebenso wie gemischte Abkommen sind folglich »Angelegenheiten der Europäischen Union« im Sinne des Art. 23 II GG[47], so dass Bundestag und Bundesrat über die Mitwirkungsrechte gem. Art. 23 III-IV GG verfügen. Im Bereich nationaler Zuständigkeiten greifen zudem die Koordinierungspflichten der GASP ein, für Beschlüsse über einen gemeinsamen Standpunkt im Rahmen von Verhandlungen nach Art. 29, 34 I EUV folgen die Mitwirkungsrechte aus Art. 23 II GG[48]. Das Verfahren für Verträge richtet sich nach Art. 218 AEUV, wobei der Rat über gemischte Verträge erst nach Abschluss der Ratifikation durch die Mitgliedstaaten entscheidet[49].

10 **Beschlüsse der Union im Rahmen der GASP** (Art. 25 EUV), die einen gemeinsamen Standpunkt nach Art. 29 EUV festlegen, binden die Mitgliedstaaten nach Art. 24 III, 26 III, 28 II, 29 S. 2 EUV. Die Ziele und Leitlinien werden gem. Art. 26 I EUV durch den Europäischen Rat bestimmt, die Vertretung der Europäischen Union nach außen obliegt dem Hohen Vertreter der Union gem. Art. 27 EUV. Verträge der Union gem. Art. 37 EUV binden auch die Mitgliedstaaten nach Art. 216 II AEUV, bedürfen aber der Mitwirkung von Bundestag und Bundesrat nach Art. 59 II GG nur, wenn sie die Kompetenzen der Mitgliedstaaten berühren und sie sich insoweit als gemischte Verträge darstellen[50]; sie unterliegen ansonsten dem Erfordernis der Einstimmigkeit im Rat gem. Art. 218 VIII AEUV i.V.m. Art. 31 EUV.

III. Rechtsvergleichende Hinweise

11 Die **formale Vertretungsbefugnis** im Bereich der Außenbeziehungen übertragen die Verfassungen Europas durchgängig dem **Staatsoberhaupt**[51], das freilich in den parlamentarischen Regierungssystemen praktisch keinerlei Einfluss ausübt – anders als in den gemischt parlamentarisch-präsidentiellen Systemen[52]. Demokratische Verfassungsstaaten sehen ebenfalls eine **Mitwirkung der Parlamente** bei internationalen Verträgen vor, die freilich abgestuft ist[53]. In Irland und den Niederlanden müssen prinzipiell alle internationalen Abkommen vorgelegt werden[54]. In Dänemark, Italien, Öster-

---

15.11.1994, Avis 1/94, Rn. 106 ff. – *WTO-Gutachten*; EuGH v. 19.3.1996, C-25/94, Rn. 48 – *FAO-Fischereiübereinkommen*; EuGH v. 20.4.2010, C-246/07, Rn. 73.

[45] EuGH v. 19.3.1996, C-25/94, Rn. 31 ff. – *FAO-Fischereiübereinkommen*; s. auch *J. Sack*, Die Europäische Gemeinschaft als Mitglied internationaler Organisationen, in: GS Grabitz, 1995, S. 631 ff. (643 ff.).

[46] *J.P. Gilsdorf*, EuR 1996, 145 (158 f.); *J. Sack*, CML Rev. 1995, 1227 (1232).

[47] *O. Rojahn*, in: v. Münch/Kunig, GG I, Art. 23 Rn. 56.

[48] Die Mitwirkung tritt neben die Ratifikation nach Art. 59 II GG, s. auch *Tomuschat*, Treaty-Making (Fn. 41) S. 67 f.

[49] Zum Verfahren *Oppermann/Classen/Nettesheim*, Europarecht, § 38 Rn. 28 ff.

[50] Vgl. *H.-J. Cremer*, in: Calliess/Ruffert, EUV/AEUV, Art. 37 EUV, Rn. 9 f.

[51] Z.B. Art. 36 I Griech. Verf.; in der Schweiz nimmt der Bundesrat als kollegiale Exekutivspitze die Außenkompetenzen insoweit wahr (Art. 184 Schweiz. BV).

[52] Also etwa in Frankreich und früher in Finnland.

[53] Vgl. dazu S. Riesenfeld/F.M. Abbott (Hrsg.), Parliamentary Participation in the Making and Operation of Treaties, A Comparative Study, 1994; *L. Wildhaber*, Treaty Making Power and Constitution: An International and Comparative Study, 1971; vgl. ferner *W.K. Geck*, Die völkerrechtlichen Wirkungen verfassungswidriger Verträge, 1963, S. 92 ff.

[54] Art. 29 V Verf. Irland; Art. 91 Niederl. Verf.

reich⁵⁵, Schweden, Spanien und der Schweiz bedürfen wie in Deutschland politische Verträge oder solche von großem Gewicht der parlamentarischen Zustimmung⁵⁶. Die Verfassungen Frankreichs⁵⁷ und Griechenlands⁵⁸ zählen dagegen Materien ausdrücklich auf, auf deren Gebiet die Verträge die Billigung des Parlaments erfordern.

Im präsidentiellen System der **Vereinigten Staaten** verfügt der Präsident nicht nur über die formelle Außenvertretungsbefugnis, sondern auch über weitreichende außenpolitische Kompetenzen selbst im Bereich internationaler Abkommen, die seine Machtstellung deutlich gesteigert haben⁵⁹. Nach Art. II, § 2, cl. 2 US-Verf. hat der Präsident das Recht, völkerrechtliche Verträge (treaties) »with the advice and consent« (einer 2/3 Mehrheit) des Senats abzuschließen. Hierzu zählen aber nur (wenige) formelle Staatsverträge, während Congressional Executive Agreements aufgrund ausdrücklicher legislativer Ermächtigung oder Zustimmung, sowie Presidential oder Sole Executive Agreements in die Kompetenz des Präsidenten fallen⁶⁰. Formelle Staatsverträge und Congressional Executive Agreements gelten als beliebig austauschbar⁶¹, während die Reichweite der Kompetenz des Präsidenten ohne jegliche Ermächtigung des Kongresses Abkommen zu schließen umstritten ist und meist eng verstanden wird⁶².

12

Der **Rang völkerrechtlicher Verträge** entspricht in der Regel demjenigen parlamentarischer Gesetze. In den USA kommt völkerrechtlichen Verträgen nach der supremacy clause (Art. VI, § 2 US-Verf.) wie Bundesgesetzen Vorrang vor dem Recht der Gliedstaaten zu, während der Kongress nach der lex posterior-Regel durch nachfolgende Gesetze Vertragsrecht derogieren kann⁶³. Frankreich verleiht indes unter dem Vorbehalt der Gegenseitigkeit völkerrechtlichen Verträgen Vorrang vor Parlamentsgesetzen⁶⁴.

13

---

⁵⁵ Dazu *T. Öhlinger*, Der völkerrechtliche Vertrag im staatlichen Recht, 1973, S. 235 ff.
⁵⁶ § 19 I Dän. Verf.; Art. 80 Ital. Verf.; Art. 50 Österr. Verf.; Kap. 10 § 2 III Schwed. Verf.; Art. 94 I a Span. Verf.; Art. 166 II, 184 II, Schweiz. BV, wobei u. U. ein Referendum nötig ist (Art. 140 I b, 141 I Schweiz. BV); zur Schweiz vgl. generell auch *B. Ehrenzeller*, Legislative Gewalt und Außenpolitik, 1993, S. 283 ff.
⁵⁷ Art. 53 I Frz. Verf., der Präsident kann zudem gem. Art. 11 eine Volksabstimmung herbeiführen; vgl. allgemein auch *Fastenrath/Groh* (Fn. 26), Art. 59 Rn. 156 ff.
⁵⁸ Art. 37 II Griech. Verf.
⁵⁹ Vgl. *A. Schlesinger*, The Imperial Presidency, 1973.
⁶⁰ Vgl. *L. Henkin*, Foreign Affairs and the United States Constitution, 2. Aufl. 1996, S. 35 ff., 215 ff.; *J. E. Nowak/R. D. Rotunda*, Constitutional Law, 8. Aufl. 2010, S. 249 ff.; *C. Bradley/J. L. Goldsmith*, Foreign Relations Law, 4. ed. 2011, S. 479 ff., 583 ff.; s. auch *F. L. Kirgis*, International Agreements and U.S. Law, American Society for International Law-Insights, May 1997, S. 1 ff.; allgemein zur Kompetenzverteilung im Bereich der auswärtigen Gewalt auch *Ehrenzeller*, Legislative (Fn. 56), S. 215 ff.
⁶¹ Vgl. American Law Institute, Restatement Third of Foreign Relations Law of the United States, § 303 comment e; deshalb werden Verträge oft mit Zustimmung beider Häuser, aber ohne 2/3 Mehrheit im Senat abgeschlossen.
⁶² Vgl. *Nowak/Rotunda*, Law (Fn. 60), S. 256 ff.; Leitentscheidung *United States v. Pink*, 315 U.S. 203 (1942); vgl. ferner *F. Helm-Busch*, Executive Agreements im US-amerikanischen Verfassungsrecht, 1995.
⁶³ Vgl. *Whitney v. Robertson*, 124 U.S. 190, 194 (1888); zu den Einzelheiten *Nowak/Rotunda*, Law (Fn. 60), S. 255; zum Verhältnis zwischen Verträgen und Verfassung *H. Keller*, Rezeption des Völkerrechts, 2003, S. 145 ff.
⁶⁴ Zur gerichtlichen Kontrolle des Vorrangs *Fastenrath/Groh* (Fn. 26), Art. 59 Rn. 159.

C. Erläuterungen

I. Allgemeine Bedeutung

14 Während Art. 32 GG die Verbandskompetenzen von Bund und Ländern im Bereich der auswärtigen Gewalt abschichtet, regelt Art. 59 GG wesentliche Aspekte der **Kompetenzverteilung zwischen den Organen des Bundes**. Freilich erfasst Art. 59 GG den Gesamtbereich der Außenbeziehungen **lediglich ausschnitthaft**. Art. 59 I GG normiert die Repräsentationsbefugnis des Bundespräsidenten im Außenverhältnis, der den Bund völkerrechtlich vertritt (S. 1), die völkerrechtlichen Verträge abschließt (S. 2) und das Gesandtschaftsrecht ausübt (S. 3). Art. 59 II GG begründet dagegen das Mitwirkungsrecht der gesetzgebenden Körperschaften im Bereich der völkerrechtlichen Verträge (S. 1) und verweist für Verwaltungsabkommen auf die Vorschriften über die Bundesverwaltung (S. 2). Keine Erwähnung findet dagegen der Hauptakteur im Bereich der auswärtigen Beziehungen, nämlich die Exekutive mit der Bundesregierung an ihrer Spitze[65].

15 Traditionell wird Art. 59 GG als Kompetenzverteilungsregel für die »**auswärtige Gewalt**« angesehen[66]. Demgegenüber wird diesem Begriff vielfach unter Hinweis darauf, dass er im Grundgesetz nicht erwähnt wird, jegliche verfassungsrechtliche Bedeutung abgesprochen, der Begriff sei »unklar, unnötig und irreführend«[67]. Daran ist richtig, dass die auswärtige Gewalt keine eigenständige Gewalt im Sinn John Lockes oder der Gewaltenteilungslehre ist und die Kompetenzen in diesem Bereich auch nicht pauschal oder einheitlich zugeordnet sind, wie das Bundesverfassungsgericht vielleicht zu unpräzise annimmt[68]. Dies beraubt den Begriff jedoch nicht jeden Sinns und jeglicher Bedeutung. Auch andere zentrale Verfassungsbegriffe wie Volkssouveränität, Gewaltenteilung und Verhältnismäßigkeit finden keine Erwähnung im Grundgesetz, ohne dass sie deshalb schon ad acta gelegt werden. Auch andere Funktionsbereiche, und zwar angefangen bei der Gesetzgebung oder der Haushaltsgewalt, werden differenziert zugeordnet und sind als Bezeichnungen dennoch nicht sinnlos. Solange und soweit einem begrifflich erfassten Bereich der Staatsgewalt durchaus eigene Strukturen und Merkmale zukommen – und das ist bei der auswärtigen Gewalt trotz aller Verschränkungen auswärtiger und innerer Sphären der Staatstätigkeit durchaus der Fall – ist an einer solchen Bezeichnung festzuhalten, wobei die Bedeutung dieser Begrifflichkeit freilich ebenso wenig überschätzt werden darf. Auswärtige Gewalt bezeichnet insoweit den staatlichen Funktionsbereich des staatlichen Handelns im Verhältnis zu anderen Völkerrechtssubjekten[69].

---

[65] Vgl. auch *B. Kempen*, in: v. Mangoldt/Klein/Starck, GG II, Art. 59 Rn. 3.
[66] Vgl. z. B. *W. G. Grewe*, HStR III, § 77 Rn. 40 ff.; *Rojahn* (Fn. 47), Art. 59 Rn. 1; *Kempen* (Fn. 65), Art. 59 Rn. 2; *R. Streinz*, in: Sachs, GG Art. 59 Rn. 4.
[67] So *Pernice* → Bd. II², Art. 59 Rn. 15; in diese Richtung ebenfalls *Fastenrath/Groh* (Fn. 26), Art. 59 Rn. 12.
[68] BVerfGE 1, 351 (369); 1, 372 (394 f.); 90, 286 (357).
[69] Vgl. eingehend *Fastenrath*, Kompetenzverteilung (Fn. 30), S. 56 ff.; *W. G. Grewe*, HStR III, § 77 Rn. 1, 7; *ders.*, AöR 112 (1987) 521 (529 ff.); → Art. 32 Rn. 15 m. w. N.; *R. Wolfrum*, Kontrolle der auswärtigen Gewalt, VVDStRL 56 (1997), S. 38 ff. (39 f.); *H. Steinberger*, Auswärtige Gewalt unter dem Grundgesetz, in: R. Mußgnug (Hrsg.), Rechtsentwicklung unter dem Bonner Grundgesetz, 1990, S. 101 ff.; *P. Kunig*, Jura 1993, 544 ff.; *Biehler*, Gewalt (Fn. 1), S. 4 ff.

In einem zweiten Schritt stellt sich die Frage der **Zuordnung der Kompetenzen zu** 16
den verschiedenen Organen, was ebenfalls als »fruchtlose Diskussion«[70] qualifiziert
worden ist. Hier stehen sich unter dem Grundgesetz fast von Anfang an zwei Auffassungen gegenüber[71]. Auf der einen Seite wird die auswärtige Gewalt ganz generell der
Exekutive, wenngleich unter der Kontrolle von Parlament und Bundesverfassungsgericht, zugewiesen, da nur diese rasch handeln kann, über die Fähigkeit zu flexiblen
Reaktionen auf wechselnde Situationen verfüge und die Verhandlungen mit anderen
Völkerrechtssubjekten praktisch führen kann[72]. Auf der anderen Seite wird angenommen, dass es sich im Hinblick auf das Demokratieprinzip und andere westliche Verfassungssysteme um eine »kombinierte« oder »gemischte« Gewalt[73] handelt, die Exekutive und Parlament gemeinsam oder gesamthänderisch[74] übertragen ist. Im Übrigen
wird auch der klassischen Gewaltenteilungslehre wie ihrer neueren Fassung nach den
Maßstäben der Funktionsgerechtigkeit oder Organadäquanz[75] jegliche Aussagekraft
abgesprochen[76]. Das ist jedoch im Ansatz verfehlt, auch wenn die Auslegungsergebnisse nicht weit auseinanderliegen.

Zu Recht geht die **Funktionsgerechtigkeitslehre** von der konkreten Kompetenzverteilung der Verfassung aus und zieht die Überlegungen zur Organadäquanz nur zur 17
Interpretation und zur Ergänzung heran, wenn die Vorschriften selbst gerade keine
präzise Zuordnung vornehmen. Das Bundesverfassungsgericht und Teile der Literatur
weisen vielfach zu pauschal die auswärtige Gewalt der Exekutive zu und setzen sich
damit berechtigter Kritik aus. Allerdings ist Art. 59 GG und die Kompetenzverteilung
zwischen den verschiedenen Verfassungsorganen gar nicht ohne Rückgriff auf eine
richtig verstandene Organadäquanzlehre zu verstehen. So wird der Hauptakteur,
nämlich die Regierung gar nicht zur Ausübung der auswärtigen Gewalt ermächtigt
und anders ist die völlige Umkehrung der Machtverhältnisse und Befugnisse zwischen
Staatsoberhaupt und Regierung von der Weimarer Republik zum Grundgesetz bei fast
gleichem Wortlaut der Normen (Art. 45 I WRV und Art. 59 I GG) überhaupt nicht
nachvollziehbar. Art. 59 I GG wird durch die neuere Gewaltenteilungslehre daher
nicht verdrängt oder überlagert, sondern interpretativ ergänzt und modifiziert.

Danach ist die **auswärtige Gewalt in differenzierter Weise auf Bundespräsident, Par-** 18
lament und Regierung verteilt[77]. Die Zuordnung folgt dabei nur begrenzt durch Art. 59
GG. Die Regierung – und nicht die Exekutive insgesamt, wie häufig formuliert wird

---

[70] Wiederum *Pernice* → Bd. II², Art. 59 Rn. 15.
[71] Prototypisch die gegensätzlichen Vorträge von *W. G. Grewe* und *E. Menzel*, Die auswärtige Gewalt der Bundesrepublik, VVDStRL 12 (1954), S. 129 ff., 179 ff.
[72] BVerfGE 68, 1 (86 f.); *H. Mosler*, Die auswärtige Gewalt im Verfassungssystem der Bundesrepublik Deutschland, in: FS Bilfinger, 1954, S. 243 ff. (269); *W. G. Grewe*, HStR III, § 77 Rn. 46 ff.; *C. Tomuschat*, in: BK, Art. 24 (1981/85), Rn. 36; *Steinberger*, Gewalt (Fn. 69), S. 116 ff.
[73] *E. Menzel*, AöR 79 (1953/54), 326 (348 f.); *ders.*, Gewalt (Fn. 71), insbes. S. 192 ff.; *Stern*, Staatsrecht I, S. 499; *W. Kewenig*, Auswärtige Gewalt, in: H. P. Schwarz (Hrsg.), Handbuch der deutschen Außenpolitik, 2. Aufl. 1976, S. 37 ff. (41 f.); *C. Tomuschat*, Der Verfassungsstaat im Geflecht der internationalen Beziehungen, VVDStRL 36 (1978), S. 7 ff. (26); von gemischter Gewalt spricht *Baade*, Verhältnis (Fn. 7), S. 118 f.; *R. Bernhardt*, HStR VII, § 174 Rn. 5; s. ferner *J. Kokott*, DVBl. 1996, 937 (938) m.w.N.
[74] Nach der Formulierung von *E. Friesenhahn*, Parlament und Regierung im modernen Staat, VVDStRL 16 (1958), S. 9 ff. (37 f., 70).
[75] BVerfGE 68, 1 (86); eingehend *W. Heun*, Staatshaushalt und Staatsleitung, 1989, S. 95 ff.; ferner → Art. 20 (Rechtsstaat), Rn. 71.
[76] *Pernice* → Bd. II², Art. 59 Rn. 15; *Fastenrath/Groh* (Fn. 26), Art. 59 Rn. 12.
[77] Vgl. auch *G. Warg*, Jura 2002, 806 (808 f.).

– ist auch nicht pauschal mit der gesamten auswärtigen Gewalt betraut, dominiert aber rechtlich und faktisch. Der Bundespräsident spielt im Wesentlichen lediglich eine formale Rolle im Rahmen seiner Repräsentations- und Integrationsfunktion. Der Bundestag kann aber über seine Befugnis nach Art. 59 II GG keinen »aus dem Demokratieprinzip abgeleiteten Gewaltenmonismus in Form eines allgemeinen Parlamentsvorbehalts« beanspruchen. Art. 59 II GG bildet keine Grundlage für eine »Initiativ-, Gestaltungs- und Kontrollbefugnis« der legislativen Körperschaften[78]. Die auswärtige Gewalt ist aber auch nicht als exklusiver Vorbehaltsbereich der Regierung zu verstehen, in den parlamentarische Entscheidungen generell »übergreifen« und deshalb als »Ausnahmebefugnis«[79] zu verstehen sind. Vielmehr greifen im Verhältnis zwischen Bundestag und Bundesregierung sowie gegenüber dem Bundespräsidenten die allgemeinen Grundsätze des parlamentarischen Regierungssystems, allerdings unter Berücksichtigung der Besonderheiten im Bereich der auswärtigen Beziehungen. Die Regierung verfügt über weitgehende Initiativ- und Gestaltungsbefugnisse, unterliegt der Kontrolle des Parlaments und bleibt diesem in jeder Hinsicht politisch verantwortlich. Das Parlament bleibt frei, sich in parlamentarischen Entschließungen[80] zu außenpolitischen Fragen zu äußern[81]. Über Art. 59 II GG hinaus ist es aber nur in Ausnahmefällen von grundlegender Bedeutung wie bei Auslandseinsätzen der Bundeswehr[82] befugt, verbindliche Entscheidungen zu treffen.

II. Außenrepräsentation des Bundespräsidenten

19 Nach Art. 59 I GG nimmt der **Bundespräsident** die **völkerrechtliche Vertretungsbefugnis ausschließlich und umfassend** wahr und repräsentiert nach außen die Einheit des Staates im internationalen Rechtsverkehr[83], indem er den innerstaatlich gebildeten Willen nach außen kundgibt. Das Recht zum Vertragsschluss gem. Art. 59 I 2 GG und das Gesandtschaftsrecht gem. Art. 59 I 3 GG sind spezielle Ausprägungen dieser Vertretungsbefugnis, die aber nur beispielhaften, nicht etwa abschließenden Charakter haben[84].

---

[78] BVerfGE 68, 1 (86f.); kritisch dazu *B.-O. Bryde*, Jura 1986, 363ff.

[79] So die Formulierung in BVerfGE 1, 351 (369) und 1, 372 (394); vgl. auch *Mosler*, Gewalt (Fn. 72), S. 292ff.

[80] § 75 II, 88 I GOBT; zu diesem Institut *K. A. Sellmann*, Der schlichte Parlamentsbeschluß, 1966; vgl. ferner *E. Hienstorfer*, Die Auswärtige Gewalt des Deutschen Bundestages, Diss. jur. Marburg 1968, S. 143ff.

[81] Vgl. auch *W. Kluth*, Die verfassungsrechtlichen Bindungen im Bereich der auswärtigen Gewalt nach dem Grundgesetz, in: FS Friauf, 1996, S. 197ff. (208f., 215).

[82] Auch wenn diese nicht der auswärtigen Gewalt, sondern der Wehrverfassung zugerechnet werden; BVerfGE 90, 286 (381ff.); 108, 34 (42ff., Rn. 31ff.). → Art. 87a Rn. 19.

[83] *Fastenrath*, Kompetenzverteilung (Fn. 30), S. 210 m. w. N.; *R. Bernhardt*, HStR VII, § 174 Rn. 7; *D. Rauschning*, in: BK, Art. 59 (2009), Rn. 13ff.; *H. Butzer/J. Haas*, in: Schmidt-Bleibtreu/Hofmann/Henneke, GG, Art. 59 Rn. 10; *D. Seidel*, Der Bundespräsident als Träger der auswärtigen Gewalt, 1972, S. 43ff.

[84] H.M., s. *Geiger*, Grundgesetz (Fn. 20), S. 123ff.; *Rojahn* (Fn. 47), Art. 59 Rn. 6; *Fastenrath/Groh* (Fn. 26), Art. 59 Rn. 29; *Stern*, Staatsrecht II, S. 222; a.A. *G. H. Reichel*, Die auswärtige Gewalt nach dem Grundgesetz für die Bundesrepublik Deutschland vom 23. Mai 1949, 1967, S. 59ff.

1. Völkerrechtliche Vertretung des Bundes (Art. 59 I 1 GG)

Art. 59 I 1 GG begründet entsprechend der völkerrechtlichen Vertretungsregelung (Art. 7 II WVK) die **umfassende internationale Vertretungsbefugnis** des Bundespräsidenten als oberstem Bundesorgan[85]. Die Befugnis ist **auf** die Bundeskompetenzen gem. **Art. 32 GG beschränkt**[86]. Die Kompetenz gilt nicht nur im Verhältnis zu auswärtigen Staaten, sondern zu allen Völkerrechtssubjekten wie insbesondere Internationalen Organisationen. Auf der Grundlage des Art. 23 GG vertritt gegenüber der Europäischen Union generell die Regierung die Bundesrepublik (s. Art. 15 II, 16 II EUV). Sie umfasst ferner nicht nur die speziellen Befugnisse nach Art. 59 I 2, 3, GG, sondern alle rechtserheblichen Erklärungen im internationalen Rechtsverkehr. Darunter fallen auch einseitige Handlungen wie die Anerkennung neuer Staaten, die Kündigung von Verträgen, Proteste, Aufnahme und Abbruch diplomatischer Beziehungen[87]. Für den Verteidigungsfall gelten Sonderregeln (Art. 115a, 115b GG). Die Vertretungsbefugnis kann nach Sinn und Zweck des Art. 59 I 1 GG auch nicht auf »Akte von gesamtstaatlicher Bedeutung« beschränkt werden[88], da die Funktion der Repräsentation der Einheit des Staates nicht nur für derartige Akte gilt.

Die Vertretungsbefugnis betrifft allein die bloße **Kundgabe des staatlichen Willens nach außen**, begründet jedoch keine materiellen außenpolitischen Gestaltungs- und Entscheidungsbefugnisse des Bundespräsidenten[89]. Wie im Rahmen des Art. 82 GG fungiert er hier als Staatsnotar[90] und vollzieht lediglich die von anderen Staatsorganen getroffenen Entscheidungen. Das folgt aber weder aus der Richtlinienkompetenz des Bundeskanzlers gem. Art. 65 S. 1 GG[91], die nur innerhalb der Bundesregierung gilt[92], noch aus der Gegenzeichnung gem. Art. 58 GG[93], die hier zwar Anwendung findet, der aber ebenso die Monarchen des 19. Jh. und der Reichspräsident der Weimarer Republik mit ihren weitreichenden materiellen außenpolitischen Kompetenzen unterworfen waren. Die Reduzierung auf eine bloß formale Vertretung beruht vielmehr auf der spezifischen Stellung des Bundespräsidenten im parlamentarischen Regierungssystem, in dem er weder unmittelbar demokratisch legitimiert noch dem Parlament politisch verantwortlich ist[94]. Folglich verfügt er hier nur über seine Befugnisse als Repräsentations- und Integrationsorgan sowie als Legalitätsreserve und ist damit auf sein Prüfungsrecht, ob die betreffenden Handlungen und Erklärungen formell und materiell

---

[85] *Fastenrath*, Kompetenzverteilung (Fn. 30), S. 203; *T. Maunz*, in: Maunz/Dürig, GG, Art. 59 (1971), Rn. 3; *M. Zuleeg*, in: AK-GG, Art. 59 (2001), Rn. 6; *Butzer/Haas* (Fn. 83), Art. 59 Rn. 11.

[86] *Streinz* (Fn. 66), Art. 59 Rn. 13; *Butzer/Haas* (Fn. 83), Art. 59 Rn. 11.

[87] Unstr., s. *Rojahn* (Fn. 47), Art. 59 Rn. 5; *S. U. Pieper*, in: Epping/Hillgruber, GG, Art. 59 Rn. 9; *Jarass*/Pieroth, GG, Art. 59 Rn. 4; *Butzer/Haas* (Fn. 83), Art. 59 Rn. 12; vgl. ferner *J. Kokott*, Art. 59 Abs. 2 GG und einseitige völkerrechtliche Akte, in: FS Doehring, 1989, S. 503 ff.

[88] So *Jarass*/Pieroth, GG, Art. 59 Rn. 3; ähnlich *Fastenrath*, Kompetenzverteilung (Fn. 30), S. 211.

[89] *Pieper* (Fn. 87), Art. 59 Rn. 13; *Stern*, Staatsrecht II, S. 224; *Rojahn* (Fn. 47), Art. 59 Rn. 11; *R. Bernhardt*, HStR VII, § 174 Rn. 8; *P. Kunig*, Jura 1994, 217 (219); *Zuleeg* (Fn. 85), Art. 59 Rn. 12; teilweise noch anders *N. Magis*, Die Mitwirkungsrechte des Bundespräsidenten im Bereich der auswärtigen Gewalt, Diss. jur. Bonn 1978, S. 21 ff., 168.

[90] *W. G. Grewe*, HStR III, § 77 Rn. 40.

[91] *A. Bleckmann*, Grundgesetz und Völkerrecht, 1975, S. 213 f.; *Stern*, Staatrecht II, S. 224.

[92] *Fastenrath*, Kompetenzverteilung (Fn. 30), S. 200; *Kempen* (Fn. 65), Art. 59 Rn. 10; *Streinz* (Fn. 66), Art. 59 Rn. 19; *Butzer/Haas* (Fn. 83), Art. 59 Rn. 15.

[93] *Fastenrath/Groh* (Fn. 26), Art. 59 Rn. 31.

[94] Auf die fehlende Verantwortlichkeit weisen u. a. hin *Fastenrath*, Kompetenzverteilung (Fn. 30), S. 201; *Butzer/Haas* (Fn. 83), Art. 59 Rn. 15.

mit der Verfassung vereinbar sind[95], verwiesen. Ein Verweigerungsrecht aus politischen Gründen kann er nicht beanspruchen[96]. Bei Vertragsgesetzen gem. Art. 59 II GG darf der Bundespräsident erst nach Abschluss des Gesetzgebungsverfahrens sein Prüfungsrecht ausüben[97]. Ist ein Verfahren vor dem Bundesverfassungsgericht anhängig, muss er die Ratifikation bis zum Abschluss des Verfahrens aussetzen[98].

22 Umstritten ist, ob Art. 59 I GG nur die Vertretungsbefugnis für rechtserhebliche Erklärungen betrifft[99], oder sich auch auf **informelle Handlungen** wie Staatsbesuche, Reden im Ausland oder mit außenpolitischem Bezug, Grußbotschaften usw. erstreckt, so dass entsprechendes informelles Handeln der Regierung auf eine Ermächtigung des Bundespräsidenten rückführbar sein müsse[100]. Das ist **ebenso unrealistisch wie verfassungsrechtlich verfehlt**, schon deshalb, weil die materielle Außenpolitik in der Hand der Regierung liegt. Sofern folgerichtig Art. 59 I GG als Ermächtigung für informelles Handeln des Bundespräsidenten ausscheidet, ist die Befugnis des Staatsoberhaupts in seiner allgemeinen Repräsentations- und Integrationsfunktion begründet[101]. Im Unterschied zu Reden des Bundespräsidenten im Inland sind derartige informelle außenpolitische Handlungen abstimmungspflichtig[102] oder gegenzeichnungspflichtig[103], was sachlich auf dasselbe hinausläuft.

23 Da Art. 59 I 1 GG lapidar formuliert, dass der Bundespräsident den Bund völkerrechtlich vertritt, wird eine **umfassende, abschließende und ausschließliche Vertretungsbefugnis** angenommen[104]. Diese Auslegung steht indes in scharfem **Kontrast zur Staatspraxis**, da vor allem Bundeskanzler und Außenminister regelmäßig und vielfach Rechtsakte wie die Kündigung von Verträgen, Beitrittserklärungen, Proklamationen vornehmen und Verwaltungsabkommen abschließen[105], während der Bundespräsident die Staatsverträge ratifiziert, seit 1961 die Anerkennung von Staaten vornimmt und die Botschafter und Gesandten beglaubigt und empfängt[106]. Die Kluft zwischen Praxis und Theorie wird durch zahlreiche Rechtfertigungsansätze zu überbrücken versucht, die alle wenig überzeugend sind. Die Ableitung der Kompetenz der Bundes-

---

[95] Allg. Auffassung: *Streinz* (Fn. 66), Art. 59 Rn. 18; *Rojahn* (Fn. 47), Art. 59 Rn. 8; *Fastenrath*, Kompetenzverteilung (Fn. 30), S. 200; *Butzer/Haas* (Fn. 83), Art. 59 Rn. 14.
[96] *W. G. Grewe*, HStR III, § 77 Rn. 40; *Kempen* (Fn. 65), Art. 59 Rn. 10 f.; *Streinz* (Fn. 66), Art. 59 Rn. 18; *Fastenrath*, Kompetenzverteilung (Fn. 30), S. 201 f.; *R. Bernhardt*, HStR VII, § 174 Rn. 8; a.A. *Zuleeg* (Fn. 85), Art. 59 Rn. 9.
[97] Vgl. BVerfGE 1, 396 (410 f.); *Streinz* (Fn. 66), Art. 59 Rn. 18; *Butzer/Haas* (Fn. 83), Art. 59 Rn. 14.
[98] BVerfGE 36, 1 (15); 89, 155 (164 f.); 123, 267 (304, Rn. 98); *Pieper* (Fn. 87), Art. 59 Rn. 23.1, 24.
[99] *Fastenrath*, Kompetenzverteilung (Fn. 30), S. 202 ff.; *ders./Groh* (Fn. 26), Art. 59 Rn. 35; *Kempen* (Fn. 65), Art. 59 Rn. 8; *Rojahn* (Fn. 47), Art. 59 Rn. 10; *Butzer/Haas* (Fn. 83), Art. 59 Rn. 16.
[100] *Pieper* (Fn. 87), Art. 59 Rn. 10; *Streinz* (Fn. 66), Art. 59 Rn. 13; *Pernice* → Bd. II², Art. 59 Rn. 19 f.
[101] Vgl. *Fastenrath*, Kompetenzverteilung (Fn. 30), S. 210 ff.; vgl. auch *Butzer/Haas* (Fn. 83), Art. 59 Rn. 17, die unnötig auf eine »Kompetenz kraft Natur der Sache« zurückgreifen.
[102] *Rojahn* (Fn. 47), Art. 59 Rn. 11; *Streinz* (Fn. 66), Art. 59 Rn. 19; *Zuleeg* (Fn. 85), Art. 59 Rn. 8; *C. Calliess*, HStR³ IV, § 83 Rn. 18; *Fastenrath/Groh* (Fn. 26), Art. 59 Rn. 31; *Butzer/Haas* (Fn. 83), Art. 59 Rn. 18.
[103] *Bleckmann*, Grundgesetz (Fn. 91), S. 213; *Kempen* (Fn. 65), Art. 59 Rn. 11; *H. Maurer*, DÖV 1966, 665 (671); nicht formell, aber sachlich gegenzeichnungspflichtig *K. Schlaich*, HStR II, § 49 Rn. 71.
[104] *Mosler*, Gewalt (Fn. 72), S. 280; *G. Ress*, Verfassung und völkerrechtliches Vertragsrecht, in: FS Doehring, 1989, S. 803 ff. (810); *Butzer/Haas* (Fn. 83), Art. 59 Rn. 19 ff.
[105] *Rojahn* (Fn. 47), Art. 59 Rn. 7 mit Einzelbeispielen; *Kempen* (Fn. 65), Art. 59 Rn. 13.
[106] *Butzer/Haas* (Fn. 83), Art. 59 Rn. 19; *Rauschning* (Fn. 83), Art. 59 Rn. 28; *Fastenrath*, Kompetenzverteilung (Fn. 30), S. 204.

regierung zum Abschluss von Verwaltungsabkommen aus Art. 59 II 2 GG[107] versagt, weil Art. 59 II GG die interne Zuständigkeitsverteilung, nicht die Außenvertretung regelt[108]. Überwiegend wird daher auf eine generelle und sogar stillschweigende[109], teils gewohnheitsrechtliche[110] Delegation durch den Bundespräsidenten zurückgegriffen, vielfach allerdings auch eine ausdrückliche oder konkludente Einzelvollmacht, die hinreichend bestimmt ist, verlangt[111], so dass die Staatspraxis weitgehend verfassungswidrig ist. Das wirft die Frage auf, ob die Ausgangsposition eigentlich richtig ist, zumal das Völkerrecht von einer prinzipiellen Vertretungsbefugnis auch des Regierungschefs und des Außenministers ausgeht und dieses rigorose Verständnis weder verfassungsrechtlich gerechtfertigt noch überhaupt realistisch und sinnvoll ist. Richtiger erscheint es deshalb, in Art. 59 I 1 GG eine **umfassende Ermächtigung** des Bundespräsidenten zu sehen, die **aber keine ebenso umfassende Sperrwirkung** für eine Vertretung durch die Bundesregierung entfaltet[112], zumal ihr die materielle Entscheidungskompetenz ohnehin zusteht. Art. 59 I 1 GG schließt danach eine Vertretung durch Mitglieder der Bundesregierung nur aus, soweit die Repräsentation der Einheit des Staates eine Vertretung durch den Bundespräsidenten erfordert und der Kernbereich seiner Repräsentationsfunktion betroffen ist. Deshalb ist nur der Bundespräsident zum Abschluss von Staatsverträgen – wie zur Verkündung der Gesetze nach Art. 82 GG – und zur Ausübung des Gesandtschaftsrechts und wohl auch zur Anerkennung von Staaten berechtigt. Darüber hinaus ist die Bundesregierung vertretungsbefugt, soweit der Bundespräsident die Vertretung nicht explizit an sich zieht.

2. Verträge mit auswärtigen Staaten (Art. 59 I 2 GG)

Art. 59 I 2 GG normiert die ebenfalls rein formale Vertretungsbefugnis des Bundespräsidenten beim Abschluss der »Verträge mit auswärtigen Staaten«. Dieser Begriff wird nicht eng, sondern weit **im Sinne aller völkerrechtlichen Verträge mit anderen Völkerrechtssubjekten**[113], insbesondere auch mit internationalen Organisationen[114] einschließlich des Beitritts zu ihnen[115] verstanden, umfasst jedoch nicht Verträge mit den Besatzungsmächten[116], mit dem Heiligen Stuhl[117] oder mit Körperschaften, die dem innerstaatlichen Recht unterstehen[118]. Erfasst sind also »alle Übereinkünfte zwi-

---

[107] *R. Bernhardt*, Der Abschluss völkerrechtlicher Verträge im Bundesstaat, 1957, S. 159; *Stern*, Staatsrecht II, S. 226.
[108] Vgl. auch *Streinz* (Fn. 66), Art. 59 Rn. 10; *Butzer/Haas* (Fn. 83), Art. 59 Rn. 21.
[109] BVerfGE 68, 1 (82f.); *Bleckmann*, Grundgesetz (Fn. 91), S. 212; *Geiger*, Grundgesetz (Fn. 20), S. 123f.; *Maunz* (Fn. 85), Art. 59 Rn. 5.
[110] *Seidel*, Bundespräsident (Fn. 83), S. 62f.; *H.-B. Brockmeyer*, in: Schmidt-Bleibtreu/Hofmann/Hopfauf, Grundgesetz-Kommentar, 10. Aufl. 2004, Art. 59 Rn. 6.
[111] In diese Richtung *Rojahn* (Fn. 47), Art. 59 Rn. 8; *Pieper* (Fn. 87), Art. 59 Rn. 11; *Pernice* → Bd. II², Art. 59 Rn. 21; *Butzer/Haas* (Fn. 83), Art. 59 Rn. 23, 25; vgl. auch *C. Calliess*, HStR³ IV, § 83 Rn. 19; *Schweitzer*, Staatsrecht III, Rn. 139b.
[112] Im Ergebnis ähnlich *Rauschning* (Fn. 83), Art. 59 Rn. 30ff.; *M. Nettesheim*, in: Maunz/Dürig, GG, Art. 59 (2009), Rn. 40ff.
[113] *Rauschning* (Fn. 83), Art. 59 Rn. 34ff.; *Rojahn* (Fn. 47), Art. 59 Rn. 12; noch weiter *Nettesheim* (Fn. 112), Art. 59 Rn. 38.
[114] BVerfGE 2, 347 (374); *R. Bernhardt*, HStR VII, § 174 Rn. 7.
[115] *Fastenrath*, Kompetenzverteilung (Fn. 30), S. 230; *Wolfrum*, Kontrolle (Fn. 69), S. 51; *Rojahn* (Fn. 47), Art. 59 Rn. 45.
[116] BVerfGE 1, 351 (370).
[117] BVerfGE 6, 309 (362).
[118] BVerfGE 2, 247 (274f.).

schen zwei oder mehr Völkerrechtssubjekten (...) durch welche die zwischen ihnen bestehende Rechtslage verändert werden soll«, auch Änderungen bestehender Verträge[119], unabhängig von Form und Bezeichnung. Darunter können »auch Organ- oder sonstige Kollektivakte internationaler Vertragsgemeinschaften fallen«. »Entscheidend ist die durch übereinstimmende Willenserklärung erzielte Einigung zwischen Völkerrechtssubjekten über bestimmte völkerrechtliche Rechtsfolgen«[120]. Verträge im Sinne des Art. 59 I 2 GG sind insofern Staatsverträge ebenso wie Verwaltungsabkommen[121], nicht aber privatrechtliche Vereinbarungen[122]. Das völkerrechtliche Vertragsrecht ist in den Wiener Konventionen von 1969 und 1986 kodifiziert[123].

25 Nach Art. 59 I 2 GG müssen **alle auf den Abschluss des Vertrages gerichteten Erklärungen** durch den Bundespräsidenten erfolgen. Im einphasigen Verfahren führt erst die Unterzeichnung zur Verbindlichkeit der Vereinbarung, während die Paraphierung durch die Unterhändler lediglich den Text amtlich (authentisch) feststellt. Im mehrphasigen Verfahren erfolgt die Unterzeichnung noch unter dem Vorbehalt der Ratifikation, die nach parlamentarischer Zustimmung die völkerrechtlich verbindliche Erklärung gegenüber den Vertragspartnern enthält, den Vertrag als bindend anzusehen (Art. 14 WVK)[124]. Die Ratifikation wird regelmäßig durch den Bundespräsidenten selbst nach Gegenzeichnung vorgenommen, die Unterzeichnung der Staatsverträge bedarf zumindest einer entsprechenden Vollmacht des Bundespräsidenten[125]. Entgegen der wohl überwiegenden Meinung[126] ist die Verhandlungsaufnahme und -führung bis zur Paraphierung eine Angelegenheit der Regierung, die insoweit über die materielle Gestaltungsbefugnis und Kompetenz verfügt[127]. Der Bundespräsident ist allein für den formalen Abschluss als Repräsentant der Staatseinheit zuständig. Dies entspricht auch der Staatspraxis[128]. Sein Prüfungsrecht muss der Bundespräsident vor der Ratifikation ausüben, die ggfs. ebenso wie bei einem verfassungsgerichtlichen Verfahren bis zur endgültigen Klärung ausgesetzt werden muss[129].

---

[119] BVerfGE 90, 286 (359, 361); *Rojahn* (Fn. 47), Art. 59 Rn. 44; zum Problem impliziter Änderung BVerfGE 90, 286 (361 ff.). → Rn. 36.

[120] BVerfGE 90, 286 (359).

[121] *Streinz* (Fn. 66), Art. 59 Rn. 10; *Butzer/Haas* (Fn. 83), Art. 59 Rn. 27; a.A. *Stern*, Staatsrecht II, S. 226; davon zu unterscheiden ist nach hier vertretener Ansicht die Frage der Sperrwirkung: → Rn. 23.

[122] *Rojahn* (Fn. 47), Art. 59 Rn. 12 m. w. N.; *Stern*, Staatsrecht II, S. 227.

[123] Wiener Übereinkommen zum Recht der Verträge (Fn. 19) sowie Wiener Konvention über das Recht der Verträge zwischen Staaten und Internationalen Organisationen oder zwischen Internationalen Organisationen vom 21.3.1986 (BGBl. 1990 II S. 1415).

[124] Zum Verfahren knapp *W. Heintschel von Heinegg*, in: K. Ipsen, Völkerrecht, § 11 Rn. 8 ff.

[125] *Geiger*, Grundgesetz (Fn. 20), S. 124; *Pieper* (Fn. 87), Art. 59 Rn. 22; *Butzer/Haas* (Fn. 83), Art. 59 Rn. 29.

[126] *Butzer/Haas* (Fn. 83), Art. 59 Rn. 28; *Pernice* → Bd. II², Art. 59 Rn. 24; *Fastenrath/Groh* (Fn. 26), Art. 59 Rn. 46.

[127] BVerfGE 90, 286 (358), wo die »eigene Kompetenz« der Regierung betont wird. Das ist hier zwar vor allem auf das Verhältnis zum Bundestag bezogen, das ändert aber nichts am Gehalt der Aussage (so aber *Butzer/Haas* [Fn. 83], Art. 59 Rn. 28).

[128] Zur Praxis vgl. *S. Weiß*, Auswärtige Gewalt und Gewaltenteilung, 1971, S. 118 ff.; *Rauschning* (Fn. 83), Art. 59 Rn. 44 ff.; sowie die Richtlinien für die Behandlung völkerrechtlicher Verträge (RvV), Stand: 10.3.2014.

[129] So etwa zuletzt beim Lissabon-Vertrag 2009 und dem ESM Vertrag 2012.

3. Gesandtschaftsrecht (Art. 59 I 3 GG)

Der Bundespräsident nimmt gem. Art. 59 I 3 GG auch **das aktive und passive Gesandt-** 26
schaftsrecht wahr, das allein dem Bund gem. Art. 32 GG vorbehalten ist. Gesandte sind nur die beiden höheren Rangklassen der ordentlichen diplomatischen Vertreter fremder Staaten und internationaler Organisationen, also Botschafter und Nuntien sowie Gesandte i.e.S., Minister, ständige Vertreter und Internuntien (Art. 14 I lit. a und b WKR)[130]. Diplomatische Vertreter niedrigerer Rangklassen werden von Bundeskanzleramt oder Auswärtigem Amt empfangen[131]. Durch die Beglaubigung werden sie förmlich ermächtigt, im Empfangsstaat oder bei einer internationalen Organisation für Deutschland aufzutreten[132]. Empfang ist der Ausdruck für die Akkreditierung fremder Diplomaten, d.h. für die (feierliche) Entgegennahme ihres Beglaubigungsschreibens. Dazu gehört die vorherige Erklärung, dass die betreffende Person genehm ist, das Agrément (Art. 4 WÜD)[133].

III. Gesetzesvorbehalt für besondere Verträge (Art. 59 II 1 GG)

Art. 59 II 1 GG begründet einen **Gesetzesvorbehalt für Verträge**, welche die politi- 27
schen Beziehungen des Bundes regeln oder sich auf die Gesetzgebung des Bundes beziehen. Die Mitwirkung der gesetzgebenden Körperschaften hat »den Sinn, langfristige oder gar grundsätzlich unauflösliche Bindungen völkerrechtlicher Art nicht ohne Zustimmung des Bundestages eintreten zu lassen«[134]. Die Norm ist grundsätzlich auf Verträge beschränkt und begründet **keinen allgemeinen Parlamentsvorbehalt** im Sinne eines Gewaltenmonismus[135], ohne damit von vorneherein eine Ausdehnung auf bestimmte neuere Erscheinungsformen des Völkerrechts auszuschließen[136]. Zudem sichert Art. 59 II 1 GG das Gesetzgebungsrecht des Parlaments gegenüber völkerrechtlichen Ingerenzen durch die Exekutive ab[137].

1. Verträge über die politischen Beziehungen (Art. 59 II 1, 1. Alt. GG)

Dem Gesetzesvorbehalt unterliegen völkerrechtliche Verträge (→ Rn. 24), welche die 28
politischen Beziehungen des Bundes regeln. Wegen der Offenheit des Begriffs »politisch«, der letztlich fast jeden völkerrechtlichen Vertrag dieser Kategorie zuzuordnen erlaubt, ist das an sich konturenlose Kriterium **eng auszulegen**[138]. Erforderlich ist da-

---

[130] Wiener Übereinkommen über diplomatische Beziehungen (WÜD) vom 18.4.1961 (BGBl. 1964 II S. 958).
[131] *Kempen* (Fn. 65), Art. 59 Rn. 24; *Rojahn* (Fn. 47), Art. 59 Rn. 15; *Butzer/Haas* (Fn. 83), Art. 59 Rn. 33; *Verdross/Simma*, Universelles Völkerrecht, § 893; eine Ermächtigung durch den Bundespräsidenten halten für erforderlich *Zuleeg* (Fn. 85), Art. 59 Rn. 18; *Pernice* → Bd. II², Art. 59 Rn. 27.
[132] Vgl. auch *Schweitzer*, Staatsrecht III, Rn. 746; *Zuleeg* (Fn. 85), Art. 59 Rn. 19.
[133] Vgl. auch Art. 11 des Wiener Übereinkommens über konsularische Beziehungen (WÜK) vom 24.4.1963 (BGBl. 1969 II S. 1585), wo statt Beglaubigung von »Bestallung« und statt Akkreditierung von »Exequatur« (Art. 12 WÜK) die Rede ist.
[134] BVerfGE 68, 1 (88).
[135] Vgl. *Butzer/Haas* (Fn. 83), Art. 59 Rn. 36 ff. → Rn. 18.
[136] Vgl. auch BVerfGE 90, 286 (359). → Rn. 35 ff.
[137] Vgl. *Kempen* (Fn. 65), Art. 59 Rn. 37; *Rojahn* (Fn. 47), Art. 59 Rn. 33; *Streinz* (Fn. 66), Art. 59 Rn. 21; *Butzer/Haas* (Fn. 83), Art. 59 Rn. 46.
[138] *E. Menzel*, AöR 79 (1953/54), 326 (334 f.); *M. Zuleeg*, JA 1983, 1 (2); *U. Rosengarten*, Der Begriff der völkerrechtlichen Verträge iSd. Art. 59 II 1 1. Alt. GG im Lichte moderner Entwicklungen des Völkerrechts, Diss. jur. Köln 1994, S. 18 ff.; *Streinz* (Fn. 66), Art. 59 Rn. 29; *Kempen* (Fn. 65),

her, dass der Vertrag nicht nur allgemein das Gemeinwohl oder die Staatsgeschäfte betrifft, sondern dass »wesentlich und unmittelbar«, nach Ziel und Zweck »die Existenz des Staates, seine territoriale Integrität, seine Unabhängigkeit, seine Stellung und sein maßgebliches Gewicht in der Staatengemeinschaft durch den Vertrag selbst berührt werden«[139]. Derartige Verträge werden als »hochpolitisch« qualifiziert. Erfasst werden folglich machtpolitische Verträge wie Bündnisse, Garantiepakte, Abkommen über die politische Zusammenarbeit, Friedens-[140], Nichtangriffs-, Neutralitäts- und Abrüstungsverträge, Schiedsverträge und Ähnliches[141]. Handels-, Freundschafts- und Schiffahrtsabkommen fallen in der Regel nicht darunter, wenn nicht die an sich unpolitischen »Markt«-Beziehungen zu politischen »Macht«-Beziehungen werden[142], wobei es auf den Einzelfall ankommt[143].

29 Bisher ist die Einordnung als ein solcher politischer Vertrag in drei Fällen abgelehnt worden[144], während die Ost-Verträge[145], wie der Grundlagen-Vertrag[146] und der Zwei-plus-Vier-Vertrag als positive Beispiele gelten. Beim Zusammenschluss oder einem Beitritt zu einem Bündnis[147] tritt neben den Gesetzesvorbehalt des Art. 59 II 1 GG noch Art. 24 GG, der diese Maßnahmen grundsätzlich verfassungsrechtlich legitimiert (→ Art. 24 Rn. 63 ff.). Ebenfalls **Sonderregelungen** unterliegen auch die Entwicklung der Europäischen Union **(Art. 23 GG)** und die Übertragung von Hoheitsgewalt im Rahmen des **Art. 24 I GG** (→ Art. 24 Rn. 21 ff.).

2. Gegenstände der Bundesgesetzgebung (Art. 59 II 1, 2. Alt. GG)

30 Der Sinn der Erstreckung des Gesetzesvorbehaltes auf Gegenstände der Bundesgesetzgebung ist die **Parallelisierung** der Mitwirkung des Parlaments im Bereich **von innerstaatlicher Gesetzgebung und völkerrechtlichen Vertragsschlüssen**, von außenpolitischer und innerstaatlicher Aufgabenverteilung[148]. Der innerstaatliche Gesetzesvorbehalt soll nicht völkerrechtlich ausgehebelt werden. Das entspricht der deutschen Verfassungstradition[149] und soll die Vertragserfüllung sichern[150], die gesetzgeberische Entschließungsfreiheit gewährleisten[151] und die rechtsstaatlichen, grundrechtlichen und demokratischen Funktionen des Gesetzesvorbehalts bewahren[152].

Art. 59 Rn. 63; *Butzer/Haas* (Fn. 83), Art. 59 Rn. 71; a.A. *Ehrenzeller*, Legislative Gewalt (Fn. 56), S. 191 ff.
[139] BVerfGE 1, 372 (381 f.) m. w. N.; vgl. auch E 90, 286 (359).
[140] Hier gilt auch Art. 115l III GG.
[141] Vgl. auch die Aufzählung in BVerfGE 1, 372 (380).
[142] BVerfGE 1, 372 (380) zum dt.-frz. Wirtschaftsabkommen v. 14.2.1950; dahingestellt bzgl. des Petersberger Abkommens in BVerfGE 1, 351 (370).
[143] BVerfGE 1, 372 (383).
[144] BVerfGE 1, 351 (366 ff.); 1, 372 (380 ff.); 2, 347 (378 f.).
[145] BVerfGE 40, 141 (164), weil die Verträge »einem neuen außenpolitischen Konzept die Bahn bereiten«; kritisch *Fastenrath*, Kompetenzverteilung (Fn. 30), S. 219; vgl. auch die Einzelheiten bei *Rojahn* (Fn. 47), Art. 59 Rn. 23.
[146] BVerfGE 36, 1 (13 ff., 20 ff.); *D. Hömig*, JZ 1973, 202 ff.
[147] BVerfGE 104, 151 (195, Rn. 104).
[148] Vgl. BVerfGE 1, 372 (390); *Fastenrath*, Kompetenzverteilung (Fn. 30), S. 219 f.; *Rojahn* (Fn. 47), Art. 59 Rn. 24; *Streinz* (Fn. 66), Art. 59 Rn. 31; *Butzer/Haas* (Fn. 83), Art. 59 Rn. 74.
[149] BVerfGE 4, 250 (276). → Rn. 4.
[150] BVerfGE 1, 372 (389).
[151] *Fastenrath*, Kompetenzverteilung (Fn. 30), S. 220 m. w. N., wobei die weitreichende faktische Präjudizierung freilich in Rechnung zu stellen ist.
[152] Vgl. auch *Butzer/Haas* (Fn. 83), Art. 59 Rn. 74; *Kempen* (Fn. 65), Art. 59 Rn. 65.

III. Gesetzesvorbehalt für besondere Verträge (Art. 59 II 1 GG)   **Art. 59**

Die Mitwirkung des Parlaments ist erforderlich bei **Gegenständen der Bundesge-** 31
setzgebung, die hier im Gegensatz nicht zur Landesgesetzgebung, sondern zur Bundesverwaltung gemeint ist[153], wie sich auch aus Satz 2 für die Verwaltungsabkommen ergibt. Der Zuständigkeitskatalog der Art. 72 ff. GG ist daher nicht maßgeblich, da Art. 59 GG die Abgrenzung der Organkompetenzen auf Bundesebene regelt, nicht aber die Abgrenzung der Verbandskompetenzen zwischen Bund und Ländern[154]. Entscheidend ist vielmehr nach der Rechtsprechung, »ob im konkreten Fall ein Vollzugsakt unter Mitwirkung der gesetzgebenden Körperschaften erforderlich ist«[155]. Dies ist der Fall, wenn die betreffende Materie bereits durch Gesetz geregelt ist oder nach allgemeinen Grundsätzen der Gesetzesvorbehalt eingreift[156]. Verträge mit sogenannten self-executing Normen, die unmittelbar auf die Begründung oder Änderung von Rechten und Pflichten gerichtet sind, wie auch Verträge, die den Gesetzgeber zu Eingriffen in Grundrechte verpflichten, sind zustimmungspflichtig[157]. Die Besonderheiten auswärtiger Beziehungen relativieren den Gesetzesvorbehalt nicht, sie erfordern eine besondere Flexibilität bei der Aushandlung der Verträge[158], tangieren und modifizieren aber nicht die Voraussetzungen für Eingriffe in die Rechte der Bürger[159]. Aus dem Gegensatz zur Verwaltung und aus dem Aspekt der Kontrolle der Exekutive ergibt sich, dass auch Verträge über Gegenstände der Landesgesetzgebung eines Bundesgesetzes nach Art. 59 II GG bedürfen, obwohl der Bund nicht über die Transformationskompetenz verfügt[160].

Einer **Zustimmung** in Form des Vertragsgesetzes bedarf es **nicht, sofern** die Regie- 32
rung zur Umsetzung des Vertrages im Voraus[161] durch Rechtsverordnung **gem. Art. 80
I GG ermächtigt** worden ist[162]. Wenn die Verordnung die Mitwirkung des Bundestages oder des Bundesrates erfordert, ist entgegen dem Bundesverfassungsgericht[163] gleichwohl kein Vertragsgesetz nach Art. 59 II GG notwendig, denn in diesem Fall würden völkerrechtliche Verträge strengeren Anforderungen unterworfen als entsprechende innerstaatliche Regelungen[164].

Für **finanzwirksame Verträge** folgt die Notwendigkeit eines Vertragsgesetzes gege- 33
benenfalls aus Art. 110 II GG, wenn die vereinbarten Ausgaben einer zusätzlichen

---

[153] BVerfGE 1, 372 (388f.); *Rojahn* (Fn. 47), Art. 59 Rn. 24; *Streinz* (Fn. 66), Art. 59 Rn. 31.
[154] *Butzer/Haas* (Fn. 83), Art. 59 Rn. 75; *Pernice* → Bd. II², Art. 59 Rn. 32.
[155] BVerfGE 1, 372 (388).
[156] BVerfGE 90, 286 (364); *Kempen* (Fn. 65), Art. 59 Rn. 67; *Streinz* (Fn. 66), Art. 59 Rn. 32; *Nettesheim* (Fn. 112), Art. 59 Rn. 107.
[157] Einschränkend K. *Vogel*, Gesetzesvorbehalt, Parlamentsvorbehalt und völkerrechtliche Verträge, in: FS Lerche, 1993, S. 95 ff. (102 ff.).
[158] *Ehrenzeller*, Legislative Gewalt (Fn. 56), S. 198 f.
[159] Vgl. *J. Kokott*, DVBl. 1996, 937 (938f.).
[160] *Streinz* (Fn. 66), Art. 59 Rn. 33; *Zuleeg* (Fn. 85), Art. 59 Rn. 27; *Butzer/Haas* (Fn. 83), Art. 59 Rn. 75; *Kempen* (Fn. 65), Art. 59 Rn. 70; a.A. *Fastenrath/Groh* (Fn. 26), Art. 59 Rn. 67; *Rauschning* (Fn. 83), Art. 59 Rn. 75.
[161] Die Ermächtigung muss den späteren Vertragsschluss erfassen s. *Kempen* (Fn. 65), Art. 59 Rn. 68; *Rojahn* (Fn. 47), Art. 59 Rn. 60; vgl. a. *W. Dregger*, Die antizipierte Zustimmung des Parlaments zum Abschluss völkerrechtlicher Verträge, die sich auf Gegenstände der Bundesgesetzgebung beziehen, 1989, S. 71 ff.
[162] BVerfGE 1, 372 (393); *Fastenrath*, Kompetenzverteilung (Fn. 30), S. 220 f.; *Butzer/Haas* (Fn. 83), Art. 59 Rn. 80.
[163] BVerfGE 1, 372 (390).
[164] H.M. *Fastenrath/Groh* (Fn. 26), Art. 59 Rn. 65; *Jarass/Pieroth*, GG, Art. 59 Rn. 14; *Zuleeg* (Fn. 85), Art. 59 Rn. 28, 33; *Butzer/Haas* (Fn. 83), Art. 59 Rn. 81; *Kempen* (Fn. 65), Art. 59 Rn. 69; *Streinz* (Fn. 66), Art. 59 Rn. 37.

Bewilligung bedürfen und nicht im Rahmen bestehender Haushaltstitel bzw. Verpflichtungsermächtigungen bleiben[165]. Vor allem Verträge über Finanzhilfen an andere Länder oder Beiträge zu Internationalen Fonds sind daher zustimmungspflichtig[166].

34 Der Gesetzesvorbehalt des Art. 59 II GG erstreckt sich auch auf sogenannte **Parallelabkommen**, d.h. auf Verträge, deren Inhalt bereits mit innerstaatlichem Recht übereinstimmt[167]. Zwar ist zum konkreten Zeitpunkt des Vertragsschlusses der Gesetzesvorbehalt erfüllt[168], aber die völkerrechtliche Bindung schränkt die künftige Entscheidungsfreiheit des Parlaments ein, die Rechtslage zu ändern[169]. In der Staatspraxis wird daher die parlamentarische Zustimmung regelmäßig eingeholt[170].

3. Reichweite des Gesetzesvorbehalts

35 Entsprechend seiner restriktiven Auslegung des Art. 59 II 1 GG zieht das Bundesverfassungsgericht »eine analoge oder erweiternde Anwendung dieser Vorschrift nicht in Betracht«[171]. Von Art. 59 II 1 GG werden **nicht erfasst »alle nichtvertraglichen Akte der Bundesregierung** gegenüber fremden Völkerrechtssubjekten, auch soweit sie politische Beziehungen regeln«. Die Regierung ist in ihrer Formenwahl frei, sie kann bei Bezügen zu politischen Beziehungen oder Gegenständen der Bundesgesetzgebung die Vertragsform wählen, muss dies aber nicht notwendigerweise[172]. Der Wandel des Völkerrechts stellt diese Rechtsprechung partiell in Frage, insbesondere bei materiellen Vertragsänderungen, bei einseitigen Akten und bei sogenanntem »soft law«.

a) Vertragsänderungen

36 Verträge über die Änderung bestehender Verträge bedürfen ebenso der Zustimmung nach Art. 59 II 1 GG wie Handlungen, die konkludent eine Änderung des Vertragsinhalts bewirken[173], soweit jedenfalls ein subjektiver »Veränderungswille« feststellbar ist, der lediglich unter engen Voraussetzungen angenommen wird[174]. **Keine** (konklu-

---

[165] *Fastenrath*, Kompetenzverteilung (Fn. 30), S. 224 ff.; *ders./Groh* (Fn. 26), Art. 59 Rn. 62; *Kempen* (Fn. 65), Art. 59 Rn. 72; *Rauschning* (Fn. 83), Art. 59 Rn. 78 ff.
[166] Vgl. *R. Bernhardt*, HStR VII, § 174 Rn. 15.
[167] *Fastenrath*, Kompetenzverteilung (Fn. 30), S. 221 ff.; *Kempen* (Fn. 65), Art. 59 Rn. 71; *Zuleeg* (Fn. 85), Art. 59 Rn. 29; *Rojahn* (Fn. 47), Art. 59 Rn. 62; *Rauschning* (Fn. 83), Art. 59 Rn. 77; *Butzer/Haas* (Fn. 83), Art. 59 Rn. 78; *Reichel*, Gewalt (Fn. 84), S. 118 ff.; offen gelassen in BVerfGE 1, 372 (388 f.); a.A. *G. Boehmer*, Der völkerrechtliche Vertrag im deutschen Recht, 1965, S. 6 ff.
[168] Auch ist die Rechtslage teilweise nicht leicht feststellbar, ob Deckungsgleichheit besteht vgl. *Bleckmann*, Grundgesetz (Fn. 91), S. 221.
[169] *Rojahn* (Fn. 47), Art. 59 Rn. 43; *Butzer/Haas* (Fn. 83), Art. 59 Rn. 78; kritisch *Fastenrath*, Kompetenzverteilung (Fn. 30), S. 222.
[170] Vgl. *H.D. Treviranus*, NJW 1983, 1948 (1951); *S. Kadelbach/U. Guntermann*, AöR 126 (2001), 563 (571, 581); *F. Regehr*, Die völkerrechtliche Vertragspraxis in der Bundesrepublik Deutschland, Diss. jur. München 1974, S. 64 ff.
[171] BVerfGE 68, 1 (86); 90, 286 (358).
[172] BVerfGE 90, 286 (358, 360); *Rojahn* (Fn. 47), Art. 59 Rn. 49.
[173] BVerfGE 90, 286 (360 ff.); *B. Meyring*, Die Entwicklung zustimmungsbedürftiger völkerrechtlicher Verträge nach Abschluss und ihren Auswirkungen in der deutschen Rechtsordnung, 2001, S. 287 ff.; vgl. auch die Typologie bei *U. Fastenrath*, Inhaltsänderung völkerrechtlicher Verträge ohne Beteiligung des Gesetzgebers – Verfassungsrechtliche Zulässigkeit und innerstaatliche Wirkung, in: R. Geiger (Hrsg.), Völkerrechtlicher Vertrag und staatliches Recht vor dem Hintergrund zunehmender Verdichtung der internationalen Beziehungen, 2000, S. 93 ff.
[174] BVerfGE 90, 286 (361 ff.); vgl. auch BVerwGE 103, 361 (365).

dente) **Vertragsänderung liegt im Fall einer dynamischen Auslegung**[175] **vor**, mit der die Praxis Verträge bei offenen Zielnormen und Aufgabenbestimmungen wechselnden internationalen Lagen anpasst. Sie wird folglich nicht als zustimmungspflichtige Änderung nach Art. 59 II 1 GG angesehen[176]. Dementsprechend unterliegt eine authentische Interpretation oder Rechtsfortbildung, die sich »im Rahmen des Vertrages und gegebenenfalls seines Integrationsprogramms hält«[177], und sogar die einverständliche Begründung einer Vertragspraxis »über den Vertragsinhalt hinaus«[178] nicht der Zustimmungspflicht. Derartige Änderungen sollen durch eine »antizipierte Zustimmung« des Gesetzgebers gedeckt sein[179]. Auch angesichts der Diskrepanz zur schärferen Differenzierung zwischen Vertragsauslegung und -erweiterung im Maastricht-Urteil[180] sollen neuerdings Fortentwicklungen eines Vertrages unterhalb der Schwelle förmlicher Änderungen[181] nur dann ohne Zustimmung des Bundestages zulässig sein, wenn sie nicht wesentlich sind und nicht die Identität des Vertrages betreffen, weil sie über das ursprünglich festgelegte politische Programm hinausgehen[182]. Die Abgrenzung zwischen Änderung und Auslegung muss dabei nach objektiven Kriterien vor allem am Maßstab des Vertragstextes erfolgen[183]. Sowohl das Demokratieprinzip als auch Sinn und Zweck des Art. 59 II 1 GG verlangen, dass bestimmte »Bindungen völkerrechtlicher Art nicht ohne Zustimmung des Bundestages eintreten sollen«[184].

b) Einseitige völkerrechtliche Akte

Einseitige völkerrechtliche Akte[185] sind in ihrer politischen und rechtlichen Tragweite oft kaum weniger bedeutsam als Verträge, fallen aber prima facie nicht unter den Wortlaut des Art. 59 II GG und werden zudem dem Vorbehaltsbereich der Exekutive zugeordnet[186]. Sogenannte selbständige einseitige Rechtsakte und Erklärungen, wie die Anerkennung von Staaten, der Abbruch diplomatischer Beziehungen, die Notifi-

---

[175] Zur Auslegung völkerrechtlicher Verträge – auch in Abgrenzung zur Vertragsänderung – vgl. *J. Crawford*, Brownlie's Principles of Public International Law, 8. ed. 2012, S. 378 ff.; *G. Ress/C. Schreuer*, BDGfV 23 (1982), 7 ff., 61 ff.; *J. Masing*, Methodische Grundlagen für die Auslegung der Genfer Flüchtlingskonvention, in: FS Böckenförde, 1995, S. 51 ff.; *D. Blumenwitz*, Die Auslegung völkerrechtlicher Verträge, in: ders. u.a. (Hrsg.), Doppelbesteuerungsabkommen und nationales Recht, 1995, S. 5 ff.; zur verfassungskonformen Auslegung *H. Cronauer*, Der internationale Vertrag im Spannungsfeld zwischen Verfassung und Völkerrecht, 1986, S. 34 ff.
[176] BVerfGE 90, 286 (361 f.); 104, 151 (199 ff., 207, Rn. 147 ff., 157); *G. Ress*, Verfassungsrechtliche Auswirkungen der Fortentwicklung völkerrechtlicher Verträge, in: FS Zeidler, 1987, S. 1175 ff.
[177] BVerfGE 90, 286 (362); s. auch E 68, 1 (36 f.); s. noch *D. Murswiek*, NVwZ 2007, 1130 ff.
[178] BVerfGE 90, 286 (363); a.A. die *abweichende Meinung*, ebd., S. 375.
[179] Vgl. *A. Steinbach*, DÖV 2007, 555 ff.; *C. Waldhoff*, Int. Steuerrecht 11 (2002), 693 (696).
[180] BVerfGE 89, 155 (187 f., 210); *Butzer/Haas* (Fn. 83), Art. 59 Rn. 58.
[181] Zum Fall der Fortentwicklung durch Entscheidungen von Ausschüssen und Organisationen *T. Plate*, DÖV 2011, 606 ff.
[182] BVerfGE 104, 151 (210, Rn. 142); vgl. auch *Nettesheim* (Fn. 112), Art. 59 Rn. 132, 135 f.; *Butzer/Haas* (Fn. 83), Art. 59 Rn. 59; restriktiv *C. Hillgruber*, Die Fortentwicklung völkerrechtlicher Verträge als staatsrechtliches Problem, in: FS Leisner, 1999, S. 53 ff.
[183] *Pernice* → Bd. II², Art. 59 Rn. 43; *Butzer/Haas* (Fn. 83), Art. 59 Rn. 58.
[184] BVerfGE 68, 1 (88); s. auch abweichende Meinung *Mahrenholz*, ebd., S. 127 f.; sowie abweichende Meinung BVerfGE 90, 286 (372 ff., 377); vgl. auch *Kempen* (Fn. 65), Art. 59 Rn. 51; *Rojahn* (Fn. 47), Art. 59 Rn. 65; *Ress*, Auswirkungen (Fn. 127), S. 1779; *Butzer/Haas* (Fn. 83), Art. 59 Rn. 58.
[185] Zu Terminologie und Erscheinungsformen *W. Fiedler*, Unilateral acts in international law, in: EPIL IV (2000), S. 1018 ff.; *Verdross/Simma*, Universelles Völkerrecht, § 664; *Crawford*, Principles (Fn. 175), S. 642 ff.
[186] So BVerfGE 68, 1 (84 ff.); 90, 286 (358).

kation, Erklärungen zur Reichweite des Festlandsockels[187], Proteste, Verzichtserklärungen werden deshalb **nicht** von Art. 59 II GG **erfasst**[188]. Die Gegenauffassung, wonach alle Akte, die völkerrechtliche Bindungen bewirken, zustimmungspflichtig sind[189], ist mit Art. 59 II GG nicht vereinbar[190].

38 Eine differenzierende Betrachtung wird dagegen bei unselbständigen einseitigen Rechtsakten befürwortet, also Erklärungen, die im Rahmen vertraglicher Abmachungen oder unmittelbar in Bezug darauf abgegeben werden. Ein einseitiger Vertragsbeitritt ist ohne weiteres zustimmungspflichtig, weil de facto ein Vertrag geschlossen wird[191]. Dagegen wirft der **einseitige Vorbehalt**, der einzelne Rechtswirkungen eines Vertrages ausschließt oder ändert (Art. 19–21 WVK), Probleme auf. In der Praxis wird er meist sinnentsprechend zugleich mit dem Vertrag zum Gegenstand bzw. zur Bedingung der Zustimmung gemacht[192], das Vertragsgesetz kann auch umgekehrt den Verzicht auf Vorbehalte ausdrücklich vorsehen[193]. Inwieweit dies für die Regierung bindend ist und ob ohne eine derartige Klausel ein Vorbehalt ohne parlamentarische Zustimmung später erklärt werden darf, ist unklar und umstritten[194]. Für die Zustimmungsbedürftigkeit spricht, dass der spätere Vorbehalt die (vertragliche) Regelung inhaltlich ändert. Die einseitige Entscheidungsbefugnis der Regierung wird als Widerspruch zur gemeinsamen Kompetenz von Parlament und Regierung betrachtet[195]. Die Anbringung von Vorbehalten zu gesetzgebenden Verträgen sei »funktional eine Form der Gesetzgebung«[196]. Der durch die Internationalisierung der Rechtsetzung erlittene Machtverlust der Parlamente bedürfe der Kompensation[197]. Schließlich bestehe die Gefahr einer Umgehung des Art. 59 II GG[198]. Ein Vorbehalt begründet aber keine im Vertragsgesetz nicht enthaltenen Pflichten oder Rechte[199], sondern befreit lediglich von vertraglichen Pflichten und stellt ein Minus an völkerrechtlichen, vollziehbaren

---

[187] Dazu *B. Schmidt*, Die Erweiterung der seewärtigen Hoheitsrechte der Bundesrepublik Deutschland und der DDR unter besonderer Berücksichtigung deutschlandrechtlicher Probleme, 1989, S. 74 ff.
[188] *Bleckmann*, Grundgesetz (Fn. 91), S. 225; *Nettesheim* (Fn. 112), Art. 59 Rn. 162 ff.; *Rauschning* (Fn. 83), Art. 59 Rn. 64.
[189] *Streinz* (Fn. 66), Art. 59 Rn. 42 ff.; *Jarass/Pieroth*, GG, Art. 59 Rn. 10; s. auch *Kokott*, Einseitige Akte (Fn. 87), S. 519 ff.; enger *Fastenrath*, Kompetenzverteilung (Fn. 30), S. 242.
[190] Vgl. *Kempen* (Fn. 65), Art. 59 Rn. 55.
[191] *Fastenrath*, Kompetenzverteilung (Fn. 30), S. 230; *Kempen* (Fn. 65), Art. 59 Rn. 57; *Butzer/Haas* (Fn. 83), Art. 59 Rn. 62.
[192] Vgl. *Zuleeg* (Fn. 85), Art. 59 Rn. 41; *H. D. Treviranus*, DÖV 1976, 325 (326); *Schweitzer*, Staatsrecht III, Rn. 210 f.; zu den in der Praxis entwickelten »Leitsätzen zur Erklärung von Vorbehalten in völkerrechtlichen Verträgen« vgl. *W. Weissauer*, Völkerrechtliche Verträge – Zusammenwirken von Bund und Ländern, in: FS Bengl, 1984, S. 149 ff. (165 f.); vgl. ferner *C. Tomuschat*, Verwirrung über die Kinderrechte-Konvention der Vereinten Nationen, in: FS Zacher, 1998, S. 1143 ff.
[193] *Fastenrath*, Kompetenzverteilung (Fn. 30), S. 235; *Geiger*, Grundgesetz (Fn. 20), S. 127; *Rojahn* (Fn. 47), Art. 59 Rn. 40.
[194] Vgl. *T. Schweisfurth*, Vorbehalte und Erklärungen beim Abschluß völkerrechtlicher Verträge, in: Geiger, Vertrag (Fn. 173), S. 71 ff.; *W. Wiese*, DVBl. 1975, 73 ff.; zur Differenzierung nach dem Zeitpunkt der Erklärung vgl. *M. Müller*, Die innerstaatliche Umsetzung von einseitigen Maßnahmen der auswärtigen Gewalt, 1994, S. 77 ff.
[195] *Jarass/Pieroth*, GG, Art. 59 Rn. 8.
[196] *Rojahn* (Fn. 47), Art. 59 Rn. 40; *Kokott*, Einseitige Akte (Fn. 87), S. 514 f.; *R. Kühner*, Vorbehalte zu multilateralen völkerrechtlichen Verträgen, 1986, S. 192.
[197] *Fastenrath*, Kompetenzverteilung (Fn. 30), S. 233.
[198] *H. D. Jarass*, DÖV 1975, 117 (120); *Schweitzer*, Staatsrecht III, Rn. 210 f.; *Streinz* (Fn. 66), Art. 59 Rn. 43.
[199] Vgl. *G. Ress*, Verfassung und völkerrechtliches Vertragsrecht, in: FS Doehring, 1989, S. 803 ff. (832).

III. Gesetzesvorbehalt für besondere Verträge (Art. 59 II 1 GG) Art. 59

Bindungen dar[200]. Darüber hinaus begründet das Vertragsgesetz keine Verpflichtung der Regierung zur Ratifikation des Vertrages, so dass ein Ausschluss einzelner Vertragsbestimmungen durch einen Vorbehalt als Minus der Regierung erst recht nicht verwehrt werden kann[201].

Keiner Zustimmungspflicht unterliegen auch Erklärungen, die eine **Beendigung oder Suspendierung von völkerrechtlichen Verträgen** bewirken (Kündigung, Rücktritt, Austritt)[202]. Ebenso wie die vertragliche Aufhebung von Verträgen, die übereinstimmende Nichtbefolgung oder der Austritt aus internationalen Organisationen führen sie lediglich zum Wegfall rechtlicher Bindungen, so dass auch in der Staatspraxis auf eine Parlamentsbeteiligung verzichtet wird[203]. Demgegenüber wird teilweise bei (hoch)politischen Verträgen die Zustimmung des Parlaments verlangt[204]. Das ist in dieser Allgemeinheit jedenfalls mit Art. 59 II GG und der Notwendigkeit außenpolitischer Handlungsfreiheit nicht vereinbar[205]. Allenfalls in Extremfällen wie beim Austritt aus der EU oder ähnlich gravierenden Konstellationen wird man eine derartige Mitwirkung des Parlaments auch formal verlangen können[206], im parlamentarischen Regierungssystem ist ein solcher Schritt ohne sachliche Unterstützung des Bundestages aber ohnehin schwerlich denkbar. 39

Keines Vertragsgesetzes bedarf schließlich das **contracting-out** oder **opting-out** im Rahmen von vertragsgesetzlich vereinbarten Verfahren der internationalen Beschlussfassung, mit dem eine Bindung an die (idR. mehrheitlich) beschlossene Regelung gerade verhindert wird[207]. Das in diesem Verfahren gegebenenfalls auch von deutscher Seite abzugebende Votum für oder gegen die fragliche Regelung oder gar den Vertrag[208] bedarf ebenso wie die **einseitige Zustimmung** zu bestimmten konkreten Handlungen oder Beschlüssen im Rahmen völkerrechtlicher Vertragswerke, Regime oder Organisationen (z. B. Teilnahme am System der Sonderziehungsrechte des IWF, Unterwerfungserklärung gem. Art. 36 II IGH Statut, Erklärungen gem. Art. 46 EMRK) der Mitwirkung nach Art. 59 II GG nur, wenn der Vertrag explizit eine Ratifikation vorsieht[209]. Sofern schon im Vertrag die Abgabe derartiger Erklärungen vorge- 40

---

[200] Pernice → Bd. II², Art. 59 Rn. 39; *Butzer/Haas* (Fn. 83), Art. 59 Rn. 63.
[201] *Kempen* (Fn. 65), Art. 59 Rn. 58 f.; *Nettesheim* (Fn. 112), Art. 59 Rn. 122; *Rojahn* (Fn. 47), Art. 59 Rn. 57; *Butzer/Haas* (Fn. 83), Art. 59 Rn. 63.
[202] *Bayer*, Aufhebung (Fn. 10), S. 187 ff.; *C. Engel*, Völkerrecht als Tatbestandsmerkmal deutscher Normen, 1989, S. 58 ff.; *W. Diehl*, Die Mitwirkung des Parlaments bei der Kündigung völkerrechtlicher Verträge, Diss. jur. Mainz 1967, S. 58 ff., 267 ff.; *R. Bernhardt*, HStR VII, § 174 Rn. 15; *Zuleeg* (Fn. 85), Art. 59 Rn. 41; *Rojahn* (Fn. 47), Art. 59 Rn. 47; *Fastenrath*, Kompetenzverteilung (Fn. 30), S. 238 f.; *Butzer/Haas* (Fn. 83), Art. 59 Rn. 65; a.A. *Ehrenzeller*, Legislative Gewalt (Fn. 56), S. 208 ff.
[203] BVerfGE 68, 1 (83 ff.); *Rauschning* (Fn. 83), Art. 59 Rn. 127; *Streinz* (Fn. 66), Art. 59 Rn. 46; *Schweitzer*, Staatsrecht III, Rn. 232.
[204] *Friesenhahn*, Parlament (Fn. 74), S. 70; *Pernice* → Bd. II², Art. 59 Rn. 40; *Röben*, Außenverfassungsrecht (Fn. 27), S. 115 f.; *Wolfrum*, Kontrolle (Fn. 69), S. 50; *Nettesheim* (Fn. 112), Art. 59 Rn. 140; *Fastenrath/Groh* (Fn. 26), Art. 59 Rn. 77 f.; *F. Ehm*, BLJ 2012, 45 ff.
[205] *Kempen* (Fn. 65), Art. 59 Rn. 61; *Rojahn* (Fn. 47), Art. 59 Rn. 74; *Butzer/Haas* (Fn. 83), Art. 59 Rn. 65; *Kokott*, Einseitige Akte (Fn. 87), S. 512.
[206] Das Beispiel wird angeführt von *Pernice* → Bd. II², Art. 59 Rn. 40.
[207] *Zuleeg* (Fn. 85), Art. 59 Rn. 44; *Butzer/Haas* (Fn. 83), Art. 59 Rn. 66; vgl. Art. 10 II b) des Wiener Übereinkommens über den Schutz der Ozonschicht.
[208] Vgl. etwa die nach Art. 2 IX des Montrealer Protokolls möglichen verbindlichen Anpassungen nötigenfalls durch Beschluss von 2/3 der auf der Konferenz vertretenen Vertragsparteien; zur Dynamisierung von Verträgen in dieser Hinsicht *C. Tomuschat*, Recueil de Cours 241 (1993/IV), 195 (264 ff., 325 ff.); vgl. auch die Bindung an Mehrheitsbeschluss nach Art. 108 SVN.
[209] So z. B. für Änderungen der Konvention Art. 9 des Wiener Ozon-Abkommens im Gegensatz zu

Art. 59   C. Erläuterungen

sehen ist oder von Inhalt und Zweck gedeckt ist, werden sie durch die Zustimmung zum Vertrag legitimiert[210].

41   Die Anwendbarkeit des **Art. 59 II GG** ist auf die wenigen genannten Fälle beschränkt und **nicht allgemein** auf **wichtige außenpolitische Entscheidungen** auszudehnen. Der Nato-Doppelbeschluss war als einseitiger Akt trotz seiner hohen Bedeutung nicht nach Art. 59 II GG zustimmungspflichtig[211]. Soweit das Bundesverfassungsgericht eine zusätzliche parlamentarische Entscheidung verlangt wie bei Auslandseinsätzen der Bundeswehr[212], dem Übergang zur Währungsunion[213] oder der Bewältigung der Finanzkrise[214], stützt es dies nicht auf Art. 59 II GG, sondern auf andere Gesichtspunkte. Grenzen der parlamentarischen Beteiligung folgen dagegen aus der außenpolitischen Verantwortung der Exekutive und der Sicherung eines Kernbereichs eigenständiger Entscheidungsverantwortung[215].

c) Soft Law

42   Förmliche Verträge bilden nur einen Ausschnitt aus der Vielzahl von Instrumenten internationaler Verhaltensabstimmung mit mehr oder weniger bindender Natur. Unter dem **Begriff** des soft law werden rechtlich nicht unmittelbar bindende Erklärungen, Verhaltenskodizes, Beschlüsse und Akte verstanden, die teilweise erhebliche politische Verpflichtungen in den internationalen Beziehungen, aber auch für die interne Rechtsetzung bis hin zur Verfassung begründen[216]. Beispiele sind Resolutionen der UNO, am prominentesten die Allgemeine Erklärung der Menschenrechte von 1948, die KSZE Schlussakte und das darauf aufbauende OSZE-Regime[217] sowie der OECD-Kodex zur Liberalisierung des Kapitalverkehrs[218]. Im Bereich der Hochschul- und Bildungspolitik findet sich mit dem Bologna-Prozess zur Errichtung eines »europäischen Hochschul- und Forschungsraums« ein besonders eminentes Beispiel für die weitreichenden Wirkungen **nicht-bindende**r **Absprachen**[219]. Die genaue Qualifizierung derar-

---

Art. 10; vgl. allgemein *S. Kadelbach*, Die parlamentarische Kontrolle des Regierungshandelns bei der Beschlussfassung in internationalen Organisationen, in: R. Geiger (Hrsg.), Neuere Probleme der parlamentarischen Legitimation im Bereich der auswärtigen Gewalt, 2003, S. 41 ff.

[210] *Fastenrath*, Kompetenzverteilung (Fn. 30), S. 242; *Rojahn* (Fn. 47), Art. 59 Rn. 67; *Butzer/Haas* (Fn. 83), Art. 59 Rn. 67.

[211] BVerfGE 68, 1 (80 ff.).

[212] BVerfGE 90, 286 (381 ff.); → Art. 87a Rn. 19; das qualifizieren als Modifikation *Wolfrum*, Kontrolle (Fn. 69), S. 52 f.; *J. Kokott*, DVBl. 1996, 937 (939 f.).

[213] BVerfGE 89, 155 (203 f.); s. auch E 97, 350 (374 ff.).

[214] Vgl. BVerfGE 130, 318 (341 ff., Rn. 48 ff.); 135, 317 (399 ff., Rn. 161 ff.); *B. Daiber*, DÖV 2014, 809 ff.

[215] BVerfGE 108, 34 (44, Rn. 41) – AWACS; dazu *M. Krajewski*, AVR 41 (2003), 419 ff.

[216] Zum Begriff vgl. *M. Bothe*, NYIL 1980, 65 ff.; *D. Thürer*, ZSR 104 (1985), 429 ff.; *Verdross/Simma*, Universelles Völkerrecht, § 654; s. auch *Nettesheim* (Fn. 112), Art. 59 Rn. 113 ff. sowie *Tomuschat*, Verfassungsstaat (Fn. 73), S. 32 ff.

[217] Zu ihrem Status als Internationale Organisation vgl. *J. Bortloff*, Die Organisation für Sicherheit und Zusammenarbeit in Europa – Eine völkerrechtliche Bestandsaufnahme, 1996, S. 326 ff.; *M. Wenig*, Möglichkeiten und Grenzen der Streitbeilegung ethnischer Konflikte durch die OSZE, 1996, S. 58 ff.

[218] Vgl. *K. W. Grewlich*, RIW 1977, 252 (255).

[219] Vgl. *P. Wex*, Bachelor and Master, 2005; *Schorkopf*, Grundgesetz (Fn. 29), S. 143 f.

III. Gesetzesvorbehalt für besondere Verträge (Art. 59 II 1 GG)   Art. 59

tiger Normen als »außerrechtlich«[220], prédroit[221] oder rechtsetzend[222] ist im vorliegenden Zusammenhang unerheblich, da sie aufgrund des fehlenden Bindungswillens jedenfalls **nicht vom Vertragsbegriff des Art. 59 II GG erfasst** werden und folglich auch nicht zustimmungspflichtig sind[223].

Die pauschale Ablehnung einer Zustimmungspflicht wird teilweise als realitätsfern und unangemessen kritisiert, weil derartiges soft law u.U. weitreichende Bindungswirkungen entfaltet[224]. Hier ist freilich Vorsicht geboten. Richtig ist sicher, zunächst zu untersuchen, ob nicht doch rechtlich bindende Absprachen getroffen worden sind[225]. Bereits die These, dass im Falle eines Verweises auf soft law Standards in einem bindenden Vertrag diese unverbindlichen Maßstäbe »in den Status rechtlich bindender Vertragspflichten befördert« werden und daher Art. 59 II GG unterliegen sollen[226], ist verfehlt. Der verweisende Vertrag ist selbstverständlich zustimmungspflichtig, aber nicht das (frühere) soft law[227]. Allenfalls kann eine spätere Änderung des kraft dynamischer Verweisung inkorporierten soft law eine materielle Vertragsänderung nach den allgemeinen Regeln bedeuten[228]. Noch **fragwürdig**er ist eine **Erstreckung der Zustimmungspflicht auf** Fälle, in denen das **soft law** »reale Wirkungen wie ein Vertrag« erzielt[229], was schon viel zu unklar und unbestimmt ist. Art. 59 II GG setzt einen gewissen Formaspekt voraus.   43

4. Zustimmung oder Mitwirkung

Die Formel der »**Zustimmung oder Mitwirkung**« der gesetzgebenden Körperschaften verweist auf die Vorschriften über das Gesetzgebungsverfahren und die Differenzierung bezieht sich auf die **unterschiedliche Beteiligungsform des Bundesrates** durch Zustimmung oder Einspruch. Bei völkerrechtlichen Verträgen mit Gesetzescharakter gelten die allgemeinen Regeln über die Zustimmungspflichtigkeit von Gesetzen[230], bei politischen Verträgen hat der Bundesrat ebenso nur ein Einspruchsrecht[231] wie bei   44

---

[220] *W. Wengler*, AVR 22 (1984), 306 (307 ff., 313); *T. Schweisfurth*, ZaöRV 36 (1976), 681 ff.; *Fastenrath*, Kompetenzverteilung (Fn. 30), S. 44 ff.; *Verdross/Simma*, Universelles Völkerrecht, § 654.
[221] *I. Seidl-Hohenveldern*, International Economic ›Soft Law‹, Recueil de Cours 1979 II, tome 163, 164 (225); *M. Virally*, Sur la notion d'accord, in: FS Bindschedler 1980, S. 159 ff. (165); *ders.*, Annuaire de l'Institut de Droit International, 1983, S. 166 ff.; *C.-A. Colliard*, Institutions des relations internationales, 9. ed. 1990, S. 261.
[222] So vor allem *C. Tomuschat*, ZaöRV 36 (1976), 444 (484); *ders.*, Verfassungsstaat (Fn. 73), S. 33 f.
[223] Vgl. *Rojahn* (Fn. 47), Art. 59 Rn. 3; *Streinz* (Fn. 66), Art. 59 Rn. 40; *Kempen* (Fn. 65), Art. 59 Rn. 54; *Butzer/Haas* (Fn. 83), Art. 59 Rn. 68; *W. Wengler*, JZ 1995, 21 ff.
[224] Vgl. insbes. *Pernice* → Bd. II², Art. 59 Rn. 45; *Butzer/Haas* (Fn. 83), Art. 59 Rn. 69.
[225] Vgl. abweichende Meinung *Mahrenholz*, BVerfGE 68, 1 (111, 127); *Streinz* (Fn. 66), Art. 59 Rn. 40; *Butzer/Haas* (Fn. 83), Art. 59 Rn. 69.
[226] *Kempen* (Fn. 65), Art. 59 Rn. 54; *Butzer/Haas* (Fn. 83), Art. 59 Rn. 69; *Pernice* → Bd. II², Art. 59 Rn. 45.
[227] Das ist schon praktisch i.d.R. gar nicht möglich.
[228] In diese Richtung *Pernice* → Bd. II², Art. 59 Rn. 45.
[229] *Pernice* → Bd. II², Art. 59 Rn. 45; *Nettesheim* (Fn. 112), Art. 59 Rn. 118; *Butzer/Haas* (Fn. 83), Art. 59 Rn. 69.
[230] Es muss nur eine Norm des Vertrages zustimmungspflichtig sein, *Butzer/Haas* (Fn. 83), Art. 59 Rn. 82. → Art. 77 Rn. 46.
[231] Vgl. *E. Menzel*, JZ 1971, 745 ff.; *W. Kewenig*, ZRP 1971, 238 ff.; *Rosengarten*, Begriff (Fn. 138), S. 59 ff.; *J.A. Frowein*, JuS 1972, 241 (243); *Kempen* (Fn. 65), Art. 59 Rn. 75; *Streinz* (Fn. 66), Art. 59 Rn. 48; *Butzer/Haas* (Fn. 83), Art. 59 Rn. 83; *Nettesheim* (Fn. 112), Art. 59 Rn. 150; das entspricht auch der Praxis, s. *Weissauer*, Völkerrechtliche Verträge (Fn. 192), S. 168; a.A. *F. Klein*, JZ 1971, 752 ff.

Verträgen über Gegenstände der Landesgesetzgebung[232]. Das Initiativrecht liegt regelmäßig allein bei der Bundesregierung[233]. Bundestag und Bundesrat können dem Vertrag die Zustimmung lediglich im Ganzen (en bloc) erteilen oder verweigern, aber keine Änderungen vornehmen[234]. Gleichwohl übernehmen sie die politische Verantwortung für die Rechtsfolgen[235]. Allerdings entfaltet das Zustimmungsrecht ebenso wie das parlamentarische Regierungssystem eine präventive Wirkung, so dass die Regierung im Vorfeld Interessen und Wünsche des Parlaments durchaus berücksichtigen wird[236]. Die Zustimmung muss vor der Ratifikation erfolgen[237]. Das Vertragsgesetz begründet indes weder eine Pflicht zur Ratifikation noch eine Bindungswirkung hinsichtlich der Aufrechterhaltung oder Beendigung des Vertrages[238].

45 Eine **generelle Delegation** der Befugnis gem. Art. 59 II GG an die Bundesregierung nach Art. 80 I GG wird allgemein für **unzulässig** gehalten, da es sich um einen »Regierungsakt in Form eines Bundesgesetzes« handelt und das Zustimmungsrecht insoweit ein »zwingender und nicht verzichtbarer Sondervorbehalt der Legislative« ist[239]. Der Begriff der »Mitwirkung« in Art. 59 II GG eröffnet aber die **Möglichkeit zu einer** begrenzten antizipierten **Zustimmung** durch eine gesetzliche Ermächtigung zum Abschluss eines Vertrages und zu seinem innerstaatlichen Vollzug durch Rechtsverordnung im Hinblick auf einzelne Vertragsgegenstände[240]. Da hierbei gemäß Art. 80 I GG Inhalt, Zweck und Ausmaß der künftigen Regelung bestimmt sein müssen[241], gewinnt die Legislative sogar einen gewissen Einfluss auf die Vertragsgestaltung. Die Bestimmtheitsanforderungen steigen zudem mit der Wesentlichkeit[242].

5. Rechtswirkungen

46 Während in einigen Verfassungsordnungen völkerrechtliche Verträge, freilich nur soweit sie self-executing sind, aufgrund der Konstruktion der Adoption unmittelbarer

---

[232] *Kempen* (Fn. 65), Art. 59 Rn. 76; *Streinz* (Fn. 66), Art. 59 Rn. 49; *Butzer/Haas* (Fn. 83), Art. 59 Rn. 84.
[233] BVerfGE 90, 286 (358); *Rojahn* (Fn. 47), Art. 59 Rn. 55; *Zuleeg* (Fn. 85), Art. 59 Rn. 47; a.A. *Fastenrath*, Kompetenzverteilung (Fn. 30), S. 240; *ders./Groh* (Fn. 26), Art. 59 Rn. 85; *Wolfrum*, Kontrolle (Fn. 69), S. 48; auch in der Praxis sind vereinzelt Entwürfe von Fraktionen eingebracht worden s. *G. Kretschmer*, Gesetzentwürfe aus der Mitte des Bundestages und völkerrechtliche Verträge, in: FS Helmrich, 1994, S. 537 ff. (537 f.); differenzierend *Butzer/Haas* (Fn. 83), Art. 59 Rn. 86.
[234] Vgl. BVerfGE 77, 170 (231); *Kempen* (Fn. 65), Art. 59 Rn. 73; der Begriff des »Bepackungsverbots« (*Kokott*, Einseitige Akte [Fn. 87], S. 515; *Rojahn* [Fn. 47], Art. 59 Rn. 57; *Butzer/Haas* [Fn. 83], Art. 59 Rn. 87) ist aber wegen Art. 110 IV GG verfehlt.
[235] Vgl. *Rojahn* (Fn. 47), Art. 59 Rn. 30; s. auch im Hinblick auf Art. 23/24 BVerfGE 89, 155 (183).
[236] Vgl. *Tomuschat*, Verfassungsstaat (Fn. 73), S. 29; vgl. auch H.D. *Treviranus*, Außenpolitik im demokratischen Rechtsstaat, 1966, S. 36 ff.; *R. Wolfrum*, Vorbereitende Willensbildung und Entscheidungsprozess beim Abschluss multilateraler völkerrechtlicher Verträge, in: FS Rauschning, 2001, S. 407 ff. (409 ff.).
[237] *Rojahn* (Fn. 47), Art. 59 Rn. 33; eine Heilung durch nachträgliche Zustimmung beseitigt nicht den Verfassungsverstoß, s. *Kempen* (Fn. 65), Art. 59 Rn. 78; großzügiger *Butzer/Haas* (Fn. 83), Art. 59 Rn. 88.
[238] BVerfGE 90, 286 (358); vgl. auch BVerfGE 68, 1 (85 f.); *R. Bernhardt*, HStR VII, § 174 Rn. 9; *Jarass/Pieroth*, GG, Art. 59 Rn. 16; *Butzer/Haas* (Fn. 83), Art. 59 Rn. 94.
[239] BVerfGE 1, 372 (395 f.); *Kempen* (Fn. 65), Art. 59 Rn. 80; *Rojahn* (Fn. 47), Art. 59 Rn. 60.
[240] *Kempen* (Fn. 65), Art. 59 Rn. 68, 80; *Rauschning* (Fn. 83), Art. 59 Rn. 87, 91; *Rojahn* (Fn. 47), Art. 59 Rn. 61; *Butzer/Haas* (Fn. 83), Art. 59 Rn. 92; *Wolfrum*, Kontrolle (Fn. 69), S. 46 f.; A. *Steinbach*, DÖV 2007, 555 (556); zur bloßen Umsetzungsermächtigung: → Rn. 32.
[241] *Wolfrum*, Kontrolle (Fn. 69), S. 46.
[242] Vgl. auch *Dregger*, Antizipierte Zustimmung (Fn. 161), S. 71 ff.

III. Gesetzesvorbehalt für besondere Verträge (Art. 59 II 1 GG)   Art. 59

Teil des innerstaatlichen Rechts werden[243], bedarf es wegen Art. 59 II GG unter dem Grundgesetz eines besonderen Rechtsaktes in Form des Vertragsgesetzes. Art. 59 II GG lässt aber die Frage offen, wie das Völkerrecht konstruktiv in innerstaatliches Recht überführt wird. Während die **Transformationstheorie** von einer dualistischen Trennung des Völkerrechts und des nationalen Rechts in zwei selbständige Rechtskreise ausgeht und einen Transformationsakt verlangt, der den Vertrag von seinem völkerrechtlichen Geltungsgrund löst und in eine innerstaatliche Rechtsquelle umwandelt[244], ist die **Vollzugstheorie** mit einer dualistischen und einer monistischen Konzeption vereinbar und verlangt nur einen Vollzugsbefehl, der das Völkerrecht in innerstaatlich anwendbares Recht überführt[245]. Im ersten Fall verliert das Völkerrecht seinen Charakter als Völkerrecht, im zweiten nicht[246]. Die Rechtsprechung folgte ursprünglich überwiegend der Transformationslehre[247], tendiert neuerdings aber stärker zur Vollzugstheorie, wenn sie von »Rechtsanwendungsbefehl« spricht[248]. Das **Bundesverfassungsgericht vermischt** allerdings **beide Theorien** mit seiner Formulierung, dass der Gesetzgeber internationales Recht »in das deutsche Recht transformiert und einen entsprechenden Rechtsanwendungsbefehl erteilt«[249]. Praktische Folgen hat der Streit zwar nicht[250], die Vollzugslehre erklärt den Zeitpunkt der innerstaatlichen Rechtsanwendung aber besser[251].

Die innerstaatliche Bindungswirkung an die unmittelbar anwendbaren (self-executing) Bestimmungen des jeweiligen Vertrages[252] tritt erst mit dem völkerrechtlichen Inkrafttreten des Vertrages ein[253], das auch nach der Ratifizierung liegen kann. Aufgrund des Vertragsgesetzes erlangt der völkerrechtliche Vertrag wie die EMRK nur   **47**

---

[243] Das gilt insbes. für die USA (Art. VI § 2 US-Verf.) und Frankreich (Art. 55 Frz. Verf. 1958); zur Rechtsvergleichung *L. Erades*, Interactions between international und municipal law, 1993, S. 565 ff.
[244] Vgl. *W. Rudolf*, Völkerrecht und deutsches Recht, 1967, S. 205 ff.
[245] Grundlegend *J. Partsch*, Die Anwendung des Völkerrechts im innerstaatlichen Recht, Überprüfung der Transformationslehre, 1964, S. 13 ff., 142 ff.; *Rudolf*, Völkerrecht (Fn. 244), S. 128 ff.
[246] Gegenüberstellung der Theorien etwa in *Geiger*, Grundgesetz (Fn. 20), S. 150; *Schweitzer*, Staatsrecht III, Rn. 420 ff.; *Kempen* (Fn. 65), Art. 59 Rn. 83 ff.; *Butzer/Haas* (Fn. 83), Art. 59 Rn. 97.
[247] BVerfGE 1, 396 (410 f.); 30, 272 (284 f.); BVerwGE 3, 58; 87, 11 (13); s. auch *Butzer/Haas* (Fn. 83), Art. 59 Rn. 98 m. w. N.; *J. Kokott*, Bundesverwaltungsgericht und Völkerrecht, in: FG BVerwG, 2003, S. 411 ff.
[248] BVerfGE 59, 63 (90); 63, 343 (355); 77, 170 (210); 90, 286 (364); s. auch E 46, 342 (363) mit Bezug auf Art. 25 GG; *H. Steinberger*, ZaöRV 48 (1988), 1 (3 ff.).
[249] BVerfGE 111, 307 (316 f., Rn. 31).
[250] Vgl. auch *Schweitzer*, Staatsrecht III, Rn. 423 ff.
[251] Vgl. *Rojahn* (Fn. 47), Art. 59 Rn. 43; *Butzer/Haas* (Fn. 83), Art. 59 Rn. 100; s. auch *F. A. Mann*, JIR 18 (1975), 373 ff.; ähnlich jedoch auch die gemäßigte Transformationstheorie s. *Schweitzer*, Staatsrecht III, Rn. 432 ff.
[252] Voraussetzung ist, dass die Bestimmung keines weiteren Vollzugsaktes bedarf, klar und ausreichend bestimmt ist und die einzelnen berechtigt oder verpflichtet: *Schweitzer*, Staatsrecht III, Rn. 440; *Fastenrath/Groh* (Fn. 26), Art. 59 Rn. 102 ff.; eingehend *A. Bleckmann*, Begriff und Kriterien der innerstaatlichen Anwendbarkeit völkerrechtlicher Verträge, 1970, S. 50 ff.; *A. Koller*, Die unmittelbare Anwendbarkeit völkerrechtlicher Verträge und des EWG-Vertrages im innerstaatlichen Bereich, 1971, S. 31 ff.; *G. Buchs*, Die unmittelbare Anwendbarkeit völkerrechtlicher Vertragsbestimmungen, 1993, S. 26 ff.; insofern ist zwischen unmittelbarer Anwendbarkeit und innerstaatlicher Geltung scharf zu unterscheiden *Verdross/Simma*, Universelles Völkerrecht, § 865; *Kempen* (Fn. 65), Art. 59 Rn. 95; *Rojahn* (Fn. 47), Art. 59 Rn. 37; *Butzer/Haas* (Fn. 83), Art. 59 Rn. 104; *Geiger*, Grundgesetz (Fn. 20), S. 151 f.
[253] BVerfGE 1, 396 (411); *Rojahn* (Fn. 47), Art. 59 Rn. 43; *Kempen* (Fn. 65), Art. 59 Rn. 91; s. auch BVerfGE 63, 343 (354 f.); a.A. *A. Burghart*, DÖV 1993, 1038 (1043 ff.).

den **Rang eines einfachen Bundesgesetzes**[254], das freilich Vorrang vor Landesgesetzen beanspruchen kann[255]. Lediglich kraft expliziter verfassungsrechtlicher Anordnung (Art. 24 I, 23 I GG) kann Völkerrecht einen höheren Rang erhalten[256]. Insofern gelten im Verhältnis zu anderen Bundesgesetzen die allgemeinen Kollisionsregeln (lex posterior, lex specialis)[257].

IV. Verwaltungsabkommen (Art. 59 II 2 GG)

48 Der Sinngehalt des Art. 59 II 2 GG mit seinem Verweis auf Art. 83 ff. GG erschließt sich nicht auf den ersten Blick, sondern erst aus dem Gegensatz zu Satz 1. Unter den **Begriff** des Verwaltungsabkommens fallen daher alle völkerrechtlichen Verträge der Bundesrepublik Deutschland, die weder die politischen Beziehungen des Bundes regeln noch für ihren innerstaatlichen Vollzug eines Gesetzes bedürfen[258]. Sie betreffen alle Gegenstände, die in den Handlungsformen des Verwaltungsrechts (Rechtsverordnungen, Verwaltungsvorschriften, Verwaltungsakte) geregelt werden dürfen[259]. In der Praxis wird zwischen Regierungs- und Ressortabkommen unterschieden[260], ohne dass dies für die Regelung des Art. 59 II 2 GG von Bedeutung wäre. Im Verhältnis zu den Ländern folgt die Verbandskompetenz des Bundes aus Art. 32 I GG, die sich insoweit auf alle Bereiche erstreckt, für die der Bund die Gesetzgebungskompetenz besitzt, aber neben den Ländern auch auf Materien der ausschließlichen Landesgesetzgebung. Hier ist der Bund zum Vollzug jedoch auf die Kooperation der Länder angewiesen[261].

49 Die **Abschlusskompetenz** liegt bei der **Regierung**, was eine ausnahmsweise formale Ratifikation durch den Bundespräsidenten nicht ausschließt[262]. Die Zustimmung des Bundesrates ist erforderlich unter den Voraussetzungen des Art. 80 II GG, soweit das Verwaltungsabkommen durch Rechtsverordnung vollzogen wird[263]. Die Zustimmung

---

[254] Zu Geltung und Rang der EMRK BVerfGE 74, 358 (370); und dann E 111, 307 – *Görgülü*; vgl. dazu *K. Grupp/U. Stelkens*, DVBl. 2005, 133 ff.; *J. Meyer-Ladewig/H. Petzold*, NJW 2005, 15 ff.; *S. Kadelbach*, Jura 2005, 480 ff.; *N. Sternberg*, Der Rang von Menschenrechtsverträgen im deutschen Recht unter besonderer Berücksichtigung von Art. 1 Abs. 2 GG, 1999, S. 38 ff.; *W. Unkel*, Berücksichtigung der europäischen Menschenrechtskonvention in der der neuren Rechtsprechung der bundesdeutschen Verwaltungsgerichte, 2004.
[255] Vgl. *S. Lorenzmeier*, NVwZ 2006, 759 ff.; *T. Deppner/D. Heck*, NVwZ 2008, 45 ff.
[256] BVerfGE 31, 145 (174); 73, 339 (383 f.); 75, 223 (240 ff.); *Kempen* (Fn. 65), Art. 59 Rn. 92; *Butzer/Haas* (Fn. 83), Art. 59 Rn. 101.
[257] BVerwGE 110, 203 (214); BVerwG DVBl. 2000, 1535 (1583 f.); s. auch *Butzer/Haas* (Fn. 83), Art. 59 Rn. 102; *Rauschning* (Fn. 83), Art. 59 Rn. 142; a.A. *F. Becker*, NVwZ 2005, 289 ff.
[258] Vgl. *Reichel*, Auswärtige Gewalt (Fn. 84), S. 135 ff. m. w. N.; *E. Härle*, JIR 12 (1965), 63 (95); *Zuleeg* (Fn. 85), Art. 59 Rn. 33; *Jarass*/Pieroth, GG, Art. 59 Rn. 20; *Streinz* (Fn. 66), Art. 59 Rn. 76; *Kempen* (Fn. 65), Art. 59 Rn. 102; kritisch *W. G. Grewe*, HStR III, § 77 Rn. 67 m. w. N.; Typologie bei *F.-J. Jasper*, Die Behandlung von Verwaltungsabkommen im innerstaatlichen Recht (Art. 59 Abs. 2 S. 2 GG), 1980, S. 52 ff.
[259] *Rojahn* (Fn. 47), Art. 59 Rn. 78; *Butzer/Haas* (Fn. 83), Art. 59 Rn. 115.
[260] S. auch *Rojahn* (Fn. 47), Art. 59 Rn. 80 f.; *Kempen* (Fn. 65), Art. 59 Rn. 103; *Butzer/Haas* (Fn. 83), Art. 59 Rn. 118; gem. § 72 iVm § 11 II GOBReg bedürfen die anderen Fachministerien vor Aufnahme der Vertragsverhandlungen der Zustimmung des Auswärtigen Amtes. Vgl. auch § 72 GGO, der auf §§ 45, 46, 49, 62 GGO verweist.
[261] Vgl. *Butzer/Haas* (Fn. 83), Art. 59 Rn. 116; zur Abstimmung mit den Ländern durch das Lindauer Abkommen vgl. *Rauschning* (Fn. 83), Art. 59 Rn. 74 f. → Art. 32 Rn. 5, 35, 38 ff.
[262] *Rojahn* (Fn. 47), Art. 59 Rn. 80; *Kempen* (Fn. 65), Art. 59 Rn. 102; *Butzer/Haas* (Fn. 83), Art. 59 Rn. 117.
[263] *Zuleeg* (Fn. 85), Art. 59 Rn. 37; *Kempen* (Fn. 65), Art. 59 Rn. 104; *Butzer/Haas* (Fn. 83), Art. 59 Rn. 119.

ist zudem notwendig, wenn für den Vollzug durch die Länder gem. Art. 84 II oder 85 II GG Verwaltungsvorschriften zu erlassen sind. Ohne Zustimmung darf das Verwaltungsabkommen dann nicht geschlossen werden[264].

Bei dem Vollzug der Verwaltungsabkommen wird zwischen **normativen und administrativen Verwaltungsabkommen** differenziert[265]. Im ersten Fall wird eine Verpflichtung zur innerstaatlichen Rechtsetzung begründet, die durch eine Rechtsverordnung gem. Art. 80 I GG erfüllt wird, welche den Rechtsanwendungsbefehl erteilt[266]. Im zweiten Fall kann der Vollzug durch Einzelentscheidungen der Verwaltung, innerdienstliche Weisungen oder Verwaltungsvorschriften gem. Art. 84 II, 85 II GG erfolgen[267]. Auch eine Einbeziehung als Abwägungsbelang kommt in Betracht[268]. Der Umsetzungsakt bestimmt auch den innerstaatlichen Rang des Verwaltungsabkommens[269].

50

V. Richterliche Kontrolle der auswärtigen Gewalt

Akte der auswärtigen Gewalt unterliegen grundsätzlich der verfassungsgerichtlichen Kontrolle. Als Bundesgesetz ist ein **Vertragsgesetz** gem. Art. 59 II GG der **Normenkontrolle** zugänglich[270]. Eine Verletzung von Grundrechten auch durch ein Vertragsgesetz kann mit der **Verfassungsbeschwerde** angegriffen werden[271]. Die Grundrechte binden die deutsche öffentliche Gewalt gem. Art. 1 III GG auch bei Abschluss und Zustimmung zu völkerrechtlichen Verträgen[272] oder sofern Wirkungen ihrer Betätigung im Ausland eintreten[273]. Die politische Bedeutung des Vertrages findet grundsätzlich keine Berücksichtigung[274], wohl aber erkennt das Bundesverfassungsgericht der Bundesregierung einen breiten Raum politischen Ermessens zu, da »ihr Inhalt nicht einseitig bestimmt werden kann, sondern von der Übereinstimmung der Vertragspartner abhängt«[275]. Die Grenzen sind erst überschritten, »wenn sich der Bundesregierung bei

51

---

[264] *Schweitzer*, Staatsrecht III, Rn. 466; *Rojahn* (Fn. 47), Art. 59 Rn. 85.
[265] *Butzer/Haas* (Fn. 83), Art. 59 Rn. 121.
[266] *Rojahn* (Fn. 47), Art. 59 Rn. 82.
[267] *Kempen* (Fn. 65), Art. 59 Rn. 107; *Rojahn* (Fn. 47), Art. 59 Rn. 83; Beispiele bei *Schweitzer*, Staatsrecht III, Rn. 467 ff.
[268] Zur Berücksichtigung des Weltkulturerbe-Übereinkommens bei der Elbbrücke *U. Fastenrath*, DÖV 2006, 1017 ff.; *A. Bogdandy/D. Zacharias*, NVwZ 2007, 527 ff.; *M. Kilian*, LKV 2008, 248 ff.; *H. Krieger*, AöR 133 (2008), 315 (338 ff.).
[269] *Nettesheim* (Fn. 112), Art. 59 Rn. 188 ff.; *Streinz* (Fn. 66), Art. 59 Rn. 81; *Butzer/Haas* (Fn. 83), Art. 59 Rn. 122.
[270] BVerfGE 1, 396 (410); 4, 157 (162); 6, 290 (294); 30, 272 (280); 36, 1 (13); zur Gegenposition der Regierung (nichtjustiziabler Regierungsakt) noch BVerfGE 4, 157 (161); 6, 290 (294); vgl. auch *W.G. Grewe*, HStR III, § 77 Rn. 91 m.w.N.; Rechtsvergleich mit Frankreich *T.M. Pfeiffer*, Verfassungsgerichtliche Rechtsprechung zu Fragen der Außenpolitik. Ein Rechtsvergleich Deutschland – Frankreich, 2007; zu diplomatischen Beilegungsmöglichkeiten historisch *Geck*, Wirkungen (Fn. 53), S. 281 ff.
[271] BVerfGE 6, 290 (294 f.); 89, 155 (171 ff.); zu den Verfahren im einzelnen *Rauschning* (Fn. 83), Art. 59 Rn. 169 ff.; zur Kontrolldichte *H. Schwarz*, Die verfassungsgerichtliche Kontrolle der Außen- und Sicherheitspolitik, 1995, S. 202 ff.
[272] Vgl. BVerfGE 77, 170 (222 ff.) im Gegensatz zu S. 220 f.
[273] BVerfGE 6, 290 (295); 57, 9 (23); st. Rspr. Vgl. auch *Kluth*, Bindungen (Fn. 81), S. 202 ff.; *R. Hofmann*, Grundrechte und grenzüberschreitende Sachverhalte, 1994, insbes. S. 13 ff., 345 f.; *M. Nettesheim*, HStR³ XI, § 241 Rn. 53 ff.
[274] Anders *G.F. Schuppert*, Die verfassungsgerichtliche Kontrolle der auswärtigen Gewalt, 1973, S. 115 ff.
[275] BVerfGE 94, 12 (35, 40); s. auch E 40, 141 (178 f.); *K. Stern*, NWVBl. 1994, 241 ff.; kritisch *J. Kokott*, DVBl. 1996, 937 (947 f.).

den Verhandlungen aufdrängen muß, daß sie von falschen Voraussetzungen ausgeht«[276]. Das Gericht unterwirft Einschätzungen und Wertungen außenpolitischer Art generell nur der »Grenze offensichtlicher Willkür«[277].

52 Dieser Maßstab des Gerichts wird vielfach kritisiert, weil er unvereinbar mit Art. 1 III GG sei, der keine Differenzierung auswärtiger und innerstaatlicher Gewalt zulasse[278]. Die Aussage, dass »das Grundgesetz den Organen der auswärtigen Gewalt einen sehr weiten Spielraum« gewähre[279], entbehre jeder normativen Grundlage[280]. Die Kritik ist (ebenfalls) viel zu pauschal. Richtig ist, dass das Grundgesetz keinen judicial self-restraint und keine political question doctrine kennt[281]. Allenfalls ist es dem Gericht untersagt, »Politik zu treiben«[282]. Richtig ist auch, dass Vertragsgesetze oder Verwaltungsabkommen, die in innerstaatliches Recht umgesetzt werden, in vollem Umfang der Grundrechtsbindung unterliegen und der Rekurs auf die Besonderheiten der auswärtigen Gewalt keine Grundrechtsreduktion erlaubt[283]. Im Verhältnis zu Ausländern gelten aber beispielsweise die Deutschengrundrechte nicht, und vielfach wird es im Bereich der auswärtigen Gewalt überhaupt an geeigneten verfassungsrechtlichen Prüfungsmaßstäben fehlen[284]. Außerdem ist vor allem im Bereich des Art. 3 I GG anerkannt, dass die Kontrolldichte nach Sachbereichen zu differenzieren ist. Insbesondere bei der **Feststellung von Tatsachen und bei Prognosen** stehen der Regierung im Bereich der Außenpolitik **weite Einschätzungs- und Prognosespielräume** zu[285]. Deshalb kommt es auf den jeweiligen Einzelfall an. Schließlich kann zur Erhaltung der Verträge auf die verfassungskonforme Auslegung[286] oder auf die Annäherungstheorie[287] zurückgegriffen und auf eine Nichtigerklärung verzichtet werden, wenn der erreichte Zustand »näher am Grundgesetz« ist als der frühere.

53 Zeitlich ist gegebenenfalls der Ausgang des Verfassungsstreits um die Vereinbarkeit eines Vertrages mit dem Grundgesetz abzuwarten, bevor die Ratifikation erfolgt. Diese Verpflichtung fällt in den Verantwortungsbereich des Bundespräsidenten[288]. Deshalb ist aber bei völkerrechtlichen Verträgen ausnahmsweise eine **präventive Normenkontrolle zulässig**, wenn das Vertragsgesetz zwar beschlossen, aber noch nicht in Kraft

---

[276] BVerfGE 94, 12 (35).
[277] BVerfGE 68, 1 (97); vgl. E 55, 349 (365); kritisch *T. Giegerich*, ZaöRV 57 (1997), 409 (446); vgl. auch *H.-J. Cremer*, Das Verhältnis von Gesetzgeber und Regierung im Bereich der auswärtigen Gewalt in der Rechtsprechung des Bundesverfassungsgerichts: eine kritische Bestandaufnahme, in: Geiger, Probleme (Fn. 209), S. 11ff. → Art. 1 III Rn. 44ff.
[278] *Pernice* → Bd. II², Art. 59 Rn. 53; *Fastenrath/Groh* (Fn. 26), Art. 59 Rn. 120; *Butzer/Haas* (Fn. 83), Art. 59 Rn. 111; *C. Tomuschat*, HStR VII, § 172 Rn. 53f.; *M. Schröder*, Zur Wirkkraft der Grundrechte bei Sachverhalten mit grenzüberschreitenden Elementen, in: FS Schlochauer, 1981, S. 137ff.; *Kluth*, Bindungen (Fn. 81), S. 202, 209.
[279] BVerfGE 55, 349 (365).
[280] *Pernice* → Bd. II², Art. 59 Rn. 53; *Fastenrath/Groh* (Fn. 26), Art. 59 Rn. 120.
[281] Irreführend insofern BVerfGE 35, 257 (262); 36, 1 (14f.); vgl. dagegen *W. Heun*, Die funktionell-rechtlichen Schranken der Verfassungsgerichtsbarkeit, 1989, S. 11f. m.w.N.; *M. Nettesheim*, HStR³ XI, § 241 Rn. 25ff.
[282] BVerfGE 36, 1 (14).
[283] *C. Tomuschat*, HStR VII, § 172 Rn. 53f.; *ders.*, HStR³ XI, § 226 Rn. 70.
[284] *K. Hailbronner*, Kontrolle der auswärtigen Gewalt, VVDStRL 56 (1997), S. 7ff. (14ff.).
[285] *Hailbronner*, Kontrolle (Fn. 284), S. 19ff.; *M. Nettesheim*, HStR³ XI, § 241 Rn. 31ff.
[286] BVerfGE 4, 157 (168); 36, 1 (14); näher *F. C. Zeitler*, Verfassungsgericht und völkerrechtlicher Vertrag, 1974, S. 215ff.
[287] BVerfGE 4, 157 (168ff.); kritisch *Fastenrath/Groh* (Fn. 26), Art. 59 Rn. 120.
[288] Vgl. die Zusicherung des Bundespräsidenten beim Maastricht-Vertrag BVerfGE 89, 155 (164f.).

gesetzt ist[289]. Die übrigen Verfassungsorgane müssen »die Prüfungszuständigkeit des Bundesverfassungsgerichts in ihre Überlegungen zum zeitlichen Ablauf des Verfahrens, das zur Vertragsratifikation führt, einbeziehen«, und die Exekutive darf ein anhängiges Verfahren nicht überspielen[290]. Ist der Vertrag bereits wirksam geschlossen, so begründet das (Nichtigkeits-)Urteil die Pflicht, »den dadurch geschaffenen verfassungswidrigen Zustand zu beseitigen«[291], durch Kündigung, Neuverhandlungen oder eine Verfassungsänderung.

D. Verhältnis zu anderen GG-Bestimmungen

Art. 59 GG regelt die Organkompetenz gegenüber der von Art. 32 GG erfassten Verbandskompetenz und steht neben ihm. Spezielle Regelungen existieren hinsichtlich des Abschlusses eines Friedensvertrages (**Art. 115l III GG**), der Verkündung und Beendigung des Verteidigungsfalles (**Art. 115a I, 115l II GG**; → Art. 115a Rn. 9 ff.; → Art. 115l Rn. 8) sowie der Übertragung von Hoheitsrechten (**Art. 23 I und 24 I GG**)[292]. Der Beitritt zu Systemen kollektiver Sicherheit erfolgt dagegen trotz Art. 24 II GG über Art. 59 II GG (→ Rn. 24). Dasselbe gilt für Vereinbarungen über eine internationale **Schiedsgerichtsbarkeit** nach **Art. 24 III GG** (→ Art. 24 Rn. 78 ff.). Für alle Entscheidungen hinsichtlich der Europäischen Integration stellt Art. 23 GG die spezielle und abschließende Grundlage dar.

54

Neben der Organkompetenz nach Art. 59 GG stehen die Regelungen zur Verbandskompetenz des Bundes etwa in **Art. 73 GG** (Nr. 1 für auswärtige Angelegenheiten, Nr. 3 für den Abschluss von Handels- und Schiffahrtsverträgen, Nr. 5 für Auslieferungsabkommen) oder in **Art. 83 ff. GG**. Sie betreffen die innerstaatliche Kompetenzverteilung zwischen Bund und Ländern und präjudizieren nicht die Frage parlamentarischer Zustimmung.

55

---

[289] BVerfGE 36, 1 (15); s. auch E 24, 33 (54 f.).
[290] BVerfGE 36, 1 (15).
[291] BVerfGE 6, 290 (295); *Rojahn* (Fn. 47), Art. 59 Rn. 92; *Butzer/Haas* (Fn. 83), Art. 59 Rn. 113.
[292] Die Praxis ist indessen, das Vertragsgesetz auf Art. 24 I bzw. Art. 23 I iVm. Art. 59 II GG zu stützen, ohne dass dies für Form und Verfahren rechtlich irgendetwas ändert.

Art. 60

Artikel 60 [Ernennungen; Begnadigung; Immunität]

(1) Der Bundespräsident ernennt und entläßt die Bundesrichter, die Bundesbeamten, die Offiziere und Unteroffiziere, soweit gesetzlich nichts anderes bestimmt ist.
(2) Er übt im Einzelfalle für den Bund das Begnadigungsrecht aus.
(3) Er kann diese Befugnisse auf andere Behörden übertragen.
(4) Die Absätze 2 bis 4 des Artikels 46 finden auf den Bundespräsidenten entsprechende Anwendung.

Literaturauswahl

Bachof, Otto: Über Fragwürdigkeiten der Gnadenpraxis und der Gnadenkompetenz, in: JZ 1983, S. 469–475.
Blaich, Kathrin: System und rechtsstaatliche Ausgestaltung des Gnadenrechts, 2012.
Böllhoff, Cornelius: Begnadigung und Delegation, 2012.
Busse, Peter: Die Ernennung der Bundesrichter durch den Bundespräsidenten, in: DÖV 1965, S. 469–476.
Campagna, Norbert: Das Begnadigungsrecht. Vom Recht zu begnadigen zum Recht auf Begnadigung, in: ARSP 89 (2003), S. 171–185.
Dimoulis, Dimitri: Die Begnadigung in vergleichender Perspektive. Rechtsphilosophische, verfassungs- und strafrechtliche Probleme, 1996.
Huba, Hermann: Gnade im Rechtsstaat?, in: Der Staat 29 (1990), S. 117–124.
Menzel, Eberhard: Ermessensfreiheit des Bundespräsidenten bei der Ernennung der Bundesminister?, in: DÖV 1965, S. 581–597.
Merten, Detlef: Rechtsstaatlichkeit und Gnade, 1978.
Mickisch, Christian: Die Gnade im Rechtsstaat. Grundlinien einer rechtsdogmatischen, staatsrechtlichen und verfahrensrechtlichen Neukonzeption, 1996.
Nierhaus, Michael: Entscheidung, Präsidialakt und Gegenzeichnung. Ein Beitrag zur verfassungsrechtlichen Stellung des Bundespräsidenten im System des Grundgesetzes, 1973.
Rüping, Hinrich: Die Gnade im Rechtsstaat, in: Festschrift für Friedrich Schaffstein, 1975, S. 31–44.
Schätzler, Johann-Georg: Handbuch des Gnadenrechts, 2. Aufl. 1992.
Waldhoff, Christian (Hrsg.): Gnade vor Recht – Gnade durch Recht?, 2014.
Wiontzek, Sandra: Handhabung und Wirkungen des Gnadenrechts, 2008.

Leitentscheidungen des Bundesverfassungsgerichts

BVerfGE 25, 352 (358ff.) – Gnadengesuch; 30, 108 (110ff.) – Gnadenwiderruf; 45, 187 (241ff.) – Lebenslange Freiheitsstrafe.

Gliederung

	Rn.
A. Herkunft, Entstehung, Entwicklung	1
I. Ideen- und verfassungsgeschichtliche Aspekte	1
II. Entstehung und Veränderung der Norm	5
B. Internationale, supranationale und rechtsvergleichende Bezüge	6
I. Internationale Bezüge	6
II. Supranationale Aspekte	9
III. Rechtsvergleichende Hinweise	10
C. Erläuterungen	14
I. Allgemeine Bedeutung	14
II. Das Ernennungs- und Entlassungsrecht (Art. 60 I GG)	15
1. Personaler Anwendungsbereich	16
2. Sachlicher Anwendungsbereich	19
3. Prüfungsrecht des Bundespräsidenten	20
4. Gesetzesvorbehalt	21

5. Delegationsermächtigung (Art. 60 III GG)	22
III. Das Begnadigungsrecht (Art. 60 II GG)	23
1. Gnade im Rechtsstaat	23
2. Begnadigung im Einzelfall	26
3. Gnadenrecht für den Bund	27
4. Gegenzeichnung, Justitiabilität, Delegation	29
IV. Immunität des Bundespräsidenten (Art. 60 IV GG)	32
D. Verhältnis zu anderen GG-Bestimmungen	34

Stichwörter

Abolition 26 – Amnestie 3, 5, 10f., 26 – Befreiungen 24 – Begnadigung 3, 5, 7, 10f., 26ff. – Billigkeitsgedanke 24 – Bundesbeamte 15, 17, 34 – Bundesrichter 15f., 34 – Bundesversammlung 33 – DDR 11 – Delegation 21f., 31 – Diskriminierungsverbot 9 – Ehrenschutz 33 – Entlassung der Staatsbeamten 1, 15, 19 – Ernennung 1, 9f., 15, 19ff. – Ermessen 20, 22 – Gegenzeichnung 4, 20, 22, 29 – Gnadenakte 10, 30 – Gnadenbegriff 24 – Gott 2 – Immunität 4, 8, 13, 32f. – ius cogens 8 – Justitiabilität von Gnadenakten 30 – Kaiser 1, 3 – Konstitutionalismus 2, 4 – Menschenwürde 25 – Monarch 1f., 4, 23 – Offiziere 1, 5, 9, 15, 18 – Präsidentenanklage 33 – Prüfungskompetenz 20 – Staatenimmunität 8 – Staatsoberhaupt 2ff., 8, 10, 13f., 23 – Widerruf der Begnadigung 30 – Willkürverbot 25.

A. Herkunft, Entstehung, Entwicklung

I. Ideen- und verfassungsgeschichtliche Aspekte

In Art. 60 GG bündeln sich verschiedene Traditionsstränge monarchischer Vorrechte, die auch dem republikanischen Staatsoberhaupt verblieben sind. Die **Ernennung und Entlassung der Staatsbeamten** im weiten Sinne und die Besetzung der militärischen Ränge ist eine **monarchische Kernkompetenz**[1], die darauf beruht, dass die Exekutive überhaupt aus den Stäben und Beratungsgremien der Monarchen entstanden ist. Das heutige formale Ernennungsrecht ist die verbliebene Restfunktion. In den konstitutionellen Monarchien lag das Ernennungsrecht für die Beamten ebenso wie für die Offiziere im Vorbehaltsbereich des Monarchen[2]. Art. 67 Paulskirchenverfassung normierte lediglich die Verbandskompetenz des Reiches und überließ die Regelung der Organzuständigkeit einem Reichsgesetz. Die Reichsverfassung 1871 wies das Ernennungs- und Entlassungsrecht für die Reichsbeamten dem Kaiser zu (Art. 18), die Struktur des Reichsheeres als Kontingentheer begrenzte aber das Ernennungsrecht des Kaisers auf die kontingentübergreifenden Offiziere (Art. 64 II), während die anderen Offiziere von den Monarchen bzw. Senaten der einzelnen Staaten bestimmt wurden (Art. 66). Art. 46 WRV wiederum bestimmte fast inhaltsgleich mit Art. 60 I GG, dass der Reichspräsident »die Reichsbeamten und Offiziere« ernannte und entließ.

Das **Gnadenrecht** galt seit jeher als Ausdruck von Güte, Wohlwollen, Huld, Barmherzigkeit und Milde eines Herrschers und war somit höchstpersönlicher Natur[3]. In

1

2

---

[1] *Pernice* → Bd. II[2], Art. 60 Rn. 1: »Domäne«; *J. Ipsen*, Staatsrecht I, Rn. 484: »traditionelles Hausgut«.
[2] Art. 47 PreußVerf. 1850.
[3] Vgl. *D. Merten*, Rechtstaatlichkeit und Gnade, 1978, S. 33; *H. Rüping*, Die Gnade im Rechtsstaat, in: FS Schaffstein, 1975, S. 31 ff. (36); eingehend zur Geschichte *C. Mickisch*, Die Gnade im Rechtsstaat, 1996, S. 30 ff.; ferner *W. Grewe*, Gnade und Recht, 1936, S. 41 ff., 17 ff.; *N. Campagna*, ARSP 89 (2003), 171 ff. (zur Staatstheorie seit Bodin); *K. D. Moore*, Pardons. Justice, Mercy and the Public Interest, 1989, S. 15 ff.; mit Fallbeispielen *D. v. Mayenburg*, Begnadigung aus rechtshistorischer Perspektive, in: C. Waldhoff (Hrsg.), Gnade vor Recht – Gnade durch Recht, 2014, S. 33 ff.

der christlichen, das Abendland prägenden Auffassung ist die Gnade Gottes seine huldvolle und liebende Zuwendung zum Menschen[4]. Da der Monarch seine Legitimation »von Gottes Gnaden« ableitete, übte er das Gnadenrecht als weltlicher Stellvertreter Gottes aus[5]. Daneben beanspruchte die Kirche bis in die Neuzeit konkurrierende Interventionsrechte, das Interzessionsrecht und das verwandte Kirchenasyl[6]. Solange der Monarch oberster Richter war, vereinigte er in seiner Hand Rechtsprechung und Gnadenrecht unproblematisch. Mit der allmählichen Ausdifferenzierung der Rechtsprechung brach die Einheit auf, und das Gnadenrecht trat in ein Spannungsverhältnis zu Gerichtsentscheidungen. Im Konstitutionalismus konnte der Monarch sich noch auf seine Stellung als Souverän beziehen[7]. Im klassischen Gewaltenteilungssystem ist die Zuordnung zum Staatsoberhaupt, die eine Einordnung der Gnadenentscheidung als Exekutivakt[8] oder Akt sui generis[9] nahelegt, im Grunde systemwidrig, da die Exekutive normalerweise nicht in die Rechtsprechung eingreifen darf. Die zunehmende Verrechtlichung des Gnadenwesens[10] verengt diese Kompetenz nicht nur, sondern gliedert sie partiell wieder in den Bereich der Judikative ein, ohne das Spannungsverhältnis ganz aufzuheben.

3   **Verfassungshistorisch** findet sich die normtextliche Zuweisung des Gnadenrechts an das Staatsoberhaupt in Deutschland zuerst im Preußischen Allgemeinen Landrecht von 1794 (II. Teil, 13. Titel, § 9). Die Verfassungen des 19. Jahrhunderts nahmen meist eine entsprechende Regelung auf[11]. Für reichsgerichtliche Strafsachen hatte der Kaiser das Begnadigungsrecht, bei Ministern indes nur unter parlamentarischem Vorbehalt[12]. Die Reichsverfassung von 1871 sah keine Gnadenkompetenz des Kaisers vor. Sie wurde aber für einzelne Sachbereiche einfachgesetzlich begründet[13]. Art. 49 WRV übertrug das Begnadigungsrecht dem Reichspräsidenten, stellte aber Amnestien unter einen parlamentarischen Gesetzesvorbehalt[14].

4   Die **Immunität** des Bundespräsidenten nach Art. 60 IV GG geht partiell[15] zurück auf die Unverletzlichkeit von Amt und Person des Monarchen, die bis zum Ende des Konstitutionalismus in der deutschen Verfassung verankert war[16]. Auch die Paulskirchenverfassung enthielt eine entsprechende Vorschrift (§ 73 I), nicht jedoch die Reichsverfassung von 1871. Mit der Unverletzlichkeit korrespondierte auch die durch die

---

[4] Vgl. *W. Joest*, Art. Gnade Gottes, V. Dogmatisch, in: RGG³, Bd. II, 1958, Sp. 1640 ff., ebd. Sp. 1630 ff. zur Religions- und Dogmengeschichte; vgl. ferner eigenwillig *H. Dombois*, Das Recht der Gnade. Ökumenisches Kirchenrecht Bd. I, 1961, S. 171 ff. sowie *Mickisch*, Gnade (Fn. 3), S. 47 ff.
[5] Vgl. *H. Huba*, Der Staat 29 (1990), 117 (118).
[6] *J.-G. Schätzler*, Handbuch des Gnadenrechts, 2. Aufl. 1992, S. 8 f.
[7] Vgl. *Mickisch*, Gnade (Fn. 3), S. 27.
[8] Vgl. BVerfGE 25, 352 (361, 365 f.); *Mickisch*, Gnade (Fn. 3), S. 37.
[9] Zu den verschiedenen Gnadentheorien *Schätzler*, Handbuch (Fn. 6), S. 77 ff.; *D. Dimoulis*, Die Begnadigung in vergleichender Perspektive, 1996, S. 56 ff.; *Mickisch*, Gnade (Fn. 3), S. 34 ff.; *Moore*, Pardons (Fn. 3), S. 89 ff.
[10] Zum einen durch den Anspruch auf Resozialisierung BVerfGE 35, 202 (235 ff.), s. auch E 45, 187 (243); → Art. 1 I Rn. 143; zum anderen durch die Rechtsprechung zum Rechtsweg bei Gnadenentscheidungen: → Rn. 30.
[11] Z.B. Art. 49 I PreußVerf. 1850; § 97 Württ. Verf.
[12] § 81 Paulskirchenverf.
[13] *G. Meyer/G. Anschütz*, Lehrbuch des Deutschen Staatsrechts, 7. Aufl. 1919, S. 747 f.
[14] Vgl. näher *H. Pohl*, Die Zuständigkeiten des Reichspräsidenten, in: HdbDStR I, § 42, S. 482 ff. (500).
[15] Meist ausschließlich darauf bezogen. S. etwa *H. Butzer*, in: Schmidt-Bleibtreu/Hofmann/Hopfauf, GG, 11. Aufl. 2008, Art. 60 Rn. 8.
[16] Art. 43 PreußVerf. 1850; weitere Nachweise bei *Meyer/Anschütz*, Lehrbuch (Fn. 13), S. 275.

Gegenzeichnung abgesicherte Unverantwortlichkeit des Monarchen. Keine Unverletzlichkeit, sondern lediglich die Bindung der Strafverfolgung an den Vorbehalt der Zustimmung des Reichstags sah Art. 43 III WRV vor. Das bedeutete wie bei Art. 60 IV GG eine Gleichstellung des Staatsoberhauptes mit den Parlamentsabgeordneten, die heute die andere Wurzel der Immunität auch des Bundespräsidenten darstellt.

II. Entstehung und Veränderung der Norm

Art. 60 GG fügte in einer »**legislativen Aufräumaktion**«[17] die Regelungen der Art. 82–84 HChE, die wiederum auf Art. 46, 49, 43 II WRV zurückgingen, zu einer »heterogenen«[18] Norm zusammen. Dabei wurde eine gesonderte Regelung über Amnestien erwogen, aber verworfen, und das Begnadigungsrecht zur Klarstellung auf den »Einzelfall« beschränkt[19]. Art. 60 I GG wurde durch das 7. Gesetz zur Ergänzung des Grundgesetzes vom 19.3.1956[20] geändert, indem das Ernennungs- und Entlassungsrecht auch auf Offiziere und Unteroffiziere erstreckt wurde.

B. Internationale, supranationale und rechtsvergleichende Bezüge

I. Internationale Bezüge

Das **politische Führungspersonal internationaler Organisationen** wird im Einvernehmen der Mitgliedsstaaten ernannt, wobei die Mitwirkung formell durch den Bundespräsidenten aufgrund seiner Vertretungskompetenzen aus Art. 59 I GG erfolgt, materiell und politisch aber in den Verantwortungsbereich des Außenministers und ggf. des Bundeskanzlers fällt.

Da die Gnadenkompetenz weitgehend an die Vollstreckungskompetenz anknüpft, wird sie durch das Übereinkommen über die Überstellung verurteilter Personen vom 21.3.1983[21] direkt beeinflusst. Nach Art. 12 des Vertrages können, wenn ein Vertragsstaat einem anderen einen Strafgefangenen überstellt, beide Staaten das Begnadigungsrecht ausüben (**doppelte Gnadenzuständigkeit**). Der Vollstreckungsstaat muss auch bei einem Gnadenakt des Urteilsstaates die Vollstreckung gem. Art. 14 beenden[22]. Diese Regelung entspricht auch Art. 12, 13 des Übereinkommens zwischen den Mitgliedstaaten der EG über die Vollstreckung ausländischer strafrechtlicher Verurteilungen vom 13.11.1991[23]. Die Übertragung der Gnadenkompetenz von einem auf einen anderen Staat als Annex zur Vollstreckung, wie es wegen der Gebietswechsel nach dem 1. Weltkrieg in einer Reihe von Rechtspflegeüberleitungsabkommen des Deutschen Reiches mit einigen Nachbarstaaten erfolgte[24], ist ebenfalls völkerrechtlich unbedenklich. Für die Begnadigung von durch alliierte Gerichte Verurteilten war

---

[17] *R. Herzog*, in: Maunz/Dürig, GG, Art. 60 (1986/2009), Rn. 1.
[18] *Pernice* → Bd. II², Art. 60 Rn. 16: »neben Art. 19 GG die heterogenste Norm des Grundgesetzes«.
[19] Parl. Rat XIV/1, S. 273 ff.
[20] BGBl. I S. 111.
[21] BGBl. 1991 II S. 1006.
[22] Vgl. näher *Schätzler*, Handbuch (Fn. 6), S. 29 ff.
[23] BGBl. 1997 II S. 1350; so auch Art. 21 des wegen des komplizierten Verfahrens von Deutschland nicht ratifizierten Europ. Übereinkommens über die Überwachung bedingt verurteilter oder bedingt entlassener Personen vom 30.11.1964 s. *Schätzler*, Handbuch (Fn. 6), S. 31.
[24] *Schätzler*, Handbuch (Fn. 6), S. 28 f. m. w. N.

nach dem Vertrag zur Regelung von aus Krieg und Besatzung entstandener Fragen vom 26.5.1952[25] unter Beteiligung eines Gemischten Ausschusses die alliierte Macht zuständig, deren Gericht das Urteil verhängt hatte[26].

8 Die innerstaatliche wird durch die **völkerrechtliche Immunität des Staatsoberhauptes** ergänzt[27], die ein Aspekt der Staatenimmunität und die logische Komplementärgarantie für die effektive Handlungsfähigkeit des Staates und seines obersten Vertreters im internationalen Verkehr darstellt[28]. Soweit sich Einschränkungen der Immunität durch ius cogens etwa bei völkerrechtlichen Verbrechen ergeben[29], wird über Art. 25 GG auch die innerstaatliche Immunität begrenzt (→ Art. 25 Rn. 43), was angesichts des ohnehin bestehenden Strafanspruchs geringe Bedeutung hat.

II. Supranationale Aspekte

9 Die **Mitglieder der Europäischen Kommission** gem. Art. 17 III, VII EUV und die **Richter beim Gerichtshof der Europäischen Union** gem. Art. 253 AEUV werden anders als bei sonstigen Internationalen Organisationen **ohne formelle Beteiligung des Bundespräsidenten** be- und ernannt. Bei Ernennungen deutscher Beamter und Offiziere ist der Bundespräsident zwar grundsätzlich auch an das Diskriminierungsverbot des Unionsrechts (Art. 45 AEUV) gebunden, aber regelmäßig wegen des Vorbehalts für die öffentliche Verwaltung davon ausgenommen (Art. 45 IV AEUV)[30].

III. Rechtsvergleichende Hinweise

10 Das **formale Ernennungsrecht** ist in zahlreichen anderen Staatsverfassungen ebenfalls dem Staatsoberhaupt zugewiesen[31]. Teilweise ist das Staatsoberhaupt darüber hinaus auch bei Versetzungen zu beteiligen[32]. Neben der Ernennung wird dem Staatsoberhaupt ferner vereinzelt auch die Verleihung militärischer Ränge übertragen[33]. Wie in Deutschland stellen viele Verfassungen das Ernennungsrecht zudem unter Gesetzesvorbehalt[34]. In nahezu allen Verfassungen wird das Staatsoberhaupt zum Erlass von **Gnadenakten** ermächtigt[35], allerdings meist beschränkt auf Strafurteile[36]. In einigen

---

[25] BGBl. 1955 II S. 301, 405.
[26] Näher *Schätzler*, Handbuch (Fn. 6), S. 31 ff.
[27] *K. Schlaich*, HStR II, § 48 Rn. 9.
[28] Vgl. *Verdross/Simma*, Universelles Völkerrecht, Rn. 1027, 1168 ff.; eingehend *G. Hokema*, Immunität von Staatsoberhäuptern, 2002; *C. Tangermann*, Die völkerrechtliche Immunität von Staatsoberhäuptern, 2002, S. 85 ff.; einschränkend für ehemalige Inhaber hoher DDR-Staatsämter BVerfGE 95, 96 (128 ff.); s. auch E 96, 68 (86 ff.) und zuvor zur Staatenimmunität BVerfGE 16, 27 (61 ff.).
[29] Vgl. hierzu House of Lords, Urt. v. 24.3.1999, Regina v. Bow Street Metropolitan Stipendiary Magistrate, ex parte Pinochet Ugarte, [2000] 1 A.C. 147; s. ferner *V. Epping*, in: K. Ipsen, Völkerrecht, § 5 Rn. 286 ff.; *B. Zehnder*, Immunität von Staatsoberhäuptern und der Schutz elementarer Menschenrechte – der Fall Pinochet, 2003; *Hokema*, Immunität (Fn. 28), S. 206 ff.; *Tangermann*, Immunität (Fn. 28), S. 69 ff.
[30] Zu diesem Vorbehalt vgl. hier nur EuGH v. 27.12.1980, C-149/79, Rn. 9 ff. – *Kommission/Belgien (SNCB)*; EuGH v. 2.6.1996, C-473/93, Rn. 25 ff. – *Kommission/Luxemburg*.
[31] Vgl. an erster Stelle Art. II, Sec. 2 § 2 US-Verf.
[32] Art. 20 IV Island Verf.; § 27 III Dän. Verf.
[33] Art. 107 I Belg. Verf.; Art. 45 S. 2 Griech. Verf.
[34] Z.B. Art. 45 Griech. Verf.; Art. 107 II Belg. Verf.
[35] Vgl. z. B. Art. 17 Frz. Verf. 1958; Art. 11 Ital. Verf.; *Dimoulis*, Begnadigung (Fn. 9), S. 24 m. w. N.
[36] Art. 65 II lit. c Österr. Verf.; Art. 38 Lux. Verf.; Art. 110 Belg. Verf.; Art. 47 Griech. Verf.

Staaten ist das herkömmliche Begnadigungsrecht im Einzelfall erweitert worden. So kann der dänische König auch eine allgemeine Amnestie verfügen (§ 25 S. 1 Dän. Verf.). In Finnland kann der Präsident aufgrund gesetzlicher Ermächtigung auch Dispense von gesetzlichen Vorschriften erlassen (§ 32 Finn. Verf.). In anderen Verfassungen sind dem Gnadenakt besondere Verfahren in der Form einer Beteiligung eines mehrheitlich aus Richtern bestehenden Rates (Art. 47 I Griech. Verf.) oder eines Gutachtens des obersten Gerichtshofes vorgeschaltet (§ 27 I Finn. Verf.).

In der **DDR** konnte der seit 1960 an die Stelle des Präsidenten getretene Staatsrat gem. Art. 77 DDR-Verf. 1968 bzw. Art. 74 II DDR-Verf. 1974 neben Begnadigungen sogar Amnestien ohne Mitwirkung der Volkskammer aussprechen[37]. Das Begnadigungsrecht gewann politische Bedeutung als Instrument der Abmilderung eines exzessiven Strafrechts nach Gesichtspunkten politischer Opportunität[38] und als Mittel der vorzeitigen Abschiebung von »Republikflüchtlingen« in die Bundesrepublik gegen entsprechende Finanztransfers[39].

Auf der Ebene der deutschen **Länder** wird das – gegenüber dem Bund weit bedeutendere – Gnadenrecht in den Stadtstaaten vom Senat[40], im Saarland von der Landesregierung[41], in den anderen Ländern durch den Ministerpräsidenten[42] ausgeübt.

Die **Immunität** steht Staatsoberhäuptern regelmäßig, wenngleich in etwas unterschiedlicher Form zu. In den europäischen Monarchien ist die Person des Staatsoberhauptes nach wie vor »unverletzlich«[43] oder »heilig«[44]. In Österreich wird der Bundespräsident gem. Art. 63 I Österr. Verf. generell vor »behördlichen Verfolgungen« geschützt[45]. Teilweise gelten Verfolgungshindernisse für die Dauer der Amtszeit[46]. Außerdem kann die Immunität auf Delikte in Ausübung von Amtshandlungen beschränkt sein[47].

C. Erläuterungen

I. Allgemeine Bedeutung

Die Vorschrift vereinigt höchst unterschiedliche Regelungen, die kaum einen inneren Zusammenhang aufweisen. Allenfalls finden sie ein gemeinsames Dach in der **Integra-**

---

[37] Übersicht über Amnestien bei *Schätzler*, Handbuch (Fn. 6), S. 110 ff.
[38] Vgl. *Schätzler*, Handbuch (Fn. 6), S. 109.
[39] Vgl. kurz vor Ende die sog. Krenz-Amnestie für DDR-Flüchtlinge v. 27.10.1989 (GBl. DDR I S. 237).
[40] Art. 68 Berlin Verf.; Art. 44 Hbg. Verf.; Art. 121 Brem. Verf.
[41] Art. 95 II Saarl. Verf. iVm. § 1 VO über die Ausübung des Gnadenrechts v. 2.3.1948 (ABl. S. 447) i.d.F. v. 28.3.1977 (ABl. S. 378, 381).
[42] Bsp. Art. 36 Nds. Verf.
[43] Vgl. Art. 88 Belg. Verf.; § 13 Dän. Verf.; Art. 42 II Niederl. Verf.; Art. 56 Span. Verf.; § 7 Schwed. Verf.
[44] Art. 4 Lux. Verf.
[45] Vgl. *L. Mehlhorn*, Der Bundespräsident der Bundesrepublik Deutschland und der Republik Österreich, 2010, S. 354 ff.
[46] Art. 133 IV Portug. Verf.; Art. 49 I 2 Griech. Verf.; § 47 II 3 Finn. Verf.
[47] Art. 68 Frz. Verf. 1958; § 47 II Finn. Verf.; Art. 90 Ital. Verf.; Art. 49 Griech. Verf.; zur Reichweite der Immunität des US-Präsidenten (Nixon, Clinton) vgl. hier nur *J. E. Nowak/R. D. Rotunda*, Constitutional Law, 8. ed. 2010, S. 288 ff.; eingehender Überblick über nationale Regelungen bei *Hokema*, Immunität (Fn. 28), S. 36 ff.

tions- und Repräsentationsfunktion des Staatsoberhauptes (→ Art. 54 Rn. 15 ff.). Als einzelne Kompetenzen können sie aber nur getrennt behandelt werden[48].

II. Das Ernennungs- und Entlassungsrecht (Art. 60 I GG)

15 Art. 60 I GG regelt das **formelle Ernennungs- und Entlassungsrecht** des Bundespräsidenten für Bundesrichter und Bundesbeamte, sowie die Offiziere und Unteroffiziere. Die materiellen Voraussetzungen ergeben sich nicht aus Art. 60 I GG, sondern aus Art. 33, 36 GG und den einfachen Gesetzen (DRiG, BVerfGG, BBG, SoldatenG)[49].

1. Personaler Anwendungsbereich

16 **Bundesrichter** sind alle Richter im Bundesdienst (Art. 92, 97 GG)[50]. Die Norm erfasst neben den Richtern an den in Art. 95 GG genannten obligatorischen und den in Art. 96 GG aufgeführten fakultativen Bundesgerichten alle Richter des Bundesverfassungsgerichts. Die Unterscheidung in Art. 94 I 1 GG zwischen »Bundesrichtern« und »anderen Mitgliedern« des Bundesverfassungsgerichts bezieht sich allein auf den Status vor der Wahl, so dass § 10 BVerfGG nur deklaratorischer Natur ist[51].

17 **Bundesbeamte** i. S. d. Art. 60 I GG sind alle unmittelbar im Dienste des Bundes oder aufgrund der gesetzlichen Ausgestaltungsbefugnis im Dienste einer bundesunmittelbaren Körperschaft, Anstalt oder Stiftung des öffentlichen Rechts stehenden Beamten, die in einem öffentlich-rechtlichen Treueverhältnis zum Bund stehen[52]. Allerdings meint die Vorschrift allein Beamte im statusrechtlichen Sinn, also nicht Angestellte im Bundesdienst oder Beliehene und auch nicht Mitglieder der Bundesregierung einschließlich der Parlamentarischen Staatssekretäre (Art. 63 II, 64 GG, § 2 ParlStG)[53]. Unerheblich sind Dienststellung oder Beamtentyp (Beamte auf Zeit, Widerruf, Probe, Lebenszeit) und die Einordnung als politische Beamte (§ 36 BBG)[54].

18 **Offiziere und Unteroffiziere** sind nur solche der Bundeswehr. Die Offiziere der Bundespolizei, des früheren Bundesgrenzschutzes, werden davon auch aus entstehungsgeschichtlichen Gründen nicht erfasst; der Streit ist ohnehin infolge der Abschaffung der militärischen Dienstgrade bei der Bundespolizei obsolet[55]. Aus dem Ernennungsrecht kann keine Bestandsgarantie für Offiziers- und Unteroffiziersränge abgeleitet

---

[48] *U. Fink,* in: v. Mangoldt/Klein/Starck, GG II, Art. 60 Rn. 1; auch *A. v. Arnauld,* in: v. Münch/Kunig, GG I, Art. 60 Rn. 1.
[49] *H. Butzer,* in: Schmidt-Bleibtreu/Hofmann/Henneke, GG, Art. 60 Rn. 5; *v. Arnauld* (Fn. 48), Art. 60 Rn. 2; *C. Waldhoff/H. Grefrath,* in: Friauf/Höfling, GG, Art. 60 (2009), Rn. 3.
[50] *P. Busse,* DÖV 1965, 469 (470); *M. Nierhaus,* in: Sachs, GG, Art. 60 Rn. 4; a.A. *Fink* (Fn. 48), Art. 60 Rn. 6 (Richter der Bundesgerichte); dazu *Herzog* (Fn. 17), Art. 60 Rn. 11.
[51] *Waldhoff/Grefrath* (Fn. 49), Art. 60 Rn. 5; *Herzog* (Fn. 17), Art. 60 Rn. 11; *Nierhaus* (Fn. 50), Art. 60 Rn. 4; *Butzer* (Fn. 49), Art. 60 Rn. 7; *v. Arnauld* (Fn. 48), Art. 60 Rn. 3; a.A. *Fink* (Fn. 48), Art. 60 Rn. 8; *J. Jekewitz,* in: AK-GG, Art. 60 (2001), Rn. 3; *Stern,* Staatsrecht II, S. 249f.
[52] *Jekewitz* (Fn. 51), Art. 60 Rn. 3; *Fink* (Fn. 48), Art. 60 Rn. 9; *v. Arnauld* (Fn. 48), Art. 60 Rn. 3; *Butzer* (Fn. 49), Art. 60 Rn. 8; a.A. *Herzog* (Fn. 17), Art. 60 Rn. 12.
[53] *Butzer* (Fn. 49), Art. 60 Rn. 8.
[54] *Herzog* (Fn. 17), Art. 60 Rn. 12; *Waldhoff/Grefrath* (Fn. 49), Art. 60 Rn. 6; *Butzer* (Fn. 49), Art. 60 Rn. 8.
[55] *Herzog* (Fn. 17), Art. 60 Rn. 11; *Waldhoff/Grefrath* (Fn. 49), Art. 60 Rn. 7; *v. Arnauld* (Fn. 48), Art. 60 Rn. 3, Fn. 19; *Butzer* (Fn. 49), Art. 60 Rn. 9; a.A. *Nierhaus* (Fn. 50), Art. 60 Rn. 5; *D. C. Umbach,* in: Umbach/Clemens, GG, Art. 60 Rn. 17.

II. Das Ernennungs- und Entlassungsrecht (Art. 60 I GG)   Art. 60

werden[56]. Weitere Ernennungsrechte sind dem Bundespräsidenten einfachgesetzlich zugewiesen[57].

2. Sachlicher Anwendungsbereich

In sachlich-funktioneller Hinsicht nimmt der Bundespräsident Ernennungen und Entlassungen vor, die **alle Veränderungen des Amtes im statusrechtlichen**, nicht im funktionalen **Sinn** betreffen[58]. Ernennung ist danach jede Begründung eines bestimmten anderen Amtsverhältnisses, also auch die Umwandlung eines Beamtenverhältnisses (Wechsel zwischen Beamtenverhältnis auf Probe, Widerruf, Lebenszeit) und die Beförderung, nicht jedoch die statusneutrale Versetzung[59]. Entlassung iSv. Art. 60 I GG ist jede Form der Beendigung des Beamtenverhältnisses[60] einschließlich der Pensionierung[61] und der Versetzung in den einstweiligen Ruhestand.

19

3. Prüfungsrecht des Bundespräsidenten

Ernennungen und Entlassungen durch den Bundespräsidenten bedürfen der Gegenzeichnung, deren Verweigerung jedoch nicht[62]. Das wirft die Frage des Umfangs möglicher Prüfungs- und Verweigerungsrechte auf, die hoch umstritten ist[63]. Die ältere, an die Weimarer Verfassung anknüpfende[64] Auffassung[65], der Präsident habe bei der Personalauswahl ein weitgehend freies Ermessen, ist nicht haltbar. Vielmehr ist der Präsident hier nicht kraft eigener Entscheidungsbefugnis, sondern in seiner Integrations- und Repräsentationsfunktion sowie ergänzend seiner Funktion als Legalitätsreserve tätig und daher verpflichtet prinzipiell dem Vorschlag der Bundesregierung zu entsprechen[66]. Nach einhelliger Auffassung verfügt er aber über ein **formelles Prüfungsrecht** (Mindestalter, Laufbahnvorschriften, deutsche Staatsangehörigkeit)[67]. Ein **materielles Prüfungsrecht** steht ihm allenfalls **in eng begrenztem Umfang zu**[68]. Soweit der Ernennung eine parlamentarische Entscheidung bzw. Wahl zugrunde liegt, wie bei

20

---

[56] *Fink* (Fn. 48), Art. 60 Rn. 12; *v. Arnauld* (Fn. 48), Art. 60 Rn. 3; *Butzer* (Fn. 49), Art. 60 Rn. 9; a.A. *Herzog* (Fn. 17), Art. 60 Rn. 11.

[57] Z.B. § 7 III, 8 IV BBankG; weitere Nachweise bei *Butzer* (Fn. 49), Art. 60 Rn. 10.

[58] *v. Arnauld* (Fn. 48), Art. 60 Rn. 4; *Butzer* (Fn. 49), Art. 60 Rn. 11; *Waldhoff/Grefrath* (Fn. 49), Art. 60 Rn. 4; a.A. *Jekewitz* (Fn. 51), Art. 60 Rn. 4. *Pernice* → Bd. II², Art. 60 Rn. 19 nur bezogen auf das Grundverhältnis.

[59] Vgl. *Herzog* (Fn. 17), Art. 60 Rn. 15; *Fink* (Fn. 48), Art. 60 Rn. 13; *Butzer* (Fn. 49), Art. 60 Rn. 11; *v. Arnauld* (Fn. 48), Art. 60 Rn. 4; a.A. für die Beförderung *Jekewitz* (Fn. 51), Art. 60 Rn. 4; *Pernice* → Bd. II², Art. 60 Rn. 19.

[60] *Herzog* (Fn. 17), Art. 60 Rn. 16; *v. Arnauld* (Fn. 48), Art. 60 Rn. 4; *Butzer* (Fn. 49), Art. 60 Rn. 11.

[61] A.A. *Jekewitz* (Fn. 51), Art. 60 Rn. 4; *Nierhaus* (Fn. 50), Art. 60 Rn. 6.

[62] *Herzog* (Fn. 17), Art. 60 Rn. 17; *Waldhoff/Grefrath* (Fn. 49), Art. 60 Rn. 4. → Art. 58 Rn. 11.

[63] Besonders eingehend *Butzer* (Fn. 49), Art. 60 Rn. 12 ff. m. w. N.

[64] *Anschütz*, WRV, Art. 46 Anm. 3; *Pohl*, Zuständigkeiten (Fn. 14), S. 494 f.

[65] B. *Belau*, DÖV 1951, 839 (840 ff.); P. *Busse*, DÖV 1965, 469 (474); E. *Menzel*, DÖV 1965, 581 (585 ff.).

[66] *Herzog* (Fn. 17), Art. 60 Rn. 18; *Nierhaus* (Fn. 50), Art. 60 Rn. 7; *Fink* (Fn. 48), Art, 60 Rn. 16; *Stern* Staatsrecht II, S. 261; *v. Arnauld* (Fn. 48), Art. 60 Rn. 5; *Butzer* (Fn. 49), Art. 60 Rn. 13.

[67] *Fink* (Fn. 48), Art. 60 Rn. 19; *Waldhoff/Grefrath* (Fn. 49), Art. 60 Rn. 9; *v. Arnauld* (Fn. 48), Art. 60 Rn. 5; *Butzer* (Fn. 49), Art. 60 Rn. 14.

[68] Im Einzelnen sehr kontrovers und disparat s. *Butzer* (Fn. 49), Art. 60 Rn. 15 ff.; ablehnend F. *Steiner*, Die Prüfungskompetenz des Bundespräsidenten bei der Ernennung der Bundesrichter, Diss. jur. Heidelberg 1974, S. 41 ff.

Richtern des Bundesverfassungsgerichts, entfällt ein materielles Prüfungsrecht[69]. Auch ansonsten ist die Beurteilung von fachlichen Leistungen, Eignung und Befähigung außerordentlich wertungsoffen, so dass die Entscheidung den Organen, die über die Personalhoheit verfügen, vorbehalten ist[70]. Außerdem besteht hier oft die Möglichkeit der Konkurrentenklage[71]. Das schließt informelle kritische Nachfragen des Präsidenten nicht aus. Ein Recht der Ablehnung wird man nur in evidenten Fällen, also bei offenkundiger Rechtswidrigkeit[72] oder bei nachdrücklicher Verfassungsfeindschaft[73] zuerkennen, während die Formel »dem Wohl des Staates in hohem Maße abträglich«[74] zu wertungsoffen ist[75]. Ein **politisches Prüfungsrecht** wird dem Bundespräsidenten ohnehin zu Recht abgesprochen[76]. Für die Ernennung und Entlassung politischer Beamter hat sich in der Staatspraxis aufgrund des in § 19 GOBReg niedergelegten Kompromisses zwischen Konrad Adenauer und Theodor Heuss[77] durchgesetzt, dass der Bundeskanzler Stellung nimmt, aber der Bundespräsident »entscheidet«. Art. 60 I GG gebietet hier indes nichts anderes als bei anderen Ernennungsfällen, zumal die Regierung wegen des notwendigen Vertrauensverhältnisses sogar viel freier ist als sonst[78]. Die Regelung selbst ist zulässig, nur ist die Regierung dazu nicht verpflichtet. Wenn im übrigen in der Rechtsprechung dem Bundespräsidenten hier ein weites Ermessen zugebilligt wird[79], bezieht sich das richtigerweise auf die gerichtliche Kontrolldichte, nicht auf die Kompetenzverteilung zwischen Regierung und Präsident[80].

4. Gesetzesvorbehalt

21 Das Ernennungs- und Entlassungsrecht steht in Art. 60 I Hs. 2 GG unter dem Vorbehalt »soweit gesetzlich nichts anderes bestimmt ist«. Die **Übernahme des Gesetzesvorbehalts aus Art. 46 WRV** hat unter dem Grundgesetz freilich **ihren Sinn verloren**, weil es keinen präsidialen Einfluss auf die Ernennungspolitik mehr gibt, den das Parlament beschneiden müsste, und zweitens eine Entlastung durch Delegation nach Art. 60 III GG möglich ist[81]. Problematisch ist zudem, dass dem gesetzlichen Entzug von Ernen-

---

[69] VGHBW NJW 1996, 2525 (2526); *Jekewitz* (Fn. 51), Art. 60 Rn. 4; *K. Schlaich*, HStR II, § 49 Rn. 27; *Butzer* (Fn. 49), Art. 60 Rn. 16.
[70] *Fink* (Fn. 48), Art. 60 Rn. 20; *v. Arnauld* (Fn. 48), Art. 60 Rn. 5; *Butzer* (Fn. 49), Art. 60 Rn. 18; weitergehend Herzog (Fn. 17), Art. 60 Rn. 18.
[71] *v. Arnauld* (Fn. 48), Art. 60 Rn. 5; dagegen sieht *K. Schlaich*, HStR II, § 49 Rn. 42 wegen des häufigen Fehlens dieser Möglichkeit ein Prüfungsrecht gefordert.
[72] *Waldhoff/Grefrath* (Fn. 49), Art. 60 Rn. 9; *Butzer* (Fn. 49), Art. 60 Rn. 18.
[73] *v. Arnauld* (Fn. 48), Art. 60 Rn. 5 »verfassungsfeindliche Gesinnung«; in der Staatspraxis fallen hierunter die Ablehnungen wegen nationalsozialistischer Vergangenheit durch Heuss und Lübke.
[74] *Stern*, Staatsrecht II, S. 262.
[75] Zu unbestimmt: *v. Arnauld* (Fn. 48), Art. 60 Rn. 5, Fn. 40; s. auch *Butzer* (Fn. 49), Art. 60 Rn. 18.
[76] *Herzog* (Fn. 17), Art. 60 Rn. 18; *Ipsen*, Staatsrecht I, Rn. 492.
[77] *Butzer* (Fn. 49), Art. 60 Rn. 21; *U. Wengst*, Staatsaufbau und Regierungspraxis 1948–1953, 1984, S. 283 ff.; *D. Lenski*, Von Heuss bis Carstens, 2009, S. 141 ff.
[78] *Fink* (Fn. 48), Art. 60 Rn. 18; *Nierhaus* (Fn. 50), Art. 60 Rn. 9; *v. Arnauld* (Fn. 48), Art. 60 Rn. 5; vgl. auch *C. Verlage*, VR 2006, 232 ff.
[79] BVerwGE 19, 332 (335 ff.); 23, 295 (299 ff.); 52, 33 (40 f.); BVerwG DÖV 1993, 34; BVerfG (K), NVwZ 1994, 477.
[80] *v. Arnauld* (Fn. 48), Art. 60 Rn. 5, kritisch zu BVerwGE 52, 33 (40 f.); *M. Nierhaus*, JuS 1978, 596 (600 ff.).
[81] Kritisch *v. Arnauld* (Fn. 48), Art. 60 Rn. 6; *Butzer* (Fn. 49), Art. 60 Rn. 26.

nungsrechten keine Grenzen gesetzt sind[82]. Zweifelhaft ist, ob hier der Grundsatz der Verhältnismäßigkeit greift[83]. Dem Bundespräsidenten muss wohl ein Kernbestand an Kompetenzen bewahrt und darf auch das Ernennungsrecht nicht völlig entzogen werden[84]. Freilich hat der Gesetzgeber von dem Gesetzesvorbehalt nur sehr zurückhaltend Gebrauch gemacht[85].

5. Delegationsermächtigung (Art. 60 III GG)

Art. 60 III GG ermächtigt den Bundespräsidenten, seine Ernennungs- und Entlassungsrechte – wie auch seine Gnadenbefugnisse – auf andere Bundesbehörden zu delegieren[86]. Von dieser Befugnis hat der Bundespräsident auch **in nicht unerheblichen Umfang**, durch Rechtsverordnungen, die Anordnung genannt werden, **Gebrauch gemacht**[87]. Die Entscheidung trifft der Bundespräsident nach eigenem Ermessen und kann sie jederzeit widerrufen[88]. Die Delegation bedarf der Gegenzeichnung, nicht jedoch ihr Widerruf[89]. Da der Delegatar im eigenen Namen tätig wird und bei Bundesbehörden das Bedürfnis nach Koordination mit der Regierung entfällt, sind Ernennungen und Entlassungen durch den Delegatar gegenzeichnungsfrei[90].

III. Das Begnadigungsrecht (Art. 60 II GG)

1. Gnade im Rechtsstaat

Das **Institut** der Gnade ist im modernen Verfassungs- und Rechtsstaat **im Kern problematisch**[91]. In ihrem Wesenskern gilt Gnade als das schlechthin Unverdiente und Ungebundene, das historisch in der souveränen Willkür des Monarchen fundiert ist. Gnade ist folglich das Gegenteil des auf Berechenbarkeit und Nachprüfbarkeit ange-

---

[82] *Herzog* (Fn. 17), Art. 60 Rn. 10 f.; *v. Arnauld* (Fn. 48), Art. 60 Rn. 6; *Butzer* (Fn. 49), Art. 60 Rn. 26 f.
[83] *Fink* (Fn. 48), Art. 60 Rn. 22; a.A. *Herzog* (Fn. 17), Art. 60 Rn. 21; *A. v. Arnauld*, JZ 2000, 276 (278 ff.).
[84] *Fink* (Fn. 48), Art. 60 Rn. 22; *Nierhaus* (Fn. 50), Art. 60 Rn. 10; *Jarass/Pieroth*, GG, Art. 60 Rn. 1; *Herzog* (Fn. 17), Art. 60 Rn. 21; *v. Arnauld* (Fn. 48), Art. 60 Rn. 6; *Butzer* (Fn. 49), Art. 60 Rn. 27; *Umbach* (Fn. 55), Art. 60 Rn. 28; a.A. *Pernice* → Bd. II², Art. 60 Rn. 21.
[85] Z.B. § 4 II 2 SoldG; § 129 I 2 BBG.
[86] *Herzog* (Fn. 17), Art. 60 Rn. 23; *Waldhoff/Grefrath* (Fn. 49), Art. 60 Rn. 13; *Butzer* (Fn. 49), Art. 60 Rn. 28.
[87] Anordnung des Bundespräsidenten über die Ernennung und Entlassung der Beamtinnen, Beamten, Richterinnen und Richter vom 23.6.2004 (BGBl. I S. 1286) sowie die Anordnung des Bundespräsidenten über die Ernennung und Entlassung der Soldaten von 10.7.1969 (BGBl. I S. 775, geändert durch Art. 1 AnO vom 17.3.1972 BGBl. I S. 499). Für besondere Fälle hat er sich die Selbstentscheidung vorbehalten; zur Rechtsnatur *G. Huwar*, Der Erlaß von Rechts- und Verwaltungsanordnungen durch den Bundespräsidenten, 1967, S. 88 ff.
[88] *Herzog* (Fn. 17), Art. 60 Rn. 23.
[89] *Butzer* (Fn. 49), Art. 60 Rn. 28. → Art. 58 Rn. 21.
[90] *Herzog* (Fn. 17), Art. 60 Rn. 23; *Nierhaus* (Fn. 50), Art. 60 Rn. 16; *v. Arnauld* (Fn. 48), Art. 60, Rn. 6.
[91] Vgl. *v. Arnauld* (Fn. 48), Art. 60 Rn. 8: »ein Fremdkörper«; s. auch *Waldhoff/Grefrath* (Fn. 49), Art. 60 Rn. 21 ff.; *C. Waldhoff*, Hat Gnade im demokratischen Verfassungsstaat (noch) eine Daseinsberechtigung?, in: ders., Gnade (Fn. 3), S. 131 ff.

legten Rechts⁹². Gnade ist ein Korrektiv, wo das Recht unbillige Härte zeigt⁹³. Als »Sicherheitsventil«⁹⁴ und »Selbstcorrectur der Gerechtigkeit«⁹⁵ vermag sie im Einzelfall rechtlich nicht behebbare Fehler zu korrigieren⁹⁶ und damit auch das Rechtssystem zu stabilisieren⁹⁷, zugleich aber auch das Recht in Frage zu stellen⁹⁸. Hinzu kommt, dass die Verortung des Gnadenrechts beim Staatsoberhaupt als Exekutivorgan nach dem Verlust der Rechtsprechungsfunktion auch gewaltenteilungstheoretisch und vor dem Hintergrund der Rechtsbindung (→ Art. 1 III Rn. 53 ff., 64; → Art. 20 [Rechtsstaat], Rn. 81 ff., 95) zweifelhaft geworden ist⁹⁹.

24 Die Einengung des Gnadenbegriffs auf die **Korrektur von Straf- und Disziplinarurteilen** gegenüber dem früheren weiten Verständnis, das auch die Befreiung von jeder Art von Gesetzesbindung wie Ehe- oder Bauvorschriften sowie die Zuerkennung von Leistungen ohne Anspruch umfasste¹⁰⁰, ändert daran wenig. Zwei gegenläufige Entwicklungen schränken den Bereich der Gnade heute aber weiter ein. Zum einen werden Härtefallregelungen und Billigkeitsklauseln in das Recht integriert¹⁰¹ und zum anderen erfährt Gnade eine zunehmende Verrechtlichung¹⁰² bis hin zu den Gnadenordnungen der meisten Bundesländer¹⁰³.

25 Das Bundesverfassungsgericht sieht im Gnadenrecht eine **außerrechtliche »Gestaltungsmacht besonderer Art«**, die mit Art. 60 II GG in ihrem »historisch überkommenen Sinn« übernommen wurde und als solche keinen rechtlichen Bindungen unterliegt¹⁰⁴. Dem wird entgegengehalten, dass Art. 60 II GG »primär Kompetenznorm«¹⁰⁵ sei und »veränderte Kontexte« nicht unberücksichtigt bleiben dürfen¹⁰⁶. Das Gnaden-

---

⁹² Vgl *H. Huba*, Der Staat 29 (1990), 117 (122); *Merten*, Rechtsstaatlichkeit (Fn. 3), S. 11 ff., 59 ff.; *Waldhoff/Grefrath* (Fn. 49), Art. 60 Rn. 22; *v. Arnauld* (Fn. 48), Art. 60 Rn. 8; im idealen Rechtssystem hätte es daher keinen Platz, wie schon Beccaria bemerkt, s. *N. Campagna*, ARSP 89 (2003), 171 (177).
⁹³ BVerfGE 25, 352 (359 f.); *Merten*, Rechtsstaatlichkeit (Fn. 3), S. 59 ff.; *Fink* (Fn. 48), Art. 60 Rn. 28.
⁹⁴ *R. v. Jhering*, Der Zweck im Recht, Bd. I, 3. Aufl. 1893, S. 426 (4. Aufl., S. 333).
⁹⁵ *Jhering*, Zweck (Fn. 94), S. 428 (4. Aufl., S. 333); noch schärfer *F. Nietzsche*, Genealogie der Moral (1887), 2. Abhdlg. § 10, in: Werke (ed. Schlechta) Bd. II, S. 814: »Selbstaufhebung der Gerechtigkeit«.
⁹⁶ Das wird von den Kritikern gerne übersehen, vgl. aber *Merten*, Rechtsstaatlichkeit (Fn. 3), S. 59 ff., 62, der von »Ergänzung« des Rechts spricht; zur Verteidigung des Gnadenrechts vgl. auch *S. U. Pieper*, Das Gnadenrecht des Bundespräsidenten – eine Bestandsaufnahme, in: Waldhoff, Gnade (Fn. 3), S. 89 ff. (120 ff.).
⁹⁷ *v. Arnauld* (Fn. 48), Art. 60 Rn. 8.
⁹⁸ *v. Arnauld* (Fn. 48), Art. 60 Rn. 8; *Waldhoff/Grefrath* (Fn. 49), Art. 60 Rn. 22.
⁹⁹ Vgl. *G. Hindrichs*, JZ 2008, 242 (243); bejahend dagegen *D. Dimoulis*, KritV 81 (1998), 354 (369 ff.). → Rn. 2.
¹⁰⁰ *Schätzler*, Handbuch (Fn. 6), S. 10; vgl. auch *P. Laband*, AöR 7 (1892), 169 ff.
¹⁰¹ Vgl. *Rüping*, Gnade (Fn. 3), S. 32 ff.; *O. Bachof*, JZ 1983, 469 (470, 472); *I. Pernice*, Billigkeit und Härteklauseln im öffentlichen Recht, 1991.
¹⁰² Vgl. allgemein *A. Maurer*, Das Begnadigungsrecht im modernen Verfassungs- und Kriminalrecht, 1979, S. 24 ff., 135 ff.; *K. Blaich*, System und rechtsstaatliche Ausgestaltung des Gnadenrechts, 2012, S. 40 ff. → Rn. 2; kritisch *Merten*, Rechtsstaatlichkeit (Fn. 3), S. 74 ff.
¹⁰³ Vgl. dazu *S. U. Pieper*, Das Gnadenrecht des Bundespräsidenten – eine Bestandsaufnahme, in: FS Herzog, 2009, S. 355 ff. (364 ff.).
¹⁰⁴ BVerfGE 25, 352 (361 f.); s. auch E 30, 168 (110 f.); BVerfG (K), NJW 2001, 3771; BVerwG NJW 1983, 187 (188); *Merten*, Rechtsstaatlichkeit (Fn. 3), S. 80 ff.; *J. G. Schätzler*, NJW 1975, 1249 (1253 ff.).
¹⁰⁵ *D. Hömig*, DVBl. 2007, 1328 (1329); *V. Petersen*, JuS 1974, 502 (504).
¹⁰⁶ *v. Arnauld* (Fn. 48), Art. 60 Rn. 9; rechtspolitisch *Waldhoff/Grefrath* (Fn. 49), Art. 60 Rn. 21 ff.

III. Das Begnadigungsrecht (Art. 60 II GG)   **Art. 60**

recht steht danach als in der Verfassung begründete Kompetenz nicht außerhalb der Verfassungsordnung[107]. Zwingend ist die Gegenargumentation freilich auch nicht. Die Verfassung kann auch Freiräume schaffen, die nicht strikter Rechtsbindung und gerichtlicher Kontrolle unterliegen. Allerdings wird man auch keinen vollständigen Dispens von jeglicher Rechts- und Verfassungsbindung annehmen können. Insofern ist es richtig, auch der Gnadenentscheidung äußerste Grenzen zu setzen, die in der Menschenwürdegarantie sowie einem weit verstandenen Willkürverbot zu sehen sind[108]. Unter diesen Voraussetzungen gibt es jedenfalls auch kein Recht auf Gnade[109].

2. Begnadigung im Einzelfall

Art. 60 GG begründet »die Befugnis im Einzelfall eine rechtskräftig erkannte Strafe ganz oder teilweise zu erlassen, umzuwandeln oder ihre Vollstreckung auszusetzen«[110]. Begrifflich setzt die Begnadigung ein rechtskräftiges Urteil bzw. eine bestandskräftige Behördenentscheidung voraus. Das **Recht zur Abolition**, d.h. zur Niederschlagung eines laufenden Verfahrens im Gnadenweg steht dem Bundespräsidenten auch im Einzelfall **nicht** zu[111]. **Ebensowenig** vermag der Präsident eine **Amnestie**, d.h. die Anordnung des Straferlasses für eine unbestimmte Zahl von Personen nach allgemeinen Kriterien[112], zu erlassen. Das ergibt sich aus der Formulierung »im Einzelfall«, mit der der Parlamentarische Rat nach eingehender Diskussion dies klarstellen wollte. Eine Amnestie ebenso wie eine kollektive Niederschlagung laufender Verfahren (Abolition) kann nur durch den Gesetzgeber erfolgen[113]. **Rechtsfolge der Begnadigung** ist nicht die Aufhebung der Entscheidung oder die Änderung des Schuldspruchs, sondern **allein die Beseitigung der Sanktionsfolge** mit Wirkung für die Zukunft[114].

26

3. Gnadenrecht für den Bund

Der Bundespräsident übt das Begnadigungsrecht allein »für den Bund« aus[115]. Nach allgemeiner Auffassung muss daher das **Verfahren von der ersten bis zur letzten In-**

27

---

[107] BVerfGE 25, 352 (362ff.), *abw. Meinung*; *Fink* (Fn.48), Art.60 Rn.31; *D. Hömig*, DVBl. 2007, 1328 (1330); *H. Holste*, Jura 2003, 738 (740); *W.-R. Schenke*, JA 1981, 588 (591); *V. Petersen*, JuS 1974, 502 (504); *F.-L. Knemeyer*, DÖV 1970, 121 (122); *Rüping*, Gnade (Fn.3), S.43f.; s. auch HessStGH DVBl. 1974, 940 (941).
[108] BVerfGE 25, 352 (365), *abw. Meinung*; BayVerfGH BayVBl. 1979, 114 (115); *H. Holste*, Jura 2003, 738 (740); *Butzer* (Fn.49), Art.60 Rn.43f.; *K. Pflieger*, ZRP 2008, 84ff. zu Terroristenfällen; enger dagegen *Fink* (Fn.48), Art.60 Rn.31; *D. Hömig*, DVBl. 2007, 1328 (1331); *Mickisch*, Gnade (Fn.3), S.69f.; *v. Arnauld* (Fn.48), Art.60 Rn.9.
[109] *O. Bachof*, JZ 1983, 469 (471); *D. Hömig*, DVBl. 2007, 1328 (1330f.); *H. Holste*, Jura 2003, 738 (740); *v. Arnauld* (Fn.48), Art.60 Rn.9; *Butzer* (Fn.49), Art. Rn.31; a.A. *Mickisch*, Gnade (Fn.3), S.97, 165f. (Ermessenreduzierung auf Null denkbar).
[110] BVerfGE 25, 352 (358).
[111] *Herzog* (Fn.17), Art.60 Rn.31; *Fink* (Fn.48), Art.60 Rn.27; *Butzer* (Fn.49), Art.60 Rn.31; *Merten*, Rechtsstaatlichkeit (Fn.3), S.42ff.
[112] Näher *F. Süß*, Studien zur Amnestiegesetzgebung, 2001, S.74ff.
[113] BVerfGE 2, 213 (219); *Schätzler*, Handbuch (Fn.6), S.16f.; *Merten*, Rechtsstaatlichkeit (Fn.3), S.11ff.; *Butzer* (Fn.49), Art.60 Rn.32; *Waldhoff/Grefrath* (Fn.49), Art.60 Rn.17.
[114] *F. Geerds*, Gnade, Recht und Kriminalpolitik, 1960, S.9f.; *Herzog* (Fn.17), Art.60 Rn.26; *Fink* (Fn.48), Art.60 Rn.28; *Waldhoff/Grefrath* (Fn.49), Art.60 Rn.18; näher *Schätzler*, Handbuch (Fn.6), S.67ff., 72ff.
[115] *Schätzler*, Handbuch (Fn.6), S.20ff.; *Butzer* (Fn.49), Art.60 Rn.33ff.; *S. U. Pieper*, in: Epping/Hillgruber, GG, Art.60 Rn.13ff.

stanz von Bundesgerichten bzw. Bundesbehörden durchgeführt worden sein[116]. Revisionsentscheidungen des Bundesgerichtshofs sind auch dann von der Begnadigung ausgeschlossen, wenn hier erstmalig eine Verurteilung ausgesprochen wurde[117]. Einziger Anwendungsfall sind dagegen erstinstanzliche OLG-Entscheidungen, die im Wege der Organleihe nach Art. 96 V GG (Staatsschutzdelikte) ergangen sind[118]. Folglich fallen die meisten Gnadenentscheidungen in die Kompetenz der Länder[119].

28 Die Begnadigung betrifft Kriminalstrafen einschließlich Nebenstrafen und Nebenfolgen – ausgenommen sind aber Maßregeln der Besserung und Sicherung nach §§ 61ff. StGB[120] – und darüber hinaus **alle Sanktionen mit strafähnlichem Charakter**[121]. Umfasst sind davon Disziplinarentscheidungen (gem. § 43 BBG und auch der akzessorische Verlust der Beamtenrechte nach strafrechtlicher Verurteilung)[122] sowie ehren- und berufsgerichtliche Sanktionen (§ 163 iVm. §§ 92ff. BRAO)[123]. Auch Sanktionen in Ordnungswidrigkeitsverfahren fallen theoretisch darunter, wenn der Vollzug einer Bundesbehörde obliegt, praktisch bisher wegen fehlender Vollzugskompetenz aber nicht[124]. Auch die Entscheidung nach Art. 18 GG ist der Gnadenentscheidung trotz der parallelen Kompetenz nach § 40 BVerfGG zugänglich[125]. Demgegenüber kann ein amtsenthobener Bundespräsident von seinem Stellvertreter nicht begnadigt werden[126]. In der Staatspraxis übt der Bundespräsident sein Gnadenrecht im wesentlichen demzufolge nur in Staatsschutzsachen und Disziplinarangelegenheiten aus[127].

4. Gegenzeichnung, Justitiabilität, Delegation

29 Begnadigungen bedürfen der **Gegenzeichnung**[128]. Nach allgemeiner Auffassung ist der Entscheidungsspielraum der Regierung in diesen Fällen stark reduziert, da es sich um ein besonderes Prärogativrecht des Staatsoberhauptes handelt. Der Bundeskanzler bzw. der zuständige Bundesminister darf die Gegenzeichnung nur verweigern, wenn die Begnadigung in rechtlicher Hinsicht willkürlich oder in politischer Hinsicht völlig untragbar ist[129].

---

[116] *Herzog* (Fn. 17), Art. 60 Rn. 33; *H. Holste*, Jura 2003, 738 ff.; kritisch *O. Bachof*, JZ 1983, 469 (473 ff.).
[117] *Butzer* (Fn. 49), Art. 60 Rn. 34.
[118] *Herzog* (Fn. 17), Art. 60 Rn. 33: »Auftragsgerichtsbarkeit«; *Butzer* (Fn. 49), Art. 60 Rn. 36.
[119] Vgl. beispielhaft *T. Harden*, Einblick in die Gnadenpraxis am Beispiel Nordrhein-Westfalen, in: Waldhoff, Gnade (Fn. 3), S. 75 ff.; zur Empirie eingehend *S. Wiontzek*, Handhabung und Wirkungen des Gnadenrechts, 2008, S. 125 ff., 169 ff.
[120] *Herzog* (Fn. 17), Art. 60 Rn. 27; *Butzer* (Fn. 49), Art. 60 Rn. 37.
[121] *Herzog* (Fn. 17), Art. 60 Rn. 26.
[122] *Butzer* (Fn. 49), Art. 60 Rn. 38.
[123] *Butzer* (Fn. 49), Art. 60 Rn. 39.
[124] *Butzer* (Fn. 49), Art. 60 Rn. 40.
[125] *Butzer* (Fn. 49), Art. 60 Rn. 41; *Fink* (Fn. 48), Art. 60 Rn. 23; *Nierhaus* (Fn. 50), Art. 60 Rn. 12; a.A. nur *Jekewitz* (Fn. 51), Art. 60 Rn. 7.
[126] *Fink* (Fn. 48), Art. 60 Rn. 25; *Herzog* (Fn. 17), Art. 60 Rn. 29; dieser Fall ist ohnehin wirklichkeitsfern *Jekewitz* (Fn. 51), Art. 60 Rn. 7.
[127] *Butzer* (Fn. 49), Art. 60 Rn. 42; sechs RAF-Terroristen wurden durch v. Weizsäcker, Herzog und Rau begnadigt.
[128] H.M. *Herzog* (Fn. 17), Art. 60 Rn. 8, 37; *M. Nettesheim*, HStR³ III, § 62 Rn. 51; *Butzer* (Fn. 49), Art. 60 Rn. 45. → Art. 58 Rn. 10, 20.
[129] *v. Arnauld* (Fn. 48), Art. 60 Rn. 15.

Die Diskussion über die Rechtsbindung der Gnade im Rechtsstaat spiegelt sich auch 30
in dem Streit über die **Justitiabilität von Gnadenakten**[130]. Das Bundesverfassungsgericht und die Rechtsprechung halten an ihrer Grundposition fest, dass Gnadenakte nicht justitiabel sind und Art. 19 IV GG nicht für Gnadenentscheidungen gilt[131], ganz im Sinne der Sentenz, dass Gnade vor Recht ergeht. Demgegenüber will die Gegenauffassung Gnadenentscheidungen nicht von gerichtlicher Kontrolle ausnehmen, allerdings die Kontrolldichte deutlich reduzieren[132]. Ein Widerruf eines Gnadenaktes unterliegt dagegen als Grundrechtseingriff gerichtlicher Kontrolle mit erhöhter Kontrolldichte[133].

Im Übrigen gestattet Art. 60 III GG wie beim Ernennungsrecht die **Delegation** 31
durch den Bundespräsidenten auf Bundesbehörden[134]. Davon hat der Bundespräsident auch Gebrauch gemacht[135]. Ein Art. 60 I S. 2 GG vergleichbarer Gesetzesvorbehalt fehlt hingegen[136].

IV. Immunität des Bundespräsidenten (Art. 60 IV GG)

Die heutige Immunitätsregelung ist **nur partiell im Prinzip der Unverletzlichkeit des** 32
konstitutionellen Monarchen verwurzelt, der Vorschlag, den Bundespräsidenten »legibus solutus« zu stellen, wurde gerade abgelehnt[137]. Außerdem wird der Bundespräsident gerade nicht für unverletzlich erklärt, sondern nur ein aufhebbares Verfolgungshindernis begründet und der Präsident damit den Abgeordneten gleichgestellt.

Art. 60 IV GG verweist in vollem Umfang auf Art. 46 II–IV GG[138] und gewährt 33
damit ein **Verfolgungs- und Vollstreckungshindernis während der Amtsdauer**, wobei auch beim Bundespräsidenten die Festnahmen bei Begehung der Tat oder am folgenden Tag ausgenommen sind (Art. 46 II Hs. 2 GG)[139]. Die Immunität schützt auch nicht vor einer Anklage nach Art. 61 GG[140]. Die Beschränkung des Verweises auf Art. 46 II–IV GG stellt klar, dass der Bundespräsident keine Indemnität beanspruchen kann. Weder redet der Bundespräsident im Bundestag noch ist ein Freibrief für Entgleisungen mit der Integrationsfunktion vereinbar[141]. Innerstaatlich erhält der Bundespräsident flankierend einen nicht unproblematischen gesteigerten Ehrenschutz in § 90 StGB[142]. Der

---

[130] Eingehend *C. Böllhoff*, Begnadigung und Delegation, 2012, S. 63 ff.; *Dimoulis*, Begnadigung (Fn. 9), S. 174 ff.; *Maurer*, Begnadigungsrecht (Fn. 102), S. 56 ff.; *Mickisch*, Gnade (Fn. 3), S. 157 ff.; *Wiontzek*, Handhabung (Fn. 119), S. 67 ff.; *Blaich*, System (Fn. 102), S. 66 ff.
[131] BVerfGE 25, 352 (358, 362); 30, 108 (110 f.); 45, 187 (242 f.); 66, 337 (363); BVerfG NJW 2001, 3771; BVerwG NJW 1983, 187 (188); *Butzer* (Fn. 49), Art. 60 Rn. 46.
[132] *O. Bachof*, JZ 1983, 469 (471 f.); *Fink* (Fn. 48), Art. 60 Rn. 31; *v. Arnauld* (Fn. 48), Art. 60 Rn. 11.
[133] BVerfGE 30, 108 (111).
[134] *Butzer* (Fn. 49), Art. 60 Rn. 51; zur Problematik und dem inneren Widerspruch zur Legitimation des Gnadenrechts eingehend *Böllhoff*, Begnadigung (Fn. 130), insbes. S. 50 ff. (amtscharismatischer Charakter), 112 ff.
[135] Anordnung über die Ausübung des Begnadigungsrechts des Bundes v. 5.10.1965 (BGBl. I S. 1573), geändert durch Anordnung v. 3.11.1970 (BGBl. I S. 1513).
[136] *Nierhaus* (Fn. 50), Art. 60 Rn. 16.
[137] *Butzer* (Fn. 15), Art. 60 Rn. 9.
[138] Der Zusatz »entsprechend« modifiziert den Inhalt nicht: *Herzog* (Fn. 17), Art. 60 Rn. 57, 59.
[139] *v. Arnauld* (Fn. 48), Art. 60 Rn. 18; für die Details der Immunität: → Art. 46 Rn. 21 ff.
[140] Näher *Herzog* (Fn. 17), Art. 60 Rn. 60 ff.
[141] *Fink* (Fn. 48), Art. 60 Rn. 39 f.; *Waldhoff/Grefrath* (Fn. 49), Art. 60 Rn. 27.
[142] *Nierhaus* (Fn. 50), Art. 60 Rn. 18; *v. Arnauld* (Fn. 48), Art. 60 Rn. 20.

Schutz des Art. 60 IV GG gilt allein dem Amt und nicht wie in der Monarchie (auch) der Person[143]. Folgerichtig kann der Bundespräsident wie ein Abgeordneter nicht selbst auf seine Immunität verzichten[144]. Die Entscheidung über die Aufhebung der Immunität ist aufgrund der Verweisung auf Art. 46 GG und mangels besserer Alternative – die Bundesversammlung ist kein permanentes Organ[145] – dem Bundestag ohne Beteiligung des Bundesrates zugewiesen. Das ist auch verfassungspolitisch nicht problematisch[146]. Unklar ist das Verfahren, da § 108 GO BT mit Anlage 6 nicht unmittelbar gilt, so dass die Staatsanwaltschaft beim Bundestagspräsidenten am 16.2.2012 direkt die Aufhebung der Immunität des noch amtierenden Präsidenten Christian Wulff beantragt hat, der aber der Entscheidung durch seinen Rücktritt zuvorkam[147]. Wegen der Bedeutung der Entscheidung wird man aber in jedem Fall einen Plenarbeschluss verlangen müssen. Der Gedanke des Schutzes des Amtes gebietet auch die (kurzzeitige) Anwendung des Art. 60 IV GG auf den Stellvertreter nach Art. 57 GG[148].

D. Verhältnis zu anderen GG-Bestimmungen

34 Das Ernennungs- und Entlassungsrecht nach Art. 60 I GG setzt die Regelungen über die Amtsverhältnisse der Bundesrichter, Bundesbeamten und Soldaten in Art. 33, 36, 97, 98 I, II, 131, 132 GG voraus, ohne selbst inhaltliche Vorgaben zu enthalten. Hinsichtlich der Ernennung und Entlassung des Bundeskanzlers und der Bundesminister verdrängen **Art. 63 II 2, IV 2, 64, 67 I 2 GG als leges speciales** die Regelung des Art. 60 I GG.

---

[143] *K. Schlaich*, HStR II, § 48 Rn. 9; *Nierhaus* (Fn. 50), Art. 60 Rn. 17; *Herzog* (Fn. 17), Art. 60 Rn. 58; *Butzer* (Fn. 49), Art. 60 Rn. 63.
[144] *Herzog* (Fn. 17), Art. 60 Rn. 58; *Waldhoff/Grefrath* (Fn. 49), Art. 60 Rn. 25; *v. Arnauld* (Fn. 48), Art. 60 Rn. 19.
[145] *Butzer* (Fn. 49), Art. 60 Rn. 65; der Antrag, hierfür die Bundesversammlung einzuberufen, wurde im Parl. Rat abgelehnt: Parl. Rat XIV/1, S. 276f.
[146] So aber *Waldhoff/Grefrath* (Fn. 49), Art. 60 Rn. 26; der Bundestag erhält auch keine »Kontrollrechte« (so aber *v. Arnauld* [Fn. 48], Art. 60 Rn. 19).
[147] *Butzer* (Fn. 49), Art. 60 Rn. 65; vgl. auch kritisch *D. Hömig*, ZRP 2012, 110ff.
[148] *Jekewitz* (Fn. 51), Art. 60 Rn. 8; *v. Arnauld* (Fn. 48), Art. 60 Rn. 19; *Butzer* (Fn. 49), Art. 60 Rn. 63.

Artikel 61 [Anklage vor dem Bundesverfassungsgericht]

(1) ¹Der Bundestag oder der Bundesrat können den Bundespräsidenten wegen vorsätzlicher Verletzung des Grundgesetzes oder eines anderen Bundesgesetzes vor dem Bundesverfassungsgericht anklagen. ²Der Antrag auf Erhebung der Anklage muß mindestens von einem Viertel der Mitglieder des Bundestages oder einem Viertel der Stimmen des Bundesrates gestellt werden. ³Der Beschluß auf Erhebung der Anklage bedarf der Mehrheit von zwei Dritteln der Mitglieder des Bundestages oder von zwei Dritteln der Stimmen des Bundesrates. ⁴Die Anklage wird von einem Beauftragten der anklagenden Körperschaft vertreten.

(2) ¹Stellt das Bundesverfassungsgericht fest, daß der Bundespräsident einer vorsätzlichen Verletzung des Grundgesetzes oder eines anderen Bundesgesetzes schuldig ist, so kann es ihn des Amtes für verlustig erklären. ²Durch einstweilige Anordnung kann es nach der Erhebung der Anklage bestimmen, daß er an der Ausübung seines Amtes verhindert ist.

Literaturauswahl

Scholzen, Wolfgang A.: Der Begriff des Vorsatzes in Artikel 61 Grundgesetz und entsprechenden landesrechtlichen Bestimmungen, Diss. jur. Würzburg 1970.
Steinbarth, Sebastian: Das Institut der Präsidenten- und Ministeranklage in rechtshistorischer und rechtsvergleichender Perspektive, 2011.
Wiemers, Matthias: Die Präsidentenanklage nach Art. 61 GG – Darstellung einer vergessenen Verfassungsnorm, in: VR 2012, S. 223–227.

Siehe auch die Angaben zu Art. 54 GG.

Leitentscheidungen des Bundesverfassungsgerichts

Diese liegen zu Art. 61 GG bislang nicht vor.

Gliederung

	Rn.
A. Herkunft, Entstehung, Entwicklung	1
B. Internationale, supranationale und rechtsvergleichende Bezüge	4
C. Erläuterungen	6
I. Allgemeine Bedeutung	6
II. Gegenstand der Anklage (Art. 61 I 1 GG)	7
1. Persönlicher Anwendungsbereich	7
2. Rechtsverstoß	9
3. Verschulden: Vorsatz	12
III. Verfahren (Art. 61 I 2–4, II 1 GG)	13
IV. Entscheidung (Art. 61 II 2 GG)	16
V. Einstweilige Anordnung (Art. 61 II 2 GG)	18
D. Verhältnis zu anderen GG-Bestimmungen	20

Stichwörter

Abwägung 19 – Amtsenthebung 6, 7, 17, 20 – Anordnung, einstweilige 3, 18 – Bundesrecht 4 – Ermessensentscheidung 3, 16, 19 – Immunität 10, 20 – Impeachment-Verfahren 5 – Ministeranklage 1ff., 5 – Ministerverantwortlichkeit 1 – Monarch 1, 5 – Richteranklage 1, 6, 20 – Rücknahme der Anklage 14 – Stellvertreter 8 – Verantwortlichkeit 3, 6 – Verfahren 6f., 9f., 12f., 15, 20 – Völkerrecht 4, 9 – Vorsatz 3, 12.

A. Herkunft, Entstehung, Entwicklung

1 Das Institut der Staatsanklage geht auf die parlamentarischen Richteranklagen und die Anklagen gegen hohe Beamte in England seit dem 14. Jahrhundert zurück[1] und findet bereits Aufnahme in den ersten Verfassungen des 18. Jahrhunderts[2]. Die Ministeranklage in den konstitutionellen Verfassungen ist neben der Verpflichtung, dem Parlament Rede und Antwort zu stehen, der wichtigste **Ausfluss der Ministerverantwortlichkeit**, die gleichzeitig die Unverantwortlichkeit des Monarchen durch die Gegenzeichnung sichert[3]. Dem entspricht auch § 73 Paulskirchenverfassung, die in § 126 lit. i) ebenfalls die Ministeranklage vor dem Reichsgericht normierte. Die Preußische Verfassung 1850 sah wie andere Länderverfassungen die Ministeranklage vor, die Reichsverfassung 1871 nicht zuletzt als Folge des preußischen Verfassungskonflikts jedoch nicht. Außer in Kurhessen[4] erlangte das Institut aber keine Bedeutung[5].

2 Die **Weimarer Reichsverfassung** übernahm das Institut der Ministeranklage und erstreckte es neben Reichskanzler und Minister auch auf den Reichspräsidenten, die gem. Art. 59 WRV alle vor dem Staatsgerichtshof angeklagt werden konnten. Voraussetzung war eine schuldhafte Rechtsverletzung[6]. Verkannt wurde dabei die Überflüssigkeit der Staatsanklage, da Reichskanzler und Minister jederzeit gem. Art. 54 WRV gestürzt und der Reichspräsident durch Volksabstimmung gem. Art. 43 II WRV abgewählt werden konnte.

3 Der **Parlamentarische Rat** zog immerhin aus der politischen Verantwortlichkeit der Regierung (Art. 67 GG) die richtige Konsequenz, die Ministeranklage abzuschaffen und lediglich die Anklage des politisch nicht dem Parlament verantwortlichen Bundespräsidenten beizubehalten und entsprach damit auch bereits Art. 85 HChE[7]. Gegenüber Art. 59 WRV wurde das Verschulden auf Vorsatz begrenzt, auch dem Bundesrat ein Antragsrecht eingeräumt und dem Bundesverfassungsgericht ein Ermessen bei der einstweiligen Anordnung zugebilligt. In den Beratungen wurde der Amtsverlust durch Urteil (Art. 61 II 1 GG) noch eingefügt, ein Regelungsvorbehalt durch Gesetz wurde dagegen wieder fallengelassen.

---

[1] Zu den Ursprüngen vgl. hier nur *R. Berger*, Impeachment. The Constitutional Problems, 1973, S. 1 ff.; andere Linien betont *S. Steinbarth*, Das Institut der Präsidenten- und Ministeranklage in rechtshistorischer und rechtsvergleichender Perspektive, 2011, S. 25 ff.; vgl. aber auch ebd. S. 45 ff.

[2] Art. I, § 3; Art. II § 4 US-Verf. Impeachment gegen Präsident und Richter; Titre III Ch. II, sec. 4, Art. 5; Ch. V, Art. 23 Frz. Verf. 1791 auf die Minister bezogen.

[3] Zeitgenössisch *B. Constant*, De la responsabilité des ministres (1815), in: ders., Cours de politique constitutionnelle (ed. E. Laboulaye), 2 Bde. 1861, I, S. 381 ff. (dt. in: *B. Constant*, Werke, 1972, IV, S. 106 ff.); vgl. ferner *F. Greve*, Die Ministerverantwortlichkeit im konstitutionellen Staat, 1977, S. 30 ff.; *Steinbarth*, Institut (Fn. 1), S. 85 ff.; zur deutschen Entwicklung *L. Freund*, Die Anklageverfahren vor den Landesverfassungsgerichten, in: C. Starck/K. Stern (Hrsg.), Landesverfassungsgerichtsbarkeit, Bd. II, 1983, S. 307 ff. (323 ff.).

[4] Dazu *Huber*, Verfassungsgeschichte II, S. 72 ff.; *P. Popp*, Ministerverantwortlichkeit und Ministeranklage im Spannungsfeld von Verfassungsgebung und Verfassungswirklichkeit, 1996, S. 187 ff.

[5] Art. 44, 61 PreußVerf. 1850; vgl. *G. Meyer/G. Anschütz*, Lehrbuch des deutschen Staatsrechts, 7. Aufl. 1919, S. 801; *J.-D. Kühne*, Verfassungsanklagen gegen Gubernativspitzen – Rechtstatsächliche und vergleichende Brauchbarkeitserwägungen, in: FS Tsatsos, 2003, S. 279 ff.

[6] Vgl. dazu *Anschütz*, WRV, Art. 59 Anm. 1 ff. (S. 332 ff.).

[7] Vgl. näher Parl. Rat XIV/1, S. 277.

B. Internationale, supranationale und rechtsvergleichende Bezüge

Die **Verletzung von Völkerrecht oder Europäischem Unionsrecht** ist nicht unmittelbar Gegenstand einer Anklage nach Art. 61 GG. Soweit die allgemeinen Regeln des Völkerrechts durch Art. 25 GG oder Völkervertragsrecht durch Art. 59 II GG zu Bundesrecht transformiert worden sind, kann auch Völkerrecht als Bundesrecht im Falle seiner vorsätzlichen Verletzung zur Anklage nach Art. 61 GG führen (→ Rn. 9).

In den modernen parlamentarischen Monarchien ist teilweise neben der Unverantwortlichkeit der Monarchen[8] auch die traditionelle Ministeranklage beibehalten worden[9], obwohl sich das parlamentarische Regierungssystem durchgesetzt hat. **Die Anklage gegenüber unverantwortlichen Staatsoberhäuptern** ist dagegen in republikanischen Verfassungen ebenso verbreitet wie angemessen. Das gilt unabhängig von der Ausgestaltung des Regierungssystems (präsidentiell, parlamentarisch oder gemischt). Klassisches Vorbild ist das Impeachment-Verfahren der US-Verfassung, das zweimal an der notwendigen Zwei-Drittel-Mehrheit scheiterte, während Richard Nixon dem zweifellos ansonsten erfolgreichen Verfahren durch Rücktritt zuvorkam[10]. Während meist lediglich ein Anklageverfahren vorgesehen ist[11], kann in Österreich der Bundespräsident wie in der Weimarer Republik auch durch Volksabstimmung abgesetzt werden[12]. Im Übrigen kommt es international auch außerhalb der USA immer wieder zu derartigen Anklageverfahren[13]. In den Bundesländern findet sich häufig das Institut der Ministeranklage[14].

C. Erläuterungen

I. Allgemeine Bedeutung

Sinn und Bedeutung der Präsidentenanklage unter dem Grundgesetz sind von Anfang an bis heute umstritten. So wird Art. 61 GG plakativ als »papierne(s) Schwert aus der verfassungsrechtlichen Mottenkiste«[15] und als »Überreaktion des Verfassungsgebers auf die bekannten Weimarer Fehlentwicklungen«[16] qualifiziert, der durch die Gegen-

---

[8] »The King can do no wrong«. Vgl. zu dieser britischen Maxime *O. Hood Philipps/P. Jackson/P. Leopold*, Constitutional and Administrative Law, 8th ed. 2001, S. 310.
[9] §§ 13, 16 I DänVerf.; Art. 88 Belg. Verf.; Art. 42 II Niederl. Verf.; Kap 5 § 7 Schwed. Verf.; Art. 64 II Span. Verf.
[10] Art. II, § 4 US-Verf.; dazu grundlegend *Berger*, Impeachment (Fn. 1), S. 1 ff.; US-Congress, House Committee on the Judiciary, Impeachment Selected Materials, 93 Cong. 1. sess, H. Doc 93–7, 1973; das Verfahren gegen A. Johnson verfehlte 1867 die 2/3 Mehrheit um eine Stimme, bei Clinton wurde nicht einmal die absolute Mehrheit erreicht, vgl. *L. H. Tribe*, American Constitutional Law, Vol. I, 3. ed. 2000, S. 176 ff. zu den drei Verfahren m. w. N.
[11] Art. 60 Frz. Verf.; Art. 49 Griech. Verf.; Art. 90 Ital. Verf.; vgl. auch *Steinbarth*, Institut (Fn. 1), S. 226 ff.
[12] Art. 60 IV Österr. Verf.; dazu *L. Mehlhorn*, Der Bundespräsident der Bundesrepublik Deutschland und der Bundesrepublik Österreich, 2010, S. 356 ff.
[13] Litauen (Präs. Rolandas Paksas 2004); Israel (Moshe Katsav 2006/7); Rumänien (Traian Băsescu 2007 und 2012); s. *H. Butzer*, in: Schmidt-Bleibtreu/Hofmann/Henneke, GG, Art. 61 Rn. 3.
[14] Dazu *Freund*, Anklageverfahren (Fn. 3) S. 331 ff.; vgl. ferner *H. P. Schneider*, ZParl. 16 (1985), 495 ff.; *M. Drath*, Die Grenzen der Verfassungsgerichtsbarkeit, VVDStRL 9 (1952), S. 17 ff. (25 ff.).
[15] *O. v. Koellreutter*, Deutsches Staatsrecht, 1953, S. 201.
[16] *R. Herzog*, in: Maunz/Dürig, GG, Art. 61 (1987/2009), Rn. 8.

zeichnung obsolet geworden sei[17]. Diese – harsche – Kritik ist reichlich verfehlt. Die **Staatsanklage** ist seit jeher die **Kompensation für fehlende politische Verantwortlichkeit** und die Möglichkeit politischer Amtsenthebung. Sinnvoll und notwendig ist die Staatsanklage daher nur bei nicht abrufbaren Staatsoberhäuptern[18] und bei Richtern (Art. 98 II GG). Ohne Art. 61 GG könnte ein Bundespräsident auch bei schwersten Verfassungs- und Gesetzesverletzungen nicht seines Amtes enthoben werden, was schon mit Art. 20 III GG kaum vereinbar wäre[19]. Organstreit und Normenkontrollverfahren ermöglichen eine verfassungsrechtliche Überprüfung von Präsidialakten, aber keine Amtsenthebung und machen Art. 61 GG keineswegs überflüssig[20]. Auch die Tatsache, dass bisher kein Verfahren durchgeführt wurde, ist kein Einwand[21], da der Norm insoweit präventive Wirkung zukommt[22]. Kritisieren kann man allenfalls die insoweit jedenfalls nicht notwendigen strafrechtlichen, persönlich inkriminierenden Anklänge[23], die indes am rein **verfassungsrechtlichen**[24] **und hochpolitischen Charakter** dieses Amtsenthebungsverfahrens nichts ändern. Das Verfahren dient der Durchsetzung der Verfassungsordnung, nicht der individuellen Bestrafung[25]. Folglich bleibt eine zivil- und strafrechtliche Verfolgung und Sanktionierung des betreffenden Verhaltens unberührt[26]. Im Verhältnis zu strafrechtlichen Verurteilungen gilt auch der Grundsatz ne bis in idem deshalb nicht[27].

II. Gegenstand der Anklage (Art. 61 I 1 GG)

1. Persönlicher Anwendungsbereich

7   Die **Anklage** richtet sich **gegen den amtierenden Bundespräsidenten**. Scheidet dieser regulär oder vorzeitig aus dem Amt aus, beendet dies das Verfahren nicht, aber die Anordnung des Amtsverlustes entfällt[28]. Diese in § 51 BVerfGG einfachgesetzlich getroffene Regelung ist sicher zulässig, aber verfassungsrechtlich nicht geboten[29], weil der eigentliche Zweck der Amtsenthebung erfüllt ist. Die Feststellung und Sanktionie-

---

[17] *Herzog* (Fn. 16), Art. 61 Rn. 8; *U. Fink*, in: v. Mangoldt/Klein/Starck, GG II, Art. 61 Rn. 5; s. auch *J. Jekewitz*, in: AK-GG, Art. 61 (2001), Rn. 2.
[18] Völlig verkannt bei *Herzog* (Fn. 16), Art. 61 Rn. 8, der aus der Weimarer Regelung folgert, dass Art. 61 GG verfehlt sei, weil er sich gegen den machtlosen Präsidenten richte.
[19] Zutreffend *C. Waldhoff/C. Grefrath*, in: Friauf/Höfling, GG, Art. 61 (2009), Rn. 2; *K. Schlaich*, HStR II, § 48 Rn. 16; *M. Nierhaus*, in: Sachs, GG, Art. 61 Rn. 4; *M. Wiemers*, VR 2012, 223 (223).
[20] So aber *R. Wolfrum*, in: BK, Art. 61 (1988), Rn. 2; dagegen *Waldhoff/Grefrath* (Fn. 19), Art. 61 Rn. 3.
[21] So aber *J. Kniesch*, NJW 1960, 1325 (1328).
[22] *Waldhoff/Grefrath* (Fn. 19), Art. 61 Rn. 2; *Butzer* (Fn. 13), Art. 61 Rn. 4.
[23] *A. v. Arnauld*, in: v. Münch/Kunig, GG I, Art. 61 Rn. 3; *Fink* (Fn. 17), Art. 61 Rn. 6; *Jekewitz* (Fn. 17), Art. 61 Rn. 3; s. auch *Herzog* (Fn. 16), Art. 61 Rn. 10.
[24] *Butzer* (Fn. 13), Art. 61 Rn. 4; *Herzog* (Fn. 16), Art. 61 Rn. 10; *Jekewitz* (Fn. 17), Art. 61 Rn. 3; *Nierhaus* (Fn. 19), Art. 61 Rn. 5; *M. Nettesheim*, HStR³ III, § 61 Rn. 67; *v. Arnauld* (Fn. 23), Art. 61 Rn. 3; s. a. *Stern*, Staatsrecht II, S. 1004: Verfassungsschutzverfahren.
[25] *v. Arnauld* (Fn. 23), Art. 61 Rn. 3. *Pernice* → Bd. II², Art. 61 Rn. 10.
[26] *Herzog* (Fn. 16), Art. 61 Rn. 10; *Jekewitz* (Fn. 17), Art. 61 Rn. 3; *Waldhoff/Grefrath* (Fn. 19), Art. 61 Rn. 5; *v. Arnauld* (Fn. 23), Art. 61 Rn. 3.
[27] *Nierhaus* (Fn. 19), Art. 61 Rn. 5; *Butzer* (Fn. 13), Art. 61 Rn. 4.
[28] *Nierhaus* (Fn. 19), Art. 61 Rn. 10; *Waldhoff/Grefrath* (Fn. 19), Art. 61 Rn. 10.
[29] *Herzog* (Fn. 16), Art. 61 Rn. 13; *Fink* (Fn. 17), Art. 61 Rn. 9; *v. Arnauld* (Fn. 23), Art. 61 Rn. 4.

rung und damit die häufig kritisierte Inkriminierung wird dadurch eher zu stark hervorgehoben[30].

Eine Reihe von Autoren befürwortet eine **Erstreckung des Anklageverfahrens** auch **auf den Stellvertreter** nach Art. 57 GG, weil die Anklage nach Art. 61 GG sich gegen den Bundespräsidenten als Organ und Amtswalter richte und nicht gegen seine Person; der Stellvertreter trete in vollem Umfang in die Rechts- und Pflichtenstellung des Bundespräsidenten ein[31]. Diese Auffassung ist durch den Normtext nicht gedeckt und **verkennt den Sinn und Zweck des Art. 61 GG**[32]. Schon formal nimmt der Bundesratspräsident die Amtsaufgaben aus eigenem Recht wahr und wird nicht selbst zum Bundespräsidenten[33]. Der Bundesratspräsident, der meist ohnehin nur für Tage als Stellvertreter fungiert[34], ist auch als politischer Regierungschef jederzeit abrufbar. Einzelne verfassungswidrige Akte können auch über Organstreit und Normenkontrolle angegriffen werden. 8

2. Rechtsverstoß

Die Anklage muss eine Verletzung »des Grundgesetzes oder eines anderen Bundesgesetzes« zum Vorwurf haben. Verstöße gegen Landesrecht scheiden von vornherein aus[35]. Wegen der Tragweite des Verfahrens nach Art. 61 GG sind nur **Verstöße gegen formelle Gesetze**, nicht aber gegen Rechtsverordnungen und Satzungen erfasst[36]. Verfassungsgewohnheitsrecht ist dagegen in den Schutzbereich einbezogen[37]. Allgemeine Regeln des Völkerrechts gem. Art. 25 GG müssen als Bundesgesetz angesehen werden. Das Europäische Unionsrecht wird zwar von der Bindung des Art. 20 III GG umfasst, ist aber kein »Bundesgesetz« i.S.d. Art. 61 GG[38], sofern es nicht in ein Bundesgesetz umgewandelt worden ist. Auch andere internationale Verträge gem. Art. 59 II GG sind nur dann Bundesgesetze, wenn sie in nationales Recht umgesetzt worden sind, wie z. B. die EMRK. 9

Nach Sinn und Zweck können **nur Rechtsverletzungen im Amt** Gegenstand der Anklage sein, da sich das Verfahren gegen den Bundespräsidenten als Verfassungsorgan richtet[39]. Für Verfehlungen außerhalb des Amtes ist stattdessen eine Sanktionierung durch Zivil- oder Strafgerichte nach Aufhebung der Immunität möglich[40]. Ein engerer 10

---

[30] Etwas widersprüchlich daher *v. Arnauld* (Fn. 23), Art. 61 Rn. 4 und Rn. 3.
[31] *Jekewitz* (Fn. 17), Art. 61 Rn. 4; *Nierhaus* (Fn. 19), Art. 61 Rn. 6; *Fink* (Fn. 17), Art. 61 Rn. 8; *R. Pitschas*, Der Staat 12 (1973), 183 (19); *Stern*, Staatsrecht II, S. 210.
[32] Ablehnend auch *Herzog* (Fn. 16), Art. 61 Rn. 14; *G. Fritz*, in: BK, Art. 57 (2001), Rn. 12; *M. Nettesheim*, HStR³ III, § 61 Rn. 60, 68; *v. Arnauld* (Fn. 23), Art. 61 Rn. 5.
[33] *v. Arnauld* (Fn. 23), Art. 61 Rn. 5.
[34] Die maximale Begrenzung der Ratspräsidentschaft auf ein Jahr ist die äußerste Grenze, aber faktisch irrelevant.
[35] *Fink* (Fn. 17), Art. 61 Rn. 10; *Nierhaus* (Fn. 19), Art. 61 Rn. 8; *Butzer* (Fn. 13), Art. 61 Rn. 6.
[36] *Herzog* (Fn. 16), Art. 61 Rn. 15; *Nierhaus* (Fn. 19), Art. 61 Rn. 8; *Fink* (Fn. 17), Art. 61 Rn. 10; *Waldhoff/Grefrath* (Fn. 19), Art. 61 Rn. 6; *v. Arnauld* (Fn. 23), Art. 61 Rn. 6; *Butzer* (Fn. 13), Art. 61 Rn. 7; a.A. *Pernice* → Bd. II², Art. 61 Rn. 12.
[37] *Herzog* (Fn. 16), Art. 61 Rn. 17; *Fink* (Fn. 17), Art. 61 Rn. 10; *M. Nettesheim*, HStR³ III, § 61 Rn. 69; *v. Arnauld* (Fn. 23), Art. 61 Rn. 6; *Butzer* (Fn. 13), Art. 61 Rn. 7; a.A. *Wolfrum* (Fn. 20), Art. 61 Rn. 6.
[38] *Butzer* (Fn. 13), Art. 61 Rn. 6; a.A. *v. Arnauld* (Fn. 23), Art. 61 Rn. 6.
[39] *Jekewitz* (Fn. 17), Art. 61 Rn. 5; *Nierhaus* (Fn. 19), Art. 61 Rn. 8; *Waldhoff/Grefrath* (Fn. 19), Art. 61 Rn. 6; *v. Arnauld* (Fn. 23), Art. 61 Rn. 7; *Butzer* (Fn. 13), Art. 61 Rn. 9; a.A. *Wolfrum* (Fn. 20), Art. 61 Rn. 7; *C. Krehl*, in: Umbach/Clemens/Dollinger, BVerfGG, § 49 Rn. 3.
[40] *Herzog* (Fn. 16), Art. 61 Rn. 18; *Fink* (Fn. 17), Art. 61 Rn. 12; *v. Arnauld* (Fn. 23), Art. 61 Rn. 7.

Zusammenhang mit den besonderen Rechten und Pflichten des Amtes oder eine spezifische Amtshandlung ist jedoch nicht erforderlich[41].

11 Umstritten ist, ob der **Rechtsverstoß dahingehend besonders qualifiziert sein muss**, dass er »von politischer Relevanz«[42] oder sogar »politisch untragbar ist«[43] ist oder jedenfalls ein »Bagatellvorbehalt«[44] gilt. Ihrem Sinn nach ist die Präsidentenanklage zweifellos für schwere Rechtsverstöße vorgesehen, auch wenn der Wortlaut keine Einschränkung enthält. Zweifelhaft ist aber, ob dies bereits bei Antragstellung zu berücksichtigen ist[45]. Hier bildet bereits das qualifizierte Mehrheitserfordernis eine Barriere. Außerdem muss das Bundesverfassungsgericht Verhältnismäßigkeit und Schuldangemessenheit feststellen und kann dann auch erst über »politische Relevanz« und Bagatellgrenzen entscheiden.

3. Verschulden: Vorsatz

12 Das Verfahren nach Art. 61 GG setzt explizit einen **vorsätzlichen Rechtsverstoß** voraus, während Art. 51 WRV Fahrlässigkeit ausreichen ließ. Dabei wird auf die strafrechtliche Lehre zurückgegriffen und für ausreichend gehalten, dass sich der Präsident des Verstoßes bewusst war und ihn zumindest billigend in Kauf genommen hat (dolus eventualis)[46]. Sofern die Rechtsfrage umstritten war und die präsidiale Auffassung vertretbar ist, liegt kein Vorsatz vor, da Art. 61 GG nicht der Klärung (verfassungs-)rechtlicher Streitfragen dient[47]. Die Gegenzeichnung entlastet den Bundespräsidenten insoweit nicht von seiner rechtlichen Verantwortung[48].

III. Verfahren (Art. 61 I 2–4, II 1 GG)

13 Das **Verfahren** ist **dreistufig** aufgebaut: Antrag, Anklagevertretung und Verfahren vor dem Bundesverfassungsgericht. Auf der ersten Stufe kann sowohl ein Viertel der Mitglieder des Bundestages als auch ein Viertel der Stimmen des Bundesrates den Antrag auf Anklageerhebung stellen (Art. 61 I 2 GG). Der Beschluss über die Anklageerhebung bedarf dann einer Zweidrittelmehrheit je nach Antragstellung im Bundestag oder im Bundesrat (Art. 61 I 3 GG)[49]. Hintergrund ist, dass die Bundesversammlung sich je zur Hälfte aus Bundestag und Ländervertretern zusammensetzt, aber selbst nicht aktionsfähig ist. Zweifelhaft ist allerdings, ob die besondere Form einer Ankla-

---

[41] *Herzog* (Fn. 16), Art. 61 Rn. 19; *Fink* (Fn. 17), Art. 61 Rn. 13; *v. Arnauld* (Fn. 23), Art. 61 Rn. 7; *Butzer* (Fn. 13), Art. 61 Rn. 9; *M. Wiemers*, VR 2012, 223 (224); a.A. *Jekewitz* (Fn. 17), Art. 61 Rn. 5; *Jarass/Pieroth*, GG, Art. 61 Rn. 2.
[42] *D. C. Umbach*, in: Umbach/Clemens, GG, Art. 61 Rn. 26; *Wolfrum* (Fn. 20), Art. 61 Rn. 7; *Nierhaus* (Fn. 19), Art. 61 Rn. 8; *Herzog* (Fn. 16), Art. 61 Rn. 20; *Butzer* (Fn. 13), Art. 61 Rn. 10.
[43] *K. Schlaich*, HStR II, § 48 Rn. 17; *v. Mangoldt/Klein*, GG II, Art. 61 Anm. III 2b (S. 1188).
[44] *Waldhoff/Grefrath* (Fn. 19), Art. 61 Rn. 8; dagegen *M. Wiemers*, VR 2012, 223 (224).
[45] *M. Nettesheim*, HStR³ III, § 61 Rn. 69; *v. Arnauld* (Fn. 23), Art. 61 Rn. 8; s. a. *Fink* (Fn. 17), Art. 61 Rn. 13; *Jarass/Pieroth*, GG, Art. 61 Rn. 2.
[46] Näher *Herzog* (Fn. 16), Art. 61 Rn. 23 ff.; *Butzer* (Fn. 13), Art. 61 Rn. 11 f.; *W. A. Scholzen*, Der Begriff des Vorsatzes in Art. 61 Grundgesetz und entsprechenden landesrechtlichen Bestimmungen, Diss. jur. Würzburg 1970, S. 87 ff.
[47] *Herzog* (Fn. 16), Art. 61 Rn. 28; *v. Arnauld* (Fn. 23), Art. 61 Rn. 9; *Butzer* (Fn. 13), Art. 61 Rn. 12.
[48] *Waldhoff/Grefrath* (Fn. 19), Art. 61 Rn. 7; *v. Arnauld* (Fn. 23), Art. 61 Rn. 9; vgl. auch BVerfGE 62, 1 (33).
[49] Eingehend *Herzog* (Fn. 16), Art. 61 Rn. 33 ff.

geerhebung mit anschließender verfassungsgerichtlicher Entscheidung als »actus contrarius«[50] zum Wahlakt sinnvoll bezeichnet wird, da es gerade keine Abwahl ist.

Die **Rücknahme der Anklage** ist kraft ausdrücklicher Regelung in § 52 BVerfGG zulässig, wenn die anklagende Körperschaft den Beschluss mit der Mehrheit der Mitglieder (Bundestag) bzw. der Stimmen (Bundesrat) fasst und der Bundespräsident der Rücknahme nicht binnen Monatsfrist widerspricht, weil er inzwischen ein eigenes Interesse an der Klärung hat[51]. Das Bundesverfassungsgericht kann auch bei gewichtigem öffentlichem Interesse das Verfahren trotz Antragsrücknahme nicht zu Ende führen[52]. **14**

Das eigentliche **Verfahren vor dem Bundesverfassungsgericht** ist in §§ 13 Nr. 4, 49–57 BVerfGG näher ausgestaltet[53]. Art. 61 I 4 GG sieht für dieses Verfahren lediglich vor, dass die anklageerhebende Körperschaft durch einen Beauftragten vertreten wird, der selbst nicht Mitglied des beauftragenden Organs sein muss[54]. Wie in allen Anklageverfahren bedarf eine dem Präsidenten nachteilige Entscheidung gem. § 15 III 1 BVerfGG einer Zwei-Drittel-Mehrheit des Senats. **15**

IV. Entscheidung (Art. 61 II 2 GG)

Das Bundesverfassungsgericht entscheidet durch **Urteil** (§§ 56 II, 25 II BVerfGG), das aus zwei Teilen besteht[55], wenn der Antrag nicht verworfen wird. Der erste Teil stellt – auch im Tenor – einen vorsätzlichen **Rechtsverstoß** fest. In diesem Fall wird sodann im zweiten Teil die **Entscheidung über den Amtsverlust** getroffen. Dessen Anordnung wird von Art. 61 II 1 GG in das Ermessen des Gerichts gestellt (»kann«). Ermessensleitende Gesichtspunkte sind einerseits das rechtliche und politische Gewicht des Rechtsverstoßes und andererseits das Interesse an der Kontinuität der Amtsführung[56]. Außerdem ist der Gedanke der Verhältnismäßigkeit[57] bzw. der Angemessenheit der verfassungspolitischen Reaktion des Amtsverlusts[58] zu berücksichtigen. Der Verbleib im Amt soll »staatspolitisch untragbar«[59] sein. Das Gericht trifft hier in ho- **16**

---

[50] So *Herzog* (Fn. 16), Art. 61 Rn. 34, dem folgend etwa *Fink* (Fn. 17), Art. 61 Rn. 16; *v. Arnauld* (Fn. 23), Art. 61 Rn. 10; *Butzer* (Fn. 13), Art. 61 Rn. 13.

[51] Eingehender *Herzog* (Fn. 16), Art. 61 Rn. 46 ff.; *Fink* (Fn. 17), Art. 61 Rn. 23 f.

[52] So aber *Butzer* (Fn. 13), Art. 61 Rn. 16 unter Berufung auf BVerfGE 98, 218 (242 f., Rn. 91) – Rechtschreibreform; dagegen zu Recht *v. Arnauld* (Fn. 23), Art. 61 Rn. 11; *M. Wiemers*, VR 2012, 223 (225).

[53] Näher *Herzog* (Fn. 16), Art. 61 Rn. 49 ff.; *Butzer* (Fn. 13), Art. 61 Rn. 13 ff.

[54] *Herzog* (Fn. 16), Art. 61 Rn. 38, 42; *Fink* (Fn. 17), Art. 61 Rn. 20.

[55] Näher *Herzog* (Fn. 16), Art. 61 Rn. 60 ff.; *Butzer* (Fn. 13), Art. 61 Rn. 18 ff.

[56] Vgl. *Pernice* → Bd. II², Art. 61 Rn. 18.

[57] *Herzog* (Fn. 16), Art. 61 Rn. 62; *Fink* (Fn. 17), Art. 61 Rn. 29; *Nierhaus* (Fn. 19), Art. 61 Rn. 13; *v. Arnauld* (Fn. 23), Art. 61 Rn. 13; *Butzer* (Fn. 13), Art. 61 Rn. 19; das Prinzip selbst ist hier möglicherweise nicht anwendbar, wohl aber der Gedanke; kritisch auch *Waldhoff/Grefrath* (Fn. 19), Art. 61 Rn. 12.

[58] Zutreffend *Butzer* (Fn. 13), Art. 61 Rn. 19; teils ist hier von der »Schuldangemessenheit« (*Nierhaus* [Fn. 19], Art. 61 Rn. 13; *v. Arnauld* [Fn. 23], Art. 61 Rn. 13) oder sogar ganz verfehlt vom »Grundsatz... schuldangemessenen Strafens« (*Fink* [Fn. 17], Art. 61 Rn. 29) die Rede; kritisch *Waldhoff/Grefrath* (Fn. 19), Art. 61 Rn. 12; es geht vielmehr um die Relation von Rechtsverstoß und Rechtsfolge der Amtsenthebung.

[59] *Herzog* (Fn. 16), Art. 61 Rn. 62; *v. Arnauld* (Fn. 23), Art. 61 Rn. 13; *Butzer* (Fn. 13), Art. 61 Rn. 20.

hem Maß eine politische und autonome Entscheidung über die Notwendigkeit einer Amtsenthebung[60].

17 Das Bundesverfassungsgericht kann **nur den Amtsverlust anordnen**, aber nicht andere, auch mildere Sanktionen[61]. Im Fall der Erklärung des Amtsverlustes endet die Amtszeit unmittelbar mit Verkündung des Urteils. Damit tritt der Vertretungsfall des Art. 57 GG ein. Zudem ist die Bundesversammlung binnen dreißig Tagen gem. Art. 54 IV GG einzuberufen, um einen Nachfolger zu wählen (→ Art. 54 Rn. 30).

V. Einstweilige Anordnung (Art. 61 II 2 GG)

18 Art. 61 II 2 GG (ebenso § 53 BVerfGG) ermächtigt das Bundesverfassungsgericht, dem Bundespräsidenten im Wege der **einstweiligen Anordnung vorläufig die Amtsausübung zu untersagen**[62]. Art. 61 II 2 GG geht § 32 BVerfGG als lex specialis und höherrangiges Recht vor[63]. Die Anordnung kann von Amts wegen ergehen und jederzeit vom Gericht wieder aufgehoben werden[64]. Sie begründet eine Verhinderung aus rechtlichen Gründen, die den Vertretungsfall gem. Art. 57 GG auslöst (→ Art. 57 Rn. 5).

19 Die einstweilige Anordnung verfolgt den Zweck zu verhindern, dass die Autorität des Amtes oder das Ansehen des Staates durch die Weiterführung des Amtes bis zur Entscheidung in der Hauptsache politischen Schaden erleidet[65]. Das Bundesverfassungsgericht nimmt eine **Abwägung** vor zwischen den möglichen zu erwartenden Schäden für Amt und Staat auf der einen Seite und den Folgen für die Person und das Amt im Fall einer unbegründeten Suspendierung auf der anderen. Dabei sind, anders als formal bei § 32 BVerfGG, auch die Erfolgsaussichten der Anklage zu berücksichtigen[66]. Die Entscheidung steht zudem im Ermessen des Gerichts.

D. Verhältnis zu anderen GG-Bestimmungen

20 Art. 61 GG tritt neben den Organstreit und das Normenkontrollverfahren (Art. 93 I Nr. 1, 2 GG) als ein **eigenständiges verfassungsgerichtliches Verfahren** zur Sanktionierung von Verfassungs- und Rechtsverstößen durch den Bundespräsidenten, das die einzige Möglichkeit zu dessen Amtsenthebung eröffnet. Da die Staatsanklage trotz mancher Anklänge kein Strafverfahren ist, gelten **Art. 103 II, III GG** nicht. Die Immunität gem. **Art. 60 IV GG** sperrt das Verfahren nach Art. 61 GG ebensowenig wie die Staatsanklage ein Strafverfahren nach Aufhebung der Immunität. Die Richteranklage ist in **Art. 98 II GG** geregelt.

---

[60] *K. Schlaich*, HStR II, § 48 Rn. 17; *Waldhoff/Grefrath* (Fn. 19), Art. 61 Rn. 12; *Butzer* (Fn. 13), Art. 61 Rn. 19.
[61] *Herzog* (Fn. 16), Art. 61 Rn. 63 f.; *Nierhaus* (Fn. 19), Art. 61 Rn. 14; *Fink* (Fn. 17), Art. 61 Rn. 30; *v. Arnauld* (Fn. 23), Art. 61 Rn. 14; *Butzer* (Fn. 13), Art. 61 Rn. 21.
[62] Eingehender *Herzog* (Fn. 16), Art. 61 Rn. 66 ff.
[63] *Herzog* (Fn. 16), Art. 61 Rn. 68; *Waldhoff/Grefrath* (Fn. 19), Art. 61 Rn. 13; *v. Arnauld* (Fn. 23), Art. 61 Rn. 15; *Butzer* (Fn. 13), Art. 61 Rn. 24.
[64] *Herzog* (Fn. 16), Art. 61 Rn. 67; *v. Arnauld* Art. 61 Rn. 15; eine dauernde Überprüfung fordert *Butzer* (Fn. 13), Art. 61 Rn. 23.
[65] *Herzog* (Fn. 16), Art. 61 Rn. 61; *Fink* (Fn. 17), Art. 61 Rn. 32; *Pernice* → Bd. II², Art. 61 Rn. 19; *v. Arnauld* (Fn. 23), Art. 61 Rn. 16.
[66] *Herzog* (Fn. 16), Art. 61 Rn. 69; *Nierhaus* (Fn. 19), Art. 61 Rn. 17; *Fink* (Fn. 17), Art. 61 Rn. 35; *Waldhoff/Grefrath* (Fn. 19), Art. 61 Rn. 13; *v. Arnauld* (Fn. 23), Art. 61 Rn. 16; *Butzer* (Fn. 13), Art. 61 Rn. 24.

VI. Die Bundesregierung

Artikel 62 [Zusammensetzung]

Die Bundesregierung besteht aus dem Bundeskanzler und aus den Bundesministern.

Literaturauswahl

Bachmann, Günter: Das Bundeskanzleramt, in: Die Staatskanzlei – Aufgaben, Organisation und Arbeitsweise auf vergleichender Grundlage (Vorträge und Diskussionsbeiträge der verwaltungswissenschaftlichen Arbeitstagung der Hochschule für Verwaltungswissenschaften Speyer 1966), 1967, S. 161–180.
Beyme, Klaus von: Organisationsgewalt, Patronage und Ressorteinteilung im Bereich der Regierung, in: Die Verwaltung 2 (1969), S. 279–293.
Beyme, Klaus von: Die parlamentarische Demokratie, 3. Aufl. 1999.
Böckenförde, Ernst-Wolfgang: Die Organisationsgewalt im Bereich der Regierung, 1964.
Busse, Volker/Hofmann, Hans: Bundeskanzleramt und Bundesregierung – Aufgaben, Organisation, Arbeitsweise, 5. Aufl. 2010.
Detterbeck, Steffen: Innere Ordnung der Bundesregierung, in: HStR[3] III, § 66 (S. 1159–1199).
Frotscher, Werner: Regierung als Rechtsbegriff, 1975.
Kassimatis, Georg: Der Bereich der Regierung, 1975.
Klein, Eckart: Politische Staatssekretäre und parlamentarische Kontrolle, in: DÖV 1974, S. 590–592.
König, Klaus: Vom Umgang mit Komplexität in Organisationen – Das Bundeskanzleramt, in: Der Staat 28 (1989), S. 49–70.
Kröger, Klaus: Der Parlamentarische Staatssekretär – Gehilfe oder Mimikry des Ministers?, in: DÖV 1974, S. 585–590.
Leisner, Walter: Regierung als Macht kombinierten Ermessens, in: JZ 1968, S. 727–731.
Magiera, Siegfried: Parlament und Staatsleitung in der Verfassungsordnung des Grundgesetzes, 1979.
Münch, Fritz: Die Bundesregierung, 1954.
Oldiges, Martin: Die Bundesregierung als Kollegium, 1983.
Scheuner, Ulrich: Der Bereich der Regierung, in: Festgabe für Rudolf Smend, 1952, S. 253–303 (auch in: ders., Staatstheorie und Staatsrecht, 1978, S. 455–499).
Schröder, Meinhard: Aufgaben der Bundesregierung, in: HStR[3] III, § 64 (S. 1115–1131).
Schröder, Meinhard: Bildung, Bestand und parlamentarische Verantwortung der Bundesregierung, in: HStR[3] III, § 65 (S. 1133–1157).

Leitentscheidung des Bundesverfassungsgerichts

BVerfGE 91, 148 (165 ff.) – Umlaufverfahren.

Gliederung

	Rn.
A. Herkunft, Entstehung, Entwicklung	1
B. Internationale, supranationale und rechtsvergleichende Bezüge	3
C. Erläuterungen	6
I. Begriff der Regierung	6
II. Die Bundesregierung als oberstes Bundesorgan	7
1. Selbständiges Verfassungsorgan	7
2. Kollegialorgan	10
3. Bundeskanzler	15
4. Bundesminister	19
5. Bundeskanzler und Bundesminister als Ämter	23
III. Funktionen, Aufgaben und Kompetenzen	24

Art. 62　　　　　A. Herkunft, Entstehung, Entwicklung

    1. Die Bundesregierung in der Gewaltenteilung des Grundgesetzes 24
    2. Spitze der Bundesverwaltung 27
    3. Politische Staatsführung 30
    4. Regierungsvorbehalt 34
D. Verhältnis zu anderen GG-Bestimmungen 38

Stichwörter

Bundesminister für besondere Aufgaben 20 – Bundesminister ohne Geschäftsbereich 20 – Chef eines Verwaltungsressorts 19 – Doppelminister 20 – Entlastung der Minister 22 – Entscheidungsverfahren des Kollegialorgans 13 – europäische Ebene 5 – funktionsbezogene Zuordnung der Geschäftsbereiche ohne Bundesminister 20 – Gelenkstelle zwischen Regierung und Verwaltung 27 – Gesetzgebungsfunktion 24 – institutioneller Mittelpunkt der Exekutive 17 – Kanzleramtsminister 18 – Kanzlersystem 10 – Kernbereich exekutiver Eigenverantwortung 36 – Leiter einer obersten Bundesbehörde 19 – materieller Begriff der Regierung 26 – Minister ohne Kabinettsrang 12 – organisationsrechtliche Doppelstellung 10, 19, 28 – Personalunion 16, 20 – Quorum 13, 14 – Rat der Europäischen Union 35 – Regierungs- und Verwaltungsaufgaben 25 – Reichskanzler 2 – Ressortfreiheit 16 – Ressortleitung 18, 19, 27 – Richtlinien der Politik 15 – Staatsleitung 5, 31, 32, 33 – Staatsorganisation 6, 7, 9, 11, 16 – Staatssekretär 2, 4, 12, 18, 19, 21, 22 – Statusrecht 9 – Stimmrecht 12 – Vertretung 2, 19, 21 – Verwaltungsangelegenheiten 29 – Vorbehalt der Regierung 35 – Willensbildung der Bundesregierung 15 – Zuständigkeitsvermutung zugunsten der Bundesregierung 29.

A. Herkunft, Entstehung, Entwicklung

1   Wort und Begriff der parlamentarischen Regierung kamen in Deutschland Anfang der vierziger Jahre des 19. Jahrhunderts auf[1]. Die zentralen Merkmale, die diese Institution staatlicher Führung in **Abkehr vom monarchischen Prinzip** kennzeichneten[2], waren die Abhängigkeit der Regierung vom Vertrauen der Parlamentsmehrheit und ihre Unabhängigkeit gegenüber Einflüssen des Monarchen.

2   Den **Gegenpol** zum heutigen Verständnis, wonach ein Minimum an kollegialer Struktur zu den Merkmalen parlamentarischer Regierung gehört[3], bildet in der deutschen Verfassungsgeschichte das **Kanzlerprinzip** nach Art. 17 der Reichsverfassung von 1871[4]. Die Regierungsmacht lag allein beim Reichskanzler, während den weisungsunterworfenen Staatssekretären, die 1878 durch das Stellvertretungsgesetz[5] geschaffen wurden, lediglich die Funktion von »Gehilfen« des Reichskanzlers zukam[6].

---

[1] *K. v. Beyme*, Die parlamentarische Demokratie, 3. Aufl. 1999, S. 32; *M. Botzenhart*, Die Parlamentarismusmodelle der deutschen Parteien 1848/49, in: G. Ritter (Hrsg.), Gesellschaft, Parlament und Regierung. Zur Geschichte des Parlamentarismus in Deutschland, 1974, S. 121–144.

[2] Das Wesen der parlamentarischen Regierung wurde, wie *v. Beyme*, Demokratie (Fn. 1), S. 32, zusammenfassend dargestellt hat, zuerst von seinen Kritikern zutreffend beschrieben: *V. A. Huber*, Die Opposition, 1842; *F. J. Stahl*, Das monarchische Princip, 1845.

[3] *v. Beyme*, Demokratie (Fn. 1), S. 45, meint, daß das alte »Kanzlersystem«, in dem die Minister nur untergeordnete Staatssekretäre sind, mit dem parlamentarischen System nicht vereinbar sei. Vgl. auch BVerfGE 11, 77 (85).

[4] Vgl. dazu *M. Oldiges*, Die Bundesregierung als Kollegium, 1983, S. 65 ff.; zu den verschiedenen Modellen anläßlich der Einsetzung einer »Bundesregierung« durch die Nationalversammlung 1848, bei der sich der Reichsverweser mit verantwortlichen Ministern durchsetzte, vgl. *K. v. Beyme*, Die parlamentarischen Regierungssysteme in Europa, 2. Aufl. 1973, S. 158 ff.

[5] Gesetz betreffend die Stellvertretung des Reichskanzlers vom 17.3.1878, RGBl. S. 7.

[6] Dies gilt trotz der ständig wachsenden Reichsverwaltung und der dadurch zwangsläufig steigenden faktischen Selbständigkeit der Staatssekretäre, die zu einer Beschränkung des Reichskanzlers auf »wichtige Fragen« oder die »allgemeine Richtung« führten und so die spätere Richtlinienkompetenz vorwegnahmen; vgl. dazu *Oldiges*, Bundesregierung (Fn. 4), S. 73 f., 76 f.

Von dieser monokratisch geprägten Struktur der Regierung setzte sich bereits das System bedingter Kollegialität des Art. 52 WRV bewußt ab[7], an dessen Wortlaut Art. 62 GG angelehnt ist. Bei den **Beratungen im Parlamentarischen Rat** herrschte Übereinstimmung, daß die innere Regierungsstruktur der Weimarer Reichsverfassung mit ihrer Kombination des Kanzler-, des Ressort- und des Kabinettsystems nicht verändert werden sollte[8]. Für Diskussionen sorgte lediglich der Status der beamteten und politischen Staatssekretäre. Dabei herrschte aber Einmütigkeit darüber, daß Staatssekretäre nicht Mitglieder des Kabinetts sein sollten[9]. Relevante Abweichungen im Status der Bundesregierung gegenüber der Weimarer Reichsregierung betreffen nicht ihre Zusammensetzung, sondern sind vor allem darin zu finden, daß die Abhängigkeit vom Präsidenten weitgehend beseitigt und die Vertrauensabhängigkeit vom Parlament stärker auf Stabilität angelegt wurde als unter der Weimarer Reichsverfassung[10] (→ Art. 63 Rn. 3; → Art. 67 Rn. 2, 6ff.). Art. 62 GG ist **bislang unverändert** geblieben.

B. Internationale, supranationale und rechtsvergleichende Bezüge

Fast alle Verfassungen der Mitgliedstaaten der Europäischen Union kennen vergleichbare Regelungen, die sich von Art. 62 GG nur vereinzelt dadurch unterscheiden, daß sie die Zahl der Minister begrenzen[11] oder auch Regierungsmitglieder zulassen, die nicht Ministerstatus haben[12]. Was den Aufbau des Regierungsorgans angeht, finden sich signifikante Abweichungen beispielsweise im Präsidialsystem der **USA**. Nach amerikanischem Verfassungsrecht ist die Regierung monokratisch strukturiert. Der Präsident ist das zentrale Regierungsorgan, in dessen Amt alle exekutiven Kompetenzen vereinigt sind[13]. Sein Kabinett, das aus den *secretaries* als Leitern der einzelnen Departments sowie anderen Beamten besteht, hat keinen verfassungsrechtlichen Rang[14] und fällt keine Kollegialentscheidungen[15]. Die Kabinettsmitglieder haben lediglich die Funktion, den Präsidenten in einem praktischen Sinne zu entlasten[16]. Handlungen der *secretaries* werden dem Präsidenten denn auch als eigene zugerechnet. Dies gilt auch dann, wenn sie in der Praxis nicht stets ausdrücklich in seinem Namen ergehen[17]. In **Großbritannien** ist das Kabinett kollegial strukturiert und besteht aus Prime Minister, Secretaries of State bzw. Ministers[18] und – insoweit dem

3

---

[7] Vgl. die Zusammenfassung bei *H.-P. Schneider*, in: AK-GG, Art. 62 (2002), Rn. 1; ausführlich *Oldiges*, Bundesregierung (Fn. 4), S. 91ff.
[8] Parl. Rat II, S. 550; Parl. Rat XIV, S. 66f.
[9] Vgl. JöR 1 (1951), S. 425f.
[10] Vgl. dazu BVerfGE 67, 100 (129f.). *K. v. Beyme*, Die Verwaltung 2 (1969), 279 (285).
[11] So etwa Irland (Art. 28).
[12] So etwa Polen (Art. 147 IV), Portugal (Art. 183 I), Rumänien (Art. 101 III) und Spanien (Art. 98 I).
[13] *T. Stammen*, Regierungssysteme der Gegenwart, 1972, S. 129f.; *W. Steffani*, Parlamentarische und präsidentielle Demokratie, 1979, S. 310; *P. Hay*, Einführung in das amerikanische Recht, 4. Aufl. 1995, S. 23.
[14] *Steffani*, Demokratie (Fn. 13), S. 310, spricht vom Kabinett als einer »Privatveranstaltung« des Präsidenten.
[15] *Hay*, Einführung (Fn. 13), S. 23.
[16] Sie werden deshalb auch als »Gehilfen« qualifiziert z.B. von *Stammen*, Regierungssysteme (Fn. 13), S. 130; vgl. auch *E.S. Corwin*, The President – Office and Powers 1787–1957, 1966, S. 79ff.
[17] *Corwin*, The President (Fn. 16), S. 80.
[18] Secretaries of State ist die Bezeichnung der »klassischen« Ressorts, während neuere Ressorts

Art. 62 C. Erläuterungen

Verfassungsrecht der USA ähnlich – weiteren Mitgliedern. Eine weitere Besonderheit liegt darin, daß es auch insoweit nicht mit der Regierung im funktionalen Sinne identisch ist, als nicht jeder *secretary* oder Minister, obwohl funktional Bestandteil der Regierung, Anspruch auf einen Kabinettsposten hat. Cabinet und Regierung sind als solche keine verfassungsrechtlich vorgegebenen Organe. »Her majesty's government« übt lediglich die »royal prerogative« kraft Gewohnheitsrechts für die Krone aus[19].

4 In den **Verfassungen der Bundesländer** finden sich, was die kollegiale Struktur der Regierungsorgane angeht, keine relevanten Abweichungen von Art. 62 GG. Die Zusammensetzung der Regierung ist in Art. 43 II BayVerf. insofern abweichend von Art. 62 GG geregelt, als neben dem Ministerpräsidenten und den Staatsministern auch die Staatssekretäre vollwertige Regierungsmitglieder sind. In dieser Funktion unterliegen sie nicht dem sonst nach Art. 51 II BayVerf. gegebenen Weisungsrecht ihres jeweiligen Staatsministers[20]. Die Verfassung von Baden-Württemberg lässt ebenfalls Staatssekretäre als Regierungsmitglieder zu (Art. 45 II). Eine ähnliche Regelung hinsichtlich der Staatssekretäre findet sich in der Verfassung Sachsens (Art. 59 II 2), wo auch die Möglichkeit von Ministern ohne Geschäftsbereich (→ Rn. 20) explizit ausgeschlossen wird (Art. 59 III).

5 Über die traditionell dominante Rolle der Bundesregierung bei der Gestaltung der **Außenpolitik** hinaus (→ Art. 59 Rn. 14 ff.) folgen wesentliche Veränderungen daraus, daß in zunehmendem Umfang Fragen der politischen Gestaltung des Gemeinwesens auf **europäischer Ebene** getroffen werden. Diese Veränderungen sind bislang weder politikwissenschaftlich noch verfassungsrechtlich aufgearbeitet worden. Sie betreffen zunächst die »materielle« Vorstellung von Regierung i. S. einer umfassend verstandenen Staatsleitung (→ Rn. 30 ff.). Aufgaben, deren Wahrnehmung nach traditionellem Verständnis die Regierung im materiellen Sinne kennzeichnete, wandern zunehmend zu den zuständigen Organen der Europäischen Union ab. Unter diesen Organen kommt die hervorgehobene Stellung dem Rat zu, dessen Zusammensetzung aus Vertretern jedes Mitgliedstaates auf Ministerebene (Art. 16 II EUV) die Dominanz der Regierung im Verhältnis zum Parlament verstärkt (→ Art. 23 Rn. 109, 115) und auch die innere Struktur der Bundesregierung zugunsten der Minister verändern könnte (→ Art. 65 Rn. 7 ff.).

C. Erläuterungen

I. Begriff der Regierung

6 Wenn Art. 62 GG ebenso wie die Überschrift des VI. Abschnitts von der »Bundesregierung« spricht, so ist damit die **Regierung im institutionellen** (formellen, organisatorischen, subjektiven) **Sinne** gemeint, die einen selbständigen Teil der Staatsorganisation des Bundes bezeichnet. Dagegen sind die Aufgaben dieses Staatsorgans (**Regierung im funktionellen** – materiellen, inhaltlichen oder objektiven – **Sinne**[21]) sowie deren

---

von einem Minister geleitet werden, s. hierzu *K. Loewenstein*, Staatsrecht und Staatspraxis von Großbritannien, 1967, S. 405; einen Überblick über die Rolle der Staatssekretäre in Europa gibt *B. Wieser*, Der Staatssekretär, 1997, S. 7–55.

[19] Zu alledem *Loewenstein*, Staatsrecht (Fn. 18), S. 402 ff.
[20] *W. Brechmann*, in: T. Meder/W. Brechmann (Hrsg.), Die Verfassung des Freistaates Bayern, 5. Aufl. 2014, Art. 51 Rn. 7.
[21] Zu dieser gebräuchlichen Abgrenzung zwischen organisatorisch-institutionellem Begriff der

Abgrenzung von und Zuordnung zu anderen Organen und Funktionen nicht explizites Thema des Abschnitts über die Bundesregierung. Allerdings steht die staatsorganisationsrechtliche Ausgestaltung von Status und innerer Struktur der Bundesregierung sowie ihres Verhältnisses zu anderen Staatsorganen nicht beziehungslos neben der Frage nach den Aufgaben, die sie nach der verfassungsrechtlichen Funktionenordnung erfüllen soll[22], und nach der Beziehung, in der diese Regierungsfunktion zu anderen Funktionen steht. Deshalb kann der funktionelle Begriff der Regierung, der die Regierungsaufgabe im Sinne politischer Führung des Staatsganzen näher zu erfassen und abzugrenzen sucht, bei der Auslegung der organisationsrechtlichen Vorschriften des Grundgesetzes über die Bundesregierung nicht außer Acht gelassen werden.

II. Die Bundesregierung als oberstes Bundesorgan

1. Selbständiges Verfassungsorgan

Die Bundesregierung ist ein selbständiger Teil der staatlichen Organisation des Bundes, der durch die Verfassung konstituiert wird und dessen **Verhältnis zu anderen Teilen der Staatsorganisation** sich **allein nach dem Grundgesetz** bestimmt, so daß sie Weisungen oder sonstigen Einflüssen außerhalb des verfassungsrechtlich Vorgesehenen nicht unterworfen werden kann. Dieser verfassungsrechtliche Status wird allgemein dadurch zum Ausdruck gebracht, daß man die Bundesregierung als selbständiges Verfassungs- und oberstes Bundesorgan bezeichnet[23]. Sie ist also »besonderes Organ« i.S.d. Art. 20 II 2 GG, das die vom Volke ausgehende Staatsgewalt ausübt, und »oberstes Bundesorgan« i.S.d. Art. 93 I Nr. 1 GG, das den Umfang seiner Rechte und Pflichten im Wege des Organstreitverfahrens verfassungsgerichtlich klären lassen kann. Wie sich vor allem aus der systematischen Stellung des Abschnitts über die Bundesregierung ergibt, steht dieses Verfassungsorgan gleichrangig neben den anderen obersten Bundesorganen Bundestag, Bundesrat, Gemeinsamer Ausschuß, Bundespräsident und Bundesverfassungsgericht[24]. 7

Dies hat insbesondere zur Folge, daß sich das **Verhältnis** der Bundesregierung **zu anderen obersten Bundesorganen** außerhalb der verfassungsrechtlich klar bestimmten Beziehungen – hierzu gehört in erster Linie die Vertrauensabhängigkeit der Bundesregierung vom Bundestag – nach Kooperationsregeln richtet[25]. Als selbständiges Verfassungsorgan kann die Bundesregierung insbesondere nicht als »Exekutivausschuß 8

Regierung einerseits und materiellem oder funktionellem Regierungsbegriff andererseits vgl. etwa *Stern*, Staatsrecht II, S. 268ff.; *M. Oldiges*, in: Sachs, GG, Art. 62 Rn. 12f.; *P. Badura*, Art. Regierung, in: EvStL³, Sp. 2951ff.; *M. Schröder*, in: v. Mangoldt/Klein/Starck, GG II, Art. 62 Rn. 2, will im Hinblick auf die Funktion der Regierung nochmals unterscheiden zwischen dem Aufgabenbestand und der Staatsfunktion; ausführlich zum Ganzen *Oldiges*, Bundesregierung (Fn. 4), S. 1ff.; *H. Götz*, Der Vorbehaltsbereich der Bundesregierung, 1995, S. 28ff.

[22] So folgt etwa aus der verfassungsrechtlichen Organisationsentscheidung für ein besonderes Organ »Bundesregierung« ein Indiz für einen Aufgabenkreis, der aus eigenem Recht und in eigener Verantwortung wahrgenommen werden soll; so *Schröder* (Fn. 21), Art. 62 Rn. 4.

[23] Vgl. nur Jarass/*Pieroth*, GG, Art. 62 Rn. 1; *Hesse*, Verfassungsrecht, Rn. 627; *Oldiges* (Fn. 21), Art. 62 Rn. 14, 17; *Schneider* (Fn. 7), Art. 62 Rn. 3; *D. Weckerling-Wilhelm*, in: Umbach/Clemens, GG, Vor Art. 62ff. Rn. 6.

[24] *W.-R. Schenke*, in: BK, Art. 62 (aktualisierte Zweitb. 2013), Rn. 3; zu den protokollarischen Implikationen *J. Hartmann*, Der Staat 52 (2013), 662 (667ff.).

[25] Vgl. nur *Schneider* (Fn. 7), Art. 62 Rn. 11.

Georg Hermes

des Parlaments« angesehen werden[26]. Als eine weitere Konsequenz aus der Konstituierung der Bundesregierung als eines selbständigen obersten Bundesorgans werden diejenigen »funktionssichernden Rand- und Annexkompetenzen« angesehen, ohne die dieses Verfassungsorgan nicht oder nur wesentlich eingeschränkt funktionsfähig wäre[27].

9 Trotz der Bezeichnung der Bundesregierung als »**Organ**« sind gegenüber der früheren, zivilistisch geprägten Betrachtungsweise des Staates als juristischer Person die **staatsorganisationsrechtlichen Besonderheiten** zu beachten[28]. Als selbständige Einheit im Rechtskreis der Staatsorganisation – also relativ zu anderen Teilen dieser Staatsorganisation – ist die Bundesregierung rechtsfähig. Dies gilt sowohl für das Kollegialorgan als auch für die Minister und den Kanzler als Teilorgane (→ Rn. 10f.). Ihr kommen eigene Rechte und Pflichten staatsorganisationsrechtlicher Art zu, die mit subjektiven Rechten zivilrechtlicher Provenienz kaum Gemeinsamkeiten aufweisen[29]. Diese organschaftlichen Statusrechte werden im einzelnen durch das Grundgesetz konstituiert und von Rechten anderer Organe abgegrenzt. Nur im sog. Außenverhältnis – insbesondere im Zivilrecht – wird das Handeln der Bundesregierung – mangels Rechtsfähigkeit – der Bundesrepublik Deutschland als juristischer Person zugerechnet[30].

2. Kollegialorgan

10 Die zentrale normative Aussage des Art. 62 GG liegt – in Abkehr vom Kanzlersystem der alten Reichsverfassung (→ Rn. 2) – darin, daß es sich bei der Bundesregierung um ein Kollegialorgan handelt, das sich aus den **Teilorganen**[31] **Bundeskanzler und Bundesminister** zusammensetzt[32]. Dabei ist die organisationsrechtliche Doppelstellung der Bundesminister und des Bundeskanzlers zu beachten: Sie sind einerseits Teile des Kollegialorgans Bundesregierung und verfügen als solche über Mitwirkungsrechte an der Willensbildung dieses Organs. Andererseits sind sie durch das Grundgesetz mit eigenen Rechten ausgestattet (→ Art. 65 Rn. 29ff.), die sich nicht auf die Mitwirkung im Kollegialorgan beziehen, und sind insoweit selbst Staatsorgane[33].

11 Aus dem Umstand, daß sich hinter dem Begriff der Bundesregierung **drei unterschiedliche Staatsorgane** – die Bundesregierung als Kollegium, der Bundeskanzler, die Bundesminister – verbergen können, ergibt sich die Schwierigkeit, bei der Verwendung des Begriffes Bundesregierung in den unterschiedlichen staatsorganisationsrechtlichen Normen des Grundgesetzes jeweils zu bestimmen, welches der drei Organe gemeint ist. Nach der h.M. ist diese Frage durch Art. 62 GG eindeutig beantwortet,

---

[26] Vgl. *H. Dreier*, Hierarchische Verwaltung im demokratischen Staat, 1991, S. 131; *W. Mößle*, Regierungsfunktionen des Parlaments, 1986, S. 98ff., 117ff.
[27] *Oldiges* (Fn. 21), Art. 62 Rn. 44.
[28] Deshalb muß der verfassungsrechtliche Organbegriff von seinen zivilrechtlichen Wurzeln (vermögens- und haftungsrechtliche Zurechnung, Zivilprozeßrecht) gelöst werden; dazu *E.-W. Böckenförde*, Organ, Organisation, Juristische Person, in: FS H.J. Wolff, 1973, S. 269ff.
[29] Dies gilt z.B. für zivilrechtlich geprägte Vorstellungen von Rechtsverzicht, -verwirkung oder -übertragung.
[30] So auch *Oldiges* (Fn. 21), Art. 62 Rn. 14; *Schenke* (Fn. 24), Art. 62 Rn. 7.
[31] Der Begriff des Organteils suggeriert demgegenüber die falsche Vorstellung, die Rechte der Mitglieder der Bundesregierung seien aus den Rechten der Bundesregierung als Kollegium abgeleitet.
[32] *E.-W. Böckenförde*, Die Organisationsgewalt im Bereich der Regierung, 1964, S. 119, 279; *Oldiges* (Fn. 21), Art. 62 Rn. 16; *Schneider* (Fn. 7), Art. 62 Rn. 3.
[33] Zur Qualifikation auch des Kanzlers und der Minister als jeweils selbständige oberste Bundesorgane s. *S. Detterbeck*, HStR³ III, § 66 Rn. 4f.; *Schenke* (Fn. 24), Art. 62 Rn. 4.

weil diese Norm eine Legaldefinition enthalte³⁴. Die Kritiker sehen darin eine Überfrachtung von Art. 62 GG³⁵. Bei dem Begriff der Bundesregierung handele es sich lediglich um einen Verweisungsbegriff³⁶, der sowohl auf die Regierung als Kollegium als auch auf den Bundeskanzler oder einen einzelnen Bundesminister Bezug nehme³⁷. Die Frage, wem das Grundgesetz mit der Formulierung »Bundesregierung« eine bestimmte Kompetenz zuweist, dürfte in der Tat durch Art. 62 GG nicht abschließend beantwortet sein³⁸. Es ist vielmehr eine Sache der Auslegung der jeweiligen Norm, bei der eine Antwort auf diese Frage gefunden werden muß. Allenfalls eine Vermutung, daß im Zweifel mit dem Wort »Bundesregierung« das Kollegialorgan gemeint ist³⁹, kommt in Betracht⁴⁰.

Indem Art. 62 GG die kollegiale Zusammensetzung der Bundesregierung festschreibt, hat diese Norm nicht lediglich den Charakter eines Vorspanns zum VI. Abschnitt, sondern enthält eine Reihe normativer Festlegungen⁴¹. So folgt aus ihr, daß alle Bundesminister Kabinettsmitglieder sind und deshalb **Minister ohne Kabinettsrang** nach britischem Vorbild (→ Rn. 3) verfassungsrechtlich **nicht zulässig** sind⁴². Andere als die in Art. 62 GG genannten Teilorgane können nicht Mitglieder der Bundesregierung sein, so daß insbesondere **Staatsministern**, Parlamentarischen oder beamteten **Staatssekretären** oder »Beauftragten« der Bundesregierung⁴³ im Kabinett **kein Stimmrecht** eingeräumt werden kann⁴⁴. Darüber hinaus folgt aus Art. 62 GG – i.V.m.

12

---

³⁴ Vgl. BVerfGE 26, 338 (395f.); 100, 249 (259, Rn. 37); 132, 1 (21, Rn. 54); aus der Literatur etwa Jarass/Pieroth, GG, Art. 62 Rn. 2; R. Herzog, in: Maunz/Dürig, GG, Art. 62 (2008), Rn. 6f.; Schneider (Fn. 7), Art. 62 Rn. 10; S. Detterbeck, HStR³ III, § 66 Rn. 10; Schenke (Fn. 24), Art. 62 Rn. 19.
³⁵ So etwa Oldiges (Fn. 21), Art. 62 Rn. 8; U. Mager, in: v. Münch/Kunig, GG I, Art. 62 Rn. 4.
³⁶ Terminologisch wird dann zwischen der Bundesregierung i.w.S. (Kabinett, Kanzler und Minister) und Bundesregierung i.e.S. (Kabinett) unterschieden; Nachw. dazu bei Oldiges, Bundesregierung (Fn. 4), S. 140 mit Anm. 45.
³⁷ Böckenförde, Organisationsgewalt (Fn. 32), S. 137f., 179ff., unterscheidet dabei zwischen dem Begriff der Bundesregierung als Kollegium (Kanzler und Minister) einerseits und der Bundesregierung als Gesamtorgan, das Kanzler, Minister und Kollegium in sich vereinigt, andererseits. Dabei soll immer dann, wenn es sich um das Verhältnis der obersten Verfassungsorgane untereinander handelt, eine Vermutung dafür sprechen, daß im Zweifel das Gesamtorgan gemeint ist, die Zuständigkeitsverteilung zwischen Kollegium, Kanzler und Ministern also offen bleibt. Gegen diese dogmatische Konstruktion Oldiges, Bundesregierung (Fn. 4), S. 137ff.; S. Detterbeck, HStR³ III, § 66 Rn. 3. Die Frage war bereits bei der Auslegung von Art. 52 WRV umstritten; Nachw. dazu bei Oldiges, Bundesregierung (Fn. 4), S. 109f.
³⁸ Zwischen normsetzendem und sonstigem Handeln differenziert in diesem Zusammenhang V. Busse, in: Friauf/Höfling, GG, Art. 62 (2011), Rn. 5f.; auf einer stets erforderlichen Kabinettsentscheidung besteht dagegen Schneider (Fn. 7), Art. 62 Rn. 10.
³⁹ Vgl. BVerfGE 26, 338 (395), wonach das Grundgesetz »zumindest in aller Regel« dem Sprachgebrauch des Art. 62 GG folgt; ähnlich BVerfG v. 21.10.2014, 2 BvE 5/11, Rn. 145 (bezogen auf Art. 26 II 1 GG); G. Kassimatis, Der Bereich der Regierung, 1975, S. 58f.; Weckerling-Wilhelm (Fn. 23), Art. 62 Rn. 8; Schröder (Fn. 21), Art. 62 Rn. 14 (Regelvermutung zugunsten Kabinettszuständigkeit); A. Uhle/S. Müller-Franken, in: Schmidt-Bleibtreu/Hofmann/Henneke, GG, Art. 62 Rn. 12; S. Detterbeck, HStR³ III, § 66 Rn. 11.
⁴⁰ Die von BVerfGE 26, 338 (395) zitierten Verfassungsnormen etwa stammen aus dem Abschnitt Xa, der neben der »Bundesregierung« ausdrücklich auch dem »Bundeskanzler« (Art. 115b GG) Kompetenzen zuweist, so daß eine Vermutung zumindest für die Art. 115a ff. GG nahe liegt.
⁴¹ So auch Schröder (Fn. 21), Art. 62 Rn. 3; zurückhaltender Herzog (Fn. 34), Art. 62 Rn. 2; Mager (Fn. 35), Art. 62 Rn. 12; Oldiges (Fn. 35), Art. 62 Rn. 7 m. w. N.
⁴² Herzog (Fn. 34), Art. 62 Rn. 4; K. v. Beyme, Das politische System der Bundesrepublik Deutschland, 11. Aufl. 2010, S. 324f.
⁴³ Zu deren Stellung und Funktion s. Busse (Fn. 38), Art. 62 Rn. 10.
⁴⁴ Oldiges (Fn. 21), Art. 62 Rn. 29; Herzog (Fn. 34), Art. 62 Rn. 5; dies schließt – entgegen J.-P.

Art. 64 GG – die **Pflicht des Bundeskanzlers, Bundesminister zur Ernennung vorzuschlagen**[45], weil anderenfalls das Kollegialorgan Bundesregierung nicht zustande kommt. Dabei läßt das Grundgesetz sowohl die Zahl als auch den Zuschnitt der Geschäftsbereiche der Bundesministerien offen. Lediglich die Existenz einzelner Ministerien schreibt das Grundgesetz ausdrücklich vor[46]. Von diesen Vorgaben abgesehen fällt die Bestimmung der Zahl und des Geschäftsbereichs der Bundesministerien in die Kabinettsbildungsbefugnis des Bundeskanzlers, soweit diese nicht durch Gesetz beschränkt ist (→ Art. 64 Rn. 18 ff.). Ob dabei die Funktions- und Arbeitsfähigkeit des Kabinetts als Kollegium die Zahl der Ministerien nach oben zu begrenzen vermag[47], erscheint eher zweifelhaft[48]. Darüber hinaus folgt aus Art. 65 GG, daß den Bundesministern, die gemäß Art. 62 GG gemeinsam mit dem Bundeskanzler das Kollegialorgan Bundesregierung bilden, ein substantieller Teil der Funktionen der Bundesregierung zu selbständiger Leitung und Entscheidung unter eigener Verantwortung überlassen bleiben muß[49].

13 Die wichtigsten praktischen Konsequenzen aus dem Umstand, daß das Grundgesetz die Bundesregierung als Kollegialorgan konstituiert, betreffen das Verfahren der Willensbildung. Weist das Grundgesetz eine Zuständigkeit der Bundesregierung als Kollegialorgan zu, so kann diese Zuständigkeit nur durch einen Beschluß des Kollegiums ausgeübt werden, der diesem materiell zuzurechnen ist[50]. Aus Art. 62 GG ergeben sich deshalb Bindungen der der Bundesregierung in Art. 65 Satz 4 GG eingeräumten Geschäftsordnungsautonomie im Hinblick auf das **Entscheidungsverfahren des Kollegialorgans**[51]: Sämtliche Mitglieder der Bundesregierung müssen von einer anstehenden Entscheidung und ihrem Gegenstand in Kenntnis gesetzt werden und Gelegenheit erhalten, an der Entscheidung mitzuwirken (Information). Außerdem müssen sich an der Entscheidung so viele Mitglieder der Bundesregierung beteiligen, daß noch von einem Handeln des Kollegiums gesprochen werden kann (Quorum). Schließlich muß von den Beteiligten eine Mehrheit die Entscheidung befürworten (Majorität)[52]. Nur die Einhaltung dieser drei Erfordernisse erlaubt es, einen Beschluß der Bundesregierung als Kollegialorgan zuzurechnen.

14 Dementsprechend enthält die **Geschäftsordnung der Bundesregierung** Regelungen, die die Einhaltung dieser Erfordernisse sicherstellen[53]. Für das **Regelverfahren der Beschlußfassung** in gemeinschaftlicher Sitzung (§ 20 I GOBReg) stellt § 21 GOBReg im

---

Steuck, ZRP 1999, 403 (404 f.) – eine beratende Teilnahme auch von Fraktionsvorsitzenden nicht aus; *Busse* (Fn. 38), Art. 62 Rn. 12 f.

[45] So die ganz h.M.; vgl. nur *Herzog* (Fn. 34), Art. 62 Rn. 3; *M. Schröder*, HStR³ III, § 65 Rn. 26; *Schenke* (Fn. 24), Art. 62 Rn. 14.

[46] Bundesminister der Finanzen (Art. 108 III 2, 112, 114 I GG); Bundesjustizminister (Art. 96 II 4 GG); Bundesminister für Verteidigung (Art. 65a GG).

[47] *Böckenförde*, Organisationsgewalt (Fn. 32), S. 196; *Schenke* (Fn. 24), Art. 62 Rn. 15.

[48] Skeptisch auch *M. Schröder*, HStR³ III, § 65 Rn. 29; *Uhle/Müller-Franken* (Fn. 39), Art. 62 Rn. 28; jedenfalls dürfte die äußerste Grenze bei 30 Ministerien noch nicht überschritten sein; so auch Jarass/*Pieroth*, GG, Art. 62 Rn. 2.

[49] *Hesse*, Verfassungsrecht, Rn. 644; → Art. 65 Rn. 28 ff. Zwar regelt Art. 62 GG nicht das Verhältnis zwischen Bundeskanzler und Bundesministern. Von Bundesministern i.S. des Art. 62 GG kann aber dann keine Rede mehr sein, wenn nicht ein Minimum an Eigenständigkeit gegeben ist; vgl. auch *Oldiges* (Fn. 21), Art. 62 Rn. 30, 34.

[50] BVerfGE 91, 148 (166).

[51] Die Praxis zusammenfassend darstellend *Busse* (Fn. 38), Art. 62 Rn. 14 ff.

[52] So BVerfGE 91, 148 (166).

[53] Zu den Konkretisierungen in der GOBReg s. *Schenke* (Fn. 24), Art. 62 Rn. 24 ff.

Hinblick auf das Informationserfordernis sicher, daß die vorgelegten Entwürfe und Ausführungen jedem Kabinettsmitglied (§ 21 II GOBReg) zur Meinungsbildung gegenstandsabhängig rechtzeitig (§ 21 III GOBReg) zur Verfügung stehen. Dem Quorumserfordernis wird durch § 24 I GOBReg Genüge getan, der die Beschlußfähigkeit der Bundesregierung von der Anwesenheit der Hälfte ihrer Mitglieder abhängig macht, dem Majoritätserfordernis durch § 24 GOBReg, der im Grundsatz[54] die Stimmenmehrheit der anwesenden Regierungsmitglieder für das Zustandekommen eines Beschlusses ausschlaggebend sein läßt. Auf das **Umlaufverfahren** nach § 20 II GOBReg muß das in § 24 I GOBReg für das Regelverfahren normierte Quorum entsprechend angewendet werden[55]. Im Umlaufverfahren darf außerdem das Unterlassen einer Willensbekundung nicht als Beteiligung am Umlaufverfahren gewertet werden. Daneben muß § 20 II GOBReg verfassungskonform dahin interpretiert werden, daß die »Einholung der Zustimmung auf schriftlichem Wege« nicht nur die Schriftlichkeit der Anfrage des Kanzleramts postuliert, sondern auch die Schriftlichkeit der Zustimmungserklärung[56]. Anderenfalls ist die Einhaltung des Quorums nicht dokumentierbar. Nach diesen Maßgaben war die frühere Praxis der Bundesregierung, das Umlaufverfahren des § 20 II GOBReg mit der Fiktion der Erteilung der Zustimmung eines Bundesministers bei Ausbleiben eines Widerspruchs binnen bestimmter Frist als Einwendungsausschlußverfahren zu betreiben, verfassungswidrig[57].

3. Bundeskanzler

Sowohl innerhalb der Regierung als auch im Verhältnis zu anderen Staatsorganen nimmt der Bundeskanzler eine Sonderstellung ein, die aus politikwissenschaftlicher Perspektive häufig mit dem Begriff der **Kanzlerdemokratie**[58] beschrieben wird. Ihre verfassungsrechtliche Grundlage hat diese Sonderstellung in den Normen, die die alleinige Verantwortung des Bundeskanzlers für die gesamte Regierungstätigkeit gegenüber dem Parlament festschreiben, folglich ihm auch die alleinige Entscheidung über die Zusammensetzung der Bundesregierung zuweisen und ihm schließlich eine Sonderrolle innerhalb des Kollegialorgans Bundesregierung einräumen. Die **Alleinverantwortung** des Bundeskanzlers für die gesamte Regierungstätigkeit gegenüber dem Parlament folgt aus Art. 63, 67, 68 und 69 II GG: Nur der Bundeskanzler wird vom Bundestag gewählt. Nur ihm kann der Bundestag das Mißtrauen aussprechen. Nur wenn ihm das Vertrauen entzogen wird, kann auf seinen Vorschlag der Bundespräsident den Bundestag auflösen. Schließlich endigt das Amt eines Bundesministers mit jeder Erledigung des Amtes des Bundeskanzlers. Als notwendige Konsequenz dieser alleinigen Verantwortlichkeit entscheidet der Bundeskanzler über die Zusammensetzung der

15

---

[54] Zur Problematik des ausschlaggebenden Gewichts der Stimme des Vorsitzenden (Bundeskanzlers) s. *Schröder* (Fn. 21), Art. 62 Rn. 16; *Schenke* (Fn. 24), Art. 62 Rn. 33.
[55] So methodisch korrekt *V. Epping*, DÖV 1995, 719 (722). BVerfGE 91, 148 (170) bringt insoweit der Sache nach die Figur der verfassungskonformen Auslegung zur Anwendung.
[56] BVerfGE 91, 148 (170); *V. Epping*, DÖV 1995, 719 (722); *Schenke* (Fn. 24), Art. 62 Rn. 37 m. w. N.
[57] BVerfGE 91, 148 (170f.); *V. Epping*, NJW 1992, 2605ff.; *ders.*, DÖV 1995, 719ff.; a.A. BVerwGE 89, 121, (125ff.), wo jedoch die Bedeutung des Quorumserfordernisses verkannt wird; zur neuen – verfassungskonformen – Praxis s. *V. Busse/H. Hofmann*, Bundeskanzleramt und Bundesregierung, 2010, S. 88f.
[58] Vgl. etwa *K. Niclauß*, Kanzlerdemokratie, 2004; *K.D. Bracher*, Die Kanzlerdemokratie, in: R. Löwenthal/H.-P. Schwarz (Hrsg.), Die zweite Republik, 1974, S. 179ff.; *A. Doering-Manteuffel*, Der Staat 30 (1991), 1ff.; zur Ära Kohl *W. Kaltefleiter*, ZParl. 27 (1996), 27ff.

Bundesregierung, indem er gemäß Art. 64 I GG dem Bundespräsidenten die Ernennung und Entlassung von Bundesministern vorschlägt[59]. Hierher gehört auch das Recht des Bundeskanzlers, gemäß Art. 69 I GG einen Bundesminister zu seinem Stellvertreter zu ernennen und gemäß Art. 69 III GG einen Bundesminister zu ersuchen, die Geschäfte bis zur Ernennung seines Nachfolgers weiterzuführen. Schließlich findet die Alleinverantwortung des Bundeskanzlers gegenüber dem Parlament ihre konsequente Fortsetzung in der verfassungsrechtlichen Sonderstellung des Bundeskanzlers bei der Willensbildung der Bundesregierung als Kollegialorgan. Nach Art. 65 GG bestimmt er die sowohl für die einzelnen Bundesminister als auch für die Bundesregierung als Kollegialorgan verbindlichen Richtlinien der Politik und leitet die Geschäfte der Bundesregierung[60].

16 Ebenso wie den nachfolgenden Normen des VI. Abschnitts liegt Art. 62 GG die Trennung der Ämter des Bundeskanzlers und der Bundesminister zugrunde. Das **Amt des Bundeskanzlers** ist »ressortfrei«, also nicht mit der Leitung eines Geschäftsbereichs verbunden[61]. Allerdings wird es allgemein als zulässig angesehen, daß der Inhaber des Amtes des Bundeskanzlers zugleich das Amt eines oder mehrerer Bundesminister übernimmt[62]. Eine derartige Personalunion ändert allerdings nichts an der notwendigen Unterscheidung der beiden Ämter und aller mit diesen verbundenen staatsorganisationsrechtlichen Rechten und Pflichten.

17 Der Bundeskanzler wird bei der Erfüllung seiner Aufgaben von einer obersten[63] Bundesbehörde, dem **Bundeskanzleramt**, unterstützt[64]. Die Funktion dieser in den vergangenen Jahrzehnten kontinuierlich ausgebauten Behörde läßt sich nicht mehr zutreffend als »Sekretariat« des Bundeskanzlers und »Geschäftsstelle« der Bundesregierung beschreiben. Es handelt sich vielmehr um eine den Bundesministerien vergleichbare politische Führungszentrale, die den Bundeskanzler insbesondere bei der Wahrnehmung seiner Richtlinienkompetenz unterstützt, die Kabinettssitzungen koordinierend vorbereitet, die Durchführung von Kabinettsentscheidungen kontrolliert und die darüber hinaus Koordinierungs- und Planungsaufgaben für die gesamte Re-

---

[59] *Schneider* (Fn. 7), Art. 62 Rn. 13, bezeichnet deswegen und wegen der automatischen Beendigung des Amtes eines Bundesministers mit jeder Erledigung des Amtes des Bundeskanzlers gemäß Art. 69 II GG diesen als den »Herrn« über Entstehung, Zusammensetzung und Fortbestand einer Bundesregierung.

[60] Einzelheiten dazu → Art. 65 Rn. 17 ff., 51.

[61] *Oldiges* (Fn. 21), Art. 62, Rn. 30; ein Ressort des Bundeskanzlers wird auch nicht dadurch begründet, daß das Bundespresseamt, das Presse- und Informationsamt der Bundesregierung sowie der Bundesnachrichtendienst direkt dem Bundeskanzler unterstellt sind; zu diesen Stellen *Stern*, Staatsrecht II, S. 280; eingehend zum BND *J. Brauneck*, Die rechtliche Stellung des Bundeskanzleramtes, 1994, S. 20 ff. A.A. *V. Busse*, in: Friauf/Höfling, GG, Art. 64 (2011), Rn. 10 ff.

[62] *Oldiges* (Fn. 21), Art. 62 Rn. 30; *M. Schröder*, HStR³ III, § 65 Rn. 26; *V. Busse*, DÖV 1999, 313 (316).

[63] Das Amt erfüllt im Verhältnis zum Kanzler eine vergleichbare Funktion wie ein Ministerium im Verhältnis zum Minister und kann folglich als oberste Bundesbehörde eingestuft werden; so auch *Oldiges* (Fn. 21), Art. 62 Rn. 22; *Uhle/Müller-Franken* (Fn. 39), Art. 62 Rn. 25.

[64] Vgl. dazu *Böckenförde*, Organisationsgewalt (Fn. 32), S. 234 ff.; *Busse/Hofmann*, Bundeskanzleramt (Fn. 57), S. 58 f., 126 ff.; *Brauneck*, Bundeskanzleramt (Fn. 61); *K. König*, Der Staat 28 (1989), 49 ff.; *F. Müller-Rommel/G. Pieper*, APuZ 1991, B 21–22, 3 ff.; auch zur Geschichte *M. Neumann*, AöR 123 (1999), 108 ff.

gierungstätigkeit wahrnimmt⁶⁵. Deswegen ist das Bundeskanzleramt zutreffend als der »institutionelle Mittelpunkt der Exekutive« beschrieben worden⁶⁶.

Schwierigkeiten kann die rechtliche Einordnung des Amtes des **Leiters des Bundeskanzleramtes** bereiten. Er ist beamteter **Staatssekretär**, der zugleich die Geschäfte eines Staatssekretärs der Bundesregierung wahrnimmt (§ 7 GOBReg). Nach einer seit vielen Jahren geübten Praxis bekleidet der Leiter des Bundeskanzleramtes darüber hinaus das Amt eines **Bundesministers** für besondere Aufgaben⁶⁷. Diese Vereinigung von zwei Ämtern in einer Person wäre mit Problemen verbunden, wenn die beiden Ämter mit sich widersprechenden Rechten und Pflichten⁶⁸ nebeneinander von einer Person wahrgenommen würden⁶⁹. Zu Recht wird deshalb angenommen, daß der Kanzleramtsminister gem. Art. 66 GG sein Amt als Staatssekretär nicht mehr ausüben darf, im Ergebnis also nur noch das Amt eines Bundesministers ausübt⁷⁰.

18

4. Bundesminister

Der Status der Bundesminister ist gekennzeichnet durch ihre **Doppelstellung** als **Mitglied des Kabinetts** einerseits und als **Chef eines Verwaltungsressorts** andererseits⁷¹. Diese Doppelstellung findet ihren deutlichsten Ausdruck in der unterschiedlichen Vertretungsregelung: Während ein Bundesminister »in der Regierung« durch einen dazu bestimmten anderen Bundesminister vertreten wird, vertritt ihn der Staatssekretär in seiner Funktion als »Leiter einer obersten Bundesbehörde«⁷² (→ Rn. 27 f.). Mit dieser Doppelfunktion löst das Grundgesetz das Problem, daß die parlamentarische Verantwortung innerhalb der Exekutive zu einer Systemdifferenzierung zwischen Regierung und Verwaltung zwingt. Weil nämlich dem Parlament nicht jeder Beamte verantwortlich sein kann, bedarf es einer »Schaltstelle« zwischen dem parlamentarisch verantwortlichen obersten Lenkungszentrum und den eigentlich ausführenden Behörden. Verfassungsrechtlich gesichert wird diese Schaltstellenfunktion durch das aus Art. 62

19

---

⁶⁵ So *Schneider* (Fn. 7), Art. 62 Rn. 14; *G. Bachmann*, Das Bundeskanzleramt, in: Die Staatskanzlei, 1967, S. 161 ff. (173 f.); s. auch die Abfolge der Organisationspläne 1960 bis 2010 bei *Busse/Hofmann*, Bundeskanzleramt (Fn. 57), S. 114 ff.

⁶⁶ *K. Sontheimer*, Grundzüge des politischen Systems der Bundesrepublik Deutschland, 5. Aufl. 1989, S. 250 f. Der Begriff der »Führungszentrale« stammt von *T. Eschenburg*, Staat und Gesellschaft in Deutschland, 1956, S. 746.

⁶⁷ Vgl. die Liste bei *Brauneck*, Bundeskanzleramt (Fn. 61), S. 31.

⁶⁸ Als »Kanzleramtsminister« genießt der Amtsträger das Recht auf eigenverantwortliche Ressortleitung aus Art. 65 Satz 2 GG und unterliegt Vorgaben des Bundeskanzlers nur in dem Rahmen, den die Richtlinienkompetenz nach Art. 65 Satz 1 GG umschreibt. Als Staatssekretär ist derselbe Amtsträger allerdings ein dem Bundeskanzler unmittelbar weisungsunterworfener Beamter; dazu *Brauneck*, Bundeskanzleramt (Fn. 61), S. 30 ff., 47.

⁶⁹ *Brauneck*, Bundeskanzleramt (Fn. 61), S. 48, 50 f.; Bedenken hegen auch *Schenke* (Fn. 24), Art. 62 Rn. 16, und *Stern*, Staatsrecht II, S. 279 f. – letzterer ohne konkrete Begründung; unentschieden *Böckenförde*, Organisationsgewalt (Fn. 32), S. 242 mit Anm. 39.

⁷⁰ *S. Detterbeck*, HStR³ III, § 66 Rn. 62 m.w.N.; *Uhle/Müller-Franken* (Fn. 39), Art. 62 Rn. 26; *V. Epping*, in: Epping/Hillgruber, GG (online, Stand: 1.12.2014), Art. 62 Rn. 21; ohne Berufung auf Art. 66 GG *Herzog* (Fn. 34), Art. 62 Rn. 28.

⁷¹ Vgl. dazu *K. König*, Politiker und Beamte, in: FS Morsey, 1992, S. 107 ff. (117); BVerfGE 90, 286 (338); BVerwGE 63, 37 (40); Jarass/Pieroth, GG, Art. 65 Rn. 5; ausführlich *R. Wahl*, Stellvertretung im Verfassungsrecht, 1971, S. 198 ff. Wegen der Einzelheiten zur aus Art. 65 Satz 2 GG folgenden Rolle des Ministers als Ressortchef, Leiter einer obersten Bundesbehörde, Dienstvorgesetzter des Behördenpersonals und wegen seines Zeichnungsrechts vgl. *Schneider* (Fn. 7), Art. 62 Rn. 16.

⁷² Vgl. einerseits § 14 Abs. 1 und andererseits § 14 Abs. 3 GOBReg; dazu *R. Herzog*, in: Maunz/Dürig, GG, Art. 69 (2008), Rn. 27, 31.

und Art. 65 Satz 2 GG folgende Gebot der institutionellen Verbindung von Ressortleitung und Kabinettsmitgliedschaft[73].

20 Während die Existenz von **Geschäftsbereichen ohne Bundesminister als Ressortchef** verfassungsrechtlich **unzulässig** ist[74], besteht allgemeine Übereinstimmung darin, daß gegen **Bundesminister ohne Geschäftsbereich**, deren Aufgabe sich also auf die Mitwirkung an der Willensbildung des Kollegialorgans Bundesregierung beschränkt, keine verfassungsrechtlichen Einwände bestehen[75]. Daneben sind auch **Bundesminister für besondere Aufgaben** denkbar, insbesondere für die Fälle, in denen sich neue, noch nicht »ressortfähige« Aufgaben abzeichnen[76]. Einen zulässigen Sonderfall stellt schließlich der »Doppelminister« dar, der in Personalunion mehrere Geschäftsbereiche wahrnimmt.

21 Die Bundesminister werden nach Maßgabe einzelner Bestimmungen, die gem. § 14a GOBReg jeder für seinen Geschäftsbereich zu treffen hat, von **Parlamentarischen Staatssekretären** unterstützt[77]. Diese »Ministergehilfen«[78], die Mitglieder des Deutschen Bundestages sein müssen[79], werden auf Vorschlag des Bundeskanzlers, der das Einvernehmen des jeweiligen Ministers finden muß, vom Bundespräsidenten ernannt[80]. Da das Amt des Parlamentarischen Staatssekretärs weder in Art. 62 GG noch an anderer Stelle des Grundgesetzes erwähnt wird, genießt er keinen verfassungsrechtlichen Status und ist ebensowenig wie beamtete Staatssekretäre Mitglied der Bundesregierung[81]. Daraus folgt, daß Parlamentarische Staatssekretäre die den Bundesministern durch das Grundgesetz zugewiesenen Aufgaben und Befugnisse nur als Stellvertreter wahrnehmen können und dabei stets an deren Letztentscheidungsrecht gebunden sind[82]. So wird ein Bundesminister »in der Regierung« gem. § 14 I GOBReg durch den dazu bestimmten Bundesminister vertreten. Lediglich bei der Abgabe rechtlich unverbindlicher »Erklärungen« wird der Bundesminister in den Sitzungen der Bundesregierung ebenso wie vor dem Bundestag und dem Bundesrat vom Parlamentarischen Staatssekretär vertreten, wenn nicht im Einzelfall die Vertretung durch den beamteten Staatssekretär angeordnet ist[83]. Als Leiter einer obersten Bundesbehörde wird der Bundesminister vom Parlamentarischen Staatssekretär gem. § 14 III

---

[73] So *Wahl*, Stellvertretung (Fn. 71), S. 202 f., im Anschluß an *Böckenförde*, Organisationsgewalt (Fn. 32), S. 173 ff.; *Dreier*, Hierarchische Verwaltung (Fn. 26), S. 134 m. w. N.

[74] Zur Problematik »ministerialfreier Räume« → Art. 20 (Demokratie), Rn. 126 f.; vgl. außerdem *Dreier*, Hierarchische Verwaltung (Fn. 26), S. 135 f.

[75] *Hesse*, Verfassungsrecht, Rn. 643; *M. Schröder*, HStR³ III, § 65 Rn. 30; *Oldiges* (Fn. 21), Art. 62 Rn. 19. Bundesminister ohne Geschäftsbereich hat es nach *Schenke* (Fn. 69), Art. 64 Rn. 52, in der Staatspraxis bisher nicht gegeben.

[76] *M. Schröder*, HStR³ III, § 65 Rn. 30. Die Einsetzung eines Bundesministers für besondere Aufgaben hat sich in der Rückschau bewährt, soweit sie der Startschuß für die Gründung eines neuen Ressorts war und insofern noch nicht ressortfähige Aufgaben erstmals einem Bundesminister zuordnete: *R. Herzog*, in: Maunz/Dürig, GG, Art. 64 (2008), Rn. 7, nennt als Beispiel den Fall der Einrichtung des Atomministeriums in den fünfziger Jahren.

[77] Vgl. § 1 II ParlStG. Worin diese Unterstützung besteht, wird dort allerdings nicht gesagt.

[78] *Oldiges* (Fn. 21), Art. 62 Rn. 35.

[79] Nur bei Staatssekretären im Bundeskanzleramt kann nach der Änderung des § 1 I ParlStG vom 15.1.1999 (sog. Lex Naumann) von diesem Erfordernis abgesehen werden.

[80] Vgl. die Einzelheiten auch zur Amtszeit, die sowohl an die Amtszeit des Ministers als auch an die Mitgliedschaft im Bundestag gekoppelt ist, in §§ 1, 2 und 4 ParlStG.

[81] *Herzog* (Fn. 34), Art. 62 Rn. 40 f.

[82] *Herzog* (Fn. 34), Art. 62 Rn. 42, 45; *E. Klein*, DÖV 1974, 590 (591).

[83] Vgl. § 14 II GOBReg sowie die entsprechende Regelung über den Kreis der Teilnehmer an den Sitzungen der Bundesregierung in § 23 II GOBReg.

GOBReg nur in dem ihm nach § 14a GOBReg übertragenen Aufgabenbereich sowie in den vom Minister bestimmten Einzelfällen vertreten, während im übrigen die Vertretung »im Hause« Sache des beamteten Staatssekretärs ist.

Die so umschriebene rechtliche Stellung der **Parlamentarischen Staatssekretäre** spiegelt die **politische Rolle**, die ihnen bei der Schaffung dieses Amtes zugedacht war[84], kaum wider. Anstatt der erwarteten Entlastung der Minister und der Stärkung des Parlaments im Verhältnis zur Regierung[85] wird die wichtigste Funktion dieses Amtes heute darin gesehen, Personal für Ministerämter zu rekrutieren und verdienstvolle Parlamentarier zu versorgen[86].

5. Bundeskanzler und Bundesminister als Ämter

Mit den Worten »Bundeskanzler« und »Bundesminister« bezeichnet Art. 62 GG Ämter. Den Status der Personen, die diese Ämter innehaben, läßt diese Norm offen. Auch die weiteren Regelungen des VI. Abschnitts beschränken sich auf Regelungen über die Wahl und die Ernennung, über das Amtsende sowie über die Inkompatibilitäten in Art. 66 GG. Alle weiteren Einzelheiten des öffentlich-rechtlichen Amtsverhältnisses, in dem die Mitglieder der Bundesregierung stehen, sind im **Gesetz über die Rechtsverhältnisse der Mitglieder der Bundesregierung** geregelt[87]. Bei diesem Amtsverhältnis handelt es sich um eine rechtliche Beziehung der Amtsträger zur Bundesrepublik Deutschland, die Ähnlichkeiten mit dem Beamtenverhältnis aufweist[88], ohne ein solches zu sein[89]. Im Unterschied zu diesem verpflichtet das Bundesministergesetz die Mitglieder der Bundesregierung ihrer politischen Funktion entsprechend nicht zur Neutralität, wohl aber zur Trennung von Regierungsamt und privaten oder parteipolitischen Angelegenheiten[90]. Trotz der unbestreitbaren Schwierigkeiten klarer Abgrenzungen besteht angesichts eindeutiger Mißbrauchsfälle[91] Anlaß, diese Trennung zu betonen[92]. Allerdings kennt das Bundesministergesetz kein Disziplinarverfah-

---

[84] Zur Entstehungsgeschichte des Amtes vgl. die Hinweise bei *Herzog* (Fn. 34), Art. 62 Rn. 41 ff.

[85] Vgl. die Zusammenfassung bei *v. Münch*, Staatsrecht I, Rn. 835 f.

[86] *v. Beyme*, Politisches System (Fn. 42), S. 328 f.; *K. Kröger*, DÖV 1974, 585 (590); vgl. auch das negative Fazit bei *v. Münch*, Staatsrecht I, Rn. 836; ein positives Fazit zieht dagegen *Schneider* (Fn. 7), Art. 62 Rn. 8 – allerdings mit der sehr allgemeinen Behauptung, es sei durch die Einrichtung des Parlamentarischen Staatssekretärs zu einer Stärkung der Bundesregierung gegenüber Parlament, Opposition und Öffentlichkeit gekommen.

[87] Entgegen *Stern*, Staatsrecht II, S. 276, enthält die Geschäftsordnung der Bundesregierung keine statusrechtlichen Regelungen und kann dies auch nicht, weil sie nur den Bereich der Organisation der Bundesregierung betrifft und insoweit das Verhältnis zu den Amtsinhabern gar nicht regelt.

[88] So sind die Bundesminister Amtsträger im Sinne des Staatshaftungsrechts und des StGB. Eingehend zur Ausgestaltung des Amtsverhältnisses der Bundesminister *Schneider* (Fn. 7), Art. 62 Rn. 17; zu den finanziellen Aspekten *A. Willand*, Besoldungs- und Versorgungsstrukturen des Ministeramtes, 2000, S. 6 ff., 118 ff. → Art. 34 Rn. 38.

[89] Vgl. statt vieler *Hesse*, Verfassungsrecht, Rn. 628; zu den Konsequenzen vgl. etwa *U. Battis*, Ministerhaftung, in: FS Bemmann, 1997, S. 7 ff.

[90] *W. Hennis*, Amtsgedanke und Demokratiebegriff, in: FS Smend, 1962, S. 51 ff. (54 f.); *A. Köttgen*, Das anvertraute öffentliche Amt, in: FS Smend, 1962, S. 118 ff. (122, 135 ff.); weitere Nachweise – auch auf der Grundlage eines »pragmatischen« Amtsverständnisses – bei *T. Traupel*, Ämtertrennungen und Ämterverbindungen zwischen staatlichen Leitungsämtern und Leitungsämtern in Verbänden, 1991, S. 249 ff.

[91] Zur Ausarbeitung einer Wahlkampfplattform durch Beamte des Bundeskanzleramtes vgl. die Nachweise bei *v. Beyme*, Politisches System (Fn. 42), S. 343.

[92] Die Notwendigkeit der Trennung der Funktionen wurde auch im Rahmen der Frage zur Zulässigkeit der Verwertung von Stasi-Unterlagen prominenter Persönlichkeiten praktisch relevant; vgl.

ren⁹³, so daß jenseits strafrechtlich relevanten Verhaltens die Beachtung dieses Trennungsgebotes nur durch das Parlament im Wege der allgemeinen Instrumente parlamentarischer Kontrolle durchgesetzt werden kann.

III. Funktionen, Aufgaben und Kompetenzen

1. Die Bundesregierung in der Gewaltenteilung des Grundgesetzes

24 Unter dem Blickwinkel der in Art. 1 III, 20 II 2 und 20 III GG getroffenen Unterscheidung der drei Gewalten wird die Bundesregierung häufig als das **oberste Organ der »vollziehenden Gewalt«** bezeichnet⁹⁴. Soweit damit alle drei Staatsorgane (→ Rn. 11) gemeinsam angesprochen sind, ist diese Zuordnung im Grundsatz zutreffend, da ihr eine organbezogene (formelle) Abgrenzung der drei Gewalten (→ Art. 1 III Rn. 53) zugrundeliegt. Sie ist aber zur Vermeidung von Mißverständnissen im Hinblick auf die abweichende funktionsbezogene (materielle) Zuordnung der Gewalten erläuterungsbedürftig: Zunächst nimmt das Organ Bundesregierung keineswegs ausschließlich Aufgaben wahr, die funktionell der vollziehenden Gewalt zuzuordnen sind. Umgekehrt sind exekutive Aufgaben des Bundes nicht ausschließlich der Bundesregierung zugewiesen. So nimmt sie mit ihrem Gesetzesinitiativrecht gem. Art. 76 I GG oder als Verordnunggeber nach Art. 80 GG Gesetzgebungsfunktionen wahr und teilt sich die Regierungsfunktion mit anderen Verfassungsorganen – insbesondere dem Bundestag⁹⁵ und dem Bundespräsidenten⁹⁶ – ohne daß dies als »Durchbrechung« eines vorverfassungsrechtlichen Gewaltentrennungsdogmas verstanden werden kann (→ Art. 20 [Rechtsstaat], Rn. 67ff.)⁹⁷.

25 Darüber hinaus darf das Wort »vollziehende Gewalt« nicht dazu verleiten, diese Funktion auf die »Ausführung« oder den »Vollzug« von Gesetzen zu reduzieren⁹⁸. Innerhalb der nur grob typisierenden Unterscheidung der drei Gewalten ist die »vollziehende« vielmehr durch das Element des unmittelbaren staatlichen Tätigwerdens gekennzeichnet. Sie ist anders als die Gesetzgebung nicht auf Aktualisierung oder Umsetzung angewiesen und wird im Gegensatz zur Rechtsprechung aus eigener Initiative tätig⁹⁹. Die auf diese Weise noch sehr allgemein charakterisierte »vollziehende Gewalt« läßt sich näher differenzieren nach **Regierungs- und Verwaltungsaufgaben**¹⁰⁰. Beide Funktionen werden – auch, aber keineswegs allein – von der Bundesregierung wahrgenommen. Dabei unterscheidet sich die Wahrnehmung von Verwaltungsaufgaben durch die Bundesregierung als Spitze der Exekutive (→ Rn. 27 ff.) in mehrfacher Hinsicht von ihrer Rolle als Organ, das Regierungsaufgaben im Sinne politischer Staatsführung wahrzunehmen hat (→ Rn. 30 ff.).

---

hierzu BVerwGE 121, 115 (119); 116, 104 (109); VG Berlin NJW 2001, 2987 (2988); *C. Arndt*, NJW 2001, 2948 ff.; *ders.*, NJW 2004, 3157 (3157 f.).

⁹³ Gem. § 8 BMinG findet ein Disziplinarverfahren gegen Mitglieder der Bundesregierung »nicht statt«.

⁹⁴ BVerfGE 9, 268 (282); *M. Schröder*, HStR³ III, § 64 Rn. 2; *Stern*, Staatsrecht II, S. 274.

⁹⁵ Vgl. nur *Hesse*, Verfassungsrecht, Rn. 533.

⁹⁶ Zutreffend *Hesse*, Verfassungsrecht, Rn. 535.

⁹⁷ Vgl. dazu *Hesse*, Verfassungsrecht, Rn. 476 ff., 484 ff.; auch *Dreier*, Hierarchische Verwaltung (Fn. 26), S. 175 ff.; ausführlich *S. Magiera*, Der Staat 13 (1974), 1 (4 ff.).

⁹⁸ Zutreffend *Hesse*, Verfassungsrecht, Rn. 530; *M. Schröder*, HStR³ III, § 64 Rn. 2; ausführlich und m.w.N. *Dreier*, Hierarchische Verwaltung (Fn. 26), S. 164 ff.

⁹⁹ *Hesse*, Verfassungsrecht, Rn. 530.

¹⁰⁰ Ausführlich *Hesse*, Verfassungsrecht, Rn. 531 ff., 536 ff.

III. Funktionen, Aufgaben und Kompetenzen   **Art. 62**

Aus der Zuordnung der Bundesregierung zur vollziehenden Gewalt lassen sich genaue Aussagen über die Aufgaben der Bundesregierung kaum gewinnen. Einen **materiellen Begriff der Regierung**, der Grundlage für eine Rechtsvermutung zugunsten einer ausschließlichen Zuständigkeit der Bundesregierung[101] sein könnte, enthält das Grundgesetz entgegen frühen mißverständlichen Aussagen des Bundesverfassungsgerichts nicht[102]. Daran vermögen auch Begriffe wie Regierungsgewalt oder Gubernative nichts zu ändern, deren einziger Träger die Bundesregierung sein soll[103]. Wenn sich das Grundgesetz bei der Regelung der Aufgaben der Bundesregierung auf wenige Regelungen von zum Teil großer Offenheit und Weite beschränkt, so liegt darin keineswegs eine Negierung der Regierungsfunktion[104], sondern die Sicherung jener Flexibilität und Dynamik, die gerade die Funktion der Regierung kennzeichnen[105].

26

2. Spitze der Bundesverwaltung

Wenn die Bundesregierung als oberstes Organ der vollziehenden Gewalt[106] oder als Spitze der Exekutive bezeichnet wird, die die vollziehende Gewalt repräsentiert[107], so kommt darin in erster Linie die Funktion als »**Gelenkstelle« zwischen Regierung und Verwaltung**[108] zum Ausdruck, die allerdings primär den einzelnen Ministern zukommt, während die Bundesregierung als Kollegialorgan administrative Führungsfunktionen vor allem gegenüber den Länderverwaltungen (Art. 84 und 85 GG) und im Bereich der bundeseigenen Verwaltung durch allgemeine Verwaltungsvorschriften (Art. 86 GG) wahrnimmt. Die organisatorische Verknüpfung von Regierungspolitik und Verwaltungstätigkeit im Amt des Ministers sichert das Grundgesetz dadurch, daß die Minister einerseits Mitglieder des Kollegialorgans sind und als solche – im Rahmen der Richtlinienkompetenz des Bundeskanzlers – am Funktionsbereich der Regierung im Sinne der politischen Staatsführung teilhaben (→ Rn. 30 ff.) und daß sie andererseits im Rahmen ihrer Ressortleitungsbefugnis nach Art. 65 Satz 2 GG über die Kompetenz zur Ressortorganisation und zur Formulierung der Ressortpolitik sowie über Weisungs-, Selbstentscheidungs- und Kontrollrechte verfügen (→ Art. 65 Rn. 28 ff.)[109].

27

Organisationsrechtlich kommt diese Funktion der Bundesregierung zum Ausdruck in der **Doppelstellung der Minister**[110] als **Verfassungsorgan** und **oberste Bundesbehörde**[111]. Im Ministerium werden im Rahmen des Geschäftsbereichs des Ministers einerseits Regierungsgeschäfte erledigt und andererseits Verwaltungsaufgaben – in Geschäftsbereichen mit Verwaltungsunterbau als Spitze der Behördenhierarchie – wahrgenommen[112].

28

---

[101] Eine solche Vermutung postulierte BVerfGE 1, 372 (394) mit der Folge, daß der Bundestag »diese Funktion der Regierung« nicht übernehmen könne, soweit ihm nicht ausdrücklich Regierungsaufgaben zugewiesen seien.
[102] Vgl. nur *M. Schröder*, HStR³ III, § 64 Rn. 6 f., 9 m. w. N.
[103] So *Oldiges* (Fn. 21), Art. 62 Rn. 18.
[104] So aber *W. Frotscher*, Regierung als Rechtsbegriff, 1975, S. 235 mit Anm. 9.
[105] So *Hesse*, Verfassungsrecht, Rn. 626.
[106] BVerfGE 9, 268 (282).
[107] *Oldiges* (Fn. 21), Art. 62 Rn. 18, 41.
[108] *A. Köttgen*, JöR 3 (1954), 67 (104).
[109] Vgl. zusammenfassend *M. Schröder*, HStR³ III, § 64 Rn. 21.
[110] Ausnahmsweise fungiert auch das Kabinett als Kollegialorgan als Verwaltungsbehörde, s. etwa Art. 26 II 1 GG: → Art. 26 Rn. 28.
[111] *Oldiges* (Fn. 21), Art. 62 Rn. 22.
[112] *Oldiges* (Fn. 21), Art. 62 Rn. 21.

29 Soweit es um diese Zuordnung der Bundesregierung zur vollziehenden Gewalt im engeren Sinne – also um die Funktion der Minister als oberste Bundesbehörden – geht, wird sie allein von der Bundesregierung ausgeübt. In **Verwaltungsangelegenheiten** des Bundes ist also – anders als bei Aufgaben der Regierung im Sinne politischer Staatsführung – eine **Zuständigkeitsvermutung zugunsten der Bundesregierung** einschließlich der ihr nachgeordneten Behörden und zuungunsten des Parlaments berechtigt[113].

3. Politische Staatsführung

30 Über ihre Funktion als Spitze der Exekutive hinaus umschreibt die Rechtsprechung des Bundesverfassungsgerichts die Aufgabe der Bundesregierung mit dem Begriff der »**Staatsleitung**«[114]. Entsprechend ihrer politischen Leitungsaufgabe bestimme sie die Ziele der Politik, formuliere und verwirkliche das Regierungsprogramm[115].

31 Den Hintergrund dieser allgemeinen Charakterisierung bildet der Umstand, daß eine Umschreibung oder nähere Kennzeichnung des Aufgabenbereichs der Regierung im Grundgesetz fehlt[116]. Eine Zusammenstellung der mehr oder weniger verstreuten Einzelzuständigkeiten des Bundeskanzlers, der Bundesminister und des Kabinetts[117] vermag nur ein unvollständiges Bild vom Aufgabenbestand der Bundesregierung zu vermitteln[118]. So findet etwa die Anstoß- und Initiativfunktion ihren Niederschlag nur bei der Rechtsetzung[119], und die Planungsaufgabe ist verfassungsrechtlich nur in Bezug auf Haushalt, Finanzen und Verteidigung ausdrücklich normiert[120]. Dieser Befund bedeutet keinen Mangel, weil »**Staatsleitung**« – wie immer man diese Aufgabe näher umschreiben mag (→ Rn. 32) – **weder normierbar**[121] **noch normierungsbedürftig** ist, soweit nicht die Abgrenzung zu den Aufgaben anderer Organe des Bundes, insbesondere auf dem Gebiet der Gesetzgebung[122] oder zu Aufgaben der Länder in Rede steht.

32 Vor diesem Hintergrund besteht auch im Schrifttum seit langem weitgehende Übereinstimmung darüber, daß es sich bei den punktuellen verfassungsrechtlichen Regierungszuständigkeiten nur um Teilausschnitte einer im übrigen vorausgesetzten Gesamtaufgabe handelt[123]. Die Eigenart dieser Regierungsaufgabe wird im Sinne »poli-

---

[113] So *M. Schröder*, HStR³ III, § 64 Rn. 10.

[114] BVerfGE 11, 77 (85); 26, 338 (395f.); ebenso weite Teile der Literatur: → Rn. 32. Grundlegend *R. Smend*, Die politische Gewalt im Verfassungsstaat und das Problem der Staatsform (1923), in: ders., Staatsrechtliche Abhandlungen, 3. Aufl. 1994, S. 68ff.; *U. Scheuner*, Der Bereich der Regierung (1952), in: ders., Staatstheorie und Staatsrecht, 1978, S. 455ff.

[115] BVerfGE 45, 1 (46f.).

[116] *M. Schröder*, HStR³ III, § 64 Rn. 1.

[117] Eine Liste der durch das GG und die GOBReg statuierten Zuständigkeiten getrennt nach Bundeskanzler, Bundesministern und Bundeskabinett findet sich bei *M. Schröder*, HStR³ III, § 64 Rn. 18ff.

[118] *M. Schröder*, HStR³ III, § 64 Rn. 26.

[119] Art. 59 II, 76 I, 110 III GG.

[120] Art. 53a III, 106 III 4 Nr. 1, 109 III, 110 GG.

[121] Vgl. nur *M. Schröder*, HStR³ III, § 64 Rn. 8; *Uhle/Müller-Franken* (Fn. 39), Art. 62 Rn. 44; *Oldiges* (Fn. 21), Art. 62 Rn. 23, mit der Begründung, daß die Regierungstätigkeit ihrem »Wesen« nach innovativ und deshalb nicht enumerativ normierbar sei.

[122] Zum Vorbehalt des Gesetzes/Parlamentsvorbehalt → Art. 20 (Rechtsstaat), Rn. 105ff.; vgl. auch *S. Magiera*, Parlament und Staatsleitung in der Verfassungsordnung des Grundgesetzes, 1979, S. 218ff.

[123] Repräsentativ *M. Schröder*, HStR³ III, § 64 Rn. 7; *Oldiges* (Fn. 21), Art. 62 Rn. 23; grundlegend *Scheuner*, Bereich der Regierung (Fn. 114), S. 455ff.; kritisch *W. Leisner*, JZ 1968, 727ff.; *Frotscher*, Regierung (Fn. 104), S. 193ff.

tischer Staatsführung« und »verantwortlicher Leitung des Ganzen der inneren und äußeren Politik«[124] in Informationsmanagement[125], schöpferischer Gestaltung, politischer Initiative, zusammenfassender Leitung und dirigierender Kontrolle gesehen[126]. Mit Hilfe von Kategorisierungen wie Initiative, Planung und Integration[127] oder Staatsleitung, Normsetzung und Planung[128] wird die **Vielfalt der Regierungsaufgaben** zu systematisieren versucht, die durch die Erkenntnis und Artikulation von Problemlagen, das Auffinden von Lösungswegen und die Prioritätensetzung, vorausschauende und planende Leitung sowie richtungweisende Gestaltung der gesellschaftlichen und wirtschaftlichen Verhältnisse geprägt ist[129]. Die so umschriebenen Aufgaben lassen die Bundesregierung als »Organ der politischen Führung«[130] oder als »Zentrum der politischen Herrschaft im Staat«[131] erscheinen.

Aus solchen **Umschreibungen der Regierungsfunktion**, die **deskriptiver und analytischer Natur** sind, dürfen keine vorschnellen verfassungsrechtlichen Folgerungen abgeleitet werden. Die Versuche, einen materiellen Begriff der Regierung zu bestimmen, greifen über die Unterscheidung der Gewalten hinaus[132] und sind nicht in der Lage, eine Exklusivzuständigkeit des Organs Bundesregierung zu begründen. Regierungsaufgaben in einem solchen materiellen Sinne werden vielmehr von allen politischen Organen in unterschiedlichem Ausmaß wahrgenommen[133]. Soweit die Verfassung diese Anteile an der Staatsleitung durch Kompetenzregeln zu verteilen sucht, dürfen diese nicht durch die im übrigen erkenntnisfördernde Formel von der Staatsleitung »zur gesamten Hand«[134] überspielt werden[135]. Darüber hinaus ist der Begriff der Staatsleitung als zusammenfassende Beschreibung der von der Bundesregierung wahrzunehmenden Aufgaben zu eng, weil nicht alle diese Aufgaben »staatsleitender« Natur sind[136]. Gewichtige administrative Befugnisse nach Art. 83 ff. GG liegen außerhalb dessen, was sich als politische Führungsaufgabe charakterisieren läßt. Weil das gewaltenteilende System des Grundgesetzes mehrere Organe mit der Staatsleitung betraut und unter diesen die Bundesregierung auch andere als politische Führungsaufgaben wahrzunehmen hat, muß sich eine Inkongruenz zwischen einem wie auch immer näher zu bestimmenden materiellen Begriff der Regierung und dem institutionellen Begriff der Bundesregierung ergeben (→ Rn. 6).

---

[124] So *Hesse*, Verfassungsrecht, Rn. 531.
[125] Dazu *K.-R. Korte*, Die Praxis regierungsförmiger Steuerung, in: E. Holtmann/W. J. Patzelt (Hrsg.), Führen Regierungen tatsächlich?, 2008, S. 59 ff.
[126] *M. Schröder*, HStR³ III, § 64 Rn. 3.
[127] Beschreibende Übersicht (Initiative, Planung, Integration) bei *M. Schröder*, HStR³ III, § 64 Rn. 27 ff.
[128] *Schneider* (Fn. 7), Art. 62 Rn. 4 ff.
[129] Zusammenfassend *Oldiges* (Fn. 21), Art. 62 Rn. 27; *Schenke* (Fn. 24), Art. 62 Rn. 42; zum politikwissenschaftlichen Verständnis politischer Führung als »Agenda-Setzer-Funktion« s. *M. Stoiber*, Politische Führung und Vetospieler: Einschränkungen exekutiver Regierungsmacht, in: Holtmann/Patzelt (Fn. 125), S. 35 ff. (38).
[130] *J. Ipsen*, Staatsrecht I, Rn. 345.
[131] *Schneider* (Fn. 7), Art. 62 Rn. 2. S. hierzu auch *Smend*, Politische Gewalt (Fn. 114), S. 84 ff.
[132] *Scheuner*, Bereich der Regierung (Fn. 114), S. 483.
[133] Zusammenfassend *M. Schröder*, HStR³ III, § 64 Rn. 4, 10; ausführliche Übersicht über die Teilhabe anderer oberster Verfassungsorgane an Regierungsfunktionen bei *Schenke* (Fn. 24), Art. 62 Rn. 45 ff.
[134] *E. Friesenhahn*, Parlament und Regierung im modernen Staat, VVDStRL 16 (1958), S. 9 ff. (38).
[135] Darauf hat insbesondere *Schröder* (Fn. 21), Art. 62 Rn. 25 m. w. N. hingewiesen.
[136] Zutreffend *M. Schröder*, HStR³ III, § 64 Rn. 4.

Art. 62 C. Erläuterungen

4. Regierungsvorbehalt

34 Die frühe Rechtsprechung des Bundesverfassungsgerichts enthielt Ansätze, die in die Richtung eines unverzichtbaren »**Kernbereichs**«[137] von **Aufgaben** wiesen, die im Interesse der »selbständigen politischen Entscheidungsgewalt« als einem zwingenden Gebot der demokratischen rechtsstaatlichen Verfassung[138] der Bundesregierung vorbehalten sind. Eine »Rechtsvermutung« spreche für die Ausschließlichkeit ausdrücklich statuierter Zuständigkeiten der Bundesregierung für Aufgaben der Regierung und Verwaltung[139].

35 Inzwischen geht die ganz überwiegende Auffassung dahin, daß sich ein solcher **Vorbehalt der Regierung** aus dem Grundgesetz nicht begründen läßt[140]. Gegenüber den Trägern der rechtsprechenden Gewalt ist ohnehin kein justizfreier Regierungsbereich anzuerkennen[141]. Was die Zuordnung der Regierungsgewalt zwischen der Bundesregierung und den Organen angeht, die primär Aufgaben der Gesetzgebung wahrnehmen, folgt die fehlende Exklusivzuständigkeit der Regierung zum einen bereits aus der erläuterten Schwierigkeit, einen materiellen Regierungsbegriff zu bestimmen (→ Rn. 30 f.). Zum anderen zeigt sich aber auch bei einer Durchsicht der einzelnen verfassungsrechtlichen Regierungskompetenzen, daß es an einer Zugriffsfestigkeit gegenüber anderen Verfassungsorganen – insbesondere gegenüber dem Parlament – fehlt[142]: Weder die Richtlinienkompetenz des Bundeskanzlers nach Art. 65 Satz 1 GG[143] noch die Organisationsgewalt im Bereich der Regierung (→ Art. 64 Rn. 8 ff.) begründen ausschließliche Rechte für einen bestimmten Sachbereich. Das gilt auch für die »auswärtige Gewalt« (→ Art. 59 Rn. 14 ff.) und für die Mitwirkung der Bundesrepublik Deutschland an der Willensbildung in den Organen der Europäischen Union (→ Art. 20 [Demokratie] Rn. 42 ff.; → Art. 23 Rn. 82 ff., 108 ff.).

36 Von einem derartigen aufgabenbezogenen Vorbehaltsbereich, den das Grundgesetz nicht kennt, zu unterscheiden sind im Einzelfall »zugriffsfeste« **Rand- oder Annexkompetenzen**, die die Wahrnehmung der vielfältigen Regierungsaufgaben erst ermöglichen[144]. Zu diesen – in problematischer Weise unter Rückgriff auf einen behaupteten »**Kernbereich exekutiver Eigenverantwortung**«[145] begründeten – Kompetenzen gehört die Personalhoheit der Bundesregierung[146] ebenso wie der mit der politischen Leitungsgewalt in Zusammenhang stehende »Initiativ-, Beratungs- und

---

[137] BVerfGE 9, 268 (280); 34, 52 (59).
[138] BVerfGE 9, 268 (281).
[139] BVerfGE 1, 372 (394); zustimmend *Schneider* (Fn. 7), Art. 62 Rn. 3.
[140] Zusammenfassend m. w. N. *Dreier*, Hierarchische Verwaltung (Fn. 26), S. 182 ff.; *M. Schröder*, HStR³ III, § 64 Rn. 12.
[141] *H. Dreier*, Die Verwaltung 25 (1992), 137 ff.
[142] Einzelheiten m. w. N. bei *M. Schröder*, HStR³ III, § 64 Rn. 12.
[143] Gegen einen Vorbehalt der Exekutive aus Art. 65 GG etwa *Jarass/Pieroth*, GG, Art. 65 Rn. 2; *R. Herzog*, in: Maunz/Dürig, GG, Art. 65 (2008), Rn. 29 ff.; *M. Oldiges*, in: Sachs, GG, Art. 65 Rn. 8.
[144] Zutreffend *M. Schröder*, HStR3 III, § 64 Rn. 13, der als Schutzobjekt dieser Kompetenzen nicht die Funktion der Regierung, sondern deren Funktionsfähigkeit bezeichnet; ihm folgend *Oldiges* (Fn. 21), Art. 62 Rn. 44.
[145] Zuletzt BVerfGE 137, 185 (234, Rn. 136) m. w. N. der Rechtsprechung; ausführlicher und kritisch dazu → Art. 44 Rn. 27; überzeugend auch die Kritik von *P. Cancik*, ZParl. 45 (2014), 885 (889 ff.); kritisch auch (mit Schwerpunkt auf der Organisationsgewalt, → Art. 64 Rn. 22 f.) *S. Baer*, Der Staat 40 (2001), 525 (537, 541 ff.); s. auch *P. Kirchner*, ZParl. 43 (2012), 362 (370 ff.).
[146] Zur personellen Regierungsbildungsbefugnis des Bundeskanzlers: → Art. 64 Rn. 24 ff.

Handlungsbereich«[147], der insbesondere die Vorbereitungs-, Willensbildungs- und Abstimmungsprozesse im Vorfeld von Regierungsentscheidungen[148] gegenüber parlamentarischen (Informations-)Zugriffen abschirmen kann. Hinzu kommt die Verschiedenartigkeit der der Bundesregierung und den anderen Verfassungsorganen zu Gebote stehenden Organisations- und Handlungsformen: Die Vorbereitung und Durchführung staatlicher Agenden bleibt im Kern schon deshalb exekutiv, weil das Parlament sich keine Verwaltungsorganisation zulegen kann[149]. Auch steht dem Parlament keine Handlungsform zur Verfügung, mit der es Einzelakte der Regierung selbst aufheben könnte[150].

Die zentrale **Rolle der Bundesregierung** im politisch-administrativen Prozeß erweist sich angesichts dieses Befundes **nicht als rechtlich gesicherter Vorbehaltsbereich**, sondern zum einen als Folge des Umstandes, daß sie die Regierungsmehrheit im Parlament repräsentiert. Ihre Abhängigkeit von Einflüssen der regierungstragenden Mehrheitsparteien ist also Grundlage und zugleich Grenze ihrer zentralen Position. Zum anderen beruht diese Position darauf, daß sie mehr als alle anderen Organe über Informationen, Personal und andere Ressourcen verfügt[151]. Daß diese Dominanz im Verhältnis zu den Akteuren in Wirtschaft und Gesellschaft allem Anschein nach im Schwinden begriffen ist, betrifft die generellen Veränderungen des Verhältnisses von »Staat und Gesellschaft« und ändert nichts an der dominierenden Stellung der Bundesregierung innerhalb des politischen Systems.

D. Verhältnis zu anderen GG-Bestimmungen

Indem Art. 62 GG die Bundesregierung als Kollegialorgan konstituiert und insoweit die **Grundlage aller weiteren Bestimmungen des VI. Abschnitts** darstellt, enthält diese Norm zwar keine Legaldefinition, ergänzt aber diejenigen Normen des Grundgesetzes, in denen »der Bundesregierung« Rechte oder Pflichten zugewiesen werden und aus denen sich keine besonderen Hinweise für eine alleinige Zuständigkeit des Ministers oder des Kanzlers ergeben (→ Rn. 11). Dabei beschränkt sich Art. 62 GG allerdings auf die Regelung der Zusammensetzung – mit Folgen für die Anforderungen an die Willensbildung des Kollegialorgans (→ Rn. 13 f.) – und überläßt die Verantwortungs- und Entscheidungsstruktur innerhalb der Bundesregierung der Norm des Art. 65 GG.

---

[147] So die seit BVerfGE 67, 100 (139, Rn. 127), bis BVerfGE 137, 185 (234, Rn. 136) zu findende Formulierung; dazu, daß vor allem die Entscheidungsvorbereitungen innerhalb der Regierung davon erfaßt sind: BVerfGE 124, 78 (120 f., Rn. 122 f.); *Schneider* (Fn. 7), Art. 62 Rn. 7 m. w. N.; vgl. auch M. *Schröder*, HStR³ III, § 64 Rn. 13; Bbg. VerfG DÖV 1998, 200 (202) m. w. N.
[148] Die Beschränkung der parlamentarischen Kontrollkompetenz auf abgeschlossene Vorgänge soll aber auch über den Zeitpunkt der Regierungsentscheidung hinaus wirken, weil anderenfalls »einengende Vorwirkungen« die Regierung in ihrer selbständigen Funktion beeinträchtigen könnten; so insbesondere BVerfGE 110, 199 (215 f., Rn. 45); 137, 185 (234 f., Rn. 137); dagegen überzeugend *J. Masing*, Parlamentarische Untersuchungen privater Sachverhalte, 1998, S. 321 f.
[149] So *Oldiges* (Fn. 21), Art. 62 Rn. 43.
[150] Jarass/*Pieroth*, GG, Art. 65 Rn. 2 mit Verweis auf BVerfGE 68, 1 (72).
[151] *M. Schröder*, HStR³ III, § 64 Rn. 14.

Artikel 63 [Wahl und Ernennung des Bundeskanzlers]

(1) Der Bundeskanzler wird auf Vorschlag des Bundespräsidenten vom Bundestage ohne Aussprache gewählt.

(2) ¹Gewählt ist, wer die Stimmen der Mehrheit der Mitglieder des Bundestages auf sich vereinigt. ²Der Gewählte ist vom Bundespräsidenten zu ernennen.

(3) Wird der Vorgeschlagene nicht gewählt, so kann der Bundestag binnen vierzehn Tagen nach dem Wahlgange mit mehr als der Hälfte seiner Mitglieder einen Bundeskanzler wählen.

(4) ¹Kommt eine Wahl innerhalb dieser Frist nicht zustande, so findet unverzüglich ein neuer Wahlgang statt, in dem gewählt ist, wer die meisten Stimmen erhält. ²Vereinigt der Gewählte die Stimmen der Mehrheit der Mitglieder des Bundestages auf sich, so muß der Bundespräsident ihn binnen sieben Tagen nach der Wahl ernennen. ³Erreicht der Gewählte diese Mehrheit nicht, so hat der Bundespräsident binnen sieben Tagen entweder ihn zu ernennen oder den Bundestag aufzulösen.

Literaturauswahl

Austermann, Philipp: Die Wahl des Bundeskanzlers gemäß Art. 63 GG, in: DÖV 2013, S. 865–874.
Finkelnburg, Klaus: Die Minderheitsregierung im deutschen Staatsrecht, 1982.
Friedrich, Manfred: Anlage und Entwicklung des parlamentarischen Regierungssystems in der Bundesrepublik, in: DVBl. 1980, S. 505–511.
Friesenhahn, Ernst: Parlament und Regierung im modernen Staat, VVDStRL 16 (1958), S. 9–65.
Hochrathner, Uwe J.: Anwendungsbereich und Grenzen des Parlamentsauflösungsrechts nach dem Bonner Grundgesetz, 1985.
Hofmann, Hasso: Verfassungsrechtliche Sicherungen der parlamentarischen Demokratie, in: Albrecht Randelzhofer/Werner Süß (Hrsg.), Konsens und Konflikt – 35 Jahre Grundgesetz, 1986, S. 267–286.
Kewenig, Wilhelm: Zur Rechtsproblematik der Koalitionsvereinbarungen, in: AöR 90 (1965), S. 182–204.
Küchenhoff, Erich: Präsentationskapitulationen des Bundeskanzlers gegenüber dem Bundespräsidenten, in: DÖV 1966, S. 675–684.
Langner, Manfred: Recht und Praxis der Regierungsbildung im Bund, Diss. jur. Tübingen 1969.
Lippert, Michael R.: Bestellung und Abberufung der Regierungschefs und ihre funktionale Bedeutung für das parlamentarische Regierungssystem, 1973.
Meyer, Hans: Das parlamentarische Regierungssystem des Grundgesetzes, VVDStRL 33 (1975), S. 69–108.
Puhl, Thomas: Die Minderheitsregierung nach dem Grundgesetz, 1986.
Rein, Hans: Die verfassungsrechtlichen Kompetenzen des Bundespräsidenten bei der Bildung der Bundesregierung, in: JZ 1969, S. 573–578.
Schenke, Wolf-Rüdiger: Die Bildung der Bundesregierung, in: Jura 1982, S. 57–66.
Scheuner, Ulrich: Entwicklungslinien des parlamentarischen Regierungssystems in der Gegenwart, in: Festschrift für Adolf Arndt, 1969, S. 385–404.
Schneider, Hans-Peter/Wolfgang Zeh: Koalitionen, Kanzlerwahl und Kabinettsbildung, in: Schneider/Zeh, § 48 (S. 1297–1324).
Schröder, Meinhard: Das parlamentarische Regierungssystem, in: Jura 1982, S. 449–455.
Steiger, Heinhard: Organisatorische Grundlagen des parlamentarischen Regierungssystems, 1973.

Siehe auch die Angaben zu Art. 62 GG.

Leitentscheidungen des Bundesverfassungsgerichts

Diese liegen zu Art. 63 GG bislang nicht vor.

Gliederung

	Rn.
A. Herkunft, Entstehung, Entwicklung	1
B. Internationale, supranationale und rechtsvergleichende Bezüge	5
C. Erläuterungen	7
I. Parlamentarisches Regierungssystem und Kanzlerwahl	7
II. Allgemeines	11
1. Verfahrensschritte im Überblick	11
2. Wählbarkeitsvoraussetzungen	13
3. Bedeutung und Probleme von Koalitionsvereinbarungen	14
III. Erste Wahlphase (Art. 63 I und II GG)	16
1. Vorschlag des Bundespräsidenten	17
2. Wahl durch den Bundestag	23
3. Ernennung durch den Bundespräsidenten	27
IV. Zweite Wahlphase (Art. 63 III GG)	29
V. Dritte Wahlphase (Art. 63 IV GG)	33
1. Wahl durch den Bundestag	35
2. Ernennung durch den Bundespräsidenten bei Erreichen der Kanzlermehrheit	38
3. Wahlrecht des Bundespräsidenten bei einfacher Mehrheit	39
4. Minderheitsregierung	43
5. Bundestagsauflösung	45
D. Verhältnis zu anderen GG-Bestimmungen	47

Stichwörter

Amtsübernahme 12 – Bildung einer stabilen Regierung 21 – Bundesländer 6 – Deutsche Staatsangehörigkeit 13 – förmliche Regierungsbildung 7 – Französische Republik 5 – Herrenchiemsee 4 – Italien 5 – Koalitionspartner 14 – Mischsystem 5 – Mitgliederbefragung 14 – Mitwirkungsrecht des Bundespräsidenten 9 – parlamentarische Mehrheit 6 – Parlamentarischer Rat 4 – parlamentarisches Regierungssystem 1, 3, 8 – Parlamentarisierung der Regierung 10 – Parteienregierung 10 – passives Wahlrecht 13 – Paulskirchenverfassung 2 – politischer Willensbildungsprozeß 14 – Regierungsbildungskompetenz 8 – Regierungskontrolle 8 – Regierungsprogramm 10, 14 – Reichspräsident 1, 3, 4, 9, 22 – Reichstag 2, 3 – Reichsverfassung 1, 2, 3, 22 – Reinform einer Präsidialdemokratie 5 – Staatsangehörigkeit 13 – Staatspräsident 5 – Verfahrensschritte 12 – Verfassungstreue 13 – Vertrauen der Parlamentsmehrheit 4, 8 – Vorschlagsrecht 4, 6, 12, 19, 21, 30 – Wahlkörperschaft 10 – Weimar 3, 10.

A. Herkunft, Entstehung, Entwicklung

Mit der in Art. 63 GG verankerten Abhängigkeit der Regierung von der Wahl durch das Parlament hebt sich das Grundgesetz deutlich ab sowohl von dem monarchischen Einfluß des konstitutionellen Regierungssystems, wie es noch in der Reichsverfassung von 1871 zum Ausdruck kommt, als auch von der maßgeblichen Position des Reichspräsidenten bei der Regierungsbildung, die die Weimarer Reichsverfassung prägte. Auf diese Weise verwirklicht das Grundgesetz das **parlamentarische Regierungssystem**[1] (→ Rn. 8 ff.), dessen wesentliche Merkmale sich in England bereits Ende des 18. Jahrhunderts herausgebildet hatten, in seiner reinsten Form[2]. 1

---

[1] Zur Entstehung des Begriffes der Parlamentarischen Regierung auf dem Kontinent in der ersten Hälfte des 19 Jh. s. *K. v. Beyme*, Die parlamentarische Demokratie, 3. Aufl. 1999, S. 31 ff.; zur deutschen Verfassungsgeschichte vgl. *M. Langner*, Recht und Praxis der Regierungsbildung im Bund, Diss. jur. Tübingen 1969, S. 13 ff.

[2] *R. Herzog*, Art. Parlamentarisches Regierungssystem, in: EvStL³, Sp. 2428 ff. (2429), spricht von »Idealfall« des parlamentarischen Regierungssystems, wenn die Regierung bei Amtsantritt nicht nur das Vertrauen des Parlaments besitzt, sondern auch von diesem gewählt wird.

Art. 63 A. Herkunft, Entstehung, Entwicklung

2 Die **Paulskirchenverfassung** von 1849 hatte in § 73 S. 2 vorgesehen, daß die Minister vom Kaiser (§ 70) ernannt werden, der durch diese die ihm verfassungsmäßig übertragene Gewalt – wozu u. a. die Ausübung der gesetzgebenden Gewalt in Gemeinschaft mit dem Reichstage gehörte (§ 80) – ausüben sollte. Die **Reichsverfassung 1871** wies das Recht der Ernennung des Reichskanzlers in Art. 15 ebenfalls ausschließlich dem Kaiser als dem Staatsoberhaupt zu, der dieses Recht in der Staatspraxis bis zum Ende des Kaiserreiches ohne Abstimmung mit dem Reichstag ausübte[3]. Obwohl auch nach der Verfassung von 1871 die Regierung nicht vom Vertrauen des Parlaments abhängig war, ist doch die Tendenz zu einer »Parlamentarisierung« der Regierung[4] nicht zu verkennen. Dem Reichstag kam das Budget- und Gesetzgebungsrecht und somit die Möglichkeit der Obstruktion der Regierung zu[5]. In dieser Zeit kam es denn auch erstmals zum Rücktritt eines Reichskanzlers, weil seine Politik im Reichstag nicht länger mehrheitsfähig war[6].

3 Eine Abhängigkeit des Reichskanzlers wie auch der einzelnen Minister vom Parlament und damit die Einführung des **parlamentarischen Regierungssystems** (→ Rn. 8) in Deutschland brachte erst die **Weimarer Reichsverfassung**[7]: Zwar wurde das Recht der Ernennung und Entlassung des Reichskanzlers in der Hand des Staatsoberhauptes – nunmehr des Reichspräsidenten – belassen (Art. 53 WRV). Nach Art. 54 WRV mußten Regierungsmitglieder aber zurücktreten, wenn der Reichstag ihnen das Vertrauen entzog. Eine positive Bestätigung der Regierung durch das Parlament war dagegen verfassungsrechtlich nicht vorgesehen und auch in der Staatspraxis nicht üblich[8]. Diese Kombination der Abhängigkeiten erwies sich gegen Ende der Weimarer Republik als entscheidende Schwäche in der Stellung der Reichsregierung. In dieser Phase kam es dazu, daß der Reichstag entweder eine Regierung, ohne sie wirklich zu tragen, nur tolerierte[9], oder aber sie stürzte, ohne sich auf eine neue Regierung einigen zu können (»**destruktives Mißtrauensvotum**«)[10]. Während es in den Weimarer Anfangsjahren Staatspraxis war, daß der Reichspräsident jeweils den von der Parlamentsmehrheit getragenen Kanzler ernannte[11], waren die letzten Reichsregierungen vor Beginn der nationalsozialistischen Herrschaft reine »Präsidialkabinette«, die im Parlament keine Unterstützung hatten und alleine das Vertrauen des Präsidenten genossen[12].

---

[3] *H. Steiger*, Organisatorische Grundlagen des parlamentarischen Regierungssystems, 1973, S. 204f.

[4] Vgl. *Willoweit*, Verfassungsgeschichte, § 36 Rn. 7ff.

[5] *Steiger*, Grundlagen (Fn. 3), S. 204f.; *Herzog*, Regierungssystem (Fn. 2), Sp. 2431.

[6] Nachdem der von Reichskanzler v. Bülow nach der Auflösung des Reichstages 1906 geschaffene »Block« sich infolge des Zusammengehens des Zentrums und der Konservativen in der Steuerfrage aufgelöst hatte, zog v. Bülow hieraus die Konsequenzen und trat zurück. Hierzu *F. Glum*, Das parlamentarische Regierungssystem in Deutschland, Großbritannien und Frankreich, 2. Aufl. 1965, S. 62.

[7] Zu dem verfassungsändernden Gesetz vom 28.10.1918, das erstmals die Amtsführung des Reichskanzlers vom Vertrauen des Reichstages abhängig machte, aber wegen des wenige Tage später eingetretenen Endes des Kaiserreiches keine Wirkung mehr entfalten konnte, s. *Huber*, Verfassungsgeschichte, Bd. V, S. 588ff.

[8] Zur Staatspraxis eingehend *Glum*, Regierungssystem (Fn. 6), S. 221ff.; *Herzog*, Regierungssystem (Fn. 2), Sp. 2431.

[9] Hierzu *Glum*, Regierungssystem (Fn. 6), S. 229f.

[10] *Hesse*, Verfassungsrecht, Rn. 629.

[11] Hierzu *W.-R. Schenke*, in: BK, Art. 63 (Drittb. 2014), Rn. 8, sowie *M. Schröder*, HStR³ III, § 65 Rn. 3.

[12] *Glum*, Regierungssystem (Fn. 6), S. 240ff.; zusammenfassend *M. Schröder*, in: v. Mangoldt/Klein/Starck, GG II, Art. 63 Rn. 4.

B. Internationale, supranationale und rechtsvergleichende Bezüge

Bereits der Entwurf von **Herrenchiemsee** war demgegenüber geprägt von der Tendenz, den Einfluß des Bundespräsidenten im Vergleich zur Stellung des Reichspräsidenten nach der Weimarer Reichsverfassung deutlich zurückzudrängen[13]. Das Vertrauen der Parlamentsmehrheit sollte für die Berufung des Bundeskanzlers ausreichen[14]. Der Bundeskanzler sollte »dem Bundespräsidenten von dem Bundestag benannt« werden; Bedenken des Bundespräsidenten sollte der Bundestag durch einen bestätigenden Beschluß überwinden können[15]. Hier wie auch in den weiteren **Erörterungen des Parlamentarischen Rates** war zunächst der Bundesrat als »Legalitätsreserve« für den Fall vorgesehen, daß im Bundestag keine Mehrheit zustande kommt[16]. Letztlich verzichtete man dann aber auf eine Einschaltung des Bundesrates, um die Verantwortung des Bundestages für die Regierungsbildung nicht zu »durchlöchern«[17]. Die Beteiligung des Bundespräsidenten wurde nur als eine vermittelnde gesehen, weshalb ein bindendes Vorschlagsrecht allenfalls beim ersten Wahlgang[18] in Betracht gezogen wurde. Art. 63 GG ist bislang unverändert geblieben.

4

B. Internationale, supranationale und rechtsvergleichende Bezüge

Die Abhängigkeit des Regierungschefs von der Zustimmung des Parlaments gehört zum Kernbestand der parlamentarischen Regierungssysteme. In den Demokratien, die diesem Modell gefolgt sind, finden sich allerdings durchaus erhebliche Abweichungen von dem in Art. 63 GG vorgesehenen Verfahren der Kanzlerwahl[19]. Das Beispiel **Italien**, wo der Präsident des Ministerrats vom Staatspräsidenten ernannt wird und erst anschließend des parlamentarischen Vertrauensvotums bedarf[20], zeigt, daß der Ernennung durch das Staatsoberhaupt keineswegs die parlamentarische Wahl vorausgehen muß. Für die Bestätigung einer neu gebildeten Regierung durch die Volksvertretung sehen einige Verfassungen nicht einmal einen ausdrücklichen Parlamentsakt

5

---

[13] Parl. Rat II, S. 547, 550; vgl. dazu *E. Dreher*, NJW 1950, 130 ff.
[14] Verfassungsausschuß der Ministerpräsidenten der Westlichen Besatzungszonen, Bericht über den Verfassungskonvent auf Herrenchiemsee vom 10.8. bis zum 23.8.1948, Darstellender Teil, S. 43.
[15] Parl. Rat II, S. 548; s. Art. 87 II HChE; s. dazu auch JöR 1 (1951), S. 426 f.
[16] S. hierzu etwa die Äußerung des Abg. *Dr. Seebohm*, Parl. Rat XIV, S. 108, der es für »durchaus richtig und zweckmäßig« hielt, »diese Legalitätsreserve einzuschalten, bevor man zu einem Minderheitsbeschluß kommt«.
[17] Erst in der 33. Sitzung des Hauptausschusses vom 8.1.1949 wurde eine vom Organisationsausschuß erarbeitete Fassung des damaligen Art. 87 angenommen, die auf die »Legalitätsreserve Bundesrat« gänzlich verzichtete, Parl. Rat XIV, S. 1015. Zu den hierfür maßgebenden Gründen s. die Äußerung des Abg. *Dr. Heuss* in dieser Sitzung, Parl. Rat XIV, S. 1014, der geltend machte, daß diese Reserve eine »Ausweichstelle« sein könne, den Bundestag von dem Zwang zur Entscheidung zu entlasten. Man müsse dem Parlament die Verantwortung aber »schon deutlich geben«.
[18] S. hierzu Drs. 374 v. 16.12.1948, Parl. Rat VII, S. 161 f., in der der Allgemeine Redaktionsausschuß in der Begründung seiner Vorschläge zur Änderung der Entwurfsfassung des damaligen Art. 87 ausführte, daß der Bundespräsident »an sich stets vermittelnd bei der Wahl des Bundeskanzlers tätig« werde, weswegen man ein bindendes Vorschlagsrecht des Bundespräsidenten allenfalls für den ersten Wahlgang vorsehen sollte.
[19] Vgl. die Übersicht bei *L. Helms*, ZParl. 27 (1996), 697 (698 ff.). Die größte Ähnlichkeit mit Art. 63 GG weist Art. 99 der Verfassung des Königreichs Spanien vom 29.12.1978 auf, der außerdem eine ausdrückliche Pflicht des Staatsoberhauptes normiert, vor dem Wahlvorschlag an das Parlament die Repräsentanten der politischen Fraktionen zu konsultieren.
[20] Vgl. Art. 92, 94 III der Verfassung der Republik Italien vom 27.12.1947.

vor[21]. Handelt es sich bei diesen Beispielen um unterschiedliche Ausgestaltungen innerhalb der parlamentarischen Regierungssysteme, so bieten die präsidial strukturierten demokratischen Systeme eine grundsätzliche Alternative als Antwort auf die Frage, durch wen und auf welche Art und Weise das zentrale Regierungsorgan konstituiert und demokratisch legitimiert wird: Nach dem Verfassungsrecht der **USA** werden der Präsident als das alleinige Regierungsorgan (→ Art. 62 Rn. 3) und der Vizepräsident über »Wahlmänner« indirekt vom Volk gewählt[22]. In dieser »**Reinform einer Präsidialdemokratie**«[23] verfügt das Regierungsorgan also über eine eigenständige, nicht vom Kongreß abgeleitete Legitimation. In dem – ebenso wie die Stellung der Regierung nach der WRV – als »**Mischsystem**«[24] bezeichneten Regierungssystem der **V. französischen Republik**[25] wird der Präsident nach Art. 6 der französischen Verfassung in allgemeiner und unmittelbarer Wahl vom Volk direkt gewählt[26]. Der Premierminister hingegen verdankt seine Stellung ausschließlich dem Präsidenten, der ihn ernennt (Art. 8 I 1 der französischen Verfassung)[27] und auf seinen Vorschlag auch über die Ministerliste entscheidet. Gleichzeitig ist die Regierung dem Parlament verantwortlich und kann durch ein Mißtrauensvotum gestürzt werden. Im Gegensatz zu den Weimarer Erfahrungen hat diese doppelte Abhängigkeit der Regierung in Frankreich bislang nicht zu gravierenden Problemen geführt[28]. Bereits aus diesen kurzen Hinweisen folgt, daß das parlamentarische Regierungssystem, wie es im Grundgesetz seine Ausprägung erfahren hat, keineswegs als einzig mögliche demokratische Regierungsform gesehen werden darf. Dem trägt das Grundgesetz selbst denn auch dadurch Rechnung, daß es über Art. 20 GG wohl das Demokratieprinzip, nicht aber das parlamentarische Regierungssystem als solches der »Ewigkeitsgarantie« des Art. 79 III GG unterstellt[29].

6   In den Verfassungen der **Bundesländer** finden sich mit Ausnahme Bremens[30] im Grundsatz keine relevanten Abweichungen von Art. 63 GG[31]. Allerdings verlangen

---

[21] So etwa §§ 14, 15 der Verfassung des Königreichs Dänemark vom 5.6.1953; hier wird also die parlamentarische Zustimmung bis zum Beweis des Gegenteils (Mißtrauensvotum) vorausgesetzt.
[22] S. zu den Einzelheiten T. *Stammen*, Regierungssysteme der Gegenwart, 1972, S. 130. In der amerikanischen Verfassungsgeschichte wurden z. T. früher die Wahlmänner auch von den Parlamenten der Einzelstaaten gewählt; s. W. *Steffani*, Parlamentarische und präsidentielle Demokratie, 1979, S. 309f. Obwohl eine rechtliche Bindung der Wahlmänner bei der Stimmabgabe nicht besteht, werden die Stimmen fast ausnahmslos für die jeweiligen Parteikandidaten abgegeben, s. die Aufstellung bei S. *Magiera*, Die Vorwahlen (Primaries) in den Vereinigten Staaten, 1971, S. 83.
[23] So *Herzog*, Regierungssystem (Fn. 2), Sp. 2611.
[24] Vgl. nur *Herzog*, Regierungssystem (Fn. 2), Sp. 2612.
[25] Zur Genese s. *v. Beyme*, Regierungssysteme (Fn. 1), S. 373 ff.
[26] Zur Bedeutung der Präsidentenwahl wegen der mit ihr verbundenen politischen Richtungsentscheidung vor dem Hintergrund des starken Links-Rechts-Gegensatzes in der V. französischen Republik s. R. *Grote*, Das Regierungssystem der V. Französischen Republik, 1995, S. 206 f.
[27] *Grote*, Regierungssystem (Fn. 26), S. 204.
[28] Zu den möglichen Ursachen (geringere Angewiesenheit auf parlamentarische Gesetzgebung, größere Integration des französischen Volkes, Mehrheitswahlsystem) vgl. etwa *Herzog*, Regierungssystem (Fn. 2), Sp. 2612 f.
[29] Zu dieser umstrittenen Frage: → Art. 79 III Rn. 42; wie hier *Herzog*, Regierungssystem (Fn. 2), Sp. 2430.
[30] Die Verfassung Bremens (Art. 114) sieht die Wahl des Bürgermeisters durch den Senat als Regierungsorgan vor, der seinerseits als Kollegium vom Parlament (Bürgerschaft) gewählt wird; ähnlich bis 1996 Art. 41 I HambVerf. a. F.
[31] Eine Auflistung der einschlägigen landesverfassungsrechtlichen Normen liefert *Schenke* (Fn. 11), Art. 63 Rn. 3 ff.

einige Landesverfassungen für die Wahl des Regierungschefs ohne Einschränkungen die absolute parlamentarische Mehrheit, so daß dort die Entstehung von Minderheitsregierungen (→ Rn. 43f.) erschwert ist[32]. Auch bei der Normierung des Verfahrensganges in seinen Einzelheiten zeigen sich einige Abweichungen. So existieren Vorschlagsrechte wie das des Bundespräsidenten nach Art. 63 I GG in den Länderverfassungen naturgemäß nicht. Häufig finden sich Fristen schon für die erste Phase der Wahl des Regierungschefs, deren Beginn an den ersten Zusammentritt der neu gewählten Landtage geknüpft ist[33]. Die Rechtsfolge des erfolglosen Verstreichens der Frist ist z.B. in Baden-Württemberg oder Sachsen die Auflösung des Landtages von Verfassungs wegen (Art. 46 I Bad.-WürttVerf.; Art. 60 III SächsVerf.), in Niedersachsen oder Mecklenburg-Vorpommern etwa hat der Landtag über seine Auflösung zu beschließen. Beschließt er die Auflösung nicht, muß unverzüglich (Art. 30 II NdsVerf.) – in Mecklenburg-Vorpommern noch am selben Tage (Art. 41 III Meckl.-VorpVerf.) – ein Ministerpräsident gewählt werden, wobei gewählt ist, wer die meisten der abgegebenen Stimmen erhält.

C. Erläuterungen

I. Parlamentarisches Regierungssystem und Kanzlerwahl

Art. 63 GG regelt zusammen mit Art. 64 GG die **förmliche Regierungsbildung**[34], deren erste Phase die Wahl des Bundeskanzlers bildet und die erst durch Bestimmung der Bundesminister nach Art. 64 GG abgeschlossen wird. Dieser förmlichen Regierungsbildung gehen in aller Regel Koalitionsvereinbarungen (→ Rn. 14f.) voraus, mit deren Hilfe die die Regierung tragenden Parteien oder Fraktionen die Grundlagen der Zusammenarbeit festhalten.

7

Weil Art. 63 GG die Entscheidungsbefugnis über die Person des Bundeskanzlers allein in die Hände des Bundestages legt und jede andere Bestellungsweise – insbesondere durch den Bundespräsidenten – ausschließt, wird diese Norm zu Recht als »**Herzstück des parlamentarischen Regierungssystems**« angesehen[35]. Sein entscheidendes Kennzeichen liegt neben der Teilhabe des Parlaments an der Staatsleitung (→ Art. 62 Rn. 30ff.) darin, daß die Bildung und der Fortbestand der Regierung von dem kontinuierlichen »Vertrauen« der Parlamentsmehrheit abhängen[36] und auf diese Weise das

8

---

[32] Vgl. z.B. Art. 46 I 1 Bad.-WürttVerf.; entgegen *K. Finkelnburg*, Die Minderheitsregierung im deutschen Staatsrecht, 1982, S.8, werden dadurch Minderheitsregierungen nicht »unter allen Umständen« verhindert, weil sie auch durch späteren Verlust der parlamentarischen Unterstützung entstehen können.

[33] Art. 47 Bad.-WürttVerf. etwa sieht eine Frist von drei Monaten vor, wobei nicht nur die Wahl des Ministerpräsidenten, sondern auch die Bestätigung (Art. 46 II) der von ihm gebildeten Regierung innerhalb dieser Frist erfolgen muß. In Bayern beträgt die Frist für die Wahl des Ministerpräsidenten eine Woche (Art. 44 I BayVerf.), in Mecklenburg-Vorpommern immerhin 4 Wochen (Art. 42 II Meckl.-VorpVerf.).

[34] *M. Schröder*, HStR³ III, § 65 Rn. 1; *M. Oldiges*, in: Sachs, GG, Art. 63 Rn. 1.

[35] *Stern*, Staatsrecht I, S. 767.

[36] Allg. zum parlamentarischen Regierungssystem vgl. *U. Scheuner*, Entwicklungslinien des parlamentarischen Regierunssystems in der Gegenwart, in: FS Arndt, 1969, S. 385ff.; *M. Schröder*, Jura 1982, 449ff.; *M. Friedrich*, DVBl. 1980, 505ff.; *E. Friesenhahn*, Parlament und Regierung im modernen Staat, VVDStRL 16 (1958), S. 9ff.; *H. Meyer*, Das parlamentarische Regierungssystem des Grundgesetzes, VVDStRL 33 (1975), S. 69ff.; *Langner*, Regierungsbildung (Fn. 1), S. 44ff.; *C. Gusy*,

Art. 63 C. Erläuterungen

notwendige Zusammenwirken von Parlament und Regierung gesichert wird[37]. Neben den speziellen Kompetenzen der Regierungskontrolle[38], der Gesetzgebung, der Mitwirkung in Angelegenheiten der Europäischen Union u. a.[39] steht Art. 63 GG im Zentrum der Mittel, die dem Bundestag zur Verfügung stehen, um allgemeinen politischen Einfluß auf die Bundesregierung auszuüben[40]. Die Abhängigkeit des Bundeskanzlers und der gesamten gem. Art. 64 GG durch ihn gebildeten Bundesregierung von der dauernden parlamentarischen Unterstützung findet ihren primären Ausdruck in der Kanzlerwahl nach Art. 63 GG. Sie wird durch die weiteren – sekundären[41] – Instrumente des Mißtrauensvotums und der Vertrauensfrage nach Art. 67 und 68 GG in der Weise ergänzt und vervollständigt, daß die Bundesregierung über den Zeitpunkt ihrer Konstituierung hinaus kontinuierlich vom Vertrauen des Parlaments abhängig bleibt. Soweit demokratische Legitimation über sog. »Ketten« vermittelt wird (→ Art. 20 [Demokratie], Rn. 115), stellt Art. 63 GG zusammen mit den Regelungen über die fortdauernde Vertrauensabhängigkeit der Bundesregierung vom Bundestag den demokratischen Zusammenhang zwischen dem vom Volk gewählten Parlament und der Spitze der Exekutive her. Quelle demokratischer Legitimation in diesem Sinne ist allein der Bundestag[42]. Der primär legitimierte Bundeskanzler vermittelt sie über seine Regierungsbildungskompetenz nach Art. 64 GG an die Minister weiter.

9 Das **Mitwirkungsrecht des Bundespräsidenten** ändert an der alleinigen Entscheidungsbefugnis des Bundestages nichts. Im Gegensatz zum Einfluß des Reichspräsidenten nach Art. 53 WRV (→ Rn. 3) beschränkt sich die Rolle des Bundespräsidenten nämlich auf seinen Wahlvorschlag in der ersten Phase, von dem ein mehrheitsfähiger Bundestag in der zweiten Phase (→ Rn. 29 ff.) abweichen kann. Auch die Befugnis des Bundespräsidenten nach Art. 63 IV 3 GG, einen Bundestag aufzulösen, der keine Mehrheitsregierung zu bilden in der Lage ist (→ Rn. 39 ff.), schränkt nicht die ausschließliche Abhängigkeit der Regierung vom Vertrauen des Parlaments ein, sondern soll lediglich einen Ausweg aus einer Situation der Mehrheitsunfähigkeit weisen[43].

10 Indem das Grundgesetz das Parlament als eine »Wahlkörperschaft« – und nicht nur als »Abwahl-Körperschaft« nach Weimarer Muster (→ Rn. 3) – konstituiert, stellt es

---

DVBl. 1998, 917 (918 ff.); zur Bedeutung und zur Durchsetzung des Vertrauenserfordernisses vgl. *E. Brandt*, Die Bedeutung parlamentarischer Vertrauensregelungen, 1981, S. 21 ff.

[37] *Hesse*, Verfassungsrecht, Rn. 630; *Friesenhahn*, Parlament und Regierung (Fn. 36), S. 34; *Meyer*, Parlamentarisches Regierungssystem (Fn. 36), S. 86 f.; daß mit der Kanzlerwahl Vertrauen auch im Hinblick auf das künftige Kabinett und seine künftige Politik zum Ausdruck gebracht wird, betont vor dem Hintergrund der Koalitionsvereinbarungen zutreffend *Schröder* (Fn. 12), Art. 63 Rn. 8.

[38] Vgl. etwa das parlamentarische Zitier- und Fragerecht (Art. 43 I GG), das Untersuchungsrecht (Art. 44 GG) oder die Kontrolle im Haushaltswesen gem. Art. 114 GG; zu weiteren Kontrollkompetenzen vgl. die Übersicht bei *P. Kunig*, Jura 1993, 220 ff. → Art. 38 Rn. 43 ff.

[39] Vgl. die zusammenfassende Aufzählung bei *Hesse*, Verfassungsrecht, Rn. 589; zum notwendigen Einfluß des Bundestages in Angelegenheiten der EU vgl. BVerfGE 89, 155 (191).

[40] *Hesse*, Verfassungsrecht, Rn. 590.

[41] So *M. Schröder*, HStR[3] III, § 65 Rn. 4.

[42] Er wird, weil die Existenz der Regierung von seinem Vertrauen abhängt, als oberstes Verfassungsorgan betrachtet, das sich zugleich im »Gravitationszentrum« des politischen Kräftespiels befindet; so *H.-P. Schneider*, Das parlamentarische System, in: HdbVerfR, § 13 Rn. 36; vgl. *H. Dreier*, JZ 1990, 310 (310 f.) m. w. N. – *H. Meyer*, Die Stellung der Parlamente in der Verfassungsordnung des Grundgesetzes, in: Schneider/Zeh, § 4, bezeichnet den Bundestag als Träger der Funktion »Volksvertretung« (Rn. 9 ff.) sowie zugleich als Garant einer Regierung in zweifacher Weise, nämlich als Garant der Entstehung einer Regierung und als Garant der Regierungstätigkeit als solcher (Rn. 16 f.).

[43] *Oldiges* (Fn. 34), Art. 63 Rn. 10.

das gesamte Regierungssystem auf ein neues – parlamentarisches – Fundament[44]. Mit der vollständigen **Parlamentarisierung der Regierung** sind weitreichende Konsequenzen verbunden, die vor allem die Rolle der Parteien betreffen (→ Art. 21 Rn. 19ff.). Die konstitutionelle Frontstellung zwischen Regierung und Parlament ist einer durch die Regierungsparteien hergestellten engen Verbindung von Regierung und Mehrheitsfraktionen gewichen, ohne daß dadurch das Spannungsverhältnis zwischen Parlament und Regierung völlig aufgehoben wäre[45]. Durch diese Verbindung gewinnen die parlamentarischen Rechte der Fraktionen und Abgeordneten, die nicht zur regierungstragenden Mehrheit gehören, an Bedeutung[46]. Jede Regierung ist zwangsläufig Parteienregierung, und die politischen Parteien werden genötigt, über die Vermittlung politischer Partizipationschancen und die Vertretung und Integration von Interessen hinaus Führungspersonal zu rekrutieren und Regierungsprogramme zu entwickeln sowie beides in einer mehrheitsfähigen Weise zu präsentieren[47]. Parlamentswahlen bekommen auf diese Weise den Charakter von Richtungs- und Parteienplebisziten[48].

II. Allgemeines

1. Verfahrensschritte im Überblick

Das Verfahren der Kanzlerwahl und -ernennung ist nach Art. 63 GG in drei aufeinander folgende, deutlich voneinander getrennte Phasen gestuft, die durch unterschiedliche Voraussetzungen, Modalitäten und Rechtsfolgen gekennzeichnet sind. Die in **Art. 63 I und II GG** geregelte **erste Wahlphase** ist gekennzeichnet durch den Vorschlag des Bundespräsidenten und das Erfordernis der absoluten Mehrheit der Stimmen (→ Rn. 16ff.). In der **zweiten Wahlphase** nach Art. 63 III GG geht das Vorschlagsrecht auf den Bundestag über, während das Mehrheitserfordernis unverändert bleibt (→ Rn. 29ff.). Erst in der **dritten Phase** kann gem. **Art. 63 IV 1 GG** ein Bundeskanzler auch mit einfacher Mehrheit gewählt werden, der allerdings vom Bundespräsidenten nicht ernannt werden muß, weil diesem als Alternative zur Minderheitsregierung das Recht zur Auflösung des Bundestages zur Verfügung steht (→ Rn. 39ff.).

11

Von diesen drei Wahlphasen zu unterscheiden sind die **Verfahrensschritte**, die innerhalb der jeweiligen Phase **der Amtsübernahme** durch den neuen Bundeskanzler vorausgehen. Dies sind: der Wahlvorschlag, der in der ersten Phase vom Bundespräsidenten und danach aus der Mitte des Bundestages zu kommen hat, der Wahlgang im Bundestag, die in Art. 63 GG nicht ausdrücklich erwähnte Annahme der Wahl[49] sowie die Ernennung durch den Bundespräsidenten. Das positive Ergebnis des Wahlgangs im Bundestag versetzt den Gewählten also noch nicht in sein Amt; dies geschieht erst durch die Ernennung[50].

12

---

[44] So *H. Hofmann*, Verfassungsrechtliche Sicherungen der parlamentarischen Demokratie, in: A. Randelzhofer/W. Süß (Hrsg.), Konsens und Konflikt – 35 Jahre Grundgesetz, 1986, S. 267ff. (269), im Anschluß an den von *W. Bagehot* geprägten Begriff der »Wahlkörperschaft«.
[45] Vgl. *Friesenhahn*, Parlament und Regierung (Fn. 36), S. 52.
[46] *Scheuner*, Entwicklungslinien (Fn. 36), S. 390.
[47] So die zutreffende Zusammenfassung von *Hofmann*, Sicherungen (Fn. 44), S. 270; vgl. auch *Meyer*, Regierungssystem (Fn. 36), S. 86.
[48] *Meyer*, Regierungssystem (Fn. 36), S. 93.
[49] Diese ist nach *H.-P. Schneider/W. Zeh*, Koalitionen, Kanzlerwahl und Kabinettsbildung, in: Schneider/Zeh, § 48 Rn. 47, einzige Wirksamkeitsvoraussetzung der Ernennung.
[50] *Oldiges* (Fn. 34), Art. 63 Rn. 24.

2. Wählbarkeitsvoraussetzungen

13 Als Wählbarkeitsvoraussetzungen für das Amt des Bundeskanzlers, die der Bundespräsident bei seinem Vorschlag nach Art. 63 I GG sowie bei jeder Ernennung zu beachten hat, sind in Analogie zu den Bundestagsabgeordneten (Art. 38 II GG, § 15 BWahlG[51]) und zum Bundespräsidenten (Art. 54 I 2 GG) die **deutsche Staatsangehörigkeit** i. S. von Art. 116 GG und das **passive Wahlrecht** zum Bundestag[52] anerkannt. Abzulehnen ist dagegen die von vielen[53] als weitere Wählbarkeitsvoraussetzung geforderte **Verfassungstreue**, deren Notwendigkeit u. a. auf einen Vergleich mit dem öffentlichen Dienst gestützt wird[54]. Abgesehen davon, daß die Prüfung der Verfassungstreue schon bei Beamten erhebliche Probleme aufwirft (→ Art. 33 Rn. 108 ff.), gehört die politische Einschätzung, die mit der Beurteilung der Verfassungstreue unausweichlich verbunden ist, in die Kompetenz der Wähler (soweit eine Partei nicht verboten ist) und des Bundestages[55]. Daran führt weder der Hinweis auf den Amtseid des Bundeskanzlers noch die Befürchtung vorbei, im Extremfall könnte ein Verfassungsfeind Bundeskanzler werden[56]. Der Versuch, den Bundespräsidenten unter Berufung auf beamtenrechtliche Grundsätze als letztes »Bollwerk« gegen eine Wählerschaft und einen Bundestag in Stellung zu bringen, deren Votum einen – kaum jemals eindeutig als solchen identifizierbaren – Verfassungsfeind in das Amt des Bundeskanzlers bringen will, überschätzt nicht nur die politische Kraft, sondern überfordert auch die verfassungsrechtlich ausgestaltete demokratische Legitimation des Bundespräsidenten. Ebenfalls nicht zu den Wählbarkeitsvoraussetzungen gehört, daß der Kandidat Bundestagsabgeordneter ist. Der Bundeskanzler wird **nicht »aus der Mitte« des Bundestages gewählt**[57]. Schließlich ist auch die Mitgliedschaft in einer Partei nicht Voraussetzung für die Wahl zum Bundeskanzler[58]. Die Vorschrift des § 4 BMinG, wonach der Bundeskanzler nicht zugleich Mitglied einer Landesregierung sein darf, ist nicht Wählbarkeitsvoraussetzung. Erst bei der Ernennung muß das Amt in der Landesregierung aufgegeben worden sein[59].

3. Bedeutung und Probleme von Koalitionsvereinbarungen

14 Indem sich die Verfassung darauf beschränkt, durch die Entscheidungszuständigkeiten und das Verfahren nur den äußeren Rahmen der Kanzlerwahl festzulegen, setzt

---

[51] So *U. Mager*, in: v. Münch/Kunig, GG I, Art. 63 Rn. 6. Voraussetzung ist also nicht das aktive – so Jarass/*Pieroth*, GG, Art. 63 Rn. 1 –, sondern das passive Wahlrecht; s. auch *M. Schröder*, HStR³ III, § 65 Rn. 12.

[52] Jarass/*Pieroth*, GG, Art. 63 Rn. 1; *Oldiges* (Fn. 34), Art. 63 Rn. 18.

[53] *H.-P. Schneider*, in: AK-GG, Art. 63 (2002), Rn. 5; *Schenke* (Fn. 11), Art. 63 Rn. 110 f. mit ausf. w. N.; *R. Herzog*, in: Maunz/Dürig, GG, Art. 63 (2008), Rn. 24; *M. Schröder*, HStR³ III, § 65 Rn. 12; *Oldiges* (Fn. 34), Art. 63 Rn. 18; *A. Uhle/S. Müller-Franken*, in: Schmidt-Bleibtreu/Hofmann/Henneke, GG, Art. 63 Rn. 8.

[54] *Schenke* (Fn. 11), Art. 63 Rn. 111.

[55] *V. Busse*, in: Friauf/Höfling, GG, Art. 63 (2012), Rn. 4; *C. Burkiczak*, Jura 2002, 465 (466); ähnlich *Mager* (Fn. 51), Art. 63 Rn. 7; Jarass/*Pieroth*, GG, Art. 63 Rn. 1.

[56] *Schröder* (Fn. 12), Art. 63 Rn. 21.

[57] Vgl. statt vieler *Mager* (Fn. 51), Art. 63 Rn. 6; allenfalls umgekehrt könnten Bedenken gegen die gleichzeitige Stellung als Regierungsmitglied und Abgeordneter unter dem Gesichtspunkt der Gewaltenteilung erhoben werden (→ Art. 66 Rn. 18).

[58] *Oldiges* (Fn. 34), Art. 63 Rn. 18; *D. Weckerling-Wilhelm*, in: Umbach/Clemens, GG, Art. 63 Rn. 16.

[59] So *Mager* (Fn. 51), Art. 63 Rn. 6, 11.

sie die politischen Einigungsprozesse zwischen Abgeordneten, Fraktionen und Parteien voraus, durch die regierungsfähige Mehrheiten gebildet werden[60]. Solange keine Partei über die absolute Mehrheit im Bundestag verfügt, ist Kristallisationspunkt solcher Einigungsprozesse die sog. Koalitionsvereinbarung[61], in der zwei oder mehrere Parteien oder Fraktionen[62] die personelle Zusammensetzung der Bundesregierung und das Regierungsprogramm schriftlich fixieren. Darüber hinaus werden häufig Abstimmungsgremien – sog. »Koalitionsrunden« – institutionalisiert, in denen Entscheidungen vorbereitet und Konflikte ausgeräumt werden, die während der laufenden Legislaturperiode zwischen den Koalitionspartnern auftreten[63]. Insoweit ist es gerechtfertigt zu sagen, derartige Vereinbarungen seien ein »vorbereitender, inhaltlich mitformender und planender Teil der Ausübung der Staatsgewalt«[64]. Entgegen einer verbreiteten Kritik[65] besteht jedoch kein Anlaß, solche zu Beginn oder während der Amtszeit einer Bundesregierung stattfindenden Koordinierungsprozesse mit der »überlieferten Gewaltenteilung« oder gar »mit dem Text unserer Verfassung« in einen Widerspruch zu bringen[66]. Koalitionsvereinbarungen können staatliche Entscheidungsverfahren schon deshalb nicht überlagern oder verdrängen[67], weil solche »staatlichen« Verfahren zur Herstellung und Aufrechterhaltung der erforderlichen politischen Mehrheit nicht existieren. Koalitionsabsprachen sind vielmehr **Erscheinungsform der unerläßlichen politischen Willensbildungsprozesse**, die den verfassungsrechtlich normierten Entscheidungsbefugnissen vorausliegen und ihre Grundlage darstellen. Sie lassen in diesem Sinne sowohl den Status der Abgeordneten nach Art. 38 I 2 GG als auch die Entscheidungsbefugnisse des Bundeskanzlers und der Bundesminister nach Art. 64 und 65 GG unberührt. Deshalb sind auch verfassungsrechtliche Einwände zurückzuweisen, die sich dagegen wenden, Koalitionsvereinbarungen von der Zustimmung in Form einer **Befragung der Parteimitglieder** oder auch eines Parteitagsbeschlusses abhängig zu machen[68].

---

[60] Nach *M. Schröder*, HStR³ III, § 65 Rn. 1, »akzeptiert« das Grundgesetz den Einfluß der politischen Parteien »stillschweigend«. Dies ist angesichts von Art. 21 GG ersichtlich zu wenig.

[61] Vgl. dazu *I. v. Münch*, Rechtliche und politische Probleme von Koalitionsregierungen, 1993; *A. Schüle*, Koalitionsvereinbarungen im Lichte des Verfassungsrechts, 1964.

[62] Die Partner von Koalitionsvereinbarungen sind offenbar wegen Personalunion nicht immer eindeutig zu bestimmen: Während z. B. *v. Münch*, Koalitionsregierungen (Fn. 61), S. 15 f., und *Schröder* (Fn. 12), Art. 63 Rn. 16, allein oder in erster Linie die Parteien als »Vertragspartner« ansehen, ist bei *Schüle*, Koalitionsvereinbarungen (Fn. 61), S. 2, von »Parteien bzw. Fraktionen« als Partnern von Koalitionsvereinbarungen die Rede, dagegen an anderer Stelle nur von den Parteien (S. 33); keine wesentliche Bedeutung misst dieser Frage *Schenke* (Fn. 11), Art. 63 Rn. 83 f. zu. Über die Einzelheiten der Koalitionsverhandlungen 1994, an denen neben Partei- und Fraktionsvorsitzenden eine Reihe weiterer führender Politiker von CDU/CSU und FDP teilnahmen, informiert *G. Heinrich*, ZParl. 26 (1995), 193 ff.

[63] Vgl. dazu *W. Rudzio*, ZParl. 1 (1970), 206 ff.; dazu *K. Niclauß*, APuZ B 20/1999, 27 (32 f.).

[64] *Steiger*, Grundlagen (Fn. 3), S. 256.

[65] Z. B. von *W. Schreckenberger*, ZParl. 25 (1994), 329 (341 f.); ähnlich *R. Zuck*, ZRP 1998, 457 (458 f.); ältere Nachweise zu dem Vorwurf einer »Verfassungsdeformation, verursacht durch Verlagerung politischer Entscheidungsprozesse auf extrakonstitutionelle Koalitionsausschüsse« bei *W. Rudzio*, ZParl. 1 (1970), 206 (214 ff.).

[66] So aber *R. v. Weizsäcker*, in: R. v. Weizsäcker im Gespräch mit G. Hofmann und W. A. Perger, 1992, S. 158; vgl. auch *W. Schreckenberger*, ZParl. 25 (1994), 329 (342).

[67] So aber wohl *W. Schreckenberger*, ZParl. 25 (1994), 329 (345); *Schenke* (Fn. 11), Art. 63 Rn. 82, hält Koalitionsvereinbarungen, die die Stellung des Bundeskanzlers »faktisch-politisch« zu sehr einschränken, für verfassungswidrig; wie hier *Uhle/Müller-Franken* (Fn. 53), Art. 63 Rn. 34.

[68] Dazu die Kontroverse zwischen *M. Hartmann/C. Degenhart*, DRiZ 2014, 12 f.; zur Ablehnung

15 **Rechtsnatur und Verbindlichkeit von Koalitionsvereinbarungen** sind umstritten[69]. Während einige sie als rechtlich unverbindliche politische Absprachen[70], als »politische Geschäftsgrundlage« für die Regierungsbildung und -arbeit einstufen[71], die noch im Vorfeld der von den Staatsorganen zu treffenden Entscheidungen verbleiben[72], werden sie von anderen als rechtlich verbindliche, aber nicht einklagbare Verträge mit verfassungsrechtlichen[73] und verwaltungsrechtlichen[74] Gehalten eingestuft. Die Annahme einer rechtlichen Bindung – gleich, ob verfassungsrechtlichen oder sonstigen Gehalts – widerspricht allerdings dem von den Beteiligten regelmäßig Gewollten[75]. Im Interesse der Erhaltung der politischen Handlungsfähigkeit[76] der Partner solcher Vereinbarungen sind nämlich Änderungen dauernd möglich und werden auch tatsächlich vorgenommen. Auch werden in Koalitionsvereinbarungen verankerte Planungen weiterentwickelt oder ganz aufgegeben[77]. Deshalb liegt auch die Frage der **Publikation** von Koalitionsvereinbarungen im verfassungsrechtlich nicht determinierten Ermessen der Beteiligten[78]. Wegen des einhellig anerkannten Mangels der Klagbarkeit dieser »Verpflichtungen« könnte der einzige Gewinn einer rechtlichen Bindung darin liegen, einen Koalitionsbruch in der Öffentlichkeit als Rechtsbruch hinstellen zu können[79]. Koalitionsvereinbarungen sind also rein politische Absprachen, deren Nichtbeachtung auch ausschließlich politische Folgen wie den Bruch der jeweiligen Koalition und den Verlust der parlamentarischen Unterstützung der Regierung als Konsequenz einer Regierungskrise nach sich ziehen können.

III. Erste Wahlphase (Art. 63 I und II GG)

16 Die Modalitäten der ersten Phase der Kanzlerwahl sind in Art. 63 I und II GG geregelt. Im Normalfall stabiler Mehrheitsverhältnisse führt – entsprechend der ununterbrochenen **Praxis der Kanzlerwahlen** seit 1949[80] – bereits dieser erste Wahlgang zu der erforderlichen Mehrheit. Bis zur Ernennung des neuen Bundeskanzlers gelten die Vorschriften über die geschäftsführende Bundesregierung[81]. In der Praxis[82] geht dem

---

eines Antrags auf Erlaß einer einstweiligen Anordnung in dieser Sache siehe BVerfG BayVBl. 2014, 172 f.; s. auch *Schenke* (Fn. 11), Art. 63 Rn. 85.

[69] Ausführlich zum älteren Meinungsstand *C. Sasse*, JZ 1961, 719 ff.
[70] So *Schüle*, Koalitionsvereinbarungen (Fn. 61), S. 52 ff.; *P. Häberle*, ZfP 1965, 293 (296); *Hesse*, Verfassungsrecht, Rn. 178; *W. Kewenig*, AöR 90 (1965), 182 (186, 196); *Schröder* (Fn. 12), Art. 63 Rn. 18; *Schenke* (Fn. 11), Art. 63 Rn. 76; ähnlich auch *Herzog* (Fn. 53), Art. 63 Rn. 10 ff.
[71] So *M. Schröder*, HStR³ III, § 65 Rn. 1.
[72] So *Steiger*, Grundlagen (Fn. 3), S. 256, 260, der jedoch auch von »Recht im Werden« spricht (S. 262).
[73] *K. H. Friauf*, AöR 88 (1963), 257 (307 ff.); *C. Sasse*, JZ 1961, 719 (726); *E. R. Zivier*, RuP 1998, 204 (206 f.); *v. Münch*, Koalitionsregierungen (Fn. 61), S. 29 ff.
[74] So BGHZ 29, 187 (192), für den Teil der Koalitionsvereinbarung zwischen der FDP und der CDU aus dem Jahr 1955, der die Aufnahme der Gespräche durch Stenographen und Tonbandgerät vorsah; dagegen – weil zwischen der (technischen) Dokumentation und deren verfassungsrechtlichem Inhalt ein untrennbarer Zusammenhang bestehe – *v. Münch*, Koalitionsregierungen (Fn. 61), S. 9 f.
[75] *Herzog* (Fn. 53), Art. 63 Rn. 12, spricht ebenso zutreffend von einer »mühsamen« Konstruktion.
[76] Zutreffend *W. Kewenig*, AöR 90 (1965), 182 (190).
[77] So *Steiger*, Grundlagen (Fn. 3), S. 260.
[78] *Schenke* (Fn. 11), Art. 63 Rn. 86 ff.
[79] *W. Kewenig*, AöR 90 (1965), 182 (189).
[80] Vgl. die Zusammenstellung bei *Mager* (Fn. 51), Art. 63 nach Rn. 18.
[81] *Oldiges* (Fn. 34), Art. 63 Rn. 20.
[82] Vgl. die Übersicht über die Verfahrensschritte bei *Oldiges* (Fn. 34), Art. 63 Rn. 21 ff.

Vorschlag des Bundespräsidenten die Empfehlung der Vorsitzenden der Koalitionsfraktionen voraus, ihren Kandidaten vorzuschlagen[83]. Der Bundespräsident übermittelt dann seinen schriftlichen Vorschlag dem Bundestagspräsidenten, der daraufhin den Bundestag zur Vornahme des Wahlaktes einberuft. Erreicht der Vorgeschlagene die erforderliche »Kanzlermehrheit«, wird er vom Bundespräsidenten ernannt und damit in sein Amt eingesetzt.

1. Vorschlag des Bundespräsidenten

Die Funktion des Bundespräsidenten bei der Regierungsbildung ist entsprechend seiner allgemeinen Stellung im parlamentarischen Regierungssystem (→ Rn. 4, 9) begrenzt. In der ersten Wahlphase, in der gem. Art. 63 I GG sein Vorschlag Voraussetzung für die Wahl des Bundeskanzlers ist, wird seine Rolle als die eines »**Geburtshelfers**«[84] oder eines »Kristallisationskerns der parlamentarischen Willensbildung«[85] beschrieben. Seine Einschaltung dient dazu, die Findung eines mehrheitsfähigen Kanzlerkandidaten zu erleichtern und zu beschleunigen. Wenn das Wahlergebnis und die Suche nach einer regierungsfähigen Mehrheit durch Koalitionsverhandlungen (→ Rn. 14) diese präsidiale Hilfe nicht erforderlich machen, so ist dies kein Ausdruck einer in Widerspruch zur Verfassung stehenden »Verfassungswirklichkeit« sondern selbstverständliche Folge des Umstandes, daß das Staatsorganisationsrecht hier wie auch sonst lediglich eine Rahmen- und Reserveordnung bereitstellt, die dem politischen Prozeß Grenzen zieht[86].

17

Nach ganz herrschender Auffassung ist der **Bundespräsident verpflichtet, einen Vorschlag zu machen**[87]. Er hat seinen Vorschlag nach Eintritt der Vakanz oder nach Zusammentritt des neu gewählten Bundestages binnen angemessener Frist zu präsentieren[88]. Allerdings lassen sich hier strikte zeitliche Vorgaben nicht machen, weil er den Parteien und Fraktionen ausreichend Zeit für Konsultationen[89] lassen muß. Erst wenn dieser politische Prozeß der Mehrheitsbildung erfolgreich abgeschlossen ist oder wenn es zu einer »Blockadesituation« gekommen ist, die einen eigenen Vorschlag des Bundespräsidenten unumgänglich macht[90], hat er unverzüglich seiner Rolle als »Geburtshelfer« gerecht zu werden. Kommt er dieser Pflicht nicht nach[91], so ist der Bundestag

18

---

[83] *J. Ipsen*, Staatsrecht I, Rn. 418.
[84] So im Anschluß an *F. Münch*, Die Bundesregierung, 1954, S. 131, etwa *Oldiges* (Fn. 34), Art. 63 Rn. 14; *M. Schröder*, HStR³ III, § 65 Rn. 6.
[85] *Oldiges* (Fn. 34), Art. 63 Rn. 14. Vor dem Hintergrund der zwischen den Parteien geführten Koalitionsverhandlungen liegt der Schwerpunkt der der Regierungsbildung vorausgehenden Willensbildung allerdings eher bei den Parteien als im parlamentarischen Raum.
[86] Ähnlich *J. Ipsen*, JZ 2006, 217 (221).
[87] *H. Rein*, JZ 1969, 573 mit ausf. Nachw.; *Oldiges* (Fn. 34), Art. 63 Rn. 20; *W.-R. Schenke*, Jura 1982, 57 (59); a.A. *H. Schneider*, NJW 1953, 1330ff.
[88] *M. Schröder*, HStR³ III, § 65 Rn. 8 m.w.N.
[89] *Oldiges* (Fn. 34), Art. 63 Rn. 20 m.w.N.
[90] *M. Schröder*, HStR³ III, § 65 Rn. 8; *Schneider* (Fn. 53), Art. 63 Rn. 3; *Herzog* (Fn. 53), Art. 63 Rn. 17.
[91] Obwohl staatsorganisationsrechtliche Rechte eigentlich nicht »verwirkt« werden können, entspricht es h.M., daß der Bundespräsident sein Vorschlagsrecht verwirkt: so *Herzog* (Fn. 53), Art. 63 Rn. 17; Jarass/*Pieroth*, GG, Art. 63 Rn. 1; *Stern*, Staatsrecht I, S. 769.

19 in entsprechender Anwendung[92] des Art. 63 III GG berechtigt, nach entsprechender »Androhung« zur zweiten Phase der Kanzlerwahl überzugehen[93].

19 Wird der vom Bundespräsidenten vorgeschlagene **Kandidat nicht gewählt**, ist sein **Vorschlagsrecht »verbraucht«**[94]. Allerdings ist der Bundespräsident nicht gehindert, auch bei den nachfolgenden Phasen der Kanzlerwahl beratend und moderierend tätig zu werden. Sein Vorschlag muß dann von vorschlagsberechtigten Mitgliedern des Bundestages aufgegriffen werden (→ Rn. 30).

20 Der Vorschlag des Bundespräsidenten **bedarf keiner Gegenzeichnung** (→ Art. 58 Rn. 21)[95]. Für die Form des Vorschlags enthält das Grundgesetz keine Vorgaben. In der Staatspraxis teilt der Bundespräsident seinen Vorschlag schriftlich dem Bundestagspräsidenten mit, der ihn im Bundestag verliest[96]. Ein Recht zur Präsentation seines Vorschlags vor dem Bundestag steht dem Bundespräsidenten nicht zu[97]. Der Frage, ob die vorherige Zustimmung des Kandidaten erforderlich ist[98], dürfte kaum praktische Relevanz zukommen[99].

21 Entsprechend der Funktion seiner Beteiligung an der Kanzlerwahl hat der Bundespräsident sich bei seinem Vorschlag an dem **Ziel der zügigen Bildung einer stabilen Regierung** zu orientieren. Über den Inhalt und die Qualität dieser Verpflichtung herrscht allerdings Unsicherheit: Während eine Auffassung davon ausgeht, daß der Bundespräsident bei der Ausübung seines Vorschlagsrechts grundsätzlich frei ist und ihm allenfalls durch ein Mißbrauchsverbot Grenzen gesetzt sind[100], befürworten andere – teilweise unter Berufung auf die durchgängige Praxis der bisherigen Kanzlerwahlen – eine Bindung oder »Ermessensreduzierung« auf den von den Mehrheitsfraktionen oder -parteien favorisierten Kandidaten[101]. Die letztgenannte Auffassung wird der Funktion des Vorschlagsrechts nicht gerecht. Da letztlich eine stabile Mehrheit des Bundestages den eigenen Kandidaten auch gegen einen anderen Vorschlag des Bun-

---

[92] So *M. Schröder*, HStR³ III, § 65 Rn. 7.
[93] *Herzog* (Fn. 53), Art. 63 Rn. 17; *Schröder* (Fn. 12), Art. 63 Rn. 25; *Mager* (Fn. 51), Art. 63 Rn. 5; *Busse* (Fn. 55), Art. 63 Rn. 8; so nun auch *Schenke* (Fn. 11), Art. 63 Rn. 70, der in der Vorauflage nur die Möglichkeit eines Organstreitverfahrens oder einer Präsidentenanklage vor dem Bundesverfassungsgericht gesehen hatte; a.A. *V. Epping*, in: Epping/Hillgruber, GG (online, Stand: 1.12.2014), Art. 63 Rn. 7, der stattdessen den Organstreit oder die Präsidentenanklage für mögliche (und ausreichende) Wege hält.
[94] Jarass/*Pieroth*, GG, Art. 63 Rn. 2; *Schneider* (Fn. 53), Art. 63 Rn. 5.
[95] Jarass/*Pieroth*, GG, Art. 63 Rn. 1.
[96] *M. Schröder*, HStR³ III, § 65 Rn. 8 m. w. N.; zur Widerruflichkeit bis zur Wahl durch den Bundestag *Busse* (Fn. 55), Art. 63 Rn. 8.
[97] *Herzog* (Fn. 53), Art. 63 Rn. 15.
[98] Nach *Herzog* (Fn. 53), Art. 63 Rn. 30, bedarf es des Einverständnisses des Kandidaten nicht, während u. a. *M. Schröder*, HStR³ III, § 65 Rn. 12 und *Schenke* (Fn. 11), Art. 63 Rn. 112 m. w. N., den Bundespräsidenten für verpflichtet halten, sich vor seinem Vorschlag des Einverständnisses zu vergewissern.
[99] Zutreffend *Herzog* (Fn. 53), Art. 63 Rn. 30.
[100] Vgl. *W. Kaltefleiter*, Die Funktion des Staatsoberhauptes in der parlamentarischen Demokratie, 1970, S. 212 ff.; *H. Rein*, JZ 1969, 573 (573 f.); *J. Ipsen*, JZ 2006, 217 (220); *Mager* (Fn. 51), Art. 63 Rn. 5; daß es sich hierbei – wie *M. Schröder*, HStR³ III, § 65 Rn. 9, meint – um die »traditionelle« Auffassung handelt, ist nicht erkennbar.
[101] *M. Lippert*, Bestellung und Abberufung der Regierungschefs und ihre funktionale Bedeutung für das parlamentarische Regierungssystem, 1973, S. 272; *Steiger*, Grundlagen (Fn. 3), S. 232 ff.; ausführlich – insbesondere unter Berufung auf die Teleologie des Art. 63 I GG – *Schenke* (Fn. 11), Art. 63 Rn. 95 ff.

despräsidenten durchsetzen kann¹⁰², gewinnt das Vorschlagsrecht vor allem in Situationen unklarer Mehrheitsverhältnisse Bedeutung. Gerade in solchen Situationen ist mit rechtlichen Bindungen aber nichts gewonnen. Man mag dies umschreiben mit den Begriffen der »Einschätzungs-« oder »Beurteilungsprärogative«¹⁰³ des Bundespräsidenten, dem bei der Ausübung seines Vorschlagsrechts die Orientierung an der Empfehlung der Mehrheitsfraktionen nur »Leitlinie«¹⁰⁴ ist oder »Maß und Richtung«¹⁰⁵ gibt. Klarheit sollte dabei aber darüber herrschen, daß es sich nicht um eine verfassungsgerichtlich überprüfbare Bindung handelt. Eine kontrollierbare rechtliche Verpflichtung läßt sich nur im Hinblick auf das Verfahren formulieren: Will der Bundespräsident seiner mit dem Vorschlagsrecht verbundenen Funktion gerecht werden, hat er die **Parteien oder Fraktionen** vor seinem Vorschlag zu **konsultieren**¹⁰⁶.

Der Bundespräsident darf seinen Vorschlag weder an sachliche Bedingungen im Hinblick auf das Regierungsprogramm noch an personelle Zugeständnisse bei der Zusammensetzung der Regierung knüpfen¹⁰⁷. Derartige sog. »**Präsentationskapitulationen**«¹⁰⁸, die offensichtlich unter dem Eindruck der völlig anders gearteten Stellung des Reichspräsidenten in der Weimarer Reichsverfassung in den ersten Jahren nach Inkrafttreten des Grundgesetzes noch für möglich gehalten wurden¹⁰⁹, sind durch Art. 63 I GG nicht gedeckt, weil sich der Vorschlag nur auf den Kanzlerkandidaten und nicht auf sein Regierungsprogramm oder die Kabinettsliste bezieht¹¹⁰. Sie sind auch mit der Stellung des Bundespräsidenten im parlamentarischen Regierungssystem des Grundgesetzes unvereinbar¹¹¹.

22

2. Wahl durch den Bundestag

Der Wahlvorschlag des Bundespräsidenten ist nach Art. 63 I GG Voraussetzung für die Wahl im Bundestag¹¹². Dieser ist also verpflichtet, den Vorschlag des Bundespräsidenten abzuwarten¹¹³. **Zur Wahl** steht **nur der vom Bundespräsidenten vorgeschlagene Kandidat**, so daß es sich der Sache nach um eine Abstimmung handelt, die als Al-

23

---

¹⁰² So auch *Oldiges* (Fn. 34), Art. 63 Rn. 17.
¹⁰³ *Oldiges* (Fn. 34), Art. 63 Rn. 17; *Epping* (Fn. 93), Art. 63 Rn. 3.
¹⁰⁴ *Schneider* (Fn. 53), Art. 63 Rn. 4; *Stern*, Staatsrecht II, S. 252.
¹⁰⁵ *M. Schröder*, HStR³ III, § 65 Rn. 10; ähnlich *Schneider* (Fn. 53), Art. 63 Rn. 4. *Herzog* (Fn. 53), Art. 63 Rn. 18, spricht von »pflichtgebundenem Ermessen«. Solche verwaltungsrechtlichen Kategorien sind in diesem Zusammenhang jedoch fehl am Platze; dazu ausführlich – und weniger skeptisch – *C. Roth*, Bundeskanzlerermessen im Verfassungsstaat, 2009, S. 75 ff.
¹⁰⁶ So auch *Schenke* (Fn. 11), Art. 63 Rn. 72; für zu weitgehend halten eine Rechtspflicht zu Konsultationen *Oldiges* (Fn. 34), Art. 63 Rn. 13, und *Schröder* (Fn. 12), Art. 63 Rn. 27; *P. Austermann*, DÖV 2013, 865 (867). Zur Praxis der Regierungsbildung, die insoweit allerdings nur bis ins Jahr 1969 aufgearbeitet ist (insbesondere, inwieweit Fraktionen oder Parteien an den Bundespräsidenten herantraten), im einzelnen *Steiger*, Grundlagen (Fn. 3), S. 235 f.; zur Praxis der Regierungsbildung 1949 bis 2005 s. auch die Übersicht von *J. Ipsen*, JZ 2006, 217 (218 f.).
¹⁰⁷ Allg. Meinung; vgl. nur *M. Schröder*, HStR³ III, § 65 Rn. 11; *Schenke* (Fn. 11), Art. 63 Rn. 91 f.; *Schneider* (Fn. 53), Art. 63 Rn. 3; *Oldiges* (Fn. 34), Art. 63 Rn. 19.
¹⁰⁸ Vgl. dazu *E. Küchenhoff*, DÖV 1966, 675 ff.
¹⁰⁹ So hat Bundespräsident Heuss 1949 vor seinem Vorschlag von Adenauer die Vorlage einer Ministerliste verlangt, was dieser aber verweigerte und anschließend dennoch vorgeschlagen wurde; vgl. dazu *H. Rein*, JZ 1969, 573 (574).
¹¹⁰ *M. Schröder*, HStR³ III, § 65 Rn. 11.
¹¹¹ So z. B. *Stern*, Staatsrecht II, S. 252.
¹¹² *Jarass/Pieroth*, GG, Art. 63 Rn. 1.
¹¹³ *Oldiges* (Fn. 34), Art. 63 Rn. 13.

ternativen nur die Zustimmung, die Ablehnung oder die Enthaltung zuläßt[114]. Stimmen, die für einen anderen als den vorgeschlagenen Kandidaten abgegeben werden, sind ungültig[115].

24 Dem Grundanliegen des Art. 63 GG, die Voraussetzungen für eine zügige Regierungsbildung zu schaffen, entsprechend hält die herrschende Auffassung den Bundestag für verpflichtet, **unverzüglich** zur **Abstimmung über den Vorschlag** zu schreiten, ohne daß dabei die Geschäftsordnungsbestimmungen über die Beschlußfähigkeit zur Anwendung kommen[116]. Nach den einschlägigen Bestimmungen der Geschäftsordung (§§ 4 Satz 1, 49 GOBT), die verfassungsrechtlich nicht geboten sind, findet die Wahl des Bundeskanzlers geheim mit verdeckten Stimmzetteln statt.

25 Wenn die Wahl gem. Art. 63 I GG **ohne Aussprache** stattzufinden hat, so ist damit sowohl eine Personaldebatte als auch eine Sachdebatte vor dem Wahlvorgang verboten. Ein Verstoß gegen dieses Aussprachverbot soll allerdings folgenlos bleiben[117]. Der Sinn dieser Regelung wird in dem **Schutz des Kandidaten** vor einer Debatte über seine Absichten sowie in dem **Schutz der Autorität des Bundespräsidenten** gesehen[118]. Diese Rechtfertigungen bedürfen vor allem deshalb der Überprüfung, weil auch für die zweite und dritte Wahlphase die Geltung des Aussprachverbots behauptet wird (→ Rn. 31, 37), obwohl dort der Vorschlag des Bundespräsidenten nicht obligatorisch ist und der Schutz seiner Autorität deshalb kaum einen tragfähigen Grund für das Verbot einer parlamentarischen Debatte darstellt. Nach der Entstehungsgeschichte kann zwar kein Zweifel daran bestehen, daß das Aussprachverbot auch in der zweiten und dritten Phase der Kanzlerwahl gelten sollte[119] und nicht nur den Bundespräsidenten vor einem Autoritätsverlust durch eine parlamentarische »Demontage« seines Vorschlags bewahren, sondern auch den Kanzlerkandidaten schützen sollte. Allerdings haben diese Vorstellungen des historischen Verfassungsgebers keinen hinreichend deutlichen Niederschlag in Wortlaut und Systematik des Art. 63 GG gefunden. Soweit es nicht um den Schutz des Präsidentenamtes in der ersten Wahlphase geht, ist deshalb

---

[114] *M. Schröder*, HStR³ III, § 65 Rn. 15 f.

[115] *Schneider* (Fn. 53), Art. 63 Rn. 6.

[116] *M. Schröder*, HStR³ III, § 65 Rn. 14. Sind also bei der Abstimmung über den Vorschlag des Bundespräsidenten weniger als der Hälfte der Mitglieder des Bundestages anwesend, so wird keine weitere Sitzung einberufen, sondern die Abstimmung findet trotz Aussichtslosigkeit (Kanzlermehrheit) statt, um den Weg zur zweiten Wahlphase freizumachen: so *Schenke* (Fn. 11), Art. 63 Rn. 115.

[117] *M. Schröder*, HStR³ III, § 65 Rn. 15 m. w. N.

[118] Vgl. *M. Schröder*, HStR³ III, § 65 Rn. 15; ebenso *C. Sasse*, JZ 1961, 719 (723); *Oldiges* (Fn. 34), Art. 63 Rn. 22.

[119] In der 49. Sitzung des Hauptausschusses des Parlamentarischen Rates hatte der dem allgemeinen Redaktionsausschuß angehörende Abg. Dr. *Dehler* auf den Antrag der CDU, Art. 87 Abs. 1 und 2 des Entwurfes des Allgemeinen Redaktionsausschusses vom 16.11.1948 (Drs. Nr. 276), den der Hauptausschuß in seiner dritten Sitzung am 16.11.1948 erstmals diskutiert (Parl. Rat XIV, S. 70 ff.) und am 8.1.1949 angenommen hatte (Parl. Rat XIV, S. 1011 ff.), zusammenzufassen, erwidert, der Redaktionsausschuß habe Abs. 1, der das Aussprachverbot enthielt, der Regelung vorangestellt, »weil er für alle Wahlvorgänge gilt, nämlich, daß ohne Aussprache gewählt wird [...]« (Parl. Rat XIV, S. 1558 f.). Die Trennung wurde auch vom Vorsitzenden des Hauptausschusses Dr. *Schmid* mit der Begründung befürwortet, daß Abs. 1 ein »Obersatz [sei], der für eine Reihe von Anwendungsfällen gilt« (Parl. Rat XIV, S. 1559), und auch der Verfasser des CDU-Antrages, der Abg. Dr. *v. Mangoldt*, wollte daran offenbar nichts geändert sehen, wenn er äußerte, auch bei seinem Entwurf bliebe diese Obersatzqualität gewahrt (Parl. Rat XIV, S. 1559). Gleichwohl wurde der CDU-Antrag insoweit vom Hauptausschuß nicht angenommen (Parl. Rat XIV, S. 1559). In dieser durch den Redaktionsausschuß und dessen Vorstellungen geprägten Form wurde der Entwurf schließlich auch im Plenum angenommen (JöR 1 [1951], S. 433; Parl. Rat IX, S. 468).

eine Abweichung von der demokratischen Selbstverständlichkeit, daß parlamentarische Entscheidungen debattiert werden, abzulehnen. Insbesondere ist nicht ersichtlich, warum ein Kandidat vor seiner Wahl von Debatten über seine Absichten verschont bleiben sollte[120]. Objektiver Zweck des Ausspracheverbotes ist demnach ausschließlich der Schutz der Autorität des Bundespräsidenten, bezogen auf dessen obligatorischen Wahlvorschlag in der ersten Wahlphase[121].

Erforderlich für die Wahl sind die Stimmen der Mehrheit der Mitglieder des Bundestages, was nach der Legaldefinition des Art. 121 GG die Mehrheit der gesetzlichen Mitgliederzahl bedeutet (sog. »**Kanzlermehrheit**«; → Art. 121 Rn. 6, 9ff.). Mit diesem Mehrheitserfordernis will das Grundgesetz Minderheitsregierungen jedenfalls in dieser ersten Phase der Kanzlerwahl verhindern. Lehnt der Gewählte die **Annahme der Wahl** ab, ist nach einer Auffassung das Wahlverfahren auf Vorschlag des Bundespräsidenten (Art. 63 I und II GG) beendet[122], so daß der nächste Wahlgang auf Art. 63 III GG beruht. Andere[123] betrachten dagegen die Annahme der Wahl und die Zustimmung zur Ernennung nicht als Teil des Wahlvorgangs, so daß nach dem Wortlaut des Art. 63 II GG der Kandidat »gewählt« ist und – weil die Voraussetzungen des Art. 63 III GG nicht vorliegen – der Bundespräsident einen neuen Vorschlag machen muß. Allerdings ist eine erfolgreiche Wahl schon nach dem allgemeinen Sprachgebrauch erst mit ihrer Annahme abgeschlossen. Deshalb ist mit der Erfolglosigkeit des Vorschlags des Bundespräsidenten dessen obligatorische Beteiligung an der Kanzlerwahl beendet[124].

3. Ernennung durch den Bundespräsidenten

Gem. Art. 63 II 2 GG **ist der Gewählte** vom Bundespräsidenten **zu ernennen**. Dieser darf die Ernennung nur verweigern, wenn das Wahlverfahren nicht entsprechend den verfassungsrechtlichen[125] Anforderungen abgelaufen ist, wenn die gewählte Person die Annahme der Wahl verweigert, wenn eine der Wählbarkeitsvoraussetzungen (→ Rn. 13) nicht vorliegt oder wenn zum Zeitpunkt der Ernennung den Inkompatibilitätsvorgaben des Art. 66 GG, die in §§ 4, 5 BMinG verfassungskonform konkretisiert werden, nicht Genüge getan ist.

---

[120] Hierin sieht *Herzog* (Fn. 53), Art. 63 Rn. 28 mit Anm. 2, offenbar ein legitimes Interesse des künftigen Kanzlers, ohne dabei aber in Betracht zu ziehen, daß ohne minimale politische Festlegungen niemand Bundeskanzler wird und auch nicht werden sollte.
[121] So auch *Mager* (Fn. 51), Art. 63 Rn. 4, 8; *P. Austermann*, DÖV 2013, 865 (868); *Epping* (Fn. 93), Art. 63 Rn. 18.
[122] *Herzog* (Fn. 53), Art. 63 Rn. 30; *M. Schröder*, HStR³ III, § 65 Rn. 16; *H. Rein*, JZ 1969, 573 (574).
[123] *Schenke* (Fn. 11), Art. 63 Rn. 124ff.; *Schneider* (Fn. 53), Art. 63 Rn. 6, vor allem mit dem Wortlautargument, nach Art. 63 II GG sei auch der »gewählt«, der anschließend die Ernennung ablehne, so daß dann der Weg des Art. 63 III nicht eröffnet sei und somit der Bundespräsident einen neuen Vorschlag nach Art. 63 I GG zu unterbreiten habe.
[124] *Busse* (Fn. 55), Art. 63 Rn. 11; das schließt es freilich nicht aus, daß der Bundespräsident in der zweiten Wahlphase aus freien Stücken erneut einen Vorschlag macht. Dieser ist aber dann von einer anderen Qualität als ein Vorschlag nach Abs. 1. Insbesondere gilt hier das Ausspracheverbot nach Abs. 1 nicht, auch nicht zum Schutz des Bundespräsidenten (→ Rn. 31).
[125] *Jarass/Pieroth*, GG, Art. 63 Rn. 2. Es kommt also nur auf die Verfassungswidrigkeit des Wahlverfahrens an; Vorschriften der GOBT sind somit nur zu prüfen, wenn sie Verfassungsrecht konkretisieren bzw. verfassungsrechtlich geboten sind. → Art. 40 Rn. 21f.

Art. 63

28 Die Ernennung, die gem. Art. 58 Satz 2 GG keiner Gegenzeichnung bedarf, muß »**unverzüglich**«[126] erfolgen. Eine analoge Anwendung der 7-Tages-Frist des Art. 63 IV 2 GG[127] kommt nur in Betracht, wenn Anhaltspunkte für das Vorliegen eines der genannten Verweigerungsgründe vorliegen. Dann ist die Prüfungszeit des Bundespräsidenten auf maximal sieben Tage begrenzt. In der Staatspraxis erfolgt die Ernennung meist nur wenige Stunden nach der Wahl[128].

IV. Zweite Wahlphase (Art. 63 III GG)

29 Scheitert – entgegen der bislang ununterbrochenen Praxis der Kanzlerwahlen seit 1949 – die Wahl des vom Bundespräsidenten vorgeschlagenen Kandidaten in der ersten Wahlphase, so folgt die zweite Wahlphase nach Art. 63 III GG. **Voraussetzung** für die Kanzlerwahl nach Art. 63 III GG ist also der **negative Ausgang der ersten Phase**[129]. Innerhalb einer Frist von vierzehn Tagen, die mit dem Tag nach dem gescheiterten ersten Wahlgang nach Art. 63 II GG beginnt[130], können im Bundestag beliebig viele Wahlvorschläge eingebracht und weitere Wahlgänge durchgeführt werden[131]. Nach dem eindeutigen Wortlaut kann diese zweite Wahlphase aber auch verstreichen, ohne daß es überhaupt zu einem weiteren Wahlgang kommt.

30 Dabei liegt der Unterschied zu Art. 63 I und II GG allein darin, daß ein Vorschlag des Bundespräsidenten nun nicht mehr Voraussetzung für die Wahl ist. Das schließt allerdings nicht aus, daß sich dieser weiterhin als Moderator (→ Rn. 19) an der Bildung einer mehrheitsfähigen Regierung beteiligt und in Form einer »Anregung«[132], die von Mitgliedern des Bundestages aufgegriffen werden muß[133], einen weiteren Kandidaten empfiehlt. Unabhängig von einer solchen Hilfe des Bundespräsidenten geht nach Art. 63 III GG die **Initiative für Wahlvorschläge** auf den **Bundestag** über. § 4 Satz 2 GOBT verlangt hierfür ein **Quorum** von einem Viertel der Mitglieder des Bundestages oder den Vorschlag einer Fraktion mindestens dieser Größe. Dabei handelt es sich nach überwiegender Meinung um eine verfassungsrechtlich zulässige Konkretisierung des Art. 63 III GG[134]. Dem ist indes nicht zu folgen[135], weil das Argument, der Kandidat müsse sowieso die absolute Mehrheit auf sich vereinigen, als Rechtfertigung des Quorums nicht trägt. Ansatzpunkt der verfassungsrechtlichen Beurteilung ist der Sta-

---

[126] So Jarass/*Pieroth*, GG, Art. 63 Rn. 2; *Schneider* (Fn. 53), Art. 63 Rn. 10; *Schenke* (Fn. 11), Art. 63 Rn. 131 m.w.N.; *Oldiges* (Fn. 34), Art. 63 Rn. 24: »alsbald«.
[127] *Herzog* (Fn. 53), Art. 63 Rn. 50 (»maximaler Zeitraum«); weitere Nachweise aus der älteren Literatur bei *Schenke* (Fn. 11), Art. 63 Rn. 131; ablehnend P. *Austermann*, DÖV 2013, 865 (869).
[128] Hierbei dürfte es sich kaum um ein echtes Sachproblem handeln; so auch M. *Schröder*, HStR³ III, § 65 Rn. 24.
[129] Jarass/*Pieroth*, GG, Art. 63 Rn. 3.
[130] Zur Geltung der §§ 187 ff. BGB, auf die in §§ 123 und 124 GOBT nicht explizit verwiesen wird, s. nur P. *Austermann*, DÖV 2013, 865 (869).
[131] M. *Schröder*, HStR³ III, § 65 Rn. 18; *Hesse*, Verfassungsrecht, Rn. 632; Jarass/*Pieroth*, GG, Art. 63 Rn. 3.
[132] So *Oldiges* (Fn. 34), Art. 63 Rn. 28 m.w.N.
[133] M. *Schröder*, HStR³ III, § 65 Rn. 18.
[134] So etwa *Oldiges* (Fn. 34), Art. 63 Rn. 28 m.w.N.; Jarass/*Pieroth*, GG, Art. 63 Rn. 3; M. *Schröder*, HStR³ III, § 65 Rn. 18; *Mager* (Fn. 51), Art. 63 Rn. 12; *Busse* (Fn. 55), Art. 63 Rn. 12; *Uhle/Müller-Franken* (Fn. 53), Art. 63 Rn. 20.
[135] Ebenso W. *Demmler*, Der Abgeordnete im Parlament der Fraktionen, 1994, S. 394 ff., sowie T. *Puhl*, Die Minderheitsregierung nach dem Grundgesetz, 1986, S. 34 ff.; *Epping* (Fn. 93), Art. 63 Rn. 22.1.

tus des einzelnen Abgeordneten, dem ein Wahlvorschlagsrecht zukommt. Die denkbaren Gründe, dieses Vorschlagsrecht des einzelnen Abgeordneten durch das Erfordernis eines Quorums einzuschränken, sind durchgehend unrealistisch[136]. Auch der Wahlvorschlag eines einzelnen Abgeordneten gehört also zu den zulässigen Wahlvorschlägen, die zur Abstimmung gestellt werden müssen[137].

Ob auch hier das **Verbot der Aussprache** gem. Art. 63 I GG gilt, ist umstritten[138]. Die Frage ist zu verneinen, weil im parlamentarischen System des Grundgesetzes der Kanzler die Zustimmung und das weitere Vertrauen des Parlaments benötigt und nicht erkennbar ist, warum das Ringen um diese Zustimmung nicht den allgemeinen demokratischen Verfahrensregeln der öffentlichen Debatte folgen sollte. Insoweit besteht ein Unterschied zur ersten Wahlphase, in der allein der Schutz der Autorität des obligatorisch beteiligten Bundespräsidenten das Aussprachverbot objektiv rechtfertigt (→ Rn. 25). Zwar ist es dem Bundespräsidenten nicht verwehrt, in der zweiten Phase an der Regierungsbildung mitzuwirken (→ Rn. 30), doch bedeutet dies nicht, daß auch in diesen Fällen seine Autorität des Schutzes durch ein Aussprachverbot bedarf. Nach dem Scheitern der ersten Wahlphase liegt es beim Bundespräsidenten, über seine weitere »helfende« Beteiligung und auch über einen möglichen Autoritätsverlust im Falle des Scheiterns nach öffentlicher Debatte zu entscheiden. Gleiches gilt auch für die dritte Wahlphase[139].

31

Ebenso wie bei der Kanzlerwahl nach Art. 63 I und II GG ist die **absolute Mehrheit** im Sinne des Art. 121 GG erforderlich[140]. Auch hier ist der Bundespräsident nicht anders als in der ersten Wahlphase nach Art. 63 I und II GG verpflichtet, den Gewählten zu ernennen[141] (→ Rn. 27). Soweit der Wahlvorschlag nicht vom Bundespräsidenten stammte, dieser also vor der Wahl noch keine Gelegenheit hatte, die Ernennungsvoraussetzungen zu prüfen, erscheint eine analoge Anwendung von Art. 63 IV 2 GG naheliegend. In diesem Fall muß die Ernennung also nicht »unverzüglich« (→ Rn. 28), sondern binnen sieben Tagen erfolgen.

32

V. Dritte Wahlphase (Art. 63 IV GG)

Art. 63 IV GG enthält die Vorkehrungen, mit deren Hilfe das Grundgesetz nach dem Scheitern der Kanzlerwahl gem. Art. 63 III GG das Ziel der Wahl eines regierungsfähigen Bundeskanzlers in einer dritten und letzten Phase sicherzustellen sucht. Diese

33

---

[136] Nach den Erfahrungen etwa mit der Bundesversammlung, in der jedes Mitglied ein Wahlvorschlagsrecht hat, steht es nicht zu erwarten, daß der Bundestag mit einer solchen Vielzahl von Wahlvorschlägen überschwemmt wird, daß die technische Handhabbarkeit der Wahl gefährdet wird. Auch zu einer (ungerechtfertigten) Mehrbelastung des Bundestages wegen der geringen Erfolgsaussichten der Vorschläge einzelner Abgeordneter wird es nicht kommen, da die Wahl ohnehin durchgeführt wird und über alle Vorschläge in einem Wahlakt abgestimmt werden kann. S. hierzu *Demmler*, Abgeordnete (Fn. 135), S. 399ff.
[137] Allg. zur Pflicht, zulässige Vorschläge zur Abstimmung zu stellen, *M. Schröder*, HStR³ III, § 65 Rn. 18 m. w. N.
[138] Dafür *Oldiges* (Fn. 34), Art. 63 Rn. 22; *Herzog* (Fn. 53), Art. 63 Rn. 28, 33; *Schröder* (Fn. 12), Art. 63 Rn. 36; *Uhle/Müller-Franken* (Fn. 53), Art. 63 Rn. 21; dagegen – weil der Gesichtspunkt des Schutzes der Autorität des Bundespräsidenten nicht mehr zum Tragen komme – Jarass/*Pieroth*, GG, Art. 63 Rn. 3; *Busse* (Fn. 55), Art. 63 Rn. 12; *Schneider* (Fn. 53), Art. 63 Rn. 9; *Schenke* (Fn. 11), Art. 63 Rn. 135; *P. Austermann*, DÖV 2013, 865 (869); *Epping* (Fn. 93), Art. 63 Rn. 23.
[139] So auch *Puhl*, Minderheitsregierung (Fn. 135), S. 36f.
[140] Dazu *Oldiges* (Fn. 34), Art. 63 Rn. 26.
[141] *Hesse*, Verfassungsrecht, Rn. 632.

dritte Phase als das Ende einer »ausgewogenen Stufenfolge«[142] ist vor allem dadurch geprägt, daß im Unterschied zu Art. 63 III GG hier zwingend ein Wahlgang vorgeschrieben ist, daß die einfache Mehrheit (→ Art. 42 Rn. 34) für die Wahl des Bundeskanzlers genügt, daß aber die Entscheidung zwischen einer dadurch entstehenden **Minderheitsregierung** (→ Rn. 43 f.) und einer **Auflösung des Bundestages** (→ Rn. 45 f.) in die Hände des Bundespräsidenten gelegt wird. Zwar ist auch Art. 63 IV GG durch das Bestreben gekennzeichnet, eine stabile, auf einer Kanzlermehrheit beruhende Regierungsbildung zu erreichen. Die Entscheidung darüber, ob eine Annäherung an dieses Ziel eher durch eine Minderheitsregierung, die sich nicht auf eine sichere und konstante Parlamentsmehrheit stützen kann, oder durch Neuwahlen, die möglicherweise keine regierungsfähigeren Mehrheiten erbringt, erreichbar ist, überläßt das Grundgesetz aber dem Bundespräsidenten.

34 **Voraussetzung** für die Anwendbarkeit von Art. 63 IV GG ist der **negative Ausgang der zweiten Phase** nach Art. 63 III GG[143]. Dies bedeutet allerdings nicht mehr als das erfolglose Verstreichen der Frist von vierzehn Tagen, so daß diese Voraussetzung auch dann gegeben ist, wenn der Bundestag – etwa wegen der offensichtlichen Aussichtslosigkeit, eine Kanzlermehrheit zusammenzubringen – innerhalb der Frist keinen Wahlversuch unternommen hat[144].

1. Wahl durch den Bundestag

35 Indem Art. 63 IV 1 GG einen **neuen Wahlgang unverzüglich nach Verstreichen der Frist des Art. 63 III GG** anordnet, wird nicht nur der Bundestagspräsident – gegebenenfalls auch der Bundespräsident[145] – verpflichtet, ohne zeitliche Verzögerung den Bundestag einzuberufen[146]. Aus dem darin zum Ausdruck kommenden Anliegen, alle eventuellen Hindernisse auf dem Weg zu einem neuen Wahlgang auszuräumen, wird auch geschlossen, daß die Geschäftsordnungsbestimmungen über die Beschlußfähigkeit (§ 45 GOBT) keine Anwendung finden[147], damit das Verfahren nicht durch Fernbleiben hintertrieben werden kann. Auch darf die Wahl nicht von der Tagesordnung abgesetzt werden[148]. Das Quorum von einem Viertel der Mitglieder des Bundestages nach § 4 Satz 2 GOBT, dessen Verfassungsmäßigkeit sich bereits im Rahmen der zweiten Wahlphase als zweifelhaft erwiesen hatte (→ Rn. 30), kann nach überwiegender Auffassung bei dem Wahlgang nach Art. 63 IV GG keine Anwendung finden[149].

36 Nach dem klaren Wortlaut von Art. 63 IV 1 GG hat in der dritten Wahlphase **nur ein Wahlgang** stattzufinden. Eine »Wiederholungswahl«, die diesem einen Wahlgang zu-

---

[142] *Lippert*, Bestellung (Fn. 101), S. 307.
[143] Jarass/*Pieroth*, GG, Art. 63 Rn. 4.
[144] So die h.M.; vgl. etwa *Oldiges* (Fn. 34), Art. 63 Rn. 29 m. w. N.
[145] So *M. Schröder*, HStR³ III, § 65 Rn. 21.
[146] Vgl. nur *Oldiges* (Fn. 34), Art. 63 Rn. 30 m. w. N.
[147] *Schneider* (Fn. 53), Art. 63 Rn. 9; *Schenke* (Fn. 11), Art. 63 Rn. 140; *P. Austermann*, DÖV 2013, 865 (869 f.); zweifelnd *Mager* (Fn. 51), Art. 63 Rn. 13.
[148] *M. Schröder*, HStR³ III, § 65 Rn. 21.
[149] *M. Schröder*, HStR³ III, § 65 Rn. 21; *Oldiges* (Fn. 34), Art. 63 Rn. 28 m. w. N.; *P. Austermann*, DÖV 2013, 865 (869 f.); *Herzog* (Fn. 53), Art. 63 Rn. 43, nur für den Fall, daß kein Wahlvorschlag vorliegt, der das Quorum erreicht; ähnlich *Schenke* (Fn. 11), Art. 63 Rn. 139; *Busse* (Fn. 55), Art. 63 Rn. 15.

rechenbar ist, wird allerdings für zulässig gehalten bei Stimmengleichheit zweier Kandidaten[150] und wenn der Gewählte die Wahl nicht annimmt[151].

Ebenso wie bei der zweiten Wahlphase nach Art. 63 III GG (→ Rn. 31) besteht auch hier **kein Grund**, das **Verbot der Aussprache** in Art. 63 I GG **anzuwenden**[152]. Wenn es um die Alternative zwischen einer Minderheitsregierung und der Auflösung des Bundestages geht, ist eine öffentliche Debatte unabdingbar und der Schutz des Kandidaten vor einer Diskussion seiner politischen Absichten[153] ohne jede Relevanz[154]. 37

2. Ernennung durch den Bundespräsidenten bei Erreichen der Kanzlermehrheit

Erreicht ein Kandidat im Wahlgang nach Art. 63 IV 1 GG die absolute Mehrheit, so gilt für die Entscheidungsbefugnis des Bundespräsidenten dasselbe wie in der ersten und zweiten Wahlphase (→ Rn. 27, 32). Gem. Art. 63 IV 2 GG **muß der Bundespräsident den Gewählten** binnen sieben Tagen nach der Wahl **ernennen**. 38

3. Wahlrecht des Bundespräsidenten bei einfacher Mehrheit

Erreicht ein Kandidat in der dritten Wahlphase nur die relative Mehrheit, so ist es das Recht und die Pflicht des Bundespräsidenten, sich binnen sieben Tagen zwischen der Ernennung dieses **Minderheitskanzlers** und der **Auflösung des Bundestages** zu entscheiden. Da das von der Verfassung primär verfolgte Ziel, die Bildung einer stabilen Regierung durch Wahl eines Bundeskanzlers mit absoluter Mehrheit, nicht erreicht wurde, legt Art. 63 IV 3 GG die Wahl zwischen den beiden verbleibenden »zweitbesten« Lösungen in die Hände des Bundespräsidenten. Welcher dieser beiden Wege eher zum Ziel klarer und stabiler Regierungsverhältnisse[155] führt, hängt von vielerlei Faktoren und politischen Einschätzungen ab und wird deshalb vom Grundgesetz bewußt offengelassen. Deshalb läßt sich der Weg über die **Bundestagsauflösung und Neuwahlen nicht als Ausnahme** qualifizieren[156]. Auch das »jeglicher präsidialer Dominanz entkleidete parlamentarische Regierungssystem des GG« ist kein Argument, das Parlamentsauflösungsrecht des Bundespräsidenten zugunsten der Ernennung eines Minderheitskanzlers einzuschränken[157]. Von der grundsätzlich begrenzten Rolle des Bundespräsidenten bei der Regierungsbildung (→ Rn. 9) macht Art. 63 IV 3 GG nämlich gerade für den Fall eine Ausnahme, daß die Grundlage für das Funktionieren der 39

---

[150] So z.B. Jarass/*Pieroth*, GG, Art. 63 Rn. 4; *Oldiges* (Fn. 34), Art. 63 Rn. 30; *Herzog* (Fn. 53), Art. 63 Rn. 45; *Schenke* (Fn. 11), Art. 63 Rn. 144 ff. Eine zweite Abstimmung ist die naheliegendste Möglichkeit, da es einerseits an der erforderlichen relativen Mehrheit fehlt (weshalb weder ein Losentscheid noch der Bundespräsident die Auswahl zwischen den Kandidaten mit gleicher Stimmenzahl treffen können) und andererseits ohne die Möglichkeit einer weiteren Abstimmung nur die Alternative der – dann zwingenden – Auflösung bliebe.
[151] So Jarass/*Pieroth*, GG, Art. 63 Rn. 4; *Schenke* (Fn. 11), Art. 63 Rn. 156; a.A. *Herzog* (Fn. 53), Art. 63 Rn. 30.
[152] So aber *Oldiges* (Fn. 34), Art. 63 Rn. 22.
[153] So das Argument von *Oldiges* (Fn. 34), Art. 63 Rn. 22.
[154] Wie hier *Schneider/Zeh* (Fn. 49), § 48 Rn. 46.
[155] Zu dieser Ratio (auch) des Art. 63 IV 3 GG vgl. nur *Herzog* (Fn. 53), Art. 63 Rn. 41 f.
[156] So aber *Oldiges* (Fn. 34), Art. 63 Rn. 31; zurückhaltender *Schenke* (Fn. 11), Art. 63 Rn. 153, 160; wie hier P. *Austermann*, DÖV 2013, 865 (870); *Uhle/Müller-Franken* (Fn. 53), Art. 63 Rn. 26; *Epping* (Fn. 93), Art. 63 Rn. 28.1.
[157] So aber *Oldiges* (Fn. 34), Art. 63 Rn. 31 f., für die Fälle, daß eine dauerhafte Tolerierung des Minderheitskanzlers absehbar ist und daß der Bundespräsident die Frist von sieben Tagen versäumt hat; ähnlich *Schenke* (Fn. 11), Art. 63 Rn. 151, 153; wie hier *Mager* (Fn. 51), Art. 63 Rn. 15 f.

Regierungsbildung im parlamentarischen System des Grundgesetzes – nämlich die Fähigkeit und Bereitschaft der im Parlament vertretenen politischen Kräfte zur Bildung einer regierungsfähigen Mehrheit – nicht vorhanden ist.

40 Hier trifft den Bundespräsidenten also **keine Pflicht zur Ernennung des Minderheitskanzlers**. Vielmehr hat er eine gerichtlich nicht kontrollierbare politische Prognose darüber anzustellen, ob dieser in der Lage sein wird, eine arbeitsfähige Regierung zu bilden. Dabei soll er bei Ausübung seiner »Einschätzungsprärogative« zu beachten haben, daß die als Alternative vorgesehene Auflösung nur als ultima ratio für den Fall in Betracht kommt, daß die Bildung einer arbeitsfähigen Regierung »evident« ausgeschlossen ist[158]. Dabei wird allerdings verkannt, daß die Verfassung beide Möglichkeiten als gleichwertig einstuft (→ Rn. 39) und es allein der politischen Einschätzung des Bundespräsidenten überlässt, die Risiken und Chancen einer Minderheitsregierung[159] zu den Aussichten ins Verhältnis zu setzen, im Wege von Neuwahlen zu stabilen Mehrheitsverhältnissen zu gelangen.

41 Umstritten ist, ob der Bundespräsident den Bundestag auch dann auflösen darf, wenn der mit relativer Mehrheit **Gewählte die Wahl nicht annimmt**[160] oder wenn der Wahlgang nach Art. 63 IV 1 GG mit der **Stimmengleichheit** zweier Kandidaten endet[161]. Die Frage ist zu verneinen. Wenn der Bundestag von seiner Möglichkeit Gebrauch macht, in diesen Fällen unverzüglich eine oder auch mehrere »Wiederholungswahlen« durchzuführen (→ Rn. 36), so ist der Wahlvorgang, der die Grundlage für die Entscheidung des Bundespräsidenten bildet, noch nicht abgeschlossen. Deshalb kann das Auflösungsrecht erst dann entstehen, wenn auch mehrfache »Wiederholungswahlgänge« nicht zum Erfolg führen – sei es wegen Nichtannahme des jeweils Gewählten, sei es wegen wiederholter Stimmengleichheit – oder wenn trotz der Pflicht des Bundestages (→ Rn. 33) jeglicher Wahlgang mangels Vorschlägen unterbleibt[162]. Allerdings wird man für diesen seltenen Fall zu bedenken haben, daß nach der gesamten Struktur des Art. 63 GG erfolglosen Bemühungen des Bundestages zeitliche Grenzen gesetzt sein müssen[163].

---

[158] So *M. Schröder*, HStR³ III, § 65 Rn. 23.

[159] Zu den Risiken mangelnder Handlungsfähigkeit zuletzt etwa *P. Austermann*, DÖV 2013, 865 (870f.).

[160] Dafür *Schneider* (Fn. 53), Art. 63 Rn. 11; *Jarass/Pieroth*, GG, Art. 63 Rn. 5; dagegen *Oldiges* (Fn. 34), Art. 63 Rn. 32; *U.J. Hochrathner*, Anwendungsbereich und Grenzen des Parlamentsauflösungsrechts nach dem Bonner Grundgesetz, 1985, S. 161.

[161] Dagegen *Schenke* (Fn. 11), Art. 63 Rn. 144ff. m.w.N.; der zu Recht vorsichtig formulierte Vorschlag von *Puhl*, Minderheitsregierung (Fn. 135), S. 43, im Fall der Stimmengleichheit einen Losentscheid herbeizuführen, ist wohl kaum geeignet, eine solche Problemlage angemessen zu lösen.

[162] So *Jarass/Pieroth*, GG, Art. 63 Rn. 5; *Schenke* (Fn. 11), Art. 63 Rn. 141, 147, 156; *Herzog* (Fn. 53), Art. 63 Rn. 44f. (nur auf die Fälle der Untätigkeit und der Stimmengleichheit bezogen); *Oldiges* (Fn. 34), Art. 63 Rn. 30f.; *Puhl*, Minderheitsregierung (Fn. 135), hält den Bundespräsidenten wegen der Konsequenzen der Auflösung für verpflichtet, im Falle des Unterbleibens der Wahl dem Bundestag zunächst eine angemessene und eindeutige Frist zu setzen. Die Lösung dieser letztgenannten Konstellation (Unterbleiben der Wahl), ist im übrigen offenbar nicht umstritten. Streng genommen kann sich das Auflösungsrecht hier nur aus einer analogen Anwendung des Art. 63 IV 3 GG ergeben, weil in den genannten Fällen die »Wahl« nach Art. 63 IV 1 GG entweder noch nicht abgeschlossen ist (Wiederholungswahlen dauern an) oder noch gar nicht begonnen wurde; vgl. zu dieser analogen Anwendung auch *Oldiges* (Fn. 34), Art. 63 Rn. 30.

[163] So auch *Puhl*, Minderheitsregierung (Fn. 135), S. 40; ähnlich *Herzog* (Fn. 53), Art. 63 Rn. 44: der Bundespräsident sei für den Fall des völligen Unterbleibens einer Wahl in der dritten Phase verpflichtet, dem Bundestag eine angemessene Frist zur Kanzlerwahl zu setzen, nach deren Ablauf er den

V. Dritte Wahlphase (Art. 63 IV GG)   Art. 63

Nach dem Wortlaut des Art. 63 IV 3 GG ist die einzige präzise Begrenzung der Entscheidungsbefugnis des Bundespräsidenten die **Frist von sieben Tagen seit dem Wahlgang**[164]. Versäumt er diese Frist, begeht er einen Verfassungsverstoß, der im Wege des Organstreitverfahrens auf Antrag des Bundestages oder auch des noch nicht ernannten »Minderheitskanzlers« geltend gemacht werden kann[165]. Die herrschende Auffassung, der Bundespräsident verliere nach Ablauf der Frist sein Recht zur Auflösung des Bundestages und sei zur Ernennung des Minderheitskanzlers verpflichtet[166], beruht ebenso wie die gegenteilige Annahme, der Bundestag sei dann »automatisch« aufgelöst[167], auf einem Regel-Ausnahme-Verhältnis, das in Art. 63 GG keine Stütze findet (→ Rn. 39). 42

4. Minderheitsregierung

Entscheidet sich der Bundespräsident nach Art. 63 IV 3 GG für die Ernennung des nur mit **relativer Mehrheit** Gewählten, so handelt es sich hierbei um den vom Grundgesetz ausdrücklich vorgesehenen Fall eines Minderheitskanzlers und – nach Bildung der Regierung gem. Art. 64 GG – einer Minderheitsregierung[168]. Daneben kann eine Minderheitsregierung aber auch dadurch entstehen, daß im Laufe der Legislaturperiode eine zunächst **vorhandene Mehrheit auseinanderbricht** oder daß die anfängliche Kanzlermehrheit bereits von Beginn an keine »echte« war. 43

Der Minderheitskanzler verfügt ebenso wie die von ihm gebildete Minderheitsregierung über **dieselben Rechte wie die mit »Kanzlermehrheit« gebildete Bundesregierung**[169]. Der verfassungsrechtliche Status von Mehrheits- und Minderheitsregierung unterscheidet sich nicht. Der Unterschied zur »Mehrheitsregierung« ist zunächst also nur ein politischer, da die Minderheitsregierung sich bei Haushalt und Gesetzgebung nicht auf eine sichere parlamentarische Unterstützung verlassen kann, sondern entweder auf wechselnde Mehrheiten oder dauernde Tolerierung durch Stimmenthaltungen der Abgeordneten einer oder mehrerer Fraktionen angewiesen ist. Wegen des aus der Minderheitskonstellation folgenden mangelnden »Zugriffs«[170] auf die Gesetzgebung werden die Erfolgschancen einer Minderheitsregierung auf Dauer gering sein[171]. Immerhin sind politische Konstellationen der »Tolerierung« denkbar, in denen die oppo- 44

Bundestag auflösen müsse. Denkbar wäre es auch, die 7-Tages-Frist anzuwenden – mit der Folge, daß nur in dieser Zeitspanne noch Wiederholungswahlen möglich sind.
[164] Für die Berechnung auch dieser Frist gelten §§ 187 I, 188 BGB (→ Rn. 29 mit Fn. 130).
[165] Dann wird man ein Organrecht des Bundestages auf Beendigung der Ungewißheit über seine eigene Existenz anerkennen müssen, das im Wege des Organstreits geltend gemacht werden kann. Ebenso müßte ein Organstreit des nicht ernannten Minderheits»kanzlers« (als eines »anderen Beteiligten« nach Art. 93 I Nr. 1 GG) gegen den Bundespräsidenten zulässig sein, da auch der noch nicht Ernannte ein eigenes Organrecht auf die Beendigung der Ungewißheit über sein weiteres »Organschicksal« haben dürfte. Schließlich besteht auch die Möglichkeit einer Präsidentenanklage.
[166] So *Jarass/Pieroth*, GG, Art. 63 Rn. 5; *Schneider* (Fn. 53), Art. 63 Rn. 11; *Schenke* (Fn. 11), Art. 63 Rn. 153; *Herzog* (Fn. 53), Art. 63 Rn. 40; *Busse* (Fn. 55), Art. 63 Rn. 17.
[167] Nachweise aus dem älteren Schrifttum dazu bei *Schenke* (Fn. 11), Art. 63 Rn. 153.
[168] Insgesamt dazu *Puhl*, Minderheitsregierung (Fn. 135); *Finkelnburg*, Minderheitsregierung (Fn. 32).
[169] Vgl. nur *Oldiges* (Fn. 34), Art. 63 Rn. 34 m. w. N.; ebenso *Puhl*, Minderheitsregierung (Fn. 135), S. 181 ff.
[170] *Herzog* (Fn. 53), Art. 63 Rn. 56.
[171] Vgl. *Finkelnburg*, Minderheitsregierung (Fn. 32), S. 11 ff. Nicht existent sind sie gleichwohl nicht. Es ist keineswegs zwingend, daß die Kanzlergegner jedes gesetzgeberische Vorhaben der Minderheitsregierung hintertreiben.

sitionelle Mehrheit im Bundestag keineswegs alle Gesetzesvorhaben der Regierung zu Fall bringt. In begrenztem Umfang stehen auch Mittel zur Verfügung, einen zu häufigen »Bittgang«[172] zum Parlament zu vermeiden[173]. Im übrigen zeigt aber eine Analyse der bislang auf Bundes- und Länderebene vorgekommenen Minderheitskonstellationen, daß eine Behebung der jeweils zugrunde liegenden Krisen mit Ausnahmefällen stets binnen kurzer Zeit mit Hilfe parlamentarischer Mechanismen und der Neuformierung von Koalitionen, und sei es nach Neuwahlen, möglich war[174].

5. Bundestagsauflösung

45 Macht der Bundespräsident von seinem Auflösungsrecht nach Art. 63 IV 3 GG Gebrauch, so muß gem. Art. 39 I 4 GG **innerhalb von sechzig Tagen** die **Neuwahl** stattfinden. Die Wahlperiode endet auch hier erst mit dem Zusammentritt des neuen Bundestages. Da die Amtsperiode der bisherigen Bundesregierung bereits mit dem Zusammentritt des Bundestages beendet war, wird der Bundespräsident schon nach dem Scheitern der ersten Wahlphase von seiner Möglichkeit Gebrauch gemacht haben, gem. Art. 69 III GG für die Weiterführung der Regierungsgeschäfte bis zum Zusammentritt des neuen Bundestages zu sorgen (→ Art. 69 Rn. 17).

46 Die Auflösungserklärung des Bundespräsidenten, die keiner amtlichen Publikation bedarf[175], ist gegenüber dem Bundestag in mündlicher oder schriftlicher **Form** abzugeben[176]. Sie bedarf gem. Art. 58 Satz 2 GG nicht der Gegenzeichnung. Gem. Art. 39 I 4 GG findet die Neuwahl innerhalb von sechzig Tagen statt.

D. Verhältnis zu anderen GG-Bestimmungen

47 Die Wahl eines neuen Bundeskanzlers kann außer nach Art. 63 GG auch im Wege des konstruktiven Mißtrauensvotums nach **Art. 67 GG** oder im Anschluß an eine Vertrauensfrage mit negativem Ausgang nach **Art. 68 I GG** vorgenommen werden. Diese beiden Normen gehen Art. 63 GG als **spezielle Regelungen** vor[177]. Art. 63 GG ist also nur anwendbar, wenn das Amt der Regierungsmitglieder gem. Art. 69 II GG durch Zusammentritt eines neuen Bundestages, durch **Rücktritt**, **Amtsunfähigkeit oder Tod des Bundeskanzlers** endet.

---

[172] *Herzog* (Fn. 53), Art. 63 Rn. 57.
[173] *Herzog* (Fn. 53), Art. 63 Rn. 57, 58, weist auf die Möglichkeiten der Umsetzung vorhandener Verordnungsermächtigungen oder der Schaffung von Regelungen durch Verwaltungsvorschriften hin. Bei solchem Vorgehen sind aber stets die Zulässigkeitsschranken dieser Handlungsformen zu beachten. Zu den haushaltsrechtlichen Problemen ausführlich *Puhl*, Minderheitsregierung (Fn. 135), S. 205 f., der etwa aus der in Art. 67 GG enthaltenen Grundentscheidung, daß kein anderer Schritt als das konstruktive Mißtrauensvotum den Bundeskanzler – also auch einen Minderheitskanzler – rechtlich zur Beendigung seines Amtes zwingt, zutreffend ableitet, daß Art. 111 GG nicht restriktiv dahin auszulegen ist, daß er eine Haushaltsführung auf seiner Grundlage nach der Etatverweigerung durch den Bundestag ausschließt.
[174] *Puhl*, Minderheitsregierung (Fn. 135), S. 25, 29.
[175] *Schenke* (Fn. 11), Art. 63 Rn. 161.
[176] Nachweise dazu bei *Oldiges* (Fn. 34), Art. 63 Rn. 33.
[177] *Oldiges* (Fn. 34), Art. 63 Rn. 2; für Art. 68 GG vgl. auch die Nachweise bei *Jarass/Pieroth*, GG, Art. 67 Rn. 1.

Artikel 64 [Ernennung und Entlassung der Bundesminister]

(1) Die Bundesminister werden auf Vorschlag des Bundeskanzlers vom Bundespräsidenten ernannt und entlassen.

(2) Der Bundeskanzler und die Bundesminister leisten bei der Amtsübernahme vor dem Bundestage den in Artikel 56 vorgesehenen Eid.

Literaturauswahl

Baer, Susanne: Vermutungen zu Kernbereichen der Regierung und Befugnissen des Parlaments, in: Der Staat 40 (2001), S. 525–550.
Brandner, Thilo/Uwer, Dirk: Organisationserlasse des Bundeskanzlers und Zuständigkeitsanpassung in gesetzlichen Verordnungsermächtigungen, in: DÖV 1993, S. 107–113.
Busse, Volker: Die Kabinettsausschüsse der Bundesregierung, in: DVBl. 1993, S. 413–417.
Butzer, Hermann: Zum Begriff der Organisationsgewalt, in: Die Verwaltung 27 (1994), S. 157–174.
Derlien, Hans-Ulrich: Zur Logik und Politik des Ressortzuschnitts, in: VerwArch. 87 (1996), S. 548–580.
Kaja, Helmut: Ministerialverfassung und Grundgesetz, in: AöR 89 (1964), S. 381–428.
Lehnguth, Gerold: Die Organisationsgewalt des Bundeskanzlers und das parlamentarische Budgetrecht, in: DVBl. 1985, S. 1359–1364.
Lehnguth, Gerold/Vogelsang, Klaus: Die Organisationserlasse der Bundeskanzler seit Bestehen der Bundesrepublik Deutschland im Lichte der politischen Entwicklung, in: AöR 113 (1988), S. 531–582.
Lepper, Manfred: Die Rolle und Effektivität der interministeriellen Ausschüsse für Koordination und Regierungspolitik, in: Heinrich Siedentopf (Hrsg.), Regierungspolitik und Koordination, 1974, S. 433–449.
Maurer, Hartmut: Zur Organisationsgewalt im Bereich der Regierung, in: Festschrift für Klaus Vogel, 2000, S. 331–352.
Roth, Christian: Bundeskanzlerermessen im Verfassungsstaat, 2009.

Siehe auch die Angaben zu Art. 62, 63 GG.

Leitentscheidungen des Bundesverfassungsgerichts

Diese liegen zu Art. 64 GG bislang nicht vor.

Gliederung

	Rn.
A. Herkunft, Entstehung, Entwicklung	1
B. Internationale, supranationale und rechtsvergleichende Bezüge	3
C. Erläuterungen	5
I. Das Kabinettsbildungsrecht des Bundeskanzlers im parlamentarischen Regierungssystem des Grundgesetzes	5
II. Die Organisationskompetenz des Bundeskanzlers	8
1. Der Regelungsbereich des Art. 64 I GG	10
2. Verfassungsrechtliche Vorgaben	13
3. Keine Mitwirkung des Bundespräsidenten	14
4. Verteilung der Organisationsgewalt zwischen Bundeskanzler und Kabinett	15
5. Verteilung der Organisationsgewalt zwischen Regierung und Parlament	18
a) Organisationsrechtliche Gesetzesvorbehalte	19
b) Das Zugriffsrecht der Legislative und seine Grenzen	21
III. Die Personalkompetenz des Bundeskanzlers	24
1. Vorschlag des Bundeskanzlers	25
2. Ernennung durch den Bundespräsidenten	26
3. Entlassung von Bundesministern	28
IV. Eid (Art. 64 II GG)	31

D. Verhältnis zu anderen GG-Bestimmungen 33

Stichwörter

Amtsübernahme 24, 26 – Behörde 9, 10, 11, 19, 22, 33 – britisches Verfassungsrecht 3 – Entscheidungsbefugnis 13, 14, 17, 30 – Ernennungsvoraussetzung 25, 27 – Fachgebiet 23 – Französische Republik 3 – Geschäftsbereich 4, 8, 16, 25 – gouvernementale Organisationsgewalt 9, 10, 15 – Grundrechtlicher Gesetzesvorbehalt 19 – Kabinettsausschuß 17 – Kernbereich 22, 23 – Mitwirkungsbefugnis 14 – Organisationserlaß 16, 23 – Organisationsstruktur 7, 9, 18, 33 – Parlamentarischer Rat 2 – Parlamentarisches System 6 – politische Einschätzung 25 – Regierungsbildung 2, 5, 15, 22, 33 – Ressortfreiheit 17 – Rücktritt 28, 30 – Sonderstellung 13 – Stellvertretungsgesetz 1 – Symbolfunktion 32 – Vereidigung 2, 24, 26 – Verfassungsgeschichte 1, 2 – Volksvertretung 6 – Zuständigkeitszuweisung 23.

A. Herkunft, Entstehung, Entwicklung

1 Wenn nach Art. 64 I GG allein der Bundeskanzler über die personelle Zusammensetzung der Bundesregierung entscheidet, so handelt es sich dabei um ein Novum in der deutschen Verfassungsgeschichte. Nach der **RVerf. 1871** konnte sich das Problem des materiellen Kabinettsbildungsrechts schon deshalb nicht stellen, weil sie keine Kollegialregierung vorsah, sondern den Reichskanzler de facto zum einzigen Minister des Reiches machte. Um der daraus folgenden Überforderung des Reichskanzlers entgegenzuwirken, wurde das sog. **Stellvertretungsgesetz vom 17.3.1878** (→ Art. 62 Rn. 2) erlassen, das gegenstandsbezogen die Befugnisse des Reichskanzlers Stellvertretern übertrug. Diese wurden vom Kaiser ernannt. In der Praxis war die Stellung der Stellvertreter der eines Ministers angenähert. Allerdings durfte der Reichskanzler auch während einer Stellvertretung die übertragenen Befugnisse an sich ziehen und die entsprechende Amtshandlung selbst vornehmen[1]. Nach **Art. 53 WRV** wurden zwar die Reichsminister auf Vorschlag des Reichskanzlers vom Reichspräsidenten ernannt. Damit war aber nach herrschender Auffassung der Weimarer Staatsrechtslehre keine Bindung des Reichspräsidenten an den Vorschlag des Reichskanzlers statuiert. Man ging vielmehr davon aus, daß der Reichspräsident die Ernennung eines Ministers auch aus politischen Gründen ablehnen durfte[2]. Außerdem kannte die Weimarer Reichsverfassung in Art. 54 die Möglichkeit des Parlaments, dem Reichskanzler oder einzelnen Ministern das Vertrauen zu entziehen (→ Art. 63 Rn. 3).

2 Bei der Diskussion um die Kompetenz und das Verfahren der Regierungsbildung konnte der **Parlamentarische Rat** an Art. 53 WRV anknüpfen. Allerdings sollte der Bundespräsident im Unterschied zur Weimarer Rechtslage an die Vorschläge des Bundeskanzlers gebunden sein[3]. Während also über die **reduzierte Rolle des Bundespräsidenten** bei der Regierungsbildung Einigkeit herrschte, war die Frage des parlamentarischen Einflusses auf die Zusammensetzung des Kabinetts Gegenstand ausführlicher Diskussionen. Art. 89 HChE in der Fassung des Mehrheitsentwurfs sah vor, daß die Bundesminister zum Antritt ihres Amtes des Vertrauens des Bundestages bedürfen und daß eine Entlassung nur auf Ersuchen oder mit Zustimmung des Bundestages

---
[1] Eingehend zum Stellvertretungsgesetz *Huber*, Verfassungsgeschichte, Bd. III, S. 823 ff.
[2] *R. Thoma*, Die rechtliche Ordnung des parlamentarischen Regierungssystems, in: HdbDStR I, S. 503 ff. (506); *L. Gebhard*, Handkommentar zur Verfassung des Deutschen Reiches, 3. Aufl. 1932, Art. 53 Anm. 3 c; a.A. *Anschütz*, WRV, Art. 53 Anm. 1, 5.
[3] Vgl. *M. Oldiges*, in: Sachs, GG, Art. 64 Rn. 6.

möglich ist. Erst im Verlauf der Diskussionen des Parlamentarischen Rates setzte sich dann die Auffassung durch, daß der Bundeskanzler die alleinige Verantwortung für die Regierungsbildung tragen und die parlamentarische Verantwortlichkeit der Minister somit über den Bundeskanzler vermittelt werden sollte[4]. Die in Art. 64 II GG vorgeschriebene Vereidigung des Bundeskanzlers und der Bundesminister, die im Hinblick auf den Bundeskanzler[5] ein Novum in der deutschen Verfassungsgeschichte darstellt[6], war bereits in Art. 92 HChE vorgesehen. Den Sinn der Vereidigung sah man im Parlamentarischen Rat wohl vor allem in dem Wert des Symbols, die als solche nicht unmittelbar durch Volkswahl legitimierten Träger der Regierungsämter vor dem Parlament auf das Wohl des Volkes zu verpflichten[7]. Art. 64 GG ist bislang unverändert geblieben.

B. Internationale, supranationale und rechtsvergleichende Bezüge

Im internationalen Vergleich unterscheidet sich das Grundgesetz mit der herausgehobenen Position des Bundeskanzlers, deren Ausdruck auch und vor allem das ihm in Art. 64 I GG allein zugewiesene Kabinettsbildungsrecht ist, deutlich von dem **präsidentiell ausgerichteten System der V. französischen Republik**. Dort fällt die Ernennung der Minister in die Zuständigkeit des Präsidenten (Art. 8 S. 3 der Französischen Verfassung). Zwar werden die Kandidaten dem Präsidenten vom Premierminister vorgeschlagen, ohne daß dem Präsidenten ein eigenes Recht zur Benennung von Kandidaten für Ministerämter zukommt. Er ist aber befugt, die Kandidaten des Premierministers abzulehnen[8], und in der Staatspraxis hat die weitreichende politische Abhängigkeit des Premierministers vom Präsidenten dazu geführt, daß dieser de facto in großem Umfang Einfluß auf die Besetzung der Ministerposten ausübt[9]. Der Regelung des Art. 64 GG demgegenüber eher vergleichbar, betrachtet das **britische Verfassungsrecht** die Zusammenstellung des »cabinet« als eine ausschließliche Befugnis des Premierministers, der hierbei über einen nur durch politische Überlegungen und Zweckmäßigkeiten beschränkten Entscheidungsspielraum verfügt[10]. Der Krone steht ein echtes verfassungsrechtliches Mitbestimmungsrecht nicht zu.

3

---

[4] Diese Auffassung bringt die folgende Äußerung des Abg. *Dr. Dehler*, der dem Allgemeinen Redaktionsausschuß angehörte und dem Hauptausschuß in dessen dritter Sitzung am 16.11.1948 den damaligen Art. 89 der Entwurfsfassung des Redaktionsausschusses erläuterte, auf den Punkt (Parl. Rat XIV/1, S.83f.): »wir [scil. der Redaktionsausschuß] sind der Meinung, daß der Bundeskanzler sich die Leute seines Vertrauens holt. Der Bundeskanzler allein ist ja dem Bundestag verantwortlich. Es ist seine Sache, sich seine Mitarbeiter zu holen. Es ist auch seine Sache, einen Bundesminister wegzuschicken, wenn er einen besseren findet. [...] Er soll jederzeit einen Minister durch einen besseren ersetzen können.«
[5] Für die Reichsminister vgl. bereits § 3 RMinG vom 27.3.1930 (RGBl. I S. 96).
[6] Vgl. den Hinweis von *H.-P. Schneider*, in: AK-GG, Art. 64 (2002), Rn. 1.
[7] In diesem Sinne etwa der Abg. *Schönfelder* in der dritten Sitzung des Hauptausschusses vom 16.11.1948, Parl. Rat XIV/1, S. 92. Der im Parlamentarischen Rat zur Sprache gekommene Einwand, man solle mit der Verwendung inhaltlich wenig aussagekräftiger Eidesformeln vorsichtig umgehen – so etwa der Abg. *Dr. Dehler* in der dritten Sitzung des Hauptausschusses am 16.11.1948 (Parl. Rat XIV/1, S. 92) – setzte sich demgegenüber nicht durch.
[8] *R. Grote*, Das Regierungssystem der V. Französischen Republik, 1995, S. 249.
[9] *Grote*, Regierungssystem (Fn. 8), S. 249.
[10] *K. Loewenstein*, Staatsrecht und Staatspraxis von Grossbritannien, 1967, S. 408f.

Art. 64 C. Erläuterungen

4   Die Verfassungen der **Bundesländer** weichen zum Teil erheblich von Art. 64 GG ab. Eine Reihe von Länderverfassungen verlangt anders als Art. 64 I GG zur Ernennung der Minister bzw. zur Geschäftsaufnahme der Regierung ein positives Votum des Parlaments[11]. Die Verfassungen Baden-Württembergs und Bayerns weisen darüber hinaus noch deutlichere Unterschiede zu Art. 64 GG auf, die eine echte Mitwirkungsmöglichkeit des Parlaments an der Regierungsorganisation betreffen: Während die Bayerische Verfassung in Art. 43 II die Zahl der Regierungsmitglieder nach oben begrenzt und die Bestimmung der Zahl und der Abgrenzung der Geschäftsbereiche durch den Ministerpräsidenten an eine Bestätigung durch entsprechenden Beschluß des Landtages bindet (Art. 49 S. 2), beschließt in Baden-Württemberg die Landesregierung »unbeschadet des Gesetzgebungsrechts des Landtages« über die Geschäftsbereiche ihrer Mitglieder (Art. 45 III), womit ein Zugriffsrecht des Parlaments auf die Geschäftsbereichsabgrenzung statuiert ist[12]. Wieder andere Länderverfassungen verlangen zur Geschäftsaufnahme der Regierung immerhin die Anzeige der Ministerliste an das Parlament[13].

C. Erläuterungen

I. Das Kabinettsbildungsrecht des Bundeskanzlers im parlamentarischen Regierungssystem des Grundgesetzes

5   An die in Art. 63 GG normierte erste Phase der **Regierungsbildung** – die Wahl und Ernennung des Bundeskanzlers – schließt sich als **zweite Phase** die Ernennung der Bundesminister an. Diese zweite Phase, mit deren Abschluß die Bundesregierung als Organ (→ Art. 62 Rn. 7 ff.) erst konstituiert wird, ist Regelungsgegenstand des Art. 64 I GG. Neben dieser Regierungsneubildung hat Art. 64 I GG auch Bedeutung für Regierungsumbildungen und für die Entlassung von Ministern[14]. Die zentrale Aussage dieser Vorschrift liegt darin, daß für die Ernennung der Minister keine Wahl oder Bestätigung durch den Bundestag erforderlich ist, daß also der Bundestag an der Berufung der Bundesminister formell nicht beteiligt ist. Das »**materielle Kabinettsbildungsrecht**« liegt **allein beim Bundeskanzler**[15]. Das Kabinett wird deshalb – in Abgrenzung von einem parlamentarischen Kabinett – als »Kabinett des Bundeskanzlers«[16] bezeichnet. Hier liegt eine der wichtigsten verfassungsrechtlichen Gründe für die mit dem Schlag-

---

[11] Dies sind die Verfassungen von Baden-Württemberg (Art. 46 III, IV), Bayern (Art. 45), Niedersachsen (Art. 29 III), Rheinland-Pfalz (Art. 98 II 2) sowie die Verfassung des Saarlandes (Art. 89 I 2); Einzelheiten bei *M. Dauster*, Die Stellung des Ministers zwischen Regierungschef, Parlament und Regierung nach dem Verfassungsrecht der Länder, 1984.
[12] Allerdings hat der baden-württembergische Landtag von diesem Recht keinen Gebrauch gemacht. Die Ressorteinteilung der Landesregierung ergibt sich aus der Bekanntmachung der Landesregierung über die Abgrenzung der Geschäftsbereiche der Ministerien (i.d.F. v. 24.7.2001, GBl. S. 590, zuletzt geändert durch Bekanntmachung v. 14.5.2013, GBl. S. 94).
[13] Dies ist in Hessen (Art. 101 II 2 HessVerf.), Nordrhein-Westfalen (Art. 52 III 2 Nordrh.-Westf-Verf.) und Mecklenburg-Vorpommern (Art. 43 S. 2 Meckl.-VorpVerf.) der Fall.
[14] Vgl. die Übersicht bei *Oldiges* (Fn. 3), Art. 64 Rn. 2.
[15] Zum Begriff *E.-W. Böckenförde*, Die Organisationsgewalt im Bereich der Regierung, 1964, S. 139 f.
[16] *R. Herzog*, in: Maunz/Dürig, GG, Art. 64 (2008), Rn. 16; *Oldiges* (Fn. 3), Art. 64 Rn. 9.

wort der »Kanzlerdemokratie« bezeichnete herausgehobene Stellung des Bundeskanzlers[17].

Eine »**Abwendung vom parlamentarischen System**«[18] kann darin nur sehen, wer die über den Kanzler vermittelte Abhängigkeit der Minister von der Zustimmung des Parlaments und die parlamentarische Verantwortlichkeit der Minister (→ Art. 65 Rn. 40) nicht ausreichend berücksichtigt[19]. Die »mittelbare« Zustimmung der Volksvertretung zu den Personalentscheidungen des Bundeskanzlers erfährt ihre praktische Umsetzung regelmäßig durch die politischen Bindungen aus Koalitionsvereinbarungen (→ Art. 63 Rn. 14 f.), denen der Bundeskanzler unterworfen ist[20]. Die vielfachen Rücksichten vor allem auf Gruppierungen innerhalb der regierungstragenden Fraktionen, die der Kanzler bei der Auswahl der Minister zu nehmen hat[21], sind Ausdruck dafür, daß mit der Kanzlerwahl nicht die Regierung vom Parlament abgenabelt wird[22].   6

Mit dem materiellen Kabinettsbildungsrecht des Bundeskanzlers hängt die der Auswahl der Minister vorausliegende Entscheidung über die **Organisationsstruktur der Regierung** (Zahl und Zuschnitt der Ressorts etc.; → Rn. 8) eng zusammen. Die Frage, wer diese Vorentscheidung zu treffen hat, ist im Grundgesetz nicht ausdrücklich beantwortet. Deshalb ist nachfolgend (→ Rn. 8 ff.) zunächst diese Frage nach dem oder den Trägern der Organisationsgewalt zu erörtern, bevor die Einzelheiten der Personalgewalt (→ Rn. 24 ff.) erläutert werden.   7

II. Die Organisationskompetenz des Bundeskanzlers

Vor oder gleichzeitig mit der Auswahl der Personen, die ein Ministeramt übernehmen sollen, müssen eine Reihe von Vorentscheidungen bereits getroffen sein: über die **Zahl der** zur Ernennung vorgeschlagenen **Minister**[23], den **Zuschnitt und die Abgrenzung der** ihnen zugewiesenen **Geschäftsbereiche**, über die Existenz von Ministern ohne Geschäftsbereich oder solche für Sonderaufgaben (→ Art. 62 Rn. 20)[24]. Nach § 2 III BMinG soll bei dem Ernennungsvorschlag das Ressort bereits angegeben werden, dem der Benannte vorstehen soll, da die vom Bundespräsidenten auszufertigende Ernennungsurkunde hierüber Angaben enthalten soll. Auch in der Praxis hat die Ressorteinteilung Vorrang vor Personalentscheidungen[25].   8

---

[17] *Hesse*, Verfassungsrecht, Rn. 641; *Oldiges* (Fn. 3), Art. 64 Rn. 8 m. w. N.
[18] So *F. Münch*, Die Bundesregierung, 1954, S. 159 ff.
[19] Auch *Böckenförde*, Organisationsgewalt (Fn. 15), S. 146, geht zu Recht davon aus, daß die Prärogativstellung des Bundeskanzlers nach dem Grundgesetz die für das parlamentarische Regierungssystem kennzeichnende parlamentarische Verantwortlichkeit der Minister modifiziert, nicht aber aufhebt; *Oldiges* (Fn. 3), Art. 64 Rn. 9, spricht ebenfalls nur von einer »Abweichung vom Modell eines streng parlamentarischen Regierungssystems«.
[20] Vgl. *M. Schröder*, HStR³ III, § 65 Rn. 31.
[21] Auf die besondere Rolle der parlamentarischen Staatssekretäre, die die »Manövriermasse« vergrößern, weist *H.-U. Derlien*, VerwArch. 87 (1996), 548 (573) hin.
[22] So zutreffend *H. Meyer*, Das parlamentarische Regierungssystem des Grundgesetzes, VVDStRL 33 (1975), S. 69 ff. (86); ähnlich die Gesamteinschätzung von *M. Schröder*, in: v. Mangoldt/Klein/Starck, GG II, Art. 64 Rn. 8 ff.; s. auch *V. Busse*, in: Friauf/Höfling, GG, Art. 64 (2011), Rn. 3; *A. Uhle/S. Müller-Franken*, in: Schmidt-Bleibtreu/Hofmann/Henneke, GG, Art. 64 Rn. 2.
[23] *M. Schröder*, HStR³ III, § 65 Rn. 26.
[24] Über den Ressortzuschnitt der Bundesregierung zwischen 1949 und 1994 informiert *H.-U. Derlien*, VerwArch. 87 (1996), 548 (554 ff.).
[25] *M. Schröder*, HStR³ III, § 65 Rn. 26.

9 Die Befugnisse zur Entscheidung über diese Fragen werden regelmäßig unter dem Begriff der **Organisationsgewalt** zusammengefaßt[26]. Allerdings stellt die Entscheidung über die grundsätzliche Organisationsstruktur[27] der Bundesregierung, die die Errichtung, Kompetenzzuweisung und -abgrenzung von Ministerämtern zum Inhalt hat[28] (**gouvernementale Organisationsgewalt**[29]), lediglich einen Ausschnitt aus der umfassender verstandenen Organisationsgewalt dar. Unter dieser **Organisationsgewalt im weiteren Sinne** werden die Befugnisse zusammengefaßt, öffentliche Funktionsträger bzw. Handlungseinheiten zu schaffen, zu verändern und zusammenzuordnen und über ihre Aufgaben sowie ihre innere Gliederung und den Geschäftsgang zu entscheiden[30]. Hierher wird insbesondere auch die Befugnis zum Erlaß von allgemeinen Verwaltungsvorschriften für die Ausführung der Bundesgesetze in unmittelbarer oder mittelbarer Bundesverwaltung sowie zur Errichtung neuer Bundesbehörden gezählt[31].

1. Der Regelungsbereich des Art. 64 I GG

10 Soweit sich Art. 64 I GG wegen des engen Zusammenhanges zwischen der personellen und organisatorischen Kabinettsbildung Aussagen zur Organisationsgewalt entnehmen lassen, können sich diese **nur** auf **die gouvernementale Organisationsgewalt** (→ Rn. 9) beziehen. Soweit die Organisationsgewalt i.w.S. darüber hinausgehend auch die Organisation und das Verfahren der Bundesbehörden zum Gegenstand hat, ergeben sich die verfassungsrechtlichen Vorgaben aus den Vorschriften des VIII. Abschnitts.

11 Umstritten ist dieses grundsätzliche Verhältnis allerdings im Hinblick auf **Art. 86 S. 2 GG**, der für den Bereich der bundeseigenen Verwaltung die Bundesregierung für zuständig erklärt, die **Einrichtung der Behörden** zu regeln, soweit das Gesetz nichts anderes bestimmt. Aus der Entstehungsgeschichte dieser Norm wird abgeleitet, daß sie sich auf die Organisation der Bundesregierung insgesamt und nicht nur auf nachgeordnete Behörden bezieht[32]. Folglich sei die Organisationsgewalt im Bunde als Ganze durch Art. 86 S. 2 GG geregelt. Ihr Träger sei die Bundesregierung als Gesamtorgan[33] (→ Art. 62 Rn. 11). Dagegen ist mit der h.M. davon auszugehen, daß diese Norm

---

[26] Grundlegend *Böckenförde*, Organisationsgewalt (Fn. 15); aus neuerer Zeit vgl. *H. Butzer*, Die Verwaltung 27 (1991), 157 ff.; *I. Chotjewitz*, Die Organisationsgewalt nach den Verfassungen der deutschen Bundesländer, 1995; *A. v. Arnauld*, AöR 124 (1999), 658 (659 ff.).
[27] *Herzog* (Fn. 16), Art. 64 Rn. 2 ff.
[28] *M. Schröder*, HStR³ III, § 65 Rn. 27; *Oldiges* (Fn. 3), Art. 64 Rn. 22. Die Frage, ob auch die Bestimmung des Sitzes der Ministerien zur Organisationsgewalt des Bundeskanzlers gehört, wurde im Zusammenhang mit dem Berlin/Bonn-Gesetzes diskutiert; dazu *V. Busse*, DÖV 1999, 313 (317); *R. Scholz*, NVwZ 1995, 35 (36); w. N. bei *S. Baer*, Der Staat 40 (2001), 525 (532).
[29] So *Oldiges* (Fn. 3), Art. 64 Rn. 24.
[30] *Böckenförde*, Organisationsgewalt (Fn. 15), S. 38; ähnlich bereits *R. Maurenbrecher*, Grundsätze des heutigen deutschen Staatsrechts, 1837, § 185, S. 324; vgl. auch *H. Maurer*, Zur Organisationsgewalt im Bereich der Regierung, in: FS Vogel, 2000, S. 331 ff. (331); *K. v. Beyme*, Das politische System der Bundesrepublik Deutschland, 11. Aufl. 2010, S. 323; einen guten Überblick sowohl über die Hintergründe (Konstitutionalismus) als auch über das vorherrschende traditionelle Verständnis gibt *H. Butzer*, Die Verwaltung 27 (1991), 157 (158 ff.); zu Recht kritisch *S. Baer*, Der Staat 40 (2001), 525 (526 ff.).
[31] *Böckenförde*, Organisationsgewalt (Fn. 15), S. 35 ff.; *Hesse*, Verfassungsrecht, Rn. 653.
[32] *Böckenförde*, Organisationsgewalt (Fn. 15), S. 133 ff.
[33] *Böckenförde*, Organisationsgewalt (Fn. 15), S. 137; gemeint ist damit, daß mit der Zuweisung an die Bundesregierung die Zuständigkeitsabgrenzung zwischen Bundeskanzler, Bundesministern und Kabinett entgegen dem herrschenden Verständnis (→ Art. 62 Rn. 11) noch nicht entschieden sei und nach Art. 64 und 65 GG beurteilt werden müsse.

auf die »Exekutive« bezogen ist, der sich der Ministerialbereich nur bedingt zuordnen läßt[34]. Art. 86 GG äußert sich nur zur Ausführung von Bundesgesetzen durch bundeseigene Verwaltung (→ Art. 86 Rn. 10 ff., 17 ff.)[35]. Auch die Entstehungsgeschichte vermag dieses Auslegungsergebnis nicht zu erschüttern[36].

Wenn also Art. 64 I GG grundsätzlich für die Begründung gouvernementaler Organisationsbefugnisse des Bundeskanzlers herangezogen werden kann, so ist doch die **begrenzte Reichweite** dieser Norm im Auge zu behalten[37]. So ergeben sich aus anderen Normen des VI. Abschnitts eine Reihe von Bindungen (→ Rn. 13). Auch lassen sich aus Art. 64 I GG keine klaren Antworten auf die Frage nach der Verteilung der Organisationsbefugnisse zwischen Kanzler und Kabinett gewinnen (→ Rn. 15 ff.). Schließlich läßt diese Norm die Frage weitgehend unbeantwortet, ob und ggf. in welcher Intensität durch Gesetz Vorgaben für die Organisation der Bundesregierung gemacht werden dürfen oder sogar müssen (→ Rn. 18 ff.).

2. Verfassungsrechtliche Vorgaben

Unabhängig davon, wie die Entscheidungsbefugnisse über die organisatorische Struktur der Bundesregierung zwischen Parlament und Regierung einerseits[38] und innerhalb der Regierung andererseits verteilt sind, ergeben sich aus der Verfassung selbst eine Reihe von Festlegungen, die die Reichweite der Organisationsgewalt einschränken. Einen ersten Anhaltspunkt gibt **Art. 62 GG**, der die Existenz mehrerer Ministerämter vorschreibt, für deren Anzahl die Arbeitsfähigkeit der Regierung einen äußersten Rahmen setzt[39] (→ Art. 62 Rn. 12). Aus **Art. 69 I GG** folgt, daß es einen Stellvertreter des Bundeskanzlers geben muß. Die Ämter des Bundesministers der Finanzen, der Justiz[40] und der Verteidigung sind in unterschiedlichen Verfassungsbestimmungen ausdrücklich vorgeschrieben (→ Art. 62 Rn. 12). Darüber hinaus wird die Auffassung vertreten, daß sich aus dieser verfassungsrechtlich normierten Sonderstellung bestimmter Ministerämter **Inkompatibilitäten innerhalb der Bundesregierung** ableiten

---

[34] *M. Oldiges*, Die Bundesregierung als Kollegium, 1983, S. 239 f. m. w. N.; *Maurer*, Organisationsgewalt (Fn. 30), S. 334; *U. Mager*, in: v. Münch/Kunig, GG I, Art. 64 Rn. 7.
[35] Entgegen Jarass/*Pieroth*, GG, Art. 64 GG Rn. 2, betrachtet die h. M. Art. 64 GG nicht als *lex specialis* zu Art. 86 Satz 2 GG, sondern verneint bereits die Überschneidung der Anwendungsbereiche beider Vorschriften. *W.-R. Schenke*, in: BK, Art. 64 (Drittb. 2014), Rn. 79 f., will die Organisationsgewalt im Regierungsbereich nicht auf Art. 86 S. 2 GG stützen. *H. Meyer*, Die Stellung der Parlamente in der Verfassungsordnung des Grundgesetzes, in: Schneider/Zeh, § 4 Rn. 58 mit Anm. 97, führt zur Begründung hierfür an, daß Art. 86 GG nach Wortlaut und Systematik nur die Ausführung von Bundesgesetzen betreffe.
[36] Vgl. dazu *H. Meyer*, Aufgaben und Stellung des Bundesministeriums der Justiz nach dem Auftrag des Grundgesetzes, in: Bundesministerium der Justiz (Hrsg.), Vom Reichsjustizamt zum Bundesministerium der Justiz, 1977, S. 443 ff. (448). → Art. 86 Rn. 4 f.
[37] Vgl. in diesem Zusammenhang auch den bedenkenswerten Vorschlag von *H. Butzer*, Die Verwaltung 27 (1991), 157 (170), den Begriff der »Organisationsgewalt« ganz »aus dem Arsenal juristischer Topoi zu streichen«.
[38] Dazu, daß dem Bundespräsidenten in diesem Zusammenhang keine Befugnisse zustehen: → Rn. 14.
[39] *Oldiges* (Fn. 3), Art. 64 Rn. 26.
[40] Zur institutionellen und funktionellen Garantie eines selbständigen Justizministeriums (vor dem Hintergrund des Verzichts auf ein selbständiges Justizministerium in Nordrhein-Westfalen, Bremen und Mecklenburg-Vorpommern) ausführlich und m. w. N. *A. v. Arnauld*, AöR 124 (1999), 658 (662 ff.).

lassen[41]. Die dieser Auffassung zugrundeliegende Befürchtung, durch die Verbindung bestimmter Regierungsämter in Personal- oder Realunion werde es zu einem Machtzuwachs der jeweiligen Funktionsträger kommen, ist allerdings unbegründet[42]. Dies gilt auch, soweit der Bundeskanzler selbst Ressortaufgaben übernimmt[43]. Aus **Art. 65 GG** folgt schließlich, daß ministerielle Planungs-, Koordinations- und sonstige Querschnittsaufgaben nur begrenzt möglich[44] sind und daß »Koordinationsministerien« im Verhältnis zu anderen Ministern jedenfalls nicht über Weisungs- und Entscheidungsbefugnisse verfügen dürfen[45].

3. Keine Mitwirkung des Bundespräsidenten

14 Nahezu ausnahmslose[46] Übereinstimmung herrscht darüber, daß dem Bundespräsidenten **Mitwirkungsbefugnisse** an den Organisationsentscheidungen im Regierungsbereich **nicht zustehen**[47]. Dies folgt bereits daraus, daß dem Bundespräsidenten bei der Ernennung der Bundesminister keine politischen Entscheidungsbefugnisse zustehen (→ Rn. 27). Gleiches gilt für die mit der Personalkompetenz in Zusammenhang stehenden Organisationsfragen.

4. Verteilung der Organisationsgewalt zwischen Bundeskanzler und Kabinett

15 Im Verhältnis zwischen Bundeskanzler und Kabinett ist die gouvernementale Organisationsgewalt **dem Bundeskanzler zuzuordnen**[48]. Wenn er über die Personen zu befinden hat, die die Bundesregierung bilden sollen, so muß er auch die Zahl und den groben Zuschnitt der betreffenden Ämter regeln können[49]. Der Bundesregierung als Kollegium kann diese Entscheidung schon deshalb nicht zufallen, weil sie bereits vor der Ernennung der Minister zu treffen ist[50] – zu einem Zeitpunkt also, zu dem sich das Kabinett noch gar nicht konstituiert hat[51]. Art. 64 I GG setzt also implizit die organi-

---

[41] Sehr weitgehend *W. Plaum*, DVBl. 1958, 452 ff.; insgesamt zurückhaltender *H. Beyer*, Die Unvereinbarkeit von Ämtern innerhalb der Bundesregierung, 1976, S. 237 ff.; verfassungspolitische Bedenken gegen ein »Superministerium« für Wirtschaft und Arbeit bei *W. Leisner*, ZRP 2002, 501 (502 f.). Weitere Nachweise bei *Schenke* (Fn. 35), Art. 64 Rn. 102 ff.

[42] So auch *Schenke* (Fn. 35), Art. 64 Rn. 104; *Busse* (Fn. 22), Art. 64 Rn. 7. Die Verbindung solcher Ministerämter mit anderen Ministerämtern oder dem Amt des Bundeskanzlers führt im Hinblick auf die kollegiale Struktur des Kabinetts nicht zu einem verfassungsrechtlich unzulässigen Machtzuwachs, da mit einer solchen Verbindung zutreffender Ansicht zufolge – *Schenke* (Fn. 35), Art. 64 Rn. 102; a.A. *W. Plaum*, DVBl. 1958, 452 ff. – keine entsprechende Vervielfachung der Stimme im Bundeskabinett einhergeht.

[43] Zur Zulässigkeit und zur bisherigen Praxis von Ressortaufgaben im Geschäftsbereich des Bundeskanzlers s. nur *Busse* (Fn. 22), Art. 64 Rn. 10 f.

[44] *Oldiges* (Fn. 3), Art. 64 Rn. 25; Einzelheiten bei *Schenke* (Fn. 35), Art. 64 Rn. 97.

[45] *M. Schröder*, HStR³ III, § 65 Rn. 28.

[46] Abweichend *Münch*, Bundesregierung (Fn. 18), S. 162, 195, 198.

[47] Wer – wie *Böckenförde*, Organisationsgewalt (Fn. 15), S. 142 – die Organisationsbefugnis des Bundeskanzlers als eine aus der Organisationsgewalt der Gesamtregierung nach Art. 86 Satz 2 GG hergeleitete ansieht, kommt bereits auf der Grundlage dieser Norm zu dem Ergebnis, daß die Mitwirkung des Bundespräsidenten sich nicht auf die organisatorische Kabinettsbildung bezieht.

[48] Ganz h.M.; vgl. etwa *Oldiges* (Fn. 3), Art. 64 Rn. 24 m. w. N.

[49] Repräsentativ *Herzog* (Fn. 16), Art. 64 Rn. 3.

[50] Wenn nach § 2 III BMinG in der Ernennungsurkunde für die Bundesminister der übertragene Geschäftszweig angegeben sein soll, so wird dabei die vorausgehende Entscheidung vorausgesetzt.

[51] Allg. Meinung; *Herzog* (Fn. 16), Art. 64 Rn. 3; *Oldiges* (Fn. 3), Art. 64 Rn. 24; *Schenke* (Fn. 35), Art. 64 Rn. 79; *Böckenförde*, Organisationsgewalt (Fn. 15), S. 140.

satorische Regierungsbildungskompetenz des Bundeskanzlers voraus[52]. Daneben wird zur Begründung auch auf seine Richtlinienkompetenz und seine Geschäftsleitungsbefugnis nach Art. 65 GG hingewiesen[53].

Soweit § 9 Satz 1 GOBReg dem Bundeskanzler die Befugnis zuweist, die Geschäftsbereiche der einzelnen Bundesminister »in den Grundzügen« festzulegen, wird also nur wiederholt, was sich ohnehin aus der Verfassung ergibt[54]. Der Bundeskanzler kann darüber hinaus aber auch die »**Feinabgrenzung**« vornehmen[55]. Von dieser Möglichkeit wird auch in der Praxis durch **Organisationserlasse** Gebrauch gemacht[56]. Diese Befugnis ist nicht vom Kabinett auf den Bundeskanzler delegiert und steht insoweit auch nicht zur Disposition der Bundesregierung als Kollegium[57]. Einschränkungen oder Änderungen der Organisationsbefugnis des Bundeskanzlers durch die Geschäftsordnung der Bundesregierung sind deshalb unzulässig[58]. Wenn auch der Bundeskanzler nicht gehindert ist, etwa im Falle einer Regierungsumbildung die neue Abgrenzung der Ressorts dem Kabinett nach § 15 GOBReg vorzulegen, so bleibt es nach den allgemeinen Regeln über die Unverzichtbarkeit und die Nichtübertragbarkeit staatsorganisationsrechtlicher Befugnisse[59] doch letztlich bei seiner alleinigen Zuständigkeit und Verantwortlichkeit für die Regierungsorganisation[60]. 16

Eine Reihe von **Organisationsbefugnissen** liegt jedoch auch **beim Kabinett** oder den **einzelnen Ministern**. Das Kabinett ist befugt, zur Vorbereitung von Kollegialentscheidungen oder zur Koordination von Ressortentscheidungen **Kabinettsausschüsse** einzusetzen[61]. Hierbei handelt es sich um eine Kompetenz des Kollegialorgans[62]. Die Einrichtung derartiger ressortübergreifender und mit Beamten unterschiedlicher Mi- 17

---

[52] Jarass/Pieroth, GG, Art. 64 Rn. 2; Oldiges (Fn. 3), Art. 64 Rn. 24; Schenke (Fn. 35), Art. 64 Rn. 77 m. w. N.; Herzog (Fn. 16), Art. 64 Rn. 3; M. Schröder, HStR³ III, § 65 Rn. 26.
[53] Oldiges (Fn. 3), Art. 64 Rn. 24; Schenke (Fn. 35), Art. 64 Rn. 78; M. Schröder, HStR³ III, § 65 Rn. 27.
[54] Oldiges, Bundesregierung (Fn. 34), S. 249 m. w. N.
[55] Herzog (Fn. 16), Art. 64 Rn. 3; Busse (Fn. 22), Art. 64 Rn. 4.
[56] Vgl. etwa zuletzt den Organisationserlaß der Bundeskanzlerin vom 17.12.2013 (BGBl. I S. 4310); zur Regierungsbildung 1998 V. Busse, DÖV 1999, 313 (314ff.). Über die Organisationserlasse zwischen 1949 und 1987 informieren G. Lehnguth/K. Vogelsang, AöR 113 (1988), 531 (536ff.); vgl. auch H.-U. Derlien, VerwArch. 87 (1996), 548ff. Zu den zusätzlich erforderlichen Ressortvereinbarungen, wenn Zuständigkeiten von einem Ministerium auf ein anderes übergehen, sowie zu den Organisationserlassen 1990 bis 2005, s. V. Busse, Der Staat 45 (2006), 245 (249, 254ff.).
[57] A.A. Meyer (Fn. 35), § 4 Rn. 57: Diese Befugnis sei von Verfassungs wegen nicht exklusiv dem Bundeskanzler zugewiesen, weswegen es sich – soweit ein Gesetz keine Vorgabe mache – um eine Materie handele, die die Geschäftsordnung regeln darf.
[58] Böckenförde, Organisationsgewalt (Fn. 15), S. 141.
[59] S. hierzu R. Stettner, Grundfragen einer Kompetenzlehre, 1983, S. 64ff., 440 (mit These 8).
[60] Anders Böckenförde, Organisationsgewalt (Fn. 15), S. 142, auf der Grundlage seiner Auffassung, daß die Organisationsgewalt durch Art. 86 Satz 2 GG der Bundesregierung als Gesamtorgan (→ Art. 62 Rn. 11) zugewiesen sei. Anders auch Oldiges, Bundesregierung (Fn. 34), S. 249f.: Die organisatorischen Befugnisse des Bundeskanzlers hätten lediglich »virtuellen Charakter«, weil der Bundeskanzler – zumindest bei Regierungsumbildungen – die Sache jeweils gem. § 15 GOBReg dem Kabinett zur Entscheidung vorlegen könne.
[61] Eingehend hierzu H. Prior, Die interministeriellen Ausschüsse der Bundesministerien, 1968; A. Morkel, Kabinettsausschüsse als Instrumente interministerieller Koordination, 1973; M. Lepper, Die Rolle und Effektivität der interministeriellen Ausschüsse für Koordination und Regierungspolitik, in: H. Siedentopf (Hrsg.), Regierungspolitik und Koordination, 1974, S. 433ff.; außerdem Herzog (Fn. 16), Art. 64 Rn. 39ff.; ferner V. Busse, DVBl. 1993, 413ff.
[62] BVerfGE 137, 185 (236f., Rn. 142 m. w. N.); Schröder (Fn. 22), Art. 64 Rn. 16; V. Busse, in: Friauf/Höfling, GG, Art. 62 (2011), Rn. 21.

nisterien besetzter Ausschüsse entspricht einer sachlichen Notwendigkeit, weil die verfassungsrechtlich vorgegebene Ressortierung nur eingeschränkt in der Lage ist, sachliche Gegebenheiten und Zusammenhänge bestimmter Aufgabenbereiche stets sachgerecht zu berücksichtigen[63]. Allerdings ist dabei der Grundsatz der Ressortfreiheit des Kabinetts[64] zu beachten. Er verbietet es dem Kabinett, sich durch solche Ausschüsse mit einer Art Unterbau zu versehen, der es ermöglicht, Kabinettsagenden in eigener Regie und ohne Rücksicht auf das federführende Ressort allein vorzubereiten[65]. Eine weitere Einschränkung ergibt sich aus dem numerus clausus der nach dem Grundgesetz für Regierungsentscheidungen zuständigen Organe, weshalb ein solcher Ausschuß nicht mit eigenen Entscheidungsbefugnissen ausgestattet werden darf[66]. Die **Binnenorganisation der Ressorts** ist schließlich auf der Grundlage des Art. 65 Satz 2 GG Sache des jeweiligen Ministers (→ Art. 65 Rn. 28 ff.).

5. Verteilung der Organisationsgewalt zwischen Regierung und Parlament

18 Mit der aus Art. 64 I GG folgenden Organisationskompetenz des Bundeskanzlers im Verhältnis zum Kabinett (→ Rn. 15 ff.) ist noch keine Antwort auf die Frage gewonnen, ob und inwieweit **durch Gesetz Vorgaben für die Zahl und den Zuschnitt der Ressorts** gemacht werden dürfen oder müssen. Eine solche gesetzliche Vorgabe würde nämlich die in Art. 64 I GG dem Kanzler zugewiesene **eigentliche Personalauswahl unberührt** lassen[67]. Nur soweit es um die Verteilung der gouvernementalen Organisationsgewalt zwischen Bundeskanzler und Kabinett geht, vermag das dargelegte sachlogische Argument des Vorrangs einer Kanzlerentscheidung (→ Rn. 15) zu überzeugen. Die Selbstverständlichkeit, daß ein erst noch zu schaffendes Kollegialorgan nicht über seine eigenen Konstitutionsbedingungen entscheiden kann, trägt deshalb als Begründung für die Organisationsgewalt des Bundeskanzlers auch im Verhältnis zum parlamentarischen Gesetzgeber nicht[68]. Stattdessen ist danach zu fragen, ob sich neben den durch die Verfassung selbst getroffenen Vorgaben für die Organisationsstruktur der Bundesregierung (→ Rn. 13) dem Grundgesetz für bestimmte Organisationsentscheidungen entnehmen läßt, daß sie durch Gesetz getroffen werden müssen (→ Rn. 19 f.) oder zumindest durch Gesetz getroffen werden können (→ Rn. 21 ff.).

---

[63] Zum interministeriellen Koordinationsbedarf als Kehrseite des Ressortprinzips *Prior*, Ausschüsse (Fn. 61), S. 85; über die Praxis (Regierungsbildung 1998) informiert *V. Busse*, DÖV 1999, 313 (320 ff.).
[64] *Oldiges* (Fn. 3), Art. 64 Rn. 27.
[65] *Oldiges*, Bundesregierung (Fn. 34), S. 246.
[66] Näher *Herzog* (Fn. 16), Art. 64 Rn. 42. Nach BVerfGE 137, 185 (236 f., Rn. 142), beschränken sich Kabinettsausschüsse auf »vorbereitende und beratende Funktion ohne eigenes Entscheidungsrecht«.
[67] *Meyer* (Fn. 35), § 4 Rn. 57.
[68] Daran leidet die häufig anzutreffende Argumentation der h.M. – vgl. z. B. *Oldiges* (Fn. 3), Art. 64 Rn. 29; repräsentativ auch *T. Brandner/D. Uwer*, DÖV 1993, 107 (109 f.) –, wenn sie die Organisationsgewalt des Bundeskanzlers zunächst mit der oben (→ Rn. 15) wiedergegebenen Argumentation begründen und sie anschließend ohne zusätzliche Begründung auch im Verhältnis zum Gesetzgeber dem Bundeskanzler oder der Regierung insgesamt zuweist.

a) Organisationsrechtliche Gesetzesvorbehalte

Die Notwendigkeit eines Gesetzes über die organisatorische Struktur der Bundesregierung wird sich weder aus der Außenwirkung derartiger Regelungen als solcher[69] noch allein daraus begründen lassen, daß einzelne Bundesministerien als oberste Bundesbehörden zu Grundrechtseingriffen ermächtigt werden[70]. Die organisatorische Struktur der Bundesregierung als solche ist nicht notwendigerweise außenwirksam[71]. Die **grundrechtlichen Gesetzesvorbehalte** verlangen – abgesehen von den Fällen, bei denen spezielle organisations- und verfahrensrechtliche Grundrechtsgehalte besondere Vorkehrungen erfordern – nicht generell gesetzliche Organisationsregelungen über die Struktur der zu Grundrechtseingriffen ermächtigten obersten Behörden. Wegen des engen Zusammenhangs von materiellen, organisatorischen und Verfahrensregelungen werden aber immerhin Überlegungen angestellt, aus dem **allgemeinen Vorbehalt des Gesetzes** (→ Art. 20 [Rechtsstaat], Rn. 105 ff.) die Notwendigkeit eines Gesetzes über die Regierungsorganisation herzuleiten[72].

19

Ein über diese in ihrer Reichweite unsicheren Vorbehalte hinausgehender allgemeiner **organisationsrechtlicher Gesetzesvorbehalt** besteht nach überwiegender Auffassung nicht (→ Art. 20 [Rechtsstaat], Rn. 125 f.). Er ist unter demokratischen Aspekten auch entbehrlich, weil der Bundestag durch seine Entscheidung über den Bundeshaushalt an allen ausgabenwirksamen Organisationsentscheidungen im Bereich der Bundesregierung beteiligt ist[73]. Diesen Aspekt übersieht die ältere Literatur, die unter rechtsstaatlichen und demokratischen Aspekten einen solchen Vorbehalt befürwortete[74].

20

b) Das Zugriffsrecht der Legislative und seine Grenzen

Soweit keiner der genannten Vorbehalte eine gesetzliche Entscheidung über Fragen der Organisation und des Verfahrens im Bereich der Regierung erzwingt, liegt die Entscheidung über die **Zweckmäßigkeit einer gesetzlichen Regelung** bei den Gesetzgebungsorganen[75].

21

Umstritten sind die **Grenzen** dieses **legislativen Zugriffsrechts auf die Regierungsorganisation**. Nach einer verbreiteten Ansicht darf durch Gesetz allenfalls die Grobstruktur der Bundesregierung gesetzlich geregelt werden[76]. Da bei jeder Regierungs-

22

---

[69] So aber *H. Kalkbrenner*, DVBl. 1964, 849 ff.
[70] So aber *H.-P. Schneider*, in: AK-GG, Art. 62 (2002), Rn. 8.
[71] Zutreffend *Schenke* (Fn. 35), Art. 64 Rn. 84.
[72] Vgl. *Meyer* (Fn. 35), § 4 Rn. 57; NWVerfGH NJW 1999, 1243 (1244 f.); kritisch dazu *E.-W. Böckenförde*, NJW 1999, 1235 f.; *J. Isensee*, JZ 1999, 1113 (1114 f.); *H. Sendler*, NJW 1999, 1232 (1233); *J. Wieland*, DVBl. 1999, 719 (720 ff.); etwas anders (nämlich noch ohne Bezug zur »Wesentlichkeitstheorie«) *Böckenförde*, Organisationsgewalt (Fn. 15), S. 89 ff.; s. auch *Hesse*, Verfassungsrecht, Rn. 654.
[73] *Schneider* (Fn. 70), Art. 62 Rn. 8; *Uhle/Müller-Franken* (Fn. 22), Art. 64 Rn. 9; ausführlich *G. Lehnguth*, DVBl. 1985, 1359 (1362 ff.); skeptisch *S. Baer*, Der Staat 40 (2001), 525 (537 f.).
[74] *A. Hamann*, NJW 1956, 1 ff.; *H. Kalkbrenner*, DVBl. 1964, 849 ff.; *H. Spanner*, DÖV 1958, 157 ff.; weitere Nachw. bei *H. Butzer*, Die Verwaltung 27 (1991), 157 (167 f.).
[75] Vgl. *Hesse*, Verfassungsrecht, Rn. 654; *Böckenförde*, Organisationsgewalt (Fn. 15), S. 286 (allerdings auf der Grundlage seiner Auffassung, Art. 86 S. 2 GG erfasse den Bereich der Regierungsorganisation).
[76] Nach *Schröder* (Fn. 22), Art. 64 Rn. 22 f., darf der Gesetzgeber die Organisationsbefugnis des Bundeskanzlers nicht »aufzehren«; gegen die Zulässigkeit einer gesetzlichen Regelung der »Grobstruktur« *Uhle/Müller-Franken* (Fn. 22), Art. 64 Rn. 10; *Schenke* (Fn. 35), Art. 64 Rn. 90.

bildung oder -veränderung »sachlich-politische, personalpolitische, koalitions- und parteipolitische und auch allgemein integrationsmäßige Gesichtspunkte zugleich wirksam[77] würden, müsse dem Bundeskanzler bei der Ausübung seines Kabinettsbildungsrechts aus Art. 64 I GG die notwendige organisatorische Flexibilität verbleiben. Durch eine gesetzliche Festlegung der Zahl der Ministerien und ihrer Zuständigkeiten werde deshalb in den **Kernbereich der Regierung** eingegriffen[78]. In diesem Sinne sei die Organisationsgewalt im engeren Bereich der Regierung »zugriffsfest«[79], stehe dem Zugriff des Gesetzgebers nur in engen Grenzen offen[80] oder sei in ihrem Kern parlamentarisch-legislativ nicht verfügbar[81]. Erlaubt sind danach – ebenso wie dies nach Art. 86 Satz 2 GG für Zugriffe auf die Befugnis der Bundesregierung zur Einrichtung der Behörden gelten soll[82] – **nur punktuelle gesetzliche Vorgaben** für die Regierungsorganisation[83]. Als zulässig angesehen werden insbesondere gesetzliche Kompetenzzuweisungen an bestimmte Ressorts[84].

23   Die aus Art. 64 I GG abgeleitete Vorstellung, die Regierungsorganisation gehöre zum »Hausgut« oder **Kernbereich** des Kanzlers, sieht sich allerdings beachtlichen **Bedenken** ausgesetzt[85]. Träfe das Argument notwendiger Flexibilität des Regierungschefs zu, so wäre das Kabinettsbildungsrecht des Bayerischen Ministerpräsidenten bereits durch die Landesverfassung[86] selbst ausgehöhlt[87]. Im Übrigen wäre der Bundestag in der Lage, durch die Ausübung seines – nach allgemeiner Auffassung durch Art. 64 I GG nicht beschränkten – Budgetrechts einem vom Bundeskanzler geschaffenen Ministeramt die erforderlichen Mittel zu verweigern[88]. Deshalb hindert Art. 64 I

---

[77] So *Schenke* (Fn. 35), Art. 64 Rn. 89.
[78] *Schenke* (Fn. 35), Art. 64 Rn. 89; *Maurer*, Organisationsgewalt (Fn. 30), S. 345; zum Kernbereich »exekutiver Eigenverantwortung« → Art. 62 Rn. 36.
[79] *Böckenförde*, Organisationsgewalt (Fn. 15), S. 286 ff.; *M. Schröder*, HStR³ III, § 64 Rn. 12 m. w. N.; V. *Epping*, in: Epping/Hillgruber, GG (online, Stand: 1.12.2014), Art. 64 Rn. 7.2; *C. Ohler*, AöR 131 (2006), 336 (349 f.).
[80] *M. Schröder*, HStR³ III, § 65 Rn. 27.
[81] *Oldiges* (Fn. 3), Art. 64 Rn. 29 m. w. N.; nach *Böckenförde*, Organisationsgewalt (Fn. 15), S. 107, 286 ff., darf die der Bundesregierung zugewiesene Kompetenz nicht völlig entleert oder ausgehöhlt werden; zulässig seien deshalb nur einzelne Zugriffe des Parlaments, nicht aber dürfe der Bundestag die Regierungsorganisation völlig an sich ziehen.
[82] So etwa *Herzog* (Fn. 16), Art. 64 Rn. 3 mit Anm. 3. Zu Art. 86 GG s. in diesem Sinne etwa *M. Sachs*, in: Sachs, GG, Art. 86 Rn. 40.
[83] *Herzog* (Fn. 16), Art. 64 Rn. 3 Anm. 3; *Schröder* (Fn. 22 f.), Art. 64 Rn. 23; *Uhle/Müller-Franken* (Fn. 22), Art. 64 Rn. 10.
[84] *M. Oldiges*, in: Sachs, GG, Art. 62 Rn. 32; *ders.* (Fn. 3), Art. 64 Rn. 29 m. w. N.; zu den Folgeproblemen → Rn. 23.
[85] Überzeugend *S. Baer*, Der Staat 40 (2001), 525 (541 ff.).
[86] Art. 49 Satz 2 BayVerf. macht Zahl und Ressortbereich der Ministerien von der Zustimmung des Landtages abhängig (→ Rn. 4).
[87] Dazu *Meyer* (Fn. 35), § 4 Rn. 57, der außerdem auf Baden-Württemberg verweist, wo immerhin ein Zugriffsrecht des Landtages auf die Geschäftsbereichsabgrenzung der Landesregierung besteht (Art. 45 III Bad.-WürttVerf.; → Rn. 4); entgegen *Schröder* (Fn. 22), Art. 64 Rn. 20 mit Anm. 43, scheitert der Vergleich mit dem Landesverfassungsrecht nicht daran, daß dieses lediglich die Organisation der Landes*verwaltung* betrifft. Aus dem Umstand, daß Art. 64 und 65 im Gegensatz zu manchen Landesverfassungen kein explizites parlamentarisches Zugriffsrecht normieren, kann auch kein Umkehrschluss gewonnen werden.
[88] *Meyer* (Fn. 35), § 4 Rn. 57, der darin eine zumindest faktische Limitierung des angeblichen Exklusivrechts des Kanzlers sieht und auch die Argumente aus Art. 65 GG zurückweist; vgl. auch *J. Ipsen*, Staatsrecht I, Rn. 434.

GG den Gesetzgeber nicht, die Grobstruktur[89] der Bundesregierung[90] oder sogar die Zahl der Ministerien und ihre Aufgabengebiete festzulegen[91]. Ein Grundsatz, daß die Organisationserlasse des Bundeskanzlers (→ Rn. 16) dem einfachen Gesetz vorgehen[92], läßt sich dem Grundgesetz also nicht entnehmen. Konsequenzen hat dies insbesondere für die Folgeprobleme, die sich aus der zulässigen gesetzlichen Kompetenzzuweisung an bestimmte Ressorts (→ Rn. 22) ergeben. Solche gesetzlichen Bestimmungen ziehen nämlich die Fragen nach sich, ob mit ihnen eine Bestandsgarantie für das jeweils für zuständig erklärte Ministerium verbunden sein soll[93], und wie die gesetzliche Zuweisung einer Zuständigkeit an ein bestimmtes Ressort mit einer später abweichenden Organisationsentscheidung des Bundeskanzlers harmonisiert werden kann[94]. Beide Fragen sind durch Auslegung der jeweiligen gesetzlichen Zuständigkeitsnorm zu beantworten. Im Zweifel wird diese ergeben, daß das Gesetz zukünftige Organisationsentscheidungen des Bundeskanzlers nicht einschränken sollte und deshalb zu lesen ist als Zuständigkeitszuweisung an das »jeweils für das einschlägige Fachgebiet zuständige«[95] Ministerium.

III. Die Personalkompetenz des Bundeskanzlers

Die dem Bundeskanzler durch Art. 64 I GG zugewiesene Befugnis zur Auswahl der Minister wird als **materielles Kabinettsbildungsrecht**[96] bezeichnet. Der Wortlaut des Art. 64 I GG, nach dem dem Bundeskanzler nur das Vorschlagsrecht zuzukommen

24

---

[89] *Meyer* (Fn. 35), § 4 Rn. 57; Jarass/*Pieroth*, GG, Art. 64 Rn. 2.
[90] Beachtliche Argumente dafür, daß der Gesetzgeber von dieser Möglichkeit Gebrauch machen sollte, bei *Meyer* (Fn. 35), § 4 Rn. 58.
[91] So bereits *E. Friesenhahn*, Parlament und Regierung im modernen Staat, VVDStRL 16 (1958), S. 9 ff. (45 mit Anm. 103); *Schneider* (Fn. 6), Art. 64 Rn. 3, der allerdings unterscheidet zwischen »den Bundesministern«, deren Zahl nach Art. 64 I GG allein durch den Bundeskanzler zu bestimmen sei, und den »Ministerien als ›oberste Bundesbehörden‹«, auf deren Zahl und Zuschnitt der Gesetzgeber nach Art. 86 Satz 2 GG vollen Zugriff habe. Die Harmonisierung zwischen den widersprüchlichen Regelungen, denen die Ministerien in ihrer Doppelfunktion unterfallen (Art. 64 I GG mit Kompetenz des Kanzlers einerseits und Art. 86 Satz 2 GG mit vollem gesetzlichem Zugriffsrecht andererseits), gelingt *Schneider* aber nur, indem er die Regierungsbildungskompetenz des Kanzlers nur auf die Zahl der Minister bezieht und dem Kanzler das Recht einräumt, neben gesetzlich nicht vorgesehenen »Ministerien« weitere Minister ohne Geschäftsbereich vorzuschlagen und umgekehrt mehrere »Ministerien« einem »Minister« zuzuweisen.
[92] So aber *V. Busse*, DÖV 1999, 313 (317); *ders.*, Der Staat 45 (2006), 245 (250).
[93] So – im Hinblick auf die Zuweisung der obersten Dienstaufsicht über die Verwaltungsrichter an den Justizminister durch das nordrhein-westfälische Ausführungsgesetz zur VwGO – *M. Oldiges*, zitiert nach der redaktionellen Zusammenfassung des Gutachtens in: DRiZ 1998, 405 (408).
[94] Vgl. dazu das Gesetz zur Anpassung von Rechtsvorschriften an veränderte Zuständigkeiten oder Behördenbezeichnungen innerhalb der Bundesregierung (Zuständigkeitsanpassungsgesetz) vom 16.8.2002 (BGBl. I S. 3165); dazu *V. Busse*, DÖV 2003, 407 (412f.); zu den verfassungsrechtlichen Problemen der alten Fassung (Änderung von gesetzlichen Verordnungsermächtigungen durch Rechtsverordnung) vgl. einerseits *T. Brandner/D. Uwer*, DÖV 1993, 107 (109 ff.), die eine ausdrückliche Kompetenzzuweisung in der Verfassung vermissen, und andererseits *V. Busse*, DÖV 1999, 313 (317f.), der der aus Art. 64 und 65 GG legitimierten Organisationsentscheidung Vorrang vor dem Gesetz einräumt.
[95] So auch der – allerdings rechtspolitische – Vorschlag von *T. Brandner/D. Uwer*, DÖV 1993, 107 (113); *Maurer*, Organisationsgewalt (Fn. 30), S. 347f., meint, bei der »Gesetzesänderung durch Rechtsverordnung« (→ Fn. 94) handele es sich »materiell« um eine Berichtigung des bereits durch den Organisationserlaß geänderten Gesetzes; das Problem offensichtlich übersehend BVerfG (K), NJW 1999, 3404 (3405); dazu *U. Wenner*, SGb 1999, 501 (503f.).
[96] *Böckenförde*, Organisationsgewalt (Fn. 15), S. 139f.

und die eigentliche Entscheidung beim Bundespräsidenten zu liegen scheint, bringt den Gehalt dieses Rechtes nur unvollkommen zum Ausdruck. Da der Bundespräsident aber ohne einen Vorschlag des Bundeskanzlers eine Ernennung nicht vornehmen kann und ihm auch bei der Prüfung des Vorschlags allenfalls ein eng begrenztes Prüfungsrecht zusteht (→ Rn. 27), bedeutet das Vorschlagsrecht des Bundeskanzlers – ganz anders als das Vorschlagsrecht des Bundespräsidenten nach Art. 63 I GG – das ausschließliche, nur durch die politischen Bindungen gegenüber der Regierungsmehrheit im Bundestag und durch die begrenzte Prüfungsbefugnis des Bundespräsidenten eingeschränkte Kabinettsbildungsrecht. Diese Personalkompetenz des Bundeskanzlers ermächtigt allerdings nur zur Auswahl der Minister, **nicht** der beamteten und der **Parlamentarischen Staatssekretäre**[97]. Wird das Ministeramt durch Entlassung beendet, so bedarf es einer Ernennung des Nachfolgers auch dann, wenn das Ministeramt von einer Person übernommen wird, die bereits ein anderes Ministeramt bekleidet und nun wechselt oder das frei gewordene Ministerium zusätzlich übernimmt[98]. Die Amtsübernahme eines Ministers setzt den Vorschlag des Bundeskanzlers, den Ernennungsakt des Bundespräsidenten sowie das Einverständnis des zu Ernennenden[99] voraus. Die Vereidigung (→ Rn. 31 f.) gehört dagegen nicht zu den Voraussetzungen der Amtsübernahme[100].

1. Vorschlag des Bundeskanzlers

25 Der Vorschlag des Bundeskanzlers ist unabdingbare Voraussetzung für die Ernennung durch den Bundespräsidenten (→ Rn. 26 f.)[101]. Er unterliegt **Bindungen** nur insoweit, als in der Person des Vorgeschlagenen die allgemeinen Wählbarkeitsvoraussetzungen (deutsche Staatsangehörigkeit und passives Wahlrecht zum Bundestag[102]) vorliegen müssen, die auch für den Bundeskanzler selbst gelten[103] (→ Art. 63 Rn. 13). Die Inkompatibilität der Ämter eines Bundes- und Landesministers (§ 4 BMinG) und das Berufsverbot nach Art. 66 GG, § 5 BMinG müssen erst bei der Ernennung durch den Bundespräsidenten sichergestellt sein. Alle sonstigen Eigenschaften in der Person der Vorgeschlagenen unterliegen der **politischen Einschätzung des Bundeskanzlers**[104]. Hierher gehört auch die Frage, ob ein zukünftiger Minister die Gewähr dafür bietet, jederzeit für die freiheitliche demokratische Grundordnung einzutreten[105]. Auch muß der Vorgeschlagene nicht Mitglied des Bundestages sein. Da der Bundeskanzler befugt ist, selbst ein Ministeramt zu übernehmen (→ Art. 62 Rn. 16), können Vorschlagender und Vorgeschlagener zusammenfallen. Der Vorschlag muß – dies folgt aus Art. 65 GG – nicht nur die Person des Vorgeschlagenen, sondern auch den von ihm zu leitenden

---

[97] *Oldiges* (Fn. 3), Art. 64 Rn. 14; *Schröder* (Fn. 22), Art. 64 Rn. 25.
[98] *Schenke* (Fn. 35), Art. 64 Rn. 107 m. w. N.; dagegen – weil der Bundeskanzler bei seinem Vorschlag an den Bundespräsidenten nicht zwingend das Ressort angeben muß – *Herzog* (Fn. 16), Art. 64 Rn. 17; Jarass/*Pieroth*, GG, Art. 64 Rn. 1.
[99] Jarass/*Pieroth*, GG, Art. 64 Rn. 1.
[100] So auch *M. Schröder*, HStR³ III, § 65 Rn. 25; *Uhle/Müller-Franken* (Fn. 22), Art. 64 Rn. 3.
[101] *Oldiges* (Fn. 3), Art. 64 Rn. 13.
[102] *Schenke* (Fn. 35), Art. 64 Rn. 64, 74.
[103] *Mager* (Fn. 34), Art. 64 Rn. 3.
[104] *C. Roth*, Bundeskanzlerermessen im Verfassungsstaat, 2009, S. 140 f. (»politisches Ermessen«).
[105] So auch *Busse* (Fn. 22), Art. 64 Rn. 19; *Mager* (Fn. 34), Art. 64 Rn. 4; *Epping* (Fn. 79), Art. 64 Rn. 8; a. A. etwa *Oldiges* (Fn. 3), Art. 64 Rn. 13 m. w. N.; *Roth*, Bundeskanzlerermessen (Fn. 104), S. 138 f.; zum parallelen Problem beim Bundeskanzler: → Art. 63 Rn. 13.

Geschäftsbereich benennen[106] (→ Art. 62 Rn. 19; → Art. 65 Rn. 28), wenn es sich nicht um einen Minister ohne Geschäftsbereich handelt.

2. Ernennung durch den Bundespräsidenten

Die gem. Art. 58 GG gegenzeichnungspflichtige Ernennung durch den Bundespräsidenten, die durch eine Urkunde dokumentiert wird (§ 2 II BMinG), fixiert präzise den **Zeitpunkt der Amtsübernahme**[107]. Die Vorschrift des § 2 II BMinG, die das Amtsverhältnis bereits mit der Vereidigung beginnen läßt, wenn diese vor Aushändigung der Urkunde erfolgt, ist verfassungswidrig[108]. 26

Nach wie vor nicht abschließend geklärt ist die Frage, ob und ggf. unter welchen Voraussetzungen der **Bundespräsident** die **Ernennung des Vorgeschlagenen verweigern darf**. Im Grundsatz hat hier zu gelten: Wenn ein ordnungsgemäßer Vorschlag des Bundeskanzlers vorliegt und bei dem Vorgeschlagenen die formellen Ernennungsvoraussetzungen[109] vorliegen, muß der Bundespräsident den Vorgeschlagenen ernennen. Ein darüber hinausgehendes politisches Prüfungsrecht steht ihm nach zutreffender ganz h.M. wie auch nach der bisherigen Staatspraxis[110] nicht zu[111]. Weder seine Stellung als »pouvoir neutre« (→ Art. 54 Rn. 12) noch gar der Amtseid[112] kann eine Notkompetenz des Bundespräsidenten bei Gefährdung des allgemeinen Staatswohls[113] 27

---

[106] *Oldiges* (Fn. 3), Art. 64 Rn. 13 m.w.N.; *Schröder* (Fn. 22), Art. 64 Rn. 27; a.A. *Herzog* (Fn. 16), Art. 64 Rn. 2, 17, unter Berufung auf die Sollvorschrift des § 2 III BMinG, die aber bei verfassungskonformer Interpretation Ausnahmen nur für den Fall des Ministers ohne Geschäftsbereich zulässt.
[107] *Oldiges* (Fn. 3), Art. 64 Rn. 17.
[108] *Mager* (Fn. 34), Art. 64 Rn. 5; *Oldiges* (Fn. 3), Art. 64 Rn. 17.
[109] Vgl. dazu die rechtlichen Bindungen, denen bereits der Vorschlag des Bundeskanzlers (→ Rn. 25) unterliegt.
[110] Zu den gescheiterten Versuchen des Bundespräsidenten Lübke und zu dem Veto des Bundespräsidenten Heuss gegen Dehler als Justizminister (1953), das aber wegen ohnehin vorhandener Bedenken des Bundeskanzlers Adenauer nicht zum konstitutionellen Präzedenzfall wurde, vgl. nur *v. Beyme*, Politisches System (Fn. 30), S. 287.
[111] *Roth*, Bundeskanzlerermessen (Fn. 104), S. 134 ff.; *Oldiges* (Fn. 3), Art. 64 Rn. 15; *M. Schröder*, HStR³ III, § 65 Rn. 32; *Schenke* (Fn. 35), Art. 64 Rn. 68 ff.; *Mager* (Fn. 34), Art. 64 Rn. 4; *D. Weckerling-Wilhelm*, in: Umbach/Clemens, GG, Art. 64 Rn. 13; *Busse* (Fn. 22), Art. 64 Rn. 19; a.A. *Böckenförde*, Organisationsgewalt (Fn. 15), S. 140 mit Anm. 5, allerdings ohne Begründung und mit der Einschränkung, diese Befugnis dürfe nicht dazu führen, daß das materielle Kabinettsbildungsrecht des Bundeskanzlers durchkreuzt werde. Weitere Befürworter eines Ablehnungsrechts finden sich vor allem in der älteren Literatur: *T. Eschenburg*, Staat und Gesellschaft in Deutschland, 3. Aufl. 1963, S. 640, mit der Begründung, dieses Recht ergebe sich aus der Notwendigkeit der Wahrung der *auctoritas* des Staates; ähnlich *ders.*, DÖV 1954, 193 (198); ferner *W. Hennis*, Richtlinienkompetenz und Regierungstechnik, 1964, S. 13; *H. Kaja*, AöR 89 (1964), 381 (418).
[112] Die auch heute noch bisweilen vertretene Ableitung eines solchen Rechts aus dem Amtseid des Bundespräsidenten beruht auf einer nicht vertretbaren Gleichsetzung von Staatssymbol und staatsorganisationsrechtlicher Kompetenzzuweisung; unklar insoweit *Degenhart*, Staatsrecht I, Rn. 530, der eine Pflicht zur Ablehnung der Ernennung eines »für das Staatswohl schlechthin untragbaren Ministers« aus der Verpflichtung des Bundespräsidenten auf das Staatswohl ableitet.
[113] *v. Beyme*, Politisches System (Fn. 30), S. 287, nennt als Beispiele die Ablehnung eines Ministerkandidaten wegen NS-Vergangenheit, Amtsmißbrauch oder Straftaten. Auch *Stern*, Staatsrecht II, S. 262, spricht dem Bundespräsidenten die Befugnis zu, Ernennungen abzulehnen, die dem Wohl des Staates in hohem Maße abträglich sind.

Art. 64   C. Erläuterungen

begründen[114]. Hingegen ist es dem Bundespräsidenten nicht verwehrt, politische Bedenken[115] oder Hinweise und Anregungen zu äußern[116].

3. Entlassung von Bundesministern

28 Als Kehrseite des materiellen Kabinettsbildungsrechts steht dem Bundeskanzler nach Art. 64 I GG auch das Recht zu, über die Entlassung von Ministern zu entscheiden. Während das Amt eines Ministers gem. Art. 69 II GG mit dem Zusammentritt eines neuen Bundestages oder mit jeder anderen Erledigung des Amtes des Bundeskanzlers (Tod oder Amtsunfähigkeit: → Art. 69 Rn. 15) »ipso jure« endet[117], stellt die Entlassung eines Ministers gem. Art. 64 I GG die dritte Möglichkeit[118] einer Beendigung seines Amtes dar, bei der der Entlassungsakt[119] des Bundespräsidenten konstitutive Wirkung hat. Die Entlassung **setzt** einen entsprechenden **Vorschlag des Bundeskanzlers voraus** und wird durch den Akt des Bundespräsidenten vollzogen. Wenn auch in der Praxis dem Entlassungsvorschlag des Bundeskanzlers regelmäßig ein entsprechendes Rücktrittsersuchen (→ Rn. 30) vorausgeht, ist das Einverständnis des Inhabers des Ministeramtes weder für den Entlassungsvorschlag noch für den Entlassungsakt Voraussetzung[120].

29 Der **Bundespräsident** ist nicht anders als bei dem Ernennungsvorschlag **verpflichtet**, dem Entlassungsvorschlag des Bundeskanzlers zu folgen[121]. Nur wenn dieser »offensichtlich gesetzwidrig« ist, soll der Bundespräsident die Entlassung verweigern dürfen[122]. Allerdings ist der Entlassungsvorschlag nicht an besondere materielle oder formelle Voraussetzungen verfassungsrechtlicher Qualität gebunden und bedarf insbesondere keiner Begründung[123]. Die erwähnte Ausnahme ist deshalb gegenstandslos[124].

30 Bei dem in der Praxis regelmäßig als **Rücktritt** bezeichneten Vorgang handelt es sich rechtlich um das Ersuchen eines Ministers an den Kanzler, dem Bundespräsidenten seine Entlassung vorzuschlagen. Die sich daraus ergebende Frage, ob der Bundeskanzler verpflichtet ist, einem solchen Ersuchen zu folgen, ist nicht abschließend geklärt. Nach § 9 II 2 BMinG kann ein Minister jederzeit seine Entlassung verlangen. Daß es sich bei dieser Vorschrift um eine verfassungskonforme Konkretisierung der Entscheidungsbefugnis des Bundeskanzlers handelt[125], wird zu Recht in Zweifel gezogen[126].

---

[114] *Oldiges* (Fn. 3), Art. 64 Rn. 15; a.A. *Stern*, Staatsrecht II, S. 248f.; *M. Schröder*, HStR³ III, § 65 Rn. 34, spricht von »Extremfällen«.
[115] *K. Schlaich*, HStR II, § 49 Rn. 28 m. w. N.
[116] *Oldiges* (Fn. 3), Art. 64 Rn. 16; *Schröder* (Fn. 22), Art. 64 Rn. 28.
[117] Vgl. *Oldiges* (Fn. 3), Art. 64 Rn. 18, der darauf hinweist, daß die Beendigungsurkunde (§ 10 BMinG) in diesem Fall nur deklaratorische Bedeutung hat.
[118] Eine Entlassung ist auch dann erforderlich, wenn bei einem Minister nachträglich die Wählbarkeits- oder Ernennungsvoraussetzungen (→ Rn. 25) wegfallen; *Schröder* (Fn. 22), Art. 64 Rn. 34.
[119] In dieser Konstellation wird der Entlassungsakt durch Aushändigung der Urkunde oder amtliche Veröffentlichung wirksam; im übrigen verweist § 10 BMinG wegen des Verfahrens auf § 2 BMinG.
[120] *Jarass/Pieroth*, GG, Art. 64 Rn. 3; *Oldiges* (Fn. 3), Art. 64 Rn. 20.
[121] *Hesse*, Verfassungsrecht, Rn. 637; *Oldiges* (Fn. 3), Art. 64 Rn. 19.
[122] So *v. Münch*, Staatsrecht I, Rn. 848.
[123] *Oldiges* (Fn. 3), Art. 64 Rn. 19.
[124] Ähnlich *Schröder* (Fn. 22), Art. 64 Rn. 31; *Uhle/Müller-Franken* (Fn. 22), Art. 64 Rn. 24.
[125] So *Jarass/Pieroth*, GG, Art. 64 Rn. 3; *Schenke* (Fn. 35), Art. 64 Rn. 112; *Stern*, Staatsrecht II, S. 295f.; *Busse* (Fn. 22), Art. 64 Rn. 22.
[126] Von *Herzog* (Fn. 16), Art. 64 Rn. 51 mit Fn. 17; vgl. auch *Schneider* (Fn. 6), Art. 64 Rn. 15, 17;

Zwar wird auf Dauer niemand gegen seinen Willen gezwungen werden können, ein Ministeramt zu bekleiden. Jedoch erfährt dieser Grundsatz insoweit eine Modifikation, als nach Art. 69 III GG der Bundeskanzler auch von einem »amtsmüden« Bundesminister verlangen kann, sein Amt vorläufig weiter zu verwalten. Insoweit kann ein Bundeskanzler durch einen Rücktrittswunsch jedenfalls nicht zur Unzeit in eine Kabinettsumbildung hineingezwungen werden[127]. Stellt ein Bundesminister sein Amt »zur Verfügung«, so handelt es sich um ein bloßes Angebot an den Bundeskanzler, dem Bundespräsidenten die Entlassung vorzuschlagen. Eine Pflicht des Bundeskanzlers, diesem Wunsch zu entsprechen, besteht nicht[128].

IV. Eid (Art. 64 II GG)

Mit dem Eid, für dessen Inhalt Art. 64 II GG auf Art. 56 GG verweist, bekräftigen Bundeskanzler und Bundesminister den Willen zu gewissenhafter Wahrnehmung ihrer Amtspflichten[129]. Die Regelung des Eides der Mitglieder der Bundesregierung in Art. 64 II GG ist systematisch wenig glücklich, da auch der nach Art. 63 gewählte Bundeskanzler diesen Eid zu leisten hat. Über die ohnehin inhaltlich wenig aussagekräftige Verpflichtung auf das Wohl des deutschen Volkes hinausgehende **rechtliche Wirkungen kommen der Eidesleistung nicht zu**[130]. Insbesondere hat sie – ebensowenig wie diejenige des Bundespräsidenten – keine kompetenzbegründende Wirkung (→ Art. 56 Rn. 6). Sie ist auch weder Wirksamkeitsvoraussetzung der Amtsübertragung, die vor der Eidesleistung durch die Ernennung erfolgt, noch Rechtmäßigkeits- oder Wirksamkeitsbedingung der vom Bundeskanzler oder einem Bundesminister in amtlicher Funktion vorgenommenen Handlungen[131]. 31

Der Sinn der Eidesleistung wird heute in ihrer Funktion als eine der wenigen integrativen Feierlichkeiten im Staat des Grundgesetzes gesehen[132]. Man wird ihr auch die vom Parlamentarischen Rat zugemessenen **Symbolfunktion** (→ Rn. 2), die in der Verpflichtung nicht durch unmittelbare Volkswahl legitimierter Träger von Regierungsämtern gegenüber dem unmittelbar volksgewählten Parlament liegt, nicht absprechen können[133]. Da die Eidesleistung eine verfassungsrechtliche Pflicht darstellt, könnte sich – für den bislang nicht vorgekommenen und kaum wahrscheinlichen Fall der Weigerung – die Frage stellen, welche Rechtsfolgen ein Verstoß nach sich ziehen würde. Für eine Pflicht des Bundestages, einen die Eidesleistung verweigernden Bundeskanzler im Wege des konstruktiven Mißtrauensvotums nach Art. 67 GG zu stürzen, oder eine entsprechende Pflicht des Bundeskanzlers, in einem solchen Fall dem Bundespräsidenten die Entlassung eines Bundesministers vorzuschlagen[134], fehlt es an 32

Epping (Fn. 79), Art. 64 Rn. 11, wonach der Bundeskanzler der Bitte um Entlassung nicht nachkommen muß.

[127] So auch *Herzog* (Fn. 16), Art. 64 Rn. 51 mit Fn. 1; ähnlich *Schneider* (Fn. 6), Art. 64 Rn. 15; *Schröder* (Fn. 22), Art. 64 Rn. 33; *Uhle/Müller-Franken* (Fn. 22), Art. 64 Rn. 23.
[128] *Oldiges* (Fn. 3), Art. 64 Rn. 20; a.A. *Mager* (Fn. 34), Art. 64 Rn. 6.
[129] *Oldiges* (Fn. 3), Art. 64 Rn. 17.
[130] Vgl. nur *Herzog* (Fn. 16), Art. 64 Rn. 30.
[131] K.-H. *Dittrich*, Bundeswehrverwaltung 2002, 169f.
[132] *Herzog* (Fn. 16), Art. 64 Rn. 32; ablehnend *Schröder* (Fn. 22), Art. 64 Rn. 36.
[133] Skeptisch *Schröder* (Fn. 22), Art. 64 Rn. 36, mit dem Hinweis, es handele sich um ein »herkömmliches Mittel zum Schutz der Verfassung und der auf ihr beruhenden Rechtsordnung«.
[134] So erwogen – als verfassungsrechtliche Pflichten aber verneint – von *Herzog* (Fn. 16), Art. 64 Rn. 29.

jeglicher verfassungsrechtlichen Grundlage. Es ist deshalb Sache des Bundestages und des Bundeskanzlers, aus einem derartigen Verhalten die politischen Konsequenzen zu ziehen[135].

D. Verhältnis zu anderen GG-Bestimmungen

33 Im Verhältnis zu **Art. 63 GG** stellt Art. 64 GG eine Art »Fortsetzung« dar, da Art. 64 GG die abschließende zweite Phase der Regierungsbildung regelt, die mit der Kanzlerwahl nach Art. 63 GG beginnt (→ Rn. 5). **Ergänzt** wird Art. 64 I GG durch **Art. 62 GG** insoweit, als sich aus dieser Norm die Pflicht des Bundeskanzlers ergibt, Minister zur Ernennung vorzuschlagen (→ Rn. 13). Soweit aus Art. 64 I GG Organisationsbefugnisse des Bundeskanzlers folgen, beziehen diese sich auf die grundsätzliche Organisationsstruktur der Bundesregierung und haben einen anderen Gegenstand als die auf die Behördenorganisation bezogenen Vorschriften des **VIII. Abschnitts**, zu denen auch **Art. 86 S. 2 GG** gehört[136] (→ Rn. 11).

---

[135] So auch *Mager* (Fn. 34), Art. 64 Rn. 11. Nach dem Sinn der Eidesleistung vor dem Parlament wäre theoretisch ein Organstreitverfahren zwischen dem Bundestag und dem die Eidesleistung verweigernden Minister mit dem Ziel einer Feststellung der Verpflichtung zur Eidesleistung durch das Bundesverfassungsgericht zulässig und begründet.

[136] Deswegen ist (entgegen Jarass/*Pieroth*, GG, Art. 64 Rn. 2) Art. 64 I GG nicht lex specialis zu Art. 86 S. 2 GG; auch die dort zitierten Autoren vertreten diese Auffassung nicht.

Artikel 65 [Verteilung der Verantwortung]

¹Der Bundeskanzler bestimmt die Richtlinien der Politik und trägt dafür die Verantwortung. ²Innerhalb dieser Richtlinien leitet jeder Bundesminister seinen Geschäftsbereich selbständig und unter eigener Verantwortung. ³Über Meinungsverschiedenheiten zwischen den Bundesministern entscheidet die Bundesregierung. ⁴Der Bundeskanzler leitet ihre Geschäfte nach einer von der Bundesregierung beschlossenen und vom Bundespräsidenten genehmigten Geschäftsordnung.

Literaturauswahl

Badura, Peter: Die parlamentarische Verantwortlichkeit der Minister, in: ZParl. 11 (1980), S. 573–582.
Detterbeck, Steffen: Innere Ordnung der Bundesregierung, in: HStR³ III, § 66, S. 1159–1199.
Eschenburg, Theodor: Die Richtlinien der Politik im Verfassungsrecht und in der Verfassungswirklichkeit, in: DÖV 1954, S. 193–202.
Friauf, Karl Heinrich: Grenzen der politischen Entschließungsfreiheit des Bundeskanzlers und der Bundesminister, in: Festgabe für Heinrich Herrfahrdt, 1961, S. 45–72.
Karehnke, Helmut: Richtlinienkompetenz des Bundeskanzlers, Ressortprinzip und Kabinettsgrundsatz – Entspricht Art. 65 des Grundgesetzes noch heutigen Erfordernissen?, in: DVBl. 1974, S. 101–113.
Knöpfle, Franz: Inhalt und Grenzen der »Richtlinien der Politik« des Regierungschefs, in: DVBl. 1965, S. 857–862, 925–930.
Kölble, Josef: Ist Artikel 65 GG (Ressortprinzip im Rahmen von Kanzlerrichtlinien und Kabinettentscheidungen) überholt?, in: DÖV 1973, S. 1–15.
Köttgen, Arnold: Abgeordnete und Minister als Statusinhaber, in: Gedächtnisschrift für Walter Jellinek, 1955, S. 195–220.
Kröger, Klaus: Die Ministerverantwortlichkeit in der Verfassungsordnung der Bundesrepublik Deutschland, 1972.
Maurer, Hartmut: Die Richtlinienkompetenz des Bundeskanzlers, in: Festschrift für Werner Thieme zum 70. Geburtstag, 1993, S. 123–140.
Mehde, Veith: Die Ministerverantwortlichkeit nach dem Grundgesetz, in: DVBl. 2001, S. 13–19.
Schuett-Wetschky, Eberhard: Richtlinienkompetenz des Bundeskanzlers, demokratische Führung und Parteiendemokratie – Teil I: Richtlinienkompetenz als Fremdkörper in der Parteiendemokratie, in: ZPol 13 (2003), S. 1897–1931; Teil II: Fehlinformation des Publikums, in: ZPol 14 (2004), S. 5–29.

Siehe auch die Angaben zu Art. 62 GG.

Leitentscheidungen des Bundesverfassungsgerichts

Diese liegen zu Art. 65 GG bislang nicht vor.

Gliederung

	Rn.
A. Herkunft, Entstehung, Entwicklung	1
B. Internationale, supranationale und rechtsvergleichende Bezüge	4
I. Rechtsvergleichende Hinweise	4
II. Bundeskanzler und Minister als Vertreter im (Europäischen) Rat	7
C. Erläuterungen	10
I. Regelungsgegenstand, Grundstruktur und Reichweite	10
II. Regierungsinterne Kompetenzverteilung	15
1. Bundeskanzler	15
a) Statusbestimmende Normen außerhalb der Richtlinienkompetenz	15
b) Richtlinien der Politik	17

A. Herkunft, Entstehung, Entwicklung

  c) Zuständigkeit, Verfahren, Gesetzesbindung 22
  d) Adressaten und Bindungswirkung der Richtlinien 25
  e) Durchsetzung 27
 2. Bundesminister 28
 3. Bundeskabinett 32
  a) Kollegialentscheidungen 32
  b) Spezielle Kabinettskompetenzen 33
  c) Allgemeine Kabinettskompetenz nach Art. 65 S. 3 GG 35
  d) Verfahren und Form von Kabinettsentscheidungen 37
III. Verantwortlichkeit der Regierung 38
 1. Politische Verantwortlichkeit gegenüber dem Bundestag 38
 2. Verantwortlichkeit von Kanzler, Minister und Kabinett 40
 3. Kontrollinstrumente des Bundestages 42
IV. Geschäftsleitung und Geschäftsordnung (Art. 65 S. 4 GG) 46
 1. Geschäftsordnung der Bundesregierung 47
 2. Die Leitungskompetenz des Bundeskanzlers 51
D. Verhältnis zu anderen GG-Bestimmungen 52

Stichwörter

Definitionskompetenz 21, 23 – Demokratisierung 7 – Durchgriffsrecht 27 – Einstandspflicht 39, 41, 43 – Einzelakt 17, 20 – Entscheidungsstruktur 14 – Europäische Ebene 6, 7, 16 – Europäischer Rat 7, 15 – Europäisches Parlament 6 – Führungsanspruch 19 – Gegenzeichnung 1, 16, 30, 48 – Gesamtverantwortung 19 – Geschäftsordnungsautonomie 46, 47 – Geschäftsordnungsverstöße 50 – Herrenchiemseeprozeß 3 – Integrationsprozeß 7 – Interpretationsspielraum 25 – intragouvernemental 11 – Koalition 14, 23, 24 – Kommissionsmitglied 6 – Konkretisierungsspielraum 25 – Koordinationsdemokratie 14 – Organisationsprinzipien 11, 12 – Parlamentarische Verantwortlichkeit 13 – Preußische Verfassung 1 – Rechenschaftspflicht 39, 41, 44 – Regierungsinnenrechtsnorm 47 – Regierungsverfassung 2, 10 – Reichsverfassung 2, 3 – Ressortleitung 3, 5, 28, 31 – Ressortverantwortung 4 – Schweizerische Bundesverfassung 4 – Selbsteintrittsrecht 27 – Spanische Verfassung 4 – Verfassungskonvent 3 – Vertrauensabhängigkeit 38, 43, 52 – Willensbildungsprozess 14.

A. Herkunft, Entstehung, Entwicklung

1 Vorformen des heute in Art. 65 GG positivierten Verständnisses der regierungsinternen Arbeits- und Verantwortungsverteilung finden sich als zwangsläufige Konsequenz der kontinuierlich angewachsenen Aufgabenfülle moderner staatlich organisierter Gemeinwesen seit der Mitte des 15. Jahrhunderts, als der zuvor locker geführte landesherrliche Rat als »Hofrat« mittels einer schriftlich fixierten Kollegialverfassung organisatorisch verfestigt wurde[1]. Von den konstitutionellen Verfassungen ist vor allem die **Preußische Verfassung von 1850** hervorzuheben, die das »Staatsministerium« genannte Regierungsorgan zunächst als reines Kollegialorgan konstituierte, unter dessen Mitgliedern dem Ministerpräsidenten ursprünglich keine besonderen Kompetenzen zustanden. Eine herausgehobene Stellung wuchs ihm erst durch die königliche Kabinettsordre von 1852 zu, die den Ministern eine Pflicht zur Information des Ministerpräsidenten auferlegte und diesem eine Koordinierungskompetenz und ein Mitspracherecht in wichtigen Angelegenheiten auch der Ressorts einräumte[2]. Die Verfassung von 1850 beschränkte außerdem die Macht des Monarchen durch ein **Gegen-**

---

[1] *Willoweit*, Verfassungsgeschichte, § 17 Rn. 2.
[2] *N. Achterberg*, HStR II, § 52 Rn. 8; eingehend zur Stellung des Ministerpräsidenten nach der preußischen Verfassung von 1850 sowie zu der von König Friedrich Wilhelm IV. erlassenen Kabinettsordre von 1852 *Huber*, Verfassungsgeschichte III, S. 64 f.

zeichnungsrecht der Minister und kannte deswegen auch eine dieser Kompetenz entsprechende Form der Verantwortlichkeit der Minister für ihre Geschäftsbereiche (Art. 44 PreußVerf.; → Art. 58 Rn. 1). Mit dieser als »Kontrasignaturverantwortlichkeit«[3] bezeichneten und für den Konstitutionalismus wesensbestimmenden[4] Verantwortlichkeit war allerdings keine Möglichkeit des Parlaments verbunden, Minister direkt abzuberufen. Dem Parlament kam – anders als im parlamentarischen Regierungssystem – lediglich die Möglichkeit einer Ministeranklage zu mit dem Ziel, die Amtsenthebung des Ministers zu erreichen[5].

Die **Reichsverfassung 1871** enthielt hinsichtlich der inneren Regierungsverfassung keine Regelung. Dies war auch nicht erforderlich, da nach ihr der Reichskanzler der einzige Minister des Reiches war[6]. Die erst nach und nach unter dem Druck ständig wachsender Aufgaben des Reiches entstandenen Ressorts (Reichsämter[7]) wurden von Staatssekretären geleitet, die im wesentlichen über die praktische Handhabung[8] des Stellvertretungsgesetzes vom 17.3.1878 (→ Art. 62 Rn. 2) de facto die selbständige Stellung von Ministern erhielten. De iure blieb der Reichskanzler nach dem Stellvertretungsgesetz allerdings stets befugt, jede Amtshandlung an Stelle der Staatssekretäre selbst vorzunehmen[9], weswegen diese im formalen Sinne nicht als Minister bezeichnet werden konnten[10]. Die **Weimarer Reichsverfassung** regelte die innere Regierungsverfassung dem Grundsatz nach bereits im heutigen Sinne. Der Reichskanzler bestimmte nach Art. 56 WRV die Richtlinien der Politik und trug dafür gegenüber dem Reichstag die Verantwortung. Nach Art. 57 WRV hatten die Reichsminister Meinungsverschiedenheiten, die die in eigener Verantwortung geleiteten Geschäftsbereiche mehrerer Minister berührten, der Reichsregierung zur Beratung und Beschlußfassung zu unterbreiten[11]. Im Unterschied zur Regelung in Art. 65 GG waren allerdings die Minister selbständig durch das Parlament abberufbar (Art. 54 Satz 2 WRV)[12].

Der Verfassungskonvent auf Herrenchiemsee orientierte sich weitestgehend[13] an der Weimarer Verfassung, wobei der Kompromiß gesucht wurde zwischen einer »absolut überwiegenden Stellung des Bundeskanzlers« einerseits und dem Kollegialprinzip der schweizerischen Bundesverfassung andererseits[14]. Im **Parlamentarischen Rat** kreiste die Diskussion vor allem um das Verhältnis der Kompetenz des Kollegiums,

---

[3] Der Ausdruck findet sich bei *J. Hatschek*, Deutsches und Preußisches Staatsrecht, 2. Aufl. 1930, S. 708 ff.
[4] *Huber*, Verfassungsgeschichte III, S. 20 f.
[5] *P. Badura*, ZParl. 11 (1980), 573 (575), nennt diese Form der Ministerverantwortlichkeit einen »Ersatz« für das parlamentarische Regierungssystem. Zum Meinungsstand der konstitutionalistischen Staatsrechtslehre im Hinblick auf die Rechtsnatur der Ministerverantwortlichkeit, die zunächst strafrechtlich, später jedoch eher disziplinarrechtlich gesehen wurde, eingehend m. w. N. *P. Popp*, Ministerverantwortlichkeit und Ministeranklage im Spannungsfeld von Verfassungsgebung und Verfassungswirklichkeit, 1996, S. 28 ff.
[6] *C. F. Menger*, Deutsche Verfassungsgeschichte der Neuzeit, 4. Aufl. 1984, Rn. 307.
[7] Zur Entstehung der Reichsämter *Huber*, Verfassungsgeschichte III, S. 833 ff.
[8] Zur Praxis der Handhabung des Stellvertretungsgesetzes *M. Oldiges*, Die Bundesregierung als Kollegium, 1983, S. 74 m. w. N.
[9] *N. Achterberg*, HStR II, § 52 Rn. 6 f.; *Huber*, Verfassungsgeschichte IV, S. 129, 136, 231.
[10] *Oldiges*, Bundesregierung (Fn. 8), S. 75.
[11] So zusammenfassend *N. Achterberg*, HStR II, § 52 Rn. 9; vgl. *Huber*, Verfassungsgeschichte VI, S. 324 ff.
[12] S. hierzu im einzelnen *Hatschek*, Staatsrecht (Fn. 3), S. 753 ff.
[13] Eine Enumeration von Kollegialkompetenzen, wie sie Art. 57 WRV vorgesehen hatte, war in dem Entwurf nicht mehr enthalten; s. hierzu *Oldiges*, Bundesregierung (Fn. 8), S. 126.
[14] Parl. Rat II, S. 297, 550.

über die »Meinungsverschiedenheiten« zwischen Bundesministern zu entscheiden, zu der Kompetenz des Kanzlers, die Richtlinien der Politik zu bestimmen[15]. Bei den insoweit ausführlichsten Beratungen im Hauptausschuß des Parlamentarischen Rates[16] wurde jedoch das Verhältnis zwischen Richtlinien- und Kollegialkompetenz nicht exakt von der Frage nach der dem Bundeskanzler als Schöpfer der Richtlinien unbestritten zukommenden Kompetenz zu ihrer authentischen Interpretation unterschieden. Insoweit taugen die Beratungen nicht dazu, einen klaren Willen des Verfassunggebers in dieser Frage auszumachen[17]. Ein deutlicherer Wille des Parlamentarischen Rates ist demgegenüber im Hinblick auf die Frage der Verantwortlichkeit gegenüber dem Parlament feststellbar. Der Bundeskanzler sollte für die Richtlinienbestimmung dem Parlament gegenüber verantwortlich sein, so daß für die Minister die Verantwortung für die Ressortleitung verblieb[18]. Der Normtext des Art. 65 GG hat bislang keine Änderungen erfahren.

B. Internationale, supranationale und rechtsvergleichende Bezüge

I. Rechtsvergleichende Hinweise

4 Mit seiner Kombination monokratischer und kollegialer Elemente nimmt das Grundgesetz eine Mittellage zwischen den Präsidialsystemen (→ Art. 62 Rn. 3; → Art. 63 Rn. 5; → Art. 64 Rn. 3) und einer stärker kollegial strukturierten Regierungsorganisation ein. Als Modell für letztere gilt die **schweizerische Bundesverfassung**: Das Regierungsorgan, der Bundesrat, ist rein kollegial strukturiert[19]. Dem Vorsitzenden des Bundesrates, dem Bundespräsidenten, kommt außer formalen Aufgaben im Kollegium und Repräsentationsaufgaben keinerlei Sonderstellung zu (Art. 176 I nBV)[20]. Allerdings werden auch in der Schweiz schon seit geraumer Zeit zur Entlastung des Bundesrates nicht mehr alle Regierungsentscheidungen im Kollegium getroffen[21]. Die Verfassung sieht vielmehr vor, daß durch die Bundesgesetzgebung bestimmte Aufgaben den ›Departementen‹ genannten Ministerien, denen je ein Mitglied des Bundesrates vorsteht, zur selbständigen Erledigung zugewiesen werden können (Art. 177 II u. III nBV). Als Beispiel für eine stärkere Akzentuierung des Kollegialprinzips innerhalb eines dem Art. 65 GG vergleichbaren Mischsystems kann die **spanische Verfas-**

---

[15] Parl. Rat XIV, S. 1019ff.; zu den Beratungen im Parlamentarischen Rat eingehend *Oldiges*, Bundesregierung (Fn. 8), S. 119ff.; *W.-R. Schenke*, in: BK, Art. 65 (2003), Rn. 2ff.
[16] S. insb. die Äußerungen der Abg. *Dr. Laforet*, *Dr. Greve*, *Renner* und *Schönfelder* in der 3. und 33. Sitzung des Hauptausschusses des Parlamentarischen Rates am 16.11.1948 und am 8.1.1949, Parl. Rat XIV, S. 94ff., 1018ff.
[17] So auch *Oldiges*, Bundesregierung (Fn. 8), S. 124.
[18] Dies ergibt sich daraus, daß der Antrag, den auf die ministerielle Geschäftsbereichsleitung bezogenen Passus »und unter eigener Verantwortung« zu streichen, in der dritten Sitzung des Hauptausschusses des parlamentarischen Rates abgelehnt wurde; Parl. Rat XIV, S. 93. – S. zu dieser Frage auch die später in dieser Sitzung geäußerte und insoweit unwidersprochen gebliebene Ansicht des Abg. *Dr. Laforet*: »Ich ziehe aus dem Satz […], daß jeder Bundesminister seinen Geschäftsbereich unter eigener Verantwortung leitet, die Folgerung: unter Verantwortung gegenüber dem Parlament«, Parl. Rat XIV, S. 97; wie hier auch die Interpretation von *A. Uhle/S. Müller-Franken*, in: Schmidt-Bleibtreu/Hofmann/Henneke, GG, Art. 65 Rn. 8.
[19] *Y. Hangartner*, Grundzüge des schweizerischen Staatsrechts, Bd. I, 1983, S. 121.
[20] S. hierzu im einzelnen *F. Fleiner/Z. Giacometti*, Schweizerisches Bundesstaatsrecht, 1949 (Nachdruck 1965), S. 601.
[21] Zu dieser Entwicklung *Fleiner/Giacometti*, Bundesstaatsrecht (Fn. 20), S. 593f.

sung herangezogen werden. Danach ist die Aufstellung der Richtlinien der Politik eine Kollegialkompetenz (Art. 97 S. 1), der auch eine ausdrücklich als solche bezeichnete kollektive Verantwortung des Regierungsorgans korrespondiert (Art. 108). Gleichzeitig bleibt jedoch Raum für die Einzelressortveranwortung der Minister (Art. 98 II). Die Stellung des spanischen Ministerpräsidenten ist gegenüber der des Bundeskanzlers weniger hervorgehoben. Ihm kommt lediglich die Leitung der Regierungsgeschäfte und die Koordination der Funktionen der übrigen Mitglieder der Regierung zu (Art. 98 II).

Die meisten Verfassungen der **Bundesländer** normieren eine Kompetenz des Ministerpräsidenten, die Richtlinien der Politik zu bestimmen und sehen seine entsprechende parlamentarische Verantwortung vor[22]. Auch die Ressortleitungskompetenz und -verantwortung der Minister ist meist in einer Art. 65 GG entsprechenden Weise geregelt. Unterschiede bestehen vor allem in den Stadtstaaten Bremen und Berlin. In Bremen ist die Festlegung der Richtlinien der Politik eine Kompetenz der Bürgerschaft (Art. 118 I 1); entsprechend der eher kollegialen Struktur des Regierungsorgans in den Hansestädten finden sich ausdrückliche Regelungen über die parlamentarische Verantwortung nur hinsichtlich der Senatoren (Art. 120 S. 1 BremVerf.). In Berlin (Art. 43 II 1) bestimmt der Regierende Bürgermeister die Richtlinien der Politik im Einvernehmen mit dem Senat. Sie bedürfen darüber hinaus der Billigung des Abgeordnetenhauses. Eine Reihe von Bundesländern normieren ausdrückliche Kataloge von Kollegialzuständigkeiten, die zum Teil über die Kollegialkompetenzen der Bundesregierung (→ Rn. 33) hinausgehen. Hervorzuheben ist hier die in Baden-Württemberg, Sachsen und Hamburg bestehende Kompetenz, über Fragen von »grundsätzlicher oder weittragender« Bedeutung zu entscheiden[23]. 5

Anhaltspunkte für eine mit Art. 65 GG vergleichbare Struktur auf der Ebene der **Europäischen Union** finden sich zunächst bei der Kommission, deren Präsident trotz des die Kommissionsarbeit prägenden Kollegialprinzips (Art. 250 AEUV) gem. Art. 17 VI EUV die Leitlinien festlegt, nach denen die Kommission ihre Aufgaben ausübt, und über die interne Organisation der Kommission beschließt. Obwohl die Mitglieder der Kommission die »ihnen vom Präsidenten übertragenen Aufgaben unter dessen Leitung« ausüben (Art. 248 AEUV), wird die Steuerungsbefugnis des Kommissionspräsidenten schwächer eingestuft als diejenige des Bundeskanzlers nach Art. 65 GG[24]. Auf den ersten Blick scheint auch das Verhältnis zwischen Rat und Kommission auf europäischer Ebene der in Art. 65 GG getroffenen Verantwortungsverteilung vergleichbar[25]. So weist Art. 15 I EUV dem Europäischen Rat eine der Richtlinienkompetenz des Bundeskanzlers vergleichbare Zuständigkeit zu, der Union die für ihre Entwicklung erforderlichen »Impulse« zu geben und die »allgemeinen politischen Zielvorstellungen« festzulegen. Auch das in Art. 17 VII UAbs. 3 S. 2 EUV festgelegte Recht des Europäischen Rates, die Kommissionsmitglieder nach Zustimmung durch das Europä- 6

---

[22] Daß diese Verantwortung gegenüber dem Parlament besteht, wird in Bayern (Art. 51 I BayVerf.), Brandenburg (Art. 89 BrandenbVerf.), Hessen (Art. 102 S. 1 HessVerf.), Rheinland-Pfalz (Art. 104 Rheinl.-PfälzVerf.), Thüringen (Art. 76 I ThürVerf.) und seit 1996 auch in Hamburg (Art. 42 I 2 HambVerf.) besonders hervorgehoben.
[23] So Art. 49 II Bad.-WürttVerf. und Art. 64 I SächsVerf.; Art. 42 II 2 Nr. 4 HambVerf. spricht von Fragen »grundsätzlicher oder allgemeiner« Bedeutung.
[24] *Oppermann/Classen/Nettesheim*, Europarecht, § 5 Rn. 105.
[25] K. *König*, Internationalität, Transnationalität, Supranationalität – Auswirkungen auf die Regierung, in: H.-H. Hartwich/G. Wewer (Hrsg.), Regieren in der Bundesrepublik, Bd. 5, 1993, S. 235 ff. (243).

ische Parlament zu ernennen, erinnert an das Kabinettsbildungsrecht des Kanzlers (→ Art. 64 Rn. 24ff.). Hier endet allerdings auch schon eine mögliche Vergleichbarkeit. Abgesehen davon, daß dem Europäischen Rat nicht die Befugnis zur Entlassung von Kommissionsmitgliedern zusteht, sind auf europäischer Ebene typische Regierungsfunktionen zwischen (Europäischem) Rat und Kommission verteilt[26].

II. Bundeskanzler und Minister als Vertreter im (Europäischen) Rat

7 Die Entscheidungsfindung der Staats- und Regierungschefs im Europäischen Rat (Art. 15 EUV) und der Bundesminister im Rat (Art. 16 EUV) ist einerseits durch die in Art. 65 GG normierte regierungsinterne Kompetenzverteilung beeinflußt. Andererseits wirken die Entscheidungsprozesse der Unionsebene zurück auf die Zuständigkeiten und Koordinierungsverfahren innerhalb der Bundesregierung[27] und verändert damit die Strukturen, denen Art. 65 GG einen normativen Rahmen setzt. Da heute neben dem Regierungschef und dem Außenminister in der Regel **alle Fachminister** innerhalb des (Europäischen) Rates **Europapolitik** betreiben[28], hängt die »Qualität europäisierten Entscheidens auf Regierungsebene« von der Fähigkeit der Regierung ab, »organisatorisch effizient den nationalen Entscheidungsprozess zu koordinieren und damit mit einer Stimme im Kontext europäischer Institutionen zu sprechen«[29]. Von vielen wird insoweit eine Fragmentierung der deutschen Europapolitik als Defizit diagnostiziert, das durch das stark ausgeprägte Ressortprinzip verursacht sei[30]. Andererseits zwingen die Entscheidungsabläufe im Rat zu stark formalisierten **Koordinationsverfahren** zwischen den beteiligten Ressorts, die den koordinierenden Ministerien innerhalb der Bundesregierung eine herausgehobene Position vermitteln[31]. Die aktive Rolle des Europäischen Rates stärkt auf nationaler Ebene die Position des Kanzlers[32], der jenseits der programmatischen Grundlinien deutscher Europapolitik das Abstimmungsverhalten der Minister im Rat auf der Grundlage seiner Richtlinienkompetenz auch deshalb nur ausnahmsweise[33] beeinflußt, weil das

---

[26] So verfügt etwa die Kommission über ein Initiativmonopol, so daß der Rat zumeist erst nach einem Kommissionsvorschlag beschließen kann; vgl. dazu nur *Oppermann/Classen/Nettesheim*, Europarecht, § 5 Rn. 121 f.

[27] Übersichten mit weiteren Nachw. aus der politikwiss. Forschung bei *J. Hartmann*, Das politische System der BRD im Kontext, 2. Aufl. 2013, S. 290 ff.; *T. Beichelt*, Deutschland und Europa, 2009, S. 219 ff.; *R. Sturm/H. Pehle*, Das neue deutsche Regierungssystem, 2. Aufl. 2005, S. 43 ff.

[28] *G. Wewer*, Außenpolitik und Europapolitik als Gegenstand der Regierungslehre, in: Hartwich/Wewer, Regieren (Fn. 25), S. 9 ff. (19).

[29] *R. Sturm*, Das europäisierte deutsche Regierungssystem, in: FS Ismayr, 2010, S. 185 ff. (188).

[30] Zusammenfassend *Sturm*, Regierungssystem (Fn. 29), S. 188; *Beichelt*, Deutschland (Fn. 27), S. 219; *Wewer*, Außenpolitik (Fn. 28), S. 20; zur fachlichen Ausdifferenzierung der europäischen Entscheidungsstrukturen *J. Wuermeling*, EuR 1996, 167 (169); *H.-J. Glaesner*, EuR 1994, 22 (28); *F. Mayer*, EuGRZ 2002, 111 (116); informativ *H.-D. Westerhoff*, Die Gestaltung der Wirtschaftspolitik bei wachsender internationaler Verflechtung, in: W.-D. Eberwein/K. Kaiser (Hrsg.), Deutschlands neue Außenpolitik, Bd. 4, 1998, S. 101 ff.

[31] Zur wechselnden Koordinierungszuständigkeit und zur Verteilung der Zuständigkeiten zwischen Wirtschafts- und Außenministerium sowie Kanzleramt ausführlich *Beichelt*, Deutschland (Fn. 27), S. 219 ff.

[32] Dazu *D. Kietz/N. v. Ondarza*, SWP-Aktuell 29 (März 2010), S. 1 ff. (8).

[33] Erwähnt wird regelmäßig, daß Bundeskanzler Schmidt die Etablierung der Europäischen Währungssystems mittels seiner Richtlinienkompetenz durchgesetzt habe und daß Bundeskanzler Schröder Umweltminister Trittin im Wege der Richtlinie gezwungen habe, gegen die Altauto-Richtlinie zu stimmen; s. etwa *Sturm/Pehle*, Regierungssystem (Fn. 27), S. 50.

Bundeskanzleramt nicht über die personelle Kapazität für eine umfassende Koordination verfügt[34].

Auf europäischer Ebene ist der **Bundeskanzler** als Teil des durch Art. 15 EUV institutionalisierten **Europäischen Rates** an der Festlegung der für die Entwicklung der Union erforderlichen »Impulse« und der »allgemeinen politischen Zielvorstellungen und Prioritäten«[35] beteiligt. Spezielle Kompetenzen in der Gemeinsamen Außen- und Sicherheitspolitik werden dem Europäischen Rat in Art. 22, 24 I, 26 I EUV zugewiesen. Er hat die Funktion eines politischen Leitorgans der EU[36].

Die **Bundesminister** sind an Beschlüssen des Rates im Rahmen der verschiedenen Ratsformationen der jeweils zuständigen Fachminister beteiligt[37]. Eine gewisse Sonderrolle nehmen hier die Ratsformationen »Allgemeine Angelegenheiten« und »Auswärtige Angelegenheiten« ein[38]. Der insoweit noch feststellbaren Sonderrolle der Außenminister sind durch die zunehmende Verfachlichung der Europapolitik in den einzelnen Fachministerräten aber Grenzen gesetzt[39].

C. Erläuterungen

I. Regelungsgegenstand, Grundstruktur und Reichweite

Art. 65 GG regelt die **innere Regierungsverfassung**[40], indem er durch generalisierende Kompetenzzuweisungen die Organzuständigkeiten[41] der drei Teilorgane Bundeskanzler, Bundesminister und Kabinett (→ Art. 62 Rn. 11) voneinander abgrenzt (→ Rn. 15 ff.) und dem Kollegialorgan die Autonomie zur Regelung des internen Verfahrens durch die Geschäftsordnung einräumt (→ Rn. 46 ff.). Als notwendige Folge der Zuständigkeitsverteilung innerhalb der Regierung wird gleichzeitig klargestellt, daß die Verantwortlichkeit gegenüber dem Parlament dieser internen Kompetenzverteilung folgt und nicht etwa allein den Bundeskanzler trifft (→ Rn. 38 ff.). Bereits aus diesem Regelungsgegenstand folgt, daß aus Art. 65 GG Kompetenzen im Verhältnis zu anderen Organen des Bundes, zu den Ländern[42] oder gar Eingriffsbefugnisse gegenüber dem Bürger – etwa im Zusammenhang mit Warnungen oder sonstiger Informationstätigkeit[43] – nicht hergeleitet werden können.

---

[34] Dazu nur *Beichelt*, Deutschland (Fn. 27), S. 221; für eine Stärkung der Koordinierung durch eine Bündelung der Europakompetenz beim Kanzleramt plädierte etwa *F. C. Mayer*, EuGRZ 2002, 111 (121).
[35] Erläuterungen dazu wie auch zu dem bislang zutage getretenen Selbstverständnis des Europäischen Rates bei *A. Kumin*, in: Grabitz/Hilf/Nettesheim, EUV/AEUV, Art. 15 EUV (2011), Rn. 71, 113 f.
[36] *Oppermann/Classen/Nettesheim*, Europarecht, § 5 Rn. 62.
[37] Näheres bei *C. Ziegenhorn*, in: Grabitz/Hilf/Nettesheim, EUV/AEUV, Art. 16 EUV (2013), Rn. 55 ff.
[38] Zu diesen beiden besonderen Ratsformationen (s. Art. 16 VI EUV) s. *Ziegenhorn* (Fn. 37), Art. 16 EUV Rn. 57 ff.
[39] Dazu schon *Wewer*, Außenpolitik (Fn. 28), S. 19.
[40] So *N. Achterberg*, HStR II, § 52 Rn. 1.
[41] *N. Achterberg*, HStR II, § 52 Rn. 2.
[42] Daß Art. 65 GG nicht das Bund-Länder-Verhältnis betrifft, stellt BVerfGE 1, 299 (310 f.) ausdrücklich fest.
[43] A.A. *v. Münch*, Staatsrecht I, Rn. 861; unklar BVerwGE 82, 76 (79 f.); BVerfGE 105, 252 (270 f., Rn. 53 f.) – *Glykol*; 105, 279 (301 f., Rn. 72 ff.) – *Osho*. → Vorb. Rn. 127 f. m. w. N.

11 Die Grundstruktur der in Art. 65 GG vorgenommenen regierungsinternen Verteilung der Kompetenzen ist geprägt durch die Kombination monokratischer und kollegialer Organisationsprinzipien, die sich gegenseitig begrenzen[44]: das **Kanzler-** (Satz 1), das **Ressort-** (Satz 2) und das **Kabinetts- oder Kollegialprinzip** (Satz 3). Ob sich das Nebeneinander dieser drei Prinzipien als Ausdruck »intragouvernementaler Gewaltenteilung«[45] deuten läßt, erscheint zweifelhaft. Es geht hier nämlich weniger um Begrenzung und wechselseitige Kontrolle von Machtausübung als um Arbeitsteilung, institutionelle Verflechtung und Koordination[46], wobei das Grundgesetz mit der Richtlinienkompetenz des Bundeskanzlers versucht, die Zusammenführung von und den Ausgleich zwischen unterschiedlichen politischen Auffassungen und Strömungen in der Hand des Repräsentanten der herrschenden politischen Richtung zu bündeln[47].

12 Die schwierigen Zuordnungsprobleme[48], die die Kombination der drei Organisationsprinzipien mit sich bringt, wollen manche durch eine Hierarchie oder **Rangordnung** lösen[49]. So sei etwa der Bundeskanzler als die Spitze der Regierung dem Kabinett »vorgeordnet«[50] und das Kabinett deshalb nicht höchstes Exekutivorgan[51]. Das Kanzlerprinzip gehe den Kollegialkompetenzen vor und die Befugnisse des Kollegiums sollen ihrerseits wiederum der Ressortzuständigkeit übergeordnet sein[52]. Andere beschreiben dagegen das Kollegialorgan als das zentrale politische Führungsorgan[53], das als »Spiegelbild der die Regierung tragenden politischen Kräfte« die eigentliche politische Entscheidungsinstanz[54] sei. In Art. 65 GG finden derartige generalisierenden Rangordnungen keine Stütze[55]. Es bedarf vielmehr einer – auf die jeweilige Sachfrage bezogenen – Analyse der speziellen sowie der in Art. 65 GG enthaltenen allgemeinen Entscheidungszuständigkeiten.

13 Die **Reichweite** und mit ihr die praktische Relevanz[56] **von Art. 65 GG** als regierungsinterner Kompetenzverteilungsnorm ist **aus drei Gründen begrenzt**. Erstens wird das Kräfteverhältnis innerhalb der Regierung durch andere Normen wirkungsvoller vorstrukturiert. Insbesondere die dominante Stellung des Bundeskanzlers beruht verfassungsrechtlich weniger auf seiner Richtlinienkompetenz nach Art. 65 S. 1 GG[57] als auf seiner parlamentarischen Verantwortlichkeit nach Art. 63, 67, 68 GG und auf seinem damit zusammenhängenden organisatorischen und personellen Kabinettsbildungs-

---

[44] Vgl. nur *Hesse*, Verfassungsrecht, Rn. 639.
[45] So *W. Leisner*, Gewaltenteilung innerhalb der Gewalten, in: FS Maunz, 1971, S. 267ff.; *H.-P. Schneider*, in: AK-GG, Art. 65 (2002), Rn. 5.
[46] So *M. Oldiges*, in: Sachs, GG, Art. 65 Rn. 6; *M. Schröder*, in: v. Mangoldt/Klein/Starck, GG II, Art. 65 Rn. 9.
[47] Anders *N. Achterberg*, HStR II, § 52 Rn. 25, der meint, die Richtlinienbestimmung solle nach dem Grundgesetz gerade keine Resultante unterschiedlicher politischer Auffassungen darstellen.
[48] So *Hesse*, Verfassungsrecht, Rn. 639.
[49] Vgl. etwa *Degenhart*, Staatsrecht I, Rn. 759.
[50] So *Stern*, Staatsrecht II, S. 305f., 310f.; *E.-W. Böckenförde*, Die Organisationsgewalt im Bereich der Regierung, 1964, S. 173 mit Anm. 16; ähnlich *Uhle/Müller-Franken* (Fn. 18), Art. 65 Rn. 29.
[51] *Stern*, Staatsrecht II, S. 275; *M. Schröder*, HStR³ III, § 64 Rn. 15; *Schneider* (Fn. 45), Art. 65 Rn. 2.
[52] So *Hesse*, Verfassungsrecht, Rn. 647.
[53] *Oldiges* (Fn. 46), Art. 65 Rn. 33; *Oldiges*, Bundesregierung (Fn. 8), passim.
[54] *M. Oldiges*, in: Sachs, GG, Art. 62 Rn. 48.
[55] So auch *Schröder* (Fn. 46), Art. 65 Rn. 44.
[56] Siehe dazu ausführlicher *H. Maurer*, Die Richtlinienkompetenz des Bundeskanzlers, in: FS Thieme, 1993, S. 123ff. (125): der Schwerpunkt liege nicht auf der rechtlichen, sondern der politischen Richtlinienbestimmung.
[57] So aber *Oldiges* (Fn. 46), Art. 65 Rn. 10.

I. Regelungsgegenstand, Grundstruktur und Reichweite   Art. 65

recht (→ Art. 64 Rn. 8ff., 24ff.). Zweitens sind Kompetenzen des Kanzlers, der Minister und des Kabinetts in einer ganzen Reihe spezieller Verfassungsnormen festgelegt, die der allgemeinen Norm des Art. 65 GG vorgehen[58]. Dies gilt vor allem für die Fülle von Zuständigkeiten, die durch besondere Verfassungsnormen der Bundesregierung als Kollegialorgan zugewiesen sind (→ Rn. 33). Die Spezialität dieser Normen läßt sich auch nicht dadurch umgehen, daß man die dort festgeschriebene Zuständigkeit der »Bundesregierung« als Verweis auf das »Gesamtorgan« – bestehend aus Kanzler, Ministern und Kollegium – interpretiert und die Zuständigkeitsverteilung innerhalb dieses Gesamtorgans dann der Vorschrift des Art. 65 GG überläßt[59]. Hinzu kommen spezielle gesetzliche Kompetenzzuweisungen etwa an einzelne Minister oder an das Kabinett, die ebenfalls der allgemeinen Vorschrift des Art. 65 GG vorgehen[60]. Schon aus diesen beiden Gründen stellt Art. 65 GG nicht »die« intragouvernementale Kompetenzverteilungsnorm dar[61].

Schließlich – drittens – werden die Entscheidungsstrukturen innerhalb der Regierung maßgeblich bestimmt durch die **politischen Willensbildungsprozesse**, die von Art. 65 GG ebenso wie von Art. 63 und 64 GG vorausgesetzt werden. Die Verfassung läßt diesen politischen Prozessen Raum, indem sie sich darauf beschränkt, mit formalisierten Entscheidungszuständigkeiten und Verantwortlichkeiten der politischen Willensbildung einen äußeren Rahmen vorzugeben. Vor diesem Hintergrund verwundert es nicht, daß politikwissenschaftlich die Richtlinienkompetenz des Bundeskanzlers unter dem Eindruck der Adenauer-Ära von den einen magisch überhöht und von anderen verteufelt wurde[62], während sie später unter dem Eindruck der Ära Kohl in dem Sinne nüchterner betrachtet wurde[63], daß die Rolle des Kanzlers weniger von seiner Richtlinienkompetenz als etwa von seiner gleichzeitigen Funktion als Parteiführer oder vom Konfliktmanagement in der Koalition (Koordinationsdemokratie)[64] geprägt ist, gleichwohl aber eine »Vorwirkung« als »unerklärte Autoritätsreserve« entfaltet[65]. Deshalb bleibt auch die Möglichkeit, regierungsinterne Kompetenzabgrenzungen im Wege des Organstreitverfahrens zu klären[66], eine theoretische[67].

14

---

[58] Vgl. dazu *M. Schröder*, HStR³ III, § 64 Rn. 15.
[59] So aber *Böckenförde*, Organisationsgewalt (Fn. 50), S. 137f. mit Anm. 40, 179ff. → Art. 62 Rn. 11.
[60] So auch *Hesse*, Verfassungsrecht, Rn. 638.
[61] Zutreffend *Oldiges* (Fn. 46), Art. 65 Rn. 7.
[62] So die Diskussion zusammenfassend *K. v. Beyme*, Das politische System der Bundesrepublik Deutschland, 11. Aufl. 2010, S. 330f.
[63] Gegen eine Annäherung der bundesdeutschen »Kanzlerdemokratie« an ein Präsidialsystem nach amerikanischem oder französischem Vorbild unter dem Eindruck der Kanzlerschaft Adenauers auch *Hesse*, Verfassungsrecht, Rn. 640.
[64] *W. Jäger*, ZfP 35 (1988), 15ff.; einen knappen Überblick über die sehr unterschiedlichen Kanzlerrollen von Adenauer bis Kohl gibt *v. Beyme*, Politisches System (Fn. 62), S. 329f.; vgl. auch *G. Wewer*, Richtlinienkompetenz und Koalitionsregierung: Wo wird die Politik definiert?, in: H.-H. Hartwich/G. Wewer (Hrsg.), Regieren in der Bundesrepublik, Bd. 1, 1990, S. 145ff.
[65] So etwa *E. Holtmann*, Die Richtlinienkompetenz des Bundeskanzlers – kein Phantom?, in: ders./W. Patzelt (Hrsg.), Führen Regierungen tatsächlich?, 2008, S. 73ff.; für die faktische Bedeutungslosigkeit der Richtlinienkompetenz dagegen *E. Schuett-Wetschky*, ZfP 13 (2003), 1897ff.; 14 (2004), 5ff.; *ders.*, Richtlinienkompetenz (hierarchische Führung) oder demokratische politische Führung?, in: E. Holtmann/W. Patzelt (Hrsg.), Führen Regierungen tatsächlich?, 2008, S. 85ff.
[66] Vgl. *v. Münch*, Staatsrecht I, Rn. 845; *R. Herzog*, in: Maunz/Dürig, GG, Art. 65 (2008), Rn. 12f.
[67] *Oldiges* (Fn. 46), Art. 65 Rn. 13, spricht in diesem Zusammenhang von »virtueller Führungspotenz«, weil Art. 65 GG verfassungsrechtliche Formen vorzeichne, in denen politische Führung ausgeübt werden könne aber nicht müsse. Die theoretische Natur eines solchen Vorgehens hebt auch *Herzog* (Fn. 66), Art. 65 Rn. 12, hervor.

Art. 65   C. Erläuterungen

II. Regierungsinterne Kompetenzverteilung

1. Bundeskanzler

a) Statusbestimmende Normen außerhalb der Richtlinienkompetenz

15 Die mit dem Begriff der »Kanzlerdemokratie« (→ Art. 62 Rn. 15) umschriebene **Dominanz des Bundeskanzlers** im politischen System der Bundesrepublik Deutschland, die oft als Folge seiner Richtlinienkompetenz aus Art. 65 S. 1 GG verstanden wird, findet ihre verfassungsrechtliche Grundlage primär in anderen staatsorganisationsrechtlichen Strukturentscheidungen[68].

16 Zu den Kompetenzen, die dem Bundeskanzler außerhalb von Art. 65 S. 1 GG zugewiesen sind und die gemeinsam mit der Richtlinienkompetenz seinen verfassungsrechtlich ausgestalteten Status prägen, gehören insbesondere die **Organisations- und Personalkompetenz im Bereich der Regierung** (→ Art. 64 Rn. 8ff., 24ff.). Vor allem mit der jederzeitigen Möglichkeit, einen Minister zu entlassen, verfügt der Kanzler über ein Machtinstrument, das den Rückgriff auf seine Richtlinienkompetenz weitgehend erübrigt. Aus dem Kreis der dem Kanzler zugewiesenen speziellen Kompetenzen hervorzuheben sind die Befehls- und Kommandogewalt über die Streitkräfte, die im Verteidigungsfall auf ihn übergeht (Art. 115b GG), die Gegenzeichnung von Anordnungen und Verfügungen des Bundespräsidenten (Art. 58 I GG), sowie das Antragsrecht für Vertrauensfrage (Art. 68 I 1 GG) und Bundestagsauflösung (Art. 68 I 2, 3 GG)[69]. Mit der zunehmenden Verlagerung wichtiger politischer Richtungsentscheidungen auf die europäische Ebene gewinnt schließlich die Zuständigkeit des Bundeskanzlers an Gewicht, die Bundesrepublik im Europäischen Rat (→ Rn. 7f.) zu vertreten.

b) Richtlinien der Politik

17 Über die genannten speziellen Kompetenzen hinaus weist das Grundgesetz dem Kanzler die allgemeine regierungsinterne Zuständigkeit zu, die Richtlinien der Politik zu bestimmen. Eine Ausgestaltung dieser Richtlinienkompetenz ist in §§ 2, 3f., 9, 12, 17 II, 21f. GOBReg erfolgt. Die unterschiedlichen Versuche, diese Richtlinienkompetenz zu konkretisieren[70], setzen entweder bei den beiden **begrifflichen Elementen** »Politik« und »Richtlinie« an[71], fragen nach der **Funktion der Richtlinienkompetenz** als Instrument politischer Führung innerhalb der Bundesregierung und als Anknüpfungspunkt für die politische Verantwortlichkeit des Bundeskanzlers gegenüber dem Parlament[72] oder bemühen sich um eine Einordnung in die bekannten Kategorien von **Norm und Einzelakt**[73].

18 Die bei dem Begriff der Politik ansetzenden Konkretisierungen umschreiben den Gegenstand der Richtlinien – ähnlich der Aufgabenbestimmung der Bundesregierung

---

[68] Zur Bedeutung der Doppelfunktion als Bundeskanzler und Parteiführer s. *H. Gast*, ZParl. 39 (2008), 42 (45 ff.).
[69] Ausführlich bei *v. Münch*, Staatsrecht I, Rn. 854; siehe auch *Maurer*, Richtlinienkompetenz (Fn. 56), S. 123 f.
[70] Ausführlich dazu *Schenke* (Fn. 15), Art. 65 Rn. 20 ff.; ausführliche Nachw. auch bei *Schröder* (Fn. 46), Art. 65 Rn. 12.
[71] So etwa *N. Achterberg*, HStR II, § 52 Rn. 17 ff.
[72] So *Oldiges* (Fn. 46), Art. 65 Rn. 14.
[73] Z. B. *J. Kölble*, DÖV 1973, 1 (6).

im Sinne der »Staatsleitung« (→ Art. 62 Rn. 30 ff.) – als »schöpferische Entscheidung über die das staatliche Ganze berührenden Ziele und die Erringung und Ausübung sozialer Macht zu ihrer Durchsetzung« oder als »Setzung und Durchsetzung bestimmter Ideen und Ziele, (welche) die soziale Gesamtheit gestalten«[74]. In dem Begriff der Richtlinie komme einerseits der **final-programmierende Charakter** und andererseits die Eigenschaft eines **Rahmens**, der der Ausfüllung fähig und bedürftig ist[75], zum Ausdruck[76]. Dementsprechend werden sie als die »grundlegenden staatsrichtungsbestimmenden Gestaltungsentscheidungen«[77], als »politische Richtungsentscheidungen«[78] oder »politische Richtungs- und Führungsgrundsätze«[79], als »grundlegende und richtungweisende Entscheidungen«[80] oder als »das allgemeine Ziel und der allgemeine Rahmen der inneren und äußeren Politik der Bundesregierung«[81] bezeichnet.

Dagegen stellt die funktionale Betrachtung in den Vordergrund, daß die Richtlinienkompetenz den Bundeskanzler in die Lage versetzen soll, auf die Regierungspolitik in dem Maße Einfluß zu nehmen, welches ihm erlaubt, dafür die Gesamtverantwortung zu übernehmen[82]. Sie soll dann alle diejenigen Befugnisse umschließen, mit denen der Bundeskanzler seinen **politischen Führungsanspruch behaupten und durchsetzen** kann[83]. Allerdings wird damit die Schwierigkeit, den verfassungsrechtlichen Begriff der Richtlinien der Politik genauer zu bestimmen, ersetzt durch die nicht weniger schwierige Frage, wie weit die vom Kanzler zu tragende Gesamtverantwortung und sein daraus folgender Führungsanspruch reicht. **19**

Auch Versuche, die »Richtlinien der Politik« dadurch näher zu bestimmen, daß man sie einer bekannten **Kategorie von Rechtsquellen** zuweist oder mit Hilfe verwaltungsrechtlicher Institute präzisiert[84], helfen nicht weiter[85]. Als eigenständige Kategorie der politischen Richtungsentscheidung finden auf sie allgemeine Regeln keine Anwendung[86]. Auch Deutungen wie die als »innerdienstliche, (für die Bundesminister) rechtsverbindliche, abstrakte Weisungen mit normativem Charakter«[87] sind ohne konkreten Ertrag. Nach herrschender Auffassung läßt sich der Richtlinienbegriff vor dem Hintergrund der Unterscheidung von Norm und Einzelakt auch nicht auf abstrakt-generelle Vorgaben eingrenzen. Es kommen danach auch Richtlinien der Politik in Betracht, die im Prinzipiellen wurzelnde **Einzelanordnungen** zum Inhalt haben[88]. **20**

---

[74] *U. Scheuner*, Der Bereich der Regierung (1952), in: ders., Staatstheorie und Staatsrecht, 1978, S. 455 ff. (472).
[75] *Hesse*, Verfassungsrecht, Rn. 642.
[76] *N. Achterberg*, HStR II, § 52 Rn. 19; *Schröder* (Fn. 46), Art. 65 Rn. 15.
[77] So die Formulierung bei *E. U. Junker*, Die Richtlinienkompetenz des Bundeskanzlers, 1965, S. 55; aufgenommen von *N. Achterberg*, HStR II, § 52 Rn. 18.
[78] *U. Mager*, in: v. Münch/Kunig, GG I, Art. 65 Rn. 6.
[79] *Stern*, Staatsrecht II, S. 303.
[80] *Jarass/Pieroth*, GG, Art. 65 Rn. 3 m. w. N.; *Schenke* (Fn. 15), Art. 65 Rn. 26.
[81] *v. Münch*, Staatsrecht I, Rn. 839.
[82] So *Oldiges* (Fn. 46), Art. 65 Rn. 14; *V. Busse*, in: Friauf/Höfling, GG, Art. 65 (2011), Rn. 5.
[83] *Oldiges* (Fn. 46), Art. 65 Rn. 14.
[84] So der – jedenfalls für Art. 65 GG – wenig fruchtbare Ansatz von *C. Roth*, Bundeskanzlerermessen im Verfassungsstaat, 2009, S. 75 ff., 147 ff.
[85] So auch *Schröder* (Fn. 46), Art. 65 Rn. 14.
[86] Vgl. auch *N. Achterberg*, HStR II, § 52 Rn. 18; *Oldiges* (Fn. 46), Art. 65 Rn. 15; *Schenke* (Fn. 15), Art. 65 Rn. 22 ff.; *S. Detterbeck*, HStR³ III, § 66 Rn. 16.
[87] So *N. Achterberg*, HStR II, § 52 Rn. 18.
[88] *Oldiges* (Fn. 46), Art. 65 Rn. 15, 25; *S. Detterbeck*, HStR³ III, § 66 Rn. 15; *Busse* (Fn. 82), Art. 65 Rn. 6; *Uhle/Müller-Franken* (Fn. 18), Art. 65 Rn. 12; a.A. *T. Maunz*, BayVBl. 1956, 260 (261); *Hesse*, Verfassungsrecht, Rn. 642.

Allerdings sollen solche Einzelanordnungen in dem Sinne die Ausnahme bleiben, daß – aufs Ganze gesehen – der ausfüllbare Rahmencharakter gewährleistet bleibt und durch eine Vielzahl von Einzelanordnungen die Kollegialkompetenz der Regierung und die Ressortkompetenz der Minister nicht ausgehöhlt werden[89].

21 Aus dieser – keineswegs als Mangel an Präzision zu beklagenden – Unbestimmtheit des Begriffs der Richtlinien der Politik folgt, daß es zunächst der Kanzler selbst ist, der seinen politischen Vorgaben die Qualität einer Richtlinie der Politik verleihen kann. In den – weit gezogenen – Grenzen des verfassungsrechtlichen Rahmens besitzt also der **Bundeskanzler** die **Definitionskompetenz**[90].

c) Zuständigkeit, Verfahren, Gesetzesbindung

22 Die regierungsinterne[91] Zuständigkeit, die Richtlinien der Politik zu bestimmen, liegt gem. Art. 65 S. 1 GG **allein beim Bundeskanzler**. Einzelnen Ministern oder dem Kabinett steht die Bestimmungsbefugnis oder eine Mitwirkung an ihr ebensowenig zu wie dem Bundespräsidenten[92]. Ist der Bundeskanzler an der Wahrnehmung sämtlicher Aufgaben gehindert, liegt also ein Fall der Gesamtstellvertretung vor (→ Art. 69 Rn. 10), so geht die Richtlinienkompetenz auf den nach Art. 69 I GG zu ernennenden Stellvertreter über. Ist dagegen der Bundeskanzler nur teilweise an der Ausübung seiner Amtsgeschäfte gehindert – Teilstellvertretung –, so bestimmt der Bundeskanzler, ob zu den vom Stellvertreter wahrzunehmenden Kompetenzen auch die Richtlinienbestimmung gehört[93]. Weil die Kompetenzen des geschäftsführenden Bundeskanzlers gegenüber dem regulären Amtsträger nicht gemindert sind (→ Art. 69 Rn. 10), ist auch dieser Träger der Richtlinienkompetenz[94].

23 Weder für die **Form** der Richtlinien der Politik noch für das **Verfahren** ihres Zustandekommens enthält das Grundgesetz Vorgaben[95]. Sie können deshalb schriftlich oder mündlich ergehen und insbesondere zum Inhalt einer vom Bundeskanzler vor dem Parlament abgegebenen Regierungserklärung gemacht werden[96]. Auch bestehen

---

[89] *N. Achterberg*, HStR II, § 52 Rn. 19.
[90] So auch *Schröder* (Fn. 46), Art. 65 Rn. 13; *Busse* (Fn. 82), Art. 65 Rn. 17; *Maurer*, Richtlinienkompetenz (Fn. 56), S. 129, spricht von einem »Beurteilungsspielraum« des Bundeskanzlers bei der Definition der Richtlinien; gegen eine Definitionsmacht ausdrücklich *Schenke* (Fn. 15), Art. 65 Rn. 21, der allerdings ebenfalls einen beträchtlichen »Beurteilungsspielraum« des Bundeskanzlers anerkennt (Rn. 29); ähnlich *Uhle/Müller-Franken* (Fn. 18), Art. 65 Rn. 12.
[91] Im Verhältnis zum Bundestag ist die Bestimmung der Richtlinien der Politik ebensowenig wie die allgemeine »Staatsleitung« (→ Art. 62 Rn. 30 ff.) dem Bundeskanzler exklusiv zugewiesen.
[92] *Schenke* (Fn. 15), Art. 65 Rn. 58 f.
[93] In Vertretungsfällen, die voraussehbar von kurzer Dauer sind, wird im Zweifel anzunehmen sein, daß die Vertretung die Richtliniengebung nicht umschließt; vgl. *N. Achterberg*, HStR II, § 52 Rn. 28. In unaufschiebbaren Not- und Eilfällen eine Richtlinienkompetenz des Vertreters annehmend *S. Detterbeck*, HStR³ III, § 66 Rn. 21.
[94] *N. Achterberg*, HStR II, § 52 Rn. 28; *R. Herzog*, in: Maunz/Dürig, GG, Art. 69 (1984), Rn. 60.
[95] *Maurer*, Richtlinienkompetenz (Fn. 56), S. 129.
[96] Vgl. dazu m. w. N. *N. Achterberg*, HStR II, § 52 Rn. 22; *Oldiges* (Fn. 46), Art. 65 Rn. 15; Jarass/Pieroth, GG, Art. 65 Rn. 3; zur Regierungserklärung als »Führungsinstrument« *K.-R. Korte*, ZParl. 33 (2002), 452 ff.; *Schneider* (Fn. 45), Art. 65 Rn. 4, verlangt ein Mindestmaß an Formalisierung (Schriftlichkeit und ausdrückliche Inanspruchnahme der Richtlinienkompetenz): Aus der Tatsache allein, daß die Richtlinien der Politik Bindungswirkung entfalten, kann ein Formzwang nicht abgeleitet werden. Auch aus dem von *Schneider* bemühten § 4 GOBReg kann nicht auf einen Formzwang geschlossen werden; von einem »*formalisierten* Änderungsverfahren« der Richtlinien der Politik kann im Hinblick auf diese Vorschrift erkennbar nicht gesprochen werden.

keine Bedenken dagegen, daß die Richtlinien der Politik im Falle von Koalitionsregierungen durch Koalitionsvereinbarungen weitgehend vorformuliert sind (→ Rn. 24; → Art. 63 Rn. 14 f.)[97]. Kehrseite der Definitionskompetenz des Bundeskanzlers (→ Rn. 21) und Voraussetzung der rechtlichen Bindungswirkung ist allerdings, daß die Richtlinienqualität hinreichend deutlich werden und der Inhalt ausreichend bestimmt sein muß[98]. In Zweifelsfällen verpflichtet die Geschäftsordnung der Bundesregierung die Bundesminister dazu, die Entscheidung des Bundeskanzlers einzuholen (§ 1 I 3 GOBReg).

Auch bei der Wahrnehmung seiner Richtlinienkompetenz bleibt der Kanzler **an Recht und Gesetz**, einschließlich der Vorgaben, die aus dem Unionsrecht folgen, **gebunden**[99]. Allerdings wird sich die Frage nach einem Widerspruch zwischen einer Richtlinie der Politik und geltendem Recht nur selten stellen, weil die Richtlinien ihrem programmatischen Charakter entsprechend auf künftige Änderungen des Gesetzesrechts zielen. Größeres Gewicht kommt daher den **politischen Bindungen**[100] zu, die sich aus Koalitionsvereinbarungen, aus der Willensbildung innerhalb der die Regierung tragenden Parlamentsmehrheit oder auch aus politischer Rücksichtnahme auf außerparlamentarische Willensbildungsprozesse ergeben[101]. Auch hier gilt die in Bezug auf Koalitionsvereinbarungen allgemein getroffene Feststellung (→ Art. 63 Rn. 14), daß die staatsorganisationsrechtliche Rahmenordnung des Grundgesetzes mit ihren Kompetenznormen Vorentscheidungen und -formulierungen der Politik im »Vorfeld« des jeweiligen Kompetenzträgers nicht verbietet, sondern im Gegenteil voraussetzt[102]. Das gilt auch für die Beratung und Vorformung politischer Konzepte durch Private oder durch sachverständig und interessenplural zusammengesetzte »Beiräte« und »Kommissionen«.

24

d) Adressaten und Bindungswirkung der Richtlinien

Da Art. 65 GG die innere Struktur der Bundesregierung regelt, sind Adressaten der Richtlinien (nur) die **Bundesminister**[103]. Verbindlichkeit im Sinne konkreter Verhaltenspflichten können die Richtlinien allerdings nur soweit beanspruchen, wie ihr Inhalt eindeutig ist (→ Rn. 23). **Interpretations- und Konkretisierungsspielräume** können von dem jeweiligen Minister ausgefüllt werden[104], solange der Bundeskanzler von seiner unbestrittenen Interpretationskompetenz keinen Gebrauch gemacht hat. Die Frage, ob Bundesminister auch in Ausübung besonderer verfassungsrechtlich zugewiesener Befugnisse (→ Rn. 29) der Richtlinienkompetenz unterworfen sind, beant-

25

---

[97] So auch *N. Achterberg*, HStR II, § 52 Rn. 24; daß Koalitionsvereinbarungen nicht per se die Qualität von Richtlinien der Politik zukommt, betont zutreffend *Schröder* (Fn. 46), Art. 65 Rn. 17.
[98] *S. Detterbeck*, HStR³ III, § 66 Rn. 19; *Schröder* (Fn. 46), Art. 65 Rn. 18 m. w. N.
[99] Vgl. nur *Oldiges* (Fn. 46), Art. 65 Rn. 17; *S. Detterbeck*, HStR³ III, § 66 Rn. 17.
[100] Daß die Richtlinienkompetenz durch Koalitionsvereinbarungen nicht im rechtlichen Sinne beschränkt wird, entspricht allgemeiner Meinung; vgl. nur Jarass/*Pieroth*, GG, Art. 65 Rn. 3.
[101] Wie hier *Oldiges* (Fn. 46), Art. 65 Rn. 17; vgl. auch *D. Weckerling-Wilhelm*, in: Umbach/Clemens, GG, Art. 65 Rn. 10.
[102] Ähnlich, bezogen auf die Richtlinienkompetenz des Bundeskanzlers ebenso *N. Achterberg*, HStR II, § 52 Rn. 26.
[103] So ausdrücklich und das Verfassungsrecht insoweit konkretisierend § 1 I 2 GOBReg.
[104] S. etwa *S. Detterbeck*, HStR³ III, § 66 Rn. 19; *K. H. Friauf*, Grenzen der politischen Entschließungsfreiheit des Bundeskanzlers, in: FS Herrfahrdt, 1961, S. 45 ff. (50, insb. 66 f.). Die in § 1 I 3 GOBReg enthaltene Pflicht »in Zweifelsfällen« die Entscheidung des Kanzlers einzuholen, schließt diesen Auslegungs- und Konkretisierungsspielraum nicht aus.

wortet sich nicht nach Art. 65 GG, sondern nach der Funktion der jeweiligen ministeriellen Sonderrechte[105].

26 Das **Kabinett** ist entgegen einer verbreiteten Auffassung[106] nicht an die Richtlinien des Bundeskanzlers gebunden. Durch Art. 65 S. 2 GG wird nur die Geschäftsleitungsbefugnis der Minister an die Richtlinien gebunden, und auch sonst ist in der Verfassung keine Bindung des Kabinetts normiert[107]. Die innere Struktur der Bundesregierung ist also durch zwei miteinander konkurrierende Führungsorgane gekennzeichnet[108], wenn auch dem Kanzler eine verfahrensrechtliche »Führungspräponderanz« zukommen mag, weil er aufgrund seiner Geschäftsleitungsbefugnis ihm unliebsame Vorlagen an das Kabinett vertagen kann[109]. Von der Gegenansicht[110] wird hervorgehoben, daß nicht das Kabinett dem Kanzler, sondern der Kanzler dem Kabinett vorgeordnet sei[111], und daß ohne die Bindung auch des Kabinetts die Richtlinienkompetenz ein »stumpfes Schwert« bleibe[112]. Folglich stehe dem Bundeskanzler etwa bei Gesetzesinitiativen der Bundesregierung ein Vetorecht zu[113]. Dagegen spricht aber schon die ausdrückliche Zuweisung von Entscheidungsbefugnissen an das Kabinett durch die Verfassung (→ Rn. 33). Diese kann nicht durch die Behauptung einer generellen Richtlinienkompetenz wieder aufgehoben und dadurch das Kabinett zu einem reinen Beratungsgremium degradiert werden[114].

e) Durchsetzung

27 Spezielle Instrumente zur Durchsetzung der Richtlinien sieht das Grundgesetz nicht vor. Zu denken wäre hier zunächst an eine Befugnis des Bundeskanzlers, im Einzelfall eine Ressortentscheidung an sich zu ziehen, um schwerwiegende parlamentarische Konsequenzen für sich abzuwenden[115]. Obwohl das Grundgesetz kein Mißtrauensvotum gegen einzelne Minister kennt, bedarf es eines solchen **Selbsteintritts- oder Durchgriffsrechts** des Bundeskanzlers aber nicht[116]. Über eine einzelfallbezogene Richtlinie (→ Rn. 20) kann er nämlich in Fällen von grundsätzlicher Bedeutung für die

---

[105] Zutreffend *Schröder* (Fn. 46), Art. 65 Rn. 24.
[106] Ausführlich m.w.N. *Schenke* (Fn. 15), Art. 65 Rn. 40ff.
[107] *Oldiges* (Fn. 46), Art. 65 Rn. 36; *Maurer*, Richtlinienkompetenz (Fn. 56), S. 135f.; Jarass/Pieroth, GG, Art. 65 Rn. 3; *S. Detterbeck*, HStR³ III, § 66 Rn. 53; *Roth*, Bundeskanzlerermessen (Fn. 84), S. 152f.
[108] *Oldiges* (Fn. 46), Art. 65 Rn. 36.
[109] *Oldiges* (Fn. 46), Art. 65 Rn. 37, der außerdem meint, der Kanzler könne mit Hilfe seiner Richtlinienkompetenz Einfluß auf die Kabinettsvorlagen einzelner Minister nehmen. Im Konflikt mit dem Kabinett kommt allerdings diesem die Befugnis zu, für die Bundesminister verbindliche Beschlüsse etwa über eine vom Kabinett »geforderte« Kabinettsvorlage zu fassen; vgl. dazu auch *Hesse*, Verfassungsrecht, Rn. 647.
[110] *F. Knöpfle*, DVBl. 1965, 925 (929f.); *Hesse*, Verfassungsrecht, Rn. 642; *Mager* (Fn. 78), Art. 65 Rn. 9; *W.-R. Schenke*, Jura 1982, 337 (343ff.) m.w.N. in Fn. 28.
[111] *Stern*, Staatsrecht II, S. 305f.; *Böckenförde*, Organisationsgewalt (Fn. 50), S. 173.
[112] So *Mager* (Fn. 78), Art. 65 Rn. 9.
[113] So *Degenhart*, Staatsrecht I, Rn. 756.
[114] *Maurer*, Richtlinienkompetenz (Fn. 56), S. 139; *Friauf*, Entschließungsfreiheit (Fn. 104), S. 45, 52; *Schröder* (Fn. 46), Art. 65 Rn. 25; *Busse* (Fn. 82), Art. 65 Rn. 8; *V. Epping*, in: Epping/Hillgruber, GG (online, Stand: 1.12.2014), Art. 65 Rn. 4.2.
[115] Dafür *Herzog* (Fn. 66), Art. 65 Rn. 8; dagegen *Hesse*, Verfassungsrecht, Rn. 642; *Degenhart*, Staatsrecht I, Rn. 756.
[116] So auch *S. Detterbeck*, HStR³ III, § 66 Rn. 19; *Friauf*, Entschließungsfreiheit (Fn. 104), S. 50ff.; *Oldiges* (Fn. 46), Art. 65 Rn. 24; *Schröder* (Fn. 46), Art. 65 Rn. 26; *Böckenförde*, Organisationsgewalt (Fn. 50), S. 207; *Epping* (Fn. 114), Art. 65 Rn. 6.

»Anwendung« seiner allgemeinen politischen Richtungsentscheidungen durch einen Minister sorgen, wobei auch dann die konkrete Umsetzung der Richtlinie Sache des Ministers bleibt[117]. Weiterreichende Durchsetzungs- oder »Zwangsinstrumente« etwa für den Fall, daß ein Minister auch einer solchen einzelfallbezogenen Richtlinie nicht folgt, sind – abgesehen von der theoretischen Möglichkeit eines Organstreitverfahrens – weder vorhanden noch erforderlich, weil dem Bundeskanzler nach Art. 64 I GG die Befugnis zusteht, den Bundesminister zu entlassen[118]. Die Vorwirkungen dieses Rechts geben dem Bundeskanzler eine Fülle informeller Möglichkeiten, die Beachtung seiner Richtlinien durchzusetzen[119]. So ist im Ergebnis die Richtlinienkompetenz von der politischen Machtverteilung abhängig und ihre Verwirklichung nur ausnahmsweise eine Frage verfassungsrechtlicher Kompetenzabgrenzungen[120].

2. Bundesminister

Vor dem Hintergrund der Doppelstellung der Minister als Ressortleiter und als Mitglieder des Kabinetts (→ Art. 62 Rn. 19) beschränkt sich der Anwendungsbereich von Art. 65 S. 2 GG auf die Stellung der **Minister als Ressortleiter**. Dabei findet Art. 65 S. 2 GG nur dann Anwendung, wenn dem Minister durch Organisationserlaß des Bundeskanzlers (→ Art. 64 Rn. 16) ein abgegrenztes Tätigkeitsgebiet mit bestimmten Sachzuständigkeiten zugewiesen wurde. Während diese Voraussetzung bei Ministern für Sonderaufgaben – wenn auch je nach Aufgabenzuweisung in eingeschränktem Umfang – vorliegt und Art. 65 S. 2 GG deshalb zumindest analog anwendbar ist[121], kann diese Norm auf Minister ohne Geschäftsbereich keine Anwendung finden[122]. Von dieser Ausnahme abgesehen, kommt den Bundesministern für ihren Geschäftsbereich die Letztentscheidungsbefugnis in Sach-, Organisations- und Personalfragen zu[123]. In dieser Funktion als Ressortleiter[124] wird ein Minister extern[125] durch einen anderen Bundesminister vertreten[126], während ihn intern – als Leiter einer obersten Bundesbehörde – der beamtete oder der Parlamentarische Staatssekretär vertritt[127] (→ Art. 62 Rn. 19).

28

---

[117] *Oldiges*, Bundesregierung (Fn. 8), S. 458.
[118] Vgl. auch *v. Münch*, Staatsrecht I, Rn. 845; *Maurer*, Richtlinienkompetenz (Fn. 56), S. 130; *S. Detterbeck*, HStR³ III, § 66 Rn. 23.
[119] Vgl. nur *N. Achterberg*, HStR II, § 52 Rn. 30.
[120] *J. Ipsen*, Staatsrecht I, Rn. 432; *Maurer*, Richtlinienkompetenz (Fn. 56), S. 125.
[121] So *S. Detterbeck*, HStR³ III, § 66 Rn. 26.
[122] So aber *S. Detterbeck*, HStR³ III, § 66 Rn. 26. Aus Art. 65 S. 2 GG lassen sich entgegen *Mager* (Fn. 78), Art. 65 Rn. 10, keine verfassungsrechtlichen Bedenken gegen »Minister ohne Geschäftsbereich« (→ Art. 62 Rn. 20) ableiten; so auch *N. Achterberg*, HStR II, § 52 Rn. 37. Ob – wie *Achterberg*, ebd., Rn. 53, meint – Minister ohne Geschäftsbereich sogar der Weisungsbefugnis des Bundeskanzlers unterliegen, erscheint allerdings zweifelhaft, weil mangels Geschäftsbereich nicht ersichtlich ist, worauf sich die Weisungsbefugnis beziehen sollte. Das Abstimmungsverhalten im Kabinett jedenfalls ist auch bei Ministern ohne Geschäftsbereich frei von Weisungsbefugnissen des Kanzlers.
[123] Zusammenfassend *Hesse*, Verfassungsrecht, Rn. 644.
[124] Zur Vertretung des Ministers als Kabinettsmitglied (innerhalb der Regierung): → Art. 62 Rn. 19.
[125] Zur Unterscheidung zwischen externer und interner Vertretung vgl. etwa *N. Achterberg*, HStR II, § 52 Rn. 47.
[126] Ausdrücklich geregelt ist dies in der Geschäftsordnung nur für die Vertretung »in der Regierung«; vgl. § 14 I GOBReg.
[127] Dabei richtet sich die Vertretungsbefugnis des Parlamentarischen Staatssekretärs nach dem Aufgabenbereich, der ihm übertragen worden ist, sowie nach der Bestimmung des Ministers in Einzelfällen; vgl. § 14 II GOBReg.

Art. 65

29   Der genaue Inhalt dieser Letztentscheidungsbefugnis insbesondere in Sachfragen ergibt sich zunächst aus einer Reihe **spezieller Ministerbefugnisse**, die im Unionsrecht (→ Rn. 9) und im Verfassungsrecht ebenso wie im Gesetzesrecht ihre Grundlage haben können. Auf Verfassungsebene zu nennen sind hier beispielsweise die besonderen Befugnisse des Bundesministers der Verteidigung nach Art. 65a GG (Befehls- und Kommandogewalt über die Streitkräfte in Friedenszeiten), des Bundesministers der Justiz nach Art. 96 II 4 GG (Zuweisung der Wehrstrafgerichte zum Ressortbereich des Bundesministers der Justiz) und insbesondere des Bundesministers der Finanzen[128] nach Art. 112 GG (Erfordernis der Zustimmung des Bundesministers der Finanzen für über- und außerplanmäßige Ausgaben) sowie die Pflicht aus Art. 114 I GG (jährliche Rechnungslegung durch den Bundesminister der Finanzen gegenüber Bundestag und Bundesrat). Über solche durch die Verfassung oder durch Gesetz begründete Ministerkompetenzen hinaus können durch die Geschäftsordnung keine Kompetenzverschiebungen zulasten von Kabinettskompetenzen vorgenommen werden. Deshalb ist sowohl das Vetorecht des Finanzministers nach § 26 I GOBReg[129] als auch dasjenige des Justiz- und des Innenministers nach § 26 II GOBReg[130], das ihnen bei Übereinstimmung mit dem Votum des Bundeskanzlers in einer weiteren Sitzung der Bundesregierung eingeräumt ist, in den Fällen unwirksam, in denen die Entscheidungskompetenz beim Kabinett liegt[131] (→ Rn. 33f.).

30   Jenseits solcher spezieller Regelungen gehören zu den **allgemeinen ministeriellen Sachentscheidungszuständigkeiten** insbesondere die Verordnungsbefugnis (Art. 80 I GG) und das Gegenzeichnungsrecht (Art. 58 GG)[132]. Auch die allgemeine Öffentlichkeitsarbeit, die über die Tätigkeit eines Ministeriums auf dem ihm zugewiesenen Sachgebiet informiert, ist hier zu nennen[133]. Zu den ministeriellen Innenkompetenzen, die auch als »funktionssichernde Hilfskompetenzen« bezeichnet[134] werden, gehören die **organisations-, personal- und haushaltsrechtlichen Entscheidungen**[135]. Die interne Organisationsbefugnis umfaßt die Gliederung eines Ministeriums in Abteilungen, Unter-

---

[128] Zu Art. 108 a. F. GG, der die Steuerverwaltung des Bundes von Verfassungs wegen dem Bundesminister der Finanzen zuwies, s. *F. Klein*, DVBl. 1962, 573 (574).
[129] Dagegen schon *Böckenförde*, Organisationsgewalt (Fn. 50), S. 182ff.; wenig überzeugend eine Rechtfertigung des § 26 I GOBReg teils aus der Sonderstellung des Finanzministers, teils aus der Geschäftsordnungskompetenz begründend *Schröder* (Fn. 46), Art. 65 Rn. 38 m. w. N.
[130] Kritisch dazu auch schon *K. Kröger*, Die Ministerverantwortlichkeit in der Verfassungsordnung der Bundesrepublik Deutschland, 1972, S. 115; ohne Bedenken *Oldiges*, Bundesregierung (Fn. 8), S. 291ff.; ihm folgend *Mager* (Fn. 78), Art. 65 Rn. 14; für »nicht zweifelhaft« hält die Verfassungskonformität des § 26 II GOBReg *Schröder* (Fn. 46), Art. 65 Rn. 38.
[131] Im Hinblick auf die Rolle des Bundeskanzlers – krit. zum Letztentscheidungsrecht des Kanzlers auch *Epping* (Fn. 114), Art. 65 Rn. 11.2 – kann auch nicht argumentiert werden, daß es sich de facto um seine Entscheidung handele, weil er zur endgültigen Verhinderung eines Beschlusses der Ansicht des widersprechenden Ministers im zweiten Abstimmungsgang beitreten müsse, und daß der Bundeskanzler hierzu befugt sei, weil es sich hierbei lediglich um eine Einbringung der Richtlinienkompetenz in das Abstimmungsverfahren handele – so aber *Oldiges* (Fn. 46), Art. 65 Rn. 41. Denn unabhängig von der Frage der Bindung der Bundesregierung als Kollegium durch Richtlinien des Bundeskanzlers (→ Rn. 26) ist nicht jede Frage von finanzieller Bedeutung oder vermuteter Rechtswidrigkeit notwendigerweise eine im Wege der Ausübung der Richtlinienkompetenz entscheidbare Frage; s. auch *Schröder* (Fn. 46), Art. 65 Rn. 38.
[132] Dazu *S. Detterbeck*, HStR³ III, § 66 Rn. 33ff. → Art. 58 Rn. 5ff., 14ff.
[133] BVerwGE 87, 37 (51); BVerwG NJW 1991, 1770ff. Damit ist allerdings keine Ermächtigung zu Grundrechtseingriffen verbunden: → Rn. 10; → Art. 20 (Rechtsstaat), Rn. 115.
[134] *Oldiges* (Fn. 46), Art. 65 Rn. 21.
[135] Dazu *S. Detterbeck*, HStR³ III, § 66 Rn. 28; *J. Kölble*, DÖV 1973, 1 (4).

abteilungen und Referate, die der Minister errichten, verändern oder auflösen kann. Dazu zählt auch das innerministerielle Verfahren, das in der auf Konsens beruhenden und deswegen die Ressortkompetenz nicht verletzenden[136] Gemeinsamen Geschäftsordnung der Bundesministerien[137] näher geregelt ist. Dem Minister steht die Weisungsbefugnis sowohl innerhalb des Ministeriums als auch gegenüber unmittelbar nachgeordneten Bundesbehörden seines Geschäftsbereichs zu[138]. Der Minister ist darüber hinaus für die Ernennung und Entlassung der Bediensteten zuständig. Im Rahmen des Haushaltsplans kann er haushaltsrechtliche Maßnahmen treffen.

Die so umschriebene **Ressortleitungsbefugnis** ist **kanzler- und kabinettsfest**[139] in dem Sinne, daß beide Organe über ihre speziellen Kompetenzen hinaus nicht in ein Ressort »hineinregieren« dürfen. Verfassungsrechtlich kann der Minister nur durch Richtlinien des Kanzlers und durch Kabinettsbeschlüsse gebunden werden[140]. Diese Selbständigkeit betont Art. 65 S. 2 GG ausdrücklich[141]. Allerdings wird von ihm auch in einem rechtlichen Sinne bei Ausübung seiner Ressortkompetenz Rücksicht auf Kabinettszuständigkeiten[142] erwartet werden dürfen. Das hat etwa Bedeutung für den Teil der Ressorttätigkeit, der in der Vorbereitung von Kabinettsbeschlüssen liegt[143].

31

3. Bundeskabinett

a) Kollegialentscheidungen

Soweit das Grundgesetz durch Art. 65 S. 3 GG oder durch speziellere Normen eine Entscheidungszuständigkeit der Bundesregierung begründet, trifft den formalen Beschluß wie auch die Entscheidung in der Sache das Kollegialorgan auf der Grundlage der Gleichberechtigung aller seiner Mitglieder (→ Art. 62 Rn. 13 f.). Abgesehen von seinen Sonderrechten aus der Geschäftsleitungsbefugnis (→ Rn. 51), beschränkt sich auch die Rolle des Bundeskanzlers auf die eines »Moderators«[144]. Die Bundesminister sind nur für die Vorbereitung und Abwicklung zuständig[145].

32

b) Spezielle Kabinettskompetenzen

Außer den Entscheidungen über Meinungsverschiedenheiten zwischen den Bundesministern nach Art. 65 S. 3 GG (→ Rn. 35) und über die Geschäftsordnung nach Art. 65 S. 4 GG (→ Rn. 46 ff.) weist die Verfassung dem Kabinett noch eine Reihe weiterer

33

---

[136] *Oldiges* (Fn. 46), Art. 65 Rn. 21; *Schenke* (Fn. 15), Art. 65 Rn. 88 ff.
[137] Allgemeiner Teil (GGO I) zuletzt geändert durch Kabinettsbeschluß vom 21.6.1995, GMBl. 1995, S. 590 ff.; Besonderer Teil (GGO II) zuletzt geändert durch Kabinettsbeschluß vom 19.3.1996, GMBl. 1996, S. 449. Knappe Übersicht über die Regelungsgegenstände bei *N. Achterberg*, HStR II, § 52 Rn. 91.
[138] *N. Achterberg*, HStR II, § 52 Rn. 46. Von dieser Weisungsbefugnis umfaßt ist auch die Entscheidung von Kompetenzkonflikten zwischen unmittelbar nachgeordneten Behörden.
[139] *Oldiges* (Fn. 46), Art. 65 Rn. 21; *J. Kölble*, DÖV 1973, 1 (1); gegen diese »Schlagworte« *S. Detterbeck*, HStR³ III, § 66 Rn. 31.
[140] Dazu *Oldiges* (Fn. 46), Art. 65 Rn. 20.
[141] Nach *J. Ipsen*, Staatsrecht I, Rn. 463, soll sich der Begriff der Selbständigkeit nur auf das Verhältnis zum Kanzler beziehen.
[142] *M. Schröder*, HStR³ III, § 64 Rn. 15 m. w. N.
[143] *Degenhart*, Staatsrecht I, Rn. 759, will hier den Minister an Weisungen des Kabinetts binden.
[144] So *N. Achterberg*, HStR II, § 52 Rn. 59.
[145] *Oldiges* (Fn. 46), Art. 65 Rn. 32.

Art. 65 C. Erläuterungen

spezieller Kompetenzen in den Bereichen Rechtsetzung[146], Aufsicht und Ingerenz[147], Auswärtige Gewalt[148], Notstandsrechte[149] sowie Informationsrechte[150] zu[151]. Hervorzuheben sind das Recht zum Erlaß von Rechtsverordnungen (Art. 80 GG) und Verwaltungsvorschriften (Art. 84 II, 85 II, 86 GG) sowie die Genehmigung des Handels mit Kriegswaffen (→ Art. 26 Rn. 51 f.).

34   Darüber hinaus ist es verfassungsrechtlich zulässig[152] und in der Praxis auch üblich[153], dem Kabinett durch **Gesetz** Zuständigkeiten zuzuweisen. Allerdings darf wegen der Ressortfreiheit des Kabinetts die Wahrnehmung solcher Zuständigkeiten keinen eigenen Verwaltungsapparat erfordern[154], was sich regelmäßig dadurch vermeiden läßt, daß nur die eigentliche Sachentscheidung von dem Kollegialorgan zu treffen ist, während Vorbereitung und Ausführung bei einem Minister liegen.

c) Allgemeine Kabinettskompetenz nach Art. 65 S. 3 GG

35   Die allgemeine Kabinettskompetenz zur Entscheidung von Meinungsverschiedenheiten zwischen den Bundesministern gem. Art. 65 S. 3 GG läßt sich wegen ihrer systematischen Stellung zunächst dadurch näher bestimmen, daß sie sich nur auf solche Meinungsverschiedenheiten beziehen kann, die nicht in die alleinige Kanzler- oder Ministerzuständigkeit fallen. Folglich muß es sich um **ressortübergreifende Fragen** handeln, die noch **nicht durch Richtlinien des Bundeskanzlers entschieden** sind[155], weshalb der Anwendungsbereich von Art. 65 S. 3 GG begrenzt ist[156]. Gegenstand von Meinungsverschiedenheiten können etwa positive oder negative Kompetenzkonflikte sein, die der Bundeskanzler (noch) nicht durch Organisationserlaß bereinigt hat[157]. In Betracht kommen aber auch inhaltliche Konflikte, wenn mehrere Ressorts sich bei der Lösung einer Frage nicht einigen können und die Richtlinien der Politik keine Vorgaben enthalten[158]. Eine zulässige verfahrensrechtliche Konkretisierung des Begriffs der Meinungsverschiedenheiten trifft darüber hinaus § 17 GOBReg, indem er das Scheitern einer Verständigung zwischen den beteiligten Bundesministern – sog. »Chefbesprechungen« – zur Voraussetzung einer Kollegialentscheidung macht[159].

36   Eine darüber hinausreichende **Kabinettskompetenz** zur Entscheidung **in Angelegenheiten von ressortübergreifender oder grundsätzlicher Bedeutung**, zu denen keine Meinungsverschiedenheiten vorhanden sind, **besteht nicht**. Das Argument, der Begriff

---

[146] Art. 76 I und III, 77 II 4, 80, 109 IV 2 GG.
[147] Art. 37, 84 II-V, 85 II-IV, 86, 108 II 3 und VII, 129 I 2 GG.
[148] Art. 26 II, 32 III, 80a III 1 GG.
[149] Art. 35 III, 81, 87a IV, 91 II, 115a I 2, 115f, 115i II GG.
[150] Art. 43 II, 53 GG.
[151] Ausführlich *Herzog* (Fn. 66), Art. 65 Rn. 70 ff.; *Schenke* (Fn. 15), Art. 65 Rn. 109 f.; vgl. auch die Liste bei *Maurer*, Staatsrecht, § 14 Rn. 52; *S. Detterbeck*, HStR³ III, § 66 Rn. 49.
[152] Vgl. nur *Oldiges* (Fn. 46), Art. 65 Rn. 29 m. w. N.
[153] So schlägt die Bundesregierung etwa nach § 22 I BDSG den Bundesdatenschutzbeauftragten vor und nach § 7 III BBankG den Präsidenten und den Vizepräsidenten der Bundesbank.
[154] *Oldiges* (Fn. 46), Art. 65 Rn. 29; *Uhle/Müller-Franken* (Fn. 18), Art. 65 Rn. 36.
[155] *Jarass/Pieroth*, GG, Art. 65 Rn. 6; *S. Detterbeck*, HStR³ III, § 66 Rn. 45.
[156] *Mager* (Fn. 78), Art. 65 Rn. 16.
[157] Daß die Organisationsgewalt des Bundeskanzlers (→ Art. 64 Rn. 8 ff.) diesen nicht zwingt, alle Kompetenzabgrenzungsfragen zu entscheiden, übersieht *Schenke* (Fn. 15), Art. 65 Rn. 113.
[158] Vgl. nur *N. Achterberg*, HStR II, § 52 Rn. 60.
[159] Vgl. dazu m. w. N. *S. Detterbeck*, HStR³ III, § 66 Rn. 47.

der »Meinungsverschiedenheiten« sei mißverständlich zu eng gewählt[160], vermag ein gegenteiliges Ergebnis nicht zu begründen. Allerdings scheinen alle bisherigen Bundesregierungen eine deutlich über Art. 65 S. 3 GG hinausgehende allgemeine Kabinettskompetenz anzunehmen, da nach § 15 I GOBReg der Bundesregierung »alle Angelegenheiten von allgemeiner innen- oder außenpolitischer, wirtschaftlicher, sozialer, finanzieller oder kultureller Bedeutung« zur »Beratung und Beschlußfassung zu unterbreiten« sind[161]. Soweit damit Entscheidungskompetenzen begründet werden sollten, die sich im Konfliktfall gegen die Richtlinienkompetenz des Kanzlers oder gegen die Ressortzuständigkeit der Minister durchsetzen können, ist § 15 GOBReg verfassungswidrig[162]. Insbesondere die in § 15 II GOBReg genannten Personalangelegenheiten fallen gem. Art. 65 S. 2 GG in die Ressortzuständigkeit des jeweiligen Bundesministers[163]. Folglich kann diese Geschäftsordnungsvorschrift verfassungskonform nur als verfahrensmäßiges Instrument der Koordination innerhalb der Regierung ohne rechtliche Wirkung interpretiert werden[164].

d) Verfahren und Form von Kabinettsentscheidungen

Entscheidungskompetenzen der Bundesregierung werden durch Beschluß ausgeübt, der dem Kollegium materiell zurechenbar ist[165]. Diese Zurechenbarkeit setzt ausreichende Information sämtlicher Mitglieder, ein Beschlußquorum sowie die Zustimmung einer Mehrheit voraus (→ Art. 62 Rn. 13 f.)[166]. Nach der rechtlichen Qualität lassen sich die Kabinettsentscheidungen einteilen in Beschlüsse über die Geschäftsordnung, über Rechtsverordnungen, über allgemeine Verwaltungsvorschriften, über Einzelweisungen und über Verwaltungsakte[167].

37

III. Verantwortlichkeit der Regierung

1. Politische Verantwortlichkeit gegenüber dem Bundestag

Neben der kontinuierlichen Abhängigkeit der Regierung vom Vertrauen einer parlamentarischen Mehrheit (→ Art. 63 Rn. 8 ff.) stellt ihre Verantwortlichkeit gegenüber

38

---

[160] So *N. Achterberg*, HStR II, § 52 Rn. 59, der in diesem Zusammenhang auf die »treffendere« Formulierung in den Landesverfassungen verweist, die Fragen von »grundsätzlicher oder weittragender Bedeutung« oder solche, die für die gesamte Verwaltung von Bedeutung sind oder den Geschäftsbereich mehrerer Ressorts betreffen, der Entscheidungsbefugnis der Regierung als ganzer zuweisen: → Rn. 5; dagegen *S. Detterbeck*, HStR³ III, § 66 Rn. 45.
[161] Nach *N. Achterberg*, HStR II, § 52 Rn. 59, wird hier die Grenze zwischen Kanzler- und Kollegialkompetenz nicht hinreichend gewahrt. So auch *Kröger*, Ministerverantwortlichkeit (Fn. 130), S. 58; *Böckenförde*, Organisationsgewalt (Fn. 50), S. 209.
[162] *Böckenförde*, Organisationsgewalt (Fn. 50), S. 209 f.; *U. Koch*, Das Ressortprinzip, 2005, S. 253; a.A. *W.-R. Schenke*, Jura 1982, 337 (348); *Degenhart*, Staatsrecht I, Rn. 759; *Busse* (Fn. 82), Art. 65 Rn. 11 f. m. w. N. zum Streitstand.
[163] *Jarass/Pieroth*, GG, Art. 65 Rn. 9; a.A. *Schneider* (Fn. 45), Art. 62 Rn. 9; *Herzog* (Fn. 66), Art. 65 Rn. 74.
[164] *M. Schröder*, HStR³ III, § 64 Rn. 24; *Oldiges* (Fn. 46), Art. 65 Rn. 31; unpräzise *Herzog* (Fn. 66), Art. 65 Rn. 72.
[165] Zum Verfahren und zur Leitungskompetenz des Bundeskanzlers *Busse* (Fn. 82), Art. 65 Rn. 13 ff.
[166] BVerfGE 91, 148 (166).
[167] Eine Verwaltungsaktzuständigkeit der Bundesregierung folgt aus Art. 26 II GG: → Art. 26 Rn. 50.

dem Parlament das zweite zentrale Element des parlamentarischen Regierungssystems dar. Während das Grundgesetz die **Vertrauensabhängigkeit** der Bundesregierung durch die Normen über die Regierungsbildung (Art. 63, 64 I GG), das Mißtrauensvotum (Art. 67 GG) und die Vertrauensfrage (Art. 69 GG) ausgestaltet hat, findet die **Verantwortlichkeit** der Bundesregierung[168] ihre Grundlage in den speziell normierten parlamentarischen Kontrollinstrumenten wie z. B. dem Zitier- und Interpellationsrecht nach Art. 43 I GG[169] (→ Rn. 44)[170]. Art. 65 GG begründet also nicht die Verantwortlichkeit der Regierung, sondern setzt sie voraus. Dies zeigt sich daran, daß die Verantwortlichkeit des Kanzlers und der Minister nicht auf die durch Art. 65 S. 1 und 2 GG zugewiesene Richtlinien- und Ressortkompetenz beschränkt, sondern auf alle – auch durch andere Normen zugewiesene – Zuständigkeiten bezogen ist[171]. Außerdem ist, obwohl in Art. 65 GG nicht ausdrücklich erwähnt, auch die Regierung als Kollegialorgan im Rahmen ihres Zuständigkeitsbereichs verantwortlich (→ Rn. 41). Vor diesem Hintergrund hat die ausdrückliche Erwähnung der Verantwortlichkeit von Kanzler und Ministern vor allem die Funktion, die Kongruenz von regierungsinterner Kompetenzverteilung und der Verantwortlichkeit gegenüber dem Bundestag[172] hervorzuheben.

39 »Verantwortung« i. S. d. Art. 65 S. 1 und 2 GG bezeichnet also die sich aus anderen Verfassungsnormen ergebende politische **Rechenschafts- und Einstandspflicht**[173] gegenüber dem Parlament[174]. Die Regierungsmitglieder müssen dem Parlament Rede und Antwort stehen und sich rechtfertigen[175]. Die Verantwortlichkeit hat weder etwas mit persönlicher Schuld im Sinne von Vorsatz oder Fahrlässigkeit zu tun noch will die Verfassung an ein Fehlverhalten zivil- oder strafrechtliche Folgen knüpfen[176]. Verantwortlichkeitsmaßstab kann, muß aber nicht die Bindung der Bundesregierung an Recht und Gesetz sein. Aus der Eidesformel des Art. 56 GG (vgl. Art. 64 II GG) lassen sich keine verfassungsrechtlich vorgegebenen Verantwortlichkeitsmaßstäbe wie etwa die »Wahrung eines am Staatswohl orientierten Wertkodex«[177] gewinnen. Es ist vielmehr Sache des Bundestages und insbesondere der parlamentarischen Minderheit als Träger der wichtigsten Kontrollrechte, die Richtigkeits- oder Zweckmäßigkeitskriterien zu bestimmen, die den Maßstab parlamentarischer Kontrolle bilden sollen[178]. Des-

---

[168] Deren Rechtsgrundlage wird wohl überwiegend bereits in Art. 65 selbst gesehen, so *Mager* (Fn. 78), Art. 65 Rn. 3; *S. Magiera*, Rechte des Bundestages und seiner Mitglieder, in: Schneider/Zeh, § 52 Rn. 42 verweist etwa für das Zitier- und Interpellationsrecht auf Art. 43 I GG.
[169] Vgl. dazu mit ausführlichen Nachweisen *H. Dreier*, Hierarchische Verwaltung im demokratischen Staat, 1991, S. 132f. → Art. 43 Rn. 8ff., 12.
[170] Wie sich bei der Stellung der Bundesminister (→ Rn. 40) zeigt, die zwar dem Parlament verantwortlich, aber nicht selbst vertrauensabhängig sind, empfiehlt es sich trotz der Überschneidungen (→ Rn. 43), die beiden Elemente auseinanderzuhalten; anders – die parlamentarische Verantwortlichkeit offenbar als Oberbegriff benutzend – etwa *Oldiges* (Fn. 54), Art. 62 Rn. 46.
[171] So auch *M. Schröder*, HStR³ III, § 65 Rn. 56.
[172] *P. Badura*, ZParl. 11 (1980), 573 (574), spricht treffend von der Verantwortlichkeit der Regierung und der einzelnen Regierungsmitglieder als einem »Gegenstück« zu ihrer Handlungsvollmacht.
[173] Grundlegend dazu *Kröger*, Ministerverantwortlichkeit (Fn. 130), S. 17ff., 22ff.; ihm folgend etwa *M. Schröder*, HStR³ III, § 65 Rn. 51; differenzierend *V. Mehde*, DVBl. 2001, 13 (15ff.).
[174] Vgl. nur Stein/Frank, Staatsrecht, S. 91; *Oldiges* (Fn. 46), Art. 65 Rn. 22; *Stern*, Staatsrecht II, S. 310; *J. Ipsen*, Staatsrecht I, Rn. 465. Dies gilt auch für die Verantwortlichkeit der Bundesminister (→ Rn. 40).
[175] *J. Ipsen*, Staatsrecht I, Rn. 464.
[176] Jarass/Pieroth, GG, Art. 65 Rn. 1; *J. Ipsen*, Staatsrecht I, Rn. 465.
[177] So aber *Stern*, Staatsrecht II, S. 320.
[178] *M. Schröder*, HStR³ III, § 65 Rn. 52. *U. Scheuner*, Verantwortung und Kontrolle in der demokra-

III. Verantwortlichkeit der Regierung   **Art. 65**

halb kann die Verantwortlichkeit der Regierungsorgane von Verfassungs wegen auch nicht an besondere Zurechenbarkeitskriterien wie Billigung, Duldung oder Ermöglichung des in Rede stehenden Vorgangs durch Organisationsverschulden abhängig gemacht werden[179]. Für die Verantwortlichkeit genügt es vielmehr, daß dem Kanzler, einem Minister oder dem Kollegium für den jeweiligen Sachbereich eine Kompetenz zukommt[180]. Während dieses Kriterium die Verantwortlichkeit der Bundesregierung für das Verhalten anderer Organe des Bundes oder für Vorgänge aus dem Verantwortungsbereich der Länder und Kommunen klar begrenzt, scheint die Reichweite der Regierungsverantwortlichkeit für Vorgänge aus formell (z.B. Deutsche Bahn AG) oder funktional (z.B. Toll Collect GmbH[181]) privatisierten Sektoren noch klärungsbedürftig[182]. Auch die Reichweite des »Kernbereichs exekutiver Eigenverantwortung« (→ Art. 62 Rn. 36) als Grenze parlamentarischer Auskunftsverlangen bleibt nicht selten umstritten[183]. Nichts anderes gilt für das »Staatswohl«[184].

2. Verantwortlichkeit von Kanzler, Minister und Kabinett

Neben dem **Bundeskanzler** sind **auch die Minister verantwortlich**[185]. Nachdem das   **40**
Grundgesetz abweichend von Art. 54 S. 2 WRV ein Mißtrauensvotum gegen einzelne Bundesminister nicht mehr vorgesehen hatte, war die Meinung vertreten worden, daß die Bundesminister dem Parlament nicht verantwortlich seien[186]. Die in Art. 65 S. 2 GG normierte Verantwortlichkeit bestehe nur gegenüber dem Bundeskanzler, der seinerseits dem Parlament verantwortlich sei[187]. Demgegenüber weist die heute ganz h.M. zu Recht darauf hin, daß parlamentarische Verantwortlichkeit auch in anderen Rechenschafts- und Kontrollinstrumentarien (→ Rn. 44) als dem Mißtrauensvotum ihren Ausdruck finden kann[188]. Auch für die Minister gilt deshalb, daß ihre Verantwort-

---

tischen Verfassungsordnung (1970), in: ders., Staatstheorie und Staatsrecht, 1978, S. 293ff. (305), sieht hier ein »letztlich nicht justitiables Moment«.

[179] So aber *Stern*, Staatsrecht II, S. 319f.
[180] BVerfGE 124, 161 (189, Rn. 123); 137, 185 (233, Rn. 134); s. auch *M. Schröder*, HStR³ III, § 65 Rn. 57, allerdings mit der Einschränkung, daß die persönliche Zurechenbarkeit bei der Geltendmachung der Einstandspflicht »ins Spiel zu bringen« sei; ähnlich *Kröger*, Ministerverantwortlichkeit (Fn. 130), S. 19f.; *P. Badura*, ZParl. 11 (1980), 573 (581).
[181] Zu verfassungsrechtlich zweifelhafter »Geheimniskrämerei« der Bundesregierung s. *F. Schorkopf*, NVwZ 2003, 1471ff.; *J. Wolff*, NVwZ 2012, 205ff.
[182] Problematisch dazu *V. Busse*, in: Friauf/Höfling, GG, Vor Art. 62 (2011), Rn. 18, der offenbar allein aufgrund der privaten Rechtsform meint, die Bundesregierung sei nicht für das Verhalten öffentlicher Bundes-Unternehmen verantwortlich.
[183] Zuletzt in BVerfGE 137, 185 (234ff., Rn. 136ff.).
[184] Auch dazu zuletzt BVerfGE 137, 185 (240ff., Rn. 149ff.).
[185] *V. Mehde*, DVBl. 2001, 13ff.; *Oldiges*, Bundesregierung (Fn. 8), S. 448; *M. Schröder*, HStR³ III, § 65 Rn. 54; *Schneider* (Fn. 45), Art. 65 Rn. 8; aus politikwissenschaftlicher Sicht *H.-U. Derlien*, VerwArch. 87 (1996), 548 (576f.).
[186] Etwa *T. Eschenburg*, DÖV 1954, 193 (199); kritisch hierzu bereits der Diskussionsbeitrag von *V. Böhmert*, VVDStRL 16 (1958), S. 142f.; ausführliche Darstellung der Diskussion bei *U. Wengst*, ZParl. 15 (1984), 539ff.
[187] *T. Eschenburg*, DÖV 1954, 193 (199).
[188] *Kröger*, Ministerverantwortlichkeit (Fn. 130), S. 5f., 142ff.; *P. Kunig*, Jura 1993, 220ff.; *Oldiges*, Bundesregierung (Fn. 8), S. 448; *Dreier*, Hierarchische Verwaltung (Fn. 169), S. 132f.; *M. Schröder*, HStR³ III, § 65 Rn. 54; *Schenke* (Fn. 15), Art. 65 Rn. 105ff.; s. auch *J. Linck*, DÖV 1983, 957 (959ff.). Allerdings wird auch vertreten, daß die Minister nur mittelbar dem Parlament verantwortlich seien: *H. Karehnke*, DVBl. 1974, 101 (103); *G. Püttner/G. Kretschmer*, Die Staatsorganisation, Bd. I, 1978, S. 120.

Art. 65   C. Erläuterungen

lichkeit das Verhältnis zum Parlament betrifft. Da Kabinett und Kanzler »ressortfrei« sind und nicht die Funktion einer »Gelenkstelle« zwischen Regierung und Verwaltung (→ Art. 62 Rn. 27) ausüben, stellt die Ministerverantwortlichkeit den entscheidenden Ansatzpunkt für die parlamentarische Kontrolle der Verwaltung dar. Daraus folgt die **Problematik »ministerialfreier Räume«**[189].

41   Ob auch das **Kabinett** Träger eigener Verantwortlichkeit ist, erscheint zweifelhaft, da Art. 65 GG nur die Verantwortlichkeit des Kanzlers und der Minister ausdrücklich erwähnt und voraussetzt (→ Rn. 38). Allerdings ist der Wortlaut von Art. 65 S. 1 und 2 GG in diesem Zusammenhang von begrenzter Aussagekraft, weil die Erwähnung der Verantwortlichkeit nur deklaratorische Funktion hat (→ Rn. 38). Auch das Argument, die Rechenschafts- und Einstandspflicht könne nur eine individuelle sein, so daß mit der Kanzler- und der Ministerverantwortlichkeit die Bundesregierung vollständig erfaßt sei[190], überzeugt nicht, weil es den Inhalt parlamentarischer Verantwortung als persönliche mißversteht (→ Rn. 39)[191]. Ohne eine Verantwortlichkeit der Bundesregierung würden darüber hinaus Entscheidungsbefugnis und Entscheidungsverantwortung getrennt[192].

3. Kontrollinstrumente des Bundestages

42   Die Konkretisierung dessen, was Verantwortlichkeit der Regierung nach Art. 65 GG wie auch nach der Gesamtstruktur des durch das Grundgesetz konstituierten parlamentarischen Regierungssystems bedeutet, ergibt sich aus den konkreten **Rechten des Parlaments** gegenüber der Regierung (→ Art. 38 Rn. 43 ff.).

43   Was die Verantwortlichkeit des Bundeskanzlers und der Bundesregierung als Kollegialorgan angeht, so besteht eine enge Verbindung zur **Vertrauensabhängigkeit** (→ Rn. 38; → Art. 63 Rn. 8). Im Interesse der Regierungsstabilität ist allerdings die Möglichkeit des Bundestages, im Wege des konstruktiven Mißtrauensvotums nach Art. 67 GG die **Einstandspflicht** des Kanzlers und der gesamten Regierung durch ihre Entfernung aus dem Amt einzufordern, begrenzt. Von größerer praktischer Bedeutung ist deshalb die Möglichkeit, das Verhalten eines Regierungsorgans durch einfachen Parlamentsbeschluß zu mißbilligen[193]. Dieses Instrument stellt bei den Ministern, da ihrer Verantwortlichkeit keine Vertrauensabhängigkeit[194] korrespondiert, den einzigen Weg dar, ihre Einstandspflicht umzusetzen. Der Bundeskanzler kann außerdem durch Beschluß aufgefordert werden, einen Minister zur Entlassung vorzuschlagen[195].

44   Im Zentrum der parlamentarischen Kontrollrechte, die die **Rechenschaftspflicht** des Kanzlers, des Kabinetts und der Minister konkretisieren, steht das Zitier- und Interpellationsrecht des Bundestages (Art. 43 I GG)[196]. Daneben ist das parlamentarische Untersuchungsrecht nach Art. 44 GG von besonderer praktischer Bedeutung. Ferner verdienen Erwähnung die Einrichtung des Wehrbeauftragten (Art. 45b GG), die Kon-

---

[189] Jarass/*Pieroth*, GG, Art. 65 Rn. 1; ausführlich m. w. N. *Dreier*, Hierarchische Verwaltung (Fn. 169), S. 134 ff. → Art. 20 (Demokratie), Rn. 123.
[190] *Oldiges* (Fn. 46), Art. 65 Rn. 35.
[191] So zutreffend *M. Schröder*, HStR³ III, § 65 Rn. 55, 57.
[192] *M. Schröder*, HStR³ III, § 65 Rn. 55; zur »verfassungsrechtlichen Verantwortung« der Bundesregierung »gegenüber dem Bundestag« vgl. auch BVerfGE 45, 1 (48).
[193] Vgl. nur *J. Ipsen*, Staatsrecht I, Rn. 466; *v. Beyme*, Politisches System (Fn. 62), S. 301.
[194] *M. Oldiges*, in: Sachs, GG, Art. 64 Rn. 10.
[195] Dazu m. w. N. *M. Schröder*, HStR³ III, § 65 Rn. 58. → Art. 67 Rn. 21.
[196] So auch *Dreier*, Hierarchische Verwaltung (Fn. 169), S. 132 f. → Art. 43 Rn. 8 ff., 12.

trollmöglichkeiten des Petitionsausschusses (Art. 45c GG), das Fragerecht mit der Pflicht der Bundesregierung zur Beantwortung[197] sowie die Instrumente des Haushaltsrechts[198]. Soweit die genannten Kontrollinstrumente ausdrücklich verfassungsrechtlich normiert sind oder jedenfalls in den Strukturprinzipien der Demokratie und des parlamentarischen Regierungssystems ihre Grundlage haben, wird die Verantwortlichkeit der Regierung einschließlich der Ministerverantwortlichkeit verstärkt durch die weitreichende verfassungsgerichtliche Kontrolle im Wege des Organstreits.

Bemißt man vor diesem Hintergrund die **tatsächliche Wirksamkeit** der Instrumente, mit deren Hilfe das Parlament die Regierung zur Verantwortung ziehen kann, nicht allein an der Zahl der Rücktritte von Ministern, so besteht kein Anlaß, die parlamentarische Verantwortlichkeit als »Fiktion« oder als »stumpfes Schwert« einzuschätzen[199].

45

IV. Geschäftsleitung und Geschäftsordnung (Art. 65 S. 4 GG)

In Art. 65 S. 4 GG räumt die Verfassung der Bundesregierung die sog. **Geschäftsordnungsautonomie** ein. Sie umfaßt die Befugnis, den Geschäftsgang innerhalb des Kollegialorgans Bundesregierung festzulegen[200]. Dabei muß dem **Bundeskanzler die Geschäftsleitungsbefugnis** zukommen, der seinerseits bei der Wahrnehmung dieser Befugnis an die Geschäftsordnung gebunden ist.

46

1. Geschäftsordnung der Bundesregierung

Nicht anders als die Geschäftsordnung des Bundestages (→ Art. 40 Rn. 9 ff.) ist auch die Geschäftsordnung der Bundesregierung kaum gängigen Normtypen zuzuordnen[201]. Nach den älteren Versuchen, sie als »autonome Satzung« zu qualifizieren[202], findet sich heute vor allem die Einordnung als »Verfassungssatzung«[203]. Solche Bemühungen, die **Rechtsnatur** der Geschäftsordnung näher zu bestimmen, sind allerdings kaum ertragreich, weil die auf andere Normkategorien anwendbaren Regeln nicht oder nur teilweise übertragbar sind. Immerhin verdeutlicht die Kennzeichnung als »**Regierungsinnenrechtsnorm**«[204], daß das rechtliche Verhältnis zu anderen Verfassungsorganen oder zum Bürger außerhalb der Reichweite der Geschäftsordnungsautonomie liegt. Diese Eigenschaft teilt die Geschäftsordnung der Bundesregierung mit anderen Geschäftsordnungen, die auch sonst als das wichtigste Hilfsmittel zur Beantwortung allgemeiner geschäftsordnungstypischer Fragen gelten können[205].

47

---

[197] Dazu zuletzt BVerfGE 137, 185 (230 f., Rn. 129).
[198] Ausführliche Nachweise bei *Dreier*, Hierarchische Verwaltung (Fn. 169), S. 133 mit Anm. 46.
[199] So aber *Kröger*, Ministerverantwortlichkeit (Fn. 130), S. 168 ff.; wie hier dagegen die Einschätzung von *M. Schröder*, HStR³ III, § 65 Rn. 59.
[200] BVerwGE 89, 121 (124).
[201] Vgl. zum Problem *S. Detterbeck*, HStR³ III, § 66 Rn. 55; *Schenke* (Fn. 15), Art. 65 Rn. 142; eine neuere Übersicht findet sich bei *T. Schmidt*, AöR 128 (2003), 608 (610 ff.).
[202] So etwa BVerfGE 1, 144 (148); HessStGH ESVGH 17, 18 (21).
[203] *Böckenförde*, Organisationsgewalt (Fn. 50), S. 122 f.; *Mager* (Fn. 78), Art. 65 Rn. 22.
[204] So *S. Detterbeck*, HStR³ III, § 66 Rn. 55 m. w. N.; *Oldiges* (Fn. 46), Art. 65 Rn. 38; vgl. auch die Zusammenstellung der Einordnungen bei *v. Münch*, Staatsrecht I, Rn. 836.
[205] Vgl. etwa die Argumentation in BVerwGE 89, 121 (125), die allerdings – zumindest nach BVerfGE 91, 148 (167) – die fehlende Vergleichbarkeit von Bundestag und Bundesregierung im Hinblick auf den Grundsatz der Diskontinuität übersah.

48 Die Geschäftsordnung der Bundesregierung wird von der Bundesregierung als Kollegialorgan beschlossen. Dabei gelten für das **Verfahren** die allgemeinen Minimalanforderungen an Kollegialentscheidungen (Information, Quorum, Mehrheit: → Rn. 37). Die formfreie[206] und nicht gegenzeichnungspflichtige[207] **Genehmigung durch den Bundespräsidenten** – ein heute als »Anachronismus« einzustufendes, von Art. 55 WRV überkommenes »historisches Relikt«[208] – ist Voraussetzung für die Wirksamkeit der Geschäftsordnung[209]. Sie kann entsprechend der Entscheidungsbefugnis des Staatsoberhauptes etwa im Gesetzgebungsverfahren nur aus Rechtsgründen verweigert werden[210]. Die ständig praktizierte **Veröffentlichung**[211] ist verfassungsrechtlich nicht ausdrücklich vorgeschrieben[212].

49 In der **Staatspraxis** wird die Geschäftsordnung vom 11.5.1951[213] **ohne expliziten Beschluß** und ohne Genehmigung durch den Bundespräsidenten von den nachfolgenden Bundesregierungen übernommen. Das Bundesverfassungsgericht hat diese Praxis zu Recht gebilligt[214], weil dem Grundsatz, daß kein Organ hinsichtlich seines Innenrechts seinen Nachfolger binden kann, dadurch ausreichend Rechnung getragen wird, daß die Bundesregierung gem. Art. 65 S. 4 GG ihre Geschäftsordnung jederzeit ändern kann. Der Fiktion, eine neue Bundesregierung beschließe die alte Geschäftsordnung durch stillschweigende Anwendung neu und ebenso stillschweigend erkläre der Bundespräsident seine Genehmigung[215], bedarf es daher nicht.

50 Der auf den Innenbereich des Kollegialorgans begrenzten Wirkung entsprechend bleiben reine **Geschäftsordnungsverstöße** im Außenverhältnis zu anderen Verfassungsorganen oder zum Bürger **ohne Folgen**[216]. Beschlüsse der Bundesregierung z. B. über eine Rechtsverordnung, die auf einem Verstoß gegen die Geschäftsordnung beruhen, sind nur dann unwirksam, wenn die verletzte Vorschrift verfassungsrechtliche Minimalanforderungen etwa an die Willensbildung des Kollegialorgans (→ Art. 62 Rn. 13) konkretisiert und der Beschluß deshalb zugleich auf einem **Verstoß gegen das Grundgesetz** beruht[217]. Die verbreitete Unterscheidung zwischen wesentlichen und eher technischen Geschäftsordnungsvorschriften[218] ist also im Sinne von verfassungsrechtlich gebotenen und solchen, die der Gestaltungsfreiheit des Kabinetts unterlie-

---

[206] Eine ausdrückliche Genehmigung fordert *T. Schmidt*, AöR 128 (2003), 608 (626), mit der Folge, daß eine konkludente Genehmigung durch den Bundespräsidenten (→ Rn. 49) nicht ausreichend wäre.
[207] Dazu m. w. N. *N. Achterberg*, HStR II, § 52 Rn. 88.
[208] *N. Achterberg*, HStR II, § 52 Rn. 87; *Maurer*, Staatsrecht, § 14 Rn. 3; a.A. offenbar *Uhle/Müller-Franken* (Fn. 18), Art. 65 Rn. 2, die wegen des Genehmigungsvorbehalts Zweifel an der Geschäftsordnungsautonomie der Bundesregierung hegen.
[209] *Oldiges* (Fn. 46), Art. 65 Rn. 39.
[210] Vgl. nur *S. Detterbeck*, HStR³ III, § 66 Rn. 56; *Oldiges* (Fn. 46), Art. 65 Rn. 39. → Art. 82 Rn. 12 f.
[211] Im Gemeinsamen Ministerialblatt; vgl. zuletzt die Bekanntmachung vom 21.11.2002 (GMBl. S. 848).
[212] Mit *T. Schmidt*, AöR 128 (2003), 608 (627), ist allerdings aus Gründen demokratischer Öffentlichkeit wie auch aus rechtsstaatlichen Gründen anzunehmen, daß diese Praxis einem verfassungsrechtlichen Gebot entspricht; a.A. *Schenke* (Fn. 15), Art. 65 Rn. 144; *Schröder* (Fn. 46), Art. 65 Rn. 40.
[213] GMBl. S. 137.
[214] BVerfGE 91, 148 (167); krit. dazu *Herzog* (Fn. 66), Art. 65 Rn. 111, der das Problem zugleich einstuft als »so ungeklärt wie unbedeutend«; skeptisch auch *Epping* (Fn. 114), Art. 65 Rn. 20.
[215] So BVerwGE 89, 121 (125); *S. Detterbeck*, HStR³ III, § 66 Rn. 56.
[216] *Stern*, Staatsrecht II, S. 307; *Oldiges* (Fn. 46), Art. 65 Rn. 38.
[217] So auch *Böckenförde*, Organisationsgewalt (Fn. 50), S. 126; *V. Epping*, NJW 1992, 2605 (2608); *Schneider* (Fn. 45), Art. 65 Rn. 12. → Art. 80 Rn. 22 ff., 41.
[218] So etwa BVerwGE 89, 121 (125) m. w. N.

gen, zu präzisieren[219]. Für Maßnahmen, deren Wirkungen auf den Innenbereich der Bundesregierung beschränkt bleiben, wie auch für alle Verstöße gegen nicht verfassungsrechtlich gebotene Geschäftsordnungsvorschriften fällt es in die Befugnis des Geschäftsordnungsgebers selbst, interne »Sanktionen« vorzusehen[220].

2. Die Leitungskompetenz des Bundeskanzlers

Durch die Befugnis, die Geschäfte der Bundesregierung zu leiten, die dem **Bundeskanzler als Teil des Kollegialorgans**[221] Bundesregierung zusteht, wird er aus dem Kreis der grundsätzlich gleichberechtigten[222] Kabinettsmitglieder herausgehoben. Allerdings ist er bei Ausübung dieser Kompetenz an die Geschäftsordnung gebunden, die die »Leitung« in Gestalt einzelner Verfahrensbefugnisse konkretisiert. Diese reichen von der Entscheidung, ob eine mündliche Beratung in der Regierung notwendig ist (§ 20 II 2 GOBReg), über die Anweisung an den Staatssekretär des Bundeskanzleramtes betreffend die Tagesordnung (§ 21 I GOBReg) bis zum eigentlichen Sitzungsvorsitz (§ 22 I 1 GOBReg)[223]. Bei der Wahrnehmung seiner Geschäftsleitungsbefugnis wird der Bundeskanzler durch das Bundeskanzleramt (→ Art. 62 Rn. 17) unterstützt. Dessen Koordinierungs- und Planungstätigkeit ist verfassungsrechtlich – ohne daß in der Praxis eine Abgrenzung zwischen beiden möglich ist – durch die Geschäftsleitungsbefugnis und die Richtlinienkompetenz gedeckt, solange die Entscheidungsbefugnisse von Ministern und Kabinett unangetastet bleiben[224].

51

D. Verhältnis zu anderen GG-Bestimmungen

Als genereller Kompetenzverteilungsnorm innerhalb der Regierung gehen der Anwendung von Art. 65 GG die **speziellen Normen** vor, die dem Kanzler (→ Rn. 16), dem Kabinett (→ Rn. 33 f.) und den Bundesministern (→ Rn. 29) Kompetenzen zuweisen. Die in Art. 65 GG erwähnte Verantwortlichkeit des Bundeskanzlers und der Bundesminister hat im Verhältnis zu den Normen, die die Vertrauensabhängigkeit der Regierung vom und ihre Kontrolle durch das Parlament regeln, lediglich **deklaratorische Funktion** (→ Rn. 38).

52

---

[219] Vgl. auch *S. Magiera*, Parlament und Staatsleitung in der Verfassungsordnung des Grundgesetzes, 1979, S. 124 f., der die »Schwere« des Geschäftsordnungsverstoßes nach »den in der Verfassung unmittelbar zum Ausdruck gebrachten Verfahrensgrundsätzen« bemessen will.
[220] *T. Schmidt*, AöR 128 (2003), 608 (643 f.), nimmt für Innenrechtsakte als Fehlerfolge die Unwirksamkeit an.
[221] Daraus folgt, daß er bei Verhinderung durch den Vizekanzler oder einen anderen Minister (Einzelheiten in § 22 I GOBReg), nicht aber durch den Chef des Bundeskanzleramtes vertreten wird; vgl. *N. Achterberg*, HStR II, § 52 Rn. 73.
[222] *v. Beyme*, Politisches System (Fn. 62), S. 327: »Im Kabinett sind im Prinzip alle gleich.«
[223] Vgl. die Zusammenstellung von *N. Achterberg*, HStR II, § 52 Rn. 77, 78; *Schenke* (Fn. 15), Art. 65 Rn. 153 ff.
[224] Vgl. dazu *Schneider* (Fn. 45), Art. 65 Rn. 5; *Oldiges* (Fn. 46), Art. 65 Rn. 12; jeweils m. w. N.

Artikel 65a [Führung der Streitkräfte]

Der Bundesminister für Verteidigung hat die Befehls- und Kommandogewalt über die Streitkräfte.

Literaturauswahl

Böckenförde, Ernst-Wolfgang: Die Organisationsgewalt im Bereich der Regierung, 1964.
Busch, Eckart: Der Oberbefehl, seine rechtliche Struktur in Preußen und Deutschland seit 1848, 1967.
Ehmke, Horst: Militärischer Oberbefehl und parlamentarische Kontrolle, in: ZfP 1 (1954), S. 337–356 (auch in: *ders.*, Beiträge zur Verfassungstheorie und Verfassungspolitik, 1981, S. 377–395).
Erhardt, Manfred: Die Befehls- und Kommandogewalt, 1969.
v. d. Heydte, Friedrich August: Zur Problematik der Befehls- und Kommandogewalt nach Art. 65a, in: Gedächtnisschrift für Hans Peters, 1967, S. 526–532.
Hornung, Klaus: Staat und Armee, 1975.
Klein, Eckart: Ministerielle Weisungsbefugnis und Stellvertretung in der Befehls- und Kommandogewalt, in: JuS 1974, S. 362–367.
Lepper, Manfred: Die verfassungsrechtliche Stellung der militärischen Streitkräfte im gewaltenteilenden Rechtsstaat, 1962.
Lorse, Jürgen: Die Befehls- und Kommandogewalt des Art. 65a GG im Lichte terroristischer Herausforderungen, in: DÖV 2004, S. 329-334.
Quaritsch, Helmut: Führung und Organisation der Streitkräfte im demokratisch-parlamentarischen Staat, VVDStRL 26 (1968), S. 207–259.
Schmidt-Radefeldt, Roman: Parlamentarische Kontrolle der internationalen Streitkräfteintegration, 2005.
v. Unruh, Georg-Christoph: Führung und Organisation der Streitkräfte im demokratisch-parlamentarischen Staat, VVDStRL 26 (1968), S. 157–206.
v. Unruh, Georg-Christoph: Befehls- und Kommandogewalt, in: Festschrift für Hans Julius Wolff, 1973, S. 109–145.

Leitentscheidungen des Bundesverfassungsgerichts

Diese liegen zu Art. 65a GG bislang nicht vor.

Gliederung

	Rn.
A. Herkunft, Entstehung, Entwicklung	1
I. Ideen- und verfassungsgeschichtliche Aspekte	1
II. Entstehung und Veränderung der Norm	2
B. Internationale, supranationale und rechtsvergleichende Bezüge	3
C. Erläuterungen	5
I. Allgemeine Bedeutung	5
II. Das Ressort des Bundesministers für Verteidigung	6
III. Die Befehls- und Kommandogewalt	9
IV. Die Stellvertretung des Verteidigungsministers	12
D. Verhältnis zu anderen GG-Bestimmungen	13

Stichwörter

Beteiligung der Bundeswehr an gemischtnationalen Verbänden 3 – Bundessicherheitsrat 7 – NATO-Einsätze 3 – Personalunion von Verteidigungsministeramt und Bundeskanzleramt 6 – Richtlinienkompetenz des Bundeskanzlers 7, 13 – Rolle des Bundespräsidenten 5.

A. Herkunft, Entstehung, Entwicklung

I. Ideen- und verfassungsgeschichtliche Aspekte

Mit der Abkehr von Söldnerheeren und dem Aufbau stehender Heere im 16. und 17. Jahrhundert entstand im Militärwesen die Aufteilung der Führung in zwei Funktionsbereiche, das Kommando als die Führung im Felde und die Heeresverwaltung als die Bereitstellung des personellen und materiellen Bedarfs[1]. In der absolutistischen Epoche fielen beide Funktionsbereiche sowie Inhaberschaft und Ausübung der Militärgewalt noch vollständig in der Person des Monarchen zusammen. Im preußisch geprägten **Konstitutionalismus** geriet die Kommandogewalt in die Spannungslage zwischen dem fortbestehenden Oberbefehl des Königs (Art. 46 PreußVerf. 1850) und der Gegenzeichnungspflicht für königliche Regierungsakte gem. Art. 44 PreußVerf. 1850[2], die sich in der Verfassung des Reiches von 1871 in Art. 17, 53 I, 63 I exakt fortsetzte[3]. Die Kabinettsordre vom 18.1.1861 hatte folgenschwer »Armeebefehle« generell von der Gegenzeichnungspflicht ausgenommen und nur »Bestimmungen, welche auf den Militär-Etat von Einfluß sind« der Gegenzeichnung unterworfen[4]. Diese Verfassungslage fand in dem Diktum Lorenz v. Steins ihren prägnanten Ausdruck, wonach »das Heerwesen unter dem Gesetz, die Armee unter dem Befehl« stand[5]. Die **Kommandogewalt als parlamentsfreier Bereich des Oberbefehls** wurde damit bis zum Ende des Kaiserreichs in gefährlicher Weise unbestimmt gelassen[6]. Art. 47 WRV wies zwar in Anlehnung an die Tradition dem Reichspräsidenten den Oberbefehl zu, Art. 50 WRV unterwarf jedoch alle militärischen Anordnungen ausnahmslos der Gegenzeichnungspflicht[7]. Freilich gelang es General von Seeckt durch eine Wiederbelebung der von der Befehlsgewalt abgegrenzten Kommandogewalt und durch die faktische Konzentration dieser Kommandogewalt beim Chef der Heeresleitung und sein unmittelbares Vortragsrecht beim Reichspräsidenten, die Parlamentarisierung extrakonstitutionell teilweise zu unterlaufen[8]. Im »Dritten Reich« werden durch die erstmals im Erlaß vom

---

[1] *K. Ipsen*, in: BK, Art. 115b (Erstb. 1969), Rn. 4f.

[2] Vgl. hierzu v.a. *E. Busch*, Der Oberbefehl, 1967, S. 7ff.; *F. Marschall v. Bieberstein*, Verantwortlichkeit und Gegenzeichnung bei Anordnungen des Obersten Kriegsherrn, 1911, S. 217ff.; *R. Schmidt-Bückeburg*, Das Militärkabinett der preußischen Könige und deutschen Kaiser, 1933, S. 38ff.; *H. O. Meisner*, Die Kriegsminister 1814–1914, 1940, S. 17ff.

[3] *Ipsen* (Fn. 1), Art. 115b Rn. 9ff.; im einzelnen *Schmidt-Bückeburg*, Militärkabinett (Fn. 2), S. 96ff.; *E. Lodemann*, Kommandogewalt und Gesetz zur Zeit der Reichsverfassung von 1871, in: FS Laun, 1948, S. 238ff.

[4] Abgedruckt z.B. in: *F. Hoßbach*, Die Entstehung des Oberbefehls über das Heer in Brandenburg-Preußen und im Deutschen Reich von 1655–1945, 1957, S. 38f.; dazu v.a. *Schmidt-Bückeburg*, Militärkabinett (Fn. 2), S. 75ff.; *Marschall v. Bieberstein*, Verantwortlichkeit (Fn. 2), S. 225ff.; *H. Helfritz*, Geschichte der Preußischen Heeresverwaltung, 1938, S. 310f.; *Meisner*, Kriegsminister (Fn. 2), S. 24ff.

[5] *L. v. Stein*, Die Lehre vom Heerwesen, 1872, S. 13.

[6] Vgl. bereits kritisch *P. Laband*, Das Staatsrecht des Deutschen Reiches, Bd. IV, 5. Aufl. 1914, S. 36; *Ipsen* (Fn. 1), Art. 115b Rn. 11; zur Entwicklung und Rechtslage vgl. ferner *E. R. Huber*, Heer und Staat in der deutschen Geschichte, 1938, S. 329ff.

[7] Die Literatur setzte Oberbefehl weitgehend mit der früheren Kommandogewalt gleich, vgl. nur *Anschütz*, WRV, Art. 47 (S. 267); *H. Pohl*, Die Zuständigkeiten des Reichspräsidenten, in: HdbDStR I, S. 482ff. (497); *U. Traut*, Die Spitzengliederung der deutschen Streitkräfte von 1921 bis 1964, Diss. jur. Würzburg 1965, S. 40ff.

[8] Vgl. *J. Schmädeke*, Militärische Kommandogewalt und parlamentarische Demokratie, 1966, S. 92ff.; s. auch *Ipsen* (Fn. 1), Art. 115b Rn. 18; *Busch*, Oberbefehl (Fn. 2), S. 70ff.

21.4.1936 auftauchende Formel der »Befehls- und Kommandogewalt« Inhaberschaft und Ausübung des Oberbefehls sowie Militär- und Verwaltungsbefugnisse wieder in einer Person vereint[9].

II. Entstehung und Veränderung der Norm

2 Trotz der negativen Erfahrungen mit den dem parlamentarischen Zugriff entzogenen Militärbefugnissen sollte im Bundestag nach einem ersten Vorschlag der Oberbefehl zunächst dem Bundespräsidenten übertragen werden, obwohl dieser nicht dem Parlament verantwortlich ist[10]. Allerdings wurde auch den entgegengesetzten Vorstellungen einer Verantwortung des Bundesverteidigungsministers, der einem gesonderten Vertrauensvotum unterliegen sollte[11], nicht entsprochen. Vielmehr wurde zwischen der Regierungsfraktion der CDU/CSU und der Oppositionsfraktion der SPD im Rechtsausschuß der heutige Kompromiß gefunden[12], der durch die Doppelformel der Befehls- und Kommandogewalt uneingeschränkt **alle Befehlsbefugnisse in parlamentarisch verantwortliche Hände** legt und jegliche Aufspaltung in parlamentarisch-kontrollierte und parlamentsfreie Kompetenzbereiche versperren soll[13]. Daraufhin wurde Art. 65a GG im Rahmen der sog. **Wehrnovelle** in das Grundgesetz eingefügt[14]. Der ursprüngliche Art. 65a II GG wurde später verändert im Zuge der sog. »Notstandsgesetzgebung«[15] als Art. 115b GG in den Abschnitt Xa überführt (→ Art. 115b Rn. 1).

B. Internationale, supranationale und rechtsvergleichende Bezüge

3 Die Eingliederung in die militärische Organisation der NATO beeinflusst die Befehls- und Kommandogewalt. Aufgrund der Regelung des Art. 24 II GG ist im Rahmen der Einordnung in ein System kollektiver Sicherheit eine Beschränkung auch der Befehls- und Kommandogewalt zulässig, während eine völlige Entziehung mit Art. 24 II GG nicht mehr vereinbar wäre[16]. Deshalb wäre prinzipiell eine solche **Beschränkung im Rahmen der NATO zulässig**, da die NATO ein kollektives Verteidigungsbündnis ist und nach wohl herrschender Meinung zugleich ein System kollektiver Sicherheit i.S.d. Art. 24 II GG darstellt[17]. Entgegen der gelegentlichen Annahme, daß die Befehls- und

---

[9] Vgl. *Hoßbach*, Entstehung (Fn. 4), S. 106 ff.; *Ipsen* (Fn. 1), Art. 115b Rn. 25 f.; *Busch*, Oberbefehl (Fn. 2), S. 87 ff.; der Erlaß ist abgedruckt in: E. Brandstetter/E.H. Hoffmann, Handbuch des Wehrrechts, Bd. I, 2. Aufl. 1939, Nr. 115; zum zeitgenössischen Verständnis s. *J. Heckel*, Wehrverfassung und Wehrrecht des Großdeutschen Reiches, Bd. I, 1939, S. 285 ff.
[10] So der FDP-Entwurf v. 12.1.1954, BT-Drs. 171; zustimmend etwa *T. Maunz*, Deutsches Staatsrecht, 7. Aufl. 1958, S. 141; dagegen *W. Roemer*, JZ 1956, 193 (195); *Meyer-Dalheuer*, DVBl. 1957, 185 (185); generell zur Entstehungsgeschichte *K. Hornung*, Staat und Armee, 1975, S. 45 ff.
[11] BT StenBer. II. WP., 93. Sitzung, S. 5251 b.
[12] BT-Drs. II/2150, S. 4; vgl. *Ipsen* (Fn. 1), Art. 115b I.
[13] *Stern*, Staatsrecht II, S. 871; *G. Frank*, in: AK-GG, hinter Art. 87 (2001), Rn. 61; *S. Müller-Franken/A. Uhle*, in: Schmidt-Bleibtreu/Hofmann/Henneke, GG, Art. 65a Rn. 3; vgl. a. *F. Erler*, Heer und Staat in der Bundesrepublik, in: Schicksalsfragen der Gegenwart, Bd. III, 1958, S. 223 ff. (236).
[14] 7. Gesetz zur Änderung des Grundgesetzes v. 19.3.1966 (BGBl. I S. 111); zur Entstehung der Wehrverfassung insgesamt → Vorb. zu Art. 115a–115l Rn. 1 ff.
[15] 17. Ges. zur Änderung des GG v. 24.6.1968 (BGBl. I S. 709).
[16] *Frank* (Fn. 13), hinter Art. 87 Rn. 68.
[17] BVerfGE 90, 286 (345 ff.); 118, 244 (270 ff., Rn. 73 ff.); *C. Tomuschat*, in: BK, Art. 24 (Zweitb.

Kommandogewalt durch den NATO-Beitritt gemindert worden sei[18], bleibt diese als Hoheitsrecht **in Friedenszeiten** aber prinzipiell beim Verteidigungsminister[19]. Der Nordatlantikvertrag vom 4. April 1949 sieht keine Übertragung von Hoheitsrechten vor. Der Nordatlantik-Rat ist ein internationales, kein supranationales, Organ ohne Durchgriffsrechte, das nur völkerrechtliche Empfehlungen abgeben kann[20]. Soweit dem Obersten Alliierten Befehlshaber Europa (SACEUR) in Friedenszeiten nationale Verbände zugeteilt sind (assigned forces), erfolgt dies allein zum Zweck der operativen Planung. Die Einflußnahme des SACEUR auf Dislozierung, Organisation, Kommandostruktur, Ausbildung und Logistik hat nur Empfehlungscharakter, rechtlich wird der Verteidigungsminister dadurch nicht gebunden[21]. Selbst die sog. Interception-Verbände der Luftwaffe, die Bestandteil des NATO-Frühwarnsystems sind, bleiben truppendienstlich dem Verteidigungsminister untergeordnet[22]. Wenn **im Spannungsfall** oder beim **Beginn von Kampfhandlungen** die alliierten Kommandobehörden die operative Führung (operational command) übernehmen, erhalten sie zwar unmittelbare Befehlsgewalt, diese bleibt aber auf den Truppeneinsatz begrenzt, läßt die truppendienstliche Unterstellung unberührt und kann durch die Bundesregierung zumindest rechtlich jederzeit wieder aufgehoben werden[23]. Die Beteiligung der Bundeswehr an militärischen NATO-Einsätzen in Friedenszeiten hat diese Differenzierung aber aufgeweicht[24]. Die Beteiligung der Bundeswehr an der gemischten deutsch-französischen Brigade und anderen multinationalen Verbänden verstößt im Ergebnis trotz der erhobenen Bedenken nicht gegen Art. 65a GG[25]. Die Beteiligung der Bundeswehr an Einsätzen der EU lässt sich entweder auf Art. 23 GG iVm Art. 42 III EUV[26] oder auch nach endgültiger Übernahme der Aufgaben der WEU durch die EU im Zuge des Lissabon-Vertrages (insbes. Art. 42 III EUV) auf Art. 24 II GG stützen, sofern man die

---

1985), Rn. 126 ff.; *W. Grewe*, AöR 78 (1952/53), 243 ff.; *W. Heun*, JZ 1994, 1073 (1074); *V. Epping*, in: Maunz/Dürig, GG, Art. 65a (2008), Rn. 59 ff.; a.A. *J. Wieland*, DVBl. 1991, 1174 (1176); *Ipsen* (Fn. 1), Art. 115b Rn. 149. → Art. 24 Rn. 54 ff.

[18] Z.B. *W. Martens*, Wehrverfassung und Grundgesetz, 1961, S. 171; *M. Lepper*, Die verfassungsrechtliche Stellung der militärischen Streitkräfte im gewaltenteilenden Rechtsstaat, Diss. jur. Bielefeld 1962, S. 170; *v. Mangoldt/Klein*, GG, Art. 65a Anm. III. 1 f.

[19] *K.-A. Hernekamp*, in: v. Münch/Kunig, GG II, Art. 65a Rn. 28; *Frank* (Fn. 13), hinter Art. 87 Rn. 68; *Stern*, Staatsrecht II, S. 875; vgl. eingehend *Ipsen* (Fn. 1), Art. 115b Rn. 130 ff.

[20] *Ipsen* (Fn. 1), Art. 115b Rn. 133 ff.; *Hernekamp* (Fn. 19), Art. 65a Rn. 28.

[21] *Ipsen* (Fn. 1), Art. 115b Rn. 137 ff.; zur operativen Planung s.a. *ders.*, Rechtsgrundlagen und Institutionalisierung der atlantisch-westeuropäischen Verteidigung, 1967, S. 154 ff.

[22] *Hernekamp* (Fn. 19), Art. 65a Rn. 28.

[23] *Frank* (Fn. 13), hinter Art. 87 Rn. 68; *Ipsen*, Rechtsgrundlagen (Fn. 21), S. 207 ff.; vgl. *D. Deiseroth*, in: Umbach/Clemens, GG, Art. 65a Rn. 123 ff.; *R. Schmidt-Radefeldt*, Parlamentarische Kontrolle der internationalen Streitkräfteintegration, 2005, S. 49 ff.

[24] Z.B. AWACS-Einsätze und ständige Seestreitkräfte vor Somalia; vgl. *M. Schröder*, in: Mangoldt/Klein/Starck, GG II, Art. 65a Rn. 9; zur Zulässigkeit im Hinblick auf Art. 24 II GG BVerfGE 90, 286 (345 ff.). → Art. 24 Rn. 57.

[25] Vgl. BT-Drs. 11/3258, S. 13; *K. Dau*, NZWehrR 31 (1989), 177 ff.; *Epping* (Fn. 17), Art. 65a Rn. 64 ff.; kritisch *J. Wieland*, Die Beteiligung der Bundeswehr an gemischtnationalen Einheiten, in: FS Böckenförde, 1995, S. 219 ff. (230 ff.); *Deiseroth* (Fn. 23), Art. 65a Rn. 150 ff.; *W.-R. Schenke*, in: BK, Art. 65a (2011), Rn. 100 ff.

[26] Vgl. *K. Fährmann*, Die Bundeswehr im Einsatz für Europa, 2010, S. 212 ff.; *Schenke* (Fn. 25), Art. 65a Rn. 99; vgl. auch *W. Frenz*, NZWehrR 2010, 187 ff.

Art. 65a C. Erläuterungen

WEU und dann die EU als System kollektiver Sicherheit qualifiziert[27]. In beiden Fällen ist eine Unterstellung von Streitkräften unter ein EU-Kommando zulässig[28].

4   Außerhalb der Bundesrepublik[29] ist **zumeist das Staatsoberhaupt Inhaber des Oberbefehls**, dessen Ausübung aber vielfach den zuständigen Ministern überlassen wird. Gelegentlich sind darüber hinaus Fragen der Planung und Grundsatzentscheidungen einem Kabinettsausschuß übertragen worden, wozu in den USA noch die Joint Chiefs of Staff als militärische Befehlsspitze treten[30].

C. Erläuterungen

I. Allgemeine Bedeutung

5   Zusammen mit Art. 115b GG garantiert Art. 65a GG, daß die Befehls- und Kommandogewalt immer in der Hand eines Mitglieds der parlamentarisch verantwortlichen Regierung liegt, und sichert damit neben den anderen parlamentarischen Kontrollmöglichkeiten (Art. 45a, 45b, 87a I 2, 110 GG) das **Primat des Politischen** in der Wehrverfassung[31]. Demgegenüber ist dem **Staatsoberhaupt nurmehr ein »repräsentativer« Oberbefehl**[32] verblieben, der sich im Recht der Ernennung und Entlassung von Offizieren und Unteroffizieren gem. Art. 60 I GG, im Begnadigungsrecht gem. Art. 60 II GG, § 5 SoldG, § 15 WDO und den inzidenter aus den Prärogativen des Bundespräsidenten folgenden Rechten zur Ordensverleihung und zur Bestimmung von Uniformen und Rangabzeichen[33] äußert[34]. Das Recht zur Verkündung der Feststellung des Verteidigungsfalles (Art. 115a GG) und zum Friedensschluß (Art. 115b III GG) fällt dagegen nicht unter die Restbefugnisse des Oberbefehls[35], sondern beruht auf den Funktionen des Bundespräsidenten im Gesetzgebungsverfahren[36].

II. Das Ressort des Bundesministers für Verteidigung

6   Aufgrund der ausdrücklichen Regelung in Art. 65a GG gehört der Verteidigungsminister neben dem Finanzminister (Art. 108 III, 112, 114 GG) und dem Justizminister

---

[27] *Epping* (Fn. 17), Art. 65a Rn. 63; *P. Scherrer,* Das Parlament und sein Heer, 2010, S. 27ff.; → Art. 87a Rn. 18; a.A. BVerfGE 123, 267 (425f., Rn. 390f.); gegenläufige Tendenz für die WEU noch BVerfG 90, 286 (349); differenzierend *Schmidt-Radefeldt,* Kontrolle (Fn. 23), S. 64ff.

[28] Zu den bisherigen Einsätzen s. *Fährmann,* Bundeswehr (Fn. 26), S. 184ff.

[29] Vgl. *Ipsen* (Fn. 1), Art. 115b Anm. III 3 m.w.N.; s. jetzt auch die rechtsvergleichenden Hinweise in *Epping* (Fn. 17), Art. 65a Rn. 1ff.

[30] Vgl. zu den USA die etwas veraltete, aber noch lesenswerte Studie von *E. Fraenkel,* Das Verhältnis der zivilen und militärischen Gewalt in USA, in: Schicksalsfragen der Gegenwart, Bd. III, 1958, S. 139ff.

[31] *Hernekamp* (Fn. 19), Art. 65a Rn. 2; *M. Oldiges,* in: Sachs, GG, Art. 65a Rn. 14f.; *V. Busse,* in: Friauf/Höfling, GG, Art. 65a (2003), Rn. 5.

[32] *A. Bergsträßer/T. Eschenburg,* EA 10 (1955), 7953 (7954); a.A. *Busse* (Fn. 31), Art. 65a Rn. 6; kritisch zu dem Begriff auch *Epping* (Fn. 17), Art. 65a Rn. 49.

[33] § 4 IV SoldG i.V.m. der 7. Anordnung des BPräs. v. 25.3.1974 (BGBl. I S. 796).

[34] *Hernekamp* (Fn. 19), Art. 65a Rn. 4; vgl. *B. W. Krack,* Staatsoberhaupt und Streitkräfte, 1990, S. 91ff.; ebd., S. 113ff. eingehend zum informellen Einfluß des Bundespräsidenten auf die Sicherheitspolitik.

[35] So aber *G. Dürig,* in: Maunz/Dürig, GG, Art. 65a (1969), Rn. 5; *v. Mangoldt/Klein,* GG, Art. 65a Anm. II, 4 b.

[36] Zutreffend *Hernekamp* (Fn. 19), Art. 65a Rn. 4 unter Hinweis auf Art. 45 II, 70 WRV.

II. Das Ressort des Bundesministers für Verteidigung   Art. 65a

(Art. 96 II 4 GG) zu den **verfassungsrechtlich notwendigen Ministerämtern**, deren Einrichtung der Organisationsgewalt des Bundeskanzlers entzogen ist[37]. Eine Personalunion des Verteidigungsministeriums und des Bundeskanzleramtes ist jedenfalls außerhalb des Verteidigungsfalles unzulässig[38]. Der Verteidigungsminister darf gem. Art. 66 GG nicht gleichzeitig aktiver Soldat sein, was auch für die Staatssekretäre gilt[39]. Indes wird dadurch die Übernahme des Amtes durch einen Soldaten nicht ausgeschlossen, der Kandidat müßte nur solange in den Ruhestand treten[40]. Der Amtsinhaber muß andererseits nicht Wehrdienst geleistet haben[41]. Das Amt steht auch Frauen offen, da das Verbot des Art. 12a IV GG die politische Ebene nicht erfaßt[42].

Der Verteidigungsminister ist **im Frieden alleiniger Inhaber der Befehls- und Kommandogewalt**. Sie ist Teil der selbständigen Ressortverantwortlichkeit des Verteidigungsministers, die an den Rahmen der Richtlinienkompetenz des Bundeskanzlers gebunden ist[43]. Der Bundessicherheitsrat[44] ist ein spezielles Koordinationsorgan der Bundesregierung für Verteidigungsfragen, das die Kompetenzen des Verteidigungsministers unberührt läßt.   7

Organisation und Gliederung des Verteidigungsministeriums haben nach mehrfacher Änderung folgende Gestalt gewonnen[45]: Die Leitungsebene wird neben dem Mi-   8

---

[37] *Dürig* (Fn. 35), Art. 65a Rn. 37; *Hamann/Lenz*, GG, Art. 65a Anm. B 1; *E.-W. Böckenförde*, Die Organisationsgewalt im Bereich der Regierung, 1964, S. 201; *Hernekamp* (Fn. 19), Art. 65a Rn. 6; *D. Deiseroth* (Fn. 23), Art. 65a Rn. 29; zur Stellung des Verteidigungsministers im Verteidigungsfalle → Art. 115b Rn. 6 f.; so wie hier *Ipsen* (Fn. 1), Art. 115b Rn. 103 ff. → Art. 62 Rn. 12; → Art. 64 Rn. 13.
[38] *U. Beckmann*, Die Rechtsstellung des Stellvertreters des Bundeskanzlers, Diss. jur. Würzburg 1966, S. 61 ff.; *Böckenförde*, Organisationsgewalt (Fn. 37), S. 200; *Schröder* (Fn. 24), Art. 65a Rn. 11; a.A. *W.-R. Schenke*, Jura 1982, 57 (63); *ders.* (Fn. 25), Art. 65a Rn. 13; *Busse* (Fn. 31), Art. 65a Rn. 8.
[39] *G. Loosch*, DÖV 1961, 206 (208); *H. Quaritsch*, Führung und Organisation der Streitkräfte im demokratisch-parlamentarischen Staat, VVDStRL 26 (1968), S. 207 ff. (244 f.); *C. Raap*, JuS 1996, 980 (981).
[40] § 25 SoldG; *Hernekamp* (Fn. 19), Art. 65a Rn. 9; a.A. *G. Loosch*, DÖV 1963, 5 f.; als Reservist unterliegt er analog § 24 III Nr. 3 WPflG nicht der Wehrüberwachung.
[41] Anders als bis 1990 der Wehrbeauftragte: → Art. 45b Rn. 6.
[42] Zur weiten Auslegung des »Dienstes mit der Waffe« → Art. 12a Rn. 40; zum vorliegenden Problem *A. Poretschkin*, NZWehrR 35 (1993), 232 ff.
[43] *H. Maurer*, Die Richtlinienkompetenz des Bundeskanzlers, in: FS Thieme, 1993, S. 123 ff. (133); *Hernekamp* (Fn. 19), Art. 65a Rn. 23; *Oldiges* (Fn. 31), Art. 65a Rn. 20; *Schröder* (Fn. 24), Art. 65a Rn. 14; *Schenke* (Fn. 25), Art. 65a Rn. 46 ff.; eingehend *G. Kadner*, Die Richtlinienkompetenz des Bundeskanzlers gegenüber der Sonderstellung einzelner Bundesminister unter besonderer Berücksichtigung des Bundesministers für Verteidigung, Diss. jur. München 1970, S. 121 ff. m.w.N. → Art. 65 Rn. 28 ff.
[44] Dazu *K. Zähle*, Der Staat 44 (2005), 462 ff.; *R.A.P. Glawe*, DVBl. 2012, 329 ff.; dem in Anlehnung an den National Security Council in den USA geschaffenen Kabinettsausschuß gehören aufgrund des jeweiligen Kabinettsbeschlusses neben dem Bundeskanzler als Vorsitzenden und dem Verteidigungsminister als beauftragtem Vorsitzenden die Minister des Auswärtigen, des Innern, der Finanzen, der Justiz und für Wirtschaft sowie wirtschaftliche Zusammenarbeit und Entwicklung an. Angeregt wurde dieses Gremium bereits von *H. Ehmke*, ZfP 1 (1954), 337 (353); *A. Bergsträßer/T. Eschenburg*, EA 10 (1955), 7953 (7954); generell zur Einrichtung der Kabinettsausschüsse V. *Busse*, DVBl. 1993, 413 ff.; für einen nationalen Sicherheitsrat *R.G. Adam*, Sicherheit und Stabilität, 2006, S. 38 ff.
[45] Vgl. Berliner Erlass vom 21.1.2005, der inzwischen wiederum durch den Dresdner Erlass vom 22.3.2012 ersetzt worden ist; zum früheren Stand vgl. *Traut*, Spitzengliederung (Fn. 7), S. 298 ff. (bis 1964); *S. Mann*, Das Bundesministerium der Verteidigung, 1971, S. 83 ff.; *Busch*, Oberbefehl (Fn. 2), S. 127 ff.; zur Entstehung *Hornung*, Staat (Fn. 10), S. 101 ff.; der Blankeneser Erlaß vom 21.3.1970, der den militärischen Bereich umgliederte, ist dokumentiert in: H.-J. Jacobsen (Hrsg.), Friedenssicherung durch Verteidigungsbereitschaft, 1990, S. 235 ff.

nister selbst durch zwei Parlamentarische Staatssekretäre und zwei beamtete Staatssekretäre gebildet. Unterhalb dieser Ebene bestehen sechs zivile Abteilungen, darunter die Hauptabteilung Rüstung, sowie auf militärischer Seite der dem Minister unmittelbar verantwortliche Generalinspekteur der Bundeswehr[46] und die Inspekteure des Heeres, der Luftwaffe, der Marine und des Sanitätsdienstes. Die Inspekteure bilden unter dem Vorsitz des Generalinspekteurs den militärischen Führungsrat, der als ministerielles Koordinationsorgan eine einheitliche Willensbildung herbeiführen soll. Anders als der ausschließlich ministerielle Aufgaben erfüllende Generalinspekteur sind die Inspekteure sowohl Abteilungsleiter als auch truppendienstliche Vorgesetzte[47].

III. Die Befehls- und Kommandogewalt

9 Der Doppelbegriff der Befehls- und Kommandogewalt wird angesichts seiner historisch begründeten Unklarheiten höchst unterschiedlich verstanden. Überwiegend wird die Doppelformel als bloße »Tautologie«[48] oder »Pleonasmus«[49] begriffen, da die Kommandogewalt im Grunde »nicht normierte Befehlsgewalt«[50] sei. Demgegenüber wird versucht, zwischen beiden Begriffen in unterschiedlicher Weise zu differenzieren. Aufgrund der ursprünglichen Wortbedeutung des Kommandos als militärischem Amt wird in der Kommandogewalt eine Kompetenz im Sinne einer Aufgabe[51] und in der Befehlsgewalt eine Zuständigkeit oder Befugnis gesehen[52]. Teilweise wird Kommandogewalt als der speziellere Begriff[53], teilweise umgekehrt die Befehlsgewalt als Ausfluß der umfassenden Kommandogewalt verstanden[54]. In jedem Fall betreffen beide Begriffe zusammen den spezifisch militärischen Sachbereich im Gegensatz zum Wehrverwaltungsbereich[55]. Im übrigen steht bei der verfassungsrechtlichen Begriffsbildung schon aus historischen Gründen der Zweck im Vordergrund, eine Aufspaltung militärischer oberster Befehls- und Kommandogewalt zu verhindern und damit die umfassende parlamentarisch verantwortliche Kompetenz des Verteidigungsministers zu sichern[56]. Die **begrifflichen Differenzierungsversuche** sind demgegenüber ohnehin

---

[46] Zu seiner Stellung *Epping* (Fn. 17), Art. 65a Rn. 54.
[47] Vgl. §§ 1 ff. VorgesetztenVO.
[48] W. *Groß*, DVBl. 1956, 260 (261); *Meyer-Dahlheuer*, DVBl. 1957, 185 (185); *v. Mangoldt/Klein*, GG, Art. 65a Anm. III, 1a; *Lepper*, Stellung (Fn. 18), S. 157 ff.; *Ipsen* (Fn. 1), Art. 115b Rn. 32; *J. Salzmann*, Der Gedanke des Rechtsstaates in der Wehrverfassung der Bundesrepublik, 1962, S. 79; *Busch*, Oberbefehl (Fn. 2), S. 123; *Oldiges* (Fn. 31), Art. 65a Rn. 16; *ders.*, Wehrrecht und Zivilverteidigungsrecht, in: N. Achterberg/G. Püttner, Besonderes Verwaltungsrecht, Bd. II, 1992, Rn. 1124 ff. (1153 Fn. 87).
[49] *Dürig* (Fn. 35), Art. 65a Rn. 20; W. *Roemer*, JZ 1956, 193 (195); *Hamann/Lenz*, GG, Art. 65a, Anm. 2.
[50] *Ipsen* (Fn. 1), Art. 115b Rn. 31.
[51] Ganz im Sinne von *H.J. Wolff/O. Bachof*, Verwaltungsrecht II, 4. Aufl. 1976, S. 15 (§ 72 I c); kritisch *G.-C. v. Unruh*, Befehls- und Kommandogewalt, in: FS H.J. Wolff, 1973, S. 109 ff. (138 ff.).
[52] *M. Erhardt*, Die Befehls- und Kommandogewalt, 1969, S. 74 ff., 79 ff.; *Hernekamp* (Fn. 19), Art. 65a Rn. 11; wohl auch *C. Raap*, JuS 1996, 980 (981).
[53] *Erhardt*, Kommandogewalt (Fn. 52), S. 85 ff.
[54] *Lepper*, Stellung (Fn. 18), S. 159 f.; *Böckenförde*, Organisationsgewalt (Fn. 37), S. 160, Fn. 27, der freilich zugleich auf S. 160 im Text meint, daß der Befehl auch das Kommando umfasse, was etwas rätselhaft erscheint; im übrigen wohl auch *W.M. Boss*, Die Befehls- und Kommandogewalt des Grundgesetzes, Diss. jur. Köln 1960, S. 14 ff.
[55] *Böckenförde*, Organisationsgewalt (Fn. 37), S. 161 f.
[56] *Frank* (Fn. 13), hinter Art. 87 Rn. 63; *Epping* (Fn. 17), Art. 65a Rn. 25 ff.; s. auch BT-Drs. II/2150,

verfassungsrechtlich praktisch folgenlos, so daß die begrifflich gerechtfertigte Differenzierung zwischen dem militärischen Befehl und dem Kommando[57] sich im Rahmen des Art. 65a GG als l'art pour l'art erweist.

Entgegen einer lange gehegten Auffassung, die das Militär als eigenständige »vierte Gewalt« betrachtete[58], sind **die Streitkräfte und die Befehls- und Kommandogewalt Teil der Exekutive**[59]. Die Ersetzung des Ausdrucks »Verwaltung« durch »vollziehende Gewalt« in Art. 1 III GG durch die Wehrnovelle hat dies nur noch bestätigt[60]. Offen bleibt daher allenfalls, ob die Streitkräfte innerhalb der Exekutive dem politischen Bereich als »Gewalt sui generis« zuzuordnen sind[61] oder jedenfalls einen »gegenüber der Verwaltung sachlich und rechtlich eigenständigen Zweig« bilden[62], oder ob andererseits die Befehls- und Kommandogewalt nur als deklaratorische Klarstellung der militärischen Ressortleitung des Verteidigungsministers zu qualifizieren ist, die ihm wie jedem anderen Minister über seinen Geschäftsbereich gem. Art. 65 GG zusteht[63]. Für letzteres spricht vor allem das Bestreben des Verfassunggebers, die traditionelle rechtliche Sonderstellung des Militärs weitgehend einzuebnen[64]. Angesichts der besonderen Struktur und Tradition bildet das Militär jedoch einen eigenständigen Zweig innerhalb der Exekutive[65].

Inhaltlich umfaßt die Befehls- und Kommandogewalt **alle mit der Führung und Organisation der Streitkräfte zusammenhängenden Angelegenheiten**, soweit sie nicht von der Verfassung anderen Staatsorganen zugewiesen sind[66]. Der Begriff der Streitkräfte umfaßt nur den militärischen Teil der Bundeswehr, zu der neben der in die drei Waffengattungen des Heeres, der Luftwaffe und Marine aufgeteilten Truppe noch die zivile Bundeswehrverwaltung, die Militärseelsorge und die erstinstanzliche Rechts-

---

S. 4; *V. Süßmann*, Kompetenzen und Strukturen der Exekutive auf dem Gebiet der nationalen militärischen Landesverteidigung im Verfassungssystem der Bundesrepublik Deutschland und der 5. französischen Republik, Diss. jur. Würzburg 1972, S. 80 ff.

[57] Die Verbindung des Kommandos mit Gewalt spricht im übrigen gegen ein Verständnis als bloße Aufgabe im Unterschied zur Befehlsgewalt. Berechtigt wäre die Auslegung wohl, wenn Art. 65a GG hieße »Das Kommando und die Befehlsgewalt«.

[58] *C. Frantz*, Vorschule zur Physiologie der Staaten, 1857, S. 199, 215 ff.; vgl. auch *Martens*, Wehrverfassung (Fn. 18), S. 97 ff. m. w. N.; ablehnend *Erhardt*, Kommandogewalt (Fn. 52), S. 26 ff.

[59] *Salzmann*, Wehrverfassung (Fn. 48), S. 73 ff.; *Lepper*, Stellung (Fn. 18), S. 94 ff.; *Hernekamp* (Fn. 19), Art. 65a Rn. 13; *F. Kirchhof*, HStR III, § 78 Rn. 4; *Oldiges* (Fn. 31), Art. 65a Rn. 17; *Epping* (Fn. 17), Art. 65a Rn. 81; etwas anders noch *P. Lerche*, Grundrechte der Soldaten, in: Die Grundrechte IV/1, S. 447 ff. (454 ff.); zu Österreich s. *P. Pernthaler*, Der Rechtsstaat und sein Heer, 1964, S. 59 ff.

[60] *Ipsen* (Fn. 1), Art. 115b Rn. 46. → Art. 1 III Rn. 6.

[61] So insbes. *H. Schmidt*, Militärische Befehlsgewalt und parlamentarische Kontrolle, in: FS A. Arndt, 1969, S. 437 ff. (448); vgl. auch *U. de Maizière*, Führen im Frieden, 1974, S. 25.

[62] *Böckenförde*, Organisationsgewalt (Fn. 37), S. 157; *Erhardt*, Kommandogewalt (Fn. 52), S. 99 ff.; *Quaritsch*, Führung (Fn. 39), S. 209 ff.; vgl. *Lepper*, Stellung (Fn. 18), S. 98 ff.; unentschieden *F. Kirchhof*, HStR III, § 78 Rn. 5 f.: Sonderverwaltung mit genuiner Aufgabenstellung.

[63] *Dürig* (Fn. 35), Art. 65a Rn. 13, 19; *v. Mangoldt/Klein*, GG, Art. 65a Anm. III, 2d; *K. Kröger*, Die Ministerverantwortlichkeit in der Verfassungsordnung der Bundesrepublik Deutschland, 1972, S. 130; *G.-C. v. Unruh*, Führung und Organisation der Streitkräfte im demokratisch-parlamentarischen Staat, VVDStRL 26 (1968), S. 157 ff. (167 ff., 185); *ders.*, Befehls- und Kommandogewalt (Fn. 51), S. 140 ff.; *Maurer*, Richtlinienkompetenz (Fn. 43), S. 133; BVerwGE 46, 55 (58 ff.).

[64] *Hernekamp* (Fn. 19), Art. 65a Rn. 15; *Schenke* (Fn. 25), Art. 65a Rn. 40.

[65] Vgl. auch *D. Paulus*, Die militärische Spitzengliederung im Verfassungsleben von Bonn und Weimar, Diss. jur. Tübingen 1959, S. 78.

[66] *Hernekamp* (Fn. 19), Art. 65a Rn. 20 mit weiteren Einzelheiten; s. auch *Schenke* (Fn. 25), Art. 65a Rn. 20 ff.

pflege durch die Truppendienstgerichte zählen[67]. Demgegenüber gehört die zivile Verteidigung zum Geschäftsbereich des Bundesinnenministeriums[68]. Auch im Fall bundesstaatlicher Hilfe gem. Art. 35 II 2, III GG bei der Abwehr terroristischer Angriffe bleibt die Befehlsgewalt ungeteilt beim Verteidigungsminister[69], der Einsatz muß jedoch durch die Bundesregierung beschlossen werden[70].

IV. Die Stellvertretung des Verteidigungsministers

12 Die Stellvertretung des Ministers in der Befehls- und Kommandogewalt wird höchst kontrovers diskutiert. Lange wurden alle denkbaren Varianten von der Ablehnung jeglicher Stellvertretung[71] über die Vertretung durch den Generalinspekteur[72], durch einen jeweils vom Bundespräsidenten nach Art. 64 GG beauftragten Sonderminister[73], einen politischen Staatssekretär oder Staatsminister[74], durch einen Ministerkollegen[75] bis zum Staatssekretär[76] vorgetragen. **In der Praxis** wird seit der 6. Legislaturperiode durch expliziten Kabinettsbeschluß gem. § 14 I GOBReg die Vertretung »einschließlich der Vertretung in der Befehls- und Kommandogewalt« durch einen Minister vorgesehen[77]. Diese Vertretungsregelung betrifft freilich nur solche Angelegenheiten der Befehls- und Kommandogewalt, die der **Minister** sich geschäftsplanmäßig vorbehalten hat, da sie nur für den Fall der Verhinderung gilt[78]. Wegen der Formulierung des § 14 I GOBReg »in der Regierung« gilt dies auch nur für die Bereiche der Befehls- und Kommandogewalt, die aufgrund ihrer politischen Bedeutung zu den **Regierungsaufgaben im funktionellen Sinn** gehören[79]. **Im übrigen** tritt sowohl für den Fall der Verhinderung als auch für die allgemeine Aufgabe als ständiger Vertreter der **Staatssekretär**

---

[67] *Hernekamp* (Fn. 19), Art. 65a Rn. 21; *Deiseroth* (Fn. 23), Art. 65a Rn. 21 ff.; *Epping* (Fn. 17), Art. 65a Rn. 79; unklar *Müller-Franken/Uhle* (Fn. 13), Art. 65a Rn. 17.

[68] *Hernekamp* (Fn. 19), Art. 65a Rn. 21; vgl. auch *K. Eichen*, NZWehrR 2011, 177, 235 (240ff.). → Art. 45a Rn. 6.

[69] *J. Lorse*, DÖV 2004, 329 (331f.).

[70] BVerfGE 132, 1 (21f., Rn. 54ff.).

[71] Bulletin Nr. 208 v. 5.11.1960, S. 2006; zum politischen Hintergrund *Hornung*, Staat (Fn. 10), S. 181 ff.

[72] Vgl. *N. Grunenberg u.a.*, General ohne Truppen, in: Die Zeit Nr. 51, 1978, S. 33 ff.; Nachweise zur Diskussion im Jahr 1960 in: *v. Mangoldt/Klein*, GG, Art. 65a Anm. III, 2d.

[73] *F.A. v. d. Heydte*, Zur Problematik des Art. 65a des Grundgesetzes, in: Hochschule für Politische Wissenschaften München, Stellvertretung im Oberbefehl, 1966, S. 35 ff.; *ders.*, Zur Problematik der Befehls- und Kommandogewalt nach Art. 65a, in: GedS H. Peters, 1967, S. 526 ff. (530 ff.).

[74] *Hornung*, Staat (Fn. 10), S. 214; *E.-W. Böckenförde*, Die Eingliederung der Streitkräfte in die demokratisch-parlamentarische Verfassungsordnung und die Vertretung des Bundesverteidigungsministers in der militärischen Befehlsgewalt (Befehls- und Kommandogewalt), in: Hochschule für Politische Wissenschaften München, Stellvertretung im Oberbefehl, 1966, S. 43 ff. (54 ff.); *ders.*, Organisationsgewalt (Fn. 37), S. 273; vgl. auch grundsätzlich *R. Wahl*, Stellvertretung im Verfassungsrecht, 1971, S. 220 ff.; ablehnend *Schmidt*, Befehlsgewalt (Fn. 61), S. 448.

[75] Gem. § 14 I GOBReg. *G. Loosch*, DÖV 1961, 206 (208); *Kröger*, Ministerverantwortlichkeit (Fn. 63), S. 138f.; *v. Mangoldt/Klein*, GG, Art. 65a Anm. III, 2d; *K. Carstens*, VVDStRL 26 (1968), S. 299 ff. (Diskussion).

[76] *Quaritsch*, Führung (Fn. 39), S. 242 ff.; *Dürig* (Fn. 35), Art. 65a Rn. 36; *M. Erhardt*, NZWehrR 12 (1970), 41 ff.; *P. Franke*, NZWehrR 12 (1970), 45 ff.; den politischen Charakter betont generell *de Maizière*, Führen (Fn. 61), S. 30 ff.

[77] *E. Klein*, JuS 1974, 362 (367); *Hernekamp* (Fn. 19), Art. 65a Rn. 17; *Epping* (Fn. 17), Art. 65a Rn. 72.

[78] *Mann*, Bundesministerium (Fn. 45), S. 98; *Hernekamp* (Fn. 19), Art. 65a Rn. 18.

[79] *Schröder* (Fn. 24), Art. 65a Rn. 18; insofern handelt es sich auch nicht um eine »Abänderung der

auch im Bereich der Befehls- und Kommandogewalt mit allen Rechten und Pflichten an die Stelle des Ministers[80]. Er verfügt über die entsprechenden Disziplinarbefugnisse (§ 23 II 2 WDO) und ist militärischer Vorgesetzter, dessen förmlich in Vertretung gezeichnete Anweisungen Befehlsrang mit der Möglichkeit wehrstrafrechtlicher Sanktionierung haben[81].

D. Verhältnis zu anderen GG-Bestimmungen

Die Befehls- und Kommandogewalt wird wie die Ressortgewalt anderer Minister von der **Richtlinienkompetenz** des Bundeskanzlers gem. Art. 65 Satz 1 GG ebenso überlagert[82] wie von der **Entscheidungsgewalt der Bundesregierung als Kollegium** gem. Art. 65 Satz 3 GG[83]. Andererseits bildet Art. 65a GG gegenüber der ansonsten freien Organisationsgewalt des Bundeskanzlers eine verfassungsrechtlich bindende Schranke (→ Rn. 6). Die **Ressortgewalt** gem. Art. 65 Satz 2 GG wird durch Art. 65a GG insofern **beschränkt**, als eine Delegation der Befehls- und Kommandogewalt auf nachgeordnete Ämter oder Stellen unzulässig ist[84]. Nach dem Bundesverwaltungsgericht kann die Gewissensfreiheit gem. Art. 4 I GG eine Befehlsverweigerung rechtfertigen[85].

13

Die Entscheidungs- und Kontrollkompetenzen des Bundestages (**Art. 45a, 87a I 2 GG**) beeinflussen die Befehls- und Kommandogewalt wie jede andere Ressortgewalt und müssen daher mit dieser in einen angemessenen Ausgleich gebracht werden[86]. Im Verteidigungsfall geht die Kommandogewalt gem. **Art. 115b GG** auf den Bundeskanzler über.

14

GOBReg«, so aber *Hernekamp* (Fn. 19), Art. 65a Rn. 18; wohl auch *Deiseroth* (Fn. 23), Art. 65 Rn. 43; kritisch, im Ergebnis aber unklar *Epping* (Fn. 17), Art. 65a Rn. 73ff.

[80] Für eine solche Aufspaltung der Vertretung *E. Klein*, JuS 1974, 362 (366f.); *Hernekamp* (Fn. 19), Art. 65a Rn. 19; s. auch *J. Lorse*, DÖV 2004, 329 (333f.); ähnlich *v. Unruh*, Führung (Fn. 63), S. 189f.; noch etwas anders *Oldiges* (Fn. 3), Art. 65a Rn. 21ff., der die Befehls- und Kommandogewalt als Teil der Ressortleitungskompetenz allein dem Staatssekretär vorbehalten will.

[81] BVerwGE 46, 54 (55ff.); vgl. auch *E. Lingens*, NZWehrR 35 (1993), 19ff.

[82] *Dürig* (Fn. 35), Art. 65a Rn. 24; *Ipsen* (Fn. 1), Art. 115b Rn. 48; *Hernekamp* (Fn. 19), Art. 65a Rn. 23. → Rn. 7.

[83] *Hernekamp* (Fn. 19), Art. 65a Rn. 24; *Schenke* (Fn. 25), Art. 65a Rn. 49ff.

[84] *Hernekamp* (Fn. 19), Art. 65a Rn. 25, dessen Konsequenz, Art. 65a GG habe generell gegenüber Art. 65 GG konstitutiven Charakter, aber nicht zwingend ist.

[85] BVerwG NJW 2006, 77ff.; s. auch *H. G. Bachmann*, Militärischer Gehorsam und Gewissensfreiheit, in: H. Zetzsche/S. Weber (Hrsg.), Recht und Militär, 2006, S. 156ff.

[86] Vgl. *Hernekamp* (Fn. 19), Art. 65a Rn. 26; vgl. auch *Epping* (Fn. 17), Art. 65a Rn. 30ff.

Artikel 66 [Berufsverbot]

Der Bundeskanzler und die Bundesminister dürfen kein anderes besoldetes Amt, kein Gewerbe und keinen Beruf ausüben und weder der Leitung noch ohne Zustimmung des Bundestages dem Aufsichtsrate eines auf Erwerb gerichteten Unternehmens angehören.

Literaturauswahl

Dittmann, Armin: Unvereinbarkeit von Regierungsamt und Abgeordnetenmandat – eine unliebsame Konsequenz des »Diätenurteils«?, in: ZRP 1978, S. 52–55.
Morlok, Martin/Krüper, Julian: Ministertätigkeit im Spannungsfeld von Privatinteresse und Gemeinwohl: Ein Beitrag zur Auslegung des Art. 66 GG, in: NVwZ 2003, S. 573–576.
v. Münch, Ingo: Minister und Abgeordneter in einer Person: die andauernde Verhöhnung der Gewaltenteilung, in: NJW 1998, S. 34–35.
Nebendahl, Mathias: Inkompatibilität zwischen Ministeramt und Aufsichtsratsmandat, in: DÖV 1988, S. 961–965.
Traupel, Tobias: Ämtertrennungen und Ämterverbindungen zwischen staatlichen Leitungsämtern und Leitungsämtern in Verbänden, 1991.
Veen, Thomas: Die Vereinbarkeit von Regierungsamt und Aufsichtsratsmandat in Wirtschaftsunternehmen, 1996.

Leitentscheidungen des Bundesverfassungsgerichts

Diese liegen zu Art. 66 GG bislang nicht vor.

Gliederung

	Rn.
A. Herkunft, Entstehung, Entwicklung	1
B. Internationale, supranationale und rechtsvergleichende Bezüge	3
C. Erläuterungen	5
I. Regelungszweck, Anwendungsbereich, Reichweite	5
1. Regelungszweck	5
2. Adressaten und Geltungszeitraum	7
3. Keine Regelung politischer Inkompatibilitäten	8
4. Bundesministergesetz	9
II. Berufliche Inkompatibilitäten	10
1. Einzelne Verbote	11
2. Umfang der Betätigungsverbote	15
3. Rechtsfolgen	16
III. Politische Inkompatibilitäten	17
D. Verhältnis zu anderen GG-Bestimmungen	21

Stichwörter

Amt, besoldetes 11 – Amtsführung 5 – Aufsichtsrat 10, 13, 14 – Beamtenrecht 6 – Beruf 8, 11, 12, 16 – Bundestagsmandat 18 – Ehrenamt, öffentliches 9, 11 – Gewerbe 11, 12 – Grundsätze, beamtenrechtliche 1, 6 – Gutachten, außergerichtliche 9 – Herrenchiemsee 2 – Karenzzeit 7, 9 – Kommissar 3 – Landtagsmandat 19 – Parlamentarischer Rat 2 – Schiedsrichtertätigkeit 9.

A. Herkunft, Entstehung, Entwicklung

1 Die in Art. 66 GG getroffene Regelung stellt in der deutschen Verfassungsgeschichte ein **Novum** dar. Weder die Reichsverfassung von 1871 noch die Weimarer Reichsver-

fassung sahen vergleichbare ausdrückliche Tätigkeitsverbote für Regierungsmitglieder vor. Für die Verfassung von 1871 ergab sich dies bereits daraus, daß Minister als Verfassungsorgane nicht vorgesehen waren (→ Art. 62 Rn. 2). Unter der Weimarer Reichsverfassung ergaben sich Tätigkeitsverbote ebenfalls nicht aus dem Verfassungstext, sondern zunächst aus der Anwendung beamtenrechtlicher Grundsätze und später – mit dem Erlaß des Reichsministergesetzes[1] als Folge der Erkenntnis, daß sich der Status eines Ministers von dem eines Beamten grundlegend unterscheidet – aus § 7 dieses Gesetzes[2], der bereits deutliche Ähnlichkeit mit Art. 66 GG aufwies.

Nachdem der Verfassungskonvent von Herrenchiemsee vor dem Hintergrund dieses **beamtenrechtlich geprägten Vorverständnisses** keinen Anlaß gesehen hatte, die im Grundsatz als selbstverständlich angesehene Unvereinbarkeit von Regierungsamt und bestimmten beruflichen Tätigkeiten einer ausdrücklichen Regelung zuzuführen[3], wurde erst im Organisationsausschuß des **Parlamentarischen Rates** eine Regelung dieser Fragen vorgeschlagen[4]. Sie unterschied sich von dem heutigen Art. 66 GG nur dadurch, daß die Ausnahmeklausel zugunsten der Mitgliedschaft in Aufsichtsräten noch nicht enthalten war, und wurde allgemein damit begründet, daß ein so hohes Amt wie das eines Regierungsmitgliedes »von allen Bindungen frei sein« müsse[5]. Die Ausnahme für die Mitgliedschaft in Aufsichtsräten wurde erst durch den Hauptausschuß eingefügt, da man es unter Hinweis auf bereits in den Ländern gemachte Erfahrungen im Hinblick auf die Wahrung des politischen Einflusses in Unternehmen mit staatlicher Beteiligung für zweckmäßig hielt, wenn ein Minister Aufsichtsratsmitglied in einem solchen Unternehmen sein könne[6]. Art. 66 GG ist **bislang unverändert** geblieben.

B. Internationale, supranationale und rechtsvergleichende Bezüge

Im **internationalen Vergleich** zeigt sich, daß teils ausdrückliche verfassungsrechtliche Regelungen über die Unvereinbarkeit von Regierungsämtern und anderen Tätigkeiten nicht für notwendig gehalten werden, teils aber auch erheblich strengere Regelungen als Art. 66 GG existieren. Ein Beispiel für das Fehlen ausdrücklicher verfassungrechtlicher Tätigkeitsverbote für Regierungsmitglieder liefert Italien. Die italienische Verfassung beugt Verflechtungen zwischen Wirtschaft und Regierung und den damit verbundenen Interessenkollisionen lediglich dadurch vor, daß sie das Verhalten ihrer Mitglieder dem allgemeinen Strafrecht unterwirft, indem sie diese wegen in Ausübung des Amtes begangener Straftaten nach vorheriger Autorisierung durch Senat oder

---

[1] Vom 27.3.1930 (RGBl. I S. 96); dazu mit ausführlichen Nachweisen T. Veen, Die Vereinbarkeit von Regierungsamt und Aufsichtsratsmandat in Wirtschaftsunternehmen, 1996, S. 44f.
[2] Diese Vorschrift, die das nicht mehr anwendbare beamtenrechtliche Nebentätigkeitsrecht ersetzen sollte und der deshalb von Veen, Vereinbarkeit (Fn. 1), S. 44f., zutreffend ein beamtenrechtlicher Ursprung attestiert wird, lautete: »Die Reichsminister dürfen dem Vorstand, Verwaltungsrat oder Aufsichtsrat eines auf Erwerb gerichteten Unternehmens nicht angehören, auch neben dem Ministeramt keine Beschäftigung berufsmäßig ausüben. Die Reichsregierung kann Ausnahmen zulassen, wenn amtliche Rücksichten nicht entgegenstehen und Interessenkonflikte zwischen den amtlichen und privaten Tätigkeiten des Reichsministers nicht zu befürchten sind.«
[3] So auch die Einschätzung von H.-P. Schneider, in: AK-GG, Art. 66 (2002), Rn. 1.
[4] Vgl. Parl. Rat XIII, S. 281 ff.
[5] Abg. Dr. Lehr, Parl. Rat XIII, S. 282.
[6] Die alternativ gegebene Möglichkeit, den politischen Einfluß in Unternehmen mit staatlicher Beteiligung über Staatssekretäre oder andere Ministerialbeamte sicherzustellen, wurde nicht für ausreichend gehalten, Parl. Rat XIV, S. 1024f.

Abgeordnetenkammer der ordentlichen Gerichtsbarkeit überantwortet[7]. Deutlich strenger als die Regelung des Art. 66 GG erklärt Art. 23 der französischen Verfassung das Amt eines Regierungsmitgliedes für unvereinbar mit jeglicher Tätigkeit in Berufsverbänden auf nationaler Ebene, mit jeder Ausübung eines anderen öffentlichen Amtes sowie mit jeder beruflichen Tätigkeit, ohne eine Dispensmöglichkeit vorzusehen. Schließlich unterliegen auch die **Kommissare der EU** weitergefaßten Beschränkungen hinsichtlich der Berufsausübung, die insbesondere nach Ablauf der Amtstätigkeit fortwirken (Art. 245 II AEUV). Hinzuweisen ist schließlich darauf, daß neben Frankreich (Art. 23) eine Reihe weiterer Mitgliedstaaten der EU eine explizite **Unvereinbarkeit von Regierungsamt und Parlamentsmandat** kennen.[8]

4   Soweit die **Verfassungen der Bundesländer** ausdrücklich Tätigkeitsverbote für Regierungsmitglieder normieren[9], werden mit Ausnahme der Verfassungen Hamburgs[10], Bremens[11] und Nordrhein-Westfalens[12] wie in Art. 66 GG lediglich Berufsverbote mit Ausnahmeregelungen, nicht aber echte Inkompatibilitäten zwischen Verfassungsorganen festgelegt. Unterschiede zu Art. 66 GG bestehen darin, daß einige Landesverfassungen die ausnahmsweise zulässige Mitgliedschaft in Organen von juristischen Personen des Privatrechts ohne Zustimmungsvorbehalt nur materiell von einem überwiegenden Einfluß des Staates auf die betroffenen Unternehmen abhängig machen[13]. Soweit wie in Art. 66 GG Mitgliedschaften in Organen juristischer Personen des Privatrechts formell zustimmungspflichtig sind, muß diese Zustimmung in Schleswig-Holstein, Thüringen, Brandenburg, Mecklenburg-Vorpommern und Sachsen-Anhalt vom Parlament erteilt werden[14], während nach Art. 113 II 1 BremVerf., Art. 40 II HambVerf. (im Einvernehmen mit der Bürgerschaft) und Art. 34 II 2 NdsVerf. die jeweilige Landesregierung hierfür zuständig ist. In Nordrhein-Westfalen bedarf die Zugehörigkeit zu einem solchen Organ der Zustimmung der Landesregierung, wenn sie nach dem Eintritt in die Landesregierung beibehalten werden soll, wobei die erteilte Genehmigung dem Landtagspräsidenten anzuzeigen ist[15].

---

[7] Art. 96 der italienischen Verfassung.

[8] So Belgien (Art. 50), Litauen (Art. 99), Luxemburg (Art. 54), Niederlande (Art. 57 II), Portugal (Art. 154 I), Schweden (Kap. 4 § 13), Slowakei (Art. 109 II) und Zypern (Art. 59).

[9] Die Verfassungen von Berlin, Hessen, Rheinland-Pfalz und des Saarlandes enthalten keine derartigen Regelungen.

[10] Art. 39 I HambVerf. sieht vor, daß ein Senator nicht gleichzeitig Mitglied der Bürgerschaft sein darf. Eine ausdrückliche Aufgabe der Mitgliedschaft in der Bürgerschaft ist im Hinblick auf den Antritt des Senatorenamtes aber nicht erforderlich, da nach Art. 39 II HambVerf. die Bürgerschaftsmitgliedschaft während der Amtszeit als Senator von Verfassungs wegen ruht. → Art. 28 Rn. 58, 62.

[11] Nach Art. 108 I BremVerf. können ebenfalls Senatsmitglieder nicht gleichzeitig Bürgerschaftsmitglieder sein, wobei aber im Unterschied zu Hamburg ein Rücktritt von dem Bürgerschaftsmandat zu erfolgen hat, wenn die Wahl in den Senat erfolgt ist.

[12] Nach Art. 64 IV Nordrh.-WestfVerf. dürfen Mitglieder der Landesregierung nicht Mitglieder des Bundestages oder der Bundesregierung sein.

[13] Vgl. Art. 57 S. 2 BayVerf., Art. 62 II 3 SächsVerf., wobei allerdings in Sachsen die Landesregierung nach Art. 62 II 5 SächsVerf. weitergehende Ausnahmen zulassen kann.

[14] Art. 41 Schl.-HolstVerf., Art. 72 II ThürVerf., Art. 95 S. 3 BrandenbVerf., Art. 45 I 3 Meckl.-Vorp.-Verf., Art. 67 I 2 Sachs.-AnhVerf.

[15] Vgl. Art. 64 III Nordrh.-WestfVerf.

C. Erläuterungen

I. Regelungszweck, Anwendungsbereich, Reichweite

1. Regelungszweck

Das Regelungsziel des Art. 66 GG liegt darin, eine **»unbehinderte, uneigennützige und unbestechliche Amtsführung** im Regierungsbereich«[16] zu gewährleisten. Es geht um die Vermeidung von Pflichten- und Interessenkollisionen[17]. Die Mitglieder der Bundesregierung sollen ihre ganze Arbeitskraft dem Amt widmen[18]. Auch das öffentliche Ansehen stünde auf dem Spiel, wenn Regierungsämter nur als »Nebentätigkeit« wahrgenommen würden. Außerdem sollen die Betätigungsverbote dazu beitragen, Interessenkonflikte aus der Verquickung von Regierungsamt und privater Erwerbstätigkeit zu vermeiden[19], wobei bereits der »böse Schein« einer Abhängigkeit vermieden werden soll[20]. Schließlich wird der Zweck des Art. 66 GG auch darin gesehen, der Kumulation von wirtschaftlicher und politischer Macht entgegenzuwirken[21].

Dabei kann und will die Vorschrift die Mitglieder der Bundesregierung weder vom pluralistischen Interessengeflecht der Gesellschaft isolieren noch sie von der parteipolitischen Willensbildung, der sie ihr Amt verdanken, abkoppeln[22]. **Beamtenrechtliche Grundsätze**, die den Hintergrund des Art. 66 GG bilden (→ Rn. 1f.), können für dessen Auslegung **nicht herangezogen** werden, weil sich die politische Funktion der Regierungsmitglieder von dem Beamtenstatus wesentlich unterscheidet (→ Art. 62 Rn. 23).

2. Adressaten und Geltungszeitraum

Adressaten der Regelung des Art. 66 GG sind die Personen, die das Amt des **Bundeskanzlers** oder eines **Bundesministers** übernehmen wollen oder übernommen haben. Die Unvereinbarkeit setzt mit Erhalt der Ernennungsurkunde ein und endet mit der Aushändigung der Entlassungsurkunde[23]. Die spätestens seit dem Engagement des ehemaligen Bundeskanzlers G. Schröder bei einem Unternehmen für die Entwicklung einer Gaspipeline von Rußland nach Deutschland diskutierte sog. **Karenzzeit** für ehemalige Regierungsmitglieder[24] ist also kein Thema des Art. 66 GG, kann aber durch einfaches Gesetz geregelt werden (→ Rn. 9). Art. 66 GG ist die einzige Vorschrift des VI. Abschnitts, die das Amtsverhältnis, in dem die Mitglieder der Bundesregierung stehen (→ Art. 62 Rn. 23), verfassungsrechtlich regelt[25]. Parlamentarische Staatssekre-

---

[16] *Schneider* (Fn. 3), Art. 66 Rn. 5.
[17] *Jarass/Pieroth*, GG, Art. 66 Rn. 1.
[18] *Veen*, Vereinbarkeit (Fn. 1), S. 56.
[19] *Veen*, Vereinbarkeit (Fn. 1), S. 58 ff.; *M. Morlok/J. Krüper*, NVwZ 2003, 573 (574), weisen zutreffend auf die Unterschiede zu Abgeordneten hin (größere Einflußmöglichkeiten, geringere öffentliche Kontrolle).
[20] *M. Morlok/J. Krüper*, NVwZ 2003, 573 (574).
[21] Zusammenfassend zu den verschiedenen und keineswegs konsistenten Zwecken von Art. 66 GG *M. Oldiges*, in: Sachs, GG, Art. 66 Rn. 8.
[22] So zutreffend *Oldiges* (Fn. 21), Art. 66 Rn. 9; *S. Müller-Franken/A. Uhle*, in: Schmidt-Bleibtreu/Hofmann/Henneke, GG, Art. 66 Rn. 8.
[23] *S. Pieper*, in: Epping/Hillgruber, GG (online, Stand: 1.12.2014), Art. 66 Rn. 2; *Müller-Franken/Uhle* (Fn. 22), Art. 66 Rn. 10.
[24] Dazu *H.H. v. Arnim*, ZRP 2006, 44 ff.
[25] *Oldiges* (Fn. 21), Art. 66 Rn. 7, spricht in diesem Zusammenhang von dem »personalen Charakter« des Art. 66 GG.

täre werden von der Regelung des Art. 66 GG nicht erfaßt. Ihr Amtsverhältnis richtet sich allein nach dem Gesetz über die Rechtsverhältnisse der parlamentarischen Staatssekretäre[26].

3. Keine Regelung politischer Inkompatibilitäten

8   Wie sich bereits aus einem Vergleich mit Art. 55 GG ergibt, lassen sich staatsorganisationsrechtliche Unvereinbarkeits- oder Inkompatibilitätsvorschriften unterteilen in solche, die das Verhältnis von mehreren Ämtern im staatsorganschaftlichen Bereich – also von »Verfassungsämtern« – betreffen (Inkompatibilität im engeren Sinne[27] oder **»politische Inkompatibilitäten«**; → Art. 55 Rn. 5 f.), und die Verbote, neben dem Regierungsamt noch einen privaten Beruf auszuüben (Inkompatibilität im weiteren Sinne oder **berufliche Inkompatibilität**)[28]. An diese Unterscheidung schließt sich im Hinblick auf Art. 66 GG die Frage an, ob er nur die berufliche oder auch die politische Inkompatibilität regelt. In letzterem Sinne verstanden soll Art. 66 GG – anders als Art. 55 II GG – auch staatsorganschaftliche Inkompatibilitäten von Regierungsmitgliedern regeln[29]. Nach dieser Auffassung soll also das »besoldete Amt« in Art. 66 GG auch andere Verfassungsämter erfassen. Art. 55 I und 94 I 3 GG, die ausdrücklich die Inkompatibilität von Regierungsämtern mit anderen staatsorganschaftlichen Funktionen regeln, sind nach dieser Ansicht *leges speciales* zu Art. 66 GG[30]. Die Gegenmeinung weist jedoch zutreffend darauf hin, daß eine eigenständige Funktion der Art. 55 I und 94 I 3 GG nicht erkennbar ist, wenn bereits Art. 66 GG die Frage der Inkompatibilität im staatsorganschaftlichen Bereich behandelt[31]. Die zu Art. 55 II GG parallele Formulierung macht deutlich, daß Art. 66 GG ebenfalls **nur die Kompatibilität mit anderer Erwerbstätigkeit** erfaßt[32].

4. Bundesministergesetz

9   Das Gesetz über die Rechtsverhältnisse der Mitglieder der Bundesregierung erweitert in § 5, der im übrigen die Verbote des Art. 66 GG wiederholt[33], die beruflichen Inkompatibilitäten auf **Schiedsrichtertätigkeiten** und auf **außergerichtliche Gutachten**. Außerdem sollen die Mitglieder der Bundesregierung während ihrer Amtszeit kein **öffentliches Ehrenamt** bekleiden. Da Art. 66 GG nicht als abschließende Vorschrift verstanden werden kann, sind solche Erweiterungen – da sie auch gemessen an den

---

[26] Vom 24. Juli 1974, BGBl. I S. 1538, dessen § 7 auch die für Bundesminister geltenden Inkompatibilitätsvorschriften für entsprechend anwendbar erklärt.
[27] So *Schneider* (Fn. 3), Art. 66 Rn. 2.
[28] So auch das Begriffsverständnis bei W.-R. *Schenke*, in: BK, Art. 66 (Zweitb. 2010), Rn. 3 mit Anm. 24.
[29] So *Schneider* (Fn. 3), Art. 66 Rn. 2; R. *Herzog*, in: Maunz/Dürig, GG, Art. 66 (1984), Rn. 2, 27 ff.; C. F. *Liesegang*, in: I. v. Münch (Hrsg.), GG-Kommentar, 2. Aufl., Bd. 2, 1983, Art. 66 Rn. 4; V. *Epping*, in: v. Mangoldt/Klein/Starck, GG II, Art. 66 Rn. 7 ff.; V. *Busse*, in: Friauf/Höfling, GG, Art. 66 (2011), Rn. 8.
[30] *Liesegang* (Fn. 29), Art. 66 Rn. 4.
[31] *Oldiges* (Fn. 21), Art. 66 Rn. 22.
[32] *Oldiges* (Fn. 21), Art. 66 Rn. 21 f.; G. *Sturm*, Die Inkompatibilität, 1967, S. 86 f.; ausführlich m. w. N. *Schenke* (Fn. 28), Art. 66 Rn. 10 ff.; U. *Mager*, in: v. Münch/Kunig, GG I, Art. 66 Rn. 1; *Müller-Franken/Uhle* (Fn. 22), Art. 66 Rn. 18 f.
[33] Die »Leitung« eines Unternehmens wird konkretisiert im Sinne der Angehörigkeit zum Vorstand oder zum Verwaltungsrat.

Grundrechten unbedenklich sind – zulässig[34]. Das gilt auch für die Gesetzesinitiative der Bundesregierung aus dem Jahr 2015[35], die für ausscheidende Mitglieder der Bundesregierung eine **Karenzzeit** von 18 Monaten vorsieht, während der die Bundesregierung auf Empfehlung eines dreiköpfigen »Honoratiorengremiums« die Erwerbstätigkeit untersagen kann.

II. Berufliche Inkompatibilitäten

Abgesehen von der ausnahmsweise vorgesehenen Möglichkeit, daß Regierungsmitglieder dem Aufsichtsrat eines auf Erwerb gerichteten Unternehmens angehören, sind die einzelnen beruflichen Inkompatibilitäten identisch mit denjenigen des Bundespräsidenten (→ Art. 55 Rn. 10 f.). 10

1. Einzelne Verbote

Unter einem »**anderen besoldeten Amt**« ist jedes öffentliche Amt im statusrechtlichen Sinne des Beamtenrechts einschließlich des Richter- und Soldatenamtes zu verstehen[36]. Da Art. 66 GG verfassungsorganschaftliche oder politische Inkompatibilitäten nicht regelt, gehören Verfassungsämter im Bund und in den Ländern nicht hierher (→ Rn. 8). Ehrenämter, die von Art. 66 GG nicht erfaßt werden[37], sind durch § 5 II BMinG zulässigerweise aufgenommen worden[38]. Ob der in § 5 II BMinG verwendete Begriff des »öffentlichen Ehrenamtes« auch die ehrenamtlichen Leitungstätigkeiten in Interessengemeinschaften und Verbänden umfaßt, ist umstritten. Eine Ansicht versteht als »öffentliches Ehrenamt« nicht nur Ämter auf öffentlich-rechtlicher Grundlage, sondern alle Ehrenämter, die auf öffentliches Wirken gerichtet sind, also auch Ehrenämter in Verbänden[39]. Begründet wird dies mit der Möglichkeit von Konflikten zwischen den Partikularinteressen einzelner Verbände und dem Allgemeinwohl, dem die Mitglieder der Bundesregierung verpflichtet sind[40]. Allerdings erscheint zweifelhaft, ob Normzweck des Art. 66 GG selbst oder seiner einfachgesetzlichen Ergänzung in § 5 II BMinG die vollständige Trennung von Allgemein- und Partikularinteressen sein kann, da sich ein Gemeinwohl in einer pluralistischen Verfassungsordnung nicht objektiv ermitteln läßt, sondern Ergebnis eines von widerstreitenden Interessen geprägten Willensbildungsprozesses ist. Schon die Verwendung des Begriffs des Amtes selbst sowie dessen Gegenüberstellung zu den Begriffen des Gewerbes und des Berufes in Art. 66 GG und § 5 I BMinG macht die Beschränkung der Inkompatibilität auf öffentlich-rechtliche Ämter deutlich[41]. Dem § 5 II BMinG läßt sich als zusätzlicher Gehalt nur die 11

---

[34] Vgl. nur *Jarass/Pieroth*, GG, Art. 66 Rn. 1; *Oldiges* (Fn. 21), Art. 66 Rn. 4; *Müller-Franken/Uhle* (Fn. 22), Art. 66 Rn. 11.
[35] BR-Drs. 52/15.
[36] *Schenke* (Fn. 28), Art. 66 Rn. 22; *Oldiges* (Fn. 21), Art. 66 Rn. 10 m. w. N.
[37] *Müller-Franken/Uhle* (Fn. 22), Art. 66 Rn. 23.
[38] Vgl. dazu *Oldiges* (Fn. 21), Art. 66 Rn. 11; *Epping* (Fn. 29), Art. 66 Rn. 6; *Mager* (Fn. 32), Art. 66 Rn. 4.
[39] *Oldiges* (Fn. 21), Art. 66 Rn. 11.
[40] *Oldiges* (Fn. 21), Art. 66 Rn. 11; *Schneider* (Fn. 3), Art. 66 Rn. 6. Nach anderer Ansicht läßt § 5 II BMinG diese Frage offen, da der Begriff des »Öffentlichen« ungeklärt sei; so *T. Traupel*, Ämtertrennungen und Ämterverbindungen zwischen staatlichen Leitungsämtern und Leitungsämtern in Verbänden, 1991, S. 38.
[41] *Herzog* (Fn. 29), Art. 66 Rn. 16; *Schenke* (Fn. 28), Art. 66 Rn. 25; *Müller-Franken/Uhle* (Fn. 22), Art. 66 Rn. 25.

Art. 66 C. Erläuterungen

Erweiterung auf unentgeltliche Tätigkeiten im gleichen öffentlich-rechtlichen Anwendungsbereich entnehmen. Daher sind vergütete Verbandsämter von Art. 66 GG ebensowenig erfaßt[42] wie ehrenamtliche Verbandsämter von § 5 II BMinG[43]. Auch sind Funktionen in politischen Parteien von der Unvereinbarkeit ausgeschlossen, weil dies der notwendigen Verbindung zwischen politischer Willensbildung in Partei und Fraktion einerseits und Spitze der Exekutive andererseits, die im parlamentarischen System des Grundgesetzes vorausgesetzt wird, zuwiderlaufen würde[44].

12 Mit den Begriffen »**Gewerbe**« und »**Beruf**« erfaßt die berufliche Inkompatibilität nach Art. 66 GG sämtliche auf privaten Erwerb gerichteten Tätigkeiten – unabhängig davon, ob sie abhängig oder unabhängig, haupt- oder nebenberuflich[45], dauerhaft oder befristet/einmalig ausgeübt werden[46]. Dazu gehören auch Schiedsrichter- oder Gutachtertätigkeiten[47]. Auch besoldete Kirchenämter gehören hierher, wenn man sie trotz ihrer öffentlich-rechtlichen Ausgestaltung nicht den »anderen besoldeten Ämtern« zuordnet[48]. Nehmen der Bundeskanzler oder ein Bundesminister eine Vergütung oder geldwerte Vorteile für **Tätigkeiten** entgegen, die ihrer **Regierungsfunktion zuzurechnen** sind (z. B. Vorträge)[49], so ist dies kein Thema des Art. 66 GG. Es handelt sich vielmehr entweder um ein Geschenk, über dessen Verwendung gem. § 5 III BMinG die Bundesregierung entscheidet, um einen strafrechtlich zu würdigenden Vorgang (Vorteilsannahme, Bestechlichkeit) oder – unterhalb der Schwelle strafrechtlicher Relevanz – um einen Fall politischer Instinktlosigkeit, die politische Konsequenzen nach sich ziehen sollte[50]. Durch die offenbar praktizierte Honorierung in Gestalt von Spenden – auch an die Partei des Kanzlers oder des Ministers – können diese Grundsätze nicht umgangen werden[51].

13 Die mit einem Regierungsamt unvereinbare Tätigkeit in der **Leitung** oder im **Aufsichtsrat** eines auf Erwerb gerichteten **Unternehmens**, die bereits nach dem Wortlaut eine gewisse Größe des Unternehmens voraussetzt[52], meint sowohl entgeltliche als auch unentgeltliche Tätigkeit, weil es speziell bei dieser Inkompatibilität darum geht, das Zusammenfallen von politischer und wirtschaftlicher Macht zu verhindern[53].

14 Die **Ausnahme für Aufsichtsräte**, die der **Zustimmung des Bundestages** bedarf, zielte nach der Entstehungsgeschichte (→ Rn. 2) auf Unternehmen mit maßgeblicher Be-

---

[42] *Herzog* (Fn. 29), Art. 66 Rn. 17; *Liesegang* (Fn. 29), Art. 66 Rn. 8; a.A. *v. Mangoldt/Klein*, GG, Art. 66 Anm. III 1 b; *Schneider* (Fn. 3), Art. 66 Rn. 6; *Epping* (Fn. 29), Art. 66 Rn. 5.
[43] *Traupel*, Ämtertrennungen (Fn. 40), S. 38.
[44] *Oldiges* (Fn. 21), Art. 66 Rn. 12; *Herzog* (Fn. 29), Art. 66 Rn. 17.
[45] Speziell zu Nebentätigkeiten (z. B. honorierte Vorträge, Autorenhonorare) *M. Morlok/J. Krüper*, NVwZ 2003, 573 (574f.).
[46] Nachweise dazu bei *Oldiges* (Fn. 21), Art. 66 Rn. 13; *Schenke* (Fn. 28), Art. 66 Rn. 30f.
[47] *Müller-Franken/Uhle* (Fn. 22), Art. 66 Rn. 29.
[48] *Epping* (Fn. 29), Art. 66 Rn. 5; *Pieper* (Fn. 23), Art. 66 Rn. 5.1.
[49] Das ist in allen Zweifelsfällen honorierter Tätigkeiten anzunehmen, weil anderenfalls eine durch Art. 66 GG verbotene auf Erwerb gerichtete private Tätigkeit vorläge; so auch *Müller-Franken/Uhle* (Fn. 22), Art. 66 Rn. 30.
[50] Strenger (Verbot jeglicher honorierter Vorträge) *Müller-Franken/Uhle* (Fn. 22), Art. 66 Rn. 30; zu weiteren Einzelfragen wie z. B. fiktive Lizenzentgelte für Kabinettsmitglieder, die für die ungenehmigte Werbung mit Politikerfotos gewährt werden, s. *Schenke* (Fn. 28), Art. 66 Rn. 33f. m.w.N.; *Mager* (Fn. 32), Art. 66 Rn. 9.
[51] So auch *Müller-Franken/Uhle* (Fn. 22), Art. 66 Rn. 30; großzügiger *M. Morlok/J. Krüper*, NVwZ 2003, 573 (575).
[52] So *Oldiges* (Fn. 21), Art. 66 Rn. 14; *Herzog* (Fn. 29), Art. 66 Rn. 50ff.
[53] So *Oldiges* (Fn. 21), Art. 66 Rn. 14. Ausführlich zu den Einzelheiten eines auf Erwerb gerichteten Unternehmens i.S.d. Art. 66 *Schenke* (Fn. 28), Art. 66 Rn. 39ff.

teiligung des Bundes⁵⁴. Sinn und Zweck der Regelung war es, dem Bund den personellen Einfluß in solchen Unternehmen zu sichern⁵⁵. Zwar ist diese materielle Beschränkung im Wortlaut des Art. 66 GG nicht zum Ausdruck gekommen. Jedoch ist hinter dem Ausnahmecharakter, den Art. 66 GG der Betätigung in Aufsichtsorganen von Wirtschaftsunternehmen zugewiesen hat, deutlich die Zielrichtung zu erkennen, Konflikte zwischen wirtschaftlichen und politischen Interessen zu vermeiden⁵⁶. Daher kommen für eine Aufsichtsratstätigkeit nur solche Unternehmen in Betracht, die im Verhältnis zum Bund gleichlaufende Interessen verfolgen⁵⁷. Gründe dafür, die Wahrnehmung von Aufsichtsmandaten auch für andere Unternehmen ohne Bundesbeteiligung zuzulassen⁵⁸, sind nicht ersichtlich⁵⁹.

2. Umfang der Betätigungsverbote

Art. 66 GG läßt sich keine präzise Antwort auf die Frage entnehmen, wie weit das Ausübungs- und das Angehörigkeitsverbot genau reichen. So soll es nach einer verbreiteten Auffassung genügen, wenn **Dienst-, Arbeits- oder sonstige Beschäftigungsverhältnisse ruhen**⁶⁰. Ein Gewerbebetrieb muß nicht aufgegeben, seine Führung kann vielmehr in die Hände anderer Personen gelegt werden. Die verbotene Leitung eines Unternehmens kann durch **Vertretungs- oder ähnliche Lösungen zeitlich überbrückt** werden⁶¹. Insbesondere dann, wenn die Mitwirkung an der Unternehmensleitung auf Eigentumsrechten am Unternehmen beruht, rechtfertige Art. 66 GG nicht die Verpflichtung, das Eigentum an einem Unternehmen zu veräußern⁶². Aus einer strengen, beamtenrechtlich geprägten Perspektive mag dies als zu großzügig erscheinen. Allerdings läßt sich diese auf – zeitlich befristete – Regierungsämter nicht ohne weiteres übertragen. Das Berufstätigkeitsverbot des Art. 66 GG entfaltet im übrigen keine Nachwirkung, endet also mit Beendigung des Amtes (→ Rn. 7)⁶³.

15

3. Rechtsfolgen

Nach einer verbreiteten Ansicht soll es sich bei Art. 66 GG um eine »lex imperfecta« handeln⁶⁴, weil keine verfassungsrechtlichen Sanktionsmöglichkeiten vorgesehen sei-

16

---

⁵⁴ So auch Jarass/*Pieroth*, GG, Art. 66 Rn. 1.
⁵⁵ *Veen*, Vereinbarkeit (Fn. 1), S. 114 f.
⁵⁶ *M. Nebendahl*, DÖV 1988, 961 (962).
⁵⁷ *Veen*, Vereinbarkeit (Fn. 1), S. 138.
⁵⁸ Dafür *Oldiges* (Fn. 21), Art. 66 Rn. 15; *Herzog* (Fn. 29), Art. 66 Rn. 48; *Schneider* (Fn. 3), Art. 66 Rn. 7; *Epping* (Fn. 29), Art. 66 Rn. 37; *Müller-Franken/Uhle* (Fn. 22), Art. 66 Rn. 44; *Schenke* (Fn. 28), Art. 66 Rn. 46, der in diesem Zusammenhang »Großunternehmen« im Auge hat, »bei denen unternehmerische Entscheidungen erhebliche wirtschaftspolitische Auswirkungen für die nationale Volkswirtschaft haben können«. Auch und gerade zu solchen Unternehmen will Art. 66 GG aber Distanz schaffen. Eine Übersicht über die von Mitgliedern der Bundesregierung sowie der Landesregierungen wahrgenommenen Mandate in Aufsichtsorganen von Wirtschaftsunternehmen gibt *Veen*, Vereinbarkeit (Fn. 1), S. 25 ff.
⁵⁹ Ablehnend deshalb *M. Nebendahl*, DÖV 1988, 961 (963); *Veen*, Vereinbarkeit (Fn. 1), S. 138.
⁶⁰ *Schenke* (Fn. 28), Art. 66 Rn. 36 f. auch zu den Versorgungsbezügen (§ 18 BMinG); *Mager* (Fn. 32), Art. 66 Rn. 6, 7.
⁶¹ Vgl. *Oldiges* (Fn. 21), Art. 66 Rn. 16 f. m. w. N.; *Schenke* (Fn. 28), Art. 66 Rn. 38 ff.; *Pieper* (Fn. 23), Art. 66 Rn. 5.2.
⁶² *Oldiges* (Fn. 21), Art. 66 Rn. 18; *Schneider* (Fn. 3), Art. 66 Rn. 7; *Herzog* (Fn. 29), Art. 66 Rn. 53.
⁶³ *M. Morlok/J. Krüper*, NVwZ 2003, 573 (574).
⁶⁴ *Oldiges* (Fn. 21), Art. 66 Rn. 19; *Veen*, Vereinbarkeit (Fn. 1), S. 205 f.; nach *Busse* (Fn. 29), Art.

en und auch ein Organstreitverfahren vor dem Bundesverfassungsgericht nicht in Betracht komme[65]. Diese Auffassung verkennt die Rolle des Bundespräsidenten bei der Regierungsbildung (→ Art. 63 Rn. 27; → Art. 64 Rn. 27): Da die Verbote aus Art. 66 GG mit Amtsantritt beginnen[66] (→ Rn. 7), ist es das **Recht und die Pflicht des Bundespräsidenten**, die **Ernennung** eines Regierungsmitgliedes **zu verweigern**, das seinen Pflichten aus Art. 66 GG nicht nachgekommen ist[67]. Die Überprüfung der Einhaltung der Inkompatibilitätsvorschriften zum Ernennungszeitpunkt erzeugt keine Vorwirkung der Pflichten aus Art. 66 GG[68], sondern stellt lediglich die Einhaltung des Art. 66 GG im Zeitpunkt des Amtsantritts sicher. Sollte allerdings der Inkompatibilitätsfall erst nach der Ernennung eintreten, so verliert die Person weder automatisch das Regierungsamt noch das andere Amt, den Beruf oder die Stellung in einem Unternehmen[69]. Hier ist der Bundeskanzler[70] verpflichtet, dem Bundespräsidenten die Entlassung eines Ministers vorzuschlagen, wenn dieser seinen Pflichten aus Art. 66 GG nicht nachkommt[71]. Verstößt der Bundeskanzler selbst gegen Art. 66 GG, bleibt (nur) die politische Kontrolle durch die Öffentlichkeit und durch den Bundestag, auf die das Grundgesetz mit guten Gründen vertrauen konnte[72].

III. Politische Inkompatibilitäten

17 Außer der in Art. 55 I GG normierten Unvereinbarkeit von **Bundespräsidenten-** und Regierungsamt, der aus Art. 94 I 3 GG folgenden Inkompatibilität zwischen **Bundesverfassungsrichter-** und Regierungsamt und dem Verbot des Art. 53a I 2 GG, gleichzeitig der Bundesregierung und dem **Gemeinsamen Ausschuß** anzugehören[73] (→ Art. 53a Rn. 8), kann nach § 4 BMinG ein Mitglied der Bundesregierung auch nicht zugleich Mitglied einer **Landesregierung** sein. Zwar ist diese Inkompatibilität nicht bereits in der Verfassung begründet[74]. Angesichts der Konflikte, die bei Ausübung der bundesstaatlichen Befugnisse nach Art. 84 III und 85 III GG entstehen können, ist aber gegen

---

Rn. 13, kann »die vollständige Einhaltung des Art. 66 GG im Zeitpunkt der Ernennung nicht gewährleistet werden«.

[65] Weil niemand in seinen Rechten verletzt wird; so *H. Beyer*, Die Unvereinbarkeit von Ämtern innerhalb der Bundesregierung, 1976, S. 306; *Oldiges* (Fn. 21), Art. 66 Rn. 20; StGH Bad.-Württ. DÖV 2000, 729 (730).

[66] Vgl. nur Jarass/*Pieroth*, GG, Art. 66 Rn. 2; *Schneider* (Fn. 3), Art. 66 Rn. 7.

[67] So auch Jarass/*Pieroth*, GG, Art. 64 Rn. 1; *Schenke* (Fn. 28), Art. 66 Rn. 49; *Müller-Franken/Uhle* (Fn. 22), Art. 66 Rn. 62.

[68] So aber *Veen*, Vereinbarkeit (Fn. 1), S. 206; *K. Schlaich*, HStR II, § 48 Rn. 5.

[69] *Epping* (Fn. 29), Art. 66 Rn. 44; *Herzog* (Fn. 29), Art. 66 Rn. 13; *Liesegang* (Fn. 29), Art. 66 Rn. 3; *Veen*, Vereinbarkeit (Fn. 1), S. 206f.; a.A. bezüglich des Erlöschens des Regierungsamtes bei Annahme der Wahl zum Bundespräsidenten oder bei Zustimmung zur Ernennung als Bundesverfassungsrichter *Schneider* (Fn. 3), Art. 66 Rn. 3. *Mager* (Fn. 32), Art. 66 Rn. 12, nimmt für eine gesellschaftsrechtliche Begründung der Mitgliedschaft in einem Leitungsorgan nach Ernennung Nichtigkeit nach § 134 BGB an.

[70] Zur Staatspraxis der Kontrolle des Art. 66 GG durch das Bundeskanzleramt s. *Busse* (Fn. 29), Art. 66 Rn. 7.

[71] So auch *Herzog* (Fn. 29), Art. 66 Rn. 14; für eine »politische« Lösung dagegen *Busse* (Fn. 29), Art. 66 Rn. 14.

[72] *Epping* (Fn. 29), Art. 66 Rn. 46.

[73] Zu diesen explizit im Grundgesetz geregelten politischen Inkompatibilitäten s. zusammenfassend *Epping* (Fn. 29), Art. 66 Rn. 12ff.

[74] So aber die wohl h.M.; s. etwa *Oldiges* (Fn. 21), Art. 66 Rn. 27; *Mager* (Fn. 32), Art. 66 Rn. 3; *Busse* (Fn. 29), Art. 66 Rn. 10; *Epping* (Fn. 29), Art. 66 Rn. 17, jeweils m.w.N.

§ 4 BMinG von Verfassungs wegen nichts einzuwenden[75]. Daraus folgt, daß Mitglieder der Bundesregierung nicht gleichzeitig Mitglieder des **Bundesrates** sein können[76].

Da aus Art. 66 GG eine allgemeine Unvereinbarkeit zwischen Regierungs- und anderen besoldeten Verfassungsämtern nicht hergeleitet werden kann (→ Rn. 8), könnten solche politischen Inkompatibilitäten über die genannten speziellen Vorschriften hinaus nur aus den allgemeinen Strukturprinzipien des Grundgesetzes folgen[77]. Umstritten ist in diesem Zusammenhang vor allem, ob die Verbindung von **Regierungsamt und Bundestagsmandat** mit dem Grundsatz der **Gewaltenteilung** vereinbar ist[78]. Dagegen wird vorgebracht[79], daß das Bundesverfassungsgericht zwar Durchbrechungen der Gewaltenteilung für verfassungsrechtlich zulässig erklärt[80], gleichzeitig aber die gegenseitige Kontrolle der Gewalten als Charakteristikum der grundgesetzlichen Gewaltenteilung qualifiziert habe[81]. Regierungsmitglieder mit Abgeordnetenmandat müßten demnach eine Kontrolle über sich selbst ausüben, was als Widerspruch in sich erscheine[82]. Die h.M.[83] setzt dem mit Recht entgegen, daß im parlamentarischen Regierungssystem des Grundgesetzes die Front einer funktional verstandenen Gewaltenteilung weniger zwischen Parlament und Regierung als zwischen regierender Mehrheit und Opposition verlaufe[84]. Zudem geht die Verfassung in Art. 53a I 2 GG von der grundsätzlichen Vereinbarkeit von Abgeordnetenmandat und Regierungsmitgliedschaft aus (→ Art. 38 Rn. 148)[85].

Auch die Verbindung eines **Regierungsamtes im Bund** mit einem **Landtagsmandat** ist mit dem Grundgesetz vereinbar[86], da eine unmittelbare Beziehung zwischen Bundesregierung und Landesparlamenten nicht besteht[87] und somit – unter bundesstaatlichen Aspekten – Konfliktlagen nicht zu erwarten sind. Anderes gilt für **Abgeordnete des Europäischen Parlaments**, deren Status nach Art. 7 I des unionsrechtlichen Direktwahlaktes[88] und seiner Konkretisierung im deutschen Recht (§ 22 II Nr. 13 EuWG und § 7 EuAbgG) mit einem Regierungsamt im Bund unvereinbar ist.

---

[75] So auch *Müller-Franken/Uhle* (Fn. 22), Art. 66 Rn. 50.
[76] So mit unterschiedlichen Begründungen *Oldiges* (Fn. 21), Art. 66 Rn. 27; *Herzog* (Fn. 29), Art. 66 Rn. 39f.; *Schenke* (Fn. 28), Art. 66 Rn. 65f.
[77] So auch *Oldiges* (Fn. 21), Art. 66 Rn. 23.
[78] Ausführlich m.w.N. dazu *Epping* (Fn. 29), Art. 66 Rn. 18ff.
[79] S. insbesondere *I. v. Münch*, NJW 1998, 34f. m.w.N.; ausführlich auch *Epping* (Fn. 29), Art. 66 Rn. 18ff.
[80] BVerfGE 34, 52 (59).
[81] BVerfGE 67, 100 (130).
[82] *I. v. Münch*, NJW 1998, 34 (35); *H. Meyer*, Die Stellung der Parlamente in der Verfassungsordnung des Grundgesetzes, in: Schneider/Zeh, § 4 Rn. 33.
[83] *Hesse*, Verfassungsrecht, Rn. 489; *Oldiges* (Fn. 21), Art. 66 Rn. 25; *A. Dittmann*, ZRP 1978, 52ff.; *Herzog* (Fn. 29), Art. 66 Rn. 33ff.; *Liesegang* (Fn. 29), Art. 66 Rn. 5; *Mager* (Fn. 32), Art. 66 Rn. 4; *Schneider* (Fn. 3), Art. 66 Rn. 4; *Busse* (Fn. 29), Art. 66 Rn. 9; *Schenke* (Fn. 28), Art. 66 Rn. 56ff.
[84] So z.B. *Oldiges* (Fn. 21), Art. 66 Rn. 25b.
[85] *Herzog* (Fn. 29), Art. 66 Rn. 35; *Liesegang* (Fn. 29), Art. 66 Rn. 5; *Schneider* (Fn. 3), Art. 66 Rn. 4.
[86] *Oldiges* (Fn. 21), Art. 66 Rn. 26; *Schneider* (Fn. 3), Art. 66 Rn. 4; *Epping* (Fn. 29), Art. 66 Rn. 26; *Schenke* (Fn. 28), Art. 66 Rn. 62ff.; *D. Weckerling-Wilhelm*, in: Umbach/Clemens, GG, Art. 66 Rn. 14; mit abweichender Begründung *Herzog* (Fn. 29), Art. 66 Rn. 36.
[87] *Oldiges* (Fn. 21), Art. 66 Rn. 26. Allenfalls mittelbar mögen sich Bundesregierung und Landesparlament im Verfahren nach Art. 93 I Nr. 2a GG gegenüberstehen (vgl. § 77 BVerfGG).
[88] Beschluß und Akt zur Einführung allgemeiner unmittelbarer Wahlen der Mitglieder des Europäischen Parlaments vom 20. September 1976 (ratifiziert, BGBl. 1977 II, S. 734), zuletzt geändert durch Art. 1 des Beschlusses 2002/772/EG, Euratom des Rates vom 25. Juni 2002 (ratifiziert, BGBl. 2003 II, S. 810; BGBl. 2004 II, S. 520).

20 Die **Nichtbeachtung** verfassungsorganschaftlicher Inkompatibilitäten führt dazu, daß der Bundespräsident die **Ernennung** zum Bundeskanzler oder Bundesminister **verweigern** muß. Übernimmt ein Regierungsmitglied später ein inkompatibles anderes Amt, so tritt automatischer Verlust des Regierungsamtes ein[89].

D. Verhältnis zu anderen GG-Bestimmungen

21 Während Art. 66 GG – parallel zur Regelung des Art. 55 II GG für den Bundespräsidenten – die berufliche Inkompatibilität regelt, lassen sich aus dieser Norm verfassungsorganschaftliche oder politische Inkompatibilitäten nicht begründen (→ Rn. 8). Diese folgen nur aus den speziellen Vorgaben der **Art. 53a I 2, 55 I** und **94 I 3 GG** (→ Rn. 17).

---

[89] So *Oldiges* (Fn. 21), Art. 66 Rn. 28; a.A. (Pflicht des Bundeskanzlers, dem Bundespräsidenten die Entlassung vorzuschlagen) *Schenke* (Fn. 28), Art. 66 Rn. 67ff.

Artikel 67 [Mißtrauensvotum]

(1) ¹Der Bundestag kann dem Bundeskanzler das Mißtrauen nur dadurch aussprechen, daß er mit der Mehrheit seiner Mitglieder einen Nachfolger wählt und den Bundespräsidenten ersucht, den Bundeskanzler zu entlassen. ²Der Bundespräsident muß dem Ersuchen entsprechen und den Gewählten ernennen.

(2) Zwischen dem Antrage und der Wahl müssen achtundvierzig Stunden liegen.

Literaturauswahl

Berthold, Lutz: Das konstruktive Mißtrauensvotum und seine Ursprünge in der Weimarer Staatsrechtslehre, in: Der Staat 36 (1997), S. 81–94.
Birke, Adolf M.: Das konstruktive Mißtrauensvotum in den Verfassungsverhandlungen der Länder und des Bundes, in: ZParl. 8 (1977), S. 77–92.
Brandt, Edmund: Die Bedeutung parlamentarischer Vertrauensregelungen – Dargestellt am Beispiel von Art. 54 WRV und Art. 67, 68 GG, 1981.
Domes, Jürgen: Regierungskrisen in Bund und Ländern seit 1949 und die Funktion des konstruktiven Mißtrauensvotums, in: Festschrift für Dolf Sternberger zum 70. Geburtstag, 1977, S. 53–62.
Lange, Rolf/Richter, Gerhard: Erste vorzeitige Auflösung des Bundestages – Stationen vom konstruktiven Mißtrauensvotum bis zur Vereidigung der zweiten Regierung Brandt/Scheel, in: ZParl. 4 (1973), S. 38–75.
Lippert, Michael R.: Bestellung und Abberufung der Regierungschefs und ihre funktionale Bedeutung für das parlamentarische Regierungssystem – Entwickelt am Beispiel des deutschen Bundeskanzlers und des britischen Premierministers, 1973.
Meyn, Karl-Ulrich: Destruktives und konstruktives Mißtrauensvotum – von der schwachen Reichsregierung zum starken Bundeskanzler?, in: Eberhard Eichenhofer (Hrsg.), 80 Jahre Weimarer Reichsverfassung – Was ist geblieben?, 1999, S. 71–94.
Müller, Martin: Das konstruktive Mißtrauensvotum – Chronik und Anmerkungen zum ersten Anwendungsfall des Art. 67 GG, in: ZParl. 3 (1972), S. 275–291.

Siehe auch die Angaben zu Art. 68 GG.

Leitentscheidungen des Bundesverfassungsgerichts

Diese liegen zu Art. 67 GG bislang nicht vor.

Gliederung

	Rn.
A. Herkunft, Entstehung, Entwicklung	1
B. Internationale, supranationale und rechtsvergleichende Bezüge	4
C. Erläuterungen	6
I. Funktion und Reichweite des »konstruktiven Mißtrauensvotums«	6
1. Mehrheitsverfall und Regierungsstabilität	6
2. Die Bedeutung im parlamentarischen Regierungssystem	8
3. Begrenzte Stabilisierungswirkung	11
II. Verfahren	13
1. Antrag aus der Mitte des Bundestages	13
2. Die Frist von achtundvierzig Stunden (Art. 67 II GG)	15
3. Die Entscheidung des Bundestages und die Ernennung durch den Bundespräsidenten	16
III. Das »schlichte« Mißtrauensvotum und andere Mißbilligungsformen	19
D. Verhältnis zu anderen GG-Bestimmungen	22

Stichwörter

Abwahl 6, 9 – Aussprache 16 – Herrenchiemsee 2, 3 – Instabilität 2 – Kritik 19, 20, 21 – Legitimationsbasis 10 – Minderheitsregierung 6, 11 – Nachfolger 6, 13, 16, 17, 18 – Nationalversammlung 4 – Opposition 10 – Parlamentarischer Rat 2, 3 – Parlamentsmehrheit 1, 11 – Regierungssturz 20 – Sperrwirkung 14 – Verfassung, belgische 4 – Verfassung, französische 4 – Verfassung, spanische 4 – Vertrauensentzug 19, 20, 21 – Wahlgang 16 – Wahlperiode 1, 3, 6.

A. Herkunft, Entstehung, Entwicklung

1 Die Vertrauensabhängigkeit der Regierung vom Parlament als wesentliches Merkmal des parlamentarischen Regierungssystems hat seit dessen Entstehung die Frage aufgeworfen, welche Folgen eintreten, wenn die gewählte Regierung während der Wahlperiode die politische Unterstützung der Parlamentsmehrheit verliert. Die **Reichsverfassung von 1871** sah zwar in Art. 17 vor, daß der Reichskanzler als einziges durch diese Verfassung institutionalisiertes Regierungsorgan (→ Art. 62 Rn. 2) dem Reichstag verantwortlich ist. Aber erst gegen Ende ihrer Geltungszeit – zunehmend beschleunigt durch die schwieriger werdende politische Lage während des Ersten Weltkrieges – wurden Bestrebungen unternommen, den Bestand des Regierungsorgans vom Vertrauen des Parlaments abhängig zu machen[1], wobei Endpunkt dieser Entwicklung der durch das Gesetz vom 28.10.1918[2] geschaffene Art. 15a RVerf. war. Diese Vorschrift sah die Möglichkeit des parlamentarischen Mißtrauensvotums mit der Folge vor, daß der Reichskanzler zurücktreten mußte. Zur Anwendung kam diese Vorschrift wegen der unmittelbar darauf ausbrechenden Novemberrevolution allerdings nicht mehr.

2 Auch **Art. 54 WRV** sah die Möglichkeit vor, daß der Reichstag dem Reichskanzler wie auch jedem einzelnen Minister (→ Art. 63 Rn. 3) das Vertrauen entziehen konnte. Dadurch wurde die Pflicht zum Rücktritt ausgelöst, ohne daß gleichzeitig ein neuer Kanzler oder Minister gewählt werden mußte. Obwohl die Weimarer Reichsverfassung insoweit nur an Art. 15a der Vorgängerverfassung anknüpfte, wurde und wird der abwertende Begriff des »destruktiven« Mißtrauensvotums hauptsächlich im Zusammenhang mit Art. 54 WRV verwendet[3]. Insoweit wirkt offenbar noch nach, daß die spezifische Bedeutung des Mißtrauensvotums nach Art. 54 WRV für die Instabilität der Weimarer Republik durch den Verfassungskonvent von Herrenchiemsee und den Parlamentarischen Rat (→ Rn. 3) insgesamt überschätzt wurde[4]. Das vor allem in der Spätphase der Weimarer Republik praktisch gewordene Problem lag weniger isoliert in Art. 54 WRV, der insgesamt nur zweimal zur Anwendung kam[5], als vielmehr

---

[1] S. hierzu *M. Lippert*, Bestellung und Abberufung der Regierungschefs und ihre funktionale Bedeutung für das parlamentarische Regierungssystem, 1973, S. 399f. m.w.N. Zur der Einfügung der Art. 15a vorausgegangenen Schaffung eines Mißtrauensvotums kraft Geschäftsordnung des Reichstages im Jahre 1912, das allerdings keine verfassungsrechtlichen Folgen zeitigen konnte: *Willoweit*, Verfassungsgeschichte, § 36 Rn. 10.

[2] RGBl. S. 1274.

[3] *H.-P. Schneider*, in: AK-GG, Art. 67 (2002), Rn. 1; *M. Oldiges*, in: Sachs, GG, Art. 67 Rn. 8; *Hesse*, Verfassungsrecht, Rn. 629.

[4] Skeptisch gegenüber der Maßgeblichkeit des Art. 54 WRV für das Scheitern der Weimarer Republik auch *F. Glum*, Kritische Bemerkungen zu Art. 63, 67, 68, 81 des Bonner Grundgesetzes, in: FG E. Kaufmann, 1950, S. 47ff. (49); *V. Epping*, in: v. Mangoldt/Klein/Starck, GG II, Art. 67 Rn. 2; *E.-W. Böckenförde*, AöR 92 (1967), 253f.; *Schneider* (Fn. 3), Art. 67 Rn. 1.

[5] Beide Anwendungsfälle ereigneten sich im Jahre 1926, nämlich beim Sturz des zweiten Kabinetts Luther im Frühjahr 1926 und des dritten Kabinetts Marx im Dezember 1926; hierzu *Anschütz*, WRV,

in der Kombination der Abhängigkeit der Regierung vom Reichstag mit der dem parlamentarischen Regierungssystem wesensfremden Abhängigkeit vom Reichspräsidenten (→ Art. 63 Rn. 3)[6].

Die **Beratungen zum Grundgesetz** waren durch den Eindruck geprägt, Art. 54 WRV sei maßgeblich für das Scheitern der Weimarer Republik gewesen[7]. Bereits der Verfassungskonvent von Herrenchiemsee distanzierte sich daher von Art. 54 WRV und suchte nach Wegen, die Regierungsstabilität verfassungsrechtlich stärker abzusichern. Dabei einigte man sich unter dem Einfluß Carlo Schmids auf das bereits in Art. 73 der Verfassung Württemberg-Badens verankerte Modell des allein gegen den Regierungschef gerichteten und an die notwendige gleichzeitige Neuwahl eines Regierungschefs gekoppelten – »**konstruktiven**« – **Mißtrauensvotums** (Art. 90 HChE)[8]. Im Parlamentarischen Rat stieß darüber hinaus auch jede Form des »einfachen« Mißtrauensvotums, das keine Pflicht zum Rücktritt auslösen und insoweit rechtlich folgenlos bleiben sollte[9], auf entschiedenen Widerstand[10]. Das Bestreben der Mehrheit des Hauptausschusses des Parlamentarischen Rates ging eindeutig dahin, auch derartige einfache Mißtrauensbeschlüsse des Bundestages für verfassungsrechtlich unzulässig zu halten, weil in dem konstruktiven Mißtrauensvotum eine abschließende Regelung der Frage gesehen wurde, welche verfassungsrechtlichen Folgen ein Vertrauensverlust der Regierung während der Wahlperiode haben darf[11]. Art. 67 GG ist bislang unverändert geblieben.

3

Art. 54 Anm. 4. Auf die geringe Zahl der praktischen Anwendungsfälle des Art. 54 WRV weist auch *Glum*, Bemerkungen (Fn. 4), S. 49, hin. *Gusy*, Reichsverfassung, S. 133 kommt auf drei Anwendungsfälle, da er den Sturz des zweiten Kabinetts Stresemann 1923 mitzählt; dazu *Huber*, Verfassungsgeschichte, Bd. VII, S. 429ff. – A.A. *Anschütz*, WRV, Art. 54 Anm. 3 (S. 320 Fn. 1).

[6] In der verfassungspolitischen Diskussion zur Zeit der WRV – vgl. dazu ausführlich *L. Berthold*, Der Staat 36 (1997), 81ff. – wurde demgemäß auch nicht ausschließlich an Art. 54 WRV angesetzt, sondern vor allem von konservativer Seite versucht, Regierungsstabilität über eine stärkere Betonung der Stellung des Reichspräsidenten zu erreichen; näheres bei *Lippert*, Bestellung (Fn. 1), S. 408ff. Im Hinblick auf Art. 54 WRV wurde dagegen vorgeschlagen, positive Vertrauensvoten oder eine Zweidrittelmehrheit für das Mißtrauensvotum einzuführen; ausführlich zu diesen Reformvorschlägen betr. Art. 54 WRV *Lippert*, Bestellung (Fn. 1), S. 405ff.; *A. M. Birke*, ZParl. 8 (1977), 77 (80ff.). Der Art. 67 GG in seiner »Konstruktivität« wohl am nächsten kommende Ansatz eines Mißtrauensvotums mit notwendigem Vorschlag eines neuen Reichskanzlers, der den Reichspräsidenten gleichwohl nicht binden sollte, stammt von *E. Fraenkel*, Verfassungsreform und Sozialdemokratie (1932), in: ders., Zur Soziologie der Klassenjustiz und Aufsätze zur Verfassungskrise 1931–1932, 1968, S. 89ff. (97ff.); eingehend zu diesem Vorschlag *L. Berthold*, Der Staat 36 (1997), 81 (81ff., 93f.); *A. M. Birke*, ZParl. 8 (1977), 77 (80f.); *J. Domes*, Regierungskrisen in Bund und Ländern seit 1949 und die Funktion des konstruktiven Mißtrauensvotums, in: FS Sternberger, 1977, S. 53ff. (56f.).

[7] Typisch ist insoweit die Äußerung des Abg. *Dr. Katz* in der 49. Sitzung am 9.2.1949, Parl. Rat XIV/2, S. 1560, wonach man das Mißtrauensvotum nach Art. 54 WRV, »das sich in der Vergangenheit so zum Unheil ausgewirkt hat«, beseitigen wolle.

[8] Parl. Rat II, S. 598. Zu den Beratungen Parl. Rat II, S. 405ff.; ausführlich auch bei *A. M. Birke*, ZParl. 8 (1977), 77 (88ff.).

[9] So vor allem der vom Abg. *Dr. v. Mangoldt* mehrfach vorgebrachte Vorschlag, Parl. Rat XIV/1, S. 85f.; XIV/2, S. 1559f.

[10] Kein Antrag des Abg. *Dr. v. Mangoldt*, mit dem dieser seiner Ansicht in der Formulierung des damaligen Art. 90 der Entwurfsfassung Rechnung tragen wollte, wurde angenommen; vgl. Parl. Rat XIV/2, S. 1559ff., 1804.

[11] Vgl. dazu die Diskussion in der 49. Sitzung am 9.2.1949, Parl. Rat XIV/2, S. 1559ff.

B. Internationale, supranationale und rechtsvergleichende Bezüge

4   Im internationalen Vergleich erweist sich die Besonderheit des Art. 67 GG, daß ein Mißtrauensvotum nur in Verbindung mit der Neuwahl rechtliche Folgen hat, mit Ausnahme der Art. 113, 114 der **spanischen** sowie Art. 96 II der **belgischen Verfassung**[12] als singulär. Typisch ist eine Regelung wie die in Art. 50 der **französischen Verfassung** vorgesehene: Die Annahme eines Mißtrauensantrages durch die Nationalversammlung hat zur Folge, daß der Premierminister beim Präsidenten der Republik den Rücktritt der Regierung einreichen muß, ohne daß die so geschaffene Lücke sogleich wieder zu schließen wäre[13].

5   Unter den **Verfassungen der Bundesländer** nimmt die Verfassung Bayerns eine Sonderrolle ein. Sie ist die einzige Landesverfassung, die keine Möglichkeit des Parlaments vorsieht, den Regierungschef im Wege eines Mißtrauensvotums zum Rücktritt zu zwingen. Stattdessen wird es dem Ministerpräsidenten zur Pflicht gemacht zurückzutreten, wenn eine vertrauensvolle Zusammenarbeit mit dem Landtag nicht mehr möglich ist[14]. Mißtrauensvoten, die nicht notwendigerweise an die Wahl eines neuen Ministerpräsidenten gekoppelt sind, sondern nur eine Rücktrittsverpflichtung zur Folge haben, sehen die Verfassungen Berlins, Hessens und des Saarlandes vor[15], wobei im Saarland auch einzelne Kabinettsmitglieder Adressaten eines Mißtrauensvotums sein können[16]. Diese können daneben auch in Bremen und Rheinland-Pfalz im Wege eines Mißtrauensvotums zum Rücktritt gezwungen werden[17], wobei die Verfassung Bremens auch die Möglichkeit vorsieht, im Gesetzeswege die Zahl der Senatoren zu verringern und entsprechende Entlassungen vorzunehmen[18]. Die übrigen Verfassungen der Bundesländer enthalten durchgehend mit Art. 67 GG vergleichbare Regelungen (→ Art. 28 Rn. 55, 58). Geringfügige Abweichungen betreffen nur die Regelungen des Zeitraums zwischen Antrag und Abstimmung[19] sowie Quorumsregelungen betreffend die Antragstellung[20].

---

[12] Nach Art. 113 II der spanischen Verfassung muß ein Mißtrauensantrag einen Kandidaten für das Amt des Ministerpräsidenten vorschlagen. Hat der Mißtrauensantrag Erfolg, so reicht gemäß Art. 114 II 1 die Regierung beim König ihren Rücktritt ein. Nach Art. 114 II 3 wird sodann der Vorgeschlagene vom König zum Ministerpräsidenten ernannt. Entsprechend verläuft das Verfahren nach Art. 96 II der konsolidierten belgischen Verfassung von 1994 ab.
[13] Ähnlich etwa § 15 Verf. Dänemark, Art. 84 Abs. 2 S. 1 Verf. Griechenland, Art. 28 Abs. 9 Ziff. 3 Verf. Irland, Art. 74 Abs. 1 Verf. Österreich.
[14] Art. 44 III 2 BayVerf.; dazu *W. Brechmann*, in: T. Meder/W. Brechmann (Hrsg.), Die Verfassung des Freistaates Bayern, 5. Aufl. 2014, Art. 44 Rn. 7 ff.
[15] Art. 57 III 2 BerlVerf., Art. 114 IV HessVerf., Art. 88 I 2 SaarlVerf.
[16] Art. 88 I 1 SaarlVerf.
[17] Art. 110 I BremVerf., Art. 99 Rheinl.-PfälzVerf.
[18] Art. 110 III 1 BremVerf.
[19] Vgl. etwa die besonders ausgefeilte Regelung in Art. 72 III, IV Sachs.-AnhVerf.
[20] So verlangt etwa Art. 50 III Meckl.-VorpVerf., daß 1/3 der gesetzlichen Mitglieder des Landtages den Antrag stellen. Lediglich 1/4 wird etwa verlangt in Art. 110 II BremVerf., Art. 72 II Sachs.-Anh-Verf.

C. Erläuterungen

I. Funktion und Reichweite des »konstruktiven Mißtrauensvotums«

1. Mehrheitsverfall und Regierungsstabilität

Art. 67 GG eröffnet einen der möglichen Auswege aus einer Situation, in der die Bundesregierung nicht mehr von einer parlamentarischen Mehrheit unterstützt wird. Er regelt abschließend die Möglichkeit, eine amtierende Bundesregierung[21] während der Wahlperiode zu stürzen[22]. Vom Rücktritt des Bundeskanzlers (→ Art. 69 Rn. 14) mit anschließender Neuwahl nach Art. 63 GG und von der Wahl eines anderen Bundeskanzlers nach gescheiterter Vertrauensfrage gem. Art. 68 I 2 GG unterscheidet sich Art. 67 GG dadurch, daß hier die Initiative allein bei der »neuen« Mehrheit des Bundestages liegt und eine Mitwirkung der amtierenden Regierung nicht erforderlich ist. Indem die Abwahl des bisherigen Kanzlers von der gleichzeitigen Wahl eines Nachfolgers abhängig gemacht wird, dem die volle demokratische Legitimation zukommt[23], sucht Art. 67 GG die Regierungsstabilität zu erhöhen[24]. Allerdings vermag diese Norm nicht zu verhindern, daß die amtierende zu einer Minderheitsregierung wird, wenn die bisherige Regierungsmehrheit zerfällt, ohne daß sich eine neue Mehrheit für die Wahl eines anderen Kanzlers zusammenfindet (→ Rn. 11). Die Regelung bietet also vor allem für den Fall, daß sich eine neue regierungsfähige parlamentarische Mehrheit formiert, eine **Alternative zu vorgezogenen Neuwahlen**, zu denen einerseits der Weg über den Rücktritt der Regierung mit einem anschließenden Scheitern einer Kanzlerwahl nach Art. 63 GG und andererseits der negative Ausgang einer Vertrauensfrage nach Art. 68 GG führt.

6

Unter dem Blickwinkel der Frage, aus welchen Gründen die **Amtszeit eines Bundeskanzlers** enden kann, bedeutet die Kanzlerwahl[25] nach Art. 67 GG neben dem Zusammentritt eines neuen Bundestages nach regulärer oder vorgezogener Neuwahl (→ Art. 69 Rn. 14), der Wahl eines anderen Bundeskanzlers nach gescheiterter Vertrauensfrage (→ Art. 68 Rn. 22), dem Rücktritt und dem Tod des Amtsinhabers (→ Art. 69 Rn. 14) den fünften möglichen Grund[26] für das Ende einer Amtszeit des Bundeskanzlers und der von ihm geführten Regierung.

7

2. Die Bedeutung im parlamentarischen Regierungssystem

Indem Art. 67 GG die Bedingungen für den Sturz der Regierung durch das Parlament vorgibt, konkretisiert er die **Abhängigkeit** des Kanzlers und der ganzen Bundesregierung **vom Vertrauen des Bundestages** und damit das parlamentarische Regierungssy-

8

---

[21] Zur Frage, ob sich ein konstruktives Mißtrauensvotum auch gegen einen geschäftsführenden Bundeskanzler richten kann: → Art. 69 Rn. 23.
[22] Zu den zwei Fällen in der Geschichte der Bundesrepublik, in denen das Instrument des Art. 67 GG gegen Bundeskanzler W. Brandt (1972) und gegen Bundeskanzler H. Schmidt (1982) eingesetzt wurde, vgl. nur *M. Müller*, ZParl. 3 (1972), 275ff. und *K. Bohnsack*, ZParl. 14 (1983), 5ff.
[23] BVerfGE 62, 1 (43).
[24] *Schneider* (Fn. 3), Art. 67 Rn. 2; *Oldiges* (Fn. 3), Art. 67 Rn. 14ff.; *M. Schröder*, HStR[3] III, § 65 Rn. 35; kritisch *R. Herzog*, in: Maunz/Dürig, GG, Art. 67 (2008), Rn. 14ff.; s. auch die (ambivalente) Würdigung von *U. Mager*, in: v. Münch/Kunig, GG I, Art. 67 Rn. 19.
[25] Daß es sich bei Art. 67 GG um einen besonderen Fall der Kanzlerwahl handelt, betont *Oldiges* (Fn. 3), Art. 67 Rn. 3.
[26] Vgl. die Übersicht bei *Lippert*, Bestellung (Fn. 1), S. 421ff.

stem des Grundgesetzes insgesamt (→ Art. 63 Rn. 7 ff.)²⁷. Während nach Art. 63 GG die Regierungsbildung von der Zustimmung einer parlamentarischen Mehrheit abhängig ist, setzt Art. 67 GG diese Vertrauensabhängigkeit fort, indem er auch den weiteren Bestand der Regierung davon abhängig macht, daß sich keine alternative politische Mehrheit zusammenfindet²⁸.

9 Auch in der **Beschränkung der Vertrauensabhängigkeit auf den Kanzler**, die zur rechtlichen Folgenlosigkeit eines Mißtrauensantrags gegen einzelne Minister führt²⁹, entspricht Art. 67 GG der bereits in Art. 63 GG angelegten dominierenden Stellung des Regierungschefs. Auf diese Weise spitzt das Grundgesetz »jede Kabinettskrise auf eine Kanzlerkrise zu«³⁰ und setzt die bereits durch Art. 63 GG verursachte »Mediatisierung« der Bundesminister durch den Bundeskanzler fort³¹. Allerdings kann aus Art. 67 GG nicht der Schluß gezogen werden, nur der Kanzler und nicht die Minister seien parlamentarisch verantwortlich³². Damit würde nämlich verkannt, daß die Verantwortlichkeit auch durch andere Kontrollinstrumente als durch die Abwahl umgesetzt werden kann (→ Art. 65 Rn. 38 f.).

10 Als Konkretisierung des verfassungsrechtlich ausgeformten parlamentarischen Regierungssystems hat Art. 67 GG schließlich insofern Bedeutung, als er der **Opposition** eine **verfassungsrechtliche Legitimationsbasis** gibt, indem er das Recht zum Kanzler- und Regierungswechsel durch eine zur Übernahme der Regierungsverantwortung bereite Opposition bestätigt³³.

3. Begrenzte Stabilisierungswirkung

11 Der Beitrag, den Art. 67 GG bei der Gewährleistung stabiler Regierungsverhältnisse zu leisten vermag, ist begrenzt. Zwar wird der Sturz der Regierung durch eine »destruktive« Mehrheit verhindert, den **Fortbestand** eindeutiger und **sicherer Parlamentsmehrheiten** als die eigentliche Grundlage stabiler Regierungsverhältnisse **kann Art. 67 GG aber nicht sichern**³⁴. Zwar wird der Feststellung, daß auch Art. 67 GG einen Min-

---

²⁷ So auch *Jarass/Pieroth*, GG, Art. 67 Rn. 1; zutreffend weist *M. Schröder*, HStR³ III, § 65 Rn. 36, darauf hin, daß Art. 67 GG mit seiner »konstruktiven« Komponente keineswegs eine Abweichung vom Sinn des parlamentarischen Regierungssystems darstellt.
²⁸ *H.-E. Röttger*, JuS 1975, 358 (359).
²⁹ Die h.M. hält derartige Anträge bereits für unzulässig; vgl. z.B. *Degenhart*, Staatsrecht I, Rn. 746. Als »schlichte« Mißtrauensvoten sind sie nach der hier vertretenen Auffassung jedoch nicht zu beanstanden. → Rn. 21.
³⁰ *H. Schneider*, Kabinettsfrage und Gesetzgebungsnotstand nach dem Bonner Grundgesetz, VVDStRL 8 (1950), S. 21 ff. (28).
³¹ Vgl. nur *Lippert*, Bestellung (Fn. 1), S. 425; *Epping* (Fn. 4), Art. 67 Rn. 6.
³² Darauf weist auch *Oldiges* (Fn. 3), Art. 67 Rn. 13 hin.
³³ So *M. Schröder*, HStR³ III, § 65 Rn. 38; *Oldiges* (Fn. 3), Art. 67 Rn. 20; *Jarass/Pieroth*, GG, Art. 67 Rn. 1; *Schneider* (Fn. 3), Art. 67 Rn. 2; *Mager* (Fn. 24), Art. 67 Rn. 2; *Epping* (Fn. 4), Art. 67 Rn. 4.
³⁴ Kritisch deshalb *Hesse*, Verfassungsrecht, Rn. 635, der meint, die Krisenlage, deren Eintritt Art. 67 GG verhindern solle, könne durch das konstruktive Mißtrauensvotum weder aufgehalten noch beseitigt, wohl aber dadurch, daß an den Symptomen statt an der Wurzel des Übels kuriert werde, perpetuiert werden. *E. Friesenhahn*, Parlament und Regierung im modernen Staat, VVDStRL 16 (1958), S. 9 ff. (61), weist darauf hin, daß eine Regierung, die ihre absolute Mehrheit im Parlament verloren hat, nicht gestürzt werden kann, keine größere Stärke erlangt als eine Regierung, die durch ein destruktives Mißtrauensvotum gestürzt worden ist, aber als geschäftsführende Regierung im Amt bleibt, bis eine neue Regierung gebildet wird. Besteht keine andere zur Regierungsbildung bereite Mehrheit, so ist seiner Ansicht nach der Unterschied zur Weimarer geschäftsführenden Regierung nur ein rein formaler. Skeptisch hinsichtlich der stabilisierenden Wirkung des Art. 67 GG ebenfalls *U. Scheuner*, Die Lage des parlamentarischen Regierungssystems (1974), in: ders., Staats-

derheitskanzler nicht verhindern kann, entgegengehalten, daß es immerhin bei einer handlungsfähigen Regierung verbleibe[35]. Ein Gewinn an Stabilität läge darin aber nur, wenn die Handlungsfähigkeit einer solchen Minderheitsregierung größer wäre als die einer geschäftsführenden Regierung[36], die Folge eines »destruktiven Kanzlersturzes« ist (Art. 69 III GG). Solche wesentlichen **Unterschiede zwischen Minderheits- und geschäftsführender Regierung** sind aber **nicht erkennbar**[37].

Immerhin kann aber eine stabilisierende Wirkung von Art. 67 GG darin gesehen werden, daß unzufriedene Teile der bisherigen Regierungsmehrheit daran gehindert werden, ohne vorherige Klärung der künftigen Mehrheitsverhältnisse das Regierungslager allein in der Hoffnung zu verlassen, aus den dann anstehenden Regierungsverhandlungen für sich Vorteile ziehen zu können[38]. Einen Beitrag zur **inneren Stabilität der Regierung** leistet Art. 67 GG auch dadurch, daß einzelnen Ministern nicht das Mißtrauen ausgesprochen werden kann und so ihr »Herausschießen« aus der Regierung unmöglich gemacht wird[39]. Im Ergebnis dürfte weitgehende Übereinstimmung herrschen, daß die bisherige Stabilität der Regierungen nicht Folge des Art. 67 GG, sondern des gefestigten Parteiensystems ist[40].

II. Verfahren

1. Antrag aus der Mitte des Bundestages

Nach dem Wortlaut von Art. 67 I 1 GG finden die Mißtrauensbekundung und die Wahl eines Nachfolgers »uno actu« statt. Das Mißtrauensvotum liegt also in der Neuwahl, weshalb § 97 I 2 GOBT zulässigerweise bereits für den Antrag verlangt, daß **neben dem Mißtrauensantrag** dem Bundestag ein namentlich genannter **Kandidat als Nachfolger** zur Wahl vorgeschlagen wird[41]. Auch bei dem gem. § 97 II 2 GOBT erforderlichen Quorum von einem Viertel der Mitglieder des Bundestages handelt es sich um eine zulässige Konkretisierung des Art. 67 GG, weil es eine Beschleunigung und Kon-

---

theorie und Staatsrecht, 1978, S. 361 ff. (361 f.); *K.-U. Meyn*, Destruktives und konstruktives Mißtrauensvotum – von der schwachen Reichsregierung zum starken Bundeskanzler?, in: E. Eichenhofer (Hrsg.), 80 Jahre Weimarer Reichsverfassung – Was ist geblieben?, 1999, S. 71 ff. (92 f.).

[35] *Oldiges* (Fn. 3), Art. 67 Rn. 19; eine aufschlussreiche Analyse der Minderheitsregierung W. Brandt im Jahr 1972 findet sich bei *J. Plöhn*, ZParl. 44 (2013), 76 ff.

[36] So die Frage von *Hesse*, Verfassungsrecht, Rn. 635.

[37] So auch *Schneider* (Fn. 3), Art. 67 Rn. 11; *Hesse*, Verfassungsrecht, Rn. 635; dagegen *V. Busse*, in: Friauf/Höfling, GG, Art. 67 (2011), Rn. 8, der die politische Handlungsfähigkeit von geschäftsführenden Regierungen für geringer hält als diejenige von Minderheitsregierungen.

[38] *Oldiges* (Fn. 3), Art. 67 Rn. 17; *Schneider* (Fn. 3), Art. 67 Rn. 13, der in diesem Zusammenhang von einer »Präventivfunktion« des Art. 67 GG spricht.

[39] So *M. Schröder*, HStR[3] III, § 65 Rn. 37; *Schneider* (Fn. 3), Art. 67 Rn. 13.

[40] Vgl. etwa die Einschätzung von *M. Schröder*, HStR[3] III, § 65 Rn. 44; *Herzog* (Fn. 24), Art. 67 Rn. 14; *Scheuner*, Regierungssystem (Fn. 34), S. 364; *Domes*, Regierungskrisen (Fn. 6), S. 59 ff., hält eine krisenhemmende Wirkung des konstruktiven Mißtrauensvotums in der Staatspraxis für nicht feststellbar.

[41] Dementsprechend lautete der Antrag der CDU/CSU- und der F.D.P.-Fraktion vom 28.9.1982 (BT-Drs. 9/2004): »Der Bundestag wolle beschließen: Der Deutsche Bundestag spricht Bundeskanzler Helmut Schmidt das Mißtrauen aus und wählt als seinen Nachfolger den Abgeordneten Dr. Helmut Kohl zum Bundeskanzler der Bundesrepublik Deutschland. Der Bundespräsident wird ersucht, Bundeskanzler Helmut Schmidt zu entlassen.« § 97 I 3 GOBT schließt aus, daß ein Antrag ohne Bezeichnung des Nachfolgers auf die Tagesordnung gesetzt wird.

zentration des Verfahrens bewirkt[42]. Ein Vorschlagsrecht des Bundespräsidenten existiert hier nicht[43].

14 Nachdem der **Antrag nach Art. 67 GG** im Bundestag eingebracht worden ist, entfaltet die Einleitung dieses speziellen Kanzlerwahlverfahrens **Sperrwirkung gegenüber** der allgemeinen Regelung über die **Kanzlerwahl in Art. 63 GG**[44]. Dafür spricht schon der Umstand, daß der Bundestag das Verfahren nach Art. 67 GG allein »in der Hand« hat, während das Verfahren nach Art. 63 GG ohne die Beteiligung des Bundespräsidenten nicht auskommt. Der Bundeskanzler kann auf einen bereits eingebrachten Antrag nach Art. 67 GG also nicht reagieren, indem er zurücktritt, um so das Verfahren nach Art. 63 GG in Gang zu bringen[45]. Der Bundespräsident darf in einer solchen Situation den Kanzler nicht entlassen[46], sondern hat den Abschluß des Verfahrens nach Art. 67 GG abzuwarten. Allerdings steht es dem Kanzler frei, einem drohenden Mißtrauensvotum durch **Rücktritt** zuvorzukommen und auf diese Weise das Verfahren nach Art. 63 GG in Gang zu setzen. Wenn aus der Mitte des Bundestages dann ein Mißtrauensantrag »nachgeschoben« wird, liegt es in der Hand des Bundespräsidenten, ob ein Abwarten des Verfahrens nach Art. 67 GG oder Entlassung und Wahlvorschlag nach Art. 63 GG eher eine stabile Regierung erwarten lassen[47].

2. Die Frist von achtundvierzig Stunden (Art. 67 II GG)

15 Gemäß Art. 67 II GG darf die Wahl erst achtundvierzig Stunden nach der Einbringung des Antrags erfolgen[48]. Durch diese Frist sollen übereilte und mit Zufallsmehrheiten zustande gekommene Entscheidungen verhindert und **Raum für neue Verhandlungen** über den Fortbestand der Regierung ermöglicht werden[49]. Die Frist beginnt mit der Verteilung der Drucksache[50], die den Mißtrauensantrag und den Wahlvorschlag enthält, wobei gem. § 123 I GOBT der Tag der Verteilung nicht eingerechnet wird[51].

---

[42] So *Lippert*, Bestellung (Fn. 1), S. 429; für unbedenklich hält das Quorum auch *M. Schröder*, HStR³ III, § 65 Rn. 37. Anders als bei Wahlvorschlägen in der zweiten Phase der regulären Kanzlerwahl (→ Art. 63 Rn. 30) ist hier gegen das Quorum verfassungsrechtlich nichts einzuwenden, weil bei Art. 67 GG nur ein »Wahlgang« stattfindet und deshalb die Gefahr einer Stimmenzersplitterung nicht durch nachfolgende Stichwahl abgewendet werden kann; vgl. zu diesem Argument für Wahlvorschlagsquoren *W. Demmler*, Der Abgeordnete im Parlament der Fraktionen, 1994, S. 400f.

[43] *Oldiges* (Fn. 3), Art. 67 Rn. 4.

[44] So auch *F. Münch*, Die Bundesregierung, 1954, S. 177f.; ohne weitere Erläuterungen zu den Konsequenzen nehmen eine Spezialität von Art. 67 GG gegenüber Art. 63 GG an *S. Müller-Franken/A. Uhle*, in: Schmidt-Bleibtreu/Hofmann/Henneke, GG, Art. 67 Rn. 9; *Mager* (Fn. 24), Art. 67 Rn. 16; *W.-R. Schenke*, in: BK, Art. 67 (1999), Rn. 31; unklar *Busse* (Fn. 37), Art. 67 Rn. 13, der dem Bundespräsidenten ein Wahlrecht einräumen will, aber den Fall eines *vor* dem Entlassungsgesuch an den Bundespräsidenten gestellten Mißtrauensantrags nicht erwähnt.

[45] A.A. *Epping* (Fn. 4), Art. 67 Rn. 22, wegen des Prinzips der Freiwilligkeit der Übernahme politischer Ämter; *Müller-Franken/Uhle* (Fn. 44), Art. 67 Rn. 20.

[46] *Lippert*, Bestellung (Fn. 1), S. 429, meint, der Bundespräsident »sollte« den Bundeskanzler bis zum Ergebnis der Wahl nicht entlassen.

[47] So auch *Busse* (Fn. 37), Art. 67 Rn. 13.

[48] Über mehrere Anträge wird gemäß § 97 II 1 GOBT in nur einem Wahlgang entschieden; zu Einzelheiten der Frist s. *Epping* (Fn. 4), Art. 67 Rn. 14ff.

[49] Vgl. nur *M. Schröder*, HStR³ III, § 65 Rn. 39 m.w.N.

[50] Vgl. §§ 77 I, 123 I GOBT.

[51] Diese geschäftsordnungsrechtliche Konkretisierung ist – worauf *Herzog* (Fn. 24), Art. 67 Rn. 27, zutreffend hinweist – verfassungsrechtlich nicht zu beanstanden, weil Art. 67 II GG mit der Frist von 48 Stunden bestimmt, wann die Wahl frühestens stattfinden darf. Gem. § 126 GOBT kann allerdings

3. Die Entscheidung des Bundestages und die Ernennung durch den Bundespräsidenten

Demokratischer Selbstverständlichkeit entsprechend muß Befürwortern wie Gegnern eines Mißtrauensantrages nach Art. 67 GG **Gelegenheit zur Aussprache** gegeben werden[52]. Aus einem Vergleich mit Art. 63 GG folgt, daß **nur ein Wahlgang** stattfindet[53]. Der Nachfolger ist gewählt, wenn er die Mehrheit der gesetzlichen Mitgliederzahl (Art. 121 GG) auf sich vereinigt. 16

Kommt diese absolute Mehrheit zustande, so **muß der Bundespräsident** den **Amtsinhaber entlassen** und **gleichzeitig den Nachfolger ernennen**[54]. Beide Akte bedürfen gem. Art. 58 S. 2 GG keiner Gegenzeichnung. Die allein in Betracht kommenden rechtlichen Weigerungsgründe sind dieselben wie die bei der Kanzlerwahl nach Art. 63 GG (→ Art. 63 Rn. 13, 27). Der durch Art. 67 GG hergestellte Zusammenhang von Kanzlersturz und -neuwahl führt dazu, daß die Entlassung des amtierenden Kanzlers dann unzulässig ist, wenn der Ernennung seines Nachfolgers ein rechtliches Hindernis entgegensteht[55]. 17

Umstritten ist der Entscheidungsspielraum des Bundespräsidenten in Fällen einer **nur scheinbar »konstruktiven« Mehrheit**, in denen bereits absehbar ist, daß der gewählte Nachfolger zurücktreten wird, um über Art. 63 GG Neuwahlen zu erreichen. Wer hier dem Bundespräsidenten das Recht einräumen will, die Ernennung zu verweigern[56], verkennt, daß es sich dabei um eine politische Einschätzung der aktuellen und eine Prognose im Hinblick auf die zukünftige Entwicklung handelt, die Art. 67 GG nicht in die Hände des Bundespräsidenten, sondern allein in die des Bundestages legt[57]. 18

III. Das »schlichte« Mißtrauensvotum und andere Mißbilligungsformen

Noch nicht geklärt ist die Frage, ob Art. 67 GG – jenseits kaum praxisnaher Überlegungen zur Streichung des Amtsgehalts[58] – **Mißtrauensbekundungen ohne rechtliche Folgen** für die Regierung und sonstige **Mißbilligungsbeschlüsse** verbietet[59]. So sollen etwa grundsätzliche Mißbilligungsbeschlüsse, die sich gegen die allgemeine Politik des Bundeskanzlers und der Bundesregierung richten oder »hochpolitische« Fragen betreffen[60], unzulässig sein, weil sie die politische Existenz des Bundeskanzlers an- 19

---

mit Zweidrittelmehrheit die Frist auf genau 48 Stunden nach Verteilung des Antrags verkürzt werden; so auch *Schneider* (Fn. 3), Art. 67 Rn. 6.

[52] Vgl. nur *M. Schröder*, HStR³ III, § 65 Rn. 39; *Herzog* (Fn. 24), Art. 67 Rn. 30; *Epping* (Fn. 4), Art. 67 Rn. 11.

[53] Gemäß § 97 II 1 GOBT erfolgt die Wahl mit verdeckten Stimmzetteln.

[54] Vgl. etwa Jarass/*Pieroth*, GG, Art. 67 Rn. 3; *Epping* (Fn. 4), Art. 67 Rn. 18.

[55] Vgl. nur *Oldiges* (Fn. 3), Art. 67 Rn. 27.

[56] So *Oldiges* (Fn. 3), Art. 67 Rn. 27a; *Herzog* (Fn. 24), Art. 67 Rn. 17; *Busse* (Fn. 37), Art. 67 Rn. 14.

[57] Zutreffend *Mager* (Fn. 24), Art. 67 Rn. 9; *Schneider* (Fn. 3), Art. 67 Rn. 5; *Epping* (Fn. 4), Art. 67 Rn. 20; *Müller-Franken/Uhle* (Fn. 44), Art. 67 Rn. 31.

[58] Diese müßte wegen der erforderlichen Änderung des BMinG (§ 11) für alle Minister in gleicher Weise gelten und wäre unabhängig davon mit der von Art. 66 GG intendierten Unabhängigkeit kaum zu vereinbaren; s. zu der Frage nur *Epping* (Fn. 4), Art. 67 Rn. 32ff. m. w. N.

[59] Ausführlich zu dieser Diskussion E. *Brandt*, Die Bedeutung parlamentarischer Vertrauensregelungen, 1981, S. 75ff.; w. N. bei *Epping* (Fn. 4), Art. 67 Rn. 27ff. → Rn. 3.

[60] So *A. Sattler*, DÖV 1967, 765 (769f.); ihm folgend H. *Steiger*, Organisatorische Grundlagen des parlamentarischen Regierungssystems, 1973, S. 276f.

greifen[61] und eine dem Vertrauensentzug vergleichbare destabilisierende Wirkung haben. Andere wollen zwischen zulässigen Bekundungen von Kritik, Mißbilligung und Tadel[62] einschließlich eines Rücktrittsersuchens[63] und unzulässigen »förmlichen« Mißtrauensbekundungen unterscheiden[64].

20 Diese Versuche, aus **Art. 67 GG** ein an den Bundestag gerichtetes »Vertrauensentzugsverbot« abzuleiten, verkennen dessen Gegenstand und Reichweite. Diese Norm **regelt nur das Verfahren des rechtlich durchsetzbaren Regierungssturzes** und kann einen Verlust der parlamentarischen Regierungsmehrheit weder aufhalten noch verpflichtet sie dazu, einen solchen Verlust zu verbergen. Insoweit kann der Entstehungsgeschichte (→ Rn. 3), deren »Ängstlichkeit« im Hinblick auf jede die Regierungsstabilität beeinträchtigende parlamentarische Kritik im Wortlaut keinen Niederschlag gefunden hat und im übrigen zwischenzeitlich durch die parlamentarische Praxis überholt ist[65], keine ausschlaggebende Bedeutung zukommen. Auf die Förmlichkeit, ob dieser Mehrheitsverlust in einem »Mißtrauens-« oder »Mißbilligungsbeschluß« Ausdruck findet, kommt es – abgesehen von den unausweichlichen Abgrenzungsproblemen – nicht an, solange Klarheit darüber besteht, daß solche Beschlüsse eine Pflicht zum Rücktritt oder sonstige Rechtsfolgen nicht auslösen können[66].

21 Gleiches gilt für **Parlamentsbeschlüsse**, die sich **gegen einzelne Minister** richten[67]. Auch hier wurde aus Art. 67 GG abzuleiten versucht, daß jeder über die allgemeine Mißbilligung der Geschäftsführung eines Ministers hinausgehende Beschluß, der – auch ohne Rechtspflicht zum Rücktritt – auf die Entfernung des Ministers aus seinem Amt gerichtet ist, unzulässig sei[68]. Dagegen setzte sich allerdings bereits früh die Auffassung durch, daß gemäß Art. 67 GG auch »Mißtrauensvoten« gegenüber Ministern etwa in der Gestalt eines Ersuchens an den Bundeskanzler, dem Bundespräsidenten die Entlassung eines Bundesministers vorzuschlagen, zulässig sind[69]. Auch hier kann

---

[61] *Münch*, Bundesregierung (Fn. 44), S. 178 ff.

[62] So *Lippert*, Bestellung (Fn. 1), S. 426 m. w. N.

[63] Aufforderungen zum Rücktritt hält für zulässig *Herzog* (Fn. 24), Art. 67 Rn. 45; im Ergebnis ebenso *Oldiges* (Fn. 3), Art. 67 Rn. 29, der die Zulässigkeit jedoch mit dem fehlenden definitiven Charakter des Vertrauensentzugs begründet; förmliche Rücktrittsgesuche im Wege eines Parlamentsbeschlusses hält dagegen für unzulässig *Mager* (Fn. 24), Art. 67 Rn. 13 f. Zur Zulässigkeit eines Ersuchens an den Kanzler, die Vertrauensfrage zu stellen: → Art. 68 Rn. 17.

[64] *Oldiges* (Fn. 3), Art. 67 Rn. 29 f.; *Herzog* (Fn. 24), Art. 67 Rn. 42; *Müller-Franken/Uhle* (Fn. 44), Art. 67 Rn. 34; *Mager* (Fn. 24), Art. 67 Rn. 13 f., halten jeden grundsätzlichen Vertrauensentzug im Wege eines Parlamentsbeschlusses für unzulässig, gleichgültig in welcher konkreten Forderung an den Kanzler diese Mißtrauensbekundung zum Ausdruck gebracht wird.

[65] Auflistung der Zahl von Mißbilligungsanträgen gegen den Bundeskanzler, von Mißbilligungs- bzw. Tadelsanträgen gegen Bundesminister und von Anträgen auf Entlassung eines Bundesministers pro Wahlperiode bei *Mager* (Fn. 24), Art. 67 nach Rn. 19.

[66] So auch *Brandt*, Vertrauensregelungen (Fn. 59), S. 78; *Schneider* (Fn. 3), Art. 67 Rn. 10; *Jarass/Pieroth*, GG, Art. 67 Rn. 3; *Epping* (Fn. 4), Art. 67 Rn. 29; *D. Weckerling-Wilhelm*, in: Umbach/Clemens, GG, Art. 67 Rn. 17; *Busse* (Fn. 37), Art. 67 Rn. 21; *S. Pieper*, in: Epping/Hillgruber, GG (online, Stand: 1.12.2014), Art. 67 Rn. 9 f.

[67] Vgl. *Brandt*, Vertrauensregelungen (Fn. 59), S. 78 f.

[68] Wiedergabe der Rechtsauffassung der Bundesregierung aus dem Jahr 1951 bei *Lippert*, Bestellung (Fn. 1), S. 427. Ein förmliches Mißtrauensvotum gegen Bundesminister halten für unzulässig *Herzog* (Fn. 24), Art. 67 Rn. 48; *Oldiges* (Fn. 3), Art. 67 Rn. 31; *Müller-Franken/Uhle* (Fn. 44), Art. 67 Rn. 34.

[69] Vgl. *Lippert*, Bestellung (Fn. 1), S. 428 m. w. N., der allerdings einschränkend verlangt, daß entsprechende Anträge »nicht einen mit einem Mißtrauensvotum gemeinsamen Sinn aufweisen« dürfen. Eine Aufforderung zum Rücktritt oder andere Tadelsbeschlüsse halten trotz ihrer Ablehnung von

nicht zwischen »Vertrauensentzug« und anderen Formen der Kritik oder Mißbilligung unterschieden werden[70].

D. Verhältnis zu anderen GG-Bestimmungen

Bei der Kombination von Mißtrauensvotum gegenüber dem amtierenden Bundeskanzler und der Wahl eines neuen Bundeskanzlers in Art. 67 GG handelt es sich um ein **spezielles Verfahren der Kanzlerwahl, das** der allgemeinen Regelung des **Art. 63 GG vorgeht** (→ Rn. 14), sobald der Mißtrauensantrag im Bundestag eingebracht ist. Seinerseits verdrängt wird Art. 67 GG, wenn der amtierende Bundeskanzler die Vertrauensfrage gestellt hat, so daß sich die Kanzlerwahl nach deren negativem Ausgang allein nach **Art. 68 I 2 GG** richtet[71].

22

Mißtrauensvoten gegen Minister für zulässig *Herzog* (Fn. 24), Art. 67 Rn. 48; *Oldiges* (Fn. 3), Art. 67 Rn. 31; *Mager* (Fn. 24), Art. 67 Rn. 15.

[70] So aber *Oldiges* (Fn. 3), Art. 67 Rn. 31 m. w. N.
[71] So *Schenke* (Fn. 44), Art. 67 Rn. 26; *Jarass/Pieroth*, GG, Art. 68 Rn. 4; *Epping* (Fn. 4), Art. 67 Rn. 23 m. w. N.; *Müller-Franken/Uhle* (Fn. 44), Art. 67 Rn. 9; a.A. *Busse* (Fn. 37), Art. 67 Rn. 13, der den Bundestag über die Reihenfolge entscheiden lassen will.

Art. 68

Artikel 68 [Vertrauensfrage]

(1) ¹Findet ein Antrag des Bundeskanzlers, ihm das Vertrauen auszusprechen, nicht die Zustimmung der Mehrheit der Mitglieder des Bundestages, so kann der Bundespräsident auf Vorschlag des Bundeskanzlers binnen einundzwanzig Tagen den Bundestag auflösen. ²Das Recht zur Auflösung erlischt, sobald der Bundestag mit der Mehrheit seiner Mitglieder einen anderen Bundeskanzler wählt.

(2) Zwischen dem Antrage und der Abstimmung müssen achtundvierzig Stunden liegen.

Literaturauswahl

Achterberg, Norbert: Vertrauensfrage und Auflösungsanordnung, in: DVBl. 1983, S. 477–486.
Braitinger, Philipp: Die Vertrauensfrage nach Art. 68 GG – Verfassungsrechtliche Grundlagen, Verfahren und Probleme, 2013.
Geiger, Willi: Die Auflösung des Bundestages nach Art. 68 GG, in: JöR 33 (1984), S. 41–61.
Haass, Jörg: Vertrauensnotstand – Konkretisierte Vertrauensfrage und politische Instabilität, in: BayVBl. 2004, S. 204–207.
Herbst, Tobias: Die auflösungsgerichtete Vertrauensfrage, in: Der Staat 45 (2006), S. 45–82.
Heun, Werner: Die Stellung des Bundespräsidenten im Licht der Vorgänge um die Auflösung des Bundestages, in: AöR 109 (1984), S. 13–36.
Heyde, Wolfgang/Wöhrmann, Gotthard (Hrsg.): Auflösung und Neuwahl des Bundestages 1983 vor dem Bundesverfassungsgericht – Dokumentation des Verfahrens, 1984.
Hochrathner, Uwe J.: Anwendungsbereich und Grenzen des Parlamentsauflösungsrechts nach dem Bonner Grundgesetz, 1985.
Ipsen, Jörn: Die Auflösung des 15. Deutschen Bundestages – eine Nachlese, in: NVwZ 2005, S. 1147–1150.
Klein, Hans Hugo: Die Auflösung des Deutschen Bundestages nach Art. 68 GG, in: ZParl. 14 (1983), S. 402–421.
Liesegang, Helmuth: Zur verfassungsrechtlichen Problematik der Bundestagsauflösung, in: NJW 1983, S. 147–150.
Löwer, Wolfgang: Inszeniertes Misstrauen, in: DVBl. 2005, S. 1102–1111.
Maurer, Hartmut: Vorzeitige Auflösung des Bundestages, in: DÖV 1982, S. 1001–1007.
Podworny, Sven: Die auflösungsgerichtete Vertrauensfrage – unter besonderer Berücksichtigung der BVerfG-Urteile von 1983 und 2005, 2008.
Püttner, Günter: Vorzeitige Neuwahlen – ein ungelöstes Reformproblem, in: NJW 1983, S. 15–16.
Schenke, Wolf-Rüdiger: Zur verfassungsrechtlichen Problematik der Bundestagsauflösung, in: NJW 1983, S. 150–153.
Schenke, Wolf-Rüdiger: Das »gefühlte« Misstrauen – zur Verfassungsrechtslage nach der Entscheidung des Bundesverfassungsgerichts vom 25.8.2005 zur Vertrauensfrage nach Art. 68 GG, in: ZfP 53 (2006), S. 26–49.
Schönberger, Christoph: Parlamentarische Autonomie unter Kanzlervorbehalt?, in: JZ 2002, S. 211–219.
Schreiber, Wolfgang/Schnapauff, Klaus-Dieter: Rechtsfragen »im Schatten« der Diskussion um die Auflösung des Deutschen Bundestages nach Art. 68 GG, in: AöR 109 (1984), S. 369–416.
Umbach, Dieter C.: Parlamentsauflösung in Deutschland – Verfassungsgeschichte und Verfassungsprozeß, 1989.
Zeh, Wolfgang: Bundestagsauflösung und Neuwahlen, in: Der Staat 22 (1983), S. 1–20.

Siehe auch die Angaben zu Art. 67 GG.

Leitentscheidungen des Bundesverfassungsgerichts

BVerfGE 62, 1 (31 ff.) – Bundestagsauflösung I; 114, 121 (147 ff., Rn. 127 ff.) – Bundestagsauflösung III.

Gliederung

	Rn.
A. Herkunft, Entstehung, Entwicklung	1
B. Internationale, supranationale und rechtsvergleichende Bezüge	5
C. Erläuterungen	7
I. Funktion der Vertrauensfrage im parlamentarischen Regierungssystem des Grundgesetzes	7
II. »Krisenlage« als ungeschriebenes Tatbestandsmerkmal	10
1. Die Rechtsprechung des Bundesverfassungsgerichts	11
2. Problematik der Überprüfbarkeit von »Krisenlagen«	15
III. Verfahren	17
1. Antrag des Bundeskanzlers	17
2. Abstimmung des Bundestages	20
3. Wahlmöglichkeiten des Bundeskanzlers	21
4. Wahl eines anderen Bundeskanzlers (Art. 68 I 2 GG)	22
5. Auflösungsrecht des Bundespräsidenten	23
D. Verhältnis zu anderen GG-Bestimmungen	26

Stichwörter

Auflösungsanordnung 10, 25, 26 – Auflösungsentscheidung 12, 13, 15 – auflösungsorientierte Vertrauensfrage 3, 9, 11 – Dänemark 5 – destruktive parlamentarische Mehrheit 3 – Entscheidungsfreiheit 24 – erleichterte Auflösung 14 – Form 17 – Fristvorschrift 17 – Gemeinsame Verfassungskommission 4 – Gesetzesvorlage 19 – Gesetzgebungsnotstand 21, 26 – Großbritannien 5 – Kampfmittel 1 – Kohl 3, 4 – Konstitutionalismus 1 – Legislaturperiode 4, 14 – Mehrheitskanzler 3 – Minderheitskanzler 3, 14, 18, 21 – mißbräuchliche Bundestagsauflösung 24 – Monarch 1, 5 – Motivforschung 16 – Österreichische Bundesverfassung 5 – politische Leitentscheidung 24 – politische Stabilität 8 – Premierminister 5 – Preußische Verfassung 1 – Prüfungsintensität 13 – Regierungschef 5, 6 – Regierungskrise 3, 7 – Regierungspartei 5 – Reichskanzler 2 – Reichsverfassung 1, 2, 11 – Rücktrittsverpflichtung 2 – Selbstauflösungsrecht 3, 4, 5, 6, 10, 14 – Staatsoberhaupt 5 – Staatspraxis 5, 9 – unsichere Mehrheit 7, 9 – verdeckte Minderheitssituation 12 – Vertrauensabhängigkeit 2 – Volksabstimmung 6 – Wahltermin 5, 11, 25 – Weimar 2, 8, 11.

A. Herkunft, Entstehung, Entwicklung

In der deutschen Verfassungsgeschichte stellt das in Art. 68 GG enthaltene Parlamentsauflösungsrecht als Reaktion darauf, daß die Mehrheit der Abgeordneten der Regierung die Unterstützung verweigert, ein Novum dar[1]. Im **Konstitutionalismus** bildete das landesherrliche Parlamentsauflösungsrecht, das nicht an Voraussetzungen gebunden war, ein wichtiges und wirksames Kampfmittel zur Disziplinierung der Volksvertretung, wenn diese der monarchischen Regierung die Gefolgschaft versagte. Typisch für dieses Recht des Landesherrn, das sich in jeder im 19. Jahrhundert erlassenen Landesverfassung findet[2], ist Art. 51 der **Preußischen Verfassung von 1850**[3]. Auch die **Reichsverfassung von 1871** kannte in Art. 24 ein Auflösungsrecht des Kai-

1

---

[1] Zur deutschen Geschichte des Parlamentsauflösungsrechts vgl. *D. C. Umbach*, Parlamentsauflösung in Deutschland, 1989, S. 21 ff.; s. auch den Überblick von *S. Podworny*, Die auflösungsgerichtete Vertrauensfrage, 2008, S. 15 ff.
[2] Vgl. die Nachweise bei *N. Pokorni*, Die Auflösung des Parlaments, Diss. jur. Bonn 1967, S. 19.
[3] Zum Auflösungsrecht nach Art. 51 der Preußischen Verfassung von 1850 als wichtigste Eingriffsbefugnis des Monarchen gegenüber dem Parlament *Huber*, Verfassungsgeschichte III, S. 95 f.; zur Praxis ausführlich *Umbach*, Parlamentsauflösung (Fn. 1), S. 151 ff.

sers[4], das nicht an materielle Voraussetzungen gebunden war[5]. Damit der Monarch sich durch die Parlamentsauflösung nicht auf Dauer der Mitwirkung des Parlaments entledigen konnte, sahen die konstitutionalistischen Verfassungen allerdings für den Fall der Parlamentsauflösung Neuwahlfristen vor[6].

2   Die **Weimarer Reichsverfassung** kannte neben dem Mißtrauensvotum nach Art. 54 S. 2 WRV (→ Art. 67 Rn. 2) keine ausdrückliche Vertrauensfrage der Regierung. Entsprechend der in Art. 54 S. 1 WRV statuierten Vertrauensabhängigkeit wurde die Vertrauensfrage als zulässig angesehen, hatte aber anders als ein explizites Mißtrauensvotum im Falle ihrer Verneinung keine Rücktrittsverpflichtung zur Folge[7]. Losgelöst von einer vorangegangenen Vertrauensfrage oder einem Mißtrauensvotum konnte der Reichspräsident nach Art. 25 WRV den Reichstag auflösen. Dieses Recht war auch an keine wirksamen materiellen Voraussetzungen geknüpft[8]. Da auch die Gegenzeichnung des Reichskanzlers keine wirksame Einschränkung bewirkte[9], war das Auflösungsrecht im Prinzip unbeschränkt. Vor der Auflösung des Reichstages vom 1. Februar 1933, die als »entscheidende Vorbedingung der Machtergreifung« eingestuft wird[10], war es im Zeitraum von weniger als zehn Jahren bereits zu sechs Auflösungen gekommen[11].

3   Die **Entstehungsgeschichte des Art. 68 GG** war im Zusammenhang mit der 1982 gestellten Vertrauensfrage von Bundeskanzler Kohl Gegenstand einer ausführlichen Diskussion[12]. Sie betraf die Frage, ob Art. 68 GG den Weg zur Auflösung des Bundestages und damit zu vorgezogenen Neuwahlen nur unter der – über den Wortlaut hinausgehenden zusätzlichen – Voraussetzung eröffnet, daß eine regierungsfähige Mehrheit tatsächlich fehlt oder unsicher geworden ist, ob der Verfassungsgeber also das Instrument des Art. 68 GG nur dem »Minderheitskanzler« vorbehalten wollte (zum ungeschriebenen Tatbestandsmerkmal der »materiellen Auflösungslage« → Rn. 10 ff.). Eindeutig läßt sich der Entstehungsgeschichte[13] zunächst entnehmen, daß ein Selbstauflösungsrecht des Bundestages nicht vorgesehen war und daß auch das Auflösungsrecht des Bundespräsidenten nur den letzten Ausweg zur Lösung von Regierungskrisen darstellen sollte. Darüber hinaus entsprach es allgemeiner Auffassung im Parlamentarischen Rat, daß es der »Minderheitskanzler« sei, dem dieser Ausweg zur

---

[4] Das dieser allerdings nur in Zusammenwirken mit dem Bundesrat ausüben konnte; zur Praxis ausführlich *Umbach*, Parlamentsauflösung (Fn. 1), S. 220 ff.

[5] *Huber*, Verfassungsgeschichte III, S. 883.

[6] Art. 51 S. 2 der Preußischen Verfassung von 1850 sah Wahlen innerhalb von sechzig Tagen und die Einberufung des Parlaments innerhalb von neunzig Tagen nach der Auflösung vor.

[7] *Anschütz*, WRV, Art. 54 Anm. 3.

[8] Das Verbot, den Reichstag zweimal aus dem gleichen Anlaß aufzulösen, konnte keine Einschränkung bewirken; dazu *W.-R. Schenke*, in: BK, Art. 68 (aktualisierte Drittb. 2006), Rn. 25 m. w. N.

[9] Da man dem Präsidenten nach Art. 53 WRV die Befugnis zusprach, eine (neue) Regierung nur mit dem Ziel zu bilden, die Gegenzeichnung der Reichstagsauflösung sicherzustellen, und außerdem die Gegenzeichnung auch einen zurückgetretenen (geschäftsführenden) Reichskanzler für zulässig hielt; vgl. *Anschütz*, WRV, Art. 25 Anm. 7 f. m. w. N.

[10] *K.-D. Bracher*, Die Auflösung der Weimarer Republik, 5. Aufl. 1971, S. 726.

[11] Vgl. dazu *Umbach*, Parlamentsauflösung (Fn. 1), S. 285 ff.

[12] Vgl. einerseits BVerfGE 62, 1 (45 ff.); ähnlich *H. H. Klein*, ZParl. 14 (1983), 402 (407); andererseits etwa *Sondervotum Rinck*, BVerfGE 62, 70 (86 ff.). – dort auch eine ausführliche Darstellung der Beratungen des Verfassungskonvents auf Herrenchiemsee; *Schenke* (Fn. 8), Art. 68 Rn. 90 ff.; *H. Meyer*, DÖV 1983, 243 (244 f.); *Podworny*, Vertrauensfrage (Fn. 1), S. 2 ff.

[13] Ausführlich dokumentiert im *Sondervotum Rinck*, BVerfGE 62, 70 (86 ff.); s. auch *Sondervotum Lübbe-Wolff*, BVerfGE 114, 182 (192 ff., Rn. 236 ff.); *Schenke* (Fn. 8), Art. 68 Rn. 2 ff.; *P. Braitinger*, Die Vertrauensfrage nach Art. 68 GG, 2013, S. 175 ff.

Verfügung stehen müsse, wenn er sich einer »destruktiven« parlamentarischen Mehrheit[14] gegenübersieht[15]. Dem lag die Vorstellung zugrunde, der »Minderheitskanzler« lasse sich vom »Mehrheitskanzler« klar unterscheiden. Die für die Auslegung von Art. 68 GG wesentliche Frage, welche Qualität eine Regierungskrise (→ Rn. 10 ff.) erreichen muß, damit (schon) von einem Minderheitskanzler und (nicht mehr) von einem »Mehrheitskanzler« die Rede sein kann, blieb dabei allerdings offen. Darüber hinaus finden sich in den Beratungen des Parlamentarischen Rates auch Anhaltspunkte dafür, die Vertrauensfrage »nicht nur als ein Mittel gegen eine drohende Regierungskrise, sondern auch als eine plebiszitäre Komponente im Grundgesetz anzusehen«[16]. Insoweit erweist sich die Entstehungsgeschichte, der ohnehin nur begrenzte Relevanz für die Verfassungsinterpretation zukommt[17], für die Beantwortung der durch Art. 68 GG aufgeworfenen Auslegungsfragen als unergiebig.

Die Vorgänge um die Vertrauensfrage Bundeskanzler Kohls im Jahre 1982 gaben auch der verfassungspolitischen Diskussion um eine Erweiterung der Auflösungsmöglichkeiten des Bundestages neuen Auftrieb. Insbesondere kam der schon im Jahre 1976 von der Enquete-Kommission Verfassungsreform befürwortete Vorschlag eines Selbstauflösungsrechts des Bundestages[18] erneut zur Sprache. In der **Gemeinsamen Verfassungskommission** konnte sich Anfang der neunziger Jahre allerdings ein Antrag, Art. 39 GG durch ein Selbstauflösungsrecht des Bundestages zu ergänzen[19], nicht durchsetzen: Die Selbstauflösung sei mit einem aus der Dauer der Legislaturperiode abgeleiteten Zwang, sich auch in schwierigen Situationen politisch einigen zu müssen, unvereinbar und könne zur bequemen Ausflucht werden, sein Heil in Neuwahlen zu suchen[20]. So ist der Text des Art. 68 GG bislang unverändert geblieben. 4

B. Internationale, supranationale und rechtsvergleichende Bezüge

Im **internationalen Vergleich** zeigt sich, daß die meisten Verfassungen das Recht der Parlamentsauflösung – an mehr[21] oder minder[22] strenge Voraussetzungen gebunden – dem jeweiligen Staatsoberhaupt zuweisen. Zu diesen Voraussetzungen gehört bis- 5

---

[14] Hierzu eingehend *Sondervotum Rinck*, BVerfGE 62, 70 (90 ff., 103); *Schenke* (Fn. 8), Art. 68 Rn. 92; *H. Meyer*, DÖV 1983, 243 (244 f.).
[15] Dazu, daß sich auch den vielzitierten Äußerungen des Abg. *Dr. Katz* nichts anderes entnehmen läßt, wenn man sie nicht aus ihrem Zusammenhang herausreißt, vgl. nur *U. J. Hochrathner*, Anwendungsbereich und Grenzen des Parlamentsauflösungsrechts nach dem Bonner Grundgesetz, 1985, S. 82 ff.; *Schenke* (Fn. 8), Art. 68 Rn. 93; *A. Hopfauf*, AöR 108 (1983), 391 (398 ff.); unkorrekt dagegen BVerfGE 62, 1 (46); fragwürdig auch die Exegese bei *Podworny*, Vertrauensfrage (Fn. 1), S. 27 ff.
[16] *K. Niclauß*, ZParl. 37 (2006), 40 (43).
[17] Vgl. nur BVerfGE 62, 1 (45); *Hesse*, Verfassungsrecht, Rn. 56.
[18] BT-Drs. 7/5924, S. 32 ff., 39 ff.
[19] Die Abstimmung über die Selbstauflösung sollte an ein Antragsquorum von einem Drittel der Mitglieder des Bundestages gebunden sein und eine Mehrheit von zwei Dritteln der Mitglieder des Bundestages erfordern; BT-Drs. 12/6000, S. 87.
[20] BT-Drs. 12/6000, S. 87 f. → Art. 39 Rn. 6.
[21] Nach Art. 41 der Griechischen Verfassung ist eine Parlamentsauflösung durch den Präsidenten etwa erst dann möglich, wenn zwei Regierungen zurückgetreten sind oder vom Parlament abgelehnt wurden und wenn die Zusammensetzung des Parlaments die Regierungsstabilität nicht sicherstellt.
[22] Art. 88 S. 1 der Italienischen Verfassung nennt nur die Anhörung des Präsidenten der Abgeordnetenkammer sowie eine zeitliche Beschränkung (S. 2) als Voraussetzung der Auflösung durch den Staatspräsidenten.

weilen auch, daß die Regierung das Vertrauen des Parlaments nicht mehr genießt[23]. Es gibt allerdings auch Fälle, in denen das Recht der Parlamentsauflösung zwar formal dem Staatsoberhaupt zusteht, dieses aber intern an die Entscheidung des Regierungschefs, das Parlament aufzulösen und auf diese Weise zu Neuwahlen zu kommen, gebunden ist. Dies ist in Großbritannien und Dänemark[24] der Fall. In Großbritannien wird in ständiger Staatspraxis davon ausgegangen, daß der Monarch zu einer Verweigerung der Vollziehung des Auflösungswunsches des Premierministers nicht berechtigt ist[25]. Dieses demnach materiell dem Premierminister zukommende Recht wurde und wird in Großbritannien taktisch eingesetzt, um Neuwahltermine im Hinblick auf aktuell günstige politische Stimmungslagen festsetzen zu können, was in der Vergangenheit bisweilen zu einem erneuten Wahlsieg der Regierungsparteien geführt hat[26]. Selten finden sich im internationalen Vergleich parlamentarische Selbstauflösungsrechte. Ein solches kennt etwa Art. 29 II der österreichischen Bundesverfassung[27].

6   Soweit die **Verfassungen der Bundesländer** die Vertrauensfrage ausdrücklich vorsehen[28], entsprechen die getroffenen Regelungen strukturell weitestgehend Art. 68 GG. Unterschiede bestehen insoweit fast nur in Details: So wird etwa die Berechtigung zum Stellen der Vertrauensfrage teils nicht dem Regierungschef, sondern der Regierung als Kollegialorgan zugesprochen[29]. In einigen Ländern erfolgt die Abstimmung über die Vertrauensfrage namentlich[30]. Die Parlamentsauflösung bei verneinter Vertrauensfrage und nicht erfolgter Neuwahl einer Regierung erfolgt teils durch gestaltenden Akt[31], teils ist das Parlament in diesem Fall direkt von Verfassung wegen aufgelöst[32]. Zum Teil enthalten die Landesverfassungen aber auch signifikante Unterschiede zu Art. 68 GG. Bemerkenswert ist hier die nach der Verneinung der Vertrauensfrage gegebene Selbstauflösungsoption des Parlaments nach brandenburgischem[33] und hamburgischem[34] Landesverfassungsrecht sowie die unmittelbare Auswirkung einer verneinten Vertrauensfrage auf das Amt des Ministerpräsidenten nach Art. 114 IV HessVerf., der den Ministerpräsidenten in diesem Falle zum Rücktritt zwingt. Hervorzuheben ist schließlich das in einer Reihe von Ländern eröffnete von

---

[23] Art. 46 I Nr. 1 der Belgischen Verfassung enthält eine Art. 68 GG vergleichbare Regelung.
[24] § 32 II, III der Dänischen Verfassung.
[25] *K. Loewenstein*, Staatsrecht und Staatspraxis von Großbritannien, Bd. I, 1967, S. 394.
[26] *Loewenstein*, Staatsrecht (Fn. 25), S. 392, nennt als Beispiel für eine in diesem Sinne gelungene Taktik die auf H. Wilsons Betreiben veranlaßte Unterhausauflösung im März 1966.
[27] Die Selbstauflösung des Nationalrates ist nach dieser Vorschrift an die Form des einfachen Gesetzes gebunden. Die österreichische Bundesverfassung kennt außerdem in Art. 29 I ein Auflösungsrecht des Bundespräsidenten, das – wie nach Art. 54 WRV – aus gleichem Anlaß nur einmal ausgeübt werden kann.
[28] Dies ist nur in Brandenburg (Art. 87 S. 1), Hamburg (Art. 36), Hessen (Art. 114), Mecklenburg-Vorpommern (Art. 51), dem Saarland (Art. 88), Sachsen-Anhalt (Art. 73) und Schleswig-Holstein (Art. 36) der Fall. In Bayern ist die Vertrauensabhängigkeit der Staatsregierung vom Landtag über Art. 44 III 2 BayVerf. geregelt. → Art. 67 Rn. 5.
[29] Art. 88 II 2 SaarlVerf.
[30] Art. 114 III 1 HessVerf.; Art. 88 II 5 SaarlVerf.
[31] Vgl. Art. 87 S. 1 BrandenbVerf.; Art. 36 I 2 HambVerf.; Art. 51 I 1 Meckl.-VorpVerf.; Art. 36 I 1 Schl.-HolstVerf.
[32] Art. 114 V HessVerf.
[33] Art. 87 I 1 BrandenbVerf.
[34] Art. 36 I Nr. 3 HambVerf.

einer Vertrauensfrage unabhängige **Selbstauflösungsrecht** des Parlaments[35] und die Möglichkeit, das **Parlament per Volksabstimmung aufzulösen**[36].

C. Erläuterungen

I. Funktion der Vertrauensfrage im parlamentarischen Regierungssystem des Grundgesetzes

Neben Art. 67 GG stellt die in Art. 68 GG geregelte Vertrauensfrage das zweite ausdrücklich verfassungsrechtlich vorgesehene Verfahren[37] zur **Bewältigung von Regierungskrisen** dar, in denen der Fortbestand einer die Regierung tragenden parlamentarischen Mehrheit zumindest zweifelhaft geworden ist[38]. Findet sich die für die Wahl eines neuen Bundeskanzlers gem. Art. 67 GG erforderliche »konstruktive« Mehrheit nicht zusammen, eröffnet Art. 68 GG den Weg zur Auflösung des Bundestages und zu nachfolgenden Neuwahlen[39]. Mit der Vertrauensfrage gibt das Grundgesetz dem Bundeskanzler ein Instrument an die Hand, mit dessen Hilfe er entweder eine unsichere parlamentarische Mehrheit zumindest vorübergehend stabilisieren oder aber ihren Verlust offenkundig machen kann[40]. Weil nach ihrer Verneinung den Bundestagsabgeordneten der Verlust des Mandats droht, wird die Vertrauensfrage auch als »Waffe« gegen ein Parlament bezeichnet, das zur Unterstützung nicht mehr bereit oder fähig ist[41]. Art. 68 GG dient anders als das Parlamentsauflösungsrecht nach Art. 25 WRV (→ Rn. 2) also »nicht dem Einbau direktdemokratischer Entscheidungen in den politischen Prozeß oder der Herstellung einer Gleichgewichtslage zwischen Präsident und Kanzler einerseits und dem Parlament andererseits«[42]. Vielmehr handelt es sich um eine Vorschrift, die die Funktionsfähigkeit des parlamentarischen Regierungssystems dadurch sicherstellen soll, daß das Parlament unter dem Druck seiner Auflösung zur Bildung einer regierungsfähigen Mehrheit angehalten und bei einem Scheitern dieses Zieles die Chance eröffnet wird, durch Neuwahlen zu stabilen Mehrheitsverhältnissen zu kommen.

7

Darüber hinausgehend wird aus der in Art. 68 GG selbst angelegten Systematik – insbesondere aus Art. 68 I 2 GG – wie auch aus seiner Stellung im weiteren Verfassungsgefüge[43] abgeleitet, daß ebenso wie die gesamte Ausgestaltung des parlamenta-

8

---

[35] Art. 18 I BayVerf.; Art. 39 II BerlVerf.; Art. 80 HessVerf.; Art. 10 II 2 NdsVerf.; Art. 35 I Nordrh.-WestfVerf.; Art. 84 Rheinl.-PfälzVerf.; Art. 69 SaarlVerf.; Art. 13 II Schl.-HolstVerf.; Art. 50 II 1 Nr. 1 ThürVerf.

[36] Art. 43 I Bad.-WürttVerf.; Art. 18 III, 74 BayVerf.; Art. 39 III BerlVerf. und Art. 109 I Nr. 2 Rheinl.-PfälzVerf.

[37] Zum Rücktritt des Bundeskanzlers → Rn. 21.

[38] Vgl. nur *M. Schröder*, HStR³ III, § 65 Rn. 40; *V. Epping*, in: v. Mangoldt/Klein/Starck, GG II, Art. 68 Rn. 1.

[39] Insoweit ergänzt Art. 68 GG den Art. 67 GG für den Fall einer nur »destruktiven« Mehrheit; vgl. *M. Oldiges*, in: Sachs, GG, Art. 68 Rn. 10; *H.-P. Schneider*, in: AK-GG, Art. 68 (2002), Rn. 2, bezeichnet Art. 68 GG als »gouvernementales Seitenstück zum konstruktiven Mißtrauensvotum«.

[40] Oder auch wiedergewinnen kann; vgl. zu dieser Funktion *M. Schröder*, HStR³ III, § 65 Rn. 41; *Oldiges* (Fn. 39), Art. 68 Rn. 12; *Schneider* (Fn. 39), Art. 68 Rn. 2.

[41] *Schneider* (Fn. 39), Art. 68 Rn. 2; s. auch *S. Müller-Franken/A. Uhle*, in: Schmidt-Bleibtreu/Hofmann/Henneke, GG, Art. 68 Rn. 1 f.

[42] *H. Hofmann*, Verfassungsrechtliche Sicherungen der parlamentarischen Demokratie, in: A. Randelzhofer/W. Süss (Hrsg.), Konsens und Konflikt, 1986, S. 267 ff. (283).

[43] Ausführlich dazu *Sondervotum Rinck*, BVerfGE 62, 70 (73 ff.).

rischen Regierungssystems durch das Grundgesetz auch diese Norm darauf gerichtet ist, regierungsfähige Mehrheiten zu bestätigen, wiederherzustellen oder durch neue zu ersetzen[44] oder aber einer Minderheitsregierung die verfassungsrechtlichen Voraussetzungen für die Handlungsfähigkeit zu schaffen[45]. Danach ist die Auflösung des Bundestages nicht eine von zwei durch Art. 68 GG zur Verfügung gestellten Alternativen, sondern die Vorschrift ist vielmehr darauf gerichtet, die Auflösung des Bundestages zu verhindern und dadurch zu **politischer Stabilität** im Verhältnis von Bundeskanzler und Bundestag beizutragen[46]. Die so umschriebene Gewährleistung von Stabilität und handlungsfähigen Regierungen wird dann in einen **Gegensatz** gestellt **zur Parlamentsauflösung**, die – als Ausdruck von Instabilität – die »Ausnahme«, die »ultima ratio«[47] oder das »letzte Mittel«[48] bleiben muß und die das Grundgesetz durch »deutliche und hohe Hemmschwellen«[49] zu vermeiden suche. Gegen diese – wohl nur vor dem Hintergrund der negativen Weimarer Erfahrungen (→ Rn. 2) verständliche – Sicht spricht allerdings, daß sich durch verfassungsrechtliche Vorkehrungen regierungsfähige Mehrheiten nicht erzwingen lassen und daß bei der verbleibenden Alternative von Minderheitsregierung oder Neuwahl erstere keineswegs die Gewähr größerer Stabilität oder Kontinuität bietet[50].

9 In der **Staatspraxis**[51] hat Art. 68 GG denn auch **stabilisierende Wirkung** nicht dadurch entfaltet, daß mit seiner Hilfe Regierungen in Krisenlagen unsichere parlamentarische Mehrheiten wiedergewonnen hätten, sondern dadurch, daß die Vorschrift **Neuwahlen ermöglicht** hat, die ihrerseits stabile Parlamentsmehrheiten hervorgebracht haben[52]. Von dem Instrument der Vertrauensfrage wurde bislang fünf Mal Gebrauch gemacht: Im Jahr 1982 führte die Vertrauensfrage Helmut Schmidts nur zu einer sehr kurzfristigen und oberflächlichen Stabilisierung der sozialliberalen Mehrheit[53], während die im Jahr 2001 von Gerhard Schröder im Zusammenhang mit dem Afghanistan-Einsatz der Bundeswehr gestellte Vertrauensfrage die rot-grüne Regierungskoalition stabilisieren konnte. In den drei anderen Fällen[54] ging es um die Öffnung eines Weges zu Neuwahlen, weshalb sie in der Literatur als Beispiele für eine

---

[44] Zusammenfassend *V. Busse*, in: Friauf/Höfling, GG, Art. 68 (2011), Rn. 6.
[45] So *Sondervotum Rinck*, BVerfGE 62, 70 (74); ähnlich die Senatsmehrheit: BVerfGE 62, 1 (39 f., 42).
[46] BVerfGE 62, 1 (39).
[47] *Oldiges* (Fn. 39), Art. 68 Rn. 9; *Epping* (Fn. 38), Art. 68 Rn. 15.
[48] *Hofmann*, Sicherungen (Fn. 42), S. 283.
[49] BVerfGE 62, 1 (42).
[50] Dazu *Hesse*, Verfassungsrecht, Rn. 634 ff., der zu Recht bezweifelt, ob Art. 68 GG überhaupt einen Beitrag zur Herstellung stabiler Regierungen zu leisten vermag, weil er gerade keinen Auflösungsautomatismus für den Fall fehlender Mehrheitsbildung kennt und deshalb keinen Zwang zur Verständigung bewirkt.
[51] S. die Übersicht m. w. N. bei *Podworny*, Vertrauensfrage (Fn. 1), S. 107 ff.; *Braitinger*, Vertrauensfrage (Fn. 13), S. 259 ff.
[52] Vgl. auch die Einschätzung von *M. Schröder*, HStR³ III, § 65 Rn. 39; s. auch *Epping* (Fn. 38), Art. 68 Rn. 5 f.
[53] Vgl. *M. Schröder*, HStR³ III, § 65 Rn. 44.
[54] S. außer den in Fn. 51 genannten Quellen zur Vertrauensfrage von Bundeskanzler Willy Brandt am 22.9.1972 – nach vorangegangenem Scheitern eines konstruktiven Mißtrauensvotums, mit dem Rainer Barzel gewählt werden sollte – die Chronologie von *R. Lange/G. Richter*, ZParl. 4 (1973), 38 ff.; *J. Plöhn*, ZParl. 44 (2013), 76 (78 ff.); zur Vertrauensfrage von Bundeskanzler Helmut Kohl vom 13.12.1982, der kurz zuvor im Wege des konstruktiven Mißtrauensvotums gewählt worden war, die Sachverhaltsdarstellung in BVerfGE 62, 1 (4 ff.); zur Vertrauensfrage von Bundeskanzler Gerhard Schröder vom 27.6.2005 die Darstellung in BVerfGE 114, 121 (123 ff., Rn. 2 ff.).

»vereinbarte negative Vertrauensfrage« eingestuft werden[55]. Die relative Stabilität der Bundesregierungen seit Inkrafttreten des Grundgesetzes beruht weniger auf verfassungsrechtlichen Vorkehrungen wie Art. 68 GG als auf der vergleichsweise großen Stabilität der parteipolitischen Kräfteverhältnisse sowie auf dem Willen und der Fähigkeit der jeweiligen Volksvertretungen, tragfähige Regierungsmehrheiten zu bilden und das Regieren zu ermöglichen[56].

II. »Krisenlage« als ungeschriebenes Tatbestandsmerkmal

Seinem **Wortlaut** nach beschränkt sich Art. 68 GG darauf, an bestimmte **Verfahrensschritte** – den Antrag des Bundeskanzlers und die negative Abstimmung des Bundestages – das Auflösungsvorschlagsrecht des Bundeskanzlers und das sich daran anschließende Auflösungsrecht des Bundespräsidenten zu knüpfen[57]. Käme es ausschließlich auf diese formalen Voraussetzungen an, stünde es dem Bundeskanzler in Zusammenwirken mit der Parlamentsmehrheit und dem Bundespräsidenten frei, Neuwahlen herbeizuführen, obwohl das Grundgesetz bewußt **kein Selbstauflösungsrecht des Parlaments** vorgesehen und auch auf ein »freies« Auflösungsrecht des Kanzlers oder des Präsidenten verzichtet hat (→ Rn. 3). Auch aus dem Wort »**Vertrauen**« können zusätzliche materielle Anforderungen an eine Auflösung nicht hergeleitet werden[58], weil dieser Begriff im parlamentarischen System nicht mehr bedeuten kann als die im Akt der Stimmabgabe förmlich bekundete gegenwärtige Zustimmung der Abgeordneten zu Person und Sachprogramm des Bundeskanzlers[59] und deshalb über den in Art. 68 GG bereits enthaltenen Verfahrensschritt nicht hinausgeht. Daraus resultieren die Fragen, ob eine Auflösungsanordnung des Bundespräsidenten (→ Rn. 23 ff.) über die verfahrensmäßigen Voraussetzungen hinaus eine »**Krisenlage**« voraussetzt und welchen genauen Inhalt diese **ungeschriebene materielle Tatbestandsvoraussetzung** des Art. 68 GG haben soll[60].

10

1. Die Rechtsprechung des Bundesverfassungsgerichts

Das Bundesverfassungsgericht hat in seinem **Urteil aus dem Jahr 1983**[61] ein solches ungeschriebenes Tatbestandsmerkmal aus dem Zweck des Art. 68 GG, der in dieser

11

---

[55] So z.B. *v. Münch/Mager*, Staatsrecht I, Rn. 365.
[56] So auch BVerfGE 62, 1 (48).
[57] BVerfGE 62, 1 (36).
[58] Anders die Vertreter eines »materiellen« Vertrauensbegriffs – z.B. *Schenke* (Fn. 8), Art. 68 Rn. 62 ff. –, die aus dem Begriff des »Vertrauens« auch ableiten wollen, daß der Kanzler die Vertrauensfrage nur mit dem Ziel ihrer Bejahung stellen dürfe; so z.B. *Sondervotum Rinck*, BVerfGE 62, 70 (71 f.); *J. Delbrück/R. Wolfrum*, JuS 1983, 758 (761).
[59] Dazu BVerfGE 62, 1 (37 f.): Auch der in Art. 67 GG enthaltene Gegenbegriff des »Mißtrauens« bedeutet nicht mehr als die Weigerung, den bisherigen Kanzler oder sein Regierungsprogramm weiterhin parlamentarisch zu unterstützen oder wenigstens zu dulden.
[60] S. dazu im Vorfeld und in kritischer Auseinandersetzung mit der Entscheidung des BVerfG aus dem Jahr 1983 (→ Rn. 11) *H. Maurer*, DÖV 1982, 1001 ff.; *W.-R. Schenke*, NJW 1982, 2521 ff.; *M. Schröder*, JZ 1982, 786 ff.; *L. Gusseck*, NJW 1983, 721 ff.; *W. Zeh*, ZParl. 14 (1983), 119 ff.; *N. Achterberg*, DVBl. 1983, 477 ff.; *W. Geiger*, JöR 33 (1984), 41 ff.; *H.H. Klein*, ZParl. 14 (1983), 402 ff.; *H. Liesegang*, NJW 1983, 147 ff.; *W.-R. Schenke*, NJW 1983, 150 ff.
[61] Der Verfassungsprozeß ist dokumentiert in: W. Heyde/G. Wöhrmann (Hrsg.), Auflösung und Neuwahl des Bundestages 1983 vor dem Bundesverfassungsgericht – Dokumentation des Verfahrens, 1984.

Art. 68 C. Erläuterungen

Norm angelegten Systematik und aus ihrer Stellung im gesamten Verfassungsgefüge sowie aus dem verfassungsgeschichtlichen Hintergrund abgeleitet[62]. Das Grundgesetz habe nämlich ein parlamentarisches Regierungssystem normiert, das mehr auf Stabilität der Regierung angelegt sei als unter der Weimarer Reichsverfassung[63]. Im Gegensatz zur Paulskirchen- und zur Reichsverfassung von 1871, vor allem aber in Abgrenzung zum Auflösungsrecht des Reichspräsidenten nach Art. 25 WRV schließe das Grundgesetz ein freies Auflösungsrecht aus[64] und errichte vielmehr deutliche und hohe Hemmschwellen für eine Auflösung des Bundestages[65]. Diese bewußte verfassungsrechtliche Vorgabe werde umgangen oder unterlaufen, wenn ein Bundeskanzler zu dem Instrument des Art. 68 GG greife, um durch eine »unechte« Vertrauensfrage mittels eines von vornherein vereinbarten Abstimmungsergebnisses die formalen Voraussetzungen einer Bundestagsauflösung und damit von Neuwahlen zu schaffen[66]. Das **Urteil aus dem Jahr 2005**[67] hat diesen Ausgangspunkt trotz abweichender Akzentuierung bestätigt. Zwar akzeptiert das Urteil neben der nicht auflösungsgerichteten – »echten« – Vertrauensfrage auch die **auflösungsgerichtete** – »unechte« – **Vertrauensfrage** als ein mit dem Zweck des Art. 68 GG vereinbares Instrument, welches dazu dient, eine handlungsfähige Regierung mit hinreichender parlamentarischer Mehrheit (durch Neuwahlen) zu sichern oder wieder zu gewinnen[68]. Die auflösungsgerichtete Vertrauensfrage soll dem Bundeskanzler allerdings kein Mittel in die Hand geben, »gemeinsam mit einer ihn verläßlich tragenden Parlamentsmehrheit einen ihm geeignet erscheinenden Neuwahltermin voraussetzungslos zu bestimmen«[69].

12 Aus diesen Erwägungen zieht das Bundesverfassungsgericht in beiden Urteilen den Schluß, daß bereits die Vertrauensfrage des Bundeskanzlers[70] und erst recht die Auflösungsentscheidung des Bundespräsidenten gem. Art. 68 GG stets eine **Lage der politischen Instabilität** zwischen Bundeskanzler und Bundestag voraussetze und als ungeschriebenes Tatbestandsmerkmal eine Situation erfordere, in der der Bundeskanzler der stetigen parlamentarischen Unterstützung durch die Mehrheit des Bundestages nicht sicher sein kann[71]. Was die nähere Konkretisierung dieses Tatbestandsmerkmals

---

[62] BVerfGE 62, 1 (38 ff.); zurückhaltender E 114, 121 (149 ff., Rn. 132 ff.).
[63] BVerfGE 62, 1 (40).
[64] BVerfGE 62, 1 (40 f.).
[65] BVerfGE 62, 1 (42).
[66] So insbesondere das *Sondervotum Zeidler*, BVerfGE 62, 64 (66).
[67] BVerfGE 114, 121 (149 ff., Rn. 132 ff.); krit. zu dem Urteil *F. Edinger*, ZParl. 37 (2006), 28 ff.; *H.-P. Schneider*, ZfP 53 (2006), 121 ff.; *T. Gas*, BayVBl. 2006, 65 (72); *T. Herbst*, Der Staat 45 (2006), 45 (79 ff.); *W.-R. Schenke*, ZfP 53 (2006), 26 ff.; *ders.* (Fn. 8), Art. 68 Rn. 154 f.; *A. Buettner/M. Jäger*, DÖV 2006, 408 (416); *R. Dickmann*, BayVBl. 2006, 72 (73 ff.); *M. Hartwig*, Der Staat 45 (2006), 409 ff.; *A. Buettner/M. Jäger*, DÖV 2006, 401 (416); *V. Epping*, RuP 2005, 197 (202); *C. Pestalozza*, NJW 2005, 2817 (2919 f.); *C. Starck*, JZ 2005, 1053 (1056); *R. Wassermann*, RuP 2005, 131 ff.; *D. Winkler*, AöR 131 (2006), 441 (459 ff.); *dies.*, ZSE 2006, 103 ff.; in der Tendenz zustimmend *J. Ipsen*, NVwZ 2005, 1147 ff.; *C. Görisch*, VR 2006, 192 ff.; *F. Reimer*, JuS 2005, 680 ff.; *M. Fuchs/A. Fuchs/K. Fuchs*, DÖV 2009, 232 ff.; *J. Jekewitz*, RuP 2005, 204 (209); *F. Schoch*, ZSE 2006, 88 ff.; s. auch den Überblick über die Reaktionen im Schrifttum auf die Entscheidung aus dem Jahr 2005 bei *Podworny*, Vertrauensfrage (Fn. 1), S. 173 ff.; aus der Literatur im Vorfeld der Entscheidung s. etwa *W. Löwer*, DVBl. 2005, 1102 ff.; *W.-R. Schenke/P. Baumeister*, NJW 2005, 1844 ff.; *J. Ipsen*, NJW 2005, 2201 ff.
[68] BVerfGE 114, 121 (151, Rn. 137); als Fortschritt gegenüber der ersten Auflösungsentscheidung wertet dies *T. Herbst*, Der Staat 45 (2006), 45 (52 ff.); gegen die Zulässigkeit der »unechten« Vertrauensfrage etwa *W. Löwer*, DVBl. 2005, 1102 (1106).
[69] BVerfGE 114, 121 (151, Rn. 137 a. E.).
[70] BVerfGE 114, 121 (153, Rn. 142).
[71] BVerfGE 62, 1 (42); 114, 121 (152 ff., Rn. 138 ff.). An anderer Stelle wird die Krisenlage dadurch

angeht, so soll es einerseits nicht erforderlich sein, daß der Verlust der parlamentarischen Mehrheit z.B. durch mehrfache Ablehnung von Gesetzesvorlagen der Regierung offenbar geworden ist. Danach genügt auch eine »verdeckte Minderheitssituation«, in der der Bundeskanzler die von ihm konzeptionell vertretene Politik nicht sicher durchzusetzen vermag[72]. Andererseits sollen besondere Schwierigkeiten der in der laufenden Wahlperiode sich stellenden Aufgaben die Auflösung nicht rechtfertigen[73]. Auch lasse sich eine Krisenlage nicht damit begründen, daß ein im Wege des konstruktiven Mißtrauensvotums nach Art. 67 GG gewählter Bundeskanzler einer durch Neuwahlen vermittelten Legitimität bedürfe[74].

Ob die dargestellten Voraussetzungen einer »Krisenlage« im Einzelfall vorliegen, ist nach Ansicht des Bundesverfassungsgerichts vom Bundeskanzler, vom Bundestag, vom Bundespräsidenten und schließlich – auf einen entsprechenden Antrag im Organstreitverfahren – vom Bundesverfassungsgericht selbst zu prüfen[75]. Wie das Bundesverfassungsgericht insbesondere in seiner zweiten Auflösungsentscheidung betont – und mit der Konsequenz einer erheblich reduzierten eigenen Prüfungsintensität auch praktiziert – hat, kommt dem **Bundeskanzler** dabei die **primäre Kompetenz zur Einschätzung und Beurteilung der Instabilitätslage** zu. Diese darf das Bundesverfassungsgericht nur dann korrigieren, wenn eine andere, die Auflösung verwehrende Einschätzung der politischen Lage der Einschätzung des Bundeskanzlers eindeutig vorgezogen werden muß[76]. 13

Diese Auslegung des Art. 68 GG wird in ihren Grundzügen auch **vom überwiegenden Teil der Literatur befürwortet**[77]. Das vom Bundesverfassungsgericht entwickelte ungeschriebene Tatbestandsmerkmal lege die Regierung auf das vorgegebene Stabilitätsziel fest und verbiete ihr ein beliebiges Nachsuchen nach plebiszitärer Legitimati- 14

---

umschrieben, daß es politisch für den Kanzler nicht mehr gewährleistet ist, mit den im Bundestag bestehenden Kräfteverhältnissen weiter zu regieren, oder daß die politischen Kräfteverhältnisse im Bundestag seine Handlungsfähigkeit so beeinträchtigen oder lähmen, daß er eine vom stetigen Vertrauen der Mehrheit getragene Politik nicht sinnvoll zu verfolgen vermag; so BVerfGE 62, 1 (44); ähnlich E 114, 121 (153f., Rn. 142ff.: Verlust der Handlungsfähigkeit, zweifelhafte Mehrheit).

[72] BVerfGE 114, 121 (157, Rn. 153).
[73] So BVerfGE 62, 1 (43), wo ergänzend auf die Verpflichtung von Bundesregierung und Bundestag auf das Gemeinwohl und auf den »Sinn von Staatlichkeit« verwiesen wird.
[74] BVerfGE 62, 1 (43).
[75] BVerfGE 62, 1 (49f.); entgegen *T. Herbst*, Der Staat 45 (2006), 45 (60f.), ist es auch und insbesondere Sache des Bundestages, mit seiner Abstimmung eine politische Einschätzung zum Ausdruck zu bringen; zurückhaltender zur Reichweite der Prüfungskompetenz des Bundesverfassungsgerichts im Verhältnis zu den anderen Verfassungsorganen BVerfGE 114, 121 (155ff., Rn. 148ff.).
[76] BVerfGE 62, 1 (50f.); 114, 121 (160f., Rn. 161); unerwähnt bleibt bei den Erwägungen des Gerichts zur genaueren Kompetenzverteilung zwischen Kanzler, Parlament und Präsident unverständlicherweise der Bundestag; kritisch dazu etwa *S. Pieper*, ZParl. 38 (2007), 287 (290ff.); unklar zur rechtlichen Prüfung der Voraussetzungen des Art. 68 GG durch den Bundespräsidenten BVerfGE 114, 121 (159, Rn. 158). Kritisch zur Reduktion der gerichtlichen Kontrolldichte in der Verfassungsgerichtsentscheidung aus dem Jahr 2005 etwa *W.-R. Schenke*, ZfP 53 (2006), 26 (38ff.).
[77] Vgl. etwa *W. Heun*, AöR 109 (1984), 13 (18f. m.w.N.); *J. Delbrück/R. Wolfrum*, JuS 1983, 758 (759); *H.H. Klein*, ZParl. 14 (1983), 402ff.; *M. Schröder*, HStR[3] III, § 65 Rn. 41; *Hesse*, Verfassungsrecht, Rn. 636; *H. Maurer*, DÖV 1982, 1001 (1004f.); *H. Steiger*, Organisatorische Grundlagen des parlamentarischen Regierungssystems, 1973, S. 307; *R. Herzog*, in: Maunz/Dürig, GG, Art. 68 (2008), Rn. 69ff.; ausführliche Nachweise im *Sondervotum Rinck*, BVerfGE 62, 70 (106f.); *Epping* (Fn. 38), Art. 68 Rn. 13; einen Überblick über die das Urteil des Bundesverfassungsgerichts aus dem Jahr 1983 kommentierende Literatur geben *W. Schreiber/K.-D. Schnapauff*, AöR 109 (1984), 369 (370ff.); für eine Literaturübersicht s. auch *Podworny*, Vertrauensfrage (Fn. 1), S. 34ff., 72ff.

Art. 68 C. Erläuterungen

on, das dem Grundgesetz fremd sei[78]. Der dem Bundeskanzler und dem Bundespräsidenten eingeräumte Einschätzungsspielraum wird vor allem damit verteidigt, daß die Beurteilung von Regierungsstabilität nicht oder jedenfalls nicht primär ein justitiabler Gegenstand sei[79]. Teilweise werden allerdings noch **strengere Anforderungen** an die Auflösungslage gestellt: Nur der Minderheitskanzler dürfe das Verfahren nach Art. 68 GG einleiten, während die Ausdehnung des ungeschriebenen Tatbestandsmerkmals auch auf Fälle, in denen der Bundeskanzler den absehbaren Verlust der Mehrheit befürchtet, zu weit gehe[80] und im Ergebnis zu einem Selbstauflösungsrecht führe[81]. Andere halten die materielle Auflösungslage bereits dann für gegeben, wenn unter den politisch verantwortlichen Parteien und Fraktionen ein klarer Wille zu Neuwahlen vorhanden ist[82]. Eine gegenüber den Überlegungen im Parlamentarischen Rat deutlich **erleichterte Auflösung** wird auch mit einem Verfassungswandel (→ Art. 79 I Rn. 38 ff.) begründet, der durch die seit 1949 völlig veränderte Rolle des Bundeskanzlers und der Kandidaten für das Kanzleramt gekennzeichnet ist. Der zunehmend auf die Person des Kanzlerkandidaten zugeschnittene Wahlkampf führe dazu, daß ein während der Legislaturperiode gewählter anderer Bundeskanzler ein solcher »zweiter Güte« sei, der in seiner politischen Handlungsfähigkeit gelähmt ist[83].

2. Problematik der Überprüfbarkeit von »Krisenlagen«

15 Die Problematik des Tatbestandsmerkmals der »Krisenlage« liegt unabhängig von seiner genauen Konkretisierung darin, daß es sich auf das vergangene und vor allem das zukünftige[84] **Abstimmungsverhalten der Abgeordneten** des Bundestages bezieht[85]. Die Feststellung, ob eine »Krisenlage« existiert[86], macht es erforderlich zu prüfen, aus welchen Gründen die Abgeordneten in der Vergangenheit der Regierung insgesamt oder einzelnen ihrer Vorschläge die Zustimmung versagt haben und wie sie sich vor diesem Hintergrund in Zukunft verhalten werden. Falls sich diese Prüfung über die offiziellen Äußerungen von Abgeordneten und Fraktionen hinaus auf die »wahren«

---

[78] So *M. Schröder*, HStR³ III, § 65 Rn. 41.
[79] *Degenhart*, Staatsrecht I, Rn. 535.
[80] *Sondervotum Rottmann*, BVerfGE 62, 108 (110); *Sondervotum Jentsch*, BVerfGE 114, 170 (171, Rn. 191); *Epping* (Fn. 38), Art. 68 Rn. 17, 30 f.; *Podworny*, Vertrauensfrage (Fn. 1), S. 189 f. (politische Handlungsunfähigkeit).
[81] Nachweise dazu bei *Oldiges* (Fn. 39), Art. 68 Rn. 22.
[82] So *H.-P. Schneider*, JZ 1973, 652 (655).
[83] So *Sondervotum Zeidler*, BVerfGE 62, 64 (67 ff.); zustimmend *W. Heun*, AöR 109 (1984), 13 (29 ff.); *K.-H. Ladeur*, RuP 19/20 (1983/84), 68 (70); *R. Strohmeier*, ZParl. 14 (1983), 422 (426 ff.); dagegen etwa *Epping* (Fn. 38), Art. 68 Rn. 19.
[84] Daß parlamentarische Niederlagen in der Vergangenheit nur als Indiz wirken können bei Beantwortung der Frage, ob eine Regierung in Zukunft noch mit Unterstützung rechnen kann, hebt *W. Geiger*, JöR 33 (1984), 41 (52), zutreffend hervor; kritisch zum Erfordernis der Krisenlage, soweit sie zukünftige Entwicklungen (»stetiges Vertrauen«) einbeziehen soll, auch *Epping* (Fn. 38), Art. 68 Rn. 21.
[85] Zutreffend *Sondervotum Lübbe-Wolff*, BVerfGE 114, 182 (182, Rn. 213) mit ausführlichen Nachweisen der kritischen Stimmen in der Literatur zum verfehlten Prüfprogramm der »instabilen Lage« (186, Rn. 219); ähnlich *Busse* (Fn. 44), Art. 68 Rn. 22; auch *J. Ipsen*, NVwZ 2005, 1147 (1149), kritisiert mit Recht, daß nur die Frage des Kanzlers und die Entscheidung des Bundespräsidenten anstatt der Entscheidung des Parlaments im Mittelpunkt der Aufmerksamkeit stehen.
[86] Gleiches gilt für die Frage, ob eine »regierungsfähige Mehrheit« vorhanden ist, ob es sich bei dem amtierenden Kanzler um einen »Mehrheits-« oder um einen »Minderheitskanzler« handelt, und für jede andere – strengere oder großzügigere – Umschreibung der materiellen Auflösungslage.

Motive beziehen soll, stößt sie alsbald auf **tatsächliche**[87] **und verfassungsrechtliche (Art. 38 I 2 GG) Grenzen**. Mit dem verfassungsrechtlich gewährleisteten Status des Abgeordneten ist es nicht vereinbar, seine Stimmabgabe bei der Vertrauensfrage oder bei vorangehenden Abstimmungen[88] unter Rückgriff etwa auf Diskussionen in seiner Partei oder auf die Äußerungen anderer Abgeordneter[89] in ihr Gegenteil zu verkehren[90]. Dieses Hindernis läßt sich auch nicht dadurch umgehen, daß man die »Krisenlage« unter Bezugnahme auf die allgemeine politische Situation verobjektiviert und die Vertrauensabstimmung in eine »Einschätzung« des Bundestages über deren Krisenhaftigkeit verwandelt[91] und im übrigen den Schwerpunkt auf die Vertrauensfrage des Kanzlers[92] und auf die Auflösungsentscheidung des Bundespräsidenten legt[93].

Scheidet also eine Motivforschung als Grundlage für die Prüfung einer »wahren« Krisenlage aus tatsächlichen und verfassungsrechtlichen Gründen aus[94], so bleibt es als tatbestandliche Voraussetzung für eine Bundestagsauflösung bei den in Art. 68 GG normierten Verfahrensschritten[95]. Die **Sicherung** gegenüber einer vorschnellen Zuflucht zu vorgezogenen Neuwahlen und gegenüber dem Mißbrauch durch eine Mehrheit, die durch Neuwahlen lediglich ihre Mehrheit auszubauen oder zu perpetuieren hofft, liegt zunächst darin, daß **drei oberste Bundesorgane** – Bundeskanzler, Bundestag und Bundespräsident – in einem gestuften Verfahren jeweils selbständige politische Beurteilungen zu fällen haben und dies ein Zusammenwirken mit gegenseitiger politischer Kontrolle erfordert[96]. Eine herausgehobene Position kommt dabei dem **Bundespräsidenten** zu, der – wenn die verfahrensmäßigen Voraussetzungen vorliegen – eine gerichtlich nicht überprüfbare Entscheidung darüber zu treffen hat, ob stabile Regierungsverhältnisse – wie häufig – eher von einer Neuwahl oder – etwa weil der amtierende Kanzler nach Einschätzung des Bundespräsidenten trotz der negativen

16

---

[87] So hat auch Bundespräsident *Karl Carstens* seine Auflösungsanordnung aus dem Jahre 1983 damit begründet, daß es dem Bundespräsidenten nicht möglich sei festzustellen, aus welchen Gründen der einzelne Abgeordnete dem Bundeskanzler die Zustimmung versagt hat. Er halte sich an die öffentlich vorgetragenen Begründungen; Fernseh- und Rundfunkansprache vom 7.1.1983, wiedergegeben in BVerfGE 62, 1 (18).

[88] Der Mehrheitsverlust wird an vorangegangenen Abstimmungsniederlagen festgemacht z. B. von *Sondervotum Rottmann*, BVerfGE 62, 108 (110); *H. Maurer*, DÖV 1982, 1001 (1004).

[89] Vgl. zu diesem Vorgehen BVerfGE 62, 1 (51 ff.).

[90] So *N. Achterberg*, DVBl. 1983, 477 (485); vgl. auch *H. H. Klein*, ZParl. 14 (1983), 402 (407); *T. Herbst*, Der Staat 45 (2006), 45 (56). → Art. 38 Rn. 149 ff.; *Epping* (Fn. 38), Art. 68 Rn. 24, mißt dem Abstimmungsverhalten der Abgeordneten denn auch nur eine Vermutungswirkung zu.

[91] *H. Meyer*, DÖV 1983, 243 (245), weist zutreffend darauf hin, daß die Abstimmung doch gerade erst erbringen soll, ob eine Mehrheit vorhanden ist.

[92] Repräsentativ für dieses Vorgehen etwa *W.-R. Schenke*, ZfP 53 (2006), 26 (28) zum »Beurteilungsspielraum des Bundeskanzlers«; treffend die Kritik an der Verlagerung von einer Kontrolle der parlamentarischen Abstimmung auf eine Kontrolle der Frage des Bundeskanzlers in *Sondervotum Lübbe-Wolff*, BVerfGE 114, 182 (183 ff., Rn. 215 ff.).

[93] *N. Achterberg*, DVBl. 1983, 477 (483), weist zutreffend darauf hin, daß sich nach dem Ansatz des Bundesverfassungsgerichts nicht der Kanzler verfassungswidrig verhält, wenn er um das Vertrauen nachsucht, »sondern verfassungswidrig handeln diejenigen, die es ihm nicht bekunden, obwohl sie es ihm schenken.«

[94] Vgl. in diesem Sinne auch *W. Zeh*, Der Staat 22 (1983), 1 (10, 14 f.).

[95] So auch *Sondervotum Lübbe-Wolff*, BVerfGE 114, 182 (189, Rn. 228); *H. Liesegang*, NJW 1983, 147 ff.; *G. Püttner*, NJW 1983, 15 (16); *J. Ipsen*, NJW 2005, 2201 (2204).

[96] BVerfGE 62, 1 (35); 114, 121 (160, Rn. 160).

Vertrauensabstimmung über ausreichende Unterstützung verfügt – von einer Fortsetzung der bisherigen Regierung zu erwarten sind[97].

III. Verfahren

1. Antrag des Bundeskanzlers

17 Ausgelöst wird das Verfahren nach Art. 68 GG durch den Antrag des Bundeskanzlers an den Bundestag, ihm das Vertrauen auszusprechen. Er ist weder an eine bestimmte **Form**[98] noch durch **Fristvorschriften** an voraus liegende Ereignisse gebunden[99]. Zuständig ist allein der Bundeskanzler[100], der dabei keinen Bindungen an Kabinettsentscheidungen unterliegt[101]. Auch durch einen Beschluß des Bundestages, der den Bundeskanzler dazu auffordert, die Vertrauensfrage zu stellen, kann der Bundeskanzler rechtlich nicht gebunden werden. Denn ein solcher Bundestagsbeschluß ist gerade deshalb verfassungsrechtlich unbedenklich[102], weil er nur politische Wirkungen erzeugt (→ Art. 67 Rn. 19 f.).

18 Der Bundeskanzler kann die Vertrauensfrage stellen, **wann immer ihm dies angebracht erscheint**[103]. Aus Art. 68 GG läßt sich nicht herleiten, daß der Bundeskanzler einen Vertrauensantrag allein mit dem Ziel stellen darf, die parlamentarische Unterstützung seiner Regierung herbeizuführen oder zu festigen[104]. Hinter der Vertrauensfrage kann, muß aber nicht von vornherein der politische Wille stehen, auf diesem Wege zur Auflösung des Bundestages zu gelangen[105]. Eine solche »negative« Vertrauensfrage ist auch nicht dem »Minderheitskanzler« vorbehalten[106] (→ Rn. 15 f.). Nach der Rechtsprechung des Bundesverfassungsgerichts darf der Bundeskanzler den Antrag allerdings nur stellen, wenn nach seiner Einschätzung eine »Krisenlage« besteht (→ Rn. 12).

19 Wie sich aus Art. 81 I 2 GG ergibt, kann der Bundeskanzler die Vertrauensfrage **mit einer Gesetzesvorlage** – auch mit einer verfassungsändernden Gesetzesvorlage[107] –

---

[97] Die politischen Möglichkeiten des Bundespräsidenten auch und insbesondere in der Auseinandersetzung mit einem Informationen zurückhaltenden Bundeskanzler unterschätzt W.-R. *Schenke*, ZfP 53 (2006), 26 (47 f.).

[98] E. *Brandt*, Die Bedeutung parlamentarischer Vertrauensregelungen, 1981, S. 56; W. *Schreiber/K.-D. Schnapauff*, AöR 109 (1984), 369 (380 f.).

[99] Z. B. eine Abstimmungsniederlage.

[100] Dazu, daß weder Bundesminister noch die Bundesregierung als Kollegialorgan antragsbefugt sind und auch an der Entscheidung des Kanzlers keine Mitwirkungsbefugnis zusteht, s. nur *Herzog* (Fn. 77), Art. 68 Rn. 20 f.

[101] Vgl. nur M. *Schröder*, HStR³ III, § 65 Rn. 42; Einzelheiten bei W. *Schreiber/K.-D. Schnapauff*, AöR 109 (1984), 369 (374 ff.).

[102] A. A. *Oldiges* (Fn. 39), Art. 68 Rn. 27; *Stern*, Staatsrecht I, S. 993; *Schenke* (Fn. 8), Art. 68 Rn. 53 ff.; wie hier U. *Mager*, in: v. Münch/Kunig, GG II, Art. 67 Rn. 13; *Schneider* (Fn. 39), Art. 68 Rn. 10; *Busse* (Fn. 44), Art. 68 Rn. 23; *Brandt*, Vertrauensregelungen (Fn. 98), S. 85 f. m. w. N.

[103] So zutreffend N. *Achterberg*, DVBl. 1983, 477 (484); *Brandt*, Vertrauensregelungen (Fn. 98), S. 56 m. w. N.; *Jarass/Pieroth*, GG, Art. 68 Rn. 1; W. *Geiger*, JöR 33 (1984), 41 (51).

[104] So auch mit aller gebotenen Klarheit *Herzog* (Fn. 77), Art. 68 Rn. 24.

[105] Zur Vereinbarkeit sowohl der »echten« als auch der »unechten« Vertrauensfrage mit dem Zweck des Art. 68 GG in der Rechtsprechung des Bundesverfassungsgerichts → Rn. 11.

[106] So aber BVerfGE 62, 1 (38 ff.); *Schenke* (Fn. 8), Art. 68 Rn. 72, 75 ff.; U. *Mager*, in: v. Münch/Kunig, GG II, Art. 68 Rn. 9 ff.

[107] So die ganz h. M., vgl. etwa *Schenke* (Fn. 8), Art. 68 Rn. 176; *Epping* (Fn. 38), Art. 68 Rn. 10 mit Anm. 22; *Busse* (Fn. 44), Art. 68 Rn. 13; für »weder rechtlich noch politisch sinnvoll« hält diese Verbindung *Mager* (Fn. 106), Art. 68 Rn. 19.

verbinden[108]. Gleiches gilt für sonstige Sach- oder Personalfragen[109]. Im Falle einer solchen Verbindung kann der Bundestag über die Vertrauensfrage einerseits und die Gesetzesvorlage, Sach- oder Personalfrage andererseits **nur einheitlich abstimmen**[110], wobei aber die verfassungsrechtlichen Mehrheitserfordernisse für die Abstimmung über die Vertrauensfrage (→ Rn. 20) einerseits und den verbundenen Antrag andererseits unabhängig voneinander gelten[111].

2. Abstimmung des Bundestages

Über den Vertrauensantrag muß der Bundestag binnen angemessener Frist abstimmen[112]. Gem. Art. 68 II GG kann diese Abstimmung frühestens nach einer »**Wartezeit« von achtundvierzig Stunden**[113] stattfinden. Diese »Wartezeit« erfüllt dieselbe Funktion wie diejenige des Art. 67 II GG (→ Art. 67 Rn. 15) und erlaubt dem Bundeskanzler darüber hinaus, seinen Antrag zurückzuziehen[114]. Stimmt dem Antrag des Bundeskanzlers nicht die **Mehrheit der Mitglieder des Bundestages** (Art. 121 GG) zu, so ist der Antrag abgelehnt. Dabei soll auch dem Bundestag die Prüfung obliegen, ob eine materielle Auflösungslage besteht[115]. Obwohl dies dem Gegenstand der Abstimmung eher entsprechen würde, verlangen weder das Grundgesetz noch die Geschäftsordnung eine geheime Abstimmung[116]. Da Art. 68 I GG vom Bundestag ein ausdrückliches positives Votum als Reaktion auf die Vertrauensfrage verlangt, kann das **Unterbleiben einer Entscheidung** nur als negatives Votum verstanden werden[117]. Deshalb muß der Bundeskanzler mit einem möglichen Antrag auf Auflösung über die Wartefrist von 48 Stunden hinaus mindestens so lange warten wie der Bundestag nach den Umständen des Einzelfalles für eine ordnungsgemäße Durchführung der Abstimmung benötigt[118].

20

---

[108] Einzelheiten dazu bei W. *Schreiber*/K.-D. *Schnapauff*, AöR 109 (1984), 369 (376 ff.).
[109] Vgl. etwa M. *Schröder*, HStR³ III, § 65 Rn. 42; *Brandt*, Vertrauensregelungen (Fn. 98), S. 87 f.; *Müller-Franken/Uhle* (Fn. 41), Art. 68 Rn. 35; a. A. *Epping* (Fn. 38), Art. 68 Rn. 11 m. w. N. Von dieser Möglichkeit hat erstmals Bundeskanzler Schröder im November 2001 (Einsatz deutscher Streitkräfte als Reaktion auf terroristische Angriffe gegen die USA) Gebrauch gemacht; dazu die Chronik von M. *Feldkamp*, ZParl. 33 (2002), 5 ff.
[110] So die ganz h. M.; s. etwa *Epping* (Fn. 38), Art. 68 Rn. 10 m. w. N.; *Mager* (Fn. 106), Art. 68 Rn. 18; *J. Haass*, BayVBl. 2004, 204 (205 f.); nach *C. Schönberger*, JZ 2002, 211 (215 ff.) kann der Kanzler wegen der parlamentarischen Verfahrensautonomie dagegen nur einen »zeitlichen Konnex« herstellen. → Art. 81 Rn. 16.
[111] *Mager* (Fn. 106), Art. 68 Rn. 18; *Brandt*, Vertrauensregelungen (Fn. 98), S. 89 f. m. w. N.; *Epping* (Fn. 38), Art. 68 Rn. 10; *Herzog* (Fn. 77), Art. 68 Rn. 39.
[112] *Herzog* (Fn. 77), Art. 68 Rn. 32 f.; s. auch die Nachw. in Fn. 118.
[113] Dazu W. *Schreiber*/K.-D. *Schnapauff*, AöR 109 (1984), 369 (381 ff.); *Epping* (Fn. 38), Art. 68 Rn. 35.
[114] *Oldiges* (Fn. 39), Art. 68 Rn. 30; *Schneider* (Fn. 39), Art. 68 Rn. 9.
[115] BVerfGE 62, 1 (50); dagegen → Rn. 15 f.
[116] Zu Recht für problematisch hält es *Epping* (Fn. 38), Art. 68 Rn. 34.
[117] *Steiger*, Grundlagen (Fn. 77), S. 271; vgl. auch *Brandt*, Vertrauensregelungen (Fn. 98), S. 91; *Jarass/Pieroth*, GG, Art. 68 Rn. 2; *Oldiges* (Fn. 39), Art. 68 Rn. 30; *Epping* (Fn. 38), Art. 68 Rn. 32; a. A. W. *Schreiber*/K.-D. *Schnapauff*, AöR 109 (1984), 369 (385 ff.).
[118] *Epping* (Fn. 38), Art. 68 Rn. 32; *Mager* (Fn. 106), Art. 68 Rn. 23, begründet dies aus dem Prinzip der Verfassungsorgantreue.

3. Wahlmöglichkeiten des Bundeskanzlers

21 Ein positives Votum des Bundestages löst keine Rechtsfolgen aus. Findet der Antrag des Bundeskanzlers nicht die Zustimmung der Mehrheit der Mitglieder des Bundestages, so bleibt auch dies zunächst ohne rechtliche Folgen. Dem Bundeskanzler stehen in dieser Situation verschiedene Möglichkeiten offen[119]: Er kann – sofern der Bundestag keinen anderen Kanzler wählt (Art. 68 I 2 GG) – als **Minderheitskanzler** (→ Art. 63 Rn. 43 f.) weiterregieren, und sich dabei mit Unterstützung der Regierung, des Bundesrates und des Bundespräsidenten des Gesetzgebungsnotstandes nach Art. 81 GG bedienen (→ Art. 81 Rn. 9 ff.). Er kann aber auch die Bildung einer neuen Regierung einleiten, indem er **zurücktritt** und so eine Kanzlerwahl nach Art. 63 GG – einschließlich der Möglichkeit von Neuwahlen im Falle des Scheiterns – eröffnet. Schließlich kann er von der in Art. 68 GG ausdrücklich erwähnten Möglichkeit Gebrauch machen und dem Bundespräsidenten die **Auflösung des Bundestages vorschlagen**. Dieser Auflösungsvorschlag des Kanzlers an den Bundespräsidenten nach Art. 68 I 1 GG, der wegen des Ausnahmecharakters der Parlamentsauflösung bis zur Auflösungsentscheidung des Bundespräsidenten widerruflich sein soll[120], ist nicht fristgebunden, muß aber innerhalb der Frist von einundzwanzig Tagen ab der Vertrauensabstimmung erfolgen, weil nur innerhalb dieser Frist das Auflösungsrecht besteht (→ Rn. 23). Der negative Ausgang der Vertrauensfrage begründet keinerlei rechtliche Verpflichtung des Kanzlers, sich für oder gegen eine dieser Möglichkeiten zu entscheiden[121].

4. Wahl eines anderen Bundeskanzlers (Art. 68 I 2 GG)

22 Innerhalb der Frist von einundzwanzig Tagen[122], die auch das Auflösungsrecht des Bundespräsidenten begrenzt, kann der Bundestag die drohende Auflösung abwehren, indem er mit der Mehrheit seiner Mitglieder (Art. 121 GG) einen anderen[123] Bundeskanzler wählt. Gem. § 98 II GOBT ist hierfür der Antrag eines Viertels der Mitglieder des Bundestages erforderlich. Auch wenn mehrere Wahlvorschläge unterbreitet worden sind, erfolgt die Wahl in einem Wahlgang mit verdeckten Stimmzetteln[124]. Nicht anders als bei der Wahl eines Bundeskanzlers mit »Kanzlermehrheit« nach Art. 63 und 67 GG ist auch hier der Bundespräsident zur Ernennung des Gewählten verpflichtet[125]. Mit der abgeschlossenen Wahl wird ein Auflösungsvorschlag des Bundeskanzlers unzulässig und – falls der Vorschlag des Bundeskanzlers bereits erfolgt ist – das **Auflösungsrecht des Bundespräsidenten erlischt**. Umgekehrt darf der Bundestag den

---

[119] Vgl. die Übersicht über die verschiedenen Möglichkeiten bei *M. Schröder*, HStR³ III, § 65 Rn. 42; *Müller-Franken/Uhle* (Fn. 41), Art. 68 Rn. 45 ff.
[120] *Herzog* (Fn. 77), Art. 68 Rn. 47.
[121] *Herzog* (Fn. 77), Art. 68 Rn. 42.
[122] Nach Ablauf dieser Frist bleibt die Wahl eines anderen Bundeskanzlers nach den allgemeinen Regelungen der Art. 67 GG und – nach Rücktritt des amtierenden Kanzlers – Art. 63 GG möglich; vgl. *Jarass/Pieroth*, GG, Art. 68 Rn. 4.
[123] Obwohl der Wortlaut, der die Wahl eines »anderen« Bundeskanzlers vorsieht, dies auszuschließen scheint, ist die Wiederwahl des bisherigen Bundeskanzlers zulässig; so auch *Schenke* (Fn. 8), Art. 68 Rn. 222 ff.; *Mager* (Fn. 106), Art. 68 Rn. 28 (analoge Anwendung); a. A. *Jarass/Pieroth*, GG, Art. 68 Rn. 4; *Herzog* (Fn. 77), Art. 68 Rn. 66; *Epping* (Fn. 38), Art. 68 Rn. 51 m. w. N.
[124] § 98 II i.V.m. § 97 II GOBT; Einzelheiten zum Wahlverfahren bei *Epping* (Fn. 38), Art. 68 Rn. 52.
[125] Vgl. nur *Brandt*, Vertrauensregelungen (Fn. 98), S. 57 m. w. N.

5. Auflösungsrecht des Bundespräsidenten

Wenn die Vertrauensabstimmung im Bundestag nicht die erforderliche Mehrheit erbracht hat, der Vorschlag des Bundeskanzlers[127] vorliegt und auch kein anderer Bundeskanzler nach Art. 68 I 2 GG gewählt worden ist, liegt das Recht zur Auflösung des Bundestages beim Bundespräsidenten. Es kann nur binnen **einundzwanzig Tagen** nach der Abstimmung über die Vertrauensfrage ausgeübt werden, weshalb das Verstreichenlassen dieser Frist gleichbedeutend ist mit der Ablehnung des Auflösungsvorschlags. Während diese Frist läuft, darf der Bundespräsident das Zustandekommen einer neuen Mehrheit nicht durch eine voreilige Auflösung verhindern[128], wenn der Bundestag in den Wahlgang nach Art. 68 I 2 GG eingetreten ist[129] oder sich die Wahl eines anderen Bundeskanzlers »abzeichnet«[130]. Bevor der Bundespräsident sein »Ermessen« betätigt (→ Rn. 24), hat er zu **prüfen, ob die verfassungsrechtlichen Voraussetzungen vorliegen**, an die Art. 68 GG das Recht zur Auflösung des Bundestages knüpft[131]. Neben der Beachtung des durch Art. 68 GG vorgeschriebenen **Verfahrens** gehört dazu nach der Rechtsprechung des Bundesverfassungsgerichts auch die Prüfung, ob eine materielle Auflösungslage (→ Rn. 12) existiert[132].

Bei der Anordnung der Auflösung – wie auch bei ihrer Ablehnung – handelt es sich um eine **politische Leitentscheidung** in eigener Verantwortung des Bundespräsidenten[133]. Seine gerichtlich allenfalls sehr eingeschränkt kontrollierbare **Entscheidungsfreiheit**[134] folgt eindeutig aus dem Wortlaut des Art. 68 GG, der im Unterschied etwa zu Art. 67 GG anordnet, daß der Bundespräsident den Bundestag auflösen »kann«[135]. Sie stellt darüber hinaus das wichtigste Instrument zur **Abwehr** vorschneller oder miß-

---

[126] Dies gilt selbst dann, wenn die Frist von einundzwanzig Tagen noch nicht abgelaufen ist; so *Brandt*, Vertrauensregelungen (Fn. 98), S. 93 f.; Einzelheiten zu den zeitlichen Abläufen bei W. *Schreiber*/K.-D. *Schnapauff*, AöR 109 (1984), 369 (389 ff.).

[127] Vgl. nur *Brandt*, Vertrauensregelungen (Fn. 98), S. 92; zu Fragen der Form und Frist *Epping* (Fn. 38), Art. 68 Rn. 39.

[128] So *Steiger*, Grundlagen (Fn. 77), S. 310.

[129] Dazu *Brandt*, Vertrauensregelungen (Fn. 98), S. 93; *Epping* (Fn. 38), Art. 68 Rn. 49 f.

[130] So unter Hinweis auf die Verfassungsorgantreuepflicht des Bundespräsidenten und auf den Umstand, daß die Auflösung »ultima ratio« sei, *Oldiges* (Fn. 39), Art. 68 Rn. 37; *Mager* (Fn. 106), Art. 68 Rn. 29; a. A. *Brandt*, Vertrauensregelungen (Fn. 98), S. 93.

[131] BVerfGE 62, 1 (35 f.). Dabei ist zwischen der rechtlichen Prüfung der Voraussetzungen des Art. 68 GG und der politischen Leitentscheidung auf der Rechtsfolgenseite zu unterscheiden; dies übersieht die Kritik – z. B. von *Epping* (Fn. 38), Art. 68 Rn. 40; *M. Hartwig*, Der Staat 45 (2006), 409 (413) – an der Beschränkung der Prüfungsintensität des Bundespräsidenten im Verhältnis zum Bundeskanzler, die sich nur auf die »Krisenlage« als ungeschriebenes Tatbestandsmerkmal des Art. 68 GG, nicht auf die politische Einschätzung des Bundespräsidenten bezieht.

[132] BVerfGE 62, 1 (50 f., 63); 114, 121 (162 ff., Rn. 165 ff.); allerdings – wegen der primären Einschätzungs- und Beurteilungskompetenz des Bundeskanzlers – mit eingeschränkter Prüfungsintensität. → Rn. 13.

[133] BVerfGE 62, 1 (35); 114, 121 (148, Rn. 129).

[134] Sie wird in BVerfGE 62, 1 (35) umschrieben als selbständiger politischer Beurteilungs- und Handlungsbereich, als weites politisches Ermessen, so BVerfGE 62, 1 (62 f.), oder als weitreichende Entscheidungs- und Gestaltungsmacht, so *Sondervotum Zeidler*, BVerfGE 62, 64 (64); von einem »pflichtgemäßen Ermessen« ist in BVerfGE 114, 121 (148, Rn. 129) die Rede.

[135] Auf den Wortlautunterschied zwischen Art. 67 GG und Art. 68 GG weist auch BVerfGE 62, 1 (35) hin.

bräuchlicher Bundestagsauflösungen dar (→ Rn. 16), was die Unabhängigkeit der präsidialen Entscheidung insbesondere von den Einschätzungen des Bundeskanzlers und des Bundestages voraussetzt. Gemeinsam mit der Wahl zwischen der Ernennung eines Minderheitskanzlers oder der Parlamentsauflösung nach Art. 63 IV 3 GG (→ Art. 63 Rn. 39f., 45f.)[136] gehört die Auflösungsentscheidung nach Art. 68 GG zu den zentralen politischen Entscheidungsbefugnissen des **Bundespräsidenten als »Manager« parlamentarischer Krisen**. Die in der Literatur vertretene Auffassung, der Präsident sei gehalten, im Regelfall dem Antrag des Bundeskanzlers zu entsprechen[137], wird dieser durch Art. 68 GG dem Bundespräsidenten zugewiesenen zentralen Funktion im Verhältnis zu Kanzler und Bundestag nicht gerecht[138]. Auch steht dem Bundeskanzler keine vorrangige Einschätzungs- und Beurteilungskompetenz zu, die der Bundespräsident zu beachten hätte[139]. Die Entscheidung des Bundespräsidenten, die sich an dem Ziel der Regierungsstabilität auszurichten hat[140], bezieht sich auf die Frage, ob die Auflösung des Bundestages und damit die Verkürzung der laufenden Wahlperiode mit all ihren politischen Folgen sinnvoll ist und von ihm politisch vertreten werden kann[141].

25 Die Auflösungsanordnung[142], die gem. Art. 58 S. 1 GG der **Gegenzeichnung** durch den Bundeskanzler bedarf[143], wird in der Praxis mit der **Festsetzung des Wahltermins** nach § 16 BWahlG verbunden[144], wobei die 60-Tage-Frist des Art. 39 I 4 GG zu beachten ist. Die Auflösungsanordnung ändert am **Status der amtierenden Bundesregierung** nichts. Nach allgemeinen Regeln endet die Wahlperiode des Bundestages ebenso wie die Amtszeit der Regierung auch im Falle der Auflösung des Bundestages erst mit dem Zusammentritt des neugewählten Bundestages (Art. 39 I 2, 69 II GG).

D. Verhältnis zu anderen GG-Bestimmungen

26 Wenn der amtierende Bundeskanzler nach negativem Ausgang der Vertrauensfrage dem Bundespräsidenten die Auflösung vorgeschlagen hat, richtet sich die Wahl eines anderen Kanzlers binnen der Frist von einundzwanzig Tagen allein nach Art. 68 I 2

---

[136] Diese Parallele betont *Herzog* (Fn. 77), Art. 68 Rn. 11.
[137] *Hochrathner*, Parlamentsauflösungsrecht (Fn. 15), S. 152; im Ergebnis ähnlich *M. Hartwig*, Der Staat 45 (2006), 409 (413); w. Nachw. bei *Brandt*, Vertrauensregelungen (Fn. 98), S. 92; eine faktische Reduktion des präsidialen Ermessens »auf Null« nimmt *C. Roth*, Bundeskanzlerermessen im Verfassungsstaat, 2009, S. 178, an.
[138] Ähnlich *Mager* (Fn. 106), Art. 68 Rn. 27.
[139] So aber – bezogen auf das Vorliegen einer »Krisenlage« als verfassungsrechtliche Voraussetzung für den Antrag des Bundeskanzlers – BVerfGE 62, 1 (50); dagegen eher die Selbständigkeit der bundespräsidialen Entscheidung hervorhebend BVerfGE 114, 121 (159, Rn. 158); noch weiter gehend – auf der zutreffenden Grundlage, daß die Entscheidung des Bundespräsidenten die entscheidende Prüfung der Krisenlage zum Gegenstand hat – *C. Pestalozza*, NJW 2005, 2817 (2819); ein »eigenständiges, umfassendes und uneingeschränktes Prüfungsrecht« befürwortet auch das *Sondervotum Rottmann*, BVerfGE 62, 108 (112).
[140] S. nur *Mager* (Fn. 106), Art. 68 Rn. 27 m.w.N.; für eine noch größere Freiheit des Bundespräsidenten offenbar *Herzog* (Fn. 77), Art. 68 Rn. 61.
[141] So BVerfGE 62, 1 (50).
[142] Ausführlich dazu *W. Schreiber/K.-D. Schnapauff*, AöR 109 (1984), 369 (393ff.).
[143] BVerfGE 62, 1 (16, 33, 34f.).
[144] BVerfGE 62, 1 (31) sieht in der Bestimmung des Wahltages als Teil der Anordnung der Neuwahl einen »staatsorganisatorischen Akt mit Verfassungsfunktion«, der eine »Annex-Entscheidung« der Bundestagsauflösung darstellt; vgl. dazu *W. Schreiber/K.-D. Schnapauff*, AöR 109 (1984), 369 (411ff.).

GG, der dann als spezielle Regelung sowohl **Art. 67 GG als auch Art. 63 GG verdrängt**[145]. Gründe für einen Vorrang des Mißtrauensantrages bei einem Zusammentreffen mit der Vertrauensfrage[146] sind nicht erkennbar, weil eine »konstruktive« neue Mehrheit auch nach Art. 68 I 2 GG einen anderen Kanzler wählen kann. Nicht Art. 68 I 2 GG, sondern Art. 67 GG kommt dann zur Anwendung, wenn der Kanzler nach negativem Ausgang der Vertrauensfrage (noch) keinen Auflösungsvorschlag an den Bundespräsidenten gerichtet hat und bereits in dieser Phase ein anderer Kanzler gewählt werden soll[147]. Auch **nach der Auflösungsanordnung** bleibt die Möglichkeit bestehen, den bis zum Zusammentritt des neuen Bundestages im Amt bleibenden Bundeskanzler für den verbleibenden Zeitraum durch ein konstruktives **Mißtrauensvotum** abzulösen. Auch kann der Kanzler noch in dieser Phase **zurücktreten** und so den Weg für eine Wahl nach Art. 63 GG freimachen[148]. **Ergänzt** wird Art. 68 GG durch die Regelung des **Gesetzgebungsnotstandes** in Art. 81 GG: Nach negativem Ausgang der Vertrauensfrage kann unter den dort genannten Voraussetzungen eine Minderheitsregierung für die Dauer von sechs Monaten versuchen, gegen die Mehrheit des Bundestages Gesetzesvorhaben allein mit der Unterstützung des Bundesrates zu realisieren[149].

---

[145] *Mager* (Fn. 106), Art. 68 Rn. 33; Jarass/*Pieroth*, GG, Art. 68 Rn. 4; *Schenke* (Fn. 8), Art. 68 Rn. 225 f.; *Herzog* (Fn. 77), Art. 68 Rn. 64; a. A. *Schneider* (Fn. 39), Art. 68 Rn. 14.
[146] So *Oldiges* (Fn. 39), Art. 68 Rn. 30; *Mager* (Fn. 106), Art. 68 Rn. 33 (abweichend von der Vorauflage nur noch im Sinne einer politischen Empfehlung).
[147] *Epping* (Fn. 38), Art. 68 Rn. 37 m. w. N.
[148] So auch Jarass/*Pieroth*, GG, Art. 68 Rn. 4; *Schenke* (Fn. 8), Art. 68 Rn. 243 ff.; *Oldiges* (Fn. 39), Art. 68 Rn. 39; *Müller-Franken/Uhle* (Fn. 41), Art. 68 Rn. 45.
[149] Zur Wirksamkeit dieses verfassungsrechtlichen Versuchs, einen Weg aus der Mehrheitsunfähigkeit des Parlaments zu weisen, vgl. nur *Hesse*, Verfassungsrecht, Rn. 727: »Das einzige, was sich mit Art. 81 GG erreichen läßt, ist [...] eine Verlängerung der politischen Krise, gegen deren Folgen er sichern soll«. → Art. 81 Rn. 8, 24.

Artikel 69 [Stellvertreter des Bundeskanzlers; Ende der Amtszeit; geschäftsführende Regierung]

(1) Der Bundeskanzler ernennt einen Bundesminister zu seinem Stellvertreter.

(2) Das Amt des Bundeskanzlers oder eines Bundesministers endigt in jedem Falle mit dem Zusammentritt eines neuen Bundestages, das Amt eines Bundesministers auch mit jeder anderen Erledigung des Amtes des Bundeskanzlers.

(3) Auf Ersuchen des Bundespräsidenten ist der Bundeskanzler, auf Ersuchen des Bundeskanzlers oder des Bundespräsidenten ein Bundesminister verpflichtet, die Geschäfte bis zur Ernennung seines Nachfolgers weiterzuführen.

Literaturauswahl

Arndt, Hans-Wolfgang/Schweitzer, Michael: Verfassungsrechtliche Aspekte des Kanzlerrücktritts, in: JuS 1974, S. 622–626.

Beckmann, Ulrich: Die Rechtsstellung des Stellvertreters des Bundeskanzlers, Diss. jur. Würzburg 1966.

Dreher, Eduard: Geschäftsführende Regierungen, in: NJW 1982, S. 2807–2808.

Groß, Rolf: Zur geschäftsführenden Regierung, in: DÖV 1982, S. 1008–1019.

Lutz, Rudolf: Die Geschäftsregierung nach dem Grundgesetz, 1969.

Nierhaus, Michael: Verfassungsrechtliche Probleme des Kanzlerrücktritts, in: JR 1975, S. 265–272.

Oldiges, Martin: Die interimistische Weiterführung der Amtsgeschäfte des Bundeskanzlers durch den Vizekanzler, in: DVBl. 1975, S. 79–85.

Röttger, Heinrich-Eckhart: Nochmals: Konstruktives Mißtrauensvotum gegen den geschäftsführenden Bundeskanzler?, in: JuS 1975, S. 358–360.

Wahl, Rainer: Stellvertretung im Verfassungsrecht, 1971.

Siehe auch die Angaben zu Art. 62 GG.

Leitentscheidungen des Bundesverfassungsgerichts

Diese liegen zu Art. 69 GG bislang nicht vor.

Gliederung

	Rn.
A. Herkunft, Entstehung, Entwicklung	1
B. Internationale, supranationale und rechtsvergleichende Bezüge	3
C. Erläuterungen	5
I. Stellvertretung des Bundeskanzlers (Art. 69 I GG)	5
1. Die Ernennung des Stellvertreters	5
2. Der Vertretungsfall	7
3. Der Umfang der Vertretungsbefugnis	10
II. Beendigung der Regierungsämter (Art. 69 II GG)	13
1. Ausprägung des parlamentarischen Regierungssystems	13
2. Die Beendigung der Amtszeit des Bundeskanzlers	14
3. Die Beendigung der Amtszeit der Bundesminister	15
III. Geschäftsführende Bundesregierung (Art. 69 III GG)	17
1. Allgemeines	17
2. Die Führung der Geschäfte des Bundeskanzlers	19
3. Die Führung der Geschäfte der Bundesminister	21
4. Befugnisse der geschäftsführenden Bundesregierung	23
D. Verhältnis zu anderen GG-Bestimmungen	25

Stichwörter

Akzessorietätsprinzip 13 – Amtsbeendigungstatbestand 2 – Amtsdauer 1, 13 – Amtsunfähigkeit 17 – Amtswalter 10 – beamteter Staatssekretär 6 – Beendigungsgrund 14 – Entlassung 12, 14, 15, 17 – Ergänzungsvertretung 8, 9, 10 – Ersatzvertretung 8, 10 – Funktionsstellvertretung 7 – Generalstellvertreter 1 – Geschäftsordnungsebene 1 – Griechische Verfassung 3 – Interimslösung 17 – Interregnum 18 – Kabinettsbildungsrecht 21, 25 – Kabinettsumbildung 10, 23 – Parlamentarischer Staatssekretär 6, 16 – Parlamentarisches Regierungssystem 1, 2, 13, 25 – Periodizitätsprinzip 13 – Regierungschef 1, 4 – Reichsamt 1 – Reichsverfassung 1 – Repräsentationsaufgabe 9 – Ressort 1, 21, 22 – Rücktrittserklärung 11 – Rücktrittsverpflichtung 4 – Spanische Verfassung 3 – Stellvertretungsgesetz 1 – subjektive Unzumutbarkeit 19 – Tod 2, 14, 15, 17 – Vakanz 17, 20, 21 – Vertrauensabhängigkeit 18, 25 – Vertretungsregel 1, 2, 4 – Vizekanzlerfunktion 5 – vorübergehende Verhinderung 7 – vorzeitige Parlamentsauflösung 14 – Weigerungsrecht 19 – Weimar 1 – Weisungsbefugnis 12.

A. Herkunft, Entstehung, Entwicklung

Art. 69 GG regelt mit der Vertretung des Bundeskanzlers im Amt (Art. 69 I), der Bindung der Amtsdauer der Regierungsmitglieder an den Zusammentritt eines neuen Parlaments (Art. 69 II) sowie der geschäftsführenden Bundesregierung (Art. 69 III) drei miteinander sachlich nicht notwendig zusammenhängende Problemkreise erstmals in der deutschen Verfassungsgeschichte auf Verfassungsebene. Frühere **Vertretungsregeln** betrafen entweder nicht die Vertretung des Regierungschefs im (gesamten) Amt oder regelten sie nur auf Gesetzes- oder Geschäftsordnungsebene. Ein Beispiel für eine nur auf einen Ausschnitt der Kompetenzen des Regierungschefs bezogene Vertretungsregelung liefert Art. 15 II der **Reichsverfassung von 1871**, der nur die Vertretung des Reichskanzlers in seiner Funktion als Vorsitzender des Bundesrates zum Gegenstand hatte[1]. Eine gesetzliche Regelung der Stellvertretung des Reichskanzlers sah das **Stellvertretungsgesetz** aus dem Jahre **1878** vor, wonach der Reichskanzler nicht nur durch die Leiter der Reichsämter in deren Ressorts (→ Art. 62 Rn. 2; → Art. 64 Rn. 1), sondern auch durch einen Generalstellvertreter für alle Amtsgeschäfte vertreten werden konnte[2]. Eine bloß geschäftsordnungsmäßige Regelung der Stellvertretung von Regierungsmitgliedern existierte zu Zeiten der Weimarer Republik[3]. Die in Art. 69 II GG normierte Bindung des Amtsendes der Regierungsmitglieder **an den Zusammentritt eines neugewählten Parlaments** enthielt auch die **Weimarer Reichsverfassung** nicht, obgleich sie in Art. 54 das Vertrauen des Reichstages in die Amtsführung der Regierung für notwendig erachtete und damit bereits ein Element eines parlamentarischen Regierungssystems inkorporiert hatte.

Die **Entstehungsgeschichte** des Art. 69 GG erklärt, warum sich die sachlich nicht notwendig zusammenhängenden Regelungen der drei Absätze in einer Vorschrift zusammengefaßt finden. Art. 91 HChE[4], auf den Art. 69 GG u. a. zurückgeht, regelte nämlich in seinem ersten Absatz die Notwendigkeit der Bestellung eines Stellvertreters des Bundeskanzlers aus dem Kreise der Bundesminister und wies im zweiten

---

[1] So auch *U. Beckmann*, Die Rechtsstellung des Stellvertreters des Bundeskanzlers, Diss. jur. Würzburg 1966, S. 26 f. m. w. N.
[2] Hierzu im einzelnen *Beckmann*, Stellvertreter (Fn. 1), S. 29; *M. Oldiges*, Die Bundesregierung als Kollegium, 1983, S. 71.
[3] §§ 7, 9 der GO der Reichsregierung v. 9.5.1924 (RMinBl. S. 173); vgl. hierzu *Beckmann*, Stellvertreter (Fn. 1), S. 32 ff.; *S. Müller-Franken/A. Uhle*, in: Schmidt-Bleibtreu/Hofmann/Henneke, GG, Art. 69 Rn. 6 m. w. N.
[4] Parl. Rat II, S. 598.

Absatz diesem Stellvertreter auch die Funktion zu, bei Rücktritt oder Tod des Bundeskanzlers vorläufig die Geschäfte weiterzuführen. An diese Verbindung von Vertretungsregelung und Amtsbeendigungstatbestand knüpfte der Parlamentarische Rat an, als die Idee aufkam, das Amtsende des Bundeskanzlers und der ganzen Regierung ausdrücklich an den Zusammentritt eines neuen Bundestages zu binden[5]. Man wollte damit das Prinzip des **parlamentarischen Regierungssystems** verdeutlichen[6]. Darüber hinaus gibt die Entstehungsgeschichte Aufschluß darüber, daß der Rücktritt des Bundeskanzlers als Beendigungstatbestand – neben anderen in früheren Entwurfsfassungen noch enthaltenen Beendigungstatbeständen – in der Endfassung nur deshalb nicht ausdrücklich erwähnt wurde, weil man ihn mehrheitlich für selbstverständlich zulässig erachtete[7]. Art. 69 GG ist bislang nicht geändert worden.

B. Internationale, supranationale und rechtsvergleichende Bezüge

3   Eine Art. 69 GG dem Prinzip nach ähnliche Regelung, die das Amtsende der Regierung an das Ende der Existenz des Parlaments bindet und außerdem ebenfalls das Problem der Geschäftsführung bis zum Amtsantritt der neuen Regierung löst, enthält im internationalen Vergleich die **Spanische Verfassung**[8]. Die Stellvertretung im Amt ist eher selten auf Verfassungsebene geregelt. Eine solche Regelung findet sich etwa in der **Griechischen Verfassung**, die zwar vorschreibt, daß der Stellvertreter des Ministerpräsidenten ein Ministeramt bekleiden muß, aber eine Pflicht zur Ernennung eines Stellvertreters auf Dauer nicht kennt[9].

4   Die Betrachtung der Verfassungen der Bundesländer zeigt, daß eine **Art. 69 II GG entsprechende Regelung**, die das Amtsende der Regierung an den Zusammentritt eines neuen Parlaments bindet, **nicht in allen Bundesländern vorhanden** ist[10]. Die Verfassungen Hessens, Bremens und Niedersachsens verknüpfen den Zusammentritt eines neuen Parlaments und das Amtsende der Regierung in einer von Art. 69 GG abweichenden Form, indem sie für diesen Fall eine Rücktrittsverpflichtung[11] statuieren, die Wahl des Regierungsorgans ausdrücklich nur auf die Legislaturperiode des Parlaments be-

---

[5] Zunächst als Teil einer Enumeration von Beendigungstatbeständen (s. etwa Drs. Nr. 276 v. 16.11.1948; Parl. Rat VII, S. 61).

[6] Repräsentativ die Äußerung des Vorsitzenden des Hauptausschusses *Dr. Schmid* in dessen 34. Sitzung am 11.1.1949: »Sieht man aber in der Regierung ein Produkt des Parlaments – und das ist doch wohl im Parlamentarischen Regierungssystem das Richtige – dann hat jedes Parlament die ihm zugeordnete Regierung, und wechselt das Parlament, so muß eigentlich auch die Regierung wechseln«, Parl. Rat XIV/2, S. 1053.

[7] S. die Diskussion in der 3. Sitzung des Hauptausschusses am 16.11.1948, Parl. Rat XIV/1, S. 100 f.

[8] Allerdings bindet sie das Amtsende der alten Regierung nicht wie Art. 69 GG an den Zusammentritt des neuen Parlaments, sondern bereits an die Wahl zum neuen Parlament (Art. 101 I 1); die Geschäfte hat die alte Regierung bis zum Amtsantritt der neuen Regierung zu führen (Art. 101 II).

[9] Art. 81 der Griechischen Verfassung.

[10] Solche Regelungen enthalten Art. 55 II Bad.-WürttVerf.; Art. 85 I 1 BrandenbgVerf.; Art. 35 I HambVerf.; Art. 50 I 1, 3 Meckl.-VorpVerf.; Art. 87 III SaarlVerf.; Art. 68 II SächsVerf.; Art. 71 I 1, 3 Sachs.-AnhVerf.; Art. 27 I Schl.-HolstVerf. und Art. 75 II ThürVerf. Dazu, daß das Fehlen im Hinblick auf Art. 28 I GG unbedenklich ist, vgl. BVerfGE 27, 44 (55 f.), zur damaligen Schl.-Holst. Landessatzung. → Art. 28 Rn. 58.

[11] Art. 113 II HessVerf.

ziehen¹² oder den Rücktritt des Regierungschefs fingieren¹³. Im übrigen enthalten zahlreiche Landesverfassungen anders als Art. 69 GG Regelungen, die den Rücktritt des Regierungschefs ausdrücklich für zulässig erklären¹⁴. Die **Vertretungsregelungen** der Landesverfassungen entsprechen größtenteils Art. 69 I GG. Hervorzuheben sind Art. 115 I BremVerf., der die Stellvertretung dem von der Bürgerschaft zu wählenden zweiten Bürgermeister zuweist, und Art. 195 II 2 Rheinl.-PfälzVerf., der die Stellvertreterbestellung von der Zustimmung des Landtages abhängig macht. Die **Geschäftsführungsregeln** der meisten Landesverfassungen verpflichten im Falle der Amtsbeendigung entweder alle Regierungsmitglieder zur einstweiligen Geschäftsführung¹⁵ oder sie verpflichten unmittelbar nur den Regierungschef, während die Kabinettsmitglieder ersucht werden müssen¹⁶.

C. Erläuterungen

I. Stellvertretung des Bundeskanzlers (Art. 69 I GG)

1. Die Ernennung des Stellvertreters

Gemäß Art. 69 I GG ist der Bundeskanzler ermächtigt und – binnen angemessener Frist – auch verpflichtet, einen Stellvertreter zu ernennen¹⁷. Zum Stellvertreter kann **nur ein Bundesminister** ernannt werden. Eine Verknüpfung der Vizekanzlerfunktion mit bestimmten Ressorts, die durch die Verfassung oder die Geschäftsordnung der Bundesregierung besonders ausgestaltet sind, ist entgegen einer vereinzelt vertretenen Ansicht¹⁸ ebenso unbedenklich wie deren Leitung durch den Kanzler selbst (→ Art. 64 Rn. 13)¹⁹. Die Auswahl und Bestellung seines Vertreters fällt als Teil seiner Organisationsgewalt (→ Art. 65 Rn. 16) in die **alleinige Zuständigkeit des Bundeskanzlers**²⁰. Form und Verfahren der Ernennung sind nicht geregelt²¹. Jedoch empfiehlt sich

5

---

¹² Art. 107 II 1 BremVerf.
¹³ Art. 33 II NdsVerf.; dies führt nach Art. 33 III NdsVerf. auch zur Fiktion des Rücktritts der gesamten Landesregierung.
¹⁴ Z.B. Art. 55 I Bad.-WürttVerf.; Art. 44 III 1 BayVerf.; Art. 85 I 2 BrandenbgVerf.; Art. 71 I 2 Sachs.-AnhVerf.
¹⁵ Art. 55 III Bad.-WürttVerf.; Art. 37 I 1 HambVerf.; Art. 113 III HessVerf.; Art. 33 IV NdsVerf.; Art. 62 III Nordrh.-WestfVerf.; Art. 98 III, 99 IV Rheinl.-PfälzVerf.; Art. 87 V SaarlVerf.; Art. 68 III SächsVerf.; Art. 27 II 1 Schl.-HolstVerf. Zur geschäftsführenden Regierung in Schleswig-Holstein im Anschluß an den Rücktritt der Regierung Barschel s. *W.-R. Schenke*, NJW 1987, 3235 ff.; *J.-D. Busch*, DVBl. 1987, 1255 ff.
¹⁶ Art. 85 II BrandenbgVerf.; Art. 50 IV Meckl.-VorpVerf.; Art. 71 II Sachs.-AnhVerf.; Art. 75 III ThürVerf.
¹⁷ *R. Herzog*, in: Maunz/Dürig, GG, Art. 69 (2008), Rn. 4, 10; *M. Oldiges*, in: Sachs, GG, Art. 69 Rn. 9; Jarass/*Pieroth*, GG, Art. 69 Rn. 1; *U. Mager*, in: v. Münch/Kunig, GG I, Art. 69 Rn. 4; *D. Wekkerling-Wilhelm*, in: Umbach/Clemens, GG, Art. 69 Rn. 12; *V. Epping*, in: v. Mangoldt/Klein/Starck, GG II, Art. 69 Rn. 4.
¹⁸ *W. Plaum*, DVBl. 1958, 452 ff.; *Epping* (Fn. 17), Art. 69 Rn. 7.
¹⁹ Vgl. nur *R. Wahl*, Stellvertretung im Verfassungsrecht, 1971, S. 169 ff.; *H.-P. Schneider*, in: AK-GG, Art. 69 (2002), Rn. 2; ebenso (mit Ausnahme für den Bundesverteidigungsminister) *Beckmann*, Stellvertreter (Fn. 1), S. 59 ff.
²⁰ *F. Münch*, Die Bundesregierung, 1954, S. 213; *Oldiges* (Fn. 17), Art. 69 Rn. 11; *Herzog* (Fn. 17), Art. 69 Rn. 6.
²¹ Insbesondere ist § 2 I BMinG nicht anwendbar, da der Bundespräsident – anders als bei der Ernennung von Ministern – an der Ernennung des Stellvertreters nicht beteiligt ist; vgl. *Herzog* (Fn. 17), Art. 69 Rn. 11.

eine öffentliche Mitteilung der Ernennung, um die Klarheit organschaftlicher Befugnisse zu gewährleisten[22]. Der Wortlaut des Art. 69 I GG läßt unmißverständlich nur die Berufung **eines einzigen Stellvertreters** zu, was die Benennung eines zweiten Vertreters für den Fall der Verhinderung des (ersten) Vertreters nicht ausschließt (Unterstellvertretung)[23]. Dem Ernennungsrecht entspricht das Recht, die Funktion wieder zu entziehen und einem anderen Minister zu übertragen[24].

6   Die **Stellvertretung der Bundesminister**[25] ist verfassungsrechtlich nicht geregelt, sondern ergibt sich aus § 14 GOBReg[26], der zwischen der Vertretung des Ministers innerhalb der Bundesregierung (Abs. 1) und bei der Leitung des Ressorts (Abs. 3) unterscheidet[27]. Als Regierungsmitglied wird der Minister danach von einem »Ministerkollegen« vertreten. In seiner Funktion als Leiter einer obersten Bundesbehörde vertritt ihn dagegen ein beamteter Staatssekretär oder ein Parlamentarischer Staatssekretär[28]. § 14 II GOBReg durchbricht diese Zweiteilung insoweit, als danach auch »politische« Aufgaben, nämlich die Abgabe von Erklärungen vor dem Bundestag, vor dem Bundesrat und in den Sitzungen der Bundesregierung, durch den Parlamentarischen Staatssekretär und in Einzelfällen durch den beamteten Staatssekretär wahrgenommen werden können.

2. Der Vertretungsfall

7   Durch die Ernennung zum Stellvertreter erhält dieser **kein Amt mit eigenen Befugnissen neben denen des Bundeskanzlers**, sondern ihm wird nur für den Stellvertretungsfall die Wahrnehmung der Funktionen des Bundeskanzlers anvertraut (Funktionsstellvertretung)[29]. Für die Frage, in welchen Fällen eine Stellvertretung des Kanzlers stattfindet, erweist sich der Wortlaut des Art. 69 I GG als unergiebig. Art. 69 II GG zeigt jedoch, daß die **Beendigung des Kanzleramtes kein Fall der Stellvertretung** nach Art. 69 I GG sein kann[30]. Denn eine Vizekanzlerschaft ohne Kanzler hätte nicht mehr den Charakter einer von dessen Willen abhängigen Stellvertretung, sondern den einer interimistischen Nachfolge ohne Kontrolle und Begrenzung durch den amtierenden Kanzler[31]. Die Vertretung nach Art. 69 I GG ist daher nur bei einer **vorübergehenden Verhinderung des Kanzlers** in der Ausübung seiner Funktion zulässig[32].

8   § 8 GOBReg als konkretisierende Vorschrift unterscheidet zwischen einer »allgemeinen« Verhinderung, bei der der Vertreter alle Befugnisse wahrnimmt, und sonstigen Fällen. Ein Fall der »allgemeinen« Vertretung liegt vor, wenn der Bundeskanzler sein Amt über eine längere Zeitspanne hinweg vollständig nicht ausüben kann, etwa

---

[22] *Oldiges* (Fn. 17), Art. 69 Rn. 11; *Herzog* (Fn. 17), Art. 69 Rn. 11; *W.-R. Schenke*, in: BK, Art. 69 (2010), Rn. 12 mit ausf. Nachw. zur öffentlichen Bekanntmachung.
[23] S. dazu etwa *Epping* (Fn. 17), Art. 69 Rn. 8.
[24] S. dazu nur *V. Busse*, in: Friauf/Höfling, GG, Art. 69 (2011), Rn. 3; *Schenke* (Fn. 22), Art. 69 Rn. 31 ff.
[25] Dazu etwa *Epping* (Fn. 17), Art. 69 Rn. 13; *Schenke* (Fn. 22), Art. 69 Rn. 35 ff.
[26] Als Sonderfall regelt § 22 GOBReg die Vertretung des Kanzlers bei der Ausübung des Vorsitzes in den Kabinettssitzungen.
[27] Ausführlich hierzu *Herzog* (Fn. 17), Art. 69 Rn. 23 ff.; *Wahl*, Stellvertretung (Fn. 19), S. 198 ff.
[28] Hierzu *Wahl*, Stellvertretung (Fn. 19), S. 229 ff.
[29] *Oldiges* (Fn. 17), Art. 69 Rn. 9; *Epping* (Fn. 17), Art. 69 Rn. 3; *Schenke* (Fn. 22), Art. 69 Rn. 7.
[30] *M. Nierhaus*, JR 1975, 265 (267 f.); *H.-W. Arndt/M. Schweitzer*, JuS 1974, 622 (624); *E. Klein*, HStR VII, § 168 Rn. 28; a. A. nur *W. Meder*, in: BK, Art. 69 (Erstb.), Anm. II 1.
[31] *M. Oldiges*, DVBl. 1975, 79 (82).
[32] *Oldiges* (Fn. 17), Art. 69 Rn. 13; *Busse* (Fn. 24), Art. 69 Rn. 6.

I. Stellvertretung des Bundeskanzlers (Art. 69 I GG) Art. 69

wegen schwerer Erkrankung oder langandauernder Abwesenheit[33] bzw. Unerreichbarkeit[34]. In diesen Fällen bestimmt § 8 S. 1 GOBReg, daß die **Ersatzvertretung**[35] durch den gemäß Art. 69 I GG vom Bundeskanzler bestimmten Stellvertreter erfolgt. Ist nur eine **Ergänzungsvertretung**[36] erforderlich, weil der Bundeskanzler beispielsweise wegen terminlicher Überlastung oder nur vorübergehender Erkrankung nicht alle seine Amtsgeschäfte selbst wahrnehmen kann[37], so bestimmt der Bundeskanzler gemäß § 8 S. 2 GOBReg den Umfang seiner Vertretung näher.

Art. 43 II GG regelt mit den Zutritts- und Anhörungsrechten von Beauftragten der Bundesregierung im Bundestag einen **Sonderfall der Ergänzungsvertretung**. Die Ansicht, § 8 S. 2 GOBReg stelle es dem Bundeskanzler über diesen Sonderfall hinaus frei, sich in Einzelfällen von anderen Regierungsmitgliedern als dem Vizekanzler vertreten zu lassen[38], ist mit Art. 69 I GG nicht zu vereinbaren[39]. Das auf die zeitlichen Anforderungen durch öffentliche Auftritte und Repräsentationsaufgaben hinweisende Argument der Praktikabilität[40] übersieht, daß Gegenstand der Stellvertretungsregelungen nur die dem Bundeskanzler vorbehaltenen Kompetenzen (→ Art. 65 Rn. 15 ff.) sind[41]. Bei diesen ist es **auch in Einzelfällen nicht zulässig, den Vizekanzler zu übergehen**[42]. Das Recht, den Eintritt des Stellvertretungsfalles festzustellen, liegt beim Bundeskanzler[43]. Die Regelungslücke, die das Grundgesetz für den Fall gelassen hat, daß der Bundeskanzler dazu nicht in der Lage ist[44], läßt sich angemessen durch eine Kabinettsentscheidung schließen[45]. 9

---

[33] Vgl. nur *Herzog* (Fn. 17), Art. 69 Rn. 14 f.; *Oldiges* (Fn. 17), Art. 69 Rn. 14.
[34] Dazu, daß im Zeitalter der Telekommunikation der Kanzler selbst im Urlaub oder auf Auslandsreisen »rund um die Uhr« erreichbar ist, s. *Busse* (Fn. 24), Art. 69 Rn. 5.
[35] Begriff bei *Wahl*, Stellvertretung (Fn. 19), S. 162 ff. Es werden auch die Bezeichnungen Gesamt- oder Vollvertretung verwendet; vgl. *Mager* (Fn. 17), Art. 69 Rn. 7, 10 f.; *Schneider* (Fn. 19), Art. 69 Rn. 3.
[36] *Oldiges* (Fn. 17), Art. 69 Rn. 14. Sie wird auch als Teil-, Einzel- oder Nebenvertretung bezeichnet; vgl. *Beckmann*, Stellvertreter (Fn. 1), S. 117; *Wahl*, Stellvertretung (Fn. 19), S. 162 ff.
[37] *Oldiges* (Fn. 17), Art. 69 Rn. 14.
[38] *Herzog* (Fn. 17), Art. 69 Rn. 15, 17; *Oldiges* (Fn. 17), Art. 69 Rn. 15; gedacht ist etwa an einen Parlamentarischen oder beamteten Staatssekretär. → Art. 43 Rn. 18; auch *Müller-Franken/Uhle* (Fn. 3), Art. 69 Rn. 20.
[39] Auch § 8 S. 2 GOBReg als verfassungsrechtlich nicht zu beanstandende Konkretisierung läßt nur eine Bestimmung des Vertretungsumfanges durch den Kanzler zu, nicht eine solche der Vertretungsperson; vgl. *Wahl*, Stellvertretung (Fn. 19), S. 176.
[40] Vgl. *Herzog* (Fn. 17), Art. 69 Rn. 15; *Oldiges* (Fn. 17), Art. 69 Rn. 15.
[41] Dies zeigt sich insbesondere daran, daß die »Vertretung bei Hoheitsakten aus dem engeren Zuständigkeitsbereich des Bundeskanzlers« als Sondergruppe der Vertretungsfälle allein dem Vizekanzler zugewiesen wird; so *Oldiges* (Fn. 17), Art. 69 Rn. 16, unter Bezugnahme auf *Herzog* (Fn. 17), Art. 69 Rn. 16. Andere Fälle werden jedoch von den Vertretungsregeln gar nicht erfaßt. Für eine Ausdehnung der Stellvertretung auch auf Repräsentationsaufgaben: *Schenke* (Fn. 22), Art. 69 Rn. 20.
[42] Ebenso *Wahl*, Stellvertretung (Fn. 19), S. 176 f.; *Schneider* (Fn. 19), Art. 69 Rn. 3; a.A. *Mager* (Fn. 17), Art. 69 Rn. 6; *Schenke* (Fn. 22), Art. 69 Rn. 21 f.; *Herzog* (Fn. 17), Art. 69 Rn. 17; *Oldiges* (Fn. 17), Art. 69 Rn. 16, die dem Vizekanzler nur ein Recht einräumen, nicht »systematisch« übergangen zu werden. Zum Problem der Verhinderung auch des Vizekanzlers näher *Herzog* (Fn. 17), Art. 69 Rn. 19.
[43] *H. Liesegang*, in: I. v. Münch (Hrsg.), Grundgesetz-Kommentar, Bd. 2, 2. Aufl. 1983, Art. 69 Rn. 7; *Beckmann*, Stellvertreter (Fn. 1), S. 121.
[44] Vgl. nur *Wahl*, Stellvertretung (Fn. 19), S. 166 f.
[45] *Schenke* (Fn. 22), Art. 69 Rn. 19; *Busse* (Fn. 24), Art. 69 Rn. 3; *Epping* (Fn. 17), Art. 69 Rn. 11, will hier den Vertretungsfall in einem Organstreitverfahren durch das Bundesverfassungsgericht feststellen lassen.

Georg Hermes

Art. 69

3. Der Umfang der Vertretungsbefugnis

10 Der Vizekanzler ist Amtswalter des stets besetzt zu haltenden Verfassungsorgans Bundeskanzler, dessen Kompetenzen er in eigener Verantwortung wahrnimmt[46]. Im Falle der **Ergänzungsvertretung** richtet sich der Umfang der Vertretungsbefugnis gemäß § 8 S. 2 GOBReg nach den **Weisungen des Bundeskanzlers**. Bei der **Ersatzvertretung** (Gesamtvertretung, Vollvertretung) stehen dem Stellvertreter nach dem umfassend formulierten Art. 69 I GG und § 8 S. 1 GOBReg im Außenverhältnis **alle amtlichen Befugnisse des Bundeskanzlers** (→ Art. 65 Rn. 15 ff.) zu. Dazu gehört auch die Festlegung der Richtlinien der Politik durch den Stellvertreter, die rechtlich die gleiche Bindungswirkung hat wie die Festlegung durch den Kanzler selbst[47]. Ebenso umfaßt ist das Recht zur Kabinettsumbildung[48] und das Stellen der Vertrauensfrage[49], welche sich auf die Person des verhinderten Bundeskanzlers bezieht[50].

11 Eine **Rücktrittserklärung** für den verhinderten Bundeskanzler kann der Stellvertreter hingegen nicht abgeben[51], da es sich beim Rücktrittsrecht nicht um eine Befugnis aus dem Amt, sondern um das höchstpersönliche Recht handelt, durch Verzicht die Amtsinhaberschaft zu beenden. Auch ein **Mißtrauensvotum** nach Art. 67 GG kann nicht unmittelbar gegen den Vizekanzler gerichtet werden, da dies dazu führen würde, daß der Bundestag dem Bundeskanzler einen anderen Vertreter aufzwingt[52].

12 Im Innenverhältnis behält der **Bundeskanzler** die **Weisungsbefugnis gegenüber seinem Stellvertreter**, soweit er zu deren Ausübung in der Lage ist. Als Sanktionsmittel steht dem Kanzler vor allem die Entlassung aus der Stellvertreterfunktion oder aus dem Ministeramt zur Verfügung[53].

II. Beendigung der Regierungsämter (Art. 69 II GG)

1. Ausprägung des parlamentarischen Regierungssystems

13 Als Ausprägung des parlamentarischen Regierungssystems macht Art. 69 II GG zum einen die Amtsdauer der Bundesregierung vom Bestehen des jeweiligen Bundestages abhängig (**Periodizitätsprinzip**[54]) und verknüpft zum anderen die Amtsdauer der Bundesminister mit der Amtsdauer des Bundeskanzlers (**Kanzler- oder Akzessorietäts-**

---

[46] *Mager* (Fn. 17), Art. 69 Rn. 2.
[47] Ebenso *Herzog* (Fn. 17), Art. 69 Rn. 20; *Mager* (Fn. 17), Art. 69 Rn. 11; *Stern*, Staatsrecht II, S. 282; *Hesse*, Verfassungsrecht, Rn. 645.
[48] *Wahl*, Stellvertretung (Fn. 19), S. 184 f.; *Oldiges* (Fn. 17), Art. 69 Rn. 18; *Busse* (Fn. 24), Art. 69 Rn. 12; a. A. *Herzog* (Fn. 17), Art. 69 Rn. 20; *S. Pieper*, in: Epping/Hillgruber, GG (online, Stand: 1.3.2015), Art. 69 Rn. 1.3.
[49] *Wahl*, Stellvertretung (Fn. 19), S. 184 f.; *Mager* (Fn. 17), Art. 69 Rn. 11; *Schenke* (Fn. 22), Art. 69 Rn. 25; a. A. *Stern*, Staatsrecht II, S. 282; *Herzog* (Fn. 17), Art. 69 Rn. 20; *Schneider* (Fn. 19), Art. 69 Rn. 3; Jarass/Pieroth, GG, Art. 69 Rn. 1; *Müller-Franken/Uhle* (Fn. 3), Art. 69 Rn. 19; *Busse* (Fn. 24), Art. 69 Rn. 12.
[50] *Schenke* (Fn. 22), Art. 69 Rn. 25; *Epping* (Fn. 17), Art. 69 Rn. 12. – *Oldiges* (Fn. 17), Art. 69 Rn. 20, betrachtet die Vertrauensfrage dagegen als unmittelbar gegen den Stellvertreter gerichtet.
[51] Vgl. nur *Mager* (Fn. 17), Art. 69 Rn. 11; *Oldiges* (Fn. 17), Art. 69 Rn. 19; *Herzog* (Fn. 17), Art. 69 Rn. 20.
[52] Möglich ist hingegen ein Vorgehen gegen den verhinderten Bundeskanzler nach Art. 67 GG mit der Wirkung, daß über Art. 69 II GG auch das Amt des stellvertretenden Bundeskanzlers beendet würde; vgl. dazu nur *Wahl*, Stellvertretung (Fn. 19), S. 183; *Hesse*, Verfassungsrecht, Rn. 645.
[53] Ausführlich hierzu *Herzog* (Fn. 17), Art. 69 Rn. 12; *Wahl*, Stellvertretung (Fn. 19), S. 185 f.
[54] *Schneider* (Fn. 19), Art. 69 Rn. 5; *Oldiges* (Fn. 17), Art. 69 Rn. 3.

prinzip⁵⁵). Zudem konkretisiert Art. 69 II GG die Rechtsfolgen eines Mißtrauensvotums nach Art. 67 GG und einer Vertrauensfrage nach Art. 68 I 2 GG, bei denen es sich nur scheinbar um die Möglichkeit eines bloßen »Kanzlersturzes«, tatsächlich aber aufgrund des Art. 69 II GG um einen Sturz der gesamten Regierung handelt (→ Art. 67 Rn. 17; → Art. 68 Rn. 22).

2. Die Beendigung der Amtszeit des Bundeskanzlers

Ausdrücklich nennt Art. 69 II GG nur das **Zusammentreten eines neuen Bundestages** als Beendigungsgrund für die Amtszeit des Bundeskanzlers. Dabei kommt es nicht darauf an, ob die Neuwahl wegen des regulären Ablaufs der Wahlperiode gemäß Art. 39 I 1 GG oder wegen einer vorzeitigen Parlamentsauflösung gem. Art. 63 IV 3 GG oder Art. 68 I 1 GG erforderlich war⁵⁶. Die Beendigung der Amtszeit tritt *ipso jure* mit der Eröffnung der konstituierenden Sitzung ein⁵⁷, so daß bis zur Wahl eines neuen Kanzlers – sollte sich diese verzögern – eine geschäftsführende Regierung nach Art. 69 III GG beauftragt werden muß⁵⁸. Andere Beendigungsgründe, etwa der **Tod** des Kanzlers, der **Verlust seiner Amtsfähigkeit**⁵⁹ oder die Entlassung durch den Bundespräsidenten nach einem **Rücktritt**⁶⁰ oder nach der Wahl eines neuen Kanzlers nach **Art. 67 I 1 GG** und **Art. 68 I 2 GG** sind in Art. 69 II GG nicht aufgenommen worden, wurden jedoch als selbstverständlich vorausgesetzt (→ Rn. 2)⁶¹. **14**

3. Die Beendigung der Amtszeit der Bundesminister

Die Ämter der Bundesminister erledigen sich nach Art. 69 II GG automatisch⁶² mit dem Zusammentreten eines neuen Bundestages oder mit der Beendigung des Amtes des Bundeskanzlers (→ Rn. 13). Darüber hinaus endet die Amtszeit der Bundesminister durch deren **Tod**, durch den **Verlust der Amtsfähigkeit**⁶³ und bei **Entlassung durch den Bundespräsidenten** aufgrund eines Vorschlages des Bundeskanzlers **nach Art. 64 I GG**. Beim sog. **Rücktritt eines Ministers** handelt es sich um ein Entlassungsgesuch, dem jedenfalls nicht unter allen Umständen und zu jedem von einem zurücktretenden Minister gewählten Zeitpunkt zu entsprechen ist (→ Art. 64 Rn. 29 f.). **15**

Das Amtsende der **Parlamentarischen Staatssekretäre** wird nicht in Art. 69 II GG, sondern in § 4 ParlStG⁶⁴ geregelt. Die Vorschrift knüpft anders als Art. 69 II GG nicht an das Zusammentreten eines neuen Bundestages, sondern erst an das Ende des Amts- **16**

---

⁵⁵ *Schneider* (Fn. 19), Art. 69 Rn. 7.
⁵⁶ *Herzog* (Fn. 17), Art. 69 Rn. 37. → Art. 63 Rn. 45 f.; → Art. 68 Rn. 23 ff.
⁵⁷ *Schenke* (Fn. 22), Art. 69 Rn. 45; *Herzog* (Fn. 17), Art. 69 Rn. 37; *Oldiges* (Fn. 17), Art. 69 Rn. 22; gemäß Art. 39 II GG muß der Bundestag spätestens am dreißigsten Tag nach der Wahl zusammentreten. → Art. 39 Rn. 27 f.
⁵⁸ *Oldiges* (Fn. 17), Art. 69 Rn. 22.
⁵⁹ Zu den Gründen eines Verlustes der Amtsfähigkeit *Herzog* (Fn. 17), Art. 69 Rn. 39.
⁶⁰ In diesen drei Fällen richtet sich die erforderliche Neuwahl eines Bundeskanzlers nach Art. 63 GG.
⁶¹ M. *Oldiges*, DVBl. 1975, 79 (80); dort auch zu den Rechtswirkungen der Aushändigung der Entlassungsurkunde durch den Bundespräsidenten; *Epping* (Fn. 17), Art. 69 Rn. 17; s. auch den Überblick bei *Schenke* (Fn. 22), Art. 69 Rn. 47 ff.
⁶² Zur Rechtswirkung der Aushändigung der Entlassungsurkunde *Oldiges* (Fn. 17), Art. 69 Rn. 23 f.
⁶³ Näher *Herzog* (Fn. 17), Art. 69 Rn. 40.
⁶⁴ Hierzu ausführlich *Herzog* (Fn. 17), Art. 69 Rn. 41.

Art. 69   C. Erläuterungen

verhältnisses des – ggf. geschäftsführenden – zuständigen Mitgliedes der Bundesregierung an.

III. Geschäftsführende Bundesregierung (Art. 69 III GG)

1. Allgemeines

17 Um die staatliche Handlungsfähigkeit zu erhalten, verfolgt Art. 69 III GG den Zweck, **Vakanzen in der Bundesregierung** zu **verhindern**[65]. So muß für den Fall, daß sich nach dem Zusammentreten eines neugewählten Bundestages die Regierungsbildung gemäß Art. 63 I, II GG verzögert oder diese scheitert, eine Interimslösung gefunden werden. Auch ein freiwilliger Rücktritt des Kanzlers und damit der gesamten Regierung (→ Rn. 13) während der Legislaturperiode macht einen handlungsfähigen Ersatz erforderlich. Schließlich kann es zu individuellen Vakanzen einzelner Ministerämter kommen, weil sich deren Amt durch Rücktritt, Entlassung, Amtsunfähigkeit oder Tod erledigt (→ Rn. 15) oder weil ein nach Art. 67 GG neugewählter Kanzler nicht sofort alle Ministerämter besetzt.

18 Die geschäftsführende Regierung schöpft ihre **Legitimation** zur Weiterführung des Amtes nicht aus der Vertrauensbekundung des Bundestages, sondern **allein aus ihrer Beauftragung**. Daher stellt sich Art. 69 III GG als Durchbrechung der dem parlamentarischen System eigenen Vertrauensabhängigkeit der Regierung (→ Art. 63 Rn. 8) dar, die jedoch zur Vermeidung eines Interregnums unverzichtbar ist[66].

2. Die Führung der Geschäfte des Bundeskanzlers

19 Wird das Amt des Bundeskanzlers vakant, ist der Bundespräsident berechtigt und – wegen der Funktion von Art. 69 III GG (→ Rn. 17 f.) – verpflichtet, den bisherigen Amtsinhaber um die Weiterführung der Geschäfte zu ersuchen[67]. Dieser ist verpflichtet, dem Ersuchen nachzukommen. Auch bei **subjektiver Unzumutbarkeit** soll sich der Kanzler nach einer Auffassung der Geschäftsführungspflicht nicht entziehen können[68], da dies mit dem Wortlaut des Art. 69 III GG nicht vereinbar sei[69]. Andere räumen dem Bundeskanzler ein Weigerungsrecht ein, wenn aufgrund der politischen Konstellation ein Verbleiben im Amt bei gewissenhafter Prüfung als dem Gemeinwohl in hohem Maße abträglich erscheint[70]. Da die effektive Wahrnehmung der Geschäftsführung i. S. d. Art. 69 III GG durch die Verpflichtung eines Kanzlers, der diese Aufgabe als unzumutbar empfindet, kaum zu erwarten ist, wird man diesem die Möglichkeit einräumen müssen, in – dem Bundespräsidenten gegenüber zu begründenden – Fällen die Übernahme der Geschäftsführung zu verweigern[71].

---

[65] Dazu wie auch zum Folgenden *R. Groß*, DÖV 1982, 1008 (1009 f.).
[66] *E. Dreher*, NJW 1982, 2807 (2808); *Mager* (Fn. 17), Art. 69 Rn. 19; *Oldiges* (Fn. 17), Art. 69 Rn. 28; stärker auf die Legitimation durch den vorangehenden Bundestag abstellend *Busse* (Fn. 24), Art. 69 Rn. 16; differenzierend *Müller-Franken/Uhle* (Fn. 3), Art. 69 Rn. 27.
[67] So *M. Oldiges*, DVBl. 1975, 79 (81); *Mager* (Fn. 17), Art. 69 Rn. 21; *Schneider* (Fn. 19), Art. 69 Rn. 8; *M. Schröder*, HStR³ III, § 65 Rn. 47; *Epping* (Fn. 17), Art. 69 Rn. 34; teilweise a. A. *Herzog* (Fn. 17), Art. 69 Rn. 52 f.
[68] *R. Groß*, DÖV 1982, 1008 (1011); *Mager* (Fn. 17), Art. 69 Rn. 22.
[69] *M. Oldiges*, DVBl. 1975, 79 (82); *H.-W. Arndt/M. Schweitzer*, JuS 1974, 622 (623).
[70] *M. Nierhaus*, JR 1975, 265 (267).
[71] So auch *Schneider* (Fn. 19), Art. 69 Rn. 8; *Herzog* (Fn. 17), Art. 69 Rn. 54. Dagegen weisen das Letztentscheidungsrecht über die Unzumutbarkeit dem Bundespräsidenten zu etwa *M. Oldiges*,

III. Geschäftsführende Bundesregierung (Art. 69 III GG)   **Art. 69**

Keine ausdrückliche Antwort gibt Art. 69 III GG auf die Frage, wie der Bundespräsident reagieren muß, falls **der bisherige Kanzler nicht** für die Übernahme der Geschäftsführung **zur Verfügung steht**. Wenn dort von dem »Nachfolger« die Rede ist, so soll die Geschäftsführung offenbar nur eine Person übernehmen können, die zuvor Inhaberin des vakanten Amtes war[72]. Da es sich nicht um einen Vertretungsfall nach Art. 69 I GG handelt, kann sich das Ersuchen des Bundespräsidenten in einem solchen Fall nur an ein anderes Mitglied der Bundesregierung richten[73]. Im Interesse der Vermeidung von Vakanzen ist auch dann eine Pflicht zur Übernahme der geschäftsführenden Kanzlerschaft anzunehmen[74].   20

3. Die Führung der Geschäfte der Bundesminister

Dem Wortlaut des Art. 69 III GG zufolge sind Bundeskanzler und **Bundespräsident** gleichermaßen dazu befugt, ein Ersuchen zur Weiterführung der Geschäfte eines Bundesministers zu stellen. Allerdings folgt bereits aus dem **Kabinettsbildungsrecht des Bundeskanzlers** (→ Art. 64 Rn. 5 ff.) **dessen vorrangige Befugnis**, die Geschäftsführung der Ressorts bei individueller Vakanz zu organisieren. Der Bundespräsident ist deshalb erst dann befugt, einen Minister um die Geschäftsführung zu ersuchen, wenn kein – und sei es auch nur ein geschäftsführender – Bundeskanzler im Amt ist[75].   21

Nicht anders als im Fall des Bundeskanzlers (→ Rn. 19) besteht auch bei unbesetzten Bundesministerämtern die Pflicht, ein Ersuchen auszusprechen[76]. Es richtet sich an den **bisherigen Amtsinhaber**, der bis zur Grenze der Unzumutbarkeit verpflichtet ist, dem Gesuch nachzukommen[77]. Sollte sich dieser dennoch verweigern oder nicht zur Verfügung stehen, kann das Ressort von einem anderen Minister in Personalunion mitbetreut werden[78]. Wenn sämtliche Regierungsmitglieder nicht mehr für die Geschäftsführung zur Verfügung stehen, bleibt dem Bundespräsidenten nur die Möglichkeit, bis zur Neuwahl eines Bundeskanzlers die Führung der Amtsgeschäfte den Staatssekretären anzuvertrauen[79].   22

DVBl. 1975, 79 (82); *Mager* (Fn. 17), Art. 69 Rn. 22; *H.-W. Arndt/M. Schweitzer*, JuS 1974, 622 (623); *Busse* (Fn. 24), Art. 69 Rn. 17; *Müller-Franken/Uhle* (Fn. 3), Art. 69 Rn. 31 f.

[72] *M. Nierhaus*, JR 1975, 265 (268); *v. Mangoldt/Klein*, GG, Art. 69 Anm. V 7a; anders dagegen *Münch*, Bundesregierung (Fn. 20), S. 192.

[73] *R. Lutz*, Die Geschäftsregierung nach dem Grundgesetz, 1969, S. 42; *M. Schröder*, HStR³ III, § 65 Rn. 48; *Herzog* (Fn. 17), Art. 69 Rn. 59; *M. Oldiges*, DVBl. 1975, 79 (83); *E. Klein*, HStR VII, § 168 Rn. 28. In der Praxis handelte es sich dabei bislang um den stellvertretenden Kanzler, was für rechtlich zwingend halten *Stern*, Staatsrecht II, S. 257; *Lutz*, a. a. O., S. 43 f.; *Herzog* (Fn. 17), Art. 69 Rn. 59; *Epping* (Fn. 17), Art. 69 Rn. 39; *M. Oldiges*, DVBl. 1975, 79 (83); *Schenke* (Fn. 22), Art. 69 Rn. 62; *Mager* (Fn. 17), Art. 69 Rn. 23. Dagegen *Müller-Franken/Uhle* (Fn. 3), Art. 69 Rn. 36 (Priorität eines von der Mehrheitsfraktion getragenen Regierungsmitglieds); *H.-W. Arndt/M. Schweitzer*, JuS 1974, 622 (624); *M. Nierhaus*, JR 1975, 265 (269).

[74] *M. Oldiges*, DVBl. 1975, 79 (83); a. A. *M. Nierhaus*, JR 1975, 265 (268 f.).

[75] *Liesegang* (Fn. 43), Art. 69 Rn. 15; *Oldiges* (Fn. 17), Art. 69 Rn. 34; *Jarass/Pieroth*, GG, Art. 69 Rn. 5; *Lutz*, Geschäftsregierung (Fn. 73), S. 53 ff.; *M. Schröder*, HStR³ III, § 65 Rn. 49; *Stern*, Staatsrecht II, S. 255 f.; *Busse* (Fn. 24), Art. 69 Rn. 18; *Schenke* (Fn. 22), Art. 69 Rn. 74; a. A. *Schneider* (Fn. 19), Art. 69 Rn. 9; *Mager* (Fn. 17), Art. 69 Rn. 25 f.; *Herzog* (Fn. 17), Art. 69 Rn. 51.

[76] *Oldiges* (Fn. 17), Art. 69 Rn. 34; *Busse* (Fn. 24), Art. 69 Rn. 18; a. A. *Jarass/Pieroth*, GG, Art. 69 Rn. 5; *Herzog* (Fn. 17), Art. 69 Rn. 52; *Epping* (Fn. 17), Art. 69 Rn. 33.

[77] *M. Schröder*, HStR³ III, § 65 Rn. 46.

[78] *Oldiges* (Fn. 17), Art. 69 Rn. 35 m. w. N.

[79] *Mager* (Fn. 17), Art. 69 Rn. 27; *Schenke* (Fn. 22), Art. 69 Rn. 64, 79; dagegen wollen *H.-W. Arndt/M. Schweitzer*, JuS 1974, 622 (625), die Amtsführung Parlamentariern übertragen, was aber wegen der erst zu klärenden Ressortverteilung zu zeitweiser Handlungsunfähigkeit führen könnte;

4. Befugnisse der geschäftsführenden Bundesregierung

23 Weitgehende Einigkeit herrscht darüber, daß der geschäftsführenden Regierung grundsätzlich **dieselben Befugnisse** zukommen **wie einer ordentlichen Regierung**[80]. Ausgeschlossen ist jedoch für den geschäftsführenden Kanzler die Möglichkeit, die **Vertrauensfrage** gemäß Art. 68 GG zu stellen, da die geschäftsführende Regierung ja gerade nicht auf dem Vertrauen des Parlamentes beruht (→ Rn. 18)[81]. Auch ein **Mißtrauensvotum** gemäß Art. 67 GG ist gegen den geschäftsführenden Kanzler angesichts der fehlenden Legitimationsbeziehung zwischen geschäftsführender Regierung und Bundestag nicht möglich[82]. Dagegen vermag die Auffassung, dem geschäftsführenden Bundeskanzler fehle auch die Befugnis zu **Kabinettsumbildungen**[83], nicht zu überzeugen, weil diese im Falle ihrer Notwendigkeit dann nur vom Bundespräsidenten vorgenommen werden könnten[84].

24 Zwar ist die geschäftsführende Regierung verfassungsrechtlich nicht als Dauereinrichtung angelegt. Eine bestimmbare **Maximaldauer** dieses Provisoriums kann dem Grundgesetz jedoch nicht entnommen werden[85]. Art. 69 III GG bezeichnet als **Ende der Geschäftsführung** die **Ernennung** der Nachfolger.

D. Verhältnis zu anderen GG-Bestimmungen

25 Die Befugnis des Bundeskanzlers nach Art. 69 I GG, seinen Stellvertreter zu ernennen, vervollständigt sein Kabinettsbildungsrecht aus **Art. 64 GG**. Art. 69 II GG ergänzt und bestätigt als Ausprägung des parlamentarischen Regierungssystems (→ Rn. 13) die bereits durch **Art. 63** und **64 GG** begründete alleinige Vertrauensabhängigkeit des Bundeskanzlers.

---

gegen beide Varianten *Busse* (Fn. 24), Art. 69 Rn. 18. *Epping* (Fn. 17), Art. 69 Rn. 42, schlägt die Übernahme der unaufschiebbaren Regierungsgeschäfte durch den Bundespräsidenten vor, was aber im Ergebnis ebenfalls die Staatssekretäre in die tatsächliche Geschäftsführungsfunktion bringen würde.

[80] *Münch*, Bundesregierung (Fn. 20), S. 191; *M. Schröder*, HStR³ III, § 65 Rn. 50; *Oldiges* (Fn. 17), Art. 69 Rn. 38; *Herzog* (Fn. 17), Art. 69 Rn. 60; *Schenke* (Fn. 22), Art. 69 Rn. 56; *R. Groß*, DÖV 1982, 1008 (1014f.); a. A. allein *E. Dreher*, NJW 1982, 2807 (2808), der die Befugnis auf »laufende und unaufschiebbare Geschäfte« beschränken will.

[81] *R. Groß*, DÖV 1982, 1008 (1012); *Lutz*, Geschäftsregierung (Fn. 73), S. 75 f.; *Oldiges* (Fn. 17), Art. 69 Rn. 40 m. w. N.; damit ist gleichzeitig der Zugriff auf den Gesetzgebungsnotstand nach Art. 81 I, II GG verschlossen.

[82] *H.-E. Röttger*, JuS 1975, 358 (358 f.); *Mager* (Fn. 17), Art. 69 Rn. 28 m. w. N.; a. A. *H.-W. Arndt/M. Schweitzer*, JuS 1974, 622 (625).

[83] *R. Groß*, DÖV 1982, 1008 (1011 f.); *Mager* (Fn. 17), Art. 69 Rn. 26, 28; *Oldiges* (Fn. 17), Art. 69 Rn. 39; *Schenke* (Fn. 22), Art. 69 Rn. 66.

[84] Dies aber widerspräche der sonst gerade ohne Einfluß auf die Regierungsbildung ausgestalteten Stellung des Bundespräsidenten (→ Art. 63 Rn. 9, 27, 38; → Art. 64 Rn. 27).

[85] *R. Groß*, DÖV 1982, 1008 (1016 f.); zustimmend *Schenke* (Fn. 22), Art. 69 Rn. 54.

VII. Die Gesetzgebung des Bundes

Vorbemerkungen zu Artikel 70–74

Literaturauswahl

Anzenberger, Melanie: Die Ertrags- und Gesetzgebungskompetenzen für die Vermögensbesteuerung, 2015.
Azoulai, Loïc (Hrsg.): The Question of Competence in the European Union, Oxford 2014.
Becker, Joachim: Materielle Wirkung von Kompetenz-, Organisations- und Zuständigkeitsregelungen des Grundgesetzes?, in: DÖV 2002, S. 397–406.
Cremer, Wolfram: Ungeschriebene Gesetzgebungskompetenzen kraft Sachzusammenhangs?, in: ZG 20 (2005), S. 29–44.
Dorra, Fabian: Strafrechtliche Legislativkompetenzen der Europäischen Union, 2013.
Ehlers, Dirk: Ungeschriebene Kompetenzen, in: Jura 2000, S. 323–329.
Ennuschat, Jörg: Besonderheiten des Gesetzgebungsverfahrens in den Ländern, in: Winfried Kluth/ Günter Krings (Hrsg.), Gesetzgebung, 2014, § 26 (S. 687–698).
Frenz, Walter: Gesetzgebungskompetenzen nach der Föderalismusreform, in: Jura 2007, S. 165–169.
Frenzel, Matthias: Sekundärrechtsetzungsakte internationaler Organisationen, 2011.
Funke, Andreas: Umsetzungsrecht, 2010.
Gerstenberg, Katrin: Zu den Gesetzgebungs- und Verwaltungskompetenzen nach der Föderalismusreform, 2009.
Gröpl, Christoph/Flores Loth, Adrian: Die Gesetzgebung des Bundes, in: Ad Legendum 2012, S. 73–80.
Härtel, Ines: Handbuch Europäische Rechtsetzung, 2006.
Härtel, Ines: Die Gesetzgebungskompetenzen des Bundes und der Länder im Lichte des wohlgeordneten Rechts, in: dies. (Hrsg.), Handbuch Föderalismus, Bd. I, 2012, § 19 (S. 527–610).
Hahn-Lorber, Marcus: Parallele Gesetzgebungskompetenzen, 2012.
Halberstam, Daniel/Reimann, Mathias (Hrsg.): Federalism and Legal Unification. A Comparative Empirical Investigation of Twenty Systems, Dordrecht u. a. 2014.
Hebeler, Timo: Die Gesetzgebungskompetenzen des Bundes und der Länder, in: JA 2010, S. 688–694.
Heintzen, Markus/Uhle, Arnd (Hrsg.): Neuere Entwicklungen im Kompetenzrecht. Zur Verteilung der Gesetzgebungszuständigkeiten zwischen Bund und Ländern nach der Föderalismusreform, 2014.
Heitsch, Christian: Die asymmetrische Neuverflechtung der Kompetenzordnung durch die deutsche »Föderalismusreform I«, in: JöR 57 (2009), S. 333–358.
Herbst, Tobias: Gesetzgebungskompetenzen im Bundesstaat. Eine Rekonstruktion der Rechtsprechung des Bundesverfassungsgerichts, 2014.
Hofmann, Hans: Föderalismusreformen im Verfassungsstaat. Das System bundesstaatlicher Kompetenz- und Finanzverteilung zwischen zwei Reformstufen, in: DÖV 2008, S. 833–844.
Hoppe, Tilman: Produkte aus Kinderarbeit: Wer regelt das Verbot?, in: LKV 2010, S. 497–499.
Huber, Peter M.: Die Föderalismusreform I – Versuch einer Bewertung, in: Wolfgang Durner/Franz-Joseph Peine (Hrsg.), Reform an Haupt und Gliedern, 2009, S. 25–42.
Isensee, Josef: Die bundesstaatliche Kompetenz, in: HStR[3] VI, § 133 (S. 455–513).
Ismayr, Wolfgang (Hrsg.): Gesetzgebung in Westeuropa: EU-Staaten und Europäische Union, 2. Aufl. 2012.
Jarass, Hans Dieter: Allgemeine Probleme der Gesetzgebungskompetenzen des Bundes, in: NVwZ 2000, S. 1089–1096.
Kallerhoff, Matthias: Die übergangsrechtliche Fortgeltung von Bundesrecht nach dem Grundgesetz, 2010.
Kirchhof, Paul: Der materielle Gehalt der Kompetenznormen, in: Festschrift für Hans-Werner Rengeling, 2008, S. 567–589.
Kluth, Winfried/Krings, Günter (Hrsg.): Gesetzgebung. Rechtsetzung durch Parlamente und Verwaltungen sowie ihre gerichtliche Kontrolle, 2014.
Liivoja, Rain/Petman, Jarna (Hrsg.): International Law-Making, London 2014.

Lindner, Josef Franz: Darf der Bund das Hochschulrahmengesetz aufheben?: Zur Kategorie einer Aufhebungskompetenz kraft zeitlichen Annexes, in: NVwZ 2007, S. 180–182.
Löwer, Wolfgang: Bundesverfassungstextliche Ergänzungen der Landesverfassungen zur Gewinnung landesverfassungsrechtlicher Prüfungsmaßstäbe, in: NdsVBl. 2010, S. 138–144.
Lutz, Christian: Vielfalt im Bundesstaat. Eine verfassungsrechtliche Standortbestimmung der Gesetzgebung der Länder im Bundesstaat des Grundgesetzes, 2014.
Maurer, Hartmut: Der Bereich der Landesgesetzgebung, in: Festschrift für Walter Rudolf, 2001, S. 337–355.
Müller, Martha Dagmar: Auswirkungen der Grundgesetzrevision von 1994 auf die Verteilung der Gesetzgebungskompetenzen zwischen Bund und Ländern, 1996.
Pechstein, Matthias/Weber, Anja: Gesetzgebungskompetenzen nach dem GG, in: Jura 2003, S. 82–91.
Pestalozza, Christian Graf: Artikel 70 bis Artikel 75. Die Gesetzgebungskompetenzen (Hermann v. Mangoldt/Friedrich Klein [Hrsg.], Das Bonner Grundgesetz, 3. Aufl., Bd. 8), 1996; zitiert als *Pestalozza*, GG VIII.
Pieroth, Bodo: Materiale Rechtsfolgen grundgesetzlicher Kompetenz- und Organisationsnormen, in: AöR 114 (1989), S. 422–450.
Pietzcker, Jost: Zuständigkeitsordnung und Kollisionsrecht im Bundesstaat, in: HStR³ VI, § 134 (S. 515–565).
Rehbinder, Eckard/Wahl, Rainer: Kompetenzprobleme bei der Umsetzung von europäischen Richtlinien, in: NVwZ 2002, S. 21–28.
Rengeling, Hans-Werner: Gesetzgebungszuständigkeit, in: HStR³ VI, § 135 (S. 567–742).
Rozek, Jochen: Das Grundgesetz als Prüfungs- und Entscheidungsmaßstab der Landesverfassungsgerichte, 1993.
Rozek, Jochen: »Leipziger Allerlei II« – ein kompetenzwidriges Landesgesetz, eine Gliedstaatsklausel und eine landesverfassungsgerichtliche Kompetenzextension, in: Festschrift für Herbert Bethge, 2009, S. 587–599.
Schröder, Ulrich Jan: Kriterien und Grenzen der Gesetzgebungskompetenz kraft Sachzusammenhangs nach dem GG, 2007.
Stettner, Rupert: Grundfragen einer Kompetenzlehre, 1983.
Thiele, Alexander: Die Neuregelung der Gesetzgebungskompetenzen durch die Föderalismusreform – ein Überblick, in: JA 2006, S. 714–719.
Uhle, Arnd: Normativ-rezeptive Kompetenzzuweisung und Grundgesetz, 2015.
Wagner, Roland: Die Konkurrenzen der Gesetzgebungskompetenzen von Bund und Ländern, 2011.
Weltecke, Christoph: Gesetzgebung im Bundesstaat, 2011.
Wolff, Heinrich Amadeus: Die Aufhebungskompetenz des Bundes für das BRRG, in: ZBR 2007, S. 145–147.

Leitentscheidungen

BVerfGE 3, 407 (411 ff.) – Baugutachten; 4, 115 (123 ff.) – Besoldungsgesetz von Nordrhein-Westfalen; 7, 29 (35 ff.) – Pressedelikte; 8, 143 (148 ff.) – Beschußgesetz; 11, 89 (95 ff.) – Bremisches Urlaubsgesetz; 12, 205 (225 ff.) – 1. Rundfunkentscheidung (Deutschland-Fernsehen); 16, 64 (77 ff.) – Einwohnersteuer; 26, 246 (254 ff.) – Ingenieur; 26, 281 (297 ff.) – Gebührenpflicht von Bundesbahn und Bundespost; 36, 193 (201 ff.) – Journalisten; 41, 205 (217 ff.) – Gebäudeversicherungsmonopol; 42, 20 (28 ff.) – Öffentliches Wegeeigentum; 61, 149 (173 ff.) – Amtshaftung; 68, 319 (327 ff.) – Bundesärzteordnung; 92, 203 (230 ff.) – EG-Fernsehrichtlinie; 93, 319 (341 ff.) – Wasserpfennig; 98, 265 (298 ff.) – Bayerisches Schwangerenhilfegesetz; 106, 62 (104 ff., Rn. 153 ff.) – Altenpflegesetz; 108, 1 (12 ff., Rn. 40 ff.) – Rückmeldegebühr; 109, 190 (211 ff., Rn. 82 ff.) – Nachträgliche Sicherungsverwahrung; 110, 141 (170 ff., Rn. 101 ff.) – Kampfhunde; 111, 226 (246 ff., Rn. 76 ff.) – Juniorprofessur; 112, 226 (242 ff., Rn. 61 ff.) – Studiengebühren; 113, 348 (367 ff., Rn. 91 ff.) – Vorbeugende Telekommunikationsüberwachung; 115, 118 (140 ff., Rn. 89 ff.) – Luftsicherheitsgesetz I; 121, 30 (46 ff., Rn. 75 ff.) – Parteibeteiligung an Rundfunkunternehmen; 125, 260 (313 ff., Rn. 199 ff.) – Vorratsdatenspeicherung; 132, 1 (5 f., Rn. 15 ff.) – Luftsicherheitsgesetz II; 134, 33 (55 ff., Rn. 53 ff.) – Therapieunterbringungsgesetz; 135, 155 (195 ff., Rn. 100 ff.) – Filmförderungsanstalt; BVerfG (K), NJW 2015, 44 (44 ff., Rn. 11 ff.) – Hessisches Schulgesetz; BVerfGE 138, 261 (273, Rn. 27 ff.) – Ladenschlußgesetz IV.

Gliederung

	Rn.
A. Herkunft, Entstehung, Entwicklung	1
I. Ideengeschichte	1
II. Verfassungsgeschichte	4
III. Entstehung und Veränderung des VII. Abschnitts	12
1. Das Kompetenzkonzept des Parlamentarischen Rates	12
2. Verfassungstext und Verfassungspraxis bis zur Wiedervereinigung	13
3. Die Verfassungsreform von 1994	14
4. Die Föderalismusreform I	15
B. Internationale, supranationale und rechtsvergleichende Bezüge	16
I. Normsetzungskompetenzen im Völkerrecht	16
1. Kompetenzen zur Setzung von Völkerrecht	16
2. Kompetenzen zur Umsetzung von Völkerrecht	17
II. Normsetzungskompetenzen im Unionsrecht	18
1. Kompetenzen zur Setzung von Unionsrecht	18
2. Kompetenzen zur Umsetzung von Unionsrecht	21
3. Unionsrechtliche Überformung der Kompetenzordnung des Grundgesetzes	22
III. Normsetzungskompetenzen im Rechtsvergleich	23
1. Internationaler Verfassungsvergleich	23
2. Landesverfassungsrecht	27
C. Erläuterungen	30
I. Allgemeine Bedeutung und aktueller Befund	30
II. Gesetzgebungskompetenzen als Normkategorie	32
1. Gesetzgebung i. S. d. Art. 70–74 GG	32
2. Kompetenzen i. S. d. Art. 70–74 GG	34
III. Struktur und Typologie der Gesetzgebungskompetenzen des Grundgesetzes	35
1. Das Verteilungskonzept der Art. 70–74 GG	35
2. Geschriebene Gesetzgebungskompetenzen	36
a) Ausschließliche Bundeskompetenzen	36
b) Konkurrierende Kompetenzen	37
c) Rahmenkompetenzen	38
d) Grundsatzkompetenzen	39
e) Ausschließliche Landeskompetenzen	40
f) Abweichungskompetenzen	41
g) Freigabe- und Ersetzungskompetenzen	42
h) Steuergesetzgebungskompetenzen	43
i) Apokryphe Kompetenzen	44
3. Ungeschriebene Gesetzgebungskompetenzen	45
a) Kompetenzen kraft Natur der Sache	45
b) Kompetenzen kraft Sachzusammenhangs	47
c) Annexkompetenzen	49
d) Fortschreibungskompetenzen	50
IV. Dimensionen der Gesetzgebungskompetenzen	51
1. Die Interpretation von Gesetzgebungskompetenzen	51
2. Die Sperrwirkung von Gesetzgebungskompetenzen	53
3. Die materielle Wirkung von Gesetzgebungskompetenzen	54
4. Die Kollision von Gesetzgebungskompetenzen	56
5. Gesetzgebungskompetenzen und Verwaltungskompetenzen	57
6. Die Folgen von Kompetenzverschiebungen	58
V. Prozessuale Umsetzung	59
1. Gesetzgebungskompetenzen als Prüfungsmaßstab des Bundesverfassungsgerichts	59
2. Gesetzgebungskompetenzen als Prüfungsmaßstab der Landesverfassungsgerichte	60
D. Verhältnis zu anderen GG-Bestimmungen	61

Stichwörter

Abweichungsgesetzgebung 15, 38, 41 – Altes Reich 4 – Annexkompetenz 49 – Apokryphe Kompetenzen 44 – Aristoteles 2 – Ausschließliche Gesetzgebung 8f., 11f., 19, 24ff., 36, 40, 45 – Bedürfnisklausel 13 – Bedürfniskompetenz 44 – Belgien 25 – Bodin 3 – Brasilien 26 – Bundesstaatsprinzip 30f., 61 – Bundesverfassungsgericht 59 – DDR 11 – Demokratieprinzip 30, 61 – Deutscher Bund 5 – Direkte Demokratie 29, 60 – Doppelkompetenzen 25f., 56 – EGMR 16 – Erforderlichkeitsklausel 14 – Ersetzungskompetenz 42 – Ertragskompetenz 43 – EuGH 20 – Föderalismusreform I 15 – Fortgeltung 58 – Fortschreibungskompetenz 50 – Freigabekompetenz 42 – Gemeinsame Verfassungskommission 14 – Gesetzesbegriff 6, 32ff. – Geteilte Zuständigkeit 19 – Gewaltenteilung 31 – Gewohnheitsrecht 33 – Großbritannien 25 – Grundregel 31 – Grundsatzgesetzgebung 23f., 26, 39 – Hausgut der Länder 31 – Haushaltsgesetz 44 – Hobbes 3 – Indien 26 – Interpretation 51f. – Italien 25 – Kaiser 1, 4 – Kanada 26 – Kompetenz kraft Natur der Sache 45f. – Kompetenz kraft Sachzusammenhangs 47f. – Kompetenzbegriff 34 – Kompetenzkollision 56 – Kompetenzsicherungsklauseln 28 – Kompetenzverschiebungen 58 – Kondominium 4 – Konkurrierende Gesetzgebung 8f., 12, 19, 24ff., 37 – Konstitutionalismus 6 – Landeskompetenzen 35, 40f., 47 – Landesparlamente 28 – Landesverfassungen 24, 27ff., 32 – Landesverfassungsgerichte 29, 60 – Locke 4 – Materielle Wirkung 54f. – NS-Diktatur 10 – Organkompetenz 34 – Österreich 23 – Parlamentarischer Rat 12 – Paulskirche 7 – Primärrecht 18 – Qualifikation 52 – Rahmengesetzgebung 12, 14f., 38 – Rechtsstaat 30 – Reichstag 4 – Reichsverfassung 1871 8 – Residualkompetenz 7f., 11, 23ff., 31, 35 – Richterrecht 16, 20, 33 – Rigidität 51 – Römisches Recht 1 – Sachkompetenz 43 – Schottland 25 – Schweiz 24 – Sekundärrechtsetzung 16, 19 – Spanien 25 – Spätscholastik 3 – Sperrwirkung 53 – Steuergesetzgebung 43 – Südafrika 26 – Thomas v. Aquin 2 – Tradition 51 – Umsetzungsgesetzgebung 17, 21f. – Ungeschriebene Kompetenzen 8f., 45ff. – Unionsrecht 18ff., 28, 31 – USA 26 – Verbandskompetenz 34 – Verfassungspraxis 13, 51 – Verfassungsprozeßrecht 59f. – Vernunftnaturrecht 3 – Verordnungsrecht 6, 32, 42 – Versteinerung 50 – Verwaltungskompetenzen 57 – Völkerrecht 16f. – Weimarer Reichsverfassung 9 – Wettbewerbsföderalismus 15 – Zölle 22, 24.

A. Herkunft, Entstehung, Entwicklung

I. Ideengeschichte

1 Eine regelrechte Ideengeschichte der Gesetzgebungs*kompetenz* steht noch aus. Stellt man in Rechnung, daß dem Konzept der Kompetenz (wenigstens) eine Zuordnungs- und eine Begrenzungsfunktion innewohnt (→ Rn. 30f.; → Art. 30 Rn. 15f.), so läßt sich die reichhaltige Literatur zur Ideen- und Rechtsgeschichte der Gesetzgebung[1] daraufhin befragen, ob zumindest Teilgehalte oder funktionale Äquivalente faßbar werden. Theoretischer **Fluchtpunkt** aller Überlegungen (zugleich unerreichbares Ideal) ist dabei in Europa das klar konturierte Gesetzgebungsrecht der römischen Kaiser[2]. Sein Charakter als einseitige hoheitliche Regelung (**Gebot**) tritt in der Praxis des Mittelal-

---

[1] Klassisch *W. Ebel*, Geschichte der Gesetzgebung in Deutschland, 2. Aufl. 1958, ND 1988 sowie *S. Gagnér*, Studien zur Ideengeschichte der Gesetzgebung, 1960; vgl. ferner im ersten Zugriff *W. Krawietz*, Art. Gesetz (I), in: Hist.Wb.Phil. III (1974), Sp. 480ff.; *R. Grawert*, Gesetz, in: Geschichtliche Grundbegriffe III, S. 863ff.; *B. Mertens*, Art. Gesetz, in: HRG² II, Sp. 294ff.; *ders.*, Art. Gesetzgebung, ebd., Sp. 302ff.; N. Jansen/P. Oestmann (Hrsg.), Gewohnheit. Gebot. Gesetz, 2011; *W. Kluth*, Entwicklung und Perspektiven der Gesetzgebungswissenschaft, in: W. Kluth/G. Krings (Hrsg.), Gesetzgebung, 2014, § 1 Rn. 8ff.

[2] Siehe *W. Reinhard*, Geschichte der Staatsgewalt, 2. Aufl. 2000, S. 34ff.; *G. Kirchhof*, Die Allgemeinheit des Gesetzes, 2009, S. 69ff. sowie *C. Baldus*, Römische Quellen des Staatsrechts, in: FS P. Kirchhof, 2013, Bd. I, § 36 Rn. 1ff. – Zur Rolle und Reichweite des Gesetzes im römischen Recht *J. M. Rainer*, Römisches Staatsrecht, 2006, S. 121ff., 222ff. sowie *L. Winkel*, The Roman Notion of lex, in: J.-L. Ferrary/M. Bettinazzi (Hrsg.), Leges publicae, Pavia 2012, S. 239ff.

ters allerdings gegenüber der konsensualen Vereinbarung (**Satzung**) wie der bloßen Protokollierung von Gewohnheiten (**Weistum**) erkennbar zurück³.

Im Hochmittelalter bewirken neben- und miteinander die Rezeption des römischen Rechts⁴, die Durchsetzung des päpstlichen Anspruchs auf zumindest innerkirchliche Normsetzung⁵ sowie die auf Aristoteles verweisende Reflektion der scholastischen Philosophie (in Sonderheit des Thomas v. Aquin⁶), daß sich die theoretische Figur eines mit der Ausübung von Leitungs- oder Hoheitsgewalt notwendig verknüpften **Rechts zur einseitigen Normsetzung** etabliert, die allerdings ganz überwiegend als naturrechtlich eingehegt verstanden wird⁷. Die erfolgreiche Umsetzung des Theorems in der Rechtspraxis bleibt jedoch peripher⁸: Die Durchsetzung einer hoheitlichen Kompetenz zur Gesetzgebung ist **Signet moderner Staatlichkeit** und bleibt der Neuzeit vorbehalten.

Die iberische Spätscholastik⁹ sowie die verschiedenen Vertreter des **Vernunftnaturrechts** erbringen hier zwei zentrale Leistungen: Gesetzgebung bzw. Gesetzgebungsgewalt müssen erstens als distinkte (nicht notwendig gesonderte; → Art. 20 [Rechtsstaat], Rn. 8) Form von Herrschaftsausübung begriffen und zweitens einem Inhaber von Herrschaftsgewalt klar und eindeutig zugewiesen werden. Diesbezüglich etablieren namentlich **Bodin** und **Hobbes** die Zuordnung der Gesetzgebungsbefugnis zum Souverän, dessen Bindung an ungeschriebenes Recht gleichzeitig eskamotiert wird¹⁰. Demgegenüber votiert namentlich **Locke** für eine Legislativkompetenz, die von den übrigen Staatsfunktionen klar geschieden, aber an Menschen- wie Mitwirkungsrechte der Gesetzesunterworfenen gebunden wird¹¹.

---

³ Dies die »Grundformen« der Gesetzgebung lt. *Ebel*, Geschichte (Fn. 1), S. 11 ff.; vgl. auch *H. Hofmann*, Gebot, Vertrag, Sitte, 1993.

⁴ *K. Pennington*, The Prince and the Law, 1200–1600, Berkeley u.a. 1993, S. 8 ff.; *S. Schlinker*, Fürstenamt und Rezeption, 1999, S. 238 ff.; instruktiv *R. Lange/M. Kriechbaum*, Römisches Recht im Mittelalter, Bd. II, 2007, S. 227 ff.

⁵ Grundlegend *H. J. Berman*, Recht und Revolution, Bd. I, 1991, S. 144 ff.; siehe ferner *M. J. Odenheimer*, Der christlich-kirchliche Anteil an der Verdrängung der mittelalterlichen Rechtsstruktur und an der Entstehung der Vorherrschaft des staatlich gesetzten Rechts im deutschen und französischen Rechtsgebiet, 1957, S. 40 ff.; *Pennington*, Prince (Fn. 4), S. 38 ff.; *H. Dreier*, JZ 2002, 1 (4 f.) sowie *M. Rhonheimer*, Christentum und säkularer Staat, 2. Aufl. 2012, S. 74 ff.

⁶ Eingehend zur Rezeption seines Traktates über das (menschliche) Gesetz (S. Th. I-II 90 ff.) *Gagnér*, Studien (Fn. 1), S. 189 ff.; siehe ferner *F. Reimer*, Lex und ihre Äquivalente im Gesetzestraktat der Summa Theologica Thomas von Aquins, in: M. Walther/N. Brieskorn/K. Waechter (Hrsg.), Transformation des Gesetzesbegriffs im Übergang zur Moderne?, 2008, S. 37 ff.

⁷ Materialreich A. Fidora/M. Lutz-Bachmann/A. Wagner (Hrsg.), Lex und Ius, 2010.

⁸ So *Mertens*, Gesetzgebung (Fn. 1), Sp. 304 unter Hinweis etwa auf die Konstitutionen von Melfi (1231); ähnlich *Ebel*, Geschichte (Fn. 1), S. 45 f.; *Willoweit*, Verfassungsgeschichte, § 18 Rn. 3 ff.

⁹ Klassisch sind die Gesetzestraktate des *Francisco de Vitoria* (De lege, 1533/34; mit dt. Übers. v. J. Stüben, 2010) sowie des *Francisco Suárez* (De legibus ac Deo legislatore, 1612; dt. Übers. v. N. Brieskorn, 2002); dazu eingehend und facettenreich die Beiträge in: O. Bach/N. Brieskorn/G. Stiening (Hrsg.), ›Auctoritas omnium legum‹, 2013.

¹⁰ Siehe *J. Bodin*, Sechs Bücher über den Staat, 1576, I.8; *T. Hobbes*, Leviathan, 1651, 26. Kap. (Fetscher-Ausg. 1966, S. 204); siehe dazu knapp *Krawietz*, Gesetz (Fn. 1), Sp. 484 sowie näher *B. Ludwig*, Die Wiederentdeckung des epikureischen Naturrechts, 1998, S. 292 ff.; zu Bodin *R. Voigt*, Den Staat denken, 2. Aufl. 2009, S. 53 ff., 155 f.

¹¹ *J. Locke*, Zwei Abhandlungen über die Regierung (1690), II.11, §§ 134 ff.; II.12, § 143; vgl. dazu den Kommentar v. *L. Siep*, in: ders. (Hrsg.), John Locke, Zweite Abhandlung über die Regierung, 2007, S. 197 ff. (268 ff.).

Vorb. zu Art. 70–74   A. Herkunft, Entstehung, Entwicklung

II. Verfassungsgeschichte

4 Das **Alte Reich** sieht zwar Phasen intensivierter Reichsgesetzgebung; dies betrifft die verschiedenen Gesetze, die sich im Banne der Reichsreform bewegen[12], sowie die umfangreichen Polizeiordnungen[13]. Dem liegt jedoch keine abstrakte Zuständigkeitsverteilung zugrunde, die sich in einem urkundlich niedergelegten Katalog manifestierte. Zwar normieren einzelne Verfassungsgesetze des Reiches wie Art. VIII § 2 IPO (1648) ein **Kondominium von Kaiser und Reichstag** bzw. Reichsständen in Fragen der Reichsgesetzgebung, doch schließt dies die weitere Reklamation von unilateralen Legislativkompetenzen keineswegs aus[14]. Erst recht bleibt die Abgrenzung von der Gesetzgebungshoheit der Territorien unscharf, die letztlich die Oberhand gegenüber dem Reich gewinnen[15]. Auf beiden Ebenen ist schließlich zu beobachten, daß das Gesetz einen **begrifflichen Vorhof** in Gestalt zahlreicher weiterer hoheitlicher Gebote (Edikt, Mandat, Patent, Reskript u.a.m.) aufweist[16].

5 Die Bundesakte von 1815 ermächtigt den **Deutschen Bund** im Rahmen seiner Zwecksetzung (→ Art. 30 Rn. 4) zunächst zum Erlaß der Grundgesetze des Bundes (Art. 10)[17]. Daneben soll die Bundesversammlung auch »gemeinnützige Anordnungen sonstiger Art« erlassen können (Art. 6); allerdings wird diese potentiell sehr weitreichende Kompetenz durch Art. 64 der Wiener Schlußakte an die »freiwillige Vereinbarung unter den sämmtlichen Bundesgliedern« geknüpft und damit praktisch kupiert. Die im Schrifttum der Zeit teils ganz grundsätzlich in Frage gestellte Gesetzgebungskompetenz des Bundes[18] wird denn auch jenseits der organischen Gesetze selten praktisch.

6 Für die **Einzelstaaten** ist demgegenüber die Gesetzgebung weniger ein Problem der Verbands- als der Organkompetenz. Der in dem Etikett vom »Konstitutionalismus« zusammengefaßte deutsche Sonderweg der Verfassungsentwicklung mündet nach teils erbitterten Auseinandersetzungen in den Kompromiß, daß förmliche Gesetze erstens nur im Zusammenwirken von Monarch und Volksvertretung bzw. »Landständen« erlassen werden können und zweitens lediglich dann notwendig sind, wenn die Staatsorgane zu Eingriffen in »Freiheit und Eigentum« der Bürger ermächtigt werden sollen[19]. Damit geht die charakteristische Ausdifferenzierung der **Verordnung** als

---

[12] Im Überblick *J. Whaley*, Germany and the Holy Roman Empire, Bd. I, Oxford 2012, S. 61 ff.; Texte der Reformgesetze in: A. Buschmann (Hrsg.), Kaiser und Reich, 1984, S. 157 ff.

[13] Dazu *K. Härter*, Einleitung, in: ders. (Hrsg.), Repertorium der Policeyordnungen der frühen Neuzeit, Bd. I, 1996, S. 37 ff. (Quellentexte ebd., S. 51 ff.).

[14] Näher *Grawert*, Gesetz (Fn. 1), S. 876 ff., 883 ff.; eingehend zur Debatte der Zeit *F. H. Schubert*, Die deutschen Reichstage in der Staatslehre der frühen Neuzeit, 1966, S. 88 ff. u. passim.

[15] Näher *A. Wolf*, Die Gesetzgebung der entstehenden Territorialstaaten in Europa, in: H. Coing (Hrsg.), Handbuch der Quellen und Literatur der neueren europäischen Privatrechtsgeschichte, Bd. I, 1973, S. 517 ff.; *Grawert*, Gesetz (Fn. 1), S. 889 ff.; *Ebel*, Geschichte (Fn. 1), S. 58.

[16] Unterstrichen von *Ebel*, Geschichte (Fn. 1), S. 91; vgl. *Grawert*, Gesetz (Fn. 1), S. 910 ff.; *H. Mohnhaupt*, Ius Commune 4 (1972), 188 (219 ff.) sowie *Mertens*, Gesetzgebung (Fn. 1), Sp. 308.

[17] Näher *Huber*, Verfassungsgeschichte I, S. 598 ff.; *S. Oeter*, Integration und Subsidiarität im deutschen Bundesstaatsrecht, 1998, S. 23 ff.; *M. Kotulla*, Deutsche Verfassungsgeschichte, 2008, Rn. 1358 ff., 1462 ff., 1604 ff.; *Willoweit*, Verfassungsgeschichte, § 30 Rn. 4, 9 f.

[18] *H. Zoepfl*, Grundsätze des gemeinen deutschen Staatsrechts, Erster Theil, 5. Aufl. 1863, §§ 150 ff.

[19] Zeitgenössisch *C. v. Rotteck*, Art. Constitution, in: C. v. Rotteck/C. Welcker (Hrsg.), Das Staats-Lexikon, 2. Aufl., Bd. III, 1846, S. 519 ff. (527 ff.); zusfsd. *E.-W. Böckenförde*, Der Verfassungstyp der deutschen konstitutionellen Monarchie im 19. Jahrhundert (1967), in: ders. (Hrsg.), Moderne deutsche Verfassungsgeschichte, 1972, S. 146 ff. (150 f.); *Grawert*, Gesetz (Fn. 1), S. 903 ff.; *A. Schlegelmilch*, Die Alternativen des monarchischen Konstitutionalismus, 2009, S. 57 ff., 97 ff.; *Willoweit*,

II. Verfassungsgeschichte   Vorb. zu Art. 70–74

zweiter Normebene einher, die von der monarchischen Exekutive weiterhin in eigener Machtvollkommenheit erlassen werden kann (→ Art. 80 Rn. 1 f.)[20].

Die **Paulskirche** greift vor diesem Hintergrund die Regelungstechnik der Bundesdokumente (→ Rn. 5) teilweise wieder auf[21]. Nach Art. XIII § 62 RVerf. hat die Reichsgewalt die Gesetzgebung, soweit es zur Ausführung der ihr verfassungsmäßig übertragenen Befugnisse und zum Schutze der ihr übertragenen Anstalten erforderlich ist; auch hier folgt die Kompetenz der Aufgabe[22]. Die den Einzelstaaten in Art. I § 5 RVerf. ausdrücklich zugesprochene Residualkompetenz (→ Art. 30 Rn. 5) wird mit der Begründung der Kompetenz-Kompetenz zugunsten des Reiches kontrastiert (Art. XIII § 63 RVerf.; → Art. 79 II Rn. 2). Der umfangreiche **Katalog der Reichsaufgaben** (Art. I–XII, §§ 6–61 RVerf.) differenziert nur teilweise nach Maßnahmen, enthält allerdings zahlreiche Vorschriften, in denen entweder ein »Reichsgesetz« ausdrücklich vorausgesetzt (etwa Art. VI §§ 28 S. 2 u. 31 S. 2 RVerf. zu Eisenbahnen und Landstraßen) oder die Reichsgewalt explizit zum Erlaß von Reichsgesetzen ermächtigt wird (etwa Art. VII §§ 34, 36, 38 u. 39 RVerf. zu Zöllen und Steuern bzw. Handel und Gewerbe). Hinsichtlich der Organkompetenz bleibt es auch auf Reichsebene beim Kondominium in Ansehung der gesetzgebenden Gewalt (Art. III § 80 S. 2 RVerf.).

7

Die Verfassungen des **Norddeutschen Bundes** bzw. des **Reichs** von **1871** folgen bereits dem klarer konturierten Modell eines Katalogs von genuinen Gesetzgebungszuständigkeiten (Art. 4 Nr. 1–16 RVerf.); daneben finden sich einzelne bereichsbezogene Legislativkompetenzen (etwa Art. 3 V RVerf. zur Erfüllung der Militärpflicht)[23]. Der Kompetenzkatalog unterliegt noch keiner ausdrücklichen Binnendifferenzierung, enthält aber im Einzelfall den Nucleus der später geläufigen Abstufungen der erlaubten »Eindringtiefe« der Gesetze der Zentralebene, wenn etwa Art. 4 Nr. 4 RVerf das Reich zur Regelung (nur) der »allgemeinen Bestimmungen über das Bankwesen« ermächtigt (→ Rn. 39; → Art. 72 Rn. 1). Daneben begegnet in der Staatsrechtslehre die Unterscheidung von dem Reich »ihrer Natur nach« ausschließlich zugewiesenen Materien sowie solchen, in denen Reichsgesetze lediglich Vorrang vor den – weiterhin möglichen – Landesgesetzen haben (→ Art. 31 Rn. 4; → Art. 72 Rn. 1)[24]. In der Sache ist die thematische Überschneidung sowohl mit der Paulskirche als auch mit der weiteren Verfassungstradition hoch[25]. Die durchaus anerkannte Residualkompetenz der Länder folgt nur implizit aus Art. 2 RVerf., wonach das Reich das Recht der Gesetzgebung nur »nach Maßgabe des Inhalts dieser Verfassung« ausübt (→ Art. 30 Rn. 5). Charakteri-

8

Verfassungsgeschichte, § 29 Rn. 10 f., 18 f.; *F. Wittreck*, Genese und Entwicklung des deutschen Parlamentsrechts, in: Morlok/Schliesky/Wiefelspütz, § 2 Rn. 10, 31 ff.

[20] Näher *A. Arndt*, Das selbständige Verordnungsrecht, 1902; vgl. *Grawert*, Gesetz (Fn. 1), S. 906 ff. sowie *A. Uhle*, Die Rechtsverordnung, in: Kluth/Krings, Gesetzgebung (Fn. 1), § 24 Rn. 11.

[21] Daneben dürfte sich hier US-Einfluß bemerkbar gemacht haben: *B. J. Hartmann*, Tulane European and Civil Law Forum 17 (2002), 23 (49 ff.); vgl. *H. Dippel*, Die amerikanische Verfassung in Deutschland im 19. Jahrhundert, 1994, S. 32 ff.

[22] Siehe *Huber*, Verfassungsgeschichte II, S. 792 ff.; *I. Härtel*, Die Gesetzgebungskompetenzen des Bundes und der Länder im Lichte des wohlgeordneten Rechts, in: I. Härtel (Hrsg.), Handbuch Föderalismus, Bd. I, 2012, § 19 Rn. 11.

[23] Näher *Huber*, Verfassungsgeschichte III, S. 908 ff.; *Stern*, Staatsrecht V, S. 363 ff.; *Härtel* (Fn. 22), § 19 Rn. 12; instruktiv *J. Schröder*, Gesetzesbegriffe im deutschen Kaiserreich und in der Weimarer Republik, in: FS Laufs, 2006, S. 275 ff. (279 ff.). – Zeitgenössisch *P. Laband*, Das Staatsrecht des Deutschen Reiches, Bd. II, 5. Aufl. 1911, S. 120 ff.

[24] Dafür *Laband*, Staatsrecht II (Fn. 23), S. 121 f.; sinngleich aus der Landesperspektive *J. v. Graßmann/R. Piloty*, Bayerisches Staatsrecht, Bd. I, 1913, S. 865 f.

[25] *J.-D. Kühne*, Die Reichsverfassung der Paulskirche (1985), 2. Aufl. 1998, S. 108, 112.

stisch ist ferner, daß die der Einigungssituation von 1870/71 geschuldeten **Reservatrechte** der süddeutschen Länder im Kompetenzkatalog eigens als Vorbehalte abgebildet werden (Art. 4 Nr. 1, 8, 10 unter Hinweis auf Art. 46, 52 RVerf.; → Art. 87e Rn. 3; → Art. 87f Rn. 2)[26]. Wichtig für die weitere Entwicklung sind zwei Weichenstellungen: Die 1873 erfolgte Übertragung der Kompetenz für das gesamte Bürgerliche Recht (Art. 4 Nr. 13 RVerf. n. F.; → Art. 74 Rn. 17) auf das Reich zieht einen substantiellen Modernisierungs-, aber auch Unitarisierungsschub nach sich[27]. Unterhalb der Ebene der geschriebenen Verfassung findet ferner die Lehre von der **Existenz ungeschriebener Reichskompetenzen** Anerkennung[28].

9   Die **Weimarer Reichsverfassung** greift die vor 1919 lediglich angelegten Binnendifferenzierungen im Kompetenzkatalog auf und macht sie explizit[29]. Sie unterscheidet zwischen der ausschließlichen (Art. 6 Nr. 1–7 WRV; Selbstbezeichnung) und der konkurrierenden oder fakultativen Reichsgesetzgebung (Art. 7 Nr. 1–20 i.V.m. Art. 12 I WRV; dogmatische Fremdbezeichnung[30]). In Parallele zu Art. 72 I GG (→ Art. 72 Rn. 25) bestimmt Art. 12 I 1 WRV, daß die Länder das Recht der Gesetzgebung behalten, sofern das Reich von seinem Gesetzgebungsrecht keinen Gebrauch macht; Satz 2 nimmt davon die ausschließliche Gesetzgebung nach Art. 6 WRV aus (→ Art. 71 Rn. 1). Art. 12 II WRV räumt der Reichsregierung ein Einspruchsrecht ein, sofern sie durch Landesgesetze zur Vergesellschaftung das Reichsinteresse berührt sieht (vgl. Art. 7 Nr. 13 WRV; → Art. 15 Rn. 2 ff.)[31]. Daneben kennt die WRV die Reichsgesetzgebung über Abgaben (Art. 8 WRV; → Art. 105 Rn. 1), eine Bedürfnisgesetzgebung (Art. 9 WRV) in Fragen der Wohlfahrtspflege wie der Gefahrenabwehr[32] sowie eine allgemeine und eine abgabenbezogene Grundsatzgesetzgebung (Art. 10 u. 11 WRV)[33]. Schließlich sind der WRV über das Gesamtcorpus verstreute Kompetenzbegründungen (»Das Nähere bestimmt ein Reichsgesetz«; statt aller Art. 48 V WRV; → Rn. 36) ebenso vertraut wie ein Konsens in der Lehre, daß das Reich auch auf ungeschriebene Gesetzgebungszuständigkeiten zugreifen darf[34].

10 Die **NS-Diktatur** operiert anfangs noch in den geläufigen Formen der Zuschreibung von Gesetzgebungskompetenzen und transferiert sie im Rahmen der **Gleichschal-**

---

[26] Zeitgenössisch *K. Göz*, Das Staatsrecht des Königreichs Württemberg, 1908, S. 13 f., 521 ff., 527 ff.

[27] Näher *J. Rückert*, Das BGB und seine Prinzipien, in: M. Schmoeckel/J. Rückert/R. Zimmermann (Hrsg.), Historisch-kritischer Kommentar zum BGB, Bd. I, 2003, S. 34 ff. (46 ff.).

[28] *R. Smend*, Ungeschriebenes Verfassungsrecht im monarchischen Bundesstaat (1916), in: ders., Staatsrechtliche Abhandlungen und andere Aufsätze, 3. Aufl. 1994, S. 39 ff.; *H. Triepel*, Die Kompetenzen des Bundesstaats und die geschriebene Verfassung, in: FS Laband, Bd. II, 1908, S. 247 ff. (252).

[29] Näher *Gusy*, Reichsverfassung, S. 236 ff.; *Stern*, Staatsrecht V, S. 581 f.; *Härtel* (Fn. 22), § 19 Rn. 13 f.; zeitgenössisch *F. Stier-Somlo*, Das Reichsgericht und der Reichsverfassungsabschnitt »Reich und Länder«, in: FG 50 Jahre RG, Bd. I, 1929, S. 201 ff. (215 ff.); *L. Gebhard*, Die Verfassung des deutschen Reichs, 1932, Vorb. zu den Art. 6–14 (S. 86 ff.).

[30] Der erste Begriff bei *Gebhard* (Fn. 29), Art. 7 Anm. 1; von »fakultativer« Reichsgesetzgebung spricht *A. Finger*, Das Staatsrecht des Deutschen Reichs, 1923, S. 200, 203.

[31] Rechtsfolge des Einspruchs ist nach der Literatur der Zeit eine Hemmung des Gesetzgebungsverfahrens, nicht die Aufhebung des bereits beschlossenen Gesetzes: *Anschütz*, WRV, Art. 12 Anm. 4 (S. 98 ff.).

[32] Sie ist daran geknüpft, daß ein Bedürfnis für den Erlaß einheitlicher Vorschriften vorhanden ist, und folgt damit der kompetenz*begründenden* Logik, die Art. 72 II GG gerade fremd ist: → Art. 72 Rn. 20.

[33] Näher m.w.N. *Anschütz*, WRV, Art. 10, 11 Anm. 1 ff. (S. 88 ff.).

[34] *G. Lassar*, Die verfassungsrechtliche Ordnung der Zuständigkeiten, in: HdbDStR I, S. 301 ff. (304); *Anschütz*, WRV, Schlußbemerkung zu Art. 6–11 (S. 95 f.).

tungspolitik förmlich auf das Reich (→ Art. 20 [Bundesstaat], Rn. 6)[35]. Die auf dieser Ebene sodann erfolgende Bündelung aller Kompetenzen beim »Führer« zieht allerdings Folgeprobleme nach sich, die gleichermaßen sinnfällig für den Rechtsnihilismus des Regimes wie die oftmals unterschätzte basale Ordnungs- und Rationalisierungsfunktion von Zuständigkeitsvorschriften (→ Art. 30 Rn. 16) sind: Die Unfähigkeit der systemaffinen Staatsrechtslehre, die immer erratischeren Willensäußerungen Hitlers wenigstens heuristisch zu domestizieren und den überkommenen Kompetenz- oder Formkategorien zuzuordnen, steht für Bindungsunwilligkeit auf der einen und für wissenschaftliches **Fallitentum** auf der anderen Seite[36].

Die Verfassung der **DDR** von 1949 kombiniert eine bedingte Residualkompetenz der Länder (Art. 1 II Verf.; → Art. 30 Rn. 5) mit einem im Vergleich zum Grundgesetz schon normtextlich deutlich stärker unitarisch gefärbten Zugriff auf die Gesetzgebungskompetenzen[37]. Art. 112 Verf. enthält zunächst einen umfangreichen Katalog ausschließlicher Zuständigkeiten der Republik, der beispielsweise den Gehalt von Art. 74 I Nr. 1 GG inkorporiert. Art. 111 I 1 Verf. eröffnet der Zentralebene daneben gesetzgeberische Eingriffe »auf allen Sachgebieten«, wobei sie sich auf Grundsätze beschränken soll (Art. 111 I 2 Verf.). Die Länder sind erst dann zur Gesetzgebung berufen, soweit die Republik von diesem – denkbar weit geschnittenen – Recht keinen Gebrauch macht (Art. 111 II Verf.). Nach der Aufhebung der Länder 1952 stellt sich das Art. 70 ff. GG inhärente Problem nicht mehr. 11

III. Entstehung und Veränderung des VII. Abschnitts

1. Das Kompetenzkonzept des Parlamentarischen Rates

Das Bauprinzip der Art. 70 ff. GG geht im Kern auf den Entwurf des **Herrenchiemseer Konvents** zurück[38]. Dieser enthielt in Art. 30 HChE eine allgemeine Kompetenzverteilungsregel (→ Art. 30 Rn. 6), an die sich in Art. 32 HChE eine generelle Norm zur Verteilung der Gesetzgebungskompetenzen anschloß (→ Art. 70 Rn. 2). Art. 33 i.V.m. 35 HChE enthielten sodann die Grundsätze und den Gegenstandskatalog der ausschließlichen, Art. 34 i.V.m. 36 HChE die gleichen Bestimmungen zur sog. Vorranggesetzgebung. Innerhalb des letzten Katalogs waren einzelne Gegenstände nur in ihren »Grundsätzen« zu regeln[39]. In der Struktur ist darin die Lösung angelegt, die bis heute geltendes Recht ist. Im **Parlamentarischen Rat** wurde das Ensemble aus dem 12

---

[35] Zusammenfassend *D. Kirschenmann*, Gesetz im Staatsrecht und in der Staatsrechtslehre des Nationalsozialismus, 1970, S. 98 ff.; *B. Mertens*, Gesetzgebung im Nationalsozialismus, 2009, S. 11 ff.
[36] Eingehend *H. Dreier*, Die deutsche Staatsrechtslehre in der Zeit des Nationalsozialismus, VVDStRL 60 (2001), S. 9 ff. (51 ff.).
[37] Zusammenfassend zum folgenden *S. Mampel*, Die Verfassung der sowjetischen Besatzungszone Deutschlands, 1962, Art. 112 Anm. 1 f.; *G. Brunner*, HStR³ I, § 11 Rn. 7; *M. Heintzen*, in: BK, Art. 70 (Zweitb. 2003), Rn. 11 ff.; *H. Amos*, Die Entstehung der Verfassung in der Sowjetischen Besatzungszone, 2006, S. 302 ff.; *A. Uhle*, in: Maunz/Dürig, GG, Art. 70 (2008), Rn. 31.
[38] Zusammenfassend zum folgenden JöR 1 (1951), S. 453 ff.; vgl. ferner *H. v. Mangoldt*, Das Bonner Grundgesetz, 1. Aufl. 1953, S. 368 ff.; *Pestalozza*, GG VIII, Art. 70 Rn. 14 ff.; *Heintzen* (Fn. 37), Art. 70 Rn. 11 ff.; *Uhle* (Fn. 37), Art. 70 Rn. 11 ff. sowie im Detail Schneider, GG-Dokumentation, Bd. 17; Entwurfsfassungen in Parl. Rat VII, S. 10 f., 47 ff., 101 ff., 149 ff., 227 ff., 299 f., 353, 423 ff., 449 f., 475 ff., 513 ff., 548 ff., 587 ff.
[39] Näher Parl. Rat II, S. 525 ff.

Vorb. zu Art. 70–74 A. Herkunft, Entstehung, Entwicklung

Abschnitt »Der Bund und die Länder« in den zur Gesetzgebung transferiert[40]. Ferner wurden die »Grundsätze« zunächst in »Rahmenvorschriften« umbenannt und als eigene Bestimmung (Art. 36a, später Art. 75 GG a. F.) ausgekoppelt[41]. Auf alliierte Intervention hin (→ Pmbl. Rn. 64f.)[42] wurde schließlich die lediglich als Sollvorschrift formulierte Schutzklausel für die Vorranggesetzgebung[43] in die zwischenzeitliche Bedürfnisklausel umgewandelt (→ Art. 72 Rn. 2f.)[44]. Daneben wurden zahlreiche Einzelbestimmungen der Kataloge verschoben, zusammengefaßt oder geändert (→ Art. 73 Rn. 2; → Art. 74 Rn. 2).

2. Verfassungstext und Verfassungspraxis bis zur Wiedervereinigung

13 Die bundesstaatliche Zuständigkeits- und Finanzverteilung war von Anfang an *der* Auslöser bzw. Gegenstand zahlreicher Grundgesetzänderungen, die hier nicht im Detail nachgezeichnet werden können[45]. Eingriffe in die »Kopfnormen« der Gesetzgebungskompetenzen (Art. 70–72 GG) sind allerdings zunächst nicht zu verzeichnen, wohl aber solche in die Kataloge der Art. 73 u. 74 GG (→ Art. 73 Rn. 3; → Art. 74 Rn. 3 ff). Sie verdanken sich teils punktuellen Reformanliegen, teils den Großvorhaben wie der Wehr- und Notstandsverfassung (→ Vorb. zu Art. 115a–115l Rn. 5ff.). Relevant ist ferner die Einfügung von **Art. 74a GG** (1971–2006), wodurch die konkurrierende Gesetzgebung auf die Besoldung und Versorgung der Angehörigen des öffentlichen Dienstes erstreckt wurde[46]. Wichtiger als diese eher marginalen Eingriffe in den Verfassungstext ist allerdings die **Verfassungspraxis**. Hier stehen einander ein sehr aktiver Bundesgesetzgeber mit der Neigung zum Ausschöpfen, ja Austesten der ihm eingeräumten Kompetenzen, und ein eher lethargischer Landesgesetzgeber gegenüber[47]. Zugute kommt dem Bund dabei die Rechtsprechung des Bundesverfassungsgerichts, das insbesondere das Kriterium des Bedürfnisses nach einer bundesein-

---

[40] Im Hauptausschuß auf Vorschlag des Allg. Redaktionsausschusses (48./49. Sitzung v. 9.2.1949, Parl. Rat XIV/2, S. 1512 u. 1562).

[41] Erneut im Hauptausschuß, 49. Sitzung v. 9.2.1949, Parl. Rat XIV/2, S. 1564.

[42] Näher *W. Werner*, Einleitung, in: Parl. Rat III, S. VIIff. (XXXIIf.); für den Wortlaut des Memorandums vom 2.3.1949 siehe Parl. Rat VIII, S. 131ff.

[43] Art. 34 HChE lautete (Parl. Rat II, S. 584): »Im Bereich der Vorranggesetzgebung des Bundes behalten die Länder das Recht der Gesetzgebung, solange und soweit der Bund von seinem Gesetzgebungsrecht keinen Gebrauch gemacht hat. Der Bund soll nur das regeln, was einheitlich geregelt werden muß«. → Art. 72 Rn. 2.

[44] Hauptausschuß, 55. Sitzung v. 6.4.1949, Parl. Rat XIV/2, S. 1751ff. Die Kernvorschrift des Art. 72 II GG sah von 1949 bis 1994 vor, daß der Bund »in diesem Bereiche das Gesetzgebungsrecht [habe], soweit ein Bedürfnis nach bundeseinheitlicher Regelung besteht«; sie verwies dazu auf drei näher dargelegte Tatbestände. Siehe *Pestalozza*, GG VIII, Art. 72 Rn. 97ff.

[45] *B. Pieroth*, Das Defizit des Grundgesetzes: Der Blockadeföderalismus, in: F. Wittreck (Hrsg.), 60 Jahre Grundgesetz, 2010, S. 33ff. (34); vgl. auch *F. Wittreck*, Ad Legendum 2011, 1 (3).

[46] Zur Reform *B. Wilhelm*, ZBR 1971, 129ff.; siehe ferner *Pestalozza*, GG VIII, Art. 74a Rn. 30ff.; → *Stettner*, Bd. II², Art. 74a Rn. 2. – Zuvor war dem Bund von 1969–1971 eine Rahmenkompetenz nach Art. 75 II u. III a. F. GG eingeräumt worden; vgl. dazu *C. Millack/H. Lucas*, ZBR 1970, 101ff. sowie im Vorfeld *G. Anders*, DÖV 1966, 737ff.; ferner *Pestalozza*, GG VIII, Art. 74a Rn. 23ff., Art. 75 Rn. 32, 141.

[47] Näher *R. Scholz*, Ausschließliche und konkurrierende Gesetzgebungskompetenz von Bund und Ländern in der Rechtsprechung des Bundesverfassungsgerichts, in: Festgabe BVerfG II, S. 252ff. (253f.); *H. Maurer*, Der Bereich der Landesgesetzgebung, in: FS W. Rudolf, 2001, S. 337ff. (345); *J. Rozek*, in: v. Mangoldt/Klein/Starck, GG II, Art. 70 Rn. 3; Jarass/*Pieroth*, GG, Art. 70 Rn. 1; *R. Sannwald*, in: Schmidt-Bleibtreu/Hofmann/Henneke, GG, Vorb. v. Art. 70 Rn. 2.

heitlichen Regelung jeglicher Steuerungswirkung entkleidet (→ Art. 72 Rn. 3)[48]. Das Staatshaftungsgesetz ist 1982 einer der wenigen prominenten Fälle, in denen dem Bund die Kompetenz abgesprochen wird[49]. Neben diesen endogenen Faktoren macht sich zunehmend die Übertragung von Zuständigkeiten auf resp. ihre Ergreifung durch die Europäische Union bemerkbar (→ Rn. 22).

3. Die Verfassungsreform von 1994

Der erste größere Einschnitt in die Zuständigkeitsordnung der Art. 70 ff. GG erfolgt 1994 im Rahmen der »nachgezogenen« Verfassungsreformen aus Anlaß der Wiedervereinigung. Dem Reformwerk der **Gemeinsamen Verfassungskommission** lag dabei die Maxime einer behutsamen Stärkung der Länderkompetenzen zugrunde[50]. Zentraler Baustein war neben einer Präzisierung von Art. 72 I GG (→ Art. 72 Rn. 4, 25) der Austausch der ursprünglichen Bedürfnis- durch die **Erforderlichkeitsklausel** in Art. 72 II GG (→ Art. 72 Rn. 4 f., 18 ff.). Daneben wurde die Ersetzungskompetenz nach Art. 72 IV [ex III] GG geschaffen (→ Art. 72 Rn. 44 ff.). Der Katalog des Art. 74 GG wurde einem *aggiornamento* unterzogen, indem obsolete Kompetenzen ausgeschieden und neue wie die zur Regelung des Staatshaftungsrechts (Art. 74 [I] Nr. 25 GG) und aktueller medizinrechtlicher Fragen (Art. 74 [I] Nr. 26 GG) geschaffen wurden (→ Art. 74 Rn. 4). Zweite große Reformbaustelle war die **Rahmengesetzgebung** nach Art. 75 GG a. F.; neben der Übertragung der neuen Sicherungsmechanismen zu Art. 72 GG wurden in Einzelheiten gehende oder unmittelbar anwendbare Rahmenvorschriften auf »Ausnahmefälle« beschränkt (Art. 75 II a. F. GG) sowie die Länder zur fristgerechten Umsetzung von Rahmengesetzen verpflichtet (Art. 75 III a. F. GG)[51].

14

4. Die Föderalismusreform I

Die letztgenannte Rahmengesetzgebung blieb eine offene Wunde in der bundesstaatlichen Kompetenzverteilung[52], so daß zwei spektakuläre Verwerfungen von Normen des HRG zu den maßgeblichen Auslösern der Föderalismusreform I von 2006 zählen dürften[53]. Deren Generaltenor war die Entflechtung der Zuständigkeiten von Bund und Ländern im Sinne eines **Wettbewerbsföderalismus**[54]. Neben einer Reihe von Einzeländerungen und Rochaden in den Katalogen von Art. 73 u. 74 GG (→ Art. 73 Rn. 3;

15

---

[48] Zusfsd. statt aller *Pestalozza*, GG VIII, Art. 72 Rn. 116 ff.
[49] BVerfGE 61, 149; dazu statt aller *F. Ossenbühl/M. Cornils*, Staatshaftungsrecht, 6. Aufl. 2013, S. 749 ff. → Art. 34 Rn. 11; → Art. 74 Rn. 122. Instruktive Übersicht in: P. Schindler (Hrsg.), Datenhandbuch zur Geschichte des Deutschen Bundestages 1949 bis 1999, Bd. II, 1999, S. 2495 ff.
[50] Eingehend *M. D. Müller*, Auswirkungen der Grundgesetzrevision von 1994 auf die Verteilung der Gesetzgebungskompetenzen zwischen Bund und Ländern, 1996, S. 26 ff.
[51] Näher → *Stettner*, Bd. II², Art. 75 Rn. 10 ff.
[52] Einhellige Auffassung; siehe etwa *P. M. Huber*, Die Abweichungsgesetzgebung, in: Kluth/Krings, Gesetzgebung (Fn. 1), § 29 Rn. 3.
[53] BVerfGE 111, 226 – *Juniorprofessur*; 112, 226 – *Studiengebühren*. Zuvor hatte das Gericht – vergleichsweise abrupt – die neue Erforderlichkeitsklausel in Art. 72 II GG scharf gestellt: E 106, 62 (135 ff., Rn. 286 ff.) – *Altenpflegegesetz*. → Art. 72 Rn. 5.
[54] So *C. Starck*, Grundidee der Föderalismusreform, in: ders. (Hrsg.), Föderalismusreform, 2007, Rn. 7. – Allgemein zur Föderalismusreform I: *U. Häde*, JZ 2006, 930 ff.; *C. Degenhart*, NVwZ 2006, 1209 ff.; *J. Ipsen*, NJW 2006, 2801 ff.; *H. Hofmann*, DÖV 2008, 833 (834 ff.); *C. Heitsch*, JöR 57 (2009), 333 ff.; *P. M. Huber*, Die Föderalismusreform I – Versuch einer Bewertung, in: W. Durner/F.-J. Peine (Hrsg.), Reform an Haupt und Gliedern, 2009, S. 25 ff.; *C. Weltecke*, Gesetzgebung im Bundesstaat, 2011, S. 33 ff.; *H.-P. Schneider*, Der neue deutsche Bundesstaat, 2013, S. 34 ff.

→ Art. 74 Rn. 5 ff.) waren zentrale Elemente eine Generalüberholung des Art. 72 GG (→ Art. 72 Rn. 6) sowie die Abschaffung der Art. 74a u. 75 GG[55]. Daß die alten Rahmenkompetenzen einerseits in den Katalog von Art. 74 I GG integriert worden sind (→ Art. 74 Rn. 130ff.), andererseits im Gewand der neuen **Abweichungsgesetzgebung** fortwesen (→ Rn. 41; → Art. 72 Rn. 32ff.) und dabei neben altbekannten Problemen auch noch neue aufgeworfen haben, gilt vergleichsweise einhellig als **verfassungsgesetzgeberische Fehlleistung**[56].

B. Internationale, supranationale und rechtsvergleichende Bezüge

I. Normsetzungskompetenzen im Völkerrecht

1. Kompetenzen zur Setzung von Völkerrecht

16 Nach der klassischen Rechtsquellenlehre wird Völkerrecht durch **Verträge zwischen Völkerrechtssubjekten** (*prima facie* Staaten) gesetzt (vgl. Art. 38 I lit. a IGH-Statut)[57]; Verfahren und Form dieser Art von Normsetzung sind in der Wiener Vertragsrechtskonvention niedergelegt (→ Art. 59 Rn. 6). Das **Völkergewohnheitsrecht** als zweite anerkannte Rechtsquelle (Art. 38 I lit. b IGH-Statut) wirft weniger die Frage nach der Kompetenz zur Setzung auf als nach der zur Qualifikation, also nach der Feststellung, daß eine Übung besteht und von einer *opinio iuris sive necessitatis* getragen ist (→ Rn. 33)[58]. Deutlichere Parallelen zur innerstaatlichen Gesetzgebung weist die **Sekundärrechtsetzung** durch solche internationalen Organisationen auf, denen die Kompetenz hierzu in ihren Gründungsakten übertragen worden ist (→ Art. 30 Rn. 8); dies gilt namentlich für Unterorganisationen der UN, deren Konventionen für die Mitgliedstaaten verbindlich werden, wenn sie nicht widersprechen (*opting out*-Verfahren)[59]. Breit und in der Tendenz kritisch wird sodann die Generierung von **Richtervölkerrecht** durch Spruchkörper diskutiert, die durch völkerrechtliche Vereinbarungen eingesetzt worden sind[60]; das betrifft die verschiedenen *panel* der WTO[61] ebenso wie die Völker-

---

[55] Erste Zusammenfassungen von *A. Thiele*, JA 2006, 714ff.; *W. Frenz*, Jura 2007, 165ff.; eingehend *K. Gerstenberg*, Zu den Gesetzgebungs- und Verwaltungskompetenzen nach der Föderalismusreform, 2009, S. 174ff.

[56] Wie hier *Rozek* (Fn. 47), Art. 70 Rn. 3; pointiert positiv in der Einschätzung *Huber* (Fn. 52), § 29 Rn. 41: »genialer Kompromiss«.

[57] *Verdross/Simma*, Universelles Völkerrecht, §§ 532 ff.; *W. Graf Vitzthum*, Begriff, Geschichte und Rechtsquellen des Völkerrechts, in: W. Graf Vitzthum/A. Proelß (Hrsg.), Völkerrecht, 6. Aufl. 2013, Kap. 1, Rn. 113 ff.; *A. v. Arnauld*, Völkerrecht, 2. Aufl. 2014, Rn. 185 ff.

[58] Näher *Verdross/Simma*, Universelles Völkerrecht, §§ 549 ff. (bes. § 588); *H.-W. Jung*, Rechtserkenntnis und Rechtsfortbildung im Völkergewohnheitsrecht, 2012; *Vitzthum*, Begriff (Fn. 57), Rn. 131 ff.

[59] Dies betrifft namentlich die Weltgesundheitsorganisation (WHO): Art. 22 Verfassung der WHO. – Vgl. dazu und zu weiteren Akteuren der Sekundärgesetzgebung näher *C. Alexandrowicz*, The Law-Making Functions of the Specialized Agencies of the United Nations, London 1973, S. 40ff.; *J. Brunnée*, Art. International Legislation, in: EPIL V (2010), Rn. 20ff.; *A. Funke*, Umsetzungsrecht, 2010, S. 20ff.; *M. Frenzel*, Sekundärrechtsetzungsakte internationaler Organisationen, 2011, S. 41ff.; *E. Klein/S. Schmahl*, Die Internationalen und die Supranationalen Organisationen, in: Graf Vitzthum/Proelß, Völkerrecht (Fn. 57), Kap. 4, Rn. 201.

[60] Zusammenfassend die Beiträge in: A. v. Bogdandy/I. Venzke (Hrsg.), International Judicial Lawmaking, 2012.

[61] Siehe dazu *S. A. Ghias*, Berkeley Journal of International Law 24 (2006), 534 ff.; *R. Pavoni*, EJIL 21 (2010), 649 ff.; *G. Vidigal*, EJIL 24 (2013), 1027 ff.

strafgerichte⁶². Schließlich lassen sich zahlreiche Spielarten der Formulierung von informellen Sätzen des Völkerrechts beobachten (**soft law**)⁶³.

2. Kompetenzen zur Umsetzung von Völkerrecht

Die Umsetzung von völkerrechtlichen Vorgaben normativer Natur wirft eine Fülle von Auslegungsfragen auf, die in der neueren Literatur die Debatte um die Existenz einer **Umsetzungsgesetzgebung** als eigener Kategorie ausgelöst haben⁶⁴. Ausgangspunkt ist die Beobachtung, daß das Grundgesetz zwei Pfade vorsieht: Die Mitwirkung an der Setzung von **Völkervertragsrecht** (→ Rn. 16) ist Sache des Bundes (→ Art. 32 Rn. 23 ff.); sie erfolgt regelmäßig durch Zustimmungsgesetz i. S. v. Art. 59 II 1 GG (→ Art. 59 Rn. 27 ff.), das zugleich den Geltungsanspruch der völkerrechtlichen Verpflichtung innerhalb der deutschen Rechtsordnung festlegt, sofern das Abkommen nicht selbst diesbezügliche Vorkehrungen trifft (→ Art. 59 Rn. 7 f., 46 f.). Werden dabei Hoheitsrechte übertragen, so erfolgt dies nach Art. 24 I GG (→ Art. 24 Rn. 23 ff.). Die Art. 70 ff. GG werden dabei möglicherweise modifiziert, sind aber nicht einschlägig⁶⁵. Hingegen richten sich die Umsetzung von völkerrechtlichem Sekundärrecht sowie sonstige Normgebung, zu der der Bund Deutschland völkerrechtlich verpflichtet hat, nach den Art. 70 ff. GG⁶⁶.

17

II. Normsetzungskompetenzen im Unionsrecht

1. Kompetenzen zur Setzung von Unionsrecht

Die Setzung des **Primärrecht**s der Union erfolgt grundsätzlich im vertrauten völkerrechtlichen Modus der mitgliedstaatlichen Zustimmung und Ratifikation (→ Art. 59 Rn. 8 ff.)⁶⁷. Das in Art. 48 II-V EUV niedergelegte **ordentliche Änderungsverfahren** sieht vor, daß nach einer Initiative zur Vertragsänderung (Abs. 2) entweder ein Konvent zur Beratung des Entwurfs einberufen wird (Abs. 3 UAbs. 1) oder – bei Änderungen geringen Umfangs – der Europäische Rat mit Zustimmung des Parlaments den Entwurf beschließt (Abs. 3 UAbs. 2)⁶⁸. Anschließend vereinbart eine Konferenz der Vertreter der Regierungen der Mitgliedstaaten die Vertragsänderungen (Abs. 4

18

---

⁶² Näher S. Darcy/J. Powderly (Hrsg.), Judicial Creativity at the International Criminal Tribunals, Oxford 2010.
⁶³ Im ersten Zugriff J. Pauwelyn/R. A. Wessels/J. Wouters (Hrsg.), Informal International Lawmaking, Oxford 2012.
⁶⁴ Maßgeblich *Funke*, Umsetzungsrecht (Fn. 59), S. 357 ff. u. passim; vgl. ferner W. *Kluth*, Ratifikations- und Umsetzungsgesetzgebung, in: Kluth/Krings, Gesetzgebung (Fn. 1), § 21 Rn. 23 ff. (beide arbeiten allerdings mit unterschiedlichen Umsetzungsbegriffen).
⁶⁵ Ganz überwiegende Auffassung: C. *Degenhart*, in: Sachs, GG, Art. 70 Rn. 24; vgl. auch R. *Streinz*, ebd., Art. 24 Rn. 25 f.
⁶⁶ So *Uhle* (Fn. 37), Art. 70 Rn. 36; *Rozek* (Fn. 47), Art. 70 Rn. 28; *Funke*, Umsetzungsrecht (Fn. 59), S. 282; *Degenhart* (Fn. 65), Art. 70 Rn. 24. – Instruktiv zur Umsetzung der UN-Behindertenkonvention (Inklusion in der Schule) K.-A. *Schwarz*, NWVBl. 2013, 81 ff.; vgl. ferner zur Umsetzung der Konvention 182 der Internationalen Arbeitsorganisation (Verbot der Kinderarbeit) T. *Hoppe*, LKV 2010, 497 ff.
⁶⁷ Zusammenfassend zum folgenden *H.-J. Cremer*, in: Calliess/Ruffert, EUV/AEUV, Art. 48 EUV Rn. 3 ff.; W. *Heintschel v. Heinegg*, in: C. Vedder/W. Heintschel von Heinegg (Hrsg.), Europäisches Unionsrecht, 2012, Art. 48 EUV Rn. 1 ff.; M. *Pechstein*, in: Streinz, EUV/AEUV, Art. 48 EUV Rn. 1 ff.; P. *Kirchhof*, HStR³ X, § 214 Rn. 158 ff.
⁶⁸ Näher dazu *Cremer* (Fn. 67), Art. 48 EUV Rn. 5 ff.; *Pechstein* (Fn. 67), Art. 48 EUV Rn. 15 ff.

UAbs. 1), die erst nach der Ratifikation durch alle Mitgliedstaaten in Kraft treten (Abs. 4 UAbs. 2). Die Kompetenz-Kompetenz verbleibt somit auf der Ebene der Mitgliedstaaten[69]. In den **vereinfachten Änderungsverfahren** nach Art. 48 VI-VII EUV ist diesbezüglich zu differenzieren. Art. 48 VI EUV betrifft Art. 26–197 AEUV (UAbs. 1); eine Änderung erfolgt hier durch einstimmigen Beschluß des Europäischen Rates, der wiederum der Zustimmung der Mitgliedstaaten bedarf (UAbs. 2)[70]. Erst das Verfahren nach Art. 48 VII EUV erlaubt den Unionsorganen (näher UAbs. 4) eine autonome Änderung von Quoren (UAbs. 1) und Verfahren (UAbs. 2), die allerdings zu unterbleiben hat, sofern ein nationales Parlament den Beschluß ablehnt; die mitgliedstaatliche Kompetenz-Kompetenz wird verdünnt, aber noch nicht gekappt[71]. Es kommen noch weitere kleinere Öffnungen für Kompetenz-Arrondierungen hinzu (→ Art. 30 Rn. 10).

19 Die Verbandszuständigkeit für die Setzung von **Sekundärrecht**[72] ähnelt infolge der Kombination von Residualkompetenz der Mitgliedstaaten (Art. 4 I, 5 EUV) mit einer ausschließlichen (Art. 2 I, 3 AEUV) und einer geteilten Zuständigkeit (Art. 2 II, 4 AEUV) zunächst dem Grundgesetz (→ Art. 30 Rn. 9). Allerdings differenzieren die (vergleichsweise knappen) Kataloge in Art. 3 f. AEUV nicht nach Rechtsetzungs- und Verwaltungskompetenzen[73], sondern erfassen das gesetzgeberische Tätigwerden wie den Erlaß verbindlicher Einzelrechtsakte gleichermaßen (Art. 2 I, II AEUV). Die **ausschließliche Zuständigkeit** läßt in Parallele zu Art. 71 GG (→ Rn. 36; → Art. 71 Rn. 11 ff.) ein Tätigwerden der Mitgliedstaaten nur im Falle einer ausdrücklichen Ermächtigung zu (Art. 2 I AEUV)[74]. Die **geteilte Zuständigkeit** erlaubt – wiederum in Parallele zu Art. 72 GG (→ Rn. 37; → Art. 72 Rn. 8) den Mitgliedstaaten den Zugriff, sofern und soweit die Union nicht tätig geworden ist (Art. 2 II AEUV)[75]. Art. 2 VI EUV

---

[69] Wie hier etwa *C. Ohler*, in: Grabitz/Hilf/Nettesheim, EUV/AEUV, Art. 48 EUV (2014), Rn. 11.

[70] Die Regelung ist unproblematisch laut *Cremer* (Fn. 67), Art. 48 EUV Rn. 10: Das Verfahren nach Abs. 6 sei »trotz des Fehlens eines Ratifikationsvorbehalts« letztlich nur eine »stilisierte Form eines völkerrechtlichen Vertragsschlusses«. Greifbares Unbehagen dagegen in BVerfGE 123, 267 (386, Rn. 311): »Die Tragweite der Ermächtigung [...] ist nur eingeschränkt bestimmbar und in materieller Hinsicht für den deutschen Gesetzgeber kaum vorhersehbar«.

[71] Ähnlich *Ohler* (Fn. 69), Art. 48 EUV Rn. 48; deutlich kritischer wiederum BVerfGE 123, 267 (390 f., Rn. 318 ff.): Da das Bundesverfassungsgericht im Ablehnungsrecht der nationalen Parlamente »kein ausreichendes Äquivalent zum Ratifikationsvorbehalt« sieht, darf der deutsche Vertreter im Europäischen Rat nur nach Ermächtigung durch ein förmliches Gesetz nach Art. 23 I 2 GG zustimmen (siehe nunmehr § 4 I IntVG). – Nach der gleichen Logik funktionieren punktuelle Kompetenzen zur Erweiterung der Verträge, etwa Art. 25 [II] AEUV zur Fortentwicklung der Unionsbürgerschaft; vgl. dazu nur *S. Magiera*, in: Streinz, EUV/AEUV, Art. 25 AEUV Rn. 4 ff.; → Art. 16 Rn. 25 f.

[72] Zusammenfassend *M. Nettesheim*, Kompetenzen, in: v. Bogdandy/Bast, Europäisches Verfassungsrecht, S. 389 ff.; *P. Kirchhof*, HStR³ X, § 214 Rn. 163 ff.; *W. Wessels*, Gesetzgebung in der Europäischen Union, in: W. Ismayr (Hrsg.), Gesetzgebung in Westeuropa, 2. Aufl. 2012, S. 653 ff.; *I. Härtel*, Gesetzgebungsordnung der Europäischen Union, in: A. Hatje/P.-C. Müller-Graf (Hrsg.), Enzyklopädie Europarecht, Bd. I, 2014, § 11 Rn. 128 ff.

[73] *C. Calliess*, in: Calliess/Ruffert, EUV/AEUV, Art. 3 AEUV Rn. 1 ff.; *M. Nettesheim*, in: Grabitz/Hilf/Nettesheim, EUV/AEUV, Art. 3 AEUV (2014), Rn. 8 ff.; *R. Streinz/R. Mögele*, in: Streinz, EUV/AEUV, Art. 3 AEUV Rn. 3 ff.; *R. Stettner*, Auswirkungen der Europäisierung der Rechtsetzung auf die nationalen Gesetzgebungskompetenzen, in: M. Heintzen/A. Uhle (Hrsg.), Neuere Entwicklungen im Kompetenzrecht, 2014, S. 29 ff. (33 ff.).

[74] Siehe *I. Härtel*, Handbuch Europäische Rechtsetzung, 2006, S. 69 f.; *C. Calliess*, in: Calliess/Ruffert, EUV/AEUV, Art. 2 AEUV Rn. 2 ff.; *M. Herdegen*, Europarecht, 15. Aufl. 2013, § 8 Rn. 59 ff. (61 ff.); *M. Nettesheim*, in: Grabitz/Hilf/Nettesheim, EUV/AEUV, Art. 2 AEUV (2014), Rn. 18 ff.; *ders.*, Kompetenzen (Fn. 72), S. 389 ff.; *R. Streinz*, in: Streinz, EUV/AEUV, Art. 2 AEUV Rn. 5 ff.

[75] Näher *Nettesheim* (Fn. 74), Art. 2 AEUV Rn. 23 ff.; *Streinz* (Fn. 74), Art. 2 AEUV Rn. 8 ff.; *Calliess* (Fn. 74), Art. 2 AEUV Rn. 15 ff.; *C. Vedder*, in: Vedder/Heintschel von Heinegg, Unionsrecht

verweist in Parallele zu Art. 70 II GG auf die Verträge (→ Rn. 35; → Art. 70 Rn. 5). Daneben erlaubt Art. 2 III AEUV die Festlegung von »Regelungen« zur Koordinierung der Wirtschafts- und Beschäftigungspolitik[76]. Der genaue Umfang der Gesetzgebungskompetenzen der Union sowie ihre verfahrensrechtliche Umfriedung (→ Art. 23 Rn. 77ff, 106f.; → Art. 77 Rn. 15) ergibt sich ungeachtet dieser allgemeinen Bestimmungen erst aus den Einzelvorschriften der Verträge, die zu den jeweiligen Politikfeldern[77] angeben, in welchem Gesetzgebungsverfahren sie umzusetzen sind[78].

Durch die Zuständigkeitsvorschriften der Art. 19 EUV, Art. 251 ff. AEUV praktisch nicht eingehegt (da zumindest normtextlich nicht vorgesehen) ist schließlich die **faktische Normsetzungskompetenz des EuGH**, der in zahlreichen Konstellationen nicht nur Einzelfälle anhand des Primär- und Sekundärrechts entscheidet, sondern erkennbar abstrakte Regeln formuliert, deren Anhalt in EUV oder AEUV mitunter sehr feingliedrig wirkt[79]. Als Beispiele mögen die Regeln zur Staatshaftung für Verstöße gegen Unionsrecht (→ Art. 34 Rn. 22 ff.) oder zur unmittelbaren Anwendung von Richtlinien (→ Art. 23 Rn. 177) genügen[80]. 20

2. Kompetenzen zur Umsetzung von Unionsrecht

Die Europäische Union ist nach der bekannten Wendung von Hans-Peter Ipsen »mit ›Landes-Blindheit‹ geschlagen«[81]. **Adressat** der Pflicht zur Durchführung der unionalen Rechtsakte sind die **Mitgliedstaaten** (Art. 291 I AEUV); lediglich die Formel »nach innerstaatlichem Recht« verweist implizit auf die Kompetenzordnung der Art. 30, 70 ff. GG[82]. In der Sache führt das dazu, daß namentlich Richtlinien der Europäischen 21

(Fn. 67), Art. 2 AEUV Rn. 14 ff.; überblicksartig zu den insoweit inhaltsgleichen Bestimmungen des Verfassungsentwurfs *N. Görlitz*, DÖV 2004, 374 (375 ff.); *M. Nettesheim*, EuR 39 (2004), 511 (526 f.).

[76] Beispielsweise aus dem Bereich der Wirtschaftspolitik: Empfehlung des Rates 2010/410/EU vom 13.7.2010 über die Grundzüge der Wirtschaftspolitik der Mitgliedstaaten und der Union, ABl. EU L 191/28 v. 23.7.2010; für die Beschäftigungspolitik: Beschluß des Rates 2010/707/EU vom 21.10.2010 über Leitlinien für beschäftigungspolitische Maßnahmen der Mitgliedstaaten, ABl. EU L 308/46 v. 24.11.2010; ausführlich hierzu *B. Braams*, Koordinierung als Kompetenzkategorie, 2013, S. 16 ff., 34 ff.; siehe auch *Nettesheim* (Fn. 74), Art. 2 AEUV Rn. 41 ff. m. w. N.

[77] Bereichsdarstellungen: *F. Dorra*, Strafrechtliche Legislativkompetenzen der Europäischen Union, 2013; *R. Bieber*, The Allocation of Economic Policy Competences in the European Union, in: L. Azoulai (Hrsg.), The Question of Competence in the European Union, Oxford 2014, S. 86 ff.; *G. Monti*, Legislative and Executive Competences in Competition Law, ebd., S. 101 ff. (104 ff.); *H.-W. Micklitz*, The EU as a Federal Order of Competences and the Private Law, ebd., S. 125 ff. (132 ff.).

[78] Kritisch *Stettner*, Auswirkungen (Fn. 73), S. 33.

[79] Aus der reichhaltigen Literatur nur *Rozek* (Fn. 47), Art. 70 Rn. 5; *K. F. Baltes*, Die demokratische Legitimation und die Unabhängigkeit des EuGH und des EuG, 2011, S. 137 ff.; *B. Wegener*, in: Calliess/Ruffert, EUV/AEUV, Art. 19 EUV Rn. 17; *R. Streinz*, in: Streinz, EUV/AEUV, Art. 19 EUV Rn. 13, 33 ff. – In der englischsprachigen Literatur wird das Problem unter dem Gesichtspunkt des *judicial activism* bzw. der *legitimacy* erörtert; siehe etwa M. Dawson/B. De Witte/E. Muir (Hrsg.), Judicial Activism at the European Court of Justice, Cheltenham/Northampton 2013; M. Adams u. a. (Hrsg.), Judging Europe's Judges, Oxford/Portland 2013.

[80] Weitere Beispiele finden sich etwa in dem durch den EuGH reklamierten Anwendungsvorrang des Unionsrechts sowie in den Regeln zu dessen unmittelbarer Wirkung. Dazu näher *Wegener* (Fn. 79), Art. 19 EUV Rn. 26 ff.

[81] *H.-P. Ipsen*, Als Bundesstaat in der Gemeinschaft, in: FS Hallstein, 1966, S. 248 ff. (256); *J. Isensee*, Der Bundesstaat – Bestand und Entwicklung, in: FS 50 Jahre BVerfG II, 2001, S. 719 ff. (753); *Heintzen* (Fn. 37), Art. 70 Rn. 152; eingehend jetzt *Funke*, Umsetzungsrecht (Fn. 59), S. 153 ff.

[82] Näher *J. Suerbaum*, Die Kompetenzverteilung beim Verwaltungsvollzug des Europäischen Gemeinschaftsrechts in Deutschland, 1998, S. 217 f., 223 f.; *H. Hetmeier*, in: C. O. Lenz/K.-D. Borchardt, (Hrsg.), EU-Verträge, 6. Aufl. 2013, Art. 291 AEUV Rn. 2; *Kluth* (Fn. 64), § 21 Rn. 45 ff.; *Rozek*

Union (vgl. Art. 288 [III] AEUV) vom Bund oder von den Ländern umzusetzen sind, je nachdem, welcher Gegenstand der **Art. 73 oder 74 GG** einschlägig ist[83]. Da die nationalen und unionalen Kompetenzkataloge zwar Parallelen aufweisen, aber weder im Zugriff noch in der Zirkumskription der Sachbereiche deckungsgleich sind, führt dies zu drei Umsetzungsszenarien: Fallen Unions- und grundgesetzliche Kompetenz ausnahmsweise in eins (etwa Art. 3 I lit. a AEUV und Art. 105 I GG zu Zöllen; → Art. 105 Rn. 3), sind Bund oder Land allein zuständig. Der Normalfall dürfte die sektoral geteilte Zuständigkeit (Umsetzung einer Richtlinie teils im Bundes, teils im Landesrecht[84]) sein, wohingegen die parallele Zuständigkeit die Ausnahme bleiben und sich im Kern auf die Umsetzung von Richtlinien im Verwaltungsverfahrensrecht des Bundes wie der Länder beschränken dürfte[85].

3. Unionsrechtliche Überformung der Kompetenzordnung des Grundgesetzes

22 Die Art. 70 ff. GG werden im Prozeß der europäischen Integration in ihrem Regelungsgehalt gleich mehrfach substantiell modifiziert, ohne daß sich dies – entgegen dem Wortlautänderungsgebot (→ Art. 79 I Rn. 8) – im Verfassungstext auch abbildet[86]. Zunächst erlaubt Art. 23 GG – in den von Art. 79 III GG gezogenen Grenzen – dem Bund die Übertragung von Kompetenzen auf die Union, die nach Art. 70 ff. GG den Ländern zustehen (→ Art. 23 Rn. 136 ff.; → Art. 79 III Rn. 11, 55)[87]; Art. 23 Ia, II, IV-VI GG sowie das EUZBLG versuchen, die Konsequenzen dieser Disparität von Gesetzgebungs- und Transferkompetenz zu lindern (→ Art. 23 Rn. 106 f.), vermögen aber den **Ruch der Hilflosigkeit** nicht gänzlich abzustreifen. Aber auch über die Kompetenzen des Bundes geben die Art. 71 ff. GG keinen verläßlichen Aufschluß mehr, da sie im Falle der Übertragung auf die Union eingedenk des Anwendungsvorrangs des Unionsrechts (→ Art. 23 Rn. 12 ff.; → Art. 31 Rn. 13 f.) unter Umständen nicht mehr als normative Grundlage für Bundesgesetze taugen (→ Art. 73 Rn. 5, 31, 34; → Art. 74 Rn. 56, 74, 78). Im Falle klar umrissener ausschließlicher Zuständigkeiten der Union führt dies zu eindeutigen Ergebnissen, wie etwa Art. 105 I GG belegt (ausschließliche Bundeszuständigkeit für die **Zölle**; → Art. 105 Rn. 3): Der Norm fehlt in Ansehung des Art. 3 I lit. a AEUV (Zollunion) jenseits der etwaigen Umsetzung unionaler Direktiven

---

(Fn. 47), Art. 70 Rn. 10, 29; *C. Lutz*, Vielfalt im Bundesstaat, 2013, S. 138; *Degenhart* (Fn. 65), Art. 70 Rn. 25.

[83] *Uhle* (Fn. 37), Art. 70 Rn. 37; *Funke*, Umsetzungsrecht (Fn. 59), S. 166; *R. Streinz*, HStR³ X, § 218 Rn. 63; *Jarass/Pieroth*, GG, Art. 30 Rn. 2 a. E.; *Degenhart* (Fn. 65), Art. 70 Rn. 6. – A.A. beispielsweise *D. Ehlers*, DVBl. 1991, 605 (610), der für analoge Anwendung der Art. 70 ff. GG plädiert; ebenso *H.-W. Rengeling*, DVBl. 1995, 945 (950); *M. Cornils*, AöR 129 (2004), 337 (339).

[84] Beispiel: Art. 4 II lit. e AEUV: Umwelt; näher dazu noch in Bezug auf die Rahmengesetzgebung vor der Föderalismusreform von 2006: *E. Rehbinder/R. Wahl*, NVwZ 2002, 21 (21 ff.); *C. Haslach*, DÖV 2004, 12 (13 f.); daß sich das Problem im Nachgang nicht entschärft hat, dokumentiert *Lutz*, Vielfalt (Fn. 82), S. 185 f.

[85] Beispiel: Umsetzung der Richtlinie 2006/123/EG (ABl. EU Nr. L 376 v. 12.12.2006, S. 36) des Europäischen Parlaments und des Rates über die Dienstleistungen im Binnenmarkt durch Bund und Länder; siehe dazu *H.-J. Blanke*, WiVerw 2008, 191 ff.; *W. Cremer*, EuZW 2008, 655 ff.; *R. Jahn*, GewArch. 2009, 177 ff.; *F. O. Kopp/U. Ramsauer*, VwVfG, 15. Aufl. 2014, § 71a Rn. 9 ff.

[86] Dazu zuletzt zusfsd. *Stettner*, Auswirkungen (Fn. 73), S. 29 ff.

[87] So *Uhle* (Fn. 37), Art. 70 Rn. 29 f.; *Rozek* (Fn. 47), Art. 70 Rn. 4, 10; *Sannwald* (Fn. 47), Vorb. v. Art. 70 Rn. 54; *ders.*, in: Schmidt-Bleibtreu/Hofmann/Henneke, GG, Art. 70 Rn. 7; *Degenhart* (Fn. 65), Art. 70 Rn. 25. → *Stettner*, Bd. II², Art. 70 Rn. 7.

(→ Rn. 21) jede Anwendungsoption[88]. Geteilte Zuständigkeiten sowie schlichte Unterschiede im heuristischen Zugriff auf Regelungsbereiche führen allerdings rasch zu erheblichen Auslegungsschwierigkeiten, wie sich insbesondere anhand von Antidiskriminierungsvorschriften demonstrieren läßt: Deren Zielsetzung liegt quer zur deutschen Zuordnung von Sachbereichen und war daher vom Bund in Gestalt des AGG (→ Art. 74 Rn. 26) sowie von Bund und Ländern im öffentlichen Dienstrecht umzusetzen (→ Art. 70 Rn. 13; → Art. 74 Rn. 133)[89].

III. Normsetzungskompetenzen im Rechtsvergleich

1. Internationaler Verfassungsvergleich

Die in Art. 71–74 GG obwaltende gestufte Kompetenzverteilung zwischen Zentral- und Gliedstaatsebene, die dem Bund unterschiedlich weitreichende Gesetzgebungszuständigkeitstypen zuordnet, erweist sich weltweit als üblich, wobei regelmäßig ausschließliche Bundeskompetenzen mit solchen kombiniert werden, die entweder bedingt oder beschränkt sind[90]. **Österreich** geht von einer Residualkompetenz der Länder aus (Art. 15 I B-VG; → Art. 30 Rn. 12) und ordnet dem Bund umfangreiche Zuständigkeiten als »Bundessache« per Katalog zu[91]: Art. 10 (Gesetzgebung und eigene Vollziehung), Art. 11 (Gesetzgebung, aber Vollziehung als Landessache), Art. 12 (Gesetzgebung über die Grundsätze, aber Erlaß von Ausführungsgesetzen und Vollziehung durch die Länder), Art. 14, 14a, 14b B-VG (Detailabgrenzungen für das Schulwesen, land- und forstwirtschaftliches Schulwesen und Auftragswesen). Daneben besteht die Möglichkeit, im Einzelfall bei »Bedürfnis nach Erlassung einheitlicher Vorschriften« Bundesgesetze (mit der Möglichkeit abweichender Regelungen) zu erlassen (Art. 11 II, V, VI B-VG)[92].

23

Die **Schweiz** folgt hingegen einem davon abweichenden Regelungsmodell[93]: Sie sieht eine Residualkompetenz der Kantone vor (Art. 3 BV) und beschränkt den Bund auf

24

---

[88] Vergleichsweise einhellige Meinung: *H. G. Henneke*, in: Schmidt-Bleibtreu/Hofmann/Henneke, GG, Art. 105 Rn. 32.
[89] Näher zu diesem Komplex *F. Klaß*, Die Fortentwicklung des deutschen Beamtenrechts durch das europäische Recht, 2014, S. 89 ff., 161 ff. – Vgl. zuletzt EuGH v. 19.6.2014, Rs. C-501/12.
[90] Zusammenfassend zum folgenden *Stern*, Staatsrecht I, S. 670 ff.; *K. Fischer*, in: BK, Art. 71 (Zweitb. 2005), Rn. 120 ff.; *Härtel* (Fn. 22), § 19 Rn. 17 ff.; *U. Karpen*, Gesetzgebung im Rechtsvergleich, in: Kluth/Krings, Gesetzgebung (Fn. 1), § 7 Rn. 45 ff.; *W. Ismayr*, Gesetzgebung in den Staaten der Europäischen Union im Vergleich, in: ders., Gesetzgebung (Fn. 72), S. 9 ff. (17 ff.) sowie *D. Halberstam/M. Reimann*, Federalism and Legal Unification: Comparing Methods, Results, and Explanations Across 20 Systems, in: dies. (Hrsg.), Federalism and Legal Unification, Dordrecht u. a. 2014, S. 3 ff. (8 ff.).
[91] Dazu *S. Storr*, Österreich als Bundesstaat, in: I. Härtel (Hrsg.), Handbuch Föderalismus, Bd. IV, 2012, § 98 Rn. 21 ff.; *E. Pürgy*, Bundesverfassungsrecht und Landesrecht, in: ders. (Hrsg.), Das Recht der Länder, Bd. I, 2012, S. 1 ff. (19 ff., Rn. 27 ff.) sowie *A. M. Gamper/B. A. Koch*, Federalism and Legal Unification in Austria, in: Halberstam/Reimann, Federalism (Fn. 90), S. 103 ff. (104 ff.).
[92] Speziell dazu *P. Pernthaler*, Österreichisches Bundesstaatsrecht, 2004, S. 328; auch *H. Mayer/G. Kucsko-Stadlmayer/K. Stöger*, Grundriss des österreichischen Bundesverfassungsrechts, 11. Aufl. 2015, Rn. 260 ff.
[93] Dazu *D. Buser*, Kantonales Staatsrecht, 2004, Rn. 138 ff.; *U. Häfelin/W. Haller/H. Keller*, Schweizerisches Bundesstaatsrecht, 8. Aufl. 2012, Rn. 1083 ff.; *D. Brühl-Moser*, Schweizerischer Föderalismus, in: Härtel, Handbuch IV (Fn. 91), § 99 Rn. 26 ff.; *D. Hanschel*, Konfliktlösung im Bundesstaat, 2012, S. 469 ff. sowie *E. Cashin Ritaine/A.-S. Papeil*, Federalism and Legal Unification in Switzerland, in: Halberstam/Reimann, Federalism (Fn. 90), S. 439 ff. (441 ff.).

die ihm ausdrücklich übertragenen Aufgaben (Art. 42 I BV; → Art. 30 Rn. 12). Die Art. 54–125 BV beschreiben sodann die Zuständigkeiten beider Seiten gewaltenübergreifend, wobei insb. die Wendungen »Die Gesetzgebung über … ist Sache des Bundes« (bspw. Art. 61 I, 87, 91 II BV u. a. m.) und »Der Bund erlässt Vorschriften über …« (bspw. Art. 61 II, 63 I, 68 III, 71 II BV u. a. m.) eine **umfassende** explizite Normsetzungskompetenz des Bundes begründen. Hingegen ermächtigen Formulierungen wie »Der Bund legt Grundsätze … fest« (bspw. Art. 75 I, 77 II, 79 BV u. a. m.) oder »Er erlässt Mindestvorschriften« (Art. 38 II BV) in Parallele zu Art. 75 GG a. F. (→ Rn. 38) zur Regelung in Grundzügen (**Grundsatzgesetzgebungskompetenz**). Sind dem Bund in einem Sachbereich nur näher ausbuchstabierte Zuständigkeiten übertragen (bspw. Art. 118 I, II BV), zählt dies als **fragmentarische** Kompetenz[94]. Schließlich wird auch den diversen Förder- und Unterstützungsaufträgen (bspw. Art. 64 I, 68 I, 69 II, 71 I BV u. a. m.) eine Gesetzgebungskompetenz des Bundes entnommen[95]. Quer zu dieser Einteilung ist eine zweite angesiedelt, die auf das Verhältnis dieser Bundeskompetenzen zu den kantonalen abstellt. Die eidgenössische Doktrin unterscheidet hier **Bundeskompetenzen** mit nachträglich derogatorischer Kraft (auch »konkurrierende Kompetenzen«)[96], ursprünglich **derogatorischer Kraft** (auch »ausschliessliche Kompetenzen«) sowie parallele Kompetenzen (bspw. Art. 63 II, 128 BV). Die vertrauten Klammerzusätze sollten nicht darüber hinwegtäuschen, daß sich die Unterscheidung nicht aus dem Verfassungswortlaut, sondern erst aus der Auslegung ergibt; als ausschließliche Kompetenzen gelten etwa Art. 99 BV (Geld- und Währungswesen) oder Art. 133 BV (Zollwesen). Die große Mehrzahl der umfassenden Bundeskompetenzen hindern danach die Kantone erst dann an der Gesetzgebung, wenn der Bund tätig geworden ist (→ Rn. 37). Damit korrespondieren namentlich in den jüngeren Kantonsverfassungen umfangreiche eigene Aufgabenkataloge[97].

25 Teils deutlich komplexer ist das Bild in den europäischen Staaten, die sich erst in jüngerer Zeit auf den Pfad der Regionalisierung oder Föderalisierung begeben haben (→ Art. 30 Rn. 13). In **Spanien** führt der offen widersprüchliche Textbefund zu einer Vielzahl an verfassungsrechtlichen Streitigkeiten[98]: Art. 149 I Verf. listet ausschließliche Zuständigkeiten des Gesamtstaates auf, ohne dabei zwischen Gesetzgebungs- und Verwaltungsaufgaben zu differenzieren. Abs. 3 S. 1 der Norm gibt den Autonomen Gemeinschaften ein Zugriffsrecht auf in der Verfassung nicht ausdrücklich der Zentralebene übertragene Aufgaben; daneben benennt Art. 148 I Verf. explizit die Zuständigkeiten, die sie per Statut übernehmen können. Ohne eine solche Übernahme fallen sie wiederum an den Staat, dessen Normen im Konfliktfall vorgehen (Art. 149 III 2 Verf.) und in jedem Fall das Recht der Gemeinschaften »ergänzen« (Art. 149 III

---

[94] *Häfelin/Haller/Keller*, Bundesstaatsrecht (Fn. 93), Rn. 1086; *P. Tschannen*, Staatsrecht der Schweizerischen Eidgenossenschaft, 3. Aufl. 2011, § 20 Rn. 41 f.; *W. Haller/A. Kölz/T. Gächter*, Allgemeines Staatsrecht, 5. Aufl. 2013, Rn. 565 f.
[95] *Häfelin/Haller/Keller*, Bundesstaatsrecht (Fn. 93), Rn. 1090; *Brühl-Moser* (Fn. 93), § 99 Rn. 38.
[96] Der »Normalfall« laut *Häfelin/Haller/Keller*, Bundesstaatsrecht (Fn. 93), Rn. 1091.
[97] Instruktiv aus dieser Perspektive *V. Sobotich*, in: I. Häner/M. Rüssli/E. Schwarzenbach (Hrsg.), Kommentar zur Zürcher Kantonsverfassung, 2007, Vorb. zu Art. 95–121 Rn. 3 ff.; *G. Schmid*, Staatsaufgaben, in: D. Buser (Hrsg.), Neues Handbuch des Staats- und Verwaltungsrechts des Kantons Basel-Stadt, 2008, S. 29 ff.; zusammenfassend *Buser* (Fn. 93), Rn. 143.
[98] Bündig *Härtel* (Fn. 22), § 19 Rn. 22; näher *J. Martinez*, Der präföderale Staat, in: Härtel, Handbuch IV (Fn. 91), § 102 Rn. 43 ff. sowie *A. Torres Pérez*, The Trend Towards Homogenization in the Spanish ›State of Autonomies‹, in: Halberstam/Reimann, Federalism (Fn. 90), S. 417 ff. (420 ff.); instruktiv zur Richtlinienumsetzung *K. F. Gärditz*, Europäisches Umwelt- und Planungsrecht 2014, 141 ff.

3 Verf.). **Italien** unterscheidet ausschließliche (Art. 117 II lit. a-q Verf.) sowie konkurrierende Gesetzgebungskompetenzen (Art. 117 III Verf.) und verknüpft damit eine Residualkompetenz der Regionen (Art. 117 IV Verf.; → Art. 30 Rn. 13)[99]. Während die ausschließlichen dem Zentralstaat zugeordnet sind, ist er im Bereich der konkurrierenden auf die Festlegung wesentlicher Grundsätze beschränkt, was diese Kompetenz im Vergleich eher der ehemaligen Rahmengesetzgebung annähert und ähnliche Probleme aufwirft[100]. Die Verfassung **Belgien**s verweist letztlich auf organische Gesetze, die die Legislativkompetenzen der Regionen näher ausbuchstabieren (Art. 38, 39 Verf.); dabei werden die ausdrücklichen Kompetenzen der beiden großen Sprachgemeinschaften (Art. 127–129 Verf.) ebenso ausgespart wie die Kompetenz zum Sprachgebrauch der öffentlichen Hand (Art. 30 Verf.). Die organischen Gesetze sowie weitere Rechtsakte bis hin zu diversen Abkommen übertragen den Regionen inzwischen substantielle Zuständigkeiten u. a. zum Naturschutz und zum Recht der Wirtschaft[101]. **Großbritannien** schließlich hat im Rahmen der »Devolution« umfangreiche Gesetzgebungszuständigkeiten auf die Parlamente von Wales, Nordirland und insb. Schottland übertragen. Der Scotland Act 1998 sieht dabei eine parallele Allzuständigkeit von Regional- und Nationalparlament vor (sect. 28 VII; → Rn. 56); daneben findet sich ein Katalog Westminster vorbehaltener Materien (*reserved issues*; sect. 30 I i.V.m. Anhang 5), der wiederum Rückausnahmen (*devolved issues*) enthält[102]. Durch den Scotland Act 2012 sind diese Gesetzgebungskompetenzen nur moderat verändert worden[103]; im Anschluß an das knapp gescheiterte Referendum von 2014 wird dieses Arrangement neu verhandelt.

Die **USA** sehen eine Residualkompetenz der Gliedstaaten vor (Amendment X v. 1791; → Art. 30 Rn. 12); die Legislativkompetenzen des Bundes werden direkt dem Kongreß zugeordnet (Art. I Sect. 8 §§ 1–18 US-Verf.) und differenzieren nur implizit zwischen ausschließlichen und konkurrierenden Kompetenzen (*exclusive* bzw. *concurrent powers*)[104]. Gleichwohl hat in Parallele zur Bundesrepublik auch in den USA

---

[99] Näher *S. Grundmann/A. Zaccaria*, Einführung in das italienische Recht, 2007, S. 57 ff.; *M. Dogliani/C. Pinelli*, IPE I, § 5 Rn. 136; *A. Grasse*, Dissoziativer Föderalismus (2): Föderalismus in Italien, in: Härtel, Handbuch IV (Fn. 91), § 101 Rn. 20 m. Abb. 6, Rn. 23 sowie *L. Del Duca/P. Del Duca*, Emergence of the Italian Unitary Constitutional System, Modified by Supranational Norms and Italian Regionalism, in: Halberstam/Reimann, Federalism (Fn. 90), S. 267 ff. (269 ff.).

[100] Siehe *P. Caretti/U. De Siervo*, Diritto costituzionale e pubblico, 2. Aufl., Turin 2014, S. 278 f., 397 ff. sowie *U. Adamo*, Diritti e Statuti di autonomia, in: A. Morelli/L. Trucco (Hrsg.), Diritti e autonomie territoriali, Turin 2014, S. 128 ff.

[101] Dazu im Detail *M. Woydt*, Gesetzgebung in Belgien, in: Ismayr, Gesetzgebung (Fn. 72), S. 303 ff. (304 ff.); *ders.*, Dissoziativer Föderalismus (1): Belgo-Föderalismus, in: Härtel, Handbuch IV (Fn. 91), § 100 Rn. 13 ff. sowie *A.-L. Verbeke*, Belgium: A Broken Marriage, in: Halberstam/Reimann, Federalism (Fn. 90), S. 121 ff. (125 ff.).

[102] Eingehend u. m. w. N. *M. Hahn-Lorber*, Parallele Gesetzgebungkompetenzen, 2012, S. 95 ff., 260 ff.; vgl. ferner den Vergleich von *M. Möstl*, BayVBl. 2013, 581 ff. sowie zuletzt *S. Banakas*, The United Kingdom: Devolution and Legal Unification, in: Halberstam/Reimann, Federalism (Fn. 90), S. 461 ff. (462 ff.).

[103] Dazu *C. M. G. Himsworth/C. M. O'Neill*, Scotland's Constitution, 3. Aufl. Haywards Heath 2015, S. 125 ff.; → Art. 72 Rn. 10.

[104] Einzelne Titel übertragen dem Kongreß die »exclusive legislation« (Art. I Sect. 8 § 17); dazu knapp *Härtel* (Fn. 22), § 19 Rn. 18 sowie aus der US-amerikanischen Literatur *J. E. Nowak/R. D. Rotunda*, Constitutional Law, 7. Aufl., St. Paul 2004, § 3 (S. 138 ff.) und *L. H. Tribe*, American Constitutional Law, Volume I, 3. Aufl., New York 2000, § 5 (S. 789 ff.). Vgl. noch *E. Chemerinsky*, Constitutional Law, 4. Aufl., New York 2013, S. 115 ff. sowie *J. R. Maxeiner*, United States Federalism: Harmony Without Unity, in: Halberstam/Reimann, Federalism (Fn. 90), S. 491 ff. (493 ff.).

der Bund seine Gesetzgebungskompetenzen erheblich ausgeweitet und sich dabei maßgeblich auf seine Kompetenz zur Regelung des Handels zwischen den Einzelstaaten gestützt (Art. I Sect. 8 § 3 US-Verf.)[105]. **Brasilien** listet in seiner Verfassung zunächst einen umfangreichen Katalog mit ausschließlichen Gesetzgebungskompetenzen der Union auf (Art. 22 I Nr. I–XXIX Verf.[106]). Daneben bestehen konkurrierende Legislativzuständigkeiten (Art. 24 I Nr. I–XVI Verf.), in deren Rahmen die Union lediglich Grundsätze aufstellen darf (Art. 24 II Verf.; → Rn. 39)[107]. **Kanada** stellt ausschließliche Gesetzgebungskompetenzen von Zentralstaat (Section 91 Nr. 1A–29 Constitution Act 1867) und Provinzen (Sections 92 Nr. 2–17, 92a, 93) gegenüber und weist der nationalen Ebene die Auffangkompetenz zu (→ Art. 30 Rn. 12)[108]. Ferner kann das nationale Parlament in Ansehung der Provinzen Ontario, Nova Scotia und Neubraunschweig Vorschriften zur Vereinheitlichung der Regelung ausgewählter Sachbereiche (u. a. Bürgerrechte) erlassen (Section 94); schließlich vermögen in Fragen der Altersversorgung (Section 94a) sowie der Landwirtschaft und der Immigration (Section 95) beide Ebenen nebeneinander tätig zu werden[109]. **Südafrika** räumt Zentralebene wie Provinzen enumerierte Gesetzgebungskompetenzen ein (Section 44 I i.V.m. Anhang 4 bzw. Section 104 i.V.m. Anhängen 4 u. 5 Verf.), stellt diese aber unter den doppelten Vorbehalt einer Bedarfsgesetzgebung der Republik zur Wahrung nationaler Belange (Section 44 II lit. a–e Verf.) bzw. einer expliziten *implied powers*-Klausel (Section 44 III Verf.)[110]. Damit geht eine hochkomplexe Vorrangregelung einher, die dem Recht der Republik nur bedingt Anwendungsvorrang vor dem der Provinzen einräumt (Section 146 II-IV u. V Verf.; vgl. auch Sections 147 ff.). **Indien** schließlich listet in seiner Verfassung ausschließliche Bundeskompetenzen (Art. 246 I i.V.m. Anhang VII, Liste 1 [»Union List«] Verf.), konkurrierende Kompetenzen (Art. 246 II i.V.m. Anhang VII, Liste 3 [»Concurrent List«] Verf.) sowie ausschließliche Einzelstaatskompetenzen (Art. 246 III i.V.m. Anhang VII, Liste 2 [»State List«] Verf.) auf[111].

---

[105] Nochmals *Härtel* (Fn. 22), § 19 Rn. 19 sowie aus der US-Literatur *I. W. Gutherz*, in: Pace Environmental Law Review 29 (2011), 289 ff.; *G. R. Stone u. a.*, Constitutional Law, 7. Aufl., New York 2013, S. 179 ff.

[106] Nach Art. 22 II Verf. können diese durch Gesetz auf die Einzelstaaten übertragen werden; → Art. 71 Rn. 11 ff.

[107] Siehe *M. Piancastelli*, Federal Republic of Brazil, in: A. Majeed/R.L. Watts/D.M. Brown (Hrsg.), A Global Dialogue on Federalism, Bd. 2, Montreal u.a. 2006, S. 66 ff. (71 ff.) sowie *J. Dolinger/L. R. Barroso*, Federalism and Legal Unification in Brazil, in: Halberstam/Reimann, Federalism (Fn. 90), S. 153 ff. (155 ff.).

[108] Siehe *R. Simeon/M. Papillon*, Canada, in: Majeed/Watts/Brown, Dialogue (Fn. 107), S. 91 ff. (103 ff.); *D. Brühl-Moser*, Der Föderalismus Kanadas, in: Härtel, Handbuch IV (Fn. 91), § 97 Rn. 30 ff. sowie *A. Grenon*, Unification of Laws in Federal Systems: The Canadian Model, in: Halberstam/Reimann, Federalism (Fn. 90), S. 169 ff. (172 ff.).

[109] Zur Praxis *Grenon*, Unification (Fn. 108), S. 175 ff.

[110] »Legislation with regard to a matter that is reasonably necessary for, or incidental to, the effective exercise of a power concerning any matter listed in Schedule 4 is, for all purposes, legislation with regard to a matter listed in Schedule 4«. Näher *S. David*, Die Verteilung der Gesetzgebungskompetenzen im südafrikanischen Verfassungsrecht, 2000, S. 111 ff.; *R. Grote*, Der Föderalismus in Mexiko, Indien, Südafrika und Australien, in: Härtel, Handbuch IV (Fn. 91), § 95 Rn. 17 ff. sowie *K. Govender*, Federalism and Legal Unification in South Africa, in: Halberstam/Reimann, Federalism (Fn. 90), S. 391 ff. (393 ff.).

[111] Nochmals *Grote*, Föderalismus (Fn. 110), § 95 Rn. 12 ff.; ferner *C. Wagner*, Föderalismus in Indien, in: Jahrbuch des Föderalismus 9 (2008), S. 488 ff. sowie *S. Parikh*, India: From Political Federalism and Fiscal Centralization to Greater Subnational Autonomy, in: Halberstam/Reimann, Federalism (Fn. 90), S. 255 ff. (256 ff.).

Das nationale Parlament hat ferner die Gesetzgebungskompetenz für staatenlose Territorien (Art. 246 IV Verf.), spezielle Bundesgerichte (Art. 247 Verf.), in besonderen Fällen von nationalem Interesse (Art. 249 Verf.), im Notstandsfall (Art. 250 Verf.) sowie im Sinne einer Residualkompetenz für die übrigbleibenden Sachbereiche (Art. 248 I Verf.). Art. 252 Verf. erlaubt zuletzt zwei oder mehr Staaten, das Bundesparlament um einheitliche Gesetze zu bitten (Resolutionsgesetzgebung).

2. Landesverfassungsrecht

Eingedenk der langen Tradition einer auf Bundesebene und zu Bundesgunsten geregelten Verteilung der Gesetzgebungszuständigkeiten (→ Rn. 5, 7 ff.) enthalten die Verfassungen der deutschen Bundesländer nur wenige Normen, die mit den Art. 70 ff. GG korrespondieren oder in Konflikt geraten könnten[112]. Obsolet dürften inzwischen die in einigen vorgrundgesetzlichen Landesverfassungen zu findenden **Übergangsbestimmungen** sein, die den Ländern ermöglichen sollten, partiell an die Stelle des paralysierten Reichsgesetzgebers zu treten; sie finden sich in Bremen (Art. 150 LVerf.)[113] und Hessen (Art. 152 LVerf.)[114]. Ohne Rechtswirkung sind auch solche Klauseln der Zeit, die ausdrücklich einen Vorrang o. ä. der künftigen Gesetze der Zentralebene postulieren (Art. 152 BremVerf., Art. 153 I, II HessVerf.[115] sowie Art. 141 Rh.-Pf.Verf.[116]). Umgekehrt stehen die in einigen stark von der katholischen Soziallehre geprägten süddeutschen Landesverfassungen enthaltenen »**Wirtschaftsordnungen**«[117] mit ihrer umfangreichen Programmatik zur Regelung von Sachbereichen, die nach heutigem Verständnis Sache des Bundes sind (→ Art. 74 Rn. 50 ff.), nicht im Normwiderspruch zu den Kompetenzvorschriften, sondern werden zu weiten Teilen vom einfachen Bundesrecht gebrochen (→ Art. 31 Rn. 30, 58).

27

Eine landesverfassungsrechtliche **prozedurale Sicherung der** nach dem Grundgesetz dem Landesparlament obliegenden **Gesetzgebungskompetenzen** gegen ihr unkontrolliertes Abwandern in Richtung EU (→ Rn. 22; → Art. 23 Rn. 31) haben bislang nur Baden-Württemberg (Art. 34a LVerf. regelt in Anlehnung an Art. 23 III GG bzw. das EUZBBG die Landtagsbeteiligung in EU-Angelegenheiten[118]), das Saarland (Art. 76a

28

---

[112] Im Überblick *Pestalozza*, GG VIII, Art. 70 Rn. 82.
[113] Dazu BVerfGE 11, 89 (95) sowie *T. Spitta*, Kommentar zur Bremischen Verfassung von 1947, 1960, Anm. zu Art. 150 (S. 268): »hinfällig«; *H. Neumann*, Die Verfassung der Freien Hansestadt Bremen, 1996, Art. 150 Rn. 1 ff.
[114] Näher *E. Stein*, in: G. A. Zinn/E. Stein (Hrsg.), Die Verfassung des Landes Hessen, Art. 152 (1979), Anm. II. 1 ff.; H. Berding (Hrsg.), Die Entstehung der Hessischen Verfassung von 1946, 1996, S. 841 ff. (die Bestimmung geht auf einen interfraktionellen Antrag zurück und geht erst spät in den Verfassungstext ein); vgl. *M. Will*, Die Entstehung des Landes Hessen von 1946, 2009, S. 446 f.
[115] Siehe *Spitta*, Kommentar (Fn. 113), Anm. zu Art. 152 (S. 268) und *Neumann*, Verfassung (Fn. 113), Art. 152 Rn. 1 ff. sowie *K. R. Hinkel*, Verfassung des Landes Hessen, 1999, Erl. zu Art. 153 (S. 242). Die ausdrückliche Feststellung, daß das Recht der zukünftigen deutschen Republik das Recht des Landes breche, fand sich auch in Art. 95 II SächsVerf. (1947); vgl. dazu *J. Frackowiak*, Soziale Demokratie als Ideal, 2005, S. 178 ff. (→ Art. 31 Rn. 17).
[116] Dazu *M. Mensing*, in: L. Brocker/M. Droege/S. Jutzi (Hrsg.), Verfassung für Rheinland-Pfalz, 2014, Art. 141 Rn. 1 ff.
[117] Näher *F. Wittreck*, Neuthomistisches Naturrecht in deutschen Nachkriegsverfassungen, in: M. Casper/H.-R. Reuter/K. Gabriel (Hrsg.), Konfessionelle Einflüsse auf Wirtschaftsordnungen in der Zwischen- und Nachkriegszeit, 2015, i. E.
[118] Näher *K. Engelken*, Ergänzungsband zu Braun, Kommentar zur Verfassung des Landes Baden-Württemberg, 1997, Art. 34a Rn. 1 ff.

LVerf. lehnt sich an die vorgenannte Bestimmung an[119]) sowie Bayern (Art. 70 IV LVerf.)[120] vorgenommen. Die übrigen Länder haben – sofern überhaupt – entsprechende Bestimmungen auf Gesetzes- oder Geschäftsordnungsebene erlassen[121].

29 Als problematisch erweist sich hingegen die explizite Bezugnahme auf die [scil. allein nach dem Grundgesetz bestimmte] Gesetzgebungszuständigkeit des Landes, wenn sie dazu dienen soll, eine **Prüfungszuständigkeit der Landesverfassungsgerichte** namentlich im Verfahren der (Vorab-)Kontrolle direktdemokratischer Initiativen zu begründen (→ Rn. 60). Auf Verfassungsebene begegnet ein solch impliziter Rekurs auf die Art. 70 ff. GG in Berlin (Art. 62 I 1 LVerf.)[122], Niedersachsen (Art. 48 I 1 LVerf.)[123] und Nordrhein-Westfalen (Art. 68 I 3 LVerf.)[124]; die übrigen Bundesländer verlagern ihn in die einfachgesetzlichen Vorschriften über die Landesverfassungsgerichte oder direktdemokratische Verfahren[125].

C. Erläuterungen

I. Allgemeine Bedeutung und aktueller Befund

30 Die grundlegende Bedeutung der Art. 70–74 GG wie der übrigen Gesetzgebungskompetenzen resultiert aus ihrer engen Verklammerung mit gleich drei Verfassungsprinzipien des Art. 20 I–III GG (→ Art. 20 [Einführung], Rn. 12): Offensichtlich ist, daß die Art. 70 ff. GG mit dem **Bundesstaats**prinzip korrespondieren, denn sie gehören zu den Bestimmungen, die die föderale Verheißung einer Multiplikation der Entscheidungszentren wie der vertikalen Gewaltentrennung erst faßbar machen, indem sie tatsächlich Aufgaben und Befugnisse den verschiedenen Ebenen des Bundesstaates zuordnen (→ Art. 20 [Bundesstaat], Rn. 24)[126]. Stellt man die Funktion des Gesetzes als zentra-

---

[119] Siehe *A. Catrein/T. Flasche*, in: R. Wendt/R. Rixecker (Hrsg.), Verfassung des Saarlandes, 2009, Art. 76a Rn. 1 ff., 6.

[120] Danach hat die Staatsregierung in EU-Angelegenheiten den Landtag zu unterrichten (S. 1); sie kann bei der Übertragung von Gesetzgebungsrechten gebunden werden (S. 2) und hat die Stellungnahme des Landtags maßgeblich zu berücksichtigen, falls Gesetzgebungsrechte betroffen sind; siehe *W. Brechmann*, in: T. Meder/W. Brechmann (Hrsg.), Die Verfassung des Freistaates Bayern, 5. Aufl. 2014, Art. 70 Rn. 28 ff.

[121] Dazu *F. Wittreck*, ZG 26 (2011), 122 ff.; neuere Darstellungen von *A. Voßkuhle*, Die Rolle der Landesparlamente im europäischen Integrationsprozess, in: FS Papier, 2013, S. 195 ff.; *G. Abels*, Landesparlamente und europäische Integration, in: Thüringer Landtag (Hrsg.), 20 Jahre Thüringer Verfassung, 2013, S. 59 ff. sowie *W. Kluth*, Einwirkung von Bundestag, Bundesrat und Landesparlamenten auf die gemeinschaftsrechtliche Rechtsetzung als Ausdruck von Integrationsverantwortung, in: Kluth/Krings, Gesetzgebung (Fn. 1), § 22 Rn. 64 ff.

[122] Näher aus der Kommentarliteratur *R.-P. Magen*, in: G. Pfennig/M. J. Neumann (Hrsg.), Verfassung von Berlin, 3. Aufl. 2000, Art. 62 Rn. 1; *P. Michaelis-Merzbach*, in: H.-J. Driehaus (Hrsg.), Verfassung von Berlin, 3. Aufl. 2009, Art. 62 Rn. 3 f.; vgl. einfachgesetzlich auch § 17 VI des Gesetzes über Volksinitiative, Volksbegehren und Volksentscheid (AbstG).

[123] Siehe *J. Stender-Vorwachs*, in: V. Epping u. a. (Hrsg.), Hannoverscher Kommentar zur Niedersächsischen Verfassung, 2012, Art. 48 Rn. 26.

[124] Aus der Literatur *T. Mann*, in: W. Löwer/P. J. Tettinger (Hrsg.), Kommentar zur Verfassung des Landes Nordrhein-Westfalen, 2002, Art. 68 Rn. 20; *P. Grawert*, Verfassung für das Land Nordrhein-Westfalen, 2. Aufl. 2008, Art. 68 Rn. 1; vgl. auch *M. Bertrams*, NWVBl. 1994, 401 (403).

[125] So namentlich Brandenburg (§§ 11 Nr. 2, 9 VI, 5 I 1 Volksabstimmungsgesetz [VAGBbG]) und Sachsen-Anhalt (§ 30 I i. V. m. §§ 7 I 1, 4 S. 2 sowie § 30 I i. V. m. § 11 II Nr. 2 Volksabstimmungsgesetz [VAbstG]).

[126] Allgemeine Auffassung; siehe *Stern*, Staatsrecht I, S. 670 ff.; *J. Isensee*, HStR³ VI, § 126 Rn. 196 ff.; *Uhle* (Fn. 37), Art. 70 Rn. 4.

les Steuerungsinstrument[127] wie die Prädikation des Parlaments als »Gravitationszentrum des demokratischen Verfassungsstaates« (→ Art. 20 [Demokratie], Rn. 92; → Art. 38 Rn. 30, 35) in Rechnung, so weist die konkret faßbare Kompetenzausstattung dieses Zentrums auch enge Bezüge zum **Demokratie**prinzip auf. Schließlich sind die machtlimitierende wie rationalisierende Funktion aller Kompetenznormen (→ Art. 30 Rn. 16) zentrales Anliegen des **Rechtsstaats**prinzips[128], das noch dazu in Gestalt seines Teilgehalts der Gesetzesbindung auf die Art. 70 ff. GG verwiesen wird (→ Art. 20 [Rechtsstaat], Rn. 52, 81 ff.).

Das Bundesverfassungsgericht hat die Entscheidung, den Ländern in Prolongierung der in Art. 30 GG vorgenommenen Weichenstellung eine Residualkompetenz auch für die Gesetzgebung zuzuschreiben, vor diesem Hintergrund als »**Grundregel**« des Bundesstaats bezeichnet[129]. Die sinngleiche Feststellung, auch insofern liege ein Regel-Ausnahme-Verhältnis zugunsten der Landeskompetenz vor[130], ist aber zumindest mißverständlich, denn bereits die unbefangene Lektüre der Kataloge der Art. 73 I u. 74 I GG offenbart, daß im Bundesstaat des Grundgesetzes ganz im Gegenteil Landesgesetze die Ausnahme darstellen dürften[131]. Läßt man die langjährige Verfassungspraxis, insbesondere aber die Rechtsprechung des Bundesverfassungsgerichts vor der »Altenpflege-Volte« Revue passieren, so vertieft sich dieser Befund nochmals (→ Rn. 13 f.; → Art. 72 Rn. 3, 5): Das Gesetz als zentrales verfassungsstaatliches Steuerungsinstrument liegt in der Hand des Bundes. Die Landesgesetzgebung beschränkt sich im Kern – sieht man vom einfachrechtlichen Unterbau der Landesverfassung und der Verwaltungsorganisation ab – auf das Polizei- und Ordnungsrecht, die Regeln für Schule und Kultus, das Gemeinderecht sowie weitere Spezialmaterien des besonderen Verwaltungsrechts (auch »Hausgut« der Länder genannt; → Art. 70 Rn. 15 f.)[132]. Damit geht eine **Verschiebung der Machtbalance zwischen Legislative und Exekutive** auf Landesebene einher[133], die durch die vielbeklagte »Exekutivlastigkeit« des europäischen Integrationsprozesses nochmals verschärft wird (→ Rn. 21 f.; → Art. 23 Rn. 3, 27)[134].

---

[127] Näher *F. Reimer*, GVwR² I, § 9 Rn. 1 ff.; *G. Krings*, Das Gesetz im demokratischen Verfassungsstaat, in: Kluth/Krings, Gesetzgebung (Fn. 1), § 2 Rn. 72 ff. → Art. 20 (Rechtsstaat), Rn. 92 ff.
[128] Unterstrichen von *H.-W. Rengeling*, Kompetenzen, in: FS P. Kirchhof, 2013, Bd. I, § 8 Rn. 47.
[129] BVerfGE 16, 64 (79: betrifft Art. 70 I GG); zustimmend *Uhle* (Fn. 37), Art. 70 Rn. 4; *Rozek* (Fn. 47), Art. 70 Rn. 2; *Jarass/Pieroth*, GG, Art. 70 Rn. 1.
[130] BVerfGE 111, 226 (247, Rn. 79); aus der Literatur *D. C. Umbach/T. Clemens*, in: Umbach/Clemens, GG II, Art. 70 Rn. 2; *Uhle* (Fn. 37), Art. 70 Rn. 2 bezeichnet dies daher wohlweislich bloß als »rechtstechnisches Regel-Ausnahme-Verhältnis zugunsten der Länder«.
[131] Unterstrichen beispielsweise von *P. Kunig*, in: v. Münch/Kunig, GG II, Art. 70 Rn. 5 sowie von *H.-W. Rengeling*, HStR³ VI, § 135 Rn. 52: In Wirklichkeit bilde die Bundesgesetzgebung »das Schwergewicht«. Ebenso *Degenhart* (Fn. 65), Art. 70 Rn. 7.
[132] Ganz ähnlich *Umbach/Clemens* (Fn. 130), Art. 70 Rn. 1: »Letztlich verbleiben im wesentlichen für die Länder: Organisations- und Verfahrensrecht, Kommunalrecht, Polizei- und Ordnungsrecht sowie Kulturrecht (insbes. Schulrecht)«; siehe im einzelnen die umfassende Übersicht bei *Uhle* (Fn. 37), Art. 70 Rn. 86 ff.
[133] Pointiert *B.-O. Bryde*, Die Reform der Landesverfassungen, in: H. H. v. Arnim (Hrsg.), Direkte Demokratie, 2000, S. 147 ff. (154): »Agonie des Landesparlamentarismus«. Siehe auch *H. H. v. Arnim*, Systemwechsel durch Direktwahl des Ministerpräsidenten?, in: FS Klaus König, 2004, S. 371 ff. (377).
[134] Ebenso *Bryde*, Reform (Fn. 133), S. 157. Allgemein konstatieren diese »Exekutivlastigkeit« etwa *M. Ruffert*, in: Calliess/Ruffert, EUV/AEUV, Art. 9 EUV Rn. 5; *C. Schönberger*, in: Grabitz/Hilf/Nettesheim, EUV/AEUV, Art. 9 EUV (2014), Rn. 10 sowie *C. Henke*, EuR 45 (2010), 118 (118 f.). Siehe spezifisch im Zusammenhang mit den Maßnahmen zur Bewältigung der Finanzkrise auch *S. Kadelbach*, EuR 48 (2013), 489 (495 ff.).

II. Gesetzgebungskompetenzen als Normkategorie

1. Gesetzgebung i. S. d. Art. 70–74 GG

32 »Gesetzgebung« impliziert im Rahmen der Art. 70–74 GG stets **Gesetze im formellen Sinne**[135]; erfaßt sind volksbeschlossene Gesetze[136] und Parlamentsgesetze unabhängig von ihrer weiteren Qualifikation als Maßnahme-[137] oder Transformationsgesetz[138]. Auch verfassungsändernde Gesetze i. S. v. Art. 79 I 1 GG sind angesprochen (→ Art. 79 I Rn. 13f.)[139], nicht hingegen der Erlaß bzw. die Änderung von Landesverfassungen (→ Art. 30 Rn. 25). **Verordnungen** zählen ebenso nicht als Gesetze i. S. v. Art. 70–74 GG[140], was allerdings nicht ausschließt, daß die auf eine Kompetenz gestützten formellen Gesetze im Rahmen von Art. 80 I GG Verordnungsermächtigungen enthalten (→ Art. 80 Rn. 20f.)[141]. Gleiches gilt für Satzungen[142] und die Erklärung der Allgemeinverbindlichkeit von Tarifverträgen[143].

33 Die Feststellung, **Gewohnheitsrecht** sei »dem Kompetenzbereich zuzuordnen, den es durch seine Übung aktualisiert«[144], erweist sich als anfechtbar. Zunächst ist festzuhalten, daß die Funktionslogik des Gewohnheitsrechts quer zu derjenigen von Kompetenznormen steht – die empirisch faßbare Übung entsteht, fragt aber nicht nach Zuständigkeiten[145]. Die Frage nach der kompetenzrechtlichen Qualifikation von Gewohnheitsrecht wird sich daher praktisch nur stellen, wenn es im Sachbereich einer Bundes- oder Landeskompetenz entstanden ist, von der der jeweilige Verband noch keinen Gebrauch gemacht hat[146]. Dann aber entfaltet bundesweites Gewohnheitsrecht

---

[135] BVerfGE 55, 7 (21); aus der Literatur *Rozek* (Fn. 47), Art. 70 Rn. 24; *Jarass/Pieroth*, GG, Art. 70 Rn. 4; *Degenhart* (Fn. 65), Art. 70 Rn. 16; a.A. *M. Bothe*, in: AK-GG, Vor Art. 70 (2002), Rn. 2, wonach die »Art. 70–75 Gesetze im formellen und im materiellen Sinne, auch die Verordnungsgebung« beträfen.

[136] So *F. Rehmet*, Direkte Demokratie in den deutschen Bundesländern, in: T. Schiller/V. Mittendorf (Hrsg.), Direkte Demokratie, 2002, S. 102ff.; *F. Pilz/H. Ortwein*, Das politische System Deutschlands, 2008, S. 30ff.; *Heintzen* (Fn. 37), Art. 70 Rn. 43; → *Stettner*, Bd. II², Art. 70 Rn. 49.

[137] Für deren Zuordnung *Rozek* (Fn. 47), Art. 70 Rn. 24; *Uhle* (Fn. 37), Art. 70 Rn. 35 sowie *Heintzen* (Fn. 37), Art. 70 Rn. 45.

[138] Darauf verweisen *Heintzen* (Fn. 37), Art. 70 Rn. 44; *Umbach/Clemens* (Fn. 130), Art. 70 Rn. 12; *Sannwald* (Fn. 87), Art. 70 Rn. 9.

[139] *Kunig* (Fn. 131), Art. 70 Rn. 14; *C. Seiler*, in: Epping/Hillgruber, GG, Art. 70 Rn. 5; *Jarass/Pieroth*, GG, Art. 70 Rn. 4.

[140] Art. 72 I GG akzentuiert das seit 1994 durch die Wendung »durch Gesetz Gebrauch gemacht«: → Art. 72 Rn. 25. Im Ergebnis wie hier *Rozek* (Fn. 47), Art. 70 Rn. 30; *Jarass/Pieroth*, GG, Art. 70 Rn. 4; *H.-W. Rengeling*, HStR³ VI, § 135 Rn. 2; *Uhle* (Fn. 37), Art. 70 Rn. 42; *Morlok/Michael*, Staatsorganisationsrecht, Rn. 443.

[141] BVerfGE 101, 1 (31, Rn. 116); 106, 1 (19, Rn. 78); aus der Literatur *Rozek* (Fn. 47), Art. 70 Rn. 30; *Jarass/Pieroth*, GG, Art. 70 Rn. 4.

[142] Siehe *Heintzen* (Fn. 37), Art. 70 Rn. 46: »Bei Satzungen kommt es auf die Gesetzgebungskompetenz für die Verleihung der Satzungsmacht an; die Art. 70–75 GG spielen für sie nur mittelbar eine Rolle«.

[143] BVerfGE 55, 7 (21); zustimmend *Uhle* (Fn. 37), Art. 70 Rn. 45.

[144] BVerfGE 61, 149 (203f.); zustimmend *Heintzen* (Fn. 37), Art. 70 Rn. 48; *Jarass/Pieroth*, GG, Art. 70 Rn. 4.

[145] Gleichsinnig *Uhle* (Fn. 37), Art. 70 Rn. 46 sowie *Rozek* (Fn. 47), Art. 70 Rn. 32.

[146] Schulbeispiel ist das – im wesentlichen nach wie vor nicht kodifizierte – Staatshaftungsrecht, für das erst seit 1994 eine konkurrierende Gesetzgebungskompetenz des Bundes nach Art. 74 I Nr. 25 GG besteht. Zur Frage, inwieweit gleichwohl auch bereits zuvor von diesbezüglichem »Bundesgewohnheitsrecht« ausgegangen werden konnte, siehe kritisch *H. H. Rupp*, Reform der Staatshaftung und Bundeszuständigkeit, in: FS Mühl, 1981, S. 553ff. (566ff.).

im Rahmen von Art. 72 GG keine Sperrwirkung, da kaum ein bewußtes »durch Gesetz Gebrauch« Machen vorliegt (→ Art. 72 Rn. 25)[147]. Umgekehrt steht landesweites Gewohnheitsrecht vor Tätigwerden des Bundes nicht unter Druck, danach einer bundesgesetzlichen Regelung nicht entgegen[148]. **Richterrecht** folgt dem Grunde nach den gleichen Regeln, wobei in Rechnung zu stellen ist, daß es zumindest prinzipiell offener für eine rationale Steuerung der Akteure ist als klassisches Gewohnheitsrecht[149]. Besondere Relevanz weisen in diesem Zusammenhang die **allgemeinen Grundsätze** des Verwaltungsrechts auf, zumal die Qualifikation hier über die Reichweite der Revisionskompetenz des Bundesverwaltungsgerichts entscheidet[150].

2. Kompetenzen i. S. d. Art. 70–74 GG

Das Grundgesetz spricht ohne Unterscheidungsintention und teils in einem Atemzug in den Vorschriften des VII. Abschnitts vom »Recht der Gesetzgebung«, »Gesetzgebungsbefugnisse[n]« (Art. 70 I GG), »Zuständigkeit« (Art. 70 II GG), der »Befugnis zur Gesetzgebung« (Art. 71, 72 I GG), »Gesetzgebungsrecht« (Art. 72 II GG); die Reihe ließe sich verlängern. Stets ist die **Verbandskompetenz** im Sinne der Zuordnung der Gesetzgebungszuständigkeit zur Bundes- oder Landesebene gemeint, die wiederum konstitutiv für die formelle Verfassungsmäßigkeit von Gesetzen im Rahmen der Prüfung ihrer Qualifikation als Teil der »verfassungsmäßigen Ordnung« i. S. v. Art. 2 I GG ist (→ Rn. 59; → Art. 2 I Rn. 42 f., 53 ff.). Die **Organkompetenz** ist in den Art. 70–74 GG grundsätzlich nicht angesprochen (anderes gilt teils für die über das Grundgesetz verteilten Spezialzuständigkeiten; → Rn. 36). Sie folgt für den Bund im Kern aus Art. 77 GG i. V. m. den Bestimmungen über die Zustimmungsbedürftigkeit von Gesetzen (→ Art. 77 Rn. 44 ff.), für die Länder aus den Landesverfassungen (→ Art. 28 Rn. 42 ff.; → Art. 77 Rn. 15)[151].

34

III. Struktur und Typologie der Gesetzgebungskompetenzen des Grundgesetzes

1. Das Verteilungskonzept der Art. 70–74 GG

Unter der (streng genommen nicht ganz korrekten[152]) Überschrift »Die Gesetzgebung des Bundes« enthält der erste Teil des VII. Abschnitts ein mehrfach gestuftes System[153]. Art. 70 I GG konkretisiert zunächst die allgemeine Kompetenzverteilungsregel des Art. 30 GG (→ Art. 30 Rn. 19), indem er auch für die Staatsfunktion Gesetzge-

35

---

[147] So auch *Pestalozza*, GG VIII, Art. 75 Rn. 51. → *Stettner*, Bd. II², Art. 70 Rn. 48; vgl. auch *Uhle* (Fn. 37), Art. 70 Rn. 47.
[148] Ähnlich *Heintzen* (Fn. 37), Art. 70 Rn. 48.
[149] Siehe *Uhle* (Fn. 37), Art. 70 Rn. 48 f.; vgl. ferner *Degenhart* (Fn. 65), Art. 70 Rn. 28 sowie *I. Kranz*, Landesarbeitskampfgesetze?, 2015, S. 62 f.
[150] Näher *Rozek* (Fn. 47), Art. 70 Rn. 33 sowie *Degenhart* (Fn. 65), Art. 70 Rn. 27. Siehe *M. Winkelmüller/F. v. Schewick*, in: F. Gärditz (Hrsg.), VwGO, 2013, § 137 Rn. 19 ff.
[151] Näher *J. Ennuschat*, Besonderheiten des Gesetzgebungsverfahrens in den Ländern, in: Kluth/Krings, Gesetzgebung (Fn. 1), § 26.
[152] Nicht nur regelt Art. 70 I GG allgemein die Gesetzgebung der Länder (→ Art. 70 Rn. 15 f.); seit der Föderalismusreform I (→ Rn. 15) enthält der Abschnitt auch mehrere explizite Reservatrechte der Länder (→ Rn. 40) sowie die sog. Abweichungsgesetzgebung (→ Rn. 41).
[153] Im Überblick zum folgenden *Stern*, Staatsrecht II, S. 578; *Heintzen* (Fn. 37), Art. 70 Rn. 5 f.; *Kunig* (Fn. 131), Art. 70 Rn. 1; *Sannwald* (Fn. 47), Vorb. v. Art. 70 Rn. 1.

bung eine **Residualkompetenz der Länder** anordnet, die allerdings unter dem Vorbehalt der »Verleihung« an den Bund steht (→ Art. 70 Rn. 9 f.)[154]. Art. 70 II GG präzisiert diesen Begriff näher, indem er auf die Vorschriften über die ausschließliche und die konkurrierende Gesetzgebung verweist (→ Art. 70 Rn. 11 f.); dies ist erneut mißverständlich, weil neben den sich unmittelbar anschließenden Art. 71–74 GG auch zahlreiche weitere Bestimmungen des Grundgesetzes »Vorschriften« in diesem Sinne darstellen (→ Rn. 36 ff.)[155]. Gleichwohl bilden die folgenden Artikel über die ausschließliche und die konkurrierende Gesetzgebung das **Herzstück der Kompetenzverteilung** des Grundgesetzes. Das Kompositionsprogramm ist der Idee des Allgemeinen Teils verpflichtet, weil jeweils eine Norm die Funktionslogik des Kompetenztyps festlegt (→ Art. 71 Rn. 5; → Art. 72 Rn. 14 f.) und eine weitere die Gegenstände auflistet, die ihr folgen (→ Art. 73 Rn. 10 ff.; → Art. 74 Rn. 17 ff.). Verunklart wird diese an sich schnörkellose Architektur durch den jeweiligen Absatz 2 der Kompetenzkataloge, der sich an die Logik politischer Kompromisse anschmiegt, indem er punktuell Zustimmungsrechte des Bundesrates vorsieht (→ Art. 73 Rn. 88; → Art. 74 Rn. 155; → Art. 77 Rn. 44 ff.). Die Regelung zur Abweichungsgesetzgebung der Länder (mitsamt Katalog) ist ebenfalls nicht nur optisch ein Fremdkörper, sondern weist auch in der Sache erhebliche Spannungen auf (→ Rn. 41; → Art. 72 Rn. 32 ff.).

2. Geschriebene Gesetzgebungskompetenzen

a) Ausschließliche Bundeskompetenzen

36 Die Bundeszuständigkeit zur ausschließlichen Gesetzgebung vertraut (wohl zu Recht) auf ihre begriffliche Selbsterklärungskompetenz, denn Art. 71 GG formuliert nur *ex negativo*, daß die Gegenstände des Katalogs des Art. 73 GG dem **exklusiven Zugriff des Bundes** unterliegen[156]. Die statt dessen positiv postulierte Landeskompetenz (nur) kraft ausdrücklicher bundesgesetzlicher Ermächtigung läuft in der Praxis weitgehend leer (→ Art. 71 Rn. 12), ist aber ein Indiz dafür, daß die verbreitete These von der »Unverfügbarkeit« der (Gesetzgebungs-)Kompetenzordnung brüchig sein könnte (→ Art. 30 Rn. 28). Der ursprüngliche **Katalog** des Art. 73 [I] GG vereint Gegenstände, die auch im Rechtsvergleich typischerweise Sache der Zentralebene sind, weil sie bspw. Auslandsbezug aufweisen (→ Rn. 23 ff.); die diversen Ergänzungen und Verschiebungen seit 1949 haben dieses vergleichsweise klare Bild allerdings getrübt (→ Art. 73 Rn. 3). Außerhalb des Katalogs des Art. 73 I GG enthält das Grundgesetz eine Fülle von Vorschriften, die durch die Wendungen »Das Nähere regelt ein Bundesgesetz« oder »durch Gesetz, das der Zustimmung des Bundesrates bedarf« ausschließliche Gesetzgebungskompetenzen des Bundes begründen (→ Art. 30 Rn. 21; → Art. 70 Rn. 12; → Art. 71 Rn. 6). Ferner hat sich für die Steuergesetzgebung eine Sonderdogmatik herausgebildet (→ Rn. 43; → Art. 105 Rn. 6 ff.). Schließlich ordnet das Grundgesetz noch ohne nähere Qualifizierung dem »Bund« Kompetenzen zu, denen durch

---

[154] Einhellige Auffassung: *Rozek* (Fn. 47), Art. 70 Rn. 35 ff.; Jarass/*Pieroth*, GG, Art. 70 Rn. 1.
[155] Unterstrichen von *Uhle* (Fn. 37), Art. 70 Rn. 156.
[156] Im ersten Zugriff – außer den Kommentaren zu Art. 71 GG – dazu *M. Heintzen*, Die ausschließliche Bundesgesetzgebung, in: C. Starck (Hrsg.), Föderalismusreform, 2007, S. 41 ff.; *H.-W. Rengeling*, HStR³ VI, § 135 Rn. 82 ff. sowie *A. Uhle*, Die Sachbereiche der ausschließlichen Gesetzgebungskompetenz des Bundes nach der Föderalismusreform, in: Heintzen/Uhle, Entwicklungen (Fn. 73), S. 189 ff.

III. Struktur und Typologie der Gesetzgebungskompetenzen

Auslegung zu entnehmen ist, ob es sich um Gesetzgebungs-, Verwaltungs- oder Querschnittskompetenzen handelt (→ Art. 30 Rn. 22; → Art. 71 Rn. 7).

b) Konkurrierende Kompetenzen

Die zentral in Art. 72 i.V.m. 74 GG normierte konkurrierende Gesetzgebungszuständigkeit legt das **Mißverständnis eines echten Nebeneinanders** von Bundes- und Landesgesetzen nahe; tatsächlich normiert das Grundgesetz in Art. 72 I GG eine Landeskompetenz unter dem Vorbehalt der Nichtwahrnehmung der parallel bestehenden legislativen Zugriffsmöglichkeit des Bundes[157]. Die Verfassungspraxis straft das Konstrukt offen Lügen, denn der Bund hat ungeachtet aller Versuche, seine Präponderanz normativ zurückzuschneiden, die Kataloge des Art. 74 [I] GG mit wenigen Ausnahmen ausgeschöpft (→ Art. 72 Rn. 16; → Art. 74 Rn. 71, 145)[158]. Nach der Föderalismusreform I wird innerhalb des Katalogs nach Art. 74 I GG weiter zwischen **Kernkompetenzen** und Erforderlichkeitskompetenzen unterschieden (→ Art. 72 Rn. 17f.)[159]. Erstere sind Vollkompetenzen und jedenfalls durch Art. 72 GG nicht an weitere Voraussetzungen gebunden; von der ausschließlichen Gesetzgebung (→ Rn. 36) unterscheiden sie sich praktisch nur dadurch, daß die Länder nach der Grundregel des Art. 72 I GG (theoretisch) legislativ tätig werden könnten[160]. **Erforderlichkeitskompetenzen** sind in Art. 72 II GG aufgezählt und weiterhin an die in der neueren Rechtsprechung streng gehandhabte Prüfung geknüpft, ob eine bundesgesetzliche Regelung notwendig ist (→ Art. 72 Rn. 18). Vereinzelte weitere konkurrierende Gesetzgebungskompetenzen sind über das Grundgesetz verstreut: Art. 105 II GG spielt eine Sonderrolle (→ Rn. 43), während die Kompetenzhochzonung im Verteidigungsfall (→ Art. 115c Rn. 4) bislang nicht praktisch geworden ist.

37

c) Rahmenkompetenzen

Die Figur der Rahmenkompetenz hat auf den ersten Blick nur noch verfassungsgeschichtliche Bedeutung, ist bei näherer Betrachtung allerdings für das **Verständnis** namentlich **der Abweichungsgesetzgebung** (→ Rn. 41) unabdingbar, unter deren Tarnkappe sie der Sache nach weiterwest[161]. Art. 75 GG a. F. erlaubte bis 2006 dem Bund, »unter den Voraussetzungen des Artikels 72 Rahmenvorschriften für die Gesetzgebung der Länder zu erlassen« (Abs. 1)[162]. Diese durften »nur in Ausnahmefällen in Einzelheiten gehende oder unmittelbar geltende Regelungen enthalten« (Abs. 2) und begründeten eine Pflicht der Länder zur Umsetzung (Abs. 3). Der zugehörige Katalog (Abs. 1 S. Nr. 1–6) ist heute im Kern in Art. 74 I Nr. 27–33 bzw. in Art. 72 III 1 Nr. 1–6 GG abgebildet[163]. Ungeachtet des auf Anhieb einleuchtenden Bildes vom Rahmen (Bund) und seiner Ausfüllung (Länder) warf die Kompetenz nach Art. 75 GG a. F.

38

---

[157] Gleichsinnig *Uhle* (Fn. 37), Art. 70 Rn. 60.
[158] Wie hier *P. Kunig*, in: v. Münch/Kunig, GG II, Art. 72 Rn. 2.
[159] Diese Terminologie etwa bei BVerfGE 128, 1 (34, Rn. 128); *Uhle* (Fn. 37), Art. 70 Rn. 68; Jarass/*Pieroth*, GG, Art. 72 Rn. 3, 15; *C. Degenhart*, in: Sachs, GG, Art. 72 Rn. 2 a.E.
[160] So *S. Oeter*, in: v. Mangoldt/Klein/Starck, GG, Art. 72 Rn. 6.
[161] Ähnlich *C. Degenhart*, NVwZ 2006, 1209 (1213); *R. Sannwald*, in: Schmidt-Bleibtreu/Hofmann/Henneke, GG, Art. 74 Rn. 14.
[162] Eingehend *Pestalozza*, GG VIII, Art. 75 Rn. 68 ff.
[163] Näher zu den Rochaden *S. Oeter*, Die von der Föderalismusreform tangierten Sachbereiche der konkurrierenden Gesetzgebungskompetenz im Detail, in: Heintzen/Uhle, Entwicklungen (Fn. 73), S. 159 ff. (168 ff.); vgl. im übrigen H. Dreier/F. Wittreck (Hrsg.), GG, 10. Aufl. 2015, S. 65 f.

wenigstens zwei Kernprobleme auf: Theoretisch hat sich bis zuletzt die trennscharfe Abgrenzung von Rahmen und Inhalt als unmöglich erwiesen[164]; verfassungspraktisch haben auch entsprechende Textänderungen die Akteure auf Bundesebene nicht davon abgehalten, ihren Gestaltungswillen im Zweifel *en detail* auszuleben (→ Rn. 15)[165].

d) Grundsatzkompetenzen

39 Eng verwandt mit der Rahmenkompetenz ist die Grundsatzgesetzgebungskompetenz, der allerdings insofern die festen Konturen fehlen, als das Grundgesetz für diese Form der Gesetzgebungszuständigkeit keine Art. 71 o. 72 GG vergleichbare Kopfnorm bereithält, sondern einzelne Anwendungsfälle regelt, die mit der Bezeichnung lediglich heuristisch gebündelt werden[166]. Gem. Art. 140 GG i.V.m. Art. 138 I 2 WRV stellt der Bund die Grundsätze für die **Ablösung der Staatsleistungen** an die Religionsgesellschaften auf (→ Art. 140/138 WRV Rn. 25 f.); hier steht eine Umsetzung bekanntlich noch aus[167]. Ferner ist der Bund seit 1955 gem. Art. 106 IV 3 [ex V 2] GG berechtigt, Grundsätze für die Bemessung von Finanzzuweisungen und ihre Verteilung auf die Länder zu bestimmen (sog. **Mehrbelastungsausgleich**; → Art. 106 Rn. 30). Schließlich besteht seit 1967 die Möglichkeit, durch Bundesgesetz Grundsätze für das **Haushaltsrecht**, für eine konjunkturgerechte Haushaltswirtschaft und für eine mehrjährige Finanzplanung aufzustellen (Art. 109 IV [ex III] GG; → Art. 109 [Suppl. 2010], Rn. 53 ff.); hiervon hat der Bund durch den Erlaß des Stabilitätsgesetzes bereits 1967 resp. des Haushaltsgrundsätzegesetzes 1969 Gebrauch gemacht[168]. Beide Gesetze belegen in ihrer Steuerungsdichte sogleich, daß die Beschränkung auf die Regelung von »Grundsätzen« nicht weniger prekär ist als diejenige auf »Rahmenvorschriften« (→ Rn. 38)[169]. Als Ausgangspunkt sollte unstrittig sein, daß »Grundsätze« zunächst sowohl ein arbeitsteiliges als auch ein zeitlich gestaffeltes Vorgehen von Bundes- und Landesgesetzgeber implizieren[170]; der Bund legt vor, und den Ländern muß Platz zum Nachziehen bleiben. Zugleich ist die Bindungswirkung beidseitig[171]. Dabei dürfte die häufig postu-

---

[164] *Stern*, Staatsrecht II, S. 598 f.; *Pestalozza*, GG VIII, Art. 75 Rn. 68 ff.; *M. Kaltenborn*, AöR 128 (2003), 412 (437 ff.). → *Stettner*, Bd. II², Art. 75 Rn. 6 ff.

[165] Wie hier *M. Kaltenborn*, AöR 128 (2003), 412 (437). → *Stettner*, Bd. II², Art. 75 Rn. 5.

[166] Ähnlich *H.-W. Rengeling*, HStR³ VI, § 135 Rn. 320.

[167] Zur Debatte über die Ablösung der Staatsleistungen *R. C. Opris*, Sind die historischen Staatsleistungen an die Religionsgemeinschaften i. S. v. Art. 140 GG i.V.m. Art. 138 Abs. 1 WRV heutzutage noch rechtmäßig? 2013; *M. Germann*, in: Epping/Hillgruber, GG, Art. 140 Rn. 125; *F. Wittreck*, Perspektiven der Religionsfreiheit in Deutschland, in: K. Ebner/T. Kraneis/M. Minkner u.a. (Hrsg.), Staat und Religion, 2014, S. 73 ff. (92 f.).

[168] Gesetz zur Förderung der Stabilität und des Wachstums der Wirtschaft (Stabilitätsgesetz – StabG) v. 8.6.1967 (BGBl. I S. 582, zuletzt geändert durch Verordnung v. 31.10.2006, BGBl. I S. 2407); dazu *H. Kube*, in: Maunz/Dürig, GG, Art. 109 (2014), Rn. 18 f. u. 236. – Gesetz über die Grundsätze des Haushaltsrechts des Bundes und der Länder (Haushaltsgrundsätzegesetz – HGrG) v. 19.8.1969 (BGBl. I S. 1273, zuletzt geändert durch Gesetz v. 15.7.2013, BGBl. I S. 2398); vgl. dazu jetzt *K. v. Lewinski/D. Burbat*, Haushaltsgrundsätzegesetz, 2013, Einl. Rn. 9 ff.

[169] Gleichsinnig *Uhle* (Fn. 37), Art. 70 Rn. 157.

[170] *B. Tiemann*, DÖV 1974, 229 (231 f.); vgl. zu Grundsatzkompetenzen näher *B. Schreven*, Die Grundsatzgesetzgebung im Grundgesetz, 1973.

[171] Unterstrichen von *Maurer*, Bereich (Fn. 47), S. 343. Allerdings dürfte auch hier zu differenzieren sein, da namentlich die Grundsätze nach Art. 138 I 2 WRV mangels Masse den Bund kaum binden können.

lierte Ausschluß von »Vollregelungen« zu kurz greifen[172]; deutet man »Grundsätze« als politische Weichenstellungen in dem Sinne, daß auf Bundesebene die kontroversen und potentiell schmerzhaften Entscheidungen getroffen werden, dann können diese im Einzelfall tatsächlich keinen Spielraum für die Länder mehr lassen. Denkbare Grundsätze eines Gesetzes i. S. v. Art. 138 I 2 WRV wären etwa strikte Gleichbehandlung, eine Ablösung »eins zu eins« (resp. nach einer Quote) oder eine Stichtagslösung; gegen alle Entscheidungen könnte der Landesgesetzgeber anschließend nur noch verstoßen, ohne daß ihm Manövrierflächen zur Verfügung ständen. Das Beispiel legt nahe, daß die zulässige Dichte der »Grundsätze« **bereichsspezifisch** anhand des Referenzgebiets **zu bestimmen** ist[173].

e) Ausschließliche Landeskompetenzen

Ungeachtet der Verteilungslogik der Art. 70 ff. GG (→ Rn. 35) enthält das Grundgesetz zum Zwecke der Klarstellung bzw. rechtstechnisch als Rückausnahmen zu Bundeskompetenzen mittlerweile zahlreiche **ausdrückliche Gesetzgebungskompetenzen der Länder**[174]. Hierzu zählen Art. 74 I Nr. 1 (Recht des Untersuchungshaftvollzugs; → Art. 74 Rn. 21), Art. 74 I Nr. 7 (Heimrecht; → Art. 74 Rn. 40), Art. 74 I Nr. 11 (Recht des Ladenschlusses, der Gaststätten, der Spielhallen, der Schaustellung von Personen, der Messen und der Märkte; → Art. 74 Rn. 55), Art. 74 I Nr. 17 (Recht der Flurbereinigung; → Art. 74 Rn. 77), Art. 74 I Nr. 18 (Recht der Erschließungsbeiträge; → Art. 74 Rn. 81), Art. 74 I Nr. 23 (Bergbahnen; → Art. 74 Rn. 115 f.), Art. 74 I Nr. 24 (Schutz vor verhaltensbezogenem Lärm; → Art. 74 Rn. 120), Art. 74 I Nr. 27 (Laufbahnen, Besoldung und Versorgung; → Art. 74 Rn. 137), Art. 99 (→ Art. 99 Rn. 3 ff.), Art. 105 IIa GG (→ Art. 105 Rn. 39 ff.). Art. 137 VII WRV (→ Art. 140/137 WRV Rn. 128 ff.) sowie Art. 138 I 1 WRV (→ Art. 140/138 WRV Rn. 25) spielen als rezipierte Normen ohnehin eine Sonderrolle. Alle genannten Kompetenzen unterliegen den allgemeinen Regeln für Zuständigkeitsvorschriften; insbesondere geht von ihnen eine **Sperrwirkung** gegenüber Bundesgesetzen aus (→ Rn. 53)[175].

40

f) Abweichungskompetenzen

Die seit 2006 zentral in Art. 72 III GG normierte Abweichungskompetenz der Länder dürfte derzeit eines der am intensivsten traktierten verfassungsrechtlichen Dissertationsthemen sein[176]. Sie **perpetuiert** Regelungsgegenstände wie Probleme der **Rahmen-**

41

---

[172] So aber etwa *Uhle* (Fn. 37), Art. 70 Rn. 157. Wie hier *H. Siekmann*, in: Sachs, GG, Art. 109 Rn. 98.
[173] So auch *Maurer*, Bereich (Fn. 47), S. 343; *Degenhart* (Fn. 65), Art. 70 Rn. 15 sowie *Siekmann* (Fn. 172), Art. 109 Rn. 97; zum »Wesen« der Grundsatzgesetzgebung hingegen *Schreven*, Grundsatzgesetzgebung (Fn. 170), S. 41 ff.
[174] Vgl. auch *Jarass/Pieroth*, GG, Art. 70 Rn. 17 m.w.N sowie *Seiler* (Fn. 139), Art. 70 Rn. 25 f.; *Heintzen* (Fn. 37), Art. 70 Rn. 77 ff.
[175] Wie hier namentlich *Heintzen* (Fn. 37), Art. 70 Rn. 55; *Uhle* (Fn. 37), Art. 70 Rn. 151.
[176] Siehe nur *L. Beck*, Die Abweichungsgesetzgebung der Länder, 2009; *V. Grünewald*, Die Abweichungsgesetzgebung der Bundesländer, 2010; *R. Chandna*, Das Abweichungsrecht der Länder gemäß Art. 72 Abs. 3 GG im bundesstaatlichen Kompetenzgefüge, 2011; *M. Foerst*, Die Abweichungskompetenz der Länder gemäß Art. 72 III GG im Bereich des Wasserhaushaltsrechts, 2012; *S. M. F. J. Bröker*, Die Abweichungskompetenz der Länder gemäß Art. 72 Abs. 3 GG im konkreten Fall des Naturschutzes und der Landschaftspflege, 2013; *A. Petschulat*, Die Regelungskompetenzen der Länder für die Raumordnung nach der Föderalismusreform, 2015, S. 92 ff. – Luzide zu derartigen »Themenher-

gesetzgebung nach Art. 75 GG a. F., indem sie die Abgrenzungsfragen lediglich aus der Vertikalen in die Horizontale transferiert: Art. 72 III GG erlaubt das echte Nebeneinander von Bundes- und Landesgesetz in ausgewählten Sachbereichen (namentlich im Umweltschutz); der mögliche Normwiderspruch wird nicht im Wege der Sperrwirkung oder nach Art. 31 GG aufgelöst, sondern durch zeitliche Streckung moderiert (Art. 72 III 2 GG) und durch die bereichsspezifische Anwendung des *lex posterior*-Satzes entschieden (Art. 72 III 3 GG). Die neue Kompetenzgattung wirft eine **Fülle von** auch praktisch hochrelevanten **Problemen** auf (→ Art. 72 Rn. 35, 39, 41 ff.). Sie begegnet neben Art. 72 III GG noch in Art. 84 I 2 GG (→ Art. 84 Rn. 48 ff.) sowie in Art. 125b I 3, II GG (→ Art. 125b Rn. 6).

g) Freigabe- und Ersetzungskompetenzen

42 Seit 1994 räumen eine Reihe von Vorschriften vornehmlich den Ländern (Art. 72 IV, 125a I 2, II 2 GG), vereinzelt aber auch dem Bund (Art. 125a III 2 GG) die Kompetenz ein, Recht des jeweils anderen Verbandes entweder vorbehaltlos oder nach einer entsprechenden Freigabeerklärung zu ersetzen[177]. Das Grundgesetz nimmt hier sehenden Auges **Rechtsvielfalt** in Gestalt von nur noch partiell geltendem Bundesrecht in Kauf[178]. Sofern erforderlich, hat die Freigabe nach dem klaren Wortlaut durch Gesetz zu erfolgen (→ Art. 72 Rn. 47; → Art. 125a Rn. 12)[179]. Strittig ist, ob die Ersetzung ihrerseits nur durch förmliches Gesetz erfolgen kann[180]. Da der verfassungsändernde Gesetzgeber mit Bedacht von »Bundesrecht« (Art. 125a III 2 GG) bzw. von »Landesrecht« spricht (Art. 72 IV, 125a I 2, II 2 GG), das Gebrauchmachen von Kompetenzen »durch Gesetz« aber eigens akzentuiert hat (→ Art. 72 Rn. 25), spricht sehr viel für die Position, die beiden Seiten die Möglichkeit einräumt, derartige Rechtsbereinigungen auch durch **Verordnungen** vorzunehmen (→ Art. 72 Rn. 49).

h) Steuergesetzgebungskompetenzen

43 Die Gesetzgebungszuständigkeiten für das Steuerrecht haben in mehrfacher Hinsicht dogmatisches **Eigenleben** entwickelt[181]. Art. 105 GG gilt nach überwiegender Auffassung als *lex specialis* zu den Art. 70–74 GG, die aus seiner speziellen Perspektive als **Sachkompetenzen** firmieren[182]. Dies wirft zugleich das Problem der Abgrenzung

---

den« bei Promotionen *H. Schulze-Fielitz*, Was macht die Qualität öffentlich-rechtlicher Forschung aus? (2002), in: ders., Staatsrechtslehre als Mikrokosmos, 2013, S. 298 ff. (345 m. Fn. 177).

[177] Zusammenfassend *O. Klein/K. Schneider*, DVBl. 2006, 1549 (1555); *M. Kallerhoff*, Die übergangsrechtliche Fortgeltung von Bundesrecht nach dem Grundgesetz, 2010, S. 29 ff.; Jarass/*Pieroth*, GG, Art. 72 Rn. 24 ff.; *Degenhart* (Fn. 159), Art. 72 Rn. 45.

[178] Unterstrichen von *C. Degenhart*, NVwZ 2006, 1209 (1212); *C. Seiler*, in: Epping/Hillgruber, GG, Art. 72 Rn. 19. Prominentestes Beispiel dürfte das Versammlungsrecht sein: → Art. 70 Rn. 15, hierzu *A. Schieder*, NVwZ 2013, 1325 (1325).

[179] Wie hier *Kunig* (Fn. 158), Art. 72 Rn. 34; *R. Sannwald*, in: Schmidt-Bleibtreu/Hofmann/Henneke, GG, Art. 72 Rn. 123.

[180] Pro: *A. Uhle*, in: W. Kluth (Hrsg.), Föderalismusreformgesetz, 2007, Art. 72 Rn. 62; Jarass/*Pieroth*, GG, Art. 72 Rn. 26; *Sannwald* (Fn. 179), Art. 72 Rn. 137. – Contra: *Kunig* (Fn. 158), Art. 72 Rn. 36; *Degenhart* (Fn. 159), Art. 72 Rn. 52.

[181] Ähnlich *G. F. Schuppert*, in: Umbach/Clemens, GG, Art. 105 Rn. 39 ff. Zusammenfassend zum folgenden *C. Seiler*, Steuer- und Finanzgesetzgebung, in: Kluth/Krings, Gesetzgebung (Fn. 1), § 31 Rn. 1 ff., 11 ff.; siehe ferner *M. Anzenberger*, Die Ertrags- und Gesetzgebungskompetenzen für die Vermögensbesteuerung, 2015.

[182] *M. Jachmann*, in: v. Mangoldt/Klein/Starck, GG, Art. 105 Rn. 27; *Seiler* (Fn. 181), § 31 Rn. 11.

III. Struktur und Typologie der Gesetzgebungskompetenzen — Vorb. zu Art. 70–74

auf, falls der Steuergesetzgeber neben der Generierung von Finanzmitteln noch sog. sachliche Lenkungswirkungen intendiert[183]. In Kombination mit den sog. **Ertragskompetenzen** (→ Art. 106 Rn. 15 ff.; → Art. 107 Rn. 14 ff.) differenziert Art. 105 GG sodann zwischen einer ausschließlichen Bundeskompetenz (Abs. 1; → Art. 105 Rn. 29 ff.), einer alternativ an die Ertragskompetenz oder Art. 72 II GG geknüpften (weiten) konkurrierenden Kompetenz (Abs. 2; → Art. 105 Rn. 33 ff.) sowie eher marginalen ausschließlichen Kompetenzen der Länder (Abs. 2a; → Art. 105 Rn. 39 ff.). Auch für die Grenzen dieser Kompetenzen hat sich eine umfangreiche Sonderdogmatik entwickelt[184].

i) Apokryphe Kompetenzen

Es bleibt eine Reihe von geschriebenen Bundeszuständigkeiten, die sich in das bislang zugrundegelegte Schema entweder nicht spannungslos einfügen lassen oder in ihrer Qualifizierung regelrecht strittig sind. Das liegt zum Teil daran, daß diese Normen den Bund zwar unzweifelhaft zum Erlaß von Gesetzen ermächtigen, diese aber vom Normalprogramm des Gesetzes als Instrument der rationalen Handlungssteuerung (→ Rn. 31) abweichen. Das gilt für die **Übertragung von Hoheitsrechten** (→ Art. 23 Rn. 42 ff.; → Art. 24 Rn. 23 ff.) ebenso wie für Zustimmungsgesetze zu völkerrechtlichen Verträgen (→ Art. 59 Rn. 27 ff.), aber auch für Gesetze zur **Neugliederung** des Bundesgebietes (Art. 29 II bzw. VII 1 GG; → Art. 29 Rn. 10, 22, 30, 33; → Art. 118 Rn. 9). Hierher gehören ferner Bundesgesetze, die explizit oder implizit zur **Errichtung von Institutionen** notwendig sind: Art. 87 I 2, III (→ Art. 87 Rn. 31 ff., 65 ff.), Art. 88 S. 1 (→ Art. 88 Rn. 18), Art. 94 II 1 (→ Art. 94 Rn. 18), Art. 95 I (→ Art. 95 Rn. 14 f.), Art. 96 I, II GG (→ Art. 96 Rn. 14, 20). Erwähnung verdienen ferner das **Haushaltsgesetz** (→ Art. 110 Rn. 8 ff.) sowie das Gesetz über den Friedensschluß (→ Art. 115l Rn. 13). Zu den Solitären gehört schließlich auch die **Bedürfniskompetenz** des Bundes nach Art. 84 I 5 GG, die ihm wegen eines besonderen Bedürfnisses nach bundeseinheitlicher Regelung erlaubt, das Verwaltungsverfahren ohne Abweichungsoption zu gestalten (→ Art. 84 Rn. 61 ff.)[185].

3. Ungeschriebene Gesetzgebungskompetenzen

a) Kompetenzen kraft Natur der Sache

Das Bundesverfassungsgericht hat – unter ausdrücklicher Stützung auf *Anschütz* – eine **Bundeskompetenz kraft Natur der Sache** anerkannt[186]: Sie sei »begründet nach dem ›ungeschriebenen, im Wesen der Dinge begründeten, mithin einer ausdrückli-

---

[183] Zu den Grenzen BVerfGE 98, 106 (117 ff., Rn. 55 ff.); vgl. ferner *H. Kube*, in: Epping/Hillgruber, GG, Art. 105 Rn. 6 u. 9 sowie *Seiler* (Fn. 181), § 31 Rn. 18 f.
[184] Siehe »Drei grundlegende Prinzipien der Finanzverfassung« in BVerfGE 108, 1 (16 f., Rn. 49 ff.). – Näher *K. Vogel/H. Walter*, in: BK, Art. 105 (Drittb. 2004), Rn. 56 ff.; Jarass/*Pieroth*, GG, Art. 105 Rn. 24 ff. sowie *Seiler* (Fn. 181), § 31 Rn. 33 ff.
[185] Statt aller *J. Oebbecke*, HStR³ VI, § 136 Rn. 28 ff.
[186] BVerfGE 11, 89 (98 f.). Gleichsinnig E 3, 407 (421 f.); 12, 205 (250 ff.); 15, 1 (24); 22, 180 (217); 26, 246 (257). – Einschlägige Literatur: *M. Bullinger*, AöR 96 (1971), 237 (268 ff.); *A. Bleckmann*, NWVBl. 1990, 109 ff.; *K. Harms*, Der Staat 33 (1994), 409 ff.; *D. Ehlers*, Jura 2000, 323 (325); *A. Anter*, ZfP 51 (2004), 277 ff.; *H.-W. Rengeling*, HStR³ VI, § 135 Rn. 72 ff.; *C. Gröpl/A. Flores Loth*, Ad Legendum 2012, 73 (76); *Rozek* (Fn. 47), Art. 70 Rn. 38 ff.; *T. Herbst*, Gesetzgebungskompetenzen im Bundesstaat, 2014, S. 260 ff.

chen Anerkennung durch die Reichsverfassung nicht bedürftigen Rechtssatz, wonach gewisse Sachgebiete, weil sie ihrer Natur nach eigenste, der partikularen Gesetzgebungszuständigkeit *a priori* entrückte Angelegenheiten des Reichs darstellen, vom Reiche und *nur* von ihm geregelt werden können.«[187] Konkret: »Schlußfolgerungen ›aus der Natur der Sache‹ müssen begriffsnotwendig sein und eine bestimmte Lösung unter Ausschluß anderer Möglichkeiten sachgerechter Lösung zwingend fordern«[188]. Unter Abkehr vom anfänglichen Rekurs auf das »Wesen« (→ Art. 19 II Rn. 7) stimmt die Literatur dem mit der Maßgabe zu, daß die Kompetenz kraft Natur der Sache der Verfassung nicht vorausliegt, sondern dem Grundgesetz im Wege einer **systematischen Auslegung** entnommen werden kann (→ Art. 30 Rn. 23)[189]. Ganz einhellig gilt die Kompetenz kraft Natur der Sache ferner als **ausschließliche Gesetzgebungskompetenz** (→ Rn. 36)[190]. Ihrer Logik nach kann die Figur zugunsten des Bundes wie der Länder wirken[191]; angesichts der Residualkompetenz der Länder nach Art. 70 I GG (→ Rn. 35; → Art. 70 Rn. 9) ist ihre Aktivierung zur Kompetenzbegründung allerdings ein normlogischer Pleonasmus[192]. Der Hinweis, daß etwa die Regelung der Rechtsverhältnisse der Landesminister nach der Natur der Sache zum Kompetenzbereich der Länder zählen müsse, fungiert in dieser Situation nur als **Stützargument**.

46 Bundesgesetzgebungskompetenzen kraft Natur der Sache bestehen danach für die Bestimmung des **Sitzes der Verfassungsorgane** des Bundes[193], die Festlegung bundesweiter Feiertage[194], die Einzelheiten der Bundesflagge[195], die »eindeutig überregionale[n]« Jugendhilfe[196] sowie die Raumplanung für den Gesamtstaat[197]. Im Rahmen der Bewältigung der **Wiedervereinigung** haben die Gerichte die Regelung der Beschäftigungsverhältnisse der Angehörigen des öffentlichen Dienstes[198] sowie die Verteilung des öffentlichen Vermögens[199] dem Bund zugeordnet. Abgelehnt hat das Bundesverfassungsgericht derlei ungeschriebene Bundeskompetenzen hingegen für das Baurecht[200], die Regelung des Urlaubs für Postbeschäftigte[201], die Veranstaltung von

---

[187] BVerfGE 11, 89 (98f.) unter Hinweis auf *G. Anschütz*, Die Reichsaufsicht, in: HdbDStR I, § 32, S. 363ff. (367); Hervorhebung und fehlende Anführungszeichen i. O.
[188] Nochmals BVerfGE 11, 89 (99) – im konkreten Fall verneint.
[189] Statt aller m.w.N. *Uhle* (Fn. 37), Art. 70 Rn. 75ff. sowie *Degenhart* (Fn. 65), Art. 70 Rn. 31ff.
[190] So *Uhle* (Fn. 37), Art. 70 Rn. 34; *Rozek* (Fn. 47), Art. 70 Rn. 40; *Kunig* (Fn. 131), Art. 70 Rn. 27; *Jarass/Pieroth*, GG, Art. 70 Rn. 13; *Degenhart* (Fn. 65), Art. 70 Rn. 34.
[191] Unterstrichen von *Pestalozza*, GG VIII, Art. 70 Rn. 91 sowie *Herbst*, Gesetzgebungskompetenzen (Fn. 186), S. 280.
[192] Wie hier *Herbst*, Gesetzgebungskompetenzen (Fn. 186), S. 280, wonach es einer »ungeschriebenen« Länderkompetenz kraft Natur der Sache nicht bedürfe.
[193] BVerfGE 3, 407 (422 [*obiter dictum*]); zustimmend *Heintzen* (Fn. 37), Art. 70 Rn. 125; *H.-W. Rengeling*, HStR³ VI, § 135 Rn. 80; *Herbst*, Gesetzgebungskompetenzen (Fn. 186), S. 274.
[194] BayVerfGHE 35, 10 (18f.); *Uhle* (Fn. 37), Art. 70 Rn. 78; *Kunig* (Fn. 131), Art. 70 Rn. 27; *Jarass/Pieroth*, GG, Art. 70 Rn. 14.
[195] *G. Hoog*, Deutsches Flaggenrecht, 1982, S. 169; *Kunig* (Fn. 131), Art. 70 Rn. 27; *Jarass/Pieroth*, GG, Art. 22 Rn. 4.
[196] BVerfGE 22, 180 (217).
[197] BVerfGE 3, 407 (427f.); *Rozek* (Fn. 47), Art. 70 Rn. 43; *Sannwald* (Fn. 47), Vorb. v. Art. 70 Rn. 26.
[198] BVerfGE 84, 133 (148); 85, 360 (374) – beide unter ergänzender Stützung auf Art. 23 S. 2 GG a. F. (→ Art. 23 Rn. 2).
[199] BVerfGE 95, 243 (248f.) – wiederum unter Hinweis auf Art. 23 S. 2 GG a. F.
[200] BVerfGE 3, 407 (422). → Art. 74 Rn. 81.
[201] BVerfGE 11, 89 (98f.).

Rundfunk[202], die Wasserwirtschaft[203], die Regelung der Berufsbezeichnung »Ingenieur«[204], die Strukturförderung[205] sowie die Rechtschreibreform[206]. In der Literatur sind ferner folgende Kompetenzen kraft Natur der Sache erwogen oder behauptet worden: An erster Stelle rangieren Vorschriften des materiellen Verfassungsrechts wie das PUAG[207] sowie die Bestimmungen über befriedete Bezirke (→ Art. 8 Rn. 70; → Art. 44 Rn. 18). Daneben wird der Erlaß des Stasi-Unterlagengesetzes angeführt[208]; schließlich ist der Bundesgesetzgeber kraft Natur der Sache zuständig für die Gesetze über die Rechtsverhältnisse der Bundesminister wie der Parlamentarischen Staatssekretäre sowie für ein Gesetz über Volksinitiativen und -entscheide auf Bundesebene[209].

b) Kompetenzen kraft Sachzusammenhangs

Grundsätzlich konsentiert ist daneben die Kompetenz kraft Sachzusammenhangs[210]. **47**
»Ein solcher ist anzuerkennen, wenn eine dem Bund zugewiesene Materie verständigerweise nicht geregelt werden kann, ohne dass zugleich eine andere Materie mit geregelt wird, wenn also das Übergreifen in einen an sich den Ländern übertragenen Kompetenzbereich für die Regelung der zugewiesenen Materie unerlässlich ist.«[211] Ein bloßes Bedürfnis nach einer bundeseinheitlichen Normierung reicht nicht[212]; der Bund muß ferner von einer ihm ausdrücklich zugewiesenen Kompetenz Gebrauch gemacht haben[213]. In der Sache beschränkt ihn die Kompetenz auf punktuelle Zu- oder besser Übergriffe[214]. Die **Flexibilisierungsfunktion** zugunsten des Bundes wie der eigenen Rechtsprechung unterstreicht das Gericht dabei bemerkenswert offen: »Wann ein solch zwingender Konnex zwischen der Wahrnehmung einer ausdrücklich zugewiesenen Kompetenz und der punktuellen Inanspruchnahme einer Landeskompetenz besteht, läßt sich nicht generell und abstrakt bestimmen. Die Frage kann vielmehr nur unter Berücksichtigung der Besonderheiten des jeweiligen Regelungsgegenstandes beantwortet werden.«[215] Zuletzt hat die Rechtsprechung eine strenge Handhabung angemahnt[216]. In Judikatur wie Literatur wird die Kompetenz kraft Sachzusammen-

---

[202] BVerfGE 12, 205 (242). → Art. 5 I, II Rn. 233.
[203] BVerfGE 15, 1 (24).
[204] BVerfGE 26, 246 (257).
[205] BVerfGE 41, 291 (312).
[206] BVerfGE 98, 218 (248 ff., Rn. 128 ff.).
[207] *U. Mager*, Der Staat 41 (2002), 597 (602f. mit Fn. 33); *Uhle* (Fn. 37), Art. 70 Rn. 78; *Seiler* (Fn. 139), Art. 70 Rn. 24.1.
[208] *Uhle* (Fn. 37), Art. 70 Rn. 78; *Sannwald* (Fn. 47), Vorb. v. Art. 70 Rn. 32; Jarass/*Pieroth*, GG, Art. 70 Rn. 14.
[209] Zuletzt BT-Drs. 17/13874.
[210] Dafür *Heintzen* (Fn. 37), Art. 70 Rn. 116; *Uhle* (Fn. 37), Art. 70 Rn. 67 ff.; *Rozek* (Fn. 47), Art. 70 Rn. 44 ff.; Jarass/*Pieroth*, GG, Art. 70 Rn. 9; eingehend zuletzt *U. J. Schröder*, Kriterien und Grenzen der Gesetzgebungskompetenz kraft Sachzusammenhangs nach dem Grundgesetz, 2007, S. 121 ff. sowie *Herbst*, Gesetzgebungskompetenze (Fn. 186), S. 177 ff.
[211] BVerfGE 110, 33 (48, Rn. 87); zuvor E 98, 265 (299, Rn. 163); 106, 62 (115, Rn. 206); vgl. ferner *H.-W. Rengeling*, HStR³ VI, § 135 Rn. 73.
[212] BVerfGE 98, 265 (299, Rn. 163); aus der Literatur *Rozek* (Fn. 47), Art. 70 Rn. 44.
[213] BVerfGE 26, 246 (256 f.); *Uhle* (Fn. 37), Art. 70 Rn. 67.
[214] BVerfGE 98, 265 (300, Rn. 164); zuvor E 61, 149 (205).
[215] BVerfGE 98, 265 (300, Rn. 165).
[216] BVerfGE 132, 1 (6f., Rn. 19).

hangs üblicherweise als ungeschriebene *Bundes*kompetenz gehandelt[217]; seit das Grundgesetz *de facto* explizite **Landeskompetenzen** enthält (→ Rn. 40), ist (spätestens) konsequenterweise davon auszugehen, daß auch die Länder punktuell Bundeskompetenzen in Anspruch nehmen dürfen, sofern dies unerläßlich ist, um ihre Kompetenzen wahrzunehmen[218].

48 **Anerkannt** hat das Bundesverfassungsgericht einen **Sachzusammenhang** zwischen dem Handwerksrecht und der Altersversorgung der Schornsteinfeger (→ Art. 74 Rn. 52)[219], dem Bürgerlichen Recht und der Gebührenfestsetzung für Beurkundungen durch Gerichte (→ Art. 74 Rn. 18)[220], dem Parteienrecht und der Wahlwerbung im Rundfunk (→ Art. 21 Rn. 163)[221], dem Fürsorgewesen und der Jugendpflege (→ Art. 74 Rn. 39)[222], dem Strafrecht und der »Beratungslösung« für Abtreibungen (→ Art. 74 Rn. 19)[223], den Heilberufen und der Altenpflege (→ Art. 74 Rn. 88)[224], dem Dienstleistungsverkehr und dem Waren- und Zahlungsverkehr mit dem Ausland (→ Art. 73 Rn. 37)[225], ferner zwischen der Telekommunikation und der Gewährleistung der Datensicherheit sowie dem Umfang, in dem Daten für öffentliche Aufgaben bereitgehalten und zur Verfügung gestellt werden dürfen (→ Art. 73 Rn. 55)[226]. **Abgelehnt** hat die Rechtsprechung hingegen einen solchen Zusammenhang zwischen Boden- und Baurecht (→ Art. 74 Rn. 81)[227], den Heilberufen und deren Berufsgerichtsbarkeit (→ Art. 74 Rn. 87)[228], Post- und Fernmeldewesen und Rundfunkveranstaltungen (→ Art. 73 Rn. 55)[229], Wasserwegerecht und Wasserwirtschaft (→ Art. 74 Rn. 104, 150)[230], Recht der Wirtschaft und der Berufsbezeichnung »Ingenieur« (→ Art. 74 Rn. 50)[231], Bundeseisenbahnen und Verwaltungsgebührenrecht der Länder (→ Art. 73 Rn. 51)[232] sowie zwischen Wasserwegerecht und Wasserpolizei (→ Art. 74 Rn. 103)[233]. Beide Kataloge verschaffen den betroffenen Kompetenzträgern nur bedingt Erwartungssicherheit.

c) Annexkompetenzen

49 Die Annexkompetenz wird inzwischen von der wohl überwiegenden Meinung als **Unterfall der Kompetenz kraft Sachzusammenhangs** gedeutet[234]. Zuvor hatte das Bun-

---

[217] Unterstrichen von *Stern*, Staatsrecht II, S. 609f.
[218] So schon BVerfGE 7, 29 (43); 28, 119 (147); BVerfG (K), NJW 1996, 2497 (2497f.); *Umbach/Clemens* (Fn. 130), Art. 70 Rn. 29; *Uhle* (Fn. 37), Art. 70 Rn. 142f.; Jarass/*Pieroth*, GG, Art. 70 Rn. 17; *Degenhart* (Fn. 65), Art. 70 Rn. 44, 47.
[219] BVerfGE 1, 264 (272). – Vgl. für die folgende Auflistung auch *Uhle* (Fn. 37), Art. 70 Rn. 70.
[220] BVerfGE 11, 192 (199).
[221] BVerfGE 12, 205 (240f.).
[222] BVerfGE 22, 180 (212f.).
[223] BVerfGE 98, 265 (303ff., Rn. 170ff.).
[224] BVerfGE 106, 62 (115ff., Rn. 208ff.).
[225] BVerfGE 110, 33 (48f., Rn. 87).
[226] BVerfGE 125, 260 (314ff., Rn. 201ff.); 130, 151 (185f., Rn. 129).
[227] BVerfGE 3, 407 (421).
[228] BVerfGE 4, 78 (83f.).
[229] BVerfGE 12, 205 (237).
[230] BVerfGE 15, 1 (20ff.).
[231] BVerfGE 26, 246 (256f.).
[232] BVerfGE 26, 281 (300); die Entscheidung lehnt auch einen Sachzusammenhang zum Post- und Fernmeldewesen ab: → Art. 73 Rn. 55.
[233] BVerwGE 87, 181 (186).
[234] Früh *M. Bullinger*, AöR 96 (1971), 237 (243f.); ferner *Stern*, Staatsrecht II, S. 611; *H.-W. Rengeling*, HStR³ VI, § 135 Rn. 74; Jarass/*Pieroth*, GG, Art. 70 Rn. 12; *Seiler* (Fn. 139), Art. 70 Rn. 23. –

desverfassungsgericht sie nicht abstrakt umrissen, sondern angenommen, daß die Sachkompetenz des Bundes auch die bereichsspezifische Gefahrenabwehr[235], die Gebühren- und Beitragserhebung[236] sowie Gesetze über Volksbefragungen und Statistik[237] abdeckt. Sieht man vom letzten Fall ab – der erkennbar hochpolitisch war –, so handelt es sich in der Sache um eine Form der **Vollzugsermächtigung**[238]. Mittlerweile unterscheidet das Bundesverfassungsgericht nicht mehr explizit zwischen der Annexkompetenz und derjenigen kraft Sachzusammenhangs[239]. Unterstellt man trotzdem den Selbstand der ersteren, so ist sie ebenfalls zur Erweiterung von Landeskompetenzen geeignet[240].

d) Fortschreibungskompetenzen

Zur Abwendung der vielzitierten »**Versteinerung**« hat das Bundesverfassungsgericht dem Bundesgesetzgeber unter strengen Auflagen die Befugnis eingeräumt, solches Bundesrecht »fortzuschreiben«, das infolge des Wegfalls der Bundeskompetenz zwar nach Art. 125a II GG als Bundesrecht fortgilt, aber erst nach der Freigabe durch den Bund durch Landesrecht ersetzt werden kann (→ Art. 125a Rn. 10, 14)[241]. Diese Fortschreibungskompetenz soll dann greifen, wenn »eine sachlich gebotene oder politisch gewollte Neuregelung« ansteht[242]. Ferner ist der Gesetzgeber »nur zur Modifikation einzelner Regelungen befugt«, darf aber keine Neukonzeption verfolgen[243]. Erkennbar ist diese »**Ein bißchen**«-**Kompetenz** weder dem Wortlaut noch der systematischen Auslegung, sondern allein praktischen Erwägungen geschuldet[244]. Gleiches gilt für eine in der Literatur aus Art. 125a I GG hergeleitete **Aufhebungskompetenz** des Bundes in Ansehung des BRRG bzw. des HRG[245].

50

Gegenauffassung bei *Heintzen* (Fn. 37), Art. 70 Rn. 120f.; *Uhle* (Fn. 37), Art. 70 Rn. 65; *Degenhart* (Fn. 65), Art. 70 Rn. 37, 43.
[235] BVerfGE 8, 143 (149f.): »Soweit der Bund ein Recht zur Gesetzgebung auf einem bestimmten Lebensgebiet hat, muß er demnach auch das Recht haben, die dieses Lebensgebiet betreffenden spezialpolizeilichen Vorschriften zu erlassen (vgl. BVerfGE 3, 407 [433]).« – Gleichsinnig BVerwGE 84, 247 (250); 95, 188 (191); BGH DVBl. 1979, 114 (116).
[236] BVerwGE 112, 194 (199); BFHE 232, 395 (398); 232, 406 (407).
[237] BVerfGE 8, 104 (118f.) – *Volksbefragung*.
[238] Ähnlich *Uhle* (Fn. 37), Art. 70 Rn. 71.
[239] Siehe BVerfGE 98, 265 (299, Rn. 163); 109, 190 (215, Rn. 95f.); BVerfG (K), NJW 1996, 2497 (2498). – Vgl. jetzt allerdings E 132, 1 (6, Rn. 17): nur Annexkompetenz (unter Stützung auf die vorgenannten Entscheidungen).
[240] BGH DVBl. 1979, 114 (116); *Heintzen* (Fn. 37), Art. 70 Rn. 98; *Degenhart* (Fn. 65), Art. 70 Rn. 44.
[241] BVerfGE 111, 10 (29ff., Rn. 103ff.) – *Ladenschlußgesetz III*; 111, 226 (268f., Rn. 137) – *Juniorprofessur*; 112, 226 (250, Rn. 84) – *Studiengebühren*.
[242] BVerfGE 111, 10 (31, Rn. 112).
[243] BVerfGE 111, 226 (268f., Rn. 137).
[244] Kritisch auch *T. Poschmann*, NVwZ 2004, 1318 (1320f.); zurückhaltend *J.F. Lindner*, NJW 2005, 399 (400f.).
[245] Diese These bei *H.-A. Wolff*, ZBR 2007, 145 (146f.: BRRG) bzw. bei *J.F. Lindner*, NVwZ 2007, 180 (181f.: HRG).

IV. Dimensionen der Gesetzgebungskompetenzen

1. Die Interpretation von Gesetzgebungskompetenzen

51 Die Interpretation der Art. 70–74 GG wird von **drei Topoi** angeleitet, die sie von anderen Abschnitten der Verfassungsurkunde abheben: Tradition, Verfassungspraxis und Rigidität[246]. **Tradition** steht für die herausgehobene Rolle, die in der Rechtsprechung des Bundesverfassungsgerichts sowohl der Entstehungsgeschichte der einzelnen Kompetenznorm[247] als auch ihrer verfassungshistorischen Abstammungskette bis zurück zur Paulskirchenverfassung (→ Rn. 7 ff.) zukommt[248]. Danach ist »[v]or allem bei normativ-rezeptiven Zuweisungen, bei denen der Verfassungsgeber [sic] einen vorgefundenen Normbereich als zu regelnde Materie den Kompetenztiteln zugeordnet hat, [...] maßgeblich auf das traditionelle, herkömmliche Verständnis von Inhalt und Reichweite dieses Normbereichs abzustellen«[249]. Eng damit verwandt ist die Relevanz der **Staatspraxis**[250]. Die Wendung schließlich, die Bundeskompetenzen seien eingedenk ihres Ausnahmecharakters **strikt zu interpretieren**[251], ist nur *cum grano salis* richtig (→ Rn. 31; → Art. 30 Rn. 29 a. E.). Sie trifft u. a. insoweit zu, als die jüngere Rechtsprechung dem Bundesgesetzgeber im Rahmen der Art. 70–74 GG wie seiner übrigen Kompetenzen **nur noch einen eingeschränkten Einschätzungsspielraum** zugesteht (→ Art. 72 Rn 3, 18)[252].

52 Der Interpretation der Kompetenznorm korrespondiert die Einordnung oder **Qualifikation** des an Art. 70 ff. GG zu messenden Gesetzes[253]; beide Operationen verschaffen der Staatspraxis wie dem Verfassungsgericht faktischen Spielraum[254]. Das erhellt

---

[246] Näher zum folgenden *Rozek* (Fn. 47), Art. 70 Rn. 50 ff.; *H.-W. Rengeling*, HStR³ VI, § 135 Rn. 31 ff.; *Herbst*, Gesetzgebungskompetenzen (Fn. 186), S. 22 ff.

[247] BVerfGE 61, 149 (175); 68, 319 (328); 97, 198 (221 f.); 106, 62 (105, Rn. 156).

[248] BVerfGE 97, 198 (219): »Es kommt mithin dem historisch gewachsenen Kompetenzbestand, d. h. den Auslegungsmerkmalen des ›Traditionellen‹ und ›Herkömmlichen‹ eine wesentliche Bedeutung zu.« Gleichsinnig zuvor E 3, 407 (415); 7, 29 (44); 12, 205 (226); 33, 52 (61); 33, 125 (152 f.); 41, 205 (220); 42, 20 (29); 48, 367 (373); 67, 299 (320).

[249] BVerfGE 134, 33 (55, Rn. 55). Eingehend *A. Uhle*, Normativ-rezeptive Kompetenzzuweisung und Grundgesetz, 2015, S. 13 ff.

[250] Auf sie stellen ab u. a. BVerfGE 68, 319 (328); 106, 62 (105, Rn. 156); 109, 190 (213, Rn. 91); 134, 33 (55, Rn. 55); aus der Literatur *Kunig* (Fn. 131), Art. 70 Rn. 21; *Rozek* (Fn. 47), Art. 70 Rn. 51, behandelt sie als Teil der Entstehungsgeschichte. Dagegen – bezogen auf die Staatspraxis unter dem Grundgesetz – *Pestalozza*, GG VIII, Art. 70 Rn. 59 ff.; *Herbst*, Gesetzgebungskompetenzen (Fn. 186), S. 53 f. differenziert gleichfalls in zeitlicher Hinsicht zwischen der Staatspraxis unter einer Vorgängernorm (unproblematisch) und der unter der Norm, die gerade ausgelegt werden soll (problematisch).

[251] Zuletzt BVerfGE 138, 261 (273, Rn. 28).

[252] Siehe nur BVerfGE 106, 62 (142, Rn. 311) und aus der Literatur *Uhle* (Fn. 37), Art. 70 Rn. 33; *Heintzen* (Fn. 37), Art. 70 Rn. 57 ff. sowie *Rozek* (Fn. 47), Art. 70 Rn. 14. – Pointierte Gegenthese jetzt bei *Herbst*, Gesetzgebungskompetenzen (Fn. 186), S. 310 ff., 362 f., der einen generellen kompetenzbezogenen Einschätzungsspielraum annimmt.

[253] Näher zum folgenden *R. Scholz*, Ausschließliche und konkurrierende Gesetzgebungskompetenz von Bund und Ländern in der Rechtsprechung des Bundesverfassungsgerichts, in: Festgabe BVerfG, 1976, Bd. II, S. 252 ff. (264 ff.); *M. Bothe*, in: AK-GG, Art. 70 (2002), Rn. 7 ff.; *Rozek* (Fn. 47), Art. 70 Rn. 55 ff.; *H.-W. Rengeling*, HStR³ VI, § 135 Rn. 41 ff.; *Herbst*, Gesetzgebungskompetenzen (Fn. 186), S. 109 ff.; grundlegend *C. Pestalozza*, DÖV 1972, 181 (182 ff.).

[254] Ähnlich – die Auslegungsschwierigkeiten und den korrespondierenden Auslegungsspielraum betonend – *R. Wagner*, Die Konkurrenzen der Gesetzgebungskompetenzen von Bund und Ländern, 2011, S. 26 ff., 122 ff.

schon daraus, daß das Bundesverfassungsgericht auf das »Spezifische«[255] oder »Spezielle«[256], den (Haupt-)Zweck[257], den »Kern«[258] oder die »unmittelbare Wirkung«[259] der zu qualifizierenden Regelung abstellt[260]. Zur Negativabgrenzung dient die Wendung, ein Berühren des Gegenstands der Regelung lediglich als »Reflex« reiche nicht aus[261]. Nicht anders als bei der alten Rahmengesetzgebung (→ Rn. 38) oder den »Grundsätzen« (→ Rn. 39) entsteht hier das Problem der Binnendifferenzierung, für die sich der Verfassung keine weiteren Wertungskriterien mehr entlocken lassen.

2. Die Sperrwirkung von Gesetzgebungskompetenzen

Sämtliche grundgesetzlichen Gesetzgebungskompetenzen entfalten eine Sperrwirkung dahingehend, daß Gesetze, die entweder die dem konkreten Verband an sich eingeräumte Zuständigkeit überschreiten oder sich als gänzlich anhaltlose Inanspruchnahme der Zuständigkeit eines anderen Verbandes präsentieren, allein wegen dieses Verstoßes verfassungswidrig und nichtig sind (→ Rn. 59)[262]. Diese Deutung ist gegen zwei Positionen in der Literatur abzugrenzen: Zum einen finden sich nach wie vor Vertreter der einstmals wohl überwiegenden Ansicht, daß **Art. 31 GG quasi als Sanktionsnorm** der Gesetzgebungszuständigkeiten (des Bundes) fungiere[263]. Dessen Heranziehung dürfte aber sowohl die Funktion dieser Kollisionsregel (→ Art. 31 Rn. 31 ff.) als auch die der Kompetenznormen verkennen: diese tragen eingedenk ihrer Abgrenzungs- wie Legitimationsfunktion (→ Rn. 30 f.) ihr Sanktionsinstrumentarium in sich. Auch müßte diese Interpretation zu dem kaum einsichtigen Ergebnis gelangen, daß zwar ein Landesgesetz über das gerichtliche Verfahren nach Art. 74 I Nr. 1 i.V.m. Art. 31 GG nichtig wäre, das Bundesgesetz zum Untersuchungshaftvollzug aber ungestraft gegen den Klammerzusatz in Art. 74 I Nr. 1 GG verstoßen könnte. Daneben begegnet die **Differenzierung nach Kompetenztypen**; so wird die Sperrwirkung der ausschließlichen Bundeskompetenz nahezu einhellig anerkannt (→ Art. 71 Rn. 9)[264], die der übrigen Gesetzgebungstitel aber abgestuft beurteilt[265]. Hier dürfte eine Verwechslung zwischen dem »Ob« und dem »Wie (viel)« an Sperrwirkung vorliegen. Richtigerweise ist die einzige geschriebene Ausnahme von der hier zugrundegelegten Regel im Rahmen der Abweichungsgesetzgebung vorgesehen, da diese eine echte Doppelkompetenz begründet und über Art. 72 III 3 GG einer eigenen Lösung zuführt

53

---

[255] BVerfGE 3, 407 (433).
[256] BVerfGE 14, 197 (220).
[257] BVerfGE 8, 143 (150); 13, 181 (196).
[258] BVerfGE 28, 119 (147).
[259] BVerfGE 36, 314 (320); 78, 249 (266).
[260] Zusammenfassend zum Vorstehenden noch *H.-W. Rengeling*, HStR³ VI, § 135 Rn. 42; *Rozek* (Fn. 47), Art. 70 Rn. 55.
[261] BVerfGE 28, 119 (149); vgl. in umgekehrter Perspektive BVerfG (K), NJW 1996, 2497 (2498).
[262] Wie hier *M. Heintzen*, in: v. Mangoldt/Klein/Starck, GG, Art. 71 Rn. 30 f.
[263] So weiterhin *T. Clemens*, in: Umbach/Clemens, GG, Art. 31 Rn. 17 ff.; für die Anwendung bei »nicht erschöpfender« Regelung im Rahmen der konkurrierenden Gesetzgebungskompetenz; gleichsinnig *Bothe* (Fn. 253), Art. 70 Rn. 24; *M. Gubelt*, in: v. Münch/Kunig, GG I, Art. 31 Rn. 18; anderweitig differenzierend *Sannwald* (Fn. 87), Art. 70 Rn. 77: sofern im Rahmen der konkurrierenden Gesetzgebungskompetenz der Bund nachträglich ein Gesetz erlasse, sei Art. 31 GG einschlägig.
[264] So *Heintzen* (Fn. 262), Art. 71 Rn. 19 ff.; *A. Uhle*, in: Maunz/Dürig, GG, Art. 71 (2007), Rn. 34 ff.
[265] So beispielsweise *R. Uerpmann*, Der Staat 35 (1996), 428 (436); *Heintzen* (Fn. 37), Art. 70 Rn. 148 a. E. (keine Sperrwirkung der Grundsatzgesetzgebung); *Ipsen*, Staatsrecht I, Rn. 726; vgl. auch *Sannwald* (Fn. 87), Art. 70 Rn. 77 ff.

(→ Rn. 41; → Art. 72 Rn. 40). Hingegen wären Landesgesetze über das Recht der Jagdscheine (vgl. Art. 72 III 1 Nr. 1 GG) wegen Verstoßes gegen die Sperrwirkung nichtig (→ Art. 72 Rn. 35). Weiter wäre Art. 72 IV GG anzuführen (→ Art. 72 Rn. 45).

3. Die materielle Wirkung von Gesetzgebungskompetenzen

54 Die Gesetzgebungskompetenzen des Grundgesetzes wirken im **Wenn-Dann-Modus**: Sofern der deutsche Staat einen Sachbereich zum Gegenstand der Gesetzgebung zu machen gedenkt, geben die Art. 70ff. GG vor, ob dies den Parlamenten des Bundes oder der Länder obliegt[266]. Zugleich folgt daraus, daß die bloße Erwähnung eines potentiellen Regelungsgegenstandes in den Katalogen der Art. 73 u. 74 GG (→ Art. 73 Rn. 10ff.; → Art. 74 Rn. 17ff.) oder in den über das Grundgesetz verstreuten Gesetzgebungszuständigkeiten (→ Art. 30 Rn. 21; → Art. 71 Rn. 6f.) **keine materielle Wirkung** hat: Gesetzgebungskompetenzen sind weder Gesetzgebungsaufträge noch institutionelle Garantien der in ihnen in Bezug genommenen Rechtsfiguren und Einrichtungen (→ Vorb. Rn. 107f.), taugen nicht als Schrankenvorbehalte der Grundrechte (→ Vorb. Rn. 138) und adeln erst recht nicht ihre Gegenstände zu Rechtswerten von Verfassungsrang, die vorbehaltlosen Grundrechten im Wege der praktischen Konkordanz entgegengehalten werden könnten (→ Vorb. Rn. 140)[267].

55 Gleichwohl hat das Bundesverfassungsgericht immer wieder auf die Kompetenzkataloge in genau diesem Sinne zugegriffen und beispielsweise unter Berufung auf Art. 73 [I] Nr. 1 GG der Wehrpflicht Verfassungsrang zuerkannt[268]. Ganz grundsätzlich führt das Gericht aus, »daß auch aus Kompetenzvorschriften der Verfassung eine grundsätzliche Anerkennung und Billigung des darin behandelten Gegenstandes durch die Verfassung selbst folgt und daß dessen Verfassungsmäßigkeit nicht aufgrund anderer Verfassungsbestimmungen grundsätzlich in Frage gestellt werden könnte«[269]. Auch in der Literatur finden sich Versuche der **materiellen Amelioration** der Zuständigkeitsvorschriften zuhauf[270]. Richtigerweise wird hier dergestalt zu differenzieren sein, daß erst bei der präzisen Interpretation jeder einzelnen Vorschrift festzustellen ist, ob sie im Einzelfall über die bloße Entscheidung des »Wer, falls« auch eine Wertung im Sinne des »Ob« oder des »Wie« enthält bzw. der Staatstätigkeit eine Richtung vorgibt[271]. Schulbeispiel ist Art. 73 I Nr. 5a GG (Schutz deutschen Kulturgutes gegen die Abwanderung in das Ausland; → Art. 73 Rn. 41f.). Ferner wird die Wendung »Das Nähere regelt ein Bundesgesetz« (bspw. Art. 4 III 2 GG; → Rn. 36) vergleichsweise einhellig als Gesetzgebungsauftrag verstanden[272]. Weiterhin kann die explizite Erwähnung einer Rechtsfigur im Rahmen einer Kompetenznorm dahingehend gedeutet

---

[266] So auch *Heintzen* (Fn. 37), Art. 70 Rn. 57f.; *Rozek* (Fn. 47), Art. 70 Rn. 14; *Uhle* (Fn. 37), Art. 70 Rn. 33.
[267] Sehr zurückhaltend auch *Degenhart* (Fn. 65), Art. 70 Rn. 70; *Kunig* (Fn. 131), Art. 70 Rn. 4.
[268] BVerfGE 12, 45 (50); vgl. ferner E 14, 105 (111: Finanzmonopole); 28, 243 (261: Bundeswehr); 41, 205 (218: Gebäudeversicherungsmonopol); 53, 30 (56: Friedliche Nutzung der Kernkraft).
[269] BVerfGE 53, 30 (56).
[270] So namentlich *A. Bleckmann*, DÖV 1983, 129 (130ff.); Sympathie auch bei *M. Jestaedt*, Zuständigkeitsüberschießende Gehalte bundesstaatlicher Kompetenzvorschriften, in: J. Aulehner u.a., Föderalismus – Auflösung oder Zukunft der Staatlichkeit?, 1997, S. 315ff. (326ff.) sowie *P. Kirchhof*, Der materielle Gehalt der Kompetenznormen, in: FS Rengeling, 2008, S. 567ff. (568); differenzierte Darstellung bei *B. Pieroth*, AöR 114 (1989), 422ff.
[271] Gleichsinnig *J. Becker*, DÖV 2002, 397 (398f.).
[272] *Rozek* (Fn. 47), Art. 70 Rn. 19; Jarass/*Pieroth*, GG, Art. 70 Rn. 22; anders: *Kunig* (Fn. 131), Art. 70 Rn. 14.

werden, daß sie von Verfassung wegen nicht mit einem Rechtsformverbot belegt ist; dies gilt namentlich für Art. 74 I Nr. 19 (Zulassung zu Heilberufen; → Art. 74 Rn. 87)[273] und Art. 105 I GG (Finanzmonopole; → Art. 105 Rn. 32)[274]. Schließlich wird man allen Gesetzgebungskompetenzen einen materialen Minimalgehalt des Inhalts zuschreiben können, daß ihre Aufnahme in das Grundgesetz zumindest ein Indiz dafür abgibt, daß der jeweilige Gegenstand eine taugliche Staatsaufgabe darstellt, der nicht im Sinne der Verhältnismäßigkeitsdoktrin entgegengehalten werden kann, sie sei *ab ovo* und schlechthin ein illegitimer Zweck (→ Vorb. Rn. 146)[275]. Die Gesetzgebungskompetenzen fungieren in diesem Sinne als **Regelbeispiele für zulässige Staatsaufgaben**.

4. Die Kollision von Gesetzgebungskompetenzen

Nach ganz herrschender Meinung zielt das Grundgesetz auf eine lückenlose, aber auch **überschneidungsfreie Kompetenzverteilung**, weshalb Doppelkompetenzen auch im Bereich der Gesetzgebungszuständigkeit grundsätzlich ausscheiden[276]. Nach ebenfalls fast einhelliger Meinung scheitert die Verfassungsurkunde dabei an den Untiefen der Realität[277]. Tatsächlich führen die vielfältigen Verflechtungen zwischen den Sachbereichen der Kompetenzkataloge in Art. 73 u. 74 GG wie die zwangsläufige Unschärfe in der Qualifikation von an diesen Katalogen zu messenden Gesetzen (→ Rn. 52) zu zahlreichen Überschneidungen bis hin zu echten **Doppelkompetenzen** (Schulbeispiele sind unvereinbare Verjährungsvorschriften nach Strafrecht und Presserecht[278], die Widersprüche zwischen Gesellschaftsrecht und Vertretungsregeln nach Kommunal- bzw. Landeswahlrecht[279], die exakte Trennungslinie zwischen Strafprozeß- und Polizeirecht[280], Widersprüche zwischen Kartellrecht und Rundfunkrecht[281] sowie von bundesrechtlichem Fachplanungs- und landesrechtlichem Bauordnungsrecht[282]; → Art. 31 Rn. 58). Rechtsprechung und Literatur behelfen sich hier mit der Maxime, auf den stärkeren/engeren **Sachzusammenhang** oder die »Verzahnung« abzustellen[283].

56

---

[273] BVerfGE 7, 377 (401 f.).
[274] Nochmals BVerfGE 14, 105 (111); dazu luzide kritisch *J. Becker*, DÖV 2002, 397 (401 f.): Das Gericht sieht nicht nur Finanzmonopole generell als zulässig an, sondern auch die konkret bestehenden als »bestätigt«, was in der Tat Art. 105 I GG nicht zu entnehmen sein dürfte.
[275] Gleichsinnig *Kunig* (Fn. 131), Art. 70 Rn. 4; *Degenhart* (Fn. 65), Art. 70 Rn. 73.
[276] Siehe *H. D. Jarass*, NVwZ 2000, 1089 (1090); *M. Pechstein/A. Weber*, Jura 2003, 82 (89); *J. Isensee*, HStR³ VI, § 133 Rn. 64; *Rozek* (Fn. 47), Art. 70 Rn. 11, 58.
[277] Zur Unvermeidlichkeit von Kompetenzkonflikten *J. Isensee*, HStR³ VI, § 133 Rn. 75 f.; *Herbst*, Gesetzgebungskompetenzen (Fn. 186), S. 133 ff.; vgl. auch *Wagner*, Konkurrenzen (Fn. 254), S. 133 ff. sowie *Hahn-Lorber*, Gesetzgebungskompetenzen (Fn. 102), S. 108 ff.
[278] BVerfGE 7, 29 (38 ff.); *F. Wittreck*, Presse, in: Ehlers/Fehling/Pünder, BesVwR II, § 60 Rn. 22, 52. → Art. 74 Rn. 19.
[279] Eingehend *H. Dreier*, Hierarchische Verwaltung im demokratischen Staat, 1991, S. 261 f. sowie *T. v. Danwitz*, AöR 120 (1995), 595 (609 ff.). – Vgl. BVerfG (K), NJW 1996, 2497 (2498); BVerfGE 98, 145 (157 ff., Rn. 42 ff.). → Art. 74 Rn. 24.
[280] Vgl. *H. Dreier*, JZ 1987, 1009 ff.; *H.-U. Paeffgen*, JZ 1991, 437 (441 ff.) sowie *Uhle* (Fn. 37), Art. 70 Rn. 111. → Art. 74 Rn. 23.
[281] *H. D. Jarass*, Kartellrecht und Landesrundfunkrecht, 1991, S. 35 ff.; *M. Bauer*, Öffentlich-rechtliche Rundfunkanstalten und Kartellrecht, 1993, S. 59 ff.; *Pestalozza*, GG VIII, Art. 74 Rn. 1070 ff. → Art. 74 Rn. 73.
[282] Dazu nur *W. Brohm*, DÖV 1983, 525 ff.
[283] BVerfGE 97, 228 (252); 98, 265 (299, Rn. 162); 121, 30 (47, Rn. 80): Regelungszusammenhang; E 98, 145 (158, Rn. 46); 121, 30 (48, Rn. 80): engere Verzahnung. Grundsätzlich zustimmend *Rozek* (Fn. 47), Art. 70 Rn. 56; *Degenhart* (Fn. 65), Art. 70 Rn. 62; *Jarass/Pieroth*, GG, Art. 70 Rn. 8. – Kritisch *W. Cremer*, ZG 20 (2005), 29 (35 ff.) und *Herbst*, Gesetzgebungskompetenzen (Fn. 186), S. 160 ff.

Dies soll für die Abgrenzung von Bundes- und Landeskompetenzen ebenso gelten wie für die Feinabstimmung unterschiedlicher Kompetenztypen[284] und Katalogtitel der Art. 73 u. 74 GG[285].

5. Gesetzgebungskompetenzen und Verwaltungskompetenzen

57 Die Normkomplexe der Art. 70 ff. und der Art. 83 ff. GG interagieren mehrdimensional miteinander[286]. Ausgangspunkt ist die Feststellung, daß Gesetzgebungs- und Verwaltungskompetenzen zueinander im Verhältnis des *aliud* stehen. Gleichwohl wirken beide Kompetenztypen aufeinander ein. Zunächst ist anerkannt, daß die **Gesetzgebungskompetenz** des Bundes grundsätzlich die **äußerste Grenze für** seine **Verwaltungskompetenz** darstellt (→ Art. 83 Rn. 20)[287]. Ob eine Gesetzgebungszuständigkeit danach auch eine Verwaltungszuständigkeit begründet, ist letztlich von der Interpretation der jeweiligen Bestimmung abhängig[288]. Umgekehrt können aus den Verwaltungskompetenzen der Art. 86 ff. GG im Einzelfall auch Gesetzgebungskompetenzen abgeleitet werden; dies ist vergleichsweise einhellig anerkannt für das **VwVfG** des Bundes und seine Nebengesetze[289]. Im übrigen ist das Verhältnis der in den Art. 84 ff. GG explizit enthaltenen Gesetzgebungskompetenzen des Bundes zu Art. 70 ff. GG umstritten; sie werden teils als *leges speciales* eingestuft, die Art. 70 ff. GG komplett verdrängen[290], teils als weitere (ausschließliche) Bundeskompetenzen i. S. v. Art. 70 I GG (→ Art. 83 Rn. 21 ff.)[291].

6. Die Folgen von Kompetenzverschiebungen

58 Der vollständige Wegfall einer Gesetzgebungskompetenz durch Streichung bzw. ausdrücklichen Transfer an einen anderen Verband innerhalb des deutschen Bundesstaates zöge an sich die **Nichtigkeit** des auf die betreffende Kompetenz gestützten Gesetzes nach sich. Dies folgt im Umkehrschluß aus zahlreichen Spezialbestimmungen des Grundgesetzes, die gleichwohl das Fortgelten derartiger Gesetze anordnen und zu-

---

[284] BVerfGE 80, 124 (132): Abgrenzung zwischen Presse und Postwesen; vgl. ferner HessStGH ESVGH 32, 20 (25 ff.): Abgrenzung zwischen Luftverkehr und Raumordnung sowie VerfGH R-P DVBl. 2001, 470 (471 f.): Abgrenzung zwischen Jagdwesen und der Bestimmung jagdbarer Tiere. Aus der Literatur *H.-W. Rengeling*, HStR³ VI, § 135 Rn. 69 ff.; *Kunig* (Fn. 131), Art. 70 Rn. 12; Jarass/*Pieroth*, GG, Art. 70 Rn. 8.

[285] *H.-W. Rengeling*, HStR³ VI, § 135 Rn. 68; zustimmend Jarass/*Pieroth*, GG, Art. 70 Rn. 8.

[286] Zusfsd. zum folgenden *Uhle* (Fn. 37), Art. 70 Rn. 5.

[287] BVerfGE 12, 205 (229); 15, 1 (16); 78, 347 (386); 102, 167 (174, Rn. 36); BVerwGE 87, 181 (184); 110, 9 (14); aus der Literatur *R. Stettner*, Grundfragen einer Kompetenzlehre, 1983, S. 393; *J. Oebbecke*, HStR³ VI, § 136 Rn. 107, 129; *F. Kirchhof*, in: Maunz/Dürig, GG, Art. 83 (2009), Rn. 58; *Rozek* (Fn. 47), Art. 70 Rn. 8; *J. Suerbaum*, in: Epping/Hillgruber, GG, Art. 83 Rn. 17; *H.-G. Henneke*, in: Schmidt-Bleibtreu/Hofmann/Henneke, GG, Vorb. v. Art. 83 Rn. 18; Jarass/*Pieroth*, GG, Art. 83 Rn. 2.

[288] Zuletzt BVerfGE 127, 165 (204 ff., Rn. 110 ff.): Art. 104a V GG räumt dem Bund neben einer Gesetzgebungs- auch eine Verwaltungskompetenz ein.

[289] *H.-H. Trute*, in: v. Mangoldt/Klein/Starck, GG, Art. 83 Rn. 13; allgemein *Stettner*, Grundfragen (Fn. 287), S. 394; *J. Oebbecke*, HStR³ VI, § 136 Rn. 129; a.A. (Annexkompetenz zu Art. 70 ff. GG) *F. Albrecht*, in: R. Bauer u. a. (Hrsg.), VwVfG, 2012, § 1 Rn. 9.

[290] Diese Position bei *Trute* (Fn. 289), Art. 83 Rn. 13; *J. Suerbaum*, in: Epping/Hillgruber, GG, Art. 84 Rn. 17; *Degenhart* (Fn. 65), Art. 70 Rn. 40; *A. Dittmann*, in: Sachs, GG, Art. 83 Rn. 1; Jarass/*Pieroth*, GG, Art. 83 Rn. 2.

[291] So BVerwG DÖV 1982, 826 (826); *T. Groß*, in: Friauf/Höfling, GG, Art. 83 (2001), Rn. 12. Offengelassen in BVerfGE 26, 338 (369), 77, 288 (298 f.); BVerwGE 69, 1 (2).

gleich belegen, daß die Verfassung die Konsequenzen der logischen Schlußfolgerung als **verfassungspolitisch untunlich** ansieht. Neben Art. 125a–125c GG, die auf die diversen Neujustierungen der Art. 70–74 GG seit 1994 reagieren (→ Art. 125a Rn. 6 ff.; → Art. 125b Rn. 3 ff.; → Art. 125c Rn. 3 ff.), sind hier Art. 123–125 GG zu nennen, die dieselbe Leistung für das vorkonstitutionelle Recht erbringen. Art. 126 GG schafft eine entsprechende Spezialbefugnis des Bundesverfassungsgerichts (→ Art. 126 Rn. 3 ff.).

V. Prozessuale Umsetzung

1. Gesetzgebungskompetenzen als Prüfungsmaßstab des Bundesverfassungsgerichts

Die Art. 70 ff. GG sowie die über das Grundgesetz verstreuten Gesetzgebungskompetenzen sind selbstverständlicher Prüfungsmaßstab des Bundesverfassungsgerichts[292]. Ein Verstoß macht das kompetenzwidrige (Bundes- oder Landes-)Gesetz grundsätzlich nichtig; im Einzelfall kommt die bloße Unvereinbarkeitserklärung in Betracht, falls die sofortige Vernichtung des inkriminierten Gesetzes eine Situation schaffen würde, die von dem von der Verfassung Gewünschten weiter entfernt wäre als das befristete Fortleben mit bindenden Interpretationsvorgaben. Gesetzgebungskompetenzen sind typischer Gegenstand von **Normenkontrollverfahren** (→ Art. 93 Rn. 55 ff.; → Art. 100 Rn. 6 ff.), ohne auf diese beschränkt zu sein; vielmehr kommen auch das Organstreitverfahren und der Bund-Länder-Streit in Betracht. Obwohl die Art. 70 ff. GG keine subjektiven Rechte vermitteln[293], können Verstöße vom Bürger über die Brücke des Art. 2 I GG auch im Wege der **Verfassungsbeschwerde** gerügt werden (→ Art. 2 I Rn. 42 f.; → Art. 93 Rn. 79 ff.)[294].

59

2. Gesetzgebungskompetenzen als Prüfungsmaßstab der Landesverfassungsgerichte

Die Frage, ob und in welchem Umfang bzw. mit welchen Konsequenzen Landesverfassungsgerichte ihre Entscheidungen auf die Art. 70 ff. GG stützen können, ist von der Wissenschaft noch nicht abschließend geklärt[295]. Nebeneinander begegnen die

60

---

[292] Zum folgenden *A. Hopfauf*, in: Schmidt-Bleibtreu/Hofmann/Henneke, GG, Art. 93 Rn. 48, 201, 315 ff.
[293] BFHE 134, 445 (449); *Bothe* (Fn. 253), Art. 70 Rn. 25; *Heintzen* (Fn. 37), Art. 70 Rn. 50; *Uhle* (Fn. 37), Art. 70 Rn. 147; Jarass/Pieroth, GG, Art. 70 Rn. 22.
[294] Beispielsweise: BVerfGE 110, 141 (170, Rn. 103) – *Kampfhunde*; 121, 317 (347, Rn. 96) – *Rauchverbot in Gaststätten*.
[295] Monographisch *J. Rozek*, Das Grundgesetz als Prüfungs- und Entscheidungsmaßstab der Landesverfassungsgerichte, 1993, S. 53 ff.; vgl. ferner *H. Bethge*, Organstreitigkeiten des Landesverfassungsrechts, in: C. Starck/K. Stern (Hrsg.), Landesverfassungsgerichtsbarkeit, Bd. II, 1983, S. 17 ff. (28 ff.); *T. Starke*, SächsVBl. 2004, 49 ff.; *J. Caspar*, Das Landesverfassungsgericht zwischen Bundes- und Landesrecht, in: FS Schleswig-Holsteinisches Landesverfassungsgericht, 2008, S. 79 ff. (82 ff.); *ders.*, NordÖR 2008, 193 (194 ff.); *W. Löwer*, NdsVBl. 2010, 138 ff. sowie zuletzt *T. Lammers*, GewArch. 2015, 54 ff.

kategorische Ablehnung[296], die grundsätzliche Aufgeschlossenheit[297] sowie differenzierte Positionen, die ein Hineinwirken der Kompetenznormen in die Landesverfassungen nur zulassen, wenn diese selbst das ausdrücklich anordnen (→ Rn. 29)[298]. Nach richtiger Auffassung steht die **Maxime der getrennten Verfassungsräume** (→ Art. 20 [Bundesstaat], Rn. 41 f.; → Art. 28 Rn. 42, 44 f.) einer solchen Berufung auf die Kompetenznormen – typischerweise im Rahmen einer präventiven Normenkontrolle[299] – grundsätzlich entgegen. Dies gilt zunächst für den Fall, daß die Landesverfassung normtextlich keinerlei Anhalt für eine solche Prüfung bietet. Aber auch dann, wenn sie sich einer solchen Kompetenz explizit oder implizit berühmt, kann nichts anderes gelten, weil darin eine bundesstaatlich unzulässige Form der Selbstertüchtigung zu sehen ist. Der an dieser Stelle mitunter angebrachte Hinweis auf die Möglichkeit, Normen des Grundgesetzes – typischerweise die Grundrechte (→ Vorb. Rn. 60) – im Wege der Rezeption zum Teil der Landesverfassung zu machen[300], geht in die Irre: Rezipierte Grundrechte binden lediglich das Land gegenüber den Bürgern; da die bundesrechtliche Bindung gem. Art. 1 III GG fortbesteht, entsteht keine bundesstaatliche Problemlage (→ Art. 1 III Rn. 37). Es ist die Eigenart der Art. 70 ff. GG, daß sie eine **charakteristische Doppelbindung** entfalten, innerhalb derer jeder positiven Kompetenzzuordnung zum einen Verband eine negative gegenüber dem anderen korrespondiert. Das legt aber nahe, daß die sprichwörtliche »Vermehrung der Entscheidungszentren« (→ Art. 20 [Bundesstaat], Rn. 24) in Sachen Kompetenzabgrenzung dysfunktional ist. Anders formuliert: Über die in der Bundesverfassung angelegte Kompetenzverteilung muß das letzte Wort allein das Bundesverfassungsgericht haben. Da Entscheidungen der Landesverfassungsgerichte namentlich in den präventiven Normenkontrollen bezüglich Volksbegehren *et al.* typischerweise nicht mehr in Karlsruhe angreifbar sind[301], besteht andernfalls die Gefahr, daß eine distinkte Deutung der Art. 70 ff. GG sanktionslos zur Verödung direktdemokratischer Initiativen instrumentalisiert wird[302]. Landesverfassungsgerichten, die im Rahmen der selbstverständlich möglichen Vorprüfung zu der Überzeugung gelangen, daß ein ihnen vorliegendes

---

[296] BremStGH LVerfGE 24, 133 (143 ff.); *Rozek* (Fn. 47), Art. 70 Rn. 1; *ders.*, Grundgesetz (Fn. 295), S. 281; *ders.*, »Leipziger Allerlei II« – ein kompetenzwidriges Landesgesetz, eine Gliedstaatsklausel und eine landesverfassungsgerichtliche Kompetenzextension, in: FS Bethge, 2009, S. 587 ff. (590 ff.); ebenso *T. Starke*, SächsVBl. 2004, 49 (50 ff.).

[297] In diese Richtung NWVerfGH NVwZ 1993, 57 (59); NdsStGH DVBl. 2005, 1515 (1516); SächsVerfGH NVwZ-RR 2012, 873 (874); ThürVerfGH ThürVBl. 2013, 55 (57) sowie zuletzt BWStGH BeckRS 2014, 52775 und BerlVerfGH NVwZ-RR 2014, 577 (578) sowie NVwZ-RR 2014, 825 (826); aus der Literatur *H. Bethge*, in: Maunz/Schmidt-Bleibtreu/Bethge, BVerfGG, § 85 (2007), Rn. 31; *J. Caspar*, NordÖR 2008, 193 (195 f.); *W. Löwer*, NdsVBl. 2010, 138 (143); *S. Jutzi*, LKRZ 2014, 13 (16 f. [m. w. N.]).

[298] So im Anschluß an BVerfGE 103, 332 (355 ff., Rn. 71 ff.) Jarass/*Pieroth*, GG, Art. 70 Rn. 3; *Degenhart* (Fn. 65), Art. 70 Rn. 69. – Wie weit »ausdrücklich« gedeutet werden kann, illustriert die Rechtsprechung des BayVerfGH, der diese Bindung (und damit seine Selbstermächtigung) aus dem Rechtsstaatsgebot des Art. 3 I BayVerf. ableitet: BayVerfGHE 40, 94 (101 ff.); 45, 33 (41); 43, 107 (120 f.); dazu *M. Möstl*, in: J. F. Lindner/M. Möstl/H. A. Wolff, Verfassung des Freistaates Bayern, 2009, Art. 74 Rn. 11.

[299] Zusfsd. m. w. N. *Rozek*, Grundgesetz (Fn. 295), S. 240 f., der entgegen seiner ansonsten kategorischen Ablehnung des landesverfassungsgerichtlichen Zugriffs auf die Art. 70 ff. GG für diese Verfahrenskategorie inkonsequenterweise eine Ausnahme zuläßt (ebd., S. 280 f.); aus der Judikatur HessStGH ESVGH 32, 20 (24) und dazu BVerfGE 60, 175 (205 f.).

[300] So BremStGH LVerfGE 24, 133 (145).

[301] Vgl. nur BVerfGE 96, 231 (237 ff.). – *Müllkonzept*.

[302] Es geht m. a. W. weniger um die Sorge, daß das Landesverfassungsgericht dem Land zu großzü-

Landesgesetz(projekt) mit Art. 70ff. GG nicht vereinbar ist, weisen demzufolge je nach konkreter Fallgestaltung **Art. 100 I** (→ Art. 100 Rn. 9)[303] oder **Art. 100 III GG** den Weg (→ Art. 100 Rn. 35ff.)[304].

D. Verhältnis zu anderen GG-Bestimmungen

Die Art. 70–74 GG sind zunächst *leges speciales* zu der allgemeinen Kompetenzverteilungsregel des **Art. 30 GG** (→ Rn. 31, 35; → Art. 30 Rn. 17ff.). Wie diese sind sie eng mit dem **Bundesstaat**sprinzip verknüpft und buchstabieren dieses näher aus (→ Rn. 30; → Art. 20 [Bundesstaat], Rn. 55), ohne in ihrer augenblicklichen Ausgestaltung am Schutz durch Art. 79 III GG Anteil zu haben (→ Art. 79 III Rn. 48)[305]. Konkretisierungsverhältnisse bestehen ferner zum Demokratie- und zum Rechtsstaatsprinzip (→ Rn. 30; → Art. 20 [Rechtsstaat], Rn. 142). Die Art. 70–74 GG tragen ihr eigenes Sanktionsinstrumentarium in sich, so daß es des Rückgriffs auf **Art. 31 GG** nicht bedarf (→ Rn. 53; → Art. 31 Rn. 23ff.). Umgekehrt setzt Art. 31 GG voraus, daß das »brechende« Bundesrecht kompetenzgemäß ist (→ Art. 31 Rn. 19). Art. 70–74 GG korrespondieren mit den Überleitungsvorschriften der Art. 123–125b, 126 GG (→ Rn. 42). Als Kernstück der bundesstaatlichen Kompetenzverteilung werden sie schließlich durch eine Vielzahl von Einzelregelungen im Text der Verfassungsurkunde ergänzt (→ Rn. 36; → Art. 30 Rn. 21).

61

---

gig Kompetenzen zubilligt (in diese Richtung *T. Lammers*, GewArch. 2015, 54 [57ff., 59f.]); hier hat der Bund alle Möglichkeiten, gerichtlich aktiv zu werden.

[303] In der prozessualen Lösung weitgehend wie hier *E. Klein*, in: Benda/Klein/Klein, Verfassungsprozessrecht, Rn. 54, der allerdings davon ausgeht, daß dem Bundesverfassungsgericht im Rahmen einer Vorlage nach Art. 100 I GG generell nur bereits existente Gesetze vorgelegt werden können, was eine Vorlage im Rahmen einer präventiven Normenkontrolle ausschließt (siehe z. B. Art. 68 I 5 u. 6 NWVerf.). A.A. BremStGH LVerfGE 24, 133 (141ff.), der eine Vorlage nach Art. 100 I GG mit dem Argument ablehnt, er wende die Norm im Rahmen eines Normenkontrollantrages nicht an (worauf es allerdings nach Art. 100 I GG nicht ankommt). Generell gegen eine Vorlage nach Art. 100 I GG *W. Löwer*, NdsVBl. 2010, 138 (144), der allerdings Art. 100 III GG für einschlägig hält.

[304] Vgl. das Minderheitsvotum in BremStGH LVerfGE 24, 133 (160); siehe etwa auch *T. Lammers*, GewArch. 2015, 54 (59), der namentlich BerlVerfGH NVwZ-RR 2014, 825 (826) eine unterlassene Divergenzvorlage vorhält.

[305] Näher *D. Zacharias*, Die sog. Ewigkeitsgarantie des Art. 79 Abs. 3 GG, in: M. Thiel (Hrsg.), Wehrhafte Demokratie, 2003, S. 57ff. (95f.) sowie *K.-E. Hain*, in: v. Mangoldt/Klein/Starck, GG, Art. 79 Rn. 126 ff.

Art. 70

Artikel 70 [Gesetzgebung des Bundes und der Länder]

(1) Die Länder haben das Recht der Gesetzgebung, soweit dieses Grundgesetz nicht dem Bunde Gesetzgebungsbefugnisse verleiht.
(2) Die Abgrenzung der Zuständigkeit zwischen Bund und Ländern bemißt sich nach den Vorschriften dieses Grundgesetzes über die ausschließliche und die konkurrierende Gesetzgebung.

Literaturauswahl

Frank, Götz/Heinicke, Thomas: Die Auswirkungen der Föderalismusreform auf das öffentliche Dienstrecht – das neue Spannungsfeld von Solidarität, Kooperation und Wettbewerb zwischen den Ländern, in: ZBR 2009, S. 34–39.
Heintzen, Markus: Die Charakteristika der Ländergesetzgebung und der ausschließlichen Gesetzgebung des Bundes nach der Föderalismusreform, in: Markus Heintzen/Arnd Uhle (Hrsg.), Neuere Entwicklungen im Kompetenzrecht, 2014, S. 47–64.
Huber, Peter M./Uhle, Arnd: Die Sachbereiche der Landesgesetzgebung nach der Föderalismusreform. Anmerkungen zur Verfassungsreform von 2006 und zu neueren Entwicklungen im Recht der Gesetzgebungsbefugnisse der Länder, in: Markus Heintzen/Arnd Uhle (Hrsg.), Neuere Entwicklungen im Kompetenzrecht, 2014, S. 83–158.
Huber, Peter M./Wollenschläger, Ferdinand: Immissionsschutz nach der Föderalismusreform I: Zur veränderten Kompetenzverteilung zwischen Bund und Ländern im Bereich des Lärmschutzes, in: NVwZ 2009, S. 1513–1520.
Isensee, Josef: Die bundesstaatliche Kompetenz, in: HStR³ VI, § 133 (S. 455–513).
Jünemann, Klaus: Gesetzgebungskompetenz für den Strafvollzug im föderalen System der Bundesrepublik Deutschland, 2012.
Jutzi, Siegfried: Landesgesetzgebungskompetenz für die Zuweisung präventiver Richtervorbehalte an das Oberverwaltungsgericht, in: Festschrift für Friedhelm Hufen, 2015, S. 597–607.
Kiefner, Günther: Zur Gesetzeskompetenzverteilung zwischen Bund und Ländern bei der Lärmbekämpfung, in: DÖV 2011, S. 515–522.
Kranz, Ines: Landesarbeitskampfgesetze?, 2015.
Lammers, Thomas: Die Gesetzgebungskompetenz für Spielhallen vor den Landesverfassungsgerichten, in: Gewerbearchiv 2015, S. 54–62.
Leber, Fabian: Landesgesetzgebung im neuen Bundesstaat, 2014.
Lutz, Christian: Vielfalt im Bundesstaat. Eine verfassungsrechtliche Standortbestimmung der Gesetzgebung der Länder im Bundesstaat des Grundgesetzes, 2014.
Meindl, Elisabeth: Die Kompetenzen der Länder im Bereich der auswärtigen Gewalt und im EU-Entscheidungsprozess, 2014.
Mende, Susann: Kompetenzverlust der Landesparlamente im Bereich der Gesetzgebung, 2010.
Pechstein, Matthias: Wie können die Länder ihre neuen beamtenrechtlichen Kompetenzen nutzen?, in: ZBR 2006, S. 285–288.
Pohlreich, Erol: Die Gesetzgebungskompetenz für den Vollzug von Straf- und Untersuchungshaft nach der Föderalismusreform I, in: Beatrice Brunhöber u.a. (Hrsg), Strafrecht und Verfassung, 2013, S. 117–138.
Rengeling, Hans-Werner: Gesetzgebungszuständigkeit, in: HStR³ VI, § 135 (S. 567–742).
Schmitz, Holger: Die Ladenöffnung nach der Föderalismusreform, in: NVwZ 2008, S. 18–24.

Vgl. auch die Angaben zu den Vorb. zu Art. 70–74 GG.

Leitentscheidungen des Bundesverfassungsgerichts

BVerfGE 3, 407 (411 ff.) – Baugutachten; 4, 115 (123 ff.) – Besoldungsgesetz von Nordrhein-Westfalen; 7, 29 (35 ff.) – Pressedelikte; 8, 143 (148 ff.) – Beschußgesetz; 11, 89 (95 ff.) – Bremisches Urlaubsgesetz; 12, 205 (225 ff.) – 1. Rundfunkentscheidung (Deutschland-Fernsehen); 16, 64 (77 ff.) – Einwohnersteuer; 26, 246 (254 ff.) – Ingenieur; 26, 281 (297 ff.) – Gebührenpflicht von Bundesbahn und Bundespost; 36, 193 (201 ff.) – Journalisten; 41, 205 (217 ff.) – Gebäudeversicherungsmonopol; 42, 20 (28 ff.) – Öffentliches Wegeeigentum; 61, 149 (173 ff.) – Amtshaftung; 68, 319 (327 ff.) – Bundesärzteordnung; 92, 203 (230 ff.) – EG-Fernsehrichtlinie; 93, 319 (341 ff.) – Wasserpfennig; 98, 265 (298 ff.) – Bayerisches Schwangerenhilfeergänzungsgesetz; 106, 62 (104 ff., Rn. 153 ff.) – Altenpflegegesetz; 109, 190 (211 ff., Rn. 82 ff.) – Sicherungsverwahrung III; 121, 317 (347 ff., Rn. 96 ff.) – Rauchverbot in Gaststätten; 138, 261 (273 ff., Rn. 27 ff.) – Ladenschlußgesetz IV.

Gliederung

	Rn.
A. Herkunft, Entstehung, Entwicklung	1
I. Ideen- und verfassungsgeschichtliche Aspekte	1
II. Entstehung und Veränderung der Norm	2
B. Internationale, supranationale und rechtsvergleichende Bezüge	4
C. Erläuterungen	7
I. Allgemeine Bedeutung	7
II. Art. 70 GG als Kompetenz- und Scharniernorm	9
1. Art. 70 I GG	9
2. Art. 70 II GG	11
III. Verbleibende Landeskompetenzen	13
1. Ausdrückliche Landeskompetenzen	13
2. Landeskompetenzen nach Art. 70 I GG	15
D. Verhältnis zu anderen GG-Bestimmungen	17

Stichwörter

Abschließende Regelung 12 – Abweichungsgesetzgebung 14 – alliierte Intervention 2, 12 – ausdrückliche Landeskompetenzen 13 f. – ausschließliche Landeskompetenzen 16 – Delegationsverbot 16 – EGMR 4 – Ersetzungsgesetzgebung 14 – Europäisierung 3 ff. – Folgegesetzgebung 14 – Garantiefunktion 10 – Grundregel 7 f. – Hausgut der Länder 6, 10 – Kompetenz kraft Natur der Sache 9 – Kompetenznorm 9 – Landesverfassungen 6, 9 – Parlamentarischer Rat 2 – Paulskirchenverfassung 1 – praktische Relevanz 8 – Regel-Ausnahme-Verhältnis 7 f. – Residualkompetenz 5, 7, 15 – Sperrwirkung 9 – Symbolpolitik 2 – ungeschriebene Kompetenzen 12 – Unionsrecht 5 – Unitarischer Bundesstaat 3 – USA 1 – Verfassungsvergleich 6 – Vermutungsregel 10 – Völkerrecht 4 – Weimarer Reichsverfassung 1.

A. Herkunft, Entstehung, Entwicklung

I. Ideen- und verfassungsgeschichtliche Aspekte

Mit seiner **Kombination** einer generalisierten Auffangregel zugunsten der Gliedstaaten (Abs. 1; → Rn. 9) und einem zweigleisigen Modell der Übertragung auf die Zentralebene (Abs. 2; → Rn. 11 f.) ist Art. 70 GG in dieser Form praktisch **ohne Vorbild**[1]. Am nächsten kommen ihm die US-Verfassung von 1788/1791 (→ Vorb. zu Art. 70–74 Rn. 26) sowie die Paulskirchenverfassung (→ Vorb. zu Art. 70–74 Rn. 7), die beide eine Residualzuständigkeit der Gliedstaaten vorsehen, bei der Übertragung der Kompetenzen auf den Bund aber nur implizit zwischen verschiedenen Formen der Gesetzgebung differenzieren. In der Reichsverfassung von 1871 sind lediglich die Reichskompetenzen katalogartig gelistet, wohingegen deren Binnendifferenzierung wie die Auffangkompetenz der Einzelstaaten erschlossen werden müssen (→ Vorb. zu Art. 70–74 Rn. 9)[2]. Art. 12 I **WRV** weist insofern Überschneidungen mit Art. 70 GG auf, als die Norm eine Landeskompetenz unter Vorbehalt benennt (S. 1) und in S. 2 davon aus-

1

---

[1] Prägnant *Pestalozza*, GG VIII, Art. 70 Rn. 1.
[2] Näher *A. Uhle*, in: Maunz/Dürig, GG, Art. 70 (2008), Rn. 7 ff.

drücklich die ausschließliche Reichskompetenz abhebt (→ Vorb. zu Art. 70–74 Rn. 10). Die DDR konstruiert 1949 auf dem Papier ähnlich (→ Vorb. zu Art. 70–74 Rn. 11).

II. Entstehung und Veränderung der Norm

2 Art. 70 GG geht in der Sache auf den Verfassungskonvent von Herrenchiemsee zurück, der in Art. 32 HChE die beiden Bestandteile der Norm allerdings noch in umgekehrter Reihenfolge präsentiert³. Die Bestimmung ist kein Gegenstand intensiver Auseinandersetzungen, jedoch belegen Einlassungen der Verfassunggeber, daß die Trennlinie zwischen **Symbolpolitik** und systematischer Gesetzgebungsarbeit vereinzelt milchig wird⁴, was die bis heute feststellbaren Binnenverspannungen der Norm erklärt (→ Rn. 7). Im Hauptausschuß findet der Vorschlag des Allg. Redaktionsausschusses, den zweiten Satz (jetzt Abs. 1) als redundant zu streichen, zunächst keine Zustimmung⁵. Ein erneuter Anlauf bringt wiederum keine Mehrheit für die Streichung, aber auch keine für die Aufnahme in die Fassung der zweiten Lesung⁶. Nach einer **Intervention der Militärgouverneure** (→ Vorb. zu Art. 70–74 Rn. 12) führen interfraktionelle Besprechungen zu einem neuen Antrag auf Einfügung eines zeitweiligen Art. 95a, der den späteren Art. 70 GG noch um einen dritten Absatz über Zölle und Steuern ergänzt (→ Art. 105 Rn. 2); dessen Kürzung durch den Allg. Redaktionsausschuß führt zur Endfassung, die ohne weitere Debatte angenommen wird⁷.

3 Art. 70 GG ist bis heute **normtextlich unverändert** geblieben, hat aber erhebliche Einbußen in seinem tatsächlichen Regelungsgehalt hinnehmen müssen⁸. Indem Abs. 2 auf die Bestimmungen über die ausschließliche und konkurrierende Gesetzgebung verweist (→ Rn. 11), nimmt er zunächst die Veränderungen an deren Konzept (→ Art. 72 Rn. 4 ff.) bzw. an den dazugehörigen Katalogen in Bezug (→ Art. 73 Rn. 10 ff.; → Art. 74 Rn. 17 ff.). Ferner »spürt« die Norm die durchgreifenden Folgen der Internationalisierung wie Europäisierung der deutschen Rechtsordnung (→ Rn. 4 f.). Zuletzt besteht Konsens, daß die Gesamtentwicklung der Bundesrepublik in Richtung eines unitarischen Bundesstaates, dessen Gesetzgebung weitgehend von der Bundesebene dominiert wird, das in Art. 70 I GG bei unbefangener Lektüre angelegte Regel-Ausnahme-Verhältnis in sein Gegenteil verkehrt hat (→ Art. 30 Rn. 15). Ob die Föderalismusreform (→ Vorb. zu Art. 70–74 Rn. 15) diesbezüglich tatsächlich eine »Trendumkehr erbracht« hat, bleibt abzuwarten⁹.

---

³ Parl. Rat II, S. 584: »Die Zuständigkeit zur Gesetzgebung im Verhältnis zwischen Bund und Ländern wird durch die Vorschriften über die ausschließliche und über die Vorranggesetzgebung geregelt. Die Gesetzgebung steht den Ländern zu, soweit sie nicht dem Bund zugesprochen ist.« Vgl. zur Entstehungsgeschichte noch JöR 1 (1951), S. 460 ff.; *H. v. Mangoldt*, Das Bonner Grundgesetz, 1. Aufl. 1953, S. 380 f.; *Pestalozza*, GG VIII, Art. 70 Rn. 14 ff.; *M. Heintzen*, in: BK, Art. 70 (2003), Rn. 7 ff.; Schneider, GG-Dokumentation, Bd. 17, Art. 70, S. 2 ff., Rn. 4 ff. (S. 16 ff.) sowie *Uhle* (Fn. 2), Art. 70 Rn. 11 ff. – Entwurfsfassungen in Parl. Rat VII, S. 10, 33, 101, 149, 227, 352, 407, 457, 513, 548, 587.
⁴ Sinnfällig Abg. *Laforet* im Hauptausschuß (Parl. Rat XIV/1, S. 189): »Es wird in dem zweiten Satz [Art. 70 I GG, F.W.] etwas sehr Bedeutsames ausgesprochen, das auch ein Teil der klaren Regelung ist, die sich aus Artikel 30 ergibt, und den Umweg der juristischen Auslegung unnötig macht.«
⁵ Parl. Rat XIV/1, S. 189. – »Redundant« bezog sich hier auf den späteren Art. 30 GG.
⁶ Parl. Rat XIV/1, S. 871. – Antrag *Dehler*; er rekurriert dabei auf Art. 71 u. 72 GG.
⁷ Parl. Rat XIV/2, S. 1804.
⁸ Eingehend *Heintzen* (Fn. 3), Art. 70 Rn. 32 sowie *Uhle* (Fn. 2), Art. 70 Rn. 20 ff.
⁹ So die Einschätzung von *P. M. Huber/A. Uhle*, Die Sachbereiche der Landesgesetzgebung nach der Föderalismusreform, in: M. Heintzen/A. Uhle (Hrsg.), Neuere Entwicklungen im Kompetenz-

B. Internationale, supranationale und rechtsvergleichende Bezüge

Die im **Völkerrecht** geläufige Kompetenzübertragungsregel der begrenzten Ermächtigung (→ Art. 30 Rn. 8f.) überschneidet sich partiell mit dem Normprogramm von Art. 70 I GG[10], wohingegen mangels einer Differenzierung zwischen verschiedenen Normsetzungstypen auf dieser Ebene keine Parallelen zu Art. 70 II GG zu verzeichnen sind. Hingegen modifizieren sowohl bindende völkerrechtliche Vereinbarungen als auch die Rechtsprechung des **EGMR** zunehmend den effektiven Wirkbereich der den Ländern nach Art. 70 I GG tatsächlich verbleibenden Kompetenzen (→ Art. 25 Rn. 27; → Vorb. zu Art. 70–74 Rn. 16).

Das **Unionsrecht** weist auf den ersten Blick insofern strukturelle Parallelen zu Art. 70 GG auf, als es neben einer Residualkompetenz der Mitgliedstaaten (Art. 4 I, 5 II 2 EUV; → Art. 30 Rn. 9) die Differenzierung von ausschließlichen (Art. 5 III UAbs. 1 EUV, Art. 2 I, Art. 3 AEUV) und geteilten Zuständigkeiten (Art. 2 II, Art. 4 AEUV) kennt (→ Vorb. zu Art. 70–74 Rn. 19). Der Verzicht auf die Zusammenfassung in einer Vorschrift, die fehlende Beschränkung auf Normsetzungszuständigkeiten sowie vor allem die überwiegend ziel- und nicht regelungsbereichsbezogene Formulierung markieren die Grenze der Gemeinsamkeiten[11]. Tatsächlich dürfte der (deutsche) Versuch, die Kompetenznormen von EUV/AEUV von der Warte der Art. 70ff. GG her zu deuten, weder den Realitäten der europäischen Integration gerecht werden noch von Erfolg gekrönt sein[12]. Umgekehrt wird Art. 70 GG wie die gesamte Ordnung der Gesetzgebungszuständigkeit vom Unionsrecht überlagert, ohne daß sich dies in Textänderungen niederschlägt (→ Vorb. zu Art. 70–74 Rn. 22).

Im internationalen **Verfassungsvergleich** sind direkte Parallelen zu Art. 70 GG nicht zu verzeichnen[13]; auch die deutschen Landesverfassungen sind diesbezüglich ohne Befund (→ Vorb. zu Art. 70–74 Rn. 23ff. bzw. 27ff.). Allerdings zeichnen letztere faktisch den »**Fußabdruck**« **des Art. 70 I GG** nach, indem sie namentlich in dem traditionell zum kompetentiellen »Hausgut« zählenden Sachbereich des Kultus (Kulturförderung, Religion und Schule; → Rn. 15) vergleichsweise umfangreiche Normbestände entwickelt haben (→ Art. 4 Rn. 42; → Art. 5 III [Kunst], Rn. 31f.; → Art. 7 Rn. 18; → Art. 140 Rn. 25).

---

recht, 2014, S. 83ff. (84). – Abgewogene politikwissenschaftliche Analyse bei *F. Leber*, Landesgesetzgebung im neuen Bundesstaat, 2014, S. 84ff.

[10] Näher *M. Ruffert/C. Walter*, Institutionalisiertes Völkerrecht, 2009, Rn. 197ff.; *N. Weiß*, Kompetenzlehre internationaler Organisationen, 2009, S. 358f.

[11] Unterstrichen von *C. Degenhart*, in: Sachs, GG, Art. 70 Rn. 5 sowie *R. Stettner*, Auswirkungen der Europäisierung der Rechtsetzung auf die nationalen Gesetzgebungskompetenzen, in: Heintzen/Uhle, Entwicklungen (Fn. 9), S. 29ff. (35f.).

[12] Skeptisch wie hier *J. Isensee*, HStR³ VI, § 133 Rn. 54f.; *C. Calliess*, in: Calliess/Ruffert, EUV/AEUV, Art. 5 EUV Rn. 3; Versuch einer Neudeutung der Unionskompetenzen bei *G. Tusseau*, Theoretical Deflation: The EU Order of Competences and Power-conferring Norms Theory, in: L. Azoulai (Hrsg.), The Question of Competence in the European Union, Oxford 2014, S. 39ff. (42ff.).

[13] Siehe *Uhle* (Fn. 2), Art. 70 Rn. 164ff.

C. Erläuterungen

I. Allgemeine Bedeutung

7   Verfassungsgerichtliche Rechtsprechung wie Literatur heben – dies in Parallele zu Art. 30 GG (→ Art. 30 Rn. 15) – die große Bedeutung von Art. 70 GG hervor: Die Bestimmung sei eine »**Grundregel**« des Bundesstaats[14]. Tatsächlich präzisiert Art. 70 I GG die in Art. 30 GG dokumentierte Entscheidung für die Residualkompetenz der Bundesländer bereichsspezifisch für die Staatsfunktion Gesetzgebung (und wird seinerseits durch nochmals präzisere Normen erläutert bzw. verdrängt; → Rn. 11, 17). Die Norm ist damit ihrerseits Ausformung des Bundesstaatsprinzips und weist wiederum enge Bezüge zum Demokratie- und Rechtsstaatsprinzip auf (→ Vorb. zu Art. 70–74 Rn. 30). Der Vorbehalt einer grundgesetzlichen Verleihung verweist zudem auf Art. 79 GG (→ Art. 79 I Rn. 11 ff.)[15]. Art. 70 II GG buchstabiert die Grundregel des Abs. 1 in freilich mißverständlicher Weise näher aus und stellt den Zusammenhang mit den folgenden spezielleren Normen über die ausschließlichen (→ Art. 71 Rn. 6 ff.; → Art. 73 Rn. 10 ff.) und konkurrierenden Gesetzgebungskompetenzen des Bundes (→ Art. 72 Rn. 16 ff.; → Art. 74 Rn. 17 ff.) her.

8   Nach einhelliger Auffassung ist die **rechtspraktische Relevanz** der »Grundregel« von bestenfalls mittlerer Reichweite[16]. Insbesondere das oft hervorgehobene »Regel-Ausnahme-Verhältnis«, das ihr zugrundeliegen oder ihr zu entnehmen sein soll[17], hat in Ansehung der folgenden Kompetenzkataloge in dieser Form nie bestanden (→ Art. 30 Rn. 19; → Vorb. zu Art. 70–74 Rn. 13 ff.)[18]. Gegen den Anschein des Art. 70 I GG ist **Gesetzgebung** unter dem Grundgesetz **Bundessache**[19].

II. Art. 70 GG als Kompetenz- und Scharniernorm

1. Art. 70 I GG

9   Art. 70 I GG ist zunächst eine **vollgültige Kompetenznorm**[20], die eine Gesetzgebungszuständigkeit der Bundesländer für alle Sachbereiche begründet, die nicht in Art. 71–74 GG (→ Rn. 11 f.), den über das Grundgesetz verstreuten Einzelkompetenzen des Bundes (→ Art. 30 Rn. 21; → Art. 71 Rn. 6 ff.) sowie den im Gesamtplan der Verfassungsurkunde angelegten »ungeschriebenen« Zuständigkeiten (→ Rn. 12; → Vorb. zu Art. 70–74 Rn. 45 ff.) dem Bund »verliehen« ist[21]. Art. 70 I GG entfaltet daher **Sperr-**

---

[14] BVerfGE 16, 64 (79 [Hervorhebung nicht im Orig.]); aus der Literatur gleichsinnig *Uhle* (Fn. 2), Art. 70 Rn. 33; *T. Hebeler*, JA 2010, 688 (688); *C. Seiler*, in: Epping/Hillgruber, GG, Art. 70 Rn. 11.

[15] Eingehend zum Verfassungsvorbehalt *Uhle* (Fn. 2), Art. 70 Rn. 52 ff.

[16] Statt aller *Uhle* (Fn. 2), Art. 70 Rn. 23 f. sowie *P. Kunig*, in: v. Münch/Kunig, GG II, Art. 70 Rn. 5. – Nochmals zugespitzt *M. Bothe*, in: AK-GG, Art. 70 (2002), Rn. 1: »überflüssige Bestimmung«.

[17] Dafür BVerfGE 111, 226 (247, Rn. 79) sowie aus der Literatur *D. C. Umbach/T. Clemens*, in: Umbach/Clemens, GG II, Art. 70 Rn. 2; *Uhle* (Fn. 2), Art. 70 Rn. 2; *Seiler* (Fn. 14), Art. 70 Rn. 11; *R. Sannwald*, in: Schmidt-Bleibtreu/Hofmann/Henneke, GG, Art. 70 Rn. 2.

[18] Pointiert *I. Härtel*, Die Gesetzgebungskompetenzen des Bundes und der Länder im Lichte des wohlgeordneten Rechts, in: I. Härtel (Hrsg.), Handbuch Föderalismus, Bd. I, 2012, § 19 Rn. 27.

[19] *J. Adam/C. Möllers*, Unification of Laws in the Federal System of Germany, in: D. Halberstam/M. Reimann (Hrsg.), Federalism and Legal Unification, Dordrecht u. a. 2014, S. 237 ff. (241, 244). Ferner *S. Mende*, Kompetenzverlust der Landesparlamente im Bereich der Gesetzgebung, 2010, S. 61 ff.

[20] Statt aller *Uhle* (Fn. 2), Art. 70 Rn. 85.

[21] Ähnlich *Uhle* (Fn. 2), Art. 70 Rn. 54 sowie *Kunig* (Fn. 16), Art. 70 Rn. 17.

wirkung gegenüber kompetenzwidrigen Bundesgesetzen (→ Vorb. zu Art. 70–74 Rn. 53)[22] und wird vom Bundesverfassungsgericht ganz konsequent zitiert resp. mitzitiert, wenn diese für nichtig erklärt werden (→ Vorb. zu Art. 70–74 Rn. 59)[23]. Wie die übrigen Kompetenznormen ist er **weder Grund noch Grenze der Verfassunggebung und Verfassungsänderung** auf Landesebene (→ Vorb. zu Art. 70–74 Rn. 32)[24]. Eine Landeskompetenz »kraft **Natur der Sache**« hat neben Art. 70 I GG begriffsnotwendig keinen Platz; entsprechende Überlegungen unterstreichen nur *ex negativo*, daß eine Bundeskompetenz etwa für Gesetze über die Landesverfassungsgerichte oder das Verfahren bei Volksbegehren und Volksentscheid auf Landesebene *de constitutione lata* unter keinem denkbaren Gesichtspunkt begründet werden kann (→ Vorb. zu Art. 70–74 Rn. 45)[25].

Skepsis verdienen die schon im Prozeß der Verfassunggebung geäußerten (→ Rn. 2) und seitdem immer wieder auftauchenden Bestrebungen, Art. 70 I GG über die Kompetenzzuschreibung hinaus eine Entscheidungs-, Festschreibungs- oder Garantiefunktion beizulegen. Die Norm ist – nicht anders als Art. 30 GG – **keine Vermutungsregel** zur Entscheidung von Zweifelsfällen (→ Art. 30 Rn. 29)[26], sondern Ausdruck der (kontrafaktischen) normativen Überzeugung, daß die Verfassungsurkunde die Gesetzgebungszuständigkeiten überschneidungs- und zweifelsfrei zuzuordnen vermag (→ Vorb. zu Art. 70–74 Rn. 56). Art. 70 I GG sichert als solcher schon aus Gründen der Normlogik **kein**en **Mindestbestand an Legislativkompetenzen** der Länder; eine solche Garantie folgt dem Grunde nach aus Art. 79 III GG i.V.m. dem Bundesstaatsprinzip (→ Art. 20 [Bundesstaat], Rn. 42; → Art. 79 III Rn. 48), ohne daß Art. 70 I GG dabei präzisere Kriterien zu entnehmen wären. Auch das – durchaus schmale – Tableau, das gemäß Art. 70 I GG bzw. nach der ihm inhärenten Substraktionsmethode den Ländern verbleibt (→ Rn. 13 ff.), ist dementsprechend ebensowenig zugriffsfest wie das vielzitierte »Hausgut« der Länder (→ Rn. 15)[27]. 10

2. Art. 70 II GG

Art. 70 II GG rekurriert auf Abs. 1 der Norm, indem er für die [scil. genauere] Abgrenzung der Zuständigkeiten zwischen Bund und Ländern auf die sich unmittelbar anschließenden »Vorschriften dieses Grundgesetzes über die ausschließliche und konkurrierende Gesetzgebung« verweist (→ Art. 71 Rn. 6 ff.; → Art. 72 Rn. 13 ff.; → Art. 73 Rn. 10 ff.; → Art. 74 Rn. 17 ff.). Das dient der **Leserführung**, ist aber zumindest mißverständlich und hat mehrfach die Frage nach dem tatsächlichen Regelungsgehalt von 11

---

[22] Inzwischen einhellige Auffassung: *Uhle* (Fn. 2), Art. 70 Rn. 151 ff.
[23] Zuletzt BVerfGE 138, 261 (273, Rn. 27); vgl. ferner E 106, 62 (114, Rn. 153).
[24] Hier ist die Gegenauffassung vergleichsweise verbreitet: *Pestalozza*, GG VIII, Art. 70 Rn. 50; *Uhle* (Fn. 2), Art. 70 Rn. 39 ff., 108, 120; *J. Rozek*, in: v. Mangoldt/Klein/Starck, GG, Art. 70 Rn. 25 f.; *Seiler* (Fn. 14), Art. 70 Rn. 5, 10; *Sannwald* (Fn. 17), Art. 70 Rn. 13 (dessen Redeweise vom »Kern der natürlichen Landeszuständigkeit« gelinde gesagt anfechtbar sein dürfte).
[25] Vergleichbare Beispiele bei Jarass/*Pieroth*, GG, Art. 70 Rn. 21 a. E.
[26] Wie hier *Heintzen* (Fn. 3), Art. 70 Rn. 57 f.; *Uhle* (Fn. 2), Art. 70 Rn. 33; *Rozek* (Fn. 24), Art. 70 Rn. 14; *Kunig* (Fn. 16), Art. 70 Rn. 20; *Degenhart* (Fn. 11), Art. 70 Rn. 7. A.A. etwa BVerfGE 26, 281 (297); 42, 20 (28); *Umbach/Clemens* (Fn. 17), Art. 70 Rn. 2. – Offengelassen bei *Härtel* (Fn. 18), § 19 Rn. 27.
[27] Eingehend belegt bei *C. Lutz*, Vielfalt im Bundesstaat, 2014, S. 233 ff. – A.A. etwa *J. Isensee*, HStR³ VI, § 133 Rn. 94.

Art. 70 II GG aufgeworfen[28] (teils auch zu der Feststellung geführt, die Norm sei vollständig entbehrlich[29]). Umgekehrt ist die These, daß Art. 70 II GG sich auf »drei gegenständliche Kompetenzbereiche« beziehe (ausschließliche Bundeskompetenzen, konkurrierende Kompetenzen von Bund und Ländern sowie ausschließliche Landeskompetenzen) vom Wortlaut her gut haltbar, in ihrem Erklärungswert allerdings begrenzt[30].

12 Zunächst besteht weitgehende Einigkeit, daß die Norm ungeachtet ihres Wortlauts **nicht abschließend** ist[31]. Sie setzt mithin weder die teilvertypten Gesetzgebungskompetenzen, die wie die Grundsatzgesetzgebungskompetenz (→ Rn. 14; → Vorb. zu Art. 70–74 Rn. 39; → Art. 71 Rn. 7)[32] oder die ehemalige Rahmenkompetenz (Art. 75 GG a. F.; → Vorb. zu Art. 70–74 Rn. 38)[33] neben den beiden genannten Kompetenztypen ein gewisses Profil gewonnen haben, noch die zahlreichen über das Grundgesetz verstreuten Bestimmungen, die ein »Bundesgesetz« für die Erfüllung einzelner Staatsaufgaben zur Voraussetzung machen, unter Rechtfertigungsdruck (→ Art. 71 Rn. 6). Auch ohne die Einschaltung von »insbesondere« o. ä. folgt hier aus der Gesamtschau der Verfassungsurkunde wie dem Zweck der Bestimmung – eingedenk der alliierten Intervention sollte sie die Kompetenzaufteilung zugunsten der Länder möglichst klar akzentuieren – daß derlei punktuelle Regeln zwar das Gesamtbild der Kompetenzzuordnung unübersichtlicher machen mögen bzw. die im Normwortlaut intendierte »schlanke« Verteilung desavouieren, als jeweilige (notwendig kasuistische) Einzelregelungen aber bereichsspezifisch für mehr Rechtsklarheit sorgen (→ Art. 20 [Rechtsstaat], Rn. 141 ff.). Aber auch die **ungeschriebenen Kompetenzen** (→ Vorb. zu Art. 70–74 Rn. 45 ff.) stehen dann nicht im Widerspruch zu Art. 70 II GG, wenn man sie konsequent als grundgesetzimmanent begreift, also als Interpretamente der Verfassungsurkunde und nicht als ihr vorausliegende oder sie anderweitig transzendierende (Natur-)Rechtssätze. Auch für sie gilt, daß »dieses Grundgesetz ... dem Bunde [und ausnahmsweise den Ländern[34]] Gesetzgebungsbefugnisse verleiht« (→ Rn. 9)[35].

---

[28] So namentlich *Umbach/Clemens* (Fn. 17), Art. 70 Rn. 47 (»lediglich ordnende Funktion«); wie hier *Uhle* (Fn. 2), Art. 70 Rn. 156.
[29] Beißend *Pestalozza*, GG VIII, Art. 70 Rn. 137 f.; zurückhaltender *Rozek* (Fn. 24), Art. 70 Rn. 59.
[30] Eingehend vorgestellt und belegt bei *M. Heintzen*, Die Charakteristika der Ländergesetzgebung und der ausschließlichen Gesetzgebung des Bundes nach der Föderalismusreform, in: Heintzen/Uhle Entwicklungen (Fn. 9), S. 47 ff. (49 ff.).
[31] Anders noch BVerfGE 1, 14 (35); BVerwGE 3, 335 (339 f.). Wie hier aus der Literatur *Stern*, Staatsrecht II, S. 592; *Umbach/Clemens* (Fn. 17), Art. 70 Rn. 43; *Heintzen* (Fn. 3), Art. 70 Rn. 102; *Kunig* (Fn. 16), Art. 70 Rn. 29; *Jarass/Pieroth*, GG, Art. 70 Rn. 16; *Degenhart* (Fn. 11), Art. 70 Rn. 14; *Lutz*, Vielfalt (Fn. 27), S. 94 f. – A.A. hingegen *Pestalozza*, GG VIII, Art. 70 Rn. 139; *Uhle* (Fn. 2), Art. 70 Rn. 25 f., 156 f.; *Rozek* (Fn. 24), Art. 70 Rn. 59; widersprüchlich *K.-D. Schnapauff*, in: Hömig, GG, Art. 70 Rn. 3 sowie *Seiler* (Fn. 14), Art. 70 Rn. 12 u. 13.
[32] Explizit dazu *Jarass/Pieroth*, GG, Art. 70 Rn. 16. Differenzierend *Degenhart* (Fn. 11), Art. 70 Rn. 14, der etwa für Art. 109 III GG auf die Spezialität der Finanzverfassung abstellt: → Vorb. zu Art. 70–74 Rn. 43.
[33] Explizit zur Rahmenkompetenz BVerfGE 111, 226 (247, Rn. 80); dazu *Degenhart* (Fn. 11), Art. 70 Rn. 14.
[34] Vgl. BVerfGE 7, 29 (43). → Vorb. zu Art. 70–74 Rn. 47, 49.
[35] Wie hier im Ergebnis *Uhle* (Fn. 2), Art. 70 Rn. 63 (der allerdings auf Art. 70 I GG abstellt).

III. Verbleibende Landeskompetenzen

1. Ausdrückliche Landeskompetenzen

Insbesondere seit den Reformwerken von 1994 und 2006 (→ Vorb. zu Art. 70–74 Rn. 14 f.) enthält das Grundgesetz eine Reihe von Bestimmungen, die – technisch als Bereichsausnahme zu Normen nach Art. 70 II GG[36] oder durch die Wendung »durch Landesgesetz« – **ausdrückliche Landesgesetzgebungskompetenzen** begründen[37]. Hierzu zählen:

– Art. 74 I Nr. 1 GG (Recht des Untersuchunghaftvollzugs[38]; → Art. 74 Rn. 21)
– Art. 74 I Nr. 7 GG (Heimrecht; → Art. 74 Rn. 40)
– Art. 74 I Nr. 11 GG (Recht des Ladenschlusses[39], der Gaststätten, der Spielhallen[40], der Schaustellung von Personen, der Messen und der Märkte[41]; → Art. 74 Rn. 55)
– Art. 74 I Nr. 17 GG (Recht der Flurbereinigung; → Art. 74 Rn. 77)
– Art. 74 I Nr. 18 GG (Recht der Erschließungsbeiträge; → Art. 74 Rn. 81)
– Art. 74 I Nr. 23 GG (Bergbahnen; → Art. 74 Rn. 115 f.)
– Art. 74 I Nr. 24 GG (Schutz vor verhaltensbezogenem Lärm[42]; → Art. 74 Rn. 120)
– Art. 74 I Nr. 27 GG (Laufbahnen, Besoldung und Versorgung[43]; → Art. 74 Rn. 137)
– Art. 98 III GG (Landesrichtergesetze; → Art. 98 Rn. 22 ff.)
– Art. 99 GG (Organleihe; → Art. 99 Rn. 3 ff.)
– Art. 105 IIa GG (örtliche Verbrauch- und Aufwandsteuern; → Art. 105 Rn. 39 ff.)
– Art. 137 VI WRV (Kirchensteuer; → Art. 140/137 WRV Rn. 109)
– Art. 137 VII WRV (Durchführungsbestimmungen zum Religionsverfassungsrecht; → Art. 140/137 WRV Rn. 128 ff.).

Daneben begegnen über das Grundgesetz verteilt noch Gruppen von Landeskompetenzen, die nicht regelrecht vertypt sind und nur in der dogmatischen Auseinandersetzung (wenn überhaupt) Kontur gewonnen haben. Dazu zählen die an die Grundsatzgesetzgebungskompetenzen des Bundes (→ Vorb. zu Art. 70–74 Rn. 39; → Art. 71 Rn. 7) anschließenden **Folge- bzw. Umsetzungsgesetze**; dies betrifft die Ablösung von Staatsleistungen nach Art. 138 I 1 WRV (→ Art. 140/138 WRV Rn. 25), die Grundsätze für die Bemessung von Finanzzuweisungen und ihre Verteilung auf die Länder (Art. 106 IV 3 GG; → Art. 106 Rn. 30) sowie die Grundsätze für das Haushaltsrecht (Art. 109 IV GG; → Art. 109 [Suppl. 2010], Rn. 53 ff.). Daneben sind ferner die neuartigen geschriebenen **Abweichungs-** sowie die **Ersetzungskompetenzen** der Länder zu

---

[36] Das Bundesverfassungsgericht zitiert hier regelmäßig Art. 70 I i.V.m. Art. 74 I Nr. 11 GG; zuletzt BVerfGE 138, 261 (273, Rn. 27).
[37] Vergleichbar *Härtel* (Fn. 18), § 19 Rn. 41 (zur Umsetzung Rn. 47); *Sannwald* (Fn. 17), Art. 70 Rn. 22 f. Siehe auch *Pestalozza*, GG VIII, Art. 70 Rn. 132 ff.; *J. Isensee*, HStR³ VI, § 133 Rn. 91 sowie – mit weiterer Differenzierung – *Uhle* (Fn. 2), Art. 70 Rn. 81 ff. Eingehend *K. Gerstenberg*, Zu den Gesetzgebungs- und Verwaltungskompetenzen nach der Föderalismusreform, 2009, S. 188 ff. sowie *Huber/Uhle*, Sachbereiche (Fn. 9), S. 86 ff.
[38] Siehe *E. Pohlreich*, Die Gesetzgebungskompetenz für den Vollzug von Straf- und Untersuchungshaft nach der Föderalismusreform I, in: B. Brunhöber u.a. (Hrsg), Strafrecht und Verfassung, 2013, S. 117 ff. (130 ff.).
[39] Materialreich *Leber*, Landesgesetzgebung (Fn. 9), S. 163 ff. Vgl. ferner *H. Schmitz*, NVwZ 2008, 18 ff.
[40] Näher *T. Lammers*, GewArch. 2015, 54 ff.
[41] *H.-W. Rengeling*, HStR³ VI, § 135 Rn. 336.
[42] Näher *P. M. Huber/F. Wollenschläger*, NVwZ 2009, 1513 (1513 ff.) sowie *G. Kiefner*, DÖV 2011, 515 (516 ff.).
[43] Siehe *M. Pechstein*, ZBR 2006, 285 ff. sowie *G. Frank/T. Heinicke*, ZBR 2009, 34 (35 ff.).

Art. 70   C. Erläuterungen

verzeichnen (→ Art. 72 Rn. 31 ff., 42 ff.; → Art. 84 Rn. 48 ff.; → Art. 125a Rn. 9, 14; → Art. 125b Rn. 5, 6).

2. Landeskompetenzen nach Art. 70 I GG

15   Der danach im Wege der Subtraktion verbleibende Regelungsbereich der Landesgesetzgeber ist schmal, aber noch nicht sklerotisch[44]. Nach Art. 70 I GG zählen zur **Real-Residualkompetenz** der Länder namentlich Gesetze in den folgenden (hier alphabetisch aufgelisteten) Sachbereichen[45]:
– Arbeitskampfrecht (→ Art. 74 Rn. 58)[46]
– Bauordnungsrecht (→ Art. 74 Rn. 81)[47]
– Daseinsvorsorge auf dem Gebiet der Pflege[48]
– Denkmalschutzrecht[49]
– Enteignungsrecht[50]
– Facharztrecht[51]
– Feiertagsrecht[52]
– Folgegesetze zur Landesverfassung (»Verfassungsrecht im materiellen Sinne«)[53]
– Friedhofs- und Bestattungsrecht[54]
– Kommunalrecht[55]
– Krankenhausrecht[56]
– Kulturrecht (vgl. Art. 23 VI 1 GG; → Art. 23 Rn. 153)[57]
– Öffentlich-rechtliches Versicherungswesen[58]

---

[44] Pointiert *Rozek* (Fn. 24), Art. 70 Rn. 3: »Restkompetenz«.

[45] Ohne Anspruch auf Vollständigkeit; vgl. die Auflistungen bei *Heintzen* (Fn. 3), Art. 70 Rn. 78 ff.; *Härtel* (Fn. 18), § 19 Rn. 147 f.; *Kunig* (Fn. 16), Art. 70 Rn. 8; *Seiler* (Fn. 14), Art. 70 Rn. 25.1; *Jarass/Pieroth*, GG, Art. 70 Rn. 18 ff.; *Sannwald* (Fn. 17), Art. 70 Rn. 24. Deutlich detaillierter *Uhle* (Fn. 2), Art. 70 Rn. 87 ff.

[46] So jedenfalls jetzt *I. Kranz*, Landesarbeitskampfgesetze?, 2015, S. 58 ff.

[47] BVerfGE 3, 407 (430 ff.); dazu zählen auch Bestimmungen über Ausgleichsabgaben für Stellplätze: BVerfGK 15, 168 (173).

[48] BVerfGK 12, 308 (339); näher *Huber/Uhle*, Sachbereiche (Fn. 9), S. 151 ff.

[49] BVerfGE 78, 205 (209 f.); BVerwGE 102, 260 (265).

[50] BVerfGE 56, 249 (263); zu Art. 74 I Nr. 14 GG → Art. 74 Rn. 67 ff.

[51] BayVerfGHE 35, 56 (63).

[52] BayVerfGHE 35, 10 (18 f.). Zur Bundeskompetenz für einen Nationalfeiertag: → Vorb. zu Art. 70–74 Rn. 46.

[53] BVerfGE 24, 300 (354); 98, 145 (157 ff., Rn. 42 ff.): Wahlrecht in den Ländern. Vgl. noch BVerfGE 96, 345 (368); BVerfG (K), NJW 1996, 2497 (2497) zum Landesverfassungsrecht (→ Rn. 9).

[54] *Uhle* (Fn. 2), Art. 70 Rn. 97; *Heintzen* (Fn. 3), Art. 70 Rn. 82; *Jarass/Pieroth*, GG, Art. 70 Rn. 18.

[55] BVerfGE 1, 167 (176); 56, 298 (310); 58, 177 (191 f.); mitumfaßt sind das Kommunalwahl- (BVerwG LKV 1997, 171 [172]), das Gemeindewirtschafts- (SächsVerfGH NVwZ 2005, 1057 [1058]) und das Zweckverbandsrecht (LVerfG MV LVerfGE 10, 317 [325 f.]). Zur Abgrenzung zum Bürgerlichen Recht in Fragen der Vertretungs- bzw. Verpflichtungsmacht von Kommunalvertretern → Art. 74 Rn. 18.

[56] *Uhle* (Fn. 2), Art. 70 Rn. 99; näher *W. Kuhla*, NZS 2014, 361 (362, 367 ff.).

[57] Zuletzt BVerfGE 135, 155 (196, Rn. 103): »In diesem Sinne gelten die Länder als Träger der Kulturhoheit (vgl. E 6, 309 [346 f.]; 37, 314 [322]; 106, 62 [132]; 108, 1 [14]; 119, 59 [82]; 122, 89 [110]; s. auch E 12, 205 [229]; 92, 203 [238]).« Eingehend *S.-C. Lenski*, Öffentliches Kulturrecht, 2013, S. 94 ff.; *C.F. Germelmann*, Kultur und staatliches Handeln, 2013, S. 348 ff. Relativierend *Degenhart* (Fn. 11), Art. 70 Rn. 13.

[58] BVerfGE 41, 205 (218 f.): unter Ausschluß der Sozialversicherung. → Art. 74 Rn. 61.

- Polizei- und Ordnungsrecht[59]
- Presserecht[60]
- Rauchverbote zum Schutz der Bevölkerung (hingegen nicht das Verbot von Tabakwarenautomaten[61])[62]
- Rettungswesen[63]
- Richtervorbehalte[64]
- Rundfunkrecht inkl. Rundfunkfinanzierung (vgl. Art. 23 VI 1 GG; → Art. 23 Rn. 153)[65]
- Schulrecht (vgl. Art. 23 VI 1 GG; → Art. 23 Rn. 153)[66]
- Strafvollzug[67]
- Straßen- und Wegerecht[68]
- Versammlungsrecht[69].

Diese Landeskompetenzen nach Art. 70 I GG werden vom Bundesverfassungsgericht als »**ausschließliche**« bezeichnet[70]. Das ist dann mißverständlich, wenn es zur vorschnellen Annahme einer Gesamtanalogie zu Art. 71 i.V.m. Art. 73 GG führt. Richtig ist zunächst, daß die oben katalogartig aufgelisteten Landeskompetenzen ihrerseits Sperrwirkung entfalten: ungedecktes Bundesrecht ist nichtig, ohne daß es des Rückgriffs auf eine kompetenzexterne Sanktionsnorm bedürfte (→ Rn. 9; → Vorb. zu Art. 70–74 Rn. 53). Im Unterschied zur explizit eingeräumten Ermächtigungsmöglichkeit in Art. 71 2. Hs. GG (→ Art. 71 Rn. 11 ff.) sind die Landeskompetenzen allerdings nach ganz h.M. **delegationsfest**[71]. Das steht der Koordination, der Orientierung an Musterentwürfen wie der schlichten Kopie gelungenen »fremden« Landesrechts[72] nicht entgegen[73]; eine neuralgische Grenze ist erreicht, wenn der Landesgesetzgeber

16

---

[59] SächsVerfGH LVerfGE 14, 333 (380); zur gefahrenabwehrrechtlichen Annexkompetenz von Sachmaterien → Vorb. zu Art. 70–74 Rn. 49; → Art. 73 Rn. 45, 50.
[60] Vgl. zu Art. 75 Nr. 3 bzw. Art. 75 I 1 Nr. 2 GG a. F. nur *Pestalozza*, GG VIII, Art. 75 Rn. 296 ff.
[61] *B. Pieroth/T. Barczak*, DÖV 2014, 66 (71 ff.).
[62] BVerfGE 121, 317 (347 ff., Rn. 96 ff.); zur Umsetzung durch die Länder *Leber*, Landesgesetzgebung (Fn. 9), S. 233 ff.; vgl. noch *M. Rossi/S.-C. Lenski*, NJW 1996, 2657 ff. – Rauchverbote zum Schutz von Arbeitnehmern: → Art. 74 Rn. 60.
[63] BVerwGE 99, 10 (13); BayVerfGH NVwZ-RR 2012, 665 (667); BSG NZS 2002, 31 (31).
[64] Eingehend nunmehr *S. Jutzi*, Landesgesetzgebungskompetenz für die Zuweisung präventiver Richtervorbehalte an das Oberverwaltungsgericht, in: FS Hufen, 2015, S. 597 ff. (600 ff.).
[65] BVerfGE 12, 205 (229); 92, 203 (238); 121, 30 (46 ff., Rn. 78 ff.); BVerfG (K), NJW 2012, 3423 (3423).
[66] BVerfGE 53, 185 (195 f.); 59, 360 (377); 75, 40 (66 f.); 98, 218 (248, Rn. 129); 106, 62 (132, Rn. 277); BVerwGE 104, 1 (6). – Siehe *J. Ennuschat/C. Ulrich*, VBlBW 2007, 121 (121, 123).
[67] *H.-W. Rengeling*, HStR³ VI, § 135 Rn. 332. – Eingehend *K. Jünemann*, Gesetzgebungskompetenz für den Strafvollzug im föderalen System der Bundesrepublik Deutschland, 2012, S. 32 ff., 71 ff. u. passim; ferner *Pohlreich*, Gesetzgebungskompetenz (Fn. 38), S. 132 ff. Speziell zum Jugendstrafvollzug empirisch *Leber*, Landesgesetzgebung (Fn. 9), S. 93 ff.
[68] BVerfGE 26, 338 (370); 34, 139 (152); 42, 20 (28); 67, 299 (314 f.). → Art. 74 Rn. 109.
[69] Vgl. *Huber/Uhle*, Sachbereiche (Fn. 9), S. 96 ff. → *Stettner*, Bd. II², Art. 74 Rn. 36. – Dazu auch (in Überschreitung seiner Kompetenz bzw. unter Verletzung von Art. 100 I/III GG; → Vorb. zu Art. 70–74 Rn. 60) BerlVerfGH NVwZ-RR 2014, 577 (578 f.).
[70] BVerfGE 16, 64 (79); zustimmend *Härtel* (Fn. 18), § 19 Rn. 41; *Jarass/Pieroth*, GG, Art. 70 Rn. 17. Zurückhaltend *Heintzen*, Charakteristika (Fn. 30), S. 48.
[71] *Pestalozza*, GG VIII, Art. 70 Rn. 86; *Uhle* (Fn. 2), Art. 70 Rn. 154; *Jarass/Pieroth*, GG, Art. 70 Rn. 17; *Sannwald* (Fn. 17), Art. 70 Rn. 18.
[72] Eingehende Vergleichsstudie bei *Leber*, Landesgesetzgebung (Fn. 9), S. 154 ff., 216 ff., 283 ff.; vgl. zu den Informationsfreiheitsgesetzen *Lutz*, Vielfalt (Fn. 27), S. 249 ff.
[73] *Pestalozza*, GG VIII, Art. 70 Rn. 41; *Jarass/Pieroth*, GG, Art. 70 Rn. 17.

Fabian Wittreck

zum Mittel der dynamischen Verweisung greift (→ Art. 20 [Demokratie], Rn. 117f.; → Art. 30 Rn. 28). Gleichwohl dürfte hier mehr oder minder »wesenhaft« mit normativen Sätzen argumentiert werden, die Kompetenzbestimmungen offenbar »innewohnen«[74]. Die Argumente, die unter der Geltung der Reichsverfassung von 1871 wie der WRV angeführt worden sind, um ohne konkreten Anhalt im Verfassungswortlaut die Delegation von Bundeskompetenzen zu legitimieren, sind jedoch *cum grano salis* auch angesichts der Landeskompetenzen valide.

D. Verhältnis zu anderen GG-Bestimmungen

17 Art. 70 I GG ist *lex specialis* zu **Art. 30 GG** (→ Art. 30 Rn. 33)[75]. Zugleich verweist der Passus »Gesetzgebungsbefugnisse verleiht« über den mißverständlichen Wortlaut des Art. 70 II GG (→ Rn. 11f.) hinaus nicht allein auf die folgenden Bestimmungen der **Art. 71–74 GG**, sondern auf sämtliche Bestimmungen des Grundgesetzes, die dem Bund explizit oder implizit Gesetzgebungskompetenzen einräumen (→ Rn. 12). Vereinzelt wird Art. 70 I GG dabei bereichsspezifisch durch ausdrückliche Landeskompetenzen konkretisiert (→ Rn. 13f.). Hinter **Art. 105 I, II GG** tritt Art. 70 I GG als *lex generalis* zurück mit der Folge, daß die Residualkompetenz der Länder im Steuerrecht nicht gilt[76]. Einzelne Bestimmungen des Grundgesetzes verweisen schließlich auf die Gesetzgebung der Länder, die sie entweder gegen Ingerenzen schützen (so Art. 23 V 2 u. VI GG [→ Art. 23 Rn. 143ff., 152ff.][77]) oder zum Anknüpfungspunkt für andersgeartete Kompetenzen nehmen (vgl. Art. 32 III GG [→ Art. 32 Rn. 48ff.][78]). **Art. 115c I 1 GG** macht die Landesgesetzgebung in Ansehung des Verteidigungsfalls zum Gegenstand eines Kompetenztransfers (→ Art. 115c Rn. 4).

---

[74] Vergleiche *Uhle* (Fn. 2), Art. 70 Rn. 154: »grundsätzlich indisponibel«.
[75] Statt aller *Rozek* (Fn. 24), Art. 70 Rn. 7 und *Degenhart* (Fn. 11), Art. 70 Rn. 9.
[76] *Umbach/Clemens* (Fn. 17), Art. 70 Rn. 4; *Uhle* (Fn. 2), Art. 70 Rn. 3; *Rozek* (Fn. 24), Art. 70 Rn. 9; *Seiler* (Fn. 14), Art. 70 Rn. 7; *Degenhart* (Fn. 11), Art. 70 Rn. 11. → Vorb. zu Art. 70–74 Rn. 43.
[77] Gegen Bestrebungen, diesen Bestimmungen über den unmittelbaren Anwendungsbereich eine Garantiefunktion zuzuweisen, luzide *Lutz*, Vielfalt (Fn. 27), S. 238ff.
[78] Eingehend dazu E. *Meindl*, Die Kompetenzen der Länder im Bereich der auswärtigen Gewalt und im EU-Entscheidungsprozess, 2014, S. 127ff.

Artikel 71 [Ausschließliche Gesetzgebung des Bundes]

Im Bereiche der ausschließlichen Gesetzgebung des Bundes haben die Länder die Befugnis zur Gesetzgebung nur, wenn und soweit sie hierzu in einem Bundesgesetze ausdrücklich ermächtigt werden.

Literaturauswahl

Grziwotz, Herbert: Partielles Bundesrecht und die Verteilung der Gesetzgebungsbefugnisse im Bundesstaat, in: AöR 116 (1991), S. 588–605.

Heintzen, Markus: Die ausschließliche Bundesgesetzgebung, in: Christian Starck (Hrsg.), Föderalismusreform, 2007, Rn. 69–104 (S. 41–52).

Heintzen, Markus: Die Charakteristika der Ländergesetzgebung und der ausschließlichen Gesetzgebung des Bundes nach der Föderalismusreform, in: Markus Heintzen/Arnd Uhle (Hrsg.), Neuere Entwicklungen im Kompetenzrecht. Zur Verteilung der Gesetzgebungszuständigkeiten zwischen Bund und Ländern nach der Föderalismusreform, 2014, S. 47–64.

Rudolf, Walter: Die Ermächtigung der Länder zur Gesetzgebung im Bereich der ausschließlichen Gesetzgebung des Bundes, in: AöR 88 (1963), S. 159–184.

Schütz, Peter: Der neue Art. 80 IV GG – Gesetzgebung an Verordnungs Statt, in: NVwZ 1996, S. 37–40.

Süß, Siegwin: Beschlüsse der Gemeinden zu verteidigungspolitischen Fragen, in: BayVBl. 1983, S. 513–520.

Uhle, Arnd: Die Sachbereiche der ausschließlichen Gesetzgebungskompetenz des Bundes nach der Föderalismusreform. Anmerkungen zur Verfassungsreform von 2006 und zu neueren Entwicklungen im Recht der ausschließlichen Gesetzgebungskompetenz des Bundes, in: Markus Heintzen/Arnd Uhle (Hrsg.), Neuere Entwicklungen im Kompetenzrecht. Zur Verteilung der Gesetzgebungszuständigkeiten zwischen Bund und Ländern nach der Föderalismusreform, 2014, S. 189–236.

Siehe auch die Angaben zu den Vorbemerkungen zu Art. 70–74 GG, zu Art. 70 sowie Art. 73 GG.

Leitentscheidungen des Bundesverfassungsgerichts

BVerfGE 8, 104 (116f.) – Volksbefragung; 18, 407 (415) – Verordnung als Landesrecht; 35, 65 (74) – VwGO-Ausführungsgesetz II; 115, 118 (118, 141ff.; Ls. 1, Rn. 90ff.) – Luftsicherheitsgesetz I; 116, 24 (51f., Rn. 71) – Einbürgerung; 132, 1 (5f., Rn. 15ff.) – Luftsicherheitsgesetz II.

Gliederung

	Rn.
A. Herkunft, Entstehung, Entwicklung	1
I. Ideen- und verfassungsgeschichtliche Aspekte	1
II. Entstehung und Veränderung der Norm	2
B. Internationale, supranationale und rechtsvergleichende Bezüge	3
C. Erläuterungen	5
I. Allgemeine Bedeutung	5
II. Zirkumskription der ausschließlichen Gesetzgebung des Bundes	6
III. Rechtsfolgen im engeren und weiteren Sinne	9
IV. Ermächtigung zur Landesgesetzgebung	11
1. Ermächtigung durch Bundesgesetz	11
2. Rückholmöglichkeit des Bundes	15
D. Verhältnis zu anderen GG-Bestimmungen	16

Stichwörter

Atomwaffen 10 – Außenkompetenzen 4f. – Bundestreue 10 – DDR-Verfassung (1949) 1 – Einzelne Kompetenzen 6ff. – Ermächtigung der Länder 5, 11ff. – Europäische Union 2f., 5 – Gemeinden 10 – Gesetzesvorbehalt 12 – Grundsatzgesetzgebungskompetenz 7 – Landesverfassungsrecht 4, 9f. – Parlamentarischer Rat 2 – Rechtsvergleich 4 – Rückholmöglichkeit 15 – Schranken der Delegation 11 – Sperrwirkung 9, 14f. – Tradition 5 – Ungeschriebene Kompetenzen 8, 11 – Verhältnis zu Art. 31 GG 9 – Verordnungsvertretende Gesetze 13 – Vor- und Fernwirkungen 10 – Völkerrecht 3 – Weimarer Reichsverfassung 1 – Zustimmungspflicht 12 – Zweck der Norm 5.

A. Herkunft, Entstehung, Entwicklung

I. Ideen- und verfassungsgeschichtliche Aspekte

1 Abstrakt formulierte Kompetenzvorschriften stellen als solche eine rechtswissenschaftliche **Ausdifferenzierungsleistung** erster Ordnung dar (→ Art. 30 Rn. 1). Ihre weitere Binnendifferenzierung in Form der Unterscheidung verschiedener Kompetenztypen erfolgt spät; eine solche ist in der Reichsverfassung von 1871 angelegt und wird von der Staatsrechtslehre der Zeit explizit gemacht, die auch den Terminus »ausschließliche Gesetzgebung/Kompetenz« prägt (→ Vorb. zu Art. 70–74 Rn. 8)[1]. Art. 12 I 2 **WRV** verwendet den Begriff in Ansehung des Art. 6 Nr. 1–7 WRV sodann ausdrücklich (→ Vorb. zu Art. 70–74 Rn. 9); die vom Verfassungstext nicht vorgesehene Ermächtigung der Länder (→ Rn. 11 ff.) wird von der Lehre überwiegend anerkannt[2]. Art. 112 der Verfassung der DDR von 1949 baut den überkommenen Katalog der ausschließlichen Gesetzgebung deutlich aus (→ Vorb. zu Art. 70–74 Rn. 11).

II. Entstehung und Veränderung der Norm

2 Im **Parlamentarischen Rat** war die Kopf- oder Basisnorm der ausschließlichen Bundesgesetzgebung kein Gegenstand grundsätzlicher Kontroversen[3]. Art. 33 HChE hatte im Sinne einer Legaldefinition den späteren Normbestand um den Zusatz »oder wenn ihre Gesetze lediglich den Vollzug von Bundesgesetzen zum Gegenstand haben« ergänzt[4]. Dieser Halbsatz wurde auf Vorschlag des Allg. Redaktionsausschusses vom Hauptausschuß gestrichen, weil er Friktionen mit den Verwaltungskompetenzen hervorrufe[5]. Zwischenzeitlich wurde ferner erwogen, die gekürzte Norm als Abs. 2 dem späteren Art. 73 GG beizugesellen[6]. Nicht zuletzt auf Intervention der Besatzungsmächte unterblieb dies; die endgültige Fassung verdankt sich danach dem Allg. Redaktionsausschuß[7]. Art. 71 GG ist seit 1949 **normtextlich unverändert** geblieben; sein tatsächlicher normativer Gehalt ist aber unmittelbar durch zahlreiche Eingriffe in seinen Referenzkatalog (→ Art. 73 Rn. 3)[8] und mittelbar durch den Kompetenztransfer auf die Europäische Union (→ Rn. 3; → Vorb. zu Art. 70–74 Rn. 22; → Art. 73 Rn. 5 f.)

---

[1] Instruktiv *A. Uhle*, in: Maunz/Dürig, GG, Art. 71 (2007), Rn. 2 ff.
[2] So namentlich *Anschütz*, WRV, Art. 6 Anm. 7 (S. 77); vgl. ferner die Nachweise bei *W. Rudolf*, AöR 88 (1963), 159 (160 f.).
[3] Zusammenfassend JöR 1 (1951), 462 ff. sowie *Pestalozza*, GG VIII, Art. 71 Rn. 2 ff. und Schneider, GG-Dokumentation, Bd. 17, Art. 71, S. 122 ff., Rn. 2 ff. (S. 132 ff.); vgl. ferner *K. Fischer*, in: BK, Art. 71 (Zweitb. 2005), Rn. 3 f.; *Uhle* (Fn. 1), Art. 71 Rn. 5 ff.; *M. Heintzen*, in: v. Mangoldt/Klein/Starck, GG, Art. 71 Rn. 6; → *Stettner*, Bd. II², Art. 71 Rn. 2 f. – Entwurfsfassungen in Parl. Rat VII, S. 10, 47, 101, 149, 227, 367, 424, 457, 513, 548, 587, 628.
[4] Parl. Rat II, S. 584.
[5] Parl. Rat XIV/1, S. 871 f.
[6] Parl. Rat XIV/2, S. 1521.
[7] Parl. Rat VII, S. 513; Annahme im Hauptausschuß: Parl. Rat XIV/2, S. 1805.
[8] Eingehende Nachzeichnung der Föderalismusreform I bei *A. Uhle*, Die Sachbereiche der ausschließlichen Gesetzgebungskompetenz des Bundes nach der Föderalismusreform, in: M. Heintzen/A.

sowie die Veränderungen der kompetenzrechtlichen bzw. bundesstaatlichen Ambiance **substantiell modifiziert** worden (→ Vorb. zu Art. 70–74 Rn. 13ff.).

B. Internationale, supranationale und rechtsvergleichende Bezüge

Im **Völkerrecht** ist die Differenzierung nach ausschließlichen und eingeschränkten Kompetenzen unüblich (→ Vorb. zu Art. 70–74 Rn. 16). Die **Europäische Union** kennt in Gestalt von Art. 2 I AEUV ebenfalls die Rechtsfigur der ausschließlichen Zuständigkeit (→ Vorb. zu Art. 70–74 Rn. 19). In Parallele zu Art. 71 GG ist im Bereich dieser Unionskompetenzen ein Tätigwerden der Mitgliedstaaten an eine ausdrückliche Ermächtigung gebunden[9]. Der mit Art. 73 GG korrespondierende Katalog in Art. 3 I lit. a–b AEUV wirkt schmal, erlaubt aber gravierende Eingriffe in den Hoheitsbereich der Mitgliedstaaten (→ Art. 73 Rn. 5f.)[10]; eingedenk des Anwendungsvorrangs des Unionsrechts überlagert er Art. 71 i.V.m. Art. 73 GG partiell (→ Art. 23 Rn. 12 ff.; → Art. 73 Rn. 31, 34).

3

Im internationalen **Rechtsvergleich** ist eine Kombination von ausschließlichen Zuständigkeiten der Zentralebene mit einem Kompetenzkatalog zweiter Ordnung typisch, der bedingt oder beschränkt wird[11]. Zugleich weisen die Auflistungen der ausschließlich dem Zentralstaat zugewiesenen Zuständigkeiten eine hohe Konstanz auf; »geborene« Bundeszuständigkeiten sind regelmäßig die Außen- und Verteidigungspolitik, das Geldwesen sowie der Handel zwischen den Bundesgliedern (→ Vorb. zu Art. 70–74 Rn. 23ff.; → Art. 32 Rn. 18ff.; → Art. 73 Rn. 14, 29f., 34). In den deutschen **Landesverfassungen** sind keine Bestimmungen enthalten, die unmittelbar mit Art. 71 GG korrespondieren oder erkennbar in Spannung zu ihm stehen.

4

C. Erläuterungen

I. Allgemeine Bedeutung

Art. 71 GG räumt dem Bundesgesetzgeber i.V.m. Art. 73 GG und weiteren über den Verfassungstext verstreuten Bestimmungen für ausgewählte Sachbereiche die **Befugnis zur Politikgestaltung** ein, die von Ingerenzrechten der Länder weitgehend frei ist. Diese ausschließliche Gesetzgebungskompetenz greift »dort, wo nach der Natur des zu regelnden Gegenstandes bei seiner rechtlichen Ordnung regionale Verschiedenheiten grundsätzlich nicht geduldet werden können oder gar nicht denkbar sind«[12]. Der in bezug genommene Katalog zeichnet sich – zumindest in seiner Ursprungsgestalt –

5

Uhle (Hrsg.), Neuere Entwicklungen im Kompetenzrecht, 2014, S. 189 ff. (192 ff.); knapper *M. Heintzen*, in: C. Starck (Hrsg.), Föderalismusreform, 2007, Rn. 69 ff.

[9] Näher *R. Stettner*, Auswirkungen der Europäisierung der Rechtsetzung auf die nationalen Gesetzgebungskompetenzen, in: Heintzen/Uhle, Entwicklungen (Fn. 8), S. 29 ff. (32 ff.) sowie aus dem unionsrechtlichen Schrifttum *I. Härtel*, Gesetzgebungsordnung der Europäischen Union, in: A. Hatje/P.-C. Müller-Graff (Hrsg.), Enzyklopädie Europarecht, Bd. I, 2014, § 11 Rn. 128 ff.

[10] Optimistischer *C. Calliess*, in: Calliess/Ruffert, EUV/AEUV, Art. 3 AEUV Rn. 4; ähnlich *Härtel* (Fn. 9), § 11 Rn. 130.

[11] Eingehend *Fischer* (Fn. 3), Art. 71 Rn. 121 f., 123 ff.; instruktiv noch *J. Pietzcker*, HStR³ VI, § 134 Rn. 2 ff. Vgl. ferner die Beiträge in: D. Halberstam/M. Reimann (Hrsg.), Federalism and Legal Unification, Dordrecht u.a. 2014.

[12] BVerfGE 18, 407 (414 f.).

durch **Verwurzelung** in einer langen föderalen Tradition[13] sowie vergleichsweise **Knappheit** und **Klarheit** aus; all dies dürfte mit ein Grund dafür sein, daß die ausschließlichen Bundeskompetenzen in der Verfassungspraxis bislang weniger Auseinandersetzungen verursacht haben als die konkurrierenden (von der Rahmenkompetenz ganz zu schweigen; → Vorb. zu Art. 70–74 Rn. 15, 38)[14]. Der auch im Rechtsvergleich typische **Außenbezug** der ausschließlichen Bundeskompetenzen hat zugleich zur Folge, daß der »Nettoaderlaß« zugunsten der Europäischen Union hier besonders prononciert ausfällt, da diese derartige Zuständigkeiten nach ihrer insofern durchaus bundesstaatsgeneigten Eigenlogik bevorzugt an sich zieht[15]. Die Möglichkeit der **Ermächtigung** der Länder nach Hs. 2 der Norm wirft zwar zahlreiche intensiv traktierte Rechtsfragen auf, ist aber in der Verfassungspraxis **ohne** nennenswertem **Belang** geblieben (→ Rn. 11 ff.)[16].

II. Zirkumskription der ausschließlichen Gesetzgebung des Bundes

6   Art. 71 GG korrespondiert unmittelbar mit dem ihm zugeordneten **Katalog** des Art. 73 I Nr. 1–14 GG (→ Art. 73 Rn. 10 ff.). Weitere ausschließliche Gesetzgebungskompetenzen des Bundes finden sich in zahlreichen Bestimmungen, die über den Text der Verfassungsurkunde verstreut sind (zumeist kodiert als »Das Nähere regelt ein Bundesgesetz« bzw. »durch Gesetz, das der Zustimmung des Bundesrates bedarf«). Im Einzelfall ergeben sich die Qualifikation als Gesetzgebungskompetenz sowie die ausschließliche Zuordnung zum Bund auch erst aus der Auslegung der Norm, wobei das Bundesverfassungsgericht in seiner jüngeren Rechtsprechung zur **Zurückhaltung** mahnt[17]. Gängig ist folgende Auflistung[18]:
– Erlaß verfassungsändernder Gesetze (Art. 79 II GG; → Art. 79 II Rn. 19 ff.)
– Zölle und Finanzmonopole (Art. 105 I GG; → Art. 105 Rn. 29 ff.)
– Kriegsdienstverweigerung (Art. 4 III 2 GG; → Art. 4 Rn. 188)
– Festlegung sicherer Drittstaaten bzw. verfolgungsfreier Staaten (Art. 16a II 2 u. III 1 GG; → Art. 16a Rn. 99, 101)
– Parteienrecht (Art. 21 III GG; → Art. 21 Rn. 163)
– Hauptstadtfragen (Art. 22 I 3 GG; → Art. 22 Rn. 36)

---

[13] Unterstrichen von *H.-W. Rengeling*, HStR³ VI, § 135 Rn. 82; andere Akzentsetzung bei *P. Kunig*, in: v. Münch/Kunig, GG II, Art. 71 Rn. 3, der gerade auf die Innovation der Ermächtigungsoption hinweist; → Art. 73 Rn. 1.

[14] Vergleichbar in der Einschätzung *M. Heintzen*, Die Charakteristika der Ländergesetzgebung und der ausschließlichen Gesetzgebung des Bundes nach der Föderalismusreform, in: Heintzen/Uhle, Entwicklungen (Fn. 8), S. 47 ff. (59), der von »einer als ruhig zu beschreibenden Materie« spricht. Instruktive Übersicht zur neueren Rechtsprechung bei *Uhle*, Sachbereiche (Fn. 8), S. 217 ff.

[15] In diese Richtung auch *Heintzen* (Fn. 3), Art. 71 Rn. 7.

[16] Wie hier zuletzt *C. Seiler*, Die Freigabe von Bundesrecht zur landesrechtlichen Ersetzung, in: Heintzen/Uhle, Entwicklungen (Fn. 8), S. 239 ff. (241) sowie *C. Degenhart*, in: Sachs, GG, Art. 71 Rn. 7.

[17] BVerfGE 132, 1 (5 f., Rn. 16); vgl. dazu näher *Uhle*, Sachbereiche (Fn. 8), S. 219 ff. → Vorb. zu Art. 70–74 Rn. 36.

[18] Vgl. die Auflistungen bei *Fischer* (Fn. 3), Art. 71 Rn. 34 ff. sowie *Uhle* (Fn. 1), Art. 71 Rn. 22 ff.; knapper *Degenhart* (Fn. 16), Art. 71 Rn. 3; → *Stettner*, Bd. II², Art. 71 Rn. 7. Knapp kommentierend *H.-W. Rengeling*, HStR³ VI, § 135 Rn. 149 sowie *I. Härtel*, Die Gesetzgebungskompetenzen des Bundes und der Länder im Lichte des wohlgeordneten Rechts, in: I. Härtel (Hrsg.), Handbuch Föderalismus, Bd. I, 2012, § 19 Rn. 125 ff.

II. Zirkumskription der ausschließlichen Gesetzgebung des Bundes   Art. 71

- Übertragung von Hoheitsrechten auf die EU, IntVG, EUZBBG, EUZBLG (Art. 23 I 2, Ia 3, III 3, VII GG; → Art. 23 Rn. 42, 107, 114, 128 ff.)[19]
- Sonstige Übertragung von Hoheitsrechten (Art. 24 I GG; → Art. 24 Rn. 23 ff.)
- Kriegswaffenkontrolle (Art. 26 II 2 GG; → Art. 26 Rn. 44)
- Neugliederung des Bundesgebietes bzw. Volksentscheid darüber (Art. 29 II 1, IV, V 4, VI 2, VII 2, VIII 5 GG; → Art. 29 Rn. 10, 22, 30, 33, 36)
- Einsatz der Streitkräfte beim Katastrophennotstand (Art. 35 II 2, III 1 GG; → Art. 35 Rn. 29 ff., 33 ff.; str.)[20]
- Wahlrecht zum Bundestag (Art. 38 III GG; → Art. 38 Rn. 133)
- Wahlprüfung (Art. 41 III GG; → Art. 41 Rn. 25)
- Wehrbeauftragter (Art. 45b S. 2 GG)
- Petitionsausschuß (Art. 45c II GG; → Art. 45c Rn. 12)
- Parlamentarisches Kontrollgremium (Art. 45d II GG; → Art. 45d Rn. 56 f.)
- Abgeordnetenrechte (Art. 48 III 3 GG; → Art. 48 Rn. 34)
- Wahl des Bundespräsidenten (Art. 54 VII GG; → Art. 54 Rn. 43)
- Zustimmungsgesetze zu politischen/völkerrechtlichen Verträgen (Art. 59 II GG; → Art. 59 Rn. 27 ff.)
- Befugnis für Einzelweisungen (Art. 84 V 1 GG; → Art. 84 Rn. 84 ff.)
- Einrichtung und Errichtung von Bundesbehörden (Art. 87 I 2, III 1 GG; → Art. 87 Rn. 31 ff., 65 ff.)
- (Bundes-)Verwaltungsverfahrensgesetze- und Nebengesetze (Gesamtschau der Art. 86 ff. GG)[21]
- Bundeswehrverwaltung (Art. 87b I 3, II 1 GG; → Art. 87b Rn. 9, 11)
- Luftverkehrsverwaltung (Art. 87d I 3, II GG; → Art. 87d [Suppl. 2010], Rn. 18, 46)
- Eisenbahnverwaltung/Privatisierung (Art. 87e I 2, II, III 4, IV 2 GG; → Art. 87e Rn. 23 f.)
- Post und Telekommunikation (Art. 87f I, III GG; → Art. 87f Rn. 22, 27)
- Bundesbankgesetz (Art. 88 S. 1 GG; → Art. 88 Rn. 18)
- Wasserwegerecht (Art. 89 II 2, 3 GG; → Art. 89 Rn. 22, 27; str.)
- Gemeinschaftsaufgaben (Art. 91a II GG; → Art. 91a Rn. 19 ff.)
- Verbindungsnetz (Art. 91c IV 2 GG; → Art. 91c [Suppl. 2010], Rn. 21, 23 f.)[22]
- Arbeitsagenturen (Art. 91e III GG; → Art. 91e [Suppl. 2010], Rn. 55)
- Bundesverfassungsgerichtsgesetz (Art. 93 III GG; → Art. 93 Rn. 89; Art. 94 II 1 GG; → Art. 94 Rn. 18)
- Errichtung von Gerichten des Bundes (Art. 95 I, 96 I GG; → Art. 95 Rn. 14 f.; → Art. 96 Rn. 13 f., 19)
- Gemeinsamer Senat (Art. 95 III 2 GG; → Art. 95 Rn. 33)
- Wehrstrafgerichte, Organleihe (Art. 96 II 3, V GG; → Art. 96 Rn. 13 f., 34)
- Rechtsstellung der Bundesrichter (Art. 98 I GG; → Art. 98 Rn. 22)
- Lastentragung (Art. 104a V 2, VI 4 GG; → Art. 104a Rn. 37, 43)
- Finanzhilfen (Art. 104b II 1 GG; → Art. 104b Rn. 19)
- Steuererträge (Art. 106 III 3, 6, IV 2, V 2, Va 3, VI 5 GG; → Art. 106 Rn. 20, 30, 33, 35)

---

[19] A.A. für Art. 23 III 3 GG *Heintzen* (Fn. 3), Art. 71 Rn. 15.
[20] Lt. BVerfGE 115, 118 (118, 141 ff.; Ls. 1, Rn. 90 ff.). Vgl. jetzt aber E 132, 1 (5 f., Rn. 15 f.).
[21] Statt aller *J. Oebbecke*, HStR³ VI, § 136 Rn. 129.
[22] Dazu *T. Siegel*, Der Staat 49 (2010), 299 (305 ff.).

Fabian Wittreck

Art. 71 C. Erläuterungen

- Länderanteil für den Personennahverkehr (Art. 106a I 2 GG; → Art. 106a Rn. 6)
- Kompensation für KfZ-Steuer (Art. 106b S. 2 GG; → Art. 106b [Suppl. 2010], Rn. 5)
- Steuererträge (Art. 107 I 2 GG; → Art. 107 Rn. 16 ff.)
- Finanzverwaltung und -gerichte (Art. 108 I 2, II 2, IV–VI GG; → Art. 108 Rn. 13, 18, 23, 26)
- Haushaltsgrund- und Haftungssätze (Art. 109 IV, V 3 GG; → Vorb. zu Art. 70–74 Rn. 39; → Art. 109 [Suppl. 2010], Rn. 53 ff., 65)
- Stabilitätsrat (Art. 109a S. 1 GG; → Art. 109a [Suppl. 2010], Rn. 7)
- Haushaltsüberschreitungen (Art. 112 S. 3 GG; → Art. 112 Rn. 16)
- Bundesrechnungshof (Art. 114 II 3 GG; → Art. 114 Rn. 26)
- Kreditaufnahme, Schuldenbremse (Art. 115 I, II 5 GG; → Art. 115 [Suppl. 2010], Rn. 14 ff., 47)
- Gesetze im Verteidigungsfall (Art. 115c II, III GG; → Art. 115c Rn. 4, 8 ff.; Art. 115k III 2 GG; → Art. 115k Rn. 13)
- Friedensschluß (Art. 115l III GG; → Art. 115l Rn. 13)
- Neugliederung (Art. 118 S. 2 GG; → Art. 118 Rn. 9; Art. 120 I 1 GG; → Art. 120 Rn. 5)
- Freigabe von Bundesrecht (Art. 72 IV, 125a II 2 GG; → Art. 72 Rn. 43; → Art. 125a Rn. 15)
- G 131 (Art. 131 S. 1 GG; → Art. 131 Rn. 4)
- Reichsvermögen (Art. 134 IV GG; → Art. 134 Rn. 17 f.)
- Vermögensübergang (Art. 135 IV, V, VI 2 GG; → Art. 135 Rn. 11 f.)
- Verbindlichkeiten (Art. 135a I GG; → Art. 135a Rn. 5)
- Ablösung von Staatsleistungen (Art. 140 GG i.V.m. Art. 138 I 2 WRV; → Art. 140/138 WRV Rn. 26)
- Übergangsrecht für Eisenbahnen (Art. 143a I 1, III 3 GG; → Art. 143a Rn. 4, 6, 10)
- Übergangsrecht für Post und Telekommunikation (Art. 143b I 2, II 3, III 3 GG; → Art. 143b Rn. 4, 8)
- Kompensationsbeiträge (Art. 143c IV GG; → Art. 143c Rn. 12)
- Konsolidierungshilfen (Art. 143d I 7, II 5, III 2 GG; → Art. 143d [Suppl. 2010], Rn. 12, 18, 20).

7   Eine **Zwitterstellung** nehmen in diesem Katalog allerdings diejenigen Kompetenzen ein, die zwar dem Normwortlaut nach (»Bundesgesetz« bzw. »das Reich«) ausschließlich dem Bund zugewiesen sind, seine Gesetzgebungskompetzen aber im Vergleich zu der nach Art. 71 GG gegebenen Vollkompetenz modal beschränken, indem sie ihn auf die Regelung von **Grundsätzen** festlegen[23]: Dies betrifft Art. 140 GG i.V.m. Art. 138 I 2 WRV (Grundsätze für die Ablösung der Staatsleistungen an die Religionsgesellschaften; → Art. 140/138 WRV Rn. 26), Art. 106 IV 3 [ex V 2] GG (Grundsätze für die Bemessung von Finanzzuweisungen; → Art. 106 Rn. 30) sowie Art. 109 IV [ex III] GG (Grundsätze für das Haushaltsrecht; → Art. 109 [Suppl. 2010], Rn. 53 ff.).

8   Zuletzt ergeben sich ausschließliche Bundeszuständigkeiten aus **ungeschriebene**n bzw. dem Grundgesetz im Wege der systematischen Interpretation zu entnehmenden **Kompetenzen**. Einhellig als ausschließliche Kompetenzen werden diejenigen kraft Na-

---

[23] Näher *Härtel* (Fn. 18), § 19 Rn. 29; wie hier in der Einstufung A. *Uhle*, in: Maunz/Dürig, GG, Art. 70 (2008), Rn. 26.

tur der Sache angesprochen (→ Vorb. zu Art. 70–74 Rn. 45 f.)[24]. Bei den Kompetenzen kraft Sachzusammenhangs bzw. Annexkompetenzen (→ Vorb. zu Art. 70–74 Rn. 47 f., 49) ist eine ausschließliche Bundeskompetenz dann anzunehmen, wenn der »zwingende Konnex« zu einer der in Art. 73 I GG oder in Rn. 6 f. aufgelisteten Kompetenzen besteht[25]; das gilt etwa für den Sachzusammenhang zwischen dem Dienstleistungsverkehr und dem Waren- und Zahlungsverkehr mit dem Ausland (→ Art. 73 Rn. 37)[26] sowie für die Gefahrenabwehr als Annex zur Kompetenz für den Luftverkehr (→ Art. 73 Rn. 45)[27].

III. Rechtsfolgen im engeren und weiteren Sinne

Nach dem klaren Wortlaut schließt Art. 71 GG – vorbehaltlich der Ermächtigung nach Hs. 2 (→ Rn. 11 ff.) – jegliche gesetzgeberische Aktivität der Länder im Sachbereich der ausschließlichen Gesetzgebung aus (sog. **Sperrwirkung**; → Vorb. zu Art. 70–74 Rn. 53)[28]. Erfaßt sind Parlamentsgesetze wie volksbeschlossene Gesetze[29]. Hingegen erstreckt sich der »Bann« des Art. 71 GG nicht auf die Landesverfassungen; begeben diese sich in den Sachbereich der ausschließlichen Gesetzgebung des Bundes, werden einschlägige Bestimmungen vielmehr (erst) vom kompetenzgemäß gesetzten einfachen Bundesrecht gebrochen (→ Art. 31 Rn. 50 ff.)[30]. Die Sperrwirkung gilt unabhängig davon, ob der Bund von seiner Kompetenz durch Gesetz oder anderweitig Gebrauch gemacht hat[31]. Zugleich ist der Bund im Rahmen des Art. 71 i.V.m. Art. 73 GG **frei**, zumindest **von kompetenzimmanenten Schranken**[32]: Der Bundesgesetzgeber muß keine Kautelen wie die Erforderlichkeitsprüfung nach Art. 72 II GG erfüllen (→ Art. 72 Rn. 17 ff.)[33] und ist auch unzweifelhaft befugt, die Kompetenzen auszuschöpfen[34].

Insbesondere im Streit um die atomare Bewaffnung der Bundeswehr bzw. um die Lagerung von Atomwaffen westlicher Bündnispartner ist intensiv diskutiert worden, ob Art. 71 GG (hier i.V.m. Art. 73 I Nr. 1 [Verteidigung] GG; → Art. 73 Rn. 14) über diese Sperrwirkung hinaus eine **Vor- oder Fernwirkung** des Inhalts zukommt, daß die Norm den Ländern Maßnahmen untersagt, die unterhalb der Schwelle des förmlichen Gesetzes politischen Druck gegen die konkrete Handhabung der Bundeskompetenz aufbauen sollen (im Ausgangsfall: Volksbefragungen)[35]. Die nämliche Frage stellte

---

[24] Ganz h.M.; statt aller *Degenhart* (Fn. 16), Art. 71 Rn. 4.
[25] Gleichsinnig *Degenhart* (Fn. 16), Art. 71 Rn. 4.
[26] BVerfGE 110, 33 (47 f., Rn. 87).
[27] BVerfGE 132, 1 (5, 6 ff.; Rn. 15, 17 ff.).
[28] Einhellige Auffassung: *H.-W. Rengeling*, HStR³ VI, § 135 Rn. 84; *Degenhart* (Fn. 16), Art. 71 Rn. 5; → *Stettner*, Bd. II², Art. 71 Rn. 9.
[29] Für letztere unterstrichen von StGH BW ESVGH 36, 161 (164); *H.-W. Rengeling*, HStR³ VI, § 135 Rn. 84; *Heintzen* (Fn. 3), Art. 71 Rn. 25; *Jarass/Pieroth*, GG, Art. 71 Rn. 2.
[30] Wie hier *Jarass/Pieroth*, GG, Art. 71 Rn. 2. Differenzierend *Degenhart* (Fn. 16), Art. 71 Rn. 6.
[31] Wiederum ganz h.M.: *Degenhart* (Fn. 16), Art. 71 Rn. 1, 5.
[32] Das schließt natürlich kompetenz*externe* Schranken wie die Grundrechte nicht aus: *H.-W. Rengeling*, HStR³ VI, § 135 Rn. 23 ff. sowie *T. Herbst*, Gesetzgebungskompetenzen im Bundesstaat, 2014, S. 285 ff.
[33] Wie hier *C. Seiler*, in: Epping/Hillgruber, GG, Art. 71 Rn. 1.
[34] Unterstrichen von *Härtel* (Fn. 18), § 19 Rn. 28: »Vollkompetenz«.
[35] Klassisch BVerfGE 8, 104 – *Volksbefragung* [Hamburg und Bremen]; siehe dazu wie zur folgenden Fn. *J. Menzel*, BVerfGE 8, 104/122 – *Atomwaffen-Volksbefragung*, in: J. Menzel/R. Müller-Terpitz (Hrsg.), Verfassungsrechtsprechung, 2. Aufl. 2011, S. 130 ff.

sich zur gleichen Zeit in bezug auf Gemeinden[36] und wurde in den achtziger Jahren des vergangenen Jahrhunderts anhand der kommunalen Erklärung zur »atomwaffenfreie Zone« debattiert[37]. Das Bundesverfassungsgericht hat – unter weitgehender Zustimmung der Lehre[38] – im Fall der Länder Art. 71 GG unmittelbar tangiert gesehen[39], im Fall der Gemeinden aber die **Bundestreue** bemüht und die Länder unter Berufung darauf in der Pflicht gesehen, ihre Aufsichtsinstrumente einzusetzen (→ Art. 20 [Bundesstaat], Rn. 45 ff.)[40]. Angesichts der gravierenden Unschärfen dieser zumindest naturrechtsanalogen Figur wie ihrer beliebigen Operationalisierbarkeit[41] ist es konsequenter, unmittelbar auf die Ausschließlichkeit der Bundeskompetenz abzustellen und jeden Versuch eines anderen Verbandes, diesbezüglich »Gegenmacht« aufzubauen, die eine Relevanzschwelle überschreitet, als Verstoß gegen Art. 71 i.V.m. Art. 73 GG zu werten, der etwa im Wege des Bund-Länder-Streits festgestellt werden kann (→ Art. 93 Rn. 65 ff.). Zurückhaltung ist geboten, wenn diese Vorwirkung auf Landesverfassungen erstreckt wird[42]; dies dürfte nur in Fällen des offensichtlichen und schwerwiegenden Formenmißbrauchs anzunehmen sein.

IV. Ermächtigung zur Landesgesetzgebung

1. Ermächtigung durch Bundesgesetz

11 Der Sinn der Delegationsbefugnis in Art. 71 Hs. 2 GG ist die zumindest mögliche Reaktion auf »die Notwendigkeit oder **Zweckmäßigkeit einer regional differenzierten Sachregelung**«[43]; die Norm weist insofern Parallelen zu Art. 80 I 1 GG auf (→ Art. 80 Rn. 13)[44]. Versuche, diese plausible Zwecksetzung im Wege einer teleologischen Reduktion der Norm zu einem Rechtmäßigkeitskriterium etwaiger Ermächtigungen aufzuwerten[45], dürften zu weit gehen. Vielmehr kann sich der Bundesgesetzgeber aus jedem denkbaren Grund seiner Befugnisse begeben – der Preis für anfechtbare oder sogar mißbräuchliche Delegationen ist ein politischer[46]. **Schranken** setzen der Delegation hingegen die Zwecke der ausschließlichen Gesetzgebung sowie die Eigenlogik der einzelnen Kompetenztitel des Art. 73 I GG. So ist weitgehend anerkannt, daß nur **einzelne Sachfragen** auf die Länder delegiert werden können, wohingegen der Schwerpunkt der Regelungskompetenz beim Bund verbleiben muß (was einmal mehr die

---

[36] BVerfGE 8, 122 – *Volksbefragung Hessen*.
[37] Vgl. aus der damaligen Debatte *B. Huber*, NVwZ 1982, 662 ff. sowie *S. Süß*, BayVBl. 1983, 513 ff.
[38] So *H.-W. Rengeling*, HStR³ VI, § 135 Rn. 24, 85; *Heintzen* (Fn. 3), Art. 71 Rn. 27; *Degenhart* (Fn. 16), Art. 71 Rn. 17 f.; kritisch *E.-W. Fuß*, AöR 83 (1958), 383 ff.
[39] BVerfGE 8, 104 (117 f.).
[40] BVerfGE 8, 122 (136 f., 138 ff.): Das Gericht stellt zunächst – wie in Bremen und Hamburg – einen Übergriff der hessischen Gemeinden in die Bundeszuständigkeit fest, um sodann über die Bundestreue das Land zum Eingreifen zu verpflichten.
[41] Eingehend *F. Wittreck*, Die Bundestreue, in: Härtel, Handbuch I (Fn. 18), § 18 Rn. 39 ff.
[42] So (vorsichtig) erwogen bei *Degenhart* (Fn. 16), Art. 71 Rn. 6.
[43] BVerfGE 18, 407 (418) – Hervorhebung nicht im Original, F. W.
[44] Nochmals BVerfGE 18, 407 (417 f.).
[45] In diese Richtung *Degenhart* (Fn. 16), Art. 71 Rn. 10, der das Vorliegen eines sachlichen Grundes fordert.
[46] Gleichsinnig *H. Grziwotz*, AöR 116 (1991), 588 (598); *H.-W. Rengeling*, HStR³ VI, § 135 Rn. 88; *Jarass/Pieroth*, GG, Art. 71 Rn. 5; → *Stettner*, Bd. II², Art. 71 Rn. 15. – Kritisch *T. Clemens/D. C. Umbach*, in: Umbach/Clemens, GG, Art. 71 Rn. 18; *R. Sannwald*, in: Schmidt-Bleibtreu/Hofmann/Henneke, GG, Art. 71 Rn. 27.

IV. Ermächtigung zur Landesgesetzgebung   **Art. 71**

vertrauten Probleme der wertenden Binnengrenzziehung aufwirft: → Vorb. zu Art. 70–74 Rn. 38)[47]. Nach verbreiteter Auffassung sollen ferner Bundeskompetenzen kraft Natur der Sache (→ Vorb. zu Art. 70–74 Rn. 45) delegationsfest sein[48]; Gleiches wird für einzelne Kompetenztitel des Art. 73 I GG angenommen[49], wobei in beiden Fällen sorgfältig zu prüfen ist, ob nicht im Einzelfall Vorverständnisse vom »Wesen« des (Bundes-)Staates eine maßgebliche Rolle spielen[50].

Nach dem Wortlaut der Norm muß die Ermächtigung durch **förmliches Bundesgesetz** erfolgen[51]. Dieses ist zustimmungspflichtig durch den Bundesrat nur dann, wenn das Bundesgesetz selbst einen der Tatbestände der Zustimmungspflicht erfüllt (→ Art. 77 Rn. 44 ff.)[52]. Die vereinzelt erwogene Bindung an die Bestimmtheitsregeln nach Art. 80 I 2 GG (→ Art. 80 Rn. 32 ff.) ist abzulehnen, da sie die unterschiedlichen Schutzzwecke der Normen verzeichnet[53]. Das Gesetz muß spätestens vor der Ausfertigung und Verkündung des korrespondierenden Landesgesetzes in Kraft getreten sein, um die Sperrwirkung aufheben zu können[54]. Der Bund ist frei, alle Länder zu ermächtigen oder den Kreis der Delegatare zu beschränken[55]; tatsächlich ist die Mehrzahl der bislang ergangenen (wenigen) Gesetze nach Art. 71 Hs. 2 GG nur an einzelne Länder adressiert worden: Die Regelungen betreffen bzw. betrafen Helgoland oder das Saarland[56]; von größerer Relevanz war § 22 ParteiG a. F.[57] bzw. ist nach wie vor § 1 III VwVfG (str.)[58]. § 2 IV Bundespolizeigesetz dürfte als bloße Verweisung kein Fall der Delegation sein[59]. 12

Ein faktisches **Parallelregime** zu Art. 71 Hs. 2 GG hält seit 1994 **Art. 80 IV GG** vor, der den Ländern die Möglichkeit einräumt, von bundesgesetzlichen Verordnungsermächtigungen auch durch förmliche Gesetze Gebrauch zu machen (→ Art. 80 Rn. 67 ff.)[60]. Stellt man in Rechnung, daß Art. 80 I 1 GG an die Ermächtigung der 13

---

[47] In diesem Sinne *H. Grziwotz*, AöR 116 (1991), 588 (597); *Clemens/Umbach* (Fn. 46), Art. 71 Rn. 20; *Fischer* (Fn. 3), Art. 71 Rn. 96; *Uhle* (Fn. 1), Art. 71 Rn. 49; *H.-W. Rengeling*, HStR³ VI, § 135 Rn. 89; *Kunig* (Fn. 13), Art. 71 Rn. 10; *Jarass/Pieroth*, GG, Art. 71 Rn. 5; *Degenhart* (Fn. 16), Art. 71 Rn. 10.
[48] Offengelassen in BVerwGE 92, 263 (266). Dafür *W. Rudolf*, AöR 88 (1963), 159 (170); *Fischer* (Fn. 3), Art. 71 Rn. 85; *Kunig* (Fn. 13), Art. 71 Rn. 9 sowie (wohl) *Degenhart* (Fn. 16), Art. 71 Rn. 11. A.A. *Heintzen* (Fn. 3), Art. 71 Rn. 18, 44 mit dem nachvollziehbaren Hinweis auf die Teildelegation.
[49] Entsprechende Auflistungen bei *Uhle* (Fn. 1), Art. 71 Rn. 50 sowie *Sannwald* (Fn. 46), Art. 71 Rn. 17 a. E.
[50] Kritisch daher Jarass/*Pieroth*, GG, Art. 71 Rn. 5.
[51] *H. Grziwotz*, AöR 116 (1991), 588 (596); *M. Bothe*, in: AK-GG, Art. 71 (2001), Rn. 5; *Fischer* (Fn. 3), Art. 71 Rn. 92; *Kunig* (Fn. 13), Art. 71 Rn. 8; *Jarass/Pieroth*, GG, Art. 71 Rn. 4; *Degenhart* (Fn. 16), Art. 71 Rn. 8.
[52] *Uhle* (Fn. 1), Art. 71 Rn. 47; *Heintzen* (Fn. 3), Art. 71 Rn. 36; *Jarass/Pieroth*, GG, Art. 71 Rn. 4.
[53] Wie hier *Uhle* (Fn. 1), Art. 71 Rn. 46; *Fischer* (Fn. 3), Art. 71 Rn. 96; *Jarass/Pieroth*, GG, Art. 71 Rn. 5; *Degenhart* (Fn. 16), Art. 71 Rn. 8.
[54] *Pestalozza*, GG VIII, Art. 71 Rn. 54; *Jarass/Pieroth*, GG, Art. 71 Rn. 4.
[55] *Bothe* (Fn. 51), Art. 71 Rn. 7; *Fischer* (Fn. 3), Art. 71 Rn. 100; *H.-W. Rengeling*, HStR³ VI, § 135 Rn. 86 f.; *Jarass/Pieroth*, GG, Art. 71 Rn. 5; *Degenhart* (Fn. 16), Art. 71 Rn. 9.
[56] Einzelnachweise zu den mittlerweile obsoleten Normen bei *Pestalozza*, GG VIII, Art. 71 Rn. 71 ff. sowie *Sannwald* (Fn. 46), Art. 71 Rn. 37.
[57] Siehe BVerfGE 24, 300 (354); die Norm lautete: »In den Ländern können Wahlkampfkosten von Landtagswahlen im Rahmen der §§ 18 bis 20 erstattet werden mit der Maßgabe, daß die Voraussetzungen nach § 18 Abs. 2 von Parteien nationaler Minderheiten nicht erfüllt zu werden brauchen.«
[58] Lt. BVerfGE 116, 24 (51 f., Rn. 71) nimmt die Norm eine Delegation i. S. v. Art. 71 Hs. 2 GG vor; kritisch hingegen *Degenhart* (Fn. 16), Art. 71 Rn. 8.
[59] So aber *K.-D. Schnapauff*, in: Hömig, GG, Anm. zu Art. 71.
[60] Wie hier *Uhle* (Fn. 1), Art. 71 Rn. 38; *Fischer* (Fn. 3), Art. 71 Rn. 95; *Heintzen* (Fn. 3), Art. 71

Länder bzw. ihrer Organe im Bereich der ausschließlichen Bundesgesetzgebung keine gesonderten Anforderungen stellt (→ Art. 80 Rn. 25 f.)[61], so läßt sich das von Art. 71 Hs. 2 GG intendierte oder zumindest zugelassene Flexibilisierungsergebnis auch im Zusammenspiel beider Verordnungsbestimmungen erreichen[62].

14   **Rechtsfolge** der Ermächtigung nach Art. 71 Hs. 2 GG ist die Aufhebung der Sperrwirkung; das Land oder die Länder haben das Recht, nach überwiegender Auffassung aber nicht die Pflicht zur Gesetzgebung[63]. Machen sie von der Ermächtigung Gebrauch, so gilt das erlassene Recht als Landesrecht[64]. Hingegen ist ein Landesgesetz, das die Grenzen der bundesgesetzlichen Ermächtigung überschreitet, wegen Verstoßes gegen Art. 71 GG nichtig[65]. Art. 31 GG kommt nur im Falle inhaltlicher Abweichung im Sinne einander widersprechender Normbefehle zur Anwendung (→ Art. 31 Rn. 36 ff.)[66].

2. Rückholmöglichkeit des Bundes

15   Nach allgemeiner Auffassung ist der Bund befugt, die einmal erteilte Ermächtigung im Sinne der Maxime vom *actus contrarius* wieder aufzuheben[67]. Dies kann durch **Aufhebung oder Änderung des ermächtigenden Gesetzes** (was im Sinne der Rechtsklarheit vorzugswürdig sein dürfte), aber auch durch eine Neuregelung der Materie durch ein Bundesgesetz erfolgen[68]. Sofern der Bund in diesem Gesetz nicht in Anlehnung an die Art. 125a ff. GG (→ Vorb. zu Art. 70–74 Rn. 58) Regeln zum Fortgelten des aufgrund der Ermächtigung erlassenen Landesrechts trifft, fällt es eingedenk der Sperrwirkung mit Inkrafttreten der Neuregelung der **Nichtigkeit** anheim[69].

D. Verhältnis zu anderen GG-Bestimmungen

16   Art. 71 GG steht zunächst in einem engen Korrespondenzverhältnis mit dem **Katalog des Art. 73 I GG**; gemeinsam bilden sie den Kern der »Vorschriften dieses Grundgesetzes über die ausschließliche [...] Gesetzgebung« i.S.v. Art. 70 II GG (→ Art. 70 Rn. 9 f.). Ergänzt werden sie um eine Fülle von **Einzelvorschriften** der Verfassung, die

---

Rn. 26; *Seiler* (Fn. 33), Art. 71 Rn. 3; Jarass/*Pieroth*, GG, Art. 71 Rn. 3; *Degenhart* (Fn. 16), Art. 71 Rn. 16. Vgl. dazu P. *Schütz*, NVwZ 1996, 37 ff.

[61] Unterstrichen von *Heintzen* (Fn. 3), Art. 71 Rn. 26; *Degenhart* (Fn. 16), Art. 71 Rn. 8 a.E.
[62] → *Stettner*, Bd. II², Art. 71 Rn. 10.
[63] *Fischer* (Fn. 3), Art. 71 Rn. 104; *Uhle* (Fn. 1), Art. 71 Rn. 51; H.-W. *Rengeling*, HStR³ VI, § 135 Rn. 87; *Heintzen* (Fn. 3), Art. 71 Rn. 42; *Kunig* (Fn. 13), Art. 71 Rn. 13; Jarass/*Pieroth*, GG, Art. 71 Rn. 6; *Degenhart* (Fn. 16), Art. 71 Rn. 12.
[64] BVerfGE 18, 407 (415); W. *Rudolf*, AöR 88 (1963), 159 (173 f.); H.-W. *Rengeling*, HStR³ VI, § 135 Rn. 87; Jarass/*Pieroth*, GG, Art. 71 Rn. 6; *Degenhart* (Fn. 16), Art. 71 Rn. 13.
[65] VerfGH NW OVGE 43, 205 (208 ff.); Jarass/*Pieroth*, GG, Art. 71 Rn. 4; *Degenhart* (Fn. 16), Art. 71 Rn. 13.
[66] A.A. offenbar R. *Sannwald*, in: Schmidt-Bleibtreu/Hofmann/Henneke, GG, Art. 70 Rn. 78.
[67] W. *Rudolf*, AöR 88 (1963), 159 (183); *Fischer* (Fn. 3), Art. 71 Rn. 106 f.; *Uhle* (Fn. 1), Art. 71 Rn. 56; *Kunig* (Fn. 13), Art. 71 Rn. 14; Jarass/*Pieroth*, GG, Art. 71 Rn. 6.
[68] Statt aller *Degenhart* (Fn. 16), Art. 71 Rn. 15.
[69] Vergleichsweise einhellige Auffassung: *Clemens/Umbach* (Fn. 46), Art. 71 Rn. 25; *Fischer* (Fn. 3), Art. 71 Rn. 108; *Heintzen* (Fn. 3), Art. 71 Rn. 46; *Kunig* (Fn. 13), Art. 71 Rn. 15; *Seiler* (Fn. 33), Art. 71 Rn. 7; Jarass/*Pieroth*, GG, Art. 71 Rn. 6; *Degenhart* (Fn. 16), Art. 71 Rn. 15 a.E. – Überlegungen in Richtung eines Wirksambleibens in Parallele zu Verordnungen bei *Pestalozza*, GG VIII, Art. 71 Rn. 66 f.

dem Bund entweder ausdrücklich oder implizit ausschließliche Gesetzgebungskompetenzen einräumen (→ Rn. 6ff.), sowie um sog. **ungeschriebene Kompetenzen** (→ Vorb. zu Art. 70–74 Rn. 45ff.). Gemeinsam konkretisieren sie die Generalklausel des Art. 70 I GG (→ Art. 70 Rn. 7f.) und sind *leges speciales* zur bundesstaatlichen Verteilungsregel (→ Art. 30 Rn. 17ff.). **Art. 80 IV GG** stellt eine Parallelregelung bzw. ein funktionales Äquivalent zu Art. 71 GG dar (→ Rn. 13; → Art. 80 Rn. 67ff.). **Art. 124 GG** regelt die Fortgeltung von Recht im Bereich der ausschließlichen Gesetzgebung des Bundes (→ Art. 124 Rn. 12)[70].

---

[70] *H.-W. Rengeling*, HStR³ VI, § 135 Rn. 83.

Artikel 72 [Konkurrierende Gesetzgebung des Bundes]

(1) Im Bereich der konkurrierenden Gesetzgebung haben die Länder die Befugnis zur Gesetzgebung, solange und soweit der Bund von seiner Gesetzgebungszuständigkeit nicht durch Gesetz Gebrauch gemacht hat.

(2) Auf den Gebieten des Artikels 74 Abs. 1 Nr. 4, 7, 11, 13, 15, 19a, 20, 22, 25 und 26 hat der Bund das Gesetzgebungsrecht, wenn und soweit die Herstellung gleichwertiger Lebensverhältnisse im Bundesgebiet oder die Wahrung der Rechts- oder Wirtschaftseinheit im gesamtstaatlichen Interesse eine bundesgesetzliche Regelung erforderlich macht.

(3) ¹Hat der Bund von seiner Gesetzgebungszuständigkeit Gebrauch gemacht, können die Länder durch Gesetz hiervon abweichende Regelungen treffen über:
1. das Jagdwesen (ohne das Recht der Jagdscheine);
2. den Naturschutz und die Landschaftspflege (ohne die allgemeinen Grundsätze des Naturschutzes, das Recht des Artenschutzes oder des Meeresnaturschutzes);
3. die Bodenverteilung;
4. die Raumordnung;
5. den Wasserhaushalt (ohne stoff- oder anlagenbezogene Regelungen);
6. die Hochschulzulassung und die Hochschulabschlüsse.

²Bundesgesetze auf diesen Gebieten treten frühestens sechs Monate nach ihrer Verkündung in Kraft, soweit nicht mit Zustimmung des Bundesrates anderes bestimmt ist. ³Auf den Gebieten des Satzes 1 geht im Verhältnis von Bundes- und Landesrecht das jeweils spätere Gesetz vor.

(4) Durch Bundesgesetz kann bestimmt werden, daß eine bundesgesetzliche Regelung, für die eine Erforderlichkeit im Sinne des Absatzes 2 nicht mehr besteht, durch Landesrecht ersetzt werden kann.

Literaturauswahl

Appel, Markus: Die Befugnis zur einfach-gesetzlichen Ausgestaltung der allgemeinen Grundsätze des Naturschutzes i. S. d. Art. 72 III 1 Nr. 2 GG – zugleich ein Beitrag über Inhalt und Reichweite des abweichungsfesten Kerns der Landschaftsplanung gem. §8 BNatSchG 2009, in: NuR 2010, S. 171–179.

Beck, Lukas: Die Abweichungsgesetzgebung der Länder. Aus staatsrechtlicher, rechtsvergleichender und dogmatischer Sicht, 2009.

Becker, Bernd: Das Recht der Länder zur Abweichungsgesetzgebung (Art. 72 Abs. 3 GG) und das neue WHG und BNatSchG, in: DVBl. 2010, S. 754–758.

Böhm, Monika: Sperrwirkung von Verordnungsermächtigungen, in: DÖV 1998, S. 234–239.

Bröker, Stefan Mark Felix Johannes: Die Abweichungskompetenz der Länder gemäß Art. 72 Abs. 3 GG im konkreten Falle des Naturschutzes und der Landschaftspflege. Eine Untersuchung am Beispiel der Naturschutzgesetze der Länder Brandenburg, Niedersachsen und Bayern, 2013.

Bundestag und Bundesrat (Hrsg.): Dokumentation der Kommission von Bundestag und Bundesrat zur Modernisierung der bundesstaatlichen Ordnung, Zur Sache 1/2005.

Calliess, Christian: Die Justiziabilität des Art. 72 Abs. 2 GG vor dem Hintergrund von kooperativem und kompetitivem Föderalismus, in: Josef Aulehner u. a. (Hrsg.), Föderalismus – Auflösung oder Zukunft der Staatlichkeit?, 1997, S. 293–313.

Chandna, Rajiv: Das Abweichungsrecht der Länder gemäß Art. 72 Abs. 3 GG im bundesstaatlichen Kompetenzgefüge. Eine Untersuchung seines Einflusses auf das deutsche Umweltrecht, 2011.

Danwitz, Thomas von: Vertikale Kompetenzkontrolle in föderalen Systemen. Rechtsvergleichende und rechtsdogmatische Überlegungen zur vertikalen Abgrenzung von Legislativkompetenzen in der Europäischen Union, in: AöR 131 (2006), S. 510–578.

Decker, Frank: Mehr Asymmetrie im deutschen Föderalismus? Die neue Abweichungsgesetzgebung, in: Jahrbuch des Föderalismus 8 (2007), S. 205–223.

Degenhart, Christoph: Abweichungsgesetzgebung und abweichungsfeste Kerne im Recht des Naturschutzes. Verfassungsfragen einer Gleichstellung von Ersatzgeld und Naturalkompensation in der naturschutzrechtlichen Eingriffsregelung, in: Festschrift für Michael Kloepfer, 2013, S. 21–38.

Degenhart, Christoph: Die Charakteristika der konkurrierenden Gesetzgebung des Bundes nach der Föderalismusreform, in: Markus Heintzen/Arnd Uhle (Hrsg.), Neuere Entwicklungen im Kompetenzrecht. Zur Verteilung der Gesetzgebungszuständigkeiten zwischen Bund und Ländern nach der Föderalismusreform, 2014, S. 65–79.

Degenhart, Christoph: Die Neuordnung der Gesetzgebungskompetenzen durch die Föderalismusreform, in: NVwZ 2006, S. 1209–1216.

Degenhart, Christoph: Verfassungsrechtliche Rahmenbedingungen der Abweichungsgesetzgebung, in: DÖV 2010, S. 422–430.

Dietlein, Johannes: Die Abweichungsgesetzgebung. Verfassungsrechtliche Grundfragen unter besonderer Berücksichtigung der wasserrechtlichen Rechtsetzungsbefugnisse, in: Michael Reinhardt (Hrsg.), Das WHG 2010: Weichenstellung oder Interimslösung?, 2010, S. 19–33.

Dietlein, Johannes: Grenzen der Abweichungsgesetzgebung im Bereich des Jagdwesens. Zur landesrechtlichen Einführung eines periodischen Schießnachweises für Bewegungsjagden, in: Agrar- und Umweltrecht 2014, S. 441–445.

Dietsche, Hans-Jörg: Die »konkurrierende Gesetzgebung mit Abweichungsrecht für die Länder« – Zu den verschiedenen Modellen der verfassungsrechtlichen Ausgestaltung eines neuen materiellrechtlichen Gesetzgebungsinstruments, in: Jahrbuch des Föderalismus 7 (2006), S. 182–199.

Ekardt, Felix/Weyland, Raphael: Föderalismusreform und europäisches Verwaltungsrecht, in: NVwZ 2006, S. 737–742.

Epiney, Astrid: Föderalismusreform und Europäisches Umweltrecht, in: NuR 2006, S. 403–412.

Fischer-Hüftle, Peter: Zur Gesetzgebungskompetenz auf dem Gebiet »Naturschutz und Landschaftspflege« nach der Föderalismusreform, in: NuR 2007, S. 78–85.

Foerst, Michael: Die Abweichungskompetenz der Länder gemäß Art. 72 III GG im Bereich des Wasserhaushaltsrechts, 2012.

Franzius, Claudio: Die Abweichungsgesetzgebung, in: NVwZ 2008, S. 492–499.

Franzius, Claudio: Die Zukunft der naturschutzrechtlichen Eingriffsregelung. Eine Bewährungsprobe für die Abweichungsgesetzgebung nach dem Inkrafttreten des neuen Bundesnaturschutzgesetzes, in: ZUR 2010, S. 346–353.

Frowein, Jochen A.: Konkurrierende Zuständigkeit und Subsidiarität. Zur Kompetenzverteilung in bündischen Systemen, in: Festschrift für Peter Lerche, 1993, S. 401–410.

Gellermann, Martin: Naturschutzrecht nach der Novelle des Bundesnaturschutzgesetzes, in: NVwZ 2010, S. 73–79.

Glaser, Andreas: Die Abweichungskompetenz der Länder am Beispiel der Landesjagdgesetze – Eine erste Bilanz nach der Föderalismusreform, in: Deutscher Jagdrechtstag 19 (2009), S. 30–54.

Grünewald, Volker: Die Abweichungsgesetzgebung der Bundesländer – ein Fortschritt im föderalen Kompetenzgefüge des Grundgesetzes?, 2010.

Hager, Gerd: Konkurrierende Gesetzgebung mit Abweichungsmöglichkeiten (Art. 72 III GG), in: BauR 43 (2012), S. 31–39.

Hanebeck, Alexander: Gestoppte Kompetenzerosion der Landesparlamente? Neueste Rechtsprechung zum alten Thema der Gesetzgebungsverteilung im Bundesstaat: Das Urteil des Bundesverfassungsgerichts zum Altenpflegegesetz, in: ZParl. 34 (2003), S. 745–754.

Haslach, Christian: Zuständigkeitskonflikte bei der Umsetzung von EG-Richtlinien?, in: DÖV 2004, S. 12–19.

Heitsch, Christian: Die asymmetrische Neuverflechtung der Kompetenzordnung durch die deutsche »Föderalismusreform I«, in: JöR 57 (2009), S. 333–358.

Hendrischke, Oliver: »Allgemeine Grundsätze« als abweichungsfester Kern der Naturschutzgesetzgebung des Bundes, in: NuR 2007, S. 454–458.

Hendrischke, Oliver: Regelungsspielräume der Länder nach der Föderalismusreform 2006, in: Jahrbuch für Naturschutz und Landschaftspflege 58 (2011), S. 74–81.

Huber, Peter M.: Die Abweichungsgesetzgebung, in: Winfried Kluth/Günter Krings (Hrsg.), Gesetzgebung. Rechtsetzung durch Parlamente und Verwaltungen sowie ihre gerichtliche Kontrolle, 2014, § 29 (S. 753–764).

Jarass, Hans D.: Regelungsspielräume des Landesgesetzgebers im Bereich der konkurrierenden Gesetzgebung und in anderen Bereichen, in: NVwZ 1996, S. 1041–1047.

Kane, Anna-Maria: Die Gesetzgebungskompetenzen des Bundes im Umweltschutz, 2013.

Art. 72

Kathke, Leonhard: Die Gesetzgebungskompetenzen von Bund und Ländern. Neue Schnittstellen im Laufbahnrecht nach der Föderalismusreform, in: RiA 2012, S. 185–189.

Kenntner, Markus: Der Föderalismus ist (doch) justiziabel! – Anmerkungen zum »Altenpflegegesetz-Urteil« des BVerfG, in: NVwZ 2003, S. 821–824.

Kenntner, Markus: Justitiabler Föderalismus. Zur Konzeption föderaler Kompetenzzuweisungen als subjektive Rechtspositionen, 2000.

Klein, Oliver/Schneider, Karsten: Art. 72 GG n. F. im Kompetenzgefüge der Föderalismusreform, in: DVBl. 2006, S. 1549–1556.

Kloepfer, Michael: Die neue Abweichungsgesetzgebung der Länder und ihre Auswirkungen auf den Umweltbereich, in: Festschrift für Rupert Scholz, 2007, S. 651–675.

Kluth, Winfried (Hrsg.): Föderalismusreformgesetz. Einführung und Kommentierung, 2007.

Kment, Martin: Erstreckung der Abweichungskompetenz auf die mitgeschriebene Gesetzgebungskompetenz des Bundes, in: ZG 30 (2015), S. 66–73.

Knorr, Philipp: Die Justitiabilität der Erforderlichkeitsklausel i. S. d. Art. 72 II GG, 1998.

Köck, Wolfgang/Wolf, Rainer: Grenzen der Abweichungsgesetzgebung im Naturschutz. Sind Eingriffsregelung und Landschaftsplanung allgemeine Grundsätze des Naturschutzes?, in: NVwZ 2008, S. 353–360.

Kothe, Peter: Ping-Pong oder »Wasserspiele« zwischen Bund und Land. Bemerkungen zur Abweichungsgesetzgebung am Beispiel des Gewässerrandstreifens, in: Festschrift für Walter Maier, 2012, S. 248–255.

Kotulla, Michael: Umweltschutzgesetzgebungskompetenzen und »Föderalismusreform«, in: NVwZ 2007, S. 489–496.

Krapp, Isabelle Béatrice: Die Abweichungskompetenzen der Länder im Verhältnis zum Vorrang des Bundesrechts gemäß Art. 31 GG, 2015.

Krause, Johannes: Abweichungskompetenzen der Bundesländer am Beispiel des Umweltrechts, in: JA 2011, S. 768–770.

Lechleitner, Marc: Die Erforderlichkeitsklausel des Art. 72 Abs. 2 GG, in: Jura 2004, S. 746–751.

Mammen, Lars: Der neue Typus der konkurrierenden Gesetzgebung mit Abweichungsrecht, in: DÖV 2007, S. 376–380.

Michael, Lothar: Abweichungsgesetzgebung als experimentelles Element einer gemischten Bundesstaatslehre, in: JöR 59 (2011), S. 321–337.

Müller, Martha Dagmar: Auswirkungen der Grundgesetzrevision von 1994 auf die Verteilung der Gesetzgebungskompetenzen zwischen Bund und Ländern, 1996.

Neumeyer, Christoph: Der Weg zur neuen Erforderlichkeitsklausel für die konkurrierende Gesetzgebung des Bundes (Art. 72 Abs. 2 GG), 1999.

Nierhaus, Michael/Rademacher, Sonja: Die große Staatsreform als Ausweg aus der Föderalismusfalle?, in: LKV 2006, S. 385–395.

Oeter, Stefan: Die von der Föderalismusreform tangierten Sachbereiche der konkurrierenden Gesetzgebungskompetenz im Einzelnen, in: Markus Heintzen/Arnd Uhle (Hrsg.), Neuere Entwicklungen im Kompetenzrecht. Zur Verteilung der Gesetzgebungszuständigkeiten zwischen Bund und Ländern nach der Föderalismusreform, 2014, S. 159–188.

Oeter, Stefan: Neustrukturierung der konkurrierenden Gesetzgebungskompetenz, Veränderung der Gesetzgebungskompetenz des Bundes, in: Christian Starck (Hrsg.), Föderalismusreform, 2007, Rn. 18–68 (S. 9–40).

Pestalozza, Christian: Die wider Willen sperrende Bundeslücke bei der Sicherungsverwahrung, in: JZ 2004, S. 605–610.

Pestalozza, Christian: Hund und Bund im Visier des Bundesverfassungsgerichts, in: NJW 2004, S. 1840–1844.

Petschulat, Alexander: Die Regelungskompetenzen der Länder für die Raumordnung nach der Föderalismusreform. Probleme der Abweichungsgesetzgebung, 2015.

Pieroth, Bodo/Görisch, Christoph: Gewerbliche Lotteriespielvermittlung als Gegenstand der konkurrierenden Bundesgesetzgebungskompetenz, in: NVwZ 2005, S. 1225–1231.

Rehbinder, Eckard/Wahl, Rainer: Kompetenzprobleme bei der Umsetzung von europäischen Richtlinien, in: NVwZ 2002, S. 21–28.

Reinhardt, Michael: Gesetzgebungskompetenzen im Wasserrecht. Die Abweichungsgesetzgebung und das neue Wasserhaushaltsgesetz, in: AöR 135 (2010), S. 459–497.

Rengeling, Hans-Werner: Föderalismusreform und Gesetzgebungskompetenzen, in: DVBl. 2006, S. 1537–1549.

Rengeling, Hans-Werner: Gesetzgebungszuständigkeit, in: HStR³ VI, § 135 (S. 567–742).
Rixen, Stephan: Hat der Bund die Gesetzgebungskompetenz für das Betreuungsgeld? – Zum Kompetenztitel für die »öffentliche Fürsorge« (Art. 74 Abs. 1 Nr. 7 GG) und zum Erforderlichkeitsgrundsatz (Art. 72 Abs. 2 GG) zehn Jahre nach dem »Altenpflegegesetz«-Urteil des BVerfG, in: DVBl. 2012, S. 1393–1403.
Rohlfs, Thilo: Die Gleichwertigkeit der Lebensverhältnisse – ein Verfassungsprinzip des Grundgesetzes?, 2008.
Rüfner, Wolfgang: Art. 72 Abs. 2 GG in der Rechtsprechung des Bundesverfassungsgerichts, in: Festschrift für Josef Isensee, 2007, S. 389–404.
Sannwald, Rüdiger: Die Neuordnung der Gesetzgebungskompetenzen und des Gesetzgebungsverfahrens im Bundesstaat, 1996.
Schmehl, Arndt: Die erneuerte Erforderlichkeitsklausel in Art. 72 Abs. 2 GG, in: DÖV 1996, S. 724–731.
Schmidt-Jortzig, Edzard: »Abweichungsgesetzgebung« als neues Kompetenzverteilungsinstrument zwischen den Gliederungsebenen des deutschen Bundesstaates, in: Ines Härtel (Hrsg.), Handbuch Föderalismus, Bd. I, 2012, § 20 (S. 611–625).
Schmitz, Holger/Jornitz, Philipp: Die Tücken der Abweichungsgesetzgebung. Dargestellt am Beispiel des neuen Bayerischen Landesplanungsgesetzes, in: DVBl. 2013, S. 741–746.
Scholz, Rupert: Ausschließliche und konkurrierende Gesetzgebungskompetenz von Bund und Ländern in der Rechtsprechung des Bundesverfassungsgerichts, in: Festgabe BVerfG, 1976, Bd. II, S. 252–275.
Schulze Harling, Caroline: Das materielle Abweichungsrecht der Länder. Art. 72 Abs. 3 GG, 2011.
Schulze-Fielitz, Helmuth: Umweltschutz im Föderalismus – Europa, Bund und Länder, in: NVwZ 2007, S. 249–259.
Seiler, Christian: Die Freigabe von Bundesrecht zur landesrechtlichen Ersetzung, in: Markus Heintzen/Arnd Uhle (Hrsg.), Neuere Entwicklungen im Kompetenzrecht. Zur Verteilung der Gesetzgebungszuständigkeiten zwischen Bund und Ländern nach der Föderalismusreform, 2014, S. 239–255.
Selmer, Peter: Die Föderalismusreform – Eine Modernisierung der bundesstaatlichen Ordnung?, in: JuS 2006, S. 1052–1060.
Selmer, Peter: Folgen der neuen Abweichungsgesetzgebung der Länder: Abschied vom Leitbild »gleichwertiger Lebensverhältnisse«?, in: ZG 24 (2009), S. 33–44.
Smeddinck, Uwe: Umwelt- und Technikgesetzgebung, in: Winfried Kluth/Günter Krings (Hrsg.), Gesetzgebung. Rechtsetzung durch Parlamente und Verwaltungen sowie ihre gerichtliche Kontrolle, 2014, § 32 (S. 815–827).
Stackelberg, Felix von: Die Abweichungsgesetzgebung der Länder im Naturschutzrecht, 2012.
Stegmüller, Martin: Verordnungsrecht als Fall der Abweichungsgesetzgebung. Art. 72 Abs. 3 GG im Praxistest, in: DÖV 2013, S. 221–228.
Stegmüller, Martin: Wirklich »Tücken der Abweichungsgesetzgebung«? Zur Dogmatik und Auslegung des Art. 72 Abs. 3 GG. Erwiderung auf Schmitz/Jornitz, DVBl. 2013, 741, in: DVBl. 2013, S. 1477–1483.
Stettner, Rupert: Anmerkung zum Urteil des Bundesverfassungsgerichts vom 26.1.2005 – 2 BvF 1/03, in: JZ 2005, S. 619–624.
Vogel, Hans-Jochen: Die Reform des Grundgesetzes nach der deutschen Einheit – Eine Zwischenbilanz, in: DVBl. 1994, S. 497–506.
Voigt, Tina: Das Raumordnungsgesetz 2009 und das Bayerische Landesplanungsgesetz 2012. Eine Untersuchung zur Abweichungsgesetzgebung im Bereich der Raumordnung, 2013.
Würtenberger, Thomas Daniel: Art. 72 II GG: Eine berechenbare Kompetenzausübungsregel?, 2005.

Siehe auch die Angaben zu Art. 70 und 74 GG.

Leitentscheidungen des Bundesverfassungsgerichts

BVerfGE 1, 283 (296f.) – Ladenschlußgesetze; 2, 232 (235f.) – Lohnzahlung an Feiertagen; 4, 115 (127) – Besoldungsgesetz von Nordrhein-Westfalen; 13, 230 (233f.) – Ladenschlußgesetz I; 18, 407 (415ff.) – Verordnung als Landesrecht; 20, 238 (248f.) – VwGO-Ausführungsgesetz I; 26, 338 (382f.) – Eisenbahnkreuzungsgesetz; 29, 11 (16ff.) – Landesbauordnung Baden-Württemberg; 34, 9 (27ff.) – Besoldungsvereinheitlichung; 77, 308 (329ff.) – Arbeitnehmerweiterbildung; 106, 62 (135ff.,

Art. 72

Rn. 287ff.) – Altenpflegegesetz; 109, 190 (229ff., Rn. 140ff.) – Sicherungsverwahrung III; 110, 141 (174ff., Rn. 113ff.) – Kampfhunde; 111, 10 (28ff., Rn. 100ff.) – Ladenschlußgesetz III; 111, 226 (252ff., Rn. 103ff.) – Juniorprofessur; 112, 226 (243ff., Rn. 66ff.) – Studiengebühren; 113, 167 (195, 197ff., Rn. 81, 87ff.) – Risikostrukturausgleich; 113, 348 (371ff., Rn. 102ff.) – Vorbeugende Telekommunikationsüberwachung; 125, 141 (153ff., Rn. 51ff.) – Kommunales Hebesatzrecht; 135, 155 (203ff., Rn. 114ff.) – Filmförderungsanstalt; BVerfG (K), NJW 2015, 44 (44ff., Rn. 11ff.) – Hessisches Schulgesetz; BVerfGE 138, 136 (176ff., Rn. 107ff.) – Erbschaftsteuer II; 138, 261 (273ff., Rn. 27ff.) – Ladenschlußgesetz IV.

Gliederung

	Rn.
A. Herkunft, Entstehung, Entwicklung	1
I. Ideen- und verfassungsgeschichtliche Aspekte	1
II. Entstehung und Veränderung der Norm	2
1. Die Konzeption des Parlamentarischen Rates	2
2. Verfassungstext und -praxis bis 1994	3
3. Übergang zur Erforderlichkeit und Implementierung in der Rechtsprechung	4
4. Föderalismusreform I und weitere Entwicklung	6
B. Internationale, supranationale und rechtsvergleichende Bezüge	7
I. Konkurrierende Kompetenzen und Internationales Recht	7
II. Konkurrierende Kompetenzen und Unionsrecht	8
III. Konkurrierende Kompetenzen im Rechtsvergleich	10
C. Erläuterungen	14
I. Konzept, systematische Stellung und aktueller Befund	14
1. Das Konzept der konkurrierenden Gesetzgebung	14
2. Systematische Stellung von Art. 72 GG innerhalb des VIII. Abschnitts	15
3. Aktueller Befund	16
II. Voraussetzungen der Bundeskompetenz (Art. 72 I u. II GG)	17
1. Kernkompetenz	17
2. Bedarfs- oder Erforderlichkeitskompetenz	18
a) Erforderlichkeit einer bundesgesetzlichen Regelung	18
b) Herstellung gleichwertiger Lebensverhältnisse im Bundesgebiet	22
c) Wahrung der Rechts- und Wirtschaftseinheit im gesamtstaatlichen Interesse	23
3. »Gebrauchmachen durch Gesetz« (Art. 72 I GG)	25
III. Rechtsfolgen der Inanspruchnahme: Sperrwirkung gegenüber dem Landesgesetzgeber	26
1. Umfang und Zeitpunkt der Inanspruchnahme	26
2. Umfang und Folge der Sperrwirkung	30
IV. Die Abweichungsgesetzgebung (Art. 72 III GG)	32
1. Reformintention und aktueller Befund	32
2. Das Konzept der Abweichungsgesetzgebung	33
3. Umfang der Bundeskompetenz	34
4. Abweichungsfeste Kerne	35
a) Recht der Jagdscheine (Art. 72 III 1 Nr. 1 GG)	35
b) Allgemeine Grundsätze des Naturschutzes, Recht des Artenschutzes oder des Meeresnaturschutzes (Art. 72 III 1 Nr. 2 GG)	36
c) Stoff- und anlagenbezogene Regelungen (Art. 72 III 1 Nr. 5 GG)	37
5. Verfahrens- und Vorrangregelung (Art. 72 III 2 u. 3 GG)	38
6. Einzelfragen der Abweichungsgesetzgebung	41
V. Die Freigabe zur Ersetzung (Art. 72 IV GG)	44
VI. Resultierender Spielraum der konkurrierenden Landesgesetzgebung	50
1. Kernkompetenzen	50
2. Bedarfskompetenzen	53
3. Abweichungskompetenzen	54
4. Ersetzungskompetenzen	55
VII. Prozessuale Umsetzung	56
D. Verhältnis zu anderen GG-Bestimmungen	57

Stichwörter

Absichtsvoller Regelungsverzicht 28 – Abweichungsfeste Kerne 32, 34, 35 ff., 54 – Abweichungsgesetzgebung 6, 7 ff., 12 f., 15, 32 ff., 54, 59 – Allgemeine Grundsätze 36 – Alliierte Intervention 2 – Altenpflegeentscheidung 5 f. – Altes Reich 1 – Anwendungsvorrang 33, 40, 49 – Art. 31 GG 7, 30 f., 40, 59 – Ausschließliche Kompetenz 45 – Bedarfskompetenz 9, 15, 18 ff., 53 – Bedürfnisklausel 3 f. – Bodenverteilung 27, 54 – Brasilien 10 – Bundeseinheitliche Regelung 20 – Bundestreue 29, 41 – EGMR 7 – Einheitlichkeit der Lebensverhältnisse 3, 22 – Einschätzungsspielraum 18 – Erforderlichkeitsklausel 4 f., 11, 18 ff., 33 – Erforderlichkeitskompetenz 15, 18 ff. – Ermächtigung der Länder 17 – Ermessensreduktion 48 – Erschöpfende Regelung 26 ff., 50 ff. – Ersetzung der Freigabe 47, 56 – Ersetzung durch Landesrecht 49, 55 – Föderalismusreform I 6 – Fortgeltensanordnung 45 – Freigabe 4 f., 8 f., 12 f., 15, 44 ff., 55, 60 – Gebrauchmachen durch Gesetz 25 – Gemeinsame Verfassungskommission 4 – Großbritannien 10 – Herstellung gleichwertiger Lebensverhältnisse 22 – Hochschulrecht 54 – Indien 10 – Inhaltsgleiche Übernahme von Bundesrecht 43 – Inkrafttreten 29, 39 – Italien 10 – Jagdrecht 35 – Kampfhunde 24 – Kanada 10 – Karenzzeit 33, 38 f. – Kennzeichnungspflicht 41 – Kernkompetenz 9, 15, 17, 34, 50 ff. – Kompetenz-Kompetenz 14 – Kompetenzfreigabeverfahren 47, 56 – Korrekturgesetzgebung 32, 34 – Landesverfassungen 13 – lex posterior 39 f. – Naturschutz 7, 32, 36 – Negativgesetzgebung 42 – Österreich 10 ff. – opting out 7 – Parlamentarischer Rat 2 – Partielles Bundesrecht 49 – Paulskirche 1 – Pingpong-Gesetzgebung 32 – Rahmenkompetenz 32 – Raumordnung 54 – Rechteinheit 23 – Rechtssicherheit 44 – Schönheitsreparaturkompetenz 45 – Schweiz 10 – Selbstkoordination der Länder 18, 20 – Sorites-Paradoxon 47 – Sperrwirkung 25 ff., 30 f., 33, 49, 50 ff. – Subsidiaritätsprinzip 8 – Südafrika 11 – Umsetzungsrecht 9, 21, 32, 38 – Unionsrecht 8 f., 16, 21, 32, 38, 45 – Unitarisierungshebel 1, 16 – USA 10 – Verfassungsgerichtliche Kontrolle 4 f., 18, 31, 47, 56, 58 – Verfassungsvergleich 10 ff. – Verhältnismäßigkeit 8, 18 – Verkündung 29 – Verordnungen 4, 17, 25, 41, 47 – Verpflichtung zur Freigabe 47 f. – Versammlungsrecht 49 – Versteinerung 6 – Verwaltungsvorschriften 25 – Völkerrecht 7, 21 – Vorbehalt 7 – Vorranggesetzgebung 2, 14, 17 – Vorwirkungen von Bundesgesetzen 29 f. – VwGO 50 – Wasserhaushaltsrecht 37 – Weimarer Reichsverfassung 1 – Wettbewerbsföderalismus 14 – Wirtschaftseinheit 24 – Zeitliche Staffelung 19.

A. Herkunft, Entstehung, Entwicklung

I. Ideen- und verfassungsgeschichtliche Aspekte

Die Konkurrenz von Normsetzungs- oder allgemeiner Hoheitsrechten dürfte im Alten Reich eher die Regel als die Ausnahme gewesen sein (→ Vorb. zu Art. 70–74 Rn. 4). Hingegen hat die gezielte Nutzung des rechtlich moderierten Nebeneinanders von Zuständigkeiten **keine lange Tradition** und ist beispielsweise der Paulskirche in dieser Form noch fremd (→ Vorb. zu Art. 70–74 Rn. 7)[1]. Die Reichsverfassung von 1871 differenziert normtextlich nicht zwischen ausschließlichen und konkurrierenden Kompetenzen, doch weist die Staatsrechtslehre nur einzelne der Katalogtatbestände als »naturgegebene« Zuständigkeiten ausschließlich dem Reich zu, postuliert mithin ein grundsätzliches Nebeneinander von Reichs- und Landesgesetzgebung, wobei im Konfliktfall die Vorrangregel greift (→ Art. 31 Rn. 6; → Vorb. zu Art. 70–74 Rn. 8). Erst die Weimarer Reichsverfassung enthält in Gestalt von **Art. 12 I 1 WRV** einen unmittelbaren Vorläufer von Art. 72 GG (→ Vorb. zu Art. 70–74 Rn. 9). Zugleich setzt sich in der Lehre die Bezeichnung als »konkurrierende« Kompetenz durch; auch begegnen erste Überlegungen, ihre Inanspruchnahme an materielle Kriterien zu binden (→ Rn. 18 ff.)[2]. Umgekehrt entfaltet die Mehrheitsmeinung, daß das in Art. 9 WRV vorausgesetzte »Bedürfnis für den Erlaß einheitlicher Vorschriften« nicht justiziabel sei, maßgebliche

1

---

[1] Zusfsd. zum folgenden *Pestalozza*, GG VIII, Art. 72 Rn. 1 ff.; vgl. ferner *A. Uhle*, in: Maunz/Dürig, GG, Art. 72 (2013), Rn. 3 ff.
[2] Namentlich bei *Anschütz*, WRV, Art. 12 Anm. 1 (S. 96 f.); vgl. *Uhle* (Fn. 1), Art. 72 Rn. 6 m. w. N.

Wirkung auf die Deutung des Art. 72 II GG a. F. (→ Rn. 3)³. Insgesamt bleibt festzuhalten, daß sich die konkurrierende Gesetzgebungskompetenz der Zentralebene in der deutschen Verfassungsgeschichte als **Unitarisierungshebel par excellence** erwiesen hat⁴.

II. Entstehung und Veränderung der Norm
1. Die Konzeption des Parlamentarischen Rates

2 Art. 12 I 1 WRV bildet den Ausgangspunkt der Beratungen im Parlamentarischen Rat. Im expliziten Anschluß daran sah Art. 34 HChE vor: »Im Bereich der Vorranggesetzgebung des Bundes behalten die Länder das Recht der Gesetzgebung, solange und soweit der Bund von seinem Gesetzgebungsrecht keinen Gebrauch gemacht hat. Der Bund soll nur das regeln, was einheitlich geregelt werden muß.«⁵ Dabei überdeckt der Wortlaut, daß offenbar schon auf Herrenchiemsee recht **unterschiedliche Vorstellungen** über die Reichweite dieser Vorranggesetzgebung herrschten⁶. Im Prozeß der Verfassunggebung sind zunächst nur Änderungen redaktioneller Natur zu verzeichnen⁷, bevor die »nicht genügend klar definiert[e]« Vorranggesetzgebung explizit zum Gegenstand der **Intervention der alliierten Militärgouverneure** wird⁸. Die Ursprungsfassung von Art. 72 GG erarbeitet daraufhin der Allgemeine Redaktionsausschuß⁹, der aus der bisherigen Soll-Vorschrift einen Vorbehalt macht und die Norm wieder vom Katalog trennt; zugleich setzt sich hier die Bezeichnung »konkurrierende Gesetzgebung« durch. In dieser Form wird die Bestimmung von Hauptausschuß und Plenum ohne weitere Auseinandersetzungen angenommen und nur noch in den Abschnitt über die Gesetzgebung verlagert (→ Vorb. zu Art. 70–74 Rn. 12)¹⁰. Die Norm lautet in ihrer Ursprungsfassung danach:

»(1) Im Bereich der konkurrierenden Gesetzgebung haben die Länder die Befugnis zur Gesetzgebung, solange und soweit der Bund von seinem Gesetzgebungsrechte keinen Gebrauch macht.
(2) Der Bund hat in diesem Bereiche das Gesetzgebungsrecht, soweit ein Bedürfnis nach bundesgesetzlicher Regelung besteht, weil
1. eine Angelegenheit durch die Gesetzgebung einzelner Länder nicht wirksam geregelt werden kann oder

---

³ Auf diese Mehrheitsposition (siehe *Anschütz*, WRV, Art. 9 Anm. 1 [S. 85] oder *L. Gebhard*, Die Verfassung des Deutschen Reichs, 1932, Art. 9 Anm. 2c [S. 112]) rekurriert etwa BVerfGE 1, 264 (272f.); näher *P. Knorr*, Die Justitiabilität der Erforderlichkeitsklausel i. S. d. Art. 72 II GG, 1998, S. 36ff.
⁴ Gleichsinnig *J. Ipsen*, Der Staat der Mitte, 2009, S. 123f.
⁵ Parl. Rat II, S. 179f. Näher zur Entstehungsgeschichte JöR 1 (1951), S. 464ff.; *Pestalozza*, GG VIII, Art. 72 Rn. 15ff.; Schneider, GG-Dokumentation, Bd. 17, Art. 72, S. 182ff., Rn. 3ff. (S. 199ff.) sowie *Uhle* (Fn. 1), Art. 72 Rn. 13ff.; → *Stettner*, Bd. II² (Suppl. 2007), Art. 72 Rn. 2. – Entwurfsfassungen in Parl. Rat VII, S. 9ff., 47ff., 101ff., 149ff., 227ff., 352ff., 457ff., 475ff., 513ff., 548ff., 587ff., 628ff.
⁶ Sie schwankten zwischen einer Beschränkung des Bundes auf die Regelung von Grundsätzen und der Beschränkung der Länder auf den Erlaß bloßer Vollzugsvorschriften: siehe Parl. Rat II, S. 246ff., 525ff.; aus der Literatur *Pestalozza*, GG VIII, Art. 72 Rn. 27 sowie *S. Oeter*, in: v. Mangoldt/Klein/Starck, GG, Art. 72 Rn. 3, 12.
⁷ Der Hauptausschuß stellt in 1. Lesung den Wortlaut marginal um (Parl. Rat XIV/1, S. 191) und platziert die Norm in 3. Lesung als Abs. 2 des korrespondierenden Katalogs (Art. 36 HChE); zugleich tauschen Satz 1 und 2 die Position (Parl. Rat XIV/2, S. 1521).
⁸ Parl. Rat VIII, S. 136ff.; näher dazu *R. Mußgnug*, HStR³ I, § 8 Rn. 71ff.
⁹ Erste Fassung in Parl. Rat VII, S. 548f.; siehe auch JöR 1 (1951), S. 466.
¹⁰ Parl. Rat XIV/2, S. 1805.

2. die Regelung einer Angelegenheit durch ein Landesgesetz die Interessen anderer Länder oder der Gesamtheit beeinträchtigen könnte oder

3. die Wahrung der Rechts- oder Wirtschaftseinheit, insbesondere die Wahrung der Einheitlichkeit der Lebensverhältnisse über das Gebiet eines Landes hinaus sie erfordern.«

2. Verfassungstext und -praxis bis 1994

Art. 72 GG bleibt bis 1994 normtextlich unverändert; schon in dieser Zeit sind allerdings zahlreiche Eingriffe in den mit der Norm korrespondierenden Katalog zu verzeichnen (→ Art. 74 Rn. 3 ff.). Gleichwohl durchläuft die konkurrierende Kompetenz einen signifikanten **Gestaltwandel**, für den die Staats- und insbesondere die Verfassungsgerichtspraxis ausschlaggebend sind. Der Bund geht von Anfang an daran, seine konkurrierenden Gesetzgebungskompetenzen erstens weit zu deuten und zweitens auch auszuschöpfen (→ Rn. 16, 50 ff.)[11]. In der Legislativpraxis läßt sich praktisch kein Unterschied in der Handhabung konkurrierender und ausschließlicher Kompetenzen feststellen. Wichtiger ist, daß das Bundesverfassungsgericht zwar vereinzelt der weiten Deutung konkurrierender Bundeskompetenzen entgegentritt[12], die »**Bedürfnisklausel**« in Art. 72 II Nr. 1–3 GG a. F. aber bis hart an den Rand des Ignorierens des grundgesetzlichen Normbefehls auslegt: Indem dem Bund ein gerichtlich nicht überprüfbares Ermessen hinsichtlich des Bedürfnisses nach einer bundeseinheitlichen Regelung zugestanden wird[13], entkleidet das Gericht die Norm praktisch jedweder Steuerungswirkung[14]. Ganz im Gegenteil wird die »Wahrung der Einheitlichkeit der Lebensverhältnisse« zu einem Allzweckargument, das – in enger Verknüpfung mit dem Sozialstaatsgebot (→ Art. 20 [Sozialstaat], Rn. 12) – die Bundeskompetenz gegen die Intention des Verfassunggebers weniger begrenzt als begründet[15]. Vereinzelt begegnet gar die **Hypostasierung** von Art. 72 II Nr. 3 GG a. F. zum Verfassungsziel von eigener Dignität[16].

3

---

[11] Als Gegenbeispiel im Rang eines Solitärs wird hier regelmäßig die ehemalige Rahmenkompetenz für das Pressewesen genannt (Art. 75 Nr. 2 GG a. F.; siehe dazu *Pestalozza*, GG VIII, Art. 75 Rn. 296 ff. sowie *F. Wittreck*, Presse, in: Ehlers/Fehling/Pünder, BesVerwR II, § 60 Rn. 21).

[12] BVerfGE 3, 407 (412 ff.); 77, 308 (330 f.).

[13] Zirkulär BVerfGE 13, 230 (233): »Die Entscheidung darüber, ob ein solches Bedürfnis vorliegt, weil die der in Art. 72 Abs. 2 Nr. 1 bis 3 GG näher bestimmten Voraussetzungen gegeben ist, hat zunächst derjenige zu treffen, dem es obliegt zu handeln, also der Bundesgesetzgeber«; siehe ferner E 1, 264 (272 f.); 1, 283 (293 f.); 2, 213 (224 f.); 4, 115 (127 f.); 10, 234 (245 f.). Dazu aus der zeitgen. Literatur *N. Achterberg*, DVBl. 1967, 213 (213); *R. Scholz*, Ausschließliche und konkurrierende Gesetzgebungskompetenz von Bund und Ländern in der Rechtsprechung des Bundesverfassungsgerichts, in: Festgabe BVerfG, 1976, Bd. II, S. 252 ff. (258 ff.); *D. Majer*, EuGRZ 1980, 98 ff., 158 ff.; zusfsd. *C. Neumeyer*, Der Weg zur neuen Erforderlichkeitsklausel für die konkurrierende Gesetzgebung des Bundes (Art. 72 Abs. 2 GG), 1999, S. 92 ff.; *J. Isensee*, Die dreifache Hürde der Bundeskompetenz »Hochschulwesen«, in: FS Badura, 2004, S. 689 ff. (712 f.); *T. D. Würtenberger*, Art. 72 II GG: Eine berechenbare Kompetenzausübungsregel?, 2005, S. 50 ff.; *W. Rüfner*, Art. 72 Abs. 2 GG in der Rechtsprechung des Bundesverfassungsgerichts, in: FS Isensee, 2007, S. 389 ff. (390 ff.) sowie *I. Härtel*, Die Gesetzgebungskompetenzen des Bundes und der Länder im Lichte des wohlgeordneten Rechts, in: I. Härtel (Hrsg.), Handbuch Föderalismus, Bd. I, 2012, § 19 Rn. 137.

[14] In der Deutung wie hier *P. Kunig*, in: v. Münch/Kunig, GG, Art. 72 Rn. 21.

[15] Gleichsinnig *Stern*, Staatsrecht II, S. 750 f.; *J. Isensee*, HStR³ VI, § 126 Rn. 271; eingehend *T. Rohlfs*, Die Gleichwertigkeit der Lebensverhältnisse – ein Verfassungsprinzip des Grundgesetzes?, 2008, S. 108 ff.

[16] Sehr weitgehend etwa *H.-W. Arndt*, JuS 1993, 360 (362) sowie – zur heutigen Rechtslage – *P. Selmer*, ZG 24 (2009), 33 (41). In der Beobachtung wie hier *Ipsen*, Staat (Fn. 4), S. 124.

3. Übergang zur Erforderlichkeit und Implementierung in der Rechtsprechung

4 Die aus Anlaß der Wiedervereinigung eingesetzte **Gemeinsame Verfassungskommission** schlägt eingedenk der deutlichen Kritik an diesen Wucherungen der konkurrierenden Kompetenz substantielle Eingriffe in den Text des Art. 72 GG a. F. vor, die 1994 umgesetzt werden[17]. Abs. 1 wird dahingehend präzisiert, daß der Bund von seiner Kompetenz »durch Gesetz« Gebrauch gemacht haben muß, um die Sperrwirkung nicht schon durch Verordnungen auszulösen (→ Rn. 41)[18]. Zugleich wird Abs. 3 eingeführt, der dem Bund die Freigabe von Bundesgesetzen zur landesrechtlichen Ersetzung erlaubt (jetzt Art. 72 IV GG; → Rn. 44 ff.; → Art. 125a Rn. 11 ff.)[19]. Zentrale Stellschraube ist Abs. 2, der den Übergang vom allzu offenkundig nicht kompetenzwahrenden »Bedürfnis« zur »Erforderlichkeit« einer bundesgesetzlichen Regelung vollzieht (und diese in Art. 93 I Nr. 2a GG n. F. auch prozedural absichert: → Art. 93 Rn. 61 f.)[20]; Art. 72 GG lautet danach wie folgt:

> »(1) Im Bereich der konkurrierenden Gesetzgebung haben die Länder die Befugnis zur Gesetzgebung, solange und soweit der Bund von seiner Gesetzgebungszuständigkeit nicht durch Gesetz Gebrauch gemacht hat.
>
> (2) Der Bund hat in diesem Bereich das Gesetzgebungsrecht, wenn und soweit die Herstellung gleichwertiger Lebensverhältnisse im Bundesgebiet oder die Wahrung der Rechts- oder Wirtschaftseinheit im gesamtstaatlichen Interesse eine bundesgesetzliche Regelung erforderlich macht.
>
> (3) Durch Bundesgesetz kann bestimmt werden, daß eine bundesgesetzliche Regelung, für die eine Erforderlichkeit im Sinne des Absatzes 2 nicht mehr besteht, durch Landesrecht ersetzt werden kann.«

5 Zentrales Ziel der Reform von 1994 war die Stärkung der Gesetzgebungskompetenz der Länder[21]; nach quasi einhelliger Auffassung war ihr **Erfolg** hierin **begrenzt**[22]. Die Freigabeoption ist bis heute nicht praktisch geworden (→ Rn. 44 ff.), während sich die Präzisierung von Abs. 1 in ihren Auswirkungen als vergleichsweise marginal präsentiert (→ Rn. 25). Die neue Erforderlichkeitsklausel schließlich blieb fast zehn Jahre lang praktisch wirkungslos[23], bis das Bundesverfassungsgericht in einem **Bußakt der**

---

[17] Zusammenfassend zur GVK und ihren Vorschlägen R. *Sannwald*, NJW 1994, 3313 ff.; *H.-J. Vogel*, DVBl. 1994, 497 (502); *H. Hofmann*, NVwZ 1995, 134 ff.; *H. Rybak/H. Hofmann*, NVwZ 1995, 230 ff.; *K.-P. Sommermann*, Jura 1995, 393 ff.; *M. D. Müller*, Auswirkungen der Grundgesetzrevision von 1994 auf die Verteilung der Gesetzgebungskompetenzen zwischen Bund und Ländern, 1996, S. 22 ff.; *H. Meyer*, Die Föderalismusreform 2006, 2008, S. 79 ff.; *Oeter* (Fn. 6), Art. 72 Rn. 39 ff.

[18] Näher *Pestalozza*, GG VIII, Art. 72 Rn. 203 sowie *H. Rybak/H. Hofmann*, NVwZ 1995, 230 (230).

[19] Allerdings wird hier die ursprünglich vorgeschlagene Wendung, Bundesgesetze könnten »durch Landesrecht aufgehoben und ergänzt werden«, bewußt dahingehend verändert, daß eine förmliche Freigabe durch Bundesgesetz erfolgen muß und das Landesrecht lediglich »ersetzen« kann; siehe dazu BVerfGE 111, 10 (29 f., Rn. 106) sowie *C. Degenhart*, in: Sachs, GG, Art. 72 Rn. 53.

[20] Siehe *A. Schmehl*, DÖV 1996, 724 ff.; *C. Calliess*, DÖV 1997, 889 (895 ff.); ders., Die Justiziabilität des Art. 72 Abs. 2 GG vor dem Hintergrund von kooperativem und kompetitivem Föderalismus, in: J. Aulehner u. a. (Hrsg.), Föderalismus – Auflösung oder Zukunft der Staatlichkeit?, 1997, S. 293 ff. (301 ff.); *Neumeyer*, Weg (Fn. 13), S. 146 f.; *Würtenberger*, Artikel 72 II GG (Fn. 13), S. 61 ff. sowie *R. Sannwald*, in: Schmidt-Bleibtreu/Hofmann/Henneke, GG, Art. 72 Rn. 3.

[21] Näher BT-Dr 12/7109, S. 6; *R. Sannwald*, Die Neuordnung der Gesetzgebungskompetenzen und des Gesetzgebungsverfahrens im Bundesstaat, 1996, Einführung Rn. 3; *Degenhart* (Fn. 19), Art. 72 Rn. 2.

[22] Siehe BT-Dr 16/813, S. 7; *K.-M. Reineck*, DVP 2006, 485 (488); *C. Seiler*, in: Epping/Hillgruber, GG, Art. 72 Rn. 22.

[23] Vgl. aus der Zeit nach 1994 etwa BVerfGE 98, 265 (302); 102, 99 (114 f., Rn. 81 ff.). Aus der Li-

Überkompensation bisheriger Trägheit 2002 in der Altenpflegeentscheidung extrem rigide Anforderungen an die Erforderlichkeit einer bundesgesetzlichen Regelung formulierte (sog. **bundesstaatliche Gefährdungslage**; → Rn. 18 ff.)[24].

4. Föderalismusreform I und weitere Entwicklung

Die Altenpflegeentscheidung wie weitere gleichlautende Judikate (ergangen teils zu Art. 75 GG a. F.)[25] lieferten die maßgeblichen Anstöße für die nächste Generalüberholung des Art. 72 GG in der Föderalismusreform I von 2006 (→ Vorb. zu Art. 70–74 Rn. 15), die der Norm ihre heutige Gestalt beschert hat. Sie präsentiert sich in Ansehung des Art. 72 GG als **Tauschgeschäft**[26]: Die im neuen Abs. 2 angelegte Unterscheidung von Kern- und Bedarfskompetenzen (→ Rn. 17 ff.) stellt den Bund in von ihm als wichtig erachteten Politikfeldern von der so unvermittelt »scharfgestellten« Erforderlichkeitsklausel gänzlich frei, wohingegen die verbleibenden Sachbereiche in einer Schwebelage verbleiben: Der Bund kann nur noch zugreifen, wenn er die neuen strengen Kriterien erfüllt; sofern er das ja regelmäßig vorliegende und bis in das Detail gehende Regelwerk allerdings nicht nach Art. 125a II 2 GG freigibt, entstehen für die Länder keine echten Regelungsoptionen[27]. Vielmehr droht die vielzitierte **Versteinerung** des Bundesrechts, der die Rechtsprechung wiederum durch eine erweiterte Ausdehnung des Art. 125a II GG entgegenzuwirken versucht (→ Vorb. zu Art. 70–74 Rn. 50). Im Bereich der Abweichungsgesetzgebung gewinnt der Bund mehrheitlich erstmals Vollkompetenzen[28], die allerdings mit dem föderalen Sicherheitsventil in Gestalt der Option materiell abweichender Landesgesetze erkauft werden (→ Rn. 32 ff.). Die Entwicklung seit 2006 hat nicht alle anläßlich der Reform geäußerten Befürchtungen bestätigt[29]. Auch das Bundesverfassungsgericht hat die Figur der bundesstaatlichen Gefährdungslage in den Folgejudikaten zurückhaltend gehandhabt und sehr wohl bundeseinheitliche Regelungen für erforderlich i. S. v. Art. 72 II GG erklärt, die

6

---

teratur *C. Calliess*, DÖV 1997, 889 (893 f.); *M. Kenntner*, NVwZ 2003, 821 (822); *H. Jochum*, NJW 2003, 28 (28 f.).

[24] BVerfGE 106, 62 (144 ff., Rn. 320 ff.). Erste Reaktionen: *M. Brenner*, JuS 2003, 852 ff.; *A. Hanebeck*, ZParl. 34 (2003), 745 ff.; *H. Jochum*, NJW 2003, 28 ff.; *M. Kenntner*, NVwZ 2003, 821 ff.; *K. Faßbender*, JZ 2003, 332 ff.; *U. Stelkens*, GewArch. 2003, 187 (188); *Würtenberger*, Art. 72 II GG (Fn. 13), S. 76 ff.

[25] BVerfGE 111, 226 (249 ff., Rn. 87 ff.) – *Juniorprofessur*; 112, 226 (242 ff., Rn. 63 ff.) – *Studiengebühren*. Dazu aus der Literatur *U. Preis*, NJW 2004, 2782 ff.; *C. v. Coelln*, JA 2005, 256 ff.; *F. Hufen*, JuS 2005, 67 ff.; *O. Depenheuer*, ZG 20 (2005), 83 ff.; *R. Stettner*, JZ 2005, 619 ff. – Vgl. ferner BVerfGE 110, 141 (174 ff., Rn. 113 ff.) – *Kampfhunde* und dazu *C. Pestalozza*, NJW 2004, 1840 ff.

[26] Im Grundsatz ganz einhellige Meinung: *P. Selmer*, JuS 2006, 1052 (1056); *S. Oeter*, Neustrukturierung der konkurrierenden Gesetzgebungskompetenz, Veränderung der Gesetzgebungskompetenz des Bundes, in: C. Starck (Hrsg.), Föderalismusreform, 2007, Rn. 21 f.; *Uhle* (Fn. 1), Art. 72 Rn. 46, 51.

[27] So auch *C. Seiler*, in: Epping/Hillgruber, GG, Art. 125a Rn. 8; *C. Maiwald*, in: Schmidt-Bleibtreu/Hofmann/Henneke, GG, Art. 125a Rn. 18.

[28] Unterstrichen von *S. Oeter*, Die von der Föderalismusreform tangierten Sachbereiche der konkurrierenden Gesetzgebungskompetenz im Einzelnen, in: M. Heintzen/A. Uhle (Hrsg.), Neuere Entwicklungen im Kompetenzrecht, 2014, S. 159 ff. (165) sowie Jarass/*Pieroth*, GG, Art. 72 Rn. 29; siehe eingehend *E. Schmidt-Jortzig*, »Abweichungsgesetzgebung« als neues Kompetenzverteilungsinstrument zwischen den Gliederungsebenen des deutschen Bundesstaates, in: Härtel, Handbuch I (Fn. 13), § 20 Rn. 4 f., 7 ff. (auch zu den im Verlauf der Genese erwogenen Benennungsvarianten).

[29] Gleichsinnig *U. Häde*, Die Föderalismusreform I – eine Zwischenbilanz, in: H. Gröhe u. a. (Hrsg.), Föderalismusreform in Deutschland, 2009, S. 35 ff. (38) sowie *P. M. Huber*, Die Abweichungsgesetzgebung, in: W. Kluth/G. Krings (Hrsg.), Gesetzgebung, 2014, § 29 Rn. 35 ff.

nach den ersten Kommentaren zur Altenpflegeentscheidung hätten chancenlos sein müssen[30].

B. Internationale, supranationale und rechtsvergleichende Bezüge

I. Konkurrierende Kompetenzen und Internationales Recht

7 Sofern Institutionen und Akteure des Internationalen Rechts ausnahmsweise explizit mit Normsetzungsaufgaben betraut werden, sorgt der Grundsatz der Einzelermächtigung in der Regel für eine Kompetenzverteilung zwischen den beteiligten Völkerrechtssubjekten, die auf **Exklusivität** zielt (→ Art. 73 Rn. 4). Funktionale Parallelen zu Teilgehalten des Art. 72 GG (namentlich der Abweichungsgesetzgebung; → Rn. 32 ff.) weisen allerdings im Völkervertragsrecht (→ Vorb. zu Art. 70–74 Rn. 16) der **Vorbehalt**[31] sowie im Rahmen der völkerrechtlichen Sekundärrechtsetzung das **opting out-Verfahren** auf[32]; beide haben im Ergebnis zur Folge, daß sich ein Völkerrechtssubjekt Raum für eine abweichende Gestaltung eines Sachbereichs verschafft, obwohl es dem jeweiligen Vertrag oder der jeweiligen Organisation dem Grunde nach zugehörig bzw. verpflichtet ist. In umgekehrter Perspektive führt die zunehmende und im Zeichen der vielzitierten »offenen Staatlichkeit« auch bewußt betriebene Einbindung der Bundesrepublik in vielfältige Prozesse der internationalen Normgenerierung zu völkerrechtlichen Vorgaben, die Bund wie Länder beim Gebrauchmachen von ihren Kompetenzen zu berücksichtigen haben (→ Art. 70 Rn. 4; → Art. 73 Rn. 4; → Art. 74 Rn. 9). In bezug auf Art. 72 GG gilt dies in Ansehung der Abweichungskompetenzen (→ Rn. 32 ff.) namentlich für das **Naturschutzrecht**[33]. Schließlich ist auch für die konkurrierende Kompetenz die Rolle des **EGMR** als faktischer Negativ- wie Positivgesetzgeber zu berücksichtigen (→ Vorb. zu Art. 70–74 Rn. 16). Die im Rahmen der Abweichungsgesetzgebung mögliche Verschiebung von Regelungen von der Bundes- auf die Landesebene hat dabei im Falle des Konflikts mit der EMRK gravierende Konsequenzen, da diese gegenüber Landesrecht Brechungswirkung nach Art. 31 GG entfaltet (→ Art. 25 Rn. 29; → Art. 31 Rn. 12)[34].

---

[30] Siehe etwa BVerfGE 128, 1 (33 ff., Rn. 125 ff.) – *Gentechnikgesetz*; 135, 155 (203 ff., Rn. 114 ff.) – *Filmförderungsanstalt*; zuletzt E 138, 136 (177, Rn. 110) – *Erbschaftsteuer II*; die Feststellung, daß die Rechtsprechung die Kriterien »unterschiedlich« handhabt, bei *S. Rixen*, DVBl. 2012, 1393 (1401 f. [Zitat S. 1402]). A.A. hingegen *C. Degenhart*, Die Charakteristika der konkurrierenden Gesetzgebung des Bundes nach der Föderalismusreform, in: Heintzen/Uhle, Entwicklungen (Fn. 28), S. 65 ff. (72), der einen »strikten Kurs« beobachtet.

[31] Näher dazu Art. 19 ff. WVK sowie aus der Literatur *A. Behnsen*, Das Vorbehaltsrecht völkerrechtlicher Verträge, 2007; *C. Walter*, in: O. Dörr/K. Schmalenbach (Hrsg.), Vienna Convention on the Law of Treaties, Dordrecht 2012, Art. 19 ff. (S. 239 ff.).

[32] Danach werden Konventionen einzelner internationaler Organisationen für die Mitgliedstaaten ohne Ratifikation verbindlich, sofern diese nicht widersprechen; näher *A. Funke*, Umsetzungsrecht, 2010, S. 22; *E. Klein/S. Schmahl*, Die Internationalen und die Supranationalen Organisationen, in: W. Graf Vitzthum/A. Proeß (Hrsg.), Völkerrecht, 6. Aufl. 2013, Kap. 4, Rn. 201.

[33] Gleichsinnig *S. M. F. J. Bröker*, Die Abweichungskompetenz der Länder gemäß Art. 72 Abs. 3 GG im konkreten Fall des Naturschutzes und der Landschaftspflege, 2013, S. 71 ff.; vgl. ferner *A. Epiney*, NuR 2006, 403 (405).

[34] Luzide *J. Dietlein*, Die Abweichungsgesetzgebung, in: M. Reinhardt (Hrsg.), Das WHG 2010, 2010, S. 19 ff. (30) unter Hinweis auf EGMR, Entscheidung v. 26.6.2012, 9300/07, NJW 2012, 3629 – *Hermann ./. Deutschland*.

II. Konkurrierende Kompetenzen und Unionsrecht

Art. 72 GG weist vornehmlich Parallelen zu den unionsrechtlichen Bestimmungen über die sog. **geteilte Zuständigkeit** auf (→ Vorb. zu Art. 70–74 Rn. 19), die allerdings nicht überbewertet werden sollten[35]. Konkret sieht Art. 2 II AEUV vor, daß im Bereich der geteilten Zuständigkeit (Katalog in Art. 4 II lit a–k AEUV; → Art. 74 Rn. 10f.) Union wie Mitgliedstaaten u. a. gesetzgeberisch tätig werden können (S. 1), wobei die Tätigkeit der letzteren daran geknüpft wird, daß die Union ihre Zuständigkeit nicht ausgeübt hat (S. 2)[36]. Ähnlich wie die Freigaberegelung in Art. 72 IV GG (→ Rn. 44 ff.) ordnet S. 3 schließlich an, daß die Zuständigkeit der Mitgliedstaaten wieder auflebt, sofern die Union beschließt, die ihrige nicht mehr auszuüben[37]. Funktionale Äquivalente zur Kompetenzschutzklausel des Art. 72 II GG (→ Rn. 18 ff.) sind demgegenüber das ebenso vielbeschworene wie chronisch unbehelfliche **Subsidiaritätsprinzip** (Art. 5 III EUV; → Art. 23 Rn. 77 ff.)[38] sowie der in einem Atemzug damit zu nennende unionsrechtliche Grundsatz der **Verhältnismäßigkeit** (Art. 5 IV EUV)[39]. Beider Steuerungswirkung[40] hängt – wie die Rechtsprechung des Bundesverfassungsgerichts zur ehemaligen Bedürfnisklausel (→ Rn. 3) handgreiflich belegt – von der Neigung des zur Entscheidung berufenen Gerichts ab, ihnen tatsächlich Leben einzuhauchen oder besser Spanten einzuziehen. Die Annahme einer entsprechenden Neigung des EuGH ist kontrafaktisch, kontraintuitiv und setzt sich in Widerspruch zum gegenwärtigen Erkenntnisstand der Institutionensoziologie[41]. Der in Art. 72 II u. III GG n. F. verwirklichte abgestufte Zugriff des Bundes auf die Sachbereiche der konkurrierenden Gesetzgebung findet eine (begrenzte) Parallele in Art. 4 III u. IV AEUV, die bereichsspezifisch eine geteilte Zuständigkeit ohne die Sperrwirkung nach Art. 2 II 2 AEUV

---

[35] Zurückhaltend wie hier *C. Calliess*, in: Calliess/Ruffert, EUV/AEUV, Art. 3 AEUV Rn. 1 ff.; *M. Nettesheim*, in: Grabitz/Hilf/Nettesheim, EUV/AEUV, Art. 3 AEUV (2014), Rn. 8 ff.; *R. Stettner*, Auswirkungen der Europäisierung der Rechtsetzung auf die nationalen Gesetzgebungskompetenzen, in: Heintzen/Uhle, Entwicklungen (Fn. 28), S. 29 ff. (32 f.); optimistischer bzw. die Parallele stärker betonend *R. Streinz/R. Mögele*, in: Streinz, EUV/AEUV, Art. 3 AEUV Rn. 3 ff.

[36] Dies die zentrale Parallele zu Art. 72 I GG. Eingehend zu dieser Sperrwirkung *C. Calliess*, in: Calliess/Ruffert, EUV/AEUV, Art. 2 AEUV Rn. 15 ff.

[37] Näher *M. Nettesheim*, in: Grabitz/Hilf/Nettesheim, EUV/AEUV, Art. 2 AEUV (2014), Rn. 30 sowie *R. Streinz*, in: Streinz, EUV/AEUV, Art. 2 AEUV Rn. 9.

[38] Vgl. *M. Kotzur*, in: Geiger/Kahn/Kotzur, EUV/AEUV, Art. 2 AEUV Rn. 4 f. Die einschlägige Literatur wächst umgekehrt proportional zum effektiven Garantiebereich der Norm: Siehe nur die jüngsten Beiträge von *C. Mellein*, Subsidiaritätskontrolle durch nationale Parlamente, 2007; *P. Molsberger*, Das Subsidiaritätsprinzip im Prozess europäischer Konstitutionalisierung, 2009; *W. Frenz*, Jura 2010, 641 ff.; *T. v. Danwitz*, Subsidiaritätskontrolle in der Europäischen Union, in: FS Sellner, 2010, S. 36 ff. – Kritisch wie hier bereits *M. Schröder*, JZ 2004, 8 (11) zum Konventsentwurf für eine europäische Verfassung sowie zuletzt pointiert *C. Bickenbach*, EuR 48 (2013), 523 (523): »gleicht vielmehr einer Monstranz«. Freilich konzediert er im folgenden, daß zumindest die Subsidiaritätsrüge »erste Wirkungen« (S. 524) zeitige. – Ausführlich zur Subsidiaritätsklage und ihrer Umsetzung ins deutsche Recht *F. Shirvani*, JZ 2010, 753 ff.

[39] Näher dazu aus der europarechtlichen Literatur *V. Trstenjak/E. Beysen*, EuR 47 (2012), 265 (266 ff.); *R. Streinz*, in: Streinz, EUV/AEUV, Art. 5 EUV Rn. 41 ff.; *C. Calliess*, in: Calliess/Ruffert, EUV/AEUV, Art. 5 EUV Rn. 44 ff. → Art. 20 (Rechtsstaat), Rn. 24.

[40] Zum Teil faßt man den Grundsatz der begrenzten Einzelermächtigung nach Art. 5 I, II EUV, das Subsidiaritätsprinzip nach Art. 5 III EUV sowie den Grundsatz der Verhältnismäßigkeit nach Art. 5 IV EUV als »Subsidiaritätsprinzip im weiteren Sinne« zusammen, siehe etwa *Streinz* (Fn. 39), Art. 5 EUV Rn. 2.

[41] Vgl. *S. Albin*, NVwZ 2006, 629 (632 ff.); *C. Ritzer/M. Ruttloff*, EuR 41 (2006), 116 (121 ff.).

begründen⁴². Ein direktes unionsrechtliches Pendant zur **Abweichungsgesetzgebung** nach Art. 72 III GG existiert schließlich nicht; allerdings enthalten zahlreiche Bestimmungen des Unionsrechts den Vorbehalt, daß die Mitgliedstaaten über Mindestvorschriften hinausgehen, also wenigstens in die von der Union gewünschte Generalrichtung abweichen können⁴³. Zur Überformung des Art. 72 GG gelten – vorbehaltlich der folgenden Ausführungen – die für alle Kompetenzbestimmungen einschlägigen Beobachtungen (→ Vorb. zu Art. 70–74 Rn. 22).

9 Eingedenk der herrschenden Auffassung, daß sich die **Umsetzung von Unionsrecht** (namentlich diejenige von Richtlinien) nach den allgemeinen Regeln der Art. 70ff. GG richtet (→ Vorb. zu Art. 70–74 Rn. 21), wirft Art. 72 GG in seiner geltenden Fassung eine Reihe von Fragen auf. Theoretisch eröffnet eine derartige Umsetzungspflicht, deren Gegenstand in den Katalog von Art. 74 I GG fällt, eine tatsächliche Parallelkompetenz (→ Rn. 14)⁴⁴: Ein sozusagen jungfräuliches Legislativterrain vorausgesetzt, haben Bund wie Länder ein Zugriffsrecht, um die unionsrechtliche Pflicht zu erfüllen. Stellt man statt dessen auf die langjährige Staatspraxis ab, so präsentieren sich die Umsetzungsprärogativen wie folgt: Im Bereich der sog. **Kernkompetenz** (→ Rn. 17) kann der Bund die Umsetzung an sich ziehen, ohne weitere Kriterien erfüllen zu müssen; zugleich ist davon auszugehen, daß er die entsprechenden Kompetenztitel bereits ausgeschöpft hat (→ Rn. 16), so daß nur ausnahmsweise die Länder noch zur Umsetzung einzelner unionsrechtlicher Norm(ierungs)befehle berufen sein werden. Im Rahmen der **Bedarfskompetenz** nach Abs. 2 (→ Rn. 18ff.) ist das Bild komplexer: Da das Unionsrecht den Bund weder von der Einhaltung der Erforderlichkeitsklausel freistellt noch die Pflicht zur Richtlinienumsetzung *per se* deren Tatbestände erfüllt (→ Rn. 21), kann hier der Fall auftreten, daß mangels der Erforderlichkeit einer bundesgesetzlichen Regelung entweder die Länder allein oder Bund und Länder sektoral nebeneinander zuständig sind. Die **Abweichungsgesetzgebung** nach Abs. 3 schließlich ist zwar ausdrücklich mit der Absicht eingeführt worden, dem Bund in besonders umsetzungsgeneigten Bereichen wie dem Umweltrecht eine Vollkompetenz zur Umsetzung aus einer Hand zu verschaffen⁴⁵, erlaubt den Ländern aber, davon abweichende Regelungen zu treffen, die natürlich ihrerseits unionsrechtskonform sein müssen. Dies erschwert aus Sicht der Union zumindest die Kontrolle der loyalen Umsetzung durch Deutschland; es dürfte allerdings zu weit gehen, Art. 72 III GG eingedenk der zu gewärtigenden Friktionen insgesamt als unionsrechtswidrig einzustufen⁴⁶. In Ansehung der **Freigabegesetzgebung** nach Abs. 4 wäre schließlich zu erwägen, den Bund zumin-

---

⁴² Näher *R. Streinz*, in: Streinz, EUV/AEUV, Art. 4 AEUV Rn. 12 sowie *M. Kotzur*, in: R. Geiger/D.-E. Kahn/M. Kotzur, EUV/AEUV, 5. Aufl. 2010, Art. 4 AEUV Rn. 4 (pointiert kritisch: »systematisch missglückt«).

⁴³ Vgl. statt aller Art. 82 II UAbs. 3 AEUV und dazu *O. Suhr*, in: Calliess/Ruffert, EUV/AEUV, Art. 82 AEUV Rn. 33.

⁴⁴ Näher zum folgenden *A. Fisahn*, DÖV 2002, 239ff.; *E. Rehbinder/R. Wahl*, NVwZ 2002, 21ff.; *C. Haslach*, DÖV 2004, 12 (15ff.); *H. Schulze-Fielitz*, NVwZ 2007, 249 (250f.); *W. Kluth*, Ratifikations- und Umsetzungsgesetzgebung, in: Kluth/Krings, Gesetzgebung (Fn. 29), § 21 Rn. 45ff.; *U. Smeddinck*, Umwelt- und Techniksgesetzgebung, ebd., § 32 Rn. 28ff.

⁴⁵ Siehe BT-Drs. 16/813, S. 11: »Der Bund erhält durch die Überführung der umweltbezogenen Materien des Artikels 75 [...] in die konkurrierende Gesetzgebung die Möglichkeit einer Vollregelung dieser Materien, für die er bislang nur Rahmenvorschriften erlassen konnte. Insbesondere wird dem Bund insoweit die einheitliche Umsetzung von EU-Recht ermöglicht«.

⁴⁶ So aber *F. Ekardt/R. Weyland*, NVwZ 2006, 737 (739ff.). Dagegen *L. Michael*, JöR 59 (2011), 321 (330) sowie *Dietlein*, Abweichungsgesetzgebung (Fn. 34), S. 24.

dest im Falle solcher Umsetzungsvorgaben, die substantielle Eingriffe in fortgeltendes, aber nicht mehr i.S.v. Art. 72 II GG erforderliches Bundesrecht erfordern, zur Freigabe für verpflichtet zu erachten.

III. Konkurrierende Kompetenzen im Rechtsvergleich

Sachbereiche, in denen sowohl der Bund als auch die Einzelstaaten gesetzgeberisch aktiv werden können, sind im internationalen Verfassungsvergleich häufig, aber **keineswegs Allgemeingut**[47]. So zielt der Idee nach die Verfassung Österreichs (Art. 10ff. B-VG)[48] auf eine durchweg ausschließliche Verteilung der Gesetzgebungskompetenzen (→ Vorb. zu Art. 70–74 Rn. 23), während das Bild in Belgien und Spanien diffus bleibt (→ Vorb. zu Art. 70–74 Rn. 25) und Großbritannien im Rahmen der Devolution namentlich auf das Schottische Parlament Gesetzgebungskompetenzen übertragen hat (*devolved matters*), die gesamtstaatliche Legislative eingedenk ihrer Souveränität allerdings zumindest theoretisch für weiterhin zugriffsberechtigt erklärt (→ Vorb. zu Art. 70–74 Rn. 25)[49]. Die Mehrzahl der Bundesstaaten weist demgegenüber Zentral- wie Gliedstaatsebene sog. konkurrierende Legislativkompetenzen zu, ohne daß sich ein **einheitliches Konzept von Gesetzgebungskonkurrenz** herauskristallisiert hätte: Brasilien kennt zwar eine *legislação concorrente*, beschränkt den Bund allerdings auf die Regelung von allgemeinen Normen (Art. 24 II Verf.; → Vorb. zu Art. 70–74 Rn. 26, 39)[50]; ganz ähnlich gestattet Italien im Rahmen der *legislazione concorrente* dem Gesamtstaat wiederum nur die Feststellung wesentlicher Grundsätze (Art. 117 III 2 Verf.; → Vorb. zu Art. 70–74 Rn. 25)[51]. **Indien** versteht die *concurrent legislation* (Art. 246 II Verf.) hingegen ausweislich des Art. 254 I Verf. als Vorranggesetzgebung des Bundes; die korrespondierende Liste ist mit ursprünglich 47 Einträgen (u. a. das Strafrecht, Nr. 1) ebenso umfang- wie substanzreich (→ Vorb. zu Art. 70–74 Rn. 26; → Art. 74 Rn. 12f.)[52]. **Kanada** sieht ebenfalls *concurrent powers of legislation* vor, begrenzt diese aber auf wenige ausgewählte Materien (Section 92a, 94a, 95 Constitution Act; → Vorb. zu Art. 70–74 Rn. 26)[53]. Eine ausdrückliche Entscheidungsregel nach dem Mu-

10

---

[47] Siehe noch immer informativ *M. Bothe*, Die Kompetenzstruktur des modernen Bundesstaates in rechtsvergleichender Sicht, 1977, S. 137ff.; vgl. auch die Beiträge in D. Halberstam/M. Reimann (Hrsg.), Federalism and Legal Unification, Dordrecht 2014.

[48] Siehe etwa *P. Pernthaler*, Österreichisches Bundesstaatsrecht, 2004, S. 329; *S. Storr*, Österreich als Bundesstaat, in: I. Härtel (Hrsg.), Handbuch Föderalismus, Bd. IV, 2012, § 98 Rn. 20; *T. Öhlinger/H. Eberhard*, Verfassungsrecht, 10. Aufl. 2014, Rn. 257 u. 271.

[49] Das insofern im Wortsinne konkurrierende Zugriffsrecht wird verfahrenstechnisch eingehegt, indem das Schottische Parlament im Wege sog. *legislative consent motions* der Vorlage zustimmt. Näher *J. McEldowney*, The Impact of Devolution on the UK Parliament, in: A. Horne/G. Drewry/D. Oliver (Hrsg.), Parliament and the Law, Oxford/Portland 2013, S. 197ff. (215ff.); *M. Zander*, The Law-Making Process, 7. Aufl., Oxford/Portland 2015, S. 98ff.

[50] Näher *J. Dolinger/L. R. Barroso*, Federalism and Legal Unification in Brazil, in: Halberstam/Reimann, Federalism (Fn. 47), S. 153ff. (156f.).

[51] Näher *D. Schefold*, Verfassungs- und Verwaltungsrecht, in: S. Grundmann/A. Zaccaria (Hrsg.), Einführung in das italienische Recht, 2007, S. 21ff. (60f.) sowie *L. Del Duca/P. Del Duca*, Emergence of the Italian Unitary Constitutional System, Modified by Supranational Norms and Italian Regionalism, in: Halberstam/Reimann, Federalism (Fn. 47), S. 267ff. (271).

[52] *R. Grote*, Der Föderalismus in Mexiko, Indien, Südafrika und Australien, in: Härtel, Handbuch IV (Fn. 48), § 95 Rn. 12f.; siehe auch *S. Parikh*, India: From Political Federalism and Fiscal Centralization to Greater Subnational Autonomy, in: Halberstam/Reimann, Federalism (Fn. 47), S. 255ff. (256f.).

[53] Näher *W. R. Lederman*, McGill Law Journal 9 (1962–63), 185ff. sowie *A. Grenon*, Unification

ster von Art. 72 I GG, die Zentral- und Gliedstaatsebene dem Wortlaut nach nebeneinander berechtigt, die Kompetenz der einen Seite aber davon abhängig macht, daß die andere Seite nicht zugreift (→ Rn. 14), findet sich in dieser Form praktisch nirgends. Allerdings haben namentlich in der Schweiz sowie in den USA Rechtsprechung und Lehre ein Regime entwickelt, das dem Art. 72 I GG ähnlich ist und in der **Eidgenossenschaft** auch ausdrücklich als »konkurrierende Kompetenz« firmiert[54]: Danach können die Kantone in der Mehrzahl der dem Bund normtextlich ausschließlich zugewiesenen Aufgabenfeldern tätig werden, sofern dieser von seiner Kompetenz noch keinen Gebrauch gemacht hat (→ Vorb. zu Art. 70–74 Rn. 24).

11 Art. 72 II GG findet insofern Parallelen, als einzelne Verfassungen die Befugnis (typischerweise des Bundes) zum Zugriff auf ihm nicht ausschließlich zugewiesene Materien an die Verwirklichung bestimmter Tatbestände binden. Am nächsten kommen der Norm (bzw. ihrer Ursprungsfassung; → Rn. 2) Section 146 II lit. a–c bzw. III lit. a–b der Verfassung **Südafrika**s, die dem nationalen Parlament die Gesetzgebung im Sachbereich der *concurrent legislation* (Anhang 4) erlauben, sofern nationale Sicherheit, ökonomische Einheit u. a. m. dies erforderlich machen (→ Vorb. zu Art. 70–74 Rn. 26)[55]. Vereinzelt finden sich entsprechende Vorbehalte auch in Österreich (z. B. Art. 11 II, V, VI B-VG: Bedürfnis nach Erlassung einheitlicher Vorschriften)[56].

12 Die Abweichungsgesetzgebung nach **Art. 72 III GG** ist in dieser Form praktisch ein **Solitär**. Nahe kommt ihr lediglich die punktuelle Möglichkeit der österreichischen Länder, in ausgewählten Sachbereichen wiederum von den gerade erwähnten »Bedürfnisgesetzen« des Bundes abzuweichen (Art. 11 II, V 1 B-VG)[57]. Auch die Freigaberegelung in **Art. 72 IV GG** ist in dieser Form schon eingedenk ihrer Genese spezifisch.

13 Die deutschen **Landesverfassungen** enthalten weder Parallelen zu Art. 72 GG noch solche Bestimmungen, die mit ihm in spezifischer Weise korrespondieren oder in Spannung zu ihm stehen. Höchst punktuell ist eine Interaktion denkbar; so könnte aus Staatszielbestimmungen bzw. Gesetzgebungsaufträgen der Landesverfassungen folgen, daß das Land zur Wahrnehmung einer Abweichungsoption nach Art. 72 III 1 GG (→ Rn. 32 ff.) oder zur Rückholung einer Kompetenz nach ihrer Freigabe durch den Bund nach Art. 72 IV GG (→ Rn. 44 ff.) verpflichtet ist[58].

---

of Laws in Federal Systems: The Canadian Model, in: Halberstam/Reimann, Federalism (Fn. 47), S. 170 ff. (175 f.). Siehe zur bundesstaatlichen Kompetenzverteilung in Kanada und der Rolle, die die Rechtsprechung dabei spielt, auch *T. v. Danwitz*, AöR 131 (2006), 510 (545 ff.).

[54] *R. J. Schweizer*, in: B. Ehrenzeller/P. Mastronardi/R. J. Schweizer/K. A. Vallender (Hrsg.), Die schweizerische Bundesverfassung, 2. Aufl. 2008, Art. 3 Rn. 15 f.; *U. Häfelin/W. Haller/H. Keller*, Schweizerisches Bundesstaatsrecht, 8. Aufl. 2012, Rn. 1095, die diese Bezeichnung allerdings für »problematisch« halten; *D. Brühl-Moser*, Schweizerischer Föderalismus: Ausgestaltung, Neugestaltung und Herausforderung, in: Härtel, Handbuch IV (Fn. 48), § 99 Rn. 37.

[55] Siehe *Grote* (Fn. 52), § 95 Rn. 17 f.; *K. Govender*, Federalism and Legal Unification in South Africa, in: Halberstam/Reimann, Federalism (Fn. 47), S. 391 ff. (393 ff.). Unter ähnlichen Kautelen erlaubt Section 44 II lit. a–e Verf. dem nationalen Parlament auch den Übergriff auf die »ausschließlichen« Kompetenzen der Provinzen nach Anhang 5 (nochmals Grote, ebd., Rn. 19).

[56] Dazu knapp *Storr* (Fn. 48), § 98 Rn. 27 sowie etwas ausführlicher *Öhlinger/Eberhard*, Verfassungsrecht (Fn. 48), Rn. 252 f.

[57] Siehe dazu wiederum knapp *H. Mayer*, B-VG, 4. Aufl. 2007, Art. 11 B-VG II.3 sowie *Pernthaler*, Bundesstaatsrecht (Fn. 48), S. 328.

[58] Luzide *Degenhart* (Fn. 19), Art. 72 Rn. 51.

C. Erläuterungen

I. Konzept, systematische Stellung und aktueller Befund

1. Das Konzept der konkurrierenden Gesetzgebung

Die Redeweise von der konkurrierenden Gesetzgebungskompetenz ist nach vergleichsweise einhelliger Auffassung **mißverständlich**[59]. Denn Art. 72 i.V. m. 74 GG liegt gerade nicht die Maxime der Konkurrenz im Sinne des Leistungsvergleichs oder des Sich-Aneinander-Messens zugrunde, das mitunter in das Schlagwort vom »Wettbewerbsföderalismus« gefaßt wird[60]. Präziser wäre die Bezeichnung als Parallelkompetenz von Bund und Ländern, die zu Lasten der Länder unter der auflösenden Bedingung des Gebrauchmachens von der Bundeskompetenz steht. Das tatsächliche Gebrauchsmuster des Art. 72 GG würde schließlich die im Parlamentarischen Rat aus Gründen föderativer Prüderie verworfene Bezeichnung als **Vorranggesetzgebung des Bundes** am besten abbilden[61]. Gesetzgebungsbefugt sind danach dem Grunde nach Bund und Länder, aber der Bund hat insofern die bereichsspezifische Kompetenz-Kompetenz, als er durch das Gebrauchmachen von seiner Kompetenz sowohl die Zuständigkeit der Länder ganz oder teilweise suspendieren als auch bereits bestehende Landesgesetze vernichten kann (→ Rn. 30 f.).

14

2. Systematische Stellung von Art. 72 GG innerhalb des VII. Abschnitts

Art. 72 GG buchstabiert die Verteilungsregel in Art. 70 I, II GG näher aus; er korrespondiert dabei unmittelbar mit dem Katalog des Art. 74 I GG (→ Art. 70 Rn. 7; → Art. 74 Rn. 17 ff.). Die ursprünglich auf die Grundregel in Abs. 1 sowie die Einhegung der Bundeskompetenz in Abs. 2 beschränkte Norm ist durch die Reformen von 1994 wie 2006 um weitere Gehalte angereichert sowie **mehrfach ausdifferenziert** worden. Die Bestimmung normiert nunmehr drei Unterarten der konkurrierenden Gesetzgebungskompetenz des Bundes[62], näher die Kernkompetenz mit und ohne Abweichungsbefugnis der Länder (→ Rn. 17, 32 ff.) sowie die Bedarfs- oder Erforderlichkeitskompetenz (Art. 72 I, II GG; → Rn. 18 ff.). Es kommt in Art. 72 IV GG die wohlgemerkt ausschließliche Bundeskompetenz zur Freigabe nicht mehr erforderlicher Bundesgesetze hinzu (→ Rn. 44 ff.)[63].

15

---

[59] Anschaulich etwa *J. Ipsen*, Staatsrecht I, Rn. 582: Nur die in Art. 72 III 1 GG aufgeführten Kompetenztitel stellten »echte konkurrierende Gesetzgebungszuständigkeiten« dar. A.A. allerdings *Degenhart* (Fn. 19), Art. 72 Rn. 1.

[60] Nachdrückliches »Plädoyer« für einen solchen »Wettbewerbsföderalismus« beispielsweise bei *E. Schmidt-Jortzig*, DÖV 1998, 746 (749 f.); zurückhaltend demgegenüber *H. Bauer*, DÖV 2002, 837 ff., der diesbezüglich eingangs auch von »eine[r] Art ›Kampfbegriff‹« (S. 837) spricht. – Anderes mag hier ein Stück weit für die Abweichungsgesetzgebung gelten: → Rn. 32 ff.

[61] Für »zutreffend« hält diese Bezeichnung etwa *Sannwald* (Fn. 20), Art. 72 Rn. 14.

[62] Einhellige Auffassung: *H.-W. Rengeling*, HStR³ VI, § 135 Rn. 154; *C. Weltecke*, Gesetzgebung im Bundesstaat, 2011, S. 36 f.; *Kunig* (Fn. 14), Art. 72 Rn. 1; *Uhle* (Fn. 1), Art. 72 Rn. 68; *Jarass/Pieroth*, GG, Art. 72 Rn. 1.

[63] In der Einordnung wie hier *Sannwald* (Fn. 20), Art. 72 Rn. 123; *Jarass/Pieroth*, GG, Art. 72 Rn. 24.

3. Aktueller Befund

16 Die konkurrierende Gesetzgebungskompetenz nach Art. 72 i.V.m. Art. 74 I GG hat sich in der bundesdeutschen Verfassungspraxis als erstrangiges **Instrument zur Unitarisierung** erwiesen[64]. Entgegen der im Parlamentarischen Rat zumindest verbreiteten Erwartung, Art. 72 GG berechtige Bund und Länder bestenfalls zu etwa gleichen Teilen (→ Rn. 2), hat sich die konkurrierende Gesetzgebungskompetenz als **konkurrenzlose Bundeskompetenz** entpuppt: Während auf Art. 72 GG gestütztes Landesrecht die Ausnahme bleibt (→ Rn. 50 ff.), beruhen weite Teile namentlich des für den Alltagsvollzug wichtigen Bundesrechts auf Art. 72 GG. Auch die Föderalismusreform I hat insbesondere in Gestalt der Kernkompetenz die längst in der Verfassungspraxis geschaffenen Fakten anerkannt und diese zu einer quasi-ausschließlichen Bundeskompetenz aufgewertet (→ Rn. 17). Weder von dem nunmehr streng verstandenen Erforderlichkeitsvorbehalt noch von der Abweichungsgesetzgebung ist vor dem Hintergrund der bisherigen Entwicklung wie angesichts der weiteren Europäisierung (→ Rn. 9 f.) eine substantielle Revitalisierung der Landesgesetzgebung zu erwarten[65]; wie die im Wege der Rückausnahme in Art. 74 I GG formulierten ausdrücklichen Landeskompetenzen (→ Vorb. zu Art. 70–74 Rn. 40) folgen sie *sub specie* Kompetenzschutz der **Logik der Hallig**.

II. Voraussetzungen der Bundeskompetenz (Art. 72 I u. II GG)

1. Kernkompetenz

17 Da weite Teile der auf Art. 72 GG a. F. i.V. m. Art. 74 I GG gestützten Bundesgesetze die in der Altenpflegeentscheidung formulierten Anforderungen an die Erforderlichkeit einer bundeseinheitlichen Regelung (→ Rn. 5, 18 ff.) schwerlich erfüllt hätten, wurde – dies Teil des Entgegenkommens der Länderseite in der Föderalismusreform I – die Mehrzahl der Katalogtatbestände des Art. 74 I GG von diesem Vorbehalt freigestellt[66] (bzw. die Erforderlichkeit entsprechender bundesgesetzlicher Regelungen unwiderleglich vermutet[67]). Diese zumeist als **Kernkompetenz** (daneben begegnen die Bezeichnungen als Vorrangkompetenz[68] oder unkonditionierte Kompetenz[69]) firmierende Form der konkurrierenden Gesetzgebung unterscheidet sich von der ausschließlichen Gesetzgebung nach Art. 71 GG nur noch durch die – eher praxisferne – Möglichkeit der Länder, im Bereich des Art. 74 I GG Gesetze zu erlassen, solange und so-

---

[64] Treffend *Kunig* (Fn. 14), Art. 72 Rn. 2: »Wenn in der Praxis gleichwohl das Schwergewicht der Gesetzgebung im grundgesetzlich umrissenen Bundesstaat beim Bunde liegt, so rührt dies wesentlich von der Vielzahl der der konkurrierenden Gesetzgebungskompetenz unterfallenden Sachbereiche her – und dem Umstand, dass der Bund die sich so ergebenden Kompetenztitel überwiegend und weit reichend in Anspruch genommen hat.«
[65] Ähnlich kritisch etwa *Degenhart* (Fn. 19), Art. 72 Rn. 3; optimistischer wohl Jarass/*Pieroth*, GG, Art. 72 Rn. 1.
[66] Ebenso beispielsweise *Kunig* (Fn. 14), Art. 72 Rn. 16 sowie *Oeter* (Fn. 6), Art. 72 Rn. 51.
[67] So etwa *Härtel* (Fn. 13), § 19 Rn. 135 oder *C. Degenhart*, NVwZ 2006, 1209 (1210). Siehe auch BT-Drs. 16/813, S. 9, wonach auf den Gebieten, die nicht Art. 72 II GG n. F. unterfallen, »Bund und Länder übereinstimmend von der Erforderlichkeit bundesgesetzlicher Regelungen« ausgingen. Kritisch hierzu *T. Herbst*, Gesetzgebungskompetenzen im Bundesstaat, 2014, S. 91 mit Fn. 292.
[68] So wiederum *Härtel* (Fn. 13), § 19 Rn. 134 f.; *Degenhart* (Fn. 19), Art. 72 Rn. 2.
[69] So *A. Uhle*, in: W. Kluth (Hrsg.), Föderalismusreformgesetz, 2007, Art. 72 Rn. 7.

weit der Bund nicht Gebrauch von seiner Kompetenz gemacht hat[70]. In der Praxis liegt eine **Vollkompetenz des Bundes** vor, deren Inanspruchnahme – von Gesetzgebungsaufträgen und unionsrechtlichen Umsetzungspflichten (→ Rn. 9f.) abgesehen – in seinem freien Ermessen liegt und diesbezüglich keinerlei gerichtlicher Kontrolle unterliegt[71]. Der Bund kann in den entsprechenden Gesetzen allerdings die Länder zu eigener Gesetzgebung **ermächtigen**[72] sowie ihnen Verordnungsrechte übertragen, die über Art. 80 IV GG wiederum mittelbar Landesgesetze tragen (→ Art. 80 Rn. 67ff.).

2. Bedarfs- oder Erforderlichkeitskompetenz

a) Erforderlichkeit einer bundesgesetzlichen Regelung

Seit 1994 enthält Art. 72 II GG eine »zusätzliche Schranke für die Ausübung der Bundeskompetenz« in Gestalt des Vorbehalts der Erforderlichkeit einer bundesgesetzlichen Regelung[73]. Der Vorbehalt greift nur für die in Abs. 2 genannten Titel des Art. 74 I GG, die in Rechtsprechung und Literatur als Bedarfskompetenzen[74], Erforderlichkeitskompetenzen[75] oder konditionierte Kompetenzen[76] bezeichnet werden. Die Zusammenstellung läßt kein System erkennen und bildet wie die ausgesparten und danach Abs. 1 unterfallenden Sachbereiche die **kontingenten Relevanzeinschätzungen** der Reformakteure von 2006 ab. Danach ist die bloße Einschlägigkeit eines Katalogtitels des Art. 74 I GG nicht hinreichend zur Begründung der Gesetzgebungszuständigkeit. Der Bund muß vielmehr – begrifflich wie konzeptionell an die Verhältnismäßigkeitsprüfung angelehnt (→ Vorb. Rn. 145ff.)[77] – im Konfliktfall darlegen können, daß eine (womöglich koordinierte[78]) Regelung durch die Länder die in Art. 72 II GG in Bezug genommenen Zielvorgaben nicht ebenfalls in einer Weise erfüllen kann, die den bundesstaatlichen Mindestanforderungen entspricht[79]. Die so umrissene Erforderlichkeit kann als **unbestimmter Rechtsbegriff** vom Bundesverfassungsgericht in bewußter Absetzung von seiner älteren Rechtsprechung (→ Rn. 3f.) vollumfänglich

18

---

[70] Siehe *J. Ipsen*, NJW 2006, 2801 (2803) sowie *Degenhart*, Charakteristika (Fn. 30), S. 68f. Sehr kritisch *H.-J. Papier*, NJW 2007, 2145 (2146), der namentlich annimmt, daß es »wohl tatsächlich ehrlicher gewesen wäre«, die betreffenden Materien »gleich der ausschließlichen Gesetzgebungskompetenz des Bundes zu unterstellen«; rechtsmethodische Kritik insoweit auch bei *M. Nierhaus/S. Rademacher*, LKV 2006, 385 (391f.).
[71] Wiederum pointiert *H.-J. Papier*, NJW 2007, 2145 (2146): Der Bund habe insoweit ein »völlig freies Zugriffsrecht«. Ausdrücklich gegen eine Restriktion aufgrund von Subsidiaritätserwägungen *Degenhart* (Fn. 19), Art. 72 Rn. 9a.
[72] So auch *Jarass/Pieroth*, GG, Art. 72 Rn. 10; *Kunig* (Fn. 14), Art. 72 Rn. 11; eingehend zu den mit dieser Thematik verbundenen Streitfragen *Oeter* (Fn. 6), Art. 72 Rn. 59ff. – Häufig ist in diesem Zusammenhang auch von »Vorbehalte[n] zugunsten der Landesgesetzgebung« die Rede, so etwa BVerfGE 20, 238 (251).
[73] Näher zum folgenden *A. Schmehl*, DÖV 1996, 724ff.; *Oeter* (Fn. 6), Art. 72 Rn. 90ff.; *Uhle*, in: Kluth, Föderalismusreformgesetz (Fn. 69), Art. 72 Rn. 31.
[74] *C. Degenhart*, NVwZ 2006, 1209 (1209f.); *J. Ipsen*, NJW 2006, 2801 (2803); *Härtel* (Fn. 13), § 19 Rn. 136.
[75] BVerfGE 128, 1 (34, Rn. 128); *Schmidt-Jortzig* (Fn. 28), § 20 Rn. 2.
[76] So *Uhle*, in: Kluth, Föderalismusreformgesetz (Fn. 69), Art. 72 Rn. 6.
[77] Wie hier *C. Calliess*, DÖV 1997, 889 (895f.); ähnlich *Degenhart* (Fn. 19), Art. 72 Rn. 18; *Oeter* (Fn. 6), Art. 72 Rn. 115f.; *Uhle*, in: Kluth, Föderalismusreformgesetz (Fn. 69), Art. 72 Rn. 37.
[78] Dazu näher *Würtenberger*, Art. 72 II (Fn. 13), S. 222ff.; *F. Leber*, Landesgesetzgebung im neuen Bundesstaat, 2014, S. 154ff., 216ff., 283ff.; *C. Lutz*, Vielfalt im Bundesstaat, 2014, S. 248ff.
[79] BVerfGE 106, 62 (149, Rn. 338).

überprüft werden⁸⁰. Jüngere Entscheidungen räumen – in Parallele zur Eignung im Rahmen der Verhältnismäßigkeitsprüfung (→ Vorb. Rn. 147) – dem Bundesgesetzgeber allerdings einen **Einschätzungsspielraum** in Ansehung der **Faktenbasis** seiner Entscheidung wie insb. der Konsequenzen einer bundesgesetzlichen (Nicht-)Regelung ein⁸¹. Für diese verfassungsgerichtliche Prüfung hält Art. 93 II GG namentlich für älteres Bundesrecht ein gesondertes Verfahren bereit (→ Rn. 56; → Art. 93 Rn. 63f.).

19 Die aus Art. 72 II GG resultierende Kompetenzverteilung zwischen Bund und Ländern ist im Zusammenspiel mit Art. 72 IV sowie Art. 125a II GG **zeitlich gestaffelt** (→ Rn. 44ff.; → Art. 125a Rn. 11f.)⁸². Nach dem 15. November 1994 erlassene Bundesgesetze i. S. v. Art. 72 II GG, denen es bei Erlaß an der Erforderlichkeit fehlte, sind kompetenzwidrig und nichtig; sie entfalten (i.d.R. ab der verfassungsgerichtlichen Feststellung) keine Sperrwirkung gegenüber dem Landesgesetzgeber mehr (→ Rn. 26ff.). Vor diesem Stichtag erlassene nicht erforderliche Gesetze gelten nach Art. 125a II 1 GG fort. Fällt die Erforderlichkeit eines Bundesgesetzes nach dem 15. November 1994 *faktisch* weg, gilt es nach Art. 72 IV GG fort, kann aber vom Bund freigegeben werden (→ Rn. 44ff.). In beiden letztgenannten Fällen ist die Landeskompetenz danach eine konditionierte, da sie von der Freigabeentscheidung des Bundesgesetzgebers abhängig ist. Angesichts der fast flächendeckenden Ausschöpfung der Bundeskompetenzen wird Art. 72 II GG so im »Kleingedruckten« als Kompetenzschutzklausel nochmals substantiell entwertet.

20 Nach dem klaren Wortlaut (»bundesgesetzliche Regelung«) verlangt Art. 72 II GG **keine bundeseinheitliche Regelung**⁸³. Denn erforderlich kann auch eine Regelung sein, die regionale Besonderheiten berücksichtigt (etwa die Sondersituation der neuen Länder oder der Küstenanrainer). Allerdings dürfte eine solche regional differenzierte Lösung die besonders strenge Prüfung, ob nicht auch eine Selbstkoordination der Länder in Betracht kommt, zumindest aufdrängen⁸⁴. Umgekehrt begründet die plausibel vorgetragene Erforderlichkeit einer bundesrechtlichen Regel allein niemals die Kompetenz des Bundes, wenn kein Katalogtitel des Art. 74 I GG einschlägig ist.

21 Die Erforderlichkeit einer bundesgesetzlichen Regelung kann aus Gesetzgebungsaufträgen sowie insbesondere aus **völker- und unionsrechtlichen Umsetzungspflichten** herrühren⁸⁵, tut dies aber nicht stets und ausnahmslos. Vielmehr dürfte eine zweistufige Prüfung vorzunehmen sein: Zunächst ist der zur (Umsetzungs-)Gesetzgebung verpflichtende **Rechtsakt** daraufhin zu sichten, ob er *selbst* explizit oder implizit Ein-

---

⁸⁰ BVerfGE 106, 62 (148f., Rn. 335f.); 110, 141 (175, Rn. 116); 111, 226 (253, Rn. 97); 125, 141 (153, Rn. 52); zuletzt E 138, 136 (177, Rn. 111). – Aus der Literatur *Knorr*, Justiziabilität (Fn. 3), S. 95ff.; *A. Schmehl*, DÖV 1996, 724 (727f.); *C. Calliess*, DÖV 1997, 889 (894); *ders.*, Justiziabilität (Fn. 20), S. 308ff.; *D. Kröger/F. Moos*, BayVBl. 1997, 705 (707f.); *M. Kenntner*, Justiziabler Föderalismus, 2000, S. 174ff.; *M. Lechleitner*, Jura 2004, 746 (748); *C. Heitsch*, JöR 57 (2009), 333 (334f.); *Degenhart* (Fn. 19), Art. 72 Rn. 11.

⁸¹ BVerfGE 106, 62 (149f., Rn. 337ff.); 111, 226 (255, Rn. 102); 125, 141 (154, Rn. 54); 138, 136 (177, Rn. 111). Aus der Literatur *M. Lechleitner*, Jura 2004, 746 (748); *Würtenberger*, Art. 72 II (Fn. 13), S. 95ff.; *Rüfner*, Art. 72 Abs. 2 (Fn. 13), S. 391ff.; *Isensee*, Hürde (Fn. 13), S. 711; *S. Rixen*, DVBl. 2012, 1393 (1400); *Degenhart* (Fn. 19), Art. 72 Rn. 20f.

⁸² Vgl. *Isensee*, Hürde (Fn. 13), S. 690 sowie *Degenhart* (Fn. 19), Art. 72 Rn. 23.

⁸³ BVerfGE 106, 62 (143f., Rn. 319); BVerwG MDR 1962, 503 (504); *Isensee*, Hürde (Fn. 13), S. 718; *M. Bothe*, in: AK-GG, Art. 72 (2001), Rn. 11; *D. C. Umbach/T. Clemens*, in: Umbach/Clemens, GG, Art. 72 Rn. 34f.; *Jarass/Pieroth*, GG, Art. 72 Rn. 19; *Degenhart* (Fn. 19), Art. 72 Rn. 15; a.A. hingegen noch BVerfGE 18, 407 (415); 26, 338 (383).

⁸⁴ Ähnlich *Oeter* (Fn. 6), Art. 72 Rn. 116.

⁸⁵ Einhellige Auffassung: BVerfGE 122, 1 (21f., Rn. 88f.); *Seiler* (Fn. 22), Art. 72 Rn. 13.1.

heitlichkeit in rechtlicher wie sozialer Hinsicht fordert – davon ist eingedenk der Landesblindheit des Unions- wie des Völkerrechts regelmäßig nicht auszugehen (→ Vorb. zu Art. 70–74 Rn. 21). In einem zweiten Schritt ist zu prüfen, ob die Bundesrepublik ohne eine solche direkt auferlegte Pflicht ihren völker- und unionsrechtlichen Obliegenheiten begriffsnotwendig nur durch eine bundesgesetzliche Regelung nachkommen könnte bzw. Deutschland durch ein Weiterreichen der Pflicht an die Länder vertragsbrüchig würde. Auch hier ist größte **Zurückhaltung** angezeigt, zumal andernfalls auf diese Weise ohne Textänderung ein dritter Erforderlichkeitstatbestand im Wege der internationalrechtlichen Überformung des Grundgesetzes generiert würde.

b) Herstellung gleichwertiger Lebensverhältnisse im Bundesgebiet

»Zur Herstellung gleichwertiger Lebensverhältnisse ist eine bundesgesetzliche Regelung erst dann erforderlich, wenn sich die Lebensverhältnisse in den Ländern der Bundesrepublik in erheblicher, das bundesstaatliche Sozialgefüge beeinträchtigender Weise auseinander entwickelt haben oder sich eine derartige Entwicklung konkret abzeichnet.«[86] Diese mittlerweile quasi kanonische Definition[87] verknüpft ein normatives mit tatsächlich-prognostischen Elementen und errichtet gerade durch die letzteren eine **substantielle Hürde für den Bundesgesetzgeber**. Danach sollen selbst »erhebliche Wanderungsbewegungen« zwischen den Ländern nicht ausreichen[88]; erforderlich sei hingegen »[e]ine in allen Landesteilen gleich funktionsfähige Sozialversicherung«[89]. Das Gericht geht seither sensibel mit der spannungsreichen Klausel um, deren Kernelement es einerseits nach wie vor als eigenes »Rechtsgut Gleichwertigkeit der Lebensverhältnisse« anspricht[90], zugleich aber mit dem basalen Sinn der föderalen Organisation von Staatlichkeit kontrastiert, die Unterschiede zwischen den Bundesländern impliziert, ja erzwingt (→ Art. 20 [Bundesstaat], Rn. 24). Eingedenk der Verfassungsentscheidung für den Bundesstaat ist »Voraussetzung einer bundesgesetzlichen Regelung […] insoweit, dass vorhersehbare Einbußen in den Lebensverhältnissen von den betroffenen Ländern durch eigenständige Maßnahmen entweder gar nicht oder nur durch mit den anderen Ländern abgestimmte Regelungen bewältigt werden können«[91].

c) Wahrung der Rechts- und Wirtschaftseinheit im gesamtstaatlichen Interesse

Der Topos der »**Rechtseinheit**« ist in einem Bundesstaat *per se* prekär; die Entscheidung für eine föderative Ordnung ist begriffsnotwendig die Entscheidung für eine – wie auch immer dosierte und temperierte – Rechtsvielfalt (→ Art. 20 [Bundesstaat], Rn. 24). Das Bundesverfassungsgericht hat daher zu Recht hervorgehoben, daß die bloße Unterschiedlichkeit von Landesrecht eine Regelung durch den Bund nicht erforderlich i.S.v. Art. 72 II GG machen kann[92]. Vielmehr erfüllt »Gesetzesvielfalt auf

---

[86] BVerfGE 112, 226 (244, Rn. 67 [Hervorhebung nicht i.O.]) unter Rekurs auf E 106, 62 (144, Rn. 320f.); ferner *Uhle*, in: Kluth, Föderalismusreformgesetz (Fn. 69), Art. 72 Rn. 33.
[87] Sie wird etwa zugrunde gelegt von *Degenhart* (Fn. 19), Art. 72 Rn. 15; Jarass/*Pieroth*, GG, Art. 72 Rn. 20; *Seiler* (Fn. 22), Art. 72 Rn. 12.
[88] BVerfGE 112, 226 (247, Rn. 76) – *Studiengebühren*.
[89] BVerfGE 113, 167 (198, Rn. 90); zustimmend *R. Möller*, SGb 2007, 138 (144) sowie *Härtel* (Fn. 13), § 19 Rn. 138.
[90] BVerfGE 112, 226 (245, Rn. 71).
[91] Nochmals BVerfGE 112, 226 (248, Rn. 78).
[92] BVerfGE 106, 62 (145, Rn. 324); *H.-W. Rengeling*, HStR³ VI, § 135 Rn. 170; gleichsinnig zu der

Länderebene [...] die Voraussetzungen des Art. 72 Abs. 2 GG erst dann, wenn sie eine Rechtszersplitterung mit problematischen Folgen darstellt, die im Interesse sowohl des Bundes als auch der Länder nicht hingenommen werden kann. Gerade die Unterschiedlichkeit des Gesetzesrechts oder der Umstand, dass die Länder eine regelungsbedürftige Materie nicht regeln, müssen das gesamtstaatliche Rechtsgut der Rechtseinheit, verstanden als Erhaltung einer funktionsfähigen Rechtsgemeinschaft, bedrohen«[93] (Voraussetzung für das Tätigwerden des Bundes ist mithin eine **bundesstaatliche Gefährdungslage**). Die jüngsten Entscheidungen lassen demgegenüber bereits genügen, »dass der Bundesgesetzgeber andernfalls nicht unerheblich problematische Entwicklungen in Bezug auf die Rechts- und Wirtschaftseinheit erwarten darf«[94].

24 Nach der Rechtsprechung liegt »[d]ie Wahrung der **Wirtschaftseinheit** im Sinne von Art. 72 Abs. 2 GG [...] im gesamtstaatlichen Interesse, wenn es um die Erhaltung der Funktionsfähigkeit des Wirtschaftsraums der Bundesrepublik durch bundeseinheitliche Rechtsetzung geht, wenn also Landesregelungen oder das Untätigbleiben der Länder erhebliche Nachteile für die Gesamtwirtschaft mit sich brächten«[95]. Dies gilt für ein Bundesgesetz etwa dann, »wenn es die Einheitlichkeit der beruflichen Ausbildung sicherstellen oder wenn es für gleiche Zugangsmöglichkeiten zu Berufen oder Gewerben in allen Ländern sorgen muss«[96]. Angenommen hat dies die Rechtsprechung für die bundeseinheitliche Regelung der eigentlichen Altenpflege[97], die Festsetzung eines Mindesthebesatzes für die Gewerbesteuer[98], das Filmförderungsgesetz[99] sowie zuletzt für die Erbschaftsteuer[100]. Ohne Differenzierung zwischen Rechts- und Wirtschaftseinheit hat das Gericht ferner die einheitliche Regelung des »System[s] der gesetzlichen Renten- und Krankenversicherung für ganz Deutschland« für erforderlich gehalten[101]. Hingegen galt das Gegenteil für § 143 StGB, der eine strafrechtliche Sanktion an – stark divergierende – landesrechtliche Verbote von sog. Kampfhunden knüpfte und damit gerade Rechtsuneinheit provozierte[102].

3. »Gebrauchmachen durch Gesetz« (Art. 72 I GG)

25 Seit 1994 stellt der Verfassungswortlaut ausdrücklich klar, daß der Bund von seiner Gesetzgebungsbefugnis »durch Gesetz« Gebrauch gemacht haben muß. Unstreitig erfüllen formelle **Parlamentsgesetze** i. S. v. Art. 77 I 1 GG diese Voraussetzung (→ Art. 77 Rn. 18 f.). Bundes-**Rechtsverordnungen** gelten nur dann als »Gebrauchmachen« i. S. v.

Vorgängerformulierung »Einheitlichkeit der Lebensverhältnisse« *Oeter* (Fn. 6), Art. 72 Rn. 98 sowie allgemein Rn. 101, 109.

[93] BVerfGE 106, 62 (145, Rn. 325).
[94] BVerfGE 138, 136 (177, Rn. 110).
[95] BVerfGE 112, 226 (248 f., Rn. 80) unter Rekurs auf E 106, 62 (146 f., Rn. 327 f.); ferner *H.-W. Rengeling*, HStR³ VI, § 135 Rn. 171 f.; *Oeter* (Fn. 6), Art. 72 Rn. 110; *Sannwald* (Fn. 20), Art. 72 Rn. 72 ff.; *Degenhart* (Fn. 19), Art. 72 Rn. 36.
[96] BVerfGE 112, 226 (249, Rn. 82).
[97] BVerfGE 106, 62 (156 ff., Rn. 360 ff.).
[98] BVerfGE 125, 141 (155 ff., Rn. 56 ff.). Vgl. *G. Mager*, LKV 2010, 220 (220); *B. Rheindorf*, DVP 2010, 344 (344 f.).
[99] BVerwGE 139, 42 (50 ff., Rn. 28 ff.); BVerfGE 135, 155 (203 ff., Rn. 114 ff.); dazu *J. Kreile*, ZUM 2014, 324 (325); *C. Waldhoff*, JZ 2014, 407 (408).
[100] BVerfGE 138, 136 (178 f., Rn. 112 ff.).
[101] BVerfGE 114, 196 (222, Rn. 159). Vgl. *F. Brosius-Gersdorf*, ZG 22 (2007), 305 (309 ff.); *H.-U. Dettling*, MedR 2006, 81 (82 ff.).
[102] BVerfGE 110, 141 (175 ff., Rn. 117 ff.).

Art. 72 I GG, wenn das i. S. v. Art. 80 I 1 GG ermächtigende Gesetz (→ Art. 80 Rn. 20) explizit oder implizit eine Sperrwirkung der Rechtsverordnung vorsieht[103]. Ob dabei die Sperrwirkung schon von der Verordnungsermächtigung ausgeht[104] oder erst deren Konkretisierung in Gestalt der Verordnung selbst innewohnt[105], dürfte sich abstrakt kaum bestimmen lassen (bezeichnenderweise räumen die Verfechter beider Positionen die Möglichkeit von Ausnahmen ein[106]). Vorzugswürdig dürfte es sein, auf den Einzelfall abzustellen und nacheinander ermächtigendes Gesetz und Verordnung anhand folgender Kriterien zu prüfen: Zunächst stellen explizite Ausschlußklauseln (gleich ob im Gesetz oder in der Verordnung) die Sperrwirkung ebenso außer Zweifel wie umgekehrt das »Weiterreichen« von Einzelfragen an den Landesgesetz- oder -verordnunggeber. Sodann ist nach der **Regelungsintensität** sowie nach der **konzeptuellen Potenz** des Gesamtgesetzes, das die Verordnungsermächtigung enthält, der Verordnungsermächtigung sowie schließlich der Verordnung als solcher zu fragen. In diesem Sinne dürfte von den Verordnungen nach § 7 I BImSchG[107] eine Sperrwirkung ausgehen, von denen nach §§ 43 I und 47 BImSchG[108] hingegen nicht. In der Sache überschneidet sich damit bei Verordnungen die Zuordnung der Sperrwirkung mit der Folgefrage des Umfangs des »Gebrauchmachens« (→ Rn. 26 ff.). **Verwaltungsvorschriften** reichen so oder so keinesfalls aus[109].

III. Rechtsfolgen der Inanspruchnahme: Sperrwirkung gegenüber dem Landesgesetzgeber

1. Umfang und Zeitpunkt der Inanspruchnahme

Die Frage, ob und in welchem Umfang der Bund von einer Gesetzgebungskompetenz Gebrauch gemacht hat und ob – spiegelbildlich dazu – den Ländern im betroffenen Sachbereich noch Kompetenzreservate verbleiben, ist abstrakt kaum zu beschreiben[110] bzw. stark von **verfassungsgerichtlicher Kasuistik** geprägt, die Bundes- wie Lan-

---

[103] *H.D. Jarass*, NVwZ 1996, 1041 (1046 f.); *H.-W. Rengeling*, HStR³ VI, § 135 Rn. 160; *Oeter* (Fn. 6), Art. 72 Rn. 78 ff.; *Kunig* (Fn. 14), Art. 72 Rn. 5; *Jarass/Pieroth*, GG, Art. 72 Rn. 12; umfassend und mit weiteren Nachweisen *Uhle* (Fn. 1), Art. 72 Rn. 96 ff.
[104] Dafür *Sannwald* (Fn. 20), Art. 72 Rn. 22; *Degenhart* (Fn. 19), Art. 72 Rn. 26.
[105] BVerwG LKV 1991, 411; *M. Böhm*, DÖV 1998, 234 (237 f.); *Oeter* (Fn. 6), Art. 72 Rn. 78 ff.; *Jarass/Pieroth*, GG, Art. 72 Rn. 12; zwischen diesen beiden Positionen steht *Seiler* (Fn. 22), Art. 72 Rn. 3.2, der danach unterscheidet, mit welchem Rechtsakt die »inhaltliche Entscheidung« getroffen worden ist.
[106] Wie hier *Uhle* (Fn. 1), Art. 72 Rn. 98 ff.; vgl. *Oeter* (Fn. 6), Art. 72 Rn. 81; *Jarass/Pieroth*, GG, Art. 72 Rn. 12 sowie *Degenhart* (Fn. 19), Art. 72 Rn. 26.
[107] Siehe dazu nur *H.D. Jarass*, BImSchG, 10. Aufl. 2013, Einleitung Rn. 35 ff. Ein weiteres Beispiel – und zugleich ein Hinweis auf ein Spannungsverhältnis zwischen Regelungsintensität und konzeptueller Potenz – sind die Vorschriften der StVO, die sehr bereichsspezifisch entweder als abschließend oder nicht eingeordnet werden, dazu *H. Janker*, in: M. Burmann u. a. (Hrsg.), Straßenverkehrsrecht, 23. Aufl. 2014, Einführung in die straf- und bußgeldrechtlichen, öffentlich-rechtlichen und zivilrechtlichen Grundlagen des Straßenverkehrs, Rn. 85 ff.
[108] Dazu wieder *Jarass*, BImSchG (Fn. 107), Einleitung Rn. 39. Verordnungen nach § 23 BImSchG können – je nach konkreter Ausgestaltung – entweder abschließend oder nicht abschließend sein, ebd., § 23 Rn. 53.
[109] Statt aller Jarass/Pieroth, GG, Art. 72 Rn. 6. – A.A. hingegen *K.-P. Dolde/A. Vetter*, NVwZ 1995, 943 (944 f.).
[110] Zuletzt BVerfG (K), NJW 2015, 44 (45, Rn. 13): »Die Frage, ob und inwieweit der Bund von seiner Zuständigkeit Gebrauch gemacht hat, kann im Einzelnen schwierig zu entscheiden sein.«

Art. 72 C. Erläuterungen

desgesetzgeber gerade seit den beiden Reformen von 1994 bzw. 2006 resp. ihrer Verinnerlichung durch das Bundesverfassungsgericht kaum Erwartungs- bzw. Prognosesicherheit verschafft. Dieses stellt in einer jüngeren Rechtsprechung weiterhin auf eine »**Gesamtwürdigung** des betreffenden Normenkomplexes«[111] ab; »[m]aßgeblich [sei], ob ein bestimmter Sachbereich tatsächlich umfassend und lückenlos geregelt ist bzw. nach dem aus Gesetzgebungsgeschichte und Materialien ablesbaren objektivierten Willen des Gesetzgebers abschließend geregelt werden sollte.«[112] Das resultierende Nebeneinander von objektiven (tatsächliche Regelung) und subjektiven Elementen (Wille des Gesetzgebers) verschafft dem Gericht dabei maximalen Spielraum.

27 Vergleichsweise eindeutig sind vor diesem Hintergrund die (seltenen) Fälle, in denen der Bundesgesetzgeber überhaupt nicht tätig geworden ist (dies dürfte allerdings praktisch nur noch für den Kompetenztitel der »Bodenverteilung« gem. Art. 74 I Nr. 30 GG gelten: → Art. 74 Rn. 107)[113]. Ähnlich verhält es sich mit der Beurteilung von Bundesgesetzen, die entweder ausdrücklich Landesregelungen ausschließen[114] oder umgekehrt explizite Regelungsvorbehalte zugunsten des Landesgesetzgebers enthalten[115]; namentlich die Wendung »bleibt unberührt« ist insofern (auch) zukunftsgerichtet, als sie bedeutet, »daß bestehende Vorschriften in Kraft bleiben und neue Vorschriften erlassen werden dürfen«[116]. Klare Konturen gewinnt die konkurrierende Kompetenzverteilung auch dann, wenn Bundesgesetze ausdrücklich oder ersichtlich nur **Teilregelungen** eines Kompetenztitels bzw. eines Sachbereiches darstellen[117] oder sich auf **bloße Zielvorgaben** beschränken, den Weg dahin aber offenlassen[118].

28 Als hochgradig offen erweisen sich demgegenüber die verbleibenden Fallgestaltungen. Das trifft zumal für die Figuren des »etwa erkennbar gewordenen Willen des Bundesgesetzgebers, die Frage [...] überhaupt nicht zu regeln«[119] sowie diejenige des **absichtsvollen Regelungsverzicht**s zu, also das Gebrauchmachen von einer Bundes-

---

[111] BVerfGE 102, 99 (114, Rn. 81) unter Hinweis auf E 1, 283 (296); 67, 299 (324); 98, 265 (301); so auch E 109, 190 (229, Rn. 141).

[112] BVerfGE 102, 99 (115, Rn. 81); gleichsinnig E 109, 190 (229f., Rn. 142); 113, 348 (371f., Rn. 103f.); BVerfG (K), NJW 2015, 44 (45, Rn. 13); BVerfGE 138, 261 (280f., Rn. 44); BVerwGE 126, 1 (2, Rn. 9).

[113] In diese Richtung *S. Oeter*, in: v. Mangoldt/Klein/Starck, GG, Art. 74 Rn. 187.

[114] Ein Beispiel aus einem vergleichbaren Zusammenhang: Art. V § 8 I u. II 1. BesVNG, hierzu auch BVerfGE 34, 9. – Zulässig sind derlei Sperrgesetze lt. *Pestalozza*, GG VIII, Art. 72 Rn. 56ff. → *Stettner*, Bd. II², Art. 72 (Suppl. 2007), Rn. 41 und *H.-W. Rengeling*, HStR³ VI, § 135 Rn. 156 differenzieren danach, ob eine spätere bundesgesetzliche Regelung intendiert ist oder nicht; anders in zwei *obiter dicta* BVerfGE 34, 9 (27f.); 78, 249 (273): das Gericht liest aus Art. 72 I GG das Erfordernis einer materiellen *Regelung* heraus und läßt eine bloße Sperrung nicht genügen; gleichfalls kritisch *H.D. Jarass*, NVwZ 1996, 1041 (1044); *Oeter* (Fn. 6), Art. 72 Rn. 71; *Degenhart* (Fn. 19), Art. 72 Rn. 36.

[115] Aus der Rechtsprechung: BVerfGE 35, 65 (73f.): § 68 I 2 VwGO; 78, 132 (144f.): Art. 137 EGBGB; 83, 24 (30f.): § 40 I 2 VwGO; BVerwGE 92, 263 (265): § 42 II VwGO; 126, 1 (6, Rn. 14): § 21 II–IV BBodSchG. Aus der Literatur Jarass/*Pieroth*, GG, Art. 72 Rn. 10; kritisch bzw. differenzierend *Pestalozza*, GG VIII, Art. 72 Rn. 273ff. sowie *Uhle* (Fn. 1), Art. 72 Rn. 92, der qualifizierte Ermächtigungen mit Art. 72 GG für nicht vereinbar hält. Eingehend *H. Grziwotz*, AöR 116 (1991), 588 (598ff.).

[116] So BVerfGE 78, 132 (145); vgl. ferner E 7, 120 (124f.): § 88 II BetrVG; 47, 285 (314): § 11 II KostO; 78, 205 (210): Art. 73 EGBGB; aus der Literatur Jarass/*Pieroth*, GG, Art. 72 Rn. 10; *Sannwald* (Fn. 20), Art. 72 Rn. 42.

[117] Beispiele für Teilregelungen finden sich in BVerfGE 62, 354 (369); 79, 308 (329ff.); 83, 363 (379f.); 85, 226 (234); 121, 317 (347, Rn. 97); 138, 261 (280ff., Rn. 44ff.).

[118] BVerfGE 49, 343 (359); BVerwGE 144, 109 (114, Rn. 22): Krankenhausfinanzierung.

[119] BVerfGE 2, 232 (236): Feiertagszuschläge; 34, 9 (28): Beamtenbesoldung (in beiden Fällen im Ergebnis Landeskompetenz bejaht).

III. Rechtsfolgen der Inanspruchnahme   Art. 72

kompetenz, von dem durch Auslegung zu ermitteln ist, daß der Bundesgesetzgeber weitere Regelungen ausschließen wollte[120]. Gleiches gilt für die Feststellung von Lücken[121], die Annahme des sog. beredten Schweigens[122] oder die Einschätzung, sehr allgemeine oder abstrakt gefaßte Vorschriften seien nicht erschöpfend[123].

Auch in zeitlicher Perspektive ist Art. 72 II GG 1994 dahingehend präzisiert worden, daß der Bund von seiner Kompetenz Gebrauch *gemacht haben* muß[124]. Während zuvor teils auf das Einbringen der Gesetzesinitiative i. S. v. Art. 76 I GG abgestellt wurde (→ Art. 76 Rn. 26 ff.), verlangt die ganz h. M. inzwischen die **Verkündung des Gesetzes** i. S. v. Art. 82 I GG (→ Art. 82 Rn. 16 f.)[125]. Die vereinzelt noch angenommene Relevanz des Gesetzesbeschlusses durch den Bundestag i. S. v. Art. 77 I 1 GG (→ Art. 77 Rn. 18 f.)[126] ist abzulehnen, da die Fixierung des Bundeswillens hier nur semifest ist und sich eingedenk eines möglichen Vermittlungsverfahrens nach Art. 77 II GG (→ Art. 77 Rn. 30 ff.) wie eines Scheiterns in den Abstimmungen nach Art. 77 IIa bzw. IV GG sonst eine hängende Sperrwirkung einstellen würde. Dem Gesetzgeber steht es frei, die Sperrwirkung auf das Inkrafttreten hinauszuschieben[127]. Hingegen können die teils auch von der Rechtsprechung anerkannten Versuche, den Eintritt der Sperrwirkung vorzuverlagern und sie etwa schon im Gesetzgebungsverfahren befindlichen oder kurz vor ihrem Abschluß stehenden Bundesgesetzen unter Berufung auf die **Bundestreue** (→ Art. 20 [Bundesstaat], Rn. 45 ff.) beizulegen[128], nicht überzeugen[129]. Sie widersprechen dem neugefaßten Verfassungswortlaut und belegen zugleich einmal mehr, daß die »Bundestreue« den Rechtsstatus einer Klugheitsregel hat[130]: Der Landesgesetzgeber, der sich angesichts eines imminenten Bundesgesetzes als Winterkönig geriert, handelt nicht treuwidrig, sondern töricht.

29

---

[120] Angenommen in BVerfGE 98, 265 (300) – *Bayerisches Schwangerenhilfeergänzungsgesetz*. – Vgl. ferner (im Ergebnis abgelehnt) E 32, 319 (327 f.) – *Außenwerbung*; BVerfG (K), NJW 2015, 44 (45, Rn. 11, 13): § 171 StGB sowie BVerwGE 92, 263 (265): Kein Ausschluß der Verbandsklage durch § 29 II BNatSchG. – In der Sache auch BVerfGE 109, 190 (230 ff., Rn. 144 ff.) – *Sicherungsverwahrung III*; vgl. dazu kritisch *C. Pestalozza*, JZ 2004, 605 (609).
[121] BVerwGE 109, 272 (279): Keine abschließende und erschöpfende Regelung durch § 52 II BImSchG.
[122] BVerwGE 109, 272 (283): Nur »ausnahmsweise« und bei »deutlichen Hinweisen« anzunehmen.
[123] So *H.D. Jarass*, NVwZ 1996, 1041 (1043); *Uhle* (Fn. 1), Art. 72 Rn. 87; *Jarass/Pieroth*, GG, Art. 72 Rn. 6.
[124] Anders noch BVerfGE 34, 9 (29) mit dem Argument, daß sich andernfalls Bund und Länder innerhalb einer gewissen Zeitspanne gleichzeitig derselben Materie annehmen könnten – »ein schwer erträglicher Zustand«.
[125] *P. König*, NJW 1973, 1825 (1826 f.); *Oeter* (Fn. 6), Art. 72 Rn. 64; *Kunig* (Fn. 14), Art. 72 Rn. 7; *Jarass/Pieroth*, GG, Art. 72 Rn. 13; *Degenhart* (Fn. 19), Art. 72 Rn. 35. – Gegenauffassung (Inkrafttreten) bei *H. Engelhardt*, JZ 1973, 691 (691 f.) und – Einbringung des Gesetzesentwurfs – *J. Ströfer*, JZ 1979, 394 (395 f.).
[126] So *Sannwald* (Fn. 20), Art. 72 Rn. 20.
[127] Wie hier *E. Wiederin*, Bundesrecht und Landesrecht, 1995, S. 318; *H.D. Jarass*, NVwZ 1996, 1041 (1044); *Oeter* (Fn. 6), Art. 72 Rn. 65; *Jarass/Pieroth*, GG, Art. 72 Rn. 13. A.A. *Uhle* (Fn. 1), Art. 72 Rn. 113; *Sannwald* (Fn. 20), Art. 72 Rn. 25, deren Argument, nach dem Wortlaut des Art. 72 I GG stehe der Eintritt der Sperrwirkung nicht zur Disposition des Gesetzgebers, allerdings nicht überzeugen kann: Art. 72 GG stellt nach seiner Grundkonzeption den Zugriff auf die konkurrierenden Kompetenzen zur Disposition des Bundesgesetzgebers und erlaubt ihm zugunsten der Länder stets auch die Minus-Regelung.
[128] Vgl. BVerfGE 34, 9 (29); siehe ferner *H. Engelhardt*, JZ 1973, 691 (692); *H.-J. Vogel*, DVBl. 1994, 497 (502); *Pestalozza*, GG VIII, Art. 72 Rn. 340; *Jarass/Pieroth*, GG, Art. 72 Rn. 13.
[129] Wie hier im Ergebnis *Uhle* (Fn. 1), Art. 72 Rn. 111; *Degenhart* (Fn. 19), Art. 72 Rn. 36 f.
[130] *F. Wittreck*, Die Bundestreue, in: Härtel, Handbuch I (Fn. 13), § 18 Rn. 47.

2. Umfang und Folge der Sperrwirkung

30 In dem Ausmaß, in dem der Bundesgesetzgeber von seiner Kompetenz Gebrauch gemacht hat, schließt er eine Landesgesetzgebung zum selben Gegenstand nach Art. 74 I GG entweder teilweise oder – bei erschöpfender Regelung – ganz aus: »Ist die Regelung abschließend, ist es dem Landesgesetzgeber verwehrt, die Materie ergänzend oder unter neuen Gesichtspunkten zu regeln; das Grundgesetz weist den Ländern nicht die Aufgabe zu, Entscheidungen des Bundesgesetzgebers nachzubessern«.[131] Diese Sperrwirkung setzt nicht voraus, daß zwischen Bundes- und Landesrecht ein inhaltlicher Widerspruch besteht; anders als im Anwendungsbereich des Art. 31 GG wäre auch inhalts- oder wortlautgleiches Landesrecht betroffen (→ Art. 31 Rn. 36ff.)[132]. Mit der gebotenen Zurückhaltung wird man auch aus Art. 72 GG wiederum ein **Verbot von sonstigem Staatshandeln** ableiten können, das sich selbst nicht als Gesetzgebung i.S.v. Art. 70ff. GG darstellt, aber geeignet ist, Gesetzgebungskompetenzen, die aus Art. 72 GG folgen, zu behindern oder ihre Ausübung unmöglich zu machen[133].

31 Landesrecht, das im Regelungsbereich von Art. 72 GG erlassen wird, obwohl der Bund von seiner Zuständigkeit Gebrauch gemacht hat, ist **nichtig**, ohne daß es des Rückgriffs auf Art. 31 GG bedarf (→ Art. 31 Rn. 23ff., 62; → Vorb. zu Art. 70–74 Rn. 53)[134]. Kompetenzwidrig erlassenes Landesrecht »erstarkt« auch nicht nach Wegfall der sperrenden Bundesnorm[135]. Das Nichtigkeitsverdikt setzt allerdings voraus, daß der Bund neben Art. 72 und 74 GG auch die übrigen Kompetenzgrenzen gewahrt hat; Sperrwirkung entfaltet mithin lediglich rundum verfassungskonformes Bundesrecht[136]. Schwerlich haltbar ist die **Selbstbeschränkung des Bundesverfassungsgerichts**, das bei Verfassungsbeschwerden gegen Landesgesetze schon von der Prüfung der Verfassungsmäßigkeit des Sperrwirkung entfaltenden Bundesgesetzes abgesehen hat[137]. Für eine solche Einschränkung lassen sich keine tragfähigen Gründe anführen; insbesondere ist die Überlegung, die Nichtprüfung diene der Rechtssicherheit (!), da sie Gerichte wie Landesgesetzgeber an geltendes Bundesrecht binde[138], erstens offen selbstwidersprüchlich (verhindert sie doch gerade die umfangreiche Herstellung von Rechtsklarheit) und zweitens angesichts der vom Gericht selbst aufgezeigten Alternativen dieser Akteure in ihrer Reichweite höchst begrenzt[139].

---

[131] BVerfGE 138, 261 (280f., Rn. 44) unter Hinweis auf E 36, 193 (211ff.); 102, 99 (115, Rn. 83).
[132] BVerfGE 102, 99 (115, Rn. 82); 109, 190 (230, Rn. 143); aus der Literatur gleichsinnig *Degenhart* (Fn. 19), Art. 72 Rn. 33; *Jarass/Pieroth*, GG, Art. 72 Rn. 11; *Sannwald* (Fn. 20), Art. 72 Rn. 26; *Uhle* (Fn. 1), Art. 72 Rn. 107.
[133] *Pestalozza*, GG VIII, Art. 72 Rn. 296; *Degenhart* (Fn. 19), Art. 72 Rn. 39; *Jarass/Pieroth*, GG, Art. 72 Rn. 11; a.A. *Uhle* (Fn. 1), Art. 72 Rn. 121.
[134] Wie hier *Uhle* (Fn. 1), Art. 72 Rn. 118; *Oeter* (Fn. 6), Art. 72 Rn. 87; anders noch BVerfGE 29, 11 (17), das Art. 31 i.V.m. Art. 72 I GG zitiert.
[135] BVerfGE 29, 11 (17); aus der Literatur *H.D. Jarass*, NVwZ 1996, 1041 (1043); *Degenhart* (Fn. 19), Art. 72 Rn. 38.
[136] Gleichsinnig *K.F. Gärditz*, DÖV 2001, 539 (545ff.); *Degenhart* (Fn. 19), Art. 72 Rn. 34 und *Uhle* (Fn. 1), Art. 72 Rn. 81.
[137] So BVerfGE 98, 265 (318ff.); zustimmend *Oeter* (Fn. 6), Art. 72 Rn. 69; *Jarass/Pieroth*, GG, Art. 72 Rn. 11.
[138] Nochmals BVerfGE 98, 265 (318f.).
[139] Wie hier *W. Rüfner*, ZG 14 (1999), 366 (373f.); *K.F. Gärditz*, DÖV 2001, 539 (541ff.) sowie *Uhle* (Fn. 1), Art. 72 Rn. 81.

IV. Die Abweichungsgesetzgebung (Art. 72 III GG)

1. Reformintention und aktueller Befund

Die Einführung der Abweichungsgesetzgebung durch die Föderalismusreform I verdankt sich einem **Motivbündel**[140]. Auf der einen Seite lag 2006 offen zutage, daß die Rahmenkompetenz (Art. 75 GG a. F.; → Vorb. zu Art. 70–74 Rn. 38) in der Praxis gescheitert war[141]. Zugleich bestand Konsens, daß die bisherige Aufteilung der einschlägigen Katalogtitel auf Bund und Länder die Bundesrepublik bei der Umsetzung unionsrechtlicher Vorgaben einem latenten Haftungsrisiko aussetzte. Der zuletzt ausgehandelte Kompromiß geht dahin, dem Bund eine Vollkompetenz einzuräumen, die ihn insbesondere **gegenüber der Union handlungsfähig** macht[142], diese Einbuße der Länder aber dadurch zu kompensieren, daß sie von entsprechenden Bundesgesetzen abweichen können. Das Konzept ist überwiegend kritisch aufgenommen worden[143], da die Abweichungsmöglichkeit die unionsrechtliche »Ertüchtigung« des Bundesgesetzgebers konterkariert (und daneben ein nicht zu unterschätzendes Kontrollproblem für die europäische Kommission aufwirft). Ferner perpetuieren die abweichungsfesten Kerne (→ Rn. 35 ff.) das für die ehemalige Rahmengesetzgebung so charakteristische Problem der Binnenabgrenzung (mit Händen zu greifen bei Art. 72 III 1 Nr. 2 GG: »allgemeine Grundsätze des Naturschutzes« geben allen Anlaß, Judikatur wie Literatur zu den »Rahmenvorschriften« noch nicht zu makulieren)[144]. Ungeachtet dieser im Kern

32

---

[140] Näher aus der umfangreichen Literatur *U. Häde*, JZ 2006, 930 (931); *J. Ipsen*, NJW 2006, 2801 (2803 f.); *C. Degenhart*, NVwZ 2006, 1209 (1209, 1212 f.); *Oeter*, Neustrukturierung (Fn. 26), Rn. 37 ff.; *M. Kloepfer*, Die neue Abweichungsgesetzgebung der Länder und ihre Auswirkungen auf den Umweltbereich, in: FS R. Scholz, 2007, S. 651 ff.; *L. Mammen*, DÖV 2007, 376 ff.; *F. Decker*, Mehr Asymmetrie im deutschen Föderalismus?, in: Jahrbuch des Föderalismus 8 (2007), S. 205 ff.; *H.-J. Dietsche*, Die »konkurrierende Gesetzgebung mit Abweichungsrecht für die Länder«, ebd., S. 182 ff.; *C. Franzius*, NVwZ 2008, 492 ff.; *L. Beck*, Die Abweichungsgesetzgebung der Länder, 2009, S. 20 ff.; *C. Heitsch*, JöR 57 (2009), 333 (344 ff.); *P. Selmer*, ZG 24 (2009), 33 ff.; *Dietlein*, Abweichungsgesetzgebung (Fn. 34), S. 20 ff.; *V. Grünewald*, Die Abweichungsgesetzgebung der Bundesländer, 2010; *C. Degenhart*, DÖV 2010, 422 ff.; *B. Becker*, DVBl. 2010, 754 ff.; *J. Krause*, JA 2011, 768 ff.; *L. Michael*, JöR 59 (2011), 321 ff.; *R. Chandna*, Das Abweichungsrecht der Länder gemäß Art. 72 Abs. 3 GG im bundesstaatlichen Kompetenzgefüge, 2011; *C. Schulze Harling*, Das materielle Abweichungsrecht der Länder, 2011; *F. v. Stackelberg*, Die Abweichungsgesetzgebung der Länder im Naturschutzrecht, 2012; *M. Foerst*, Die Abweichungskompetenz der Länder gemäß Art. 72 III GG im Bereich des Wasserhaushaltsrechts, 2012; *Bröker*, Abweichungskompetenz (Fn. 33); *T. Voigt*, Das Raumordnungsgesetz 2009 und das Bayerische Landesplanungsgesetz 2012, 2013, S. 3 ff.; *G. Hager*, BauR 43 (2012), 31 ff.; *H. Schmitz/P. Jornitz*, DVBl. 2013, 741 ff.; *M. Stegmüller*, DVBl. 2013, 1477 ff.; *C. Degenhart*, Abweichungsgesetzgebung und abweichungsfeste Kerne im Recht des Naturschutzes, in: FS Kloepfer, 2013, S. 21 ff.; *ders.*, Charakteristika (Fn. 30), S. 72 ff.; *A. Petschulat*, Die Regelungskompetenzen der Länder für die Raumordnung nach der Föderalismusreform, 2015, S. 92 ff.; zuletzt *M. Kment*, ZG 30 (2015), 66 (68 ff.) sowie *I. B. Krapp*, Die Abweichungskompetenzen der Länder im Verhältnis zum Vorrang des Bundesrechts gemäß Art. 31 GG, 2015.

[141] Statt aller *Huber* (Fn. 29), § 29 Rn. 3.

[142] Unterstrichen von *A. Epiney*, NuR 2006, 403 (410); *Schmidt-Jortzig* (Fn. 28), § 20 Rn. 27; *Huber* (Fn. 29), § 29 Rn. 3, 30; *Bröker*, Abweichungskompetenz (Fn. 33), S. 35; *Oeter*, Sachbereiche (Fn. 28), S. 170; vgl. auch BR-Drucks. 178/06, S. 14; BT-Drucks. 16/813, S. 8, 11.

[143] So auch die Gesamteinschätzung von *Degenhart* (Fn. 19), Art. 72 Rn. 43; sowie *H.-J. Papier*, NJW 2007, 2145 (2148). – Gegenauffassung bei *Huber* (Fn. 29), § 29 Rn. 41.

[144] Ähnliche Kritik bei *O. Hendrischke*, NuR 2007, 454 (458); *Huber* (Fn. 29), § 29 Rn. 23; *U. Häde*, JZ 2006, 930 (932 f.); *M. Nierhaus/S. Rademacher*, LKV 2006, 385 (389 ff.); *C. Degenhart*, NVwZ 2006, 1209 (1213); allgemein zur kritischen Würdigung der Abweichungsgesetzgebung *Grünewald*, Abweichungsgesetzgebung (Fn. 140), S. 41 ff.; *P. Kothe*, Ping-Pong oder »Wasserspiele« zwischen Bund und Land, in: FS Walter Maier, 2012, S. 248 ff. (253).

berechtigten Kritik ist der Befund nach fast zehn Jahren Praxis weniger dramatisch als teils prognostiziert[145]. Insbesondere ist die von einigen Beobachtern befürchtete Pingpong-Gesetzgebung ausgeblieben[146]: der Bund akzeptiert abweichende Regelungen der Länder und verzichtet bislang darauf, nach dem Instrumentarium des Art. 72 III 2 GG (→ Rn. 38) mit Korrekturgesetzen gegenzusteuern (und zu riskieren, daß die Länder ihrerseits »duplizieren«)[147]. Umgekehrt belegen die inzwischen zahlreichen – und nicht auf die »üblichen [süddeutschen] Verdächtigen« beschränkten – Abweichungsgesetze[148], daß die Prognose, das Instrument werde ohnehin nicht genutzt[149], ebenfalls verfrüht war. Soweit ersichtlich, dienen diese Gesetze (namentlich im Naturschutzsektor: → Rn. 36) weniger einem echten Gesetzgebungswettbewerb im Sinne des Ringens um die beste Lösung[150] als einem Grenzwertwettbewerb im Sinne eines **Investitionsföderalismus**[151]. Zahlreiche Auseinandersetzungen um Einzelfragen legen die Gesamteinschätzung nahe, daß die Abweichungsgesetzgebung im Idiom des Polizeirechts keine **bundesstaatliche** Gefahr, wohl aber eine **Belästigung** darstellt (→ Rn. 42)[152].

2. Das Konzept der Abweichungsgesetzgebung

33 Art. 72 III 1 GG erlaubt dem Bund eine gesetzliche **Vollregelung**, die nicht an die Erforderlichkeitsklausel gebunden ist (→ Rn. 17)[153]. Er muß allerdings hinnehmen, daß

---

[145] Wie hier *Dietlein*, Abweichungsgesetzgebung (Fn. 34), S. 29 f. Einen Überblick über die prognostizierten Probleme der Abweichungsgesetzgebung gibt R. *Wagner*, Die Konkurrenzen der Gesetzgebungskompetenzen von Bund und Ländern, 2011, S. 166 ff.; *Huber* (Fn. 29), § 29 Rn. 35 konstatiert, daß die Risiken teils unangemessen perhorresziert worden sind; zu den Abweichungsbefugnissen als Entflechtungsinstrument vgl. *Krapp*, Abweichungskompetenzen (Fn. 140), S. 98 ff.
[146] So M. *Nierhaus*/S. *Rademacher*, LKV 2006, 385 (390); sowie der Verfasser selbst: H. *Dreier*/F. *Wittreck*, Das Grundgesetz für die Bundesrepublik Deutschland, in: dies. (Hrsg.), Grundgesetz, 7. Aufl. 2012, S. XIII ff. (XXVI). Wie hier M. *Kloepfer*, Rechtsfragen des Umweltschutzes im föderalen System, in: I. Härtel (Hrsg.), Handbuch Föderalismus, Bd. III, 2012, § 68 Rn. 49.
[147] Wie hier *Schmidt-Jortzig* (Fn. 28), § 20 Rn. 18.
[148] Eine regelrechte Dokumentation fehlt; informell werden Abweichungsgesetze bei Juris als Fußnotennachweise zu den entsprechenden Bundesgesetzen nachgehalten (kritisch *Huber* [Fn. 29], § 29 Rn. 34). Hier ist einsamer Spitzenreiter das BNatSchG v. 2009, in dem kaum eine Bestimmung der ersten vier Kapitel ohne Abweichung durch die Mehrheit der Bundesländer bleibt (näher *Bröker*, Abweichungskompetenz [Fn. 33], S. 169 ff.). Hingegen sind Abweichungen vom BJagdG eher sporadisch, während sich das WHG im Mittelfeld bewegt. Im Rahmen der Raumordnung handelt es sich um einen klassischen Bereich des Zusammenwirkens von Bund und Ländern, in dem die Länder den vom Bund gesetzten Rahmen oft in Detailfragen ausfüllen, Abweichungen vom ROG finden sich insofern gelegentlich (s. auch *Petschulat*, Regelungskompetenzen [Fn. 140], S. 27 ff., 76 ff., 192 ff.). Zum HRG haben alle Länder entsprechende Abweichungsgesetze erlassen, vgl. beispielsweise das HochschulG NRW (Entsprechungen in sämtlichen Bundesländern vorhanden, s. dazu L. *Knopp*, NVwZ 2006, 1216 [1216 f.]). Von der Kompetenz zur »Bodenverteilung« (Nr. 3) hat der Bund keinen Gebrauch gemacht, ebenso wenig die Länder (→ Art. 74 Rn. 145).
[149] So aber *Meyer*, Föderalismusreform (Fn. 17), S. 165; ähnlich prognostiziert U. *Häde*, JZ 2006, 930 (932), daß es Bereiche geben werde, in denen in den Ländern lediglich das Bundesrecht gelten werde; gleichlautend noch 2014 (?) *Huber* (Fn. 29), § 29 Rn. 35.
[150] Dies offenbar die vielleicht ein wenig naive Idee hinter Art. 72 III GG: *Huber* (Fn. 29), § 29 Rn. 39; s. auch L. *Michael*, JöR 59 (2011), 321 (328), der von einem Wettbewerbsföderalismus ausgeht. Zum Wettbewerbsföderalismus als Leitidee der Föderalismusreform umfangreich *Krapp*, Abweichungskompetenzen (Fn. 140), S. 104 ff.
[151] Ähnlich M. *Reinhardt*, AöR 135 (2010), 459 (483); *Kloepfer* (Fn. 146), § 68 Rn. 49.
[152] Plastisch H. *Schmitz*/P. *Jornitz*, DVBl. 2013, 741 (741), die von »Tücken der Abweichungsgesetzgebung« sprechen. – Replik darauf von M. *Stegmüller*, DVBl. 2013, 1477 ff.
[153] Statt aller *Degenhart*, Charakteristika (Fn. 30), S. 73.

IV. Die Abweichungsgesetzgebung (Art. 72 III GG)   Art. 72

die Länder von den einschlägigen Bundesgesetzen ihrerseits durch Gesetz abweichen (Art. 72 III 1 GG); die Sperrwirkung der Bundesgesetzgebung ist insofern eingeschränkt (→ Rn. 30f.), und die abweichenden Landesgesetze genießen **Anwendungsvorrang** (Art. 72 III 3 GG; → Rn. 40). Die gleichwohl fortbestehende Vollkompetenz des Bundes ist ferner verfahrenstechnisch dadurch eingeengt, daß Bundesgesetze erst sechs Monate nach der Verkündung in Kraft treten, um den Ländern Zeit für ihre abweichende Konzeption zu lassen (**Karenzzeit** nach Art. 72 III 2 GG; → Rn. 38f.).

3. Umfang der Bundeskompetenz

Die in Art. 72 III 1 Nr. 1–6 GG aufgelisteten Gegenstände der Abweichungsgesetzgebung korrespondieren mit Art. 74 I Nr. 28–33 GG (→ Art. 74 Rn. 138ff.). Da diese Titel nicht in Art. 72 II GG der Erforderlichkeitsgesetzgebung zugeschlagen werden (→ Rn. 18ff.), kann der Bund von seiner Gesetzgebungszuständigkeit zunächst nach freiem Ermessen Gebrauch machen, ohne zusätzliche Kriterien erfüllen zu müssen; dem Grunde nach zählen die Sachbereiche daher zu seiner **Kernkompetenz** (→ Rn. 17)[154]. Uneingeschränkt gilt diese Zuordnung allerdings nur in den Ausschnitten, die als sog. abweichungsfeste Kerne firmieren (→ Rn. 35ff.); hier unterliegt der Bund lediglich der verfahrensrechtlichen Einschränkung der Karenzzeit, die allerdings ohnehin nur für etwaige Neuregelungen von Interesse ist (→ Rn. 38f.). Im übrigen ist die Bundeskompetenz nur dahingehend beschränkt, daß die Sperrwirkung der Bundesgesetze in den Sachbereichen des Art. 72 III 1 GG unter dem Vorbehalt einer abweichenden Landesregelung steht, die ihrerseits Anwendungsvorrang genießt (→ Rn. 40). Schließlich umfaßt die Bundeskompetenz die Befugnis zur **Korrekturgesetzgebung**, die wiederum die Karenzzeit nach Art. 72 III 2 GG zu wahren hat, unter dem Vorbehalt der landesrechtlichen Duplik steht und gegenüber dem »korrigierten« abweichendem Landesrecht lediglich (temporär) Anwendungsvorrang genießt (→ Rn. 40)[155]. 34

4. Abweichungsfeste Kerne

a) Recht der Jagdscheine (Art. 72 III 1 Nr. 1 GG)

Die Kernkompetenz des Bundes für das Recht der **Jagdscheine** ist vergleichsweise klar konturiert; sie ist rezeptiv-normativ in Anlehnung an das BJagdG zu bestimmen und umfaßt entsprechend §§ 15–18a BJagdG nicht allein die bloße formale Hülle, sondern auch die Voraussetzungen für die Erlangung der Berechtigung wie ihre Versagung oder Entziehung[156]. Nur einzelne Länder haben hier höchst punktuell Abweichungs- 35

---

[154] Wertungswidersprüchlich lt. *Degenhart* (Fn. 19), Art. 72 Rn. 42.
[155] Differenzierend *Dietlein*, Abweichungsgesetzgebung (Fn. 34), S. 28f., der das »Rückholrecht« des Bundes dahingehend einschränkt, daß es nicht die Befugnis umfasse, »die Abweichungskompetenz der Länder inhaltlich zu unterlaufen«. Diese ungeschriebene Einschränkung dürfte den gleichen Einwänden begegnen wie der gegenläufige Versuch, die Länder an die Grundkonzeption des Bundesgesetzgebers zu binden (→ Rn. 41).
[156] So *A. Glaser*, NuR 2007, 439 (444); *M. Kotulla*, NVwZ 2007, 489 (492); *Meyer*, Föderalismusreform (Fn. 17), S. 173; *Grünewald*, Abweichungsgesetzgebung (Fn. 140), S. 77; *Chandna*, Abweichungsrecht (Fn. 140), S. 126; *Schulze Harling*, Abweichungsrecht (Fn. 140), S. 103; *Kloepfer* (Fn. 146), § 68 Rn. 34; *C. Degenhart*, in: Sachs, GG, Art. 74 Rn. 121; *Sannwald* (Fn. 20), Art. 72 Rn. 111.

gesetze erlassen[157]. Eine ganze Reihe von kompetenzrechtlichen Fragen wirft allerdings das neue »ökologische« Jagdgesetz in Nordrhein-Westfalen auf[158].

b) Allgemeine Grundsätze des Naturschutzes, Recht des Artenschutzes oder des Meeresnaturschutzes (Art. 72 III 1 Nr. 2 GG)

36 Die Bestimmung der »allgemeinen Grundsätze des Naturschutzes« dürfte *die* Streitfrage der Abweichungsgesetzgebung schlechthin sein[159]. Zunächst ist daran festzuhalten, daß der Begriff **autonom verfassungsrechtlich zu definieren ist**[160] und weder vom (Bundes-)gesetzgeber durch entsprechende Ausflaggung bestimmt werden kann[161] noch diesem einen Spielraum eröffnet[162]. Weitergehender Konsens dürfte dahingehend herrschen, daß »allgemeine Grundsätze« erstens auf Konkretisierung angelegt sind und zweitens länderübergreifend gelten[163]. Im Zentrum der Auseinandersetzung steht die naturschutzrechtliche Eingriffsregelung (vgl. §§ 13 ff. BNatSchG)[164]; ihre bundeseinheitliche Geltung dürfte aus Naturschutzsicht ein Desiderat sein, bei Ernstnahme der Reformintentionen von 2006 aber »Grundsätze« überdehnen[165]. Die Rechtsprechung hat ferner den Grundsatz der Vollkompensation (§ 15 II BNatSchG) als abweichungsfest ausgeflaggt[166]. Die Zahl der Streitfragen läßt sich vermehren[167]. Sie korre-

---

[157] *A. Glaser*, Die Abweichungskompetenz der Länder am Beispiel der Landesjagdgesetze, in: Deutscher Jagdrechtstag 19 (2009), S. 30 ff. (35 ff., 47 ff.); *H.-P. Schneider*, Der neue deutsche Bundesstaat, 2013, S. 600 ff.; *J. Dietlein*, Agrar- und Umweltrecht 2014, 441 (441 f.); *Oeter*, Sachbereiche (Fn. 28), S. 168 f.; *Krapp*, Abweichungskompetenzen (Fn. 140), S. 148; *M. Schuck*, in: M. Schuck (Hrsg.), BJagdG, 2. Aufl. 2015, § 1 Rn. 15.
[158] Eingehend *J. Dietlein*, Agrar- und Umweltrecht 2014, 441 (442 ff.); vgl. ferner LT-Drs. 16/8465, S. 3 ff.
[159] Vgl. aus der Literatur dazu *Kloepfer*, Abweichungsgesetzgebung (Fn. 140), S. 662 f.; *P. Fischer-Hüftle*, NuR 2007, 78 (81 f.); *O. Hendrischke*, NuR 2007, 454 ff.; *S. Otto/J. Sanden*, NuR 2007, 802 (803 ff.); *W. Köck/R. Wolf*, NVwZ 2008, 353 (357 ff.); *C. Franzius*, ZUR 2010, 346 (348 f.); *Chandna*, Abweichungsrecht (Fn. 140), S. 131 ff.; *M. Appel*, NuR 2010, 171 ff.; *v. Stackelberg*, Abweichungsgesetzgebung (Fn. 140), S. 61; *Degenhart*, Abweichungsgesetzgebung (Fn. 140), S. 24 f.
[160] Wie hier *M. Appel*, NuR 2010, 171 (173 f.); *H.-J. Müggenborg/A. Hentschel*, NJW 2010, 961 (964). In diese Richtung auch *J. Krause*, JA 2011, 768 (769).
[161] So aber wohl *H. Schulze-Fielitz*, NVwZ 2007, 249 (256) sowie *Bröker*, Abweichungskompetenz (Fn. 33), S. 134 f.
[162] Für diese vermittelnde Lösung *C. Degenhart*, DÖV 2010, 422 (429) sowie *C. Franzius*, ZUR 2010, 346 (349).
[163] *O. Hendrischke*, NuR 2007, 454 (458); *H. Schulze-Fielitz*, NVwZ 2007, 249 (257); *Chandna*, Abweichungsrecht (Fn. 140), S. 137; *Wagner*, Konkurrenzen (Fn. 145), S. 278 f.; *Degenhart* (Fn. 156), Art. 74 Rn. 123.
[164] Für Zuordnung zu den Kernen *H. W. Louis*, ZUR 2006, 340 (342); *M. Kotulla*, NVwZ 2007, 489 (492 f.); *H. Schulze-Fielitz*, NVwZ 2007, 249 (257); *B. Becker*, DVBl. 2010, 754 (757); *C. Degenhart*, DÖV 2010, 422 (428); *ders.*, Abweichungsgesetzgebung (Fn. 140), S. 22; *C. Franzius*, ZUR 2010, 346 (351); *P. Krings*, NordÖR 2010, 181 (184); *A. Scheidler*, UPR 2010, 134 (136); *Chandna*, Abweichungsrecht (Fn. 140), S. 139. Differenzierend *W. Köck/R. Wolf*, NVwZ 2008, 353 (359 f.); *Schulze Harling*, Abweichungsrecht (Fn. 140), S. 111; *v. Stackelberg*, Abweichungsgesetzgebung (Fn. 140), S. 196 f.; *Bröker*, Abweichungskompetenz (Fn. 33), S. 151 ff., 155.
[165] In diese Richtung bereits *S. Otto/J. Sanden*, NuR 2007, 802 (804).
[166] BVerwGE 145, 40 (64 f., Rn. 140 f.) unter Berufung auf BT-Drs. 16/12274, S. 56; a.A. *Bröker*, Abweichungskompetenz (Fn. 33), S. 157.
[167] Siehe *Chandna*, Abweichungsrecht (Fn. 140), S. 123 f.; *Schulze Harling*, Abweichungsrecht (Fn. 140), S. 111; *Bröker*, Abweichungskompetenz (Fn. 33), S. 169 ff.

IV. Die Abweichungsgesetzgebung (Art. 72 III GG) **Art. 72**

spondiert mit der Zahl der Abweichungen, die die Mehrzahl der Länder in großer Dichte vorgenommen haben[168].

c) Stoff- und anlagenbezogene Regelungen (Art. 72 III 1 Nr. 5 GG)

Die Bundeskompetenz zur Normierung der stoff- und anlagenbezogenen Regelungen hat keinen unmittelbaren Anhalt im Wasserhaushaltsgesetz (WHG)[169]. Abweichungsfest sind die Vorschriften, die bspw. die **Einleitung oder** die **Entnahme von Stoffen** oder die **Errichtung von Anlagen** an Gewässern als erlaubnispflichtig ausweisen (vgl. §§ 8 III Nr. 3, 9 I Nr. 3 u. 4, II Nr. 1 WHG)[170]. Eine Reihe von Ländern hat inzwischen abweichende Regelungen erlassen, wobei sich als »Herd« die Gewässerrandstreifen (§ 38 WHG) herauskristallisiert haben[171]. 37

5. Verfahrens- und Vorrangregelung (Art. 72 III 2 u. 3 GG)

Die **Karenzzeit** nach Art. 72 III 2 GG soll nach der Intention des verfassungsändern Gesetzgebers »den Ländern Gelegenheit geben, durch gesetzgeberische Entscheidungen festzulegen, ob und in welchem Umfang sie von Bundesrecht abweichendes Landesrecht beibehalten oder erlassen wollen« und zugleich »kurzfristig wechselnde Rechtsbefehle an den Bürger verm[ei]den«[172]. Die Norm verweist auf die Verkündung im Bundesgesetzblatt (→ Art. 82 Rn. 17f.); die Sechsmonatsfrist kann mit Zustimmung des Bundesrates verkürzt oder ausgeschlossen werden, wobei insbesondere an knappe Umsetzungsfristen für EU-Richtlinien o.ä. gedacht ist[173]. Zustimmungsbedürftig ist allein die Fristverkürzung, nicht das betreffende Bundesgesetz[174]; hier kann sich eine Zustimmungsbedürftigkeit nur aus den allgemeinen Regeln ergeben (→ Art. 77 Rn. 44ff.). 38

Die an sich intuitiv einleuchtend wirkende Norm wirft nicht unerhebliche **Probleme** auf: Der Grundgedanke dieses »Retard-Effekt[s]«[175] liegt auf der Hand: Das verzögerte Inkrafttreten soll dem Landesgesetzgeber die Möglichkeit einräumen, in Ansehung des wohlgemerkt bereits verbindlich fixierten Bundeswillens einen etwa abweichenden Landeswillen i. S. v. Art. 72 III 1 GG zu formen und in Gesetzesform zu gießen, um proaktiv verhindern zu können, daß das Bundesgesetz in seinem Hoheitsbereich überhaupt in Kraft tritt[176]. Der insofern eindeutige Wortlaut des Art. 72 III 3 GG (→ Rn. 38) 39

---

[168] Näher *v. Stackelberg*, Abweichungsgesetzgebung (Fn. 140), S. 201ff.; *Bröker*, Abweichungskompetenz (Fn. 33), S. 173ff., 184ff., 198ff.; *Schneider*, Bundesstaat (Fn. 157), S. 607ff. – Überblicksartig *C. Franzius*, ZUR 2010, 346 (347).
[169] *Dietlein*, Abweichungsgesetzgebung (Fn. 34), S. 31f. – Detailanalyse bei *H. Ginzky/J. Rechenberg*, ZUR 2006, 344 (346ff.); *M. Kotulla*, NVwZ 2007, 489 (493f.); *ders.*, NVwZ 2010, 79 (80ff.) sowie *Foerst*, Abweichungskompetenz (Fn. 140), S. 123ff.
[170] Näher *B. Becker*, DVBl. 2010, 754 (757f.); *M. Reinhardt*, AöR 135 (2010), 459 (487ff.); *Dietlein*, Abweichungsgesetzgebung (Fn. 34), S. 31ff.
[171] Dazu *Kothe*, Ping-Pong (Fn. 144), S. 249f.
[172] BT-Drs. 16/813, 11; siehe auch *M. Kment*, ZG 30 (2015), 66 (69f.).
[173] Nochmals BT-Drs. 16/813, 11; aus der Literatur *H.-W. Rengeling*, HStR³ VI, § 135 Rn. 183; *Seiler* (Fn. 22), Art. 72 Rn. 25; *Jarass/Pieroth*, GG, Art. 72 Rn. 31; *Sannwald* (Fn. 20), Art. 72 Rn. 116; kritisch zur Sechsmonatsfrist: *O. Klein/K. Schneider*, DVBl. 2006, 1549 (1553).
[174] *Meyer*, Föderalismusreform (Fn. 17), S. 168; *Jarass/Pieroth*, GG, Art. 72 Rn. 31; *A. Dittmann*, in: Sachs, GG, Art. 84 Rn. 14.
[175] *O. Klein/K. Schneider*, DVBl. 2006, 1549 (1552).
[176] *J. Ipsen*, NJW 2006, 2801 (2804); *H.-W. Rengeling*, HStR³ VI, § 135 Rn. 181; *Oeter* (Fn. 6), Art. 72 Rn. 127; *Degenhart* (Fn. 19), Art. 72 Rn. 40; *Sannwald* (Fn. 20), Art. 72 Rn. 116.

stellt dieses klare Handlungsschema aber vor das **Dilemma**, daß ein vor Inkrafttreten des Bundesgesetzes erlassenes Abweichungsgesetz von diesem nach der modifizierten *lex posterior*-Regel sogleich verdrängt würde. Daraus wird teils geschlossen, die Länder müßten ihre Abweichungsgesetze dergestalt in Kraft setzen, daß das Bundesrecht für eine juristische Sekunde in Kraft tritt, um sogleich durch das Abweichungsgesetz außer Anwendung gesetzt zu werden[177]. Die Gegenauffassung hält das für Förmelei und erlaubt den Ländern in Abweichung vom Wortlaut die Verkündung von Abweichungsgesetzen bereits vor Inkrafttreten des Referenz-Bundesgesetzes[178].

40 Art. 72 III 3 GG sieht vor, daß in den Sachbereichen der Abweichungsgesetzgebung (→ Rn. 34) das jeweils spätere Gesetz vorgeht[179]. Diese Bestimmung schränkt zunächst die Sperrwirkung der betroffenen Bundesgesetze ein (→ Rn. 30f.) und ist zugleich eine bereichsspezifische **Ausnahme- oder Spezialvorschrift zu Art. 31 GG** (→ Art. 31 Rn. 26ff.)[180]. Denn erstens obsiegt hier das Recht des Landes über das des Bundes, und zweitens führt Art. 72 III 3 GG nur einen **Anwendungs-** und keinen Geltungs**vorrang** im Sinne einer Brechungswirkung herbei[181]. Bundes- wie Landesrecht wird danach durch das abweichende Landesrecht wie das korrigierende (weitere) Bundesgesetz nicht vernichtet, sondern außer Anwendung gebracht und kann wiederaufleben, wenn das spätere Gesetz seinerseits aufgehoben wird[182]. Die Bestimmung des »späteren« Gesetzes ist strittig. Um das gerade umrissene Problem der juristischen Sekunde zu vermeiden, stellen Teile der Literatur auf die Verkündung des Bundes- bzw. Landesgesetzes ab[183]. Die Gegenauffassung verweist zu recht auf die allgemeine Regel, daß der *lex posterior*-Satz auf das Inkrafttreten rekurriert[184]. Ferner fällt ins Gewicht, daß diese Deutung innerhalb ein und derselben Norm den identischen Begriff des Gebrauchmachens (→ Rn. 25) unterschiedlich interpretiert.

---

[177] So *O. Sauer*, Jura 2007, 543 (545); *Schmidt-Jortzig* (Fn. 28), § 20 Rn. 16; → *Stettner*, Bd. II², Art. 72 (Suppl. 2007), Rn. 55; *Beck*, Abweichungsgesetzgebung (Fn. 140), S. 56f.

[178] Etwa *K. Gerstenberg*, Zu den gesetzgebungs- und Verwaltungskompetenzen nach der Föderalismusreform, 2009, S. 258; *M. Hahn-Lorber*, Parallele Gesetzgebungskompetenzen, 2012, S. 188f.

[179] Näher *Kunig* (Fn. 14), Art. 72 Rn. 31; *Seiler* (Fn. 22), Art. 72 Rn. 27; *Jarass/Pieroth*, GG, Art. 72 Rn. 32; *Krapp*, Abweichungskompetenzen (Fn. 140), S. 287ff.

[180] Ganz h.M.: *K.-M. Reineck*, DVP 2006, 485 (487); *H.-W. Rengeling*, HStR³ VI, § 135 Rn. 184; *Sannwald* (Fn. 20), Art. 72 Rn. 117; *Jarass/Pieroth*, GG, Art. 72 Rn. 32; *Degenhart*, Charakteristika (Fn. 30), S. 74; *M. Kment*, ZG 30 (2015), 66 (69); eingehend *Krapp*, Abweichungskompetenzen (Fn. 140), S. 314ff.

[181] Ganz überwiegende Auffassung: *H.-W. Rengeling*, DVBl. 2006, 1537 (1543); *Meyer*, Föderalismusreform (Fn. 17), S. 166; *Sannwald* (Fn. 20), Art. 72 Rn. 117; *Degenhart* (Fn. 19), Art. 72 Rn. 40; *Jarass/Pieroth*, GG, Art. 72 Rn. 32; *M. Kment*, ZG 30 (2015), 66 (69); differenzierend *Krapp*, Abweichungskompetenzen (Fn. 140), S. 300ff.

[182] *O. Klein/K. Schneider*, DVBl. 2006, 1549 (1552f.); *Sannwald* (Fn. 20), Art. 72 Rn. 117; *Degenhart* (Fn. 19), Art. 72 Rn. 40.

[183] So *Uhle*, in: Kluth, Föderalismusreformgesetz (Fn. 69), Art. 72 Rn. 22; *Gerstenberg*, Verwaltungskompetenzen (Fn. 178), S. 87, 222; *Hahn-Lorber*, Gesetzgebungskompetenzen (Fn. 178), S. 154; *Degenhart* (Fn. 19), Art. 72 Rn. 35. A.A. *Sannwald* (Fn. 20), Art. 72 Rn. 20 (der letzte erforderliche parlamentarische Gesetzesbeschluß).

[184] So *W. März*, Bundesrecht bricht Landesrecht, 1989, S. 189; *H.D. Jarass*, NVwZ 1996, 1041 (1044); vgl. dazu *E. Vranes*, ZaöRV 65 (2005), 391 (395ff.) sowie *B. Rüthers/C. Fischer/A. Birk*, Rechtstheorie mit Juristischer Methodenlehre, 8. Aufl. 2015, Rn. 772.

IV. Die Abweichungsgesetzgebung (Art. 72 III GG)   Art. 72

6. Einzelfragen der Abweichungsgesetzgebung

Nach dem Normwortlaut hat die Abweichung durch Gesetz zu erfolgen. Das erfaßt unstreitig formelle Parlamentsgesetze; ebenfalls zulässig sind Gesetze, die eine nach Bundes- wie Landesverfassungsrecht formgerechte Verordnungsermächtigung enthalten (→ Art. 80 Rn. 20ff.) und diese Ermächtigung ausdrücklich mit einer Befugnis zur Abweichung von explizit genannten bundesrechtlichen Bestimmungen koppeln[185]. Die Abweichungsbefugnis ist inhaltlich – jenseits der abweichungsfesten Kerne – nicht beschränkt; der Landesgesetzgeber kann durchaus auf **Konfrontationskurs zum Bund** und zu dessen Konzept gehen[186]. Versuche, den Landesgesetzgeber dabei auf die Wahrung der Grundkonzeption des Bundesgesetzes o. ä. zu verpflichten[187], perpetuieren entweder unter umgekehrtem Vorzeichen das Elend der Rahmengesetzgebung oder müssen einen Nachtmahr namens Bundestreue beschwören (→ Art. 30 Rn. 26)[188]. Auch eine generell enge Auslegung der Abweichungsbefugnisse verbietet sich[189]. Dem Grunde nach kann die Abweichungskompetenz der Länder ferner als Ankerpunkt für ungeschriebene Landeskompetenzen in Betracht kommen (→ Vorb. zu Art. 70–74 Rn. 47ff.)[190]. In der Literatur ist mit beachtlichen Argumenten schließlich eine **Kennzeichnungspflicht** für abweichende Gesetze angenommen worden[191].

41

Prominent ist ferner die Frage, ob Art. 72 III 1 GG die Länder zur sog. **Negativgesetzgebung** ermächtigt, also zur schlichten gesetzlichen Feststellung, daß das einschlägige Bundesgesetz im Hoheitsbereich des Landes nicht gilt[192]. Das wird verbreitet unter Hinweis auf den Wortlaut bestritten, da ein bloßer Nichtanwendungsbefehl keine »abweichende Regelung« darstelle[193]. Nach richtiger Auffassung dürfte diese Deutung den Landesgesetzgeber aber zu sehr einengen. Wenn das Landesparlament in einem der Katalogtitel des Art. 72 III 1 GG zu dem politischen Ergebnis gelangt, daß die völlige Liberalisierung des einschlägigen Sachbereiches der bundesrechtlichen Regelung vorzuziehen ist, dann liegt eine abweichende Regelungsintention vor, die Art. 72 III GG im Rahmen der Föderalismusreform ganz offensichtlich ermöglichen wollte (→ Rn. 6)[194]. Es stellt sich dann die Frage, wie diese politische Intention nach

42

---

[185] Wie hier *M. Stegmüller*, DÖV 2013, 221 (222f.); restriktiver *M. Kment*, ZG 30 (2015), 66 (68f.).
[186] *C. Degenhart*, NVwZ 2006, 1209 (1213); *Uhle*, in: Kluth, Föderalismusreformgesetz (Fn. 69), Art. 72 Rn. 50f.; *Oeter* (Fn. 6), Art. 72 Rn. 122; *Dietlein*, Abweichungsgesetzgebung (Fn. 34), S. 26ff.; Jarass/*Pieroth*, GG, Art. 72 Rn. 30.
[187] In diese Richtung *Meyer*, Föderalismusreform (Fn. 17), S. 170f.
[188] In diese Richtung *H. Schulze-Fielitz*, NVwZ 2007, 249 (254); *L. Mammen*, DÖV 2007, 376 (378). Kritisch wie hier *Degenhart*, Charakteristika (Fn. 30), S. 74f. sowie *L. Michael*, JöR 59 (2011), 321 (330f.).
[189] Prägnant *Degenhart*, Charakteristika (Fn. 30), S. 75f. Für eine solche enge Auslegung etwa *M. Kloepfer*, ZG 21 (2006), 250 (264f.).
[190] Diese These bei *M. Kment*, ZG 30 (2015), 66 (71f.), der allerdings keine Beispiele benennt.
[191] *H. Schulze-Fielitz*, NVwZ 2007, 249 (255); *C. Franzius*, NVwZ 2008, 492 (495); *L. Michael*, JöR 59 (2011), 321 (335); Jarass/*Pieroth*, GG, Art. 72 Rn. 30; zuletzt eingehend *Petschulat*, Regelungskompetenzen (Fn. 140), S. 115ff.
[192] Als häufiger zu lesendes Beispiel sei auf die demnach mögliche ersatzlose Streichung einer Verbotsnorm hingewiesen: vgl. etwa *Dietlein*, Abweichungsgesetzgebung (Fn. 34), S. 29 zur erwogenen ersatzlosen Streichung der sog. Abschußpläne in Rheinland-Pfalz.
[193] So *W. Köck/R. Wolf*, NVwZ 2008, 353 (356); *C. Franzius*, NVwZ 2008, 492 (494); *Degenhart* (Fn. 19), Art. 72 Rn. 43; *M. Kment*, ZG 30 (2015), 66 (70f.).
[194] Ähnlich im Ergebnis *Uhle*, in: Kluth, Föderalismusreformgesetz (Fn. 69), Art. 72 Rn. 51; *V. Haug*, DÖV 2008, 851 (854); *Dietlein*, Abweichungsgesetzgebung (Fn. 34), S. 26; Jarass/*Pieroth*, GG, Art. 72 Rn. 30; *Sannwald* (Fn. 20), Art. 72 Rn. 104.

der Gegenauffassung denn umgesetzt werden soll: Es bliebe nur die verschleierte Nichtregelung durch Minimalregelung. Eine Interpretation der Verfassung, die zur **Camouflage** einlädt oder gar zwingt, kann aber nicht überzeugen.

43   Ähnlich gelagert ist die »**formulierungsidentische**« oder inhaltsgleiche Übernahme[195]. Erneut spricht der Wortlaut der »Abweichung« gegen die Befugnis des Landesgesetzgebers, gestützt auf Art. 72 III 1 GG Bundesgesetze der Form oder dem Inhalt nach zu duplizieren[196]. Einmal mehr sprechen die Intention des verfassungsändernden Gesetzgebers (→ Rn. 6) wie insbesondere die verwaltungsprozessualen Konsequenzen der Einstufung als Landesrecht (vgl. namentlich § 137 I Nr. 1 VwGO) allerdings dafür[197].

V. Die Freigabe zur Ersetzung (Art. 72 IV GG)

44   Art. 72 IV [ex III] GG räumt seit 1994 dem Bundesgesetzgeber die Möglichkeit ein, Bundesgesetze zu »entsperren«, die i. S. v. Abs. 2 (→ Rn. 18 ff.) nicht mehr erforderlich sind[198]. Die Bestimmung soll ihrer **Intention** nach verhindern, daß nach der ungeschriebenen Maxime »Verfassungsrecht vergeht, einfaches Bundesrecht besteht« die Reformanliegen der Grundgesetzänderungen von 1994 und 2006 (→ Rn. 4 ff.) im Vollzug versanden. Dahinter steht die Sorge, daß nach dem Normgeber wie -anwender gleichermaßen erfassenden Trägheitsprinzip einmal erlassene Bundesgesetze *ad infinitum* fortgelten, obwohl ihnen der Sache nach die kompetenzrechtliche Legitimationsgrundlage fehlt und die Länder zur Regelung berufen wären[199]. Die Norm stellt insofern einen **Kompromiß** zwischen Forderungen des Rechtsstaats- wie des Bundesstaatsprinzips dar: Jenes streitet im Sinne der Rechtssicherheit für das Fortgelten vertrauten Rechts, dieses dafür, daß die Länder auf die ihnen nach der Verfassung zugeordneten Zuständigkeiten auch tatsächlich zugreifen dürfen (→ Art. 20 [Rechtsstaat], Rn. 146 ff.; → Art. 20 [Bundesstaat], Rn. 42).

45   Art. 72 IV GG enthält zunächst eine **ausschließliche Bundeskompetenz** zum Erlaß eines Freigabegesetzes (→ Vorb. zu Art. 70–74 Rn. 42)[200]. Da Art. 72 IV GG nur den Wegfall der Erforderlichkeit in *tatsächlicher* Perspektive erfaßt (→ Rn. 19) und insofern in einem Verhältnis der Alternativität zu Art. 125a II GG steht, ordnet die Norm im Umkehrschluß das **Fortgelten von Bundesgesetzen** an, die tatsächlich nicht mehr erforderlich sind[201]. Sie enthält insofern eine Ausnahme von der Sperrwirkung aller Gesetzgebungskompetenzen (→ Vorb. zu Art. 70–74 Rn. 53): Kompetenzwidrig gewordene Bundesgesetze sind danach ausnahmsweise nicht nichtig[202]. Ferner können die Länder vor Erlaß des Freigabegesetzes von der ihnen an sich nach Art. 72 I, II GG

---

[195] Formulierung bei *Degenhart*, Charakteristika (Fn. 30), S. 77 (Hervorhebung nicht i. O., F.W.).
[196] *H.-W. Rengeling*, DVBl. 2006, 1537 (1542); *Uhle*, in: Kluth, Föderalismusreformgesetz (Fn. 69), Art. 72 Rn. 51; *T. Mayen*, DRiZ 2007, 51 (54); *Degenhart*, Charakteristika (Fn. 30), S. 77 f.
[197] Wie hier *J. Ipsen*, NJW 2006, 2801 (2804); vgl. zu § 137 I Nr. 1 VwGO statt aller *M. Winkelmüller/F. v. Schewick*, in: K. F. Gärditz (Hrsg.), VwGO, 2013, § 137 Rn. 6.
[198] Zusfsd. zum folgenden *C. Seiler*, Die Freigabe von Bundesrecht zur landesrechtlichen Ersetzung, in: Heintzen/Uhle, Entwicklungen (Fn. 28), S. 239 ff.
[199] Näher *Oeter* (Fn. 6), Art. 72 Rn. 133 f.; *Jarass/Pieroth*, GG, Art. 72 Rn. 24.
[200] So auch *Uhle*, in: Kluth, Föderalismusreformgesetz (Fn. 69), Art. 72 Rn. 57; *Jarass/Pieroth*, GG, Art. 72 Rn. 24.
[201] Wie hier *Sannwald* (Fn. 20), Art. 72 Rn. 123.
[202] Vgl. *K.-A. Schwarz*, Die Änderungen des Art. 125a GG, in: Starck, Föderalismusreform (Fn. 26), S. 57 ff. (Rn. 116, 119). → *Stettner*, Bd. II² (Suppl. 2007), Art. 72 Rn. 17, 32.

zustehenden Kompetenz keinen Gebrauch machen²⁰³; die Norm entfaltet insofern eine **Sperr-** oder besser **Ausschlußwirkung** eigener Art. Sofern man die Bedenken gegen die Rechtsprechung des Bundesverfassungsgerichts zur Fortschreibungskompetenz im Anwendungsbereich von Art. 125a II GG nicht teilt (→ Vorb. zu Art. 70–74 Rn. 50), wird man diese **Schönheitsreparaturkompetenz** dem Bund auch für solche Gesetze einräumen müssen, die für eine Entsperrung nach Art. 72 IV GG in Betracht kommen²⁰⁴.

Voraussetzung für die Freigabe ist, daß einem ursprünglich kompetenzgerecht erlassenen Bundesgesetz nunmehr die Erforderlichkeit fehlt, weil sich die **tatsächlichen Verhältnisse geändert** haben. Art. 72 IV GG ist insofern insbesondere von Art. 125a II GG zu unterscheiden, der allein Änderungen der Rechtslage erfaßt (→ Art. 125a Rn. 12)²⁰⁵. Ferner ist die Norm nur einschlägig für Bundesgesetze, deren Erforderlichkeit nach 1994 weggefallen ist und die nicht in den Bereich der Kernkompetenz (→ Rn. 17) fallen²⁰⁶. In der Sache muß die Notwendigkeit einer bundeseinheitlichen Regelung fortgefallen sein, weil sich beispielsweise eine Problemkonstellation entschärft hat oder gar nicht mehr stellt; ferner kommen technische Neuerungen in Betracht, die eine zuvor bestehende Problem- oder Krisenlage zu bewältigen helfen²⁰⁷. Eine bloße Änderung der verfassungsgerichtlichen Rechtsprechung ist nach der Intention hinter der Norm nicht erfaßt; allerdings dürfte namentlich im Verfahren nach Art. 93 II GG *in praxi* die Abgrenzung von neuer Sachlage und neuem verfassungsgerichtlichen Blick auf die Sachlage opak werden. Voraussetzung ist ferner, daß das fragliche Bundesgesetz im übrigen verfassungskonform ist; andernfalls wäre es wegen der Sekundärverstöße ohnehin nichtig²⁰⁸.

46

Die Freigabe erfolgt durch **förmliches Bundesgesetz**; die Delegation auf den Verordnunggeber ist unzulässig²⁰⁹. Das Gesetz bedarf der Zustimmung des Bundesrates nicht schon deshalb, weil das freizugebende Gesetz zustimmungspflichtig war, da die jeweiligen Gesetzesbeschlüsse unterschiedliche Gegenstände betreffen²¹⁰. Die Ersetzungsbefugnis kann sich auf Teile des Gesetzes beschränken, wenn etwa nur einzelne Regelungselemente nicht mehr im Sinne von Art. 72 II GG erforderlich sind²¹¹. Zumindest theoretisch denkbar ist auch, daß die Erforderlichkeit nur regional wegfällt und daher

47

---

²⁰³ Siehe BVerfGE 111, 10 (29, Rn. 105 [zu Art. 125a II 2 GG]); aus der Literatur *Seiler* (Fn. 22), Art. 72 Rn. 18.
²⁰⁴ Wie hier *M. Kallerhoff*, Die übergangsrechtliche Fortgeltung von Bundesrecht nach dem Grundgesetz, 2010, S. 40f. Ähnlich ferner *Seiler*, Freigabe (Fn. 198), S. 251f.
²⁰⁵ *J. Ipsen*, NJW 2006, 2801 (2803); *Oeter* (Fn. 6), Art. 72 Rn. 130; noch mit Blick auf Art. 72 III GG a. F. *A. Uhle*, in: Maunz/Dürig, GG, Art. 125a (2006), Rn. 35f.
²⁰⁶ Präzise *Degenhart* (Fn. 19), Art. 72 Rn. 45f.; zustimmend *H.-W. Rengeling*, HStR³ VI, § 135 Rn. 187.
²⁰⁷ Vgl. *Seiler*, Freigabe (Fn. 198), S. 244f.; siehe ferner *Oeter* (Fn. 6), Art. 72 Rn. 131 sowie *Kunig* (Fn. 14), Art. 72 Rn. 32f.
²⁰⁸ Vgl. *C. v. Coelln*, in: Maunz/Schmidt-Bleibtreu/Klein/Bethge, BVerfGG, § 96 (2012), Rn. 64: »Ohne Geltung keine Fortgeltung«. Zweifelhaft ist allerdings, ob und inwieweit die ursprüngliche Verfassungsmäßigkeit eines Bundesgesetzes im Verfahren nach Art. 93 II GG, §§ 13 Nr. 6b, 96 BVerfGG vom BVerfG zu prüfen ist. Gänzlich ablehnend *A. Voßkuhle*, in: v. Mangoldt/Klein/Starck, GG, Art. 93 Rn. 212ff.
²⁰⁹ *Uhle*, in: Kluth, Föderalismusreformgesetz (Fn. 69), Art. 72 Rn. 57; *Oeter* (Fn. 6), Art. 72 Rn. 133; *Jarass/Pieroth*, GG, Art. 72 Rn. 25; *Degenhart* (Fn. 19), Art. 72 Rn. 48.
²¹⁰ *Pestalozza*, GG VIII, Art. 72 Rn. 382; *Umbach/Clemens* (Fn. 83), Art. 72 Rn. 45.
²¹¹ So auch *Pestalozza*, GG VIII, Art. 72 Rn. 389, 400; *Jarass/Pieroth*, GG, Art. 72 Rn. 25; *Oeter* (Fn. 6), Art. 72 Rn. 136; *Seiler*, Freigabe (Fn. 198), S. 251. Kritisch *Degenhart* (Fn. 19), Art. 72 Rn. 48 a. E.

die Freigabe nur zugunsten einzelner Länder erfolgt. Das Freigabegesetz darf die Länder weder zum Erlaß von Gesetzen verpflichten[212] noch ihnen inhaltliche Vorgaben machen[213]. Auch dürfte Art. 72 IV GG eingedenk seiner Orientierung am Gedanken der Rechtssicherheit dem Bund nicht die Kompetenz zur schlichten Aufhebung des nicht mehr erforderlichen Bundesgesetzes einräumen (zumal dieser Akt die Länder wenigstens faktisch verpflichten würde, nunmehr ihrerseits tätig zu werden). Für den Fall, daß ein Freigabegesetz im Bundestag entweder scheitert oder dilatorisch behandelt wird, sieht Art. 93 II GG seit 2006 die Möglichkeit der **Feststellung des Wegfalls der Erforderlichkeit durch das Bundesverfassungsgericht** vor; die Entscheidung ersetzt das Bundesgesetz nach Art. 72 IV GG (Art. 93 II 2 GG; → Art. 93 Rn. 63f.). Beide Festsetzungsverfahren belegen, daß die Feststellung des tatsächlichen Wegfalls der Erforderlichkeit das klassische **Sorites-Paradoxon** aufwirft, da Bundesgesetzgeber oder Bundesverfassungsgericht regelmäßig vor der Herausforderung stehen, eine Zäsur in einer kontinuierlichen Entwicklung zu markieren. Zugleich belegt das Überprüfungsverfahren nach Art. 93 II GG, daß weder dem Bundesgesetzgeber noch dem Bundesverfassungsgericht von Verfassung wegen ein Einschätzungsspielraum zukommt[214].

48 Nach dem Wortlaut der Norm (»kann«) ist der Bundesgesetzgeber zur Freigabe **nicht verpflichtet**[215]. Allerdings taugen sowohl das Kompetenzfreigabeverfahren nach Art. 93 II GG als auch die bundesstaatliche Radizierung der Gesetzgebungszuständigkeiten (→ Vorb. zu Art. 70–74 Rn. 30) als Argumente dafür, daß der Bund nicht völlig frei sein kann, Gesetze, die er mangels Erforderlichkeit nicht mehr erlassen dürfte, im Wege der **kompetenzrechtlichen Plastination** den eigentlich zuständigen Ländern auf Dauer vorzuenthalten[216]. Der hierzu im Schrifttum entwickelte Gedanke der »Ermessensreduktion«[217] ist zielführend, wenn man auf zwei Kriterien abstellt: Der Bund ist danach spätestens dann verpflichtet, ein Freigabegesetz zu erlassen, wenn die Erforderlichkeit offensichtlich und flächendeckend nicht mehr besteht und zugleich gesetzgeberischer Handlungsbedarf besteht, der auch mit der Fortschreibungskompetenz (→ Vorb. zu Art. 70–74 Rn. 50) nicht mehr sachgerecht bewältigt werden kann[218]. Da der Antrag im Kompetenzfreigabeverfahren gem. Art. 93 II 3 GG erst zulässig ist, wenn eine Freigabeinitiative im Bundestag förmlich oder faktisch gescheitert ist, wäre im Fall der völligen Intransigenz des Bundes ein Antrag im Bund-Länder-Streit zulässig (→ Art. 93 Rn. 65ff.).

49 **Rechtsfolge** des Freigabegesetzes ist der Wegfall der Sperrwirkung des (fortgeltenden) Bundesgesetzes[219]. Es kann durch »Landesrecht« ersetzt werden, wobei die Differenzierung im Wortlaut der Norm dafür streitet, daß neben förmlichen Parlamentsgesetzen auch Rechtsverordnungen der Länder in Betracht kommen, sofern sie im

---

[212] *Umbach/Clemens* (Fn. 83), Art. 72 Rn. 46; *Kunig* (Fn. 14), Art. 72 Rn. 36; *Jarass/Pieroth*, GG, Art. 72 Rn. 25; *Degenhart* (Fn. 19), Art. 72 Rn. 51. → *Stettner*, Bd. II², Art. 72 (Suppl. 2007), Rn. 59.
[213] *Oeter* (Fn. 6), Art. 72 Rn. 135; *Jarass/Pieroth*, GG, Art. 72 Rn. 25; *Seiler*, Freigabe (Fn. 198), S. 251; *Degenhart* (Fn. 19), Art. 72 Rn. 53.
[214] Unterstrichen von *Degenhart* (Fn. 19), Art. 72 Rn. 47.
[215] Vgl. BVerfGE 111, 10 (30, Rn. 110 [zu Art. 125a II GG]). Ebenso *Degenhart* (Fn. 19), Art. 72 Rn. 49.
[216] Kritisch aber namentlich *v. Coelln* (Fn. 208), § 96 Rn. 87ff.
[217] *Uhle*, in: Kluth, Föderalismusreformgesetz (Fn. 69), Art. 72 Rn. 60; zustimmend *Jarass/Pieroth*, GG, Art. 72 Rn. 24; *Seiler* (Fn. 22), Art. 72 Rn. 18.
[218] Siehe nochmals BVerfGE 111, 10 (31, Rn. 112). Wie hier *Degenhart* (Fn. 19), Art. 72 Rn. 50.
[219] *Oeter* (Fn. 6), Art. 72 Rn. 129; *Jarass/Pieroth*, GG, Art. 72 Rn. 27; *Sannwald* (Fn. 20), Art. 72 Rn. 135.

übrigen den Vorgaben des Art. 80 GG bzw. der Landesverfassungen genügen[220]. »Die **Ersetzung** des Bundesrechts erfordert, dass der Landesgesetzgeber die Materie, gegebenenfalls auch einen abgrenzbaren Teilbereich, in eigener Verantwortung regelt. Dabei ist er nicht gehindert, ein weitgehend mit dem bisherigen Bundesrecht gleichlautendes Landesrecht zu erlassen.«[221] Genausowenig ist ihm versagt, das Bundesgesetz schlicht aufzuheben[222]. Resultat entsprechenden Landesrechts ist allerdings genau die »Mischlage aus Bundes- und Landesrecht für ein und denselben Regelungsgegenstand«, die das Bundesverfassungsgericht andernorts als Evidenzargument benutzt[223]. Denn machen nicht alle Länder von der freigegebenen Kompetenz Gebrauch, so gelten nebeneinander (partikulares) Bundesrecht und Landesrecht. Im Hoheitsgebiet des ersetzenden Landes hat das Landesrecht **Vorrang** vor dem (andernorts weitergeltenden) Bundesrecht[224], wobei die Annahme eines Anwendungsvorrangs möglicherweise sachgerechter ist als das Verdikt der lokalen Teilnichtigkeit (→ Art. 31 Rn. 25)[225]. Das Versammlungsrecht mag als Beleg dafür dienen, daß dieses mitunter perhorreszierte Szenario[226] vergleichsweise entspannt zu bewältigen ist.

VI. Resultierender Spielraum der konkurrierenden Landesgesetzgebung

1. Kernkompetenzen

Im Anwendungsbereich des nunmehrigen Art. 72 I GG (→ Rn. 17) hat das Bundesverfassungsgericht folgenden Bundesgesetzen explizit eine **Sperrwirkung** attestiert[227]: § 22 der Arbeitszeitordnung[228], der VwGO für das verwaltungsgerichtliche Verfahren[229], dem

50

---

[220] Wie hier *Uhle*, in: Kluth, Föderalismusreformgesetz (Fn. 69), Art. 72 Rn. 62; *Sannwald* (Fn. 20), Art. 72 Rn. 137; Jarass/*Pieroth*, GG, Art. 72 Rn. 26. – Gegenauffassung bei *Oeter* (Fn. 6), Art. 72 Rn. 135; *Kunig* (Fn. 14), Art. 72 Rn. 36; *Degenhart* (Fn. 19), Art. 72 Rn. 52; *Seiler*, Freigabe (Fn. 198), S. 248.
[221] BVerfGE 111, 10 (30, Rn. 107 [zu Art. 125a II 2 GG; Hervorhebung nicht i.O.]); zustimmend C. Degenhart, NVwZ 2006, 1209 (1211); Jarass/*Pieroth*, GG, Art. 72 Rn. 26; vgl. auch *Seiler* (Fn. 22), Art. 72 Rn. 19, wonach Art. 72 IV GG gerade keine Vorgaben hinsichtlich des Inhalts des ersetzenden Landesrechts zu entnehmen sind.
[222] *Uhle* (Fn. 1), Art. 72 Rn. 61; *Seiler* (Fn. 22), Art. 72 Rn. 19.1; Jarass/*Pieroth*, GG, Art. 72 Rn. 26. – A.A. *Degenhart* (Fn. 19), Art. 72 Rn. 52.
[223] BVerfGE 111, 10 (30, Rn. 105).
[224] *C. Degenhart*, NVwZ 2006, 1209 (1212); *Oeter* (Fn. 6), Art. 72 Rn. 135; Jarass/*Pieroth*, GG, Art. 72 Rn. 27.
[225] Für Derogationswirkung hingegen *Degenhart* (Fn. 19), Art. 72 Rn. 40.
[226] Skeptisch hinsichtlich der Existenz territorial beschränkten Bundesrechts H. *Grziwotz*, AöR 116 (1991), 588 (591); für »problematisch« hält dieses Szenario ebenfalls *Degenhart* (Fn. 19), Art. 72 Rn. 53.
[227] Zusfsd. zum folgenden *Oeter* (Fn. 6), Art. 72 Rn. 76f.; *Uhle* (Fn. 1), Art. 72 Rn. 94f.; Jarass/*Pieroth*, GG, Art. 72 Rn. 8.
[228] BVerfGE 1, 283 (296ff.). – Die Entscheidung stützt sich allerdings auf Art. 74 Nr. 11 und 12 a. F. GG.
[229] BVerfGE 20, 238 (248ff.) unter Hinweis auf zahlreiche Vorschriften der VwGO, die den Ländern ausdrücklich Regelungsoptionen eröffnen. Siehe ferner E 21, 106 (116f.: Klagefristen); 37, 191 (198: örtliche Zuständigkeit). – Umgekehrt (keine Sperrwirkung): BVerfGE 29, 125 (137ff.: Disziplinargerichtsbarkeit); 35, 65 (72f.: Vorverfahren); 83, 24 (30f.: § 40 I 2 VwGO); BVerfG (K), NVwZ 2006, 579 (582, Rn. 56: abdrängende Sonderzuweisungen). – Siehe SaarlVerfGH NVwZ 1983, 604 (605: Sperrwirkung der Vorschriften über die Rechtsmittel). – Aus der Literatur E. Schmidt-Aßmann/W. Schenk, in: Schoch/Schneider/Bier, VwGO, Einleitung (2012), Rn. 62ff.

§ 367 I Nr. 15 a. F. StGB (Bauen ohne Genehmigung)[230], der Regelung des strafprozessualen Zeugnisverweigerungsrechts der Presseangehörigen (§ 53 I Nr. 5 StPO)[231], den Vorschriften des BGB zu den beschränkt dinglichen Rechten und zum Schadensersatz[232], § 310 StPO[233], dem Recht der Bauleitplanung[234], den abfallrechtlichen Bestimmungen, die Ausdruck des sog. Kooperationsprinzips sind[235], den Vorschriften zur Sicherungsverwahrung (§§ 66 ff. a. F. StGB)[236] sowie zur Überwachung der Telekommunikation zu Zwecken der Strafverfolgung (§§ 100a, 100b, 100g, 100h und 100i StPO)[237].

51 Die **Verwaltungsgerichte** haben ferner als abschließend eingestuft: Das Strafregisterrecht[238], die Bestimmungen über Abgrabungen größeren Umfangs (§§ 29–37 BauGB)[239], die Vorschriften zur Altölverwertung[240], die Altlastenfeststellung[241] sowie die Zulässigkeit von Vorhaben im Außenbereich (§ 35 BauGB)[242].

52 **Abgelehnt** haben die Gerichte hingegen eine Sperrwirkung der bundesrechtlichen Vorschriften über die Lohnfortzahlung an Feiertagen[243], des § 361 Nr. 6 lit. c a. F. StGB (vgl. jetzt Art. 297 EGStGB)[244], des notariellen Gebührenrechts[245] sowie der Bestimmungen zur Arbeitnehmerweiterbildung[246]. Zuletzt hat das Bundesverfassungsgericht festgestellt, daß § 171 StGB keine Sperrwirkung gegenüber Landesgesetzen entfaltet, die eine Verletzung der Schulpflicht sanktionieren[247]. Gleiches gilt für § 17 IV LadSchlG, »soweit die Länder eine über den dort bundesgesetzlich vorgesehenen Freistellungsanspruch von nur einem Samstag im Monat hinausgehende Freistellung von Samstagsarbeit in Verkaufsstellen gesetzlich vorschreiben«[248]. Weitere Gerichte haben die Sperrwirkung des Kriegsopferrechts[249] wie der Gebührenregelung des § 24 BBodSchG[250] verneint.

2. Bedarfskompetenzen

53 Der tatsächliche Spielraum der Länder in Ansehung derjenigen Titel des Art. 74 I GG, die dem nunmehr strikt oder zumindest strikter verstandenen Erforderlichkeitsvorbehalt nach Art. 72 II GG (→ Rn. 18 ff.) unterworfen sind, befindet sich noch **im Prozeß**

---

[230] BVerfGE 29, 11 (16 f.); 31, 141 (144).
[231] BVerfGE 36, 193 (210); 36, 314 (320).
[232] BVerfGE 45, 297 (341, 345) – betraf die öffentliche Last nach Hamburgischem Enteignungsrecht.
[233] BVerfGE 48, 367 (376).
[234] BVerfGE 77, 288 (301 f.).
[235] BVerfGE 98, 106 (125 ff.).
[236] BVerfGE 109, 190 (229 ff., Rn. 140 ff.); vgl. dazu C. *Pestalozza*, JZ 2004, 605 (606 ff.).
[237] BVerfGE 113, 348 (371 ff., Rn. 102 ff.).
[238] BVerwGE 65, 174 (178).
[239] BVerwG DVBl. 1983, 893 (893).
[240] BVerwGE 96, 318 (322 f.).
[241] BVerwGE 126, 1 (2 ff., Rn. 9 ff.).
[242] BayVGHE 30, 65 (73 f.).
[243] BVerfGE 2, 232 (235 f.).
[244] BVerfGE 18, 407 (417).
[245] BVerfGE 47, 285 (314 f.).
[246] BVerfGE 78, 308 (329 ff.).
[247] BVerfG (K), NJW 2015, 44 (45 f., Rn. 14 ff.).
[248] BVerfGE 138, 261 (281, Rn. 45).
[249] BVerwGE 117, 172 (175 f.).
[250] BVerwGE 126, 222 (225 ff., Rn. 22 ff.).

VI. Resultierender Spielraum der konkurrierenden Landesgesetzgebung Art. 72

der Auslotung[251]. Unter der Geltung des neuen Rechts hat das Bundesverfassungsgericht bislang lediglich im Rahmen einer Kammerentscheidung entschieden, daß die §§ 33c ff. GewO keine Sperrwirkung gegenüber landesrechtlichen Normen entfalten, die eine Internetvermittlung von Lotterieprodukten sanktionieren[252]; in einem *obiter dictum* hat das Gericht ferner festgestellt, daß die Bestimmungen des SGB II zur Grundsicherung für Arbeitsuchende abschließend sind[253]. Vor 1994 hatte das Gericht dem VVG in Ansehung der Versicherungsbeziehungen[254] sowie den Vorschriften über das Parken von Fahrzeugen[255] Sperrwirkung zuerkannt. Die Verwaltungsgerichtsbarkeit nahm eine solche ferner für das Aufenthaltsrecht der Ausländer[256] und die Entgeltregelung des SGB für vertragsärztliche Leistungen[257] an.

3. Abweichungskompetenzen

In den Sachbereichen des Art. 72 III 1 GG, in denen die Abweichungskompetenz nicht an abweichungsfeste Kerne gebunden ist (→ Rn. 35 ff.), ist der Spielraum des Landesgesetzgebers nach hier vertretener Auffassung – Wahrung des Unions-, Bundes- und Landesverfassungsrechts unterstellt – **praktisch unbegrenzt** (→ Rn. 41 ff.); dies betrifft namentlich die Bodenverteilung (Art. 72 III 1 Nr. 3 bzw. Art. 74 I Nr. 30 GG; → Art. 74 Rn. 145)[258], die Raumordnung (Art. 72 III 1 Nr. 4 bzw. Art. 74 I Nr. 31 GG; → Art. 74 Rn. 147)[259] sowie die Hochschulzulassung und die Hochschulabschlüsse (Art. 72 III 1 Nr. 6 bzw. Art. 74 I Nr. 33 GG; → Art. 74 Rn. 153). Sofern insbesondere zu Art. 72 III 1 Nr. 4 bzw. Art. 74 I Nr. 31 GG (Raumordnung) die Existenz von »ungeschriebenen« abweichungsfesten Kernen verfochten wird[260], strapaziert dies den Normwortlaut; vertretbar dürfte eingedenk der anerkannten Bundeskompetenz kraft Natur der Sache für die Raumordnung im Gesamtstaat (→ Vorb. zu Art. 70–74 Rn. 46; → Art. 71 Rn. 8) wie der Fachplanungskompetenzen etwa aus Art. 73 I Nr. 6a GG (→ Art. 73 Rn. 50) allenfalls der Vorbehalt oder besser Hinweis sein, daß die Länder von darauf gestützten bundesrechtlichen Vorschriften schon nach dem Wortlaut von Art. 72 III 1 GG nicht abweichen dürfen[261]. Im übrigen steht das verbindliche Abstecken des ver-

54

---

[251] Ähnlich *Oeter* (Fn. 6), Art. 72 Rn. 119 f. sowie *Seiler* (Fn. 22), Art. 72 Rn. 29.
[252] BVerfG (K), NVwZ 2008, 1338 (1340, Rn. 25) unter Hinweis auf § 33h GewO; a.A. im Vorfeld *B. Pieroth/C. Görisch*, NVwZ 2005, 1225 (1230).
[253] BVerfGE 125, 175 (241, Rn. 181).
[254] BVerfGE 41, 205 (224).
[255] BVerfGE 67, 299 (324 ff.).
[256] BVerwGE 65, 174 (178) – zu Art. 74 [I] Nr. 4 GG.
[257] BVerwGE 99, 10 (12) – zu Art. 74 [I] Nr. 12 GG.
[258] Sie sieht sich weniger mit abweichungsfesten Kernen als mit einem reformfesten Konsens der fehlenden Sinnhaftigkeit konfrontiert; statt aller *Hahn-Lorber*, Gesetzgebungskompetenzen (Fn. 178), S. 181.
[259] Näher aus der bereits umfangreichen Literatur *H. Schmitz/P. Jornitz*, DVBl. 2013, 741 (743 ff.); *Voigt*, Raumordnungsgesetz (Fn. 140), S. 30 ff. sowie zuletzt *Petschulat*, Regelungskompetenzen (Fn. 140), S. 148 ff., 211 ff.
[260] Eingehende Darstellung und Auseinandersetzung bei *Voigt*, Raumordnungsgesetz (Fn. 140), S. 36 ff.; vgl. auch *Petschulat*, Regelungskompetenzen (Fn. 140), S. 211 ff.
[261] Ebenso *Petschulat*, Regelungskompetenzen (Fn. 140), S. 212; siehe auch die umfangreichen Nachweise bei *H. Schmitz*, in: W. Bielenberg u.a. (Hrsg.), Raumordnungs und Landesplanungsrecht des Bundes und der Länder, L § 6 (2012), Rn. 31 ff.; a.A. *Voigt*, Raumordnungsgesetz (Fn. 140), S. 40, die für die Kompetenz kraft Natur der Sache schlicht keine Anwendungsfälle mehr sieht.

bleibenden Spielraums der Abweichungsgesetzgebung durch die Rechtsprechung noch aus[262].

4. Ersetzungskompetenzen

55 In Sachen Art. 72 IV GG ist schließlich nach wie vor **Fehlanzeige** zu vermelden: Bislang hat der Bundesgesetzgeber von Freigabegesetzen fast gänzlich abgesehen[263]; auch Versuche der Länder, sie nach Art. 93 II GG (→ Rn. 56) oder in anderen Verfahren zu erstreiten, sind nicht zu verzeichnen. Beides dürfte zumindest ein starkes Indiz dafür sein, daß das gesamte Konzept der Freigabe- bzw. Rückholgesetzgebung weniger gut durchdacht als gut gemeint ist[264].

VII. Prozessuale Umsetzung

56 Art. 72 GG kann dem Grunde nach in jedem verfassungsgerichtlichen Verfahren gerügt werden (→ Vorb. zu Art. 70–74 Rn. 59)[265], wobei das Bundesverfassungsgericht eine schwerlich haltbare Einschränkung im Prüfungsumfang der Verfassungsbeschwerde vornimmt, indem es die Verfassungskonformität eines »sperrenden« Bundesgesetzes nicht thematisiert (→ Rn. 31). Speziell auf die 1994 neugefaßte Erforderlichkeitsklausel zugeschnitten ist das **Normenkontrollverfahren nach Art. 93 I Nr. 2a GG**, das sich von der geläufigen abstrakten Normenkontrolle (→ Art. 93 Rn. 55 ff.) dadurch unterscheidet, daß neben der Landesregierung auch der Bundesrat sowie das nach Gewaltenzuordnungsaspekten eigentlich betroffene Landesparlament antragsberechtigt sind. Die Norm hat die Frucht ihrer primär appellativen Wirkung in der Altenpflegeentscheidung getragen (→ Rn. 5 f.) und ist bislang nicht aktiviert worden; daran dürfte sich nichts ändern (→ Art. 93 Rn. 61 f.). Eine Sonderrolle spielt ferner das eng mit Art. 72 IV GG korrespondierende **Kompetenzfreigabeverfahren** nach Art. 93 II GG (→ Art. 93 Rn. 63 f.).

D. Verhältnis zu anderen GG-Bestimmungen

57 **Art. 72 I und II GG** stehen in einem unmittelbaren Korrespondenzverhältnis zum Kompetenzkatalog des **Art. 74 I GG** (→ Art. 74 Rn. 17 ff.), den sie durch die (beschränkte) Erforderlichkeitsklausel des Art. 72 II GG zugleich faktisch in zwei Kataloge aufspalten (Kern- und Bedarfskompetenzen: → Rn. 17, 18 ff.; die Vorbehalte bzw. Klammerzusätze und die weggefallenen Titel fügen dem noch zwei weitere [Landes-]Kompetenztypen hinzu: → Art. 74 Rn. 16). Art. 72 I u. II GG formen die allgemeine Regel in Art. 70 I, II GG aus bzw. präsentieren sich als *leges speciales* dazu (→ Art. 70 Rn. 7 f.,

---

[262] Vgl. als erste Entscheidungen OVG Mecklenburg-Vorpommern, Urteil v. 21.10.2009 – 4 K 11/09, Rn. 27, 42: Kein Abweichen durch den Landesgesetzgeber; OVG Berlin-Brandenburg, Urteil v. 29.1.2015 – 11 B 20/14, Rn. 19: § 68 I BNatSchG hat als »Vollregelung« »Anwendungsvorrang (Art. 72 Abs. 3 Satz 3 GG)« und macht Landesrecht nach Art. 31 GG unwirksam [sic!]; OVG Rheinland-Pfalz, Urteil v. 11.2.2015 – 8 A 10875/14, Rn. 41 f.: Keine Abweichung durch § 31 LandesjagdG.

[263] So Jarass/*Pieroth*, GG, Art. 72 Rn. 24; Hinweis auf § 67 BBesG a. F. bei *Seiler*, Freigabe (Fn. 198), S. 246 (ebd. S. 245 f. auch Hinweise auf ersetzende Landesgesetze zu Art. 125a I GG).

[264] Kritisch auch O. *Klein*/K. *Schneider*, DVBl. 2006, 1549 (1556); C. *Degenhart*, NVwZ 2006, 1209 (1211).

[265] Eingehend, aber auch sehr weitgehend *Kenntner*, Föderalismus (Fn. 80), S. 158 ff., der die Veränderung der Justiziabilität des Art. 72 II GG durch die Reform von 1994 aufarbeitet.

9f.). Wie alle Kompetenzbestimmungen sind sie zum Zwecke der Aktualisierung auf die Bestimmungen über das **Gesetzgebungsverfahren** (Art. 76ff. GG bzw. die entsprechenden Bestimmungen der Landesverfassungen; → Art. 76 Rn. 23ff.; → Art. 77 Rn. 16ff.; → Art. 78 Rn. 9, 10ff.) verwiesen; zugleich konkretisieren sie das Bundesstaats-, Demokratie- und Rechtsstaatsprinzip (→ Vorb. zu Art. 70–74 Rn. 30). Die Überleitung konkurrierender Kompetenzen regeln Art. 125 GG (→ Art. 125 Rn. 4ff.) sowie (mittelbar durch Verweis auf Art. 74 I GG) Art. 125a I 1 GG (→ Art. 125a Rn. 7f.).

Art. 72 II GG wird seit 1994 prozedural durch Art. 93 I Nr. 2a GG flankiert (→ Rn. 56; → Art. 93 Rn. 61f.). Als spezielle Überleitungsvorschrift reagiert Art. 125a II GG auf seine Änderung (→ Art. 125a Rn. 11ff.). 58

Art. 72 III GG korrespondiert unmittelbar mit den Kompetenztiteln des Art. 74 I Nr. 28–33 GG, zu denen Art. 72 III 1 Nr. 1–6 GG den Ländern abweichende Regelungen erlaubt (→ Rn. 32ff.). Art. 72 III 2 GG modifiziert das Verfahren der Bundesgesetzgebung (→ Art. 77 Rn. 16ff.) und ordnet einen weiteren Fall eines Zustimmungsgesetzes an (→ Art. 77 Rn. 44ff.). Art. 72 III 3 GG ist eine *lex specialis* zu Art. 31 GG (→ Art. 31 Rn. 26ff.). Die in Bezug genommenen Sachbereiche unterliegen teils materiellen verfassungsrechtlichen Direktiven (namentlich Art. 72 III 1 Nr. 1, 2, 5 u. 6 GG: → Art. 5 III [Wissenschaft], Rn. 86ff.; → Art. 20a Rn. 29ff., 55ff.). Art. 125b I 3 GG sieht eine spezielle Abweichungsmöglichkeit von fortbestehendem Rahmenrecht nach Art. 75 GG a. F. (→ Vorb. zu Art. 70–74 Rn. 38) im Anwendungsbereich von Art. 72 III 1 GG vor; diese ist für einzelne Titel (Nr. 2, 5 u. 6) abhängig vom Tätigwerden des Bundesgesetzgebers, der wiederum für die Nr. 2 u. 5 (2010) sowie die Nr. 6 (2008) faktisch einer Fristsetzung unterstand, die inzwischen durch Zeitablauf gegenstandslos geworden ist (→ Art. 125b Rn. 4)[266]. 59

Art. 72 IV GG korrespondiert eng mit dem Kompetenzfreigabeverfahren nach Art. 93 II GG (→ Rn. 48, 56; → Art. 93 Rn. 63f.). Mit der Fortgeltensnorm des Art. 125a II GG steht er im Verhältnis der Alternativität (→ Rn. 46; → Art. 125a Rn. 12). 60

---

[266] Einhellige Auffassung: siehe nur *Jarass*/Pieroth, GG, Art. 125b Rn. 5; *C. Degenhart*, in: Sachs, GG, Art. 125b Rn. 3.

Art. 73

Artikel 73 [Gegenstände der ausschließlichen Gesetzgebung des Bundes]

(1) Der Bund hat die ausschließliche Gesetzgebung über:
1. die auswärtigen Angelegenheiten sowie die Verteidigung einschließlich des Schutzes der Zivilbevölkerung;
2. die Staatsangehörigkeit im Bunde;
3. die Freizügigkeit, das Paßwesen, das Melde- und Ausweiswesen, die Ein- und Auswanderung und die Auslieferung;
4. das Währungs-, Geld- und Münzwesen, Maße und Gewichte sowie die Zeitbestimmung;
5. die Einheit des Zoll- und Handelsgebietes, die Handels- und Schiffahrtsverträge, die Freizügigkeit des Warenverkehrs und den Waren- und Zahlungsverkehr mit dem Auslande einschließlich des Zoll- und Grenzschutzes;
5a. den Schutz deutschen Kulturgutes gegen Abwanderung ins Ausland;
6. den Luftverkehr;
6a. den Verkehr von Eisenbahnen, die ganz oder mehrheitlich im Eigentum des Bundes stehen (Eisenbahnen des Bundes), den Bau, die Unterhaltung und das Betreiben von Schienenwegen der Eisenbahnen des Bundes sowie die Erhebung von Entgelten für die Benutzung dieser Schienenwege;
7. das Postwesen und die Telekommunikation;
8. die Rechtsverhältnisse der im Dienste des Bundes und der bundesunmittelbaren Körperschaften des öffentlichen Rechtes stehenden Personen;
9. den gewerblichen Rechtsschutz, das Urheberrecht und das Verlagsrecht;
9a. die Abwehr von Gefahren des internationalen Terrorismus durch das Bundeskriminalpolizeiamt in Fällen, in denen eine länderübergreifende Gefahr vorliegt, die Zuständigkeit einer Landespolizeibehörde nicht erkennbar ist oder die oberste Landesbehörde um eine Übernahme ersucht;
10. die Zusammenarbeit des Bundes und der Länder
a) in der Kriminalpolizei,
b) zum Schutze der freiheitlichen demokratischen Grundordnung, des Bestandes und der Sicherheit des Bundes oder eines Landes (Verfassungsschutz) und
c) zum Schutze gegen Bestrebungen im Bundesgebiet, die durch Anwendung von Gewalt oder darauf gerichtete Vorbereitungshandlungen auswärtige Belange der Bundesrepublik Deutschland gefährden,
sowie die Einrichtung eines Bundeskriminalpolizeiamtes und die internationale Verbrechensbekämpfung;
11. die Statistik für Bundeszwecke;
12. das Waffen- und das Sprengstoffrecht;
13. die Versorgung der Kriegsbeschädigten und Kriegshinterbliebenen und die Fürsorge für die ehemaligen Kriegsgefangenen;
14. die Erzeugung und Nutzung der Kernenergie zu friedlichen Zwecken, die Errichtung und den Betrieb von Anlagen, die diesen Zwecken dienen, den Schutz gegen Gefahren, die bei Freiwerden von Kernenergie oder durch ionisierende Strahlen entstehen, und die Beseitigung radioaktiver Stoffe.
(2) Gesetze nach Absatz 1 Nr. 9a bedürfen der Zustimmung des Bundesrates.

Art. 73

Literaturauswahl

Bäcker, Matthias: Das G 10 und die Kompetenzordnung, in: DÖV 2011, S. 840–848.
Bartenbach, Kurt/Volz, Franz-Eugen: Das Arbeitnehmererfindungsrecht auf der Nahtstelle von Arbeitsrecht und gewerblichem Rechtsschutz, in: GRUR 2009, S. 220–223.
Broscheit, Jannis: Gesetzgebungsbefugnis des Bundes für Inlandseinsätze der Bundeswehr zu anderen als Verteidigungszwecken, in: DÖV 2013, S. 802–806.
Germelmann, Claas Friedrich: Kultur und staatliches Handeln. Grundlagen eines öffentlichen Kulturrechts in Deutschland, 2013.
Hahn, Hugo J./Häde, Ulrich: Währungsrecht, 2. Aufl. 2010.
Hamacher, Andreas: Der Rundfunkbegriff im Wandel des deutschen und europäischen Rechts, 2015.
Heintzen, Markus: Die ausschließliche Bundesgesetzgebung, in: Christian Starck (Hrsg.), Föderalismusreform, 2007, Rn. 69–104 (S. 41–52).
Heintzen, Markus: Die Charakteristika der Ländergesetzgebung und der ausschließlichen Gesetzgebung des Bundes nach der Föderalismusreform, in: Markus Heintzen/Arnd Uhle (Hrsg.), Neuere Entwicklungen im Kompetenzrecht. Zur Verteilung der Gesetzgebungszuständigkeiten zwischen Bund und Ländern nach der Föderalismusreform, 2014, S. 47–64.
Herrmann, Christoph: Währungshoheit, Währungsverfassung und subjektive Rechte, 2010.
Hoppe, Tilman: Produkte aus Kinderarbeit: Wer regelt das Verbot?, in: LKV 2010, S. 497–499.
Lenski, Sophie-Charlotte: Öffentliches Kulturrecht: materielle und immaterielle Kulturwerke zwischen Schutz, Förderung und Wertschöpfung, 2012.
Schwarz, Kyrill-A.: Das Verbot des Umschlags von Kernbrennstoffen in Seehäfen als bundesstaatliches Problem, in: DÖV 2012, S. 457–465.
Stettner, Rupert: Auswirkungen der Europäisierung der Rechtsetzung auf die nationalen Gesetzgebungskompetenzen, in: Markus Heintzen/Arnd Uhle (Hrsg.), Neuere Entwicklungen im Kompetenzrecht. Zur Verteilung der Gesetzgebungszuständigkeiten zwischen Bund und Ländern nach der Föderalismusreform, 2014, S. 29–43.
Uhle, Arnd: Die Gesetzgebungskompetenz des Bundes für die Abwehr von Gefahren des internationalen Terrorismus – Anmerkungen zu Art. 73 Abs. 1 Nr. 9a GG, in: DÖV 2010, S. 989–997.
Uhle, Arnd: Die Sachbereiche der ausschließlichen Gesetzgebungskompetenz des Bundes nach der Föderalismusreform. Anmerkungen zur Verfassungsreform von 2006 und zu neueren Entwicklungen im Recht der ausschließlichen Gesetzgebungskompetenz des Bundes, in: Markus Heintzen/ Arnd Uhle (Hrsg.), Neuere Entwicklungen im Kompetenzrecht. Zur Verteilung der Gesetzgebungszuständigkeiten zwischen Bund und Ländern nach der Föderalismusreform, 2014, S. 189–236.
Walter, Christian: Der Bürgerstatus im Lichte von Migration und europäischer Integration, VVDStRL 72 (2013), S. 7–48.
Weißer, Bettina: Über den Umgang des Strafrechts mit terroristischen Bedrohungslagen, in: ZStW 121 (2009), S. 131–161.
Wolff, Heinrich Amadeus: Die Grenzverschiebung von polizeilicher und nachrichtendienstlicher Sicherheitsgewährleistung, in: DÖV 2009, S. 597–606.
Zabel, Benno: Terrorgefahr und Gesetzgebung, in: JR 2009, S. 453–459.
Zöller, Mark A.: Der Rechtsrahmen der Nachrichtendienste bei der »Bekämpfung« des internationalen Terrorismus, in: JZ 2007, S. 763–771.

Siehe auch die Angaben zu Artikel 71 GG sowie die Vorbemerkungen zu Artikel 70–74 GG.

Leitentscheidungen des Bundesverfassungsgerichts

Zu Nr. 1: BVerfGE 12, 45 (50) – Kriegsdienstverweigerung I; 12, 205 (241) – 1. Rundfunkentscheidung; 28, 243 (261) – Dienstpflichtverweigerung; 48, 127 (159) – Wehrpflichtnovelle; 62, 354 (367) – Heilfürsorgeansprüche der Soldaten; 69, 1 (20 ff.) – Kriegsdienstverweigerung II; 110, 313 (368 ff., Rn. 194 ff.) – Telekommunikationsüberwachung I; 115, 118 (140 f., Rn. 88 ff.) – Luftsicherheitsgesetz I; 133, 277 (318 f., Rn. 100 ff.) – Antiterrordatei.
Zu Nr. 3: BVerfGE 4, 60 (73) – Intendanturweinauflagen; 8, 260 (268 ff.) – Helgoland-Gesetz; 65, 1 (43 f.) – Volkszählung; 113, 273 (293, Rn. 64) – Europäischer Haftbefehl.
Zu Nr. 5: BVerfGE 33, 52 (60 ff.) – Zensur; 133, 277 (318 f., Rn. 100, 102 f.) – Antiterrordatei.
Zu Nr. 6: BVerfGE 115, 118 (141, Rn. 91) – Luftsicherheitsgesetz I; 132, 1 (21 f., Rn. 54 ff.) – Luftsicherheitsgesetz II.

Art. 73

Zu Nr. 6a: BVerfGE 26, 281 (297ff.) – Gebührenpflicht von Bundesbahn und Bundespost; 26, 338 (368ff.) – Eisenbahnkreuzungsgesetz; 97, 198 (218ff.) – Bundesgrenzschutz.
Zu Nr. 7: BVerfGE 12, 205 (225ff.) – 1. Rundfunkentscheidung; 26, 281 (297ff.) – Gebührenpflicht von Bundesbahn und Bundespost; 46, 120 (142ff.) – Direktruf.
Zu Nr. 8: BVerfGE 7, 120 (127f.) – Personalvertretung.
Zu Nr. 10: BVerfGE 133, 277 (317f., Rn. 97ff.) – Antiterrordatei.
Zu Nr. 11: BVerfGE 8, 104 (111ff.) – Volksbefragung; 65, 1 (39f.) – Volkszählung.
Zu Nr. 14: BVerfGE 53, 30 (56f.) – Mülheim-Kärlich.

Gliederung

	Rn.
A. Herkunft, Entstehung, Entwicklung	1
I. Ideen- und verfassungsgeschichtliche Aspekte	1
II. Entstehung und Veränderung der Norm	2
B. Internationale, supranationale und rechtsvergleichende Bezüge	4
I. Inter- und supranationale Bezüge	4
II. Rechtsvergleichende Hinweise	7
C. Erläuterungen	9
I. Allgemeine Bedeutung	9
II. Einzelne Titel (Abs. 1)	10
1. Auswärtige Angelegenheiten, Verteidigung (Nr. 1)	10
2. Staatsangehörigkeit im Bund (Nr. 2)	17
3. Freizügigkeit, Paßwesen, Melde- und Ausweiswesen, Ein- und Auswanderung, Auslieferung (Nr. 3)	20
4. Währungswesen, Maße und Gewichte (Nr. 4)	28
5. Handels- und Warenverkehr, Zoll- und Grenzschutz (Nr. 5)	33
6. Schutz deutschen Kulturgutes (Nr. 5a)	40
7. Luftverkehr (Nr. 6)	44
8. Eisenbahnen des Bundes (Nr. 6a)	47
9. Postwesen und Telekommunikation (Nr. 7)	53
10. Rechtsverhältnisse der Bundesbediensteten (Nr. 8)	56
11. Gewerblicher Rechtsschutz, Urheberrecht, Verlagsrecht (Nr. 9)	60
12. Abwehr von Gefahren des internationalen Terrorismus (Nr. 9a)	63
13. Zusammenarbeit des Bundes und der Länder in Kriminalpolizei und Verfassungsschutz (Nr. 10)	68
14. Statistik für Bundeszwecke (Nr. 11)	78
15. Waffen- und Sprengstoffrecht (Nr. 12)	80
16. Versorgung und Fürsorge für Kriegsopfer (Nr. 13)	82
17. Erzeugung und Nutzung der Kernenergie (Nr. 14)	84
III. Zustimmungserfordernis (Abs. 2)	88
D. Verhältnis zu anderen GG-Bestimmungen	89

Stichwörter

Abgeordnete 58 – Altersdiskriminierung 59 – Amtshilfe 71 – Antiterrordatei 71 – Atomenergie 3, 84ff., 90 – Auslandsschulen 12 – Auslieferung 8, 27 – Ausschließliche Bundeskompetenzen 9 – Auswanderung 26 – Auswärtige Angelegenheiten 10ff., 74, 90 – Bahn 3, 47ff., 58, 90 – Bahnpolizei 51 – Beamtenrecht 56ff. – BND 12 – Brasilien 7 – Bundesbank 29, 90 – Bundesminister 58 – Bundespolizeikriminalamt 64, 66, 70, 75 – Bundesrat 88f. – Bundeswehr 14 – DDR 1 – Demokratieprinzip 18, 90 – Dienstrecht 56ff. – Einbürgerung 18 – Einwanderung 26, 90 – Eisenbahnen 47ff. – EMRK 22, 59 – Euratom 87 – Exilorganisationen 3, 69 – Föderalismusreform I 3, 20, 88 – Freizügigkeit 8, 20ff., 36 – GATT 39 – Gewerblicher Rechtsschutz 60ff. – Handels- und Schiffahrtsverträge 35 – Handels- und Warenverkehr 33f. – IAEO 87 – Indien 7 – Indigenat 17 – Internationale Verbrechensbekämpfung 76f. – Interpol 77 – Italien 7 – Kanada 7 – Kernenergie 84ff. – Kirchen 57 – Kriegsfolgen 3, 8, 82f. – Landesverfassungen 8 – Lissabon-Entscheidung 6 – Luftverkehr 44ff. – Maße 1, 32 – Melde- und Ausweiswesen 3, 24f. – Militär 1f., 10, 14, 58 – Münzwesen 1, 5, 28ff. – NATO 16 – Parlamentarischer Rat 2, 68, 82 – Paßwesen 23 – Paulskirchenverfassung 10, 33, 47, 60 – Polizei 3, 51, 63ff., 68ff.,

88, 90 – Postwesen 3, 8, 53 ff., 58, 90 – Raum der Freiheit, der Sicherheit und des Rechts 77 – Raumfahrt 45 – Reichsverfassung von 1871 1, 17 – Richter 58, 90 – Schutz deutschen Kulturgutes 3, 8, 40 ff., 90 – Soldaten 58 – Sozialstaat 90 – Spanien 7 – Sprengstoffrecht 80 f. – Staatsangehörigkeit 8, 17 ff., 90 – Statistik 78 f. – Streikverbot 59 – Telekommunikation 8, 55, 90 – Terrorismus 63 ff., 71 – TRIPS 62 – Unionsrecht 5 f., 9, 13, 19, 22, 31, 39, 43, 46, 52, 55, 59, 62, 67, 77, 81, 87 – Urheberrecht 8, 60 ff. – Verfassungsschutz 73 – Verlagsrecht 61 – Verteidigung 10, 14 ff. – Völkerrecht 4, 13, 19, 27, 39, 43, 52, 59, 62, 67 – Waffenrecht 3, 80 f. – Währungswesen 5, 28 ff., 90 – Waren- und Zahlungsverkehr 37 – Wehrverfassung 2 f., 10 – Weimarer Reichsverfassung 1, 20, 56 – WHO 4 – WTO 39 – Zivildienst 14, 58 – Zivilschutz 10, 15, 90 – Zoll 1, 5, 33, 38 f., 90 – Zusammenarbeit des Bundes und der Länder 68 ff. – Zustimmungsgesetz 88 f.

A. Herkunft, Entstehung, Entwicklung

I. Ideen- und verfassungsgeschichtliche Aspekte

Die Reichsverfassung von 1871 enthält zwar einen Katalog der »Beaufsichtigung seitens des Reichs und der Gesetzgebung desselben« (Art. 4 RVerf.), differenziert aber noch nicht förmlich nach ausschließlichen oder konkurrierenden Kompetenzen (→ Vorb. zu Art. 70–74 Rn. 8)[1]. Gleichwohl umfaßt der Katalog einige der heute in Art. 73 I GG verorteten Kompetenztitel[2]; betroffen sind namentlich solche, die auch im Rechtsvergleich als »geborene Bundessachen« erscheinen: Maße und Münze (Art. 4 Nr. 3 RVerf.; → Rn. 29 ff.), das Militärwesen (Art. 4 Nr. 14 RVerf.; → Rn. 14) sowie der Zoll (Art. 4 Nr. 2 RVerf.; → Rn. 34). Direkter **Vorläufer** des Art. 73 I GG ist sodann **Art. 6 WRV** mit seinem Katalog der Gegenstände der ausschließlichen Reichsgesetzgebung[3]; die Norm umfaßt in sieben Ziffern Kompetenz-Kernbestände, die zumindest in der Ursprungsfassung des Art. 73 GG erneut begegnen bzw. nur geringfügig erweitert werden (→ Rn. 2). Deutlich umfangreicher ist hingegen die Parallelvorschrift in Art. 112 **DDR**-Verf. 1949 geschnitten, die mit kaum verhohlener Zentralisierungsabsicht den klassischen Katalog der ausschließlichen Bundes- oder Reichskompetenzen um zahlreiche Einträge erweitert, die in Weimar wie in der Bundesrepublik zu den konkurrierenden Kompetenzen zählen (→ Vorb. zu Art. 70–74 Rn. 11)[4]. 1

II. Entstehung und Veränderung der Norm

Die **Debatte** im Parlamentarischen Rat darf in bezug auf Art. 73 GG als **unaufgeregt** bezeichnet werden[5] (vgl. im übrigen die Ausführungen zu den Einzeltiteln). Nucleus des späteren Art. 73 GG ist Art. 35 HChE, der in sieben Ziffern bereits die Mehrzahl der Einträge des Ursprungskatalogs enthielt (konkret Nr. 1, 2, 3, 4, 5, 7 und 11), sich dabei an Art. 6 WRV anlehnte und im weiteren Verlauf der Debatte nur noch erweitert 2

---

[1] A. *Funke*, in: BK, Art. 73 (2014), Rn. 1.
[2] Näher *Pestalozza*, GG VIII, Art. 73 Rn. 1 ff.; vgl. auch Schneider, GG-Dokumentation, Bd. 17, S. 272 f., 284 f.
[3] Aus der zeitgenössischen Literatur nur *Anschütz*, WRV, Art. 6 Anm. 5 (S. 75 f.).
[4] Siehe dazu *S. Mampel*, Die Verfassung der sowjetischen Besatzungszone Deutschlands, 1962, Art. 112 Anm. 2 sowie *G. Brunner*, HStR³ I, § 11 Rn. 6.
[5] Zusammenfassend zum folgenden JöR 1 (1951), S. 467 ff. sowie *Pestalozza*, GG VIII, Art. 73 Rn. 6 ff.; Schneider, GG-Dokumentation, Bd. 17, S. 273 ff.; im Detail ebd., Art. 73 Rn. 3 ff. (S. 285 ff.); *Funke* (Fn. 1), Art. 73 Rn. 2 ff. – Entwurfsfassungen in Parl. Rat VII, S. 10, 47 f., 101 f., 150, 228 f., 299, 353, 423 f., 449, 457 f., 476, 513 f., 549, 588, 629.

wurde⁶. Dabei gehen die Ergänzungen des ursprünglichen Entwurfs regelmäßig auf den Zuständigkeits- sowie den Allgemeinen Redaktionsausschuß zurück⁷, der vorübergehend noch die Neugliederung des Bundesgebietes (→ Art. 29 Rn. 3 f.), die Abtretung von Staatsgebiet sowie die Kriegswaffenkontrolle (→ Art. 26 Rn. 3 f.) aufnehmen wollte⁸. Die abschließende Fassung verdankt sich dem Hauptausschuß⁹, der die drei letztgenannten Titel tilgt und anschließend nur noch Umgruppierungen vornimmt¹⁰. Zugleich wird Art. 35 HChE als Art. 73 GG in den Abschnitt über die Gesetzgebung eingereiht und der »zwischengelagerte« Abs. 2 zur Ermächtigung der Länder wieder in den Art. 71 GG transferiert (→ Art. 71 Rn. 2). Dabei sind Grundsatzdebatten praktisch nicht zu verzeichnen; lediglich die Frage, ob bereits 1949 ein Titel »Wehrverfassung« oder »Schutz des Bundes nach außen« aufgenommen werden soll, sorgt im Zuständigkeitsausschuß für Zündstoff¹¹.

3   Der **Katalog** des Art. 73 GG **hat** seit 1949 eine **Reihe von Eingriffen erfahren**, ohne an die höchst lebhafte Veränderungsgeschichte des Art. 74 GG auch nur entfernt heranreichen zu können (→ Art. 74 Rn. 3 ff.)¹². *Cum grano salis* lassen sich **vier Reformphasen** unterscheiden. Zunächst wird 1955 der Katalogtitel »Auswärtige Angelegenheiten« (Nr. 1) im Zuge der »**Wehrverfassung**« um die »Verteidigung« sowie die Wehrpflicht ergänzt, die wiederum 1968 im Zuge der »Notstandsverfassung« in den Art. 12a GG überführt wird und heute ruht¹³. 1972 wird in Art. 73 Nr. 10 GG lit. c eingefügt, der dem Bund die Bekämpfung solcher Exilorganisationen überantwortet, die durch ihre hiesige Aktivität die auswärtigen Beziehungen der Bundesrepublik gefährden¹⁴. Der nächste Reformschub verdankt sich der deutschen Einheit bzw. der danach obwaltenden Privatisierungseuphorie¹⁵; 1993 wird zunächst im Rahmen der »**Bahnreform**« Art. 73 Nr. 6 (Bundeseisenbahnen und Luftverkehr) in zwei separate Titel (Nr. 6 und 6a) aufgespalten (→ Rn. 44, 48)¹⁶, bevor 1994 Nr. 7 (Post- und Fernmeldewesen) einem *aggiornamento* unterzogen wird (jetzt »Postwesen und Telekommunikation«; → Rn. 53 ff.)¹⁷. 2006 erfolgen sodann im Rahmen der »**Föderalismusreform I**« gleich mehrere Eingriffe, die dem Katalog der ausschließlichen Bundeskompetenzen ohne erkennbares Konzept strandgutgleich Zuwächse aus anderen Kompetenzkatalogen sowie vereinzelt echte Neuerungen eintragen¹⁸: Eine solche Innovation stellt die Poli-

---

⁶ Unterstrichen von *Funke* (Fn. 1), Art. 73 Rn. 2. – Allerdings wurde der Kompetenztitel der »Statistik für Bundeszwecke« vorübergehend der Vorranggesetzgebung zugeschlagen (→ Rn. 78).
⁷ Näher JöR 1 (1951), S. 468 f. sowie Parl. Rat III, S. 28, 37, 345, 504 f., 600 f.
⁸ Vgl. die Fassung in der ersten Lesung der Artikel 21 bis 44 vom 16.11.1948 in JöR 1 (1951), S. 469 Fn. 17 sowie Schneider, GG-Dokumentation, Bd. 17, Art. 73 Nr. 12 Rn. 42 (S. 335).
⁹ Siehe JöR 1 (1951), S. 469 f. sowie Parl. Rat XIV/2, S. 191 ff.
¹⁰ Im Detail Schneider, GG-Dokumentation, Bd. 17, Art. 73 Rn. 44 (S. 336 ff.).
¹¹ Vgl. JöR 1 (1951), S. 471 f. sowie Parl. Rat III, S. 26 ff., 336 ff., 503 f., 597 ff.; XIV/1, S. 192.
¹² Instruktiver Hinweis auf die anfängliche Überformung durch Besatzungsrecht bei *Funke* (Fn. 1), Art. 73 Rn. 4.
¹³ Siehe nur *H. Dreier*, IPE I, § 1 Rn. 73 f. → Art. 12a Rn. 3.
¹⁴ Vgl. BT-Drs. VI/1479 und dazu m. w. N. *Pestalozza*, GG VIII, Art. 73 Rn. 589 ff.
¹⁵ Vgl. *F. Wittreck*, Ad Legendum 2011, 1 (8 f.).
¹⁶ Zur Reform knapp *C. Starck*, Einführung, in: C. Starck (Hrsg.), Föderalismusreform, 2007, Rn. 1 ff. sowie *Funke* (Fn. 1), Art. 73 Rn. 6.
¹⁷ Knapp zum Kontext der Postreform *M. Möstl*, in: Maunz/Dürig, GG, Art. 87f (2010), Rn. 4, 17. → Art. 87f Rn. 3 f.
¹⁸ Zusammenfassend zu den Auswirkungen der Föderalismusreform I auf den Art. 73 GG *M. Heintzen*, Die ausschließliche Bundesgesetzgebung, in: Starck, Föderalismusreform (Fn. 16), Rn. 69 ff.; vgl. ferner *A. Uhle*, Die Sachbereiche der ausschließlichen Gesetzgebungskompetenz des Bundes nach der

zeikompetenz des Bundes nach Art. 73 I Nr. 9a GG dar (→ Rn. 63 ff.)[19]. Demgegenüber wandern die Nennung des »Melde- und Ausweiswesens« in Nr. 3 sowie der Schutz deutschen Kulturgutes (Nr. 5a) aus der alten Rahmenkompetenz ein (vgl. Art. 75 I Nr. 5, 6 GG a. F.)[20], wohingegen Nr. 12–14 (Waffenrecht, Kriegsfolgen und Atomkraft; → Rn. 40 ff., 80 ff.) von den konkurrierenden Kompetenzen her kommend aufgewertet werden[21]. Schließlich wird Abs. 2 eingefügt, der die neue Bundeskompetenz für die Abwehr des internationalen Terrorismus verfahrensrechtlich durch die Einstufung entsprechender Regelungen als zustimmungsbedürftige Gesetze einhegt (→ Rn. 88).

B. Internationale, supranationale und rechtsvergleichende Bezüge

I. Inter- und supranationale Bezüge

Obwohl internationale Organisationen, die zur Normsetzung befugt sind, typischerweise diese Kompetenz als ausschließliche beanspruchen bzw. im Vertragsrecht überantwortet bekommen haben, sind regelrechte **Kataloge**, die Art. 73 I GG nach seiner Funktionslogik vergleichbar wären, nur **selten** zu verzeichnen; ein Beispiel ist Art. 21 der Verfassung der Weltgesundheitsorganisation (WHO[22]; → Vorb. zu Art. 70–74 Rn. 16; → Art. 71 Rn. 3). Allerdings ist der Katalog des Art. 73 I GG stets mit seinem Subtext in Gestalt zahlreicher internationaler Übereinkommen abzugleichen, die der jeweiligen Bundeskompetenz teils vergleichsweise enge Grenzen setzen bzw. die entsprechende Bundesgesetzgebung zur **Umsetzungsgesetzgebung** machen (→ Vorb. zu Art. 70–74 Rn. 17; vgl. dazu die einzelnen Kompetenztitel)[23].

4

Ferner steht im Recht der **Europäischen Union** der Katalog nach Art. 3 I lit. a–e AEUV in einem Korrespondenzverhältnis mit Art. 2 AEUV, der eine ausschließliche Kompetenz der Union anordnet (→ Vorb. zu Art. 70–74 Rn. 19; → Art. 71 Rn. 3)[24]. Die einzelnen Titel wirken dabei nur teilweise unmittelbar auf Art. 73 I GG ein; dies gilt namentlich für lit. a (Zollunion), der neben Art. 105 I GG noch Art. 73 I Nr. 5 GG (Zoll) partiell stumm schaltet (→ Rn. 34, 38; → Art. 105 Rn. 3)[25], sowie für lit. c (Währungspolitik für die Eurozone), der neben Art. 88 GG auch Art. 73 I Nr. 4 GG (Währungs-, Geld und Münzwesen) weitgehend funktionslos macht (→ Rn. 30; → Art. 88 Rn. 8 ff.)[26]. Hingegen wirken die übrigen Titel stärker in die Sachbereiche der konkurrierenden Gesetzgebung hinein; das trifft auf den Buchst. b (Wettbewerbsregeln; →

5

Föderalismusreform, in: M. Heintzen/A. Uhle (Hrsg.), Neuere Entwicklungen im Kompetenzrecht, 2014, S. 189 ff. (190 ff.).

[19] Zur Diskussion im Vorfeld *Heintzen*, Bundesgesetzgebung (Fn. 18), Rn. 88, 91 sowie *Uhle*, Sachbereiche (Fn. 18), S. 204 f.

[20] *Pestalozza*, GG VIII, Art. 75 Rn. 579 ff., 633 ff. sowie *Uhle*, Sachbereiche (Fn. 18), S. 198 ff.

[21] Ursprünglich Art. 74 I Nr. 4a, 10, 11a GG; siehe *Pestalozza*, GG VIII, Art. 74 Rn. 255 ff., 432 ff. sowie 693 ff. → Art. 74 Rn. 3.

[22] Die Norm listet unter lit. a–e fünf Titel auf.

[23] Konzise Auflistung bei *Funke* (Fn. 1), Art. 73 Rn. 23.

[24] Zum folgenden *R. Geiger*, in: R. Geiger/D.-E. Khan/M. Kotzur, EUV/AEUV, 5. Aufl. 2010, Art. 4 EUV Rn. 25; *Funke* (Fn. 1), Art. 73 Rn. 19 f.

[25] Wie hier *M. Wolffgang*, Zollrecht, in: Schulze/Zuleeg/Kadelbach, Europarecht, § 33 Rn. 1 ff. (bes. Rn. 32 f.).

[26] Ähnlich *Funke* (Fn. 1), Art. 73 Rn. 20; vgl. ferner *C. Herrmann*, Währungshoheit, Währungsverfassung und subjektive Rechte, 2010, S. 116 ff.

Art. 74 Rn. 74), d (Fischereipolitik; → Art. 74 Rn. 78) und e (gemeinsame Handelspolitik; → Art. 74 Rn. 56) zu[27].

6 Wichtiger als diese zunächst punktuell wirkenden Ingerenzrechte der Union ist die Feststellung, daß ihre Kompetenzen – unabhängig von der Qualifikation im Detail – die verschiedenen deutschen Zuständigkeitstypen transzendieren oder besser ignorieren[28]; jede Norm des Unionsrechts, die nach der (weiten) Rechtsprechung des EuGH kompetenzgerecht ist, geht kraft des **Anwendungsvorrangs** des Unionsrechts unabhängig von der innerstaatlichen Kompetenzverteilung dem deutschen Recht vor (→ Art. 23 Rn. 12 ff.; → Art. 31 Rn. 13 f.) und kann daher letztlich jeden Titel im Katalog des Art. 73 I GG mehr oder weniger weit überformen. Zwar hat das Bundesverfassungsgericht in seiner **Lissabon-Entscheidung** der Sache nach auch Katalogtitel des Art. 73 I GG in seinen – je nach Gusto demokratie- oder naturrechtsinduzierten – Garantiebereich »demokratischer Gestaltung« aufgenommen[29], doch bleibt fraglich, ob diese an das hastige Verladen von Notproviant in ein Rettungsboot gemahnende Operation dauerhaft Früchte trägt (→ Art. 79 III Rn. 56 f.). Derartige unionsrechtsinduzierte Modifikationen werden bei den einzelnen Gegenständen der Bundeskompetenz nachgewiesen[30].

II. Rechtsvergleichende Hinweise

7 Im internationalen Verfassungsvergleich finden sich zahlreiche Beispiele für Kataloge ausschließlicher Zuständigkeiten der Zentralebene, die sich noch dazu durch einen stabilen Kernbestand an Bundeskompetenzen quasi kraft Natur der Sache auszeichnen (→ Vorb. zu Art. 70–74 Rn. 25 f.; → Art. 71 Rn. 4)[31]. Unmittelbare **Parallelbestimmungen zu Art. 73 I GG** sind danach Art. 22 I der Verfassung Brasiliens, die mit Art. 246 I korrespondierende »Union List« (Anhang VII, Liste 1) der Indischen Verfassung, Section 91 des Kanadischen Constitution Act sowie der mit Section 44 korrespondierende Anhang 4 zur Verfassung Südafrikas. Aus Europa sind Art. 117 II der Italienischen Verfassung sowie Art. 149 I derjenigen Spaniens zu nennen. Die USA und die Schweiz kennen faktisch ausschließliche Bundeskompetenzen, ohne sie jedoch nach dem Muster von Art. 73 I GG aufzulisten (→ Vorb. zu Art. 70–74 Rn. 24, 26).

8 Im deutschen **Landesverfassungsrecht** lassen sich nur wenige Bestimmungen ausmachen, die mit dem Katalog des Art. 73 I GG entweder korrespondieren oder ernsthaft konkurrieren. Vergleichsweise häufig sind Grundrechtsgewährleistungen, die einen Bezug zu einzelnen Titeln aufweisen, ohne den Spielraum des Bundes einzuengen; das betrifft namentlich Art. 73 I Nr. 3 (Freizügigkeit bzw. Auslieferung; → Rn. 21 f.; → Art. 11 Rn. 20; → Art. 16 Rn. 39 f.) sowie Nr. 7 GG (Postwesen und Telekommunikation; → Art. 2 I Rn. 20; → Art. 10 Rn. 14). Art. 73 I Nr. 5a GG ist auf sein Verhältnis zu den auf Landesebene vergleichsweise häufigen Kunst- und Kulturschutzklauseln zu

---

[27] Siehe allerdings zum Außenwirtschaftsrecht → Rn. 39.
[28] Unterstrichen von *R. Stettner*, Auswirkungen der Europäisierung der Rechtsetzung auf die nationalen Gesetzgebungskompetenzen, in: Heintzen/Uhle, Entwicklungen (Fn. 18), S. 29 ff. (36 ff.).
[29] BVerfGE 123, 267 (358, Rn. 249): »Zu wesentlichen Bereichen demokratischer Gestaltung gehören unter anderem die Staatsbürgerschaft, das zivile und militärische Gewaltmonopol […].« Hinweis darauf bei *Funke* (Fn. 1), Art. 73 Rn. 18; angesprochen sind damit wenigstens Art. 73 I Nr. 1 u. 2 GG (→ Rn. 14, 18; zur auch hier längst stattfindenden Überformung → Rn. 16, 19).
[30] Gebündelte Darstellung bei *Funke* (Fn. 1), Art. 73 Rn. 19 ff.
[31] Ähnlich in der Beobachtung *Funke* (Fn. 1), Art. 73 Rn. 11.

befragen (→ Rn. 41 f.; → Art. 5 III [Kunst], Rn. 31 f.)[32]. Schließlich finden sich in älteren Verfassungen noch vereinzelt Bestimmungen, die Normbefehle im Sachbereich von Art. 73 I Nr. 9 (gewerblicher Rechtsschutz und Urheberrecht; → Rn. 61)[33] sowie Nr. 13 GG (Kriegsfolgen; → Rn. 83)[34] zu setzen versuchen. Sie werden von Art. 73 I GG nicht gebrochen, erfüllen aber neben dem danach erlassenen Bundesrecht regelmäßig keine Funktion mehr und müssen ihm im Konfliktfalle nach Art. 31 GG weichen (→ Art. 31 Rn. 51 ff.). In einem faktischen Korrespondenzverhältnis zu Art. 73 I Nr. 2 GG (Staatsangehörigkeit im Bunde; → Rn. 18) stehen schließlich die vereinzelten Bestimmungen, die eine Landesangehörigkeit vorsehen oder näher ausbuchstabieren (namentlich Art. 6 BayVerf.[35]; → Art. 16 Rn. 30).

C. Erläuterungen

I. Allgemeine Bedeutung

Art. 73 GG **korrespondiert** unmittelbar **mit** der allgemeinen Regelung der ausschließlichen Bundeskompetenz in **Art. 71 GG** (→ Art. 71 Rn. 5 ff.), gibt über deren tatsächlichen Umfang aber keine abschließende Auskunft[36], da das Grundgesetz weitere ausschließliche Gesetzgebungskompetenzen des Bundes explizit (→ Art. 105 Rn. 29 ff.) oder implizit normiert (→ Vorb. zu Art. 70–74 Rn. 36; → Art. 71 Rn. 6 ff.) und daneben noch ungeschriebene Bundeskompetenzen zumindest zulässt (→ Vorb. zu Art. 70–74 Rn. 45 ff.). Es kommt die geschilderte schleichende Überformung durch das Recht der Europäischen Union hinzu (→ Rn. 6). Gleichwohl verleiht der Katalog des Art. 73 I GG dem Bund nach wie vor substantielle Regelungsbefugnisse[37].

9

II. Einzelne Titel (Abs. 1)

1. Auswärtige Angelegenheiten, Verteidigung (Nr. 1)

Der Titel »**auswärtige Angelegenheiten**« taucht explizit erstmals in Art. 6 Nr. 1 WRV auf; zuvor hatte bereits § 6 RVerf. 1849 der Reichsgewalt die völkerrechtliche Vertretung Deutschlands ausschließlich zugeordnet und sie damit auch implizit für gesetzgebungsbefugt erklärt (vgl. § 62 RVerf. 1849; → Vorb. zu Art. 70–74 Rn. 7), wohinge-

10

---

[32] Näher *S.-C. Lenski*, Öffentliches Kulturrecht, 2012, S. 94 ff. sowie *C. F. Germelmann*, Kultur und staatliches Handeln, 2013, S. 40 ff., 248 ff.
[33] Siehe Art. 162 BayVerf. (dazu *J. F. Lindner*, in: J. F. Lindner/M. Möstl/H. A. Wolff [Hrsg.], Verfassung des Freistaates Bayern, 2009, Art. 162 Rn. 2, 4) sowie Art. 46 HessVerf. (dazu *B. Barwinski*, in: G. A. Zinn/E. Stein [Hrsg.], Die Verfassung des Landes Hessen, Bd. 1, Art. 46 [1954], Anm. 1 [S. 237 f.]). Siehe ferner Art. 16 BadVerf.
[34] Vgl. namentlich Art. 183 BayVerf. (näher *J. F. Lindner*, in: Lindner/Möstl/Wolff, BayVerf. [Fn. 33], Art. 183 Rn. 3, 5); vgl. aus den nicht mehr geltenden Verfassungen ferner Art. 89 II, III Württ.-Hohenz. Verf. (Kriegsbeschädigte und Kriegswitwen und -waisen bzw. Ersatz von Kriegsschäden).
[35] Dazu näher *J. F. Lindner*, in: Lindner/Möstl/Wolff, BayVerf. (Fn. 33), Art. 6 Rn. 3 ff. sowie jetzt *W. Brechmann*, in: T. Meder/W. Brechmann (Hrsg.), Die Verfassung des Freistaates Bayern, 5. Aufl. 2014, Art. 6 Rn. 1 ff.; *K. Thedieck*, Deutsche Staatsangehörigkeit im Bund und in den Ländern, 1989, S. 140 f.
[36] Unterstrichen von *Funke* (Fn. 1), Art. 73 Rn. 9.
[37] So auch *M. Heintzen*, in: v. Mangoldt/Klein/Starck, GG, Art. 73 Rn. 1 sowie *A. Uhle*, in: Maunz/Dürig, GG, Art. 73 (2010), Rn. 36.

gen Art. 4 Nr. 7 RVerf. 1871 nur Teilbereiche wie die konsularische Vertretung erfaßte[38]. Im Anschluß an Art. 6 Nr. 1 WRV ist der Titel von Anfang an als Art. 35 Nr. 1 HChE fester Bestandteil des Katalogs und wird nicht ernstlich angefochten[39]. Hingegen wird die Aufnahme eines Hinweises auf die **Verteidigung** kontrovers diskutiert und letztlich verworfen (→ Rn. 2). Diese Zuständigkeit der Zentralebene für die Regelung des Militärwesens steht in einer langen Tradition, die über Art. 6 Nr. 4 WRV und Art. 4 Nr. 14 RVerf. 1871 auf § 13 I RVerf. 1849 zurückreicht[40]. Die entsprechende Ergänzung erfolgt 1955 im Rahmen der hochkontroversen Wehrverfassung; dabei wird die Kompetenz noch um die Wehrpflicht und den Zivilschutz ergänzt. Erstere wird 1968 schließlich in Art. 12a GG überführt, der insofern *lex specialis* zu Art. 73 I Nr. 1 GG ist (→ Rn. 3; → Art. 12a Rn. 3)[41].

11 Art. 73 I Nr. 1 GG ergänzt die Kompetenz des Bundes zum Abschluß von Verträgen und zu sonstigen völkerrechtlichen Transaktionen (→ Art. 32 Rn. 18 ff.) um eine spezifische Gesetzgebungskompetenz[42]. **Auswärtige Angelegenheiten** versteht die Rechtsprechung als »diejenigen Fragen […], die für das Verhältnis der Bundesrepublik Deutschland zu anderen Staaten oder zwischenstaatlichen Einrichtungen, insbesondere für die Gestaltung der Außenpolitik, Bedeutung haben«[43]. Dahinter steht die Überzeugung, daß eine Deutung, die jeden Sachverhalt mit Auslandsbezug erfassen würde, die Kompetenzverteilung unterlaufen bzw. die Kompetenzen der Länder aushöhlen müßte[44]. Sinngleich spricht das Bundesverfassungsgericht davon, »daß auswärtige Angelegenheiten nur solche seien, die sich aus der Stellung der Bundesrepublik als Völkerrechtssubjekt zu anderen Staaten ergeben«[45]. Zu eng wäre hingegen ein Verständnis, das die auswärtigen Angelegenheiten auf den völkerrechtlichen Verkehr im allerengsten Sinne beschränken würde[46].

12 Die Bundeskompetenz erfaßt danach an erster Stelle die Regelung des Auswärtigen Dienstes[47] einschließlich der Ausbildung seiner Angehörigen[48], die diplomatischen und konsularischen Beziehungen einschließlich der Rechtsstellung ausländischer Ver-

---

[38] Siehe *Pestalozza*, GG VIII, Art. 73 Rn. 1, 3 f.; Schneider, GG-Dokumentation, Bd. 17, Art. 73 Nr. 1 S. 382 f. und ebd., Art. 73 Nr. 1 Rn. 1 f. (S. 391) sowie *A. Funke*, in: BK, Art. 73 Abs. 1 Nr. 1 (2014), Rn. 1 ff.

[39] Näher JöR 1 (1951), S. 471 f.; *Pestalozza*, GG VIII, Art. 73 Rn. 6 ff. sowie Schneider, GG-Dokumentation, Bd. 17, Art. 73 Nr. 1 S. 383 ff. und ebd., Art. 73 Nr. 1 Rn. 3 ff. (S. 391 ff.).

[40] Näher *Pestalozza*, GG VIII, Art. 73 Rn. 2, 5 sowie Schneider, GG-Dokumentation, Bd. 17, Art. 73 Nr. 1 S. 382 f. und ebd., Art. 73 Nr. 1 Rn. 1 f. (S. 391).

[41] Vgl. BVerfG (K), NJW 2002, 1709 (1710, Rn. 29); *K.-D. Schnapauff*, in: Hömig, GG, Art. 73 Rn. 3; *R. Sannwald*, in: Schmidt-Bleibtreu/Hofmann/Henneke, GG, Art. 73 Rn. 17. Dagegen Art. 73 Abs. 1 Nr. 1 GG zuordnend *Heintzen* (Fn. 37), Art. 73 Abs. 1 Nr. 1 Rn. 17; *Uhle* (Rn. 37), Art. 73 Rn. 45; Jarass/Pieroth, GG, Art. 73 Rn. 6.

[42] So *C. Degenhart*, in: Sachs, GG, Art. 73 Rn. 4; differenzierend *Funke* (Fn. 38), Art. 73 I Nr. 1 Rn. 13 ff.

[43] BVerfGE 100, 313 (368 f., Rn. 197). Zustimmend *D. C. Umbach*, in: Umbach/Clemens, GG, Art. 73 Rn. 18; *Uhle* (Fn. 37), Art. 73 Rn. 40; Jarass/Pieroth, GG, Art. 73 Rn. 3; *Sannwald* (Fn. 41), Art. 73 Rn. 9.

[44] Nochmals BVerfGE 100, 313 (368, Rn. 196).

[45] BVerfGE 100, 313 (369, Rn. 198) unter Hinweis auf E 33, 52 (60).

[46] So aber *M. Bothe*, in: AK-GG, Art. 73 (2002), Rn. 1. Den »Kern« der Kompetenz bildet dieser Begriff lt. *Funke* (Fn. 38), Art. 73 Abs. 1 Nr. 1 Rn. 16.

[47] Vgl. dazu das Gesetz über den Auswärtigen Dienst (GAD) v. 30.8.1990 (BGBl. I S. 1842); für die Zuordnung *Heintzen* (Fn. 37), Art. 73 Rn. 8; *Sannwald* (Fn. 41), Art. 73 Rn. 9 sowie *Funke* (Fn. 38), Art. 73 Abs. 1 Nr. 1 Rn. 16, 20.

[48] Unterstrichen von *Uhle* (Fn. 37), Art. 73 Rn. 41.

tretungen sowie den (konsularischen) Schutz und die Betreuung von Bundesbürgern im Ausland[49]. Sie umfaßt ferner den internationalen Rechts- und Amtshilfeverkehr[50] sowie die **gesamtsstaatliche Repräsentation im Ausland**[51]; dazu lassen sich zählen die auswärtige Kulturpolitik, die Ausstrahlung von Rundfunksendungen in das Ausland (Deutsche Welle)[52], die Betreuung deutscher Auslandsschulen[53], in einem weiteren Sinne aber auch die Entwicklungs- und Katastrophenhilfe[54]. Schließlich hat die Rechtsprechung auch die spezifische Auslandsaufklärung des Bundesnachrichtendienstes (BND) auf Art. 73 I Nr. 1 GG gestützt[55].

Eingefaßt ist die Bundeskompetenz vornehmlich in die **völkerrechtlichen Vereinbarungen**, die den diplomatischen Verkehr näher regeln[56], sowie in die überwiegend ungeschriebenen Regeln, die staatliches Handeln auf dem Territorium anderer souveräner Staaten (oder mit Wirkungen, die dort eintreten) einhegen[57]. Ferner sind die Vorgaben zu beachten, die von der Europäischen Union ausgehen, wobei die Steuerungswirkung der **gemeinsamen Außenpolitik** nach Art. 23 ff. EUV bzw. Art. 205 ff. AEUV für die Sachbereiche des Art. 73 I Nr. 1 GG noch überschaubar sein dürfte[58]. 13

Der Kompetenztitel »**Verteidigung**« erlaubt dem Bund alle Regelungen, die zur Abwehr eines bewaffneten Angriffs auf das Bundesgebiet (→ Art. 115a Rn. 6 ff.) wie zur personellen, institutionellen und sachlichen Vorbereitung darauf notwendig sind[59]. Im Fokus stehen die Bestimmungen über die Aufstellung, die innere Ordnung und den Einsatz der Streitkräfte[60] sowie die Rechtsverhältnisse der Soldaten[61]. Hingegen ist Art. 12a II 3 GG *lex specialis* für den Ersatzdienst (→ Art. 12a Rn. 25 ff.)[62] wie Art. 12a 14

---

[49] *P. Kunig*, in: v. Münch/Kunig, GG, Art. 73 Rn. 6; Jarass/*Pieroth*, GG, Art. 73 Rn. 3; *Sannwald* (Fn. 41), Art. 73 Rn. 9.

[50] So *Heintzen* (Fn. 37), Art. 73 Rn. 9; *Sannwald* (Fn. 41), Art. 73 Rn. 8; zur Abgrenzung zu Nr. 3 → Rn. 27.

[51] Eigener Ansatz bei *Funke* (Fn. 38), Art. 73 Abs. 1 Nr. 1 Rn. 18.

[52] BVerwGE 75, 79 (81). Differenzierend-kritisch *Funke* (Fn. 38), Art. 73 Abs. 1 Nr. 1 Rn. 23.

[53] Dafür *S. Jutzi*, Die Deutschen Schulen im Ausland, 1977, S. 84 f.; *Heintzen* (Fn. 37), Art. 73 Rn. 9; *Degenhart* (Fn. 42), Art. 73 Rn. 3; Jarass/*Pieroth*, GG, Art. 73 Rn. 4; *Funke* (Fn. 38), Art. 73 Abs. 1 Nr. 1 Rn. 24; *Sannwald* (Fn. 41), Art. 73 Rn. 9; → *Stettner*, Bd. II[2] (Suppl. 2007), Art. 73 Rn. 9. Kritisch *Pestalozza*, GG VIII, Art. 73 Rn. 28. – Vgl. dazu das Gesetz über die Förderung deutscher Auslandsschulen (Auslandsschulgesetz) v. 26.8.2013 (BGBl. I S. 3306).

[54] Siehe *G. Wiedmann*, DÖV 1990, 688 (690 f.); *Heintzen* (Fn. 37), Art. 73 Rn. 9; *Uhle* (Fn. 37), Art. 73 Rn. 41; *Schnapauff* (Fn. 41), Art. 73 Rn. 3; *Sannwald* (Fn. 41), Art. 73 Rn. 9.

[55] BVerfGE 100, 313 (370, Rn. 201 ff.); 133, 277 (319 f., Rn. 101 ff.); BVerwGE 130, 180 (188 ff., Rn. 32 ff.); zustimmend *Heintzen* (Fn. 37), Art. 73 Rn. 9; *Degenhart* (Fn. 42), Art. 73 Rn. 5; *Sannwald* (Fn. 41), Art. 73 Rn. 9 sowie Jarass/*Pieroth*, GG, Art. 73 Rn. 3; kritisch *M. Bäcker*, DÖV 2011, 840 (845 ff.).

[56] An allererster Stelle das Wiener Übereinkommen v. 18.4.1961 über diplomatische Beziehungen (WÜD; BGBl. 1964 II S. 957); dazu nur *M. Kau*, Der Staat und der Einzelne als Völkerrechtssubjekte, in: W. Vitzthum/A. Proelß (Hrsg.), Völkerrecht, 6. Aufl. 2013, 3. Kap. Rn. 51 ff.

[57] Siehe *Kau*, Staat (Fn. 56), Rn. 131 ff. sowie *A. v. Arnauld*, Völkerrecht, 2. Aufl. 2014, Rn. 334 ff., 347 ff. Zu den Regeln für den Schutz eigener Bürger im Ausland → Art. 16 Rn. 17, 22.

[58] Differenzierend *A. Funke*, Umsetzungsrecht, 2010, S. 292 ff.

[59] Vergleichbar *Uhle* (Fn. 37), Art. 73 Rn. 44, 48; Jarass/*Pieroth*, GG, Art. 73 Rn. 5; *Funke* (Fn. 38), Art. 73 Abs. 1 Nr. 1 Rn. 33; → *Stettner*, Bd. II[2] (Suppl. 2007), Art. 73 Rn. 10.

[60] Näher *Uhle* (Fn. 37), Art. 73 Rn. 44; *Heintzen* (Fn. 37), Art. 73 Rn. 12; Jarass/*Pieroth*, GG, Art. 73 Rn. 5; *Degenhart* (Fn. 42), Art. 73 Rn. 6.

[61] BVerfGE 62, 354 (367); BVerwGE 39, 110 (112); aus der Literatur *Heintzen* (Fn. 37), Art. 73 Rn. 17 sowie *Funke* (Fn. 38), Art. 73 Abs. 1 Nr. 1 Rn. 36. Insofern ist Art. 1 I Nr. 1 GG *lex specialis* zu Art. 73 I Nr. 8 GG: → Rn. 58.

[62] Anders noch für das Dienstrecht der Zivildienstleistenden BVerfGE 62, 354 (368). Wie hier jetzt

I GG für den Wehrdienst[63]. Umfaßt sind ferner die Einrichtung wie die Befugnisse des militärischen Abschirmdienstes[64] sowie die militärspezifische Gefahrenabwehr[65]. Ebenfalls hierher gehören die Einrichtung und Unterhaltung der Bundeswehrhochschulen[66] sowie die Regelung der Rechtsverhältnisse von in der Bundesrepublik befindlichen Angehörigen verbündeter Streitkräfte[67]. Kontrovers wird die Frage beurteilt, ob Art. 73 I Nr. 1 GG auch die Kompetenz umfaßt, den **Einsatz** der Bundeswehr **im Innern** nach Art. 87a II GG zu regeln[68].

15 Der **Schutz der Zivilbevölkerung** ist kontextabhängig eng dahingehend auszulegen, daß er lediglich den Schutz gegen solche Gefahrenlagen umfaßt, die verteidigungsbedingt sind[69]; hingegen folgt aus Art. 73 I Nr. 1 GG keine Bundeskompetenz zur Regelung des Katastrophenschutzes[70]. Das schließt nicht aus, daß Einrichtungen und Behörden des Zivilschutzes (wie der Bundeswehr) im Katastrophenfall (Amts-)Hilfe leisten und die einschlägigen Bestimmungen des Bundesrechts dem von Anfang an Rechnung tragen[71]. Erfaßt sind namentlich Regelungen über Schutzbauten, Alarmroutinen, etwaige Übungen und die Vorratshaltung[72]. Ebenfalls gedeckt sind die sog. **Sicherstellungsgesetze**[73].

16 Die Bundeskompetenz zur Regelung von Angelegenheiten der Verteidigung ist namentlich im Rahmen der **NATO** in zahlreiche völkerrechtliche Verpflichtungen eingebunden (→ Art. 24 Rn. 11, 34), wohingegen die Detailsteuerung durch die gemeinsame europäische Verteidigungspolitik nach Art. 42 ff. EUV noch nicht an Konturen gewonnen hat (→ Art. 32 Rn. 9).

2. Staatsangehörigkeit im Bund (Nr. 2)

17 Die Kompetenz des Reiches zur Regelung des Reichs- und Staatsbürgerrechts[74] begegnet erstmals in § 57 RVerf. 1849; die Verfassung von 1871 kennt das **gemeinsame In-**

BVerfG (K), NJW 2002, 1709 (1710, Rn. 29); *Pestalozza*, GG VIII, Art. 73 Rn. 57; Jarass/*Pieroth*, GG, Art. 73 Rn. 5.

[63] So auch BVerfGE 62, 354 (373); *Sannwald* (Fn. 41), Art. 73 Rn. 17; Gegenauffassung bei *Pestalozza*, GG VIII, Art. 73 Rn. 5; *Heintzen* (Fn. 37), Art. 73 Rn. 17.

[64] BVerfGE 133, 277 (319, Rn. 102); aus der Literatur *Uhle* (Fn. 37), Art. 73 Rn. 45; *M. Bäcker*, DÖV 2011, 840 (842 f.); Jarass/*Pieroth*, GG, Art. 73 Rn. 6; *Degenhart* (Fn. 42), Art. 73 Rn. 6.

[65] BVerwGE 84, 247 (250); vgl. auch im Anschluß hieran BVerwG NVwZ-RR 1997, 350 (351); aus der Literatur *Funke* (Fn. 38), Art. 73 Abs. 1 Nr. 1 Rn. 40.

[66] Jarass/*Pieroth*, GG, Art. 73 Rn. 6; *Degenhart* (Fn. 42), Art. 73 Rn. 7; *Funke* (Fn. 38), Art. 73 Abs. 1 Nr. 1 Rn. 37. Zu den Grenzen BVerwG DVBl. 1993, 52 (52 f.): Abnahme von Hochschulprüfungen.

[67] So auch *Uhle* (Fn. 37), Art. 73 Rn. 45; Jarass/*Pieroth*, GG, Art. 73 Rn. 6; vgl. BVerwGE 111, 188 (195): Überlassung von Kasernen.

[68] Dagegen BVerfGE 115, 118 (140 f., Rn. 90); dafür mit Blick auf Art. 35 II GG BVerwG DÖV 1973, 490 (492).

[69] *Pestalozza*, GG VIII, Art. 73 Rn. 47; *Degenhart* (Fn. 42), Art. 73 Rn. 8; *Funke* (Fn. 38), Art. 73 Abs. 1 Nr. 1 Rn. 41; vgl. nochmals BVerfGE 115, 118 (119, Rn. 90). – A. A. *H.-W. Rengeling*, HStR³ VI, § 135 Rn. 95: auch Naturkatastrophen.

[70] *Sannwald* (Fn. 41), Art. 73 Rn. 16. Kritisch aus rechtspolitischer Sicht *A. Walus*, DÖV 2010, 127 (128 ff.).

[71] Ähnlich *Funke* (Fn. 38), Art. 73 Abs. 1 Nr. 1 Rn. 44 unter Hinweis auf das Zivilschutz- und Katastrophenhilfegesetz v. 2.4.2009 (vgl. BGBl. I S. 693); → *Stettner*, Bd. II² (Suppl. 2007), Art. 73 Rn. 11.

[72] Vgl. *H.-W. Rengeling*, HStR³ VI, § 135 Rn. 95; Jarass/*Pieroth*, GG, Art. 73 Rn. 5; *Degenhart* (Fn. 42), Art. 73 Rn. 8.

[73] Eingehend m. w. N. *Funke* (Fn. 38), Art. 73 Abs. 1 Nr. 1 Rn. 43.

[74] Zum folgenden *Pestalozza*, GG VIII, Art. 73 Rn. 65; Schneider, GG-Dokumentation, Bd. 17,

digenat, ohne die Staatsangehörigkeit explizit im Katalog des Art. 4 zu erwähnen (→ Art. 16 Rn. 5). Art. 6 Nr. 3 WRV erstreckt die Kompetenz des Reiches sodann auf Reich und Länder[75], woran sich 1948/1949 eine intensive Debatte entzündet[76], die in der Aufspaltung der Materie in Art. 73 Nr. 2 (Staatsangehörigkeit im Bund) und Art. 74 Nr. 8 GG (Staatsangehörigkeit in den Ländern; → Rn. 8) mündet (→ Art. 74 Rn. 4).

Die Gesetzgebungskompetenz nach Art. 73 I Nr. 2 GG eröffnet dem Bund »die Regelung der Voraussetzungen für Erwerb und Verlust der Staatsangehörigkeit und damit auch der Kriterien, nach denen sich die Zugehörigkeit zum Staatsvolk des näheren bestimmt«[77]; die Bestimmung weist insofern einen engen **Konnex zum Demokratieprinzip** auf, weil sie – neben der Kompetenz zur Regelung der Ein- und Auswanderung nach Nr. 3 (→ Rn. 26) – den zweiten Schlüssel zu einer Modifikation des Volksbegriffes in Art. 20 II 1 GG bereithält (→ Art. 20 [Demokratie], Rn. 52, 90)[78]. Umfaßt ist ferner in negativer Perspektive die Regelung der Rücknahme einer »erschlichenen« Einbürgerung (→ Art. 16 Rn. 49)[79]. Schließlich zählt zum Sachbereich des Art. 73 I Nr. 2 GG auch die Normierung der Bestimmungen zum Erwerb und zum Umfang des Status nach Art. 116 I GG (Statusdeutsche; → Art. 116 Rn. 52 ff.)[80]. Von seiner Gesetzgebungskompetenz hat der Bund im Kern durch den Erlaß des Staatsangehörigkeitsgesetzes (StAG) Gebrauch gemacht (→ Art. 16 Rn. 14; → Art. 116 Rn. 48 ff.)[81]. 18

Die Kompetenz zur Regelung der Staatsangehörigkeit wird überformt durch die Bestimmungen zur **Unionsbürgerschaft** (Art. 9 S. 2 u. 3 EUV, Art. 20 ff. AEUV; → Art. 16 Rn. 24 f.)[82]. Ferner muß der Bund völkerrechtliche Vorgaben beachten, die ihm die anlaßlose »Reklamation« von fremden Bürgern als Deutsche versagen (→ Art. 16 Rn. 16)[83]. 19

Art. 73 Nr. 2, S. 442 f. und ebd., Art. 73 Nr. 2 Rn. 1 ff. (S. 453); *Thedieck*, Staatsangehörigkeit (Fn. 35), S. 31 ff. sowie *A. Funke*, in: BK, Art. 73 Abs. 1 Nr. 2 (2014), Rn. 1 ff.

[75] Näher *C. Sartorius*, Erwerb und Verlust der deutschen Staatsangehörigkeit, in: HdbDStR I, § 22, S. 258 ff. (260 f.).

[76] Siehe JöR 1 (1951), S. 473; vgl. ferner *Pestalozza*, GG VIII, Art. 73 Rn. 66 ff. sowie Schneider, GG-Dokumentation, Bd. 17, Art. 73 Nr. 2, S. 443 ff. und ebd., Art. 73 Nr. 2 Rn. 7 ff. (S. 455 ff.).

[77] BVerfGE 83, 37 (52). Gleichsinnig aus der Literatur *Funke* (Fn. 74), Art. 73 Abs. 1 Nr. 2 Rn. 8.

[78] Ähnlich *Thedieck*, Staatsangehörigkeit (Fn. 35), S. 21 f. sowie *Funke* (Fn. 74), Art. 73 Abs. 1 Nr. 2 Rn. 8; vgl. ferner *C. Walter*, Der Bürgerstatus im Lichte von Migration und europäischer Integration, VVDStRL 72 (2013), S. 7 ff. (37 ff.).

[79] BVerfGE 116, 24 (51, Rn. 71). So auch *Uhle* (Fn. 37), Art. 73 Rn. 58; Jarass/*Pieroth*, GG, Art. 73 Rn. 7.

[80] Wie hier *Heintzen* (Fn. 37), Art. 73 Rn. 24; Jarass/*Pieroth*, GG, Art. 73 Rn. 7; *Degenhart* (Fn. 42), Art. 73 Rn. 9; geringfügig anders *W. Höfling/A. Engels*, in: Friauf/Höfling, GG, Art. 73 Abs. 1 Nr. 2 (2008), Rn. 6: Annexkompetenz zu Art. 73 I Nr. 2 GG.

[81] Gesetz vom 15.7.1999, BGBl. I S. 1618. Aus der Literatur dazu statt aller *Funke* (Fn. 74), Art. 73 Abs. 1 Nr. 2 Rn. 6; vgl. weiter das Zweite Gesetz zur Änderung des Staatsangehörigkeitsgesetzes vom 13.11.2014, BGBl. I S. 1714 sowie zu weiteren einschlägigen Regelungen *Uhle* (Fn. 37), Art. 73 Rn. 60.

[82] Vgl. EuGH, Urt. v. 20.9.2001, Rs. C-184/99 – *Grzelczyk*, Rn. 31; Urt. v. 17.9.2002, Rs. C-413/99 – *Baumbast und R*, Rn. 82; Urt. v. 2.3.2010, Rs. C-135/08 – *Rottmann*, Rn. 43 und dazu nur *Funke* (Fn. 74), Art. 73 Abs. 1 Nr. 2 Rn. 10 f.

[83] Statt aller *Funke* (Fn. 74), Art. 73 Abs. 1 Nr. 2 Rn. 7.

Fabian Wittreck

3. Freizügigkeit, Paßwesen, Melde- und Ausweiswesen, Ein- und Auswanderung, Auslieferung (Nr. 3)

20 Die Kompetenz der Zentralebene zur Regelung von Freizügigkeit, Ein- und Auswanderung sowie Auslieferung findet sich bereits in **Art. 6 Nr. 3 WRV**[84]; zuvor war das Reich nach Art. 4 Nr. 1 RVerf. für Freizügigkeit und Auswanderung zuständig[85]. Der in Art. 35 Nr. 3 HChE niedergelegte Katalog ist kein Gegenstand kontroverser Diskussion; er wird im Zuständigkeitsausschuß lediglich noch (auf einen Vorschlag aus den Reihen der CDU hin) um den Titel »Einwanderung« ergänzt[86]. Die weitere Ergänzung um das Melde- und Ausweiswesen (ursprünglich Art. 75 I Nr. 5 GG a. F.) erfolgt 2006 im Rahmen der Föderalismusreform[87].

21 Gemeinsamer Fluchtpunkt der einzelnen Titel des Art. 73 I Nr. 3 GG ist die **Kontrolle über die Bewegung von Personen** innerhalb des Bundesgebietes sowie über seine Grenzen hinweg; diese Kontrolle soll beim Bund liegen, um Freiheitsbeschränkungen durch die Länder zu vermeiden[88]. Im Kern ist Art. 73 I Nr. 3 GG damit eine kompetenzrechtliche Auxiliargarantie zu Art. 11 GG; vor diesem Hintergrund besteht Konsens, daß »**Freizügigkeit**« in beiden Normen dem Grunde nach gleich zu bestimmen ist[89], also »das Recht zum Inhalt [hat], an jedem Orte innerhalb des Bundesgebiets Aufenthalt und Wohnsitz zu nehmen«[90]. Ebenfalls Konsens obwaltet hinsichtlich zweier Einschränkungen dieser Identität: Der Kompetenztitel nach Nr. 3 erfaßt auch die Regelung der Freizügigkeit von Ausländern[91]; ferner wird aus dem Fehlen des Zusatzes »im Bundesgebiet« geschlossen, daß er im Gegensatz zu Art. 11 I GG auch die Ein- und Ausreise in bezug auf die Bundesrepublik einschließt[92]. Nicht umfaßt sein soll die wirtschaftliche Freizügigkeit, da insofern Art. 73 I Nr. 5 GG vorrangig sei (→ Rn. 36)[93]. Von seiner Kompetenz hat der Bund namentlich durch den Erlaß des Aufenthaltsgesetzes Gebrauch gemacht[94]. Die Bundeskompetenz zur Regelung der Freizügigkeit schließt Landesgesetze, die in den Schutzbereich von Art. 11 I GG eingreifen, allerdings nicht kategorisch aus (→ Art. 11 Rn. 51)[95].

---

[84] Hingegen war das Paßwesen Gegenstand der konkurrierenden Gesetzgebung: Art. 7 Nr. 4 WRV.
[85] Siehe *Pestalozza*, GG VIII, Art. 73 Rn. 98 ff. sowie Schneider, GG-Dokumentation, Bd. 17, Art. 73 Nr. 3, S. 514 f. und ebd., Art. 73 Nr. 3 Rn. 1 ff. (S. 522 f.).
[86] Näher JöR 1 (1951), S. 474; *Pestalozza*, GG VIII, Art. 73 Rn. 107 ff. sowie Schneider, GG-Dokumentation, Bd. 17, Art. 73 Nr. 3, S. 515 ff. und ebd., Art. 73 Nr. 3 Rn. 4 ff. (S. 523 ff.).
[87] Zur Motivlage statt aller *Heintzen*, Bundesgesetzgebung (Fn. 18), Rn. 83: »zahlreiche Landesgesetze überflüssig«.
[88] Pointiert A. *Funke*, in: BK, Art. 73 Abs. 1 Nr. 3 (2014), Rn. 1; deutlicher drücken dies noch Art. 3 und 4 Nr. 1 RVerf. 1871 aus.
[89] *Sannwald* (Fn. 41), Art. 73 Rn. 24; Jarass/*Pieroth*, GG, Art. 73 Rn. 8; *Degenhart* (Fn. 42), Art. 73 Rn. 13.
[90] BVerfGE 80, 137 (150).
[91] *Heintzen* (Fn. 37), Art. 73 Rn. 28; *Degenhart* (Fn. 42), Art. 73 Rn. 14; → *Stettner*, Bd. II² (Suppl. 2007), Art. 73 Rn. 14.
[92] *Uhle* (Fn. 37), Art. 73 Rn. 62; *Kunig* (Fn. 49), Art. 73 Rn. 14; Jarass/*Pieroth*, GG, Art. 73 Rn. 8; *Degenhart* (Fn. 42), Art. 73 Rn. 13.
[93] So *Sannwald* (Fn. 41), Art. 73 Rn. 25 sowie Jarass/*Pieroth*, GG, Art. 73 Rn. 7; a. A. *Heintzen* (Fn. 37), Art. 73 Rn. 27 f.
[94] Gesetz über den Aufenthalt, die Erwerbstätigkeit und die Integration von Ausländern im Bundesgebiet v. 25.2.2008, BGBl. I S. 162.
[95] Wie hier SächsVerfGH LVerfGE 14, 333 (389 f.); BVerwGE 129, 142 (145, Rn. 26); Jarass/*Pieroth*, GG, Art. 73 Rn. 8; *Funke* (Fn. 88), Art. 73 Abs. 1 Nr. 3 Rn. 15.

Namentlich bei der Regelung der Einreise von Ausländern ist der Bundesgesetzgeber vielfach auf höherer Ebene gebunden (vgl. auch § 1 II AufenthG): Er muß die **Freizügigkeit der Unionsbürger** (Art. 21 AEUV) ebenso achten wie diplomatische Vorrechte, das internationale Flüchtlingsrecht sowie zuletzt die Rechtsprechung des EGMR zu einreise- und aufenthaltsrechtlichen Konsequenzen der EMRK (→ Art. 11 Rn. 10 f.; → Art. 16 Rn. 20, 31; → Art. 16a Rn. 28 f.). 22

Die Kompetenz für das **Paßwesen** deckt vornehmlich das Paßgesetz[96]; näher befugt Art. 73 I Nr. 3 GG den Bund darin insbesondere zur Regelung der Voraussetzungen für die Erteilung, die Versagung und den Entzug eines Reisepasses bzw. seiner verschiedenen funktionalen Äquivalente. Ferner sind Umfang und Inhalt der Paßpflicht sowie die Bestimmung des Herstellers umfaßt[97]. Eingedenk der spezifischen Legitimationsfunktion des Passes im grenzüberschreitenden Verkehr ist der Bund dabei an die ungeschriebenen Regeln zur Paßhoheit sowie Vorgaben zu Diplomatenpässen u.a.m. gebunden[98]. Aus dem **Unionsrecht** kommen weitere harmonisierende Vorschriften etwa zu biometrischen Pässen hinzu[99]. 23

Die Kompetenz für das **Meldewesen** erschöpft sich im Grunde im Erlaß des unlängst novellierten Meldegesetzes[100]; näher sind umfaßt die Regelung der Pflicht der Einwohner, sich und ihre Wohnung bei der zuständigen Behörde zu registrieren[101], die Regelung des Melderegisters (einschließlich -abgleich[102] und -auskunft) sowie die Normierung der eingedenk des Art. 2 I i. V. m. Art. 1 I GG bzw. der einschlägigen Unionsvorschriften notwendigen Datenschutzbestimmungen (→ Art. 2 I Rn. 13 f., 79 ff.)[103]. Für die Meldepflicht der Ausländer soll Art. 74 I Nr. 4 GG spezieller sein (→ Art. 74 Rn. 32)[104]. 24

Das **Ausweiswesen** umschreibt die Befugnis des Bundes (in Parallele zur Kompetenz für das Paßwesen), die Voraussetzungen für die Erteilung, Versagung und Entziehung des Personalausweises zu regeln[105]; dieser dient in Abgrenzung zum Reisepaß der Identitätsfeststellung im innerstaatlichen Bereich. Art. 73 I Nr. 3 GG deckt auch die Statuierung der Pflicht, den Ausweis mit sich zu führen, sowie die flankierenden Datenschutzregeln[106]. In der Sache korrespondiert mit der Kompetenz das Personal- 25

---

[96] Paßgesetz vom 19.4.1986 (BGBl. I S. 537).
[97] Siehe die vergleichbaren Auflistungen bei *Umbach* (Fn. 43), Art. 73 Rn. 32; Jarass/*Pieroth*, GG, Art. 73 Rn. 9 sowie *Funke* (Fn. 88), Art. 73 Abs. 1 Nr. 3 Rn. 17.
[98] Instruktiv *J. Torpey*, The Invention of the Passport, Cambridge 2000, S. 122 ff.
[99] Vgl. Verordnung (EG) Nr. 2252/2004 des Rates vom 13.12.2004 über Normen für Sicherheitsmerkmale und biometrische Daten in von den Mitgliedstaaten ausgestellten Pässen und Reisedokumenten (ABl. EU Nr. L 385 S. 1).
[100] Bundesmeldegesetz (BMG) v. 3.5.2013 (BGBl. I S. 1084); vgl. *W. Mosbacher*, DVP 2013, 361 ff.
[101] Siehe *Kunig* (Fn. 49), Art. 73 Rn. 16; *Heintzen* (Fn. 37), Art. 73 Rn. 32; Jarass/*Pieroth*, GG, Art. 73 Rn. 10; *Degenhart* (Fn. 42), Art. 73 Rn. 14.
[102] BVerfGE 65, 1 (63); kritisch *Pestalozza*, GG VIII, Art. 75 Rn. 604.
[103] So auch *Heintzen* (Fn. 37), Art. 73 Rn. 33; *Uhle* (Fn. 37), Art. 73 Rn. 68; Jarass/*Pieroth*, GG, Art. 73 Rn. 10. Näher *M. Zilkens*, RDV 2013, 280 ff.
[104] So *Uhle* (Fn. 37), Art. 73 Rn. 68; Jarass/*Pieroth*, GG, Art. 73 Rn. 10 a. E.; *Degenhart* (Fn. 42), Art. 73 Rn. 14.
[105] Gleichsinnig *Degenhart* (Fn. 42), Art. 73 Rn. 14; Jarass/*Pieroth*, GG, Art. 73 Rn. 11; *Uhle* (Fn. 37), Art. 73 Rn. 65, 69.
[106] *M. Bothe*, in: AK-GG, Art. 75 (2002), Rn. 19; *Heintzen* (Fn. 37), Art. 73 Rn. 33; Jarass/*Pieroth*, GG, Art. 73 Rn. 11.

Art. 73 C. Erläuterungen

ausweisgesetz mitsamt seinen Ausführungsverordnungen[107]. Für unionsrechtliche Ingerenzen gilt das zum Paßwesen Gesagte (→ Rn. 23).

26 **Einwanderung** bezeichnet nach gängiger Auffassung die Einreise in das Bundesgebiet mit dem Ziel, dort einen Wohnsitz oder dauernden Aufenthalt zu begründen[108]; **Auswanderung** ist demgegenüber das Verlassen der Bundesrepublik mit dem gleichen Ziel (durch Bundesbürger oder Nichtdeutsche)[109]. Die gegenwärtige Debatte über ein **Einwanderungsgesetz** wirft die Frage auf, ob Art. 73 I Nr. 3 GG eine solche »Lösung aus einem Guß« tragen würde oder eng auszulegen ist. Die systematische Zusammenschau mit Art. 74 I Nr. 4 GG sowie der Kontext des Titels selbst legen hier ein enges Verständnis nahe, dem zufolge Nr. 3 eingedenk der Kontrollfunktion der Norm (→ Rn. 21) nur die juristische Sekunde des Grenzübertritts erfaßt, wohingegen spätere Integrationsleistungen auf Art. 74 I Nr. 4 GG gestützt werden müßten[110]. Zwar wäre es mangels einer entsprechenden Parallelnorm denkbar, »Auswanderung« weiter zu fassen, doch spricht viel dafür, die beiden erkennbar korrespondierenden Bestimmungen innerhalb eines Katalogtitel nicht differenziert zu behandeln. Schließlich bleibt *nach* der Auswanderung auch nur noch wenig Regelungsbedarf für die deutsche Staatsgewalt. Soweit ersichtlich, fehlen denn auch spezifische Bestimmungen zur Auswanderung, wohingegen die Einwanderung zentraler Gegenstand des Aufenthaltsgesetzes ist (→ Rn. 21). Auf Nr. 3 gestützt ist hier namentlich die **Zurückweisung** an der Grenze nach § 15 AufenthG.

27 Der Begriff der **Auslieferung** wird in Anlehnung an Art. 16 II GG bestimmt, ist also »dadurch gekennzeichnet, dass eine Person auf Ersuchen zwangsweise aus dem Bereich der inländischen Hoheitsgewalt entfernt und einer ausländischen Hoheitsgewalt überstellt wird [...], damit ein dort betriebenes Strafverfahren abgeschlossen oder eine dort verhängte Strafe vollstreckt werden kann«[111] (→ Art. 16 Rn. 65). So wie das Grundrecht über die Auslieferung im allerengsten Sinne (vgl. §§ 2 ff. IRG) hinaus auch Phänomene wie Durch- oder Rücklieferung (§§ 37 I, 43 ff. IRG) und die Überstellung an internationale Gerichtshöfe (§§ 2 ff. IStGHG) erfaßt (→ Art. 16 Rn. 65), ermächtigt die Kompetenznorm den Bund ebenfalls zum Erlaß von entsprechenden Vorschriften[112]; auf Nr. 3 sind demnach die einschlägigen Vorschriften des IRG wie des IStGHG gestützt[113]. Hingegen soll für die Ausweisung und Abschiebung (§§ 53 ff., 58 ff. AufenthG) von Ausländern Art. 74 I Nr. 4 GG einschlägig sein (→ Art. 74 Rn. 32)[114]. Schließlich folgt aus Art. 16 II 1, 2 GG eine inhaltliche Grenze der Kompetenz; sie erfaßt Bundesbürger nur in den näher umschriebenen Ausnahmen (→ Art. 16

---

[107] Gesetz über Personalausweise sowie den elektronischen Identitätsnachweis (Personalausweisgesetz – PAuswG) v. 18.6.2009 (BGBl. I S. 1346).
[108] So Jarass/*Pieroth*, GG, Art. 73 Rn. 12; ähnlich *Funke* (Fn. 88), Art. 73 Abs. 1 Nr. 3 Rn. 25.
[109] Ähnlich *Uhle* (Fn. 37), Art. 73 Rn. 71; *H.-W. Rengeling*, HStR³ VI, § 135 Rn. 103; Jarass/*Pieroth*, GG, Art. 73 Rn. 12.
[110] *Umbach* (Fn. 43), Art. 73 Rn. 34; Jarass/*Pieroth*, GG, Art. 73 Rn. 12 a. E.; *Sannwald* (Fn. 41), Art. 73 Rn. 29.
[111] BVerfGE 113, 273 (293, Rn. 64).
[112] Ebenso *Degenhart* (Fn. 42), Art. 73 Rn. 16.
[113] Gegenüber der Kompetenz nach Art. 73 I Nr. 1 GG (→ Rn. 12) dürfte Nr. 3 hier speziell sein; vgl. *Funke* (Fn. 88), Art. 73 Abs. 1 Nr. 3 Rn. 32.
[114] So *Heintzen* (Fn. 37), Art. 73 Rn. 31; *Uhle* (Fn. 37), Art. 73 Rn. 74; Jarass/*Pieroth*, GG, Art. 73 Rn. 13.

II. Einzelne Titel (Abs. 1) **Art. 73**

Rn. 69 ff.)[115]. Zugleich gilt, daß **Völker-** wie **Unionsrecht** der Bundeskompetenz zunehmend engere Grenzen setzen (→ Art. 16 Rn. 31 ff.).

4. Währungswesen, Maße und Gewichte (Nr. 4)

Art. 73 I Nr. 4 GG steht in einer **Tradition**[116], die von den §§ 45–47 RVerf. 1849 (Münzwesen, Maße und Gewichte, Bankwesen einschließlich der Ausgabe von Papiergeld) über Art. 4 Nr. 3 RVerf. 1871[117] bis auf Art. 6 Nr. 5 WRV (Münzwesen) resp. Art. 7 Nr. 14 WRV (Maße und Gewichte, Papiergeld) reicht[118]. Art. 35 Nr. 4 HChE erstreckte sich zunächst nur auf das Währungs-, Geld- und Münzwesen und wurde im Zustimmungsausschuß im breiten Konsens zunächst um »Maße und Gewichte« sowie eingedenk der Möglichkeit zum Abschluß internationaler Vereinbarungen um die »Zeitbestimmung« ergänzt[119]. 28

Die Kompetenz nach Art. 73 I Nr. 4 GG ist teils redundant formuliert, denn »**Währungswesen**« wird ganz einhellig als Oberbegriff zum **Geld- und Münzwesen** verstanden[120]. Im Zentrum steht »die Bestimmung und institutionelle Ordnung der gesetzlichen Zahlungsmittel«[121]; ergänzt wird diese Kompetenz nach der Rechtsprechung durch die Festsetzung der Grundsätze der Währungspolitik[122] (hingegen ist Nr. 4 keine Grundlage für die Bestimmung der Konjunkturpolitik[123]). Erfaßt sind ferner die Devisenbewirtschaftung[124], die Transformationsgesetzgebung für internationale Übereinkommen über das Währungswesen[125] sowie die Zirkumskription der währungsrelevanten Kompetenzen der **Bundesbank**[126]. Im übrigen fällt das Bankwesen unter die konkurrierende Kompetenz nach Art. 74 I Nr. 11 GG (→ Art. 74 Rn. 53). Die Bundeskompetenz für das **Geldwesen** erstreckt sich auf die Regelungen in Ansehung der Banknoten sowie des sog. Giral- oder Buchgeldes[127]. Das **Münzwesen** schließlich erfaßt in doppelter Spezifikation des Währungswesens die Kompetenz zur Regelung derjenigen Bundesmünzen, die als gesetzliche Zahlungsmittel fungieren[128]. 29

---

[115] Statt aller *Kunig* (Fn. 49), Art. 73 Rn. 19.
[116] Siehe *Pestalozza*, GG VIII, Art. 73 Rn. 177 ff. sowie Schneider, GG-Dokumentation, Bd. 17, Art. 73 Nr. 4 S. 564 f. und ebd., Art. 73 Nr. 4 Rn. 1 ff. (S. 572 f.).
[117] Maß-, Münz- und Gewichtssystem; Grundsätze der Papiergeldemission.
[118] Näher zur Historie *M. Niedobitek*, in: BK, Art. 73 Nr. 4 (2001), Rn. 2 ff.; zur Weimarer Regelung *Anschütz*, WRV, Art. 6 Anm. 5 (S. 77).
[119] Siehe JöR 1 (1951), S. 474 f.; näher *Pestalozza*, GG VIII, Art. 73 Rn. 182 ff. sowie Schneider, GG-Dokumentation, Bd. 17, Art. 73 Nr. 4 S. 565 ff. und ebd., Art. 73 Nr. 4 Rn. 4 ff. (S. 573 ff.).
[120] *Degenhart* (Fn. 42), Art. 73 Rn. 17; *Jarass/Pieroth*, GG, Art. 73 Rn. 14; *Uhle* (Fn. 37), Art. 73 Rn. 78.
[121] *Jarass/Pieroth*, GG, Art. 73 Rn. 14. – Gleichsinnig *Kunig* (Fn. 49), Art. 73 Rn. 18.
[122] BVerfGE 4, 60 (73). Konkret verwarf das Gericht ein Landesgesetz, weil es in Gestalt der Intendanturweinauflage eine »Aufwertung formell abgewickelter Verbindlichkeiten« vornahm, die zum Währungsrecht zählt.
[123] *Bothe* (Fn. 46), Art. 73 Rn. 10; *W. Höfling/A. Engels*, in: Friauf/Höfling, GG, Art. 73 Abs. 1 Nr. 4 (2008), Rn. 10; *Uhle* (Fn. 37), Art. 73 Rn. 81.
[124] BVerfGE 1, 372 (391 f.).
[125] Statt aller *Uhle* (Fn. 37), Art. 73 Rn. 81.
[126] Wie hier *U. Häde*, in: BK, Art. 88 (2013), Rn. 108 ff.; *Jarass/Pieroth*, GG, Art. 73 Rn. 14; *Degenhart* (Fn. 42), Art. 73 Rn. 17; → *Stettner*, Bd. II² (Suppl. 2007), Art. 73 Rn. 26; a. A. hingegen *Uhle* (Fn. 37), Art. 73 Rn. 83.
[127] *Heintzen* (Fn. 37), Art. 73 Rn. 40; *Uhle* (Fn. 37), Art. 73 Rn. 83; *Jarass/Pieroth*, GG, Art. 73 Rn. 14. – Klassisch zum Giralgeld *C. Münch*, Das Giralgeld in der Rechtsordnung der Bundesrepublik Deutschland, 1990.
[128] *H.-W. Rengeling*, HStR³ VI, § 135 Rn. 105; *Höfling/Engels* (Fn. 123), Art. 73 I Nr. 4 Rn. 12; *Uhle*

30 Gestützt auf die Kompetenz nach Art. 73 I Nr. 4 GG hat der Bund das **Bundesbankgesetz**[129] sowie das **Münzgesetz**[130] erlassen. Auch die Gesetze zur Umsetzung der Europäischen Währungsunion werden von diesem Kompetenztitel erfaßt und gedeckt[131].

31 Die **Überformung** namentlich des Währungswesens **durch Unionsrecht** ist mit Händen zu greifen[132]. Nach Art. 18 IV EUV errichtet die Union eine Wirtschafts- und Währungsunion, deren Währung der Euro ist; in Art. 127 ff., 136 ff. AEUV wird diese gemeinsame Währungspolitik näher konkretisiert und konturiert.

32 **Maße** wird vergleichsweise einhellig als **Oberbegriff** zu »Gewichten« und »Zeitbestimmung« angesehen[133]. Auf der Hand liegender Zweck der Bundeskompetenz ist die Gewährleistung einheitlicher Bezugsgrößen sowohl für die wirtschaftliche Tätigkeit als auch für den Alltagsvollzug (Zeiteinteilung!). Erfaßt sind danach so basale Aufgaben wie die Festlegung des Kalenders[134], aber auch die Einführung der Sommerzeit[135]. Nicht erfaßt ist die Bestimmung von Feiertagen oder die Fristberechnung[136]. Von der Kompetenz gedeckt sind ferner das Eich- und das Feingehaltswesen[137]; hingegen erlaubt Art. 73 I Nr. 4 GG dem Bund nicht die Festlegung von Grenzwerten oder Handelsklassen[138] – auch hier bleibt es bei der rein **formalen Anmutung** der Bundeskompetenz. Von seiner Kompetenz hat der Bund an zentraler Stelle im Einheiten- und Zeitgesetz mitsamt den einschlägigen Ausführungsverordnungen[139] Gebrauch gemacht; ferner verdient das Mess- und Eichgesetz Erwähnung[140]. Für die Untertitel Maße und Gewichte wie Zeitbestimmung ist schließlich zu berücksichtigen, daß sowohl verbindliche Resolutionen der **Conférence Générale des Poids et Mesures**

(Fn. 37), Art. 73 Rn. 80; *Kunig* (Fn. 49), Art. 73 Rn. 22; *Jarass/Pieroth*, GG, Art. 73 Rn. 14.

[129] Gesetz über die Deutsche Bundesbank i. d. F. d. Bek. v. 22.10.1992 (BGBl. I S. 1782); vgl. dazu L. *Gramlich*, Bundesbankgesetz, Währungsgesetz, Münzgesetz, 2009 sowie *H. J. Hahn/U. Häde*, Währungsrecht, 2. Aufl. 2010, S. 95 ff.

[130] Münzgesetz vom 16.12.1999 (BGBl. I S. 2402).

[131] An erster Stelle das Gesetz zur Einführung des Euro v. 15.6.1998 (BGBl. I S. 1242). Vgl. im Überblick *C. Gaitanides/C. Hettinger*, Geld- und Währungsrecht, in: Schulze/Zuleeg/Kadelbach, Europarecht, § 31 sowie *Hahn/Häde*, Währungsrecht (Fn. 129), S. 122 ff., 264 ff.

[132] Zusammenfassend *Niedobitek* (Fn. 118), Art. 73 I Nr. 4, Rn. 31 f.; vgl. ferner *Hahn/Häde*, Währungsrecht (Fn. 129), S. 116 ff. sowie *Herrmann*, Währungshoheit (Fn. 26), S. 150 ff.

[133] *Degenhart* (Fn. 42), Art. 73 Rn. 19; *Jarass/Pieroth*, GG, Art. 73 Rn. 15; *Uhle* (Fn. 37), Art. 73 Rn. 77. Differenzierend *Niedobitek* (Fn. 118), Art. 73 I Nr. 4 Rn. 64 ff.

[134] Dafür *H.-W. Rengeling*, HStR³ VI, § 135 Rn. 106; *Uhle* (Fn. 37), Art. 73 Rn. 88; *Degenhart* (Fn. 42), Art. 73 Rn. 19.

[135] Statt aller *Niedobitek* (Fn. 118), Art. 73 I Nr. 4 Rn. 68.

[136] Zu beidem m.N. *Degenhart* (Fn. 42), Art. 73 Rn. 19.

[137] *Niedobitek* (Fn. 118), Art. 73 I Nr. 4 Rn. 66; *Uhle* (Fn. 37), Art. 73 Rn. 87; *Degenhart* (Fn. 42), Art. 73 Rn. 19; *Sannwald* (Fn. 41), Art. 73 Rn. 56

[138] *Heintzen* (Fn. 37), Art. 73 Rn. 41; *Kunig* (Fn. 49), Art. 73 Rn. 23; *Jarass/Pieroth*, GG, Art. 73 Rn. 15.

[139] Gesetz über die Einheiten im Meßwesen und die Zeitbestimmung (Einheiten- und Zeitgesetz – EinhZeitG) i. d. F. der Bek. v. 22.2.1985 (BGBl. I S. 408).

[140] Gesetz über das Inverkehrbringen und die Bereitstellung von Messgeräten auf dem Markt, ihre Verwendung und Eichung sowie über Fertigpackungen (Mess- und Eichgesetz – MessEG) v. 25.7.2013 (BGBl. I S. 2722).

(CGPM)¹⁴¹ als auch unionsrechtliche Bestimmungen vorliegen¹⁴², die den Bund bei der Ausübung seiner Kompetenz binden.

5. Handels- und Warenverkehr, Zoll- und Grenzschutz (Nr. 5)

Die Idee eines einheitlichen Zoll- und Handelsgebietes geht im Kern auf den **Zollverein** zurück¹⁴³, wird erstmals in den §§ 33 ff. RVerf. 1849 ausbuchstabiert¹⁴⁴ und in der Bismarckverfassung in Art. 4 Nr. 2, 33, 35 (Zollgebiet, ausschließliche Reichsgesetzgebung) fortgeführt. Art. 6 Nr. 6 WRV erstreckte die ausschließliche Kompetenz des Reiches auf das Zollwesen, die Einheit des Zoll- und Handelsgebietes und die Freizügigkeit des Warenverkehrs; Handel (Art. 7 Nr. 14 WRV) und Schiffahrt (Art. 7 Nr. 18 WRV) waren hingegen der konkurrierenden Kompetenz zugeordnet¹⁴⁵. In dieser Tradition sieht Art. 35 Nr. 5 HChE die Bundeszuständigkeit für die Einheit des Zoll- und Handelsgebietes, Zoll- und Handelsverträge und die Freizügigkeit des Warenverkehrs vor¹⁴⁶. In der weiteren Debatte wurden ohne politische Kontroversen die Zollverträge gestrichen und nacheinander die Schiffahrtsverträge, der Waren- und Zahlungsverkehr mit dem Ausland sowie der Zoll- und Grenzschutz eingefügt¹⁴⁷.

33

Der Kompetenztitel **Einheit des Zoll- und Handelsgebietes** gibt dem Bund die Befugnis in die Hand, durch Gesetz Handelsschranken innerhalb des Bundesgebietes zu verhindern oder abzubauen bzw. Binnenzölle aufzuheben. Diese Aufgabe ist historisch vollendet¹⁴⁸, weshalb Überlegungen, Nr. 5 einen materiellen Gehalt in Gestalt eines Einheitsgebotes beizumessen¹⁴⁹, eher künstlich wirken. Auch der Streit um das Verhältnis zu Art. 105 I GG trägt wenig aus¹⁵⁰. In der Sache sind die Regelungsgegenstände ohnehin auf die Unionsebene abgewandert (→ Rn. 39)¹⁵¹.

34

---

¹⁴¹ Seine Tätigkeit beruht auf der Internationalen Meterkonvention v. 20.5.1875 (RGBl. 1876 S. 191); näher dazu wie zu weiteren Organen und verbindlichen Festlegungen *K. E. Puls*, Naturwissenschaftliche Rundschau 53 (2000), 624 ff.

¹⁴² Vgl. nur Richtlinie 2009/3/EG des Europäischen Parlaments und des Rates vom 11.3.2009 zur Änderung der Richtlinie 80/181/EWG des Rates zur Angleichung der Rechtsvorschriften der Mitgliedstaaten über die Einheiten im Messwesen (ABl. Nr. L 114 vom 11.3.2009, S. 10). Näher m. w. N. *Niedobitek* (Fn. 118), Art. 73 I Nr. 4 Rn. 34 ff.

¹⁴³ Dazu H.-W. Hahn/M. Kreutzmann (Hrsg.), Der deutsche Zollverein: Ökonomie und Nation im 19. Jahrhundert, 2012 sowie zuletzt *M. Kreutzmann*, Föderalismus und zwischenstaatliche Integration im Deutschen Zollverein (1834–1867), in: J. Lilla/G. Ambrosius (Hrsg.), Föderalismus in historisch vergleichender Perspektive, Bd. 2, 2015, S. 13 ff.

¹⁴⁴ Näher *Pestalozza*, GG VIII, Art. 73 Rn. 235 f. sowie Schneider, GG-Dokumentation, Bd. 17, Art. 73 Nr. 5, S. 616 f. und ebd., Art. 73 Nr. 5 Rn. 1 ff. (S. 625 f.).

¹⁴⁵ Aus der zeitgenössischen Literatur *Anschütz*, WRV, Art. 7 Anm. 1 (S. 78).

¹⁴⁶ Parl. Rat. II, S. 585; vgl. zum folgenden JöR 1 (1951), S. 475 f. sowie *Pestalozza*, GG VIII, Art. 73 Rn. 244 ff.; näher Schneider, GG-Dokumentation, Bd. 17, Art. 73 Nr. 5, S. 617 ff. und ebd., Art. 73 Nr. 5 Rn. 4 ff. (S. 626 ff.).

¹⁴⁷ Die letzte Ergänzung geht auf den Abg. *Zinn* (SPD) im Hauptausschuß zurück: Parl. Rat XIV/2, S. 1829.

¹⁴⁸ Zu Ausnahmen in Gestalt von Zollausschlußgebieten u. a. m. *Degenhart* (Fn. 42), Art. 73 Rn. 20 sowie Jarass/*Pieroth*, GG, Art. 73 Rn. 16.

¹⁴⁹ So etwa *Bothe* (Fn. 46), Art. 73 Rn. 13; *Uhle* (Fn. 37), Art. 73 Rn. 96 ff.; *Degenhart* (Fn. 42), Art. 73 Rn. 20.

¹⁵⁰ Lt. BVerfGE 8, 260 (268) ist Art. 105 I GG »eine abgabenrechtliche Folgerung aus Art. 73 Ziff. 5 GG«; für Spezialität der Norm in Ansehung von Zöllen hingegen *T. M. Spranger*, in: BK, Art. 73 I Nr. 5 (2004), Rn. 16 sowie *Degenhart* (Fn. 42), Art. 73 Rn. 20.

¹⁵¹ *Degenhart* (Fn. 42), Art. 73 Rn. 20.

Art. 73 C. Erläuterungen

35 Der Untertitel **Handels- und Schiffahrtsverträge** verschafft dem Bund die Transformationskompetenz für derartige Abkommen, wohingegen die Vertragsschluß- und Ratifikationskompetenz aus Art. 32 I, 59 II GG folgen (→ Art. 32 Rn. 23, 34; → Art. 59 Rn. 25)[152]. Die Bundeskompetenz ist dabei beschränkt auf solche Materien, die wie Meistbegünstigung, Niederlassung und Zugang zu Häfen typischerweise Gegenstände derartiger Abkommen sind[153]; das Recht der Hafengebühren ist nicht erfaßt[154]. Für die Binnenschiffahrt ist Art. 74 I Nr. 21 GG einschlägig (→ Art. 74 Rn. 103, 106)[155].

36 Der Titel **Freizügigkeit des Warenverkehrs** bezieht sich nur auf den *inländischen* Warenverkehr; allerdings deckt sich sein Regelungsgehalt insofern mit der Einheit des Zoll- und Handelsgebietes (→ Rn. 34)[156].

37 Die Kompetenz zur Regelung des **Waren- und Zahlungsverkehrs mit dem Auslande** trägt zunächst das Außenwirtschaftsrecht[157]; dazu zählt kraft Sachzusammenhangs auch der Dienstleistungsverkehr[158]. Ferner ist das Devisenrecht erfaßt (sofern noch einschlägig)[159], und auch unentgeltliche Transaktionen fallen unter Nr. 5[160]. Die **Gründe** für Warenein- und -ausfuhrverbote sind **kompetenzrechtlich indifferent**; insbesondere kann der Bund auf Art. 73 I Nr. 5 GG Filmeinfuhrverbote aus polizeilichen Gründen stützen[161]. Ferner kommen Aspekte des Artenschutzes, aber auch der Wahrung von Sozialstandards (Kinderarbeit) in Betracht[162].

38 Der Kompetenztitel **Zoll- und Grenzschutz** schließlich räumt dem Bund die Möglichkeit ein, durch Gesetze die Kontrolle des Personen- und Warenverkehrs über die Grenze sowie deren nichtmilitärische Sicherung zu regeln; die Formulierung »einschließlich« soll dabei nach überwiegender Meinung als Redaktionsversehen keinen interpretationsleitenden Konnex zum Warenverkehr herstellen[163]. Grenzschutz umfaßt über die eigentliche Sicherung der Grenze hinaus auch Kontrollen des grenzüberschreitenden Verkehrs an grenznahen Bahnhöfen und Flughäfen, darf aber nicht das Billet für eine flächendeckend präsente Bundespolizei sein[164]. Hingegen deckt der Titel die Beteiligung von Bundespolizei und Zollkriminalamt an der Antiterrordatei (→ Rn. 71)[165]. Nicht erfaßt werden hingegen Auslandseinsätze der Bundespolizei[166]. In

---

[152] Statt aller *Degenhart* (Fn. 42), Art. 73 Rn. 21.
[153] *Bothe* (Fn. 46), Art. 73 Rn. 14; *Heintzen* (Fn. 37), Art. 73 Rn. 48; W. *Höfling/A. Engels*, in: Friauf/Höfling, GG, Art. 73 Abs. 1 Nr. 5 (2008), Rn. 10.
[154] BVerfGE 91, 207 (220).
[155] Vgl. *Höfling/Engels* (Fn. 153), Art. 73 Abs. 1 Nr. 5 Rn. 10; Jarass/*Pieroth*, GG, Art. 73 Rn. 17.
[156] Nahezu einhellige Meinung: *Umbach* (Fn. 43), Art. 73 Rn. 45; *Kunig* (Fn. 49), Art. 73 Rn. 26; Jarass/*Pieroth*, GG, Art. 73 Rn. 18; *Degenhart* (Fn. 42), Art. 73 Rn. 20.
[157] BVerfGE 110, 33 (47, Rn. 86 f.).
[158] BVerfGE 110, 33 (47 f., Rn. 88); kritisch insofern *Spranger* (Fn. 150), Art. 73 I Nr. 5 Rn. 46 ff.
[159] BVerwGE 81, 1 (2); zum Recht der Devisenbewirtschaftung → Rn. 29.
[160] BVerfGE 33, 52 (60 f.).
[161] BVerfGE 33, 52 (61 ff.) mit umfangreicher verfassungshistorischer Herleitung; a. A. BVerfGE 33, 77 (78) – Sondervotum Rupp-v. Brünneck/Simon.
[162] Vgl. die Auflistungen bei Jarass/*Pieroth*, GG, Art. 73 Rn. 19 sowie *Degenhart* (Fn. 42), Art. 73 Rn. 20.
[163] H.-W. *Rengeling*, HStR³ VI, § 135 Rn. 111; C. *Seiler*, in: Epping/Hillgruber, GG, Art. 73 Rn. 23; Jarass/*Pieroth*, GG, Art. 73 Rn. 20; *Degenhart* (Fn. 42), Art. 73 Rn. 23.
[164] BVerfGE 97, 198 (218); vgl. SächsVerfGH Urt. v. 10.7.2003, Vf. 43-II-00, S. 17: Streifen von 30 km Tiefe; siehe ferner LVerfG MV LVerfGE 10, 337 (346): keine Befugnis zur allgemeinen Gefahrenabwehr in diesen Zonen.
[165] BVerfGE 133, 277 (320, Rn. 102).
[166] Eingehend A. *Fischer-Lescano*, AöR 128 (2003), 52 (72 f.); knapper Jarass/*Pieroth*, GG, Art. 73 Rn. 20.

umgekehrter Perspektive schließt Art. 73 I Nr. 5 GG Gesetze der Länder zum Schutz ihrer Grenzen aus[167], sofern diese auch Grenzen des Bundes sind; eingedenk des Art. 87 I 2 GG bleiben aber Organisationsregeln zulässig (→ Art. 87 Rn. 33).

Der Bundesgesetzgeber ist im Rahmen seiner Kompetenz nach Art. 73 I Nr. 5 GG vielfältigen Bindungen unterworfen. Auf völkerrechtlicher Ebene ist an erster Stelle das Regime der **WTO** bzw. des **GATT** zu nennen[168]. Die EU drängt in den Sachbereich der Norm durch ihre ausschließliche Zuständigkeit für die **Zollunion** (Art. 3 I lit. a, 28 ff. AEUV)[169], ihre weiteren Vorgaben zum freien Waren-, Kapital- und Dienstleistungsverkehr (vgl. Art. 34 ff., 56 ff., 63 ff. AEUV mitsamt dem einschlägigen Sekundärrecht)[170], ihre gemeinsame Handelspolitik mit dem spiegelbildlichen Außenwirtschaftsrecht[171] sowie durch ihr durchaus mehrgesichtiges Grenzkontrollregime, das einerseits auf den Wegfall der Grenzkontrolle setzt (Art. 77 AEUV; **Schengen**)[172], andererseits aber gerade im Rahmen der Asylpolitik diesbezüglich Schärfungen enthält (vgl. Art. 78 AEUV und Folgeregelungen; → Art. 16a Rn. 34). 39

6. Schutz deutschen Kulturgutes (Nr. 5a)

Art. 73 I Nr. 5a GG hat unter dem Grundgesetz eine **bewegte Geschichte** hinter sich. Die Norm feiert ihren Einstand als Art. 74 Nr. 5 GG a. F.; sie geht in der Sache auf den Regelungsauftrag in Art. 150 II WRV zurück[173]. Eingang in den Grundgesetztext findet sie nach lebhafter Diskussion aufgrund der Erwägung, daß fortgeltendes Reichsrecht wie andere Titel der Art. 73, 74 GG der Gefahr des Verkaufs national bedeutsamer Kunstwerke nicht hinreichend steuern könnten[174]. 1994 erfolgt im Rahmen der von der GVK angeregten Verfassungsreform zunächst die Herabstufung zur Rahmenvorschrift (Art. 75 I Nr. 6 GG a. F.)[175], bevor 2006 im Zuge der Föderalismusreform I die Hochstufung zur ausschließlichen Kompetenz vorgenommen wird[176]. Der Titel dürfte damit der einzige sein, der tatsächlich sukzessive in alle drei Kompetenzkategorien eingeordnet worden ist. 40

Kulturgut ist weit zu verstehen und umfaßt neben Kunstwerken und Objekten des Kunsthandwerks auch Bibliotheken, Archivalien und sonstige Sammlungen (etwa historische Alltagsgegenstände bäuerlicher Provenienz, technische Artefakte oder Tierpräparate[177])[178]. **Deutsch** soll Kulturgut schon sein, wenn es sich nicht nur vorüberge- 41

---

[167] *Höfling/Engels* (Fn. 153), Art. 73 Abs. 1 Nr. 5 Rn. 23; *Degenhart* (Fn. 42), Art. 73 Rn. 23. A. A. *Heintzen* (Fn. 37), Art. 73 Rn. 54.
[168] Dazu im kompakten Zugriff *M. Krajewski*, Wirtschaftsvölkerrecht, 3. Aufl. 2012, S. 49 ff.
[169] Näher dazu wie zur Reichweite der Verdrängung *Wolffgang* (Fn. 25), § 33 Rn. 1 ff. (bes. Rn. 32 f.; ebd., S. 2026 f. auch einschlägiges Sekundärrecht; vgl. ferner Rn. 24 ff. zu völkerrechtlichen Zollabkommen).
[170] Erneut im ersten Zugriff *D. Chalmers/G. Davies/G. Monti*, European Union Law, 3. Aufl. Cambridge 2014, S. 667 ff., 754 ff., 798 ff.
[171] Dazu *S. Boysen/S. Oeter*, Außenwirtschaftsrecht, in: Schulze/Zuleeg/Kadelbach, Europarecht, § 32 Rn. 37 ff. (wiederum m. w. N.).
[172] Näher außer den Kommentaren zu Art. 77 AEUV *D. Kugelmann*, Einwanderungs- und Asylrecht, in: Schulze/Zuleeg/Kadelbach, Europarecht, § 41 Rn. 102 ff.
[173] Aus der zeitgenössischen Literatur *Anschütz*, WRV, Art. 150 Anm. 1 (S. 695).
[174] Näher JöR 1 (1951), S. 506 sowie *Pestalozza*, GG VIII, Art. 75 Rn. 633 f.
[175] Näher m. w. N. zur Motivlage *Pestalozza*, GG VIII, Art. 75 Rn. 635 ff.
[176] Siehe *Heintzen* (Fn. 37), Art. 73 Rn. 55.
[177] Erwogen vom BayVGH BayVBl. 1989, 50 (52): Sammlung von Käfern.
[178] Ähnlich weit *Degenhart* (Fn. 42), Art. 73 Rn. 24.

hend im Geltungsbereich des Grundgesetzes befunden hat[179]. Hier dürfte zu differenzieren sein: Stellt man in Rechnung, daß die Norm zu den (wenigen) Kompetenzbestimmungen zählt, die dem Staat nicht allein eine Befugnis zuweisen, sondern auch eine Richtung vorgeben, in der sie auszuüben ist (→ Vorb. zu Art. 70–74 Rn. 54 f.), so sprechen sowohl die Schutzintention als auch die potentiell freiheitsbeschränkende Funktion der Norm für eine gestufte Interpretation. Danach greift der Ausfuhrschutz nur dann, wenn das Kulturgut eine vom Gesetzgeber näher zu konturierende **Bedeutungsschwelle** überschreitet. Diese dürfte für Artefakte, die in Deutschland entstanden oder von Deutschen geschaffen worden sind und Relevanz für die deutsche Kultur-, Technik- oder Allgemeingeschichte haben, regelmäßig eher erreicht sein als für solche Objekte, die lediglich nach Deutschland gelangt sind und hier gelagert oder gezeigt werden. Ferner wird die gängige Auskunft, **privater wie öffentlicher Besitz** seien gleichermaßen erfaßt[180], dahingehend zu präzisieren sein, daß öffentliche oder zumindest öffentlich zugängliche Kulturgüter ebenfalls die Relevanzschwelle generell leichter überschreiten als Privatbesitz.

42 Schutz gegen **Abwanderung** ist zu verstehen als Schutz gegen das dauerhafte Entfernen aus dem Geltungsbereich des Grundgesetzes und zielt letztlich auf Maßnahmen zur Verhinderung der Ausfuhr, ohne dem Bundesgesetzgeber hierin Detailvorgaben zu machen[181]. Gestützt auf die (heutige) Kompetenz nach Art. 73 I Nr. 5a GG hat der Bund 1955 das Gesetz zum Schutz deutschen Kulturgutes gegen Abwanderung (KultGSchG) erlassen[182], dessen Novelle derzeit kontrovers debattiert wird.

43 Der Bund muß bei der Wahrnehmung seiner Kompetenz völker- wie unionsrechtliche **Vorgaben** wahren. Sofern »deutsches Kulturgut« auch in deutschen Museen etc. aufbewahrte Artefakte fremder Provenienz (antike Hochkulturen, indigene Völker u. a. m.) erfassen soll (→ Rn. 41), sind die Regeln des in der Entwicklung befindlichen internationalen **Kulturgüterschutz- und Kunstrestitutionsrecht**s zu beachten[183]. Ferner steht die von der Norm zumindest intendierte Möglichkeit von Ausfuhrverboten in Spannung zur unionsrechtlichen **Warenverkehrsfreiheit**; Art. 36 S. 1 AEUV erlaubt zwar grundsätzlich Ausfuhrverbote zum Schutz »des nationalen Kulturguts von künstlerischem, geschichtlichem oder archäologischem Wert«[184], doch ist hier skrupulös abzugleichen, ob Begriffe und Schutzintention beider Normen deckungsgleich sind (erst recht: von den Gerichten auch in dieser Manier ausgelegt werden)[185].

---

[179] *Uhle* (Fn. 37), Art. 73 Rn. 131; Jarass/*Pieroth*, GG, Art. 73 Rn. 21; *Degenhart* (Fn. 42), Art. 73 Rn. 24.
[180] Jarass/*Pieroth*, GG, Art. 73 Rn. 21; *Degenhart* (Fn. 42), Art. 73 Rn. 24.
[181] Ähnlich *Degenhart* (Fn. 42), Art. 73 Rn. 24.
[182] I.d.F. der Bek. v. 8.7.1999 (BGBl. I S. 1754); vgl. dazu nur *Lenski*, Kulturrecht (Fn. 32), S. 29 ff.
[183] Näher aus der umfangreichen und noch höchst heterogenen Literatur (m. w. N.) *G. Strauch*, Rechtsverhältnisse an Kulturgütern im internationalen Sachenrecht, 2007, S. 38 ff., 77 ff.; *M. Anton*, Rechtshandbuch Kulturgüterschutz und Kunstrestitutionsrecht, Bd. I, 2010, S. 24 ff.; *S. Lenski*, Batik in Bethlehem, Hikaye in Hannover: Der rechtliche Schutz des Kulturerbes zwischen kulturellem Internationalismus und nationaler Identität, 2015. → Art. 5 III (Kunst), Rn. 19.
[184] Siehe dazu nur *T. Kingreen*, in: Calliess/Ruffert, EUV/AEUV, Art. 34–36 AEUV Rn. 195 ff.
[185] Vgl. jetzt eingehend *M. A. Schnelle*, Der Abwanderungsschutz von Kulturgütern im Lichte der Freihandelsordnungen von AEUV und GATT, 2015.

7. Luftverkehr (Nr. 6)

44 Der Luftverkehr taucht als Regelungsgegenstand erstmals in Art. 7 Nr. 19 WRV auf[186]; eingedenk dieser Zuordnung zur konkurrierenden Gesetzgebung firmiert er zunächst auch unter Art. 36 Nr. 35 HChE als »**Luftfahrt**«[187]. Die Zuordnung zum Bund erfolgt im Zuordnungsausschuß buchstäblich im Windschatten des Titels »Eisenbahn« (→ Rn. 47).

45 Über den Flugverkehr im engeren Sinne räumt Art. 73 I Nr. 6 GG dem Bund die Gesetzgebungskompetenz für das gesamte **Luftfahrtwesen** ein[188]. In der Sache soll der Bund nicht nur den Luftverkehr als solchen gesetzlich regeln, sondern auch die Bereitstellung der Infrastruktur, ohne die er nicht durchzuführen ist, sowie die Abwehr der Gefahren, die entweder vom Luftverkehr ausgehen oder ihm spezifisch drohen[189]. Von der Kompetenz nach Nr. 6 sind danach im Kern umfaßt die Zulassung von Luftfahrzeugen sowie die Bestimmungen über ihren Betrieb[190]; ferner die Luftaufsicht[191], die Luftsicherung (→ Art. 87d [Suppl. 2010], Rn. 26 ff.)[192], die Luftpolizei[193], die Abwehr von Angriffen auf die Sicherheit des Luftverkehrs (am Boden wie in der Luft)[194] sowie die Luftrettung[195]. Speziell am Boden umfaßt die Regelungskompetenz die Anlage wie den Betrieb von Flughäfen[196] sowie die Vorkehrungen des anlagenbezogenen Lärmschutzes. Mit der Zuständigkeit für die Sicherheit des Luftverkehrs korrespondiert auch die Befugnis zur Erhebung einer Luftsicherheitsgebühr[197]. Gestützt auf seine Kompetenz nach Art. 73 I Nr. 6 GG hat der Bundesgesetzgeber namentlich das Luftverkehrsgesetz[198] sowie das Luftsicherheitsgesetz erlassen[199]. Nach verbreiteter

---

[186] Näher *Pestalozza*, GG VIII, Art. 73 Rn. 329 f. sowie Schneider, GG-Dokumentation, Bd. 17, Art. 73 Nr. 6 S. 670 f. und ebd., Art. 73 Nr. 6 Rn. 1 ff. (S. 679 f.).

[187] Näher JöR 1 (1951), S. 476; *Pestalozza*, GG VIII, Art. 73 Rn. 331 ff. sowie Schneider, GG-Dokumentation, Bd. 17, Art. 73 Nr. 6, S. 671 f. und ebd., Art. 73 Nr. 6 Rn. 4 ff. (S. 680 ff.).

[188] BVerwGE 95, 188 (190 f.); aus der Literatur *Uhle* (Fn. 37), Art. 73 Rn. 135; Jarass/*Pieroth*, GG, Art. 73 Rn. 22.

[189] Gleichsinnig für eine weite Auslegung *Uhle* (Fn. 37), Art. 73 Rn. 135 ff.

[190] *Heintzen* (Fn. 37), Art. 73 Rn. 57; *Uhle* (Fn. 37), Art. 73 Rn. 135; Jarass/*Pieroth*, GG, Art. 73 Rn. 22.

[191] Dafür H.-W. Rengeling, HStR³ VI, § 135 Rn. 114; *Uhle* (Fn. 37), Art. 73 Rn. 135; H.-J. Pabst/R. *Schwartmann*, in: BK, Art. 73 I Nr. 6 (2011), Rn. 7 ff.; *Schnapauff* (Fn. 41), Art. 73 Rn. 9; Degenhart (Fn. 42), Art. 73 Rn. 26; Jarass/*Pieroth*, GG, Art. 73 Rn. 22; Sannwald (Fn. 41), Art. 73 Rn. 83; *Seiler* (Fn. 163), Art. 73 Rn. 25.

[192] Pabst/*Schwartmann* (Fn. 191), Art. 73 I Nr. 6 Rn. 19; *Kunig* (Fn. 49), Art. 73 Rn. 30 sowie Jarass/*Pieroth*, GG, Art. 73 Rn. 22; *Seiler* (Fn. 163), Art. 73 Rn. 25.

[193] Statt aller *Kunig* (Fn. 49), Art. 73 Rn. 30.

[194] BVerfGE 97, 129 (225 f.); 132, 1 (5 ff., Rn. 14 ff.); 133, 241 (261, Rn. 55); aus der Literatur *Heintzen* (Fn. 37), Art. 73 Rn. 57; *Uhle* (Fn. 37), Art. 73 Rn. 137; *Schnapauff* (Fn. 41), Art. 73 Rn. 9; *Degenhart* (Fn. 42), Art. 73 Rn. 26; Jarass/*Pieroth*, GG, Art. 73 Rn. 22; Sannwald (Fn. 41), Art. 73 Rn. 84; *Seiler* (Fn. 163), Art. 73 Rn. 25.

[195] Eingehend J. Stindt, Luftrettung in der Bundesrepublik Deutschland, 1982, S. 83 ff.; knapper *Kunig* (Fn. 49), Art. 73 Rn. 30 sowie Jarass/*Pieroth*, GG, Art. 73 Rn. 22.

[196] HessStGH ESVGH 32, 20 (25 f.); *Bothe* (Fn. 46), Art. 73 Rn. 16; *Uhle* (Fn. 37), Art. 73 Rn. 136; Jarass/*Pieroth*, GG, Art. 73 Rn. 22; Sannwald (Fn. 41), Art. 73 Rn. 83; *Seiler* (Fn. 163), Art. 73 Rn. 25.

[197] BVerwGE 95, 188 (192); aus der Literatur M. Ronellenfitsch, VerwArch. 86 (1995), 307 ff.

[198] Luftverkehrsgesetz v. 1.8.1922 (RGBl. 1922 I S. 681) i.d.F. der Bek. v. 10.5.2007 (BGBl. I S. 688).

[199] Luftsicherheitsgesetz vom 11.1.2005 (BGBl. I S. 78); vgl. noch die ältere Aufstellung bei *Pestalozza*, GG VIII, Art. 73 Rn. 352 sowie die aktuellere Übersicht bei Pabst/*Schwartmann* (Fn. 191), Art. 73 I Nr. 6 Rn. 28 f.

Auffassung soll unter Art. 73 I Nr. 6 GG auch die Kompetenz des Bundes zur Regelung der **Raumfahrt** fallen[200].

46 Im Rahmen der Ausübung seiner Kompetenz muß der Bund sowohl zahlreiche völkerrechtliche Übereinkommen zum internationalen Luftverkehr[201] als auch teils detaillierte Vorgaben des Unionsrechts zum sog. **Einheitlichen Europäischen Luftraum** beachten (vgl. Art. 100 II AEUV)[202].

8. Eisenbahnen des Bundes (Nr. 6a)

47 Der **Unitarisierungs- wie Modernisierungsfunktion** von Eisenbahnen wird bereits in §§ 28 ff. RVerf. 1849 gedacht[203]; auch Art. 4 Nr. 8 RVerf. 1871 erstreckt die Reichsgesetzgebung auf das Eisenbahnwesen[204]. Art. 7 Nr. 19 WRV ordnet sie hingegen nur der konkurrierenden Gesetzgebung zu. Im Anschluß daran findet sich der Titel in Art. 36 Nr. 35 HChE wieder[205]. Die Hochstufung zur ausschließlichen Kompetenz erfolgt parteiübergreifend in Ansehung der »Bundeseisenbahnen«. Im Zuge der Bahnreform wird der gemeinsame Kompetenztitel 1993 gesplittet und im Wege der Ausdifferenzierung an den korrespondierenden Privatisierungsartikel 87e GG angepaßt (→ Art. 87e Rn. 7 f.)[206].

48 Die Bundeskompetenz nach Art. 73 I Nr. 6a GG unterscheidet eingedenk unionsrechtlicher Vorgaben **drei** auf Eisenbahnen des Bundes bezogene Sachverhalte bzw. **Regelungsbereiche**: erstens ihren Verkehr, zweitens den Bau, die Unterhaltung und das Betreiben ihrer Schienenwege sowie drittens die Erhebung von Benutzungsentgelten für diese Schienenwege. Dem liegt das in den neunziger Jahren des 20. Jahrhunderts obwaltende Privatisierungskonzept zugrunde, wonach zur Generierung von Wettbewerb auf der Schiene der eigentliche Bahnbetrieb vom Schienennetz getrennt und dieses dem ehemaligen Monopolisten wie seinen privaten Konkurrenten zu gleichen und gleich transparenten Preisen zur Verfügung gestellt wird (→ Art. 87e Rn. 10 ff.).

49 **Eisenbahnen** als gemeinsamer Bezugspunkt der drei Teilregelungen sind als Unterfall von Schienenbahnen (→ Art. 74 Rn. 115) durch das sog. System von Rad und Schiene gekennzeichnet[207]. Eisenbahnen des Bundes sind nach der Legaldefinition der Nr. 6a solche, die ganz oder mehrheitlich im Eigentum des Bundes stehen. Ausreichend dürfte neben der Mehrheit der Anteile auch eine Mehrheit der Stimmrechte

---

[200] So *Bothe* (Fn. 46), Art. 73 Rn. 17; *Kunig* (Fn. 49), Art. 73 Rn. 31; *Umbach* (Fn. 43), Art. 73 Rn. 50; Jarass/*Pieroth*, GG, Art. 73 Rn. 22; *Seiler* (Fn. 163), Art. 73 Rn. 25.1. – Gegenauffassung bei *Uhle* (Fn. 37), Art. 73 Rn. 138; *Sannwald* (Fn. 41), Art. 73 Rn. 86.
[201] Im ersten Zugriff *M. Schladebach*, Lufthoheit, 2014, S. 79 ff., 411 ff.
[202] Näher *S. Sendmeyer*, Transport- und Verkehrsrecht, in: Schulze/Zuleeg/Kadelbach, Europarecht, § 34 Rn. 155 ff. (vgl. ferner ebd., S. 2066 f., 2067 f. mit einer Auflistung der einschlägigen Sekundärrechtsakte wie der Rechtsprechung des EuGH). – Vgl. ferner *C. Leininger*, ZLW 59 (2010), 335 ff.
[203] Näher *H. S. Seidenfus*, Eisenbahnwesen, in: Dt. VerwGesch. II, S. 227 ff.
[204] Mit Vorbehaltsrechten zugunsten Bayerns: Vgl. Art. 46 RVerf. und dazu m. w. N. *H. Holste*, Der deutsche Bundesstaat im Wandel, 2002, S. 149 f.
[205] Siehe JöR 1 (1951), S. 476; Schneider, GG-Dokumentation, Bd. 17, Art. 73 Nr. 6 S. 671 f. und ebd., Art. 73 Nr. 6 Rn. 4 ff. (S. 680 ff.).
[206] Zur Reform *Pestalozza*, GG VIII, Art. 73 Rn. 367 ff.
[207] *Heintzen* (Fn. 37), Art. 73 Rn. 60; *Uhle* (Fn. 37), Art. 73 Rn. 142; Jarass/*Pieroth*, GG, Art. 73 Rn. 23.

sein²⁰⁸, da es auf die Beherrschung der Eisenbahn ankommt. In diesem Sinne ist die Deutsche Bahn AG mit ihrem verfassungsrechtlich nach Art. 87e III 2, 3 GG garantierten Mehrheitsanteil des Bundes (→ Art. 87e Rn. 27, 29 f.) Eisenbahn des Bundes i. S. v. Art. 73 I Nr. 6a GG (ohne daß der Nennung im Kompetenzkatalog eine vergleichbare Garantiewirkung innewohnte). Zugleich ist diese ausschließliche Kompetenz abzugrenzen von der speziellen Gesetzgebungsbefugnis nach Art. 87e III 4 GG; von ihr hat der Bund durch das Gesetz zur Gründung einer Deutschen Bahn AG Gebrauch gemacht²⁰⁹.

Zur Bundeskompetenz für den **Verkehr** zählen Regelungen zur Zulassung von Schienenfahrzeugen, ihrem Betrieb, zur Eisenbahnaufsicht, zu den Rechtsverhältnissen der Eisenbahnen zu ihren Nutzern sowie zu den Gefahren, die vom Verkehr ausgehen (einschließlich der etwaigen Haftungstatbestände)²¹⁰. Die **Infrastruktur**kompetenz umfaßt Bestimmungen zum Bau, zum Betrieb wie zur Unterhaltung der Schienenwege; dazu zählen auch die Bahnhöfe²¹¹. Schließlich betreffen »[d]ie Kompetenzen des Bundes für die Bundeseisenbahnen [...] nicht nur die eigentlichen Bundeseisenbahnanlagen; sie erstrecken sich vielmehr auch auf die diese Anlagen kreuzenden Straßenstücke. Demgemäß kann der Bund nicht nur die Planfeststellung für Bau und Veränderung einer Bundesbahnanlage, sondern auch die für Bau und Veränderung des Straßenstücks an einer Kreuzung regeln und auch die materiellen Rechtswirkungen dieser Planfeststellung festlegen«²¹². Die **Entgelt**regelung (Erhebung und Verteilung) ist in der Eisenbahninfrastruktur-Benutzungsverordnung (EIBV) näher ausbuchstabiert²¹³. Kernstück des Eisenbahnbundesrechts ist das Allgemeine Eisenbahngesetz (**AEG**)²¹⁴, das durch eine Fülle weiterer Gesetze und Verordnungen ergänzt wird²¹⁵.

50

Ohne Differenzierung nach den drei Untertiteln sehen Rechtsprechung und Literatur ferner folgende weitere Sachbereiche als von der Kompetenz nach Art. 73 I Nr. 6a GG umfaßt: Dies gilt zunächst für die **Bahnpolizei**, also »die traditionell dem Bund zukommende Aufgabe der Abwehr von konkreten Gefahren für die Sicherheit und Ordnung auf den Bahnanlagen der Eisenbahnen des Bundes«²¹⁶. Regelungen kann der

51

---

²⁰⁸ So *Umbach* (Fn. 43), Art. 73 Rn. 52; *Heintzen* (Fn. 37), Art. 73 Rn. 61; *Uhle* (Fn. 37), Art. 73 Rn. 143; *Kunig* (Fn. 49), Art. 73 Rn. 32; Jarass/*Pieroth*, GG, Art. 73 Rn. 23; *Seiler* (Fn. 163), Art. 73 Rn. 28. – A. A. *Sannwald* (Fn. 41), Art. 73 Rn. 92.
²⁰⁹ Vom 27.12.1993 (BGBl. I S. 2386); näher *M. Möstl*, in: Maunz/Dürig, GG, Art. 87e (2006), Rn. 61 ff.
²¹⁰ Vgl. *Pestalozza*, GG VIII, Art. 73 Rn. 389 ff.; Jarass/*Pieroth*, GG, Art. 73 Rn. 23; *Sannwald* (Fn. 41), Art. 73 Rn. 93.
²¹¹ Wie hier *Heintzen* (Fn. 37), Art. 73 Rn. 64; *Uhle* (Fn. 37), Art. 73 Rn. 145; instruktiv BVerwG NVwZ 2015, 91.
²¹² BVerfGE 26, 338 (375); vgl. zur auf anderweitig gewidmete Verkehrsgelände ausgedehnten »Problembewältigung« BVerwGE 64, 202 (207); zur fehlenden Wehrfähigkeit nach § 42 II VwGO ferner BVerwGE 92, 258 (259 f.); BVerwG NVwZ 2001, 88 (89).
²¹³ Verordnung über den diskriminierungsfreien Zugang zur Eisenbahninfrastruktur und über die Grundsätze zur Erhebung von Entgelt für die Benutzung der Eisenbahninfrastruktur v. 3.6.2005 (BGBl. I S. 1566). Vgl. dazu *Heintzen* (Fn. 37), Art. 73 Rn. 65; *Uhle* (Fn. 37), Art. 73 Rn. 148.
²¹⁴ Allgemeines Eisenbahngesetz v. 27.12.1993 (BGBl. I S. 2378, 2396; 1994 I S. 2439); vgl. dazu G. Hermes/D. Sellner (Hrsg.), Beck'scher AEG-Kommentar, 2. Aufl. 2014.
²¹⁵ Aktuelle Übersicht bei *G. Hermes*, Eisenbahnrecht, in: Ehlers/Fehling/Pünder, BesVerwR I, § 25 Rn. 40 ff.
²¹⁶ BVerfGE 98, 198 (220); zustimmend *Bothe* (Fn. 46), Art. 73 Rn. 19; *Kunig* (Fn. 49), Art. 73 Rn. 32; *H.-W. Rengeling*, HStR³ VI, § 135 Rn. 115 f.; Jarass/*Pieroth*, GG, Art. 73 Rn. 23; *Sannwald* (Fn. 41), Art. 73 Rn. 94.

Bund ferner für die Organisation, das Personal und das Vermögen dieser Unternehmen aufstellen[217]. **Abgelehnt** haben die Gerichte hingegen die Zuordnung folgender Gegenstände: Art. 73 I Nr. 6[a] GG erlaubte zwar die Regelung des Verwaltungsverfahrens der Bundesbahn, doch stellte die bundesrechtliche Regelung zur Gebührenpflicht einen Übergriff in das Verwaltungsverfahren der Länder dar[218]. Die Norm schließt auch eine Rückenteignung zu Lasten der Bahn nach Landesrecht nicht aus[219]. Schließlich erlaubt die Kompetenz keine Regelungen zu Werbeanlagen an Eisenbahnbrücken[220].

52 Die Bundeskompetenz nach Art. 73 I Nr. 6a GG ist teils an internationale Übereinkommen zum (grenzüberschreitenden) Eisenbahnverkehr wie das **COTIF**[221], insbesondere aber an reichhaltige Normbestände des **Unionsrecht**s gebunden, zuletzt die Richtlinie zur Schaffung eines einheitlichen europäischen Eisenbahnraums[222]. Die vorläufig letzte einschlägige Entscheidung hat der Bundesrepublik dabei bescheinigt, ihren Umsetzungspflichten im AEG hinreichend nachgekommen zu sein[223].

9. Postwesen und Telekommunikation (Nr. 7)

53 Die **Tradition der Post als »Reichssache«** reicht weit über die Paulskirche zurück (→ Art. 87f Rn. 1 f.). In dieser Tradition firmiert sie in §§ 41 ff. RVerf. 1849 (dort bereits um das Telegraphenwesen ergänzt, vgl. § 44), Art. 4 Nr. 10 RVerf. 1871[224] sowie Art. 6 Nr. 7 WRV als fester Bestandteil der Kompetenzen der Zentralebene[225]. Ganz konsequent nimmt Art. 35 Nr. 6 HChE das »Post- und Fernmeldewesen« auf[226]. Der Titel ist in seiner Zuordnung unstrittig, nicht aber in seinem Umfang, da einzelne Abgeordnete unter »Fernmeldewesen« auch den Rundfunk subsumieren und dessen inhaltliche Ausgestaltung den Ländern überantworten wollen (→ Art. 5 I, II Rn. 8)[227]. Im Rahmen der »Postreform II« von 1994 wurde »Fernmeldewesen« durch »Telekommunikation« ersetzt; die **Textänderung** ist einer Anpassung an internationale Gepflogenheiten geschuldet, ohne auf einen modifizierten Normgehalt zu zielen[228].

54 Die Kompetenz zur Regelung des **Postwesens** wird vergleichsweise einhellig auf »die ›herkömmlichen‹ Dienstzweige der Post im Gegensatz zum ›neuen‹ Aufgabenbe-

---

[217] Näher *H.-W. Rengeling*, HStR³ VI, § 135 Rn. 116 sowie *Uhle* (Fn. 37), Art. 73 Rn. 144.
[218] BVerfGE 26, 281 (300 f.).
[219] BVerwG NVwZ 1987, 50 (Ls.).
[220] BVerwG NJW 1962, 552 (554).
[221] Convention relative aux transports internationaux ferroviaires; Fassung v. 1999 in Kraft lt. BGBl. 2002 II S. 2140.
[222] Richtlinie 2012/34/EU des Europäischen Parlaments und des Rates vom 21.11.2012 zur Schaffung eines einheitlichen europäischen Eisenbahnraums (ABl. Nr. L 343 S. 32, ber. ABl. 2015 Nr. L 67 S. 32). – Im Überblick *Sendmeyer* (Fn. 202), § 34 Rn. 78 ff. (vgl. ebd., S. 2066, 2067 zu weiteren einschlägigen Sekundärrechtstexten und Rechtsprechung) sowie *M. Knauff*, Transportrecht, in: M. Ruffert (Hrsg.), Europäisches Sektorales Wirtschaftsrecht, 2013, § 6 Rn. 120 ff.
[223] EuGH v. 28.2.2013, Rs. C-556/10 – *Kommission/Bundesrepublik Deutschland*, NVwZ 2013, 494.
[224] Wiederum mit Vorbehalten zugunsten Bayerns und Württembergs, vgl. Art. 52 RVerf.
[225] Näher *Pestalozza*, GG VIII, Art. 73 Rn. 422 ff. sowie Schneider, GG-Dokumentation, Bd. 17, Art. 73 Nr. 7 S. 742 und ebd., Art. 73 Nr. 7 Rn. 1 ff. (S. 751 f.).
[226] Zum folgenden JöR 1 (1951), S. 476 f.; *Pestalozza*, GG VIII, Art. 73 Rn. 443 ff. sowie Schneider, GG-Dokumentation, Bd. 17, Art. 73 Nr. 7 S. 742 ff. und ebd., Art. 73 Nr. 7 Rn. 4 ff. (S. 753 ff.).
[227] Eingehende Debatte im Hauptausschuß: Parl. Rat XIV/1, S. 873 ff.
[228] BT-Drs. 12/7269, S. 4. → *Stettner*, Bd. II² (Suppl. 2007), Art. 73 Rn. 30.

reich ›Fernmeldewesen‹« beschränkt[229]. Erfaßt sind in Anlehnung an § 4 Abs. 1 PostG die Beförderung von Briefen, Paketen und Druckwerken sowie das Geschäftsfeld der Postbank[230]. Auf Art. 73 I Nr. 7 1. Alt. GG gestützt ist namentlich das Postgesetz[231] mitsamt seinen Nebengesetzen. Auch die Ausführungsgesetze zu den zahlreichen **internationalen Abkommen** zum grenzüberschreitenden Postverkehr zählen hierher[232]. Die Europäische Union unterwirft das Postwesen zunächst ihren allgemeinen Regeln des freien Dienstleistungs- und Zahlungsverkehrs wie der Nichtdiskriminierung (Art. 18, 56 ff., 63 ff. AEUV) und hat daneben noch spezielle Regelwerke zur **Harmonisierung** und **Privatisierung** des Postwesens erlassen[233]. Zu recht wird vor diesem Hintergrund ungeachtet der traditionellen Anknüpfung die Entwicklungsoffenheit des Kompetenztitels unterstrichen[234].

Demgegenüber ist die Bundeskompetenz zur Regulierung der **Telekommunikation** seit jeher Gegenstand von Deutungskonflikten, die im Kern auf den Parlamentarischen Rat zurückgehen (→ Rn. 53). Im Ansatz konsentiert ist die Definition des Bundesverfassungsgerichts aus der 1. Rundfunkentscheidung[235]; danach ist das »Fernmeldewesen […] ein technischer, am Vorgang der Übermittlung von Signalen orientierter Begriff. Das Fernmeldewesen hat es mit den Fernmeldeanlagen, also mit technischen Einrichtungen zu tun, mit deren Hilfe Signale ›in die Ferne‹ gesendet oder übermittelt werden«. In **Abgrenzung zum Rundfunk** i.S.v. Art. 5 I 2 2. Var. GG (→ Art. 5 I, II Rn. 99 ff.) erfaßt die Kompetenzbestimmung allerdings nur die äußere oder technische Seite des körperlosen Transports von Signalen, nicht hingegen die transportierten Inhalte[236]. Danach ist der Bund zuständig zur Regelung der Rundfunk*sender* (als Fernmeldeanlagen), aber nicht zu der des Rundfunks[237]. Kontrovers diskutiert wird vor diesem Hintergrund namentlich die kompetenzrechtliche Zuordnung **individuellkommunikativ**er **Verbreitung** von Inhalten unter Zuhilfenahme neuer multimedialer Dienste[238]; die föderale Praxis behilft sich mit einer **Absprache**, die eingedenk der Dispositionsfeindlichkeit der Kompetenzordnung (→ Vorb. zu Art. 70–74 Rn. 51) kritikwürdig ist[239]. Bei der Ausübung seiner in diesem Sinne verstandenen Kompetenz[240] ist der Bund schließlich an detaillierte Vorgaben des **Unionsrecht**s gebunden, die auf

---

[229] BVerfGE 12, 205 (226). Zustimmend aus der Literatur *P. Badura*, in: BK, Art. 73 Nr. 7 (Zweitb. 1997), Rn. 2; *Heintzen* (Fn. 37), Art. 73 Rn. 64 f.; *Kunig* (Fn. 49), Art. 73 Rn. 30. – Instruktiv dazu *C.H.P.M. Drees*, Postuniversaldienst, 2010.

[230] Hier wird teils die Zuordnung zu Art. 74 I Nr. 11 GG bevorzugt: Siehe *L. Gramlich*, NJW 1994, 2785 (2788); wie hier m.w.N. → *Stettner*, Bd. II² (Suppl. 2007), Art. 73 Rn. 30.

[231] Postgesetz v. 22.12.1997 (BGBl. I S. 3294).

[232] Statt aller das Postgiroabkommen v. 27.7.1984 (BGBl. 1986 II S. 351).

[233] Namentlich Verordnung 97/67/EG v. 21.1.1998; siehe dazu die ältere Monographie von *C. Werthmann*, Die staatliche Regulierung des Postwesens, 2004, S. 28 ff., 70 ff.; aufschlußreich jetzt *K. Drews*, Die Politische Ökonomie der Europäisierung, 2014.

[234] So namentlich *Badura* (Fn. 229), Art. 73 Nr. 7 Rn. 10; → *Stettner*, Bd. II² (Suppl. 2007), Art. 73 Rn. 30; a. A. *Kunig* (Fn. 49), Art. 73 Rn. 30.

[235] BVerfGE 12, 205 (226).

[236] So *Pestalozza*, GG VIII, Art. 73 Rn. 468; *Heintzen* (Fn. 37), Art. 73 Rn. 75 f.; *Degenhart* (Fn. 42), Art. 73 Rn. 34 f.

[237] Nochmals BVerfGE 12, 205 (226 ff.).

[238] Zuletzt vertiefend *A. Hamacher*, Der Rundfunkbegriff im Wandel des deutschen und europäischen Rechts, 2015, S. 255 ff.

[239] Eingehend und mit umfangreichen w.N. → *Stettner*, Bd. II² (Suppl. 2007), Art. 73 Rn. 32 ff.

[240] Maßgebliche Regelung ist das Telekommunikationsgesetz v. 22.6.2004 (BGBl. I S. 1190).

eine Liberalisierung resp. Privatisierung des ehedem monopolisierten Telekommunikationsmarkts abzielen[241].

10. Rechtsverhältnisse der Bundesbediensteten (Nr. 8)

56 Die Kompetenz steht in der Tradition des § 67 II RVerf. 1879 zur **Dienstpragmatik der Reichsbeamten**[242]. Hingegen kannte Art. 10 Nr. 3 WRV lediglich eine Rahmenkompetenz des Reiches für die Beamten aller öffentlichen Körperschaften; weiterhin ordnete Art. 128 III WRV flankierend an, daß die Grundlagen des Beamtenverhältnisses durch Reichsgesetz zu regeln seien[243]. Der spätere Kompetenztitel taucht zuerst als Art. 119 HChE auf[244] und wird vom Zuständigkeitsausschuß gekürzt sowie in den Katalog des späteren Art. 73 GG übertragen. Die Fassung »Körperschaften des öffentlichen Rechts« statt »Selbstverwaltung« geht auf den Abgeordneten Zinn zurück[245].

57 Die Kompetenz des Bundes nach Art. 73 I Nr. 8 GG ist generell **weit zu verstehen**[246]; »Erfordernis ist jedoch stets, daß eine genügend tragfähige Beziehung zum öffentlichen Dienstrecht, d. h. den *rechtlichen* Beziehungen zwischen Dienstherrn und Dienstnehmer besteht«[247]. Nr. 8 umfaßt danach die Befugnis zur Regelung des gesamten Dienstrechts; das gilt für die Begründung, die Beendigung und die Folgewirkungen des Dienstverhältnisses[248], Rechte und Pflichten hieraus sowie Besoldung und Versorgung[249]. Ferner ist der Bund zur Regelung des Personalvertretungsrechts[250], des Disziplinar- und Disziplinarverfahrensrechts[251] sowie des Rechtsschutzes[252] befugt; die Anordnung der Staatshaftung in § 1 StHG war hingegen nicht mehr von Art. 73 [I] Nr. 8 GG gedeckt[253]. Über Beamte im engen Sinne hinaus sind auch **sonstige Beschäftigte** (ehedem: Angestellte und Arbeiter) erfaßt[254]. Als **Dienstherr** kommen der Bund

---

[241] An erster Stelle sei aus dem »Richtlinienpaket« von 2002 die Richtlinie 2002/21/EG des Europäischen Parlaments und des Rates vom 7.3.2002 über einen gemeinsamen Rechtsrahmen für elektronische Kommunikationsnetze und -dienste (Rahmenrichtlinie; ABl. EG Nr. L 108 S. 33) erwähnt; näher m. w. N. *J. Scherer*, Kommunikationsrecht, in: Schulze/Zuleeg/Kadelbach, Europarecht, § 36 Rn. 1 ff.

[242] Siehe *Pestalozza*, GG VIII, Art. 73 Rn. 478 f. sowie Schneider, GG-Dokumentation, Bd. 17, Art. 73 Nr. 8 S. 806 und ebd., Art. 73 Nr. 8 Rn. 1 ff. (S. 814 f.).

[243] Für eine ungeschriebene Vollkompetenz zur Regelung des Rechts der Reichsbeamten allerdings zeitgenössisch *F. Poetzsch-Heffter*, Handkommentar der Reichsverfassung vom 11. August 1919, 3. Aufl. 1928, Vorbm. zu Art. 6–12 Anm. 2 (S. 99).

[244] Parl. Rat II, S. 607; vgl. ferner JöR 1 (1951), S. 478 f.; *Pestalozza*, GG VIII, Art. 73 Rn. 480 ff. sowie Schneider, GG-Dokumentation, Bd. 17, Art. 73 Nr. 8 S. 806 ff. und ebd., Art. 73 Nr. 8 Rn. 4 ff. (S. 815 ff.).

[245] Parl. Rat XIV/1, S. 878.

[246] BVerfGE 61, 149 (202); *W. Höfling*, in: BK, Art. 73 Nr. 8 (2008), Rn. 7 ff.; Jarass/*Pieroth*, GG, Art. 73 Rn. 28; Degenhart (Fn. 42), Art. 73 Rn. 44.

[247] BVerfGE 61, 149 (202).

[248] Näher *Höfling* (Fn. 246), Art. 73 Nr. 8 Rn. 18 ff.; *Kunig* (Fn. 49), Art. 73 Nr. 8 Rn. 36; Degenhart (Fn. 42), Art. 73 Rn. 44.

[249] *Uhle* (Fn. 37), Art. 73 Rn. 183; Jarass/*Pieroth*, GG, Art. 73 Rn. 28; Degenhart (Fn. 42), Art. 73 Rn. 44.

[250] BVerfGE 7, 120 (127); Jarass/*Pieroth*, GG, Art. 73 Rn. 28.

[251] Dafür nur *Höfling* (Fn. 246), Art. 73 Nr. 8 Rn. 13 sowie Jarass/*Pieroth*, GG, Art. 73 Rn. 28.

[252] Dafür *Heintzen* (Fn. 37), Art. 73 Rn. 86; W. Höfling/A. Engels, in: Friauf/Höfling, GG, Art. 73 Abs. 1 Nr. 8 (2008), Rn. 9; Jarass/*Pieroth*, GG, Art. 73 Rn. 28.

[253] BVerfGE 61, 149 (202).

[254] *Pestalozza*, GG VIII, Art. 73 Rn. 502; *Höfling* (Fn. 246), Art. 73 Nr. 8 Rn. 24; Jarass/*Pieroth*, GG, Art. 73 Rn. 28.

sowie dem Bund zuzuordnende juristische Personen, also neben Körperschaften im engeren Sinne auch Anstalten und Stiftungen[255], in Betracht. Hingegen sind die Kirchen bzw. öffentlich-rechtlich verfaßten Religionsgesellschaften nach Art. 140 GG i. V.m. Art. 137 V WRV zwar dienstherrnfähig, aber i. S. v. Art. 73 I Nr. 8 GG nicht dem Bund zuzuordnen[256].

Das Grundgesetz enthält eine Reihe von Bestimmungen, die entweder vereinzelt oder einhellig als **Sonderregeln zu Art. 73 I Nr. 8 GG** angesehen werden. Eindeutig ist insofern der Wortlaut des Art. 98 I GG zu Bundesrichtern (→ Art. 98 Rn. 22, 26 f.)[257]; Gleiches gilt in Ansehung des Art. 94 II 1 GG für die Richter des Bundesverfassungsgerichts[258]. Auch die Rechtsstellung der Abgeordneten des Deutschen Bundestages nach Art. 38 I, 48 III 3 GG sperrt sich gegen eine Subsumtion unter Art. 73 I Nr. 8 GG[259]. Umstritten ist in Ansehung der Bestimmungen in Art. 12a II GG wie des Art. 73 I Nr. 1 GG (→ Rn. 14) die Einstufung von Soldaten und Zivildienstleistenden[260]. Die Rechtsverhältnisse der erstgenannten werden teils Art. 73 I Nr. 1 GG (»Verteidigung«)[261], teils dem hiesigen Katalogtitel zugeordnet[262]; der Streit ist als Binnenstreit innerhalb des Art. 73 GG von bestenfalls mittlerer Reichweite. Letztere wiederum werden teils Art. 12a II GG[263], teils der Nr. 8 unterstellt[264]. In beiden Fällen sprechen die besseren Argumente für das Zurücktreten des Art. 73 I Nr. 8 GG (→ Rn. 14). Konsens herrscht schließlich in Ansehung des Wehrbeauftragten des Deutschen Bundestages (→ Art. 45b Rn. 5). Hingegen werden **Bundesminister** und parlamentarische Staatssekretäre teils als von Art. 73 I Nr. 8 GG erfaßt angesehen[265], teils werden die einschlägigen Gesetze als Beispiele für Bundeskompetenzen kraft Natur der Sache eingestuft (→ Vorb. zu Art. 70–74 Rn. 46). Der Wortlaut der Nr. 8 erlaubt beide Deutungen, doch dürfte die Zuordnung der Akteure zum Verfassungsrechtskreis gegen die erste Lesart sprechen. Für die Beamten in Diensten der ehemaligen Bundespost bzw. Bundesbahn sind schließlich Art. 143a I 3 und 143b III GG zu beachten (→ Art. 143a Rn. 8; → Art. 143b Rn. 12)[266].

Einwirkungen des Völkerrechts auf das öffentliche Dienstrecht sind eher vereinzelt zu verzeichnen; einige Prominenz hat die Rechtsprechung des EGMR zum **Streikver-**

---

[255] Wie hier *Heintzen* (Fn. 37), Art. 73 Rn. 83; *Höfling/Engels* (Fn. 252), Art. 73 Abs. 1 Nr. 8 Rn. 15; *Degenhart* (Fn. 42), Art. 73 Rn. 42; dagegen *Sannwald* (Fn. 41), Art. 73 Rn. 122.
[256] Ganz einhellige Meinung: *Höfling* (Fn. 246), Art. 73 Nr. 8 Rn. 43; H.-W. *Rengeling*, in: HStR³ VI, § 135 Rn. 121; *Kunig* (Fn. 49), Art. 73 Rn. 37; *Jarass/Pieroth*, GG, Art. 73 Rn. 28; *Degenhart* (Fn. 42), Art. 73 Rn. 42.
[257] So auch *Höfling* (Fn. 246), Art. 73 Nr. 8 Rn. 25; *Jarass/Pieroth*, GG, Art. 73 Rn. 28; *Degenhart* (Fn. 42), Art. 73 Rn. 45.
[258] Näher F. *Wittreck*, Die Verwaltung der Dritten Gewalt, 2006, S. 272 ff.
[259] Wie hier *Kunig* (Fn. 49), Art. 73 Rn. 37; *Heintzen* (Fn. 37), Art. 73 Rn. 85; *Jarass/Pieroth*, GG, Art. 73 Rn. 28 a. E.
[260] Zusammenfassend *Jarass/Pieroth*, GG, Art. 73 Rn. 28 sowie *Höfling* (Fn. 246), Art. 73 Nr. 8 Rn. 26 ff.
[261] So BVerfGE 62, 354 (367 f.) und BVerwGE 39, 110 (112); im Anschluß daran *Kunig* (Fn. 49), Art. 73 Rn. 37; *Umbach* (Fn. 43), Art. 73 Rn. 65; *Uhle* (Fn. 37), Art. 73 Rn. 188.
[262] So BVerfGE 39, 128 (141); *Höfling* (Fn. 246), Art. 73 Nr. 8 Rn. 27; H.-W. *Rengeling*, HStR³ VI, § 135 Rn. 121; *Degenhart* (Fn. 42), Art. 73 Rn. 43.
[263] So *Umbach* (Fn. 43), Art. 73 Rn. 65; *Uhle* (Fn. 37), Art. 73 Rn. 188; *Sannwald* (Fn. 41), Art. 73 Rn. 120.
[264] So *Höfling/Engels* (Fn. 252), Art. 73 Abs. 1 Nr. 8 Rn. 13; *Jarass/Pieroth*, GG, Art. 73 Rn. 28.
[265] *Bothe* (Fn. 46), Art. 73 Rn. 22; *Kunig* (Fn. 49), Art. 73 Rn. 37; *Jarass/Pieroth*, GG, Art. 73 Rn. 28; *Degenhart* (Fn. 42), Art. 73 Rn. 43; vgl. jetzt S. *Menzenbach*, Die Parlamentarischen, 2015, S. 126.
[266] Statt aller *Jarass/Pieroth*, GG, Art. 73 Rn. 28 sowie *Degenhart* (Fn. 42), Art. 73 Rn. 42.

bot für Beamte erreicht[267], die allerdings nicht dahingehend zu verstehen sein dürfte, dass das überkommene Verbot generell konventionswidrig sei (→ Art. 33 Rn. 187 ff.)[268]. Weit gravierender sind die Einwirkungen des **Unionsrechts**[269]. Zwar enthält Art. 45 IV AEUV eine Bereichsausnahme zur Arbeitnehmerfreizügigkeit[270], die zumindest für den Anwendungsbereich des Art. 33 IV GG ein Sonderregime für den Beamtenstatus aufrechterhalten sollte[271]. Durchschlagender ist einmal mehr die Unitarisierungswirkung der unionsrechtlichen Gleichbehandlungsgebote bzw. Diskriminierungsverbote, wie die jüngeren Entscheidungen des EuGH zur **Altersdiskriminierung** im deutschen Besoldungsrecht belegen[272].

11. Gewerblicher Rechtsschutz, Urheberrecht, Verlagsrecht (Nr. 9)

60 Art. 73 I Nr. 9 GG steht in der **Tradition** der §§ 40, 164 III RVerf. 1849[273] bzw. Art. 4 Nr. 5 u. 6 RVerf. 1871, wohingegen sich Art. 158 I WRV auf einen Schutzauftrag in Ansehung von Teilgehalten beschränkt[274]. Eingedenk der schon bestehenden reichsgesetzlichen Regelungen nahm Art. 36 Nr. 5 HChE die drei Titel in noch leicht abgewandelter Reihung in den Katalog der Vorranggesetzgebung auf[275]; der Zuständigkeitsausschuß ordnete sie der ausschließlichen zu.

61 Der Sachbereich des Art. 73 I Nr. 9 GG ist dadurch vergleichsweise klar konturiert, daß der Verfassunggeber an einen tradierten Normbestand anknüpfen konnte[276]; die Titel lassen sich unter dem Oberbegriff des »Geistigen Eigentums« zusammenfassen. Danach zählen zum **gewerblichen Rechtsschutz**, also den Bestimmungen, die sich den

---

[267] EGMR, 21.4.2009, Rs. 68959/01 – *Enerji Yapı-Yol Sen ./. Turquie*; EGMR, 12.11.2008, Rs. 34503/97 – *Demir et Baykara ./. Turquie* sowie BVerwGE 149, 117; vgl. dazu *C. Schubert*, AöR 137 (2012), 92 ff.; *R. Brinktrine*, ZG 28 (2013), 227 ff.; *H. Hofmann*, Fällt das Streikverbot im Beamtenverhältnis? Aktuelle Entwicklungen und Perspektiven zwischen der Rechtsprechung des EGMR und der deutschen Gerichte, in: C. Waldhoff/G. Thüsing (Hrsg.), Verfassungsfragen des Arbeitskampfes, 2014, S. 47 ff.; speziell zur Entscheidung des BVerwG siehe die Anmerkung von *P. Gooren*, NJW 2014, 2218.
[268] Wie hier *C. Schubert*, AöR 137 (2012), 92 (103 ff.); *R. Brinktrine*, ZG 28 (2013), 227 ff.; *Hofmann*, Streikverbot (Fn. 267), S. 51, 54 f.; *F. Zundel*, NJW 2015, 916 (921) spricht von einer inhaltlichen Unvereinbarkeit von Art. 33 V GG und Art. 11 EMRK für außerhalb der genuinen Hoheitsverwaltung tätige Beamte. – Zu den Problemen eines partiellen Beamtenstreikrechts siehe *R. v. Steinau-Steinrück/S. Sura*, NZA 2014, 580 (582 f.). Mit einem Plädoyer für die Inkaufnahme eines Konventionsverstoßes *U. Di Fabio*, Das beamtenrechtliche Streikverbot, 2013, S. 59.
[269] Zusammenfassend zum folgenden *F. Klaß*, Die Fortentwicklung des deutschen Beamtenrechts durch das Europäische Recht, 2014 sowie knapp *N. Absenger/A. Priebe*, Der Personalrat 2015, 36 ff.
[270] Siehe *D.-E. Khan*, in: Geiger/Khan/Kotzur, EUV/AEUV (Fn. 24), Art. 45 AEUV Rn. 43; *W. Brechmann*, in: Calliess/Ruffert, EUV/AEUV, Art. 45 AEUV Rn. 103 ff.; *M.-C. Fuchs*, Die Bereichsausnahmen in Art. 45 Abs. 4 AEUV und Art. 51 Abs. 1 AEUV, 2013, S. 309 ff.; *A. Seifert*, Arbeitsrecht, in: Schulze/Zuleeg/Kadelbach, Europarecht, § 39 Rn. 28.
[271] Wie hier *P. Badura*, in: Maunz/Dürig, GG, Art. 33 (2014), Rn. 75. → Art. 33 Rn. 155.
[272] EuGH, Urteil v. 16.6.2014, C-501/12 u.a. – *Specht u.a.*; im Anschluß daran BVerwG NVwZ 2015, 812 sowie NVwZ 2015, 818; siehe dazu *J. Wonka*, DVBl. 2015, 79 ff. Eingehend zur Problematik *C. Hartig*, Altersdiskriminierung im öffentlichen Dienst, 2014; für – in Art. 73 I Nr. 8 GG nicht unmittelbar betroffene – Richter ferner *B. Alles/M. Hoffmann*, DRiZ 2012, 371 ff.
[273] Näher *Kühne*, Reichsverfassung, S. 253 f.
[274] Siehe *Pestalozza*, GG VIII, Art. 73 Rn. 529 ff. sowie Schneider, GG-Dokumentation, Bd. 17, Art. 73 Nr. 9 S. 862 f. und ebd., Art. 73 Nr. 9 Rn. 1 ff. (S. 869).
[275] Siehe JöR 1 (1951), S. 479; näher *Pestalozza*, GG VIII, Art. 73 Rn. 536 ff. sowie Schneider, GG-Dokumentation, Bd. 17, Art. 73 Nr. 9 S. 863 ff. und ebd., Art. 73 Nr. 9 Rn. 4 ff. (S. 870 f.).
[276] Unterstrichen von *Degenhart* (Fn. 42), Art. 73 Rn. 45.

Schutz geistiger Anstrengungen im gewerblichen Bereich zum Ziel gesetzt haben[277], nach gängiger Aufzählung das Patentrecht, das Geschmacksmuster-, Gebrauchsmuster- und Warenzeichenrecht sowie Teile des Wettbewerbsrechts[278]. Konkret manifestiert sich Art. 73 I Nr. 9 GG im Patentgesetz[279] sowie im neuen Designgesetz[280]; der BGH hat zuletzt auch das Arbeitnehmererfindungsrecht diesem Titel zugeordnet[281]. Das **Urheberrecht** zielt demgegenüber auf den Schutz geistiger Anstrengungen kultureller Natur in Wissenschaft, Musik, bildender Kunst und Literatur[282]; Zentralnormen sind danach das Urheberrechtsgesetz[283], das Wahrnehmungsgesetz[284] sowie das Kunsturhebergesetz[285]. Von der Bundeskompetenz mitumfaßt ist die Regelung der Tätigkeit entsprechender Verwertungsgesellschaften[286]; hingegen hat das Bundesverfassungsgericht sich einer Erstreckung auf die Ablieferung von Pflichtexemplaren[287] ebenso versagt wie auf die Kurzberichterstattung im Fernsehen[288]. Das **Verlagsrecht** schließlich erlaubt dem Bundesgesetzgeber eingedenk des Kontextes »Schutz des geistigen Eigentums« lediglich die Regelung der Rechtsbeziehung zwischen dem Verleger und dem Urheber der von ihm verlegten Werke, nicht aber des gesamten Verlagswesens[289]. Nicht erfaßt ist namentlich die Konzentrationskontrolle im Verlagswesen[290]. Trotz ihrer traditionellen Prägung sind alle Titel des Art. 73 I Nr. 9 GG zukunfts- und entwicklungsoffen[291].

Der Bundesgesetzgeber muß bei der Nutzung des Titels mittlerweile mannigfaltige völker- wie insbesondere unionsrechtliche Vorgaben beachten: Auf völkerrechtlicher Ebene sind an erster Stelle die von der **WIPO** (World Intellectual Property Organization)[292] verwalteten Verträge (in Sonderheit der Urheberrechtsvertrag von 1996[293]) sowie das im Rahmen des GATT ausgehandelte und hochgradig kontroverse

---

[277] Ähnlich *Heintzen* (Fn. 37), Art. 73 Rn. 88; *Jarass/Pieroth*, GG, Art. 73 Rn. 29; *Degenhart* (Fn. 42) Art. 73 Rn. 45.

[278] Näher *Degenhart* (Fn. 42), Art. 73 Rn. 45: Schutz vor sklavischer Nachahmung nach § 1 UWG.

[279] Patentgesetz i. d. F. der Bek. v. 16.12.1980 (BGBl. 1981 I S. 1).

[280] Gesetz über den rechtlichen Schutz von Design (Designgesetz – DesignG) v. 24.2.2014 (BGBl. I S. 122).

[281] BGH WRP 2008, 245 (246) – *Selbststabilisierendes Kniegelenk*; zustimmend (m. w. N.) *K. Bartenbach/F.-E. Volz*, GRUR 2009, 220 (223); a. A. (Zuordnung zu Art. 74 I Nr. 12 GG: Arbeitsrecht); dazu bereits *T. M. Spranger*, in: BK, Art. 73 I Nr. 9 (2006), Rn. 18; *Uhle* (Fn. 37), Art. 73 Rn. 198.

[282] Gleichsinnig *Uhle* (Fn. 37), Art. 73 Rn. 200; *Jarass/Pieroth*, GG, Art. 73 Rn. 29; *Degenhart* (Fn. 42), Art. 73 Rn. 45.

[283] Gesetz über Urheberrecht und verwandte Schutzrechte (Urheberrechtsgesetz – UrhG) v. 9.9.1965 (BGBl. I S. 1273).

[284] Gesetz über die Wahrnehmung von Urheberrechten und verwandten Schutzrechten (Urheberrechtswahrnehmungsgesetz) v. 9.9.1965 (BGBl. I S. 1294).

[285] Gesetz betreffend das Urheberrecht an Werken der bildenden Künste und der Photographie v. 9.1.1907 (vgl. zuletzt BGBl. 2001 I S. 266).

[286] Dafür *Spranger* (Fn. 281), Art. 73 I Nr. 9 Rn. 34; *Uhle* (Fn. 37), Art. 73 Rn. 201; *Kunig* (Fn. 49), Art. 73 Rn. 38.

[287] BVerfGE 58, 137 (145 f.).

[288] BVerfGE 98, 228 (251 f.).

[289] *Bothe* (Fn. 46), Art. 73 Rn. 25; *Spranger* (Fn. 281), Art. 73 I Nr. 9 Rn. 58; *Umbach* (Fn. 43), Art. 73 Rn. 70; *Jarass/Pieroth*, GG, Art. 73 Rn. 29; *Degenhart* (Fn. 42), Art. 73 Rn. 45.

[290] *Uhle* (Fn. 37), Art. 73 Rn. 204; *Degenhart* (Fn. 42), Art. 73 Rn. 45.

[291] Unterstrichen von *Degenhart* (Fn. 42), Art. 73 Rn. 45.

[292] Dazu nur *I. Niemann*, Geistiges Eigentum in konkurrierenden völkerrechtlichen Vertragsordnungen, 2008.

[293] BGBl. 2003 II S. 754; siehe dazu jüngst *J. Reinbothe/S. v. Lewinski*, The WIPO treaties on copyright, 2. Aufl., Oxford 2015, Rn. 7.0.1 ff.

TRIPS (Übereinkommen über handelsbezogene Aspekte der Rechte des geistigen Eigentums) zu nennen[294]. Eingedenk der potentiell handelshemmenden Wirkung von Bestimmungen zum Schutz geistigen Eigentums hat schließlich die Union hier früh eine intensive Legislativtätigkeit entfaltet[295], die ihren normtextlichen Anhalt in Art. 118 AEUV findet und in den auf Art. 73 I Nr. 9 GG gestützten Bundesgesetzen praktisch nur noch umgesetzt wird[296].

12. Abwehr von Gefahren des internationalen Terrorismus (Nr. 9a)

63 Der Titel ist 2006 im Rahmen der Föderalismusrefom I in den Verfassungstext gelangt und erkennbar deutsche **Ausgeburt des 11. September 2001**[297]; ferner nimmt er unionsrechtliche Impulse auf (→ Rn. 67). Er fußt auf der Einschätzung, daß die bisher nach Nr. 10 ermöglichte Zusammenarbeit in der Gefahrenabwehr Schutzlücken aufwies und insbesondere der Wissenstransfer zwischen den Gefahrenabwehrbehörden des Bundes und der Länder optimierungsbedürftig war[298].

64 Ungeachtet seiner sperrigen Formulierung stellt Art. 73 I Nr. 9a GG lediglich eine (Gesetzgebungs-)**Kompetenznorm** dar[299]. Die Norm ermächtigt den Bund zum Erlaß von Gesetzen, die das Bundespolizeikriminalamt (→ Rn. 75) mit Befugnissen zur Gefahrenabwehr ausstatten; der Bund hat davon in Gestalt der Ergänzung des BKAG um § 4a sowie weitere Vorschriften Gebrauch gemacht[300]. Systemwidrig wird diese Kompetenz durch Kautelen eingegrenzt, die in der Verfassung schlicht disloziert sind, aber zu Spekulationen angeregt haben, ob Nr. 9a noch andere Befugnisse zu entnehmen sind (→ Rn. 66). Zusätzlich wird die Befugnis durch das Erfordernis einer Zustimmung des Bundesrates eingeschränkt (→ Rn. 88).

65 **Terrorismus** läßt sich als Versuch beschreiben, durch erhebliche Gewalt oder die Drohung mit erheblicher Gewalt die Bevölkerung in Angst und Schrecken zu versetzen; dies kann in der Absicht geschehen, bestehende staatliche oder internationale Institutionen oder Strukturen entweder (partiell) handlungsunfähig zu machen oder zu vernichten[301]. Daneben kann – man denke an Syrien – Terror auch dazu dienen, staatliche oder andere Strukturen zu stärken oder zumindest in Existenz zu halten[302]. Terrorismus ist **international**, wenn er grenzübergreifend agiert und sich nicht darauf beschränkt, daß in Deutschland ansässige Personen Gewalttaten in Deutschland androhen oder verüben, die keinerlei internationalen Bezug aufweisen; typisch ist die

---

[294] Statt aller *C. v. Kraak*, TRIPs oder Patentschutz weltweit. Zwangslizenzen, Erschöpfung. Parallelimporte, 2006.

[295] Im ersten Zugriff *M. Haedicke*, Recht des geistigen Eigentums, in: Schulze/Zuleeg/Kadelbach, Europarecht, § 21 Rn. 1 ff. (ebd., S. 1091 ff. Übersicht zu Rechtsakten und Rechtsprechung).

[296] Vgl. dazu außer den Kommentierungen von Art. 118 AEUV nur die jüngste Darstellung von *O. Fischer*, Perspektiven für ein Europäisches Urheberrecht, 2014.

[297] Ähnlich *Heintzen*, Bundesgesetzgebung (Fn. 16), Rn. 88.

[298] Näher zur Genese *M. Bäcker*, Terrorismusabwehr durch das Bundeskriminalamt, 2009, S. 21 ff.

[299] Unterstrichen von *Heintzen*, Bundesgesetzgebung (Fn. 16), Rn. 89 (ebd. Rn. 90 harsche Kritik an der handwerklichen Güte der Norm); *Degenhart* (Fn. 42), Art. 73 Rn. 46.

[300] Gesetz über das Bundeskriminalamt und die Zusammenarbeit des Bundes und der Länder in kriminalpolizeilichen Angelegenheiten v. 7.7.1997 (BGBl. I S. 1650). Vgl. dazu *B. Weißer*, ZStW 121 (2009), 131 (155 f.).

[301] Eingehend *M.A. Zöller*, Terrorismusstrafrecht, 2009, S. 99 ff.; siehe ferner *B. Weißer*, JZ 2008, 388 (388 f.).

[302] Treffender Hinweis bei *Degenhart* (Fn. 42), Art. 73 Rn. 46.

planerische »Steuerung« und logistische Unterstützung der konkret im Bundesgebiet oder zu Lasten von Bundesbürgern geplanten Taten aus dem Ausland[303].

Die Wahrnehmung der Gesetzgebungskompetenz ist durch den Normtext daran geknüpft, daß die zu schaffende Befugnis dreifach konditioniert ist (vgl. nochmals § 4a BKAG): Eine **länderübergreifende Gefahr** liegt vor, wenn wenigstens zwei Länder betroffen sind[304]; die **nicht erkennbare Zuständigkeit** einer Landesbehörde ist dann anzunehmen, wenn die Gefahr in Deutschland noch gar nicht in einer Weise lokalisiert werden kann, die eine örtliche Zuständigkeit begründet[305]; daran ist namentlich dann zu denken, wenn Anschlagspläne zunächst nur im Ausland geschmiedet und von dort aus ruchbar werden. Das **Ersuchen um Übernahme** ist selbsterklärend; als ungeschriebenes Element wird man fordern dürfen, daß im Sinne der ersten beiden Kriterien die Übernahme erforderlich ist[306]. Die drei Kriterien müssen i.ü. erkennbar nicht kumulativ, sondern alternativ erfüllt sein[307]. Art. 73 I Nr. 9a GG ermächtigt weder das BKA zu **Einzelweisungen** an die Landespolizeibehörden[308], noch umfaßt die Norm eine Verwaltungskompetenz; hier dürfte Art. 87 I 2 GG einschlägig sein[309].

66

Auch die Bundeskompetenz nach Art. 73 I Nr. 9a GG ist inter- wie supranational überformt. Im Kern geht es um verbindliche Vorgaben zur Bekämpfung des internationalen Terrorismus[310]. Als faktische völkerrechtliche Direktiven drängen sich neben den einschlägigen Konventionen des Europarates[311] hier insbesondere die intensiv diskutierten »**Terrorlisten**« der Vereinten Nationen auf der Grundlage von Resolution Nr. 1267 auf[312]. Die Europäische **Union** macht den Kampf gegen den Terrorismus bereits im Primärrecht zur Pflicht (Art. 75, 83 I UAbs. 2, 222 I 2 lit. a AEUV) und hat wiederum dazu sekundärrechtliche Vorgaben erlassen[313].

67

13. Zusammenarbeit des Bundes und der Länder in Kriminalpolizei und Verfassungsschutz (Nr. 10)

Art. 73 I Nr. 10 GG stellt schon in seiner Ursprungsfassung den am intensivsten **kontrovers diskutiert**en Gegenstand der ausschließlichen Gesetzgebung dar. Zuständigkeiten der Zentralebene für die Normierung von Polizeiangelegenheiten finden sich in der deutschen Verfassungsgeschichte eher spärlich (vgl. allerdings §§ 54 ff. RVerf. 1849; Art. 4 Nr. 1 RVerf. 1871 sowie Art. 9 Nr. 2 WRV; → Vorb. zu Art. 70–74 Rn. 9)[314].

68

---

[303] Vgl. die Umschreibungen bei W. *Höfling/A. Engels*, in: Friauf/Höfling, GG, Art. 73 Abs. 1 Nr. 9a (2011), Rn. 6; *Uhle* (Fn. 37), Art. 73 Rn. 213 sowie *Degenhart* (Fn. 42), Art. 73 Rn. 47.
[304] *Höfling/Engels* (Fn. 303), Art. 73 Abs. 1 Nr. 9a Rn. 12; Jarass/*Pieroth*, GG, Art. 73 Rn. 30.
[305] Vgl. näher *Bäcker*, Terrorismusabwehr (Fn. 298), S. 37.
[306] Dies im Anschluß an Jarass/*Pieroth*, GG, Art. 73 Rn. 30 a. E.
[307] Statt aller *Degenhart* (Fn. 42), Art. 73 Rn. 48.
[308] So aber *Uhle* (Fn. 37), Art. 73 Rn. 225; wie hier *Heintzen* (Fn. 37), Art. 73 Rn. 106; *Höfling/Engels* (Fn. 303), Art. 73 Abs. 1 Nr. 9a Rn. 8; *Degenhart* (Fn. 42), Art. 73 Rn. 48.
[309] Strittig: wie hier *Heintzen*, Bundesgesetzgebung (Fn. 16), Rn. 95 sowie *Uhle* (Fn. 37), Art. 73 Rn. 209; Gegenauffassung bei *Degenhart* (Fn. 42), Art. 73 Rn. 48a.
[310] Instruktiv B. *Weißer*, ZStW 121 (2009), 131 (132 ff.).
[311] Dazu m. w. N. nur *Zöller*, Terrorismusstrafrecht (Fn. 301), S. 162 ff.
[312] Näher dazu A. v. *Arnauld*, AVR 44 (2006), 201 ff.; U. *Haltern*, JZ 2007, 537 ff.; K. *Schmalenbach*, JZ 2009, 35 ff.; vgl. auch die – einschränkende – Rechtsprechung des EuGH: Urteil v. 3.9.2008 – C 402/05 P und C 415/05 P – *Kadi/Al Barakaat*.
[313] Näher *Zöller*, Terrorismusstrafrecht (Fn. 301), S. 168 ff.; B. *Weißer*, Strafrecht, in: Schulze/Zuleeg/Kadelbach, Europarecht, § 42 Rn. 42 f.; vgl. ferner die umfangreichen Nachweise bei J. *Bröhmer*, in: Calliess/Ruffert, EUV/AEUV, Art. 75 AEUV Rn. 1 Fn. 3.
[314] *Pestalozza*, GG VIII, Art. 73 Rn. 576 ff. sowie Schneider, GG-Dokumentation, Bd. 17, Art. 73

Dementsprechend schlägt auch der Konvent von Herrenchiemsee keine solche Bundeskompetenz vor[315]. Daran schließen sich intensive Debatten an, in denen insbesondere die Union nicht mit einer Stimme spricht. Das Bild ist teils diffus; Hoffnungen auf eine bewaffnete Bundesstreitmacht konkurrieren mit Sorgen in Richtung einer »politischen Polizei« bzw. einer nicht hinreichenden Bekämpfung des internationalen Verbrecherwesens. Zentrale Kompromisse schließen erst Haupt- und Fünferausschuß. Zunächst einigt sich der erste auf den Titel »Zusammenarbeit der Länder in der Kriminalpolizei«[316], bevor der letzte das Bundeskriminalamt hinzufügt, aber im Wege informeller Absprachen auf die »Regelung polizeitechnischer Fragen« beschränkt[317]. Die umfangreiche Ergänzung, die dem Ursprungstext zugrunde liegt (namentlich Verfassungsschutz und internationale Verbrechensbekämpfung)[318], beruht erneut auf interfraktionellen Absprachen[319].

69 1972 wurde die Norm im Rahmen einer Teilreform der Sicherheitsarchitektur nochmals ergänzt und auch optisch durch die Buchstabenzählung mehr oder minder optimiert[320]. Neu ist im Kern lit. c (»zum Schutze gegen Bestrebungen im Bundesgebiet, die durch Anwendung von Gewalt oder darauf gerichtete Vorbereitungshandlungen auswärtige Belange der Bundesrepublik Deutschland gefährden«); die Norm zielt namentlich auf **Exilorganisationen**, die durch Angriffe auf Repräsentanten und Institutionen ihres Heimatstaates deren Beziehungen zur Bundesrepublik belasten[321].

70 Art. 73 I Nr. 10 lit. a–c GG räumen dem Bund **drei Kompetenzen** ein: Erstens die Gesetzgebungskompetenz zur Regelung der Zusammenarbeit von Bund und Ländern auf dem Gebiet der inneren Sicherheit; diese Kompetenz wird in den lit. a–c näher konkretisiert bzw. zusätzlich konditioniert (→ Rn. 72 ff.). Zweitens enthält die Norm eine normtextlich nicht näher eingeschränkte Gesetzgebungskompetenz des Bundes für die internationale Verbrechensbekämpfung (→ Rn. 76). Drittens schließlich räumt sie dem Bund die (Verwaltungs-)Kompetenz zur Errichtung des Bundespolizeikriminalamts ein (→ Rn. 75). Interpretationsleitend muß dabei der **Zweck** der Norm sein: Sie »soll die Möglichkeit schaffen, föderale Zuständigkeitsgrenzen bei der Erfüllung repressiver und präventiver Aufgaben zu lockern«[322] und will »allgemein eine Effektivierung der Zusammenarbeit der verschiedenen Sicherheitsbehörden über föderale Kompetenzgrenzen hinweg ermöglichen«[323]. Hingegen stellt Art. 73 I Nr. 10 GG keine Kodifikation einer »Staatsaufgabe Sicherheit« dar[324].

71 »**Zusammenarbeit** ist eine auf Dauer angelegte Form der Kooperation, die die laufende gegenseitige Unterrichtung und Auskunftserteilung, die wechselseitige Bera-

---

Nr. 10 S. 907, und ebd., Art. 73 Nr. 10 Rn. 1 (S. 920).
[315] Vgl. zum folgenden JöR 1 (1951), S. 479 ff. sowie *Pestalozza*, GG VIII, Art. 73 Rn. 579 ff.; im Detail Schneider, GG-Dokumentation, Bd. 17, Art. 73 Nr. 10 S. 907 ff. und ebd., Art. 73 Nr. 10 Rn. 2 ff. (S. 920 ff.).
[316] Näher Parl. Rat XIV/2, S. 970.
[317] Abg. *Laforet*, in: Parl. Rat XIV/2, S. 1563.
[318] Dieser lautete: »die Zusammenarbeit des Bundes und der Länder in der Kriminalpolizei und in Angelegenheiten des Verfassungsschutzes, die Einrichtung eines Bundeskriminalpolizeiamtes sowie die internationale Verbrechensbekämpfung«.
[319] Vgl. Parl. Rat XIV/2, S. 1829.
[320] Eingehend *Pestalozza*, GG VIII, Art. 73 Rn. 579 ff.
[321] Statt aller Jarass/Pieroth, GG, Art. 73 Rn. 34.
[322] BVerfGE 133, 277 (318, Rn. 98).
[323] BVerfGE 133, 277 (317 f., Rn. 97).
[324] So aber E. Werthebach/B. Droste, in: BK, Art. 73 I Nr. 10 (2007), Rn. 52; wie hier *Uhle* (Fn. 37), Art. 73 Rn. 228 sowie *Degenhart* (Fn. 42), Art. 73 Rn. 49.

tung sowie gegenseitige Unterstützung und Hilfeleistung in den Grenzen der je eigenen Befugnisse umfasst und funktionelle und organisatorische Verbindungen, gemeinschaftliche Einrichtungen und gemeinsame Informationssysteme erlaubt«[325]. Sie geht nach einhelliger Ansicht über Amtshilfe i.S.v. Art. 35 GG hinaus[326] und soll nicht allein zwischen Bund und Ländern, sondern auch unter letzteren stattfinden[327]. Im Fokus steht dabei der Austausch von Informationen, weshalb der Bund das **Antiterrordateigesetz** kompetenzrechtlich ganz überwiegend auf den Titel der Nr. 10 stützen konnte[328]. Die Bestimmung der für die Länder an dieser Kooperation teilnehmenden Stelle ist deren eigene Sache[329].

»Der Begriff ›**Kriminalpolizei**‹ in Art. 73 Abs. 1 Nr. 10 lit. a GG schließt nicht aus, dass der Bund eine Zusammenarbeit auch zur Verhinderung von Straftaten regeln kann, sondern dient lediglich der Beschränkung auf Regelungen, die sich auf bedeutsame Straftaten von Gewicht beziehen«[330]; ausgeschlossen sind danach aber die allgemeine Gefahrenabwehr, erst recht die Bekämpfung von Ordnungswidrigkeiten[331]. 72

Der **Verfassungsschutz** wird in Art. 73 I Nr. 10 lit. b GG legaldefiniert, nicht aber garantiert[332]. Der Begriff der »freiheitlichen demokratischen Grundordnung« entspricht seiner Verwendung in Art. 18 bzw. 21 II 1 GG (→ Art. 18 Rn. 44; → Art. 21 Rn. 148)[333]. Der Bestand der Bundesrepublik bzw. ihrer Länder ist bedroht, wenn ihre territoriale Integrität oder ihre staatliche Souveränität in Frage gestellt werden (→ Art. 21 Rn. 149)[334]. Die **Sicherheit** von Bund und Land muß kontextabhängig dahingehend gedeutet werden, daß der allgemeine Sicherheitsbegriff des Gefahrenabwehrrechts nicht adäquat ist und der Modifizierung bedarf; die Gefahren müssen m.a.W. eine ähnliche Fallhöhe wie die übrigen Tatbestände haben und mit den Mitteln des gewöhnlichen Sicherheitsrechts auch nicht mehr abgewehrt werden können[335]. Angeführt werden Sachverhalte organisierter Schwerstkriminalität oder professioneller Spionage[336]. 73

Auswärtige Belange (lit. c) sind erst tangiert, wenn die »Bestrebungen« ein vergleichbares Gefahrenniveau wie gerade umrissen erreichen[337]. Gewalt wie Vorberei- 74

---

[325] BVerfGE 133, 277 (318, Rn. 98; Hervorhebung nicht i.O., F.W.) unter Hinweis auf *Uhle* (Fn. 37), Art. 73 Rn. 231.
[326] Statt aller *Jarass/Pieroth*, GG, Art. 73 Rn. 31; *Degenhart* (Fn. 42), Art. 73 Rn. 49. → Art. 35 Rn. 13 f.
[327] Unterstrichen von BbgVerfG NVwZ-RR 2005, 299 (301); *Bothe* (Fn. 46), Art. 73 Rn. 26; *Heintzen* (Fn. 37), Art. 73 Rn. 110; *Jarass/Pieroth*, GG, Art. 73 Rn. 31.
[328] Gesetz zur Errichtung gemeinsamer Dateien von Polizeibehörden und Nachrichtendiensten des Bundes und der Länder (Gemeinsame-Dateien-Gesetz) v. 22.12.2006 (BGBl. I S. 3409); vgl. dazu BVerfGE 133, 277 (317 ff., Rn. 96 ff.) sowie aus der Literatur *M.A. Zöller*, JZ 2007, 763 (768 ff.).
[329] SächsVerfGH NVwZ 2005, 1310 (1311).
[330] BVerfGE 133, 277 (318, Rn. 98); aus der Literatur gleichsinnig *Heintzen* (Fn. 37), Art. 73 Rn. 114; *Uhle* (Fn. 37), Art. 73 Rn. 239; *D. Kugelmann*, Polizei und Polizeirecht in der föderalen Ordnung des Grundgesetzes, in: I. Härtel (Hrsg.), Handbuch Föderalismus, Bd. III, 2012, § 52 Rn. 12.
[331] *Uhle* (Fn. 37), Art. 73 Rn. 239; *Jarass/Pieroth*, GG, Art. 73 Rn. 32.
[332] *Uhle* (Fn. 37), Art. 73 Rn. 241; *Jarass/Pieroth*, GG, Art. 73 Rn. 33.
[333] Statt aller *Jarass/Pieroth*, GG, Art. 73 Rn. 33 sowie *Degenhart* (Fn. 42), Art. 73 Rn. 50. Eingehend *Werthebach/Droste* (Fn. 324), Art. 73 I Nr. 10 Rn. 171 ff.
[334] So oder ähnlich *Werthebach/Droste* (Fn. 324), Art. 73 I Nr. 10 Rn. 177 ff.; *Jarass/Pieroth*, GG, Art. 73 Rn. 33.
[335] Ähnlich schon *Pestalozza*, GG VIII, Art. 73 Rn. 639; *Kunig* (Fn. 49), Art. 73 Rn. 44; *Jarass/Pieroth*, GG, Art. 73 Rn. 33.
[336] Eingehend *Werthebach/Droste* (Fn. 324), Art. 73 I Nr. 10 Rn. 186 ff.
[337] Ähnlich *Uhle* (Fn. 37), Art. 73 Rn. 247; *Degenhart* (Fn. 42), Art. 73 Rn. 51.

tungshandlungen können von exilierten Ausländern, aber auch von Deutschen ausgehen, die sich einen ausländischen Staat als »Zielscheibe« auserkoren haben[338]. Die notwendige Qualifikation ist dabei in beiden Richtungen zu beachten: Weder reichen solche Bestrebungen aus, die von den Gefahrenabwehrbehörden der Länder problemlos bekämpft werden können, noch genügt eingedenk der Wertung des Art. 5 I 1 1. Alt. GG jede noch so periphere Verstimmung, die oppositionelle Aktionen bei auswärtigen Akteuren jeder Couleur auslösen mögen (→ Art. 5 I, II Rn. 214). Auswärtige Belange i. S. v. Art. 73 I Nr. 10 lit. c. GG sind m.a.W. erst gefährdet, wenn ein fremder Staat sich redlicherweise des Eindrucks nicht erwehren kann, die Bundesrepublik könne oder wolle seine Bürger und/oder Repräsentanten nicht gegen Gewalt schützen, die von deutschem Boden bzw. von Deutschen ausgeht.

75 Die Kompetenz zur Einrichtung eines **Bundeskriminalpolizeiamt**es umfaßt auch die Verwaltungskompetenz zur Ausstattung desselben mit den für die verschiedenen Kooperationen notwendigen Befugnissen[339]. Für die anderen Bundespolizeibehörden folgen entsprechende Befugnisse aus Art. 73 I Nr. 1 (MAD und BND) resp. Nr. 5 (Bundespolizei und Zollkriminalamt)[340].

76 Die **internationale Verbrechensbekämpfung** schließlich fällt uneingeschränkt in die Gesetzgebungskompetenz des Bundes[341]; dahinter steht die auch Art. 73 I Nr. 1 GG innewohnende Maxime, daß die Zentralebene für die Wahrnehmung der äußeren Belange des Gesamtstaates zuständig ist (→ Rn. 11; → Art. 32 Rn. 15). Allerdings bedingt der spezielle Bezug erstens, daß sich die Zuständigkeit lediglich auf die Straftaten beschränkt, die entweder grenzüberschreitend ausgeführt werden oder adäquat nur durch internationale Zusammenarbeit bekämpft werden können[342]. Aus dem Gesamtkontext der Kompetenznorm folgt zweitens, daß sie keine Strafverfolgungsbefugnisse begründet, sondern sich wie die übrigen Untertitel typischerweise auf **Informationsaustausch** beschränkt[343]. Die Einrichtung spezieller Behörden für diese Zwecke ist von Art. 73 I Nr. 10 GG nicht gedeckt[344].

77 Namentlich für den letzten Untertitel verweist Art. 73 I Nr. 10 GG bereits selbst auf die inter- und supranationale Ebene. Hier steht an erster Stelle **Interpol** als zwischenstaatliche Organisation, die wiederum primär dem Informationsaustausch zwischen den beteiligen Staaten dient[345]. Gestützt auf Titel V AEUV (**Raum der Freiheit, der Sicherheit** und des Rechts) hat ferner die Union eine breite Palette an kriminalpolitischen Maßnahmen ergriffen und baut dieses Tableau stetig weiter aus[346].

---

[338] Wie hier Jarass/*Pieroth*, GG, Art. 73 Rn. 34; *Degenhart* (Fn. 42), Art. 73 Rn. 51.
[339] Teils strittig; auf Art. 87 I 2 GG stellt i. S. einer »zusätzlichen Stützung« ab *Degenhart* (Fn. 42), Art. 73 Rn. 51.
[340] BVerfGE 133, 277 (319 f., Rn. 101 f.).
[341] Unterstrichen von *Heintzen* (Fn. 37), Art. 73 Rn. 118.
[342] Ähnlich H.-W. *Rengeling*, HStR³ VI, § 135 Rn. 133; *Uhle* (Fn. 37), Art. 73 Rn. 252 sowie Jarass/*Pieroth*, GG, Art. 73 Rn. 35.
[343] So auch *Heintzen* (Fn. 37), Art. 73 Rn. 119; *Uhle* (Fn. 37), Art. 73 Rn. 252; Jarass/*Pieroth*, GG, Art. 73 Rn. 35; *Degenhart* (Fn. 42), Art. 73 Rn. 53.
[344] *Uhle* (Fn. 37), Art. 73 Rn. 252; Jarass/*Pieroth*, GG, Art. 73 Rn. 35; *Degenhart* (Fn. 42), Art. 73 Rn. 53.
[345] Knapp J. *Stock*/A. *Herz*, Die Polizei 2011, 129 ff.; eingehend J. R. S. *Martha*, The Legal Foundations of INTERPOL, 2. Aufl. Oxford/Portland 2015.
[346] Im ersten Zugriff *Weißer* (Fn. 313), § 42 Rn. 61 ff.; ebd., S. 2591 ff. auch eine aktuelle Übersicht zu den einschlägigen Rechtsakten. Zum besonders umstrittenen europäischen Haftbefehl → Art. 16 Rn. 34 f., 75 ff.

14. Statistik für Bundeszwecke (Nr. 11)

Der Kompetenztitel taucht erstmals als »**Bundesstatistik**« in Art. 35 Nr. 7 HChE auf[347]; zuvor war diesbezüglich von einer ungeschriebenen Reichskompetenz ausgegangen worden[348]. Der Zuständigkeitsausschuß erwog zunächst die Verschiebung in den späteren Art. 74 GG, ließ sich aber von der Erwägung überzeugen, die Länder könnten schlechterdings kaum Vorschriften über eine Bundesstatistik erlassen.

Statistik wird als methodische Erhebung, Sammlung, Darstellung und Auswertung von Daten und Fakten umschrieben[349] (dürfte daneben aber auch die Publikation der Ergebnisse umfassen). Erfaßt sind allein statistische Erhebungen für staatliche Zwecke, wobei die an sich begriffsnotwendige Begrenzung auf *Bundes*zwecke[350] von der Rechtsprechung namentlich in Ansehung der Frage nach der Religionszugehörigkeit (→ Art. 136 WRV Rn. 20) gelockert wird[351]. Gestützt auf Art. 73 I Nr. 11 GG hat der Bund insbesondere das Bundesstatistikgesetz erlassen[352]. Dieses bildet seine inter- und supranationale Einbindung bereits in den §§ 18 f. BStatG ab; ferner ist es dem stetig feiner ausdifferenzierten Corpus des **Datenschutzrecht**s **der Union** unterworfen (→ Art. 2 I Rn. 13 f.)[353].

15. Waffen- und Sprengstoffrecht (Nr. 12)

Art. 73 I Nr. 12 GG ist **ohne Vorläufer** in der deutschen Verfassungsgeschichte und auch erst spät in die Kompetenzkataloge aufgenommen worden[354]. Zunächst wird 1972 die konkurrierende Kompetenz für das Waffenrecht als Art. 74 Nr. 4a GG begründet[355], 1976 noch um das Sprengstoffrecht erweitert[356]. 2006 wird die Norm im Zuge der Föderalismusreform I zu Art. 73 I Nr. 12 GG[357].

---

[347] Näher JöR 1 (1951), S. 482 sowie Parl. Rat II, S. 585; siehe ferner *Pestalozza*, GG VIII, Art. 73 Rn. 701 ff. sowie Schneider, GG-Dokumentation, Bd. 17, Art. 73 Nr. 11 S. 1040 ff. und ebd., Art. 73 Nr. 11 Rn. 1 ff. (S. 1047 ff.).

[348] Näher *R. Schwartmann*, in: BK, Art. 73 I Nr. 11 (2006), Rn. 1.

[349] So oder gleichsinnig *W. Höfling/A. Engels*, in: Friauf/Höfling, GG, Art. 73 Abs. 1 Nr. 11 (2008), Rn. 6; *Kunig* (Fn. 49), Art. 73 Rn. 47; *Schwartmann* (Fn. 348), Art. 73 I Nr. 11 Rn. 5; Jarass/*Pieroth*, GG, Art. 73 Rn. 36.

[350] Unterstrichen von BVerfGE 8, 104 (119); 65, 1 (39).

[351] BVerfGE 65, 1 (39): »Danach kann in den Programmen für Bundesstatistiken auch statistischen Anforderungen der Länder Rechnung getragen werden, weil sich Gesetzeszuständigkeiten, Verwaltungszuständigkeiten und Planungszuständigkeiten von Bund und Ländern vielfältig überschneiden.« – Zustimmend Jarass/*Pieroth*, GG, Art. 73 Rn. 36; kritischer *Uhle* (Fn. 37), Art. 73 Rn. 262.

[352] Gesetz über die Statistik für Bundeszwecke (Bundesstatistikgesetz – BStatG) v. 22.1.1987 (BGBl. I S. 462). – Auch das Volkszählungsgesetz 1983 (Gesetz über eine Volkszählung, Berufszählung, Wohnungszählung und Arbeitsstättenzählung v. 25.3.1982 [BGBl. I S. 369] – VZG 1983) konnte sich auf Art. 73 [I] Nr. 11 GG stützen: BVerfGE 65, 1 (39); Gleiches galt zuvor für das Gesetz über die Durchführung einer Repräsentativstatistik der Bevölkerung und des Erwerbslebens (Mikrozensus) v. 16.3.1957 (BGBl. I S. 213) – Mikrozensusgesetz (so implizit BVerfGE 27, 1 [5]).

[353] Eingehend m.w.N. *B. Holznagel/L. Dietze*, Europäischer Datenschutz, in: Schulze/Zuleeg/Kadelbach, Europarecht, § 37 Rn. 4 ff.

[354] Vgl. zuvor BVerfGE 8, 143 (148): Beschußgesetz als Gesetz i.S.v. Art. 74 Nr. 11 GG (Recht der Wirtschaft).

[355] Eingehend m.w.N. *Pestalozza*, GG VIII, Art. 74 Rn. 260.

[356] Nochmals *Pestalozza*, GG VIII, Art. 74 Rn. 262.

[357] Vgl. zur Motivlage *Uhle* (Fn. 37), Art. 73 Rn. 34; allgemein *U. Häde*, JZ 2006, 930 (931); näher auch *T. Mayen*, DRiZ 2007, 51 (51 f.).

81 Die Norm räumt dem Bund eine **umfassende Kompetenz** zur Regelung sämtlicher Rechtsverhältnisse in bezug auf Waffen und Sprengstoffe ein; zugleich wird dem Gesetzgeber dabei ein Spielraum zur gesetzlichen Bestimmung beider Begriffe gewährt (vgl. dazu § 1 SprengG bzw. § 1 II WaffG)[358]. Erfaßt sind wirtschaftsrechtliche wie sicherheitsrechtliche Aspekte, also namentlich Produktion, Vertrieb, Ein- und Ausfuhr, Besitz, Gebrauch, Lagerung und Vernichtung von Waffen und Sprengstoffen[359]. Zentrale Gesetze sind das Waffengesetz sowie das Sprengstoffgesetz[360]. Gerade das letztere war schon 1998 Gegenstand von umfangreichen Eingriffen zur Umsetzung der sog. Sprengstoffrichtlinie[361]. Für Kriegswaffen ist Art. 26 II 2 GG bzw. das darauf gestützte Kriegswaffenkontrollgesetz *lex specialis* zu Art. 73 I Nr. 12 GG[362].

16. Versorgung und Fürsorge für Kriegsopfer (Nr. 13)

82 Das Problem der **staatlichen Verantwortung für Kriegsfolgen** gerät auf Verfassungsebene erstmals in Art. 7 Nr. 11 WRV in den Blick (vgl. auch Art. 155 I 2 WRV)[363]. Im Anschluß daran wollte Art. 36 Nr. 12 HChE dem Bund die (konkurrierende) Kompetenz für die Versorgung von Kriegsteilnehmern und Kriegshinterbliebenen überantworten[364]. Nach der Auswechslung von »Kriegsteilnehmer« gegen »Kriegsbeschädigte« durch den Hauptausschuß fügten der Allgemeine Redaktionsausschuß noch die Fürsorge für ehemalige Kriegsgefangene[365] sowie erneut der Hauptausschuß die Sorge für die Kriegsgräber ein[366]; die Norm wurde als Art. 74 Nr. 10 GG a. F. Teil der Verfassungsurkunde. 1965 wird zunächst die Sorge für die Kriegsgräber ausgegliedert (neuer Art. 74 Nr. 10a GG, jetzt Art. 74 I Nr. 10 GG; → Art. 74 Rn. 46 f.)[367]. 2006 wird der verbleibende Normbestand sodann in Art. 73 I Nr. 13 GG überführt[368].

83 In der Sache räumt Art. 73 I Nr. 13 GG dem Bund die Kompetenz für ein weit verstandenes »**Kriegsopferrecht**«[369] ein[370]; diese weist enge Beziehungen zum Sozialstaatspostulat auf, obgleich die Integration des Rechts der Kriegsopferversorgung in das allgemeine Sozialrecht noch aussteht[371]. Die Norm war 1949 unzweifelhaft rück-

---

[358] Wie hier *Heintzen* (Fn. 37), Art. 73 Rn. 128 f.
[359] Einhellige Auffassung: W. *Höfling/A. Engels*, in: Friauf/Höfling, GG, Art. 73 Abs. 1 Nr. 12 (2011), Rn. 10; *Uhle* (Fn. 37), Art. 73 Rn. 271 (Waffen), 276 (Sprengstoffe); Jarass/*Pieroth*, GG, Art. 73 Rn. 37; *Degenhart* (Fn. 42), Art. 73 Rn. 55.
[360] Waffengesetz vom 11.10.2002 (BGBl. I S. 3970) bzw. Gesetz über explosionsgefährliche Stoffe (Sprengstoffgesetz) vom 13.9.1976 i. d. F. der Bek. v. 10.9.2002 (BGBl. I S. 3518). Vgl. zu jüngeren Novellen *F. Bauer/W. Fleck*, GewArch. 2010, 16 ff.
[361] Richtlinie 93/15/EWG des Rates vom 5.4.1993 zur Harmonisierung der Bestimmungen über das Inverkehrbringen und die Kontrolle von Explosivstoffen für zivile Zwecke – Sprengstoffrichtlinie – (ABl. EG Nr. L 121 S. 20, ber. ABl. EG Nr. L 79 S. 34 vom 7.4.1995).
[362] Ausführungsgesetz zu Artikel 26 Abs. 2 des Grundgesetzes (Gesetz über die Kontrolle von Kriegswaffen – KrWaffKontrG) v. 20.4.1961 i. d. F. der Bek. v. 22.11.1990 (BGBl. I S. 2506); für Spezialität wie hier *Heintzen* (Fn. 37), Art. 73 Rn. 127; *T. M. Spranger*, in: BK, Art. 73 I Nr. 12 (2013), Rn. 19; *Uhle* (Fn. 37), Art. 73 Rn. 270; Jarass/*Pieroth*, GG, Art. 73 Rn. 37.
[363] Näher *Seiler* (Fn. 163), Art. 73 Rn. 57.
[364] Siehe JöR 1 (1951), S. 514 f. sowie *T. M. Spranger*, in: BK, Art. 73 I Nr. 13 (2013), Rn. 1.
[365] JöR 1 (1951), S. 515.
[366] Parl. Rat XIV/2, S. 1567.
[367] Näher m. w. N. *Pestalozza*, GG VIII, Art. 74 Rn. 459 sowie *T. Breitkreuz*, in: Friauf/Höfling, GG, Art. 73 Abs. 1 Nr. 13 (2015), Rn. 1. → *Stettner*, Bd. II², Art. 74 Rn. 50.
[368] Siehe dazu *Sannwald* (Fn. 41), Art. 73 Rn. 150 sowie *Degenhart* (Fn. 42), Art. 73 Rn. 56.
[369] So der Abg. *Laforet* in Parl. Rat XIV/1, S. 233 ff.
[370] Gleichsinnig *Uhle* (Fn. 37), Art. 73 Rn. 286; *Sannwald* (Fn. 41), Art. 73 Rn. 151.
[371] Unterstrichen von *Breitkreuz* (Fn. 367), Art. 73 Abs. 1 Nr. 13 Rn. 2 (m. w. N.).

wärtsgewandt konzipiert, ist ihrem Wortlaut und Zweck nach jedoch auf alle (auch zukünftigen) Kriege und damit auch zumindest solche Auslandseinsätze der Bundeswehr anzuwenden, in denen es zum Einsatz spezifisch militärischer Kampfmittel kommt[372]. Nach einhelliger Auffassung soll dabei die Versorgung der Kriegsbeschädigten und -hinterbliebenen auf Personenschäden beschränkt sein, während die Fürsorge für die ehemaligen Kriegsgefangenen Personen- und Sachschäden umfaßt[373]. Nach dem insoweit klaren Willen des Verfassunggebers sollte der Übergang von »Kriegsteilnehmer« zu »Kriegsbeschädigten« auch zivile Opfer erfassen[374]; während für Kriegsgefangene die völkerrechtliche Begrifflichkeit maßgeblich sein soll[375]. Eingedenk der weiten Formulierung wie der 1949 getroffenen Entscheidung für die offene Staatlichkeit (→ Pmbl. Rn. 50 ff.; → Art. 1 II Rn. 21) kann der Anwendungsbereich auch nicht auf Deutsche i. S. v. Art. 116 I GG beschränkt sein[376]. Der Bund hat von seiner Kompetenz u. a. in Gestalt des Bundesversorgungsgesetzes (BVG) Gebrauch gemacht[377]. Der Titel des Art. 73 I Nr. 13 GG ist vornehmlich völkerrechtlichen Ingerenzen ausgesetzt[378], wohingegen das Unionsrecht nurmehr in Gestalt seiner diversen Diskriminierungsverbote einschlägig sein dürfte (→ Art. 3 Rn. 9 ff.).

17. Erzeugung und Nutzung der Kernenergie (Nr. 14)

Aus naheliegenden Gründen ist der Titel der älteren Tradition wie **dem Grundgesetz von 1949 fremd**. Der Kompetenztitel wurde 1959/1960 als Art. 74 Nr. 11a GG in den Verfassungstext eingeführt[379] und 2006 im Zuge der Föderalismusreform I in den Katalog der ausschließlichen Bundeskompetenzen transferiert[380]. **84**

Art. 73 I Nr. 14 GG ist ausweislich der detaillierten Umschreibung bewußt als **Rundum-Kompetenz** des Bundes konzipiert, die dem Bundesgesetzgeber ein Zugriffsrecht auf alle kernenergierelevanten Sachverhalte einräumt und im Zweifel überlappende Kompetenzen (etwa den Arbeitsschutz; → Art. 74 Rn. 60) verdrängt[381]. Dahinter steht auch das Kalkül, in einer von Beginn an kontroversen Sachfrage keine föderale »Ge- **85**

---

[372] Für eine Zukunftsgerichtetheit der Norm etwa *Heintzen* (Fn. 37), Art. 73 Rn. 131; *Uhle* (Fn. 37), Art. 73 Rn. 292; für Erfassung aller Auslandseinsätze Jarass/*Pieroth*, GG, Art. 73 Rn. 38 sowie *Degenhart* (Fn. 42), Art. 73 Rn. 56.
[373] *Uhle* (Fn. 37), Art. 73 Rn. 284, 291; Jarass/*Pieroth*, GG, Art. 73 Rn. 38. – A. A. *Breitkreuz* (Fn. 367), Art. 73 Abs. 1 Nr. 13 Rn. 7, der Sachschäden generell als nicht erfaßt ansieht.
[374] Vgl. nochmals JöR 1 (1951), S. 515. Wie hier *M. Bothe*, in: AK-GG, Art. 74 (2002), Rn. 19; *Spranger* (Fn. 364), Art. 73 I Nr. 13 Rn. 2, 13.
[375] *Pestalozza*, GG VIII, Art. 74 Rn. 443; *Bothe* (Fn. 374), Art. 74 Rn. 19; *Breitkreuz* (Fn. 367), Art. 73 Abs. 1 Nr. 13 Rn. 9. → *Stettner*, Bd. II² (Suppl. 2007), Art. 74 Rn. 51.
[376] Wie hier *Uhle* (Fn. 37), Art. 73 Rn. 290; *Sannwald* (Fn. 41), Art. 73 Rn. 175; Jarass/*Pieroth*, GG, Art. 73 Rn. 38. – Gegenauffassung bei *Spranger* (Fn. 364), Art. 73 I Nr. 13 Rn. 15 sowie *Heintzen* (Fn. 37), Art. 73 Rn. 132.
[377] Gesetz über die Versorgung der Opfer des Krieges (Bundesversorgungsgesetz) v. 27.6.1960 i. d. F. der Bek. v. 22.1.1982 (BGBl. I S. 21); siehe dazu wie zu weiteren Bestimmungen *Breitkreuz* (Fn. 367), Art. 73 Abs. 1 Nr. 13 Rn. 10.
[378] Vgl. oben zum Anschluß an die Begrifflichkeit; ferner wäre der Bund im Falle einer bewaffneten Auseinandersetzung an die Regeln des humanitären Völkerrechts (näher m. w. N. *H.-P. Gasser/N. Melzer*, Humanitäres Völkerrecht, 2012, S. 112 ff.) gebunden.
[379] Näher m. w. N. *Pestalozza*, GG VIII, Art. 74 Rn. 694 ff. sowie *W. Bischof*, in: BK, Art. 74 Nr. 11a (1994), Rn. 1 ff.
[380] Siehe *Heintzen*, Bundesgesetzgebung (Fn. 16), Rn. 87.
[381] *Sannwald* (Fn. 41), Art. 73 Rn. 179; *Degenhart* (Fn. 42), Art. 73 Rn. 60 (dort jeweils auch das Beispiel).

genmacht« aufzubauen. Von seiner Kompetenz hat der Bund namentlich im Atomgesetz (AtG) Gebrauch gemacht[382]. Außer den eigens genannten Sachbereichen zählen zur Bundeskompetenz nach Nr. 14 auch die Regelung der Genehmigung von Kernkraftwerken[383], des Transports von Kernbrennstoffen[384] sowie die Fragen der Entsorgung (einschließlich der Genehmigung von Endlagern[385]). In umgekehrter Perspektive trägt die Kompetenz auch die Entscheidung für den »Atomausstieg« (→ Rn. 86). Selbst vermeintlich periphere Fragen des Strahlenschutzrechts wie die Zulassung von Röntgengeräten sind erfaßt[386].

86 Art. 73 I Nr. 14 GG zählt zu den Kompetenzbestimmungen, denen mit der gebotenen Vorsicht **materielle Wertung**en entnommen werden können (→ Vorb. zu Art. 70–74 Rn. 54 f.). In positiver Perspektive spricht die Norm aus, daß die Erzeugung und Nutzung der Kernenergie zu friedlichen Zwecken von der Verfassung grundsätzlich gebilligt wird[387]. Hingegen ist der Norm kein Verfassungsauftrag dahingehend zu entnehmen, daß die Bundesrepublik die Kerntechnik zuzulassen, zu fördern oder aufrechtzuerhalten hat[388]; ganz konsequent läßt sich Art. 73 I Nr. 14 GG auch nicht als Schutzschild gegen den »Atomausstieg« in Stellung bringen[389].

87 Bei der Nutzung des Kompetenztitels zur Gestaltung der weiteren Nutzung der Kernenergie bzw. zur Moderation ihrer Beendigung sowie bei der Abwicklung der tatsächlichen und rechtlichen Folgen hat der Bundesgesetzgeber völker- wie unionsrechtliche Vorgaben zu beachten; konkret das einschlägige Völkervertragsrecht, das sich inzwischen um die **IAEO** (Internationale Atomenergie-Organisation) gruppiert[390], sowie den **Euratom**-Vertrag und die einschlägigen Rechtsakte hierzu[391].

III. Zustimmungserfordernis (Abs. 2)

88 Die Notwendigkeit der Zustimmung des Bundesrates zu Gesetzen nach Abs. 1 Nr. 9a wurde 2006 im Rahmen der Föderalismusreform I eingeführt (→ Rn. 3). Sie ist in der Sache im Rahmen ausschließlicher Bundeskompetenzen ein **Widerspruch in sich**[392]

---

[382] Gesetz über die friedliche Verwendung der Kernenergie und den Schutz gegen ihre Gefahren (Atomgesetz) v. 23.12.1959 i.d.F. der Bek. v. 15.7.1985 (BGBl. I S. 1565).
[383] BayVerfGH NVwZ 1988, 242 (243); VerfGH NW OVGE 39, 299 (302 f.); aus der Literatur *Uhle* (Fn. 37), Art. 73 Rn. 299.
[384] BremStGH NordÖR 2013, 357 (365) – *Sondervotum;* aus der Literatur *K.-A. Schwarz*, DÖV 2012, 457 (458 f.).
[385] BayVerfGH NVwZ 1984, 711 (712); dies erstreckt sich auf die rechtliche Ausgestaltung der UVP-Prüfung für derartige Anlagen: BVerfGE 84, 25 (32).
[386] Vgl. BVerwGE 97, 266 (270 f.); *Degenhart* (Fn. 42), Art. 73 Rn. 59.
[387] BVerfGE 53, 30 (56); BVerfG (K), NVwZ 2010, 114 (115, Rn. 20); BVerwGE 104, 36 (54); aus der Literatur *H.-W. Rengeling*, HStR³ VI, § 135 Rn. 144 sowie Jarass/*Pieroth*, GG, Art. 73 Rn. 39.
[388] Wie hier *Uhle* (Fn. 37), Art. 73 Rn. 304; *Seiler* (Fn. 163), Art. 73 Rn. 61 sowie Jarass/*Pieroth*, GG, Art. 73 Rn. 39.
[389] So *Uhle* (Fn. 37), Art. 73 Rn. 304; *Sannwald* (Fn. 41), Art. 73 Rn. 185; Jarass/*Pieroth*, GG, Art. 73 Rn. 39.
[390] Knapp zu Institution wie Regelwerken *A. Williams*, Beyond boundaries. The role of the IAEA in balancing security and development priorities in the 21st century, Washington 2014 sowie *R.L. Brown*, Nuclear Authority, Washington 2015.
[391] Neuere Zusammenfassungen: *G. Hermes*, Energierecht, in: Schulze/Zuleeg/Kadelbach, Europarecht, § 35 Rn. 53 ff.; *J. Grünwald*, Der Euratom-Vertrag nach Lissabon, in: FS Stein, 2015, S. 543 ff.
[392] Pointiert kritisch *H. Meyer*, Die Föderalismusreform 2006, 2008, S. 303 f.; *Höfling/Engels* (Fn. 303), Art. 73 Abs. 1 Nr. 9a Rn. 20; a.A. hingegen *Heintzen*, Bundesgesetzgebung (Fn. 16), Rn. 103.

bzw. fungiert als prozedurale Sicherung der zum sprichwörtlichen »Hausgut« der Länder zählenden Kompetenz für die (Landes-)Polizei (→ Art. 70 Rn. 6, 10). Das Verfahren der Zustimmung bestimmt sich nach Art. 77 IIa GG (→ Art. 77 Rn. 44 ff.).

D. Verhältnis zu anderen GG-Bestimmungen

Art. 73 I GG korrespondiert unmittelbar mit seiner »Kopfnorm« **Art. 71 GG** (→ Art. 71 Rn. 6) sowie mit den allgemeinen Regeln über die Kompetenzen (→ **Art. 30** Rn. 14 ff.; → **Art. 70** Rn. 9 ff.). **Art. 124 GG** regelt das Fortgelten vorkonstitutionellen Rechts, das Gegenstände des Art. 73 GG oder der übrigen über das Grundgesetz verstreuten ausschließlichen Bundeskompetenzen betrifft (→ Art. 30 Rn. 21; → Art. 124 Rn. 12). Art. 73 II GG schließlich korrespondiert mit den Verfahrensvorschriften in Art. 77 IIa, 78 GG (→ Art. 77 Rn. 44 ff.; → Art. 78 Rn. 13) sowie den Normen über Zusammensetzung und Funktionsweise des Bundesrates (Art. 50 ff. GG). 89

Die ausschließlichen **Bundeskompetenzen** im Katalog des Art. 73 I GG **werden durch zahlreiche Bestimmungen des Grundgesetzes** näher **konkretisiert, aber auch** im Einzelfall in ihrer Reichweite **begrenzt**. Die »auswärtigen Angelegenheiten« (Art. 73 I **Nr. 1** GG) korrespondieren mit Art. 32, 45a I und 59 GG (→ Art. 32 Rn. 15 ff.; → Art. 45a Rn. 5; → Art. 59 Rn. 24 ff.), die »Verteidigung« mit den Art. 4 III, 12a, 17a, 26, 45a, 45b, 65a, 87a, 87b, 96 II GG sowie insbesondere den Abschnitten über den Verteidigungsfall (→ Art. 4 Rn. 174 ff.; → Art. 12a Rn. 17 ff., 25 ff.; → Art. 17a Rn. 4 f.; → Art. 26 Rn. 17 ff.; → Art. 45a Rn. 6, 8; → Art. 45b Rn. 3 ff.; → Art. 65a Rn. 5; → Art. 87a Rn. 7 ff.; → Art. 87b Rn. 6 ff.; → Art. 96 Rn. 19 ff.; → Art. 53a Rn. 4; → Vorb. zu Art. 115a–115l Rn. 15 ff.). Der Schutz der Zivilbevölkerung (Nr. 1) wird durch die Schutzpflicht aus Art. 2 II 1 GG gefordert (→ Art. 2 II Rn. 76). Die Staatsangehörigkeit im Bunde (**Nr. 2**) wird aktuell durch Art. 16 I GG und in historischer Perspektive durch Art. 116 GG angeleitet (→ Art. 16 Rn. 41 ff.; → Art. 116 Rn. 48 ff.). Der Titel der **Nr. 3** verweist unmittelbar auf Art. 11 GG (Freizügigkeit; → Rn. 21; → Art. 11 Rn. 25 ff.) bzw. auf Art. 16 II GG (Auslieferung; → Rn. 27; → Art. 16 Rn. 62 ff.); ob »Ein- und Auswanderung« weiterhin über das Asylgrundrecht gesteuert (oder eben nicht gesteuert) werden sollen, ist Gegenstand kontroverser Diskussionen (→ Rn. 26; → Art. 16a Rn. 19). **Nr. 4** ist auf das Engste mit Art. 88 GG verknüpft (→ Rn. 29; → Art. 88 Rn. 41), verweist aber zumindest mittelbar auch auf die Finanzverfassung (→ Vorb. zu Art. 104a–115 Rn. 26). **Nr. 5** korrespondiert implizit primär mit Art. 23 GG (→ Rn. 39), während innerstaatlich entweder typologische Rudimente (→ Art. 105 Rn. 3, 31; → Art. 106 Rn. 6, 15) oder Organisations- und Zuständigkeitsfragen verbleiben (Zoll und [Bundes-]Grenzschutz; → Art. 108 Rn. 10 ff.; → Art. 12a Rn. 17; → Art. 35 Rn. 35; → Art. 87 Rn. 37 ff.; → Art. 91 Rn. 18 ff.; → Art. 115f Rn. 9). Der intensiv debattierte Schutz deutschen Kulturgutes (**Nr. 5a**) steht in einem Spannungsverhältnis zu Art. 5 III 1 GG wie zum Konzept der »offenen Staatlichkeit« (→ Art. 5 III [Kunst] Rn. 78; → Art. 24 Rn. 1, 3, 18). Die Kompetenzen nach **Nr. 6** und **6a** (Eisenbahnen und Flugverkehr) sind auf das engste mit den einschlägigen Verwaltungs- bzw. Privatisierungsvorschriften verknüpft (→ Art. 87d [Suppl. 2010], Rn. 24 f.; → Art. 87f Rn. 23 ff.; → Art. 143a Rn. 4 ff.). Ähnliches gilt für **Nr. 7** (Postwesen und Telekommunikation; → Art. 87e Rn. 25 ff.; → Art. 143b Rn. 4 ff.); hier sind ferner gleich mehrere Grundrechte unmittelbar einschlägig resp. potentiell betroffen (→ Art. 2 I Rn. 79 ff.; → Art. 5 I, II Rn. 99 ff.; → Art. 10 Rn. 30 ff., 36 ff., 47 ff.). **Nr. 8** wird nach dem Wegfall von Art. 74a und 75 GG a. F. durch Art. 33 II–V GG in- 90

Fabian Wittreck

haltlich bestimmt; für Richter im Bundesdienst sind noch Art. 98 I, II GG zu beachten (→ Art. 33 Rn. 73 ff., 139 ff., 148 ff., 168 ff.; → Art. 98 Rn. 22 ff.). **Nr. 9** ist einerseits von der Kompetenz nach Art. 74 I Nr. 1 GG abzugrenzen (→ Rn. 61; → Art. 74 Rn. 18) und buchstabiert andererseits Grundrechtspositionen aus Art. 5 III 1, 14 GG näher aus (→ Art. 5 III [Kunst], Rn. 63; → Art. 14 Rn. 71 f.). **Nr. 9a** und **10** bündeln nunmehr die grundsätzlich prekären Polizeibefugnisse des Bundes (→ Rn. 63 ff.); sofern speziell der Verfassungsschutz angesprochen ist, verweisen sie auf die Normen zur »wehrhaften Demokratie« (→ Art. 9 Rn. 55; → Art. 18 Rn. 26; → Art. 21 Rn. 144; → Art. 79 III Rn. 44; → Art. 98 Rn. 32 ff.) wie auf die Notstandsverfassung des Grundgesetzes (→ Vorb. zu Art. 115a–115l Rn. 11 ff.). **Nr. 11** (Statistik für Bundeszwecke) evozierte das Volkszählungsurteil (→ Art. 2 I Rn. 79)[393], wohingegen das Waffen- und Sprengstoffrecht (**Nr. 12**) mit der Schutzpflicht nach Art. 2 II 1 GG wie dem Art. 26 II GG eng verknüpft sind (→ Art. 2 II Rn. 76; → Art. 26 Rn. 47). **Nr. 13** ist eng mit dem Sozialstaatprinzip verknüpft und wird in Art. 119 f. GG konkretisiert (→ Art. 20 [Sozialstaat], Rn. 26; → Art. 119 Rn. 4 ff.; → Art. 120 Rn. 6 ff.). **Nr. 14** schließlich (Kernkraft) steht in doppelter Spannung zu Art. 2 II 1 wie Art. 20a GG (→ Art. 2 II Rn. 80; → Art. 20a Rn. 35, 40).

---

[393] BVerfGE 65, 1.

Artikel 74 [Gegenstände der konkurrierenden Gesetzgebung]

(1) Die konkurrierende Gesetzgebung erstreckt sich auf folgende Gebiete:
1. das bürgerliche Recht, das Strafrecht, die Gerichtsverfassung, das gerichtliche Verfahren (ohne das Recht des Untersuchungshaftvollzugs), die Rechtsanwaltschaft, das Notariat und die Rechtsberatung;
2. das Personenstandswesen;
3. das Vereinsrecht;
4. das Aufenthalts- und Niederlassungsrecht der Ausländer;
4a. *(aufgehoben)*
5. *(aufgehoben)*
6. die Angelegenheiten der Flüchtlinge und Vertriebenen;
7. die öffentliche Fürsorge (ohne das Heimrecht);
8. *(aufgehoben)*
9. die Kriegsschäden und die Wiedergutmachung;
10. die Kriegsgräber und Gräber anderer Opfer des Krieges und Opfer von Gewaltherrschaft;
11. das Recht der Wirtschaft (Bergbau, Industrie, Energiewirtschaft, Handwerk, Gewerbe, Handel, Bank- und Börsenwesen, privatrechtliches Versicherungswesen) ohne das Recht des Ladenschlusses, der Gaststätten, der Spielhallen, der Schaustellung von Personen, der Messen, der Ausstellungen und der Märkte;
11a. *(aufgehoben)*
12. das Arbeitsrecht einschließlich der Betriebsverfassung, des Arbeitsschutzes und der Arbeitsvermittlung sowie die Sozialversicherung einschließlich der Arbeitslosenversicherung;
13. die Regelung der Ausbildungsbeihilfen und die Förderung der wissenschaftlichen Forschung;
14. das Recht der Enteignung, soweit sie auf den Sachgebieten der Artikel 73 und 74 in Betracht kommt;
15. die Überführung von Grund und Boden, von Naturschätzen und Produktionsmitteln in Gemeineigentum oder in andere Formen der Gemeinwirtschaft;
16. die Verhütung des Mißbrauchs wirtschaftlicher Machtstellung;
17. die Förderung der land- und forstwirtschaftlichen Erzeugung (ohne das Recht der Flurbereinigung), die Sicherung der Ernährung, die Ein- und Ausfuhr land- und forstwirtschaftlicher Erzeugnisse, die Hochsee- und Küstenfischerei und den Küstenschutz;
18. den städtebaulichen Grundstücksverkehr, das Bodenrecht (ohne das Recht der Erschließungsbeiträge) und das Wohngeldrecht, das Altschuldenhilferecht, das Wohnungsbauprämienrecht, das Bergarbeiterwohnungsbaurecht und das Bergmannssiedlungsrecht;
19. Maßnahmen gegen gemeingefährliche oder übertragbare Krankheiten bei Menschen und Tieren, Zulassung zu ärztlichen und anderen Heilberufen und zum Heilgewerbe, sowie das Recht des Apothekenwesens, der Arzneien, der Medizinprodukte, der Heilmittel, der Betäubungsmittel und der Gifte;
19a. die wirtschaftliche Sicherung der Krankenhäuser und die Regelung der Krankenhauspflegesätze;
20. das Recht der Lebensmittel einschließlich der ihrer Gewinnung dienenden Tiere, das Recht der Genussmittel, Bedarfsgegenstände und Futtermittel sowie den

Fabian Wittreck

Schutz beim Verkehr mit land- und forstwirtschaftlichem Saat- und Pflanzgut, den Schutz der Pflanzen gegen Krankheiten und Schädlinge sowie den Tierschutz;

21. die Hochsee- und Küstenschiffahrt sowie die Seezeichen, die Binnenschiffahrt, den Wetterdienst, die Seewasserstraßen und die dem allgemeinen Verkehr dienenden Binnenwasserstraßen;

22. den Straßenverkehr, das Kraftfahrwesen, den Bau und die Unterhaltung von Landstraßen für den Fernverkehr sowie die Erhebung und Verteilung von Gebühren oder Entgelten für die Benutzung öffentlicher Straßen mit Fahrzeugen;

23. die Schienenbahnen, die nicht Eisenbahnen des Bundes sind, mit Ausnahme der Bergbahnen;

24. die Abfallwirtschaft, die Luftreinhaltung und die Lärmbekämpfung (ohne Schutz vor verhaltensbezogenem Lärm);

25. die Staatshaftung;

26. die medizinisch unterstützte Erzeugung menschlichen Lebens, die Untersuchung und die künstliche Veränderung von Erbinformationen sowie Regelungen zur Transplantation von Organen, Geweben und Zellen;

27. die Statusrechte und -pflichten der Beamten der Länder, Gemeinden und anderen Körperschaften des öffentlichen Rechts sowie der Richter in den Ländern mit Ausnahme der Laufbahnen, Besoldung und Versorgung;

28. das Jagdwesen;

29. den Naturschutz und die Landschaftspflege;

30. die Bodenverteilung;

31. die Raumordnung;

32. den Wasserhaushalt;

33. die Hochschulzulassung und die Hochschulabschlüsse.

(2) Gesetze nach Absatz 1 Nr. 25 und 27 bedürfen der Zustimmung des Bundesrates.

Literaturauswahl

Aksugur, Kanan: Europäische Strafrechtsetzungskompetenzen, 2014.

Albrecht, Juliane: Die ökologische Neuausrichtung des Wasserrechts durch die Wasserrahmenrichtlinie, in: Europäisches Umwelt- und Planungsrecht 13 (2015), S. 96–119.

Appel, Ivo/Rossi, Matthias: Finanzmarktkrise und Enteignung. Zur Vereinbarkeit des Rettungsübernahmegesetzes mit Verfassungs- und Europarecht, 2009.

Battis, Ulrich/Grigoleit, Klaus Joachim: Die Statusgesetzgebung des Bundes – Dienstrechtliche Gesetzgebungskompetenz und Gesetzgebungspflicht des Bundes nach der Föderalismusreform, in: ZBR 2008, S. 1–9.

Battis, Ulrich/Kersten, Jens: Die Raumordnung nach der Föderalismusreform, in: DVBl. 2007, S. 152–159.

Behmenburg, Ben: Kompetenzverteilung bei der Berufsausbildung, 2003.

Bochmann, Günter: Die verfassungsrechtlichen Grundlagen der Reföderalisierung des öffentlichen Dienstrechts und der Entwurf eines Gesetzes zur Regelung des Statusrechts der Beamtinnen und Beamten in den Ländern (Beamtenstatusgesetz – BeamtStG), in: ZBR 2007, S. 1–18.

Chazari-Arndt, Eva: Das Gemeinsame Europäische Kaufrecht, 2014.

Dannecker, Gerhard/Pfaffendorf, Rüdiger: Die Gesetzgebungskompetenz der Länder auf dem Gebiet des Straf- und Ordnungswidrigkeitenrechts, in: NZWiSt 2012, S. 212–217, 252–258.

Degenhart, Christoph: Spielhallen und Geldspielgeräte in der Kompetenzordnung des Grundgesetzes, 2014.

Dietlein, Johannes: Die Gesetzgebungszuständigkeit der Länder für das Spielhallenwesen. Kompetenzielle und materielle Fragen des neuen Art. 74 I Nr. 11 GG, in: Zeitschrift für Wett- und Glücksspielrecht 2008, S. 12–19, 77–83.

Dietlein, Johannes: Der Europäische Menschenrechtsgerichtshof und das deutsche Jagdrecht. Betrachtungen zur Entscheidung des EGMR vom 26. Juni 2012 und ihren Folgen, in: Festschrift für Kay Hailbronner, 2013, S. 385–400.

Dietlein, Johannes: Landesverfassungsgerichte als Hüter der gesamtstaatlichen Kompetenzordnung. Zugleich Anmerkungen zu Staatsgerichtshof Baden-Württemberg, Urteil vom 17.6.2014 – 1 VB 15/13, ZfWG 2014, 299, in: Zeitschrift für Wett- und Glücksspielrecht 2014, S. 261–266.

Dinter, Katharina: Die Entwicklung des Heimrechts auf der Ebene des Bundes und der Bundesländer, 2015.

Dorra, Fabian: Strafrechtliche Legislativkompetenzen der Europäischen Union, 2013.

Ennuschat, Jörg/Ulrich, Carsten: Neuverteilung der Kompetenzen von Bund und Ländern im Schul- und Hochschulbereich nach der Föderalismusreform, in: VBlBW 2007, S. 121–125.

Fehling, Michael: Die PKW-Maut: (unions-)rechtliche Rahmenbedingungen und konzeptioneller Hintergrund, in: ZG 29 (2014), S. 305–324.

Fischer-Hüftle, Peter: Zur Gesetzgebungskompetenz auf dem Gebiet »Naturschutz und Landschaftspflege« nach der Föderalismusreform, in: NuR 2007, S. 78–85.

Försterling, Wolfram: Kompetenzrechtliche Probleme nach der Föderalismusreform, in: ZG 22 (2007), S. 36–61.

Frank, Götz/Heinicke, Thomas: Die Auswirkungen der Föderalismusreform auf das öffentliche Dienstrecht – das neue Spannungsfeld von Solidarität, Kooperation und Wettbewerb zwischen den Ländern, in: ZBR 2009, S. 34–39.

Geldermann, Juliane/Hammer, Thomas: Gesetzgebungskompetenzen als Grenze der Verbraucherinformation durch den Bund, in: VerwArch. 104 (2013), S. 64–82.

Gellermann, Martin: Naturschutzrecht nach der Novelle des Bundesnaturschutzgesetzes, in: NVwZ 2010, S. 73–79.

Guckelberger, Annette: Einheitliches Mediationsgesetz auch für verwaltungsrechtliche Konflikte?, in: NVwZ 2011, S. 390–396.

Günther, Hellmuth: Gesetzgebungskompetenzen für das Beamtenrecht, Kodifikationen des allgemeinen Beamtenrechts – Vom Kaiserreich bis zur Bundesrepublik nach der Föderalismusreform, in: ZBR 2010, S. 1–21.

Gundel, Jörg: Gesetzgebung und delegierte Rechtssetzung im EU-Lebensmittelrecht: welche Grenzen setzt der Wesentlichkeitsvorbehalt?, in: Zeitschrift für das gesamte Lebensmittelrecht 42 (2015), S. 143–160.

Habbe, Thomas: Lastenausgleich. Die rechtliche Behandlung von Kriegsschäden in Deutschland seit dem 30jährigen Krieg, 2014.

Hansalek, Erik: Die neuen Kompetenzen des Bundes im Hochschulrecht, in: NVwZ 2006, S. 668–670.

Hansmann, Klaus: Die Gesetzgebungskompetenz für die Lärmbekämpfung nach der Föderalismusreform, in: NVwZ 2007, S. 17–20.

Hartmann, Bernd/Pieroth, Bodo (Hrsg.): Spielbanken und Spielhallen zwischen Landes-, Bundes- und Unionsrecht, 2013.

Herzog, Thomas: Die Neuerungen im Vertriebenenrecht durch das Zehnte Gesetz zur Änderung des Bundesvertriebenengesetzes (10. BVFGÄndG), in: ZAR 2014, S. 400–404.

Hilpold, Peter: Der Hochschulzugang in der EU. Das Urteil in der Rs. C-73/08 vom 13. April 2010, »Bressol«, in: Festschrift für Günter H. Roth, 2011, S. 247–255.

Höffler, Katrin: Das Therapieunterbringungsgesetz und der verfassungsrechtliche Strafbegriff. Besprechungsaufsatz zu BVerfG, Beschl. v. 11.07.2013 – 2 BvR 2302/11, 1279/12, StV 2014, 160, in: StV 2014, S. 168–174.

Höfling, Wolfram/Rixen, Stephan: Die Landes-Gesetzgebungskompetenzen im Gewerberecht nach der Föderalismusreform, in: GewArch. 2008, S. 1–9.

Höfling, Wolfram/Rixen, Stephan: Lotterie der Gesetzgebungskompetenzen im Heimrecht? Die Landesgesetzgebungskompetenz für das Heimrecht nach der Föderalismusreform, in: Beiträge zum Recht der sozialen Dienste und Einrichtungen 2007, S. 1–42.

Hofmann, Ekkehard (Hrsg.): Wasserrecht in Europa, 2015.

Hopf, Kristina: Jugendschutz im Fernsehen. Eine verfassungsrechtliche Prüfung der materiellen Jugendschutzbestimmungen, 2005.

Hoppe, Werner: Kompetenz-Debakel für die »Raumordnung« durch die Föderalismusreform infolge der uneingeschränkten Abweichungszuständigkeit der Länder?, in: DVBl. 2007, S. 144–159.

Huber, Peter M./Wollenschläger, Ferdinand: Immissionsschutz nach der Föderalismusreform I: Zur veränderten Kompetenzverteilung zwischen Bund und Ländern im Bereich des Lärmschutzes, in: NVwZ 2009, S. 1513–1520.
Ipsen, Jörn: Verfassungsfragen der Krankenhausfinanzierung, in: Festschrift für Friedhelm Hufen, 2015, S. 181–190.
Jarass, Hans D.: Bundesimmissionsschutzgesetz, 14. Aufl. 2015.
Jünemann, Klaus: Gesetzgebungskompetenz für den Strafvollzug im föderalen System der Bundesrepublik Deutschland, 2012.
Kahl, Wolfgang: Die Kompetenzen der EU in der Energiepolitik nach Lissabon, in: EuR 44 (2009), S. 601–621.
Kane, Anna-Miriam: Die Gesetzgebungskompetenzen des Bundes im Umweltschutz, 2013.
Kathke, Leonhard: Die Gesetzgebungskompetenzen von Bund und Ländern. Neue Schnittstellen im Laufbahnrecht nach der Föderalismusreform, in: RiA 2012, S. 185–189.
Kaus, Volker: Pflanzenschutzrecht: auf das Übergangsgesetz folgt das Ablösegesetz, in: Zeitschrift für Stoffrecht 2012, S. 48–57.
Kiefner, Günther: Zur Gesetzeskompetenzverteilung zwischen Bund und Ländern bei der Lärmbekämpfung, in: DÖV 2011, S. 515–522.
Kloepfer, Michael: Umwelt-, Naturschutz- und Jagdrecht – Eine kompetenzrechtliche Betrachtung im Lichte der Föderalismusdebatte, in: NuR 2006, S. 1–7.
Kloepfer, Michael: Föderalismusreform und Umweltgesetzgebungskompetenzen, in: ZG 21 (2006), S. 250–271.
Koch, Hans-Joachim/Krohn, Susan: Umwelt in schlechter Verfassung?, in: NuR 2006, S. 673–680.
Kotulla, Michael: Das novellierte Wasserhaushaltsgesetz, in: NVwZ 2010, S. 79–86.
Kuhla, Wolfgang: Gesetzgebungskompetenzen im Krankenhausrecht: Erörterung im Hinblick auf aktuelle Beispiele aus der Praxis, in: NZS 2014, S. 361–367.
Lahne, Daniel: Die Entwicklung der bundesstaatlichen Ordnung, 2012.
Lecheler, Helmut: Die Auswirkungen der Föderalismusreform auf die Statusrechte der Beamten, in: ZBR 2007, S. 18–23.
Leppek, Sabine: Entwicklungen im Besoldungsrecht des Bundes nach der Föderalismusreform I: Die besoldungsrechtlichen Regelungen im Dienstrechtsneuordnungsgesetz zwischen Kontinuität und Veränderung, in: ZBR 2009, S. 325–331.
Lindner, Josef Franz: Darf der Bund das Hochschulrahmengesetz aufheben? Zur Kategorie einer Aufhebungskompetenz kraft zeitlichen Annexes, in: NVwZ 2007, S. 180–182.
Maiwald, Christian: Die Gesetzgebungszuständigkeit im Strafrecht, in: ZRP 2006, S. 18–22.
Meng, Werner: Die Bankenabwicklungsregelung der EU: eine Fallstudie zur Unionsmethode, in: Liber Amicorum Torsten Stein, 2015, S. 757–778.
Neumann, Laura Katharina Sophia: Das US-amerikanische Strafrechtssystem als Modell für die vertikale Kompetenzverteilung im Strafrechtssystem der EU?, 2015.
Oeter, Stefan: Neustrukturierung der konkurrierenden Gesetzgebungskompetenz, Veränderung der Gesetzgebungskompetenz des Bundes, in: Christian Starck (Hrsg.), Föderalismusreform, 2007, Rn. 18–68, S. 9–40.
Ossenbühl, Fritz: Zur Kompetenz der Länder für ergänzende abfallrechtliche Regelungen, in: DVBl. 1996, S. 19–24.
Pechstein, Matthias: Wie können die Länder ihre neuen beamtenrechtlichen Kompetenzen nutzen?, in: ZBR 2006, S. 285–288.
Pernice-Warnke, Silvia: Keine Gesetzgebungskompetenz des Bundes für Betreuungsgeld, in: NVwZ 2015, S. 1129–1131.
Pieroth, Bodo: Gesetzgebungskompetenzen und Grundrechtsfragen der nachträglichen Sicherungsverwahrung, in: JZ 2002, S. 922–928.
Pohlreich, Erol Rudolf: Die Gesetzgebungskompetenz für den Vollzug von Straf- und Untersuchungshaft nach der Föderalismusreform I, in: Beatrice Brunhöber u.a. (Hrsg.), Strafrecht und Verfassung, 2013, S. 117–138.
Reinbacher, Tobias: Strafrecht im Mehrebenensystem: Modelle der Verteilung strafrechtsbezogener Kompetenzen, 2015.
Reinhardt, Michael: Gesetzgebungskompetenzen im Wasserrecht. Die Abweichungsgesetzgebung und das neue Wasserhaushaltsgesetz, in: AöR 135 (2010), S. 459–497.
Rixen, Stephan: Hat der Bund die Gesetzgebungskompetenz für das Betreuungsgeld? – Zum Kompetenztitel für die »öffentliche Fürsorge« (Art. 74 Abs. 1 Nr. 7 GG) und zum Erforderlichkeitsgrund-

satz (Art. 72 Abs. 2 GG) zehn Jahre nach dem »Altenpflegegesetz«-Urteil des BVerfG, in: DVBl. 2012, S. 1393–1403.

Roggan, Fredrik: Grundfragen der Gesetzgebungskompetenzen, der Verhältnismäßigkeit und der Verantwortlichkeit des Gesetzgebers. Die Entscheidung des SachsAnhVerfG zur Polizeirechtsnovelle von 2013, in: LKV 2015, S. 14–18.

Rossi, Matthias/Lenski, Sophie-Charlotte: Föderale Regelungsbefugnisse für öffentliche Rauchverbote, in: NJW 2006, S. 2657–2661.

Rühl, Giesela: Außergerichtliche Streitbeilegung außer Rand und Band? Zur Kompetenz des europäischen Gesetzgebers zum Erlass der Richtlinie über alternative Streitbeilegung und der Verordnung über Online-Streitbeilegung, in: Festschrift für Wulf-Henning Roth, 2015, S. 459–487.

Sachs, Michael: Keine abschließende Regelung des Arbeitszeitrechts in Verkaufsstellen durch § 17 IV LadSchlG, in: JuS 2015, S. 765–767.

Schenke, Wolf-Rüdiger: Die Gesetzgebungskompetenz für die Strafverfolgungsvorsorge, in: Festschrift für Hans-Ullrich Paeffgen, 2015, S. 393–405.

Schenkel, Jan-Erik: Sozialversicherung und Grundgesetz. Die Gesetzgebungskompetenz für die Sozialversicherung (Art. 74 Abs. 1 Nr. 12 GG) und ihre Bedeutung für die Gestaltung der Sozialsysteme, 2008.

Schlachter, Monika: Die Vereinbarkeit ges. vorgeschriebener Tarifeinheit mit Art. 11 EMRK und den ILO-Übereinkommen Nr. 87 und 98, in: AuR 2015, S. 217–222.

Schmitz, Holger: Die Ladenöffnung nach der Föderalismusreform, in: NVwZ 2008, S. 18–24.

Schulze-Fielitz, Helmuth: Umweltschutz im Föderalismus – Europa, Bund und Länder, in: NVwZ 2007, S. 249–259.

Selbmann, Frank: Kriegsschäden ohne Folgen?: Zu den Konsequenzen aus der Entscheidung des Bundesverfassungsgerichts im Verfahren »Brücke von Varvarin«, in: DÖV 2014, S. 272–282.

Spannowsky, Willy: Aufgabe und Kompetenz des Bundes zur Konkretisierung der bundesgesetzlichen Grundsätze der Raumordnung durch einen Raumordnungsplan nach § 17 Abs. 1 ROG, in: UPR 2013, S. 54–60.

Speiser, Guido: Der neue Art. 91b GG – zentrale Regelungen und praktische Bedeutung, in: RuP 50 (2015), S. 86–93.

Stettner, Rupert: Anmerkung zum Urteil des Bundesverfassungsgerichts vom 26.1.2005 – 2 BvF 1/03, in: JZ 2005, S. 619–624.

Stettner, Rupert: Zwischenruf: Der flächendeckende Schutz gegen Passivrauchen ist Kompetenz und Pflicht des Bundes!, in: ZG 22 (2007), S. 156–178.

Uhle, Arnd: Normativ-rezeptive Kompetenzzuweisung und Grundgesetz. Dargestellt am Beispiel der Gesetzgebungskompetenz für das »Recht der Spielhallen« i. S. v. Art. 74 Abs. 1 Nr. 11 GG, 2015.

Wysk, Peter: Kriegsfolgengesetzgebung in unserer Zeit, in: Zeitschrift für offene Vermögensfragen, Rehabilitierungs- und sonstiges Wiedergutmachungsrecht 24 (2014), S. 126–138.

Siehe auch die Angaben zu Art. 70–73 GG.

Leitentscheidungen des Bundesverfassungsgerichts

Zu Nr. 1: BVerfGE 2, 213 (220 ff.) – Straffreiheitsgesetz; 7, 29 (40 ff.) – Pressedelikte; 10, 285 (292 ff.) – Bundesgerichte; 11, 192 (199 ff.) – Beurkundungswesen; 23, 113 (124) – Blankettstrafrecht; 24, 155 (167 f.) – Gemeinsame Amtsgerichte; 24, 367 (385 ff.) – Hamburgisches Deichordnungsgesetz; 27, 18 (32 f.) – Ordnungswidrigkeiten; 28, 21 (32 ff.) – Robenstreit; 30, 1 (29) – Abhörurteil; 36, 314 (319 f.) – Hamburgisches Pressegesetz; 42, 20 (29 ff.) – Öffentliches Wegeeigentum; 45, 297 (340 ff.) – Öffentliche Last; 61, 149 (174 ff.) – Amtshaftung; 88, 203 (331) – Schwangerschaftsabbruch II; 98, 265 (298 ff., 312 ff.) – Bayerisches Schwangerenhilfeergänzungsgesetz; 109, 190 (211 ff., Rn. 81 ff.) – Sicherungsverwahrung III; 110, 141 (174 ff., Rn. 113 ff.) – Kampfhunde; 113, 348 (367 ff., Rn. 92 ff.) – Vorbeugende Telekommunikationsüberwachung; 134, 33 (55 ff., Rn. 55 ff.) – Therapieunterbringungsgesetz.

Zu Nr. 7: BVerfGE 22, 180 (212 f.) – Jugendhilfe; 87, 1 (33 ff.) – Trümmerfrauen; 88, 203 (329 ff.) – Schwangerschaftsabbruch II; 97, 332 (341 f.) – Kindergartenbeiträge; 108, 186 (211 ff., Rn. 108 ff.) – Informationspflichten bei Sonderabgaben; 137, 108 (165 f., Rn. 135 f.) – Optionskommunen; BVerfG, Urteil v. 21.7.2015, 1 BvF 2/13, Rn. 28 ff. – Betreuungsgeld.

Zu Nr. 9: BVerfGE 126, 331 (356 f., Rn. 76 f.) – Entschädigungsgesetz.

Zu Nr. 10: BVerfGE 57, 139 (159) – Schwerbehindertenabgabe.

Fabian Wittreck

Art. 74

Zu Nr. 11: BVerfGE 4, 7 (13 ff.) – Investitionshilfe; 26, 246 (254 ff.) – Ingenieur; 37, 1 (16 f.) – Weinwirtschaftsabgabe; 41, 205 (217 ff.) – Gebäudeversicherungsmonopol; 55, 274 (308 f.) – Berufsausbildungsabgabe; 67, 256 (274 ff.) – Investitionshilfegesetz; 68, 319 (328 ff.) – Bundesärzteordnung; 103, 197 (215 ff., Rn. 70 ff.) – Pflegeversicherung I; 116, 209 (215 ff. Rn. 57 ff.) – Tariftreueerklärung; 135, 155 (198 ff., Rn. 106 ff.) – Filmförderungsanstalt; 138, 261 (274 ff., Rn. 31 ff.) – Ladenschlußgesetz IV.
Zu Nr. 12: BVerfGE 7, 342 (347 ff.) – Hamburgisches Urlaubsgesetz; 11, 105 (111 ff.) – Familienlastenausgleich I; 75, 108 (146 ff.) – Künstlersozialversicherungsgesetz 77, 308 (329 ff.) – Arbeitnehmerweiterbildung; 121, 317 (347, Rn. 97) – Rauchverbot in Gaststätten; 138, 261 (279 ff., Rn. 41 ff.) – Ladenschlußgesetz IV.
Zu Nr. 14: BVerfGE 56, 249 (261 ff.) – Gondelbahn.
Zu Nr. 17: BVerfGE 58, 45 (61) – Wasserbeschaffungsverbände; 88, 366 (378 f.) – Tierzuchtgesetz II.
Zu Nr. 18: BVerfGE 3, 407 ff. – Baugutachten; 34, 139 (144 ff.) – Fahrbahndecke.
Zu Nr. 19: BVerfGE 4, 74 (83 ff.) – Ärztliches Berufsgericht; 33, 125 (152 ff.) – Facharzt; 102, 26 (33 ff., Rn. 34 ff.) – Frischzellen; 106, 62 (104 ff., Rn. 153 ff.) – Altenpflegegesetz.
Zu Nr. 19a: BVerfGE 83, 363 (879 f.) – Krankenhausumlage; 114, 196 (205, 222, Rn. 50, 157) – Beitragssicherungsgesetz.
Zu Nr. 20: BVerfGE 110, 141 (171, Rn. 105) – Kampfhunde.
Zu Nr. 22: BVerfGE 40, 371 (377 ff.) – Werbefahrten; 102, 167 (174, Rn. 36) – Bundesstraße B 75.
Zu Nr. 23: BVerfGE 26, 338 (382 ff.) – Eisenbahnkreuzungsgesetz; 56, 249 (263 ff.) – Gondelbahn.
Zu Nr. 24: BVerfGE 98, 106 (120) – Kommunale Verpackungsteuer; 110, 370 (384 f., Rn. 74 ff.) – Klärschlamm.
Zu Nr. 25: BVerfGE 61, 149 (151 ff.) – Amtshaftung.
Zu Nr. 26: BVerfGE 128, 1 (33 f., Rn. 127 f.) – Gentechnikgesetz.
Zu Nr. 27: BVerfGE 4, 115 (123 ff.) – Besoldungsgesetz von Nordrhein-Westfalen; 34, 9 (19 ff.) – Besoldungsvereinheitlichung; 51, 43 (53 f.) – Bayerisches Personalvertretungsgesetz.
Zu Nr. 29: BVerfGE 80, 139 (157) – Reiten im Walde.
Zu Nr. 30: BVerfGE 3, 407 ff. – Baugutachten.
Zu Nr. 31: BVerfGE 58, 45 (62 f.) – Wasserbeschaffungsverbände.
Zu Nr. 33: BVerfGE 43, 291 (343) – numerus clausus II; 111, 226 (246 ff., Rn. 73 ff.) – Juniorprofessur; 112, 226 (242 f., Rn. 62 ff.) – Studiengebühren.

Gliederung

	Rn.
A. Herkunft, Entstehung, Entwicklung	1
I. Ideen- und Verfassungsgeschichte	1
II. Entstehung und Veränderung der Norm	2
B. Internationale, supranationale und rechtsvergleichende Bezüge	9
I. Inter- und supranationale Bezüge	9
II. Rechtsvergleichende Hinweise	12
C. Erläuterungen	15
I. Allgemeine Bedeutung	15
II. Einzelne Titel	17
1. Bürgerliches Recht, Strafrecht, Gerichtsverfassung, gerichtliches Verfahren – ohne das Recht des Untersuchungshaftvollzugs –, Rechtsanwaltschaft, Notariat, Rechtsberatung (Art. 74 I Nr. 1 GG)	17
2. Personenstandswesen (Art. 74 I Nr. 2 GG)	27
3. Vereinsrecht (Art. 74 I Nr. 3 GG)	30
4. Ausländerrecht (Art. 74 I Nr. 4 GG)	31
5. Flüchtlinge und Vertriebene (Art. 74 I Nr. 6 GG)	34
6. Öffentliche Fürsorge – ohne das Heimrecht – (Art. 74 I Nr. 7 GG)	36
7. Kriegsschäden und Wiedergutmachung (Art. 74 I Nr. 9 GG)	42
8. Kriegsgräberfürsorge (Art. 74 I Nr. 10 GG)	45
9. Recht der Wirtschaft – ohne das Recht des Ladenschlusses, der Gaststätten, der Spielhallen, der Schaustellung von Personen, der Messen, der Ausstellungen und der Märkte – (Art. 74 I Nr. 11 GG)	48
10. Arbeitsrecht, Sozialversicherung (Art. 74 I Nr. 12 GG)	57
11. Ausbildungsbeihilfen und Forschungsförderung (Art. 74 I Nr. 13 GG)	63

12. Enteignung (Art. 74 I Nr. 14 GG) 67
13. Sozialisierung (Art. 74 I Nr. 15 GG). 70
14. Verhütung des Mißbrauchs wirtschaftlicher Machtstellung (Art. 74 I Nr. 16 GG) . . . 72
15. Land- und forstwirtschaftliche Erzeugung – ohne das Recht der Flurbereinigung –, Ernährungssicherung, Ein- und Ausfuhr land- und forstwirtschaftlicher Erzeugnisse, Fischereiwirtschaft, Küstenschutz (Art. 74 I Nr. 17 GG) 75
16. Städtebaulicher Grundstücksverkehr, Bodenrecht – ohne das Recht der Erschließungsbeiträge –, Bereiche des Wohnungswesens (Art. 74 I Nr. 18 GG) . . . 79
17. Gemeingefährliche oder übertragbare Krankheiten, Zulassung zu ärztlichen und anderen Heilberufen und zum Heilgewerbe, Recht des Apothekenwesens, der Arzneien, der Medizinprodukte, der Heilmittel, der Betäubungsmittel und der Gifte (Art. 74 I Nr. 19 GG) 84
18. Wirtschaftliche Sicherung der Krankenhäuser und Regelung der Krankenhauspflegesätze (Art. 74 I Nr. 19a GG) 92
19. Recht der Lebensmittel einschließlich der zu ihrer Gewinnung dienenden Tiere, Recht der Genußmittel, Bedarfsgegenstände und Futtermittel, Schutz beim Verkehr mit land- und forstwirtschaftlichem Saat- und Pflanzgut, Pflanzen- und Tierschutz (Art. 74 I Nr. 20 GG) 96
20. Schiffahrt, Seezeichen, Wetterdienst, Wasserstraßen (Art. 74 I Nr. 21 GG) 101
21. Straßenverkehr (Art. 74 I Nr. 22 GG) 107
22. Schienenbahnen (Art. 74 I Nr. 23 GG) 114
23. Abfallwirtschaft, Luftreinhaltung, Lärmbekämpfung – ohne Schutz vor verhaltensbezogenem Lärm (Art. 74 I Nr. 24 GG) 117
24. Staatshaftung (Art. 74 I Nr. 25 GG) 122
25. Medizinisch unterstützte Erzeugung menschlichen Lebens, Gentechnik, Transplantation von Organen, Geweben und Zellen (Art. 74 I Nr. 26 GG) 125
26. Statusrechte und -pflichten der Beamten sowie der Richter in den Ländern – ausgenommen Laufbahnen, Besoldung und Versorgung (Art. 74 I Nr. 27 GG). . . . 130
27. Jagdwesen (Art. 74 I Nr. 28 GG). 138
28. Naturschutz und Landschaftspflege (Art. 74 I Nr. 29 GG) 141
29. Bodenverteilung (Art. 74 I Nr. 30 GG) 144
30. Raumordnung (Art. 74 I Nr. 31 GG). 146
31. Wasserhaushalt (Art. 74 I Nr. 32 GG) 149
32. Hochschulzulassung und Hochschulabschlüsse (Art. 74 I Nr. 33 GG) 152
III. Art. 74 II GG 155

D. Verhältnis zu anderen GG-Bestimmungen 156

Stichwörter

Abfallbeseitigung/Abfallwirtschaft 3, 118, 121 – Abweichungskompetenz 138, 141, 143, 149, 152 – Apothekenwesen 7, 89 – Arbeitsrecht 57 ff. – Arbeitsschutz 60 – Arbeitsvermittlung 60 – Arzneien 90 – Ärzte 87 f. – Asylregime 35 – Ausbildungsbeihilfen 3, 63 f. – Ausländermaut 113 – Ausländerrecht 31 ff. – Auswärtige Angelegenheiten 46 – Bahnwesen 114 ff. – Bankwesen 53, 56 – Bannkreise 30 – Baurecht 81, 83, 147 – Beamtenrecht 6, 130 ff. – Bedarfsgegenstände 97 – Begabtenförderung 64 – Bergbahnen 115 f. – Bergbau 51 – Berufsrecht 24, 26, 87 ff. – Besoldung und Versorgung 6, 130 ff., 137 – Bestattungswesen 46 – Betäubungsmittel 90 – Betreuungsgeld 39 – Betriebsverfassung 60 – Bildungsexpansion 63 – Binnenwasserstraßen 104 – Bioethik/Biotechnik 1, 4, 125 ff. – Bodenrecht 81, 147 – Bodenverteilung 144 f. – Bologna-Prozeß 154 – Börsenwesen 53 – Brasilien 12 f. – Bundesverfassungsrecht 22 – Bundeswasserstraßen 104 – Bürgerliches Recht 17 f., 26, 139 – Bürgerversicherung 61 – Dienstrecht 6, 130 ff. – EGMR 9, 26, 29, 140 – Einwanderungsgesetz 32 – Energiewirtschaft 51 – Enteignung 67 ff. – Entgelte 7, 107, 112 – Erforderlichkeitsklausel 17, 27, 30, 32, 34, 36, 42, 45, 49, 57, 63, 67, 71, 73, 75, 79, 85, 92, 96, 102, 107, 114, 117, 122, 125, 133 – Ernährungssicherung 75 f. – Erosionsprozeß 11 – Erschließungsbeiträge 4, 81 – EuGH 29 – Expansionsprozeß 1 – Filmförderung 54, 56 – Fischerei 76, 78 – Flüchtlinge 34 f. – Flurbereinigung 6, 77 f. – Föderalismusreform I 5 ff., 132 – Förderung der land- und forstwirtschaftlichen Erzeugung 76 – Forschungsförderung 65 – Fortpflanzungsmedizin 126 – Freizügigkeit 33 – Futtermittel 97 – Gaststätten 6, 55 – Gebühren 3, 107, 112 f. – Gemeingefährliche Krankheiten 86 – Gentechnik 125, 127, 129 – Gerichtliches Verfahren 23 – Gerichtsverfassung 22 – Gesundheitswesen 84 ff. – Gewerbe 52, 57 – Grundrechte 156 – Grundstücksverkehr 80 – GVK 4 – Handel 52 – Handwerk 52 – Heilberufe 87 f. – Heilmittel 90 – Heimrecht 6, 36, 40 – Heimstättenwesen 5, 82 – Herrenchiemseer Konvent 49, 107 – Hochschulrecht 152 ff. – Hochseeschiffahrt 76, 102 – Immissionsschutz 119 f. – Indien 12 f. – Industrie 51 – Italien 12 f. – Jagdrecht 138 ff. – Kanada 12 – Kartellrecht 72 ff. – Kernenergie 1, 3, 8, 51 – Kompetenzkataloge 10, 13 – Kompetenztypen 16 – Kraftfahrwesen 110 – Krankenhausfinanzierung 3, 92 ff. – Krankheiten 86 – Kriegsgräber 3, 45 ff. – Kriegsopfer 3, 8, 45 ff. – Kriegsschäden 42 f. – Küstenschiffahrt 76, 103 – Küstenschutz 76, 78 – Kulturgut 4 – Ladenschluß 6, 55 – Land- und Forstwirtschaft 75 f., 78, 97 f. – Landesverfassungen 14 – Landwirtschaftliches Pachtwesen 5 – Lärmbekämpfung 3, 6, 120 – Laufbahnen 6, 137 – Luftreinhaltung 3, 119 – Machtfragen 2 – Medizinprodukte 7, 90 f. – Messen und Märkte 6, 55 – Mißbrauch wirtschaftlicher Machtstellung 72 ff. – Naturschutz 117 ff., 141 ff., 149 ff., 156 – Notariat 17, 24 – Öffentliche Fürsorge 36 ff., 61 – Ordnungswidrigkeiten 19 – Organtransplantation 128 f. – Parlamentarischer Rat 2 – Personenstandswesen 27 ff. – Pflanzenschutz 98 – Planfeststellung 104, 111, 147 – Polizei 23 – Presse 18, 73 – Rahmenkompetenz 131, 141, 146, 149, 152 – Raumordnung 146 ff. – Rechtsanwaltschaft 24 – Rechtsberatung 17, 25 – Regelungstechnik 15 – Reichsverfassung von 1871 1, 17, 48, 101 – Relevanz der Verfassungstradition 17 – Rettungsübernahmegesetz 68 – Richterrecht 58 – Saat- und Pflanzgut 97 – Sachkompetenz 20 – Schaustellung 6, 55 – Schienenbahnen 114 f. – Schiffahrt 101 ff. – Schutz deutschen Kulturgutes 4 – Schwangerschaftsabbruch 19 – Schweiz 12 f. – Seewasserstraßen 104 – Seezeichen 103 – Sicherungsverwahrung 19 – Siedlungswesen 5, 82 – Sozialisierung 70 f. – Sozialstaat 36, 37, 41, 156 – Sozialversicherung 61 f. – Spielhallen 6, 55 – Staatsangehörigkeit 4 – Staatshaftung 4, 18, 68, 122 ff., 156 – Statusrechte und -pflichten 135 f. – Strafrecht 19 f., 26, 139 – Strafvollzug 5, 21 – Straßenbau 111 – Straßenverkehr 107 ff. – Straßen- und Wegerecht 109 – Südafrika 12 f. – Tarifeinheitsgesetz 62 – Therapieunterbringungsgesetz 19 – Tierische Lebensmittel 7, 97 – Tierschutz 3, 96, 99 f., 156 – Umweltschutz 117 ff., 141 ff., 149 ff., 156 – Unionsrecht 10 f., 26, 33, 35, 41, 56, 66, 74, 78, 83, 91, 95, 100, 113, 116, 121, 140, 145, 148, 151, 154 – Untersuchungshaftvollzug 6, 21 – USA 12 f. – Varvarin 44, 124 – Verbrauchsgüter 97 – Vereinsrecht 30 – Verhaltensbezogener Lärm 6, 117, 120 – Verkehr 101 ff., 107 ff., 114 ff. – Versammlungsrecht 5, 30 – Versicherungswesen 53, 56 – Vertriebene 34 f. – Völkerrecht 9, 26, 33, 41, 44, 56, 106, 124 – Vorranggesetzgebung 2 – Vorsorge 38 – Waffenrecht 3, 8 – Wahrung der Wirtschaftseinheit 50 – Wasserhaushalt 104, 149 ff. – Wasserverkehrsrecht 103 – Wasserwegerecht 103 f. – Wasserwirtschaft 104, 149 ff. – Weimarer Reichsverfassung 1, 36, 70 – Wetterdienst 105 – Wiedergutmachung 43 – Wirtschaft 48 ff., 72 ff. – Wohnungswesen 5, 82 – Zellen 7, 128 – Zustimmungsgesetz 4, 133, 155, 156.

A. Herkunft, Entstehung, Entwicklung

I. Ideen- und Verfassungsgeschichte

1   Während die Reichsverfassung von 1871 nur implizit zwischen ausschließlichen und konkurrierenden Kompetenzen unterscheidet (→ Vorb. zu Art. 70–74 Rn. 8), präsentiert sich Art. 7 WRV als unmittelbarer Vorläufer von Art. 74 GG[1]. Mit seinen zwanzig Katalognummern steht er zwischen dem schmaler geschnittenen (Gesamt-)Tableau der Reichskompetenzen von 1871 und dem Grundgesetz, das den **Prozeß der Expansion der Bundeskompetenzen** schon 1949 vorantreibt und seitdem keineswegs umgekehrt hat (→ Rn. 3 ff.). Dabei ist zu beobachten, daß die Kataloge sowohl in der Breite als auch in der Tiefe umfangreicher werden[2]. Ferner fällt auf, daß »neue« Kompetenzen, die den Staat angesichts technologischer Herausforderungen oder Verheißungen wie der Kern- oder Biotechnologie handlungsfähig machen sollen, typischerweise

---

[1] Näher *M. Niedobitek*, in: BK, Art. 74 (2013), Rn. 3; *S. Oeter*, in: v. Mangoldt/Klein/Starck, GG, Art. 74 Rn. 1; *C. Seiler*, in: Epping/Hillgruber, GG, Art. 74 Rn. 1; *R. Sannwald*, in: Schmidt-Bleibtreu/Hofmann/Henneke, GG, Art. 74 Rn. 1; Schneider/Kramer, GG-Dokumentation, Bd. 18/1, Art. 74, S. 3 f., Rn. 1 ff. (S. 17 ff.).

[2] Siehe *I. Härtel*, Die Gesetzgebungskompetenzen des Bundes und der Länder im Lichte des wohlgeordneten Rechts, in: I. Härtel (Hrsg.), Handbuch Föderalismus, Bd. I, 2012, § 19 Rn. 10 ff.; *Oeter* (Fn. 1), Art. 74 Rn. 1; etwas andere Gewichtung bei *Niedobitek* (Fn. 1), Art. 74 Rn. 22 f.

beim Bund angesiedelt werden (→ Rn. 125)[3]. Umgekehrt fallen nur höchst vereinzelt Gesetzgebungszuständigkeiten der Zentralebene fort, weil ihnen der Regelungsgegenstand abhanden kommt (prominent Art. 4 Nr. 1 RVerf. 1871: »Kolonisation«[4]).

II. Entstehung und Veränderung der Norm

Die Entstehungs- wie die Veränderungsgeschichte von Art. 74 GG belegen eindrucksvoll, daß **Kompetenzfragen Machtfragen** sind; während die »Kopfnormen« der Art. 71 u. 72 GG diesbezüglich unauffällig sind (→ Art. 71 Rn. 2; → Art. 72 Rn. 2), wurde um den Katalog des Art. 74 [I] GG vereinzelt intensiv gerungen[5]. Ausgangspunkt ist Art. 36 HChE, der zunächst in 38 Ziffern Gegenstände der »Vorranggesetzgebung« auflistet[6]; ungeachtet der höheren Zahl ist er weitgehend deckungsgleich mit den 23 Titeln der Endfassung, die häufig sachlich verwandte Gegenstände zusammenfassen. Orientierungsgröße ist dabei regelmäßig Art. 7 WRV[7]. Der Zuständigkeitsausschuß kocht diesen Katalog auf 21 Einträge ein, ohne substantielle Streichungen vorzunehmen[8]. Der Allgemeine Redaktionsausschuß fügt einige der sonst über das Grundgesetz verteilten Zuständigkeiten ein (→ Vorb. zu Art. 70–74 Rn. 36; → Art. 71 Rn. 2)[9], die der Hauptausschuß wiederum streicht[10]. Im weiteren Verlauf bildet Art. 36 des Entwurfs die konzeptionellen Entscheidungen ab, die die gesamte Architektur der Gesetzgebungszuständigkeiten betreffen: Die Norm wird sukzessive von den Ausschüssen um Rahmenkompetenzen angereichert, die der Fünferausschuß im späteren Art. 75 GG a. F. zusammenzieht; ferner wird sie aus dem Abschnitt »Der Bund und die Länder« in den VII. Abschnitt verlagert[11] und schließlich von »Vorranggesetzgebung« in »konkurrierende Gesetzgebung« umbenannt (→ Art. 72 Rn. 2).

Art. 74 GG ist zu Recht als der **meistgeänderte Artikel des Grundgesetzes** bezeichnet worden[12]. Bereits 1959 wurde Nr. 11a (»Erzeugung und Nutzung der Kernenergie zu friedlichen Zwecken«) einfügt[13]. Daran schlossen sich 1965 Eingriffe in Nr. 10 (Sorge um Kriegsgräber bzw. die Gräber anderer Opfer von Krieg und Gewalt als neue Nr. 10a ausgegliedert)[14] und 1969 die Ergänzung von Nr. 13 um die »Ausbildungsbeihilfen« (→ Rn. 63 ff), der kompletten Nr. 19a (→ Rn. 92 ff.) sowie der Nr. 22 um die

---

[3] So auch → *Stettner*, Bd. II² (Suppl. 2007), Art. 74 Rn. 1; historischer Überblick bei *K. Gerstenberg*, Zu den Gesetzgebungs- und Verwaltungskompetenzen nach der Föderalismusreform, 2009, S. 52 ff.

[4] Hinweis darauf bei → *Stettner*, Bd. II² (Suppl. 2007), Art. 74 Rn. 1.

[5] Näher zur Entstehungsgeschichte JöR 1 (1951), S. 484–500 (Allgemeiner Teil), 500–552 (Besonderer Teil); vgl. ferner Schneider/Kramer, GG-Dokumentation, Bd. 18/1, Art. 74, S. 4 ff., Rn. 4 ff. (S. 20 ff.); 8 ff. (S. 26 ff.); 23 ff. (S. 65 ff.). – Entwurfsfassungen in Parl. Rat VII, S. 10 f., 48 f., 102 f., 150 ff., 229 ff., 299 f., 353, 424 f., 476 f., 514 f., 549 f., 588 f., 629 f.

[6] Parl. Rat II, S. 585 f.

[7] Vgl. JöR 1 (1951), S. 485 f.

[8] Zwischenstand in JöR 1 (1951), S. 486 f.; vgl. Parl. Rat III, S. 509 ff.

[9] JöR 1 (1951), S. 488 f.; näher Schneider/Kramer, GG-Dokumentation, Bd. 18/1, Art. 74, Rn. 48 (S. 95 f.).

[10] Fassung in JöR 1 (1951), S. 490 f.; vgl. Parl. Rat XIV/1, S. 217 f. sowie 223 f.

[11] Parl. Rat XIV/2, S. 1804 ff., die entsprechend geänderte Entwurfsfassung findet sich in Parl. Rat VII, S. 548 ff.

[12] So *Niedobitek* (Fn. 1), Art. 74 Rn. 3; *Oeter* (Fn. 1), Art. 74 Rn. 1.

[13] *Niedobitek* (Fn. 1), Art. 74 Rn. 3; ausführlich zur Entstehungsgeschichte *Pestalozza*, GG VIII, Art. 74 Rn. 694 ff.; jetzt Art. 73 I Nr. 14 GG. → Art. 73 Rn. 84 ff.

[14] Siehe *Pestalozza*, GG VIII, Art. 74 Rn. 459 f.; jetzt Art. 74 I Nr. 10 GG. → Rn. 45 ff.

Gebühren für die Benutzung öffentlicher Straßen (→ Rn. 107) an[15]. Es folgten 1971 eine Neufassung der Nr. 20 (Ergänzung um den Tierschutz; → Rn. 96, 99; → Art. 20a Rn. 3 f.) und 1972 die Einfügung von Nr. 4a (»Waffenrecht«; 1976 nochmals erweitert zu »Waffen- und [...] Sprengstoffrecht«; → Art. 73 Rn. 80 f.) sowie Nr. 24 (Abfallbeseitigung, Luftreinhaltung und Lärmbekämpfung; → Rn. 117 ff.).

4 Die vom Bericht der **GVK** vorbereitete Reform von **1994** (→ Vorb. zu Art. 70–74 Rn. 14) brachte zunächst die Ergänzung um Abs. 2 (→ Rn. 155). Ferner wurden Abs. 1 Nr. 5 (»Schutz deutschen Kulturgutes«) zur Rahmenkompetenz herabgestuft[16] und Abs. 1 Nr. 8 (»Staatsangehörigkeit in den Ländern«) gestrichen[17]; Abs. 1 Nr. 18 erhielt den Klammerzusatz »ohne das Recht der Erschließungsbeiträge« (→ Rn. 79). Mit gegenläufiger Tendenz wurden Abs. 1 Nr. 25 (Staatshaftung; → Rn. 123 f.) und Nr. 26 (Rechtsfragen der Bioethik; → Rn. 125 ff.) eingefügt. Mittelbar wurde der Normgehalt des Art. 74 GG ferner durch die korrespondierende Änderung seiner Kopfnorm Art. 72 GG umgestaltet (→ Art. 72 Rn. 4 f.).

5 Tiefgreifende Spuren hat zuletzt die **Föderalismusreform I** von 2006 hinterlassen, die in den Wortlaut des Art. 74 GG mit durchaus heterogener Zielführung eingegriffen hat (→ Vorb. zu Art. 70–74 Rn. 15)[18]. An erster Stelle steht die bewußte Streichung ehemaliger konkurrierender (Bundes-)Kompetenzen, die nunmehr nach Art. 70 I GG ausschließlich den Ländern zustehen (→ Art. 70 Rn. 13):
– Recht des Strafvollzugs (ehemals Art. 74 I Nr. 1 GG; → Rn. 21; → Art. 70 Rn. 15)
– Versammlungsrecht (ehemals Nr. 3; → Art. 70 Rn. 15)
– Landwirtschaftliches Pachtwesen, Wohnungswesen, Siedlungs- und Heimstättenwesen (ehemals Nr. 18; → Rn. 82 f.).

6 Ferner erhielten zahlreiche Kompetenztitel **Klammerzusätze**, die einzelne Sachbereiche von der konkurrierenden Kompetenz ausnehmen und in der Sache ebenfalls ausdrückliche Landesgesetzgebungskompetenzen begründen[19]. Hierzu zählen:
– Art. 74 I Nr. 1 GG (Recht des Untersuchunghaftvollzugs; → Rn. 21)
– Art. 74 I Nr. 7 GG (Heimrecht; → Rn. 40)
– Art. 74 I Nr. 11 GG (Recht des Ladenschlusses[20], der Gaststätten, der Spielhallen, der Schaustellung von Personen, der Messen und der Märkte[21]; → Rn. 55)
– Art. 74 I Nr. 17 GG (Recht der Flurbereinigung; → Rn. 77)
– Art. 74 I Nr. 24 GG (Schutz vor verhaltensbezogenem Lärm; → Rn. 120)
– Art. 74 I Nr. 27 GG (Laufbahnen, Besoldung und Versorgung; → Rn. 137)

---

[15] Einzelne Kommentierungen bei *Pestalozza*, GG VIII, Art. 74 Rn. 871 ff. (zu Nr. 13), 1355 ff. (zu Nr. 19a), 1575 ff. (zu Nr. 22).
[16] Zwischenzeitlich Art. 75 I Nr. 6 GG a. F. → Art. 73 Rn. 40 ff.
[17] Näher *Pestalozza*, GG VIII, Art. 74 Rn. 396 ff. (zu Nr. 8).
[18] Zusammenfassend S. *Oeter*, Neustrukturierung der konkurrierenden Gesetzgebungskompetenz, Veränderung der Gesetzgebungskompetenz des Bundes, in: C. Starck (Hrsg.), Föderalismusreform, 2007, S. 9 ff. (Rn. 36 ff.) sowie W. *Försterling*, ZG 22 (2007), 36 ff.
[19] Vergleichbar *Härtel* (Fn. 2), § 19 Rn. 41 (zur Umsetzung Rn. 47); *Sannwald* (Fn. 1), Art. 70 Rn. 22 f. Siehe auch *Pestalozza*, GG VIII, Art. 70 Rn. 132 ff.; J. *Isensee*, HStR[3] VI, § 133 Rn. 91 sowie – mit weiterer Differenzierung – A. *Uhle*, in: Maunz/Dürig, GG, Art. 70 (2008), Rn. 81 ff. Eingehend *Gerstenberg*, Verwaltungskompetenzen (Fn. 3), S. 188 ff.
[20] Materialreich F. *Leber*, Landesgesetzgebung im neuen Bundesstaat, 2014, S. 163 ff.; knapp zur Reform H. *Schmitz*, NVwZ 2008, 18 ff.
[21] H.-W. *Rengeling*, HStR[3] VI, § 135 Rn. 336.

Mit umgekehrter Stoßrichtung wurde Art. 74 I GG um **neue (Bundes-)Kompetenzen** 7
erweitert[22]; dies betrifft Nr. 19 (Apothekenwesen und Medizinprodukte; → Rn. 85),
Nr. 20 (Tiere, die zur Gewinnung von Lebensmitteln dienen; → Rn. 97), Nr. 22 (Entgelte; → Rn. 107, 112), Nr. 26 (Zellen; → Rn. 126) sowie Nr. 27 bis 33 (→ Rn. 132 ff.).

Ebenfalls »bundesnützig« war zuletzt die »**Hochstufung**« von Kompetenzen des 8
Art. 74 I GG **zu ausschließlichen Bundeskompetenzen** nach Art. 73 I GG; dies betrifft
Art. 74 I Nr. 4a (Waffenrecht; jetzt Art. 73 I Nr. 12 GG; → Art. 73 Rn. 80 f.), Nr. 10
(Kriegsbeschädigte, -hinterbliebene und -gefangene; jetzt Art. 73 I Nr. 13 GG; →
Art. 73 Rn. 82 f.) sowie Nr. 11a GG (Kernenergie; jetzt Art. 73 I Nr. 14 GG; → Art. 73
Rn. 84 ff.)[23].

B. Internationale, supranationale und rechtsvergleichende Bezüge

I. Inter- und supranationale Bezüge

Sofern völkerrechtliche Akteure und Institutionen über Normsetzungskompetenzen 9
verfügen, sind diese typischerweise exklusiv und sperren sich gegen eine Binnendifferenzierung bzw. arbeitsteilige Distribution, wie sie die Normen zur konkurrierenden Kompetenz vornehmen (→ Vorb. zu Art. 70–74 Rn. 16; → Art. 71 Rn. 3). Nicht
anders als die Landes- bzw. die ausschließlichen Kompetenzen sind die in Art. 74 I GG
gelisteten Sach- und Zuständigkeitsbereiche allerdings **völkerrechtlichen Ingerenzen**
ausgesetzt, die namentlich von der Rechtsprechung des EGMR ausgehen (→ Rn. 26,
140; → Vorb. zu Art. 70–74 Rn. 16; → Art. 70 Rn. 4)[24].

Hingegen findet sich im Recht der **Europäischen Union** mit Art. 4 II lit. a–k AEUV 10
ein Katalog geteilter Zuständigkeiten, der Parallelen zu Art. 74 I GG aufweist, die allerdings nicht überschätzt werden sollten. Denn sein schierer Umfang verrät nichts
über seine kompetentielle Durchschlagskraft, und die Vergleichbarkeit mit Art. 74 I
GG krankt daran, daß erstens die geteilte Zuständigkeit nach Art. 2 II AEUV nur
teilweise deckungsgleich mit der konkurrierenden Kompetenz nach Art. 72 GG ist (→
Art. 72 Rn. 8) und zweitens die **Unionskompetenzen** nicht Sach- oder Regelungsbereiche erfassen, sondern primär **final programmiert** sind[25].

Auch Art. 74 GG sieht sich mit dem stummen **Erosionsprozeß** konfrontiert, in dem 11
Kompetenzen ohne Textänderung auf die Union entweder übergehen oder unter ihrem mehr oder minder maßgeblichen Einfluß ausgeübt werden müssen (→ Art. 30
Rn. 10, 33; → Vorb. zu Art. 70–74 Rn. 21 f.). Tatsächlich dürfte inzwischen keiner der
Katalogtitel des Art. 74 I GG mehr gänzlich frei von unionsrechtlichen Ingerenzen
sein (vgl. dazu die Einzelanmerkungen).

---

[22] Zusammenfassend *C. Degenhart*, NVwZ 2006, 1209 (1214); *J. Ipsen*, NJW 2006, 2801 (2804).
[23] Zusammenfassend *J. Ipsen*, NJW 2006, 2801 (2804); *Gerstenberg*, Verwaltungskompetenzen (Fn. 3), S. 178 f.; *S. Oeter*, Die von der Föderalismusreform tangierten Sachbereiche der konkurrierenden Gesetzgebung im Einzelnen, in: M. Heintzen/A. Uhle (Hrsg.), Neuere Entwicklungen im Kompetenzrecht, 2014, S. 159 ff. (162 ff.).
[24] Zusammenfassend *Niedobitek* (Fn. 1), Art. 74 Rn. 50 f.; → *Stettner*, Bd. II² (Suppl. 2007), Art. 74
Rn. 4 f.; *Oeter* (Fn. 1), Art. 74 Rn. 2; vgl. dazu die Anmerkungen bei den einzelnen Kompetenztiteln.
[25] Unterstrichen von *H. D. Jarass*, AöR 121 (1996), 173 (178 ff.). → *Stettner*, Bd. II² (Suppl. 2007),
Art. 70 Rn. 9.

Art. 74   B. Internationale, supranationale und rechtsvergleichende Bezüge

II. Rechtsvergleichende Hinweise

12   Konkurrierende Gesetzgebungskompetenzen lassen sich in den Verfassungsurkunden bzw. in der Verfassungsdoktrin von Bundesstaaten weltweit nachweisen[26], wobei der Begriff **kein einheitliches Konzept** der föderalen Zuständigkeitsverteilung transportiert (→ Art. 72 Rn. 10 f.). Neben mehr oder minder eng mit Art. 72 GG verwandten Systemen (Schweiz, Südafrika oder die USA) finden sich solche, die entweder konkurrierende Zuständigkeiten der Sache nach als Grundsatzgesetzgebung der Zentralebene verstehen (so Brasilien und Italien) oder »Konkurrenz« wörtlich nehmen und auf eine Entscheidungsregel verzichten (so Kanada). Schließlich reichen die korrespondierenden Kataloge der erfaßten Sachbereiche von sehr punktuellen Regelungen (Kanada) bis hin zu erschöpfenden Listen (Indien bzw. Südafrika).

13   Stellt man diese Unterschiede in Rechnung, so lassen sich mit gebotener Vorsicht als **Parallelbestimmungen** zu Art. 74 GG die folgenden Vorschriften benennen, die jeweils Kataloge konkurrierender Kompetenzen enthalten: Art. 24 Abs. I Nr. I–XVI der Verfassung Brasiliens[27], Liste III Nr. 1–47 in Anhang 7 zur Verfassung Indiens (52 Einträge)[28], Art. 117 III der Verfassung Italiens (21 Einträge)[29] und Anhang 4 zur Verfassung Südafrikas (34 Einträge)[30]. Die Schweiz und die USA ähneln in ihrem Verständnis von konkurrierender Gesetzgebungskompetenz zwar Art. 72 GG, verfügen aber nicht über entsprechende Kataloge (→ Art. 72 Rn. 10). Vergleicht man die genannten Auflistungen, so sind sie deutlich weniger homogen als die der ausschließlichen Bundeskompetenzen (→ Art. 73 Rn. 9); »geborene« Gegenstände einer konkurrierenden Gesetzgebung lassen sich im Vergleich nicht benennen. Zugleich belegen neuere vergleichende Untersuchungen, daß der schiere Umfang der Kataloge nur bedingt aussagekräftig für den **Grad an Zentralisierung** ist, den Bundesstaaten ausbilden[31].

14   Die deutschen **Landesverfassungen** enthalten – sofern sie sich nicht streng auf Organisationsstatute beschränken – eine Vielzahl von Bestimmungen, die normative Vorgaben für solche Sachbereiche formulieren, die Gegenstand des Kataloges in Art. 74 I GG sind[32]. Derartige Bestimmungen sind eingedenk der Exemtion der Landesverfassungen vom Regime der Art. 70 ff. GG (→ Vorb. zu Art. 70–74 Rn. 27) grundsätzlich unschädlich bzw. verstoßen nicht gegen Art. 74 (oder 72) GG. Zugleich sind sie nicht vom Kollisionsregime des Art. 31 GG ausgenommen, werden also von solchem (einfa-

---

[26] Zusammenfassend zum folgenden *J. A. Frowein*, Konkurrierende Zuständigkeit und Subsidiarität, in: FS Lerche, 1993, S. 401 ff. (404 f.); *D. Halberstam/M. Reimann*, Federalism and Legal Unification: Comparing Methods, Results, and Explanations Across 20 Systems, in: dies. (Hrsg.), Federalism and Legal Unification, Dordrecht u. a. 2014, S. 3 ff. (11).
[27] Näher *J. Dolinger/L. R. Barroso*, Federalism and Legal Unification in Brazil, in: Halberstam/Reimann, Federalism (Fn. 26), S. 153 ff. (156 ff.).
[28] Siehe *S. Parikh*, India: From Political Federalism and Fiscal Centralization to Greater Subnational Autonomy, in: Halberstam/Reimann, Federalism (Fn. 26), S. 255 ff. (257).
[29] Siehe *L. Del Duca/P. Del Duca*, Emergence of the Italian Unitary Constitutional System, Modified by Supranational Norms and Italian Regionalism, in: Halberstam/Reimann, Federalism (Fn. 26), S. 267 ff. (269 ff.).
[30] Siehe *K. Govender*, Federalism and Legal Unification in South Africa, in: Halberstam/Reimann, Federalism (Fn. 26), S. 391 ff. (394 f.).
[31] Nochmals *Halberstam/Reimann*, Comparing Methods (Fn. 26), S. 9.
[32] Eine Auflistung steht noch aus und kann hier nicht geleistet werden; neben Untersuchungen zu einzelnen Landesverfassungen (klassisch etwa *T. Maunz*, Die Verfassungsmäßigkeit der hessischen Verfassung, 1952; vgl. *B. Pieroth*, ZParl. 26 [1995], 525 ff.) sei hier auf die Kommentierungen der Verfassungsurkunden verwiesen.

chen) kompetenzgerechten Bundesrecht gebrochen, das auf der Grundlage von Art. 72 I/II i. V. m. Art. 74 I GG erlassen worden ist (→ Art. 31 Rn. 29 f.). In diesem Sinne **gefahrgeneigtes Landesverfassungsrecht** enthalten bzw. enthielten – ohne Anspruch auf Vollständigkeit – namentlich die vorgrundgesetzlichen Urkunden, die umfangreiche »Wirtschaftsordnungen« umreißen (etwa Art. 27 ff. HessVerf.; Art. 151 ff. BayVerf.; Art. 37 ff. BremVerf.; Art. 51 ff. Rh.-PfVerf. sowie Art. 43 ff. SaarlVerf.); zu verzeichnen sind ferner Bestimmungen über die Organisation oder Verfassung der Gerichte (→ Rn. 22; → Art. 92 Rn. 16)[33] sowie Normen zum sozialen Mieterschutz[34]. Nach der Wiedervereinigung begegnet namentlich die Verfassung Brandenburgs (teils auch diejenige Berlins) dem Vorbehalt, mit ihren Grundrechten und Staatszielbestimmungen Grenzen des Bundesrechts »austesten« zu wollen[35].

C. Erläuterungen

I. Allgemeine Bedeutung

Art. 74 GG zerfällt in den mit Art. 72 GG korrespondierenden Katalog der Sachbereiche der konkurrierenden Kompetenz von Bund und Ländern (Abs. 1) und die punktuelle Anordnung der Zustimmungspflichtigkeit für Gesetze zu zweien dieser Sachbereiche (Abs. 2; → Rn. 155; → Art. 77 Rn. 44 ff.). Die Norm präsentiert sich schon in ihrer Ausgangsfassung als **Detailprotokoll von Kompromissen**, die dadurch komplex und gesteigert unübersichtlich werden, daß sie handgreifliche partei- und landespolitische Interessen, aber auch divergente Föderalismuskonzepte bedienen müssen. Das bedingt den Verzicht auf ein erkennbares Konzept sowie die Zuflucht zu einer **kasuistischen Regelungstechnik**, die nebeneinander klar konturierte bzw. ersichtlich an ein bestehendes Gesetzeswerk anknüpfende Termini (etwa die Flurbereinigung; → Rn. 77) sowie hochgradig vage Rechtsbegriffe (etwa »Statusrechte und -pflichten«; → Rn. 136) verwendet[36]. Die Änderungen der Norm nach 1949 haben diesen Befund eher noch verschärft[37]; dies gilt insbesondere für die Reform nach der Wiedervereinigung (→ Rn. 4) sowie die Föderalismusreform I (→ Rn. 5 ff.). In ihrem Bestreben, die Erosion der Landeskompetenz zu stoppen oder gar umzukehren, haben sie zur weiteren kasuistischen Ausdifferenzierung der Kompetenztitel gegriffen, die neue Auslegungsprobleme in Fülle aufwirft (→ Rn. 55, 136 oder 142). Es kommt hinzu, daß beide Reformen in Sachen Bundes- oder Länderfreundlichkeit wenigstens janusköpfig sind, aber gerade in den Kompetenzrochaden zwischen den Ebenen wiederum tagesaktuellen Präferenzen huldigen.

15

Dementsprechend enthält Art. 74 I GG keinen homogenen Katalog von Gegenständen, die von den Ländern geregelt werden können, sofern und soweit der Bund nicht

16

---

[33] Siehe etwa Art. 93 BayVerf. sowie Art. 74 NWVerf. zur Verwaltungsgerichtsbarkeit; dazu statt aller *C. Schulz*, in: T. Meder/W. Brechmann (Hrsg.), Die Verfassung des Freistaates Bayern. Kommentar, 5. Aufl. 2015, Art. 93 Rn. 4 sowie *A. Heusch*, in: ders./K. Schönenbroicher (Hrsg.), Landesverfassung Nordrhein-Westfalen. Kommentar, 2010, Art. 74 Rn. 1 ff.
[34] Etwa Art. 47 II BbgVerf., der zu §§ 885, 721 V, 765a ZPO in einem Spannungsverhältnis steht.
[35] Prononciert kritisch *A. Stiens*, Chancen und Grenzen der Landesverfassungen im deutschen Bundesstaat der Gegenwart, 1997, S. 273 f., 288 ff.; *J. Dietlein*, Die Grundrechte in den Verfassungen der neuen Bundesländer, 1993, S. 64 ff., 75 ff.
[36] Ähnlich kritisch *Oeter* (Fn. 1), Art. 74 Rn. 1 ff.
[37] So auch *P. Kunig*, in: v. Münch/Kunig, GG, Art. 74 Rn. 128 ff. und *Härtel* (Fn. 2), § 19 Rn. 58 ff.

von seiner Kompetenz i. S. v. Art. 72 I GG durch Gesetz Gebrauch gemacht hat, sondern vereint die Kataloge von **insgesamt fünf Kompetenztypen**, die teils noch Binnendifferenzierungen aufweisen[38]. Die Titel der Nr. 4, 7, 11, 13, 15, 19a, 20, 22, 25 und 26 unterliegen lediglich der Erforderlichkeits- oder Bedarfskompetenz des Bundes (Typ 1; → Art. 72 Rn. 18 ff.). Demgegenüber zählen die übrigen Ziffern zur Kernkompetenz des Bundes (Typ 2; → Art. 72 Rn. 17), wobei die Titel der Nr. 27–33 wiederum durch Art. 72 III 1 Nr. 1 6 GG einem Sonderregime unterworfen sind (Abweichungsgesetzgebung bzw. Typ 3; → Art. 72 Rn. 32 ff.). Ferner enthalten die Kataloge der Kern- wie der Bedarfskompetenz teils seit jeher (Art. 74 I Nr. 23 GG; → Rn. 115), überwiegend aber seit 1994 (Art. 74 I Nr. 18 GG; → Rn. 79) bzw. seit der Föderalismusreform I von 2006 (Art. 74 I Nr. 1, 7, 11, 17, 24 GG; → Rn. 21, 40, 55, 77, 120) explizite Vorbehalte zugunsten der Länder, die in der Sache ausschließliche Kompetenzen nach Art. 70 I GG begründen (Typ 4; → Vorb. zu Art. 70–74 Rn. 40; → Art. 70 Rn. 15). Es bleiben als Negativ- oder **Erinnerungskompetenz**en die ausdrücklich gestrichenen Titel (namentlich Nr. 74 I Nr. 3 u. 8 GG a. F.; → Rn. 4 f.), die in der Rückschau ebenfalls klar konturierte exklusive Kompetenzen der Länder gem. Art. 70 I GG gewährleisten.

II. Einzelne Titel

1. Bürgerliches Recht, Strafrecht, Gerichtsverfassung, gerichtliches Verfahren – ohne das Recht des Untersuchungshaftvollzugs –, Rechtsanwaltschaft, Notariat, Rechtsberatung (Art. 74 I Nr. 1 GG)

17   Art. 74 I Nr. 1 GG dürfte zu den Kompetenztiteln gehören, die maßgeblich mit dafür verantwortlich zeichnen, daß das Bundesverfassungsgericht der **Verfassungstradition** für die Interpretation der Kompetenznormen **weitreichende Bedeutung** beimißt (→ Vorb. zu Art. 70–74 Rn. 51). Tatsächlich steht der Titel nicht nur in seinem Kerngehalt in einer auf die Reichsverfassung von 1871 zurückreichenden verfassungstextlichen Tradition[39], mit ihm korrespondieren auch die **großen Kodifikationen** der Wende vom 19. zum 20. Jahrhundert: Zunächst erstreckte sich nach Art. 4 Nr. 13 RVerf. v. 1871 die Reichskompetenz lediglich auf die »gemeinsame Gesetzgebung über das Obligationenrecht, Strafrecht, Handels- und Wechselrecht und das gerichtliche Verfahren«, bevor die *lex Miquel-Lasker* 1873 knapper »gemeinsame Gesetzgebung über das gesamte bürgerliche Recht, das Strafrecht und das gerichtliche Verfahren« formulierte (→ Vorb. zu Art. 70–74 Rn. 8). Art. 7 WRV gliederte den Titel sodann auf (Nr. 1: bürgerliches Recht; Nr. 2: Strafrecht; Nr. 3: gerichtliches Verfahren einschließlich des Strafvollzugs sowie Amtshilfe zwischen Behörden; Nr. 4: Handel)[40]. **Art. 36 HChE** schließt an die jüngere Norm an und erstreckt die **Vorranggesetzgebung** auf das Bürgerliche Recht (Nr. 1), das Strafrecht und den Strafvollzug (Nr. 2) sowie »Gerichtsverfassung und gerichtliches Verfahren für die der Bundesgesetzgebung zustehenden Gebiete«[41]. Im **Parlamentarischen Rat** steht die Trias von Bürgerlichem Recht, Straf-

---

[38] Ähnlich im Zugriff etwa *C. Degenhart*, in: Sachs, GG, Art. 74 Rn. 2; *Kunig* (Fn. 37), Art. 72 Rn. 1 sowie *Härtel* (Fn. 2), § 19 Rn. 38, 59, die jeweils eine Dreiteilung vornehmen.
[39] Siehe *Pestalozza*, GG VIII, Art. 74 Rn. 3 ff.; Schneider/Kramer, GG-Dokumentation, Bd. 18/1, Art. 74 Nr. 1, S. 186 f., Rn. 1 ff. (S. 199 ff.).
[40] Näher *H.-W. Rengeling*, HStR³ VI, § 135 Rn. 50.
[41] Parl. Rat II, S. 585 f.; vgl. ferner JöR 1 (1951), S. 500 ff. sowie *Pestalozza*, GG VIII, Art. 74 Rn. 25 ff.; Schneider/Kramer, GG-Dokumentation, Bd. 18/1, Art. 74 Nr. 1, S. 187 ff., Rn. 5 ff. (S. 201 ff.).

recht und Gerichtsverfassung außer Streit; hingegen setzt sich das »gerichtliche Verfahren« erst gegen Vorbehalte durch, die die Verwaltungsgerichtsbarkeit als Landessache sehen[42]. Der Strafvollzug gelangt früh in die endgültige Fassung. Die Aufnahme der Rechtsanwaltschaft wird als Klarstellung aufgefaßt, wohingegen das Notariat erst nach Linderung der süddeutschen Bedenken durch Einfügung des späteren Art. 138 GG konsensfähig wird (→ Art. 138 Rn. 1 f.). Die »Rechtsberatung« sollte ausdrücklich auch die soziale Rechtsberatung schützen[43]. Im Rahmen der **Föderalismusreform I** wird 2006 der Titel um die Wendung »und den Strafvollzug« gekürzt; mit gleicher Reformintention erfolgt der Klammerzusatz »ohne das Recht des Untersuchungshaftvollzugs«[44]. Zugleich wird Art. 74 I Nr. 1 GG von der Erforderlichkeitsklausel freigestellt und avanciert so zur **Kernkompetenz** (→ Art. 72 Rn. 17).

»Die Befugnis zur Regelung des **bürgerlichen Recht**s umfasst alle Normen, die herkömmlicherweise dem Zivilrecht zugerechnet werden«[45]. Die Betonung des Herkommens resultiert in der strengen Orientierung der Auslegung am Verständnis unter den Reichsverfassungen von 1871 und 1919[46]. Danach sind auch solche Gegenstände, die nach heutigem Verständnis dem Öffentlichen Recht zuzurechnen wären, weiterhin von Art. 74 I Nr. 1 GG erfaßt[47]. Außer den Büchern des BGB[48] und zivilrechtlichen Nebengesetzen wie denen zum Wohnungseigentum oder zum Pachtvertragsrecht[49] erfaßt die Kompetenz zwar die Amtshaftung über § 839 BGB, aber nicht die gesamte Staatshaftung[50]; auch der presserechtliche Gegendarstellungsanspruch ist nicht von Nr. 1 gedeckt[51]. Überwiegend wird ferner das Fortgelten des Reichsgesetzes über die religiöse Kindererziehung hier verortet (→ Art. 4 Rn. 106)[52]. Zuletzt hat die Rechtsprechung Vorschriften über die Eigentumsbegründung der öffentlichen Hand an herrenlosen Grundstücken auf den Titel gestützt[53], die Privatisierung der Berliner Wasserbetriebe allerdings davon nicht erfaßt gesehen[54]. **Abzugrenzen** ist die Bundeskompetenz für das bürgerliche Recht zum einen von fortbestehenden Landeskompetenzen, die sich auf Vorbehalte des EGBGB stützen können[55]. Zum anderen enthält das Grundgesetz zahlreiche Kompetenztitel für privatrechtliche Spezialmaterien (vgl.

18

---

[42] Vgl. JöR 1 (1951), S. 501 sowie Parl. Rat III, S. 44–46.

[43] Knapp JöR 1 (1951), S. 503; näher Parl. Rat XIV/1, S. 214 f.

[44] Näher *K. Jünemann*, Gesetzgebungskompetenz für den Strafvollzug im föderalen System der Bundesrepublik Deutschland, 2012, S. 71 ff.; vgl. knapper *P. M. Huber/A. Uhle*, Die Sachbereiche der Landesgesetzgebung nach der Föderalismusreform, in: Heintzen/Uhle, Kompetenzrecht (Fn. 23), S. 83 ff. (100 ff.).

[45] BVerfGE 126, 331 (357, Rn. 78) unter Hinweis auf E 11, 192 (199); 42, 20 (31); vgl. auch E 45, 297 (344).

[46] Pointiert BVerfGE 61, 149 (175 f.).

[47] BVerfGE 11, 192 (199); 61, 149 (176).

[48] Zum Sachenrecht BVerfGE 45, 297 (340).

[49] BVerfGE 71, 137 (143). Vgl. im übrigen die detaillierten Nachweise zur Rechtsprechung bei Jarass/*Pieroth*, GG, Art. 74 Rn. 4.

[50] BVerfGE 61, 149 (174 ff.). → Rn. 122 ff.; → Art. 34 Rn. 11 f., 33 ff.

[51] BVerwGE 76, 94 (96); Kunig (Fn. 37), Art. 74 Rn. 9; vgl. *F. Wittreck*, Presse, in: Ehlers/Fehling/Pünder, Bes. Verwaltungsrecht II, § 60 Rn. 21, 48.

[52] Dafür *D. C. Umbach/T. Clemens*, in: Umbach/Clemens, GG, Art. 74 Rn. 12; *H.-W. Rengeling*, HStR³ VI, § 135 Rn. 196; *M. Jestaedt*, in: BK, Art. 6 Abs. 2 und 3 (1995), Rn. 294. → *Stettner*, Bd. II² (Suppl. 2007), Art. 74 Rn. 20.

[53] BVerfGE 126, 331 (357, Rn. 78).

[54] BerlVerfGH LVerfGE 20, 23 (32 f.).

[55] Vgl. nur BVerfGE 24, 367 (386 f.): Art. 66 EGBGB ist Grundlage einer Landesregelung über »öffentliches Eigentum« an Hochwasserschutzanlagen. → Rn. 76.

Art. 74   C. Erläuterungen

etwa Art. 73 I Nr. 9 GG – geistiges Eigentum; Art. 74 I Nr. 11 GG – Recht der Wirtschaft; Art. 74 I Nr. 12 GG – Arbeitsrecht), hinter denen Art. 74 I Nr. 1 GG zurücktritt[56]. Schließlich sind 2006 an die Länder übergegangene Titel zu beachten, soweit sie zivilrechtliche Gegenstände betreffen[57].

19   Der Kompetenztitel **Strafrecht** erlaubt die »Regelung aller, auch nachträglicher, repressiver oder präventiver staatlicher Reaktionen auf Straftaten […], die an die Straftat anknüpfen, ausschließlich für Straftäter gelten und ihre sachliche Rechtfertigung auch aus der Anlasstat beziehen«[58]. Diese – nicht ganz anlaßlose[59] – Erweiterung des Strafrechtsbegriffs über die klassische Kriminalstrafe als Sanktion für strafrechtliche Schuld hinaus ist wiederum in der Tradition der Kompetenzordnung angelegt[60]. Danach kann der Bundesgesetzgeber gestützt auf Art. 74 I Nr. 1 GG neben Strafen (vgl. §§ 38 ff. StGB) und Bußen auch Maßregeln der Besserung und Sicherung gem. §§ 61 ff. StGB vorsehen bzw. an die Stelle der verfassungswidrigen Sicherungsverwahrung das **Therapieunterbringungsgesetz** setzen[61]; ferner erstreckt sich seine Kompetenz auf das **Ordnungswidrigkeitenrecht**[62]. Amnestie- oder Straffreiheitsgesetze sollen nach der Rechtsprechung nicht vom Untertitel »Strafrecht« erfaßt sein[63]. Das stößt in der Literatur auf berechtigte Kritik, da es in der Sache um die Verwirklichung des (materiellen) staatlichen Strafanspruchs geht[64]; seit der Föderalismusreform kommt erschwerend hinzu, daß die Übertragung der Kompetenz für den Strafvollzug den Ländern in dieser Lesart die Möglichkeit einräumen würde, durch Amnestiegesetze das Bundesrecht partiell funktionslos zu stellen (→ Rn. 21). Ebenfalls dem materiellen (Straf-)Recht zuzuordnen ist die **Verjährung**, weil auch hier letztlich der staatliche Strafanspruch gehindert wird[65]. Unstreitig deckt Art. 74 I Nr. 1 GG hingegen **Rehabilitierungsgesetze** nach dem Muster des Strafrechtlichen Rehabilitierungsgesetzes für das Beitrittsgebiet[66]. Schließlich sind zumindest unter dem Gesichtspunkt des Sach-

---

[56] *Umbach/Clemens* (Fn. 52), Art. 74 Rn. 11; *Oeter* (Fn. 1), Art. 74 Rn. 31; *Jarass/Pieroth*, GG, Art. 74 Rn. 3.

[57] Hinweis auf das landwirtschaftliche Pachtwesen bei *M. Niedobitek*, in: BK, Art. 74 I Nr. 1 (2007), Rn. 29, 50.

[58] BVerfGE 109, 190 (212, Rn. 85); 134, 33 (55, Rn. 55). Aus der Literatur *C. Maiwald*, ZRP 2006, 18 ff.

[59] In der Auseinandersetzung mit dem EGMR (vgl. EGMR, Urteil v. 17.12.2009, 19359/04 – *M./ Deutschland*) hatte das Gericht das Kunststück zu vollbringen, die Sicherungsverwahrung bzw. jetzt die Therapieunterbringung als »Strafe« i. S. v. Art. 74 I Nr. 1 GG auszuweisen und gleichzeitig daran festzuhalten, daß die Maßnahmen keine Strafen i. S. v. Art. 103 II GG darstellen; vgl. BVerfGE 109, 133 (170 ff., Rn. 137 f.); 109, 190 (217 f., Rn. 103).

[60] Näher zuletzt BVerfGE 134, 33 (56 f., Rn. 58 f.).

[61] Gesetz zur Therapierung und Unterbringung psychisch gestörter Gewalttäter (Therapieunterbringungsgesetz – ThUG; BGBl. 2010 I S. 2300); siehe dazu BVerfGE 134, 33 (56 ff., Rn. 56 ff.) sowie *K. Höffler*, StV 2014, 168 ff.; siehe im Vorfeld noch *C. Morgenstern*, Neue Kriminalpolitik 23 (2011), 55 ff.

[62] BVerfGE 27, 18 (32 f.); 29, 11 (16); 31, 141 (144); BGHSt 38, 138 (142). Eingehend *K. Tiedemann*, AöR 89 (1964), 56 ff.

[63] BVerfGE 2, 213 (220 ff.); 10, 234 (238): Entweder gerichtliches Verfahren (anhängige Verfahren) oder Strafvollzug (verhängte Strafen).

[64] So namentlich *Niedobitek* (Fn. 57), Art. 74 I Nr. 1 Rn. 60; *Jarass/Pieroth*, GG, Art. 74 Rn. 5; *Degenhart* (Fn. 38), Art. 74 Rn. 21.

[65] *H.-W. Rengeling*, HStR³ VI, § 135 Rn. 199; *Niedobitek* (Fn. 57), Art. 74 I Nr. 1 Rn. 60; *Degenhart* (Fn. 38), Art. 74 Rn. 19; offen hingegen Jarass/*Pieroth*, GG, Art. 74 Rn. 5. – Demgegenüber gehört die Verjährung von Pressedelikten dem Presserecht an: BVerfGE 7, 29 (39); 36, 193 (205).

[66] Strafrechtliches Rehabilitierungsgesetz i. d. F. d. Bek. v. 17.12.1999 (BGBl. I S. 2664).

zusammenhangs Regelungen möglich, die an die Stelle einer möglichen (und herkömmlichen) strafrechtlichen Sanktion ein spezifisches **Beratungs- und Schutzkonzept** setzen[67].

Die Kompetenz für das Strafrecht weist gewisse Parallelen zu den im Grundgesetz 20 gesondert normierten Kompetenzen für die Besteuerung auf (→ Vorb. zu Art. 70–74 Rn. 43), weil sie **losgelöst von einer Sachkompetenz** des Bundes besteht – hält der Bundesgesetzgeber aus nachvollziehbaren Gründen ein Verhalten für strafwürdig, so kann er es auch dann nach Art. 74 I Nr. 1 GG mit Sanktionen belegen, wenn der Sachbereich an sich zur Landeskompetenz zählt[68]. Die Regelung darf allerdings nicht dazu dienen, die Zuständigkeit der Länder gezielt zu unterlaufen[69]. Der Titel »schließt grundsätzlich auch die Befugnis ein, Vorschriften des Landesrechts mit strafrechtlichen Sanktionen des Bundesrechts zu versehen, sofern nicht der Bundesgesetzgeber in Wirklichkeit die der Länderkompetenz unterliegende Materie selbst sachlich regelt«[70] (sog. **Blankett-Strafnormen**). Im übrigen sind das Strafgesetzbuch wie die strafrechtlichen Nebengesetze als abschließende Kodifikationen anzusehen, sofern nicht im Einführungsgesetz Vorbehalte zugunsten des Landesrechts enthalten sind[71].

Die Reform von 2006 hat den Strafvollzug wie den Vollzug der Untersuchungshaft 21 in die ausschließliche Kompetenz der Länder überführt[72]. **Strafvollzug** ist von der Strafvollstreckung (vgl. §§ 449 ff. StPO) zu unterscheiden und erschöpft sich formaliter in der Ausführung der Entscheidungen der Strafvollstreckungsbehörden durch die Strafvollzugsbehörden[73]; ferner gehören die Regelung der Kosten[74], die Festnahme entwichener Gefangener[75], die Vollstreckung von Maßregeln[76] sowie die Eintreibung von Geldbußen hierher[77]. Das Strafvollzugsgesetz des Bundes gilt gem. Art. 125a I 1 GG fort und wird sukzessive ersetzt[78]. Der Vollzug der **Untersuchungshaft** (vgl. §§ 112 ff. StPO) ist im Kern aus der Erwägung heraus mitübertragen worden, daß ungeachtet der unterschiedlichen Rechtsgrundlagen wie der unterschiedlichen Status der Häftlinge Bund und Land nicht nebeneinander zwei Vollzugssysteme mit womöglich unterschiedlichen Standards vorhalten sollten bzw. wollten[79]. Erste Länder sind diesbezüglich bereits tätig geworden[80].

---

[67] BVerfGE 88, 203 (294 f., 304 f., 331); 98, 265 (313 ff.).
[68] BVerfGE 23, 113 (124); dort allerdings auf die im Strafgesetzbuch »herkömmlich geregelten Materien« beschränkt; aus der Literatur *Oeter* (Fn. 1), Art. 74 Rn. 19. → *Stettner*, Bd. II² (Suppl. 2007), Art. 74 Rn. 24.
[69] BVerfGE 26, 246 (258); 110, 141 (174, Rn. 115).
[70] BVerfGE 110, 141 (174, Rn. 115).
[71] Vgl. etwa Art. 2 EGStGB. Differenzierend *G. Dannecker/R. Pfaffendorf*, NZWiSt 2012, 212 ff. (252 ff.).
[72] Grundlegend zum folgenden *Jünemann*, Gesetzgebungskompetenz (Fn. 44), S. 113 ff.; siehe ferner *E. R. Pohlreich*, Die Gesetzgebungskompetenz für den Vollzug von Straf- und Untersuchungshaft nach der Föderalismusreform I, in: B. Brunhöber u. a. (Hrsg.), Strafrecht und Verfassung, 2013, S. 117 ff.
[73] *Jünemann*, Gesetzgebungskompetenz (Fn. 44), S. 4 f., 86 ff.; Jarass/*Pieroth*, GG, Art. 74 Rn. 11.
[74] BVerfGE 85, 134 (144 f.).
[75] So *Kunig* (Fn. 37), Art. 74 Rn. 15.
[76] BVerfGE 85, 134 (142).
[77] *Umbach/Clemens* (Fn. 52), Art. 74 Rn. 15 sowie *Oeter* (Fn. 1), Art. 74 Rn. 21.
[78] Gesetz über den Vollzug der Freiheitsstrafe und der freiheitentziehenden Maßregeln der Besserung und Sicherung (Strafvollzugsgesetz) v. 16.3.1976 (BGBl. I S. 581, 2088); zum Stand der landesrechtlichen Normsetzung siehe *K. Laubenthal*, Strafvollzug, 7. Aufl. 2015, S. 22 f.
[79] Vgl. *Huber/Uhle*, Landesgesetzgebung (Fn. 44), S. 103 f.
[80] Siehe *S. Siepmann*, Die Entwicklung einer gesetzlichen Basis für das Recht der Untersuchungs-

22 Die **Gerichtsverfassung** wird allgemein als äußere Ordnung der Rechtsprechung i. S. v. Art. 92 GG verstanden[81]; die Kompetenz ermächtigt in Anlehnung an das Gerichtsverfassungsgesetz (1877) den Bundesgesetzgeber zur Vorgabe, welche Gerichtstypen die Länder einzurichten haben, welche Zuständigkeiten ihnen obliegen und wie sie abstrakt zu besetzen sind. Die Ausfüllung dieser Vorgaben (Errichtung oder Schließung einzelner Gerichte, Anzahl der Spruchkörper, Bezirke) fällt hingegen in die Kompetenz des Landesgesetzgebers[82]. Erfaßt sind alle Bundes- und Landesgerichte einschließlich der Verwaltungsgerichte[83]; ausgeschlossen sind hingegen die Landesverfassungsgerichte[84], die Disziplinar-[85] und die Standes- bzw. Berufsgerichtsbarkeit[86]. Als *leges speciales* gehen die Bestimmungen zu Errichtung und Verfassung des **Bundesverfassungsgericht**s (→ Art. 94 Rn. 7 ff.), zur Finanzgerichtsbarkeit (→ Art. 108 Rn. 29) sowie zur Rechtsstellung der Bundesrichter (→ Art. 98 Rn. 48) vor. Über die Rechtsprechung hinaus werden als Organe der Rechtspflege auch die Rechtsanwälte[87], die Staatsanwaltschaft[88] sowie die Gerichtsvollzieher[89] erfaßt.

23 Die Bundeskompetenz für das **gerichtliche Verfahren** deckt zunächst die geläufigen Prozeßordnungen (ZPO, StPO, VwGO u. s. f.); sie sind grundsätzlich als abschließend anzusehen, enthalten allerdings vereinzelt Vorbehalte zugunsten der Länder (vgl. §§ 40 I 2, 47 I 1 Nr. 2, 68 I 2 mit Nr. 2 u. a. VwGO)[90]. Abgrenzungsschwierigkeiten werfen theoretisch wie praktisch die Schnittstellen der gerichtlichen mit den vorgelagerten behördlichen Verfahren auf. Während die Zuordnung des verwaltungsgerichtlichen Vor- oder Widerspruchsverfahrens (vgl. §§ 68 ff. VwGO) zum Kompetenztitel nach Art. 74 I Nr. 1 GG ebenso geklärt ist[91] wie die prinzipielle Offenheit für landesrechtliche Modifikationen nicht abschließender Bestimmungen[92], ist die Abgrenzung der auf Nr. 1 gestützten »repressiven« Polizeitätigkeit von den auf Landesrecht gestützten präventiven Aufgaben nach wie vor milchig bzw. derzeit an der Schnittstelle der »Vorsorge für die Verfolgung künftiger Straftaten« (Art. 74 I Nr. 1 GG) gegenüber der »Verhütung von Straftaten« (Art. 70 I GG)[93] vergleichsweise feinziseliert vorgenommen. Die jüngere Rechtsprechung[94] hat dem Titel etwa die Regeln zur DNA-Iden-

---

haft auf Bundes- und auf Landesebene (Das BayUVollzG), 2012, S. 181 ff., 343 ff.; *L. Firchau*, Das fachgerichtliche Rechtsbehelfssystem der Untersuchungshaft sowie die Regelung des Vollzuges, 2013, S. 77 ff., 261 ff. (beide zu Bayern).

[81] Näher zum folgenden *F. Wittreck*, Die Verwaltung der Dritten Gewalt, 2006, S. 87 ff. Aus der Rechtsprechung BVerfGE 11, 192 (198 f.); 24, 155 (166 f.); 30, 103 (106).

[82] BVerfGE 24, 155 (166 f.).

[83] BVerfGE 20, 238 (248); 29, 125 (137); 37, 191 (198).

[84] Vgl. BVerfGE 96, 345 (368 f.) sowie HessStGH ESVGH 40, 20 (21); *Kunig* (Fn. 37), Art. 74 Rn. 16.

[85] *Umbach/Clemens* (Fn. 52), Art. 74 Rn. 18 sowie *Wittreck*, Verwaltung (Fn. 81), S. 89 f.

[86] BVerfGE 4, 75 (85); näher *H. Willems*, Das Verfahren vor den Heilberufsgerichten, 2009, S. 7 ff. → Rn. 87.

[87] BVerfGE 28, 21 (32): Pflicht zum Tragen der Amtstracht.

[88] BVerfGE 56, 110 (118).

[89] BVerwGE 65, 260 (263 f.).

[90] Siehe BVerfGE 20, 238 (249 ff.); 29, 125 (137 ff.); 37, 191 (198 ff.); 83, 24 (30 ff.).

[91] BVerfGE 35, 65 (72); BVerwGE 51, 310 (313); *Kunig* (Fn. 37), Art. 74 Rn. 19; *Degenhart* (Fn. 38), Art. 74 Rn. 26; a. A. prominent *Pestalozza*, GG VIII, Art. 74 Rn. 109, 125, 169.

[92] BVerwGE 51, 310 (314); *Kunig* (Fn. 37), Art. 74 Rn. 20; *Oeter* (Fn. 1), Art. 74 Rn. 27.

[93] So BVerfGE 103, 21 (30 f., Rn. 45 f.) bzw. 113, 348 (367 ff., Rn. 92 ff.). Vgl. ferner SächsVerfGH LVerfGE 14, 333 (381): Fahndung nach Straftätern ist Landeskompetenz. Eingehend zum Problem *W.-R. Schenke*, Die Gesetzgebungskompetenz für die Strafverfolgungsvorsorge, in: FS Paeffgen, 2015, S. 393 ff.; vgl. ferner *F. Roggan*, LKV 2015, 14 (14 ff.).

[94] Eingehende Nachweise bei Jarass/*Pieroth*, GG, Art. 74 Rn. 10.

titätsfeststellung⁹⁵, die Telekommunikationsüberwachung zur Vorsorge für die Verfolgung von Straftaten⁹⁶ sowie die zivilprozessuale Zwangsvollstreckung⁹⁷ zugeordnet. Intensiv diskutiert werden gegenwärtig ferner die gerichtliche wie die außergerichtliche Mediation; beide dürften von Art. 74 I Nr. 1 GG erfaßt sein⁹⁸.

Die Titel **Rechtsanwaltschaft** und **Notariat** erlauben dem Bund einen grundsätzlich umfassenden Zugriff auf das Berufsrecht beider Gruppen; erfaßt sind namentlich die Zulassung, die Berufsausübung, das Standesrecht einschließlich der Berufsgerichtsbarkeit sowie das Gebührenwesen⁹⁹. Überschneidungen können in Sachen Berufsausübung mit dem Titel »gerichtliches Verfahren« auftreten (Anwaltszwang u. a. m.); hier ist jeweils auf den stärkeren Sachzusammenhang abzustellen¹⁰⁰. In diesem Sinne ist das Gemeinderecht etwa für sog. kommunale Vertretungsverbote ausschlaggebend¹⁰¹. 24

Rechtsberatung erfaßt schließlich die geschäftsmäßige Wahrnehmung fremder Rechtsangelegenheiten durch Rechtsbeistände, Patentanwälte, Steuerberater, Wirtschaftsprüfer u. a. m.¹⁰². Der Bund kann regelnd, aber auch verbietend tätig werden, und insbesondere die Kostenfolgen bestimmen. Aktuell steht etwa die Frage der automatisierten Rechtsberatung im Raum¹⁰³. 25

Die völker- und unionsrechtliche **Überformung** der Kompetenztitel des Art. 74 I Nr. 1 GG ist differenziert zu betrachten. Breiten Raum nimmt derzeit die Diskussion namentlich um die Europäisierung des (materiellen) **Strafrecht**s ein¹⁰⁴; die auf Art. 67 ff. AEUV gestützte Tätigkeit der Union erfaßt aber – das Stichwort »Europäischer Haftbefehl« möge genügen (→ Art. 16 Rn. 34 f., 75 ff.) – längst auch das Verfahrensrecht¹⁰⁵. Der EGMR als relevanter Akteur ist mit dem Stichwort »Sicherungsverwahrung« angesprochen (→ Rn. 19). Für das **bürgerliche Recht** sind einerseits punktuelle Eingriffe wie das Verbraucherschutzrecht (vgl. nunmehr §§ 13 f. BGB)¹⁰⁶, andererseits die flächendeckende Transformation durch das Projekt der Zivilrechts- 26

---

⁹⁵ BVerfGE 103, 21 (30 f., Rn. 45 f.).
⁹⁶ BVerfGE 113, 348 (367 ff., Rn. 92 ff.).
⁹⁷ BVerfGE 132, 372 (387, Rn. 43). Im konkreten Fall kam dem Land nach § 801 I ZPO aber Spielraum zu.
⁹⁸ Vgl. hierzu *D. Diop*, Mediation im Gesetzgebungsverfahren, 2008, S. 50; vgl. ferner *A. Guckelberger*, NVwZ 2011, 390 ff.
⁹⁹ BVerfGE 17, 287 (292); 47, 285 (313); aus der Literatur vergleichbar *Umbach/Clemens* (Fn. 52), Art. 74 Rn. 21; *Jarass/Pieroth*, GG, Art. 74 Rn. 12; *Degenhart* (Fn. 38), Art. 74 Rn. 28. → *Stettner*, Bd. II² (Suppl. 2007), Art. 74 Rn. 32.
¹⁰⁰ Statt aller *Jarass/Pieroth*, GG, Art. 74 Rn. 12.
¹⁰¹ BVerfGE 41, 231 (241 f.); 52, 42 (54 ff.).
¹⁰² Siehe nur *H.-W. Rengeling*, HStR³ VI, § 135 Rn. 204.
¹⁰³ Statt aller *J. v. Daniels*, AnwBl. 2015, 241 f.
¹⁰⁴ Siehe *B. Weißer*, Strafrecht, in: Schulze/Zuleeg/Kadelbach, Europarecht, § 42 Rn. 24 ff. (S. 2606 ff. m. w. N. zu noch spärlichen Sekundärrechtsakten bzw. einschlägiger Rechtsprechung); siehe ferner *F. Dorra*, Strafrechtliche Legislativkompetenzen der Europäischen Union, 2013; *K. Aksugur*, Europäische Strafrechtsetzungskompetenzen, 2014; *L. K. S. Neumann*, Das US-amerikanische Strafrechtssystem als Modell für die vertikale Kompetenzverteilung im Strafrechtssystem der EU?, 2015 sowie *T. Reinbacher*, Strafrecht im Mehrebenensystem: Modelle der Verteilung strafrechtsbezogener Kompetenzen, 2015.
¹⁰⁵ Nochmals *Weißer* (Fn. 104), § 42 Rn. 77 ff.
¹⁰⁶ Näher dazu *H. Schulte-Nölte*, Verbraucherrecht, in: Schulze/Zuleeg/Kadelbach, Europarecht, § 23 Rn. 1 ff. – Instruktiv auch der Nachweis der durch das BGB umgesetzten Richtlinien unter http://www.gesetze-im-internet.de/bgb/BJNR001950896.

Art. 74 C. Erläuterungen

harmonisierung zu beachten[107]. Vorstöße der Union in das Gefilde der Streitbeilegung stoßen dabei auf teils deutliche Kritik[108]. Das Recht der freien Berufe der Rechtsberatung schließlich wirft Fragen des gleichen Zugangs von Unionsbürgern, aber auch der Regulierung im Detail auf[109].

2. Personenstandswesen (Art. 74 I Nr. 2 GG)

27 Art. 74 I Nr. 2 GG kann nicht an eine Vorläuferbestimmung in älteren Verfassungsurkunden anknüpfen, wohl aber an die **Tradition** der reichsrechtlichen Regelung seit 1875[110]. Die Zuordnung zur konkurrierenden Gesetzgebung erfolgt in Art. 36 Nr. 7 HChE und wird im Parlamentarischen Rat nicht näher problematisiert[111]. 2006 avanciert der Titel im Rahmen der Föderalismusrefom I zur **Kernkompetenz** (→ Art. 72 Rn. 17).

28 Der Personenstand wird *materialiter* vom Bürgerlichen Recht bestimmt (vgl. § 1 I 1 PStG; → Rn. 18)[112]. Die Kompetenz nach Nr. 2 umfaßt vor diesem Hintergrund die dem Öffentlichen Recht zuzuordnenden **Beurkundungs- und Dokumentationspflichten** in Ansehung des Personenstandes[113], ferner die Organisation und Verfahrensweise der Standesämter[114], die von ihnen zu führenden Verzeichnisse (näher §§ 3 ff. PStG) sowie die korrespondierenden Meldepflichten der Bürger. Abzugrenzen ist Art. 74 I Nr. 2 GG überdies von der nunmehr ausschließlichen Bundeskompetenz für das Meldewesen (Art. 73 I Nr. 3 GG [ex Art. 75 I Nr. 5 GG a. F.][115]; → Art. 73 Rn. 24); danach fallen die Pflichten zur Meldung des Wohnsitzes bzw. seines Wechsels nicht unter Nr. 2[116]. An der Grenze zum materiellen Recht sind die Feststellung der Geschlechtszugehörigkeit nach §§ 8 ff. Transsexuellengesetz[117] sowie die Einführung der eingetragenen Lebenspartnerschaft als neuer Personenstand angesiedelt (vgl. § 17 PStG)[118].

29 Die **inter- und supranationalen Ingerenzen** sind eher marginal bzw. reflexhafter Natur. Bei der Regelung des Personenstandswesens muß der Bund eine Reihe einschlägi-

---

[107] Siehe im ersten Zugriff *E. Chazari-Arndt*, Das Gemeinsame Europäische Kaufrecht, 2014; zum Kontext *O. Remien*, Rechtsangleichung im Binnenmarkt, in: Schulze/Zuleeg/Kadelbach, Europarecht, § 14 Rn. 1 ff.
[108] *G. Rühl*, Außergerichtliche Streitbeilegung außer Rand und Band? Zur Kompetenz des europäischen Gesetzgebers zum Erlass der Richtlinie über alternative Streitbeilegung und der Verordnung über Online-Streitbeilegung, in: FS W.-H. Roth, 2015, S. 459 ff.
[109] Dazu nur *N. Denzin*, Freie Berufe, in: Schulze/Zuleeg/Kadelbach, Europarecht, § 27 Rn. 16 ff.
[110] Näher *Pestalozza*, GG VIII, Art. 74 Rn. 187; *M. Niedobitek*, in: BK, Art. 74 I Nr. 2 (2013), Rn. 1 ff. – Siehe ab 1.11.2015 §§ 17 ff. BMG.
[111] Vgl. Parl. Rat II, S. 530 ff. sowie JöR 1 (1951), S. 485; näher *Pestalozza*, GG VIII, Art. 74 Rn. 188 ff.; Schneider/Kramer, GG-Dokumentation, Bd. 18/1, Art. 74 Nr. 2, S. 296 f., Rn. 1 ff. (S. 303 ff.). Im besonderen Teil von JöR 1 (1951), S. 500 ff. wird [Abs. 1] Nr. 2 bezeichnenderweise nicht erläutert.
[112] Siehe etwa *A. Dutta*, Familie und Personenstand, 2. Aufl. 2015, Rn. I-4 ff. (S. 53 f.) und *H. Bornhofen*, in: B. Gaaz/H. Bornhofen (Hrsg.), PStG, 3. Aufl. 2014, § 1 Rn. 5 ff.
[113] Gleichsinnig *Oeter* (Fn. 1), Art. 74 Rn. 35; siehe auch *Seiler* (Fn. 1), Art. 74 Rn. 15.
[114] Jarass/*Pieroth*, GG, Art. 74 Rn. 13.
[115] Näher *Pestalozza*, GG VIII, Art. 75 Rn. 619 ff.
[116] *Pestalozza*, GG VIII, Art. 74 Rn. 195.
[117] Dazu näher BVerfGE 128, 198 (206 ff., Rn. 50 ff.); aus der rechtspolitischen Diskussion *H.-W. Rengeling*, HStR³ VI, § 135 Rn. 205.
[118] Umfaßt von Art. 74 I Nr. 2 GG laut BVerfGE 105, 313 (338, Rn. 68). Als materiale Wendung der Norm deutet dies *Degenhart* (Fn. 38), Art. 74 Rn. 29.

ger internationaler Abkommen wahren[119]. Vom Unionsrecht her wirken vornehmlich Datenschutzbestimmungen ein[120], wohingegen EGMR wie EuGH Vorgaben für die Gleichbehandlung von Transsexuellen formuliert haben[121].

3. Vereinsrecht (Art. 74 I Nr. 3 GG)

Art. 74 I Nr. 3 GG knüpft (implizit) an § 59 RVerf. 1849 (»Assoziationswesen«)[122] und Art. 4 Nr. 16 RVerf. 1871 sowie explizit an Art. 7 Nr. 6 WRV an (Presse-, Vereins- und Versammlungswesen). Ausgehend von **Art. 36 Nr. 15 HChE** umfaßte der Kompetenztitel danach ursprünglich das Vereins- und Versammlungswesen, deren Zuordnung im Parlamentarischen Rat nicht kontrovers diskutiert wurde[123]. Im Zuge der Föderalismusreform I wurde 2006 das Versammlungswesen gestrichen und der (ausschließlichen) Landeskompetenz nach Art. 70 I GG unterstellt (→ Vorb. zu Art. 70–74 Rn. 15; → Art. 70 Rn. 13)[124]; im Gegenzug wurde der Titel als **Kernkompetenz** ausgewiesen (→ Art. 72 Rn. 17). Das VersG gilt gem. Art. 125a I 1 GG fort und ist bislang erst in einzelnen Ländern durch Landesgesetze ersetzt worden[125]. Die ebenfalls auf Art. 74 I Nr. 3 a. F. GG gestützte Bannkreisgesetzgebung des Bundes[126] kann sich nunmehr auf eine Kompetenz kraft Natur der Sache stützen (→ Vorb. zu Art. 70–74 Rn. 45 f.), während die früher übliche Radizierung der entsprechenden Schutzbestimmungen der Länder in deren Verfassungsautonomie jetzt in Ansehung des Art. 70 I GG redundant ist (→ Art. 70 Rn. 9)[127]. Die Länder sind ungeachtet der vielzitierten »Polizeifestigkeit« des Versammlungsrechts nicht gehalten, von ihrer neuen Kompetenz in Gestalt von distinkten Versammlungsgesetzen Gebrauch zu machen (vielleicht aber eingedenk der Dignität des Art. 8 GG gut beraten; → Art. 8 Rn. 23). Die Kompetenz zur Regelung des **Vereinsrecht**s deckt nur genuin öffentlich-rechtliche Regelungen (typischerweise gefahrenabwehrrechtlicher Natur wie Überwachung, Verbot oder Tätigkeitsverbot; → Art. 9 Rn. 103 bzw. §§ 3 ff., 14 III VereinsG), während das Vereinsrecht i.ü. dem bürgerlichen Recht zugerechnet wird (→ Rn. 18)[128]. Der Titel fällt praktisch in eins mit dem **VereinsG**[129]. Daß dieses Parteien und Fraktionen ausspart (vgl. § 2 II Nr. 1 u. 2 VereinsG), ist von Verfassung wegen geboten[130]; hingegen ist die Anwendung auf religiöse Vereinigungen i. S. v. Art. 138 II WRV und Religionsgesellschaften

30

---

[119] Im Überblick *Bornhofen* (Fn. 112), § 1 Rn. 31 ff. und *E. Cieslar*, Internationale Abkommen und europäische Rechtsakte zum Familien- und Staatsangehörigkeitsrecht, 2. Aufl. 2009, S. 19 ff.
[120] Siehe *W. Königbauer*, Das Standesamt 2010, 97 (105 ff.) sowie allgemein zu Datenschutzbestimmungen im Personenstandswesen *M. Zilkens/D. Stoppelmann*, Das Standesamt 2011, 353 ff.
[121] EGMR, Urt. v. 11.7.2002, 28957/95 – *Goodwin vs. U.K.* (gestützt auf Art. 8 u. 12 EMRK); vgl. ferner EuGH, Urt. v. 7.1.2004, Rs. C-117/01 – *K.B. vs. National Health Service Pensions Agency*.
[122] Speziell dazu *Kühne*, Reichsverfassung, S. 399 ff. Vgl. ferner *Pestalozza*, GG VIII, Art. 74 Rn. 198 f.; Schneider/Kramer, GG-Dokumentation, Bd. 18/1, Art. 74 Nr. 3, S. 332 f., Rn. 1 ff. (S. 340).
[123] Siehe *Pestalozza*, GG VIII, Art. 74 Rn. 200 ff.; Schneider/Kramer, GG-Dokumentation, Bd. 18/1, Art. 74 Nr. 3, S. 333 f., Rn. 4 ff. (S. 341 ff.).
[124] Zur Reform näher *Oeter*, Neustrukturierung (Fn. 18), Rn. 61.
[125] Aktueller Überblick bei *C. Dürig-Friedl/C. Enders*, Versammlungsgesetz. Versammlungsrecht des Bundes und der Länder Bayern, Niedersachsen, Sachsen, Sachsen-Anhalt, 2015; vgl. ferner *W. Höfling/G. Krohne*, JA 2012, 734 ff. – Zum BayVersG siehe BVerfGE 123, 342 (360 ff., Rn. 113 ff.).
[126] Gesetz über befriedete Bezirke für Verfassungsorgane des Bundes vom 11.8.1999, BGBl. I S. 1818, näher *D. Wiefelspütz*, NVwZ 2000, 1016 ff.
[127] Sie begegnet noch bei → *Stettner*, Bd. II² (Suppl. 2007), Rn. 39.
[128] Statt aller Jarass/Pieroth, GG, Art. 74 Rn. 14.
[129] Gesetz zur Regelung des öffentlichen Vereinsrechts v. 5.8.1964 (BGBl. I S. 593).
[130] Näher *K. Groh*, Vereinsgesetz, 2012, § 2 Rn. 10 ff.

i. S. v. Art. 137 III WRV umstritten[131]. Eine spezifische inter- oder supranationale **Überformung** des Titels ist nicht ersichtlich; allerdings reagiert das einfache Recht auf die Regeln zur Nichtdiskriminierung von Unionsbürgern und nimmt von ihnen dominierte Vereine von den Regeln über Ausländervereine aus (vgl. § 14 I 2 VereinsG).

4. Ausländerrecht (Art. 74 I Nr. 4 GG)

31 Art. 74 I Nr. 4 GG steht in der Tradition der Bestimmungen über die »**Fremdenpolizei**«, die als Teil der »Außensorge« in Art. 4 Nr. 1 RVerf. 1871 wie Art. 7 Nr. 4 WRV dem Reich oblag[132]. Normtextlich zivilisiert sah Art. 36 Nr. 9 HChE eine Vorrangkompetenz des Bundes für das »Aufenthalts- und Niederlassungsrecht der Ausländer« vor; diese blieb im Wortlaut stabil, wohingegen der Zuständigkeitsausschuß zwischenzeitlich unter ausdrücklichem Hinweis auf die unterbliebene Ausweisung Hitlers nach dem Putsch von 1923 die Zuordnung zur ausschließlichen Gesetzgebung erwog[133]. Die Norm ist seit 1949 nicht geändert worden, doch ist ihre Relevanz eingedenk des **Wandels** des Ausländerrechts **vom Gefahrenabwehr- zum Migrationsrecht** erheblich gewachsen, was dem Titel einen gänzlich neuen Inhalt verschafft (→ Art. 16a Rn. 15 ff.; → Art. 73 Rn. 26).

32 Der Kompetenztitel erlaubt Bund bzw. Land die Regelung aller Fragen, die den Aufenthalt und die Niederlassung von Ausländern betreffen. **Ausländer** ist, wer nicht Deutscher i. S. v. Art. 116 I GG ist[134]. Im Hinblick auf die Möglichkeit der Niederlassung sind davon auch juristische Personen erfaßt, die ihren Sitz im Ausland haben[135]. **Aufenthalt** erfaßt jedes Verweilen unabhängig von Motiv und Dauer, namentlich die Wohnsitznahme[136]. **Niederlassung** ist demgegenüber enger als Aufnahme einer wirtschaftlichen Tätigkeit im Bundesgebiet zu fassen[137]. Art. 74 I Nr. 4 GG ist eng und wenig auskömmlich mit Art. 73 I Nr. 3 GG verknüpft, der die juristische Sekunde des Zugangs zum Aufenthalt (Einwanderung) sowie eine spezielle Art der Beendigung desselben (Auslieferung) als *lex specialis* erfaßt; für eine weitere Form des Zugangs wie der Aufenthaltsbedingungen ist Art. 16a GG speziell (→ Art. 16a Rn. 126; → Art. 73 Rn. 21, 26)[138]. Dementsprechend ist namentlich das **Aufenthaltsgesetz** bereichsspezifisch auf gleich mehrere Kompetenztitel gestützt[139]. Gleiches würde für

---

[131] Vgl. BVerwG NVwZ 2003, 990 – *Kalifatsstaat*; dazu im Vorfeld *L. Michael*, JZ 2002, 482 ff. – Eingehend und m. w. N. *K. Groh*, Selbstschutz der Verfassung gegen Religionsgemeinschaften, 2004, S. 114 ff., 196 ff. sowie *R. Schmidt*, Das Verbot von Religions- und Weltanschauungsgemeinschaften nach Grundgesetz und Vereinsgesetz nach Fall des Religionsprivilegs, 2012, S. 275 ff.

[132] Siehe *Pestalozza*, GG VIII, Art. 74 Rn. 221 f.; Schneider/Kramer, GG-Dokumentation, Bd. 18/1, Art. 74 Nr. 4, S. 370, Rn. 1 f. (S. 378).

[133] Näher JöR 1 (1951), S. 505; *Pestalozza*, GG VIII, Art. 74 Rn. 223 ff.; Schneider/Kramer, GG-Dokumentation, Bd. 18/1, Art. 74 Nr. 4, S. 370 ff., Rn. 3 ff. (S. 379 ff.).

[134] Einhellige Auffassung: *H.-W. Rengeling*, HStR³ VI, § 135 Rn. 209 m. w. N. → Art. 116 Rn. 41 ff.

[135] Zur Entstehungsgeschichte abermals JöR 1 (1951), S. 505; so auch *Oeter* (Fn. 1), Art. 74 Rn. 43; *Kunig* (Fn. 37), Art. 74 Rn. 25; *Seiler* (Fn. 1), Art. 74 Rn. 21.

[136] Wie hier *M. Bothe*, in: AK-GG, Art. 74 (2002), Rn. 11 sowie *Degenhart* (Fn. 38), Art. 74 Rn. 32.

[137] Siehe kritisch zur Unterscheidung von Aufenthalt und Niederlassung im Bereich der Kompetenznormen *O. Kimminich*, in: BK, Art. 74 Nr. 4 (1968), Rn. 4

[138] *Pestalozza*, GG VIII, Art. 74 Rn. 233 f.; *H.-W. Rengeling*, HStR³ VI, § 135 Rn. 210; *A. Uhle*, in: Maunz/Dürig, GG, Art. 73 (2010), Rn. 72; Jarass/Pieroth, GG, Art. 74 Rn. 15; a. A. wohl *Oeter* (Fn. 1), Art. 74 Rn. 44. → *Stettner*, Bd. II² (Suppl. 2007), Art. 74 Rn. 38.

[139] Gesetz über den Aufenthalt, die Erwerbstätigkeit und die Integration von Ausländern im Bun-

seine derzeit diskutierte Fortschreibung zu einem **Einwanderungsgesetz** gelten, das allerdings im Kern Gegenstand des Art. 74 I Nr. 4 GG wäre[140]. Bei seinem Erlaß wäre nach Art. 72 II GG die Erforderlichkeitsklausel zu wahren; dies ließe sich aber auch gut begründen (→Art. 72 Rn. 18 ff.).

Die Wahrnehmung der Kompetenz nach Nr. 4 ist zuallererst an die Regeln über die **Freizügigkeit der Unionsbürger** (Art. 9 S. 2 EUV, Art. 20 f. AEUV; → Art. 11 Rn. 25 ff., 40; → Art. 16 Rn. 24 ff.), die **Arbeitnehmerfreizügigkeit** (Art. 45 ff. AEUV) sowie die Niederlassungsfreiheit (Art. 49 ff. AEUV) mitsamt dem dazu ergangenen Sekundärrecht gebunden[141]; vor diesem Hintergrund gelten juristische Personen mit Sitz im Unionsgebiet nicht mehr als »ausländisch« i. S. d. Norm (→ Art. 19 III Rn. 83). Völkerrecht überlagert Art. 74 I Nr. 4 GG in Gestalt des Flüchtlingsrechts (→ Art. 16a Rn. 22 ff.) wie der speziellen Regeln über Diplomaten und andere aufenthaltsrechtlich privilegierte Gruppen[142]. 33

5. Flüchtlinge und Vertriebene (Art. 74 I Nr. 6 GG)

Als Problemkomplex sind Flucht und Vertreibung uralt; gleichwohl ist das Grundgesetz – mit Vorläufern in einigen frühen Landesverfassungen (→ Art. 16a Rn. 43) – angesichts der erzwungenen Massenumsiedlungen nach 1944 die erste deutsche Verfassung, die das Los der Betroffenen explizit zum möglichen Gegenstand staatlicher Sorge erklärt[143]; Art. 74 I Nr. 6 GG korrespondiert insofern mit Art. 116 I, 119–120a GG (→ Art. 116 Rn. 17 ff.; → Art. 119 Rn. 5 f.; → Art. 120 Rn. 7; → Art. 120a Rn. 4, 6). Dabei sah Art. 36 Nr. 11 HChE zunächst lediglich eine Vorrangkompetenz für die »**Grundsätze des Flüchtlingswesens**« vor; das Erstarken zur Vollkompetenz erfolgt im Zuständigkeitsausschuß[144]. Der Hauptausschuß ersetzt zunächst »Flüchtlinge« durch »Vertriebene«, bevor er sich für die teils pleonastische Nebeneinandernennung entscheidet[145]. Seit der Föderalismusreform I von 2006 ist der Titel als Kernkompetenz vom Erforderlichkeitskriterium freigestellt (→ Art. 72 Rn. 17). 34

Obwohl diese Schichtung des Wortlauts wie die Debatte belegen, daß der Verfassunggeber **allein Deutsche** vor Augen hatte, sind beide Begriffe dynamisch auszulegen, wobei »Vertriebene« in dieser **zukunftsoffen**en **Perspektive** lediglich eine Teilgruppe der Flüchtlinge sind, die wiederum in Anlehnung an die Begrifflichkeit der Genfer Flüchtlingskonvention zu bestimmen sind (→ Art. 16a Rn. 54)[146]. In historischer Perspektive stellt der Titel »Vertriebene« hingegen den kompetenzrechtlichen Hebel zur Integration einer als beispiellos empfundenen Anzahl von Flüchtlingen der eigenen Ethnie in die Gesellschaft der Bundesrepublik dar; es ist charakteristisch, daß zentralen Instrumenten wie dem Bundesvertriebenen- und dem Lastenausgleichs- 35

---
desgebiet i. d. F. d. Bek. v. 25.2.2008 (BGBl. I S. 162); vgl. zur jüngsten Entwicklung *B. Huber*, NVwZ 2015, 1178 ff.
[140] Wie hier *J. Bast*, Aufenthaltsrecht und Migrationssteuerung, 2011, S. 137; vgl. aus der Debatte noch *W. Däubler*, ZRP 2015, 66 ff.
[141] Zusammenfassend statt aller *Oeter* (Fn. 1), Art. 74 Rn. 47.
[142] Siehe abermals *Oeter* (Fn. 1), Art. 74 Rn. 47; näher zum Aufenthaltsrecht von Diplomaten *K. Doehring*, Völkerrecht, 2. Aufl. 2004, Rn. 496 ff.
[143] Unterstrichen von *Oeter* (Fn. 1), Art. 74 Rn. 48. → *Stettner*, Bd. II² (Suppl. 2007), Art. 74 Rn. 41.
[144] Parl. Rat III, S. 88–91. Vgl. ferner JöR 1 (1951), S. 506 ff.; *Pestalozza*, GG VIII, Art. 74 Rn. 286 ff.; Schneider/Kramer, GG-Dokumentation, Bd. 18/1, Art. 74 Nr. 6, S. 442 ff., Rn. 2 ff. (S. 452 ff.).
[145] Parl. Rat XIV/1, S. 221; vgl. dazu *Pestalozza*, GG VIII, Art. 74 Rn. 289.
[146] So auch *H.-W. Rengeling*, HStR³ VI, § 135 Rn. 211 sowie *Kunig* (Fn. 37), Art. 74 Rn. 27.

gesetz das Regelungssubstrat wegbricht (→ Art. 116 Rn. 60 ff.; → Art. 120a Rn. 6 f.)¹⁴⁷. Die **Angelegenheiten** sind denkbar weit und schließen andere Katalogtitel aus, die wie die Fürsorge Einzelaspekte der Flüchtlingssorge erfassen würden (→ Rn. 34 f.)¹⁴⁸. Für die Einreise ist wiederum Art. 73 I Nr. 3 GG speziell (→ Art. 73 Rn. 26). Die Kompetenz zur Regelung des Flüchtlingsrechts ist im übrigen durch die Regeln des völkerrechtlichen Flüchtlingsrechts wie die durch das unionsrechtliche Asylregime **weitgehend internationalisiert** bzw. europäisiert (→ Art. 16a Rn. 22 ff., 32 ff.).

6. Öffentliche Fürsorge – ohne das Heimrecht – (Art. 74 I Nr. 7 GG)

36 Art. 74 I Nr. 7 GG sucht Anschluß an eine **heterogene Tradition** (→ Art. 20 [Sozialstaat], Rn. 2 ff.)¹⁴⁹. Während sich in der Paulskirchen- wie der Bismarckverfassung Aspekte der Fürsorge nur in homöopatischer Dosis finden¹⁵⁰, enthält die Weimarer Reichsverfassung ein ganzes Florilegium an einschlägigen Kompetenzen wie Gesetzgebungsaufträgen (Art. 7 Nr. 5, 7, 9, 11; Art. 9 Nr. 1; Art. 146 III WRV), die jeweils die Fürsorge für eine bestimmte Gruppe von Destinatären betreffen¹⁵¹. Art. 36 Nr. 10 HChE bündelt diese Titel zur Kompetenz für die Regelung der »Grundsätze für die öffentliche Fürsorge«; dabei wird die in Art. 7 Nr. 7 WRV noch genannte **Bevölkerungspolitik** bewußt gestrichen¹⁵². Der Parlamentarische Rat streicht die »Grundsätze«, die alliierten Militärgouverneure hingegen den zwischenzeitlich angebrachten Zusatz »gesamte«¹⁵³. 2006 wird im Rahmen der Föderalismusreform I der Klammerzusatz »ohne das **Heimrecht**« eingefügt; dem liegt letztlich die Verunsicherung des Bundesgesetzgebers durch die Altenpflegeentscheidung des Bundesverfassungsgerichts zugrunde¹⁵⁴. Desungeachtet bleibt es bei der Prüfung der Erforderlichkeit auf Nr. 7 gestützter Bundesregelungen (→ Art. 72 Rn. 18 ff.).

37 Der Kompetenztitel ist auf das engste mit dem **Sozialstaatsprinzip** verzahnt und teilt mit diesem die begriffliche Unbestimmtheit und Weite (→ Art. 20 [Sozialstaat], Rn. 24, 26, 28 f.). Festlegungen der Rechtsprechung, wonach der Kompetenztitel entweder »weit«¹⁵⁵ oder zumindest »nicht eng«¹⁵⁶ auszulegen sei, begegnet die Literatur mit der Warnung vor einem kompetenzrechtlichen *passepartout*, das dem Bund unter der Zuhilfenahme von Geld letztlich den Zugriff auf jeden beliebigen Lebens- oder eben Kompetenzbereich eröffne, sofern sich nur »Fürsorge«-bedürftige Empfänger fin-

---

¹⁴⁷ Näher *Pestalozza*, GG VIII, Art. 74 Rn. 294, 297 ff.; zur verbleibenden Relevanz etwa *T. Herzog*, ZAR 2014, 400 ff.
¹⁴⁸ So auch *Degenhart* (Fn. 38), Art. 74 Rn. 3 und *Umbach/Clemens* (Fn. 52), Art. 74 Rn. 33.
¹⁴⁹ Siehe *Pestalozza*, GG VIII, Art. 74 Rn. 308 ff.; Schneider/Kramer, GG-Dokumentation, Bd. 18/1, Art. 74 Nr. 7, S. 518, Rn. 1 (S. 529).
¹⁵⁰ Vgl. etwa § 157 II RVerf. 1849 (Schulgeldfreiheit der Unbemittelten) oder Art. 3 III RVerf. 1871 (Bestimmungen zur Armenversorgung).
¹⁵¹ Näher *Oeter* (Fn. 1), Art. 74 Rn. 53 sowie *Seiler* (Fn. 1), Art. 74 Rn. 23.
¹⁵² Parl. Rat II, S. 531. Siehe näher JöR 1 (1951), S. 509 ff.; *Pestalozza*, GG VIII, Art. 74 Rn. 316 ff.; Schneider/Kramer, GG-Dokumentation, Bd. 18/1, Art. 74 Nr. 7, S. 518 ff., Rn. 2 ff. (S. 530 ff.). – Speziell zum letzten Punkt *F. Brosius-Gersdorf*, Demografischer Wandel und Familienförderung, 2011, S. 517 ff.
¹⁵³ Siehe Schneider/Kramer, GG-Dokumentation, Bd. 18/1, Art. 74 Nr. 7, Rn. 67, 71 (S. 600, 603).
¹⁵⁴ So plausibel *Oeter*, Neustrukturierung (Fn. 18), Rn. 62 unter Hinweis auf BVerfGE 106, 62. → Art. 72 Rn. 5. Eingehend *K. Dinter*, Die Entwicklung des Heimrechts auf der Ebene des Bundes und der Bundesländer, 2015, S. 107 ff.
¹⁵⁵ BSGE 6, 213 (219).
¹⁵⁶ BVerfGE 88, 203 (209).

den[157]. Das Bundesverfassungsgericht hat unlängst versucht, dem Kompetenztitel Spanten einzuziehen: »Der Begriff der **öffentlichen Fürsorge** in Art. 74 Abs. 1 Nr. 7 GG […] setzt voraus, dass eine besondere Situation zumindest potenzieller Bedürftigkeit besteht, auf die der Gesetzgeber reagiert. Dabei genügt es, wenn eine – sei es auch nur typisierend bezeichnete und nicht notwendig akute […] – Bedarfslage im Sinne einer mit besonderen Belastungen […] einhergehenden Lebenssituation besteht, auf deren Beseitigung oder Minderung das Gesetz zielt«[158].

Näher kann der Bund gestützt auf den Kompetenztitel der Fürsorge auch **Vorsorge** betreiben (→ Art. 20 [Sozialstaat], Rn. 30 ff.)[159], komplexe Rechtsstreitigkeiten in eine Stiftungslösung überführen[160] und **Private** in die Pflicht nehmen[161]. »Der Regelungsbereich des Art. 74 Abs. 1 Nr. 7 GG umfasst auch organisatorische Vorschriften über die Abgrenzung öffentlicher und privater Träger«[162]; diese reichen bis hin zu Zwangsmaßnahmen gegen Hilfsbedürftige[163] oder (beteiligte) Dritte[164]. Fürsorgemaßnahmen dürfen allerdings nicht die Gesetzgebungszuständigkeit im Gesundheitswesen unterlaufen[165]. 38

Die **Rechtsprechung** hat folgende Fürsorgeregelungen als von der Gesetzgebungskompetenz gedeckt angesehen: Die Jugendpflege[166] und den Jugendschutz[167], die Contergan-Stiftung[168], die Schwerbehindertenhilfe[169], die Erstattung von Arbeitslosenhilfe[170], den Familienlastenausgleich, in Sonderheit die Kindererziehungsleistungen[171], Kindergärten bzw. -tageseinrichtungen[172] sowie die Altenpflegeumlage[173]; es kommen das Kindergeld[174] sowie das Elterngeld[175] hinzu. Hingegen war das **Betreu-** 39

---

[157] Prononciert *Pestalozza*, GG VIII, Art. 74 Rn. 353; siehe auch *Oeter* (Fn. 1), Art. 74 Rn. 66: Art. 74 I Nr. 7 GG dürfe nicht »im Sinne einer umfassenden Kompetenz des Bundes für die soziale Sicherung der Bevölkerung missverstanden werden«.
[158] BVerfG, Urteil v. 21.7.2015, 1 BvF 2/13, Rn. 29 (unter Hinweis auf E 88, 203 [329 f.]; 97, 332 [342]; 106, 62 [134]).
[159] BVerfGE 22, 180 (212 f.) – *Jugendhilfe*.
[160] BVerfGE 42, 263 (281 f.) – *Contergan*.
[161] BVerfGE 57, 139 (159, 166 f.) – *Schwerbehindertenabgabe*.
[162] BVerfG, Urteil v. 21.7.2015, 1 BvF 2/13, Rn. 135 (unter Hinweis auf BVerfGE 22, 180 [203]; 106, 62 [133 f., Rn. 282]).
[163] BVerfGE 58, 208 (227) – *Baden-Württembergisches Unterbringungsgesetz*.
[164] BVerfGE 30, 47 (53): Anordnung der Unterbringung eines »Arbeitsscheuen« im Hinblick auf Unterhaltungsleistungen an seine Familie; E 106, 62 (134, Rn. 282) – *Altenpflegegesetz*.
[165] BVerfGE 88, 203 (329 ff.) – *Schwangerschaftsabbruch II*.
[166] BVerfGE 22, 180 (212 f.).
[167] BVerfGE 31, 113 (116 f.). – Eingehend zu möglichen Grenzen für den Jugendschutz im Rundfunk- und Telekommunikationsbereich *K. Hopf*, Jugendschutz im Fernsehen. Eine verfassungsrechtliche Prüfung der materiellen Jugendschutzbestimmungen, 2005, S. 47 ff. sowie → *Stettner*, Bd. II² (Suppl. 2007), Art. 74 Rn. 49. Kritisch *H. J. v. Gottberg*, Kompetenzaufteilung zwischen Bund und Ländern lähmt Reform des Jugendschutzes, in: FS Wandtke, 2013, S. 431 ff.
[168] BVerfGE 42, 263 (281).
[169] BVerfGE 57, 139 (166 f.); siehe ferner BVerwGE 72, 8 (10); BSGE 52, 168 (174 f.).
[170] BVerfGE 81, 156 (186).
[171] BVerfGE 87, 1 (33 f.).
[172] BVerfGE 97, 332 (341 f.); vgl. ferner LVerfG Sachs.-Anh. NVwZ-RR 1999, 393 (393 f.); BbgVerfG LVerfGE 14, 146 (157). – Gegenauffassung BayVerfGHE 29, 191 (204 ff.); *J. Isensee*, DVBl. 1995, 1 (5 f.); *Kunig* (Fn. 37), Art. 74 Rn. 30: heutzutage keine Fürsorge-, sondern »Bildungseinrichtungen«.
[173] BVerfGE 108, 186 (213 f., Rn. 114 f.).
[174] BSGE 6, 213 (224); *Oeter* (Fn. 1), Art. 74 Rn. 56.
[175] BSGE 103, 291 (296 ff.); so wiederum auch *Oeter* (Fn. 1), Art. 74 Rn. 55.

ungsgeld zwar auf den Titel »Fürsorge« zu stützen, scheiterte aber an der fehlenden Erforderlichkeit einer bundesgesetzlichen Regelung[176]. Mangels Gebrauchmachens durch den Bund deckt die Kompetenz nach Art. 74 I Nr. 7 GG schließlich die Landesgesetze über die Unterbringung psychisch Kranker[177]. In der Literatur werden ferner die Blindenhilfe[178] oder die Häftlingshilfe[179] genannt; für das Wohngeld dürfte hingegen Art. 74 I Nr. 18 GG speziell sein[180].

40 Aus der Kompetenz nach Art. 74 I Nr. 7 GG seit 2006 ausdrücklich ausgenommen ist das **Heimrecht**. Diesem Untertitel sind alle Regelungen zuzurechnen, die auf die Sondersituation der i.d.R. langfristigen Aufnahme in Einrichtungen reagieren; die Kompetenz zielt – ohne sich darauf allerdings zu beschränken – in erster Linie auf Altenpflege- und Behindertenheime und bezweckt den Schutz der Pflege- bzw. Fürsorgebedürftigen[181]. Angesichts vielfach dokumentierter Mißstände stehen näher der Schutz der Selbstbestimmung, der persönlichen Freiheit wie der körperlichen Unversehrtheit in Rede (→ Art. 2 II Rn. 33). Die strittige Frage, ob die Veröffentlichung von **Pflegetransparenzlisten** hier oder bei Art. 74 I Nr. 12 GG verortet ist[182], dürfte angesichts dieser Schutzintention im Sinne der Zuordnung zum Heimrecht zu beantworten sein – die Gefahr ist nicht sozialversicherungs-, sondern heimtypisch. Das Heimgesetz des Bundes gilt gem. Art. 125a I 1 GG fort[183]; allerdings haben inzwischen sämtliche Länder entsprechende Regelungen erlassen und es dabei an Phantasie in der Benennung teils nicht mangeln lassen[184].

41 Die **inter- und supranationale Prägung** des Art. 74 I Nr. 7 GG ist vergleichsweise **unspezifisch**, dürfte aber zunehmen, je mehr die Europäische Union ihre Selbstprädikation als soziale Union ernstnimmt (→ Art. 20 [Sozialstaat], Rn. 17 ff.). Zu beachten sind – abgesehen von eher punktuell wirkenden Rechtsakten – namentlich die allgemeinen Regeln über die Nichtdiskriminierung und den Binnenmarkt. Ferner wirkt sich das vom Europarat inaugurierte **Europäische Fürsorgeabkommen** von 1953 aus[185]; hier ist derzeit streitig, ob ein spät angebrachter deutscher Vorbehalt Unionsbürger vom Bezug des Arbeitslosengeldes II ausschließt (Stichwort der »Einwanderung in die Sozialsysteme«)[186].

---

[176] BVerfG, Urteil v. 21.7.2015, 1 BvF 2/13, Rn. 28 ff. (Fürsorge), 31 ff. (Erforderlichkeit). Vgl. dazu knapp *S. Pernice-Warnke*, NVwZ 2015, 1129 ff. sowie im Vorfeld *S. Rixen*, DVBl. 2012, 1393 ff.
[177] BVerfGE 58, 208 (227).
[178] So *Kunig* (Fn. 37), Art. 74 Rn. 29; ferner *Umbach/Clemens* (Fn. 52), Art. 74 Rn. 37.
[179] So *Pestalozza*, GG VIII, Art. 74 Rn. 350.
[180] Für die Zuordnung aber *Pestalozza*, GG VIII, Art. 74 Rn. 335 sowie *Oeter* (Fn. 1), Art. 74 Nr. 55.
[181] Wie hier *Jarass/Pieroth*, GG, Art. 74 Rn. 19; siehe auch *H.-W. Rengeling*, HStR³ VI, § 135 Rn. 335 sowie *Degenhart* (Fn. 38), Art. 74 Rn. 37: beide plädieren mit Blick auf den Untertitel für eine maßgebliche Orientierung am Heimgesetz des Bundes.
[182] Näher *J. Geldermann/T. Hammer*, VerwArch. 104 (2013), 64 ff.
[183] Heimgesetz i.d. F. d. Bek. v. 5.11.2001 (BGBl. I S. 2970).
[184] In Baden-Württemberg firmiert die Regelung als »Gesetz für unterstützende Wohnformen, Teilhabe und Pflege (Wohn-, Teilhabe und Pflegegesetz)« v. 20.5.2014 (GBl. 2014 S. 241). (Unfreiwillig?) von *Orwell* inspiriert Schleswig-Holstein mit einem »Selbstbestimmungsstärkungsgesetz« (Gesetz zur Stärkung von Selbstbestimmung und Schutz von Menschen mit Pflegebedarf oder Behinderung v. 17.7.2009, GOVBl. 2009 S. 402). Eingehend *Dinter*, Entwicklung (Fn. 154), S. 131 ff.
[185] BGBl. 1956 II S. 563.
[186] Vgl. dazu nur *F. Schreiber*, Soziale Sicherheit 2012, 391 ff.; unionsrechtlich gewendet zum Problem *D. Frings*, ZAR 2012, 317 ff.

7. Kriegsschäden und Wiedergutmachung (Art. 74 I Nr. 9 GG)

Der Kompetenztitel ist **ohne Vorläufer** in deutschen Verfassungsurkunden[187], kann aber an einfachgesetzliche Bestimmungen über den Ersatz von Kriegsschäden anknüpfen[188]. Den darin dokumentierten Konsens, daß die Zentralebene diesbezüglich in der Pflicht ist, greift Art. 36 Nr. 13 HChE auf; die Norm wird in den Beratungen im Parlamentarischen Rat ohne Dissens in der Sache nur noch umgestellt[189]. Seit 2006 zählt sie zu den Kernkompetenzen (→ Art. 72 Rn. 17).

Beide Kompetenztitel haben 1949 einen klaren historischen Bezug: **Kriegsschäden** sind Schäden, die kausal auf den Zweiten Weltkrieg zurückzuführen sind[190], **Wiedergutmachung** zielt auf den Ausgleich der Folgen nationalsozialistischen Unrechts[191]. In beiden Fällen wird man die Kompetenznorm aber wiederum als zukunftsoffen deuten müssen[192], so daß auf Nr. 9 auch Regelungen über den Ersatz kriegsbedingter Schäden jedweder Provenienz bzw. über den Ausgleich staatlichen Unrechts von einiger Intensität gestützt werden können; dies betrifft namentlich Bestimmungen zur Wiedergutmachung von SED-Unrecht[193]. Nach Art. 72 II GG müssen entsprechende Regelungen erforderlich sein (→ Art. 72 Rn. 18 ff.). Aus der Zusammenschau mit Art. 74 I Nr. 6 (→ Rn. 34 f.) wie Art. 73 I Nr. 13 GG (→ Art. 73 Rn. 82 f.) erhellt, daß Nr. 9 *sub specie* Kriegsschäden lediglich **Sachschäden** erfaßt[194]. Die Norm begründet als solche **kein**en **Anspruch** auf Leistungen[195]. Der Bund hat auf Art. 74 I Nr. 9 GG das Lastenausgleichsgesetz sowie weitere Bestimmungen gestützt[196].

Eine **völkerrechtliche Pflicht** zum Ersatz von Kriegsschäden ist typischer Gegenstand von Friedens- oder Kriegsfolgeverträgen[197]. Ob es eine ungeschriebene Pflicht dieses Inhalts gibt, wird gegenwärtig nicht zuletzt anhand des Falls der **Brücke von Varvarin** kontrovers diskutiert[198].

---

[187] Siehe *Pestalozza*, GG VIII, Art. 74 Rn. 402 f. sowie Schneider/Kramer, GG-Dokumentation, Bd. 18/1, Art. 74 Nr. 9, S. 680, Rn. 1 (S. 688). → Art. 73 Rn. 82. Eingehend und materialreich *T. Habbe*, Lastenausgleich. Die rechtliche Behandlung von Kriegsschäden in Deutschland seit dem 30jährigen Krieg, 2014

[188] Näher das Gesetz, betreffend den Ersatz von Kriegsschäden und Kriegsleistungen v. 14.6.1871 (RGBl. S. 247) oder das Gesetz über die Feststellung von Kriegsschäden im Reichsgebiet v. 3.7.1916 (RGBl. S. 675). – Vgl. dazu *Habbe*, Lastenausgleich (Fn. 187), S. 33 ff.

[189] Näher JöR 1 (1951), S. 513 f.; vgl. ferner *Pestalozza*, GG VIII, Art. 74 Rn. 403 ff. sowie Schneider/Kramer, GG-Dokumentation, Bd. 18/1, Art. 74 Nr. 9, S. 680 ff., Rn. 2 ff. (S. 688 ff.).

[190] Wie hier BVerfGE 9, 305 (324); *Kunig* (Fn. 37), Art. 74 Rn. 32.

[191] *Oeter* (Fn. 1), Art. 74 Rn. 69; *Kunig* (Fn. 37), Art. 74 Rn. 33.

[192] *Degenhart* (Fn. 38), Art. 74 Rn. 42; *Oeter* (Fn. 1), Art. 74 Rn. 69; *Seiler* (Fn. 1), Art. 74 Rn. 28 f. – Aktuelle Bestandsaufnahme bei *P. Wysk*, Zeitschrift für offene Vermögensfragen, Rehabilitierungs- und sonstiges Wiedergutmachungsrecht 24 (2014), 126 ff.

[193] Wie hier *Degenhart* (Fn. 38), Art. 74 Rn. 42; Gegenauffassung bei *Oeter* (Fn. 1), Art. 74 Rn. 69 sowie *Kunig* (Fn. 37), Art. 74 Rn. 33.

[194] *Oeter* (Fn. 1), Art. 74 Rn. 68; *Bothe* (Fn. 136), Art. 74 Rn. 17; *Kunig* (Fn. 37), Art. 74 Rn. 32.

[195] So auch *T. M. Spranger*, in: BK, Art. 74 Abs. 1 Nr. 9 (2006), Rn. 17.

[196] Näher *Pestalozza*, GG VIII, Art. 74 Rn. 429 sowie *Habbe*, Lastenausgleich (Fn. 187), S. 218 ff. → Rn. 35.

[197] Vgl. Art. 297 lit. i des Versailler Vertrages und dazu nur *Pestalozza*, GG VIII, Art. 74 Rn. 402.

[198] Siehe BGHZ 169, 348 (352 ff., Rn. 9 ff.); BVerfG (K), EuGRZ 2013, 563 (566 f., Rn. 38 ff.); aus der Literatur *S. Baufeld*, JZ 2007, 502 ff. sowie *F. Selbmann*, DÖV 2014, 272 ff.

8. Kriegsgräberfürsorge (Art. 74 I Nr. 10 GG)

45 Art. 74 I Nr. 10 GG hat keinen Vorläufer auf Verfassungsebene, kann aber an das **Reichsgesetz** über die Erhaltung der Kriegergräber aus dem Weltkrieg anschließen[199]. Der Titel hat eine bewegte Textgeschichte[200]. Art. 36 Nr. 12 HChE betraf zunächst nur die Versorgung der Kriegsteilnehmer und Kriegshinterbliebenen (→ Art. 73 Rn. 82f.). In diesen Regelungszusammenhang gelangt der Titel »Kriegsgräber« erst spät und auf Initiative des Volksbundes Deutsche Kriegsgräberfürsorge; er ist in Absetzung von der Weimarer Regelung **bewußt weit gefaßt**[201]. Das Bestreben, gleichwohl die mißverständliche Verengung auf Soldatengräber zu vermeiden, führte 1965 zur zwischenzeitlichen Ausgründung als Art. 74 Nr. 10a GG, nunmehr politisch korrekt ergänzt um andere Opfer des Krieges und von Gewaltherrschaft[202]. Infolge der Verschiebung der alten Nr. 10 in den Katalog der ausschließlichen Gesetzgebung im Rahmen der **Föderalismusreform** I rückte der Titel schließlich wieder an seinen angestammten Platz[203]; gleichzeitig wurde er zur Kernkompetenz aufgewertet (→ Art. 72 Rn. 17).

46 Der Kompetenztitel nach Nr. 10 ermächtigt den Bundesgesetzgeber zunächst zum Erlaß von Regelungen, die den Umgang mit im Inland belegenen Gräbern gefallener deutscher Kombattanten sowie deutscher wie nichtdeutscher Opfer von Krieg und Gewaltherrschaft betreffen; die Bundeskompetenz fällt insofern praktisch in eins mit dem **Gräbergesetz**[204]. Bei der genauen Zirkumskription der einbezogenen Gräber kommt dem Gesetzgeber im Rahmen des Wortlauts von Art. 74 I Nr. 10 GG ein Spielraum zu; die Auflistung in § 1 II Nr. 1–10 Gräbergesetz ist insofern unauffällig. Sofern man nicht Art. 73 I Nr. 1 GG (»auswärtige Angelegenheiten«; → Art. 73 Rn. 11f.) für spezieller hält, folgt aus Art. 74 I Nr. 10 GG auch die Befugnis des Bundes, sich in Absprache mit den betroffenen Staaten um die Pflege der Gräber deutscher Kombattanten wie sonstiger deutscher Kriegs- und Gewaltopfer im **Ausland** zu kümmern. Dabei zählen die Gestaltung der Grab- und Gedenkstätten wie namentlich der pflegliche Umgang mit den Gräbern nichtdeutscher Opfer zu den sensibelsten Aufgaben staatlicher Selbstdarstellung resp. Kulturpolitik; der Bund ist dabei gehalten, sich in der Perspektive der einzelnen Opfer an Art. 1 I GG, in der Außenperspektive an den Aussagen der Präambel wie des Art. 26 I GG zu orientieren (→ Art. 1 I Rn. 74ff.; → Pmbl. Rn. 50ff.; → Art. 26 Rn. 16). Im Gegenschluß folgt aus der Zuständigkeit des Bundes ausschließlich für die *Kriegs*gräber, daß das Bestattungswesen nach Art. 70 I GG Sache der Länder ist (→ Art. 70 Rn. 15)[205].

47 Flankiert wird die Kompetenz des Bundes durch eine Vielzahl von **bilateralen Abkommen** (teils auch nur Notenwechseln) mit solchen Ländern, in denen deutsche

---

[199] Vom 29.12.1922 (RGBl. 1923 I, S. 25). Dazu wie zum folgenden *Pestalozza*, GG VIII, Art. 74 Rn. 457 sowie Schneider/Kramer, GG-Dokumentation, Bd. 18/1, Art. 74 Nr. 10, S. 732, Rn. 1 (S. 741).

[200] Siehe JöR 1 (1951), S. 514f.; *Pestalozza*, GG VIII, Art. 74 Rn. 458ff. sowie Schneider/Kramer, GG-Dokumentation, Bd. 18/1, Art. 74 Nr. 10, S. 732ff., Rn. 57, 62 (S. 778, 780f.).

[201] Vgl. Abg. *Laforet* in: Schneider/Kramer, GG-Dokumentation, Bd. 18/1, Art. 74 Nr. 10, Rn. 62 (S. 780f.): »auch die Bombengräber«.

[202] Näher *Pestalozza*, GG VIII, Art. 74 Rn. 459f. sowie *Kunig* (Fn. 37), Art. 74 Rn. 34.

[203] Siehe nur *T. Breitkreuz*, in: Friauf/Höfling, GG, Art. 74 Abs. 1 Nr. 10 (2015), Rn. 1.

[204] Gesetz über die Erhaltung der Gräber der Opfer von Krieg und Gewaltherrschaft (Gräbergesetz – GräbG; 1965) i.d.F. der Bek. v. 16.1.2012 (BGBl. I S. 98); statt aller *Breitkreuz* (Fn. 203), Art. 74 Abs. 1 Nr. 10 Rn. 3.

[205] *Kunig* (Fn. 37), Art. 74 Rn. 35; *Breitkreuz* (Fn. 203), Art. 74 Abs. 1 Nr. 10 Rn. 2.

Kriegsgräber belegen sind²⁰⁶. Weitere Besonderheit ist, daß sich der Bund bei der Erfüllung seiner Staatsaufgabe mit dem Volksbund Deutsche Kriegsgräberfürsorge eines privaten Akteurs bedient²⁰⁷.

9. Recht der Wirtschaft – ohne das Recht des Ladenschlusses, der Gaststätten, der Spielhallen, der Schaustellung von Personen, der Messen, der Ausstellungen und der Märkte – (Art. 74 I Nr. 11 GG)

Als umfassende Kompetenz zur Regelung eines ganzen gesellschaftlichen Subsystems ist Art. 74 I Nr. 11 GG in der deutschen Verfassungstradition ohne Vorbild²⁰⁸. Allerdings finden viele der ursprünglichen Klammerzusätze wie einige der 2006 eingeführten Gegenausnahmen (→ Rn. 55) durchaus Anschluß an Vorläuferregelungen. So enthält bereits die Paulskirchenverfassung die Reichszuständigkeit für Handel, Gewerbe- und Bankwesen (§§ 38 f., 47 RVerf. 1849)²⁰⁹. Ganz ähnlich ermächtigt Art. 4 **RVerf. 1871** das Reich zu »Bestimmungen [...] über den Gewerbetrieb einschließlich des Versicherungswesens« (Nr. 1), »Handelsgesetzgebung« (Nr. 2) und »allgemeinen Bestimmungen über das Bankwesen« (Nr. 4); 1873 kommt noch Art. 4 Nr. 13 »gemeinsame Gesetzgebung über [...] Handels- und Wechselrecht« hinzu (→ Rn. 1). Die Zwischenkriegszeit erweitert das Tableau noch; dem Reich obliegt die konkurrierende Zuständigkeit (Art. 7 i. V. m. Art. 12 I 1 **WRV**) für »Handel [...], das Bankwesen sowie das Börsenwesen« (Art. 7 Nr. 14), »das Gewerbe und den Bergbau« (Art. 7 Nr. 16) sowie »das Versicherungswesen« (Art. 7 Nr. 17 WRV).

48

Der Verfassungsentwurf von **Herrenchiemsee** bündelte einen Teil dieser Kompetenzen in Art. 36 Nr. 4 HChE (»Handels-, See-, Binnenschiffahrts-, Wechsel- und Scheckrecht«) und fügte als weitere Gegenstände der Vorranggesetzgebung »Bergbau« (Art. 36 Nr. 27 HChE), »Gewerbe und Handel« (Art. 36 Nr. 28 HChE), »Bank- und Börsenwesen« (Art. 36 Nr. 29 HChE) sowie »Privatversicherung« (Art. 36 Nr. 30 HChE) an²¹⁰. Während diese Auflistungen *cum grano salis* noch im Banne der Überlieferung stehen, führt die Notsituation der Nachkriegszeit zu zwei alternativ zur Diskussion gestellten Kompetenztiteln, in denen erstmals die »Wirtschaft« als einheitlicher Gegenstand auftaucht (Art. 36 Nr. 23 HChE; Fassung a: »Erzeugung, Verteilung und Preisbildung von wirtschaftlichen Gütern und Leistungen«; Fassung b: »Eingriff in die Wirtschaft zur Sicherung der Erzeugung und zum Schutze der Verbraucher«). Aus offenbar durchaus unterschiedlichen Motiven heraus nimmt der **Parlamentarische Rat** die Idee einer notwendigen aktiven Einwirkung des Bundes auf die Ökonomie bereitwillig auf und formt aus den heterogenen Vorlagen vergleichsweise rasch die Ursprungsfassung. 2006 wird diese im Zuge der Föderalismusreform I im Wege der Subtraktion um ausgewählte wirtschaftsverwaltungsrechtliche Gegenstände erleich-

49

---

²⁰⁶ Übersicht unter http://www.auswaertiges-amt.de/cae/servlet/contentblob/383342/publicationFile/176958/KriegsgraeberAbkommen.pdf.
²⁰⁷ Näher *T. M. Spranger*, in: BK, Art. 74 Abs. 1 Nr. 10 (2013), Rn. 25 ff.
²⁰⁸ Siehe *Pestalozza*, GG VIII, Art. 74 Rn. 479 ff. sowie Schneider/Kramer, GG-Dokumentation, Bd. 18/1, Art. 74 Nr. 11, S. 792 f., Rn. 1 f. (S. 804 ff.).
²⁰⁹ Vgl. noch § 64 RVerf. mit der Zuständigkeit für das Handels- und Wechselrecht.
²¹⁰ JöR 1 (1951), S. 515 ff.; näher *Pestalozza*, GG VIII, Art. 74 Rn. 505 ff.; Schneider/Kramer, GG-Dokumentation, Bd. 18/1, Art. 74 Nr. 11, S. 793 ff., Rn. 4 ff. (S. 806 ff.) sowie *H.-W. Rengeling/P. Szczekalla*, in: BK, Art. 74 I Nr. 11 (2007), Rn. 5 f.

Art. 74 C. Erläuterungen

tert[211]. Hingegen bleibt Art. 74 I Nr. 11 GG an die Prüfung der **Erforderlichkeit** einer bundesgesetzlichen Regelung gebunden (→ Art. 72 Rn. 18 ff.).

50 Die Gesetzgebungszuständigkeit für die »Wirtschaft« ist – auch nach Abgabe einiger Untertitel an die Länder – eine der wirkmächtigsten im Katalog der konkurrierenden Bundeskompetenzen. Ihre **fundamentale Bedeutung** wird dadurch akzentuiert, daß die »Wahrung der Wirtschaftseinheit« in Art. 72 II GG weiterhin als hinreichender Grund für die inzwischen streng gehandhabte Prüfung der Erforderlichkeit eines Bundesgesetzes firmiert (→ Art. 72 Rn. 23 f.). Diese Grundidee, den Bund als Garanten für die Wirtschaftseinheit und die Wirtschaftskraft der Bundesrepublik aktiv in die Pflicht zu nehmen, findet Ausdruck in zwei Deutungslinien. Zum einen wird Art. 74 I Nr. 11 GG traditionell **weit ausgelegt**[212]. »Er umfaßt nicht nur die Vorschriften, die sich in irgendeiner Form auf die Erzeugung, Herstellung und Verteilung von Gütern des wirtschaftlichen Bedarfs beziehen, sondern auch alle anderen das wirtschaftliche Leben und die wirtschaftliche Betätigung als solche regelnde Normen«[213]. Ungeachtet dessen soll nach verbreiteter Auffassung der Klammerzusatz abschließend sein[214]; der Vergleich mit anderen Kompetenztiteln wie die verschiedenen Strategien, trotz Annahme einer abschließenden Regelung doch noch eine Subsumtion unter Nr. 11 vorzunehmen[215], sprechen für die Gegenauffassung, die einmal mehr von **Regelbeispiel**en ausgeht[216]. Konsens wiederum herrscht zum anderen dahingehend, daß trotz der verbreiteten Redeweise von der wirtschaftspolitischen Neutralität der Grundgesetzes (→ Rn. 68) der (Bundes-)Gesetzgeber nicht auf die Organisation der Wirtschaft beschränkt ist, sondern sie kraft des Art. 74 I Nr. 11 GG auch im Sinne der aktiven **Intervention** steuern und lenken kann[217]. Vor diesem Hintergrund erfaßt die Kompetenz das öffentliche wie das private Wirtschaftsrecht ebenso unterschiedslos wie die wirtschaftliche Betätigung Privater und der öffentlichen Hand[218].

---

[211] Zur Auswahl der Tatbestände wie zur Motivlage *W. Kluth*, in: W. Kluth (Hrsg), Föderalismusreformgesetz, 2007, Art. 74 Rn. 39 ff.; *Huber/Uhle*, Landesgesetzgebung (Fn. 44), S. 111 ff.

[212] BVerfGE 5, 25 (28 f.); 28, 119 (146); 29, 402 (409); 41, 344 (352); 55, 274 (308); zuletzt E 116, 202 (215, Rn. 57).

[213] BVerfGE 55, 274 (308); aufgenommen in E 68, 319 (330); 116, 202 (215 f., Rn. 57).

[214] So namentlich *Pestalozza*, GG VIII, Art. 74 Rn. 520 ff.; *Jarass/Pieroth*, GG, Art. 74 Rn. 22; gegen ein abschließendes Verständnis des Klammerzusatzes, aber kritisch zu einer weiten Auslegung und mit eigenem Restriktionsversuch *Kunig* (Fn. 37), Art. 74 Rn. 38. Offengelassen in BVerfGE 68, 319 (331).

[215] Lies etwa BVerfGE 68, 319 (331): »Selbst wenn jene Aufzählung aber als abschließend anzusehen wäre, würde sie nicht dagegen sprechen, daß die Zuständigkeit für das ärztliche Gebührenwesen unter dem gleichen verfassungsrechtlichen Gesichtspunkt des ›Gewerbes‹ ebenso wie in den Reichsverfassungen von 1871 und 1919 Sache des Bundes geblieben ist«. Die Möglichkeit »branchenübergreifende[r] Regelungen« sieht auch Jarass/Pieroth, GG, Art. 74 Rn. 22 (im Anschluß an *B. Behmenburg*, Kompetenzverteilung bei der Berufsausbildung, 2003, S. 133 f.).

[216] Wie hier *Bothe* (Fn. 136), Art. 74 Rn. 21; *Rengeling/Szczekalla* (Fn. 210), Art. 74 I Nr. 11 Rn. 29 ff.; *Umbach/Clemens* (Fn. 52), Art. 74 Rn. 46; trotz Bedenken im Ergebnis auch *Oeter* (Fn. 1), Art. 74 Rn. 85: »Will man den Sachbereich des Art. 74 Abs. 1 Nr. 11 nicht unangemessen versteinern, so bleibt nichts anderes übrig, als mit dem Bundesverfassungsgericht dem vor die Klammer gezogenen ›Recht der Wirtschaft‹ einen eigenen, über die in der Klammer enthaltenen Einzelbereiche hinausweisenden Bedeutungsgehalt zu geben.« → *Stettner*, Bd. II² (Suppl. 2007), Art. 74 Rn. 58.

[217] BVerfGE 4, 7 (13); 11, 105 (110 ff.); 67, 256 (275); aus der Literatur *Rengeling/Szczekalla* (Fn. 210), Art. 74 I Nr. 11 Rn. 107 ff., anschaulich auch dort Rn. 58: »Wirtschaftsrecht als geronnene Wirtschaftspolitik«; *Jarass/Pieroth*, GG, Art. 74 Rn. 21; *Degenhart* (Fn. 38), Art. 74 Rn. 50.

[218] Vgl. BVerfG (K), JZ 1982, 288 (288 f.); *Rengeling/Szczekalla* (Fn. 210), Art. 74 Rn. 111; *Kunig* (Fn. 37), Art. 74 Rn. 39; *Degenhart* (Fn. 38), Art. 74 Rn. 44.

Als **Bergbau** gilt das Aufsuchen und Fördern von Bodenschätzen, auch in Form des **51**
Tiefseebergbaus oder von Bohrinseln aus, einschließlich des Betriebs der dazu bestimmten Anlagen[219]; Zentralnorm ist das Bundesberggesetz[220]. **Industrie** ist fabrikmäßige und arbeitsteilige Herstellung und Verarbeitung von Produktions- und Verbrauchsgütern, die sich in Abgrenzung zum Handwerk durch Massenproduktion auszeichnet[221]. **Energiewirtschaft** ist weit zu verstehen und ermächtigt – mit Ausnahme der Atomenergie (→ Art. 73 Rn. 84 ff.) – zur Regelung der Erzeugung und Verteilung von Energie aus allen denkbaren Trägern[222]; ebenfalls umfaßt sind Energiepreise und -leitung, die Sicherung der Energieversorgung sowie die Energieeinsparung[223]. Die vielzitierte »Energiewende« wirft hier in Gestalt des Energieinfrastrukturrechts zahlreiche neue Fragen etwa der Abgrenzung vom Raumordnungs- und Planungsrecht auf (→ Rn. 147)[224].

Das **Handwerk** unterscheidet sich von der Industrie durch individualisierte Be- und **52**
Verarbeitung von Stoffen und einen hohen Anteil an qualifizierter Handarbeit[225]. Neben der Handwerksordnung deckt die Bundeskompetenz auch die Festsetzung von Altersgrenzen und die Einrichtung einer Altersversorgung[226] sowie Rechnungshofkontrolle der Handwerkskammern[227]. Die Kompetenz für das **Gewerbe** wird einhellig weiter ausgelegt als im Steuer- oder Gewerberecht (jede selbständige, erlaubte, auf Gewinnerzielung ausgerichtete Tätigkeit zur Schaffung einer Lebensgrundlage mit Ausnahme der Urproduktion und der freien Berufe)[228]. Insbesondere erstreckt die Rechtsprechung den Gewerbebegriff auf diejenigen freien Berufe, für die keine spezielleren Tatbestände einschlägig sind (→ Rn. 24, 87 und 89)[229]. In umgekehrter Perspektive ist zu berücksichtigen, daß seit 2006 einige bislang in der Gewerbeordnung eigens geregelte bzw. unzweifelhaft dem Gewerberecht (i.e.S.) zugerechnete Gegenstände (Ladenschluß- und Gaststättenrecht) von der Kompetenz nicht mehr erfaßt werden (→ Rn. 55). **Handel** gilt gemeinhin als gewerbsmäßiger entgeltlicher Güteraustausch; der Begriff dürfte bereits im Gewerbebegriff mitenthalten sein[230].

---

[219] Vgl. *Bothe* (Fn. 136), Art. 74 Rn. 54; *Rengeling/Szczekalla* (Fn. 210), Art. 74 I Nr. 11 Rn. 117; *Oeter* (Fn. 1), Art. 74 Rn. 87; *Jarass/Pieroth*, GG, Art. 74 Rn. 25. → *Stettner*, Bd. II² (Suppl. 2007), Art. 74 Rn. 61.
[220] Bundesberggesetz v. 13.8.1980 (BGBl. I S. 1310).
[221] Siehe *H.-W. Rengeling*, HStR³ VI, § 135 Rn. 227; *Oeter* (Fn. 1), Art. 74 Rn. 88; *Jarass/Pieroth*, GG, Art. 74 Rn. 25.
[222] Zentralnorm ist hier das Gesetz über die Elektrizitäts- und Gasversorgung (Energiewirtschaftsgesetz) v. 7.7.2005 (BGBl. I S. 1970, 3621).
[223] Vgl. *Umbach/Clemens* (Fn. 52), Art. 74 Rn. 52; *Rengeling/Szczekalla* (Fn. 210), Art. 74 I Nr. 11 Rn. 121 f.; *Jarass/Pieroth*, GG, Art. 74 Rn. 25; *Degenhart* (Fn. 38), Art. 74 Rn. 46.
[224] Im ersten Zugriff S. Schlacke (Hrsg.), Energie-Infrastrukturrecht, 2015.
[225] Vgl. BVerfGE 13, 97 (123); BVerwGE 17, 230 (233); 25, 66 (71); aus der Literatur *H.-W. Rengeling*, HStR³ VI, § 135 Rn. 229; *Jarass/Pieroth*, GG, Art. 74 Rn. 26.
[226] BVerfGE 1, 264 (271 f.).
[227] BVerwGE 98, 163 (167).
[228] BVerfGE 41, 344 (352 f.); *Oeter* (Fn. 1), Art. 74 Rn. 91; *Jarass/Pieroth*, GG, Art. 74 Rn. 26; *Degenhart* (Fn. 38), Art. 74 Rn. 46.
[229] Vgl. BVerfGE 5, 25 (38 f.) und 7, 377 (387) zu Apothekern, für die jetzt Art. 74 I Nr. 19 GG einschlägig ist.
[230] Vgl. *Rengeling/Szczekalla* (Fn. 210), Art. 74 I Nr. 11 Rn. 130 ff.; *Bothe* (Fn. 136), Art. 74 Rn. 51; *Jarass/Pieroth*, GG, Art. 74 Rn. 26.

Art. 74   C. Erläuterungen

53   **Bankwesen** erfaßt Regelungen über die typische Geschäftstätigkeit von Kreditinstituten[231]. Hinsichtlich des Organisationsrechts ist zu unterscheiden: Das der privatrechtlich organisierten Kreditinstitute ist von Art. 74 I Nr. 11 GG gedeckt, während die öffentlich-rechtlichen Sparkassen und Landesbanken insoweit dem Landesrecht unterfallen[232] (für die Bundesbank sind Art. 73 I Nr. 4, 88 GG speziell; für die Postbank gilt Art. 73 I Nr. 7 GG; → Art. 73 Rn. 29, 54; → Art. 88 Rn. 41). Die Bausparkassen sind erfaßt[233], Regelungen zum allgemeinen Gläubigerschutz nicht[234]. Zum **Börsenwesen** zählt die regelmäßig organisierte Veranstaltung von Wertpapiergeschäften in persönlicher wie virtueller Form[235]. Das **privatrechtliche Versicherungswesen** schließlich erlaubt Regelungen über »Versicherungsunternehmen […], die in Wettbewerb mit anderen durch privatrechtliche Verträge Risiken versichern, die Prämien grundsätzlich am individuellen Risiko und nicht am Erwerbseinkommen des Versicherungsnehmers orientieren und die vertraglich zugesagten Leistungen im Versicherungsfall aufgrund eines kapitalgedeckten Finanzierungssystems erbringen«[236]. Schon nach dem Wortlaut nicht erfaßt sind hingegen die öffentlich-rechtlichen Versicherungsanstalten, sofern sie ihre Versicherungsbeziehungen wiederum öffentlich-rechtlich regeln[237].

54   Meist losgelöst von diesen Regelbeispielen hat die neuere **Rechtsprechung** noch folgende Gegenstände der Kompetenz nach Art. 74 I Nr. 11 GG zugeordnet[238]: die private Pflege-Pflichtversicherung[239], die Filmförderung[240], das Lotterie- wie das Sportwettenrecht[241], das Vergaberecht[242] sowie Bestimmungen zur Regelungen der Preisbindung von mit Plankrankenhäusern verbundenen Privatkliniken[243].

55   Die 2006 in das Kompetenzportfolio der Länder übergangenen Kompetenzgegenstände lassen sich derzeit überwiegend noch praxisnah durch den Anschluß an nach Art. 125a I 1 GG fortbestehendes Bundesrecht bestimmen[244]; das gilt namentlich für

---

[231] Siehe *Oeter* (Fn. 1), Art. 74 Rn. 93; *Kunig* (Fn. 37), Art. 74 Rn. 46; *Jarass/Pieroth*, GG, Art. 74 Rn. 27.
[232] BVerwGE 69, 11 (22); BGHZ 90, 161 (164f.).
[233] Strittig: wie hier *Oeter* (Fn. 1), Art. 74 Rn. 93 sowie *Jarass/Pieroth*, GG, Art. 74 Rn. 27; für Zuordnung zum Versicherungswesen *Bothe* (Fn. 136), Art. 74 Rn. 23 sowie *Rengeling/Szczekalla* (Fn. 210), Art. 74 I Nr. 11 Rn. 140, 161.
[234] BVerwGE 69, 120 (130).
[235] Vgl. *Umbach/Clemens* (Fn. 52), Art. 74 Rn. 53; *Rengeling/Szczekalla* (Fn. 210), Art. 74 I Nr. 11 Rn. 136 f.; *Oeter* (Fn. 1), Art. 74 Rn. 94.
[236] BVerfGE 103, 197 (216f., Rn. 72) unter Hinweis auf E 76, 256 (300ff.); vgl. ferner E 123, 186 (235f., Rn. 155).
[237] BVerfGE 41, 205 (220). Zu öffentlich-rechtlichen Versicherungen, die nach Privatrecht agieren, nur E 103, 197 (216, Rn. 72).
[238] Skrupulöse Auflistung bei *Jarass/Pieroth*, GG, Art. 74 Rn. 28 ff.
[239] BVerfGE 103, 197 (217ff., Rn. 73 ff.).
[240] BVerfGE 135, 155 (198 ff., Rn. 106 ff.); vgl. dazu *C. Waldhoff*, JZ 2014, 407 ff.
[241] BVerfGE 115, 276 (304, 318f., Rn. 96, 155); eingehend zur Sportwette jetzt *L. Brüggemann*, Die Besteuerung von Sportwetten im Rennwett- und Lotteriegesetz, 2015, S. 30 ff., 115 ff. – Hingegen soll das *Spielbanken*recht zum Gefahrenabwehrrecht zählen: E 102, 197 (199, Rn. 2); kritisch *Jarass/Pieroth*, GG, Art. 74 Rn. 28, 29 sowie *Degenhart* (Fn. 38), Art. 74 Rn. 47.
[242] BVerfGE 116, 202 (216f., Rn. 58).
[243] BVerfG (K), NVwZ-RR 2013, 985 (986, Rn. 19); zuvor gleichsinnig *S. Huster*, Gesundheit und Pflege 2012, 81 (84).
[244] Zusammenfassend zum folgenden *W. Höfling/S. Rixen*, GewArch. 2008, 1 ff.

das **Gaststättenrecht**, das in Anlehnung an § 1 GastG umrissen wird[245], das Recht der Schaustellung von Personen (vgl. § 33a GewO) sowie das Recht der Messen, Ausstellungen und Märkte (vgl. §§ 64–71b GewO)[246]. Komplexer gestalten sich **Ladenschluß** und die Spielhallen (§ 33i GewO). Im ersten Fall überschneidet sich die Landeskompetenz mit der fortbestehenden Bundeskompetenz für den Arbeitsschutz (→ Rn. 60), so daß letztlich skrupulös ermittelt werden muß, welches Ziel der Landesgesetzgeber verfolgt und ob der Bundesgesetzgeber von seiner Kompetenz nach Art. 74 I Nr. 12 GG abschließend Gebrauch gemacht hat[247]: »Nach dem Wortlaut des Art. 74 Abs. 1 Nr. 11 GG wird mit dem Begriff ›Ladenschluss‹ der gesetzlich geregelte Rahmen der täglichen Verkaufszeit in Einzelhandelsgeschäften umschrieben. Beschäftigungsbedingungen sind dem gängigen Wortsinn nach hiervon nicht umfasst«[248]. Zumindest publizistischen Selbstand hat – womöglich nicht zuletzt gutachteninduziert – das Recht der **Spielhallen** gewonnen[249]. Im Kern kreist der Streit um die Frage, ob die Länder aus Gründen der Suchtprävention zusätzliche Restriktionen für Spielhallenbetreiber vorsehen können (Mindestabstände zwischen Automaten, Werbebeschränkungen u. a. m.)[250].

Die einzelnen Untertitel des Art. 74 I Nr. 11 GG werden in unterschiedlichem Ausmaß von **Vorgaben des inter- und supranationalen Rechts** tangiert, die hier nur exemplarisch benannt werden können. Generell gilt auch hier, daß Bundes- wie Landesgesetzgeber an die Vorgaben des Welthandelsrechts wie an die Nichtdiskriminierungs- und Beihilfevorschriften des Unionsrechts gebunden sind. Näher finden sich mittlerweile detaillierte Regelwerke eines europäischen **Finanzdienstleistungsrecht**s, die namentlich für die Titel Bank- und Versicherungswesen (→ Rn. 53) unmittelbar einschlägig sind[251]. Die Energiewirtschaft (→ Rn. 51) sieht sich ebenfalls dichten Vorgaben einschlägigen Unionsrechts ausgesetzt[252]. Selbst die **Filmförderung** (→ Rn. 54) unterliegt distinkten unionsrechtlichen Regelungen[253].

56

---

[245] Gaststättengesetz i. d. F. d. Bek. v. 20.11.1998 (BGBl. I S. 3418); für die Anknüpfung Jarass/*Pieroth*, GG, Art. 74 Rn. 31; kritisch hingegen *Rengeling*/*Szczekalla* (Fn. 210), Art. 74 I Nr. 11 Rn. 146.
[246] *W. Höfling*/*S. Rixen*, GewArch. 2008, 1 (8).
[247] Siehe zuletzt BVerfGE 138, 261 (279 ff., Rn. 41 ff.): Regelung nicht vom Kompetenztitel »Ladenschluß« gedeckt. Dazu *M. Sachs*, JuS 2015, 765 ff.
[248] BVerfGE 138, 261 (275, Rn. 32); a. A. zuvor SächsVerfGH NVwZ-RR 2012, 873 (874); vgl. ferner m. w. N. Jarass/*Pieroth*, GG, Art. 74 Rn. 31.
[249] Siehe U. Hartmann/B. Pieroth (Hrsg.), Spielbanken und Spielhallen zwischen Landes-, Bundes- und Unionsrecht, 2013; *C. Degenhart*, Spielhallen und Geldspielgeräte in der Kompetenzordnung des Grundgesetzes, 2014 sowie *A. Uhle*, Normativ-rezeptive Kompetenzzuweisung und Grundgesetz. Dargestellt am Beispiel der Gesetzgebungskompetenz für das »Recht der Spielhallen« i. S. v. Art. 74 Abs. 1 Nr. 11 GG, 2015; vgl. ferner *T. Lammers*, GewArch. 2015, 54 ff. sowie *J. Ennuschat*, GewArch. 2015, 97 ff. – Judikatur: BayVerfGH NVwZ 2014, 141; StGH BW NVwZ 2014, 1162 (Ls.) sowie BerlVerfGH NVwZ-RR 2014, 825.
[250] Eingehend *B. Pieroth*/*F. Kolbe*, Kapriolen des Föderalismus, in: Hartmann/Pieroth, Spielbanken (Fn. 249), S. 9 ff. – Dezidiert restriktiv mit überzeugenden Argumenten *Uhle*, Kompetenzzuweisung (Fn. 249), S. 208 ff. sowie zuvor *J. Dietlein*, Zeitschrift für Wett- und Glücksspielrecht 2008, 12 ff.
[251] Statt aller *E. Bischof*/*P. Jung*, Finanzdienstleistungsrecht, in: Schulze/Zuleeg/Kadelbach, Europarecht, § 20, siehe insbesondere Rn. 1 ff. und 180 ff. (vgl. auch S. 957 ff. die Auflistung der Sekundärrechtsakte wie der einschlägigen Judikatur).
[252] Siehe *W. Kahl*, EuR 44 (2009), 601 ff.; *G. Hermes*, Energierecht, in: Schulze/Zuleeg/Kadelbach, Europarecht, § 35 Rn. 1 ff. (vgl. wiederum auch S. 2157 ff.) sowie *A. Guckelberger*, Einwirkungen des Unionsrechts auf das nationale Energie-Infrastrukturrecht, in: Schlacke, Energie-Infrastrukturrecht (Fn. 224), S. 31 ff.
[253] Näher *J. Werner*, M&R 2014, 439 ff.

Art. 74 C. Erläuterungen

10. Arbeitsrecht, Sozialversicherung (Art. 74 I Nr. 12 GG)

57 Die Kompetenz nach Art. 74 I Nr. 12 GG steht in einer vergleichsweise **klaren Traditionslinie**[254]. Eine Reichskompetenz für die Regelung des »Gewerbewesens« sieht schon § 39 der Paulskirchenverfassung vor. Art. 4 Nr. 1 der RVerf. 1871 spricht dem Reich die Kompetenz für »Bestimmungen über […] den Gewerbebetrieb, einschließlich des Versicherungswesens« zu. Über den Wortlaut hinaus erstreckt das die Verfassungsinterpretation sowohl auf die »Arbeitsordnung« als auch auf die von Bismarck eingeführte Sozialversicherung[255]. Auf der gleichen Linie überantwortet Art. 7 Nr. 9 WRV dem Reich die (konkurrierende) Gesetzgebung über »das Arbeitsrecht, die Versicherung und den Schutz der Arbeiter und Angestellten sowie den Arbeitsnachweis«. Art. 36 Nr. 37 und 38 HChE sahen angesichts dieses Befundes Vorrangkompetenzen für »Arbeitsrecht einschließlich Arbeitsschutz und Arbeitslenkung« sowie die »Sozialversicherung« vor. Der **Parlamentarische Rat** vereint beide Zuständigkeiten ohne inhaltliche Debatte, streicht die Arbeitslenkung und fügt mehrere Klarstellungen ein[256]. 2006 stellt der Reformgesetzgeber den Titel von der Anwendung der **Erforderlichkeitsklausel** frei (→ Art. 72 Rn. 17 ff.).

58 Das **Arbeitsrecht** als »Sonderrecht der unselbständigen Arbeitnehmer«[257] umfaßt Regelungen über abhängige Arbeitsverhältnisse; diese können individuell- oder kollektivrechtlich sein und dem Öffentlichen Recht wie dem Privatrecht zuzurechnen sein[258]. In diesem Rahmen begründet »Art. 74 Abs. 1 Nr. 12 GG […] eine umfassende Kompetenz für die Regelung der Rechtsbeziehung zwischen Arbeitgeber und Arbeitnehmer«[259]. Als *leges speciales* gehen allerdings Art. 73 I Nr. 8 bzw. Art. 74 I Nr. 27 GG für das öffentliche Dienstrecht vor (→ Rn. 133; → Art. 73 Rn. 57 f.); ferner ist weitgehend konsentiert, daß das **Arbeitsgerichtsgesetz** auf Art. 74 I Nr. 1 gestützt ist (→ Rn. 22)[260]. Gegen seine sonstige Neigung hat der Bund seine Kompetenz nicht ausgeschöpft, sondern namentlich um das Arbeitskampfrecht aus angebbaren Gründen einen respektvollen Bogen geschlagen[261]. Das verschafft einerseits Raum für Landesgesetze[262], andererseits aber für **Richterrecht**, dessen kompetenzrechtliche Qualifikation eigene Probleme aufwirft (→ Vorb. zu Art. 70–74 Rn. 33).

---

[254] Siehe näher *Pestalozza*, GG VIII, Art. 74 Rn. 796 ff. sowie Schneider/Kramer, GG-Dokumentation, Bd. 18/1, Art. 74 Nr. 12, S. 926, Rn. 1 f. (S. 936); knapp *T. Breitkreuz*, in: Friauf/Höfling, GG, Art. 74 Abs. 1 Nr. 12 (2015), Rn. 1.
[255] *Pestalozza*, GG VIII, Art. 74 Rn. 796.
[256] *Pestalozza*, GG VIII, Art. 74 Rn. 799 ff. sowie Schneider/Kramer, GG-Dokumentation, Bd. 18/1, Art. 74 Nr. 12, S. 926 ff., Rn. 3 ff. (S. 937 ff.); vgl. ferner *P. Axer*, in: BK, Art. 74 I Nr. 12 (2006), Rn. 8 ff.
[257] BVerfGE 7, 342 (350).
[258] BVerfGE 106, 62 (132 f., Rn. 279 f.); vgl. BVerfGE 38, 281 (299) – *Arbeitnehmerkammern*.
[259] BVerfGE 106, 62 (133, Rn. 280).
[260] Wie hier beispielsweise *Axer* (Fn. 256), Art. 74 I Nr. 12 Rn. 17; Jarass/*Pieroth*, GG, Art. 74 Rn. 32; *Sannwald* (Fn. 1), Art. 74 Rn. 149. – A. A. namentlich *Pestalozza*, GG VIII, Art. 74 Rn. 810 sowie *Oeter* (Fn. 1), Art. 74 Rn. 101.
[261] Sehr punktuell und einzelfallbezogen jetzt aber das Gesetz zur Tarifeinheit v. 3.7.2015 (BGBl. I S. 1130); vgl. dazu nur *S. Greiner*, NZA 2015, 769 ff.; *H. Ebertz*, RiA 2015, 152 ff. sowie monographisch/stenographisch *W.-K. Hopfner*, Grundgesetz und gesetzliche Tarifeinheit bei Tarifpluralität, 2015.
[262] Vgl. nur BVerfGE 3, 342 – *Hamburgisches Urlaubsgesetz*; E 77, 308 – *Arbeitnehmerweiterbildung*; sowie zuletzt BVerfGE 138, 261 – *Ladenschlußgesetz IV*.

Die Kompetenz nach Art. 74 I Nr. 12 GG erlaubt nach der **Rechtsprechung** Regelungen über Urlaubsansprüche[263], Kinderzuschläge zum Arbeitslohn[264], Arbeitnehmerkammern[265], Kündigungsschutz[266], die Arbeitnehmerweiterbildung[267], das betriebliche Ausbildungsrecht[268] sowie die Arbeitszeiten[269]; ferner gehören Beschäftigungsverbote an arbeitsfreien Tagen[270], die betriebliche Altersvorsorge[271], die Lohnfortzahlung an Feiertagen[272] sowie die Mindestarbeitsbedingungen[273] hierher. Die Literatur ordnet dem Titel überdies das Arbeitskampfrecht[274], die Lohnfortzahlung[275], das Mutterschaftsgeld[276], das Tarifvertragsrecht[277] sowie die Vermögensbildung der Arbeitnehmer[278] zu.

In Form von **Regelbeispiele**n nennt der Text des Grundgesetzes noch drei – ohnehin vom Kompetenztitel Arbeitsrecht erfaßte – Gegenstände: **Betriebsverfassung** erlaubt als zentraler Bestandteil des kollektiven Arbeitsrechts Regelungen über die institutionalisierte betriebliche Kooperation von Arbeitgebern und Arbeitnehmern. **Arbeitsschutz** betrifft Bestimmungen zum Schutz vor arbeitsspezifischen Gefahren; als solche zählen Regelungen der Arbeitszeit[279] sowie zum Nichtraucherschutz am Arbeitsplatz[280]. **Arbeitsvermittlung** schließlich ist »darauf gerichtet, daß zwischen einem eine Arbeit suchenden Arbeitnehmer und einem einen Arbeitsplatz anbietenden Arbeitgeber ein Arbeitsverhältnis zustande kommt«[281]. Die bloße Erwähnung im Verfassungstext sichert dabei kein staatliches Monopol; ferner ist Art. 91e GG zu berücksichtigen (→ Art. 91e [Suppl. 2010], Rn. 1 ff.).

»Der Begriff ›**Sozialversicherung**‹ ist in Art. 74 [I] Nr. 12 GG als weitgefaßter ›verfassungsrechtlicher Gattungsbegriff‹ zu verstehen. Er umfaßt alles, was sich der Sache nach als Sozialversicherung darstellt. Neue Lebenssachverhalte können in das Gesamtsystem ›Sozialversicherung‹ einbezogen werden, wenn die neuen Sozialleistungen in ihren wesentlichen Strukturelementen, insbesondere in der organisatorischen Durchführung und hinsichtlich der abzudeckenden Risiken, dem Bild entsprechen, das durch die ›klassische‹ Sozialversicherung geprägt ist. Zur Sozialversicherung ge-

---

[263] BVerfGE 7, 342 (347); 77, 308 (329 ff.); 85, 226 (233 f.).
[264] BVerfGE 11, 105 (115 f.).
[265] BVerfGE 38, 281 (299).
[266] BVerfGE 51, 43 (55 f.).
[267] BVerfGE 77, 308 (329); BbgVerfG LVerfGE 2, 117 (121).
[268] BVerfGE 106, 62 (133, Rn. 280).
[269] BVerfGE 138, 261 (279 ff., Rn. 41 ff.).
[270] BVerwG NJW 1986, 2003.
[271] BVerwGE 72, 212 (222).
[272] BayVerfGHE 35, 10 (20 f.).
[273] BAGE 3, 149 (151).
[274] Siehe nur *Oeter* (Fn. 1), Art. 74 Rn. 101; *Axer* (Fn. 256), Art. 74 I Nr. 12 Rn. 16; *Breitkreuz* (Fn. 254), Art. 74 Rn. 11: »[...] und auch für ein Arbeitskampfrecht – dessen Erlass allerdings kaum zu erwarten sein dürfte – wäre dieser Kompetenztitel einschlägig.«
[275] Siehe BVerfGE 2, 232 (235); aus der Literatur nochmals *Oeter* (Fn. 1), Art. 74 Rn. 101.
[276] Dafür *Pestalozza*, GG VIII, Art. 74 Rn. 336 sowie *Sannwald* (Fn. 1), Art. 74 Rn. 146; vgl. auch *Breitkreuz* (Fn. 254), Art. 74 Rn. 14.
[277] Dafür *Oeter* (Fn. 1), Art. 74 Rn. 101 sowie *Axer* (Fn. 256), Art. 74 I Nr. 12 Rn. 16.
[278] *Jarass/Pieroth*, GG, Art. 74 Rn. 33 a. E. sowie *Sannwald* (Fn. 1), Art. 74 Rn. 146, wenn auch mit gewissem Zweifel: Die Zuständigkeit des Bundes sei »wohl aber zu bejahen, da sie der verstärkten sozialen Sicherung des Arbeitnehmers dienen soll«.
[279] BVerfGE 1, 283 (292).
[280] BVerfGE 121, 317 (347, Rn. 97).
[281] BVerfGE 21, 261 (268).

hört jedenfalls die gemeinsame Deckung eines möglichen, in seiner Gesamtheit schätzbaren Bedarfs durch Verteilung auf eine organisierte Vielheit [...]. Die Beschränkung auf Arbeitnehmer und auf eine Notlage gehört nicht zum Wesen der Sozialversicherung. Außer dem sozialen Bedürfnis nach Ausgleich besonderer Lasten ist die Art und Weise kennzeichnend, wie die Aufgabe organisatorisch bewältigt wird: Träger der Sozialversicherung sind selbständige Anstalten oder Körperschaften des öffentlichen Rechts, die ihre Mittel durch Beiträge der ›Beteiligten‹ aufbringen«[282]. Abzugrenzen ist Art. 74 I Nr. 12 GG insofern zunächst gegenüber Art. 74 I Nr. 7 GG (**öffentliche Fürsorge**; → Rn. 37 ff.); beide Kompetenztitel sind letztlich Ausformungen oder präziser Umsetzungsinstrumente des Sozialstaatsgebots (→ Art 20 [Sozialstaat], Rn. 26) und Kompetenzgrundlage für Sozialleistungen im weitesten Sinne, unterscheiden sich aber im *modus operandi*: während Fürsorge ohne nähere organisatorische Vorgaben Steuergelder distribuiert, operiert Sozialversicherung im Wege der Selbstverwaltung auf der Grundlage (auch) von Beitragsleistungen[283]. Charakteristisch ist danach die Organisation als Versicherung[284], die sowohl als Personen- als auch als Sachversicherung ausgestaltet sein kann[285]. Einbezogen werden können auch Nichtversicherte, dies »bedarf [...] eines sachorientierten Anknüpfungspunktes in den Beziehungen zwischen Versicherten und Beitragspflichtigen«[286]; ferner können neben abhängig Beschäftigten auch Selbständige bzw. Angehörige freier Berufe herangezogen werden[287]. Zuletzt ermöglicht der Titel auch »Regelungen über die Erstattung und den Ausgleich erbrachter Sozialversicherungsleistungen«[288]. Wiederum in Form eines Regelbeispiels wird die **Arbeitslosenversicherung** eigens erwähnt[289]; dies soll gerade die Erweiterungsfähigkeit des Kompetenztitels klarstellen[290]. Dementsprechend ist auch die Pflegeversicherung von Art. 74 I Nr. 12 GG gedeckt[291]; für die kontrovers diskutierte **Bürgerversicherung** würde *sub specie* Kompetenz nichts anderes gelten[292].

62 Die inter- und supranationale **Überformung** des Kompetenztitels ist differenziert zu betrachten. Für Arbeits- wie Sozialversicherungsrecht sind zunächst die unionsrechtlichen Nichtdiskriminierungsvorschriften einschlägig. Während im übrigen das Ar-

---

[282] BVerfGE 75, 108 (146) im Anschluß an E 11, 105 (111 ff.); Hervorhebung nicht i.O. – Eingehende Kritik an der Einordnung als »Gattungsbegriff« bei *J.-E. Schenkel*, Sozialversicherung und Grundgesetz, 2008, S. 23 ff.
[283] Knapp BVerfGE 87, 1 (33 f.). Eingehend zur Abgrenzung *Schenkel*, Sozialversicherung (Fn. 282), S. 104 ff.
[284] Siehe BVerfGE 14, 312 (318) zur notwendigen Dominanz des Beitragszwecks. Hingegen sind steuerliche Zuschüsse nicht ausgeschlossen: E 109, 96 (110, Rn. 41); 113, 167 (219, Rn. 136).
[285] Unterstrichen von *Umbach/Clemens* (Fn. 52), Art. 74 Rn. 66; Jarass/*Pieroth*, GG, Art. 74 Rn. 35.
[286] BVerfGE 75, 108 (147) – Künstlersozialversicherungsgesetz.
[287] Für Ärzte offengelassen in BVerfGE 12, 319 (323); für Bauern affirmativ E 109, 96 (109, Rn. 40); BAGE 50, 92 (100 f.). Ablehnend BayVerfGHE 12, 14 (17 f.). Zustimmend aus der Literatur *Umbach/Clemens* (Fn. 52), Art. 74 Rn. 66; Jarass/*Pieroth*, GG, Art. 74 Rn. 35; *Degenhart* (Fn. 38), Art. 74 Rn. 57 f.
[288] BVerfGE 81, 156 (185); 113, 167 (194 f., Rn. 81 ff.) – *Risikostrukturausgleich*.
[289] Vgl. im übrigen für Einzelfälle aus der Rechtsprechung Jarass/*Pieroth*, GG, Art. 74 Rn. 36.
[290] Präzise → *Stettner*, Bd. II² (Suppl. 2007), Art. 74 Rn. 71.
[291] BVerfGE 103, 197 (215, Rn. 70). Speziell zu § 58 II SGB XI: BVerfG (K), LKV 2003, 421 (421, Rn. 8).
[292] Näher *K.-J. Bieback*, Sozial- und verfassungsrechtliche Aspekte der Bürgerversicherung, 2. Aufl. 2014, S. 70 ff. sowie *E. Brandt*, Bürgerversicherung: europa- und verfassungsrechtliche Rahmenbedingungen, 2014. – Pointiert kritisch *O. Depenheuer*, NZS 2014, 201 ff.

beits- und insb. das Arbeitsschutzrecht durch Abkommen der Internationalen Arbeitsorganisation (→ Art. 20 [Sozialstaat], Rn. 13) wie durch ein dichtes unionsrechtliches Regelwerk beeinflußt wird[293], ist der Einfluß auf die Sozialversicherung noch weniger spürbar (→ Art. 20 [Sozialstaat], Rn. 17 ff.)[294]. Auch das **Tarifeinheitsgesetz** (→ Rn. 58) wird vor diesem Hintergrund sogleich auf seine Vereinbarkeit mit Art. 11 EMRK und Abkommen der ILO befragt[295].

11. Ausbildungsbeihilfen und Forschungsförderung (Art. 74 I Nr. 13 GG)

Beide Untertitel des Art. 74 I Nr. 13 GG setzen ein staatliches Selbstverständnis als aktivierender Leistungs- oder Sozialstaat voraus, das den älteren Reichsverfassungen gänzlich fremd sein muß[296] und auch in der Weimarer Reichsverfassung nur schemenhafte Vorläufer findet (am nächsten kommt dem Normprogramm noch Art. 146 III WRV, der die ältere Forderung der kostenlosen Volksschule erweitert[297]). Ganz konsequent fehlt der Titel auch noch im Herrenchiemseer Entwurf und gelangt erst im **Parlamentarischen Rat** in den Text. Die zwischenzeitlich erwogene Erstreckung auf die »Organisation« fällt dabei weg, um klarzustellen, daß der Bund lediglich Mittel bereitstellen darf[298]. Die Ergänzung um die »Regelung der Ausbildungsbeihilfen« erfolgt **1969** und präsentiert sich zugleich als Frucht wie als Dünger der vielzitierten »**Bildungsexpansion**«. Der Bund soll hier als Garant gegen die »Gefahr eines Bildungsgefälles« dienen[299]. Die Kompetenz nach Nr. 13 ist 2006 nicht von der Prüfung der **Erforderlichkeit** einer bundesgesetzlichen Regelung freigestellt worden (→ Art. 72 Rn. 18 ff.).

63

Der Untertitel »Regelung der **Ausbildungsbeihilfen**« ermächtigt den Bund zur gesetzlichen Fixierung von Unterstützungsleistungen zugunsten der in Ausbildung befindlichen Personen; hingegen erstreckt sich die Kompetenz nicht auf die (unmittelbare) Förderung der Institutionen, in denen die Ausbildung stattfindet[300]. »Ausbildung« ist ebenfalls weit zu verstehen und kann vom Bundesgesetzgeber über weiterführende Schulen, Berufsausbildung und Studium[301] auch auf andere Typen der Weiterqualifikation erstreckt werden. Zentrales Instrument der Ausbildungsförderung ist das Bun-

64

---

[293] Zusammenfassend *A. Seifert*, Arbeitsrecht, in: Schulze/Zuleeg/Kadelbach, Europarecht, § 39 Rn. 1 ff. (vgl. auch S. 2338 ff. mit Angaben zur Sekundärrechtsetzung sowie zur Rechtsprechung des EuGH).
[294] Dazu *H.-D. Steinmeyer*, Sozialrecht, in: Schulze/Zuleeg/Kadelbach, Europarecht, § 40 Rn. 1 ff. (wiederum m. w. N. S. 2411 ff.).
[295] *M. Schlachter*, AuR 2015, 217 ff.
[296] *Pestalozza*, GG VIII, Art. 74 Rn. 868 ff. sowie Schneider/Kramer, GG-Dokumentation, Bd. 18/1, Art. 74 Nr. 13, Rn. 1 (S. 1008).
[297] »Für den Zugang Minderbemittelter zu den mittleren und höheren Schulen sind durch Reich, Länder und Gemeinden öffentliche Mittel bereitzustellen, insbesondere Erziehungsbeihilfen für die Eltern von Kindern, die zur Ausbildung auf mittleren und höheren Schulen für geeignet erachtet werden, bis zur Beendigung ihrer Ausbildung.«
[298] Siehe JöR 1 (1951), S. 522 f.; *Pestalozza*, GG VIII, Art. 74 Rn. 871 ff. sowie Schneider/Kramer, GG-Dokumentation, Bd. 18/1, Art. 74 Nr. 13, S. 1002 ff., Rn. 2 ff. (S. 1008 ff.); knapp *D. Merten*, in: Friauf/Höfling, GG, Art. 74 Abs. 1 Nr. 13 (2015), Rn. 1.
[299] BT-Drs. V/2861, S. 29 f.; näher Merten (Fn. 298), Art. 74 Abs. 1 Nr. 13 Rn. 2.
[300] Unterstrichen von *M. Fehling*, in: BK, Art. 74 I Nr. 13 (2013), Rn. 10; Oeter (Fn. 1), Art. 74 Rn. 108; Kunig (Fn. 37), Art. 74 Rn. 57; Jarass/*Pieroth*, GG, Art. 74 Rn. 38.
[301] Vergleichbare Aufzählungen bei *Fehling* (Fn. 300), Art. 74 I Nr. 13 Rn. 7 sowie Jarass/*Pieroth*, GG, Art. 74 Rn. 38.

desausbildungsförderungsgesetz (**BAföG**)³⁰². Weder dieses noch die verschiedenen (Bundes-)Programme der **Begabtenförderung** sind abschließend in dem Sinne, daß sie zusätzliche Landesprogramme ausschließen³⁰³.

65 Die Kompetenz zur **Förderung der wissenschaftlichen Forschung** muß die inhaltlichen Vorgaben der Wissenschaftsfreiheit (→ Art. 5 III [W], Rn. 11 ff.) sowie die Landeskompetenz für das Hochschulrecht wahren, die sonst nur durch Art. 74 I Nr. 33 GG (ihrerseits durch die Abweichungsoption bedingt) einschränkt wird (→ Rn. 152 ff.; → Art. 72 Rn. 32 ff.). Ferner ist der Ende 2014 novellierte **Art. 91b I GG** zu berücksichtigen³⁰⁴. Danach ist im Gegenschluß klar, daß der Bund gestützt auf seine Gesetzgebungskompetenz nach Nr. 13 nur die **Forschung** fördern kann, dabei aber wiederum denkbar frei ist. Hingegen ist ein Engagement zugunsten der **Lehre** nur im Einvernehmen mit den Ländern im Vereinbarungswege zu erreichen. Die Weisheit dieser aus Art. 5 III 1 GG nicht unmittelbar ableitbaren Binnendifferenzierung ist an dieser Stelle nicht näher zu problematisieren. Sofern in der Literatur Art. 74 I Nr. 13 GG als Grundlage für Regelungen über **Kontrollmaßnahmen** angesprochen wird³⁰⁵, ist daran zu erinnern, daß sich diese allenfalls auf die sachgerechte Verwendung der Fördergelder erstrecken können; andernfalls wäre der Weg zu strukturellen Eingriffen eröffnet, die Art. 74 I Nr. 13 GG dem Bund gerade nicht erlauben soll³⁰⁶.

66 Ausbildungs- wie Forschungsförderung werden von der **Europäischen Union** mit erheblichem finanziellen Aufwand betrieben. Sie stützt sich dabei auf die Kompetenzen nach Art. 165 ff. AEUV (Allgemeine und berufliche Bildung) sowie Art. 179 ff. AEUV (Europäischer Raum der Forschung)³⁰⁷; ferner sind beim Zugang zu Ausbildungsbeihilfen wie Fördermaßnahmen einmal mehr die allgemeinen Regeln über die Nichtdiskriminierung, über Beihilfen sowie über die verschiedenen Marktfreiheiten zu beachten³⁰⁸.

12. Enteignung (Art. 74 I Nr. 14 GG)

67 Eine anlaßlose (konkurrierende) Kompetenz zur Regelung des Enteignungsrechts findet sich erstmals in **Art. 7 Nr. 12 WRV**³⁰⁹. Zuvor oblag der Reichsgesetzgebung nur die

---

³⁰² Bundesgesetz über die individuelle Förderung der Ausbildung (Bundesausbildungsförderungsgesetz) i. d. F. d. Bek. v. 7.12.2010 (BGBl. I S. 1952; 2012 I S. 197).
³⁰³ Statt aller → *Stettner*, Bd. II² (Suppl. 2007), Art. 74 Rn. 73.
³⁰⁴ Neuer Wortlaut: »Bund und Länder können auf Grund von Vereinbarungen in Fällen überregionaler Bedeutung bei der Förderung von Wissenschaft, Forschung und Lehre zusammenwirken. Vereinbarungen, die im Schwerpunkt Hochschulen betreffen, bedürfen der Zustimmung aller Länder. Dies gilt nicht für Vereinbarungen über Forschungsbauten einschließlich Großgeräten.« – Siehe dazu im ersten Zugriff *G. Speiser*, RuP 50 (2015), 86 ff.; aus der Diskussion im Vorfeld nur *M.-E. Geis*, ZG 28 (2013), 305 ff.
³⁰⁵ So bspw. *Umbach/Clemens* (Fn. 52), Art. 74 Rn. 73; *H.-W. Rengeling*, HStR³ VI, § 135 Rn. 246; *Jarass/Pieroth*, GG, Art. 74 Rn. 38.
³⁰⁶ Siehe nur *Umbach/Clemens* (Fn. 52), Art. 74 Rn. 74; *Fehling* (Fn. 300), Art. 74 I Nr. 13 Rn. 15 f.; *Merten* (Fn. 298), Art. 74 Abs. 1 Nr. 13 Rn. 8; *Jarass/Pieroth*, GG, Art. 74 Rn. 38 a. E.
³⁰⁷ Siehe etwa *K. Behaghel*, Forschungsförderung der Europäischen Union, 2012.
³⁰⁸ Statt aller EuGH, Urt. v. 21.7.2011, C-459/10 P – *Sachsen u. Sachsen-Anhalt/Kommission* auf der Grundlage von Verordnung (EG) Nr. 68/2001 der Kommission vom 12.1.2001 über die Anwendung der Artikel 87 und 88 EG-Vertrag auf Ausbildungsbeihilfen. – Siehe auch *C. I. Mächtle*, Bildungsspezifische Implikationen des allgemeinen Diskriminierungsverbots und der Freizügigkeit, 2010.
³⁰⁹ Zusätzliche spezielle Enteignungsregelungen fanden sich in Art. 90, 94 II und 97 V WRV. Zeitgenössisch *S. Dannbeck*, Die Enteignung im deutschen Reichsstaatsrecht, Diss. jur. München 1932.

Enteignung zu bestimmten Zwecken (vgl. §§ 19 VI, 44 I RVerf. 1849 bzw. Art. 41 I RVerf. 1871)[310]. Die Entstehung im Parlamentarischen Rat präsentiert sich als (technisch) kontrovers[311]. Schon Art. 36 Nr. 6 HChE bot alternativ zwei Fassungen an (die später Gesetz gewordene Vorrangkompetenz und eine auf die Enteignung für Bundeszwecke sowie die Grundsätze des allgemeinen Enteignungsrechts beschränkte Kompetenz). Die anschließende Diskussion kreiste um die Frage, ob sich die Bundeszuständigkeit nicht ohnehin kraft Annexes zu den Sachkompetenzen ergebe; am Ende verdankt sich Art. 74 I Nr. 14 GG dem Bestreben der **Klarstellung**. Seit 2006 zählt der Titel zum Kreis der Kernkompetenzen (→ Art. 72 Rn. 17).

Die **Enteignung** i. S. v. Nr. 14 ist begrifflich identisch mit Art. 14 GG, erfaßt also lediglich die vollständige Entziehung des Eigentums zugunsten der öffentlichen Hand oder Dritter (→ Art. 14 Rn. 93)[312]. Hingegen können weder sonstige Eingriffe in das Eigentumsgrundrecht noch die »enteignungsnahen« Tatbestände des Staatshaftungsrechts (enteignender bzw. enteignungsgleicher Eingriff sowie ausgleichspflichtige Inhalts- und Schrankenbestimmungen; → Art. 14 Rn. 155 ff.) auf den Kompetenztitel gestützt werden[313]. Der Passus »soweit sie auf den Sachgebieten der Artikel 73 und 74 in Betracht kommt« unterstreicht den **Annex-Charakter** der Kompetenz[314]; danach ist Nr. 14 weder auf andere geschriebene Bundeskompetenzen anwendbar (→ Vorb. zu Art. 70–74 Rn. 36) noch auf explizite oder implizite Landeskompetenzen (→ Vorb. zu Art. 70–74 Rn. 40)[315]. Hier bleibt es bei der allgemeinen Regel, daß aus der Sachkompetenz auch die Kompetenz zur Regelung der Enteignung folgt. Furore hat in Sachen Enteignung zuletzt das sog. **Rettungsübernahmegesetz** gemacht[316]. 68

Eine spezifische **Überformung** der Kompetenz zur Regelung der Enteignung durch inter- oder supranationales Recht ist **nicht zu verzeichnen**. Entsprechende Verpflichtungen mögen in der Sache hinreichende Gründe für den Zugriff auf das Eigentum darstellen; insbesondere sind in umgekehrter Perspektive die diversen internationalen Instrumente des Investitions- und allgemeinen Eigentumsschutzes darauf zu befragen, ob sie einer Enteignung im Einzelfall entgegenstehen (→ Art. 14 Rn. 15 ff.)[317]. 69

---

[310] Enteignung zugunsten von Kriegshäfen bzw. von Telegraphenleitungen (1849) bzw. Expropriation zugunsten bestimmter Eisenbahnen (1871); siehe *Pestalozza*, GG VIII, Art. 74 Rn. 926 ff. sowie Schneider/Kramer, GG-Dokumentation, Bd. 18/1, Art. 74 Nr. 14, Rn. 1 f. (S. 1045 ff.).
[311] Näher JöR 1 (1951), S. 523 ff.; *Pestalozza*, GG VIII, Art. 74 Rn. 935 ff. sowie Schneider/Kramer, GG-Dokumentation, Bd. 18/1, Art. 74 Nr. 14, S. 1036 ff., Rn. 3 ff. (S. 1047 ff.)
[312] Siehe *Kunig* (Fn. 37), Art. 74 Rn. 60; Jarass/*Pieroth*, GG, Art. 74 Rn. 39. → *Stettner*, Bd. II² (Suppl. 2007), Art. 74 Rn. 76.
[313] *Oeter* (Fn. 1), Art. 74 Rn. 111; *Degenhart* (Fn. 38), Art. 74 Rn. 63; a. A. *Pestalozza*, GG VIII, Art. 74 Rn. 939.
[314] Siehe BVerfGE 56, 249 (263): Landeskompetenz zur Enteignung zugunsten von Bergbahnen eingedenk des Vorbehalts in Art. 74 I Nr. 23 GG (→ Rn. 115 f.).
[315] Statt aller Jarass/*Pieroth*, GG, Art. 74 Rn. 39 sowie *Kunig* (Fn. 37), Art. 74 Rn. 60.
[316] In der Sache Art. 3 des Gesetzes zur weiteren Stabilisierung des Finanzmarktes v. 7.4.2009 (BGBl. I S. 725); vgl. dazu aus der Literatur (durchweg kritisch) *I. Appel/M. Rossi*, Finanzmarktkrise und Enteignung. Zur Vereinbarkeit des Rettungsübernahmegesetzes mit Verfassungs- und Europarecht, 2009, S. 13 ff.; *B. Wolters/M. Rau*, NJW 2009, 1297 ff.; *H. Hofmann*, NVwZ 2009, 673 ff.; *M. Pfab*, BayVBl. 2010, 65 ff.
[317] Im ersten Zugriff *R. Riegel*, Das Eigentum im europäischen Recht, 2014; instruktiv zu möglichen Zielkonflikten *H.M.E. Schmidt*, Der Enteignungsschutz im internationalen Investitionsschutzrecht in Hinblick auf das europäische Umweltrecht, 2012.

13. Sozialisierung (Art. 74 I Nr. 15 GG)

70 Die Vorgeschichte der Kompetenz zur Sozialisierung beginnt in der **Zwischenkriegszeit**[318]: So weist Art. 7 Nr. 13 WRV dem Reich die konkurrierende Zuständigkeit für »die Vergesellschaftung von Naturschätzen und wirtschaftlichen Unternehmungen sowie die Erzeugung, Herstellung, Verteilung und Preisgestaltung wirtschaftlicher Güter für die Gemeinwirtschaft« zu; in Ansehung entsprechender Landesgesetze hatte die Reichsregierung nach Art. 12 S. 3 WRV ein Einspruchsrecht[319]. Im Kontext teils deutlich weiter gehender Vorstellungen einzelner Landesverfassungen (→ Rn. 14) sah Art. 36 Nr. 24 HChE eine Vorrangkompetenz für »Gemeineigentum an Bodenschätzen und Produktionsmitteln sowie Gemeinwirtschaft« vor; diese wurde im Parlamentarischen Rat ohne grundsätzlichen Dissens in der Sache redaktionell in die Form des heutigen Art. 74 I Nr. 15 GG gebracht[320].

71 In Parallele zu Nr. 14 (→ Rn. 68) sind die Schlüsselbegriffe »Überführung in Gemeineigentum« und »Gemeinwirtschaft« **synonym** zur korrespondierenden materiellen Bestimmung des **Art. 15 GG** zu bestimmen. Aus Art. 72 II GG folgt allerdings, daß entsprechende Sozialisierungsgesetze i. S. d. Norm erforderlich sein müssen (→ Art. 72 Rn. 18 ff.). Gesetze zur Umsetzung des Titels sind nicht ergangen und auch nicht zu erwarten[321]; gleichwohl enthält die Norm wie Art. 15 GG eine materielle Konnotation, die bei der geläufigen Redeweise von der »wirtschaftspolitischen Neutralität des Grundgesetzes«[322] zu berücksichtigen wäre. Die demgegenüber ausdrücklich erfolgte Festlegung der Europäischen **Union** auf eine **soziale Marktwirtschaft** (Art. 3 III UAbs. 1 S. 2 EUV u. ö.) macht Sozialisierungen nicht eben wahrscheinlicher, schließt sie aber nicht begriffsnotwendig aus (vgl. auch Art. 345 AEUV)[323].

14. Verhütung des Mißbrauchs wirtschaftlicher Machtstellung (Art. 74 I Nr. 16 GG)

72 Als Grundlage des Kartellrechts ist Art. 74 I Nr. 16 GG in der älteren deutschen Verfassungsgeschichte **ohne Vorbild**[324], kann aber an Gesetzgebung aus der Weimarer wie der NS-Zeit[325] sowie an mehrere vorgrundgesetzliche Landesverfassungen anknüpfen

---

[318] Siehe näher *Pestalozza*, GG VIII, Art. 74 Rn. 990 ff. sowie Schneider/Kramer, GG-Dokumentation, Bd. 18/1, Art. 74 Nr. 15, Rn. 1 ff. (S. 1115 ff.).

[319] Vgl. ferner Art. 156 I 1 WRV mit der Befugnis, »durch Gesetz, unbeschadet der Entschädigung, in sinngemäßer Anwendung der für Enteignung geltenden Bestimmungen für die Vergesellschaftung geeignete private wirtschaftliche Unternehmen in Gemeineigentum überführen« (vgl. weiterhin Art. 155 IV 1 WRV). Aus der Literatur *P. Weimer*, Die Gemeinwirtschaft in der Anfangszeit der Weimarer Republik, 2002.

[320] Dazu JöR 1 (1951), S. 525 ff.; *Pestalozza*, GG VIII, Art. 74 Rn. 994 ff. sowie Schneider/Kramer, GG-Dokumentation, Bd. 18/1, Art. 74 Nr. 15, S. 1107 ff., Rn. 6 ff. (S. 1118 ff.).

[321] Zumindest kursorische Prüfung des Rettungsübernahmegesetzes (Fn. 316) anhand von Art. 15 GG bei *Appel/Rossi*, Enteignung (Fn. 316), S. 22 ff.

[322] Statt aller *W. B. Schünemann*, »Wirtschaftspolitische Neutralität« des Grundgesetzes?, in: FS Stober, 2008, S. 147 ff.

[323] Vgl. nochmals *Appel/Rossi*, Enteignung (Fn. 316), S. 103 ff.

[324] Näher *Pestalozza*, GG VIII, Art. 74 Rn. 1023 ff. sowie Schneider/Kramer, GG-Dokumentation, Bd. 18/1, Art. 74 Nr. 16, Rn. 1 f. (S. 1179 f.).

[325] Zuletzt m. w. N. *J. Jickeli*, Das Kartellrecht in der Weimarer Republik: Lehren für das europäische Kartellverbot, in: GedS Eckert, 2008, S. 405 ff. sowie *A. Pöting*, Die Kartellgesetzgebung als Instrument staatlicher Wirtschaftslenkung im Zeitalter des Nationalsozialismus, 2006.

(→ Rn. 14). Dementsprechend wird der Vorschlag in Art. 36 Nr. 25 HChE vom Parlamentarischen Rat ohne eingehende Debatte wortlautgleich übernommen[326].

Der **Mißbrauch wirtschaftlicher Machtstellung** wird allgemein angenommen, wenn ein hoher Marktanteil oder eine aus anderen Gründen besonders durchsetzungsfähige Position in einer Weise gebraucht wird, die von der Rechtsordnung mißbilligt wird[327] (die geläufige Redeweise von der »entarteten« Machtausübung erscheint demgegenüber bedenkenswert[328]). Das Unwerturteil kann dabei am Zweck, an den eingesetzten Mitteln oder an der Zweck-Mittel-Relation anknüpfen[329]. Für die Umschreibung der Gesetzgebungskompetenz ist mit dieser konsentierten Definition freilich wenig gewonnen, da die Konturierung der Mißbrauchsschwelle dem parlamentarischen Gesetzgeber überantwortet ist, der dabei an die Grundrechte und zunehmend an supranationale Vorgaben gebunden ist. *Sub specie* Kompetenzbegründung und -begrenzung ist Art. 74 I Nr. 16 GG mithin erst dann verletzt, wenn der (Bundes-)Gesetzgeber offen eine »Optimierung« des Wirtschaftsprozesses anstrebt, ohne Indizien für eine Machtstellung oder deren Mißbrauch vortragen zu können. Unterhalb dieser Schwelle spricht der Wortlaut »Verhütung« dafür, daß der Gesetzgeber schon auf eine schiere wirtschaftliche Machtstellung reagieren und nicht erst ab Überschreiten der Mißbrauchsschwelle tätig werden darf[330]; insofern zählt Art. 74 I Nr. 16 GG zu den Kompetenzbestimmungen, denen eine Wertung innewohnt (→ Vorb. zu Art. 70–74 Rn. 54 f.; → Art. 20 [Sozialstaat], Rn. 35, 42)[331]. Gestützt auf diesen Titel konnte der Bund die Bestimmungen des **Kartellrechts** einschließlich des Kartellverfahrensrechts wie der Sanktionen für Kartellverstöße erlassen[332]; er ist dabei seit 2006 nicht mehr an die **Erforderlichkeits**klausel gebunden (→ Art. 72 Rn. 17). Eingeschränkt ist der Zugriff des Bundesgesetzgebers auf die Mißbrauchs- oder **Fusionskontrolle im Presse- und Rundfunkwesen**; eingedenk der Zielrichtung des Art. 74 I Nr. 16 GG darf er genuin wirtschaftliche Ziele verfolgen, aber keine medienspezifischen[333], weshalb insbesondere die Pluralität des Presse- oder Rundfunkmarktes kein (kompetenzrechtlich) legitimes Regelungsziel darstellt.

Das Kartellrecht ist ein geradezu sinnfälliges Beispiel für ein Rechtsgebiet, das auf der Grundlage der nationalen Normen nicht mehr sachgerecht erfaßt werden kann[334]. Gestützt auf ihre ausschließliche Zuständigkeit nach Art. 3 I lit. b bzw. Art. 101 ff.

---

[326] Siehe JöR 1 (1951), S. 526 f.; *Pestalozza*, GG VIII, Art. 74 Rn. 1033 ff. sowie Schneider/Kramer, GG-Dokumentation, Bd. 18/1, Art. 74 Nr. 16, S. 1172 f., Rn. 3 ff. (S. 1180 ff.).

[327] Jarass/*Pieroth*, GG, Art. 74 Rn. 40; Sannwald (Fn. 1), Art. 74 Rn. 193.

[328] Sie begegnet bei Jarass/*Pieroth*, GG, Art. 74 Rn. 40. → *Stettner*, Bd. II² (Suppl. 2007), Art. 74 Rn. 82.

[329] Differenzierend *Pestalozza*, GG VIII, Art. 74 Rn. 1048.

[330] Wie hier Oeter (Fn. 1), Art. 74 Rn. 116; Kunig (Fn. 37), Art. 74 Rn. 62; Jarass/*Pieroth*, GG, Art. 74 Rn. 40; a. A. Sannwald (Fn. 1), Art. 74 Rn. 194.

[331] Eingehend H.-U. Denner, Die Verhütung des Mißbrauchs wirtschaftlicher Machtstellung, Diss. jur. München 1976.

[332] Siehe BGH NJW 1987, 266 (267); BGHZ 110, 371 (375). – Konkret das Gesetz gegen den unlauteren Wettbewerb i. d. F. d. Bek. v. 3.3.2010 (BGBl. I S. 254) sowie das Gesetz gegen Wettbewerbsbeschränkungen i. d. F. d. Bek. v. 26.6.2013 (BGBl. I S. 1750).

[333] BVerfGE 73, 118 (174); BVerfG (K), NJW 1986, 1743 (1743); BGHZ 76, 55 (64 ff.); 110, 371 (375); aus der Literatur Jarass/*Pieroth*, GG, Art. 74 Rn. 40. → *Stettner*, Bd. II² (Suppl. 2007), Art. 74 Rn. 82.

[334] Ausdruck sind einschlägige Titel wie U. Loewenheim (Hrsg.), Kartellrecht. Deutsches und Europäisches Recht, 2008, oder G. Mäsch, Praxiskommentar zum deutschen und europäischen Kartellrecht, 2010.

Art. 74 C. Erläuterungen

AEUV haben die Organe der Union eine **reichhaltige Normaktivität** entfaltet, die den Spielraum des Bundesgesetzgebers substantiell beschränken[335].

15. Land- und forstwirtschaftliche Erzeugung – ohne das Recht der Flurbereinigung –, Ernährungssicherung, Ein- und Ausfuhr land- und forstwirtschaftlicher Erzeugnisse, Fischereiwirtschaft, Küstenschutz (Art. 74 I Nr. 17 GG)

75 Die reichlich disparate Sammelkompetenz des Bundes für Agrar- und Fischereifragen kann nur in letztgenannter Hinsicht an die konkurrierende Reichskompetenz gem. Art. 7 Nr. 18 WRV (Hochsee- und Küstenfischerei) anschließen[336]. Nur diese wurde zunächst auch in Art. 36 Nr. 31 HChE aufgeführt. Im Parlamentarischen Rat setzte sich demgegenüber die Auffassung durch, der Bund müsse in der Agrarpolitik stärker aktiv werden können; dabei stand – zeitbedingt intuitiv naheliegend – der Aspekt der **Ernährungssicherung** ganz im Zentrum[337]. Der Klammerzusatz betreffend die Flurbereinigung wurde 2006 im Rahmen der Föderalismusreform I eingefügt[338]; gleichzeitig wurde Nr. 17 zur Kernkompetenz hochgezont (→ Art. 72 Rn. 17).

76 Der Kompetenztitel des Art. 74 I Nr. 17 GG muß in seiner Heterogenität ernstgenommen werden[339]; ferner sind einzelne Teilgehalte mittlerweile vollständig unionsrechtlich überlagert (→ Rn. 78). Die »**Förderung** der land- und forstwirtschaftlichen Erzeugung hat in erster Linie positiv gestaltende Maßnahmen finanzieller, organisatorischer oder marktlenkender Art zum Gegenstand«[340]; die Norm wird denkbar weit verstanden und reicht von der Beratung der Land- und Forstwirte bis hin zu Erhebung von einschlägigen Abgaben[341]. Entgegen dem entstehungsgeschichtlichen Befund ist die **Ernährungssicherung** nicht geeignet, die Interpretation der übrigen Teilgehalte zu bestimmen[342]; der Kompetenztitel erlaubt dem Bund dem Grunde nach Gesetze, die für Zeiten der Knappheit Ein- und Ausfuhr von Lebensmitteln und ihre Verteilung regeln; auch Vorschriften zur privaten wie staatlichen Vorratshaltung gehörten hierher. Die **Ein- und Ausfuhr land- und forstwirtschaftlicher Erzeugnisse** erlaubt dem Bund praktisch nur noch Transformationsgesetze; auch die **Hochsee- und Küstenfischerei** ist stark unionsrechtlich determiniert. Nr. 17 betrifft lediglich den ökonomischen bzw. ernährungsspezifischen Aspekt, wohingegen Art. 74 I Nr. 21 GG die technisch-seemännischen Fragen abdeckt (→ Rn. 103); eingedenk möglicher Konflikte über Fischgründe auf hoher See kann ferner Art. 73 I Nr. 1 GG (Auswärtiges; → Art. 73 Rn. 11 f.) einschlägig sein. Da Fischerei i.ü. traditionell als Urproduktion der Agrarwirtschaft zugeordnet wird, fußt die Landeskompetenz zur Regelung der Binnenfischerei auf Art. 69 EGBGB[343]. **Küstenschutz** schließlich umfaßt die Befugnis des Bundes zur Regelung derjenigen Maßnahmen organisatorischer, personeller und techni-

---

[335] Näher *T. Mäger*, Kartellrecht, in: Schulze/Zuleeg/Kadelbach, Europarecht, § 16 Rn. 1 ff. (ebd., S. 647 f. auch Nachweise der Sekundärrechtsakte wie der einschlägigen Judikatur).
[336] Siehe *Pestalozza*, GG VIII, Art. 74 Rn. 1108 sowie Schneider/Kramer, GG-Dokumentation, Bd. 18/2, Art. 74 Nr. 17, Rn. 1 f. (S. 1231 f.).
[337] Näher JöR 1 (1951), S. 527 ff.; *Pestalozza*, GG VIII, Art. 74 Rn. 1109 ff. sowie Schneider/Kramer, GG-Dokumentation, Bd. 18/1, Art. 74 Nr. 17, S. 1219 ff., Rn. 2 ff. (S. 1231 ff.).
[338] Zur Motivlage *Huber/Uhle*, Landesgesetzgebung (Fn. 44), S. 125 f.
[339] Treffender Vergleich mit Art. 74 I Nr. 11 GG: → *Stettner*, Bd. II² (Suppl. 2007), Art. 74 Rn. 84.
[340] BVerfGE 88, 366 (379) – *Tierzuchtgesetz II* (Hervorhebung nicht i.O., F.W.).
[341] BVerfGE 18, 315 (329); 37, 1 (17); 82, 159 (182). – Aus der Literatur für die weite Deutung *Oeter* (Fn. 1), Art. 74 Rn. 119; Jarass/*Pieroth*, GG, Art. 74 Rn. 41.
[342] BVerfGE 88, 366 (378 f.).
[343] BayVerfGHE 30, 167 (170); Jarass/*Pieroth*, GG, Art. 74 Rn. 41.

scher Natur, die notwendig sind, um den Bestand des Festlandes zu sichern; gleichwohl enthält der Kompetenztitel keine Festlegung auf die gegenwärtige Küstenlinie und keine territoriale Besitzstandsgarantie zugunsten der Anrainer. Küstenschutz kann m.a.W. auch durch die gezielte Preisgabe von unhaltbarem Land betrieben werden. Der Schutz vor Verschmutzung durch Havarien oder Förderunfälle soll nicht erfaßt sein[344]. Das Landesrecht über das **Deichwesen** stützt sich auf Art. 66 EGBGB[345]. Dementsprechend weist Art. 91a I Nr. 2 GG den Küstenschutz auch als Gemeinschaftsaufgabe aus (→ Art. 91a Rn. 18).

Die Bestimmung der ausschließlichen Landeskompetenz zur Regelung des **Rechts der Flurbereinigung** kann weiterhin an die Begriffsbildung entsprechend § 1 Flurbereinigungsgesetz des Bundes[346] anknüpfen. Darunter ist die Neuordnung ländlichen Grundbesitzes zur Verbesserung der Produktions- und Arbeitsbedingungen der Land- und Forstwirtschaft sowie zur Förderung der allgemeinen Landeskultur und der Landesentwicklung zu verstehen[347]. 77

Art. 74 I Nr. 17 GG ist – dies gilt selbst für Küstenschutz[348] und Flurbereinigung[349] – durch das einschlägige Agrar-, Artenschutz-, Beihilfen- und Fischereirecht[350] der Union sowie durch einschlägige völkerrechtliche Abkommen[351] **praktisch vollkommen überlagert** bzw. dient in diesem Rahmen nur noch der Umsetzungsgesetzgebung. 78

16. Städtebaulicher Grundstücksverkehr, Bodenrecht – ohne das Recht der Erschließungsbeiträge –, Bereiche des Wohnungswesens (Art. 74 I Nr. 18 GG)

Art. 74 I Nr. 18 GG kann partiell an die Grundsatzgesetzgebungskompetenz des Reiches für »das Bodenrecht, die Bodenverteilung, das Ansiedlungs- und Heimstättenwesen, die Bindung des Grundbesitzes, das Wohnungswesen und die Bevölkerungsverteilung« (Art. 10 Nr. 4 WRV) anknüpfen[352]. Art. 36 Nr. 26 HChE sah im Anschluß daran eine Vorranggesetzgebung des Bundes nur für die »Grundsätze der Bodenverteilung, des Siedlungs- und Heimstättenwesens sowie des Wohnungsrechts« vor; der Parlamentarische Rat verbreitete nach kontroverser Diskussion die Befugnisse des Bundes substantiell und räumte ihm die konkurrierende Kompetenz für »den Grundstücksverkehr, das Bodenrecht, und das landwirtschaftliche Pachtwesen, das Wohnungswesen, das Siedlungs- und Heimstättenwesen« ein[353]. Der kontroversen Diskus- 79

---

[344] *Umbach/Clemens* (Fn. 52), Art. 74 Rn. 100; Jarass/*Pieroth*, GG, Art. 74 Rn. 42.
[345] BVerfGE 24, 367 (386 f.).
[346] I.d.F. d. Bek. v. 16.3.1976 (BGBl. I S. 546). Es besteht gemäß Art. 125a I 1 GG fort, kann aber durch Landesrecht ersetzt werden (Art. 125a I 2 GG).
[347] Siehe BVerwGE 68, 143 (144).
[348] Siehe Richtlinie 2007/60/EG des Europäischen Parlaments und des Rates v. 23.10.2007 über die Bewertung und das Management von Hochwasserrisiken.
[349] Siehe dazu (m.w.N. insb. zu EU-Förderprogrammen) nur den Beitrag von R. *Wilden*, Zeitschrift für Geodäsie, Geoinformation und Landmanagement (ZFV) 2008, 133 ff.
[350] Vgl. speziell zur Fischerei Art. 3 I lit. d, 4 II lit. d, 38 AEUV. – Näher zu den genannten Rechtsgebieten C. *Busse*, Agrarrecht, in: Schulze/Zuleeg/Kadelbach, Europarecht, § 25 Rn. 1 ff.; L. *Krämer*/G. *Winter*, Umweltrecht, ebd., § 26 Rn. 1 ff. sowie S. *Beljin*, Beihilfenrecht, ebd., § 28 Rn. 1 ff.
[351] Siehe zum Fischereirecht nur M. *Gellermann*/P.-T. *Stoll*/D. *Czybulka*, Handbuch des Meeresnaturschutzrechts in der Nord- und Ostsee. Nationales Recht unter Einbezug internationaler und europäischer Vorgaben, 2012, S. 289 ff.
[352] Näher *Pestalozza*, GG VIII, Art. 74 Rn. 1172 ff. sowie Schneider/Kramer, GG-Dokumentation, Bd. 18/2, Art. 74 Nr. 18, S. 1374, Rn. 1 f. (S. 1388 f.).
[353] Siehe JöR 1 (1951), S. 536 ff.; *Pestalozza*, GG VIII, Art. 74 Rn. 1182 ff. sowie Schneider/Kramer, GG-Dokumentation, Bd. 18/2, Art. 74 Nr. 18, S. 1374 ff., Rn. 3 ff. (S. 1389 ff.).

sion entspricht die lebhafte Änderungsgeschichte (→ Rn. 3 ff.). Im Rahmen der GVK-Reform wurde 1994 der einschränkende Klammerzusatz »ohne das Recht der Erschließungsbeiträge« eingefügt; im Hintergrund stand die enge Verknüpfung dieser Materie mit dem **kommunalen Abgabenrecht**[354]. In der **Föderalismusreform 2006** wurde Nr. 18 auf den städtebaulichen Grundstücksverkehr beschränkt. Ferner wurde das »Wohnungswesen« sowohl ausdifferenziert als auch erheblich reduziert: Der Bund hat nunmehr Zugriff auf das Wohngeldrecht, das Altschuldenhilferecht, das Wohnungsbauprämienrecht, das Bergarbeiterwohnungsbaurecht und das Bergmannssiedlungsrecht. Der Rest (Recht der sozialen Wohnraumförderung, Recht des Abbaus von Fehlsubventionierungen im Wohnungswesen, Wohnungsbindungsrecht, Zweckentfremdungsrecht im Wohnungswesen und Wohnungsgenossenschaftsvermögensrecht) obliegt nunmehr der ausschließlichen Gesetzgebungskompetenz der Länder[355]. Zugleich firmiert der Titel nunmehr als Kernkompetenz (→ Art. 72 Rn. 17).

80 **Grundstücksverkehr** erlaubt Regelungen zum Erwerb, zur Veräußerung, zur Belastung und zur Verpachtung von Grundstücken nicht-landwirtschaftlicher Natur[356]. Erfaßt ist ferner das Bodenverkehrsrecht[357]. Eingedenk der Kernkompetenz für das bürgerliche Recht (→ Rn. 18) berechtigt der Titel nach Nr. 18 jedoch lediglich zum Erlaß von spezifisch öffentlich-rechtlichen Grundstückverkehrsvorschriften. Art. 74 I Nr. 14 resp. 15 GG sind *leges speciales* für den Substanzzugriff auf das Grundstück (→ Rn. 68, 71)[358].

81 **Bodenrecht** sind die öffentlich-rechtlichen »Vorschriften, die den Grund und Boden unmittelbar zum Gegenstand rechtlicher Ordnung haben, also die rechtlichen Beziehungen des Menschen zum Grund und Boden regeln«[359]. Die hinreichend kryptische Formel wird klarer durch den ergänzenden Hinweis, daß es um die menschliche Nutzung des Bodens[360], näher um die angesichts der Endlichkeit dieser Ressource notwendig zu besorgenden Konflikte um eine solche Nutzung geht; dem Bund wird in Nr. 18 im Kern eine Kompetenz zum Erlaß von Regeln zur **Vermeidung** von **Bodennutzungskonflikten** überantwortet. Der Bund hat von seiner Kompetenz (praktisch erschöpfend) im Baugesetzbuch Gebrauch gemacht[361]; zugleich hat das Bundesverfassungsgericht früh klarstellt, daß die Bundeskompetenz nach Nr. 18 nicht das gesamte Baurecht umfaßt, da das **Bauordnungsrecht** als Gefahrenabwehrrecht Landessache bleibt[362]. Näher zählen zur Materie »Bodenrecht« nach der Rechtsprechung die Bauleitplanung[363], die Baulandumlegung wie die Zusammenlegung von Grundstücken[364], die Festlegung von Lärmschutzbereichen[365] sowie der städtebauliche Denkmalschutz[366].

---

[354] BR-Drs. 886/93, S. 18.
[355] Vgl. BT-Drs. 16/813, S. 13 und dazu *Huber/Uhle*, Landesgesetzgebung (Fn. 44), S. 126 ff.
[356] *Bothe* (Fn. 136), Art. 74 Rn. 39; *H.-W. Rengeling*, HStR³ VI, § 135 Rn. 257; *Jarass/Pieroth*, GG, Art. 74 Rn. 44; *Degenhart* (Fn. 38), Art. 74 Rn. 72; kritisch *Pestalozza*, GG VIII, Art. 74 Rn. 1209 ff.
[357] BVerfGE 3, 407 (429).
[358] *Oeter* (Fn. 1), Art. 74 Rn. 128; *Jarass/Pieroth*, GG, Art. 74 Rn. 44.
[359] BVerfGE 3, 407 (424) siehe ferner E 34, 139 (144); *Oeter* (Fn. 1), Art. 74 Rn. 129; *Jarass/Pieroth*, GG, Art. 74 Rn. 45.
[360] Präzise → *Stettner*, Bd. II² (Suppl. 2007), Art. 74 Rn. 90.
[361] Baugesetzbuch i. d. F. d. Bek. v. 23.9.2004 (BGBl. I S. 2414).
[362] BVerfGE 3, 407 (416, 431); 40, 261 (265 f.); *Jarass/Pieroth*, GG, Art. 74 Rn. 45 f. (vgl. ebd., Rn. 46 zu weiteren Materien, die nicht dem Bodenrecht zuzurechnen sind).
[363] BVerfGE 3, 407 (424); 65, 283 (288), 77, 288 (299).
[364] BVerfGE 3, 407 (428).
[365] BVerfGE 56, 298 (311).
[366] BVerfG (K), NVwZ 1987, 879 (879).

II. Einzelne Titel **Art. 74**

Ferner wurden die Baulanderschließung (incl. Abgrabungen größeren Umfangs)[367], Erweiterungs- und Verbesserungsmaßnahmen[368], der bauplanungsrechtliche Grundstücksbegriff[369], die Bekanntmachung der Bauleitpläne[370] sowie die Verpflichtung zum Rückbau im Interesse des Außenbereichs dem Kompetenztitel zugeordnet[371]; auch das Wasserverbandsrecht soll von Nr. 18 gedeckt sein[372]. In der Literatur werden ferner das Bodenverbandsrecht[373] sowie der Planwertausgleich genannt[374], wohingegen die Erstreckung auf den Bodenschutz resp. Altlastenregeln kontrovers diskutiert wird[375]. Während das Recht der **Erschließungsbeiträge** seit 1994 Sache der Länder ist[376], zählen die allgemeinen Vorschriften über die Notwendigkeit wie die technischen Standards der Erschließung weiterhin zum Bodenrecht[377].

Zum **Wohnungswesen** zählen »Angelegenheiten [...], die sich auf Wohnzwecken dienende Gebäude beziehen«[378]; die Hinordnung der einzelnen Untertitel auf das soziale Staatsziel legt ferner eine soziale Zwecksetzung der auf den Titel zu stützenden Bestimmungen nahe (→ Art. 20 [Sozialstaat], Rn. 26)[379]. Mit den einzelnen Katalogtatbeständen korrespondieren unmittelbar einschlägige Bundesgesetze[380], näher das Wohngeldgesetz[381], das Altschuldenhilfegesetz[382], das Wohnungsbau-Prämiengesetz[383], das Bergarbeiterwohnungsbaugesetz[384] sowie das Bergmannssiedlungsgesetz[385]. Die auf die Länder übergegangenen Kompetenzen (→ Rn. 79) lassen sich ähnlich präzise (fortgeltenden) Bundesgesetzen zuordnen. Das gilt namentlich für das **Siedlungs- und Heimstättenwesen**; es dient der Seßhaftmachung von Menschen, die dazu sonst nicht oder nur eingeschränkt in der Lage wären[386]. In der Sache knüpft der Titel an das bereits in der Weimarer Zeit geschaffene Heimstättenrecht mit seinen Instrumenten an[387].

82

Auch der Kompetenztitel nach Art. 74 I Nr. 18 GG kann von Bund wie Ländern nur unter Berücksichtigung der namentlich **supranationalen Vorgaben** aktualisiert wer-

83

---

[367] BVerwG DVBl. 1983, 893 (893).
[368] BVerwGE 68, 130 (132).
[369] BVerwGE 88, 24 (29).
[370] BVerwGE 88, 204 (206 f.).
[371] BVerwGE 144, 341 (347 ff., Rn. 17 ff.).
[372] BVerwGE 3, 1 (4); offen gelassen in BVerfGE 58, 45 (61: Präferenz für Art. 74 [I] Nr. 17 GG).
[373] *Umbach/Clemens* (Fn. 52), Art. 74 Rn. 105.
[374] *Kunig* (Fn. 37), Art. 74 Rn. 70; *Jarass/Pieroth*, GG, Art. 74 Rn. 45.
[375] Dafür BVerwGE 126, 1 (1, Rn. 9 ff.); *A. Schink*, DÖV 1995, 213 (214 f.); *E. Brandt*, DÖV 1996, 675 (676 ff.). → *Stettner*, Bd. II² (Suppl. 2007), Art. 74 Rn. 91; a.A. *Oeter* (Fn. 1), Art. 74 Rn. 130.
[376] Soweit ersichtlich, verweisen die Kommunalabgabengesetze der Länder allerdings weiterhin auf die nach Art. 125a I GG fortgeltenden §§ 127 ff. BauGB.
[377] BVerwGE 140, 209 (215, Rn. 22).
[378] BVerfGE 3, 407 (416).
[379] Luzide *Pestalozza*, GG VIII, Art. 74 Rn. 1261.
[380] Zusammenfassend *Degenhart* (Fn. 38), Art. 74 Rn. 82.
[381] Wohngeldgesetz v. 24.9.2008 (BGBl. I S. 1856).
[382] Gesetz über Altschuldenhilfen für Kommunale Wohnungsunternehmen, Wohnungsgenossenschaften und private Vermieter in dem in Artikel 3 des Einigungsvertrages genannten Gebiet v. vom 23.6.1993 (BGBl. I S. 944, 986).
[383] Wohnungsbau-Prämiengesetz i. d. F. d. Bek. v. 30.10.1997 (BGBl. I S. 2678).
[384] Gesetz zur Förderung des Bergarbeiterwohnungsbaues im Kohlenbergbau i. d. F. d. Bek. v. 25.7.1997 (BGBl. I S. 194).
[385] Gesetz über Bergmannssiedlungen v. 10.3.1930 (BGBl. III Nr. 2330-5).
[386] BVerfGE 3, 407 (418).
[387] Instruktiv *C. Mengin*, Guerre du toit et modernité architecturale: loger l'employé sous la République de Weimar, Paris 2007.

Fabian Wittreck

den. Für das Bauplanungsrecht als Kernmaterie steht hier sinnfällig das **Europarechtsanpassungsgesetz Bau** (EAG Bau)[388]. Sofern Art. 74 I Nr. 18 GG Sozialleistungen impliziert (→ Rn. 82), steht ferner das Antidiskriminierungsverbot im Raum. Zudem sind Natur- und Artenschutzregeln zu beachten.

17. Gemeingefährliche oder übertragbare Krankheiten, Zulassung zu ärztlichen und anderen Heilberufen und zum Heilgewerbe, Recht des Apothekenwesens, der Arzneien, der Medizinprodukte, der Heilmittel, der Betäubungsmittel und der Gifte (Art. 74 I Nr. 19 GG)

84 Art. 74 I Nr. 19 GG kann auf eine **längere Vorgeschichte** zurückblicken[389]. Denn schon § 61 RVerf. 1849 erlaubte der Reichsgewalt, »allgemeine Maaßregeln für die Gesundheitspflege« zu treffen. Nach Art. 4 Nr. 15 RVerf. 1871 erstreckte sich die Reichsgesetzgebung auf »Maßregeln der Medicinal- und Veterinärpolizei«. Die Weimarer Reichsverfassung kannte in Art. 7 Nr. 8 WRV eine konkurrierende Gesetzgebungskompetenz des Reichs für »das Gesundheitswesen, das Veterinärwesen und den Schutz der Pflanzen gegen Krankheit und Schädlinge«. Art. 36 Nr. 17–19 HChE ordnete dem Bund »Maßnahmen gegen gemeingefährliche Krankheiten und Tierseuchen«, »Zulassung zu ärztlichen Berufen« und »Verkehr mit Arznei-, Heil- und Betäubungsmitteln und mit Giften« als Gegenstände der Vorranggesetzgebung zu; der Parlamentarische Rat faßte alle Sachgebiete zusammen und ergänzte sie partiell[390]. Die Norm lautete danach ursprünglich wie folgt:

> »19. die Maßnahmen gegen gemeingefährliche und übertragbare Krankheiten bei Menschen und Tieren, die Zulassung zu ärztlichen und anderen Heilberufen und zum Heilgewerbe, den Verkehr mit Arzneien, Heil- und Betäubungsmitteln und Giften;«

85 Die **Föderalismusreform 2006** bringt zwei wesentliche Erweiterungen der Bundeskompetenz (ganz abgesehen vom Wegfall der Erforderlichkeit; → Art. 72 Rn. 17 ff.). Die Ersetzung des ersten »und« durch »oder« holt lediglich die bislang schon vorherrschende weite Deutung nach, wohingegen »das Recht« der zuletzt genannten Teilgehalte substantiell weiter gefaßt ist als der »Verkehr«; der Bund erhält hier eine (bereichsspezifische) Vollkompetenz[391].

86 Gleichwohl stellt auch der neue Art. 74 I Nr. 19 GG **keine Globalermächtigung des Bundes**[392] für den Bereich des Gesundheitswesens dar, sondern zerfällt in eine Reihe von Einzelkompetenzen, die durch ihren Gesundheitsbezug nur lose verknüpft sind. Die »Maßnahmen gegen gemeingefährliche oder übertragbare Krankheiten bei Menschen und Tieren« sind doppelt alternativ zu verstehen. Als Krankheit gilt ein vom Normalzustand abweichender Körper- oder Geisteszustand, der ärztlicher Behand-

---

[388] Gesetz zur Anpassung des Baugesetzbuchs an EU-Richtlinien v. 24.6.2004 (BGBl. I S. 1359); es dient der Umsetzung der Richtlinie 2001/42/EG des Europäischen Parlamentes und des Rates über die Prüfung der Umweltauswirkungen bestimmter Pläne und Programme sowie der Richtlinie 2003/35/EG über die Beteiligung der Öffentlichkeit bei der Ausarbeitung bestimmter umweltbezogener Pläne und Programme.
[389] Siehe *Pestalozza*, GG VIII, Art. 74 Rn. 1297 ff. sowie Schneider/Kramer, GG-Dokumentation, Bd. 18/2, Art. 74 Nr. 19, S. 1488, Rn. 1 ff. (S. 1498).
[390] Näher JöR 1 (1951), S. 539 ff.; *Pestalozza*, GG VIII, Art. 74 Rn. 1302 ff. sowie Schneider/Kramer, GG-Dokumentation, Bd. 18/2, Art. 74 Nr. 19, S. 1489 ff., Rn. 4 ff. (S. 1499 ff.).
[391] Siehe *P. Axer*, in: BK, Art. 74 Abs. 1 Nr. 19 (2011), Rn. 8.
[392] Pointiert → *Stettner*, Bd. II² (Suppl. 2007), Art. 74 Rn. 95.

lung bedarf³⁹³. **Gemeingefährlich** sind Krankheiten, die zu schwerer Gesundheitsschädigung oder zum Tode führen können und gleichzeitig hinreichend verbreitet sind³⁹⁴; als Schulbeispiel werden Tumorerkrankungen als »moderne Volkskrankheiten« angeführt. **Übertragbar** sind alle Infektionskrankheiten³⁹⁵; obwohl der Normwortlaut dies nicht fordert, wird man ein gewisses Maß an Schwere oder Gesundheitsgefährlichkeit annehmen müssen³⁹⁶. Maßnahmen können auch vorbeugend ergriffen werden; umfaßt sind namentlich Impf- und Meldepflichten sowie (verbindliche) Vorsorgeuntersuchungen³⁹⁷; auch eine entsprechende Bevorratung mit Medikamenten ist tauglicher Gegenstand einer Regelung nach Nr. 19. Umstritten ist, ob der Kompetenztitel ein umfassendes Rauchverbot deckt³⁹⁸; stuft man Lungenkrebs als gemeingefährlich ein, wird man das »Austrocknen« einer maßgeblichen Verursachungsquelle nicht substantiell anders einstufen können als eine Impfpflicht o. ä.

»**Zulassung** zu ärztlichen und anderen Heilberufen und zum Heilgewerbe« ist im wertenden Vergleich mit der umfassender formulierten Gesetzgebungskompetenz des Bundes nach Art. 74 I Nr. 1 GG für Rechtsanwaltschaft, Notariat und Rechtsberatung zu deuten (→ Rn. 24) und entsprechend eng auszulegen³⁹⁹. Gedeckt sind Bestimmungen über die Erteilung, Zurücknahme und den Verlust der **Approbation** sowie die Befugnis zur **Ausübung des ärztlichen Berufs**⁴⁰⁰. Zugriff hat der Bund mithin lediglich auf die Gestattung der Berufsaufnahme, ihre Aufhebung sowie auf das einschlägige Prüfungswesen einschließlich der Voraussetzungen für den Zugang zur Ausbildung⁴⁰¹. Für die Zulassung zum **Medizinstudium** ist seit 2006 Art. 74 I Nr. 33 GG speziell (→ Rn. 153; beachte die Abweichungsoption). Versagt ist dem Bundesgesetzgeber hingegen die Ausgestaltung der ärztlichen **Berufsausübung**⁴⁰². Vielmehr besteht hier eine Landeskompetenz, die sich auf folgende Gegenstände erstreckt: Berufsgerichtsbarkeit⁴⁰³, Facharztwesen⁴⁰⁴, Gebührenfragen⁴⁰⁵, Werbeverbote⁴⁰⁶, die Zulassung von

87

---

³⁹³ *Oeter* (Fn. 1), Art. 74 Rn. 135; *M. Rehborn*, in: Friauf/Höfling, GG, Art. 74 Abs. 1 Nr. 19 (2012), Rn. 22 ff.; Jarass/*Pieroth*, GG, Art. 74 Rn. 49; auf Arbeitsunfähigkeit als gleichzeitige oder ausschließliche Folge dieses Zustands stellt ab BSGE 35, 10 (12); 39, 167 (168).
³⁹⁴ *Axer* (Fn. 391), Art. 74 Abs. 1 Nr. 19 Rn. 15; *Kunig* (Fn. 37), Art. 74 Rn. 76; Jarass/*Pieroth*, GG, Art. 74 Rn. 49; *Degenhart* (Fn. 38), Art. 74 Rn. 84.
³⁹⁵ Statt aller Jarass/*Pieroth*, GG, Art. 74 Rn. 49.
³⁹⁶ Instruktiv und m. w. N. → *Stettner*, Bd. II² (Suppl. 2007), Art. 74 Rn. 95. Vgl. BVerwGE 33, 339 (341 f.) – *Wundstarrkrampf*.
³⁹⁷ Vergleichbar *Umbach/Clemens* (Fn. 52), Art. 74 Rn. 113; *H.-W. Rengeling*, HStR³ VI, § 135 Rn. 264; *Oeter* (Fn. 1), Art. 74 Rn. 135; Jarass/*Pieroth*, GG, Art. 74 Rn. 49.
³⁹⁸ Offengelassen in BVerfGE 121, 317 (347, Rn. 97); dafür *R. Stettner*, ZG 22 (2007), 156 (168 ff.); dagegen *M. Rossi/S.-C. Lenski*, NJW 2006, 2657 (2658) mit der Erwägung, Passivrauchen stelle »weder eine notwendige noch eine hinreichende Bedingung für eine Krebserkrankung dar«, so daß es am vorauszusetzenden »unmittelbaren Zusammenhang zwischen der Regelung und der Verhinderung der Krankheit« fehle.
³⁹⁹ BVerfGE 106, 62 (132, Rn. 278).
⁴⁰⁰ BVerfGE 4, 74 (83); 7, 18 (25); 17, 287 (292); 33, 125 (154 f.); vgl. *Oeter* (Fn. 1), Art. 74 Rn. 136 sowie Jarass/*Pieroth*, GG, Art. 74 Rn. 50.
⁴⁰¹ BVerfGE 106, 62 (129 ff., Rn. 268 ff.); BVerwGE 61, 169 (174 f.); BAGE 35, 173 (176).
⁴⁰² BVerfGE 4, 74 (83); 17, 287 (292); 33, 125 (154 ff.); 98, 265 (305); aus der Literatur nur Jarass/*Pieroth*, GG, Art. 74 Rn. 50.
⁴⁰³ BVerfGE 4, 74 (83); 7, 59 (60); 17, 287 (292).
⁴⁰⁴ BVerfGE 33, 125 (155); 98, 265 (307); BayVerfGHE 35, 56 (63).
⁴⁰⁵ BVerfGE 17, 287 (292); 68, 319 (327).
⁴⁰⁶ BVerfGE 71, 162 (172).

Art. 74 C. Erläuterungen

Einrichtungen zum ambulanten Schwangerschaftsabbruch[407], der Schutz von Berufsbezeichnenungen[408] sowie die Ausbildungsträger[409]; ferner Kammerrecht[410], Ausbildungsstudienordnungen[411] sowie die Organisation von Schulen für das Heilgewerbe[412]. Die Literatur benennt noch die Weiterbildung[413].

88 **Ärztliche Berufe** üben Ärzte, Zahnärzte und Tierärzte aus[414]. Hingegen ist der Begriff der »anderen **Heilberufe**« weiter auszulegen und erfaßt »die helfende Betreuung von Menschen mit gesundheitlichen Problemen, seien diese restitutionsfähig oder nicht, sei also die Behandlung oder Betreuung nur pflegender, lindernder Natur«[415]. Zu diesem Kreis zählen Hebammen[416], Heilpraktiker und Psychotherapeuten[417], Altenpfleger, Beschäftigungstherapeuten, Diätassistenten, Logopäden, Masseure, Orthoptisten, pharmazeutisch-technische Assistenten, Physiotherapeuten, Rettungsassistenten und technische Assistenten in der Medizin[418]. Demgegenüber zählen nicht dazu Altenpflegehelfer[419] sowie Optiker[420]. Wie bei den ärztlichen Berufen ist der Bund auf den Berufszugang beschränkt und von der Regelung der Berufsausübung ausgeschlossen[421].

89 Das **Recht des Apothekenwesens** erlaubt dem Bund nunmehr den umfassenden Zugriff auf dieses Regelungssujet, ohne auf Fragen der Zulassung oder der spezifisch heilenden Tätigkeit beschränkt zu sein; insbesondere kann er die ökonomische Situation des Apothekenwesens in den Blick nehmen[422]. Daß erhebliche Eingriffe in das bislang teils auf Art. 74 I Nr. 11 GG gestützte Apothekengesetz seit der Föderalismusreform ausgeblieben sind[423], belegt allerdings entweder den beherzten Zugriff des Bundes vor 2006 oder generell die Kontingenz von Kompetenznormen.

90 Ebenfalls umfassend ist nunmehr die zuvor auf den Teilaspekt »Verkehr«[424] beschränkte Regelungsbefugnis in Ansehung der Arzneien, der Medizinprodukte, der Heilmittel, der Betäubungsmittel und der Gifte; der Verfassungsgesetzgeber wie die Praxis orientieren sich bei der Begriffsbestimmung an vorhandenen Bundesgeset-

---

[407] BVerfGE 98, 265 (306); BVerwGE 75, 330 (332 f.).
[408] BVerfGE 106, 62 (125 ff., Rn. 249 ff.).
[409] BVerfGE 106, 62 (133, Rn. 281).
[410] BVerwGE 39, 110 (112: Ärzte); BVerwG NJW 1997, 814 (815) – *Apotheker*.
[411] BVerwGE 62, 169 (174 f.).
[412] BVerwGE 105, 20 (25).
[413] So *Rehborn* (Fn. 393), Art. 74 Abs. 1 Nr. 19 Rn. 56 sowie *Sannwald* (Fn. 1), Art. 74 Rn. 249.
[414] BVerfGE 33, 125 (154); Jarass/*Pieroth*, GG, Art. 74 Rn. 53. → *Stettner*, Bd. II² (Suppl. 2007), Art. 74 Rn. 97.
[415] BVerfGE 106, 62 (108, Rn. 169).
[416] BVerfGE 17, 287 (293); vgl. BVerwGE 66, 126 (127).
[417] BVerfGE 79, 179 (192); BVerwGE 66, 367 (369).
[418] Für alle Vorstehenden BVerfGE 106, 62 (118 f., Rn. 218 ff.). Vgl. ferner *Pestalozza*, GG VIII, Art. 74 Rn. 1318; Jarass/*Pieroth*, GG, Art. 74 Rn. 51; *Degenhart* (Fn. 38), Art. 74 Rn. 86.
[419] BVerfGE 106, 62 (122 ff., Rn. 263 ff.).
[420] Wie hier beispielsweise *Oeter* (Fn. 1), Art. 74 Rn. 136; *Kunig* (Fn. 37), Art. 74 Rn. 80; für Zuordnung zum Heilgewerbe demgegenüber Jarass/*Pieroth*, GG, Art. 74 Rn. 51 a. E.; in dieser Richtung auch *Axer* (Fn. 391), Art. 74 Abs. 1 Nr. 19 Rn. 17 mit Fn. 68: »eher Art. 74 Abs. 1 Nr. 19 GG«.
[421] Siehe BVerfGE 4, 74 (83); 17, 287 (292); 33, 125 (154 f.); 106, 62 (124 f.).
[422] Jarass/*Pieroth*, GG, Art. 74 Rn. 52. → *Stettner*, Bd. II² (Suppl. 2007), Art. 74 Rn. 98.
[423] Gesetz über das Apothekenwesen i. d. F. d. Bek. v. 15.10.1980 (BGBl. I S. 1993).
[424] Wenn auch weit verstanden: lt. BVerfGE 114, 196 (222, Rn. 156): »Gemeint sind der gesamte Umsatz und Vertrieb von der Herstellung über den Handel bis zum Verbraucher und damit auch die Preisbildung«.

zen[425]. **Arzneien** sind danach in Anlehnung an § 2 I Arzneimittelgesetz[426] »Stoffe oder Zubereitungen von Stoffen, die zur Anwendung im oder am menschlichen oder tierischen Körper bestimmt sind und als Mittel mit Eigenschaften zur Heilung oder Linderung oder zur Verhütung menschlicher oder tierischer Krankheiten oder krankhafter Beschwerden bestimmt sind« oder verabreicht werden, um entweder physiologische Funktionen zu beeinflussen oder eine Diagnose zu erstellen. **Medizinprodukte** sind in Anlehnung an § 3 Nr. 1 Medizinproduktegesetz[427] Apparate, Vorrichtungen, Instrumente und Stoffe (auch: Software), die zur Erkennung, Behandlung und Überwachung von Krankheiten, Behinderungen oder Verletzungen oder der Empfängnisregelung eingesetzt werden und keine Arzneien sind. **Heilmittel** werden unter Rückgriff auf § 30 S. 1 SGB VII[428] gefaßt als »alle ärztlich verordneten Dienstleistungen, die einem Heilzweck dienen oder einen Heilerfolg sichern und nur von entsprechend ausgebildeten Personen erbracht werden dürfen«. **Betäubungsmittel** sind schließlich die in den Anlagen I-III zum Betäubungsmittelgesetz[429] aufgeführten Stoffe (namentlich Drogen und Rauschgifte). **Gifte** sind Stoffe, die nach ihrer Beschaffenheit bei Mensch oder Tier schwer gesundheitsschädlich oder tödlich wirken können[430].

Auch der Titel nach Art. 74 I Nr. 19 GG ist vornehmlich **supranationale**n **Einträge**n ausgesetzt, die sich allerdings im Vergleich zu anderen Titeln als feingliedriger präsentieren. Zunächst gelten auch für die Regelungsgegenstände der Nr. 19 die allgemeinen Regeln der Nichtdiskriminierung sowie der Warenverkehrs- und Niederlassungsfreiheit u. a. m.[431]. Speziellere und teils tiefgreifende Normwerke hat die Union zu einzelnen Gegenständen erlassen; statt aller sei die Richtlinie 93/42/EWG des Rates vom 14.6.1993 über **Medizinprodukte** erwähnt[432].

18. Wirtschaftliche Sicherung der Krankenhäuser und Regelung der Krankenhauspflegesätze (Art. 74 I Nr. 19a GG)

Art. 74 I Nr. 19a GG ist ohne eine regelrechte (verfassungsrechtliche) Vorgeschichte; die Vorgängerurkunden enthalten zwar durchweg Titel, die Regelungen über Krankenhäuser dem Grunde nach tragen[433], doch ist die spezifische Abhängigkeits- resp. Krisensituation der Krankenhäuser, auf die Nr. 19a reagiert, in dieser Form **ohne Vorbild**. Die Bundesregierung antwortet mit der Initiative zur Einführung des Titels auf erste erkennbare Anpassungsschwierigkeiten der überkommenen deutschen Kran-

---

[425] Unterstrichen von Jarass/*Pieroth*, GG, Art. 74 Rn. 53.
[426] Arzneimittelgesetz i. d. F. d. Bek. v. 12.12.2005 (BGBl. I S. 3394).
[427] Medizinproduktegesetz i. d. F. d. Bek. v. 7.8.2002 (BGBl. I S. 3146).
[428] Das Siebte Buch Sozialgesetzbuch – Gesetzliche Unfallversicherung – (Art. 1 des Gesetzes vom 7.8.1996, BGBl. I S. 1254).
[429] I.d.F. d. Bek. v. 1.3.1994 (BGBl. I S. 358). Vgl. *Kunig* (Fn. 37), Art. 74 Rn. 81 sowie *Degenhart* (Fn. 38), Art. 74 Rn. 87.
[430] *H.-W. Rengeling*, HStR³ VI, § 135 Rn. 695; Jarass/*Pieroth*, GG, Art. 74 Rn. 53; verkürzt *Pestalozza*, GG VIII, Art. 74 Rn. 1340, der den Anwendungsbereich auf anorganische Stoffe begrenzt, was schon im Hinblick auf Schlangengift unplausibel erscheint. Kritik an dieser Beschränkung auch bei *Degenhart* (Fn. 38), Art. 74 Rn. 87, Fn. 477.
[431] Zur Illustration nur EuGH, Urt. v. 19.5.2009, Rs. C-171/07 – *Apothekerkammer des Saarlandes/Saarland* (»Doc Morris«).
[432] ABl. EG Nr. L 169 S. 1. Siehe aus der Literatur nur A. *Walter*, Grundlagen des europäischen Medizinprodukterechts, 2012 sowie R. *Streinz*, Lebensmittel- und Arzneimittelrecht, in: Schulze/Zuleeg/Kadelbach, Europarecht, § 24 Rn. 114.
[433] *Pestalozza*, GG VIII, Art. 74 Rn. 1354. → *Stettner*, Bd. II² (Suppl. 2007), Art. 74 Rn. 99.

kenhausstruktur⁴³⁴. 2006 bleibt es bei der Prüfung der Erforderlichkeit einer bundesrechtlichen Regelung nach Nr. 19a (→ Art. 72 Rn. 18 ff.).

93 Die Bundeskompetenz nach Art. 74 I Nr. 19a GG ist **strukturell dilemmatisch**. Sie formuliert mit der »wirtschaftlichen Sicherung« eine garantieartige Kompetenz, räumt dem Bund mit der Regelung der Krankenhauspflegesätze jedoch nur den Zugriff auf eine von mehreren Stellschrauben ein, die für die wirtschaftliche Situation der Krankenhäuser verantwortlich sind⁴³⁵. Insbesondere verbleiben Krankenhausorganisation wie Krankenhausplanung in der Verantwortung der Länder (→ Art. 70 Rn. 15)⁴³⁶, und auch das Bestimmungsrecht der kommunalen Träger bleibt unberührt (→ Art. 28 Rn. 136)⁴³⁷. Daß für Krankenhäuser der Bundeswehr Art. 73 I Nr. 1 GG vorrangig ist (→ Art. 73 Rn. 14)⁴³⁸, dürfte hingegen diesbezüglich unschädlich sein.

94 Die Bundeskompetenz nach Art. 74 I Nr. 19a GG umfaßt »die Finanzhilfen und die Entgelte für teilstationäre und stationäre Krankenbehandlung«⁴³⁹. Auf der Grundlage des Titels hat der Bund das **Krankenhausfinanzierungsgesetz** (KHG) erlassen⁴⁴⁰; dieses weist »die Investitionskosten (§ 2 Nr. 2 KHG) der öffentlichen Hand zu und die Deckung der laufenden Betriebs- und Behandlungskosten den Pflegesätzen (§ 4 KHG); das sind die Entgelte der Benutzer oder ihrer Kostenträger (§ 2 Nr. 4 KHG)«⁴⁴¹. Als Krankenhäuser i.d.S. zählen öffentliche wie private Einrichtung der *stationären* Krankenversorgung⁴⁴² einschließlich der Tageskliniken⁴⁴³. In der Sache soll auch die Kostenerstattungspflicht für Ärzte erfaßt sein, die Krankenhäuser i.S.v. Nr. 19a zur privaten Liquidation nutzen, nicht aber der daran geknüpfte dienstrechtliche Vorteilsausgleich⁴⁴⁴. Beschränkt ist der Bund auf die Zielsetzung der **wirtschaftlichen Sicherung**; hingegen sind ihm gesundheitspolitische Fernziele anderer Art auf der Grundlage von Art. 74 I Nr. 19a GG versagt⁴⁴⁵.

95 Genuin völkerrechtliche Vorgaben für den Titel nach Nr. 19 sind nicht zu verzeichnen, doch ruft das Stichwort »Finanzierung« aus unionsrechtlicher Perspektive den **Beihilfe**wolf auf den Plan⁴⁴⁶.

---

⁴³⁴ Eingehend *Pestalozza*, GG VIII, Art. 74 Rn. 1355 ff. sowie *M. Rehborn*, in: Friauf/Höfling, GG, Art. 74 Abs. 1 Nr. 19a (2010), Rn. 3. Instruktiv auch BVerfGE 83, 363 (379 f.).

⁴³⁵ Instruktiv zum »dualistische[n] System« der Krankenhausfinanzierung BVerfGE 114, 196 (205, Rn. 50). Monographisch *O. Depenheuer*, Staatliche Finanzierung und Planung im Krankenhauswesen, 1986; *D.H. Scheuing*, Verfassungsrechtliche Zentralfragen der Krankenhausfinanzierung, 1985; jüngst *J. Ipsen*, Verfassungsfragen der Krankenhausfinanzierung, in: FS Hufen, 2015, S. 181 ff.

⁴³⁶ BVerfGE 83, 363 (380); zur gleichwohl fortbestehenden bundesrechtlichen Pflicht zu einer solchen Planung *Rehborn* (Fn. 434), Art. 74 Abs. 1 Nr. 19a Rn. 28 ff.

⁴³⁷ *H.-W. Rengeling*, HStR³ VI, § 135 Rn. 269.

⁴³⁸ *P. Axer*, in: BK, Art. 74 I Nr. 19a (2011), Rn. 9; Jarass/*Pieroth*, GG, Art. 74 Rn. 54; *Seiler* (Fn. 1), Art. 74 Rn. 73.

⁴³⁹ BVerfGE 114, 196 (222, Rn. 157).

⁴⁴⁰ Gesetz zur wirtschaftlichen Sicherung der Krankenhäuser und zur Regelung der Krankenhauspflegesätze (Krankenhausfinanzierungsgesetz – KHG) i.d.F. d. Bek. v. 10.4.1991 (BGBl. I S. 886).

⁴⁴¹ BVerfGE 114, 196 (205, Rn. 50).

⁴⁴² *Axer* (Fn. 438), Art. 74 I Nr. 19a Rn. 17; *Oeter* (Fn. 1), Art. 74 Rn. 141; Jarass/*Pieroth*, GG, Art. 74 Rn. 54.

⁴⁴³ BSGE 102, 219 (223 f., Rn. 24); *Rehborn* (Fn. 434), Art. 74 Abs. 1 Nr. 19a Rn. 18. – Für eine Erstreckung auf Entbindungskliniken *Axer* (Fn. 438), Art. 74 I Nr. 19a Rn. 15.

⁴⁴⁴ BVerwGE 112, 170 (176); 130, 252 (254 ff., Rn. 12 ff.). Zum Nutzungsentgelt für die Nebentätigkeit beamteter Ärzte BVerwG NVwZ-RR 2001, 390 (393).

⁴⁴⁵ BVerfGE 82, 209 (232).

⁴⁴⁶ Näher *T. Vollmöller*, Krankenhausfinanzierung und EG-Beihilfenrecht, in: FS Schmidt, 2006, S. 205 ff.; *A. Lehmann*, Krankenhaus und EG-Beihilferecht. Die Vereinbarkeit des Krankenhausfi-

19. Recht der Lebensmittel einschließlich der zu ihrer Gewinnung dienenden Tiere, Recht der Genußmittel, Bedarfsgegenstände und Futtermittel, Schutz beim Verkehr mit land- und forstwirtschaftlichem Saat- und Pflanzgut, Pflanzen- und Tierschutz (Art. 74 I Nr. 20 GG)

Die in ihren einzelnen Zielrichtungen reichlich heterogene Kompetenznorm kann nur hinsichtlich einzelner Gehalte auf eine **Vorgeschichte** zurückschauen[447]. Die Reichverfassungen von 1849 und 1871 schweigen, wohingegen Art. 7 Nr. 15 WRV »den Verkehr mit Nahrungs- und Genußmitteln sowie mit Gegenständen des täglichen Bedarfs« der konkurrierenden Gesetzgebung des Reiches zuordnet und Art. 7 Nr. 8 WRV Gleiches für den »Schutz der Pflanzen gegen Krankheiten und Schädlinge« anordnet. In dieser Tradition finden in Art. 36 Nr. 20 HChE als Teil der Vorranggesetzgebung des Bundes der »Verkehr mit Nahrungs- und Genußmitteln, sowie mit Gegenständen des täglichen Bedarfs« sowie in Art. 36 Nr. 21 HChE die »Maßnahmen gegen Pflanzenkrankheiten und Pflanzenschädlinge« Aufnahme, ohne inhaltlich im Parlamentarischen Rat Dissens zu erzeugen[448]. **1971** wird in einem ersten Reformschritt der Wortlaut geglättet (etwa nachvollzogen, daß Bäume durchaus unter »Pflanzen« fallen könnten) und insbesondere der »**Tierschutz**« eingefügt (→ Rn. 99; → Art. 20a Rn. 3 f.)[449]. 2006 schließlich wird die Norm nochmals überholt und erhält ihre heutige Form; die Kompetenz für Lebensmittel wird insbesondere auf die zu ihrer Gewinnung dienenden Tiere erstreckt[450]. An der Notwendigkeit einer **Erforderlichkeit** einer bundesgesetzlichen Regelung hält der Reformgesetzgeber fest (→ Art. 72 Rn. 18 ff.).

Der Titel gliedert sich in **drei Gruppen**, die verkürzt als menschlicher Bedarf (auch: Verbrauchsgüter[451]), agrarischer Bedarf sowie Tier- und Pflanzenschutz bezeichnet werden können, ohne daß die Zuordnung trennscharf wäre. Die erste Gruppe ist seit der Föderalismusreform nicht mehr auf den »Verkehr« beschränkt und erlaubt dem Bund danach Vollregelungen, die diesbezüglich auch in den privaten Bereich eingreifen können (Schulbeispiel ist die Hausschlachtung)[452]. Zielsetzung der Kompetenz ist der umfassende Schutz der Gesundheit, aber auch derjenige vor Übervorteilung oder Irreführung durch mangelhafte Kennzeichnung[453]. **Lebens- und Genußmittel** haben die Bestimmung zum menschlichen Verzehr gemeinsam, wobei sie sich in der Notwendigkeit für die Lebenserhaltung resp. -führung wie in der potentiellen Gefährlich-

---

nanzierungsrechts mit Art. 87 ff. EG-Vertrag, 2008; *B. Leupold*, Krankenhausmärkte in Europa. Aus der Perspektive des europäischen Beihilfenrechts, 2009.

[447] Siehe *Pestalozza*, GG VIII, Art. 74 Rn. 1412 ff. sowie Schneider/Kramer, GG-Dokumentation, Bd. 18/2, Art. 74 Nr. 20, S. 1566, Rn. 1 ff. (S. 1576).

[448] Näher JöR 1 (1951), S. 543 ff.; *Pestalozza*, GG VIII, Art. 74 Rn. 1418 ff. sowie Schneider/Kramer, GG-Dokumentation, Bd. 18/2, Art. 74 Nr. 20, S. 1567 ff., Rn. 4 ff. (S. 1577 ff.). – Die Ursprungsfassung lautet »den Schutz beim Verkehr mit Lebens- und Genußmitteln sowie Bedarfsgegenständen, mit Futtermitteln, mit land- und forstwirtschaftlichem Saat- und Pflanzengut und den Schutz der Bäume und Pflanzen gegen Krankheiten und Schädlinge«.

[449] Näher *Pestalozza*, GG VIII, Art. 74 Rn. 1417; der Wortlaut lautet danach: »Schutz beim Verkehr mit Lebens- und Genußmitteln, Bedarfsgegenständen, Futtermitteln und land- und forstwirtschaftlichem Saat- und Pflanzgut, den Schutz der Pflanzen gegen Krankheiten und Schädlinge sowie den Tierschutz«. – Instruktiv zur diesbezüglichen Vorgeschichte *Y. Han*, Gesetzlicher Tierschutz im Deutschen Reich, 2014.

[450] Näher *Kluth* (Fn. 211), Art. 74 Rn. 11; *Oeter*, Neustrukturierung (Fn. 18), Rn. 63.

[451] So etwa Jarass/*Pieroth*, GG, Art. 74 Rn. 55.

[452] Unterstrichen von → *Stettner*, Bd. II² (Suppl. 2007), Art. 74 Rn. 102 f.

[453] *Umbach/Clemens* (Fn. 52), Art. 74 Rn. 129; *Oeter* (Fn. 1), Art. 74 Rn. 145; Jarass/*Pieroth*, GG, Art. 74 Rn. 55.

keit nur graduell unterscheiden (man denke an Alkohol oder Tabakprodukte; angesichts des neuen Zuschnitts der Norm sind in Rechtsprechung wie Literatur einschlägige Verbotsregelungen bereits angenommen oder vorgeschlagen worden[454]). Die Einbeziehung des Rechts der »zur Gewinnung von Lebensmitteln dienenden Tiere« erlaubt dem Bund eingedenk zahlreicher Lebensmittelskandale den lückenlosen **Zugriff auf die Herkunftskette** tierischer Produkte. **Bedarfsgegenstände** sind Güter des täglichen Bedarfs, die – wie Kosmetika – durch ihren Einsatz am menschlichen Körper wie die mitunter opak werdende Abgrenzung zu Arzneimitteln (→ Rn. 90) besondere Gesundheitsrisiken aufwerfen können und daher der qualifizierten Überwachung und Regulierung bedürfen[455]. **Futtermittel** dienen dem tierischen Verzehr; ihre Überwachung dient wiederum unter dem Eindruck einschlägiger Vorfälle der Gesundheit der Tiere wie der des Menschen. Zentrales Instrument zur Umsetzung der Bundeskompetenz ist das Lebensmittel- und Futtergesetzbuch[456]. Die Bundeskompetenz in Ansehung des **land- und forstwirtschaftlichen Saat und Pflanzgut**es ist nach wie vor auf den Verkehr damit beschränkt; dies erfaßt den gesamten Umgang (Herstellung, Vertrieb einschließlich der Werbung) mit den genannten Gütern unter Ausschluß der Züchtung und Verwendung zum Eigenbedarf[457]. Auch dürfte der Schutz Dritter beim Umgang mit solchem Saat- und Pflanzgut, das etwa durch Keimbelastung oder Verunreinigung mit gentechnisch veränderten Organismen Gefahren verursachen kann, mitabgedeckt sein[458].

98 Der **Schutz der Pflanzen** gegen Krankheiten und Schädlinge ist vom Biotopschutz als Teil des Naturschutzes i. S. v. Art. 74 I Nr. 29 GG (→ Rn. 142) abzugrenzen. Art. 74 I Nr. 20 GG ermächtigt den Bund nur zum Erlaß von Regelungen, die dem Schutz einzelner Pflanzen bzw. Pflanzenarten dienen[459]. Die Norm zielt zwar gerade eingedenk ihrer diesbezüglich langen Tradition primär auf den Schutz **landwirtschaftlich nutzbarer Pflanzen**, erschöpft sich darin aber nicht; der Bund kann namentlich im Interesse der Erhaltung der Artenvielfalt (→ Art. 20a Rn. 38) auch gegen Pflanzenschädlinge und Krankheiten vorgehen, die wie die Massariakrankheit verbreitete Kultur- oder seltene Pflanzen bedrohen und dabei auch zu Verkehrs- und Gesundheitsgefahren führen können[460].

99 »Der Begriff des **Tierschutz**es ist [...] weit auszulegen. Er bezieht sich insbesondere auf die Haltung, Pflege, Unterbringung und Beförderung von Tieren, auf Versuche an lebenden Tieren und auf das Schlachten von Tieren [...]. Dabei geht es der Kompetenznorm [...] in erster Linie darum, Regelungen zu ermöglichen, deren Zweck es ist, Tieren bei Vorgängen der genannten Art Schmerzen, Leiden oder Schäden so weit wie möglich zu ersparen [...]. Im Interesse der wirksamen Sicherung dieses Zwecks gestattet Art. 74 Abs. 1 Nr. 20 GG dem Bund auch Regelungen zur Überwachung und zur

---

[454] BVerfG (K), NVwZ 2011, 355 (356, Rn. 13) – ein landesrechtliches Alkoholverkaufsverbot wird nicht von Art. 74 I Nr. 19 GG ausgeschlossen; siehe ferner *R. Stettner*, ZG 22 (2007), 156 (173 ff.) – Bundesgesetz zum Schutz vor Passivrauchen.
[455] Vgl. nur *Kluth* (Fn. 211), Art. 74 Rn. 12; *Oeter* (Fn. 1), Art. 74 Rn. 145; *Jarass/Pieroth*, GG, Art. 74 Rn. 55.
[456] Lebensmittel-, Bedarfsgegenstände- und Futtermittelgesetzbuch i. d. F. d. Bek. v. 2.6.2013 (BGBl. I S. 1426).
[457] Statt aller *Sannwald* (Fn. 1), Art. 74 Rn. 278.
[458] So namentlich → *Stettner*, Bd. II² (Suppl. 2007), Art. 74 Rn. 103.
[459] Siehe *Kunig* (Fn. 37), Art. 74 Rn. 85 sowie *Degenhart* (Fn. 38), Art. 74 Rn. 91.
[460] Vgl. dazu das Gesetz zum Schutz der Kulturpflanzen (Pflanzenschutzgesetz) v. 6.2.2012 (BGBl. I S. 148, 1281) und dazu kritisch *V. Kaus*, Zeitschrift für Stoffrecht 2012, 48 ff.

Förderung des Tierschutzes«[461]. Dazu zählt die Festlegung von Gebühren für Hygienekontrollen von frischem Fleisch[462]. Kerninstrument der Kompetenznorm ist das Tierschutzgesetz, wohingegen das Verbot der Züchtung von Kampfhunden auf Art. 74 I Nr. 20 GG nicht gestützt werden konnte[463]. Aktuell steht das Verbot einer Tötung von »Eintagsküken« zur Diskussion[464].

Alle Gegenstände des Kompetenztitels sind intensiv insbesondere durch **Maßnahmen des Unionsrechts** tangiert. Das gilt für das Lebensmittel-[465], das Futtermittel-, das Pflanzenschutz-[466] sowie für das Tierschutzrecht[467]. Flankiert wird diese Entwicklung von einer reichhaltigen Rechtsprechung[468]. Gerade angesichts transatlantischer Differenzen über Lebensmittelsicherheit und den Stellenwert gentechnisch veränderten Saatguts steigt ferner die diesbezügliche Bedeutung des **Welthandelsrechts**[469].

100

20. Schiffahrt, Seezeichen, Wetterdienst, Wasserstraßen (Art. 74 I Nr. 21)

Die konkurrierende Kompetenz nach Art. 74 I Nr. 21 GG kann auf eine reichhaltige Vorgeschichte zurückblicken[470], die zugleich belegt, daß Hochsee- wie Binnenschiffahrt zu den **Schnittstellenkompetenzen** zählen, an denen die Zentralebene ein intrinsisches Interesse hat oder haben muß. Vergleichsweise schwach ist dabei noch der Zugriff des Reiches in der **Paulskirchenverfassung** ausgeprägt, die zunächst die »Uferstaaten« in die Pflicht nimmt, aber einer Oberaufsicht des Reiches unterwirft (näher §§ 20–27 RVerf. 1849). Weitergehend gestanden Art. 4 Nr. 7 **RVerf. 1871** dem Reich die Gesetzgebungskompetenz für die »Organisation eines gemeinsamen Schutzes des Deutschen Handels im Auslande, der Deutschen Schiffahrt und ihrer Flagge zur See« sowie Art. 4 Nr. 8 die Gesetzgebung über »die Herstellung von Land- und Wasserstraßen im Interesse der Landesverteidigung und des allgemeinen Verkehrs« zu. Nach Art. 4 Nr. 9 RVerf. 1871 kam noch die Gesetzgebungskompetenz betreffend den »Flößerei- und Schiffahrtsbetrieb auf den mehreren Staaten gemeinsamen Wasserstraßen« sowie den »Zustand der letzteren, sowie die Fluß- und sonstigen Wasserzölle« hinzu. 1873 wurden der Nr. 9 schließlich noch die Worte »desgleichen die Seeschiffahrtszeichen (Leuchtfeuer, Tonnen, Baken und sonstige Tagesmarken)« hinzugefügt. Die **Weimarer Reichsverfassung** normierte deutlich schlanker eine konkurrierende Gesetzge-

101

---

[461] BVerfGE 110, 141 (171, Rn. 105 [Hervorhebung nicht i.O., F.W.]). Gleichsinnig aus der Literatur *H.-W. Rengeling*, HStR³ VI, § 135 Rn. 275; *Kunig* (Fn. 37), Art. 74 Rn. 86; Jarass/*Pieroth*, GG, Art. 74 Rn. 56.
[462] BVerwGE 102, 39 (40); 111, 143 (146).
[463] BVerfGE 110, 141 (171 ff., Rn. 106 ff.).
[464] Eine gesetzliche Grundlage verlangt mit guten Gründen *P. Bender*, NWVBl. 2015, 212 ff.
[465] Im ersten Zugriff m.w.N. *Streinz* (Fn. 432), § 24 Rn. 1 ff. (S. 1381 ff. m.w.N. zu Rechtsakten und Rechtsprechung); *S. Görgen*, Die Europäische Union und das Lebensmittelrecht, 2. Aufl. 2015; kritisch zuletzt *J. Gundel*, Zeitschrift für das gesamte Lebensmittelrecht 42 (2015), 143 ff.
[466] Näher m.w.N. *I. Härtel*, Landwirtschaftsrecht, in: Ehlers/Fehling/Pünder, Bes. Verwaltungsrecht I, § 31 Rn. 4 ff.; *Busse* (Fn. 350), § 25 Rn. 29; Detailstudie von *P. Quart*, Zeitschrift für Stoffrecht 2012, 58 ff.
[467] Siehe nur *A. Peters/S. Stucki*, Tierversuchsrichtlinie 2010/63/EU: Rechtsgutachten zu ihrer Umsetzung in Deutschland, 2014.
[468] Jüngste Dokumentation *G. v. Rintelen*, Agrar- und Umweltrecht 2015, 172 ff.
[469] Instruktiv *J. Wilhelms/A. Rexroth/B. Petersen*, Deutsche Lebensmittel-Rundschau 2015, 268 ff.
[470] Siehe *Pestalozza*, GG VIII, Art. 74 Rn. 1476 ff. sowie Schneider/Kramer, GG-Dokumentation, Bd. 18/2, Art. 74 Nr. 21, S. 1650 f., Rn. 1 ff. (S. 1664 ff.).

Art. 74   C. Erläuterungen

bung des Reichs für »die Seeschiffahrt« (Art. 7 Nr. 18 WRV) und »die Binnenschiffahrt« (Art. 7 Nr. 19 WRV).

102   Art. 36 Nr. 32–34 HChE sahen für den Bund die Vorrangkompetenz betreffend »Hochsee- und Küstenschiffahrt sowie Seezeichen«, »Schiffahrt auf Gewässern, die das Gebiet mehrerer Länder berühren« und »See-, Wasserstraßen sowie Wasserstraßen, die das Gebiet mehrerer Länder berühren« vor. Eine vergleichsweise kleinteilige Diskussion im **Parlamentarischen Rat** führte schließlich zur Endfassung von Art. 74 I Nr. 21 GG[471]. Sie ist normtextlich unverändert geblieben, aber 2006 von der Notwendigkeit der **Erforderlichkeit** einer bundesgesetzlichen Regelung freigestellt worden (→ Art. 72 Rn. 17ff.).

103   Die ihre Homogenität durch den Bezug auf den Verkehr auf dem Wasser gewinnende Kompetenznorm wird gewöhnlich in drei Untertitel gefaßt: Die ersten vier Einträge firmieren als **Wasserverkehrsrecht**[472], während der (ohnehin über die Schiffahrt hinausweisende) Wetterdienst Selbstand behält und die letzten beiden Gegenstände als **Wasserwegerecht** zusammengefaßt werden. Für das Wasserverkehrsrecht ist charakteristisch, daß die Gesetzgebungszuständigkeit durch ihren **Verkehrsbezug** begrenzt ist[473]; der Regelung offen stehen die technische Beschaffenheit, die Ausrüstung der Schiffe sowie die quantitativen wie qualitativen Anforderungen an die Besatzung. Umfaßt sind ferner die Vorkehrungen für die Sicherheit und Leichtigkeit des Verkehrs (namentlich das Signalwesen[474] und die Schiffahrtspolizei[475]) sowie Entgeltregelungen[476]. Nicht umfaßt ist die Gesetzgebungszuständigkeit für die Anlage von Häfen[477]; die Abwehr von **Gewässerverunreinigungen** unterliegt der Kompetenz der Länder[478], sofern der Bund sich nicht gezielt auf solche Regelungen beschränkt, die auf die Schiffe abstellen und deren Beschaffenheit, Betrieb und Verhalten im Verkehr betreffen[479]. In diesem Rahmen ist **Hochseeschiffahrt** der Verkehr jenseits der Territorial- und Hoheitsgewässer; **Küstenschiffahrt** ist dazu komplementär[480]. **Binnenschiffahrt** ist der Verkehr auf Binnengewässern. **Seezeichen** schließlich sind optisch, akustisch oder per Übertragung wahrnehmbare feste Zeichen in oder an der See[481] (Leuchttürme, Feuerschiffe, Baken u.a.m., aber auch modernere elektronische Leitsysteme). Sie sind zu unterscheiden von Signalen der Schiffe selbst, die von der ersten Titelgruppe abgedeckt werden.

104   Die Bundeskompetenz zur Regelung der **Seewasserstraßen** erstreckt sich auf die der Hoheitsgewalt der Bundesrepublik unterstehenden Küstengewässer; über die Fahrrinne im engeren Sinne ist das gesamte Gewässer umfaßt[482]. Die dem allgemeinen Verkehr dienenden **Binnenwasserstraßen** sind insbesondere von den **Bundeswasserstra-**

---

[471] Vgl. JöR 1 (1951), S. 545 ff.; *Pestalozza*, GG VIII, Art. 74 Rn. 1486 ff. sowie Schneider/Kramer, GG-Dokumentation, Bd. 18/2, Art. 74 Nr. 21, S. 1651 ff., Rn. 4 ff. (S. 1666 ff.).
[472] Statt aller Jarass/*Pieroth*, GG, Art. 74 Rn. 57.
[473] BVerfGE 15, 1 (12).
[474] BVerfGE 15, 1 (12).
[475] BVerwGE 110, 9 (15 f.) – bezogen auf Schiffe und ihren Betrieb.
[476] BVerfGE 15, 1 (12).
[477] BVerfGE 2, 347 (376) – *Kehler Hafen*; allgemein *Kunig* (Fn. 37), Art. 74 Rn. 93.
[478] BVerwGE 87, 181 (185); 110, 9 (13 ff.).
[479] BVerwGE 110, 9 (15 f.).
[480] Statt aller Jarass/*Pieroth*, GG, Art. 74 Rn. 58.
[481] Siehe *Oeter* (Fn. 1), Art. 74 Rn. 150; Jarass/*Pieroth*, GG, Art. 74 Rn. 58.
[482] Siehe *Oeter* (Fn. 1), Art. 74 Rn. 152; *Kunig* (Fn. 37), Art. 74 Rn. 93 sowie Jarass/*Pieroth*, GG, Art. 74 Rn. 59.

ßen abzugrenzen (→ Art. 89 Rn. 17)[483]. Während letztere (eigentums)rechtlich qualifiziert sind, zielt Art. 74 I Nr. 21 GG unabhängig davon auf eine tatsächliche Qualifikation, die wiederum die besondere Verkehrsrelevanz belegt; »allgemein« ist der Verkehr dann, wenn er entweder überörtliche Verbindungen knüpft oder überdurchschnittlich intensiv ist[484]. Für See- wie Binnenwasserstraßen räumt die Kompetenz dem Bund Regelungen zur Erhaltung in einem Zustand ein, der sicheren und ungestörten Schiffverkehr erlaubt; das umfaßt wiederum die Planfeststellung[485] und die Strompolizei[486]. Hingegen ist die Kompetenz nach Art. 74 I Nr. 32 GG (**Wasserhaushalt**) grundsätzlich speziell, sofern nicht eine genuin verkehrsbezogene Regelung im Einzelfall wasserwirtschaftliche Reflexe hat (→ Rn. 150)[487].

Die Kompetenz des Bundes für den **Wetterdienst** schließlich erschöpft sich nicht in ihrer Bedeutung für die Schiffahrt. Aufgabe des Wetterdienstes ist es nach dem Gesetz, »die meteorologischen Erfordernisse insbesondere auf den Gebieten des Verkehrs, der Land- und Forstwirtschaft, der gewerblichen Wirtschaft, des Bauwesens und des Gesundheitswesens zu erfüllen« sowie »die meteorologische Sicherung der Seefahrt und der Luftfahrt zu gewährleisten«[488]. Er dient damit zahlreichen öffentlichen Interessen von der Verkehrssicherung bis hin zum Tourismus. In der Sache obliegt dem Bund die Regelung der Organisation des Wetterdienstes wie der einschlägigen Aufgaben der damit betrauten Amtswalter[489]. 105

Eingedenk ihres Außenbezugs ist die Kompetenz nach Art. 74 I Nr. 21 GG besonders intensiv auf **internationales Recht** verwiesen, wohingegen die Union diesbezüglich noch vergleichsweise zurückhaltend agiert. Die Unterscheidung von Hochsee- und Küstenschiffahrt sucht zumindest implizit Anschluß an die völkerrechtliche Differenzierung von **Küstengewässer**n und **hoher See**[490]. Ferner bestehen umfangreiche völkervertragliche Regelungen zur Sicherheit des Schiffsverkehrs[491] bzw. zum Meeres- resp. Gewässerschutz[492]. Spezielle völkerrechtliche Vereinbarungen unter den Anrainerstaaten bestehen für die Schiffahrt auf dem Rhein, der Donau und auf dem Bodensee[493]. Schließlich ist für das Wasserwegerecht (→ Rn. 104) auf die sog. CEMT-Klassifizierung von Binnenwasserstraßen (1993) zu verweisen[494]. Die **Union** greift auf die Schiffahrt namentlich in Verfolgung ihrer Verkehrspolitik zu (vgl. Art. 4 II lit. g, 90 ff. AEUV; der Binnenschiffsverkehr ist in Art. 100 I AEUV eigens thema- 106

---

[483] BVerfGE 15, 1 (8 f.).
[484] In Anlehnung an *Pestalozza*, GG VIII, Art. 74 Rn. 1539; Jarass/*Pieroth*, GG, Art. 74 Rn. 59.
[485] Vgl. BVerwG NVwZ 1985, 108 (108) sowie *Oeter* (Fn. 1), Art. 74 Rn. 152; ferner *Degenhart* (Fn. 38), Art. 74 Rn. 94.
[486] Dafür *Umbach/Clemens* (Fn. 52), Art. 74 Rn. 141 sowie Jarass/*Pieroth*, GG, Art. 74 Rn. 59.
[487] BVerfGE 15, 1 (9, 15 f.); näher → *Stettner*, Bd. II² (Suppl. 2007), Art. 74 Rn. 107.
[488] Siehe BVerfGE 15, 1 (12 f.).
[489] Siehe nur *Oeter* (Fn. 1), Art. 74 Rn. 151 sowie *Degenhart* (Fn. 38), Art. 74 Rn. 94.
[490] Näher dazu A. *Proelß*, Raum und Umwelt im Völkerrecht, in: W. Vitzthum/A. Proelß (Hrsg.), Völkerrecht, 6. Aufl. 2013, S. 359 ff. (374 ff., 390 ff.).
[491] Siehe G. *Librando*, The International Maritime Organization and the Law of the Sea, in: D. J. Attard/M. Fitzmaurice (Hrsg.), The IMLI Manual on International Maritime Law, Bd. I, Oxford 2014, S. 577 ff.
[492] Nochmals *Proelß*, Raum (Fn. 490), S. 420 ff., 425 ff.
[493] Näher C. *Graf-Schelling*, Die Hoheitsverhältnisse am Bodensee, 1978 sowie S. *Klein*, Die Kompetenz der Europäischen Union in Anbetracht der Schiffahrt auf Rhein und Donau – unter besonderer Berücksichtigung der europäischen Stromakten, 2004.
[494] Dazu S. *Reinheimer*, Das Verbindungskonzept der Bundeswasserstraßenverwaltung, 2008, S. 92, Fn. 350.

Art. 74   C. Erläuterungen

tisiert)[495]; Erwähnung verdient insbesondere die unlängst novellierte Schiffsausrüstungsrichtlinie[496].

21. Straßenverkehr (Art. 74 I Nr. 22 GG)

107 Charakteristisch für die Vorgeschichte des Art. 74 I Nr. 22 GG ist wiederum, daß eine zunächst nur durch spezifisch gesamtstaatliche Interessen (Verteidigung und »allgemeiner Verkehr«) **bedingte Kompetenz** zunehmend verallgemeinert und von Überlegungen fiskalischer Potenz überlagert wird[497]. Der Zugriff von Paulskirchen- wie Bismarckverfassung auf das Straßenwesen ist in charakteristischer Weise auf die genannten Ziele beschränkt (vgl. §§ 31 f. RVerf. 1849[498] sowie Art. 4 Nr. 8 RVerf. 1871: »die Herstellung von Land- und Wasserstraßen im Interesse der Landesverteidigung und des allgemeinen Verkehrs«). Art. 7 Nr. 19 WRV greift diese Engführung auf, ergänzt die konkurrierende Kompetenz aber immerhin um den KfZ-Verkehr (»den Verkehr mit Kraftfahrzeugen zu Lande, zu Wasser und in der Luft, sowie den Bau von Landstraßen, soweit es sich um den allgemeinen Verkehr und die Landesverteidigung handelt«). Der **Herrenchiemseer Entwurf** geht im Vergleich dazu deutlich weiter und ordnet dem Bund die Vorranggesetzgebung für »Autobahnen des allgemeinen Verkehrs« (Art. 36 Nr. 35 HChE) sowie für »Straßenverkehr, Kraftfahrwesen« (Art. 36 Nr. 36 HChE) zu. Die vom Parlamentarischen Rat gefundene Formulierung von Nr. 22 lautet dann in nochmaliger Erweiterung: »den Straßenverkehr, das Kraftfahrwesen und den Bau und die Unterhaltung von Landstraßen des Fernverkehrs«[499]. **1969** erfolgt die Klarstellung in bezug auf den Fernverkehr; ferner wird die Kompetenz um den Gebührentatbestand (→ Rn. 112) erweitert[500]. **2006** werden zur nochmaligen Klarstellung neben Gebühren auch »Entgelte« aufgenommen[501]; zugleich zählt Art. 74 I Nr. 22 GG zu den Katalogtiteln, die weiterhin dem Vorbehalt der **Erforderlichkeit** einer bundesgesetzlichen Regelung unterliegen (→ Art. 72 Rn. 18 ff.).

108 Das nach Art. 74 I Nr. 22 GG dem Bundesgesetzgeber obliegende **Straßenverkehrsrecht** ist **besonderes Ordnungsrecht** in dem Sinne, daß es (allein) dazu dient, einerseits die vom Straßenverkehr für seine Teilnehmer wie Dritte drohenden Gefahren abzuwehren und andererseits solchen Gefahren zu begegnen, die von außen auf den Straßenverkehr einwirken[502]. Nicht erfaßt sind danach Bestimmungen des Gefahrenabwehrrechts, die sich – wie polizeiliche Kontrollstellen vor Großveranstaltungen – zwar auf den Straßenverkehr auswirken, aber keine verkehrsspezifische Gefahr zu be-

---

[495] Im ersten Zugriff *S. Sendmeyer*, Transport- und Verkehrsrecht, in: Schulze/Zuleeg/Kadelbach, Europarecht, § 34 Rn. 110 ff. (vgl. ferner ebd., S. 2065 ff. mit einer Auflistung der einschlägigen Sekundärrechtsakte wie der Rechtsprechung des EuGH).
[496] Richtlinie 96/98/EG des Rates über Schiffsausrüstung; dazu zuletzt Richtlinie 2013/52/EU.
[497] Siehe zu den Vorläufern zusammenfassend *Pestalozza*, GG VIII, Art. 74 Rn. 1564 ff. sowie Schneider/Kramer, GG-Dokumentation, Bd. 18/2, Art. 74 Nr. 22, S. 1756 f., Rn. 1 ff. (S. 1768 ff.).
[498] § 31 lautet: »Die Reichsgewalt hat über die Landstraßen die Oberaufsicht und das Recht der Gesetzgebung, soweit es der Schutz des Reiches oder das Interesse des allgemeinen Verkehrs erheischt. Ein Reichsgesetz wird bestimmen, welche Gegenstände dahin zu rechnen sind.«
[499] Vgl. JöR 1 (1951), S. 545 ff.; *Pestalozza*, GG VIII, Art. 74 Rn. 1572 ff. sowie Schneider/Kramer, GG-Dokumentation, Bd. 18/2, Art. 74 Nr. 22, S. 1757 ff., Rn. 4 ff. (S. 1770 ff.).
[500] Zur Motivlage statt aller *Pestalozza*, GG VIII, Art. 74 Rn. 1575 ff.
[501] Siehe nur *Kluth* (Fn. 211), Art. 74 Rn. 13; *Oeter*, Neustrukturierung (Fn. 18), Rn. 65.
[502] BVerfGE 40, 371 (380); 67, 299 (314); BVerwGE 109, 29 (35); BGHSt 47, 181 (185); aus der Literatur *Sannwald* (Fn. 1), Art. 74 Rn. 298; Jarass/*Pieroth*, GG, Art. 74 Rn. 61; *Degenhart* (Fn. 38), Art. 74 Rn. 95.

kämpfen trachten⁵⁰³. Die **Rechtsprechung** hat vor diesem Hintergrund Regelungen zu folgenden Sachbereichen auf die Kompetenz nach Art. 74 I Nr. 22 GG gestützt: Außenwerbung⁵⁰⁴ und rollende Reklame⁵⁰⁵, das Dauerparken⁵⁰⁶, bewachte Parkplätze⁵⁰⁷, das Angebot von Unfallhilfe⁵⁰⁸, Veranstaltungen, sofern sie Verkehrshindernisse darstellen⁵⁰⁹, sowie Kennzeichnungspflichen⁵¹⁰.

Abzugrenzen ist das so umrissene Straßenverkehrsrecht ferner vom **Straßen- und Wegerecht**, das der Gesetzgebungskompetenz der Länder zugewiesen ist⁵¹¹. Dieses »befaßt sich herkömmlicherweise mit den Rechtsverhältnissen an den öffentlichen Straßen, und zwar vorwiegend unter zwei Gesichtspunkten. Einmal nach der technischen Seite: Entstehung, Indienststellung, Einteilung und Beendigung durch Einziehung; zum anderen [...] die Benutzung nach der in der Widmung festgelegten spezifischen Verkehrsfunktion: In diesem Bereich gehören zum Wegerecht vor allem diejenigen Vorschriften, welche anordnen, unter welchen Voraussetzungen und in welchem Umfang die Straße dem Einzelnen zur Verfügung steht.«⁵¹² Von der **Rechtsprechung** wurden diesem Kompetenztitel u. a. zugeordnet Regelungen betreffend den Bau und die Unterhaltung von Gemeindestraßen⁵¹³, das öffentliche Eigentum an Straßen⁵¹⁴, die Einrichtung von Fußgängerzonen⁵¹⁵, das Aufstellen von Plakatständern⁵¹⁶, den Leinenzwang zu allgemeinen Ordnungszwecken⁵¹⁷, Sondernutzungen⁵¹⁸, die Verkehrssicherungspflicht⁵¹⁹ sowie die Enteignung zum Bau von Gemeindestraßen⁵²⁰. Kontrovers diskutiert wird namentlich das Anwohnerparken⁵²¹.

109

Die Kompetenz für das **Kraftfahrwesen** deckt den Erlaß derjenigen Regelungen, die den Bau wie den Betrieb von Kraftfahrzeugen betreffen⁵²²; die Zuständigkeit ist in Ansehung der Kompetenz für den Straßenverkehr weitgehend redundant. Gegenwärtig werden das Personenbeförderungsgesetz⁵²³ sowie die Straßenverkehrszulassungsordnung⁵²⁴ auf diesen Titel gestützt. Wollte der Bundesgesetzgeber (statt der Ord-

110

---

⁵⁰³ *Pestalozza*, GG VIII, Art. 74 Rn. 1594, 1596 sowie *Kunig* (Fn. 37), Art. 74 Rn. 95.
⁵⁰⁴ BVerfGE 32, 319 (326 f.).
⁵⁰⁵ BVerfGE 40, 371 (380).
⁵⁰⁶ BVerfGE 67, 299 (315).
⁵⁰⁷ BVerwGE 34, 241 (244 f.).
⁵⁰⁸ BVerwGE 45, 147 (148 f.).
⁵⁰⁹ BVerwGE 82, 34 (37) – *Gegenveranstaltung zum Karlspreis in Aachen*.
⁵¹⁰ BVerwGE 85, 332 (339 f.) – *Tiertransport*.
⁵¹¹ Aktuelle Zusammenfassung von *H.-J. Papier*, Straßenrecht, in: Ehlers/Fehling/Pünder, Bes. Verwaltungsrecht II, § 43 Rn. 1 ff. (speziell zur Abgrenzung zum Straßenverkehrsrecht Rn. 8 ff.).
⁵¹² BVerfGE 40, 370 (378); aus der Literatur nur *Oeter* (Fn. 1), Art. 74 Rn. 154 sowie Jarass/*Pieroth*, GG, Art. 74 Rn. 63.
⁵¹³ BVerfGE 34, 139 (152).
⁵¹⁴ BVerfGE 42, 20 (33).
⁵¹⁵ BVerwG MDR 1975, 430 (431); BVerwGE 62, 376 (378); 94, 136 (138); vgl. aus der Literatur *F.-J. Peine*, DÖV 1978, 835 ff.
⁵¹⁶ BVerwGE 56, 56 (58).
⁵¹⁷ BGHSt 37, 366 (369 ff.).
⁵¹⁸ BGHSt 47, 181 (186 f.).
⁵¹⁹ BGHZ 60, 54 (60); BGH DVBl. 1973, 488 (490); NJW 1980, 2194 (2195).
⁵²⁰ BGHZ 71, 375 (379).
⁵²¹ Dazu nur *C. Hillgruber*, VerwArch. 89 (1998), 97 ff.
⁵²² Vgl. *Sannwald* (Fn. 1), Art. 74 Rn. 299; *Kunig* (Fn. 37), Art. 74 Rn. 97; Jarass/*Pieroth*, GG, Art. 74 Rn. 64. → *Stettner*, Bd. II² (Suppl. 2007), Art. 74 Rn. 111.
⁵²³ So BSG NZS 2002, 31 (31). Vgl. das Personenbeförderungsgesetz vom 21.3.1961 (BGBl. I S. 241).
⁵²⁴ Straßenverkehrs-Zulassungs-Ordnung vom 26.4.2012 (BGBl. I S. 679).

Art. 74   C. Erläuterungen

nungsbehörden der Länder) auf den Fahrdienst »UBER« reagieren, könnte er sich ebenfalls hierauf berufen[525].

111   Unter **Bau und Unterhaltung von Landstraßen für den Fernverkehr** lassen sich alle baulichen und pflegerischen Maßnahmen an Bundesautobahnen und Bundesstraßen von der ersten Planung über die Widmung bis hin zur Bewirtschaftung subsumieren[526]; insb. ist die Planfeststellung erfaßt[527], die sich auch auf Kreuzungen erstreckt; Gleiches gilt für die Regelung von Sondernutzungen[528]. Die Verkehrssicherungspflicht soll hingegen nicht umfaßt sein[529]. Nicht von der Kompetenz gedeckt ist schließlich die **Herabstufung** einer Bundes- zu einer Straße nach Landesrecht, da sie in den Kompetenzbereich des Landes eingreift[530].

112   Die **Erhebung und Verteilung von Gebühren und Entgelten für die Benutzung öffentlicher Straßen mit Fahrzeugen** schließlich erstreckt sich wohlgemerkt nicht lediglich auf die vom Bund unterhaltenen Straßen, sondern explizit auf öffentliche Straßen; darunter können dem Grunde nach auch Privatstraßen fallen, sofern sie für den öffentlichen Verkehr gewidmet sind[531]. Seit 2006 ist klargestellt, daß außer Gebühren (also öffentlich-rechtliche Gegenleistungen für eine Tätigkeit der öffentlichen Hand) auch Entgelte, also Zahlungen auf der Grundlage des Privatrechts, erhoben werden dürfen[532]; dies impliziert gleichzeitig die Möglichkeit der zumindest teilweisen Privatisierung der Aufgaben nach Art. 74 I Nr. 22 GG[533]. In Betracht kommen Parkgebühren[534], aber insbesondere eine regelrechte **Straßenmaut**. Die Wendung von der Verteilung impliziert, daß der Bund über die bloße Aufteilung zwischen Bund und Ländern resp. Kommunen auch Zweckbestimmungen über die Verwendung der Einnahmen treffen kann[535].

113   Die Kontroverse um die »**Ausländermaut**«[536] belegt mit aller Deutlichkeit, daß auch die Bundeskompetenz nach Art. 74 I Nr. 22 GG nur noch in einem unionsrechtlichen Rahmen funktioniert. Während das Vorhaben innerstaatlich kompetenzrechtlich unbedenklich sein dürfte, ist seine Vereinbarkeit mit Art. 92 AEUV nach der erklärten Intention seiner Urheber zumindest nicht mit Händen zu greifen. Auch jenseits dieser zugespitzten Frage sieht sich der Bundesgesetzgeber in Sachen Straßenverkehr mit einem reichhaltigen Regelungsinstrumentarium konfrontiert, das auf die Unionskom-

---

[525] Zum Problem nur *B. Linke*, NVwZ 2015, 476ff. sowie *U. Kramer/T. Hinrichsen*, GewArch. 2015, 145ff.
[526] Siehe *Oeter* (Fn. 1), Art. 74 Rn. 156; *Jarass/Pieroth*, GG, Art. 74 Rn. 65; *Degenhart* (Fn. 38), Art. 74 Rn. 97. → *Stettner*, Bd. II² (Suppl. 2007), Art. 74 Rn. 112.
[527] BVerfGE 26, 338 (377).
[528] BVerwGE 35, 326 (328).
[529] So BGHZ 60, 54 (60); BGH NJW 1980, 2194 (2195); a. A. allerdings ohne Begründung *Degenhart* (Fn. 38), Art. 74 Rn. 97.
[530] BVerfGE 102, 167 (174, Rn. 36); vgl. dazu nur die Anmerkung v. *G. Hermes*, JZ 2001, 92ff.
[531] *Pestalozza*, GG VIII, Art. 74 Rn. 1615.
[532] Siehe nur Jarass/*Pieroth*, GG, Art. 74 Rn. 66 sowie *Degenhart* (Fn. 38), Art. 74 Rn. 97.
[533] Zum Problem nur *R. Bartlsperger*, Das Fernstraßenwesen in seiner verfassungsrechtlichen Konstituierung, 2006.
[534] BVerwGE 58, 326 (330f.).
[535] *P. Henseler*, NVwZ 1995, 745ff.
[536] Formal das »Gesetz über die Erhebung einer zeitbezogenen Infrastrukturabgabe für die Benutzung von Bundesfernstraßen v. 8.6.2015 (BGBl. I. 904); vgl. dazu aus der reichhaltigen Literatur nur *M. Fehling*, ZG 29 (2014), 305ff. sowie *M. Zabel*, NVwZ 2015, 186ff.

petenz nach Art. 4 II lit. g AEUV i. V. m. Art. 90 ff. AEUV (Verkehr) gestützt ist; dieses Kapitel erfaßt ausdrücklich den Straßenverkehr (Art. 100 I AEUV)[537].

22. Schienenbahnen (Art. 74 I Nr. 23 GG)

Art. 74 I Nr. 23 GG steht in der Tradition von Bestimmungen, die nur Ausschnitte des Eisenbahnwesens der Reichsgesetzgebung unterstellten (konkret Art. 4 Nr. 8 RVerf. 1871 sowie Art. 7 Nr. 19 WRV; beide beziehen sich auf den »allgemeinen Verkehr« sowie den militärischen Aspekt)[538]. Demgegenüber sah Art. 36 Nr. 35 HChE die Vorranggesetzgebung für »Eisenbahnen und Autobahnen des allgemeinen Verkehrs, sowie Bau, Betrieb und Verkehr aller Eisenbahnen« vor; dieses sehr breite Tableau wurde im Parlamentarischen Rat teils aufgespalten (→ Rn. 2; → Art. 73 Rn. 47), teils mit Vorbehalten zugunsten der Länder versehen[539]. Die Ursprungsfassung lautete danach »die Schienenbahnen, die nicht Bundeseisenbahnen sind, mit Ausnahme der Bergbahnen«. 1993 erhielt Nr. 23 in Anpassung an Art. 73 Nr. 6a bzw. Art. 87e GG (→ Art. 73 Rn. 47) seine geltende Fassung. 2006 fällt die Notwendigkeit der Erforderlichkeit einer bundesrechtlichen Regelung weg (→ Art. 72 Rn. 17). **114**

Die Kompetenz nach Art. 74 I Nr. 23 GG ist stets gemeinsam mit der allgemeinen Verkehrskompetenz nach Nr. 22 sowie der ausschließlichen Bundeskompetenz für die Eisenbahnen des Bundes zu lesen (Art. 73 I Nr. 6a GG; → Art. 73 Rn. 48 ff.). Sie ermöglicht Regelungen für **Schienenbahnen**, also alle Bahnen mit festem Spurweg[540]. Dazu zählen neben Eisenbahnen Straßenbahnen[541], S-Bahnen[542], Hoch- und Untergrundbahnen[543], Schwebebahnen sowie Magnetkissenbahnen nach Art des »Transrapid«[544]. Alle sind unabhängig von ihrem Status als öffentlich oder privat erfaßt[545]. Die Regelungskompetenz erstreckt sich eingedenk der Zusammenschau mit Nr. 22 bzw. Art. 73 I Nr. 6a GG lediglich auf die verkehrsbezogenen Aspekte[546], zu denen allerdings der Bau der Bahnen[547], die dafür notwendige Planfeststellung[548] sowie die Überbürdung von Kosten für Maßnahmen an Kreuzungen mit Schienenbahnen aller Art gehören[549]. **Bergbahnen** – unabhängig von ihrer technischen Ausgestaltung als Seilbahnen oder Zahnradbahnen – fallen in die ausschließliche Kompetenz der Länder; diese Zustän- **115**

---

[537] Vgl. nochmals *Sendmeyer* (Fn. 495), § 34 Rn. 22 ff.; siehe ferner *C. Jung*, in: Calliess/Ruffert, EUV/AEUV, Art. 100 AEUV Rn. 1 ff.

[538] Siehe *Pestalozza*, GG VIII, Art. 74 Rn. 1651 f. sowie Schneider/Kramer, GG-Dokumentation, Bd. 18/2, Art. 74 Nr. 23, S. 1856 f., Rn. 1 ff. (S. 1866 ff.).

[539] Vgl. JöR 1 (1951), S. 545 ff.; *Pestalozza*, GG VIII, Art. 74 Rn. 1653 ff. sowie Schneider/Kramer, GG-Dokumentation, Bd. 18/2, Art. 74 Nr. 23, S. 1857 ff., Rn. 4 ff. (S. 1869 ff.).

[540] Allgemeine Meinung, siehe nur Jarass/*Pieroth*, GG, Art. 74 Rn. 67. → *Stettner*, Bd. II² (Suppl. 2007), Art. 74 Rn. 116.

[541] BVerfGE 26, 338 (382); 56, 249 (282).

[542] BVerwGE 110, 180 (187).

[543] BVerfGE 45, 297 (323).

[544] Dafür *Bothe* (Fn. 136), Art. 74 Rn. 58; *Oeter* (Fn. 1), Art. 74 Rn. 159; Jarass/*Pieroth*, GG, Art. 74 Rn. 67. – A. A. prominent *Degenhart* (Fn. 38), Art. 74 Rn. 98.

[545] *Bothe* (Fn. 136), Art. 74 Rn. 58; *Umbach/Clemens* (Fn. 52), Art. 74 Rn. 155; *Degenhart* (Fn. 38), Art. 74 Rn. 98.

[546] BVerfGE 15, 1 (13 f.).

[547] BVerfGE 26, 338 (382).

[548] BVerfGE 26, 338 (383). Das Gericht läßt offen, ob die Kompetenz zur Regelung des Verwaltungsverfahrens ebenfalls aus Art. 74 [I] Nr. 23 GG folgt. Hingegen verneint es ihre Erstreckung auf die Planfeststellung auch hinsichtlich kreuzender *Landes*straßen (384).

[549] BVerfGE 26, 338 (388 f.).

Art. 74   C. Erläuterungen

digkeit erstreckt sich auf Bau und Planung wie die etwa notwendige Enteignung von Baugrundstücken[550].

116   Richtlinie 2000/9/EG (sog. **Seilbahnrichtlinie**) zwingt die Bundesländer, von dieser Kompetenz auch dann Gebrauch zu machen, wenn es in ihrem Hoheitsgebiet Seilbahnen weder gibt noch nach menschlichem Ermessen geben wird[551]; die kompetenzrechtliche Depossedierung wird hier zur Posse. Über die allgemeinen Regeln zur Nichtdiskriminierung und zu den Marktfreiheiten hinaus kommt auch hier das Normwerk zum Tragen, das auf die geteilte Zuständigkeit von Union und Mitgliedstaaten für den **Verkehr** (Art. 4 II lit. g AEUV) gestützt ist (→ Art. 73 Rn. 5).

23. Abfallwirtschaft, Luftreinhaltung, Lärmbekämpfung – ohne Schutz vor verhaltensbezogenem Lärm (Art. 74 I Nr. 24 GG)

117   Der Kompetenztitel des Art. 74 I Nr. 24 GG ist ohne direkte Vorläufer, da er ein Problem zu lösen versucht, das dem Verfassunggeber selbst 1949 noch nicht als ein hinreichend gewichtiges vor Augen stand. Die Norm wird **1972** im Zuge der zunehmenden **Sensibilisierung für den Umweltschutz** eingeführt[552]; im Zuge der Föderalismusreform wird 2006 aus »Abfallbeseitigung« in bewußt holistischer Wendung »Abfallwirtschaft«; ferner soll durch den Klammerzusatz »ohne Schutz vor verhaltensbezogenem Lärm« Raum für die Landes-Immissionsschutzgesetze geschaffen oder zumindest festgeschrieben werden[553]. Zugleich wird Nr. 24 von der Erforderlichkeitsklausel des Art. 72 II GG freigestellt bzw. der **Kernkompetenz** des Bundes zugeordnet (→ Art. 72 Rn. 17 ff.).

118   Art. 74 I Nr. 24 GG bleibt auch in seiner neuen Fassung dem Konzept einer fragmentierten Bundeskompetenz für den Naturschutz treu, indem er – gleichwohl wichtige – Ausschnitte der konkurrierenden Gesetzgebungszuständigkeit des Bundes überantwortet. Die neue Bezeichnung als »**Abfallwirtschaft**« unterstreicht im Anschluß an die Rechtsprechung[554], daß die Kompetenz nicht auf die herkömmliche Gefahrenabwehr oder eine eng verstandene (rein nachgelagerte) Beseitigung beschränkt ist, sondern – auch eingedenk der unionsrechtlichen Vorgaben (→ Rn. 121) – dem Bundesgesetzgeber ein **umfassendes Abfallkonzept** erlaubt, das ohne erkennbare »Reservate« der Länder von der Abfallvermeidung über das Einsammeln und Lagern, die Beförderung, die Verwertung durch Recycling oder Nutzung zur Energiegewinnung umfaßt[555]. Notwendig ist einzig der Bezug zum **Abfall**, also solchen beweglichen Sachen, derer sich der Besitzer entledigt hat oder entledigen will oder deren geordnete Entsorgung – nach dem wiederum weiten Ermessen des Gesetzgebers – geboten ist[556]. Konkret anerkannt hat die Rechtsprechung die Einrichtung eines abgabenfinanzierten Klär-

---

[550] Vgl. BVerfGE 56, 249 (263).
[551] Statt aller sinnfällig das Gesetz über Seilbahnen für den Personenverkehr im Lande Bremen – Bremisches Seilbahngesetz v. 12.10.2004 (GBl. S. 523).
[552] Näher *Pestalozza*, GG VIII, Art. 74 Rn. 1682 ff.
[553] Siehe nur *Kluth* (Fn. 211), Art. 74 Rn. 15 sowie *Huber/Uhle*, Landesgesetzgebung (Fn. 44), S. 132 ff.
[554] BVerfGE 98, 106 (120, Rn. 67): »ist dem Bundesgesetzgeber durch Art. 74 Abs. 1 Nr. 24 GG eine Zuständigkeit zur umfassenden Regelung des Rechts der Abfallwirtschaft eingeräumt«.
[555] Siehe BVerfGE 110, 370 (384 f., Rn. 79 ff.); aus der Literatur etwa *H.-W. Rengeling*, HStR³ VI, § 135 Rn. 292; *Oeter* (Fn. 1), Art. 74 Rn. 165; *Degenhart* (Fn. 38), Art. 74 Rn. 100; *Jarass/Pieroth*, GG, Art. 74 Rn. 68. → *Stettner*, Bd. II² (Suppl. 2007), Art. 74 Rn. 119.
[556] Im Anschluß an *Oeter* (Fn. 1), Art. 74 Rn. 162; vgl. ferner *Kunig* (Fn. 37), Art. 74 Rn. 103.

schlamm-Entschädigungsfonds[557], Regeln für die Lagerung und Behandlung von Autowracks[558] sowie die Abfallbehälternutzungspflicht[559]; die Kritik an der Einbeziehung der Abfallvermeidung blieb vereinzelt und ist seit 2006 schlicht unhaltbar[560]. Kernnorm der Abfallwirtschaft – wenn auch weder erschöpfend noch abschließend – ist das Kreislaufwirtschaft- und Abfallgesetz[561].

Die Untertitel Luftreinhaltung und Lärmbekämpfung fungieren gemeinsam als Grundlage für das **Bundesimmissionsschutzgesetz**[562]. Näher ist **Luftreinhaltung** als Schutz vor Luftverunreinigungen zu bestimmen, die in Anlehnung an § 3 IV BImSchG als Veränderungen der natürlichen Zusammensetzung der Luft definiert werden können[563]. Der Titel begründet ebenfalls eine Bundeszuständigkeit für den Klimaschutz[564]; eingedenk der Makroperspektive, die Nr. 24 einnimmt, erstreckt sich die Zuständigkeit hingegen nicht auf die Luftqualität in geschlossenen Räumen, sofern – Stichwort Rauchverbot – die Verunreinigung verhaltens- und nicht anlagenbezogen ist[565]. Soweit der umfassende Ansatz des BImSchG nicht von den Untertiteln der Nr. 24 gedeckt ist, muß der Bund die Regelung auf seine Wirtschaftskompetenz nach Art. 74 I Nr. 11 GG stützen (vgl. dazu § 22 I 3 BImSchG; → Rn. 50 ff.)[566].

119

Lärmbekämpfung überantwortet dem Bund schon nach bisherigem Verständnis nur die Bekämpfung von solchen Geräuschen, die geeignet sind, Gefahren, erhebliche Nachteile oder erhebliche Belästigungen für die Allgemeinheit oder die Nachbarschaft herbeizuführen (vgl. § 3 I BImSchG), und dabei von **Anlagen** ausgehen (vgl. § 3 V BImSchG); dies wird durch die Ausklammerung des verhaltensbezogenen Lärms (→ Rn. 117) lediglich akzentuiert[567]. Der an sich klare Gegensatz von Lärm, der von einer Anlage ausgeht oder ihrem Betreiber zumindest zugerechnet werden kann, und solchem Lärm, der auf menschliches Verhalten zurückgeführt werden kann (genannt werden neben individuellem Verhalten wie dem nutzlosen Laufenlassen von Motoren soziale Einrichtungen wie Sportplätze und andere Freizeitanlagen)[568], gerät allerdings an Grenzen, wenn zwar eine Anlage besteht, der von ihr ausgehende Lärm aber erkennbar verhaltensbezogen ist[569]: die Bundeskompetenz für den kontrovers diskutier-

120

---

[557] BVerfGE 110, 370 (384 f., Rn. 79 ff.).
[558] BVerwG DVBl. 1991, 399 (400).
[559] BVerwGE 123, 1 (6); BVerwG NVwZ 2006, 589 (591).
[560] So aber BayVerfGHE 43, 35 (57) – allerdings in der Sondersituation der »Abwehr« eines Volksbegehrens.
[561] Gesetz zur Förderung der Kreislaufwirtschaft und Sicherung der umweltverträglichen Bewirtschaftung von Abfällen (Kreislaufwirtschaftsgesetz – KrWG) v. 24.2.2012 (BGBl. I S. 212). Aus der Literatur nur K. Meßerschmidt, Kreislaufwirtschafts- und Abfallrecht, in: Ehlers/Fehling/Pünder, Bes. Verwaltungsrecht II, § 47 Rn. 12 ff.
[562] Gesetz zum Schutz vor schädlichen Umwelteinwirkungen durch Luftverunreinigungen, Geräusche, Erschütterungen und ähnliche Vorgänge (Bundes-Immissionsschutzgesetz – BmIschG) i. d. F. d. Bek. v. 17.3.2013 (BGBl. I S. 1274).
[563] Vgl. Oeter (Fn. 1), Art. 74 Rn. 166; Kunig (Fn. 37), Art. 74 Rn. 107; Jarass/Pieroth, GG, Art. 74 Rn. 69.
[564] Wie hier Jarass/Pieroth, GG, Art. 74 Rn. 69.
[565] R. Stettner, ZG 22 (2007), 156 (175).
[566] Näher H. D. Jarass, BImSchG, 14. Aufl. 2015, Einl. Rn. 31. → Stettner, Bd. II² (Suppl. 2007), Art. 74 Rn. 120.
[567] Knapp K. Hansmann, NVwZ 2007, 17 (19 f.); näher → Stettner, Bd. II² (Suppl. 2007), Art. 74 Rn. 120 f.
[568] Siehe etwa Oeter (Fn. 1), Art. 74 Rn. 166 oder Jarass/Pieroth, GG, Art. 74 Rn. 70.
[569] Eingehend zur Abgrenzung P. M. Huber/M. Wollenschläger, NVwZ 2009, 1513 ff. sowie G. Kiefner, DÖV 2011, 535 ff.

ten § 22 Ia BImSchG (Geräuscheinwirkungen von Kindertageseinrichtungen u. a.) ist vor diesem Hintergrund keineswegs offensichtlich[570].

121 Die Bundeskompetenzen nach Art. 74 I Nr. 24 GG sind in ganz erheblicher Weise inter- und insbesondere supranational überformt bzw. **eingehegt**[571]. Die gilt für das Abfallrecht[572], das Immissionsschutz-[573] und insbesondere das Klimaschutzrecht[574]; hier ist neben dem Unionsrecht noch das Recht der von den Vereinten Nationen inaugurierten einschlägigen Konventionen zu berücksichtigen[575].

24. Staatshaftung (Art. 74 I Nr. 25 GG)

122 Die Haftung von Amtsträgern bzw. des Staates für Amtsträger hat eine lange Tradition (→ Art. 34 Rn. 1 ff.)[576], der allerdings keine entsprechende Überlieferung von einschlägigen Kompetenztiteln gegenübersteht. Ganz konsequent ist Art. 74 I Nr. 25 GG nicht nur in den älteren Reichsverfassungen ohne Vorläufer[577], sondern auch im Grundgesetz von 1949 nicht präsent. Die Norm präsentiert sich als Spätfolge des vom Bundesverfassungsgericht verworfenen Versuchs, das **Staatshaftungsgesetz** von 1981 auf den Titel für das Bürgerliche Recht zu stützen (→ Rn. 18)[578]. 1994 wurde daraufhin im Rahmen der von der GVK inaugurierten Verfassungsreform die Nr. 25 eingefügt und gleichzeitig durch den neuen Art. 74 II GG als Zustimmungsgesetz ausgeflaggt (→ Rn. 155)[579]. In gleicher Stoßrichtung bleibt es 2006 bei der Prüfung der **Erforderlichkeit** einer bundesrechtlichen Regelung nach Nr. 25 (→ Art. 72 Rn. 18 ff.).

123 **Staatshaftung** ist die genuin öffentlich-rechtliche und zugleich originäre bzw. nicht erst vermittelte Haftung juristischer Personen des öffentlichen Rechts für rechtswidriges Handeln ihrer Organe und Sachwalter[580], wobei dem Grunde nach alle drei Gewalten i. S. v. Art. 1 III, 20 III GG erfaßt sind; mögliche Sonderregeln für legislatives und judikatives Unrecht sind intuitiv naheliegend, legen aber keine begriffliche Ausgrenzung dieser Sachbereiche nahe. Die vorbehaltlose Formulierung wie die Genese der Norm, aber auch das intrinsisch sonst völlig sachfremde Zustimmungserfordernis

---

[570] Näher *K. Hansmann*, Rechtliche Bewertung von Kinderlärm, in: FS Wahl, 2011, S. 495 ff.; *H.-W. Laubinger*, Kinderlärm – kein Grund zur Klage?, in: FS Riedel, 2013, S. 535 ff. (537 ff.).

[571] Zusammenfassend *Krämer/Winter* (Fn. 350), § 26 Rn. 1 ff.

[572] Vgl. namentlich die EU-Abfallrichtlinie (Richtlinie 2008/98/EG des Europäischen Parlaments und des Rates vom 19.11.2008 über Abfälle […]); aus der Literatur früh *J. Fluck*, EuR 29 (1994), 71 ff.; *Meßerschmidt* (Fn. 561), § 47 Rn. 6 ff.; *B. W. Wegener*, Umweltrecht, in: A. Hatje/P.-C. Müller-Graff (Hrsg.), Enzyklopädie Europarecht, Bd. 8, 2014, § 3 Rn. 52.

[573] Siehe hier nur Richtlinie 2002/49/EG des Europäischen Parlaments und des Rates vom 25.6.2002 über die Bewertung und Bekämpfung von Umgebungslärm sowie Richtlinie 2008/50/EG des Europäischen Parlaments und des Rates vom 21.5.2008 über Luftqualität und saubere Luft für Europa; zusammenfassend *K. Meßerschmidt*, Immissionsschutz und Klimaschutz, in: Ehlers/Fehling/Pünder, Bes. Verwaltungsrecht II, § 46 Rn. 15 ff.

[574] Zusammenfassend *L. Kramer*, SZIER 20 (2010), 311 ff.

[575] Statt aller *V. Oschmann/A. Rostankowski*, ZUR 2010, 59 ff.; theoretische Einordnung bei *S. Schlacke*, Klimaschutzrecht – ein Rechtsgebiet, in: S. Schlacke (Hrsg.), Umwelt- und Planungsrecht im Wandel, 2010, S. 121 ff.

[576] Siehe *Pestalozza*, GG VIII, Art. 74 Rn. 1794 ff.

[577] Näher *B. J. Hartmann*, Öffentliches Haftungsrecht, 2013, S. 150 ff.

[578] BVerfGE 61, 149 (151 ff.); vgl. dazu *T. Linke*, Das Ende einer Reform: Bundesstaatlichkeit vs. Rechtsstaatlichkeit?, in: J. Menzel/R. Müller-Terpitz (Hrsg.), Verfassungsrechtsprechung, 2. Aufl. 2011, S. 353 ff.

[579] Näher *Pestalozza*, GG VIII, Art. 74 Rn. 1803 ff. sowie *W. Durner*, in: BK, Art. 74 I Nr. 25 (2007), Rn. 11 ff.

[580] *Oeter* (Fn. 1), Art. 74 Rn. 168; Jarass/*Pieroth*, GG, Art. 74 Rn. 71.

nach Abs. 2 legen nahe, daß dem Bund die Kompetenz zukommt, alle üblicherweise als »Staatshaftungsrecht« zusammengefaßten Materien aus einer Hand in einem möglichst kohärenten System zu regeln[581]. Neben der klassischen Unrechtshaftung kommen daher auch die Gefährdungs- und Aufopferungshaftung, enteignender und enteignungsgleicher Eingriff, Folgenbeseitigungs-, Erstattungs- und Herstellungsansprüche sowie die Haftung aus öffentlich-rechtlichen Verträgen in Betracht[582]. Die teilweise Fortgeltung des **DDR-Staatshaftungsrecht**s in den neuen Bundesländern ist angesichts der Zurückhaltung gegenüber einer Aktivierung der Zuständigkeit unproblematisch, stellt aber auch kein Hindernis für eine bundesgesetzliche Regelung dar[583]. Der Bundesgesetzgeber ist dabei an die Erforderlichkeitsklausel nach Art. 72 II GG (→ Art. 72 Rn. 18 ff.) sowie an die Zustimmung des Bundesrates nach Abs. 2 gebunden (→ Rn. 155; → Art. 77 Rn. 44 ff.; → Art. 78 Rn. 13).

Die Materie des Staatshaftungsrechts befindet sich in einem intensiven Prozeß der 124 inter- wie supranationalen Durchdringung. Einerseits wird diskutiert, ob das geltende Staatshaftungsrecht noch adäquat für einen Staat ist, der sich als offener Verfassungsstaat am Völkerrecht orientiert (Stichwort: Brücke von **Varvarin**)[584]. Andererseits sind die Ingerenzen des unionsrechtlichen Haftungsregimes zu verzeichnen, das in der Sache eine Melange aus (eingedenk des allgegenwärtigen *effet utile* kupierten) mitgliedstaatlichen Haftungsregelungen[585] und dem Normprogramm des Art. 340 AEUV ist[586].

25. Medizinisch unterstützte Erzeugung menschlichen Lebens, Gentechnik, Transplantation von Organen, Geweben und Zellen (Art. 74 I Nr. 26 GG)

Art. 74 I Nr. 26 GG ist ein typischer Fall der **Reaktion** des verfassungsändernden Ge- 125 setzgebers **auf** neue technische bzw. – damit verbunden – **ethisch-rechtliche Herausforderungen** (→ Art. 1 I Rn. 79 ff.). Dementsprechend sind regelrechte Vorläufer nicht zu verzeichnen[587]. Der Titel wurde 1994 im Rahmen der GVK-Reform eingeführt[588]; »Anliegen des verfassungsändernden Gesetzgebers« war es namentlich, »den Bund durch die Einführung von Art. 74 Abs. 1 Nr. 26 GG mit einer hinreichend klaren Zu-

---

[581] Ähnlich Jarass/*Pieroth*, GG, Art. 74 Rn. 71; *Sannwald* (Fn. 1), Art. 74 Rn. 327; siehe auch *Bothe* (Fn. 136), Art. 74 Rn. 63: Mit Blick auf das »Ziel der Bestimmung […], eine umfassende gesetzliche Reform des Systems staatlicher Ersatzleistungen für schädigendes Verhalten von Staatsorganen zu ermöglichen«, müsse der Begriff der Staatshaftung »in dem umfassenden Sinne verstanden werden, wie er sich in der Reformdebatte entwickelt hat«. → *Stettner*, Bd. II² (Suppl. 2007), Art. 74 Rn. 124.
[582] Näher *Durner* (Fn. 579), Art. 74 I Nr. 25 Rn. 25 ff.; W. *Höfling/A. Engels*, in: Friauf/Höfling, GG, Art. 74 Abs. 1 Nr. 25 (2008), Rn. 5 ff.; *Kunig* (Fn. 37), Art. 74 Rn. 108; Jarass/*Pieroth*, GG, Art. 74 Rn. 71; *Degenhart* (Fn. 38), Art. 74 Rn. 107, siehe speziell für die Haftung aus öffentlich-rechtlichen Verträgen auch dort Fn. 607.
[583] Siehe zuletzt *T. Gelen*, LKV 2009, 15 ff.; instruktiv auch *P. Thiemrodt*, Die Entstehung des Staatshaftungsgesetzes der DDR, 2005.
[584] Statt aller zuletzt (m. w. N.) *F. Selbmann*, DÖV 2014, 272 ff.
[585] Unentbehrlich jetzt O. Dörr (Hrsg.), Staatshaftung in Europa. Nationales und Unionsrecht, 2014.
[586] Näher *Hartmann*, Haftungsrecht (Fn. 577), S. 216 ff.; M. *Ruffert*, in: Calliess/Ruffert, EUV/AEUV, Art. 340 Rn. 36 ff. sowie M. *Böhm*, Haftung, in: Schulze/Zuleeg/Kadelbach, Europarecht, § 12 Rn. 83 ff. (S. 524 mit Angaben zu Sekundärrechtsakten wie Rechtsprechung).
[587] Siehe dazu wie zum folgenden *Pestalozza*, GG VIII, Art. 74 Rn. 1875 ff.
[588] Ursprungswortlaut: »die künstliche Befruchtung beim Menschen, die Untersuchung und die künstliche Veränderung von Erbinformationen sowie Regelungen zur Transplantation von Organen und Geweben.«

ständigkeit für das Gebiet der Gentechnik auszustatten«[589]. 2006 wurde schließlich der einhellig als zu eng empfundene Wortlaut durch die Eingangsformulierung »die medizinisch unterstützte Erzeugung menschlichen Lebens« sowie den Passus »[…] Geweben und Zellen« erweitert[590]. Von der **Erforderlichkeit** i. S. v. Art. 72 II GG wurde Nr. 26 hingegen nicht freigestellt (→ Art. 72 Rn. 18 ff.).

126 Die Änderung bildet den bereits zuvor bestehenden **Konsens** ab, daß der verfassungsändernde Gesetzgeber den Bund zu einer **umfassenden Regelung** der kontroversen Sachmaterien Fortpflanzungsmedizin, Gentechnik und Organtransplantation ermächtigen wollte. Dementsprechend zählen zur medizinisch unterstützten Erzeugung menschlichen Lebens über die klassische künstliche Befruchtung[591] bzw. die medizinisch lediglich unterstützte natürliche Befruchtung (Hormonbehandlung)[592] hinaus auch die In-Vitro-Fertilisation, der Embryonentransfer sowie das Klonen[593]. Maßgeblich für die Zuordnung ist letztlich das **Gefahrenpotential** für Menschenwürde und Lebensschutz, das zumindest in der öffentlichen Debatte angenommen wird (→ Art. 1 I Rn. 93 ff.; → Art. 2 II Rn. 66 ff.). Vor diesem Hintergrund ist auch Vorsicht angeraten, der Kompetenznorm eine materielle Wirkung im Sinne einer Verfassungsentscheidung für die Fortpflanzungsmedizin beizulegen (→ Vorb. zu Art. 70–74 Rn. 54 f.). Eingedenk der Debatten im Vorfeld würde sie auch ein Verbot der genannten Praktiken (oder zumindest einiger von ihnen) tragen. Diesen Weg ist der Gesetzgeber im seitdem kontrovers diskutierten Embryonenschutzgesetz gegangen[594].

127 Gleiches dürfte für die **Untersuchung und die künstliche Veränderung von Erbinformationen** gelten. »Der Kompetenztitel ist weit zu verstehen. Er deckt neben der Humangentechnik auch die Gentechnik in Bezug auf Tiere und Pflanzen und begründet eine umfassende Zuständigkeit des Bundesgesetzgebers zur Regelung des Rechts der Gentechnik. Art. 74 Abs. 1 Nr. 26 2. Alternative GG umfasst daher nicht nur Vorschriften, die Forschung und Entwicklung unter Einsatz gentechnischer Verfahren betreffen, sondern auch sonstige die Verwendung von und den Umgang mit gentechnisch veränderten Organismen regelnde Normen«[595]. Die Kompetenz deckt (nachträglich) insbesondere das Gentechnikgesetz des Bundes[596].

128 Die Wendung »Regelungen zur **Transplantation von Organen, Geweben und Zellen**« ist ebenfalls bewußt weit gefaßt und erstreckt sich auf Operationen an Menschen, Tieren und Pflanzen[597]. Im Zentrum steht die klassische Organspende im Sinne der Übertragung von Körperteilen lebender oder toter Spender auf einen Empfänger[598];

---

[589] BVerfGE 128, 1 (34, Rn. 128).
[590] Siehe *M. Rehborn*, in: Friauf/Höfling, GG, Art. 74 Abs. 1 Nr. 26 (2011), Rn. 4.
[591] Sie kann in homologer oder heterologer, intra- oder extrakorporaler Form vorgenommen werden: → *Stettner*, Bd. II² (Suppl. 2007), Art. 74 Rn. 127. – Instruktiv *R. Ratzel*, Reproduktionsmedizin, in: R. Ratzel/B. Luxenburger (Hrsg.), Handbuch Medizinrecht, 3. Aufl. 2015, S. 1375 ff.
[592] Dafür *Rehborn* (Fn. 590), Art. 74 Abs. 1 Nr. 26 Rn. 8; *T. M. Spranger*, in: BK, Art. 74 I Nr. 26 (2009), Rn. 7.
[593] *Spranger* (Fn. 592), Art. 74 I Nr. 26 Rn. 17 f.; *Oeter* (Fn. 1), Art. 74 Rn. 171.
[594] Gesetz über den Schutz von Embryonen (Embryonenschutzgesetz) v. 13.12.1990 (BGBl. I S. 2746); vgl. zuletzt *M. Schächinger*, Menschenwürde und Menschheitswürde: Zweck, Konsistenz und Berechtigung strafrechtlichen Embryonenschutzes, 2014.
[595] BVerfGE 128, 1 (33 f., Rn. 127). Zustimmend *Spranger* (Fn. 592), Art. 74 I Nr. 26 Rn. 24; *Kunig* (Fn. 37), Art. 74 Rn. 110; Jarass/Pieroth, GG, Art. 74 Rn. 72.
[596] Gentechnikgesetz i. d. F. d. Bek. v. 16.12.1993 (BGBl. I S. 2066).
[597] *Pestalozza*, GG VIII, Art. 74 rn. 1914 f., 1920; *Rehborn* (Fn. 590), Art. 74 Abs. 1 Nr. 26 Rn. 41; *Oeter* (Fn. 1), Art. 74 Rn. 172; Jarass/Pieroth, GG, Art. 74 Rn. 72; *Degenhart* (Fn. 38), Art. 74 Rn. 110.
[598] Vgl. dazu das unlängst novellierte Gesetz über die Spende, Entnahme und Übertragung von

weitere Übertragungsvorgänge überschneiden sich mit den ersten beiden Tatbeständen des Nr. 26. Die bloße Entnahme von Organen, Geweben oder Zellen für medizinische, wissenschaftliche oder Gefahrenabwehrzwecke ist keine Transplantation i. S. d. Norm[599].

Der Titel des Art. 74 I Nr. 26 GG ist wiederum inter- wie supranationalen Einflüssen ausgesetzt. Das Übereinkommen des Europarates über Menschenrechte und Biomedizin (auch: **Bioethikkonvention**; 1997) ist zwar von der Bundesrepublik bislang weder unterzeichnet noch ratifiziert worden, beeinflußt aber sehr wohl die deutsche Debatte (→ Art. 1 I Rn. 32). Die Europäische Union hat namentlich zur **Gentechnik** ein dichtes Netz von Sekundärrecht erlassen[600]; Gleiches gilt *cum grano salis* für das Transplantationswesen[601].

129

26. Statusrechte und -pflichten der Beamten sowie der Richter in den Ländern – ausgenommen Laufbahnen, Besoldung und Versorgung (Art. 74 I Nr. 27 GG)

Die Vorschrift ist nur verständlich als Endmoräne einer **längeren** und durchaus konflikthaften **Normgeschichte**, die sich hauptsächlich unter dem Grundgesetz abgespielt, aber Wurzeln in den Vorgängerverfassungen hat[602]. Unter der Reichsverfassung von 1871 wie in der Zwischenkriegszeit bestand Konsens, daß das Reich kraft Natur der Sache für die Regelung der Rechtsverhältnisse der Reichsbeamten zuständig war[603]. Während die Bismarckverfassung i. ü. schwieg, enthielt die Weimarer Reichsverfassung erste Ingerenzinstrumente, die Teilregelungen mit Wirkung für die Beamten der Länder erlaubten; konkret sah Art. 10 Nr. 3 WRV eine Grundsatzkompetenz des Reichs für das Recht der Beamten aller öffentlichen Körperschaften vor, die in der Sache der Rahmenkompetenz nach Art. 75 GG a. F. nahekam (→ Vorb. zu Art. 70–74 Rn. 38). Außerhalb der Kompetenzkatalog verlangte Art. 128 III WRV im Sinne einer kompetentiell-institutionellen Garantie die Regelung der Grundlagen des Beamtenverhältnisses durch Reichsgesetz[604].

130

Organen und Geweben (Transplantationsgesetz) i. d. F. d. Bek. v. 4.9.2007 (BGBl. I S. 2206); dazu aus der jüngeren Literatur *M. Lomb*, Der Schutz des Lebendorganspenders: zwischen Autonomie und Paternalismus, 2012, S. 15 ff. sowie pointiert kritisch *T. Gutmann/J. Wiese*, MedR 2015, 315 ff.

[599] *Spranger* (Fn. 592), Art. 74 I Nr. 26 Rn. 60; *Sannwald* (Fn. 1), Art. 74 Rn. 324.
[600] Näher namentlich Richtlinie 2009/41/EG des Europäischen Parlaments und des Rates vom 6.5.2009 über die Anwendung genetisch veränderter Mikroorganismen in geschlossenen Systemen (Systemrichtlinie); Richtlinie 2001/18/EG des Europäischen Parlaments und des Rates vom 12.3.2001 über die absichtliche Freisetzung genetisch veränderter Organismen in die Umwelt (Freisetzungsrichtlinie; mehrfach geändert); zusammenfassend *I. Appel*, Gentechnikrecht, in: Ehlers/Fehling/Pünder, Bes. Verwaltungsrecht II, § 51 Rn. 24 ff. (ebd., Rn. 20 ff. zu sonstigen Vorgaben des internationalen Rechts).
[601] Siehe hier namentlich – gestützt auf Art. 168 IV AEUV – Richtlinie 2004/23/EG vom 31.3.2004 zur Festlegung von Qualitäts- und Sicherheitsstandards für die Spende, Beschaffung, Testung, Verarbeitung, Konservierung, Lagerung und Verteilung von menschlichen Geweben und Zellen sowie Richtlinie 2010/45/EU des Europäischen Parlaments und des Rates vom 7.7.2010 über Qualitäts- und Sicherheitsstandards für zur Transplantation bestimmte menschliche Organe. Aus der Literatur *D. Bulach*, in: W. Höfling (Hrsg.), Transplantationsgesetz, 2. Aufl. 2013, S. 45 ff.
[602] Instruktiv *H. Günther*, ZBR 2010, 1 ff.
[603] *P. Laband*, Das Staatsrecht des Deutschen Reiches, Bd. II, 5. Aufl. 1911, S. 121; *Pestalozza*, GG VIII, Art. 74a Rn. 1; für die Weimarer Zeit *Anschütz*, WRV, Art. 6 Anm. 1 (S. 73), 4 (S. 74 f.); *G. Lassar*, Die Verteilung der staatlichen Aufgaben und Zuständigkeiten zwischen Reich und Ländern, in: HdbDStR I, S. 301 ff. (304).
[604] Näher *Anschütz*, WRV, Art. 128 Anm. 6 (S. 587).

Art. 74 C. Erläuterungen

131 Das Grundgesetz beschränkte sich vor diesem Hintergrund auf die Kodifizierung der bislang ungeschriebenen Kompetenz für die Amtsträger des Zentralstaates in Art. 73 [I] Nr. 8 GG (→ Art. 73 Rn. 57 ff.) sowie eine **Rahmenkompetenz** des Bundes nach **Art. 75 Nr. 1 GG** a. F.[605]. Während das Beamtenrecht der Weimarer Republik zumeist durch nachgerade verzweifelte Sparbemühungen gekennzeichnet war, obwaltete in der Bundesrepublik nach verbreiteter Einschätzung rasch ein »Besoldungswettlauf« zwischen Bund und Ländern bzw. unter den Ländern[606]. Erste Reaktion darauf war 1969 die Änderung des Art. 75 GG, der um zwei Absätze ergänzt wurde, die »einheitliche Maßstäbe« für die Besoldung vorsahen und im Interesse der gegenseitigen Kontrolle auch Gesetze nach Art. 73 [I] Nr. 8 GG zustimmungspflichtig machten; ferner wurde die Regelung auf Richter erstreckt[607]. In gewohnter Kurzatmigkeit wurde die Regelung bereits 1971 wieder modifiziert; Art. 75 II u. III GG fielen fort, Art. 75 I Nr. 1 GG wurde um den Zusatz »soweit Art. 74a nichts anderes bestimmt« ergänzt und Art. 74a GG eingeführt[608]. Im Kern lag damit die (einheitliche) Besoldungskompetenz beim Bund; die Länderinteressen sollten durch das Zustimmungserfordernis im Bundesrat gewahrt werden.

132 In der **Föderalismusreform 2006** entfaltete unter dem Eindruck der Parolen vom »Wettbewerbsföderalismus« die Besoldungskonkurrenz offenbar keinen Schrecken mehr, weshalb Art. 74a wie Art. 75 I Nr. 1 GG (mitsamt der gesamten Rahmenkompetenz) gestrichen wurden. An ihre Stelle trat der nunmehrige Art. 74 I Nr. 27 GG, der dem Bund nur noch ausgewählte Regelungsbefugnisse (betr. Statusrechte und -pflichten; → Rn. 133 ff.) überträgt, davon aber die Laufbahnen sowie insbesondere die ehedem so umstrittene Besoldung und Versorgung (→ Rn. 137) ausnimmt[609]. Die seitheri-

---

[605] Wortlaut: »... Rahmenvorschriften über: 1. Die Rechtsverhältnisse der im öffentlichen Dienste der Länder, Gemeinden und und anderen Körperschaften des öffentlichen Rechtes stehenden Personen«. – Zur Entstehungsgeschichte kompakt JöR 1 (1951), S. 553 ff. sowie *Pestalozza*, GG VIII, Art. 75 Rn. 134 ff.

[606] Siehe dazu *E. Schmidt-Aßmann*, Gemeinden und Staat im Recht des öffentlichen Dienstes, in: FS Ule, 1977, S. 461 ff. (466); vgl. hierzu auch eingehend *D. C. Umbach*, in: Umbach/Clemens, GG, Art. 74a Rn. 11 ff.

[607] Wortlaut danach: »(2) Rahmenvorschriften nach Absatz 1 Nr. 1 können mit Zustimmung des Bundesrates auch einheitliche Maßstäbe für den Aufbau und die Bemessung der Besoldung einschließlich der Bewertung der Ämter sowie Mindest- und Höchstbeträge vorsehen. Der Zustimmung des Bundesrates bedürfen auch Gesetze nach Artikel 73 Nr. 8, die von den nach Satz 1 getroffenen Regelungen abweichen.
(3) Absatz 2 gilt für Rahmenvorschriften nach Artikel 98 Absatz 3 Satz 2 und Gesetze nach Artikel 98 Absatz 1 entsprechend.« – Vgl. dazu m.w.N *Pestalozza*, GG VIII, Art. 75 Rn. 704 ff. sowie BVerfGE 32, 199.

[608] Wortlaut: »(1) Die konkurrierende Gesetzgebung erstreckt sich ferner auf die Besoldung und Versorgung der Angehörigen des öffentlichen Dienstes, die in einem öffentlich-rechtlichen Dienst- und Treueverhältnis stehen, soweit dem Bund nicht nach Artikel 73 Nr. 8 die ausschließliche Gesetzgebung zusteht.
(2) Bundesgesetze nach Absatz 1 bedürfen der Zustimmung des Bundesrates.
(3) Der Zustimmung des Bundesrates bedürfen auch Bundesgesetze nach Artikel 73 Nr. 8, soweit sie andere Maßstäbe für den Aufbau oder die Bemessung der Besoldung und Versorgung einschließlich der Bewertung der Ämter oder andere Mindest- oder Höchstbeträge vorsehen als Bundesgesetze nach Absatz 1.
(4) Die Absätze 1 und 2 gelten entsprechend für die Besoldung und Versorgung der Landesrichter. Für Gesetze nach Artikel 98 Abs. 1 gilt Absatz 3 entsprechend.« – Siehe nochmals *Pestalozza*, GG VIII, Art. 74a Rn. 30 ff.

[609] Näher *Kluth* (Fn. 211), Art. 74 Rn. 44; *Oeter*, Neustrukturierung (Fn. 18), S. 9 ff. (Rn. 40); *Huber/Uhle*, Landesgesetzgebung (Fn. 44), S. 83 ff. (91 f.).

ge Ausdifferenzierung der Beamten- und Richterbesoldung wird naturgemäß von unterschiedlichen Akteuren ebenso differenziert bewertet; es läßt aufhorchen, daß das Bundesverfassungsgericht in seiner Entscheidung zur Richterbesoldung das Auseinanderklaffen der Alimentation in den verschiedenen Bundesländern eingehend problematisiert hat – wenn auch die daran geknüpften Schlußfolgerungen kaum rechtlich verortet sind[610].

Art. 74 I Nr. 27 GG überantwortet dem Bund nunmehr eine Voll- oder **Kernkompetenz**, die insbesondere von der Erforderlichkeitsklausel nach Art. 72 II GG freigestellt ist (→ Art. 72 Rn. 17). Im Vergleich zur bisherigen Rahmenkompetenz ist sie einerseits enger geschnitten, weil sie nur noch Beamte und Richter erfaßt (→ Rn. 134), andererseits weiter gefaßt, da die Bestimmung der Statusrechte nicht mehr auf Rahmenregelungen beschränkt ist (→ Rn. 135 f.)[611]. Ferner besteht als Kompensation für den »Einbruch« des Bundes in den Bereich der Landeskompetenz die Notwendigkeit der **Zustimmung des Bundesrates** fort (→ Rn. 155); das wird verbreitet kritisiert, folgt aber neben der mittlerweile etablierten Tradition der Logik bundesstaatlicher Kompromisse. Bundes- wie Landesgesetzgeber müssen bei der Wahrnehmung ihrer Kompetenzen aus Art. 74 I Nr. 27 GG inzwischen inter- wie **supranationale Vorgaben** beachten (→ Art. 73 Rn. 59). 133

Der einer bundesrechtlichen Regelung unterworfene **Personenkreis** beschränkt sich auf die Beamten der Länder, Gemeinden und sonstigen nicht dem Bund zugeordneten Körperschaften des öffentlichen Rechts sowie die Richter im Landesdienst. Ausgeschlossen sind ausweislich des Wortlauts die sonstigen Beschäftigten des öffentlichen Dienstes[612] sowie eingedenk des Art. 73 I Nr. 8 GG die Bundesbediensteten (→ Art. 73 Rn. 57). Dem Bereich der Landesverfassung unmittelbar zugeordnet und dementsprechend ebenfalls ausgeschlossen sind ferner Mitglieder der Volksvertretungen der Länder[613], der Landesregierungen[614] sowie die Richter der Landesverfassungsgerichte[615]. 134

---

[610] BVerfG, Urt. v. 2.5.2015, 2 BvL 17/09 u.a., Rn. 115: »Zeigt sich eine erhebliche Gehaltsdifferenz im Vergleich zum Durchschnitt der Bezüge der jeweiligen Besoldungsgruppe im Bund oder in den anderen Ländern, spricht dies dafür, dass die Alimentation ihre qualitätssichernde Funktion nicht mehr erfüllt. Wann eine solche Erheblichkeit gegeben ist, kann nicht pauschal beantwortet werden. Liegt das streitgegenständliche jährliche Bruttoeinkommen einschließlich etwaiger Sonderzahlungen 10 Prozent unter dem Durchschnitt der übrigen Ländern im gleichen Zeitraum, was gemessen an der streitgegenständlichen Besoldung regelmäßig einem Besoldungsunterschied von mehr als einem Monatsgehalt entsprechen dürfte, ist dies jedenfalls ein weiteres Indiz für eine verfassungswidrige Unteralimentation.« – Vgl. zum Problem im Vorfeld *F. Wittreck*, Betrifft Justiz 118 (2014), 67 ff. sowie *ders.*, Dritte Gewalt im Wandel – Veränderte Anforderungen an Legitimität und Effektivität?, VVDStRL 74 (2015), S. 115 ff. (140 f.).
[611] Näher → *Stettner*, Bd. II² (Suppl. 2007), Art. 74 Rn. 134.
[612] *Jarass/Pieroth*, GG, Art. 74 Rn. 77; *Degenhart* (Fn. 38), Art. 74 Rn. 113; vgl. BSGE 55, 67 (69 f.). → *Stettner*, Bd. II² (Suppl. 2007), Art. 74 Rn. 134.
[613] *Kunig* (Fn. 37), Art. 74 Rn. 114; *Jarass/Pieroth*, GG, Art. 74 Rn. 77; *Degenhart* (Fn. 38), Art. 74 Rn. 113.
[614] Einschließlich der Parlamentarischen Staatssekretäre: *C. Degenhart*, in: BK, Art. 74 Nr. 27 (2007), Rn. 20; *Kunig* (Fn. 37), Art. 74 Rn. 114; *Jarass/Pieroth*, GG, Art. 74 Rn. 77.
[615] *C. Hillgruber*, in: Maunz/Dürig, GG, Art. 98 (2010), Rn. 25.

Aus systematischen Erwägungen fallen schließlich Kirchenbeamte[616], Beliehene[617] und ehrenamtliche Amtsträger[618] aus dem Anwendungsbereich heraus.

135 Zuständig ist der Bund nur noch für die Regelung der **Statusrechte und -pflichten** der Beamten und Richter in den Ländern. Mangels einer einfachgesetzlichen Anknüpfung oder einer gefestigten Tradition orientiert sich die Literatur nach wie vor an der vom verfassungsändernden Gesetzgeber vorgelegten Umschreibung[619]; danach zählen – nicht abschließend[620] – zu diesen Rechten und Pflichten[621]:
– Wesen, Voraussetzungen, Rechtsform der Begründung, Arten, Dauer sowie Nichtigkeits- und Rücknahmegründe des Dienstverhältnisses
– Abordnungen und Versetzungen der Beamten zwischen den Ländern und zwischen Bund und Ländern oder entsprechende Veränderungen des Richterdienstverhältnisses
– Voraussetzungen und Form der Beendigung des Dienstverhältnisses (vor allem Tod, Entlassung, Verlust der Beamten- und Richterrechte, Entfernung aus dem Dienst nach dem Disziplinarrecht)
– statusprägende Pflichten und Folgen ihrer Nichterfüllung
– wesentliche Rechte
– Bestimmung der Dienstherrnfähigkeit
– Spannungs- und Verteidigungsfall
– Verwendungen im Ausland.

136 Die neuartige Rechtsfigur konfrontiert den Interpreten einmal mehr mit dem **Problem der Binnendifferenzierung**, da zur Bestimmung der Bundeskompetenz aus einer Vielzahl von Rechtsbeziehungen die »wesentlichen« oder »prägenden« heraus- oder abgehoben werden sollen. Dabei hilft der Rekurs auf den Zweck des Gesetzes, den Austausch von Gesetzen zwischen den Ländern untereinander bzw. mit dem Bund zu ermöglichen[622], nur bedingt. Praktisch unbehelflich ist daneben der Rekurs auf die **»hergebrachten Grundsätze des Berufsbeamtentums«** (→ Art. 33 Rn. 178 ff.)[623]. Denn diese liegen quer zu der hier intendierten Unterscheidung und binden nunmehr Bund wie Länder bei der weiteren Ausgestaltung des jeweils zugänglichen Dienstrechts. Es zeichnet sich zunächst ein Konsens dahingehend ab, daß zahlreiche überkommene Rechtsfiguren bzw. -positionen des öffentlichen Dienstrechts nicht zu den Statusrech-

---

[616] *H.-W. Rengeling*, HStR³ VI, § 135 Rn. 301; Jarass/*Pieroth*, GG, Art. 74 Rn. 77; *Degenhart* (Fn. 38), Art. 74 Rn. 113. – Vgl. BVerfGE 55, 207 (230 f.).

[617] *Kunig* (Fn. 37), Art. 74 Rn. 114; Jarass/*Pieroth*, GG, Art. 74 Rn. 77.

[618] *H.-W. Rengeling*, HStR³ VI, § 135 Rn. 301; wie hier *Degenhart* (Fn. 38), Art. 74 Rn. 113; *Kunig* (Fn. 37), Art. 74 Rn. 114.

[619] So *H. Meyer*, Die Föderalismusreform 2006, 2008, S. 288 f.; *U. Battis/K. J. Grigoleit*, ZBR 2008, 1 (3 f.); *Oeter* (Fn. 1), Art. 74 Rn. 178; Jarass/*Pieroth*, GG, Art. 74 Rn. 74. → *Stettner*, Bd. II² (Suppl. 2007), Art. 74 Rn. 134.

[620] Dafür *W. Höfling/A. Engels*, in: Friauf/Höfling, GG, Art. 74 Abs. 1 Nr. 27 (2008), Rn. 12 f.; Jarass/*Pieroth*, GG, Art. 74 Rn. 74; *Degenhart* (Fn. 38), Art. 74 Rn. 114. → *Stettner*, Bd. II² (Suppl. 2007), Art. 74 Rn. 135; a. A. *Meyer*, Föderalismusreform (Fn. 619), S. 288.

[621] BT-Drs. 16/813, S. 14.

[622] Siehe nochmals BT-Drs. 16/813, S. 14.

[623] Prominent → *Stettner*, Bd. II² (Suppl. 2007), Art. 74 Rn. 135.

ten i. S. d. Art. 74 I Nr. 27 GG zählen⁶²⁴: Regelungen der Arbeitszeit⁶²⁵ bzw. der Nebentätigkeiten, Bestimmungen über Aufwandsentschädigungen, Jubiläumszuwendungen oder Reise- und Umzugskosten. Dementsprechend fehlen sie im neuen Beamtenstatusgesetz des Bundes⁶²⁶.

Explizit ausgeschlossen sind nach dem Normwortlaut Regelungen der Besoldung, der Laufbahnen sowie der Versorgung; hier liegt nunmehr ein Fall der geschriebenen **ausschließlichen Landeskompetenz** vor (→ Vorb. zu Art. 70–74 Rn. 40). Die Länder haben davon bereits regen Gebrauch gemacht⁶²⁷. **Besoldung** erfaßt dabei alle Leistungen, die der Beamte von seinem Dienstherrn in Erfüllung von dessen Alimentationspflicht erhält (Geld- oder Sachbezüge⁶²⁸). Der Begriff ist weit zu verstehen⁶²⁹; insbesondere zählen die Bestimmung der anzulegenden Maßstäbe wie die Regeln für die Bewertung der Ämter und der konkreten Dienstposten hierher. Ferner regeln die Länder nunmehr die Beihilfe⁶³⁰, Heilfürsorge, Ortszuschläge⁶³¹, jährliche Sonderzuwendungen und vermögenswirksame Leistungen. Zum Recht der **Laufbahnen** rechnet auch die Bestimmung der Amtsbezeichnungen⁶³². Die Bestimmung des Begriffs **Versorgung** kann sich schließlich nach allgemeiner Auffassung an § 2 I des Beamtenversorgungsgesetzes orientieren⁶³³.

27. Jagdwesen (Art. 74 I Nr. 28 GG)

Die Kompetenz zur Regelung des Jagdrechts ist der Zentralebene erst spät zugewachsen und fehlt in den Verfassungen von 1871 wie 1919, während die Paulskirche (kurzfristig) das Jagdrecht an das Eigentum bindet und näher ausformt (§ 169 RVerf. 1849)⁶³⁴. Diese Tradition führt in der Zwischenkriegszeit nur § 14 der Verfassung des Freistaates Oldenburg fort⁶³⁵. 1949 wird das Jagdrecht zunächst in die Rahmenkompetenzen nach Art. 75 Nr. 3 1. Var. GG aufgenommen, wobei die Überlegung tragend ist, das – von genuinen NS-Gehalten gereinigte – **Reichsjagdgesetz von 1934** in Gel-

---

⁶²⁴ Siehe zum folgenden *Degenhart* (Fn. 614), Art. 74 I Nr. 27 Rn. 49; *Kunig* (Fn. 37), Art. 74 Rn. 116; *Jarass/Pieroth*, GG, Art. 74 Rn. 75; *Degenhart* (Fn. 38), Art. 74 Rn. 117. → *Stettner*, Bd. II² (Suppl. 2007), Art. 74 Rn. 136.
⁶²⁵ Explizit BVerwGE 125, 365 (367, Rn. 14).
⁶²⁶ Gesetz zur Regelung des Statusrechts der Beamtinnen und Beamten in den Ländern (Beamtenstatusgesetz) v. 17.6.2008 (BGBl. I S. 1010). – Vgl. dazu *J. Bochmann*, ZBR 2007, 1 ff. sowie *U. Battis/K. J. Grigoleit*, ZBR 2008, 1 ff.; speziell zur Besoldungsentwicklung auf Bundesebene *S. Leppek*, ZBR 2009, 325 ff.
⁶²⁷ Im Überblick *G. Frank/T. Heinicke*, ZBR 2009, 34 ff.; *Huber/Uhle*, Landesgesetzgebung (Fn. 44), S. 83 ff. (95).
⁶²⁸ BVerfGE 62, 354 (368).
⁶²⁹ Vgl. aus der Literatur *Degenhart* (Fn. 614), Art. 74 I Nr. 27 Rn. 41 ff.; *Kunig* (Fn. 37), Art. 74 Rn. 116; *Jarass/Pieroth*, GG, Art. 74 Rn. 76; *Degenhart* (Fn. 38), Art. 74 Rn. 116 f.
⁶³⁰ Siehe BVerfGE 106, 225 (243, Rn. 51); BVerwGE 118, 277 (278).
⁶³¹ BVerfGE 107, 218 (241 f., Rn. 75 f.).
⁶³² Vgl. BVerfGE 38, 1 (10). – Differenzierend *L. Kathke*, RiA 2012, 185 ff.
⁶³³ Siehe nur *Jarass/Pieroth*, GG, Art. 74 Rn. 76 a. E. sowie *Degenhart* (Fn. 38), Art. 74 Rn. 119. Die Norm listet neben Ruhegehalt und Hinterbliebenenversorgung zehn weitere Titel auf.
⁶³⁴ Siehe *Pestalozza*, GG VIII, Art. 75 Rn. 375 ff. sowie Schneider/Kramer, GG-Dokumentation, Bd. 18/2, Art. 75 Nr. 3, S. 2180, Rn. 1 f. (S. 2189); speziell zu § 169 RVerf. 1849 *Kühne*, Reichsverfassung, S. 276 ff.
⁶³⁵ Eingehend dazu (auch zum Fortgelten der Norm bis 2011) *B. Beckermann*, Die Verfassung für den Freistaat Oldenburg vom 17. Juni 1919, 2015, S. 292 f. mit Fn. 1534.

Art. 74 C. Erläuterungen

tung zu halten[636]; dieses ist denn auch Textgrundlage des Bundesjagdgesetzes von 1953[637]. 2006 wird die Kompetenz in den Katalog des Art. 74 GG transferiert[638], durch die Möglichkeit der Abweichung nach Art. 72 III 1 Nr. 1 GG allerdings sogleich wieder einer kompetenzrechtlichen Grauzone zugeschlagen (mit Ausnahme des Rechts der Jagdscheine; → Art. 72 Rn. 35). Immerhin haben die Länder davon bislang vergleichsweise behutsam Gebrauch gemacht[639].

139 Der **Umfang** der konkurrierenden Kompetenz wird einhellig unter implizitem oder explizitem Rückgriff auf das Bundesjagdgesetz **weit bestimmt**; Art. 74 I Nr. 28 GG erlaubt danach die Regelung aller Fragen, die nach der Tradition im Zusammenhang mit der Jagd stehen[640]. Genannt werden die nähere Zirkumskription des Jagdrechts, die Bestimmung jagdbarer Tiere, die Festlegung der Schonzeiten[641], die Regelung der Jagdbezirke oder die Normen über das Aussetzen von Tieren[642]. Speziell dürften für den Jagdschutz Art. 74 I Nr. 19 (→ Rn. 86) sowie für den Schutz der jagdbaren Tiere vor Schmerzen Art. 74 I Nr. 20 GG sein (→ Rn. 99); offen ist das Verhältnis der Bestimmungen zum Wildschadensersatzanspruch (§§ 29 ff. BJagdG) zu Art. 74 I Nr. 1 GG (Bürgerliches Recht; → Rn. 18)[643], während die Strafbestimmungen gegen Wilderei u. a. m. (§§ 38 f. BJagdG bzw. §§ 292 f. StGB) auf Art. 74 I Nr. 1 GG gestützt sind (Strafrecht; → Rn. 19). Bestrebungen, den Titel im Verhältnis zu anderen »grünen« Katalogtiteln entweder generell weiter oder generell eng auszulegen, sind abzulehnen; es gelten die allgemeinen Abgrenzungsregeln (→ Vorb. zu Art. 70–74 Rn. 51 f.)[644].

140 Auch die Kompetenz für das Jagdrecht unterliegt inter- wie supranationalen Ingerenzen. Besonders prominent ist die Rechtsprechung des **EGMR** zur Gewissensfreiheit des Zwangsjagdgenossen, die vom Bundesgesetzgeber inwischen in Gestalt des § 6a BJagdG umgesetzt worden ist[645]. Das **Unionsrecht** wirkt auf das deutsche Jagdrecht vor allem durch seine arten- und habitatschützenden Vorschriften wie die Flora-Fauna-Habitat-Richtlinie ein[646].

28. Naturschutz und Landschaftspflege (Art. 74 I Nr. 29 GG)

141 Naturschutz und Landschaftspflege tauchen erst **spät** im Aufgaben- oder auch nur Aufmerksamkeitsspektrum des Verfassungsstaates auf (→ Art. 20a Rn. 1 f.). Art. 150 I WRV enthält einen Schutz- und Pflegeauftrag für Naturdenkmäler und »die Land-

---

[636] Siehe zur Entstehungsgeschichte JöR 1 (1951), S. 559 f.; *Pestalozza*, GG VIII, Art. 75 Rn. 386 ff. sowie Schneider/Kramer, GG-Dokumentation, Bd. 18/2, Art. 75 Nr. 3, S. 2180 ff., Rn. 3 ff. (S. 2189 ff.).
[637] Bundesjagdgesetz v. 29.11.1952 i. d. F. der Bek. v. 29.9.1976 (BGBl. I S. 2849).
[638] Siehe *Oeter*, Neustrukturierung (Fn. 18), Rn. 42 f.
[639] Siehe die halboffiziöse Dokumentation unter http://www.gesetze-im-internet.de/bjagdg/BJNR007800952.html.
[640] Gleichsinnig *Kunig* (Fn. 37), Art. 74 Rn. 117; Jarass/*Pieroth*, GG, Art. 74 Rn. 78; *Degenhart* (Fn. 38), Art. 74 Rn. 121. → *Stettner*, Bd. II² (Suppl. 2007), Art. 74 Rn. 140.
[641] VerfGH Rh-Pf. DVBl. 2001, 470 (471 f.).
[642] Dazu BVerwGE 70, 64 (67).
[643] Siehe dazu BGHZ 184, 334 (341 f.).
[644] Wie hier Jarass/*Pieroth*, GG, Art. 74 Rn. 78 a. E.; für Spezialität des Jagdrechts *A. Glaser*, NuR 2007, 439 (442); Nachweise zur gegenläufigen Tendenz → *Stettner*, Bd. II² (Suppl. 2007), Art. 74 Rn. 140.
[645] EGMR, Urt. v. 26.6.2012, 9300/07 – Herrmann/Deutschland; siehe dazu nur *J. Dietlein*, Der Europäische Menschenrechtsgerichtshof und das deutsche Jagdrecht, in: FS Hailbronner, 2013, S. 385 ff.; zur Neuregelung jetzt *B. Munte*, in: M. Schuck (Hrsg.), BJagdG, 2. Aufl. 2015, § 6a Rn. 1 ff.
[646] Im ersten Zugriff *W. Erbguth/S. Schlacke*, Umweltrecht, 5. Aufl. 2014, S. 150 ff. sowie *Krämer/Winter* (Fn. 350), § 26 Rn. 125 ff.

schaft«⁶⁴⁷. Im ausdrücklichen Anschluß daran räumt der Parlamentarische Rat dem Bund lediglich eine **Rahmenkompetenz** ein (Art. 75 Nr. 3 2. bzw. 3. Var. GG a. F.)⁶⁴⁸, die 2006 im Rahmen der Föderalismusreform I zur konkurrierenden Kompetenz aufgewertet, im Gegenzug allerdings durch die noch dazu unklar formulierte **Abweichungsmöglichkeit** der Länder nach Art. 72 III 1 Nr. 2 GG aufgeweicht wird; von ihr haben die Länder flächendeckend Gebrauch gemacht (→ Art. 72 Rn. 6, 36)⁶⁴⁹.

Naturschutz und **Landschaftspflege** sind nicht trennscharf voneinander abzugrenzen; auch die Zusammenfassung zum Oberbegriff »Landespflege« ist in ihrem heuristischen Gewinn begrenzt⁶⁵⁰. In ihrer eher passiven (*Schutz*) bzw. eher aktiven Konnotation (*Pflege*) bilden die beiden Begriffe aber den weitgehenden Konsens ab, daß die Gesetzgebungskompetenz sich nicht im engeren Sinne auf die Abwehr von Gefahren für Natur oder Landschaft beschränkt, sondern auch die gestaltende Tätigkeit des Staates erfaßt, die auf Verbesserung des Zustandes von Natur und Landschaft zielt (etwa durch Renaturierung von Wasserläufen oder das Ausweisen von Flächen, die sich selbst überlassen bleiben)⁶⁵¹. Dahinter steht als Sachgrund die Einsicht, daß sowohl »Natur« als auch »Landschaft« in Deutschland und Mitteleuropa **Resultate jahrtausendelanger menschlicher Eingriffe** sind, die jeweils die komplexe Frage aufwerfen, ob sie behutsam perpetuiert, modifiziert oder terminiert werden sollen⁶⁵². Sie kann durch Auslegung einer Kompetenznorm nicht sachgerecht entschieden werden. Eingedenk der Weimarer Tradition zählt zum Kompetenztitel auch die Regelung des Schutzes von Naturdenkmälern, die sich allerdings gegen eine Erweiterung in Richtung eines allgemeinen (Kultur-)Denkmalschutzes sperrt⁶⁵³.

142

Der Kompetenztitel ist inzwischen inter- wie supranational **intensiv überformt** (→ Art. 20a Rn. 10 ff.)⁶⁵⁴, weshalb die Aufwertung zur konkurrierenden Kompetenz ausdrücklich den Zweck verfolgte, den Bund in die Lage zur versetzen, die völker- wie unionsrechtlichen Verpflichtungen der Bundesrepublik erfüllen zu können, ohne auf die Unterstützung der Länder angewiesen zu sein. Die Möglichkeit der Abweichungsgesetzgebung ist vor diesem Hintergrund wenig zielführend, ohne sogleich gegen höherrangiges Recht zu verstoßen (→ Art. 72 Rn. 9).

143

---

⁶⁴⁷ Siehe zur Vorgeschichte *Pestalozza*, GG VIII, Art. 75 Rn. 375 ff. sowie Schneider/Kramer, GG-Dokumentation, Bd. 18/2, Art. 75 Nr. 3, S. 2180, Rn. 1 f. (S. 2189); speziell zu Art. 150 I WRV *Anschütz*, WRV, Art. 150 Anm. 1 (S. 695 f.).
⁶⁴⁸ Siehe JöR 1 (1951), S. 560; *Pestalozza*, GG VIII, Art. 75 Rn. 386 ff. sowie Schneider/Kramer, GG-Dokumentation, Bd. 18/2, Art. 75 Nr. 3, S. 2180 ff., Rn. 3 ff. (S. 2189 ff.).
⁶⁴⁹ Dazu wie zur Neuregelung des BNatSchG *M. Gellermann*, NVwZ 2010, 73 ff.
⁶⁵⁰ So Jarass/*Pieroth*, GG, Art. 74 Rn. 79; *Degenhart* (Fn. 38), Art. 74 Rn. 122; kritisch zu derartigen Versuchen *Pestalozza*, GG VIII, Art. 75 Rn. 440 f. Vgl. noch *P. Fischer-Hüftle*, NuR 2007, 78 ff.
⁶⁵¹ Wie hier *H.-W. Rengeling*, HStR³ VI, § 135 Rn. 305; *Kunig* (Fn. 37), Art. 74 Rn. 118; Jarass/*Pieroth*, GG, Art. 74 Rn. 79; *Degenhart* (Fn. 38), Art. 74 Rn. 122. → *Stettner*, Bd. II² (Suppl. 2007), Art. 74 Rn. 141.
⁶⁵² Magistral *H. Küster*, Geschichte der Landschaft in Mitteleuropa, 4. Aufl. 2010.
⁶⁵³ So auch *M. Bothe*, in: AK-GG, Art. 75 (2002), Rn. 13; Jarass/*Pieroth*, GG, Art. 74 Rn. 79; *Degenhart* (Fn. 38), Art. 74 Rn. 122; *D. C. Umbach/T. Clemens*, in: Umbach/Clemens, GG, Art. 75 Rn. 31. Aus der Rechtsprechung: BVerwGE 102, 260 (265): »Überwiegendes« spreche für eine Zuordnung von Fossilien zum Denkmalschutz, letztlich aber offengelassen.
⁶⁵⁴ Siehe nochmals *Erbguth/Schlacke*, Umweltrecht (Fn. 646), S. 150 ff., 163 ff.; *A. v. Arnauld*, Völkerrecht, 2. Aufl. 2014, Rn. 862 ff.; instruktiv auch *J. Friedrich*, International environmental »soft law«, 2013.

Art. 74 C. Erläuterungen

29. Bodenverteilung (Art. 74 I Nr. 30 GG)

144 Der Kompetenztitel »**Bodenverteilung**« belegt gemeinsam mit Art. 15 GG sowie weitergehenden Vorschriften der frühen Landesverfassungen (→ Art. 15 Rn. 13 ff., 19), daß im Zeitpunkt der Entstehung des Grundgesetzes die Entscheidung für die freie bzw. soziale Marktwirtschaft noch nicht »alternativlos« war, geht doch aus den Verhandlungen des Parlamentarischen Rates deutlich hervor, daß parteiübergreifend eine **Bodenreform** zumindest als Handlungsoption im Raum stand[655]. Art. 74 I Nr. 30 GG steht damit in der Tradition namentlich der Weimarer Reichsverfassung, die in Art. 155 WRV die Bodenverteilung und -nutzung staatlicher Aufsicht unterwarf[656]; auch in den westlichen Bundesländern finden sich entsprechende Bestrebungen[657], während die rigide Bodenreform in der SBZ einhellig als Vorstufe der totalen Kollektivierung der Landwirtschaft wahrgenommen wird und als Anknüpfungspunkt ausscheidet[658]. In das Grundgesetz gelangt die Norm ursprünglich als Art. 75 Nr. 4 1. Var. GG; im Zuge der Föderalismusreform I wird sie in die konkurrierende Kompetenz überführt[659].

145 In der Sache ermächtigt Art. 74 I Nr. 30 GG zur Anordnung einer »**Agrarreform** im Wege der Umverteilung von Grund und Boden unter Privaten«[660]. Hingegen ist für die Überführung von Grund und Boden in Gemeineigentum Art. 74 I Nr. 15 GG einschlägig (→ Rn. 71); für sonstige Beziehungen des Menschen zu Grund und Boden kommt schließlich Art. 74 I Nr. 18 GG in Betracht (→ Rn. 81). Weder Bund noch Länder haben von der Kompetenz Gebrauch gemacht; dementsprechend liegt auch die Abweichungsbefugnis der Länder noch brach (→ Art. 72 Rn. 54). Das **Unionsrecht** schließt eine Bodenreform nicht aus, macht sie aber hochgradig unwahrscheinlich; hingegen dürfte die Agrarpolitik der Union zu faktischen Anpassungen der Besitz- und Bodenordnung in Deutschland führen, die durchaus funktionale Äquivalente zu einer Agrar- oder Bodenreform (mit möglicherweise umgekehrtem Vorzeichen) darstellen[661].

30. Raumordnung (Art. 74 I Nr. 31 GG)

146 Die Kompetenz nach Art. 74 I Nr. 1 GG ist praktisch **ohne Vorläufer** in der deutschen Verfassungsgeschichte, da die Vorgängerurkunden sich allenfalls zu Fachplanungen wie dem Eisenbahnwesen einließen (→ Art. 73 Rn. 47)[662]. Angesichts der faktischen Entfaltung der Raumplanung in Weimarer Republik und NS-Zeit[663] sah der Parlamentarische Rat lediglich die Notwendigkeit einer **Rahmenkompetenz** des Bundes (Art. 75

---

[655] Vgl. JöR 1 (1951), S. 560 f.; näher *Pestalozza*, GG VIII, Art. 75 Rn. 468 ff. sowie Schneider/Kramer, GG-Dokumentation, Bd. 18/2, Art. 75 Nr. 4, S. 2236 ff., Rn. 2 ff. (S. 2248 ff.).
[656] Dazu statt aller *Anschütz*, WRV, Art. 155 Anm. 1 f. (S. 722 ff.); vgl. ferner *Pestalozza*, GG VIII, Art. 75 Rn. 463 ff. sowie Schneider/Kramer, GG-Dokumentation, Bd. 18/2, Art. 75 Nr. 4, Rn. 1 (S. 2247).
[657] Siehe nur K. *Graf*, Die Bodenreform in Württemberg-Hohenzollern nach dem Zweiten Weltkrieg, 2003.
[658] Siehe statt aller die Darstellung von J. *Schöne*, Das sozialistische Dorf: Bodenreform und Kollektivierung in der Sowjetzone und DDR, 2008.
[659] *Oeter*, Sachbereiche (Fn. 23), S. 172 f.
[660] Näher → *Stettner*, Bd. II² (Suppl. 2007), Art. 74 Rn. 142.
[661] Instruktiv R. *Wendt*, Zur Umsetzung der Reform der Gemeinsamen Agrarpolitik in der Bundesrepublik Deutschland, in: Liber Amicorum T. Stein, 2015, S. 910 ff.
[662] Siehe *Pestalozza*, GG VIII, Art. 75 Rn. 463 ff.; Schneider/Kramer, GG-Dokumentation, Bd. 18/2, Art. 75 Nr. 4, Rn. 1 (S. 2247).
[663] Zuletzt K. R. *Kegler*, Deutsche Raumplanung. Das Modell der »Zentralen Orte« zwischen NS-Staat und Bundesrepublik, 2015.

Nr. 4 2. Var. GG a. F.)⁶⁶⁴. Diese blieb unverändert und wurde 2006 ebenfalls in die konkurrierende Gesetzgebung verpflanzt, nicht ohne mit einem **Abweichungsvorbehalt** zugunsten der Länder bewehrt zu werden (Art. 72 III 1 Nr. 4 GG). Sie ist normtextlich vorbehaltlos und wird von den Ländern in Absetzung vom Raumordnungsgesetz in mittlerer Dichte benutzt (→ Art. 72 Rn. 54)⁶⁶⁵.

Das Bundesverfassungsgericht hat **Raumordnung** als »zusammenfassende, übergeordnete Planung und Ordnung des Raumes«⁶⁶⁶ charakterisiert. Der konkrete Umfang der konkurrierenden Kompetenz nach Art. 74 I Nr. 31 GG ergibt sich allerdings erst aus dem systematischen Abgleich mit anderen einschlägigen Kompetenzen. Zunächst gilt nach überwiegender und richtiger Ansicht die Raumordnung für den Gesamtstaat als Bundeskompetenz kraft Natur der Sache (→ Vorb. zu Art. 70–74 Rn. 46; → Art. 72 Rn. 54). Für die städtebauliche Planung ist Art. 74 I Nr. 18 (»Bodenrecht«) *lex specialis* (→ Rn. 81)⁶⁶⁷. Ferner sind die verschiedenen Fachplanungskompetenzen des Bundes in Rechnung zu stellen (namentlich Art. 73 I Nr. 6, 6a, 14 bzw. Art. 74 I Nr. 21 u. 22 GG; → Art. 73 Rn. 45, 50, 85; → Rn. 104, 108, 111)⁶⁶⁸. Nach der Subtraktionsmethode bleibt die überörtliche Planung »im Bereich eines Landes«⁶⁶⁹; von der Kompetenz ausgeschlossen sollen allerdings Planungen für einzelne Länder⁶⁷⁰ sowie der bloße Vollzug im Wege der konkreten Standortplanung sein⁶⁷¹. Hingegen wird die Braunkohlenplanung erfaßt⁶⁷². Angesichtes der Herausforderungen durch demographischen Wandel, Klimawandel und Energiewende ist der Begriff der Raumordnung bzw. der Planung dabei als **entwicklungsoffen** zu begreifen. 147

Die Kompetenz für die Regelung der Raumordnung ist wiederum mehrfach durch inter- wie supranationales Recht vorgespurt⁶⁷³. Die verschiedenen vom Europarat inaugurierten Dokumente des **CEMAT** (*Conférence européenne des Ministres responsables de l'Aménagement du Territoire*) haben lediglich empfehlenden Charakter⁶⁷⁴. Die Europäische Union wirkt durch das (rechtlich an sich unverbindliche, aber fördermittel»bewehrte«) Europäische Raumentwicklungskonzept **EUREK** auf die Mitgliedstaaten ein⁶⁷⁵; ferner enthalten die – allerdings noch nicht gesponnenen – »**Transeuropäischen Netze**« (Art. 170 ff. AEUV) planerische Elemente, aus denen letztlich 148

---

⁶⁶⁴ Siehe dazu JöR 1 (1951), S. 560 f.; *Pestalozza*, GG VIII, Art. 75 Rn. 468 ff. sowie Schneider/Kramer, GG-Dokumentation, Bd. 18/2, Art. 75 Nr. 4, S. 2236 ff., Rn. 2 ff. (S. 2248 ff.).
⁶⁶⁵ Raumordnungsgesetz v. 22.12.2008 (BGBl. I S. 2986) und dazu die Abweichungsnachweise: http://www.gesetze-im-internet.de/rog_2008/BJNR298610008.html. – Erste Stellungnahmen zur Reform: *U. Battis/J. Kersten*, DVBl. 2007, 152 ff.; *W. Hoppe*, DVBl. 2007, 144 ff.; speziell zur Reichweite der Abweichungsbefugnis *W. Spannowsky*, UPR 2007, 41 ff.
⁶⁶⁶ BVerfGE 3, 407 (425).
⁶⁶⁷ BVerfGE 3, 407 (428); Jarass/*Pieroth*, GG, Art. 74 Rn. 81.
⁶⁶⁸ Gleichsinnig Jarass/*Pieroth*, GG, Art. 74 Rn. 81. → *Stettner*, Bd. II² (Suppl. 2007), Art. 74 Rn. 143.
⁶⁶⁹ BVerfGE 15, 1 (16). Näher *W. Spannowsky*, UPR 2013, 54 ff.
⁶⁷⁰ → *Stettner*, Bd. II² (Suppl. 2007), Art. 74 Rn. 143.
⁶⁷¹ BayVerfGHE 40, 94 (105 f.) – *Volksbegehren über den Entwurf eines Gesetzes über Standorte von kerntechnischen Anlagen in Bayern*.
⁶⁷² BbgVerfG LVerfGE 8, 97 (118 ff.).
⁶⁷³ Vgl. für das europäische Recht *D. Dörr/R. Yamato*, Raumordnung und Landesplanung, in: Ehlers/Fehling/Pünder, Bes. Verwaltungsrecht II, § 38 Rn. 14 und 66 sowie *W. Spannowsky*, Raumordnung in Europa, in: FS Stüer, 2013, S. 59 ff.
⁶⁷⁴ Vgl. *A. Perner*, Zukünftige Herausforderungen, 2010 (deutscher Landesbericht zum CEMAT-Kongreß 2010).
⁶⁷⁵ Näher dazu *A. Benz*, Europäisches Raumentwicklungskonzept, 2001 sowie *S. Gatawis*, UPR 2002, 263 ff.

31. Wasserhaushalt (Art. 74 I Nr. 32 GG)

149 Auch die Kompetenz nach Art. 74 I Nr. 32 GG ist praktisch **ohne Anknüpfungspunkt** in der Verfassungstradition. Am Rande erwähnt Art. 97 III WRV, daß das Reich bei der Verwaltung der Wasserstraßen »die Bedürfnisse der Landeskultur und der Wasserwirtschaft« zu wahren hat[678]. Vor diesem Hintergrund sieht der Parlamentarische Rat erneut nur eine **Rahmenkompetenz** für den Bund vor (Art. 75 Nr. 4 3. Var. GG a. F.)[679]. Diese wird 2006 in den Katalog des Art. 74 I GG versetzt und nach Art. 72 III 1 Nr. 5 GG als Fall der **Abweichungsgesetzgebung** ausgeflaggt (mit abweichungsfestem Kern); die Handhabung durch die Länder erweist sich als moderat (→ Art. 72 Rn. 37)[680].

150 **Wasserhaushalt** wird eingedenk der Verfassungstradition wie der Zusammenschau mit Art. 89 III GG als deckungsgleich mit »Wasserwirtschaft« verstanden (→ Art. 89 Rn. 25)[681]. Art. 74 I Nr. 32 GG ermächtigt danach zum Erlaß von »Regeln für die haushälterische Bewirtschaftung des in der Natur vorhandenen Wassers nach Menge und Güte«[682], ohne nach Oberflächen- und Grundwasser zu differenzieren[683]. Konkret erfaßt sind die Festsetzung von Wasserschutzgebieten[684], die Entnahme von Wasser, der Schutz vor Verschmutzungen[685], das Recht zur Planfeststellung[686] sowie die Festsetzung von Abwasserabgaben[687]. Abzugrenzen ist die Bundeskompetenz von der Landeszuständigkeit für die Gefahrenabwehr (bspw. Badeverbote)[688] sowie von derjenigen für die **Wasserstraßen** nach Art. 74 I Nr. 21 GG (→ Rn. 104); denn diese »rechtfertigt nur Regelungen, die sich auf die Wasserstraßen als Verkehrswege beziehen; dabei kann der Bund spezifische Regelungen im Interesse des Schiffsverkehrs treffen, auch wenn sie zugleich zwangsläufig die allgemeine wasserwirtschaftliche Ordnung, abgesehen von der Schiffahrt, berühren«[689].

---

[676] Siehe m. w. N. *C. Calliess/A. Lippert*, Transeuropäische Netze, in: A. Hatje/P. C. Müller-Graff (Hrsg.), Enzyklopädie Europarecht, Bd. VIII, 2014, § 2 (S. 51 ff.).

[677] Siehe wiederum *Dörr/Yamato*, Raumordnung (Fn. 673), § 38 Rn. 14 sowie knapp *C. Calliess*, in: Calliess/Ruffert, EUV/AEUV, Art. 192 AEUV Rn. 30.

[678] Siehe ferner *Pestalozza*, GG VIII, Art. 75 Rn. 463 ff. sowie Schneider/Kramer, GG-Dokumentation, Bd. 18/2, Art. 75 Nr. 4, Rn. 1 (S. 2247); speziell zu Art. 97 III WRV siehe *Anschütz*, WRV, Art. 97 Anm. 7 (S. 467).

[679] Siehe JöR 1 (1951), S. 560 f.; *Pestalozza*, GG VIII, Art. 75 Rn. 468 ff. sowie Schneider/Kramer, GG-Dokumentation, Bd. 18/2, Art. 75 Nr. 4, S. 2236 ff., Rn. 2 ff. (S. 2248 ff.).

[680] Näher *B. Becker*, DVBl. 2010, 754 ff. sowie *M. Reinhardt*, AöR 135 (2010), 459 ff.

[681] Statt aller Jarass/*Pieroth*, GG, Art. 74 Rn. 82.

[682] BVerfGE 15, 1 (15); vgl. ferner E 58, 45 (62); 58, 300 (339 ff.); BVerwGE 116, 175 (178).

[683] BVerfGE 58, 300 (328 ff.).

[684] BayVerfGHE 30, 99 (103).

[685] BVerfGE 15, 1 (7) – *Seewasserstraßen* (Gesetz zur Reinhaltung der Bundeswasserstraßen scheitert an einer Vollregelung).

[686] BVerwGE 55, 220 (225).

[687] Vgl. BVerwG NVwZ 1992, 1210 (1210); BVerwG NVwZ 1993, 998 (998); zustimmend *H.-W. Rengeling*, HStR³ VI, § 135 Rn. 312; Jarass/*Pieroth*, GG, Art. 74 Rn. 82. Das WHG ist insofern nicht abschließend: BVerfGE 93, 319 (341). – Eingehend zum Problem einer Wassernutzungsabgabe *W. Durner/C. Waldhoff*, Rechtsprobleme der Einführung bundesrechtlicher Wassernutzungsabgaben, 2013.

[688] Treffend → *Stettner*, Bd. II² (Suppl. 2007), Art. 74 Rn. 144.

[689] BVerfGE 15, 1 (9).

II. Einzelne Titel Art. 74

Bei der Nutzung des Kompetenztitels müssen Bund und Länder neben einzelnen 151
völkerrechtlichen Vorgaben insbesondere die **Wasserrahmenrichtlinie** der Europäischen Union berücksichtigen[690]. Diese ist vom EuGH unlängst in Sachen Weservertiefung weit ausgelegt worden[691].

32. Hochschulzulassung und Hochschulabschlüsse (Art. 74 I Nr. 33 GG)

Bis zur Föderalismusreform I war die Zuständigkeit des Bundes im Hochschulrecht 152
nicht sektoral, sondern modal begrenzt: Nach Art. 75 I 1 Nr. 1a GG verfügte er über die **Rahmenkompetenz** zur Regelung der »allgemeinen Grundsätze des Hochschulwesens«[692]; zwei spektakulär gescheiterte Änderungen des auf dieser Grundlage erlassenen HRG gelten als wichtiger Anstoß für die Reform von 2006[693]. In deren Rahmen wurde die Bundeszuständigkeit zur **Kernkompetenz** hochgezont und von der Erforderlichkeitprüfung freigestellt (→ Art. 72 Rn. 17 ff.), allerdings auf Hochschulzugang und -abschlüsse inhaltlich beschränkt sowie zusätzlich mit einer **Abweichungsmöglichkeit** der Länder verknüpft (Art. 72 III 1 Nr. 6 GG; → Art. 72 Rn. 32 ff., 54). Das HRG gilt in stark verknappter Form fort[694]; nach Ablauf der Befristung gem. Art. 125b I 3 GG (→ Art. 125b Rn. 4) sind derartige Abweichungsgesetze flächendeckend zu verzeichnen (→ Art. 72 Rn. 148).

Die **Hochschule** zeichnet sich durch die Kombination von Forschung und Lehre, also 153
der zielgerichteten Suche nach der Wahrheit und der Weitervermittlung an Dritte aus (→ Art. 5 III [Wissenschaft], Rn. 22, 29, 79)[695]. Vom Kompetenztitel nicht erfaßt sind danach zunächst Schulen i.S.v. Art. 7 GG (→ Art. 7 Rn 33), aber auch reine Forschungseinrichtungen oder Volkshochschulen[696]. Im übrigen ist der Begriff weit auszulegen; neben den klassischen Universitäten sind auch Technische-, Fach[697]-, Sport-, Kunst- und Musikhochschulen, kirchliche Hochschulen, Bergakademien u. a. m. Hochschulen im Sinne der Norm. Für die Universitäten der Bundeswehr ist Art. 73 I Nr. 1 GG speziell (→ Art. 73 Rn. 14). Die **Hochschulzulassung** ist vom Hochschulzugang zu unterscheiden[698]; die Kompetenz nach Art. 74 I Nr. 33 GG umfaßt die Regelung der Bestimmung und Ausschöpfung der vorhandenen Kapazitäten, die Vergabe von Studienplätzen sowie die Zulassung[699]. Nicht erfaßt sollen hingegen Studienbeiträge bzw.

---

[690] Richtlinie 2000/60/EG des Europäischen Parlaments und des Rates vom 23.10.2000 zur Schaffung eines Ordnungsrahmens für Maßnahmen der Gemeinschaft im Bereich der Wasserpolitik. Siehe aus der neuesten Literatur nur *J. Albrecht*, Europäisches Umwelt- und Planungsrecht 13 (2015), 96 ff. sowie die Beiträge in E. Hofmann (Hrsg.), Wasserrecht in Europa, 2015.

[691] EuGH, Urt. v. 2.7.2015, Rs. C-461/13 – *BUND/Bundesrepublik Deutschland*.

[692] Näher *Pestalozza*, GG VIII, Art. 75 Rn. 205 ff. → *Stettner*, Bd. II², Art. 75 Rn. 20 ff.

[693] Vgl. BVerfGE 111, 226 – *Juniorprofessur*; 112, 226 – *Studiengebühren* (dazu die Anm. v. *R. Stettner*, JZ 2005, 619 ff.). Erste Stellungnahmen zur Reform: *E. Hansalek*, NVwZ 2006, 668 ff. sowie *J. Ennuschat/C. Ulrich*, VBlBW 2007, 121 ff.

[694] Zur Frage der Aufhebungskompetenz nur *J.F. Lindner*, NVwZ 2007, 180 ff.

[695] Jarass/*Pieroth*, GG, Art. 74 Rn. 83; Sannwald (Fn. 1), Art. 74 Rn. 382. → *Stettner*, Bd. II² (Suppl. 2007), Art. 74 Rn. 146.

[696] Gleichsinnig Oeter (Fn. 1), Art. 74 Rn. 195; Jarass/*Pieroth*, GG, Art. 74 Rn. 83. → *Stettner*, Bd. II² (Suppl. 2007), Art. 74 Rn. 146.

[697] Speziell dazu BVerfGE 37, 314 (321).

[698] Die Regelung der fachlichen Voraussetzungen für ein Studium sind danach Landes- oder besser Ländersache: Jarass/*Pieroth*, GG, Art. 74 Rn. 84; Degenhart (Fn. 38), Art. 74 Rn. 129; kritisch *J. Rux*, in: BK, Art. 74 Abs. 1 Nr. 33 (2013), Rn. 57 ff.

[699] Ähnlich wiederum Degenhart (Fn. 38), Art. 74 Rn. 129: »Vergabe von Studienplätzen, die Auswahlverfahren und die Kapazitätsermittlung«.

-gebühren sein[700]. Die Regelung der **Hochschulabschlüsse** umfaßt eingedenk der bundesstaatlichen Zielkomponente der Norm (im Kern: Vergleichbarkeit der Abschlüsse) die Bestimmung von Regelstudienzeiten und die Umschreibung des für einen Abschluß vorauszusetzenden Niveaus[701]. Ausgenommen sind wiederum Staatsexamina (sofern dem Bund nicht wie im Falle der Richterausbildung Spezialkompetenzen zustehen; → Rn. 135 f.; → Art. 98 Rn. 22, 26), akademische Grade sowie die sonstige Ordnung des Studiums[702].

154   Die **inter- und supranationale Überformung** des Kompetenztitels erfolgt auf mehreren Ebenen[703]. Der europäische »Raum der Forschung« (Art. 179 AEUV; vgl. auch Art. 183 AEUV) spricht die Hochschulen primär nicht als Lehrstätten an[704]. Gerade auf die Hochschulzulassung wirkt sich – ohne spezielle Unionskompetenz – wiederum die Logik von Antidiskriminierung und Freizügigkeit aus (vgl. Art. 18, 49 AEUV)[705]. Der vielfältige Emotionen und Assoziationen evozierende **Bologna-Prozeß** zielt auf Vereinheitlichung der Abschlüsse wie der Systeme der Leistungsmessung und entfaltet – so man den einschlägigen Erklärungen irgendeine Verbindlichkeit beimißt – Wirkung für die Kompetenz nach Art. 74 I Nr. 33 GG[706].

III. Art. 74 II GG

155   Art. 74 II GG präsentiert sich als typisches **Protokoll von Kompromissen** zwischen Bund und Ländern und kompensiert die Länder für die Begründung (Nr. 25: Staatshaftung; seit 1994) bzw. den Transfer einer Bundeskompetenz (Nr. 27: Statusrechte der Beamten und Richter; seit 2006 [ehemals Rahmenkompetenz gem. Art. 75 Nr. 1 GG]). Systemwille ist nicht erkennbar. Die Rechtsfolgen der Einstufung als Zustimmungsgesetz folgen aus Art. 77 IIa, 78 GG (→ Art. 77 Rn. 44 ff.; → Art. 78 Rn. 13).

---

[700] BT-Drs. 16/813, S. 14: »Eine Regelung von Studiengebühren ist davon nicht erfasst.« Aus BVerfGE 112, 226 (242 ff., Rn. 62 ff.) geht allerdings nur hervor, daß eine entsprechende Regelung nicht erforderlich i. S. v. Art. 72 II GG ist. Eingedenk des Übergangs von der »weit gefasst[en]« Titulierung »Hochschulwesen« (ebd., Rn. 63) zur heutigen Fassung läßt dies dem Grunde nach nur Spekulationen zu.

[701] Siehe wiederum BT-Drs. 16/813, S. 14: »Die Kompetenz für die Hochschulabschlüsse gibt dem Bund die Möglichkeit, im Interesse der Gleichwertigkeit einander entsprechender Studienleistungen und -abschlüsse die Abschlussniveaus und die Regelstudienzeiten zu regeln. Der Bund kann damit einen Beitrag zur Verwirklichung des einheitlichen europäischen und Hochschulraums und zur internationalen Akzeptanz deutscher Hochschulabschlüsse leisten«; aus der Literatur wie hier *Oeter* (Fn. 1), Art. 74 Rn. 197; Jarass/*Pieroth*, GG, Art. 74 Rn. 85; *H.-W. Rengeling*, HStR[3] VI, § 135 Rn. 318.

[702] Siehe *Rux* (Fn. 698), Art. 74 Abs. 1 Nr. 33 Rn. 71 f.; Jarass/*Pieroth*, GG, Art. 74 Rn. 85; *Degenhart* (Fn. 38), Art. 74 Rn. 129.

[703] Zusammenfassend *M. Kotzur*, Bildung und Kultur, Forschung, technologische Entwicklung und Raumfahrt, in: Schulze/Zuleeg/Kadelbach, Europarecht, § 38 Rn. 35 ff.

[704] Näher dazu *M. Ruffert*, in: Calliess/Ruffert, EUV/AEUV, Art. 179 AEUV Rn. 8 ff.

[705] Siehe EuGH, Urt. v. 25.11.2004, Rs. C-147/03 – *Kommission/Österreich* sowie EuGH, Urt. v. 13.4.2010, Rs. C-73/08 – *Bressol* und dazu *P. Hilpold*, Der Hochschulzugang in der EU, in: FS G. Roth, 2011, S. 247 ff.

[706] Instruktive Bestandaufnahme bei C. Baldus/T. Finkenauer/T. Rüfner (Hrsg.), Bologna und das Rechtsstudium, 2011.

D. Verhältnis zu anderen GG-Bestimmungen

Art. 74 GG steht in einem engen Korrespondenzverhältnis zu Art. 72 GG; gemeinsam mit dieser Norm konkretisiert er die allgemeine Kompetenzverteilungsregel in Art. 70 II GG (→ Art. 70 Rn. 11 f.). Die Fortgeltung vorkonstitutionellen Rechts aus dem Bereich der konkurrierenden Gesetzgebung regelt **Art. 125 GG** (→ Art. 125 Rn. 4 ff.), während **Art. 125a I GG** u. a. die Fortgeltung von Bundesrecht anordnet, das der konkurrierenden Gesetzgebung unterfällt, aber infolge von Eingriffen in Art. 74 I GG nicht mehr erlassen werden könnte (→ Art. 125a [Suppl. 2007], Rn. 6 ff.). Anders als der Katalog des Art. 73 I GG deckt Art. 74 I GG die Sachbereiche der konkurrierenden Gesetzgebung nahezu vollständig ab (→ Art. 71 Rn. 6); es kommen noch Art. 105 II sowie Art. 115c I 1 GG hinzu, die allerdings beide einem Sonderregime unterworfen sind (→ Art. 105 Rn. 45; → Art. 115c Rn. 4). Zahlreiche Einzeltitel des Art. 74 I GG geben Bund und Ländern die Werkzeuge in die Hand, um **Verfassungsprinzipien**, Staatsziele oder spezielle Handlungsaufträge näher auszubuchstabieren; ohne Anspruch auf Vollzähligkeit seien Art. 74 I Nr. 1 (Gerichtsverfassung und gerichtliches Verfahren; → Art. 20 [Rechtsstaat], Rn. 211 ff.), Nr. 7 (öffentliche Fürsorge; → Art. 20 [Sozialstaat], Rn. 26, 28 ff.), Nr. 20 u. 29 (Tier- bzw. Naturschutz; → Art. 20a Rn. 29 ff., 55 ff.) sowie Nr. 25 GG (Staatshaftung; → Art. 34 Rn. 36 ff.) genannt. Allerdings stellen die genannten Katalogtitel weder Staatsziele dar noch haben sie Anteil am Schutz der Verfassungsprinzipien über Art. 79 III GG (→ Art. 79 III Rn. 35 ff.). Weitere Titel weisen ein Nähe- bzw. Konkretisierungsverhältnis zu den **Grundrecht**en auf: Das gilt für Art. 74 I Nr. 3 (→ Art. 9 Rn. 103), Nr. 13 sowie Nr. 14 u. 15 GG. Auch hier gilt, daß die Kompetenztitel keine selbständigen Vorbehalte darstellen, sondern Bund und Länder lediglich befähigen, den in den Grundrechten angelegten Ausgestaltungs- und Förderaufträgen nachzukommen. Schließlich besteht ein enger Konnex aller Gesetzgebungskompetenzen zum Verfahren nach Art. 76 ff. GG. Eine Sonderrolle spielt insofern Art. 74 II GG, der punktuell Gesetze in zwei Katalogbereichen als Zustimmungsgesetze ausweist (→ Rn. 155; → Art. 77 Rn. 44 ff.).

156

Artikel 76 [Gesetzesvorlagen]

(1) Gesetzesvorlagen werden beim Bundestage durch die Bundesregierung, aus der Mitte des Bundestages oder durch den Bundesrat eingebracht.

(2) ¹Vorlagen der Bundesregierung sind zunächst dem Bundesrat zuzuleiten. ²Der Bundesrat ist berechtigt, innerhalb von sechs Wochen zu diesen Vorlagen Stellung zu nehmen. ³Verlangt er aus wichtigem Grunde, insbesondere mit Rücksicht auf den Umfang einer Vorlage, eine Fristverlängerung, so beträgt die Frist neun Wochen. ⁴Die Bundesregierung kann eine Vorlage, die sie bei der Zuleitung an den Bundesrat ausnahmsweise als besonders eilbedürftig bezeichnet hat, nach drei Wochen oder, wenn der Bundesrat ein Verlangen nach Satz 3 geäußert hat, nach sechs Wochen dem Bundestag zuleiten, auch wenn die Stellungnahme des Bundesrates noch nicht bei ihr eingegangen ist; sie hat die Stellungnahme des Bundesrates unverzüglich nach Eingang dem Bundestag nachzureichen. ⁵Bei Vorlagen zur Änderung dieses Grundgesetzes und zur Übertragung von Hoheitsrechten nach Artikel 23 oder Artikel 24 beträgt die Frist zur Stellungnahme neun Wochen; Satz 4 findet keine Anwendung.

(3) ¹Vorlagen des Bundesrates sind dem Bundestag durch die Bundesregierung innerhalb von sechs Wochen zuzuleiten. ²Sie soll hierbei ihre Auffassung darlegen. ³Verlangt sie aus wichtigem Grunde, insbesondere mit Rücksicht auf den Umfang einer Vorlage, eine Fristverlängerung, so beträgt die Frist neun Wochen. ⁴Wenn der Bundesrat eine Vorlage ausnahmsweise als besonders eilbedürftig bezeichnet hat, beträgt die Frist drei Wochen oder, wenn die Bundesregierung ein Verlangen nach Satz 3 geäußert hat, sechs Wochen. ⁵Bei Vorlagen zur Änderung dieses Grundgesetzes und zur Übertragung von Hoheitsrechten nach Artikel 23 oder Artikel 24 beträgt die Frist neun Wochen; Satz 4 findet keine Anwendung. ⁶Der Bundestag hat über die Vorlagen in angemessener Frist zu beraten und Beschluß zu fassen.

Literaturauswahl

Becker, Florian: Kooperative und konsensuale Strukturen in der Normsetzung, 2005.

Brosius-Gersdorf, Frauke: Der Gesetzgeber als Verordnungsgeber. Die Änderung der Bundespflegesatzverordnung durch das Beitragssicherungsgesetz zwischen Gesetzesrecht und Parlamentsverordnung, in: ZG 22 (2007), S. 305–327.

Frenzel, Eike Michael: Das Gesetzgebungsverfahren – Grundlagen, Problemfälle und neuere Entwicklungen, in: JuS 2010, S. 119–124.

Hartmann, Bernd J./Kamm, Kristof M.: Gesetzgebungsverfahren in Land, Bund und Union, in: Jura 2014, S. 283–294.

Hebeler, Timo: Ist der Gesetzgeber verfassungsrechtlich verpflichtet, Gesetze zu begründen? – Grundsätzliche Überlegungen anlässlich des Bundesverfassungsgerichtsurteils zur Leistungsgestaltung im SGB II –, in: DÖV 2010, S. 754–762.

Kluth, Winfried: Die Begründung von Gesetzen, in: Winfried Kluth/Günter Krings (Hrsg.), Gesetzgebung. Rechtsetzung durch Parlamente und Verwaltungen sowie ihre gerichtliche Kontrolle, 2014, § 14, S. 333–353.

Kluth, Winfried: Rechtsetzungsdelegation auf Private und kooperative Rechtsetzung, in: Winfried Kluth/Günter Krings (Hrsg.), Gesetzgebung. Rechtsetzung durch Parlamente und Verwaltungen sowie ihre gerichtliche Kontrolle, 2014, § 33, S. 829–847.

Krüper, Julian: Lawfirm – legibus solutus? Legitimität und Rationalität des inneren Gesetzgebungsverfahrens und das ›Outsourcing‹ von Gesetzentwürfen, in: JZ 2010, S. 655–662.

Lenski, Sophie-Charlotte: Zur Vollständigkeit von Gesetzesinitiativen, in: ZG 27 (2012), S. 373–386.

Leven, Julia: Gesetzgebungsoutsourcing. Verfassungsrechtliche Probleme der Inanspruchnahme Privater zur Erstellung von Gesetzentwürfen, 2013.

Maaßen, Hans-Georg: Gesetzesinitiativen der Bundesregierung, in: Winfried Kluth/Günter Krings (Hrsg.), Gesetzgebung. Rechtsetzung durch Parlamente und Verwaltungen sowie ihre gerichtliche Kontrolle, 2014, § 8, S. 191–227.
Meßerschmidt, Klaus: Private Gesetzgebungshelfer – Gesetzgebungsoutsourcing als privatisiertes Regulierungsmanagement in der Kanzleiendemokratie?, in: Der Staat 51 (2012), S. 387–415.
Nolte, Martin/Tams, Christian: Das Gesetzgebungsverfahren nach dem Grundgesetz, in: Jura 2000, S. 158–164.
Schmieszek, Hans-Peter: Großkanzleien als Ersatzgesetzgeber?, in: ZRP 2013, S. 175–179.
Schneider, Hans: Gesetzgebung, 3. Aufl. 2002.
Schulze-Fielitz, Helmuth: Theorie und Praxis parlamentarischer Gesetzgebung, 1988.
Schulze-Fielitz, Helmuth: Wege, Umwege oder Holzwege zu besserer Gesetzgebung – durch sachverständige Beratung, Begründung, Folgenabschätzung und Wirkungskontrolle?, in: JZ 2004, S. 862–871.
Voßkuhle, Andreas: Sachverständige Beratung des Staates, in: HStR³ III, § 43, S. 425–474.

Leitentscheidungen des Bundesverfassungsgerichts

BVerfGE 1, 144 (148 ff., Rn. 21 ff.) – Geschäftsordnungsautonomie; 29, 221 (233 ff.) – Jahresarbeitsverdienstgrenze; 36, 321 (329 ff.) – Schallplatten; 91, 148 (161 ff.) – Umlaufverfahren; 108, 52 (67 ff., Rn. 37 ff.) – Kindesunterhalt; 114, 196 (220 ff., Rn. 151 ff.) – Beitragssatzsicherungsgesetz; 120, 56 (73 ff., Rn. 56 ff.) – Vermittlungsausschuß II; 125, 175 (221 ff., Rn. 132 ff.) – Hartz IV; 132, 134 (158 ff., Rn. 61 ff.) – Existenzminimum Asylbewerber.

Gliederung

	Rn.
A. Herkunft, Entstehung, Entwicklung	1
I. Ideen- und verfassungsgeschichtliche Aspekte	1
II. Entstehung und Veränderung der Norm	8
B. Internationale, supranationale und rechtsvergleichende Bezüge	21
C. Erläuterungen	23
I. Systematik des Art. 76 GG als Bestandteil des Verfahrens der Gesetzgebung des Bundes	23
II. Gesetzesinitiative (Art. 76 I GG)	26
1. Einbringen einer Gesetzesvorlage	27
a) Gesetzesvorlage	27
b) Einbringen	37
aa) Begriff und Rechtswirkungen	37
bb) Rücknahme der Gesetzesvorlage	42
cc) Gesetzgebungsoutsourcing	46
2. Initiativberechtigte Organe und Organteile	48
a) Allgemeine Grundsätze und Staatspraxis	48
b) Initiativberechtigte Verfassungsorgane und -organteile	52
aa) Bundesregierung	52
bb) Mitte des Bundestages	54
cc) Bundesrat	61
3. Adressat der Gesetzesinitiative: Bundestag	62
III. Weiteres Verfahren für Gesetzesvorlagen der Bundesregierung (Art. 76 II GG)	64
1. Zuleitung von Gesetzesvorlagen der Bundesregierung zur Stellungnahme an den Bundesrat (Art. 76 II 1 und 2 GG)	64
2. Fristen für die Stellungnahme des Bundesrats (Art. 76 II 2, 3 und 5 GG)	67
3. Vorzeitige Zuleitung der Gesetzesvorlage durch die Bundesregierung an den Bundestag (Art. 76 II 4 und 5 Halbsatz 2 GG)	77
IV. Weiteres Verfahren für Gesetzesvorlagen des Bundesrats (Art. 76 III GG)	82
1. Zuleitung von Gesetzesvorlagen des Bundesrats zur Stellungnahme an die Bundesregierung (Art. 76 III 1 und 2 GG)	83
2. Fristen für die Stellungnahme der Bundesregierung (Art. 76 III 1, 3 und 5 GG)	89

Art. 76

    3. Verkürzung der Stellungnahmefrist der Bundesregierung (Art. 76 III 4
       und 5 Halbsatz 2 GG) 93
  V. Keine weiteren Verfahrensvorgaben für Gesetzesvorlagen des Bundestags 96
  VI. Beratung und Beschlussfassung des Bundestags (Art. 76 III 6 GG) 97
  VII. Rechtsfolge bei Verstößen gegen Art. 76 GG 101

D. Verhältnis zu anderen GG-Bestimmungen 103

Stichwörter

Analoge Anwendung des Art. 76 II bzw. III GG 59 f. – Änderung der Gesetzesvorlage 44 – Angemessene Frist 97 f. – Anstoßfunktion 26 – Ausgestaltungsvorbehalt zugunsten des Bundestags 56, 57 – Ausschlussfrist 72, 92 – Beauftragung Privater mit Ausarbeitung des Gesetzentwurfs 46 f. – Begriff der Gesetzesvorlage 27 f. – Begründung des Gesetzentwurfs 30 ff. – Begründungspflicht 30 ff. – Beratung des Bundestags 97 f. – Beratungspflicht 97 f. – Beschleunigung des Gesetzgebungsverfahrens 58, 67, 77 f., 80, 88 f., 97 – Beschluss des Bundestags 97 ff. – Besondere Eilbedürftigkeit 77 ff., 93 ff. – Beurteilungsspielraum 69, 78, 94 – Botenfunktion 84, 87 f. – Bundesgesetze 23 f. – Demokratieprinzip 27, 47, 49, 99 – Diskontinuität 99 – Drei-Wochen-Frist 18, 20, 77, 79, 93 – Einbringen der Gesetzesvorlage 4 ff., 37 ff. – Einleitungsverfahren 23 – Entsteinerungsklausel 27 – Enumerative Aufzählung der Initiativberechtigten 28, 48 – Erster Durchgang 64 – Fixfrist 70 – Fraktion 12, 15, 54 ff., 102 – Fraktionsstärke 3, 54 ff., 102 – Frist für Stellungnahme des Bundesrats 20, 67 ff., 77 ff., 102 – Fristberechnung 71, 92 – Fristverkürzung 69 f., 77, 91, 93 ff. – Fristverlängerung 20, 69 ff., 90 f. – Funktion der Gesetzesinitiative 26 – Funktion der Stellungnahme 64 – Gegenäußerung der Bundesregierung 74 – Gegenäußerung des Bundesrats 86 – Gemeinsame Geschäftsordnung der Bundesministerien 25 – Gemeinsame Gesetzesvorlage 49 – Gesamtschuld der Gesetzesinitiative 39 – Geschäftsordnung der Bundesregierung 25 – Geschäftsordnung des Bundesrats 25 – Geschäftsordnung des Bundestags 11, 25, 30, 54 ff. – Geschäftsordnungsautonomie 55 f. – Gesetz im formellen Sinne 27 f. – Gesetz im materiellen Sinne 27 – Gesetzesinitiative 1 ff., 8 ff., 23 ff., 26 ff. – Gesetzesinitiativpflicht 38 – Gesetzesinitiativrecht 4, 38 – Gesetzesvorlage der Bundesregierung 8 ff., 52 f. – Gesetzesvorlage der Mitte des Bundestags 8 ff., 54 ff. – Gesetzesvorlage des Bundesrats 8 ff., 61 – Gesetzesvorlage zur Änderung des Grundgesetzes 24, 70, 81, 91, 95 – Gesetzesvorlage zur Übertragung von Hoheitsrechten 70, 81, 91, 95 – Gesetzgebung des Bundes 23 f. – Gesetzgebungsoutsourcing 46 f. – Gleichwertigkeit des Gesetzesinitiativrechts 30 – Inhaltliche Anforderungen an Gesetzentwurf 29 – Initiativmonopol 50, 103 – Kollegialorgan 2, 45, 54, 61, 62, 65, 85 – Komplexität der Gesetzesvorlage 69 – Landesregierungen 61 – Nachhaltigkeit 36 – Nachreichen der Stellungnahme 72, 80, 94 – Neun-Wochen-Frist 69 f., 79, 80 f., 90 f., 93, 95 – Normenklarheit 31 – Öffentlichkeit der Beratung des Bundestags 98 – Ordnungsvorschriften 101 f. – Parlamentsbeschlüsse 27 – Phasen des Gesetzgebungsverfahrens 23 – Privilegierung des Bundesrats gegenüber der Bundesregierung 93 – Prüfungsrecht der Bundesregierung 87 – Prüfungsrecht des Bundesrats 63 – Rechtsfolge von Verstößen gegen Verfahrensvorschriften 101 f. – Rechtsverordnungen 27 – Rücknahme der Gesetzesvorlage 42 ff., 75 – Schriftliches Umlaufverfahren 52 – Sechs-Wochen-Frist 76, 77 ff., 89, 93 – Selbsteinbringungsrecht des Bundesrats 88 – Selbstverpflichtung eines Initiativberechtigten 38 – Sonderregelungen 50, 66, 76, 103 – Staatspraxis 27, 46, 51, 53, 58 – Staatszielbestimmungen 38 – Stellungnahme der Bundesregierung 83 ff. – Stellungnahme des Bundesrats 64 ff. – Stellungnahmefrist 67 ff., 89 ff. – Stellungnahmepflicht der Bundesregierung 85 – Stellungnahmerecht des Bundesrats 64 ff. – Subjektives Recht auf Beschlussfassung 40, 97 – Umfang der Gesetzesvorlage 69, 90, 98 – Unbeschränkbarkeit des Gesetzesinitiativrechts 30 – Unverzüglich 20, 80 – Vereinbarkeit des § 76 I GOBT mit Art. 76 I GG 54 ff. – Verfahren für Gesetzesvorlagen der Bundesregierung 64 ff. – Verfahren für Gesetzesvorlagen des Bundesrats 82 ff. – Verfahrensrechtliche Differenzierung des Grundgesetzes 60 – Verfassungsänderung 24, 81, 91, 95 – Verfassungsorgantreue 45 – Verfassungswidrige Gesetzesvorlage 87, 98 – Verfristete Stellungnahme des Bundesrats 72 – Verkappte Bundesratsvorlage 58 f. – Verkappte Regierungsvorlage 53, 58 ff. – Verkürzte Stellungnahmefrist 69 f., 77, 91, 93 ff. – Verkürzte Wartefrist 77, 93 – Verlangen 77, 90 – Verordnungsänderung durch Gesetz 27 – Verzicht auf Stellungnahme 65, 67, 85 – Volksbegehren 5, 9, 22 – Volksentscheid 5, 9, 13, 19 – Vorzeitige Zuleitung der Gesetzesvorlage 20, 70, 77 ff., 81, 91, 93 ff. – Weiterleitung der Gesetzesvorlage 84 ff. – Weiterleitungspflicht 84 ff. – Wichtiger Grund 69, 78, 90 – Zuleitung der Gesetzesvorlage an den Bundesrat 64 ff., 96 ff. – Zuleitung der Gesetzesvorlage an den Bundestag 37 ff., 47, 77 ff., 93 ff., 96 ff. – Zuleitung der Gesetzesvorlage an die Bundesregierung 83 ff., 96 ff. – Zweiter Durchgang 102 – Zwingendes Verfahrensrecht 101 f.

A. Herkunft, Entstehung, Entwicklung

I. Ideen- und verfassungsgeschichtliche Aspekte

Art. 76 GG geht teilweise auf Bestimmungen früherer Verfassungen zurück und ist teilweise ohne verfassungsrechtliches Vorbild. Während der Zeit des Vorkonstitutionalismus lag die Befugnis zur Gesetzesinitiative ausschließlich in den Händen des Monarchen[1]. Dies änderte erstmals die **Paulskirchenverfassung** von 1849, die neben dem Kaiser (§ 80 Satz 1) auch jedem Haus (Volkshaus und Staatenhaus) des Reichstags (§ 99) und der Volksvertretung jedes deutschen Staates (§ 187 I) das Recht des Gesetzesvorschlages einräumte.

Die **Reichsverfassung von 1871** hielt an der Gesetzesinitiativbefugnis des Parlaments fest und setzte an die Stelle des Initiativrechts des Monarchen das Initiativrecht des Bundesrats. Gesetzesvorlagen wurden gem. Art. 16 zum einen von dem Bundesrat nach Maßgabe seiner Beschlüsse im Namen des Kaisers an den Reichstag gebracht (Art. 16), wobei die einzelnen Bundesglieder zwar befugt waren, »Vorschläge zu machen und in Vortrag zu bringen« (Art. 7 II), die Beschlussfassung über das Einbringen eines Gesetzes aber dem Bundesrat als Kollegialorgan oblag (Art. 7 I Nr. 1, III, IV). Zum anderen hatte der Reichstag das Recht, innerhalb der Kompetenz des Reichs Gesetze vorzuschlagen (Art. 23).

Nach der **Weimarer Reichsverfassung** wurden Gesetzesvorlagen von der Reichsregierung oder aus der Mitte des Reichstags eingebracht (Art. 68 I), was die Befugnis zur Erarbeitung eines Gesetzentwurfs umfasste[2]. Gesetzesvorlagen aus der Mitte des Reichstags bedurften nach der Geschäftsordnung des Reichstags vom 22.12.1922 der Unterschrift von mindestens 15 Reichstagsabgeordneten (§ 49 S. 1 GO RT), was einer Fraktionsstärke entsprach (§ 7 I 1 GO RT). In der Praxis überwogen quantitativ Gesetzesvorlagen der Reichsregierung[3].

Die Einbringung von Gesetzesvorlagen der Reichsregierung bedurfte der Zustimmung des Reichsrats (Art. 69 I 1)[4]. Kam eine Übereinstimmung zwischen der Reichsregierung und dem Reichsrat nicht zustande, konnte die Reichsregierung die Vorlage gleichwohl einbringen, wenn sie dabei die abweichende Auffassung des Reichsrats darlegte (Art. 69 I 2). Umgekehrt bedurften Gesetzesvorlagen des Reichsrats der Zustimmung der Reichsregierung; stimmte die Reichsregierung nicht zu, hatte sie die Gesetzesvorlage des Reichsrats gleichwohl unter Darlegung ihres eigenen Standpunktes beim Reichstag einzubringen (Art. 69 II). Dem Reichsrat stand daher gem. Art. 69 II zwar ein **Gesetzesinitiativrecht**, aber kein Gesetzeseinbringungsrecht zu[5]. Fristen für die Einbringung von Gesetzesvorlagen bei dem Reichstag und für die Zustimmung der Reichsregierung bzw. des Reichsrats zu Gesetzesvorlagen des jeweils anderen Verfassungsorgans sah die Weimarer Reichsverfassung nicht vor. Ebenso fehlten verfassungsrechtliche Regelungen über eine Zuleitung von Gesetzesvorlagen aus der Mit-

---

[1] Näher *J. Masing*, in: v. Mangoldt/Klein/Starck, GG II, Art. 76 Rn. 10.
[2] Grundlegend zur Differenzierung der Weimarer Reichsverfassung zwischen dem Gesetzesinitiativrecht und dem Gesetzeseinbringungsrecht *Masing* (Fn. 1), Art. 76 Rn. 8, 10; *E. Schmidt-Jortzig/M. Schürmann*, in: BK, Art. 76 (1996), Rn. 4 f.; *Stettner* → Bd. II[2], Art. 76 Rn. 2, 9.
[3] *Stettner* → Bd. II[2], Art. 76 Rn. 2; *Schmidt-Jortzig/Schürmann* (Fn. 2), Art. 76 Rn. 10.
[4] Zum Begriff der Zustimmung iSd Art. 69 WRV näher *Schmidt-Jortzig/Schürmann* (Fn. 2), Art. 76 Rn. 11, 13.
[5] Zu dem fehlenden Gesetzeseinbringungsrecht des Reichsrats auch *Schmidt-Jortzig/Schürmann* (Fn. 2), Art. 76 Rn. 8.

te des Reichstags an die Reichsregierung oder den Reichsrat zum Zwecke ihrer Zustimmung.

5   Neben der Reichsregierung, der Mitte des Reichstags und dem Reichsrat war nach der Weimarer Reichsverfassung auch das **Volk** zur Gesetzesinitiative berechtigt, wobei das Begehren nach Vorlegung eines Gesetzentwurfs von einem Zehntel der Stimmberechtigten gestellt werden musste (Art. 73 III 1). Dem Volksbegehren musste dabei ein ausgearbeiteter Gesetzentwurf zugrunde liegen, der von der Regierung unter Darlegung ihrer Stellungnahme dem Reichstag zu unterbreiten war (Art. 73 III 2, 3). Nahm der Reichstag den Gesetzentwurf nicht unverändert an, fand ein Volksentscheid statt (Art. 73 III 1, 4)[6]. Das Verfahren des Volksentscheids und des Volksbegehrens regelte ein Reichsgesetz (Art. 73 V)[7].

6   Besondere Regelungen galten nach der Weimarer Reichsverfassung für sozialpolitische und wirtschaftspolitische Gesetzentwürfe von grundlegender Bedeutung; sie sollten von der Reichsregierung vor ihrer Einbringung dem Reichswirtschaftsrat zur Begutachtung vorgelegt werden (Art. 165 IV 1). Dem **Reichswirtschaftsrat** stand darüber hinaus die Befugnis zu, selbst solche Gesetzesvorlagen zu beantragen (Art. 165 IV 2). Eine Gesetzesvorlage des Reichswirtschaftsrats war von der Reichsregierung auch dann unter Darlegung ihres Standpunktes beim Reichstag einzubringen, wenn sie ihr nicht zustimmte (Art. 165 IV 3). Der Reichswirtschaftsrat konnte die Vorlage durch eines seiner Mitglieder vor dem Reichstag vertreten lassen (Art. 165 IV 4).

7   Der **NS-Staat** hob das Gesetzesinitiativrecht der Mitte des Reichstags durch Führererlass über die Bildung eines Ministerrats für die Reichsverteidigung vom 30.8.1939 auf[8]. Gesetzesvorlagen wurden fortan fast ausschließlich von der Reichsregierung unter maßgeblicher Steuerung durch die Reichskanzlei eingebracht[9].

II. Entstehung und Veränderung der Norm

8   Im **Verfassungskonvent von Herrenchiemsee** bestand Einigkeit darüber, dass die Gesetzesinitiative der Bundesregierung, dem Bundestag und dem Bundesrat (bzw. dem Senat)[10] zukommen sollte. Gesetzesvorlagen der Bundesregierung sollten nach Beschlussfassung der Regierung vom Bundeskanzler eingebracht werden. Dabei sollte die Bundesregierung darüber bestimmen, »ob ihre Vorlagen zuerst in einem der Häuser oder gleichzeitig in beiden beraten werden sollen«. Der Bundesrat sollte seine Gesetzesvorlagen grundsätzlich mit einfacher Mehrheit beschließen[11]. Dementsprechend sah Art. 103 (1. Variante) des Herrenchiemseer Verfassungsentwurfs vor: (1) Die Gesetzesvorlagen werden vom Bundeskanzler nach Beschlußfassung in der Bun-

---

[6] Zur geringen praktischen Relevanz von Volksentscheiden in der Weimarer Republik *Schmidt-Jortzig/Schürmann* (Fn. 2), Art. 76 Rn. 7.
[7] Vgl. dazu das Reichsgesetz über den Volksentscheid vom 27.6.1921 (RGBl. S. 790).
[8] Näher *W. Frotscher/B. Pieroth*, Verfassungsgeschichte, 13. Aufl. 2014, § 18 Rn. 615 f.; *M. Frehse*, Ermächtigungsgesetzgebung im Deutschen Reich 1914–1933, 1985, S. 147 ff.; *J. Biesemann*, Das Ermächtigungsgesetz als Grundlage der Gesetzgebung im nationalsozialistischen Staat, 1985, S. 265 ff.
[9] Eingehend *Schmidt-Jortzig/Schürmann* (Fn. 2), Art. 76 Rn. 13.
[10] Zu der Kontroverse im Verfassungskonvent von Herrenchiemsee, ob das Gesetzesinitiativrecht neben der Bundesregierung und der Mitte des Bundestags auch einem aus den Mitgliedern der Landesregierungen gebildeten Bundesrat oder einem von dem Landesvolk bzw. von den Landtagen gewählten Senat zukommen sollte, eingehend *J. Kersten*, in: Maunz/Dürig, GG, Art. 76 (2011), Rn. 4 ff.; *Schmidt-Jortzig/Schürmann* (Fn. 2), Art. 76 Rn. 15 ff.
[11] Parl. Rat II, S. 303, 556.

desregierung oder aus der Mitte des Bundestages oder des Bundesrats eingebracht. (2) Die Bundesregierung bestimmt darüber, ob ihre Vorlagen zuerst im Bundestag oder im Bundesrat oder gleichzeitig in beiden Häusern beraten werden sollen[12].

Im **Parlamentarischen Rat** stellte das Plenum eingangs seiner 3. Sitzung am 9.9.1948 zur Diskussion, ob das Gesetzesinitiativrecht nur dem Parlament und der Regierung oder auch dem Ländervertretungsorgan (Bundesrat) und dem Volk qua Volksbegehren und Volksentscheid zustehen sollte. Außerdem wurden die Alternativen gesehen, dass Gesetzesvorlagen der Bundesregierung entweder gleichzeitig dem Bundestag und dem Ländervertretungsorgan (Bundesrat) oder zuerst dem Ländervertretungsorgan zugeleitet werden könnten[13].

In der 13. Sitzung des **Kombinierten Ausschusses für die Organisation des Bundes und für Verfassungsgerichtshof und Rechtspflege** am 13.10.1948 äußerte der Abgeordnete Fecht Bedenken gegen die Möglichkeit, es der Bundesregierung zu überlassen, ob sie ihre Gesetzesvorlage zuerst zur Beratung dem Bundesrat oder dem Bundestag zuleitet. Die praktischen Erfahrungen zeigten, dass es »zweifellos besser« sei, wenn die Vorlage zuerst an den Bundesrat gehe und dort beraten werde, und erst anschließend dem Bundestag zugeleitet werde. Die Beratung bei der kleiner zusammengesetzten Länderkammer könne gründlicher und schneller erfolgen als bei der Volkskammer. Der Abgeordnete Fecht empfahl daher, dass die Regierungsvorlagen zuerst in der Länderkammer beraten werden sollten[14]. Hierüber entspann sich im Folgenden eine Debatte, ohne dass Einigkeit erzielt werden konnte[15].

Der **Allgemeine Redaktionsausschuß** legte am 26.11.1948 als Art. 103 einen Entwurf zur Einbringung von Gesetzesvorlagen vor, dessen Absatz 1 bereits im Wesentlichen dem heutigen Art. 76 I GG entsprach, während die weiteren Absätze im Laufe der nachfolgenden Beratungen noch mehrfach geändert wurden: (1) Gesetzesvorlagen können beim Bundestag durch die Bundesregierung, durch den Bundesrat oder aus der Mitte des Bundestages eingebracht werden. (2) Vorlagen der Bundesregierung sind dem Bundestag und dem Bundesrat zu gleicher Zeit zu unterbreiten. (3) Vorlagen des Bundesrats oder eine Stellungnahme des Bundesrats zu einer Vorlage sind dem Bundestag durch die Bundesregierung zuzuleiten, sie hat hierbei ihre Auffassung darzulegen. (4) Der Präsident des Bundestags hat jede vom Bundestag angenommene Gesetzesvorlage dem Bundesrat alsbald zuzustellen.[16] In seinen Anmerkungen zu dem Vorschlag hob der Redaktionsausschuß darauf ab, dass das Grundgesetz vom Kollegialprinzip ausgehe, sodass kein Anlass bestehe, Gesetzesvorlagen allein vom Bundeskanzler einbringen zu lassen[17]. Das Recht der Gesetzesinitiative werde durch Einbringung der Gesetzesvorlage beim Bundestag ausgeübt[18]. Die Einbringung durch die Bundesregierung oder durch den Bundesrat setze eine Beschlussfassung des gesamten Organs voraus. Dagegen müsse das Recht der Gesetzesinitiative im Bundestag »den Abgeordneten entsprechend der Geschäftsordnung des Bundestags vorbehalten bleiben.«[19]

---

[12] Parl. Rat II, S. 601.
[13] Parl. Rat IX, S. 77.
[14] Parl. Rat XIII/1, S. 523.
[15] Parl. Rat XIII/1, S. 523 f.
[16] Parl. Rat VII, S. 63.
[17] Parl. Rat VII, S. 63.
[18] Parl. Rat VII, S. 63 f.
[19] Parl. Rat VII, S. 64.

12 Anknüpfend an die Vorarbeiten des Allgemeinen Redaktionsausschusses vom 26.11.1948 warf der Abgeordnete Strauß in der 11. Sitzung des **Hauptausschusses** vom 30.11.1948 die Frage auf, ob **Gesetzesvorlagen des Bundestags** nicht ebenso durch die Bundesregierung dem Bundesrat zugeleitet werden müssten wie es Art. 103 III umgekehrt für Gesetzesvorlagen des Bundesrats vorsehe, die durch die Bundesregierung dem Bundestag zuzuleiten seien. Die Bundesregierung müsse Bemerkungen zu Vorlagen des Bundestags machen können. Dem widersprach der Abgeordnete Zinn unter Hinweis darauf, dass Vorlagen des Bundestags erst existierten, wenn der Bundestag hierüber als solcher Beschluss gefasst habe. In anderen Fällen handele es sich um den Antrag von Fraktionen. Sobald indes ein Beschluss des Bundestags vorliege, sei er dem Bundesrat nach Art. 103 IV formell zuzustellen. Der Abgeordnete Strauß erklärte sein Anliegen daraufhin für erledigt. Der Hauptausschuß nahm Art. 103 schließlich in der Fassung des Redaktionsausschusses an[20].

13 Einen Antrag der Zentrumsfraktion auf Zulassung eines verbindlichen Volksentscheids, wenn ein Zehntel der Stimmberechtigten ihn verlangt, lehnte der Hauptausschuß in 22. Sitzung am 8.12.1948 nach längerer Diskussion über den Inhalt des Antrags und den organisatorischen Umgang mit ihm ab[21]. Ebenfalls abschlägig beschieden wurde ein Antrag des Abgeordneten Renner, die Debatte und Abstimmung über die Aufnahme eines Rechts auf **Volksentscheid** im Grundgesetz in den Organisationsausschuß zu überweisen[22].

14 In seiner 11. Sitzung am 30.11.1948 beschloss der **Hauptausschuß** Art. 103 mit unveränderten Formulierungen der Absätze 2 bis 4 und folgender Änderung des Abs. 1: Gesetzesvorlagen werden beim Bundestag durch die Bundesregierung, durch den Bundesrat oder aus der Mitte des Bundestags eingebracht.[23]

15 In der 29. Sitzung des **Ausschusses für die Organisation des Bundes** am 11.1.1949 empfahl der Abgeordnete Walter, in Art. 103 I die Worte »**aus der Mitte**« bezogen auf den Bundestag zu streichen oder auch für den Bundesrat aufzunehmen, da dem Bundesrat ein entsprechendes Recht bislang nicht eingeräumt sei und das Gesetzesinitiativrecht für beide Organe gleich geregelt werden müsse. Der Abgeordnete Dehler entgegnete, die Differenzierung habe ihren Sinn darin, dass der Bundesrat über einen Gesetzentwurf mit Mehrheit beschließen müsse, während beim Bundestag auch »eine Minderheit, insbesondere eine Fraktion, das Initiativrecht« habe. Dem stimmten die übrigen Abgeordneten einschließlich des Abgeordneten Walter zu[24]. Der Organisationsausschuß beschloss daher Art. 103 in der zuletzt vom Hauptausschuß am 10.12.1948 angenommenen Fassung, wobei er in Absatz 4 das Wort »zuzustellen« durch »weiterzuleiten« ersetzte[25]. Dieser redaktionellen Änderung stimmte der Hauptausschuß in 36. Sitzung am 12.1.1949 zu[26].

16 Am 31.1.1949 und 5.2.1949 unterbreitete der **Fünferausschuß** einen Änderungsvorschlag zu Art. 103, der vor allem die Absätze 2 und 3 gegenüber der Beschlussfassung des Hauptausschusses änderte: (1) Gesetzesvorlagen werden beim Bundestag durch

---

[20] Parl. Rat XIV/1, S. 338.
[21] Parl. Rat XIV/1, S. 665 bis 669.
[22] Parl. Rat XIV/1, S. 666, 668 und 669 f.
[23] Parl. Rat XIV/1, S. 338. Am 12.1.1949 beschloss der Hauptausschuß Art. 103 mit wenigen redaktionellen Änderungen in Abs. 3 und 4: Parl. Rat XIV/2, S. 1111; s. auch Parl. Rat VII, S. 250.
[24] Parl. Rat XIII/2, S. 1008 f.
[25] Parl. Rat XIII/2, S. 1044.
[26] Parl. Rat XIV/2, S. 1111.

die Bundesregierung, aus der Mitte des Bundestags oder durch den Bundesrat eingebracht. (2) Vorlagen der Bundesregierung sind zunächst dem Bundesrat zuzuleiten. Der Bundesrat ist berechtigt, innerhalb von 3 Wochen zu diesen Vorlagen Stellung zu nehmen. (3) Vorlagen des Bundesrats sind dem Bundestag durch die Bundesregierung zuzuleiten; sie hat hierbei ihre Auffassung darzulegen. (4) Der Präsident des Bundestags hat jede vom Bundestag angenommene Gesetzesvorlage alsbald an den Bundesrat weiterzuleiten.[27]

Über diesen Vorschlag des Fünferausschusses entspann sich in der 49. Sitzung des **Hauptausschusses** am 9.2.1949 eine Debatte. Der Abgeordnete Renner bemängelte, dass der Bundesrat durch Art. 103 II in der Fassung des Fünferausschusses »ein bisher nicht vorgesehenes Recht« erhalte, was gemeinsam mit dem Recht des Bundesrats, an den Beratungen der Bundesregierung teilzunehmen, »eine ganz eindeutige **Superiorität für den Bundesrat**« schaffe. Wegen der damit verbundenen Schwächung der verfassungsrechtlichen Stellung des Bundestags gegenüber der Bundesregierung beantragte der Abgeordnete Renner, Art. 103 II zu streichen und zu der ursprünglichen Regelung, dass Gesetzesvorlagen der Bundesregierung dem Bundestag und dem Bundesrat gleichzeitig vorgelegt werden müssen, zurückzukehren. Der Abgeordnete Becker pflichtete ihm bei; eine Befragung des Bundesrats zu Gesetzesvorlagen der Bundesregierung sei sinnlos, weil er nach dem Beschluss des Gesetzes durch den Bundestag nochmals eingeschaltet würde. Wenn der Bundesrat vor der Einbringung der Gesetzesvorlage der Bundesregierung um Stellungnahme ersucht werde, stelle sich die Frage, ob er nach Einbringung der Gesetzesvorlage beim Bundestag noch einmal und anders abstimmen könne. Der Abgeordnete Süsterhenn entgegnete, bereits nach Art. 69 WRV habe die Einbringung von Gesetzesvorlagen der Reichsregierung der Zustimmung des Reichsrats bedurft. Art. 103 II übernehme Art. 69 WRV in abgeschwächter Form. Daraufhin beantragte der Abgeordnete Renner, Art. 103 II in der Fassung des Fünferausschusses durch Art. 103 II in der Fassung des Hauptausschusses zu ersetzen, der lautete: Vorlagen der Bundesregierung sind dem Bundestag und dem Bundesrat gleichzeitig zu unterbreiten. Der Antrag wurde abgelehnt. Stattdessen nahm der Hauptausschuß Art. 103 in der Fassung des Fünferausschusses an[28]. Am 10.2.1949 ersetzte der Hauptausschuß in sämtlichen Absätzen des Art. 103 das Wort »Bundestag« durch »Volkstag«[29].

In seiner 57. Sitzung am 5.5.1949 beschloss der **Hauptausschuß** auf Antrag der Abgeordneten Zinn, Dehler und v. Mangoldt, Art. 103 IV als Art. 104 (heutiger Art. 77 GG) fortzuführen. Anschließend nahm der Hauptausschuß den nunmehr in **Art. 76 GG** übernommenen Art. 103 mit der am 23.5.1949 in Kraft getretenen[30] Fassung an: (1) Gesetzesvorlagen werden beim Bundestage durch die Bundesregierung, aus der Mitte des Bundestages oder durch den Bundesrat eingebracht. (2) Vorlagen der Bundesregierung sind zunächst dem Bundesrate zuzuleiten. Der Bundesrat ist berechtigt, innerhalb von drei Wochen zu diesen Vorlagen Stellung zu nehmen. (3) Vorlagen des Bundesrates sind dem Bundestage durch die Bundesregierung zuzuleiten. Sie hat hierbei ihre Auffassung darzulegen.[31]

---

[27] Parl. Rat VII, S. 301, 325 f., 368 f.
[28] Parl. Rat XIV/2, S. 1578 ff.
[29] Parl. Rat VII, S. 425.
[30] Parl. Rat IX, S. 692 ff.
[31] Parl. Rat VII, S. 551; s. auch Parl. Rat XIV/2, S. 1806.

19 Mit dieser Formulierung beschloss das **Plenum** Art. 76 GG am 6.5.1949[32]. Einen Antrag des Abgeordneten Brockmann, hinter Art. 81 GG das Recht auf einen Volksentscheid aufzunehmen, wenn ein Zehntel der Wahlberechtigten das Verlangen nach Vorlage eines Gesetzentwurfs stellt, lehnte das Plenum in 9. Sitzung am 6.5.1949 sowie in 10. Sitzung am 8.5.1949 ab[33].

20 Der **Normtext des Art. 76 GG** ist seit Inkrafttreten des Grundgesetzes **dreimal geändert** worden. Durch das Gesetz zur Änderung des Grundgesetzes vom 15.11.1968 wurde zum einen die Frist zur Stellungnahme des Bundesrats in Art. 76 II 2 GG von ursprünglich drei auf sechs Wochen verlängert. Zum anderen wurde ein Satz 3 in Art. 76 II GG angefügt, demzufolge die Bundesregierung eine Vorlage, die sie bei der Zuleitung an den Bundesrat ausnahmsweise als besonders eilbedürftig bezeichnet hat, nach drei Wochen dem Bundestag zuleiten kann, auch wenn die Stellungnahme des Bundesrats noch nicht bei ihr eingegangen ist; sie hat die Stellungnahme des Bundesrats unverzüglich nach Eingang dem Bundestag nachzureichen[34]. Durch das Gesetz zur Änderung des Grundgesetzes vom 17.7.1969 wurde in Art. 76 III 1 GG eine Frist von drei Monaten für die Zuleitung von Vorlagen des Bundesrats an den Bundestag durch die Bundesregierung aufgenommen[35]. Seine heutige Fassung hat Art. 76 GG durch das Gesetz zur Änderung des Grundgesetzes vom 27.10.1994 erhalten, das die Absätze 2 und 3 entsprechend änderte[36].

B. Internationale, supranationale und rechtsvergleichende Bezüge

21 Weder das **Unionsrecht** noch das **Völkerrecht** enthalten Regelungen, aus denen sich unmittelbare Vorgaben für das Verfahren der Gesetzgebung des Bundes ergeben. Soweit aus Unionsrecht wie z. B. aus EU-Richtlinien Regelungspflichten der Mitgliedstaaten folgen, kann sich daraus eine Verpflichtung der gem. Art. 76 I GG initiativberechtigten Organe bzw. Organteile des Bundes zur Gesetzesinitiative ergeben (→ Rn. 38).

22 Die **Verfassungen der Bundesländer** enthalten für die Gesetzgebung des Landes Art. 76 GG entsprechende Vorschriften über die Gesetzesinitiative, wobei in den meisten Bundesländern Gesetzesvorlagen von der Regierung bzw. dem Ministerpräsidenten, der Mitte des Landtags bzw. Abgeordneten oder dem Volk durch Volksbegehren eingebracht werden[37].

---

[32] Parl. Rat VII, S. 589 f.
[33] Parl. Rat IX, S. 471 f., 592 f.
[34] BGBl. I S. 1177.
[35] BGBl. I S. 817.
[36] BGBl. I S. 3147.
[37] So z. B. Art. 71 Verf. Bay.; Art. 59 Verf. Bad.-Württ.; Art. 59 II Verf. Berl.; Art. 117 Verf. Hess.; Art. 55 II Verf. Meckl.-Vorp.; Art. 42 Verf. Nds.; Art. 65, 68 Verf. NW; Art. 70 I Verf. Sachsen.

C. Erläuterungen

I. Systematik des Art. 76 GG als Bestandteil des Verfahrens der Gesetzgebung des Bundes

23 Art. 76 GG ist **Teil der Vorschriften über die Gesetzgebung des Bundes** (Art. 70 bis 82 GG)[38]. Er regelt die Befugnis zur Gesetzesinitiative (Abs. 1) sowie das weitere Verfahren der Behandlung von Gesetzesvorlagen der Bundesregierung (Abs. 2) und des Bundesrats (Abs. 3 Sätze 1 bis 5) bis zur Zuleitung an den Bundestag. Art. 76 GG knüpft damit einerseits an die Kompetenzen des Bundes für die Gesetzgebung an (Art. 70 I Halbsatz 2, II, Art. 71 bis 74 GG; Gesetzgebungskompetenzen des Bundes kraft verfassungsrechtlicher Sonderzuweisung; ungeschriebene Gesetzgebungskompetenzen des Bundes). Andererseits bildet Art. 76 den Auftakt (**Einleitungsverfahren**) des Verfahrens der Bundesgesetzgebung, dessen weitere Bestandteile sich mit dem Hauptverfahren aus Art. 77, Art. 78 GG (Gesetzesbeschluss und weitere Behandlung des Gesetzesbeschlusses im Bundesrat sowie ggf. im Vermittlungsausschuss) und mit dem Abschlussverfahren bzw. der Form aus Art. 82 GG (Gegenzeichnung, Ausfertigung und Verkündung des Gesetzes) ergeben[39]. Art. 76 III 6 GG bildet mit der Regelung der Beratung und Beschlussfassung im Bundestag innerhalb der Norm einen Fremdkörper und gehört systematisch zum Hauptverfahren gem. Art. 77 GG (s. auch Art. 77 I 1 GG).

24 Art. 76 GG gilt sowohl für **Bundesgesetze**, die das Grundgesetz unberührt lassen, als auch für verfassungsändernde Gesetze iSd Art. 79 GG. Für einzelne Gegenstände der Bundesgesetzgebung sieht das Grundgesetz Sonderregelungen vor, die Art. 76 GG vorgehen und die dort geregelte Befugnis zur Gesetzesinitiative sowie das weitere Verfahren der Behandlung der Gesetzesvorlage modifizieren (→ Rn. 50, 66, 76, 103).

25 Art. 76 GG regelt die **Gesetzesinitiative** und das **weitere Verfahren der Behandlung von Gesetzesvorlagen** der Bundesregierung und des Bundesrats bis zu ihrer Zuleitung an den Bundestag nur in groben Zügen, deren Konkretisierung den beteiligten Verfassungsorganen durch Geschäftsordnungsrecht obliegt. »Die Gestaltung des Gesetzgebungsverfahrens im Rahmen der durch die Verfassung vorgegebenen Regeln ist Sache der gesetzgebenden Organe«.[40] Einzelheiten der Einbringung von Gesetzesvorlagen sowie ihrer weiteren Behandlung finden sich in den Geschäftsordnungen des Deutschen Bundestags (vgl. Art. 40 I 2 GG), der Bundesregierung (vgl. Art. 65 Satz 4 GG) und des Bundesrats (vgl. Art. 52 III 2 GG) sowie in der Gemeinsamen Geschäftsordnung der Bundesministerien.

II. Gesetzesinitiative (Art. 76 I GG)

26 Gem. Art. 76 I GG werden Gesetzesvorlagen beim Bundestag durch die Bundesregierung, aus der Mitte des Bundestags oder durch den Bundesrat eingebracht. Der Gesetzesinitiative kommt die **Funktion** zu, das Gesetzgebungsverfahren in Gang zu setzen (Anstoßfunktion) und damit politische Vorhaben gesetzgeberisch zu verwirklichen[41].

---

[38] Zu den Funktionen der Gesetzgebung eingehend *H. Schulze-Fielitz*, Theorie und Praxis parlamentarischer Gesetzgebung, 1988, S. 184 ff.
[39] Vier Phasen des Gesetzgebungsverfahrens unterscheidet *Kersten* (Fn. 10), Art. 77 Rn. 1.
[40] BVerfGE 36, 321 (330); vgl. auch BVerfGE 1, 144 (148 ff.); 10, 4 (19 f.); 29, 221 (234).
[41] Vgl. *Masing* (Fn. 1), Art. 76 Rn. 14 f.; *Schmidt-Jortzig/Schürmann* (Fn. 2), Art. 76 Rn. 40.

Ohne Gesetzesinitiative darf der Bundestag Bundesgesetze nicht gem. Art. 76 III 6, Art. 77 I 1 GG beschließen.

1. Einbringen einer Gesetzesvorlage

a) Gesetzesvorlage

27 Der **Begriff** der Gesetzesvorlage ist in Art. 76 I GG **nicht legaldefiniert**. Der Teilbegriff des »**Gesetzes**« erfasst alle Gesetze im formellen Sinne[42], nicht hingegen auch Gesetze im materiellen Sinne wie Rechtsverordnungen oder schlichte Parlamentsbeschlüsse[43]. Rechtsnormen, die die Exekutive zum Erlass von Rechtsverordnungen iSd Art. 80 GG ermächtigen oder eine bestehende gesetzliche Verordnungsermächtigung ändern oder aufheben, bedürfen dagegen einer Gesetzesvorlage gem. Art. 76 I GG, da der Erlass solcher Gesetze nach dem Demokratie- und Rechtsstaatsprinzip dem Parlament vorbehalten ist. Dasselbe gilt für Parlamentsgesetze, die exekutive Rechtsverordnungen iSd Art. 80 GG inhaltlich unmittelbar ändern (Verordnungsänderung durch Gesetz)[44], was ungeachtet der Frage der rechtlichen Zulässigkeit[45] gängige Staatspraxis ist[46]. Ermächtigt der Gesetzgeber die Exekutive durch sog. Entsteinerungsklauseln[47], die durch den Gesetzgeber geänderten Verordnungsteile erneut durch Rechtsverordnung zu ändern[48], sodass der Verordnungsänderung durch Gesetz eine Gesetzesänderung durch Verordnung folgt[49], unterliegt die Verordnungsänderung durch die Exekutive nicht den Vorgaben der Art. 76 bis Art. 78 GG, sondern des Art. 80 GG.

28 Das weitere Teilmerkmal »**Vorlage**« ist als Entwurf zu definieren, sodass der Begriff der Gesetzesvorlage den Entwurf eines Gesetzes im formellen Sinne meint. Eine Gesetzes*vorlage* erfordert einen vollständig ausformulierten[50], in schriftlicher[51] oder elektronischer[52] Form (vgl. § 126 III BGB) verfassten Gesetzentwurf, den der Bundes-

---

[42] Vgl. *Kersten* (Fn. 10), Art. 76 Rn. 23; *Schmidt-Jortzig/Schürmann* (Fn. 2), Art. 76 Rn. 39; *Stettner* → Bd. II², Art. 76 Rn. 8. Zum Begriff des Gesetzes eingehend *H. Schneider*, Gesetzgebung, 3. Aufl. 2002, § 2 Rn. 14 ff.; *E. Bülow*, Gesetzgebung, HdbVerfR, § 30 Rn. 2 ff. Zur Typologie der Gesetze *Schulze-Fielitz*, Theorie und Praxis (Fn. 38), S. 39 ff.

[43] *Jarass/Pieroth*, GG, Art. 76 Rn. 1; *T. Mann*, in: Sachs, GG, Art. 76 Rn. 5; *Kersten* (Fn. 10), Art. 76 Rn. 23 bis 25.

[44] BVerfGE 114, 196 (238 f., Rn. 214); *Kersten* (Fn. 10), Art. 76 Rn. 24; *R. Sannwald*, in: Schmidt-Bleibtreu/Hofmann/Henneke, GG, Art. 76 Rn. 12; *D. Hömig*, in: Hömig, GG, Art. 76 Rn. 1.

[45] Zur Zulässigkeit der Änderung von Rechtsverordnungen durch den parlamentarischen Gesetzgeber BVerfGE 114, 196 (238 ff., Rn. 214 ff.); *P. Conradi*, NVwZ 1994, 977 f.; *S. Dette/T. Burfeind*, ZG 13 (1998), 257 (260); *A. Uhle*, Parlament und Rechtsverordnung, 1999, S. 495 f.; *C. Pegatzky*, Parlament und Verordnungsgeber, 1999, S. 150 ff.; *F. Brosius-Gersdorf*, ZG 22 (2007), 305 (305 ff.). → Art. 80 Rn. 48 f.

[46] Zur Üblichkeit von Eingriffen der Legislative in Rechtsverordnungen der Exekutive *C. Külpmann*, NJW 2002, 3436 f.; *A. Uhle*, DÖV 2001, 241; *F. Brosius-Gersdorf*, ZG 22 (2007), 305 (306 ff.).

[47] Zu Entsteinerungsklauseln näher *H. Sendler*, NJW 2001, 2859 (2860). → Art. 80 Rn. 50.

[48] Zu der Frage, ob die durch den Gesetzgeber geänderten Teile einer Rechtsverordnung Gesetzes- oder Verordnungsrang haben, wovon u. a. abhängt, ob die Exekutive zur Änderung der durch den Gesetzgeber geänderten Teile der Rechtsverordnung auch ohne Entsteinerungsklausel befugt ist, BVerfGE 114, 196 (235 ff., Rn. 202 ff.) einerseits (Verordnungsrang) und *F. Brosius-Gersdorf*, ZG 22 (2007), 305 (321 ff.) andererseits (Gesetzesrang).

[49] Näher → Art. 80 Rn. 52.

[50] *Stettner* → Bd. II², Art. 76 Rn. 14; *Jarass/Pieroth*, GG, Art. 76 Rn. 3; *Sannwald* (Fn. 44), Art. 76 Rn. 11, 13; *Masing* (Fn. 1), Art. 76 Abs. 1 Rn. 60.

[51] *Masing* (Fn. 1), Art. 76 Abs. 1 Rn. 60; *Mann* (Fn. 43), Art. 76 Rn. 4.

[52] Ebenso *Kersten* (Fn. 10), Art. 76 Rn. 21. Zur computerbasierten Erarbeitung von Gesetzentwür-

tag ohne Weiteres beschließen kann[53]. Unvollständige Entwurfsfragmente oder Thesen genügen ebenso wenig wie bloße Anregungen oder Aufforderungen eines Verfassungsorgans, einen Gesetzentwurf auszuarbeiten[54]. Änderungsvorschläge zu Gesetzesinitiativen anderer Bundesorgane sind ebenfalls keine Gesetzesvorlagen[55]. Aus der enumerativen Aufzählung der initiativberechtigten Bundesorgane bzw. -organteile in Art. 76 I GG folgt, dass der Gesetzentwurf den die Vorlage formal einbringenden Initianten erkennen lassen muss[56].

Inhaltliche Anforderungen an den Gesetzentwurf sind Art. 76 I GG nicht zu eigen[57]. Als Teil des Gesetzgebungsverfahrens liegt Art. 76 I GG ein formaler Ansatz zugrunde. Die inhaltliche Verständlichkeit oder Folgerichtigkeit des Entwurfs[58] und seine Vereinbarkeit mit Verfassungs-[59], Unions- oder Völkerrecht betreffen die materielle Verfassungsmäßigkeit der Norm, die nicht Voraussetzung für die Gesetzesinitiative, sondern für die Wirksamkeit des Gesetzes ist.

29

Ob ein Gesetzentwurf einer Begründung seitens des Initianten bedarf, um als Gesetzesvorlage iSd Art. 76 I GG gelten zu können, ist umstritten. Nach ganz überwiegender Ansicht ist eine **Begründung des Gesetzentwurfs** nicht geboten[60]. Nur teilweise wird eine Verpflichtung der Initianten zur Begründung einer Gesetzesvorlage aus Art. 20 III GG abgeleitet, wenn eine Begründung erforderlich sei, »um Klarheit über die Verfassungsmäßigkeit des Entwurfs herbeizuführen«[61]. Die in § 76 II GOBT für Vorlagen des Bundestags und die in §§ 42 I 1, 43 GGO für Vorlagen der Bundesregierung normierte Begründungspflicht wird entweder für verfassungsrechtlich nicht

30

---

fen eingehend *S. Breidenbach/M. Schmid*, Computerbasierte Instrumente der Erarbeitung von Gesetzentwürfen, in: W. Kluth/G. Krings (Hrsg.), Gesetzgebung, 2014, § 11 Rn. 1 ff.

[53] *Kersten* (Fn. 10), Art. 76 Rn. 19; *Masing* (Fn. 1), Art. 76 Abs. 1 Rn. 60; *Schmidt-Jortzig/Schürmann* (Fn. 2), Art. 76 Rn. 176.

[54] Vgl. *Schmidt-Jortzig/Schürmann* (Fn. 2), Art. 76 Rn. 176; *Stern*, Staatsrecht II, S. 618; *Stettner* → Bd. II², Art. 76 Rn. 15.

[55] *Masing* (Fn. 1), Art. 76 Abs. 1 Rn. 60.

[56] Vgl. *Masing* (Fn. 1), Art. 76 Abs. 1 Rn. 61; *Schmidt-Jortzig/Schürmann* (Fn. 2), Art. 76 Rn. 178.

[57] BVerfGE 1, 144 (153); im Ergebnis ebenso *Schmidt-Jortzig/Schürmann* (Fn. 2), Art. 76 Rn. 180; *Kersten* (Fn. 10), Art. 76 Rn. 20; *A. Haratsch*, in: Sodan, GG, Art. 76 Rn. 8.

[58] Wie hier *Schmidt-Jortzig/Schürmann* (Fn. 2), Art. 76 Rn. 180. A.A. *Masing* (Fn. 1), Art. 76 Abs. 1 Rn. 60; *Kersten* (Fn. 10), Art. 76 Rn. 19; *Mann* (Fn. 43), Art. 76 Rn. 4; *J. Dietlein*, in: Epping/Hillgruber, GG, Art. 76 Rn. 2.

[59] Ebenso *Schmidt-Jortzig/Schürmann* (Fn. 2), Art. 76 Rn. 180; *Stettner* → Bd. II², Art. 76 Rn. 16; a. A. *Mann* (Fn. 43), Art. 76 Rn. 6, der als Gesetzesvorlage iSd Art. 76 I GG nur einen der Verfassung entsprechenden Gesetzentwurf ansieht.

[60] *B. J. Hartmann/K. M. Kamm*, Jura 2014, 283 (286); *J. Ennuschat*, DVBl. 2004, 986 (991); *T. Hebeler*, DÖV 2010, 754 (754 ff.); *Masing* (Fn. 1), Art. 76 Abs. 1 Rn. 62; *Kersten* (Fn. 10), Art. 76 Rn. 22; *Jarass/Pieroth*, GG, Art. 76 Rn. 3; *Sannwald* (Fn. 44), Art. 76 Rn. 20; vgl. auch BVerfGE 75, 246 (268).

[61] *Dietlein* (Fn. 58), Art. 76 Rn. 2.2; *Mann* (Fn. 43), Art. 76 Rn. 7, der unter dieser Voraussetzung die in den Geschäftsordnungen des Bundestags und der Bundesregierung vorgesehene Begründungspflicht für Gesetzesvorlagen durch Art. 20 III GG als gedeckt ansieht; *Sannwald* (Fn. 44), Art. 76 Rn. 22 leitet aus Art. 20 III GG eine Verpflichtung zur Begründung des verkündeten Gesetzes ab; a.A. unter Hinweis auf Art. 76 GG als lex specialis gegenüber Art. 20 III GG *Kersten* (Fn. 10), Art. 76 Rn. 22.

zwingend erforderlich⁶² oder für verfassungswidrig⁶³ und nur vereinzelt für verfassungskonform⁶⁴ gehalten. Aus demselben Grund sei die durch § 96 III 1 GOBT begründete Verpflichtung, bei Finanzvorlagen von Mitgliedern des Bundestags in der Begründung die finanziellen Auswirkungen darzulegen, verfassungsrechtlich nicht zwingend⁶⁵ bzw. verfassungswidrig⁶⁶. Das Bundesverfassungsgericht hat die ehemals in der Geschäftsordnung des Bundestags enthaltene Regelung, dass Finanzvorlagen von Mitgliedern des Bundestags mit einem Ausgleichsantrag zu ihrer Deckung verbunden werden mussten, für verfassungswidrig erklärt, da sie gegen die durch Art. 76 I GG gewährleisteten Prinzipien der Unbeschränkbarkeit und der Gleichwertigkeit des Initiativrechts verstießen⁶⁷.

31   Weder Art. 76 I GG noch anderen Verfassungsbestimmungen lassen sich Vorgaben für eine Verpflichtung der Bundesregierung, des Bundesrats und der Mitte des Bundestags zur Begründung ihrer Gesetzentwürfe entnehmen. Auch der Bundestag als zentrales Beratungs- und Beschlussfassungsorgan der Gesetzgebung (s. Art. 76 III 6, Art. 77 I 1 GG) unterliegt bei der Verabschiedung von Gesetzen nicht generell einer **verfassungsrechtlichen Begründungspflicht**. Eine solche Begründungspflicht des Bundestags ergibt sich aber im Einzelfall aus dem Rechtsstaatsprinzip und den Grundrechten, wenn die Verfassung spezifische Anforderungen an den Inhalt des Gesetzes stellt und die Beurteilung der Verfassungsmäßigkeit der Norm die Darlegung der Zielsetzungen des Gesetzgebers voraussetzt. Das rechtsstaatliche Gebot der Normenklarheit (Art. 20 III GG) verpflichtet den Bundestag, die gesetzlichen »Normen in ihrem Inhalt, ihrer Zwecksetzung und in ihrem Zusammenspiel für die Berechtigten klar und nachvollziehbar auszugestalten«⁶⁸. Dies gilt nicht nur bei Eingriffen in Freiheitsgrundrechte, sondern auch bei der Gewährung staatlicher Leistungen⁶⁹. Soweit sich der Inhalt und der Zweck des Gesetzes nicht aus dem Normtext ergeben, ist der Gesetzgeber verfassungsrechtlich gehalten, Aufschluss über sein Regelungsanliegen in der Gesetzesbegründung zu geben.

32   Diese verfassungsrechtliche Begründungspflicht des Gesetzgebers dient zum einen dazu, eine **effektive gerichtliche Kontrolle** des Gesetzes zu ermöglichen. Zum anderen verbinden sich mit der Begründungspflicht Hinweis- und Warnfunktionen für den Gesetzgeber, der sich seiner verfassungsrechtlichen Pflichten bewusst werden soll⁷⁰. Zum dritten sollen die Grundrechtsträger erkennen können, aus welchem Grund und in welchem Maße der Staat ihre grundrechtlichen Freiheiten beschneidet oder ihnen Leistungen gewährt, damit sie ihr Verhalten danach ausrichten können⁷¹.

---

⁶² *Kersten* (Fn. 10), Art. 76 Rn. 22; bezogen auf § 76 II GOBT Jarass/*Pieroth*, GG, Art. 76 Rn. 3; *Schmidt-Jortzig/Schürmann* (Fn. 2), Art. 76 Rn. 359; eingehend zur Frage der Pflicht zur Begründung von Gesetzen W. *Kluth*, Die Begründung von Gesetzen, in: Kluth/Krings, Gesetzgebung (Fn. 52), § 14 Rn. 1 ff.
⁶³ Bezogen auf § 76 II GOBT *Masing* (Fn. 1), Art. 76 Abs. 1 Rn. 62.
⁶⁴ *Sannwald* (Fn. 44), Art. 76 Rn. 21.
⁶⁵ Jarass/*Pieroth*, GG, Art. 76 Rn. 3.
⁶⁶ *Stettner* → Bd. II², Art. 76 Rn. 16.
⁶⁷ BVerfGE 1, 144 (148 ff.).
⁶⁸ Bezogen auf staatliche Familienleistungen BVerfGE 108, 52 (67, Rn. 39).
⁶⁹ BVerfGE 108, 52 (75, Rn. 56).
⁷⁰ Vgl. bezogen auf das Zitiergebot des Art. 19 I 2 GG BVerfGE 113, 348 (366, Rn. 87).
⁷¹ Vgl. bezogen auf Art. 6 I GG BVerfGE 108, 52 (75, Rn. 56); vgl. bezogen auf das rechtsstaatliche Bestimmtheitsgebot BVerfGE 56, 1 (12); 110, 33 (52 ff., Rn. 107 f.); 113, 348 (375 ff., Rn. 116 ff.); 120, 274 (316, Rn. 209); 120, 378 (407, Rn. 94).

II. Gesetzesinitiative (Art. 76 I GG)   Art. 76

Die Begründungspflicht bezieht sich dabei nicht auf das Verfahren der Gesetzgebung, sondern auf dessen Ergebnisse[72], sodass sie nicht den gem. Art. 76 I GG zur Gesetzvorlage berechtigten Verfassungsorganen bzw. -organteilen, sondern dem **Bundestag** als Beschlussorgan obliegt[73].   33

Entsprechend diesen Grundsätzen besteht eine Begründungspflicht des Gesetzgebers z. B. für staatliche **Leistungen zur Sicherung des menschlichen Existenzminimums**. Aus Art. 20 III GG und Art. 1 I iVm Art. 20 I GG folgt, dass der Gesetzgeber den Anspruchsberechtigten eine Begründung schuldet, aus der sich die sachgerechte und transparente Bemessung der Leistungen ergibt[74].   34

Eine Begründungspflicht des Gesetzgebers besteht auch gem. Art. 20 III GG und Art. 6 I GG für staatliche **Ehe- und Familienleistungen**. Der Gesetzgeber muss bei der Förderung von Ehe und Familien sowohl die Art (Familienlasten- oder Familienleistungsausgleich) als auch den Umfang der Förderung und die hiermit verfolgten Ziele erkennen lassen[75]. Dieser Begründungspflicht ist der Gesetzgeber bei der Einführung des Betreuungsgelds durch Novellierung des Gesetzes zum Elterngeld und zur Elternzeit (BEEG) nicht gerecht geworden[76].   35

Sieht man in der **Nachhaltigkeit** staatlichen Handelns ein Verfassungsgebot[77], folgt hieraus für den Bundestag die Pflicht, in der Gesetzesbegründung darzulegen, ob die Wirkungen des Vorhabens einer nachhaltigen Entwicklung entsprechen[78].   36

b) Einbringen

aa) Begriff und Rechtswirkungen

Eingebracht werden Gesetzesvorlagen durch die Erarbeitung des Gesetzentwurfs und seine Zuleitung an den Bundestag[79] (s. auch Art. 76 II 4 und III 1 GG). Anders als die Weimarer Reichsverfassung, die zwischen der Erarbeitung und der Einbringung von Gesetzesvorlagen unterschied (s. Art. 69 II, Art. 165 IV 1 WRV → Rn. 4), liegen diese beiden Vorgänge gem. Art. 76 I GG »in einer Hand« der Bundesregierung, der Mitte des Bundestags oder des Bundesrats.   37

---

[72] Vgl. bezogen auf existenzsichernde Leistungen iSd Art. 1 I iVm Art. 20 I GG BVerfGE 132, 134 (162, Rn. 70).

[73] Missverständlich daher BVerfGE 132, 134 (162 f., Rn. 70), wonach das »Grundrecht auf Gewährleistung eines menschenwürdigen Existenzminimums aus Art. 1 Abs. 1 GG in Verbindung mit Art. 20 Abs. 1 GG [...] für den Gesetzgeber keine spezifischen Pflichten im Verfahren mit sich« bringe.

[74] Vgl. BVerfGE 132, 134 (162, Rn. 69); ferner BVerfGE 125, 175 (225, Rn. 139). Zu weiteren Begründungspflichten des Gesetzgebers nach der Judikatur des Bundesverfassungsgerichts *T. Hebeler*, DÖV 2010, 754 (758 ff.).

[75] Vgl. bezogen auf das Kindergeld als Familienförderung und als Sozialleistung BVerfGE 108, 52 (70, Rn. 46).

[76] Näher *F. Brosius-Gersdorf*, NJW 2013, 2316 (2317 f.).

[77] Hierzu eingehend *A. Windoffer*, Verfahren zur Folgenabschätzung als Instrument zur rechtlichen Sicherung von Nachhaltigkeit, 2011, passim.

[78] Zur Nachhaltigkeitsprüfung des Bundestags eingehend *W. Kahl*, Gesetzesfolgenabschätzung und Nachhaltigkeitsprüfung, in: Kluth/Krings, Gesetzgebung (Fn. 52), § 13 Rn. 35 ff.

[79] Gleichsinnig *Mann* (Fn. 43), Art. 76 Rn. 3: materielles Gesetzesvorschlagsrecht und formelles Einbringungsrecht; anders *Kersten* (Fn. 10), Art. 76 Rn. 57, der Art. 76 I GG einen formalen Einbringungsbegriff entnimmt und Einbringung als Zuleitung einer Gesetzesvorlage an den Bundestag definiert; ebenso *Masing* (Fn. 1), Art. 76 Rn. 64; *Dietlein* (Fn. 58), Art. 76 Rn. 12 und 12.1.

Art. 76 C. Erläuterungen

38   Art. 76 I GG beinhaltet eine **Ermächtigung**, Gesetzesvorlagen einzubringen, verpflichtet aber nicht dazu[80]. Eine Verpflichtung der in Art. 76 I GG genannten Verfassungsorgane bzw. organteile zur Erarbeitung eines Gesetzentwurfs und zur Zuleitung an den Bundestag kann sich aber im Einzelfall aus anderen Verfassungsbestimmungen oder aus Unions- oder Völkerrecht ergeben, wenn dem Bund daraus Rechtssetzungspflichten erwachsen. Soweit der Bund zur Gesetzgebung verpflichtet ist, setzt dies notwendig eine Gesetzesinitiative voraus. In diesem Fall verengt sich das gem. Art. 76 I GG eröffnete Initiativermessen zur **Initiativpflicht**[81]. Eine verfassungsrechtliche Verpflichtung des Bundes zum Erlass eines Gesetzes kann aus grundrechtlichen Leistungspflichten (z. B. Art. 1 I iVm Art. 20 I GG; Art. 6 I GG) aus Schutzpflichten des Staates (z. B. Art. 2 II 1 GG), aus Staatszielbestimmungen (z. B. Art. 3 II 2 GG) oder aus Urteilen des Bundesverfassungsgerichts folgen. Art. 110 II 1, III GG verpflichtet die Bundesregierung zur Einbringung des Haushaltsplanentwurfs beim Bundestag. Unionsrechtliche Gesetzgebungspflichten resultieren insbesondere aus Richtlinien und weiteren Rechtsakten der EU iSd Art. 288 AEUV, die die Mitgliedstaaten zur Umsetzung durch nationales Recht verpflichten. Völkerrechtliche Pflichten zur Gesetzgebung können sich aus völkerrechtlichen Verträgen wie zum Beispiel der UN-Behindertenrechtskonvention ergeben (→ Art. 7 Rn. 60, 65 ff.). Die vertragliche Selbstverpflichtung eines initiativberechtigten Organs oder Organteils, von seiner Initiativbefugnis in bestimmter Weise Gebrauch zu machen, ist mit dem Grundgesetz vereinbar, sofern »es nur bezüglich des Inhalts des Gesetzesvorschlages die Schranken der Verfassung beachtet und nicht den Versuch macht, auch andere Staatsorgane zu binden«[82].

39   Soweit der Bund verfassungs-, unions- oder völkerrechtlich zur Gesetzgebung verpflichtet ist, sind grundsätzlich sämtliche der in Art. 76 I GG genannten Verfassungsorgane bzw. -organteile gleichermaßen zur Gesetzesinitiative gehalten[83]. Ihnen obliegt die Pflicht zur Gesetzesinitiative als eine Art »**Gesamtschuld**«, sodass die Einbringung einer Gesetzesvorlage durch ein Organ oder Organteil die beiden anderen initiativberechtigten Organe bzw. Organteile von ihrer Gesetzesinitiativschuld befreit. Eine **vorrangige Verpflichtung der Bundesregierung** zur Gesetzesinitiative wegen ihrer besonderen Ressourcenausstattung[84] **lässt sich dem Grundgesetz nicht entnehmen**. Etwas anderes gilt nur, wenn das Grundgesetz wie z. B. in Art. 110 II 1, III ein bestimmtes Organ zur Gesetzesvorlage verpflichtet (→ Rn. 38).

40   Mit der Einbringung eines Gesetzentwurfs beim Bundestag verbindet sich das **subjektive Recht** des initiierenden Organs, dass der Bundestag den Entwurf berät und über ihn Beschluss fasst[85] (s. auch Art. 76 III 6, Art. 77 I 1 GG). Ein Anspruch darauf, dass der Bundestag das Gesetz entsprechend der Vorlage beschließt, besteht nicht[86].

---

[80] Allgemeine Ansicht: s. nur *Stern*, Staatsrecht II, S. 617; *B.-O. Bryde*, in: v. Münch/Kunig, GG II, Art. 76 Rn. 5; *Masing* (Fn. 1), Art. 76 Rn. 66; *Kersten* (Fn. 10), Art. 76 Rn. 61.
[81] Vgl. *Schneider*, Gesetzgebung (Fn. 42), § 5 Rn. 94.
[82] BVerfGE 1, 351 (Ls. 7, 366).
[83] Im Grundsatz ebenso *Schmidt-Jortzig/Schürmann* (Fn. 2), Art. 76 Rn. 160.
[84] So aber *Masing* (Fn. 1), Art. 76 Rn. 67 f.; in diese Richtung deutet auch *Kersten* (Fn. 10), Art. 76 Rn. 61.
[85] Vgl. BVerfGE 1, 144 (153 f.); 2, 143 (173); 84, 304 (329); 112, 363 (366, Rn. 10 ff.); aus dem Schrifttum statt aller *Kersten* (Fn. 10), Art. 76 Rn. 62.
[86] *K. A. Schwarz*, Gesetzesinitiativen des Bundesrates, in: Kluth/Krings, Gesetzgebung (Fn. 52), § 16 Rn. 21 ff.; *Masing* (Fn. 1), Art. 76 Rn. 58; *Schmidt-Jortzig/Schürmann* (Fn. 2), Art. 76 Rn. 71, 78.

II. Gesetzesinitiative (Art. 76 I GG) — Art. 76

Mit der Einbringung eines Gesetzentwurfs beim Bundestag, spätestens aber mit dem Beschluss des Bundestags über die Vorlage entfällt das **Vertrauen des Bürgers** in den Fortbestand der Rechtslage (→ Art. 77 Rn. 28).

bb) Rücknahme der Gesetzesvorlage

Dass das den Gesetzentwurf vorlegende Organe bzw. Organteil befugt ist, den Entwurf bis zu einem gewissen Zeitpunkt des Gesetzgebungsverfahrens wieder zurückzunehmen und ihn damit der (Beratung und) Beschlussfassung des Bundestags zu entziehen, ist breit konsentiert. Umstritten ist nur der Zeitpunkt, bis zu dem eine solche Rücknahme möglich ist. Nach überwiegender Ansicht ist eine Rücknahme bis zur Beschlussfassung des Bundestags über den Gesetzentwurf zulässig[87]. Nach anderer Auffassung soll die Gesetzesvorlage nur bis zu ihrer Einbringung, also ihrer Zuleitung an den Bundestag rücknehmbar sein, da der Initiant mit diesem Zeitpunkt die Verfahrensherrschaft über die Vorlage an den Bundestag verliere[88]. Vermittelnd wird vertreten, dass bei einer **Rücknahme des Gesetzentwurfs** durch den Initianten die Mitte des Bundestags bis zur Beschlussfassung des Bundestags berechtigt sei, »die Gesetzesinitiative des Initiativträgers in dem Verfahrensstadium zu übernehmen, in dem die Rücknahme des ursprünglichen Initianten erfolgt ist«, und über sie ohne erneute Einbringung (weiter) zu beraten und Beschluss zu fassen[89].

Das Grundgesetz regelt die Rücknahme eines Gesetzentwurfs nicht ausdrücklich. Für die Begrenzung der Rücknahmebefugnis auf den Zeitpunkt der Zuleitung an den Bundestag spricht, dass die (Entscheidungs-)Verantwortlichkeit mit der Zuleitung von dem Initianten an den Bundestag übergeht, dem fortan die Beratung und Beschlussfassung über den Entwurf obliegt (Art. 76 III 6, Art. 77 I 1 GG). Hinzu kommt, dass Art. 76 I GG das Gesetzesinitiativrecht nicht primär im Interesse der initiativberechtigten Organe bzw. Organteile gewährleistet, sondern es maßgeblich der politischen Entscheidungsausübung und Verantwortungsübernahme des Bundestags als zentralem Gesetzgebungsorgan dient. Für die Zulässigkeit der Rücknahme bis zu dem späteren **Zeitpunkt** der Beschlussfassung des Bundestags lässt sich dagegen anführen, dass eine Verpflichtung des Bundestags zur Beschlussfassung zumindest dann keinen Sinn mehr macht, wenn eine den Gesetzentwurf tragende Regierungsmehrheit oder die Mitte des Bundestags ihre Zustimmung zu dem Gesetzentwurf zurückzieht. Hiervon unterscheidet sich die Situation, dass die Gesetzesvorlage von dem Bundesrat stammt und sich auch im Bundestag eine Mehrheit für den Gesetzentwurf findet, sodass er Einspruchsgesetze ohne »Rückendeckung« des Bundesrats beschließen könnte. Aus diesen Gründen wird man **differenzieren** müssen: (1) Bis zur Einbringung einer Gesetzesvorlage in den Bundestag besitzt der Initiant die alleinige Dispositionsbefugnis über die Vorlage, sodass ihre Rücknahme uneingeschränkt zulässig ist. Die Rücknahme hat zur Folge, dass eine (weitere) Beratung und Beschlussfassung des Bundestags unzulässig ist. (2) In dem Zeitraum zwischen der Einbringung und der Beschlussfassung des Bundestags ist eine Rücknahme der Gesetzesvorlage zwar ebenfalls zulässig. Da der Gesetzentwurf jedoch bereits in den Verantwortungsbereich des Bundestags gelangt ist, darf er über ihn weiter beraten und Beschluss fassen. Er ist hierzu

---

[87] Allgemeine Ansicht: s. nur *Stern*, Staatsrecht II, S. 617 f.; *Bryde* (Fn. 80), Art. 76 Rn. 7; Jarass/Pieroth, GG, Art. 76 Rn. 4.
[88] *Kersten* (Fn. 10), Art. 76 Rn. 59.
[89] *Masing* (Fn. 1), Art. 76 Rn. 74.

aber – anders als ohne Rücknahme des Gesetzentwurfs – nicht verpflichtet. (3) Nach der Beschlussfassung des Bundestags ist eine Rücknahme der Gesetzesvorlage schlechthin unzulässig, weil sie aus dem Verantwortungsbereich des Initianten herausgetreten ist.

44 Der Initiant kann bis zur Einbringung in den Bundestag wegen seiner uneingeschränkten Dispositionsbefugnis die Vorlage als Ganzes oder **Teile der Vorlage** zurücknehmen[90]. Nimmt die Bundesregierung oder der Bundesrat ihre/seine Gesetzesvorlage teilweise zurück, nachdem das Stellungnahmeverfahren gem. Art. 76 II oder III GG durchgeführt wurde, muss dem Bundesrat (Art. 76 II GG) bzw. der Bundesregierung (Art. 76 III GG) erneut Gelegenheit zur Stellungnahme gegeben werden[91]. Etwas anderes gilt nach dem Sinn und Zweck des Art. 76 II GG (→ Rn. 64) nur, wenn die Änderung der Gesetzesvorlage durch die Bundesregierung der Stellungnahme des Bundesrats inhaltlich vollständig entspricht[92]. Dieselben Grundsätze gelten für den Zeitraum von der Einbringung der Vorlage in den Bundestag bis zu seiner Beschlussfassung, wobei sich der Bundestag die gesamte Vorlage oder einzelne Teile zu eigen machen und hierüber (weiter) beraten und beschließen darf.

45 Das den Gesetzentwurf zurücknehmende Organ ist – in den Grenzen des verfassungsrechtlichen Grundsatzes der Organtreue[93] – nach einer Rücknahme nicht gehindert, eine neue Gesetzesvorlage oder dieselbe Vorlage erneut einzubringen[94]. Ist das Verfassungsorgan zur Gesetzesinitiative verpflichtet (→ Rn. 38), lebt mit der Rücknahme des Gesetzentwurfs die Verpflichtung sämtlicher in Art. 76 I GG genannten Organe bzw. Organteile zur Gesetzesvorlage wieder auf. Als actus contrarius zur Einbringung bedarf die Rücknahme des Gesetzentwurfs zu ihrer Wirksamkeit derselben Beschlussfassung wie die Einbringung. Die Rücknahme einer Gesetzesinitiative der Bundesregierung oder des Bundesrats erfordert daher einen **Mehrheitsbeschluss des Kollegialorgans**[95] (s. § 24 II GOBReg; Art. 52 III 1 GG). Ein Gesetzentwurf aus der Mitte des Bundestags darf nur mit Zustimmung **sämtlicher** die Gesetzesinitiative tragenden **Abgeordneten** zurückgenommen werden[96]; das Einverständnis nur eines Teils der die Initiative tragenden Abgeordneten genügt auch dann nicht, wenn dadurch das für die Einbringung erforderliche Quorum (s. § 76 I GOBT) unterschritten wird[97]. Eine Begründung der Rücknahme ist von Verfassungs wegen nicht geboten. Der Rücknahmebeschluss muss dem Bundestag, wenn ihm die Gesetzesvorlage bereits zugeleitet wurde, zugehen[98].

---

[90] A.A. *Sannwald* (Fn. 44), Art. 76 Rn. 40.
[91] Jarass/*Pieroth*, GG, Art. 76 Rn. 8.
[92] Jarass/*Pieroth*, GG, Art. 76 Rn. 8; *Mann* (Fn. 43), Art. 76 Rn. 21; *Kersten* (Fn. 10), Art. 76 Rn. 86; für eine uneingeschränkte Pflicht zur erneuten Durchführung des Stellungnahmeverfahrens nach Art. 76 II bzw. III GG dagegen *Sannwald* (Fn. 44), Art. 76 Rn. 67.
[93] Zu diesem Verfassungsgrundsatz eingehend W.-R. *Schenke*, Die Verfassungsorgantreue, 1977, passim; K.-P. *Sommermann*, in: v. Mangoldt/Klein/Starck, GG II, Art. 20 Rn. 225.
[94] Vgl. *Mann* (Fn. 43), Art. 76 Rn. 37.
[95] Ebenso *Masing* (Fn. 1), Art. 76 Rn. 75; *Dietlein* (Fn. 58), Art. 76 Rn. 11.
[96] Ebenso *Stern*, Staatsrecht II, S. 617f.; *Mann* (Fn. 43), Art. 76 Rn. 37; *Dietlein* (Fn. 58), Art. 76 Rn. 11.
[97] So aber M. *Elicker*, JA 2005, 513 (514); *Schmidt-Jortzig/Schürmann* (Fn. 2), Art. 76 Rn. 189a; *Masing* (Fn. 1), Art. 76 Rn. 75.
[98] Vgl. *Masing* (Fn. 1), Art. 76 Rn. 75.

cc) Gesetzgebungsoutsourcing

Weder im Grundgesetz noch in den Geschäftsordnungen der am Gesetzgebungsverfahren beteiligten Organe ist das in der Staatspraxis übliche sog. **Gesetzgebungsoutsourcing** geregelt[99]. Bei einem Gesetzgebungsoutsourcing werden Gesetzesvorlagen zwar formal von einem nach Art. 76 I GG initiativberechtigten Organ beim Bundestag eingebracht; ihr Inhalt wird aber durch Dritte wie z. B. Hochschullehrer, Rechtsanwälte oder Unternehmensverbände erarbeitet[100]. Nach überwiegender Ansicht ist eine solche Betrauung Privater mit der Erarbeitung eines Gesetzentwurfs mit Art. 76 I GG vereinbar[101]. Art. 76 I GG regele nur die formelle Einbringung von Gesetzesvorlagen, nicht hingegen die zeitliche Vorphase ihrer Erstellung[102].

46

Der Text des Art. 76 I GG gibt keinen Aufschluss darüber, ob neben der formellen Zuleitung des Gesetzentwurfs an den Bundestag auch die zeitliche Vorphase der Erarbeitung des Entwurfs den in Art. 76 I GG genannten Verfassungsorganen bzw. -organteilen vorbehalten ist. Dafür spricht, dass die Zuleitung einer Gesetzesvorlage an den Bundestag ihre Erarbeitung voraussetzt, sodass Art. 76 I GG mit dem Begriff »Einbringung« neben der Zuleitung auch die Ausarbeitung der Gesetzesvorlage erfassen könnte. Aufschluss über den Regelungsinhalt bringt die systematische Auslegung der Norm im Lichte des verfassungsrechtlichen **Demokratieprinzips** (Art. 20 I, II GG). Als verfahrensrechtliche Ausprägung des Demokratieprinzips weist Art. 76 I GG den initiativberechtigten Staatsorganen bzw. -organteilen die Initiativaufgaben als höchstpersönliche Aufgaben zu, deren Wahrnehmung demokratisch legitimierten Aufgabenträgern vorbehalten ist. Unverbindliche und vorbereitende Tätigkeiten im Vorfeld der Erfüllung staatlicher Aufgaben mit Entscheidungscharakter unterliegen nicht dem Prinzip demokratischer Legitimation[103]. Die Betrauung Privater mit der Ausarbeitung eines Gesetzentwurfs dient der Vorbereitung der Zuleitung der Vorlage an den Bundestag und ist daher gem. Art. 76 I iVm Art. 20 I, II GG nicht demokratisch legitimierten Staatsorganen vorbehalten. Erst die Beschlussfassung über den Gesetzentwurf

47

---

[99] Hierzu eingehend *Kersten* (Fn. 10), Art. 76 Rn. 41, der eine entsprechende Regelung in der Gemeinsamen Geschäftsordnung der Bundesministerien anmahnt und einen konkreten Regelungsvorschlag unterbreitet.

[100] Zum Begriff und zu den Erscheinungsformen des Gesetzgebungsoutsourcings in der Praxis und seinen Gründen näher *K. Meßerschmidt*, Der Staat 51 (2012), 387 (387 f.); *J. Leven*, Gesetzgebungsoutsourcing, 2013, S. 17 ff.; *F. Becker*, Kooperative und konsensuale Strukturen in der Normsetzung, 2005, S. 3 ff.; *H. Schulze-Fielitz*, JZ 2004, 862 (866 f.); *M. Kloepfer*, NJW 2011, 131 (131 f.). Eingehend zu den Funktionen der Beratung des Staates durch sachverständige Private *A. Voßkuhle*, HStR³ III, § 43 Rn. 24 ff. Beispiele für die Erarbeitung von Gesetzentwürfen durch Rechtsanwaltskanzleien in der Praxis nennen *H.-P. Schmieszek*, ZRP 2013, 175 ff. und *M. Kloepfer*, NJW 2011, 131 ff. Weitere Erscheinungsformen der Rechtssetzungsdelegation auf Private nennt *W. Kluth*, Rechtsetzungsdelegation auf Private und kooperative Rechtsetzung, in: Kluth/Krings, Gesetzgebung (Fn. 52), § 33 Rn. 11 ff.

[101] S. nur *Masing* (Fn. 1), Art. 76 Rn. 2, 28; *Mann* (Fn. 43), Art. 76 Rn. 2; *Hömig* (Fn. 44), Art. 76 Rn. 1 hält das Gesetzgebungsoutsourcing unter der Voraussetzung für verfassungsrechtlich zulässig, dass »die Entscheidungsfreiheit von Initiativberechtigtem und Gesetzgeber gewahrt bleibt«; die Verfassungswidrigkeit des Gesetzgebungsoutsourcings bejaht *Leven*, Gesetzgebungsoutsourcing (Fn. 100), S. 45 ff.; kritisch gegenüber der Verfassungsmäßigkeit auch *H.-P. Schmieszek*, ZRP 2013, 175 ff.

[102] Vgl. etwa *Masing* (Fn. 1), Art. 76 Rn. 2, 28.

[103] BVerfGE 47, 253 (273); 83, 60 (74). A. A. wohl *M. Kloepfer*, NJW 2011, 131 (133); s. auch *Dietlein* (Fn. 58), Art. 76 Rn. 2.1, demzufolge dem Gesetzgebungsoutsourcing Legitimationsdefizite anhaften, die durch »besondere Transparenzanforderungen kompensiert werden« müssten; gleichsinnig *K. Meßerschmidt*, Der Staat 51 (2012), 387 (397 ff.); *J. Krüper*, JZ 2010, 655 (660 ff.).

und ihre Zuleitung an den Bundestag unterliegt als verbindliches Handeln mit Entscheidungscharakter dem Prinzip demokratischer Legitimation und ist daher den in Art. 76 I GG genannten Organen bzw. Organteilen vorbehalten[104].

2. Initiativberechtigte Organe und Organteile

a) Allgemeine Grundsätze und Staatspraxis

48 Zum Einbringen einer Gesetzesvorlage berechtigt sind gem. Art. 76 I GG die Bundesregierung, die Mitte des Bundestags und der Bundesrat. Art. 76 I GG beinhaltet eine **abschließende Aufzählung des Gesetzesinitianten**[105]. Das Volk ist nach dem Grundgesetz[106] anders als nach der Weimarer Reichsverfassung (→ Rn. 5) und im Unterschied zu den Verfassungen der meisten Bundesländer für die Landesgesetzgebung (→ Rn. 22) nicht zur Initiative von Bundesgesetzen befugt.

49 Das Gesetzesinitiativrecht ist den in Art. 76 I GG genannten Organen bzw. Organteilen grundsätzlich gleichwertig[107] und unabhängig voneinander[108] zur **eigenverantwortlichen Wahrnehmung** zugewiesen. Umstritten ist, ob die Bundesregierung, die Mitte des Bundestags und der Bundesrat eine Gesetzesvorlage gemeinsam einbringen dürfen[109]. Gegen die Zulässigkeit gemeinsamer Gesetzesvorlagen sprechen sowohl der Wortlaut des Art. 76 I GG (»oder«) als auch die jeweils unterschiedlichen Verfahrensregelungen für Gesetzesvorlagen der Bundesregierung (Art. 76 II GG) und des Bundesrats (Art. 76 III GG) sowie der Mitte des Bundestags (es gilt kein Art. 76 II und III GG entsprechendes Verfahren → Rn. 96). **Gemeinsame Gesetzesvorlagen** der initiativberechtigten Organe bzw. Organteile kollidieren zudem mit der nach dem Demokratieprinzip gebotenen Trennung der Kompetenz- und Verantwortungsräume staatlicher Organe[110]. Schließlich besteht für gemeinsame Gesetzesvorlagen auch kein staatspraktisches Bedürfnis[111]. Da die Ausarbeitung von Gesetzentwürfen nicht dem Prinzip demokratischer Legitimation unterfällt (→ Rn. 47), dürfen die initiativberechtigten Organe und Organteile hierbei kooperieren. Anschließend kann jedes der initiativberechtigten Organe bzw. Organteile den gemeinsam erarbeiteten Gesetzentwurf eigenständig einbringen.

50 Verfassungsrechtliche Sonderregelungen zu Art. 76 I GG wie z. B. Art. 110 II 1, III GG (→ Rn. 38) verengen das Gesetzesinitiativrecht auf einzelne Verfassungsorgane, indem sie ein **Initiativmonopol** vorsehen. Ob ein solches Initiativmonopol der Bundes-

---

[104] Einen Verstoß gegen das verfassungsrechtliche Demokratieprinzip und »gegen das Gemeinwohl« nimmt an *Leven*, Gesetzgebungsoutsourcing (Fn. 100), S. 45 ff.
[105] Statt aller *Masing* (Fn. 1), Art. 76 Rn. 7, 50; *Kersten* (Fn. 10), Art. 76 Rn. 27.
[106] Zu der Frage, ob Art. 29 IV GG einen Fall der Volksinitiative und damit eine Ausnahme von Art. 76 I GG oder einen Sonderfall plebiszitärer Gesetzesanregung regelt, *Masing* (Fn. 1), Art. 76 Rn. 52; *Schmidt-Jortzig/Schürmann* (Fn. 2), Art. 76 Rn. 122 ff.
[107] BVerfGE 1, 144 (161).
[108] *Jarass/Pieroth*, GG, Art. 76 Rn. 3; *Masing* (Fn. 1), Art. 76 Rn. 43.
[109] Die Zulässigkeit bejahen *Jarass/Pieroth*, GG, Art. 76 Rn. 3; *Dietlein* (Fn. 58), Art. 76 Rn. 5; *Stern*, Staatsrecht II, S. 617, der bei gemeinsamen Gesetzesvorlagen die Beachtung des Verfahrens nach Art. 76 II GG für unerlässlich hält; ebenso *Kersten* (Fn. 10), Art. 76 Rn. 53. Die Zulässigkeit verneinen: *Sannwald* (Fn. 44), Art. 76 Rn. 46; *Haratsch* (Fn. 57), Art. 76 Rn. 6; *Schmidt-Jortzig/Schürmann* (Fn. 2), Art. 76 Rn. 135 ff.
[110] Vgl. ebenso *Masing* (Fn. 1), Art. 76 Rn. 49; *Schmidt-Jortzig/Schürmann* (Fn. 2), Art. 76 Rn. 136; a.A. *Kersten* (Fn. 10), Art. 76 Rn. 53.
[111] Ebenso *Masing* (Fn. 1), Art. 76 Rn. 49.

II. Gesetzesinitiative (Art. 76 I GG) — Art. 76

regierung auch für Entwürfe zu Zustimmungsgesetzen des Bundestags zu völkerrechtlichen Verträgen iSd Art. 59 II 1 GG besteht, ist umstritten[112].

In der **Staatspraxis** werden Gesetzesvorlagen überwiegend von der Bundesregierung und in der Minderzahl von der Mitte des Bundestags oder dem Bundesrat eingebracht[113]. Der Grund hierfür ist zum einen, dass die Bundesregierung mit der Ministerialbürokratie über eine bessere personelle Ausstattung für die Erarbeitung von Gesetzentwürfen verfügt als der Bundesrat und die Mitte des Bundestags[114]. Zum anderen besteht bei Gesetzesvorlagen der Bundesregierung wegen der hinter der Regierung stehenden Mehrheit des Bundestags eine hohe Chance, dass der Bundestag sie beschließt[115].

51

b) Initiativberechtigte Verfassungsorgane und -organteile

aa) Bundesregierung

Die Einbringung einer Gesetzesvorlage durch die Bundesregierung erfordert einen **Beschluss des Kollegiums**, also des aus Bundeskanzler und Bundesministern bestehenden Bundeskabinetts (Art. 62 GG)[116]. Der Bundeskanzler oder einzelne Bundesminister haben kein Recht zur Gesetzesinitiative[117]. Die Einzelheiten des Verfahrens zur Erarbeitung einer Gesetzesvorlage und der Beschlussfassung der Bundesregierung regeln §§ 15ff. GOBReg sowie §§ 40ff. GGO. Eine wirksame Beschlussfassung der Bundesregierung setzt voraus, dass ihr der Beschluss zugerechnet werden kann[118]. Diesen Anforderungen genügt die Beschlussfassung nur, wenn »sämtliche Mitglieder der Bundesregierung von der anstehenden Entscheidung und ihrem Gegenstand in Kenntnis gesetzt werden und Gelegenheit erhalten, an der Entscheidung mitzuwirken«, sich »an der Entscheidung so viele Mitglieder der Bundesregierung beteiligen, daß noch von einem Handeln des Kollegiums gesprochen werden kann (Quorum)« und »von den Beteiligten eine Mehrheit die Entscheidung befürworten«[119]. Ein schriftliches Umlaufverfahren (s. § 20 II GOBReg), bei dem der Beschluss der Gesetzesvorlage zustande kommt, wenn die Kabinettsmitglieder innerhalb einer bestimmten Frist keinen Widerspruch gegen die Vorlage erheben, ist verfassungswidrig[120].

52

---

[112] Für ein solches Initiativmonopol *Kersten* (Fn. 10), Art. 76 Rn. 54; *Bryde* (Fn. 80), Art. 76 Rn. 5; *Dietlein* (Fn. 58), Art. 76 Rn. 5. Ein Initiativmonopol der Bundesregierung verneint dagegen *Masing* (Fn. 1), Art. 76 Rn. 45ff. Die Frage offen lassend BVerfGE 68, 1 (66f.).

[113] Detaillierte Aufstellung über den Anteil der Gesetzesvorlagen der Bundesregierung, der Mitte des Bundestags und des Bundesrats für die 1. bis 16. Legislaturperiode des Deutschen Bundestags *Bryde* (Fn. 80), Art. 76, Anhang, S. 163ff.; s. auch *Masing* (Fn. 1), Art. 76 Rn. 16ff.; bezogen auf die 16. Legislaturperiode des Deutschen Bundestags *Kersten* (Fn. 10), Art. 76 Rn. 54; bezogen auf die 12. bis 17. Wahlperiode H.-G. *Maaßen*, Gesetzesinitiativen der Bundesregierung, in: Kluth/Krings, Gesetzgebung (Fn. 52), § 8 Rn. 1 mit nachstehender Tabelle; zum Anteil der Gesetzesvorlagen des Bundesrats auch M. *Anderheiden*, HStR³ VI, § 140 Rn. 47.

[114] *Schneider*, Gesetzgebung (Fn. 42), § 5 Rn. 93 mit Hinweisen auf eine entsprechende Praxis in anderen demokratischen Staaten; P. M. *Huber*, HStR³ III, § 47 Rn. 18; *Stern*, Staatsrecht II, S. 618f.

[115] Weitere Gründe nennt *Maaßen* (Fn. 113), § 8 Rn. 3.

[116] *Mann* (Fn. 43), Art. 76 Rn. 8; *Bryde* (Fn. 80), Art. 76 Rn. 10; *Schmidt-Jortzig/Schürmann* (Fn. 2), Art. 76 Rn. 239ff.; vgl. bezogen auf Entscheidungen der Bundesregierung gem. Art. 80 I 1 GG BVerfGE 91, 148 (166).

[117] *Maaßen* (Fn. 113), § 8 Rn. 6.

[118] Vgl. BVerfGE 91, 148 (166).

[119] Bezogen auf Entscheidungen der Bundesregierung gem. Art. 80 I 1 GG BVerfGE 91, 148 (166f.).

[120] Vgl. BVerfGE 91, 148 (166ff.).

Art. 76   C. Erläuterungen

53   In der Staatspraxis üblich sind sog. **verkappte Regierungsvorlagen**, bei denen eine Gesetzesvorlage von der Bundesregierung erarbeitet und dem Bundestag aus seiner Mitte zugeleitet wird (→ Rn. 58 ff.).

bb) Mitte des Bundestages

54   Das Gesetzesinitiativrecht der Mitte des Bundestages steht nicht dem Bundestag als Kollegialorgan[121], sondern nur Teilen dieses Organs zu. Welche **Teile des Bundestages** zur Gesetzesinitiative befugt sind, wie also der Begriff »Mitte des Bundestages« zu verstehen ist, lässt das Grundgesetz offen. Gem. § 76 I GOBT müssen Vorlagen der Mitte des Bundestags von einer Fraktion oder von 5 % der Bundestagsmitglieder unterzeichnet sein. Da eine »Fraktion« iSd § 76 I 1. Alt. GOBT eine Vereinigung von mindestens 5 % der Mitglieder des Bundestags voraussetzt (s. § 10 I 1 GOBT), bezieht sich § 76 I 2. Alt. GOBT (»fünf vom Hundert der Mitglieder des Bundestages«) auf Mitglieder verschiedener Fraktionen (interfraktionelle Gesetzesvorlagen)[122]. Da die Schwelle für eine Gesetzesinitiative nach § 76 I 1. und 2. Alt. GOBT bei mindestens 5 % der Bundestagsabgeordneten liegt, ist ein einzelner Abgeordneter und sind Gruppen von weniger als 5 % der Bundestagsmitglieder nach der Geschäftsordnung des Deutschen Bundestags nicht zur Gesetzesinitiative befugt.

55   Ob diese Definition in **§ 76 I GOBT** den Verfassungsbegriff »Mitte des Bundestages« in zulässiger Weise konkretisiert, ist **umstritten**. Nach wohl herrschender Ansicht steht § 76 I GOBT mit Art. 76 I GG in Einklang[123], wenngleich das Quorum des § 76 I GOBT verfassungsrechtlich nicht geboten sei[124]. Zur Begründung wird auf die Geschäftsordnungsautonomie des Bundestags verwiesen[125], auf die Sicherung der Funktionsfähigkeit des Bundestags abgestellt, die bei Gesetzesinitiativen einzelner Abgeordneter gefährdet würde[126], oder auf Quoren für die Ausübung anderer Rechte des Bundestags wie das Recht zur Einsetzung eines Untersuchungsausschusses (Art. 44 I 1 GG) Bezug genommen[127]. § 76 I GOBT wird außerdem mit der gebotenen Entlastung des Bundestags von einer Befassung mit Gesetzesvorlagen gerechtfertigt, die nur von einer kleinen Minderheit der Bundestagsmitglieder getragen werden und daher keine Aussicht auf Erfolg hätten[128]. Nach anderer Auffassung ist § 76 I GOBT verfassungswidrig, da Art. 76 I GG auch eine Gesetzesinitiative eines einzelnen Bundestagsabgeordneten[129] oder zumindest einer Gruppe weniger Abgeordneter[130] zulasse. Hierfür spreche der Wortlaut des Art. 76 I GG, der auch Gesetzesinitiativen einzelner Abgeordneter um-

---

[121] Statt aller *S.-C. Lenski*, ZG 27 (2012), 373 (378); *Stern*, Staatsrecht II, S. 621; *Kersten* (Fn. 10), Art. 76 Rn. 46; vgl. auch BVerfGE 1, 144 (153).
[122] Näher *H.J. Boehl*, Gesetzesinitiativen von Fraktionen und Gruppen im Bundestag, in: Kluth/Krings, Gesetzgebung (Fn. 52), § 15 Rn. 34 ff.
[123] Explizit etwa *Boehl* (Fn. 122), § 15 Rn. 9; *Schmidt-Jortzig/Schürmann* (Fn. 2), Art. 76 Rn. 335; *Mann* (Fn. 43), Art. 76 Rn. 10.
[124] *Bryde* (Fn. 80), Art. 76 Rn. 13.
[125] *Bryde* (Fn. 80), Art. 76 Rn. 13; *Jarass/Pieroth*, GG, Art. 76 Rn. 2; *Sannwald* (Fn. 44), Art. 76 Rn. 41.
[126] *Mann* (Fn. 43), Art. 76 Rn. 10.
[127] *Mann* (Fn. 43), Art. 76 Rn. 10.
[128] Vgl. *Haratsch* (Fn. 57), Art. 76 Rn. 4.
[129] So *Kersten* (Fn. 10), Art. 76 Rn. 48; a. A. *Stern*, Staatsrecht II, S. 621; *Haratsch* (Fn. 57), Art. 76 Rn. 4.
[130] In diese Richtung weist *Haratsch* (Fn. 57), Art. 76 Rn. 4; gleichsinnig *Masing* (Fn. 1), Art. 76 Rn. 36 f.

II. Gesetzesinitiative (Art. 76 I GG) Art. 76

fasse[131]. In dieselbe Richtung deuteten die Parallelen zu entsprechenden Geschäftsordnungsbestimmungen der Landtage in den Bundesländern[132]. Eine Gefährdung der Funktionsfähigkeit des Bundestags durch ein niedriges Quorum für das Gesetzesinitiativrecht sei nicht erkennbar[133]. Schließlich spreche auch Art. 38 I 2 GG für die Verfassungswidrigkeit des § 76 I GOBT, da das freie Mandat des Abgeordneten das Gesetzesinitiativrecht umfasse und seine Einschränkung durch § 76 I GOBT nicht gerechtfertigt sei[134].

Art. 76 I GG definiert den Begriff »Mitte des Bundestages« nicht. Der Wortlaut (»Mitte«) mag darauf hindeuten, dass eine Gesetzesinitiative die Unterstützung mehrerer Abgeordneter erfordert[135]. Wie viele Abgeordnete eine Gesetzesvorlage tragen müssen, lässt Art. 76 I GG jedoch offen. Die **historische Auslegung** des Art. 76 I GG spricht für eine bewusste Offenheit der Verfassung und eine Befugnis des Bundestags zur Ausgestaltung des Verfassungsbegriffs »Mitte des Bundestages« sowie eine entsprechende Regelung des Quorums durch Geschäftsordnungsrecht. Die in Art. 68 I WRV enthaltene Formulierung »**Mitte des Reichstags**« erforderte nach der Geschäftsordnung des Reichstags vom 22.12.1922 die Unterschrift von mindestens 15 Reichstagsabgeordneten, was einer Fraktionsstärke entsprach (→ Rn. 3). Bei den Beratungen des Art. 76 I GG im Parlamentarischen Rat wies der Allgemeine Redaktionsausschuß in seinen Anmerkungen zu dem Entwurf des Art. 103 I GG, der später als Art. 76 I GG in Kraft trat, darauf hin, dass das Recht der Gesetzesinitiative »den Abgeordneten entsprechend der Geschäftsordnungsautonomie des Bundestags vorbehalten bleiben« müsse. Hieran anknüpfend bemerkte der Abgeordnete Zinn in der 11. Sitzung des Hauptausschusses vom 30.11.1948, dass Gesetzesvorlagen des Bundestags erst existierten, wenn der Bundestag hierüber als solcher Beschluss gefasst habe; in den anderen Fällen handele es sich um den Antrag von Fraktionen. In der 29. Sitzung des Ausschusses für die Organisation des Bundes am 11.1.1949 führte der Abgeordnete Dehler aus, die Differenzierung zwischen den Begriffen »Bundesrat« und »Mitte des Bundestages« habe den Sinn, »dass der Bundesrat über einen Gesetzentwurf mit Mehrheit beschließen müsse, während beim Bundestag auch »eine Minderheit, insbesondere eine Fraktion, das Initiativrecht« habe. Dem stimmten die übrigen Abgeordneten zu (→ Rn. 15).

56

Dieser geschichtliche Rückblick zeigt, dass bereits unter der Geltung der **Weimarer Reichsverfassung** nach dem Geschäftsordnungsrecht des Reichstags Gesetzesinitiativen Abgeordnetengruppen in Fraktionsstärke vorbehalten waren und dass der Parlamentarische Rat von der Zulässigkeit dieser Definition der Bundestagsmitte durch die Geschäftsordnung des Reichstags ausging. Zugleich war im **Parlamentarischen Rat** anerkannt, dass letztlich der Bundestag über die Voraussetzungen des Gesetzesinitiativrechts der Abgeordneten befindet. Dabei deutet die unwidersprochen gebliebene Äußerung des Abgeordneten Dehler darauf hin, dass der Bundestag auch einer Minderheit von Abgeordneten unterhalb der Fraktionsstärke die Befugnis zur Gesetzesvorlage einräumen darf. Im Lichte dieser historischen Norminterpretation hat der Bundestag das Gesetzesinitiativrecht seiner Mitte durch § 76 I GOBT in zulässiger

57

---
[131] *Kersten* (Fn. 10), Art. 76 Rn. 48.
[132] *Kersten* (Fn. 10), Art. 76 Rn. 48.
[133] *Masing* (Fn. 1), Art. 76 Rn. 36; *Kersten* (Fn. 10), Art. 76 Rn. 48.
[134] *Kersten* (Fn. 10), Art. 76 Rn. 48.
[135] Ebenso *Stettner* → Bd. II², Art. 76 Rn. 18; a.A. *M. Nolte/C. Tams*, Jura 2000, 158 (159); *B.J. Hartmann*, ZG 23 (2008), 42 (45).

Weise ausgestaltet. § 76 I GOBT ist von der Geschäftsordnungsautonomie des Bundestags gedeckt. Art. 76 I GG enthält insoweit einen Ausgestaltungsvorbehalt zugunsten des Bundestags[136]. Innerhalb dieses Ausgestaltungsvorbehalts des Bundestags läge allerdings auch ein niedrigeres Quorum für Gesetzesvorlagen der Mitte des Bundestags, sodass § 76 I GOBT zwar verfassungsrechtlich zulässig, aber nicht verfassungsrechtlich geboten ist.

58 Ebenfalls **umstritten** ist die **Zulässigkeit** sog. **verkappter Regierungsvorlagen**, bei denen Gesetzesvorlagen von der Bundesregierung erarbeitet und beschlossen, aber von der Mitte des Bundestags dem Bundestag zugeleitet werden. Durch solche in der Staatspraxis üblichen[137] verkappten Regierungsvorlagen soll das Stellungnahmerecht des Bundesrats gem. Art. 76 II GG gemieden und das Gesetzgebungsverfahren beschleunigt werden[138]. Bei **verkappten Bundesratsvorlagen**, die vom Bundesrat erarbeitet und beschlossen, aber aus der Mitte des Bundestags beim Bundestag eingereicht werden, wird das Gesetzgebungsverfahren beschleunigt, indem die Stellungnahme der Bundesregierung gem. Art. 76 III GG »umgangen« wird. Für Gesetzesvorlagen aus der Mitte des Bundestags existiert kein Art. 76 II und III GG entsprechendes Stellungnahmeverfahren (→ Rn. 96).

59 Solche verkappten Regierungs- und Bundesratsvorlagen werden ganz überwiegend als mit Art. 76 I GG vereinbar erachtet[139]. Die nach Art. 76 I GG maßgebliche Unterscheidung der Initianten bemesse sich formal danach, wer die Gesetzesvorlage dem Bundestag zuleite, sodass verkappte Regierungs- und Bundesratsvorlagen als Vorlagen aus der Mitte des Bundestags gälten und als solche zulässig seien[140]. Allerdings wird teilweise für eine **analoge Anwendung des Art. 76 II bzw. III GG** plädiert, da anderenfalls das Recht des Bundesrats bzw. der Bundesregierung zur Stellungnahme umgangen würde[141]. Verkappte Regierungs- oder Bundesratsvorlagen, die nicht zeitgleich mit der Einbringung beim Bundestag auch dem Bundesrat bzw. der Regierung zur Stellungnahme zugeleitet werden, verstießen gegen Art. 76 II bzw. III GG[142]. Nach anderer Ansicht findet Art. 76 II bzw. III GG keine analoge Anwendung[143], da Art. 76 GG für Gesetzesvorlagen aus der Mitte des Bundestags kein Stellungnahmeverfahren vorsehe[144] und sich eine Umgehungsabsicht der an verkappten Regierungs- oder Bundesratsvorlagen beteiligten Organe bzw. Organteile nicht nachweisen lasse[145]. Den Interessen der Bundesregierung bzw. des Bundesrats sei durch die Möglichkeit der Stellungnahme zu dem Gesetzentwurf nach Art. 43 II GG sowie im Fall des Bundesrats durch seine Einspruchs- oder Zustimmungsbefugnis (vgl. Art. 77 II bis IV GG)

---

[136] Vgl. auch BVerfGE 1, 144 (153).
[137] Näher *Masing* (Fn. 1), Art. 76 Rn. 18, 98.
[138] Vgl. *Mann* (Fn. 43), Art. 76 Rn. 24; *Dietlein* (Fn. 58), Art. 76 Rn. 29; *Masing* (Fn. 1), Art. 76 Rn. 18, 97.
[139] Statt vieler Jarass/*Pieroth*, GG, Art. 76 Rn. 3; *Bryde* (Fn. 80), Art. 76 Rn. 21; *F. Ossenbühl*, HStR³ V, § 102 Rn. 24.
[140] Vgl. *F. Ossenbühl*, HStR³ V, § 102 Rn. 24; *Bryde* (Fn. 80), Art. 76 Rn. 21; *Masing* (Fn. 1), Art. 76 Rn. 101; *Schmidt-Jortzig/Schürmann* (Fn. 2), Art. 76 Rn. 265.
[141] So *E. M. Frenzel*, JuS 2010, 119 (119f.); *Masing* (Fn. 1), Art. 76 Rn. 101; *Dietlein* (Fn. 58), Art. 76 Rn. 31; *Mann* (Fn. 43), Art. 76 Rn. 25f.
[142] Vgl. *Masing* (Fn. 1), Art. 76 Rn. 102.
[143] *F. Ossenbühl*, HStR³ V, § 102 Rn. 24; *M. Nolte/C. Tams*, Jura 2000, 158 (160); *B.J. Hartmann/K.M. Kamm*, Jura 2014, 283 (286f.); *Sannwald* (Fn. 44), Art. 76 Rn. 48.
[144] *Schmidt-Jortzig/Schürmann* (Fn. 2), Art. 76 Rn. 265a; *Kersten* (Fn. 10), Art. 76 Rn. 113.
[145] *Kersten* (Fn. 10), Art. 76 Rn. 113.

Genüge getan¹⁴⁶. Einer dritten, vermittelnden Ansicht zufolge soll Art. 76 II bzw. III GG dann analog anwendbar sein, wenn die verkappte Regierungs- oder Bundesratsvorlage bewusst zur Umgehung des Stellungnahmerechts des Bundesrats bzw. der Bundesregierung diene¹⁴⁷.

Macht sich die Mitte des Bundestags eine Gesetzesvorlage der Bundesregierung oder des Bundesrats zu eigen, liegt darin kein Verstoß gegen Art. 76 I GG. Art. 76 I GG untersagt den initiativberechtigten Verfassungsorganen bzw. -organteilen nicht, auf von anderen erarbeitete Gesetzentwürfe zurückzugreifen und diese als eigene in den Bundestag einzubringen. Probleme werfen verkappte Regierungs- bzw. Bundesratsvorlagen aber mit Blick auf Art. 76 II bzw. III GG auf. Gem. Art. 76 II GG sind Gesetzentwürfe der Bundesregierung vor der Zuleitung an den Bundestag dem Bundesrat zuzuleiten, der berechtigt ist, Stellung zu nehmen. Umgekehrt sind nach Art. 76 III GG Gesetzentwürfe des Bundesrats vor der Einbringung beim Bundestag der Bundesregierung zuzuleiten, die Stellung nehmen soll. Auf entsprechende Stellungnahmerechte oder -pflichten des Bundesrats und der Bundesregierung hat der Parlamentarische Rat für Gesetzesvorlagen aus der Mitte des Bundestags bewusst verzichtet (→ Rn. 9 ff.). Diese **verfahrensrechtliche Differenzierung des Grundgesetzes** wird durch verkappte Bundesregierungs- und Bundesratsvorlagen umgangen. Die Bundesregierung bzw. der Bundesrat disponieren im Zusammenwirken mit der Mitte des Bundestags über die Durchführung des Verfahrens nach Art. 76 II bzw. III GG, sind hierzu aber nicht berechtigt. Denn das Verfahren der Stellungnahme in Art. 76 II und III GG dient nicht primär den Interessen des zur Stellungnahme befugten Bundesrats bzw. der zur Stellungnahme verpflichteten Bundesregierung und ist auch nicht im Interesse des Bundestags¹⁴⁸ oder von Abgeordneten gewährleistet, sondern sucht ein sachverständiges und konfliktfreies Gesetzgebungsverfahren zu gewährleisten (→ Rn. 64). Art. 76 GG enthält insoweit eine Regelungslücke, die durch eine analoge Anwendung des Art. 76 II bzw. III GG zu schließen ist.

cc) Bundesrat

Gesetzesinitiativen des Bundesrats erfordern einen entsprechenden **Beschluss des Kollegialorgans**¹⁴⁹ gem. Art. 52 III 1 GG¹⁵⁰. Die Einzelheiten der Beschlussfassung regelt § 30 GOBRat. Den Landesregierungen als Mitgliedern des Bundesrats (Art. 51 I GG) steht kein Initiativrecht zu¹⁵¹. Der Bundesrat ist zur Gesetzesinitiative ebenso wie die Bundesregierung und die Mitte des Bundestags für sämtliche Sachbereiche der Bundesgesetzgebung berechtigt; er ist nicht auf Vorlagen beschränkt, die in besonderer Weise die Interessen der Länder berühren¹⁵².

3. Adressat der Gesetzesinitiative: Bundestag

Adressat der Gesetzesinitiative ist gem. Art. 76 I GG der **Bundestag als Kollegialorgan**. Die Gesetzesvorlage ist – nach Durchführung des Verfahrens gem. Art. 76 II oder III

---

¹⁴⁶ *Kersten* (Fn. 10), Art. 76 Rn. 113.
¹⁴⁷ So *Stettner* → Bd. II², Art. 76 Rn. 13; gleichsinnig *Haratsch* (Fn. 57), Art. 76 Rn. 11.
¹⁴⁸ So aber *Masing* (Fn. 1), Art. 76 Rn. 87.
¹⁴⁹ Allgemeine Ansicht, vgl. nur *Mann* (Fn. 43), Art. 76 Rn. 11; *F. Ossenbühl*, HStR³ V, § 102 Rn. 27.
¹⁵⁰ Vgl. *F. Ossenbühl*, HStR³ V, § 102 Rn. 27.
¹⁵¹ *Haratsch* (Fn. 57), Art. 76 Rn. 5; *Jarass/Pieroth*, GG, Art. 76 Rn. 2; *Mann* (Fn. 43), Art. 76 Rn. 11.
¹⁵² Vgl. *F. Ossenbühl*, HStR³ V, § 102 Rn. 28; *Kersten* (Fn. 10), Art. 76 Rn. 51.

Art. 76 C. Erläuterungen

GG – dem Plenum des Bundestags zuzuleiten, das gem. Art. 76 III 6, Art. 77 I 1 GG über die Vorlage beraten und Beschluss fassen muss[153].

63 Ein (formelles) Recht zur Prüfung und ggf. Zurückweisung der Gesetzesvorlage steht dem Bundestag bzw. seinem zur Entgegennahme der Vorlage befugten Präsidenten (s. § 7 I 1 GOBT) nur insoweit zu, als er prüfen darf, ob die zwingenden verfassungsrechtlichen Voraussetzungen der Gesetzesinitiative nach Art. 76 I GG[154] und des weiteren Gesetzgebungsverfahrens nach Art. 76 II bzw. III GG gewahrt sind. Ein materiell-inhaltliches **Prüfungs- und** entsprechendes **Ablehnungsrecht** etwa im Hinblick auf die Vereinbarkeit der Gesetzesvorlage mit Verfassungs- oder Unionsrecht steht dem Bundestag *vor* der Befassung mit der Gesetzesvorlage nicht zu[155], da Art. 76 I GG inhaltliche Anforderungen an den Gesetzentwurf nicht stellt (→ Rn. 29). Die Zurückweisung einer Gesetzesvorlage kann aber das Ergebnis der Beratung und Beschlussfassung des Plenums sein.

III. Weiteres Verfahren für Gesetzesvorlagen der Bundesregierung (Art. 76 II GG)

1. Zuleitung von Gesetzesvorlagen der Bundesregierung zur Stellungnahme an den Bundesrat (Art. 76 II 1 und 2 GG)

64 Gem. Art. 76 II 1 GG sind **Gesetzesvorlagen der Bundesregierung** vor ihrer Einbringung beim Bundestag (s. Art. 76 I GG) dem Bundesrat zuzuleiten, der nach Art. 76 II 2 GG zur Stellungnahme berechtigt ist (sog. **erster Durchgang**[156] beim Bundesrat im Gegensatz zum zweiten Bundesratsdurchgang nach Art. 77 GG). Diese Verfahrensregelungen dienen dazu, »Konflikte vermeiden zu helfen und den gesetzesausführenden Ländern zu erlauben, ihren administrativen Sachverstand frühzeitig in das Verfahren einzubringen«[157].

65 Der **Bundesrat** ist gem. Art. 76 II 2 GG **zur Stellungnahme** »berechtigt«, **nicht verpflichtet**. Er darf auf eine Äußerung zur Gesetzesvorlage der Bundesregierung verzichten[158], ohne dass es eines förmlichen Beschlusses oder einer Begründung[159] bedarf. Gibt der Bundesrat eine Stellungnahme ab, muss er sie gem. Art. 52 III 1 GG als Kollegialorgan mit der Mehrheit seiner Stimmen beschließen. Ebenso wie die Gesetzesvorlage (→ Rn. 28) muss die Stellungnahme des Bundesrats schriftlich[160] oder elektronisch verfasst sein. Inhaltlich kann der Bundesrat die Gesetzesvorlage ganz oder teilweise ablehnen, befürworten oder Änderungsvorschläge unterbreiten. Er ist nicht auf Äußerungen zu Regelungen beschränkt, die die Interessen der Länder berühren[161]. Die Stellungnahme des Bundesrats bindet weder ihn im weiteren Gesetzgebungsverfahren noch die Bundesregierung oder den Bundestag[162].

---

[153] Vgl. BVerfGE 1, 144 (153).
[154] Vgl. ebenso *Masing* (Fn. 1), Art. 76 Rn. 54; *Kersten* (Fn. 10), Art. 76 Rn. 56.
[155] Vgl. *Kersten* (Fn. 10), Art. 76 Rn. 56; *Masing* (Fn. 1), Art. 76 Rn. 54.
[156] Zur Entstehung des Begriffs *Stern*, Staatsrecht II, S. 619.
[157] BT-Drs. 12/6000, S. 36.
[158] *Bryde* (Fn. 80), Art. 76 Rn. 19.
[159] *Dietlein* (Fn. 58), Art. 76 Rn. 18.
[160] Jarass/*Pieroth*, GG, Art. 76 Rn. 7; *Kersten* (Fn. 10), Art. 76 Rn. 71.
[161] *Kersten* (Fn. 10), Art. 76 Rn. 70.
[162] *Bryde* (Fn. 80), Art. 76 Rn. 19; vgl. bezogen auf eine Stellungnahme des Bundesrats zur Zustimmungspflichtigkeit des Gesetzes BVerfGE 3, 12 (17).

III. Weiteres Verfahren für Gesetzesvorlagen der Bundesregierung **Art. 76**

Eine **Sonderregelung** zu Art. 76 II 1 GG enthält Art. 110 III Halbsatz 1 GG für den Haushaltsplanentwurf sowie Vorlagen zur Änderung des Haushaltsgesetzes und des Haushaltsplans, die gleichzeitig mit der Zuleitung an den Bundesrat beim Bundestage einzubringen sind. 66

2. Fristen für die Stellungnahme des Bundesrats (Art. 76 II 2, 3 und 5 GG)

Art. 76 II GG sieht für die Stellungnahme des Bundesrats **Fristen** vor, die der Zügigkeit des Gesetzgebungsverfahrens[163] und dazu dienen, dem Bundesrat angemessene Beratungszeit einzuräumen[164]. Im **Umkehrschluss aus Art. 76 II 4 GG** (→ Rn. 77 ff.) ergibt sich, dass die Bundesregierung ihre Gesetzesvorlage grundsätzlich erst nach Ablauf der Stellungnahmefrist des Bundesrats gem. Art. 76 II 2, 3 oder 5 GG und gemeinsam mit der Bundesratsstellungnahme dem Bundestag zuleiten darf. Etwas anderes gilt nach dem Sinn und Zweck der Stellungnahmebefugnis des Bundesrats (→ Rn. 64) nur, wenn der Bundesrat vor Fristablauf auf eine Stellungnahme verzichtet (→ Rn. 65) hat. 67

Grundsätzlich ist der Bundesrat gem. Art. 76 II 2 GG berechtigt, innerhalb von **sechs Wochen** Stellung zur Gesetzesvorlage der Bundesregierung zu nehmen. 68

Diese Frist verlängert sich nach Art. 76 II 3 GG auf **neun Wochen**, wenn der Bundesrat aus wichtigem Grund, insbesondere mit Rücksicht auf den Umfang einer Vorlage, eine Fristverlängerung verlangt. »Verlangen« erfordert eine Äußerung des Bundesrats gegenüber der Bundesregierung[165]. Ein wichtiger Grund liegt vor, wenn sich die Gesetzesvorlage mit Blick auf ihren Umfang (s. explizit Art. 76 II 3 GG), ihre politische Bedeutung (arg. e. Art. 76 II 5 Halbsatz 1 GG), ihre inhaltliche Komplexität oder ihre rechtliche Schwierigkeit so sehr von dem Durchschnitt der Vorlagen abhebt, dass eine Fristverlängerung gerechtfertigt erscheint[166]. Personalknappheit begründet keinen wichtigen Grund. Dem Bundesrat steht bei der Beurteilung des wichtigen Grundes ein Einschätzungs- und Prognosespielraum zu, der nur eingeschränkt auf Beurteilungsfehler justitiabel ist[167]. Den Bundesrat trifft insofern eine Begründungspflicht[168], die der Bundesregierung und dem Bundesverfassungsgericht die Prüfung ermöglicht, ob der Bundesrat seinen Beurteilungsspielraum überschritten hat. Der Bundesrat muss sein »Verlangen« zeitlich nach dem Zugang der Gesetzesvorlage bei ihm und vor dem Ablauf der »regulären« Sechs-Wochen-Frist iSd Art. 76 II 2 GG äußern[169]. Eine Art. 76 II 4 Halbsatz 1 GG entsprechende Einschränkung, wonach die Gründe für eine Fristverkürzung seitens der Bundesregierung bereits »bei der Zuleitung« der Vorlage an den Bundesrat erklärt werden müssen, sieht Art. 76 II 3 GG nicht vor. 69

Bei Vorlagen zur Änderung des Grundgesetzes und bei Vorlagen zur Übertragung von Hoheitsrechten nach Art. 23 oder Art. 24 GG beträgt die Frist zur Stellungnahme des Bundesrats **neun Wochen** (Art. 76 II 5 Halbsatz 1 GG). Diese Neun-Wochen-Frist gilt anders als die Neun-Wochen-Frist nach Art. 76 II 3 GG ipso iure, ohne dass es eines Verlangens des Bundesrats bedarf. Eine Verlängerung oder Verkürzung dieser Frist 70

---
[163] *Dietlein* (Fn. 58), Art. 76 Rn. 21.
[164] BT-Drs. 12/6000, S. 36.
[165] Vgl. *Masing* (Fn. 1), Art. 76 Rn. 128.
[166] Ähnlich *Dietlein* (Fn. 58), Art. 76 Rn. 22; *Masing* (Fn. 1), Art. 76 Rn. 130 f.
[167] Ebenso *Masing* (Fn. 1), Art. 76 Rn. 129; *Kersten* (Fn. 10), Art. 76 Rn. 76.
[168] *Masing* (Fn. 1), Art. 76 Rn. 128: Erforderlichkeit einer »substantiierten schriftlichen Begründung«.
[169] Vgl. *Hömig* (Fn. 44), Art. 76 Rn. 7; *Sannwald* (Fn. 44), Art. 76 Rn. 61.

gestattet das Grundgesetz nicht, es handelt sich um eine Fixfrist[170]. Eine vorzeitige Zuleitung der Gesetzesvorlage der Bundesregierung an den Bundestag wegen besonderer Eilbedürftigkeit nach Art. 76 II 4 Halbsatz 1 GG ist ausgeschlossen (Art. 76 II 5 Halbsatz 2 GG).

71 Die Fristen beginnen jeweils mit dem Zugang der Gesetzesvorlage der Bundesregierung beim Bundesrat[171]. Für die **Berechnung der Fristen** gelten §§ 187ff. BGB entsprechend[172]. Die Fristen sind gewahrt, wenn die Stellungnahme des Bunderats der Bundesregierung vor dem Fristende zugeht (arg. e. Art. 76 II 4 Halbsatz 2 GG, wonach für die Stellungnahme des Bundesrats zur Fristwahrung der Eingang bei der Bundesregierung maßgeblich ist)[173].

72 Die Fristen des Art. 76 II 2, 3 und 5 Halbsatz 1 GG sind ihrem Zweck nach (→ Rn. 67) **keine Ausschlussfristen**[174], sodass die Bundesregierung eine Stellungnahme des Bundesrats, die nach Fristende bei ihr eingeht, dem Bundestag nachreichen darf. Sie ist hierzu aber nicht verpflichtet[175].

73 Eine **Verlängerung der Stellungnahmefrist** des Bundesrats über die Fristen des Art. 76 II 2, 3 und 5 Halbsatz 1 GG hinaus im Einvernehmen der Bundesregierung und des Bundesrats ist wegen des zwingenden Charakters des Art. 76 II GG **unzulässig**[176]. Die Regelungen über das Gesetzgebungsverfahren zielen insgesamt »darauf ab, die demokratische Legitimation der zu treffenden Regelungen sicherzustellen und zugleich die Balance zwischen den am Gesetzgebungsverfahren beteiligten Organen und wegen der Einbindung des Bundesrates auch zwischen Bund und Ländern zu wahren. Sie sind daher von strenger Förmlichkeit geprägt und **stehen nicht zur Disposition** der beteiligten Organe oder ihrer Mitglieder.«[177]

74 Die Bundesregierung hat als Initiant der Gesetzesvorlage das Recht zur Gegenäußerung zur Stellungnahme des Bundesrats, ist hierzu aber nicht verpflichtet (s. auch § 53 GGO)[178]. Eine **Gegenäußerung** der Bundesregierung ist gemeinsam mit der Stellungnahme des Bundesrats dem Bundestag zuzuleiten. Fristen bestehen für die Gegenäußerung nicht, da es der Bundesregierung als »Herrin der Gesetzesinitiative« freisteht, über das »Ob« und den Zeitpunkt der Einbringung der Gesetzesvorlage beim Bundestag zu entscheiden[179].

75 Die Zuleitung der Gesetzesvorlage und der Stellungnahme des Bundesrats an den Bundestag obliegt der Bundesregierung (arg. e. Art. 76 II 4 GG). Bringt sie ihre Gesetzesvorlage beim Bundestag ein, muss sie die Stellungnahme des Bundesrats beifügen.

---

[170] *Kersten* (Fn. 10), Art. 76 Rn. 79; vgl. auch BT-Drs. 12/6000, S. 37, wonach »ein Bedarf für eine Abkürzbarkeit dieser Frist« nicht besteht.
[171] *Jarass/Pieroth*, GG, Art. 76 Rn. 6; *Dietlein* (Fn. 58), Art. 76 Rn. 21.
[172] *Dietlein* (Fn. 58), Art. 76 Rn. 21; *Kersten* (Fn. 10), Art. 76 Rn. 80.
[173] Ebenso *Schmidt-Jortzig/Schürmann* (Fn. 2), Art. 76 Rn. 291ff.; *Dietlein* (Fn. 58), Art. 76 Rn. 21; *Jarass/Pieroth*, GG, Art. 76 Rn. 6; a. A. *Bryde* (Fn. 80), Art. 76 Rn. 18, der die Beschlussfassung des Bundesrats über seine Stellungnahme innerhalb der jeweiligen Frist des Art. 76 II GG als fristwahrend ansieht.
[174] Statt vieler *M. Elicker*, JA 2005, 513 (515); *Masing* (Fn. 1), Art. 76 Rn. 93; *Mann* (Fn. 43), Art. 76 Rn. 20.
[175] *Bryde* (Fn. 80), Art. 76 Rn. 18; *Dietlein* (Fn. 58), Art. 76 Rn. 24.
[176] Vgl. *Hömig* (Fn. 44), Art. 76 Rn. 7.
[177] BVerfGE 120, 56 (78, Rn. 69).
[178] Statt aller *Maaßen* (Fn. 113), § 8 Rn. 88.
[179] Nach Ansicht von *Masing* (Fn. 1), Art. 76 Rn. 145 darf hingegen durch eine Gegenäußerung der Bundesregierung »keine wesentliche Verzögerung« des Verfahrens eintreten; s. auch *Masing* (Fn. 1), Art. 76 Rn. 148.

III. Weiteres Verfahren für Gesetzesvorlagen der Bundesregierung   **Art. 76**

Die Bundesregierung ist aber nicht verpflichtet, ihre Gesetzesvorlage (samt Stellungnahme des Bundesrats) beim Bundestag einzubringen[180]. Sie darf die Vorlage bis zur Einbringung beim Bundestag ganz oder teilweise **zurücknehmen** (→ Rn. 44).

Eine **Sonderregelung** zu Art. 76 II GG enthält Art. 110 III Halbsatz 2 GG, wonach die Frist für die Stellungnahme des Bundesrats bei Haushaltsplanentwürfen der Bundesregierung sechs Wochen und bei Vorlagen zur Änderung des Haushaltsgesetzes und des Haushaltsplanes drei Wochen beträgt. Eine weitere Sonderregelung begründet Art. 115d I und II GG, wonach im Verteidigungsfall (s. Art. 115a I 1 GG) abweichend von Art. 76 II GG Gesetzesvorlagen der Bundesregierung, die sie als dringlich bezeichnet, gleichzeitig mit der Einbringung beim Bundestag dem Bundesrat zuzuleiten sind.

3. Vorzeitige Zuleitung der Gesetzesvorlage durch die Bundesregierung an den Bundestag (Art. 76 II 4 und 5 Halbsatz 2 GG)

Gem. Art. 76 II 4 Halbsatz 1 GG kann die Bundesregierung eine Vorlage, die sie bei der Zuleitung an den Bundesrat ausnahmsweise als besonders eilbedürftig bezeichnet hat, nach drei Wochen oder, wenn der Bundesrat ein Verlangen nach Art. 76 II 3 GG geäußert hat, nach sechs Wochen dem Bundestag zuleiten, auch wenn die Stellungnahme des Bundesrats noch nicht bei ihr eingegangen ist. Art. 76 II GG regelt **keine Verkürzung der Stellungnahmefrist des Bundesrats** nach Art. 76 II 2 oder 3 GG, sondern eine Ausnahme von dem Grundsatz, dass die Bundesregierung ihre Gesetzesvorlage erst nach Ablauf der Stellungnahmefrist des Bundesrats gem. Art. 76 II 2, 3 oder 5 GG und gemeinsam mit der Bundesratsstellungnahme beim Bundestag einbringen darf (»Verkürzung der Wartefrist«[181]). Die Vorschrift dient der Ermöglichung eines besonders zügigen Gesetzgebungsverfahrens.

Voraussetzung für eine vorzeitige Zuleitung der Gesetzesvorlage der Bundesregierung an den Bundestag ist, dass die Bundesregierung die Vorlage als besonders eilbedürftig bezeichnet hat. **Besondere Eilbedürftigkeit** liegt vor, wenn die vorzeitige Zuleitung der Vorlage an den Bundestag aufgrund besonderer, im »normalen« Gesetzgebungsverfahren nicht vorliegender Umstände zum Zweck einer besonders zügigen Beratung und Beschlussfassung durch den Bundestag (s. Art. 76 III 6, Art. 77 I 1 GG) ausnahmsweise geboten erscheint[182]. Besondere Eilbedürftigkeit begründende Umstände können z. B. darin liegen, dass Fristen zur Umsetzung von EU-Richtlinien oder zur Umsetzung eines Urteils des Bundesverfassungsgerichts zu wahren sind[183]. Ebenso wie der Bundesrat bei der Beurteilung des wichtigen Grundes gem. Art. 76 II 3 GG (→ Rn. 69) besitzt die Bundesregierung bei der Einschätzung der besonderen Eilbedürftigkeit einen nur eingeschränkt justitiablen Beurteilungsspielraum[184]. Die Bundesregierung muss ihre Vorlage »bei der Zuleitung an den Bundesrat« als besonders eilbedürftig bezeichnen. Versäumt sie dies, darf sie ihre Vorlage erst mit Eingang der Stellungnahme des Bundesrats beim Bundestag einbringen.

---

[180] Jarass/Pieroth, GG, Art. 76 Rn. 8; Haratsch (Fn. 57), Art. 76 Rn. 15; Sannwald (Fn. 44), Art. 76 Rn. 67.
[181] So prägnant Kersten (Fn. 10), Art. 76 Rn. 77.
[182] Gleichsinnig Masing (Fn. 1), Art. 76 Rn. 133; Dietlein (Fn. 58), Art. 76 Rn. 27; vgl. auch Mann (Fn. 43), Art. 76 Rn. 22.
[183] Haratsch (Fn. 57), Art. 76 Rn. 14; Kersten (Fn. 10), Art. 76 Rn. 77.
[184] Vgl. ebenso Sannwald (Fn. 44), Art. 76 Rn. 64; Schmidt-Jortzig/Schürmann (Fn. 2), Art. 76 Rn. 288.

79 Als besonders eilbedürftig bezeichnete Gesetzesvorlagen, für die gem. Art. 76 II 2 GG die »Normalfrist« von sechs Wochen für die Stellungnahme des Bundesrats gilt, darf die Bundesregierung gem. Art. 76 II 4 Halbsatz 1 Alt. 1 GG bereits nach drei Wochen dem Bundestag zuleiten. Gilt für die Gesetzesvorlage der Bundesregierung dagegen wegen eines Verlangens des Bundesrats nach Art. 76 II 3 GG die verlängerte Stellungnahmefrist von neun Wochen, darf die Bundesregierung ihre Vorlage bei besonderer Eilbedürftigkeit gem. Art. 76 II 4 Halbsatz 1 Alt. 2 GG »erst« nach sechs Wochen beim Bundestag einbringen. Die Befugnis der Bundesregierung zur **vorzeitigen Zuleitung** ihrer Gesetzesvorlage an den Bundestag besteht ungeachtet dessen, ob die Stellungnahme des Bundesrats bis dahin bei ihr eingegangen ist (Art. 76 II 4 GG).

80 Macht die Bundesregierung von ihrer Ermächtigung zur vorzeitigen Zuleitung nach Art. 76 II 4 Halbsatz 1 GG Gebrauch, muss sie eine nachträglich eingehende **Stellungnahme** des Bundesrats unverzüglich, d.h. ohne schuldhaftes Zögern (vgl. § 121 I 1 BGB) nach Eingang bei ihr dem Bundestag **nachreichen** (Art. 76 II 4 Halbsatz 2 GG). Diese Verpflichtung besteht aber nur, wenn der Bundesrat seine Stellungnahme innerhalb der hierfür vorgesehenen Frist nach Art. 76 II 2 (Sechs-Wochen-Frist) oder 3 (Neun-Wochen-Frist) GG abgibt. Verfristete Stellungnahmen darf, aber muss die Bundesregierung dem Bundestag nicht nachreichen[185] (→ Rn. 72). Die Beratung und Beschlussfassung des Bundestags (Art. 76 III 6, Art. 77 I 1 GG) ist entsprechend dem Beschleunigungszweck des Art. 76 II 4 GG bereits vor Eingang der Stellungnahme des Bundesrats bei ihm zulässig[186].

81 Für **Gesetzesvorlagen der Bundesregierung zur Änderung des Grundgesetzes und bei Vorlagen zur Übertragung von Hoheitsrechten nach Art. 23 oder Art. 24 GG**, für die Art. 76 II 5 Halbsatz 1 GG eine Frist zur Stellungnahme des Bundesrats von neun Wochen vorsieht, findet Art. 76 II 4 GG gem. Art. 76 II 5 Halbsatz 2 GG keine Anwendung. Eine vorzeitige Zuleitung der Gesetzesvorlage der Bundesregierung an den Bundestag vor Ablauf der Neun-Wochen-Stellungnahmefrist des Bundesrats wegen besonderer Eilbedürftigkeit ist daher ausgeschlossen.

IV. Weiteres Verfahren für Gesetzesvorlagen des Bundesrats (Art. 76 III GG)

82 Art. 76 III GG enthält für **Gesetzesvorlagen des Bundesrats** im Grundsatz dem Art. 76 II GG für Gesetzesvorlagen der Bundesregierung entsprechende Verfahrensregelungen.

1. Zuleitung von Gesetzesvorlagen des Bundesrats zur Stellungnahme an die Bundesregierung (Art. 76 III 1 und 2 GG)

83 Gesetzesvorlagen des Bundesrats sind dem Bundestag durch die Bundesregierung zuzuleiten (Art. 76 III 1 GG), die hierbei ihre Auffassung darlegen soll (Art. 76 III 2 GG). Diese Verfahrensregelungen dienen dem **Zweck**, den Sachverstand der Bundesregierung in das Gesetzgebungsverfahren einzubringen und mögliche Einwände gegen das Gesetzgebungsvorhaben frühzeitig sichtbar werden zu lassen.

84 Nach Art. 76 III 1 GG muss der Bundesrat seine Gesetzesvorlagen der Bundesregierung zuleiten. Die **Weiterleitung der Gesetzesvorlage** des Bundesrats an den Bundes-

---

[185] Jarass/*Pieroth*, GG, Art. 76 Rn. 6; *Kersten* (Fn. 10), Art. 76 Rn. 77.
[186] Vgl. ebenso *Hömig* (Fn. 44), Art. 76 Rn. 7.

IV. Weiteres Verfahren für Gesetzesvorlagen des Bundesrats (Art. 76 III GG) **Art. 76**

tag erfolgt »durch die Bundesregierung«, die zur Weiterleitung verpflichtet ist[187]. Ihr kommt insoweit eine bloße Botenfunktion zu[188].

Anders als der Bundesrat nach Art. 76 II 2 GG (→ Rn. 65) ist die Bundesregierung gem. Art. 76 III 2 GG grundsätzlich **zur Stellungnahme** (»ihre Auffassung darlegen«) **verpflichtet** (»soll«)[189]. Ein Verzicht der Bundesregierung auf eine Stellungnahme ist nur in begründeten Ausnahmefällen zulässig. Der Beschluss der Stellungnahme obliegt der Bundesregierung als Kollegialorgan[190] in schriftlicher[191] oder elektronischer Form. Inhaltlich besitzt die Bundesregierung die gleichen Stellungnahmemöglichkeiten wie der Bundesrat (→ Rn. 65).

85

Ein Recht des Bundesrats zur **Gegenäußerung** zu der Stellungnahme der Bundesregierung besteht anders als nach Art. 76 II GG für die Bundesregierung zu Stellungnahmen des Bundesrats nicht[192], da nicht der Bundesrat, sondern die Bundesregierung seine Gesetzesvorlage beim Bundestag einbringt. Außerdem enthält Art. 76 III GG keine Regelung, die die Bundesregierung zur Weiterleitung einer Gegenäußerung des Bundesrats verpflichtet. Dem Bundesrat stehen aber die Befugnisse des Art. 43 II GG zu.

86

Eine Verweigerung der Weiterleitung der Gesetzesvorlage des Bundesrats unter Berufung auf die Verfassungswidrigkeit der Gesetzesvorlage ist der Bundesregierung nicht gestattet[193]. Mit Blick auf ihre bloße »Botenfunktion« bei der Weiterleitung der Gesetzesvorlage des Bundesrats dürfte der Bundesregierung auch kein dem Prüfungsrecht des Bundestagspräsidenten (→ Rn. 63) entsprechendes **Prüfungsrecht** zustehen, ob die Gesetzesvorlage des Bundesrats den Anforderungen des Art. 76 I GG entspricht[194]. Einwände gegen die Bundesratsvorlage darf die Bundesregierung nur im Rahmen ihrer Stellungnahme vorbringen[195]. Sieht die Bundesregierung ausnahmsweise von einer Stellungnahme ab (→ Rn. 85), muss sie die Gesetzesvorlage des Bundesrats gleichwohl spätestens mit Ablauf ihrer Stellungnahmefrist nach Art. 76 III GG dem Bundestag zuleiten[196].

87

Umstritten ist, ob der Bundesrat berechtigt ist, seine Gesetzesvorlage selbst beim Bundestag einzubringen, wenn die Bundesregierung die Weiterleitung seiner Vorlage pflichtwidrig unterlässt. Für ein solches **Selbsteinbringungsrecht des Bundesrats**[197] spricht, dass der Bundesregierung für die Weiterleitung der Gesetzesvorlage des Bundesrats eine bloße Botenfunktion zukommt (→ Rn. 84) und der Bundesrat die Weiterleitung seiner Vorlage durch die Regierung ohne Selbsteinbringungsrecht mithilfe eines zeitaufwändigen Organstreitverfahrens durchsetzen müsste[198], was dem Zweck

88

---

[187] *Schwarz* (Fn. 86), § 16 Rn. 16; Jarass/*Pieroth*, GG, Art. 76 Rn. 9.
[188] Gleichsinnig *Masing* (Fn. 1), Art. 76 Rn. 149: »Rolle eines Mittlers«.
[189] *Kersten* (Fn. 10), Art. 76 Rn. 91.
[190] *Kersten* (Fn. 10), Art. 76 Rn. 95.
[191] *Kersten* (Fn. 10), Art. 76 Rn. 94.
[192] *Masing* (Fn. 1), Art. 76 Rn. 90, 143; *Kersten* (Fn. 10), Art. 76 Rn. 13.
[193] Jarass/*Pieroth*, GG, Art. 76 Rn. 9; gleichsinnig *Sannwald* (Fn. 44), Art. 76 Rn. 70.
[194] Ebenso *Masing* (Fn. 1), Art. 76 Rn. 149.
[195] *Masing* (Fn. 1), Art. 76 Rn. 149.
[196] Ebenso *Masing* (Fn. 1), Art. 76 Rn. 150.
[197] Ein Selbsteinbringungsrecht des Bundesrats bejaht auch Jarass/*Pieroth*, GG, Art. 76 Rn. 9; *Mann* (Fn. 43), Art. 76 Rn. 28; *Masing* (Fn. 1), Art. 76 Rn. 152; ablehnend dagegen *Dietlein* (Fn. 58), Art. 76 Rn. 36; *Kersten* (Fn. 10), Art. 76 Rn. 108.
[198] So aber *Dietlein* (Fn. 58), Art. 76 Rn. 36; *Kersten* (Fn. 10), Art. 76 Rn. 108.

Art. 76　　　　　　　　　　　C. Erläuterungen

der Fristenregelungen des Art. 76 III GG für die Weiterleitung der Gesetzesvorlage, der Beschleunigung des Gesetzgebungsverfahrens (→ Rn. 89), zuwiderliefe.

2. Fristen für die Stellungnahme der Bundesregierung (Art. 76 III 1, 3 und 5 GG)

89　Art. 76 III GG regelt trotz seines sprachlich verunglückten Wortlauts, der suggeriert, dass die darin genannten Fristen nur für den Zeitraum der Zuleitung der Vorlage des Bundesrats an den Bundestag gelten, auch verschiedene **Fristen für die Stellungnahme der Bundesregierung**. Die Fristenregelungen dienen der Beschleunigung des Gesetzgebungsverfahrens[199]. Gem. Art. 76 III 1 GG beträgt die Frist für die Stellungnahme der Bundesregierung grundsätzlich **sechs Wochen**.

90　Diese Frist verlängert sich gem. Art. 76 III 3 GG auf **neun Wochen**, wenn die Bundesregierung aus wichtigem Grund, insbesondere mit Rücksicht auf den Umfang einer Vorlage, eine Fristverlängerung verlangt. Die Anforderungen an das Verlangen der Bundesregierung und den wichtigen Grund entsprechen denen des Art. 76 II 3 GG (→ Rn. 69).

91　Bei Vorlagen zur Änderung des Grundgesetzes oder zur Übertragung von Hoheitsrechten nach Art. 23 oder Art. 24 GG beträgt die Frist zur Stellungnahme der Bundesregierung ipso iure **neun Wochen** (Art. 76 III 5 Halbsatz 1 GG). Diese Frist ist weder verlängerbar noch bei besonderer Eilbedürftigkeit (s. Art. 76 III 4 GG) abkürzbar (Art. 76 III 5 Halbsatz 2 GG) (vgl. näher → Rn. 70).

92　Hinsichtlich des Beginns, der Berechnung und des Endes der Fristen gelten die gleichen Grundsätze wie im Rahmen des Art. 76 II GG. Die Fristen des Art. 76 III GG sind ebenso wie die Fristen des Art. 76 II GG **keine Ausschlussfristen** und stehen nicht zur Disposition der Bundesregierung und des Bundesrats (vgl. hierzu insgesamt → Rn. 71 ff.).

3. Verkürzung der Stellungnahmefrist der Bundesregierung (Art. 76 III 4 und 5 Halbsatz 2 GG)

93　Gem. Art. 76 III 4 GG verkürzt sich sowohl die Frist für die Zuleitung der Gesetzesvorlage des Bundesrats als auch die Stellungnahmefrist der Bundesregierung im Fall des Art. 76 III 1 GG von sechs auf drei Wochen und im Fall des Art. 76 III 3 GG von neun auf sechs Wochen, wenn der Bundesrat seine Vorlage ausnahmsweise als besonders eilbedürftig bezeichnet hat. Im Gegensatz zu Art. 76 II 4 GG regelt Art. 76 III 4 GG **nicht nur »verkürzte Wartefristen«**[200] für die Zuleitung der Bundesratsvorlage an den Bundestag (durch die Bundesregierung), sondern auch eine **Verkürzung der Stellungnahmefrist der Bundesregierung**[201]. Die Bundesregierung muss nach Art. 76 III 4 GG sowohl die Gesetzesvorlage des Bundesrats als auch ihre Stellungnahme innerhalb der verkürzten Drei- bzw. Sechs-Wochen-Frist beim Bundestag einbringen. Verglichen mit Art. 76 III 4 GG, der bei besonders eilbedürftigen Gesetzesvorlagen der Bundesregierung nur eine verkürzte Wartefrist, nicht aber eine kürzere Stellungnahmefrist des Bundesrats vorsieht (→ Rn. 77), begründet Art. 76 III 4 GG eine Privilegierung des Bundesrats gegenüber der Bundesregierung.

---

[199] BT-Drs. 12/6000, S. 37.
[200] Formulierung von *Kersten* (Fn. 10), Art. 76 Rn. 77.
[201] Ebenso *Masing* (Fn. 1), Art. 76 Rn. 91, 135; Jarass/*Pieroth*, GG, Art. 76 Rn. 9.

IV. Weiteres Verfahren für Gesetzesvorlagen des Bundesrats (Art. 76 III GG)   **Art. 76**

Die Anforderungen an die Bezeichnung und die **besondere Eilbedürftigkeit** von Ge- **94**
setzesvorlagen des Bundesrats entsprechen denen des Art. 76 II 4 GG für Gesetzesvorlagen der Bundesregierung (→ Rn. 78). Obgleich in Art. 76 III 4 GG eine dem Art. 76 II 4 GG entsprechende Formulierung fehlt, dürfte der Bundesrat analog Art. 76 II 4 GG gehalten sein, die besondere Eilbedürftigkeit seiner Vorlage »bei der Zuleitung« an die Bundesregierung darzutun[202], sodass eine spätere Erklärung nicht zur Fristverkürzung führt. Insoweit enthält Art. 76 III 4 GG eine Regelungslücke. Dem Bundesrat steht bei der Einschätzung der besonderen Eilbedürftigkeit ein eingeschränkt justitiabler Beurteilungsspielraum zu. Da die Bundesregierung ihre Stellungnahme nach Art. 76 III 4 GG gleichzeitig mit der Gesetzesvorlage des Bundesrats dem Bundestag zuleiten muss, fehlt eine Art. 76 II 4 Halbsatz 2 GG entsprechende Regelung zum Nachreichen der Stellungnahme.

Für **Gesetzesvorlagen des Bundesrats zur Änderung des Grundgesetzes und bei Vor-** **95**
lagen zur Übertragung von Hoheitsrechten nach Art. 23 oder Art. 24 GG, für die gem. Art. 76 III 5 Halbsatz 1 GG eine Frist zur Stellungnahme der Bundesregierung von neun Wochen gilt, findet Art. 76 III 4 GG gem. Art. 76 III 5 Halbsatz 2 GG keine Anwendung. Eine Verkürzung der Frist für die Zuleitung der Gesetzesvorlage des Bundesrats an den Bundestag und für die Stellungnahmefrist der Bundesregierung wegen besonderer Eilbedürftigkeit der Vorlage ist daher ausgeschlossen.

V. Keine weiteren Verfahrensvorgaben für Gesetzesvorlagen des Bundestags

Für **Gesetzesvorlagen aus der Mitte des Bundestags** fehlt eine Art. 76 II und III GG **96**
entsprechende Regelung. Der Parlamentarische Rat hat für Vorlagen der Bundestagsmitte bewusst auf ein dem Art. 76 II und III GG entsprechendes Zuleitungs- und Stellungnahmeverfahren verzichtet. Vorlagen der Mitte des Bundestags sind daher unmittelbar beim Plenum des Bundestags einzubringen[203].

VI. Beratung und Beschlussfassung des Bundestags (Art. 76 III 6 GG)

Gem. Art. 76 III 6 GG hat der Bundestag über »die Vorlagen« in angemessener Frist **97**
zu beraten und Beschluss zu fassen. Ein entsprechendes Recht steht dem die Gesetzesvorlage initiierenden Organ bzw. Organteil gem. Art. 76 I GG zu (→ Rn. 40). Nach der systematischen Stellung des Satzes 6 in Art. 76 III GG bezieht sich die Formulierung »die Vorlagen« auf **Gesetzesvorlagen des Bundesrats**. Die Regelung ist aber auf Gesetzesvorlagen der Bundesregierung und aus der Mitte des Bundestages analog anzuwenden[204]. Die Regelung der angemessenen Frist dient der Beschleunigung des Gesetzgebungsverfahrens.

Der Bundestag darf die **Beratung und Beschlussfassung** nicht unter Berufung darauf **98**
verweigern, dass die Gesetzesvorlage verfassungswidrig ist[205]. Die Beratung erfordert

---

[202] Ebenso *Kersten* (Fn. 10), Art. 76 Rn. 101.
[203] Kritisch gegenüber den unterschiedlichen Verfahrensregelungen für Gesetzesvorlagen der Bundesregierung und des Bundesrats und für Gesetzesvorlagen aus der Mitte des Bundestags *Bryde* (Fn. 80), Art. 76 Rn. 26. Zu erfolglosen politischen Reformbestrebungen, für Gesetzesvorlagen aus der Bundestagsmitte ein Art. 76 II und III GG entsprechendes Verfahren einzuführen, *Kersten* (Fn. 10), Art. 76 Rn. 11, 112.
[204] BVerfGE 1, 144 (153); 2, 143 (173); 84, 304 (329).
[205] *Stern*, Staatsrecht II, S. 618; *Jarass/Pieroth*, GG, Art. 76 Rn. 4; *Dietlein* (Fn. 58), Art. 76 Rn. 13.

eine Kenntnisnahme des Plenums von der Vorlage und die inhaltliche Auseinandersetzung mit ihr[206], was voraussetzt, dass die Vorlage allen Abgeordneten zugänglich gemacht wird[207]. Die Beratung ist nach Art. 42 I 1 GG öffentlich. Die Angemessenheit des Zeitraums für die Beratung und Beschlussfassung bemisst sich nach den Umständen des Einzelfalls[208], wobei sowohl der Umfang, die Bedeutung und die Schwierigkeit der Gesetzesvorlage als auch der Umfang und Inhalt der Stellungnahme des Bundesrats bzw. der Bundesregierung relevant sind. Gründe für eine Verzögerung der Beratung und Beschlussfassung können eine anstehende Entscheidung des Bundesverfassungsgerichts[209] oder der Europäischen Union sein, die voraussichtlich Auswirkungen auf die Zulässigkeit des Gesetzentwurfs hat. Eine Vertagung der Beratung oder der Beschlussfassung der Gesetzesvorlage auf unbestimmte Zeit verstößt gegen Art. 76 III 6 GG[210]. Einzelheiten der Beratung und Beschlussfassung des Bundestags regeln §§ 75 ff. GOBT.

99 Nach dem dem Demokratieprinzip des Art. 20 I, II iVm Art. 38 I GG immanenten Diskontinuitätsgrundsatz[211] gelten bei dem Bundestag eingebrachte Gesetzesvorlagen mit dem Ende der Legislaturperiode des Bundestags als erledigt (vgl. § 125 Satz 1 GOBT), sodass er über sie nicht mehr Beschluss fassen darf[212]. Die Beschlussfassung eines neu gewählten Bundestags setzt die erneute Einbringung der Gesetzesvorlage gem. Art. 76 I bis III GG voraus. Der **Diskontinuitätsgrundsatz** gilt hingegen nicht für Gesetzesvorlagen, die dem Bundestag noch nicht zugeleitet sind, sondern sich erst in der Erarbeitungsphase oder in dem Verfahren nach Art. 77 II oder III GG befinden. Das Diskontinuitätsgebot gilt ausschließlich für den Bundestag, dessen demokratische Legitimation durch Wahl des Volkes gem. Art. 20 I, II iVm Art. 38 I GG zeitlich auf vier Jahre begrenzt ist[213]. Es obliegt daher der Bundesregierung bzw. dem Bundesrat zu entscheiden, ob ihr Gesetzentwurf auch dem politisch neu zusammengesetzten Bundestag zugeleitet oder zurückgenommen werden soll[214]. Wurde das Stellungnahmeverfahren nach Art. 76 II bzw. III GG bereits in der vergangenen Legislaturperiode durchgeführt, muss es in der neuen Legislaturperiode nicht wiederholt werden[215].

100 Art. 76 III 6 GG kommt hinsichtlich der Beschlussfassungspflicht des Bundestags lediglich **deklaratorische Bedeutung** zu, da sie auch aus Art. 77 I 1 GG folgt.

VII. Rechtsfolge bei Verstößen gegen Art. 76 GG

101 Verstöße gegen Verfahrensbestimmungen für die Gesetzgebung des Bundes führen nicht a priori zur **Unwirksamkeit des Gesetzes**, sondern nur, wenn erstens Verfahrensbestimmungen des Grundgesetzes verletzt wurden und es sich zweitens um wesentli-

---

[206] *Mann* (Fn. 43), Art. 76 Rn. 32; näher *Dietlein* (Fn. 58), Art. 76 Rn. 40f.
[207] *Masing* (Fn. 1), Art. 76 Rn. 78.
[208] *Sannwald* (Fn. 44), Art. 76 Rn. 87.
[209] Ebenso *Kersten* (Fn. 10), Art. 76 Rn. 65.
[210] *Kersten* (Fn. 10), Art. 76 Rn. 65.
[211] Zur verfassungsrechtlichen Grundlage und dem Inhalt des Diskontinuitätsgrundsatzes näher *F. Ossenbühl*, HStR³ V, § 102 Rn. 43.
[212] Statt aller *F. Ossenbühl*, HStR³ V, § 102 Rn. 41; *Masing* (Fn. 1), Art. 76 Rn. 153.
[213] So die mittlerweile ganz herrschende Literaturauffassung, s. nur *Masing* (Fn. 1), Art. 76 Rn. 155 mit Nw. für die gegenteilige früher herrschende Meinung; *Kersten* (Fn. 10), Art. 76 Rn. 116; *Schmidt-Jortzig/Schürmann* (Fn. 2), Art. 76 Rn. 205 ff.; *Sannwald* (Fn. 44), Art. 76 Rn. 30.
[214] Vgl. *Masing* (Fn. 1), Art. 76 Rn. 155.
[215] *Schmidt-Jortzig/Schürmann* (Fn. 2), Art. 76 Rn. 209; *Kersten* (Fn. 10), Art. 76 Rn. 116.

che, d.h. zwingende Verfahrensbestimmungen handelt (nicht bloße Ordnungsvorschriften)[216]. Verstöße gegen die Geschäftsordnungen der am Gesetzgebungsverfahren beteiligten Organe führen daher regelmäßig nicht zur Nichtigkeit des Gesetzes[217], weil sie als Parlamentsinnenrecht mit Satzungscharakter[218] dem Grundgesetz im Rang nachgeordnet sind. Etwas anderes gilt, wenn das Geschäftsordnungsrecht verfassungsrechtliche Verfahrensvorschriften konkretisiert[219].

Nach diesen Grundsätzen ist die Verletzung der §§ 15 ff. GOBReg über die Beschlussfassung der Bundesregierung über Gesetzentwürfe verfassungsrechtlich unbeachtlich. Verstöße gegen § 76 I GOBT, wonach Gesetzesvorlagen aus der Mitte des Bundestags von einer Fraktion oder 5% der Mitglieder des Bundestags unterzeichnet sein müssen, haben ebenfalls keine Auswirkungen auf die Wirksamkeit des Gesetzes[220], weil darin zwar eine zulässige Konkretisierung des Art. 76 I GG aber keine Umsetzung einer zwingenden verfassungsrechtlichen Vorgabe liegt. Leitet die Bundesregierung ihre Gesetzesvorlage unter Verstoß gegen Art. 76 II GG unmittelbar beim Bundestag ein, ist die Rechtsfolge umstritten[221]. Auf die Einordnung des Art. 76 II GG als **zwingende Verfahrensvorschrift** des Grundgesetzes deutet der Wortlaut des Art. 76 II 1 GG (»*sind* zunächst dem Bundesrat zuzuleiten«) hin. In dieselbe Richtung weist der Normzweck, durch die Stellungnahmemöglichkeit des Bundesrats ein sachverständiges und konfliktfreies Gesetzgebungsverfahren zu gewährleisten (→ Rn. 64). Für die Qualifizierung des Art. 76 II GG als **bloße Ordnungsvorschrift** spricht hingegen, dass die Stellungnahme des Bundesrats weder obligatorisch ist (→ Rn. 65) noch ihn oder andere Organe bindet (→ Rn. 65). Hinzu kommt, dass der Bundesrat noch im sog. zweiten Durchgang nach Art. 77 GG mit seiner Einspruchs- bzw. Zustimmungsbefugnis (vgl. Art. 77 II bis IV GG) ausreichend Beteiligungsmöglichkeiten am Gesetzgebungsverfahren besitzt. Verstöße gegen die Fristenregelungen des Art. 76 II und III GG begründen keine Nichtigkeit des Gesetzes[222].

102

D. Verhältnis zu anderen GG-Bestimmungen

Art. 110 II 1, III GG enthalten für Haushaltsplanentwürfe sowie für Vorlagen zur Änderung des Haushaltsgesetzes und des Haushaltsplanes **Sonderregelungen**, die Art. 76 I und II GG vorgehen (→ Rn. 38 f., 50, 66, 76). Eine weitere Sonderregelung zu Art. 76 II GG begründet **Art. 115d I und II GG** für Gesetzesvorlagen im Verteidigungs-

103

---

[216] Vgl. BVerfGE 44, 308 (313): Verstoß gegen zwingendes Verfassungsrecht und Beruhen des Gesetzesbeschlusses auf diesem Verstoß; s. auch BVerfGE 31, 47 (53); 34, 9 (25); nach BVerfGE 91, 148 (175) soll dagegen die Evidenz des Verfassungsverstoßes maßgeblich sein; ebenso BVerfGE 120, 56 (79, Rn. 71) – hierzu zu Recht kritisch *Kersten* (Fn. 10), Art. 76 Rn. 117; *Jarass/Pieroth*, GG, Art. 76 Rn. 1 a; *G. Axer*, NVwZ 2010, 624 (627 f.); eingehend zu den Rechtsfolgen von Mängeln im Gesetzgebungsverfahren *B. Meermagen/H. Schultzky*, VerwArch. 101 (2010), 539 (550 ff.).
[217] Vgl. BVerfGE 29, 221 (234).
[218] Zur Rechtsnatur der Geschäftsordnungen näher BVerfGE 1, 144 (148); *Schmidt-Jortzig/Schürmann* (Fn. 2), Art. 76 Rn. 63 ff.
[219] Vgl. *T. Brandner*, NVwZ 2009, 211 (212).
[220] Ebenso *E. M. Frenzel*, JuS 2010, 119 (120).
[221] Für die Nichtigkeit des Gesetzes bei Verstößen gegen Art. 76 II und III GG *M. Elicker*, JA 2005, 513 (515); *Kersten* (Fn. 10), Art. 76 Rn. 117; bezogen auf verkappte Regierungsvorlagen auch *Dietlein* (Fn. 58), Art. 76 Rn. 32.
[222] Näher *Kersten* (Fn. 10), Art. 76 Rn. 117; *Haratsch* (Fn. 57), Art. 76 Rn. 12; *Jarass/Pieroth*, GG, Art. 76 Rn. 5.

fall (→ Rn. 76). Ob **Art. 59 II 1 GG** ein Initiativmonopol der Bundesregierung für Entwürfe zu Zustimmungsgesetzen des Bundestags zu völkerrechtlichen Verträgen enthält und als Spezialregelung Art. 76 I GG verdrängt, ist umstritten (→ Rn. 50). **Art. 81 GG** beinhaltet Verfahrensregelungen für die Behandlung von Gesetzesvorlagen bei einem Gesetzgebungsnotstand, die lex specialis im Verhältnis zu Art. 76 und Art. 77 f. GG sind (→ Art. 81 Rn. 26)[223].

---

[223] Näher *Schmidt-Jortzig/Schürmann* (Fn. 2), Art. 76 Rn. 52 ff.

Artikel 77 [Gesetzgebungsverfahren]

(1) ¹Die Bundesgesetze werden vom Bundestage beschlossen. ²Sie sind nach ihrer Annahme durch den Präsidenten des Bundestages unverzüglich dem Bundesrate zuzuleiten.

(2) ¹Der Bundesrat kann binnen drei Wochen nach Eingang des Gesetzesbeschlusses verlangen, daß ein aus Mitgliedern des Bundestages und des Bundesrates für die gemeinsame Beratung von Vorlagen gebildeter Ausschuß einberufen wird. ²Die Zusammensetzung und das Verfahren dieses Ausschusses regelt eine Geschäftsordnung, die vom Bundestag beschlossen wird und der Zustimmung des Bundesrates bedarf. ³Die in diesen Ausschuß entsandten Mitglieder des Bundesrates sind nicht an Weisungen gebunden. ⁴Ist zu einem Gesetze die Zustimmung des Bundesrates erforderlich, so können auch der Bundestag und die Bundesregierung die Einberufung verlangen. ⁵Schlägt der Ausschuß eine Änderung des Gesetzesbeschlusses vor, so hat der Bundestag erneut Beschluß zu fassen.

(2a) Soweit zu einem Gesetz die Zustimmung des Bundesrates erforderlich ist, hat der Bundesrat, wenn ein Verlangen nach Absatz 2 Satz 1 nicht gestellt oder das Vermittlungsverfahren ohne einen Vorschlag zur Änderung des Gesetzesbeschlusses beendet ist, in angemessener Frist über die Zustimmung Beschluß zu fassen.

(3) ¹Soweit zu einem Gesetze die Zustimmung des Bundesrates nicht erforderlich ist, kann der Bundesrat, wenn das Verfahren nach Absatz 2 beendigt ist, gegen ein vom Bundestage beschlossenes Gesetz binnen zwei Wochen Einspruch einlegen. ²Die Einspruchsfrist beginnt im Falle des Absatzes 2 letzter Satz mit dem Eingange des vom Bundestage erneut gefaßten Beschlusses, in allen anderen Fällen mit dem Eingange der Mitteilung des Vorsitzenden des in Absatz 2 vorgesehenen Ausschusses, daß das Verfahren vor dem Ausschusse abgeschlossen ist.

(4) ¹Wird der Einspruch mit der Mehrheit der Stimmen des Bundesrates beschlossen, so kann er durch Beschluß der Mehrheit der Mitglieder des Bundestages zurückgewiesen werden. ²Hat der Bundesrat den Einspruch mit einer Mehrheit von mindestens zwei Dritteln seiner Stimmen beschlossen, so bedarf die Zurückweisung durch den Bundestag einer Mehrheit von zwei Dritteln, mindestens der Mehrheit der Mitglieder des Bundestages.

Literaturauswahl

Axer, Georg: Die Kompetenz des Vermittlungsausschusses – zwischen legislativer Effizienz und demokratischer Legitimation, 2010.
Bergkämper, Julia: Das Vermittlungsverfahren gemäß Art. 77 II GG. Eine Zwischenbilanz, 2008.
Borowy, Oliver: Die Rechtsprechung des Bundesverfassungsgerichts zu den Kompetenzen des Vermittlungsausschusses. Auswirkungen auf die parlamentarische Praxis und Reformüberlegungen, in: ZParl. 41 (2010), S. 874–902.
Desens, Marc: Kompetenzgrenzen des Vermittlungsausschusses, in: NJW 2008, S. 2892–2895.
Diop, Denis: Mediation im Gesetzgebungsverfahren, 2008.
Frenzel, Eike Michael: Das Gesetzgebungsverfahren – Grundlagen, Problemfälle und neuere Entwicklungen, in: JuS 2010, S. 119–124.
Hartmann, Bernd J.: Verfassungsvorgaben für Gesetzesinitiativen im Bundestag, in: ZG 23 (2008), S. 42–50.
Hofmann, Hans/Kleemann, Georg: Eilgesetzgebung. Besonderheiten im Gesetzgebungsverfahren für sogenannte »Eilgesetze«, in: ZG 26 (2011), S. 313–331.
Huber, Peter M./Fröhlich, Daniel: Die Kompetenz des Vermittlungsausschusses und ihre Grenzen – Am Beispiel von Art. 15 Haushaltsbegleitgesetz 2004 –, in: DÖV 2005, S. 322–333.

Art. 77

Kämmerer, Jörn Axel: Muss Mehrheit immer Mehrheit bleiben? Über die Kontroversen um die Besetzung des Vermittlungsausschusses, in: NJW 2003, S. 1166–1168.
Kluth, Winfried: Der Vermittlungsausschuss, in: HStR³ III, § 60, S. 1003–1029.
Koggel, Claus Dieter: Das Vermittlungsverfahren, in: Winfried Kluth/Günter Krings (Hrsg.), Gesetzgebung. Rechtsetzung durch Parlamente und Verwaltungen sowie ihre gerichtliche Kontrolle, 2014, § 19, S. 457–481.
Lang, Joachim: Notwendigkeit einer Frist zur Zurückweisung von Einsprüchen des Bundesrates in Art. 77 IV GG, in: ZRP 2006, S. 15–18.
Lehmann-Brauns, Richard: Die Mitwirkung des Bundesrates an der Gesetzgebung: Die wichtigsten Zustimmungstatbestände des Grundgesetzes, in: Ines Härtel (Hrsg.), Handbuch Föderalismus – Föderalismus als demokratische Rechtsordnung und Rechtskultur in Deutschland, Europa und der Welt, Bd. I, 2012, § 23, S. 691–722.
Möllers, Christoph: Vermittlungsausschuss und Vermittlungsverfahren, in: Jura 2010, S. 401–407.
Palm, Ulrich: Demokratie mit parlamentarischer Gesetzgebung, in: NVwZ 2008, S. 633–635.
Reutter, Werner: Struktur und Dauer des Gesetzgebungsverfahren des Bundes, in: ZParl. 38 (2007), S. 299–315.
Schneider, Hans: Gesetzgebung, 3. Aufl. 2002.
Schürmann, Martin: Das angemaßte Gesetzesinitiativrecht – Zu den Kompetenzgrenzen des Vermittlungsausschusses im Lichte des Art. 76 GG –, in: Festschrift für Edzrd Schmidt-Jortzig, 2011, S. 541–557.
Schulze-Fielitz, Helmuth: Theorie und Praxis parlamentarischer Gesetzgebung, 1988.
Selg, Katharina: Die Mitwirkung des Bundesrates bei der Gesetzgebung des Bundes. Eine Untersuchung im Kontext der Föderalismusreform 2006, 2009.
Wernsmann, Rainer: Reichweite der Zustimmungsbedürftigkeit von Gesetzen im Bundesrat, in: NVwZ 2005, S. 1352–1357.

Leitentscheidungen des Bundesverfassungsgerichts

BVerfGE 1, 76 (77ff.) – Steuerverwaltung; 1, 144 (148ff., Rn. 21ff.) – Geschäftsordnungsautonomie; 8, 274 (294ff.) – Preisgesetz; 24, 184 (194ff.) – Zustimmungsgesetz; 29, 221 (233ff.) – Jahresarbeitsverdienstgrenze; 37, 363 (378ff.) – Bundesrat; 44, 308 (313ff.) – Beschlußfähigkeit; 55, 274 (297ff.) – Berufsausbildungsabgabe; 72, 175 (187ff.) – Wohnungsfürsorge; 101, 297 (305ff., Rn. 26ff.) – Häusliches Arbeitszimmer; 112, 118 (132ff., Rn. 44ff.) – Vermittlungsausschuß I; 114, 196 (220ff., Rn. 151ff.) – Beitragssatzsicherungsgesetz; 120, 56 (73ff., Rn. 56ff.) – Vermittlungsausschuß II; 125, 104 (121ff., Rn. 53ff.) – Vermittlungsausschuß III; 126, 77 (98ff., Rn. 126ff.) – Privatpilot.

Gliederung

	Rn.
A. Herkunft, Entstehung, Entwicklung	1
I. Ideen- und verfassungsgeschichtliche Aspekte	1
II. Entstehung und Veränderung der Norm	5
B. Internationale, supranationale und rechtsvergleichende Bezüge	15
C. Erläuterungen	16
I. Systematik des Art. 77 GG als Bestandteil des Verfahrens der Gesetzgebung des Bundes	16
II. Beschluss der Bundesgesetze durch den Bundestag und Zuleitung an den Bundesrat (Art. 77 I GG)	18
III. Einberufung des Vermittlungsausschusses (Art. 77 II GG)	30
IV. Verfahren bei Zustimmungsgesetzen (Art. 77 IIa GG)	44
V. Verfahren bei Einspruchsgesetzen (Art. 77 III GG)	54
VI. Bundestagsbeschluss bei Einspruchsgesetzen (Art. 77 IV GG)	59
VII. Rechtsfolge bei Verstößen gegen Art. 77 GG	62
D. Verhältnis zu anderen GG-Bestimmungen	63

Stichwörter

Absolute Mehrheit 60 – Änderung der Gesetzesvorlage durch den Bundestag 20 – Änderung des Einigungsvorschlags des Vermittlungsausschusses 40 – Änderung des Gesetzesbeschlusses 27 – Änderung eines Zustimmungsgesetzes 49 – Änderungsgesetze 49 – Angemessene Frist 17, 44, 51 – Aufhebung eines Zustimmungsgesetzes 49 – Aufschiebende Wirkung des Einspruchs 56 – Ausfertigung von Gesetzen 16, 26 – Ausschlussfrist 33, 58 – Ausschüsse des Bundestags 15, 19 ff., 35 – Begründung der Einberufung des Vermittlungsausschusses 32, 38 – Beratungsdauer 22 – Beratungspflicht des Bundestags 21 – Berichtigung von Druckfehlern 27 – Beschlussfähigkeit des Bundestags 19 – Beschlussfassung des Bundestags 17, 19, 21 f., 27, 39, 62 f. – Besetzung des Vermittlungsausschusses 35 f. – Bundestag als zentrales Gesetzgebungsorgan 18 – Bundestagsausschüsse 15, 19 ff., 35 – Bundestagspräsident 7 ff., 13, 26, 29, 62 – Denaturierungsverbot 20, 41, 62 – Diskontinuität 17, 19, 42 – Doppelt qualifizierte Mehrheit 60 – Effizienz der Gesetzgebung 31 – Eilgesetzgebung 25 – Einberufung des Vermittlungsausschusses 30 ff., 44, 51, 53, 57 – Einberufungsrecht 32, 38 – Einberufungsverlangen 30 ff., 38, 44, 53, 57 – Einheitstheorie 48 – Einigungsvorschlag 31, 39 ff., 58 – Einsetzungsgegenstand 38 – Einspruch 3 ff., 17, 30 ff., 45, 50, 54 ff., 59 ff. – Einspruchsbegründung 55 – Einspruchsfrist 11 ff., 58 – Einspruchsgesetz 17, 30, 32 f., 38, 45, 50, 54 ff., 59 f. – Einspruchsgesetz als Regelfall 45 – Enumerationsprinzip bei Zustimmungsgesetzen 45, 46 – Fälle zustimmungspflichtiger Bundesgesetze 46 – Fakultative Einberufung des Vermittlungsausschusses 17, 30 – Fraktion 19 f., 35 – Frist für Einberufung des Vermittlungsausschusses 14, 33 – Frist für Zustimmung des Bundesrats 44, 51 – Funktion des Vermittlungsausschusses 31, 41 – Funktionsfähigkeit des Bundestags 27, 35 – Geschäftsordnung Vermittlungsausschuss 11, 13, 34, 40 – Gesetzesinitiative 16, 20 – Gesetzesinitiativrecht 20, 31, 41 – Gesetzgebung des Bundes 15, 16 – Grundsatz der Diskontinuität 17, 19, 42 – Grundsatz der relativen Unverrückbarkeit des Gesetzesbeschlusses 27 – Grundsatz der Verfassungsorgantreue 39, 44 – Hauptverfahren 16 – Kollegialorgan 32, 50 – Kompetenzen des Vermittlungsausschusses 31, 41 – Lesungen im Bundestag 22 ff., 62 – Mehrheit der abgegebenen Stimmen 19, 34, 60 – Mehrheitsprinzip 35 – Mitglieder des Vermittlungsausschusses 30, 34 f., 37 – Obligatorische Einberufung des Vermittlungsausschusses 17, 30, 57 – Öffentlichkeit des Gesetzgebungsverfahrens 21, 23 f. – Rechtsfolge bei Verstößen gegen Verfahrensvorschriften 62 f. – Reichweite der Zustimmungsbedürftigkeit 41, 51 – Relative Unverrückbarkeit des Gesetzesbeschlusses 27 – Reziproke Mehrheiten 59 – Rücknahme des Einspruchs 55 f. – Rückwirkung von Gesetzen 28 – Rumpfgesetze 48 – Sachverständige 25 – Sonderregelungen 63 – Spiegelbildlichkeit der Besetzung des Vermittlungsausschusses 35 – Staatengleichheit 36 – Trennungstheorie 48 – Überstimmung des Einspruchs 56, 59 ff. – Ungeschriebene Zustimmungsbedürftigkeit 47 – Unklarheit über Einspruchs- oder Zustimmungsgesetz 50 – Unterorgan 31, 42 – Unverrückbarkeit des Gesetzesbeschlusses 27 – Verbände 25 – Verfahrensherrschaft des Bundestags 27 – Verfassungsorgantreue 39, 44 – Verkündung von Gesetzen 16, 26, 28 – Vermittlungsausschuss 14, 15, 17, 20, 27, 30 ff., 51 ff., 53 f., 57 – Vermittlungsverfahren 14, 15, 17, 20, 27, 30 ff., 51 ff., 53 f., 57 – Vermittlungsvorschlag 31, 39 ff., 58 – Vetorecht des Bundesrats 5 f., 52, 56 – Weisungsfreiheit der Mitglieder des Vermittlungsausschusses 37 – Zuleitung an den Bundesrat 20, 29 – Zurückweisung des Einspruchs durch den Bundestag 56, 59 ff. – Zusammensetzung des Vermittlungsausschusses 35 f. – Zustandekommen von Einspruchsgesetzen 54 ff., 61 – Zustandekommen von Zustimmungsgesetzen 50, 52 – Zustimmung bei Zustimmungsgesetzen 30 ff., 44 ff. – Zustimmungsfrist 44, 51 – Zustimmungsgesetze 17, 32 f., 38, 44 ff. – Zwei-Drittel-Mehrheit 3 ff., 60 – Zweiter Durchgang 29.

A. Herkunft, Entstehung, Entwicklung

I. Ideen- und verfassungsgeschichtliche Aspekte

Vorschriften zur Beschlussfassung des Reichstags über die Gesetze sowie über Mitwirkungsbefugnisse anderer Staatsorgane am Gesetzgebungsverfahren fanden sich bereits in der **Paulskirchenverfassung** von 1849. Gem. § 102 erforderte der Erlass, die Aufhebung, die Abänderung und die Auslegung von Reichsgesetzen einen Beschluss des Reichstags. Ein Reichstagsbeschluss kam nur durch die Übereinstimmung beider Häuser (Volkshaus und Staatenhaus) des Reichstags (§ 99) gültig zustande (§ 100). Reichstagsbeschlüsse, denen die Reichsregierung nicht zustimmte, durften in derselben Sitzungsperiode grundsätzlich nicht wiederholt werden (§ 101 I). Etwas anderes galt für Beschlüsse, die von dem Reichstag in drei sich unmittelbar folgenden ordentlichen Sitzungsperioden unverändert gefasst wurden; sie wurden auch ohne Zustimmung der Reichsregierung mit dem Schluss des dritten Reichstags zum Gesetz (§ 101 II 1). Art. 77 GG entsprechende Bestimmungen über ein Verfahren vor dem Vermittlungsausschuss kannte die Paulskirchenverfassung nicht.

2   Nach Art. 5 I 1 der **Reichverfassung von 1871** wurde die Reichsgesetzgebung durch den Bundesrat und den Reichstag ausgeübt. Zu einem Reichsgesetz war die Übereinstimmung der Mehrheitsbeschlüsse beider Versammlungen erforderlich und ausreichend (Art. 5 I 2). Ein Vermittlungsverfahren war auch der Bismarckschen Reichsverfassung von 1871 unbekannt.

3   Nach der **Weimarer Reichsverfassung** wurden die Reichsgesetze vom Reichstag beschlossen (Art. 68 II). Nach Art. 74 I stand dem Reichsrat gegen sämtliche vom Reichstag beschlossenen Gesetze der Einspruch zu[1]. Der Einspruch musste innerhalb von zwei Wochen nach der Schlussabstimmung im Reichstag bei der Reichsregierung eingebracht und spätestens binnen zwei weiteren Wochen mit Gründen versehen werden (Art. 74 II). Legte der Reichsrat Einspruch ein, wurde das Gesetz dem Reichstag zur nochmaligen Beschlussfassung vorgelegt. Kam dabei keine Übereinstimmung zwischen Reichstag und Reichsrat zustande, konnte der Reichspräsident binnen drei Monaten über den Gegenstand der Meinungsverschiedenheit einen Volksentscheid anordnen. Machte der Präsident von diesem Recht keinen Gebrauch, galt das Gesetz als nicht zustande gekommen. Hatte der Reichstag mit Zweidrittelmehrheit entgegen dem Einspruch des Reichsrats beschlossen, hatte der Präsident das Gesetz binnen drei Monaten in der vom Reichstag beschlossenen Fassung zu verkünden oder einen Volksentscheid anzuordnen (Art. 74 III). Der Zustimmung des Reichsrats bedurfte eine Erhöhung oder Neueinsetzung von Ausgaben im Haushaltsplanentwurf durch den Reichstag (Art. 85 I), wobei die Zustimmung des Reichsrats nach den Vorschriften des Art. 74 ersetzt werden konnte (Art. 85 II). Die Verkündung eines vom Reichstag beschlossenen Gesetzes war um zwei Monate auszusetzen, wenn es ein Drittel des Reichstags verlangte (Art. 72 Satz 1). Gesetze, die der Reichstag und der Reichsrat für dringlich erklärten, konnte der Reichspräsident ungeachtet dieses Verlangens verkünden (Art. 72 Satz 2). Ein vom Reichstag beschlossenes Gesetz war vor seiner Verkündung zum Volksentscheid zu bringen, wenn der Reichspräsident dies binnen eines Monats bestimmte (Art. 73 I). Über ein Gesetz, dessen Verkündung auf Antrag von mindestens einem Drittel des Reichstags ausgesetzt war (s. Art. 72 Satz 1), war ein Volksentscheid herbeizuführen, wenn ein Zwanzigstel der Stimmberechtigten es beantragte (Art. 73 II). Durch Volksentscheid konnte ein Beschluss des Reichstags allerdings nur außer Kraft gesetzt werden, wenn sich die Mehrheit der Stimmberechtigten an der Abstimmung beteiligte (Art. 75). Vorschriften über ein Vermittlungsverfahren kannte auch die Weimarer Reichsverfassung nicht[2].

4   Während der Herrschaft des **nationalsozialistischen Staates** wurde namentlich durch das Gesetz zur Behebung der Not von Volk und Reich vom 24.3.1933, das sog. Ermächtigungsgesetz, die Befugnis zur Gesetzgebung auf die Reichsregierung übertragen, die fortan ohne Beteiligung des Reichstags Gesetze erlassen konnte. In der Folge-

---

[1] Zum zurückhaltenden Gebrauch des Reichsrats von seiner Einspruchsmöglichkeit in der Praxis *J. Masing*, in: v. Mangoldt/Klein/Starck, GG II, Art. 77 Rn. 8.
[2] Näher *J. Bergkämper*, Das Vermittlungsverfahren gemäß Art. 77 II GG, 2008, S. 42 ff.

zeit wurde der Großteil der Gesetze von der Reichsregierung verabschiedet, was zu einer Entparlamentarisierung der Gesetzgebung führte[3].

II. Entstehung und Veränderung der Norm

Im **Verfassungskonvent von Herrenchiemsee** bestand Einigkeit darüber, dass der Bundestag und der Bundesrat bei der Gesetzgebung des Bundes zusammenwirken sollten. Umstritten war, ob der Bundestag als eigentlicher Träger der Gesetzgebung agieren sollte oder ob Bundestag und Bundesrat gleichberechtigt zur Gesetzgebung berechtigt sein sollten[4]. Dementsprechend sah der Herrenchiemseer Verfassungsentwurf in einer ersten Variante vor, dass die Bundesgesetzgebung durch den Bundestag und den Bundesrat (bzw. Senat[5]) gemeinsam ausgeübt wird (Art. 102 I, 1. Variante). Vor dem Hintergrund des Missbrauchs der Ermächtigungsgesetze durch den NS-Staat[6] sollte keines der beiden Häuser seine Befugnis zur Gesetzgebung übertragen können (Art. 102 II 1, 1. Variante). Ein Bundesgesetz kam durch übereinstimmenden Mehrheitsbeschluss beider Häuser zustande (Art. 104 I, 1. Variante). Wurde kein übereinstimmender Beschluss erzielt, konnte der Bundespräsident eine besondere Versammlung einberufen, auf Grund deren Beratung in beiden Häusern eine nochmalige Beschlussfassung stattzufinden hatte (Art. 104 II, 1. Variante). In einer abgeschwächten, dritten Variante skizzierte der Herrenchiemseer Verfassungsentwurf dagegen ein Gesetzgebungsverfahren, bei dem dem Bundesrat lediglich ein Recht zum Einspruch gegenüber vom Bundestag beschlossenen Gesetzen zukam (Art. 104 I und II, 3. Variante). Den Einspruch des Bundesrats konnte der Bundestag entweder mit der Mehrheit seiner gesetzlichen Mitgliederzahl oder, wenn der Bundesrat seinen Einspruch mit zwei Dritteln seiner gesetzlichen Stimmenzahl beschlossen hatte, mit zwei Dritteln seiner gesetzlichen Stimmenzahl überstimmen (Art. 104 III, 3. Variante). Bei der sog. Senatslösung stand dem Senat letztlich ebenfalls nur ein aufschiebendes, durch den Bundestag überstimmbares Vetorecht in Gestalt einer Einspruchsbefugnis zu (Art. 104, 2. Variante)[7].

An diese Vorschläge knüpften die Arbeiten des **Parlamentarischen Rates** an. In der 13. Sitzung des **Kombinierten Ausschusses für die Organisation des Bundes und für Verfassungsgerichtshof und Rechtspflege** am 13.10.1948 entwickelte sich Streit darüber, ob ein Vetorecht des Bundesrats gegenüber vom Bundestag beschlossenen Gesetzen bei Gesetzesvorlagen der Bundesregierung Sinn mache[8]. Der Abgeordnete Katz betonte, dass die Länderkammer lediglich ein Vetorecht haben »und nicht ein

---

[3] Zum »Ermächtigungsgesetz« und seinen Folgen näher *W. Frotscher/B. Pieroth*, Verfassungsgeschichte, 13. Aufl. 2014, § 18 Rn. 615f.; *H. Schneider*, Das Ermächtigungsgesetz vom 24. März 1933, 1960, passim; *M. Frehse*, Ermächtigungsgesetzgebung im Deutschen Reich 1914–1933, 1985, S. 147ff.; *J. Biesemann*, Das Ermächtigungsgesetz als Grundlage der Gesetzgebung im nationalsozialistischen Staat, 1985, S. 265ff.
[4] Vgl. Parl. Rat II, S. 556.
[5] Zur Debatte im Verfassungskonvent von Herrenchiemsee sowie im Parlamentarischen Rat, ob ein aus Mitgliedern der Landesregierungen zusammengesetzter Bundesrat oder ein von den Landesvölkern bzw. Landtagen gewählter Senat gebildet werden sollte und den entsprechend diskutierten Varianten für die Gesetzgebung des Bundes eingehend *J. Kersten*, in: Maunz/Dürig, GG, Art. 77 (2012), Rn. 3ff.; *Masing* (Fn. 1), Art. 77 Rn. 9f.
[6] Vgl. Parl. Rat II, S. 556.
[7] Parl. Rat II, S. 601f.; erläuternd dazu ebd., S. 556f.
[8] Parl. Rat XIII/1, S. 524ff.

voll gleichberechtigtes Mitglied in der Gesetzgebung sein« solle[9]. Intensiv diskutiert wurde zudem über die Einberufung einer besonderen Versammlung durch den Bundespräsidenten[10]. Hierzu bemerkte der Abgeordnete Fecht, dass die nach Art. 104 einzuberufende Versammlung »gar kein beschließendes Organ« sei. In ihr werde nicht abgestimmt, sondern sie unternehme lediglich einen Ausgleichsversuch zwischen beiden Häusern. Diesen Ausführungen schloss sich der Abgeordnete Lehr an und ergänzte, dass daher das Mitwirken des Bundespräsidenten bei der Einberufung der Versammlung überflüssig sei. Er empfahl, Art. 104 II wie folgt zu formulieren: »Wird kein übereinstimmender Beschluß erzielt, so treten die zuständigen Ausschüsse der beiden Häuser zusammen, um einen Ausgleich zu versuchen. Auf Grund dieser Beratung hat in beiden Häusern eine nochmalige Beschlussfassung stattzufinden.« Der Ausschuß betrachtete die Diskussion zu diesem Punkt als erledigt[11].

7 Der **Allgemeine Redaktionsausschuß** empfahl am 26.11.1948, die in Art. 102 I HChE vorgesehene gemeinsame Ausübung der Bundesgesetzgebung durch den Bundestag und den Bundesrat zu streichen, da sich aus den einschlägigen nachfolgenden Vorschriften ergebe, wer bei der Bundesgesetzgebung mitwirke[12]. Als Art. 104 sah der Redaktionsausschuß vor: (1) Die Bundesgesetze werden vom Bundestag beschlossen. (2) Gegen ein vom Bundestag beschlossenes Gesetz steht dem Bundesrat der Einspruch zu. Der Einspruch ist binnen eines Monats nach Zustellung des Gesetzesbeschlusses bei dem Präsidenten des Bundestags einzulegen. Der Bundestag beschließt über den Einspruch. Er kann den Einspruch mit Zweidrittelmehrheit, zumindest mit der Mehrheit seiner Mitglieder überstimmen[13].

8 Der **Hauptausschuß** stimmte in seiner 11. Sitzung am 30.11.1948 dem Vorschlag des Redaktionsausschusses zu, Art. 102 zu streichen bzw. an anderer Stelle im Grundgesetz aufzunehmen[14]. Zu Art. 104 in der Fassung des Redaktionsausschusses entwickelte sich eine Diskussion, ob der Bundestag und der Bundesrat gleichberechtigte Kammern sein sollten. Der Abgeordnete Katz sprach sich für »die Superiorität« des Bundestags als »die vom Volk zur Gesetzgebung berufene Kammer« und gegen eine Gleichberechtigung beider Kammern aus, weil anderenfalls unlösbare Konflikte beim Zustandekommen von Gesetzen entstünden. Der Abgeordnete Lehr vertrat dagegen den Standpunkt, dass »im Interesse einer wahren Demokratie« und »um das föderative Prinzip richtiger zum Ausdruck zu bringen« beide Kammern gleichberechtigt sein sollten. Der Abgeordnete Zinn entgegnete, dass der Bundesrat bei einer Gleichstellung mit dem Bundestag auf dem Gebiet der Gesetzgebung wegen seiner weiteren Funktionen im Bereich der Verwaltung und bei Rechtsverordnungen zu einem Organ werde, »bei dem eigentlich die überwiegende Machtfülle« liege. Die Abgeordnete Wessel ergänzte, der Parlamentarismus sei gefährdet, wenn für Bundesgesetze übereinstimmende Beschlüsse beider Kammern erforderlich seien. Der Abgeordnete Strauß entgegnete, dass im Bismarckschen Reich für ein Gesetz stets der übereinstimmende Beschluss beider Kammern nötig gewesen sei. Man sollte bei den weiteren Beratungen davon ausgehen, dass die künftigen Mitglieder von Bundestag und Bundesrat von dem Willen getragen seien, ein vernünftiges Ergebnis zu finden. Der Abgeordnete Renner

---

[9] Parl. Rat XIII/1, S. 528.
[10] Parl. Rat XIII/1, S. 527 ff.
[11] Parl. Rat XIII/1, S. 530 ff.
[12] Parl. Rat VII, S. 63.
[13] Parl. Rat VII, S. 64.
[14] Parl. Rat XIV/1, S. 337.

widersprach, das Bundesparlament sei für die Gesetzgebung allein zuständig. Den Ländervertretungen solle nur das Recht zum Einspruch gegen vom Bundestag beschlossene Gesetze zustehen. Die Sitzung des Hauptausschusses endete ohne Abstimmung über Art. 104[15].

Diese Diskussion setzte sich in der Sitzung des **Hauptausschusses** am 1.12.1948 fort. Im Ergebnis lehnte er einen Antrag der CDU/CSU, in Art. 104 zu regeln, dass ein Bundesgesetz durch übereinstimmenden Mehrheitsbeschluß beider Häuser zustande kommt, ab. Verschiedene Anträge, anstelle der vom Redaktionsausschuß in Art. 104 II vorgesehenen Zweidrittelmehrheit des Bundestags zur Überstimmung eines Einspruchs des Bundesrats eine andere Mehrheit vorzusehen, wurden abgelehnt oder zurückgenommen[16]. In der vom Hauptausschuß am 10.12.1948 angenommenen Fassung war Art. 102 entfallen und entsprach Art. 104 der vom Allgemeinen Redaktionsausschuß vorgeschlagenen Formulierung[17].

In der 29. Sitzung des **Ausschusses für die Organisation des Bundes** am 11.1.1949 warf der Abgeordnete Dehler die Frage auf, ob an der in Art. 104 II vorgesehenen Zweidrittelmehrheit zur Überwindung des Einspruchs des Bundesrats festgehalten werden solle. Er äußerte Bedenken, weil in der Praxis ein Einspruch, der nur mit einer Zweidrittelmehrheit zu überwinden ist, stärker sei »als die Gleichberechtigung des Bundesrats gegenüber dem Bundestag«. Er schlug vor, dass der Bundestag einen Einspruch des Bundesrats mit der Hälfte seiner gesetzlichen Mitgliederzahl überwinden können sollte. Dem widersprach der Abgeordnete Fecht unter Hinweis darauf, dass ein Veto des Reichsrats auch nur mit einer Mehrheit von zwei Dritteln überstimmt werden konnte. Nach Ansicht des Abgeordneten Katz stellten sich die vom Abgeordneten Dehler angesprochenen Schwierigkeiten nicht, da es bei einem Einspruch nur gegen einzelne Paragrafen des Gesetzes in der Praxis zu einer Einigung über die streitigen Fragen komme, sodass nicht das ganze Gesetz gefährdet sei[18]. Der Organisationsausschuß nahm Art. 104 am 11.1.1949 in der vom Allgemeinen Redaktionsausschuß vorgeschlagenen Fassung an[19].

Am 31.1.1949 unterbreitete der **Fünferausschuß** einen wesentlichen Änderungsvorschlag zu Art. 104: (1) Die Bundesgesetze werden vom Bundestag beschlossen. (2) Der Bundesrat kann binnen zwei Wochen nach Eingang des Gesetzesbeschlusses verlangen, daß ein aus Mitgliedern des Bundestags und des Bundesrats gebildeter Ausschuß zur gemeinsamen Beratung der Vorlage einberufen wird. Schlägt der Ausschuß eine Änderung des Gesetzesbeschlusses vor, so hat der Bundestag erneut Beschluß zu fassen. Das Nähere über Zusammensetzung und Einberufung des Ausschusses und sein Verfahren bestimmt eine Geschäftsordnung, die vom Bundestag und Bundesrat gemeinsam zu beschließen ist. (3) Der Bundesrat kann gegen ein vom Bundestag beschlossenes Gesetz binnen einer Woche Einspruch einlegen. Die Einspruchsfrist beginnt mit dem Abschluß des in Abs. 2 vorgesehenen Verfahrens oder mit dem Eingang des vom Bundestag erneut gefaßten Beschlusses. (4) Wird der Einspruch mit der Mehrheit der Stimmen des Bundesrats beschlossen, so kann er durch Beschluß der Mehrheit der Mitglieder des Bundestags zurückgewiesen werden. Hat der Bundesrat den Einspruch mit einer Mehrheit von mindestens zwei Drittel seiner Stimmen beschlossen,

---

[15] Parl. Rat XIV/1, S. 340 ff.
[16] Parl. Rat XIV/1, S. 350 ff.
[17] Parl. Rat VII, S. 114.
[18] Parl. Rat XIII/2, S. 1010.
[19] Parl. Rat XIII/2, S. 1044.

so bedarf die Zurückweisung durch den Bundestag einer Mehrheit von zwei Dritteln, mindestens der Mehrheit der Mitglieder des Bundestags[20].

12 Am 5.2.1949 legte der Fünferausschuß einen **weiteren Änderungsvorschlag** zu Art. 104 vor, dessen neuer Absatz 3 Satz 1 sich von der am 31.1.1949 vorgeschlagenen Fassung unterschied: (3) Der Bundesrat kann nach Abschluß des in Abs. 2 vorgesehenen Verfahrens gegen ein vom Bundestag beschloßenes Gesetz binnen einer Woche Einspruch einlegen. Die Einspruchsfrist beginnt mit dem Abschluß des in Abs. 2 vorgesehenen Verfahrens oder mit dem Eingang des vom Bundestag erneut gefaßten Beschlusses[21].

13 Der **Hauptausschuß** nahm in seiner Sitzung vom 10.2.1949 Art. 104 in der vom Fünferausschusses zuletzt vorgeschlagenen Fassung an[22]. In der Sitzung des Hauptausschusses vom 5.5.1949 hatte ein Antrag des Abgeordneten Zinn Erfolg, Art. 104 I um den weiteren Satz zu ergänzen »Sie sind nach ihrer Annahme durch den Präsidenten des Bundestages unverzüglich dem Bundesrat zuzuleiten.«[23] Der Hauptausschuß beschloss den nunmehr in **Art. 76 GG** übernommenen Art. 104 mit der am 23.5.1949 in Kraft getretenen[24] Fassung: (1) Die Bundesgesetze werden vom Bundestag beschlossen. Sie sind nach ihrer Annahme durch den Präsidenten des Bundestags unverzüglich dem Bundesrate zuzuleiten. (2) Der Bundesrat kann binnen zwei Wochen nach Eingang des Gesetzesbeschlusses verlangen, daß ein aus Mitgliedern des Bundestages und des Bundesrates für die gemeinsame Beratung von Vorlagen gebildeter Ausschuß einberufen wird. Die Zusammensetzung und das Verfahren dieses Ausschusses regelt eine Geschäftsordnung, die vom Bundestag beschlossen wird und der Zustimmung des Bundesrates bedarf. Die in diesen Ausschuß entsandten Mitglieder des Bundesrates sind nicht an Weisungen gebunden. Ist zu einem Gesetz die Zustimmung des Bundesrates erforderlich, so können auch der Bundestag und die Bundesregierung die Einberufung verlangen. Schlägt der Ausschuß eine Änderung des Gesetzesbeschlusses vor, so hat der Bundestag erneut Beschluß zu fassen. (3) Soweit zu einem Gesetz die Zustimmung des Bundesrats nicht erforderlich ist, kann der Bundesrat, wenn das Verfahren nach Absatz 2 beendigt ist, gegen ein vom Bundestag beschlossenes Gesetz binnen einer Woche Einspruch einlegen. Die Einspruchsfrist beginnt im Falle des Absatzes 2 letzter Satz mit dem Eingang des vom Bundestage erneut gefaßten Beschlusses, in allen anderen Fällen mit dem Abschluß des Verfahrens vor dem in Absatz 2 vorgesehenen Ausschuss. (4) Wird der Einspruch mit der Mehrheit der Stimmen des Bundesrates beschlossen, so kann er durch Beschluß der Mehrheit der Mitglieder des Bundestags zurückgewiesen werden. Hat der Bundesrat den Einspruch mit einer Mehrheit von mindestens zwei Dritteln seiner Stimmen beschlossen, so bedarf die Zurückweisung durch den Bundestag einer Mehrheit von zwei Dritteln, mindestens der Mehrheit der Mitglieder des Bundestages[25]. Mit dieser Formulierung beschloss das **Plenum** Art. 77 am 6.5.1949[26].

14 Der Normtext des Art. 77 GG ist seit Inkrafttreten des Grundgesetzes zweimal geändert worden. Durch das Gesetz zur Änderung des Grundgesetzes vom 15.11.1968

---

[20] Parl. Rat VII, S. 301.
[21] Parl. Rat VII, S. 326 und 369.
[22] Parl. Rat VII, S. 425f.
[23] Parl. Rat XIV/2, S. 1806.
[24] Parl. Rat IX, S. 692ff.
[25] Parl. Rat VII, S. 551.
[26] Parl. Rat VII, S. 590; s. auch Parl. Rat IX, S. 470.

wurde die Frist zur Einberufung des Vermittlungsausschusses in Art. 77 II 1 GG auf drei Wochen und die Frist zur Erhebung des Einspruchs des Bundesrats in Art. 77 III 1 GG auf zwei Wochen verlängert. Außerdem wurde den Beginn der Einspruchsfrist in Art. 77 III 2 Halbsatz 2 GG vom Abschluss des Vermittlungsverfahrens auf den Eingang der Mitteilung des Vorsitzenden des Vermittlungsausschusses über das Ende des Vermittlungsverfahrens verlegt[27]. Durch das Gesetz zur Änderung des Grundgesetzes vom 27.10.1994 wurde Absatz 2a in Art. 77 GG eingefügt[28].

B. Internationale, supranationale und rechtsvergleichende Bezüge

Weder das **Unionsrecht** noch das **Völkerrecht** enthalten Regelungen, aus denen sich unmittelbare Vorgaben für das Verfahren der Gesetzgebung des Bundes ergeben (→ Art. 76 Rn. 21). Nach den **Verfassungen der Bundesländer** werden Gesetze des Landes in der Regel entweder vom Landtag oder vom Volk (Volksentscheid) beschlossen[29]. Die Mitwirkung einer »zweiten Kammer«, die der Beteiligung des Bundesrats an der Gesetzgebung des Bundes entspräche, kennen die Bundesländer nicht[30]. Nach einzelnen **Verfassungen anderer demokratischer Staaten** sind anders als nach dem Grundgesetz Parlamentsausschüsse zu Gesetzesbeschlüssen berechtigt[31]. Dem Vermittlungsausschuss iSd Art. 77 II GG ähnliche Funktionen üben die Conference Committees in den USA aus[32]. Für Rechtsakte der Europäischen Union, die im ordentlichen Gesetzgebungsverfahren beschlossen werden, sieht Art. 294 AEUV ein Vermittlungsverfahren vor einem aus Mitgliedern des Rats und des Europäischen Parlaments besetzten Vermittlungsausschuss vor[33]. 15

C. Erläuterungen

I. Systematik des Art. 77 GG als Bestandteil des Verfahrens der Gesetzgebung des Bundes

Art. 77 GG beinhaltet das **Hauptverfahren** der Gesetzgebung des Bundes im Anschluss an die Gesetzesinitiative (Art. 76 GG) bis zum Zustandekommen des Gesetzes (s. auch Art. 78 GG), dem die Gegenzeichnung, Verkündung und Ausfertigung des Gesetzes (Art. 82 GG) nachfolgt. 16

Gegenstand des Art. 77 I GG ist die Beschlussfassung des Bundestags über die Bundesgesetze und ihre Zuleitung an den Bundesrat. Art. 77 II GG regelt die Einberufung eines Vermittlungsausschusses, die für den Bundesrat bei Zustimmungsgesetzen fakultativ (Abs. 2a) und bei Einspruchsgesetzen obligatorisch ist (Abs. 3 Satz 1) und zu 17

---

[27] BGBl. I S. 1177.
[28] BGBl. I S. 3146.
[29] S. etwa Art. 71 I Verf. Bay.; Art. 116 Verf. Hess.; Art. 42 I Verf. Nds.; Art. 70 II Verf. Sachsen.
[30] Näher *Stettner* → Bd. II², Art. 77 Rn. 5.
[31] Zu Art. 72 III Verf. Italien näher *Stettner* → Bd. II², Art. 77 Rn. 5; zu entsprechenden Regelungen in Argentinien und in Afghanistan *J. Kokott*, in: BK, Art. 77 (2014), Rn. 3.
[32] Im Einzelnen W. *Kluth*, HStR³ III, § 60 Rn. 13; *Stettner* → Bd. II², Art. 77 Rn. 5; *Bergkämper*, Vermittlungsverfahren (Fn. 2), S. 53 ff. – auch zu Vermittlungsverfahren bei der Gesetzgebung in Großbritannien und Irland (S. 70 ff.) und in der Schweiz (S. 77 ff.); zu Großbritannien auch *Kokott* (Fn. 31), Art. 77 Rn. 1, 9.
[33] Eingehend *Bergkämper*, Vermittlungsverfahren (Fn. 2), S. 89 ff.; *Kokott* (Fn. 31), Art. 77 Rn. 12 ff.

der bei Zustimmungsgesetzen auch der Bundestag und die Bundesregierung ermächtigt sind (Abs. 2 Satz 4). Art. 77 IIa GG verpflichtet den Bundesrat bei Zustimmungsgesetzen zur Beschlussfassung über die Zustimmung in angemessener Frist. Art. 77 III und IV GG enthalten Bestimmungen über den Einspruch des Bundesrats bei Einspruchsgesetzen (Abs. 3) und über die Zurückweisung des Einspruchs durch den Bundestag (Abs. 4)[34]. Da für den Bundesrat der verfassungsrechtliche Grundsatz der (sachlichen) **Diskontinuität** nicht gilt, kann er seine föderalen Mitwirkungsrechte im Gesetzgebungsverfahren (Einspruch, Zustimmung) auch noch nach dem Ende der Legislaturperiode des Bundestags ausüben[35]. Die Konkretisierung des Art. 77 GG obliegt den beteiligten Verfassungsorganen durch Geschäftsordnungsrecht (→ Art. 76 Rn. 25).

II. Beschluss der Bundesgesetze durch den Bundestag und Zuleitung an den Bundesrat (Art. 77 I GG)

18 Gem. Art. 77 I 1 GG werden die Bundesgesetze vom Bundestag beschlossen. Die Norm weist damit den Bundestag als »**zentrales Gesetzgebungsorgan**« aus[36]. Dem Bundesrat sind durch Art. 77 II bis IV GG lediglich Mitwirkungsrechte bei der Gesetzgebung eingeräumt (vgl. Art. 50 GG)[37].

19 Der Beschluss über ein Bundesgesetz obliegt dem Plenum des Bundestags[38]. Für ihn ist gem. Art. 42 II 1 GG die Mehrheit der abgegebenen Stimmen erforderlich (→ Art. 42 Rn. 31 ff.), soweit das Grundgesetz nichts anderes bestimmt (s. z. B. Art. 23 I 3 iVm Art. 79 II, Art. 29 VII 2, Art. 79 II, Art. 87 III 2 GG). Der Beschluss kann in der Annahme oder Ablehnung des Gesetzentwurfs bestehen[39]. Eine Beschlussfassung des Bundestags ist unzulässig, wenn der verfassungsrechtliche Grundsatz der (sachlichen) Diskontinuität entgegensteht (→ Art. 76 Rn. 99). Die Regelung der Beschlussfähigkeit des Bundestags in § 45 GOBT, wonach mehr als die Hälfte der Mitglieder des Bundestags im Sitzungssaal anwesend sein muss, steht mit dem Grundgesetz in Einklang. Das Prinzip der repräsentativen Demokratie, das Art. 77 I 1 GG zugrunde liegt, erfordert nur, dass jeder Abgeordnete die Möglichkeit der Mitwirkung an der Schlussabstimmung hat. Dies gilt umso mehr, als sich »ein wesentlicher Teil des Willensbildungs- und Entscheidungsprozesses des Bundestages« in den Ausschüssen vollzieht und Abgeordnete der Schlussabstimmung im Bundestag vor allem dann fernbleiben, wenn über den Inhalt des Gesetzentwurfs zwischen den Fraktionen Konsens besteht[40].

---

[34] Kritisch gegenüber den komplizierten und alternativenreichen Regelungen des Art. 77 GG *B.-O. Bryde*, in: v. Münch/Kunig, GG II, Art. 77 Rn. 29.
[35] *D. Hömig*, in: Hömig, GG, Art. 78 Rn. 2.
[36] Vgl. BVerfGE 37, 363 (380 f.); 125, 104 (123, Rn. 58); aus dem Schrifttum statt vieler Jarass/Pieroth, GG, Art. 76 Rn. 2; *Kersten* (Fn. 5), Art. 77 Rn. 2. Zum Gesetz als zentralem Steuerungsmedium *H. Schulze-Fielitz*, Theorie und Praxis parlamentarischer Gesetzgebung, 1988, S. 152 f. Zur Vereinbarkeit von Mediation im Gesetzgebungsverfahren mit Art. 77 I 1 GG *D. Diop*, Mediation im Gesetzgebungsverfahren, 2008, S. 116 ff.
[37] Vgl. BVerfGE 37, 363 (380); 125, 104 (123, Rn. 58); Jarass/*Pieroth*, GG, Art. 77 Rn. 2; eingehend zur Stellung des Bundesrats im Gesetzgebungsverfahren *R. Herzog*, HStR³ III, § 57 Rn. 28 ff.; *T. Hebeler*, JA 2003, 522 (522 ff., insbes. 526); *T. Mann*, in: Sachs, GG, Art. 77 Rn. 2; *Kersten* (Fn. 5), Art. 77 Rn. 2; *Masing* (Fn. 1), Art. 77 Rn. 10 ff.; *Kokott* (Fn. 31), Art. 77 Rn. 20 f.
[38] BVerfGE 1, 144 (152); 44, 308 (317).
[39] Vgl. BVerfGE 1, 144 (153 f.).
[40] BVerfGE 44, 308 (314 ff.).

II. Beschluss der Bundesgesetze durch den Bundestag (Art. 77 I GG)   Art. 77

Umstritten ist, in welchem Maße der Bundestag und seine Ausschüsse zur Änderung der Gesetzesvorlage berechtigt sind. Gem. § 62 I 2 GOBT dürfen Bundestagsausschüsse dem Bundestag nur solche Beschlüsse empfehlen, die sich auf die ihnen überwiesenen Vorlagen oder mit diesen im unmittelbaren Sachzusammenhang stehende Fragen beziehen. Teilweise wird ein entsprechendes **verfassungsrechtliches Denaturierungsverbot** bejaht, das eine vollständige Umgestaltung von Gesetzesvorlagen untersage[41]. Der Bundestag und seine Ausschüsse müssten den ursprünglichen Gesetzentwurf zumindest insoweit beibehalten, als ein Zusammenhang mit dem Gesetzgebungsziel und dem Gesetzgebungsgrund fortbestehen müsse und die Änderung nicht auf eine eigenständige Gesetzesinitiative hinauslaufen dürfe[42]. Für ein verfassungsrechtliches Denaturierungsverbot spricht, dass eine vollumfängliche Änderung der Gesetzesvorlage das Initiativrecht iSd Art. 76 I GG entwerten könnte. Könnte sich der Bundestag von dem Gesetzentwurf vollständig lösen, brächte er damit letztlich einen neuen Gesetzentwurf ein, obgleich ihm als Organ kein Gesetzesinitiativrecht nach Art. 76 I GG zusteht (→ Art. 76 Rn. 54). Ein Gesetzesinitiativrecht kommt gem. Art. 76 I GG jedoch der Mitte des Bundestags zu, sodass nach § 76 I GOBT eine Fraktion oder (fraktionsübergreifend) 5% der Mitglieder des Bundestags Gesetzesvorlagen einbringen können (→ Art. 76 Rn. 54 ff.). Will sich der Bundestag von einem Gesetzentwurf inhaltlich lösen, indem er ihn weitreichend umgestaltet, könnte der umgestaltete Entwurf mithin von 5% der Bundestagsmitglieder neu eingebracht und anschließend nach Art. 77 I 1 GG beraten und beschlossen werden. Für Gesetzesvorlagen aus der Mitte des Bundestags gilt auch keine Art. 76 II und III GG entsprechende Regelung, sodass sie ohne vorherige Zuleitung an den Bundesrat und die Bundesregierung unmittelbar beim Plenum des Bundestags eingebracht werden (→ Art. 76 Rn. 96). Vor diesem Hintergrund erschiene es als unnötige Förmelei, dem Bundestag und seinen Ausschüssen bei der Umgestaltung von Gesetzesvorlagen Grenzen zu setzen und eine erneute Einbringung eines weitreichend geänderten Gesetzentwurfs durch die Mitte des Bundestags zu verlangen. Ein Denaturierungsverbot, das einer umfassenden Umgestaltung von Gesetzesvorlagen entgegensteht, gilt daher für den Bundestag und seine Ausschüsse – anders als für den Vermittlungsausschuss als gemeinsamem Organ des Bundestags und des Bundesrats (→ Rn. 41) – nicht[43].   **20**

Die Verpflichtung des Bundestags zur Beschlussfassung impliziert eine **Beratungspflicht**[44]. Die Beratung erfordert eine Kenntnisnahme des Plenums von der Gesetzesvorlage und die inhaltliche Auseinandersetzung mit ihr[45]. Dies setzt voraus, dass die Vorlage allen Abgeordneten zugänglich gemacht wird[46]. Die Beratung ist gem. Art. 42 I 1 GG öffentlich.   **21**

---

[41] So *B.-O. Bryde*, JZ 1998, 115 (117 f.); *Masing* (Fn. 1), Art. 77 Rn. 33; *E. Schmidt-Jortzig/M. Schürmann*, in: BK, Art. 76 (1996), Rn. 99 ff.

[42] *Masing* (Fn. 1), Art. 77 Rn. 33.

[43] Im Ergebnis wie hier *Kersten* (Fn. 5), Art. 77 Rn. 19 sowie *ders.*, in: Maunz/Dürig, GG, Art. 76 (2011), Rn. 64.

[44] *S.-C. Lenski*, ZG 27 (2012), 373 (376); *S. Hölscheidt/S. Menzenbach*, DÖV 2008, 139 (144); *Kersten* (Fn. 5), Art. 77 Rn. 12; *Kokott* (Fn. 31), Art. 77 Rn. 52; eine Beratungspflicht nur für Gesetzesvorlagen aus der Mitte des Bundestags verneint *B.J. Hartmann*, ZG 23 (2008), 42 (46 ff.). Zu der Frage, ob die Beratungspflicht des Bundestags von Verfassungs wegen Mündlichkeit erfordert, *M. Bauer*, Der Staat 49 (2010), 587 (589 ff.).

[45] *Mann* (Fn. 37), Art. 76 Rn. 32; näher *J. Dietlein*, in: Epping/Hillgruber, GG, Art. 76 Rn. 40 f.

[46] *J. Masing*, in: v. Mangoldt/Klein/Starck, GG II, Art. 76 Rn. 78.

Art. 77   C. Erläuterungen

22 Die Dauer der Beratung und die Zahl der Lesungen des Gesetzentwurfs gibt Art. 77 I 1 GG nicht vor. Ihre Regelung obliegt grundsätzlich der autonomen Regelung durch den Bundestag (→ Rn. 22ff.), der von dieser Befugnis in §§ 78ff. GOBT Gebrauch gemacht hat. Nach § 78 I 1 GOBT werden Gesetzentwürfe grundsätzlich in **drei Beratungen** (Lesungen) behandelt. In der ersten Beratung wird der Gesetzentwurf regelmäßig an die fachlich zuständigen Ausschüsse des Bundestags überwiesen (§ 80 I GOBT; Ausnahmen in § 80 II GOBT). Die Ausschüsse bereiten die weitere Beratung des Plenums vor und schlagen ihm ggf. Änderungen des Gesetzentwurfs vor (vgl. § 62 I GOBT)[47]. Den Ausschüssen steht keine Befugnis zur Beschlussfassung über Gesetzentwürfe zu[48]; ihnen kommt nur eine das Plenum unterstützende und dessen Beschlussfassung vorbereitende Funktion zu[49]. In der zweiten Beratung des Plenums findet eine allgemeine Aussprache statt (§ 81 I GOBT), bei der über jede selbständige Bestimmung des Gesetzentwurfs der Reihenfolge nach separat beraten und abgestimmt wird (§ 81 II GOBT; Ausnahmen in § 81 III und IV GOBT). Nach dem Ende der dritten Beratung findet die Schlussabstimmung des Plenums über den Gesetzentwurf statt[50].

23 Die Durchführung von **drei Beratungen** (drei Lesungen) ist verfassungsrechtlich nicht geboten. »Das Grundgesetz enthält keine Vorschrift über die Zahl der Lesungen. Auch gibt es kein Verfassungsgewohnheitsrecht, das drei Lesungen fordert. [...] Die Verabschiedung eines Gesetzes in drei Lesungen gehört auch nicht zu den unabdingbaren Grundsätzen der demokratischen Ordnung.«[51] Ebenso wenig gebietet Art. 42 I 1 GG, wonach der Bundestag öffentlich verhandelt, die Beratung von Gesetzentwürfen in drei Lesungen[52].

24 Verfassungsrechtlich ebenfalls nicht geboten ist die Behandlung eines Gesetzentwurfs in einer ersten Lesung im Plenum des Bundestags, bevor er einem **Ausschuß überwiesen** wird (vgl. zu dieser Möglichkeit § 78 II 1 GOBT). »Das Tätigwerden eines Ausschusses setzt einen vorherigen Beschluß des Plenums nicht voraus.« Die nach Art. 77 I 1 GG gebotene Beratung kann auch in der zweiten oder dritten Lesung des Plenums erfolgen. Auch Art. 42 I 1 GG fordert keine öffentliche Verhandlung des Plenums, bevor Gesetzentwürfe an die Ausschüsse verwiesen werden, sondern besagt nur, »daß das Plenum des Bundestages, wenn es verhandelt, öffentlich verhandeln muß«.[53]

---

[47] Zur Arbeit der Ausschüsse näher T. Hadamek, Die Gesetzesberatung im Bundestag und seinen Ausschüssen, in: W. Kluth/G. Krings (Hrsg.), Gesetzgebung, 2014, § 17 Rn. 59ff., 98ff.; F. Ossenbühl, HStR³ V, § 102 Rn. 38f.; Bryde (Fn. 34), Art. 77 Rn. 4; Kokott (Fn. 31), Art. 77 Rn. 55ff. Zum Sinn und Zweck der Beratung des Gesetzentwurfs in den Ausschüssen H. Risse/M. Wisser, Die Gesetzesberatung im Bundesrat und seinen Ausschüssen, in: W. Kluth/G. Krings (Hrsg.), Gesetzgebung, 2014, § 18 Rn. 43.
[48] BVerfGE 44, 308 (317).
[49] BVerfGE 44, 308 (318); F. Ossenbühl, HStR³ V, § 102 Rn. 39.
[50] Zum Ablauf der Lesungen in der Praxis eingehend H. Schneider, Gesetzgebung, 3. Aufl. 2002, § 6 Rn. 118ff.
[51] Statt aller BVerfGE 1, 144 (151) – dort auch das Zitat. Ferner E 29, 221 (234); Jarass/Pieroth, GG, Art. 77 Rn. 2; Masing (Fn. 1), Art. 77 Rn. 22; Kersten (Fn. 5), Art. 77 Rn. 14. »Mehrere Lesungen« für geboten hält aber Bryde (Fn. 34), Art. 77 Rn. 4. Zu dem Verzicht des Bundestags auf einzelne Lesungen in der Praxis Dietlein (Fn. 45), Art. 77 Rn. 8.1.
[52] BVerfGE 1, 144 (151f.); Kokott (Fn. 31), Art. 77 Rn. 53. Zu der Frage, ob die Durchführung von drei Lesungen des Gesetzentwurfs noch zeitgemäß ist, Masing (Fn. 1), Art. 77 Rn. 23.
[53] BVerfGE 1, 144 (151f.).

II. Beschluss der Bundesgesetze durch den Bundestag (Art. 77 I GG) **Art. 77**

Art. 77 I 1 GG schreibt nicht vor, »welche **Verbände und Sachverständige(n)** bei ei- 25
nem nicht in der Verfassung vorgeschriebenen Anhörungsverfahren zu Wort kommen
sollen«; diese Frage »ist grundsätzlich dem Ermessen der Gesetzgebungsorgane und
ihrer Ausschüsse überlassen.«[54] Ein Verstoß gegen Art. 77 I 1 GG liegt auch nicht deshalb vor, weil ein Gesetz »im Plenum und in den Ausschüssen des Deutschen Bundestages […] in großer Eile behandelt wurde«[55].

Mit dem Gesetzesbeschluss stellt der Bundestag den **Inhalt des Gesetzes** fest (sog. 26
Verabschiedung des Gesetzes)[56]. Damit das Gesetz Außenwirkung gegenüber dem
Bürger entfaltet, muss es aber noch zustandekommen (s. Art. 77 II bis IV, Art. 78 GG)
und vom Bundespräsidenten nach Gegenzeichnung ausgefertigt sowie verkündet werden (Art. 82 GG)[57].

Mit der Beschlussfassung des Bundestags endet seine Verfahrensherrschaft über den 27
Gesetzentwurf, sodass er seinen Beschluss von sich aus nicht mehr ändern kann (sog.
Grundsatz der relativen Unverrückbarkeit des Gesetzesbeschlusses[58])[59]. Der Bundestag darf nur dann erneut Beschluss fassen und dadurch seinen ersten Gesetzesbeschluss ändern, wenn gem. Art. 77 II GG der Vermittlungsausschuss einberufen wurde
und dieser eine Änderung des Gesetzesbeschlusses vorschlägt (s. Art. 77 II 5 GG →
Rn. 40) oder wenn der Bundesrat gem. Art. 77 III GG gegen den Gesetzesbeschluss
Einspruch erhebt (s. Art. 77 IV GG). Erlaubt ist dagegen im Interesse einer funktionsfähigen Gesetzgebung, »im Gesetzesbeschluss enthaltene Druckfehler und andere
offenbare Unrichtigkeiten ohne nochmalige Einschaltung der gesetzgebenden Körperschaften« zu berichtigen (vgl. § 122 III GOBT; § 61 GGO). Eine **Berichtigung** außerhalb des Gesetzgebungsverfahrens gem. Art. 76ff. GG ist aber nur unter der Voraussetzung gestattet, dass »nicht der rechtlich erhebliche materielle Gehalt der Norm und
mit ihm seine Identität angetastet wird.«[60]

Mit der Einbringung eines Gesetzentwurfs beim Bundestag durch ein initiativbe- 28
rechtigtes Organ, spätestens aber mit dem endgültigen Beschluss des Bundestags
wird das Gesetzesvorhaben öffentlich, sodass das Vertrauen des Bürgers in den Fortbestand der Rechtslage entfällt[61]. Der Gesetzgeber kann deshalb berechtigt sein, den

---

[54] BVerfGE 36, 321 (330).
[55] BVerfGE 123, 186 (234, Rn. 152); vgl. BVerfGE 29, 221 (233); zustimmend *S. Hölscheidt/S. Menzenbach*, DÖV 2008, 139 (144); kritisch gegenüber der Durchführung von Gesetzgebungsverfahren in kurzer Zeit *H. Schulze-Fielitz*, JZ 2004, 862 (864f.); *T. Brandner*, NVwZ 2009, 211 (213);
U. Karpen, ZRP 2008, 97 (98); differenzierend *T. Mann*, Gesetzgebungsverfahren, in: FS Kirchhof,
Bd. I, 2013, § 33 Rn. 19ff. Zur Dauer von Gesetzgebungsverfahren in der Praxis eingehend *W. Reut-
ter*, ZParl. 38 (2007), 299ff.; Beispiele verfassungsgemäßer Eilgesetzgebungsverfahrens nennen *H. Hofmann/G. Kleemann*, ZG 26 (2011), 313 (314ff.).
[56] *F. Ossenbühl*, HStR³ V, § 102 Rn. 37; *Hömig* (Fn. 35), Art. 77 Rn. 5.
[57] Vgl. *Stern*, Staatsrecht II, S. 625f.; *Kokott* (Fn. 31), Art. 77 Rn. 50.
[58] Die Formulierung geht zurück auf *J. Hatschek*, Deutsches und preussisches Staatsrecht, Bd. II,
1923, S. 77ff.
[59] Statt aller BVerfGE 55, 274 (327); 119, 96 (133, Rn. 110); *Schneider*, Gesetzgebung (Fn. 50), § 6
Rn. 128; *Jarass/Pieroth*, GG, Art. 77 Rn. 3.
[60] BVerfGE 105, 313 (334f., Rn. 56f.); vgl. auch BVerfGE 119, 96 (133, Rn. 110); 48, 1 (18f.); näher
zur Berichtigung von Gesetzesbeschlüssen *A. Funke*, ZG 20 (2005), 358 (358ff.); *E. M. Frenzel*, JuS
2010, 119 (122f.); *H.-G. Maaßen*, Gesetzesinitiativen der Bundesregierung, in: W. Kluth/G. Krings
(Hrsg.), Gesetzgebung, 2014, § 8 Rn. 113.
[61] Vgl. BVerfGE 132, 302 (331, Rn. 73f.); vgl. auch BVerfGE 127, 31 (50, Rn. 74); anders BVerfGE
131, 20 (39, Rn. 72), wonach der von einem Gesetz Betroffene bis zur Verkündung des Gesetzes,
»zumindest aber bis zum endgültigen Gesetzesbeschluss« grundsätzlich darauf vertrauen können
muss, »dass seine auf geltendes Recht gegründete Rechtsposition nicht durch eine zeitlich rückwir-

Art. 77 C. Erläuterungen

zeitlichen Anwendungsbereich einer Norm sogar im Sinne einer echten **Rückwirkung** auch auf den Zeitraum von dem Gesetzesbeschluss bis zur Verkündung zu erstrecken[62].

29 Beschließt der Bundestag das Bundesgesetz, ist es gem. Art. 77 I 2 GG durch den Bundestagspräsidenten unverzüglich, d. h. ohne schuldhaftes Zögern (vgl. § 121 I 1 BGB), dem Bundesrat zuzuleiten[63]. Der Vorschrift liegt der Zweck zugrunde, dem Bundesrat die Ausübung der ihm im sog. **zweiten Durchgang** nach Art. 77 II bis IV GG eingeräumten Mitwirkungsrechte zu ermöglichen.[64] Die Zuleitung an den Bundesrat sowie das weitere Verfahren nach Art. 77 II bis IV GG entfällt, wenn der Bundestag den Gesetzentwurf ablehnt.

III. Einberufung des Vermittlungsausschusses (Art. 77 II GG)

30 Gem. Art. 77 II 1 GG kann der Bundesrat binnen drei Wochen nach Eingang des Gesetzesbeschlusses verlangen, dass ein aus Mitgliedern des Bundestags und des Bundesrats für die gemeinsame Beratung von Vorlagen gebildeter Ausschuss einberufen wird[65]. Die Einberufung dieses **Vermittlungsausschusses** ist für den Bundesrat bei Zustimmungsgesetzen (→ Rn. 44 ff.) fakultativ (Art. 77 IIa GG) und bei Einspruchsgesetzen (→ Rn. 54 ff.) obligatorisch (Art. 77 III 1 GG).

31 Der Vermittlungsausschuss ist ein »ständiges und gemeinsames **Unterorgan von Bundestag und Bundesrat**.«[66] Seine Funktion besteht darin, »ein konkretes Gesetzgebungsverfahren zu einem positiven Abschluss zu bringen, indem entweder der Einspruch des Bundesrates vermieden oder die zunächst nicht erteilte Zustimmung zu einem Gesetzesbeschluss des Bundestages herbeigeführt wird«[67]. Ihm kommt bei gegensätzlichen Positionen des Bundestags und Bundesrats eine Ausgleichsfunktion zu[68]; es dient damit zugleich der Effizienz der Gesetzgebung[69]. Eine **verbindliche Ent-**

---

kende Änderung der gesetzlichen Rechtsfolgenanordnung nachteilig verändert wird«; vgl. auch BVerfGE 63, 343 (353 f.); 67, 1 (15); 72, 200 (241 f.); 97, 67 (78 f.); 114, 258 (300, Rn. 151); *Kersten* (Fn. 5), Art. 77 Rn. 26 sieht Gesetzesinitiativen und Gesetzeslesungen noch nicht als ausreichend an, um schutzwürdiges Vertrauen der Bürger auf den Fortbestand der Rechtslage zu zerstören.

[62] Vgl. BVerfGE 13, 261 (273); 30, 272 (286 f.); 72, 200 (260 ff.); 95, 64 (86 f.); 97, 67 (79); 127, 31 (58, Rn. 91).

[63] Zu der Rücksichtnahme des Bundestagspräsidenten auf die Sitzungstermine des Bundesrats in der Praxis *Dietlein* (Fn. 45), Art. 77 Rn. 17.1.

[64] Vgl. *Mann* (Fn. 37), Art. 77 Rn. 6.

[65] Zur Bewährung des Vermittlungsausschusses in der Staatspraxis *F. Ossenbühl*, HStR³ V, § 102 Rn. 56; *Kersten* (Fn. 5), Art. 77 Rn. 91; *R. Sannwald*, in: Schmidt-Bleibtreu/Hofmann/Henneke, GG, Art. 77 Rn. 16.

[66] BVerfGE 112, 118 (137, Rn. 58). Zur Frage der Verfassungsorganqualität des Vermittlungsausschusses *C. Möllers*, Jura 2010, 401 (402); *Bergkämper*, Vermittlungsverfahren (Fn. 2), S. 141 ff.; *Masing* (Fn. 1), Art. 77 Rn. 65. Zur demokratischen Legitimation des Vermittlungsausschusses *G. Axer*, Die Kompetenz des Vermittlungsausschusses, 2010, S. 50 ff.

[67] BVerfGE 112, 118 (137, Rn. 58); s. auch BVerfGE 72, 175 (188); 119, 96 (133, Rn. 110); zur Funktion des Vermittlungsverfahrens näher *Bergkämper*, Vermittlungsverfahren (Fn. 2), S. 128 ff.; *W. Kluth*, HStR³ III, § 60 Rn. 8 ff.; *M. Schürmann*, Das angemaßte Gesetzesinitiativrecht – Zu den Kompetenzgrenzen des Vermittlungsausschusses im Lichte des Art. 76 GG –, in: FS Schmidt-Jortzig, 2011, S. 541 ff. (542 f.).

[68] *W. Kluth*, HStR³ III, § 60 Rn. 11.

[69] BVerfGE 72, 175 (188); s. auch *U. Palm*, NVwZ 2008, 633 (633); eingehend *Axer*, Vermittlungsausschuss (Fn. 66), S. 35 ff.

III. Einberufung des Vermittlungsausschusses (Art. 77 II GG) — Art. 77

scheidungskompetenz steht dem Vermittlungsausschuß nicht zu[70]. Sein Einigungsvorschlag hat nur empfehlenden Charakter[71]. Von sich aus, ohne Einberufungsverlangen, darf der Vermittlungsausschuss nicht tätig werden; ihm steht kein Gesetzesinitiativrecht nach Art. 76 I GG zu[72].

Dem **Einberufungsverlangen** muss ein entsprechender Beschluss des Bundesrats als Kollegialorgan gem. Art. 52 III 1 GG vorausgehen[73]. Das »Verlangen« erfordert eine entsprechende Äußerung des Bundesrats gegenüber dem Bundestag. Eine Begründung des Einberufungsverlangens ist nicht erforderlich[74]. Aus dem Einberufungsverlangen muss sich aber ergeben, auf welche Teile des Gesetzesbeschlusses es sich bezieht. Der Bundesrat kann das Vermittlungsverfahren bezogen auf den gesamten Gesetzesbeschluss verlangen oder auf einzelne Teile des Beschlusses beschränken[75]. Das Recht zur Einberufung des Vermittlungsausschusses steht dem Bundesrat – ebenso wie dem Bundestag und der Bundesregierung nach Art. 77 II 4 GG – nur einmal je Gesetzgebungsverfahren zu[76]. Er kann sein Einberufungsverlangen bis zum Abschluss des Vermittlungsverfahrens zurücknehmen[77]. Die Nichterteilung der Zustimmung zu einem Gesetz kann nicht in die Einberufung des Vermittlungsausschusses umgedeutet werden[78]. Unzulässig ist auch der hilfsweise Beschluss des Bundesrats, den Vermittlungsausschuss für den Fall einzuberufen, dass das Gesetz ein Einspruchsgesetz ist[79], weil ein Gremium zur verbindlichen Entscheidung über die Zustimmungspflichtigkeit des Gesetzes im Gesetzgebungsverfahren fehlt. Allerdings ist die Anrufung des Vermittlungsausschusses mit dem Ziel zu klären, ob es sich bei dem Gesetz um ein Einspruchs- oder Zustimmungsgesetz handelt, entsprechend dem Zweck des Vermittlungsverfahrens (→ Rn. 31) zulässig[80]. 32

Die **Frist** zur Einberufung des Vermittlungsausschusses beträgt **drei Wochen** nach Eingang des Gesetzesbeschlusses bei dem Bundesrat. Es ist eine **Ausschlussfrist**, die sowohl nach dem Wortlaut des Art. 77 II 1 GG als auch dem Zweck der Frist, das Gesetzgebungsverfahren zu beschleunigen, für Einspruchs- und Zustimmungsgesetze gleichermaßen gilt[81]. Zur Fristwahrung muss das Einberufungsverlangen dem Bundestag innerhalb der Frist zugehen. 33

---

[70] BVerfGE 72, 175 (188); 112, 118 (144, Rn. 74); 120, 56 (74, Rn. 59); eingehend zu den Kompetenzen des Vermittlungsausschusses *W. Kluth*, HStR³ III, § 60 Rn. 54 ff.; *U. Palm*, NVwZ 2008, 633 ff.
[71] Zur verfassungsgerichtlichen Kontrolle der Beschlüsse des Vermittlungsausschusses *W. Kluth*, HStR³ III, § 60 Rn. 62 f.
[72] Statt aller BVerfGE 120, 56 (74, Rn. 60); aus dem Schrifttum *P.M. Huber/D. Fröhlich*, DÖV 2005, 322 (326); *O. Borowy*, ZParl. 41 (2010), 874 (894).
[73] *Dietlein* (Fn. 45), Art. 77 Rn. 33; *Kersten* (Fn. 5), Art. 77 Rn. 49.
[74] BVerfGE 101, 297 (306, Rn. 30).
[75] Statt aller *Kersten* (Fn. 5), Art. 77 Rn. 48; *Jarass/Pieroth*, GG, Art. 77 Rn. 10.
[76] *Hömig* (Fn. 35), Art. 77 Rn. 9.
[77] *Kokott* (Fn. 31), Art. 77 Rn. 155; *Jarass/Pieroth*, GG, Art. 77 Rn. 10; *Sannwald* (Fn. 65), Art. 77 Rn. 33.
[78] *Jarass/Pieroth*, GG, Art. 77 Rn. 10; *Bryde* (Fn. 34), Art. 77 Rn. 8.
[79] Ebenso *Masing* (Fn. 1), Art. 77 Rn. 105; in diese Richtung deutet auch *Bryde* (Fn. 34), Art. 77 Rn. 8; näher zu dem Problem *M.J. Dietlein*, AöR 106 (1981), 525 (527 ff.).
[80] Ebenso *Sannwald* (Fn. 65), Art. 77 Rn. 36; a.A. *W. Kluth*, HStR³ III, § 60 Rn. 32.
[81] Im Ergebnis ebenso *Masing* (Fn. 1), Art. 77 Rn. 77; *Kersten* (Fn. 5), Art. 77 Rn. 51; *Jarass/Pieroth*, GG, Art. 77 Rn. 10; *A. Haratsch*, in: Sodan, GG, Art. 77 Rn. 7. Für eine Beschränkung der Frist auf Einspruchsgesetze dagegen *Jarass/Pieroth*, GG, Art. 77 Rn. 10; *Bryde* (Fn. 34), Art. 77 Rn. 10.

34 Die Zusammensetzung und das Verfahren des Vermittlungsausschusses regelt eine **Geschäftsordnung**[82], die vom Bundestag beschlossen wird und der Zustimmung des Bundesrats bedarf (Art. 77 II 2 GG)[83]. Nach der Gemeinsamen Geschäftsordnung des Bundestags und des Bundesrats für den Vermittlungsausschuss besteht der Ausschuss aus je 16 Mitgliedern des Bundestags und des Bundesrats (§ 1)[84]. Der Vermittlungsausschuss fasst seine Beschlüsse mit der Mehrheit der Stimmen seiner anwesenden Mitglieder (§ 8) und kann Unterausschüsse einsetzen (§ 9)[85]. Die nichtöffentliche Beratung des Vermittlungsausschusses ist nach der Judikatur des Bundesverfassungsgerichts verfassungsrechtlich nicht zu beanstanden[86]. Zumindest verfassungspolitisch geboten erscheint die zeitnahe Veröffentlichung der Protokolle des Vermittlungsausschusses[87].

35 Bei der Besetzung des Vermittlungsausschusses müssen von Verfassungs wegen Mitglieder des Bundestags und des Bundesrats berücksichtigt werden[88]. Für die **Besetzung des Vermittlungsausschusses mit Mitgliedern des Bundestags** gilt ebenso wie für andere Bundestagsausschüsse der **Grundsatz der Spiegelbildlichkeit**, der »aus der in Art. 38 Abs. 1 GG festgelegten Freiheit und Gleichheit des Abgeordnetenmandats« folgt. Nach der Rechtsprechung des Bundesverfassungsgerichts muss »grundsätzlich jeder Ausschuss ein verkleinertes Abbild des Plenums sein«, damit er »die Zusammensetzung des Plenums in seiner konkreten, durch die Fraktionen geprägten organisatorischen Gestalt verkleinernd abbildet.« Der verfassungsrechtliche Grundsatz der Spiegelbildlichkeit steht allerdings in einem Spannungsverhältnis mit dem Verfassungsgebot der Sicherung der Funktionsfähigkeit des Parlaments, das auf eine stabile parlamentarische Mehrheitsbildung zielt, sowie mit dem verfassungsrechtlichen Mehrheitsprinzip nach Art. 42 II 1 GG für Beschlüsse des Bundestags. Diese beide Prinzipien zielen darauf, dass sich bei Sachentscheidungen die die Regierung tragende politische Mehrheit im Bundestag auch im Vermittlungsausschuss als verkleinerter Abbildung des Bundestags durchsetzen können muss. Die gebotene Auflösung des Spannungsverhältnisses ergibt, dass Abweichungen von dem Grundsatz der Spiegelbildlichkeit bei der Besetzung des Vermittlungsausschusses mit Mitgliedern des Bun-

---

[82] Zur fehlenden Geschäftsordnungsautonomie des Vermittlungsausschusses *Masing* (Fn. 1), Art. 77 Rn. 63.

[83] Eingehend zum Inhalt und zur Bedeutung der Geschäftsordnung des Vermittlungsausschusses *W. Kluth*, HStR³ III, § 60 Rn. 14 ff. Zur historischen Entwicklung der Geschäftsordnung des Vermittlungsausschusses und *Bergkämper*, Vermittlungsverfahren (Fn. 2), S. 130 ff. (zur Rechtsnatur S. 132 ff.).

[84] Zur Stellung der Bundesregierung im Vermittlungsverfahren *W. Kluth*, HStR³ III, § 60 Rn. 23 f.; *Kokott* (Fn. 31), Art. 77 Rn. 102.

[85] Zur Bildung von Unterausschüssen des Vermittlungsausschusses näher *W. Kluth*, HStR³ III, § 60 Rn. 26; *Kokott* (Fn. 31), Art. 77 Rn. 104.

[86] BVerfGE 101, 297 (305, Rn. 27); 120, 56 (74, Rn. 60); 125, 104 (124, Rn. 60). Zu Recht kritisch gegenüber der Nichtöffentlichkeit des Vermittlungsverfahrens *P. M. Huber/D. Fröhlich*, DÖV 2005, 322 (326); *W. Kluth*, HStR³ III, § 60 Rn. 33 ff.; *Kokott* (Fn. 31), Art. 77 Rn. 136 ff.; *O. Borowy*, ZParl. 41 (2010), 874 (897); anders dagegen *Bergkämper*, Vermittlungsverfahren (Fn. 2), S. 206 ff.

[87] Zur Veröffentlichungspraxis des Vermittlungsausschusses *F. Ossenbühl*, HStR V, § 102 Rn. 57.

[88] Eingehend zum Besetzungsverfahren des Vermittlungsausschusses *C. D. Koggel*, Das Vermittlungsverfahren, in: W. Kluth/G. Krings (Hrsg.), Gesetzgebung, 2014, § 19 Rn. 3 ff.; *Bergkämper*, Vermittlungsverfahren (Fn. 2), S. 144 ff.; *C. Möllers*, Jura 2010, 401 (403 f.); *J. A. Kämmerer*, NJW 2003, 1166 (1166 ff.); *W. Kluth*, HStR³ III, § 60 Rn. 18 ff. Zu der Frage, ob von Verfassungs wegen eine paritätische Besetzung des Vermittlungsausschusses mit Bundestags- und Bundesratsmitgliedern geboten ist, *Axer*, Vermittlungsausschuss (Fn. 66), S. 64 f.; *Kersten* (Fn. 5), Art. 77 Rn. 35; *Dietlein* (Fn. 45), Art. 77 Rn. 29.1; *Sannwald* (Fn. 65), Art. 77 Rn. 19.

III. Einberufung des Vermittlungsausschusses (Art. 77 II GG)

destags gerechtfertigt sind, wenn nur dadurch im Vermittlungsausschuss als verkleinertem Gremium des Bundestags »Sachentscheidungen ermöglicht werden, die eine realistische Aussicht haben, mit dem Willen einer im Plenum bestehenden politischen »Regierungsmehrheit übereinzustimmen.« Der Vermittlungsausschuss trifft indes keine Sachentscheidungen, für die eine Besetzung des Ausschusses entsprechend der im Bundestag bestehenden Regierungsmehrheit erforderlich wäre. Die Funktion und die Aufgaben des Vermittlungsausschusses erfordern »keine zwingende Ausrichtung der Besetzung des Ausschusses am Mehrheitsprinzip in einem Umfang, dass der Grundsatz der Spiegelbildlichkeit im Zweifel zu weichen hätte. […] Die Arbeit des Vermittlungsausschusses ist nicht notwendig darauf angelegt, in jedem Fall zu einer Entscheidung in der Sache zu gelangen.« Der Vermittlungsausschuss ist kein Gremium, »das konstitutive Beschlüsse fassen soll, in denen sich eine bestimmte politische Mehrheit wiederfindet.« Mit Blick hierauf ist der schonende Ausgleich zwischen dem Grundsatz der Spiegelbildlichkeit und dem Mehrheitsprinzip so vorzunehmen, dass eine Besetzung des Vermittlungsausschusses »nach dem Stärkeverhältnis der Fraktionen so weit wie möglich gewahrt wird.«[89]

Die **Besetzung der dem Bundesrat im Vermittlungsausschuss zustehenden 16 Sitze** entgegen Art. 51 II und III GG unabhängig von dem jeweiligen Stimmgewicht der Länder (s. Art. 51 II GG) mit je einem Vertreter jedes Landes (Grundsatz der Staatengleichheit[90], s. § 11 II GOBRat) ist sowohl mit Art. 51 II und III GG als auch mit Art. 77 II GG vereinbar[91]. 36

Die in den Vermittlungsausschuss entsandten Bundesratsmitglieder sind **nicht an Weisungen gebunden** (Art. 77 II 3 GG), was dazu dient, die Kompromissfähigkeit des Vermittlungsausschusses zu gewährleisten[92]. Die Bundestagsmitglieder im Vermittlungsausschuss sind gem. Art. 38 I 2 GG weisungsunabhängig. 37

Bei **Zustimmungsgesetzen** (→ Rn. 44 ff.), bei denen der Bundesrat zur Einberufung des Vermittlungsausschusses nicht verpflichtet ist (Art. 77 IIa GG), können auch der **Bundestag** und die **Bundesregierung** die Einberufung des Vermittlungsausschusses verlangen (Art. 77 II 4 GG). Bei Einspruchsgesetzen ist dagegen nur der Bundesrat zur Einberufung des Vermittlungsausschusses berechtigt (s. Art. 77 II 1 GG). Die Befugnis zur Einberufung des Vermittlungsausschusses bei Zustimmungsgesetzen steht dem Bundesrat, dem Bundestag und der Bundesregierung unabhängig voneinander zu. Der Vermittlungsausschuss kann daher in einem Gesetzgebungsverfahren dreimal angerufen werden[93]. Gegenstand der Einberufung des Vermittlungsausschusses durch den Bundestag und die Bundesregierung darf nicht die Aufhebung des Gesetzesbeschlusses, 38

---

[89] Sämtliche vorangegangenen Zitate aus BVerfGE 112, 118 (133 ff., Rn. 46 ff.); kritisch gegenüber der Rechtsprechung des Bundesverfassungsgerichts zur Besetzung des Vermittlungsausschusses *J. Lang*, NJW 2005, 189 ff. Eingehend zum Grundsatz der Spiegelbildlichkeit für die Besetzung des Vermittlungsausschusses *Axer*, Vermittlungsausschuss (Fn. 66), S. 75 ff. Zu dem vom Bundestag in der Praxis angewandten Verfahren nach St. Laguë/Schepers, nach Hare/Niemeyer oder nach d'Hondt für die Wahl seiner Mitglieder in den Vermittlungsausschuss *J. A. Kämmerer*, NJW 2003, 1166 (1166); *S. Lovens*, ZParl. 34 (2003), 33 ff.
[90] BVerfGE 112, 118 (142, Rn. 68).
[91] BVerfGE 112, 118 (142 ff., Rn. 68 ff.).
[92] *Jarass/Pieroth*, GG, Art. 77 Rn. 9; *Masing* (Fn. 1), Art. 77 Rn. 71; *Kokott* (Fn. 31), Art. 77 Rn. 99; *Bergkämper*, Vermittlungsverfahren (Fn. 2), S. 210.
[93] Ebenso *Bergkämper*, Vermittlungsverfahren (Fn. 2), S. 193; *Masing* (Fn. 1), Art. 77 Rn. 61; *Mann* (Fn. 37), Art. 77 Rn. 13; *Sannwald* (Fn. 65), Art. 77 Rn. 30.

sondern nur die Änderung einzelner Gesetzesvorschriften sein[94]. Der Bundestag setzte sich sonst in Widerspruch zu seinem Gesetzesbeschluss nach Art. 77 I 1 GG. Der Bundesregierung kommt mit der Befugnis zur Einberufung des Vermittlungsausschusses lediglich eine auf Kompromissfindung zwischen dem Bundestag und dem Bundesrat bedachte Vermittlungsfunktion zu, mit der sich ein Antrag auf Aufhebung des Gesetzes riebe. Eine Begründung des Einberufungsverlangens ist verfassungsrechtlich ebenso wenig gefordert wie beim Bundesrat (→ Rn. 32). Eine Beschränkung des Einberufungsverlangens des Bundestags und der Bundesregierung auf den Fall, dass der Bundesrat seine Zustimmung zu einem zustimmungspflichtigen Gesetz bereits verweigert hat oder voraussichtlich verweigern wird[95], lässt sich Art. 77 II 4 GG nicht entnehmen und wird dem Zweck des Vermittlungsverfahrens, einen Konsens zwischen den Positionen des Bundestags und des Bundesrats zu finden, um das Zustandekommen des Gesetzes zu ermöglichen, nicht gerecht. Für die Rücknahme des Einberufungsverlangens gelten die gleichen Grundsätze wie für den Bundesrat (→ Rn. 32).

39 Schlägt der Vermittlungsausschuss eine Änderung des Gesetzesbeschlusses vor, muss der Bundestag hierüber erneut Beschluss fassen (Art. 77 II 5 GG). Eine Frist für den Änderungsvorschlag besteht nicht. Der Vermittlungsausschuss darf aber den Abschluss des Vermittlungsverfahrens ebenso wenig auf unbestimmte Zeit vertagen wie der Bundestag seine Beratung und Beschlussfassung (→ Art. 76 Rn. 98)[96]. Er ist nach dem Grundsatz der Verfassungsorgantreue[97] gehalten, das Verfahren in angemessener Frist abzuschließen[98]. Inhaltlich kann der Vermittlungsausschuss die Beibehaltung, Aufhebung oder Änderung des Gesetzesbeschlusses des Bundestags empfehlen. Der Einigungsvorschlag **bindet** weder den Bundestag noch den Bundesrat[99]. Das Vermittlungsverfahren kann auch ohne Einigungsvorschlag enden[100].

40 Unterbreitet der Vermittlungsausschuss einen Einigungsvorschlag, stimmt der Bundestag ausschließlich über diesen Vorschlag ab (vgl. § 10 II 1 Geschäftsordnung Vermittlungsausschuss); eine **inhaltliche Änderung des Vorschlags** ist ihm untersagt[101]. Entscheidet der Bundestag erneut, muss er seinen Beschluss entsprechend Art. 77 I 2 GG unverzüglich dem Bundesrat zuleiten[102].

41 Der Vermittlungsausschuss unterliegt bei der Erarbeitung eines Einigungsvorschlags einem **Denaturierungsverbot**. Dies folgt aus der Funktion und der Stellung des Vermittlungsausschusses als Vermittlungs- und Ausgleichsorgan im Gesetzgebungsverfahren, dem weder eine eigene Entscheidungskompetenz iSd Art. 77 I 1 GG noch ein Gesetzesinitiativrecht iSd Art. 76 I GG zusteht. Der Vorschlag des Vermittlungsausschusses muss »sich sowohl im Rahmen der parlamentarischen Zielsetzung des Gesetzgebungsvorhabens bewegen als auch die jedenfalls im Ansatz sichtbar geworde-

---

[94] *W. Kluth*, HStR³ III, § 60 Rn. 28; *Jarass/Pieroth*, GG, Art. 77 Rn. 11; *Masing* (Fn. 1), Art. 77 Rn. 81; zur Beschränkung des Einberufungsgegenstands auf den Gesetzesbeschluss des Bundestags *Koggel* (Fn. 88), § 19 Rn. 12.
[95] So statt vieler *Masing* (Fn. 1), Art. 77 Rn. 74; *Kersten* (Fn. 5), Art. 77 Rn. 54; *Mann* (Fn. 37), Art. 77 Rn. 11.
[96] Gleichsinnig *Hömig* (Fn. 35), Art. 77 Rn. 11.
[97] Zu diesem Verfassungsgrundsatz eingehend *W.-R. Schenke*, Die Verfassungsorgantreue, 1977, passim; *K.-P. Sommermann*, in: v. Mangoldt/Klein/Starck, GG II, Art. 20 Rn. 225.
[98] Näher *Haratsch* (Fn. 81), Art. 77 Rn. 8 und 11; s. auch *Mann* (Fn. 37), Art. 77 Rn. 12.
[99] BVerfGE 72, 175 (188); 101, 297 (306, Rn. 30).
[100] BVerfGE 112, 118 (143, Rn. 73); *Koggel* (Fn. 88), § 19 Rn. 34.
[101] BVerfGE 112, 118 (139, Rn. 61).
[102] So auch *Sannwald* (Fn. 65), Art. 77 Rn. 44.

III. Einberufung des Vermittlungsausschusses (Art. 77 II GG) Art. 77

nen politischen Meinungsverschiedenheiten zwischen Bundestag und Bundesrat ausgleichen.« Der Vermittlungsausschuss darf »lediglich solche Änderungen, Ergänzungen oder Streichungen des Gesetzesbeschlusses vorschlagen, die sich im Rahmen des Anrufungsbegehrens und des Gesetzgebungsverfahrens bewegen«, das durch die Anträge und Stellungnahmen der Abgeordneten sowie des Bundesrats bzw. der Bundesregierung (s. Art. 76 II, III GG) bestimmt wird. Seine Kompetenz beschränkt sich darauf, »mit dem Beschlussvorschlag eine Brücke zwischen Regelungsalternativen zu schlagen, die bereits zuvor in den Gesetzgebungsorganen erörtert worden oder jedenfalls erkennbar geworden sind.«[103] Wäre der Vermittlungsausschuss befugt, sich von dem Gesetzesbeschluss des Bundestags und dem Inhalt des Einberufungsverlangens des Bundesrats vollständig zu lösen und einen hiermit nicht mehr im Zusammenhang stehenden Vorschlag zu unterbreiten, verließe er seine Schlichtungsaufgabe und verstieße gegen das Beschlussrecht des Bundestags gem. Art. 77 I 1 GG sowie gegen das Einberufungsrecht des Bundesrats und das damit verbundene Verhandlungsmandat des Ausschusses nach Art. 77 II 1 GG. Darüber hinaus würde Art. 76 I GG verletzt, weil sich der Vermittlungsausschuss mit der Unterbreitung eines solchen Einigungsvorschlags ein ihm nicht zustehendes Gesetzesinitiativrecht anmaßte. Ob es mit dem Denaturierungsverbot vereinbar ist, dass der Vermittlungsausschuss andere, noch nicht vom Bundestag beschlossene Gesetzentwürfe in das Vermittlungsverfahren einbezieht, hängt davon ab, ob sie im inhaltlichen Zusammenhang mit dem zu verhandelnden Gesetzentwurf stehen und sich im Rahmen des Anrufungsbegehrens halten[104]. Die Aufspaltung eines Gesetzes in einen zustimmungsbedürftigen und einen zustimmungsfreien Teil (→ Rn. 48) durch den Vermittlungsausschuss ist zulässig[105].

Der Vermittlungsausschuss unterliegt als Unterorgan (auch) des Bundestags (→ Rn. 31) dem verfassungsrechtlichen Grundsatz der (sachlichen) **Diskontinuität** (→ Rn. 19; → Art. 76 Rn. 99)[106], sodass seine Befugnis zur Unterbreitung eines Einigungsvorschlags mit dem Ende der Legislaturperiode des Bundestags erlischt. 42

Ob und wie sich das **Gesetzgebungsverfahren fortsetzt**, hängt von dem Vorschlag des Vermittlungsausschusses und dem anschließenden Gesetzesbeschluss des Bundestags ab. Bestätigt der Vermittlungsausschuss den Gesetzesbeschluss des Bundestags oder unterlässt er einen Einigungsvorschlag, setzt sich das Gesetzgebungsverfahren mit der Ausübung der dem Bundesrat nach Art. 77 IIa bis IV GG eingeräumten weiteren Mitwirkungsrechte fort. Stimmt der Bundestag einem Vorschlag des Vermittlungsausschusses auf Aufhebung seines Gesetzesbeschluss zu, ist das Gesetz gescheitert. In allen anderen Fällen, wenn der Bundestag eine vorgeschlagene Aufhebung oder Änderung des Gesetzesbeschlusses ablehnt oder einer vorgeschlagenen 43

---

[103] Alle Zitate: BVerfGE 120, 56 (74ff., Rn. 60ff.); s. auch BVerfGE 101, 297 (306, Rn. 30ff.); 125, 104 (122, Rn. 55). Eingehend zur Judikatur des Bundesverfassungsgerichts zur Reichweite der Kompetenz des Vermittlungsausschusses *Bergkämper*, Vermittlungsverfahren (Fn. 2), S. 254ff.; *O. Borowy*, ZParl. 41 (2010), 874ff. mit Reformvorschlägen für eine Ergänzung der Geschäftsordnung des Vermittlungsausschusses (S. 900ff.); Reformvorschläge unterbreitet auch *C. Möllers*, Jura 2010, 401 (406f.). Zu dem dem Vermittlungsausschuss nach der höchstrichterlichen Judikatur verbleibenden Spielraum bei der Erarbeitung eines Einigungsvorschlags *F. Ossenbühl*, HStR³ V, § 102 Rn. 62.

[104] Die Zulässigkeit der Einbeziehung von Gesetzentwürfen in das Vermittlungsverfahren bejaht *Jarass/Pieroth*, GG, Art. 77 Rn. 13; dagegen *O. Borowy*, ZParl. 41 (2010), 874 (886f.); *W. Kluth*, HStR³ III, § 60 Rn. 61; *Stettner* → Bd. II², Art. 77 Rn. 22.

[105] *W. Kluth*, HStR³ III, § 60 Rn. 60.

[106] *Bergkämper*, Vermittlungsverfahren (Fn. 2), S. 137ff.; vgl. auch *Jarass/Pieroth*, GG, Art. 77 Rn. 9.

Beschlussänderung zustimmt, setzt sich das Gesetzgebungsverfahren gem. Art. 77 IIa bis IV GG fort.

IV. Verfahren bei Zustimmungsgesetzen (Art. 77 IIa GG)

44 Soweit zu einem Gesetz die Zustimmung des Bundesrats erforderlich ist, hat der Bundesrat, wenn ein Verlangen auf Einberufung des Vermittlungsausschusses nach Art. 77 II 1 GG nicht gestellt oder das Vermittlungsverfahren ohne einen Vorschlag zur Änderung des Gesetzesbeschlusses beendet ist, **in angemessener Frist über die Zustimmung Beschluss zu fassen** (Art. 77 IIa GG). Da der Bundesrat bei Zustimmungsgesetzen bereits nach dem Grundsatz der Verfassungsorgantreue zur Beschlussfassung in angemessener Frist gehalten ist, kommt Art. 77 IIa GG lediglich deklaratorische Bedeutung zu[107].

45 Art. 77 IIa GG gilt nur für Zustimmungsgesetze, nicht für Einspruchsgesetze. Bundesgesetze sind **im verfassungsrechtlichen Regelfall Einspruchsgesetze**. Zustimmungsbedürftig sind sie nur, wenn das Grundgesetz die Zustimmung des Bundesrats als Voraussetzung für das Zustandekommen des Gesetzes ausdrücklich vorsieht (Enumerationsprinzip)[108]. Das verfassungsrechtliche Erfordernis der Zustimmung des Bundesrats soll »einen nicht vom Willen des Bundesrats gedeckten Einbruch in die verfassungsrechtliche Verwaltungszuständigkeit der Länder und die damit verbundene Systemverschiebung im föderalen Gefüge« ausschließen. Es trägt »der besonders gewichtigen Berührung der föderalen Ordnung und des Interessenbereichs der Länder« Rechnung[109].

46 Fälle zustimmungspflichtiger Bundesgesetze sehen unter anderem vor: Art. 16a II 2 und III 1; Art. 23 I 2, Ia 3 und VII; Art. 29 VII 1 und 2; Art. 72 III 2; Art. 73 II; Art. 74 II; Art. 79 II; Art. 80 II; Art. 81 I 1; Art. 84 I 3 und 6, V 1; Art. 85 I 1; Art. 87 III 2; Art. 87c; Art. 87d II; Art. 87e V; Art. 87f I; Art. 91e III; Art. 104a IV, V 2, VI 4; Art. 105 III; Art. 106 III 3, IV 2, V 2, Va 2, VI 4 GG[110]. Der in der Vergangenheit bedeutsamste Fall der Zustimmungsbedürftigkeit von Bundesgesetzen des Art. 84 I GG a. F., wonach bei der Ausführung von Bundesgesetzen als eigene Angelegenheit der Länder bundesgesetzliche Regelungen der Einrichtung der Behörden und des Verwaltungsverfahrens der Zustimmung des Bundesrats bedurften, führte dazu, dass die Mehrzahl der Bundesgesetze in Deutschland zustimmungspflichtig war[111]. Die Novellierung des **Art. 84**

---

[107] Ebenso *Kokott* (Fn. 31), Art. 77 Rn. 19 und 147; gleichsinnig *Mann* (Fn. 37), Art. 77 Rn. 32.

[108] BVerfGE 1, 76 (79); 37, 363 (381); 105, 313 (339, Rn. 68); 126, 77 (100, Rn. 133); 108, 370 (397, Rn. 108).

[109] BVerfGE 126, 77 (102, Rn. 137; 111, Rn. 154); vgl. ferner BVerfGE 1, 76 (79); 37, 363 (381, 383); 55, 274 (319); 61, 149 (206); 75, 108 (150); 114, 196 (231, Rn. 190).

[110] Vollständige Aufzählung bei *Masing* (Fn. 1), Art. 77 Rn. 48; *Kersten* (Fn. 5), Art. 77 (2012), Rn. 95; *Dietlein* (Fn. 45), Art. 77 Rn. 20.1; *Kokott* (Fn. 31), Art. 77 Rn. 73. Zu den maßgeblichen Zustimmungstatbeständen des Grundgesetzes eingehend R. *Lehmann-Brauns*, Die Mitwirkung des Bundesrates an der Gesetzgebung – Die wichtigsten Zustimmungstatbestände des Grundgesetzes, in: I. Härtel (Hrsg.), Handbuch Föderalismus I, 2012, § 23 Rn. 17 ff.

[111] Näher K. *Selg*, Die Mitwirkung des Bundesrates bei der Gesetzgebung des Bundes, 2009, S. 73 ff.; F. *Ossenbühl*, HStR³ V, § 102 Rn. 44 ff.; *Lehmann-Brauns* (Fn. 110), § 23 Rn. 1 ff.

IV. Verfahren bei Zustimmungsgesetzen (Art. 77 IIa GG) Art. 77

I GG im Jahr 2006¹¹² hat die Zahl der zustimmungsbedürftigen der Bundesgesetze reduziert¹¹³.

Eine Analogiebildung zu den Regelungen des Grundgesetzes über die Zustimmungspflicht von Gesetzen oder eine **Herleitung der Zustimmungsbedürftigkeit aus allgemeinen Verfassungsgrundsätzen**, etwa weil ein Gesetz Interessen der Länder berührt, ist unzulässig¹¹⁴. Die Zustimmungspflichtigkeit ergibt sich auch nicht daraus, dass ein Gesetz die Aufgabenlast der Länder quantitativ erhöht¹¹⁵. 47

Problematisch ist die **Reichweite der Zustimmungsbedürftigkeit** von Gesetzen. Es ist umstritten, ob die Zustimmungsbedürftigkeit einer einzelnen Vorschrift des Gesetzes zur Zustimmungsbedürftigkeit des ganzen Gesetzes führt. Namentlich nach der Rechtsprechung des Bundesverfassungsgerichts bedarf das Gesetz insgesamt der Zustimmung, wenn nur eine Vorschrift zustimmungsbedürftig ist (sog. **Einheitstheorie**)¹¹⁶. Als Begründung wird genannt, dass das Gesetz eine gesetzgebungstechnische Einheit sei¹¹⁷ und der Bundesrat mit seiner Zustimmung für das gesamte Gesetz Verantwortung übernehme¹¹⁸. Allerdings besteht auch nach der bundesverfassungsgerichtlichen Judikatur grundsätzlich die Möglichkeit, die Gesetzesvorlage in einen zustimmungspflichtigen und einen zustimmungsfreien Teil aufzuspalten (sog. Rumpfgesetze)¹¹⁹, was das Problem der »Infizierung« des Gesetzes durch einzelne zustimmungspflichtige Regelungen in der Praxis entschärft. Die besseren Gründe sprechen hingegen dafür, die Zustimmungsbedürftigkeit im Hinblick auf jede einzelne Gesetzesregelung gesondert zu beurteilen (sog. **Trennungstheorie**)¹²⁰. Dies hat zur Konsequenz, dass bei einer Verweigerung der Zustimmung des Bundesrats nur eine Teilnichtigkeit des Gesetzes eintritt. Für einen solchen Ansatz spricht neben dem Wortlaut des Art. 77 IIa und III GG (»soweit«)¹²¹, dass die Zustimmungspflichtigkeit von Bundesgesetzen nach 48

---

[112] Hierzu eingehend *Selg*, Die Mitwirkung des Bundesrates (Fn. 111), S. 97 ff. Zu weiteren Reduktionen der Zustimmungsbedürftigkeit von Bundesgesetzen *M. Höreth*, ZParl. 38 (2007), 712 (722 ff.).
[113] Näher *Lehmann-Brauns* (Fn. 110), § 23 Rn. 12 ff.; *Bryde* (Fn. 34), Art. 77 Rn. 21. Zur Entwicklung der Zahl der zustimmungspflichtigen Bundesgesetze nach dem Grundgesetz seit dessen Inkrafttreten *Masing* (Fn. 1), Art. 77 Rn. 50; *Kersten* (Fn. 5), Art. 77 Rn. 95; *M. Höreth*, ZParl. 38 (2007), 712 (731 ff.).
[114] Vgl. *Jarass/Pieroth*, GG, Art. 77 Rn. 4; *Stettner* → Bd. II², Art. 77 Rn. 11; gegenüber einer ungeschriebenen Zustimmungspflichtigkeit von Bundesgesetzen grundsätzlich offen *Bryde* (Fn. 34), Art. 77 Rn. 20.
[115] Vgl. BVerfGE 126, 77 (105 f., Rn. 143); ferner BVerfGE 75, 108 (151); 105, 313 (333, Rn. 53).
[116] S. nur BVerfGE 8, 274 (294 f.); 24, 184 (195); 37, 363 (383 f.); 47, 127 (177 f.); 55, 274 (319); aus dem Schrifttum ebenso *J. Isensee*, Einheit des Gesetzesbeschlusses, in: FS v. Arnim, 2004, S. 603 ff. (607 ff.); *Kersten* (Fn. 5), Art. 77 Rn. 100; die Frage offenlassend BVerfGE 105, 313 (339, Rn. 68).
[117] Vgl. BVerfGE 8, 274 (294); 37, 363 (381); 55, 274 (319).
[118] Vgl. BVerfGE 24, 184 (197 f.); *F. Ossenbühl*, HStR³ V, § 102 Rn. 46; zu Recht kritisch gegenüber dieser sog. Mitverantwortungstheorie *Bryde* (Fn. 34), Art. 77 Rn. 22; *Kokott* (Fn. 31), Art. 77 Rn. 78; *Kersten* (Fn. 5), Art. 77 Rn. 101.
[119] BVerfGE 34, 9 (28); 37, 363 (382); 39, 1 (35); 55, 274 (319); 75, 108 (150); 105, 313 (338 ff., Rn. 66 ff.); 114, 196 (230, Rn. 185 f.). Zu den Grenzen zulässiger Rumpfgesetze bei missbräuchlicher bzw. willkürlicher Aufspaltung des Gesetzes BVerfGE 77, 84 (103); 105, 313 (341, Rn. 73); 114, 196 (230, Rn. 187); kritisch zur Missbrauchs- oder Willkürgrenze *Stettner* → Bd. II², Art. 77 Rn. 12; *Masing* (Fn. 1), Art. 77 Rn. 52; *Kersten* (Fn. 5), Art. 77 Rn. 100; das rechtsstaatliche Gebot der Normenklarheit sieht als Grenze *Mann* (Fn. 37), Art. 77 Rn. 19. Näher zur Aufspaltung von Gesetzen in einen zustimmungspflichtigen und einen nicht zustimmungspflichtigen Teil *F. Ossenbühl*, HStR³ V, § 102 Rn. 47; *W. Kluth*, HStR³ III, § 60 Rn. 60.
[120] Ebenso *R. Wernsmann*, NVwZ 2005, 1352 (1352 ff.); *C. Gramm*, AöR 124 (1999), 212 (221 ff.); *Mann* (Fn. 37), Art. 77 Rn. 16; *Jarass/Pieroth*, GG, Art. 77 Rn. 4a.
[121] *Kokott* (Fn. 31), Art. 77 Rn. 75; vgl. auch *R. Wernsmann*, NVwZ 2005, 1352 (1354).

dem Grundgesetz die Ausnahme und daher restriktiv auszulegen ist. Zudem entstünde anderenfalls ein Widerspruch zu der Konstellation, dass Zustimmungsgesetze geändert werden, da in diesem Fall die Zustimmungspflichtigkeit des Änderungsgesetzes ebenfalls für jede Regelung gesondert zu beurteilen ist (→ Rn. 49). Schließlich belegt die Zulässigkeit von Rumpfgesetzen die Teilbarkeit von Gesetzen in zustimmungspflichtige und zustimmungsfreie Bestimmungen.

49 Zu der **Änderung eines Zustimmungsgesetzes** haben sich **folgende Grundsätze** herausgebildet: (1) Weist das Änderungsgesetz selbst zustimmungsbedürftige Regelungen auf, ist es (teilweise → Rn. 48) zustimmungspflichtig[122]. (2) Ändert das Änderungsgesetz gerade solche Regelungen des Zustimmungsgesetzes, die die Zustimmungsbedürftigkeit des Ausgangsgesetzes ausgelöst haben, bedarf das Änderungsgesetz der Zustimmung des Bundesrats, auch wenn es selbst keine zustimmungspflichtigen Regelungen enthält[123]. (3) Das Gleiche soll gelten, wenn die Änderung eines Gesetzes, die den Inhalt einer zustimmungspflichtigen Vorschrift des Ausgangsgesetzes nicht unmittelbar modifiziert, dazu führt, dass die zustimmungspflichtige Norm des Ausgangsgesetzes einen neuen Inhalt und eine wesentlich andere Bedeutung und Tragweite erhält[124]. (4) Die Aufhebung eines zustimmungspflichtigen Gesetzes bedarf entsprechend dem Zweck der Zustimmungspflichtigkeit keiner Zustimmung des Bundesrats[125]. »An der besonders gewichtigen Berührung der föderalen Ordnung und des Interessenbereichs der Länder, der die grundgesetzlichen Erfordernisse einer Zustimmung des Bundesrats Rechnung tragen [...], fehlt es, wenn den Ländern ein Aufgabenbereich entzogen wird«. (5) Problematisch sind die Fälle, in denen das Änderungsgesetz selbst keine Regelungen enthält, die die Zustimmungsbedürftigkeit des Bundesrats auslösen, und auch nicht zustimmungspflichtige Regelungen des Ausgangsgesetzes ändert. In diesem Fall bedarf das Änderungsgesetz nicht der Zustimmung des Bundesrats. Hierfür spricht, dass die Zustimmungsbedürftigkeit von Bundesgesetzen verfassungsrechtlich die Ausnahme bildet und das Grundgesetz die Zustimmungsbedürftigkeit von Änderungsgesetzen nicht ausdrücklich vorsieht. Zudem findet kein erneuter Einbruch in das Reservat der Länder statt.

50 Die **Beschlussfassung über die Zustimmung** zu einem Zustimmungsgesetz obliegt dem Bundesrat als Kollegialorgan gem. Art. 52 III 1 GG[126]. Der Beschluss muss zweifelsfrei erkennen lassen, ob die Zustimmung erteilt oder verweigert wird[127]. Schweigen des Bundesrats führt bei Zustimmungsgesetzen – anders als bei Einspruchsgesetzen – nicht zum Zustandekommen des Gesetzes; es ist als Verweigerung der Zustimmung zu deuten[128]. Bestehen Zweifel, ob ein Zustimmungs- oder Einspruchsgesetz vorliegt, ist der Bundesrat berechtigt, »neben der Verweigerung der Zustimmung zu einem nach seiner Meinung zustimmungsbedürftigen Gesetz gleichzeitig für den Fall,

---

[122] BVerfGE 37, 363 (383); *C. Moench/M. Ruttloff*, DVBl. 2010, 865 (867); *Jarass/Pieroth*, GG, Art. 77 Rn. 5; *Kokott* (Fn. 31), Art. 77 Rn. 88.
[123] Vgl. BVerfGE 37, 363 (383); 48, 127 (180); aus dem Schrifttum *Haratsch* (Fn. 81), Art. 77 Rn. 3; *Jarass/Pieroth*, GG, Art. 77 Rn. 5.
[124] BVerfGE 37, 363 (382f.); 48, 127 (180ff.); 126, 77 (105, Rn. 142).
[125] BVerfGE 10, 20 (49); 14, 208 (219f.); 114, 196 (231, Rn. 189); 126, 77 (110f., Rn. 154) – s. dort auch das nächste Zitat.
[126] Zur Quote der Zustimmungen und Nicht-Zustimmungen des Bundesrats bei zustimmungspflichtigen Gesetzen in der Praxis *F. Ossenbühl*, HStR³ V, § 102 Rn. 54.
[127] *F. Ossenbühl*, HStR³ V, § 102 Rn. 53; *Dietlein* (Fn. 45), Art. 77 Rn. 47.2; *Kersten* (Fn. 5), Art. 77 Rn. 104.
[128] *Dietlein* (Fn. 45), Art. 77 Rn. 48; *Mann* (Fn. 37), Art. 77 Rn. 34; *Kokott* (Fn. 31), Art. 77 Rn. 158.

daß das Gesetz nicht zustimmungsbedürftig sein sollte, dagegen vorsorglich Einspruch einzulegen«[129].

Die **Angemessenheit des Zeitraums für die Zustimmungserklärung** des Bundesrats bemisst sich nach den Umständen des Einzelfalls[130]. Maßgeblich sind der Umfang, die Bedeutung und die Schwierigkeit der Gesetzesvorlage[131]. Aus dem systematischen Zusammenhang zwischen Art. 77 IIa und II GG folgt, dass die Frist mit Ablauf der Drei-Wochen-Frist zur Einberufung des Vermittlungsausschusses beginnt, wenn der Bundesrat den Ausschuss nicht einberufen hat. Hat er den Vermittlungsausschuss angerufen, beginnt die Frist mit dem Abschluss des Vermittlungsverfahrens[132]. **51**

Erteilt der Bundesrat seine Zustimmung, kommt das Gesetz zustande (s. Art. 78 Alt. 1 GG); verweigert er seine Zustimmung, ist das Gesetz – vorbehaltlich eines Vermittlungsverfahrens nach Art. 77 IIa GG (→ Rn. 30 ff.) mit anschließender Zustimmung des Bundesrats – gescheitert. Dem Bundesrat steht daher bei Zustimmungsgesetzen ein **echtes Vetorecht** zu. **52**

Aus Art. 77 IIa GG folgt zugleich, dass die **Einberufung des Vermittlungsausschusses** bei Zustimmungsgesetzen für die Ausübung des Zustimmungsrechts des Bundesrats **nicht erforderlich** ist (»wenn ein Verlangen nach Absatz 2 Satz 1 nicht gestellt […] ist«). **53**

V. Verfahren bei Einspruchsgesetzen (Art. 77 III GG)

Soweit zu einem Gesetz die Zustimmung des Bundesrats nicht erforderlich ist, also bei **Einspruchsgesetzen**, kann der Bundesrat, wenn das Verfahren vor dem Vermittlungsausschuss nach Art. 77 II GG beendet ist, gegen ein vom Bundestag beschlossenes Gesetz binnen zwei Wochen Einspruch einlegen (Art. 77 III 1 GG)[133]. Ein Einspruchsgesetz liegt vor, wenn das Grundgesetz die Zustimmung des Bundesrats für das Zustandekommen des Gesetzes nicht ausdrücklich vorschreibt (→ Rn. 45). **54**

Der Einspruch setzt einen **Beschluss** des Bundesrats gem. Art. 52 III 1 GG[134] und eine entsprechende Erklärung gegenüber dem Bundestag voraus. Die Erklärung muss zweifelsfrei erkennen lassen, ob der Bundesrat Einspruch erhebt[135]. Schweigen des Bundesrats führt – anders als bei Zustimmungsgesetzen (→ Rn. 50) – zum Zustandekommen des Einspruchsgesetzes. Verweigert der Bundesrat die Zustimmung zu einem (vermeintlich zustimmungspflichtigen) Gesetz, kann dies nicht in einen Einspruch umgedeutet werden[136]. Eine Begründung des Einspruchs ist verfassungsrechtlich nicht geboten[137]. Der Bundesrat kann den Einspruch bis zur Entscheidung des Bundestags nach Art. 77 IV GG zurücknehmen (s. Art. 78 Alt. 4 GG)[138]. Inhaltlich muss sich der **55**

---
[129] BVerfGE 37, 363 (396); vgl. aus dem Schrifttum *Stern*, Staatsrecht II, S. 630; *F. Ossenbühl*, HStR³ V, § 102 Rn. 53; *W. Kluth*, HStR³ III, § 60 Rn. 32; *Kersten* (Fn. 5), Art. 77 Rn. 111.
[130] Ebenso *Sannwald* (Fn. 65), Art. 77 Rn. 47.
[131] *Haratsch* (Fn. 81), Art. 77 Rn. 16; *Mann* (Fn. 37), Art. 77 Rn. 34.
[132] Ebenso *Kersten* (Fn. 5), Art. 77 Rn. 105.
[133] Zu der Zahl der Einsprüche des Bundesrats in der Staatspraxis *F. Ossenbühl*, HStR³ V, § 102 Rn. 50.
[134] *Stern*, Staatsrecht II, S. 628; *Kersten* (Fn. 5), Art. 77 Rn. 111.
[135] Vgl. BVerfGE 37, 363 (396).
[136] Ebenso *Kersten* (Fn. 5), Art. 77 Rn. 111; a.A. *M. Nolte/C. Tams*, Jura 2000, 158 (162 f.).
[137] Ebenso *Kokott* (Fn. 31), Art. 77 Rn. 165; *Kersten* (Fn. 5), Art. 77 Rn. 111; *Mann* (Fn. 37), Art. 77 Rn. 38.
[138] Ebenso *Kersten* (Fn. 5), Art. 77 Rn. 111; *Mann* (Fn. 37), Art. 77 Rn. 38.

Einspruch auf das Gesetz insgesamt bzw. – bei einem Gesetz mit zustimmungspflichtigen und nicht zustimmungspflichtigen Teilen – auf die nicht zustimmungsbedürftigen Bestimmungen des Gesetzes beziehen[139] (s. Art. 77 III 1 GG: »soweit«). Der Einspruch richtet sich je nach Ausgang des Vermittlungsverfahrens entweder gegen den ursprünglichen Gesetzesbeschluss des Bundestags oder gegen den Gesetzesbeschluss in der vom Bundestag neu beschlossenen Fassung[140].

56 Dem Einspruch des Bunderats kommt **aufschiebende Wirkung** zu[141]; er kann vom Bundestag überstimmt werden (s. Art. 77 IV GG). Der Bundesrat kann Einspruchsgesetze daher durch seinen Einspruch zwar vorübergehend blockieren, aber nicht aus eigenem Willen dauerhaft verhindern. Ihm steht anders als bei Zustimmungsgesetzen (→ Rn. 52) **kein echtes Vetorecht** zu. Ob das Gesetz bei einem Einspruch des Bundesrats zustande kommt, richtet sich danach, ob der Bundestag ihn mit der nach Art. 77 IV GG erforderlichen Mehrheit zurückweist (Art. 78 Alt. 5 GG → Rn. 59). Legt der Bundesrat bei einem Einspruchsgesetz keinen Einspruch ein oder nimmt er seinen Einspruch zurück, kommt das Gesetz zustande (Art. 78 Alt. 3 und 4 GG).

57 Voraussetzung für den Einspruch ist die vorherige Durchführung eines Vermittlungsverfahrens nach Art. 77 II GG auf Verlangen des Bundesrats. Die Einberufung des **Vermittlungsausschusses** durch den Bundesrat ist bei Einspruchsgesetzen im Gegensatz zu Zustimmungsgesetzen (→ Rn. 30) obligatorisch. Ruft der Bundesrat bei einem Einspruchsgesetz den Vermittlungsausschuss nicht an, kommt das Gesetz zustande (Art. 78 Alt. 2 GG).

58 Die Frist von zwei Wochen für den Einspruch ist eine **Ausschlussfrist**[142]. Sie beginnt, wenn der Vermittlungsausschuss eine Änderung des Gesetzesbeschlusses vorschlägt, sodass der Bundestag hierüber erneut Beschluss zu fassen hat (s. Art. 77 II 5 GG), mit dem Eingang des vom Bundestag erneut gefassten Beschlusses beim Bundesrat (Art. 77 III 2 Halbsatz 1 GG). In allen anderen Fällen beginnt die Einspruchsfrist gem. Art. 77 III 2 Halbsatz 2 GG mit dem Eingang der Mitteilung des Vorsitzenden des Vermittlungsausschusses, dass das Vermittlungsverfahren abgeschlossen ist. Ein solcher »anderer Fall« liegt vor, wenn der Vermittlungsausschuss keinen Einigungsvorschlag unterbreitet oder den Gesetzesbeschluss des Bundestags bestätigt hat. Die Frist ist gewahrt, wenn der Einspruch des Bundesrats dem Bundestag innerhalb der zwei Wochen zugeht[143].

VI. Bundestagsbeschluss bei Einspruchsgesetzen (Art. 77 IV GG)

59 Art. 77 IV GG regelt die Zurückweisung des Einspruchs des Bundesrats durch den Bundestag, wobei je nach Abstimmungsverhalten des Bundesrats unterschiedliche Quoren für den Bundestagsbeschluss gelten (**reziproke Mehrheiten**).

---

[139] A. A. *Masing* (Fn. 1), Art. 77 Rn. 101, wonach sich der Einspruch gegen das Gesetz als Ganzes richten müsse; ebenso Jarass/*Pieroth*, GG, Art. 77 Rn. 7; *Stern*, Staatsrecht II, S. 628; *Hömig* (Fn. 35), Art. 77 Rn. 14.
[140] Näher *Kersten* (Fn. 5), Art. 77 Rn. 110.
[141] Statt aller BVerfGE 8, 274 (296); *Kersten* (Fn. 5), Art. 77 Rn. 113; *Kokott* (Fn. 31), Art. 77 Rn. 167.
[142] *Kersten* (Fn. 5), Art. 77 Rn. 112; *Mann* (Fn. 37), Art. 77 Rn. 38.
[143] Nach herrschender Ansicht ist dagegen zur Fristwahrung der Beschluss des Bundesrats ausreichend, s. etwa *Masing* (Fn. 1), Art. 77 Rn. 100; *Kersten* (Fn. 5), Art. 77 Rn. 112; *Dietlein* (Fn. 45), Art. 76 Rn. 55.

Hat der Bundesrat bei einem Einspruchsgesetz mit der Mehrheit seiner Stimmen **60**
Einspruch erhoben (s. Art. 52 II 1 GG), kann der Bundestag den Einspruch durch Beschluss der Mehrheit seiner Mitglieder zurückweisen (Art. 77 IV 1 GG – **absolute Mehrheit**). Die Mehrheit der Mitglieder des Bundestags ist gem. Art. 121 GG die Mehrheit seiner gesetzlichen Mitgliederzahl. Hat der Bundesrat seinen Einspruch mit einer Mehrheit von mindestens zwei Dritteln seiner Stimmen beschlossen, bedarf die Zurückweisung durch den Bundestag einer Mehrheit von zwei Dritteln der abgegebenen Stimmen, mindestens aber der Mehrheit der Mitglieder des Bundestags iSd Art. 121 GG (Art. 77 IV 2 GG – **doppelt qualifizierte Mehrheit**).

Die Abstimmung im Bundestag über den Einspruch des Bundesrat ist kein neuer **61**
Gesetzesbeschluss iSd Art. 77 I 1 GG[144]. Die Einzelheiten der Abstimmung des Bundestags regelt § 91 GOBT. Eine Frist für die Abstimmung des Bundestags sieht Art. 77 IV GG nicht vor[145]. Weist der Bundestag den Einspruch des Bundesrats zurück, **kommt das Gesetz zustande** (Art. 78 Alt. 5 GG). Weist der Bundestag den Einspruch nicht zurück, ist das Gesetz gescheitert.

VII. Rechtsfolge bei Verstößen gegen Art. 77 GG

Verstöße gegen Verfahrensbestimmungen für die Gesetzgebung des Bundes führen **62**
nur zur Nichtigkeit des Gesetzes, wenn wesentliche, d. h. zwingende Verfahrensbestimmungen des Grundgesetzes verletzt sind (→ Art. 76 Rn. 101). Nach diesen Grundsätzen lässt z. B. die Beschlussfassung des Bundestags nach weniger als drei Lesungen die Wirksamkeit des Gesetzes unberührt, weil sie zwar gegen § 78 I 1 GOBT, nicht aber gegen Art. 77 I 1 GG verstößt (→ Rn. 22ff.). Die Beratung und Beschlussfassung einer Gesetzesvorlage durch den Bundestag »in großer Eile« begründet ebenfalls keinen Verfassungsverstoß (→ Rn. 25). Leitet der Bundestagspräsident einen Gesetzesbeschluss nicht unverzüglich iSd Art. 77 I 2 GG an den Bundesrat weiter, kommt das Gesetz wirksam zustande[146]. Zur **Nichtigkeit des Gesetzes** führt es dagegen, wenn der Vermittlungsausschuss gegen das verfassungsrechtliche Denaturierungsverbot (Art. 77 I 1 und II, Art. 76 I GG) verstößt (→ Rn. 41).

D. Verhältnis zu anderen GG-Bestimmungen

Art. 81 GG begründet gegenüber Art. 77 GG eine Spezialregelung, die das Zustande- **63**
kommen von Bundesgesetzen im Gesetzgebungsnotstand ohne Beschluss des Bundestags gem. Art. 77 I 1 GG durch Zusammenwirken der Bundesregierung und des Bundesrats ermöglicht (→ Art. 81 Rn. 17ff.). Eine weitere **Sonderregelung** zu Art. 77 GG stellt **Art. 113 I, III GG** dar, wonach ausgabenerhöhende und einnahmevermindernde Gesetze abweichend von Art. 77 II bis IV GG der Zustimmung der Bundesregierung bedürfen. Die Bundesregierung kann verlangen, dass der Bundestag die Beschlussfassung gem. Art. 77 I 1 GG über solche Gesetze aussetzt (Art. 113 I 3 GG). Sie kann außerdem innerhalb von vier Wochen, nachdem der Bundestag das Gesetz beschlossen hat, verlangen, dass der Bundestag erneut Beschluss fasst (Art. 113 II GG). Eine

---

[144] Jarass/*Pieroth*, GG, Art. 77 Rn. 8; *Bryde* (Fn. 34), Art. 77 Rn. 26.
[145] Näher *Kersten* (Fn. 5), Art. 77 Rn. 117; *Sannwald* (Fn. 65), Art. 77 Rn. 56. Kritisch gegenüber dem fehlenden Fristerfordernis *J. Lang*, ZRP 2006, 15ff.
[146] Näher *M. Nolte/C. Tams*, Jura 2000, 158 (162).

Sonderregelung für das Gesetzgebungsverfahren begründet auch **Art. 115d I, II 1 und 2 GG**, wonach als dringlich bezeichnete Gesetzesvorlagen der Bundesregierung im Verteidigungsfall abweichend von Art. 77 I 2 und II bis IV GG gleichzeitig mit der Einbringung beim Bundestag dem Bundesrat zuzuleiten sind und Bundestag und Bundesrat die Vorlagen unverzüglich gemeinsam beraten.

Artikel 78 [Zustandekommen der Bundesgesetze]

Ein vom Bundestage beschlossenes Gesetz kommt zustande, wenn der Bundesrat zustimmt, den Antrag gemäß Artikel 77 Absatz 2 nicht stellt, innerhalb der Frist des Artikels 77 Absatz 3 keinen Einspruch einlegt oder ihn zurücknimmt oder wenn der Einspruch vom Bundestage überstimmt wird.

Literaturauswahl

Siehe die Angaben zu Art. 77 GG.

Leitentscheidungen des Bundesverfassungsgerichts

Siehe die Angaben zu Art. 77 GG.

Gliederung

	Rn.
A. Herkunft, Entstehung, Entwicklung	1
I. Ideen- und verfassungsgeschichtliche Aspekte	1
II. Entstehung und Veränderung der Norm	2
B. Internationale, supranationale und rechtsvergleichende Bezüge	9
C. Erläuterungen	10
I. Art. 78 GG als Bestandteil des Verfahrens der Gesetzgebung des Bundes	10
II. Zustandekommen von Bundesgesetzen (Art. 78 GG)	13
D. Verhältnis zu anderen GG-Bestimmungen	18

Stichwörter

Absolute Unverrückbarkeit des Gesetzesbeschlusses 12 – Anrufung des Vermittlungsausschusses 14 – Ausfertigung von Gesetzen 10 – Berichtigung von Druckfehlern 12 – Bundesgesetzgebung 10 – Einberufung des Vermittlungsausschusses 14 – Einspruchsgesetze 13 ff. – Formen des Zustandekommens von Bundesgesetzen 9, 11 – Funktion des Art. 78 GG 10 – Gesetzgebung des Bundes 10 – Klarstellungsfunktion des Art. 78 GG 10 – Legaldefinition des Zustandekommens von Bundesgesetzen 4, 11 – Nichteinlegung des Einspruchs 2 f., 5 f., 7, 13, 15 – Rücknahme der Einberufung des Vermittlungsausschusses 14 – Rücknahme des Einspruchs 3, 5, 7, 16 – Sonderregelungen 18 – Überstimmung des Einspruchs durch den Bundestag 2 f., 5, 7, 17 – Unverrückbarkeit des Gesetzesbeschlusses 12 – Verkündung von Gesetzen 10 – Volksentscheid 1 – Zeitpunkte des Zustandekommens von Bundesgesetzen 4, 6, 11 – Zustimmung des Bundesrats 13 f. – Zustimmungsgesetze 13 f. – Zustimmung zu Einspruchsgesetzen 13.

A. Herkunft, Entstehung, Entwicklung

I. Ideen- und verfassungsgeschichtliche Aspekte

Das Zustandekommen von Bundesgesetzen war nur insofern Gegenstand von Bestimmungen der **Paulskirchenverfassung** von 1849, als nach § 100 Paulskirchenverfassung das gültige Zustandekommen eines Reichstagsbeschlusses die Übereinstimmung beider Häuser voraussetzte. Inhaltlich damit übereinstimmend formulierte Art. 5 I 2 der **Reichsverfassung von 1871**, dass zu einem Reichsgesetz die Übereinstimmung der Mehrheitsbeschlüsse beider Versammlungen erforderlich und ausreichend war. Die **Weimarer Reichsverfassung** enthielt zwar einzelne Regelungen zum Zustandekommen von Gesetzen, die aber Art. 78 GG inhaltlich nicht entsprachen. Art. 70 knüpfte

1

an die »verfassungsmäßig zustande gekommenen Gesetze« an, die der Reichspräsident auszufertigen und binnen Monatsfrist im Reichsgesetzblatt zu verkünden hatte. Gem. Art. 74 III 1 wurde im Fall des Einspruchs des Reichsrats gegen ein vom Reichstag beschlossenes Gesetz (Art. 74 I, II) das Gesetz dem Reichstag zur nochmaligen Beschlussfassung vorgelegt. Kam hierbei keine Übereinstimmung zwischen Reichstag und Reichsrat zustande, konnte der Reichspräsident binnen drei Monaten über den Gegenstand der Meinungsverschiedenheit einen Volksentscheid anordnen (Art. 74 III 2). Machte der Präsident von diesem Recht keinen Gebrauch, galt das Gesetz als nicht zustande gekommen (Art. 74 III 3).

II. Entstehung und Veränderung der Norm

2 Der **Verfassungskonvent von Herrenchiemsee** sah in Art. 104 HChE Bestimmungen zum Zustandekommen der Bundesgesetze vor, wobei sich die dem Streit um die verfassungsrechtliche Stellung des Bundesrats geschuldeten verschiedenen Varianten des Art. 104 HChE (→ Art. 77 Rn. 5) inhaltlich unterschieden. Nach Art. 104 I HChE (1. und 2. Variante) kam ein Bundesgesetz durch übereinstimmenden Mehrheitsbeschluss beider Häuser zustande. In der 3. Variante ähnelte Art. 104 I HChE dagegen bereits Art. 78 GG mit seiner Formulierung, dass ein Bundesgesetz zustande kommt, wenn es vom Bundestag durch Mehrheitsbeschluss angenommen ist und entweder der Bundesrat schon zugestimmt hat oder von dem Recht des Einspruchs keinen Gebrauch macht oder sein Einspruch vom Bundestag überstimmt ist[1].

3 Im **Parlamentarischen Rat** schlug der **Allgemeine Redaktionsausschuß** mit Stellungnahme vom 26.11.1948 als Art. 104a vor: Ein vom Bundestag beschlossenes Gesetz ist zustande gekommen, wenn der Bundesrat dem Gesetz zugestimmt, innerhalb der gesetzlichen Frist keinen Einspruch eingelegt oder ihn zurückgenommen hat oder wenn der Einspruch vom Bundestag überstimmt worden ist[2].

4 Über diesen Vorschlag des Redaktionsausschusses beriet der **Hauptausschuß** in seiner 12. Sitzung am 1.12.1948, wobei er Art. 104a als Art. 105a behandelte. Der Vorsitzende Schmid wies darauf hin, dass Art. 105a nur eine Legaldefinition für den Fall enthalte, dass streitig sei, ob ein Gesetz zustande gekommen ist. Dem stimmte der Abgeordnete Katz mit der Bemerkung zu, dass Art. 105a nichts anderes als eine Legaldefinition zum Zeitpunkt des Zustandekommens des Gesetzes enthalte. Er ergänzte: »Wenn er (scil: Art. 105a) nicht dastehen würde, würde es wahrscheinlich auch nicht viel ausmachen.« Im Anschluss an diese Aussprache nahm der Hauptausschuß Art. 105a in der vom Redaktionsausschuß angenommenen Fassung an[3].

5 Der **Allgemeine Redaktionsausschuß** sprach sich mit Stellungnahme vom 16.12.1948 dafür aus, das Zustandekommen von Bundesgesetzen als Absatz 3 in Art. 104 mit folgender Formulierung aufzunehmen: Vorbehaltlich der nachfolgenden Bestimmungen, ist ein vom Bundestag beschlossenes Gesetz zustande gekommen, wenn der Bundesrat das Gesetz billigt, innerhalb der gesetzlichen Frist keinen Einspruch eingelegt oder ihn zurückgenommen hat oder wenn der Einspruch vom Bundestag überstimmt worden ist[4].

---

[1] Parl. Rat II, S. 601 f.
[2] Parl. Rat VII, S. 64.
[3] Parl. Rat XIV/1, S. 358 f.; s. auch Parl. Rat VII, S. 115.
[4] Parl. Rat VII, S. 171.

Der **Ausschuß** für die Organisation des Bundes schloss sich in seiner 29. Sitzung am 11.1.1949 dem Beschluss des Hauptausschusses vom 1.12.1948 an. Dem voraus ging die Bemerkung des Abgeordneten Katz, dass die systematische Stellung der Regelung des Zeitpunkts des Zustandekommens von Bundesgesetzen in einem gesonderten Art. 105a zweckmäßiger und klarer sei als der Vorschlag des Redaktionsausschusses, die Bestimmung als Art. 104 III aufzunehmen. Dem stimmten die übrigen Abgeordneten im Ergebnis zu. Der Anregung des Abgeordneten Schwalber, in Art. 105a den Textteil zur Rücknahme des Einspruchs zu streichen, widersprach der Abgeordnete Katz unter Zustimmung der anderen Abgeordneten. Zu keiner Änderung des Art. 105a führte auch der Hinweis des Abgeordneten Lehr, die Formulierung zur Nichteinlegung des Einspruchs »innerhalb der gesetzlichen Frist« sei überflüssig, weil ein verfristeter Einspruch kein Einspruch sei[5].

Der **Hauptausschuß** beschloss in seiner 36. Sitzung am 12.1.1949 abermals Art. 105a mit der bereits am 1.12.1948 angenommenen Fassung[6]. Der **Fünferausschuß** schloss sich am 31.1. sowie am 5.2.1949 der Beschlussfassung des Hauptausschusses an[7]. In seiner Sitzung am 10.2.1949 ersetzte der **Hauptausschuß** in Art. 105a die Worte »Bundestag« durch »Volkstag«[8]. Zudem formulierte er den Text im Präsens statt im Perfekt[9]. Der **Fünferausschuß** schloss sich am 28.2.1949 dem Vorschlag des Hauptausschusses an[10]. Daraufhin schlug der **Allgemeine Redaktionsausschuß** am 2. bis 5.5.1949 die folgende Fassung der Norm vor: Ein vom Volkstag beschlossenes Gesetz kommt zustande, wenn der Bundesrat zustimmt, in den Fällen, in denen er ein Einspruchsrecht hat, den Antrag gemäß Artikel 104 Absatz 2 nicht stellt, innerhalb der Frist des Artikels 104 Absatz 3 keinen Einspruch einlegt, ihn zurücknimmt oder wenn der Einspruch vom Volkstag überstimmt wird[11].

Der **Hauptausschuß** beschloss in seiner 57. Sitzung am 5.5.1949 die heute gültige Fassung des Art. 78 GG[12]. Mit dieser Formulierung des Hauptausschusses beschloss das **Plenum** Art. 78 GG in seiner 9. Sitzung am 6.5.1949[13]. Art. 78 GG ist **seit seinem Inkrafttreten nicht geändert** worden[14].

B. Internationale, supranationale und rechtsvergleichende Bezüge

Die **Verfassungen der Bundesländer** kennen keine Art. 78 GG entsprechenden Regelungen[15]. Ähnlichkeiten mit Art. 78 GG weisen Verfassungsbestimmungen einzelner europäischer Staaten wie z. B. Tschechiens auf, dessen Verfassung in Art. 47f. verschiedene Formen des Zustandekommens von Gesetzen nennt[16].

---

[5] Parl. Rat XIII/2, S. 1011 ff.
[6] Parl. Rat XIV/2, S. 1115.
[7] Parl. Rat VII, S. 302 und S. 370.
[8] Parl. Rat VII, S. 427.
[9] Parl. Rat XIV/2, S. 1584 f.
[10] Parl. Rat VII, S. 451.
[11] Parl. Rat VII, S. 516.
[12] Parl. Rat VII, S. 552.
[13] Parl. Rat IX, S. 470 und Parl. Rat VII, S. 590.
[14] Kritisch gegenüber der sprachlichen Fassung des Art. 77 GG *B.-O. Bryde*, in: v. Münch/Kunig, GG II, Art. 78 Rn. 8.
[15] *J. Kokott*, in: BK, Art. 78 (2014), Rn. 1.
[16] Näher *Kokott* (Fn. 15), Art. 78 Rn. 1.

C. Erläuterungen

I. Art. 78 GG als Bestandteil des Verfahrens der Gesetzgebung des Bundes

10 Art. 78 GG knüpft an die Regelungen zum Hauptverfahren der Bundesgesetzgebung in Art. 77 GG an und ist **Teil der Vorschriften über die Gesetzgebung des Bundes** (Art. 70 bis 82 GG). Da sich das Zustandekommen von Bundesgesetzen bereits aus Art. 77 GG ergibt, erschöpft sich die Bedeutung von Art. 78 GG in einer deklaratorischen, klarstellenden Funktion, was bereits der Parlamentarische Rat erkannt hat (→ Rn. 4). Damit das Gesetz Außenwirkung gegenüber dem Bürger entfaltet, bedarf es neben seinem Zustandekommen noch der Gegenzeichnung, der Ausfertigung durch den Bundespräsidenten sowie der Verkündung nach Art. 82 GG (→ Art. 77 Rn. 26).

11 Art. 78 GG regelt **fünf verschiedene Formen** und entsprechende Zeitpunkte des Zustandekommens von Bundesgesetzen und enthält insofern eine Legaldefinition des Zustandekommens von Bundesgesetzen (→ Rn. 4).

12 Mit dem Zustandekommen eines Bundesgesetzes gilt der **Grundsatz der absoluten Unverrückbarkeit** des Gesetzesbeschlusses, der fortan durch die am Gesetzgebungsverfahren beteiligten Organe nicht mehr geändert oder zurückgenommen werden kann. Der Inhalt des Gesetzes steht damit unabänderlich fest[17]. Erlaubt ist dagegen im Interesse einer funktionsfähigen Gesetzgebung die Berichtigung von Druckfehlern und anderen offenbaren Unrichtigkeiten ohne nochmalige Einschaltung der gesetzgebenden Körperschaften (→ Art. 77 Rn. 27).

II. Zustandekommen von Bundesgesetzen (Art. 78 GG)

13 Gem. Art. 78 Alt. 1 GG kommt ein vom Bundestag beschlossenes Gesetz zustande, wenn der Bundesrat zustimmt. Die Norm nimmt damit Bezug auf Art. 77 IIa GG, der die Zustimmung des Bundesrats zu nach dem Grundgesetz **zustimmungspflichtigen Gesetzen** regelt. Erteilt der Bundesrat einem zustimmungspflichtigen Gesetz seine Zustimmung nicht zweifelsfrei innerhalb angemessener Frist, kommt es nicht zustande. Schweigen des Bundesrats führt bei Zustimmungsgesetzen – anders als bei Einspruchsgesetzen – nicht zum Zustandekommen des Gesetzes (→ Art. 77 Rn. 50, 55). Stimmt der Bundesrat Einspruchsgesetzen zu, kommt dies der Nichteinlegung eines Einspruchs gleich, sodass das Gesetz nach Art. 78 Alt. 3 GG zustande kommt.

14 Nach Art. 78 Alt. 2 GG kommt ein vom Bundestag beschlossenes Gesetz auch zustande, wenn der Bundesrat den **Antrag auf Einberufung des Vermittlungsausschusses** gem. Art. 77 II GG nicht stellt. Diese Regelung bezieht sich nur auf Einspruchsgesetze[18], wenngleich sich das dem Normwortlaut nicht entnehmen lässt. Nach Art. 77 III 1 GG ist der Bundesrat zur Einberufung des Vermittlungsausschusses nur bei Einspruchsgesetzen verpflichtet, um seine Einspruchsmöglichkeit zu wahren (→ Art. 77 Rn. 17, 30, 57). Bei Zustimmungsgesetzen ist die Anrufung des Vermittlungsausschusses für den Bundesrat hingegen auch dann fakultativ, wenn er seine Zustimmung zu einem Gesetz verweigern will (Art. 77 IIa GG → Art. 77 Rn. 17, 30). Da der Bundesrat bei Nichtanrufung des Vermittlungsausschusses seine Blockademöglichkeiten im Ge-

---

[17] Statt vieler *J. Masing*, in: v. Mangoldt/Klein/Starck, GG II, Art. 78 Rn. 2; *J. Kersten*, in: Maunz/Dürig, GG, Art. 78 (2012), Rn. 15; *T. Mann*, in: Sachs, GG, Art. 78 Rn. 1; *Kokott* (Fn. 15), Art. 78 Rn. 11; *J. Dietlein*, in: Epping/Hillgruber, GG, Art. 78 Rn. 1.

[18] Statt aller *Kokott* (Fn. 15), Art. 78 Rn. 25.

setzgebungsverfahren mithin nur bei Einspruchsgesetzen verliert, kommen gem. Art. 78 Alt. 2 GG nur Einspruchsgesetze ohne Weiteres zustande, wenn der Bundesrat den Vermittlungsausschuss nicht binnen der Ausschlussfrist von drei Wochen nach Eingang des Gesetzesbeschlusses (s. Art. 77 II 1 GG → Art. 77 Rn. 33) anruft. Obwohl dieser Fall in Art. 78 GG nicht ausdrücklich geregelt ist, kommen Bundesgesetze auch zustande, wenn der Bundesrat den Vermittlungsausschuss zwar zunächst fristgerecht anruft, den Einberufungsantrag jedoch anschließend wieder zurücknimmt[19], was ihm bis zum Ende des Vermittlungsverfahrens gestattet ist (→ Art. 77 Rn. 32).

Ein weiterer Fall des Zustandekommens von Bundesgesetzen ist gegeben, wenn der Bundesrat innerhalb der Frist des Art. 77 III GG **keinen Einspruch einlegt** (Art. 78 Alt. 3 GG). Auch diese Regelung bezieht sich ausschließlich auf Einspruchsgesetze iSd Art. 77 III GG. Nach Art. 77 III GG kann der Bundesrat nach Beendigung eines Verfahrens vor dem Vermittlungsausschuss nach Art. 77 II GG innerhalb von zwei Wochen Einspruch gegen ein vom Bundestag beschlossenes Einspruchsgesetz einlegen. Legt der Bundesrat keinen Einspruch ein oder versäumt er die Zwei-Wochen-Frist, kommt das Gesetz zustande. 15

Das Gleiche gilt, wenn der Bundesrat einen zunächst eingelegten **Einspruch zurücknimmt** (Art. 78 Alt. 4 GG). Die Vorschrift gilt ebenfalls ausschließlich für Einspruchsgesetze iSd Art. 77 III GG. Der Bundesrat kann seinen Einspruch gegen ein Einspruchsgesetz bis zur Entscheidung des Bundestags nach Art. 77 IV GG zurücknehmen (→ Art. 77 Rn. 55). Nimmt er ihn zurück, kommt das Gesetz zustande. 16

Schließlich kommen vom Bundestag beschlossene Gesetze zustande, wenn der Einspruch vom Bundestag überstimmt wird (Art. 78 Alt. 5 GG). Hiermit knüpft Art. 78 GG an Art. 77 IV GG an, der dem Bundestag bei einem Einspruch des Bundesrats gegen Einspruchsgesetze die Möglichkeit der **Überstimmung des Einspruchs** einräumt. 17

D. Verhältnis zu anderen GG-Bestimmungen

Gegenüber Art. 77 GG kommt Art. 78 GG lediglich deklaratorische Bedeutung zu (→ Rn. 10). **Sonderregelungen** gegenüber Art. 78 GG begründet **Art. 81 II GG** für das Zustandekommen von Bundesgesetzen ohne Beschluss des Bundestags bei einem Gesetzgebungsnotstand (s. Art. 81 II GG) sowie **Art. 113 III GG** für ausgabenerhöhende und einnahmevermindernde Gesetze. Weitere Sonderregelungen für das Gesetzgebungsverfahren beinhaltet **Art. 115d I, II 1 und 2 GG** für als dringlich bezeichnete Gesetzesvorlagen der Bundesregierung im Verteidigungsfall. 18

---

[19] Ebenso *Masing* (Fn. 17), Art. 78 Rn. 10; *Kersten* (Fn. 17), Art. 78 Rn. 13; *Dietlein* (Fn. 17), Art. 78 Rn. 8.

Artikel 79 [Änderung des Grundgesetzes]

(1) ¹Das Grundgesetz kann nur durch ein Gesetz geändert werden, das den Wortlaut des Grundgesetzes ausdrücklich ändert oder ergänzt. ²Bei völkerrechtlichen Verträgen, die eine Friedensregelung, die Vorbereitung einer Friedensregelung oder den Abbau einer besatzungsrechtlichen Ordnung zum Gegenstand haben oder der Verteidigung der Bundesrepublik zu dienen bestimmt sind, genügt zur Klarstellung, daß die Bestimmungen des Grundgesetzes dem Abschluß und dem Inkraftsetzen der Verträge nicht entgegenstehen, eine Ergänzung des Wortlautes des Grundgesetzes, die sich auf diese Klarstellung beschränkt.

(2) Ein solches Gesetz bedarf der Zustimmung von zwei Dritteln der Mitglieder des Bundestages und zwei Dritteln der Stimmen des Bundesrates.

(3) Eine Änderung dieses Grundgesetzes, durch welche die Gliederung des Bundes in Länder, die grundsätzliche Mitwirkung der Länder bei der Gesetzgebung oder die in den Artikeln 1 und 20 niedergelegten Grundsätze berührt werden, ist unzulässig.

Literaturauswahl

Augsberg, Steffen: Das verfassungsändernde Gesetz, in: Winfried Kluth/Günter Krings (Hrsg.), Gesetzgebung. Rechtsetzung durch Parlamente und Verwaltungen sowie ihre gerichtliche Kontrolle, 2014, § 28 (S. 729–752).
Badura, Peter: Verfassungsänderung, Verfassungswandel, Verfassungsgewohnheitsrecht, in: HStR³ XII, § 270 (S. 591–612).
Bauer, Angela/Jestaedt, Matthias: Das Grundgesetz im Spiegel seiner Änderungen – Eine Einführung, in: dies., Das Grundgesetz im Wortlaut, 1997, S. 1–50.
Bauer, Hartmut: Europäisierung des Verfassungsrechts, in: JBl. 2000, S. 750–763.
Bilfinger, Carl: Verfassungsumgehung. Betrachtungen zur Auslegung der Weimarer Verfassung, in: AöR 11 (1926), S. 163–191.
Bryde, Brun-Otto: Verfassungsentwicklung. Stabilität und Dynamik im Verfassungsrecht der Bundesrepublik Deutschland, 1982.
Bushart, Christoph: Verfassungsänderung in Bund und Ländern, 1989.
Dreier, Horst: Bestandssicherung kodifizierten Verfassungsrechts am Beispiel des Grundgesetzes, in: Okko Behrends/Wolfgang Sellert (Hrsg.), Der Kodifikationsgedanke und das Modell des Bürgerlichen Gesetzbuches (BGB), 2000, S. 119–141.
Ehmke, Horst: Verfassungsänderung und Verfassungsdurchbrechung, in: AöR 79 (1953/54), S. 385–418.
Gusy, Christoph: Die Änderung der Weimarer Reichsverfassung, in: ZNR 18 (1996), S. 44–65.
Hesse, Konrad: Grenzen der Verfassungswandlung, in: Horst Ehmke (Hrsg.), Festschrift für Ulrich Scheuner, 1973, S. 123–141.
Hofmann, Hasso: Zur Verfassungsentwicklung in der Bundesrepublik Deutschland, in: StWStP 6 (1995), S. 155–181.
Hufeld, Ulrich: Die Verfassungsdurchbrechung. Rechtsproblem der Deutschen Einheit und der europäischen Einigung. Ein Beitrag zur Dogmatik der Verfassungsänderung, 1997.
Hufeld, Ulrich: Urkundlichkeit und Publizität der Verfassung, in: HStR³ XII, § 259 (S. 189–209).
Isensee, Josef: Der Selbstand der Verfassung in ihren Verweisungen und Öffnungen, in: AöR 138 (2013), S. 325–362.
Jacobi, Erwin: Reichsverfassungsänderung, in: Die Reichsgerichtspraxis im deutschen Rechtsleben. Festgabe der juristischen Fakultäten zum 50jährigen Bestehen des Reichsgerichts, Erster Band: Öffentliches Recht, 1929, S. 233–277.
Jellinek, Georg: Verfassungsänderung und Verfassungswandlung. Eine staatsrechtlich-politische Abhandlung, 1906.
Kempny, Simon: Ein verfassungsgeschichtlicher Blick auf Art. 79 Abs. 1, 2 GG, in: JoJZG 2011, S. 6–9.
Laband, Paul: Die Wandlungen der deutschen Reichsverfassung, 1895.

Lerche, Peter: Verfassungsnachholung, insbesondere im Kleide der Interpretation, in: Alexander Blankenagel/Ingolf Pernice/Helmuth Schulze-Fielitz (Hrsg.), Verfassung im Diskurs der Welt. Liber Amicorum für Peter Häberle zum siebzigsten Geburtstag, 2004, S. 631–643.
Loewenstein, Karl: Kritische Betrachtungen zur Verfassungsänderung vom 27. März 1954, in: DÖV 1954, S. 385–388.
Loewenstein, Karl: Über Wesen, Technik und Grenzen der Verfassungsänderung, 1961.
Michael, Lothar: Die verfassungswandelnde Gewalt, in: RW 5 (2014), S. 426–480.
Neuhaus, Helmut (Hrsg.): Verfassungsänderungen, 2012.
Rozek, Jochen: Verfassungsrevision, in: HStR³ XII, § 257 (S. 107–129).
Rupp, Hans Heinrich: Grundgesetzänderungen durch völkerrechtlichen Vertrag – ein vernachlässigtes Problem des Maastrichter Unionsvertrages, in: Jörn Ipsen u.a. (Hrsg.), Verfassungsrecht im Wandel, 1995, S. 499–508.
Scheuing, Dieter H.: Deutsches Verfassungsrecht und europäische Integration, in: EuR (Beiheft 1) 1997, S. 7–60.
Voßkuhle, Andreas: Gibt es und wozu nutzt eine Lehre vom Verfassungswandel?, in: Der Staat 43 (2004), S. 450–459.
Wahl, Rainer (Hrsg.): Verfassungsänderung, Verfassungswandel, Verfassungsinterpretation, 2008.
Walter, Christian: Hüter oder Wandler der Verfassung? Zur Rolle des Bundesverfassungsgerichts im Prozeß des Verfassungswandels, in: AöR 125 (2000), S. 517–550.
Wiederin, Ewald: Über Inkorporationsgebote und andere Strategien zur Sicherung der Einheit der Verfassung. Rechtsvergleichende Beobachtungen und Vorschläge de constitutione ferenda, in: ZöR 59 (2004), S. 175–212.
Winterhoff, Christian: Verfassung – Verfassunggebung – Verfassungsänderung, 2007.
Wolff, Heinrich Amadeus: Ungeschriebenes Verfassungsrecht unter dem Grundgesetz, 2000.

Siehe auch die Angaben zu Art. 79 II und III GG.

Leitentscheidungen des Bundesverfassungsgerichts

BVerfGE 34, 9 (21 ff.) – Besoldungsvereinheitlichung; 41, 126 (174) – Reparationsschäden; 58, 1 (36) – Eurocontrol I; 68, 1 (96 f.) – Atomwaffenstationierung; 84, 90 (119 ff.) – Bodenreform I; 94, 49 (104) – Sichere Drittstaaten; 129, 78 (100, Rn. 81) – Le Corbusier.

Gliederung

	Rn.
A. Herkunft, Entstehung, Entwicklung	1
I. Ideen- und verfassungsgeschichtliche Aspekte	1
II. Entstehung und Veränderung der Norm	4
B. Internationale, supranationale und rechtsvergleichende Bezüge	6
C. Erläuterungen	11
I. Art. 79 I 1 GG	11
1. Verfassungsänderung »durch Gesetz«	11
a) Regelfall	11
b) Sonderfall Deutsche Wiedervereinigung: Verfassungsänderung durch völkerrechtlichen Vertrag	15
c) Ausnahmefall Europäische Integration: Verfassungsänderung durch primäres und sekundäres Unionsrecht	16
2. Gebot ausdrücklicher Textänderung (Inkorporationsgebot)	17
a) Ausschluß von (formellen) »Verfassungsdurchbrechungen«	17
b) Textänderungs- bzw. Inkorporationsgebot	21
c) Ausnahmefälle: Art. 23, 24 GG	26
3. Unantastbarkeit des Art. 79 I 1 GG?	27
II. Art. 79 I 2 GG (sog. Klarstellungsklausel)	28
III. Verfassungswandel und verwandte Erscheinungen	38
D. Verhältnis zu anderen GG-Bestimmungen	45

Art. 79 I   A. Herkunft, Entstehung, Entwicklung

Stichwörter

Amendments 9 – Änderbarkeit des Art. 79 I 1 GG 27 – desuetudo 42 – Einigungsvertrag 15, 24 – Europäische Integration 8, 16, 26 – Inkorporationsgebot 2, 21ff., 27 – »Klarstellungsklausel« 5, 28ff. – Nachführung des Verfassungstextes 43 – Obsoletwerden 42 – Parlamentarischer Rat 4 – stille Verfassungsänderungen 26 – Textänderungsgebot 2, 21ff. – ungeschriebenes Verfassungsrecht 41 – Urkundlichkeit 18 – verfassunggebende Gewalt 45 – Verfassungsänderung durch völkerrechtlichen Vertrag 8, 16 – »Verfassungsdurchbrechung« 3, 9, 17ff. – Verfassungsgewohnheitsrecht 41 – Verfassungsnachholung 44 – Verfassungstextänderung 2, 8, 21ff. – Verfassungstextdurchbrechung 19 – Verfassungswandel 38ff. – »verfassungswandelnde Gewalt« 40 – Verweisungen 25, 32f., 37 – Weimarer Republik 3 – Wiedervereinigung 15, 24.

A. Herkunft, Entstehung, Entwicklung

I. Ideen- und verfassungsgeschichtliche Aspekte

1   Mit der Verfassungsänderung **im Wege der Gesetzgebung** knüpft das Grundgesetz an die Reichsverfassung von 1871 (Art. 78 Satz 1 RV) und die Weimarer Reichsverfassung von 1919 (Art. 76 I 1 WRV) an, unterscheidet aber anders als diese gleichwohl deutlich zwischen pouvoir constituant (→ Pmbl. Rn. 71ff.), verfassungsändernder (→ Art. 79 II Rn. 3, 13ff.) und einfacher Gesetzgebungsgewalt[1]. Verfassungsänderung als Erscheinungsweise der Gesetzgebung (→ Rn. 11) hat seine Wurzeln im deutschen Konstitutionalismus[2].

2   Ein ausdrückliches **Textänderungs- bzw. Inkorporationsgebot** war jenen Vorgängern indes fremd[3]. Allein Art. 37 II der Lübeckischen Landesverfassung von 1920 und Art. 1 II des Einführungsgesetzes zur Verfassung der Tschechoslowakei von 1920 boten hier gewisse Vorbilder[4]. Von den vorkonstitutionellen Landesverfassungen ist diejenige Württemberg-Badens von 1946 zu nennen[5].

3   In der **Weimarer Republik** wurde eine derartige Vorkehrung zur jederzeitigen Identifizierbarkeit des geltenden (formellen) Verfassungsrechts zwar lebhaft diskutiert und *de constitutione ferenda* gefordert[6], letztlich aber nicht in der Verfassung festgeschrie-

---

[1] Dazu näher *H. Dreier*, JZ 1994, 741 (742f.); ders., Gilt das Grundgesetz ewig?, 2009, S. 35ff., 42ff.; *B.-O. Bryde*, Verfassunggebende Gewalt des Volkes und Verfassungsänderung im deutschen Staatsrecht: Zwischen Überforderung und Unterforderung der Volkssouveränität, in: R. Bieber/P. Widmer (Hrsg.), Der europäische Verfassungsraum, 1995, S. 329ff. (334ff.); *H. J. Boehl*, Verfassunggebung im Bundesstaat, 1997, S. 2, 71ff.; *J. Rozek*, HStR³ XII, § 257 Rn. 1.

[2] *C. H. Schmidt*, Vorrang der Verfassung und konstitutionelle Monarchie, 2000, S. 47ff., 56ff.; so auch *B. Schöbener*, in: Friauf/Höfling, GG, Art. 79 (2015), Rn. 1ff.

[3] Eingehend *C. Bushart*, Verfassungsänderung in Bund und Ländern, 1989, S. 32ff.; *C. Gusy*, ZNR 18 (1996), 44 (45, 50ff.); *U. Hufeld*, Die Verfassungsdurchbrechung, 1997, S. 39ff.; *Huber*, Verfassungsgeschichte, Bd. III, S. 928f., 952; *S. Kempny*, JoJZG 2011, 6 (7f.).

[4] Art. 37 II der Lübeckischen Landesverfassung vom 23.5.1920: »Gesetze, die nicht die Abänderung des Wortlautes der Verfassung unmittelbar zum Gegenstand haben, sind, soweit sie mit der Verfassung in Widerspruch stehen, unwirksam.« (Text: F. Wittreck [Hrsg.], Weimarer Landesverfassungen, 2004, S. 340ff. [347]). – Zum tschechoslowakischen Einführungsgesetz siehe *E. Jacobi*, Reichsverfassungsänderung, in: Die Reichsgerichtspraxis im deutschen Rechtsleben, 1929, S. 233ff. (259f., 269); zu beiden im Text genannten Beispielen *K. Loewenstein*, Erscheinungsformen der Verfassungsänderung, 1931, S. 50ff.

[5] Sie bestimmte in Art. 85 IV: »Ohne vorherige Änderung der Verfassung können Gesetze, durch die Bestimmungen der Verfassung durchbrochen würden, nicht beschlossen werden.« – Zu ihrer Vorbildwirkung *E. Wiederin*, ZöR 59 (2004), 175 (183f.).

[6] *H. Triepel*, Zulässigkeit und Form von Verfassungsänderungen ohne Änderung der Verfassungsurkunde, in: Verhandlungen des 33. DJT (1924), 1925, S. 45ff. (53). Ausführlich zur Diskussion *C.*

ben[7]. So kam es – wie vordem schon unter der Bismarckverfassung[8] – zu vielfältigen Durchlöcherungen und **Durchbrechungen** derselben infolge von mit hinreichender verfassungsändernder Mehrheit beschlossenen und daher als verfassungsändernd angesehenen Gesetzen[9], die aber nicht im Verfassungstext verankert wurden (→ Rn. 17ff.). Ein vollständiges und insofern zutreffendes Bild des geltenden Verfassungsrechts ließ sich der Verfassungsurkunde daher nicht entnehmen, was in der Staatsrechtslehre auf wachsende Kritik stieß[10], ohne daß die Bedenken durchdrangen[11]. Diesen sichtbaren Mißstand der Verfassungsänderung ohne Textänderung abzustellen war das vorrangige Ziel des Art. 79 I 1 GG (→ Rn. 17ff.). Hingegen erfaßt die Norm nicht die Zulässigkeit materieller Verfassungsdurchbrechungen, die in der Weimarer Republik namentlich mit Blick auf den »Diktaturartikel« des Art. 48 II WRV virulent waren[12].

Bilfinger, AöR 11 (1926), 163 (173 ff.). Nachweise der h.M. in Rechtsprechung und Literatur, wonach solche »Verfassungsdurchbrechungen« zulässig waren, bei *Anschütz*, WRV, Art. 76 Anm. 2 (S. 401 f.); *C. Gusy*, Demokratische Verfassungsänderung, in: H. Neuhaus (Hrsg.), Verfassungsänderungen, 2012, S. 159 ff. (169 ff.). → Rn. 18 f.

[7] Vereinzelt blieb die Auffassung von *H. Preuß*, DJZ 1924, 649 (653 f.), wonach bereits *de constitutione lata* eine Verfassungsänderung ohne Verfassungstextänderung verfassungswidrig und daher nichtig sein sollte; ähnlich noch *Loewenstein*, Erscheinungsformen (Fn. 4), S. 294 f. Dazu und zu anderen Stimmen *Gusy*, Demokratische Verfassungsänderung (Fn. 6), S. 170 f.

[8] Vgl. *P. Laband*, Das Staatsrecht des Deutschen Reiches, Bd. 2, 5. Aufl. 1911, S. 38 ff.; *G. Jellinek*, Verfassungsänderung und Verfassungswandlung, 1906, S. 6: »Es herrscht hier eine unglaubliche Systemlosigkeit bezüglich der Verfassungsänderung, die zur Folge hat, daß heute niemand aus dem Texte der Verfassung ein auch nur einigermaßen zutreffendes Bild von den Grundlagen des Reiches erhält.« Jellinek nennt ebd. als Beispiele für solche dauerhaften Veränderungen der Verfassungslage, die sich nicht in der Verfassungsurkunde niederschlagen: Zugehörigkeit Elsaß-Lothringens zum Reich, Abgeordnetenzahl, Gegenzeichnungsrecht. – S. ferner *ders.*, Allg. Staatslehre, S. 538 f.; *Loewenstein*, Erscheinungsformen (Fn. 4), S. 43 f.; eingehend *R. Schmidt-De Caluwe*, »Veränderungen der Verfassung erfolgen im Wege der Gesetzgebung.« Änderungen des Reichsverfassungsrechts zwischen 1871 und 1918, in: Neuhaus, Verfassungsänderungen (Fn. 6), S. 127 ff. – Für das sonstige alte Verfassungsrecht *G. Meyer/G. Anschütz*, Lehrbuch des deutschen Staatsrechts, 7. Aufl. 1914–1919, S. 689 f.; *Huber*, Verfassungsgeschichte, Bd. III, S. 759 f., 928 f., 952.

[9] Vgl. *Huber*, Verfassungsgeschichte, Bd. VI, S. 420 ff.; *Bushart*, Verfassungsänderung (Fn. 3), S. 32 f. Minutiös *F. Poetsch-Heffter*, JöR 13 (1925), 1 (227 ff.); *ders.*, JöR 17 (1929), 1 (139 f.); *ders.*, JöR 21 (1933/34), 1 (201 f.); genaue Zahlen auch bei *C. Gusy*, ZNR 18 (1996), 44 (45). Rechtsprechung und Rechtswissenschaft hielten diese Praxis *de constitutione lata* für zulässig, wenn auch nicht für wünschenswert: repräsentativ *Anschütz*, WRV, Art. 76 Anm. 2 mit Fn. 1 (S. 402); s. auch *Loewenstein*, Erscheinungsformen (Fn. 4), S. 52 ff. → Rn. 18 f. m. Fn. 45 f.

[10] Kritisch namentlich *Triepel*, Zulässigkeit (Fn. 6), S. 52 f.; *O. Bühler*, Die Reichsverfassung vom 11. August 1919, 3. Aufl. 1929, S. 102; *C. Bilfinger*, AöR 11 (1926), 163 (165): »das Aussehen der Urkunde trügt und es soll trügen«; *Loewenstein*, Erscheinungsformen (Fn. 4), S. VI. – Deutlich auch *Anschütz*, WRV, Art. 76 Anm. 2 (S. 402 Fn. 1): es herrsche Einigkeit, daß die »Praxis der stillschweigenden Verfassungsänderungen [...] bedenklich, ja geradezu verwerflich ist«.

[11] Auch die Judikatur schloß sich der überkommenen Lehre an. RG JW 1927, 2199: »Für die Wirksamkeit einer Verfassungsänderung ist nicht erforderlich, daß sie vom Gesetzgeber ausdrücklich als solche bezeichnet oder gar in die Verfassung selbst aufgenommen wird.«

[12] Den Terminus »Verfassungsdurchbrechung« hatte geprägt *E. Jacobi*, Die Diktatur des Reichspräsidenten nach Art. 48 der Reichsverfassung, VVDStRL 1 (1924), S. 105 ff. (109, 118); s. *C. Schmitt*, Verfassungslehre, 1928, S. 99 ff. → Rn. 17 ff.

II. Entstehung und Veränderung der Norm

4 Bereits **Art. 106 II HChE** enthielt eine Bestimmung, die – wie im dortigen Darstellenden Teil ausdrücklich vermerkt wurde – eine »Wiederholung der Praxis von verfassungsdurchbrechenden Gesetzen ohne formelle Änderung des Textes des Grundgesetzes, die nicht unwesentlich zur Entwertung der Weimarer Verfassung beigetragen hat, zu verhindern« suchte[13]. Diese Intention wurde in den Ausschüssen des Parlamentarischen Rates ausdrücklich begrüßt[14]. Seine verbindliche und danach nur noch einmal unwesentlich veränderte Formulierung erhielt der heutige Art. 79 I 1 GG durch den Allgemeinen Redaktionsausschuß im November 1948[15]. Dabei mag als Vorbild auch Art. 85 IV der Verfassung von Württemberg-Baden (1946) gedient haben.

5 Eine **Änderung des** Art. 79 I GG erfolgte zum ersten und bislang einzigen Mal **durch die Einfügung von Satz 2**. Das diesbezügliche 4. Gesetz zur Änderung des Grundgesetzes vom 26.3.1954[16] ergänzte die Verfassung zugleich um einen (1968 wieder aufgehobenen) Art. 142a GG, dessen Wortlaut[17] den politisch-historischen Hintergrund dieses Schrittes anklingen ließ. Beide Normen sollten Hindernisse auf dem Weg zur Bildung einer Europäischen Verteidigungsgemeinschaft (EVG) unter deutscher Beteiligung aus dem Weg räumen. Die Verfassungsmäßigkeit der einfachgesetzlichen Zustimmungsgesetze zu den EVG-Verträgen von 1952 war wegen der fehlenden Regelung der Wehrhoheit im Grundgesetz von der damaligen SPD-Opposition vor dem Bundesverfassungsgericht angezweifelt worden[18]. Die seit den Bundestagswahlen von

---

[13] Parl. Rat II, S. 558. Art. 106 II lautete: »Anträge auf Gesetze, die mit dem Grundgesetz unvereinbar sind, sind erst zulässig, wenn zuvor ein besonderes Gesetz verkündet ist, das den Text des Grundgesetzes entsprechend ändert.« (Abdruck in Parl. Rat II, S. 603).

[14] *C. Schmid* im Grundsatzausschuß v. 12.10.1948 (Parl. Rat V, S. 227): »Grundsatz muß sein: Keine Verfassungsdurchlöcherung, auch nicht mit qualifizierter Mehrheit. [...] Überhaupt keine Verfassungsdurchlöcherung, ohne Rücksicht auf die Mehrheit, die für ein solches Gesetz erzielt werden kann!« – Siehe auch *R. Katz* im Organisationsausschuß, 13. Sitzung v. 13.10.1948 (Parl. Rat XIII/1, S. 536).

[15] Seinerzeit in Gestalt von Art. 106 I: vgl. Parl. Rat VII, S. 64; JöR 1 (1951), S. 576. Später wurde lediglich die Stellung des Wortes »ausdrücklich« verändert. Gegen dessen vorgeschlagene Streichung hatte Carlo Schmid in der 12. Sitzung des Hauptausschusses v. 1.12.1948 noch einmal auf die Notwendigkeit der Verhinderung von impliziten Verfassungsänderungen hingewiesen (Parl. Rat XIV/1, S. 362). Vgl. zur Genese auch *G. Hoffmann*, Art. 79 I, II, in: BK (Zweitb. 1986), Entstehungsgeschichte (I.), S. 3 ff.; *Hufeld*, Verfassungsdurchbrechung (Fn. 3), S. 97 f.; *A. Bauer/M. Jestaedt*, Das Grundgesetz im Spiegel seiner Änderungen – Eine Einführung –, in: dies., Das Grundgesetz im Wortlaut, 1997, S. 1 ff. (9 ff.).

[16] BGBl. I S. 45. – Zu Entstehung und Vorgeschichte eingehend *K. Loewenstein*, DÖV 1954, 385 ff.; *A. Roßnagel*, Änderungen des Grundgesetzes, 1981, S. 98 ff., 114 ff.; *Hufeld*, Verfassungsdurchbrechung (Fn. 3), S. 100 ff.

[17] Art. 142a GG lautete: »Die Bestimmungen dieses Grundgesetzes stehen dem Abschluß und dem Inkrafttreten der am 26. und 27. Mai 1952 in Bonn und Paris unterzeichneten Verträge (Vertrag über die Beziehungen zwischen der Bundesrepublik Deutschland und den Drei Mächten und Vertrag über die Gründung der Europäischen Verteidigungsgemeinschaft) mit ihren Zusatz- und Nebenabkommen, insbesondere dem Protokoll vom 26. Juli 1952, nicht entgegen.«

[18] Vgl. BVerfGE 1, 396 (unzulässiger vorbeugender Feststellungsantrag der Opposition); 2, 143 (unzulässige Anträge der Regierungsfraktionen im Wege des Organstreits). – Die verwickelte Verfahrensgeschichte sowie die in zahlreichen Gutachten namhafter Staatsrechtslehrer intensiv diskutierten verfassungsrechtlichen Fragen sind dokumentiert in: Institut für Staatslehre und Politik (Hrsg.), Der Kampf um den Wehrbeitrag, 2 Bde. und Ergänzungsband, 1952, 1953, 1958. Zusammenfassend *H. Dreier*, Das Bundesministerium der Justiz und die Verfassungsentwicklung in der frühen Bundesrepublik Deutschland, in: M. Görtemaker/C. Safferling (Hrsg.), Die Rosenburg, 2013, S. 88 ff. (107 ff.).

1953 über eine Zweidrittelmehrheit verfügende Regierungskoalition wollte die Vertragsgesetze durch die Grundgesetzänderung verfassungsrechtlich absichern und dem Verfahren so den Boden entziehen[19]. Nach dem Scheitern der EVG in der französischen Nationalversammlung[20] wurde Art. 142a GG insofern obsolet und im Zuge des Einbaus der Notstandsverfassung wieder gestrichen[21]. Art. 79 I 2 GG blieb indessen bestehen und wirft schwirige Interpretationsprobleme auf (→ Rn. 28 ff.).

B. Internationale, supranationale und rechtsvergleichende Bezüge

Für die Modalitäten innerstaatlicher Verfassungsänderungen gibt es keine allgemein zwingenden Vorgaben völkerrechtlicher Art; auch sind diese nicht Gegenstand internationaler Abkommen. Durch **Art. 25 GG** können unmittelbare Verfassungsänderungen nicht eintreten, da die rezipierten allgemeinen Regeln des Völkerrechts zwar einfachen Gesetzen vorgehen, aber nach h. M. im Rang unter dem Grundgesetz stehen (→ Art. 25 Rn. 29 ff.).

6

Im Völkerrecht bedingt die »formell ungebundene[n] völkerrechtliche[n] Verfügungsmacht« souveräner Staaten, daß völkerrechtliche Verträge formfrei abänderbar sein müssen[22]. Anders stellt sich dies bei Vertragsänderungsverfahren auf Unionsebene nach **Art. 48 EUV** dar: dort ist die »Änderung« grundsätzlich in einem förmlichen Sinne zu verstehen und meint »die textliche Abwandlung, Ersetzung, Ergänzung oder Aufhebung von Vertragsbestimmungen«[23]. Entsprechend umstritten ist die Beurteilung von Fällen einer (versuchten) Änderung von Primärrecht unter Durchbrechung dieser Vertragsbestimmung[24].

7

Mit der Möglichkeit, Hoheitsrechte auf zwischenstaatliche Einrichtungen zu übertragen (Art. 24 GG, speziell für die EU Art. 23 GG), hat der Verfassunggeber von Anbeginn eine über eine lange Zeit hinweg kaum bemerkte oder unterschätzte **Ausnahme** vom Gebot ausdrücklicher Textänderung **auf dem Gebiet supranationalen Rechts** vorgesehen und Verfassungsänderungen durch völkerrechtlichen Vertrag (→ Rn. 16) ermöglicht. In diesem Kontext sind auch die Abweichungen beim qualifizierten Mehrheitserfordernis (→ Art. 79 II Rn. 24) zu beachten.

8

Die **rechtsvergleichende Betrachtung** erweist zunächst, daß die Verfassungsänderung vom normalen Gesetzgebungsverfahren in signifikanter Weise abweicht, indem zusätzliche Erfordernisse (Quoren, qualifizierte Mehrheiten, Plebiszite, Referenden)

9

---

[19] Vgl. Verhandlungen des Deutschen Bundestages v. 26.2.1954 (Stenographische Berichte, Bd. 18 [1953–54]), insb. S. 553 f., 555 (D), 575 (C), 577 (B); zum Hintergrund und zu den Folgen (»Verschleierung der Verfassungslage«) *H. Hofmann*, HStR³ I, § 9 Rn. 45; *Hufeld*, Verfassungsdurchbrechung (Fn. 3), S. 99 f.; *Dreier*, Bundesministerium (Fn. 18), S. 116 f.
[20] Vgl. *P. Noack*, Das Scheitern der Europäischen Verteidigungsgemeinschaft, 1977, S. 79 ff.
[21] Gesetz v. 24.6.1968, BGBl. I S. 709. Zur Streichung *H. Rumpf*, DÖV 1968, 673 ff.
[22] *M. Sichert*, Grenzen der Revision des Primärrechts in der Europäischen Union, 2005, S. 328. Zur Formfreiheit bei völkerrechtlichen Vertragsänderungen *A. Verdross/B. Simma*, Universelles Völkerrecht, 3. Aufl. 1984, §§ 660, 792; *W. Heintschel von Heinegg*, in: K. Ipsen, Völkerrecht, § 14 Rn. 5.
[23] *H.-J. Cremer*, in: Calliess/Ruffert, EUV/AEUV, Art. 48 EUV Rn. 1 (zu den Verfahren: → Art. 79 II Rn. 8). Zum Schriftformgebot *Sichert* (Fn. 22), S. 218; zum Textänderungsgebot im einzelnen: *C. Ohler*, in: Grabitz/Hilf/Nettesheim, EUV/AEUV, Art. 48 EUV (2011), Rn. 21. Problematisch ist ferner die (auf EuGH Slg. 1991, I-6079 gestützte) Ansicht, derzufolge das Unionsrecht einen änderungsfesten Kern enthält, siehe *Haratsch/Koenig/Pechstein*, Europarecht, Rn. 94. → Art. 23 Rn. 52 ff.
[24] Im Einzelnen *H.-H. Herrnfeld*, in: Schwarze, EU, Art. 48 EUV Rn. 22 f.; knapp *Haratsch/Koenig/Pechstein*, Europarecht, Rn. 95.

aufgestellt werden (→ Art. 79 II Rn. 9 ff.). In bezug auf das ausdrückliche Textänderungsgebot läßt sich feststellen, daß einige, aber längst nicht alle Verfassungsstaaten entweder ähnliche oder funktional äquivalente Vorkehrungen treffen. Zu den letztgenannten zählt etwa das amerikanische System der »**Amendments**«, dort verstanden als ausdrückliche Verfassungszusätze, welche die Stammurkunde als »Urtext« unberührt lassen (Art. V US-Verfassung). In der **Schweiz** werden formelle Verfassungsdurchbrechungen, obwohl eine ausdrückliche Verfahrensregelung in der Bundesverfassung fehlt (vgl. Art. 192 ff. nBV), im allgemeinen als unzulässig angesehen; allerdings schlagen sich beispielsweise obligatorische Verfassungsreferenden über den Beitritt zu Organisationen für kollektive Sicherheit oder zu supranationalen Gemeinschaften nicht in der Verfassungsurkunde nieder[25]. Gemäß der österreichischen Bundesverfassung (Art. 44 I BVG) sind verfassungsändernde Gesetze zwar als »Verfassungsgesetze« oder »Verfassungsbestimmungen« zu kennzeichnen, doch fehlt es gerade an einem ausdrücklichen Textänderungsgebot der Verfassung selbst, was zu deren lebhaft beklagter Unübersichtlichkeit führt[26]; ein sog. **Österreich**-Konvent sollte u. a. auch hier Wege zur Abhilfe suchen, sprach aber lediglich eine Empfehlung zur Aufnahme eines relativen Inkorporationsgebots in einer künftigen Verfassung aus[27]. Dem Art. 79 I GG noch am ehesten nahekommende Regelungen enthalten die Verfassungen der **Niederlande** (Art. 141) und **Portugal**s (Art. 287 I)[28]. Bemerkenswerterweise enthielt auch die **DDR-Verfassung** von 1968/1974 in Art. 106 ein explizites Textänderungsgebot. In die neuen Verfassungen Osteuropas ist ein solches durchweg nicht aufgenommen worden. Allerdings müssen gemäß der russischen Verfassung Änderungen des Bestands an Republiken und Regionen im Verfassungstext vermerkt werden[29]. Fehlanzeige ist insofern auch in Italien, Belgien und Frankreich zu verzeichnen.

10 Ein ausdrückliches Textänderungsgebot findet sich in fast allen **Verfassungen der deutschen Bundesländer**; eine Ausnahme bildet lediglich Berlin[30]. In Bayern (Art. 75 IV), Bremen (Art. 125 I) und Hessen (Art. 123 I) ist alternativ die Möglichkeit vorgesehen, die Verfassungsänderungen in einen Anhang aufzunehmen oder Zusatzartikel zu beschließen, wovon freilich kein Gebrauch gemacht wird[31].

---

[25] Zur Unzulässigkeit formeller Verfassungsdurchbrechungen bereits im Rahmen der bis 1999 geltenden Bundesverfassung *F. Fleiner/Z. Giacometti*, Schweizerisches Bundesstaatsrecht, 1949, S. 29 f.; *Loewenstein*, Erscheinungsformen (Fn. 4), S. 50 f.; *L. Wildhaber*, in: J.-F. Aubert u. a. (Hrsg.), Kommentar zur Bundesverfassung, Art. 118 (1988), Rn. 3; differenzierend *Y. Hangartner*, Grundzüge des schweizerischen Staatsrechts, Bd. I, 1980, S. 29 f. – Vgl. nunmehr Art. 140 I lit. b nBV.
[26] Von daher wird schon seit längerem die Einführung einer Art. 79 I GG vergleichbaren Vorschrift (»Inkorporierungsgebot«) erwogen: s. nur *R. Walter*, Zur Frage der Überschaubarkeit des Bundesverfassungsrechts, in: 75 Jahre Bundesverfassung, hrsgg. von der Österreichischen Parlamentarischen Gesellschaft, 1995, S. 169 ff. (181 f.). Ältere Literatur: → Bd. II², Art. 79 I Rn. 9 mit Fn. 22.
[27] *H. Mayer/G. Kucsko-Stadlmayer/K. Stöger*, Grundriss des österreichischen Bundesverfassungsrechts, 11. Aufl., Wien 2015, Rn. 110. Siehe noch die Beiträge in: W. Berka u. a. (Hrsg.), Verfassungsreform. Überlegungen zur Arbeit des Österreich-Konvents, 2004.
[28] Näher *E. Wiederin*, ZöR 59 (2004), 175 (178 f.).
[29] Art. 137 II Verf. Rußlands von 1993 bezogen auf die Aufzählung in Art. 65.
[30] Vgl. Art. 100, 101 I BerlVerf. – Erst seit 1996 kennt die Hamburger Verfassung ein Textänderungsgebot (Art. 51 I); zum früheren Fehlen einer solchen Regelung *J. Schwabe*, Verfassungsrecht, in: W. Hoffmann-Riem/H.-J. Koch (Hrsg.), Hamburgisches Staats- und Verwaltungsrecht, 1. Aufl. 1988, S. 32 ff. (60 f.); *Bushart*, Verfassungsänderung (Fn. 3), S. 46 f.; *C. Bernzen/D. Gottschalck*, ZRP 1993, 91 ff.; zur neuen Rechtslage *U. Karpen*, Verfassungsrecht, in: W. Hoffmann-Riem/H.-J. Koch (Hrsg.), Hamburgisches Staats- und Verwaltungsrecht, 3. Aufl. 2006, S. 25 ff. (46).
[31] Siehe für Bayern etwa *K. Schweiger*, in: ders./F. Knöpfle (Hrsg.), Die Verfassung des Freistaates Bayern, 2. Aufl., Art. 75 (2003), Rn. 8; *M. Möstl*, in: J. F. Lindner/M. Möstl/H. A. Wolff, Verfassung

C. Erläuterungen

I. Art. 79 I 1 GG

1. Verfassungsänderung »durch Gesetz«

a) Regelfall

Das Grundgesetz kann **nur** im Wege der **Gesetzgebung** geändert werden. Es gelten (abgesehen von den unerheblichen Fristverlängerungen in Art. 76 II 5, III 5 GG) dieselben Verfahrensvorschriften wie bei sog. »einfachen« Gesetzen; es werden dieselben Organe, nämlich Bundestag und Bundesrat, tätig. Unter Verzicht auf weitere Erschwernisse (Zeitintervalle, besonderes Procedere, Volksbeteiligung o. ä.) wird Verfassungsänderung ganz als »Erscheinungsweise der Gesetzgebung«[32] begriffen, deren einzige Besonderheit im Erfordernis der **Zweidrittelmehrheit** liegt (→ Art. 79 II Rn. 15ff.).

Art. 79 I 1 GG bezieht sich naturgemäß nur auf **Verfassungsrecht im formellen Sinn**, also auf den Text der Verfassungsurkunde. Novellierungen des in ihr nicht enthaltenen materiellen Verfassungsrechts (z. B. des Wahlrechts) unterliegen nicht seinen speziellen Qualifikationen[33], solange diese nicht das formelle Verfassungsrecht verändern, wie das z. B. bei der Einführung der Wehrverfassung wegen der Grundrechtsrelevanz und der Kompetenzordnung diskutiert wurde (→ Rn. 5)[34].

Mit der Verfassungsänderung »durch ein Gesetz« ist ein **förmliches Bundesgesetz** nach den allgemeinen Regeln des Gesetzgebungsverfahrens gemeint[35]. Nicht zulässig ist daher eine Verfassungsänderung durch Rechtsverordnung (Art. 80 GG), im Gesetzgebungsnotstand (Art. 81 IV GG) oder durch den Gemeinsamen Ausschuß im Verteidigungsfall (Art. 115e II 1 GG)[36]. Nicht gänzlich ausgeschlossen ist jedoch eine Änderung durch bloßes Zustimmungsgesetz zu einem völkerrechtlichen Vertrag (→ Rn. 15, 16).

Ein einfaches Gesetz, das sich auf ein verfassungsänderndes stützt, darf erst zu einem **Zeitpunkt** ausgefertigt und verkündet werden, in dem die ermächtigende Verfassungsnorm bereits in Kraft getreten ist[37]. Parallele Gesetzgebungsberatungen sind dadurch aber nicht untersagt[38].

---

des Freistaats Bayern. Kommentar, 2009, Art. 75 Rn. 4; *W. Brechmann*, in: T. Meder/W. Brechmann (Hrsg.), Die Verfassung des Freistaates Bayern, 5. Aufl. 2014, Art. 75 Rn. 25.

[32] *P. Badura*, HStR³ XII, § 270 Rn. 3; *Dreier*, Gilt das Grundgesetz (Fn. 1), S. 43f.; aufgegriffen von *J. Rozek*, HStR³ XII, § 257 Rn. 12.

[33] *J. Rozek*, HStR³ XII, § 257 Rn. 10 m. w. N.

[34] *B.-O. Bryde*, in: v. Münch/Kunig, GG II, Art. 79 Rn. 2, 9; *Bushart*, Verfassungsänderung (Fn. 3), S. 39; *K.-E. Hain*, in: v. Mangoldt/Klein/Starck, GG II, Art. 79 Rn. 1, 6.

[35] *Bryde* (Fn. 34), Art. 79 Rn. 7; *K. Vogel*, Gesetzesvorbehalt, Parlamentsvorbehalt und völkerrechtliche Verträge, in: FS Lerche, 1993, S. 95ff. (102); Jarass/*Pieroth*, GG, Art. 79 Rn. 2.

[36] Wie hier *M. Herdegen*, in: Maunz/Dürig, GG, Art. 79 (2014), Rn. 17; *S. Augsberg*, Das verfassungsändernde Gesetz, in: W. Kluth/G. Krings (Hrsg.), Gesetzgebung, 2014, § 28 Rn. 23; *J. Rozek*, HStR³ XII, § 257 Rn. 12.

[37] BVerfGE 34, 9 (21ff.) mit inkonsequenter Ausnahme für die Ausfertigung S. 24f. (unter Hinweis auf BVerfGE 32, 199 [212]); zu Recht kritisch *Bryde* (Fn. 34), Art. 79 Rn. 23; ebenso *Hain* (Fn. 34), Art. 79 Rn. 21ff.; vgl. auch *C. Vismann*, in: AK-GG, Art. 79 (2002), Rn. 30; *R. Rubel*, in: Umbach/Clemens, GG, Art. 79 Rn. 20. Anwendungsfall für die zweifelhafte Praxis gleichzeitiger Verkündung waren etwa das Atom- und das Soldatengesetz oder die Änderung des Parteiengesetzes 1983 (vgl. *A. Harms*, JR 1985, 309 [310]; *H. Hofmann*, Änderungen des Grundgesetzes – Erfahrungen eines halben Jahrhunderts, in: FS Thomas Raiser, 2005, S. 859ff. [867]). Zu der seit 1955 obsoleten Genehmi-

b) Sonderfall Deutsche Wiedervereinigung: Verfassungsänderung durch völkerrechtlichen Vertrag

15 In der solitären Situation der deutschen Wiedervereinigung ist das Grundgesetz nicht im üblichen Gesetzgebungsverfahren gem. Art. 76, 77 GG (i.V.m. §§ 75 ff. GOBT), sondern durch Zustimmungsgesetz zu einem völkerrechtlichen Vertrag (Art. 4 EV) gem. Art. 59 II 1 GG geändert worden. Wegen der alleinigen Vertragsgestaltung durch die Exekutive und der im Beschlußverfahren stark eingeschränkten Einflußmöglichkeiten der Abgeordneten (§§ 81 IV, 82 II GOBT: Abstimmung über das gesamte Gesetzespaket, keine Möglichkeit von Änderungsanträgen), die nur noch Ja oder Nein sagen konnten, liegt hierin eine empfindliche **Beschränkung originärer parlamentarischer Gesetzgebungshoheit**[39]. Das Bundesverfassungsgericht hat das Verfahren mit (sachlich durchaus fragwürdigem) Hinweis auf Art. 23 S. 2 a. F. GG i.V.m. dem Wiedervereinigungsgebot der Präambel a. F. (→ Pmbl. Rn. 13 f., 29) als Grundlage dieses Vorgehens und die Qualifizierung der Grundgesetzänderungen als »beitrittsbezogen« gebilligt[40]. Diese »**Irregularität der Verfassungsänderung**«[41] korrespondiert der Einmaligkeit des historischen Vorganges. Ein weiterer, ähnlich exzeptioneller Fall dürfte schwerlich vorstellbar sein, zumal das Gericht die Entscheidung auf Art. 23 a. F. GG und damit auf eine nach menschlichem Ermessen niemals wiederkehrende Verfassungsnorm gestützt hat. Die Verfassungsänderung durch völkerrechtlichen Vertrag bildet keine gleichwertige Alternative zum regulären Gesetzgebungsverfahren, sondern ist prinzipiell unzulässig[42].

---

gungspflichtigkeit unter dem Besatzungsregime s. *S. Schaub*, Der verfassungsändernde Gesetzgeber 1949–1980, 1984, S. 133 f.

[38] BVerfGE 34, 9 (21 ff.); *Stern*, Staatsrecht I, S. 164; *Hoffmann* (Fn. 15), Art. 79 I, II Rn. 62 ff.; *Bryde* (Fn. 34), Art. 79 Rn. 23; *J. Rozek*, HStR³ XII, § 257 Rn. 25. – Zur Praxis *Schaub*, Gesetzgeber (Fn. 37), S. 223 ff.

[39] *P. Badura*, DVBl. 1990, 1256 (1257) und *P. Lerche*, HStR VIII, § 194 Rn. 58 konstatieren eine gewisse »Zwangslage«; *H. Hofmann*, StWStP 6 (1995), 155 (157) spricht vom »kurzen gouvernementalen Weg eines völkerrechtlichen Vertrages mit der DDR«; zum Problem ferner *W. Heintschel von Heinegg*, DVBl. 1990, 1270 (1272 ff.); *E. Klein*, DÖV 1991, 569 (570 f.).

[40] BVerfGE 82, 316 (320 f.); 84, 90 (118 f.). *P. Lerche*, HStR VIII, § 194 Rn. 59 m. Fn. 184 spricht insofern von »erkennbarer Großherzigkeit unter Opferung strenger Logik«; skeptisch auch *Vogel*, Gesetzesvorbehalt (Fn. 35), S. 95, 104 f.; kritisch *H. Maurer*, JZ 1992, 183 (186 f.); *C. Pestalozza*, Jura 1994, 561 (564); *H. H. Rupp*, Grundgesetzänderungen durch völkerrechtlichen Vertrag – ein vernachlässigtes Problem des Maastrichter Unionsvertrags, in: J. Ipsen u. a. (Hrsg.), Verfassungsrecht im Wandel, 1995, S. 499 ff. (500 f.); *H. H. Klein*, HStR VIII, § 198 Rn. 25; schroffe Ablehnung bei *W. Geiger*, DRiZ 1991, 131 ff.; bezüglich der »Beitrittsbedingtheit« der Änderungen ebenso *H. Meyer*, KritV 76 (1993), 399 (412 ff.). Referierend *M. Kilian*, HStR³ I, § 12 Rn. 66 f. In der Sache hat das Gericht damit eine besondere »Fusionsgewalt« (in Parallele zur europäischen »Integrationsgewalt«) akzeptiert: *M. Herdegen*, Die Verfassungsänderungen im Einigungsvertrag, 1991, S. 6 f.

[41] *H. Hofmann*, StWStP 6 (1995), 155 (157).

[42] Dezidiert auch *Rupp*, Grundgesetzänderungen (Fn. 40), S. 502. Hingegen für Zulässigkeit derartiger Verfassungsänderungen auch über den singulären Fall des Einigungsvertrages hinaus *Hain* (Fn. 34), Art. 79 Rn. 3 f., wenn »verfassungsrechtlich tragfähige Gründe« vorliegen; noch großzügiger *M. Sachs*, in: ders., GG, Art. 79 Rn. 11, sowie *Herdegen* (Fn. 36), Art. 79 Rn. 18; *J. Rozek*, HStR³ XII, § 257 Rn. 16; eher wie hier *H. H. Klein*, HStR VIII, § 198 Rn. 25.

c) Ausnahmefall Europäische Integration: Verfassungsänderung durch primäres und sekundäres Unionsrecht

Im Unterschied zum solitären Vorgang der deutschen Wiedervereinigung bilden die Verfassungsänderungen infolge der europäischen Integration (→ Rn. 26) einen in Vergangenheit, Gegenwart und (vermutlich auch) Zukunft relevanten generellen Ausnahmefall[43]. Zur Änderung des Grundgesetzes kommt es bei der Übertragung von Hoheitsrechten auf zwischenstaatliche Einrichtungen (also außer im EU-Bereich auch bei den in Art. 24 GG erwähnten Fällen) allein durch die Verschiebung der Kompetenzordnung (→ Art. 23 Rn. 42 ff.; → Art. 24 Rn. 35). Des weiteren kann das durch völkerrechtlichen Gründungs- oder Veränderungsvertrag geschaffene sog. primäre Unionsrecht sowie das auf dessen Grundlage ergehende sekundäre Unionsrecht auch Grundrechtsnormen und Bestimmungen über die Staatsorganisation inhaltlich beeinflussen und entsprechend überlagern (→ Vorb. Rn. 55 m. w. N.; → Art. 1 III Rn. 16 ff.). Die solcherart bewirkte bzw. bedingte **Änderung des Grundgesetzes** wurde auf der Basis des Art. 24 GG **durch einfaches Gesetz** (in der Form eines Zustimmungsgesetzes zu den einschlägigen Gründungs- und Änderungsverträgen) und wird seit dem Maastricht-Vertrag von 1992 nach Maßgabe des Art. 23 GG ermöglicht, also in beiden Fällen mit den entsprechenden Einschränkungen parlamentarischer Gestaltungsmacht bei völkerrechtlichen Verträgen (→ Rn. 15). Mit einem Wort: »Art. 23 GG und auch Art. 24 GG sind also Quelle materieller Verfassungsänderung.«[44]

16

2. Gebot ausdrücklicher Textänderung (Inkorporationsgebot)

a) Ausschluß von (formellen) »Verfassungsdurchbrechungen«

Mit Art. 79 I 1 GG sollen nach verbreitetem Sprachgebrauch »**Verfassungsdurchbrechungen**« verhindert werden[45]. Doch handelt es sich hierbei um eine unpräzise, wenn nicht gar irreführende Umschreibung. Gerade mit Blick auf die einschlägige Diskussion in der Weimarer Staatsrechtslehre sind nämlich **zwei** ganz unterschiedliche **Begriffe** von Verfassungsdurchbrechungen zu unterscheiden (→ Rn. 18 ff.): ein formeller und ein materieller[46].

17

In Weimar stand einmal der **materielle Begriff** der Verfassungsdurchbrechung zur Debatte[47]. Er bezeichnete in gewisser (Fehl-)Fixierung auf den seinerzeit heftig umstrittenen Rechtsnormcharakter von gesetzlichen »Maßnahmen« (→ Art. 19 I Rn. 2)

18

---

[43] Kompakte Zusammenfassung bei *H. Bauer*, JBl. 2000, 750 (754 ff.).
[44] *H. C. Röhl*, Internationalisierung des Staatsrechts, in: M. Ibler (Hrsg.), Verwaltung, Verfassung, Kirche, 2012, S. 84 ff. (100). Von einer bloßen »Verfassungsüberlagerung« spricht *J. Rozek*, HStR³ XII, § 257 Rn. 17.
[45] Statt vieler *T. Maunz*, in: Maunz/Dürig, GG, Art. 79 I, II (1960), Rn. 4; *Hesse*, Verfassungsrecht, Rn. 39, 697 f.; *H.-U. Erichsen*, Jura 1992, 52 (52); *v. Münch/Mager*, Staatsrecht I, Rn. 64; *J. Ipsen*, Staatsrecht I, Rn. 1030 ff.; zu Recht problematisierend aber *Bryde* (Fn. 34), Art. 79 Rn. 5. – Den Begriff prägte *Jacobi*, Diktatur (Fn. 12), S. 109.
[46] Ähnlich wie hier *B.-O. Bryde*, Verfassungsentwicklung, 1982, S. 356 f.; *C. Gusy*, ZNR 18 (1996), 44 (48 f.); *Hufeld*, Verfassungsdurchbrechung (Fn. 3), S. 15 ff., 25 ff.; *Bauer/Jestaedt*, Grundgesetz (Fn. 15), S. 9. – Viel zu weitgehend *Volkmann*, Grundzüge, S. 337, der den Begriff der Verfassungsdurchbrechung als verfassungsdogmatisch »unbrauchbare« Kategorie einstuft.
[47] Vgl. nur *Jacobi*, Diktatur (Fn. 12), S. 109; *ders.*, Reichsverfassungsänderung (Fn. 4), S. 261, 267; *Schmitt*, Verfassungslehre (Fn. 12), S. 106 ff.; *R. Thoma*, Die juristische Bedeutung der grundrechtlichen Sätze der deutschen Reichsverfassung im allgemeinen (1929), in: ders., Rechtsstaat – Demokratie – Grundrechte, 2008, S. 173 ff. (221 ff.); *S. Jeselsohn*, Begriff, Arten und Grenzen der Verfassungs-

das Phänomen einer materiell verfassungsändernden »Anordnung [...], die für einen konkreten Einzelfall Bestimmungen trifft, welche abweichen von Normen der Verfassungsurkunde, die im übrigen in Kraft bleiben«; es ging also gerade nicht in erster Linie um die förmliche Urkundlichkeit[48], sondern um die substantielle verfassungstheoretische Frage notwendiger Allgemeinheit des materiellen (Verfassungs-)Gesetzes. Die punktuelle, womöglich nur vorübergehende, aber die Geltung der Verfassung sachlich, örtlich oder zeitlich einschränkende Verfassungsdurchbrechung wurde als *aliud* zur regulären, dauerhaften Verfassungsänderung begriffen.

19 Der in der Weimarer Republik nicht minder intensiv diskutierte **formelle Begriff** der Verfassungsdurchbrechung (→ Rn. 3) stellt hingegen allein darauf ab, daß inhaltliche Verfassungsänderungen im Text der Verfassungsurkunde nicht ausgewiesen werden, ohne daß es auf den materiellen Aspekt einzelfallbezogener, punktueller Maßnahmen ankäme[49]: es geht um sog. »stillschweigende« Verfassungsänderungen[50]. Hier kann man präziser von **Verfassungstextdurchbrechung** sprechen[51]. Diese Durchbrechung sucht der in Art. 79 I 1 GG fixierte Grundsatz zu verhindern: »Keine Verfassungsänderung ohne Verfassungstextänderung.«[52]

20 Weil formelle und materielle Verfassungsdurchbrechungen zusammentreffen können und in Weimar des öfteren zusammentrafen, werden sie in der Literatur häufig nicht deutlich auseinandergehalten[53]; verbreitet versteht man heute unter Verfassungsdurchbrechung allein die formelle[54]. Doch da sich beide Formen wie **zwei sich überschneidende Kreise** zueinander verhalten, muß man sorgfältig unterscheiden: ma-

---

änderung nach Reichsrecht, 1929, S. 22 f., 46; *Loewenstein*, Erscheinungsformen (Fn. 4), S. 171 f.; *G. Leibholz*, AöR 22 (1932), 1 ff.

[48] Vorangegangenes Zitat bei *R. Thoma*, Die Funktionen der Staatsgewalt. Grundbegriffe und Grundsätze (1932), in: ders., Rechtsstaat (Fn. 47), S. 301 ff. (363). Ebd. heißt es in aller Deutlichkeit: »Dadurch, daß sich die Verfassungsdurchbrechung auf einen konkreten Fall bezieht und ihre Kraft an ihm erschöpft, unterscheidet sie sich von der ›Verfassungs*änderung* ohne Änderung des Verfassungstextes‹«; unmißverständlich auch *C. Bilfinger*, AöR 11 (1926), 163 (180); *G. Leibholz*, AöR 22 (1932), 1 (4 f., 9 f., 23 f.). Konsequenterweise ist für *Schmitt*, Verfassungslehre (Fn. 12), S. 108 f. nichts dadurch gewonnen, wenn solche »apokryphen Souveränitätsakte« in die Verfassungsurkunde aufgenommen werden. An dieses materielle Verständnis knüpft an *H. Ehmke*, AöR 79 (1953/54), 385 (398 ff.), an ihn *Hesse*, Verfassungsrecht, Rn. 698.

[49] Auch von solchen formellen Durchbrechungen war in der Weimarer Diskussion durchgängig und kritisch die Rede, indes häufig in engem Zusammenhang mit den materiellen: vgl. *C. Bilfinger*, AöR 11 (1926), 163 (173 f.); *Jacobi*, Reichsverfassungsänderung (Fn. 4), S. 261, 263 f.; *Jeselsohn*, Begriff (Fn. 47), S. 21; *Anschütz*, WRV, Art. 76 Anm. 2 (S. 401 f.); *Thoma*, Grundbegriffe (Fn. 48), S. 363 ff.

[50] Terminus etwa bei *Anschütz*, WRV, Art. 76 Anm. 2 (S. 401); *Jeselsohn*, Begriff (Fn. 47), S. 32 ff.; *W. Jellinek*, Grenzen der Verfassungsgesetzgebung, 1931, S. 8; *K. Loewenstein*, Über Wesen, Technik und Grenzen der Verfassungsänderung, 1961, S. 39, 40; BVerfGE 2, 143 (164). – Auf diese Fälle (und nicht die »Durchbrechungen« mit Maßnahmecharakter) konzentrierte sich die Diskussion im Kaiserreich (→ Rn. 3 m. Fn. 7).

[51] So hatte bereits *H. Ehmke*, AöR 79 (1953/54), 385 (387) vorgeschlagen, den formellen Aspekt als »Verfassungs*text*durchbrechung« zu kennzeichnen.

[52] *Stern*, Staatsrecht I, S. 159; vertiefend *P. Unruh*, Der Verfassungsbegriff des Grundgesetzes, 2002, S. 436 ff.

[53] Vgl. *Hesse*, Verfassungsrecht, Rn. 39; *P. Badura*, HStR[3] XII, § 270 Rn. 14; *ders.*, Staatsrecht, Rn. F 63; BVerfGE 2, 143 (164) spricht vom Gehalt des Art. 79 I 1 GG als des »Verbotes der stillschweigenden Verfassungsänderung und der Verfassungsdurchbrechung«.

[54] S. *Hoffmann* (Fn. 15), Art. 79 I, II Rn. 142; *Rupp*, Grundgesetzänderungen (Fn. 40), S. 507; *v. Münch/Mager*, Staatsrecht I, Rn. 62; *Stern*, Staatsrecht I, S. 159; *J. Isensee*, HStR VII, § 162 Rn. 40; *Rubel* (Fn. 37), Art. 79 Rn. 8; *Unruh*, Verfassungsbegriff (Fn. 52), S. 278 ff.; *J. Isensee*, AöR 138 (2013), 325 (328); uneindeutig *G. Roellecke*, Identität und Variabilität der Verfassung, in: O.

terielle Verfassungsdurchbrechungen aufgrund besonderer normativer Anordnung können durchaus Eingang in den Verfassungstext finden, wie etwa Art. 143 GG demonstriert (→ Art. 143 Rn. 18), während eine formelle Verfassungsdurchbrechung i. S. einer Verfassungsänderung ohne Verfassungstextänderung eine permanente Regelung darstellen kann[55]. Formelle und materielle Verfassungsdurchbrechungen können sich decken, müssen dies aber nicht.

b) Textänderungs- bzw. Inkorporationsgebot

Art. 79 I 1 GG schließt allein Verfassungsdurchbrechungen im formellen Sinne aus[56]. Insofern deutet die verbreitete Bezeichnung der Norm als **Textänderungsgebot** in die richtige Richtung[57]. Entscheidend ist freilich, daß die Veränderung im Text der Verfassungsurkunde vorgenommen und insbesondere neues Verfassungsrecht zum Bestandteil des Textkörpers des Grundgesetzes wird, so daß die Entstehung von Nebenverfassungen unterbleibt: »Verfassungsrevision unter Beurkundungszwang«[58]. Daher spricht man besser und präziser von einem **Inkorporationsgebot**[59]. Denn Art. 79 I 1 GG will die kodifikatorische Geschlossenheit und Vollständigkeit der Verfassungsurkunde wahren[60], damit zugleich der Rechtsklarheit dienen und die Verfassungsänderung dem Prozeß demokratischer Willensbildung und öffentlicher Kontrolle (→ Art. 20 [Demokratie], Rn. 76 ff., 115) unterwerfen; auch kommt ihm – in gewisser sachlicher Parallele zum Zitiergebot (→ Art. 19 I Rn. 19) – eine Warnfunktion zu. Diese Aspekte und nicht erst das hier nicht niedergelegte Verbot einer materiellen Durchbrechung

21

Depenheuer/C. Grabenwarter (Hrsg.), Verfassungstheorie, 2010, § 13 Rn. 42 ff. – Gegentendenz bei *Hufeld*, Verfassungsdurchbrechung (Fn. 3), passim.

[55] Für Weimar vgl. *G. Leibholz*, AöR 22 (1932), 1 (13); *C. Gusy*, ZNR 18 (1996), 44 (48 f.). Zu beiden Verfassungen eingehend *Hufeld*, Verfassungsdurchbrechung (Fn. 3), S. 39 ff., 46 ff. – Für das Grundgesetz sind die Änderungen infolge des europäischen Integrationsprozesses prototypisch: → Rn. 26.

[56] Treffend *Bryde*, Verfassungsentwicklung (Fn. 46), S. 356: »Art. 79 I GG verlangt nur die ausdrückliche Sichtbarmachung von Verfassungsänderungen im Verfassungstext, ›Verfassungsdurchbrechungen‹ im Schmittschen Sinne verbietet er nicht.« Klar auch *Hufeld*, Verfassungsdurchbrechung (Fn. 3), S. 98 f., 239 f. (keine Aussage zur »geltungsbeschränkenden Ausnahme«); *Hain* (Fn. 34), Art. 79 Rn. 6; *Bauer/Jestaedt*, Grundgesetz (Fn. 15), S. 9; *E. Wiederin*, ZöR 59 (2004), 175 (187); *S. Unger*, Das Verfassungsprinzip der Demokratie, 2008, S. 192: Art. 79 I 1 GG sei »materiellrechtlich indifferent«; *Schöbener* (Fn. 2), Art. 79 Rn. 58; unklar *Volkmann*, Grundzüge, S. 337. S. auch die folgende Fußnote.

[57] Statt vieler *Bushart*, Verfassungsänderung (Fn. 3), S. 29 ff., 49 ff.; *Hain* (Fn. 34), Art. 79 Rn. 6; *Hufeld*, Verfassungsdurchbrechung (Fn. 3), S. 97 ff., 239 ff. – Die Bezeichnung als »Zitiergebot« (so BVerfGE 129, 78 [100, Rn. 81]) ist hingegen ein vermutlich einmaliger terminologischer Mißgriff des Gerichts. Denn es geht ja nicht darum, wie im Falle des Art. 19 I 2 GG im Rahmen einer einfachgesetzlichen Regelung eine bestimmte Norm des Grundgesetzes als betroffen zu zitieren (→ Art. 19 I Rn. 19 ff.), sondern darum, eine neue, das Grundgesetz ändernde Regelung auch formell, nämlich im Textkorpus der Verfassung, auszuweisen. Die Bezeichnung »Zitiergebot« verfehlt daher den wesentlichen Punkt.

[58] So plastisch *J. Isensee*, AöR 138 (2013), 325 (328); ähnlich *U. Hufeld*, HStR³ XII, § 259 Rn. 13.

[59] *Bauer/Jestaedt*, Grundgesetz (Fn. 15), S. 7: »Urkundlichkeits- oder Inkorporationsverbot«. Siehe auch *E. Wiederin*, ZöR 59 (2004), 175 (181); *H. Dreier*, IPE I, § 1 Rn. 27; *Unger*, Verfassungsprinzip (Fn. 56), S. 189; *U. Hufeld*, HStR³ XII, § 259 Rn. 9.

[60] *H. Dreier*, Bestandssicherung kodifizierten Verfassungsrechts am Beispiel des Grundgesetzes, in: O. Behrends/W. Sellert (Hrsg.), Der Kodifikationsgedanke und das Modell des Bürgerlichen Gesetzbuches (BGB), 2000, S. 119 ff. (127 f.); *Hufeld*, Verfassungsdurchbrechung (Fn. 3), S. 105; *M. Jestaedt*, Herr und Hüter der Verfassung als Akteure des Verfassungswandels, in: H. Neuhaus (Hrsg.), 60 Jahre Bundesrepublik Deutschland, 2010, S. 35 ff. (51).

der Verfassung dienen der Bekräftigung ihres Geltungsanspruchs[61]. Es greift die (nicht ausnahmslos gültige: → Rn. 26) Regel: **Keine Verfassungsänderung ohne Verfassungstextänderung**[62]. Ohne solch eine explizite Verankerung bewirken vom Grundgesetz abweichende Gesetze also selbst im Falle ihrer einstimmigen Verabschiedung und der Einhaltung der Erfordernisse von Art. 79 II, III GG keine gültige Verfassungsänderung und sind dann wegen Nichtbeachtung der formellen Garantie des Art. 79 I GG verfassungswidrig[63]. Eine »unbeabsichtigte« Verfassungsänderung ist ausgeschlossen. Allerdings kennt das Grundgesetz keine gleichsam flankierende Pflicht zur **Neukundmachung** der gesamten Urkunde in der jeweils aktuell geltenden Form, so daß die jeweils lesbare Einheit der gültigen Urkunde faktisch im wesentlichen durch Textausgaben von privater Hand hergestellt wird[64].

22   Die Änderung muß nicht unbedingt beim betroffenen Artikel lokalisiert sein, sondern kann an beliebiger Stelle der Verfassungsurkunde erfolgen[65]. Das Merkmal der »ausdrücklichen« Änderung fordert ausweislich der Entstehungsgeschichte der Norm (→ Rn. 4f.) nichts anderes, sondern dient lediglich der sprachlichen Bekräftigung des Textänderungsgebotes. Auch eine offenkundig fehlplazierte oder gar »**versteckte**« **Regelung** führt nicht zur Verfassungswidrigkeit.

23   Mit der Rede von der **Änderung und Ergänzung** des Grundgesetzes sind alle denkbaren Formen verfassungsändernder Eingriffe (Ergänzung einer bestehenden Norm, ihre komplette oder partielle Streichung, ihre textliche Modifikation, Einfügung neuer Artikel bzw. Absätze oder Kombination dieser Vorgehensweisen) erfaßt[66], auch rein deklaratorische.

24   Im Falle der Verfassungsänderung durch das Zustimmungsgesetz zum **Einigungsvertrag** (→ Rn. 15) hat das Bundesverfassungsgericht es für unbedenklich gehalten, »daß der Wortlaut der Verfassungsänderung nicht im Einigungsvertragsgesetz selbst

---

[61] So auch *Loewenstein*, Wesen (Fn. 50), S. 40. Anders wohl *H. Ehmke*, AöR 79 (1953/54), 385 (396f.); *Hesse*, Verfassungsrecht, Rn. 697f.; *Bushart*, Verfassungsänderung (Fn. 3), S. 132f., die diese Schutzfunktion erst mit der zusätzlichen Erfassung des (entweder gleichfalls in Art. 79 I 1 GG oder in allgemeinen Verfassungsprinzipien verorteten) Verbots materieller Verfassungsdurchbrechung für gegeben erachten. Art. 79 I 1 GG will materielle Verfassungsdurchbrechungen aber nicht untersagen, sondern – sofern diese nicht an Art. 79 III GG scheitern – in geordnete formale Bahnen lenken (*Hufeld*, Verfassungsdurchbrechung [Fn. 3], S. 99; *J. Isensee*, AöR 138 [2013], 325 [329]).

[62] *Stern*, Staatsrecht I, S. 159; *Bryde* (Fn. 34), Art. 79 Rn. 5, 10; *H.-J. Wipfelder*, BayVBl. 1983, 289 (290); *J. Isensee*, HStR VII, § 162 Rn. 40; *P. Kirchhof*, HStR³ II, § 21 Rn. 38, 62. – Die gerade in der Kommentarliteratur gern als BVerfG-Zitat ausgegebene Wendung vom »Grundsatz der Urkundlichkeit und Einsichtbarkeit jeder Verfassungsänderung« (siehe BVerfGE 9, 334 [336]) stammt offenkundig vom vorlegenden Landgericht, dessen Position nur referiert wird (gleicher Hinweis bei *J. Isensee*, AöR 138 [2013], 325 [328]; *Schöbener* [Fn. 2], Art. 79 Rn. 58 mit Fn. 133). Zur Schriftlichkeit in historischer Perspektive *Vismann* (Fn. 37), Art. 79 Rn. 12.

[63] Vgl. *Hufeld*, Verfassungsdurchbrechung (Fn. 3), S. 136; *Vismann* (Fn. 37), Art. 79 Rn. 28. Deutlich *E. Wiederin*, ZöR 59 (2004), 175 (207): Verletzung des Inkorporationsgebotes hat »Scheitern des Normsetzungsversuchs zur Folge [...]: Recht außerhalb der einen und einzigen Verfassungsurkunde ist kein Verfassungsrecht, mag es sich auch durch falsche Bezeichnung als solches ausgeben.«

[64] Treffender Hinweis bei *E. Wiederin*, ZöR 59 (2004), 175 (193).

[65] *Maunz* (Fn. 45), Art. 79 I, II Rn. 4; *Bryde*, Verfassungsentwicklung (Fn. 46), S. 357; *Bushart*, Verfassungsänderung (Fn. 3), S. 51f.; *Jarass/Pieroth*, GG, Art. 79 Rn. 3; *Rubel* (Fn. 37), Art. 79 Rn. 13; *Hufeld*, Verfassungsdurchbrechung (Fn. 3), S. 105; *Augsberg*, Gesetz (Fn. 36), § 28 Rn. 33; so auch BVerfGE 94, 49 (104). – A.A.: *H. Ehmke*, AöR 79 (1953/54), 385 (417); *Hoffmann* (Fn. 15), Art. 79 I, II Rn. 44.

[66] *Bryde* (Fn. 34), Art. 79 Rn. 8; *U. Hufeld*, HStR³ XII, § 259 Rn. 13. Im sachlichen Kern geht es um die Aufhebung alter oder die Begründung neuer Verfassungsbindung: *Bushart*, Verfassungsänderung (Fn. 3), S. 123.

wiedergegeben ist, sondern nur im Vertragstext, auf den das Gesetz verweist und der in vollem Umfang mit dem Gesetz gemäß dessen Art. 1 Satz 2 im Bundesgesetzblatt veröffentlicht worden ist.«[67] Das bezieht sich aber nur auf Art. 4 EV, der den Verfassungstext ausdrücklich ändert; bei Art. 6, 7 EV ist dies unterblieben[68].

Dem Textänderungsgebot stehen **Verweisungen** auf Texte außerhalb des Grundgesetzes nicht kategorisch entgegen[69]. Schon der Verfassunggeber hat davon Gebrauch gemacht, etwa in Art. 140 GG[70] oder in Art. 25 GG[71]; auch dem verfassungsändernden Gesetzgeber ist dieses Mittel nicht von vornherein versagt[72]. Zudem können Verweisungen (etwa auf völkerrechtliche Verträge) dem Ziel der Verfassungsklarheit und der Übersichtlichkeit der Urkunde gerade dienlich sein, indem sie die Überfrachtung der Verfassungsurkunde mit langen und komplizierten Texten verhindern[73]. Erforderlich ist aber eine klare Bestimmung der in bezug genommenen Normen[74] (→ Rn. 37).

c) Ausnahmefälle: Art. 23, 24 GG

Durch den deutschen Integrationsgesetzgeber bewirkte oder zugelassene Verfassungsänderungen (→ Rn. 16) müssen nicht ausdrücklich im Text des Grundgesetzes ausgewiesen werden. Auch hier führt der Prozeß der europäischen Integration zur Generalausnahme vom geltenden Verfassungsrecht[75], konkret zum »Verlust an Urkundlichkeit«[76]. **Art. 24 GG**, der »Integrationshebel« (H. P. Ipsen) bis zum Maastricht-

---

[67] BVerfGE 84, 90 (120). Dort heißt es weiter: »Die Forderung nach einer Wiederholung des Wortlauts der verfassungsändernden Regelung wäre angesichts der dargelegten Besonderheiten des Beitritts ein sachlich nicht gerechtfertigter Formalismus«. Das Gericht beruft sich insofern auf *K. Stern*, DtZ 1990, 289 (290). Im Ergebnis zustimmend: *M. Herdegen*, Die Verfassungsänderungen im Einigungsvertrag, 1991, S. 5; *H. Meyer*, KritV 76 (1993), 399 (402f.); *H. H. Klein*, HStR VIII, § 198 Rn. 23.

[68] Die herrschende Auffassung rechtfertigt dies damit, daß jene Normen keine Verfassungsänderungen darstellten: vgl. *H. H. Klein*, HStR VIII, § 198 Rn. 23; dagegen etwa *H. Meyer*, KritV 79 (1993), 399 (402ff.); *C. Pestalozza*, Jura 1994, 561 (564f.).

[69] *Bryde* (Fn. 34), Art. 79 Rn. 14 (mit Einschränkungen); *Bushart*, Verfassungsänderung (Fn. 3), S. 52; *Rubel* (Fn. 37), Art. 79 Rn. 14; *Bauer/Jestaedt*, Grundgesetz (Fn. 15), S. 11; *J. Isensee*, AöR 138 (2013), 325 (333); *Augsberg*, Gesetz (Fn. 36), § 28 Rn. 33. Zum besonderen Fall des (mittlerweile obsoleten) Art. 143 GG BVerfGE 84, 90 (119). → Art. 143 Rn. 18.

[70] Bei Art. 140 GG handelt es sich um einen echten Fall der Rezeption (vgl. *E. Wiederin*, ZöR 59 [2004], 175 [209]). Im weiteren Sinne ließen sich auch Art. 44 II, 139, 143 GG anführen. Kritisch zu Art. 140 GG *J. Isensee*, AöR 138 (2013), 325 (335f.).

[71] *J. Isensee*, AöR 138 (2013), 325 (344ff.).

[72] Auch auf statische Verweisungen läßt sich diese Möglichkeit nicht beschränken (so aber *Hain* [Fn. 34], Art. 79 Rn. 9), wie bereits der in BVerfGE 76, 363 (385f.) ausdrücklich als dynamische Verweisung eingestufte Art. 44 II GG zeigt und ein Anwendungsbeispiel von *Bryde* (Fn. 34), Art. 79 Rn. 14 illustriert: Verbot der lebenslänglichen Freiheitsstrafe »ausgenommen Taten nach §§ ... StGB«. Vgl. auch Art. 13 III 1 GG: »eine durch Gesetz einzeln bestimmte besonders schwere Straftat«. Wie hier *Bauer/Jestaedt*, Grundgesetz (Fn. 15), S. 11; *Sachs* (Fn. 42), Art. 79 Rn. 16.

[73] *Bryde* (Fn. 34), Art. 79 Rn. 14; *Hufeld*, Verfassungsdurchbrechung (Fn. 3), S. 240.

[74] Eingehend *J. Isensee*, AöR 138 (2013), 325 (335ff.).

[75] Deutlich *Bryde*, Verfassungsentwicklung (Fn. 46), S. 357 Fn. 11: »Wichtigste Ausnahme von diesem Prinzip (scil. Textänderungsgebot, H.D.) ist Art. 24, der die Durchbrechung der Verfassung durch supranationales Recht ermöglicht.« *Stern*, Staatsrecht I, S. 164; *Badura*, Staatsrecht, Rn. F 63: »neue Form der Verfassungsdurchbrechung als Ausnahme von dem Gebot des Art. 79 Abs. 1 Satz 1 GG«; eingehend *Hufeld*, Verfassungsdurchbrechung (Fn. 3), S. 132ff. – Eine andere und hier nicht zu beantwortende Frage ist, ob damit ein Fall der *materiellen* Verfassungsdurchbrechung vorliegt: dazu *Hufeld*, Verfassungsdurchbrechung (Fn. 3), S. 114ff., 127.

[76] *J. Isensee*, AöR 138 (2013), 325 (354). Deutlich auch *Sachs* (Fn. 42), Art. 79 Rn. 20; siehe noch *U. Hufeld*, HStR³ XII, § 259 Rn. 17ff.

Art. 79 I C. Erläuterungen

Vertrag von 1992, sowie die nunmehr einschlägige Norm des **Art. 23 GG** erlauben, was Art. 79 I 1 GG eigentlich ausschließen soll: eine »stille Verfassungsänderung«[77]. Beide Normen geben dies durch ihren Wortlaut zu erkennen. Art. 24 GG spricht wie Art. 23 I 2 GG schlicht vom »Gesetz« und meint damit ein einfaches Gesetz, das naturgemäß nicht den besonderen Anforderungen des Art. 79 I 1 GG (noch denen des Art. 79 II GG) unterliegt[78]. Der für »die Begründung der Europäischen Union sowie für Änderungen ihrer vertraglichen Grundlagen und vergleichbare Regelungen« spezielle Art. 23 I 3 GG erklärt zwar Art. 79 II, III GG für maßgeblich, läßt das Textänderungsgebot aber unerwähnt, so daß die Nichtgeltung aus dem Umkehrschluß folgt[79]. Kraft supranationalen Rechts kann es also zu **materiellen Verfassungsänderungen ohne Textänderung** in beträchtlichem Umfang und von erheblichem Gewicht kommen[80]. Dieser Befund läßt sich auch nicht dadurch relativieren oder marginalisieren, daß man zwar eine Änderung der »Verfassungslage« konzediert[81], aber Änderungen des Grundgesetzes nicht zu akzeptieren vermag[82] oder darauf hinweist, daß der verfassungsändernde Gesetzgeber in Art. 23 I GG die weiteren Integrationsschritte folglich »wie (nicht aber als!) Verfassungsänderungen« behandele[83]. Vielmehr ist klar festzuhalten, daß das Grundgesetz von einer »europäischen Hyperverfassung überlagert und relativiert« wird und mit der »Urkundlichkeit [...] eine förmliche Gewähr des Selbstands der Verfassung verloren« geht[84]. Die Integrationsoffenheit der Bundesrepublik setzt dem Ziel kodifikatorischer Geschlossenheit der Verfassung deutliche Grenzen und eröffnet praktisch einen **zweiten Weg der Verfassungsänderung**. Der Integrationsgesetzgeber ist freilich nicht gehindert, Verfassungsänderungen als solche auszuweisen, was durchaus in einigen Fällen (Art. 12a IV, 16 II 2, 28 I 3, 88 S. 2, 104a VI, 109 II GG) geschehen ist[85].

---

[77] Der auf Anschütz zurückzuführende Terminus (→ Fn. 10) bei *H. Bethge*, HStR VIII, § 199 Rn. 26; *ders.*, Deutsche Bundesstaatlichkeit und Europäische Union, in: FS Friauf, 1996, S. 55 ff. (61 f.); zur Sache auch *H. P. Ipsen*, Europäisches Gemeinschaftsrecht, 1972, S. 57 f.; *D. H. Scheuing*, EuR (Beiheft 1) 1997, 7 (16 f., 32, 50); *Hufeld*, Verfassungsdurchbrechung (Fn. 3), S. 115 ff. → Vorb. Rn. 115 f.; → Art. 1 III Rn. 15 mit weiteren Beispielen.

[78] Explizit BVerfGE 58, 1 (36); 68, 1 (96 f.). Vgl. *A. Randelzhofer*, in: Maunz/Dürig, GG, Art. 24 (1992), Rn. 64; *H. Hofmann*, HStR³ I, § 9 Rn. 41; *D. H. Scheuing*, EuR (Beiheft 1) 1997, 7 (17); *Hufeld*, Verfassungsdurchbrechung (Fn. 3), S. 120 f. Im Rahmen des verringerten Anwendungsbereiches des Art. 24 GG bleibt es bei der Möglichkeit der Verfassungsänderung durch einfaches Zustimmungsgesetz und ohne Textänderung.

[79] *R. Scholz*, in: Maunz/Dürig, GG, Art. 23 (1996), Rn. 80; *D. H. Scheuing*, EuR (Beiheft 1) 1997, 7 (21 f.); *Unruh*, Verfassungsbegriff (Fn. 52), S. 426 ff.; *P. Kirchhof*, HStR³ II, § 21 Rn. 38, 62; *Volkmann*, Grundzüge, S. 337. Für Verlautbarungspflicht des Gesetzgebers *U. Hufeld*, HStR³ X, § 215 Rn. 36.

[80] *Hufeld*, Verfassungsdurchbrechung (Fn. 3), S. 121 ff., 132 ff.; vgl. vor allem *H. Bauer*, JBl. 2000, 750 (757 f.) m. w. N.; zur Sache sehr kritisch *Rupp*, Grundgesetzänderungen (Fn. 40), S. 506 ff.

[81] So *K.-E. Hain*, DVBl. 2002, 148 (152); ähnlich schon *Bauer/Jestaedt*, Grundgesetz (Fn. 15), S. 26 ff.; auf dieser verfehlten Spur auch *Schöbener* (Fn. 2), Art. 79 Rn. 71 ff.

[82] *K.-E. Hain*, DVBl. 2002, 148 (151 f.) will in diesen Einwirkungen lediglich Änderungen der »Verfassungslage« sehen, die keine materiellen Verfassungsänderungen herbeiführten und daher keine Ausnahmen vom Textänderungsgebot darstellten: »Nichtanwendung der nationalen Norm bedeutet nicht Änderung der nationalen Norm«.

[83] So *Bauer/Jestaedt*, Grundgesetz (Fn. 15), S. 27; *Volkmann*, Grundzüge, S. 125 Fn. 143. Hier führt Scharfsinn am Sachproblem vorbei. Zu Recht kritisch auch *Unruh*, Verfassungsbegriff (Fn. 52), S. 427 f.

[84] Beide Zitate: *J. Isensee*, AöR 138 (2013), 325 (354).

[85] → Art. 12a Rn. 4; → Art. 16 Rn. 15, 71 f.; → Art. 28 Rn. 20; → Art. 88 Rn. 3; → Art. 104a Rn. 4, 40; → Art. 109 Rn. 3. Diese Normtextänderungen wurden zumeist lediglich mit verfassungspolitischen Erwägungen begründet: BR-Drs. 501/92, S. 8 (zu Art. 28 I 3 GG) und S. 9, 28 (zu Art. 88 GG).

3. Unantastbarkeit des Art. 79 I 1 GG?

Entgegen einer in der Literatur verbreiteten, auf unterschiedliche Argumente gestützten Auffassung ist das Textänderungs- bzw. Inkorporationsgebot **nicht dem Zugriff des verfassungsändernden Gesetzgebers entzogen**[86]. Es gibt zunächst keinen allgemeinen Verfassungsrechtssatz des Inhalts, wonach die Vorschriften über die Verfassungsrevision ihrerseits unantastbar wären oder das Textänderungs- bzw. Inkorporationsgebot zu den Essentialia einer jeden Verfassung zählte[87] – gegen letzteres sprechen schon Verfassungsgeschichte und Verfassungsvergleichung (→ Rn. 1 ff., 6 ff.). Ferner ist Art. 79 I 1 GG in Art. 79 III GG nicht ausdrücklich genannt und durch diese Klausel auch nicht mittelbar geschützt, da die Norm weder zum Kerngehalt des Rechtsstaats- bzw. Gewaltenteilungsprinzips noch des Demokratiegebots zählt[88]. Für die hier vertretene Position einer (die Grenzen des Art. 79 III GG achtenden: → Rn. 37) Änderbarkeit des Art. 79 I 1 GG streitet auch, daß das Grundgesetz bereits jetzt nicht unerhebliche Ausnahmen von dieser Vorgabe kennt (→ Rn. 16, 26). Das Inkorporationsgebot ist sinnvoll und begrüßenswert, gilt aber weder lückenlos noch ewig.

27

II. Art. 79 I 2 GG (sog. Klarstellungsklausel)

Die nur vor dem seinerzeitigen konkreten verfassungspolitischen Hintergrund (→ Rn. 5) erklärliche Vorschrift des Art. 79 I 2 GG bereitet erhebliche Interpretationsprobleme. Einigkeit herrscht allein darüber, daß die Norm selbst höchst unklar ist, entsprechende Verwirrung stiftet, wie ein Fremdkörper wirkt und der **Verschleierung der Verfassungsrechtslage** Vorschub leistet[89]. Doch ihre Prinzipienwidrigkeit bedeutet nicht zugleich Verfassungswidrigkeit; vielmehr bedarf sie einer verfassungsverträglichen Interpretation (→ Rn. 37).

28

Vgl. auch *Hufeld*, Verfassungsdurchbrechung (Fn. 3), S. 135; *Volkmann*, Grundzüge, S. 122 ff.; *J. Rozek*, HStR³ XII, § 257 Rn. 19; *U. Hufeld*, HStR³ XII, § 259 Rn. 28 (»Beurkundungsnormen«).

[86] Wie hier *Maunz* (Fn. 45), Art. 79 I, II Rn. 5; *L. Meyer-Arndt*, AöR 82 (1957), 275 (290); *E. Tosch*, Die Bindung des verfassungsändernden Gesetzgebers an den Willen des historischen Gesetzgebers, 1979, S. 125 f.; *B. Even*, Die Bedeutung der Unantastbarkeitsgarantie des Art. 79 Abs. 3 GG für die Grundrechte, 1988, S. 71 f.; *T. Schilling*, Rang und Geltung von Normen in gestuften Rechtsordnungen, 1994, S. 225; *G. Wegge*, Zur normativen Bedeutung des Demokratieprinzips nach Art. 79 Abs. 3 GG, 1996, S. 75 f.; *Bauer/Jestaedt*, Grundgesetz (Fn. 15), S. 12 f.; *Rubel* (Fn. 37), Art. 79 Rn. 16; *Herdegen* (Fn. 36), Art. 79 Rn. 26, 39; *J. Isensee*, AöR 138 (2013), 325 (329). Uneindeutig *Bryde*, Verfassungsentwicklung (Fn. 46), S. 248 f.

[87] So aber (vor dem Hintergrund eines »materialen« Verfassungsverständnisses) namentlich *H. Ehmke*, AöR 79 (1953/54), 385 (394 f., 397, 416 ff.); *ders.*, DÖV 1956, 449 (452); s. auch *F. Klein*, DVBl. 1954, 37 (43); *K. Loewenstein*, DÖV 1954, 385 (387); *Hesse*, Verfassungsrecht, Rn. 698, 707; *C. Bernzen/D. Gottschalck*, ZRP 1993, 91 (94). – Auch aus purer Rechtslogik folgt nicht, daß Revisionsvorschriften der Verfassungsänderung entzogen sein müßten: dazu ausführlich *Schilling*, Rang (Fn. 86), S. 226 ff.; knapp *Bauer/Jestaedt*, Grundgesetz (Fn. 15), S. 13.

[88] So aber vor allem *H. Ehmke*, AöR 79 (1953/54), 385 (410 ff., 416 ff.); *C. Bernzen/D. Gottschalck*, ZRP 1993, 91 (94). Eingehende Analyse dieser und weiterer Argumente für eine Unantastbarkeit (Verfassungsklarheit, Ordnungsfunktion, Urkundlichkeit etc.), die alle auf die Stipulierung eines subjektiven Idealbegriffs von Verfassung hinauslaufen: *Bushart*, Verfassungsänderung (Fn. 3), S. 35 ff.; *Hoffmann* (Fn. 15), Art. 79 I, II Rn. 139 ff.; s. auch *H. Haug*, Die Schranken der Verfassungsrevision, 1947, S. 169 ff., 177.

[89] *Bryde* (Fn. 34), Art. 79 Rn. 21; *H. Hofmann*, HStR³ I, § 9 Rn. 45; *J. Isensee*, HStR VII, § 162 Rn. 40 m. Fn. 117; *ders.*, AöR 138 (2013), 325 (329); *Hufeld*, Verfassungsdurchbrechung (Fn. 3), S. 102.

29 Art. 79 I 2 GG wird oft als »Klarstellungsklausel« bezeichnet. Tatsächlich handelt es sich eher um eine **Klarstellungsermächtigungsklausel**[90], da die Norm das Einfügen von Klarstellungsklauseln für jeden der genannten Fälle zwingend vorsieht, wie dies im Falle des mittlerweile wieder aufgehobenen Art. 142a GG (→ Rn. 5) denn auch geschehen ist. Da Klarstellungsklauseln also immer erforderlich sind und einer besonderen »Ermächtigung« im Grunde nicht bedürfen, ist Art. 79 I 2 GG insofern in der Tat überflüssig[91] und wirkt als bloß erinnernde »Vorratsnorm« für die vorgesehenen Fallkonstellationen.

30 Erfaßt werden **bestimmte Kategorien völkerrechtlicher Verträge**, deren Merkmale schon wegen des Charakters des Art. 79 I 2 GG als einer Ausnahmevorschrift **eng auszulegen** sind[92]. So umfaßt die »Friedensregelung« nicht auch die Kriegsverhütung, beschränkt sich die »Verteidigung« auf die Integration in Bündnissysteme. Der »Vorbereitung« einer Friedensregelung kommt kein eigenständiger Regelungsgehalt zu[93]. Der »Abbau einer besatzungsrechtlichen Ordnung« ist mittlerweile obsolet geworden.

31 Die sachliche Schlüsselfrage besteht darin, welchen **Rechtscharakter** man **der** »**Klarstellung**« beimißt. Die Interpretation dieses zentralen Punktes hängt auf schwer entwirrbare Weise mit der Frage nach seiner Grundgesetz-Konformität zusammen.

32 Art. 79 I 2 GG steht zunächst nicht im Widerspruch zu Art. 79 I 1 GG, da die Norm unter expliziter Änderung des Grundgesetzes in dieses eingefügt wurde[94]. Auch für die im Einzelfall vorzunehmenden Klarstellungen ist eine Textänderung ausdrücklich vorgesehen. Eine **formelle Verfassungsdurchbrechung** (→ Rn. 19) liegt daher **nicht** vor. Eine solche ließe sich nur dann bejahen, wenn man durch Art. 79 I 1 GG Verweisungen jeglicher Art für prinzipiell ausgeschlossen erachten müßte, was indes nicht zutrifft (→ Rn. 25).

33 Ein Widerspruch zu Art. 79 I 1 GG kommt aber insoweit in Betracht, als diese Norm lediglich konkrete und hinlänglich spezifizierte Verweisungen erlaubt, während Art. 79 I 2 GG pauschale Verweisungen zuläßt. Auch in diesem Fall würde Art. 79 I 2 GG nicht automatisch verfassungswidrig, da es sich hierbei selbst um eine – vom verfassungsändernden Gesetzgeber in formell ordnungsgemäßer Weise eingefügte – Norm mit Verfassungsrang handelt. Allein in einer (unterstellten) Abweichung des Satzes 2 von Satz 1, also einer »Durchbrechung des Durchbrechungsverbots«, liegt noch kein Verfassungsverstoß. Die Verfassungswidrigkeit der Klarstellungsermächtigungsklausel könnte sich nur aus einem **Verstoß gegen Art. 79 III GG** ergeben (→ Rn. 34ff.).

34 Ein derartiger Verstoß gegen die verfassungsrechtliche Ewigkeitsklausel ergibt sich nicht schon daraus, daß Art. 79 I 2 GG von Art. 79 I 1 GG abweicht. Das Textänderungsgebot als solches gehört nicht zum durch Art. 79 III GG geschützten und unabänderlichen Verfassungskern (→ Rn. 27). Doch fragt sich, ob die konkrete Ausgestal-

---

[90] Vgl. *Hoffmann* (Fn. 15), Art. 79 I, II Rn. 84ff., 123ff. (Erlaubnis zur Klarstellung).
[91] Richtig *Hufeld*, Verfassungsdurchbrechung (Fn. 3), S. 102f., 239; *Bauer/Jestaedt*, Grundgesetz (Fn. 15), S. 13, 15f.; *Hain* (Fn. 34), Art. 79 Rn. 19.
[92] BVerfGE 41, 126 (174); *Bryde* (Fn. 34), Art. 79 Rn. 17; *Jarass/Pieroth*, GG, Art. 79 Rn. 4. – Eingehend (und partiell extensiver) *Hoffmann* (Fn. 15), Art. 79 I, II Rn. 154ff.; s. auch *Maunz* (Fn. 45), Art. 79 I, II Rn. 8ff.
[93] So auch *Herdegen* (Fn. 36), Art. 79 Rn. 30.
[94] Wie hier *Bryde* (Fn. 34), Art. 79 Rn. 16; *Hoffmann* (Fn. 15), Art. 79 I, II Rn. 143; *Vismann* (Fn. 37), Art. 79 Rn. 31; *H. Hofmann*, HStR³ I, § 9 Rn. 45; *Sachs* (Fn. 42), Art. 79 Rn. 18; *Hain* (Fn. 34), Art. 79 Rn. 19; *J. Isensee*, AöR 138 (2013), 325 (329).

II. Art. 79 I 2 GG (sog. Klarstellungsklausel)   Art. 79 I

tung des Art. 79 I 2 GG nicht zu einem derartigen Verstoß führt. Die Antwort hängt von der Interpretation der Ermächtigung zur Einfügung einer Klarstellungsklausel ab.

Eine **authentische Interpretation**[95] läßt sich darin nicht erblicken, da mit dieser eine von mehreren möglichen Auslegungen als verbindlich ausgezeichnet wird, was Art. 79 I 2 GG eben nicht vorsieht: durch die (verschleiernde) Klarstellung bleibt das genaue Verhältnis zwischen Vertragstext und Grundgesetz (Übereinstimmung oder Widerspruch) gerade offen[96]. Aus dem gleichen Grund erscheint zweifelhaft, durch die Klarstellungsklausel einen pauschalen Vorrang des Vertragsinhaltes gegenüber dem Grundgesetz begründet zu sehen[97]. Auch überzeugt es nicht, Art. 79 I 2 GG bzw. die jeweilige Klarstellungsklausel als Interpretationsauftrag an die staatlichen Organe von Bund und Ländern einschließlich des Bundesverfassungsgerichts zu deuten, vom Vertragsinhalt betroffene GG-Bestimmungen so auszulegen und anzuwenden, daß eine Unvereinbarkeit mit dem Grundgesetz ausgeschlossen ist[98]: denn Art. 79 I 2 GG ist kein bloßer Interpretations-, sondern **ein materiellrechtlicher Geltungsbefehl**. Die Norm wird man deshalb so zu verstehen haben, daß mit ihr (bzw. der Klarstellungsklausel) Bestimmungen der bezeichneten völkerrechtlichen Verträge auf die Ebene der Verfassung »gehoben« werden, die ohne diesen Vorgang im Widerspruch zum Grundgesetz gestanden hätten und daher verfassungswidrig und nichtig gewesen wären[99].   35

Dieses Vorgehen stellt nicht schon per se »verfassungswidriges Verfassungsrecht« dar. Insbesondere liegt **keine Verletzung des Gewaltenteilungsgrundsatzes** und der Kompetenzen des Bundesverfassungsgericht vor[100]: denn der verfassungsändernde Gesetzgeber ist nicht prinzipiell daran gehindert (und nimmt dadurch auch nicht kompetenzwidrig Rechtsprechungsfunktionen wahr), einzelne Bestimmungen völkerrechtlicher Verträge durch ein ausdrückliches verfassungsänderndes Gesetz auf eine höhere Normstufe zu heben und damit den Prüfungsmaßstab für das Bundesverfassungsgericht zu verändern[101].   36

Entscheidende Relevanz gewinnt indes der Umstand, daß die pauschale Deklaration eines völkerrechtlichen Vertrages mit seinen komplexen und vielschichtigen Regelungen als grundgesetzgemäß den **Vorrang der Verfassung** zu verletzen geeignet ist[102]. Denn dieser im Unterschied zur Weimarer Verfassung anerkannte, in Art. 1, 20 GG verankerte und von Art. 79 III GG umfaßte Grundsatz (→ Art. 1 III Rn. 1; → Art. 20 [Rechtsstaat], Rn. 92ff.; → Art. 79 III Rn. 51) setzt voraus und verlangt, daß zwischen den Normebenen von Verfassungsgesetz und einfachem Gesetz eindeutig unterschieden werden kann. Rechtsnormen mit Verfassungsrang müssen klar identifizierbar   37

---

[95] Dafür *Maunz* (Fn. 45), Art. 79 I, II Rn. 13; *R. Sannwald*, in: Schmidt-Bleibtreu/Hofmann/Henneke, GG, Art. 79 Rn. 26.
[96] Treffend *K. Loewenstein*, DÖV 1954, 385 (386); *Bryde* (Fn. 34), Art. 79 Rn. 21; *Hoffmann* (Fn. 15), Art. 79 I, II Rn. 93ff.
[97] *Maunz* (Fn. 45), Art. 79 I, II Rn. 13; *Bryde* (Fn. 34), Art. 79 Rn. 21.
[98] So der Lösungsvorschlag von *Hoffmann* (Fn. 15), Art. 79 I, II Rn. 85ff., 123ff., der hier nicht in gebührender Breite gewürdigt werden kann.
[99] Klar und deutlich *Herdegen* (Fn. 36), Art. 79 Rn. 37ff.; a. A. (nur Anwendungsvorrang) *Schöbener* (Fn. 2), Art. 79 Rn. 63f.
[100] So aber *H. Ehmke*, AöR 79 (1953/54), 385 (413); *K. Loewenstein*, DÖV 1954, 385 (387f.); *Hesse*, Verfassungsrecht, Rn. 698. Dagegen *Maunz* (Fn. 45), Art. 79 I, II Rn. 13; *Hoffmann* (Fn. 15), Art. 79 I, II Rn. 149ff.; Jarass/*Pieroth*, GG, Art. 79 Rn. 4.
[101] So wohl auch *Stern*, Staatsrecht I, S. 165.
[102] Zustimmend zum folgenden *H. Hofmann*, HStR³ I, § 9 Rn. 45 m. Fn. 213.

sein. Das schließt zwar Verweisungen nicht aus (→ Rn. 25), erfordert aber, daß festgelegt wird, welche Bestimmungen der in bezug genommenen Normen nunmehr Verfassungsrang haben sollen und welche nicht. Steht das nicht fest[103], bleibt der Prüfungsmaßstab für die Normen ebenso unklar wie ihre Bindungswirkung und die Anforderungen, die an spätere Änderungen der diesbezüglichen Rechtsnormen zu stellen wären. Mit Rücksicht auf diesen fundamentalen verfassungsrechtlichen Tatbestand (und nicht auf Art. 79 I 1 GG) ist mithin im Sinne einer **grundgesetzkonformen Interpretation** zu fordern, daß die von Art. 79 I 2 GG ermöglichte und nicht prinzipiell verfassungswidrige Einfügung einer »Klarstellungsklausel« so gestaltet wird, daß ihr zu entnehmen ist, welche Regelungen des in bezug genommenen völkerrechtlichen Vertrages Verfassungsrang erlangen sollen. Hieraus folgt sogleich, daß Art. 142a GG als bislang einziger Anwendungsfall (→ Rn. 5) verfassungswidriges Verfassungsrecht darstellte, weil er eben dies nicht leistete.

III. Verfassungswandel und verwandte Erscheinungen

38 Das Inkorporationsgebot des Art. 79 I 1 GG berührt auch das die Staatsrechtslehre seit langem beschäftigende Phänomen des Verfassungswandels[104]. Hierunter versteht man im allgemeinen den auf neuer oder andersartiger Interpretation beruhenden **Bedeutungswandel** von Verfassungsnormen, denen ohne Änderung des Verfassungstextes andere Aussagen entnommen werden[105]. Verfassungswandel bedeutet also **Sinnänderung ohne Textänderung**[106]. Damit vollzieht sich, was das Inkorporationsgebot eigentlich zu verhindern trachtet: es ändert sich der Aussagegehalt grundgesetzlicher Normen, ohne daß dies seinen Niederschlag im Verfassungstext findet. Typologisch werden entsprechende Vorgänge des Verfassungswandels unterschieden von mannigfachen Veränderungen im Realbereich der Norm, die deren bloße Bedeutung oder Bedeutsamkeit betreffen[107], obwohl über die Abgrenzung der Phänomene im allgemeinen

---

[103] Daß Art. 79 I 2 GG dies jedenfalls seinem Wortlaut nach offenläßt, wird von einigen Autoren zu Recht konstatiert: *Bryde* (Fn. 34), Art. 79 Rn. 21; *Bushart*, Verfassungsänderung (Fn. 3), S. 53; *Hufeld*, Verfassungsdurchbrechung (Fn. 3), S. 106. Die hier vorgeschlagene Konsequenz besteht in der Annahme einer gebotenen engeren, mit Art. 79 III GG konformen Auslegung.

[104] Begriffsprägend *P. Laband*, Die Wandlungen der deutschen Reichsverfassung, 1895; weiterhin grundlegend *Jellinek*, Verfassungsänderung (Fn. 8); aus vorkonstitutioneller Zeit s. noch *Hsü Dau Lin*, Die Verfassungswandlung, 1932; verfassungsvergleichend *Loewenstein*, Wesen (Fn. 50), S. 14ff.

[105] Vgl. nur *K. Hesse*, Grenzen der Verfassungswandlung, in: FS Scheuner, 1973, S. 123ff. (126, 128); *W. Heun*, AöR 109 (1984), 13 (26ff.); *P. Badura*, HStR³ XII, § 270 Rn. 14; *P. Kirchhof*, HStR³ II, § 21 Rn. 63; *E.-W. Böckenförde*, Anmerkungen zum Begriff Verfassungswandel, in: FS Lerche, 1993, S. 3ff. (6ff.); *G. F. Schuppert*, AöR 120 (1995), 32 (68ff.); *H. A. Wolff*, Ungeschriebenes Verfassungsrecht unter dem Grundgesetz, 2000, S. 79ff.; *A. Voßkuhle*, Der Staat 43 (2004), 450ff.; *R. Grawert*, Der Staat 52 (2013), 503 (528ff.); *Roellecke*, Identität (Fn. 54), § 13 Rn. 52ff.; *Augsberg*, Gesetz (Fn. 36), § 28 Rn. 15ff.; *L. Michael*, RW 5 (2014), 426 (435ff.); eingehend auch *Bryde*, Verfassungsentwicklung (Fn. 46), S. 254ff. – Kritisch *M. Jestaedt*, Das mag in der Theorie richtig sein …, 2006, S. 55ff.

[106] *H. Kelsen*, Allgemeine Staatslehre, 1925, S. 254 (»daß den unverändert bleibenden Worten des Verfassungstextes ein anderer als der ursprüngliche Sinn beigelegt wird«); in der Sache gleich *L. Michael*, RW 5 (2014), 426 (433f.). – Typologie des Verfassungswandels bei *Bryde*, Verfassungsentwicklung (Fn. 46), S. 283ff.; *H. Schulze-Fielitz*, Verfassung als Prozeß von Verfassungsänderungen ohne Verfassungstextänderungen, in: R. Wahl (Hrsg.), Verfassungsänderung, Verfassungswandel, Verfassungsinterpretation, 2008, S. 219ff.

[107] Besonders nachdrücklich *Böckenförde*, Anmerkungen (Fn. 105), passim; s. auch *Wolff*, Ungeschriebenes Verfassungsrecht (Fn. 105), S. 90ff., 109f.; *A. Voßkuhle*, Der Staat 43 (2004), 450 (452f.).

III. Verfassungswandel und verwandte Erscheinungen   Art. 79 I

wie im Einzelfall alles andere als Einhelligkeit herrscht. Gleichwohl ist die Rechtsfigur des Verfassungswandels in der Rechtsprechung[108] wie in der Literatur[109] prinzipiell anerkannt, ohne bislang allgemein konsentierte Konturierung gerade auch in Abgrenzung zu Interpretation, richterlicher Rechtsfortbildung oder noch weiter reichenden Vorstellungen fließender Fortbildung des Verfassungsrechts gefunden zu haben. Relativ **eindeutige Fälle**[110] lassen sich vornehmlich beim vielzitierten »Wandel der Grundrechte« – seien es allgemeine Grundrechtsdimensionen (→ Vorb. Rn. 82 f., 94 f.) oder die Geltung der Grundrechte auch in Sonderstatusverhältnissen (→ Art. 1 III Rn. 65), seien es einzelne Gewährleistungen[111] – verzeichnen, während sie im Bereich des üblicherweise rigider und präziser geregelten Staatsorganisationsrechts seltener auftreten, ohne indes völlig zu fehlen. Man denke insofern nur an das seinerzeit neuartige Verständnis des Abgeordnetenmandats als eines vollalimentierten Amtes[112], den Bedeutungswandel der Rolle des Bundeskanzlers mit Blick auf die Parlamentsauflösung[113], die mehrfach geänderte Judikatur zur Parteienfinanzierung[114] oder den für zulässig erklärten Einsatz der Bundeswehr im Ausland[115] sowie die Voraussetzung für einen Einsatz im Inland gem. Art. 35 II, 87a IV GG[116].

Die mit dem Inkorporationsgebot verbundene Intention, Verfassungsänderungen als Textänderungen zu dokumentieren, erleidet neben weiter oben bereits genannten Fällen (→ Rn. 26) auch durch diese Phänomene Ausnahmen[117]. Art. 79 I GG enthält   39

---

[108] BVerfGE 2, 380 (401); 3, 407 (422); 41, 360 (370); 45, 187 (227, 229). Rechtsprechungsanalyse bei *A. Blankenagel*, Tradition und Verfassung, 1987, S. 129 ff.

[109] Vgl. die oben in Fn. 105 genannten Hinweise. Die Anerkennung fällt indes zuweilen sehr restriktiv aus (z. B. *Böckenförde*, Anmerkungen [Fn. 105], S. 6 ff.), zuweilen eher extensiv (etwa *P. Lerche*, Stiller Verfassungswandel als aktuelles Politikum, in: FS Maunz, 1971, S. 285 ff. [292 ff., 297]). – *P. Häberle*, Zeit und Verfassung (1974), in: ders., Verfassung als öffentlicher Prozeß, 1978, S. 59 ff. (82 f.) begreift Verfassungswandel als Unterfall der Interpretation; dazu etwa *C. Walter*, AöR 125 (2000), 517 (523 f., 540 ff.); siehe noch *Vismann* (Fn. 37), Art. 79 Rn. 19 ff.

[110] Zum folgenden ausführlicher *Dreier*, Bestandssicherung (Fn. 60), S. 137 ff.

[111] Etwa bei der neu konfigurierten Eigentumsgarantie in der Naßauskiesungsentscheidung (BVerfGE 58, 300) oder beim Rechtsschutz gegen den Richter (Kehrtwende durch den Plenumsbeschluß BVerfGE 107, 395 [401, Rn. 14 ff.]); vielzitierte Beispiele sind die Kreationen eines Rechts auf informationelle Selbstbestimmung sowie eines Computer-Grundrechts (→ Art. 2 I Rn. 79 ff., 82 ff.). Stark umstritten ist nach wie vor die BVerfG-Judikatur zum Wandel beim Ehe- und Familienbegriff (dazu eingehend *M. Böhm/M. Germann*, Dynamische Grundrechtsdogmatik von Ehe und Familie?, VVDStRL 73 [2014], S. 211 ff., 257 ff.; *C. Gröpl/Y. Georg*, AöR 139 [2014], 125 ff.). → Art. 6 Rn. 49 ff.

[112] BVerfGE 40, 296 (314). Kritisch dazu *W. Roth*, AöR 129 (2004), 219 (221 ff.) m. w. N. → Art. 48 Rn. 19.

[113] Dazu etwa das Sondervotum *Zeidler* (BVerfGE 62, 1 [64 ff., 67 ff.]); ebenfalls zur Parlamentsauflösung *H. Hofmann*, HStR³ I, § 9 Rn. 94 sowie *W. Löwer*, DVBl. 2005, 1102 (1104 ff.). Zur Schwächung der) Stellung des Bundespräsidenten *W. Heun*, AöR 109 (1984), 13 (29 ff., 33 ff.). – BVerfGE 62, 1 (38) spricht mit dem Verweis auf die »Handhabung durch oberste Verfassungsorgane« auch die Frage an, inwieweit die konkrete Staatspraxis bei der Auslegung von Verfassungsnormen leitend werden kann (s. auch S. 49). Allgemein dazu etwa *P. Rädler*, ZaöRV 58 (1998), 611 ff.

[114] Vorläufiges Ende: BVerfGE 85, 264. → Art. 21 Rn. 44 f.

[115] BVerfGE 90, 286 (381 ff.). Kritisch dazu etwa *G. Roellecke*, Der Staat 34 (1995), 415 ff.; *J. Masing*, Der Staat 44 (2005), 1 (2 mit Fn. 5); *M. Thiel*, Die »Entgrenzung« der Gefahrenabwehr, 2011, S. 445 ff.

[116] Beschluß des Plenums vom 3. Juli 2012, BVerfGE 132, 1 (9 ff., Rn. 23 ff.). – Dazu kritisch *L. Münkler*, ZG 28 (2013), 376 (380 ff.).

[117] *U. Scheuner*, Verfassung (1963), in: ders., Staatstheorie und Staatsrecht. Gesammelte Schriften, 1978, S. 171 ff. (181) betont, daß der Vorgang des Verfassungswandels »im Wesen des Rechts« begründet liege und von daher durch positive Sicherungen oder Normierungen der Verfassung nicht ausgeschlossen werden könne.

kein striktes **Verbot des Verfassungswandels**[118], kann **aber** als zusätzliches Argument für dessen **Begrenzung** herangezogen werden. Insbesondere der eindeutige Wortlaut einer Verfassungsnorm markiert nach h.M. eine unübersteigbare Hürde[119], was indes keineswegs zweifelsfrei ist[120]. Jedoch übt Art. 79 I 1 GG einen heilsamen Zwang zur förmlichen Verfassungsänderung aus, wenn die – freilich schwer fixierbaren – Grenzen der Interpretation erreicht sind[121].

40 Relativierend wird man bei alledem zu bedenken haben, daß die Anerkennung bestimmter Weiterentwicklungen der Verfassung – ob in Gestalt von Interpretation, richterlicher Rechtsfortbildung, Anerkennung von Gewohnheitsrecht oder Verfassungswandel präsentiert – letztlich **in den Händen des Bundesverfassungsgerichts** liegt[122]. Interpretation und Wandel der Verfassung sind daher »de facto nicht mehr unterscheidbar«[123]. Und weil manch neue Auslegung eine förmliche Verfassungsänderung entbehrlich werden läßt, erweisen sich Verfassungsänderung und Verfassungswandel wenigstens partiell als »funktional äquivalent«[124]. Diese zentrale Rolle des Bundesverfassungsgerichts bei der Fortentwicklung des Verfassungsrechts auch ohne formelle Textänderung kann man eher resignativ hinnehmen oder positiv zu begründen suchen[125]. Jedenfalls verweist dieser Befund auf grundlegende Fragen des Institutionengefüges des demokratischen Verfassungsstaates[126]. Gänzlich **verfehlt** erscheint allerdings der zweifelsohne phantasievolle, aber vornehmlich verfassungspolitisch motivierte und durch das Grundgesetz in keiner Weise gedeckte Versuch, das **Bundesverfassungsgericht** institutionell als **Träger einer »eigenständigen verfassungswandelnden Gewalt«** zu konzipieren und so dessen »originäre Kompetenz [...] zum Verfas-

---

[118] *Bryde* (Fn. 34), Art. 79 Rn. 11; *Bushart*, Verfassungsänderung (Fn. 3), S. 54 ff., 57 f.; *Hain* (Fn. 34), Art. 79 Rn. 13; *Wolff*, Ungeschriebenes Verfassungsrecht (Fn. 105), S. 107; *Sachs* (Fn. 42), Art. 79 Rn. 17; *J. Isensee*, AöR 138 (2013), 325 (331).

[119] S. nur *Hesse*, Grenzen (Fn. 105), S. 139; *A. Roßnagel*, Der Staat 22 (1983), 551 (553, 555 m.w.N.); *P. Badura*, HStR³ XII, § 270 Rn. 14. Aus der Judikatur BVerfGE 11, 78 (87); 45, 1 (33).

[120] Vgl. *Bryde*, Verfassungsentwicklung (Fn. 46), S. 270 unter Berufung auf BVerfGE 28, 66 (76 ff.): Normtext als wichtige, aber nicht unübersteigbare Grenze; grundsätzlich skeptisch *O. Depenheuer*, Der Wortlaut als Grenze, 1988, S. 17 ff. – Der Grundgesetzinterpretation sind Beispiele für eine Interpretation gegen den Wortlaut nicht unbekannt: z.B. ist in Art. 142 GG zwar nur von den »Artikeln 1 bis 18 dieses Grundgesetzes« die Rede, doch bezieht die ganz h.M. mit Recht die grundrechtsgleichen Rechte (→ Vorb. Rn. 64 f.) mit ein (→ Art. 142 Rn. 37 ff.).

[121] Wie hier *J. Masing*, Der Staat 44 (2005), 1 (15).

[122] *Bryde*, Verfassungsentwicklung (Fn. 46), S. 108, 265, 292, 350, 355; *D. Grimm*, Verfassung (1989), in: ders., Die Zukunft der Verfassung, 1991, S. 11 ff. (22); *Schlaich/Korioth*, Bundesverfassungsgericht, Rn. 14 ff.; *C. Walter*, AöR 125 (2000), 517 ff.; *Vismann* (Fn. 37), Art. 79 Rn. 18; *Unruh*, Verfassungsbegriff (Fn. 52), S. 431 f.; *R. Wahl*, Verfassungsänderung – Verfassungswandel – Verfassungsinterpretation II, in: ders., Verfassungsänderung (Fn. 106), S. 65 ff. (77 f.).

[123] *Hofmann*, Änderungen (Fn. 37), S. 870; ähnlich *Wahl*, Verfassungsänderung (Fn. 122), S. 78. S. auch *Wolff*, Ungeschriebenes Verfassungsrecht (Fn. 105), S. 102; *Volkmann*, Grundzüge, S. 140 ff. (»bewegliche Rechtserzeugung«); *Schöbener* (Fn. 2), Art. 79 Rn. 78. – Faktisch die Ununterscheidbarkeit demonstrierend *C. Starck*, Das Bundesverfassungsgericht in der Verfassungsordnung und im politischen Prozeß, in: FS 50 Jahre BVerfG I, S. 1 ff. (18 ff.).

[124] *A. Voßkuhle*, Der Staat 43 (2004), 450 (456). Darin dürfte der wesentliche Grund für den richtig konstatierten »irrlichternde(n)« Charakter des Verfassungswandels liegen (Zitat: *Jestaedt*, Herr und Hüter [Fn. 60], S. 40).

[125] Eine solche positive Begründung ist das zentrale Anliegen von *C. Walter*, AöR 125 (2000), 517 (531 ff., 543 ff.).

[126] Vorzügliche Problemübersicht bei *Schlaich/Korioth*, Bundesverfassungsgericht, 7. Teil: Das Bundesverfassungsgericht im Gefüge der Staatsfunktionen (Rn. 501 ff.). Siehe auch *Starck*, Bundesverfassungsgericht (Fn. 123), S. 3 ff., 23 ff.

III. Verfassungswandel und verwandte Erscheinungen **Art. 79 I**

sungswandel« zu postulieren¹²⁷. Wenn man meint, Verfassungspolitik sei »keine originär parlamentarische Aufgabe, sondern [...] als Kernaufgabe des BVerfG zu begreifen«¹²⁸, entfernt man sich doch sehr weit von den Grundentscheidungen des Grundgesetzes und seinen geschriebenen Regeln für die Verfassungsrevision.

Auch die nicht einheitlich beantwortete Frage nach der grundgesetzlichen Zulässigkeit von **Verfassungsgewohnheitsrecht**¹²⁹, welches im Unterschied zum Verfassungswandel einer gewissen Dauerhaftigkeit bedarf, wird durch die Dominanz des Gerichts bei der Fortentwicklung des Verfassungsrechts und die allgemeine Konnexität von Richter- und Gewohnheitsrecht stark relativiert – zumal, wenn man »ungeschriebenes Verfassungsrecht« anerkennt, das durch Interpretation des Grundgesetzes ans Licht gehoben wird und dessen Rang teilt¹³⁰. **41**

Als gleichsam negative Gewohnheit kann **desuetudo**, also die dauerhafte Nichtanwendung einer Norm, ohne formelle Streichung zu deren Geltungsverlust führen. Beim Verfassungsrecht ist das freilich nur im extremen Ausnahmefall vorstellbar¹³¹. In den mit Blick auf das Grundgesetz gelegentlich diskutierten Fällen wie dem Sozialisierungs-Artikel, der Grundrechtsverwirkung oder den Parteienverboten (→ Art. 15 Rn. 19f.; → Art. 18 Rn. 11; → Art. 21 Rn. 143ff.) sind äußerste Grenzen dieser Art noch nicht überschritten: die entsprechenden Normen bleiben ungeachtet ihrer langjährigen Nichtanwendung in Kraft. Hingegen kennt das Verfassungsrecht des öfteren Fälle eines **Obsolet-Werdens** von Bestimmungen, in Sonderheit durch Erfüllung ihres Regelungsgehaltes, Wegfall des Regelungsgegenstandes oder durch Ablauf von Geltungsfristen (vgl. Art. 117, 118, 144 II GG). Ob hier der Satz »cessante ratione legis cessat ipsa lex« eine Rolle spielt, ist streitig¹³². Eine verfassungsrechtliche Pflicht des verfassungsändernden Gesetzgebers zur Eliminierung solcher Normen existiert nicht. **42**

---

¹²⁷ So *L. Michael*, RW 5 (2014), 426 (Zitate: 430, 431); ebd. S. 448ff.: das Bundesverfassungsgericht »als originärer Träger der verfassungswandelnden Gewalt«.

¹²⁸ *L. Michael*, RW 5 (2014), 426 (449). Letztlich dient das ganze Konstrukt ohnehin nur dazu, der kritikwürdigen (weil den »besonderen« Schutz der Ehe gemäß Art. 6 I GG ignorierenden) Judikatur des Bundesverfassungsgerichts zu den gleichgeschlechtlichen Lebenspartnerschaften eine vermeintlich »verfassungstheoretische« Legitimation zu verschaffen: *L. Michael*, RW 5 (2014), 426 (444f., 452, 456f., 468ff.).

¹²⁹ Für ausgeschlossen hält dies *C. Tomuschat*, Verfassungsgewohnheitsrecht?, 1972, insb. S. 88ff. (dort S. 145ff. auch weitere Argumente wie Versteinerungsgefahr und fehlende Aufhebbarkeit durch das Bundesverfassungsgericht), für nicht prinzipiell undenkbar hingegen *H. Schulze-Fielitz*, Parlamentsbrauch, Gewohnheitsrecht, Observanz, in: Schneider/Zeh, § 11 Rn. 5; sehr skeptisch wiederum *Unruh*, Verfassungsbegriff (Fn. 52), S. 430ff.; *Augsberg*, Gesetz (Fn. 36), § 28 Rn. 18. – Allgemein *Stern*, Staatsrecht I, S. 109ff.; eingehend *H.-J. Mengel*, JöR 30 (1981), 21 (59ff.).

¹³⁰ Vgl. *Hesse*, Verfassungsrecht, Rn. 34 (ungeschriebenes Verfassungsrecht als »Entfaltung, Vervollständigung oder Fortbildung der Prinzipien der geschriebenen Verfassung«); *P. Badura*, HStR³ XII, § 270 Rn. 8ff. (Rn. 11: die Figur des ungeschriebenen Verfassungsrechts lasse dem Verfassungsgewohnheitsrecht praktisch keinen Raum, wodurch es zur theoretischen Rechtsquelle werde). Beispiel aus der Judikatur: BVerfGE 34, 216 (231): *clausula rebus sic stantibus* als ungeschriebener Bestandteil des Bundesverfassungsrechts. Für stärkere Profilierung sowohl des Verfassungsgewohnheitsrechts als auch des (aus diesem fließenden) ungeschriebenen Verfassungsrechts *Wolff*, Ungeschriebenes Verfassungsrecht (Fn. 105), S. 112ff., 393ff., 427ff.; zu Recht skeptischer *Unruh*, Verfassungsbegriff (Fn. 52), S. 428ff.

¹³¹ *Bryde*, Verfassungsentwicklung (Fn. 46), S. 454f.; *Schöbener* (Fn. 2), Art. 79 Rn. 84; weitgehend ablehnend *Jellinek*, Verfassungsänderung (Fn. 8), S. 34ff., der den Gedanken erwägt, »daß staatliches Hoheitsrecht seinem Wesen nach unverjährbar« sei (S. 40). So in der Sache *G. Robbers*, Obsoletes Verfassungsrecht durch sozialen Wandel?, in: FS Benda, 1995, S. 209ff.

¹³² Dazu (mit diesem Titel) *W. Löwer*, 1989; ausdrücklich ablehnend *E. Schmidt-Jortzig*, Rechtstheorie 12 (1981), 395 (407ff.); bejahend am Beispiel des Wiedervereinigungsgebotes *D. Murswiek*,

Art. 79 I   D. Verhältnis zu anderen GG-Bestimmungen

43   Auch besteht keine Pflicht zur »**Nachführung**« des Verfassungstextes[133] bei abgeschlossenem und klar fixierbarem Verfassungswandel[134]. Ganz unklar ist insofern schon, wie denn die erforderliche Zweidrittelmehrheit in Bundestag und Bundesrat gewonnen werden soll[135]. Gleichwohl wäre hier wie auch bei den obsoleten Normen eine Anpassung des Verfassungstextes schon aus Gründen der Verfassungsklarheit und Verfassungswahrheit verfassungspolitisch wünschenswert[136].

44   Ob man eine eigenständige Kategorie der »**Verfassungsnachholung**«[137] als spezifische Form ›verdeutlichender‹ Fortentwicklung der Verfassung konturieren und trennscharf bestimmen kann, dürfte sehr zweifelhaft sein, weil kein hinlänglich klarer Anwendungsbereich des Gemeinten im Verhältnis zu Verfassungsänderung, Verfassungsinterpretation und Verfassungswandel verbleibt.

D. Verhältnis zu anderen GG-Bestimmungen

45   Die vom verfassungsändernden Gesetzgeber strikt zu unterscheidende **verfassunggebende Gewalt** ist nicht in Art. 79 GG, sondern in der **Präambel** und in **Art. 146 GG** angesprochen (→ Pmbl. Rn. 51 ff.; → Art. 146 Rn. 21 ff.)[138]. Neben den inhaltlichen Schranken der Ewigkeitsgarantie (→ Art. 79 III Rn. 14 ff.) legt Art. 79 I 1 GG Form und Verfahren für den verfassungsändernden Gesetzgeber fest, der durch das Erfordernis der Zweidrittelmehrheit (→ **Art. 79 II** Rn. 15 ff.) gegenüber dem einfachen Gesetzgeber besonders qualifiziert ist. Doch gilt weder das Gebot einer ausdrücklichen Änderung des Grundgesetztextes noch das Erfordernis eines im üblichen parlamentarischen Verfahren verabschiedeten Gesetzes ausnahmslos: Verfassungsänderung ist auch durch völkerrechtlichen Vertrag (→ Rn. 15 f.) und ohne ausdrückliche Textänderung (→ Rn. 25 f.) möglich. Als generelle Ausnahmen vom Regelfall erweisen sich einmal mehr **Art. 23, 24 GG** (→ Rn. 16, 26). Andere, eher punktuelle Ausnahmen sind durch den Sonderfall der deutschen Wiedervereinigung (→ Rn. 15) bedingt; hier ist vor allem **Art. 143 GG** zu nennen.

Das Wiedervereinigungsgebot des Grundgesetzes und die Grenzen der Verfassungsänderung, 1999, S. 43 ff.; zum Wiedervereinigungsgebot und zu Art. 146 GG auch *D. Heckmann*, Geltungskraft und Geltungsverlust von Rechtsnormen, 1997, S. 439 ff.

[133] Der Terminus »Nachführung« ist durch Kurt Eichenberger prominent in die Diskussion der Revision der Schweizer Verfassung eingeführt worden: vgl. *G. Müller*, ZSR 116 I (1997), 21 ff.

[134] Ablehnend wie hier *A. Voßkuhle*, Der Staat 43 (2004), 450 (457 f.). – Von einer Nachführungspflicht ist die in manchen Verfassungen vorgesehene Nachführungsanregung durch feste Revisionszyklen zu unterscheiden; dazu *E. Menzel*, Rechtsformen der formalen Verfassungsänderung, in: FS Giese, 1953, S. 153 ff. (155 ff.).

[135] Nicht überzeugend ist es, hier eine entsprechende Pflicht der Verfassungsorgane konstruieren zu wollen (so etwa *M. J. Ohms*, Die verfassungsimmanente Pflicht des Gesetzgebers zur Änderung des Grundgesetzes, 1996, S. 28 f., 88 ff.).

[136] Wie hier *A. Voßkuhle*, Der Staat 43 (2004), 450 (458).

[137] Vgl. *P. Lerche*, Verfassungsnachholung, insbesondere im Kleide der Interpretation, in: Verfassung im Diskurs der Welt. Liber Amicorum für Peter Häberle, 2004, S. 631 ff.

[138] Zur systematischen Abgrenzung von Verfassungsänderung und Verfassunggebung *Unruh*, Verfassungsbegriff (Fn. 52), S. 433 ff.; in extenso *C. Winterhoff*, Verfassung – Verfassunggebung – Verfassungsänderung, 2007, S. 183–355; knapper *Dreier*, Gilt das Grundgesetz ewig (Fn. 1), S. 7 ff., 35 ff.

Artikel 79 [Änderung des Grundgesetzes]

(1) ¹Das Grundgesetz kann nur durch ein Gesetz geändert werden, das den Wortlaut des Grundgesetzes ausdrücklich ändert oder ergänzt. ²Bei völkerrechtlichen Verträgen, die eine Friedensregelung, die Vorbereitung einer Friedensregelung oder den Abbau einer besatzungsrechtlichen Ordnung zum Gegenstand haben oder der Verteidigung der Bundesrepublik zu dienen bestimmt sind, genügt zur Klarstellung, daß die Bestimmungen des Grundgesetzes dem Abschluß und dem Inkraftsetzen der Verträge nicht entgegenstehen, eine Ergänzung des Wortlautes des Grundgesetzes, die sich auf diese Klarstellung beschränkt.

(2) Ein solches Gesetz bedarf der Zustimmung von zwei Dritteln der Mitglieder des Bundestages und zwei Dritteln der Stimmen des Bundesrates.

(3) Eine Änderung dieses Grundgesetzes, durch welche die Gliederung des Bundes in Länder, die grundsätzliche Mitwirkung der Länder bei der Gesetzgebung oder die in den Artikeln 1 und 20 niedergelegten Grundsätze berührt werden, ist unzulässig.

Literaturauswahl

Augsberg, Steffen: Das verfassungsändernde Gesetz, in: Winfried Kluth/Günter Krings (Hrsg.), Gesetzgebung. Rechtsetzung durch Parlamente und Verwaltungen sowie ihre gerichtliche Kontrolle, 2014, § 28 (S. 729–752).

Busch, Andreas: Das oft geänderte Grundgesetz, in: Wolfgang Merkel/Andreas Busch (Hrsg.), Demokratie in Ost und West. Für Klaus von Beyme, 1999, S. 549–574.

Dreier, Horst: Landesverfassungsänderung durch quorenlosen Volksentscheid aus der Sicht des Grundgesetzes, in: BayVBl. 1999, S. 513–523.

Dreier, Horst: Verfassungsänderung, leicht gemacht, in: ZSE 6 (2008), S. 399–407.

Hofmann, Hasso: Änderungen des Grundgesetzes – Erfahrungen eines halben Jahrhunderts, in: Reinhard Damm/Peter W. Heermann/Rüdiger Veil (Hrsg.), Festschrift für Thomas Raiser zum 70. Geburtstag am 20. Februar 2005, 2005, S. 859–870.

Isensee, Josef: Verfassungsreferendum mit einfacher Mehrheit, 1999.

Jestaedt, Matthias: Herr und Hüter der Verfassung als Akteure des Verfassungswandels, in: Helmut Neuhaus (Hrsg.), 60 Jahre Bundesrepublik Deutschland, 2010, S. 35–99.

Lutz, Donald S.: Toward a Theory of Constitutional Amendment, in: Sanford Levinson (ed.), Responding to Imperfection. The Theory and Practice of Constitutional Amendment, 1995, S. 237–274.

Masing, Johannes: Zwischen Kontinuität und Diskontinuität: die Verfassungsänderung, in: Der Staat 44 (2005), S. 1–17.

Maurer, Hartmut: Verfassungsänderung im Parteienstaat, in: Karl-Hermann Kästner/Knut Wolfgang Nörr/Klaus Schlaich (Hrsg.), Festschrift für Martin Heckel zum siebzigsten Geburtstag, 1999, S. 821–838.

Schaub, Stefan: Der verfassungsändernde Gesetzgeber 1949–1980, 1984.

Schröder, Meinhard: Varianten, Ausmaß und Stil der Änderungen des Grundgesetzes, in: Verfassungsstaatlichkeit im Wandel. Festschrift für Thomas Würtenberger zum 70. Geburtstag, 2013, S. 791–802.

Schuppert, Gunnar Folke: Rigidität und Flexibilität von Verfassungsrecht. Überlegungen zur Steuerungsfunktion von Verfassungsrecht in normalen wie in »schwierigen« Zeiten, in: AöR 120 (1995), S. 32–99.

Siehe auch die Angaben zu Art. 79 I und 79 III GG.

Leitentscheidungen des Bundesverfassungsgerichts

Diese liegen zu Art. 79 II GG bislang nicht vor.

Gliederung Rn.

A. Herkunft, Entstehung, Entwicklung 1
  I. Ideen- und verfassungsgeschichtliche Aspekte 1
  II. Entstehung und Veränderung der Norm 5
B. Internationale, supranationale und rechtsvergleichende Bezüge 7
C. Erläuterungen 13
  I. Allgemeine Bedeutung 13
  II. Zweidrittelmehrheit in Bundestag und Bundesrat 19
  III. Änderbarkeit des Art. 79 II GG 23
  IV. Besonderheiten bei Art. 23, 24 GG 24
D. Verhältnis zu anderen GG-Bestimmungen 25

Stichwörter

Abstimmungsverfahren 20 – Agreement of the People 1 – amending power 14 – Änderungsfrequenz 17 – Bayerische Verfassung 12 – Bundesrat 21 – Bundestag 19 – Erscheinungsweise der Gesetzgebung 15 – Europäische Integration 7, 24 – Ewigkeitsgarantie 12, 23, 25 – gesetzliche Mitgliederzahl (Art. 121 GG) 19, 25 – Klarstellungsklausel 22 – Locke, John 1 – Mehrheitswahlrecht 23 – Parlamentarischer Rat 5 – Rechtsvergleichung 9 ff. – Referendum 10 f. – Rückbezug auf das Volk 10 – Schweden 1 – Sieyes 1 – Überhangmandate 19 – Übertragung von Hoheitsrechten 7, 24 – US-Verfassung 1 – de Vattel, Emer 2 – verfassungsändernde Gewalt 1 – Verfassungswandel 14, 25 – Volksbeteiligung 5, 10 ff., 15 – Vorrang der Verfassung 3 – Zweidrittelmehrheit 19 ff.

A. Herkunft, Entstehung, Entwicklung

I. Ideen- und verfassungsgeschichtliche Aspekte

1 Die Kompetenz zur **Verfassungsänderung versteht sich nicht von selbst**[1]. Der Antike war sie unbekannt[2]. Ältere Staatsgrundgesetze des Mittelalters und der frühen Neuzeit (leges fundamentales, Herrschaftsverträge u.a.) trafen keine Vorkehrungen für ihre Revision, sondern legten sich in aller Regel zeitlich unbegrenzte Geltung bei[3]. Selbst das in vieler Hinsicht moderne und vorwärtsweisende **Agreement of the People 1647** hatte noch keine Änderungsmöglichkeit vorgesehen[4]. Auch die auf einen Entwurf von John Locke zurückgehenden »Fundamental Constitutions of Carolina« aus dem Jahre 1669 sollten ihrem Schlußartikel zufolge »the sacred and unalterable form

---

[1] *C. Schmitt*, Verfassungslehre, 1928, S. 102; ähnlich *Stern*, Staatsrecht I, S. 154; *S. Augsberg*, Das verfassungsändernde Gesetz, in: W. Kluth/G. Krings (Hrsg.), Gesetzgebung, 2014, § 28 Rn. 2; *L. Michael*, RW 5 (2014), 426 (443): »Ausnahmeermächtigung«. Vertiefend *H. Dreier*, Gilt das Grundgesetz ewig?, 2009, S. 35 ff.

[2] *W. Rauschenberger*, ZöR 2 (1921), 113 (121); *F. Stier-Somlo*, Reichs- und Landesstaatsrecht I, 1924, S. 50.

[3] Vgl. etwa die Regelung im Westfälischen Frieden 1648, IPO Art. XVII § 2: »Zur größeren Gewähr und Sicherheit sämtlicher Bestimmungen soll der gegenwärtige Vertrag als ein dauerndes Verfassungsgesetz des Reiches wie alle anderen Gesetze und Grundgesetze des Reiches [...] für alle gegenwärtigen, geistlichen wie weltlichen (Personen), sie seien Reichsstände oder nicht, gleichermaßen verbindlich sowie [...] als eine für immer zu beachtende Vorschrift vorgeschrieben sein.« (Zitiert nach: A. Buschmann [Hrsg.], Kaiser und Reich, 1984, S. 375 f.)

[4] Siehe *S. R. Gardiner*, Introduction, in: ders. (ed.), The Constitutional Documents of the Puritan Revolution 1625–1660, 3rd Edition, Oxford 1906, S. IXff. (LI). Zur Erklärung *G. Jellinek*, Das Recht der Minoritäten, 1898, S. 10: ihren eigenen Grundsätzen gemäß hätten die Schöpfer des Agreements für eine Verfassungsänderung Einstimmigkeit des ganzen Volkes fordern müssen.

I. Ideen- und verfassungsgeschichtliche Aspekte **Art. 79 II**

and rule of government of Carolina forever«[5] bleiben. Erste Schritte hin zu einer ausdrücklich in der Verfassung selbst vorgesehenen Prozedur ihrer Änderung lassen sich im »Frame of Government of Pennsylvania« aus dem Jahre 1683 erkennen[6], die in der »Charter of Privileges for Pennsylvania« aus dem Jahre 1701 verdeutlicht und sogar mit einer Ewigkeitsklausel kombiniert werden[7]. Sieht man von diesen frühen Vorläufern, die sich zudem noch nicht auf selbständige Staaten bezogen, sowie vom singulären Reichstagsbeschluß in **Schweden 1766**[8] ab, so stellte tatsächlich die »Entwicklung eigens in der Verfassung vorgesehener Verfahren zur Verfassungsänderung [...] im späten 18. Jahrhundert ein bewundertes Novum dar«[9]. Im Zuge des Erlasses neuer Verfassungen in den nordamerikanischen Staaten nach der Unabhängigkeitserklärung setzte sich der Gedanke, daß die Verfassungen »could be altered piecemeal by popular will«, bald flächendeckend durch[10]. Auch in Bezug auf die **US-Verfassung 1787** wurde sowohl von George Washington als auch den Verfassern der Federalist Papers die Erforderlichkeit der Ermöglichung von Verfassungsänderungen bekräftigt[11]. In Frankreich schrieb der **Abbé Sieyes** in seinem Verfassungsentwurf dem Volk »beständig das Recht« zu, »seine Verfassung zu überprüfen und zu erneuern«, und erwog sogar die Bestimmung fester Termine für eine periodische Revision[12]; zugleich legte er den größten Wert darauf, die verfassungsändernde Gewalt strikt von der gesetzgebenden

---

[5] Zitiert nach B. P. Poore (ed.), The Federal and State Constitutions, Colonial Charters, and other Organic Law of the United States, 2nd ed., Part II, 1878, S. 1397 ff. (1408).

[6] Dort heißt es in Art. XXIV: »That no act, law, or ordinance whatsoever, shall, at any time hereafter, be made or done by the Proprietary and Governor of this province, and territories thereunto belonging, his heirs or assigns, or by the freemen in provincial Council or Assembly, to alter, change or diminish the form or effect of this charter, or any part or clause thereof, contrary to the true intent and meaning theoreof, without the consent of the Proprietary and Governor, his heirs or assigns, and six parts of seven of the said freemen in provincial Council and Assembly met.« (zit. nach Poore [Fn. 5], S. 1530 [vgl. auch S. 1523, 1526]).

[7] Art. VIII greift zunächst die Klausel von 1683 in sprachlich gestraffter Form auf (»without the Consent of the Governor for the Time being, and Six Parts of Seven of the Assembly met«), um dann fortzufahren: »That the First Article of this Charter relating to Liberty of Conscience, and every Part and Clause therein, according to the true Intent and Meaning thereof, shall be kept and remain, without any Alteration, inviolably for ever.« (zit. nach Poore [Fn. 5], S. 1539).

[8] Diesem Beschluß zufolge mußte die Änderung der Grundgesetze (»Grundlagar«) den Abstimmungen von zwei sukzessiven Reichstagen unterworfen werden; zwischen beiden mußten also Neuwahlen stattfinden. Die Regelung gilt bis heute unverändert: Kap. 8 § 15 der schwedischen »Regierungsform«.

[9] G. Stourzh, Wege zur Grundrechtsdemokratie, 1989, S. 57; s. auch H. Dippel, Die Amerikanische Revolution 1763–1787, 1985, S. 97. – S. Levinson, Introduction: Imperfection and Amendability, in: ders. (ed.), Responding to Imperfection, Princeton/NJ 1995, S. 3 ff. (4): »It was a fundamental breakthrough in American constitutional theory, manifested originally in the drafting of state constitutions, that the ›rules of government‹ would be decidedly ›alterable‹ through a stipulated legal process.«

[10] Zitat bei D. S. Lutz, Toward a Theory of Constitutional Amendment, in: Levinson, Responding to Imperfection (Fn. 9), S. 237 ff. (239), der als Zeitraum »by 1780« nennt. Materialreich dazu P. Unruh, Der Verfassungsbegriff des Grundgesetzes, 2002, S. 92 ff.

[11] Letter of George Washington to Bushrod Washington, November 10, 1787, in: M. Kammen (ed.), The Origins of the American Constitution: A Documentary History, New York 1986, S. 81 ff. (83); Federalist Papers Nr. 85 (Hamilton), in der sog. Cooke-Ausgabe (The Federalist. Edited, with Introduction and Notes, by Jacob E. Cooke. Middletown/CN 1961), S. 587 ff. (591 ff.).

[12] E. J. Sieyès, Einleitung zur Verfassung (1789), in: ders., Politische Schriften, 2. Aufl. 1981, S. 239 ff. (257; Art. XXXII); eindringlich auch die einschlägigen Schriften Condorcets (s. S. Lüchinger, Das politische Denken von Condorcet [1743–1794], 2002, S. 84 f., 224 ff.). Zu den Debatten um die Verfassungsrevision im revolutionären Frankreich Unruh, Verfassungsbegriff (Fn. 10), S. 167 ff.

zu trennen[13] (wovon im Grundgesetz keine Rede sein kann: → Rn. 15). Durchweg realisieren und kanalisieren moderne Verfassungen einen fortbestehenden Veränderungsbedarf und tragen damit dem Gedanken notwendiger, aber friedlich-evolutionärer Fortentwicklung ihrer selbst Rechnung (→ Rn. 14). Plastisch hat man den Prozeß der Verfassungsänderung beschrieben als »a domestication of the right to revolution«[14].

2   Zur Wahrung der Stabilisierungs- und Fundierungsfunktion der Verfassung wird deren **Änderung** allerdings in der Regel signifikant **erschwert**: so etwa in besonders gravierender Weise in der amerikanischen Bundesverfassung von 1787 (Art. V) oder der französischen Revolutionsverfassung von 1791 (Titel VII)[15]. Im 19. Jahrhundert setzt sich das Merkmal der Zweidrittelmehrheit durch, zumeist kombiniert mit einem bestimmten Quorum (vgl. BayVerf. 1818, Titel X § 7; Art. 131 der Belgischen Verfassung von 1831; § 196 der **Paulskirchenverfassung**). Verbreitet anzutreffen sind zusätzlich erschwerende Kautelen wie Zeitintervalle, Neuwahlen, Auflösung der Kammern oder Beteiligung anderer als der parlamentarischen oder föderalen Organe[16]. Im konstitutionellen System lag die Verfassungsänderung in der Hand der gesetzgebenden Faktoren, doch gab es auch hier gewisse Erschwerungen gegenüber dem einfachen Gesetzgebungsverfahren[17]. Wesentliche konzeptionelle Vorarbeit für die solcherart etablierte und vom einfachen Gesetzgeber zu unterscheidende **verfassungsändernde Gewalt** leistete namentlich Emer de Vattel[18], auf den man sich Ende des 18. Jahrhunderts in Nordamerika für die Höherrangigkeit der Verfassung denn auch berief[19].

3   Die Qualifikation der verfassungsändernden Gewalt als besondere Größe setzt den **Vorrang der Verfassung** (→ Pmbl. Rn. 72 f.; → Art. 1 III Rn. 1; → Art. 20 [Rechtsstaat], Rn. 92 ff.) voraus bzw. macht einen Teilaspekt desselben aus. Wo dieser Vorrang wie

---

[13] *Sieyes*, Politische Schriften (Fn. 12), S. 227; dazu *U. Thiele*, ARSP 86 (2000), 48 (68). Vgl. noch die Beiträge in: U. Thiele (Hrsg.), Volkssouveränität und Freiheitsrechte. Emmanuel Joseph Sieyes' Staatsverständnis, 2009; knapp *Augsberg*, Gesetz (Fn. 1), § 28 Rn. 4; *L. Michael*, RW 5 (2014), 426 (438).

[14] *W. Dellinger*, Harvard Law Review 97 (1983/84), 386 (431). Siehe noch *Dreier*, Gilt das Grundgesetz (Fn. 1), S. 35 ff.

[15] *Dreier*, Gilt das Grundgesetz (Fn. 1), S. 39 f.; siehe *S. Griffin*, The United States of America, in: D. Oliver/C. Fusaro (eds.), How Constitutions Change. A Comparative Study, Oxford 2011, S. 357 ff. (359 f.), mit deutlicher Betonung der entscheidenden Rolle des Verfassungswandels durch den Supreme Court (S. 360 ff.).

[16] Zur Vielfalt möglicher Lösungen vgl. *Jellinek*, Allg. Staatslehre, S. 531 ff.; *K. Loewenstein*, Über Wesen, Technik und Grenzen der Verfassungsänderung, 1961, S. 21 ff., 27 ff.; *B.-O. Bryde*, Verfassungsentwicklung, 1982, S. 51 ff.

[17] Dazu differenziert *C. H. Schmidt*, Vorrang der Verfassung und konstitutionelle Monarchie, 2000, S. 47 ff.

[18] *E. de Vattel*, Le Droit des gens ou principles de la loi naturelle, 1758, Buch I, Kap. 3, §§ 26 ff., insb. § 34 (hier zitiert nach der Ausgabe von W. Schätzel [Hrsg.], Klassiker des Völkerrechts, Bd. III, 1959, S. 44: »Die gesetzgebende Gewalt kann die Verfassung nicht ändern. [...] Die von uns aufgestellten Grundsätze zwingen uns zu der Entscheidung, daß die Autorität dieser Gesetzgeber nicht so weit reicht, daß also die Grundgesetze für sie unverletzlich sein müssen, wenn die Nation ihnen nicht ganz ausdrücklich die Befugnis zu ihrer Änderung übertragen hat.«). Zu Vattels Bedeutung *Jellinek*, Allg. Staatslehre, S. 514; *K. Stern*, Grundideen europäisch-amerikanischer Verfassungsstaatlichkeit (1984), in: ders., Der Staat des Grundgesetzes, 1992, S. 995 ff. (1000); *H. Hofmann*, Zur Idee des Staatsgrundgesetzes, in: ders., Recht – Politik – Verfassung, 1986, S. 261 ff. (278 f.); *H.-J. Boehl*, Verfassunggebung im Bundesstaat, 1997, S. 35; *Unruh*, Verfassungsbegriff (Fn. 10), S. 74 f., 80 f.; *C. Winterhoff*, Verfassung – Verfassunggebung – Verfassungsänderung, 2007, S. 25, 167. – Für die deutsche Entwicklung weit vorausweisend *C. v. Rotteck*, Art. Charte, Verfassungs-Urkunde, Freiheits-Brief, in: ders./C. Welcker (Hrsg.), Staats-Lexikon, Bd. 3, 1836, S. 402 ff. (410 ff.).

[19] Vgl. *Stourzh*, Wege (Fn. 9), S. 51, 59; s. auch *Boehl*, Verfassunggebung (Fn. 18), S. 35.

in **Deutschland** lange Zeit (zumindest theoretisch) nicht anerkannt wurde[20], begriff man Verfassungsänderung denn auch nicht als aliud zur Gesetzgebung, sondern als eine nur in Nuancen abweichende Erscheinungsweise derselben[21]. Noch in Weimar sah Anschütz die Verfassung nicht über der Gesetzgebung, sondern »zur Disposition derselben« stehen[22], so daß das qualifizierte Mehrheitserfordernis gem. Art. 76 WRV eigentlich ebensowenig schlüssig zu erklären war wie die von Anschütz durchaus gesehenen Bindungen des Landesgesetzgebers und des (einfachen) Reichsgesetzgebers (→ Art. 1 III Rn. 2). Erst das Grundgesetz knüpft (wie vorher schon die Paulskirchenverfassung) insofern wieder eindeutig an die westeuropäisch-nordatlantische Verfassungsentwicklung an.

Die **Beteiligung des Bundesrates** als föderatives Element des Verfassungsänderungsprozesses hat in Deutschland Tradition (vgl. Art. 78 RVerf. 1871, Art. 76 I 3 WRV). Strukturelle Parallelen bestehen auch zu der in § 196 Paulskirchenverfassung vorgesehenen Regelung.

4

II. Entstehung und Veränderung der Norm

Art. 106 HChE sah für Verfassungsänderungen neben den heute erforderlichen Zweidrittelmehrheiten in Bundestag und Bundesrat einen **obligatorischen Volksentscheid** vor: an diesem mußte mindestens die Hälfte aller Stimmberechtigten teilgenommen haben, und für die Änderung mußte sowohl die Mehrheit der Abstimmenden insgesamt wie auch die Mehrzahl der Länder gestimmt haben[23]. Diese direktdemokratischen **Hürden wurden** im Parlamentarischen Rat **sukzessive abgebaut**[24]. Schon in der Sitzung des Organisationsausschusses v. 13.10.1948 sprachen sich namentlich Katz und Löwenthal (SPD) sowie Dehler (FDP) gegen ein Referendum aus[25], das in der

5

---

[20] Zum folgenden *H. Dreier*, JZ 1994, 741 (742f.); *Boehl*, Verfassunggebung (Fn. 18), S. 71 ff., jeweils m.w.N. – Eine Ausnahme bildet die Paulskirchenverfassung von 1849 (vgl. *Winterhoff*, Verfassung [Fn. 18], S. 38); auch sie kannte freilich keine Ewigkeitsklausel.

[21] Gemäß Art. 50 der preußischen Verfassung von 1850 konnte diese »auf dem ordentlichen Wege der Gesetzgebung abgeändert werden, wobei in jeder Kammer die gewöhnliche absolute Stimmenmehrheit bei zwei Abstimmungen, zwischen welchen ein Zeitraum von wenigstens 21 Tagen liegen muß, genügt«. Art. 78 der Reichsverfassung von 1871 sah lediglich eine Sperrminorität von 14 Stimmen im Bundesrat vor, die ein Vetorecht für Preußen sicherte; im Reichstag genügte die einfache Mehrheit (vgl. *Huber*, Verfassungsgeschichte III, S. 859, 921).

[22] *Anschütz*, WRV, Art. 76 Anm. 1 (S. 401); zu ihm näher *H. Dreier*, ZNR 20 (1998), 28 (38ff.); *C. Waldhoff*, Gerhard Anschütz (1867–1948), in: P. Häberle/M. Kilian/H. A. Wolff (Hrsg.), Staatsrechtslehrer des 20. Jahrhunderts, 2015, S. 93ff. (105ff.) m.w.N. – Zu weiteren notwendigen Differenzierungen: → Vorb. Rn. 16; → Art. 1 III Rn. 2f. mit Fn. 26ff.

[23] JöR 1 (1951), S. 574; Parl. Rat II, S. 603. In der Diskussion hatte man auch Reduzierungen dieser starken Erschwernisse erwogen, sich aber durch das »Dokument Nr. 1« der Alliierten (Abdruck in: JöR 1 [1951], S. 2ff.) gehindert gesehen (vgl. Parl. Rat II, S. 228f., 558).

[24] Zum folgenden näher JöR 1 (1951), S. 574ff.; *G. Hoffmann*, in: BK, Art. 79 I, II (Zweitb. 1986), I. Entstehungsgeschichte, S. 3ff.; *K. Bugiel*, Volkswille und repräsentative Entscheidung, 1991, S. 157ff.; knapp *B. Schöbener*, in: Friauf/Höfling, GG, Art. 79 (2015), Rn. 11f.

[25] Parl. Rat XIII/1, S. 536ff. Argument war nicht allein die überzogene Erschwerung von Verfassungsänderungen, sondern zumindestens auch der repräsentative Charakter der grundgesetzlichen Demokratie und starke Vorbehalte gegen die Mobilisierungsfähigkeit der breiten »Volksmasse«. Schwalber (CSU) plädierte hingegen aus Gründen demokratischer Tradition und wegen des hohen Ranges einer Verfassung für die Volksbeteiligung; ebenso Süsterhenn (CDU) in der 12. Sitzung des Hauptausschusses v. 1.12.1948 (Parl. Rat XIV/1, S. 362).

Folge erst von einem obligatorischen zu einem fakultativen schrumpfte[26], um in der dritten Lesung des Hauptausschusses v. 10.2.1949 (ohne eine dort gegebene Begründung[27]) gänzlich zu entfallen[28]. Art. 106 II lautete bereits in diesem Stadium (abgesehen von der Stellung des Wortes »ausdrücklich«) wie der spätere Art. 79 II GG[29]. Ohne Erfolg blieb ein heute absolut **befremdlich** anmutender Vorstoß von **Theodor Heuss** in der Interfraktionellen Besprechung vom 4.5.1949, die Hürden noch weiter drastisch zu senken, indem Verfassungsänderungen nach Ablauf von drei Jahren seit dem Inkrafttreten des Grundgesetzes durch (einfaches) Bundesgesetz nebst Zustimmung des Bundesrates möglich sein sollten[30].

6 Art. 79 II GG ist **bislang unverändert** geblieben. Weder VE-Kuratorium noch GVK sahen hier Reformbedarf, ebensowenig die Enquete-Kommission Verfassungsreform aus den siebziger Jahren[31].

B. Internationale, supranationale und rechtsvergleichende Bezüge

7 Für die völkerrechtlichen Bezüge gilt das zum ersten Absatz Gesagte (→ Art. 79 I Rn. 6 f.). Die Änderung völkerrechtlicher Verträge vollzieht sich in der Regel durch einen neuen Vertrag, der wie der Grundvertrag auch den »Grundsätzen der Relativität und des Koordinationscharakters des Völkerrechts« unterliegt[32]. Jeder Vertragspartner entscheidet somit grundsätzlich frei, ob er sich an der Änderung beteiligen möchte. Freilich vollziehen sich, worauf schon Art. 40 VRK hindeutet, nicht alle Änderungen völkerrechtlicher Verträge nach dem Einstimmigkeitsprinzip. Einige internationale Organisationen sehen die Möglichkeit einer Änderung des konstituierenden Vertrages mit qualifizierter Mehrheit vor. Gemäß **Art. 108** der **UN-Charta** treten Änderungen der Charta für alle Mitglieder der Vereinten Nationen in Kraft, wenn sie mit **Zweidrittelmehrheit** der Mitglieder der Generalversammlung angenommen und von zwei Dritteln der Mitglieder der Vereinten Nationen einschließlich aller ständigen

---

[26] Stellungnahme des Allgemeinen Redaktionsausschusses v. 26.10.1948 (Parl. Rat VII, S. 65), so angenommen in der ersten Lesung des Hauptausschusses v. 10.12.1948 (Parl. Rat VII, S. 115).
[27] Deutlich hingegen Katz in der nicht öffentlichen Sitzung des Organisationsausschusses am 20.1.1949 (Parl. Rat XIII, S. 1147 f.): Sorge vor »Propaganda der negativen Kräfte« gegen das »Schanddokument« des Grundgesetzes.
[28] Parl. Rat XIV/2, S. 1585.
[29] Parl. Rat VII, S. 427. Man schloß sich mit dieser (ohne Debatte bei einer Gegenstimme angenommenen) Version dem Vorschlag des Interfraktionellen Fünferausschusses an (Parl. Rat VII, S. 370), der für die Streichung des Referendums keine Begründung gegeben hatte.
[30] Parl. Rat XI, S. 260 ff. – Heuss schwebte ein einfaches Verfahren vor, diejenigen Schwächen des Grundgesetzes, die sich nach einigen Jahren praktischer Erprobung einstellen würden, zu beseitigen. Er stieß auf den berechtigten Widerspruch v. Brentanos und v. Mangoldts (beide CDU) sowie Laforets (CSU), die die erschwerte Abänderbarkeit als charakteristisches Merkmal der Verfassung hervorhoben.
[31] Bemerkenswert aber die spätere Selbstkritik eines Mitglieds der Kommission, nicht für eine Volksbeteiligung bei Verfassungsänderungen eingetreten zu sein (*E.-W. Böckenförde*, HStR II, § 30 Rn. 15 m. Fn. 23; modifizierte Behandlung in der dritten Auflage: HStR[3] III, § 34 Rn. 21). Zur Kritikwürdigkeit der bestehenden Regelung: → Rn. 15.
[32] Statt vieler *Schweitzer*, Staatsrecht III, Rn. 223; *H. Sauer*, Staatsrecht III, 2. Aufl. 2013, S. 34. Speziell zur Änderung der Sekundärgesetzgebung internationaler Organisationen *J. D. Aston*, Sekundärgesetzgebung internationaler Organisationen zwischen mitgliedstaatlicher Souveränität und Gemeinschaftsdisziplin, 2005.

Mitglieder des Sicherheitsrates nach Maßgabe ihres Verfassungsrechts ratifiziert worden sind. Ähnliche Bestimmungen gelten für WHO, ILO und Unesco[33].

Dem **Primärrecht der Europäischen Union** ist eine gesonderte **verfassungsändernde Gewalt** nach wie vor **unbekannt**. Die bisherigen Gründungs-, Erweiterungs- und Veränderungsverträge haben sich gemäß allgemein geltenden völkerrechtlichen Regeln vollzogen und erforderten dem Einstimmigkeitsprinzip gemäß eine Ratifikation aller Mitgliedstaaten nach deren verfassungsrechtlichen Vorgaben[34]. Daran ändert auch der 2009 in Kraft getretene Vertrag von Lissabon nichts[35]. In signifikantem Gegensatz zum nationalen Verfassungsrecht bedarf nämlich die Änderung des EU-Vertrages – von wenigen marginalen Ausnahmen abgesehen[36] – nach wie vor wie jeder andere völkerrechtliche Vertrag der Zustimmung gemäß den Ratifikationsverfahren der einzelnen Mitgliedstaaten, die insoweit Herren der Verträge und damit auch der EU-Verträge bleiben[37]. Der Normalfall der Vertragsänderung (»ordentliches Änderungsverfahren« gemäß Art. 48 II–V EUV macht dies vollkommen deutlich[38]. Er entspricht dem »klassischen Änderungsverfahren vergleichbarer multilateraler Vertragswerke«[39]. Die davon abweichenden besonderen Vorschriften für vereinfachte Verfahren (Art. 48 VI und VII EUV) ändern am grundsätzlichen Befund nichts[40]: Denn das vereinfachte Verfahren der Änderung der Bestimmungen der internen Politikbereiche durch Beschluß des Europäischen Rates gemäß Art. 48 VI EUV erspart lediglich die Einberufung von Konvent und Regierungskonferenz, beschneidet aber nicht die mitgliedstaatliche Dominanz als solche, da es sowohl im Rat als auch bei der Zustimmung der Mitgliedstaaten »in souveräner Gleichheit«[41] der Einstimmigkeit bedarf[42]. Die Überführung eines besonderen Rechtsetzungsverfahrens in das ordentliche gemäß der Passerelle-Klausel des Art. 48 VII EUV wiederum kann nur durch einstimmigen Beschluß des Rates erfolgen; außerdem besteht hier ein Vetorecht der nationalen

---

[33] Dazu *W. Karl/B. Mützelburg/G. Witschel*, in: B. Simma u.a. (Hrsg.), The Charter of the United Nations, 2. Aufl. 2002, Bd. 2, Art. 108 Rn. 3 ff., 14 ff.; *V. Epping*, in: K. Ipsen, Völkerrecht, § 6 Rn. 135; vgl. noch *I. Seidl-Hohenfeldern/G. Loibl*, Das Recht der Internationalen Organisationen einschließlich der Supranationalen Gemeinschaften, 7. Aufl. 2000, Rn. 1531 f.

[34] Statt aller *M. Sichert*, Grenzen der Revision des Primärrechts in der Europäischen Union, 2005, S. 224 ff. Bei der Festlegung der Anzahl von Sitzen in EU-Gremien gibt es geringfügige Ausnahmen: siehe Art. 17 EUV, Art. 252 I AEUV.

[35] Zum Änderungsverfahren des nicht in Kraft getretenen Vertrags über eine Verfassung für Europa → Bd. II², Art. 79 II Rn. 8.

[36] Dazu *H.-H. Herrnfeld*, in: Schwarze, EU, Art. 48 EUV Rn. 17 ff.

[37] Deutlich *H.-J. Cremer*, in: Calliess/Ruffert, EUV/AEUV, Art. 48 Rn. 6.

[38] Hier haben Kommission und Europäisches Parlament (dessen Stellung insoweit gestärkt wurde) zwar im Vorfeld einer Vertragsänderung gewisse Informations- und Mitwirkungsrechte erhalten, doch bleibt die Letztentscheidung bei den Mitgliedstaaten. Statt vieler *Cremer* (Fn. 37), Art. 48 Rn. 2 ff.

[39] BVerfGE 123, 267 (384, Rn. 307).

[40] Näher *A. Puttler*, DÖV 2005, 401 (403); dort S. 403 ff. auch zum etwaigen Änderungsbedarf des deutschen Verfassungsrechts mit Blick auf die »neuen« Vertragsänderungsverfahren; desgleichen *Sichert*, Grenzen (Fn. 34), S. 261 zum geltenden Recht (kein »Beitrag zur ›Konstitutionalisierung‹ der Verträge«).

[41] Zum inhaltlich entsprechenden Art. IV-445 VVE *A. Puttler*, EuR 2004, 669 (683).

[42] *Cremer* (Fn. 37), Art. 48 Rn. 10 (»Die Änderung wird […] durch einen einstimmigen Beschluß […] des Europäischen Rats herbeigeführt, scheinbar also durch den Akt eines Unionsorgans […]. In Kraft tritt ein solcher Beschluß allerdings erst nach Zustimmung der Mitgliedstaaten […]«); *Herrnfeld* (Fn. 36), Art. 48 Rn. 9.

Parlamente⁴³. In umgekehrter Perspektive ist zu beachten, daß sich wegen des Vorrangs des Unionsrechts Besonderheiten beim Änderungsprozeß der deutschen Verfassung infolge ihrer Überlagerung durch supranationales Recht ergeben (→ Rn. 24).

9   Die **rechtsvergleichende Betrachtung** erweist eine große Bandbreite von Regelungen⁴⁴. Häufig, aber nicht ausnahmslos anzutreffen⁴⁵ ist das Erfordernis qualifizierter Mehrheiten für Verfassungsänderungen: Zweidrittelmehrheiten wie in Deutschland finden sich etwa in den Verfassungen der Niederlande (Art. 137 IV), Norwegens (Art. 112 I) oder Portugals (Art. 286 I), während jedenfalls für bestimmte Fälle in Frankreich (Art. 89 III) und in der Türkei (Art. 175 I) eine Dreifünftelmehrheit genügt. In den USA wiederum ist neben der Zweidrittelmehrheit in beiden Häusern des Kongresses eine Dreiviertelmehrheit der gesetzgebenden Körperschaften der Einzelstaaten erforderlich (Art. V)⁴⁶. In Österreich muß grundsätzlich zwischen teiländernden und gesamtändernden Verfassungsgesetzen unterschieden werden: im ersten Fall ist eine Volksabstimmung fakultativ, im zweiten obligatorisch (Art. 44 BVG)⁴⁷.

10 Typischerweise kennen indes so gut wie alle anderen Verfassungen weitere **besondere Erfordernisse und Voraussetzungen**, die deren Abänderbarkeit erschweren⁴⁸. So wird zuweilen schon das Initiativrecht besonders geregelt (Schweiz, Art. 121; Japan, Art. 96; Türkei, Art. 175 I) oder ein besonderer Beschluß über die Notwendigkeit einer Verfassungsänderung verlangt (US-Verfassung, Art. V; Griechenland, Art. 110). Für den Fall, daß das Parlament die Notwendigkeit einer Verfassungsänderung erkannt hat, sehen manche Staaten dessen Auflösung und Neueinberufung vor (Belgien, Art. 195 II; Luxemburg, Art. 114 II; Dänemark, § 88; Niederlande, Art. 137 III; Island, Art. 79); in anderen Staaten darf erst ein neugewähltes Parlament über den vom Vorgängerparlament verabschiedeten Entwurf zur Verfassungsänderung entscheiden (Griechenland, Art. 110; Norwegen, Art. 112 I; Finnland, Art. 73). Auch Sperrfristen machen Verfassungen revisionsfester (Griechenland, Art. 110 VI; Portugal, Art. 284 I). Ein besonders starkes und verbreitetes Mittel hierzu ist das obligatorische oder fakultative Referendum, also ein positives Votum des Volkes (Dänemark, § 88 S. 2; Frankreich, Art. 89 II; Italien, Art. 138 II; Österreich, Art. 44 III; Polen, Art. 237; Schweiz, Art. 193, 194; Spanien, Art. 167 III, 168; Türkei, Art. 175 III, V); in nahezu

---

⁴³ *Cremer* (Fn. 37), Art. 48 Rn. 14; *Herrnfeld* (Fn. 36), Art. 48 Rn. 10. Siehe noch *A. Weber*, DÖV 2011, 497 (497). – Zur Auslegung von Art. 48 VI, VII EUV: BVerfGE 123, 267 (290ff., Rn. 51ff.; 384ff., Rn. 307ff.; 434ff., Rn. 412ff.).

⁴⁴ Einen Einblick vermitteln: *Schmitt*, Verfassungslehre (Fn. 1), S. 101f.; *Loewenstein*, Wesen (Fn. 16), S. 27ff.; *T. Schilling*, Rang und Geltung von Normen in gestuften Rechtsordnungen, 1994, S. 194ff.; *Winterhoff*, Verfassung (Fn. 18), S. 103ff. – Systematisierungsversuch in Gestalt von vier Bauelementen der Verfassungsänderung: *J. Masing*, Der Staat 44 (2005), 1 (4ff.).

⁴⁵ Dort, wo einfache oder absolute Mehrheiten genügen (vgl. Art. 89 II Verf. Frankreich 1958), sind indes in aller Regel zusätzliche Verfahrensschritte oder sonstige Besonderheiten vorgesehen: → Rn. 10.

⁴⁶ Wie hoch diese Hürden sind, illustriert der Umstand, daß die amerikanische Verfassung in über 200 Jahren nicht mehr als 27 formelle Änderungen erfahren hat. Hier fungiert die Rechtsprechung des Supreme Court als Kompensation.

⁴⁷ Im einzelnen *R. Walter/H. Mayer*, Grundriss des österreichischen Bundesverfassungsrechts, 10. Aufl. 2007, Rn. 481ff.; *A. Gamper*, ZöR 60 (2005), 187 (191ff.); *E. Wiederin*, IPE I, § 7 Rn. 27ff.

⁴⁸ Zu einigen Beispielen *E. Wiederin*, ZöR 59 (2004), 175 (201f.). Breites Anschauungsmaterial bei *M. Böckenförde*, Die Einbindung der Bevölkerung in Verfassungsänderungsprozessen – ein Überblick, in: Coexistence, Cooperation and Solidarity. Liber Amicorum Rüdiger Wolfrum, Volume II, 2012, S. 1107ff.; zu den Elementen dieses »Instrumentenkastens« *J. Rozek*, HStR³ XII, § 257 Rn. 6.

allen Gliedstaaten der USA ist heutzutage ein Referendum vorgesehen[49]. Der **Rückbezug auf das Volk** bildet in verfassungsvergleichender wie verfassungsgeschichtlicher Sicht einen geradezu »klassischen Baustein demokratischer Verfassungsänderung«[50]. In Deutschland hingegen ist die Revision der Verfassung allein in die Hände der gesetzgebenden Faktoren gelegt (→ Rn. 15) und erweist sich somit im internationalen Vergleich als besonders leicht durchführbar[51]. Noch einfacher geht es nur in Ungarn, wo eine Zweidrittelmehrheit des Parlaments genügt (Art. S II der Verfassung 2012)[52]. Hingegen stellt in Österreich, dem Staat mit der höchsten Veränderungsquote[53], das fakultative Referendum zumindest eine potentielle Erschwerung dar.

Auch die **Verfassungen der deutschen Bundesländer**[54] sehen überwiegend und im Unterschied zum Grundgesetz Formen der **Volksbeteiligung** vor: zum Teil als obligatorischen Volksentscheid (Bayern, Art. 75 II; Bremen, Art. 125 III [mit Einstimmigkeitsvorbehalt]; Hessen, Art. 123 II), zum Teil als fakultatives Referendum (Nordrhein-Westfalen, Art. 69 III 1). Baden-Württemberg kombiniert Zweidrittelmehrheit bei Zweidrittelquorum mit Mindeststimmenzahl und Möglichkeit der Volksabstimmung (Art. 64 II, III). Landesverfassungen jüngeren Datums sehen häufig Verfassungsänderungen alternativ durch Volksentscheid oder durch Zweidrittelmehrheit des Parlaments vor (Brandenburg, Art. 78, 79; Mecklenburg-Vorpommern, Art. 56 II, 60 IV; Niedersachsen, Art. 46 III; Nordrhein-Westfalen, Art. 69 II, III 2 u. 3[55]; Rheinland-Pfalz, Art. 129 I; Sachsen, Art. 74 II, III [mit zusätzlichem fakultativen Referendum]; Sachsen-Anhalt, Art. 78 II, 81 IV; Schleswig-Holstein, Art. 40 II; Thüringen, Art. 83 II). Am Grundgesetz und damit an der alleinigen Entscheidung durch die gesetzgebenden Körperschaften mit Zweidrittelmehrheiten orientieren sich Berlin (Art. 100, mit Ausnahme für Änderungen der Vorschriften über Volksbegehren und Volksentscheid) und das Saarland (Art. 101). Die geringsten Hürden errichtet die Freie und Hansestadt Hamburg[56]. 11

---

[49] *Lutz*, Constitutional Amendment (Fn. 10), S. 254.
[50] *J. Masing*, Der Staat 44 (2005), 1 (8); ähnlich bereits *Bryde*, Verfassungsentwicklung (Fn. 16), S. 55. Siehe auch *E.-W. Böckenförde*, HStR³ III, § 34 Rn. 20: Volksentscheid als Strukturelement realisierter Demokratie. So schon *Süsterhenn* in der 12. Sitzung des Hauptausschusses vom 1.12.1948 (Parl. Rat XIV/1, S. 362): Rückkehr zum »guten demokratischen Brauch [...], daß Verfassungsänderungen nicht nur durch die beiden gesetzgebenden Körperschaften gemacht werden, sondern daß sie grundsätzlich der Zustimmung des Volkes bedürfen, da eine Verfassung doch die Grundlage des gesamten öffentlichen Gemeinschaftslebens darstellt«; für ein solches obligatorisches Verfassungsreferendum de constitutione ferenda auch *R. Steinberg*, Die Repräsentation des Volkes, 2013, S. 234ff. – Rechtsvergleichend zur obligatorischen oder fakultativen Beteiligung des Volkes *Böckenförde*, Einbindung (Fn. 48), S. 1112ff., 1115ff.
[51] *J. Rozek*, HStR³ XII, § 257 Rn. 29 m.w.N. → Rn. 17.
[52] Dazu *A. Vincze*, ZSE 10 (2012), 110 (113).
[53] *E. Wiederin*, IPE I, § 7 Rn. 42.
[54] Überblick zu den Verfahrensqualifizierungen der Verfassungsänderung der alten Bundesländer bei *C. Bushart*, Verfassungsänderung in Bund und Ländern, 1989, S. 103ff.; Gesamtübersicht bei *B. J. Hartmann*, DVBl. 2001, 776 (784f.); *J. Menzel*, Landesverfassungsrecht, 2002, S. 393ff.; *N. Magsaam*, Mehrheit entscheidet, 2014, S. 449ff.
[55] Zur erst 2002 ausdrücklich in die Verfassung aufgenommenen Möglichkeit direktdemokratischer Verfassungsänderung *P. Neumann*, NWVBl. 2003, 1 (5, 6f.).
[56] Gemäß der insofern unveränderten Regelung des nunmehrigen Art. 51 II HambVerf. von 1996 sind zwei übereinstimmende Beschlüsse der Bürgerschaft nötig, zwischen denen ein Zeitraum von mindestens 13 Tagen liegen muß; beide Male müssen mindestens zwei Drittel der anwesenden Abgeordneten bei einer Mindestanwesenheit von drei Vierteln für die Änderung stimmen. Konkret sind also bei 120 Abgeordneten im Extremfall 61 Stimmen ausreichend (vgl. *Bushart*, Verfassungsände-

12 Furore gemacht hat in Bayern anläßlich eines Volksentscheides zur Abschaffung des Senats die Frage, ob – wie seit jeher so geregelt und praktiziert – eine **Änderung der Bayerischen Verfassung** durch Volksentscheid **ohne** besonderes (Beteiligungs- oder Zustimmungs-)**Quorum** beschlossen werden kann[57]. In markanter Abkehr von seiner bisherigen Rechtsprechung hat der Bayerische Verfassungsgerichtshof im Jahre 1999 unter Berufung auf eine angebliche Grundentscheidung der Verfassung zugunsten ihrer eigenen Stabilität zunächst die Notwendigkeit eines vorläufig auf 25% festgelegten und vom einfachen Gesetzgeber näher zu fixierenden Zustimmungsquorums hergeleitet[58] und dieses in einer Folgeentscheidung ein Jahr später durch Zuordnung zum freistaatlichen Äquivalent der bundesverfassungsrechtlichen Ewigkeitsklausel (Art. 75 I 2 BayVerf.; → Art. 79 III Rn. 13) auch gegen einen Korrekturversuch des verfassungsändernden Volksgesetzgebers in Schutz genommen[59]. Diese Rechtsprechung kann schon im Ansatz der Notwendigkeit eines Quorums nicht überzeugen, da nach richtiger Ansicht die stabilitätsfördernde Erschwerung der Verfassungsänderung bereits in der Anrufung des Volksgesetzgebers begründet liegt[60]; völlig verfehlt ist jedoch ihre Zuordnung zum änderungsfesten Gehalt der Verfassung[61]. Erst recht gilt dies schließlich für den Versuch, die Verfassungsänderung allein durch Volksentscheid gegen den klaren Wortlaut der Bayerischen Verfassung als *generell* unzulässig auszuweisen[62].

C. Erläuterungen

I. Allgemeine Bedeutung

13 Die **Verfassung** bildet die **Grundordnung** für das politische Gemeinwesen[63] und kodifiziert die für Staat und Gesellschaft fundamentalen Rechtsregeln. Diese sind nicht

---

rung [Fn. 54], S. 103f.; *K. David*, Verfassung der Freien und Hansestadt Hamburg, 2. Aufl. 2004, Art. 51 Rn. 19ff.; *U. Karpen*, Verfassungsrecht, in: W. Hoffmann-Riem/H.-J. Koch [Hrsg.], Hamburgisches Staats- und Verwaltungsrecht, 3. Aufl. 2006, S. 25ff. [46]; *Magsaam*, Mehrheit [Fn. 54], S. 454).

[57] Art. 2 II 2 BayVerf. bestimmt für Volksentscheide lapidar: »Mehrheit entscheidet.«

[58] BayVerfGHE 52, 104 (127ff.) unter Aufgabe von BayVerfGHE 2, 181 (216ff.); dazu wesentliche Vorarbeiten bei *J. Isensee*, Verfassungsreferendum mit einfacher Mehrheit, 1999; zusammenfassende Darstellung bei *C. Schultes*, Die verfassungsändernde Volksgesetzgebung in Bayern, 2006, S. 51ff. – Berechtigte Kritik an dieser Form der freien richterlichen Rechtsschöpfung bei *K. Schweiger*, BayVBl. 1999, 195 (196); *J. Lege*, DÖV 2000, 283 (284ff.); *O. Jung*, ZRP 2000, 440 (443); zustimmend hingegen *H.-D. Horn*, BayVBl. 1999, 430ff.; abgewogen *U. Steiner*, Schweizer Verhältnisse in Bayern?, 2000, S. 20ff.

[59] BayVerfGHE 53, 42 (65f.): die vom Volksbegehren »Faire Volksrechte im Land« geforderte Festschreibung des quorenlosen Volksentscheids über Verfassungsänderungen verschaffe einer Änderung der Verfassung nicht die hinreichende demokratische Legitimation, weshalb ein Quorum geboten sei. – Zur Kritik an dieser Selbstimmunisierung der eigenen Rechtsprechung *F. Wittreck*, JöR 53 (2005), 111 (138ff.). Darstellung bei *Schultes*, Volksgesetzgebung (Fn. 58), S. 53ff.

[60] Eingehend *H. Dreier*, BayVBl. 1999, 513 (513ff., 519ff.).

[61] Kritisch namentlich das Sondervotum BayVerfGHE 53, 42 (76f.); *K. Schweiger*, BayVBl. 2002, 65 (65f., 67f.); *C. Pestalozza*, JöR 51 (2003), 121 (128); *Dreier*, Gilt das Grundgesetz (Fn. 1), S. 72ff. – Gegen eine Zuordnung zum Garantiebereich des Art. 75 I 2 BayVerf. prononciert auch *P. M. Huber/S. Storr/M. Koch*, Volksgesetzgebung und Ewigkeitsgarantie, in: P. Neumann (Hrsg.), Sachunmittelbare Demokratie im Freistaat Thüringen, 2002, S. 91ff. (164f.).

[62] Diese unhaltbare These bei *Bushart*, Verfassungsänderung (Fn. 54), S. 117ff. sowie bei *K. Herrmann*, BayVBl. 2004, 513ff.

[63] Eindringlich dazu *Hesse*, Verfassungsrecht, Rn. 5ff., 16ff.; restriktiver *E.-W. Böckenförde*, Ge-

I. Allgemeine Bedeutung   Art. 79 II

Objekt des einfachen Gesetzgebers, sondern maßgebliche rechtliche Vorgabe und Grenze für sein Tätigwerden. Wegen ihrer Fundierungs- und Stabilisierungsfunktion zeichnet sich die Verfassung, wie bereits Paul Laband unter den ganz anderen staatsrechtlichen Bedingungen des Wilhelminischen Kaiserreiches schrieb, durch »besondere Festigkeit und Stetigkeit«[64] aus. Die Verfassung soll »die Grundlage, der Grundsatz, das Ruhende und Feste sein«[65].

Andererseits muß auch eine Verfassung auf den historischen Wandel der Zeiten reagieren können, sich neuen (welt-)politischen, sozialen, ökologischen oder technologischen Herausforderungen gewachsen erweisen und entsprechend flexibel und anpassungsfähig bleiben[66]. Eine solche Flexibilität bewahrt vor lebensferner Erstarrung und erhält die Funktionsfähigkeit der Verfassung auch unter gewandelten Bedingungen. **Stabilität** bedeutet also **nicht Unveränderlichkeit**: an derartiger Starrheit würden Verfassungen bald zerbrechen[67]. Neben Prozessen des Verfassungswandels (→ Art. 79 I Rn. 38 ff.) trägt diesem unabweisbaren Bedürfnis die Möglichkeit der Verfassungsänderung Rechnung. Verfassungsänderungen sind so durchaus auch Indikatoren für die Lebendigkeit der Verfassung und ein »Beweis für die Effektivität der Verfassungsbindung«[68] und somit dafür, daß die Verfassung ernst genommen wird[69]. Allerdings ist die Änderung der Verfassung im Vergleich zur einfachen Gesetzgebung typischerweise erschwert, die Verfassung also mit einer **stärkeren Bestandsgarantie** versehen. In dieser Erschwerung wird ihr höherer Rang augenfällig, sie gilt neben ihrem Vorrang (→ Rn. 3) als charakteristisches rechtliches Merkmal des Verfassungsgesetzes[70]. Die

14

---

schichtliche Entwicklung und Bedeutungswandel der Verfassung (1983), in: ders., Staat, Verfassung, Demokratie, 1991, S. 29 ff. (42 ff., 47 ff.: nur Rahmenordnung für den politischen Prozeß); s. auch *U. Scheuner*, Die Funktion der Verfassung für den Bestand der politischen Ordnung, in: W. Hennis u.a. (Hrsg.), Regierbarkeit, Bd. 2, 1979, S. 102 ff. (113 ff.); *Badura*, Staatsrecht, Rn. A 7; *J. Isensee*, HStR[3] II, § 15 Rn. 184 ff.; mit einer Fülle historischer Beispiele und Anwendungsfälle *Hofmann*, Idee (Fn. 18), S. 269 ff., 275 ff., 290 ff.; zusammenfassend *H. Dreier*, Art. Verfassung, in: Enzyklopädie Philosophie, 2010, Bd. 3, S. 2867 ff.

[64] *P. Laband*, Die Wandlungen der deutschen Reichsverfassung, 1895, S. 1 (dort auch die oft wiederholte und noch heute gültige Mahnung, die Verfassung dürfe kein »Gegenstand der Gelegenheitsgesetzgebung« sein); s. auch *Jellinek*, Allg. Staatslehre, S. 531 ff., 535; *H. Heller*, Staatslehre, 1934, S. 273 f.; aus jüngerer Zeit *K. Eichenberger*, Sinn und Bedeutung einer Verfassung, in: Referate und Mitteilungen des Schweizerischen Juristenvereins, Basel 1992, S. 143 ff. (249 ff.); *G.F. Schuppert*, AöR 120 (1995), 32 (35 f.) m.w.N.

[65] So *R. v. Mohl*, Encyklopädie der Staatswissenschaften, Bd. 1, 1859, S. 131.

[66] Ein grundsätzliches Revisionsbedürfnis wurde schon in der amerikanischen und französischen Revolution anerkannt: *Dreier*, Gilt das Grundgesetz (Fn. 1), S. 28 ff., 37 ff.; zur spannungsvollen Dialektik von Kontinuitäts- und Identitätssicherung einerseits, Diskontinuität und Veränderungsbedarf andererseits wie hier *Unruh*, Verfassungsbegriff (Fn. 10), S. 433; *J. Masing*, Der Staat 44 (2005), 1 (2 ff.); *J. Rozek*, HStR[3] XII, § 257 Rn. 5.

[67] Klar erkannt von *A. Merkl*, AöR 37 (1918), 56 (86). Siehe auch *D. Grimm*, AöR 97 (1972), 489 (505): »Unwandelbarkeit ist nur um den Preis der Inhaltslosigkeit oder Stagnation zu haben.« Ähnlich *P. Häberle*, Zeit und Verfassungskultur, in: A. Peisl/A. Mohler (Hrsg.), Die Zeit, 1983, S. 289 ff. (307); *P. Kirchhof*, HStR[3] II, § 21 Rn. 41; *H. Dreier*, JZ 1994, 741 (744). Zu diesem Vorbehalt gegen zu große Starrheit und dem Bedürfnis nach Elastizität verweist man bereits eindringlich im Herrenchiemseer Verfassungskonvent (s. Parl. Rat II, S. 447 [*Berger*, *C. Schmid*]).

[68] *M. Kloepfer*, JZ 2003, 481 (484), der fortfährt: »Wirkungslose Verfassungen müssen nicht geändert werden. Verfassungsänderungen sind so auch Zeichen der Verfassungsvitalität.« So schon *A. Merkl*, AöR 37 (1918), 56 (85): »Abänderungsfähigkeit« der Verfassungsgesetze gehöre zu einer »lebenskräftigen Konstitution«.

[69] *Lutz*, Constitutional Amendment (Fn. 10), S. 243: »Thus, a reasonable amendment rate will indicate that the people living under it take their constitution seriously.«

[70] *R. Herzog*, Allgemeine Staatslehre, 1971, S. 310, 316; *P. Badura*, Art. Verfassung, in: EvStL[3],

Idee der **Höherrangigkeit der Verfassung** schlägt sich rechtspraktisch in erster Linie in dieser erschwerten Veränderbarkeit nieder. Aus verfassungstheoretischer Sicht ist also mit der verfassungsändernden Gewalt (*pouvoir constituant constitué* oder *amending power*)[71] eine eigene Normsetzungsebene zwischen einfachem Gesetzgeber und dem Akt der Verfassunggebung etabliert[72].

15 Die **einzige Erschwerung**, die das Grundgesetz indes für die Verfassungsänderung vorsieht, besteht im **Erfordernis der Zweidrittelmehrheiten** des Art. 79 II GG. In signifikantem Unterschied zu den meisten – wenn auch nicht allen[73] – vergleichbaren Verfassungsstaaten und deutschen Bundesländern (→ Rn. 9 ff.) hat man auf zusätzliche Besonderheiten (Zeitintervalle, besonderes Procedere, Volksbeteiligung o. ä.) verzichtet. Verfassungsänderung wird so ganz als eine »**Erscheinungsweise der Gesetzgebung**«[74] verstanden und im normalen Gesetzgebungsverfahren von den regulären Faktoren der Gesetzgebung (Bundestag, Bundesrat) vollzogen[75]. Den politischen Akteuren kann dadurch das Gespür für die qualitative Differenz beider Rechtssetzungsakte verloren gehen[76]. Auch unabhängig davon verschwimmt die eigentlich gebotene qualitative Differenz zwischen gesetzgebender und verfassungsändernder Gewalt in bedenklicher Weise[77]. Die Verfassungsänderung gerät so »in Gefahr, ihren Sondercharakter zu verlieren«[78].

Bd. 2, Sp. 3737 ff. (3747); *ders.*, Staatsrecht, Rn. A 7; *Winterhoff*, Verfassung (Fn. 18), S. 170 ff.; *Dreier*, Art. Verfassung (Fn. 63), S. 2869 f.; *J. Rozek*, HStR³ XII, § 257 Rn. 6. So schon *Laband*, Wandlungen (Fn. 64), S. 1 (Erschwerung der Änderungen von Verfassungen als Garantie ihres Bestandes); *Jellinek*, Allg. Staatslehre, S. 534; *Heller*, Staatslehre (Fn. 64), S. 274.

[71] *C. Vismann*, in: AK-GG, Art. 79 (2002), Rn. 37 spricht von »Revisionsgewalt«.

[72] *Stourzh*, Wege (Fn. 9), S. 57; *Stern*, Staatsrecht I, S. 154, 157; *Badura*, Staatsrecht, Rn. A 8; *H. Dreier*, JZ 1994, 741 (744 f.); *B.-O. Bryde*, Verfassunggebende Gewalt des Volkes und Verfassungsänderung im deutschen Staatsrecht: Zwischen Überforderung und Unterforderung der Volkssouveränität, in: R. Bieber/P. Widmer (Hrsg.), Der europäische Verfassungsraum, 1995, S. 329 ff. (334); *C. Starck*, Verfassung und Gesetz, in: ders. (Hrsg.), Rangordnung der Gesetze, 1995, S. 29 ff. (30 f.).

[73] Wie in Deutschland etwa die Verfassungen folgender Länder: Kroatien (Art. 144), Portugal (Art. 286), Tschechien (Art. 39).

[74] Ebenso treffende wie bezeichnende Charakterisierung von *P. Badura*, HStR³ XII, § 270 Rn. 3, 27; in der Sache gleich *Kloepfer*, Verfassungsrecht I, § 21 Rn. 278; *M. Schröder*, Varianten, Ausmaß und Stil der Änderungen des Grundgesetzes, in: FS Thomas Würtenberger, 2013, S. 791 ff. (799 f.); *J. Rozek*, HStR³ XII, § 257 Rn. 20. – *W. Jellinek*, Das verfassungsändernde Reichsgesetz, in: HdbDStR II, S. 182 ff. (182) konstatierte: »Das verfassungsändernde Reichsgesetz ist nur eine Abart des einfachen.«

[75] Deutlich dazu, daß diese Monopolisierung der Verfassungsänderung bei den Trägern der gesetzgebenden Gewalt in demokratischen Verfassungsstaaten selten ist: *Bryde*, Verfassungsentwicklung (Fn. 16), S. 54; *A. Busch*, Das oft geänderte Grundgesetz, in: W. Merkel/A. Busch (Hrsg.), Demokratie in Ost und West, 1999, S. 549 ff. (561).

[76] *H. Dreier*, ZSE 6 (2008), 399 (406); *M. Jestaedt*, Herr und Hüter der Verfassung als Akteure des Verfassungswandels, in: H. Neuhaus (Hrsg.), 60 Jahre Bundesrepublik Deutschland, 2010, S. 35 ff. (80 f.); *Schröder*, Varianten (Fn. 74), S. 800.

[77] Zur Kritik *Bryde*, Verfassungsentwicklung (Fn. 16), S. 54 (demzufolge die Monopolisierung der Verfassungsänderung bei den Trägern der gesetzgebenden Gewalt in demokratischen Verfassungsstaaten relativ selten vorkommt und eher in der konstitutionellen Verfassungstradition steht); *ders.*, in: v. Münch/Kunig, GG III, Art. 79 Rn. 44, 51; *ders.*, Verfassunggebende Gewalt (Fn. 72), S. 340; *H. Dreier*, JZ 1994, 741 (745 f.); *ders.*, ZSE 6 (2008), 399 (401 ff.); *D. Grimm*, in: FAZ Nr. 303 v. 29. Dezember 2010, S. 6. Unkritisch hingegen *M. Herdegen*, in: Maunz/Dürig, GG, Art. 79 (2014), Rn. 44, 52; affirmativ auch *K.-E. Hain*, in: v. Mangoldt/Klein/Stark, GG II, Art. 79 Rn. 25 mit Fn. 16, und *J. Rozek*, HStR³ XII, § 257 Rn. 20.

[78] *J. Masing*, Der Staat 44 (2005), 1 (11).

I. Allgemeine Bedeutung — Art. 79 II

Verbreiteter Auffassung zufolge bietet das Erfordernis der Zweidrittelmehrheit in Bundestag und Bundesrat die Gewähr, »daß nicht beliebige Zweckmäßigkeit oder tagespolitische Opportunität die Regierung und ihre parlamentarische Mehrheit zu einer Verfügung über das Verfassungsrecht befähigen«[79]. Dies gilt freilich nur bei numerisch wie inhaltlich starker Opposition, nicht bei formeller oder faktischer großer Koalition. Herrscht **Einigkeit zwischen den großen politischen Parteien**[80], die regelmäßig auch auf den Bundesrat durchschlägt, fehlt es an zusätzlichen Sicherungen oder Korrekturmöglichkeiten[81]. In die Hände jener politischen Parteien ist die Befugnis zur Verfassungsänderung also faktisch allein gelegt; ob sie dort stets gut aufgehoben ist, mag man bezweifeln[82]. **16**

Die bisherige **hohe Änderungsfrequenz** (60 GG-Änderungsgesetze in 65 Jahren) belegt auch empirisch, daß durch Art. 79 II GG **keine** besonders **hohen Hürden** errichtet wurden[83], was der Rechtsvergleich nochmals unterstreicht (→ Rn. 9 ff.). Konkret bedeuten diese 60 zum Teil zahlreiche Normen betreffenden Änderungsgesetze, daß das Grundgesetz nicht weniger als 200 Änderungen, Aufhebungen und Einfügungen erfahren hat und sein **Textumfang** sich **fast verdoppelt hat**[84]. Verfassungsänderungen gehören in Deutschland gewissermaßen zur »rechtspolitischen Normalität«[85]. Eine Erschwerung der derzeitigen normativen Anforderungen qua Verfassungsänderung wäre zulässig (→ Rn. 23). **17**

Die zahlreichen bisherigen Änderungen des Grundgesetzes unterscheiden sich nach Anlaß, Bedeutung, Umfang und Inhalt so sehr, daß eine Systematisierung kaum mög- **18**

---

[79] *P. Badura*, HStR³ XII, § 270 Rn. 3; ähnlich *J. Ipsen*, Staatsrecht I, Rn. 1010; *P. Kirchhof*, HStR³ II, § 21 Rn. 62. Die Sicherungsfunktion gegen »Gelegenheitsgesetzgebung« wurde betont bei *H. Nawiasky*, Die Grundgedanken des Grundgesetzes für die Bundesrepublik Deutschland, 1950, S. 122; *F. Klein*, DVBl. 1954, 37 (43).

[80] *U. Scheuner*, Konsens und Pluralismus als verfassungsrechtliches Problem (1976), in: ders., Staatstheorie und Staatsrecht. Gesammelte Schriften, 1978, S. 135 ff. (166) spricht vom notwendigen »Konsens aller wesentlichen politischen Kräfte«, zu denen das unrepräsentierte Staatsvolk offenbar nicht gezählt wird. – Prägnant *Bryde*, Verfassungsentwicklung (Fn. 16), S. 54: »Nicht geschützt ist […] das Volk gegen seine Repräsentanten, wenn diese sich einig sind.« Kritisch zum Ausschluß des Volkes bei Verfassungsänderungen auch *H. Schulze-Fielitz*, Schattenseiten des Grundgesetzes, in: H. Dreier (Hrsg.), Macht und Ohnmacht des Grundgesetzes, 2009, S. 9 ff. (25 ff.).

[81] Eingehender *H. Dreier*, JZ 1994, 741 (745 f.) m.w.N.; dort auch zum verfehlten Argument des Minderheitenschutzes. – Dieser parteienstaatliche Aspekt bleibt unberücksichtigt bei dem insgesamt begrüßenswerten Versuch von *Lutz*, Constitutional Amendment (Fn. 10), 254 ff., 260 ff., verläßliche Parameter für die Messung eher schwerer oder eher leichter Prozeduren der Verfassungsänderung nicht nur bezüglich der amerikanischen Verfassung und der Gliedstaaten, sondern auch im internationalen Vergleich herauszuarbeiten, weswegen Deutschland sachlich unzutreffend mit einem viel zu hohen »Index of Difficulty« (S. 261) eingeordnet wird.

[82] Abgewogene Kritik bei *H. Maurer*, Verfassungsänderung im Parteienstaat, in: FS Martin Heckel, 1999, S. 821 ff. – Bedenkenswert *J. Masing*, Der Staat 44 (2005), 1 (12): »Vielleicht ist es allmählich an der Zeit, den *horror populi* zumindest in bezug auf die Verfassungsänderungen hinter sich zu lassen.« → Fn. 50.

[83] *Busch*, Grundgesetz (Fn. 75), S. 560 spricht vom »Mythos von der schwierigen Änderbarkeit des Grundgesetzes«; das S. 562 ff. dargebotene rechtsvergleichende Material läßt den Autor zu dem Schluß gelangen, es zeige sich, »daß die bundesdeutsche Verfassung – im Gegensatz zur verbreiteten Auffassung – im internationalen Vergleich relativ einfach zu ändern ist« (S. 564). Siehe noch *J. Rozek*, HStR³ XII, § 257 Rn. 28.

[84] Zahlen nach *H. Hofmann*, Änderungen des Grundgesetzes – Erfahrungen eines halben Jahrhunderts, in: FS Thomas Raiser, 2005, S. 859 ff. (859); *Jestaedt*, Herr und Hüter (Fn. 76), S. 37 f., 55 f.

[85] *J. Masing*, Der Staat 44 (2005), 1 (1); so auch *Hofmann*, Änderungen (Fn. 84), S. 870; ähnlich, aber weniger kritisch *P. Kirchhof*, HStR³ II, § 21 Rn. 39.

lich erscheint. Regelmäßig werden als wichtigste genannt: Wehr- und Notstandsverfassung, Finanz- und Haushaltsreform, Deutsche Wiedervereinigung, Europäische Integration[86]. Auffällig ist, daß gerade in den letzten anderthalb Jahrzehnten die neu eingefügten **GG-Bestimmungen** höchst **umfangreich und außerordentlich detailliert** geraten sind (vgl. etwa Art. 13 III–VI, 16a II–V, 23, 125c, 143d GG). Das hat nicht nur aus stilistisch-ästhetischen Gründen berechtigte Kritik auf sich gezogen[87]. Noch schwerer wiegt, daß zumeist aus parteipolitischen Kompromißzwängen heraus Detailregelungen auf die Ebene des Verfassungsrechts »hochgezont« werden und deshalb nur im Wege einer neuerlichen Verfassungsrevision wieder zu ändern sind, auch wenn hier flexibles Handeln des Gesetz- oder Verordnunggebers geboten wäre[88].

II. Zweidrittelmehrheit in Bundestag und Bundesrat

19 Bezugsgröße für die verlangte Mehrheit von zwei Dritteln im **Bundestag** ist wie bei Art. 121 GG die **gesetzliche Mitgliederzahl**, nicht die der Abstimmenden. Konkret handelt es sich um die im Bundeswahlgesetz festgelegte Zahl unter Berücksichtigung etwaiger **Überhang- oder Ausgleichsmandate**[89]. Vor der deutschen Wiedervereinigung hatte die Sonderstellung der Berliner Abgeordneten Auswirkungen auf die Berechnung[90].

20 Nach ganz herrschender und zutreffender Auffassung bedarf es der Zweidrittelmehrheit nur bei der **Schlußabstimmung**, nicht bei allen (drei) Lesungen[91].

21 Während die Länder bei der Verfassunggebung noch unmittelbar beteiligt waren (Art. 144 GG), sind sie es bei Verfassungsänderungen nur noch über den **Bundesrat**[92], also durch ein Bundesorgan (→ Art. 50 Rn. 18). Da die Stimmenzahl der einzelnen

---

[86] Im Überblick *H. Dreier*, IPE I, § 1 Rn. 48 ff.; *J. Rozek*, HStR³ XII, § 257 Rn. 26. Detaillierter *A. Bauer/M. Jestaedt*, Das Grundgesetz im Spiegel seiner Änderungen – Eine Einführung –, in: dies., Das Grundgesetz im Wortlaut, 1997, S. 1 ff. (mit insgesamt minutiöser Dokumentation und geraffter Übersicht S. 30 ff.); *H. Hofmann*, HStR³ I, § 9 Rn. 39 ff., 44 ff., 52 ff., 78; *H. Bauer*, HStR³ I, § 14 Rn. 49 ff., 55 ff., 67 ff., 80 ff.; *Kloepfer*, Verfassungsrecht I, § 2 Rn. 169 ff. – Insbesondere zu den integrationsbezogenen Änderungen (Art. 16 II 2, 16a II, 28 I 3, 52 IIIa, 87d I, 88, 109 II, V GG) noch *H.-C. Röhl*, Internationalisierung des Staatsrechts, in: M. Ibler (Hrsg.), Verwaltung, Verfassung, Kirche, 2012, S. 85 ff. (87).

[87] *Maurer*, Verfassungsänderung (Fn. 82), S. 822: jene Änderungen »mit ihren langwierigen und komplizierten Regelungen stören den Gesamteindruck des auf knappe und einprägsame Bestimmungen angelegten Grundgesetzes. Sie beeinträchtigen nicht nur die sprachliche Dignität und die stilistische Ästhetik, sondern auch die Verständlichkeit und damit die Akzeptanz der Verfassung.« Kritisch zu Stil und Form auch *A. Voßkuhle*, AöR 119 (1994), 35 ff.; eingehende Analyse der Gefahren für Ästhetik und Funktion der Verfassung bei *D. Grimm*, Wie man eine Verfassung verderben kann (1998), in: ders., Die Verfassung und die Politik, 2001, S. 126 ff. (130: »Aufblähung«, 134 ff.: Verwischung der »Ebenendifferenzierung« von Verfassung und Gesetz); siehe noch *Schröder*, Varianten (Fn. 74), S. 801 ff.; *F. Wittreck*, Geltung und Anerkennung von Recht, 2014, S. 57 f.

[88] *Maurer*, Verfassungsänderung (Fn. 82), S. 823; *Hofmann*, Änderungen (Fn. 84), S. 867; *H. Dreier*, ZSE 6 (2008), 399 (404 ff.); *J. Rozek*, HStR³ XII, § 257 Rn. 30; *Wittreck*, Geltung (Fn. 87) S. 58.

[89] Unbestritten: siehe nur *Hain* (Fn. 77), Art. 79 Rn. 26; *J. Rozek*, HStR³ XII, § 257 Rn. 21. – Eine weitere Änderung der Berechnungsgrundlage kann sich durch Mandatsverluste infolge Parteienverbots (vgl. § 46 I 1 Nr. 5 BWahlG) ergeben.

[90] Dazu *Stern*, Staatsrecht I, S. 159; *Hoffmann* (Fn. 24), Art. 79 I, II Rn. 58 ff. → Art. 144 Rn. 20 ff.

[91] Siehe nur *Hoffmann* (Fn. 24), Art. 79 I, II Rn. 56; *R. Rubel*, in: Umbach/Clemens, GG, Art. 79 Rn. 23; *M. Sachs*, in: ders., GG, Art. 79 Rn. 24; *Augsberg*, Gesetz (Fn. 1), § 28 Rn. 27; *Magsaam*, Mehrheit (Fn. 54), S. 180; *Schöbener* (Fn. 24), Art. 79 Rn. 88. Eingehende Begründung bei *Bryde*, Verfassungsentwicklung (Fn. 16), S. 358 ff.

[92] *Bryde*, Verfassungsentwicklung (Fn. 16), S. 295. Die Länderparlamente sind in den Prozeß über-

Länder von ihrer jeweiligen Einwohnerzahl abhängt (→ Art. 51 Rn. 20), läßt sich eine fixe Zahl für die erforderliche Zweidrittelmehrheit nicht angeben. Bei der derzeitigen Gesamtzahl von 69 Stimmen beträgt diese 46[93]. Vetopositionen einzelner Länder oder Ländergruppen gibt es unabhängig von dieser Stimmenzahl nicht.

Jede Änderung eines völkerrechtlichen Vertrages oder Vertragsbestandteiles, der über sog. **Klarstellungsklauseln** in den Rang von Verfassungsrecht gehoben wurde (→ Art. 79 I Rn. 28 ff.), bedarf wiederum der Zweidrittelmehrheiten des Art. 79 II GG.

III. Änderbarkeit des Art. 79 II GG

Art. 79 II GG unterfällt nach ebenso herrschender wie zutreffender Auffassung in seiner konkreten Ausgestaltung nicht der Ewigkeitsgarantie (→ Art. 79 I Rn. 27), ist also prinzipiell änderbar[94]. Weil nun die derzeitigen Erschwerungen für eine Verfassungsänderung vergleichsweise schwach ausgeprägt sind (→ Rn. 15) und weil wegen des aus Art. 1 und 20 GG resultierenden und der Ewigkeitsgarantie unterfallenden Vorranges der Verfassung (→ Art. 1 III Rn. 1) die Verfassungsänderung keineswegs völlig in die Hand des einfachen Gesetzgebers gelegt werden darf, wären weitere **Erleichterungen unzulässig**[95]. Auch steht die Beteiligung der Länder an der (verfassungsändernden) Gesetzgebung wegen der konstitutiven Regelung des Art. 79 III GG nicht zur Disposition. In Betracht käme konkret also nur eine in Anlehnung an die Vorbilder anderer Verfassungsstaaten oder der Bundesländer (→ Rn. 9 ff.) erfolgende Erschwerung der Voraussetzungen. Im Falle einer **Einführung des Mehrheitswahlrechts**, das die Erringung von Zweidrittelmehrheiten durch eine Partei (oder auch eine Parteienkoalition) im Vergleich zum derzeit geltenden Verhältniswahlrecht erheblich erleichtern würde, wäre eine Verschärfung der Bestimmungen über die Verfassungsänderung sogar zwingend geboten[96].

---

haupt nicht formell eingebunden. Zu diesbezüglichen Reformvorschlägen *K. G. Meyer-Teschendorf*, DÖV 1994, 766 (771 ff.).

[93] *J. Rozek*, HStR³ XII, § 257 Rn. 22.

[94] Das ist heute weitgehend unbestrittene Auffassung: *Hesse*, Verfassungsrecht, Rn. 707; *Bryde*, Gewalt (Fn. 72), Art. 79 Rn. 44; *P. Badura*, HStR³ XII, § 270 Rn. 35; *G. Wegge*, Zur normativen Bedeutung des Demokratieprinzips nach Art. 79 Abs. 3 GG, 1996, S. 75 f.; *Rubel* (Fn. 91), Art. 79 Rn. 24; *H. Möller*, Die verfassungsgebende Gewalt des Volkes und die Grenzen der Verfassungsrevision, Diss. jur. Hamburg 2004, S. 205 ff.; so auch *T. Maunz*, in: Maunz/Dürig, GG, Art. 79 I, II (1960), Rn. 18 (mit Nachweisen älterer Gegenstimmen); *Herdegen* (Fn. 77), Art. 79 Rn. 57; *Sachs* (Fn. 91), Art. 79 Rn. 81; *Augsberg*, Gesetz (Fn. 1), § 28 Rn. 48; *J. Rozek*, HStR³ XII, § 257 Rn. 24; *Schöbener* (Fn. 24), Art. 79 Rn. 90. – A.A. *D. Murswiek*, Das Wiedervereinigungsgebot des Grundgesetzes und die Grenzen der Verfassungsänderung, 1999, S. 33, 66, demzufolge nicht nur Art. 79 III GG selbst, sondern auch die anderen die Kompetenz zur Verfassungsänderung begründenden und begrenzenden Verfassungsnormen (Art. 79 I und II GG) einer Verfassungsänderung entzogen seien.

[95] Wie hier Jarass/*Pieroth*, GG, Art. 79 Rn. 14; *Vismann* (Fn. 71), Art. 79 Rn. 40; *D. Zacharias*, Die sog. Ewigkeitsgarantie des Art. 79 Abs. 3 GG, in: M. Thiel (Hrsg.), Wehrhafte Demokratie, 2003, S. 57 ff. (93). – A.A. *Sachs* (Fn. 91), Art. 79 Rn. 81; *Herdegen* (Fn. 77), Art. 79 Rn. 59; *Augsberg*, Gesetz (Fn. 1), § 28 Rn. 48.

[96] Treffender Hinweis bei *Bryde*, Verfassungsentwicklung (Fn. 16), S. 362 f.; zustimmend auch *Vismann* (Fn. 71), Art. 79 Rn. 40. → Art. 20 (Demokratie), Rn. 97.

IV. Besonderheiten bei Art. 23, 24 GG

24 Obwohl jede Kompetenzverschiebung zugunsten einer zwischenstaatlichen Einrichtung eine Verfassungsänderung darstellt (→ Art. 79 I Rn. 16, 26), bedarf es einer **Zweidrittelmehrheit nicht bei** der Übertragung von Hoheitsrechten gemäß **Art. 24 GG** und **Art. 23 I 2 GG**[97]. Für die in **Art. 23 I 3 GG** genannten Fälle (Begründung der Europäischen Union sowie für Änderungen ihrer vertraglichen Grundlagen und vergleichbare Regelungen) ist die Geltung des Art. 79 II GG zwar nunmehr ausdrücklich angeordnet; doch bleibt der genaue Einzugsbereich dieser Norm umstritten[98]. Zu weit dürfte es gehen, jegliche Übertragung von Hoheitsakten (Art. 23 I 2 GG) dem Erfordernis des Art. 23 I 3 GG unterfallen zu lassen[99].

D. Verhältnis zu anderen GG-Bestimmungen

25 Auch ohne das Erfordernis der Zweidrittelmehrheit sind Verfassungsänderungen möglich im Rahmen von **Art. 23 I 2, 24 GG** (→ Rn. 24). Zudem bleibt das Faktum des **Verfassungswandels** durch Staatspraxis und Interpretation zu bedenken (→ Art. 79 I Rn. 38ff.). Zweifelhafte Kompensation erfährt das derzeit relativ leichte, aber seinerseits durchaus veränderbare (→ Rn. 23) Verfahren zuweilen durch extensive Interpretation der sog. Ewigkeitsklausel (→ Art. 79 III Rn. 19). Zu **Art. 121 GG** besteht ein Bezug wegen der Berechnung der Mehrheit.

---

[97] Siehe *D. H. Scheuing*, EuR (Beiheft 1) 1997, 7 (16f., 21, 32); *M. Kenntner*, DÖV 1997, 450 (457); *Vismann* (Fn. 71), Art. 79 Rn. 39; *Hain* (Fn. 77), Art. 79 Rn. 27. → Art. 23 Rn. 55ff., 59f.; → Art. 24 Rn. 5, 35ff. Auch das Textänderungsgebot gilt nicht: → Art. 79 I Rn. 26.

[98] Zur schwierigen Abgrenzung zwischen »einfachen« Integrationsgesetzen gem. Art. 23 I 2 GG und »verfassungsändernden« gem. Art. 23 I 3 GG vgl. *D. H. Scheuing*, EuR (Beiheft 1) 1997, 7 (21f.); s. auch *S. Hölscheidt/T. Schotten*, DÖV 1995, 187 (189ff.); *U. Hufeld*, Die Verfassungsdurchbrechung, 1997, S. 115ff.; *Jarass*/Pieroth, GG, Art. 23 Rn. 34ff. → Art. 23 Rn. 59f.

[99] So aber *R. Streinz*, in: Sachs, GG, Art. 23 Rn. 72; *W. Durner*, HStR³ X, § 216 Rn. 30.

Artikel 79 [Änderung des Grundgesetzes]

(1) ¹Das Grundgesetz kann nur durch ein Gesetz geändert werden, das den Wortlaut des Grundgesetzes ausdrücklich ändert oder ergänzt. ²Bei völkerrechtlichen Verträgen, die eine Friedensregelung, die Vorbereitung einer Friedensregelung oder den Abbau einer besatzungsrechtlichen Ordnung zum Gegenstand haben oder der Verteidigung der Bundesrepublik zu dienen bestimmt sind, genügt zur Klarstellung, daß die Bestimmungen des Grundgesetzes dem Abschluß und dem Inkraftsetzen der Verträge nicht entgegenstehen, eine Ergänzung des Wortlautes des Grundgesetzes, die sich auf diese Klarstellung beschränkt.

(2) Ein solches Gesetz bedarf der Zustimmung von zwei Dritteln der Mitglieder des Bundestages und zwei Dritteln der Stimmen des Bundesrates.

(3) Eine Änderung dieses Grundgesetzes, durch welche die Gliederung des Bundes in Länder, die grundsätzliche Mitwirkung der Länder bei der Gesetzgebung oder die in den Artikeln 1 und 20 niedergelegten Grundsätze berührt werden, ist unzulässig.

Literaturauswahl

Blasche, Sebastian: Die grundsätzliche Mitwirkung der Länder bei der Gesetzgebung, 2006.
Blasche, Sebastian: Die Systematik des Schutzes der Bundesstaatlichkeit im Rahmen von Art. 79 Abs. 3 GG, in: VR 2008, S. 12–18.
Brandon, Mark E.: The »Original« Thirteenth Amendment and the Limits to Formal Constitutional Change, in: Sanford Levinson (ed.), Responding to Imperfection. The Theory and Practice of Constitutional Amendment, 1995, S. 215–236.
Brenner, Michael: Möglichkeiten und Grenzen grundrechtsbezogener Verfassungsänderungen, in: Der Staat 32 (1993), S. 493–526.
Bryde, Brun-Otto: Verfassunggebende Gewalt des Volkes und Verfassungsänderung im deutschen Staatsrecht: Zwischen Überforderung und Unterforderung der Volkssouveränität, in: Roland Bieber/Pierre Widmer (Hrsg.), L'espace constitutionnel européen. Der europäische Verfassungsraum. The European constitutional area, 1995, S. 329–343.
Dreier, Horst: Grenzen demokratischer Freiheit im Verfassungsstaat, in: JZ 1994, S. 741–752.
Dreier, Horst: Gilt das Grundgesetz ewig? Fünf Kapitel zum modernen Verfassungsstaat, 2009.
Dürig, Günter: Zur Bedeutung und Tragweite des Art. 79 Abs. III des Grundgesetzes (ein Plädoyer), in: Festgabe für Theodor Maunz zum 70. Geburtstag, 1971, S. 41–53.
Ehmke, Horst: Grenzen der Verfassungsänderung, 1953 (ND 1966).
Elgeti, Axel: Inhalt und Grenzen der Föderativklausel des Art. 79 III GG, Diss. jur. Marburg 1968.
Even, Burkhard: Die Bedeutung der Unantastbarkeitsgarantie des Art. 79 Abs. 3 für die Grundrechte, 1988.
Häberle, Peter: Verfassungsrechtliche Ewigkeitsklauseln als verfassungsstaatliche Identitätsgarantien, in: Völkerrecht im Dienste des Menschen. Festschrift für Hans Haug, 1986, S. 81–108.
Hain, Karl-E.: Die Grundsätze des Grundgesetzes. Eine Untersuchung zu Art. 79 Abs. 3 GG, 1999.
Haug, Hans: Die Schranken der Verfassungsrevision. Das Postulat der richtigen Verfassung als normative Schranke der souveränen verfassunggebenden Gewalt (Betrachtung zum Wiederaufbau einer materialen Rechtslehre), 1947.
Hofmann, Hasso: Zur Idee des Staatsgrundgesetzes, in: ders., Recht – Politik – Verfassung, 1986, S. 261–295.
Jestaedt, Matthias: Bundesstaat als Verfassungsprinzip, in: HStR³ II, § 29 (S. 785–841).
Kirchhof, Paul: Die Identität der Verfassung, in: HStR³ II, § 21 (S. 261–316).
Möller, Hauke: Die verfassungsgebende Gewalt des Volkes und die Schranken der Verfassungsrevision. Eine Untersuchung zu Art. 79 Abs. 3 GG und zur verfassunggebenden Gewalt nach dem Grundgesetz, Diss. jur. Hamburg 2004.
Murswiek, Dietrich: Die verfassunggebende Gewalt nach dem Grundgesetz für die Bundesrepublik Deutschland, 1978.
Murswiek, Dietrich: Zu den Grenzen der Abänderbarkeit von Grundrechten, in: HGR II, § 28 (S. 157–219).

Art. 79 III

Nef, Hans: Materielle Schranken der Verfassungsrevision, in: ZSR 61 (1942), S. 108–147.
Oliver, Dawn/Fusaro, Carlo (eds.): How Constitutions Change. A Comparative Study, Oxford 2011 (reprint 2013).
Pernice, Ingolf: Bestandssicherung der Verfassungen: Verfassungsrechtliche Mechanismen zur Wahrung der Verfassungsordnung, in: Roland Bieber/Pierre Widmer (Hrsg.), L'espace constitutionnel européen. Der europäische Verfassungsraum. The European constitutional area, 1995, S. 225–264.
Pieroth, Bodo: Politischer Freiraum zur Umgestaltung des Bundesstaats, in: ZRP 2008, S. 90–92.
Roellecke, Gerd: Identität und Variabilität der Verfassung, in: Otto Depenheuer/Christoph Grabenwarter (Hrsg.), Verfassungstheorie, 2010, § 13 (S. 453–488).
Schulz, Sönke E.: Änderungsfeste Grundrechte. Die grundrechtsrelevante Ausstrahlungswirkung des Art. 79 Abs. 3 GG i.V.m. der Menschenwürdegarantie, dem Menschenrechtsbekenntnis und den Staatsstrukturprinzipien des Art. 20 GG, 2008.
Sichert, Markus: Grenzen der Revision des Primärrechts in der Europäischen Union, 2005.
Siegenthaler, Paul: Die materiellen Schranken der Verfassungsrevision als Problem des positiven Rechts, 1970.
Stern, Klaus: Die Bedeutung der Unantastbarkeitsgarantie des Art. 79 III GG für die Grundrechte, in: JuS 1985, S. 329–338.
Vile, John R.: The Case against Implicit Limits on the Constitutional Amending Process, in: Sanford Levinson (ed.), Responding to Imperfection. The Theory and Practice of Constitutional Amendment, 1995, S. 191–213.
Wegge, Georg: Zur normativen Bedeutung des Demokratieprinzips nach Art. 79 Abs. 3 GG. Ein verfassungsdogmatischer Beitrag zur Rationalität des Rechts, 1996.
Wipfelder, Hans-Jürgen: Die Verfassungsänderung im bundesdeutschen, österreichischen, schweizerischen und bayerischen Staatsrecht, in: BayVBl. 1983, S. 289–297.
Wittekindt, Christoph: Materiell-rechtliche Schranken von Verfassungsänderungen im deutschen und französischen Verfassungsrecht. Eine verfassungsvergleichende Untersuchung, 2000.
Zacharias, Diana: Die sog. Ewigkeitsgarantie des Art. 79 Abs. 3 GG, in: Markus Thiel (Hrsg.), Wehrhafte Demokratie. Beiträge über die Regelungen zum Schutze der freiheitlichen demokratischen Grundordnung, 2003, S. 57–97.

Siehe auch die Angaben zu Art. 79 I und 79 II GG.

Leitentscheidungen des Bundesverfassungsgerichts

BVerfGE 1, 14 (32, 47 ff.) – Südweststaat; 3, 225 (229, 231 ff.) – Gleichberechtigung; 4, 157 (169 f.) – Saarstatut; 30, 1 (24 ff.; *Sondervotum S. 33 ff.*) – Abhörurteil; 34, 9 (19 ff.) – Besoldungsvereinheitlichung; 84, 90 (120 f., 125 ff.) – Enteignungen vor 1949; 87, 181 (196) – 7. Rundfunkentscheidung (Rundfunkfinanzierung); 89, 155 (172, 179 f., 208) – Maastricht; 94, 12 (33 f.) – Restitutionsausschluß; 94, 49 (85, 102 ff.) – Sichere Drittstaaten; 95, 48 (60 ff.) – Restitution und Vertragsanfechtung; 102, 370 (392 ff., Rn. 83 ff.) – Körperschaftsstatus der Zeugen Jehovas; 109, 279 (308 ff., 382 ff., Rn. 102 ff., 355 ff.) – Akustische Wohnraumüberwachung; 113, 273 (298 f., Rn. 74 f.) – Europäischer Haftbefehl; 123, 267 (340 ff., 356 ff., Rn. 208 ff., 244 ff.) – Lissabon; 129, 124 (177 ff., Rn. 120 ff.) – EFS; 132, 195 (238 ff., Rn. 104 ff.) – ESM- und Fiskalvertrag e.A.

Gliederung

	Rn.
A. Herkunft, Entstehung, Entwicklung	1
I. Ideen- und verfassungsgeschichtliche Aspekte	1
II. Entstehung und Veränderung der Norm	4
B. Internationale, supranationale und rechtsvergleichende Bezüge	9
C. Erläuterungen	14
I. Allgemeine Bedeutung und grundsätzliche Problematik	14
II. Das »Berühren« der geschützten Gehalte	19
III. Die geschützten Gehalte im einzelnen	21
1. Garantie einer bundesstaatlichen Ordnung	21
a) Gliederung des Bundes in Länder (Art. 79 III, 1. Var. GG)	21
b) Grundsätzliche Mitwirkung der Länder bei der Gesetzgebung (Art. 79 III, 2. Var. GG)	23

2. Schutz der in Art. 1 und 20 GG niedergelegten Grundsätze (Art. 79 III, 3. Var. GG) ... 26
   a) Zur Bedeutung der »Grundsätze« ... 26
   b) Grundsätze des Art. 1 GG ... 27
      aa) Art. 1 I GG (Menschenwürde) ... 27
      bb) Art. 1 II GG (Menschenrechte) ... 31
      cc) Art. 1 III GG (Grundrechtsbindung) ... 32
   c) Grundsätze des Art. 20 GG ... 35
      aa) Republik ... 35
      bb) Demokratie ... 36
      cc) Sozialstaat ... 45
      dd) Bundesstaat ... 47
      ee) Rechtsstaat ... 49
      ff) Widerstandsrecht (Art. 20 IV GG)? ... 54
 IV. Schutz der Staatlichkeit der Bundesrepublik Deutschland durch Art. 79 III GG? ... 55
 V. Unabänderlichkeit des Art. 79 III GG selbst ... 59
D. Verhältnis zu anderen GG-Bestimmungen ... 60

Stichwörter

Abstimmungen 40 – Agreement of the People 1 – Asylgrundrecht 30 – Ausländerwahlrecht 43 – Budgethoheit 42 – Bundesrat 7, 24 – bundesstaatliche Ordnung 7, 21 ff., 47 f. – Demokratie 10, 36 ff. – direktdemokratische Elemente 40, 61 – Eigenstaatlichkeit der Länder 48 – Europäische Integration 11, 55 ff. – Europäischer Bundesstaat 11, 55 ff., 58 – Ewigkeitsgarantie 3, 14 f., 16 – Exekutivföderalismus 25 – Existenzminimum 46 – Frankreich 1 f., 12 – freiheitliche demokratische Grundordnung 5 ff., 18, 61 – Gewaltenteilung 50 – Grundrechtsbindung 32 – Herrschaft auf Zeit 37 Instrument of Government 1 – ius cogens 9 – Justizstaatlichkeit 32, 34, 53 – kommunale Selbstverwaltung 62 – Kommunikationsgrundrechte 32, 41 – Landesverfassungen 5, 13, 40, 59 – Legalität 5, 15 – Mehrheitsprinzip 37 – Menschenrechtsidee 10, 29, 31 – Menschenwürde 27 – Menschenwürdegehalt 28, 62 – Mitwirkungsrechte (der Länder an der Gesetzgebung des Bundes) 24 – Parlamentarisches Regierungssystem 42, 61 – Rechtsstaatsprinzip 35, 49, 53 – Republik 1, 12, 18, 35 – Revolution 5, 15 ff., 19, 60 – Rückschrittsverbot 46 – Schweiz 2, 12 – Senatslösung 24 – souveräne Staatlichkeit 11, 55 ff. – Sozialstaat 6, 45 f. – streitbare Demokratie 44, 61 – USA 2, 12 – verfassunggebende Gewalt 17, 58, 60 – Verfassungsgerichtsbarkeit 34 – Verhältnismäßigkeitsprinzip 53 – Verhältniswahlsystem 38 – Volkssouveränität 17, 19, 37 f., 43, 55 – Vorrang der Verfassung 33 f., 51 – Verfassungsschutzbestimmung 16 – Vorrang und Vorbehalt des Gesetzes 52 – Wahlen 38 – Wahlrechtsgrundsätze 38 – Wesensgehaltsgarantie 62 – Widerstandsrecht 54.

A. Herkunft, Entstehung, Entwicklung

I. Ideen- und verfassungsgeschichtliche Aspekte

Die sog. Ewigkeitsgarantie des Art. 79 III GG entzieht bestimmte Regelungen der Verfassung dem Zugriff des verfassungsändernden Gesetzgebers und erklärt sie somit für normativ unantastbar. Dafür gibt es nur wenige verfassungsrechtliche Vorläufer. Die älteste, wenngleich kurzlebige Regelung findet sich im Oliver Cromwells »**Instrument of Government**« von **1653**, das funktionell ähnliche Bestimmungen enthielt: es beruhte nicht allein auf dem Gedanken, daß es als »eine höher qualifizierte Satzung die Rechtsbasis für die Akte der ordentlichen Gesetzgebung« bildete, sondern sollte auch eine Gruppe von fundamentalen Bestimmungen enthalten, die dem Zugriff der Gesetzgebungsorgane und jeder anderen Revision entzogen waren[1]. Wenige Jahre zuvor war

1

---

[1] *E. Zweig*, Die Lehre vom Pouvoir Constituant, 1909, S. 44 ff. (Zitat: S. 45); Hinweis schon bei *Jellinek*, Allg. Staatslehre, S. 511 f.; s. noch *H. J. Boehl*, Verfassunggebung im Bundesstaat, 1997, S. 32 m. w. N.). Zu einer frühen Regelung in Pennsylvania: → Art. 79 II Rn. 1 mit Fn. 6 u. 7.

auch im **Agreement of the People** von **1647** vorgesehen, daß dieser Grundvertrag dem Zugriff des Gesetzgebers entzogen und schlechthin unveränderlich sein sollte[2], doch scheiterte dieser moderne Entwurf schon auf der politischen Ebene. Eine sehr viel dauerhaftere Regelung auf der Ebene selbständiger Staaten findet sich in Art. 112 I 3 der **Verfassung Norwegens** von **1814**[3], demzufolge deren Änderung niemals ihren Grundsätzen widersprechen darf. In **Frankreich** wurde durch ein die Verfassung von 1875 änderndes Verfassungsgesetz v. 14.8.1884 die republikanische Staatsform festgeschrieben und dadurch der Übergang zur konstitutionellen Monarchie ausgeschlossen. Die Bestimmung schränkte die Möglichkeit von Verfassungsänderungen durch ein Befassungsverbot ein und lautete: »La forme républicaine du gouvernement ne peut faire l'objet d'une proposition de révision.«[4] Fast gleichlautend (statt »proposition de révision« nun »d'une révision«) präsentiert sich heute Art. 89 V der Verfassung Frankreichs von 1958[5].

2   Gerade den älteren Verfassungen (USA 1787, Frankreich 1791, Schweiz 1848) war indes eine ausdrückliche Unantastbarkeitsgarantie ebenso fremd (→ Rn. 12) wie der deutschen Verfassungstradition[6]. Materielle Grenzen der Verfassungsänderung kannten die deutschen Verfassungen des 19. Jahrhunderts einschließlich der Paulskirchenverfassung (→ Vorb. Rn. 14 ff.) nicht[7]; sie wurde auch von wissenschaftlicher Seite nicht gefordert[8]. Als repräsentativ für die an dieser Tradition orientierte überwiegen-

---

[2] *Zweig*, Lehre (Fn. 1), S. 38 ff., 41. Text des bis 1649 mehrfach variierten Dokuments in: Samuel R. Gardiner (Hrsg.), The Constitutional Documents of the Puritan Revolution 1625–1660, 3rd edition, Oxford 1906, S. 333 ff. (revidierte Version S. 359 ff.). Eingehender zur Bedeutung *W. Rothschild*, Der Gedanke der geschriebenen Verfassung in der englischen Revolution, 1903, S. 92 ff., 141 ff.

[3] Hierzu und zu weiteren Beispielen: *Stern*, Staatsrecht I, S. 115; *P. Häberle*, Verfassungsrechtliche Ewigkeitsklauseln als verfassungsstaatliche Identitätsgarantien, in: FS Haug, 1986, S. 81 ff. (82, 84); *H.-U. Evers*, in: BK, Art. 79 III (Zweitb. 1982), Rn. 23 ff.; *I. Pernice*, Bestandssicherung der Verfassungen: Verfassungsrechtliche Mechanismen zur Wahrung der Verfassungsordnung, in: R. Bieber/P. Widmer (Hrsg.), Der europäische Verfassungsraum, 1995, S. 225 ff.; *H. Möller*, Die verfassungsgebende Gewalt des Volkes und die Schranken der Verfassungsrevision, Diss. jur. Hamburg 2004, S. 118 ff.; *M. Hochhuth*, Die Meinungsfreiheit im System des Grundgesetzes, 2007, S. 124 ff. (u. a. mit Hinweisen auf Verfassungen von Ecuador, Brasilien, China, Albanien, Griechenland und der Türkei aus dem 19. und 20. Jahrhundert).

[4] Abdruck in: *J. Godechot*, Les constitutions de la France depuis 1789, Paris 1970, S. 337; vgl. *R. H. v. Herrnritt*, Die Staatsform als Gegenstand der Verfassungsgesetzgebung und Verfassungsänderung, in: Wiener Staatswissenschaftliche Studien 3 (1901), S. 251 ff. (255 ff.); zu vergleichbaren Regelungen anderer Staaten *Häberle*, Ewigkeitsklauseln (Fn. 3), S. 87, 91 f.

[5] Zu den unterschiedlichen Auslegungen der Bestimmung *C. Wittekindt*, Materiell-rechtliche Schranken von Verfassungsänderungen im deutschen und französischen Verfassungsrecht, 2000, S. 120 ff.; aus der Literatur *K. Loewenstein*, Über Wesen, Technik und Arten der Verfassungsänderung, 1961, S. 43 f.; *Evers* (Fn. 3), Art. 79 III Rn. 25; *S. Boyron*, France, in: C. Fusaro/D. Oliver (eds.), How Constitutions Change. A Comparative Study, Oxford 2011, S. 115 ff. (128).

[6] Nur ganz leise Andeutungen einer Ewigkeitsvorstellung finden sich in einer der (kurzlebigen) napoleonischen Modellstaatsverfassungen, der des Großherzogtums Frankfurt von 1810 (*M. Hecker*, Napoleonischer Konstitutionalismus in Deutschland, 2005, S. 57, 69 f.).

[7] Bestenfalls im »Vorspruch zu den Grundrechten« der Verfassung von Mecklenburg-Schwerin v. 17.5.1920 läßt sich eine derartige Bindung des verfassungsändernden Gesetzgebers erblicken, wenn es dort heißt: »Dem mecklenburgischen Volke werden durch die Verfassung die nachstehenden Grundrechte gewährleistet. Sie bilden Richtschnur und Schranke für Verfassung, Gesetzgebung und Verwaltung« (Abdruck bei F. Wittreck [Hrsg.], Weimarer Landesverfassungen, 2004, S. 387). → Art. 1 III Rn. 4.

[8] Ein unentziehbares Existenzrecht für die Bundesstaaten bzw. die Bundesstaatlichkeit wurde allerdings im Kaiserreich von 1871 diskutiert: vgl. *Jellinek*, Allg. Staatslehre, S. 783 f.; ferner *R. Thoma*, Die juristische Bedeutung der grundrechtlichen Sätze der deutschen Reichsverfassung im allgemei-

de Auffassung der **Weimarer Staatsrechtslehre** können die vielzitierten Sätze Gerhard Anschütz' gelten, wonach »die Verfassung nicht über der Legislative, sondern zur Disposition derselben« stehe und Verfassungsänderungen »ohne Unterschied des Inhalts und der politischen Tragweite«[9] zulässig seien. Weiter hieß es bei ihm: »Auf dem durch Art. 76 geregelten Gesetzgebungswege können [...] Verfassungsrechtsänderungen jeder Art bewirkt werden: Nicht nur minder bedeutsame, mehr durch technische als durch politische Erwägungen bedingte, sondern auch bedeutsame, einschließlich solcher, die sich auf die rechtliche Natur des Reichsganzen (Bundesstaat), die Zuständigkeitsverteilung zwischen Reich und Ländern, die Staats- und Regierungsform des Reichs und der Länder (Republik, Demokratie, Wahlrecht, Parlamentarismus, Volksentscheid, Volksbegehren) und andere prinzipielle Fragen (Grundrechte!) beziehen. Die [...] verfassungsändernde Gewalt ist gegenständlich unbeschränkt.«[10] Dem lagen ein tiefes Vertrauen in und ein Glauben an demokratische Selbstbestimmung zugrunde[11]. Diese unbegrenzte Offenheit von Verfassungsrevisionen wollte das Grundgesetz ausschließen.

Schon in Weimar war die h.M. auf Kritik gestoßen[12]. Namentlich **Carl Schmitt** unterschied in grundlegender Weise zwischen Verfassung und Verfassungsgesetz und leitete daraus immanente Grenzen der Befugnis zur Verfassungsänderung her[13] – freilich bei gleichzeitiger scharfer Ablehnung eines (von Art. 79 III GG aufgestellten) Kataloges von Unantastbarkeiten[14]. Er kann also nicht als geistiger Vater der grundge- 3

---

nen, in: H.C. Nipperdey (Hrsg.), Die Grundrechte und Grundpflichten der Reichsverfassung, Bd. 1, 1929, S. 1 ff. (42 f.), auch abgedruckt in: *R. Thoma*, Rechtsstaat – Demokratie – Grundrechte, hrsgg. u. eingel. von H. Dreier, 2008, S. 173 ff. (218); nach *Huber*, Verfassungsgeschichte, Bd. 3, S. 803 f., hat demzufolge Art. 79 III GG insofern »den unter der Bismarckschen Reichsverfassung nach richtiger Ansicht geltenden Rechtszustand rezipiert« (S. 804).

[9] *Anschütz*, WRV, Art. 76 Anm. 1 (S. 401). Zu dieser in der Ablehnung eines Vorranges der Verfassung ihre Erklärung findenden Position vgl. *H. Dreier*, ZNR 20 (1998), 28 (38 ff.); *H. Maurer*, Verfassungsänderung im Parteienstaat, in: FS Heckel, 1999, S. 821 ff. (829 ff.). Weitere Vertreter dieser h.M.: *F. Stier-Somlo*, Deutsches Reichs- und Landesstaatsrecht I, 1924, S. 665; *R. Thoma*, Die Funktionen der Staatsgewalt. Grundbegriffe und Grundsätze, in: HdbDStR, Bd. 2, S. 108 ff. (154), auch abgedruckt in: ders., Rechtsstaat (Fn. 8), S. 301 ff. (362): »plenitudo potestatis der Verfassungsänderung«; s. noch *K. Loewenstein*, Erscheinungsformen der Verfassungsänderung, 1931, S. VII.

[10] *Anschütz*, WRV, Art. 76 Anm. 3 (S. 403). Zu den Hintergründen und demokratietheoretischen Prämissen dieser Position vertiefend *H. Dreier*, HGR I, § 4 Rn. 28 ff. (dort und Rn. 39 ff. auch nähere Erläuterung, daß Landesgesetzgeber und einfacher Reichsgesetzgeber sehr wohl gebunden waren, die Ausführungen Anschützens sich also nur auf den verfassungsändernden Reichsgesetzgeber bezogen). → Vorb. Rn. 16; → Art. 1 III Rn. 2.

[11] Näher *H. Dreier*, Gilt das Grundgesetz ewig?, 2009, S. 47 ff.

[12] Neben dem sogleich zu nennenden Carl Schmitt etwa *C. Bilfinger*, AöR 11 (1926), 163 (181 f.); ders., ZfP 18 (1929), 281 ff.; zur Weimarer Diskussion s. noch *H. Ehmke*, Grenzen der Verfassungsänderung, 1953, S. 53 ff.; *P. Unruh*, Der Verfassungsbegriff des Grundgesetzes, 2002, S. 280 ff.

[13] Insbesondere *C. Schmitt*, Verfassungslehre, 1928, S. 11 ff., 25 f., 102 ff.; dazu und auch zum folgenden *W. Haug*, Die Schranken der Verfassungsrevision, 1947, S. 184 ff.; *Ehmke*, Grenzen (Fn. 12), S. 33 ff.; *H. Hofmann*, Legitimität gegen Legalität (1964), 5. Aufl. 2010, S. XXI, 182; *D. Murswiek*, Die verfassunggebende Gewalt nach dem Grundgesetz für die Bundesrepublik Deutschland, 1978, S. 171 ff.; *R. Mußgnug*, Carl Schmitts verfassungsrechtliches Werk und sein Fortwirken im Staatsrecht der Bundesrepublik Deutschland, in: H. Quaritsch (Hrsg.), Complexio Oppositorum. Über Carl Schmitt, 1988, S. 517 ff.; *U.K. Preuß*, Vater der Verfassungsväter?, in: Politisches Denken. Jahrbuch 1993, S. 117 ff. (131 ff.); *G. Wegge*, Zur normativen Bedeutung des Demokratieprinzips nach Art. 79 Abs. 3 GG, 1996, S. 30 ff.; *Dreier*, Gilt das Grundgesetz (Fn. 11), S. 51 ff.; s. noch *B.-O. Bryde*, Verfassungsentwicklung, 1982, S. 230 f., 236, und *K.-E. Hain*, Die Grundsätze des Grundgesetzes, 1999, S. 42 ff.

[14] *C. Schmitt*, JW 1929, 2313 (2314) vergleicht einen solchen Katalog spöttisch mit den »unpfänd-

setzlichen Ewigkeitsgarantie gelten[15]. Ohnehin war seine Argumentationsfigur zeitgeschichtlich nicht zur Stabilisierung der krisengeschüttelten Republik und politisch-intentional nicht zur Legitimierung eines freiheitlichen demokratischen Verfassungsstaates kreiert worden[16].

II. Entstehung und Veränderung der Norm

4 Die **Entstehungsgeschichte** des Art. 79 III GG gestaltet sich durch die sukzessive Verklammerung verschiedener Normstränge **eher unübersichtlich**, was zu Fehlinterpretationen einlädt. Konkret ist zu unterscheiden zwischen dem von Anbeginn konsentierten Schutz einer freiheitlichen demokratischen Ordnung (→ Rn. 5), der in einem relativ frühen Stadium erfolgten Ergänzung um das Sozialstaatsprinzip (→ Rn. 6) sowie zuletzt der bundesstaatlichen Garantie, deren Zuordnung zu den änderungsfesten Gehalten praktisch erst im letzten Augenblick vollzogen wird (→ Rn. 7)[17].

5 Darüber, freiheitliche, rechtsstaatliche und demokratische **Kernelemente** der Verfassungsordnung **der Disposition des verfassungsändernden Gesetzgebers zu entziehen**, bestand praktisch von Anfang an Einigkeit; hier konnte man nicht zuletzt auf vorkonstitutionelle Landesverfassungen (→ Rn. 13) zurückgreifen. Die entsprechenden Vorschläge blieben dabei stets einem besonderen Artikel vorbehalten, der von den vorgesehenen Erschwernissen der Eingriffe in das föderale System (→ Rn. 7) deutlich abgesetzt war. Art. 108 HChE erklärte Anträge auf Änderung des Grundgesetzes, »durch die die freiheitliche und demokratische Grundordnung beseitigt würde«, für unzulässig[18]. Organisations- und Redaktionsausschuß erachteten diese Vorkehrung zunächst für unpraktikabel oder überflüssig und schlugen ihre Streichung vor[19]. Hingegen setzte sich im Allgemeinen Redaktionsausschuß schon im Dezember 1948 im Anschluß an die erste Lesung im Hauptausschuß der Vorschlag durch, den Garantiebereich der Ewigkeitsklausel durch den Verweis auf »die in den Artikeln 1 und 21 [jetzt: 20] dieses Grundgesetzes niedergelegten Grundsätze« und damit unter Einbe-

---

baren Sachen« bei der Zwangsvollstreckung. Treffender Hinweis hierauf auch bei *Wittekindt*, Schranken (Fn. 5), S. 80f.; *Unruh*, Verfassungsbegriff (Fn. 12), S. 444f.; *T. Herbst*, Legitimation durch Verfassunggebung, 2003, S. 129f. mit Fn. 429.

[15] Dies wohl eher bejahend *V. Neumann*, Carl Schmitt als Jurist, 2015, S. 116f. mit fehlgehendem Hinweis auf *Schmitt*, Verfassungslehre (Fn. 13), S. 23f.; denn Schmitt führt dort aus, daß es sich bei den nicht änderbaren Grundentscheidungen der Verfassung gerade nicht um (verfassungs)gesetzliche Bestimmungen handele. Eine solche stellt aber Art. 79 III GG dar.

[16] Hellsichtig *Thoma*, Bedeutung (Fn. 8), S. 45 (bzw. 220): »Im tiefsten Grunde läuft also diese Verfassungslehre nicht auf eine besondere Heiligung, sondern auf eine Entwertung der geschriebenen Verfassungen hinaus, denen eine Härte angedichtet wird, an der sie unter Umständen zerspringen müßten.« – Eingehend dazu, daß es bis heute an einer gesicherten und tragfähigen Herleitung für ungeschriebene Schranken der Verfassungsrevision fehlt: *C. Winterhoff*, Verfassung – Verfassunggebung – Verfassungsänderung, 2007, S. 356ff.

[17] Vgl. die Darstellung in JöR 1 (1951), S. 579ff., 584ff.; s. auch *Bryde*, Verfassungsentwicklung (Fn. 13), S. 240f.; *Möller*, Gewalt (Fn. 3), S. 124ff.

[18] Text in: Parl. Rat II, S. 604. Instruktiv die Begründung im Darstellenden Teil (ebd., S. 558): »Mit allem Nachdruck befürwortet der Konvent, daß solche Anträge auf Änderung des Grundgesetzes, die praktisch das Grundgesetz als solches vernichten würden, überhaupt für unzulässig erklärt werden. Unter Beiseitelassung des föderativen Grundelements, für das dieser letztgültige Rang nicht beansprucht werden soll, wird hierfür die Formulierung gewählt, daß Anträge auf Änderungen des Grundgesetzes, durch die die freiheitliche und demokratische Grundordnung beseitigt würde, unzulässig sind«.

[19] Vgl. JöR 1 (1951), S. 585.

zug des sozialen Elementes zu umschreiben[20]. Ferner stellte man von der formalen Geschäftsordnungsperspektive (»Anträge unzulässig«) auf das materielle Verbot um (»Änderung unzulässig«)[21]. Redaktions- und Hauptausschuß kamen daraufhin in weiteren Entwürfen sukzessive der letztlich gefundenen Lösung näher[22]. Weitgehend einig war man sich darin, daß mit der Regelung eine **Revolution nicht verhindert** werden könne[23], ihr aber die »**Maske der Legalität**« **entrissen** (Dehler) bzw. der »Schutz der Scheinlegalität« (Carlo Schmid)[24] genommen werden solle. Formulierungen dieser Art finden sich schon in einer Abhandlung Richard Thomas[25]. In den letzten Tagen vor Verabschiedung des Grundgesetzes noch zweimal von Seebohm (DP) gestellte Anträge, auch die Wesensgehalt- und die Rechtsweggarantie (→ Art. 19 II Rn. 2; → Art. 19 IV Rn. 10) in die Ewigkeitsklausel einzubeziehen, scheiterten[26].

Entgegen einzelnen Stimmen im jüngeren Schrifttum[27] ist auch das **Sozialstaatsprinzip** relativ früh in den Einzugsbereich des Art. 79 III GG gelangt. Es war zwar in den ersten Entwürfen nicht benannt, weil es nicht zu den Elementen der freiheitlichen demokratischen Grundordnung gehörte. Seit der durchaus eigenmächtigen und über eine bloße »Redaktion« weit hinausgehenden Verklammerung des Verfassungsänderungsverbots mit den Grundsätzen des Art. 21 (jetzt: 20) GG in der Stellungnahme 6

---

[20] »Entwurf zum Grundgesetz in der vom Allgemeinen Redaktionsausschuß redigierten Fassung« (Text in: Parl. Rat VII, S. 133ff.). Art. 108 lautete: »Der Verfassungsänderung gemäß Art. 106 sind die in den Artikeln 1 und 21 dieses Grundgesetzes niedergelegten Grundsätze entzogen« (Parl. Rat VII, S. 172). Art. 21 I lautete: »Deutschland ist eine demokratische und soziale Bundesrepublik.« (Parl. Rat VII, S. 144); siehe auch JöR VII (1951), S. 585f.
[21] Erstmals die Stellungnahme des Allgemeinen Redaktionsausschusses zum Entwurf in der Form der 2. Lesung des Hauptausschusses: Parl. Rat VII, S. 254.
[22] Texte in: Parl. Rat VII, S. 172 (Redaktionsausschuß vom Dezember 1948), S. 254 (2. Lesung Hauptausschuß nebst Stellungnahme Redaktionsausschuß vom Januar 1949), S. 427 (3. Lesung Hauptausschuß vom Februar 1949), S. 516 (Redaktionsausschuß vom Mai 1949: »Verschmelzung« mit bundesstaatlicher Garantie; → Rn. 7), S. 552 (4. Lesung Hauptausschuß v. 5.5.1949 mit endgültiger Fassung).
[23] Deutlich eine Anmerkung des Redaktionsausschusses (Parl. Rat VII, S. 172): Das Änderungsverbot solle »zum Ausdruck bringen, daß dieses Grundgesetz nicht die Hand bieten darf zu seiner eigenen Totalbeseitigung oder -vernichtung, insbesondere dazu, daß ggf. eine revolutionäre antidemokratische Bewegung mit demokratischen Mitteln auf scheinbar ›legalem‹ Wege die hier normierte demokratisch rechtsstaatliche Grundordnung ins Gegenteil verkehrt. Eine Revolution kann und soll dadurch nicht verhindert werden. Eine revolutionäre Bewegung kann gegebenenfalls auch neues Recht schaffen, aber sie soll nicht imstande sein, eine ihr selbst fehlende Legitimität und Rechtsqualität – z.B. infolge mangels jedes Rechtsgedankens – zu ersetzen durch Berufung auf ihr äußerlich ›legales‹ Zustandekommen.« – Lediglich der Abgeordnete Katz (SPD), gegen den sich aber auch sein Parteifreund Carlo Schmid wandte, blieb ablehnend (JöR 1 [1951], S. 586).
[24] Diese Worte fielen in der 2. Lesung des Hauptausschusses v. 12.1.1949 (vgl. JöR 1 [1951], S. 586; Parl. Rat XIV/2, S. 1118). S. auch *Bryde*, Verfassungsentwicklung (Fn. 13), S. 240; *D. Zacharias*, Die sog. Ewigkeitsgarantie des Art. 79 Abs. 3 GG, in: M. Thiel (Hrsg.), Wehrhafte Demokratie, 2003, S. 57ff. (57f.).
[25] *R. Thoma*, Über Wesen und Erscheinungsformen der modernen Demokratie (1948), in: ders., Rechtsstaat (Fn. 8), S. 406ff. (441): »Sie [scil.: die Unantastbarkeitsnorm, H.D.] errichtet eine Grenzmauer, die doch nur um den Preis eines rücksichtslosen und offensichtlich rechtswidrigen Verfassungsbruchs überstiegen werden könnte. Sie macht es unmöglich, die Revolution oder den Staatsstreich in den trügerischen Schafspelz scheinbarer Legalität zu hüllen.«
[26] Vgl. Parl. Rat IX, S. 470 (9. Sitzung des Plenums v. 6.5.1949); gleicher Antrag einen Tag zuvor in der 57. Sitzung des Hauptausschusses (Parl. Rat XIV/2, S. 1806).
[27] Namentlich *E. Wiederin*, Sozialstaatlichkeit im Spannungsfeld von Eigenverantwortung und Fürsorge, VVDStRL 64 (2005), S. 53ff. (74f.) sowie bekräftigend im Schlußwort (S. 103f.); ebenso *M. Jestaedt*, HStR³ II, § 29 Rn. 54 m. Fn. 294.

des Allgemeinen Redaktionsausschusses vom Dezember 1948 (→ Rn. 5)[28] zählt jedoch auch die »soziale« Bundesrepublik (bzw. der soziale Bundesstaat) zu den festen Bestandteilen der weiteren Entwürfe[29]. Vorschläge, diese Verweisung auf Art. 21 durch die Engführung auf einzelne seiner Gehalte eher zu verunklaren (und dabei das »soziale« Staatsziel auszuscheiden), haben sich demgegenüber gerade nicht durchzusetzen vermocht[30].

7   Die Einbeziehung der **bundesstaatlichen Ordnung** in den Schutz der Ewigkeitsklausel erfolgte schließlich zweigleisig, wovon noch heute das Nebeneinander der Sicherung spezieller Gehalte (→ Rn. 21 ff.) sowie des Bundesstaatsprinzips als solchem (→ Rn. 47 f.) zeugt. Legt man allein die heutige Lesart zugrunde, fehlt seit dem vom Allgemeinen Redaktionsausschuß vorgeschlagenen Verweis auf Art. 21 (20) GG (→ Rn. 5) die Bundesstaatlichkeit in keinem der konsolidierten Entwürfe mehr, weil auch dort von *Bundes*republik die Rede ist[31]. Freilich steht diese dem heutigen Befund entsprechende Erwähnung in einem durchaus unklaren und spannungsreichen Verhältnis zu den weiteren Vorkehrungen zur Sicherung der bundesstaatlichen Ordnung[32], die erst aufgrund eines nicht näher erläuterten Vorschlages des Redaktionsausschusses[33] in der 4. Lesung des Hauptausschusses v. 5.5.1949 in den Schutz der Ewigkeitsklausel einbezogen wurden[34], so daß sich Aufschlüsse über den intendierten Schutzumfang kaum gewinnen lassen. In den vorherigen Entwürfen[35] – angefangen von Art. 107 HChE

---

[28] Vgl. nochmals Fn. 20.
[29] Vgl. jeweils Parl. Rat VII, S. 220, 254 (2. Lesung des Hauptausschusses), S. 309, 328, 346, 371 (Änderungsvorschläge des Fünferausschusses), S. 403, 427 (3. Lesung des Hauptausschusses), S. 502, 516 (Vorschläge des Allgemeinen Redaktionsausschusses), S. 537, 552 (4. Lesung des Hauptausschusses).
[30] In seiner Stellungnahme zur 2. Lesung des Hauptausschusses hatte der Allgemeine Redaktionsausschuß im Januar 1949 eine Fassung des Art. 108 vorgeschlagen, die verbot, »die demokratische, republikanische und rechtsstaatliche Ordnung (Artikel 21)« anzutasten (Parl. Rat VII, S. 254; vgl. auch JöR 1 [1951], S. 586; der in Klammern stehende Hinweis auf Art. 21 verunklart die Sache weiterhin, da die Bundesrepublik dort als »demokratischer und sozialer Bundesstaat« charakterisiert wurde). – Daß sich diese auf die soziale Komponente verzichtende Fassung gerade nicht durchzusetzen vermochte, ignoriert *M. Jestaedt*, HStR³ II, § 29 Rn. 54.
[31] Vgl. nochmals Fn. 29.
[32] Das Interpretationsproblem besteht schlicht in folgendem: Wenn die früheren Entwürfe den bundesstaatlichen Aufbau für prinzipiell abänderbar hielten, zugleich aber die Grundsätze des damaligen Art. 21 (heute: Art. 20) GG für unabänderlich erklärten, dessen erster Absatz lautete: »Die Bundesrepublik Deutschland ist ein demokratischer und sozialer Bundesstaat«, dann kann sich die Verweisung auf Art. 21 seinerzeit nicht auch auf das Element des Bundesstaates erstreckt haben, weil das in einem unauflöslichen Widerspruch zur prinzipiellen Verfügbarkeit über den bundesstaatlichen Aufbau stehen würde. Man kann nicht zugleich die Bundesstaatlichkeit für abänderbar und den bundesstaatlichen Aufbau für unabänderlich erklären. Deshalb entspricht es überwiegender Auffassung, daß jedenfalls bis zum entscheidenden Änderungsvorschlag im Mai 1949 der Verweis des Art. 108 auf Art. 21 nicht die Garantie der Bundesstaatlichkeit umfaßte (insofern übereinstimmend auch *M. Jestaedt*, HStR³ II, § 29 Rn. 54; *S. Blasche*, VR 2008, 12 [14]).
[33] Vorschlag v. 2.5.1949; Text in: Parl. Rat VII, S. 516. Dieser Vorschlag, der natürlich weit über bloß Redaktionelles hinausging, weil er zum ersten Male Verfassungsänderungen in diesem Bereich gänzlich ausschloß (vgl. JöR 1 [1951], S. 584), findet einen Vorläufer im SPD-Entwurf zum Grundgesetz vom April 1949: s. Parl. Rat VII, S. 479.
[34] Text in: Parl. Rat VII, S. 552. Zu den Beratungen s. Parl. Rat XIV/2, S. 1806. – Darstellung der verschiedenen Versionen im Beratungsgang bei *M. Jestaedt*, HStR³ II, § 29 Rn. 50 ff.
[35] Text des Art. 107 HChE abgedruckt in: Parl. Rat II, S. 604; Texte der beiden weiteren genannten Entwürfe in: Parl. Rat VII, S. 115, 327. Zwischen diesen beschlossenen Entwürfen verlief die Diskussion namentlich im Organisationsausschuss kontrovers: JöR 1 (1951), S. 580 f.; Parl. Rat XIII/1, S. 1015 f.

über die Fassung von Art. 107 in der ersten Lesung des Hauptausschusses v. 10.12.1948 bis zum Vorschlag des interfraktionellen Fünfer-Ausschusses vom Februar 1949 zum nunmehrigen Art. 106 – war nämlich die bundesstaatliche Ordnung **in signifikantem Unterschied zur freiheitlichen demokratischen Grundordnung** (→ Rn. 17, 60) einer legalen Abänderung prinzipiell zugänglich erachtet worden, wenngleich man dafür durchweg hohe Hürden im Bundesrat (HChE: Einstimmigkeit; Hauptausschuß: Dreiviertelmehrheit; Fünfer-Ausschuß: Vierfünftelmehrheit) errichtete. Weniger sachlich-inhaltlich als sprachlich wandelte sich die zu schützende »bundesstaatliche Grundordnung« (HChE) erst zum »bundesstaatlichen Aufbau« (Hauptausschuß)[36], bevor der Fünfer-Ausschuß die Formulierung »Gliederung des Bundes in Länder und die grundsätzliche Mitwirkung der Länder bei der Gesetzgebung und Verwaltung« prägte, die schließlich – unter Weglassung der Mitwirkung bei der Verwaltung – Eingang in das Grundgesetz fand. Vor allem aber wurden in diesem Entwurf vom 25.4.1949 die bisherigen Art. 106 und 108 zu einem einzigen Artikel mit folgendem Wortlaut zusammengefaßt: »Eine Änderung dieses Grundgesetzes, durch welche die Gliederung des Bundes in Länder, die grundsätzliche Mitwirkung der Länder bei der Gesetzgebung oder die in den Art. 20 c Abs. 1 und 21 niedergelegten Grundsätze berührt werden, ist unzulässig.«[37] Die Gründe, warum gleichsam in letzter Minute die föderative Ordnung auf diese Weise in die Ewigkeitsgarantie des Art. 79 III GG einbezogen wurde, liegen nach wie vor im Dunkeln[38].

Art. 79 III GG wurde bislang nicht geändert und **darf** auch **nicht geändert werden** (→ Rn. 59). Die Norm »stellt in der gesamtdeutschen Verfassungsgeschichte ein Novum dar«[39].

8

B. Internationale, supranationale und rechtsvergleichende Bezüge

Als strukturelle Parallele oder funktionales Äquivalent für die materiellen Schranken des Art. 79 III GG läßt sich im **internationalen Recht** das zwingende Völkerrecht (*ius cogens*) ansehen, das der Möglichkeit der Begründung wirksamen Völkervertragsrechts entgegensteht[40]. Umgekehrt erstreckt sich Art. 79 III GG auch auf völkerrechtliche Verträge, an denen Deutschland beteiligt ist, und versagt ihnen bei einem Wider-

9

---

[36] Beide waren Gegenstand kritischer Einwände insb. im Hauptausschuß, wonach sie wegen ihrer Unbestimmtheit eine Fülle von Verfassungsstreitigkeiten provozieren würden: vgl. JöR 1 (1951), S. 582f.; Parl. Rat XIV/1, S. 366f.
[37] Parl. Rat XI, S. 183.
[38] Das bleibt auch festzuhalten gegenüber der etwas forschen Diktion bei *M. Jestaedt*, HStR³ II, § 29 Rn. 54 m. Fn. 292, der im übrigen zur Aufhellung der Gründe für die maßgeblichen Weichenstellungen in den letzten Entscheidungsstadien auch nichts beizutragen vermag. Wie hier *S. Blasche*, VR 2008, 12 (14). – Es zeigt sich hier einmal mehr, daß die heute vermutlich kaum mehr in ihren Motiven aufklärbare, zuweilen durchaus eigenwillige (wenn nicht eigenmächtige) Arbeit des Redaktionsausschusses und des interfraktionellen Fünfer-Ausschusses zu Änderungen von erheblicher Reichweite auch und gerade in materiellrechtlichen Fragen führte; vgl. *Bryde*, Verfassungsentwicklung (Fn. 13), S. 241; *H. v. Wedel*, Das Verfahren der demokratischen Verfassunggebung, 1976, S. 251f.; zur Rechtfertigung *Carlo Schmid*, Erinnerungen, 5. Aufl. 1979, S. 366f.
[39] *Unruh*, Verfassungsbegriff (Fn. 12), S. 440 m. w. N. – Zu vorgrundgesetzlichen Verfassungen der Länder: → Rn. 13.
[40] *J. A. Frowein*, Art. Jus cogens, EPIL 7 (1984), 327 (329); ausführlich zur Vertragsnichtigkeit *S. Kadelbach*, Zwingendes Völkerrecht, 1992, S. 324ff.

spruch zu den dort geschützten Inhalten die innerstaatliche Geltung (→ Art. 79 I Rn. 30ff.).

10 Die Frage, ob auch **änderungsfeste Kerne des Primärrechts der Europäischen Union** existieren, ist bislang eher selten diskutiert worden. Jüngere Literaturstimmen bejahen dies und führen u. a. den Grundsatz der Rechtseinheit und die Gleichheit unter den Mitgliedstaaten sowie die in Art. 2 EUV (früher: Art. 6 I EUV) genannten Grundsätze als Kandidaten für derartige änderungsfeste Regelungsgehalte an[41]; Demokratie, Menschenrechte und Grundfreiheiten gelten desgleichen als änderungsfeste Rechtsgrundsätze[42].

11 Aus nationalstaatlicher Perspektive bildet Art. 79 III GG bei der Übertragung von Hoheitsrechten eine unübersteigbare Schranke, namentlich mit Blick auf die **Europäische Union** für den Integrationsgesetzgeber[43], was die sog. »Bestandssicherungsklausel« des Art. 23 I 3 GG jetzt selbst (deklaratorisch) zum Ausdruck bringt (→ Art. 23 Rn. 87ff.). Vor der Einführung des Europaartikels im Jahre 1992 hatte das Bundesverfassungsgericht die Grenzen einer Übertragung von Hoheitsrechten zwar nicht eindeutig allein in Art. 79 III GG verortet, aber mit sachähnlichen Formeln (Identitätsgarantie, Grundgefüge, Grundstrukturen) umschrieben (→ Vorb. Rn. 55; → Art. 1 III Rn. 17). Ob Art. 79 III GG auch vor einem Staatlichkeitsverlust infolge weitergehender Europäisierung vormals nationaler Hoheitsgewalt und dem **Übergang zu einem europäischen Bundesstaat** schützt, der den Kautelen des Art. 23 I 1 GG entspricht, ist streitig (→ Rn. 55ff.).

12 Abgesehen von den bereits erwähnten Ausnahmen (→ Rn. 1) sind verfassungsgesetzlich normierte Unabänderlichkeitsgarantien **älteren Verfassungsstaaten zumeist fremd**[44]; die Verfassung **Irlands** stellt in ihrem Art. 46 I die Änderbarkeit jeglicher Verfassungsbestimmung sogar ausdrücklich fest. In den **USA** gab und gibt es immer wieder Stimmen in der Literatur, die der »amending power« Schranken auferlegen wollen, ohne daß diese jedoch bislang an der herrschenden Meinung von der Unbegrenztheit des Revisionsprozesses etwas geändert hätten[45]. In der **Schweiz**, die die Möglichkeit einer »Totalrevision« kennt und explizit regelt, plädieren Teile der Lehre

---

[41] Vgl. *M. Sichert*, Grenzen der Revision des Primärrechts in der Europäischen Union, 2005, S. 557ff.; *M. Klamt*, Die Europäische Union als Streitbare [sic] Demokratie, 2012, S. 306ff.; dagegen *M. Nettesheim*, EuR 2006, 737 (744f.); *H.-H. Herrnfeld*, in: Schwarze, EU, Art. 48 EUV Rn. 14; *C. Ohler*, in: Grabitz/Hilf/Nettesheim, EUV/AEUV, Art. 48 EUV (2011), Rn. 24f.

[42] *Sichert*, Grenzen (Fn. 41), S. 642ff., 733ff., 762ff.

[43] *Stern*, Staatsrecht I, S. 538, 540; *J. Isensee*, HStR V, § 115 Rn. 69; *T. Lörcher*, JuS 1993, 1011 (1012); *D. H. Scheuing*, EuR-Beiheft 1, 1997, 7 (22f., 56); *C. Hillgruber*, HStR³ II, § 32 Rn. 107.

[44] Die US-Verfassung kennt keine expliziten inhaltlichen Schranken (*K. Loewenstein*, Verfassungsrecht und Verfassungspraxis in den Vereinigten Staaten, 1959, S. 389), auch wenn das in der Wissenschaft immer wieder diskutiert worden ist (*J. R. Vile*, The Constitutional Amending Process in American Political Thought, New York 1992, S. 157ff.). Lediglich die Garantie des Stimmrechts im Senat für jeden Bundesstaat (Art. V, letzter Halbsatz: Entzug nicht ohne seine Zustimmung) kommt wegen dieser hohen und wohl niemals überwindbaren Hürde dem föderativen Teilgehalt des Art. 79 III GG zumindest nahe (dazu *D. R. Dow*, The Plain Meaning of Article V, in: S. Levinson [Hrsg.], Responding to Imperfection, 1995, S. 117ff.). Doch *nota bene*: eine Umwandlung der USA in einen Zentralstaat wäre mit Zustimmung aller Gliedstaaten möglich, in Deutschland hingegen ausgeschlossen.

[45] Instruktiv die Beiträge in: Levinson (Fn. 44), insb. *W. F. Murphy*, Merlin's Memory: The Past and Future Imperfect of the Once and Future Polity, S. 163ff., der für Schranken der Verfassungsänderung plädiert, und *J. R. Vile*, The Case against Implicit Limits on the Constitutional Amending Process, S. 191ff., der mit der wohl weitaus herrschenden Ansicht solche Begrenzungen *de constitutione lata* ablehnt; monographisch *J. R. Vile*, The Constitutional Amending Process in American Political

seit jeher für materielle Schranken der Verfassungsrevision[46], ohne daß die Bundesversammlung oder das Schweizer Bundesgericht dem je gefolgt oder die Auffassung ganz herrschend geworden wäre[47]. Die neue Bundesverfassung bindet nun allerdings Teil- wie Totalrevisionen an Regeln des zwingenden Völkerrechts (Art. 139 III, 193 IV, 194 II nBV)[48], was die alte Diskussion in der Lehre neu zu beflügeln scheint[49]. Auch in **Österreich** wird seit einiger Zeit erwogen, ob die eingeräumte Möglichkeit einer Gesamtänderung in Art. 44 III B-VG nicht ihrerseits an ungeschriebene Grenzen stößt und es auch dort unabänderliches Verfassungsrecht gibt[50]. Ähnlich hält man in **Japan** trotz Fehlens einer expliziten Ewigkeitsklausel die Achtung der Grundrechte, das Demokratieprinzip und den Pazifismus für unabänderlich[51]. Ansonsten normieren in Europa die neueren Verfassungen **Griechenland**s (Art. 110 I), **Tschechien**s (Art. 9 II), **Rumänien**s (Art. 148) und – besonders detailliert – **Portugal**s (Art. 288 lit. a–o) vergleichbare Ewigkeitsklauseln. In der aktuellen Verfassung Frankreichs findet sich nach wie vor (nur) eine Fixierung der republikanischen Staatsform (Art. 89 V)[52], desgleichen in der Verfassung **Italien**s (Art. 139)[53]. Art. 4 der Verfassung der **Türkei** (1982/2007) nimmt die Gehalte der ersten drei Artikel der Verfassung (darunter Republik, Demokratie, Säkularität, Sozialstaat, Amtssprache, Flagge, Hauptstadt) von jeder Änderungsmöglichkeit aus.

Durchgängig kennen **vorgrundgesetzliche Landesverfassungen** strukturell ähnliche materielle Änderungsverbote; hier herrscht ein großer Konsens[54]. Stärker an Art. 79

13

Thought, 1992; knapp *S. M. Griffin*, The United States of America, in: Oliver/Fusaro, Constitutions (Fn. 5), S. 357 ff. (359).

[46] Ausführlich zur Entstehung dieser Lehre *W. Zülch*, Das Verbot von Verfassungsänderungen nach dem Bonner Grundgesetz, 1957, S. 96 ff. – Schweizer Gegenstimmen: *F. Fleiner*, Schweizerisches Bundesstaatsrecht, 1923, S. 398; *J.-F. Aubert*, Bundesstaatsrecht der Schweiz, Bd. I, 1967 mit Nachtrag 1990, Rn. 324 ff., 332 f. Das Schweizer Bundesgericht hat solche Schranken allerdings stets verneint. Nachweise aus der älteren Literatur: → Bd. II², Art. 79 III Rn. 12 mit Fn. 39.

[47] *G. Biaggini*, IPE I, § 10 Rn. 35 konstatiert knapp: »›Ewigkeitsklauseln‹ nach dem Muster der italienischen Verfassung von 1947 (Art. 139) oder des Grundgesetzes (Art. 79 Abs. 3) sind der schweizerischen Bundesverfassung fremd.« Siehe noch *U. Häfelin/W. Haller*, Schweizerisches Bundesstaatsrecht, 8. Aufl. 2012, Rn. 28, 1760 ff.; *P. Tschannen*, Staatsrecht der Schweizerischen Eidgenossenschaft, 2. Aufl. 2007, § 44 Rn. 27 ff.

[48] Näher *H. Koller/G. Biaggini*, EuGRZ 2000, 337 (341 f.); *Häfelin/Haller*, Bundesstaatsrecht (Fn. 47), Rn. 1756 ff.; *R. Rhinow*, Der Staat 41 (2002), 575 (583, 593); *R. Rhinow./M. Schefer*, Schweizerisches Verfassungsrecht, 2. Aufl. 2009, Rn. 469 f., 3595 ff. – Speziell zum Konflikt von direkter Demokratie und Völkerrecht eingehend *A. Reich*, ZaöRV 68 (2008), 979 ff.

[49] *Rhinow/Schefer*, Schweizerisches Verfassungsrecht (Fn. 48), Rn. 471 f., 3606.

[50] Für die nach wie vor h.M. siehe nur *E. Wiederin*, IPE I, § 7 Rn. 39; *H. Mayer*, Gibt es ein unabänderliches Verfassungsrecht?, in: FS Schäffer, 2006, S. 573 ff.; eingehend *A. Gamper*, ZöR 60 (2005), 187 (206 ff.) m.w.N.

[51] *R. Neumann*, Änderung und Wandlung der Japanischen Verfassung, 1982, S. 154 ff., 160 f.

[52] Zusätzliche Hinweise auf außereuropäische Verfassungen jüngeren Datums bei *M. Böckenförde*, Die Einbindung der Bevölkerung in Verfassungsprozessen – ein Überblick, in: Coexistence, Cooperation and Solidarity. Liber Amicorum Rüdiger Wolfrum, Volume II, 2012, S. 1107 ff. (1118 ff.).

[53] Die Norm wird allerdings weit ausgelegt und umfaßt auch die grundlegenden Elemente der Demokratie sowie die Menschenwürde; siehe *C. Fusaro*, Italy, in: Oliver/Fusaro, Constitutions (Fn. 5), S. 211 ff. (214 ff.).

[54] Art. 75 I 2 BayVerf. (»Anträge auf Verfassungsänderungen, die den demokratischen Grundgedanken der Verfassung widersprechen, sind unzulässig«); Art. 20 I BremVerf. (»Verfassungsänderungen, die die in diesem Abschnitt enthaltenen Grundgedanken der allgemeinen Menschenrechte verletzen, sind unzulässig«); Art. 150 I 1 HessVerf. (»Keinerlei Verfassungsänderung darf die demokratischen Grundgedanken der Verfassung und die republikanisch-parlamentarische Staatsform antasten«). Art. 129 II Rheinl.-PfalzVerf. (»Unzulässig sind jedoch verfassungsändernde Gesetze,

III GG angelehnt, ohne mit ihm identisch zu sein, präsentieren sich die meisten nachkonstitutionellen Verfassungen (Baden-Württemberg, Art. 64 I 2; Niedersachsen, Art. 46 II; Saarland, Art. 101 II; mittlerweile auch in Nordrhein-Westfalen, Art. 69 I 2), namentlich die der **neuen Bundesländer** (Mecklenburg-Vorpommern, Art. 56 III; Sachsen, Art. 74 I 2; Sachsen-Anhalt, Art. 78 III; Thüringen, Art. 83 III). Die Verfassungen Berlins, Brandenburgs, Hamburgs und Schleswig-Holsteins verfügen über keine derartige Sicherung. Zu bedenken ist aber insofern, daß die Verfassungsautonomie der Bundesländer durch das Homogenitätsgebot des Art. 28 I GG begrenzt ist (→ Art. 28 Rn. 42 ff., 49 ff.).

C. Erläuterungen

I. Allgemeine Bedeutung und grundsätzliche Problematik

14   Art. 79 III GG richtet für den verfassungsändernden Gesetzgeber bestimmte unübersteigbare materielle Schranken auf[55] und entzieht ihm damit für die Dauer der Geltung des Grundgesetzes insoweit den Zugriff auf dieses. Häufig wird die Norm als **Ewigkeitsgarantie** umschrieben; in bunter terminologischer Vielfalt spricht man ferner von Ewigkeits- oder Unantastbarkeitsklausel, Identitätsgarantie, materiellen Schranken der Verfassungsänderung, Grenzen der Revisionsgewalt, Verfassungsänderungsverboten u. a. m.[56] Entscheidend ist die **sachliche Kernaussage**: die von Art. 79 III GG geschützten und abschließend aufgeführten Inhalte (→ Rn. 21 ff.) können innerhalb des Legalitätsrahmens des Grundgesetzes auch durch einstimmigen Entscheid der zur Verfassungsänderung befugten Organe nicht beseitigt werden und genießen insoweit absoluten Bestand[57]; hiergegen verstoßende verfassungsändernde Gesetze sind nichtig[58]. Art. 79 III GG ist **einziger materieller Prüfungsmaßstab für Verfassungsänderungen**[59] und genießt insofern höheren Rang als die anderen Verfassungsnormen[60]. Allerdings bindet er nur den verfassungsändernden Gesetzgeber, nicht auch den originären Verfassunggeber (*pouvoir constituant*)[61]. Die Möglichkeit

---

welche die im Vorspruch in Artikel 1 und Artikel 74 niedergelegten Grundsätze verletzen.«) – Zu weiteren, aber bald überholten Verfassungen der ersten Nachkriegsjahre vgl. *Evers* (Fn. 3), Art. 79 III Rn. 26 ff.; *Häberle*, Ewigkeitsklauseln (Fn. 3), S. 84 ff.; *Möller*, Gewalt (Fn. 3), S. 121 ff.

[55] BVerfGE 30, 1 (24); deutlicher noch BVerfGE 30, 1 (39) – *Sondervotum*: »Gewisse Grundentscheidungen des Grundgesetzgebers werden für die Dauer der Geltung des Grundgesetzes – ohne Vorwegnahme einer künftigen gesamtdeutschen Verfassung – für unverbrüchlich erklärt.« Aus der Literatur (jeweils m. w. N.): *Bryde*, Verfassungsentwicklung (Fn. 13), S. 224 ff., 235 ff.; *P. Kirchhof*, HStR³ II, § 21 Rn. 40, 42 ff.; *P. Badura*, HStR³ XII, § 270 Rn. 32 ff.; *H. Dreier*, JZ 1994, 741 (746 ff.); *M. Herdegen*, in: Maunz/Dürig, GG, Art. 79 (2014), Rn. 60.

[56] *Maurer*, Staatsrecht I, § 22 Rn. 17 ff.; *K. Stern*, HStR³ IX, § 185 Rn. 140; *D. Murswiek*, HGR II, § 28 Rn. 22; *Unruh*, Verfassungsbegriff (Fn. 12), S. 440 ff.; *Kloepfer*, Verfassungsrecht, I, § 1 Rn. 126; *S. Augsberg*, Das verfassungsändernde Gesetz, in: W. Kluth/G. Krings (Hrsg.), Gesetzgebung, 2012, § 28 Rn. 39.

[57] *Hochhuth*, Meinungsfreiheit (Fn. 3), S. 127 spricht von »Geschichtsfestigkeit«.

[58] BVerfGE 30, 1 (33) – *Sondervotum*; *B.-O. Bryde*, in: v. Münch/Kunig, GG II, Art. 79 Rn. 27; *Evers* (Fn. 3), Art. 79 III Rn. 106 f.; *Jarass/Pieroth*, GG, Art. 79 Rn. 6; *C. Vismann*, in: AK-GG, Art. 79 (2002), Rn. 41; *Möller*, Gewalt (Fn. 3), S. 172; *Unruh*, Verfassungsbegriff (Fn. 12), S. 441.

[59] Deutlich BVerfGE 87, 181 (196); s. auch E 84, 90 (120); 94, 12 (34); 94, 49 (85, 102 f.); *P. Kirchhof*, HStR³ II, § 21 Rn. 7, 38 ff.; *Badura*, Staatsrecht, Rn. F 64; *M. Brenner*, Der Staat 32 (1993), 493 (497); *Vismann* (Fn. 58), Art. 79 Rn. 42.

[60] *Stern*, Staatsrecht I, S. 113 f.; *C. Starck*, Einführung, in: ders. (Hrsg.), Rangordnung der Gesetze, 1995, S. 9 ff. (11); *Herdegen* (Fn. 55), Art. 79 Rn. 75.

[61] BVerfGE 89, 155 (180); *Stern*, Staatsrecht I, S. 167; *Murswiek*, Gewalt (Fn. 13), S. 175 ff.; *M.*

I. Allgemeine Bedeutung und grundsätzliche Problematik   Art. 79 III

sog. **verfassungswidrigen Verfassungsrechts** beschränkt sich auf den Verstoß späterer verfassungsändernder Vorschriften gegen Art. 79 III GG[62].

Die Ewigkeitsgarantie kann und will nicht für sich in Anspruch nehmen, taugliches Abwehrmittel gegen revolutionäre Umbrüche oder grundstürzende Machtwechsel zu sein[63]. Sie unterbindet aber die Möglichkeit, dem Verfassungsumsturz den Mantel der Legalität umzulegen, zwingt vielmehr zur Offenlegung neuer legitimatorischer Ansprüche und erlaubt die »Demaskierung des Verfassungsbruches«[64], was der Intention der Verfassungsväter bis in die Wortwahl entspricht (→ Rn. 5). Art. 79 III GG will in den Worten des Bundesverfassungsgerichts verhindern, daß die Verfassungsordnung »auf dem formal-legalistischen Wege eines verfassungsändernden Gesetzes beseitigt und zur nachträglichen Legalisierung eines totalitären Regimes mißbraucht werden kann«[65]. Die Norm **macht die legale Revolution unmöglich**. Damit verbunden ist eine gewisse Warn- und Signalfunktion[66]. 15

Über ein bloßes Verbot revolutionärer Verfassungsbeseitigung geht Art. 79 III GG aber hinaus. Durch die Aufstellung eines expliziten Kataloges an Unantastbarkeiten (→ Rn. 21 ff.) erstreckt sich die **Bestandsgewähr** auf Bereiche, die **einem grundlegenden (totalitären) Umsturz weit vorgelagert** sind. Adressat ist also nicht nur der Verfassungsgegner, sondern auch ein prinzipiell loyaler, aber gewissermaßen irrender Verfassungsänderungsgesetzgeber[67]. Somit stellt die Ewigkeitsgarantie als Schranke für diesen eine besondere Art von **Verfassungsschutzbestimmung**[68] dar. Sie bildet den »Kern« der Verfassungsidentität[69]. 16

Brenner, Der Staat 32 (1993), 493 (494); *M. Sachs*, in: ders., GG, Art. 79 Rn. 5; *Wegge*, Bedeutung (Fn. 13), S. 222; so entgegen dem ersten Anschein auch *B. Even*, Die Bedeutung der Unantastbarkeitsgarantie des Art. 79 Abs. 3 für die Grundrechte, 1988, S. 101 ff. m. w. N.; a. A. (auch Bindung des *pouvoir constituant*): *C. Tomuschat*, Verfassungsgewohnheitsrecht?, 1972, S. 108 m. w. N.

[62] Unter Bezugnahme auf frühe Urteile des Bundesverfassungsgerichts wurde z. T. auch die Möglichkeit originärer verfassungswidriger Verfassungsnormen bejaht (vgl. *O. Bachof*, Verfassungswidrige Verfassungsnormen? [1951], in: ders., Wege zum Verfassungsstaat, 1979, S. 1 ff.). Das ist mit der mittlerweile h. M. abzulehnen: wie hier (und mit Nachweisen der Gegenstimmen) *P. Badura*, HStR VII, § 159 Rn. 7; ders., HStR³ XII, § 270 Rn. 36; *R. Herzog*, EuGRZ 1990, 483 (485); ähnlich *v. Münch*, Staatsrecht I, Rn. 99 ff.; *B. Schöbener*, in: Friauf/Höfling, GG, Art. 79 (2015), Rn. 96.

[63] *Hesse*, Verfassungsrecht, Rn. 701; *K. Stern*, JuS 1985, 329 (330): kann »revolutionären Ernstfall« nicht ausschließen«; *Häberle*, Ewigkeitsklauseln (Fn. 3), S. 103 (keine »juristische oder ›politische‹ Lebensversicherung«).

[64] So *P. Kirchhof*, HStR² II, § 21 Rn. 42; s. neben den in der vorigen Fn. Genannten *H.-J. Wipfelder*, BayVBl. 1983, 289 (292); *P. Badura*, HStR³ XII, § 270 Rn. 34; *H. Dreier*, JZ 1994, 741 (747); *Vismann* (Fn. 58), Art. 79 Rn. 22, 42 f.; *Zacharias*, Ewigkeitsgarantie (Fn. 24), S. 59; *Kloepfer*, Verfassungsrecht I, § 1 Rn. 129; *Schöbener* (Fn. 62), Art. 79 Rn. 92.

[65] BVerfGE 30, 1 (24). Darin erschöpft sich die Bedeutung indes nicht: → Rn. 16.

[66] So auch *Unruh*, Verfassungsbegriff (Fn. 12), S. 446. Mit diesen Einschränkungen läßt sich der Aussage zustimmen, Sinn des Art. 79 III GG sei es, »einen Rückfall unseres Landes in Diktatur und Barbarei auszuschließen«: BVerfGE 113, 273 (327 ff. [336, Rn. 178]) – *Sondervotum Lübbe-Wolff*.

[67] *G. Dürig*, Zur Bedeutung und Tragweite des Art. 79 Abs. III des Grundgesetzes (ein Plädoyer), in: FS Theodor Maunz, 1971, S. 41 ff. (47); *K. Stern*, JuS 1985, 329 (330); näher *Bryde*, Verfassungsentwicklung (Fn. 13), S. 239 ff.; *Wegge*, Bedeutung (Fn. 13), S. 57 ff.; *Unruh*, Verfassungsbegriff (Fn. 12), S. 443 f.; *Zacharias*, Ewigkeitsgarantie (Fn. 24), S. 59, 68; s. auch BVerfGE 30, 1 (33 ff., 38 f.) – *Sondervotum Geller u. a.*

[68] *Hesse*, Verfassungsrecht, Rn. 691 ff.; mit Bezug darauf *Dürig*, Bedeutung (Fn. 67), S. 47 f.; *H. Dreier*, JZ 1994, 741 (750 m. Fn. 133); s. auch *Pernice*, Bestandssicherung (Fn. 3), S. 227; *Unruh*, Verfassungsbegriff (Fn. 12), S. 441; *Zacharias*, Ewigkeitsgarantie (Fn. 24), S. 68.

[69] *P. Kirchhof*, HStR³ II, § 21 Rn. 79 ff.; *G. Roellecke*, Identität und Variabilität der Verfassung, in: O. Depenheuer/C. Grabenwarter (Hrsg.), Verfassungstheorie, 2010, § 13 Rn. 71.

17 Die Ewigkeitsklausel stellt »eine der innovativsten und zugleich problematischsten Neuschöpfungen des Parlamentarischen Rates dar«[70] und wirft infolgedessen schwerwiegende Probleme theoretischer wie praktischer Art auf. Das **theoretische Problem** besteht in der »Grundaporie des Verfassungsstaates«[71], den Geltungsanspruch der Verfassung unter demokratischen Vorzeichen auf das Prinzip der Volkssouveränität zu stützen, dieses Volk und seine Organe aber in der Zukunft den Regeln der gegebenen Verfassung zu unterwerfen und so seine Souveränität – namentlich die der folgenden Generationen – mehr oder minder empfindlich einzuschränken: das Problem der Herrschaft der Toten über die Lebenden[72]. Die gemeinhin zur Erklärung herangezogene Bindung des verfassungsändernden Gesetzgebers durch den fundamentalen Akt der Verfassunggebung[73] führt im Falle des Art. 79 III GG zur Ausblendung des Volkes als realer politischer Größe und zu seiner endgültigen Verbannung in das einmal errichtete Gehäuse der Verfassung[74]. Denn anders als die meisten anderen Verfassungsstaaten – das ist das **praktische Problem** – sieht das Grundgesetz Kanalisierungen des souveränen Volkswillens und damit Möglichkeiten für eine prinzipielle politische Um- und Neugestaltung nach Art einer Totalrevision oder Gesamterneuerung auf friedlichem und juristisch legitimem Wege (abgesehen von der Schlußbestimmung des Grundgesetzes, deren Geltung, Bedeutung und normativer Regelungsgehalt freilich nach wie vor sehr umstritten sind [→ Art. 146 Rn. 28 ff.]) nicht vor[75]: Hier wäre in Ermangelung einer evolutionären Alternative stets eine **(juristische) Revolution** nötig[76]. Insgesamt ist und bleibt Art. 79 III GG eine Regelung, die an der Schwelle des juristisch Normierbaren liegt[77] und insofern ein **Grenzproblem des Verfassungsrechts** markiert.

18 Im übrigen verdient Beachtung, daß Art. 79 III GG nicht nur Elemente einer freiheitlichen demokratischen Grundordnung schützt, die (wie Grundrechte, Rechtsstaat und Demokratie) zum essentiellen Gemeingut moderner Verfassungsstaatlichkeit

---

[70] W. *Heun*, Die Verfassungsordnung der Bundesrepublik Deutschland, 2012, S. 31.
[71] P. *Badura*, Verfassung und Verfassungsgesetz, in: FS Scheuner, 1973, S. 19 ff. (25); s. auch *Tomuschat*, Verfassungsgewohnheitsrecht (Fn. 61), S. 109; H. *Hofmann*, Zur Idee des Staatsgrundgesetzes, in: ders., Recht – Politik – Verfassung, 1986, S. 261 ff. (293 f.); U. K. *Preuß*, Revolution, Fortschritt und Verfassung, 1990, S. 18, 28; N. *Luhmann*, Das Recht der Gesellschaft, 1993, S. 103 f., 474.
[72] Dazu insbesondere mit Bezug auf die einschlägigen Thesen Thomas Jeffersons *Dreier*, Gilt das Grundgesetz (Fn. 11), S. 28 ff.
[73] K. *Stern*, JuS 1985, 329 (332); P. *Badura*, HStR³ XII, § 270 Rn. 33.
[74] Dazu affirmativ M. *Kriele*, Einführung in die Staatslehre, 1975, S. 111 ff., 224 ff., 259 ff.; zur Kritik H. *Quaritsch*, Der Staat 17 (1978), 421 (427 ff.); E.-W. *Böckenförde*, Die verfassunggebende Gewalt des Volkes – Ein Grenzbegriff des Verfassungsrechts, 1986, S. 17; *Dreier*, Gilt das Grundgesetz (Fn. 11), S. 57 ff.
[75] Eingehend zum Problem *Bryde*, Verfassungsentwicklung (Fn. 13), S. 246 ff. (mit eigenem Lösungsversuch); s. ferner *Tomuschat*, Verfassungsgewohnheitsrecht (Fn. 61), S. 106, 109 ff.; H. *Dreier*, JZ 1994, 741 (747 ff.); ders., Gilt das Grundgesetz (Fn. 11), S. 92 ff. Zum Begriff der Totalrevision etwa P. *Saladin*, AöR 104 (1979), 350 ff.; *Häfelin/Haller*, Bundesstaatsrecht (Fn. 47), Rn. 1763 ff.
[76] Dieser Verfassungsumsturz müßte natürlich nicht notwendigerweise gewaltsam erfolgen: entscheidend ist der Bruch der Rechtskontinuität. Eingehend dazu H. *Dreier*, ZöR 69 (2014), 805 ff.
[77] Siehe E. *Forsthoff*, Der Staat 2 (1963), 385 (385); F. *Wieacker*, Zum heutigen Stand der Naturrechtsdiskussion, 1965, S. 12; H. *Hofmann*, Rechtsfragen der atomaren Entsorgung, 1981, S. 260; *Luhmann*, Recht (Fn. 71), S. 474.

zählen⁷⁸, sondern mit **Republik, Sozial- und Bundesstaatlichkeit** darüber hinausgehende Regelungsgehalte umfaßt⁷⁹.

II. Das »Berühren« der geschützten Gehalte

Das **Merkmal des »Berührens«**⁸⁰ der Grundsätze ist im sog. Abhör-Urteil vom Bundesverfassungsgericht **in restriktiver Weise ausgelegt** worden. Die geschützten Grundsätze seien als solche »von vornherein nicht ›berührt‹, wenn ihnen im allgemeinen Rechnung getragen wird und sie nur für eine Sonderlage entsprechend deren Eigenart aus evident sachgerechten Gründen modifiziert werden«; außerdem sei zu bedenken, daß es sich »um eine Ausnahmevorschrift handelt, die jedenfalls nicht dazu führen darf, daß der Gesetzgeber gehindert wird, durch verfassungsänderndes Gesetz auch elementare Verfassungsgrundsätze systemimmanent zu modifizieren«⁸¹. Dem ist heftig widersprochen worden⁸². Treffend an der Kritik ist, daß bei Zugrundelegung dieser »minimalistischen« Auslegung⁸³ Art. 79 III GG auf ein Revolutionsverbot reduziert und damit sein normativer Gehalt nicht ausgeschöpft würde (→ Rn. 16). Andererseits muß man sich ebensosehr vor »normativen Zementierungen«⁸⁴ des konkreten verfassungsrechtlichen Zustandes durch eine **extensive Interpretation** hüten⁸⁵. Überhaupt erscheint es verfehlt, für die Festlegung der konkreten Reichweite der Unantastbarkeitsgarantie allgemeingültige, da notwendig pauschalierende Formeln zu entwickeln⁸⁶. Angebracht und geboten ist vielmehr eine lege artis vorgehende Auslegung, die

19

---

⁷⁸ Eingehend *Unruh*, Verfassungsbegriff (Fn. 12), S. 450 ff., 469 ff., 532 ff. Nur diese können sinnvollerweise als lediglich »deklaratorisch« aufgefaßt werden. Bei *Ehmke*, Grenzen (Fn. 12), S. 99 f. und *Hesse*, Verfassungsrecht, Rn. 703, 706 erscheint als »konstitutiv« lediglich die Garantie bundesstaatlicher Ordnung.

⁷⁹ Dazu *H. Dreier*, JZ 1994, 741 (749) m.w.N. → Rn. 61; → Art. 18 Rn. 44 f.

⁸⁰ Es hat nicht, wie zuweilen gesagt wird, erst spät anstelle des Merkmals »Antasten« Eingang in den Text gefunden. Von Antasten ist lediglich in einem Alternativvorschlag des Redaktionsausschusses vom Januar 1949 die Rede (Parl. Rat VII, S. 254), vorher und nachher nicht. Im übrigen würde es die Interpretation vor die gleichen Probleme stellen wie das »Berühren«. Zum folgenden auch *Zacharias*, Ewigkeitsgarantie (Fn. 24), S. 63 ff.; *Schöbener* (Fn. 62), Art. 79 Rn. 101 ff.

⁸¹ BVerfGE 30, 1 (24, 25). Zum Teil wiederholt in BVerfGE 84, 90 (121); 89, 155 (208 f.); 94, 49 (102 f.); 109, 279 (310, Rn. 111).

⁸² BVerfGE 30, 1 (33 ff.) – *Sondervotum*; aus der Literatur *P. Häberle*, JZ 1971, 145 (149 f.); *H.H. Rupp*, NJW 1971, 275 (276 f.); *H.-U. Erichsen*, VerwArch. 62 (1971), 291 (294 f.); *Evers* (Fn. 3), Art. 79 III Rn. 150 ff.; *v. Münch*, Staatsrecht I, Rn. 91 ff.; differenzierend *Bryde* (Fn. 58), Art. 79 Rn. 29; *Stern*, Staatsrecht III/2, S. 1105 ff.; *Sachs* (Fn. 61), Art. 79 Rn. 36.

⁸³ *Bryde*, Verfassungsentwicklung (Fn. 13), S. 239. Zu dieser Gefahr der Marginalisierung auch *Dürig*, Bedeutung (Fn. 67), S. 43, 51; *Even*, Bedeutung (Fn. 61), S. 92; *H. Dreier*, JZ 1994, 741 (749). Gegen die Maxime einer »engen« Auslegung des Art. 79 III GG zu Recht *K. Stern*, JuS 1985, 329 (332); *Häberle*, Ewigkeitsklauseln (Fn. 3), S. 98 m. Fn. 64.

⁸⁴ *T. Maunz/G. Dürig*, in: Maunz/Dürig, GG, Art. 79 III (1960), Rn. 31; zur Gefahr des Immobilismus auch *Bryde* (Fn. 58), Art. 79 Rn. 29; *H. Dreier*, JZ 1994, 741 (749 f.); *ders.*, Gilt das Grundgesetz (Fn. 11), S. 67 ff.

⁸⁵ Bedenklich und verfehlt die extensive Judikatur des Bayerischen Verfassungsgerichtshofes (etwa BayVerfGE 52, 104; 53, 42; 53, 81) zum unabänderlichen »demokratischen Grundgedanken« der Bayerischen Verfassung (Art. 75 I). Hier wird die Gefahr exegetischer Expansion von Ewigkeitsgarantien drastisch deutlich. Eingehend und kritisch dazu *F. Wittreck*, JöR 53 (2005), 111 (138–151); im Anschluß daran *Dreier*, Gilt das Grundgesetz (Fn. 11), S. 72 ff.

⁸⁶ Zu Recht kritisch *Hesse*, Verfassungsrecht, Rn. 703 m. Fn. 7; *P. Badura*, HStR³ XII, § 270 Rn. 34. Auch die Kombination von absoluten und relativen Schranken (*P. M. Huber*, Maastricht – ein Staatsstreich?, 1993, S. 26 f.: »Mittelweg«) führt nicht weiter. Für enge Auslegung *Herdegen* (Fn. 55), Art. 79 Rn. 80.

bei den einzelnen Regelungsgehalten ansetzt und hierbei vor allem dem einschränkenden Merkmal der »Grundsätze« hinlänglich Rechnung trägt[87]. Das Bundesverfassungsgericht selbst scheint diesen richtigen Weg zu gehen und alte Kontroversen zu entschärfen, wenn es das Konzept enger Auslegung als Möglichkeit für den verfassungsändernden Gesetzgeber deutet, die positivrechtliche Ausprägung der geschützten Grundsätze aus sachgerechten Gründen zu modifizieren[88]. Schließlich bleibt für das Normverständnis bedeutsam, daß die Ewigkeitsgarantie eine empfindliche Beschränkung freier demokratischer Selbstorganisation des politischen Verbandes nach den Regeln der Volkssouveränität mit sich bringt (→ Rn. 17).

20 Für die im einzelnen sehr schwierigen Abgrenzungsfragen bietet sich als zusätzliches **Kontrollkriterium** eine **rechtsvergleichende Prüfung** an, ob die jeweils in Frage stehenden »Antastungen« in anderen freiheitlichen Verfassungsstaaten geltendes Recht darstellen: tun sie es, so spricht dies eher dagegen, sie als Eingriff in den Garantiebereich von Art. 79 III GG anzusprechen[89].

III. Die geschützten Gehalte im einzelnen

1. Garantie einer bundesstaatlichen Ordnung

a) Gliederung des Bundes in Länder (Art. 79 III, 1. Var. GG)

21 Mit dem Schutz der Gliederung der Bundesrepublik in Länder benennt Art. 79 III GG einen speziellen Aspekt der – durch den Verweis auf die Grundsätze von Art. 20 GG in allgemeiner Weise umfaßten und von daher doppelt geschützten – Bundesstaatlichkeit[90]. Damit ist zwar der Übergang zu einem zentralistischen Einheitsstaat ausgeschlossen und die Doppelung in eine bundesstaatliche und eine länderstaatliche Ebene garantiert, aber **keine Bestandsgarantie** für die einzelnen derzeit existenten Länder gegeben[91]. Das verdeutlichen die im Grundgesetz selbst vorgesehenen Möglichkeiten zur **Neugliederung** des Bundesgebietes bzw. zur Zusammenlegung einiger Bundesländer (Art. 29, 118, 118a GG): dafür verwendet man oft die Formel »labiler Bundesstaat«[92].

---

[87] So auch *B. Schlink*, Der Staat 12 (1973), 85 (108); *K. Stern*, JuS 1985, 329 (332).

[88] BVerfGE 84, 90 (121); 94, 49 (103); 109, 279 (310, Rn. 111). Geradezu ausufernd aber die lange Liste garantierter Gehalte in der Lissabon-Entscheidung: BVerfGE 123, 267 (357ff., Rn. 249ff.). Dazu kritisch statt vieler *M. Nettesheim*, NJW 2009, 2867 (2868); *B. Grzeszick*, in: Maunz/Dürig, GG, Art. 20 II (2010), Rn. 306ff.

[89] So auch *Herdegen* (Fn. 55), Art. 79 Rn. 113; vorsichtig in diese Richtung desgleichen *Vismann* (Fn. 58), Art. 79 Rn. 49.

[90] Zum Teil wird vertreten, wegen der expliziten Garantie der zwei in Art. 79 III genannten Merkmale (Gliederung in Länder und Mitwirkung bei der Gesetzgebung) laufe die zusätzliche Sicherung der Bundesstaatlichkeit über den Verweis auf die Grundsätze des Art. 20 GG, der auch die föderale Ordnung umfaßt, leer (so *Maunz/Dürig* [Fn. 84], Art. 79 III Rn. 40). Dem ist mit der h.M. (*K. Hesse*, AöR 98 [1973], 1 [8f.]; *Evers* [Fn. 3], Art. 79 III Rn. 209; *J. Isensee*, HStR[3] VI, § 126 Rn. 287; *Vismann* [Fn. 58], Art. 79 Rn. 51f., 59; *Zacharias*, Ewigkeitsgarantie [Fn. 19], S. 95f.) zu widersprechen: die beiden ausdrücklich genannten Merkmale haben exemplarischen, nicht abschließenden Charakter. – Zur noch weitergehenden These, die Bundesstaatlichkeit unterfalle gar nicht dem Schutz des Art. 79 III GG: → Rn. 47.

[91] Ganz unbestrittene Auffassung: BVerfGE 1, 14 (47f.); 5, 34 (38); *H. Hofmann*, HStR[3] I, § 9 Rn. 87; *v. Münch*, Staatsrecht I, Rn. 498; *Jarass/Pieroth*, GG, Art. 79 Rn. 8; *Zacharias*, Ewigkeitsgarantie (Fn. 24), S. 70f.; *M. Jestaedt*, HStR[3] II, § 29 Rn. 65.

[92] Ausdruck nach *R. Thoma*, Das Reich als Bundesstaat, in: HdbDStR I, S. 169ff. (184), jetzt in: ders., Rechtsstaat (Fn. 8), S. 258ff. (279), der vom »Gesamtbild [...] des labilen Föderalismus« spricht und in der Sache argumentiert, daß die föderalistischen Elemente der Weimarer Reichsverfassung

III. Die geschützten Gehalte im einzelnen **Art. 79 III**

Umstritten ist, **wieviele Länder** zur Wahrung der gesicherten gliedstaatlichen Grundstruktur erforderlich sind: unter Rückgriff auf die römisch-rechtliche Parömie *tres faciunt collegium* (Dig. 50, 16, 85) und unter Berücksichtigung des Umstandes, daß eine bloße Zweiteilung (Nord-Süd oder West-Ost) einen starren Dualismus an die Stelle gewünschter Vielfalt setzen würde, wird man die **Existenz von drei Ländern** als absolutes Minimum ansehen müssen[93].

Geschützt ist nicht allein der formale Bestand einer Mehrzahl von Ländern, sondern auch ein **Mindestmaß an materieller Eigenständigkeit**. Zu deren Sicherung muß jedem Land dem Bundesverfassungsgericht zufolge »ein Kern eigener Aufgaben als ›Hausgut‹ unentziehbar« verbleiben, wozu in jedem Fall »die freie Bestimmung über seine Organisation einschließlich der in der Landesverfassung enthaltenen organisatorischen Grundentscheidungen sowie die Garantie der verfassungskräftigen Zuweisung eines angemessenen Anteils am Gesamtsteueraufkommen im Bundesstaat« gehörten[94]. Die staatsorganisationsrechtliche Gestaltungsfreiheit muß sich freilich im Rahmen des Homogenitätsgebotes halten (→ Art. 28 Rn. 42ff., 49ff.), und der angemessene Anteil am Gesamtsteueraufkommen sagt nichts über Art und Gestaltung entsprechender Erhebungs- und Verteilungssysteme aus; auch sind die Finanzierungsquellen der Länder nicht in ihrem derzeitigen Bestand geschützt[95]. Die Verteilung von Gesetzgebungs-, Verwaltungs- und Rechtsprechungskompetenzen zwischen Bund und Ländern ist ebenfalls prinzipiell variabel[96]. Einige Mindestkompetenzen ergeben sich insoweit allerdings aus der allgemeinen Sicherung der Bundesstaatlichkeit (→ Rn. 47).

22

b) Grundsätzliche Mitwirkung der Länder bei der Gesetzgebung (Art. 79 III, 2. Var. GG)

Der Anwendungsbereich dieser Garantie erstreckt sich lediglich auf die **förmliche Gesetzgebung des Bundes**[97] (eingeschlossen Zustimmungsgesetze zu völkerrechtlichen

23

---

ohne Rechtsbruch aufgehoben werden könnten; insofern geht die explizite Bezugnahme auf Thoma in BVerfGE 1, 14 (48) und E 5, 34 (38) fehl (treffend konstatiert bei *J. Isensee*, Der Bundesstaat – Bestand und Entwicklung, in: FS BVerfG, Bd. 2, S. 719ff. [736]); *v. Münch*, Staatsrecht I, Rn. 498 bemerkt mit Recht, daß es unter dem Grundgesetz genauer »stabiler Bundesstaat mit labilen Bundesländern« heißen müßte.
[93] So u.a. *Evers* (Fn. 3), Art. 79 III Rn. 212; *B. Pieroth*, ZRP 2008, 90 (91); auch *Bryde* (Fn. 58), Art. 79 Rn. 30 hält zwei Länder für zu wenig. Nach *Maunz/Dürig* (Fn. 84), Art. 79 III Rn. 34 genügen hingegen zwei Länder, während *J. Isensee*, HStR[3] VI, § 126 Rn. 295 offenbar deutlich mehr als drei für erforderlich hält. Unklar *Herdegen* (Fn. 55), Art. 79 Rn. 97.
[94] Zitat: BVerfGE 34, 9 (20). In BVerfGE 87, 181 (196) wird die Wendung vom »Kern eigener Aufgaben« aufgegriffen. – Eingehend hierzu *J. Isensee*, HStR[3] VI, § 126 Rn. 297f. (Eigenstaatlichkeit der Länder), 299ff. (Kompetenzen).
[95] Ein haushaltswirtschaftlicher Bewegungsspielraum muß den Ländern aber verbleiben; *J.-P. Schneider*, in: AK-GG, Art. 109 (2001), Rn. 6f.; *U. Häde*, EuZW 1992, 171 (177); *Herdegen* (Fn. 55), Art. 79 Rn. 93.
[96] Zu weitgehend (in Anlehnung an BVerfGE 34, 9 [21]) *J. Isensee*, HStR[3] VI, § 126 Rn. 305: einige Kompetenzeinbußen rührten an den »Nerv der Bundesstaatlichkeit«; vorsichtiger *Zacharias*, Ewigkeitsgarantie (Fn. 24), S. 71f.
[97] Ganz h.M.: *Maunz/Dürig* (Fn. 84), Art. 79 III Rn. 36 (allerdings wird ein Bestand an originären Gesetzgebungskompetenzen der Länder auch hier verortet); *Bryde* (Fn. 58), Art. 79 Rn. 33; *Herdegen* (Fn. 55), Art. 79 Rn. 98; anders *P. Kirchhof*, HStR[3] II, § 21 Rn. 91: verlangt werde eine »Mitwirkung von politischem Gewicht« gegenüber Bund und Europäischer Union durch Landesgesetzgebung oder Landesmitwirkung an Bundes- und EU-Gesetzgebung. – Die Mitwirkung der Länder an der supranationalen »Gesetzgebung« der EU ist nicht in Art. 79 III GG, sondern im Europaartikel des Grundgesetzes garantiert (→ Art. 23 Rn. 106ff.). Wie hier *Vismann* (Fn. 58), Art. 79 Rn. 52.

Verträgen nach Art. 59 II GG und verfassungsändernde Gesetze nach Art. 79 II GG), da eigene Gesetzgebungskompetenzen der Länder bereits durch den allgemeinen Schutz der Bundesstaatlichkeit garantiert sind (→ Rn. 47). Das Merkmal »**grundsätzlich**« deutet an, daß es (staatspolitisch extraordinäre) Ausnahmefälle geben kann, in denen eine Länderbeteiligung ausgeschlossen werden darf[98].

24 Art. 79 III GG enthält ferner **keine Garantie der de constitutione lata vorhandenen Mitwirkungsrechte**. Die derzeit verfassungsrechtlich vorgesehenen Institutionen, Organe und Verfahren bei der Mitwirkung an der Gesetzgebung könnten im Wege der Verfassungsänderung abgeschafft und durch andere ersetzt werden, solange den Ländern nur insgesamt Mitsprachemöglichkeiten von substantiellem Gewicht belassen und sie nicht zu einer letztlich vernachlässigenswerten Größe reduziert würden: **Mitwirkung** meint **nicht zwingend Vetoposition**, aber **mehr als** lediglich **Anhörung**[99]. Entscheidend bleibt insofern stets eine »Gesamtbilanz« der gliedstaatlichen Einwirkungsmöglichkeiten[100]. Änderungsfest ist daher weder die Kategorie der Zustimmungsgesetze als besonders intensive Mitwirkungsform[101] noch der Vermittlungsausschuß, der ersatzlos gestrichen, oder der Bundesrat, dessen Zusammensetzung nicht nur verändert, sondern der insgesamt durch einen am amerikanischen Modell orientierten **Senat** abgelöst werden könnte[102]. Selbstverständlich wäre es auch bundesverfassungsrechtlich zulässig, eine Bindung der Vertreter im Bundesrat an das Votum des jeweiligen Landesparlaments vorzusehen, die derzeit bestehende Weisungsmöglichkeit durch die Kabinette also durch Entscheidung der Volksvertretungen zu ersetzen[103].

25 Im Unterschied zu Entwürfen während der Verfassungsberatungen (→ Rn. 7) ist die **Mitwirkung bei der Verwaltung von Bundesgesetzen nicht ausdrücklich garantiert**. Damit erweist sich das System der Art. 83 ff. GG mit der normativ wie empirisch vorherrschenden Grundform der Verwaltung der Bundesgesetze durch die Bundesländer als deren eigene Angelegenheit als disponibel (→ Art. 50 Rn. 33; → Art. 83 Rn. 16 ff.)[104]. Gleichwohl wäre eine Überführung der großen Mehrzahl aller Bundesgesetze in die Verwaltungsform bundeseigener Verwaltung insofern prekär, als sich das bundesstaatliche System in Deutschland seit 1949 in erster Linie als **Exekutivföderalismus** entfaltet hat und man die Länder dadurch ihrer gewichtigsten föderalen Einfluß- und

---

[98] So die h.M.: siehe etwa *U. Berlit*, KritV 76 (1993), 318 (353); Jarass/*Pieroth*, GG, Art. 79 Rn. 9; *Zacharias*, Ewigkeitsgarantie (Fn. 24), S. 75; *Herdegen* (Fn. 55), Art. 79 Rn. 99; *B. Pieroth*, ZRP 2008, 90 (91). Dagegen mit ausführlicher Begründung *S. Blasche*, Die grundsätzliche Mitwirkung der Länder bei der Gesetzgebung, 2006, S. 112 ff., 144 ff.; *ders.*, VR 2007, 188 ff., der Ausnahmen nicht für zulässig hält.

[99] Zustimmend *Vismann* (Fn. 58), Art. 79 Rn. 52; *Zacharias*, Ewigkeitsgarantie (Fn. 24), S. 74.

[100] *K. Hesse*, AöR 98 (1973), 1 (41); ähnlich *K. Stern*, JuS 1985, 329 (337): entscheidend sei eine »bestimmte Qualität der Ausgestaltung«.

[101] *A. Elgeti*, Inhalt und Grenzen der Föderativklausel des Art. 79 III GG, Diss. jur. Marburg 1968, S. 72; *K.-U. Meyn*, Kontrolle als Verfassungsprinzip, 1982, S. 229; *Bryde* (Fn. 58), Art. 79 Rn. 33; *Zacharias*, Ewigkeitsgarantie (Fn. 24), S. 74; *Herdegen* (Fn. 55), Art. 79 Rn. 100; a.A. *Evers* (Fn. 3), Art. 79 III Rn. 218, 220.

[102] Das ist umstritten: wie hier *H. Nawiasky*, Die Grundgedanken des Grundgesetzes für die Bundesrepublik Deutschland, 1950, S. 63; *Elgeti*, Inhalt (Fn. 101), S. 69 ff.; *K. Hesse*, AöR 98 (1973), 1 (18); *Stern*, Staatsrecht I, S. 170; *Bryde*, Verfassungsentwicklung (Fn. 13), S. 237 ff.; *K.-E. Hain*, in: v. Mangoldt/Klein/Starck, GG II, Art. 79 Abs. 3 Rn. 133; *M. Jestaedt*, HStR³ II, § 29 Rn. 67; *Schöbener* (Fn. 62), Art. 79 Rn. 110; einschränkend *Herdegen* (Fn. 55), Art. 79 Rn. 191, 104; gegen Zulässigkeit der Senatslösung *Maunz/Dürig* (Fn. 84), Art. 79 III Rn. 36; *Evers* (Fn. 3), Art. 79 III Rn. 220; *Zacharias*, Ewigkeitsgarantie (Fn. 24), S. 73 f. → Art. 51 Rn. 28.

[103] Dazu *C. Grimm/M. Hummrich*, DÖV 2005, 280 (286 ff.).

[104] Wie hier *B. Pieroth*, ZRP 2008, 90 (91).

III. Die geschützten Gehalte im einzelnen **Art. 79 III**

Wirkungsgröße berauben würde. Entsprechende Schutzstandards ließen sich – wenn überhaupt – indes nicht aus einer Art Analogie zur Mitwirkung bei der Gesetzgebung, sondern wiederum nur aus der allgemeinen Gewährleistung der Bundesstaatlichkeit herleiten (→ Rn. 47; → Art. 20 [Bundesstaat], Rn. 40ff., 49ff.).

2. Schutz der in Art. 1 und 20 GG niedergelegten Grundsätze (Art. 79 III, 3. Var. GG)

a) Zur Bedeutung der »Grundsätze«

Art. 79 III GG umschließt Art. 1 und 20 GG nicht in ihrer Gänze, sondern erklärt ausdrücklich nur ihre Grundsätze für unabänderlich. Das zielt auf den **substantiellen Kerngehalt** der in bezug genommenen Normen, der jeweils im einzelnen herauszupräparieren ist. Allgemeine Einigkeit herrscht darüber, daß mit dieser Formulierung die mannigfaltigen Konkretisierungen, die die in Art. 1 und 20 GG enthaltenen Rechtsnormen erfahren haben, nicht von der Ewigkeitsgarantie erfaßt werden[105]. Letztlich entscheidend für die dem verfassungsändernden Gesetzgeber auferlegten Schranken sind die je für sich zu betrachtenden einzelnen Regelungsgehalte[106] (→ Rn. 27ff., 35ff.). Hier kommt es zuweilen zu allzu kleinteiligen Ausmünzungen.

26

b) Grundsätze des Art. 1 GG

aa) Art. 1 I GG (Menschenwürde)

Der Schutz der Menschenwürde hat selbst derart fundamentalen Charakter, daß er ungeteilt der Ewigkeitsgarantie unterfällt. Es gibt **keine** getrennten oder **gestuften Schutzzonen**: der Inhalt des Art. 1 I GG und dessen »Grundsätze« sind deckungsgleich[107]. Stimmig bleibt dieses Konzept freilich nur unter zwei Bedingungen. Zum einen ist die gebotene restriktive Auslegung des Grundsatzes von der Menschenwürde zu beachten, die tatsächlich nur Essentiales, Grundlegendes und Richtungsweisendes umfaßt (→ Art. 1 I Rn. 39, 47ff., 58ff., 168f.). Zum anderen nehmen die mannigfaltigen Ausprägungen des Menschenwürdesatzes, namentlich die vom Bundesverfassungsgericht kreierten Kombinationen mit anderen Grundrechten und Verfassungsgütern (→ Art. 1 I Rn. 138ff.) und deren stets kontextbezogene Anwendung im Einzelfall an der Ewigkeitsgarantie nicht teil und sind daher dem Zugriff des verfassungsändernden Gesetzgebers nicht schlechthin entzogen[108].

27

---

[105] Intendiert ist also die Beschränkung auf das Wesentliche, Essentielle, nicht die Einbeziehung eines komplexen Norminhalts (vgl. *Stern*, Staatsrecht I, S. 173f.; *ders.*, Staatsrecht III/2, S. 1115ff.). S. auch *J. Ipsen*, Staatsrecht I, Rn. 1043: »Nur das schlechthin Fundamentale soll der Verfassungsänderung entzogen sein«; ähnlich *P. Kirchhof*, HStR³ II, § 21 Rn. 81; *Herdegen* (Fn. 55), Art. 79 Rn. 110.

[106] »Schlüsselproblem« ist also die inhaltliche Konkretisierung der geschützten Grundsätze: *Evers* (Fn. 3), Art. 79 III Rn. 152; *K. Stern*, JuS 1985, 329 (333).

[107] Wie hier Jarass/*Pieroth*, GG, Art. 79 Rn. 7; *Vismann* (Fn. 58), Art. 79 Rn. 54; *Zacharias*, Ewigkeitsgarantie (Fn. 24), S. 75; *Unruh*, Verfassungsbegriff (Fn. 12), S. 442: sachliche Reichweite des Art. 1 I und »dessen Änderungsfestigkeit konvergieren«; ausführlich *B. Pieroth/B. Schlink*, Menschenwürde- und Rechtsschutz bei der verfassungsrechtlichen Gewährleistung von Asyl – Art. 16a Abs. 2 und Art. 79 Abs. 3 GG, in: FS Mahrenholz, 1994, S. 669ff. (670ff.); *Stern*, Staatsrecht III/2, S. 1115; differenzierend *Bryde* (Fn. 58), Art. 79 Rn. 34.

[108] Nur weil *Herdegen* (Fn. 55), Art. 79 Rn. 114 solche Fälle (namentlich die des allgemeinen Persönlichkeitsrechts) mitberücksichtigt, kann er die irreführende Aussage treffen, das Bundesverfassungsgericht erteile der Vorstellung der Menschenwürde als absoluter Garantie eine »klare Absage«.

28 Zum Teil wird vertreten, daß vermittels Art. 1 I GG auch Grundrechte mit ihrem sog. **Menschenwürdegehalt** insoweit unantastbar seien[109]. Das begegnet durchgreifenden Bedenken. Als nicht haltbar erweist sich zunächst die seinerzeit von Dürig vertretene Position, wonach alle Grundrechte einen Menschenwürdegehalt aufwiesen (→ Art. 1 I Rn. 163), dieser identisch mit der Wesensgehaltgarantie sei (→ Art. 19 II Rn. 16, 20) und ohne Abstriche der Ewigkeitsgarantie unterfiele. Aber auch eingrenzende Bestimmungsversuche stoßen auf unüberwindliche Klassifikationsschwierigkeiten[110] (→ Art. 1 I Rn. 164 ff.). Unweigerlich führt die Annahme eines unantastbaren Menschenwürde-Kerns spezieller Grundrechte zur Konfusion bei der Schrankensystematik und zur Aufweichung des strengen Unantastbarkeitsdogmas[111], wie sich etwa in der Entscheidung des Bundesverfassungsgerichts zur akustischen Wohnraumüberwachung gezeigt hat; der Hinweis auf den »Kernbereich privater Lebensgestaltung«[112] demonstriert nur wieder die notorischen Abgrenzungsschwierigkeiten zwischen Kern- und Randbereich, wie sie früher schon in den Tagebuch-Entscheidungen zutage getreten sind[113].

29 Strenggenommen sagt der Menschenwürdesatz noch gar nichts darüber aus, ob der von ihm gewährleistete und unaufgebbare Achtungs- und Schutzanspruch (→ Art. 1 I Rn. 135 ff.) zwingend die Form subjektiver, einklagbarer Grundrechte mit Verfassungsrang annehmen müßte. Die gedankliche Verbindung zu Menschenrechten stellt erst **Art. 1 II GG** (»darum«) her; spezifisch grundrechtliche Sicherungen i. S. subjektiver Rechtsansprüche folgen sodann aus **Art. 1 III GG** (→ Rn. 32 ff.). Eine menschenwürdige staatliche Ordnung ist auch ohne derartige Vorkehrungen möglich, wie Rechtsgeschichte (deutscher Konstitutionalismus) und Rechtsvergleichung (Großbritannien) zeigen.

30 Zu Recht hat das Bundesverfassungsgericht im übrigen erklärt, das **Grundrecht auf Asyl** könne durch den verfassungsändernden Gesetzgeber auch ganz abgeschafft werden[114].

bb) Art. 1 II GG (Menschenrechte)

31 Auch dem Bekenntnis zu den Menschenrechten, zu Frieden und Gerechtigkeit läßt sich **kein** fixer oder auch nur taxativer **Katalog an** grundgesetzlich garantierten und

---

[109] So die von Günter Dürig begründete These (→ Art. 1 I Rn. 163 m. w. N. auch zur Gegenmeinung); darauf aufbauend *Bryde* (Fn. 58), Art. 79 Rn. 37 (allerdings unter Ablehnung der Identifizierung mit der Wesensgehaltgarantie). Ablehnend wie hier *H. Quaritsch*, HStR V, § 120 Rn. 130 ff.; *Zacharias*, Ewigkeitsgarantie (Fn. 24), S. 78 ff.; *Herdegen* (Fn. 55), Art. 79 Rn. 115. Erschöpfende Behandlung bei *S. E. Schulz*, Änderungsfeste Grundrechte, 2008, S. 427 ff., 442 ff., 456 ff., 509 ff., 521 ff. u. ö.

[110] Bei *K. Stern*, JuS 1985, 329 (338) erscheint auf der Positivliste der Grundrechte mit Menschenwürdegehalt die Eigentumsgarantie, die in der französischen Menschenrechtserklärung von 1789 als »unverletzlich und heilig« gepriesen wurde, aber in den beiden Menschenrechtspakten von 1966 bis heute fehlt und der EMRK erst hinzugefügt werden mußte (→ Vorb. Rn. 9, 26 f.); *Manssen*, Staatsrecht I, Rn. 282 reklamiert eine besondere Nähe zu Art. 1 I für Art. 4, 12 II und III sowie Art. 101–104 GG; wieder anders *Herdegen* (Fn. 55), Art. 79 Rn. 116. Weitere Beispiele: → Art. 1 I Rn. 164 m. Fn. 563. Kritisch wie hier noch *C. Enders*, Die Menschenwürde in der Verfassungsordnung, 1997, S. 426 f. m. Fn. 292.

[111] Vgl. *Zacharias*, Ewigkeitsgarantie (Fn. 24), S. 78 ff.

[112] BVerfGE 109, 279 (313, Rn. 118).

[113] BVerfGE 80, 367 (374 f.); ferner BVerfGE 34, 238 (245 f.); 35, 35 (39 f.).

[114] BVerfGE 94, 49 (103); zur dort gegebenen Begründung kritisch *G. Lübbe-Wolff*, DVBl. 1996, 825 (833 f.). Im Grundsatz wie hier *Herdegen* (Fn. 55), Art. 79 Rn. 123.

unantastbaren **Individualrechten** entnehmen[115]. Die von Art. 79 III GG umfaßten »Grundsätze« dieser Norm können lediglich die notwendigerweise vage und konkretisierungsbedürftige Menschenrechtsidee als solche einschließlich der (auch völkerrechtlich relevanten) Verpflichtung des deutschen Staates zum Einsatz für diese meinen (→ Art. 1 II Rn. 19). Ein über die durch Art. 1 I, 1 III, 20 GG garantierten Inhalte hinausgehender Schutzeffekt tritt durch das Menschenrechtsbekenntnis nicht ein[116] (→ Art. 1 II Rn. 25). Das Bundesverfassungsgericht hat mit Wendungen, denen zufolge auch das in Art. 1 II GG enthaltene Bekenntnis zu den Menschenrechten in bezug auf Art. 79 III GG Bedeutung entfalte[117], eher Verwirrung gestiftet, weil es im Grunde nur die völkerrechtsfreundliche Auslegung untermauern will (→ Art. 1 II Rn. 19, 21).

cc) Art. 1 III GG (Grundrechtsbindung)

Konkrete normative Konsequenzen ergeben sich vor allem daraus, daß die Ewigkeitsgarantie auch Art. 1 III GG umschließt. Erst hier ist definitiv und klar von (subjektiven, einklagbaren) Grundrechten die Rede (→ Art. 1 III Rn. 29 ff., 32 ff.). Diese Norm setzt die Existenz von Grundrechten nach Art der im Grundgesetz kodifizierten voraus. Zwar ist, wie der Wortlaut deutlich macht[118], der **gegenwärtige Katalog nicht unabänderlich**; der verfassungsändernde Gesetzgeber ist hier prinzipiell zum Um- und Anbau bis hin zur Streichung einzelner Grundrechte befugt (→ Rn. 30). Er darf dieser Bestimmung aber nicht durch sukzessive Beseitigung aller Grundrechte ihr Objekt nehmen. Ein **Mindestbestand an Grundrechten** ist also garantiert[119]. Zu diesem Mindestbestand, für dessen Erschließung auf die Substanz internationaler Menschenrechtsdokumente und klassischer Menschenrechtserklärungen (→ Vorb. Rn. 7 ff., 24 ff.) Bezug genommen werden kann, dürften **drei Komplexe** gehören[120]: einmal die Gewährleistung personaler Autonomie (in Sonderheit Schutz der Privatsphäre und Persönlichkeitsentfaltung) auf der Basis prinzipieller Gleichheit aller Bürger (z.B. Willkürverbot und Ausschluß ständischer Ordnungen)[121]; zweitens müssen Grundrechte

32

---

[115] So aber wohl *K. Stern*, HStR V, § 109 Rn. 88; *ders.*, Staatsrecht III/2, S. 1117; *Herdegen* (Fn. 55), Art. 79 Rn. 121; desgleichen *Schulz*, Grundrechte (Fn. 109), S. 127 ff. Zur Kritik insbesondere auch an Herdegen: → Art. 1 II Rn. 18 ff., 25 m.w.N.; kritisch schon *W. Brugger*, Menschenwürde, Menschenrechte, Grundrechte, 1997, S. 12 ff., 45 f.
[116] Restriktiv wie hier *Vismann* (Fn. 58), Art. 79 Rn. 55.
[117] BVerfGE 84, 90 (121); ähnlich E 94, 49 (102 f.); 109, 279 (310, Rn. 109). Ohne Bezugnahme auf Art. 79 III: BVerfGE 112, 1 (27, Rn. 97).
[118] Art. 79 III GG spricht von den »in den Artikeln 1 *und* 20«, nicht in den Artikeln 1 *bis* 20 niedergelegten Grundsätzen. Die von *K. G. Wernicke* (in: BK, Art. 1 III [Erstb. 1950], Erl. II 5b) vertretene und als »Kettentheorie« bekannte Auffassung, wonach die vorbehaltlos gewährten Grundrechte (und nur sie!) über Art. 1 III GG erfaßt seien, ist zu Recht (allerdings zumeist in viel zu pauschaler Deutung) auf einhellige Ablehnung gestoßen: vgl. *Evers* (Fn. 3), Art. 79 III Rn. 172; *K. Stern*, JuS 1985, 329 (336); *ders.*, Staatsrecht III/2, S. 1073, 1127; *Bryde* (Fn. 58), Art. 79 Rn. 37; *Wegge*, Bedeutung (Fn. 13), S. 65 ff.; *Zacharias*, Ewigkeitsgarantie (Fn. 24), S. 77.
[119] Zustimmend *Zacharias*, Ewigkeitsgarantie (Fn. 24), S. 80. Eingehend zum Problem *D. Murswiek*, HRG II, § 28 Rn. 28 ff., 50 ff., 60 ff., 70 ff.; *Schulz*, Grundrechte (Fn. 109), S. 32 ff.
[120] Ähnlich wie hier *Vismann* (Fn. 58), Art. 79 Rn. 56. Siehe auch *D. Murswiek*, HGR II, § 28 Rn. 71 ff.
[121] Gleichheit ist nicht nur fundamentales Element von Gerechtigkeit, sondern auch einer rechtsstaatlichen und demokratischen Ordnung (vgl. *P. Kirchhof*, HStR V, § 124 Rn. 152). Von daher ist erklärbar, daß das Bundesverfassungsgericht die »Grundelemente des Gleichheitssatzes« als »nach Art. 79 Abs. 3 GG unantastbar« bezeichnet (BVerfGE 84, 90 [127]; 94, 12 [34]). Einen besonders prekären Fall bilden insofern die Enteignungen auf besatzungsrechtlicher und besatzungshoheitli-

erhalten bleiben, die unverzichtbar für die demokratische Ordnung sind (→ Art. 20 [Demokratie], Rn. 78, 146), also vor allem Kommunikations- und Vereinigungs-, aber natürlich auch Wahl- und Abstimmungsrechte (→ Vorb. Rn. 80); drittens schließlich sind rechts- bzw. justizstaatliche Garantien unentbehrlich, die – wie der Schutz vor willkürlicher Verhaftung – zu den ältesten Grundrechten überhaupt zählen (→ Art. 2 II Rn. 3). Die beiden letztgenannten Gruppen zeigen im übrigen, daß es stets der Zusammenschau der in Art. 20 GG angesprochenen und durch Art. 79 III GG im Kern geschützten Verfassungsprinzipien mit den Grundrechten bedarf.

33 Des weiteren ist durch Art. 79 III GG unabänderlich verbürgt, daß die (jeweiligen) Grundrechte des Grundgesetzes am **Vorrang der Verfassung** partizipieren, also alle staatlichen Gewalten und damit auch den parlamentarischen Gesetzgeber binden (→ Art. 1 III Rn. 1, 54ff.). Die ebenfalls geschützte Qualität der Grundrechte als »unmittelbar geltendes Recht« (→ Art. 1 III Rn. 32ff.) gebietet, daß die Bindungswirkung gegenüber den staatlichen Gewalten nicht qua Rückstufung auf den Status bloßer Programmsätze gelockert oder ganz aufgehoben wird[122]. Das schließt aber nicht aus, auch sog. »soziale« Grundrechte, bei denen es sich in Wirklichkeit um Staatszielbestimmungen handelt, in die Verfassung aufzunehmen (→ Vorb. Rn. 81), noch versteinert es den variablen Bestand an Grundrechtsnormen.

34 Inhaltlicher Geltungsanspruch und Vorrangcharakter bedürfen schließlich des **effektiven Schutzes**[123] (→ Art. 1 III Rn. 35). Traditionsgemäß bieten sich hier justizförmige Kontrollen und die Einrichtung einer Verfassungsgerichtsbarkeit an. Gleichwohl ist beides nicht bereits durch Art. 1 GG mitgarantiert. An die Stelle von unabhängigen Gerichten können besondere Organe treten, die allerdings gleichwertigen Schutz bieten müssen[124]; die Wahrung und Durchsetzung des Vorranges der verfassungsmäßig garantierten Grundrechte muß nicht zwingend in den Händen eines Verfassungsgerichtes liegen, sondern kann einem sonstigen (obersten) Gericht oder anderen, außerhalb des Gerichtsverfassungssystems stehenden besonderen Organen anvertraut sein.

c) Grundsätze des Art. 20 GG

aa) Republik

35 Durch Festschreibung der republikanischen Staatsform (→ Art. 20 [Republik], Rn. 17ff.) ist die Rückkehr zur (Erb- oder Wahl-)**Monarchie** absolutistischer wie konstitutioneller Prägung ebenso **ausgeschlossen** wie jede andere Form zeitlich unbegrenzter, vom (kontinuierlich zu erneuernden) Willen des Staatsvolkes unabhängiger Bestellung des Staatsoberhauptes[125]. Darüber hinausgehende freiheitliche und demokratische Gehalte sind nach gebotener restriktiver Auffassung des Merkmals »repu-

---

cher Grundlage von 1945 bis 1949 in der SBZ/DDR: siehe dazu nur BVerfGE 112, 1 (22f., 38f.; Rn. 81f., 129ff.) mit Hinweisen auf ältere Entscheidungen.
[122] Wie hier *K. Stern*, HStR³ IX, § 185 Rn. 145.
[123] Zustimmend *Vismann* (Fn. 58), Art. 79 Rn. 56; *Zacharias*, Ewigkeitsgarantie (Fn. 24), S. 81; *Herdegen* (Fn. 55), Art. 79 Rn. 125.
[124] Im Ansatze nicht falsch daher BVerfGE 30, 1 (25); sehr fraglich bleibt indes die Gleichwertigkeit des Schutzes durch die parlamentarischen Kommissionen. Wie hier *Bryde* (Fn. 58), Art. 79 Rn. 38; ähnlich Jarass/*Pieroth*, GG, Art. 79 Rn. 11; großzügiger *Herdegen* (Fn. 55), Art. 79 Rn. 125.
[125] Statt aller *v. Münch*, Staatsrecht I, Rn. 109ff.; *Evers* (Fn. 3), Art. 79 III Rn. 178; *Zacharias*, Ewigkeitsgarantie (Fn. 24), S. 84; *Herdegen* (Fn. 55), Art. 79 Rn. 126; referierend W. *Henke*, HStR I, § 21 Rn. 7; nur im Ergebnis ebenso *Hain* (Fn. 102), Art. 79 Rn. 139 (Herleitung des Monarchieverbots aus dem demokratischen Prinzip).

blikanisch« nicht hier, sondern bei den Grundrechten (→ Rn. 32ff.) sowie beim Demokratie- und Rechtsstaatsprinzip zu verorten[126] (→ Art. 20 [Republik], Rn. 20ff.; → Art. 20 [Demokratie], Rn. 143f.).

bb) Demokratie

Die Demokratie stellt sich als ein besonders wichtiger und **aussagekräftiger Grundsatz** der Ewigkeitsgarantie dar[127]. Hinsichtlich des Grades der Teilhabe der einzelnen im Demokratiebegriff gebündelten Strukturelemente (→ Art. 20 [Demokratie], Rn. 61, 66ff.) an der Ewigkeitsgarantie ist dabei nach folgenden Maßgaben zu differenzieren. 36

Ohne Zweifel gewährleistet sind zunächst **Mehrheitsprinzip** (→ Art. 20 [Demokratie], Rn. 67ff.), **Herrschaft auf Zeit** (→ Art. 20 [Demokratie], Rn. 73), **Volkssouveränität**[128] (→ Art. 20 [Demokratie], Rn. 82ff.) und die Notwendigkeit **demokratischer Legitimation** des Staatshandelns (→ Art. 20 [Demokratie], Rn. 109ff.). Durch den letztgenannten Punkt sind indes spezifische Legitimationskonzepte, wie sie in der nicht unanfechtbaren Judikatur des Bundesverfassungsgerichts Gestalt gewinnen (→ Art. 20 [Demokratie], Rn. 114), nicht mit abgedeckt. 37

Als nachhaltigster praktisch-politischer Ausdruck der Volkssouveränität ist die Vermittlung demokratischer Legitimation durch periodisch wiederkehrende **Wahlen** (→ Art. 20 [Demokratie], Rn. 94ff.) ebenso durch Art. 79 III GG garantiert wie die fundamentalen **Wahlrechtsgrundsätze des Art. 38 I 1 GG**, namentlich Allgemeinheit, Freiheit und Gleichheit der Wahl (→ Art. 20 [Demokratie], Rn. 98; → Art. 38 Rn. 68ff., 86ff., 99ff.)[129]. Einschränkungen sind insoweit nach richtiger Ansicht hinsichtlich der geheimen und unmittelbaren Wahl geboten[130]. Eine verfassungsrechtliche **Ewigkeitsgarantie des Verhältniswahlsystems** läßt sich trotz berechtigter Bedenken gegenüber einer einfachgesetzlichen Einführung des Mehrheitswahlrechts (→ Art. 20 [Demokratie], Rn. 97) **nicht** postulieren[131]. 38

Während das **freie Mandat** als zentraler Bestandteil repräsentativer Demokratie[132] durchaus als revisionsfest angesehen werden kann, gilt das für die Diätenregelung des **Art. 48 III GG** und die dort vorgesehene Regelung durch Gesetz **nicht**[133]. Dem verfassungsändernden Gesetzgeber bleibt es also unbenommen, die Festsetzung der Abgeordnetendiäten etwa durch eine beim Bundespräsidenten angesiedelte unabhängige Kommission vornehmen zu lassen. 39

Bei der Frage nach der Unantastbarkeit von **Abstimmungen** (→ Art. 20 [Demokratie], Rn. 99ff.) ist zunächst klar, daß Art. 79 III GG einer Einführung »echter« Abstim- 40

---

[126] Wie hier *Hain* (Fn. 102), Art. 79 Rn. 143f.; *Zacharias*, Ewigkeitsgarantie (Fn. 24), S. 84f.
[127] *Maunz/Dürig* (Fn. 84), Art. 79 III Rn. 47; *Bryde* (Fn. 58), Art. 79 Rn. 39; *Zacharias*, Ewigkeitsgarantie (Fn. 24), S. 85. Eingehend, wenngleich eher abstrakt *S. Unger*, Das Verfassungsprinzip der Demokratie, 2008, S. 193ff.
[128] BVerfGE 89, 155 (182); 123, 267 (343, Rn. 216); *Herdegen* (Fn. 55), Art. 79 Rn. 127.
[129] *Wegge*, Bedeutung (Fn. 13), S. 210ff.; für Wahlrechtsgleichheit *Stern*, Staatsrecht III/2, S. 1121; für Gleichheit und Allgemeinheit *Herdegen* (Fn. 55), Art. 79 Rn. 138. Siehe noch *Schulz*, Grundrechte (Fn. 109), S. 261ff.
[130] *Maunz/Dürig* (Fn. 84), Art. 79 III Rn. 47. A.A. bezüglich der Geheimheit *Wegge*, Bedeutung (Fn. 13), S. 214.
[131] Wie hier *Herdegen* (Fn. 55), Art. 79 Rn. 138.
[132] Vgl. nur *H. Hofmann/H. Dreier*, Repräsentation, Mehrheitsprinzip und Minderheitschutz, in: Schneider/Zeh, § 5 Rn. 26. → Art. 38 Rn. 149ff.
[133] Eingehende Erörterung mit dem auch hier vertretenen Ergebnis bei *H.H. Klein*, in: Maunz/Dürig, GG, Art. 48 (1998/2007), Rn. 198ff.

mungen (also Formen direkter Demokratie wie Volksbegehren und Volksentscheid auf Bundesebene) im Wege der Verfassungsänderung nicht entgegensteht (→ Art. 20 [Demokratie], Rn. 106 ff.). Auch die von Art. 79 III, Alt. 2 GG geforderte »grundsätzliche Mitwirkung der Länder bei der Gesetzgebung« steht der Einführung direktdemokratischer Elemente etwa in Gestalt der Volksgesetzgebung nicht unüberwindbar entgegen[134], sondern läßt sich etwa in Anlehnung an die Praxis in der Schweiz (»Ständemehr«) in verfassungsverträglicher Weise als Föderalquorum organisieren[135]. Hingegen ist – gewissermaßen in umgekehrter Stoßrichtung – eine Streichung des Wortes »Abstimmungen« durch Art. 79 III GG ausgeschlossen[136]. Denn auch, wenn man richtigerweise davon ausgeht, daß das Grundgesetz derzeit keine Abstimmungen i. S. von Volksentscheiden, sondern allenfalls »Bevölkerungsentscheide« kennt (→ Art. 20 [Demokratie], Rn. 100), garantiert Art. 79 III GG doch die **prinzipielle Offenheit** des Grundgesetzes **für Sachentscheidungen des Volkes** und die Möglichkeit, unter Berufung auf Art. 20 II 2 GG durch verfassungsänderndes Gesetz direktdemokratische Elemente einzuführen[137]. Für eine solche Bestimmung des Garantiebereichs spricht zumindest ergänzend der Gesichtspunkt der Konkordanz mit den Vorschriften der Landesverfassungen zur Volksgesetzgebung (→ Art. 20 [Demokratie], Rn. 58, 105).

41 Von der Ewigkeitsgarantie berührt sind – in einem im einzelnen schwierig zu bestimmenden Umfange – auch die fundamentalen Voraussetzungen einer funktionierenden Demokratie. Dazu zählen ein **freier Willensbildungsprozeß** und Öffentlichkeit ebenso wie die dem Demokratieprinzip besonders nahestehenden **Kommunikationsgrundrechte**[138] (→ Art. 20 [Demokratie], Rn. 76 ff.). Mit guten Gründen läßt sich in diesem Zusammenhang ferner die Freiheit zur Parteigründung (**Art. 21 GG**) in den Schutzbereich des Art. 79 III GG einbeziehen[139].

42 Seiner unmittelbaren demokratischen Legitimation wegen ist die **Leitfunktion des Parlaments** (→ Art. 20 [Demokratie], Rn. 94, 116 f.) mit Gesetzgebungs- und **Budgethoheit** unantastbar[140], was in jüngerer Zeit das Bundesverfassungsgericht mit Nachdruck hervorgehoben hat[141]. Das schließt jedoch nicht die Garantie des parlamentarischen Regierungssystems ein[142]. Vielmehr lehrt der Blick auf andere westliche

---

[134] So aber insb. *K. Engelken*, DÖV 2006, 550 ff.; gegen ihn zu Recht *J. Kühling*, JuS 2009, 777 (778 ff.).

[135] Zu weitgehend dürfte es hingegen sein, bei der Volksgesetzgebung eine pauschale Ausnahme von der nur »grundsätzlich« gebotenen Mitwirkung der Länder zu sehen (so *D. Estel*, Bundesstaatsprinzip und direkte Demokratie im Grundgesetz, 2006, S. 253 ff.; zum schweizerischen Ständemehr ebd., S. 128 ff.).

[136] Wie hier *Vismann* (Fn. 58), Art. 79 Rn. 57; *Zacharias*, Ewigkeitsgarantie (Fn. 24), S. 86; *H. Meyer*, JZ 2012, 538 (539 f., 543); a.A. *Herdegen* (Fn. 55), Art. 79 Rn. 129.

[137] Für eine Freiheit des Verfassungsgesetzgebers insoweit *Maunz/Dürig* (Fn. 84), Art. 79 III Rn. 47.

[138] Umfangreich zu den einzelnen in Frage kommenden Grundrechten *Wegge*, Bedeutung (Fn. 13), S. 170 ff.; *Schulz*, Grundrechte (Fn. 109), S. 277 ff.; für Kommunikationsgrundrechte *Stern*, Staatsrecht III/2, S. 1122 f.; ähnlich wie hier *Herdegen* (Fn. 55), Art. 79 Rn. 139.

[139] *H.-U. Erichsen*, Jura 1992, 52 (54); *Bryde* (Fn. 58), Art. 79 Rn. 43; *Hesse*, Verfassungsrecht, Rn. 705; *Vismann* (Fn. 58), Art. 79 Rn. 57; ablehnend *Zacharias*, Ewigkeitsgarantie (Fn. 24), S. 88. – *Wegge*, Bedeutung (Fn. 13), S. 205 ff. behandelt diese Freiheit nur als Unterfall des Art. 9 I GG. → Art. 21 Rn. 19, 59.

[140] *R. Herzog*, in: Maunz/Dürig, GG, Art. 20 II (1980), Rn. 82; *Stern*, Staatsrecht I, S. 609 f.; *Herdegen* (Fn. 55), Art. 79 Rn. 151.

[141] BVerfGE 123, 267 (361 f., Rn. 256); 129, 124 (177 ff., insb. 179 f., Rn. 126 f.); 132, 195 (239 ff., Rn. 106 ff., insb. 109).

[142] *Stern*, Staatsrecht I, S. 174; *Bryde*, Verfassungsentwicklung (Fn. 13), S. 237; *Herzog* (Fn. 140),

Demokratien, daß beispielsweise die **Einführung eines Präsidialsystems** kaum als eine »Berührung« des Grundsatzes der Demokratie im Sinne des Art. 79 III GG begriffen werden kann (→ Art. 20 [Demokratie], Rn. 153). Gleiches gilt für die Umgestaltung oder Abschaffung des Mißtrauensvotums gemäß Art. 67 GG[143].

Umstritten bleibt die Frage, ob die nach derzeitiger Rechtslage (mit der Ausnahme des Art. 28 I 3 GG) gegebene zwingende Verknüpfung von Staatsangehörigkeit und wahlberechtigtem Staatsvolk derart unantastbar ist, daß auch der verfassungsändernde Gesetzgeber an das **Verbot eines Ausländerwahlrechts** auf der Ebene der Kommunen und der Länder gebunden wäre (→ Art. 20 [Demokratie], Rn. 90 f.). Hier findet sich nach wie vor ein breites Meinungsspektrum[144]. Richtig dürfte sein, jedenfalls ein allgemeines Ausländerwahlrecht auf kommunaler Ebene und ein Landtagswahlrecht für EU-Bürger nicht an der Sperre des Art. 79 III GG scheitern zu lassen[145]; verschlossen bleiben aber nach wohl noch h.M. die Wahlen zum Bundestag[146]. 43

Schließlich sind weder das **Konzept der streitbaren Demokratie** (→ Art. 20 [Demokratie], Rn. 79, 151) noch seine einzelnen Ausprägungen vornehmlich in den Art. 9 II, 18 und 21 II GG (→ Art. 9 Rn. 55; → Art. 18 Rn. 14; → Art. 21 Rn. 143 ff.) von Art. 79 III GG geschützt[147]. Neben der mit Ausnahme des Vereinigungsverbotes überaus zurückhaltenden Anwendung dieser Möglichkeiten spricht vor allem ihre **Ausnahmestellung im internationalen Verfassungsvergleich**[148] gegen den Schluß, hier liege ein Grundsatz im Sinne des Art. 79 III GG vor. 44

Art. 20 II Rn. 81 f.; *Vismann* (Fn. 58), Art. 79 Rn. 57. Teilweise a.A. *H. Hofmann*, Verfassungsrechtliche Sicherungen der parlamentarischen Demokratie (1984), in: ders., Verfassungsrechtliche Perspektiven, 1995, S. 129 ff. (137 ff.).

[143] *Stern*, Staatsrecht I, S. 174; wie hier auch *Vismann* (Fn. 58), Art. 79 Rn. 57.

[144] Tendenziell gegen solche Erweiterungen BVerfGE 83, 37 (50 f., 59); deutlicher (für die Stufe oberhalb der Kommunalebene) E 123, 267 (405 f., Rn. 350); dezidiert *K.-A. Schwarz*, AöR 138 (2013), 411 (414 ff.: Ausschluß des Landtagswahlrechts für EU-Bürger; 427 ff.: Ausschluß eines allgemeinen Ausländerwahlrechts auf kommunaler Ebene); aus der älteren Literatur desgleichen *J. Isensee*, Die staatsrechtliche Stellung der Ausländer in der Bundesrepublik Deutschland, VVDStRL 32 (1974), S. 49 ff. (91 ff.); *Evers* (Fn. 3), Art. 79 III Rn. 184 f. – Gegen eine Unantastbarkeit *E. Schmidt-Aßmann*, AöR 116 (1991), 329 (351); *Bryde* (Fn. 58), Art. 79 Rn. 42. Für die Möglichkeit der Einführung eines allgemeinen Ausländerwahlrechts auf kommunaler wie staatlicher Ebene *T. Groß*, KritJ 44 (2011), 303 (310 f.); *ders.*, DVBl. 2014, 1217 (1221: kein Ausschluß eines allgemeinen Ausländerwahlrechts auf kommunaler Ebene; 1221 f.: bejahend auch für das Landtagswahlrecht) m.w.N.; *C. Walter*, Der Bürgerstatus im Lichte von Migration und europäischer Integration, VVDStRL 72 (2013), S. 7 ff. (38 f.: für eine Erstreckung des Kommunalwahlrechts auf Drittstaatsangehörige); ablehnend unter Berufung auf die Einheitlichkeit des Wahlvolks *K.-A. Schwarz*, AöR 138 (2013), 411 (424 ff., 430, 432).

[145] So etwa *Herdegen* (Fn. 55), Art. 79 Rn. 136 f.; a.A. *K.-A. Schwarz*, AöR 138 (2013), 411 (427).

[146] *K.-P. Sommermann*, in: v. Mangoldt/Klein/Starck, GG II, Art. 20 Rn. 153; *Herdegen* (Fn. 55), Art. 79 Rn. 136. Offener wohl *Hain* (Fn. 102), Art. 79 Rn. 77, 79. Explizit für eine solche Möglichkeit *T. Groß*, DVBl. 2014, 1217 (1222).

[147] H.M.: vgl. *Zacharias*, Ewigkeitsgarantie (Fn. 24), S. 97; *H.-J. Papier/W. Durner*, AöR 128 (2003), 340 (348); wie hier *Vismann* (Fn. 58), Art. 79 Rn. 57; *Schöbener* (Fn. 62), Art. 79 Rn. 121. Für einen solchen Schutz allerdings *Herzog* (Fn. 140), Art. 20 II Rn. 32; ähnlich unter dem Aspekt »gruppendemokratischer Grundpflichten« *H. Hofmann*, HStR[3] IX, § 195 Rn. 64. Zutreffende Warnung vor einer Hochstilisierung der »streitbaren Demokratie« zum Auslegungsprinzip oder Grundsatz bei *Hesse*, Verfassungsrecht, Rn. 694.

[148] Vgl. dazu *H. Dreier*, JZ 1994, 741 (752); ausführliches Vergleichsmaterial bei *G. P. Boventer*, Grenzen politischer Freiheit im demokratischen Staat, 1985, S. 236 ff. → Art. 18 Rn. 6 f.; → Art. 21 Rn. 16.

cc) Sozialstaat

45 Auch das Sozialstaatsprinzip ist nach ganz herrschender und zutreffender Meinung von der **Ewigkeitsgarantie erfaßt**[149]. Einer in jüngerer Zeit vertretenen Gegenauffassung zufolge[150] erweist sich die Unabänderlichkeit der Sozialstaatlichkeit hingegen »bei Berücksichtigung der Entstehungsgeschichte des Grundgesetzes als Fehldeutung einer redaktionellen Straffung«; beabsichtigt und zunächst auch klar formuliert sei allein gewesen, die freiheitliche und demokratische Grundordnung zu sichern; mit späteren Textänderungen seien inhaltliche Korrekturen hieran nicht verbunden gewesen[151]. Diese Sichtweise mißt freilich frühen Entwurfsversionen ungebührlich und unbegründet hohe Bedeutung bei und vernachlässigt die seit Dezember 1948 in der Sache stabile Textfassung, die auch zwischenzeitlichen Änderungsvorschlägen standzuhalten vermochte (→ Rn. 6). Ohnehin ist entscheidend, daß die schlußendliche und verbindliche Beschlußfassung des Parlamentarischen Rates mit der Bezugnahme auf die Grundsätze des Art. 20 GG auch das Sozialstaatsprinzip (»sozialer Bundesstaat«) umfaßte.

46 Freilich reichen die entsprechenden normativen Fixierungen und somit die Bindungen des (verfassungsändernden) Gesetzgebers nicht sehr weit, da das Sozialstaatsprinzip eher konturenarm und somit in allererster Linie auf Ausgestaltung durch den Gesetzgeber angewiesen ist. Von der Ewigkeitsgarantie erfaßt sind daher lediglich die dem Sozialstaatsprinzip innewohnenden **Grundelemente**[152] mitmenschlicher Solidarität, der Vor- und Fürsorge sowie des Schutzes sozial Schwacher. Diesen Prinzipien kann auf vielfältige Weise Rechnung getragen werden, wobei dem Gesetzgeber eine weitreichende Gestaltungsfreiheit zukommt (→ Art. 20 [Sozialstaat], Rn. 25 ff., 35, 41). Daher sind dem verfassungsändernden Gesetzgeber durch Art. 79 III GG im Grunde nur zweifelsfrei **eklatante Verletzungen** der genannten Grundelemente versagt. Eine liberale Wirtschafts- und Gesellschaftspolitik, die entscheidend auf Aktivierung der Marktkräfte und private Selbsthilfe setzt, ist damit nicht ausgeschlossen. Auch besteht **kein Bestandsschutz** für einzelne Leistungen oder Versorgungssysteme[153], selbst wenn diese seit langem etabliert sind; angesichts der Finanzierungsbedürftigkeit sozialer Leistungen ist auch ein soziales **Rückschrittsverbot illusionär**. Allerdings entzieht sich die **Garantie eines Existenzminimums** der Verfügung durch den verfassungsändernden Gesetzgeber[154], bleibt aber nach Art und Umfang abhängig von der ökonomischen Gesamtlage (→ Art. 1 I Rn. 158).

---

[149] Weithin unbestrittene Auffassung: s. nur Jarass/*Pieroth*, GG, Art. 79 Rn. 10 f.; *Bryde* (Fn. 58), Art. 79 Rn. 52; *Hain* (Fn. 102), Art. 79 Rn. 72 ff.; *Vismann* (Fn. 58), Art. 79 Rn. 58; *Zacharias*, Ewigkeitsgarantie (Fn. 24), S. 96 f.; *Herdegen* (Fn. 55), Art. 79 Rn. 157. Eindeutig auch BVerfGE 84, 90 (121); 109, 279 (310, Rn. 110); in der Sache gleich, wenn auch ohne explizite Nennung von Art. 79 III GG: BVerfGE 125, 175 (222, Rn. 133).

[150] *Wiederin*, Sozialstaatlichkeit (Fn. 27), S. 74 f. sowie bekräftigend im Schlußwort (S. 103 f.); s. auch M. *Jestaedt*, HStR³ II, § 29 Rn. 54 Fn. 294, der stärker auf den von ihm freilich durchaus anfechtbar rekonstruierten subjektiven Willen des Verfassunggebers abstellt, welcher im Normtext nur unzureichend Ausdruck gefunden habe.

[151] *Wiederin*, Sozialstaatlichkeit (Fn. 27), S. 74 f. mit Fn. 88 ff. (Zitat S. 74).

[152] Von Grundelementen bzw. grundlegenden Elementen ist in BVerfGE 84, 90 (121, 126); 109, 279 (310, Rn. 110) die Rede, allerdings ohne die im Text vorgenommene Spezifizierung; ähnlich wie hier P. *Kirchhof*, HStR³ II, § 21 Rn. 92; *Schöbener* (Fn. 62), Art. 79 Rn. 122.

[153] Wie hier *Zacharias*, Ewigkeitsgarantie (Fn. 24), S. 96 f.

[154] *Maunz/Dürig* (Fn. 84), Art. 79 III Rn. 49; H.-U. *Erichsen*, Jura 1992, 52 (54); P. *Kirchhof*, HStR³ II, § 21 Rn. 92; *Stern*, Staatsrecht III/2, S. 1127; *Zacharias*, Ewigkeitsgarantie (Fn. 24), S. 97.

dd) Bundesstaat

Die **föderale Ewigkeitsgarantie** erschöpft sich nicht in der normtextlich explizit gesicherten Gliederung des Bundes in Länder sowie deren Mitwirkung bei der Gesetzgebung (→ Rn. 23 ff.), sondern **bezieht sich auch auf** die in Art. 20 GG angesprochene **Bundesstaatlichkeit als allgemeine Kategorie**[155]. Versuche, hier eine »entstehungsgeschichtlich begründete – subjektiv-teleologische – Reduktion des Normtextes von Art. 79 Abs. 3 3. Alt. GG«[156] vorzunehmen und das bundesstaatliche Prinzip über die konkreten Garantien in der ersten und zweiten Regelungsalternative des Art. 79 III GG hinaus als nicht revisionsfest anzusehen[157], stützen sich auf den Beratungsverlauf (→ Rn. 5, 7). Dieser zeigt zwar in der Tat, daß in den verschiedenen Entwürfen bis in die letzten Tage vor Verabschiedung des Grundgesetzes zwei nicht deckungsgleiche Konzeptionen des Schutzes der föderalen Komponente nebeneinander existierten und erst zu einem sehr späten Zeitpunkt sowie ohne nähere Begründung unter dem Dach des Art. 79 III GG vereinigt wurden. Diese Tatsache ändert aber nichts daran, daß der Parlamentarische Rat am Ende (aus welchen Gründen auch immer) alle Grundsätze des Art. 20 GG kraft entsprechender Umformulierung eindeutig in den Kreis der revisionsfesten Regelungen einbezog. Die im Gang der Beratungen lange Zeit festgehaltene Trennung zwischen unabänderlichen Regelungen einer freiheitlichen demokratischen (und sozialen) Ordnung einerseits und der nur mit hoher qualifizierter Mehrheit aufhebbaren föderalen Gliederung andererseits leuchtet sachlich, verfassungshistorisch und verfassungsvergleichend ohne weiteres stärker ein; auch konnte man, solange eine solche Zweigleisigkeit vorgesehen war, die Bundesstaatlichkeit als nicht von der Ewigkeitsgarantie erfaßt ansehen, da alles andere in einen unauflösbaren Gegensatz zur speziellen Regelung der Gliederung des Bundes in Länder geführt hätte, die nur durch hohe Quoren, aber eben nicht absolut geschützt war; schließlich ist unbefriedigend, daß die praktisch in den letzten Tagen vor Verabschiedung des Grundgesetzes vorgenommene fundamentale Änderung ohne jegliche Erläuterung blieb. All das ändert aber nichts daran, daß der Parlamentarische Rat am Ende so beschloß wie geschehen und ihm **kein Redaktionsversehen** unterstellt werden darf. Die Rekonstruktion eines verwickelten und nicht immer einsichtigen Entstehungsprozesses einer Norm kann sich, als »subjektiv-teleologisch« ohnehin fragwürdig eingeordnet, nicht über den letztendlich klaren Wortlaut einer Norm hinwegsetzen. So bleibt es also dabei, daß das bundesstaatliche Prinzip als solches ebenfalls von Art. 79 III GG umfaßt ist.

Damit ist neben den speziellen Sicherungen des Art. 79 III, 1. u. 2. Var. GG (Gliederung des Bundes in Länder, Mitwirkung bei der Gesetzgebung: → Rn. 21 f., 23 ff.) zwar nicht der Gesamtbestand bundesstaatlicher Verfassungsbestimmungen, wohl aber die **Grundsubstanz der Eigenstaatlichkeit** der Länder garantiert. Dazu zählen neben der grundlegenden Verfassungsautonomie bzw. -hoheit (→ Art. 28 Rn. 42 ff.) vor allem ein gewisser Bestand an Gesetzgebungs-, Verwaltungs- und Rechtsprechungskompetenzen[158] sowie eigene Einnahmequellen (→ Art. 20 [Bundesstaat], Rn. 42). Auch der

---

[155] Nach wie vor ganz h.M.: *Evers* (Fn. 3), Art. 79 Abs. 3 Rn. 208 ff.; *J. Isensee*, HStR³ VI, § 126 Rn. 287 f.; *Hain*, Grundsätze (Fn. 13), S. 393 ff.; *Zacharias*, Ewigkeitsgarantie (Fn. 24), S. 95 f.; *Herdegen* (Fn. 55), Art. 79 Rn. 158; *B. Pieroth*, ZRP 2008, 90 (91).
[156] So *M. Jestaedt*, HStR³ II, § 29 Rn. 57.
[157] Eingehende Argumentation in diesem Sinne bei *M. Jestaedt*, HStR³ II, § 29 Rn. 48 ff.; dagegen wie hier *S. Blasche*, VR 2008, 12 (13 ff.); *Herdegen* (Fn. 55), Art. 79 Rn. 158.
[158] Zustimmend *B. Pieroth*, ZRP 2008, 90 (92).

Art. 79 III C. Erläuterungen

Grundsatz der Bundestreue könnte hier seine Verankerung finden (→ Art. 20 [Bundesstaat], Rn. 45 ff.)[159].

ee) Rechtsstaat

49 Zwar sucht man in Art. 20 GG das Substantiv »Rechtsstaat« oder das Adjektiv »rechtsstaatlich« vergebens, doch sind in Art. 20 II, III GG **wesentliche Elemente des Rechtsstaatsprinzips** normiert; auch der Erwähnung des »Rechtsstaates« im Homogenitätsgebot kommt Bedeutung zu (→ Art. 28 Rn. 56). Ob auch weitere, hier nicht ausdrücklich genannte Teilprinzipien unter Art. 79 III GG fallen, ist allerdings umstritten (→ Rn. 53; → Art. 20 [Rechtsstaat], Rn. 229).

50 Eindeutig erfaßt ist zunächst die in Art. 20 II, III GG niedergelegte **Gewaltenteilung**[160]. Dabei gehört die Unterscheidung der drei unterschiedlichen Funktionen und ihre Zuordnung zu besonderen Organen zum unantastbaren Kernbereich, während die derzeit den einzelnen Gewalten zugewiesenen Kompetenzen in Grenzen flexibel gestaltbar sind. Gewaltenteilung darf nicht zu einem abstrakten Prinzip hypostasiert und als solches dogmatisiert, sondern muß in seinen mannigfaltigen Realisierungsmöglichkeiten begriffen werden[161] (→ Art. 20 [Rechtsstaat], Rn. 67 ff.). Die politisch-rechtliche Leitfunktion des Parlaments, ein gewisser Kernbereich exekutiver Eigenverantwortung und die Unabhängigkeit der Rechtsprechung sind aber in jedem Fall zu erhalten.

51 Mit der Bindung der Gesetzgebung an die verfassungsmäßige Ordnung ist sodann der **Vorrang der Verfassung** über den speziell grundrechtlichen Bereich hinaus (→ Art. 1 III Rn. 1, 54 ff.) garantiert[162]. Der förmliche Gesetzgeber darf sich also auf keinem Gebiet der Bindung an die Verfassung entziehen oder diese als zu seiner Disposition stehend betrachten. Verfassungsänderungen sind damit ebensowenig ausgeschlossen wie Verweise des Verfassungstextes auf einfaches Recht (→ Art. 79 I Rn. 25; → Art. 79 II Rn. 13 ff.).

52 Mit der Formel von der Bindung der vollziehenden Gewalt an das Gesetz (Art. 20 III GG) ist auch der **Vorrang des Gesetzes** explizit geregelt (→ Art. 20 [Rechtsstaat], Rn. 92 ff.) und im Kern unantastbar[163]. Die Verwaltung hat danach die Gesetze zu beachten und darf **keine Maßnahmen gegen das Gesetz** ergreifen: sie darf weder von von den Gesetzen abweichen (Abweichungsverbot) noch diese ignorieren (Anwendungsgebot). Für die rechtsprechende Gewalt ist die Bindung an das Gesetz unverbrüchlich (→ Art. 20 [Demokratie], Rn. 140 f.). Daß der in Art. 20 GG nicht ausdrücklich genannte, aber für die Verwaltung zentrale **Vorbehalt des Gesetzes** von Art. 79 III GG umfaßt ist, wird im Ergebnis kaum bestritten[164]. Drei Gründe sprechen für diese

---

[159] S. etwa *Zacharias*, Ewigkeitsgarantie (Fn. 24), S. 95 f.; *Herdegen* (Fn. 55), Art. 79 Rn. 161 ff., 165. – Aus der Judikatur etwa BVerfGE 34, 9 (20 f.) mit der Konsequenz einer gewissermaßen »ewigkeitsgarantiekonformen« Auslegung von Gesetzgebungskompetenzen, konkret Art. 74a GG; s. auch BVerfGE 87, 181 (196).
[160] *Hain* (Fn. 102), Art. 79 Rn. 105; *Vismann* (Fn. 58), Art. 79 Rn. 60; *Zacharias*, Ewigkeitsgarantie (Fn. 24), S. 92; *Herdegen* (Fn. 55), Art. 79 Rn. 145 ff.
[161] *H. Dreier*, Hierarchische Verwaltung im demokratischen Staat, 1991, S. 174 ff.; *C. Möllers*, Gewaltengliederung, 2005, S. 66 ff., 135 ff.
[162] Wie hier *Vismann* (Fn. 58), Art. 79 Rn. 60; *Zacharias*, Ewigkeitsgarantie (Fn. 24), S. 93; *Möller*, Gewalt (Fn. 3), S. 166; *Herdegen* (Fn. 55), Art. 79 Rn. 153; *Schöbener* (Fn. 62), Art. 79 Rn. 129.
[163] *Herdegen* (Fn. 55), Art. 79 Rn. 154.
[164] *Herdegen* (Fn. 55), Art. 79 Rn. 154. Daß der Vorbehalt zum Rechtsstaatsprinzip i. S. d. Art. 20 III GG gehört, hat das Bundesverfassungsgericht ohne Umschweife bejaht: BVerfGE 40, 237 (248 f.);

III. Die geschützten Gehalte im einzelnen **Art. 79 III**

Sichtweise: erstens ist der Vorbehalt des Gesetzes ein zentrales Erbstück aus der Geschichte des Rechtsstaatsprinzips, das vom Grundgesetzgeber als selbstverständlich vorausgesetzt werden konnte (→ Art. 20 [Rechtsstaat], Rn. 105 ff.); zweitens lassen sich auch die grundrechtlichen Gesetzesvorbehalte (→ Vorb. Rn. 136 ff.) als Ausdruck dieses Gedankens begreifen; und drittens ergibt sich auch aus dem Demokratieprinzip, daß es für bestimmte Materien einer ausdrücklichen Entscheidung des parlamentarischen Gesetzgebers bedarf (→ Art. 20 [Demokratie], Rn. 117).

Streitig ist schließlich vor allem, ob auch im Normtext des Art. 20 GG nicht auffindbare, aber dem **Rechtsstaatsprinzip »als solches«**[165] zugeordnete Elemente unter die Ewigkeitsgarantie fallen. Die Literatur[166] scheint hier ebenso gespalten wie die Judikatur des Bundesverfassungsgerichts[167]. Dem bloßen Fehlen des Wortes Rechtsstaat oder rechtsstaatlich kommt insofern kaum Bedeutung zu, da Art. 28 GG ausdrücklich vom Rechtsstaat spricht und die Homogenitätsgarantie für die Bundesländer nicht hinter der identitätsverbürgenden Grundnorm für den Gesamtstaat zurückbleibt[168]. Im Ergebnis herrscht zudem letztlich weitgehende Einigkeit darüber, daß die zum Rechtsstaatsprinzip im weiteren Sinne gehörigen Elemente gewissen Modifikationen zugänglich sind und vor allem die diesbezügliche richterrechtliche Dogmatik etwa zum Bestimmtheitsgrundsatz, zum Vertrauensschutz oder zum Rückwirkungsverbot nicht als unantastbar gilt[169]. Umstritten ist indes nach wie vor, ob der dem Rechtsstaatsprinzip inhärente effektive **Rechtsschutz** unabweislich **in justizstaatlicher Gestalt** garantiert werden muß oder anderer Gestaltung zugänglich bleibt[170]. Als unverbrüchlich garantiert kann kraft der Rechtsstaatsgarantie auch ein gewisser **Grundbe-**

53

48, 210 (221); 49, 89 (126 f.); 77, 170 (230 f.); 78, 179 (196 f.). Dem folgt die Literatur ganz überwiegend (*Hesse*, Verfassungsrecht, Rn. 201; *Stern*, Staatsrecht I, S. 805; *Maurer*, Staatsrecht I, § 8 Rn. 19 ff.; *Degenhart*, Staatsrecht I, Rn. 289, 313 f.; differenzierend *Jarass*/Pieroth, GG, Art. 20 Rn. 44, 46). Fraglich ist eher, auf welche Gebiete sich der Vorbehalt erstreckt: → Art. 20 (Rechtsstaat), Rn. 113 ff., 119 ff. S. auch den folgenden Text.

[165] Die Existenz eines derartigen Rechtsstaatsprinzips als solchen ist in der Literatur z.T. bestritten worden: *P. Kunig*, Das Rechtsstaatsprinzip, 1986; s. auch *K. Sobota*, Das Prinzip Rechtsstaat, 1997, insb. S. 399 ff., 435 ff. → Art. 20 (Rechtsstaat), Rn. 45.

[166] Eher dafür: *E. Schmidt-Aßmann*, HStR³ II, § 26 Rn. 90; *J. Isensee*, HStR³ IX, § 190 Rn. 146; eher dagegen: *P. Kirchhof*, HStR³ II, § 21 Rn. 86; *Bryde* (Fn. 58), Art. 79 Rn. 44; *Zacharias*, Ewigkeitsgarantie (Fn. 24), S. 90 ff.; *Herdegen* (Fn. 55), Art. 79 Rn. 152. Wegen mannigfaltiger Einschränkungen und Modifikationen der Grundpositionen (Schutz nur der essentiellen, nicht der akzidentiellen Teile des umfassenden Rechtsstaatsprinzips; nur Garantie der Grundsätze) kommt es im praktischen Ergebnis nur zu geringen Differenzen.

[167] BVerfGE 30, 1 (24 f.) plädierte für enge Fassung, während in zahlreichen anderen späteren Entscheidungen (E 35, 41 [47]; 48, 210 [221]; 50, 42 [47]; 51, 356 [362]; 56, 110 [128]; 58, 81 [97]; 69, 315 [369]; 83, 24 [31]; 97, 198 [217, Rn. 87]; 98, 218 [261, Rn. 161 f.]; 107, 395 [401, Rn. 14, 16, 18]) auf »das« oder »das allgemeine« Rechtsstaatsprinzip abgestellt wird.

[168] Zu dieser »wechselseitigen Information« von Art. 20 und 28 GG vgl. *R. Herzog*, in: Maunz/Dürig, GG, Art. 20 I (1978), Rn. 32; *H. Hofmann*, Bundesstaatliche Spaltung des Demokratiebegriffs? (1985), in: ders., Verfassungsrechtliche Perspektiven, 1995, S. 146 ff. (157); *J. Isensee*, HStR³ IX, § 190 Rn. 146.

[169] *Stern*, Staatsrecht I, S. 172 f.; *E. Schmidt-Aßmann*, HStR³ II, § 26 Rn. 90; *Zacharias*, Ewigkeitsgarantie (Fn. 24), S. 91 f.; *Möller*, Gewalt (Fn. 3), S. 165. → Art. 20 (Rechtsstaat), Rn. 129 ff., 146 ff., 151 ff.

[170] Dies der Kernpunkt des Abhör-Urteils, das eine andere Gestaltung für zulässig hielt (BVerfGE 30, 1 [24 ff.]). Diese Möglichkeit für Verfassungs- und Verwaltungsprozeß konzedierend *Bryde* (Fn. 58), Art. 79 Rn. 38, 45; wohl auch *Stern*, Staatsrecht III/2, S. 1125; für justizstaatliches Erfordernis hingegen dezidiert *P. Häberle*, JZ 1971, 145 (152); modifizierend *E. Schmidt-Aßmann*, HStR³ II, § 26 Rn. 90 (Ausnahmen nur in engen Grenzen zulässig). → Art. 10 Rn. 61; → Art. 19 IV Rn. 145.

stand an justizstaatlichen Garantien nach Art der Art. 101 ff. GG angesehen werden[171] – was wiederum Modifikationen oder Durchbrechungen in besonderen Fällen (z. B. Art. 7 II EMRK) nicht völlig ausschließt. Die Unantastbarkeit des Kerngedankens des **Verhältnismäßigkeitsprinzips** schließlich läßt sich – je nach seiner Verankerung – entweder aus seiner Zugehörigkeit zum Rechtsstaatsprinzip folgern oder aus dem Wesen der in Art. 1 III GG angesprochenen Grundrechte deduzieren (→ Vorb. Rn. 144 ff.; → Art. 20 [Rechtsstaat], Rn. 179 ff.).

ff) Widerstandsrecht (Art. 20 IV GG)?

54   Das Recht auf Widerstand ist 1968 als Art. 20 IV GG nachträglich in das Grundgesetz eingefügt worden und fällt von daher nach fast einhelliger und zutreffender Ansicht nicht in den Garantiebereich des Art. 79 III GG[172]; anderenfalls hätte es der verfassungsändernde Gesetzgeber in der Hand, die Verfassung mit Ewigkeitsgarantien anzureichern, seine eigenen Entscheidungen gegen spätere Verfassungsänderungen zu immunisieren und sich so einen Rang einzuräumen, der – wenn überhaupt – nur der verfassunggebenden Gewalt (pouvoir constituant) zukommen kann[173]. **Art. 20 IV GG könnte** also qua Verfassungsänderung wieder **gestrichen werden**.

IV. Schutz der Staatlichkeit der Bundesrepublik Deutschland durch Art. 79 III GG?

55   Seit längerer Zeit wird mit Blick auf die fortschreitende europäische Integration die Frage aufgeworfen und kontrovers diskutiert, ob Art. 79 III GG auch als unverbrüchliche **Garantie souveräner Staatlichkeit** der Bundesrepublik interpretiert werden kann und insofern dem Aufgehen des vom Grundgesetz verfaßten Staates in einem europäischen Bundesstaat eine unüberwindbare Schranke setzt[174]. Die **Literatur** ist hier seit jeher **gespalten**. Eine Gruppe von Autoren betrachtet Art. 79 III GG nicht als absolute Sperre für die Etablierung eines europäischen Bundesstaates unter deutscher Beteiligung. Das Grundgesetz, so der Generalnenner dieser Position, lasse eine solche fundamentale Transformation in seinem Rahmen und mit seinen Mitteln durchaus zu.

---

[171] Ausführlich *Schulz*, Grundrechte (Fn. 109), S. 219 ff.

[172] *Hesse*, Verfassungsrecht, Rn. 761; *Stern*, Staatsrecht I, S. 172; *P. Badura*, HStR³ XII, § 270 Rn. 35; *Kingreen/Poscher*, Grundrechte, Rn. 1122; *Pernice*, Bestandssicherung (Fn. 3), S. 261; *Wegge*, Bedeutung (Fn. 13), S. 69 ff.; *Möller*, Gewalt (Fn. 3), S. 199 ff.; *Unruh*, Verfassungsbegriff (Fn. 12), S. 449; *Herdegen* (Fn. 55), Art. 79 Rn. 78 f.; *Augsberg*, Gesetz (Fn. 56), § 28 Rn. 46; nur mit Einschränkungen *Häberle*, Ewigkeitsklauseln (Fn. 3), S. 99 f.; *Schulz*, Grundrechte (Fn. 109), S. 341 ff.; *Schöbener* (Fn. 62), Art. 79 Rn. 131. – Zum nicht haltbaren gegenteiligen Standpunkt des Abg. Stammberger vgl. *G. Hoffmann*, in: BK, Art. 79 I, II (Zweitb. 1986), Rn. 67. → Art. 20 IV Rn. 27 m. w. N.

[173] Die Frage hat strukturelle Parallelen zum sog. »Corwin Amendment« in den USA. Es wurde kurz vor Ausbruch des Bürgerkrieges eingebracht und enthielt in der Sache die Regelung, daß keine Änderung der Verfassung zulässig sein sollte, die den Gliedstaaten die Sklaverei verbieten würde. Das amendment erhielt eine überwältigende Mehrheit im Kongreß sowie die Unterstützung von Präsident Lincoln (!), wurde dann aber im Laufe des Bürgerkrieges nicht mehr weiterverfolgt (dazu *M. E. Brandon*, The »Original« Thirteenth Amendment and the Limits to Formal Constitutional Change, in: Levinson, Imperfection [Fn. 44], S. 215 ff.). Unabhängig von seinem Inhalt wirft es die (zu verneinende) Frage auf, ob der verfassungsändernde Gesetzgeber (neue) Ewigkeitsklauseln einführen darf.

[174] So wohl im Schrifttum erstmals (und die Sperre deutlich bejahend) *P. Kirchhof*, HStR I, § 19 Rn. 18, 51, 71. – Festzuhalten bleibt, daß das Aufgehen in einem europäischen **Zentralstaat** nach ganz ungeteilter Auffassung ausgeschlossen ist; vgl. nur *I. Pernice*, HStR VIII, § 191 Rn. 43; *W. Cremer*, Jura 2010, 296 (300 f.). → Art. 23 Rn. 39, 88 ff.

IV. Schutz der Staatlichkeit durch Art. 79 III GG? **Art. 79 III**

Deutschland könne auf seiner Grundlage und mit den Mitteln des Abschlusses entsprechender völkerrechtlicher (gegebenenfalls verfassungsändernder) Verträge zur Bildung einer Union der Vereinigten Staaten Europas beitragen und so zum Gliedstaat eines europäischen Bundesstaates werden[175]. Art. 79 III GG regele nur das »Wie«, nicht aber das »Ob« der Staatlichkeit; auch bei Souveränitäts- und Staatlichkeitsverlust bleibe noch ein hinlänglicher Regelungsgehalt übrig[176]. Hingegen wäre nach mittlerweile wohl **herrschender Meinung** die Mitwirkung an einer entsprechenden Entstaatlichung Deutschlands vom Grundgesetz nicht gedeckt[177]. Dies wird neben dem allgemeinen Hinweis auf Staatlichkeit als Voraussetzung und Gegenstand der Verfassunggebung sowie der durch Art. 79 III GG geschützten Gehalte[178] vor allem mit der Überlegung bejaht, daß souveräne nationale Staatlichkeit moderner Verfassungsstaaten untrennbar mit dem Prinzip der Volkssouveränität und damit dem zentralen Element des Demokratiegebotes verknüpft sei[179] bzw. das Bundesstaatsprinzip des Art. 20 I GG die Staatsqualität des Gesamtstaates, der Bundesrepublik Deutschland, voraussetze[180].

Das **Bundesverfassungsgericht** hat die Frage im Maastricht-Urteil noch eher ausgeklammert[181], später in der Sache deutlich, wenngleich eher summarisch davon gesprochen, daß eine »Entstaatlichung der vom Grundgesetz verfassten Rechtsordnung [...] wegen der unantastbaren Grundsätze des Art. 20 GG der Dispositionsfreiheit des verfassungsändernden Gesetzgebers entzogen wäre«[182], und dann schließlich im Lissabon-Urteil den Eintritt in einen **europäischen Bundesstaat kategorisch ausgeschlos-** 56

---

[175] *D.H. Scheuing*, EuR-Beiheft 1/1997, 7 (19ff.); *Pernice* → Bd. II², Art. 23 Rn. 17, 36; *P. Lerche*, Europäische Staatlichkeit und die Identität des Grundgesetzes, in: FS Redeker, 1993, S. 131ff. (140ff.); *Herbst*, Legitimation (Fn. 14), S. 264ff. → Art. 23 Rn. 88ff.

[176] *C. Möllers*, Staat als Argument, 2000, S. 383ff.; ähnlich *Zacharias*, Ewigkeitsgarantie (Fn. 24), S. 82f.; *W. Cremer*, Jura 2010, 296 (300); dagegen *J. Isensee*, HStR³ II, § 15 Rn. 198. – Wenig überzeugend erscheint allerdings insofern der Hinweis auf die deutsche Staatsrechtsdoktrin, wonach auch den Ländern der Bundesrepublik Deutschland Staatsqualität zugesprochen wird (→ Art. 28 Rn. 51, 53f.) und dies bei einem europäischen Bundesstaat in bezug auf Deutschland nicht anders sei (so *H.D. Jarass*, in: ders./B. Pieroth, Grundgesetz-Kommentar, 7. Aufl. 2004, Art. 23 Rn. 29; in der aktuellen Auflage nicht mehr enthalten); dies zeigt nämlich nur, wie ambivalent und anlaßbezogen jene Lehre, die Staatlichkeit und Souveränität trennte, war (→ Art. 28 Rn. 53). Und eine deutliche Unterschätzung des Regelungsgehaltes von Art. 79 III GG liegt vor, wenn postuliert wird, die Norm schütze nur vor dem Abgleiten in »anarchische Verhältnisse« (so *Bryde* [Fn. 58], Art. 79 Rn. 53).

[177] *P. Kirchhof*, HStR VII, § 183 Rn. 57ff.; *P. Badura*, Die »Kunst der föderalen Form«, in: FS Lerche, 1993, S. 369ff. (379); *J. Isensee*, Integrationsziel Europastaat?, in: FS Everling, Bd. I, S. 567ff.; *C. Hillgruber*, HStR³ II, § 32 Rn. 40f.

[178] *P. Kirchhof*, HStR³ II, § 21 Rn. 25, 69, 84; *D. Murswiek*, Der Staat 32 (1993), 161 (162ff.); *J. Isensee*, HStR³ II, § 15 Rn. 197ff.; vgl. auch die Nachweise in der folgenden Fußnote.

[179] *P. Kirchhof*, HStR VII, § 183 Rn. 23, 57ff.; *ders.*, Brauchen wir ein erneuertes Grundgesetz?, 1992, S. 37f.; *ders.*, HStR³ X, § 214 Rn. 51f., 98; *T. Schilling*, AöR 116 (1991), 32 (54f.); *U. Di Fabio*, Der Staat 32 (1993), 191 (199ff., 206f.); *U. Penski*, ZRP 1994, 192ff.; *R. Breuer*, NVwZ 1994, 417 (423); *M. Kaufmann*, Europäische Integration und Demokratieprinzip, 1997, S. 416f.; s. noch *H. Bethge*, HStR VIII, § 199 Rn. 26; *Maurer*, Staatsrecht I, § 4 Rn. 22. – So auch BVerfGE 123, 267 (343, Rn. 216).

[180] *Huber*, Maastricht (Fn. 86), S. 22; *U. Fink*, DÖV 1998, 133 (138f.); s. auch *R. Breuer*, NVwZ 1994, 417 (423). Dagegen etwa *W. Cremer*, Jura 2010, 296 (300): »Die in Art. 79 Abs. 3 GG in Bezug genommene Bundesstaatlichkeit ist jedenfalls nach Teleologie und Entstehungsgeschichte nicht auf den Erhalt deutscher Zentralstaatlichkeit, sondern fortbestehender Gliedstaatlichkeit in Deutschland gerichtet.«

[181] BVerfGE 89, 155 (189f.). *Pernice* → Bd. II², Art. 23 Rn. 37.

[182] BVerfGE 113, 273 (298, Rn. 74); kritisch dazu das Sondervotum *G. Lübbe-Wolff*: BVerfGE 113, 273 (327ff., insb. 329, Rn. 158f.).

sen¹⁸³ sowie einen ausufernden Katalog von Unantastbarkeiten im Stile einer akademischen Staatsaufgabenlehre aufgelistet¹⁸⁴. Der Rekurs auf die Ewigkeitsgarantie wiederum ist auf teils scharfe Kritik in der Literatur gestoßen¹⁸⁵.

57 Fraglich an der Position des Bundesverfassungsgerichts wie der herrschenden Meinung erscheint vor allem, ob man am **Konzept souveräner Nationalstaatlichkeit** angesichts des derzeitigen Standes der europäischen Integration noch uneingeschränkt festhalten kann¹⁸⁶ oder ob dieses nicht **fortentwicklungsbedürftig** und mit Blick auf das dem Grundgesetz inhärente Prinzip offener Staatlichkeit auch fortentwicklungsfähig ist, sich also auch als begrenzte staatliche Souveränität in einem Mehrebenensystem realisieren kann¹⁸⁷. Denn mit einigem Recht läßt sich gerade in bezug auf die charakteristische Besonderheit der europäischen Integration als eines sukzessiv-inkrementalen, dynamischen Prozesses zunehmender Verklammerung von nationaler und supranationaler Ebene fragen, ob nicht die Idee souveräner Nationalstaatlichkeit mittlerweile anachronistisch geworden ist und angesichts der neuartigen Entwicklungsprozesse eher von einem Konzept geteilter, mehrstufiger Souveränität auszugehen wäre¹⁸⁸, das sich den tradierten Begriffskategorien von Bundesstaat und Staatenbund gar nicht mehr sinnvoll zuordnen läßt¹⁸⁹. Das Lissabon-Urteil stellt insofern einen reflexiven Rückschritt dar.

58 Im übrigen ist mehr als **zweifelhaft, ob** das **Staatlichkeitsproblem** bei Art. 79 III GG **richtig verortet** ist. Denn sollte tatsächlich eine Fortentwicklung der europäischen Integration anstehen, die Deutschland wie die anderen Mitgliedstaaten eindeutig auf einen Status reduzieren würde, wie ihn derzeit die deutschen Länder im Verhältnis zur Bundesrepublik innehaben, so wäre hierin eine **neue Grundentscheidung über den verfassungsrechtlichen Gesamtstatus Deutschlands** zu erblicken¹⁹⁰. Mit bloßer Verfassungsänderung, die allein von Art. 79 III GG begrenzt wird (→ Rn. 11, 14, 61), hätte

---

¹⁸³ BVerfGE 123, 267 (331f., 347f., 349; Rn. 178ff., 226ff., 232f.).
¹⁸⁴ BVerfGE 123, 267 (358ff., Rn. 250ff.). Das ist teils sehr heftig kritisiert worden. Eher zurückhaltend *D. Grimm*, Der Staat 48 (2009), 475 (490f.): Herleitung sei unklar und eher eine Warnung; etwas deutlicher *D. Thym*, Der Staat 48 (2009), 560 (562f.); schärfer *M. Nettesheim*, NJW 2009, 2867 (2868); *D. Halberstam/C. Möllers*, GLJ 10 (2009), 1241 (1249ff.): »An Unnecessary Theory of Necessary State Functions«. Kritisch auch *C. Calliess*, Die neue Europäische Union nach dem Vertrag von Lissabon, 2010, S. 268f.
¹⁸⁵ *M. Jestaedt*, Der Staat 48 (2009), 497 (505), wendet sich gegen eine »europaskeptische Umdeutung« der Ewigkeitsgarantie; *C. Schönberger*, Der Staat 48 (2009), 535 (536) spricht von »präzedenzloser Überdehnung« und nennt es »atemberaubend, wie das Bundesverfassungsgericht hier die ›Ewigkeitsklausel‹ gegen eine bestimmte Form der Gestaltung der europäischen Integration in Stellung bringt.« Milder, aber ebenfalls kritisch *D. Grimm*, Der Staat 48 (2009), 475 (489f.); *W. Cremer*, Jura 2010, 296 (299ff.).
¹⁸⁶ Dazu etwa *D. Grimm*, Der Staat 48 (2009), 475 (481f.); in größerer Perspektive *ders.*, Souveränität, 2009, S. 99ff.; ferner *T. Giegerich*, Die Souveränität als Grund- und Grenzbegriff des Staats-, Völker- und Europarechts, in: FS Schmidt-Jortzig, 2011, S. 603ff. (623f., 628ff.); das Kriterium der Staatsqualität für untauglich befindend *M. Nettesheim*, Der Staat 51 (2012), 313 (318ff.).
¹⁸⁷ Eingehend dazu *U. Schliesky*, Souveränität und Legitimität von Herrschaftsgewalt, 2004, S. 448ff. → Fn. 188.
¹⁸⁸ *H. Dreier*, Art. Souveränität, in: StL⁷, Bd. IV, Sp. 1203ff. (1208): »Formen föderativer ›Gemeinschaftssouveränität‹«; *Pernice*, Bestandssicherung (Fn. 3), S. 258. → Art. 20 (Demokratie), Rn. 39ff. → Art. 23 Rn. 87ff. Zuvor noch *Pernice* → Bd. II², Art. 23 Rn. 26, 36f., 65ff.
¹⁸⁹ Anspruchsvolles theoretisches Konzept der EU als »Bund« bei *C. Schönberger*, AöR 129 (2004), 81ff.; s. auch *D. Thym*, Der Staat 48 (2009), 560 (564f.) m. w. N.; *S. Oeter*, Föderalismus und Demokratie, in: A. v. Bogdandy/J. Bast (Hrsg.), Europäisches Verfassungsrecht, 2. Aufl. 2009, S. 73ff. (81ff., 117ff.).
¹⁹⁰ Insofern übereinstimmend *D. Murswiek*, Der Staat 32 (1993), 161 (164f., 187ff.); *Bryde*

dies nichts mehr zu tun, da es um eine qualitativ neue und andere Stufe staatlicher Organisation der Bundesrepublik Deutschland und ihres Staatsvolks ginge. Das Problem eines europäischen Bundesstaates unter deutscher Beteiligung transzendiert also den thematischen Einzugsbereich des Art. 79 III GG, der sich auf das 1949 konstituierte und durch die Wiedervereinigung territorial erweiterte Staatsgebilde, nicht aber auf ein aliud wie einen europäischen Bundesstaat bezieht. Auch aus der Präambel und Art. 23, 24 GG läßt sich die Möglichkeit derartiger »Identitätsfortbildung« auf dem Wege bloßer Verfassungsänderung nicht herleiten[191]. Für eine neue Form der Organisation dieses Staates und seiner Bürger und damit einen **Identitätswechsel der Verfassung** bleibt daher nur die Möglichkeit einer Betätigung der verfassunggebenden Gewalt offen, wofür – will man im Rahmen des Grundgesetzes agieren – allein **Art. 146 GG** den Weg weist[192]. Das sieht mittlerweile auch das Bundesverfassungsgericht so und liegt damit richtig[193]. Denn nur mit dem Konzept des Identitätswechsels läßt sich erklären, warum es im Falle eines grundlegenden Statuswechsels der Bundesrepublik Deutschland (vom souveränen Staat hin zu einem Gliedstaat in den Vereinigten Staaten von Europa) einer neuen Grundentscheidung über die Verfassung durch das deutsche Volk gemäß Art. 146 GG bedarf, auch wenn die Kautelen des Art. 79 III GG und die sonstigen Verfassungsbestimmungen für dieses nunmehr gleichsam herabgestufte politische Gemeinwesen weiterhin unverändert und ungebrochen ihre Gültigkeit behalten würden. Ohne die Aktivierung der Schlußbestimmung des Grundgesetzes wäre die Bildung eines europäischen Bundesstaates unter entsprechender Abstufung der Bundesrepublik Deutschland zu einem Gliedstaat unzulässig.

V. Unabänderlichkeit des Art. 79 III GG selbst

Im Unterschied zu den Regelungen mancher Landesverfassungen[194] erklärt sich Art. 79 III GG nicht explizit auch selbst für unantastbar. Gleichwohl entzieht er sich nach richtiger und ganz überwiegender Auffassung dem Zugriff des verfassungsändernden Gesetzgebers[195]. Das ergibt sich indes weniger aus Gründen vorgeblich reiner Normlogik[196] als aus der in Art. 79 GG grundgelegten systematischen **Differenz zwi-**

59

(Fn. 58), Art. 79 Rn. 53; *Huber*, Maastricht (Fn. 86), S. 48f.; *J. Wolf*, JZ 1993, 594 (598ff.); *U. Penski*, ZRP 1994, 192 (195f.); *H. Bethge*, HStR VIII, § 199 Rn. 26 a.E.
[191] Sehr streitig: → Pmbl. Rn. 38, 50. → Art. 23 Rn. 32ff., 36ff.
[192] Näher *Dreier*, Gilt das Grundgesetz (Fn. 11), S. 95f.; *V. M. Haug*, AöR 138 (2013), 435 (451ff.). → Art. 146 Rn. 16.
[193] BVerfGE 123, 267 (331f., Rn. 179): »Identitätswechsel der Bundesrepublik Deutschland«; s. noch BVerfGE 123, 267 (347f., 364, 404; Rn. 228, 263, 347). Kritisch zur Tauglichkeit der Identitätsvorstellung *W. Cremer*, Jura 2010, 296 (301); *M. Nettesheim*, Der Staat 51 (2012), 313 (322ff.). Zur schillernden Vielfalt des Konzepts von Identität gerade in der Judikatur *A. Ingold*, AöR 140 (2015), 1 (3ff., 10ff.). Grundsatzkritik bei *C. Schönberger*, JöR 63 (2015), 41ff.
[194] Hinweis bei *Häberle*, Ewigkeitsklauseln (Fn. 3), S. 92f. m. Fn. 45.
[195] *Hesse*, Verfassungsrecht, Rn. 707; *Murswiek*, Gewalt (Fn. 13), S. 247ff.; *Stern*, Staatsrecht I, S. 115f.; *Häberle*, Ewigkeitsklauseln (Fn. 3), S. 100f.; *H.-U. Erichsen*, Jura 1992, 52 (54); *v. Münch*, Staatsrecht I, Rn. 90; *P. Badura*, HStR³ XII, § 270 Rn. 35; *Wegge*, Bedeutung (Fn. 13), S. 73f.; *Hain*, Grundsätze (Fn. 13), S. 67ff.; *Vismann* (Fn. 58), Art. 79 Rn. 69; *Unruh*, Verfassungsbegriff (Fn. 12), S. 449; *Zacharias*, Ewigkeitsgarantie (Fn. 24), S. 93; *Möller*, Gewalt (Fn. 3), S. 189f.; *Herdegen* (Fn. 55), Art. 79 Rn. 77; a.A. *Tomuschat*, Verfassungsgewohnheitsrecht (Fn. 61), S. 110 (mit Nachweisen aus dem älteren Schrifttum, das zumeist mit der Unmöglichkeit der Bindung des *pouvoir constituant* argumentiert); *Roellecke* (Fn. 69), § 13 Rn. 12 (mit rechtstheoretischer Begründung).
[196] In dieser Richtung etwa *Even*, Bedeutung (Fn. 61), S. 97ff.; *Herdegen* (Fn. 55), Art. 79 Rn. 77; *Augsberg*, Gesetz (Fn. 56), § 28 Rn. 47.

Art. 79 III D. Verhältnis zu anderen GG-Bestimmungen

schen dem originären Akt der **Verfassunggebung** und den begrenzten **Kompetenzen des verfassungsändernden Gesetzgebers** (→ Art. 79 II Rn. 1 ff., 13 f.): dieser ist zu einer »Selbstbefreiung von den im Grundgesetz festgelegten Schranken einer Verfassungsänderung [...] nicht befugt«[197].

D. Verhältnis zu anderen GG-Bestimmungen

60 Während Art. 79 III GG die Grenzen der Verfassungsänderung regelt, ist die **verfassunggebende Gewalt** in **Art. 146 GG** angesprochen (→ Art. 146 Rn. 21 ff.). Art. 79 III GG kann den pouvoir constituant nicht binden (→ Rn. 14), sondern ist umgekehrt selbst Manifestation des Verfassunggebers. Fraglich ist indes, ob und wie sich die verfassunggebende Gewalt im Rahmen der Verfassung, also nichtrevolutionär, aktualisieren läßt[198].

61 Von den formellen Erfordernissen in Art. 79 I, II GG unterscheidet sich Art. 79 III GG dadurch, daß er **materielle Schranken der Verfassungsänderung** fixiert (→ Rn. 14). Damit hat die Norm die Funktion einer Verfassungsschutzbestimmung (→ Rn. 16). Der thematische Einzugsbereich von Art. 79 III GG ist allerdings **nicht identisch** mit den Elementen der **freiheitlichen demokratischen Grundordnung**, wie sie in Art. 9 II, 18, 21 II GG niedergelegt sind[199] – auch nicht als Teilmenge[200]. Denn die Ewigkeitsgarantie schützt einerseits durch die Einbeziehung von Republik, Bundes- und Sozialstaatlichkeit (→ Rn. 35, 45, 47) sowie durch die grundsätzliche Offenheit für direktdemokratische Elemente (→ Rn. 40) mehr als diese, umfaßt aber andererseits mangels Fixierung des parlamentarischen Regierungssystems (→ Rn. 42) und der streitbaren Demokratie (→ Rn. 44) auch weniger als sie[201].

62 Zwischen der Ewigkeitsgarantie des Art. 79 III GG und der **Wesensgehaltgarantie** des **Art. 19 II GG** besteht trotz struktureller Verwandtschaft[202] ein fundamentaler Unterschied: Art. 79 III GG wendet sich an den verfassungsändernden, Art. 19 II GG dagegen an den einfachen Gesetzgeber (→ Art. 19 II Rn. 11). Aus dieser Differenz erhellt, daß ein Grundrecht auch abgeschafft werden und die Wesensgehaltgarantie insoweit leerlaufen kann. Außerdem ist der Wesensgehalt der Grundrechte inhaltlich

---

[197] So plastisch BVerfGE 84, 90 (120). Näher zu diesem Argument *Möller*, Gewalt (Fn. 3), S. 195 ff. (und dort S. 194 f. mit Fn. 919 auch Nachweis der zahlreichen Befürworter dieser Position). – Auch *Bryde* (Fn. 58), Art. 79 Rn. 28, der gern als Gegner der h.M. zitiert wird, konzediert, daß eine Änderung des Art. 79 III GG die Kompetenzen des verfassungsändernden Gesetzgebers überschreiten würde, meint aber mit beachtlichen Gründen, daß diesem die Eröffnung der Betätigung des *pouvoir constituant* zustünde (ebd. Rn. 3, 28); ausführlich *D. Murswiek*, Das Wiedervereinigungsgebot des Grundgesetzes und die Grenzen der Verfassungsänderung, 1999, S. 21 ff., 32 f. Wie hier auch *Schöbener* (Fn. 62), Art. 79 Rn. 98.

[198] Dazu eingehend *Bryde*, Verfassungsentwicklung (Fn. 13), S. 246 ff. → Art. 146 Rn. 37 ff., 53 ff.

[199] Definition in BVerfGE 2, 1 (12 f.). → Art. 9 Rn. 57; → Art. 18 Rn. 27 ff.; → Art. 21 Rn. 148.

[200] Irrig *Herdegen* (Fn. 55), Art. 79 Rn. 87, der die freiheitliche demokratische Grundordnung als »Teilmenge« der durch Art. 79 III geschützten Verfassungsgehalte betrachtet; ihm folgend *Augsberg*, Gesetz (Fn. 56), § 28 Rn. 42. Wenn man schon eine bildhafte Umschreibung gebrauchen will, müßte man von zwei sich überschneidenden Kreisen sprechen.

[201] Vgl. *H. Dreier*, JZ 1994, 741 (749 ff.) m.w.N.; gegen die Identitätsthese auch *H.-J. Papier/W. Durner*, AöR 128 (2003), 340 (357).

[202] *P. Kirchhof*, HStR[3] II, § 21 Rn. 83 spricht von einer »ähnliche(n) Bestandsgarantie wie die verwandte Formel des Art. 19 Abs. 2 GG«; s. auch *C. Pestalozza*, Jura 1994, 561 (566): Art. 79 III als »Wesensgehalt des Grundgesetzes«. Wie hier für klare Trennung *P. Lerche*, HStR V, § 122 Rn. 30; *K. Stern*, HStR[3] IX, § 184 Rn. 138 f.

nicht identisch mit einem (etwaigen) Menschenwürdegehalt (→ Rn. 28) und demgemäß nicht generell einer Verfassungsänderung entzogen (→ Art. 19 II Rn. 20; → Art. 1 I Rn. 163 f.). Eine inhaltliche Verflechtung der Normen entsteht auch nicht etwa dadurch, daß das Bundesverfassungsgericht gelegentlich einen »Wesensgehalt« im Zusammenhang mit dem »europafesten« Kern der Grundrechte erwähnt hat[203]. Das Gericht meinte hierbei der Sache nach nicht Art. 19 II GG, sondern Art. 79 III GG[204]. Ewigkeitsgarantie und Wesensgehalt müssen für den Kernbereichsschutz der Einzelgrundrechte strikt unterschieden werden (→ Art. 19 II Rn. 7, 11). Schließlich fällt auch die **kommunale Selbstverwaltung** nicht unter die für unabänderlich erklärten Grundsätze (→ Art. 28 Rn. 28). Eine vom Verfassunggeber selbst vorgesehene und von daher unproblematische **Ausnahme** zum wegen Art. 79 III GG unverbrüchlichen Anspruch des Art. 1 III GG war seinerzeit **Art. 117 GG**[205]. Der Restitutionsausschluß des **Art. 143 III GG** verstößt nicht gegen Art. 79 III GG[206].

---

[203] BVerfGE 73, 339 (376, 387) – Solange II; 89, 155 (175) – Maastricht.
[204] Ebenso *J. Isensee*, HStR V, § 115 Rn. 71. Konsequenter- und bezeichnenderweise wird in den angeführten Entscheidungen Art. 19 II GG nicht erwähnt, während die Norm in der Wesensgehaltsjudikatur sonst in aller Regel ausdrücklich genannt ist; s. etwa BVerfGE 6, 32 (41) – Elfes; 7, 377 (408 f., 411) – Apotheken-Urteil; 30, 1 (24) – Abhör-Urteil; 31, 58 (69) – Spanier-Beschluß; 45, 187 (270) – Lebenslange Freiheitsstrafe; 80, 367 (373) – Tagebuch; 93, 352 (360) – Mitgliederwerbung II. → Art. 19 II Rn. 5.
[205] BVerfGE 3, 225 (229).
[206] BVerfGE 112, 1 (39, Rn. 133).

Artikel 80 [Erlaß von Rechtsverordnungen]

(1) ¹Durch Gesetz können die Bundesregierung, ein Bundesminister oder die Landesregierungen ermächtigt werden, Rechtsverordnungen zu erlassen. ²Dabei müssen Inhalt, Zweck und Ausmaß der erteilten Ermächtigung im Gesetze bestimmt werden. ³Die Rechtsgrundlage ist in der Verordnung anzugeben. ⁴Ist durch Gesetz vorgesehen, daß eine Ermächtigung weiter übertragen werden kann, so bedarf es zur Übertragung der Ermächtigung einer Rechtsverordnung.

(2) Der Zustimmung des Bundesrates bedürfen, vorbehaltlich anderweitiger bundesgesetzlicher Regelung, Rechtsverordnungen der Bundesregierung oder eines Bundesministers über Grundsätze und Gebühren für die Benutzung der Einrichtungen des Postwesens und der Telekommunikation, über die Grundsätze der Erhebung des Entgelts für die Benutzung der Einrichtungen der Eisenbahnen des Bundes, über den Bau und Betrieb der Eisenbahnen, sowie Rechtsverordnungen auf Grund von Bundesgesetzen, die der Zustimmung des Bundesrates bedürfen oder die von den Ländern im Auftrage des Bundes oder als eigene Angelegenheit ausgeführt werden.

(3) Der Bundesrat kann der Bundesregierung Vorlagen für den Erlaß von Rechtsverordnungen zuleiten, die seiner Zustimmung bedürfen.

(4) Soweit durch Bundesgesetz oder auf Grund von Bundesgesetzen Landesregierungen ermächtigt werden, Rechtsverordnungen zu erlassen, sind die Länder zu einer Regelung auch durch Gesetz befugt.

Literaturauswahl

Antoni, Michael: Zustimmungsvorbehalte des Bundesrates zu Rechtsetzungsakten des Bundes, in: AöR 114 (1989), S. 220–251.

Axer, Peter: Normsetzung der Exekutive in der Sozialversicherung, 2000.

Badura, Peter: Das normative Ermessen beim Erlaß von Rechtsverordnungen und Satzungen, in: Gedächtnisschrift für Wolfgang Martens, 1987, S. 25–37.

Bauer, Hartmut: Das Bestimmtheitsgebot für Verordnungsermächtigungen im Europäisierungssog. Zugleich ein Beitrag zu »gemeinschaftsrechtsspezifischen Verordnungsermächtigungen«, in: Festschrift für Helmut Steinberger, 2002, S. 1061–1085.

Bauer, Hartmut: Parlamentsverordnungen, in: Festschrift für Reiner Schmidt, 2006, S. 237–261.

v. Bogdandy, Armin: Gubernative Rechtsetzung, 2000.

Busse, Christian: Das Bestimmtheitsgebot des Art. 80 Abs. 1 Satz 2 GG bei der normativen Durchführung von EG-Recht, in: Gedächtnisschrift für Albert Bleckmann, 2007, S. 1–56.

Breuer, Rüdiger: Die Umsetzung europäischer Vorgaben in deutsches Recht – § 6a WHG, in: ZfW 38 (1999), S. 220–235.

Brodersen, Carsten: Bundesstaatliche Probleme des Art. 80 I GG, in: Gedächtnisschrift für Wolfgang Martens, 1987, S. 57–72.

Brosius-Gersdorf, Frauke: Der Gesetzgeber als Verordnungsgeber, in: ZG 22 (2007), S. 305–327.

Busch, Bernhard: Das Verhältnis des Art. 80 Abs. 1 S. 2 GG zum Gesetzes- und Parlamentsvorbehalt, 1992.

Calliess, Christian: Die verfassungsrechtliche Zulässigkeit von fachgesetzlichen Rechtsverordnungsermächtigungen zur Umsetzung von Rechtsakten der EG, in: NVwZ 1998, S. 8–13.

Cremer, Wolfram: Art. 80 Abs. 1 S. 2 GG und Parlamentsvorbehalt – Dogmatische Unstimmigkeiten in der Rechtsprechung des Bundesverfassungsgerichts, in: AöR 122 (1997), S. 248–267.

v. Danwitz, Thomas: Die Gestaltungsfreiheit des Verordnungsgebers, 1989.

v. Danwitz, Thomas: Rechtsverordnungen, in: Jura 2002, S. 92–102.

Dittmann, Armin: Die Rechtsverordnung als Handlungsinstrument der Verwaltung, in: Stanisław Biernat u.a. (Hrsg.), Grundfragen des Verwaltungsrechts und der Privatisierung, 1994, S. 107–122.

Härtel, Ines: Demokratie im europäischen Verfassungsverbund, in: JZ 2007, S. 431–438.

Helms, Christine: Das verordnungsvertretende Gesetz – eine Stärkung der Landesparlamente?, 2008.

Hill, Hermann/Martini, Mario: Normsetzung und andere Formen exekutivischer Selbstprogrammierung, in: GVwR² II, § 34 (S. 959–1029).
Horn, Hans-Detlef: Die grundrechtsunmittelbare Verwaltung, 1999.
Institut zur Förderung öffentlicher Angelegenheiten (Hrsg.): Die Übertragung rechtsetzender Gewalt im Rechtsstaat, 1952.
Jekewitz, Jürgen: Deutscher Bundestag und Rechtsverordnungen, in: NVwZ 1994, S. 956–960.
Jutzi, Siegfried: Gesetzgebung und Landesparlamente, in: ZG 14 (1999), S. 239–247.
Kisker, Gunter: Zulässigkeit und Konsequenzen einer Mitwirkung des Parlaments beim Erlaß von Rechtsverordnungen, in: Schule im Rechtsstaat, Band II, Gutachten für die Kommission Schulrecht des DJT, 1980, S. 9–71.
Klink, Thomas: Pauschale Ermächtigungen zur Umsetzung von Europäischem Umweltrecht mittels Rechtsverordnung, 2005.
Kotulla, Michael: Die Umsetzung supra- und internationaler Verpflichtungen in das deutsche Recht mittels § 6a WHG, in: ZfW 39 (2000), S. 85–99.
Kotulla, Michael/Rolfsen, Michael: Zur Begründbarkeit von Zustimmungsvorbehalten zu Gunsten des Bundestages beim Erlass von Rechtsverordnungen, in: NVwZ 2010, S. 943–945.
Lindner, Josef Franz: Experimentelle Rechtsetzung durch Rechtsverordnung, in: DÖV 2007, S. 1003–1009.
Magiera, Siegfried: Allgemeine Regelungsgewalt (»Rechtsetzung«) zwischen Parlament und Regierung, in: Der Staat 13 (1974), S. 1–26.
Martini, Mario: Normsetzungsdelegation zwischen parlamentarischer Steuerung und legislativer Effizienz, in: AöR 133 (2008), S. 155–190.
Maurer, Hartmut: Das verordnungsvertretende Gesetz, in: Festschrift für Walter Leisner, 1999, S. 583–598.
Menges, Eva/Preisner, Damian: Der Erlass von Rechtsverordnungen in der Rechtsprechung des Bundesverfassungsgerichts, in: Sigrid Emmenegger/Ariane Wiedmann (Hrsg.), Linien der Rechtsprechung des Bundesverfassungsgerichts – erörtert von den wissenschaftlichen Mitarbeitern, Bd. 2, 2011, S. 519–542.
Mößle, Wilhelm: Das Zitiergebot, in: BayVBl. 2000, S. 577–586.
Mößle, Wilhelm: Inhalt, Zweck und Ausmaß. Zur Verfassungsgeschichte der Verordnungsermächtigung, 1990.
Nierhaus, Michael: Bestimmtheitsgebot und Delegationsverbot des Art. 80 Abs. 1 Satz 2 GG und der Gesetzesvorbehalt der Wesentlichkeitstheorie, in: Festschrift für Klaus Stern, 1997, S. 717–732.
Nierhaus, Michael: Rechtsverordnungsvertretende Landesgesetze nach Art. 80 Abs. 4 GG und ihre gerichtliche Überprüfbarkeit, in: Peter Macke (Hrsg.), Verfassung und Verfassungsgerichtsbarkeit auf Landesebene, 1998, S. 223–244.
Nierhaus, Michael/Janz, Norbert: Aktuelle Probleme der Rechtsetzung des Bundes und der Länder – eine normenhierarchische Gemengelage?, in: ZG 12 (1997), S. 320–337.
Ossenbühl, Fritz: Der verfassungsrechtliche Rahmen offener Gesetzgebung und konkretisierender Rechtsetzung, in: DVBl. 1999, S. 1–7.
Ossenbühl, Fritz: Gesetz und Verordnung im gegenwärtigen Staatsrecht, in: ZG 12 (1997), S. 305–320.
Ossenbühl, Fritz: Rechtsverordnung, in: HStR³ V, § 103 (S. 261–302).
Pegatzky, Claus: Parlament und Verordnungsgeber, 1999.
Reinhardt, Michael: Die Umsetzung von Rechtsakten der Europäischen Gemeinschaften durch die Exekutive, in: UTR 1997, S. 337–362.
Rennert, Klaus: Beleihung zur Rechtsetzung?, in: JZ 2009, S. 976–984.
Sachs, Michael: Normsetzung (Rechtsverordnung, Satzung), in: Festschrift für Ulrich Battis, 2014, S. 161–176.
Saurer, Johannes: Die Funktionen der Rechtsverordnung, 2005.
Schmidt, Johannes: Die Beteiligung des Bundestags beim Erlaß von Rechtsverordnungen, 2002.
Schmidt-Aßmann, Eberhard: Die Rechtsverordnung in ihrem Verhältnis zu Gesetz und Verwaltungsvorschrift, in: Festschrift für Klaus Vogel, 2000, S. 477–494.
Schnelle, Simon: Eine Fehlerfolgenlehre für Rechtsverordnungen, 2007.
Scholz, Rupert: Die Zustimmung des Bundesrats zu Rechtsverordnungen des Bundes, in: DÖV 1990, S. 455–461.
Schwanengel, Wito: Einwirkungen der Landesparlamente auf die Normsetzung der Exekutive, 2002.

Art. 80

Schwarz, Thomas: Das Zitiergebot bei Rechtsverordnungen (Art. 80 Abs. 1 Satz 3 GG), in: DÖV 2002, S. 852–857.
Schwarz, Thomas: Die Zitiergebote im Grundgesetz, 2002.
Seiler, Christian: Der einheitliche Parlamentsvorbehalt, 2000.
Seiler, Christian: Parlamentarische Einflußnahmen auf den Erlaß von Rechtsverordnungen im Lichte der Formenstrenge, in: ZG 16 (2001), S. 50–70.
Sommermann, Karl-Peter: Verordnungsermächtigung und Demokratieprinzip, in: JZ 1997, S. 434–441.
Staupe, Jürgen: Parlamentsvorbehalt und Delegationsbefugnis, 1986.
Studenroth, Stefan: Einflußnahme des Bundestages auf Erlaß, Inhalt und Bestand von Rechtsverordnungen, in: DÖV 1995, S. 525–537.
Uhle, Arnd: Die Rechtsverordnung, in: Winfried Kluth/Günter Krings (Hrsg.), Gesetzgebung, 2014, § 24 (S. 587– 641).
Uhle, Arnd: Die Verordnungsgewalt unter dem Grundgesetz – Originäre oder derivative Kompetenz der Exekutive?, in: ZG 16 (2001), S. 328–338.
Uhle, Arnd: Parlament und Rechtsverordnung, 1999.
Uhle, Arnd: Verordnungsänderung durch Gesetz und Gesetzesänderung durch Verordnung?, in: DÖV 2001, S. 241–247.
Uhle, Arnd: Verordnungsgeberische Entscheidungsmacht und parlamentarischer Kontrollvorbehalt, in: NVwZ 2002, S. 15–21.
Uhle, Arnd: Ein dritter Weg?, Anmerkungen zur bundesverfassungsgerichtlichen Modifizierung der Rechtsquellenlehre, in: Festschrift für Rupert Scholz, 2007, S. 381–411.
Weihrauch, Sebastian: Pauschale Verordnungsermächtigungen zur Umsetzung von EG-Recht, in: NVwZ 2001, S. 265–270.
Wolff, Bernhard: Die Ermächtigung zum Erlaß von Rechtsverordnungen nach dem Grundgesetz, in: AöR 78 (1952/1953), S. 194–227.
Ziekow, Jan: Verordnungsermächtigungen mit supra- und internationalen Bezügen, in: JZ 1999, S. 963–970.

Leitentscheidungen des Bundesverfassungsgerichts

BVerfGE 1, 14 (59 f.) – Südweststaat; 8, 274 (307 ff.) – Preisgesetz; 11, 77 (84 ff.) – Ermächtigungsadressaten; 58, 1 (35 ff.) – Eurocontrol I; 58, 257 (274 ff.) – Schulentlassung; 78, 249 (272 ff.) – Fehlbelegungsabgabe; 91, 148 (165 ff.) – Umlaufverfahren; 98, 106 (127 ff., Rn. 92 ff.) – Kommunale Verpackungsteuer; 101, 1 (30 ff., Rn. 109 ff.) – Hennenhaltungsverordnung; 106, 1 (18 ff., Rn. 77 ff.) – Oberfinanzdirektionen; BVerfG (K), NStZ-RR 1997, 342 (342 ff.) – Ecstasy; BVerfGE 114, 196 (233 ff., Rn. 195 ff.) – Beitragssatzsicherungsgesetz; 114, 303 (311 ff., Rn. 38 ff.) – Landesbeihilfenverordnung; BVerfG (K) v. 29.4.2010, 2 BvR 871/04, 2 BvR 414/08, juris, Rn. 37 ff., 50 ff. – Milchabgabe.

Gliederung

	Rn.
A. Herkunft, Entstehung, Entwicklung	1
I. Ideen- und verfassungsgeschichtliche Aspekte	1
II. Entstehung und Veränderung der Norm	5
B. Internationale, supranationale und rechtsvergleichende Bezüge	9
C. Erläuterungen	12
I. Allgemeine Bedeutung	12
1. Regelungsgegenstände, Regelungsintentionen und aktueller Befund	12
2. Anwendungsbereich	16
II. Anforderungen an die Ermächtigung zum Erlass von Rechtsverordnungen und an die Rechtsverordnungen (Art. 80 I GG)	20
1. Anforderungen an die Verordnungsermächtigung	20
a) Gesetz (Art. 80 I 1 GG)	20
b) Kreis der Ermächtigungsadressaten (Art. 80 I 1 GG)	22
c) Insb. Mitwirkungsvorbehalte zugunsten Dritter	27
d) Bestimmtheitsgebot (Art. 80 I 2 GG)	32
e) Subdelegation (Art. 80 I 4 GG)	39

	I. Ideen- und verfassungsgeschichtliche Aspekte	**Art. 80**
2.	Anforderungen an die Rechtsverordnung, insb. Zitiergebot (Art. 80 I 3 GG)	42
3.	Rechts- und Fehlerfolgen	48
III.	Zustimmungsbedürftige Rechtsverordnungen (Art. 80 II GG)	59
IV.	Initiativrecht des Bundesrates (Art. 80 III GG)	64
V.	Gesetzgebungsbefugnis der Länder (Art. 80 IV GG)	67
D. Verhältnis zu anderen GG-Bestimmungen		70

Stichwörter

Absprachen, verordnungsersetzende 56 – »alte« Verordnungsermächtigungen 68 – Änderungsvorbehalte 28 ff. – Anspruch auf Verordnungserlass 56 – Aufhebung von Verordnungen 57 – Aufhebungsvorbehalte 28 ff., 37 – Ausmaß 33 – Außerkrafttreten von Verordnungen 57 – Befassungspflicht der Bundesregierung 66 – Begrenzungsfunktion 12 – Begründungspflicht 47 – Bestimmtheitsgebot 10, 14, 19, 21, 32 ff., 46 – Bundesgesetz 20, 59, 61 f., 67 – Bundesminister 24, 26, 40 – Bundesregierung 10, 23 f., 26, 65 f. – Bundesstaat 14, 67, 70 – Delegationsverbot, föderatives 26 – Delegationsverbot, modalitätenbezogenes 32 – Delegationsverbot, objektbezogenes 21 – Delegationsverbot, subjektbezogenes 22 – Demokratie 14, 32, 70 – Eigenart der Regelungsmaterie 36 – Entlastungsfunktion 12 – Entstehungsgeschichte 5 ff. – Entsteinerungsklausel 49 – Ermächtigungsadressaten 22 ff. – Ermächtigungskombinationen 26 – Ermächtigungsnorm 20 ff., 33, 35 ff., 42 f., 45 f., 48, 57, 65, 67 – Europäisierung 9 f. – Fehlerfolgen 58 – Flexibilitätswahrung 12 – Frühkonstitutionalismus 1 – Funktionssicherung 12 – Gesetze sui generis 51, 69 – Gesetzesändernde Verordnungen 3, 20, 50 – Gesetzesvertretende Verordnungen 20 – Gesetzgebungsbefugnis der Länder 67 ff. – Gestaltungsfreiheit des Verordnungsgebers 56 – Gewaltenteilung 1, 14 – Homogenitätsgebot 19 – Inhalt 33 – Initiativrecht des Bundesrates 64 ff. – Inkraftsetzungsermächtigungen 20 – Intensität der Maßnahme 38 – Kenntnisgabevorbehalte 28 ff. – Kettendelegation 41, 45 – Kompensation 31, 37 – Kontrollfunktion 44 – Landesgesetze 67 ff. – landesgesetzliche Ermächtigungen 11, 19 – Landesregierungen 25 f., 40, 55, 59, 67 f. – Legislativverordnungen 49 ff., 51, 53, 69 – Maßgabebeschlüsse des Bundesrates 10, 63 – Mitwirkungsvorbehalte 27 f. – Mitwirkungsvorbehalte zugunsten des Bundestages, Typologie 28 – Nationalsozialismus 4 – Nichtigkeit 58 – Parlamentsverordnung 49 ff., 51, 53, 69 – Paulskirchenverfassung Fn. 8 – Pflicht zum Verordnungserlass 10, 56 – Programmformel 34 – Rangfragen von Verordnungen in der Normenhierarchie 9, 49 ff., 69 – Rechtsgrundlage 45 – Rechtsschutz 44, 49, 51 f., 69 – Rechtssicherheit 14 – Rechtsstaat 14, 32, 51, 70 – Rechtsvergleich 11 – Reformansätze 8, 13, 49, 53 – Reichsverfassung (1871) 2 – Rückkehr zum einheitlichen Verordnungsrang 50 – rückwirkendes Inkrafttreten 42 – Satzungen 17 – Selbstentscheidungsformel 34 – Subdelegation 22, 39 ff., 45, 68 – unionsrechtsspezifische Verordnungsermächtigungen 9 f., 37, 46, 56, 63 – Verfahrensfehler 58 – Verfassungsorgantreue 66 – Verfassungspraxis 15, 26, 27, 63 – Verkehrsverordnungen 60 – Verkündung 42 – Verordnungsändernde Gesetze 49 f., 51, 53, 69 – Verordnungsbegriff 16 – Verordnungsermessen 56 – Verordnungsverfahren 43 – Verwaltungsvorschriften 17 – Volksgesetzgebung 68 – Vollzugsermöglichungsfunktion 12 – Vorhersehbarkeitsformel 34 – Vorkonstitutionelle Ermächtigungen 18 – Weimarer Republik 3 – Wesentlichkeitsrechtsprechung 21 – Zitiergebot 9, 10, 14, 44 ff., 68 – Zugriffsrecht des Gesetzgebers 48 f., 67 – Zustimmungsbedürftigkeit 7, 52, 59 ff. – Zustimmungsvorbehalte 28, 30 – Zweck 33.

A. Herkunft, Entstehung, Entwicklung

I. Ideen- und verfassungsgeschichtliche Aspekte

Die in Art. 80 I GG geregelte Bindung des Erlasses von Rechtsverordnungen an eine nach Inhalt, Zweck und Ausmaß bestimmte gesetzliche Ermächtigung ist in der deutschen Verfassungsgeschichte **ohne Vorbild**[1]. Das bedeutet allerdings nicht, dass Verordnungsgebung ohne geschichtliche Tradition wäre. Ihre moderne[2] Problematik lässt

1

---

[1] *W. Mößle*, Inhalt, Zweck und Ausmaß, 1990, S. 9: »ein Novum in der deutschen Verfassungsgeschichte«.
[2] Zu weiter zurückreichenden Parallelen s. *G. Jellinek*, Gesetz und Verordnung, 1887, S. 56 ff.; *F. Stratenwerth*, Verordnung und Verordnungsrecht im Deutschen Reich, 1937, S. 16 ff., 34 ff.; *M. Nierhaus*, in: BK, Art. 80 (1998), Rn. 21 ff.; *U. Ramsauer*, in: AK-GG, Art. 80 (2001), Rn. 2 f.; konzentrier-

sich bis in den **Frühkonstitutionalismus** zurückverfolgen[3]. Mit der in den süddeutschen Verfassungen[4] festgelegten Beteiligung der Stände am Erlass von Gesetzen, die in Freiheit und Eigentum der Untertanen eingreifen, setzte eine Auflösung des Rechtsetzungsmonopols des Landesherrn ein, dem damals jedoch u. a. das Recht verblieb, ohne Mitwirkung der Stände »die zur Vollstreckung und Handhabung der Gesetze erforderlichen Verordnungen […] zu treffen und in dringenden Fällen zur Sicherheit des Staates das Nötige vorzukehren«[5]. In der Rechtsquellenlehre führte dies zu der Unterscheidung zwischen Gesetzen einerseits, d. h. solchen Normen, welche die Rechte der Bürger betreffen und ständischer Zustimmung bedurften, und Verordnungen andererseits, d. h. Normen, die ohne Teilnahme der Stände einseitig erlassen wurden[6]. Damit thematisierte die begriffliche Gegenüberstellung von Gesetz und Verordnung ein Grundproblem der Gewaltenteilung, wobei sich im Verordnungsrecht der Exekutive neben der ihr im Wege gesetzlicher Delegation übertragenen Normsetzungsmacht zunächst noch »Reste der dem Monarchen aus der absoluten Epoche verbliebenen Rechtsetzungsbefugnisse« sammelten[7].

2 Im **Staatsrecht des Deutschen Reiches** von 1871, dessen Verfassung keine ausdrückliche Regelung der Verordnungsgebung enthielt[8], ging das ursprünglich »selbständige« Verordnungsrecht des Monarchen in dem gesetzlich delegierten Verordnungsrecht auf; die Diskussion verlagerte sich dadurch auf die Frage, in welchem Umfang die Exekutive zum Erlass von Rechtsverordnungen[9] ermächtigt werden darf[10]. Von der herrschenden Staatsrechtslehre wurde sie dahingehend beantwortet, dass die Freiheit

---

ter, an der Kontrastierung von Gesetz und Verordnung ansetzender Überblick bei *A. Uhle*, Die Rechtsverordnung, in: W. Kluth/G. Krings (Hrsg.), Gesetzgebung, 2014, § 24 Rn. 11 ff.

[3] Vgl. *W. Ebel*, Geschichte der Gesetzgebung in Deutschland, 2. Aufl. 1958, S. 89 ff.; *F. Kraatz*, Parlamentsvorbehalt im Gentechnikrecht, 1995, S. 22 ff.; *S. Magiera*, Der Staat 13 (1974), 1 (6 ff.); *Mößle*, Inhalt (Fn. 1), S. 11 ff.; *Stratenwerth*, Verordnung (Fn. 2), S. 66 ff.; knappe Überblicke bei *J. Schmidt*, Die Beteiligung des Bundestags beim Erlaß von Rechtsverordnungen, 2002, S. 17 ff.; *M. Brenner*, in: v. Mangoldt/Klein/Starck, GG II, Art. 80 Rn. 1 ff.; *B. Remmert*, in: Maunz/Dürig, GG, Art. 80 (2013), Rn. 11 ff.; eingehend zur parlamentarischen Einflussnahme auf die Verordnungsgebung in der Entwicklung der Staatspraxis seit dem Norddeutschen Bund *A. Uhle*, Parlament und Rechtsverordnung, 1999, S. 15 ff.

[4] Titel VII § 2 Verfassungsurkunde für das Königreich Bayern (1818); § 65 Verfassungsurkunde für das Großherzogtum Baden (1818); vgl. auch §§ 88 f. Verfassungsurkunde für das Königreich Württemberg (1819); Texte bei Huber, Dokumente, Bd. 1, S. 154 ff., 172 ff., 187 ff. Zu den im einzelnen unterschiedlichen Ausgestaltungen und zu den weiter zurückreichenden staatsphilosophischen Grundlagen s. *J. Staupe*, Parlamentsvorbehalt und Delegationsbefugnis, 1986, S. 44 ff. m. w. N.

[5] § 89 Verfassungsurkunde Württemberg (Fn. 4); ähnlich § 66 Verfassungsurkunde Baden (Fn. 4).

[6] *R. v. Mohl*, Das Staatsrecht des Königreiches Württemberg, 2. Aufl., Bd. 1, 1840, S. 66 ff.; zur alsbaldigen Rezeption dieser terminologischen Abgrenzung in der Staatsrechtslehre s. *D. Jesch*, Gesetz und Verwaltung, 1961, S. 141.

[7] *F. Ossenbühl*, HStR³ V, § 103 Rn. 10 ff. (Zitat: Rn. 12).

[8] Demgegenüber hatte § 80 S. 3 Paulskirchenverfassung für den Kaiser das Recht zum Erlass der zur Vollziehung von Gesetzen nötigen Verordnungen vorgesehen.

[9] Die namentlich auf *Paul Laband* zurückgehende Unterscheidung der Verordnungen in Rechtsverordnungen und Verwaltungsverordnungen (vgl. etwa *P. Laband*, Das Staatsrecht des Deutschen Reiches, Bd. 2, 5. Aufl. 1911, S. 85 ff., 180 ff., 198 f.) führte mit letzterer eine eigenständige Kategorie mit auf den verwaltungsinternen Bereich beschränkten Rechtswirkungen ein. Die rechtliche Behandlung dieser Verwaltungsverordnungen wich von der Behandlung von Rechtsverordnungen ab; s. dazu aus der zeitgenössischen Literatur etwa *G. Meyer/G. Anschütz*, Lehrbuch des Deutschen Staatsrechts, 7. Aufl. 1919, S. 668 ff. Eingehender zu dem von *Laband* entwickelten Rechtssatz- und Gesetzesbegriff *Remmert* (Fn. 3), Art. 80 Rn. 15 ff.

[10] *Mößle*, Inhalt (Fn. 1), S. 14.

des Gesetzgebers, Ermächtigungen zum Erlass von Rechtsverordnungen zu erteilen, grundsätzlich[11] keinen verfassungsrechtlichen Schranken unterliege: »die schrankenlose Delegationsbefugnis des schrankenlosen Gesetzgebers stand außer Zweifel«[12]. Diese Grundposition ermöglichte während des Ersten Weltkrieges eine fortschreitende Kompetenzdelegation, die der Exekutive unter Ausschaltung des Parlaments eine führende Rolle bei der Ausgestaltung des Kriegswirtschaftsrechts zuwies und nicht selten den Unterschied zwischen Gesetz und Verordnung verwischte[13]; verfassungspolitisch entfaltete dies eine gewisse Vorbildwirkung für eine Kette von Ermächtigungsgesetzen in der Weimarer Zeit[14].

Wie die Verfassung von 1871 enthielt auch die Verfassung der **Weimarer Republik** (1919) keine ausdrückliche Regelung der allgemeinen Verordnungsgebung[15]. Der Deutsche Juristentag befasste sich allerdings schon 1921 mit Überlegungen zur Aufnahme von entsprechenden Vorschriften in die Reichsverfassung[16]. Die dort unternommenen Vorstöße zur Eindämmung der Rechtsetzungsdelegation konnten sich jedoch weder in der Lehre noch in der Staatspraxis durchsetzen[17]. Die führende Meinung lehnte aus Gründen des gewaltenteilenden Rechtsstaates ein sog. selbständiges Verordnungsrecht ab[18], ließ aber – ähnlich wie im älteren Staatsrecht – prinzipiell[19] umfassende gesetzliche Ermächtigungen zum Erlass von Rechtsverordnungen zu[20].

3

---

[11] Zwei Vorbehalte waren allerdings anerkannt, nämlich der Vorbehalt eines verfassungsändernden Gesetzes für solche Verordnungen, die ihrem Inhalt nach verfassungsänderndes Recht schaffen sollten, und der Vorbehalt eines Reichsgesetzes im formellen Sinn für diejenigen Fälle, in denen ein Gesetzesvorbehalt der Verfassung als förmlich und zwingend angesehen wurde, wie z. B. bei der in Gesetzesform erfolgenden Genehmigung des Reichshaushaltsplanes; so *F. Klein*, Verordnungsermächtigungen nach deutschem Verfassungsrecht, in: Institut zur Förderung öffentlicher Angelegenheiten (Hrsg.), Die Übertragung rechtsetzender Gewalt im Rechtsstaat, 1952, S. 7 ff. (12 f.).

[12] *C. Schmitt*, ZaöRV 6 (1936), 252 (261 Fn. 21).

[13] *R. Schmidt*, Öffentliches Wirtschaftsrecht, Allgemeiner Teil, 1990, S. 18 f.; *Brenner* (Fn. 3), Art. 80 Rn. 2; zur Praxis der Kriegsnotgesetzgebung s. *Huber*, Verfassungsgeschichte, Bd. 5, S. 69 ff., der auf 825 Bundesratsverordnungen hinweist, die zwischen August 1914 und November 1918 ergingen und umfangreiche Maßnahmen auf den Gebieten des Bewirtschaftungs-, des Währungs- und Finanz-, des allgemeinen Zivil-, des Arbeits- und Sozial- sowie des Gerichtsverfahrensrechts umfassten.

[14] *Mößle*, Inhalt (Fn. 1), S. 18; *F. Ossenbühl*, ZG 12 (1997), 305 (307).

[15] Für Sonderbereiche finden sich jedoch ausdrückliche Regelungen, so etwa in Art. 88 III WRV im Zusammenhang mit dem Post- und Telegraphenwesen für die Grundsätze und Gebühren für die Benutzung der Verkehrseinrichtungen und in Art. 91 WRV für den Bau, den Betrieb und den Verkehr der Eisenbahnen; s. dazu und zu weiteren Rechtsverordnungsermächtigungen *E. Jacobi*, Die Rechtsverordnungen, in: HdbDStR II, § 77, S. 236 ff. (241) mit Hinweis auf Art. 46, 48 II und IV, 176 und 179 WRV.

[16] Die der Abteilung für öffentliches Recht vorgelegte Frage lautete: »Empfiehlt es sich, in die Reichsverfassung neue Vorschriften über die Grenzen zwischen Gesetz und Rechtsverordnung aufzunehmen?«; Berichterstatter waren *H. Triepel* und *F. Poetzsch* (Verhandlungen des 32. DJT, 1922, S. 11 ff., 35 ff.).

[17] Vgl. *Mößle*, Inhalt (Fn. 1), S. 24 ff.; *Nierhaus* (Fn. 2), Art. 80 Rn. 42 ff. mit Hinweisen auch zur Praxis der damaligen »Flucht in den Verordnungsstaat«.

[18] *Jacobi*, Rechtsverordnungen (Fn. 15), S. 242.

[19] Zu zwingenden Sondervorbehalten für das förmliche Gesetz wie etwa für die Feststellung des Staatshaushaltsplanes und die Neugliederung s. *R. Thoma*, Der Vorbehalt der Legislative und das Prinzip der Gesetzmäßigkeit von Verwaltung und Rechtsprechung, in: HdbDStR II, § 76, S. 221 ff. (225 f.).

[20] *Jacobi*, Rechtsverordnungen (Fn. 15), S. 242; *Thoma*, Vorbehalt (Fn. 19), S. 227. Beide Autoren bemühen sich allerdings in Ansätzen um Beschränkungen der im Ausgangspunkt umfassend gedachten Delegationsfreiheit, die jedoch sehr allgemein gehalten sind (*Jacobi*, a. a. O.: der Gesetzgeber

Dementsprechend waren gesetzesvertretende, gesetzesaufhebende, gesetzesändernde und sogar verfassungsändernde Verordnungen möglich[21]. In der Verfassungspraxis führten wirtschaftliche Notlagen, parteipolitische Gegensätze im Parlament, die Komplexität der Verwaltungsaufgaben im Wirtschafts- und Sozialstaat und die »machtpolitische Tendenz der Bürokratie, immer mehr Rechtsetzungsbefugnisse an sich zu ziehen«, dazu, dass »das förmliche Gesetz fast zu einer Ausnahmeerscheinung gegenüber der Rechtsverordnung«[22] wurde[23].

4 Der **Nationalsozialismus** läutete mit dem Ermächtigungsgesetz vom 24. März 1933[24] frühzeitig das Ende des gewaltenteilenden Rechtsstaates ein[25]. Reichsgesetze konnten nunmehr auch durch die Reichsregierung beschlossen werden. Damit war der traditionelle Unterschied zwischen Gesetz und Verordnung aufgehoben und dem herkömmlichen Verständnis delegierter Rechtsetzung die Basis entzogen[26].

II. Entstehung und Veränderung der Norm

5 Art. 80 I GG geht auf Art. 102 HChE zurück[27]. Dort war zum einen mit Blick auf den Missbrauch der Ermächtigungsgesetze in der Vergangenheit (→ Rn. 3 f.) ein ausdrückliches Verbot der Übertragung von Gesetzgebungsbefugnissen festgeschrieben und zum anderen die gesetzliche Ermächtigung zum Erlass von Rechtsverordnungen vorgesehen, »sofern sichergestellt ist, daß Inhalt, Zweck und Ausmaß der erteilten Ermächtigung ausreichend im Gesetz bestimmt sind«[28]. Im Parlamentarischen Rat kam

---

müsse noch übersehen können, »welche Gegenstände der Exekutive zur rechtlichen Ordnung übertragen werden«; *Thoma*, a. a. O.: gewisse äußerste [schwer formulierbare] Grenzen, jenseits derer ein verfassungswidriger Missbrauch vorliege) und zudem durch verfassungsänderndes Gesetz überwunden werden konnten (*Jacobi*, a. a. O.); vgl. auch *H. Triepel*, Delegation und Mandat im Öffentlichen Recht, 1942, S. 120 f.

[21] *Jacobi*, Rechtsverordnungen (Fn. 15), S. 240 f., 248 f.; *Ramsauer* (Fn. 2), Art. 80 Rn. 9; *Uhle*, Rechtsverordnung (Fn. 2), § 24 Rn. 12.

[22] *Jacobi*, Rechtsverordnungen (Fn. 15), S. 239; s. zur damals ›ausufernden‹ Verordnungspraxis auch *Remmert* (Fn. 3), Art. 80 Rn. 21.

[23] S. zu den gesetzesvertretenden Verordnungen die Übersicht bei *Huber*, Verfassungsgeschichte, Bd. 6, S. 434 ff.; vgl. auch *H. Schneider*, HStR³ I, § 5 Rn. 53 ff.; *Gusy*, Reichsverfassung, S. 160 f. (auch zum »Notverordnungsrecht« des Reichspräsidenten nach Art. 48 II WRV). → Art. 54 Rn. 3.

[24] Gesetz zur Behebung der Not von Volk und Reich vom 24.3.1933 (RGBl. I S. 141); zu den wiederholten Verlängerungen des ursprünglich zeitlich befristeten Gesetzes s. Huber, Dokumente, Bd. 3, S. 604. Vgl. auch Art. 4 Gesetz über den Neuaufbau des Reichs vom 30.1.1934 (RGBl. I S. 75), wonach die Reichsregierung neues Verfassungsrecht setzen konnte.

[25] S. nur *E. R. Huber*, Verfassungsrecht des Großdeutschen Reiches, 2. Aufl. 1939, S. 236: »Die nationalsozialistische Revolution hat den parlamentarischen Gesetzgebungsstaat vollends zerstört [...]. Das neue Reich ist kein gewaltenteilender Staat«.

[26] S. dazu und zu gleichwohl fortgeführten Differenzierungen *Mößle*, Inhalt (Fn. 1), S. 22, 28 ff.; *Nierhaus* (Fn. 2), Art. 80 Rn. 52 ff.; vgl. ferner *D. Kirschenmann*, »Gesetz« im Staatsrecht und in der Staatsrechtslehre des NS, 1970; *Uhle*, Rechtsverordnung (Fn. 2), § 24 Rn. 13. S. zur »Verwischung« bzw. »Bedeutungslosigkeit« des Unterschiedes zwischen Gesetz und Verordnung im Nationalsozialismus auch BVerfGE 1, 261 (262); 3, 407 (417).

[27] Zur Entstehungsgeschichte s. JöR 1 (1951), S. 588 f.; *Klein*, Verordnungsermächtigungen (Fn. 11), S. 20 ff.; *Uhle*, Rechtsverordnung (Fn. 2), § 24 Rn. 14, und – speziell zu Art. 80 I 2 GG – instruktiv *Mößle*, Inhalt (Fn. 1), S. 39 ff.; die herkömmliche Deutung des Bestimmtheitsgebots als Reaktion auf frühere Gefährdungslagen rechtsstaatlich-demokratischer Ordnung und auf gravierende Fehlentwicklungen in der Vergangenheit relativierend *C. Seiler*, Der einheitliche Parlamentsvorbehalt, 2000, S. 147 ff.

[28] Bericht über den Verfassungskonvent auf Herrenchiemsee vom 10. bis 23. August 1948, Darstellender Teil, Parl. Rat II, S. 504 ff. (556).

es zu Streichungen, Änderungen und Neufassungen, die schließlich in die bis heute unverändert gebliebene Fassung mündeten²⁹.

Etwas bewegter verlief die Entstehungsgeschichte von **Art. 80 II GG**³⁰, der sich an Vorläuferregelungen der WRV (→ Fn. 15) anlehnt, im HChE noch nicht enthalten war, im Parlamentarischen Rat eingehender erörtert wurde und u. a. föderativen Anliegen Rechnung trägt. Die zwischenzeitlichen Änderungen³¹ der Norm waren durch die Strukturreformen im Bahn-, Post- und Telekommunikationswesen sowie sprachliche Angleichungen veranlasst³².

Demgegenüber geht die Anfügung³³ von **Art. 80 III, IV GG** auf Empfehlungen der Gemeinsamen Verfassungskommission zurück³⁴. Danach soll mit der Aufnahme eines Initiativrechts des Bundesrates für zustimmungsbedürftige Rechtsverordnungen (Art. 80 III GG) angesichts der wachsenden Bedeutung dieser Verordnungen die wirkungsvolle Wahrnehmung der dem Bundesrat zugewiesenen Funktion der Mitwirkung an der Rechtsetzungstätigkeit des Bundes gesichert werden. Die Einfügung einer Gesetzgebungsbefugnis der Länder nach Maßgabe der den Landesregierungen erteilten Ermächtigungen zum Erlass von Rechtsverordnungen (Art. 80 IV GG) soll die Handlungsmöglichkeiten der Landesparlamente stärken. Sie greift einen Vorschlag aus dem Schlussbericht der Enquête-Kommission Verfassungsreform³⁵ auf.

Weitere Vorschläge zur Reform von Art. 80 GG³⁶ haben sich in der bisherigen **Verfassungsentwicklung** nicht durchgesetzt. Sie betreffen u. a. die textliche und inhaltliche Straffung von Art. 80 I 2 GG mit dem Ziel, das »gestörte Gleichgewicht zwischen Parlament und Regierung wiederherzustellen« und den verfassungsrechtlichen Rang des Parlaments im Ergebnis zu stärken³⁷, die Einführung eines gesetzesunabhängigen Verordnungsrechts der Regierung³⁸ sowie die Ermächtigung des Gesetzgebers, beim Erlass von Verordnungen »andere Formen der Mitwirkung, insbesondere die Beteili-

---

²⁹ Eingehender zur Entstehungsgeschichte *Remmert* (Fn. 3), Art. 80 Rn. 34 ff.
³⁰ S. JöR 1 (1951), S. 590 ff.; *Klein*, Verordnungsermächtigungen (Fn. 11), S. 20 ff.; *Remmert* (Fn. 3), Art. 80 Rn. 146 ff.
³¹ Art. 1 Nr. 3 Gesetz zur Änderung des Grundgesetzes vom 20.12.1993 (BGBl. I S. 2089); Art. 1 Nr. 2 Gesetz zur Änderung des Grundgesetzes vom 30.8.1994 (BGBl. I S. 2245).
³² S. zur Bahn BT-Drs. 12/4610, S. 6; 12/5015, S. 6; zu Post und Telekommunikation BT-Drs. 12/7269, S. 4, 7 f.
³³ Art. 1 Nr. 10 Gesetz zur Änderung des Grundgesetzes (Art. 3, 20a, 28, 29, 72, 74, 75, 76, 77, 80, 87, 93, 118a und 125a) vom 27.10.1994 (BGBl. I S. 3146); dazu BT-Drs. 12/6633, S. 11; 12/8399; 12/8423.
³⁴ Bericht der Gemeinsamen Verfassungskommission, BT-Drs. 12/6000, S. 32, 38 unter Hinweis auf den Eckwerte-Beschluss der Ministerpräsidenten der Länder von 1990; s. zum Initiativrecht des Bundesrates auch Unterrichtung durch die Verfassungskommission des Bundesrates, BR-Drs. 360/92, S. 9; eingehender zur Entstehungsgeschichte *Remmert* (Fn. 3), Art. 80 Rn. 183 ff., 197 f.; *C. Helms*, Das verordnungsvertretende Gesetz – eine Stärkung der Landesparlamente?, 2008, S. 39 ff.
³⁵ BT-Drs. 7/5924, S. 90.
³⁶ Näher dazu *Uhle*, Rechtsverordnung (Fn. 2), § 24 Rn. 15 ff., sowie zu ergänzenden Überlegungen einer konzeptionellen Neuorientierung in der Literatur Rn. 19 ff., der diesen wissenschaftlichen Vorstößen zutreffend die fehlende Kompatibilität mit Art. 80 I 1 GG entgegenhält. Vgl. ergänzend zu dem (einfach-rechtlich ansetzenden) Vorstoß, ein allgemeines Verfahren für Verordnungen, Satzungen und Verwaltungsvorschriften in das Verwaltungsverfahrensgesetz aufzunehmen, *M. Trips*, Das Verfahren der exekutiven Rechtsetzung, 2006.
³⁷ So Schlußbericht der Enquête-Kommission Verfassungsreform, BT-Drs. 7/5924, S. 89 ff.
³⁸ Vgl. Schlußbericht der Enquête-Kommission Verfassungsreform, BT-Drs. 7/5924, S. 91 f.; dazu *H. H. Klein*, DÖV 1975, 523 (525 f.), und *S. Magiera*, Der Staat 13 (1974), 1 (22 ff.).

gung Betroffener«, vorzusehen[39]. Wichtige Beiträge zum Verständnis von Art. 80 GG liefert hingegen mittlerweile die nicht immer schwankungsfreie[40] Spruchpraxis des Bundesverfassungsgerichts.

B. Internationale, supranationale und rechtsvergleichende Bezüge

9   Das **Europäische Unionsrecht** stellt u. a. die Handlungsform der »Verordnung« bereit (Art. 288 II AEUV). Wegen unterschiedlicher Strukturen und des abweichenden normativen Ranges sind die EU-Verordnungen jedoch mit dem nationalen Rechtsetzungstyp der Rechtsverordnung nicht vergleichbar[41] und – entgegen einer früher gelegentlich zu beobachtenden Praxis – auch nicht am Maßstab von Art. 80 GG zu überprüfen[42]. Doch kennt auch das Unionsrecht in Art. 290 AEUV[43] die **Möglichkeit der Übertragung von Rechtsetzungsbefugnissen**. Danach kann in Gesetzgebungsakten der Kommission die Befugnis übertragen werden, »Rechtsakte ohne Gesetzescharakter mit allgemeiner Geltung zur Ergänzung oder Änderung bestimmter nicht wesentlicher Vorschriften des betreffenden Gesetzgebungsaktes zu erlassen«. Die nähere Ausgestaltung dieser Übertragungsbefugnis erinnert teilweise an die Anforderungen einer Verordnungsermächtigung nach dem Grundgesetz – so etwa, wenn nach Art. 290 I AEUV in dem Übertragungsakt »Ziele, Inhalt, Geltungsbereich und Dauer der Befugnisübertragung ausdrücklich festgelegt« werden und zudem die »wesentlichen Aspekte eines Bereichs« mit übertragungsbegrenzender Funktion »dem Gesetzgebungsakt vorbehalten« sind oder wenn Art. 290 III AEUV die funktionell fast einem Zitiergebot vergleichbare Einfügung des Wortes »delegiert« in den Titel der delegierten Rechtsakte vorschreibt. Auch die in Art. 290 II AEUV geregelten Übertragungsbedingungen (Widerruf, Nichterhebung von Einwänden) erinnern an manches Thema des deutschen Verordnungsrechts (→ Rn. 23, 28 ff.).

10 Mit Art. 80 GG verbinden sich vielfältige **inter- und supranationale Bezüge**. Dazu gehören zunächst Verweisungen in nationalen Verordnungen auf Normen und Begriffe des Unionsrechts, die die beiden Rechtsordnungen verzahnen und die Handhabung des Bestimmtheitsgebots beeinflussen; das Bundesverfassungsgericht hat gegen solche »supranational angereicherten Normprogramme«[44] keine grundsätzlichen Bedenken und behandelt sie wegen der vielfältigen Verschränkungen von Unionsrecht und nationalem Recht nicht anders als Verweisungen auf nationales Recht[45] (→ Rn. 37). Weitere Internationalisierungen und **Europäisierungen** sind zu beobachten[46], wenn Rechtsverordnungen in variantenreichen Gestaltungen der Erfüllung zwischenstaatlicher Vereinbarungen oder der Umsetzung von Europäischem Gemeinschafts- bzw.

---

[39] VE-Kuratorium, S. 49, 140.
[40] Vgl. dazu an dieser Stelle nur *H. Schneider*, Gesetzgebung, 3. Aufl. 2002, S. 166, und speziell zu Art. 80 I 2 GG *W. Cremer*, AöR 122 (1997), 248 (249 f., 255 ff.). → Fn. 140.
[41] Z.B. *Streinz*, Europarecht, Rn. 467 ff.; *Nierhaus* (Fn. 2), Art. 80 Rn. 168 f.; *Brenner* (Fn. 3), Art. 80 Rn. 22; *Remmert* (Fn. 3), Art. 80 Rn. 42; *Uhle*, Rechtsverordnung (Fn. 2), § 24 Rn. 6.
[42] *Streinz*, Europarecht, Rn. 469 m. w. N.; *Brenner* (Fn. 3), Art. 80 Rn. 22.
[43] Dazu und zum Folgenden statt vieler *Remmert* (Fn. 3), Art. 80 Rn. 43.
[44] Vgl. *J. Ziekow*, JZ 1999, 963 (967).
[45] BVerfGE 29, 198 (210 f.); 34, 348 (366 f.); BVerfG (K) v. 29.4.2010, 2 BvR 871/04, 2 BvR 414/08, juris, Rn. 39.
[46] Überlegungen zu über die hier diskutierten Entwicklungen hinausgehenden Europäisierungen des Verordnungsrechts bei *A. Wallrabenstein*, in: v. Münch/Kunig, GG II, Art. 80 Rn. 13 ff.

Unionsrecht dienen⁴⁷. Ein Beispiel dafür ist § 6a WHG a. F., der mit im einzelnen näheren Präzisierungen zum Erlass von Rechtsverordnungen ermächtigte, soweit »es zur Erfüllung bindender Beschlüsse der Europäischen Gemeinschaft oder zwischenstaatlicher Vereinbarungen notwendig ist«⁴⁸; ein anderes Beispiel enthält § 48a BImSchG, der – ebenfalls mit im einzelnen näheren Präzisierungen – die Bundesregierung zum Erlass von Rechtsverordnungen zur »Erfüllung von bindenden Rechtsakten der Europäischen Gemeinschaften oder der Europäischen Union« befugt. Im Zusammenhang mit solchen gemeinschafts- bzw. nunmehr unionsrechtsspezifischen Ermächtigungen plädieren manche für eine »großzügigere Handhabung«⁴⁹ des Bestimmtheitsgebots (Art. 80 I 2 GG), weil die nationale Verordnungsermächtigung unionsrechtlich überlagert und das Parlament durch das Unionsrecht ohnehin weitgehend festgelegt sei⁵⁰ (→ Rn. 37). Unabhängig davon sind europäisierungsbedingte Rückwirkungen auf die Verordnungspraxis jedenfalls dann denkbar, wenn die Umsetzung von EU-Richtlinien durch Verwaltungsvorschriften den Anforderungen des Unionsrechts nicht genügt⁵¹; obschon Art. 288 III AEUV den Mitgliedstaaten die Wahl der Form und der Mittel zur Erreichung des Zieles überlässt, liegt in diesen Fällen nämlich oftmals die Entscheidung für eine Rechtsverordnung und damit für eine entsprechende gesetzliche Ermächtigung zumindest nahe⁵². In solchen Konstellationen kommt für den Verordnungsgeber überdies eine **Normerlasspflicht kraft EU-Rechts** in Betracht (→ Rn. 56). Außerdem sollen unionsrechtsspezifische Verordnungsermächtigen nach umstrittener Ansicht das Zitiergebot (Art. 80 I 3 GG) beeinflussen, weil der Verordnungsgeber die europarechtliche Provenienz der über die innerstaatliche Delegationsnorm durchzuführenden Rechtsakte hinreichend deutlich kennzeichnen müsse⁵³ (→ Rn. 46). Daneben wird die Vorbildwirkung von Art. 296 AEUV nicht selten für die argumentative Absicherung von Begründungspflichten der Verordnungsgebung be-

---

⁴⁷ S. dazu mit zahlreichen (weiteren) Beispielen vorerst nur *J. Ziekow*, JZ 1999, 963 ff., und speziell zu gemeinschaftsrechtsspezifischen Verordnungsermächtigungen *H. Bauer*, Das Bestimmtheitsgebot für Verordnungsermächtigungen im Europäisierungssog, in: FS Steinberger, 2002, S. 1061 ff. (1068 ff.); *I. Härtel*, JZ 2007, 431 (432 f.); *Remmert* (Fn. 3), Art. 80 Rn. 113 ff. Zur Inkraftsetzung völkerrechtlicher Vereinbarungen durch Rechtsverordnungen s. etwa *H. D. Treviranus*, NJW 1983, 1948 ff.
⁴⁸ Zu den wesentlich detaillierteren gesetzlichen Vorgaben in der Nachfolgeregelung s. § 23 WHG, deren Konformität mit Art. 80 I 2 GG ebenfalls umstritten ist; vgl. dazu *K. Berendes*, ZfW 53 (2014), 1 (13 f.) m. w. N.
⁴⁹ *C. Calliess*, NVwZ 1998, 8 (12); ähnlich *M. Czychowski*, ZUR 1997, 71 (72) zu § 6a WHG a. F.; zu weiteren vergleichbaren Einschätzungen s. *Bauer*, Bestimmtheitsgebot (Fn. 47), S. 1065 m. w. N.
⁵⁰ S. zur Diskussion vorerst nur *Nierhaus* (Fn. 2), Art. 80 Rn. 309 ff. m. w. N., nach dessen Einschätzung die Frage nach der strikten oder lockeren Handhabung von Art. 80 I 2 GG falsch gestellt und die Bedeutung des Bestimmtheitsgebots wegen des Vorrangs des Unionsrechts aller Rangstufen vor dem Grundgesetz und der Richtlinien »letztlich relativ gering ist« (ebd., Rn. 317); sowie speziell zum Umweltrecht *T. Klink*, Pauschale Ermächtigungen zur Umsetzung von Europäischem Umweltrecht mittels Rechtsverordnung, 2005, insb. S. 130 ff.
⁵¹ EuGH EuZW 1991, 405 (408 f.); 1991, 440 (440 ff.); 1991, 442 (443 f.); 1991, 761 (762 f.); vgl. zu den davon ausgehenden Impulsen für die deutsche Diskussion etwa *C. Gusy*, NVwZ 1995, 105 (107 ff.) m. w. N. zur umfangreichen Literatur; *Brenner* (Fn. 3), Art. 80 Rn. 23.
⁵² Vgl. etwa *P. M. Delwing*, Umsetzungsprobleme des EG-Wasserrechts, 1995, S. 119 ff. (142); *G. Veh/G.-M. Knopp*, Gewässerschutz nach EG-Recht, 1995, S. 28 f.; *R. Wahl*, Das Verhältnis von Rechtsverordnung und Verwaltungsvorschrift, in: S. Biernat u. a. (Hrsg.), Grundfragen des Verwaltungsrechts und der Privatisierung, 1994, S. 145 ff. (147 ff.), und die bereits erwähnten § 6a WHG a. F., § 48a BImSchG.
⁵³ *Nierhaus* (Fn. 2), Art. 80 Rn. 327; *T. Schwarz*, DÖV 2002, 852 (853); ablehnend *Brenner* (Fn. 3), Art. 80 Rn. 43 m. w. N.

müht (→ Rn. 47). Und schließlich bestimmen sich auch die verfassungsrechtlichen Grenzen sog. Maßgabebeschlüsse des Bundesrates bei zustimmungspflichtigen Rechtsverordnungen in unionsrechtlichem Kontext (→ Rn. 63) u.a. danach, ob die vom Bundesrat begehrte Änderung dem durch die Verordnung umzusetzenden EU-Recht entspricht[54].

11 Im internationalen **Rechtsvergleich** ist exekutive Rechtsetzung im Verordnungswege verbreitet, allerdings mit sehr unterschiedlichen Ausgestaltungen[55]; dies gilt auch für die Vereinigten Staaten von Amerika, in denen die *non delegation doctrine* mittlerweile »moribund« geworden ist[56]. Ähnlich verhält es sich mit den **Verfassungen der Länder**. Die in ihnen enthaltenen Regelungen über die Ermächtigung zum Erlass von Rechtsverordnungen[57] entsprechen in der Grundstruktur zumeist der des Grundgesetzes, weichen aber bisweilen auch davon ab. So legen etwa die Texte der Verfassungen von Bremen und Hessen fest, dass – vorbehaltlich anderweitiger gesetzlicher Bestimmungen – der Senat bzw. die Landesregierung die zur Ausführung eines Gesetzes erforderlichen Rechts- und Verwaltungsverordnungen erlässt[58]. Im übrigen lassen sich dem Grundgesetz Vorgaben für landesgesetzliche Verordnungsermächtigungen entnehmen, die in gewissem Umfang den Anforderungen von Art. 80 I GG an bundesgesetzliche Verordnungsermächtigungen angeglichen sind (→ Rn. 19).

---

[54] *Brenner* (Fn. 3), Art. 80 Rn. 99.

[55] Die meisten Staaten halten an dem Modell der Gewaltenteilung insofern fest, als sie für exekutive Rechtsetzung eine Ermächtigung durch den parlamentarischen Gesetzgeber fordern (vgl. *K.-P. Sommermann*, JZ 1997, 434 [435], und zu den Mitgliedstaaten der EU-Osterweiterung beispielsweise Art. 92 Verfassung der Republik Polen; Art. 120 Verfassung der Slowakischen Republik; Art. 78 Verfassung der Tschechischen Republik) bzw. Verordnungen in aller Regel nur als gesetzesakzessorische Handlungsform akzeptieren (*A. v. Bogdandy*, Gubernative Rechtsetzung, 2000, S. 304 ff.). Doch sehen z.B. Art. 77 II, III Verfassung der Republik Italien und Art. 86 Verfassung des Königreiches Spanien für Fälle außergewöhnlicher und dringender Notwendigkeit Gesetzesverordnungsrechte der Exekutive vor; selbständige, gesetzesunabhängige Verordnungsbefugnisse finden sich in Art. 37 Verfassung der Republik Frankreich und Art. 198 I lit. a Verfassung der Republik Portugal. Zur daneben bestehenden Möglichkeit delegierter Rechtsetzung in diesen Ländern vgl. Art. 76 Verfassung der Republik Italien; Art. 198 I lit. b und c, III Verfassung der Republik Portugal; Art. 82 Verfassung des Königreiches Spanien. Der »gemeineuropäische Regelfall« der Gesetzesakzessorietät von Verordnungen schließt allerdings bei rechtsvergleichender Betrachtung namentlich eine gegenüber Art. 80 I 2 GG abgeschwächte Gesetzesbindung nicht aus; dazu *v. Bogdandy*, a.a.O. Vgl. im übrigen die Berichte von *W. K. Geck* (zu den Vereinigten Staaten von Amerika), *H. J. Ridder* (zu Großbritannien), *H. Ballreich* (zu Frankreich, Belgien und Luxemburg), *P. Schneider* (zur Schweiz) und *G. Bettoni* (zu Italien), in: Institut, Übertragung (Fn. 11), S. 221 ff., 295 ff., 325 ff., 373 ff., 411 ff.; zur Übertragung von Rechtsetzungsbefugnissen in der EU → Rn. 9; sowie aktueller zu Großbritannien *H. Vagt*, Rechtsverordnung und Statutory Instrument, 2006; ferner zu der sehr speziellen Problematik der Ermächtigung der Exekutive zur Normbereinigung die Betrachtungen zum deutsch-französischen Rechtsvergleich bei *J. Rühmann*, EuGRZ 2000, 204 ff.

[56] Näher dazu *H. Pünder*, Exekutive Normsetzung in den Vereinigten Staaten von Amerika und der Bundesrepublik Deutschland, 1995, insb. S. 47 ff.; ferner *G. Nolte*, AöR 118 (1993), 378 (380 ff.); knapp *Seiler*, Parlamentsvorbehalt (Fn. 27), S. 168.

[57] Z.B. Art. 61 Bad.-WürttVerf.; Art. 55 Nr. 2 BayVerf.; Art. 80 BrandenbVerf.; Art. 124 BremVerf.; Art. 53 HambVerf.; Art. 107, 118 HessVerf.; Art. 57 Meckl.-VorpVerf.; Art. 43 NdsVerf.; Art. 70 Nordrh.-WestfVerf.; Art. 110 Rheinl.-PfVerf.; Art. 104 SaarlVerf.; Art. 75 SächsVerf.; Art. 79 Sachs.-AnhVerf.; Art. 45 Schl.-HolstVerf.; Art. 84 ThürVerf.

[58] Art. 124 BremVerf.; Art. 107 HessVerf.; vgl. auch Art. 55 Nr. 2 BayVerf.

C. Erläuterungen

I. Allgemeine Bedeutung

1. Regelungsgegenstände, Regelungsintentionen und aktueller Befund

Art. 80 GG hat **mehrere Regelungsgegenstände**: Anforderungen an die Ermächtigung zum Erlass von Rechtsverordnungen einer- und an die Rechtsverordnungen einschließlich etwaiger Subdelegation andererseits (Art. 80 I GG), zustimmungsbedürftige Rechtsverordnungen (Art. 80 II GG), das Verordnungsinitiativrecht des Bundesrates (Art. 80 III GG) und die Gesetzgebungsbefugnis der Länder bei Verordnungsermächtigungen für die Landesregierungen (Art. 80 IV GG). Im Kern regelt die Norm die Delegation von Rechtsetzungsbefugnissen auf die Exekutive und damit einen wichtigen Teilbereich (→ Rn. 70) exekutiver Rechtsetzung. Diese Delegationsregelung verfolgt vornehmlich zwei Anliegen. Zum einen will sie den parlamentarischen Gesetzgeber von Detailarbeit entlasten, ihm dadurch die Möglichkeit eröffnen, sich auf die wirklich wichtigen, grundlegenden Vorhaben zu konzentrieren, und ohne zeitraubendes Gesetzgebungsverfahren eine beschleunigte, kurzfristige Anpassung des Rechts an sich ändernde Verhältnisse ermöglichen (**Entlastungs- und Flexibilitätswahrungsfunktion**)[59]. Zum anderen begrenzt Art. 80 GG die Übertragung von Rechtsetzungsbefugnissen und hindert so das Parlament daran, »sich seiner Verantwortung als gesetzgebende Körperschaft zu entäußern«[60] (**Funktionssicherungs- und Begrenzungsfunktion**). In jüngerer Zeit kristallisiert sich neben diesen beiden klassischen Funktionen ergänzend eine sog. **Vollzugsermöglichungsfunktion**[61] heraus. Danach bilden namentlich in komplexen Regelungsmaterien etwa des Atom- oder Gentechnikrechts Gesetz und Rechtsverordnung eine in sich verschränkte inhaltliche Einheit, bei der Rechtsverordnungen »zusätzlich die Funktion übernehmen […], das betreffende Gesetz vermittels ausgestaltender Regelungen erst im eigentlichen Sinn anwendungsfähig zu machen«[62]. Bisweilen rückt die Verordnung unter etwas verändertem Blickwinkel ganz allgemein in das modernere Konzept einer arbeitsteiligen, kooperativen Rechtsetzung ein[63]. In der Diskussion ist außerdem eine **Experimentierfunktion**, die sich in grundsätzlicher Weise von den konventionellen Funktionen unterscheiden soll[64].

12

---

[59] Vgl. BVerfGE 7, 267 (274); 8, 274 (311, 321); 42, 191 (203); 55, 207 (228, 241 f.); 101, 1 (35, Rn. 134 f.); sowie allgemein zu den mit Art. 80 GG verfolgten Regelungsanliegen *A. Haratsch*, in: Sodan, GG, Art. 80 Rn. 1; *P. Kirchhof*, Rechtsquellen und Grundgesetz, in: Festgabe BVerfG, Bd. II, S. 50 ff. (83); *Model/Müller*, GG, Art. 80 Rn. 1; *F. Ossenbühl*, HStR³ V, § 103 Rn. 2 f.; *Remmert* (Fn. 3), Art. 80 Rn. 7; *Schmidt*, Öffentliches Wirtschaftsrecht (Fn. 13), S. 464; *K.-D. Schnapauff*, in: Hömig, GG, Art. 80 Rn. 1; *A. Uhle*, in: Epping/Hillgruber, GG, Art. 80 vor Rn. 1; *Wallrabenstein* (Fn. 46), Art. 80 Rn. 2; *Wolff/Bachof/Stober/Kluth*, Verwaltungsrecht I, § 25 Rn. 41; vgl. auch *T. Mann*, in: Sachs, GG, Art. 80 Rn. 4, mit Hinweis auf ein dem Grundgesetz unausgesprochen zugrunde liegendes Effizienzprinzip. Eingehende Funktionsanalyse bei *J. Saurer*, Die Funktionen der Rechtsverordnung, 2005.
[60] BVerfGE 78, 249 (272); ähnlich *Uhle* (Fn. 59), Art. 80 vor Rn. 1.
[61] *Uhle*, Rechtsverordnung (Fn. 2), § 24 Rn. 8.
[62] *Uhle*, Rechtsverordnung (Fn. 2), § 24 Rn. 8 m. w. N.
[63] Vgl. *H. Bauer*, Parlamentsverordnungen, in: FS Schmidt, 2006, S. 237 ff. (240); eingehender *H. Hill/M. Martini*, Normsetzung und andere Formen exekutivischer Selbstprogrammierung, in: GVwR² II, § 34 Rn. 25 ff. → Rn. 29.
[64] *J. F. Lindner*, DÖV 2007, 1003 (1005 ff.).

13 Nach herkömmlichem Verständnis richtet Art. 80 I GG die Verordnungsgebung auf abgeleitete Rechtsetzung aus, die eine parlamentarische Delegationsnorm voraussetzt und gegenüber anderen Verordnungstypen sog. »Sperrwirkung« entfaltet[65]. Demgegenüber finden sich in jüngerer Zeit wiederholt und erneut **Vorstöße für ein weniger restriktiveres Konzept der Verordnungsgebung**, die von teilweise unterschiedlichen Ansatzpunkten ausgehen, für eine Lockerung der Gesetzesakzessorietät konventionellen Verständnisses plädieren und teilweise sogar ein originäres Verordnungsrecht der Exekutive bejahen[66]. Diese Vorstöße haben sich allerdings bislang nicht durchgesetzt[67] und sind weder mit dem Wortlaut von Art. 80 I GG noch mit den Gefährdungslagen und Fehlentwicklungen der Vergangenheit, auf die Art. 80 I GG reagiert (→ Rn. 3 ff.), zu vereinbaren.

14 Bei einer Gesamtbetrachtung sind die in Art. 80 GG enthaltenen Regelungen **Ausdruck und Konkretisierung mehrerer Verfassungsprinzipien**[68]: Mit der Begrenzung

---

[65] Vgl. nur aus der Kommentarliteratur *Brenner* (Fn. 3), Art. 80 Rn. 7, 9, 24; *B.-O. Bryde*, in: I. v. Münch/P. Kunig (Hrsg.), GG III, 4./5. Aufl. 2002, Art. 80 Rn. 3 f.; *Jarass/Pieroth*, GG, Art. 80 Rn. 14; *J. Lücke*, in: M. Sachs (Hrsg.), GG, 3. Aufl. 2002, Art. 80 Rn. 1, 5 ff.; *Mann* (Fn. 59), Art. 80 Rn. 1, 4, 6; *Nierhaus* (Fn. 2), Art. 80 Rn. 85 f., 156; *Remmert* (Fn. 3), Art. 80 Rn. 49; *Ramsauer* (Fn. 2), Art. 80 Rn. 40 ff. → Rn. 20.

[66] Insb. *H.-D. Horn*, Die grundrechtsunmittelbare Verwaltung, 1999, S. 64 ff. (zur positiven Anerkennung einer Exekutivfunktion für nicht-wesentliche Rechtsetzung mit der Folge einer insoweit originären, von Verfassungs wegen geschaffenen »Rechtsetzungsgewalt der Exekutive«); *v. Bogdandy*, Rechtsetzung (Fn. 55), S. 304 ff. (zu einem rechtsvergleichend inspirierten Verständnis gubernativer Rechtsetzung u. a. mit dem Vorschlag einer weniger restriktiven Interpretation von Art. 80 I 2 GG [ebd., S. 376 ff.]); *Seiler*, Parlamentsvorbehalt (Fn. 27), S. 147 ff., 248 ff., 414 ff. (zu einem einheitlichen Parlamentsvorbehalt u. a. mit der Folge der Anerkennung eines selbständigen Verordnungsrechts der Exekutive in thematisch unwesentlichen Bereichen, soweit der Gesetzgeber nicht von seinem Zugriffsrecht abschließend Gebrauch gemacht hat). Zu bereits weiter zurückliegenden Vorstößen in diese Richtung s. etwa *F. Ossenbühl*, HStR³ V, § 101 Rn. 62; *ders.*, HStR³ V, § 103 Rn. 19; *ders.*, HStR³ V, § 104 Rn. 12 f., der neben dem abgeleiteten ein originäres, funktionsimmanentes, selbständiges Verordnungsrecht der Exekutive annimmt, das auf nicht-wesentliche Regelungen beschränkt und dem Vorrang des Gesetzes unterworfen sei sowie den Primat des gesetzgebenden Parlaments unberührt lasse. Diskussion und Würdigung verschiedener Vorstöße bei *A. Uhle*, ZG 16 (2001), 328 (330 ff.).

[67] Vgl. zur Kritik etwa *R. Breuer*, ZfW 38 (1999), 220 (233 ff.); *ders.*, Betrachtungen zur Lage der Gesetzgebung, in: FS Isensee, 2007, S. 345 ff. (359 f.); *Bauer*, Bestimmtheitsgebot (Fn. 47), S. 1066 ff., 1085; *A. Uhle*, ZG 16 (2001), 328 (334 ff.); *ders.*, Rechtsverordnung (Fn. 2), § 24 Rn. 19 ff.; jeweils m. w. N.; mit Recht weisen *E. Menges/D. Preisner*, Der Erlass von Rechtsverordnungen in der Rechtsprechung des Bundesverfassungsgerichts, in: S. Emmenegger/A. Wiedmann (Hrsg.), Linien der Rechtsprechung des Bundesverfassungsgerichts – erörtert von den wissenschaftlichen Mitarbeitern, Bd. 2, 2011, S. 519 ff. (521), darauf hin, dass das »latente Misstrauen des Verfassungsgebers gegenüber der vollziehenden Gewalt [...] bei der Auslegung und Anwendung des Art. 80 GG stets mitzulesen« ist; zwischen den im Text erwähnten Vorstößen und der traditionellen Lehre eine mittlere Position einnehmend *E. Schmidt-Aßmann*, Die Rechtsverordnung in ihrem Verhältnis zu Gesetz und Verwaltungsvorschrift, in: FS Vogel, 2000, S. 477 ff. (484 ff.), der zwar an der Gesetzesakzessorietät festhält, die Verordnungsgebung aber weder als originäre noch als delegierte Rechtsetzung konzipiert und die sog. »Sperrwirkung« von Art. 80 I GG relativiert.

[68] Vgl. zur Konkretisierung von Rechtsstaats- und Demokratieprinzip etwa *Brenner* (Fn. 3), Art. 80 Rn. 11; *Bryde* (Fn. 65), Art. 80 Rn. 2; *Haratsch* (Fn. 59), Art. 80 Rn. 2; *Jarass/Pieroth*, GG, Art. 80 Rn. 1; *Lücke* (Fn. 65), Art. 80 Rn. 3; *Mann* (Fn. 59), Art. 80 Rn. 4; *Nierhaus* (Fn. 2), Art. 80 Rn. 70 ff., 82 ff.; *Remmert* (Fn. 3), Art. 80 Rn. 6 ff.; *Uhle*, Rechtsverordnung (Fn. 2), § 24 Rn. 14; ferner *Ramsauer* (Fn. 2), Art. 80 Rn. 24 ff., der ergänzend auf Bezüge zur Grundrechtsordnung hinweist; *R. Sannwald*, in: Schmidt-Bleibtreu/Hofmann/Hennecke, GG, Art. 80 Rn. 5; *Wallrabenstein* (Fn. 46), Art. 80 Rn. 4; ferner aus der Spruchpraxis BVerfGE 18, 52 (59); 34, 52 (58 ff.); 41, 251 (265 f.); 55, 207 (225 f.); 58, 257 (277); 73, 388 (400); 78, 249 (272).

von Rechtsetzungsdelegationen, dem Bestimmtheits- und dem Zitiergebot (Art. 80 I GG) konkretisieren sie die **rechtsstaatlichen Grundsätze der Gewaltenteilung und der Rechtssicherheit** (→ Art. 20 [Rechtsstaat], Rn. 67 ff., 146 ff.). Die nur beschränkt zugelassene Übertragung von Rechtsetzungsbefugnissen ist zugleich Ausdruck des **Demokratieprinzips**, weil sie eine Selbstentmachtung des Parlaments verhindert, die politischen Leitentscheidungen beim parlamentarischen Gesetzgeber monopolisiert und nur eine eingeschränkte exekutive Normsetzung gestattet (→ Art. 20 [Demokratie], Rn. 117); Bezüge zum demokratischen Prinzip weist außerdem die mit Art. 80 IV GG angestrebte Stärkung der Handlungsmöglichkeiten der Landesparlamente (→ Rn. 7, 67) auf. Und als – bislang zu wenig beachtete[69] – Ausformungen des **Bundesstaatsprinzips** lassen sich die Ermächtigungsbefugnis zugunsten der Landesregierungen, die Beteiligung des Bundesrates sowie dessen Initiativrecht für zustimmungsbedürftige Rechtsverordnungen werten[70] (→ Art. 20 [Bundesstaat], Rn. 22).

In der **Verfassungspraxis** zeigt die relativ **hohe Zahl von Rechtsverordnungen**, dass Art. 80 GG beträchtliche Bedeutung erlangt hat: Über die Jahre hinweg beträgt das Verhältnis von Rechtsverordnungen des Bundes zu den verkündeten Bundesgesetzen mit gewissen Schwankungen[71] rund 3:1. Im Verwaltungsalltag sind Rechtsverordnungen ein Standardinstitut mit enormer **Einsatzbreite**, die vom Umweltrecht über das Technikrecht, das Wirtschaftsrecht und das Steuerrecht bis hin zum Sozialrecht reicht; manche gebietsprägenden Gesetze wären ohne den Kreis der sie umgebenden Rechtsverordnungen »überhaupt nicht lebensfähig«[72]. Dementsprechend haben Verordnungen in großen Teilen der Rechtsordnung quantitativ und qualitativ fast den Part des Gesetzes übernommen, was sich nicht zuletzt mit der vergleichsweisen Schwerfälligkeit der Gesetzgebung und legislativen Steuerungsschwächen erklärt[73]. 15

---

[69] Auf die Vernachlässigung bundesstaatlicher Aspekte der Rechtsetzung durch Rechtsverordnung macht mit Recht *C. Brodersen*, Bundesstaatliche Probleme des Art. 80 I GG, in: GedS Martens, 1987, S. 57 ff., aufmerksam; s. auch *Uhle*, Rechtsverordnung (Fn. 2), § 24 Rn. 14; ferner *F. Ossenbühl*, ZG 12 (1997), 305 (309), allerdings mit Blick auf Art. 72 I GG und dem Hinweis darauf, dass erst durch die Verfassungsreform 1994 die bundesstaatliche Komponente hinzugekommen sei; vgl. zur begrenzenden Rückwirkung der Neufassung von Art. 72 I GG auf die Sperrwirkung von bundesgesetzlichen Verordnungsermächtigungen auch *M. Böhm*, DÖV 1998, 234 (236 ff.); ferner *Nierhaus* (Fn. 2), Art. 80 Rn. 69, 88.

[70] Dazu *Brodersen*, Probleme (Fn. 69), S. 60 ff.; *Saurer*, Funktionen (Fn. 59), S. 352 ff.

[71] Vgl. zu den Zahlen *Remmert* (Fn. 3), Art. 80 Rn. 1, mit Hinweisen auf die 14. Wahlperiode (549 Gesetze, 1.515 Rechtsverordnungen), die 15. Wahlperiode (385 Gesetze, 968 Rechtsverordnungen) und die 16. Wahlperiode (1.516 Rechtsverordnungen, 613 Gesetze); zu weiter zurückliegenden Wahlperioden und zur Beteiligung des Bundesrats → Bd. II², Art. 80 Rn. 14 mit Fn. 62 f.; die Statistischen Jahrbücher weisen diese Zahlen nur bis 2011 aus. S. zur Praxis der Verordnungsgebung im Vergleich mit der Gesetzgebung auch *Schneider*, Gesetzgebung (Fn. 40), S. 114 ff.; *Uhle*, Rechtsverordnung (Fn. 2), § 24 Rn. 9 f. (in den ersten 60 Jahren des Grundgesetzes 21.416 Rechtsverordnungen und 6.947 Gesetze); *Saurer*, Funktionen (Fn. 59), S. 19; und zur Verordnungsgebung auf Landesebene etwa *A. Dittmann*, Die Rechtsverordnung als Handlungsinstrument der Verwaltung, in: Biernat, Grundfragen (Fn. 52), S. 107 ff. (107 f.); *Remmert* (Fn. 3), Art. 80 Rn. 3. Berechtigte Vorbehalte gegen die Aussagekraft der Zahlen bei *Maurer*, Staatsrecht, § 17 Rn. 142; instruktive Fallstudien bei *S. Seidel*, Die Praxis der Verordnungsgebung, 2005, S. 79 ff.

[72] *Schmidt-Aßmann*, Rechtsverordnung (Fn. 67), S. 477; speziell zum Sozialversicherungsrecht vgl. *P. Axer*, Normsetzung der Exekutive in der Sozialversicherung, 2000.

[73] Ähnlich *Nierhaus* (Fn. 2), Art. 80 Rn. 458 f., mit Hinweis u. a. auf Prognoseunsicherheiten, ungewisse Risikopotentiale, metarechtliche Standards, schnelle wissenschaftlich-technische Erkenntnisfortschritte, mit denen der Gesetzgeber kaum Schritt halten kann, und normuntypische Eigenarten der Regelungsmaterien.

Art. 80   C. Erläuterungen

2. Anwendungsbereich

16   Art. 80 GG gilt nur für den Erlass von Rechtsverordnungen. Der **Verordnungsbegriff** ist im Grundgesetz nicht ausdrücklich definiert. Aus überkommener Sicht[74] handelt es sich bei Rechtsverordnungen um Regelungen der Exekutive mit der Wirkung eines Gesetzes, die keine Satzungen sind[75]. Gegenüber diesem materiellen Verordnungsbegriff setzt sich jedoch zunehmend die Auffassung durch, dass Rechtsverordnungen nicht (materiell) nach ihrem Inhalt, sondern durch formelle Kriterien von anderen Rechtssätzen abzugrenzen sind (**formalisierter Verordnungsbegriff**)[76]. Danach sind Indizien für das Vorliegen einer Rechtsverordnung die Bezeichnung als Rechtsverordnung, die Ausfertigung und Verkündung in den für Rechtsverordnungen vorgeschriebenen Formen (Art. 82 I 2 GG; → Art. 82 Rn. 22 ff.) und die Angabe des ermächtigenden Gesetzes (Art. 80 I 3 GG; → Rn. 44). Namentlich der Bezugnahme auf die Ermächtigungsgrundlage, die sich auch aus dem Verordnungstext ergeben kann, wird dabei bisweilen besonderes Gewicht beigelegt, weil sie regelmäßig zu erkennen gibt, dass gesetzlich delegierte Rechtsetzungsmacht in Anspruch genommen wird[77].

---

[74] Zur Entwicklung des Rechtsverordnungsbegriffs s. etwa *B. Busch*, Das Verhältnis des Art. 80 Abs. 1 S. 2 GG zum Gesetzes- und Parlamentsvorbehalt, 1992, S. 81 ff.; *Mößle*, Inhalt (Fn. 1), S. 11 ff.; *Staupe*, Parlamentsvorbehalt (Fn. 4), S. 41 ff.; *Stern*, Staatsrecht II, S. 648 ff.; jeweils m. w. N.; knapper Überblick bei *Nierhaus* (Fn. 2), Art. 80 Rn. 137 ff. Zur uneinheitlichen Terminologie und Handhabung in der bundesverfassungsgerichtlichen Spruchpraxis s. *D. Wilke*, AöR 98 (1973), 196 (199 ff.).

[75] Vgl. etwa *D. Wilke*, in: v. Mangoldt/Klein, GG, Art. 80 Anm. IV.1-4 (Anm. IV.3: »jeder Rechtssatz der Exekutive mit Ausnahme der autonomen Satzungen, durch den Beziehungen des Staates zur Allgemeinheit oder zu seinen Amtsträgern geregelt werden, wobei [im zweiten Fall] der Wille des Normgebers erkennbar sein muß, dem Rechtssatz eine gegenüber der Verwaltungsvorschrift erhöhte Geltungskraft beizulegen«; im Original hervorgehoben); *Haratsch* (Fn. 59), Art. 80 Rn. 3; *T. Maunz*, in: Maunz/Dürig, GG, Art. 80 (1978), Rn. 15 ff.; *Lücke* (Fn. 65), Art. 80 Rn. 11; *Stern*, Staatsrecht II, S. 653 ff.

[76] Vgl. dazu – mit uneinheitlicher Bestimmung der einzelnen Abgrenzungskriterien – etwa *N. Achterberg*, Allgemeines Verwaltungsrecht, 2. Aufl. 1986, S. 397; *Busch*, Parlamentsvorbehalt (Fn. 74), S. 108 ff. (111: jede Regelung, »die von den in Art. 80 GG genannten Exekutivorganen in dem dort vorgesehenen Verfahren erlassen wird«), der die Veröffentlichungsart als allein konstitutives Merkmal des formalisierten Rechtsverordnungsbegriffs ansieht und den anderen in Art. 80, 82 GG genannten Verfahrenselementen nur indizielle Bedeutung beimisst; *Bryde* (Fn. 65), Art. 80 Rn. 6 ff., der die Bezeichnungs- und Publikationsform als Indizien ansieht und »die erkennbare Berufung auf eine gesetzliche Verordnungsermächtigung« für konstitutiv hält; *Jarass/Pieroth*, GG, Art. 80 Rn. 2; *H. Maurer*, Das verordnungsvertretende Gesetz, in: FS Leisner, 1999, S. 583 ff. (584: maßgebliches Abgrenzungskriterium ist das rechtsetzende Organ); *Nierhaus* (Fn. 2), Art. 80 Rn. 142 ff.; *Ramsauer* (Fn. 2), Art. 80 Rn. 30 ff.; *R. Rubel*, in: Umbach/Clemens, GG, Art. 80 Rn. 10; *M. Sachs*, Normsetzung (Rechtsverordnung, Satzung), in: FS Battis, 2014, S. 161 ff. (162 f.); *Wallrabenstein* (Fn. 46), Art. 80 Rn. 30 ff.; vermittelnd und für eine Kombination von materiellen und formellen Kriterien *Uhle* (Fn. 59), Art. 80 Rn. 2; *ders.*, Rechtsverordnung (Fn. 2), § 24 Rn. 2; ferner *Sannwald* (Fn. 68), Art. 80 Rn. 24; vgl. ferner *Brenner* (Fn. 3), Art. 80 Rn. 15; *S. Schnelle*, Eine Fehlerfolgenlehre für Rechtsverordnungen, 2007, S. 4; kritisch etwa *T. v. Danwitz*, Die Gestaltungsfreiheit des Verordnungsgebers, 1989, S. 26 ff., der statt dessen auf die »Wahrnehmung delegierter Rechtsetzungskompetenz« abstellt und eine Norm dann als Rechtsverordnung qualifizieren will, »wenn ihr Inhalt von einer sie erfassenden Ermächtigungsgrundlage gedeckt wird.« Vgl. zur Indizwirkung von Form und Verkündungsart auch BVerwGE 19, 48 (53) mit Rückschlüssen auf den Willen der normsetzenden Stelle.

[77] Vgl. VGH Kassel NJW 1981, 779 (780); *M. Antoni*, AöR 114 (1989), 220 (225 f.); *Jarass/Pieroth*, GG, Art. 80 Rn. 2; *Ramsauer* (Fn. 2), Art. 80 Rn. 32 f. Völlig eindeutige Ergebnisse erbringt freilich auch dieses Indiz nicht, weil mitunter auch Verwaltungsvorschriften, soweit sie eine gesetzliche Grundlage haben, ausdrücklich auf diese Rechtsgrundlage verweisen; s. dazu *Busch*, Parlamentsvor-

I. Allgemeine Bedeutung Art. 80

Wegen der Beschränkung auf Rechtsverordnungen findet Art. 80 GG keine, und zwar auch keine analoge Anwendung auf **Verwaltungsvorschriften**; die Befugnis zum Erlass solcher Vorschriften ist der Exekutive in deren jeweiligem Funktionsbereich inhärent und bedarf keiner besonderen gesetzlichen Ermächtigung[78]. Nicht anzuwenden ist Art. 80 GG auch auf **Satzungen** juristischer Personen des öffentlichen Rechts[79], die nicht auf »gesetzesverlängernder« delegierter Rechtsetzungsbefugnis, sondern auf der Einräumung von Autonomie zur Regelung von Selbstverwaltungsangelegenheiten beruhen[80]. Auch gilt Art. 80 GG nicht für Kirchensteuerregelungen[81], die Allgemeinverbindlicherklärung von Tarifverträgen[82], bindende Festsetzungen von Heimarbeiterausschüssen[83] und (die früheren) Mindestreservefestsetzungen der Bundesbank[84].

17

Art. 80 I GG erfasst uneingeschränkt alle nachkonstitutionellen, also unter der Herrschaft des Grundgesetzes erlassenen Gesetze[85]. Auf **vorkonstitutionelle Ermächtigungen** ist Art. 80 I GG grundsätzlich nicht anwendbar[86], es sei denn, das materielle Recht, dessen Durchführung die Rechtsverordnung dienen soll, ist nach dem Inkrafttreten des Grundgesetzes wesentlich geändert worden[87], oder der nachkonstitutionelle Gesetzgeber hat die vorkonstitutionelle Norm in seinen Willen aufgenommen[88]. Im übrigen sind Art. 123 ff. GG und insbesondere Art. 129 III GG zu beachten (→ Art. 129 Rn. 14 ff.).

18

---

behalt (Fn. 74), S. 111 m.N.; vgl. auch *T. Schwarz*, Die Zitiergebote im Grundgesetz, 2002, S. 151, zur Bedeutung des Zitiergebots als Qualifikationshilfe für den Rechtsanwender.

[78] Z.B. BVerfGE 26, 338 (396); BVerwGE 67, 222 (229); *F. Ossenbühl*, HStR³ V, § 104 Rn. 76, mit ergänzenden Hinweisen zur Möglichkeit eines »derivativen«, durch Zuweisung des Gesetzgebers erweiterten Funktionsbereichs; *Lücke* (Fn. 65), Art. 80 Rn. 10 f.; *Remmert* (Fn. 3), Art. 80 Rn. 29 ff.; *Ramsauer* (Fn. 2), Art. 80 Rn. 22, 34; *Sannwald* (Fn. 68), Art. 80 Rn. 30; *P. Selmer*, VerwArch. 59 (1968), 114 ff. Zu den Folgeproblemen, die sich aus der zwischenzeitlich erfolgten teilweisen Neuorientierung in der rechtlichen Beurteilung der Außenwirkung von Verwaltungsvorschriften (vgl. dazu etwa BVerfGE 40, 237 [246 ff.]; BVerwGE 72, 300 [319 ff.]; obschon Sonderfälle anerkennend, zurückhaltend BVerfGE 78, 214 [227]) ergeben, s. *Ossenbühl*, a.a.O., Rn. 18 ff., 36 ff., 41 ff., 76 ff., und *Bryde* (Fn. 65), Art. 80 Rn. 7, 9 ff. m.w.N.; diese geänderte Beurteilung führt jedoch nicht zu einer Gleichstellung von Verwaltungsvorschriften mit Rechtsverordnungen.

[79] Z.B. BVerfGE 12, 319 (325); 19, 253 (266 f.); 21, 54 (62 f.); 32, 346 (361); 33, 125 (157 f.); 49, 343 (362); 73, 388 (400); 97, 332 (343); zur Anwendung von Art. 80 GG auf eine unzutreffend als Satzungsbefugnis ausgeflaggte Ermächtigung zum Erlass einer Rechtsverordnung s. BVerfGE 10, 20 (49 ff.), und zu den demokratisch-rechtsstaatlichen Direktiven für gesetzgeberische Autonomiegewährung BVerfGE 33, 125 (157 ff.). Für eine differenzierende analoge Anwendung von Art. 80 I 2 GG auf die einfach-gesetzliche Verleihung von Satzungsautonomie jedoch *Wilke* (Fn. 75), Art. 80 Anm. XIII.2; wie hier etwa *Nierhaus* (Fn. 2), Art. 80 Rn. 164 ff.; *Sannwald* (Fn. 68), Art. 80 Rn. 32.

[80] Vgl. *P. Badura*, Das normative Ermessen beim Erlaß von Rechtsverordnungen und Satzungen, in: GedS Martens, 1987, S. 25 ff. (27 ff.); *Dittmann*, Rechtsverordnung (Fn. 71), S. 112; *Nierhaus* (Fn. 2), Art. 80 Rn. 166; im Ergebnis übereinstimmend, jedoch kritisch gegenüber dem Autonomiebegriff *W. Kluth*, Funktionale Selbstverwaltung, 1997, S. 25 f., 487 f.

[81] BVerfGE 73, 388 (400).

[82] BVerfGE 44, 322 (349); 55, 7 (20); *A. Janssen*, Über die Grenzen des legislativen Zugriffsrechts, 1990, S. 114 f. entnimmt deshalb Art. 9 III GG einen Ausschluss der Anwendbarkeit von Art. 80 I GG.

[83] BVerfGE 34, 307 (315 f.).

[84] BVerwGE 41, 334 (349 ff.) unter Hinweis auf die Sonderregelung in Art. 88 GG gegenüber Art. 80 I 1 GG; unentschieden jedoch für die analoge Anwendung von Art. 80 I 2 GG.

[85] Vgl. dazu und zum Folgenden etwa Jarass/Pieroth, GG, Art. 80 Rn. 5; *Ramsauer* (Fn. 2), Art. 80 Rn. 22; *Remmert* (Fn. 3), Art. 80 Rn. 46 ff.; *Wilke* (Fn. 75), Art. 80 Anm. III.2.

[86] BVerfGE 2, 307 (326 ff.); 28, 119 (144); 78, 179 (197). BVerfGE 15, 268 (271 ff.) stellt auf den Zeitpunkt nach dem Zusammentreten des Bundestages (7.9.1949) ab; s. auch BVerwGE 38, 322 (323).

[87] BVerfGE 22, 180 (214 f.); 78, 179 (197 f.); BVerwGE 31, 345 (355); 38, 322 (323).

[88] BVerfGE 9, 39 (47); *Sannwald* (Fn. 68), Art. 80 Rn. 50; *Uhle* (Fn. 59), Art. 80 Rn. 4.

Hartmut Bauer

19 Aus der systematischen Stellung in dem Abschnitt über »Die Gesetzgebung des Bundes« ergibt sich, dass Art. 80 GG für **landesgesetzliche Verordnungsermächtigungen** nicht gilt; mangels planwidriger Regelungslücke scheidet auch eine analoge Anwendung aus[89]. Allerdings lassen sich über das Homogenitätsgebot (Art. 28 I GG) aus demokratischen und rechtsstaatlichen Gründen verfassungsrechtliche Anforderungen auch für landesgesetzliche Verordnungsermächtigungen formulieren[90]. In der bundesverfassungsgerichtlichen Spruchpraxis hat die Heranziehung der aus dem »rechtsstaatlichen und demokratischen Verfassungssystem folgenden Grundsätze« bezüglich des Erfordernisses einer gesetzlichen Grundlage und des Bestimmtheitsgebots mittlerweile im praktischen Ergebnis ein sachlich weitgehend an Art. 80 I GG angeglichenes Anforderungsprofil für die entsprechende Landesgesetzgebung erbracht[91].

II. Anforderungen an die Ermächtigung zum Erlass von Rechtsverordnungen und an die Rechtsverordnungen (Art. 80 I GG)

1. Anforderungen an die Verordnungsermächtigung

a) Gesetz (Art. 80 I 1 GG)

20 Jenseits von Übergangsvorschriften (Art. 119, 127, 132 IV GG) bedürfen Rechtsverordnungen nach Art. 80 I 1 GG[92] stets einer Ermächtigung durch ein **Bundesgesetz**, das den Vorschriften über die Zuständigkeit[93] und das Gesetzgebungsverfahren sowie allen anderen Anforderungen des Grundgesetzes genügt[94]. Als abgeleitete Rechtsnorm steht die Rechtsverordnung damit im Rang unterhalb des parlamentsbeschlossenen Gesetzes und kann dieses grundsätzlich nicht abändern, verdrängen, durchbrechen oder außer Kraft setzen[95]. **Unabgeleitete** und sog. **gesetzesvertretende Verord-**

---

[89] Im Ergebnis ebenso BVerfGE 34, 52 (58 f.); *Bryde* (Fn. 65), Art. 80 Rn. 2a; *Remmert* (Fn. 3), Art. 80 Rn. 45; *Uhle* (Fn. 59), Art. 80 Rn. 3; *Wilke* (Fn. 75), Art. 80 Anm. III.1.a, XIII.1; vgl. auch *A. v. Mutius*, VerwArch. 62 (1971), 410 ff. m. w. N. zur älteren Diskussion. Abweichend etwa – unmittelbar kraft Art. 20 II oder mindestens über Art. 28 II (sic!) GG – *Maunz* (Fn. 75), Art. 80 Rn. 44 für Art. 80 I 2–4 GG. Obschon viele Landesverfassungen Art. 80 I GG vergleichbare Regelungen enthalten, besitzt die Problematik wegen teilweise fortbestehender Unterschiede (→ Rn. 11) praktische Bedeutung, ganz abgesehen davon, dass damit auch prozessuale Konsequenzen verbunden sind.

[90] Vgl. dazu – mit unterschiedlichen Ergebnissen – etwa Jarass/Pieroth, GG, Art. 80 Rn. 4 (für die gesetzliche Ermächtigung und das Bestimmtheitsgebot, nicht jedoch für die Festlegung der Ermächtigungsadressaten, das Zitiergebot und die Übertragungsanforderungen); *Brenner* (Fn. 3), Art. 80 Rn. 21; *Bryde* (Fn. 65), Art. 80 Rn. 2a; *Ramsauer* (Fn. 2), Art. 80 Rn. 23; *Rubel* (Fn. 76), Art. 80 Rn. 15; *Sannwald* (Fn. 68), Art. 80 Rn. 35 f.; *Wilke* (Fn. 75), Art. 80 Anm. XIII.1.

[91] BVerfGE 41, 251 (266); 55, 207 (225 f.); 58, 257 (277); 73, 388 (400); 102, 197 (222, Rn. 89); *Wallrabenstein* (Fn. 46), Art. 80 Rn. 5; weitergehend *Nierhaus* (Fn. 2), Art. 80 Rn. 67 f., und *Brenner* (Fn. 3), Art. 80 Rn. 21, der offenbar von identischen Anforderungen ausgeht.

[92] Die Anforderungen an landesgesetzliche Verordnungsermächtigungen richten sich grundsätzlich nach dem Landesverfassungsrecht; dazu und zu bundesverfassungsrechtlichen Direktiven: → Rn. 11, 19.

[93] Grundsätzlich schließt die Gesetzgebungsbefugnis in den Grenzen von Art. 80 I GG die Befugnis zur partiellen Übertragung dieser Normsetzungsbefugnis auf den Verordnungsgeber ein (BVerfGE 101, 1 [31, Rn. 116]; 106, 1 [19, Rn. 78]). Speziell zur Zulässigkeit von Rechtsverordnungsermächtigungen in Rahmengesetzen s. *M. Lepa*, AöR 105 (1980), 337 (356 f.); *v. Danwitz*, Gestaltungsfreiheit (Fn. 76), S. 75 ff.

[94] *Schnelle*, Fehlerfolgenlehre (Fn. 76), S. 15.

[95] Vgl. BVerfGE 8, 155 (169).

II. Anforderungen an die Ermächtigung (Art. 80 I GG) **Art. 80**

nungen (Rechtsverordnungen mit dem Rang eines formellen Gesetzes)[96] sind daher verfassungsrechtlich unzulässig, und zwar unabhängig von ihrem Inhalt[97]. Verfassungsrechtlich möglich sind hingegen – sofern dafür sachliche Gründe bestehen – ausdrückliche Ermächtigungen zum Erlass von sog. **gesetzesändernden Rechtsverordnungen**, die dem Ermächtigungsadressaten die Befugnis zu Regelungen einräumen, die von Gesetzen abweichen. Denn bei solchen Ermächtigungen ist die Änderung der Rechtslage bereits im Gesetz angelegt und damit bei genauerer Betrachtung gesetzesausführend, die Bezeichnung als »gesetzesändernd« deshalb missverständlich[98]. Wegen der von Art. 82 II GG geforderten, auf Rechtsklarheit und Rechtssicherheit zielenden Eindeutigkeit des Inkrafttretens von Gesetzen verfassungsrechtlich prekär sind demgegenüber sog. **Inkraftsetzungsermächtigungen**, die den Verordnungsgeber ermächtigen, über das Inkrafttreten eines Gesetzes zu entscheiden[99].

Inhaltlich darf die gesetzliche Verordnungsermächtigung nicht gegen **objektbezogene Delegationsverbote** verstoßen. Ansatzpunkte dafür liefern zum einen konkrete grundgesetzliche Gesetzesvorbehalte, die bestimmte Entscheidungen ausdrücklich dem parlamentarischen Gesetzgeber vorbehalten[100]. Zum anderen ergeben sie sich aus den in der **Wesentlichkeitsrechtsprechung** (→ Art. 20 [Rechtsstaat], Rn. 113 ff.; → Art. 20 [Demokratie] Rn. 117) entwickelten Grundsätzen, die die Entscheidung aller »wesentlichen« Fragen dem ausschließlichen Verantwortungsbereich des parlamentarischen Gesetzgebers zuweisen[101], dogmatisch allerdings in einer bisweilen etwas un-

21

---

[96] Vgl. zum Begriff BVerfGE 22, 1 (12); 52, 1 (16); BVerwGE 87, 133 (139); zur Zulässigkeit nach der WRV → Rn. 3 und zu Sonderregelungen Art. 115k I, 119 GG.

[97] Vgl. z. B. *Bryde* (Fn. 65), Art. 80 Rn. 3 f.; *Jarass/Pieroth*, GG, Art. 80 Rn. 14; *Lücke* (Fn. 65), Art. 80 Rn. 5 ff.; *Maunz* (Fn. 75), Art. 80 Rn. 4, 7; *Ramsauer* (Fn. 2), Art. 80 Rn. 41 ff.; *Rubel* (Fn. 76), Art. 80 Rn. 19; *S. Studenroth*, DÖV 1995, 525 (526); *Uhle*, Rechtsverordnung (Fn. 2), § 24 Rn. 25; *Wallrabenstein* (Fn. 46), Art. 80 Rn. 9; *Wilke* (Fn. 75), Art. 80 Anm. XIII.1.b; zu gegenteiligen Vorstößen der Anerkennung eines selbständigen Verordnungsrechts → Rn. 3.

[98] Vgl. BVerfGE 2, 307 (313); 8, 155 (170 f.); BVerfG (K), NStZ-RR 1997, 342 (343); *Bryde* (Fn. 65), Art. 80 Rn. 3; *Jarass/Pieroth*, GG, Art. 80 Rn. 14; *M. Lepa*, AöR 105 (1980), 337 (352 ff.); *Lücke* (Fn. 65), Art. 80 Rn. 9; *Mann* (Fn. 59), Art. 80 Rn. 11; *Ramsauer* (Fn. 2), Art. 80 Rn. 41a; *Uhle* (Fn. 59), Art. 80 Rn. 7; *Wallrabenstein* (Fn. 46), Art. 80 Rn. 10; Nachw. zur Gegenposition und praktisches Anschauungsmaterial bei *H. Sinn*, Die Änderung gesetzlicher Regelungen durch einfache Rechtsverordnung, 1971, S. 12 ff., 15 ff., der bei der rechtlichen Beurteilung zwischen Ermächtigungen zur Änderung des Gesetzeswortlauts und zu abweichenden Regelungen unterscheidet. Vgl. auch *Uhle*, Rechtsverordnung (Fn. 2), § 24 Rn. 26, mit der Anregung, die herrschende Ansicht mit dem Ziel einer Neubewertung zu überdenken. Zum Sonderproblem der Entsteinerungsklauseln → Rn. 50.

[99] Für die Zulässigkeit von Inkraftsetzungsermächtigungen z. B. *M. Lepa*, AöR 105 (1980), 337 (355 f.), dagegen etwa *Brenner* (Fn. 3), Art. 80 Rn. 30; *Ramsauer* (Fn. 2), Art. 80 Rn. 42; wohl auch *Uhle* (Fn. 59), Art. 80 Rn. 7. → Art. 82 Rn. 27.

[100] Z. B. Art. 23 I 2, 24 I, 29 II 1, 59 II 1, 79 I 1, 110 II 1 GG; s. zu »besonderen Parlamentsvorbehalten« aus speziellen organisationsrechtlichen Bestimmungen des Grundgesetzes auch BVerfGE 106, 1 (19, Rn. 78; 22 ff., Rn. 88 ff. – bejahend für Art. 110 II 1 GG, verneinend für Vorbehalte des Art. 108 GG). Vgl. ferner etwa *M. Kloepfer*, Wesentlichkeitstheorie als Begründung oder Grenze des Gesetzesvorbehalts?, in: H. Hill (Hrsg.), Zustand und Perspektiven der Gesetzgebung, 1988, S. 187 ff. (191); *F. Ossenbühl*, HStR[3] V, § 101 Rn. 35 ff.; *Remmert* (Fn. 3), Art. 80 Rn. 56 ff.; zur Tradition zwingender Sondervorbehalte für das förmliche Gesetz in der Weimarer Republik → Rn. 3 mit Fn. 19. Allerdings führen diese Regelungen nicht zu einem vollständigen Ausschluss von Rechtssetzungsdelegationen in den von ihnen betroffenen Bereichen; s. etwa zu Art. 24 I GG BVerfGE 58, 1 (35 ff.); BVerwGE 54, 291 (298 f.); sowie zu Art. 59 II 1 GG *H. D. Treviranus*, NJW 1983, 1948 ff., und BVerfG (K), NStZ-RR 1997, 342 (343).

[101] Z. B. BVerfGE 49, 89 (126 f.); 58, 257 (274); 83, 130 (142); 91, 148 (162 f.); 101, 1 (34, Rn. 124); BVerfG (K), NStZ-RR 1997, 342 (342); vgl. dazu etwa *G. Kisker*, NJW 1977, 1313 ff.; *H. Bauer*, DÖV 1983, 53 (54 f.); *M. Kloepfer*, JZ 1984, 685 (689 ff.); *C.-E. Eberle*, DÖV 1984, 485 ff.; *F. Rottmann*,

deutlichen Beziehung zu dem delegationsrechtlichen Bestimmtheitsgebot des Art. 80 I 2 GG (→ Rn. 32 ff.) stehen[102]. Danach sind normative Regelungen von grundlegender Bedeutung für die Verwirklichung und Ausübung von Grundrechten, in Sonderheit für den Ausgleich kollidierender Grundrechtspositionen, sowie von besonderer Gewichtigkeit für das Gemeinwesen von dem parlamentarischen Gesetzgeber zu treffen; demgegenüber sind Angelegenheiten von geringerer Relevanz auf der Grundlage gesetzlicher Ermächtigung einer Regelung durch Rechtsverordnung zugänglich.

b) Kreis der Ermächtigungsadressaten (Art. 80 I 1 GG)

22 Mit der erschöpfenden Aufzählung der Bundesregierung, eines Bundesministers und der Landesregierungen als potentiellen Erstdelegataren grenzt Art. 80 I 1 GG den Kreis der unmittelbaren Ermächtigungsadressaten ein und errichtet dadurch bezüglich anderer Verordnungsgeber ein **subjektbezogenes Delegationsverbot**[103]. Nach Art. 80 I 4 GG ist eine Subdelegation auf weitere Verordnungsgeber möglich (→ Rn. 39 ff.); sie darf jedoch nicht durch das Ermächtigungsgesetz vorweggenommen werden, weil andernfalls die abschließende Benennung der statthaften Erstdelegatare unter deren Umgehung unterlaufen würde[104]. Innerhalb des von Art. 80 I 1 GG abge-

---

EuGRZ 1985, 277 ff.; *Staupe*, Parlamentsvorbehalt (Fn. 4), S. 103 ff.; *H.H. v. Arnim*, DVBl. 1987, 1241 ff.; *F. Ossenbühl*, HStR³ V, § 101 Rn. 52 ff.; *R. Hermes*, Der Bereich des Parlamentsgesetzes, 1988, S. 21 ff.; *U.M. Gassner*, Kriterienlose Genehmigungsvorbehalte im Wirtschaftsverwaltungsrecht, 1994, S. 69 ff. Vorbehalte gegen einen als Innominat-Vorbehalt zu begreifenden, auf das Kriterium der »Wesentlichkeit« gestützten allgemeinen Vorbehalt des Gesetzes bei *Remmert* (Fn. 3), Art. 80 Rn. 58 ff., die für eine Einbindung der »Wesentlichkeits-Fragen« in die Behandlung der Gesetzesvorbehalte plädiert und daraus weitreichende Konsequenzen bis hin zur Handhabung des Bestimmtheitsgebots (Art. 80 I 2 GG) zieht (ebd., Rn. 69 ff.: »weitgehende Bedeutungslosigkeit«, »keine eigenständige Bedeutung«).

[102] Dazu etwa *Busch*, Parlamentsvorbehalt (Fn. 74), S. 79 ff., 113 ff.; *U.M. Gassner*, DÖV 1996, 18 ff.; *M. Nierhaus*, Bestimmtheitsgebot und Delegationsverbot des Art. 80 Abs. 1 Satz 2 GG und der Gesetzesvorbehalt der Wesentlichkeitstheorie, in: FS Stern, 1997, S. 717 ff. (720 ff. mit der Unterscheidung von vier Theorien); *ders.* (Fn. 2), Art. 80 Rn. 89 ff.; *Saurer*, Funktionen (Fn. 59), S. 275 ff.; *H. Schulze-Fielitz*, Theorie und Praxis parlamentarischer Gesetzgebung, 1988, S. 171 ff.; *W. Cremer*, AöR 122 (1997), 248 ff. Letzterer gelangt auf der Grundlage einer Literatur- und Rechtsprechungsanalyse zu dem Ergebnis, dass in der uneinheitlichen dogmatischen Zuordnung im wesentlichen drei konkurrierende Auffassungen auszumachen sind: Exklusivität von Art. 80 I 2 GG, vorrangige Anwendung der Wesentlichkeitskriterien mit anschließender Überprüfung am Maßstab von Art. 80 I 2 GG und – bei der letztgenannten Ansicht – teilweise erneute Heranziehung der Wesentlichkeitskriterien für die Bestimmung der Anforderungen an das »Wie«, also die Regelungsintensität der Delegation; *Schnelle*, Fehlerfolgenlehre (Fn. 76), S. 25 ff., unterscheidet fünf Theorien. Wie hier für eine vorgeschaltete Heranziehung der Kriterien der Wesentlichkeitsrechtsprechung etwa *Lücke* (Fn. 65), Art. 80 Rn. 19 f.; *Staupe*, Parlamentsvorbehalt (Fn. 4), S. 142 ff.; *C.-E. Eberle*, DÖV 1984, 485 (486 f.); speziell zum Subventionsrecht *H. Bauer*, DÖV 1983, 53 (58); für die Deutung von Art. 80 I 2 GG als spezielle Norm hingegen z.B. *Busch*, a.a.O., S. 132 ff.; *v. Danwitz*, Gestaltungsfreiheit (Fn. 76), S. 89 ff.; *Ramsauer* (Fn. 2), Art. 80 Rn. 28 f., und wohl auch *Brenner* (Fn. 3), Art. 80 Rn. 34; vgl. ferner *Wallrabenstein* (Fn. 46), Art. 80 Rn. 38. Im Prinzipiellen ansetzende konzeptionell andere Ausrichtung bei *Remmert* (Fn. 3), Art. 80 Rn. 62, 63 ff. (→ Fn. 101).

[103] Vgl. BVerfGE 8, 155 (163); s. zum *numerus clausus* der Ermächtigungsadressaten auch *Menges/Preisner*, Rechtsverordnungen (Fn. 67), S. 521 ff.

[104] *Bryde* (Fn. 65), Art. 80 Rn. 11; *Jarass/Pieroth*, GG, Art. 80 Rn. 6; *Lücke* (Fn. 65), Art. 80 Rn. 12; *Stern*, Staatsrecht II, S. 670; *Remmert* (Fn. 3), Art. 80 Rn. 74; *Wallrabenstein* (Fn. 46), Art. 80 Rn. 16; vgl. auch BVerfGE 11, 77 (84 ff.).

steckten Adressatenkreises steht es dem Bundesgesetzgeber frei, wen er als Verordnungsgeber berufen will[105].

Mit der **Bundesregierung** als Delegatar ist das aus Bundeskanzler und den Bundesministern zusammengesetzte Kollegium (→ Art. 62 Rn. 10 ff.) gemeint. Sie kann nicht nur durch Beschluss in einer Kabinettssitzung, sondern auch in einem Umlaufverfahren entscheiden, wenn sichergestellt ist, dass sämtliche Mitglieder »von der anstehenden Entscheidung und ihrem Gegenstand in Kenntnis gesetzt werden und Gelegenheit erhalten, an der Entscheidung mitzuwirken«; außerdem müssen sich an dieser Entscheidung so viele Regierungsmitglieder beteiligen, dass noch von einem Handeln des Kollegiums gesprochen werden kann, und die Entscheidung muss von einer Mehrheit der Beteiligten befürwortet werden[106]. 23

Bei der Ermächtigung eines **Bundesministers** kann die Verordnung nicht von der Bundesregierung als Kollegium erlassen werden. Zur Koordination der Regierungspolitik und aus Gründen der Kabinettssolidarität schreibt allerdings § 15 I lit. c GOBReg für bundesministerielle Verordnungsentwürfe von besonderer politischer Bedeutung die Beratung und Beschlussfassung (!) durch die Bundesregierung vor[107]. Für diese Regelung mag es im Innenverhältnis gute Gründe geben. Im Außenverhältnis kann sie das Verordnungsrecht des Bundesministers jedoch nicht einschränken; eine von der Beschlussfassung der Bundesregierung abweichende Rechtsverordnung ist daher wirksam[108]. Bei einer Neuabgrenzung der Geschäftsbereiche von Bundesministern gehen nach dem Zuständigkeitsanpassungsgesetz[109] die Verordnungsermächtigungen auf den nach der Neuabgrenzung zuständigen Bundesminister über[110]. 24

Ermächtigungen der **Landesregierungen** können sich nur an diese, nicht an einzelne Landesminister richten. Dies ergibt sich bereits aus dem Normtext, der neben der Bundesregierung auch die Bundesminister, neben den Landesregierungen die Landesminister jedoch gerade nicht als Ermächtigungsadressaten erwähnt[111]. Gleiches gilt 25

---

[105] BVerfGE 56, 298 (311); *Sannwald* (Fn. 68), Art. 80 Rn. 87; abweichend *Remmert* (Fn. 3), Art. 80 Rn. 75, und *Schnelle*, Fehlerfolgenlehre (Fn. 76), S. 17 f., wonach der Gesetzgeber seine Auswahlentscheidung am Gedanken der funktionsgerechten Organisationsstruktur auszurichten habe.

[106] So BVerfGE 91, 148 (165 ff.; Zitat: 166) unter teilweiser Beanstandung des bis dahin praktizierten Umlaufverfahrens; abweichend noch BVerwGE 89, 121 (124 ff.); dazu *V. Epping*, DÖV 1995, 719 ff.; *M. Sachs*, JuS 1995, 1032 ff.; *Nierhaus* (Fn. 2), Art. 80 Rn. 242; *Remmert* (Fn. 3), Art. 80 Rn. 76 f.; *Sannwald* (Fn. 68), Art. 80 Rn. 89; *Uhle* (Fn. 59), Art. 80 Rn. 11; *Wallrabenstein* (Fn. 46), Art. 80 Rn. 17.

[107] Verfassungsrechtliche Kritik an dieser Regelung bei *Wilke* (Fn. 75), Art. 80 Anm. V.3.a; vgl. auch *E.-W. Böckenförde*, Die Organisationsgewalt im Bereich der Regierung, 2. Aufl. 1998, S. 209.

[108] *Bryde* (Fn. 65), Art. 80 Rn. 13; *Jarass/Pieroth*, Art. 80 Rn. 7; *F. Ossenbühl*, HStR³ V, § 103 Rn. 31; *Remmert* (Fn. 3), Art. 80 Rn. 78; *Uhle* (Fn. 59), Art. 80 Rn. 12; *ders.*, Rechtsverordnung (Fn. 2), § 24 Rn. 36; *Wallrabenstein* (Fn. 46), Art. 80 Rn. 19; vgl. auch § 30 I 2 GOBReg, wonach grundsätzlich der zuständige Bundesminister formell alleiniger Verordnungsgeber bleibt.

[109] § 1 I Gesetz zur Anpassung von Rechtsvorschriften an veränderte Zuständigkeiten oder Behördenbezeichnungen innerhalb der Bundesregierung (Zuständigkeitsanpassungsgesetz – ZustAnpG), veröffentlicht als Art. 1 des Gesetzes zur Anpassung von Rechtsvorschriften an veränderte Zuständigkeiten oder Behördenbezeichnungen innerhalb der Bundesregierung sowie zur Änderung des Unterlassungsklagengesetzes und des Außenwirtschaftsgesetzes vom 16.8.2002 (BGBl. I S. 3165).

[110] Wie hier *Uhle*, Rechtsverordnung (Fn. 2), § 24 Rn. 35; verfassungsrechtliche Bedenken gegen die insoweit inhaltsgleiche, durch Art. 5 ZustAnpG (Fn. 109) aufgehobene Vorläuferregelung in Art. 56 I Zuständigkeitsanpassungs-Gesetz vom 18.3.1975 (BGBl. I S. 705) bei *T. Brandner/D. Uwer*, DÖV 1993, 107 ff.; *H. Kube*, NVwZ 2003, 57 (58 f.); für zulässige Sonderregelung hingegen z. B. *Jarass/Pieroth*, GG, Art. 80 Rn. 7, und *Ramsauer* (Fn. 2), Art. 80 Rn. 44.

[111] BVerfGE 11, 77 (84 ff.); 88, 203 (332).

für oberste Landesbehörden[112]. Kann nach dem Landesverfassungsrecht unter »Landesregierung« (auch) ein Landesminister verstanden werden, darf die der Landesregierung erteilte Ermächtigung allerdings unmittelbar durch den Minister ausgeübt werden[113]. Außerdem sind die Länder bei Ermächtigungen der Landesregierungen nach Art. 80 IV GG zu einer gesetzlichen Regelung befugt (→ Rn. 7, 67 ff.).

26 In der Verfassungspraxis sind **Ermächtigungskombinationen**, mit denen etwa mehreren Bundesministern gemeinsam die Befugnis zum Erlass von Rechtsverordnungen erteilt wird, anzutreffen. Obschon Art. 80 I 1 GG lediglich von »einem« Bundesminister spricht, gelten solche Kombinationen als verfassungsrechtlich zulässig[114]. Ebenfalls als grundsätzlich zulässig gelten sog. **Mischverordnungen**, bei denen eine Verordnung aus Gründen der Zweckmäßigkeit von mehreren Delegataren gemeinsam erlassen wird und sich jeder Delegatar auf eine besondere Ermächtigungsgrundlage stützt; in der Sache handelt es sich dabei um zwei unterscheidbare Rechtsverordnungen, die in einem Regelungswerk zusammengefasst sind und spezifische Folgeprobleme aufwerfen[115]. Auch ist es unbedenklich, wenn der Bundesgesetzgeber **nicht alle Landesregierungen** ermächtigt, sondern die Ermächtigung aus sachlichen Gründen auf einige Landesregierungen beschränkt[116]. Verfassungsrechtlich unzulässig sind hingegen »gesamthänderische« **Ermächtigungen an mehrere Landesregierungen** oder **an Landesregierungen und Bundesminister bzw. Bundesregierung**. Denn sie führten zu föderalen Mischzuständigkeiten und setzten sich – mangels ausdrücklicher verfassungsrechtlicher Zulassung – in Widerspruch zur bundesstaatlichen Ordnung des Grundgesetzes, die in dem hier interessierenden Zusammenhang auf einer prinzipiellen Trennung der Zuständigkeiten von Bund und Ländern sowie der Länder untereinander beruht[117]; für die Übertragung von Rechtsetzungsbefugnissen besteht insoweit ein **föderatives Delegationsverbot**[118].

c) Insb. Mitwirkungsvorbehalte zugunsten Dritter

27 Über die in Art. 80 II GG (→ Rn. 59 ff.) und an anderen Stellen des Grundgesetzes[119] geregelten Zustimmungsvorbehalte zugunsten des Bundesrates beim Erlass von Rechtsverordnungen hinaus bietet die Verfassungspraxis ein buntes Bild an **Beschränkungen der Verordnungsgebung durch Mitwirkungsvorbehalte zugunsten Dritter**. Dazu gehören Mitwirkungsvorbehalte zugunsten des Bundestages (→ Rn. 28 ff.), Einvernehmensvorbehalte zugunsten von Bundesministern[120] sowie Verpflichtungen zur

---

[112] BVerfGE 88, 203 (332); über (zeitweise) Probleme bei der praktischen Handhabung dieser Vorgabe informieren *Menges/Preisner*, Rechtsverordnungen (Fn. 67), S. 524 ff.
[113] BVerfGE 11, 77 (86); ablehnend *Wilke* (Fn. 75), Art. 80 Anm. V.4.b.
[114] Z.B. *F. Ossenbühl*, HStR³ V, § 103 Rn. 34; *Uhle* (Fn. 59), Art. 80 Rn. 13; *ders.*, Rechtsverordnung (Fn. 2), § 24 Rn. 41 f.; *Wilke* (Fn. 75), Art. 80 Anm. V.5.b; Vorbehalte bei *Remmert* (Fn. 3), Art. 80 Rn. 79.
[115] Näheres bei *Wilke* (Fn. 75), Art. 80 Anm. V.5.b; vgl. auch *Uhle* (Fn. 59), Art. 80 Rn. 13.
[116] *Lücke* (Fn. 65), Art. 80 Rn. 17; *Brenner* (Fn. 3), Art. 80 Rn. 57; *Mann* (Fn. 59), Art. 80 Rn. 19; *Remmert* (Fn. 3), Art. 80 Rn. 81.
[117] *Jarass/Pieroth*, GG, Art. 80 Rn. 8; *Lücke* (Fn. 65), Art. 80 Rn. 17; *Mann* (Fn. 59), Art. 80 Rn. 20; *Nierhaus* (Fn. 2), Art. 80 Rn. 238; *F. Ossenbühl*, HStR³ V, § 103 Rn. 35; *Remmert* (Fn. 3), Art. 80 Rn. 81; *Uhle* (Fn. 59), Art. 80 Rn. 14; *Wilke* (Fn. 75), Art. 80 Anm. V.5.b.
[118] *Wilke* (Fn. 75), Art. 80 Anm. V.5.b, 6.d; *M. Lepa*, AöR 105 (1980), 337 (358); *Ramsauer* (Fn. 2), Art. 80 Rn. 43.
[119] S. die Zusammenstellung bei *W. Krebs*, in: v. Münch/Kunig, GG II, Art. 50 Rn. 15.
[120] Dazu *Lücke* (Fn. 65), Art. 80 Rn. 38 m.N.

II. Anforderungen an die Ermächtigung (Art. 80 I GG)   Art. 80

Anhörung von Sachverständigen und anderen Gremien[121]; denkbar ist außerdem die abgestufte Mitwirkung von Parlamentsausschüssen[122]. Nicht zu beanstanden sind solche Mitwirkungsvorbehalte bei ausdrücklicher verfassungsrechtlicher Zulassung oder wenn sie – wie die Einvernehmensvorbehalte zugunsten von Bundesministern – Rechtsträger betreffen, die als Verordnungsgeber hätten eingesetzt werden können, oder – wie bei den Anhörungsvorbehalten zugunsten staatlicher oder privater Stellen – keine Entscheidungsbefugnisse einräumen, mögen die faktischen Einflussmöglichkeiten der Dritten teilweise auch beträchtliches Gewicht haben[123].

Speziell die Mitwirkung des Parlaments bei der exekutiven Verordnungsgebung hat in der deutschen Verfassungsentwicklung eine lange Tradition[124]. Inzwischen sind die **Mitwirkungsvorbehalte zugunsten des Bundestages** ausgebaut und in vielfältigen, teilweise kombinierten Erscheinungsformen anzutreffen[125]. **Typologisch** lassen sich vereinfacht folgende Fallgruppen unterscheiden[126]: 28

- Rechtsverordnungen, bei denen der Verordnungsgeber verpflichtet ist, den Bundestag vor Verordnungserlass anzuhören oder ihm (teilweise zeitlich befristet) Gelegenheit zur Stellungnahme zu geben (»Anhörungs-« und »**Kenntnisgabevorbehalte**«),
- Rechtsverordnungen, die vor Erlass der Zustimmung des Bundestages bedürfen, wobei diese Zustimmung entweder durch schlichten Parlamentsbeschluss zu erteilen ist oder kraft gesetzlicher Fiktion als erteilt gilt oder entbehrlich wird, wenn innerhalb einer bestimmten Frist kein Beschluss gefasst worden ist (»Einwilligungs-«, »Genehmigungs-« bzw. »**Zustimmungsvorbehalte**«),
- in unterschiedlichen Varianten auftretende Rechtsverordnungen, die vom Bundestag nach Erlass aufgehoben werden können oder deren Aufhebung durch den Ver-

---

[121] Etwa §§ 43 I, 51 BImSchG; §§ 52, 68 KrWG; weitere Beispiele bei *F. Ossenbühl*, HStR³ V, § 103 Rn. 66 f.; *C. Seiler*, ZG 16 (2001), 50 (69 f.).

[122] S. dazu *F. Ossenbühl*, HStR³ V, § 103 Rn. 64 f. mit Beispielen aus dem Landesrecht und dem Hinweis darauf, dass solche Zustimmungsvorbehalte auf Bundesebene nicht bekannt seien, zumal ihnen BVerfGE 4, 193 (203) eine Absage erteilt hatte. Kritisch gegenüber dieser Entscheidung *Bryde* (Fn. 65), Art. 80 Rn. 5; *Jarass/Pieroth*, GG, Art. 80 Rn. 9; für die Zulässigkeit auch *Maunz* (Fn. 75), Art. 80 Rn. 60, und *Stern*, Staatsrecht II, S. 664; zurückhaltend *G. Kisker*, Zulässigkeit und Konsequenzen einer Mitwirkung des Parlaments beim Erlaß von Rechtsverordnungen, in: Schule im Rechtsstaat, Bd. II, 1980, S. 9 ff. (24, 36 f.); dem BVerfG im Ergebnis zustimmend *Nierhaus* (Fn. 2), Art. 80 Rn. 224 ff.

[123] Vgl. *Bryde* (Fn. 65), Art. 80 Rn. 19; *Jarass/Pieroth*, GG, Art. 80 Rn. 9 f.; *Lücke* (Fn. 65), Art. 80 Rn. 39; *Remmert* (Fn. 3), Art. 80 Rn. 102; *Uhle*, Rechtsverordnung (Fn. 2), § 24 Rn. 94 f. Die umstrittene Beteiligung des Verwaltungsrates nach § 14 PostVwG wurde vom BVerfG für unbedenklich gehalten, weil das Letztentscheidungsrecht bei der Bundesregierung lag, also bei einer Stelle, die selbst Delegatar einer Verordnungsermächtigung nach Art. 80 I 1 GG sein kann (BVerfGE 28, 66 [84 ff.]). S. auch BVerfGE 55, 144 (148 f.).

[124] Dazu etwa *Uhle*, Parlament (Fn. 3), S. 15 ff.; ferner knapp *W. Mößle*, Regierungsfunktionen des Parlaments, 1985, S. 173 ff.

[125] *Schmidt*, Beteiligung (Fn. 3), S. 24 f.; *Saurer*, Funktionen (Fn. 59), S. 373 ff.; *M. Martini*, AöR 133 (2008), 155 (172 ff.); *Uhle*, Rechtsverordnung (Fn. 2), § 24 Rn. 84 ff.

[126] In Anlehnung an *F. Ossenbühl*, HStR³ V, § 103 Rn. 58 f.; vgl. zu einzelnen Typisierungsansätzen auch *K. Grupp*, DVBl. 1974, 177 (177 f.); *Kisker*, Mitwirkung (Fn. 122), S. 21 ff.; *Maurer*, Staatsrecht, § 17 Rn. 154 ff.; *Nierhaus* (Fn. 2), Art. 80 Rn. 188; *Schmidt*, Beteiligung (Fn. 3), S. 25, 58 ff.; *W. Schwanengel*, Einwirkungen der Landesparlamente auf die Normsetzung der Exekutive, 2002, S. 42 ff.; *C. Seiler*, ZG 16 (2001), 50 (63 ff.); *S. Studenroth*, DÖV 1995, 525 (528); *Uhle*, Parlament (Fn. 3), S. 103 ff., 199 ff.; *Wallrabenstein* (Fn. 46), Art. 80 Rn. 24 ff.; wie hier *Remmert* (Fn. 3), Art. 80 Rn. 104 ff.

ordnungsgeber vom Bundestag verlangt werden kann (»**Aufhebungsvorbehalte**«), und schließlich
- Rechtsverordnungen, bei denen sich der Bundestag im Verordnungsverfahren die inhaltliche Änderung durch schlichten Parlamentsbeschluss vorbehält (»**Änderungsvorbehalte**«)[127].

29 Mit derartigen Mitwirkungsvorbehalten verfolgt der Gesetzgeber eine Reihe politischer Anliegen, die in den einzelnen Erscheinungsformen facettenreich verwirklicht sind, teilweise auch voneinander abweichen und zudem in ihrer Überzeugungskraft nicht immer unangefochten blieben[128]. Wiederkehrende und übergreifende **Motive** sind die Information des Parlaments, die Erleichterung und Stärkung (präventiver und nachträglicher) parlamentarischer Kontrolle über die exekutive Normsetzung, die Entlastung des Parlaments, die Verbesserung der Rechtsetzungseffektivität, die Rückbindung der Verordnungsgebung an den Willen des Parlaments, die Abstimmung bzw. Harmonisierung von parlamentarischer und exekutiver Willensbildung, die Initialisierung eines Dialoges zwischen gesetzgebendem Parlament und verordnungsgebender Exekutive, die Ingangsetzung eines Prozesses gegenseitiger Einflussnahme, schließlich und nicht zuletzt auch die Durchsetzung der Vorgaben und Maßstäbe der Ermächtigungsnorm unter Recht- und Zweckmäßigkeitsgesichtspunkten. Dazu stellen die einzelnen Mitwirkungsvorbehaltstypen (→ Rn. 28) Ansatzpunkte und **gesetzgeberische Optionen für die parlamentarische Steuerung der Verordnungsgebung** bereit, die über die ohnehin gegebenen Kontroll- und Korrekturmöglichkeiten exekutiver Rechtsetzung durch den Bundestag hinausgehen und **in abgestufter Dosierung Einwirkungsmöglichkeiten des Bundestages** einrichten und absichern[129]. In der Gesamtbetrachtung hinterlassen sie bisweilen den Eindruck eines »arbeitsteiligen Prozesses« der Recht-

---

[127] Speziell zu den von *F. Ossenbühl*, HStR³ V, § 103 Rn. 58 f., nicht näher behandelten Änderungsvorbehalten, für sich Beispiele in § 292 IV HGB, § 20 II UmweltHG und § 67 KrWG finden, s. etwa *O. Konzak*, DVBl. 1994, 1107 ff.; *F. Ossenbühl*, ZG 12 (1997), 305 (316); *Schmidt*, Beteiligung (Fn. 3), S. 67 ff.; *Uhle*, Parlament (Fn. 3), S. 129 ff., 241 ff. Allgemein kritisch gegenüber dem daraus resultierenden Kondominium von Gesetzgeber und Verwaltung *Dittmann*, Rechtsverordnung (Fn. 71), S. 119 f.
[128] Zu den verfolgten Zwecken s. im einzelnen die detaillierte Untersuchung von *Uhle*, Parlament (Fn. 3), S. 201 f. (zu Kenntnisgabevorbehalten vor Verordnungserlass), 207 f. (zu Begründungspflichten), 212 f. (zu Anhörungsvorbehalten), 221 ff. (zu Zustimmungsvorbehalten), 237 f. (zu isolierten Vetovorbehalten), 242 f. (zu Änderungs- und Ablehnungsvorbehalten), 266 f. (zu Kenntnisvorbehalten nach Verordnungserlass), 271 f. (zu Genehmigungsvorbehalten), 279 f. (zu Aufhebungsvorbehalten). Zusammenfassend wie hier *Remmert* (Fn. 3), Art. 80 Rn. 103, mit ergänzendem Hinweis auf die Überlegung, »Defizite bei der inhaltlichen gesetzlichen Vorprogrammierung von Rechtsverordnungen durch die Mitwirkung des Parlaments zu kompensieren«.
[129] So begründen etwa auf den Zeitpunkt vor Verordnungserlass bezogene gesetzliche Kenntnisgabevorbehalte für die Exekutive die Pflicht zur Vorlage des Verordnungsentwurfs lediglich als Verfahrenspflicht (deren Erfüllung freilich auch Wirksamkeitsvoraussetzung der Rechtsverordnung ist); dem Bundestag eröffnet dies die Möglichkeit der (präventiven) kontrollierenden Befassung mit dem Verordnungsentwurf, ohne dass jedoch diese Befassung, für sich genommen, irgendwelche Konsequenzen bzw. Rechtsfolgen für die Verordnung hat (vgl. im einzelnen *Uhle*, Parlament [Fn. 3], S. 200 ff.). Demgegenüber hängt bei Zustimmungsvorbehalten, die ebenfalls eine präventiv-kontrollierende Befassung des Parlaments mit dem Verordnungsentwurf ermöglichen, das Wirksamwerden der Rechtsverordnung von der vorherigen ausdrücklichen Zustimmung des Bundestages ab (vorbehaltlich gesetzlicher Zustimmungsfiktionen nach Ablauf einer bestimmten Frist und ähnlicher Varianten; vgl. dazu näher *Uhle*, Parlament [Fn. 3], S. 217 ff.). Die Gegenüberstellung der beiden Vorbehaltstypen zeigt exemplarisch Unterschiede in Regelungstechnik, Einwirkungsintensität und Rechtswirkung der einzelnen Mitwirkungsvorbehalte sowie der dem Parlament vorbehaltenen Steuerungsbefugnisse im Prozess der Verordnungsgebung.

II. Anforderungen an die Ermächtigung (Art. 80 I GG)

setzung, in dem sich der Bundestag zur Wahrung des Primats des Parlaments Mitwirkungsbefugnisse vorbehält, die ihn in die Lage versetzen, das »Steuer in der Hand zu behalten« und so tatsächliche oder vermeintliche Steuerungsdefizite der gesetzgeberischen Ermächtigungsnorm im Verfahren der Verordnungsgebung auszugleichen.

Bei der **verfassungsrechtlichen Bewertung** stößt die Bundestagsbeteiligung aus mancherlei Gründen auf Vorbehalte[130]. Dazu müssen an dieser Stelle einige grundsätzliche Bemerkungen genügen: Auszugehen ist von der dem Gesetzgeber in Art. 80 I 1 GG eingeräumten Befugnis, die dort genannten Adressaten zu exekutiver Rechtsetzung zu ermächtigen. Bei diesem Ausgangspunkt sind **Anhörungs- und Kenntnisgabevorbehalte** unproblematisch, weil der Kreis möglicher Erstdelegatare unangetastet bleibt, etwaige Stellungnahmen des Bundestages keine rechtliche Bindungswirkung entfalten und etwaige mit diesen Vorbehalten einhergehende zeitliche Verzögerungen durch die Delegationsbefugnis des Gesetzgebers gedeckt sind. Verfassungsmäßig sind auch **Zustimmungsvorbehalte**, die das Wirksamwerden eines Verordnungsentwurfs unter die aufschiebende Bedingung der Zustimmung des Bundestages stellen. Sie bewegen sich schon allein deshalb im Rahmen der Delegationsbefugnis des Art. 80 I 1 GG, weil sie »im Vergleich zur vollen Delegation der Rechtsetzung auf die Exekutive ein Minus«[131] enthalten; nach der bundesverfassungsgerichtlichen Spruchpraxis sind sie »jedenfalls für solche Sachbereiche mit dem Grundgesetz vereinbar, für die ein legitimes Interesse der Legislative anerkannt werden muß, zwar einerseits die Rechtsetzung auf die Exekutive zu delegieren, sich aber andererseits – wegen der Bedeutung der zu treffenden Regelungen – entscheidenden Einfluß auf Erlaß und Inhalt der Verordnungen vorzubehalten«[132]. Im Ergebnis ähnlich verhält es sich mit den Ablehnungsvorbehalten, die für die Wirksamkeit der Verordnung gleichsam wie eine auflösende Bedingung wirken[133], und mit **Aufhebungsvorbehalten**, die sich ebenfalls

---

[130] Vgl. nur *Nierhaus* (Fn. 2), Art. 80 Rn. 189 unter Hinweis auf das Rechtsstaatsprinzip und insb. den Grundsatz der Gewaltenteilung, das Demokratieprinzip, die Zurechenbarkeit normativer Verantwortung und die Organtreue. Die verfassungsrechtlichen Bedenken sind hier nicht im einzelnen zu diskutieren, zumal die verschiedenen Erscheinungsformen der Bundestagsbeteiligung eine einheitliche verfassungsrechtliche Beurteilung verbieten. Eingehende Untersuchungen zur Verfassungskonformität einzelner Mitwirkungsvorbehalte etwa bei *Schmidt*, Beteiligung (Fn. 3), S. 96 ff., und *Uhle*, Parlament (Fn. 3), S. 297 ff., jeweils m. w. N. Aus der Kommentarliteratur insb. *Remmert* (Fn. 3), Art. 80 Rn. 108 ff., die in Mitwirkungsvorbehalten zugunsten des Parlaments nie ein Minus, sondern stets ein aliud zu einer Ermächtigung zum Verordnungserlass ohne derartige Mitwirkungsbefugnisse sieht und dementsprechend zu einer abweichenden verfassungsrechtlichen Beurteilung der Zustimmungs-, Aufhebungs- und Änderungsvorbehalte gelangt; kritisch zur »Aliud-Argumentation« *Uhle* (Fn. 59), Art. 80 Rn. 55, und *ders.*, Rechtsverordnung (Fn. 2), § 24 Rn. 88 f., der statt dessen auf das Recht des Parlaments zu begleitender und nachträglicher Kontrolle der Exekutive abstellt.

[131] So der entscheidende Begründungsansatz für »Zustimmungsverordnungen« in BVerfGE 8, 274 (321), allerdings mit den sogleich im Text genannten Einschränkung; kritisch zu dieser Einschränkung *Lücke* (Fn. 65), Art. 80 Rn. 39 m. w. N.; eingehend zur Rezeption der »Plus-Minus-Argumentation« in der Literatur und zu deren Kritik *A. Uhle*, NVwZ 2002, 15 (16 ff.); *ders.*, Parlament (Fn. 3), S. 299 ff., 307 f., 314 ff., 320 ff.; ablehnend auch *M. Kotulla/M. Rolfsen*, NVwZ 2010, 943 ff., die die Zustimmungsvorbehalte mangels normativer Absicherung im Grundgesetz als verfassungswidrig einstufen.

[132] BVerfGE 8, 274 (321); für die Verfassungswidrigkeit von obligatorischen Maßgabezustimmungen *Schmidt*, Beteiligung (Fn. 3), S. 64 f., 112 ff., 184.

[133] Vgl. *Lücke* (Fn. 65), Art. 80 Rn. 40; *Mann* (Fn. 59), Art. 80 Rn. 42; *Nierhaus* (Fn. 2), Art. 80 Rn. 217.

gleichsam als auflösende Bedingung und damit als Minus zur vollen Rechtsetzungsdelegation begreifen lassen[134].

31 Dagegen sind die **Änderungsvorbehalte** zugunsten des Bundestages mit Recht auf **verfassungsrechtliche Bedenken** gestoßen[135]. Denn sie sind gegenüber Zustimmungs- und Aufhebungsvorbehalten ein *aliud*, verwischen verfassungsrechtliche Zuständigkeitsverteilungen durch Umgehung von Art. 80 I 1 und 2 GG, führen in der Sache zu verkappten, dem Grundgesetz unbekannten »Bundestagsverordnungen« und unterlaufen das förmliche Gesetzgebungsverfahren mit seinen verfassungsrechtlichen Sicherungen. Diese Rechtsverstöße lassen sich auch nicht mit der Überlegung ausräumen, die Änderungsvorbehalte bezweckten lediglich eine **Kompensation**[136] unzureichender gesetzlicher Steuerung exekutiver Verordnungsgebung, weil Änderungsvorbehalte die erhofften ergänzenden Legitimationsleistungen nicht erbringen und etwaige Legitimationsdefizite daher nicht ausgleichen können[137].

d) Bestimmtheitsgebot (Art. 80 I 2 GG)

32 Als Konkretisierung des Rechtsstaats- und des Demokratieprinzips (→ Rn. 14) errichten die in Art. 80 I 2 GG aufgeführten und gemeinhin als **Bestimmtheitsgebot** bezeichneten Anforderungen an Inhalt, Zweck und Ausmaß der gesetzlich erteilten Ermächtigung für die Übertragung von Rechtsetzungsbefugnissen an die Exekutive ein **modalitätenbezogenes Delegationsverbot**: Verordnungsermächtigungen, die den Bestimmtheitsanforderungen nicht genügen, sind unzulässig. Obgleich das Bestimmtheitsgebot bisweilen als **wichtigste Aussage** von Art. 80 I GG gilt[138], bereitet seine

---

[134] S. dazu *Lücke* (Fn. 65), Art. 80 Rn. 40 mit ergänzendem Hinweis darauf, dass es sich bei Aufhebungsvorbehalten, die dem Bundestag selbst die Befugnis einräumen, eine Rechtsverordnung durch schlichten Parlamentsbeschluss aufzuheben, anders verhalte; solche Aufhebungsvorbehalte seien verfassungswidrig, weil sie es dem Bundestag ermöglichten, in einer das Gesetzgebungsverfahren und die mit ihm verbundenen Anforderungen umgehenden Weise von seiner im Vorbehalt des Gesetzes zum Ausdruck kommenden Rechtsetzungsprärogative durch schlichten Parlamentsbeschluss Gebrauch zu machen. S. allgemein zur parlamentarischen Befugnis, Rechtsverordnungen durch Gesetz zu ändern, → Rn. 49.

[135] Für Verfassungswidrigkeit *Brenner* (Fn. 3), Art. 80 Rn. 103; *Jarass/Pieroth*, GG, Art. 80 Rn. 9; *O. Konzak*, DVBl. 1994, 1107 (1110 ff.); *Lücke* (Fn. 65), Art. 80 Rn. 41; *Mann* (Fn. 59), Art. 80 Rn. 43; *M. Martini*, AöR 133 (2008), 155 (176); *Nierhaus* (Fn. 2), Art. 80 Rn. 190 ff.; *Ramsauer* (Fn. 2), Art. 80 Rn. 50a; *H. H. Rupp*, NVwZ 1993, 756 (758 f.); *C. Seiler*, ZG 16 (2001), 50 (67 ff.); *S. Studenroth*, DÖV 1995, 525 (532 ff., 537); *S. Thomsen*, DÖV 1995, 989 (990 ff.), mit zutreffendem Hinweis auf die (alternativen) gesetzgeberischen Steuerungsbefugnisse über die Verordnungsermächtigung (Art. 80 I 2 GG); vgl. auch *J. Saurer*, NVwZ 2003, 1176 (1179 ff.); nach der Bindungswirkung der Änderungsbeschlüsse differenzierend *K.-P. Sommermann*, JZ 1997, 434 (436 ff.); *Schmidt*, Beteiligung (Fn. 3), S. 112 ff.; differenzierend auch *T. Brandner*, UTR 1997, 119 ff., und *Uhle*, Parlament (Fn. 3), S. 495 ff., sowie *ders.* (Fn. 59), Art. 80 Rn. 57; für Verfassungsmäßigkeit *R. Lippold*, ZRP 1991, 254 (257); *F. Ossenbühl*, DVBl. 1999, 1 (4); *Sannwald* (Fn. 68), Art. 80 Rn. 122; unentschieden *Bryde* (Fn. 65), Art. 80 Rn. 5; vgl. zur Diskussion auch *J. Jekewitz*, NVwZ 1994, 956 ff.; *M. Hoffmann*, DVBl. 1996, 347 (350 f.); *C. Pegatzky*, Parlament und Verordnungsgeber, 1999, S. 150 ff.

[136] S. allgemein zum Kompensationsgedanken frühzeitig *Kisker*, Mitwirkung (Fn. 122), S. 26 ff.; ferner etwa *v. Danwitz*, Gestaltungsfreiheit (Fn. 76), S. 125 ff.; *Schmidt*, Beteiligung (Fn. 3), S. 130 ff.; *Klink*, Pauschale Ermächtigungen (Fn. 50), S. 126 ff.; *Uhle*, Parlament (Fn. 3), S. 308 ff.; jeweils m. w. N.; kritisch zum Kompensationsgedanken *Schnelle*, Fehlerfolgenlehre (Fn. 76), S. 52 ff.

[137] Vgl. *Schmidt*, Beteiligung (Fn. 3), S. 161 ff.

[138] So die Einschätzung etwa von *F. Ossenbühl*, HStR³ V, § 103 Rn. 20; ähnlich *Uhle*, Rechtsverordnung (Fn. 2), § 24 Rn. 47; *Wallrabenstein* (Fn. 46), Art. 80 Rn. 35 (»materieller Kern«); diametrale Einschätzung bei *Remmert* (Fn. 3), Art. 80 Rn. 63 ff. (Rn. 69 ff.: weitgehend bedeutungslos).

Handhabung beträchtliche Schwierigkeiten[139], die sich auch aus der nicht immer schwankungsfreien[140] Spruchpraxis des Bundesverfassungsgerichts[141] erklären.

33 Eine exklusiv normtextorientierte Auslegung legt es nahe, die Begriffe »Inhalt, Zweck und Ausmaß« deutlich zu unterscheiden[142] und als isoliert nachprüfbare Bestimmtheitsanforderungen zu behandeln. Danach könnten beispielsweise unter **Inhalt** die Sachgebiete und Gegenstände, die durch die Rechtsverordnung geregelt werden dürfen, unter **Ausmaß** die vom Verordnungsgeber zu beachtenden Direktiven und Grenzen sowie unter **Zweck** das von der Exekutive bei der Rechtsetzung zu verfolgende Ziel verstanden werden[143]. Dementsprechend müsste nach Art. 80 I 2 GG das Gesetz selbst zum Ausdruck bringen, »daß eine bestimmte Frage geregelt werden soll (Inhalt), innerhalb welcher Grenzen sich diese Regelung bewegen (Ausmaß), und welchem Ziel sie dienen soll (Zweck)«[144]. Demgegenüber geht das Bundesverfassungsgericht davon aus, dass die Begriffe »Inhalt«, »Zweck« und »Ausmaß« nicht jeweils isoliert voneinander betrachtet werden könnten, weil sich die Begriffsinhalte teilweise überschneiden und deshalb nicht exakt gegeneinander abgegrenzt werden können; bei einer konkreten Ermächtigungsnorm würden sich Inhalt, Zweck und Ausmaß gegenseitig ergänzen, durchdringen, erläutern und erst so den vollen Sinngehalt der Norm ergeben[145]. Bei Zugrundelegung dieser Judikatur sind für die Anwendung von Art. 80 I 2 GG folgende Aspekte hervorzuheben:

34 Im Anschluss an Vorarbeiten in der Literatur[146] greift das Gericht bei der Handhabung des Bestimmtheitsgebots in variantenreichen Wendungen auf mehrere »For-

---

[139] Speziell zum umstrittenen Verhältnis des Bestimmtheitsgebotes zur Wesentlichkeitsrechtsprechung → Rn. 21 m. Fn. 102.

[140] S. zur Kritik etwa *H. Hasskarl*, AöR 94 (1969), 85 (110: »keine im gesetzgeberischen Alltag verwendbare Hilfe«); *Bryde* (Fn. 65), Art. 80 Rn. 23, 36 (»Entscheidungen des BVerfG zur Bestimmtheit schlechterdings nicht vorhersehbar«, »schwer vorhersehbar«, nunmehr allerdings unter relativierendem Hinweis darauf, dass die neuere Spruchpraxis »eher die Bestätigung der Ermächtigung erwarten« lasse; *H. Dreier*, Hierarchische Verwaltung im demokratischen Staat, 1991, S. 179 (flexible Handhabung); *Nierhaus* (Fn. 2), Art. 80 Rn. 89 ff., 274 ff.; *ders.*, Bestimmtheitsgebot (Fn. 102), S. 717 (nuancierte und variablenreiche Auslegung); zur Periodisierung der Entscheidungsreihen s. *Ramsauer* (Fn. 2), Art. 80 Rn. 65 ff., der drei Phasen unterscheidet. Bezeichnend für die Unsicherheit sind die uneinheitlichen Einschätzungen der Grundtendenz der bundesverfassungsgerichtlichen Spruchpraxis; s. dazu nur einerseits *Bryde*, a. a. O., und andererseits *Sannwald* (Fn. 68), Art. 80 Rn. 75 (grundsätzlich strenge Anforderungen); vgl. auch *Wallrabenstein* (Fn. 46), Art. 80 Rn. 35 ff.; *Uhle*, Rechtsverordnung (Fn. 2), § 24 Rn. 54 ff.

[141] Rechtsprechungsberichte und -analysen bei *H. R. Lange*, JZ 1968, 417 ff.; *H. Hasskarl*, AöR 94 (1969), 85 ff.; *D. Wilke*, AöR 98 (1973), 196 (229 f.); *H. Spanner*, BayVBl. 1986, 225 ff.; *W. Cremer*, AöR 122 (1997), 248 ff.

[142] So die Forderung von *Wilke* (Fn. 75), Art. 80 Anm. VI.1; übereinstimmend *Uhle*, Rechtsverordnung (Fn. 2), § 24 Rn. 48; kritisch etwa *Brenner* (Fn. 3), Art. 80 Rn. 34.

[143] *Wilke* (Fn. 75), Art. 80 Anm. VI.1.a-c; ähnlich *Uhle*, Rechtsverordnung (Fn. 2), § 24 Rn. 50 ff.

[144] *B. Wolff*, AöR 78 (1952/1953), 194 (198); zu positiv formulierten Konsequenzen einer stärker normtextorientierten Interpretation s. etwa *Lücke* (Fn. 65), Art. 80 Rn. 23 f.: Verpflichtung des Gesetzgebers zu gegenständlich-konkreter (»Inhalt«), richtungsweisend-finaler (»Zweck«) und dem Umfang nach begrenzter (»Ausmaß«) Einzelmächtigung.

[145] BVerfGE 38, 348 (357 f.); ähnlich *Rubel* (Fn. 76), Art. 80 Rn. 20 (keineswegs unterschiedliche, selbständige Kriterien, sondern Elemente einer einheitlichen Prüfung); vgl. auch *Uhle* (Fn. 59), Art. 80 Rn. 19.

[146] Insb. *B. Wolff*, AöR 78 (1952/1953), 194 ff.; s. zum Einfluss dieses Beitrags auf die frühe Spruchpraxis auch *Ramsauer* (Fn. 2), Art. 80 Rn. 66; zu bundesverfassungsgerichtspositivistisch daher *Jarass/Pieroth*, GG, Art. 80 Rn. 11. Zur Handhabung des Bestimmtheitsgebots in der Staatspraxis etwa *Uhle*, Rechtsverordnung (Fn. 2), § 24 Rn. 53 ff.

meln« zurück. Nach der sog. **Selbstentscheidungsformel** muss der Gesetzgeber selbst die Entscheidung treffen, »daß bestimmte Fragen geregelt werden sollen, er muß die Grenzen einer solchen Regelung festsetzen und angeben, welchem Ziel die Regelung dienen soll«[147]. Die sog. **Programmformel** verlangt, dass sich aus dem Gesetz ermitteln lässt, »welches vom Gesetzgeber gesetzte ›Programm‹ durch die Verordnung erreicht werden soll«[148]. Und nach der sog. **Vorhersehbarkeitsformel** fehlt es an der nach Art. 80 I 2 GG notwendigen Beschränkung, »wenn die Ermächtigung so unbestimmt ist, daß nicht mehr vorausgesehen werden kann, in welchen Fällen und mit welcher Tendenz von ihr Gebrauch gemacht werden wird und welchen Inhalt die auf Grund der Ermächtigung erlassenen Verordnungen haben können«[149].

35   Außerdem machte das Gericht ebenfalls frühzeitig darauf aufmerksam, dass Inhalt, Zweck und Ausmaß der erteilten Ermächtigung nicht ausdrücklich im Gesetzestext bestimmt sein müssen, sondern unter Heranziehung der allgemeinen **Auslegungsgrundsätze** aus dem ganzen Gesetz zu ermitteln sind[150], und über die hinreichende Begrenzung der Ermächtigung nur »von Fall zu Fall«[151] entschieden werden kann; auch ist dem Gesetzgeber die Verwendung von Generalklauseln und unbestimmten Rechtsbegriffen in der Ermächtigungsnorm nicht verwehrt[152]. Bei der demnach gebotenen **einzelfallbezogenen Beurteilung** sind die zu erfüllenden Bestimmtheitsanforderungen »von den Besonderheiten des jeweiligen Regelungsgegenstandes sowie der Intensität der Maßnahme abhängig«[153]. Daraus resultieren **bereichs- und intensitätsspezifische Abstufungen** der Bestimmtheitsanforderungen[154].

---

[147] BVerfGE 2, 307 (334) unter Bezugnahme auf *B. Wolff*, AöR 78 (1952/1953), 194 (198); ebenso oder ähnlich z. B. BVerfGE 5, 71 (76 f.); 19, 354 (361 f.); 23, 62 (72); BVerfG (K), NStZ-RR 1997, 342 (343).

[148] BVerfGE 5, 71 (77) zum Regelungszweck unter Hinweis auf *B. Wolff*, AöR 78 (1952/1953), 194 (197); ebenso oder ähnlich z. B. BVerfGE 8, 274 (307); 19, 354 (362); 41, 246 (266); 58, 257 (277); 78, 249 (272); 85, 97 (105); BVerfG (K), NStZ-RR 1997, 342 (343).

[149] BVerfGE 1, 14 (60); ebenso oder ähnlich BVerfGE 2, 307 (334); 19, 354 (361); 41, 246 (266); 56, 1 (12); 58, 257 (276); 78, 249 (272); BVerfG (K), NStZ-RR 1997, 342 (343); vgl. auch zu dieser Formel bereits *B. Wolff*, AöR 78 (1952/1953), 194 (199).

[150] BVerfGE 8, 274 (307) unter Bezugnahme auf *B. Wolff*, AöR 78 (1952/1953), 194 (199 f.); ähnlich BVerfGE 58, 257 (277); 80, 1 (20 f.); 85, 97 (105); 91, 148 (163 f.); 101, 1 (31 ff., Rn. 114 ff.); 106, 1 (19, Rn. 81); s. ferner zur Berücksichtigung der Grundsätze verfassungskonformer Auslegung E 100, 1 (55, Rn. 192). Deutlich enger aber noch BVerfGE 2, 307 (334 f.); 4, 7 (21); 5, 71 (77); danach mussten Ermächtigungsinhalt, -zweck und -ausmaß grundsätzlich ausdrücklich, jedenfalls aber mit einwandfreier Deutlichkeit im Gesetz angegeben sein.

[151] BVerfGE 1, 14 (60); auch dazu *B. Wolff*, AöR 78 (1952/1953), 194 (199); ferner BVerfGE 56, 1 (13).

[152] BVerfGE 101, 1 (32, Rn. 119); 106, 1 (19, Rn. 81); BVerfG (K), NVwZ 2009, 905 (906). Nicht nur am Rande bemerkenswert ist, dass diese Auslegung in tierschutzrechtlichem Zusammenhang sogar »mit Hilfe des einschlägigen tiermedizinischen und verhaltenswissenschaftlichen Schrifttums« erfolgte (BVerfGE 101, 1 [32 f., Rn. 120]).

[153] BVerfGE 58, 257 (277 f. m. w. N.); ähnlich E 56, 1 (13); 62, 203 (210); 76, 130 (143); 113, 167 (269, Rn. 276); 123, 39 (78, Rn. 133); BVerfG (K), NStZ-RR 1997, 342 (343); BVerwG NVwZ 2003, 95 (96).

[154] *Ramsauer* (Fn. 2), Art. 80 Rn. 58 ff.; vgl. auch *Brenner* (Fn. 3), Art. 80 Rn. 37 f.; *Nierhaus* (Fn. 2), Art. 80 Rn. 290 ff.; *Uhle* (Fn. 59), Art. 80 Rn. 24 ff., der außerdem im Anschluss an die in der Spruchpraxis verbreiteten Bemerkung, »hinreichende Bestimmtheit« sei ausreichend, Art. 80 I 2 GG ganz allgemein als »Untermaßverbot« deutet (ebd., Rn. 20). S. etwa speziell zum Flexibilitätsbedarf im Sachbereich des Tierschutzes BVerfGE 101, 1 (35, Rn. 135), und zum Anpassungsbedarf an sich wandelnde Anforderungen in der Behördenorganisation BVerfGE 106, 1 (19, Rn. 81); Zusammenstellung von Einzelfällen bei *Leibholz/Rinck*, GG, Art. 80 (2014), Rn. 146 ff., 306 ff.

II. Anforderungen an die Ermächtigung (Art. 80 I GG)   **Art. 80**

Die Differenzierung nach der **Eigenart der Regelungsmaterie** (→ Rn. 35) lässt es zu, **36** geringere Anforderungen beispielsweise bei vielgestaltigen, komplexen Lebenssachverhalten oder bei absehbaren Änderungen der tatsächlichen Verhältnisse zu stellen, und eröffnet Raum für sachgerechte, situationsbezogene und flexible Lösungen bei der Abgrenzung von legislativen und exekutiven Zuständigkeiten[155]. So kann etwa in wirtschaftsverwaltungsrechtlichen Sachbereichen, die durch sich schnell wandelnde wirtschaftliche Situationen und die entsprechende Notwendigkeit unverzüglicher normativer Reaktion auf die geänderten wirtschaftlichen Verhältnisse geprägt sind[156], großzügiger verfahren werden als bei Ermächtigungsnormen, mit denen die steuerliche Behandlung von Wirtschaftssubjekten geregelt wird[157]. Strengen Bestimmtheitsanforderungen unterliegen zudem vor allem Ermächtigungsnormen im Bereich des Strafrechts[158]. Ebenfalls strenge Anforderungen werden im Zusammenhang mit der Übertragung von Hoheitsrechten nach Art. 24 I GG gestellt[159].

Regelungsbereichsübergreifend auf eigengeartete Bestimmtheitsprobleme verwei- **37** sen »gemeinschaftsrechtsspezifische«[160] bzw. nunmehr **unionsrechtsspezifische Verordnungsermächtigungen**. Damit ist ein Ermächtigungstyp angesprochen, der EU-rechtliche Regelungsvorgaben aufnimmt und – teils mehr oder weniger pauschal, teils aber auch mit detaillierten ergänzenden Direktiven des nationalen Gesetzgebers – zur »Umsetzung von Gemeinschafts- bzw. Unionsrecht« durch Rechtsverordnung ermächtigt[161]. Jenseits der vom Bundesverfassungsgericht grundsätzlich nicht beanstandeten Verweisungen in deutschen Verordnungsermächtigungen auf Normen und Begriffe des Unionsrechts[162] werden an Ermächtigungsgesetze zur Ausführung von EU-Richtlinien durch Rechtsverordnung nicht selten abgeschwächte Bestimmtheitsanforderungen gestellt (→ Rn. 10), wenn das Parlament unionsrechtlich weitgehend festgelegt ist[163]. Begründet wird dies u.a. mit eher pragmatischen Überlegungen zur

---

[155] Vgl. BVerfGE 58, 257 (278); BVerwGE 89, 121 (131).
[156] Vgl. BVerfGE 8, 274 (321).
[157] Näheres bei *Schmidt*, Öffentliches Wirtschaftsrecht (Fn. 13), S. 465 f. m.w.N.
[158] BVerfGE 14, 174 (185); 32, 346 (362); 51, 60 (70 f.); BVerfG (K), NStZ-RR 1997, 342 (343).
[159] So BVerwGE 54, 291 (299); zustimmend Jarass/*Pieroth*, GG, Art. 80 Rn. 12a. → Fn. 100.
[160] *D.H. Scheuing*, EuR 20 (1985), 229 (234).
[161] Beispiele finden sich u.a. in §§ 7 IV, 37, 39, 48a I BImSchG, § 55 BNatSchG, § 16 Abs. 6 GenTG, § 23 WHG, § 65 KrWG; weitere Beispiele (auch zu strafrechtlichen Blankettnormen) bei *I. Härtel*, JZ 2007, 431 (432 f.); *Remmert* (Fn. 3), Art. 80 Rn. 113. Näher zu den facettenreichen Erscheinungsformen und zur Typenbildung *Bauer*, Bestimmtheitsgebot (Fn. 47), S. 1068 ff. m.w.N. → Rn. 10.
[162] BVerfGE 29, 198 (210 f.); 34, 348 (366 f.); weitergehend keine prinzipiellen Bedenken sogar gegen dynamische Verweisungen auf künftiges Gemeinschafts- bzw. Unionsrecht bei BVerwGE 121, 382 (386), sowie allerdings unter Hinweis auf das Gebot eines im Einzelfall besonders strengen Prüfungsmaßstabs BVerfG (K) v. 29.4.2010, 2 BvR 871/04, 2 BvR 414/08, juris, Rn. 40; vgl. zur Diskussion auch *T. Milej*, EuR 44 (2009), 577 ff.
[163] Näher dazu *R. Streinz*, HStR3 X, § 218 Rn. 64 f. m.w.N. und ergänzenden Hinweisen auf fortbestehende Grenzen; im praktischen Ergebnis ähnlich *Nierhaus* (Fn. 2), Art. 80 Rn. 315 ff. m.w.N.; vgl. auch – teilweise weitergehend – *C. Calliess*, NVwZ 1998, 8 (12 f.); *M. Czychowski*, ZUR 1997, 71 (72 zu § 6a WHG a.F.); *M. Kloepfer/E. Rehbinder/E. Schmidt-Aßmann/P. Kunig*, Umweltgesetzbuch – Allgemeiner Teil, 1990, S. 470; *D.H. Scheuing*, EuR 20 (1985), 229 (234 f.); kritisch *M. Martini*, AöR 133 (2008), 155 (168 f.); differenzierend *C. Busse*, Das Bestimmtheitsgebot des Art. 80 Abs. 1 Satz 2 GG bei der normativen Durchführung von EG-Recht, in: GedS Bleckmann, 2007, S. 1 ff. – S. zu den einzelnen Begründungsansätzen (Verdrängung von Art. 80 I 2 GG in Umsetzungssituationen, Einbeziehung des umzusetzenden Unionsrechts in die Ermächtigung, modifizierte Anwendung von Art. 80 I 2 GG in Umsetzungssituationen, etc.) und zu deren Kritik eingehend *Klink*, Pauschale Ermächtigungen (Fn. 50), S. 130 ff.; ferner die Überblicke zum Meinungsstand bei *I. Härtel*, JZ 2007, 431 (433 ff.), die eine Fortentwicklung der Verordnungsdogmatik im Lichte von Art. 23 GG vorschlägt; *A. Debus*,

Notwendigkeit zügiger Richtlinienumsetzung sowie damit, dass wegen der Besonderheiten des Unionsrechts und der oftmals nur äußerst geringen Umsetzungsspielräume der Zweck von Art. 80 I 2 GG insoweit nicht erfüllt werden könne. Die Gegenposition[164] verweist u. a. auf die vom Unionsrecht den Mitgliedstaaten freigestellte Bestimmung der Modalitäten der innerstaatlichen Umsetzung, auf die fortbestehende Bindung des deutschen Gesetzgebers an Art. 80 I 2 GG bei der Umsetzung von EU-Richtlinien sowie auf Folgeprobleme einer übermäßigen Machtverschiebung auf die Exekutive; sie wendet sich daher gegen jede Abschwächung oder Relativierung der Bestimmtheitsanforderungen[165]. Indes entziehen sich die Umsetzungsermächtigungen wegen ihrer unterschiedlichen inhaltlichen Ausgestaltungen mit abgestufter Regelungsintensität einer einheitlich-generellen verfassungsrechtlichen Beurteilung[166]. Für die demnach gebotene Differenzierung ist entscheidend, ob die nationale Ermächtigungsnorm im Zusammenspiel, also zusammen mit dem in ihr aufgenommenen EU-Rechtsakt den Anforderungen von Art. 80 I 2 GG genügt. Weiterführende **Kriterien für die Abgrenzung** der das Bestimmtheitsgebot wahrenden Umsetzungsermächtigungen von verfassungsrechtlich unzulässigen Ermächtigungen sind danach regelmäßig der Umfang des dem nationalen Gesetzgeber belassenen Gestaltungsspielraums und die Regelungsdichte der Ermächtigungsnorm; diese beiden Kriterien schließen jedenfalls pauschale Blankoermächtigungen aus[167] und machen im übrigen jeweils sorgfältige Rechts- und Sachbereichsanalysen erforderlich[168]. Daneben sind als gewisse Kompensation für tatsächliche oder vermeintliche Demokratiedefizite in den Umsetzungsermächtigungen bisweilen enthaltene oder in sie aufzunehmende Zustimmungs- bzw. Aufhebungsvorbehalte zugunsten des Bundestages (→ Rn. 28 ff.) im Gespräch[169].

Verweisungen in deutschen Rechtsnormen, 2008, S. 243 ff., der für eine Änderung von Art. 80 GG plädiert; *J. Saurer*, JZ 2007, 1073 (1076 ff.), der sich gegen eine Verfassungsänderung ausspricht.

[164] Zu den Vorbehalten vgl. – mit teilweise unterschiedlichen Begründungsansätzen – etwa *B. Becker*, DVBl. 2003, 1487 (1489 f. zum Chemikalienrecht); *R. Breuer*, ZfW 38 (1999), 221 (225 ff.); *T. v. Danwitz*, Jura 2002, 93 (98 f.); *M. Kotulla*, ZfW 39 (2000), 85 (95 ff.); *M. Reinhardt*, UTR 1997, 337 ff. (357 ff.); *F. Ossenbühl*, DVBl. 1999, 1 (6 f.); *Sannwald* (Fn. 68), Art. 80 Rn. 62; *S. Weihrauch*, NVwZ 2001, 265 (266 ff.).

[165] *Brenner* (Fn. 3), Art. 80 Rn. 39; *Haratsch* (Fn. 59), Art. 80 Rn. 15; *Schnelle*, Fehlerfolgenlehre (Fn. 76), S. 33 ff. (insb. S. 37).

[166] Vgl. etwa *J. Ziekow*, JZ 1999, 963 (969); *F. Ossenbühl*, DVBl. 1999, 1 (6); *I. Härtel*, JZ 2007, 431 (436 f.); *Bryde* (Fn. 65), Art. 80 Rn. 23a; *Jarass/Pieroth*, GG, Art. 80 Rn. 12a; *Remmert* (Fn. 3), Art. 80 Rn. 113; *Saurer*, Funktionen (Fn. 59), S. 147 ff., 317 ff.; *Uhle* (Fn. 59), Art. 80 Rn. 28; *Uhle*, Rechtsverordnung (Fn. 2), § 24 Rn. 59; *Bauer*, Bestimmtheitsgebot (Fn. 47), S. 1068 ff.; vgl. auch BVerwGE 121, 382 (386 ff.); *Wallrabenstein* (Fn. 46), Art. 80 Rn. 43 ff.; BVerfG (K) v. 29.4.2010, 2 BvR 871/04, 2 BvR 414/08, juris, Rn. 37, 44.

[167] BVerfG (K) v. 29.4.2010, 2 BvR 871/04, 2 BvR 414/08, juris, Rn. 44.

[168] Näheres mit Beispielen für verfassungswidrige und verfassungsmäßige Ermächtigungsnormen bei *Bauer*, Bestimmtheitsgebot (Fn. 47), S. 1075 ff.; ähnlich *Remmert* (Fn. 3), Art. 80 Rn. 115; *Uhle*, Rechtsverordnung (Fn. 2), § 24 Rn. 61, der ergänzend auf die Unzulässigkeit sog. »unspezifischer« Verordnungsermächtigungen hinweist. S. auch BVerwGE 121, 382 (386 ff.); dort weist das BVerwG u. a. darauf hin, dass »sich das Gesetz durch die Verweisung von der Bestimmtheit des in Bezug genommenen Gemeinschaftsrechts abhängig macht. Wird das Gemeinschaftsrecht geändert und nimmt seine Bestimmtheit dabei ab, so verringert sich auch die Bestimmtheit der gesetzlichen Verordnungsermächtigung, die auf es Bezug nimmt«. Demgemäß entsprechen »weiten« Regelungsspielräumen für den nationalen Gesetzgeber strengere Bestimmtheitsanforderungen an die deutsche Ermächtigungsnorm.

[169] Vgl. an dieser Stelle nur *C. Calliess*, NVwZ 1998, 8 (12); *Nierhaus* (Fn. 2), Art. 80 Rn. 321;

II. Anforderungen an die Ermächtigung (Art. 80 I GG) — Art. 80

Die Differenzierung nach der **Intensität der Maßnahme** (→ Rn. 35) nimmt auch für die Festlegung des Bestimmtheitsgrades, d.h. der verfassungsrechtlich geforderten Regelungsintensität der Ermächtigungsnorm Wesentlichkeitskriterien (→ Rn. 21) auf: »Je schwerwiegender die Auswirkungen sind, desto höhere Anforderungen« sind »an die Bestimmtheit der Ermächtigung zu stellen«[170]. Demgemäß muss die Bestimmtheit der Ermächtigungsnorm namentlich der Grundrechtsrelevanz der Regelung entsprechen; daraus folgt, dass bei erheblichen Eingriffen in die Rechtsstellung der Betroffenen »höhere Anforderungen an den Bestimmtheitsgrad der Ermächtigung gestellt werden, als wenn es sich um einen Regelungsbereich handelt, der die Grundrechtsausübung weniger tangiert«[171].

e) Subdelegation (Art. 80 I 4 GG)

Die nach Art. 80 I 4 GG mögliche vollständige oder teilweise Weiterübertragung der Verordnungsbefugnis durch den Erstdelegatar (→ Rn. 22 ff.) steht unter dem **Vorbehalt gesetzlich eingeräumter Subdelegationsbefugnis**. Diese Subdelegationsbefugnis muss im Gesetz nicht ausdrücklich erteilt werden, sich ihm aber mit hinreichender Deutlichkeit entnehmen lassen; auch braucht sie nicht notwendig in dem Ermächtigungsgesetz ausgesprochen zu werden, sondern kann in einem anderen Gesetz enthalten sein[172].

Das Ermächtigungsgesetz darf die Subdelegation nicht vorwegnehmen (→ Rn. 22). Doch steht es im ordnungsgemäßen Ermessen des Gesetzgebers, ob er die (möglichen potentiellen) Subdelegatare selbst bestimmt oder deren ermessensfehlerfreie Auswahl dem Erstdelegatar überlässt[173]. Der **Kreis der potentiellen Subdelegatare** ist in Art. 80 I 4 GG nicht eingegrenzt. In Betracht kommen für Subdelegationen in erster Linie Bundesminister, Landesregierungen, Landesminister, die den obersten Bundes- und Landesbehörden nachgeordneten Behörden und juristische Personen des öffentlichen Rechts, wobei jedoch die föderative »Sperre« (→ Rn. 26) zu beachten ist. Der – anders als bei Art. 80 I 1 GG – hinsichtlich potentieller Subdelegatare offene Wortlaut von Art. 80 I 4 GG schließt nach umstrittener[174], aber zutreffender Ansicht[175] im Rahmen

---

kritisch oder ablehnend *S. Weihrauch*, NVwZ 2001, 265 (269); *Sannwald* (Fn. 68), Art. 80 Rn. 62; *Uhle* (Fn. 59), Art. 80 Rn. 28.

[170] BVerfGE 56, 1 (13).
[171] BVerfGE 62, 203 (210); s. auch E 113, 167 (268 f., Rn. 276); BVerwGE 89, 121 (131 f.).
[172] *Wilke* (Fn. 75), Art. 80 Anm. VIII.1 und 2; Jarass/Pieroth, GG, Art. 80 Rn. 19; *Remmert* (Fn. 3), Art. 80 Rn. 82; *Uhle*, Rechtsverordnung (Fn. 2), § 24 Rn. 43.
[173] *Lücke* (Fn. 65), Art. 80 Rn. 31; demgegenüber verlangt *Wilke* (Fn. 75), Art. 80 Anm. VIII.2, dass der Gesetzgeber hinsichtlich der Subdelegatare Bestimmungen treffen muss. Die gesetzgeberische Option zur Bestimmung der (möglichen potentiellen) Subdelegatare generell ablehnend *Brenner* (Fn. 3), Art. 80 Rn. 60, der verkennt, dass darin noch keine Vorwegnahme der Subdelegation liegt, weil das dem Erstdelegatar eingeräumte Ermessen über das »Ob« der Übertragung erhalten bleibt, gegebenenfalls auch über das »Wie« und bei mehreren (im zur Subdelegation ermächtigenden Gesetz) benannten möglichen Subdelegataren insoweit eingeschränkt selbst über das »An Wen«.
[174] Prägnante Aufbereitung der Kontroverse etwa bei *K. Rennert*, JZ 2009, 976 ff. m.w.N., der freilich Art. 80 I 4 GG als »Hintertür« für die Beleihung Privater mit Verordnungsbefugnissen aus übergeordneten systematischen Gründen ablehnt.
[175] Ablehnend *Brenner* (Fn. 3), Art. 80 Rn. 61; Jarass/Pieroth, GG, Art. 80 Rn. 19; *Nierhaus* (Fn. 2), Art. 80 Rn. 259; *F. Ossenbühl*, HStR³ V, § 103 Rn. 36; *Stern*, Staatsrecht II, S. 669; *Uhle* (Fn. 59), Art. 80 Rn. 34; bejahend *Dittmann*, Rechtsverordnung (Fn. 71), S. 110; *Ramsauer* (Fn. 2), Art. 80 Rn. 46; *Remmert* (Fn. 3), Art. 80 Rn. 84; *Wilke* (Fn. 75), Art. 80 Anm. VIII.3; vgl. auch *B. B. Wiegand*, Die Beleihung mit Normsetzungskompetenzen, 2008, S. 142 ff. und passim.

einer Beleihung die Option zur Ermächtigung privater Rechtssubjekte auf gesetzlicher Grundlage ein.

41 Die Subdelegation muss in der **Rechtsform einer Rechtsverordnung** erfolgen. Dabei ist Art. 80 I 3 GG (→ Rn. 44) zu beachten, bei teilweiser Übertragung der Verordnungsbefugnis auch Art. 80 I 2 GG analog; etwaige Mitwirkungsrechte müssen bei der Übertragungsverordnung ebenso gewahrt werden wie beim Erlass der Rechtsverordnung selbst. Der Subdelegatar kann seinerseits die Verordnungsbefugnis ganz oder teilweise weiterübertragen, wenn dies gesetzlich vorgesehen ist[176]; auch für diese **Kettendelegation** gilt der Verordnungsvorbehalt[177].

2. Anforderungen an die Rechtsverordnung, insb. Zitiergebot (Art. 80 I 3 GG)

42 Nach Art. 80 I 1, 2 GG bedürfen Rechtsverordnungen einer hinreichend bestimmten **gesetzlichen Ermächtigung** (→ Rn. 20 ff., 32 ff.) und im Falle der Subdelegation nach Art. 80 I 4 GG einer Ermächtigung durch Rechtsverordnung, die sich ihrerseits auf eine gesetzliche Ermächtigung zurückführen lässt (→ Rn. 39 ff.). Die Ermächtigung muss im **Zeitpunkt der Verkündung** der Rechtsverordnung (→ Art. 82 Rn. 24) wirksam sein; dafür genügt es, wenn das ermächtigende Gesetz am Tag der Verordnungsverkündung in Kraft tritt[178]. Die **Anordnung rückwirkenden Inkrafttretens** der Rechtsverordnung ist zulässig, wenn sich die Befugnis zum Erlass rückwirkender Verordnungen dem ermächtigenden Gesetz ausdrücklich oder dessen Sinn und Zweck entnehmen lässt und die verfassungsrechtlichen Grenzen rückwirkender Normänderung gewahrt sind[179].

43 Die Rechtsverordnung muss den **Rahmen der Ermächtigung** einhalten und deren Vorgaben beachten[180]. Dazu gehört beispielsweise, dass die Verordnung vom in der Ermächtigung genannten Adressaten erlassen wird und inhaltlichen Direktiven des Gesetzes, insb. etwaigen Tatbestandsvoraussetzungen und vorgesehenen Rechtsfolgeanordnungen, entspricht[181]. Auch gesetzliche Regelungen des **Verordnungsverfahrens**, namentlich über die Beteiligung Dritter (→ Rn. 27 f.), gehören hierher[182]. Zu berücksichtigen sind außerdem Art. 80 II–IV GG sowie hinsichtlich Ausfertigung, Verkündung und Inkrafttreten Art. 82 GG[183].

44 Eine weitere Anforderung enthält Art. 80 I 3 GG mit dem **Zitiergebot**, das mit der von ihm geforderten Offenlegung der Ermächtigungsgrundlage nicht nur der Rechtsklarheit dient[184] und eine formale Hilfestellung für die Einordnung einer Rechtsvor-

---

[176] *Stern*, Staatsrecht II, S. 670.
[177] BVerfGE 38, 139 (147).
[178] Vgl. BVerfGE 3, 255 (259 f.); *Uhle* (Fn. 59), Art. 80 Rn. 8; *Wallrabenstein* (Fn. 59), Art. 80 Rn. 12; Diskussion verschiedener Varianten mit Blick auf das bayerische Verfassungsrecht bei *J. F. Lindner*, BayVBl. 2011, 193 ff.
[179] BVerfGE 45, 142 (163 f., 166 ff.). → Art. 20 (Rechtsstaat), Rn. 151 ff.
[180] Detaillierte Zusammenstellung von Anforderungen und Fehlerquellen bei *Schnelle*, Fehlerfolgenlehre (Fn. 76), S. 57 ff.
[181] Zu einem Beispiel für die Verfehlung der gesetzgeberischen Vorgaben bei der Verordnungsgebung s. BVerfGE 101, 1 (37 ff., Rn. 140 ff.).
[182] Zu vorbereitenden Tätigkeiten vgl. ergänzend *Uhle*, Rechtsverordnung (Fn. 2), § 24 Rn. 68.
[183] Vgl. zum Ganzen etwa die Fehlertypologie bei *v. Danwitz*, Gestaltungsfreiheit (Fn. 76), S. 134 ff., sowie die Zusammenstellung von Rechtmäßigkeitsanforderungen bei *Ramsauer* (Fn. 2), Art. 80 Rn. 71 ff., und *Sachs*, Normsetzung (Fn. 76), S. 165 ff.
[184] Z.B. *Wilke* (Fn. 75), Art. 80 Anm. VII.2; *Nierhaus* (Fn. 2), Art. 80 Rn. 322; BVerfGE 101, 1 (41 f., Rn. 150 ff.).

II. Anforderungen an die Ermächtigung (Art. 80 I GG)   **Art. 80**

schrift als Rechtsverordnung (→ Rn. 16) gibt[185] (**Identifikations- bzw. Qualifikationsfunktion**), sondern daneben wichtige weitere Funktionen erfüllt: Das Zitiergebot bezweckt zunächst eine Selbstkontrolle des Verordnungsgebers, der durch die ihm auferlegte Pflicht zur Angabe der Rechtsgrundlage gezwungen ist, sich zu vergewissern, auf welche Ermächtigungsnorm er seine Rechtsetzung stützen will und ob die geplante Regelung inhaltlich von dieser Norm gedeckt ist (**interne Kontrollfunktion**). Da der Verordnungsgeber auf das ihm durch die Ermächtigungsgrundlage vorgegebene Normprogramm beschränkt ist, liefert die zitierte Norm zugleich einen Ansatzpunkt für die externe Prüfung, ob der Verordnungsgeber die Direktiven und den Rahmen der gesetzlichen Ermächtigung eingehalten oder verfehlt hat (**externe Kontrollfunktion**). Dies ist namentlich für den Rechtsschutz bedeutsam, weil die Adressaten einer Rechtsverordnung andernfalls zur sachgemäßen Wahrnehmung und gegebenenfalls Verteidigung ihrer Rechte bei der Überprüfung der Verfassungsmäßigkeit der Verordnung darauf verwiesen wären, die gesamte Rechtsordnung auf potentielle Ermächtigungsgrundlagen durchforsten zu müssen (**Rechtsschutzfunktion**). In der Gesamtbetrachtung erweist sich das Zitiergebot demnach als wichtiges »rechtsstaatliches Formerfordernis«[186], das die Verordnungsgebung verwaltungsintern diszipliniert und verwaltungsextern transparent und überprüfbar macht.

Nach Art. 80 I 3 GG ist in der Verordnung deren »**Rechtsgrundlage**« anzugeben. Der **45** Textvergleich mit Art. 80 I 2 GG (»Gesetz«) zeigt, dass dafür der bloße Hinweis auf das ermächtigende Gesetz als solches nicht genügt[187]. Vielmehr ist die einzelne Ermächtigungsnorm nach Paragraph sowie gegebenenfalls Absatz, Satz und Nummer zu zitieren[188]. Bei inhaltlicher Überschneidung mehrerer Ermächtigungsgrundlagen sind diese gemeinsam anzugeben; nicht ausreichend ist es, wenn in der Verordnung selbst nur eine Ermächtigungsgrundlage und eine weitere vom Verordnungsgeber in Anspruch genommene Ermächtigungsgrundlage lediglich in der amtlichen Begründung zu dieser Verordnung ausgewiesen ist, weil dies die rechtsstaatlich gebotene Publizität verfehlt[189]. Aus Art. 80 I 3 GG ist jedoch nicht zu schließen, dass zu jeder Verordnungsbestimmung im einzelnen angegeben werden muss, auf welcher Ermächtigung sie beruht[190]. Deshalb ist dem Zitiergebot genügt, wenn die konkreten Ermächtigungs-

---

[185] Zur Bedeutung des Zitats als Qualifikationshilfe und zu den weiteren Funktionen des Zitiergebots s. *K. Füßer/S. Stöckel*, NVwZ 2010, 414 (416); *Nierhaus* (Fn. 2), Art. 80 Rn. 322; *Remmert* (Fn. 3), Art. 80 Rn. 124; *Schwarz*, Zitiergebote (Fn. 77), S. 150 ff.; *ders.*, DÖV 2002, 852 (852); *Uhle* (Fn. 59), Art. 80 Rn. 32; *ders*, Rechtsverordnung (Fn. 2), § 24 Rn. 69; *Wallrabenstein* (Fn. 46), Art. 80 Rn. 46; kritisch zur Funktion der gubernativen Selbstkontrolle *W. Mößle*, BayVBl. 2003, 577 (582); kritisch zur Rechtsschutzfunktion *R. Tillmann*, NVwZ 2002, 1466 (1470).
[186] BVerfGE 101, 1 (42, Rn. 155); an späterer Stelle bezeichnet das Gericht das Zitiergebot unter Hinweis auf *R. Bartlsperger*, VerwArch. 58 (1967), 249 (270), sogar als »unerläßliches Element des demokratischen Rechtsstaates«; berechtigte Vorbehalte gegen diese Beschreibung bei *W. Mößle*, BayVBl. 2003, 577 ff., mit Blick auf Verordnungsermächtigungen in Landesgesetzen.
[187] BVerfGE 101, 1 (41, Rn. 151); *Schwarz*, Zitiergebote (Fn. 77), S. 153.
[188] *M. Sachs*, BayVBl. 1987, 209 (210); *Brenner* (Fn. 3), Art. 80 Rn. 43; *Nierhaus* (Fn. 2), Art. 80 Rn. 415; *Uhle* (Fn. 59), Art. 80 Rn. 32; *ders.*, Rechtsverordnung (Fn. 2), § 24 Rn. 70; für bestimmte Fallkonstellationen einschränkend *Schwarz*, Zitiergebote (Fn. 77), S. 155 f.; nach BVerfGE 101, 1 (42, Rn. 157), muss die einzelne Vorschrift des Gesetzes genannt werden, in der die Ermächtigung enthalten ist.
[189] BVerfGE 101, 1 (41 ff., Rn. 151 ff.); ähnlich E 136, 69 (113, Rn. 99); ablehnend *Wallrabenstein* (Fn. 46), Art. 80 Rn. 48; s. zu Misch- und Sammelverordnungen auch *Nierhaus* (Fn. 2), Art. 80 Rn. 326.
[190] So BVerfGE 20, 283 (292) zu Sammelverordnungen; E 101, 1 (42, Rn. 156); 136, 69 (113, Rn. 99).

normen in der Präambel der jeweiligen Rechtsverordnung aufgeführt werden[191]. Die damit verbundene Erleichterung der Verordnungspraxis ist freilich nur akzeptabel, solange sich die jeweilige Rechtsgrundlage für die einzelnen Teilbestimmungen einer Rechtsverordnung mit hinreichender Sicherheit ermitteln lässt, weil andernfalls das Zitiergebot unterlaufen werden könnte[192]. Verfassungspolitisch wünschenswert, verfassungsrechtlich aber durch Art. 80 I 3 GG nicht geboten ist neben der Angabe der Rechtsgrundlage ein zusätzlicher Hinweis auf deren Fundstelle im amtlichen Gesetzblatt (bis hin zur letzten Änderung)[193]. Bei Subdelegationen (→ Rn. 39 ff.) verlangt das Zitiergebot die Angabe sowohl der gesetzlichen (Ausgangs-)Ermächtigungsvorschrift als auch der (Sub-)Delegationsvorschrift, weil erst beide zusammen die vollständige »Rechtsgrundlage« für die Verordnungsermächtigung des Subdelegatars bilden[194]; entsprechendes gilt für Kettendelegationen (→ Rn. 41).

46 Auch das Zitiergebot wirft für gemeinschafts- bzw. **unionsrechtsspezifische Verordnungsermächtigungen** (→ Rn. 37) ein eigengeartetes Problem auf, nämlich die Frage, ob Art. 80 I 3 GG bei der Umsetzung und Ausfüllung von EG- bzw. EU-Recht nicht nur die ausdrückliche Benennung der deutschen Ermächtigungsnorm, sondern auch der gemeinschafts- bzw. unionsrechtlichen Grundlagen verlangt (→ Rn. 9). Die erwähnten Kontroll- und Rechtsschutzfunktionen des Zitiergebots (→ Rn. 44) legen die Forderung nach einer hinreichend deutlichen Kennzeichnung der europarechtlichen »Provenienz der über die innerstaatliche Delegationsnorm durchzuführenden Rechtsakte«[195] bzw. der Angabe auch der umzusetzenden unionsrechtlichen Vorschrift nahe; denn unionsrechtsspezifische Verordnungsermächtigungen sind zumindest potentielle Einfallstore für normative Direktiven, die sich dem nationalen Gesetz nicht entnehmen lassen, aber für die Selbstkontrolle des Verordnungsgebers ebenso wie für die Wahrnehmung der Rechte der Verordnungsadressaten wesentlich sind[196]. Unterstützt wird diese Forderung durch die Berücksichtigung des Zusammenspiels von nationalem Recht und Unionsrecht bei der Anwendung des Bestimmtheitsgebots auf unionsrechtsspezifische Verordnungsermächtigungen (→ Rn. 37), weil darin aus systematischen Gründen beim Zitiergebot eine abgestimmte Entsprechung, d. h. die Benennung auch der unionsrechtlichen Rechtsgrundlage, zumindest angelegt ist[197]. Gleichwohl soll die in einer Rechtsverordnung nach Art. 80 I 3 GG anzugebende Rechtsgrundlage nicht auch das Unionsrecht, das durch die Verordnung umgesetzt wird, erfassen. Grund dafür kann freilich nicht sein, dass andernfalls »die Rechtswirksamkeit des gesamten deutschen, zur Durchführung von EG-Recht erlassenen Verordnungsrechts in Frage gestellt« wäre[198]; denn die Staatspraxis ist Gegenstand, nicht Maßstab verfas-

---

[191] Jarass/*Pieroth*, GG, Art. 80 Rn. 16; *Stern*, Staatsrecht II, S. 671.
[192] *Wilke* (Fn. 75), Art. 80 Anm. VII.2.
[193] BVerwG NJW 1983, 1922; *Remmert* (Fn. 3), Art. 80 Rn. 125; *Schwarz*, Zitiergebote (Fn. 77), S. 156 f. m. w. N. zur h. M.; a.A. *Lücke* (Fn. 65), Art. 80 Rn. 29; *Nierhaus* (Fn. 2), Art. 80 Rn. 324, wonach die Angabe der amtlichen Fundstelle verfassungsrechtlich geboten ist.
[194] *Nierhaus* (Fn. 2), Art. 80 Rn. 325; *Schwarz*, Zitiergebote (Fn. 77), S. 158 ff. m. w. N. auch zur gegenteiligen Minderheitsmeinung.
[195] *Nierhaus* (Fn. 2), Art. 80 Rn. 327.
[196] *T. Schwarz*, DÖV 2002, 852 (853); *ders.*, Zitiergebote (Fn. 77), S. 154 f.; *P. Kauch/M. Düsing*, Agrar- und Umweltrecht 2003, 69 (70 f., 72 f.); für »pauschale Umsetzungsermächtigungen« auch *Klink*, Pauschale Ermächtigungen (Fn. 50), S. 196 f.; vgl. auch die Überlegungen in BVerwGE 118, 70 (73).
[197] Vgl. *I. Härtel*, JZ 2007, 431 (437).
[198] Vgl. *Brenner* (Fn. 3), Art. 80 Rn. 43.

II. Anforderungen an die Ermächtigung (Art. 80 I GG)   Art. 80

sungsrechtlicher Beurteilung[199]. Vielmehr stellt die Spruchpraxis entscheidend darauf ab, dass die Einhaltung der gemeinschafts- bzw. unionsrechtlichen Vorgaben eine andere, von dem auf das deutsche Parlamentsgesetz fokussierten Zitiergebot des Art. 80 I 3 GG nicht erfasste Ebene betreffe[200]. Dass jenseits des aus rechtspraktischer Sicht verständlichen richterlichen Pragmatismus aus den genannten Gründen jedenfalls verfassungspolitisch weitergehend auch die Angabe der umzusetzenden unionsrechtlichen Vorschrift, die der allenthalben zu beobachtenden Europäisierung des Verordnungsrechts konsequent Rechnung tragen würde, wünschenswert wäre, sei wenigstens am Rande nachdrücklich vermerkt[201].

Ob und in welchem Umfang den Verordnungsgeber über die in Art. 80 I 3 GG enthaltenen Ansätze hinaus beim Erlass von Rechtsverordnungen von Verfassungs wegen eine **Begründungspflicht** trifft, ist bislang nicht abschließend geklärt[202]. Für die vom Grundgesetz nicht ausdrücklich geforderte Begründung von Rechtsverordnungen sprechen viele Zweckmäßigkeitserwägungen, die von der Verbesserung interner und externer Kontrolle bis hin zur Erleichterung des Rechtsschutzes reichen[203], die aber auch durch gegenläufige Aspekte wie Effizienz, Schnelligkeit und Flexibilität der Verordnungsgebung (→ Rn. 12) relativiert werden. Aus verfassungsrechtlicher Sicht ist normativer Sitz gesteigerter Begründungspflichten jedenfalls nicht Art. 80 I GG. Statt dessen werden als Rechtsgrundlagen »diverse verfassungsrechtliche Normen (z. B. Art. 20 III, 19 IV 1 GG)« erwähnt[204]; daneben findet sich der Hinweis auf »normative   47

---

[199] BVerfGE 91, 148 (171).
[200] BVerwGE 118, 70 (74); bestätigt in BVerwGE 121, 382 (386) mit ergänzendem Hinweis darauf, dass sich Art. 80 I GG insgesamt »allein mit dem innerstaatlichen Verhältnis zwischen Gesetz- und Verordnungsgeber« befasse, »nicht jedoch mit dem externen Verhältnis der nationalen Rechtsetzungsorgane zu denen der europäischen Gemeinschaft«. Instruktiv zu Hintergrund und Verfahrensgeschichte von BVerwGE 118, 70 C. Busse (Hrsg.), Zitiergebot und EG-Recht – Dokumentation zum Urteil des Bundesverwaltungsgerichts vom 20. März 2003, 2003; dort findet sich auf S. 19 als Dokument 5 ein richterliches Hinweisschreiben des BVerwG vom 12.12.2002, wonach im Senat »Zweifel an der Gültigkeit« der streitgegenständlichen Verordnung bestanden, weil sie möglicherweise gegen das Zitiergebot verstößt, »indem sie die gemeinschaftsrechtlichen Ermächtigungsgrundlagen nicht benennt«. Vgl. (im Anschluss an BVerfGE 101, 1 [41 ff., Rn. 151 ff.]) auch *R. Müller-Terpitz*, DVBl. 2000, 232 (239 f.); kritisch *I. Härtel*, JZ 2007, 431 (437); *Uhle* (Fn. 59), Art. 80 Rn. 32; *ders.*, Rechtsverordnung (Fn. 2), § 24 Rn. 72, der jedenfalls tendenziell der Gegenansicht zuneigt. Für die bundesverfassungsgerichtliche Spruchpraxis klärend nunmehr BVerfG (K) v. 29.4.2010, 2 BvR 871/04, 2 BvR 414/08, juris, Rn. 52, mit ergänzendem Hinweis darauf, dass bei einem Verweis nationaler Verordnungsermächtigung auf unionsrechtliche Vorschriften, die eine oder mehrere zusätzliche eigenständige Ermächtigungsgrundlagen enthalten, der Verordnungsgeber nach Art. 80 I 3 GG verpflichtet wäre, auch die entsprechenden unionsrechtlichen Vorschriften zu nennen; vgl. auch *Menges/Preisner*, Rechtsverordnungen (Fn. 67), S. 535 f.
[201] Für eine weitergehende Pflicht auch das in Bezug genommene Unionsrecht zu zitieren, mit uneinheitlichen Differenzierungen *Remmert* (Fn. 3), Art. 80 Rn. 129.
[202] Vgl. zur Diskussion etwa *J. Lücke*, Begründungszwang und Verfassung, 1987, S. 37 ff.; *ders.* (Fn. 65), Art. 80 Rn. 30; *v. Danwitz*, Gestaltungsfreiheit (Fn. 76), S. 138 ff.; *ders.*, Jura 2002, 93 (100); *F. Ossenbühl*, NJW 1986, 2805 (2809 f.); *ders.*, HStR[3] V, § 103 Rn. 72 ff.; *Uhle*, Parlament (Fn. 3), S. 106 ff., 206 ff.; *Nierhaus* (Fn. 2), Art. 80 Rn. 400 ff., 419; *Menges/Preisner*, Rechtsverordnungen (Fn. 67), S. 536 ff.; *Remmert* (Fn. 3), Art. 80 Rn. 131; *Brenner* (Fn. 3), Art. 80 Rn. 45, 64 ff.; ablehnend *U. Kischel*, Die Begründung, 2003, S. 304 ff.
[203] Vgl. zu diesen Aspekten bereits → Rn. 44; dementsprechend nutzt das BVerfG die Begründung von Verordnungen beispielsweise für die Überprüfung der Einhaltung der gesetzlichen Ermächtigung (BVerfGE 65, 248 [260 f.]) und der Beachtung des Zitiergebots (BVerfGE 101, 1 [43, Rn. 160]).
[204] *Lücke* (Fn. 65), Art. 80 Rn. 30; *Mann* (Fn. 59), Art. 80 Rn. 32.

Art. 80 C. Erläuterungen

Vorbilder« des einfachen Rechts[205], verbreitet auch auf Art. 296 AEUV (ex-Art. 253 EGV), wonach bestimmte EU-Rechtsakte mit Gründen zu versehen sind und unter anderem auf die dort erwähnten Vorschläge oder Stellungnahmen Bezug zu nehmen haben. Doch ändert all dies nichts daran, dass nicht zuletzt wegen der schwankenden Begründungsansätze und der gebotenen Differenzierungen eine eigenständige, generelle, dogmatisch überzeugend durchgebildete und allgemein anerkannte Begründungspflicht des Verordnungsgebers noch aussteht und vorerst auch nicht zu erwarten ist[206]. Nicht ausgeschlossen ist dadurch selbstverständlich die gesetzliche Statuierung verordnungsspezifischer Begründungspflichten des Ermächtigungsadressaten[207].

3. Rechts- und Fehlerfolgen

48 **Rechtsfolge einer** nicht zu beanstandenden gesetzlichen **Verordnungsermächtigung** ist die dort näher bestimmte Befugnis des Ermächtigungsadressaten zum Erlass von Verordnungsrecht[208] (→ Rn. 56). Durch wirksame Ermächtigungsnormen verliert der Ermächtigende allerdings nicht das **Zugriffsrecht auf den Regelungsgegenstand**[209]. Daher ist es dem Gesetzgeber nicht verwehrt, eine von ihm zunächst dem Verordnungsgeber eingeräumte Regelungsbefugnis wieder selbst in Anspruch zu nehmen[210]. Ebenso kann der Gesetzgeber eine erteilte Ermächtigung später aufheben oder neu ordnen.

49 Das legislative Zugriffsrecht schließt die Befugnis ein, eine bereits vorliegende Rechtsverordnung durch Bezugnahme auf ihren Inhalt als Gesetz zu erlassen[211] und eine auf der Grundlage einer Ermächtigung erlassene Rechtsverordnung aufzuheben oder abzuändern[212]. Dadurch kann es aus herkömmlicher Sicht wegen der als Gesetz erlassenen oder durch Gesetz geänderten Abschnitte der ursprünglichen Verordnung (sog. »Verordnungsänderung durch Gesetz«) zu **Aufspaltungen der Normierung in Teile mit Gesetzesrang und Teile mit Verordnungsrang** kommen[213]; Teile mit Gesetzesrang sind – vorbehaltlich einer sog. Entsteinerungsklausel (→ Rn. 50) – der Neuregelung durch den Verordnungsgeber nicht zugänglich. Diese Kombination von Normen unterschiedlicher Rechtsqualität hat u. a. Konsequenzen für den Rechtsschutz, weil

---

[205] S. dazu die Zusammenstellung bei *Nierhaus* (Fn. 2), Art. 80 Rn. 401 m. w. N.: u. a. § 39 I VwVfG und – als besonders wichtiges Beispiel – § 62 II und III GGO.

[206] Vgl. auch die Vorbehalte bei *Nierhaus* (Fn. 2), Art. 80 Rn. 404, 419; aufgeschlossener *Brenner* (Fn. 3), Art. 80 Rn. 64 ff.; ablehnend *Uhle* (Fn. 59), Art. 80 Rn. 32; *ders.*, Rechtsverordnung (Fn. 2), § 24 Rn. 73.

[207] Vgl. dazu etwa *Uhle*, Parlament (Fn. 3), S. 106 f., 206 ff., 480.

[208] Statt vieler *Uhle*, Rechtsverordnung (Fn. 2), § 24 Rn. 62.

[209] BVerfGE 114, 196 (232, Rn. 192 f.); aus der Literatur statt vieler *S. Studenroth*, DÖV 1995, 525 (526 f.) m. w. N.

[210] BVerfGE 22, 330 (346). Nach einer verbreiteten Wendung sind Verordnungsermächtigungen nur »zuschiebend«, nicht »abschiebend«. Das fortwährende Zugriffsrecht beruht auf dem von Art. 80 I 1 GG nicht angetasteten Vorrang des Gesetzes und dem dort geregelten Ermessen des Ermächtigenden; vgl. *Lücke* (Fn. 65), Art. 80 Rn. 7; BVerfGE 114, 196 (232, Rn. 193).

[211] BVerfGE 22, 330 (346) mit ergänzenden Hinweisen zur Verkündungsproblematik; → Art. 82 Rn. 19.

[212] BVerfG (K), NVwZ 1997, 261 (262); BayVGH NJW 2001, 2905 (2906) zum Landesrecht; *Bryde* (Fn. 65), Art. 80 Rn. 5; *Bauer*, Parlamentsverordnungen (Fn. 63), S. 242; a.A. *C. Seiler*, ZG 16 (2001), 50 (51 ff.).

[213] *Jarass/Pieroth*, GG, Art. 80 Rn. 14; *A. Uhle*, DÖV 2001, 241 (241 f.); *M. App*, DVP 1998, 152 (153); vgl. auch BVerfG (K), NVwZ 1997, 261 (262); eingrenzend *Lücke* (Fn. 65), Art. 80 Rn. 7; anders *Schneider*, Gesetzgebung (Fn. 40), S. 369 f. (Verordnungsrang); dem zustimmend *H. Sendler*, NJW 2001, 2859 (2860); *C. Külpmann*, NJW 2002, 3426 (3439).

II. Anforderungen an die Ermächtigung (Art. 80 I GG) — Art. 80

Teile mit Gesetzesrang nur mit verfassungsrechtlichen Rechtsbehelfen vor den Verfassungsgerichten angegriffen werden können, während für Teile mit Verordnungsrang abweichende Regeln gelten[214]. Daraus resultiert eine gewisse Unübersichtlichkeit[215], die aus Gründen der Normenklarheit auf den ersten Blick prekär erscheint und vor einigen Jahren erkennbar mit zu einer – freilich nicht überzeugenden – Neuorientierung in der bundesverfassungsgerichtlichen Spruchpraxis beigetragen hat (→ Rn. 51 ff.).

Die Unübersichtlichkeit des »**mixtum compositum**« **aus förmlichem Gesetz und Rechtsverordnung** erhöht sich noch, wenn – wie in der Rechtspraxis verbreitet – die »Verordnungsänderung durch Gesetz« mit einer **Entsteinerungsklausel**[216] verknüpft ist. Damit sind solche Klauseln gemeint, die dem Ermächtigungsadressaten gesetzlich die Option einräumen, die zunächst durch Gesetz geänderten Passagen der Rechtsverordnung (→ Rn. 49) wiederum durch Verordnung zu ändern. Dadurch kommt es zu einem »zweiaktigen Verfahren«[217], bei dem sich an den ersten Schritt der »Verordnungsänderung durch Gesetz« in einem zweiten Schritt eine sog. »Gesetzesänderung durch Verordnung« anschließt[218]. Das Verfahren zielt darauf ab, »bei Gelegenheit einer Novelle, sozusagen in einem Aufwaschen, mit dem bisherigen Gesetz auch die dazugehörige Rechtsverordnung« rasch und einfach an die geänderte Rechtslage anzupassen[219], will aber gleichzeitig die frühere Verordnungsermächtigung unberührt lassen. Der rechtstechnischen Umsetzung dieser Anliegen dienen in das jeweilige Gesetz aufgenommene Entsteinerungsklauseln, wonach – oftmals unter der Überschrift »**Rückkehr zum einheitlichen Verordnungsrang**« – insoweit, als »durch dieses Gesetz Verordnungen geändert werden, […] die Befugnis der zuständigen Stellen, diese Verordnung künftig zu ändern oder aufzuheben, unberührt«[220] bleibt. In der Gesamtbetrachtung wirkt die Mixtur vordergründig zumindest etwas verwirrend, was freilich nicht zuletzt auf missverständliche Formulierungen zurückzuführen sein dürfte[221].

50

---

[214] Vgl. zu einer Richtervorlage BVerfG (K), NVwZ 1997, 261 (262), und – allerdings in landesrechtlichem Kontext – VGH München NJW 2001, 2905 (2906 f.). Anders jedoch, den VGH München im Revisionsverfahren korrigierend BVerwGE 117, 313 (317 ff.); diese Entscheidung attestiert einer durch (Landes-)Gesetz geänderten Verordnungsnorm mit Entsteinerungsklausel einen vom Regelfall des förmlichen Gesetzes abweichenden minderen Rang und eröffnet dagegen den Rechtsschutz im Wege der verwaltungsgerichtlichen Normenkontrolle. Aus traditioneller Sicht setzt sich das BVerwG schlicht über die verfassungsrechtlich gebotene strikte Orientierung an der Rechtsform hinweg und zieht zudem weitere Unklarheiten nach sich; Grundsatzkritik an dem Urteil bei *F. Ossenbühl*, JZ 2003, 1066 ff., und *A. Uhle*, DVBl. 2004, 1272 (1274 ff.).
[215] Vgl. *A. Uhle*, DÖV 2001, 241 (241 ff.); *Brenner* (Fn. 3), Art. 80 Rn. 26 ff. m. w. N.; *Remmert* (Fn. 3), Art. 80 Rn. 90 f.; kritisch gegenüber dem allzu sorglosen Umgang mit Rechtsquellen und der Durchmischung parlamentarischer und exekutiver Rechtsetzung auch *E. Klein*, Gesetzgebung ohne Parlament?, 2004, S. 17 f.
[216] Dazu etwa *J. Jekewitz*, NVwZ 1994, 956 (957 f.); *A. Uhle*, DÖV 2001, 241 (241); *Remmert* (Fn. 3), Art. 80 Rn. 91; *Schwanengel*, Einwirkungen (Fn. 126), S. 57 ff.
[217] *A. Uhle*, DÖV 2001, 241 (241 f.); *ders.* (Fn. 59), Art. 80 Rn. 48 f.
[218] Knappe Zusammenfassung der bisherigen Staatspraxis und der dadurch aufgeworfenen praktischen und rechtlichen Probleme bei *Uhle*, Rechtsverordnung (Fn. 2), § 24 Rn. 101 f. m. w. N.
[219] Vgl. *Schneider*, Gesetzgebung (Fn. 40), S. 369.
[220] So die exemplarische Wiedergabe einer Formulierung bei *A. Uhle*, DÖV 2001, 241 (241) m. w. N.
[221] Das betrifft insb. die beiden ebenso provokativen wie einprägsamen Formeln »Verordnungsänderung durch Gesetz« und »Gesetzesänderung durch Verordnung«, die wegen ihrer schlagwortartigen Verkürzung die herkömmliche Rechtsquellenlehre irritieren und in der Sache nicht präzise sind. Zur Klarstellung: Bei der sog. »Verordnungsänderung durch Gesetz« ändert der Gesetzgeber nach

Art. 80   C. Erläuterungen

Die Regelungstechnik soll aber in der Verfassungspraxis die Reformgesetzgebung optimieren und verfassungsrechtlich im Regelfall nicht zu beanstanden sein[222]. Aus der Sicht des Normadressaten sollte das mixtum compositum freilich zum Anlass jedenfalls für verfassungsrechtspolitische Reformüberlegungen im Bereich der Rechtsetzung genommen werden[223] – sofern das »Mischgebilde« wegen der vom Bundesverfassungsgericht eingeleiteten Neuorientierung (→ Rn. 51 ff.) künftig nicht ohnehin völlig verabschiedet wird.

51   Die dargestellte Handhabung und Beurteilung der Gesetz und Verordnung kombinierenden Rechtsetzung (→ Rn. 49 f.) blieb nicht unangefochten. Wegen der erwähnten Unübersichtlichkeiten mit ihren Folgewirkungen für den Rechtsschutz steht vor allem die **Rechtsnatur der sog. »verordnungsändernden Gesetze«** im Vordergrund der Kontroversen. Nachdem zum Landesrecht[224] schon seit geraumer Zeit für die »verordnungsvertretenden Landesgesetze« nach Art. 80 IV GG aus funktionellen Gründen die Zuordnung zu einer eigenständigen Kategorie des »förmlichen Gesetzes sui generis« (»Rechtsverordnungen im Kleide des Gesetzes«)[225] vorgeschlagen ist (→ Rn. 69) und vom Bundesverwaltungsgericht für eine durch Landesgesetz geänderte Verordnungsnorm (mit Entsteinerungsklausel) ein vom Regelfall des förmlichen Gesetzes abweichender minderer Rang angenommen[226] wurde, hat auch das Bundesverfassungsgericht mit der konventionellen Dogmatik gebrochen[227]. Damit dürfte das Bundesverfassungsgericht jedenfalls in der Rechtspraxis eine erdrutschartige **Neuorientierung** eingeleitet haben[228]. Das Gericht setzt an der in der Verfassungswirklichkeit

---

bisher zutreffender Dogmatik nicht die Rechtsverordnung als solche, sondern lediglich die durch diese Verordnung geregelte Rechtslage, d.h. er ersetzt Sachregelungen, die bisher Verordnungsrang hatten, durch (inhaltlich abweichende) Sachregelungen mit Gesetzesrang. Dies ist durch das legislative Zugriffsrecht gedeckt, das – wie erwähnt – die Befugnis einschließt, das durch Rechtsverordnung geschaffene Recht durch Gesetz aufzuheben oder zu ändern. Und die sog. »Gesetzesänderung durch Verordnung« geht auf die einem der Verordnungsgeber gesetzlich eingeräumte Ermächtigung zurück, die durch Gesetz geschaffene Rechtslage nach näheren Vorgaben durch Rechtsverordnung zu ändern. Demnach handelt es sich um keine (unzulässige) gesetzesändernde Verordnung. Bei genauerer Analyse fügen sich die mit den beiden Formeln erfassten Rechtsgestaltungen daher problemlos in die bislang gängige Dogmatik ein. Näher dazu *Bauer*, Parlamentsverordnungen (Fn. 63), S. 242 f., 244 f.; *Remmert* (Fn. 3), Art. 80 Rn. 90 f.

[222] Übersichtliche Darstellung des Meinungsstandes bei *A. Uhle*, DÖV 2001, 241 (243 ff.) m.w.N.
[223] Ähnliche Einschätzung bei *Brenner* (Fn. 3), Art. 80 Rn. 28 f.; vgl. auch *F. Ossenbühl*, JZ 2003, 1066 (1068).
[224] Zu Vorstößen, »verordnungsändernde Gesetze« des Bundes normenhierarchisch unterhalb des förmlichen Gesetzes anzusiedeln, s. bereits → Fn. 213 m.w.N.
[225] *Nierhaus* (Fn. 2), Art. 80 Rn. 841.
[226] BVerwGE 117, 313 (318); s. dazu bereits → Fn. 214.
[227] BVerfGE 114, 196 (233, Rn. 195 ff.); 114, 303 (311 ff., Rn. 38 ff.).
[228] Ähnliche Bewertung bei *Uhle* (Fn. 59), Art. 80 Rn. 47 ff.: »radikaler Bruch mit der traditionellen Dogmatik«, »systemsprengende Sichtweise«; *Hill/Martini* (Fn. 63), § 34 Rn. 21c: die Parlamentsverordnung »schüttet das Kind [...] mit dem Bade aus«, sie »gebiert *extra constitutionem* eine neue, dogmatisch weder begründbare noch benötigte Handlungsform der Legislative«; *C. Möllers*, Jura 2007, 932 (936): »nicht nachvollziehbar. Der Senat erfindet eine Lösung, für die es kein Problem gibt [...] vollends rätselhaft«; *Menges/Preisner*, Rechtsverordnungen (Fn. 67), S. 526: überraschende, zumindest partielle Kehrtwende. Zur entsprechend »heftigen« Resonanz in der Literatur s. die eingehenden, kritischen und ablehnenden Analysen bei *A. Uhle*, Ein dritter Weg?, in: FS Scholz, 2007, S. 381 ff. (405 ff.); *F. Brosius-Gersdorf*, ZG 22 (2007), 305 (309 ff.); *M. Martini*, AöR 133 (2008), 155 (177 ff.: materielle Kollateralschäden, mit denen das Verfassungsgericht der Normenlehre einen Bärendienst erweist); *Menges/Preisner*, a.a.O., S. 532 (»Kritik, deren Berechtigung nicht von der Hand zu weisen ist«); *Bauer*, Parlamentsverordnungen (Fn. 63), S. 245 ff.; ferner ablehnend oder kritisch *Haratsch* (Fn. 59), Art. 80 Rn. 5 ff. (der abweichend vom BVerfG dafür plädiert, eine durch förmliches

II. Anforderungen an die Ermächtigung (Art. 80 I GG) — Art. 80

zu beobachtenden Verbreitung von verordnungsändernden Parlamentsgesetzen und den hierfür bestehenden praktischen Bedürfnissen an, ist der Auffassung, das Rechtsstaatsprinzip und die daraus herzuleitenden Prinzipien der Rechtssicherheit, der Normenklarheit, der Normenwahrheit und der Rechtsmittelklarheit erlaubten nur eine Lösung, die der durch Gesetz geänderten Verordnung einen einheitlichen Rang zuweist, und qualifiziert das durch verordnungsändernde Gesetze entstandene **Normgebilde insgesamt und einheitlich** als **Rechtsverordnung**[229]. In der Sache ist dieses »im parlamentarischen Gesetzgebungsverfahren geschaffene Verordnungsrecht«[230] nichts anderes als die – bemerkenswert kreative – Anerkennung einer **neuen allgemeinen Rechtsetzungs-Kategorie**, nämlich der Rechtsverordnung des Parlaments, die jedenfalls der Wortlaut des Grundgesetzes so nicht kennt. Letztlich handelt es sich um die Erschaffung eines neuen Hybridgebildes, um die Geburtsstunde der Parlamentsverordnung[231] bzw. der »Legislativverordnung«[232].

Diese **Parlamentsverordnung** wirft eine Reihe von Anschlussfragen auf, die nicht zuletzt auch die **Voraussetzungen** für den Einsatz des neuen Verordnungstyps **und** dessen **Rechtsfolgen** betreffen. Einige dieser Anschlussfragen beantwortet das Gericht wiederum mit großer Kreativität[233]: 52

– Danach sollen solche Parlamentsverordnungen *erstens* nur »zur Anpassung im Rahmen einer Änderung eines Sachbereichs durch den Gesetzgeber«, nicht aber unabhängig von sonstigen gesetzgeberischen Maßnahmen zulässig sein; verordnungsändernde Parlamentsgesetze werden demnach einer bislang nicht bekannten **Zulässigkeitsvoraussetzung** unterworfen, die zugleich die Einsatzmöglichkeiten begrenzt.
– *Zweitens* soll der Gesetzgeber beim Erlass solcher Verordnungen an das **Gesetzgebungsverfahren nach Art. 76 ff. GG** gebunden sein.
– Inhaltlich sei, *drittens*, der parlamentarische Gesetzgeber an die Grenzen der Ermächtigungsgrundlage (**Art. 80 I 2 GG**) gebunden; dem Zitiergebot (**Art. 80 I 3 GG**) soll er aber nicht unterworfen sein[234].

Parlamentsgesetz geänderte Rechtsverordnung insgesamt [!] als förmliches Bundesgesetz anzusehen); *C. Lenz*, NVwZ 2006, 296 ff. (mit Fokus auf Art. 80 II GG); Jarass/*Pieroth*, GG, Art. 80 Rn. 14; *Remmert* (Fn. 3), Art. 80 Rn. 88 ff.; *Schnelle*, Fehlerfolgenlehre (Fn. 76), S. 5 ff.; *Uhle*, Rechtsverordnung (Fn. 2), § 24 Rn. 104; *ders.* (Fn. 59), Art. 80 Rn. 50 ff.; *Wallrabenstein* (Fn. 46), Art. 80 Rn. 26; gedanklich aufgeschlossener *F. Ossenbühl*, Verordnungsänderung durch den Gesetzgeber, in: FS Merten, 2007, S. 169 ff., der jedoch ebenfalls bleibende »ungelöste Probleme« und »beträchtliche Scherben in der Dogmatik« konstatiert; dem Gericht zustimmend dagegen *Sannwald* (Fn. 68), Art. 80 Rn. 14 ff.; wohl auch *Mann* (Fn. 59), Art. 80 Rn. 9 (unter Hinweis auf eine vermeintlich fehlende »überzeugendere Lösung für das verfassungspolitische Grundproblem«); *Brenner* (Fn. 3), Art. 20 Rn. 26 ff. (wohl unter Aufgabe seiner »noch in der Vorauflage vertretene[n], unter dogmatischen Gesichtspunkten nach wie vor stringente[n] Auffassung«); vgl. auch die Kontroverse zwischen *K. Schönenbroicher*, BayVBl. 2011, 624 (624 f.), und *J. F. Lindner*, BayVBl. 2011, 626 (626 f.); referierend *Schnapauff* (Fn. 59), Art. 80 Rn. 2.

[229] BVerfGE 114, 196 (234, Rn. 198); 114, 303 (311 f., Rn. 39 ff.).
[230] Vgl. BVerfGE 114, 196 (233, Rn. 195).
[231] *Bauer*, Parlamentsverordnungen (Fn. 63); *F. Brosius-Gersdorf*, ZG 22 (2007), 305 (312 f.); Hill/*Martini* (Fn. 63), § 34 Rn. 21c.
[232] *Uhle*, Dritter Weg (Fn. 228), S. 305 ff.; *ders.*, Rechtsverordnung (Fn. 2), § 24 Rn. 103; *ders.* (Fn. 59), Art. 80 Rn. 47 ff.; *Menges/Preisner*, Rechtsverordnungen (Fn. 67), S. 526 (»Rechtsverordnungen der Legislative«), 532 f.
[233] Näheres dazu bei *Bauer*, Parlamentsverordnungen (Fn. 63), S. 256 ff.
[234] Dies rügt gegenüber der Mehrheit im Senat das *Sondervotum* der Richterin *L. Osterloh* und des Richters *M. Gerhardt* als Inkonsequenz.

- *Viertens* richte sich die **Zustimmungsbedürftigkeit** der Parlamentsverordnung nach den für förmliche Gesetze geltenden Normen und nicht nach Art. 80 II GG.
- Außerdem bestimme sich, *fünftens*, der **Rechtsschutz gegen Parlamentsverordnungen** wegen der einheitlichen Einordnung des Normengefüges als Rechtsverordnung nach den für diese Rechtsform geltenden Regeln. Folge davon sei, dass es – unabhängig davon, ob die Verordnung als ganzes oder in Teilen angegriffen wird und ob ihre Vereinbarkeit mit höherrangigem Recht im Verfahren der Normenkontrolle oder als Vorfrage einer Normanwendung zu prüfen ist – weder für die Eröffnung des Rechtsweges noch für die Prüfungsbefugnis des Gerichts noch für den anzuwendenden Prüfungsmaßstab entscheidend sei, ob die Änderungen der Verordnung im parlamentarischen Verfahren erfolgten. Die Verordnung und all ihre Teile stünden zur umfassenden, nicht nur auf die Einhaltung der Ermächtigungsgrundlage beschränkten Überprüfung jedes damit befassten Gerichts, gegebenenfalls auch im Verfahren nach § 47 VwGO. Die Prüfung könne auch zu einer Beanstandung der Verordnung durch das Gericht selbst führen; Kehrseite der Prüfungs- und Verwerfungskompetenz der Fachgerichte sei die Unzulässigkeit einer Richtervorlage nach Art. 100 I GG.
- Schließlich *sechstens*: Weitere Rechtsfolge der dogmatischen Einordnung als Rechtsverordnung sei, dass die im Verfahren förmlicher Gesetzgebung in eine Verordnung eingefügten Teile dem **Zugriff der Exekutive** offenstehen, die bei erneuten Änderungen allein an die Ermächtigungsgrundlage gebunden sei; dazu sei die Beifügung einer **Entsteinerungsklausel entbehrlich**, weil solche Klauseln nur klarstellende Bedeutung hätten.

53 Die konzeptionelle Neuvermessung eines in der Praxis äußerst wichtigen Teilbereichs des Verordnungsrechts und die von Innovationsimpetus getragene typologische Fortentwicklung der Rechtsetzung durch den neuen Typ der Parlamentsverordnung konnte und kann sich kritischer Reaktionen sicher sein[235]. Einige **Ansatzpunkte für Kritik** formuliert bereits das Sondervotum[236] – stichwortartig verkürzt:
- rechtliche und normenhierarchische **Qualifikation** von Rechtsakten der hier in Rede stehenden Art ausschließlich und in strikt formeller Betrachtungsweise **nach dem Urheber** mit Konsequenzen für Voraussetzungen, Rechtsnatur und Folgen des jeweiligen Rechtsaktes einschließlich des dazugehörigen Rechtsschutzes;
- **fehlender Rückhalt** für Parlamentsverordnungen **in der Verfassung**, im mutmaßlichen Willen des Gesetzgebers und in anerkannten Auslegungsmethoden;
- im Vergleich mit anderweitigen Abgrenzungsproblemen **keine besonderen Schwierigkeiten der Normqualifikation** von »verordnungsändernden Gesetzen« sowie die im übrigen bei entsprechenden Konstellationen wegen fehlender Bestimmtheit eintretende Rechtsfolge der Verfassungswidrigkeit;
- **Schaffung neuer Abgrenzungsprobleme** und Rechtsunsicherheit[237];
- **Beschneidung** der originären **Entscheidungsfreiheit des Gesetzgebers** usw.

54 Insgesamt spricht vieles dafür, dass die judikative Neuschöpfung der Parlamentsverordnung – ganz abgesehen von ihrer unzulänglichen verfassungsnormativen Rückbindung – zu zusätzlicher Verwirrung beiträgt und eher das Gegenteil dessen bewirkt,

---

[235] Dazu bereits → Fn. 228.
[236] BVerfGE 114, 196 (250 ff., Rn. 250 ff.) – *Sondervotum Osterloh, Gerhardt*.
[237] Vgl. dazu auch *Menges/Preisner*, Rechtsverordnungen (Fn. 67), S. 533.

II. Anforderungen an die Ermächtigung (Art. 80 I GG) Art. 80

was sie anstrebt, nämlich Rechtsunklarheit. Statt der Ausbildung eines neuen Verordnungstyps durch das Gericht wäre es vorzugswürdig gewesen, Neuorientierungen zunächst in Reformdebatten zu erörtern und anschließend gegebenenfalls im Grundgesetz zu berücksichtigen. Bis dahin sollte das Gericht seine **neue Spruchpraxis** zur Parlaments- bzw. Legislativverordnung **aufgeben**. In der Staatspraxis zeichnen sich inzwischen Modifikationen ab, die den veränderten Vorgaben für die Verordnungsgebung Rechnung zu tragen suchen[238].

Unabhängig von der spezifischen Problematik der Parlamentsverordnungen gilt: **Rechtsverordnungen**, die auf einer bundesgesetzlichen Ermächtigung nach Art. 80 I 1 GG beruhen, sind **Bundesrecht**, es sei denn, sie werden von den Landesregierungen oder in Fällen der Subdelegation (→ Rn. 39 ff.) von anderen Landesorganen erlassen; dann handelt es sich um **Landesrecht**. Denn Landesorgane können nur Landesrecht setzen, ganz abgesehen davon, dass die gegenteilige Ansicht zur Ausbildung regional verschiedenen Bundesrechts führte, wenn die Landesverordnungsgeber bei der Rechtsetzung regionale Unterschiede berücksichtigen[239]. Außerdem kann die Ermächtigung der Landesregierungen nach Art. 80 IV GG durch den Landesgesetzgeber wahrgenommen werden (→ Rn. 67). 55

Verordnungsermächtigungen begründen für den Adressaten grundsätzlich nur ein **Verordnungsrecht** und **keine Handlungspflicht**. Deshalb wird auch ein **Anspruch** der potentiell Betroffenen **auf Erlass von Rechtsverordnungen** grundsätzlich abgelehnt[240]. Die Entscheidung über den Erlass einer Rechtsverordnung und – nach Maßgabe der im Ermächtigungsgesetz bestimmten Grenzen und Direktiven – deren inhaltliche Ausgestaltung steht daher zumeist im Ermessen des Verordnungsgebers, das in Abgrenzung zum »normalen« Verwaltungsermessen verbreitet einer verselbständigten Kategorie der **Gestaltungsfreiheit des Verordnungsgebers** (Entschließungsfreiheit und inhaltliche Gestaltungsfreiheit) zugeordnet wird[241]. **Verpflichtungen zum Verordnungserlass** sind dadurch allerdings nicht generell ausgeschlossen. Sie können sich aus dem Ermächtigungsgesetz selbst als ausdrücklicher Auftrag an den Verordnungsgeber ergeben, ferner daraus, dass die Anwendbarkeit eines Gesetzes erst durch den Verordnungserlass 56

---

[238] Z.B. Verzicht auf Entsteinerungsklauseln, Beschränkung gesetzgeberischer Verordnungsänderungen auf Folgeänderungen, Bindung des verordnungsändernden Gesetzgebers an die von ihm selbst erlassene Verordnungsermächtigung; vgl. dazu *Uhle*, Rechtsverordnung (Fn. 2), § 24 Rn. 105 f., und zu den ersten Reaktionen in Form von ministeriellen Empfehlungen eingehender bereits *ders.*, Dritter Weg (Fn. 227), S. 404 ff. Die Reaktionen verdeutlichen freilich auch verbleibende und neu entstandene Unklarheiten und Unsicherheiten. Vgl. auch die von *F. Brosius-Gersdorf*, ZG 22 (2007), 305 (321 ff.), angebotenen Alternativlösungen, die u. a. auf Kennzeichnungspflichten setzen.

[239] BVerfGE 18, 407 (413 ff.); zustimmend etwa *Bryde* (Fn. 65), Art. 80 Rn. 15; kritisch *Wilke* (Fn. 75), Art. 80 Anm. V.4.c m.w.N.

[240] Statt vieler *F. Ossenbühl*, HStR³ V, § 103 Rn. 50, 52 m.w.N. Zur prinzipiellen Möglichkeit von Ansprüchen auf Verordnungserlass namentlich aus höherrangigem Recht s. aus der Spruchpraxis BVerwG DÖV 2003, 123 (124), und aus dem Schrifttum etwa *K. Westbomke*, Der Anspruch auf Erlaß von Rechtsverordnungen und Satzungen, 1976; *T. Würtenberger*, AöR 105 (1980), 370 (375 ff.); *O. Reidt*, DVBl. 2000, 602 (603 ff.); zur Verpflichtung zum Verordnungserlass in Ausnahmefällen *P. Unruh/J. Strohmeyer*, NuR 1998, 225 (226 ff.).

[241] Dazu etwa *Badura*, Ermessen (Fn. 80), S. 30 f., und *v. Danwitz*, Gestaltungsfreiheit (Fn. 76), S. 161 ff., mit Darstellung unterschiedlicher Systematisierungsansätze; *Nierhaus* (Fn. 2), Art. 80 Rn. 330 ff. m.w.N.; vgl. auch *Brenner* (Fn. 3), Art. 80 Rn. 68 ff., und *Uhle* (Fn. 59), Art. 80 Rn. 29, *ders.*, Rechtsverordnung (Fn. 2), § 24 Rn. 62 ff., zu daran anschließenden Versuchen der Bestimmung abgestufter gerichtlicher Kontrolldichte (u.a. Evidenzkontrolle, Vertretbarkeitskontrolle, intensivierte Inhaltskontrolle) s. *Nierhaus*, a.a.O., Rn. 360 ff., unter Hinweis darauf, dass sich eine rationale Abstufung der Kontrollunterschiede kaum entwickeln lasse.

ermöglicht wird, und überdies aus anderen Verfassungsnormen wie etwa aus dem Gleichheitssatz sowie aus Grundrechtsnormen abgeleiteten Schutzpflichten[242]. Schließlich kommt bei **gemeinschafts- bzw. unionsrechtspezifischen Verordnungsermächtigungen** (→ Rn. 37) eine prinzipielle Normerlasspflicht kraft Unionsrechts in Betracht, wenn innerstaatlich etwa EU-Richtlinien umzusetzen sind[243]. Spezifische Probleme werfen **verordnungsersetzende Absprachen** auf, mit denen vielfach ähnliche Regelungseffekte erreicht werden wie mit dem Erlass einer Rechtsverordnung[244].

57 Die eben vorgestellten Grundsätze gelten auch für die **Aufhebung** von Rechtsverordnungen und eine etwaige Aufhebungsverpflichtung[245]. Als Gründe für das **Außerkrafttreten** von Rechtsverordnungen kommen neben einer Aufhebung durch den Verordnungsgeber[246] die Aufhebung durch den Gesetzgeber (→ Rn. 48) und bei zeitlich befristeter Geltung der Zeitablauf[247] in Betracht. Demgegenüber wird die Gültigkeit einer im Zeitpunkt ihres Erlasses ordnungsgemäß erlassenen Rechtsverordnung vom späteren Fortfall oder einer nachträglichen Änderung der Ermächtigungsnorm grundsätzlich nicht berührt[248]. Etwas anderes gilt, wenn es sich etwa um eine bloße Durchführungsverordnung handelt, die ohne das dazugehörige Gesetz sinnlos wäre[249]. Auch kann die Rechtsverordnung mit dem neuen Recht unvereinbar sein[250].

58 Ordnungsgemäß gesetztes Verordnungsrecht entfaltet bei entsprechendem Regelungsgegenstand **Außen- und Bindungswirkung** auch für den Bürger[251]. Demgegenüber sind fehlerhafte Verordnungen grundsätzlich nichtig[252]. Die **Fehlerfolge der Nichtigkeit** betrifft insb. Rechtsverordnungen, die sich nicht an die Grenzen der Ermächti-

---

[242] Vgl. BVerfGE 13, 248 (254 f.); 16, 332 (338); 34, 165 (194); 78, 249 (272 ff.); 79, 174 (194); *F.-J. Peine*, ZG 3 (1988), 121 (128 ff.); *Nierhaus* (Fn. 2), Art. 80 Rn. 344 ff.; *Wallrabenstein* (Fn. 46), Art. 80 Rn. 21.
[243] *Brenner* (Fn. 3), Art. 80 Rn. 71; *Nierhaus* (Fn. 2), Art. 80 Rn. 347.
[244] Dazu *W. Brohm*, Verordnungen ersetzende Absprachen, in: Biernat, Grundfragen (Fn. 52), S. 135 ff. m.w.N.; *Dreier*, Hierarchische Verwaltung (Fn. 140), S. 182; ferner *U. Dempfle*, Normvertretende Absprachen, 1994, passim; zum Einsatz einer Verordnungsermächtigung als »Knüppel im Sack« und Impuls zur Förderung der Kooperationsbereitschaft Privater für die einvernehmliche Entwicklung und Beachtung von umweltpolitischen Grenzwerten s. BVerfGE 98, 106 (127 ff., Rn. 92 ff.).
[245] *F. Ossenbühl*, HStR³ V, § 103 Rn. 51; vgl. auch BVerfGE 42, 374 (395 f.).
[246] *D. Heckmann*, Geltungskraft und Geltungsverlust von Rechtsnormen, 1997, S. 357; zur Problematik von Aufhebungsvorbehalten → Rn. 30.
[247] Zur Option des Aufschiebens des ursprünglich festgesetzten Zeitpunkts des Außerkrafttretens s. BVerfGE 107, 218 (234 f., Rn. 60 f.).
[248] BVerfGE 9, 3 (12); 12, 341 (346 f.); 14, 245 (249); 44, 216 (226); 78, 179 (198); *Brenner* (Fn. 3), Art. 80 Rn. 76; *Rubel* (Fn. 76), Art. 80 Rn. 33; *Sannwald* (Fn. 68), Art. 80 Rn. 52; kritisch *F. Ossenbühl*, HStR³ V, § 103 Rn. 77, und *M. Kotulla*, NVwZ 2000, 1263 (1264 f.); vgl. auch *Nierhaus* (Fn. 2), Art. 80 Rn. 395 ff., wonach Gesetz und Rechtsverordnung im Regelfall eine funktionale und normative Einheit bilden sollen mit der Folge, dass die Verordnung ohne die Ermächtigungsgrundlage nicht »überlebensfähig« sei.
[249] *Heckmann*, Geltungskraft (Fn. 246), S. 368 ff. (369 m.w.N.); ähnlich etwa *Wilke* (Fn. 75), Art. 80 Anm. X.2, und bislang *Ramsauer* (Fn. 2), Art. 80 Rn. 77 m.w.N. zur h.M., der inzwischen jedoch für eine einheitliche Betrachtung von Rechtsverordnung und Ermächtigung plädiert.
[250] *Jarass/Pieroth*, GG, Art. 80 Rn. 15.
[251] Vgl. BVerfGE 18, 52 (59); 19, 17 (29); *Dittmann*, Rechtsverordnung (Fn. 71), S. 115 f.
[252] *v. Danwitz*, Gestaltungsfreiheit (Fn. 76), S. 156 ff. m.w.N.; *Jarass/Pieroth*, GG, Art. 80 Rn. 20; *Nierhaus* (Fn. 2), Art. 80 Rn. 431 ff.; *F. Ossenbühl*, HStR³ V, § 103 Rn. 78 f.; *Remmert* (Fn. 3), Art. 80 Rn. 137; *Sachs*, Normsetzung (Fn. 76), S. 174 ff. mit Hinweis auf Relativierungen; *Uhle* (Fn. 59), Art. 80 Rn. 36. Hiervon abweichend entwickelt *Schnelle*, Fehlerfolgenlehre (Fn. 76), S. 96 ff., 157 ff., 224 ff. vom Ausgangspunkt der »ex tunc-Vernichtbarkeitstheorie« ein differenziertes Rechts- und Fehlerfolgensystem.

gung halten[253], das Zitiergebot[254] oder eine gesetzliche Anhörungspflicht[255] nicht beachten; auch kann eine Verordnung, deren Gültigkeit zweifelhaft ist, nicht nachträglich vom Parlament »genehmigt« werden[256]. Bei **Verfahrensfehlern**, die beim Erlass einer Verordnung unterlaufen, differenziert das Bundesverfassungsgericht mittlerweile nach einem Evidenzmaßstab; danach führt ein Verfahrensfehler nur dann zur Nichtigkeit der Rechtsverordnung, wenn er evident ist[257]. Neuerdings stellt das Gericht auch darauf ab, ob der Verfahrensfehler »wesentlich« im Sinne einer funktionserheblichen Verletzung des gesetzlich statuierten Verfahrenserfordernisses ist[258]. Wirklich belastbar und weiterführend sind solche Differenzierungskriterien ohne nähere Präzisierung der Anforderungen und der über die jenseits der Nichtigkeit in Betracht kommenden Fehlerfolgen freilich nicht[259].

III. Zustimmungsbedürftige Rechtsverordnungen (Art. 80 II GG)

Die in Art. 80 II GG für bestimmte Gruppen von Rechtsverordnungen angeordnete Zustimmungsbedürftigkeit steht unter dem **Vorbehalt anderweitiger bundesgesetzlicher Regelung**. Dieser Vorbehalt erschließt dem Bundesgesetzgeber positiv und negativ Gestaltungsalternativen: Er kann die Zustimmungsbedürftigkeit über die in Art. 80 II GG genannten Rechtsverordnungen hinaus ausdehnen, sie umgekehrt für diese Verordnungen aber auch einschränken und ausschließen[260]. Weitergehende Anforderungen, unter denen nach der »anderweitigen bundesgesetzlichen Regelung« eine Zustimmung des Bundesrates entbehrlich ist, lassen sich weder dem Wortlaut noch dem Zweck von Art. 80 II GG entnehmen[261]. Aus föderativen Gründen nicht möglich ist eine gesetzliche Erweiterung des Zustimmungserfordernisses auf von Landesregierungen erlassene Verordnungen[262]. Die Zustimmungsbedürftigkeit erfasst auch auf der Grundlage einer Subdelegation (→ Rn. 39 ff.) erlassene Rechtsverordnungen[263].

59

---

[253] Vgl. BVerfGE 13, 248 (254 ff.); 31, 47 (53); 101, 1 (37, Rn. 140 f.).

[254] BVerfGE 101, 1 (42 f., Rn. 158); VGH Kassel NJW 1981, 779 (779 f.) m. w. N. unter Hinweis auf den zwingenden Charakter von Art. 80 I 3 GG.

[255] BVerfGE 10, 221 (227); einschränkend BVerwGE 59, 48 (50 ff.).

[256] BVerfGE 24, 184 (199).

[257] BVerfGE 91, 148 (175 f.) zum Umlaufverfahren mit der ergänzenden Feststellung, dass der Verfahrensfehler mit der bundesverfassungsgerichtlichen Entscheidung evident und deshalb eine künftige Verordnungsgebung nach der bisher geübten Praxis verfassungswidrig sei.

[258] BVerfGE 127, 293 (331 f., Rn. 124 f.), unter Offenlassung der Evidenz des Fehlers als Voraussetzung für dessen Rechtsfolgenerheblichkeit.

[259] Mit Recht kritisch zu den Maßstäben der »Evidenz« und »Wesentlichkeit« *Remmert* (Fn. 3), Art. 80 Rn. 137; eingehender zu den verschiedenen Differenzierungsansätzen einer Fehlerfolgenlehre *Nierhaus* (Fn. 2), Art. 80 Rn. 432 ff.

[260] *Bryde* (Fn. 65), Art. 80 Rn. 27; *Lücke* (Fn. 65), Art. 80 Rn. 36; *Maunz* (Fn. 75), Art. 80 Rn. 63, 68; *Ramsauer* (Fn. 2), Art. 80 Rn. 83; zum Ausschluss des Zustimmungserfordernisses durch Bundesgesetz s. BVerfGE 106, 1 (25, Rn. 98); 136, 69 (102, Rn. 72).

[261] Dies gilt namentlich für das Vorliegen eines besonderen sachlichen Grundes; s. BVerfGE 136, 69 (102 ff., Rn. 72 ff.).

[262] Die Mitwirkung des Bundesrates am Erlass einer Rechtsverordnung von Landesregierungen scheidet verfassungsrechtlich schon deshalb aus, weil diese Verordnungen dem Landesrecht zuzuordnen sind (→ Rn. 55) und dem Grundgesetz eine Beteiligung von Bundesorganen an der Setzung von Landesrecht fremd ist. S. zur Unzulässigkeit der Begründung eines Zustimmungsrechts des Bundesrates zu Rechtsverordnungen einer Landesregierung etwa *Wilke* (Fn. 75), Art. 80 Anm. V. 7. b; *Nierhaus* (Fn. 2), Art. 80 Rn. 741 ff.; *Ramsauer* (Fn. 2), Art. 80 Rn. 83; *Jarass/Pieroth*, GG, Art. 80 Rn. 18.

[263] *Bryde* (Fn. 65), Art. 80 Rn. 29; *Jarass/Pieroth*, GG, Art. 80 Rn. 18.

Gesetze, die die Zustimmungsbedürftigkeit ausschließen, bedürfen ihrerseits der Zustimmung durch den Bundesrat, weil andernfalls die von der Verfassung gewollte Mitwirkung des Bundesrates an der Rechtsetzung unzulässig verkürzt würde[264]. Für Parlamentsverordnungen (→ Rn. 51 ff.) soll sich die Zustimmungsbedürftigkeit nicht nach Art. 80 II GG, sondern nach den für förmliche Gesetze die Zustimmungsbedürftigkeit auslösenden Verfassungsnormen richten[265]. Unter Berücksichtigung dieser Vorgaben erfasst die Zustimmungsbedürftigkeit nach Art. 80 II GG **drei Gruppen**[266]:

60 Die erste Gruppe betrifft die Zustimmungsbedürftigkeit der traditionell als **Verkehrsverordnungen** bezeichneten Rechtsverordnungen der Bundesregierung oder eines Bundesministers über bestimmte Bereiche des Postwesens, der Telekommunikation und des Eisenbahnwesens, ist an Vorläuferregelungen der WRV angelehnt und wurde im Zuge der zwischenzeitlichen Strukturreformen neu gefasst (→ Rn. 3, 6). Namentlich anlässlich der Privatisierungen bei Bundespost und Bundesbahn ist die Beibehaltung dieser Bestimmung auf Kritik gestoßen, ganz abgesehen davon, dass die Verkehrsverordnungen lange Zeit kaum ins Gewicht fielen[267]. Beispiele für zustimmungspflichtige Verkehrsverordnungen sind Rechtsverordnungen über die Zulassung zu Telekommunikationsdienstleistungen und bestimmte auf das AEG gestützte Verordnungen über den Eisenbahnverkehr[268].

61 Die zweite Gruppe betrifft **Rechtsverordnungen auf Grund von zustimmungsbedürftigen Bundesgesetzen**. In dieser Gruppe soll die Zustimmungsbedürftigkeit die Einflussmöglichkeiten des Bundesrates bei einer Rechtsetzungsdelegation wahren und erhalten, und zwar dadurch, dass die Sachregelungsbefugnis des Bundesrates gleichsam auf die Ebene der untergesetzlichen Rechtsetzung verlängert wird[269]. Wegen des Verfassungswortlauts sollen nach der bundesverfassungsgerichtlichen Spruchpraxis Rechtsverordnungen auf der Grundlage zustimmungsbedürftiger Bundesgesetze auch dann der Zustimmung durch den Bundesrat bedürfen, wenn die in dem Gesetz enthaltene Ermächtigung selbst nicht die Zustimmungsbedürftigkeit ausgelöst hat[270]. Das ist allerdings nicht unbestritten und vor dem Hintergrund der föderalen Entflechtungsdebatten, nicht zuletzt der mittlerweile selbst bei der Zustimmungsbedürftigkeit von Bundesgesetzen im Zuge der Föderalismusreform vorgenommenen Korrekturen (→ Art. 20 [Bundesstaat], Rn. 12) auch mit guten Gründen bestreitbar[271].

---

[264] BVerfGE 28, 66 (76 ff.); *Bryde* (Fn. 65), Art. 80 Rn. 28; *Jarass/Pieroth*, GG, Art. 80 Rn. 18; *F. Ossenbühl*, HStR³ V, § 103 Rn. 56; a.A. z.B. BVerwGE 28, 36 (39 ff.).
[265] BVerfGE 114, 196 (229, Rn. 182; 240, Rn. 215), unter Hinweis auf das »den Schutzweck der Norm überschießende Zustimmungserfordernis«.
[266] *Brenner* (Fn. 3), Art. 80 Rn. 81 f.; zu den unterschiedlichen Systematisierungsansätzen s. *Nierhaus* (Fn. 2), Art. 80 Rn. 522 ff.; *Remmert* (Fn. 3), Art. 80 Rn. 145; *Wallrabenstein* (Fn. 46), Art. 80 Rn. 52.
[267] Vgl. *Brenner* (Fn. 3), Art. 80 Rn. 83; *Mann* (Fn. 59), Art. 80 Rn. 35; *Nierhaus* (Fn. 2), Art. 80 Rn. 528 f.; jeweils m. w. N.
[268] Zu den Einzelheiten s. die detaillierte Aufbereitung bei *Nierhaus* (Fn. 2), Art. 80 Rn. 526 ff.
[269] *Brenner* (Fn. 3), Art. 80 Rn. 90; *Bryde* (Fn. 65), Art. 80 Rn. 26.
[270] Ausreichend soll sein, dass es sich insgesamt um ein Zustimmungsgesetz handelt (BVerfGE 24, 184 [194 ff.]); im Ergebnis zustimmend *M. Antoni*, AöR 114 (1989), 220 (230 ff.); kritisch und ablehnend insb. *F. Ossenbühl*, AöR 99 (1974), 369 (434 ff.). Zur (von diesen Kontroversen mitbeeinflussten) Frage der Zustimmungsbedürftigkeit von Sammelverordnungen s. *M.J. Dietlein*, DÖV 1984, 788 ff.; *Nierhaus* (Fn. 2), Art. 80 Rn. 582, 620 ff.
[271] Näheres zu den zurückliegenden Kontroversen und insb. zu den Auseinandersetzungen zwischen Vertretern der Einheits- und der Trennungsthese *Nierhaus* (Fn. 2), Art. 80 Rn. 582 ff.; *Remmert* (Fn. 3), Art. 80 Rn. 166 ff.

III. Zustimmungsbedürftige Rechtsverordnungen (Art. 80 II GG) Art. 80

Schließlich betrifft die dritte Gruppe die Zustimmungsbedürftigkeit von **Rechtsverordnungen auf Grund von Bundesgesetzen, die von den Ländern im Auftrage des Bundes oder als eigene Angelegenheit ausgeführt werden** (Art. 83 ff. GG). Sie hat Auffangcharakter und trägt dazu bei, dass in der Verfassungswirklichkeit ein großer Teil der Bundesrechtsverordnungen mit Zustimmung des Bundesrates ergeht[272]. **62**

In Fällen der Zustimmungsbedürftigkeit ist die **Zustimmung** des Bundesrates **Wirksamkeitsvoraussetzung** für das Zustandekommen der Rechtsverordnung[273]. Der Bundesrat beschränkt sich in der Verfassungspraxis allerdings seit langem nicht mehr darauf, der Rechtsverordnung seine Zustimmung entweder zu erteilen oder zu versagen. Vielmehr macht er seine Zustimmung oftmals davon abhängig, dass der Verordnungsgeber bestimmte Änderungsvorschläge berücksichtigt und aufnimmt[274], d.h. er stimmt nur nach Maßgabe bestimmter inhaltlicher Änderungen, erläuternder oder redaktioneller Ergänzungen und Klarstellungen zu. Solche **Maßgabebeschlüsse** bewirken, dass die Verordnung nicht verkündet und wirksam werden kann, solange dem Verlangen des Bundesrates nicht Rechnung getragen worden ist. Sie gelten verbreitet als »**antizipierte Zustimmung**« für den Fall, dass dem Änderungsverlangen des Bundesrates entsprochen wird, und im allgemeinen auch als prinzipiell zulässig[275]; verschließt sich der Verordnungsgeber den vom Bundesrat geforderten Änderungen, dann ist die Zustimmung nicht erteilt mit der weiteren Folge, dass die Rechtsverordnungsinitiative scheitern muss. In der Gesamtbetrachtung kann die **Reaktion** des Verordnungsgebers **auf Maßgabebeschlüsse** unterschiedlich ausfallen: Er kann – erstens – den Änderungswünschen entsprechen, zweitens auf Beschluss und Verkündung der Verordnung verzichten, drittens sich erneut um eine Abstimmung mit dem Bundesrat bemühen, um die Verordnung in der ursprünglichen oder in einer modifizierten Fassung durchzusetzen, und für den Fall, dass der Bundesrat der Verordnung nur in Teilen zugestimmt hat, schließlich – viertens – die von der Zustimmung gedeckten Teile erlassen[276]. Unbeschadet der prinzipiellen Zulässigkeit ergeben sich **Grenzen der Maßgabebeschlüsse** insb. aus dem sachlichen Zusammenhang mit dem Regelungsgegenstand der Verordnung sowie daraus, dass dem Verordnungsgeber die Berücksichtigung des Verlangens des Bundesrates rechtlich möglich sein muss; letztgenannte **63**

---

[272] *M. Antoni*, AöR 114 (1989), 220 (233); *Brenner* (Fn. 3), Art. 80 Rn. 93; *Lücke* (Fn. 65), Art. 80 Rn. 35; teilweise kritisch *Bryde* (Fn. 65), Art. 80 Rn. 26; *Ramsauer* (Fn. 2), Art. 80 Rn. 82; zum Anteil der dem Bundesrat zugeleiteten Rechtsverordnungen s. Bundesrat (Hrsg.), Handbuch des Bundesrates für das Geschäftsjahr 2013/2014, 2014, S. 314.

[273] *Lücke* (Fn. 65), Art. 80 Rn. 37; *Nierhaus* (Fn. 2), Art. 80 Rn. 500; *Remmert* (Fn. 3), Art. 80 Rn. 178.

[274] S. zur Handhabung des Zustimmungsrechts durch den Bundesrat *R. Scholz*, DÖV 1990, 455 ff.; speziell zu Maßgabebeschlüssen *C. Riese*, Der Maßgabebeschluß des Bundesrates bei zustimmungsbedürftigen Rechtsverordnungen, 1992, und *Nierhaus* (Fn. 2), Art. 80 Rn. 673 mit Hinweis darauf, dass vom 1.1.1978 bis zum 20.12.1990 bei 1564 Zustimmungsverordnungen in 666 Fällen die Zustimmung unter einem Maßgabevorbehalt erteilt wurde.

[275] Vgl. z.B. *Brenner* (Fn. 3), Art. 80 Rn. 97 ff.; *Lücke* (Fn. 65), Art. 80 Rn. 37; *Mann* (Fn. 59), Art. 80 Rn. 39; *Uhle* (Fn. 59), Art. 80 Rn. 43; *ders.*, Rechtsverordnung (Fn. 2), § 24 Rn. 81; *Remmert* (Fn. 3), Art. 80 Rn. 180; *Nierhaus* (Fn. 2), Art. 80 Rn. 683 ff., der m.w.N. zur Begründung insb. auf Praktikabilitätserwägungen, das Initiativrecht des Bundesrates aus Art. 80 III GG, die Rechtsnatur der Zustimmung und die Stellung des Bundesrates im föderativen System des Grundgesetzes abstellt.

[276] *Nierhaus* (Fn. 2), Art. 80 Rn. 679 ff. mit Hinweis darauf, dass der Verordnungsgeber regelmäßig den Änderungswünschen des Bundesrates nachgekommen ist; danach wurden in den in Fn. 274 erwähnten 666 Fällen eines Maßgabebeschlusses nur sechzehn dem Bundesrat vom Verordnungsgeber erneut vorgelegt. Vgl. zu den Handlungsalternativen auch *Remmert* (Fn. 3), Art. 80 Rn. 181.

Art. 80 C. Erläuterungen

Voraussetzung ist beispielsweise bei **gemeinschafts- bzw. unionsrechtsspezifischen Verordnungsermächtigungen** (→ Rn. 9, 46) nicht gegeben, wenn die »Maßgaben« des Bundesrates den Vorgaben des EU-Rechts widersprechen[277].

IV. Initiativrecht des Bundesrates (Art. 80 III GG)

64 Art. 80 III GG räumt dem Bundesrat für Rechtsverordnungen, die seiner Zustimmung bedürfen, die Befugnis zur Zuleitung von Vorlagen an die Bundesregierung ein. Die 1994 in die Verfassung aufgenommene Regelung soll die effektive Mitwirkung des Bundesrates an der Rechtsetzungstätigkeit des Bundes sichern (→ Rn. 7). Obschon der Wortlaut lediglich von dem Recht der »Zuleitung« entsprechender Vorlagen an die Bundesregierung spricht, handelt es sich ausweislich der Materialien[278] um ein Initiativrecht, das **formelles Einbringungs- und materielles Vorschlagsrecht** einschließt[279]. Dies stärkt die Stellung des Bundesrates, weil er nach dem bis 1994 geltenden Recht nur die Möglichkeit hatte, durch politische Entschließungen den Erlass solcher Rechtsverordnungen einzufordern und gegebenenfalls über die Ausübung seiner Rechte nach Art. 80 II GG (Zustimmung mit inhaltlichen Maßgaben, Zustimmungsverweigerung) auf den Verordnungsinhalt Einfluss zu nehmen[280]. Die Stärkung des Bundesrates beschränkt sich allerdings auf das Verfahren, weil materielle Kompetenzgewinne damit nicht verbunden sind, das Initiativrecht insb. **keine Befugnis zum Verordnungserlass** umfasst[281]. Abweichend von der bisherigen Rechtslage hat er nicht mehr nur allein die Möglichkeit zur Reaktion nach Art. 80 II GG, sondern zusätzlich die Option, aus eigener Kraft eine Verordnung anzustoßen und so bereits von Anbeginn das mögliche Entstehen einer Rechtsverordnung aktiv zu beeinflussen. Inzwischen wurde von dem Verordnungsinitiativrecht wenn insgesamt auch eher zurückhaltend, so doch wiederholt Gebrauch gemacht[282].

65 Die Ausübung des Initiativrechts ist inhaltlich an die **Vorgaben der Ermächtigungsnorm** (Art. 80 I 1, 2 GG) gebunden[283]. Außerdem muss es sich um zustimmungspflich-

---

[277] *Brenner* (Fn. 3), Art. 80 Rn. 99; *Lücke* (Fn. 65), Art. 80 Rn. 37; *Mann* (Fn. 59), Art. 80 Rn. 39.
[278] BT-Drs. 12/6633, S. 11.
[279] *Lücke* (Fn. 65), Art. 80 Rn. 42; im Ergebnis ebenso *Brenner* (Fn. 3), Art. 80 Rn. 107; *Mann* (Fn. 59), Art. 80 Rn. 44; *Uhle* (Fn. 59), Art. 80 Rn. 44.
[280] Zur rechtspolitischen Bewertung der Neuregelung s. einerseits *Bryde* (Fn. 65), Art. 80 Rn. 33 (»vernünftig«), und andererseits zurückhaltend *H. Hofmann*, NVwZ 1995, 134 (137), der im politischen Tagesgeschäft eine Erschwerung der Erarbeitung neuer zustimmungspflichtiger Rechtsverordnungen befürchtet; Vorbehalte auch bei *J. Jekewitz*, NVwZ 1994, 956 (957); vgl. zur Diskussion auch *M. Nierhaus/N. Janz*, ZG 12 (1997), 320 (334 ff.); *Brenner* (Fn. 3), Art. 80 Rn. 109; *Nierhaus* (Fn. 2), Art. 80 Rn. 807 ff. Zu auf Art. 80 II GG gestützte Ersatzstrategien für das früher fehlende Initiativrecht s. *R. Scholz*, DÖV 1990, 455 ff.
[281] *Brenner* (Fn. 3), Art. 80 Rn. 107; *Nierhaus* (Fn. 2), Art. 80 Rn. 773; *Remmert* (Fn. 3), Art. 80 Rn. 187.
[282] Ausweislich der in Bundesrat, Handbuch 2013/14 (Fn. 272), S. 314, mitgeteilten Statistik wurden der Bundesregierung in der 13. Wahlperiode des Bundestages (1994–1998) neun, in der 14. Wahlperiode (1998–2002) elf, in der 15. Wahlperiode (2002–2005) dreizehn, in der 16. Wahlperiode (2005–2009) acht und in der 17. Wahlperiode (2009–2013) sechs, also insgesamt 47 Verordnungsentwürfe vom Bundesrat zugeleitet; dem stehen in der 13. Wahlperiode 619, in der 14. Wahlperiode 504, in der 15. Wahlperiode 436, in der 16. Wahlperiode 468 und in der 17. Wahlperiode 454, also insgesamt 2481 Verordnungen gegenüber, die dem Bundesrat zugeleitet und von ihm beraten wurden. Zu Beispielen für Verordnungsinitiativen des Bundesrates s. *J. Jekewitz*, ZG 15 (2000), 344 (345 ff.); *Lücke* (Fn. 65), Art. 80 Rn. 47.
[283] *Lücke* (Fn. 65), Art. 80 Rn. 44.

tige Rechtsverordnungen (→ Rn. 59 ff.) handeln. Gegenstand der Vorlage kann nur **ein beschlussreifer und ausformulierter Entwurf** sein; dieser Anforderung genügen reine Vor- oder Teilentwürfe ebenso wenig wie Anregungen oder Aufforderungen an die Bundesregierung, selbst eine Verordnung zu erarbeiten[284]. Zulässig sind jedoch Vorlagen zur Änderung, Aufhebung oder Verlängerung der zeitlichen Geltung einer Rechtsverordnung[285]. **Vorlageadressat** ist nach dem klaren Wortlaut **nur die Bundesregierung**[286] als Kollegialorgan. Doch beschränkt Art. 80 III GG das Initiativrecht nicht auf Rechtsverordnungen, die von der Bundesregierung erlassen werden; vielmehr bezieht es auch Verordnungen ein, die von einem Bundesminister erlassen werden[287].

Abweichend von dem Vorschlag der Kommission Verfassungsreform des Bundesrates[288] enthält Art. 80 III GG keine Verpflichtung der Bundesregierung, sich mit den Vorlagen des Bundesrates zu befassen und darüber zu beschließen. Aus dem Schweigen der Verfassung folgern manche, dass die Bundesregierung nicht zur Reaktion auf eine Verordnungsinitiative des Bundesrates verpflichtet sei[289]. Doch folgt die **Pflicht der Bundesregierung zur Beschlussfassung** über Bundesratsvorlagen **binnen angemessener Frist** (Befassungspflicht) aus dem Grundsatz der Verfassungsorgantreue[290], dem besonderes Gewicht zukommt, wenn der Verordnungsgeber etwa bei der Umsetzung von Richtlinien der Europäischen Union und bei entsprechenden verfassungsrechtlichen oder einfachrechtlichen Direktiven zur Rechtsetzung verpflichtet ist (→ Rn. 56)[291].

66

V. Gesetzgebungsbefugnis der Länder (Art. 80 IV GG)

Die ebenfalls 1994 in die Verfassung aufgenommene Regelung des Art. 80 IV GG soll die Handlungsmöglichkeiten der Landesparlamente stärken (→ Rn. 7). Sie gibt den Ländern die Befugnis zu einer gesetzlichen Regelung, soweit die Landesregierungen bundesrechtlich als Erstdelegatare (»durch Bundesgesetz«) oder als Subdelegatare (»auf Grund von Bundesgesetzen«) zum Erlass von Rechtsverordnungen ermächtigt

67

---

[284] *Brenner* (Fn. 3), Art. 80 Rn. 108; *Nierhaus* (Fn. 2), Art. 80 Rn. 779; *Remmert* (Fn. 3), Art. 80 Rn. 189.
[285] *Nierhaus* (Fn. 2), Art. 80 Rn. 779.
[286] *Brenner* (Fn. 3), Art. 80 Rn. 110; *Nierhaus* (Fn. 2), Art. 80 Rn. 786 f.; *Remmert* (Fn. 3), Art. 80 Rn. 192.
[287] *H. Hofmann*, NVwZ 1995, 134 (137); *Brenner* (Fn. 3), Art. 80 Rn. 108; *Nierhaus* (Fn. 2), Art. 80 Rn. 787; *Remmert* (Fn. 3), Art. 80 Rn. 192; *Sannwald* (Fn. 68), Art. 80 Rn. 127.
[288] Die Kommission hatte als Art. 80 III 2 GG die Formulierung »Über die Vorlagen ist in angemessener Frist Beschluß zu fassen.« vorgeschlagen und zur Begründung darauf hingewiesen, die Formulierung stelle »klar, daß die Bundesregierung oder der zuständige Bundesminister über die Initiative in angemessener Frist beschließen muß« (BR-Drs. 360/92, S. 9). Demgegenüber verzichtete die Gemeinsame Verfassungskommission ohne Begründung auf die Aufnahme einer Verpflichtung der Bundesregierung, über Vorlagen des Bundesrates Beschluss zu fassen (BT-Drs. 12/6000, S. 38).
[289] *H. Hofmann*, NVwZ 1995, 134 (137); *Sannwald* (Fn. 68), Art. 80 Rn. 128; beide allerdings unter Hinweis darauf, dass in der Verfassungspraxis unter Berufung auf Art. 53 GG Informationsverlangen des Bundesrates gegenüber der Bundesregierung über die Behandlung der Initiative zu erwarten seien.
[290] *Brenner* (Fn. 3), Art. 80 Rn. 110; *Lücke* (Fn. 65), Art. 80 Rn. 45 f.; *Nierhaus* (Fn. 2), Art. 80 Rn. 790; *Remmert* (Fn. 3), Art. 80 Rn. 194; *Uhle* (Fn. 59), Art. 80 Rn. 44; ähnlich *Ramsauer* (Fn. 2), Art. 80 Rn. 88; *Rubel* (Fn. 76), Art. 80 Rn. 59; im Ergebnis übereinstimmend *Wallrabenstein* (Fn. 46), Art. 80 Rn. 62. S. allgemein zur Verfassungsorgantreue etwa BVerfGE 72, 175 (192 f.), und *W.-R. Schenke*, Die Verfassungsorgantreue, 1977.
[291] *Brenner* (Fn. 3), Art. 80 Rn. 110; *Lücke* (Fn. 65), Art. 80 Rn. 46; *Nierhaus* (Fn. 2), Art. 80 Rn. 790.

Art. 80   C. Erläuterungen

sind. Demgemäß ist die Ausübung der mitunter als Befugnis zu »Gesetzgebung an Verordnung Statt«[292] bzw. zu »verordnungsvertretenden Gesetzen«[293] umschriebenen **Option für den Landesgesetzgeber** inhaltlich an den Rahmen sowie die Direktiven der Ermächtigungsnorm gebunden (Art. 80 I 1, 2 GG) und weicht deshalb von dem konventionellen Verständnis originärer Gesetzgebungsbefugnisse der Länder ab[294]. Sie führt zu einer **konkurrierenden Zuständigkeit zwischen Landesparlament und Landesregierung**, bei der wegen des Vorrangs des Gesetzes die Regelungsbefugnis der Landesregierung durch eine landesgesetzliche Regelung und nach deren Maßgabe verdrängt wird. Dagegen stehen von der Landesregierung erlassene Rechtsverordnungen dem **Zugriffsrecht des Landesparlaments** auf die jeweilige Regelungsmaterie nicht entgegen[295].

68 Die Inanspruchnahme der durch Art. 80 IV GG eröffneten Rechtsetzungsoption durch Gesetz[296] fällt in die **politische Entscheidungsfreiheit des Landesgesetzgebers**. Entscheidet er sich für diese Option, ist er an **Regelungsumfang und Regelungsgrenzen der** den Landesregierungen erteilten **Ermächtigung** gebunden (»Soweit«)[297]. Die Landesgesetze können auch auf »alte«, den Landesregierungen bereits vor dem Inkrafttreten von Art. 80 IV GG erteilte **Verordnungsermächtigungen** gestützt werden; obschon die Formulierung »ermächtigt werden« auf das Erfordernis »neuer« Ermächtigungen hindeuten könnte, widerspräche diese restriktive Auslegung nämlich dem mit Art. 80 IV GG verfolgten Zweck einer Stärkung der Landesparlamente[298]. Die in Art. 80 IV GG eingeräumte Befugnis zur »verordnungsvertretenden Landesgesetzgebung« suspendiert nicht von den Anforderungen des Art. 80 I GG. Daher und wegen des auch auf Rechtsklarheit und Erleichterung der (externen) Nachprüfbarkeit zielenden Normzwecks (→ Rn. 44 ff.) ist das **Zitiergebot** in analoger Anwendung von Art. 80 I 3 GG, der sich dem Wortlaut nach nur auf »Verordnungen« bezieht, auch bei Landesgesetzen nach Art. 80 IV GG zu beachten[299]. Im übrigen richten sich die **Anforderungen an das Gesetzgebungsverfahren** nach den jeweils einschlägigen landesrechtlichen Bestimmungen[300]; konsequent schließt dies gegebenenfalls auch die Möglichkeit der

---

[292] *P. Schütz*, NVwZ 1996, 37 ff.
[293] *Lücke* (Fn. 65), Art. 80 Rn. 49; zustimmend *S. Wagner/L. Brocker*, NVwZ 1997, 759 ff.
[294] Umfassende Analyse einschließlich der Folgeprobleme bei *T. Mann*, Verordnungsvertretende Landesgesetze – Exempel für den Bedeutungsverlust der Landesparlamente, in: C. Brüning/J. Suerbaum (Hrsg.), Die Vermessung der Staatlichkeit, 2013, S. 57 ff.; vgl. ferner *P. Schütz*, NVwZ 1996, 37 (38 ff.); *Remmert* (Fn. 3), Art. 80 Rn. 206.
[295] *Brenner* (Fn. 3), Art. 80 Rn. 114; *Lücke* (Fn. 65), Art. 80 Rn. 48 f., 58; *Nierhaus* (Fn. 2), Art. 80 Rn. 847; *S. Wagner/L. Brocker*, NVwZ 1997, 759 (759).
[296] Zur offenbar geringen praktischen Bedeutung von Art. 80 IV GG s. *Helms*, Gesetz (Fn. 34), S. 105, deren Recherchen lediglich ein Beispiel im Saarland zutage gefördert haben; auf ein weiteres Beispiel macht *Remmert* (Fn. 3), Art. 80 Rn. 199, aufmerksam.
[297] *Lücke* (Fn. 65), Art. 80 Rn. 62; *Nierhaus* (Fn. 2), Art. 80 Rn. 836 ff.; *Remmert* (Fn. 3), Art. 80 Rn. 204.
[298] *Lücke* (Fn. 65), Art. 80 Rn. 56; im Ergebnis ebenso *Brenner* (Fn. 3), Art. 80 Rn. 119; *S. Dette/T. Burfeind*, ZG 13 (1998), 257 (258 f.); *Mann* (Fn. 59), Art. 80 Rn. 54; *Nierhaus* (Fn. 2), Art. 80 Rn. 827; *Remmert* (Fn. 3), Art. 80 Rn. 202.
[299] *Brenner* (Fn. 3), Art. 80 Rn. 119; *Lücke* (Fn. 65), Art. 80 Rn. 62; *Nierhaus* (Fn. 2), Art. 80 Rn. 842; ebenso oder ähnlich bereits *P. Schütz*, NVwZ 1996, 37 (38); *S. Wagner/L. Brocker*, NVwZ 1997, 759 (760 f.); *Maurer*, Gesetz (Fn. 76), S. 590; ablehnend *Bryde* (Fn. 65), Art. 80 Rn. 34; *Jarass/Pieroth*, GG, Art. 80 Rn. 7a; *S. Jutzi*, ZG 14 (1999), 239 (244).
[300] *Brenner* (Fn. 3), Art. 80 Rn. 118; zu umstrittenen Abstimmungspflichten zwischen Landesparlamenten und Landesregierungen vgl. *Brenner* (Fn. 3), Art. 80 Rn. 117; *Lücke* (Fn. 65), Art. 80 Rn. 50 ff.; *Maurer*, Gesetz (Fn. 76), S. 588 f.; *Nierhaus* (Fn. 2), Art. 80 Rn. 855 ff.

V. Gesetzgebungsbefugnis der Länder (Art. 80 IV GG) — Art. 80

Volksgesetzgebung ein[301]. Die Eröffnung einer Option zu **landesgesetzlicher Subdelegation** (→ Rn. 39) in analoger Anwendung von Art. 80 I 4 GG ist noch nicht abschließend geklärt[302].

Weitere bislang nicht abschließend gelöste **Folgeprobleme** wirft die – verfassungspolitisch kontrovers beurteilte[303] – Gesetzgebung nach Art. 80 IV GG hinsichtlich der **Rechtsnatur dieser Gesetze** und etwaiger mit dem Rechtsformenwechsel von der Verordnung zum Gesetz einhergehender **Rechtsschutzeinbußen**[304] auf. Bei einem Problemzugriff auf der Grundlage bislang weitgehend gesicherter Dogmatik handelt es sich bei den Gesetzen nach Art. 80 IV GG um **Landesgesetze** gängiger Lesart[305]. Folge davon ist u. a., dass es – im unmittelbaren Vergleich mit einer Rechtsverordnung der Landesregierung, gegen die nach Maßgabe landesrechtlicher Bestimmungen die Normenkontrolle nach § 47 I Nr. 2 VwGO eröffnet sein kann und die auch im übrigen rechtlich abweichenden Direktiven unterworfen ist – zu Rechtsschutzeinbußen kommen kann, die sich noch verschärfen, wenn das Landesrecht keine Verfassungsbeschwerden gegen Gesetze kennt[306]. Die Deutung als konventionelles Landesgesetz ist allerdings nicht unbestritten. Aus funktionellen Gründen wird die Gesetzgebung nach Art. 80 IV GG nämlich mitunter einer der deutschen Gesetzgebungslehre bisher fremden dritten Kategorie des **förmlichen (Landes-)Gesetzes »sui generis«** zugeordnet, aus der sich nicht zuletzt auch Konsequenzen für den Rechtsschutz ergeben sollen[307]. Diese Minderheitsmeinung konnte sich bisher zwar (noch) nicht durchsetzen[308], lässt sich aber als Vorläufer der neueren bundesverfassungsgerichtlichen Spruchpraxis[309] zur Rechtsnatur von »verordnungsändernden Gesetzen« (→ Rn. 51 ff.) begreifen und könnte wenn nicht gar zur Mehrheitsmeinung werden, so doch zumindest zusammen

69

---

[301] S. *Jutzi*, ZG 14 (1999), 239 (246); *Brenner* (Fn. 3), Art. 80 Rn. 118; *Maurer*, Gesetz (Fn. 76), S. 591; ablehnend *Nierhaus* (Fn. 2), Art. 80 Rn. 868 f.

[302] Vgl. dazu P. *Schütz*, NVwZ 1996, 37 (38); *Maurer*, Gesetz (Fn. 76), S. 590 f.; *Nierhaus* (Fn. 2), Art. 80 Rn. 843 ff.

[303] So erscheint u. a. die Erreichung des Regelungszwecks der Stärkung der Landesparlamente prekär, weil die Landesparlamente bei der Gesetzgebung nach Art. 80 IV GG funktional im wesentlichen als »Ausführungsorgane« des Bundes agieren und ein unübersichtliches Nebeneinander von Gesetz und Verordnung mit dem Trend zur Grenzverwischung in einer bedenklichen normenhierarchischen Gemengelage entstehen kann; vgl. zur Diskussion etwa M. *Nierhaus*, Rechtsverordnungsvertretende Landesgesetze nach Art. 80 Abs. 4 GG und ihre gerichtliche Überprüfbarkeit, in: P. Makke (Hrsg.), Verfassung und Verfassungsgerichtsbarkeit auf Landesebene, 1998, S. 223 ff.; *Lücke* (Fn. 65), Art. 80 Rn. 50 f.; *Remmert* (Fn. 3), Art. 80 Rn. 199 ff.; *Ramsauer* (Fn. 2), Art. 80 Rn. 90 f.; ferner S. *Dette/T. Burfeind*, ZG 13 (1998), 257 ff.; *Helms*, Gesetz (Fn. 34), S. 105 ff., 115 ff. Auch ist die Regelung in der Rechtspraxis – soweit ersichtlich – nur von geringer Attraktivität; vgl. S. *Wagner/L. Brocker*, NVwZ 1997, 759 (760); *Brenner* (Fn. 3), Art. 80 Rn. 115. → Fn. 296.

[304] Vgl. dazu vorerst P. *Schütz*, NVwZ 1996, 37 (38 ff.); M. *Nierhaus/N. Janz*, ZG 12 (1997), 320 (332); *Lücke* (Fn. 65), Art. 80 Rn. 60 f.; *Brenner* (Fn. 3), Art. 80 Rn. 121 ff.; zurückhaltend *Maurer*, Gesetz (Fn. 76), S. 592.

[305] *Brenner* (Fn. 3), Art. 80 Rn. 113, 118; *Bryde* (Fn. 65), Art. 80 Rn. 34; *Jarass/Pieroth*, GG, Art. 80 Rn. 7a; *Lücke* (Fn. 65), Art. 80 Rn. 48; *Mann* (Fn. 59), Art. 80 Rn. 50; *Remmert* (Fn. 3), Art. 80 Rn. 206; *Ramsauer* (Fn. 2), Art. 80 Rn. 91, 96; *Rubel* (Fn. 76), Art. 80 Rn. 41; *Sannwald* (Fn. 68), Art. 80 Rn. 130; *Uhle* (Fn. 59), Art. 80 Rn. 45; *Wallrabenstein* (Fn. 46), Art. 80 Rn. 65.

[306] Vgl. zu den Rechtsschutzfragen etwa *Brenner* (Fn. 3), Art. 80 Rn. 121 ff.; *Lücke* (Fn. 65), Art. 80 Rn. 60 f.; *Nierhaus* (Fn. 2), Art. 80 Rn. 870 ff.; *Remmert* (Fn. 3), Art. 80 Rn. 207; jeweils m. w. N.

[307] *Nierhaus* (Fn. 2), Art. 80 Rn. 839 ff.; ders., Rechtsverordnungsvertretende Landesgesetze (Fn. 303), S. 229 ff., 236 ff.

[308] Ablehnend etwa S. *Jutzi*, NVwZ 2000, 1390 (1390 ff.); ders., ZG 14 (1999), 239 (240 ff., 246); *Brenner* (Fn. 3), Art. 80 Rn. 113; *Maurer*, Gesetz (Fn. 76), S. 591 ff.

[309] BVerfGE 114, 196 (233 ff., Rn. 195 ff.).

D. Verhältnis zu anderen GG-Bestimmungen

70 Art. 80 GG ist Ausdruck und Konkretisierung **rechtsstaatlicher, demokratischer und bundesstaatlicher Grundsätze** (→ Rn. 14), einer Änderung durch **Art. 79 III GG** jedoch nicht entzogen[311]. Mit dem Erlass von Rechtsverordnungen regelt Art. 80 GG nur einen Teilbereich exekutiver Rechtsetzung; zu Ausfertigung, Verkündung und Inkrafttreten von Rechtsverordnungen finden sich weitere wichtige Teilregelungen in **Art. 82 GG**. Sondervorschriften enthalten **Art. 119, 127, 129 und 132 IV GG**, die allerdings teilweise nur noch von historischem Interesse sind, sowie für den Verteidigungsfall **Art. 115k GG**. Die mitunter noch immer als Beispiel für einen verfassungsrechtlich angeordneten Aufhebungsvorbehalt (→ Rn. 28) angeführte Regelung in **Art. 109 IV 4 GG** a. F.[312] wurde 2009 im Zuge der Föderalismusreform II (→ Art. 20 [Bundesstaat], Rn. 13) aufgehoben.

---

[310] Vgl. auch die Überlegungen von *Remmert* (Fn. 3), Art. 80 Rn. 206.
[311] *Bryde* (Fn. 65), Art. 80 Rn. 2; *Wallrabenstein* (Fn. 46), Art. 80 Rn. 5.
[312] Vgl. etwa *Mann* (Fn. 59), Art. 80 Rn. 41 f.; *Wallrabenstein* (Fn. 46), Art. 80 Rn. 23; ferner den Hinweis auf Art. 109 IV 1 GG bei *Haratsch* (Fn. 59), Art. 80 Rn. 16.

Artikel 80a [Spannungsfall]

(1) ¹Ist in diesem Grundgesetz oder in einem Bundesgesetz über die Verteidigung einschließlich des Schutzes der Zivilbevölkerung bestimmt, daß Rechtsvorschriften nur nach Maßgabe dieses Artikels angewandt werden dürfen, so ist die Anwendung außer im Verteidigungsfalle nur zulässig, wenn der Bundestag den Eintritt des Spannungsfalles festgestellt oder wenn er der Anwendung besonders zugestimmt hat. ²Die Feststellung des Spannungsfalles und die besondere Zustimmung in den Fällen des Artikels 12a Abs. 5 Satz 1 und Abs. 6 Satz 2 bedürfen einer Mehrheit von zwei Dritteln der abgegebenen Stimmen.

(2) Maßnahmen auf Grund von Rechtsvorschriften nach Absatz 1 sind aufzuheben, wenn der Bundestag es verlangt.

(3) ¹Abweichend von Absatz 1 ist die Anwendung solcher Rechtsvorschriften auch auf der Grundlage und nach Maßgabe eines Beschlusses zulässig, der von einem internationalen Organ im Rahmen eines Bündnisvertrages mit Zustimmung der Bundesregierung gefaßt wird. ²Maßnahmen nach diesem Absatz sind aufzuheben, wenn der Bundestag es mit der Mehrheit seiner Mitglieder verlangt.

Literaturauswahl

Daleki, Wolfgang: Artikel 80a des Grundgesetzes und die Maßnahmen zur Erhöhung der Verteidigungsbereitschaft, 1985.
Daleki, Wolfgang: Die Regelungen über den Spannungsfall und ihre gesetzestechnischen Mängel, in: DVBl. 1986, S. 1031–1039.
Ipsen, Knut: Die Bündnisklausel der Notstandsverfassung (Art. 80a Abs. 3 GG), in: AöR 94 (1969), S. 554–575.
Klein, Hans Hugo: Dienstpflichten und Spannungsfall (Art. 80a), in: Der Staat 8 (1969), S. 363–386, 479–492.
März, Wolfgang: Äußerer Staatsnotstand, in: HStR³ XII, § 281, S. 973–1025.
Mertins, Torsten: Der Spannungsfall, 2013.
Seifert, Jürgen: Spannungsfall und Bündnisfall (Art. 80a), in: Dieter Sterzel (Hrsg.), Kritik der Notstandsgesetze, 1968, S. 161–180.
Vitzthum, Wolfgang Graf: Der Spannungs- und Verteidigungsfall, in: HStR VII, § 170, S. 415–454.
Wilke, Dieter: Notstandsverfassung und Verordnungsrecht, in: DVBl. 1969, S. 917–924.

Leitentscheidung des Bundesverfassungsgerichts

BVerfGE 90, 286 (386) – Out-of-area-Einsätze.

Gliederung

	Rn.
A. Herkunft, Entstehung, Entwicklung	1
B. Internationale, supranationale und rechtsvergleichende Bezüge	2
C. Erläuterungen	4
I. Allgemeine Bedeutung	4
II. Der Spannungsfall	5
III. Der Zustimmungsfall	6
IV. Wirkungen des Spannungs- oder Zustimmungsfalles	7
V. Aufhebung getroffener Maßnahmen (Art. 80a II GG)	10
VI. Die Bündnisklausel (Art. 80a III GG)	12
D. Verhältnis zu anderen GG-Bestimmungen	14

Art. 80a B. Internationale, supranationale und rechtsvergleichende Bezüge

Stichwörter

Anwendungssperre 7, 9 – Äußerer Notstand 4 – Justitiabilität 5 – Mehrheitsanforderungen 6 – Rechtsverordnungen 10 – Streitkräfteeinsatz im Innern 13.

A. Herkunft, Entstehung, Entwicklung

1   Art. 80a GG sichert die frühzeitige Beteiligung des Parlaments bei Maßnahmen zur Erhöhung der Verteidigungsbereitschaft in Phasen gesteigerter zwischenstaatlicher Konflikte, ohne daß der Verteidigungsfall gegeben wäre. In den **konstitutionellen Monarchien** des 19. Jahrhunderts lag die Entscheidung über eine erhöhte Verteidigungsbereitschaft in der **Kompetenz des Monarchen** als Teil seines Oberbefehls[1]. Das wurde entweder vorausgesetzt[2] oder explizit angeordnet[3]. Wegen des Verbots aller Mobilmachungsmaßnahmen in Art. 178 I Versailler Friedensvertrag enthielt die Weimarer Reichsverfassung keine derartige Regelung[4]. In der Bundesrepublik wurden zunächst nur einfachgesetzlich der Bundesregierung einzelne Befugnisse zur Erhöhung der Verteidigungsbereitschaft zugewiesen[5]. Erst im Rahmen der Beratungen über eine **Notstandsverfassung** kam durch den Rechtsausschuß die Vorstellung auf, daß eine entsprechende Feststellung der Bundesregierung an die Zustimmung des Gemeinsamen Ausschusses gebunden werden sollte[6]. Der Regierungsentwurf der Notstandsverfassung griff diese Idee auf[7]. Durch den Rechtsausschuß wurde jedoch die Änderung vorgeschlagen, daß dem **Bundestag selbst das Zustimmungsrecht** zugewiesen werden sollte[8], was dann Eingang in die endgültige Verfassungsänderung fand[9].

B. Internationale, supranationale und rechtsvergleichende Bezüge

2   Art. 80a III GG verweist explizit auf den Beschluß eines internationalen Organs im Rahmen eines Bündnisvertrages und gehört damit zu den Grundgesetznormen, die einen, wenn auch nicht vorbehaltlosen, **Durchgriff internationaler Organe** auf die deutsche Verfassungsordnung erlauben[10].

3   Das differenzierte und abgestufte System verschiedener Notstandssituationen des Art. 80a GG findet **in anderen Staaten** in dieser Form **keine Entsprechung**. Vielmehr

---

[1] Zur historischen Entwicklung W. *Daleki*, Art. 80a des Grundgesetzes und die Maßnahmen zur Erhöhung der Verteidigungsbereitschaft, 1985, S. 21 ff.; T. *Mertins*, Der Spannungsfall, 2013, S. 24 ff.
[2] So in Preußen, s. *Daleki*, Art. 80a (Fn. 1), S. 22.
[3] Art. 61 I 1 Verf. des Norddt. Bundes, Art. 63 IV RVerf. 1871.
[4] Art. 47 WRV regelte nur den Oberbefehl.
[5] Zu den verschiedenen Regelungen etwa im WPflG und den Sicherstellungsgesetzen *Daleki*, Art. 80a (Fn. 1), S. 24 ff.
[6] Entwurf eines Art. 53a III 1 GG, BT-Drs. IV/3494; vgl. dazu auch A. *Funke*, in: BK, Art. 80a (2014), Rn. 7.
[7] BT-Drs. V/1879.
[8] Damit trat an die Stelle des Art. 53a III GG der heutige Art. 80a GG, BT-Drs. V/2873, S. 10.
[9] 17. Gesetz zur Änderung des Grundgesetzes v. 24.6.1968 (BGBl. I S. 709); zur Entstehungsgeschichte näher J. *Seifert*, Spannungsfall und Bündnisfall (Art. 80a), in: D. Sterzel (Hrsg.), Kritik der Notstandsgesetze, 1968, S. 161 ff.; *Daleki*, Art. 80a (Fn. 1), S. 27 ff.; *Funke* (Fn. 6), Art. 80a Rn. 9 ff.
[10] Zur Bündnisklausel im einzelnen → Rn. 12 f.

sind die Voraussetzungen des Staatsnotstands offener und flexibler und gelten zudem meist sowohl für den inneren wie den äußeren Notstand[11].

C. Erläuterungen

I. Allgemeine Bedeutung

Art. 80a GG regelt die Anwendbarkeit bestimmter Notstandsvorschriften im Grundgesetz und in einfachen Gesetzen für die **vier grundgesetzlich differenzierten Krisenfälle**, nämlich den Verteidigungsfall (Art. 115a ff. GG), den Spannungsfall (Art. 80a I 1, 1. Alt. GG), den sog. Zustimmungsfall (Art. 80a I 2. Alt. GG) und den Bündnisfall (Art. 80a III GG). Alle vier »tatbestandlichen Stufen der militärischen Bedrohung«[12] betreffen **allein den äußeren Notstand**[13]. Das ergibt sich aus der Entstehungsgeschichte[14], dem eindeutigen Normzweck und der klar abweichenden Definition des inneren Notstandes in Art. 87a IV 1, 91 I GG (→ Art. 87a Rn. 25 ff.; → Art. 91 Rn. 7 ff.). Art. 80a GG soll unterhalb der Eskalationsstufe des Verteidigungsfalles, aber bereits in verschärften internationalen Krisensituationen bei drohender[15] oder auch abklingender[16] Gefahr militärischer Verwicklungen eine Erhöhung der Verteidigungsbereitschaft und Vorsorge für die Sicherheit und Versorgung der Zivilbevölkerung ermöglichen, ohne sogleich den Verteidigungsfall ausrufen oder beibehalten zu müssen[17]. Diese Zwischenstufen zwischen Normallage und unmittelbarer kriegerischer Auseinandersetzung sollen daher sowohl eine Deeskalation ermöglichen als auch im Inneren die Verteidigungsbereitschaft im Interesse der Selbstbehauptung der Bundesrepublik mit Signalwirkung nach außen stärken[18]. Zugleich sichert die Vorschrift die Entscheidungsrechte des Parlaments gegenüber internationalen Organen und nicht zuletzt gegenüber der Exekutive[19]. Praktische Anwendung hat die Vorschrift freilich bisher noch nicht gefunden[20].

---

[11] Vgl. hierzu generell Max-Planck-Institut für Ausländisches öffentliches Recht und Völkerrecht (Hrsg.), Das Staatsnotrecht in Belgien, Frankreich, Großbritannien, Italien, den Niederlanden, der Schweiz und den Vereinigten Staaten von Amerika, 1955. → Art. 91 Rn. 4.
[12] *W. Graf Vitzthum*, HStR VII, § 170 Rn. 3.
[13] *R. Herzog*, in: Maunz/Dürig, GG, Art. 80a (1970), Rn. 16; *Stern*, Staatsrecht II, S. 1438f., 1442; *K.-A. Hernekamp*, in: v. Münch/Kunig, GG III, Art. 80a Rn. 2; s. auch *Daleki*, Art. 80a (Fn. 1), S. 40f.; a.A. jetzt *O. Depenheuer*, in: Maunz/Dürig, GG, Art. 80a (2011), Rn. 13 ff.: »alle die Sicherheit des Staates existentiell gefährdenden Bedrohungslagen anzuerkennen« (14).
[14] BT-Drs. V/2873.
[15] Die Norm unzutreffend ausschließlich auf die Vorstufen beschränkend *Herzog* (Fn. 13), Art. 80a Rn. 16.
[16] Richtig *Hernekamp* (Fn. 13), Art. 80a Rn. 2.
[17] *Hernekamp* (Fn. 13), Art. 80a Rn. 2 spricht insoweit von sicherheitspolitischem crisis-management.
[18] Vgl. *Herzog* (Fn. 13), Art. 80a Rn. 6; *W. Graf Vitzthum*, HStR VII, § 170 Rn. 3 f.; *H. H. Klein*, Der Staat 8 (1969), 363 (379); *M. Brenner*, in: v. Mangoldt/Klein/Starck, GG II, Art. 80a Rn. 5.
[19] *Funke* (Fn. 6), Art. 80a Rn. 26 ff. sieht wegen der beschränkten Mitwirkungsrechte aber nur eine »hinkende Parlamentarisierung«.
[20] Zu den theoretischen Möglichkeiten gerichtlichen Rechtsschutzes vgl. *Funke* (Fn. 6), Art. 80a Rn. 142 ff.

Art. 80a C. Erläuterungen

II. Der Spannungsfall

5 Anders als der Verteidigungsfall in Art. 115a GG (→ Art. 115a Rn. 6ff.) ist der Spannungsfall **tatbestandlich nicht definiert**. Angesichts der Schwierigkeiten einer Definition und Umschreibung ist darauf bewußt verzichtet worden[21]. Die Konkretisierungsversuche des Schrifttums[22] haben ebenfalls keine konsensfähige Definition hervorbringen können. Gerade der Normzweck, elastische Reaktionen zu ermöglichen, erlaubt dies auch gar nicht. Eine genaue Definition ist insoweit weder notwendig noch möglich[23]. Innerhalb äußerster Grenzen soll die Feststellung gerade der Einschätzungsprärogative des Parlaments überlassen bleiben[24]. Die Feststellung ist folglich nur begrenzt justitiabel[25]. Nachprüfbare Grenzen sind lediglich die Voraussetzung einer äußeren Krisenlage, die nicht nur militärisch zu verstehen ist, sondern auch neuartige Bedrohungsformen wie ABC-Terrorismus oder staatlich gestützten Terrorismus umfaßt[26], und die Einhaltung der formalen Verfahrensvoraussetzungen wie das Erreichen der erforderlichen Mehrheit[27]. Gerade wegen der inhaltlichen Unbestimmtheit der Tatbestandsvoraussetzungen **bedarf die Feststellung** des Spannungsfalls gem. Art. 80a I 2 GG der **qualifizierten Mehrheit des Bundestages**, genauer der Zwei-Drittel-Mehrheit der abgegebenen Stimmen, um verfahrenstechnisch einem Mißbrauch entgegenzuwirken[28]. Das Initiativrecht liegt bei Bundesregierung, Bundesrat und Bundestag[29]. Sowohl im Hinblick auf die intendierten Signalwirkungen als auch wegen der damit verbundenen Konsequenzen für den Bürger muß die Feststellung publiziert werden, ohne daß dies vom Grundgesetz explizit vorgeschrieben wäre[30]. Die **Publizierung** kann auch im Hinblick auf die Regelung des Art. 115a III 2 GG (→ Art. 115a Rn. 15) in den Formen des Gesetzes über vereinfachte Verkündungen und Bekanntgaben[31] erfolgen, wenn die Veröffentlichung im Bundesgesetzblatt, die insoweit prinzipiell von Art. 82 GG gefordert wird, nicht möglich ist[32].

---

[21] BT-Drs. V/2873, S. 7; vgl. die verschiedenen Definitionsversuche in: BT-Drs. IV/891, S. 9; zu BT-Drs. IV/3494, S. 10; BT-Drs. V/2873, S. 8, 11; kritisch W. *Daleki*, DVBl. 1986, 1031 (1035).
[22] Vgl. z. B. *Herzog* (Fn. 13), Art. 80a Rn. 36; *H. H. Klein*, Der Staat 8 (1969), 363 (379); *W. Graf Vitzthum*, HStR VII, § 170 Rn. 7; *W. März*, HStR³ XII, § 281 Rn. 10f.
[23] *v. Mangoldt/Klein*, GG, Art. 80a Anm. III, 3; zustimmend auch *T. Mann*, in: Sachs, GG, Art. 80a Rn. 2.
[24] Wobei es nicht nur auf die Krisenprognose ankommt, wie die h. L. wohl annimmt, vgl. *Hamann/Lenz*, GG, Art. 80a, Anm. B 5; *Stern*, Staatsrecht II, S. 1440 f.: »prognostische Dezision«; *Hernekamp* (Fn. 13), Art. 80a Rn. 13: »sicherheitspolitische Krisenprognose«.
[25] *H.-U. Evers*, AöR 91 (1966), 1, 193 (209); *H. H. Klein*, Der Staat 8 (1969), 363 (379); *Stern*, Staatsrecht II, S. 1441; *Hernekamp* (Fn. 13), Art. 80a Rn. 14; *R. Rubel*, in: Umbach/Clemens, GG, Art. 80a Rn. 15; vgl. auch *F.-B. Wehrs*, Zur Anwendbarkeit des Notstandsrechts der Bundesrepublik Deutschland, Diss. jur. Mainz 1971, S. 56 ff.
[26] *Brenner* (Fn. 18), Art. 80a Rn. 17; *Depenheuer* (Fn. 13), Art. 80a Rn. 18; *Mann* (Fn. 23), Art. 80a Rn. 2; *Ladiges/Glawe*, DÖV 2011, 621 (624); *Mertins*, Spannungsfall (Fn. 1), S. 44 ff., 65 ff.; ablehnend *Funke* (Fn. 6), Art. 80a Rn. 42.
[27] Zur Mißbrauchskontrolle, wenn auch zu weitgehend *Herzog* (Fn. 13), Art. 80a Rn. 34 ff.; sowie *Hernekamp* (Fn. 13), Art. 80a Rn. 14; *W. Graf Vitzthum*, HStR VII, § 170 Rn. 6.
[28] Vgl. *Stern*, Staatsrecht II, S. 1441 f.; doppelt falsche Terminologie bei *Depenheuer* (Fn. 13), Art. 80a Rn. 24 (relative Mehrheit und Quorum).
[29] *E. Schürmann*, Wirtschaftslenkung im Notstand, 1970, S. 133; *W. Daleki*, DVBl. 1986, 1031 (1034); *ders.*, Art. 80a (Fn. 1), S. 42 ff.
[30] H. M.: *Depenheuer* (Fn. 13), Art. 80a Rn. 27; *Stern*, Staatsrecht II, S. 1442; *W. März*, HStR³ XII, § 281 Rn. 14; a. A. *v. Mangoldt/Klein*, GG, Art. 80a Anm. IV, 7 b.
[31] G. v. 18.7.1975 (BGBl. I S. 1919).
[32] *Hernekamp* (Fn. 13), Art. 80a Rn. 15; *Depenheuer* (Fn. 13), Art. 80a Rn. 27; s. auch *Daleki* (Fn. 1),

III. Der Zustimmungsfall

Neben der Feststellung des Spannungsfalls kann das Parlament auch die weniger spektakuläre Möglichkeit nutzen, der Anwendung einzelner Rechtsvorschriften zur Erhöhung der Verteidigungsbereitschaft zuzustimmen, um die Signalwirkung abzuschwächen[33]. Diese besondere Zustimmung ist nach dem Willen des verfassungsändernden Gesetzgebers[34] und aus systematischen Gründen nicht voraussetzungslos möglich, sondern darf nur erfolgen, sofern eine dem Spannungsfall vergleichbare, wenn auch gegebenenfalls mindere Konfliktsituation vorliegt[35]. **Da die Konsequenzen** in rechtlicher und politischer Hinsicht **geringer** sind, bedarf **der Zustimmungsbeschluß nur einfacher Mehrheit**[36]. Nur für Maßnahmen gem. Art. 12a V 1, VI 2 GG ist, wie für den Spannungsfall gem. Art. 80a I 2 GG, eine Zwei-Drittel-Mehrheit notwendig. Aus den geringeren Mehrheitsanforderungen kann jedoch nicht gefolgert werden[37], daß auf diesem Wege nur einzelne Notstandsregelungen, aber nicht alle betreffenden einfachgesetzlichen Vorschriften en bloc entsperrt werden können[38].

IV. Wirkungen des Spannungs- oder Zustimmungsfalles

Die Feststellung des Spannungsfalls oder die Zustimmung nach Art. 80a I GG **heben** für die auf Art. 80a GG explizit Bezug nehmenden (**sog. Junktimklausel**) Vorschriften die bestehende **Anwendungssperre auf**[39]. Eine solche Bezugnahme findet sich **im Grundgesetz** nur vereinzelt und dann auch teilweise nur selektiv. Art. 12a V 1 und Art. 12a VI 2 GG verweisen ausschließlich auf Art. 80a I GG, nicht dagegen auf die Bündnisklausel des Art. 80a III GG. Demgegenüber wird der Aufgabenbereich der Streitkräfte gem. Art. 87a III GG nur im Verteidigungs- oder Spannungsfall ausgeweitet, nicht jedoch durch konkrete Zustimmung. **Auf einfachgesetzlicher Ebene** werden die Gesetze oder Normen entsperrt, die explizit auf Art. 80a GG verweisen. Bundesgesetze über die Verteidigung einschließlich des Schutzes der Zivilbevölkerung im Sinne des Art. 80a I GG können nicht nur ganze Gesetze, sondern auch einzelne Bestimmungen in Bundesgesetzen sein, die nicht allein verteidigungspolitischen Zwek-

---

Art. 80a S. 44 ff.; *ders.*, DVBl. 1986, 1031 (1034 f.); a.A. *Herzog* (Fn. 13), Art. 80a Rn. 47 f.; *v. Wehrs*, Anwendbarkeit (Fn. 25), S. 104 ff.; vgl. auch § 1 I 1 des Gesetzes; der Bundespräsident ist nicht einbezogen, s. *Funke* (Fn. 6), Art. 80a Rn. 82.

[33] *W. Graf Vitzthum*, HStR VII, § 170 Rn. 25; *Brenner* (Fn. 18), Art. 80a Rn. 23.

[34] BT-Drs. V/2873, S. 11.

[35] In etwas unterschiedlicher Nuancierung *Herzog* (Fn. 13), Art. 80a Rn. 38; *Stern*, Staatsrecht II, S. 1443 f.; *Hernekamp* (Fn. 13), Art. 80a Rn. 12; *W. Graf Vitzthum*, HStR VII, § 170 Rn. 25; *Depenheuer* (Fn. 13), Art. 80a Rn. 72; *W. März*, HStR³ XII, § 281 Rn. 37; für völlige Gleichheit der Voraussetzungen dagegen *H. H. Klein*, Der Staat 8 (1969), 363 (379 f.); *v. Mangoldt/Klein*, GG, Art. 80a Anm. IV, 8; *Hesse*, Verfassungsrecht, Rn. 747.

[36] Art. 42 II 1 GG; nicht »relative Mehrheit«, so aber *Hernekamp* (Fn. 13), Art. 80a Rn. 16. → Art. 42 Rn. 34.

[37] So aber *C. O. Lenz*, Notstandsverfassung des Grundgesetzes, 1971, Art. 80a Rn. 18; *Hamann/Lenz*, GG, Art. 80a Anm. B 3; *Mann* (Fn. 23), Art. 80a Rn. 3; *Depenheuer* (Fn. 13), Art. 80a Rn. 71 hält dann die Zweidrittelmehrheit für erforderlich.

[38] *Herzog* (Fn. 13), Art. 80a Rn. 30; *Daleki*, Art. 80a (Fn. 1), S. 39, Fn. 1; *W. Graf Vitzthum*, HStR VII, § 170 Rn. 25; jetzt auch *Hernekamp* (Fn. 13), Art. 80a Rn. 12 unter Aufgabe seiner früheren gegenteiligen Auffassung; zuletzt *Funke* (Fn. 6), Art. 80a Rn. 97.

[39] Vgl. *Stern*, Staatsrecht II, S. 1450.

ken dienen[40]. Eine derartige Verweisung enthalten bisher die Sicherstellungsgesetze[41] und das Katastrophenschutzgesetz[42]. Darüber hinaus müssen die nach Maßgabe des Art. 80a GG anwendbaren »Rechtsvorschriften« nicht in den Bundesgesetzen selbst enthalten sein, sondern können auch in anderes Bundesrecht oder in Landesrecht aufgenommen werden, sofern es sich um derivatives Bundes- oder Landesrecht handelt, also Rechtsverordnungen des Bundes oder des Landes (Art. 80 I GG)[43].

8 **Rechtsvorschriften im Sinne des Art. 80a GG sind** ansonsten keine geheimen oder noch nicht in Kraft getretenen »Schubladengesetze«[44], sondern **im normalen (Gesetzgebungs-)Verfahren erlassene Gesetze**, die sich von anderen Gesetzen nur durch die Besonderheit unterscheiden, daß sie in ihrer Anwendung gesperrt sind und insofern gegenüber dem Bürger noch keine Außenwirkung entfalten[45]. Deshalb kann allein die Anwendung, nicht der Erlaß nach Art. 80a GG bedingt sein[46]. Bei nichtvollzugsbedürftigen Normen bedeutet Anwendung die Sanktionierung einer eventuellen Nichtbeachtung[47].

9 Im übrigen kann der Bundestag **Notstandsgesetze auch ohne eine entsprechende Anwendungssperre** nach Art. 80a GG beschließen und ihre Anwendung ausschließlich von einer entsprechenden Entsperrung durch die Exekutive abhängig machen[48]. Freilich kann der Gesetzgeber hier spezifische Absicherungen gegen einen Mißbrauch vorsehen[49]. Außerdem ist auch in diesen Fällen eine außenpolitische Konfliktsituation unabdingbare Voraussetzung[50].

V. Aufhebung getroffener Maßnahmen (Art. 80a II GG)

10 Art. 80a II GG gibt dem Bundestag über seine Rechtsetzungskompetenz hinausgehende Kontroll- und Korrekturbefugnisse[51], indem er die Aufhebung von »Maßnahmen aufgrund von Rechtsvorschriften nach Absatz 1« verlangen kann. Danach kann der Bundestag insbesondere **auch rechtmäßige Einzelmaßnahmen**, die ihm aber als zu weitgehend erscheinen, **korrigieren**[52], seien es Verwaltungsakte nachgeordneter Be-

---

[40] *Lenz*, Notstandsverfassung (Fn. 37), Art. 80a Rn. 15; *Hernekamp* (Fn. 13), Art. 80a Rn. 4; Beispiel: § 95 VwVfG.
[41] § 3 ArbeitssicherstellungsG; § 2 ErnährungssicherstellungsG; § 2 VerkehrssicherstellungsG; § 2 WirtschaftssicherstellungsG.
[42] § 12 II KatSG; detaillierter Überblick über die gesetzlichen Maßnahmen bei *Daleki*, Art. 80a (Fn. 1), S. 58 ff.; *Depenheuer* (Fn. 13), Art. 80a Rn. 45 ff.; *Mertins*, Spannungsfall (Fn. 1), S. 128 ff.; s. auch *P. Reimer/S. Kempny*, VR 2011, 253 (256 ff.); *Funke* (Fn. 6), Art. 80a Rn. 43 ff.
[43] *Stern*, Staatsrecht II, S. 1451; *Hernekamp* (Fn. 13), Art. 80a Rn. 7; weitergehend *Herzog* (Fn. 13), Art. 80a Rn. 9, 26, der insoweit keine Einschränkung vornimmt.
[44] *Hernekamp* (Fn. 13), Art. 80a Rn. 6.
[45] *Stern*, Staatsrecht II, S. 1450 f.; *W. Graf Vitzthum*, HStR VII, § 170 Rn. 11; *Brenner* (Fn. 18), Art. 80a Rn. 13.
[46] *Hernekamp* (Fn. 13), Art. 80a Rn. 8.
[47] *Hernekamp* (Fn. 13), Art. 80a Rn. 8; *D. Wilke*, DVBl. 1969, 917 (922).
[48] *Hernekamp* (Fn. 13), Art. 80a Rn. 10; *Stern*, Staatsrecht II, S. 1452; *W. Graf Vitzthum*, HStR VII, § 170 Rn. 13; Beispiele: § 1 BundesleistungsG; § 49 I 2 WPflG; § 13 I WassersicherstellungsG; zur Entstehungsgeschichte dieser Wahlmöglichkeit *Daleki*, Artikel 80a (Fn. 1), S. 34 ff.; *Seifert*, Spannungsfall (Fn. 9), S. 179 f. bezeichnet Art. 80a GG deshalb als »Verschleierungsnorm«.
[49] Vgl. *Hernekamp* (Fn. 13), Art. 80a Rn. 10; zu entsprechenden Zustimmungsvorbehalten vgl. *K. Grupp*, DVBl. 1974, 177 ff.
[50] *Hesse*, Verfassungsrecht, Rn. 748; *W. Graf Vitzthum*, HStR VII, § 170 Rn. 13.
[51] *Stern*, Staatsrecht II, S. 1453; *W. Graf Vitzthum*, HStR VII, § 170 Rn. 23.
[52] *Hernekamp* (Fn. 13), Art. 80a Rn. 17.

hörden oder Maßnahmen einer Landesexekutive[53]. Anders als der Wortlaut nahelegt, wird man unter »Maßnahmen« auch **Rechtsverordnungen**, die aufgrund der Bundesgesetze gem. Art. 80a I GG ergangen sind, verstehen müssen[54], da es sich auch insoweit um Gesetzesvollzug handelt und Art. 80a GG dem Parlament möglichst umfassende Kontroll- und Korrekturkompetenzen zuweisen will.

Der **Bundestag** ist nicht selbst zur Aufhebung berechtigt[55], sondern **kann nur die Aufhebung** oder als Minus zur Aufhebung auch die Aussetzung[56] **verlangen**, wobei die Aufhebung unverzüglich, innerhalb oder nach einer bestimmten Frist oder schließlich aufschiebend bedingt verlangt werden kann[57]. Die Bundesregierung ist hierzu verpflichtet. Die Verpflichtung kann notfalls im Organstreitverfahren gem. Art. 93 I Nr. 1 GG durchgesetzt werden[58]. Eine nach Art. 80a II GG aufgehobene Maßnahme darf außerdem nicht erneut getroffen werden, wenn sich die Situation nicht geändert hat[59]. Überdies bleibt es dem Bundestag unbenommen, sowohl die Zustimmung gem. Art. 80a I GG zurückzunehmen oder den Spannungsfall mit einfacher Mehrheit aufzuheben[60]. Hierzu ist der Bundestag auch ohne eine explizit normierte Verpflichtung, wie sie Art. 115l II 3 GG enthält, verpflichtet, wenn eine entsprechende Konfliktsituation nicht mehr besteht[61]. Schließlich kann der Bundestag, gerade auch bei Gesetzen ohne die Junktimklausel i. S. d. Art. 80a I GG, aufgrund seiner Gesetzgebungsbefugnisse die betreffenden Gesetze im Gesetzgebungsverfahren ändern oder aufheben[62].

VI. Die Bündnisklausel (Art. 80a III GG)

Der in Art. 80a III 1 GG normierte Bündnisfall bildet eine **eigenständige**[63] **Variante der Entsperrung** von Notstandsvorschriften, die für den Fall eines (drohenden) Angriffs auf Bündnispartner, der den Verteidigungsfall gem. Art. 115a I GG gerade nicht auslöst[64], die notwendige rasche Verteidigungsvorbereitung erlauben soll[65]. Die Voraussetzungen des Art. 80a I GG gelten deshalb nicht[66], freilich können auch in diesem Fall nur mit einem Junktim im Sinne des Art. 80a GG verbundene Vorschriften entsperrt

---

[53] *W. Graf Vitzthum*, HStR VII, § 170 Rn. 23.
[54] So die wohl h.M.: *K. Grupp*, DVBl. 1974, 177 (177f.); *Stern*, Staatsrecht II, S. 1453; *W. Graf Vitzthum*, HStR VII, § 170 Rn. 23; *W. März*, HStR³ XII, § 281 Rn. 31; offengelassen bei *Herzog* (Fn. 13), Art. 80a Rn. 68; dezidiert anders nur *Hernekamp* (Fn. 13), Art. 80a Rn. 17; vgl. auch *W. Daleki*, DVBl. 1986, 1031 (1038f.).
[55] Die dahinterstehende formalistische Gewaltenteilungskonzeption kritisiert nicht zu Unrecht *Herzog* (Fn. 13), Art. 80a Rn. 68.
[56] *Hernekamp* (Fn. 13), Art. 80a Rn. 18; *W. Graf Vitzthum*, HStR VII, § 170 Rn. 23.
[57] *v. Mangoldt/Klein*, GG, Art. 80a Anm. V, 5 c; *Hernekamp* (Fn. 13), Art. 80a Rn. 18.
[58] *Herzog* (Fn. 13), Art. 80a Rn. 68; s. auch *Stern*, Staatsrecht II, S. 1453; ggfs. kommt eine einstweilige Anordnung in Betracht.
[59] *v. Mangoldt/Klein*, GG, Art. 80a Anm. V, 5 b; *Hernekamp* (Fn. 13), Art. 80a Rn. 19.
[60] *Herzog* (Fn. 13), Art. 80a Rn. 70; *Stern*, Staatsrecht II, S. 1453; *Hernekamp* (Fn. 13), Art. 80a Rn. 20; *R. Sannwald*, in: Schmidt-Bleibtreu/Hofmann/Henneke, GG, Art. 80a Rn. 32.
[61] *Stern*, Staatsrecht II, S. 1453; *W. Graf Vitzthum*, HStR VII, § 170 Rn. 23.
[62] *Hernekamp* (Fn. 13), Art. 80a Rn. 17.
[63] H.M.: *Stern*, Staatsrecht II, S. 1447; *Hernekamp* (Fn. 13), Art. 80a Rn. 21; *W. Graf Vitzthum*, HStR VII, § 170 Rn. 26; *W. März*, HStR³ XII, § 281 Rn. 38; a.A. *Herzog* (Fn. 13), Art. 80a Rn. 61.
[64] Zur Abgrenzung zwischen Bündnisfall und Verteidigungsfall → Art. 115a GG Rn. 6f.
[65] BT-Drs. V/2873, S. 12; zur Entstehungsgeschichte vgl. auch *K. Ipsen*, AöR 94 (1969), 554 (555ff.).
[66] *W. Graf Vitzthum*, HStR VII, § 170 Rn. 26; *Funke* (Fn. 6), Art. 80a Rn. 112; a.A. *Herzog* (Fn. 13), Art. 80a Rn. 61.

werden⁶⁷. Art. 80a III GG **ersetzt** nur den ansonsten erforderlichen **Beschluß des Bundestages durch den Beschluß des zuständigen internationalen Organs mit Zustimmung der Bundesregierung als Kollegium**⁶⁸. Zuständig im Sinne des Art. 80a III GG kann in den Bündnissen nur ein Gesamtorgan mit politischer Leitungsfunktion⁶⁹ sein, dem auch ein Mitglied der Bundesregierung angehört⁷⁰. Im Rahmen der NATO kommen hier allein der Nordatlantik-Rat gem. Art. 9 NATO-Vertrag sowie der Ausschuß für Verteidigungsplanung in Betracht⁷¹. Unerheblich ist, ob der Beschluß des internationalen Organs vornehmlich aus Gründen der Achtung der Souveränität der Mitgliedsstaaten nur den Charakter einer Empfehlung hat, wie eine entsprechende Entscheidung des NATO-Rats, oder als rechtlich verbindlich gilt, da andernfalls Art. 80a III GG praktisch immer leerlaufen würde⁷². Da die Bundesregierung stets zustimmen muß, ist mit Art. 80a III GG kein Souveränitätsverlust, sondern ausschließlich eine Kompetenzverlagerung vom Parlament auf die Bundesregierung⁷³ verbunden, die indes im parlamentarischen Regierungssystem nicht allzu schwer wiegt⁷⁴. Darüber hinaus kann der Bundestag die Aufhebung von Einzelmaßnahmen gem. Art. 80a III 2 GG verlangen, auch wenn dies im Gegensatz zu Art. 80a II GG nur mit absoluter Mitgliedermehrheit erfolgen darf⁷⁵.

13 Die Anwendungssperre wird nur »nach Maßgabe« des Beschlusses des internationalen Organs aufgehoben, so daß durch den Inhalt des Beschlusses auch der Umfang der Entsperrung begrenzt wird⁷⁶. **Der Einsatz der Streitkräfte im Innern** gem. Art. 87a III GG (→ Art. 87a Rn. 19 ff.) sowie Dienstverpflichtungen und Verbote, den Arbeitsplatz zu wechseln (Art. 12a V, VI GG), werden durch den Bündnisfall **nicht ermöglicht**, da diese Vorschriften ausschließlich auf Art. 80a I GG und den Verteidigungsfall verweisen⁷⁷. Der Anwendungsbereich des Bündnisfalls ist außerdem auf »die nach Maßgabe des NATO-Alarmsystems ausgelöste **zivile Teilmobilmachung**« begrenzt, erfaßt also nicht den Streitkräfteeinsatz im Bündnisfall⁷⁸. Darüber hinausgehende Maßnahmen bedürfen der Zustimmung des Bundestages. Der Bündnisbeschluß muß öffentlich

---

⁶⁷ *Hernekamp* (Fn. 13), Art. 80a Rn. 21.
⁶⁸ W. *Graf Vitzthum*, HStR VII, § 170 Rn. 28; *Jarass*/Pieroth, GG, Art. 80a Rn. 5; die Zustimmung des Mitglieds der Bundesregierung im internationalen Organ reicht gerade nicht aus.
⁶⁹ *Stern*, Staatsrecht II, S. 1448; *Hernekamp* (Fn. 13), Art. 80a Rn. 22.
⁷⁰ *Stern*, Staatsrecht II, S. 1448 Fn. 60; a.A. *Lenz*, Notstandsverfassung (Fn. 37), Art. 80a Rn. 26; W. *Graf Vitzthum*, HStR VII, § 170 Rn. 28; s. auch *Brenner* (Fn. 18), Art. 80a Rn. 38: ausreichend ein Vertreter der Bundesregierung.
⁷¹ *Stern*, Staatsrecht II, S. 1448 f.; W. *Graf Vitzthum*, HStR VII, § 170 Rn. 28; W. *März*, HStR³ XII, § 281 Rn. 42; enger K. *Ipsen*, AöR 94 (1969), 554 (566); weiter *Lenz*, Notstandsverfassung (Fn. 37), Art. 80a Rn. 25; im Fall des 11. September 2001 wurde der Nordatlantikrat tätig; s. *Funke* (Fn. 6), Art. 80a Rn. 116.
⁷² *Hernekamp* (Fn. 13), Art. 80a Rn. 21 f.; kritisch aber K. *Ipsen*, AöR 94 (1969), 554 (557 ff.).
⁷³ Die Umgehungsbefürchtungen bei K. *Ipsen*, AöR 94 (1969), 554 (573 f.); *Herzog* (Fn. 13), Art. 80a Rn. 65, 67, überzeugen daher nicht; vgl. auch W. *Graf Vitzthum*, HStR VII, § 170 Rn. 28 Fn. 119.
⁷⁴ Kritisch insoweit *Hernekamp* (Fn. 13), Art. 80a Rn. 24.
⁷⁵ *Stern*, Staatsrecht II, S. 1449 f.; kritisch dazu *Seifert*, Spannungsfall (Fn. 9), S. 176 f.
⁷⁶ Richtig K. *Ipsen*, AöR 94 (1969), 554 (567); H. H. *Klein*, Der Staat 8 (1969), 363 (385); W. *Graf Vitzthum*, HStR VII, § 170 Rn. 27; *Herzog* (Fn. 13), Art. 80a Rn. 58; D. *Sterzel*, in: AK-GG, Abschn. Xa (2001), Rn. 29.
⁷⁷ *Herzog* (Fn. 13), Art. 80a Rn. 11, 54; *Jarass*/Pieroth, GG, Art. 80a Rn. 6; a.A. *Depenheuer* (Fn. 13), Art. 80 Rn. 79.
⁷⁸ BVerfGE 90, 286 (386); dem folgend *Sannwald* (Fn. 60), Art. 80a Rn. 39; *Jarass*/Pieroth, GG, Art. 80a Rn. 6; zur Frage des Streitkräfteeinsatzes vgl. hier nur N. K. *Riedel*, DÖV 1991, 305 ff.

bekanntgemacht werden[79], wobei die gleichen Regeln wie bei Art. 80a I GG gelten (→ Rn. 5). Das gebietet das Rechtsstaatsprinzip ebenso wie die Aufhebungsbefugnis des Bundestages nach Art. 80a III 2 GG, welche die Kenntnis der entsperrten Vorschriften voraussetzt[80].

D. Verhältnis zu anderen GG-Bestimmungen

Die Entsperrung gem. Art. 80a I GG ist Tatbestandsvoraussetzung für die Anwendung der Vorschriften nach **Art. 12a V, VI GG** (→ Art. 12a Rn. 31). Erst durch die Entsperrung wird auch die konkrete Betroffenheit für den einzelnen Bürger ausgelöst, die Voraussetzung der Zulässigkeit einer Verfassungsbeschwerde ist[81]. 14

Art. 80a III GG bildet **eine Sperre für die Übertragbarkeit** von Hoheitsrechten auf internationale Organisationen **gem. Art. 24 II GG**, insofern als die Zustimmung der Bundesregierung nicht verzichtbar ist[82]. **Art. 26 GG** geht Art. 80a III GG jedenfalls insoweit vor, als er ausschließlich Verteidigungsbündnisse zuläßt[83] und die Bundesregierung auch im Rahmen ihrer Mitentscheidungsrechte zu internationalen Organisationen auf eine defensive Politik festlegt[84]. Im übrigen werden die Anforderungen des **Art. 80 GG** an Verordnungsermächtigungen durch Art. 80a GG auch für Notstandsregelungen nicht berührt[85]. 15

→ Art. 87a Rn. 16f.; → Art. 115a Rn. 6f. GG; zur Einordnung des NATO-Beschlusses nach dem Anschlag vom 11. September 2001 *W. März*, HStR³ XII, § 281 Rn. 44f.

[79] *Depenheuer* (Fn. 13), Art. 80a Rn. 78; *Stern*, Staatsrecht II, S. 1450; *Hernekamp* (Fn. 13), Art. 80a Rn. 23; *W. Graf Vitzthum*, HStR VII, § 170 Rn. 28.
[80] Vgl. auch *Seifert*, Spannungsfall (Fn. 9), S. 175.
[81] Dazu *Schlaich/Korioth*, Bundesverfassungsgericht, Rn. 231ff.
[82] *Hernekamp* (Fn. 13), Art. 80a Rn. 26.
[83] Zum Begriff des Verteidigungsbündnisses: → Art. 24 Rn. 65ff.
[84] S. auch *Hernekamp* (Fn. 13), Art. 80a Rn. 27.
[85] *D. Wilke*, DVBl. 1969, 917ff.

Art. 81

Artikel 81 [Gesetzgebungsnotstand]

(1) ¹Wird im Falle des Artikels 68 der Bundestag nicht aufgelöst, so kann der Bundespräsident auf Antrag der Bundesregierung mit Zustimmung des Bundesrates für eine Gesetzesvorlage den Gesetzgebungsnotstand erklären, wenn der Bundestag sie ablehnt, obwohl die Bundesregierung sie als dringlich bezeichnet hat. ²Das gleiche gilt, wenn eine Gesetzesvorlage abgelehnt worden ist, obwohl der Bundeskanzler mit ihr den Antrag des Artikels 68 verbunden hatte.

(2) ¹Lehnt der Bundestag die Gesetzesvorlage nach Erklärung des Gesetzgebungsnotstandes erneut ab oder nimmt er sie in einer für die Bundesregierung als unannehmbar bezeichneten Fassung an, so gilt das Gesetz als zustande gekommen, soweit der Bundesrat ihm zustimmt. ²Das gleiche gilt, wenn die Vorlage vom Bundestage nicht innerhalb von vier Wochen nach der erneuten Einbringung verabschiedet wird.

(3) ¹Während der Amtszeit eines Bundeskanzlers kann auch jede andere vom Bundestage abgelehnte Gesetzesvorlage innerhalb einer Frist von sechs Monaten nach der ersten Erklärung des Gesetzgebungsnotstandes gemäß Absatz 1 und 2 verabschiedet werden. ²Nach Ablauf der Frist ist während der Amtszeit des gleichen Bundeskanzlers eine weitere Erklärung des Gesetzgebungsnotstandes unzulässig.

(4) Das Grundgesetz darf durch ein Gesetz, das nach Absatz 2 zustande kommt, weder geändert, noch ganz oder teilweise außer Kraft oder außer Anwendung gesetzt werden.

Literaturauswahl

Badura, Peter: Vorkehrungen der Verfassung für Not- und Krisenlagen, in: ThürVBl. 1994, S. 169–176.
Böckenförde, Ernst-Wolfgang: Ausnahmerecht und demokratischer Rechtsstaat, in: Festschrift für Martin Hirsch, 1981, S. 259–272.
Esklony, Daniel: Das Recht des inneren Notstands. Verfassungsgeschichtliche Entwicklung unter besonderer Berücksichtigung der tatbestandlichen Voraussetzungen von Notstandsmaßnahmen und ihrer parlamentarischen Kontrolle, 2000.
Fromme, Friedrich-Karl: Ausnahmezustand und Notgesetzgebung, in: DÖV 1960, S. 730–738.
Haass, Jörg: Vertrauensnotstand – Konkretisierte Vertrauensfrage und politische Instabilität, in: BayVBl. 2004, S. 204–207.
Reimer, Philipp/Kempny, Simon: Einführung in das Notstandsrecht, in: VR 2011, S. 253–259.
Stern, Klaus: Der Gesetzgebungsnotstand – eine vergessene Verfassungsnorm, in: Festschrift für Friedrich Schäfer, 1980, S. 129–146.

Leitentscheidungen des Bundesverfassungsgerichts

Diese liegen zu Art. 81 GG bislang nicht vor.

Gliederung

	Rn.
A. Herkunft, Entstehung, Entwicklung	1
I. Ideen- und verfassungsgeschichtliche Aspekte	1
II. Entstehung und Veränderung der Norm	2
B. Internationale, supranationale und rechtsvergleichende Bezüge	5
C. Erläuterungen	6
I. Funktion des Art. 81 GG und systematische Stellung	6
II. Erklärung des Gesetzgebungsnotstands (Art. 81 I GG)	9
1. Verfahren nach Art. 81 I 1 GG	9

2. Verfahren nach Art. 81 I 2 GG	15
III. Gesetzgebungsverfahren im Gesetzgebungsnotstand (Art. 81 II GG)	17
IV. Weitere Gesetzesvorlagen und Dauer des Gesetzgebungsnotstands (Art. 81 III GG) . .	23
V. Keine Verfassungsänderung als inhaltliche Grenze (Art. 81 IV GG)	25
D. Verhältnis zu anderen GG-Bestimmungen	26

Stichwörter

Abkehr von deutscher (Verfassungs-)Geschichte 3, 25 – Ablehnung einer Gesetzesvorlage 8, 10, 15f., 23f. – Änderung/Aufhebung im Gesetzgebungsnotstand zustande gekommener Gesetze 22 – Antrag der Bundesregierung 12, 15, 23 – Auflösung des Bundestags 7f., 9, 16, 26 – Ausfertigung des Gesetzes 21 – Ausnahmecharakter 23f. – Außerordentliches Gesetzgebungsverfahren 6 – Befassungspflicht des Bundestags 19 – Beratungspflicht des Bundestags 19 – Beurteilungsspielraum der Bundesregierung 11 – Bundestagsbeschluss 7, 10f. – Dauer des Gesetzgebungsnotstands 22f. – Dringlichkeit der Gesetzesvorlage 11, 15, 23 – Dringlichkeitserklärung der Bundesregierung 11, 15, 23 – Erklärung des Gesetzgebungsnotstands 7f., 12ff., 15, 17, 23f. – Ermessen der Bundesregierung 10, 12 – Ermessen des Bundespräsidenten 14 – Erneute Einbringung einer Gesetzesvorlage 18f. – Erneute Erklärung des Gesetzgebungsnotstands 23 – Ersatzgesetzgeber 7 – Fortführung der Amtsgeschäfte des Bundeskanzlers 9 – Frist 14, 23f. – Funktion 7f., 22 – Funktionsstörung des Bundestags 7 – Gesetzgeber im funktionellen Sinne 7 – Gesetzgebungsverfahren im Gesetzgebungsnotstand 17ff. – Gewaltenteilungsprinzip 7, 26 – Grundsatz der Verfassungsorgantreue 14 – Höhere Gewalt 5, 7 – Implizite Dringlichkeit der Gesetzesvorlage 15 – Initiant der Gesetzesvorlage 10 – Junktim von Vertrauensfrage und Gesetzesvorlage 15f. – Nichtauflösung des Bundestags 7f., 9, 16, 26 – Notverordnungsrecht 2f., 5 – Quorum 8, 16 – Sonderregelungen 18, 26 – Staatskrise 7f., 22 – Staatspraxis 8 – Stellungnahme des Bundesrats 18 – Unannehmbarkeit des Gesetzesbeschlusses 10, 17ff., 23 – Unteilbarkeit der Zustimmung des Bundesrats 16 – Unwiderruflichkeit der Erklärung des Gesetzgebungsnotstands 14 – Verbindung von Vertrauensfrage und Gesetzesvorlage 15f. – Verfassungsänderung 25 – Verkündung des Gesetzes 21 – Vertrauensfrage des Bundeskanzlers 7, 15f., 26 – Weitere Gesetzesvorlagen 23f. – Zustandekommen von Gesetzen 7, 15, 17ff., 23 – Zustimmung des Bundesrats 8, 13, 15, 20, 23ff.

A. Herkunft, Entstehung, Entwicklung

I. Ideen- und verfassungsgeschichtliche Aspekte

Weder die **Paulskirchenverfassung** noch die **Reichsverfassung von 1871**[1] noch die **Weimarer Reichsverfassung**[2] enthielten Art. 81 GG entsprechende Vorschriften. 1

II. Entstehung und Veränderung der Norm

Zu Art. 81 GG wies der **Herrenchiemseer Verfassungskonvent** keine unmittelbare Vorgängernorm auf[3]. Der Konvent sah stattdessen in Art. 111 HChE in deutlicher Anlehnung an Art. 48 II WRV[4] eine Regelung zum Notverordnungsrecht vor. Nach Art. 111 HChE sollte bei einer drohenden Gefahr für die öffentliche Sicherheit und Ordnung im Bundesgebiet die Bundesregierung mit Zustimmung des Bundesrats (Senats) ermächtigt sein, Notverordnungen mit Gesetzeskraft und die Grundrechte suspendie- 2

---

[1] Zum Recht des inneren Notstands in der Bismarckschen Reichsverfassung *D. Esklony*, Das Recht des inneren Notstands, 2000, S. 16 ff.
[2] Zum Recht des inneren Notstands unter der Weimarer Reichsverfassung eingehend *Esklony*, Notstand (Fn. 1), S. 56 ff.
[3] Ebenso *E. Klein*, in: BK, Art. 81 (Zweitb. 1986), S. 3.
[4] Vgl. *Klein* (Fn. 3), Art. 81 S. 3.

render Wirkung zu erlassen⁵. Eine grundlegende Abkehr vom System des Art. 48 II WRV war damit nicht verbunden⁶.

3 Der **Parlamentarische Rat** nahm nach eingehender Beratung vor dem Hintergrund der deutschen Geschichte Abstand von einer Bestimmung zum Notverordnungsrecht⁷, das in der Weimarer Zeit gestützt auf Art. 48 II WRV die Grundlage für die Diktatur des Reichspräsidenten war⁸. Stattdessen schlug ein vom **Ausschuß** für die Organisation des Bundes am 6.12.1948 eingesetzter Unterausschuß als Art. 90b IV eine Regelung zum Gesetzgebungsnotstand vor, derzufolge der Bundespräsident derselben Bundesregierung für einzelne Gesetzesvorlagen den Gesetzgebungsnotstand für nicht länger als 12 Monate zuerkennen konnte⁹. In seiner Sitzung am 16.12.1948 verständigte sich der Ausschuß auf die folgende Neuformulierung des Art. 90b: (1) Findet im Fall des Artikels 90a (scil: Vertrauensfrage des Bundeskanzlers) eine Auflösung des Bundestags nicht statt, und lehnt der Bundestag eine von der Bundesregierung als dringlich bezeichnete Gesetzesvorlage ab, so kann die Bundesregierung beim Bundesrat den Antrag stellen, für diese Gesetzesvorlage das Bestehen eines Gesetzgebungsnotstandes festzustellen. (2) Stimmt der Bundesrat zu, so entscheidet der Bundespräsident, ob für diese Gesetzesvorlage der Gesetzgebungsnotstand zu verkünden ist. (3) Legt die Bundesregierung diese Gesetzesvorlage mit dem Vermerk des Gesetzgebungsnotstandes dem Bundestag erneut vor und lehnt der Bundestag sie wiederum ab oder nimmt er sie in einer von der Bundesregierung als unannehmbar erklärten Fassung an, so gilt die Gesetzesvorlage als angenommen, sobald der Bundesrat dem Gesetz zugestimmt hat. Das Gleiche gilt, wenn die Vorlage vom Bundestag nicht innerhalb von vier Wochen nach der erneuten Vorlage verabschiedet worden ist. Das Gesetz tritt spätestens zwölf Monate nach seiner Verkündung außer Kraft. (4) Der Bundespräsident kann derselben Bundesregierung den Gesetzgebungsnotstand für einzelne Gesetzesvorlagen nicht für einen längeren Zeitraum als zwölf Monate zuerkennen¹⁰.

4 Der **Hauptausschuß** nahm Art. 90b in seiner Sitzung am 10.12.1948 in der vom Organisationsausschuß beschlossenen Fassung textlich leicht verändert an¹¹. Der **Allgemeine Redaktionsausschuß** empfahl in seiner Stellungnahme vom 25.1.1949 einige redaktionelle und inhaltliche Änderungen des in Art. 111z übernommenen Art. 90b¹². Am 5.5.1949 beschloss der **Hauptausschuß** Art. 81 GG in seiner endgültigen Fassung¹³. Mit dieser Formulierung beschloss das **Plenum** Art. 81 GG am 6.5.1949¹⁴. Art. 81 GG ist seit seinem Inkrafttreten **unverändert** geblieben.

---

⁵ Parl. Rat II, S. 604f.
⁶ *F.-K. Fromme*, DÖV 1960, 730 (736); *Stettner* → Bd. II², Art. 81 Rn. 1. Zu den Entwürfen des Herrenchiemseer Verfassungskonvents zum Recht des inneren Notstands eingehend *Esklony*, Notstand (Fn. 1), S. 143ff.
⁷ Näher *F.-K. Fromme*, DÖV 1960, 730 (736f.).
⁸ Näher *W. Frotscher/B. Pieroth*, Verfassungsgeschichte, 13. Aufl. 2014, § 16 Rn. 533 und Rn. 559f. sowie § 21 Rn. 818.
⁹ Parl. Rat XIII/1, S. 918.
¹⁰ Parl. Rat XIII/2, S. 996f.
¹¹ Parl. Rat VII, S. 112.
¹² Parl. Rat VII, S. 257.
¹³ Parl. Rat VII, S. 552f.
¹⁴ Parl. Rat VII, S. 591; s. auch Parl. Rat IX, S. 470.

B. Internationale, supranationale und rechtsvergleichende Bezüge

In den **Verfassungen der Bundesländer** findet sich keine Art. 81 GG entsprechende Regelung. Dies verwundert nicht, steht doch mit der Befugnis der Parlamente zur Selbstauflösung regelmäßig ein Instrument bereit, das die Funktionsfähigkeit der Gesetzgebung ausreichend sicherstellt. Einige Landesverfassungen enthalten indes Bestimmungen zum Notverordnungsrecht der Landesregierung, wenn das Landesparlament infolge höherer Gewalt am Zusammentritt gehindert ist[15]. **Verfassungen anderer demokratischer Staaten** kennen Bestimmungen zum Gesetzgebungsverfahren in Notstandssituationen, die sich aber inhaltlich von Art. 81 GG unterscheiden[16].

C. Erläuterungen

I. Funktion des Art. 81 GG und systematische Stellung

Als Regelung des **außerordentlichen Gesetzgebungsverfahrens** hat Art. 81 GG seinen Sitz systematisch zutreffend im Abschnitt VII des Grundgesetzes über die Gesetzgebung des Bundes[17]. Eine Zuordnung zum Abschnitt über die Bundesregierung hätte die geschichtlich gebotene und vom Parlamentarischen Rat intendierte Distanz zu Art. 48 II WRV nicht hinreichend zum Ausdruck gebracht[18].

Art. 81 GG liegt das Ziel zugrunde, die Gesetzgebung für den Fall sicherzustellen, dass der Bundestag politisch nicht mehrheitsfähig ist, weil nach einer gescheiterten Vertrauensfrage (Art. 68 GG) der Bundestag nicht aufgelöst wird und der Bundeskanzler im Amt bleibt (**Funktionsstörung des Bundestags**[19]). Die Norm setzt mithin eine Staatskrise voraus[20]. In diesem Fall kann der Gesetzgebungsnotstand erklärt werden und es erhalten abweichend von Art. 77 und Art. 78 GG sowie vom System der Gewaltenteilung die Bundesregierung und der Bundesrat das Recht zur Gesetzgebung anstelle des Bundestags. Im Gesetzgebungsnotstand können Gesetze ohne zustimmenden Beschluss des Bundestags zustande kommen, indem die Bundesregierung und der Bundesrat als **(Ersatz-)Gesetzgeber**[21], also als Gesetzgeber im funktionellen Sinn agieren. Ist der Bundestag infolge höherer Gewalt, etwa wegen einer Naturkatastrophe oder eines terroristischen Anschlags am Zusammentreten gehindert, gelangt Art. 81 GG nicht zur Anwendung[22].

---

[15] Näher mit Nachweisen *Klein* (Fn. 3), Art. 81 Rn. 99.
[16] Näher *Klein* (Fn. 3), Art. 81 Rn. 100f.; *A. Guckelberger*, in: Friauf/Höfling, GG, Art. 81 (2007), Rn. 14ff.
[17] Zur Debatte im Parl. Rat über die systematische Einordnung des Gesetzgebungsnotstands in den Abschnitt »Gesetzgebung« oder in den Abschnitt »Bundesregierung« *Klein* (Fn. 3), Art. 81 Rn. 8.
[18] *Stettner* → Bd. II², Art. 81 Rn. 21.
[19] BVerfGE 6, 104 (118); näher *P. Reimer/S. Kempny*, VR 2011, 253 (253f.).
[20] Vgl. *Guckelberger* (Fn. 16), Art. 81 Rn. 20; *Klein* (Fn. 3), Art. 81 Rn. 1.
[21] *A. Haratsch*, in: Sodan, GG, Art. 81 Rn. 1; vgl. auch *H. Schneider*, Kabinettsfrage und Gesetzgebungsnotstand nach dem Bonner Grundgesetz, VVDStRL 8 (1950), S. 21ff. (33: »Reserve-Gesetzgebungsweg«); bezogen auf den Bundesrat auch *D. Posser*, Der Bundesrat und seine Bedeutung, Hdb-VerfR, § 24 Rn. 46.
[22] *Klein* (Fn. 3), Art. 81 Rn. 5; *Guckelberger* (Fn. 16), Art. 81 Rn. 20.

8   Die **Sinnhaftigkeit** des Art. 81 GG erscheint **zweifelhaft**[23]. Aus welchem Grund der Bundespräsident für den in Art. 81 GG geregelten Fall, dass ein Antrag des Bundeskanzlers nach Art. 68 I 1 GG keine Mehrheit gefunden hat, den Bundestag nicht auflösen, sondern den Gesetzgebungsnotstand erklären soll, erschließt sich nicht[24]. Auch ist kaum zu erwarten, dass die Bundesregierung, die krisenbedingt keine parlamentarische Mehrheit mehr besitzt, im Bundesrat einen Bündnispartner für ein Gesetzgebungsvorhaben findet. In den von Art. 81 GG erfassten Krisensituationen wird sich der Bundesrat kaum gegen die Parlamentsmehrheit in Stellung bringen und auf die Seite der Bundesregierung stellen. Redundant erscheint namentlich Art. 81 IV GG. Dass die Verfassung im Verfahren nach Art. 81 GG nicht geändert werden kann, folgt bereits aus Art. 79 II GG, wonach für eine Grundgesetzänderung die Zustimmung von zwei Dritteln des Bundestags erforderlich ist. Dieses Quorum kann im Rahmen des Art. 81 GG, der die Ablehnung einer Gesetzesvorlage durch den Bundestag voraussetzt (Art. 81 II 1 GG), nicht erreicht werden. Art. 81 GG hat in der **Staatspraxis** bislang keine Anwendung gefunden. Aus den vorstehend genannten Gründen werden die Anwendungsfälle auch künftig überschaubar bleiben[25].

II. Erklärung des Gesetzgebungsnotstands (Art. 81 I GG)

1. Verfahren nach Art. 81 I 1 GG

9   Die Verabschiedung von Gesetzen nach Art. 81 I 1 GG setzt voraus, dass der Bundestag »im Falle des Artikels 68 [...] nicht aufgelöst« wird. Danach muss zum einen der Bundestag den Antrag des Bundeskanzlers gem. Art. 68 I 1, II GG, ihm das Vertrauen auszusprechen, abgelehnt haben. Zum anderen darf der Bundestag nicht aufgelöst worden sein, weil entweder der Bundeskanzler keinen Vorschlag iSd Art. 68 I 1 GG unterbreitet oder der Bundespräsident den Bundestag trotz Vorschlags des Bundeskanzlers nicht aufgelöst hat[26]. Als weitere **ungeschriebene Voraussetzung** tritt hinzu, dass der Bundeskanzler weiterhin im Amt sein muss[27]. Der amtierende Bundeskanzler darf nicht zurückgetreten sein; es darf weder gem. Art. 67 GG oder Art. 68 I 2 GG ein neuer Bundeskanzler gewählt worden sein noch darf der Bundespräsident den Bundeskanzler zur kommissarischen Fortführung seiner Amtsgeschäfte gem. Art. 69 III GG verpflichtet haben[28].

10   Gem. Art. 81 I 1 GG muss der Bundestag außerdem eine **Gesetzesvorlage iSd Art. 76 I GG abgelehnt** haben, deren Initiant die Bundesregierung, die Mitte des Bundestags oder der Bundesrat sein kann[29]. Aus Art. 81 II 1 GG folgt, dass es der Ablehnung gleich steht, wenn der Bundestag die Gesetzesvorlage in einer für die Bundesregierung als

---

[23] Vgl. auch *B.-O. Bryde*, in: v. Münch/Kunig, GG II, Art. 81 Rn. 11. Zu politischen Vorschlägen zur Änderung des Art. 81 GG, die erfolglos blieben, *Klein* (Fn. 3), Art. 81 Rn. 104.

[24] Vgl. auch *Bryde* (Fn. 23), Art. 81 Rn. 1; *J. Haass*, BayVBl. 2004, 204 (207).

[25] Ebenso *E. Bülow*, Gesetzgebung, HdbVerfR, § 30 Rn. 29; so auch die Hoffnung von *Bryde* (Fn. 23), Art. 81 Rn. 11.

[26] *Haratsch* (Fn. 21), Art. 81 Rn. 6; *T. Mann*, in: Sachs, GG, Art. 81 Rn. 3.

[27] Vgl. *Klein* (Fn. 3), Art. 81 Rn. 20.

[28] Näher *K. Stern*, Der Gesetzgebungsnotstand – eine vergessene Verfassungsnorm, in: FS Schäfer, 1980, S. 129 ff. (131); ferner Jarass/*Pieroth*, GG, Art. 81 Rn. 2; *R. Sannwald*, in: Schmidt-Bleibtreu/Hofmann/Henneke, GG, Art. 81 Rn. 13; zur Unanwendbarkeit des Art. 81 GG auf einen geschäftsführenden Bundeskanzler *T. Puhl*, Die Minderheitsregierung nach dem Grundgesetz, 1986, S. 187 f.

[29] Vgl. Jarass/*Pieroth*, GG, Art. 81 Rn. 2; *Mann* (Fn. 26), Art. 81 Rn. 4.

II. Erklärung des Gesetzgebungsnotstands (Art. 81 I GG)   Art. 81

unannehmbar bezeichneten Fassung angenommen hat[30]. Bei der Entscheidung über die Unannehmbarkeit des Bundestagsbeschlusses steht der Bundesregierung politisches Ermessen zu[31].

Die Bundesregierung muss die Gesetzesvorlage zuvor »als dringlich« bezeichnet haben. Die Feststellung der Dringlichkeit setzt einen Kabinettsbeschluss der Bundesregierung voraus[32], die hierbei über eine Einschätzungsprärogative und einen entsprechenden Beurteilungsspielraum verfügt[33]. Die **Dringlichkeitserklärung** kann sich auf die Gesetzesvorlage insgesamt oder auf Teile der Vorlage beziehen[34]. Sie muss dem Bundestag bis zum Beschluss über die Gesetzesvorlage nach Art. 77 I 1 GG zugehen[35].   **11**

Nach Ablehnung der Gesetzesvorlage muss die Bundesregierung beim Bundespräsidenten beantragen, **den Gesetzgebungsnotstand zu erklären**, was einen entsprechenden Kabinettsbeschluss der Regierung voraussetzt. Ob die Bundesregierung den Antrag stellt, liegt in ihrem Ermessen[36]. Eine Rücknahme des Antrags ist bis zur Entscheidung des Bundespräsidenten über die Erklärung des Gesetzgebungsnotstands zulässig[37].   **12**

Der Antrag der Bundesregierung bedarf nach Art. 81 I 1 GG der **Zustimmung des Bundesrats**, dem insoweit Ermessen zusteht[38]. Ohne Zustimmung des Bundesrats ist die Erklärung des Gesetzgebungsnotstands durch den Bundespräsidenten unzulässig[39].   **13**

Der Bundespräsident muss sich nach dem Grundsatz der Verfassungsorgantreue[40] in angemessener Frist erklären[41]. Seine **Erklärung** ist unwiderruflich[42]. Wie sich aus der Formulierung in Art. 81 I 1 GG »kann« ergibt, steht dem Bundespräsident bei seiner Entscheidung über den Gesetzgebungsnotstand **Ermessen** zu[43], das nur eingeschränkt justitiabel ist[44]. Die Erklärung des Bundespräsidenten bedarf nach Art. 58 I 1 GG der Gegenzeichnung durch den Bundeskanzler[45]. Nicht erforderlich ist eine Verkündung im Bundesgesetzblatt[46].   **14**

---

[30] *R. Herzog*, in: Maunz/Dürig, GG, Art. 81 Rn. 44; *S. U. Pieper*, in: Epping/Hillgruber, GG, Art. 81 vor Rn. 4.1; Jarass/*Pieroth*, GG, Art. 81 Rn. 2.
[31] *Klein* (Fn. 3), Art. 81 Rn. 59.
[32] *Klein* (Fn. 3), Art. 81 Rn. 31.
[33] Vgl. *Klein* (Fn. 3), Art. 81 Rn. 25; *Guckelberger* (Fn. 16), Art. 81 Rn. 24.
[34] *Herzog* (Fn. 30), Art. 81 Rn. 33; *Klein* (Fn. 3), Art. 81 Rn. 26; *Mann* (Fn. 26), Art. 81 Rn. 4; *Sannwald* (Fn. 28), Art. 81 Rn. 16.
[35] Statt aller *Klein* (Fn. 3), Art. 81 Rn. 27; *Guckelberger* (Fn. 16), Art. 81 Rn. 25.
[36] *Haratsch* (Fn. 21), Art. 81 Rn. 9.
[37] *Klein* (Fn. 3), Art. 81 Rn. 33.
[38] *Klein* (Fn. 3), Art. 81 Rn. 36 – auch zu der Frage, ob der Bundesrat seine Zustimmung widerrufen kann (Rn. 38).
[39] *Haratsch* (Fn. 21), Art. 81 Rn. 9.
[40] Zu diesem Verfassungsgrundsatz eingehend *W.-R. Schenke*, Die Verfassungsorgantreue, 1977, passim.
[41] *Klein* (Fn. 3), Art. 81 Rn. 42.
[42] *Klein* (Fn. 3), Art. 81 Rn. 45.
[43] *Herzog* (Fn. 30), Art. 81 Rn. 51; *Klein* (Fn. 3), Art. 81 Rn. 40f.; Jarass/*Pieroth*, GG, Art. 81 Rn. 2.
[44] Vgl. *Mann* (Fn. 26), Art. 81 Rn. 5; *Sannwald* (Fn. 28), Art. 81 Rn. 23; *Haratsch* (Fn. 21), Art. 81 Rn. 10.
[45] *Sannwald* (Fn. 28), Art. 81 Rn. 24; a.A. Jarass/*Pieroth*, GG, Art. 81 Rn. 2: Bundeskanzler oder zuständiger Bundesminister.
[46] *Haratsch* (Fn. 21), Art. 81 Rn. 11; Jarass/*Pieroth*, GG, Art. 81 Rn. 2.

2. Verfahren nach Art. 81 I 2 GG

15 Art. 81 I 2 GG regelt eine weitere, von Art. 81 I 1 GG zu unterscheidende Form des Gesetzgebungsnotstands. Gem. Art. 81 I 2 GG gilt »das gleiche«, wenn der Bundestag eine Gesetzesvorlage abgelehnt hat, obwohl der Bundeskanzler mit ihr den Antrag nach Art. 68 GG verbunden hatte. Im Gegensatz zu Art. 81 I 1 GG, der den Fall regelt, dass die Gesetzesvorlage der Vertrauensfrage des Bundeskanzlers nach Art. 68 GG zeitlich nachfolgt, betrifft Art. 81 I 2 GG den Fall, dass der Bundeskanzler **mit einer Gesetzesvorlage die Vertrauensfrage nach Art. 68 GG verbindet**. Aus der Formulierung »Das gleiche gilt« folgt, dass für das Zustandekommen von Gesetzen nach Art. 81 I 2 GG im Übrigen grundsätzlich die **Voraussetzungen des Art. 81 I 1 GG** erfüllt sein müssen[47]. Der Bundespräsident muss also auf Antrag der Bundesregierung mit Zustimmung des Bundesrats für eine Gesetzesvorlage den Gesetzgebungsnotstand erklären, wenn der Bundestag sie abgelehnt hat, obwohl die Bundesregierung sie (implizit) als dringlich bezeichnet hat. Im Unterschied zu Art. 81 I 1 GG (→ Rn. 9 ff.) ist allerdings im Rahmen des Art. 81 I 2 GG keine Dringlichkeitserklärung von Seiten der Bundesregierung erforderlich. Die Dringlichkeit der Gesetzesvorlage ergibt sich implizit aus der Verknüpfung der Vorlage mit der Vertrauensfrage nach Art. 68 GG, sodass es im Rahmen des Art. 81 I 2 GG einer separaten Dringlichkeitserklärung der Bundesregierung nicht bedarf[48].

16 Der Bundestag darf über die Gesetzesvorlage und die Vertrauensfrage wegen des Junktims zwischen beiden (s. Art. 81 I 2 GG: »verbunden hatte«) nur **gleichzeitig und einheitlich** beschließen[49]. Gleichwohl kann wegen der unterschiedlichen Abstimmungsquoren nach Art. 42 II 1 GG (Gesetzesvorlage) und nach Art. 68 iVm Art. 121 GG (Vertrauensfrage)[50] die Situation eintreten, dass der Bundestag die Gesetzesvorlage annimmt und die Vertrauensfrage verneint. In dieser Situation kann der Bundeskanzler zwar die Auflösung des Bundestags gem. Art. 68 I 1 GG, aber nicht die Erklärung des Gesetzgebungsnotstands nach Art. 81 I 2 GG beantragen, weil der Bundestag die Gesetzesvorlage nicht abgelehnt hat[51].

III. Gesetzgebungsverfahren im Gesetzgebungsnotstand (Art. 81 II GG)

17 Art. 81 II GG **regelt** das **Zustandekommen** von Gesetzen nach der Erklärung des Gesetzgebungsnotstands nach Art. 81 I 1 oder 2 GG. Gem. Art. 81 II 1 GG gilt ein Gesetz als zustande gekommen, wenn der Bundestag die Gesetzesvorlage nach Erklärung des Gesetzgebungsnotstandes erneut ablehnt oder in einer für die Bundesregierung als unannehmbar bezeichneten Fassung annimmt.

18 Voraussetzung für das Zustandekommen eines Gesetzes im Gesetzgebungsnotstand ist zunächst, dass die **Gesetzesvorlage** in den Bundestag (unverändert) **erneut eingebracht** wird. Dies ergibt sich aus dem systematischen Zusammenhang zwischen Art. 81 II 1 und 2 GG (»nach der erneuten Einbringung«). Die erneute Einbringung obliegt –

---

[47] *Mann* (Fn. 26), Art. 81 Rn. 7.
[48] *Bryde* (Fn. 23), Art. 81 Rn. 4; *Herzog* (Fn. 30), Art. 81 Rn. 39 f.; *Stettner* → Bd. II², Art. 81 Rn. 7; *Klein* (Fn. 3), Art. 81 Rn. 51.
[49] *Sannwald* (Fn. 28), Art. 81 Rn. 20; *Stettner* → Bd. II², Art. 81 Rn. 11 f.; vgl. auch *J. Haass*, BayVBl. 2004, 204 (205 f.); a.A. *Jarass/Pieroth*, GG, Art. 81 Rn. 3.
[50] Zu diesen unterschiedlichen Mehrheitserfordernissen näher *J. Haass*, BayVBl. 2004, 204 (206).
[51] *Mann* (Fn. 26), Art. 81 Rn. 6; *Stettner* → Bd. II², Art. 81 Rn. 12.

III. Gesetzgebungsverfahren im Gesetzgebungsnotstand (Art. 81 II GG)   Art. 81

abweichend von Art. 76 I GG – der Bundesregierung[52], da sie auch über die Unannehmbarkeit einer vom Bundestag beschlossenen Gesetzesfassung befindet. Abweichend von Art. 76 II GG muss die Gesetzesvorlage der Bundesregierung dagegen nicht erneut dem Bundesrat zur Stellungnahme zugeleitet werden[53], weil Art. 81 I 1 GG im Verhältnis zu Art. 76 GG eine Sonderregelung darstellt und kein Art. 76 II GG entsprechendes Verfahren vorsieht.

Kraft des Gesetzgebungsnotstands ist der Bundestag verpflichtet, sich mit der Gesetzesvorlage zu befassen (Beratungspflicht)[54]. Lehnt der Bundestag die Gesetzesvorlage erneut ab oder nimmt sie in einer Fassung an, die die Bundesregierung als unannehmbar bezeichnet, **kommt das Gesetz zustande**, wenn der Bundesrat zustimmt. Das Gleiche gilt gem. Art. 81 II 2 GG, wenn der Bundestag die Gesetzesvorlage nicht innerhalb von vier Wochen nach der erneuten Einbringung verabschiedet.   19

Ohne **Zustimmung des Bundesrats** kommt das Gesetz in dem Verfahren des Gesetzgebungsnotstands nicht (wirksam) zustande. Der Bundesrat muss seine Zustimmung zu dem Gesetz insgesamt erteilen oder verweigern. Eine Zustimmung nur zu einzelnen Gesetzesteilen ist trotz der sprachlich verunglückten Formulierung in Art. 81 II 1 GG (»soweit«) nicht zulässig[55].   20

Stimmt der Bundesrat dem Gesetz zu, »gilt« das Gesetz als zustande gekommen[56]. Ihm kommt die gleiche rechtliche Qualität zu wie einem im »normalen« Gesetzgebungsverfahren gem. Art. 76 ff. GG zustande gekommenen Gesetz[57]. Für die Ausfertigung und Verkündung von im Gesetzgebungsnotstand beschlossenen Gesetzen gilt **Art. 82 GG**[58].   21

Im Gesetzgebungsnotstand zustande gekommene Gesetze können vom Bundestag während der Dauer des Notstands nicht aufgehoben werden[59], weil Art. 81 GG anderenfalls seiner Funktion beraubt würde, die Gesetzgebung in Krisenzeiten sicherzustellen (→ Rn. 7 f.). Im Gesetzgebungsnotstand zustande gekommene Gesetze können dagegen in dem Gesetzgebungsverfahren nach Art. 81 GG **geändert** oder **aufgehoben** werden[60]. Dies gilt aber nur, solange der Gesetzgebungsnotstand andauert. Sobald der Gesetzgebungsnotstand beendet ist, können im Notstand beschlossene Gesetze nicht mehr nach Art. 81 GG, sondern wieder im »normalen« Gesetzgebungsverfahren gem. Art. 76 bis 78 GG geändert oder aufgehoben werden[61].   22

---

[52] Im Ergebnis ebenso *Haratsch* (Fn. 21), Art. 81 Rn. 12; *Jarass/Pieroth*, GG, Art. 81 Rn. 4; a.A. *Herzog* (Fn. 30), Art. 81 Rn. 55; *Sannwald* (Fn. 28), Art. 81 Rn. 26.
[53] Vgl. ebenso *Haratsch* (Fn. 21), Art. 81 Rn. 13.
[54] *Haratsch* (Fn. 21), Art. 81 Rn. 14.
[55] *Mann* (Fn. 26), Art. 81 Rn. 8; *Jarass/Pieroth*, GG, Art. 81 Rn. 4; a.A. *Herzog* (Fn. 30), Art. 81 Rn. 69; *Sannwald* (Fn. 28), Art. 81 Rn. 30.
[56] *Haratsch* (Fn. 21), Art. 81 Rn. 17: »gesetzliche Fiktion«.
[57] *Jarass/Pieroth*, GG, Art. 81 Rn. 1; *Bryde* (Fn. 23), Art. 81 Rn. 7; s. auch *Herzog* (Fn. 30), Art. 81 Rn. 13; *Guckelberger* (Fn. 16), Art. 81 Rn. 44.
[58] *Jarass/Pieroth*, GG, Art. 81 Rn. 4; *Klein* (Fn. 3), Art. 81 Rn. 69.
[59] *Mann* (Fn. 26), Art. 81 Rn. 9.
[60] *Haratsch* (Fn. 21), Art. 81 Rn. 19; *Klein* (Fn. 3), Art. 81 Rn. 70.
[61] *Klein* (Fn. 3), Art. 81 Rn. 70; *Haratsch* (Fn. 21), Art. 81 Rn. 19.

IV. Weitere Gesetzesvorlagen und Dauer des Gesetzgebungsnotstands (Art. 81 III GG)

23 Solange der nach Art. 81 I GG vom Bundespräsidenten erklärte Gesetzgebungsnotstand fortdauert, können gem. Art. 81 III 1 GG auch **weitere vom Bundestag abgelehnte Gesetzesvorlagen** innerhalb einer Frist von sechs Monaten nach der ersten Erklärung des Notstands im Verfahren nach Art. 81 I und II GG verabschiedet werden. Da solche weiteren Gesetzesvorlagen im Verfahren nach Art. 81 I und II GG ohne Weiteres zustande kommen könnten, kommt Art. 81 III 1 GG nur dann ein eigenständiger Gehalt zu, wenn für weitere Gesetzesvorlagen **erleichterte Voraussetzungen**[62] gelten, die hinter denen des Art. 81 I und II GG zurückbleiben[63]. Zu diesen erleichterten Voraussetzungen des Art. 81 III 1 GG gehört, dass die zeitaufwendige Durchführung des Verfahrens nach Art. 68 GG entbehrlich ist[64]. Zweifelhaft ist, ob im Rahmen des Art. 81 III 1 GG auch die Erklärung der Dringlichkeit der Gesetzesvorlage (s. Art. 81 I 1 GG) entbehrlich ist[65]. Für die Erforderlichkeit der Dringlichkeitserklärung spricht, dass für das Zustandekommen von Gesetzen nach Art. 81 II 1 GG nach zutreffender einhelliger Ansicht die übrigen Voraussetzungen des Art. 81 I und II GG erfüllt sein müssen[66]. So bedarf es insbesondere auch der erneuten Erklärung des Gesetzgebungsnotstands durch den Bundespräsidenten auf Antrag der Bundesregierung mit Zustimmung des Bundesrats sowie der erneuten Ablehnung bzw. unannehmbaren Annahme der Gesetzesvorlage durch den Bundestag und der Zustimmung des Bundesrats zum Gesetz[67]. Der Gesetzgebungsnotstand ist nicht für einen bestimmten Zeitraum erklärt, sondern vielmehr stets auf eine bestimmte Gesetzesvorlage bezogen und daher für jede Gesetzesvorlage einzeln zu erklären. Dies folgt aus dem Wortlaut des Art. 81 III 1 GG (»erste« Erklärung des Gesetzgebungsnotstands) sowie aus dem Ausnahmecharakter der Norm[68]. Die **Notwendigkeit einer erneuten Erklärung des Gesetzgebungsnotstands** durch den Bundespräsidenten auf Antrag der Bundesregierung mit Zustimmung des Bundesrats trägt dem Ausnahmecharakter des Art. 81 GG prozedural Rechnung[69].

24 Art. 81 III 1 GG gestattet die Verabschiedung weiterer vom Bundestag abgelehnter Gesetzesvorlagen, die jeweils einer gesonderten Erklärung des Gesetzgebungsnotstands bedürfen (→ Rn. 9 ff.), nur innerhalb einer **Frist von sechs Monaten** nach der ersten Erklärung des Gesetzgebungsnotstands. Nach Ablauf der Frist ist während der Amtszeit des gleichen Bundeskanzlers eine **weitere Erklärung des Gesetzgebungsnotstands** unzulässig (Art. 81 III 2 GG). Diese Frist untermauert den Ausnahmecharakter des Art. 81 GG[70]. Die Fristenregelung hat zur Folge, dass der letzte Akt des Gesetzge-

---

[62] Vgl. *Sannwald* (Fn. 28), Art. 81 Rn. 31.
[63] *Mann* (Fn. 26), Art. 81 Rn. 10.
[64] *Sannwald* (Fn. 28), Art. 81 Rn. 31; *Stettner* → Bd. II², Art. 81 Rn. 19.
[65] In diesem Sinne *Sannwald* (Fn. 28), Art. 81 Rn. 31; *Stettner* → Bd. II², Art. 81 Rn. 19.
[66] *Mann* (Fn. 26), Art. 81 Rn. 10; *Stettner* → Bd. II², Art. 81 Rn. 19; s. auch *Jarass/Pieroth*, GG, Art. 81 Rn. 5.
[67] *Jarass/Pieroth*, GG, Art. 81 Rn. 5; *Sannwald* (Fn. 28), Art. 81 Rn. 31.
[68] Zum Ausnahmecharakter des Notstandsrechts grundlegend *E.-W. Böckenförde*, Ausnahmerecht und demokratischer Rechtsstaat, in: FS Hirsch, 1981, S. 259 ff.
[69] Vgl. *Sannwald* (Fn. 28), Art. 81 Rn. 31: »Sicherungsinstrument für die ›erleichterte‹ Gesetzgebung«; im Ergebnis ebenfalls für die Erklärung des Gesetzgebungsnotstands durch den Bundespräsidenten *Guckelberger* (Fn. 16), Art. 81 Rn. 47.
[70] *Haratsch* (Fn. 21), Art. 81 Rn. 20.

V. Keine Verfassungsänderung als inhaltliche Grenze (Art. 81 IV GG)

Gem. Art. 81 IV GG darf im Verfahren des Gesetzgebungsnotstands das Grundgesetz »**weder geändert, noch ganz oder teilweise außer Kraft oder außer Anwendung gesetzt werden**«. In dieser Vorschrift spiegelt sich die bewusste Abkehr von der deutschen (Verfassungs-)Geschichte[72]. Gleichwohl hätte es des Art. 81 IV GG nicht bedurft, weil das Verfahren gem. Art. 81 GG die Ablehnung der Gesetzesvorlage durch den Bundestag voraussetzt. Es fehlt damit eine Zustimmung von zwei Dritteln des Bundestags, die gem. Art. 79 II GG für eine Verfassungsänderung erforderlich ist. Art. 81 GG könnte ohne Absatz 4 auch nicht als lex specialis zu Art. 79 GG angesehen werden, weil anderenfalls im Verfahren nach Art. 81 GG verfassungsändernde Gesetze zustande kommen könnten. Damit wäre eine Situation vergleichbar mit Art. 48 II WRV geschaffen, von dem sich der Parlamentarische Rat vor dem Hintergrund der deutschen Geschichte bewusst distanziert hat (→ Rn. 4). 25

D. Verhältnis zu anderen GG-Bestimmungen

Art. 81 I GG knüpft an die Regelung des **Art. 68 GG** an und bindet die Erklärung des Gesetzgebungsnotstands an die Voraussetzung, dass der Bundestag eine Vertrauensfrage des Bundeskanzlers negativ beschieden und der Bundespräsident den Bundestag gleichwohl nicht aufgelöst hat (→ Rn. 7). Im Verhältnis zu Art. 76 GG, Art. 77 GG und Art. 78 GG sowie zum System der Gewaltenteilung[73] begründet Art. 81 GG **Sonderregelungen**. 26

---

[71] *Sannwald* (Fn. 28), Art. 81 Rn. 33.
[72] *Stettner* → Bd. II², Art. 81 Rn. 20.
[73] *Pieper* (Fn. 30), Art. 81 vor Rn. 1; Jarass/*Pieroth*, GG, Art. 81 Rn. 1; *Mann* (Fn. 26), Art. 81 Rn. 1.

Art. 82

Artikel 82 [Ausfertigung, Verkündung und Inkrafttreten von Bundesgesetzen und Rechtsverordnungen]

(1) ¹Die nach den Vorschriften dieses Grundgesetzes zustande gekommenen Gesetze werden vom Bundespräsidenten nach Gegenzeichnung ausgefertigt und im Bundesgesetzblatte verkündet. ²Rechtsverordnungen werden von der Stelle, die sie erläßt, ausgefertigt und vorbehaltlich anderweitiger gesetzlicher Regelung im Bundesgesetzblatte verkündet.

(2) ¹Jedes Gesetz und jede Rechtsverordnung soll den Tag des Inkrafttretens bestimmen. ²Fehlt eine solche Bestimmung, so treten sie mit dem vierzehnten Tage nach Ablauf des Tages in Kraft, an dem das Bundesgesetzblatt ausgegeben worden ist.

Literaturauswahl

Bundesministerium der Justiz (Hrsg.): Handbuch der Rechtsförmlichkeit, 3. Aufl. 2008.
Epping, Volker: Das Ausfertigungsverweigerungsrecht im Selbstverständnis des Bundespräsidenten, in: JZ 1991, S. 1102–1110.
Friauf, Karl Heinrich: Zur Prüfungszuständigkeit des Bundespräsidenten bei der Ausfertigung des Bundesgesetzes, in: Festschrift für Karl Carstens, Bd. 2, 1984, S. 545–568.
Friesenhahn, Ernst: Zum Prüfungsrecht des Bundespräsidenten, in: Festschrift für Gerhard Leibholz, Bd. 2, 1966, S. 679–694.
Guckelberger, Annette: Das Prüfungsrecht des Bundespräsidenten – alles ausdiskutiert?, in: NVwZ 2007, S. 406–410.
Guckelberger, Annette: Übergang zur elektronischen Gesetzesverkündung?, in: DVBl. 2007, S. 985–993.
Guckelberger, Annette: Der Übergang zur (ausschließlich) elektronischen Gesetzesverkündung, 2009.
Hallier, Hans Joachim: Die Ausfertigung und Verkündung von Gesetzen und Verordnungen in der Bundesrepublik Deutschland, in: AöR 85 (1960), S. 391–422.
Hederich, Matthias: Zur Kompetenz des Bundespräsidenten, die Gesetzesausfertigung zu verweigern, in: ZG 14 (1999), S. 123–142.
Herzog, Roman: Bundespräsident und Bundesverfassungsgericht, in: Festschrift für Karl Carstens, Bd. 2, 1984, S. 601–611.
Jekewitz, Jürgen: Der Bundespräsident und die Gesetzgebung des Bundes, in: RuP 43 (2007), S. 11–17.
Klein, Matthias: Die Neubekanntmachung von Gesetzen vor dem Hintergrund der staatlichen Konsolidierungspflicht, 2010.
Linke, Tobias: Der Bundespräsident als Staatsnotar oder das vermeintliche »formelle« und »materielle« Prüfungsrecht, in: DÖV 2009, S. 434–444.
Lutze, Christian: Ein präsidiales Missverständnis über die formelle Prüfungskompetenz, in: NVwZ 2003, S. 323–325.
Maurer, Hartmut: Die Gegenzeichnung nach dem Grundgesetz, in: Festschrift für Karl Carstens, Bd. 2, 1984, S. 701–719.
Meyer, Hans: Das Prüfungsrecht des Bundespräsidenten, in: JZ 2011, S. 602–608.
Nettesheim, Martin: Die Aufgaben des Bundespräsidenten, in: HStR³ III, § 62 (S. 1073–1103).
Neumann, Andreas: Die gemeinschaftsrechtliche Prüfungskompetenz des Bundespräsidenten, in: DVBl. 2007, S. 1335–1343.
Nierhaus, Michael: Entscheidung, Präsidialakt und Gegenzeichnung, 1973.
Nierhaus, Michael: Nochmals: Das Prüfungsrecht des Bundespräsidenten bei der Ausfertigung von Bundesgesetzen, in: Festschrift für Karl Heinrich Friauf, 1996, S. 233–249.
Oldenburg, Sophie: Die Öffentlichkeit von Rechtsnormen, 2009.
Pieper, Stefan Ulrich: Das Ausfertigungsverweigerungsrecht des Bundespräsidenten, in: Gedächtnisschrift für Albert Bleckmann, 2007, S. 289–311.
Pieper, Stefan Ulrich: Die Ausfertigung der Gesetze, in: Winfried Kluth/Günter Krings (Hrsg.), Gesetzgebung, 2014, § 20 (S. 483–520).

Art. 82

Pohl, Walther Maximilian: Die Prüfungskompetenz des Bundespräsidenten bei der Ausfertigung von Gesetzen, 2001.
Rau, Johannes: Vom Gesetzesprüfungsrecht des Bundespräsidenten, in: DVBl. 2004, S. 1–8.
Schnapp, Friedrich E.: Ist der Bundespräsident verpflichtet, verfassungsmäßige Gesetze auszufertigen?, in: JuS 1995, S. 286–291.
Schneider, Hans: Gesetzgebung, 3. Aufl. 2002.
Schoch, Friedrich: Die Prüfungskompetenz des Bundespräsidenten im Gesetzgebungsverfahren, in: Jura 2007, S. 354–361.
Schoch, Friedrich: Prüfungsrecht und Prüfungspflicht des Bundespräsidenten bei der Gesetzesausfertigung, in: ZG 23 (2008), S. 209–226.
Wittling, Almut: Die Publikation der Rechtsnormen einschließlich der Verwaltungsvorschriften, 1991.

Leitentscheidungen des Bundesverfassungsgerichts

BVerfGE 1, 396 (413 f.) – Deutschlandvertrag; 16, 6 (16 ff.) – Verkündungszeitpunkt; 18, 389 (391) – Neubekanntmachung; 20, 56 (92 f.) – Parteienfinanzierung I; 34, 9 (22 f.) – Besoldungsvereinheitlichung; 42, 263 (282 ff.) – Contergan; 44, 322 (343 f., 350) – Allgemeinverbindlicherklärung I; 87, 48 (60) – Rechtsmittelausschluss im Asylverfahren; 105, 313 (334 f., Rn. 55 ff.) – Lebenspartnerschaftsgesetz; 131, 47 (53, Rn. 20) – Call-by-Call.

Gliederung

	Rn.
A. Herkunft, Entstehung, Entwicklung	1
I. Ideen- und verfassungsgeschichtliche Aspekte	1
II. Entstehung und Veränderung der Norm	4
B. Internationale, supranationale und rechtsvergleichende Bezüge	5
C. Erläuterungen	8
I. Allgemeine Bedeutung	8
II. Ausfertigung und Verkündung von Gesetzen (Art. 82 I 1 GG)	10
III. Ausfertigung und Verkündung von Rechtsverordnungen (Art. 82 I 2 GG)	22
IV. Inkrafttreten von Gesetzen und Rechtsverordnungen (Art. 82 II GG)	25
D. Verhältnis zu anderen GG-Bestimmungen	29

Stichwörter

Anwendungsbereich 10, 22, 25 – Arkangesetzgebung 8 – Ausfertigung 1 f., 4, 7 ff., 11 ff., 20 ff. – Bedingung 27 – Berichtigung 20 – Bundesanzeiger 24 – Bundesgesetzblatt 16, 18, 24 f., 28 – elektronische Bereitstellung von Normtexten 16 – elektronische Verkündung 6, 7, 16, 24 – Europäisches Unionsrecht 5 f., 14 – Europäisierung 5 – formelles Prüfungsrecht 12 – Frist 1, 4, 7, 21, 26 – Frühkonstitutionalismus 1 – Funktionen 8 – Gegenzeichnung 4, 15, 21 – Inkraftsetzungsermächtigung 27 – Inkrafttreten 3 f., 6 ff., 17 f., 23, 25 ff. – Internationalisierung 5 – Landesverfassungen 7 – materielles Prüfungsrecht 13 – Nationalsozialismus 1 – Neubekanntmachung 20 – Paulskirchenverfassung 1 – »politisches Prüfungsrecht« 12 – Prüfungsmaßstab 14 – Prüfungsrecht 1, 7 ff., 12 ff., 21 – Rechtsklarheit 8, 27 – Rechtssicherheit 8, 27 – Rechtsstaatsprinzip 8, 26, 29 – Rechtsvergleich 7 – Rechtsverordnungen 2, 4, 8 f., 22 ff., 28, 29 – Regelungsgegenstände 8 – Regelungszwecke 8 f. – Reichsverfassung (1871) 1 – Sonderregelungen 24, 29 – »Unverrückbarkeit« 20 – Verfassungsberatungen 4 – Verfassungsentwicklung 4 – Verfassungsorgantreue 21 – Verfassungspraxis 9, 12 f., 24 – Verkündung 1 f., 4, 7 f., 15 ff., 21, 24 – Verkündungsgesetz 24, 28 – Veröffentlichung 6 – Verweisungen 19 – Vollständigkeitsprinzip 19 – Weimarer Reichsverfassung 1 – Zuständigkeit 11, 17.

A. Herkunft, Entstehung, Entwicklung

I. Ideen- und verfassungsgeschichtliche Aspekte

1   In die Verfassungsurkunde aufgenommene Regelungen über die **Ausfertigung und Verkündung von Gesetzen** lassen sich der Sache nach bis in den **süd- und mitteldeutschen Konstitutionalismus** zurückverfolgen[1], auch wenn sich damals noch kein einheitlicher Sprachgebrauch herausgebildet hatte[2]. Nachdem die Gesetzgebung zusammen mit der Gesetzesausfertigung und -verkündung lange Zeit in der Hand des Monarchen gelegen hatte[3], setzte der Erlass von Gesetzen nunmehr teilweise die vorherige Zustimmung von Repräsentationsorganen (Kammern) voraus[4]; das legte verselbständigte Regelungen über die anschließende »Sanktion« und Ausfertigung durch den Monarchen nahe. Die Mitwirkung der Repräsentationsorgane bedeutete zunächst nur »nachgeordnete Funktionsbeteiligung« und sollte weder Gewaltenteilung noch Souveränitätsteilhabe indizieren[5]: der Landesherr blieb Inhaber der Gesetzgebungsgewalt[6]. Diese Rechtsposition des Staatsoberhaupts wurde in der weiteren Entwicklung beschränkt. Zunächst sah § 80 **Paulskirchenverfassung** für das Reich vor, dass der Kaiser die Reichsgesetze »verkündigt«. Art. 17 der **Reichsverfassung von 1871** stand in dieser Tradition, nahm aber im Wortlaut die bis heute anzutreffende Unterscheidung zwischen »Ausfertigung und Verkündung«[7] auf; daran entzündete sich unter dem Stichwort »Sanktion« eine eher verwirrende Diskussion über den Träger der

---

[1] Vgl. etwa Titel VII § 30 Verfassungsurkunde für das Königreich Bayern (1818); § 66 Verfassungsurkunde für das Großherzogtum Baden (1818); § 172 Verfassungsurkunde für das Königreich Württemberg (1819); § 87 Verfassungsurkunde für das Königreich Sachsen (1831); Texte bei Huber, Dokumente, Bd. 1, S. 155 ff., 172 ff., 187 ff., 263 ff.

[2] Auch wurde anfangs nicht immer zwischen Ausfertigung und Verkündung unterschieden; s. *U. Ramsauer*, in: AK-GG, Art. 82 (2001), Rn. 1 f. Weiter zurückreichende »funktionelle Äquivalente« sind angesprochen bei *K. v. Lewinski*, in: BK, Art. 82 (Drittbearb. 2013), Rn. 1. Speziell zur Gegenzeichnung, die ebenfalls auf eine lange Tradition zurückblicken kann und im 19. Jahrhundert auch bei Fehlen einer ausdrücklichen verfassungsrechtlichen Bestimmung üblich war, s. *M. Nierhaus*, Entscheidung, Präsidialakt und Gegenzeichnung, 1973, S. 5 ff.; *A. Schulz*, Die Gegenzeichnung, 1978, S. 14 f., 22 ff.; ferner *H. Maurer*, Die Gegenzeichnung nach dem Grundgesetz, in: FS Carstens, Bd. 2, 1984, S. 701 ff. (702 ff.), sowie allgemein → Art. 58 Rn. 1.

[3] *H. Maurer*, in: BK, Art. 82 (Zweitb. 1988), Rn. 13.

[4] Vgl. etwa Titel VII §§ 1 ff. Verfassungsurkunde für das Königreich Bayern (1818); §§ 64 f. Verfassungsurkunde für das Großherzogtum Baden (1818); §§ 88 ff., 124 Verfassungsurkunde für das Königreich Württemberg (1819); § 86 Verfassungsurkunde für das Königreich Sachsen (1831); Texte bei Huber, Dokumente, Bd. 1 (→ Fn. 1). Zu den Besonderheiten des damaligen Gesetzesbegriffs s. *R. Grawert*, Art. Gesetz, in: Geschichtliche Grundbegriffe, Bd. 2, 1975, S. 863 ff. (904 ff.).

[5] *Grawert*, Gesetz (Fn. 4), S. 904.

[6] *Maurer* (Fn. 3), Art. 82 Rn. 13 mit ergänzenden Hinweisen zur preußischen Verfassung von 1850; *M. Brenner*, in: v. Mangoldt/Klein/Starck, GG II, Art. 82 Rn. 1.

[7] Ähnlich bereits Art. 17 Verfassung des Norddeutschen Bundes von 1867; Text bei Huber, Dokumente, Bd. 1, S. 272 ff. Nach Art. 2 Reichsverfassung erfolgte die Verkündung im Reichsgesetzblatt, das bis 1945 erschien und Vorbildwirkung auch für das spätere Bundesgesetzblatt entfaltete. Der Grundgedanke, alle Gesetze in einem dafür bestimmten zentralen Verkündungsblatt des Staates zu veröffentlichen, geht auf das im Zuge der französischen Revolution eingerichtete *bulletin des lois* zurück und wurde alsbald in den deutschen Staaten aufgegriffen; s. dazu *H. Schneider*, Gesetzgebung, 3. Aufl. 2002, S. 288, und zu den die Bündelung der Gesetze in einem einheitlichen Publikationsorgan tragenden Motiven *M. Drath*, Der Verfassungsrang der Bestimmungen über die Gesetzblätter, in: GedS Jellinek, 1955, S. 237 ff. Allgemein zur geschichtlichen Entwicklung der Publikation von Rechtsnormen vgl. *A. Wittling*, Die Publikation der Rechtsnormen einschließlich der Verwaltungsvorschriften, 1991, S. 11 ff., sowie mit Fokus auf Preußen *P. Cancik*, Verwaltung und Öffentlichkeit

Sanktionsgewalt[8], in der noch ältere Vorstellungen monarchischer Gesetzgebung nachwirkten[9]. Da nach Art. 5 I der Reichsverfassung für ein Reichsgesetz übereinstimmende Mehrheitsbeschlüsse von Bundesrat und Reichstag »erforderlich und ausreichend« waren, hatte der Kaiser aber jedenfalls keine Mitwirkungs- oder Vetorechte bei der Feststellung des Gesetzesinhalts. Allerdings setzten Ausfertigung und Verkündung eine Überprüfung der Authentizität des Gesetzeswortlauts sowie der Verfassungsmäßigkeit des Gesetzes und damit ein entsprechendes kaiserliches Prüfungsrecht voraus; führte die Prüfung zu einem negativen Ergebnis, war die Ausfertigung zu versagen[10]. An diese Regelung knüpfte 1919 die **Weimarer Reichsverfassung** an. Nach Art. 70 WRV hatte der Reichspräsident »die verfassungsmäßig zustande gekommenen Gesetze auszufertigen und binnen Monatsfrist im Reichs-Gesetzblatt zu verkünden«[11]; und wie vormals der Kaiser hatte auch er das Recht, Gesetze auf ihre formelle und materielle Verfassungsmäßigkeit zu überprüfen und gegebenenfalls die Ausfertigung zu verweigern[12]. Im **Nationalsozialismus** konnten Reichsgesetze außer in dem in der Reichsverfassung vorgesehenen Verfahren auch durch die Reichsregierung beschlossen werden. Auf die von der Reichsregierung beschlossenen Gesetze fand Art. 70 WRV keine Anwendung; sie wurden vom Reichskanzler ausgefertigt und im Reichsgesetzblatt verkündet[13]. Daneben finden sich allerdings auch Geheimgesetze der nationalsozialistischen Reichsregierung, die zwar ausgefertigt, aber nicht verkündet und lediglich bestimmten Institutionen mit Geheimhaltungsvermerk mitgeteilt wurden[14].

Abweichend von dem Befund für Gesetze haben Regelungen über die **Ausfertigung und Verkündung von Rechtsverordnungen** in den deutschen Verfassungen keine Tradition. Sie finden sich aber im einfachen Gesetzesrecht. So war etwa in der Weimarer Republik für bestimmte Reichsrechtsverordnungen die Verkündung im Reichsgesetz-

---

in Preußen, 2007, S. 53 ff.; knapper Überblick bei *M. Klein*, Die Neubekanntmachung von Gesetzen vor dem Hintergrund der staatlichen Konsolidierungspflicht, 2010, S. 29 ff.

[8] Dazu *Huber*, Verfassungsgeschichte, Bd. 3, S. 922 ff.
[9] *Maurer* (Fn. 3), Art. 82 Rn. 15.
[10] *P. Laband*, Das Staatsrecht des Deutschen Reiches, Bd. 2, 5. Aufl. 1911, S. 42 m. w. N.; vgl. auch die Darstellungen bei *C. Ladenburger*, Die Prüfungszuständigkeit des Bundespräsidenten bei der Ausfertigung von Gesetzen, 1966, S. 33 ff., und *F. Sahlmüller*, Ausfertigung und Verkündung von Gesetzen in Bund und Ländern, Diss. jur. Würzburg 1966, S. 14 ff.
[11] Im unmittelbaren Vergleich mit der Vorläuferregelung hatte die Weimarer Verfassung die Rechtsstellung des Reichspräsidenten im Gesetzgebungsverfahren allerdings im Zuge der neu eingeführten Volksgesetzgebung durch die Einräumung der Befugnis, ein Gesetz vor seiner Verkündung zum Volksentscheid zu bringen, verstärkt (Art. 73 I WRV). Andererseits ist im Vergleich mit der Reichsverfassung und auch mit dem späteren Grundgesetz die Bindung an eine Monatsfrist für die Verkündung auffallend; vgl. dazu und zu Ausnahmen *Anschütz*, WRV, Art. 70 Anm. 9.
[12] So repräsentativ für die h. M. *Anschütz*, WRV, Art. 70 Anm. 2; *W. Jellinek*, Das einfache Reichsgesetz, in: HdbDStR II, S. 160 ff. (177 f.). Demgegenüber erstreckte sich das Prüfungsrecht beispielsweise nach Ansicht von *H. Triepel*, AöR 39 (1920), 456 (536), nur auf die Wahrung der Formalien des Gesetzgebungsverfahrens, also auf die formelle Verfassungsmäßigkeit des Gesetzes.
[13] Art. 1, 3 Gesetz zur Behebung der Not von Volk und Reich vom 24.3.1933 (RGBl. I S. 141); zu den wiederholten Verlängerungen des ursprünglich zeitlich befristeten Gesetzes s. Huber, Dokumente, Bd. 3, S. 604. Zur Umdeutung der gesetzgebenden Gewalt im Nationalsozialismus und ihrer Rückführung auf den Führer s. *E. R. Huber*, Verfassungsrecht des Großdeutschen Reiches, 2. Aufl. 1939, S. 237 f., 242. Speziell zum veränderten Verständnis der Publikation in der damaligen Zeit s. *Wittling*, Publikation der Rechtsnormen (Fn. 7), S. 90 ff.
[14] Dazu *Schneider*, Gesetzgebung (Fn. 7), S. 287 f., der darauf hinweist, dass es auch in den USA zeitweilig »Geheimgesetze« gegeben haben soll.

blatt, im Reichsanzeiger oder im Reichsministerialblatt vorgeschrieben[15]. Die Auffindbarkeit der Rechtsverordnungen war dadurch erleichtert, aber nicht gänzlich unproblematisch[16]; deshalb wurde aus Gründen der Rechtsklarheit empfohlen, die außerhalb des Reichsgesetzblatts verkündeten Verordnungen nachträglich auch an dieser Stelle abzudrucken[17].

3 Bestimmungen über das **Inkrafttreten von Gesetzen** zählen hingegen wiederum zum konventionellen Inhalt deutscher Verfassungen. In sprachlichen Variationen folgen sie in der Sache einem im Wesentlichen gleichförmigen Regelungsmuster[18]. Danach treten Gesetze, soweit sie nichts anderes bestimmen, mit dem vierzehnten Tage nach Ablauf des Tages in Kraft, an dem das Gesetzblatt ausgegeben worden ist.

II. Entstehung und Veränderung der Norm

4 Art. 82 GG orientiert sich in weiten Teilen an seinen Vorläuferregelungen (→ Rn. 1 ff.). Seine aktuelle Fassung geht auf Art. 109 HChE zurück und war in den **Verfassungsberatungen** kein zentraler Gegenstand von Kontroversen[19]. Bei einem direkten Textvergleich mit Art. 70 f. WRV, an den sich Art. 82 GG anlehnt, sind allerdings mehrere Abweichungen hervorzuheben: Erstens enthält Art. 82 I GG eine Gegenzeichnungsklausel; die Formulierung »nach Gegenzeichnung« wurde »offenbar sicherheitshalber«[20] aufgenommen, obschon manche sie wegen Art. 58 GG für überflüssig gehalten hatten. Zweitens bestimmt Art. 82 I GG keine Frist für die Gesetzesausfertigung; die Aufnahme einer solchen Frist wurde in den Beratungen zwar diskutiert, am Ende jedoch vermutlich als entbehrlich angesehen und jedenfalls nicht realisiert. Vor allem aber trifft Art. 82 GG – drittens – Regelungen über Ausfertigung, Verkündung und Inkrafttreten von Rechtsverordnungen; begründet wurde dies mit der Bemerkung, dass Rechtsverordnungen »bisher oft unauffindbar waren«[21]. In der weiteren **Verfassungsentwicklung** blieb Art. 82 GG trotz mancherlei Kritik[22] unverändert. Geändert

---

[15] § 1 Gesetz über die Verkündung von Rechtsverordnungen vom 13.10.1923 (RGBl. I S. 959). Bei Rechtsverordnungen der betreffenden Fachgebiete war die Verkündung im Reichsbesoldungsblatt bzw. im Amtsblatt des Reichspostministers vorgeschrieben, für Verordnungen auf der Grundlage von Art. 48 WRV war jede Art der Bekanntmachung zugelassen. Näheres bei *E. Jacobi*, Die Rechtsverordnungen, in: HdbDStR II, S. 236 ff. (253).

[16] Vgl. *H. v. Mangoldt*, Das Bonner Grundgesetz, 1. Aufl. 1953, Art. 82 Anm. 2; andere Einschätzung bei *Maurer* (Fn. 3), Art. 82 Rn. 133.

[17] So *Jacobi*, Rechtsverordnungen (Fn. 15), S. 253, unter Hinweis auf eine Mitteilung des Reichsinnenministeriums und die damalige Fassung von §§ 67 f. GGO II.

[18] Art. 2 Verfassung des Norddeutschen Bundes (1867); Art. 2 Reichsverfassung (1871); Art. 71 WRV (1919); vgl. aber auch Art. 3 Ermächtigungsgesetz (Fn. 13), wonach die von der Reichsregierung beschlossenen Gesetze, soweit sie nichts anderes bestimmen, mit dem auf die Verkündung folgenden Tag in Kraft treten. Für Reichsrechtsverordnungen bestimmte § 3 des in Fn. 15 erwähnten Gesetzes, dass sie mit dem auf die Verkündung folgenden Tag in Kraft treten, soweit sie nichts anderes bestimmen.

[19] Zur Entstehungsgeschichte s. JöR 1 (1951), S. 613 ff.; *Brenner* (Fn. 6), Art. 82 Rn. 6; *A. Guckelberger*, in: Friauf/Höfling, GG, Art. 82 (2007), Rn. 2 f.; *v. Lewinski* (Fn. 2), Art. 82 Rn. 50 ff.

[20] So *Nierhaus*, Entscheidung (Fn. 2), S. 63.

[21] Bericht über den Verfassungskonvent auf Herrenchiemsee vom 10. bis 23. August 1948, Darstellender Teil, Parl. Rat II, S. 504 ff. (559); zu der bis dahin üblichen Praxis → Rn. 2.

[22] Gegenstand der Kritik sind unterschiedliche Aspekte – so etwa die präsidiale Zuständigkeit für die Gesetzesausfertigung (kritisch z. B. *E. Friesenhahn*, Zum Prüfungsrecht des Bundespräsidenten, in: FS Leibholz, Bd. 2, 1966, S. 679 ff. [682], und *J. Lücke*, in: Sachs, GG, 3. Aufl. 2003, Art. 82 Rn. 2, die für eine Zuweisung an den Parlamentspräsidenten plädieren), das Erfordernis der Gegenzeich-

hat sich jedoch das normative Umfeld durch einfach-gesetzliche Konkretisierungen[23]. Im Übrigen steuert mittlerweile die nicht immer schwankungsfreie Verfassungspraxis (→ Rn. 9) Erfahrungen für das Verständnis von Art. 82 GG bei.

B. Internationale, supranationale und rechtsvergleichende Bezüge

Inter- und supranationale Bezüge hat Art. 82 GG zunächst, wenn für völkerrechtliche Verträge oder die Übertragung von Hoheitsrechten ein Bundesgesetz erforderlich ist[24]. Außerdem verweist die Frage nach der Berechtigung des Bundespräsidenten, ihm zur Ausfertigung vorgelegte Gesetze am Maßstab auch des Völkerrechts und des europäischen Unionsrechts zu überprüfen (→ Rn. 14), auf Problemfelder der **Internationalisierung** und **Europäisierung** des nationalen Rechts.   5

Wegen bestehender Strukturunterschiede sind nationale Rechtsetzungstypen und insb. die dem deutschen Recht geläufige Unterscheidung zwischen Gesetz und Rechtsverordnung nicht unbesehen auf das **Europäische Unionsrecht** übertragbar[25]. Hinzuweisen ist jedoch darauf, dass auch das Unionsrecht differenzierte Regelungen über die Unterzeichnung, die Veröffentlichung und das Inkrafttreten von Rechtsetzungsakten kennt[26]. So schreibt Art. 297 I AEUV für die im ordentlichen Gesetzgebungsverfahren erlassenen Gesetzgebungsakte die Unterzeichnung durch die Präsidenten des Europäischen Parlaments und des Rates, die Veröffentlichung im Amtsblatt der Europäischen Union und vorbehaltlich abweichender Festlegung auch den Zeitpunkt des Inkrafttretens vor; vergleichbare Regelungen finden sich dort auch für in einem besonderen Gesetzgebungsverfahren erlassene Gesetzgebungsakte. Für Rechtsakte ohne Gesetzescharakter wie Verordnungen und Richtlinien enthält Art. 297 II AEUV Vorschriften über die Unterzeichnung, die Veröffentlichung (bzw. Bekanntgabe) und das Inkrafttreten (bzw. Wirksamwerden). Seit dem 1. Juli 2013 ist die elektronische Ausgabe des Amtsblattes (e-ABl.) verbindlich und entfaltet Rechtswirkungen[27].   6

Aus **rechtsvergleichender Sicht** sind Regelungen über Ausfertigung, Verkündung und Inkrafttreten von Gesetzen in **Verfassungen international** üblich[28]. Ein einheitli-   7

---

nung (kritisch etwa *B.-O. Bryde*, in: v. Münch/Kunig, GG II, Art. 82 Rn. 10, 21) und vor allem das materielle Prüfungsrecht (→ Rn. 13); eher marginale Änderungsvorschläge finden sich in VE-Kuratorium zu Art. 82 GG.
[23] Gesetz über die Verkündung von Rechtsverordnungen vom 30.1.1950 (BGBl. S. 23), geändert durch Art. 8 des Dritten Rechtsbereinigungsgesetzes vom 28.6.1990 (BGBl. I S. 1221), Art. 4 Elftes Gesetz zur Änderung des Luftverkehrsgesetzes vom 25.8.1998 (BGBl. I S. 2432), Art. 4 Siebente Zuständigkeitsanpassungs-Verordnung vom 29.10.2001 (BGBl. I S. 2785), Art. 6 Neunte Zuständigkeitsanpassungs-Verordnung vom 31.10.2006 (BGBl. I S. 2407), zuletzt geändert durch Art. 1 des Gesetzes vom 22. Dezember 2011 (BGBl. I S. 3044).
[24] Art. 23, 24, 59 GG.
[25] Vgl. z. B. *Nicolaysen*, Europarecht I, S. 327 f.; *Streinz*, Europarecht, Rn. 467 ff.
[26] S. dazu auch *Brenner* (Fn. 6), Art. 82 Rn. 9; *v. Lewinski* (Fn. 2), Art. 82 Rn. 12 ff.; zum früheren Gemeinschaftsrecht *Guckelberger* (Fn. 19), Art. 82 Rn. 5 ff., und → Bd. II², Art. 82 Rn. 6.
[27] http://eur-lex.europa.eu/oj/direct-access.html ‹23.06.2015›. Die Rechtsverbindlichkeit des e-Amtsblattes beruht auf der Verordnung (EU) Nr. 216/2013 des Rates vom 7. März 2013 über die elektronische Veröffentlichung des Amtsblattes der Europäischen Union, ABl. L 69/2013.
[28] Vgl. z. B. Art. 109, 190 Koordinierte Verfassung Belgiens; § 22 Verfassung des Königreiches Dänemark; Art. 3, 107 f. Verfassung der Republik Estland; §§ 77 ff. Finnlands Grundgesetz; Art. 10, 46 V Verfassung der Republik Frankreich; Art. 42, 77 II Verfassung der Republik Griechenland; Art. 73 f. Verfassung der Republik Italien; Art. 70 f. Verfassung der Republik Litauen; Art. 47 ff. Bundes-Verfassungsgesetz der Republik Österreich; Art. 88, 122 Verfassung der Republik Polen; Art. 119, 134, 136 f.,

cher Standard besteht jedoch nicht. So ist etwa zu Ausfertigung und Verkündung der Gesetze oftmals, aber keineswegs durchgängig das sog. Staatsoberhaupt – d. h. je nach Staatsform der Staatspräsident oder der Monarch – berufen, dem dabei mitunter ausdrücklich Prüfungsrechte, Vetorechte etc. eingeräumt sind[29]. Bemerkenswert ist ein gewisser **Trend zur Bekanntmachung** von Gesetzen **in** (zumindest auch) **elektronischer Form**[30]. Für Rechtsverordnungen sind verfassungsrechtliche Regelungen zu Ausfertigung, Verkündung und Inkrafttreten seltener und weniger detailliert[31]. Demgegenüber enthalten die **Verfassungen der deutschen Länder** durchweg Vorschriften über Ausfertigung, Verkündung und Inkrafttreten von Gesetzen sowie in modifizierter Form zumeist auch für Rechtsverordnungen[32]. Sie entsprechen in wesentlichen Punkten der grundgesetzlichen Regelung, dokumentieren aber zugleich bundesstaatliche Vielfalt – so z. B. durch die Zubilligung eines Einspruchsrechts und die Aufnahme von Fristen für Ausfertigung und Verkündung[33]. In einigen Ländern ist bereits eine **elektronische Verkündung** möglich[34]. Auffallend ist außerdem, dass die Verfassungen der neuen Länder ganz überwiegend[35] die Ausfertigung[36], teilweise auch die Verkündung[37] der Gesetze nicht – wie in den alten Ländern gängig – dem Ministerpräsidenten bzw. der Regierung zuweisen, sondern dem Landtags-, also dem Parlamentspräsidenten. In dieser Zurückdrängung (parlaments-)externer exekutiver Zuständigkeit zeichnet sich ein – verfassungspolitisch durchaus positiv zu wertendes – verändertes Parlamentsverständnis ab, das in den älteren Landesverfassungen nicht ganz ohne Vorbild ist[38] und mittlerweile andernorts sogar im Westen offenbar Nachahmung findet[39].

---

140 Verfassung der Republik Portugal; Kapitel 8 § 19 Verfassung des Königreiches Schweden; Art. 165 Bundesverfassung der Schweizerischen Eidgenossenschaft; Art. 62, 91 Verfassung des Königreiches Spanien; Art. 51 f. Verfassung der Tschechischen Republik; Art. I Sect. 7 Verfassung der Vereinigten Staaten von Amerika. S. auch *Guckelberger* (Fn. 19), Art. 82 Rn. 16, wonach Verfassungsbestimmungen zu Verkündung und zum Inkrafttreten von Gesetzen heute »ein Gemeingut« zu sein scheinen.

[29] S. *Maurer* (Fn. 3), Art. 82 Abschnitt III.B; *v. Lewinski* (Fn. 2), Art. 82 Rn. 15 ff., jeweils m. w. N. Speziell zur Debatte über das Prüfungsrecht des Bundespräsidenten in Österreich s. *M. Paar*, ZÖR 64 (2009), 7 ff.; *L. Mehlhorn*, Der Bundespräsident der Bundesrepublik Deutschland und der Republik Österreich, 2010, S. 406 ff.

[30] Vgl. *A. Guckelberger*, Der Übergang zur (ausschließlich) elektronischen Gesetzesverkündung, 2009, S. 23 ff.; *v. Lewinski* (Fn. 2), Art. 82 Rn. 16 ff.; speziell zu Österreich *S. Bachmann*, ZG 21 (2006), 61 ff., und zur Schweiz *M. Roth*, Die Veröffentlichung von Rechtsnormen in der Schweiz, 2011, S. 277 ff.

[31] Vgl. aber z. B. Art. 190 Koordinierte Verfassung Belgiens; Art. 38 Verfassung der Republik Frankreich; Art. 77 f. Verfassung der Republik Italien.

[32] Z. B. Art. 63 Bad.-WürttVerf.; Art. 76 BayVerf.; Art. 60 II, III BerlVerf.; Art. 81 BrandenbVerf.; Art. 58 Meckl.-VorpVerf.; Art. 76 SächsVerf.; Art. 82 Sachs.-AnhVerf.; Art. 85 ThürVerf.; vgl. im Übrigen die Zusammenstellung bei *v. Lewinski* (Fn. 2), Art. 82 Rn. 1 ff., sowie allgemein zur Veröffentlichungspraxis auf Bundes-, Landes- und Kommunalebene *S. Oldenburg*, Die Öffentlichkeit von Rechtsnormen, 2009, S. 28 ff.

[33] Dazu *v. Lewinski* (Fn. 2), Art. 82 Rn. 2 ff.

[34] Art. 81 IV BrandenbVerf. (dazu *H. A. Wolff/S. Gielzak*, LKV 2010, 353 ff.); Art. 102 S. 2 Saarl-Verf. (dazu *Guckelberger*, Elektronische Gesetzesverkündung [Fn. 30], S. 12 f.).

[35] Einzige Ausnahme ist Art. 58 I Meckl.-VorpVerf., wonach der Ministerpräsident unter Mitzeichnung der beteiligten Minister die Gesetze ausfertigt.

[36] Art. 76 I SächsVerf.; Art. 82 I Sachs.-AnhVerf.; dem entspricht Art. 60 II BerlVerf., der dem Präsidenten des Abgeordnetenhauses die Ausfertigung der Gesetze und die Verkündung der ausgefertigten Gesetze dem Regierenden Bürgermeister zuweist.

[37] Art. 81 I BrandenbVerf.; Art. 85 I ThürVerf.

[38] Art. 46 II BerlVerf. a. F.; dazu *W. Härth*, JR 1978, 489 ff., mit Hinweis u. a. darauf, dass die Regelung durch Art. 57 I SächsVerf. vom 28.2.1947 beeinflusst gewesen sein dürfte.

[39] Vgl. Art. 45 I NdsVerf.

C. Erläuterungen

I. Allgemeine Bedeutung

Art. 82 GG hat **drei Regelungsgegenstände**: Ausfertigung und Verkündung von Gesetzen (Art. 82 I 1 GG), Ausfertigung und Verkündung von Rechtsverordnungen (Art. 82 I 2 GG), Inkrafttreten von Gesetzen und Rechtsverordnungen (Art. 82 II GG). Während Ausfertigung und Verkündung als »integrierender Bestandteil des Rechtsetzungsaktes«[40] das Rechtsetzungsverfahren mit konstitutiver Wirkung[41] abschließen, betrifft das Inkrafttreten den Inhalt der jeweiligen Norm und hat daher materielle Bedeutung[42]. Die Normausfertigung, vor allem aber die Verkündung konkretisiert rechtsstaatliche Direktiven. Danach müssen Rechtsnormen der Öffentlichkeit so zugänglich gemacht werden, dass sich die Betroffenen zuverlässige Kenntnis von deren Inhalt verschaffen können[43]; ohne eine solche Publikationspflicht wären die Betroffenen der Gefahr staatlicher Arkangesetzgebung und damit staatlicher Willkür ausgesetzt[44]. Weitere **Funktionen** von Ausfertigung und Verkündung sind die Bestätigung des Verfahrensabschlusses sowie dessen Ergebnisses, die Beglaubigung der Echtheit des Wortlauts und bei Gesetzen die Integration durch den Bundespräsidenten[45]. Hervorgehobene Bedeutung besitzt Art. 82 I GG außerdem wegen der an dieser Norm ansetzenden Kontroversen über das Prüfungsrecht des Bundespräsidenten (→ Rn. 12 ff.). Art. 82 II GG bezweckt mit seinen Regelungen über das Inkrafttreten von Normen Rechtsklarheit und Rechtssicherheit und weist damit ebenfalls Bezüge zum Rechtsstaatsprinzip[46] auf.

8

Die Handhabung von Art. 82 GG bereitet in der Praxis kaum Schwierigkeiten, obwohl die Norm im Alltag der Bundesgesetz- und Bundesrechtsverordnungsgebung **seit jeher große Bedeutung** besitzt[47]. Von stets aktueller Bedeutung ist auch das Prüfungsrecht des Bundespräsidenten (→ Rn. 12 ff.), das in der zurückliegenden Verfassungs-

9

---

[40] So BVerfGE 7, 330 (337) für die Gesetzgebung; ähnlich BVerfGE 42, 263 (283).

[41] *Ramsauer* (Fn. 2), Art. 82 Rn. 6; *Bryde* (Fn. 22), Art. 82 Rn. 1; für die Verkündung statt vieler *Stern*, Staatsrecht II, S. 633; vgl. auch BVerfGE 63, 343 (353); 72, 200 (241), wonach Normen mit ihrer ordnungsgemäßen Verkündung »rechtlich existent« werden.

[42] Vgl. BVerfGE 34, 9 (23); 42, 263 (283); 87, 48 (60).

[43] BVerfGE 65, 283 (291); vgl. auch BVerwGE 26, 129 (130); *H. Hill*, Einführung in die Gesetzgebungslehre, 1982, S. 131. → Art. 20 (Rechtsstaat), Rn. 203.

[44] *Schneider*, Gesetzgebung (Fn. 7), S. 287; *Maurer* (Fn. 3), Art. 82 Rn. 8 ff.; *Lücke* (Fn. 22), Art. 82 Rn. 1; s. zur rechtsstaatlichen Fundierung auch *E. Schmidt-Aßmann*, HStR³ II, § 26 Rn. 5, sowie hierzu und zu weitergehenden, in Demokratieprinzip, Gleichheitssatz und Sozialstaatsprinzip begründeten Aufgaben der Rechtsnormenpublikation unter dem Grundgesetz *Wittling*, Publikation der Rechtsnormen (Fn. 7), S. 120 ff.

[45] So zu den Funktionen der Ausfertigung die Zusammenstellung bei *Maurer* (Fn. 3), Art. 82 Rn. 20 ff.; *ders.*, Staatsrecht, § 17 Rn. 83; vgl. auch *R. Rubel*, in: Umbach/Clemens, GG, Art. 82 Rn. 10: Bescheinigung von Authentizität (Übereinstimmung mit der Urschrift des Gesetzes) und Legalität (Zustandekommen nach den Vorschriften des Grundgesetzes); allgemein zur Integrationsfunktion des Bundespräsidenten unlängst BVerfGE 136, 323 (331 ff., Rn. 24 ff.).

[46] *Lücke* (Fn. 22), Art. 82 Rn. 1; *Brenner* (Fn. 6), Art. 82 Rn. 12; allgemein zum rechtsstaatlichen Bestimmtheitsgebot vgl. etwa BVerfGE 60, 215 (230); 81, 70 (88); 84, 133 (148 f.). → Art. 20 (Rechtsstaat), Rn. 129 ff.

[47] Dazu allgemein *Brenner* (Fn. 6), Art. 82 Rn. 13; *Ramsauer* (Fn. 2), Art. 82 Rn. 8. Zur exemplarischen Verdeutlichung: In der vierzehnten Legislaturperiode wurden über 574 Gesetze ausgefertigt und verkündet, die Zahl der Rechtsverordnungen des Bundes war mehr als zweieinhalbmal so hoch (→ Bd. II², Art. 82 Rn. 9 mit Fn. 45; das Statistische Jahrbuch 2014 weist dazu keine aktuellen Zahlen aus).

praxis in immerhin acht Fällen zur Verweigerung der Gesetzesausfertigung durch den Bundespräsidenten führte[48]: Abgelehnt wurde die Ausfertigung des Gesetzes zur Durchführung des Art. 108 II GG durch *T. Heuss* wegen fehlender Zustimmung des Bundesrates[49], des Gesetzes gegen den Betriebs- und Belegschaftshandel durch *H. Lübke* wegen eines Verstoßes gegen Art. 12 I 2 GG, des Gesetzes zur Änderung des Ingenieurgesetzes sowie des Architektengesetzes durch *G. Heinemann* wegen fehlender Gesetzgebungsbefugnis des Bundes[50], der Novelle zum Wehrpflichtgesetz durch *W. Scheel* wegen fehlender Zustimmung des Bundesrates[51], des Zehnten Luftverkehrsänderungsgesetzes durch *R. v. Weizsäcker* wegen eines Verstoßes gegen Art. 33 IV, 87d I a. F. GG[52], des Gesetzes zur Privatisierung der Flugsicherung[53] durch *H. Köhler* wegen eines Verstoßes gegen Art. 87d GG und schließlich kurz darauf ebenfalls durch *H. Köhler* des Gesetzes zur Neuregelung des Rechts der Verbraucherinformation[54] wegen einer nach Art. 84 I 7 GG unzulässigen Aufgabenübertragung des Bundes an die Gemeinden. Die bislang »nur« acht Anwendungsbeispiele für die Ausübung des Ausfertigungsverweigerungsrechts mögen die praktische Bedeutung des präsidialen Prüfungsrechts vordergründig zwar als vergleichsweise gering erscheinen lassen. Doch kommen eine Reihe weiterer Fälle ernsthaft erwogener Ausfertigungsverweigerung hinzu. Besonders aufsehenerregend war 2002 die umstrittene Ausfertigung des Zuwanderungsgesetzes, die der damalige Bundespräsident *J. Rau* mit einer öffentlichen Rüge der an einer »politischen Inszenierung« beteiligten Akteure[55] verband und zugleich mit dem Hinweis auf eine auch von ihm als wünschenswert eingestufte bun-

---

[48] Vgl. zu diesen acht Fällen und ergänzend zu Fällen erwogener Ausfertigungsverweigerung (»Blitzgesetz«, Vertrag über die Gründung der Europäischen Verteidigungsgemeinschaft [dazu BVerfGE 2, 79], Errichtung der »Stiftung Preußischer Kulturbesitz«, Staatshaftungsgesetz, § 116 AFG, Parteienfinanzierung, Zuwanderungsgesetz etc.) *J. Mewing*, Die Prüfungskompetenz des Bundespräsidenten bei der Gesetzesausfertigung, insbesondere beim teilnichtigen Gesetz, 1977, S. 34 ff.; *P. Schindler*, Datenhandbuch zur Geschichte des Deutschen Bundestages 1949–1999, CD-ROM 2000, S. 2453 ff.; *ders.*, Datenhandbuch zur Geschichte des Deutschen Bundestages 1990–2010, 2011, Kapitel 10.7, www.bundestag.de/dokumente/datenhandbuch/10 ‹23.06.2015›; *V. Epping*, JZ 1991, 1102 (1105 ff.); *M. Hederich*, ZG 14 (1999), 123 (141 f.); *J. Jekewitz*, RuP 43 (2007), 11 (12 ff.); *W. M. Pohl*, Die Prüfungskompetenz des Bundespräsidenten bei der Ausfertigung von Gesetzen, 2001, S. 29 ff.; *Schneider*, Gesetzgebung (Fn. 7), S. 277 ff.; *F. Schoch*, ZG 23 (2008), 209 (211 ff.); *J. Rau*, DVBl. 2004, 1 (3 ff.); *S. U. Pieper*, Die Ausfertigung der Gesetze, in: W. Kluth/G. Krings (Hrsg.), Gesetzgebung, 2014, § 20 Rn. 43 mit Fn. 96 und 98; *D. Lenski*, Von Heuss bis Carstens, 2009, S. 46 ff., 73 ff., 93 ff., 110 f.; *v. Lewinski* (Fn. 2), Art. 82 Rn. 84 ff.; vgl. auch *G. Strohmeier*, ZfP 55 (2008), 175 (178 ff.); sowie sogleich im Text. Unzutreffend *G. Lehnguth*, DÖV 1992, 439 (439), wonach »alle bisherigen Bundespräsidenten […] während ihrer Amtszeit die Ausfertigung eines oder mehrerer Gesetze abgelehnt« haben sollen.

[49] Vgl. dazu BVerfGE 1, 76.

[50] BT-Drs. V/4695, S. 5; VI/1143.

[51] BT-Drs. 7/5856.

[52] BT-Drs. 12/67.

[53] BT-Drs. 16/240, 16/1161; *C. J. Tams*, NVwZ 2006, 1226 ff.; *G. Langguth*, Horst Köhler, 2007, S. 274 ff.

[54] BT-Drs. 16/1408, 16/2011; *F. Schoch*, Jura 2007, 354 (355); *ders.*, DVBl. 2007, 261 ff.; *S. Schiedermair*, DÖV 2007, 726 ff.; *Langguth*, Köhler (Fn. 53), S. 275 ff.; *S. U. Pieper*, Das Ausfertigungsverweigerungsrecht des Bundespräsidenten, in: GedS Bleckmann, 2007, S. 289 ff. (289 f.).

[55] Zur damaligen (parteipolitisch motivierten) »Trickserei im Bundesrat« anlässlich der gesplitteten Stimmabgabe des Landes Brandenburg eingehender → Art. 51 Rn. 24 m. w. N.

desverfassungsgerichtliche Klärung⁵⁶ versah⁵⁷. Auch bei der Ausfertigung des Luftsicherheitsgesetzes (LuftSiG) zweifelte der Bundespräsident öffentlich an der Vereinbarkeit mit Verfassungsrecht⁵⁸. Im Übrigen ändern die eher seltenen Fälle der Ausfertigungsverweigerung nichts an der kontinuierlichen präsidialen Kontrolle der Verfassungsmäßigkeit von zur Ausfertigung anstehenden Gesetzen⁵⁹, die schon allein durch ihre bloße Existenz und die damit verbundene Möglichkeit der Nichtausfertigung⁶⁰ disziplinierende »Vorwirkungen« für die am Gesetzgebungsverfahren Beteiligten hat. Außerdem trägt die fortlaufende Kontrolle durch den Bundespräsidenten zur Verbesserung der Gesetzgebung bei, weil sie »oftmals Ungenauigkeiten, Fehler und Flüchtigkeiten zutage fördert«, die sich jenseits der »großen« Kontroversen über das Prüfungsrecht gleichsam auf dem »kleinen Dienstweg« bereinigen lassen⁶¹.

II. Ausfertigung und Verkündung von Gesetzen (Art. 82 I 1 GG)

Der **Anwendungsbereich** von Art. 82 I 1 GG beschränkt sich auf die nach den Vorschriften des Grundgesetzes zustande gekommenen **Gesetze**. Dazu gehören alle förmlichen parlamentarischen Bundesgesetze⁶², also auch Haushaltsgesetze (Art. 110 II 1 GG)⁶³, Zustimmungsgesetze zu völkerrechtlichen Verträgen (Art. 59 II GG)⁶⁴, grundgesetzändernde Gesetze (Art. 79 I, II GG) und die nach Art. 81 GG erlassenen Gesetze⁶⁵, nicht aber Rechtsakte anderer Natur wie etwa die Allgemeinverbindlicherklärung von Tarifverträgen⁶⁶ und Verwaltungsvorschriften⁶⁷.

10

Die **Ausfertigung** erfolgt durch die Herstellung der Urschrift des Gesetzes und wird durch die Unterschrift des Bundespräsidenten vollzogen, besteht also in der Unter-

11

---

⁵⁶ Das Gericht hat das Zuwanderungsgesetz später denn auch wegen eines Verstoßes gegen die Vorschriften über das Gesetzgebungsverfahren für nichtig erklärt (BVerfGE 106, 310).
⁵⁷ Bundespräsidialamt, Pressemitteilung vom 20.6.2002; dazu *J. Rau*, DVBl. 2004, 1 (6 ff.); ferner *C. Lutze*, NVwZ 2003, 323 (323 f.); im Anschluss an diesen Konflikt findet sich ein rechtspolitisches Plädoyer für die (Wieder-)Einführung der Möglichkeit, das BVerfG um die Erstattung eines Gutachtens zu ersuchen, bei *R. Lamprecht*, NJW 2002, 2686 (2697 f.).
⁵⁸ Siehe dazu die Pressemitteilung des Bundespräsidialamtes vom 12.1.2005, http://www.bundespraesident.de/DE/Amt-und-Aufgaben/Wirken-im-Inland/Amtliche-Funktionen/Entscheidung-Januar-2005.html ‹23.06.2015›; *Pieper*, Ausfertigungsverweigerungsrecht (Fn. 54), S. 289. Das Bundesverfassungsgericht erklärte die beanstandete Norm des § 14 III LuftSiG später für verfassungswidrig (BVerfGE 115, 118). → Art. 35 Rn. 32.
⁵⁹ S. dazu *F. Spath*, Das Bundespräsidialamt, 5. Aufl. 1993, S. 84 f., der darauf hinweist, dass in der Verfassungspraxis vom Bundespräsidialamt zu jedem Gesetz eine Vorlage an den Bundespräsidenten angefertigt wird, die neben der Darstellung von Gesetzesinhalt und -zweck auch eine verfassungsrechtliche Würdigung enthält; *Pieper*, Ausfertigungsverweigerungsrecht (Fn. 54), S. 306 ff.; ferner allgemein zur Kontrollfunktion *M. Nettesheim*, HStR³ III, § 61 Rn. 46.
⁶⁰ Vgl. *J. Rau*, DVBl. 2004, 1 (1): Jeder meiner Amtsvorgänger »hat während seiner Amtszeit bei mindestens einem Gesetz, wahrscheinlich bei manchem Gesetz mehr, vor der Frage gestanden, ob er ausfertigen dürfe oder müsse oder ob nicht«.
⁶¹ Dazu *Pieper*, Ausfertigung (Fn. 48), § 20 Rn. 29 mit Beispielen in Fn. 47.
⁶² Zur Nichtanwendbarkeit auf landesrechtliche Normsetzungsverfahren s. BVerwGE 88, 204 (208 f.); *Brenner* (Fn. 6), Art. 82 Rn. 14; *Pieper*, Ausfertigung (Fn. 48), § 20 Rn. 16.
⁶³ Die seit langem herrschende Übung, nicht den gesamten Haushaltsplan zu verkünden und von einer Publizierung der gesetzlich festgestellten Einzelpläne im Bundesgesetzblatt abzusehen, wurde allerdings in BVerfGE 20, 56 (92 f.) nicht beanstandet.
⁶⁴ BVerfGE 42, 263 (284).
⁶⁵ *Maurer* (Fn. 3), Art. 82 Rn. 8 ff.
⁶⁶ BVerfGE 44, 322 (350).
⁶⁷ BVerwGE 38, 139 (146).

zeichnung der Originalurkunde⁶⁸. Verfassungspolitisch wird diese **Zuständigkeit des Bundespräsidenten** mitunter als nicht mehr zeitgemäß empfunden, weil sie ein »Relikt der konstitutionellen Monarchie« sei und in der parlamentarischen Demokratie die Gesetzesausfertigung dem Parlamentspräsidenten zugewiesen werden sollte⁶⁹. Demgegenüber ist jedoch festzuhalten, dass die präsidiale Zuständigkeit namentlich aus Gründen der Integration und – wegen möglicher Konflikte zwischen Bundestag und Bundesrat – der bundesstaatlichen Ordnung auch de constitutione ferenda vorzugswürdig ist⁷⁰.

12 Da sich die Ausfertigung nicht in einem symbolisch-zeremoniellen Akt der Unterschriftsleistung erschöpft, sondern funktionell auch den Verfahrensabschluss bestätigt und die Echtheit des Gesetzeswortlauts beglaubigt (→ Rn. 8), setzt die Unterzeichnung eine Überprüfung des Gesetzes voraus. Damit ist – terminologisch zumindest unscharf⁷¹ – das sog. **Prüfungsrecht** angesprochen, genauer: die Frage, ob und inwieweit der Bundespräsident berechtigt (und verpflichtet) ist, zur Ausfertigung anstehende Gesetze zu überprüfen und – bei negativem Prüfergebnis – die Ausfertigung zu verweigern. Dieses Recht ist im Grundsatz unbestritten, in seiner konkreten Ausgestaltung aber Gegenstand eines bis heute nicht abgeebbten⁷² Meinungsstreits⁷³. In der

---

⁶⁸ *Bryde* (Fn. 22), Art. 82 Rn. 9; *Guckelberger* (Fn. 19), Art. 82 Rn. 23; *Lücke* (Fn. 22), Art. 82 Rn. 2; *Maurer* (Fn. 3), Art. 82 Rn. 19; *Stern*, Staatsrecht II, S. 631; zu den einzelnen Ansätzen für die Begriffsbestimmung s. *K. Rode*, Die Ausfertigung der Bundesgesetze, 1968, und zu einzelnen Ausfertigungsformeln *G. Wild*, Die Ausfertigung von Gesetzen und Rechtsverordnungen und die Anordnung zu ihrer Verkündung, 1969, S. 45 ff.

⁶⁹ So *Friesenhahn*, Prüfungsrecht (Fn. 22), S. 682 unter Hinweis auf das Vorbild der Verfassung von Berlin (→ Rn. 7); *ders.*, Parlament und Regierung im modernen Staat, VVDStRL 16 (1958), S. 9 ff. (71); *ders.*, Diskussionsbemerkung, VVDStRL 25 (1967), S. 228 ff. (229); zustimmend etwa *W. Heyde*, DÖV 1971, 797 (798); *v. Mangoldt/Klein*, GG, Art. 82 Anm. II.4; dezidiert auch *Lücke* (Fn. 22), Art. 82 Rn. 2: »letzter Zipfel der einst in den Händen des Monarchen vereinten gesetzgebenden Gewalt [...] reformbedürftige[r] Fremdkörper«.

⁷⁰ *Bryde* (Fn. 22), Art. 82 Rn. 3; *Guckelberger* (Fn. 19), Art. 82 Rn. 33; *Maurer* (Fn. 3), Art. 82 Rn. 24 ff.; *ders.*, Staatsrecht, § 17 Rn. 84; *Ramsauer* (Fn. 2), Art. 82 Rn. 9; *Schneider*, Gesetzgebung (Fn. 7), S. 276; *Wild*, Ausfertigung (Fn. 68), S. 32 ff.; vgl. auch *K. Schlaich*, HStR II, § 49 Rn. 25; *M. Nettesheim*, HStR³ III, § 62 Rn. 34 f. unter Hinweis auf die Repräsentationsfunktion des Bundespräsidenten.

⁷¹ Vgl. dazu und zur Unterscheidung zwischen »Prüfungsrecht« und »Prüfungskompetenz« *F.E. Schnapp*, JuS 1995, 286 ff. m. w. N.; ferner *P. Martini*, JuS 1994, 717 f.; *v. Lewinski* (Fn. 2), Art. 82 Rn. 80, der sich gegen die Bezeichnung »Prüfungsrecht« wendet, weil es sich um kein subjektives Recht des Amtsinhabers handle, dabei aber offenbar von einem spezifischen (Vor-)Verständnis des subjektiven Rechts ausgeht, das wegen der Präsenz subjektiver Rechte auch in Inter-Organ-Rechtsverhältnissen alles andere als zwingend ist.

⁷² Exemplarisch dafür sind die gegensätzlichen Stellungnahmen in Sachs, GG, 3. Aufl. 2003, von *M. Nierhaus*, Art. 54 Rn. 9 ff. einerseits und *Lücke* (Fn. 22), Art. 82 Rn. 3 f. andererseits; ferner *Pohl*, Prüfungskompetenz (Fn. 48), S. 4 ff. m. w. N. In der juristischen Ausbildung erfreut sich das Prüfungsrecht u. a. wegen der facettenreichen Streitfragen und aus methodologischen Gründen ungebrochen großer Beliebtheit, der eine breite Präsenz in der Ausbildungsliteratur entspricht; dazu *v. Lewinski* (Fn. 2), Art. 82 Rn. 102 m. w. N.

⁷³ Vgl. zur Diskussion aus jüngerer Zeit etwa *Bryde* (Fn. 22), Art. 82 Rn. 3 ff.; *A. Haratsch*, in: Sodan, GG, Art. 82 Rn. 6 ff.; *Guckelberger* (Fn. 19), Art. 82 Rn. 31 ff.; *dies.*, NVwZ 2007, 406 ff.; *v. Lewinski* (Fn. 2), Art. 82 Rn. 80 ff.; *T. Linke*, DÖV 2009, 434 (435 ff.); *S. Malorny*, Exekutive Vetorechte im deutschen Verfassungssystem, 2011, S. 204 ff.; *Mehlhorn*, Bundespräsident (Fn. 29), S. 197 ff.; *H. Meyer*, JZ 2011, 602 (603 ff.); *M. Nierhaus*, in: Sachs, GG, Art. 82 Rn. 5 ff.; *S. U. Pieper*, in: Epping/Hillgruber, GG, Art. 82 Rn. 1 ff.; *ders.*, Ausfertigungsverweigerungsrecht (Fn. 54), S. 292 ff.; *ders.*, Ausfertigung (Fn. 48), § 20 Rn. 31 ff.; *F. Schoch*, Jura 2007, 354 ff.; *ders.*, ZG 23 (2008), 209 ff.; zum »Parallel-Problem« auf der Länderebene s. *T. Blome/T. Grosse-Wilde*, DÖV 2009, 615 ff.

II. Ausfertigung und Verkündung von Gesetzen (Art. 82 I 1 GG) **Art. 82**

facettenreichen Kontroverse ist weitgehend anerkannt, dass dem Bundespräsidenten zwar **kein »politisches Prüfungsrecht«** zusteht[74], dass er die Ausfertigung jedoch aus Gründen formeller Verfassungswidrigkeit verweigern darf (und muss), also ein **formelles Prüfungsrecht** besitzt. Letzteres ist unmittelbar aus dem Verfassungswortlaut ableitbar, wonach der Bundespräsident die »nach den Vorschriften dieses Grundgesetzes zustande gekommenen Gesetze« ausfertigt und verkündet, und beruht zudem auf der Stellung des Bundespräsidenten im Gesetzgebungsverfahren. Demnach erstreckt sich die Prüfung der formellen Verfassungsmäßigkeit auf die Beachtung der Vorschriften über das Gesetzgebungsverfahren, die Mitwirkung des Bundesrates und die Zuständigkeit des Bundesgesetzgebers[75]. Die Handhabung des formellen Prüfungsrechts in der Staatspraxis ist dem freilich nicht durchgängig gefolgt[76].

Noch immer umstritten ist die Frage, ob und inwieweit der Bundespräsident befugt ist, im Zuge der Ausfertigung Gesetze auf ihre Vereinbarkeit mit materiellem Verfassungsrecht, insb. mit den Grundrechten und den Verfassungsprinzipien des Grundgesetzes zu überprüfen[77]. In der bisherigen Staatspraxis, die freilich nicht Maßstab, son- **13**

---

[74] Die Ausfertigung darf also nicht aus politischen Zweckmäßigkeitsgründen verweigert werden; s. dazu *Brenner* (Fn. 6), Art. 82 Rn. 22; *Guckelberger* (Fn. 19), Art. 82 Rn. 31; *Haratsch* (Fn. 73), Art. 82 Rn. 9; *Hesse*, Verfassungsrecht, Rn. 666, 668; *Maurer*, Staatsrecht, § 17 Rn. 86; *M. Nettesheim*, HStR³ III, § 62 Rn. 34, 37; *K. Schlaich*, HStR II, § 49 Rn. 25; *Stern*, Staatsrecht II, S. 234 f.; vgl. auch *Bryde* (Fn. 22), Art. 82 Rn. 2: kein Verweigerungsrecht »aus inhaltlichen Gründen«.

[75] So die deutlich überwiegende Meinung; s. etwa *Badura*, Staatsrecht, Rn. E 85, der allerdings die Gesetzgebungsbefugnis des Bundes dem materiellen Prüfungsrecht zuordnet; *Brenner* (Fn. 6), Art. 82 Rn. 23; *Bryde* (Fn. 22), Art. 82 Rn. 3; *Degenhart*, Staatsrecht I, Rn. 784; *J. Ipsen*, Staatsrecht I, Rn. 495; *Jarass/Pieroth*, GG, Art. 82 Rn. 3; *T. Maunz*, in: Maunz/Dürig, Art. 82 (1960), Rn. 1; *M. Nettesheim*, HStR³ III, § 62 Rn. 37; *N. K. Riedel/A. Schmidt*, DÖV 1991, 371 (372); *Maurer* (Fn. 3), Art. 82 Rn. 28; *Stern*, Staatsrecht II, S. 233; einschränkend aber *R. Weber-Fas*, Zur staatsrechtlichen Stellung des Bundespräsidenten, in: FS Duden, 1977, S. 685 ff. (702); *Lücke* (Fn. 22), Art. 82 Rn. 3 f.: nur bezüglich der Tatbestandsmerkmale von Art. 78, 81 II 1 und 115d I 3 GG; *H. Meyer*, JZ 2011, 602 ff., der den Prüfungsmaßstab auf Art. 78 GG zurückführt; zurückhaltend auch *T. Linke*, DÖV 2009, 434 (437 ff.); ferner *Rubel* (Fn. 45), Art. 82 Rn. 19, der die h. M. zum formellen Prüfungsrecht u. a. unter Hinweis auf die Staatspraxis (→ Fn. 76) relativieren will.

[76] Namentlich bei der umstrittenen Ausfertigung des Zuwanderungsgesetzes (→ Rn. 9) hat sich der seinerzeitige Bundespräsident auf die – nicht der herrschenden Staatsrechtslehre entsprechende – Position zurückgezogen, dass auch eine Ausfertigungsverweigerung aus formellrechtlichen Gründen einen »zweifelsfreien und offenkundigen« Verfassungsverstoß voraussetze; s. *J. Rau*, DVBl. 2004, 1 (3) unter Hinweis auf zwei weitere Bezugsfälle aus den Amtszeiten von *K. Carstens* und *R. Herzog*, und dazu die zutreffende Kritik von *C. Lutze*, NVwZ 2003, 323 (324 f.), an der Einführung des »Offenkundigkeits-Kriteriums« in Zusammenhang mit Fragen der formellen Verfassungsmäßigkeit. Der Vorgang offenbart das Dilemma, in das sich eine zu stark an der »Staatspraxis« orientierte Verfassungsinterpretation manövriert: Sie relativiert die Maßstäblichkeit der Verfassung und überantwortet die Kontrollfunktion des Bundespräsidenten bei der Gesetzesausfertigung letztlich in gewissem Umfang dem Amtsverständnis des jeweiligen Amtsinhabers, das in der Vergangenheit nicht unbeträchtlich schwankte (vgl. *Pohl*, Prüfungskompetenz [Fn. 48], S. 29 f.), und zwar mit allen Konsequenzen für die praktische Handhabung. Dass daraus die Gefahr einer parteipolitischen Instrumentalisierung, zumindest aber die Gefahr eines Ansehensverlustes des Amtes resultiert, sei wenigstens am Rande vermerkt.

[77] Mit Differenzierungen im Grundsatz *bejahend* für die überwiegende Meinung z. B. *Brenner* (Fn. 6), Art. 82 Rn. 25 ff.; *V. Epping*, JZ 1991, 1102 (1105 ff.); *Guckelberger* (Fn. 19), Art. 82 Rn. 36 ff.; *R. Herzog*, Bundespräsident und Bundesverfassungsgericht, in: FS Carstens, Bd. 2, 1984, S. 601 ff. (insb. 605); *Guckelberger* (Fn. 19), Art. 82 Rn. 38 ff.; *G. Lehnguth*, DÖV 1992, 439 (442 ff.); *Maunz* (Fn. 75), Art. 82 Rn. 2; *Maurer*, Staatsrecht, § 17 Rn. 86 ff.; *M. Nettesheim*, HStR³ III, § 62 Rn. 37 ff.; *Nierhaus*, Entscheidung (Fn. 2), S. 91 ff.; *ders.*, Nochmals: Das Prüfungsrecht des Bundespräsidenten bei der Ausfertigung von Bundesgesetzen, in: FS Friauf, 1996, S. 233 ff.; *Pieper* (Fn. 73), Art. 82 Rn. 7 ff.; *N. K. Riedel/A. Schmidt*, DÖV 1991, 371 (372 ff.); *R. Sannwald*, in: Schmidt-Bleibtreu/Hof-

dern Gegenstand verfassungsrechtlicher Beurteilung ist[78], haben alle Bundespräsidenten ein derartiges **materielles Prüfungsrecht** für sich in Anspruch genommen, wenn auch mit Abstufungen[79]. Das Bundesverfassungsgericht hat dieses Recht wohl eher beiläufig mehrfach erwähnt[80], sich damit jedoch noch nicht eingehender befasst[81]. Als mögliche Ansatzpunkte für die Begründung eines materiellen Prüfungsrechts finden sich in der Literatur u. a. der Wortlaut von Art. 82 I 1 GG, der Vergleich mit der historischen Vorläuferregelung in Art. 70 WRV, der Hinweis auf die untrennbare Verknüpfung von formeller und materieller Prüfung, der Amtseid (Art. 56 GG) und die Präsidentenanklage (Art. 61 GG), verfassungsgewohnheitsrechtliche Anerkennung und die Stellung des Bundespräsidenten in der Verfassung, namentlich in Relation zu Bundestag und Bundesrat einerseits sowie zum Bundesverfassungsgericht andererseits[82]. Die überzeugendste Begründung liefert jedoch Art. 20 III, 1 III GG, wonach wegen der umfassenden Verfassungsbindung aller Staatsorgane auch der Bundespräsident nur solche Rechtshandlungen vornehmen darf, die mit dem Grundgesetz zu vereinbaren sind[83]. Aus funktionell-rechtlichen Gründen ist der Bundespräsident im Hinblick auf Organisation, Funktion und Verfahrensweise des Amtes[84] jedoch nicht verpflichtet, jedes Gesetz en detail auf seine Verfassungsmäßigkeit zu überprüfen und gegebenenfalls zu verwerfen. Vielmehr wird er in eine nähere Prüfung nur dann eintreten, wenn sich Bedenken aufdrängen; drängen sich Bedenken auf, ist der Bundespräsident freilich zugleich zur Überprüfung der Verfassungsmäßigkeit verpflichtet. Die sich bei negativem Ergebnis daran anschließende Entscheidung über die Ausfertigung bzw. Nichtausfertigung hat sich an dem Gewicht der für bzw. gegen die Verfassungsmäßig-

---

mann/Henneke, GG, Art. 82 Rn. 16; *F. Schoch*, ZG 23 (2008), 209 (219 ff.); deutlich *einschränkend* aus jüngerer Zeit insb. *M. Hederich*, ZG 14 (1999), 123 (140 f.); *verneinend* z. B. *K. H. Friauf*, Zur Prüfungszuständigkeit des Bundespräsidenten bei der Ausfertigung des Bundesgesetzes, in: FS Carstens, Bd. 2, 1984, S. 545 ff.; *Friesenhahn*, Prüfungsrecht (Fn. 22), S. 683 ff., 686 ff.; *Lücke* (Fn. 22), Art. 82 Rn. 3 f.; *H. Meyer*, JZ 2011, 602 (605), jeweils m. w. N.; differenzierend *M. Kilian*, JuS 1988, L 33 (L 36); *P. Kunig*, Jura 1994, 217 (220 f.).

[78] Vgl. BVerfGE 91, 148 (171 f.); *J. Jekewitz*, RuP 43 (2007), 11 (12 f.); nach BVerfGE 136, 323 (332, Rn. 25) entscheidet der Bundespräsident im vorgegebenen normativen Rahmen allerdings »grundsätzlich selbst«, wie er »seine Repräsentations- und Integrationsaufgaben mit Leben erfüllt«.

[79] Vgl. *V. Epping*, JZ 1991, 1102 (1105 ff., 1107 ff.); *Maurer* (Fn. 3), Art. 82 Rn. 31 f.; zu den bisherigen Fällen verweigerter Ausfertigung und zu Fällen erwogener Ausfertigungsverweigerung → Rn. 9.

[80] Vgl. BVerfGE 1, 396 (413 f.); 2, 143 (169); 34, 9 (22 f.); 131, 47 (53, Rn. 20); vgl. auch E 136, 277 (310 f., Rn. 94).

[81] Abweichende Einschätzung bei *Pieper*, Ausfertigungsverweigerungsrecht (Fn. 54), S. 295 f., und *dems.*, Ausfertigung (Fn. 48), § 20 Rn. 34, der BVerfGE 34, 9 (22 f.) die bundesverfassungsgerichtliche Bestätigung eines formelle und materielle Aspekte einschließenden Prüfungsrechts entnimmt.

[82] Knappe Zusammenstellungen des Meinungsspektrums etwa bei *Brenner* (Fn. 6), Art. 82 Rn. 25 ff.; *Bryde* (Fn. 22), Art. 82 Rn. 4 ff.; *Nierhaus* (Fn. 73), Art. 82 Rn. 5 ff.; *Ramsauer* (Fn. 2), Art. 82 Rn. 17 a ff.; *N. K. Riedel/A. Schmidt*, DÖV 1991, 371 (372 ff.); nuancierter *Guckelberger* (Fn. 19), Art. 82 Rn. 36 ff.; *v. Lewinski* (Fn. 2), Art. 82 Rn. 103 ff.; *Maurer* (Fn. 3), Art. 82 Rn. 34 ff.; *M. Nettesheim*, HStR[3] III, § 62 Rn. 37 ff.; *Pieper*, Ausfertigungsverweigerungsrecht (Fn. 54), S. 291 ff.; *ders.*, Ausfertigung (Fn. 48), § 20 Rn. 31 ff.; *K. Schlaich*, HStR II, § 49 Rn. 31 ff.; monographisch *Pohl*, Prüfungskompetenz (Fn. 48), S. 102 ff. m. w. N. Speziell zur Respektierung des Prüfungsrechts des Bundespräsidenten durch das Bundesverfassungsgericht s. BVerfGE 131, 47 (53, Rn. 20).

[83] Vgl. dazu allgemein BVerfGE 136, 323 (333, Rn. 27: »Der Bundespräsident steht in keinerlei Hinsicht ›über dem Gesetz‹«).

[84] Vgl. *K. Schlaich*, HStR II, § 49 Rn. 39 ff. m. w. N.; ferner *Herzog*, Bundespräsident (Fn. 77), S. 609 ff.; s. zur prekären Begründung von Beschränkungen der Ausübung des Prüfungsrechts auch *Nierhaus*, Prüfungsrecht (Fn. 77), S. 247 ff., der u. a. auch auf die Verfassungsorgantreue abstellt.

II. Ausfertigung und Verkündung von Gesetzen (Art. 82 I 1 GG) **Art. 82**

keit sprechenden Argumente, dem Ausmaß der Verfassungswidrigkeit und den Folgen der Ausfertigung bzw. Nichtausfertigung zu orientieren[85].

Prüfungsmaßstab der präsidialen Kontrolle ist das Grundgesetz. Überlegungen, in die Prüfung weitergehend auch **Völkerrecht und Europäisches Unionsrecht** als Maßstab einzubeziehen, haben überwiegend zu einem negativen Ergebnis geführt[86]. Begründet wird dies damit, dass Völkerrechtsverletzungen nur zur Verdrängung, nicht aber zur Nichtigkeit des nationalen Rechts führen und das Europäische Unionsrecht wegen seines bloßen Anwendungsvorrangs nicht die Nichtigkeit, sondern im Umfang einer etwaigen Kollision lediglich die Nichtanwendbarkeit der kollidierenden Norm des nationalen Gesetzes zur Folge hat[87]. 14

Art. 82 I 1 GG verlangt für die Ausfertigung die vorherige **Gegenzeichnung**, die nach Art. 58 GG durch den Bundeskanzler oder den zuständigen Bundesminister erfolgt[88]. Ähnlich wie beim Bundespräsidenten (→ Rn. 12 ff.) ist auch für die gegenzeichnenden Mitglieder der Bundesregierung umstritten, ob und inwieweit ihnen ein formelles und materielles Prüfungsrecht zusteht[89]. Mit der Gegenzeichnung wurde ursprünglich eine durch die Regierung vermittelte parlamentarische Kontrolle der vom 15

---

[85] Näheres bei *Maurer* (Fn. 3), Art. 82 Rn. 44 ff.; kritisch *v. Lewinski* (Fn. 2), Art. 82 Rn. 124 ff., 169 f.

[86] Vgl. teils mit unterschiedlichen, teils ohne Begründungen *Brenner* (Fn. 6), Art. 82 Rn. 28; *Gukkelberger* (Fn. 19), Art. 82 Rn. 53; *W. Heyde*, DÖV 1971, 797 (800 f.); *D. Hömig*, in: Hömig, GG, Art. 82 Rn. 4; *Jarass/Pieroth*, GG, Art. 82 Rn. 3; *Maurer* (Fn. 3), Art. 82 Rn. 53 f.; *Ramsauer* (Fn. 2), Art. 82 Rn. 17a; anders *Haratsch* (Fn. 73), Art. 82 Rn. 8, der das gesamte Unionsrecht als Prüfungsmaßstab heranziehen will; *Pieper* (Fn. 73), Art. 82 Rn. 13 ff., der das primäre und sekundäre Unionsrecht zum Rechtsstaatsprinzip zählt; differenzierend *A. Neumann*, DVBl. 2007, 1335 (1337 ff.).

[87] *Maurer* (Fn. 3), Art. 82 Rn. 54; *Brenner* (Fn. 6), Art. 82 Rn. 28; *Guckelberger* (Fn. 19), Art. 82 Rn. 53; *Nierhaus* (Fn. 73), Art. 82 Rn. 16a; *v. Lewinski* (Fn. 2), Art. 82 Rn. 141 f.; die Gegenansicht von *Sannwald* (Fn. 77), Art. 82 Rn. 17, wonach sich die Prüfungskompetenz des Bundespräsidenten auch darauf erstrecke, »einem Gesetz wegen Unvereinbarkeit mit vorrangigem EG-Recht die Ausfertigung zu versagen«, und *Pieper*, Ausfertigung (Fn. 48), § 20 Rn. 58 ff., der das primäre und sekundäre Unionsrecht offenbar dem Rechtsstaatsprinzip zuschlagen will (ebd., Rn. 62), verkennt die sich aus dem (hier nicht in Abrede gestellten) Anwendungsvorrang des Unionsrechts ergebenden Rechtsfolgen.

[88] Die in § 29 I GOBReg vorgeschriebene Gegenzeichnung durch den Bundeskanzler *und* den bzw. – bei mehrfacher Ressortbetroffenheit – die zuständigen Bundesminister verschärft die grundgesetzliche Regelung und ist deshalb verfassungsrechtlich nicht erforderlich; dazu *H. J. Hallier*, AöR 85 (1960), 391 (401); *v. Mangoldt/Klein*, GG, Art. 82 Anm. III.5a; *Nierhaus*, Entscheidung (Fn. 2), S. 64. → Art. 58 Rn. 15.

[89] Die in dieser Diskussion eingenommenen Positionen sind regelmäßig ähnlich gelagert wie beim Bundespräsidenten. Spiegelbildlich dazu bejahen ein formelles und materielles Prüfungsrecht z. B. *Achterberg*, Parlamentsrecht, S. 378; *H. J. Hallier*, AöR 85 (1960), 391 (402 f.); *Hömig* (Fn. 86), Art. 82 Rn. 3; *v. Mangoldt/Klein*, GG, Art. 82 Anm. III.5d; *Maurer* (Fn. 3), Art. 82 Rn. 60 ff.; mit unterschiedlichen Abstufungen verneinend etwa *Bryde* (Fn. 22), Art. 82 Rn. 10; *Friesenhahn*, Prüfungsrecht (Fn. 22), S. 692; *Lücke* (Fn. 22), Art. 82 Rn. 7; *Ramsauer* (Fn. 2), Art. 82 Rn. 24; vgl. auch *Rubel* (Fn. 45), Art. 82 Rn. 23; *H. Biehl*, Die Gegenzeichnung im parlamentarischen Regierungssystem der Bundesrepublik Deutschland, 1971, S. 116 ff.; ferner *Sannwald* (Fn. 77), Art. 82 Rn. 10, 16, der zwar ein umfassendes formelles und materielles Prüfungsrecht des Bundespräsidenten befürwortet, demgegenüber das Prüfungsrecht des gegenzeichnenden Regierungsmitglieds aber deutlich beschränkt wissen will. Die politische Bedeutung dieser Auseinandersetzung ist nicht mit der der Paralleldiskussion über das Prüfungsrecht des Bundespräsidenten vergleichbar, weil die Regierung politisch regelmäßig der Parlamentsmehrheit nahesteht und überdies im Gesetzgebungsverfahren den Inhalt von Gesetzen zumindest faktisch beeinflussen kann. In der Verfassungspraxis ist bislang nur ein Fall der Gegenzeichnungsverweigerung bekannt geworden, nämlich 1953 beim sog. Platow-Amnestiegesetz durch den seinerzeitigen Bundesjustizminister *T. Dehler*.

Staatsoberhaupt vorzunehmenden Handlungen, parlamentarische Verantwortlichkeit und die Einheitlichkeit der Staatsleitung bezweckt. Dieses traditionelle Verständnis kann heute nicht mehr fortgeführt werden, weil sich die Gegenzeichnung auf einen Akt des Parlaments bezieht und daher parlamentarische Kontrolle nicht veranlasst ist. Da Bundespräsident und Bundesregierung grundsätzlich an den Beschluss des Parlaments gebunden sind, lässt sich die Gegenzeichnung auch nicht auf den Gedanken der Einheitlichkeit der Staatsleitung stützen. Deshalb geht man überwiegend davon aus, dass die Gegenzeichnung mittlerweile einen **Bedeutungswandel** erfahren habe: Mit ihr bestätigen die zuständigen Regierungsmitglieder die Authentizität des Gesetzestextes sowie die Verfassungsmäßigkeit des Gesetzes im Sinne einer zusätzlichen Richtigkeitsgewähr und übernehmen dafür die Verantwortung gegenüber dem Bundespräsidenten und dem Bundestag[90]. Bei fehlender Gegenzeichnung darf das jeweilige Gesetz nicht ausgefertigt werden. Eine vor Gegenzeichnung (oder Ausfertigung) erfolgende Verkündung ist unwirksam, eine Heilung durch nachträgliche Gegenzeichnung oder Ausfertigung nicht möglich[91].

16 Verkündet werden die nach Art. 82 I 1 GG ausgefertigten Gesetze durch die amtliche Bekanntgabe des Gesetzeswortlauts im **Bundesgesetzblatt**, das in zwei gesonderten Teilen in unregelmäßiger Folge je nach Anfall des zu verkündenden Stoffes erscheint[92]. »Gesetze«, die dort nicht abgedruckt sind, sind nicht etwa verfassungswidrig, sondern gar nicht existent[93]. Daneben sind die aktuellen Ausgaben des Bundesgesetzblattes seit geraumer Zeit im Internet abrufbar und Gesetzestexte in **elektronische Datenbanken** eingestellt[94]. Die Bereitstellung von Normtexten in elektronischer Form erleichtert den Zugang zu, das Auffinden von und die Arbeit mit Bundesgesetzen, kann aber jedenfalls derzeit das gedruckte Bundesgesetzblatt als Verkündungsblatt des Bundes (noch) nicht ersetzen, auch wenn bereits seit Längerem der **Übergang zur elektronischen Gesetzesverkündung** im Gespräch ist[95].

17 Die ordnungsgemäße **Verkündung** der ausgefertigten Gesetze, d. h. die amtliche Bekanntgabe des Gesetzeswortlauts im Bundesgesetzblatt (→ Rn. 16), macht diese Gesetze der Öffentlichkeit förmlich so zugänglich, dass sich die Betroffenen verlässliche Kenntnis vom Inhalt der Rechtsnormen verschaffen können[96] (Prinzip der formellen

---

[90] Näheres hierzu etwa bei *Maurer*, Gegenzeichnung (Fn. 2), S. 706 f., 712; *ders.* (Fn. 3), Art. 82 Rn. 66 ff.; *Nierhaus*, Entscheidung (Fn. 2), S. 61 ff. (66 f.); *Guckelberger* (Fn. 19), Art. 82 Rn. 62; *Ramsauer* (Fn. 2), Art. 82 Rn. 23; vgl. auch *Pieper*, Ausfertigung (Fn. 48), § 20 Rn. 18 ff.; *v. Lewinski* (Fn. 2), Art. 82 Rn. 63 f., 65 ff.; *Schneider*, Gesetzgebung (Fn. 7), S. 276; kritisch *Brenner* (Fn. 6), Art. 82 Rn. 18; *Bryde* (Fn. 22), Art. 82 Rn. 10, 21; *Lücke* (Fn. 22), Art. 82 Rn. 6 f. → Art. 58 Rn. 6 ff.

[91] *v. Mangoldt/Klein*, GG, Art. 82 Anm. IV.3e; *Jarass/Pieroth*, GG, Art. 82 Rn. 5.

[92] Teil I enthält (innerstaatliche) Gesetze und Rechtsverordnungen des Bundes, Teil II völkerrechtliche Übereinkünfte, die zu ihrer Inkraftsetzung oder Durchsetzung erlassenen Rechtsvorschriften sowie damit zusammenhängende Bekanntmachungen. Teil III enthält als fortgeltend festgestelltes Bundesrecht und dient der Rechtsbereinigung. Vgl. dazu *Maurer*, Staatsrecht, § 17 Rn. 94; *Oldenburg*, Öffentlichkeit (Fn. 32), S. 39 ff.; Bundesministerium der Justiz (Hrsg.), Handbuch der Rechtsförmlichkeit, 3. Aufl. 2008, S. 20 f.

[93] *Maurer*, Staatsrecht, § 17 Rn. 94.

[94] Bundesministerium, Handbuch (Fn. 92), S. 20 ff.; *A. Guckelberger*, DVBl. 2007, 985 (986).

[95] Dazu *A. Guckelberger*, DVBl. 2007, 985 ff.; *M. Schulenberg/F. Schuld*, notar 2013, 351 (351), unter Hinweis auf die für einen Medienwechsel als notwendig erachtete Grundgesetzänderung (Art. 82 GG); *Klein*, Neubekanntmachung (Fn. 7), S. 42 ff.; vgl. ferner *Oldenburg*, Öffentlichkeit (Fn. 32), S. 19 ff., 189 ff., 205 ff., 227, 228. Zu den geringeren verfassungsrechtlichen Hürden einer elektronischen Verkündung von Rechtsverordnungen → Rn. 24.

[96] Vgl. BVerfGE 65, 283 (291).

II. Ausfertigung und Verkündung von Gesetzen (Art. 82 I 1 GG) Art. 82

Gesetzesverkündung[97]); mit ihr wird das Gesetz rechtlich existent[98], aber noch nicht wirksam, weil sich die Wirksamkeit nach dem Inkrafttreten richtet[99]. Mangels ausdrücklicher grundgesetzlicher Regelung ist die **Zuständigkeit** zur Gesetzesverkündung[100] umstritten. In der Verfassungspraxis[101] leitet gemäß § 60 GGO das Bundespräsidialamt das vom Bundespräsidenten ausgefertigte Gesetz der Schriftleitung des Bundesgesetzblattes zur Verkündung im Bundesgesetzblatt zu und unterrichtet gleichzeitig das federführende Bundesministerium und die beteiligten Bundesministerien über die Gesetzesausfertigung.

Der für die rechtliche Existenz des Gesetzes, daran anknüpfende verfassungsprozessuale Konsequenzen und gegebenenfalls für das Inkrafttreten (Art. 82 II 2 GG) maßgebliche[102] **Zeitpunkt der Verkündung** ist die **Ausgabe des Bundesgesetzblattes**. Über die exakte Festlegung des »Ausgabezeitpunktes« besteht allerdings Uneinigkeit: Die sog. »Entäußerungstheorie« stellt auf die Einlieferung bei der Post ab[103]. Nach Ansicht des Bundesverfassungsgerichts ist die Ausgabe sogar schon durch das Inverkehrbringen des ersten Stückes der jeweiligen Nummer des Gesetzblatts bewirkt[104], wofür auch unmittelbar die »Abgabe an einen […] Bezieher des Gesetzblattes« genüge[105]. Demgegenüber geht die überwiegende Meinung in der Literatur davon aus, dass die Auslieferung an die Mehrheit der Bezieher – also regelmäßig der Tag nach der Einlieferung bei der Post – entscheidend sei, da erst zu diesem Zeitpunkt die Möglichkeit bestehe, auf zumutbare Weise Kenntnis vom Gesetzesinhalt zu erlangen[106]; das entspricht rechtsstaatlichen Direktiven (→ Rn. 8) und der gebotenen teleologischen Interpretation. Die Verfassungspraxis trägt dem Rechnung, indem sie als Ausgabedatum im Kopf des Bundesgesetzblattes den auf die Einlieferung bei der Post folgenden

18

---

[97] Vgl. BVerfGE 16, 6 (16 f.).
[98] BVerfGE 63, 343 (353); 72, 200 (241).
[99] *C. Gröpl*, Jura 1995, 641 (642). → Rn. 25 ff.
[100] Für die Zuständigkeit der Bundesregierung Jarass/*Pieroth*, GG, Art. 82 Rn. 5; *Kloepfer*, Verfassungsrecht I, § 21 Rn. 263; *Maurer*, Staatsrecht, § 17 Rn. 95, mit dem Verweis auf die Zuständigkeit des Bundesjustizministers als zuständiger Ressortminister der Bundesregierung; zur gegenteiligen Ansicht, die u. a. unter Rückgriff auf die Verfassungstradition die Zuständigkeit des Bundespräsidenten annimmt, s. z. B. *Lücke* (Fn. 22), Art. 82 Rn. 11; teilweise behilft man sich mit der Annahme eines Verkündungsbefehls durch den Bundespräsidenten, der anschließend durch die Bundesregierung bzw. das zuständige Ministerium vollzogen wird (so etwa *Guckelberger* [Fn. 19], Art. 82 Rn. 69; *v. Lewinski* [Fn. 2], Art. 82 Rn. 223; *Nierhaus* [Fn. 73], Art. 82 Rn. 24).
[101] Vgl. *Pieper*, Ausfertigung (Fn. 48), § 20 Rn. 78.
[102] *C. Gröpl*, Jura 1995, 641 (642) m. w. N.; speziell zur Anknüpfung verfassungsprozessualer Verfahren an dem Zeitpunkt der Gesetzesverkündung s. BVerfGE 1, 396 (410); 1, 415 (416); 62, 374 (382); 64, 367 (376).
[103] *Achterberg*, Parlamentsrecht, S. 379; *Badura*, Staatsrecht, Rn. F 56; *Hömig* (Fn. 86), Art. 82 Rn. 6; *Kloepfer*, Verfassungsrecht I, § 21 Rn. 265; ähnlich BFH NVwZ 2002, 1278 (1279), nach dessen Auffassung zu unterscheiden sei »zwischen dem Zeitpunkt, von dem an die Bürger vom Inhalt des Gesetzes Kenntnis tatsächlich erlangen bzw. erlangen können und dem Zeitpunkt, ab dem das Gesetz für den Gesetzgeber – ohne eigenständigen gesetzgeberischen Aufhebungsakt – nicht mehr rückholbar in der Welt ist. Letzterer ist der Zeitpunkt der Verkündung i. S. des Art. 82 I 1 GG«.
[104] BVerfGE 87, 48 (60).
[105] BVerfGE 16, 6 (16 ff., Zitat: 19); dazu *C. Heinze*, NJW 1965, 524 f.; dem BVerfG zustimmend etwa *Guckelberger* (Fn. 19), Art. 82 Rn. 73; *Pieper*, Ausfertigung (Fn. 48), § 20 Rn. 81; *Sannwald* (Fn. 77), Art. 82 Rn. 28.
[106] Vgl. z. B. *Brenner* (Fn. 6), Art. 82 Rn. 30; *Bryde* (Fn. 22), Art. 82 Rn. 12; Jarass/*Pieroth*, GG, Art. 82 Rn. 6; *Lücke* (Fn. 22), Art. 82 Rn. 8; *Maurer* (Fn. 3), Art. 82 Rn. 98 ff. m. w. N.; *Nierhaus* (Fn. 73), Art. 82 Rn. 27; *Rubel* (Fn. 45), Art. 82 Rn. 28; *Stern*, Staatsrecht II, S. 636.

Tag angibt[107]. Diese Angabe begründet eine (widerlegbare) Vermutung für das Ausgabedatum[108].

19 Für die Verkündung gilt das **Vollständigkeitsprinzip**. Danach sind die Gesetze grundsätzlich in ihrem gesamten Wortlaut und in ihrem gesamten Umfang im Bundesgesetzblatt zu veröffentlichen[109]. Hiervon wurden in der Spruchpraxis zur Vermeidung einer übermäßigen Belastung des Bundesgesetzblattes jedoch für außerhalb des Verkündungsblattes der Öffentlichkeit zugängliche Gesetzesanlagen Ausnahmen zugelassen[110] – so für die Einzelpläne des Haushaltsplanes[111] und sonstige umfangreiche Anlagen[112]. **Verweisungen** auf anderweitige Rechtsnormen[113], mit denen der Gesetzgeber zu seiner Entlastung und zur Vermeidung von Wiederholungen andere Regelungen inkorporiert, werden hinsichtlich der Publizitätsanforderungen jedenfalls dann als zulässig angesehen, wenn die in Bezug genommenen Normen im Bundesgesetzblatt veröffentlicht sind[114]; teilweise wird auch die Veröffentlichung der Bezugsnorm in einem anderen ohne weiteres zugänglichen amtlichen Publikationsorgan, etwa dem Bundesanzeiger, als ausreichend erachtet[115], sofern die verweisende Norm die Bezugsnorm und deren Fundstelle klar und eindeutig kennzeichnet[116]. Verfassungsrechtlich prekär erscheinen Verweisungen auf von privaten Organisationen geschaffene Regelungswerke wie etwa DIN-Normen (→ Art. 20 [Demokratie], Rn. 119); sie gelten jedoch vielen als unbedenklich, wenn die Zugänglichkeit der publizierten inkorporierten Regelung für die Betroffenen verlässlich gewährleistet ist[117].

20 Wegen des Grundsatzes der Unverrückbarkeit können Fehler in Gesetzestexten, die den Gesetzgebungsorganen bei der Beschlussfassung unterlaufen sind, anlässlich der Ausfertigung und Verkündung nicht nachträglich korrigiert, sondern nur im Wege späterer Gesetzesänderung ausgemerzt werden[118]. Offenbare Unrichtigkeiten wie

---

[107] BVerfGE 81, 70 (83).
[108] BVerfGE 16, 6 (17); 81, 70 (83); 87, 48 (60).
[109] Z.B. *Brenner* (Fn. 6), Art. 82 Rn. 31; *Guckelberger* (Fn. 19), Art. 82 Rn. 71; *Hömig* (Fn. 86), Art. 82 Rn. 7; Jarass/*Pieroth*, GG, Art. 82 Rn. 5; *v. Lewinski* (Fn. 2), Art. 82 Rn. 207 ff.; *Pieper*, Ausfertigung (Fn. 48), § 20 Rn. 80; *Ramsauer* (Fn. 2), Art. 82 Rn. 27.
[110] Der Spruchpraxis zustimmend etwa Jarass/*Pieroth*, GG, Art. 82 Rn. 5; *v. Mangoldt/Klein*, GG, Art. 82 Anm. IV.5; *Ramsauer* (Fn. 2), Art. 82 Rn. 27; kritisch aber insb. *U. Karpen*, Die Verweisung als Mittel der Gesetzgebungstechnik, 1970, S. 148 f.
[111] BVerfGE 20, 56 (93); BVerwGE 25, 104 (197).
[112] BFHE 171, 84 (90).
[113] Zu nicht von Art. 82 I 1 GG erfassten (*A. G. Debus*, Verweisungen in deutschen Rechtsnormen, 2008, S. 119 f.) verfassungsrechtlichen Problemen (statischer und dynamischer) Verweisungen vgl. BVerfGE 5, 25 (31 ff.); 22, 330 (346 f.); 47, 285 (311 ff.); 64, 208 (214 ff.); 67, 348 (363); 73, 261 (272); *Guckelberger* (Fn. 19), Art. 82 Rn. 85 ff. → Art. 20 (Rechtsstaat), Rn. 143 f.; → Art. 20 (Demokratie), Rn. 118.
[114] *Brenner* (Fn. 6), Art. 82 Rn. 32; *Lücke* (Fn. 22), Art. 82 Rn. 9; *Maurer* (Fn. 3), Art. 82 Rn. 108; *Ramsauer* (Fn. 2), Art. 82 Rn. 33.
[115] Vgl. etwa *W. Brugger*, VerwArch. 78 (1987), 1 (9 ff.); *T. Clemens*, AöR 111 (1986), 63 (86 ff.); *W.-R. Schenke*, Verfassungsrechtliche Grenzen gesetzlicher Verweisungen, in: FS Fröhler, 1980, S. 87 ff. (96 ff.); *Brenner* (Fn. 6), Art. 82 Rn. 32; ablehnend *Lücke* (Fn. 22), Art. 82 Rn. 9.
[116] Vgl. BVerfGE 5, 25 (31 ff.); 22, 330 (346 f.).
[117] *I. Ebsen*, DÖV 1984, 654 (662); *D. Hömig*, DVBl. 1979, 307 (311); *ders.* (Fn. 86), Art. 82 Rn. 5; *Maurer* (Fn. 3), Art. 82 Rn. 108; differenzierend *W.-R. Schenke*, NJW 1980, 743 (744); *ders.*, Verweisungen (Fn. 115), S. 99; ablehnend *Brenner* (Fn. 6), Art. 82 Rn. 32; *T. Clemens*, AöR 111 (1986), 63 (94); *F. Ossenbühl*, DVBl. 1967, 401 (406). Zur Verweisung auf Verwaltungsvorschriften s. BVerwGE 55, 250 (264).
[118] *E. Schiffer*, Feststellung des Inhalts und Änderung von Beschlüssen sowie Berichtigungen im Gesetzgebungsverfahren, in: FS Schäfer, 1975, S. 39 ff. (43 ff.); *Ramsauer* (Fn. 2), Art. 82 Rn. 38.

II. Ausfertigung und Verkündung von Gesetzen (Art. 82 I 1 GG) **Art. 82**

Schreib- und Druckfehler, die sich etwa bei der Protokollierung ergeben haben, sind jedoch – ohne nochmalige Einschaltung der gesetzgebenden Körperschaften – einer **Berichtigung** zugänglich, wenn sowohl die fehlerhafte als auch die richtige Fassung evident sind[119]. Dabei kann sich die offenbare Unrichtigkeit nicht allein aus dem Normtext, sondern insb. auch aus dem Sinnzusammenhang und den Materialien ergeben[120]. Mit der Berichtigung darf jedoch nicht der rechtlich erhebliche materielle Gehalt der Norm und mit ihm seine Identität angetastet werden[121]. Die Berichtigung ist auch nach der Verkündung durch Bekanntgabe im Bundesgesetzblatt möglich[122]. Bei der **Neubekanntmachung** eines Gesetzes durch einen Bundesminister handelt es sich um keinen erneuten (konstitutiven) Gesetzgebungsakt, sondern lediglich um die deklaratorische Feststellung des Gesetzestextes, die den rechtlich erheblichen Inhalt des Gesetzes und dessen Identität nicht berührt[123]. Die Neubekanntmachung dient der Klarheit und Übersichtlichkeit der Rechtslage[124]; sie bedarf einer ausdrücklichen gesetzlichen Ermächtigung[125], die nur zulässig ist, wenn und soweit sie im Interesse der Rechtssicherheit geboten ist[126].

In teilweiser Abweichung von Vorläuferregelungen (→ Rn. 1) bindet Art. 82 I 1 GG **21** Gegenzeichnung, Ausfertigung und Verkündung an **keine Fristen**. Es besteht jedoch Einigkeit darüber, dass diese Akte innerhalb angemessener Frist bzw. unverzüglich erfolgen müssen[127]; diese Verpflichtung ergibt sich letztlich aus dem Grundsatz der Verfassungsorgantreue[128]. Sie verbietet beispielsweise eine Verzögerung aus politi-

---

[119] *Achterberg*, Parlamentsrecht, S. 647 f.; *M. Kirn*, ZRP 1973, 49 (50 ff.); *Kloepfer*, Verfassungsrecht I, § 21 Rn. 266 ff.; *v. Lewinski* (Fn. 2), Art. 82 Rn. 242 ff.; *Maurer* (Fn. 3), Art. 82 Rn. 116 mit näheren Ausführungen zur Zuständigkeit; vgl. auch *Brenner* (Fn. 6), Art. 82 Rn. 33; *Maunz* (Fn. 75), Art. 82 Rn. 7; *Schneider*, Gesetzgebung (Fn. 7), S. 295 ff.; Beispiele aus der Praxis bei *U. Severin*, Das Bundesgesetzblatt, 1962, S. 53 ff.; ferner BayObLG NJW 1999, 158 (159); zu der in BVerfGE 48, 1 (18 f.) und E 105, 313 (334 f., Rn. 55 ff.) nicht beanstandeten Praxis s. § 122 III GOBT und §§ 59 IV, 62 III GGO II a. F., § 61 GGO; zu den einzelnen Stadien, in denen sich Fehler einschleichen können, vgl. *G. Schorn*, Die Berichtigung offenbarer Unrichtigkeiten in Hoheitsakten der Gesetzgebung, 1984, S. 75 ff. m. w. N.
[120] BVerfGE 105, 313 (335, Rn. 57).
[121] BVerfGE 48, 1 (18 f.); 105, 313 (335, Rn. 57).
[122] *H. J. Hallier*, AöR 85 (1960), 391 (415); *J.-F. Staats*, ZRP 1974, 183 (185); *Maurer* (Fn. 3), Art. 82 Rn. 116.
[123] Vgl. BVerfGE 14, 245 (250); 18, 389 (391); 42, 263 (289). Folge davon ist u. a., dass die ministerielle Bekanntmachung einer Neufassung nicht selbständig mittels einer Verfassungsbeschwerde (vgl. BVerfGE 17, 364 [369]) oder mittels einer Richtervorlage (Art. 100 I GG) zur Überprüfung durch das Bundesverfassungsgericht (BVerfGE 18, 389 [391]) gebracht werden kann. Außerdem ist im Falle eines Textwiderspruchs der Neufassung auf das ursprüngliche Gesetz abzustellen. Eingehend zu Rechtsnatur und -folgen *Klein*, Neubekanntmachung (Fn. 7), S. 105 ff.; vgl. auch *Nierhaus* (Fn. 73), Art. 82 Rn. 28. Auf Defizite in der Neubekanntmachungspraxis machen *H. Hamann/C. Schwalb*, DÖV 2009, 1121 ff., aufmerksam.
[124] *Brenner* (Fn. 6), Art. 82 Rn. 34; *Guckelberger* (Fn. 19), Art. 82 Rn. 80.
[125] *Jarass/Pieroth*, GG, Art. 82 Rn. 7; *Pieper*, Ausfertigung (Fn. 48), § 20 Rn. 80; *Ramsauer* (Fn. 2), Art. 82 Rn. 29.
[126] BVerfGE 18, 389 (391).
[127] So z. B. *Brenner* (Fn. 6), Art. 82 Rn. 16 f. (zu Ausfertigung und Gegenzeichnung); *Bryde* (Fn. 22), Art. 82 Rn. 9; *Jarass/Pieroth*, GG, Art. 82 Rn. 2, 4 f.; *v. Lewinski* (Fn. 2), Art. 82 Rn. 76 (zur Gegenzeichnung), 183 f. (zur Ausfertigung), 236 (zur Verkündung); *Maurer* (Fn. 3), Art. 82 Rn. 71, 74; *Maunz* (Fn. 75), Art. 82 Rn. 6 (zur Verkündung); *Rubel* (Fn. 45), Art. 82 Rn. 20, 22 (zu Ausfertigung und Gegenzeichnung); *Sannwald* (Fn. 77), Art. 82 Rn. 29 (zur Verkündung); *Stern*, Staatsrecht II, S. 632 (zur Ausfertigung), 634 (zur Verkündung).
[128] Ebenso *Lücke* (Fn. 22), Art. 82 Rn. 5, 11 zu Ausfertigung und Verkündung; *v. Lewinski* (Fn. 2), Art. 82 Rn. 76, 184, 236 zu Gegenzeichnung, Ausfertigung und Verkündung; vgl. auch *Brenner*

schen Gründen und ist zugleich hinreichend elastisch, um etwa bei der Einholung von Gutachten in Ausübung des Prüfungsrechts (→ Rn. 12 f.) den Besonderheiten des konkreten Einzelfalles Rechnung tragen zu können.

III. Ausfertigung und Verkündung von Rechtsverordnungen (Art. 82 I 2 GG)

22 Art. 82 I 2 GG ergänzt Art. 80 GG durch Regelungen über die Ausfertigung und die Verkündung von Rechtsverordnungen, die in der deutschen Verfassungstradition ohne Vorbild sind (→ Rn. 2, 4). Sein **Anwendungsbereich** beschränkt sich trotz des allgemein gehaltenen Wortlauts auf Bundesrechtsverordnungen, also auf von Bundesorganen erlassene Rechtsverordnungen; erlassen Landesorgane Rechtsverordnungen auf der Grundlage einer bundesgesetzlichen Ermächtigung (vgl. Art. 80 I 1 GG), so liegt eine Rechtsetzung des jeweiligen Landes vor, auf die nicht Art. 82 I 2 GG, sondern die entsprechenden Vorschriften des Landesverfassungsrechts (→ Rn. 7) Anwendung finden. Begründet ist dies in der systematischen Stellung von Art. 82 I 2 GG in dem Abschnitt über die »Gesetzgebung des Bundes« und in der Verfassungsautonomie der Länder[129].

23 Anders als bei Gesetzen erfolgt die **Ausfertigung** von Rechtsverordnungen durch den Verordnungsgeber selbst, also durch das Organ, das als Erstdelegatar (Art. 80 I 1 GG) oder Subdelegatar (Art. 80 I 4 GG) die Norm erlässt[130]. Die Unterzeichnung bescheinigt den Abschluss der Verordnungsgebung, den Verordnungstext und die Rechtskonformität der Norm[131]. Aus Gründen der Rechtssicherheit darf die Ausfertigung von Rechtsverordnungen erst nach Inkrafttreten des ermächtigenden Gesetzes erfolgen[132].

24 Die nach Art. 82 I 2 GG im Bundesgesetzblatt erfolgende[133] **Verkündung** von Rechtsverordnungen steht – anders als bei Gesetzen – unter dem Vorbehalt einer anderweitigen gesetzlichen Regelung. Der Vorbehalt betrifft nur den Ort der Verkündung, ist auf andere amtliche Veröffentlichungsblätter beschränkt und lässt deshalb eine Veröffentlichung beispielsweise in Tageszeitungen oder ähnlichen Massenmedien nicht zu[134]; das schließt elektronische Verkündungen nicht aus. Von dem Vorbehalt

---

(Fn. 6), Art. 82 Rn. 16, und grundlegend zur Verfassungsorgantreue *W.-R. Schenke*, Die Verfassungsorgantreue, 1977.

[129] Vgl. zum Ganzen *Brenner* (Fn. 6), Art. 82 Rn. 35; *Guckelberger* (Fn. 19), Art. 82 Rn. 93; *Haratsch* (Fn. 73), Art. 82 Rn. 21; *v. Lewinski* (Fn. 2), Art. 82 Rn. 259; *Lücke* (Fn. 22), Art. 82 Rn. 13; *Maurer* (Fn. 3), Art. 82 Rn. 134; *Nierhaus* (Fn. 73), Art. 82 Rn. 30; ferner BVerfGE 18, 407 (413 ff.) sowie speziell zur Nichtanwendbarkeit auf die Allgemeinverbindlicherklärung von Tarifverträgen BVerfGE 44, 322 (338 ff., insb. 343 f., 350 f.).

[130] *Lücke* (Fn. 22), Art. 82 Rn. 14; zum Ausfertigungsbegriff → Rn. 11. Bei Rechtsverordnungen der Bundesregierung unterzeichnen in der Praxis nicht alle Kabinettsmitglieder, sondern nur der Bundeskanzler bzw. sein Stellvertreter und der zuständige Minister (§ 30 GOBReg). Zu Differenzierungen bezüglich der Prüfungspflichten bei der Ausfertigung s. *Maurer* (Fn. 3), Art. 82 Rn. 136 ff.; *v. Lewinski* (Fn. 2), Art. 82 Rn. 250 ff.

[131] *Guckelberger* (Fn. 19), Art. 82 Rn. 94.

[132] BayVerfGHE 26, 48 (62); 35, 56 (65); *Brenner* (Fn. 6), Art. 82 Rn. 37; *Guckelberger* (Fn. 19), Art. 82 Rn. 95; *Maurer* (Fn. 3), Art. 82 Rn. 140 f. m. w. N. auch zur gegenteiligen Ansicht; s. auch § 66 I GGO.

[133] Insoweit gelten die Ausführungen zur Verkündung von Gesetzen entsprechend → Rn. 16 ff.

[134] *Bryde* (Fn. 22), Art. 82 Rn. 14; *Maurer* (Fn. 3), Art. 82 Rn. 142; *Nierhaus* (Fn. 73), Art. 82 Rn. 36; anders offenbar *v. Lewinski* (Fn. 2), Art. 82 Rn. 262; s. ergänzend zu rechtsstaatlichen Anforderungen an die Verkündung auch BVerfGE 65, 283 (291).

wurde in genereller Weise mit dem sog. Verkündungsgesetz[135] Gebrauch gemacht. Nach § 2 des Verkündungsgesetzes werden Rechtsverordnungen im Bundesgesetzblatt oder im Bundesanzeiger verkündet; auf im Bundesanzeiger verkündete Rechtsverordnungen ist allerdings nachrichtlich im Bundesgesetzblatt hinzuweisen. Ergänzende Bestimmungen enthalten §§ 68, 76 I Nr. 2, III Nr. 1 GGO, wonach u. a. Verordnungen mit befristeter Geltungsdauer und Verordnungen, deren unverzügliches Inkrafttreten zur Durchführung von Rechtsakten der Europäischen Union erforderlich ist, im Bundesanzeiger veröffentlicht werden[136]. Der Bundesanzeiger wird vom Bundesministerium der Justiz elektronisch herausgegeben[137]; er steht für die **elektronische Verkündung** von Rechtsverordnungen bereit und ist im Internet vollständig und dauerhaft zur Abfrage verfügbar[138]. Für Verkehrstarife gelten Sonderbestimmungen[139].

IV. Inkrafttreten von Gesetzen und Rechtsverordnungen (Art. 82 II GG)

Mit der Verkündung sind **Gesetze** rechtlich existent, aber noch nicht wirksam (→ Rn. 17). Rechtsverbindlichkeit erlangen sie erst mit ihrem Inkrafttreten[140]. Das Inkrafttreten betrifft den **zeitlichen Anwendungsbereich** des Gesetzes und damit den Norminhalt[141]. Die Bestimmung des konkreten Zeitpunkts des Inkrafttretens fällt grundsätzlich in die Gestaltungsfreiheit des Gesetzgebers[142] und kann von diesem nicht anderen Organen übertragen oder überlassen werden[143]. Art. 82 II 1 GG verpflichtet den Gesetzgeber für den Regelfall zur **Festlegung des Tages des Inkrafttretens** (»soll«)[144], ohne jedoch an das Fehlen einer entsprechenden Regelung Rechtsfolgen wie etwa die Verfassungswidrigkeit des Gesetzes zu knüpfen[145]. Bei fehlender Festlegung kommt vielmehr Art. 82 II 2 GG zur Anwendung. Danach tritt das Gesetz mit

25

---

[135] → Rn. 4 Fn. 23.
[136] In der Staatspraxis wurden beispielsweise in der zwölften, dreizehnten und vierzehnten Legislaturperiode 1134, 1213 und 943 Rechtsverordnungen im Bundesgesetzblatt und im Vergleich dazu 561, 540 und 572 Rechtsverordnungen im Bundesanzeiger bekanntgemacht (→ Bd. II², Art. 82 Rn. 24 mit Fn. 124; das Statistische Jahrbuch 2014 weist dazu keine aktuellen Zahlen aus).
[137] S. *M. Schulenberg/F. Schuld*, notar 2013, 351 (351).
[138] § 5 Verkündungsgesetz (Fn. 23); zu den Vor- und Nachteilen der elektronischen Verkündung *Guckelberger*, Elektronischen Gesetzesverkündung (Fn. 30); *v. Lewinski* (Fn. 2), Art. 82 Rn. 269 ff.
[139] § 3 Verkündungsgesetz (Fn. 23).
[140] Zu gleichwohl zu beobachtenden Vorwirkungen s. *M. Kloepfer*, Vorwirkung von Gesetzen, 1974, und zur Normgeltungsbeendigung *D. Heckmann*, Geltungskraft und Geltungsverlust von Rechtsnormen, 1997.
[141] BVerfGE 34, 9 (23 f.); 42, 263 (283); 45, 297 (326).
[142] Zu Einengungen der Gestaltungsfreiheit durch Verfassungsaufträge, Verpflichtungen zur Bereinigung verfassungswidriger Rechtslagen, Vorgaben des Gleichheitssatzes etc. vgl. BVerfGE 47, 85 (93 f.); 55, 100 (110 f.); zum Erfordernis von Übergangsfristen s. etwa BVerfGE 44, 1 (23 f.); vgl. ergänzend auch BVerfGE 53, 224 (253 f.).
[143] BVerfGE 42, 263 (282 f.); 45, 297 (326); *Brenner* (Fn. 6), Art. 82 Rn. 41; *Guckelberger* (Fn. 19), Art. 82 Rn. 101 f.; *v. Lewinski* (Fn. 2), Art. 82 Rn. 282; *Maurer* (Fn. 3), Art. 82 Rn. 118; *Nierhaus* (Fn. 73), Art. 82 Rn. 37; *Rubel* (Fn. 45), Art. 82 Rn. 32; für Übertragungsmöglichkeiten nach Art. 80 I GG jedoch *Bryde* (Fn. 22), Art. 82 Rn. 16, und vor allem *J. Salzwedel*, Das Inkrafttreten von Gesetzen unter aufschiebender Bedingung, in: FS Jahrreiß, 1974, S. 195 ff. (198 f.).
[144] Dem folgt die Gesetzgebungspraxis, die in die Schlussvorschriften regelmäßig entsprechende Klauseln aufnimmt; s. etwa *C. Gröpl*, Jura 1995, 641 (643).
[145] *Brenner* (Fn. 6), Art. 82 Rn. 41, 45; *Bryde* (Fn. 22), Art. 82 Rn. 15; *Guckelberger* (Fn. 19), Art. 82 Rn. 103; *Kloepfer*, Verfassungsrecht I, S. 746; *Maunz* (Fn. 75), Art. 82 Rn. 10 f.; *Rubel* (Fn. 45), Art. 82 Rn. 30.

dem vierzehnten Tage nach Ablauf des Tages der Ausgabe des Bundesgesetzblattes (→ Rn. 18) in Kraft.

26 Als **Zeitpunkt des Inkrafttretens** kann ein konkreter Kalendertag in der Zukunft oder – innerhalb der rechtsstaatlichen Begrenzungen durch Rechtssicherheit, Vertrauensschutz und Rückwirkungsverbot (→ Art. 20 [Rechtsstaat], Rn. 146 ff.) – in der Vergangenheit bestimmt werden. Möglich ist auch die Festlegung eines konkreten Ereignisses wie die Gesetzesverkündung und das Inkrafttreten eines völkerrechtlichen Vertrages oder einer an den Ablauf eines solchen Ereignisses anschließenden Frist. Bei der Festlegung eines konkreten Kalendertages tritt das Gesetz zu Beginn, also um null Uhr dieses Tages in Kraft[146]; entsprechendes gilt, wenn der Tag der Verkündung als Datum des Inkrafttretens bestimmt wird[147]. Im Übrigen werden für Fristberechnungen §§ 187 ff. BGB analog herangezogen[148].

27 Das Inkrafttreten von Gesetzen darf grundsätzlich **nicht** von einer (aufschiebenden) **Bedingung**, d. h. dem ungewissen Eintritt eines zukünftigen Ereignisses, abhängig gemacht werden, weil Art. 82 II 1 GG die eindeutige Bestimmung des Inkrafttretens fordert und andernfalls der auf Rechtsklarheit und Rechtssicherheit zielende Zweck dieser Verfassungsnorm (→ Rn. 8) unterlaufen würde. Von diesem Grundsatz ist für Vertragsgesetze nach Art. 59 II GG wegen deren Besonderheiten jedoch eine Ausnahme zuzulassen[149]. Nach umstritten gebliebener Ansicht soll auch eine sog. **Inkraftsetzungsermächtigung** (d. h. eine nach Art. 80 I GG dem Verordnungsgeber erteilte Ermächtigung, über das Inkrafttreten eines Gesetzes zu entscheiden) verfassungsrechtlich ausgeschlossen sein, weil es sich bei dem Inkrafttreten um eine wesentliche Frage handle[150].

28 Für das Inkrafttreten von **Rechtsverordnungen** gelten die Ausführungen zum Inkrafttreten von Gesetzen entsprechend, allerdings mit der Besonderheit, dass Art. 82 II 2 GG nur die im Bundesgesetzblatt verkündeten Rechtsverordnungen erfasst. Für die übrigen Rechtsverordnungen bestimmt § 4 I Verkündungsgesetz[151], dass sie – vorbehaltlich abweichender Bestimmung – mit dem vierzehnten Tag nach Ablauf des Tages in Kraft treten, an dem sie im Verkündungsorgan veröffentlicht worden sind.

D. Verhältnis zu anderen GG-Bestimmungen

29 Art. 82 GG weist Bezüge zum **Rechtsstaatsprinzip** auf und ist außerdem für die **Rechtsstellung des Bundespräsidenten** im Verfassungsgefüge von hervorgehobener Bedeutung (→ Rn. 8 f.). Das in **Art. 76 ff. GG** geregelte Gesetzgebungsverfahren wird

---

[146] *Brenner* (Fn. 6), Art. 82 Rn. 42; *C. Heinze*, NJW 1961, 345 (345).
[147] *Maurer* (Fn. 3), Art. 82 Rn. 124.
[148] Zu der dabei umstrittenen Frage, ob bei einer an den Tag der Verkündung anknüpfenden Frist dieser Tag mitzuzählen ist, s. bejahend etwa *v. Mangoldt/Klein*, GG, Art. 82 Anm. V.2b.bb, und *Bryde* (Fn. 22), Art. 82 Rn. 17; verneinend z. B. *Brenner* (Fn. 6), Art. 82 Rn. 42; *Guckelberger* (Fn. 19), Art. 82 Rn. 105; Jarass/*Pieroth*, GG, Art. 82 Rn. 10; *C. Heinze*, NJW 1961, 345 (347); *Lücke* (Fn. 22), Art. 82 Rn. 18.
[149] Ebenso *Lücke* (Fn. 22), Art. 82 Rn. 19 mit Fn. 27; *Maurer* (Fn. 3), Art. 82 Rn. 130 f.; *Nierhaus* (Fn. 73), Art. 82 Rn. 38; weitergehend etwa *Brenner* (Fn. 6), Art. 82 Rn. 44; *Bryde* (Fn. 22), Art. 82 Rn. 18; Jarass/*Pieroth*, GG, Art. 82 Rn. 10; *Ramsauer* (Fn. 2), Art. 82 Rn. 42; *Salzwedel*, Inkrafttreten von Gesetzen (Fn. 143), S. 206; auch in BVerfGE 42, 263 (282 ff.) wird eine weitergehende Ausnahme für »besonders gelagerte Verhältnisse« anerkannt.
[150] *Rubel* (Fn. 45), Art. 82 Rn. 32. → Rn. 25 Fn. 143; → Art. 80 Rn. 19.
[151] → Rn. 4 Fn. 23.

durch die Ausfertigung und Verkündung der Gesetze abgeschlossen, die im Kern in **Art. 80 GG** normierte Verordnungsgebung durch Art. 82 GG ergänzt. Für den Verteidigungsfall enthalten Art. 115d III GG in Verbindung mit Art. 115a III 2 GG **Sonderregelungen**[152].

---

[152] S. dazu auch das Gesetz über vereinfachte Verkündungen und Bekanntgaben vom 18.7.1975 (BGBl. I S. 1919), zuletzt geändert durch Artikel 2 Absatz 1 des Gesetzes vom 22.12.2011 (BGBl. I S. 3044).

Fundstellenkonkordanz ausgewählter Entscheidungen des Bundesverfassungsgerichts

BVerfGE	NJW	JZ	BVerfGE	NJW	JZ
1, 5	–	1952, 30	5, 25	1956, 1025	1956, 486
1, 14	1951, 877	1951, 728	5, 34	1956, 1105	1956, 531
1, 70	1952, 59	1952, 77	5, 85	1956, 1393	1956, 596
1, 97	1952, 297	1952, 140	6, 32	1957, 297	1957, 167
1, 117	1952, 457	–	6, 55	1957, 417	1957, 268
1, 144	1952, 537	–	6, 84	1957, 377	–
1, 167	1952, 577	–	6, 104	1957, 379	–
1, 184	1952, 497	–	6, 132	1957, 579	1957, 250
1, 208	–	1952, 364	6, 257	1957, 584	1957, 267
1, 264	1952, 865	–	6, 309	1957, 705	1957, 307
1, 283	1952, 737	–	6, 386	1957, 1065	1957, 623
1, 299	1952, 737	1952, 419	6, 389	1957, 865	1957, 484
1, 351	1952, 969	1952, 557	7, 1	1957, 1273	1957, 574
1, 372	1952, 970	1952, 557	7, 18	1956, 1145	1957, 577
1, 396	1952, 1209	1952, 653	7, 29	1957, 1355	–
1, 418	1953, 177	–	7, 63	1957, 1313	–
2, 1	1952, 1407	1952, 684	7, 89	1957, 1395	
2, 79	1953, 17	1953, 35	7, 99	1957, 1513	1957, 622
2, 121	1953, 497	–	7, 129	1957, 1757	1958, 19
2, 124	1953, 497	1953, 224	7, 171		–
2, 143	1953, 537	1953, 344	7, 198	1958, 257	1958, 119
2, 237	1953, 1017	1953, 502	7, 282	1958, 540	1958, 291
2, 266	1953, 1057	1953, 459	7, 305	1958, 585	1958, 411
2, 307	1953, 1177	1953, 567	7, 377	1958, 1035	1958, 472
2, 347	1953, 1177	1953, 569	8, 1	1958, 1228	1958, 479
2, 380	1953, 1137	1953, 473	8, 28	1958, 1227	–
3, 12	1953, 1297	–	8, 51	1958, 1131	–
3, 19	1953, 1341		8, 71	1958, 1388	–
3, 58	1954, 21	1954, 76	8, 104	1958, 1339	1958, 535
3, 162	1954, 27	1954, 88	8, 122	1958, 1341	1958, 538
3, 225	1954, 65	1954, 32	8, 143	1959, 29	
3, 248	1954, 69	1954, 204	8, 155	1959, 235	–
3, 288	1954, 465	1954, 188	8, 174	1958, 2011	1959, 90
3, 377	1954, 833	1954, 452	8, 197	1958, 1963	1959, 22
3, 407	1954, 1474	1954, 612	8, 210	1958, 2059	1959, 88
4, 7	1954, 1235	1954, 758	8, 260	1959, 331	–
4, 27	1955, 17	1955, 46	8, 274	1959, 475	1959, 355
4, 31	1954, 1601	1954, 707	9, 20	1959, 283	–
4, 60	1954, 1762	1955, 19	9, 89	1959, 427	1959, 207
4, 96	1954, 1881	1955, 203	9, 124	1959, 715	1959, 313
4, 115	1955, 57	1955, 115	9, 137	1959, 931	–
4, 157	1955, 865	1955, 417	9, 174	1959, 763	1959, 283
4, 178	1955, 945	1955, 420	9, 185	1959, 764	
4, 219	1955, 1268	1955, 541	9, 237	1959, 979	–
4, 294	1955, 1674	–	9, 268	1959, 1171	1960, 19
4, 299	1955, 1673	1955, 670	9, 305	1959, 1533	–
4, 331	1956, 137	1956, 163	9, 338	1959, 1579	–
4, 358	1956, 97	–	10, 4	1959, 1723	1959, 572
4, 370	1956, 100	–	10, 20	1959, 1531	1959, 610
4, 412	1956, 545	1956, 407	10, 59	1959, 1483	1959, 528
5, 13	1956, 986	1956, 406	10, 89	1959, 1675	1959, 672

Fundstellenkonkordanz ausgewählter Entscheidungen des BVerfG

BVerfGE	NJW	JZ	BVerfGE	NJW	JZ
10, 118	1960, 29	1960, 362	17, 108	1963, 2368	1963, 751
10, 200	1960, 187	1959, 253	17, 172	1964, 491	1964, 288
10, 234	1960, 235	1960, 404	17, 210	1964, 587	1964, 321
10, 264	1960, 331	1960, 172	17, 224	–	–
10, 285	1960, 763	1960, 285	17, 269	1964, 1175	–
10, 302	1960, 811	1960, 488	17, 294	1964, 1020	–
11, 6	1960, 907	–	17, 306	1964, 1219	–
11, 30	1960, 715	1960, 279	17, 381	1964, 1515	–
11, 89	–	1960, 569	18, 18	1964, 1267	1965, 103
11, 105	1960, 1099	–	18, 85	1964, 1715	–
11, 126	1960, 1563	1960, 602	18, 112	1964, 1783	–
11, 168	1960, 1515	–	18, 112	1964, 1783	1964, 651
11, 203	1960, 1445	1960, 602	18, 121	1964, 1848	–
11, 266	1960, 1755	–	18, 241	1965, 343	–
12, 6	–	1961, 84	18, 257	1965, 195	1965, 210
12, 45	1961, 491	1961, 355	18, 315	1965, 435	–
12, 73	1961, 771	–	18, 385	1965, 961	1965, 358
12, 113	1961, 819	1961, 535	18, 392	–	–
12, 151	1961, 595	–	18, 407	1965, 1371	–
12, 205	1961, 547	1961, 217	18, 429	1965, 1267	–
12, 296	1961, 723	1961, 321	19, 1	1965, 1427	–
12, 341	1961, 1395	–	19, 38	1965, 1323	–
12, 354	1961, 1107	–	19, 52	1965, 2291	–
13, 54	1961, 1453	1961, 754	19, 88	1965, 1707	–
13, 97	1961, 2011	1961, 701	19, 101	1965, 1581	–
13, 181	1961, 2299	–	19, 119	1965, 2247	1965, 677
13, 225	1962, 100	1962, 175	19, 129	1966, 103	1966, 269
13, 237	1962, 99	1962, 176	19, 135	1965, 2195	1965, 716
13, 261	1962, 291	1962, 536	19, 150	1966, 196	–
13, 290	1962, 437	–	19, 206	1966, 147	–
13, 318	1962, 442	–	19, 226	1966, 103	–
13, 331	1962, 435	–	19, 253	1966, 150	–
14, 19	1962, 579	–	19, 268	1966, 101	–
14, 56	1962, 1611	–	19, 303	1966, 491	1966, 401
14, 105	–	–	19, 330	1966, 291	1966, 136
14, 121	–	1962, 1493	19, 342	1966, 243	1966, 146
14, 156	1962, 1495	–	19, 377	1966, 723	1966, 354
14, 174	1962, 1339	–	20, 18	1966, 875	1966, 316
14, 197	1962, 1670	1963, 215	20, 26	1966, 924	1966, 704
14, 221	1962, 2003	1962, 94	20, 45	1966, 1259	1966, 486
14, 263	–	1962, 1667	20, 56	1966, 1499	1966, 517
15, 1	1962, 2243	1963, 218	20, 144	1966, 1703	1966, 613
15, 126	1963, 32	1963, 218	20, 150	1966, 1651	1966, 609
15, 167	1963, 1196	–	20, 162	1966, 1603	1966, 567
15, 223	1963, 147	–	20, 238	1967, 435	–
15, 235	1963, 195	1963, 283	20, 257	1967, 334	1967, 126
15, 256	1963, 899	–	20, 312	1966, 2305	–
15, 268	–	–	20, 323	1967, 195	1967, 171
15, 337	1963, 947	–	20, 351	1967, 548	1967, 127
16, 6	1963, 1443	1963, 676	21, 12	1967, 147	1967, 212
16, 64	1963, 1867	–	21, 52	1967, 244	–
16, 147	1963, 1243	–	21, 73	1967, 619	1967, 251
16, 194	1963, 1597	1963, 750	21, 150	1967, 1175	1967, 357
16, 214	1963, 1771	1963, 594	21, 200	1967, 924	–
16, 246	1963, 1772	1963, 593	21, 245	1967, 971	1967, 309
17, 1	1963, 1723	1963, 634	21, 261	1967, 974	1967, 312
17, 38	1963, 1727	1963, 639	21, 271	1967, 976	1967, 314

Fundstellenkonkordanz ausgewählter Entscheidungen des BVerfG

BVerfGE	NJW	JZ	BVerfGE	NJW	JZ
21, 312	1967, 1956	–	28, 191	1970, 1498	1970, 683
21, 362	1967, 1411	1967, 599	28, 243	1970, 1729	–
21, 378	1967, 1651	1967, 666	28, 282	1970, 1837	–
22, 49	1967, 1219	1967, 490	28, 295	1970, 1635	1970, 636
22, 93	1967, 1507	1967, 489	28, 324	1970, 1675	–
22, 106	1967, 2005	–	29, 11	1970, 1592	–
22, 134	1967, 1707	–	29, 183	–	1971, 368
22, 175	1967, 1604	–	29, 402	1971, 319	–
22, 180	1967, 1795	1967, 568	29, 413	–	–
22, 254	1967, 2151	–	30, 1	1971, 275	1971, 171
22, 267	1967, 1955	–	30, 47	1971, 419	–
22, 293	1968, 348	1968, 99	30, 54	1971, 419	–
22, 311	1968, 243	1968, 20	30, 112	–	1971, 748
22, 380	1968, 347	–	30, 173	1971, 1645	1971, 544
23, 98	1968, 1036	1968, 422	30, 227	1971, 1123	–
23, 127	1968, 979	1968, 521	30, 250	1971, 1603	1971, 686
23, 191	1968, 982	1968, 523	30, 292	1971, 1255	–
23, 353	1968, 1619	–	30, 336	1971, 1555	–
24, 33	1968, 1467	1969, 141	30, 367	1971, 309	–
24, 119	1968, 2233	–	30, 392	1971, 1211	–
24, 174	1968, 2187	–	30, 415	1971, 931	1971, 373
24, 184	1969, 33	–	31, 1	1971, 1307	–
24, 236	1969, 31	–	31, 58	1971, 1509	–
24, 278	1969, 227	1969, 187	31, 113	1971, 1559	–
24, 289	1969, 267	–	31, 145	1971, 2122	–
24, 300	1969, 179	1969, 557	31, 229	1971, 2163	1971, 773
24, 367	1969, 309	1969, 228	31, 248	1971, 2165	1971, 776
25, 142	1969, 835	–	31, 275	1972, 145	–
25, 158	1969, 1103	1969, 384	31, 314	1971, 1739	1971, 582
25, 167	1969, 597	1969, 294	32, 54	1971, 2299	–
25, 256	1969, 1161	1969, 466	32, 98	1972, 327	1972, 83
25, 269	1969, 1059	1969, 505	32, 145	–	–
25, 296	1969, 1019	1969, 332	32, 157	1972, 285	1972, 49
25, 352	1969, 1895	1969, 736	32, 199	1972, 25	–
25, 371	1969, 1203	1969, 426	32, 273	1972, 572	1972, 243
26, 41	1969, 1759	1969, 800	32, 296	1972, 571	–
26, 116	1969, 1806	–	32, 311	1972, 573	–
26, 141	1969, 1803	–	32, 319	1972, 859	–
26, 186	1969, 2192	–	32, 333	1972, 757	–
26, 228	1969, 1843	–	32, 346	1972, 860	–
26, 265	1969, 1617	–	32, 373	1972, 1123	–
26, 302	1969, 1953	–	33, 1	1972, 811	1972, 357
26, 327	1969, 1659	–	33, 23	1972, 1183	1972, 515
26, 338	1970, 29	1970, 176	33, 52	1972, 1934	1972, 585
27, 1	1969, 1707	–	33, 125	1972, 1504	–
27, 18	1969, 1619	–	33, 206	–	–
27, 71	1970, 235	1970, 100	33, 303	1972, 1561	1972, 686
27, 88	1970, 238	1970, 103	33, 367	1972, 2214	1973, 780
27, 195	1970, 275	–	34, 9	1972, 1943	–
27, 253	1970, 799	–	34, 52	1973, 451	–
27, 344	1970, 555	1970, 250	34, 71	1972, 2261	–
28, 1	1970, 651	–	34, 81	1973, 33	–
28, 21	1970, 851	1970, 320	34, 139	1973, 505	–
28, 36	1970, 1268	–	34, 165	1973, 133	–
28, 66	1970, 892	–	34, 216	1973, 609	1973, 361
28, 119	1970, 1363	1970, 412	34, 238	1973, 891	1973, 504
28, 175	–	–	34, 269	1973, 1221	1973, 662

Fundstellenkonkordanz ausgewählter Entscheidungen des BVerfG

BVerfGE	NJW	JZ	BVerfGE	NJW	JZ
35, 35	1973, 1643	–	41, 360	1976, 2119	–
35, 65	1973, 1683	–	41, 378	1976, 1349	–
35, 79	1973, 1176	1973, 456	42, 1	1976, 1736	–
35, 171	1973, 1267	–	42, 20	1976, 1835	–
35, 185	1973, 1363	–	42, 64	1976, 1391	1976, 678
35, 202	1973, 1226	–	42, 103	1976, 1084	–
35, 366	1973, 2196	–	42, 133	1976, 1627	–
35, 382	1974, 227	1974, 259	42, 143	1976, 1677	1976, 589
36, 1	1973, 1539	1973, 588	42, 212	1976, 1735	1976, 532
36, 92	1974, 133	1974, 289	42, 237	1976, 2128	–
36, 139	1974, 311	–	42, 263	1976, 1783	–
36, 146	1974, 545	1974, 325	42, 312	1976, 2123	–
36, 193	1974, 356	–	43, 34	1976, 2339	1977, 128
36, 237	1974, 739	–	43, 108	1977, 241	1977, 92
36, 342	1974, 1181	–	43, 130	1977, 799	–
37, 57	1974, 893	–	43, 154	1977, 1189	–
37, 104	1974, 1127	–	43, 291	1977, 569	–
37, 132	1974, 1499	–	44, 1	1977, 1677	–
37, 150	1974, 1079	–	44, 125	1977, 1054	1977, 390
37, 217	1974, 1609	–	44, 197	1977, 2205	1977, 508
37, 271	1974, 1697	1975, 479	44, 249	1977, 1869	1977, 597
37, 363	1974, 1751	1974, 641	44, 308	1977, 1767	–
38, 1	1974, 1940	–	44, 322	1977, 2255	–
38, 61	1975, 31	–	45, 1	1977, 1387	1977, 676
38, 105	1975, 103	1975, 59	45, 63	1977, 1960	–
38, 175	1975, 37	–	45, 187	1977, 1525	–
38, 281	1975, 1265	–	45, 376	1978, 207	1977, 751
38, 326	1975, 633	–	45, 400	1977, 1723	–
38, 348	1975, 727	–	45, 434	1978, 414	–
38, 386	1975, 968	1975, 321	46, 73	1978, 581	–
38, 398	1975, 1067	–	46, 97	1978, 533	–
39, 1	1975, 573	1975, 205	46, 120	1978, 313	–
39, 96	1975, 819	1975, 369	46, 160	1978, 2255	1977, 750
39, 169	1975, 919	1975, 279	46, 266	1978, 583	–
39, 258	1975, 1504	–	46, 325	1978, 368	–
39, 302	–	1975, 601	47, 46	1978, 807	1978, 304
39, 334	1975, 1641	1975, 561	47, 109	1978, 933	–
40, 11	1975, 1551	–	47, 146	1978, 1151	1978, 269
40, 56	1976, 101	–	47, 198	1978, 1043	–
40, 65	1976, 31	–	47, 253	1978, 1967	–
40, 88	1975, 1355	–	47, 327	1978, 1621	–
40, 121	1975, 1691	–	48, 64	1978, 2385	–
40, 141	1975, 2287	1976, 169	48, 127	1978, 1245	1978, 58
40, 196	1976, 179	–	48, 210	1978, 2143	–
40, 237	1976, 34	–	48, 300	1978, 1795	1978, 468
40, 268	–	–	48, 327	1978, 2289	1978, 563
40, 296	1975, 2331	–	48, 376	1978, 2337	1978, 516
40, 356	1976, 283	–	49, 24	1978, 2235	1978, 601
40, 371	1976, 559	–	49, 70	1979, 261	–
41, 29	1976, 947	–	49, 89	1979, 359	1979, 179
41, 65	1976, 950	–	49, 220	1979, 534	–
41, 88	1976, 952	–	49, 244	1979, 31	–
41, 126	1976, 1491	–	49, 280	1979, 32	–
41, 205	1976, 667	1976, 637	49, 286	1979, 595	1979, 65
41, 246	1976, 413	1976, 766	49, 343	1979, 859	–
41, 251	1976, 1309	1976, 363	50, 50	1979, 413	–
41, 291	1976, 1443	–	50, 142	1979, 1445	1979, 259

Fundstellenkonkordanz ausgewählter Entscheidungen des BVerfG

BVerfGE	NJW	JZ	BVerfGE	NJW	JZ
50, 195	1979, 1347	–	57, 295	1981, 1774	1981, 581
50, 234	1979, 1400	1970, 437	57, 346	1981, 2111	–
50, 290	1979, 699	–	57, 361	1981, 1771	1981, 528
51, 77	1979, 1875	–	58, 1	1982, 507	1982, 145
51, 97	1979, 1539	1979, 637	58, 137	1982, 633	–
51, 193	1980, 383	–	58, 177	1982, 161	–
51, 222	1979, 2463	–	58, 208	1982, 691	1982, 64
51, 324	1979, 2349	–	58, 233	1982, 815	–
51, 386	1980, 514	1979, 803	58, 257	1982, 921	1982, 755
52, 1	1980, 985	–	58, 300	1982, 745	–
52, 63	1979, 1815	1979, 564	59, 36	1982, 1273	–
52, 131	1979, 1925	1979, 596	59, 63	1982, 512	–
52, 187	1980, 519	–	59, 98	1982, 324	–
52, 203	1980, 580	–	59, 128	–	–
52, 214	1979, 2607	–	59, 216	1982, 367	–
52, 223	1980, 575	–	59, 231	1982, 1447	1982, 366
52, 283	1980, 1093	1980, 185	59, 360	1982, 1375	1982, 325
52, 357	1980, 824	1980, 188	60, 53	1982, 1451	–
52, 369	1980, 823	–	60, 175	1982, 1579	1982, 716
52, 380	1980, 1153	1980, 140	60, 234	1982, 2655	1982, 675
53, 1	1980, 929	1980, 138	60, 253	1982, 2425	1982, 596
53, 30	1980, 759	1980, 307	60, 348	–	–
53, 135	1980, 1511	–	61, 1	1983, 1415	1983, 100
53, 224	1980, 689	1980, 226	61, 82	1982, 2173	1984, 31
53, 257	1980, 692	1980, 267	61, 149	1983, 25	1983, 137
53, 352	1980, 1617	–	62, 1	1983, 735	1983, 245
53, 366	1980, 1895	1980, 397	62, 169	–	–
54, 53	–	–	62, 230	1983, 1181	1983, 341
54, 117	1980, 1737	–	62, 256	1983, 617	–
54, 129	1980, 2069	1980, 724	63, 1	1983, 537	–
54, 143	1980, 2572	–	63, 88	1983, 1417	–
54, 148	1980, 2070	1980, 719	63, 131	1983, 1179	1983, 492
54, 208	1980, 2072	1980, 721	63, 343	1983, 2757	–
54, 341	1980, 2641	1980, 804	64, 1	1983, 2766	–
55, 1	1980, 2698	–	64, 72	1983, 2869	–
55, 7	1981, 215	1981, 23	64, 261	1984, 33	–
55, 37	1981, 741	–	65, 1	1984, 419	1983, 388
55, 72	1981, 271	–	65, 76	1983, 2929	–
55, 134	1981, 108	1981, 90	65, 104	1984, 603	1984, 135
55, 144	1981, 1087	–	65, 182	1984, 475	–
55, 159	1981, 673	1981, 92	65, 196	1984, 476	–
55, 274	1981, 329	–	65, 325	1984, 785	–
55, 349	1981, 1499	–	65, 377	1984, 604	1984, 374
55, 372	–	1981, 133	66, 1	–	1984, 471
56, 1	1981, 1311	–	66, 39	1984, 601	1984, 617
56, 54	1981, 1655	–	66, 84	1984, 1523	1984, 536
56, 216	1981, 1436	1981, 339	66, 116	1984, 1741	–
56, 247	1981, 971	–	66, 155	1984, 571	–
56, 249	1981, 1257	1981, 271	66, 248	1984, 1872	–
56, 298	1981, 1659	–	67, 43	1984, 2028	1984, 735
56, 396	1981, 1831	–	67, 100	1984, 2271	1985, 129
57, 1	1981, 1359	–	67, 149	1984, 2201	–
57, 9	1981, 1154	–	67, 157	1985, 121	1985, 32
57, 43	1981, 2047	1981, 476	67, 213	1985, 477	–
57, 139	1981, 2107	1981, 438	67, 256	1985, 37	1985, 82
57, 220	1981, 1829	1981, 531	67, 299	1985, 371	–
57, 250	1981, 1719	1981, 741	68, 1	1985, 603	–

Fundstellenkonkordanz ausgewählter Entscheidungen des BVerfG

BVerfGE	NJW	JZ	BVerfGE	NJW	JZ
68, 193	1985, 1385	–	76, 83	1988, 2499	1988, 834
68, 319	1985, 2185	–	76, 143	1988, 817	–
68, 361	1985, 2633	1985, 528	76, 171	1988, 191	1988, 242
68, 384	1985, 1282	–	76, 211	1988, 693	1988, 38
69, 1	1985, 1519	–	76, 363	1988, 897	–
69, 174	1985, 2522	–	77, 1	1988, 890	–
69, 257	1985, 2521	–	77, 65	1988, 329	–
69, 315	1985, 2395	–	77, 137	1988, 1313	1988, 144
70, 1	–	1986, 772	77, 170	1988, 1651	–
70, 138	1986, 367	1986, 131	77, 240	1988, 325	1988, 240
70, 297	1986, 767	1986, 383	77, 308	1988, 1899	–
70, 324	1986, 907	–	77, 346	1988, 1833	–
71, 108	1986, 1671	1986, 153	78, 38	1988, 1577	–
71, 158	1987, 1397	–	78, 101	1988, 207	–
71, 305	1986, 1483	–	78, 104	1988, 2231	–
72, 1	1986, 1742	–	78, 179	1988, 2290	–
72, 9	1986, 1159	–	78, 249	1988, 2529	1989, 387
72, 200	1987, 1749	–	78, 364	1988, 3010	1988, 1016
72, 296	1987, 431	–	79, 51	1989, 519	–
72, 299	1986, 1979	–	79, 69	1989, 827	1989, 292
72, 330	1986, 2629	–	79, 127	1989, 1790	–
73, 1	1986, 2492	–	79, 169	1989, 1348	–
73, 40	1986, 2487	–	79, 174	1989, 1271	–
73, 118	1987, 239	1987, 293	79, 256	1989, 891	1989, 335
73, 206	1987, 43	1987, 138	79, 292	1989, 970	1989, 534
73, 261	1987, 827	–	79, 311	1989, 2457	–
73, 330	1987, 430	–	80, 1	1989, 2317	–
73, 339	1987, 577	1987, 236	80, 81	1989, 2195	1989, 587
73, 388	1987, 943	–	80, 124	1989, 2877	1989, 840
74, 9	1987, 2001	1987, 405	80, 137	1989, 2525	–
74, 51	1987, 1141	1987, 191	80, 188	1990, 373	1989, 1055
74, 102	1987, 2399	–	80, 244	1990, 37	–
74, 163	1987, 1541	1987, 407	80, 315	1990, 974	–
74, 182	1987, 1617	–	80, 354	1989, 3008	–
74, 264	1987, 1251	1987, 614	80, 367	1990, 563	1990, 431
74, 297	1987, 2987	1987, 919	81, 1	1990, 175	–
74, 358	1987, 2427	–	81, 29	1990, 309	1990, 234
75, 1	1987, 2155	–	81, 142	1990, 3073	–
75, 34	–	–	81, 156	1990, 1230	1990, 536
75, 40	1987, 2359	–	81, 242	1990, 1469	1990, 691
75, 78	–	–	81, 278	1990, 1982	1990, 635
75, 108	1987, 3115	–	81, 298	1990, 1985	1990, 638
75, 166	1987, 2919	–	81, 310	1990, 3007	–
75, 183	1987, 2003	1987, 719	82, 1	1990, 2541	–
75, 192	–	–	82, 60	1990, 2869	–
75, 201	1988, 125	–	82, 126	1990, 2246	–
75, 223	–	1988, 191	82, 159	1991, 830	–
75, 246	1988, 545	–	82, 236	1991, 91	–
75, 284	1988, 543	–	82, 286	–	–
75, 302	1987, 2733	1988, 90	82, 322	1990, 3001	–
75, 318	1987, 2500	–	83, 24	1991, 1283	–
75, 329	1987, 3175	–	83, 37	1991, 162	–
75, 348	1988, 757	–	83, 60	1991, 159	–
75, 361	1988, 1136	–	83, 89	1991, 743	–
75, 369	1987, 2661	1987, 1075	83, 130	1991, 1471	1991, 465
75, 382	1988, 403	–	83, 162	1991, 349	–
76, 1	1988, 626	–	83, 182	1991, 1878	–

Fundstellenkonkordanz ausgewählter Entscheidungen des BVerfG

BVerfGE	NJW	JZ	BVerfGE	NJW	JZ
83, 201	–	1991, 774	90, 1	1994, 1781	–
83, 238	1991, 899	1991, 346	90, 27	1994, 1147	1995, 152
83, 341	1991, 2623	1992, 248	90, 60	1994, 1942	1994, 515
83, 363	–		90, 107	1994, 2820	–
84, 1	–	–	90, 145	1994, 1577	1994, 852
84, 9	1991, 1602	1991, 769	90, 241	1994, 1779	1994, 400
84, 25	–	1992, 307	90, 255	1995, 1015	
84, 34	1991, 2005	1991, 1077	90, 263	1994, 2475	–
84, 59	1991, 2008	1991, 1081	90, 286	1994, 2207	1994, 1062
84, 90	1991, 1597	1992, 200	91, 1	1995, 1077	–
84, 133	1991, 1667	–	91, 93	1994, 2817	
84, 168	1991, 1944	–	91, 125	1995, 184	1995, 295
84, 192	1991, 2411	–	91, 148	1995, 1537	–
84, 203	1991, 2694	–	91, 186	1995, 381	–
84, 212	1991, 2549	1992, 48	91, 228	–	1995, 565
84, 239	1991, 2129	1991, 1133	91, 335	1995, 649	1995, 716
84, 290	1991, 2472	–	92, 1	1995, 1141	1995, 778
84, 304	1991, 2474	–	92, 26	1995, 2339	1995, 507
84, 372	1992, 549	–	92, 91	1995, 1733	–
85, 1	1992, 1439	–	92, 126	1995, 1665	–
85, 69	1992, 890	–	92, 138	1995, 1277	–
85, 191	1992, 964	1992, 913	92, 140	–	1995, 897
85, 264	1992, 2545	1992, 794	92, 158	1995, 2155	1995, 1109
85, 360	1992, 1373	–	92, 191	1995, 3110	
85, 386	1992, 1875	1992, 1015	92, 203	–	1995, 669
86, 1	1992, 2073	1992, 974	92, 277	1995, 1811	1995, 885
86, 90	1993, 1319	–	92, 365	1996, 185	1995, 1169
86, 133	1992, 2877	–	93, 1	1995, 2247	1995, 942
87, 282	–	1993, 381	93, 121	1995, 2615	1996, 31
86, 148	1992, 2279	1992, 962	93, 181	1996, 114	–
86, 288	1992, 2947	1992, 1176	93, 213	1996, 709	1996, 674
86, 390	1992, 243	–	93, 266	1995, 3303	1996, 360
87, 1	1992, 2213	–	93, 319	1996, 2296	
87, 152	1992, 3153	–	93, 352	1996, 1201	1996, 627
87, 153	–	1993, 306	93, 362	1996, 1882	–
87, 181	1992, 3285	1993, 255	93, 373	1996, 2149	–
87, 209	1993, 1457	–	94, 1	1996, 1529	–
87, 234	1993, 643	1993, 144	94, 12	1996, 1666	–
87, 282	1993, 381	–	94, 49	1996, 1665	–
87, 399	1993, 581	–	94, 115	1996, 1665	–
88, 5	1993, 2093	–	94, 166	1996, 1666	–
88, 40	1993, 2599	1993, 784	94, 241	1996, 2293	–
88, 83	–	–	94, 268	1997, 513	
88, 87	1993, 1517	–	94, 297	1996, 2497	–
88, 103	1993, 1379	–	94, 315	1996, 2717	–
88, 129	1993, 2599	–	94, 334	1996, 3333	–
88, 203	1993, 1751	1993, Anhang	94, 351	1996, 2720	–
89, 1	1994, 2035	–	94, 372	1996, 3067	–
89, 38	1993, 2038	–	95, 1	1997, 383	1997, 300
89, 129	1993, 2599	–	95, 28	1997, 386	–
89, 155	1993, 3047	1993, 1100	95, 39	1997, 1359	–
89, 214	1994, 36	1994, 408	95, 48	1997, 447	1997, 406
89, 243	1994, 922	–	95, 96	1997, 929	1997, 142
89, 276	1994, 647	–	95, 163	1997, 1147	–
89, 291	1994, 927	–	95, 189	1997, 1500	–
89, 315	1994, 1401	–	95, 220	1997, 1841	1998, 300
89, 381	1994, 1053	–	95, 250	1998, 219	–

Fundstellenkonkordanz ausgewählter Entscheidungen des BVerfG

BVerfGE	NJW	JZ	BVerfGE	NJW	JZ
95, 322	1997, 1497	–	98, 163	1999, 133	–
95, 335	1997, 1553	1997, 669	98, 169	1998, 3337	–
95, 408	1997, 1568	–	98, 218	1998, 2515	–
96, 10	1998, 524	–	98, 265	1999, 841	–
96, 27	1997, 2163	1997, 1059	98, 365	1999, 1243	–
96, 44	1997, 2165	–	99, 1	1999, 43	–
96, 56	1997, 1769	1997, 777	99, 19	1998, 3042	–
96, 68	1998, 50	–	99, 46	1999, 203	–
96, 100	1997, 3013	1998, 565	99, 49	–	–
96, 120	1997, 2443	–	99, 51	1999, 132	–
96, 133	1998, 589	–	99, 57	–	–
96, 152	1997, 2312	–	99, 69	1999, 3112	–
96, 171	1997, 2307	–	99, 84	1999, 2658	–
96, 189	1997, 2305	–	99, 88	1998, 3769	–
96, 205	1997, 2310	–	99, 100	1999, 2430	–
96, 231	1998, 293	–	99, 129	1999, 1460	–
96, 245	1998, 443	–	99, 145	1999, 631	1999, 459
96, 251	1997, 3430	–	99, 165	1999, 2030	–
96, 260	–	–	99, 185	1999, 1322	–
96, 264	1998, 3037	–	99, 202	1999, 935	–
96, 288	1998, 131	–	99, 216	1999, 557	1999, 723
96, 315	1998, 1851	–	99, 246	1999, 561	1999, 721
96, 330	1998, 973	–	99, 268	1999, 565	–
96, 345	1998, 1297	1998, 615	99, 273	1999, 564	–
96, 375	1998, 519	1998, 352	99, 280	1999, 1457	–
96, 409	1998, 523	1998, 356	99, 300	1999, 1013	–
97, 1	1998, 743	–	99, 332	–	–
97, 12	1998, 3481	–	99, 338	1999, 778	–
97, 35	1998, 1215	–	99, 341	1999, 1853	–
97, 49	1998, 2349	–	99, 361	–	–
97, 67	1998, 1547	–	99, 367	1999, 1535	–
97, 89	1998, 1697	–	100, 1	1999, 2493	–
97, 103	1998, 2431	–	100, 59	1999, 2501	–
97, 117	1998, 1699	–	100, 104	1999, 2512	–
97, 125	1998, 1381	–	100, 138	1999, 2505	–
97, 157	1998, 1385	–	100, 195	1999, 2357	–
97, 169	1998, 1475	1998, 848	100, 209	1999, 2106	–
97, 186	1998, 1478	1998, 851	100, 214	1999, 2657	–
97, 198	–	–	100, 226	1999, 2877	1999, 895
97, 228	1998, 1627	1998, 510	100, 249	1999, 3621	1999, 991
97, 271	1998, 3109	1998, 674	100, 263	1999, 2173	–
97, 298	1998, 2659	–	100, 266	1999, 2030	–
97, 332	1998, 2128	–	100, 271	1999, 3033	2000, 42
97, 317	1998, 2892	–	100, 289	1999, 3769	1999, 942
97, 350	1998, 1934	–	100, 313	2000, 55	–
97, 378	1998, 2731	–	101, 1	1999, 3253	–
97, 391	1998, 2889	1998, 1114	101, 54	2000, 1471	–
97, 408	1998, 3040	–	101, 106	2000, 1175	–
98, 1	1998, 3560	–	101, 132	2000, 859	–
98, 17	1998, 3033	–	101, 141	–	–
98, 49	1998, 2269	1998, 1062	101, 151	2000, 860	–
98, 70	–	–	101, 158	2000, 1097	–
98, 83	1998, 2346	–	101, 239	2000, 413	–
98, 106	1998, 2341	1999, 34	101, 275	2000, 418	–
98, 134	1999, 413	–	101, 297	2000, 572	–
98, 139	1998, 3041	–	101, 312	2000, 347	–
98, 145	1999, 1095	–	101, 331	2000, 1744	–

Fundstellenkonkordanz ausgewählter Entscheidungen des BVerfG

BVerfGE	NJW	JZ	BVerfGE	NJW	JZ
101, 361	2000, 1021	–	104, 357	2002, 666	–
101, 397	2000, 1709	2000, 783	104, 370	2002, 1187	–
102, 1	2000, 2573	2001, 37	104, 373	2002, 1256	–
102, 26	2000, 857	–	105, 1	2002, 1185	2002, 658
102, 41	2000, 1855	–	105, 17	2002, 3009	–
102, 68	2000, 2730	2001, 141	105, 48	2002, 3162	–
102, 99	–	–	105, 61	2002, 1707	–
102, 122	2000, 2808	–	105, 73	2002, 1103	2002, 765
102, 127	2000, 2264	2000, 998	105, 135	2002, 1709	2002, 552
102, 147	2000, 3124	2000, 1155	105, 185	2002, 2020	2002, 888
102, 167	–	2001, 91	105, 197	2002, 1936	–
102, 176	–	–	105, 235	–	–
102, 192	2000, 2808	–	105, 239	2002, 3161	–
102, 197	–	–	105, 252	2002, 2621	2003, 307
102, 224	2000, 3771	–	105, 279	2002, 2626	2003, 310
102, 245	–	–	105, 313	2002, 2543	–
102, 254	–	–	105, 365	2002, 2458	–
102, 347	2001, 591	2001, 299	106, 1	–	–
102, 370	2001, 429	–	106, 28	2002, 3619	2003, 1104
103, 1	2001, 353	–	106, 51	–	–
103, 21	2001, 879	–	106, 62	2003, 41	–
103, 41	2001, 1407	–	106, 166	–	–
103, 44	2001, 1633	2001, 704	106, 181	2003, 879	–
103, 81	–	–	106, 201	–	–
103, 89	2001, 957	–	106, 210	–	–
103, 111	2001, 1048	2001, 870	106, 216	2002, 3765	2003, 252
103, 142	2001, 1121	2001, 1029	106, 225	–	–
103, 164	–	–	106, 244	–	–
103, 172	2001, 1779	–	106, 253	–	–
103, 195	2001, 2009	–	106, 275	2003, 1232	–
103, 197	2001, 1709	–	106, 310	2003, 339	–
103, 225	2001, 1716	–	106, 351	–	–
103, 242	2001, 1712	2001, 817	106, 359	–	–
103, 271	2001, 1707	–	106, 369	–	–
103, 293	–	–	107, 1	–	–
103, 310	–	–	107, 27	2003, 2079	–
103, 332	–	–	107, 59	–	2003, 1057
103, 392	2001, 2786	–	107, 104	2003, 2004	–
104, 1	–	–	107, 133	2003, 737	–
104, 14	–	–	107, 150	2003, 955	–
104, 23	2001, 3253	–	107, 186	2003, 1027	–
104, 42	2001, 2957	–	107, 205	2003, 1381	–
104, 51	2001, 2457	–	107, 218	–	–
104, 63	–	–	107, 257	2003, 3335	–
104, 65	2002, 741	–	107, 275	2003, 1303	2003, 622
104, 74	–	–	107, 286	–	–
104, 92	2002, 1031	–	107, 299	2003, 1787	–
104, 126	2002, 429	–	107, 339	2003, 1577	–
104, 151	2002, 1559	–	107, 395	2003, 1924	2003, 791
104, 214	2002, 885	–	108, 1	–	–
104, 220	2002, 2456	–	108, 34	2003, 2373	2003, 897
104, 238	–	–	108, 45	2003, 2737	–
104, 249	–	2002, 1154	108, 52	2003, 2733	–
104, 287	2002, 845	–	108, 82	2003, 2151	–
104, 305	–	–	108, 122	2003, 3404	–
104, 310	2002, 1111	2003, 145	108, 129	–	2004, 141
104, 337	2002, 663	2002, 500	108, 150	2003, 2520	–

Fundstellenkonkordanz ausgewählter Entscheidungen des BVerfG

BVerfGE	NJW	JZ	BVerfGE	NJW	JZ
108, 169	2004, 354	–	112, 118	2005, 203	–
108, 186	–	–	112, 164	2005, 1923	–
108, 238	2003, 2598	2003, 956	112, 185	2005, 1999	–
108, 251	2003, 3401	–	112, 216	–	–
108, 279	2004, 209	–	112, 226	2005, 493	2005, 616
108, 282	2003, 3111	2003, 1164	112, 255	2005, 1483	–
108, 341	2003, 3687	–	112, 268	2005, 2448	–
108, 351	2003, 3466	–	112, 284	2005, 1179	–
108, 370	–	–	112, 304	2005, 1338	–
109, 1	–	–	112, 321	–	–
109, 13	2004, 141	–	112, 332	2005, 1561	2005, 1001
109, 38	–	2004, 410	112, 363	2005, 2059	–
109, 64	2004, 146	2004, 354	112, 368	2005, 2213	–
109, 96	–	–	113, 1	2005, 2443	–
109, 128	–	–	113, 29	2005, 1917	–
109, 130	–	–	113, 63	2005, 2912	–
109, 133	2004, 739	–	113, 88	2005, 1927	2006, 313
109, 190	2004, 750	–	113, 113	2005, 2537	–
109, 256	2004, 1155	–	113, 128	–	–
109, 275	–	–	113, 154	2005, 3483	–
109, 279	2004, 999	–	113, 167	–	–
110, 1	2004, 2073	–	113, 273	2005, 2289	2005, 838
110, 33	2004, 2213	–	113, 348	2005, 2603	–
110, 77	2004, 2510	–	114, 1	2005, 2363	–
110, 94	2004, 1022	–	114, 73	2005, 2376	–
110, 141	–	–	114, 105	–	–
110, 177	–	–	114, 107	2005, 2682	–
110, 199	–	–	114, 121	2005, 2669	2005, 1049
110, 226	2004, 1305	2004, 670	114, 196	–	–
110, 274	–	–	114, 258	–	–
110, 304	2004, 1935	–	114, 303	–	–
110, 339	2004, 2887	–	114, 316	2005, 3556	2006, 253
110, 353	–	–	114, 339	2006, 207	–
110, 370	–	–	114, 357	–	–
110, 403	–	–	114, 371	–	–
110, 407	–	–	114, 396	–	–
110, 412	2004, 1657	–	115, 1	–	2006, 513
111, 1	2004, 3099	2004, 791	115, 25	2006, 891	2006, 463
111, 10	2004, 2363	–	115, 51	–	2006, 968
111, 54	2005, 126	–	115, 81	–	2006, 1021
111, 115	–	–	115, 97	2006, 1191	–
111, 147	2004, 2814	–	115, 118	2006, 751	2006, 408
111, 160	–	–	115, 166	2006, 976	–
111, 176	–	–	115, 205	–	–
111, 191	2005, 45	–	115, 259	2006, 1721	–
111, 226	2004, 2803	–	115, 276	2006, 1261	2006, 783
111, 286	–	–	115, 320	2006, 1939	2006, 906
111, 289	–	–	115, 381	2006, 2246	–
111, 307	2004, 3407	2004, 1171	115, 394	–	–
111, 333	–	–	116, 1	2006, 2613	–
111, 366	2004, 3765	–	116, 24	–	–
111, 382	–	–	116, 69	2006, 2093	–
112, 1	–	–	116, 96	–	–
112, 50	2005, 1413	–	116, 135	2006, 3701	–
112, 74	–	–	116, 164	2006, 2757	–
112, 90	2005, 2060	–	116, 202	2007, 51	–
112, 93	2005, 879	–	116, 229	–	2007, 836

Fundstellenkonkordanz ausgewählter Entscheidungen des BVerfG

BVerfGE	NJW	JZ	BVerfGE	NJW	JZ
116, 243	2007, 900	2007, 409	122, 210	2009, 48	2009, 255
116, 271	–	2007, 248	122, 248	2009, 1469	2009, 675
116, 327	–	–	122, 304	–	–
117, 1	2007, 573	–	122, 316	–	2009, 685
117, 71	2007, 1933	–	122, 342	2009, 1481	–
117, 126	–	–	123, 1	–	–
117, 141	2007, 2605	–	123, 39	2009, 2195	2009, 566
117, 163	2007, 979	2007, 680	123, 90	2009, 1657	–
117, 202	2007, 753	2007, 629	123, 111	2009, 3151	2010, 88
117, 244	2007, 1117	–	123, 132	–	–
117, 272	2007, 1577	–	123, 148	–	–
117, 302	–	–	123, 186	2009, 2033	–
117, 316	2007, 1343	–	123, 267	2009, 2267	2009, 890
117, 330	–	–	124, 25	–	–
117, 357	2007, 2610	–	124, 43	2009, 2431	–
117, 359	–	–	124, 78	–	–
117, 372	–	–	124, 161	2009, 3016	–
118, 1	2007, 2098	–	124, 199	2010, 1439	2010, 37
118, 45	2007, 1735	2008, 37	124, 300	2010, 47	2010, 298
118, 79	–	–	125, 39	–	2010, 137
118, 124	2007, 2610	–	125, 104	–	–
118, 168	2007, 2464	–	125, 175	2010, 505	2010, 515
118, 212	2007, 2977	–	125, 260	2010, 833	2010, 611
118, 244	–	2008, 88	126, 1	2010, 3291	2010, 948
118, 277	–	–	126, 55	–	–
119, 1	2008, 39	2008, 571	126, 158	2010, 2418	–
119, 59	–	–	126, 170	2010, 3209	–
119, 96	–	2008, 192	126, 268	–	–
119, 181	2008, 838	–	126, 286	2010, 2643	–
119, 247	2007, 3707	–	126, 400	2010, 2783	–
119, 309	2008, 977	–	127, 1	2010, 3629	–
119, 331	2008, 1212	–	127, 31	2010, 3629	–
119, 394	–	–	127, 61	2010, 3634	–
120, 1	2008, 3121	2008, 993	127, 87	–	2011, 308
120, 56	–	–	127, 132	2010, 3008	2010, 1004
120, 82	–	–	127, 165	–	–
120, 125	2008, 1868	–	127, 293	–	–
120, 180	2008, 1793	2008, 627	128, 1	2011, 441	–
120, 224	2008, 1137	–	128, 109	2011, 909	2011, 363
120, 274	2008, 822	–	128, 157	2011, 1427	–
120, 351	2008, 2099	–	128, 193	2011, 836	–
120, 378	2008, 1505	–	128, 226	2011, 1201	2011, 568
121, 1	–	–	128, 282	2011, 2113	–
121, 30	2008, 2907	–	128, 326	2011, 1931	2011, 845
121, 69	2008, 1287	2008, 944	129, 1	–	–
121, 108	2008, 2978	–	129, 49	–	–
121, 135	2008, 2018	–	129, 78	2011, 3428	2011, 1112
121, 175	2008, 3117	2009, 45	129, 108	–	–
121, 205	–	–	129, 124	2011, 2946	2011, 1004
121, 241	2008, 3121	2008, 1107	129, 208	2012, 833	–
121, 266	2008, 2700	–	129, 269	2011, 3571	–
121, 317	2008, 2409	–	129, 300	–	2012, 90
122, 1	–	–	130, 1	2012, 907	–
122, 39	2009, 209	–	130, 76	2012, 1563	2012, 676
122, 89	2009, 2190	2009, 511	130, 131	–	–
122, 151	2009, 499	–	130, 151	2012, 1419	–
122, 190	2009, 829	–	130, 212	–	–

Fundstellenkonkordanz ausgewählter Entscheidungen des BVerfG

BVerfGE	NJW	JZ	BVerfGE	NJW	JZ
130, 240	2012, 1711	–	134, 25	–	–
130, 263	–	2012, 457	134, 33	2013, 3151	2013, 1097
130, 318	2012, 1419	–	134, 106	2013, 3506	–
131, 130	2012, 2639	–	134, 124	–	–
131, 152	–	–	134, 141	–	2014, 84
131, 230	–	2013, 285	134, 204	2014, 46	–
131, 239	2012, 279	2013, 758	134, 242	–	–
131, 268	2012, 3357	–	134, 366	2014, 907	2014, 341
131, 316	2012, 2869	–	135, 1	–	2014, 510
132, 1	–	2012, 1119	135, 48	2014, 1364	–
132, 39	–	–	135, 90	2014, 613	–
132, 72	–	–	135, 126	–	–
132, 99	2012, 3081	2012, 1065	135, 155	–	2014, 396
132, 134	2012, 3020	–	135, 238	–	–
132, 179	2012, 2719	–	135, 248	2014, 1127	–
132, 195	2012, 3145	–	135, 259	2014, 619	–
132, 302	2013, 145	–	135, 317	2014, 1505	–
132, 334	–	–	136, 9	–	2014, 560
132, 372	2013, 1797	–	136, 69	–	–
133, 1	2013, 1418	–	136, 127	–	–
133, 34	–	–	136, 194	–	–
133, 40	–	–	136, 277	2014, 2489	–
133, 59	2013, 847	2013, 460	136, 323	2014, 2563	–
133, 100	–	–	136, 382	2014, 2853	–
133, 112	2013, 2337	–	137, 108	–	2014, 1153
133, 143	–	–	137, 185	–	2015, 84
133, 163	2013, 1587	–	138, 1	–	–
133, 168	2013, 1058	2013, 676	138, 102	–	2015, 408
133, 241	–	–	138, 136	2015, 303	–
133, 277	2013, 1499	2013, 621	138, 261	–	–
133, 377	2013, 2257	2013, 833	138, 296	2015, 1359	2015, 666
134, 1	2013, 2498	–			

Schlagwortartige Bezeichnungen der Leitentscheidungen des Bundesverfassungsgerichts

BVerfGE	Schlagwort	BVerfGE	Schlagwort
1, 5	Spruchkammer	4, 219	Junktimklausel
1, 14	Südweststaat	4, 294	Versetzung in den Ruhestand nach Art. 132 GG
1, 70	Grundrechtsgeltung in Berlin		
1, 76	Steuerverwaltung	4, 331	Soforthilfegesetz
1, 97	Hinterbliebenenrente I	4, 358	Reichsgesetz über den Finanzausgleich
1, 117	Finanzausgleichsgesetz		
1, 144	Geschäftsordnungsautonomie	4, 370	Mandatsrelevanz
1, 167	Offenbach	4, 412	Gesetzlicher Richter
1, 184	Normenkontrolle I	5, 25	Apothekenerrichtung
1, 208	7,5 %-Sperrklausel	5, 34	Baden-Abstimmung
1, 264	Bezirksschornsteinfeger	5, 85	KPD-Verbot
1, 283	Ladenschlußgesetze	6, 32	Elfes
1, 299	Wohnungsbauförderung	6, 55	Steuersplitting
1, 351	Petersberger Abkommen	6, 84	Sperrklausel
1, 372	Deutsch-Französisches Wirtschaftsabkommen	6, 104	Kommunalwahl-Sperrklausel I
		6, 132	Gestapo
1, 396	Deutschlandvertrag	6, 290	Washingtoner Abkommen
1, 418	Ahndungsgesetz	6, 309	Reichskonkordat
2, 1	SRP-Verbot	6, 386	Haushaltsbesteuerung
2, 79	Plenargutachten Heuss	6, 389	Homosexuelle
2, 124	Normenkontrolle II	7, 1	Berlin-Vorbehalt I
2, 143	EVG-Vertrag	7, 18	Bayerisches Ärztegesetz
2, 213	Straffreiheitsgesetz	7, 29	Pressedelikte
2, 225	Petitionsbescheid	7, 63	Listenwahl
2, 232	Lohnzahlung an Feiertagen	7, 77	Platzerhalt-Mandat
2, 237	Hypothekensicherungsgesetz	7, 99	Sendezeit I
2, 266	Notaufnahme	7, 120	Personalvertretung
2, 307	Gerichtsbezirke	7, 129	lex Schörner
2, 347	Kehler Hafen	7, 171	Dieselsubventionierung
2, 380	Haftentschädigung	7, 198	Lüth
3, 12	Bundesbankgesetz	7, 282	lex Salamander
3, 19	Unterschriftenquorum	7, 305	Rechtsverhältnisse der Flüchtlinge
3, 52	Weihnachtsgeld	7, 342	Hamburgisches Urlaubsgesetz
3, 58	Beamtenverhältnisse	7, 367	Volksbefragung
3, 162	Angestelltenverhältnisse	7, 377	Apotheken-Urteil
3, 225	Gleichberechtigung	8, 1	Teuerungszulage
3, 248	Mehrfachbestrafung	8, 28	Besoldungsrecht
3, 288	Berufssoldatenverhältnisse	8, 51	1. Parteispenden-Urteil
3, 383	Gesamtdeutscher Block	8, 71	Bestimmtheit einer Rechtsverordnung
3, 407	Baugutachten		
4, 7	Investitionshilfe	8, 81	Wohnsitz im Sinne des Art. 116 II 2 GG
4, 27	Klagebefugnis politischer Parteien		
4, 31	5%-Sperrklausel	8, 104	Volksbefragung
4, 60	Intendanturweinauflagen	8, 122	Volksbefragung Hessen
4, 74	Ärztliches Berufsgericht	8, 143	Beschußgesetz
4, 96	Hutfabrikant	8, 155	Lastenausgleich
4, 115	Besoldungsgesetz von Nordrhein-Westfalen	8, 174	Zuständigkeit des BVerwG
		8, 183	Volksbefragungsverbot
4, 144	Abgeordneten-Entschädigung	8, 197	Bußgeldverfahren
4, 157	Saarstatut	8, 210	Vaterschaft
4, 178	Landesgesetze über die Verwaltungsgerichtsbarkeit	8, 260	Helgoland-Gesetz

Schlagwortartige Bezeichnungen der Leitentscheidungen des BVerfG

BVerfGE	Schlagwort	BVerfGE	Schlagwort
8, 274	Preisgesetz	14, 105	Branntweinmonopol
9, 20	Arbeitslosenhilfe	14, 121	FDP-Sendezeit
9, 89	Gehör bei Haftbefehl	14, 156	Assessorenstrafkammern
9, 124	Armenrecht	14, 174	Gesetzesgebundenheit im Strafrecht
9, 137	Einfuhrgenehmigung		
9, 174	Politisch Verfolgter	14, 197	Kreditwesen
9, 185	Verfahrensbestimmungen im vorkonstitutionellen Recht	14, 221	Fremdrenten
		14, 263	Feldmühle-Urteil
9, 237	Ehegatten-Mitwirkungsverträge	15, 1	Seewasserstraßen
9, 268	Bremer Personalvertretung	15, 25	Jugoslawische Militärmission
9, 291	Feuerwehrabgabe	15, 126	Staatsbankrott
9, 305	Kriegsfolgelasten I	15, 165	Vorauswahl
9, 338	Hebammenaltersgrenze	15, 167	Beamtenversorgung I
10, 4	Redezeit	15, 223	Zeugnisverweigerungsrecht
10, 20	Preußischer Kulturbesitz	15, 235	Zwangsmitgliedschaft
10, 59	Elterliche Gewalt	15, 256	Universitäre Selbstverwaltung
10, 89	(Großer) Erftverband	15, 268	Tierzuchtgesetz I
10, 118	Berufsverbot I	15, 337	Höfeordnung
10, 136	Durchlieferung	16, 6	Verkündungszeitpunkt
10, 234	Platow-Amnestie	16, 27	Iranische Botschaft
10, 285	Bundesgerichte	16, 64	Einwohnersteuer
10, 302	Vormundschaft	16, 194	Liquorentnahme
11, 6	Dampfkessel	16, 214	Rechtsanwaltsausschluß
11, 30	Kassenarzt-Urteil	16, 246	Verkehrssünderkartei
11, 77	Ermächtigungsadressaten	17, 1	Waisenrente I
11, 89	Bremisches Urlaubsgesetz	17, 38	Witwerrente
11, 105	Familienlastenausgleich I	17, 108	Hirnkammerluftfüllung
11, 126	Nachkonstitutioneller Bestätigungswille	17, 122	Wiedergutmachung
		17, 172	Freiburger Polizei
11, 168	Taxi-Beschluß	17, 210	Wohnungsbauprämie
11, 192	Beurkundungswesen	17, 224	Vertriebenenbegriff
11, 203	Beförderungsschnitt	17, 294	Geschäftsverteilungsplan
11, 234	Jugendgefährdende Schriften	17, 306	Mitfahrzentrale
11, 266	Wählervereinigung	17, 381	Bundesnotarordnung
11, 282	Zweiter Vorsitzender der SRP	18, 18	Hausgehilfinnenverband
12, 6	Société Anonyme	18, 52	Verkehrsfinanzgesetz
12, 45	Kriegsdienstverweigerung I	18, 85	Spezifisches Verfassungsrecht
12, 73	Inkompatibilität/Kommunalbeamter	18, 112	Auslieferung I
		18, 121	Fiskusprivileg
12, 81	Hergebrachte Grundsätze des richterlichen Amtsrechts	18, 172	Inkompatibilität/Oberstadtdirektor
		18, 241	Ärztekammern
12, 113	Schmid-Spiegel	18, 257	Sozialversicherung
12, 151	Ehegattenfreibetrag	18, 315	Marktordnung
12, 205	1. Rundfunkentscheidung	18, 385	Teilung einer Kirchengemeinde
12, 296	Parteienprivileg	18, 389	Neubekanntmachung
12, 341	Spinnweber-Zusatzsteuer	18, 392	Beurkundungsbefugnis
12, 354	Volkswagenprivatisierung	18, 407	Verordnung als Landesrecht
13, 54	Neugliederung Hessen	18, 429	Verschollenheitsrente
13, 97	Handwerksordnung	18, 441	AG in Zürich
13, 204	Sendezeit II	19, 1	Neuapostolische Kirche
13, 225	Bahnhofsapotheke Frankfurt	19, 38	S-Urteil des Bundesfinanzhofes
13, 230	Ladenschlußgesetz I	19, 52	Überbesetzung
13, 237	Ladenschlußgesetz II	19, 88	Ausschuß
13, 318	Ehegatten-Arbeitsverhältnisse	19, 101	Zweigstellensteuer
13, 331	Personenbezogene Kapitalgesellschaften	19, 119	Couponsteuer
		19, 129	Umsatzsteuer
14, 56	Gemeindegerichte	19, 135	Ersatzdienstverweigerer

Schlagwortartige Bezeichnungen der Leitentscheidungen des BVerfG

BVerfGE	Schlagwort	BVerfGE	Schlagwort
19, 150	Allgemeines Kriegsfolgengesetz	24, 278	GEMA
19, 206	Kirchenbausteuer	24, 289	Hessisches Schulgebet
19, 226	Kirchenlohnsteuer I	24, 300	Wahlkampfkostenpauschale
19, 253	Kirchensteuergesetz	24, 367	Hamburgisches Deichordnungsgesetz
19, 268	Kirchenlohnsteuer II		
19, 303	Dortmunder Hauptbahnhof	25, 88	Berufsverbot II
19, 330	Sachkundenachweis	25, 167	Nichtehelichkeit
19, 342	Wencker	25, 256	Blinkfüer
19, 377	Berlin-Vorbehalt II	25, 269	Verfolgungsverjährung
20, 18	Beitritt im Organstreitverfahren	25, 296	Geib/Stern
20, 26	Selbstablehnung	25, 308	Bundeshaushaltsplan I
20, 45	Kommando 1005	25, 352	Gnadengesuch
20, 56	Parteienfinanzierung I	25, 371	lex Rheinstahl
20, 144	Untersuchungshaft	26, 41	Grober Unfug
20, 150	Sammlungsgesetz	26, 116	Besoldungsgesetz
20, 162	Spiegel	26, 141	Richterbesoldung I
20, 238	VwGO-Ausführungsgesetz I	26, 186	Ehrengerichte
20, 257	Bundesrecht in Berlin	26, 228	Sorsum
20, 312	Tariffähigkeit von Innungen	26, 246	Ingenieur
20, 351	Tollwut	26, 265	Unterhalt II
21, 12	Allphasenumsatzsteuer	26, 281	Gebührenpflicht von Bundesbahn und Bundespost
21, 52	Deutsche Friedensunion		
21, 73	Grundstücksverkehrsgesetz	26, 327	Bilanzbündeltheorie
21, 150	Weinwirtschaftsgesetz	26, 338	Eisenbahnkreuzungsgesetz
21, 200	Briefwahl I	27, 1	Mikrozensus
21, 207	Flächentransistor	27, 18	Ordnungswidrigkeiten
21, 245	Führungskräfte der Wirtschaft	27, 44	Parlamentarisches Regierungssystem
21, 261	Arbeitsvermittlungsmonopol		
21, 271	Südkurier	27, 71	Leipziger Volkszeitung
21, 312	Wasser- und Schiffahrtsverwaltung	27, 88	Der Demokrat
		27, 195	Hessische Privatschulen
21, 362	Sozialversicherungsträger	27, 253	Kriegsfolgeschäden
21, 378	Wehrdisziplin	27, 344	Ehescheidungsakten
22, 49	Verwaltungsstrafverfahren	28, 1	Augstein
22, 93	Unterhalt I	28, 21	Robenstreit
22, 106	Steuerausschüsse	28, 36	Zitiergebot
22, 134	EWG-Recht	28, 51	Flugblätter
22, 175	Normenkontrolle III	28, 55	Leserbrief
22, 180	Jugendhilfe	28, 66	Postgebühren
22, 267	Einheitliches Grundrecht	28, 119	Spielbank
22, 293	EWG-Verordnungen	28, 175	Porst-Fall
22, 380	Dienstleistungspflichten von Kreditinstituten	28, 191	Pätsch-Fall
		28, 243	Dienstpflichtverweigerung
23, 50	Nachtbackverbot I	28, 295	Mitgliederwerbung I
23, 62	Erfindervergütung	28, 324	Heiratswegfallklausel
23, 98	Ausbürgerung I	29, 11	Landesbauordnung Baden-Württemberg
23, 113	Blankettstrafrecht		
23, 127	Zeugen Jehovas	29, 83	Steinkohle-Anpassungsgesetz
23, 191	Dienstflucht	29, 166	Ferntrauung
23, 288	Kriegsfolgelasten II	29, 183	Rücklieferung
23, 353	Breitenborn-Gelnhausen	29, 221	Jahresarbeitsverdienstgrenze
24, 33	AKU-Beschluß	29, 348	Deutsch-Niederländischer Finanzvertrag
24, 119	Adoption I		
24, 155	Gemeinsame Amtsgerichte	29, 402	Konjunkturzuschlag
24, 174	Gesellschaftsteuer	29, 413	Reichsnährstand
24, 184	Zustimmungsgesetz	30, 1	Abhörurteil
24, 236	(Aktion) Rumpelkammer	30, 47	§ 26 BSHG

2165

Schlagwortartige Bezeichnungen der Leitentscheidungen des BVerfG

BVerfGE	Schlagwort	BVerfGE	Schlagwort
30, 108	Gnadenwiderruf	36, 193	Journalisten
30, 112	Unterricht in Biblischer Geschichte	36, 314	Hamburgisches Pressegesetz
30, 173	Mephisto	36, 321	Schallplatten
30, 227	Vereinsname	36, 342	Niedersächsisches Landesbesoldungsgesetz
30, 250	Absicherungsgesetz		
30, 292	Erdölbevorratung	37, 1	Weinwirtschaftsabgabe
30, 367	Bundesentschädigungsgesetz	37, 57	Haftbefehl in Berlin
30, 415	Mitgliedschaftsrecht	37, 104	Bonus-Malus-Regelung I
31, 58	Spanier-Beschluß	37, 121	Mutterschaftsgeld
31, 113	Jugendgefährdende Schriften	37, 132	Vergleichsmiete I
31, 145	Milchpulver	37, 217	Staatsangehörigkeit von Abkömmlingen
31, 229	Schulbuchprivileg		
31, 248	Bibliotheksgroschen	37, 271	Solange I
31, 275	Bearbeiter-Urheberrechte	37, 363	Bundesrat
31, 314	2. Rundfunkentscheidung	38, 1	Richteramtsbezeichnungen
32, 54	Betriebsbetretungsrecht	38, 23	Herausgeber der Deutschen National-Zeitung
32, 98	Gesundbeter		
32, 145	Beförderungsteuer	38, 61	Leberpfennig
32, 157	Stichtagsregelung	38, 105	Rechtsbeistand
32, 199	Richterbesoldung II	38, 175	Rückenteignung
32, 273	Mutterschutz I	38, 241	Ehelichkeitsanfechtung
32, 296	Kranzgeld	38, 281	Arbeitnehmerkammern
32, 311	Steinmetz	38, 326	Inkompatibilität/Landtagsmandat
32, 333	Ergänzungsabgabe	38, 348	Zweckentfremdung von Wohnraum
32, 346	Strafbestimmungen in Gemeindesatzungen		
		38, 386	Aussperrung von Betriebsratsmitgliedern
32, 373	Ärztliche Schweigepflicht		
33, 1	Strafgefangene	38, 398	Auslieferung II
33, 23	Eidesverweigerung aus Glaubensgründen	39, 1	Schwangerschaftsabbruch I
		39, 96	Städtebauförderungsgesetz
33, 42	Deutscher Osten	39, 196	Beamtenpension
33, 52	Zensur	39, 258	Kapazitätsausnutzung
33, 125	Facharzt	39, 302	AOK
33, 206	Waffengesetz	39, 334	Extremistenbeschluß
33, 303	numerus clausus I	40, 11	Wahlprüfung
33, 367	Zeugnisverweigerungsrecht für Sozialarbeiter	40, 56	Vergnügungsteuer I
		40, 65	Krankenversicherung
34, 9	Besoldungsvereinheitlichung	40, 88	Führerschein
34, 52	Hessisches Richtergesetz	40, 121	Waisenrente II
34, 81	Wahlgleichheit	40, 141	Ostverträge
34, 139	Fahrbahndecke	40, 237	Justizverwaltungsakt
34, 165	Förderstufe	40, 268	Vorbefaßter Richter
34, 216	Coburg	40, 287	Verfassungsschutzbericht
34, 238	Tonband	40, 296	Abgeordnetendiäten
34, 269	Soraya	40, 356	Besetzung der Richterbank
35, 35	Untersuchungsgefangene	40, 371	Werbefahrten
35, 65	VwGO-Ausführungsgesetz II	41, 29	Simultanschule
35, 79	Hochschul-Urteil	41, 65	Gemeinsame Schule
35, 185	Haftgrund Wiederholungsgefahr	41, 88	Gemeinschaftsschule
35, 202	Lebach	41, 126	Reparationsschäden
35, 366	Kreuz im Gerichtssaal	41, 205	Gebäudeversicherungsmonopol
35, 382	Ausländerausweisung	41, 246	Baader-Meinhof
36, 1	Grundlagenvertrag	41, 291	Strukturförderung
36, 92	Versagung rechtlichen Gehörs	41, 360	Nachtbackverbot II
36, 139	Wahlrecht Auslandsdeutscher	42, 1	Sicherungsverwahrung I
36, 146	Eheverbot der Geschlechtsgemeinschaft	42, 20	Öffentliches Wegeeigentum
		42, 64	Zwangsversteigerung I

Schlagwortartige Bezeichnungen der Leitentscheidungen des BVerfG

BVerfGE	Schlagwort	BVerfGE	Schlagwort
42, 103	Bonus-Malus-Regelung II	49, 343	Abgaben wegen Änderung der Gemeindeverhältnisse
42, 133	Wahlwerbung		
42, 143	Deutschland-Magazin	50, 50	Laatzen
42, 212	Quick/Durchsuchungsbefehl	50, 142	Unterhaltspflichtverletzung
42, 263	Contergan	50, 166	Ausweisung I
42, 312	Inkompatibilität/Kirchliches Amt	50, 195	Rheda-Wiedenbrück
42, 345	Bad Pyrmont	50, 290	Mitbestimmung
43, 34	Quereinstieg	51, 43	Bayerisches Personalvertretungsgesetz
43, 47	Parkstudium		
43, 108	Kinderfreibeträge	51, 77	Personalrat
43, 130	Flugblatt	51, 97	Zwangsvollstreckung I
43, 291	numerus clausus II	51, 193	Schloßberg
44, 1	Nichtehelichen-Erbrecht	51, 222	5%-Klausel
44, 125	Öffentlichkeitsarbeit	51, 324	Verhandlungsfähigkeit des Angeklagten
44, 197	Solidaritätsadresse		
44, 249	Alimentationsprinzip	51, 369	Auflösungsgesetz
44, 308	Beschlußfähigkeit	51, 386	Ausweisung II
44, 322	Allgemeinverbindlicherklärung I	52, 1	Kleingarten
45, 1	Haushaltsüberschreitung	52, 63	2. Parteispenden-Urteil
45, 63	Stadtwerke Hameln	52, 95	Schleswig-Holsteinische Ämter
45, 187	Lebenslange Freiheitsstrafe	52, 131	Arzthaftungsprozeß
45, 297	Öffentliche Last	52, 187	»Vielleicht«-Beschluß
45, 376	Unfallversicherung	52, 203	Fristgebundener Schriftsatz
45, 400	Oberstufenreform	52, 223	Schulgebet
45, 434	RAF	52, 283	Tendenzbetrieb
46, 73	Stiftungen	52, 357	Mutterschutz II
46, 97	Witwengeld	52, 369	Hausarbeitstag
46, 120	Direktruf	52, 380	Schweigender Prüfling
46, 160	Schleyer	53, 1	Schulbücher
46, 266	Krankenhausaufnahme	53, 30	Mülheim-Kärlich
46, 268	Bodenreformentschädigung	53, 109	Wiedereinsetzung I
46, 325	Zwangsversteigerung II	53, 135	Schokoladenosterhase
46, 342	Philippinische Botschaft	53, 224	Ehescheidung
47, 1	Hausgehilfin	53, 257	Versorgungsausgleich I
47, 46	Sexualkundeunterricht	53, 352	Vergleichsmiete III
47, 109	Bestimmtheitsgebot	53, 366	Konfessionelle Krankenhäuser
47, 146	Schneller Brüter	54, 53	Ausbürgerung II
47, 198	Wahlwerbesendungen	54, 129	Kunstkritik
47, 253	Gemeindeparlamente	54, 143	Taubenfütterungsverbot
47, 327	Hessisches Universitätsgesetz	54, 148	Eppler
48, 64	Inkompatibilität/Kommunalbeherrschtes Unternehmen	54, 208	Böll
		54, 301	Buchführungspriveleg der Steuerberater
48, 127	Wehrpflichtnovelle		
48, 227	Lohnfortzahlung	54, 341	Wirtschaftsasyl
48, 300	Ehrengerichte	55, 1	Flughafen München
48, 327	Ehenamen	55, 7	Allgemeinverbindlicherklärung II
48, 367	Hessisches Pressegesetz	55, 37	Bremer Modell
48, 376	Tierversuche	55, 72	Präklusion I
49, 15	Volksentscheid Oldenburg	55, 134	Härteklausel
49, 24	Kontaktsperre-Gesetz	55, 159	Falknerjagdschein
49, 70	Untersuchungsgegenstand	55, 207	Öffentlicher Dienst
49, 89	Kalkar I	55, 274	Berufsausbildungsabgabe
49, 220	Zwangsversteigerung III	55, 349	Hess-Entscheidung
49, 244	Vergleichsmiete II	55, 372	Richterbesoldung III
49, 280	Zeugenentschädigung	56, 22	Kriminelle Vereinigung
49, 286	Transsexuelle I	56, 54	Fluglärm
		56, 216	Rechtsschutz im Asylverfahren

2167

Schlagwortartige Bezeichnungen der Leitentscheidungen des BVerfG

BVerfGE	Schlagwort	BVerfGE	Schlagwort
56, 249	Gondelbahn	65, 182	Sozialplan
56, 298	Flugplatz Memmingen	65, 325	Zweitwohnungsteuer I
56, 396	Agent	65, 377	Strafbefehl
57, 1	NPD	66, 1	Konkursausfallgeld
57, 9	Einlieferungsersuchen	66, 26	Bundeshaushaltsplan II e.A.
57, 43	Inkompatibilität/Ruhestands-	66, 39	Nachrüstung
	beamter	66, 84	Unterhalt III
57, 139	Schwerbehindertenabgabe	66, 116	Springer/Wallraff
57, 220	Bethel	66, 155	Hochschule Hannover
57, 250	V-Mann	66, 270	Schleswig-Holsteinisches
57, 295	3. Rundfunkentscheidung		Hochschulgesetz
57, 346	Zwangsvollstreckung II	67, 43	Offensichtlich unbegründeter
57, 361	Erstes Eherechtsreformgesetz		Asylantrag
58, 1	Eurocontrol I	67, 100	Flick-Untersuchungsausschuß
58, 45	Wasserbeschaffungsverbände	67, 149	Wahlwerbung/WDR
58, 137	Pflichtexemplar	67, 157	G 10
58, 177	Inkompatibilität/Kreisangestellter	67, 213	Anachronistischer Zug
58, 208	Baden-Württembergisches	67, 256	Investitionshilfegesetz
	Unterbringungsgesetz	67, 299	Laternengarage
58, 233	Deutscher Arbeitnehmerverband	68, 1	Atomwaffenstationierung
58, 257	Schulentlassung	68, 193	Zahntechniker-Innungen
58, 300	Naßauskiesung	68, 319	Bundesärzteordnung
59, 63	Eurocontrol II	68, 361	Eigenbedarf I
59, 119	Briefwahl II	69, 1	Kriegsdienstverweigerung II
59, 128	Bekenntnis zum deutschen	69, 174	Getränkesteuer
	Volkstum	69, 209	Steuerberaterprüfung
59, 216	Söhlde	69, 257	Politische Parteien
59, 231	Freie Mitarbeiter	69, 272	Krankenversicherungs- Kosten-
59, 275	Schutzhelm		dämpfungsgesetz
59, 360	Schülerberater	69, 315	Brokdorf
60, 53	Rundfunkrat	70, 1	Orthopädietechniker-Innungen
60, 175	Startbahn West	70, 138	Loyalitätspflicht
60, 234	Kredithaie	70, 251	Schulleiter
60, 253	Anwaltsverschulden	70, 297	Fortdauer der Unterbringung
60, 348	Auslieferung III	70, 324	Haushaltskontrolle der Nachrich-
60, 374	Redefreiheit und Ordnungsrecht		tendienste
61, 1	Wahlkampf/»CSU: NPD Europas«	71, 108	Anti-Atomkraftplakette
61, 82	Sasbach	71, 158	Legende vom toten Soldaten
61, 149	Amtshaftung	72, 1	Altersgrenze
61, 319	Ehegattensplitting	72, 175	Wohnungsfürsorge
61, 358	Sorgerecht geschiedener Ehegatten	72, 200	Einkommensteuerrecht
62, 1	Bundestagsauflösung I	72, 296	Teststrecke
62, 169	Devisenbewirtschaftung	72, 299	Wackersdorf
62, 230	Boykottaufruf	72, 330	Finanzausgleich I
62, 256	Arbeiter/Angestellte	73, 1	Politische Stiftungen
62, 354	Heilfürsorgeansprüche der	73, 40	3. Parteispenden-Urteil
	Soldaten	73, 118	4. Rundfunkentscheidung
63, 1	Schornsteinfegerversorgung	73, 206	Sitzblockaden I
63, 88	Versorgungsausgleich II	73, 261	Sozialplan
63, 131	Gegendarstellung	73, 301	Vermessungsingenieur
63, 343	Rechtshilfevertrag	73, 339	Solange II
64, 1	National Iranian Oil Company	73, 388	Kirchgeld
64, 72	Prüfingenieure	74, 9	Arbeitsförderungsgesetz 1979
64, 261	Hafturlaub	74, 51	Nachfluchttatbestände
65, 1	Volkszählung	74, 102	Erziehungsmaßregeln
65, 76	Offensichtlichkeitsentscheidungen	74, 182	Einheitswerte I
65, 104	Mutterschaftsgeld I	74, 264	Boxberg

Schlagwortartige Bezeichnungen der Leitentscheidungen des BVerfG

BVerfGE	Schlagwort	BVerfGE	Schlagwort
74, 297	5. Rundfunkentscheidung	80, 244	Vereinsverbot
74, 358	Unschuldsvermutung	80, 315	Tamilen
75, 1	Völkerrecht	80, 354	Totalverweigerung II
75, 40	Privatschulfinanzierung I	80, 367	Tagebuch
75, 108	Künstlersozialversicherungsgesetz	81, 1	Schlüsselgewalt
75, 166	Selbstbedienung bei Arzneimitteln	81, 29	Ferienwohnungen
75, 192	Sparkassen	81, 156	Arbeitsförderungsgesetz 1981
75, 223	Kloppenburg-Beschluß	81, 242	Handelsvertreter
75, 302	Präklusion II	81, 278	Bundesflagge
75, 318	Sachverständiger	81, 298	Nationalhymne
75, 329	Verwaltungsakzessorietät im Umweltstrafrecht	81, 310	Kalkar II
		81, 363	Beamtenbaby
75, 369	Strauß-Karikatur	82, 1	Hitler-T-Shirt
76, 1	Familiennachzug	82, 60	Steuerfreies Existenzminimum I
76, 83	Zwangsvollstreckung III	82, 126	Kündigungsfristen für Arbeiter
76, 99	Arbeitsförderungsgesetz 1986	82, 159	Absatzfonds
76, 107	Landes-Raumordnungsprogramm Niedersachsen	82, 236	Schubart
		82, 286	Amtszeit eines Verfassungsrichters
76, 143	Ahmadiyya-Glaubensgemeinschaft	82, 316	Beitrittsbedingte Grundgesetzänderungen
76, 171	Standesrichtlinien		
76, 211	General Bastian	82, 322	Gesamtdeutsche Wahl
76, 220	§ 242 b Arbeitsförderungsgesetz	83, 24	Polizeigewahrsam
76, 256	Beamtenversorgung II	83, 37	Ausländerwahlrecht I
76, 363	Lappas	83, 60	Ausländerwahlrecht II
77, 1	Neue Heimat	83, 89	100%-Grenze
77, 65	Beschlagnahme von Filmmaterial	83, 130	Josefine Mutzenbacher
77, 84	Arbeitnehmerüberlassung	83, 162	Einigungsvertrag
77, 137	Teso	83, 182	Pensionistenprivileg
77, 170	Lagerung chemischer Waffen	83, 216	Jeziden
77, 240	Herrnburger Bericht	83, 238	6. Rundfunkentscheidung
77, 308	Arbeitnehmerweiterbildung	83, 341	Baháʼí
77, 345	Landesmediengesetz Baden-Württemberg	83, 363	Krankenhausumlage
		84, 1	Kindergeld für Besserverdienende
77, 346	Presse-Grosso	84, 9	Ehenamen II
78, 38	Gemeinsamer Familienname	84, 25	Schacht Konrad
78, 101	Eigentumsrecht von Rundfunkanstalten	84, 34	Gerichtliche Prüfungskontrolle
		84, 59	Multiple-Choice-Verfahren
78, 179	Heilpraktikergesetz	84, 90	Bodenreform I
78, 249	Fehlbelegungsabgabe	84, 133	Warteschleife
78, 331	Nordhorn	84, 168	Sorgerecht für nichteheliche Kinder
78, 350	§ 10b EStG		
78, 364	Wehrdienstanrechnung	84, 192	Offenbarung der Entmündigung
78, 391	Totalverweigerung I	84, 203	Republikaner
79, 51	Sorgerechtsprozeß	84, 212	Aussperrung
79, 69	Eidespflicht	84, 239	Kapitalertragsteuer
79, 127	Rastede	84, 290	Treuhandanstalt I
79, 169	Überhangmandate I	84, 304	PDS/Linke Liste
79, 174	Straßenverkehrslärm	84, 372	Lohnsteuerhilfeverein
79, 255	Hessisches Personalvertretungsgesetz	85, 1	Bayer-Aktionäre
		85, 69	Eilversammlungen
79, 256	Kenntnis der eigenen Abstammung	85, 94	Kreuz im Klassenzimmer
79, 292	Eigenbedarf II	85, 97	Werbung für Lohnsteuerhilfevereine
79, 311	Staatsverschuldung I		
80, 81	Volljährigenadoption I	85, 148	Wahlprüfungsumfang
80, 124	Postzeitungsdienst	85, 191	Nachtarbeitsverbot
80, 137	Reiten im Walde	85, 264	Parteienfinanzierung II
80, 188	Wüppesahl	85, 360	Akademie-Auflösung

2169

Schlagwortartige Bezeichnungen der Leitentscheidungen des BVerfG

BVerfGE	Schlagwort	BVerfGE	Schlagwort
85, 386	Fangschaltungen	91, 186	Kohlepfennig
86, 1	TITANIC/»geb. Mörder«	91, 228	Gleichstellungsbeauftragte
86, 90	Papenburg	91, 262	Parteienbegriff I
86, 133	Untersuchungshaft	91, 276	Parteienbegriff II
86, 148	Finanzausgleich II	91, 335	Punitive Damages
86, 288	Strafaussetzung bei lebenslanger Freiheitsstrafe	92, 1	Sitzblockaden II
		92, 26	Zweitregister
86, 390	Schwangeren- und Familienhilfegesetz I	92, 91	Feuerwehrabgabe
		92, 126	Parabolantenne II
87, 1	Trümmerfrauen	92, 138	Limbach
87, 48	Rechtsmittelausschluß im Asylverfahren	92, 140	Sonderkündigung
		92, 158	Adoption II
87, 152	Wirtschaftskraft	92, 191	Personalienangabe
87, 153	Grundfreibetrag	92, 203	EG-Fernsehrichtlinie
87, 181	7. Rundfunkentscheidung	92, 245	Asylfolgeverfahren
87, 209	Tanz der Teufel	92, 277	DDR-Spione
87, 234	Einkommensanrechnung	92, 365	Kurzarbeitergeld
87, 282	Vorlagepflicht	93, 1	Kruzifix
87, 363	Sonntagsbackverbot	93, 37	Mitbestimmungsgesetz Schleswig-Holstein
87, 399	Versammlungsauflösung		
88, 5	Gewerkschaftliche Beratungshilfe	93, 85	Universitätsgesetz NRW
88, 40	Private Grundschule	93, 121	Einheitswerte II
88, 83	Schwangeren- und Familienhilfegesetz II	93, 181	Rasterfahndung I
		93, 213	DDR-Rechtsanwälte
88, 87	Transsexuelle II	93, 248	Sudanesen
88, 103	Streikeinsatz von Beamten	93, 266	»Soldaten sind Mörder«
88, 129	Promotionsberechtigung	93, 319	Wasserpfennig
88, 203	Schwangerschaftsabbruch II	93, 352	Mitgliederwerbung II
88, 366	Tierzuchtgesetz II	93, 362	Postulationsfähigkeit
89, 1	Besitzrecht des Mieters	93, 373	Gemeinderat
89, 38	Somalia	93, 386	Auslandszuschlag
89, 144	Konkurs von Rundfunkanstalten	94, 1	DGHS
89, 155	Maastricht	94, 12	Bodenreform II
89, 214	Bürgschaftsverträge	94, 49	Sichere Drittstaaten
89, 243	Kandidatenaufstellung	94, 115	Sichere Herkunftsstaaten
89, 276	§ 611a BGB	94, 166	Flughafenverfahren
89, 291	Wahlprüfungsverfahren	94, 241	Kindererziehungszeiten
89, 315	Trennscheibe	94, 268	Wissenschaftliches Personal
89, 327	Atomgesetz	94, 297	Treuhandanstalt II
89, 359	Herzog	94, 315	Zwangsarbeit
89, 381	Volljährigenadoption II	94, 351	Abgeordnetenprüfung
90, 1	Jugendgefährdende Schriften	94, 372	Apothekenwerbung
90, 22	Annahmegründe	95, 1	Südumfahrung Stendal
90, 27	Parabolantenne I	95, 28	Werkszeitungen
90, 60	8. Rundfunkentscheidung	95, 39	NATO-Betriebsvertretungen
90, 107	Waldorfschule/Bayern	95, 48	Restitution und Vertragsanfechtung
90, 145	Cannabis		
90, 241	Auschwitzlüge	95, 64	Mietpreisbindung
90, 255	Briefüberwachung	95, 96	Mauerschützen
90, 263	Ehelichkeitsanfechtung	95, 143	Eingliederungsprinzip
90, 286	Out-of-area-Einsätze	95, 163	DSF
91, 1	Entziehungsanstalt	95, 173	Warnhinweise für Tabakerzeugnisse
91, 70	Isserstedt		
91, 93	Kindergeld	95, 189	Steiner
91, 125	Fernsehaufnahmen im Gerichtssaal I	95, 193	DDR-Hochschullehrer
		95, 220	Aufzeichnungspflicht
91, 148	Umlaufverfahren		

Schlagwortartige Bezeichnungen der Leitentscheidungen des BVerfG

BVerfGE	Schlagwort	BVerfGE	Schlagwort
95, 243	Restitution bei öffentlicher Trägerschaft	98, 83	Landesrechtliche Abfallabgabe
		98, 106	Kommunale Verpackungsteuer
95, 250	Restitution des Länderbestands	98, 139	Gysi II
95, 267	Altschulden der LPG	98, 145	Inkompatibilität/Vorstandstätigkeit
95, 322	Spruchgruppen		
95, 335	Überhangmandate II	98, 169	Arbeitspflicht
95, 408	Grundmandatsklausel	98, 218	Rechtschreibreform
96, 1	Weihnachtsfreibetrag	98, 265	Bayerisches Schwangerenhilfeergänzungsgesetz
96, 10	Räumliche Aufenthaltsbeschränkung		
		98, 365	Versorgungsanwartschaften
96, 27	Durchsuchungsanordnung I	99, 1	Bayerische Kommunalwahlen
96, 44	Durchsuchungsanordnung II	99, 19	Gysi III
96, 56	Vaterschaftsauskunft	99, 57	Liegenschaftsmodell Schleswig-Holstein
96, 68	DDR-Botschafter		
96, 100	Überstellung auf Wunsch	99, 69	Kommunale Wählervereinigungen
96, 120	Bayerisches Schwangerenhilfegesetz e.A.	99, 88	Verlustabzug
		99, 100	St. Salvator Kirche
96, 139	Volksbegehren Franken	99, 129	DDR-Erbbaurecht
96, 152	Parteilehrer	99, 145	Gegenläufige Kindesrückführungsanträge
96, 171	Stasi-Fragen		
96, 189	Fink	99, 165	Elternunabhängige Ausbildungsförderung
96, 205	Hochschullehrer II		
96, 231	Müllkonzept	99, 185	Scientology
96, 245	Besonders schwerer Nachteil	99, 216	Familienlastenausgleich II
96, 260	Normwiederholung	99, 246	Kinderexistenzminimum I
96, 264	Fraktions- und Gruppenstatus	99, 268	Kinderexistenzminimum II
96, 288	Integrative Beschulung	99, 273	Kinderexistenzminimum III
96, 315	Wohngeld bei Begleitstudium	99, 280	Aufwandsentschädigung Ost
96, 330	BAföG-Volldarlehen	99, 300	Beamtenkinder
96, 345	Landesverfassungsgerichte	99, 332	MfS/AfNS-Verzögerungsschaden
96, 375	Kind als Schaden	99, 341	Testierausschluß Taubstummer
96, 409	Plenarvorlagen	99, 361	Bundesgelderveruntreuung
97, 12	Patentgebühren-Überwachung	99, 367	Montan-Mitbestimmung
97, 35	Hamburger Ruhegeldgesetz	100, 1	Rentenüberleitung I
97, 49	Beförderungsverbot	100, 59	Rentenüberleitung II
97, 67	Schiffbauverträge	100, 104	Rentenüberleitung III
97, 89	Rückübereignungsanspruch	100, 138	Rentenüberleitung IV
97, 103	Kindererziehungszeiten	100, 195	Einheitswert
97, 117	Fortgeltung von DDR-Strafrecht	100, 214	Gewerkschaftsausschluß
97, 125	Caroline von Monaco I	100, 226	Denkmalschutz
97, 157	Saarländisches Pressegesetz	100, 249	Allgemeine Verwaltungsvorschriften
97, 169	Kleinbetriebsklausel I		
97, 186	Kleinbetriebsklausel II	100, 266	Kosovo
97, 198	Bundesgrenzschutz	100, 271	Lohnabstandsklausel
97, 228	Kurzberichterstattung	100, 313	Telekommunikationsüberwachung I
97, 271	Hinterbliebenenrente II		
97, 298	extra-radio	101, 1	Hennenhaltungsverordnung
97, 317	Überhang-Nachrücker	101, 54	Schuldrechtsanpassungsgesetz
97, 332	Kindergartenbeiträge	101, 106	Akteneinsichtsrecht
97, 350	Euro	101, 132	Heileurythmisten
97, 378	Krankengeld	101, 141	Ausgleichsfonds
97, 391	Mißbrauchsbezichtigung	101, 151	Umsatzsteuerbefreiung
97, 408	Gysi I	101, 158	Finanzausgleich III
98, 1	Beamtinnenrente	101, 239	Stichtagsregelung
98, 17	Sachenrechtsmoratorium	101, 275	Fahnenflucht
98, 49	Sozietätsverbot	101, 297	Häusliches Arbeitszimmer
98, 70	Erziehungsgeld	101, 312	Versäumnisurteil

2171

Schlagwortartige Bezeichnungen der Leitentscheidungen des BVerfG

BVerfGE	Schlagwort	BVerfGE	Schlagwort
101, 331	Berufsbetreuer	105, 1	Familienarbeit
101, 361	Caroline von Monaco II	105, 17	Sozialpfandbriefe
101, 397	Kontrolle des Rechtspflegers	105, 48	Entscheidungserheblichkeit
102, 1	Altlasten	105, 61	Wehrpflicht I
102, 26	Frischzellen	105, 73	Pensionsbesteuerung
102, 41	Kriegsbeschädigtengrundrente	105, 135	Vermögensstrafe
102, 68	Krankenversicherung der Rentner	105, 185	UMTS-Erlöse
102, 99	Landesabfallgesetz Nordrhein-Westfalen	105, 197	Parteispendenuntersuchungsausschuß
102, 127	Lohnersatzleistungen	105, 239	Richtervorbehalt
102, 147	Bananenmarktordnung	105, 252	Glykol
102, 167	Bundesstraße B 75	105, 279	Osho
102, 176	Schule in Freiheit	105, 313	Lebenspartnerschaftsgesetz
102, 197	Spielbankengesetz Baden-Württemberg	105, 365	Beschlagnahme bei Berufsgeheimnisträgern
102, 224	Funktionszulagen	106, 1	Oberfinanzdirektionen
102, 254	EALG	106, 28	Mithörvorrichtung
102, 347	Schockwerbung I	106, 51	Aktenvorlage I
102, 370	Körperschaftsstatus der Zeugen Jehovas	106, 62	Altenpflegegesetz
		106, 166	Zählkindervorteil
103, 1	Singularzulassung zum OLG	106, 181	Facharztbezeichnungen
103, 21	Genetischer Fingerabdruck I	106, 201	LAG/Zinszuschlag
103, 44	Fernsehaufnahmen im Gerichtssaal II	106, 216	Singularzulassung zum BGH
		106, 225	Beihilfefähigkeit von Wahlleistungen I
103, 81	Pofalla I		
103, 89	Unterhaltsverzichtsvertrag	106, 244	Beihilfefähigkeit von Wahlleistungen II
103, 111	Wahlprüfung Hessen		
103, 142	Wohnungsdurchsuchung	106, 253	Zählverfahren
103, 164	ÖDP	106, 275	Arzneimittelfestbeträge
103, 172	Altersgrenze für Kassenärzte	106, 310	Zuwanderungsgesetz
103, 197	Pflegeversicherung I	107, 1	Verwaltungsgemeinschaften
103, 225	Pflegeversicherung II	107, 27	Doppelte Haushaltsführung
103, 242	Pflegeversicherung III	107, 59	Lippeverband
103, 271	Pflegeversicherung IV	107, 104	Anwesenheit im JGG-Verfahren
103, 293	Urlaubsanrechnung	107, 133	Rechtsanwaltsgebühren Ost
103, 310	DDR-Dienstzeiten	107, 150	Sorgeerklärungen
103, 332	Naturschutzgesetz Schleswig-Holstein	107, 186	Impfstoffversand
		107, 205	Familienversicherung
103, 392	Freiwillig versicherte Selbständige	107, 218	Beamtenbesoldung Ost I
104, 1	Baulandumlegung	107, 257	Beamtenbesoldung Ost II
104, 14	Wahlkreiseinteilung Krefeld	107, 275	Schockwerbung II
104, 51	Lebenspartnerschaften	107, 286	Kommunalwahl-Sperrklausel II
104, 65	Schuldnerspiegel	107, 299	Telekommunikationsüberwachung II
104, 74	Kalte Enteignung		
104, 92	Sitzblockaden III	107, 339	NPD-Verbotsverfahren
104, 126	Dienstbeschädigtenteilrente	107, 395	Rechtsschutz gegen den Richter I
104, 151	NATO-Konzept	108, 1	Rückmeldegebühr V
104, 220	Rehabilitierung bei Abschiebungshaft	108, 34	Bewaffnete Bundeswehreinsätze
		108, 52	Kindesunterhalt
104, 238	Moratorium Gorleben	108, 82	Biologischer Vater
104, 249	Biblis A	108, 129	Auslieferung
104, 287	Ehrenamtliche Parteileistungen	108, 150	Sozietätswechsel
104, 305	LER-Schlichtungsvorschlag	108, 169	Telekommunikationsgesetz
104, 310	Pofalla II	108, 186	Informationspflichten bei Sonderabgaben
104, 337	Schächten		
104, 357	Apothekenöffnungszeiten	108, 238	Napster
104, 373	Ausschluß von Doppelnamen	108, 251	Abgeordnetenbüro

2172

Schlagwortartige Bezeichnungen der Leitentscheidungen des BVerfG

BVerfGE	Schlagwort	BVerfGE	Schlagwort
108, 282	Kopftuch I	113, 113	Visa-Untersuchungsausschuß
108, 341	Rechtsschutz gegen den Richter II	113, 128	Solidarfonds Abfallrückführung
108, 370	Exklusivlizenz	113, 154	Auslieferung IV
109, 13	Lockspitzel I	113, 167	Risikostrukturausgleich
109, 38	Lockspitzel II	113, 273	Europäischer Haftbefehl
109, 64	Mutterschaftsgeld II	113, 348	Vorbeugende Telekommunikations-
109, 96	Alterssicherung für Landwirte		tionsüberwachung
109, 133	Sicherungsverwahrung II	114, 1	Übertragung von Lebensversiche-
109, 190	Sicherungsverwahrung III		rungsverträgen
109, 256	(Vor)Ehename	114, 73	Lebensversicherung mit Über-
109, 275	Hamburger Wahlkampf		schußbeteiligung
109, 279	Großer Lauschangriff	114, 107	Bundestagsauflösung II
110, 1	Erweiterter Verfall	114, 121	Bundestagsauflösung III
110, 33	Zollkriminalamt	114, 196	Beitragssatzsicherungsgesetz
110, 77	Rechtsschutzinteresse	114, 258	Versorgungsänderungsgesetz
110, 94	Spekulationsteuer	114, 303	Landesbeihilfenverordnung
110, 141	Kampfhunde	114, 316	Zweitwohnungsteuer II
110, 177	Freizügigkeit von Spätaussiedlern	114, 339	»IM Sekretär« Stolpe
110, 199	Aktenvorlage II	114, 357	Aufenthaltserlaubnis
110, 226	Geldwäsche	114, 371	Landesmediengesetz Bayern
110, 274	Ökosteuer	115, 1	Transsexuelle III
110, 304	Anwaltsnotariat I	115, 25	Gesetzliche Krankenversicherung
110, 339	Wiedereinsetzung II	115, 51	Analoge Anwendung des § 79
110, 353	Grundgehaltsstufen		Abs. 2 Satz 3 BVerfGG
110, 370	Klärschlamm	115, 81	Rechtsschutz gegen Verordnungen
110, 412	Teilkindergeld	115, 97	Halbteilungsgrundsatz
111, 10	Ladenschlußgesetz III	115, 118	Luftsicherheitsgesetz I
111, 54	Rechenschaftsbericht	115, 166	Kommunikationsverbindungsdaten
111, 115	Rentenüberleitung V	115, 205	Betriebs- und Geschäftsgeheimnis
111, 147	Synagoge Bochum	115, 259	Arbeitslosengeld und Mutterschutz
111, 160	Kindergeld an Ausländer	115, 276	Sportwetten
111, 176	Erziehungsgeld an Ausländer	115, 320	Rasterfahndung II
111, 191	Notarkassen	115, 381	Dauerpflegschaften
111, 226	Juniorprofessur	116, 1	Insolvenzverwalter
111, 289	Aufsichtsratswahl	116, 24	Einbürgerung
111, 307	Görgülü	116, 69	Jugendstrafvollzug
111, 333	Brandenburgisches Hochschul-	116, 96	Fremdrentengesetz
	gesetz	116, 135	Gleichheit im Vergaberecht
111, 366	Steuerberaterwerbung	116, 164	Tarifbegrenzung gewerblicher
111, 382	Drei-Länder-Quorum		Einkünfte
112, 1	Bodenreform III	116, 202	Tariftreueerklärung
112, 50	Opferentschädigungsgesetz	116, 229	Asylbewerberleistungsgesetz I
112, 74	Privatschulfinanzierung II	116, 243	Transsexuelle IV
112, 93	Stiftung »Erinnerung«	116, 271	Anlastung von EU-Agrarsubven-
112, 118	Vermittlungsausschuß I		tionen
112, 226	Studiengebühren	116, 327	Berliner Haushalt
112, 255	Anwaltsnotariat II	117, 1	Erbschaftsteuer I
112, 268	Kinderbetreuungskosten	117, 71	Strafrestaussetzung
112, 284	Kontostammdaten	117, 141	Diplomatische Immunität
112, 304	Global Positioning System	117, 163	Anwaltliche Erfolgshonorare
112, 332	Pflichtteil	117, 202	Vaterschaftsfeststellung
112, 368	Rentenüberleitung VI	117, 244	CICERO
113, 1	Kindererziehungszeiten in der	117, 272	Beschäftigungsförderungsgesetz
	Anwaltsversorgung	117, 302	Art. 19 Einigungsvertrag
113, 29	Anwaltsdaten	117, 316	Künstliche Befruchtung für
113, 63	Junge Freiheit		Verheiratete
113, 88	Elternunterhalt	117, 330	Ballungsraumzulage

2173

Schlagwortartige Bezeichnungen der Leitentscheidungen des BVerfG

BVerfGE	Schlagwort	BVerfGE	Schlagwort
117, 372	Dreijahresfrist für Versorgungsbezüge	122, 304	Wahlprüfungsbeschwerde nach Bundestagsauflösung
118, 1	Begrenzung der Rechtsanwaltsvergütung	122, 316	Sonderabgabe Absatzfonds
		122, 342	Bayerisches Versammlungsgesetz
118, 45	Betreuungsunterhalt	123, 1	Spielgerätesteuer
118, 79	Treibhausgas-Emissionsberechtigungen	123, 39	Wahlcomputer
		123, 90	Mehrfachnamen
118, 124	Völkerrechtliche Notstandseinrede	123, 111	Jubiläumsrückstellungen
118, 168	Kontostammdaten	123, 132	Holzabsatzförderung
118, 212	Revisionsgrenzen bei Rechtsfolgenzumessung	123, 148	Staatliche Förderung von Religionsgesellschaften
118, 244	Afghanistan-Einsatz	123, 186	Versicherungszwang
118, 277	Nebeneinkünfte der Abgeordneten	123, 267	Lissabon
119, 1	Esra	124, 25	Versicherungszwang II
119, 59	Hufbeschlaggesetz	124, 43	Beschlagnahme von E-Mails
119, 96	Staatsverschuldung II	124, 78	BND-Untersuchungsausschuß
119, 181	Rundfunkfinanzierungsstaatsvertrag	124, 161	Überwachung von Bundestagsabgeordneten
119, 247	Obligatorische Teilzeitbeschäftigung von Beamten	124, 199	Hinterbliebenenrente für Lebenspartner
119, 309	Fernsehaufnahmen im Sitzungssaal	124, 300	Wunsiedel
119, 331	Hartz IV-Arbeitsgemeinschaften	125, 39	Adventssonntage Berlin
119, 394	Reichsvermögen-Gesetz	125, 104	Vermittlungsausschuß III
120, 1	Abfärberegelung	125, 141	Kommunales Hebesatzrecht
120, 56	Vermittlungsausschuß II	125, 175	Hartz IV
120, 82	Kommunalwahl Sperrklausel III	125, 260	Vorratsdatenspeicherung
120, 125	Steuerfreies Existenzminimum II	126, 1	Fachhochschullehrer
120, 180	Caroline von Monaco III	126, 55	G8-Gipfel Heiligendamm
120, 224	Inzestverbot	126, 77	Privatpilot
120, 274	Online-Durchsuchungen	126, 112	Rettungsdienst Sachsen
120, 351	Steuerbehördliche Datensammlung	126, 158	Euro-Rettungsschirm
120, 378	Automatisierte Kennzeichenerfassung	126, 170	Präzisierungsgebot Untreuetatbestand
121, 1	Vorratsdatenspeicherung	126, 268	Häusliches Arbeitszimmer
121, 30	Parteibeteiligung an Rundfunkunternehmen	126, 286	Honeywell
		126, 331	Entschädigungsgesetz
121, 69	Elterliche Erziehungspflicht	126, 400	Steuerliche Diskriminierung eingetragener Lebenspartnerschaften
121, 108	Zuwendungen an kommunale Wählervereinigungen	127, 1	Spekulationsfrist
121, 135	AWACS-Einsatz Türkei	127, 31	Entgangene Einnahmen
121, 175	Transsexuelle V	127, 61	Beteiligungsquote
121, 205	Ämterübertragung im Beamtenverhältnis auf Zeit	127, 87	Hamburgisches Hochschulgesetz
		127, 132	Sorgerecht nichtehelicher Väter
121, 241	Beamtenrechtlicher Versorgungsabschlag	127, 165	Finanzhilfen des Bundes
		127, 293	Legehennenhaltung
121, 266	Negatives Stimmgewicht	128, 1	Gentechnikgesetz
121, 317	Rauchverbot in Gaststätten	128, 109	Transsexuelle VI
122, 1	Betriebsprämiendurchführungsgesetz	128, 157	Universitätsklinikum Gießen und Marburg
122, 39	Beratungshilfegesetz	128, 193	Dreiteilungsmethode
122, 89	Wissenschaftsfreiheit in der Theologie	128, 226	Fraport
		128, 282	Zwangsbehandlung im Maßregelvollzug I
122, 151	Altersrente		
122, 190	Gegenvorstellung und Frist der Verfassungsbeschwerde	128, 326	Sicherungsverwahrung IV
		129, 1	Investitionszulage
122, 210	Pendlerpauschale	129, 49	Mediziner-BAföG
122, 248	Rügeverkümmerung	129, 78	Le Corbusier

Schlagwortartige Bezeichnungen der Leitentscheidungen des BVerfG

BVerfGE	Schlagwort	BVerfGE	Schlagwort
129, 108	Legislativstreit Schuldenbremse	133, 100	Verfassungskonformitätsantrag NPD
129, 124	EFS		
129, 208	Telekommunikationsüberwachung III	133, 112	Medizinische Zwangsbehandlung
		133, 143	Belastungsvorhersehbarkeit
129, 269	Zwangsbehandlung im Maßregelvollzug II	133, 163	Richterliche Vorbefassung
		133, 168	Deal im Strafprozeß
129, 300	Fünf-Prozent-Sperrklausel EuWG	133, 241	Luftsicherheitsgesetz III
130, 1	Verwertungsverbot Wohnraumüberwachung	133, 277	Antiterrordatei
		133, 377	Ehegattensplitting II
130, 76	Privatisierung des Maßregelvollzugs	134, 1	Landeskinderklausel
		134, 25	Briefwahl Europawahlgesetz
130, 131	Hamburgisches Passivraucherschutzgesetz	134, 33	Therapieunterbringungsgesetz
		134, 106	Anhörungsrüge
130, 151	Zuordnung dynamischer IP-Adressen	134, 124	Beteiligungsanzeige
		134, 141	Überwachung von Bundestagsabgeordneten II
130, 212	Minderjährigenanteil in Wahlkreisen		
		134, 204	Gerichtliche Angemessenheitskontrolle
130, 240	Bayerisches Landeserziehungsgeldgesetz		
		134, 242	Garzweiler II
130, 263	Professorenbesoldung	134, 366	OMT-Beschluß
130, 318	Stabilisierungsmechanismusgesetz	135, 1	Echte Rückwirkung im Steuerrecht
131, 130	Weisungsrecht gegenüber Notaren	135, 48	Behördliche Vaterschaftsanfechtung
131, 152	Unterrichtungspflicht der Bundesregierung		
		135, 90	Anwalts-GmbH
131, 230	Bundesverfassungsrichterwahl	135, 126	Degressive kommunale Zweitwohnungsteuer
131, 239	Lebenspartnerschaft von Beamten		
131, 268	Sicherungsverwahrung V	135, 155	Filmförderungsanstalt
131, 316	Überhangmandate III	135, 238	Vergnügungsteuer II
132, 1	Luftsicherheitsgesetz II	135, 248	Ausschluß vom Richteramt
132, 39	Wahlberechtigung der Auslandsdeutschen	135, 259	Drei-Prozent-Sperrklausel EuWG
		135, 317	ESM- und Fiskalvertrag
131, 47	Call-by-Call	136, 9	ZDF-Staatsvertrag
132, 72	Bundeserziehungs- und Bundeselterngeld	136, 69	KfZ-Überlänge-Verordnung
		136, 127	Körperschaftsteuergesetz
132, 99	Delisting	136, 194	Deutscher Weinfonds
132, 134	Existenzminimum Asylbewerber	136, 277	Bundesversammlung
132, 179	Grunderwerbsteuer bei eingetragenen Lebenspartnern	136, 323	NPD-Äußerung
		137, 29	Äußerungsbefugnis der Bundesregierung e.A.
132, 195	ESM- und Fiskalvertrag e.A.		
132, 302	Unechte Rückwirkung im Steuerrecht	137, 108	Optionskommunen
		137, 185	Informationsrechte Bundestag
132, 334	Rückmeldegebühr II	138, 1	Schulträgerschaft
132, 372	Selbsttitulierungsrecht öffentlich-rechtlicher Kreditanstalten	138, 102	Äußerungsbefugnis der Bundesregierung
		138, 136	Erbschaftsteuer II
133, 1	Kartellgeldbuße	138, 261	Ladenschlußgesetz IV
133, 34	Wahlwerbung FDP	138, 296	Kopftuch II
133, 40	Sicherungsverwahrung IV		
133, 59	Sukzessivadoption		

Sachregister

Das Register umfaßt den zweiten Band der 3. Auflage des Kommentars (Art. 20–82). Die Verweise beziehen sich auf die kommentierten Artikel (Fettdruck) und die dazugehörigen Randnummern (Normaldruck); bei Art. 79 erfolgt die Nennung der separat kommentierten Absätze in römischen Zahlen (79 I–III). Auf die Einzelkommentierungen zu Artikel 20 wird durch folgende Abkürzungen verwiesen: 20 Einf (Einführung), 20 B (Bundesstaat), 20 D (Demokratie), 20 R (Rechtsstaat), 20 Rp (Republik), 20 S (Sozialstaat) und 20 IV (Widerstandsrecht). Die Abkürzung Vor 70–74 verweist auf die Vorbemerkungen zu Art. 70–74.

Abfall 24 59, 28 140, 74 3, 117f., 121
– Abfallbeseitigung 74 3, 117f., 121
– Abfallwirtschaft 74 3, 118, 121
Abgaben
– Beitragserhebung **Vor 70–74** 49
– Gebühren **Vor 70–74** 48f.
– Steuererfindungsrecht 28 145
– Steuergeheimnisse 44 53
– Steuergesetze **20 R** 136, 157
Abgeordnete 20 D 74f., **38** 1ff., 26ff., **48** 1ff., 8, 14f., **73** 58
– siehe auch Fraktionen
– Abgeordnetengesetz 48 37
– Alimentation 38 155, 172, 48 21ff., 37
– Altersversorgung 48 28
– Anspruch auf Entschädigung 48 1, 7
– Anspruch auf unbezahlten Urlaub 48 4, 13
– Arbeitsfähigkeit 38 27, 160, 168, 46 8
– Assoziationsrecht 38 151
– Aufwandsentschädigung 48 21, 32, 38
– Ausschußbesetzung 38 171
– Ausstattung 21 108f.
– Beförderungsanspruch 48 33, 39
– Behinderungsverbot 48 3ff., 14ff.
– Benachteiligungsverbot 48 15
– Benutzung staatlicher Verkehrsmittel 48 33
– Beobachtung durch den Verfassungsschutz 38 149
– Beschränkungen 38 159ff.
– Diäten 48 19, 30, 35
– Disziplinarmaßnahmen 38 164
– Entschädigung 21 109, 48 1, 9, 5f., 19ff.
– Fragerecht 38 168
– Fraktionslose Abgeordnete 38 170, 187
– Freies Mandat 21 167, 38 3, 5, 17f., 137
– Freiheit 38 149ff., 46 9, 21, 48 23
– Funktion als Volksvertreter 38 135ff.
– Funktionsfähigkeit des Bundestages 38 161
– Funktionsvergütungen 38 172
– Geheimnisschutz 38 168
– Gemeinsamer Ausschuß 38 171
– Gesamtrepräsentation 38 136
– Geschäftsordnungsautonomie 38 162, 40 6ff.
– Gesetzesinitiative 38 171
– Gesetzgebung 48 34ff.
– Gestaltungsspielraum des Parlaments 38 162
– Gewissensfreiheit 38 153f.
– Gleichheit 38 144, 169ff., 48 24, 29
– Grundentschädigung 48 24f., 29, 37
– Grundmandat 38 171
– Grundrechte Privater 38 168
– Gruppen 38 171
– Hauptbeschäftigung 48 19
– Immunität 46 1ff.
– Imperatives Mandat 21 140, 38 153
– Indemnität 46 1ff.
– Informationsrechte 38 44, 156
– Inkompatibilität 38 147, 48 17
– Integrität des kirchlichen Amtes 38 168
– Kündigung 48 16
– Lebensunterhalt 48 8
– Loyalitätskonflikte 38 166
– Mandatsverlust 38 145, 154, 167, 46 46, 79 II 19
– Mittelpunkt der Abgeordnetentätigkeit 48 15
– Nebeneinkünfte 48 30f.
– Offenlegungspflichten 38 166, 177
– Öffentliches Amt 38 176
– Öffentlichkeit 38 176ff., 48 26
– Parlamentarisches Teilnahmerecht 38 156
– Parteifinanzierung 48 27
– Parteipolitische Loyalitäten 38 151
– Parteisanktionen 38 167
– Parteiverbot 38 145
– Politische Parteien 38 135
– Präsenzpflichten 38 165
– Quoren 38 163
– Rechte anderer Abgeordneter 38 160
– Rechtsschutz von Gruppen 38 197
– Rederecht 38 157, 168
– Redezeit 38 171
– Repräsentation 38 135
– Rotationsprinzip 38 82, 145
– Ruhegehalt 38 174
– Selbständige 48 12
– Sozialhilfeempfänger 48 12
– Status 38 139ff., 40 7
– Steuerpflicht 48 29
– Stimmrecht 38 156
– Strafgefangene 48 12
– Strafverfolgung 46 10, 26ff.
– Transformationsfunktion 38 143
– Transparenzpflichten 48 30
– Übergangsgeld 48 28

(Fortsetzung Abgeordnete)
– Unabhängigkeit **48** 7, 19f.
– Unentziehbarkeit **38** 154
– Unterlassungsanspruch **48** 14, 18
– Untersuchungshäftlinge **48** 12
– Urlaubsanspruch **48** 2, 7f., 10ff.
– Verantwortlichkeit **39** 10, **42** 20
– Verantwortungsfreiheit **46** 9
– Verhaltensregeln **38** 166
– Wählerauftrag **38** 151
– Wahlkreis- und Listenmandate **38** 169
– Wahlvorbereitungsurlaub **48** 4f.
– Weisungsfreiheit **38** 153
– Zeugnisverweigerungsrecht **38** 155, **47** 1ff., 6ff.
– Zukunftsbezogenheit des Mandats **38** 151
– Zusatzeinkommen **48** 30
Abgeordnetenstatus 28 5, **38** 139ff.
Abgestufte Chancengleichheit 38 104, 120
Abolition 60 26
Abrundungsklausel 30 10
Abrüstung 59 28
Abschließende Regelung 70 12
Absolute Mehrheit 20 D 68, 97, **23** 24, **42** 11f., 15, 18, 37, **52** 19, **54** 35, **63** 6, 11, 14, 16ff., 30ff., 38f., **77** 60
Absolute Monarchie 79 III 35
Absolute Quote 33 117, 119, 122
Absolutismus 28 7
Absprachen, verordnungsersetzende 80 56
Abstammung 33 63ff., 70ff.
Abstandsgebot 33 197
Abstimmungen 20 D 20ff., 57, 58, 93, 99ff., **28** 66ff., 72, **41** 10, **46** 13, **51** 17, **52** 4, 24
– *siehe auch Direkte Demokratie, Volksbegehren, Volksentscheid*
– Neugliederung des Bundesgebietes **29** 25f.
– Territorialplebiszite **20 D** 20, 100, 105
– Verfassungsänderung **79 III** 40
Abstimmungsgebot 28 131
Abstrakte Normenkontrolle 23 165f., **31** 45, **39** 25, **40** 20
Abtreibung 31 61
Abwägung(sgebot) 20 R 43, 189, 226, **20a** 49, 61f., **80**, **61** 19
Abwahl
– Bundeskanzler **67** 6, 9
– Bundespräsident **61** 13
– Landesregierung **28** 58
– Parlamentspräsident **40** 24
– Vorsitzende von Untersuchungsausschüssen **44** 40
Abwehrrechte 20 D 147, **31** 52, **48** 8, 14ff.
Abweichungsgesetzgebung 31 26, **Vor 70–74** 15, 38, 41, **70** 14, **72** 6, 7ff., 12f., 15, 32ff., 54, 59, **74** 138, 141, 143, 149, 152
– Abweichungsfeste Kerne **72** 32, 34, 35ff., 54
– Karenzzeit **72** 33, 38f.

– Kennzeichnungspflicht **72** 41
– Korrekturgesetzgebung **72** 32, 34
– lex posterior **72** 39f.
– Naturschutz **72** 7, 32, 36
– Negativgesetzgebung **72** 42
– Partielles Bundesrecht **72** 49
– Pingpong-Gesetzgebung **72** 32
– Wasserhaushaltsrecht **72** 37
Act of State-Doctrin 25 50
acta iure gestionis 25 42, **32** 24
acta iure imperii 25 42, **32** 24
actus contrarius 24 27, 72
Adelsprädikate 20 Rp 18
Administrative Normsetzung 20 R 119, 173
AEMR 20 D 24, **20 S** 14
Aggressionsdefinition 26 31
Aggressionsverbot 26 22
Agrarwirtschaft 74 76, 78, 97, 145
Agreement of the People 20 D 6, **79 II** 1
Akkreditierung 59 26
Akteneinsicht 31 14, **33** 128, **45c** 27
Akzessorietät
– des Beschlagnahmeverbots **47** 10
– des Mitarbeiterschutzes **47** 6
Alimentationsprinzip 33 174, 176, 194ff., **48** 21f., 37, **79 I** 38
– Abgeordnete **38** 172, **48** 21f., 37, **79 I** 38
– Amtsangemessene Alimentation **33** 170, 196ff.
– Familiär bedingter Bedarf **33** 201
– Homogenitätsgebot **33** 199, 207
– Parameter **33** 198ff.
Allgemeine Grundsätze des Unionsrechts 20 R 23
Allgemeine Rechtsgrundsätze 20 R 42, **25** 20, 25f.
Allgemeine Verwaltungsvorschriften 20 R 61, 93, 96, 100, 173, **31** 33, **50** 26, **59** 48ff., **64** 9, **65** 33, 37, **72** 25, **80** 17, **82** 10,
Allgemeinheit der Wahl 20 D 16, **38** 68ff.
– *siehe auch Wahlrechtsgrundsätze*
– Aktives und passives Wahlrecht **38** 69
– Altersgrenzen **38** 77
– Briefwahl **38** 70
– Einschränkungen **38** 72ff.
– Formale Zulassungshürden **38** 73
– Geistige Gebrechen **38** 77
– Inkompatibilität **38** 72
– Listenprivileg **38** 73
– Objektiv-rechtliche Qualität **38** 69
– Seßhaftigkeit im Bundesgebiet **38** 74
– Staatsangehörigkeit **38** 76
– Staatsbürgerliche Mängel **38** 77
– Volkssouveränität **38** 76
– Wahlalter **38** 72, 129f.
– Wahlvorschlagsrecht **38** 71, 78, 90
– Zweck **38** 68
Allgemeinpolitisches Mandat 28 136

Allgemeinverbindlicherklärung 20 R 153, Vor 70–74 32, 80 17, 82 10
Alliierte Intervention 70 2, 12, 72 2
Allmende 28 6
Allzuständigkeit 28 8, 17, 101f.
Altersdiskriminierung 73 59
Altersgrenzen 33 49, 110ff., 182, 38 77, 128, 74 52
Alterspräsident 39 14, 27
Altersversorgung 48 28, Vor 70–74 26, 48, 74 52
Altes Reich 30 4, Vor 70–74 4, 72 1
Ältestenrat 38 187, 40 8, 26, 28, 41 23, 42 25, 43 9, 46 15, 52 17
Althusius 20 D 4, 30 3
Amending power 79 II 14
Amendments 79 I 9
Amerikanische Revolution 20 Einf 1, 20 B 1, 20 D 11, 38 4, 79 II 1f.
Amnestie 60 3, 5, 10f., 26, 74 19, 82 15
Ämterpatronage 33 102
Ämterstabilität 33 133ff., 137f., 180
Amtsausstattung 48 21, 38
Amtsbeendigungstatbestand 69 2
Amtsbezeichnung 33 174, 202
Amtsdauer des Bundespräsidenten 54 38
Amtseid 50 28, 54 39, 56 1ff., 4ff., 64 27, 31
Amtsenthebung 61 6, 7, 17, 20
Amtshaftung 20 R 24, 222, 34 22ff., 33ff.
– siehe auch Staatshaftungsrecht
Amtshilfe 35 1ff., 10ff., 45c 27, 38, 73 71
– Anforderung eines Landes 35 26
– Anwendungsbereich 35 12
– Aufhebungsverlangen 35 36
– Bedeutung 35 11
– Begriff 35 13
– Berechtigte Behörden 35 15ff.
– Besondere Gefahrenlagen 35 25ff.
– Besonders schwere Unglücksfälle 35 29, 34
– Bundesgrenzschutz 35 5, 25, 28, 30, 35
– Bundesintervention 35 34
– Bundespolizei 35 5, 25, 28, 30, 35
– Bundesstaatliche Ordnung 35 10, 21, 37
– Bundeswehr 35 16, 25, 32, 37
– Datenverarbeitung 35 11, 24
– Direktive der Bundesregierung 35 26
– Dritte 35 17
– Eilentscheidungen 35 37
– Ermessen 35 30, 35
– Ersuchen 35 19
– Gegenstand 35 14
– Gesetzesvorbehalt 35 23
– Grenzen 35 23
– Großdemonstrationen 35 29
– Grundrechtsbindung 35 23
– Grundverfahren 35 20
– Hilfeleistung 35 20
– Informationelle Selbstbestimmung 35 24, 37

– Informationshilfe 35 24
– Innerer Notstand 35 25
– Kosten 35 19, 22, 28, 31, 35
– Militärische Einsatzmittel 35 5, 30ff.
– Naturkatastrophen 35 29
– Öffentliche Ordnung und Sicherheit 35 27ff.
– Personenbezogene Daten 35 24
– Rahmenvorschrift 35 18
– Rechtshilfe 35 11, 13
– Rechtsstaat 35 10, 37
– Rechtsverhältnis 35 17
– Regelungsgegenstände 35 10
– Regelungszweck 35 10
– Regionale Notfälle 35 26, 29ff.
– Rundfunkanstalten 35 15
– Selbstvornahme 35 19
– Sonderfälle bundesstaatlicher Hilfe 35 25
– Spontanhilfe 35 19
– Streitkräfte 35 16, 25, 30ff., 35
– Subjektives Recht 35 17
– Überregionale Notfälle 35 33ff.
– Umfang 35 21
– Unglücksfälle 35 29
– Universitäten 35 15
– Unmittelbare Verpflichtung 35 17
– Unterstützungsanspruch 35 17
– Verfahrensherrschaft 35 20
– Verfahrensphasen 35 20
– Verpflichtete Behörde 35 15ff.
– Verpflichtung zur Amtshilfe 35 26
– Weitergabeverbote für Daten 35 24
Amtspflicht 34 2, 7, 41ff., 63
Amtsverhältnis 54 42
Änderung des Grundgesetzes 79 I 1ff., 79 II 1ff., 79 III 1ff.
Anerkennung von Staaten 59 20, 23, 37
Anfechtungsprinzip und Offizialmaxime 41 14
Angestellte 33 75, 85, 104ff., 143, 150, 160, 165ff., 172, 36 12
Angriffshandlung 20 IV 19
Angriffskrieg 26 1, 3, 7, 17, 21, 24, 30ff., 41f.
– Beihilfe 26 34f.
– Verbot 26 1ff., 13ff.
Anhörungspflichten 37 12
Anhörungsrecht 20 B 50, 28 113, 29 21, 36, 32 45ff., 34 21f., 37 12, 45c 5, 35f., 69 9, 80 27, 58
Annexkompetenz 28 112, 31 37, Vor 70–74 49, 71 8
– Beitragserhebung Vor 70–74 49
– Gebührenerhebung Vor 70–74 49
– Statistik Vor 70–74 49
– Volksbefragung Vor 70–74 49
Anschütz, Gerhard 31 7, 42, Vor 70–74 45, 79 II 3, 79 III 2
Anspruch auf Demokratie 20 D 80f.
Anspruch auf faires Strafverfahren 20 R 218
Anspruch auf rechtliches Gehör 20 R 216

Sachregister

Anspruch auf Verordnungserlaß **80** 56
Anthropozentrik **20a** 7, 29, 31, 56
Antiterrordatei **73** 71
Antizipierte Zustimmung **59** 36, 45
Antragsrechte **21** 128
Antwortpflicht **43** 11, 15
Anwendung der Gesetze **20 R** 170
Anwendungsvorrang des Unionsrechts **20 R** 27, 32, **23** 12ff., **24** 48, **25** 29, **31** 13, **72** 33, 40, 49
– siehe auch *Unionsrecht*
– Gesetzgebungskompetenzen **73** 5f., 9, 13, 19, 22, 31, 39, 43, 46, 52, 55, 59, 62, 67, 77, 81, 87
Apokryphe Rechtseinheiten **20 D** 137
Apothekenwesen **74** 7, 89
Appellfunktion **20 IV** 15
Arbeit
– Arbeitnehmerfreizügigkeit **33** 49, 56, 75ff., 155, 162
– Arbeitskampf **70** 15
– Arbeitslosenversicherung **20 S** 7, **74** 61f.
– Arbeitsrecht **74** 57ff.
– Arbeitsverhältnisse der Parteien **21** 67
– Streik **70** 15
Arbeiter **33** 104ff., 143, 150, 160, 165ff., **36** 12
Arbeiterbewegung **20 S** 5
Arbeitnehmerfreizügigkeit **33** 49, 54, 62, 67f., 74ff., 155, 162, 209, 211, **74** 33
Arbeitsgerichtsbarkeit **74** 58
Arbeitskampfrecht **20 R** 197, **35** 26, 37, **70** 15
– Aufgabenbezogenes Streikverbot **33** 192
– Funktionales Streikverbot **33** 192
– Richterrecht **74** 58
– Statusbezogenes Streikverbot **33** 191
– Streikrecht **33** 49, 187ff., 208
– Streikverbot **33** 49, 187ff., 208
Arbeitslosenversicherung **20 S** 7, **74** 61f.
Arbeitsrecht **74** 57ff.
Arbeitsrecht des öffentlichen Dienstes **74** 58
Arbeitsschutz **74** 60
Arbeitsvermittlung **74** 60
Aristokratie **20 D** 1f., 10, 13, 61, **20 Rp** 4
Aristoteles **20 D** 2, 68, **20 R** 2, **Vor 70–74** 2
Arkangesetzgebung **82** 8
Armenfürsorge **20 S** 4
Arms Trade Treaty **26** 10
Artikel 10-Gesetz **45d** 27, 56
Artenschutz **20a** 43, 55, **74** 98
Arzneimittel **74** 90
Arztberuf **74** 84ff.
Asyl
– Asylbewerberleistungsgesetz **20 S** 28, 45
– Unionsrechtliches Asylregime **74** 35
Atomenergie
– Atomwaffen **20 D** 107, **26** 8, 30, **28** 136, **71** 10
– Euratom **73** 87

– Gesetzgebungskompetenz **73** 3, 84ff., 90, **74** 1, 3, 8, 51
– IAEO **73** 87
Attische Demokratie **20 D** 1
Attischer Seebund **28** 1
Aufenthalt von Ausländern **74** 32
Aufenthaltsrecht **73** 22
Auffangtatbestand **20 Einf** 14
Auffangverantwortung **20 R** 205
Aufgabenentzug **28** 111, 117f., 162
Aufgabenprivatisierung **28** 125, **33** 151, 157, 166
Aufgabenüberbürdung **28** 88
Aufgabenübertragung **28** 18, 21, 40, 81, 111
Aufgabenzuweisung **45c** 22ff.
Aufhebungsverlangen bei Amtshilfe **35** 36
Aufhebungsvorbehalte **80** 28ff., 37
Auflösung
– Bundestag **38** 145, **39** 6, 16, 19, **54** 19, **57** 12, **58** 11, 22, **68** 3ff., 10ff., **81** 7f., 9, 16, 26
– Parteien **21** 60
– Untersuchungsausschüsse **44** 55
Auflösungsanordnung **68** 10, 25, 26
Auflösungsentscheidung **68** 12f., 15
Auflösungsorientierte Vertrauensfrage **68** 3, 9, 11
Aufopferung **20 R** 222, **34** 11, 64
Aufsicht **20 D** 121f., 126, 129f., **28** 8, 14, 65, 170
Aufsichtsrat **55** 11, **66** 10, 13, 14
Aufwandsentschädigung **48** 5, 21, 32, 38
Augustinus **20 Rp** 2
Ausbildungsbeihilfen **74** 3, 63f.
Ausfertigung von Gesetzen **20 R** 202, **77** 16, 26, **78** 10, **82** 1, 4, 7ff., 11ff., 20f.
– Frist **82** 4, 7, 21
– Funktionen **82** 8
– Gegenzeichnung **82** 4, 15, 21
– Prüfungsrecht des Bundespräsidenten **82** 12ff.
– Rechtsverordnungen **82** 2, 4, 7ff., 22f.
– Verfassungspraxis **82** 9, 12f.
– Zuständigkeit **82** 11
Ausflaggen **27** 3, 12
Ausführungsgesetze **29** 25, 34
Ausgleichsfunktion **28** 162
Ausgleichsmandate **38** 118f., 171, **40** 30, **79 II** 19
Ausland
– Auslandsaktivitäten von Parteien **21** 58
– Auslandsdeutsche **20 S** 38, **21** 58, **38** 75
– Auslandseinsätze der Bundeswehr **73** 83
– Auslandsschulen **73** 12
– Nachrichtendienstliche Auslandsaufklärung **45d** 4
Ausländer
– Aufenthalt **74** 32
– Ausländerbeiräte **28** 124

2179

(Fortsetzung Ausländer)
- Ausländermaut **74** 113
- Ausländerrecht **74** 31 ff.
- Auslieferung **23** 27, **73** 8, 27, **74** 32
- Einwohnerzahl **51** 20 f.
- Faires Verfahren **20 R** 217
- Freizügigkeit **23** 21 f.
- Kommunalwahlrecht **20 D** 52, 90, **28** 20, 27, 69 ff., **79 III** 43
- Niederlassung **74** 32
- Parteien **21** 14, 53, 68
- Politische Beteiligung **28** 72
- Sozialstaatlichkeit **20 S** 38
- Wahlrecht **20 D** 52, 90, **28** 20, 33, 61, 69 ff., **38** 76, **79 III** 43

Ausländermaut 74 113
Ausländische Hoheitsakte 25 48 ff.
Auslegung 20 Einf 13 ff., **20 R** 23, 26 f., 61, 87 f., 94, 102, 176, 187, **65** 25
- Auslegung von Gesetzen **20 R** 176
- Auslegungsgrundsätze **20 R** 102
- Auslegungsrichtlinie **20 Einf** 14
- Authentische Interpretation **21** 34, **59** 36, **65** 3, **79 I** 35
- Begründung **20 R** 176
- Bundesrechtskonforme Auslegung **31** 17, 37
- Dynamische Auslegung **59** 36
- Europa(rechts)freundlichkeit **23** 38, 176
- Gesetzgebungskompetenzen **Vor 70–74** 51 f.
- Grundgesetzkonforme Interpretation **79 I** 40
- Kompetenzbestimmungen **Vor 70–74** 51 f.
- Landesrechtliche Annexkompetenzen **31** 37
- Rechtsschutz bei der Wahl **41** 12
- Regierungsverantwortung **65** 25
- Systematische **Vor 70–74** 45
- Teleologische **20 R** 87, 102
- Umlaufverfahren **62** 14
- Verfassungskonforme Auslegung **20 Einf** 14, **20 R** 87, 94, **23** 133, **41** 12, **62** 14
- Verordnungsermächtigung **80** 35
- Wandel der Auslegung **31** 10, 20

Auslieferung 25 41, 49, **59** 4, 55, **73** 8, 27, **74** 32
Aussageverweigerung 44 48 f.
Ausschließliche Bundesgesetzgebung 54 43, **Vor 70–74** 8 f., 11 f., 19, 24 ff., 36, 40, 45, **71** 1 ff., 6 ff., **73** 1 ff.
- siehe auch Gesetzgebungskompetenzen
- Verhältnis zum Landesverfassungsrecht **71** 4, 9 f.
- Vor- und Fernwirkungen **71** 10, **72** 29 f.
- Zustimmungserfordernis **73** 88 f.

Ausschluß der Öffentlichkeit 42 29, **52** 21
Ausschlußfrist 76 72, 92, **77** 33, 58
Ausschlußgründe bei Parteien 21 136
Ausschüsse 40 29 ff., **45d** 17, **52** 5, 20, 23, 27 ff.
- Abgrenzung zu Gremium **45d** 17
- Ausschuß der Regionen **23** 76, 158, **28** 26, **50** 11, **51** 8, **52** 9

- Ausschuß für Angelegenheiten der EU **23** 28, 35, 113, 123, 127, 163, **45** 1 ff.
- Ausschuß für auswärtige Angelegenheiten **45a** 1, 3, 5
- Ausschußarten **44** 17
- Ausschußbesetzung **38** 171, **40** 30 f., **52** 29
- Ausschußdienst **45c** 20, 28 f., 34, 36
- Ausschußrückruf **38** 194
- Ausschußvorsitz **40** 31, **52** 29, **45c** 20
- Berichtspflicht **45a** 7, 9
- Bestellung **45a** 4
- Bundestag **40** 29 ff., **77** 15, 19 ff., 35
- Gemeinsamer Ausschuß **45a** 10, **53a** 1 ff.
- Indemnität **46** 15
- Kontrollaufgaben **45a** 5
- Notstandsvollmachten **53a** 1 ff.
- Öffentlichkeit **42** 24
- Petitionsausschuß **45c** 17 ff., 22 ff., 32 ff.
- Pflichtausschüsse **45** 2, 8, 11, **45a** 3
- Ständige Ausschüsse **45a** 3
- Verteidigungsausschuß **45a** 1, 3, 6 ff.

Außenpolitik 28 136, **32** 22, 29, **62** 5
Außenvertretung 54 5, 15 f.
Äußerer Notstand 80a 4
Aussprache 67 16
Ausstrahlungswirkung
- Parteienrecht **21** 14, 67, 98
- Rechtsstaatsprinzip **20 R** 111 f.
- Wahlverzicht **38** 69

Austrittsfreiheit bei Parteien 21 60, 65, 135
Auswahlentscheidung 33 89 ff., 94 ff., 116 ff., 127 f., 131 ff.
- Dokumentation **33** 128
- Leistungsfremde Auswahlkriterien **33** 116 ff., 122
- Leistungskriterien **33** 89 ff., 94 ff.

Auswahlverfahren 33 123 ff., 133 ff.
- Mitteilung **33** 128, 133 ff.
- Öffentliche Ausschreibung **33** 125 f.

Auswanderung 73 26
Auswärtige Angelegenheiten 45a 1, 5, **73** 10 ff., 74, 90, **74** 46
- Außenpolitik **62** 5
- BND **73** 12
- Exilorganisationen **73** 3, 69

Auswärtige Beziehungen 23 32, 139, 157, **32** 1 ff., 15 ff., **59** 2, 14 ff.
- acta iure gestionis **32** 24
- acta iure imperii **32** 24
- Anhörung (Länder) **32** 45 ff.
- Anwendungsbereich **32** 20 ff.
- Auswärtige Gewalt **32** 1, 15
- Auswärtige Staaten **32** 20, 49
- Bundesregierung (Organkompetenz) **32** 26
- Bundesregierung (Zustimmung) **32** 4, 6, 16 f., 52, 57 ff.
- Bundestreue **32** 29, 31, 37, 40, 43, 45, 50
- Diplomatische Beziehungen **32** 23, 29

Sachregister

(Fortsetzung Auswärtige Beziehungen)
- Erklärungen **59** 20ff., 37ff.
- Föderalistische Lösung **32** 35, 37
- Gemeinsame Abkommen **32** 56
- Gemischte Abkommen **32** 9, 51, **59** 9
- Informelle Akte **32** 22, 27
- Innerstaatliche Akte **32** 25
- Kommunale Außenpolitik **28** 136
- Konkordate **32** 21
- Kulturabkommen **32** 33, 40
- Lindauer Abkommen **32** 5, 35, 38ff., 51
- Norddeutsche Lösung **32** 35, 37
- Organkompetenz **32** 26, 60
- Paulskirchenverfassung **32** 2
- Pflege **32** 22ff.
- Rücksichtnahme **32** 29, 31
- Sperrwirkung **32** 28, 31, 55
- Spezialregelung **32** 60
- Staatsvertrag **32** 60
- Süddeutsche Lösung **32** 35
- Transformationskompetenz **32** 34ff.
- Vertragsabschlußkompetenz (Bund) **32** 16, 26, 32ff.
- Vertragsabschlußkompetenz (EU) **32** 9
- Vertragsabschlußkompetenz (Kommunen) **32** 19, 30f., 49
- Vertragsabschlußkompetenz (Länder) **32** 14, 16f., 27ff., 34ff., 48ff.
- Völkerrechtssubjektivität **23** 16
- Weimarer Reichsverfassung **32** 2
- Zentralistische Lösung **32** 35f.

Auswärtige Gewalt **20** R 73, 95, 127, **30** 22, **59** 1f., 4, 14ff., 51f., **62** 35, **65** 33
Authentische Interpretation **21** 34, **59** 36, **79** I 35
Autonome Legitimation **20** D 92, 120, 128f.

Baden-Württemberg **29** 13f., 38
Bagatelldelikte **46** 27, 39
Bagatellvorbehalt **20** D 88
Bahn **71** 6, **73** 3, 47ff., 58, 90, **74** 114ff.
Bahnpolizei **73** 51
Bananenmarkt-Beschluß **23** 83, 173
Bankwesen **74** 53, 56
Bannmeile **74** 30
Baugesetze der Verfassung **20** Einf 8
Bauleitplanung **28** 130, **74** 81
Bauordnungsrecht **74** 81
Baurecht **74** 81, 83, 147
Beamte **33** 1ff., **36** 12
- *siehe auch Berufsbeamtentum, Zugang zu öffentlichen Ämtern*
- Auf Probe **33** 104, 180f., 195
- Auf Zeit **33** 104, 180f., 195
- Aufgabenprivatisierung **33** 151, 157, 166
- Beamtenrecht **33** 52, 161, 168ff., 172ff., **34** 2, 10, 35, 61, 64, **66** 6, **73** 56ff., **74** 6, 130ff.
- Beamtenrechtliche Grundsätze **66** 1, 6

- Beamtenstellen **33** 39, 95, 121, 162
- Befähigung **33** 73, 89ff.
- Beförderung **33** 87, 93, 113, 180
- Begründungslasten **36** 9, 21
- Behandlung freier Bewerber **36** 13
- Beleihung **33** 85
- Besten-Auslese **36** 15, 18, 22f.
- Beurteilung **33** 88, 127
- Bundesbeamte **21** 8, **52** 7, **54** 17, **60** 15, 17, 34, **73** 56ff.
- Bundesbehörden **36** 7
- Darlegungslasten **36** 9, 21
- Dienstliche Beurteilung **33** 88, 127
- Eignung **33** 89ff., 94ff., 116ff., 122
- Ernennung **54** 17, 20
- Fachliche Leistung **33** 89ff., 94ff.
- Gesetzlichkeit des Beamtenverhältnisses **33** 161, 179
- Länderzuordnung **36** 13
- Lehrer **33** 98ff., 101, 145, 159, 203
- Mindesteinsatzbereich **33** 149, 152
- Pflicht zur Verfassungstreue **33** 49, 103ff., 161
- Politische Beamte **33** 85, 102, 180
- Politische Bekundungen **33** 95, 101, 103ff., 186
- Proportionale föderale Parität **31** 11ff.
- Qualifikation **36** 15, 18, 22f.
- Streikverbot **73** 59
- Teilzeit **33** 49, 121, 184, 208
- Umsetzungsdefizit im Länderproporz **36** 10
- Unabhängigkeit des Beamten **33** 180, 183, 194
- Vorbereitungsdienst **33** 77, 195
- Wohnsitzprinzip **36** 13
- Zweispurigkeit des öffentlichen Dienstes **33** 150

Bebauungsplan **28** 133
Bedarfsgegenstände **74** 97
Bedarfskompetenz Vor **70–74** 44, **72** 9, 15, 18ff., 53
Bedürfnisklausel Vor **70–74** 13, **72** 3f.
Befehlsgewalt **65** 16, 29, **65a** 1ff., 9ff.
Beförderungsanspruch **48** 33, 39
Befragungsrechte **45d** 43
Befreiungen **60** 24
Beglaubigung **54** 5
Begnadigung **54** 17, **58** 21, **60** 3, 5, 7, 10f., 26ff.
- Billigkeitsgedanke **60** 24
- Delegationsermächtigung **60** 31
- Einzelfall **60** 26
- Gegenzeichnung **60** 29
- Gnade **60** 23ff.
- Justitiabilität **60** 30
- Landesebene **60** 12
- Menschenwürde **60** 25
- Widerruf **60** 30
- Willkürverbot **60** 25

Begrenzte Einzelermächtigung 23 23, 71, 87, 94f., 176, **30** 9
Begründungszwang (für Normsetzungsakte) 20 R 201, **80** 47
Behinderung 33 49, 109, 117, 120, **38** 85
Behinderungsverbot 48 3ff., 14ff.
Beihilfe 33 197, 199, 201
Bekenntnisunabhängigkeit 33 98ff., 139ff.
Bekleidungsvorschriften 33 114
Beleidigungen 46 14
Beleihung 20 D 122, 33 76, 85, 151, 166, **35** 15
Belgien 23 29, 28 36, 30 13, 32 11f., 50 14, 67 4, Vor 70–74 25
Benachteiligungsverbot 33 120, **48** 15
Beraterverträge 48 23, 31
Bergbahnen 74 115f.
Bergbau 74 51
Berichterstattung 42 8, 27, 41
Berufliche Bildung 74 59, 63f., 66
Berufsbeamtentum 33 1ff., 52ff., 73ff., 168ff.
– Alimentationsprinzip 33 174, 176, 194ff.
– Altersgrenze 33 49, 110ff., 182
– Amtsangemessene Beschäftigung 33 161, 202
– Amtsbezeichnung 33 174, 202
– Amtsverschwiegenheit 33 186
– Arbeitszeit 33 184, 203
– Aussagefähige Amtsbezeichnung 33 202
– Beamtenrecht 33 52, 161, 168ff., 172ff.
– Beamter auf Probe 33 104, 180f., 195
– Beamter auf Zeit 33 104, 180f., 195
– Befähigung 33 73, 89ff.
– Berücksichtigungsgebot 33 174ff.
– Berufssoldaten 33 85, 143, 160, 173
– Bestenauslese 33 73, 89, 118f., 122, 127
– Beurteilung 33 88, 127
– Beurteilungsspielraum 33 90, 130, 131, 196, 205
– Bewerbung 33 88, 126, 127, 130, 131
– Deutschenbegriff 33 55ff., 74ff.
– Dienst- und Treueverhältnis 33 160ff., 186
– Ehrenbeamte 33 85
– Eignung 33 89ff., 94ff., 116ff., 122
– Einschränkung der Grundrechte 33 107, 144, 157, 171
– Entstehungsgeschichte 33 1ff., 7ff., 48, 61, 158, 164, 167, 170, 173, 175
– Ernennung 33 112, 128, 132ff., 137f., 203
– Ernennungsurkunde 33 203
– Fachliche Leistung 33 89ff., 94ff.
– Führungsämter auf Zeit 33 181, 208
– Funktionsfähigkeit 33 168
– Fürsorgepflicht 33 161, 170, 174, 193
– Gehorsamspflicht 33 186
– Gesetzlichkeit des Beamtenverhältnisses 33 161, 179
– Grundrechtsähnliche Individualrechtsgarantie 33 170
– Hauptberuflichkeit 33 161, 183f.
– Hergebrachte Grundsätze 33 5, 49, 50, 51, 94f., 161, 174ff., 205, 213
– Hinterbliebenenversorgung 33 97, 194
– Institutionelle Garantie 33 52, 149, 169, 176
– Kernbestand von Strukturprinzipien 33 178
– Kirchen 33 173
– Kommunen 33 58
– Laufbahnprinzip 33 174, 202
– Lebenszeitprinzip 33 161, 174, 176, 180ff.
– Leistungsprinzip 33 73, 122, 185
– Mäßigungsgebot 33 95, 99f., 101f., 161, 186
– Mindestaltersgrenze 33 49, 111, 182
– Minister 33 173
– Nebentätigkeit 33 179, 184, 203
– Parteizugehörigkeit 33 102, 103ff.
– Pflicht zu unparteiischer Amtsführung 33 180, 183, 186
– Politische Beamte 33 85, 102, 180
– Richter 33 85, 160, 172, 198ff.
– Rücksichtnahmepflicht 33 186
– Streikverbot 33 49, 187ff., 208
– Treuepflicht 21 158, 33 103ff., 161, 174, 186, 187ff., **48** 15
– Unentziehbarkeit des statusrechtlichen Amtes 33 180
– Versorgung 33 48, 97, 112, 143, 170, 179, 194, 197, 200, 201f.
– Vollzeitprinzip 33 183f.
– Vorbildung 33 92f., 202
Berufsfreiheit 20 R 190, 21 110, 33 107, 157, 184, **48** 19, **55** 10, **74** 24, 87f.
Berufsgeheimnis 47 1, 6
Berufssoldaten 33 85, 143, 160, 173
Berufsverbot 64 25, 66 1ff., 5ff.
Besatzungszonen 29 3f.
Beschlagnahme 40 38, 44 52, 47 1ff., 10ff.
Beschlagnahmeverbot 47 1ff., 10ff.
– Akzessorietät zum Zeugnisverweigerungsrecht 47 10
– Präventiv-polizeiliche Beschlagnahmen 47 14
– Rückgabepflicht 47 15
– Schutzgegenstand 47 11
– Schutzzweck 47 5, 10
– Verwertungsverbot 47 9, 14
Beschlußfähigkeit 42 13, 33, **52** 19, **77** 19
Beschlußvorlagen 45c 23
Beschwerden 45c 27
Besoldung 33 48, 81, 97, 113, 143, 179, 185, 194ff., **55** 9, **74** 6, 130ff., 137
– Abstandsgebot 33 197
– Hochschullehrer 33 195, 200
– Leistungszulagen 33 179, 194, 201
– Richter 33 198ff., 200, 207
– W-Besoldung 33 200
Besondere Gewaltverhältnisse (Sonderstatusverhältnisse)

Sachregister

(Fortsetzung Besondere Gewaltverhältnisse)
– Schule **20 R** 110, 117
– Strafgefangene **20 R** 110
Bestandsgarantie 28 92, **29** 11, 17, **60** 18, **79 II** 14, **79 III** 21
Bestandteilsnormen 28 45, 48
Bestandteilstheorie 31 22
Bestimmtheitsgebot 20 R 120, 129 ff., 135 ff., 140, 228, **23** 40, 51, 94, **24** 37 f., 73, **80** 10, 14, 19, 21, 32 ff., 46
Bestimmungsrecht der Fraktionen 45a 4
Betäubungsmittel 74 90
Betreuungsgeld 74 39
Betriebsverfassung 74 60
Betroffenendemokratie 20 D 5, 114, 128
Beurteilungsspielräume 20 R 133, 185 f., **33** 90, 130, 131, 196, 205, **35** 27, **76** 69, 78, 94
Beweiserhebung 44 42, 45 ff.
Bewertungsverbot 21 65
Beziehungen, politische 59 5, 28, 35
Bezirke 28 155
Billigkeitsrechtsprechung 20 R 186
Binnenföderalismus 30 14
Binnenmarkt 74 41
Binnenwasserstraßen 74 104
Bismarck 20 S 5
Bodennutzung 28 130
Bodenrecht 74 81, 147
Bodenverteilung 72 27, 54, **74** 144 f.
Bodin, Jean 50 1, **Vor 70–74** 3
Bologna-Prozeß 59 42, **74** 154
bona fides 20 B 16, **25** 25
Börsenwesen 74 53
Botschafter 59 23, 26
Briand-Kellog-Pakt 26 5, 31
Briefwahl 28 63, **38** 70, 85, 125
Brücke von Varvarin 74 44, 124
Budgetrecht 20 D 15, 87, **23** 58, 67, 97 f., 120, 149, 165, **79 III** 42
Bund-Länder-Streit 23 139, **29** 37, **30** 32
Bundesanzeiger 82 24
Bundesaufsicht 28 170, **37** 14, 15, **44** 23, **50** 27
Bundesauftragsverwaltung 20 B 50, **28** 157
Bundesbank 20 D 131, **20 R** 69, 78, **38** 43, **73** 29, 90, **80** 17
Bundesbeamte 60 1, 15, 17, 19, 34
– *siehe auch Beamte, Berufsbeamtentum, Zugang zu öffentlichen Ämtern*
Bundesbehörden 35 12, **36** 1 ff., 7 ff., 11 ff., **45d** 4, 5, 7, 22 f., 30, **54** 12, **60** 22, 27, 31, **62** 17, 19, 21, 28 f.
Bundeseinheitliche Regelung 72 20
Bundesexekution 28 19, **37** 4
Bundesfarben 20 Rp 28, **22** 10 ff., 14
Bundesflagge 22 9 ff., 26, 35
Bundesfreundliches Verhalten 20 B 16 ff., 45 ff., **20 D** 107, **23** 137, **30** 26, **37** 12, **79 III** 47 f.
Bundesgebiet 29 16, **71** 6

Bundesgerichte 36 11, **71** 6
Bundesgesetzblatt 82 16, 18, 24 f., 28
Bundesgesetzgeber 28 112, 152
– *siehe auch Gesetzgebung, Gesetzgebungskompetenzen*
Bundesgrenzschutz 35 5, 25, 28, 30, 35, **60** 18
Bundeshauptstadt 22 21 ff., 31 ff.
Bundesinteressen 50 18
Bundesintervention 28 170, 177, **35** 34
Bundeskanzler 54 13, **58** 14, 18, 22, **62** 10 ff., 15 ff., 23 ff., **63** 1 ff., 7 ff., **64** 5 ff., 8 ff., 15 ff., 24 ff., **65** 7 ff., 15 ff., 51, **66** 1 ff., **67** 1 ff., **68** 1 ff., 17 ff., **69** 1 ff.
– Abwahl **67** 6, 9
– Akzessorietätsprinzip **69** 13
– Amt innerhalb der Bundesregierung **62** 23
– Amtsdauer **69** 1, 13
– Amtsführung **66** 5
– Amtsübernahme **63** 12
– Annahme der Wahl **63** 12, 26 f., 41
– Auflösung des Bundestages **63** 33, 39, 45 f.
– Beendigungsgrund für Amtszeit **69** 14
– Deutsche Staatsangehörigkeit **63** 13
– Entlassung **58** 18, **60** 34
– Ernennung **58** 6, 11, 18, 21 f., **60** 34, **63** 27 f., 38
– Förmliche Regierungsbildung **63** 7
– Gesamtverantwortung **65** 19
– Gouvernementale Organisationsgewalt **64** 9, 10, 15
– Inkompatibilität **66** 7
– Institutioneller Mittelpunkt der Exekutive **62** 17
– Kabinettsbildungsrecht **64** 5, 24, **69** 21, 25
– Kanzlerdemokratie **62** 15, **64** 5, **65** 14 f.
– Kanzlermehrheit **63** 16, 24, 26, 33 f., 38, 43 f., **68** 22
– Kanzlerprinzip **62** 2, 10, **65** 11 f.
– Kernbereich der Kanzlerkompetenzen **64** 23
– Koalitionsvereinbarungen **63** 14 f.
– Mehrheitskanzler **68** 3
– Minderheitskanzler **63** 39 ff., **68** 3, 14, 18, 21
– Minderheitsregierung **63** 33, 43 f.
– Mißtrauensvotum **67** 1 ff., 6 ff.
– Öffentliches Ehrenamt **66** 9, 11
– Organisationserlaß **64** 16, 23
– Organisationskompetenz **64** 8 f.
– Parlamentarische Staatssekretäre **64** 24
– Personalkompetenz **64** 24
– Personalunion von Verteidigungsministeramt und Bundeskanzleramt **65a** 6
– Politische Einschätzungsprärogative **64** 25
– Präsentationskapitulation **63** 22
– Regierungsbildungskompetenz **63** 8
– Regierungsverantwortung **65** 15 ff.
– Ressortfreies Amt **62** 16
– Richtlinienkompetenz **59** 21, **62** 15, **65** 17 ff., 22 ff., **65a** 7, 13

(Fortsetzung Bundeskanzler)
- Rücktrittserklärung **69** 11
- Stellvertretung **52** 7, **62** 15, **64** 13, **65** 22, **69** 1ff.
- Stimmengleichheit **63** 47
- Subjektive Unzumutbarkeit **69** 19
- Tod des Bundeskanzlers **63** 47, **69** 2, 14
- Verfassungstreue **63** 13
- Vertrauen der Parlamentsmehrheit **63** 4, 8
- Vertrauensabhängigkeit **69** 18, 25
- Vorschlag des Bundespräsidenten **63** 17 ff.
- Vorübergehende Verhinderung **69** 7
- Wahl **63** 7 ff.
- Wahl durch absolute Mehrheit **63** 32
- Wahl durch den Bundestag **63** 23 ff.
- Wahl ohne Aussprache **63** 25, 31
- Wählbarkeitsvoraussetzungen **63** 13
- Wahlinitiative aus dem Bundestag **63** 30
- Wahlphasen **63** 11, 16ff., 29ff., 33ff.
- Weisungsbefugnis gegenüber Stellvertreter **69** 12

Bundeskanzlerwahl
- Dritte Wahlphase **63** 33 ff.
- Erste Wahlphase **63** 16 ff.
- Quorum **63** 30, 35
- Verfahrensschritte **63** 12
- Vorschlagsrecht **63** 4, 6, 12, 19, 21, 30
- Wahlkörperschaft **63** 10
- Wahlphasen **63** 11, 16ff., 29ff., 33ff.
- Zweite Wahlphase **63** 29 ff.

Bundeskompetenzen
- *siehe Gesetzgebungskompetenzen*

Bundeskriminalamt 36 11, **45d** 25

Bundesländer 20 B 40ff., **23** 3ff., 27, 29, 31, 109, 136ff., **28** 41ff., **33** 51, 58, 63ff., 70ff., 199, **54** 10, 28, **59** 14, 31, 33, 48f., 55, **63** 6, **Vor 70–74** 1ff., **70** 1ff., **72** 1ff., **74** 1ff.
- *siehe auch Bundesstaat, Föderalismus*
- Abweichungsgesetzgebung **Vor 70–74** 15, 35, 38, 41, 53, **70** 14
- Ausschließliche Gesetzgebung **Vor 70–74** 40, **70** 16
- Eigenstaatlichkeit **20 Einf** 14, **20 B** 41f., **28** 42ff., **29** 11, **30** 15, 25, **79 III** 13, 47f.
- Existenzgarantie **29** 11, 17
- Fälle der Ermächtigung **71** 12
- Finanzausgleich **29** 1, 18, 38
- Finanzen **79 III** 22
- Kernbereich der Regierung **79 III** 50
- Kooperation **24** 17, 55,
- Kulturhoheit **70** 15
- Länderbüros (Landesvertretungen) **23** 29, 157
- Ländergleichheit **20 B** 43f.
- Länderproporz **36** 11 ff.
- Ländervertreter **23** 7, 29, 139f., 152ff., 160
- Landesgesetzliche Ermächtigungen **80** 11, 19
- Landesgrundrechte **28** 5, 47, 59, 169
- Landeskompetenzen **70** 13 ff.
- Landesparlamente **23** 31, 120, 152
- Landesregierung **28** 58, 63, 169, **66** 17
- Landesverfassungsrecht **Vor 70–74** 27 ff., **70** 6
- Landesvölker **20 D** 91
- Mindestbestand an Legislativkompetenzen **70** 10
- Residualkompetenz **Vor 70–74** 31, 35, **70** 7, 15, 17
- Staatsqualität **29** 11

Bundesminister 20 D 121ff., **58** 1f., 14, 18, 20, **64** 1ff., 5ff., **66** 1ff., **73** 58, **80** 24, 26, 40
- Abgrenzung der Geschäftsbereiche **64** 8
- Abgrenzung zum Bundeskanzler **64** 15 ff.
- Akzessorietätsprinzip **69** 13
- Amt innerhalb der Bundesregierung **62** 23
- Amtsdauer **69** 1, 13
- Amtsführung **66** 5
- Amtsübernahme **64** 24, 26
- Amtsunfähigkeit **69** 17
- Beamteter Staatssekretär **69** 6
- Binnenorganisation des Ressorts **64** 17
- Bundesministergesetz **66** 9
- Chef eines Verwaltungsressorts **62** 19
- Doppelminister **62** 20
- Doppelstellung **62** 19
- Eid **64** 31 f.
- Entlassung **60** 34, **64** 28
- Entlastung der Minister **62** 22
- Ernennung **60** 34, **64** 26 f.
- Ernennungsvoraussetzung **64** 25, 27
- Fachgebiet **64** 23
- Gegenzeichnungsberechtigung **58** 14
- Gemeinsame Geschäftsordnung **76** 25
- Inkompatibilität **66** 7
- Interpretationsspielraum **65** 25
- Konkretisierungsspielraum **65** 25
- Leiter einer obersten Bundesbehörde **62** 19
- Minister für besondere Aufgaben **62** 20
- Minister ohne Geschäftsbereich **62** 20
- Ministeranklage **61** 1ff., 5, **65** 1
- Mißtrauensvotum **67** 21
- Mitglieder des Kabinetts **62** 19
- Mitwirkung des Bundespräsidenten **64** 14
- Notwendige Ministerämter **65a** 6
- Öffentliches Ehrenamt **66** 9, 11
- Organisationsbefugnisse **64** 17
- Organisationsgewalt **64** 9 ff.
- Organisationsrechtliche Gesetzesvorbehalte **64** 19 ff.
- Parlamentarischer Staatssekretär **69** 6, 16
- Parlamentarisches System **64** 6
- Regierungsbildung **64** 5
- Regierungsverantwortung **65** 28 ff.
- Ressortfreiheit **64** 17, 31
- Rücktritt **64** 28, 30
- Sonderstellung **64** 13

Sachregister

(Fortsetzung Bundesminister)
- Stellvertretung **62** 2, 19, 21, **65a** 12, **69** 5ff.
- Tod **69** 15, 17
- Verweigerung der Ernennung durch den Bundespräsidenten **64** 27
- Wahl durch den Bundestag **64** 5
- Zahl der Minister **64** 8
- Zugriffsrecht der Legislative **64** 21ff.
- Zuschnitt der Geschäftsbereiche **64** 8

Bundesnachrichtendienst 45d 4, 5, 7, 22f., **73** 12
- *siehe auch Nachrichtendienst, Parlamentarische Kontrolle der Nachrichtendienste*
- Auslandsaufklärung **45d** 4
- Untersuchungsausschuß **45d** 7

Bundesoberbehörden 36 11

Bundesorgane 28 173, **31** 32, **50** 15ff., **54** 12, 17, 28ff., **59** 14, 18ff., 49, 53, **61** 6, 9, 13, 17, **62** 7f., **68** 16
- Bundespräsident **54** 12, 17, **59** 14, 18ff., 49, 53, **61** 6, 9
- Bundesrat **50** 15ff., **52** 20
- Bundesregierung **62** 7f.
- Bundesversammlung **50** 19, **54** 28ff., **61** 13, 17
- Gemeinsamer Ausschuß **53a** 5

Bundespflichten 37 8ff., 14

Bundespolizei 35 5, 25, 28, 30, 35, **60** 18, **73** 38

Bundespolizeikriminalamt 73 64, 66, 70, 75

Bundespräsident
- Ablehnungsrecht **60** 20
- Amtsantritt **56** 7
- Amtsdauer **54** 38
- Amtseid **54** 39, **56** 1ff., 4ff.
- Amtsenthebung **61** 6, 7, 17, 20
- Amtsverhältnis **54** 42
- Amtsverlust durch Präsidentenanklage **61** 16f.
- Amtsverzicht **55** 14
- Anordnungen **58** 10, 12, 19
- Aufhebung der Immunität **60** 32f.
- Aufsichtsratsmitgliedschaft **55** 11
- Außenvertretung **54** 5, 15f.
- Auswärtige Gewalt **59** 1f., 4, 14ff., 51f.
- Befangenheit **57** 5, 8, 12
- Befugnisse im Vertretungsfall **57** 9
- Begnadigungsrecht **60** 23ff.
- Berufliche Inkompatibilität **55** 7ff.
- Berufsausübung **55** 10
- Besoldetes Amt **55** 8f.
- Bildung einer stabilen Regierung **63** 21
- Bundestagsauflösung **54** 19
- Bundesversammlung **54** 4, 28f., 30f., 32ff., 37
- Dauer der Vertretung **57** 10
- Delegation von Befugnissen **57** 6, **59** 23, 45
- Ehrenämter **55** 9
- Eidespflicht **56** 6, **57** 9
- Entlassungspflicht beim Mißtrauensvotum **67** 17
- Entscheidungsfreiheit **68** 24
- Ermessen **58** 20, **81** 14
- Ermessen bei Gnadenentscheidung **60** 25
- Ernennung **60** 1ff., 15ff., **66** 16, **67** 17
- Formelles Prüfungsrecht **82** 12
- Gegenzeichnung **58** 1ff., 5ff., 18ff.
- Geschäftsführung **58** 18
- Gestaltungsbefugnis **59** 18, 21, 25
- Gewerbe **55** 10
- Hüter der Verfassung **54** 22
- Immunität **60** 32ff., **61** 10, 20
- Inkompatibilität **54** 24, **55** 1ff., 5f., 7ff., 12, **66** 17
- Integrationsfunktion **54** 13, 18, **56** 5
- Integrität des Amtes **55** 4
- Kirchenämter **55** 8
- Kompetenzen **54** 13f., 19, 44
- Materielles Prüfungsrecht **56** 6, **82** 13
- Mitwirkungsbefugnis an Organisationsentscheidungen **64** 14
- Mitwirkungsrecht **63** 9
- Nebenvertretung **57** 5f., 12
- Neutralität **55** 1, 4, 11, **58** 12
- Notarielle Funktion **59** 21
- Oberstes Bundesorgan **54** 12
- Parteiinteressen **54** 12
- Parteimitgliedschaft **55** 6
- Politisches Prüfungsrecht **82** 12
- pouvoir neutre **54** 12, **64** 27
- Präsidentenanklage **60** 33
- Privathandlungen **58** 10
- Prüfungskompetenz **54** 20, **60** 20
- Prüfungsrecht **56** 6, **59** 21, 25, **82** 1, 7ff., 12ff., 21
- Regierender Präsident **54** 12
- Repräsentationsfunktion **54** 15ff., **59** 19ff., **60** 14, 20
- Reservemacht **54** 19
- Schutzzweck der Immunität **60** 32
- Staatsnotar **59** 21
- Staatsoberhaupt **54** 5ff., 11ff.
- Stellvertretung **52** 16, **56** 6, **57** 1ff., 4ff., 11f.
- Unterlassungen **58** 11
- Unternehmensleitung **55** 11
- Vakanz **54** 38
- Verantwortlichkeit **58** 1ff.
- Verfassungsorgan **54** 12
- Verhinderung **57** 5, 7
- Völkerrechtliche Verträge **54** 5, 16, **59** 14, 18ff., 49, 53
- Völkerrechtliche Vertretung des Bundes **59** 20ff.
- Vorzeitige Erledigung des Amtes **57** 5, 7, 10, 12
- Wahl **20 Rp** 28, **54** 12, 24ff., 28ff., **55** 5, 12
- Wählbarkeit **54** 24ff.

2185

Sachregister

(Fortsetzung Bundespräsident)
- Wahlverfahren **54** 32
- Weisungen im Vertretungsfall **57** 12
- Wiederwahl **54** 4, 38ff., **56** 8

Bundespräsidialamt 54 12

Bundesrat 35 36f., **50** 1ff., 15ff., **51** 1ff., 10ff., **52** 1ff., 12ff., **73** 88f., **74** 155, **76** 61, 64ff., 77ff., 82ff., **77** 30ff., 44ff., 54ff., **79** II 21, **79** III 7, 24, **80** 64ff.
- Abberufung der Mitglieder **51** 15
- Absolute Mehrheit **52** 19
- Abstimmungsverfahren **52** 8, 24
- Abstimmungsverhalten **51** 17
- Amtsdauer des Bundesratspräsidenten **52** 15
- Angelegenheiten der EU **23** 47, 116ff.
- Anrufung des Vermittlungsausschusses **78** 14
- Anwesenheit **51** 25
- Ausländereinbeziehung **51** 21
- Ausschluß der Öffentlichkeit **52** 21
- Ausschuß der Regionen **51** 8
- Ausschußbesetzung **52** 28
- Ausschüsse **52** 26ff.
- Autonomie **52** 7, 12
- Beendigung der Mitgliedschaft **51** 15
- Beschlußfassung **52** 4, 19, **77** 17, 44, 51
- Bestellung der Mitglieder **51** 14
- Bundesaufsicht **50** 27
- Bundespolitik **50** 16
- Bundesratsklauseln **51** 27
- Bundesratsmodell **51** 2, 6, 10
- Bundesratspräsident **52** 1ff., 13ff., **54** 40, **56** 6, **57** 2, 8, 9
- Bundesstaatliche Ordnung **50** 19
- Bundeszwang **37** 1, 11, 14, **50** 27
- Demokratische Legitimation **50** 19
- Diskontinuität **51** 10
- Einberufung **52** 18
- Einheitliche Stimmabgabe **51** 24
- Entsendungsrecht **51** 22
- Europäische Union **50** 30f.
- Europäisches Parlament **50** 11
- Europakammer **23** 35, 113, 123, **45** 8, **52** 22f.
- EUZBLG **23** 5, 50, 114, 117, 120, 122, 139ff., 142f., 145, 147, 152, 154ff., 157f.
- Ewiges Organ **51** 10
- Fehlerhafte Stimmenabgabe **51** 24, 26
- Fehlkonstruktion **51** 11
- Föderatives Bundesorgan **50** 19
- Gegenäußerung **76** 86
- Gesamtstaatliche Repräsentation **50** 28
- Geschäftsordnung **50** 26, **52** 20, **76** 25
- Gesetzesvorlage **76** 8ff., 61
- Gesetzgebungsnotstand **50** 25
- Horizontale Gewaltenteilung **50** 19
- Immunität **51** 19
- Indemnität **51** 19
- Initiativrecht **50** 24, **76** 48, 61
- Inkompatibilität **51** 18, **66** 17
- Integrationsverantwortung **50** 13, 31
- Katastrophenhilfe **50** 27
- Koalitionsvereinbarungen **51** 27
- Kollegialorgan **77** 32, 50
- Königsteiner Abkommen **52** 14
- Kontrollfunktion **50** 29
- Länderkammer **50** 18
- Letztentscheidungsrecht **23** 147ff.
- Maßgebliche Berücksichtigung **23** 6, 132, 143ff.
- Mehrheit **52** 4, 19, 30
- Mitglieder der Europakammer **52** 24
- Mitgliedschaft **51** 2, 10, 12ff.
- Mitwirkung **24** 5, 9, 36, 50, **50** 23ff.
- Mitwirkung im Rahmen der EU **23** 3ff., 31, 35, 40, 47, 106f., 108ff., 136ff., 162ff.
- Nachfragerecht des Bundesratspräsidenten **51** 24
- Nichteinlegung des Einspruchs **78** 2f., 5f., 7, 13, 15
- Notstand **50** 27
- Öffentlichkeit **52** 4, 21, 26
- Ordentliches Gesetzgebungsverfahren **50** 24
- Organisation und Verfahren **51** 1, 28, **52** 1ff., 12ff.
- Parteienbundesstaat **50** 20
- Permanentes Organ **51** 10, **52** 20
- Personalentscheidungen **50** 28
- Plenum **52** 19ff., 23
- Präsidium **52** 17
- Privilegierung gegenüber der Bundesregierung **76** 93
- Ratsmodell **51** 2, 6
- Recht zur Nachfrage **51** 24
- Recht zur Stellungnahme **76** 64ff.
- Rechtsstellung der Mitglieder **51** 17
- Rechtsvergleich **51** 9
- Rechtsverordnungen **50** 26
- Regelungsgegenstände **51** 10, **52** 1, 12
- Rotationsprinzip **52** 14
- Rücknahme des Einspruchs **77** 55f., **78** 3, 5, 7, 16
- Selbsteinbringungsrecht **76** 88
- Selbstorganisationsrecht **52** 12
- Senatsmodell **51** 2, 6
- Sitzungen **52** 18
- Sonderausschüsse **52** 28
- Sondersitzungen **52** 18
- Sperrminorität **51** 7
- Ständige Ausschüsse **52** 27
- Ständiger Beirat **52** 17
- Stellungnahme **23** 141ff., **76** 64ff., 67ff., **81** 18
- Stellungnahmefrist **76** 20, 67ff., 77ff., 102
- Stellvertretende Mitglieder **51** 16
- Stimmabgabe **51** 4, 22ff.
- Stimmenthaltungen **52** 19

Sachregister

(Fortsetzung Bundesrat)
– Stimmenermittlung **51** 21
– Stimmensplitting **51** 24
– Stimmenspreizung **51** 7
– Stimmenverteilung **51** 3, 6, 20 f.
– Stimmenzahl **51** 20
– Stimmenzuordnung **51** 21
– Stimmführer **51** 23
– Unitarisierungstendenzen **50** 17
– Unterrichtung durch Bundesregierung **23** 5, 119 ff., 128
– Verbot der Doppelmitgliedschaft **51** 18
– Verfahren für Gesetzesvorlagen **76** 82 ff.
– Verfassungsänderung **50** 25, 33, **79** II 21
– Verfassungsorgan des Bundes **50** 18
– Verkappte Vorlage **76** 58 ff.
– Verteidigungsfall **50** 25
– Vertretungsregelung **51** 16
– Verwaltungsvorschriften **50** 26
– Vizepräsident **52** 17
– Weisungsgebundenheit der Mitglieder **51** 17, 26
– Wiedervereinigung **51** 7
– Zeugnisverweigerungsrecht **51** 19
– Zuleitung **76** 64 ff., 96 ff., **77** 20, 29
– Zustimmung **24** 5, 9, 36, **59** 49, **71** 12, **73** 88 f., **77** 44, 51, **78** 13 f., **81** 8, 13, 15, 20, 23 ff.
– Zweidrittelmehrheit **52** 19
– Zweite Kammer **50** 22

Bundesratspräsident 52 13 ff., **57** 9
– Amtsbeendigung **52** 19
– Amtsdauer **52** 15
– Amtsführung **52** 16
– Befugnisse im Vertretungsfall **57** 9
– Eidespflicht im Vertretungsfall **57** 9
– Organtreue **52** 16
– Rechte und Pflichten **52** 16
– Sitzungsleitung **52** 16
– Verfahrensgestaltung **52** 16
– Vizepräsident **52** 17
– Wahl **52** 13 ff.

Bundesrechnungshof 20 D 131, **71** 6

Bundesregierung 24 45, 50, 62, 75, **26** 20, 47, 50 ff., **35** 33, 37, **52** 17 f., 25, **54** 12 f., **62** 1 ff., **63** 1 ff., **64** 1 ff., **65** 1 ff., **66** 1 ff., **76** 52 f., **80** 10, 23 f., 26, 65 f.
– *siehe auch Bundeskanzler, Bundesminister*
– Abgrenzung vom Parlament **64** 18
– Amtsdauer **69** 1, 13
– Annexkompetenzen **62** 36
– Anwesenheits- und Rederecht **52** 25
– Anwesenheitspflicht **43** 14
– Auswärtige Beziehungen **32** 1 ff.
– Auswärtige Gewalt **20** R 73, 95, **32** 1 ff., **59** 1 ff., 14 ff., **62** 35, **65** 33
– Befassungspflicht **80** 66
– Beschluß des Kollegiums **76** 52
– Botenfunktion **76**, 84, 87 f.
– Bundeskanzler **62** 10, 15 ff.
– Bundeskanzleramt **62** 17 f.
– Bundesminister **62** 10, 19 ff., 28 ff.
– Bundesminister für besondere Aufgaben **62** 18, 20
– Bundesminister ohne Geschäftsbereich **62** 20
– Bundeszwang **37** 12, 14, 15 f.
– Doppelminister **62** 20
– Doppelstellung **62** 28
– Dringlichkeitserklärung **81** 11, 15, 23
– Einrichtung der Behörden **64** 11
– Entscheidungsbefugnis **64** 13, 14, 17, 30
– Entscheidungsstruktur **65** 14
– Entscheidungsverfahren **62** 13
– Ermessen **58** 16
– Europäische Ebene **62** 5
– Exekutive Eigenverantwortung **20** D 110, **20** R 73, **23** 124, **44** 7, 27, **62** 34 f., **64** 22 f., **79** III 50
– Gegenäußerung **76** 74
– Gelenkstelle zwischen Regierung und Verwaltung **62** 27
– Geschäftsbereiche ohne Bundesminister **62** 20
– Geschäftsführende Bundesregierung **69** 17 ff.
– Geschäftsordnung **62** 14, **76** 25
– Gesetz über die Rechtsverhältnisse der Mitglieder **62** 23
– Gesetzesvorlagen **76** 8 ff., 52 f., 64 ff., 83 ff., 96 ff.
– Gewaltenteilung **62** 24 ff.
– Initiativrecht **76** 48, 52 ff.
– Kabinettsausschüsse **64** 17
– Kabinettskompetenzen **65** 33 ff.
– Kabinettsprinzip **65** 11
– Kabinettsverantwortlichkeit **65** 41
– Kanzlerdemokratie **62** 15
– Kernbereich der Regierung **20** D 110, **20** R 71, 73, 126, **44** 7, 27, **62** 34 f.
– Kollegialorgan **62** 10 ff.
– Kollegium **35** 32 f., 37
– Leiter des Bundeskanzleramts **62** 18
– Materieller Begriff der Regierung **62** 26
– Minister ohne Kabinettsrang **62** 12
– Organisationsstruktur **64** 7, 9, 18, 33
– Parlamentarische Staatssekretäre **62** 21 f.
– Parlamentarische Verantwortlichkeit **45d** 14, **65** 13
– Parlamentarisierung **63** 2, 10
– Personalunion **62** 16, 20
– Pflicht zur Ernennung von Bundesministern **62** 12
– Pflicht zur Stellungnahme **76** 85
– Politische Staatsführung **62** 30 ff.
– Prüfungsrecht **76** 87
– Rechtlich gesicherter Vorbehaltsbereich **62** 37
– Regelverfahren der Beschlußfassung **62** 14

2187

Sachregister

(Fortsetzung Bundesregierung)
– Regierung im funktionellen Sinne **62** 6
– Regierung im institutionellen Sinne **62** 6
– Regierungs- und Verwaltungsaufgaben **62** 25
– Regierungsbildung **38** 42, **63** 8, **64** 2, 5, 15, 22, 33
– Regierungsfunktionen **62** 33
– Regierungssitz **22** 31f.
– Regierungsstabilität **67** 6f.
– Regierungsvorbehalt **62** 34ff.
– Ressortfreiheit **62** 16
– Ressortleitung **62** 19f., 27
– Ressortprinzip **65** 11
– Staatsleitung **62** 5, 30ff.
– Staatsminister **62** 12
– Staatssekretär **62** 2, 4, 12, 18f., 21f.
– Stellungnahme **76** 83
– Stimmrecht **62** 12
– Symbolfunktion der Eidesleistung **64** 2, 32
– Teilorgane **62** 10
– Umlaufverfahren **62** 14, **80** 23, 57
– Unterrichtungspflicht **45d** 41f.
– Vakanz **69** 17, 20, 21
– Vereidigung **64** 2f., 24, 26, 31f.
– Verfahren bei Gesetzesvorlagen **76** 64ff.
– Verfassungsgeschichte **64** 1, 2
– Verhältnis zu anderen Bundesorganen **62** 8
– Verkappte Vorlage **76** 53, 58ff.
– Vertrauensabhängigkeit **65** 38, 43, 52
– Vertrauensentzug **67** 19ff.
– Vertretungsregel **69** 1, 2, 4
– Verwaltungsangelegenheiten des Bundes **62** 29
– Vielfalt der Regierungsaufgaben **62** 32
– Vorrangige Pflicht zur Ausübung der Gesetzesinitiative **76** 39
– Willensbildung **62** 15
– Zugriffsfeste Kompetenzen **62** 36
– Zuständigkeitsvermutung **62** 29
– Zustimmung **24** 62

Bundesrepublik Deutschland
– Flagge **22** 9ff., 26ff., **54** 13
– Hauptstadt **22** 31f.
– Nationalhymne **22** 39, **54** 13
– Wappen **54** 13

Bundesrichter 36 12, **60** 15f., 19, 34, **71** 6, **73** 58, 90

Bundessicherheitsrat 65a 7

Bundesstaat 20 Einf 3, 5, 13, **20 B** 1ff., **20 D** 146, **28** 1ff., 41ff., **29** 1, 11f., **30** 1, 6f., 12ff., 15, 33, **32** 2, 7, 10, 14, 17, **35** 10, 25, 37, **44** 23ff., **51** 28, **Vor 70–74** 30f., 61, **80** 14, 67, 70
– siehe auch Föderalismus
– Alliierte Vorgaben **20 B** 7
– Amtshilfe **35** 37
– Bedeutung **20 B** 22
– Begriff **20 B** 3, 16f., 23, 29, 37f., 43

– Bundesstaatliche Ordnung **36** 7, 23, **37** 5, **50** 15, 19, 32, **79 III** 7, 21ff., 47f.
– Bundesstaatsrechtslehre **20 B** 3, 39
– Bundesstaatstheorie **20 B** 5, 27, 38
– Bundestreue **20 B** 3, 5, 16, 18f., 21, 23, 40, 44, 45ff., 49f., 52, 54f.
– Deutsches Reich (1871) **20 B** 2
– Dreigliedriger Bundesstaat **20 B** 38
– Eigenstaatlichkeit der Länder **20 Einf** 14, **20 B** 41f., **28** 42ff., **29** 11, **30** 15, 25, **79 III** 13, 47f.
– Ermächtigung der Exekutive **38** 41
– Europäische Union **20 B** 17, **23** 16, 39, 76, 88ff., 101, 103, 151
– Europäisierter Bundesstaat **20 B** 35
– Experimenteller Bundesstaat **20 B** 34
– Freiheitliche demokratische Grundordnung **20 B** 55, **79 III** 61
– Funktionen **20 B** 24
– Gemischtes Bundesstaatsverständnis **20 B** 36
– Gliedstaaten **29** 9
– Grundregel des Art. 70 GG **70** 7f.
– Hausgut der Länder **20 B** 42, 55
– Intraföderatives Vertragsrecht **20 B** 42
– Kernbestand eigener Aufgaben **20 B** 42, 55
– Kompetitiver Bundesstaat **20 B** 32
– Kooperativer Bundesstaat **20 B** 30
– Labiler Bundesstaat **29** 11, **79 III** 21
– Ländergleichheit **20 B** 43f.
– Mehrklassen-Bundesstaat **20 B** 15
– Rechtsstaatsprinzip **20 R** 227
– Rechtsverhältnislehre **20 B** 39, 45, 47
– Rechtsverordnungen **80** 14, 67, 70
– Spezielle Vorschriften **20 B** 55
– Staatsqualität der Länder **20 Einf** 14, **20 B** 5, 41, 43, **28** 42, **29** 11, **30** 25, **79 III** 48
– Stabilität **20 B** 36
– Trennsystem **20 B** 28
– Übermaßverbot **20 B** 53
– Unikat **20 B** 21
– Unitarischer Bundesstaat **20 B** 2, 4, 29f.
– Untersuchungsausschüsse **44** 23ff.
– Verfassungsänderung **20 B** 55, **79 III** 5, 7, 21, 47
– Verfassungsautonomie der Länder **20 B** 42, **28** 2, 5, 42, 44, 46ff., 64, 73f.
– Verfassungsprinzip **20 Einf** 5ff., 12
– Verteilung der staatlichen Aufgaben und Befugnisse **Vor 70–74** 30
– Zuständigkeitsverschiebungen **20 B** 30
– Zweigliedriger Bundesstaat **20 B** 38

Bundesstaatsprinzip
– siehe Bundesstaat

Bundesstraßen 74 111

Bundestag
– siehe auch Abgeordnete, Fraktionen, Parlament
– Abstimmung **42** 31ff.

Sachregister

(Fortsetzung Bundestag)
- Abstrakte Normenkontrolle **39** 25
- Adressat des Zitierrechts **43** 10
- Ältestenrat **38** 187, **40** 8, 26, 28, **41** 22, **42** 25, **43** 9, **46** 15
- Anfechtungsprinzip in der Wahlprüfung **41** 14
- Angelegenheiten der EU **23** 47, 116ff.
- Anhörungsrecht **43** 21ff.
- Antwortpflichten bei Zitierrecht **43** 11, 15
- Anwesenheit **42** 33, **43** 14
- Arbeitsfähigkeit **46** 8, 23
- Auflösung **38** 145, **39** 6, 16, 19, **54** 19, **58** 11, 22, **63** 11, 33ff., 45f., **68** 3ff., 10ff., 14
- Ausgestaltungsvorbehalt **76** 57
- Ausschuß für Angelegenheiten der EU **23** 28, 35, 113, 123, 127, 163
- Ausschüsse **38** 28, **40** 29ff., **77** 15, 19ff., 35
- Beginn der Wahlperiode **39** 5, 12, 14
- Beratung über Gesetzesvorlagen **76** 97f., **77** 21f., **81** 19
- Berichtigung des Wahlergebnisses **41** 19
- Beschlagnahmen **40** 38
- Beschlußfassung **42** 32f., **76** 97ff., **77** 17, 19, 21f., 27, 39, 62f.
- Beteiligungsrechte **45** 2f., 9, 17ff., 29
- Budgetrecht, -verantwortung **23** 58, 67, 97f., 120, 149, 165
- Bundestagspräsident **21** 74, **38** 28, 145, **39** 21, **40** 8, 10, 24f., 36, 38, **41** 23, **42** 37, **46** 19, **48** 24, 30, 40, **54** 32f., 36, 39f., **63** 16, 20, 35, **77** 7, 13, 29, 62
- Bundestagsverwaltung **38** 28
- Delegation von Mitwirkungsbefugnissen **45** 8, 17ff., 20ff., 24ff.
- Demokratische Gesamtleitung **38** 38
- Demokratischer Willensbildungsprozeß **40** 22
- Demokratisches Zentralorgan **38** 35
- Diskontinuität **39** 22ff.
- Durchsuchung und Beschlagnahme **40** 38
- Einberufungsverlangen **39** 29
- Enquêtekommissionen **40** 32, **43** 9
- Entscheidungen mit Außenwirkung **40** 22
- Entscheidungsspielraum der Exekutive **38** 36
- Erleichterte Auflösung **68** 14
- EU-Ausschuß **23** 28, 35, 113, 123, 127, 163, **45** 1ff.
- EUZBBG **23** 5, 28, 50f., 114, 117, 120, 123ff., 127, 130f., 133ff., 150
- Fraktionen **40** 33f.
- Fremdinformation **38** 44
- Funktionen **38** 30
- Funktionsfähigkeit **40** 30, **47** 5, **48** 8, **77** 27, 35, **81** 7
- Gerichtliche Kontrolle von Geschäftsordnungsrecht **40** 20ff.
- Geschäftsordnungsautonomie **38** 28, **40** 6ff., **45** 13, **76** 11, 25, 30, 54ff.
- Gesetzesvorlage **76** 8ff., 37ff., 47, 54ff., 77ff., 93ff., 96
- Gesetzliche Mitgliederzahl **79** II 19, 25
- Hauptorgan der Gesetzgebung **38** 39
- Hausrecht **40** 16, 35ff.
- Herbeirufung des Bundeskanzlers **43** 10
- Herrschaft auf Zeit **39** 10
- Hilfsorgane **45d** 16, 34
- Initiativrecht **76** 48, 54ff.
- Innere Organisation **40** 5
- Institution **38** 26ff.
- Integrative Repräsentanz **38** 53
- Interpellationsrecht **38** 45, **43** 12
- Kollegialorgan **38** 26
- Konstituierende Sitzung **39** 16
- Kontroll- und Korrekturbefugnisse **80a** 10
- Kontrollfunktion **38** 32, 38, **43ff.**, **45d** 16ff., 33ff.
- Kontrollrechte der Minderheit **38** 47, **45** 31
- Körperschaft **38** 26
- Kreationsfunktion bei der Regierungsbildung **38** 42
- Lage der politischen Instabilität **68** 12
- Legislaturperiode **39** 12ff.
- Legitimation **38** 30, 32, 35, 55
- Leitfunktion **20 D** 94, 117, **79 III** 42
- Mandatsprüfung **41** 22f.
- Mandatsverzicht **39** 21
- Materielles Wahlprüfungsrecht **41** 15ff.
- Mißbräuchliche Auflösung **68** 24
- Mißtrauensvotum **43** 16, **67** 1ff.
- Mitglieder der Bundesregierung **40** 14
- Mitwirkung im Rahmen der EU **23** 5, 33, 47, 108ff., 128ff., 162ff., **38** 48ff., **45** 17 ff., 20 ff.
- Mitwirkungsrechte **38** 46
- Neuwahl **39** 17, 26
- Oberstes Bundesorgan **38** 26
- Öffentlichkeit **38** 34, 47, **42** 21, **76** 98
- Ordnungsbefugnis des Parlamentspräsidenten **40** 25
- Organidentität **39** 25
- Organisationsautonomie **38** 28, **40** 6, 23
- Organkontinuität **39** 25
- Organstreit **39** 25
- Parlamentarischer Innenbereich **40** 22
- Parlamentarisches Gewohnheitsrecht **40** 8
- Parlamentarisierung der Regierung **63** 2, 10
- Parlamentsautonomie **39** 29, **40** 1f., 5ff., 39, **41** 7
- Parlamentsbrauch **40** 8, **45c** 20
- Parlamentslose Zeit **39** 16
- Parlamentsvorbehalt **38** 36
- Plenum **38** 28, **46** 40
- Präsidium **40** 26
- Prüfungsrecht **76** 63
- Rechtsetzung **38** 39ff.

2189

Sachregister

(Fortsetzung Bundestag)
– Rederecht **43** 21ff.
– Regierungsmitglieder **43** 11, 14
– Repräsentation **38** 32, 33ff.
– Rotationsprinzip **39** 21
– Schriftführer **40** 27
– Selbstauflösungsrecht **39** 9, 19, **68** 3ff., 10, 14
– Selbstinformation **38** 44, **44** 8, 12, 42, 45
– Selbstversammlungsrecht **39** 29, **53a** 4
– Sitz **22** 31
– Sitzungen **39** 29f.
– Sonderausschüsse **40** 29
– Ständige Ausschüsse **40** 29
– Stellungnahmerecht **23** 129ff.
– Subsidiaritätsklage **45** 22
– Überstimmung des Einspruchs **78** 2f., 5, 7, 17
– Umlaufverfahren **46** 13
– Ungültigkeit eines Beschlusses **40** 22
– Unsichere Mehrheit **68** 7, 9
– Unterrichtung durch Bundesregierung **23** 5, 119ff., 128
– Verbindungsbüro **23** 135, **45** 8
– Verbot parlamentsfreier Räume **38** 38
– Verdeckte Minderheitssituation **68** 12
– Verfassungsänderung **79** II 19f.
– Verfassungsorgan **38** 26
– Verkürzung der Wahlperiode **39** 11, 20
– Verlängerung der Wahlperiode **39** 10, 18
– Volksvertretung **38** 30, 32
– Vorbehalt des Gesetzes **38** 36, 40
– Vorrang des Gesetzes **38** 40
– Wahlperiode **39** 10, 12ff.
– Wesentliche Entscheidungen **38** 35
– Willensbildung **38** 51
– Zeitpunkt der Neuwahl **39** 26
– Zentrales Gesetzgebungsorgan **77** 18
– Zentrales Staatsorgan **38** 30
– Zitierrecht **43** 8ff.
– Zuhörer **40** 13
– Zusammentritt **39** 14, 16, 27
– Zutrittsrecht der Bundesratsmitglieder **43** 18
– Zutrittsrecht der Regierungsmitglieder **43** 18
Bundestreue 20 B 3, 5, 16, 18f., 21, 23, 40, 44, 45ff., 49f., 52, 54f., **23** 34, 95, **29** 38, **30** 26, **31** 58, **32** 29, 31, 37, 40, 43, 45, 50, **35** 8f., 19, 21, 26, **37** 10, 12, **50** 18, **71** 10, **72** 29, 41, **79** III 48
– Abstimmungspflichten **20 B** 49f.
– Akzessorietät **20 B** 48
– Anwendung auf Gemeinden **20 B** 47
– Anwendungsbereich des Grundsatzes **20 B** 47
– bona fides **20 B** 16
– Bundesstaatsprinzip **20 B** 45ff.
– clausula rebus sic stantibus **20 B** 52
– Fallgruppen **20 B** 49ff.
– Funktion **20 B** 46

– Grundsatz von Treu und Glauben **20 B** 46
– Haftungsansprüche im Bund-Länder-Verhältnis **20 B** 48
– Hilfspflichten **20 B** 49
– Informationspflichten **20 B** 49
– Innenverhältnis der Verfassungsorgane **20 B** 47
– Intraföderatives Vertragsrecht **20 B** 48, 52
– Konsultationspflichten **20 B** 49
– Kooperationspflichten **20 B** 49
– pacta sunt servanda **20 B** 52
– Rechtsmißbrauchsverbot **20 B** 51
– Sperrwirkung des Art. 71 GG **71** 10
– Subsidiarität **20 B** 46
– Unterstützungspflichten **20 B** 49
– Verbot widersprüchlichen Verhaltens **20 B** 51
– Verfahrenspflichten **20 B** 50
– Verhaltenspflichten gegenüber Dritten **20 B** 47
– Verschuldensunabhängigkeit **20 B** 48
– Wichtigste Emanation des Bundesstaatsprinzips **20 B** 45
Bundesverfassungsgericht 20 R 85ff., **21** 48, 143ff., **25** 15, 19, 24f., 27, 29f., 35, 38, 41, 46ff., 51, 53f., **28** 19, 30, 48, 60, 64, 170, 177, **31** 34, 36, 40, 45f., 48, **35** 37, **36** 11, **37** 16, **57** 2, **61** 16ff., **66** 17, **Vor 70–74** 59, **71** 6, 10
– Honeywell-Beschluß **23** 176
– Identitätskontrolle **23** 87, 168, 171
– Kooperationsverhältnis mit EuGH **23** 169, 172f.
– Lissabon-Urteil **20 D** 54, 81, **20 S** 48, **23** 14, 16, 33, 38, 42, 47, 56, 68ff., 84, 87, 95, 97f., 102, 104, 128, 167f., 171, **24** 38, 74f., **45** 24, **73** 6, **79** III 57
– Maastricht-Urteil **20 D** 80f., **23** 16, 69, 83, 87, 96, 165, 168, 172, **24** 52, **38** 60, **59** 36
– Solange-Rechtsprechung **23** 14, 19, 81ff., 172
– Sperrklausel **23** 73
– ultra-vires Handeln **23** 26, 33, 94, 103, 175ff., **24** 52, 77, **38** 63
Bundesversammlung 42 42, **46** 11, 24, **47** 6, **50** 19, **54** 4, 28f., 30f., 32ff., 37, **55** 5, **56** 7, **60** 33, **61** 13, 17, **63** 30
Bundeswappen 54 13
Bundeswasserstraßen 74 104
Bundeswehr 35 16, 25, 32, 37, **36** 8, 19f., **73** 14
– Amtshilfe **35** 37
– Befehls- und Kommandogewalt **65a** 1ff., 9ff.
– Beteiligung an gemischtnationalen Verbänden **65a** 3
– Bundeswehrkrankenhäuser **74** 93
– Bundeswehruniversitäten **74** 153
– Bundeszwang **37** 13, 17
– Einsätze **24** 19, 74
– Führung der Streitkräfte **65a** 1ff.
– Inlandseinsätze **73** 14f.
– NATO-Einsätze **65a** 3

Sachregister

(Fortsetzung Bundeswehr)
- Oberbefehl **65a** 1ff.
- Primat des Politischen **65a** 5
- Ressortgewalt **65a** 13
- Richtlinienkompetenz **65a** 7, 13
- Rolle des Bundespräsidenten **65a** 5
- Staatssekretär des Verteidigungsministers **65a** 12
- Verteidigungsminister **65a** 1ff., 12
- Verwaltung **36** 20f., **71** 6

Bundeszwang 28 170, 177, **37** 1ff., 5ff., **50** 27
- Auffangfunktion **37** 6
- Auswahlermessen **37** 12
- Befugnisse **37** 7, 13
- Bundesaufsicht **37** 14, 15
- Bundesgesetz **37** 10
- Bundespflichten **37** 8ff., 14
- Bundesregierung **37** 12, 14, 15f.
- Bundesstaatliche Ordnung **37** 5
- Bundesverfassungsgericht **37** 16
- Drohmittel **37** 6
- Empfehlungen **37** 9
- Entschließungsermessen **37** 12
- Ersatzvornahme **37** 2, 13
- Gerichtsentscheidungen **37** 8, 16
- Kosten **37** 13
- Nichterfüllung von Bundespflichten **37** 8
- Notwendige Maßnahmen **37** 12
- Prüfungs- und Entscheidungsrecht **37** 11
- Regelungsgegenstände **37** 5
- Reservefunktion- und Auffangfunktion **37** 6
- Tatbestandsvoraussetzungen **37** 12
- ultima ratio **37** 6
- Verfassungspraxis **37** 6
- Voraussetzungen **37** 7ff.
- Weisungsrechte **37** 5, 14
- Zulässige Maßnahmen **37** 13
- Zustimmung des Bundesrates **37** 11, 14
- Zwangsbefugnisse, -mittel **37** 2, 5, 7, 12, 13

Bürgerbeauftragter 45c 9, 11
Bürgerbegehren 28 68, 72
Bürgerbeteiligung 29 12
Bürgerentscheid 28 68, 72
Bürgerliches Recht Vor 70–74 8, 48, **74** 17f., 26, 139
Bürgermeister 28 12, 65, 72, 85
Bürgermeisterverfassung 28 85
Bürgerversicherung 74 61

Chancengleichheit
- Abgeordnete **38** 169, **40** 7, 30
- Innerparlamentarische Chancengleichheit **40** 7, 30
- Parlamentsöffentlichkeit **42** 26
- Politische Parteien **21** 77ff.
- Wahlen **38** 55

Charta der kommunalen Selbstverwaltung 28 24

checks and balances 20 R 25, 80, **23** 74, **45c** 38
Christentum 60 2
Cicero 20 Rp 1
clausula rebus sic stantibus 20 B 52
Conference Comittees 77 15
Constitutional Framework of Government 20 Einf 8
contracting-out 59 40
COSAC 45 4
Cromwell, Oliver 20 Rp 3, **79 III** 1

D'Hondtsches Höchstzahlverfahren 28 63, **38** 110, 115, **53a** 7, **54** 29
Daseinsfürsorge 28 126
Daseinsvorsorge 20 S 3, 26, 30, 32, 43
Datenverarbeitung 35 11, 24
Datenverbindungen 35 13
DDR 20 Rp 7, **20 S** 9, **22** 25, 30, 40, **30** 5, **31** 32, **60** 11, **Vor 70–74** 11, **70** 1, **71** 1, **73** 1
Degression 21 104
Degressive Proportionalität 23 69
Delegation 23 98, 123, 163, **24** 47, **26** 51, **35** 13, 33, **38** 32, 41, 194, **45a** 1, **45c** 23, **46** 7, 40, **48** 36, **50** 10, **58** 21, **59** 23, 45, **60** 21f., 31, **65a** 13, **71** 11ff., **80** 1ff., 12ff., 30
- Delegationsfeste Kompetenzen **71** 11
- Delegationsfeste Landeskompetenzen **70** 16
- Ermächtigung durch Gesetz **71** 12
- Gesetzesvorbehalt **71** 12
- Grenzen **45** 24
- Lissabon-Urteil **45** 24f.
- Mitwirkungsbefugnisse **45** 6, 8, 17ff., 20ff.
- Neunergremium **45** 24
- Rechtsetzungsgewalt **71** 14
- Rückholmöglichkeit **71** 15
- Schranken der Delegation **71** 11
- Unzulässigkeit der Delegation ganzer Materien an die Länder **71** 11
- Wiedereintritt des Bundesgesetzgebers **71** 15
- Zustimmungspflicht **71** 12

Delegationsverbot 30 28, **70** 16, **80** 21, 22, 26, 32
- Föderatives **80** 26
- Modalitätenbezogenes **80** 32
- Objektbezogenes **80** 21
- Subjektbezogenes **80** 22

Delikt, völkerrechtliches 25 38, 45
Demographische Entwicklung 20 S 12, **28** 89
Demokratie 20 Einf 3, 5, 13ff., **20 D** 1ff., **20 R** 68, 105, 126, 129, 224f., **21** 19, 78, 125ff., **24** 45, 60, **28** 1, 11, 32, 55, 60f., 76f., 159, **29** 1, 12, **45** 25, **48** 8f., **51** 28, **52** 30, **59** 16, 18, 36, **Vor 70–74** 30, 61, **73** 18, 90, **76** 27, 47, 49, 99, **79 III** 36ff., **80** 14, 32, 70
- Abstimmungen **20 D** 20ff., 57f., 93, 99ff.
- Apokryphe Rechtseinheiten **20 D** 137
- Attische Demokratie **20 D** 1
- Ausübung der Staatsgewalt **20 D** 93ff.

2191

(Fortsetzung Demokratie)
- Bagatellvorbehalt **20 D** 88
- Begriff der Demokratie **20 D** 60ff.
- Begriff des Volkes **20 D** 50
- Betroffenendemokratie **20 D** 5, 114, 128
- Bevölkerungsentscheide **20 D** 100
- Bundesbank **20 D** 131
- Bundesgedanke **20 D** 6
- Bundesrechnungshof **20 D** 131
- Bundesstaat **20 D** 146
- Bürgeridentität **20 D** 1
- Degressive Proportionalität **23** 69
- Demokratie als Menschenrecht **20 D** 26f.
- Demokratiedefizite in der Europäischen Union **20 D** 39
- Demokratiekosten **20 D** 30
- Demokratische Legitimation **23** 3, 33, 66ff., 96, 100, 109, 128, 159f., 162, 167
- Demoskopie **20 D** 116
- Deutsches Volk **20 D** 90
- Direkte Demokratie **20 D** 20ff., 57f., 93, 99ff., **20 Rp** 4, **28** 11, 16, 35, 38, 47, 52, 58, 68, 72, 75, 175, **29** 12, **45c** 9, **54** 3, **68** 14, **Vor 70-74** 29, 60, **79 III** 40, 61
- Dreiklassenwahlrecht **20 D** 15, **38** 8
- Duale Legitimation **20 D** 125
- Egalitärer Grundzug **20 D** 61
- Einmischungsverbot **20 D** 25
- Einstimmigkeit **20 D** 46, 67
- Europäische Kommission **20 D** 36
- Europäische Union **20 D** 31ff.
- Europäischer Bundesstaat **20 D** 54, **79 III** 11, 55ff., 58
- Europäischer Gerichtshof **20 D** 38
- Europäisches Parlament **20 D** 32, 35f., 48f., 53
- Exekutive **20 D** 120
- Frankreich **20 D** 13, 57
- Funktionale Selbstverwaltung **20 D** 92, 114, 120, 128ff., **20 R** 126
- Funktionell-institutionelle Legitimation **20 D** 110
- Gemeindeverbände **28** 153ff.
- Gemeindeversammlungen **20 D** 101
- Griechenland **20 D** 1, 67
- Großbritannien **20 D** 13
- Grundkonsens **20 D** 71
- Grundrechte **20 D** 27, 78, 148f.
- Herrschaft auf Zeit **20 D** 73, **39** 10
- Herrschaftscharakter **20 D** 62
- Herrschaftsorganisation **20 D** 65
- Hoheitsrechtsübertragung **20 D** 89, **24** 45, 60
- Homogenitätsgebot **28** 52, 55ff., 61
- Identität von Regierenden und Regierten **20 D** 63
- Inbegriff guter Ordnung **20 D** 143
- Kommunale Selbstverwaltung **20 D** 125ff., **28** 76ff.
- Kommunalwahlrecht für Ausländer **20 D** 90, **28** 20, 27, 69ff., **79 III** 43
- Kommunalwahlrecht für Unionsbürger **20 D** 52, 90, **28** 27, 69ff.
- Kommunikation **20 D** 76ff., 116
- Landesvölker **20 D** 91
- Lebendige Demokratie **20 D** 48
- Legislaturperiode **20 D** 73
- Legitimation **20 D** 34ff., 77, 100ff., 104f., **79 III** 37
- Legitimationsmodi **20 D** 93ff.
- Legitimationssubjekt **20 D** 90ff.
- Massendemokratie **20 D** 14
- Mehrebenendemokratie **20 D** 39
- Mehrheitsprinzip **20 D** 47, 67ff., 103
- Menschenrechte **20 D** 27, 148f.
- Menschenwürde **20 D** 149
- Minderheitenrechte **20 D** 74
- Minderheitenschutz **20 D** 22, 71, 74
- Mindestmaß an Homogenität **20 D** 71
- Mitbestimmung **20 D** 62, 133
- Modell demokratischer Legitimation **20 D** 109ff.
- Nachweltschutz **20 D** 72
- Öffentlichkeit **20 D** 77, 114, 116, 148
- Opposition **20 D** 59, 75
- Parlamentarisches Regierungssystem **20 D** 153
- Parlamentsvorbehalt **20 D** 117
- Parteien **21** 19, 78, 125ff.
- Partizipation **20 D** 62, 114, 128
- Periodische Neuwahlen **20 D** 73
- Personell-organisatorische Legitimation **20 D** 111
- Primäres Unionsrecht **20 D** 43
- Prinzip des Völkergewohnheitsrechts **20 D** 26
- Prinzipiencharakter **20 Einf** 12
- Privatrechtsförmige Verwaltung **20 D** 86f., 120, 132ff.
- Prozeßcharakter **20 D** 77
- Rat der Europäischen Union **20 D** 37
- Rätedemokratie **20 D** 64
- Rechtsprechung **20 D** 139ff.
- Rechtsstaat **20 R** 114, 144, 225
- Referendum **20 D** 57
- Repräsentative Demokratie **20 D** 5, 11, 85, 104f., **38** 30
- Republik **20 D** 144
- Richterrecht **20 D** 140f.
- Rundfunkanstalten **20 D** 131
- Sachlich-inhaltliche Legitimation **20 D** 112
- Schweiz **20 D** 3, 57, 139
- Sekundäres Unionsrecht **20 D** 44
- Sozialstaat **20 D** 145
- Staatliche Neutralität **20 D** 76
- Staatsangehörigkeit **73** 18, 90
- Staatsformen **20 D** 2, 11, 61

Sachregister

(Fortsetzung Demokratie)
- Staatsgewalt **20 D** 86ff.
- Staatsorgane **20 D** 86
- Staatsvolk **20 D** 50ff., 90ff.
- Streitbare Demokratie **20 D** 79, 151, **21** 144
- Strukturelemente **20 D** 66ff.
- Strukturelle Kongruenz **20 D** 34
- Supranationale Homogenitätsklausel **20 D** 32
- Supranationale Legitimation **20 D** 48f.
- Territorialplebiszite **20 D** 20, 100, 105
- Träger funktionaler Selbstverwaltung **20 D** 92
- Transparenz **20 D** 117
- Unantastbarer Kerngehalt **20 D** 54, 96ff., 105, 151, 153, 155
- Unionsbürgerschaft **20 D** 51
- Universitäten **20 D** 131
- Unmittelbare Demokratie **28** 11, 16, 35, 38, 47, 52, 58, 68, 72, 75, 175
- Ununterbrochene Legitimationskette **20 D** 111
- Urform **20 D** 1
- USA **20 D** 14, 57, 139
- Verantwortung **20 D** 83, 109, 116, 128
- Verbandsvölker **20 D** 92
- Verfahren **20 D** 70, 77
- Verfassungsänderung **20 D** 106, **79 III** 36ff.
- Verfassungsprinzip **20 Einf** 5ff., 12ff.
- Verfassungsreferendum **20 D** 20
- Verhältniswahlrecht **20 D** 97
- Versammlungsdemokratie **20 D** 10
- Verweisung in Gesetzen **20 D** 118f.
- Vetorecht **20 D** 46
- Volk **20 D** 41, 50ff., 84, 90ff., 125f.
- Volksbefragung **20 D** 107f.
- Volksbegehren **20 D** 20, 106
- Volksdemokratie **20 D** 55
- Volksentscheid **20 D** 20, 106
- Volksgesetzgebung **20 D** 20ff., 57f., 93, 99ff.
- Volksherrschaft **20 D** 2, 61, 82ff.
- Volksinitiative **20 D** 57
- Volkssouveränität **20 D** 11, 19, 82ff.
- Wahlen **20 D** 94ff., **38** 7ff., 17ff., 51ff., 99ff., 112f., 132
- Wahlgrundsätze **20 D** 98, **38** 51ff., 68ff., 79ff., 86ff., 99ff., 121ff., 126ff.
- Wahlrechtsgleichheit **23** 69f., 73, **38** 99ff.
- Wahlsystem **20 D** 97, **21** 139, **28** 61, **38** 58, 106
- Wehrhafte Demokratie **20 D** 79, 151, **21** 144
- Westliche Demokratie **20 D** 56f.
- Willensbildung, freie politische **20 D** 70, 74, 76ff., 87, 94, **38** 51
- Zurechnung **20 D** 109

Demokratiedefizit **20 D** 28ff., 39, **23** 69ff.
Demokratische Legitimation **20 D** 40ff., 48ff., 86, 93, 109ff., 111ff., 139 ff, **23** 3, 33, 66ff., 96, 100, 109, 128, 159f., 162, 165, 167, **28** 55, 60, 69, 85f., 159, **38** 30, 39, **50** 19, 32, **63** 8, 13, **79 III** 37
Demokratisierung **20 D** 26, 55, 62, **65** 7
Demonstrationen **35** 29
demos **20 D** 1
Demoskopie **20 D** 116
Denaturierungsverbot **77** 20, 41, 62
Denkmalschutz **20a** 42
Deregulierung **20 R** 63
Derivatives Landesverfassungsrecht **28** 45
Derogation **31** 9, 42f., 52
Destruktives Mißtrauensvotum **63** 3, **67** 2, 11, **68** 3, 7
desuetudo **79 I** 42
Deutsche Demokratische Republik
- siehe DDR

Deutsche Gemeindeordnung (1935) **28** 12
Deutscher Bund (1815) **28** 3, **30** 2, 4, **31** 6, **35** 1, **50** 2, Vor **70–74** 5
Deutscher Weinfonds **20 D** 114
Deutscher Zollverein **50** 2
Deutschlandlied **22** 39
Dezentralisierung **28** 15, 36, 76
Diäten
- siehe auch Abgeordnete
- Abgeordnetengesetzgebung **48** 30f.
- Aufwandsentschädigung **48** 5, 21, 32, 38
- Diätenkommissionen **48** 36
- Parteifinanzierung **48** 27
- Staffeldiäten **48** 35
- Vollalimentation **48** 21, 37
- Zusatzeinkommen **48** 30

Dienstrecht **73** 56ff., **74** 6, 130ff.
- Abgeordnete **73** 58
- Altersdiskriminierung **73** 59
- Bundesminister **73** 58
- Bundesrichter **73** 58, 90
- Dienst nach Vorschrift **20 R** 100, **33** 187
- Dienst- und Treueverhältnis **33** 160ff., 186
- Dienstalter **33** 49, 81, 113, 117ff.
- Dienstliche Beurteilung **33** 88, 127
- EMRK **73** 59
- Kirchen **73** 57
- Religionsgesellschaften **73** 57
- Streikverbot **73** 59

Diktatur **20 IV** 10, **33** 6, **54** 3, 10, Vor **70–74** 10, **79 I** 3, **79 III** 15f., 35, **81** 3
Diplomatische und konsularische Tätigkeit **32** 23, 29, **59** 20, 26, 37, **73** 12f., 22f.
Diplomatischer Schutz **25** 25, 38, 42, **27** 3, 13, **32** 23, **34** 14
Direkte Demokratie **20 D** 20ff., 57f., 93, 99ff., **20 Rp** 4, **28** 11, 16, 35, 38, 47, 52, 58, 68, 72, 75, 175, **29** 12, **45c** 9, **54** 3, **68** 14, Vor **70–74** 29, 60, **79 III** 40, 61, **81** 3
Diskontinuität **38** 189, **39** 22ff., **40** 9, 15, **41** 23, **44** 35, **45c** 21, **46** 36, **51** 10, **53a** 5, **76** 99, **77** 17, 19, 42

2193

Diskriminierung(sverbote) 20 B 44, 33 49, 63ff., 70ff., 95, 96, 98ff., 106f., 117, 119, 122, 139ff., 209, 211, **42** 30, **60** 9
– Abstammung 33 63ff., 70ff.
– Diskriminierungsverbot (EU) 33 49, **60** 9
– Geburt 33 49, 63ff., 70ff.
– Langjähriger Wohnsitz 33 63ff., 70ff.
– Religion 33 49, 95, 98ff., 106f., 139ff., 211
– Weltanschauung 33 49, 95, 98ff., 106f., 146f., 211
Disziplinarmaßnahmen 20 R 194, 196, 208, 220, **38** 164, **46** 18, 26, 28, **48** 15, **60** 24, **62** 23, **65a** 12, **73** 57, **74** 22, 135
Disziplinarstrafe 20 R 196
Divergenzvorlage 31 47, 53
Doppelbestrafung 25 47
Doppelgrundrecht 21 51, 91f.
Doppelkompetenzen 30 13, 28, **31** 49, 58, **Vor 70–74** 25f., 56
– Bauordnungsrecht **Vor 70–74** 56
– Kartellrecht **Vor 70–74** 56
– Presserecht **Vor 70–74** 56
Doppelmandat 45 1
Doppelminister 62 20
Doppelt qualifizierte Mehrheit 77 60
Doppelte Gnadenzuständigkeit 60 7
Drei-Wochen-Frist 76 18, 20, **77**, 79, 93, **77** 51
Dreigliedrigkeitslehre 20 B 38
Dreiklassenwahlrecht 20 D 15, **38** 8
Dreistufiger Staatsaufbau 28 11
Dringlichkeitserklärung der Bundesregierung 81 11, 15, 23
Dritter Sektor 20 D 138
Drittschutz 28 126, **34** 14, 17, 44
dual-use-Güter 26 10, 13, 47
Duales Legitimationskonzept 23 67, 71
Dualismus 25 1f., **28** 8, 81, 157
Durchgriff internationaler Organe auf die Verfassungsordnung 80a 2
Durchgriffsnormen 28 44, 48, 83, 173, **31** 21f.
Durchgriffsrecht 65 27
Durchgriffswirkung 23 42, 44f., 49, **24** 28f., 30, 32ff.
Durchsuchungen 40 38, **44** 52, **46** 28, 33, 38, 40

E-Demokratie 45c 6, 11, 17, 32ff.
E-Parlament 45c 6
Ebenbürtigkeitsklausel 20 Rp 18
Effektiver Rechtsschutz 20 R 24, 212, 220
Effektivität, Effizienz 20 R 63, **77** 31
Egalitäre Rechtsanwendung 20 R 170
EGMR
– *siehe Europäischer Gerichtshof für Menschenrechte*
Ehepartner 33 195
Ehrenämter 55 9, **66** 9, 11
Ehrenbeamte 33 85
Ehrenschutz 60 33
Eidesformel 56 9f.
Eidesleistungen 56 5, 6, 9, **64** 2, 27, 31, 32
Eidespflicht 56 5, 6, **57** 9
Eigengesellschaft 20 D 133f.
Eigenrechte der Natur 20a 30, 56
Eigenstaatlichkeit der Länder 20 Einf 14, **20 B** 41f., **28** 42ff., **29** 11, **30** 15, 25, **79** III 13, 47f.
Eigenverantwortlichkeit 28 105ff.
Eignung 33 89ff., 94ff., 116ff., 122
– Charakterliche 33 91
– Gesundheitliche 33 109
– Gleiche 33 116ff.
Eilbedürftigkeit, besondere 76 77ff., 93ff.
Eilentscheidungen 35 37
Eilgesetzgebung 77 25
Einbürgerung 73 18
Eingangszahlen (Petitionen) 45c 15
Eingemeindungen 28 92
Eingriffsverwaltung 20 R 136ff., **28** 133, **33** 79f., 152ff.
Einheit 22 2, 6f., 10, 14, 18, 35
– der Staatsleitung 58 8f., 17
– der Verfassung 20 R 226, **28** 41ff., **38** 65
– des Staates 35 10
Einheitlichkeit
– der Handelsflotte 27 9, 14
– der Lebensverhältnisse 29 1, **72** 3, 22
Einheitsgemeinde 28 81
Einigungsvertrag 22 7, 40, **34** 29, **51** 7, **79** I 15, 24
Einleitungsverfahren 76 23
Einmischungsverbot 20 D 25
Einreiserecht 73 22
Einrichtung, zwischenstaatliche
– *siehe Zwischenstaatliche Einrichtungen*
Einrichtungsgarantien 21 50, **38** 122
Einschätzungsprärogative des Gesetzgebers 20 R 183, 190, **20a** 45, 49, 59, 71f., **72** 18, 47
Einspruchsgesetze 77 3ff., 17, 30ff., 38, 45, 50, 54ff., 59f., **78** 13ff.
– Absolute Mehrheit 77 60
– Aufschiebende Wirkung des Einspruchs 77 56
– Einspruch 77 3ff., 17, 30ff., 45, 50, 54ff., 59ff.
– Einspruchsbegründung 77 55
– Einspruchsfrist 77 11ff., 58
– Nichteinlegung des Einspruchs 78 2f., 5f., 7, 13, 15
– Regelfall 77 45
– Reziproke Mehrheiten 77 59
– Rücknahme des Einspruchs 78 3, 5, 7, 16
– Überstimmung des Einspruchs 77 56, 59ff.
– Zurückweisung des Einspruchs durch den Bundestag 77 56, 59ff.
– Zustandekommen 77 54ff., 61
Einstimmigkeit 20 D 46, 67

Sachregister

Einstweilige Anordnung 23 168, 61 3, 18
Einstweiliger Rechtsschutz 20 R 30, 33 132, 135
Einvernehmen 22 23, 23 133, 137, 147, 155, 28 130, 32 2, 45c 6, 35, 62 21, 76 73, 80 27
Einwanderung 73 26, 90, 74 32
Einwohnerbegriff 51 21
Einzelfallgerechtigkeit 20 R 27, 56, 150
Einzelfallgesetze 20 R 73
Einzelfallvorbehalt 20 R 185
Eisenbahnen 71 6, 73 47ff.
Elektronisierung 45c 6, 8, 11, 17, 32ff.
EMRK
– siehe Europäische Menschenrechtskonvention
Emschergenossenschaft 20 D 114, 130
Energieversorgung 28 137ff.
Energiewirtschaft 20 S 32f., 74 51
Enquête-Kommission 40 32, 43 9
Enteignungen 25 35, 41, 70 15, 74 67ff.
Enteignungsgrundsätze 20 R 222
Entföderalisierung 20 B 6
Entgelte für Straßennutzung 74 7, 107, 112
Entlastung der Minister 62 22
Entschädigungsanspruch 48 5ff., 9, 19ff., 40
Entscheidungsmonopol des EuGH 23 169, 172, 176
Entscheidungsverantwortung 50 18
Entschließungsermessen 37 12
Entsendungsrecht 51 22
Entsteinerungsklausel 76 27, 80 49
Entwicklungsoffenheit 20 B 9, 11, 26, 36, 48
Erforderlichkeit 20 R 183, 72 4f., 17, 18ff., 45ff.
Erforderlichkeitsklausel Vor 70–74 14, 72 4f., 11, 15, 18ff., 33, 74 17, 27, 30, 32, 34, 36, 42, 45, 49, 57, 63, 67, 71, 73, 75, 79, 85, 96, 102, 107, 114, 117, 122, 125, 133
– Einschätzungsspielraum 72 18
– Justitiabilität 72 3, 18
– Unbestimmter Rechtsbegriff 72 18
Erfordernisse der Landesplanung 29 20
Erfordernisse der Raumordnung 29 20
Ergänzungsfunktion der Kreise 28 162
Ergänzungsvertretung 69 8ff.
Ermächtigungsgesetz 20 R 15
Ermächtigungsgrundlage 20 R 136ff.
Ermächtigungskombinationen 80 26
Ermächtigungsnorm 80 20ff., 33, 35ff., 42f., 45f., 48, 57, 65, 67
Ermessen 20 R 134, 137ff., 35 30, 35, 46 37, 41, 60 20, 22, 61 3, 16, 19
– Amtshilfe 35 30, 35
– Bundeszwang 37 12, 16
– Ermessensreduktion 72 48
– Gegenzeichnungsrecht des Bundespräsidenten 58 16
– Gewährleistung 28 167ff.

– Neugliederung des Bundesgebietes 29 17, 37
– Rechtsstaatsprinzip 20 R 134, 137ff.
– Sozialstaatsprinzip 20 S 36
Ernährung 74 75f.
Ernennung 33 112, 128, 132ff., 137f., 203, 60 1, 15, 19ff., 34
– Beamte 54 17, 20
– Bundeskanzler 58 6, 11, 18, 21f.
Ernst-Kommission 29 5
Ersatzgesetzgeber 81 7
Ersatzorgan 53a 4
Ersatzorganisationen 21 155
Ersatzvertretung 57 5, 12, 69 8, 10
Erschließungsbeiträge 74 4, 81
Erschöpfende Regelung 72 26ff., 50ff.
Ersetzung der Freigabe 72 47, 56
Ersetzungsbefugnis Vor 70–74 14, 42, 72 49, 55
Ersuchen bei Amtshilfe 35 19
Ertragskompetenz Vor 70–74 43
ESM-Vertrag 23 46, 54, 58, 93, 98f., 114, 118, 120
Ethik 20a 35
Ethikkommissionen 20 D 130
EU
– siehe Europäische Union
EU-Ausschuß 23 28, 35, 113, 123, 127, 163, 45 1ff.
– Aufgaben 45 10, 13ff.
– Berichtspflicht 45 19
– Beteiligungsrechte 45 2f., 17ff., 29
– Delegation von Mitwirkungsbefugnissen 45 8, 17ff.
– EU-Angelegenheiten 45 2, 9, 14
– Federführung in europapolitischen Grundsatzfragen 45 14f., 28f.
– Institutionelle Garantie 45 11
– Landesparlamente 45 7
– Mitwirkungsrechte 45 14
– Mitwirkungsrechte des Bundestages 45 9, 17ff., 20ff.
– Pflicht zur Bestellung 45 11
– Plenarersetzende Funktion 45 9, 11, 17ff.
– Überweisungsverfahren 45 15, 31
– Verhältnis zu anderen Fachausschüssen 45 1, 14ff., 27ff., 32
– Zusammensetzung 45 11
EU-Bürger 21 53, 33 49, 56f., 74ff., 125, 162
EU-Kommissar 66 3
EuGH
– siehe Europäischer Gerichtshof
Euler-Ausschuß 29 5
Euratom 73 87
Euro-Rettung 23 97ff., 165f., 177
Eurocontrol 24 19, 28, 34
Europa-Artikel 23 1ff., 24 10, 41
Europa(rechts)freundlichkeit 23 38, 176
Europaabgeordnete 48 4f.
Europaflagge 22 27

2195

Sachregister

Europäische Bürgerinitiative 45c 9
Europäische Integration 20 S 17ff., 50, 50 17, Vor 70–74 22, 31, 79 I 8, 16, 26, 79 II 7, 24, 79 III 11, 55ff.
Europäische Menschenrechtskonvention (1950) 20 D 24, 20 R 21, 23, 26, 20 S 16, 20a 13f., 21 12, 154, 23 9, 19, 59, 85, 24 12, 34, 80, 25 27, 31 11f., 32, 46, 61, 59 47, 73 22, 59, 74 62, 79 III 28, 53
Europäische Parteienverordnung 21 13
Europäische Rechtskultur 20 R 3
Europäische Sicherheits- und Verteidigungspolitik 24 13, 74
Europäische Sozialcharta 20 S 15, 23 9
Europäische Union (EU) 20 B 17ff., 47, 49, 54, 20 D 31ff., 23 1ff., 24 2, 4, 11, 13, 19f., 41, 82, 25 8f., 55, 30 9ff., 32 6, 8f., 51, 60, 45 1ff., 45c 8ff., 50 11, 30f., 59 8ff., 20, Vor 70–74 18ff., 70 5, 71 2, 3, 5
– siehe auch *Hoheitsrechtsübertragung*
– Angelegenheiten der EU 23 47, 116ff.
– Anwendungsvorrang des Unionsrechts Vor 70–74 22, 31 13f.
– Ausgleich des innerstaatlichen Kompetenzverlustes 23 27, 29, 31, 109, 128, 160,
– Ausschließliche Zuständigkeit 59 9, Vor 70–74 19, 70 5
– Ausschuß der Regionen 23 76, 158, 50 11, 51 8, 52 9
– Außenbeziehungen 59 9
– Austritt 23 18, 38, 92, 105
– Bananenmarkt-Beschluß 23 83, 173
– Begriff 23 36, 41, 116ff.
– Beitritt 23 11, 23ff., 36, 134, 162
– Beschäftigungspolitik 23 75
– Bestimmtheitsgebot 23 40, 51, 94
– Bildungswesen 23 7, 97, 153
– Bindung der Gewalten 23 64, 74, 119, 132
– Brückenklauseln 23 33, 48f., 53
– Bund-Länder-Streit 23 139
– Bundesrat 23 3ff., 31, 35, 40, 47, 106f., 108ff., 136ff., 162ff., 50 11, 30f.
– Bundesstaat 20 B 17, 35, 23 16, 39, 76, 88ff., 101, 103, 151
– Bundestag 23 5, 33, 47, 108ff., 128ff., 162ff.
– Bundestreue 23 34, 95
– Bürger 23 3, 16f., 35, 67, 68, 71, 77, 84, 97, 166, 175
– Degressive Proportionalität 23 69
– Demokratie 20 D 31ff., 23 66ff.
– Demokratiedefizit 20 D 39, 23 69ff.
– Demokratische Legitimation 20 D 40ff., 23 3, 33, 66ff., 96, 100, 109, 128, 159f., 162, 167
– Duales Legitimationskonzept 23 67, 71
– Durchgriffswirkung 23 42, 44f., 49
– Dynamik der Integration 23 49, 95
– Eigenständigkeit der Kommunen 23 31, 28 31
– Eigenständigkeit der Länder 20 B 17ff., 23 31, 28 31
– Einstimmigkeit 20 D 46
– Einstweilige Anordnung 23 168
– EMRK 23 9, 19, 59, 85
– Entscheidungsmonopol des EuGH 23 169, 172, 176
– Erweiterung 23 57
– EU-Bürger 21 53
– Euro-Rettung 23 97ff., 165f., 177
– Europa(rechts)freundlichkeit 23 38, 176
– Europäische Kommission 20 D 36
– Europäische Parteien 21 13, 23 68
– Europäische Parteienverordnung 21 13
– Europäische Zentralbank (EZB) 23 3, 35, 72, 173, 177
– Europäischer Gerichtshof 20 D 38
– Europäisches Parlament 20 D 32, 35f., 48f., 53, 38 15, 19
– Europäisches Patentamt 24 30, 41, 53
– Europäisches Sozialrecht 20 S 17ff.
– Europakammer 23 35, 113, 123
– Europarat 23 9, 41
– Europatauglichkeit des GG 23 7, 160f.
– EUZBBG 23 5, 28, 50f., 114, 117, 120, 123ff., 127, 130f., 133ff., 150
– Evolutivklauseln 23 48, 53
– Flexibilitätsklausel (Art. 352 AEUV) 23 48f., 51, 53, 95, 111
– Föderale Struktur 20 B 35, 23 16, 70, 76, 88, 103
– Föderalismusreform 23 7, 153, 160
– Fransson-Urteil (EuGH) 23 103, 177
– GASP 23 3, 46, 118, 122
– Gemeinsame Verfassungskommission 23 4
– Gesamtstaatliche Verantwortung 23 147, 155
– Gesetzesvorbehalt 23 33, 40, 42, 50, 74
– Gesetzgebungsbefugnisse der Länder 23 137ff., 143, 146
– Geteilte Zuständigkeit Vor 70–74 19, 70 5
– Grenzen der Integrationsgewalt 23 61ff.
– Grenznachbarschaftliche Einrichtung 24 8, 60
– Grundrechte-Charta 23 10, 15, 74f., 85, 103, 177
– Grundrechtsschutz 23 9, 14, 19, 23, 61f., 65, 74, 81ff., 103, 171ff.
– GSVP 23 118
– Haftung 34 15ff., 24
– Hoheitsrechtsübertragung 23 4, 6, 18, 22, 24, 25, 40ff., 59f., 61ff., 105
– Homogenität 20 D 32, 23 11, 66, 69, 28 25, 27
– Identitätskontrolle 23 87, 168, 171
– Institutionelles Gleichgewicht 23 74
– Integration 23 19
– Integrationsfeste Staatsaufgaben 23 96ff.

Sachregister

(Fortsetzung Europäische Union)
- Integrationsklauseln außerhalb des GG **23** 21ff., 31
- Integrationskompetenz **23** 40
- Integrationsschranken außerhalb des GG **23** 23, 26, 31
- Integrationsschranken des GG **23** 4, 40, 61ff., 164ff.
- Integrationsverantwortung **20 D** 45, **23** 33, 47ff., 91, 95, 111
- Integrationsverantwortungsgesetz (IntVG) **23** 47f., 50, 79, 106f., 114, 120, 132, 134, 143
- Kommunale Selbstverwaltung **23** 29, 76, 80, **28** 28ff.
- Kompetenz-Kompetenz **23** 23, 39, 76, 89, 91, 95, 175
- Kompetenzverschiebungen im innerstaatlichen Gefüge **23** 3
- Kompetenzverteilung **23** 27, 29, 77, 80, 110, **Vor 70–74** 19f.
- Kooperationspflicht **23** 44
- Kooperationsverhältnis BVerfG, EuGH **23** 169, 172f.
- Koordinierung des Sozialrechts **20 S** 19
- Kultur **23** 7, 69, 97, 153
- Länder **23** 3ff., 27, 29, 31, 109, 136ff.
- Länderbeobachter **23** 156
- Länderbüros (Landesvertretungen) **23** 29, 157
- Länderinteressen **23** 40, 120, 122, 139, 142, 151, 156, 158
- Ländervertreter **23** 7, 29, 139f., 152ff., 160
- Landesblindheit **23** 76, **28** 26, **31** 14, **Vor 70–74** 21
- Landesparlamente **23** 31, 120, 152
- Letztentscheidungsrecht des Bundesrats **23** 147ff.
- Lindauer Abkommen **23** 179
- Lissabon-Urteil (BVerfG) **23** 14, 16, 33, 38, 42, 47, 56, 68ff., 84, 87, 95, 97f., 102, 104, 128, 167f., 171
- Loyalitätsgebot **23** 14, 38, 159
- Maastricht-Urteil (BVerfG) **20 D** 80f., **23** 16, 69, 83, 87, 96, 165, 168, 172, **24** 52, **38** 60, **59** 36
- Maßgebliche Berücksichtigung des Bundesrates **23** 6, 132, 143ff.
- Mehrheitsprinzip **23** 8, 71
- Menschenrechte **23** 11, 19, 62, 82
- Mitwirkung der Regionen **23** 29
- Mitwirkung von Bundestag und Bundesrat **23** 108ff., 162f.
- Nationale Identität **23** 14, 62, 76, 87
- Nationale Parlamente (Einbeziehung auf EU-Ebene) **23** 50, 68f., 109, 119, 162f.
- Nationale Verfassungsautonomie **23** 11
- Offene Staatlichkeit **23** 1, 32, 71, 90
- Organleihe **23** 43, 117

- Organstreit **23** 112, 139, 164f., 167, 175
- Organtreue **23** 112, 134
- Parlamentsvorbehalt **23** 28, 40, 133
- Parteien **21** 13
- PJZS **23** 3, 48, 162
- Popularklage **20 D** 80f., **23** 166, **38** 63
- pouvoir constituant **23** 90, 104
- Prinzip der begrenzten Einzelermächtigung **23** 23, 71, 87, 94f., 176
- Rat der Europäischen Union **20 D** 37, **50** 11, **52** 9, **62** 35
- Ratifikation **23** 3, 19, 22, 24, 25, 33, 39f., 48ff., 58f., 95, 134, 137, 179
- Rechtliches Gehör **23** 81
- Rechtsetzung **23** 34, 109
- Rechtsetzungskompetenz des EuGH **Vor 70–74** 20
- Rechtsetzungskompetenzen **Vor 70–74** 18ff.
- Rechtsgemeinschaft **23** 74
- Rechtsnatur **23** 16ff.
- Rechtspersönlichkeit **23** 16ff.
- Rechtsstaatliche Anforderungen **23** 74
- Rechtsstaatsprinzip **20 R** 22ff.
- Referendum **23** 24, 40
- Republik **20 Rp** 12
- Richtlinienumsetzung **Vor 70–74** 21
- Rücksichtnahme **23** 14, 151
- Selbstbestimmung **23** 66, 88, 104, 166
- Sicherheits- und Verteidigungspolitik **24** 13, 74
- Solange-Rechtsprechung **23** 14, 19, 81ff., 172
- Solidarität **23** 75
- Souveränität **23** 18, 23, 69, 88, 92
- Sozialstaatliche Anforderungen **23** 75, 102, 167
- Sozialunion **23** 102
- Sperrwirkung von Unionsrecht **Vor 70–74** 22
- Staatenverbund **23** 16f., 69, 100
- Staatsziel (europäische Integration) **23** 32, 36ff., 52, 92
- Stellungnahmerecht des Bundesrates **23** 141ff.
- Stellungnahmerecht des Bundestages **23** 129ff.
- Struktursicherungsklausel **20 D** 33, **23** 37, 39, 59, 62ff., 87
- Subsidiaritätsprinzip **23** 8, 17, 28, 31, 62, 76ff., 106f., 119f., 162f.
- System gegenseitiger kollektiver Sicherheit **24** 13, 68
- Textänderungsgebot **23** 4, 52, 60, **79 II** 24
- Überformung der Kompetenzordnung des GG **Vor 70–74** 22
- ultra-vires-Handeln **23** 26, 33, 94, 103, 175ff.
- Umsetzung von Unionsrecht **23** 34, 38, 170, 174
- Unabhängigkeit von Behörden **23** 72

(Fortsetzung Europäische Union)
- Ungeschriebene Rechtsgrundsätze **23** 74
- Unionsbürgerschaft **20 D** 51, **23** 3, 35, 57, 67f., 70f., 92, 97, **28** 20, 27, 33, 69ff., 74, 175, **33** 49, 56f., 74ff., 125, 162
- Unionsrechtsspezifische Verordnungsermächtigungen **80** 9f., 37, 46, 56, 63
- Unionstreue **23** 14, 38, 159
- Unionsvolk **23** 69
- Unterrichtung von Bundesrat und Bundestag **23** 5, 119ff., 128, 137, 162
- Verbindungsbüro des Bundestages **23** 135
- Verfassung **23** 10
- Verfassunggebung **23** 90, 104
- Verfassungsänderung **23** 23, 25, 55ff.
- Verfassungsbeschwerde **23** 112, 164ff., 170, 175
- Verfassungsgerichtliche Kontrolle **23** 25f., 86
- Verfassungsrelevante Integrationsakte **23** 52ff.
- Verfassungsverbund **23** 17f., 20, 61
- Verhältnis des Unionsrechts zum nationalen Recht **23** 12ff., 30
- Verhältnismäßigkeitsprinzip **23** 74, 85
- Verordnungen **80** 9f., 37, 46, 56, 63
- Vertrag von Lissabon **20 D** 32, 35, **20a** 18, **23** 8, 10, 25, 33, 48, 58, 68f., 79, 85, 106, 114, 162, 168, **28** 25ff., **45** 2f., 20, **45c** 9, **50** 13, 31
- Vertrag von Maastricht **20 D** 32, 51, **23** 2f., 5, 14, 36, 53, 68, 76, 78, 87, 119, 137, 168, **45** 1f., **79 I** 16, 26
- Vertragsänderung **23** 5, 19, 33, 47ff., 53, 57f., 91, 134, 162
- Völkerrechtliche Verträge **59** 8ff.
- Volkssouveränität **20 D** 31ff., **23** 90
- Vollzug von Unionsrecht **23** 34, 76, 174
- Vorlage an EuGH **23** 164, 173f., 176, 178
- Vorrang des Unionsrechts **20 D** 40, **23** 12ff., 30, 59
- Währungsunion **23** 3, 58, 93, 100
- Werte der Union **23** 11
- Wesensgehalt der Grundrechte **23** 82, 83f.
- Willensbildung, innerstaatliche **23** 4ff., 27f., 32, 108ff., 159
- Wirtschafts- und Sozialausschuß **20 S** 18
- Zwischenstaatliche Einrichtung **24** 34

Europäischer Bundesstaat 20 D 54, **79 III** 11, 55f., 58
Europäischer Bürgerbeauftragter 45c 9
Europäischer Gerichtshof (EuGH) 20 D 38, **Vor 70–74** 20
- Einstweilige Anordnung **23** 168
- Entscheidungsmonopol **23** 169, 172, 176
- Faktische Normsetzungskompetenz **Vor 70–74** 20
- Fransson-Urteil **23** 103, 177
- Kooperationsverhältnis BVerfG, EuGH **23** 169, 172f.
- Norm-, Rechtsetzungskompetenz **Vor 70–74** 20
- Prozeßführung **23** 141, 152, 158
- Prozeßstandschaft (Länder, Bundesrat) **23** 139
- Rechtsfortbildung **23** 176f.
- Vorlage **23** 164, 173f., 176, 178

Europäischer Gerichtshof für Menschenrechte (EGMR) 24 12, 34, 80, **Vor 70–74** 16, **70** 4, **72** 7, **74** 9, 26, 29, 140
Europäischer Rat 54 6, **65** 7, 15
Europäischer Sozialfonds 20 S 18
Europäisches Kartellrecht 74 74
Europäisches Parlament 20 D 35f., 39, 48f., 53, **45** 1, 11, **46** 4, 5, **47** 2, **48** 4f., **50** 11, **65** 6
- Bundesrat **50** 11
- Degressive Proportionalität **23** 69
- Demokratische Legitimation **23** 3, 33, 66ff., 96, 100, 109, 128, 159f., 162, 167
- Sitzverteilung **20 D** 35
- Staatenvertretung **20 D** 35
- Wahlrechtsgleichheit **23** 69f., 73

Europäisches Unionsrecht
- *siehe Unionsrecht*

Europäisches Volk 20 D 41, **38** 15
Europäisierter Föderalismus 20 B 35
Europäisierung 20 B 19f., 35, **35** 6, 8, **45c** 9f., **50** 12, **52** 10, **70** 3ff., **80** 9f., **82** 5
Europakammer 45 8, **52** 8, 10, 12, 19, 22ff., 30
- Anwesenheitspflicht **52** 25
- Beschlußgremium **52** 23
- Bundesrat **23** 35, 113, 123
- Durchführungsregeln **52** 25
- Mitglieder **52** 24
- Öffentlichkeitsgrundsatz **52** 26
- Reformvorschläge **52** 8
- Stimmengewichtung **52** 24
- Umfrage- bzw. Umlaufverfahren **52** 22, 25

Europarat 23 9, 41
Europarecht 28 25f., 27ff., 70ff.
Europarechtliche Regelungstechniken 20 R 31
Europatauglichkeit des Grundgesetzes 23 7, 160f., **52** 10
Europol 23 46, **45d** 9
EUZBBG 23 5, 28, 50f., 114, 117, 120, 123ff., 127, 130f., 133ff., 150
EUZBLG 23 5, 50, 114, 117, 120, 122, 139ff., 142f., 145, 147, 152, 154ff., 157f.
Ewiges Organ 51 10
Ewigkeitsgarantie 20 Einf 7, 11, 13, 16, **20 D** 54, 96ff., 105, 151, 153, 155, **20 Rp** 16, 19, 27, **20 S** 24, 49, **20 IV** 18, 27, **21** 144, **23** 59, 87ff., **28** 46, 53, 174, **30** 30, **42** 20, **63** 5, **79 II** 12, 23, 25, **79 III** 3, 14f., 16
Exekutive
- *siehe Bundesregierung, Verwaltung*
Exekutivföderalismus 30 7, **79 III** 25
Exilorganisationen 73 3, 69

Sachregister

Existenzgarantie der Länder **29** 11, 17, **79 III** 21f.
Existenzminimum **20 S** 16, 20, 26, 45f., **79 III** 46
Experimenteller Bundesstaat **20 B** 34
Extremismus **21** 158

Fachaufsicht **28** 107
Fachliche Leistung **33** 89ff., 94ff.
Fachplanung **28** 96
Faires Verfahren **20 B** 50, **20 R** 24, 208, 216ff., **25** 41
– Waffengleichheit **20 R** 217
– Wahrheitsfindung **20 R** 218
Faktische Grundrechtsbeeinträchtigungen **20 R** 115
Familie **33** 70, 115, 195ff., 201
Familienwahlrecht **20 D** 98, **38** 129
Federalist Papers (1787) **20 D** 11, **20 R** 6, **20 Rp** 4, **28** 1f., **30** 3
Fehlerfolgenregeln **20 R** 173, **38** 59, **80** 58
Festnahme auf frischer Tat **46** 31
Feuerwehrabgabe **31** 61
Filmförderung **74** 54, 56
Filmförderungsanstalt **20 D** 114
Finanzausgleich **28** 144, 147ff., **29** 1, 18, 38
Finanzen
– Finanzhilfen **28** 147, **59** 33, **71** 6
– Finanzhoheit **28** 39, 132, 142ff., 163, 176
– Finanzierungsverantwortung **28** 152
– Finanzmonopole **71** 6
– Finanzsituation **28** 88, 132, 146, 176
– Finanzverfassung **28** 147
– Finanzverwaltung **71** 6
– Freie Spitze der Kommunalfinanzen **28** 146
Finanzielle Absicherung **28** 18, 21f.
Finanzielle Mindestausstattung **28** 116, 146ff., 151
Fischerei **74** 76, 78
Fiskalisches Handeln **28** 79, **30** 18
Fiskalpakt **23** 46, 58, 93, 118
Fixfrist **76** 70
Flagge **22** 9ff., 26ff., **27** 3, 9, **54** 13
– Billigflaggen (flags of convenience) **27** 3
– Flaggenhoheit **27** 3
– Flaggenrechtsgesetz **27** 4, 8, 10
– Flaggenstaat **27** 3
– Gemeinschaftsflagge **27** 4
Flexibilitätsklausel (Art. 352 AEUV) **23** 48f., 51, 53, 95, 111
Flexibilitätswahrung **80** 12
Flüchtlinge **74** 34f.
Flurbereinigung **74** 6, 77f.
Föderalismus **20 Einf** 3, 5, 13, **20 B** 1, 10f., 15, 16, 20, 25, 28ff., 35, 43, **20 D** 146, **28** 1ff., 41ff., **29** 1, 14, **Vor 70–74** 15, 37, **70** 3
– *siehe auch Bundesstaat*
– Europäisierter Föderalismus **20 B** 35

– Exekutivföderalismus **30** 7, **79 III** 25
– Föderalismuskommissionen **20 B** 11ff., **23** 7, **29** 6
– Föderalismusreform **20 B** 11ff., 34, **23** 7, 153, 160, **30** 7, **Vor 70–74** 15, 37, **70** 3
– Föderalismusreform I **20 B** 9, 12, 34, **73** 3, 20, 88
– Föderalismusreform II **20 B** 9, 13, 34
– Grenzüberschreitender Föderalismus **20 B** 20
– Großbritannien **30** 13
– Reföderalisierung **20 B** 31ff.
– Separativer Föderalismus **20 B** 28ff.
– Solidarischer Wettbewerbsföderalismus **20 B** 34
– Staatszentrierter Föderalismus **20 B** 20
– USA **28** 13, 15, 32, 38, **30** 12, **31** 16, **37** 4
– Wettbewerbsföderalismus **20 B** 24f., 32ff., **29** 1, **Vor 70–74** 15, **72** 14
Föderalistische Lösung **32** 35, 37
Folgegesetzgebung **70** 14
Folgenbeseitigungsanspruch **20 R** 222
Folterverbot **25** 18, 27, 41
Formale Gleichheit **38** 103
Formaler Rechtsstaat **20 R** 13, 15
Formelles Prüfungsrecht **82** 12
Forschungsförderung **74** 65
Forsthoff, Ernst **20 S** 3
Fortentwicklungsauftrag **33** 51, 168ff., 204ff.
Fortgeltensanordnung **72** 45
Fortpflanzungsmedizin **74** 126
Fortschreibungskompetenz **30** 23, **Vor 70–74** 50
Fraktionen **21** 4, 64, 109, **38** 151, 179ff., **40** 33ff., **63** 7, 21, **76** 12, 15, 54ff., 102, **77** 19f., 35
– *siehe auch Abgeordnete, Parteien, politische*
– Ausschußrückruf **38** 194
– Beendigung der Rechtsstellung **38** 189
– Finanzierung **38** 190
– Fraktionsdisziplin **38** 196
– Fraktionslose Abgeordnete **38** 170, **44** 39
– Fraktionsstärke **38** 185f., **40** 34, **76** 3, 54ff., 102
– Fraktionszwang **38** 196
– Funktion **38** 179ff.
– Gemeinsamer Ausschuß **53a** 7
– Gleichbehandlungsgebot **38** 187
– Gruppen **38** 188
– Innere Demokratie **38** 195
– Innerparteiliche Demokratie **38** 190
– Kontrollgremium **45d** 35ff., 59
– Mandatsverlust **38** 193
– Mitgliedschaft **38** 191
– Mitgliedschaftsmotivation **38** 182
– Parteien **21** 64
– Proportionalitätsprinzip **38** 187
– Rechtsschutz **38** 197
– Tendenzorganisationen **38** 192
– Tendenzreinheit **38** 180, 192

(Fortsetzung Fraktionen)
- Zuschüsse **21** 109
- Zweck **38** 179

Frankfurter Dokumente 20 D 18, **50** 7
Frankreich 20 D 11, 13, 57, **20** Rp 3, 14, 17, **20** S 3, 6, **20** IV 6, **38** 3, **63** 5, **64** 3, **67** 4, **79** III 1f., 12
Fransson-Urteil (EuGH) 23 103, 177
Französische Revolution 20 D 11, **20** Rp 3, 14, 17f., **20** S 3, 6, **20** IV 6, **38** 3
Frauen
- Chancengleichheit **33** 49, 95, 119
- Frauenbeauftragte **28** 124, 129
- Frauenquote **33** 117, 119, 122
- Frauenwahlrecht **20** D 15f., **38** 10

Freie Berufe 74 26, 52, 61
Freier Warenverkehr 74 91
Freies Mandat 21 167, **28** 67, **38** 3, 5, 17f., 137, **46** 2, **47** 1, 5, **51** 17
Freigabe Vor 70–74 42, **72** 4f., 8f., 12f., 15, 44ff., 55, 60
Freiheit 20 D 61ff., 65f., 69
- Metamorphosen **20** D 66
- Parteien **21** 46ff., 49ff.
- Voraussetzungen des Freiheitsgebrauchs **20** S 42

Freiheit der Wahl 38 86ff.
- *siehe auch Wahlrechtsgrundsätze*
- Arbeitgeberwerbung **38** 97
- Doppelauftreten von Parteien und Wählervereinigungen **38** 91
- Gewerkschaftswerbung **38** 97
- Kandidatenaufstellung **38** 89
- Kanzelwerbung **38** 97
- Kirchen **38** 97
- Kündigung **38** 97
- Listenvereinigungen **38** 87
- Massenmedien **38** 97
- Meinungsumfragen **38** 98
- Öffentlichkeitsarbeit der Regierung **38** 94
- Passive Wahlrechtsfreiheit **38** 90
- Presseorgane **38** 97
- Regierungszurückhaltung **38** 94
- Religionsgesellschaften **38** 97
- Scheinkandidatur **38** 90
- Unternehmerwerbung **38** 97
- Verbotene Parteien **38** 92
- Wahlbeeinflussung **38** 93ff.
- Wahlgeschenke **38** 96
- Wahlpflicht **38** 7, 88
- Wahlvorschlagsrecht **38** 90
- Wahlwerbung **38** 94, 96
- Zurückhaltung in der Vorwahlzeit **38** 94
- Zwanglosigkeit **38** 86f.
- Zweck **38** 86

Freiheitliche demokratische Grundordnung 20 B 55, **20** D 75, 79, **20** R 19, **20** Rp 19, **20** IV 14ff., 20f., **21** 143ff., 153, **42** 31, **73** 73, **79** III 5ff., 18, 61
- Bundesstaat **20** B 55
- Demokratie **20** D 75, 79
- Mehrheitsprinzip **42** 31
- Oppositionsrecht **20** D 75
- Parteiverbot **20** D 79, **21** 143ff., 153
- Republik **20** Rp 19
- Streitbare bzw. wehrhafte Demokratie **20** D 79, 151, **20** Rp 19, **20** IV 14f., 27, **21** 144, **79** III 44, 61
- Verfassungsänderung **79** III 5ff., 18, 61
- Verfassungsschutz **73** 73

Freiheitlicher Sozialstaat 20 S 41
Freiheitsbeschränkungen 46 21, 29, 32ff., 36
Freiheitsbriefe 20 IV 5
Freiheitsentziehungen 46 30f., 33
Freiherr vom Stein 28 8
Freistaat 20 Rp 2, 6f., 15
Freizügigkeit 33 54, 62, 67f., 209, 211, **73** 8, 20ff., 36, **74** 33
Fremdenrechtlicher Mindeststandard 25 41
Frieden
- Friedensgebot **24** 1, 20, 69, 77f., **26** 1, 12, 24, 38, 53
- Friedensschluß **71** 6
- Friedenssichernde Maßnahmen **24** 11, 73

Friedensstörung
- Absicht **26** 28
- Begriff **26** 19
- Beihilfe **26** 26
- Bundesregierung **26** 20
- Interventionsverbot **26** 23
- Polizeiliches Einschreiten **26** 37
- Rechtsschutz **26** 40
- Verfassungswidrigkeit **26** 17ff.

Friedhofsatzungen 28 136
Fristberechnung 76 71, 92
Fristbestimmungen 20 R 215
Fristverkürzung 76 69f., 77, 91, 93ff.
Fristverlängerung 76 20, 69ff., 77, 90f.
Frühkonstitutionalismus 33 2, **41** 2, **43** 3, **80** 1, **82** 1
Fünf-Prozent-Sperrklausel 21 86, **23** 73, **28** 63, 66, **38** 12f., 112f.
Funktionale Gewaltenteilung 20 R 69, 78, **66** 18
Funktionale Selbstverwaltung 20 D 92, 114, 120, 128ff., **20** R 126
Funktionell-institutionelle Legitimation 20 D 110
Funktionserfindungsrecht 28 103
Funktionsfähigkeit
- Bundestag **38** 53, 161, 165, 179, **40** 30, **46** 8, 22, **47** 5, **48** 8
- Fraktionen **38** 179, 192
- Parlament **21** 89, **38** 165, **46** 8, **47** 5
- Parlamentarisches Regierungssystem **68** 7
- Parteien **21** 7, 23, 45, 68, 72

(Fortsetzung Funktionsfähigkeit)
– Rechtsstaat **20 R** 17
– Regierung **43** 15
– Strafjustiz **20 R** 214
– Verfassungsgut **38** 112f., 161, 163, 179
Funktionsgerechtigkeit 59 16f.
Funktionsinadäquate Organisationsstruktur 52 22
Funktionssicherung 80 12
Funktionsstellvertretung 69 7
Funktionsstörung des Bundestags 81 7
Funktionsvergütungen 38 172
Funktionsverlust von Recht 20 R 61
Funktionsvorbehalt (Beamtenrecht) 33 148ff., 212
– Ausnahmen **33** 165ff.
– Beamtenvorbehalt **33** 153, 167
– Eingriffsverwaltung **33** 80, 152ff.
– Lehrer an öffentlichen Schulen **33** 159
– Leistungsverwaltung **33** 80, 152ff.
– Nichtbeamte **33** 150
– Privatisierung **33** 151, 157
Funktionszulagen 48 25
Fürsorgepflicht 20 S 2, 28f., **33** 109, 161, 170, 174, 193

G 10-Kommission 45d 27, 60
Garantie der Staatlichkeit Deutschlands 20 D 54, **23** 87ff.
Garantiefunktion der grundgesetzlichen Kompetenzvorschriften 70 10
GASP 23 3, 46, 118, 122, **24** 13, **32** 9, **54** 6, **59** 9f.
Gaststätten 74 6, 55
GATT 26 11, **73** 39
Gebietsänderungen 28 116, 121, **29** 12f., 16, 33f.
Gebietshoheit 28 121f.
Gebietsreform 28 87, 159
Gebühren Vor 70–74 48f., **74** 3, 107, 112f.
Geeignetheit
– *siehe Verhältnismäßigkeitsprinzip*
Gefahrenabwehr 20 R 60, 159
Gegenzeichnung 57 11, **58** 1ff., 5ff., 10ff., 14, 17ff., 22, **59** 21, 25, **60** 4, 20, 22, 29, **63** 20, 28, 46, **64** 26, **65** 1, 16, 30, 48, **65a** 1, **67** 17, **68** 2, 25, **82** 4, 15, 21
Geheimdienste 38 168, **45d** 1ff.
Geheimhaltung 20 D 77, **45d** 13, 15, 24, 46, 47ff., 50f., 52, 54
Geheimheit der Wahl 38 121ff.
– *siehe auch Wahlrechtsgrundsätze*
– Briefwahl **38** 125
– Identifizierbarkeit von Wählern **38** 123
– Objektives Recht **38** 122
– Schutz der Freiheit der Wahl **38** 121
– Schutz gegen Private **38** 124
– Stimmabgabe mit Vertrauensperson **38** 125
– Subjektives Recht **38** 122
– Unterschriftenquorum **38** 125
– Wählerverzeichnis **38** 125
– Zweck **38** 121
Geheimnisschutz 38 168, **44** 49, **45a** 7
Geltungsbereich eines Gesetzes 20 R 145
Gemeinden 20 R 188, **28** 1ff., 76ff., 101ff., 120ff., 142ff., **30** 26, **35** 15, **71** 10
– *siehe auch Gemeindeverbände, Homogenitätsgebot, Kommunale Selbstverwaltung*
– Aufgabentypologie **28** 81, 85
– Bestandsgarantie **28** 92
– Einheitsgemeinde **28** 81
– Finanzielle Absicherung **28** 18, 21f.
– Finanzielle Eigenverantwortung **28** 132
– Gemeindebedienstete **28** 129
– Gemeindehoheiten **28** 120ff.
– Gemeindename **28** 122
– Gemeinderat **20 D** 125, **28** 65ff.
– Gemeindeverfassungen **28** 38f.
– Gemeindeversammlungen **20 D** 101, **28** 75
– Genossenschaftslehre **28** 8
– Grundrechte **28** 78f.
– Parlamentscharakter der Gemeindevertretung **28** 67, 136
– Selbstauflösungsrecht **28** 92
– Staatlichkeit **28** 76
– Universalität der Aufgaben **28** 17, 101ff., 109
– Wahlrecht **28** 27, 61ff.
– Wirtschaftskraft **28** 22
Gemeindeverbände 28 65, 153ff.
– Aufgaben **28** 161
– Aufgabenregionalisierung **28** 159
– Aufgabentypen **28** 158
– Ausgleichsaufgaben **28** 158
– Bezirke **28** 155
– Demokratische Legitimation **28** 159
– Ergänzungsaufgaben **28** 158
– Finanzausstattung **28** 163
– Formelle Selbstverwaltungsangelegenheiten **28** 158
– Freiwillige Selbstverwaltungsaufgaben **28** 157f.
– Kreisumlage **28** 163
– Landkreise **28** 154
– Landschaftsverbände **28** 155
– Neue Formen kommunaler Zusammenarbeit **28** 159
– Regionalisierung **28** 159
– Regionalkreise **28** 155
– Samtgemeinden **28** 80, 155
– Selbstverwaltungsangelegenheiten **28** 156ff.
– Übergemeindliche Aufgaben **28** 158
– Untere staatliche Verwaltungsbehörde **28** 157
– Verbandsgemeinden **28** 155
– Weisungsfreie Pflichtaufgaben **28** 157
– Zweckverbände **28** 155

Sachregister

Gemeines Recht 31 1, 3
Gemeingefährliche Krankheiten 74 86
Gemeinlastprinzip 20a 51, 69
Gemeinsame Abkommen 32 56
Gemeinsame Verfassungskommission (GVK) 20 D 22, 20a 6, 23 4, 128, 147, 24 8, 29 6, 35, 32 5, 45 2, 50 12, 52 8, 68 4, Vor 70–74 14, 72 4, 74 4, 80 7
Gemeinsamer Ausschuß 43 9, 53a 1ff.
– Bundesorgan 53a 5
– Ersatzorgan 53a 4
– Geschäftsordnung 53a 13
– Informationsrechte 53a 14f.
– Inkompatibilität 53a 8, 11, 66 17
– Kompetenzen 53a 16
– Ländervertreter 53a 9ff.
– Unterrichtung der Bundesregierung 53a 14f.
– Vereinbarkeit mit Art. 79 III GG 53a 12
– Vorschlagsrecht der Fraktionen 53a 7
– Weisungsunabhängigkeit der Mitglieder 53a 11
– Zusammensetzung 53a 6ff.
Gemeinsamer Senat 71 6
Gemeinschaftsaufgaben 71 6
Gemeinwohl 20 D 2, 133, 20 R 42, 75, 163, 166, 169, 214, 20 Rp 1, 20ff., 20a 52, 77, 89 21 38, 28 66, 122, 128, 33 166, 186, 38 37, 137, 42 29, 66 11
Gemischt-öffentliche Unternehmen 20 D 136
Gemischt-wirtschaftliche Unternehmen 20 D 134f.
Gemischte Abkommen 32 9, 51, 59 9
Generalklauseln 20 R 133ff.
Generationen 20a 20, 35ff., 51, 77
Genossenschaftsgedanke 20 R 11, 28 6, 8
Genozidverbot 25 18
Gentechnik 74 125, 127, 129, 80 12
Gerechtigkeit 20 R 1, 3, 15f., 39, 47, 50f., 55, 94, 148, 150, 179, 224ff., 20 S 17, 20, 21, 35, 20a 38, 42 3, 79 III 31
Gerichtliche Kontrolle 40 20, 76 32
Gerichtliches Verfahren 74 23
Gerichtsverfassung 74 22
Gesamtstaatliche Repräsentation 22 32ff., 50 28, 54 15ff.
Gesamtstaatliches Interesse 23 147, 29 11, 35, 32 37, 72 23f.
Gesandtschaftsrecht 59 3, 14, 19, 23, 26
Geschäftsbereich 64 4, 8, 16, 25
Geschäftsführende Bundesregierung 69 17ff.
Geschäftsordnung
– Abgeordnetenstatus 38 156, 159
– Anlagen 40 19
– Auslegungszweifel 40 10
– Bundesrat 50 26, 52 4, 18, 19f., 25
– Bundesregierung 62 14
– Bundestag 38 45, 40 6ff.
– Bundesversammlung 54 32

– Diskontinuität 40 9
– Gemeinsamer Ausschuß 53a 13
– Gerichtliche Kontrolle 40 20ff.
– Geschäftsordnungsautonomie 40 6ff., 76 55ff.
– Gesetz als Regelungsform 40 15
– Petitionsausschuß 45c 3f., 8, 11, 19ff., 22ff., 28, 33ff.
– Rechtsnatur 40 17f.
– Regierungsverantwortung 65 46ff.
– Verfassungsbindung 40 7, 15, 20ff.
– Vermittlungsausschuß 77 11, 13, 34, 40
– Verstöße 40 21f.
Geschlecht 33 49, 96, 117, 119, 122
Gesetz
– Begriff Vor 70–74 6, 32ff.
– Fortgeltung bei Kompetenzwegfall Vor 70–74 50, 58
– Gesetz und Recht 20 R 93f., 101
– Im formellen Sinne 76 27f.
– Im materiellen Sinne 76 27
– Kernelemente der Rechtsstaatlichkeit 20 R 52, 53, 98, 114, 119, 153
– Kompetenzrechtliche Qualifikation Vor 70–74 52
– Rückwirkung 77 28
– sui generis 80 51, 69
– Verkündung 78 10
Gesetzesbeschluß
– Änderung des Gesetzesbeschlusses 77 27
– Unannehmbarkeit 81 10, 17ff., 23
– Unverrückbarkeit des Gesetzesbeschlusses 77 27, 78 12, 82 20
Gesetzesbindung 20 D 121, 126, 140, 20 R 94, 95, 98, 205
– Bundeskanzler 65 24
– Gnadenentscheidungen 20 R 95, 60 23f.
– Keine Ausnahme 20 R 95, 98
– Richter 20 D 140, 20 R 94, 101ff.
– Verwaltung 20 D 121, 126, 20 R 92, 96ff., 105, 205
Gesetzesinitiative 76 1ff., 8ff., 23ff., 26ff., 38f., 48ff., 62ff., 77 16, 20, 31, 41
Gesetzesvorbehalt 20 D 117, 20 R 35f., 105ff., 20a 7, 21, 67, 75, 21 107, 130, 161, 23 33, 40, 42, 50, 74, 25 31, 37, 28 109, 134, 35 23, 38 36, 59 27ff., 34ff., 43, 60 21, 71 12, 79 III 52, 80 21
Gesetzesvorlagen 68 19, 76 1ff.
– Ablehnung 81 8, 10, 15f., 23f.
– Beauftragung Privater 76 46f.
– Begründung 76 30ff.
– Bundesrat 76 8ff., 61
– Bundesregierung 76 8ff., 52f.
– Bundestag 76 8ff., 54ff.
– Gemeinsame Gesetzesvorlage 76 49
– Grundgesetzänderung 76 24, 70, 81, 91, 95
– Inhaltliche Anforderungen 76 29

Sachregister

(Fortsetzung Gesetzesvorlagen)
- Quorum **76** 55ff.
- Rücknahme **76** 42ff., 75
- Übertragung von Hoheitsrechten **76** 70, 81, 91, 95
- Vereinbarkeit des § 76 I GOBT mit Art. 76 I GG **76** 54ff.
- Verfassungswidrigkeit **76** 87, 98
- Verkappte Vorlagen **76** 53, 58ff.
- Zuleitungen **76** 37ff., 47, 64ff., 77ff., 83ff., 93ff., 96ff.

Gesetzesvorrang 20 R 35, 72, 92ff., 101ff., 105, 129, **28** 134, **38** 40, **79 III** 52

Gesetzgebung 20 R 69, 72, 82, 189, **50** 24f.
- *siehe auch Gesetzgebungskompetenzen, Verfassungsänderung*
- Bedingungsfeindlichkeit **82** 27
- Begründungszwang **20 R** 201
- Effizienz **77** 31
- Ermessen **20 R** 190
- Gesetzgebung in eigener Sache **48** 34f.
- Ländermitwirkung **79 III** 24
- Legaldefinition Bundesgesetz **78** 4, 11
- Rechtsstaatliche Anforderungen an Organisation und Verfahren **20 R** 128ff., 200ff.
- Unterlassen **20 R** 29
- Verordnungsvertretende Gesetze **71** 13, **80** 67ff.
- Zustandekommen von Bundesgesetzen **76** 23f., **77** 15, 16, **78** 4, 6, 9, 10f.
- Zustimmungspflichtige Bundesgesetze **77** 46

Gesetzgebungsauftrag Vor 70–74 54f.

Gesetzgebungskompetenzen 27 13, 15, **30** 21, 24, **31** 16, 19, 23ff., 41, **32** 32ff., 52, 60, **Vor 70–74** 1ff., **70** 1ff., **71** 1ff., **72** 1ff., **73** 1ff., **74** 1ff.
- Abfallbeseitigung **74** 3, 117f., 121
- Abgeordnete **73** 58
- Abschluß völkerrechtlicher Verträge **Vor 70–74** 16
- Abweichungsgesetzgebung **31** 26, **Vor 70–74** 15, 38, 41, **70** 14, **72** 6, 7ff., 12f., 15, 32ff., 54, 59, **74** 138, 141, 143, 149, 152
- Agrarwirtschaft **74** 76
- Allgemeine Grundsätze des Naturschutzes **72** 36
- Allgemeine Grundsätze des Verwaltungsrechts **Vor 70–74** 33
- Allgemeinverbindlicherklärung von Tarifverträgen **Vor 70–74** 32
- Änderung der Gesetzgebungskompetenzen **74** 2ff.
- Annexkompetenz **28** 112, **31** 37, **Vor 70–74** 49, **71** 8
- Antiterrordatei **73** 71
- Anwendungsvorrang des EU Rechts **73** 5f., 9, 13, 19, 22, 31, 39, 43, 46, 52, 55, 59, 62, 67, 77, 81, 87
- Apokryphe Kompetenzen **Vor 70–74** 44
- Apothekenwesen **74** 7, 89
- Arbeitskampfrecht **70** 15
- Arbeitslosenversicherung **74** 61f.
- Arbeitsrecht **74** 57ff.
- Arzneimittel **74** 90
- Arztberuf **74** 87f.
- Atomenergie **73** 3, 84ff., 90, **74** 1, 3, 8, 51
- Ausbildungsbeihilfen **74** 3, 63f.
- Ausdrückliche Länderkompetenzen **30** 24, **70** 13f.
- Ausfuhr von Waren **73** 37, 41ff., 81
- Ausländermaut **74** 113
- Ausländerrecht **73** 31ff.
- Auslandsschulen **73** 12
- Auslegung **Vor 70–74** 51f.
- Auslieferung **73** 8, 27, **74** 32
- Ausschließliche Bundesgesetzgebung **31** 24, **Vor 70–74** 11f., 19, 36, 40, 45, **71** 1ff., 6ff., **73** 9ff.
- Ausschließliche Landeskompetenzen **70** 16
- Ausschließlichkeit der Kompetenzverteilung **30** 28
- Auswanderung **73** 26
- Auswärtige Angelegenheiten **71** 4f., **73** 10ff., 74, 90, **74** 46
- Ausweiswesen **73** 3, 24f.
- Bahn **73** 3, 47ff., 58, 90, **74** 114ff.
- Bahnpolizei **73** 51
- Bankwesen **Vor 70–74** 8, 39, **74** 53, 56
- Bannkreise **74** 30
- Baurecht **Vor 70–74** 48, **74** 81, 83, 147
- Beamtenrecht **73** 56ff., **74** 6, 130ff.
- Bedarfskompetenz **Vor 70–74** 14, 37, 44, **72** 9, 15, 18ff., 53
- Befriedete Bezirke **Vor 70–74** 46
- Begabtenförderung **74** 64
- Begrenzte Einzelermächtigung **30** 9
- Bergbahnen **74** 115f.
- Bergbau **74** 51
- Berufsrecht **74** 24, 26, 87ff.
- Besoldung und Versorgung **74** 6, 130ff., 137
- Bestattungswesen **74** 46
- Betäubungsmittel **74** 90
- Betreuungsgeld **74** 39
- Bevorzugung einzelner Länder **71** 12
- Bezüge zu mehreren Kompetenztiteln **Vor 70–74** 52
- Binnenwasserstraßen **74** 104
- Bioethik und -technik **74** 1, 4, 125ff.
- BND **73** 12
- Bodenrecht **Vor 70–74** 48, **74** 81, 147
- Bodenverteilung **72** 27, 54, **74** 144f.
- Börsenwesen **74** 53
- Brasilien **Vor 70–74** 26, **74** 12f.
- Bundesbank **73** 29, 90

2203

Sachregister

(Fortsetzung Gesetzgebungskompetenzen)
- Bundesbedienstete **73** 56ff.
- Bundeskompetenzen **Vor 70–74** 12, 24ff., 36ff., 45ff.
- Bundesminister **73** 58
- Bundespolizeikriminalamt **73** 64, 66, 70, 75
- Bundesrichter **73** 58, 90
- Bundesstraßenbau **74** 111
- Bundestreue **20 B** 55, **30** 26, **71** 10, **72** 29, 41
- Bundesverfassungsrecht **74** 22
- Bundeswasserstraßen **74** 104
- Bundeswehr **73** 14
- Bürgerliches Recht **74** 17f., 26, 139
- Bürgerversicherung **74** 61
- Delegation von Rechtsetzungsgewalt **70** 16, **71** 11, 14
- Dienstrecht **73** 56ff., **74** 6, 130ff.
- Doppelkompetenz **30** 13, 28, **31** 49, 58, **Vor 70–74** 25f., 56
- Dynamische Verweisungen **20 D** 118, **20 R** 144, **30** 28, **70** 16
- Einbürgerung **73** 18
- Einfluß des Unionsrechts **74** 11, 26, 33, 35, 41, 56, 66, 74, 78, 83, 91, 95, 100, 113, 116, 121, 140, 145, 48, 151, 154
- Einfluß des Völkerrechts **74** 9, 26, 33, 41, 44, 56, 106, 124, 140
- Einheitlichkeit der Lebensverhältnisse **72** 3, 22
- Einschätzungsprärogative **72** 18
- Einstufung nach dem Hauptzweck **Vor 70–74** 52
- Einwanderung **73** 26, 90, **74** 32
- Eisenbahnen **73** 47ff.
- Energiewirtschaft **74** 51
- Enteignung **70** 15, **74** 67ff.
- Enumerationsmethode **30** 5
- Erforderlichkeit **Vor 70–74** 35f., **72** 4f., 11, 15, 17, 18ff., 33, 45ff.
- Erforderlichkeitsklausel **Vor 70–74** 14, **74** 17, 27, 30, 32, 34, 36, 42, 45, 49, 57, 63, 67, 71, 73, 75, 79, 85, 2, 96, 102, 107, 114, 117, 122, 125, 133
- Ermächtigung der Länder **71** 5, 11ff.
- Ermächtigungsfeindlichkeit **71** 11
- Ernährung **74** 75f.
- Erschließungsbeiträge **74** 4, 81
- Ersetzungskompetenz **Vor 70–74** 42
- EU-Kartellrecht **74** 74
- EU-Richtlinien **Vor 70–74** 21
- EU-Staatshaftung **Vor 70–74** 20, **74** 124
- Europäische Union **Vor 70–74** 18ff., **71** 2f., 5, **72** 8f.
- Fischerei **74** 76, 78
- Flüchtlinge **74** 34f.
- Flurbereinigung **74** 6, 77f.
- Föderalismusreform I **72** 6, **73** 3, 20, 88, **74** 5ff., 132

- Folgen von Kompetenzverschiebungen **Vor 70–74** 58
- Forschungsförderung **74** 65
- Fortpflanzungsmedizin **74** 126
- Fortschreibungskompetenz **Vor 70–74** 50
- Freigabe **72** 4f., 8f., 12f., 15, 44ff., 55, 60
- Freigabegesetz **72** 45
- Freigabekompetenz **Vor 70–74** 42
- Freizügigkeit **73** 8, 20ff., 36
- Garantiefunktion **70** 10
- Gaststätten **74** 6, 55
- Gebrauchmachen **72** 4, 14, 25ff.
- Gebührenerhebung **Vor 70–74** 49
- Gemeingefährliche Krankheiten **74** 86
- Gentechnik **74** 125, 127, 129
- Gerichtliches Verfahren **74** 23
- Gerichtsverfassung **74** 22f.
- Gesetzgebungsauftrag **Vor 70–74** 54f.
- Gesundheitswesen **74** 84ff.
- Gewerbe **74** 52, 57
- Gewerblicher Rechtsschutz **73** 60ff.
- Gewichte **73** 1, 32
- Gewohnheitsrecht **Vor 70–74** 33
- Grenzschutz **73** 33ff., 38
- Großbritannien **30** 13, **Vor 70–74** 25, **72** 10
- Grundrechte **74** 156
- Grundregel **Vor 70–74** 31, **70** 7f.
- Grundsatzkompetenz **Vor 70–74** 23f., 26, 39, **70** 12, 14, **71** 7
- Grundstücksverkehr **74** 80
- Handel **74** 52
- Handels- und Schiffahrtsverträge **73** 35
- Handels- und Warenverkehr **73** 33f.
- Hausgut der Länder **Vor 70–74** 31, **70** 6, 10
- Haushaltsgesetz **Vor 70–74** 44
- Heilberufe **Vor 70–74** 48, 55, **74** 87f.
- Heilmittel **74** 90
- Heimrecht **74** 6, 36, 40
- Herstellung gleichwertiger Lebensverhältnisse **72** 22
- Hochschulrecht **72** 54, **74** 152ff.
- Hochseefischerei **74** 75f.
- Hochseeschiffahrt **74** 76, 102
- Indien **30** 12, **31** 16, **Vor 70–74** 26, **72** 10, **73** 7, **74** 12f.
- Indisponibilität **70** 16
- Industrie **74** 51
- Injustitiabilität **72** 31, 56
- Inlandseinsätze der Bundeswehr **73** 14f.
- Internationale Verbrechensbekämpfung **73** 76f.
- Interpol **73** 77
- Interpretation **Vor 70–74** 51f.
- Italien **30** 13, **Vor 70–74** 25, **72** 10, **73** 7, **74** 12f.
- Jagdrecht **72** 35, **74** 138ff.
- Justitiabilität **72** 31, 56

Sachregister

(Fortsetzung Gesetzgebungskompetenzen)
- Kanada **30** 12, **Vor 70–74** 26, **72** 10, **73** 7, **74** 12
- Kartellrecht **Vor 70–74** 56, **74** 72 ff.
- Kasuistik **74** 15
- Kennzeichnungspflicht für abweichende Gesetze **72** 41
- Kernenergie **74** 1, 3, 8, 51
- Kollision **Vor 70–74** 56
- Kombination **Vor 70–74** 23, **70** 1
- Kompetenz kraft Natur der Sache **32** 28, **Vor 70–74** 45 f., **70** 9, **71** 8, 11, **73** 7, 58
- Kompetenz kraft Sachzusammenhangs **30** 23, **Vor 70–74** 47 ff., 56, **71** 8, **74** 19, 24
- Kompetenzausübungsschranken **31** 58
- Kompetenzbegriff **Vor 70–74** 34
- Kompetenzklarheit **20 R** 142
- Kompetenzkollision **31** 19, 23, 36 ff., **Vor 70–74** 56
- Kompetenzsicherungsklauseln **Vor 70–74** 28
- Kompetenzverschiebungen **Vor 70–74** 58
- Kompetenzwidriges Bundesrecht **31** 19, 23
- Kompetenzwidriges Landesrecht **31** 23
- Konfliktfelder der Kompetenzordnung **31** 31 ff., 49 ff.
- Konkurrierende Gesetzgebung **31** 25, **Vor 70–74** 8 f., 12, 19, 24 ff., 35, 37, **72** 1 ff., **74** 1 ff.
- Koordinierte Landesgesetzgebung **72** 18
- Kraftfahrwesen **74** 110
- Krankenhäuser **74** 3, 92 ff.
- Kriegsfolgen **73** 3, 8, 45 ff., 82 f.
- Kriegsgräber **74** 3, 45 ff.
- Kriegsschäden **74** 42 f.
- Kriminalpolizei **73** 68 ff., 75 f.
- Kulturgut **74** 4
- Künstliche Befruchtung **74** 125 f.
- Küstenfischerei **74** 75 f.
- Küstenschiffahrt **74** 76 ff., 103
- Ladenschluß **74** 6, 55
- Land- und Forstwirtschaft **74** 75 f., 78, 97 f.
- Landeskompetenzen **Vor 70–74** 35, 40 f., 47, **70** 13 ff.
- Landesparlamente **Vor 70–74** 28
- Landesverfassungsrecht **20 B** 42, **28** 44 ff., **31** 29 ff., **Vor 70–74** 24, 27 ff., 32, **70** 6, 15
- Landesverfassungsrechtliche Sicherung **Vor 70–74** 28
- Lärmbekämpfung **74** 3, 6, 120
- Laufbahnen **74** 6, 137
- Lebensmittel **74** 76, 96 f., 100
- Legitimationsfunktion **Vor 70–74** 30 f., 53
- Lissabon-Entscheidung **73** 6
- Luftreinhaltung **74** 3, 119
- Luftverkehr **73** 44 ff.
- Maße **73** 1, 32
- Materiell-rechtliche Wirkungen **Vor 70–74** 54 f.
- Medizinprodukte **74** 7, 90 f.
- Medizinstudium **74** 87, 153
- Meldewesen **73** 3, 24 f.
- Messen und Märkte **74** 6, 55
- Militär **73** 1 f., 10, 14, 58
- Mindestkompetenzen der Länder **79 III** 22
- Mißbrauch wirtschaftlicher Machtstellung **74** 72 ff.
- Mitwirkungsrechte der Länder **79 III** 24
- Münzwesen **73** 1, 5, 28 ff.
- Naturschutz **74** 117 ff., 141 ff., 149 ff., 156
- Negativgesetzgebung **72** 42
- Nichtigkeit von Landesgesetzen **20 D** 107, **28** 73 f., **31** 23 ff., **71** 15
- Notariat **74** 17, 24
- NS-Diktatur **Vor 70–74** 10
- Öffentliche Fürsorge **Vor 70–74** 48, **74** 36 ff., 61
- Öffentlicher Dienst **73** 56 ff.
- Ordnungswidrigkeiten **74** 19
- Organkompetenz **Vor 70–74** 34
- Organtransplantation **74** 7, 128 f.
- Parallele Kompetenz **Vor 70–74** 37
- Parlamentarischer Rat **Vor 70–74** 12
- Paßwesen **73** 23
- Personenstandswesen **74** 27 ff.
- Pflanzenschutz **74** 98
- Planfeststellung **74** 104, 111, 115, 147, 150
- Politische Parteien **74** 30
- Polizei **73** 3, 51, 63 ff., 68 ff., 88, 90, **74** 23
- Postwesen **73** 3, 8, 53 ff., 58, 90
- Presse **74** 18, 73
- Primärrecht **Vor 70–74** 18
- Primat der Landeskompetenzen **Vor 70–74** 7 ff., 11, 23 ff., 31, 35
- Privatversicherungswesen **74** 53
- Prozeßordnungen **74** 23
- Qualifikation von Gesetzen **Vor 70–74** 52
- Rahmengesetzgebung **31** 26, **Vor 70–74** 14 f., 25, 38, 41, 52, **72** 32, 41
- Rahmenkompetenz **74** 131, 141, 146, 149, 152
- Raumfahrt **73** 45
- Raumordnung **72** 54, **74** 146 ff.
- Rechtsanwaltschaft **74** 24
- Rechtsberatung **74** 17, 24 f.
- Rechtseinheit **72** 23
- Rechtsverordnungen **Vor 70–74** 32, **71** 30, **80** 12 ff.
- Regelbeispiele für zulässige Staatsaufgaben **Vor 70–74** 55
- Regelungswille des Gesetzgebers **72** 26, 28
- Regionale Differenzierung **71** 11
- Reichsverfassung (1871) **Vor 70–74** 8
- Religiöse Kindererziehung **74** 18
- Residualkompetenz **30** 5, 12, 19, **Vor 70–74** 7 ff., 11, 23 ff., 31, 35, **70** 5, 7, 15
- Richterrecht **Vor 70–74** 16, 20, 33, **74** 58
- Richtlinien **Vor 70–74** 21

(Fortsetzung Gesetzgebungskompetenzen)
- Rücksichtnahme **31** 58
- Rundfunk **Vor 70–74** 46, 48, 56, **70** 15, **73** 53 ff.
- Saat- und Pflanzgut **74** 97
- Sachkompetenz **Vor 70–74** 43
- Satzungen **Vor 70–74** 32
- Schienenbahnen **74** 114 f.
- Schiffahrt **74** 101 ff.
- Schönheitsreparaturkompetenz **72** 45
- Schranken der Delegation **71** 11
- Schutz deutschen Kulturgutes **74** 4
- Schwangerschaftsabbruch **74** 19, 87
- Seewasserstraßen **74** 104
- Seezeichen **74** 103
- Sekundärrecht **Vor 70–74** 16, 19
- Sicherungsverwahrung **74** 19
- Siedlungs- und Heimstättenwesen **74** 5, 82
- Soldaten **73** 58
- Sozialisierung **74** 70 f.
- Sozialversicherung **74** 61 f.
- Sperrwirkung **30** 32, **Vor 70–74** 53, **71** 9, 14 f., **72** 25 ff., 30 f., 33, 49, 50 ff.
- Sprengstoffrecht **73** 80
- Staatsangehörigkeit **73** 8, 17 ff., 90, **74** 4
- Staatshaftung **34** 3, 11 f., 26, 32, 64, **Vor 70–74** 13 f., 20, **74** 4, 18, 68, 122 ff., 156
- Statistik **Vor 70–74** 49, **73** 78 f.
- Statusrechte und -pflichten **74** 135 f.
- Steuerrechtskompetenzen **Vor 70–74** 43, **70** 13
- Strafrecht **Vor 70–74** 48, **74** 19 f., 26, 139
- Strafvollzug **74** 5, 21
- Straßen- und Wegerecht **74** 109
- Straßenbau **74** 111
- Straßennutzungsgebühren **74** 3, 107, 112
- Straßenverkehr **74** 107 ff.
- Symbolsetzungsbefugnis **22** 36 ff.
- Telekommunikation **Vor 70–74** 48, **73** 8, 55, 90
- Terrorismusabwehr **73** 63 ff., 71
- Therapieunterbringungsgesetz **74** 19
- Tierschutz **74** 3, 96, 99 f., 156
- Transformationskompetenz **73** 29, 35
- Transplantation **74** 7, 128 f.
- Umsetzung von Unionsrecht **Vor 70–74** 21 f.
- Umsetzung von Völkerrecht **Vor 70–74** 17
- Umweltschutz **74** 117 ff., 141 ff., 149 ff., 156
- Ungeschriebene Kompetenzen **30** 23, **Vor 70–74** 8 f., 45 ff., **70** 12, **71** 8, 11, 16, **73** 9
- Unionsrecht **Vor 70–74** 18 ff., 28, 31, **70** 5, **73** 5 f., 9, 13, 19, 22, 31, 39, 43, 46, 52, 55, 59, 62, 67, 77, 81, 87, **74** 10 f., 26, 33, 35, 41, 56, 66, 74, 78, 83, 91, 95, 100, 113, 116, 121, 140, 145, 48, 151, 154
- Untersuchungshaftvollzug **74** 6, 21
- Urheberrecht **73** 8, 60 ff.
- USA **30** 12, **31** 16, **Vor 70–74** 26, **70** 1, **72** 10, **74** 12 f.,
- Verbandskompetenz **Vor 70–74** 34
- Verbot der Mischverwaltung **30** 31
- Vereinsrecht **74** 30
- Verfassungsgerichtliche Prüfung **Vor 70–74** 59 f.
- Verfassungspraxis **Vor 70–74** 13, 51
- Verfassungsschutz **73** 73
- Verhältnis zu Art. 31 GG **71** 9
- Verhältnis zu den Verwaltungskompetenzen **Vor 70–74** 57
- Verhältnismäßigkeitsprinzip **20 R** 179 ff., **Vor 70–74** 55, **72** 8, 18
- Verkehr **74** 101 ff., 107 ff., 114 ff.
- Verlagsrecht **73** 61
- Vermutungsregel **70** 10
- Verordnungen **Vor 70–74** 6, 32, 42
- Verordnungsvertretende Gesetze **71** 13
- Verpflichtung zu gesetzgeberischem Tätigwerden **Vor 70–74** 54 f.
- Versammlungsrecht **74** 5, 30
- Versicherungswesen **74** 53, 56
- Verteidigung **73** 10, 14 ff.
- Verteidigungsfall **Vor 70–74** 37
- Verteilung zwischen Bund und Ländern **79 III** 22
- Vertragsgesetzgebung **Vor 70–74** 16 f.
- Vertriebene **74** 34 f.
- Verwaltungskompetenzen **30** 22, **Vor 70–74** 57
- Verwaltungsverfahren **71** 6
- Verwaltungsvorschriften **20 R** 61, 93, 96, 100, 173
- Völkerrecht **Vor 70–74** 16 f., **71** 3, **73** 4, 13, 19, 27, 39, 43, 52, 59, 62, 67, **74** 9, 26, 33, 41, 44, 56, 106, 124
- Volksbefragung **20 D** 107 f.
- Vor- und Fernwirkungen **71** 10, **72** 29 f.
- Vorrang des Bundesrechts **31** 6 ff., 15 ff., **Vor 70–74** 27, 53, 61
- Vorranggesetzgebung **Vor 70–74** 12, **72** 2, 14, 17
- Waffenrecht **73** 3, 80 f., **74** 3, 8
- Währungswesen **73** 5, 28 ff., 90
- Waren- und Zahlungsverkehr **73** 37
- Wasserhaushalt **72** 37, **74** 104, 149 ff.
- Wasserverkehrsrecht **74** 103 f.
- Wasserwirtschaft **74** 104, 149 ff.
- Wegfall **Vor 70–74** 58
- Wehrbeauftragter **71** 6
- Wehrverfassung **Vor 70–74** 13, **73** 2 f., 10
- Wetterdienst **74** 105
- Widerspruchsverfahren **74** 23
- Wiedereintritt des Bundesgesetzgebers **71** 15
- Wiedergutmachung **74** 43
- Wille des Gesetzgebers **72** 26, 28
- Wirtschaftseinheit **72** 24

Sachregister

(Fortsetzung Gesetzgebungskompetenzen)
- Wirtschaftsrecht **74** 48ff., 72ff.
- Wohnungswesen **74** 5, 82
- Zeitpunkt der Sperrwirkung **72** 29
- Zivilschutz **73** 10, 15, 90
- Zoll **73** 1, 5, 33, 38f., 90
- Zusammenarbeit des Bundes und der Länder **73** 68ff.
- Zuständigkeitsvermutung **30** 2, 29, **70** 10
- Zuständigkeitsverteilung zwischen Bund und Ländern **Vor 70–74** 35, 56
- Zustimmung des Bundesrates **71** 12, **73** 88f.
- Zwingendes Recht **30** 28

Gesetzgebungsnotstand **50** 25, **54** 19, **58** 22, **68** 21, 26, **76** 103, **81** 7f., 10f., 12ff., 15, 17ff., 21ff., 26
- Änderung der Gesetze **81** 22
- Antrag der Bundesregierung **81** 12, 15, 23
- Aufhebung der Gesetze **81** 22
- Ausfertigung des Gesetzes **81** 21
- Ausnahmecharakter des Art. 81 GG **81** 23f.
- Befassungspflicht des Bundestags **81** 19
- Bundestagsbeschluß **81** 7, 10f.
- Dauer **81** 22f.
- Dringlichkeit der Gesetzesvorlage **81** 11, 15, 23
- Erklärung **81** 7f., 12ff., 15, 17, 23f.
- Ermessen der Bundesregierung **81** 10, 12
- Ermessen des Bundespräsidenten **81** 14
- Erneute Einbringung **81** 18f.
- Frist **81** 14, 23f.
- Funktion **81** 7f., 22
- Gesetzgebungsverfahren **81** 17ff.
- Gewaltenteilungsprinzip **81** 7, 26
- Grundsatz der Verfassungsorgantreue **81** 14
- Implizite Dringlichkeit **81** 15
- Quorum **81** 8, 16
- Staatspraxis **81** 8
- Stellungnahme des Bundesrats **81** 18
- Unwiderruflichkeit der Erklärung **81** 14
- Verfassungsänderung **81** 25
- Verkündung des Gesetzes **81** 21
- Vertrauensfrage **68** 17ff., **81** 7, 15f., 26
- Weitere Gesetzesvorlagen **81** 23f.
- Zustandekommen von Gesetzen **81** 7, 15, 17ff., 23
- Zustimmung des Bundesrats **81** 8, 13, 15, 20, 23ff.

Gesetzgebungsoutsourcing **76** 46f.
Gesetzgebungsverfahren **50** 24, **76** 1ff., **77** 1ff., **78** 1ff., **82** 1ff.
- Änderung der Gesetzesvorlage durch den Bundestag **77** 20
- Änderung des Einigungsvorschlags des Vermittlungsausschusses **77** 40
- Änderung des Gesetzesbeschlusses **77** 27
- Änderung eines Zustimmungsgesetzes **77** 49
- Änderungsgesetze **77** 49
- Annahme des Gesetzesentwurfs **77** 19
- Ausfertigung **20 R** 202, **77** 16, 26, **82** 1, 4, 7ff., 11ff., 20f.
- Ausschußarbeit **77** 6ff., 35
- Außerordentliches Verfahren der Gesetzgebung **81** 6
- Beratungspflicht des Bundestags **77** 21
- Berichtigung **77** 27
- Beschleunigung **76** 58, 67, **77** f., 80, 88f., 97
- Beschlußfassung des Bundestags **77** 17, 19, 21f., 27, 39, 62f.
- Beteiligung des Bundesrats **77** 5ff., 15, 18, 30ff., 44ff., 54ff.
- Diskontinuität **77** 17, 19, 42
- Eilgesetzgebung **77** 25
- Einigungsvorschlag **77** 31, 39ff., 58
- Einspruch **77** 3ff., 17, 30ff., 45, 50, 54ff., 59ff.
- Einspruchsfrist **77** 11ff., 58
- Einspruchsgesetze **77** 17, 30, 32f., 38, 45, 50, 54ff., 59ff., **78** 13ff.
- Europäische Union **77** 15
- Gegenzeichnung **77** 16, 26
- Gemeinsame Gesetzesvorlage **76** 49
- Gesetzesbeschluß **77** 7ff., 26ff., 32, 39
- Gesetzesinitiative **77** 16, 20
- Hauptverfahren **77** 16
- Identitätsverlust des Gesetzesinitiative **77** 27
- Inkrafttreten **82** 3f., 6ff., 17f., 23, 25ff.
- Lesungen im Bundestag **77** 22ff., 62
- Nichteinlegung des Einspruchs **78** 2f., 5f., 7, 13, 15
- Öffentlichkeit **77** 21, 23f.
- Phasen **76** 23
- Rechtsfolge bei Verstößen gegen Verfahrensvorschriften **76** 101f., **77** 62
- Reichweite der Zustimmungsbedürftigkeit **77** 41, 51
- Reziproke Mehrheiten **77** 59
- Rücknahme der Einberufung des Vermittlungsausschusses **78** 14
- Rücknahme des Einspruchs **77** 55f.
- Rückwirkung von Gesetzen **77** 28
- Rumpfgesetze **77** 48
- Sachverständige **77** 25
- Sechs-Wochen-Frist **76** 76, **77** ff., 89, 93
- Sonderregelungen **76** 50, 66, 76, 103, **77** 63, **78** 18, **82** 29
- Überstimmung des Einspruchs **77** 56, 59ff., **78** 2f., 5, 7, 17
- Unklarheit über Einspruchs- oder Zustimmungsgesetz **77** 50
- Unverrückbarkeit des Gesetzgebungsbeschlusses **77** 27, **78** 12, **82** 20
- Verbände **77** 25
- Verfahrensherrschaft des Bundestags **77** 27
- Verkündung von Gesetzen **77** 16, 26, 28

2207

(Fortsetzung Gesetzgebungsverfahren)
- Vermittlungsausschuß 77 14, 15, 17, 20, 27, 30 ff., 51 ff., 57
- Vetorecht des Bundesrats 77 5 f., 52, 56
- Weisungsfreiheit bei Vermittlung 77 37
- Zuleitung an den Bundesrat 77 20, 29
- Zurückweisung des Einspruchs 77 56, 59 ff.
- Zustandekommen von Einspruchsgesetzen 77 54 ff., 61
- Zustandekommen von Zustimmungsgesetzen 77 50, 52
- Zustimmung des Bundesrats 78 13 f.
- Zustimmungsgesetze 77 17, 32 f., 38, 44 ff.
- Zweikammersystem 77 8

Gesetzmäßigkeit der Verwaltung 20 R 24, 35, 92, 96 ff., 105, 170, 21 148

Gestaltungsfreiheit des Gesetzgebers 20 R 52, 90, 28 102 ff., 48 21

Gestaltungsfreiheit des Verordnungsgebers 80 56

Gesundheitswesen 20 D 130, 20 S 46, 74 84 ff.

Gewährleistung durch den Bund 28 19, 166 ff.
- Anspruch auf Einschreiten 28 172
- Ermessen 28 167, 171
- Reservefunktion 28 166
- Selbständige Bundesaufsicht 28 170
- Wahl der Mittel 28 170

Gewährleistungsverantwortung 20 R 205

Gewalt
- *siehe Staatsgewalt*

Gewalt, kombinierte 59 16

Gewaltengliederung 20 B 24

Gewaltenteilung 20 R 6, 8, 14 f., 19, 25, 35, 39, 67 ff., 75, 44 26 ff., 45c 38, 50 19 f., 55 4, 59 2, 15 ff., Vor 70–74 31, 79 III 50, 80 1, 14, 81, 7, 26
- Funktionale 66 18
- Inkompatibilität 66 18
- Rechtsverordnungen 80 14
- Republik 20 Rp 4, 28
- Untersuchungsausschüsse 44 26 ff., 64

Gewaltenüberschneidung 20 R 75

Gewaltmonopol 20 R 8, 214

Gewaltverbot 24 11, 69, 25 18, 41, 26 5 f., 16, 19 ff., 33, 53

Gewerbe
- Bundespräsident 55 10
- Bundesregierung 66 11, 12
- Gesetzgebungskompetenz 74 52, 57
- Gewerbeertragsteuer 28 22
- Gewerbekapitalsteuer 28 22

Gewerbliche Schiffahrt 27 7

Gewerblicher Rechtsschutz 73 60 ff.

Gewerkschaften 33 189, 38 97

Gewinnerzielung 28 126

Gewissensfreiheit 38 153

Gewohnheitsrecht 20 R 93 f., 222, 28 109, 31 34, 37 10, 40 8, 47 2, 55 3, 62 3, Vor 70–74 33, 79 I 41
- Derogation von Bundesrecht Vor 70–74 33
- Kompetentielle Qualifikation Vor 70–74 33
- Sperrwirkung Vor 70–74 33
- Völkergewohnheitsrecht Vor 70–74 16

Gierke, Otto v. 20 D 4, 20 R 11, 28 8, 11

Gleichheit 20 D 1, 61, 67 ff., 20 S 43
- Abgeordnete 38 141, 169 ff., 48 24, 29
- Abgestufte 38 104, 120, 51 20
- Chancengleichheit 20 S 43 f.
- Föderative 20 B 40, 43 f.
- Formale Gleichheit 38 103
- Fraktionen 38 187
- Frauen 33 49, 95, 119
- Gleichstellungsbeauftragte 28 124, 129
- Innerföderale Gleichbehandlung 20 B 43 f., 33 1, 50, 53 f., 61
- Interkommunale Gleichbehandlung 28 95
- Normenkontrolle 20 R 201
- Parteien 21 46 ff., 77 ff.
- Staatsbürgerliche Rechte und Pflichten 33 49, 53, 59 ff., 63, 69, 73, 139, 209 ff.
- Störerauswahl 20 R 187
- Wahlbewerber 38 104

Gleichheit der Wahl 38 99 ff.
- *siehe auch Wahlrechtsgrundsätze*
- 5%-Sperrklausel 21 86, 23 73, 28 63, 66, 38 12 f., 112 f.
- Abgestufte Chancengleichheit 38 104, 120
- Amtliche Öffentlichkeitsarbeit 38 104
- Besonderer Gleichheitssatz 38 103
- Einschränkungen 38 105 ff.
- Erfolgswert 38 102, 109
- Eventualstimme 38 112
- Fairer Wettbewerb 38 99
- Formale Gleichheit 38 103
- Grundmandatsklausel 38 116
- Kandidatenaufstellung 38 107
- Listenprivileg 38 107
- Listenverbindungen 38 113 f.
- Mandatsverteilungsverfahren 38 110
- Massenmedien 38 104, 120
- Nationale Minderheiten 38 113
- Private Rundfunksender 38 104, 120
- Proportionalsystem 38 106
- Quotenregelung 38 107
- Reihenfolge auf dem Stimmzettel 38 108
- Rundfunksendezeiten 38 120
- Staatliche Leistungen 38 104
- Starre Listen 38 108
- Träger der Wahlrechtsgleichheit 38 101
- Überhangmandate 38 117 ff.
- Unterschriftenquoren 38 107
- Verhältniswahlrecht 38 10, 102, 106
- Wahlkreiseinteilung 38 109
- Wahlsystem 38 106
- Wahlverfahren 38 100

(Fortsetzung Gleichheit der Wahl)
– Wahlzulassung **38** 102
– Wettbewerblich relevantes Verhalten **38** 100
– Zählwert **38** 102, 109
– Zweck **38** 99
Gleichheitsrechte 33 49, 53, 63, 69, 73, 139, 209 ff.
Gleichstellungsbeauftragte 28 124, 129
Gleitklauseln 48 35 f.
Gliedstaaten 20 B 3 ff., 37 ff., **28** 2, 31, 42 ff., **29** 9, **50** 14, **51** 9, **Vor 70–74** 23, 26, **70** 1, **79 III** 21, 24, 55, 58
Globalisierung 20 D 28 ff., **20 R** 59, **20 S** 12
Gnadenakte 20 R 75, 95, **58** 20, **60** 10, 23 f., 30
Gneist, Rudolf v. 28 8
Gott 20 D 6, 19, 83, **54** 2, **56** 1, 4, **60** 2
Gräber aller Opfer des Krieges 74 3, 45 ff.
Grenzen
– Grenzkorrekturen **29** 6
– Grenznachbarschaftliche Einrichtung **24** 8, 17, 54 ff., 59, 61
– Grenzschutz **73** 33 ff., 38
Grenzüberschreitende Zusammenarbeit 24 55
Grenzüberschreitender Föderalismus 20 B 20
Großdemonstrationen 35 29
Grundentschädigung 48 24 f., 29, 37
Grundentscheidungen 20 Einf 5 ff., 9
Grundmandat
– Abgeordnete **38** 171
– Gleichheit der Wahl **38** 116
– Grundmandatsklausel **38** 116
– Untersuchungsausschüsse **44** 39
Grundordnung, freiheitliche demokratische 20 B 55, **20 D** 75, 79, **20 R** 19, **20 Rp** 19, **20 IV** 14 ff., 20 f., **21** 143 ff., 153, **42** 31, **73** 73, **79 III** 5 ff., 18, 61
Grundpflichten 20 R 17, **20a** 20
Grundrechte 20 Rp 4, 21, 26, **28** 3, 5, 9, 11, 16 f., 19, 39, 47, 55, 59, 76, 98, 169, **38** 128, **74** 156
– Bindung bei völkerrechtlichen Verträgen **59** 51 f.
– Demokratie **20 D** 27, 78, 80 f., 148 f.
– Effektiver Schutz **79 III** 34
– Grundrechtsbindung **20 D** 46, 86, 132, **23** 74, 103, **28** 29, 79, 98, **31** 12, 22, 62, **32** 15, **33** 62, 142, **34** 39, **35** 23, **59** 51 f., **79 III** 32 ff.
– Grundrechtscharakter der kommunalen Selbstverwaltung **28** 78
– Grundrechtscharakter des Widerstandsrechts **20 IV** 14, 26
– Grundrechtsfähigkeit der Gemeinden **28** 79
– Grundrechtsgleiche Rechte **20 IV** 14, 26, **21** 49, **28** 78, **33** 53, 73, 170, **38** 60
– Grundrechtsschutz **23** 9, 14, 19, 23, 61 f., 65, 74, 81 ff., 103, 171 ff., **24** 42 ff., 52, **44** 14, 21, 30, 58

– Grundrechtsverwirkung **20 D** 79, 151, **46** 35, **79 I** 42
– Grundrechtsvorbehalte **20 R** 106
– Hoheitsrechtsübertragung **24** 42 ff., 52
– Organisationsrechtlicher Gesetzesvorbehalt **64** 19
– Parteifreiheit **21** 55 ff.
– Rechtsstaat **20 R** 23 ff., 39 ff.
– Soziale Grundrechte **20 S** 9, 14, 19 f., 23, 40, **28** 59
– Sozialstaat **20 S** 39 ff., 51
– Untersuchungsausschüsse **44** 29 ff., 53
– Verfassungsänderung **79 III** 32
Grundrechte-Charta 20 S 19, **20 IV** 9, **23** 10, 15, 74 f., 85, 103, 177, **33** 49
Grundrechtsvorbehalte 20 R 106
Grundsatz
– der Diskontinuität **38** 189, **39** 22 ff., **40** 9, 15, **41** 23, **44** 35, **45c** 21, **46** 36, **51** 10, **53a** 5, **76** 99, **77** 17, 19, 42
– der Öffentlichkeit **20 R** 210, **52** 4, 21, 26
– der Spiegelbildlichkeit **77** 35
– der Verfassungsorgantreue **20 B** 47, 54, **20 R** 71, **57** 12, **58** 7, 10, 16, **76** 45, **77** 39, 44, **80** 66, **81** 14, **82** 21
– des effektiven Rechtsschutzes **20 R** 215
– des fairen Verfahrens **20 R** 24, 208, 216 ff.
Grundsätze des Berufsbeamtentums 33 5, 49, 50, 51, 94 f., 161, 168 ff., 174 ff., 180, 185, 193, 205, 213
Grundsatzgesetzgebung 31 27, **Vor 70–74** 23 f., 26, 39, **71** 7
Grundstücksverkehr 74 80
Gründungsfreiheit 21 27, 59 f.
Grundwertentscheidung 20 Einf 9
Gruppenwettbewerb 21 138
GSVP 23 118
Güterabwägung 20 R 184
GVK
– *siehe Gemeinsame Verfassungskommission*

Haftung
– Ansprüche im Bund-Länder-Verhältnis **20 B** 48
– Haftungsverlagerung **34** 31, 33 f.
Hakenkreuz 22 16
Handel 74 52
Handels- und Schiffahrtsverträge 73 35
Handels- und Warenverkehr 73 33 f.
Handelsflagge 22 13 f., 16 f.
Handelsflotte 27 9, 11 ff., 15
– Diplomatischer Schutz **27** 13
– Einheitlichkeit der Handelsflotte **27** 9, 14
– Institutionelle Garantie **27** 11 f.
– Zweitregister **27** 10
Handlungsfähigkeit, europapolitische 23 7, 160 f.

Handlungsformen 20 D 87, 20 R 170, 20a 65, 28 108, 33 154, 34 38f., 59 48
Handwerk 74 52
Hartz IV 20 S 11, 41, 45
Hauptstadt
– Europäische Union 22 23
– Hauptstadtklausel 22 2ff., 21ff., 31ff.
Hausgut der Länder 20 B 42, 55, Vor 70–74 31, 70 6, 10, 79 III 22
Haushaltsgesetz Vor 70–74 44, 71 6f.
Haushaltsnotlage 29 17, 18
Haushaltsplanentwurf 76 38, 66, 76, 103
Haushaltsrecht 20 D 58, 112, 154, 28 89
Hausrecht im Parlament 40 14, 35ff.
Hebesatzhoheit 28 132
Hegel, Georg Wilhelm Friedrich 20 IV 4, 25 1, 54 11, 59 2
Heilberufe 74 87f.
Heiliger Stuhl 32 21, 59 24
Heiliges Römisches Reich 20 B 1, 50 1, Vor 70–74 1
Heilmittel 74 90
Heimatprinzip 36 1f., 8, 11, 16f., 18
Heimrecht 74 6, 36, 40
Heller, Hermann 20 S 7, 20 R 16
Herrenchiemseer Verfassungsentwurf 50 8, 51 6, 52 7, 63 4, 65 3, 66 2, 67 2f., Vor 70–74 12, 70 2, 71 2, 74 49, 107, 76 8, 77 5, 78 2
Herrschaft auf Zeit 20 D 73, 21 127, 39 10, 79 III 37
Herrschaft des Gesetzes 20 R 2, 9
Herrschaftslosigkeit 20 D 62
Herstellung gleichwertiger Lebensverhältnisse 72 22
Hessischer Einwohnersprung 51 21
Hierarchie der Rechtsnormen 20 Einf 5ff., 20 R 35, 144, 31 3, 13, 18, 32, 40 17, 79 III 14, 80 9, 49ff., 69
Hierarchische Verwaltungsstruktur 20 D 121
Hilfe im Einzelfall 35 13
Hilfsbedürftigkeit 74 38
Hilfsorganisationen 21 42f., 106
Hilfspflichten 20 B 49
Hobbes, Thomas 20 IV 4, Vor 70–74 3
Hochschullehrer 33 159, 195, 200, 203
Hochschulrecht 72 54, 74 152ff.
Hochschulzugang 33 60, 71, 85
Hochseefischerei 74 75f.
Hochseeschiffahrt 27 3, 74 76, 102
Höchstpersönlichkeit
– Verfahrenshindernis 46 23
– Wahl 38 70, 85, 129
Höchstzahlverfahren 28 63, 38 110, 53a 7, 54 29
Hoheitsrechtliche Befugnisse 33 49, 148ff., 163f., 165ff.
Hoheitsrechtsbeschränkung 24 18, 45, 71, 76
Hoheitsrechtsübertragung 20 D 89, 23 4, 6, 18, 22, 24, 25, 40ff., 59f., 61ff., 105, 24 1ff., 5, 23ff., 29, 31ff., 35, 37, 47ff., 56ff., 64, 76 70, 81, 91, 95, 79 II 7, 24
– Anforderungen 23 4, 6, 40, 59f., 61ff.
– Austritt 24 27, 72
– Begriff 23 18, 22, 25, 42ff.
– Bestimmtheitsgebot 24 37f., 73
– Bundesregierung 24 45, 50, 62, 75
– Bundestag 24 35, 45, 50, 72f., 75, 77
– Durchgriffswirkung 24 28f., 30, 32ff.
– EGMR, EMRK 24 12, 34, 80
– Eigenstaatlichkeit der Länder 20 B 41f., 28 42ff.
– Eurocontrol 24 19, 28, 34
– Folgen 23 105
– Gegenseitigkeitsvorbehalt 24 5f.
– Gleichberechtigte Mitwirkung 24 45
– Grenznachbarschaftliche Einrichtungen 24 54ff.
– Grundrechte 24 42ff., 52
– Integrationsschranken 24 39ff., 76
– Internationale Gerichtsbarkeit 24 3, 7, 12, 18, 78ff.
– Internationale Meeresbodenbehörde 24 34
– Internationale Schiedsgerichtsbarkeit 24 78ff.
– Internationaler Seegerichtshof 24 34
– Internationaler Strafgerichtshof 24 12, 34, 80
– Italien 23 28f., 24 1, 5, 14
– IWF 24 29
– Kompetenz 24 22, 54
– Kompetenz-Kompetenz 24 46
– Länderkompetenzen 24 50
– Landesverfassunggeber 24 57
– Mehrheit 23 24, 40, 59, 24 45
– Mitwirkungsrechte 24 50
– NATO 24 4, 11, 19, 29, 34, 38, 45, 65, 68f., 71, 73f., 77
– Offene Staatlichkeit 24 3, 40, 47
– Organleihe 24 24
– OSZE 24 68
– Parlamentsvorbehalt 24 16, 73, 75, 82
– Rechtsschutz 24 51ff., 77
– Rheinschiffahrtskommission 24 34
– Rückübertragung 24 27
– Souveränität 24 3f., 45f., 69, 71
– Sperre 80a 15
– Stationierung fremder Truppen 24 45
– Subsidiarität 24 41, 46
– Supra- und internationale Integration 24 11ff.
– Vereinte Nationen 24 4f., 11, 19, 34, 65, 68, 74
– Verfassungsänderung 24 5, 35, 49, 79 I 16, 26
– WEU 24 68, 74
– Zustimmung der Bundesregierung 24 62

Sachregister

(Fortsetzung Hoheitsrechtsübertragung)
– Zustimmung des Bundesrats **24** 5, 9, 36
– Zwischenstaatliche Einrichtung **24** 20, 31ff., 45, 47, 52

Homogenität 20 D 70f., 150
Homogenitätsgebot 28 2, 4, 16, 19, 25, 31ff., 41ff., 173, **31** 30, 55, 62, **80** 19
– Alimentationsprinzip **33** 199, 207
– Bestandteilsnormen **28** 45, 48
– Bürgerbegehren,- entscheide **28** 68, 72
– Demokratieprinzip **28** 55, 60
– Direkte Demokratie **28** 58, 68, 72
– Doppelfunktion **28** 42
– Durchgriffsnormen **28** 44, 173
– Eigene Akzente der Länder **28** 52
– Eigenstaatlichkeit der Länder **20 Einf** 14, **20 B** 41f., **28** 42ff.
– Europäische Union **20 D** 32, **23** 11, 66, 69, **28** 27, 31
– Ewigkeitsgarantie **28** 46, 53, **79 III** 22
– Gestaltungsspielraum der Länder **28** 57
– Getrennte Verfassungsräume **28** 41f., 45
– Keine Verpflichtung zur förmlichen Verfassunggebung **28** 43
– Kompetenznormen **28** 53
– Korrespondenzverhältnis zu anderen Bestimmungen **28** 173
– Kulturstaatsklausel **28** 59
– Landesverfassungsgerichte **28** 47
– Normativbestimmung **28** 50
– Notverordnungsrecht **28** 58
– Präsidialsystem **28** 58
– Rechtsfolgen bei Verletzungen **28** 73f.
– Rechtsstaatsprinzip **28** 56
– Republik **28** 1, 2, 5, 54
– Republikprinzip **28** 54
– Ruhendes Mandat **28** 62
– Soziale Grundrechte **28** 59
– Sozialstaat **20 S** 23, 50, **28** 54
– Staatsorganisation **28** 58
– Staatsziele **28** 52, 54, 63, 59
– Struktursicherung **28** 49
– Verfassungsautonomie **20 Einf** 14, **20 B** 41f., **24** 57, **28** 42ff.
– Verfassungsmäßige Ordnung **28** 51
– Verfassungsprinzip **20 Einf** 12, 16, **28** 53ff.
– Verfassungswirklichkeit **28** 51

Homosexualität 33 49, 97
Honecker-Beschluß 31 20
Honeywell-Beschluß 23 176
Horizontale Gewaltenteilung 20 R 80, **50** 19
Hugo, Ludolf 30 3
Humanitäre Intervention 20 IV 8, **26** 6, 20, 28, 33
Hüter der Verfassung 54 22

IAEO 73 87
Identität
– *siehe auch Verfassungsidentität*
– Identität der Bundesrepublik Deutschland **20 Einf** 5
– Identität der Verfassung **23** 61ff., 87ff.
– Identität von Regierenden und Regierten **20 D** 63
– Identitätsrepräsentation **54** 17
– Nationale Identität **23** 14, 62, 76, 87

Identitätskontrolle 23 87, 168, 171
IGH 24 80
ILO 20 S 13, **59** 7
Immissionen 20a 14, **28** 130, **74** 3, 6, 119f.
Immunität 25 42f., **46** 1ff., 21ff., **51** 19, **60** 4, 8, 13, 32f.
– Abgeordnete **46** 1ff.
– Anhörung vor Genehmigung des Strafverfolgung **46** 41
– Begrenzte Geltungsdauer **46** 25
– Beugemaßnahmen **46** 27
– Bundespräsident **60** 32ff., **61** 10, 20
– Bundesrat **51** 19, **53a** 11
– Bundesversammlung **54** 37
– Ermessenscharakter der Genehmigungsentscheidung **46** 37, 41
– Europäisches Parlament **46** 4, 5
– Festnahme auf frischer Tat **46** 31
– Freiheitsbeschränkungen **46** 21, 29, 32ff.
– Funktionsfähigkeit des Bundestages **46** 8, 22
– Gebührenpflichtige Verwarnungen **46** 27
– Genehmigung von Strafverfolgung **46** 36ff.
– Genehmigung von Verhaftungen **46** 30f.
– Höchstpersönliches Verfahrenshindernis **46** 23
– Immunitätsausschluß bei Verkehrsdelikten **46** 31, 39
– Kommunalparlamente **28** 67
– Landtagsabgeordnete **28** 55
– Parlamentarische Versammlung des Europarats **46** 4
– Plenarentscheidung **46** 36ff.
– Reklamationsrecht **46** 42ff.
– Untersuchungshaft **46** 30
– Verfahrenseinleitung **46** 35
– Verfolgungsmaßnahmen **46** 21, 23, 29, 43
– Verwirkungsverfahren **46** 32

Impeachment-Verfahren 61 5
Imperatives Mandat 20 D 64, **21** 140, **38** 153
Impermeabilität 59 7
Implied Powers 30 8, **Vor 70–74** 26
Inbegriff guter Ordnung 20 D 143
Indemnität 46 1ff., 9ff., **51** 19
– Abgeordnete **46** 1ff.
– Andere Amtsinhaber **46** 11
– Ausschußarbeit **46** 15
– Äußerungen außerhalb des Bundestages **46** 16
– Bundesrat **51** 19
– Europäisches Parlament **46** 4f.

(Fortsetzung Indemnität)
– Geltungsdauer **46** 12
– Kommunalparlamente **28** 67
– Maßnahmen Privater **46** 20
– Ordnungsbefugnis des Bundestagspräsidenten **46** 19
– Parlamentarische Versammlung des Europarats **46** 4
– Persönlicher Strafausschließungsgrund **46** 10
– Persönlicher Verfolgungsausschlußgrund **46** 10
– Sachlicher Geltungsbereich **46** 13 ff.
– Schriftliche Anfragen **46** 17
– Schriftliche Äußerungen **46** 17
– Umfang des Verfolgungsschutzes **46** 18 ff.
Indigenat 20 S 6, **33** 1, 61, **73** 17
Industrie 74 51
Ineligibilität 38 72
Informales Verwaltungshandeln 20 R 62
Informantenschutz 47 3, 8
Informationelle Selbstbestimmung 21 116, 121, **35** 24, 37, **44** 30, **45c** 40
Informationshilfe 35 24
Informationspflichten 20 B 49, **53a** 14
Informationsrechte 38 44, 156
Informelle Verständigungen 52 17
Infrastrukturverantwortung 20 S 6, 26, 30, 32, 43
Inhaltsgleiches Landesrecht 31 7, 9, 40 f., 43, **72** 43
Initiativrecht 38 170, **50** 24, **76** 28, 30, 38, 48, 50, 52 ff., 61, 103
– Bundesrat **76** 48, 61
– Bundesregierung **76** 48, 52 ff.
– Bundestag **76** 48, 54 ff.
– Enumerative Aufzählung der Berechtigten **76** 28, 48
– Gleichwertigkeit **76** 30
– Initiativmonopol **76** 50, 103
– Unbeschränkbarkeit **76** 30
Inkompatibilität 20 R 69, 74, **51** 18, **54** 24, **55** 1 ff., 5 f., 7 ff., 12, **66** 1 ff., 5 ff.
– Abgeordnete **38** 140
– Adressaten **66** 7
– Allgemeinheit der Wahl **38** 72
– Anderes besoldetes Amt **66** 11
– Aufsichtsrat **66** 13 f.
– Außergerichtliche Gutachten **66** 9
– Beamtenrechtliche Grundsätze **66** 6
– Berufliche Inkompatibilitäten **66** 8, 10 ff.
– Bundeskanzler **66** 7
– Bundesminister **66** 7
– Bundesministergesetz **66** 9
– Bundespräsident **55** 1 ff., 5 f., 7 ff., 12, **66** 17
– Bundesrat **51** 18, **66** 17
– Bundesregierung **66** 8, 10 ff.
– Bundesverfassungsrichter **66** 17
– Gemeinsamer Ausschuß **66** 17
– Gemeinsamer Ausschuß und Bundesregierung **53a** 8, 11
– Gewaltenteilung **66** 18
– Gewerbe **66** 12
– Kommissare der EU **66** 3
– Landesregierung **66** 17
– Öffentliche Ehrenämter **66** 9
– Politische Inkompatibilitäten **66** 8, 17 ff.
– Rechtsfolgen **66** 16, 20
– Regelungszweck **66** 5 f.
– Regierungsamt im Bund und Landtagsmandat **66** 19
– Regierungsamt und Bundestagsmandat **66** 18
– Schiedsrichtertätigkeit **66** 9
– Überbrückung **66** 15
– Umfang der Betätigungsverbote **66** 15
– Unternehmensleitung **66** 13
– Untersuchungsausschüsse **44** 6
– Verfassungsorganschaftliche Inkompatibilitäten **66** 20
– Vertretung **66** 15
– Verweigerung der Ernennung **66** 16, 20
– Zustimmung des Bundestages **66** 14
Inkorporationsgebot 79 I 2, **21** ff., 27
Inkraftsetzungsermächtigungen 80 20, **82** 27
Inkrafttreten von Gesetzen 82 3 f., 6 ff., 17 f., 23, 25 ff.
– Bedingungsfeindlichkeit **82** 27
– Frist **82** 26
– Kompetenzausübung **72** 29, 39
– Zeitpunkt des Inkrafttretens **82** 6, 18, 25 f.
Inkrafttreten von Rechtsverordnungen 82 4, 6 ff., 23, 28
Inneradministrative Gewaltenteilung 20 R 206
Innerer Notstand 35 25
Institutionelle Garantie 21 13, 28, 45, 50, 67, 133, **27** 11, **28** 11, 17, 39, 59, 78, 90 ff., 109, **33** 52, 149, 169, 176, **34** 31, **36** 9, **45** 1, **74** 130
Institutioneller Gesetzesvorbehalt 20 R 125 f.
Institutionelles Gleichgewicht 20 R 25
Integrales Bundesstaatsverständnis 20 B 23 ff.
Integration
– Europäische Union **23** 19
– Integrationsklauseln außerhalb des GG **23** 21 ff., 26, 31
– Integrationskompetenz **23** 40
– Integrationsprogramm **24** 38, 73
– Integrationsschranken des GG **23** 4, 40, 61 ff., 164 ff., **24** 40 ff., 76
– Integrationsverantwortung **20** D 45, **23** 33, 40 ff., 47 ff., 74, 91, 95, 111, **24** 38, 73, **50** 13, 31
– Regionale Integration **23** 9
– Soziale **20** S 38
Integrationsfunktion des Bundespräsidenten 54 13, 18, **56** 5
Integrationsgewalt 24 5, 40

Sachregister

Integrationsverantwortungsgesetz (IntVG) **23** 47f., 50, 79, 106f., 114, 120, 132, 134, 143
Intergenerationelle Gerechtigkeit **20a** 38
Interimslösung **69** 17
Interkommunales Abwägungs- und Abstimmungsgebot **28** 131
Interkommunales Gleichbehandlungsgebot **28** 95
Internationale Gerichtsbarkeit **24** 3, 7, 12, 18, 78ff.
Internationale Meeresbodenbehörde **24** 34
Internationale Organisationen **20 B** 16, **24** 11, 31, 32, **32** 20, **59** 9, 20, 24, 26, 39, **80a** 15
Internationale Schiedsgerichte **24** 7, 11f., 18, 78ff.
Internationale Strafgerichtsbarkeit **24** 12, 34, 80, **25** 51, **26** 7, 22, 31f., 34, 42
Internationale Verbrechensbekämpfung **73** 76f.
Internationale Zusammenarbeit **20a** 10f., 64, **23** 19, **24** 18, **26** 45, **45c** 18, **73** 76
Internationaler Gerichtshof **24** 12, 80, **25** 51
Internationaler Pakt über bürgerliche und politische Rechte (IPbpR) **20 D** 24
Internationaler Pakt über wirtschaftliche, soziale und kulturelle Rechte (IPwskR) **20 S** 14
Internationales Seeschiffahrtsregister **27** 10
Internationalisierung **20 B** 20, **20a** 64, **23** 97, **35** 6f., **59** 38, **82** 5
Interpellationsrecht **38** 45, **43** 12
Interpol **73** 77
Interregnum **69** 18
Intervention, humanitäre **20 IV** 8, **26** 6, 20, 28, 33
Intraföderatives Vertragsrecht **20 B** 42, 48, 52
Investiturstreit **20 R** 3
Investor-Staat-Schiedsgerichte **24** 34, **79** f.
IPbpR
– siehe *Internationaler Pakt über bürgerliche und politische Rechte*
IPEX-Datenbank **45** 4
IPwskR
– siehe *Internationaler Pakt über wirtschaftliche, soziale und kulturelle Rechte*
Irakkrieg **26** 35
Irreversibilität der Beamtenernennung **33** 133ff., 137f.
Italien **21** 5, **23** 28f., **24** 1, 5, **30** 13, **63** 5, **66** 3, Vor 70–74 25, **72** 10, **73** 7, **74** 12f.
ius ad bellum **26** 5
ius cogens **25** 7f., 10, 18, 29f., 43, 48, **26** 6, **60** 8, **79 III** 9
ius commune **31** 1, 3
ius in bello **26** 8

Jagdrecht **72** 35, **74** 138ff.
Judikative

– siehe Bundesverfassungsgericht, Rechtsprechung, Richter
Judikatives Unrecht **34** 23, 51
Jugendorganisationen der Parteien **21** 75, 106
Junktimklausel **80a** 7
Jurisdiktionskonflikte **23** 86, 173, **30** 8
Juristische Berufe **74** 24, 26
Juristische Personen **20 D** 128, **20 S** 38, **20 IV** 17, **21** 117, **25** 39, **31** 48, **33** 55, 57, 74, 76, 141, **38** 26, **40** 23, **62** 9, **74** 32f., **80** 17
Justitiabilität
– Auflösung des Bundestages **68** 24
– Bedürfnisklausel **72** 3
– Erforderlichkeitsklausel **72** 3, 18
– Sperrwirkung des Art. 72 GG **72** 31, 56
– Vertrauensfrage **68** 15f.
– Wahlprüfung **41** 9, 24
Justizgewährung **20 R** 11, 211f., 215
Justizstaatlichkeit **79 III** 32, 34, 53

Kabinettsausschuß **64** 17
Kabinettsbildungsrecht **64** 5, 24, **69** 21, 25
Kabinettsumbildung **64** 30, **69** 10, 23
Kaiserreich (1871) **20 B** 2, 4f., **20 S** 6, **28** 4, **31** 6, **35** 2, **37** 1, **50** 4, **51** 2ff., **52** 2ff., **60** 1, 3, **63** 1f., **68** 1, 11, **69** 1, **74** 1, 17, 48, 101, Vor 70–74 8, **70** 1, **71** 1, **73** 1, 17, **76** 2, **77** 2, **80** 2, **82** 1
Kanonistik **20 IV** 2, **30** 1, **31** 2
Kant, Immanuel **20 D** 12, 24, **20 R** 12, **20 Rp** 4, 20, **20 IV** 4, **24** 2, **42** 3, **59** 4
Kanzelwerbung **38** 97
Kanzleramtsminister **62** 18
Kanzlerdemokratie **62** 15, **64** 5, **65** 15f.
Kanzlermehrheit **42** 37, **63** 16, 24, 26, 33f., 38, 43f., **68** 22
Kanzlerprinzip **62** 2, **65** 11f.
Kanzlersystem **62** 10
Kanzlerwahl **20 D** 44, 120, **42** 37, **63** 5ff., 11ff., 16ff., 29ff., 33ff., **67** 14, 22, **68** 21
Kapp-Lüttwitz-Putsch **20 IV** 6
Karenzregelung **29** 25
Karenzzeit **66** 7, 9, **72** 33, 38f.
Kartellrecht **74** 72ff.
Katastrophenhilfe **50** 27
Katholische Soziallehre **20 S** 2
Kauffahrteischiffe **27** 7
Kernbereich
– Autonome Zuständigkeit **20 R** 71
– der Selbstverwaltungsgarantie **28** 115, 123, 133
– Exekutiver Eigenverantwortung **20 D** 110, **20 R** 71, 73, **23** 124, **45d** 50f., **62** 36, **64** 22, 23, **79 III** 50
Kernbestand eigener Aufgaben **20 B** 42, 55
Kernelemente des Rechtsstaats **20 R** 39, 66ff., 128, 228

Kerngehalt des Demokratieprinzips 20 D 96, 151, 153
Kernkompetenzen 72 9, 15, 17, 34, 50ff.
Kernkraft 74 1, 3, 8, 51, 87
Kettendelegation 80 41, 45
Kirchen 20 D 86, 35 15, 55 8, 73 57
Klarheit des Rechts 20 R 141ff.
Klarstellungsklausel 79 I 5, 28 ff., 79 II 22
Kleinstgemeinden 28 16
Klonen 74 126
Koalitionsfreiheit 33 49, 187ff., 208
Koalitionsvereinbarungen 51 27, 63 14ff.
Kohl, Helmut 22 6, 39, 65 14, 68 3f.
Kollegialenquête 44 34
Kollegialorgane 20 D 123f., 65 11, 32, 76 2, 45, 54, 61, 62, 65, 85, 77 32, 50
Kollisionsnorm 31 19, 23, 29, 31, 36ff., 47
Kommandogewalt 65 16, 29, 65a 1ff., 9ff.
Kommunale Selbstverwaltung 20 D 86, 120, 125ff., 28 76ff.
– Abfallrecht 28 140
– Allgemeinpolitisches Mandat 28 136
– Allzuständigkeit 28 8, 17, 101f.
– Angemessene Finanzausstattung 28 146ff.
– Anhörungsrecht der Gemeinde 28 113
– Annexkompetenz des Bundesgesetzgebers 28 112
– Ansprüche 28 96, 151
– Atomwaffenfreie Zone 28 136
– Aufgaben von Gemeindeverbänden 28 161
– Aufgabenentzug 28 111, 117f., 162
– Aufgabenerfindungsrecht 28 103
– Aufgabenübertragung 28 18, 21, 40, 81, 111
– Aufgabenverteilungsprinzip 28 114ff.
– Ausgabenhoheit 28 132
– Ausschuß der Regionen 28 26
– Außenpolitik 28 136
– Bestandsgarantie 28 92
– Beteiligungsrechte 28 26, 131
– Bodennutzung 28 130
– Bundesgesetzliche Aufgabenzuweisung 28 112, 152
– Bürgermeisterverfassung 28 85
– Dezentralisierte Demokratie 28 76f.
– Dienstherrenfähigkeit 28 129
– Doppelrolle 28 77
– Eigener Wirkungskreis 28 81
– Eigenverantwortlichkeit 28 105ff.
– Eingriff durch Aufgabenentzug 28 93, 111, 117f.
– Eingriff durch Aufgabenübertragung 28 88, 111
– Einheitsgemeinde 28 81
– Einnahmehoheit 28 132
– Energieversorgung 28 137ff.
– Erwerbswirtschaftliche Betätigung 28 127
– Europafestigkeit 28 28
– Europäische Union 28 25ff.
– Fachaufsicht 28 107
– Fehlender Grundrechtscharakter der Selbstverwaltungsgarantie 28 78
– Finanzausgleich 28 147ff.
– Finanzausgleichsmodelle 28 148ff.
– Finanzhoheit 28 39, 132, 142ff., 163, 176
– Finanzhoheit von Gemeindeverbänden 28 163f.
– Finanzielle Mindestausstattung 28 116, 146ff., 151
– Finanzierungsverantwortung 28 152
– Finanzsituation 28 88, 132, 146, 176
– Finanzverfassung 28 147
– Formelle Beteiligungsrechte 29 36
– Frauenbeauftragte 28 124, 129
– Freie Selbstverwaltungsaufgaben 28 81
– Freie Spitze der Finanzierung 28 146
– Freiwillige Selbstverwaltungsaufgaben 28 81, 105, 125, 146
– Funktionserfindungsrecht 28 103
– Garantieebenen 28 90ff., 160ff.
– Gebietshoheit 28 121f.
– Gebietskörperschaften 20 D 131
– Gegliederte Demokratie 28 76
– Gemeindehoheiten 28 120ff.
– Gemeindename 28 122
– Gemeindespezifisches materielles Aufgabenverteilungsprinzip 28 117
– Gemeindeverbände 28 160ff.
– Gemeindevertretung 28 85
– Gesetzesvorbehalt 28 109, 134
– Gesetzesvorrang 28 134
– Gewerbeertragsteuer 28 22
– Grundrechtsfähigkeit der Gemeinden 28 79
– Informationspflichten 28 140
– Innere Kommunalverfassung 28 85
– Institutionelle Garantie 28 87, 90ff.
– Interkommunales Abwägungs- und Abstimmungsgebot 28 131
– Kernbereich der Selbstverwaltungsgarantie 28 115, 123, 125ff., 133
– Klagebefugnis 28 100
– Kommunalunternehmen 28 125
– Kommunalverfassungsbeschwerde 28 30, 99, 172, 176
– Konnexitätsprinzip 28 49, 148f., 176
– Konzessionsverträge 28 137, 139
– Kooperationshoheit 28 128
– Kreisreform 28 165
– Kreisumlage 28 163
– Landeskompetenz für das Kommunalrecht 28 85
– Magistratsverfassung 28 85
– Mindeststandard 28 84
– Mittelbare Beeinträchtigung 28 105
– Mittelbare Kommunalverwaltung 28 125
– Mitwirkungsbefugnisse 28 131
– Monistische Finanzausgleichsmodelle 28 148

Sachregister

(Fortsetzung Kommunale Selbstverwaltung)
- Neue Bundesländer **28** 87
- Neue Steuerungsmodelle **28** 65, 89, 124
- Norddeutsche Ratsverfassung **28** 85
- Normverwerfungsbefugnis **28** 135
- Objektive Rechtsinstitutionsgarantie **28** 93, 161
- Offenbacher Weihnachtsmarkt **28** 125
- Öffentlichkeitsarbeit **28** 66
- Organisationshoheit **28** 123
- Personalhoheit **28** 129
- Pflichtaufgaben zur Erfüllung nach Weisung **28** 81
- Pflichtige Selbstverwaltungsaufgaben **28** 81, 105
- Planungsentscheidungen von Nachbargemeinden **28** 97, 131
- Planungshoheit **28** 130f.
- Popularklage **28** 99
- Preußische Kommunalordnungen **28** 9f.
- Privatisierung **28** 125, 139
- Privatwirtschaftliche Betätigung **28** 139
- Rahmenartige Mindestgarantie **28** 85
- Raumplanung **28** 130
- Rechtsaufsicht **28** 8, 107
- Rechtsetzungshoheit **28** 133ff.
- Rechtsschutz **28** 30, 102, 165, 171
- Rechtssubjektsgarantie **28** 91f., 160
- Satzungshoheit **28** 133ff.
- Schranken-Schranken **28** 114ff.
- Schutzobjekt der Selbstverwaltungsgarantie **28** 80ff.
- Schweiz **28** 31ff., 35
- Selbstauflösungsrecht **28** 92
- Selbstverwaltung im formellen und materiellen Sinne **28** 82
- Selbstverwaltungsangelegenheiten **28** 80ff.
- Selbstverwaltungsgarantie als Durchgriffsnorm **28** 83
- Selbstverwaltungsgarantie der Kreise **28** 34, 156ff.
- Stellung des Gemeindeoberhaupts **28** 85
- Steueraufkommensanteile **28** 142
- Steuererfindungsrecht **28** 145
- Subjektive Rechtsstellungsgarantie **28** 94ff., 165
- Subjektives Recht **28** 94
- Subsidiaritätsprinzip **28** 26
- Subtraktionsmethode **28** 115
- Süddeutsche Ratsverfassung **28** 85
- Territorialbindung **28** 127
- Typisierungsspielräume des Gesetzgebers **28** 102
- Übertragener Wirkungskreis **28** 72, 81, 95, 104, 107, 128
- Umsetzungsspielräume bei Anwendung von Unionsrecht **28** 29
- Umweltpolitik **28** 140
- Universalitätsprinzip **28** 17, 101ff., 109
- USA **28** 13, 15, 38
- Verfassungsänderung **28** 27, 58, 72 , **79 III** 62
- Verhältnismäßigkeitsprinzip **28** 56, 114, 117f.
- Verpackungsteuer **28** 140
- Verteidigungspolitik **28** 136
- Vorrang des Unionsrechts **28** 28f.
- Wehrfähigkeit **28** 94, 164
- Willkürverbot **28** 119
- Wirtschaftliche Betätigung **28** 14, 98, 125ff.
- Wirtschaftskraftbezogene Steuer **28** 22, 143
- Zugriffsrecht des Bundesgesetzgebers **28** 116
- Zuständigkeitsvermutung **28** 103
- Zuweisung staatlicher Aufgaben **28** 105
- Zwangsverbandsbildung **28** 128

Kommunale Wählergruppen 28 66
Kommunalismus 20 D 3
Kommunalmandat 28 65f., **33** 145
Kommunalverfassungsbeschwerde 28 30, 99, 172, 176
Kommunalvertretungen 28 65ff.
Kommunalwahlrecht
- Ausländer **20 D** 52, 90, **28** 20, 27, 69ff., **79 III** 43
- Unionsbürger **20 D** 52, 90, **28** 27, 69ff.

Kommunikationsprozeß 20 D 76ff., 116
Kommunitarismus 20 Rp 23
Kompensation 50 17, **80** 31, 37
Kompetenz-Kompetenz 23 23, 39, 76, 89, 91, 95, 175, **24** 46, 72 14
Kompetenzabgrenzungen 20 R 188
Kompetenzausübungsschranken 23 77f., **31** 58, **58** 7
- EGMR **74** 9, 26, 29, 140
- EMRK **73** 22, 59
- Erforderlichkeitsklausel **Vor 70–74** 14, **72** 4f., 11, 15, 18ff., 33, **74** 17, 27, 30, 32, 34, 36, 42, 45, 49, 57, 63, 67, 71, 73, 75, 79, 85, 96, 102, 107, 114, 117, 122, 125, 133
- EuGH **74** 29
- NATO **73** 16
- TRIPS **73** 62
- Unionsrecht **Vor 70–74** 18ff., 28, 31, **70** 5, **73** 5f., 9, 13, 19, 22, 31, 39, 43, 46, 52, 55, 59, 62, 67, 77, 81, 87, **74** 10f., 26, 33, 35, 41, 56, 66, 74, 78, 83, 91, 95, 100, 113, 116, 121, 140, 145, 48, 151, 154
- Völkerrecht **Vor 70–74** 16f., **71** 3, **73** 4, 13, 19, 27, 39, 43, 52, 59, 62, 67, **74** 9, 26, 33, 41, 44, 56, 106, 124

Kompetenzen
- *siehe auch Gesetzgebungskompetenzen*
- Begriff **30** 1f., 16, 28, **Vor 70–74** 34
- Garantiefunktion **70** 10
- Implizite Kompetenz **59** 9
- Legitimationsfunktion **Vor 70–74** 30f., 53

Sachregister

Kompetenzfreigabeverfahren 72 47, 56
Kompetenzkataloge 74 10, 13
Kompetenzklarheit 20 R 142
Kompetenzkonflikte 30 4, 32, Vor 70–74 56
Kompetenzsicherungsklauseln Vor 70–74 28
Kompetenzverschiebungen Vor 70–74 58
Kompetitiver Bundesstaat 20 B 32
Konfession 33 98ff., 116ff., 139ff.
Kongregationalisten 20 D 6
Königsteiner Abkommen 52 14f.
Konkordate 32 21
Konkrete Normenkontrolle 31 46
Konkurrentenstreit 33 123ff., 131ff., 137f.
Konkurrierende Gesetzgebung Vor 70–74 8f., 12, 19, 24ff., 37, 72 16, 17ff., 74 17ff.
Konnexitätsprinzip 28 49, 148f., 176
Konstitutionalismus 20 D 15, 20 R 10f., 14, 36, 20 IV 6, 60 2, 4, 68 1, 44 20, 45a 1, 46 1, 54 2, 17, 56 1, 58 1, 20, 59 4, 60 2,4, 65 1, 65a 1, 68 1, Vor 70–74 6
– siehe auch Frühkonstitutionalismus, Vormärz
Konstitutiver Parlamentsvorbehalt 24 75
Konstruktives Mißtrauensvotum 67 1ff., 6ff.
Konsultationspflichten 20 B 49
Kontinuität des Rechts 20 R 146
Kontrasignatur 58 1, 4, 14, 16, 22
Kontrolle 20 R 6, 38 55, 67, 43 8, 26, 45d 6, 21, 46, 56, 50 29, 59 16, 18, 31, 51, 80 44
Konzessionsverträge 28 137, 139
Kooperationspflichten 20 B 49
Kooperationsverbot 20 B 14f.
Kooperationsverhältnis (BVerfG, EuGH) 23 169, 172f.
Kooperativer Föderalismus 20 B 10f., 30f., 34, 42, 50 21
Kooptation 20 D 139
Kopftuchverbot 33 100, 145
Korollartheorie 44 19, 22
Korrekturgesetzgebung 72 32, 34
Kosovo-Krieg 26 35
Kosten
– Amtshilfe 35 19, 22, 28, 31, 35
– Ausgleich bei Aufgabenübertragung 28 148ff.
– Bundeszwang 37 13
Kraftfahrwesen 74 110
Krankenhäuser 74 3, 92ff.
Krankenversicherung 20 S 5, 46
Kreditaufnahme 71 6
Kreise 28 34, 68, 80, 154ff., 157f., 162, 165
Kreisreform 28 165
Kreistag 28 61, 65
Kreisumlage 28 163
Krieg
– Angriffskrieg 26 1, 3, 7, 17, 21, 24, 30ff., 41f.
– Kriegsdienstverweigerung 71 6
– Kriegsfolgen 25 47, 73 3, 8, 82f.
– Kriegsgräberfürsorge 74 3, 45ff.

– Kriegsopfer 74 3, 8, 45ff.
– Kriegsschäden 74 42f.
– Kriegsverbrechen 25 42f., 47
– Wiedergutmachung 74 43
Kriegswaffen 26 2, 4, 8, 10f., 13f., 16, 43ff., 48, 50, 52, 71 6, 73 2, 81
– Export 26 8, 10f., 13, 44, 48, 50, 52
– Genehmigungspflicht 26 4, 14, 16, 43ff.
– Kontrolle 26 2, 8, 13, 16, 43ff., 50, 73 2, 81
– Liste 26 47
– Warenverkehrsfreiheit 26 13
Kriegswaffenkontrollgesetz 26 13, 42, 44ff.
Kriminalpolizei 73 64, 66, 68ff., 75f.
Krisenfall 80a 4
Krisenlage 68 10ff.
– Abstimmungsverhalten der Abgeordneten 68 15
– Prüfungsintensität 68 13
– Staatspraxis 68 9
– Ungeschriebenes Tatbestandsmerkmal 68 10ff.
KSZE 20 D 26, 59 42
Kultur
– Abkommen 32 33, 40
– Europäische Union 23 7, 69, 97, 153
– Kultureller Zusammenhang 29 20
– Kulturhoheit der Länder 70 15
– Kulturstaatsklauseln 28 59
– Schutz deutschen Kulturgutes 73 3, 8, 40ff., 90, 74 4
– Voraussetzung des Rechtsstaats 20 R 17
– Voraussetzungen der Demokratie 20 D 71
Kumulieren von Stimmen 28 63
Kündigung völkerrechtlicher Verträge 59 20, 23, 39, 53
Kündigungsschutz 48 16, 74 59
Künstliche Befruchtung 74 125f.
Küstenfischerei 74 75f.
Küstenschiffahrt 74 76, 103
Küstenschutz 74 76, 78

Labiler Bundesstaat 29 11, 79 III 21
Ladenschluß 74 6, 55
Lage der politischen Instabilität 68 12
Land- und Forstwirtschaft 74 5, 75f., 78, 97f.
Länder
– siehe Bundesländer
Länderaufteilung 29 16
Länderfinanzausgleich 29 1, 18, 38
Länderflotte 27 9
Länderfusion 29 16
Länderproporz 36 10ff.
Ländervertreter 23 7, 29, 139f., 152ff., 160, 53a 9ff.
Landeseinheitliche Stimmabgabe 51 24
Landesgrundrechte 28 5, 47, 59, 169, 31 8f., 29f., 40, 50ff., 53f.
Landesinteressen 50 18

2216

Landeskinderklausel **33** 62, 63 ff., 70 ff.
Landesparlamente **23** 31, 120, 152, **45** 7, **50** 17, **54** 4, **Vor 70–74** 28
Landesplanung **29** 19 f., 29
Landesrecht **31** 35
– Inhaltsgleiches Landesrecht **31** 7, 9, 40 f., 43
– Landesgrundrechte **31** 8 f., 29 f., 40, 50 ff., 53 f.
– Landesrecht bricht Bundesrecht **31** 25
– Mehrgewährleistungen **31** 51 f.
– Mindergewährleistungen **31** 51
Landesregierungen **51** 12 ff., 26, **69** 4, **76** 61, **80** 25 f., 40, 55, 59, 67 f.
Landesstaatsangehörigkeit **33** 54, 65 f.
Landesverfassungen **20 D** 58 f., **20 R** 37, **20 Rp** 6, 15, **20 S** 21 ff., **20 IV** 11 f., **20a** 9, 20 ff., **28** 5, 39 f., 43 ff., **30** 14, 25 f., **31** 10 f., 17, 29 f., 35, 40, 43, 50 ff., 55 ff., **46** 7, **47** 3, **48** 7, **51** 13, **Vor 70–74** 24, 27 ff., 32, **70** 6, 9, **71** 4, 9 f., **72** 13, **73** 8, **74** 14, **79 III** 5, 13, 40, 59, **82** 7
– Bundesstaatlichkeit **20 B** 41 f.
– Demokratie **20 D** 58 f., 150
– Gesetzgebungskompetenzen **Vor 70–74** 24, 27 ff., 32
– Homogenitätsgebot **28** 16, 19, 44, 51, 53
– Lebensordnungen **20 S** 22
– Petitionen **45c** 11
– Programmatische Aussagen **Vor 70–74** 27
– Verhältnis zum Bundesrecht **31** 10 f., 17, 29 f., 35, 40, 43, 50 ff., 55
Landesverfassungsgerichte **20 D** 76, **28** 47 f., 53 f., 60, 64, **31** 47, 51, 53 f., **48** 41, **Vor 70–74** 29, 60
Landesvermögen **71** 6
Landesverwaltung **36** 17
Landesvölker **20 D** 91
Landeszugehörigkeit **29** 24, 28, 30 f., 33, **33** 65 ff., **36** 10
Landkreise **28** 34, 68, 80, 154 ff., 157 f., 162, 165
Landschaftsverbände **28** 155
Landsmannschaftliche Verbundenheit **29** 20 f., 29
Landsmannschaftliche Verhältnisse **36** 12 f., 19 f.
Landständische Verfassungen **28** 13
Landtagsmandat **66** 19
Landwirtschaft **74** 5, 98
Langzeitfolgen **20a** 36 f.
Lärmbekämpfung **74** 3, 6, 120
Lärmschutz **73** 45
Lastenausgleich **20 S** 34
Laufbahnprinzip **33** 174, 202
leadership crime **26** 34
Lebensalter **33** 49, 110 ff., 117 ff., 182
Lebensmittel **74** 76, 96 f., 100
Lebensordnungen **20 S** 22
Lebenspartnerschaft **33** 97, 195, **74** 28

Lebensschutz **20 S** 46
Lebenszeitprinzip **33** 161, 174, 176, 180 ff.
Legalität **20 R** 49, **79 III** 5, 15
Legalitätsreserve **54** 20 ff., **59** 21, **60** 20, **63** 4
Legislative
– *siehe Bundestag, Gesetzgebung, Parlament*
– USA **50** 14, **51** 9
Legislativverordnungen **80** 49 ff., 51, 53, 69
Legislaturperiode **20 D** 73, **28** 58, **39** 10, 12 ff., **44** 35, **63** 14, 43, **68** 4, 14, **69** 4, 17
– Verkürzung **39** 11, 20
– Verlängerung **39** 10, 18
Legitimation **20 D** 34 ff., 77, 100 ff., 104 f., **38** 32, 35, 37, 42, 86, **39** 10, **41** 7, 18, 22
– Autonome **20 D** 92, 120, 128 f.
– Demokratische **20 D** 110 ff., **23** 3, 33, 66 ff., 96, 100, 109, 128, 159 f., 162, 167, **28** 55, 60, 69, 85 f., **38** 30, 39, **50** 19
– Legitimationssubjekt **20 D** 90 ff.
– output-Modelle **20 D** 83
– Supranationale **20 D** 48 f.
Legitimationsbasis **67** 10
Legitimationsfunktion von Kompetenznormen **30** 16, **Vor 70–74** 30 f., 53
Legitimationskette **20 D** 111, 114
Legitimationsmodi **20 D** 93 ff.
Legitimationsniveau **20 D** 113
Legitimität **20 R** 49, **42** 20
Lehrer **33** 77, 95, 98 ff., 100 ff., 145, 159, 186, 203
Leistungsfähigkeit **28** 101, **29** 1, 8, 14, 18
Leistungsgewährung **20 R** 118
Leistungspatt **33** 116 ff.
Leistungsprinzip **33** 49, 73, 89 ff., 94 ff., 118, 122, 185, **36** 15, 18, 22 f.
Leistungsrechte **20 S** 26, 45
Leistungsverwaltung **33** 80, 152 ff.
Leistungszulagen **33** 179, 194, 201
Leveller **20 D** 6, 8
lex posterior-Regel **31** 18, 37, 46, 62, **59** 13, **72** 39 f.
lex specialis-Regel **20 R** 154, 167, **28** 174, **31** 1, 18, 37, **Vor 70–74** 43, 57, 61, **70** 17
lex superior-Regel **31** 1, 18
Liberalismus **20 D** 17, 21, **20 Rp** 23
limited government **20 R** 6
Lincoln, Abraham **20 D** 14, **79 III** 54 Fn. 173
Lindauer Abkommen **23** 179, **32** 5, 35, 38 ff., 51
Lippeverband **20 D** 114, 130
Lissabon-Urteil (BVerfG) **20 D** 54, 81, **20 S** 48, **23** 14, 16, 33, 38, 42, 47, 56, 68 ff., 84, 87, 95, 97 f., 102, 104, 128, 167 f., 171, **24** 38, 74 f., **45** 24, **73** 6, **79 III** 57
Lissabon-Vertrag **20 D** 32, 35, **20a** 18, **23** 8, 10, 25, 33, 48, 58, 68 f., 79, 85, 106, 114, 162, 168, **28** 25 ff., **45** 2 f., 20, **45c** 9, **50** 13, 31
Listenprivileg **38** 78, 107
Listenvereinigungen **38** 113

Listenwahl 38 81
Locke, John 20 D 8, 20 IV 4, 32 1, 38 3, 59 15, Vor 70–74 3, 79 II 1
Losentscheid 51 27
Loyalitätsgebot (Unionstreue) 20 B 18f., 54, 23 14, 38, 159, 35 8
Loyalitätskonflikte 38 166
Luftreinhaltung 74 3, 119
Luftsicherheitsgesetz 35 5, 11, 30f., 32, 73 45
Luftverkehr 71 6, 73 44ff.
Luther-Kommission 29 5
Lützowsche Jäger 22 10

Maastricht-Urteil (BVerfG) 20 D 80f., 23 16, 69, 83, 87, 96, 165, 168, 172, 24 52, 38 60, 59 36
Maastricht-Vertrag 20 D 32, 51, 23 2f., 5, 14, 36, 53, 68, 76, 78, 87, 119, 137, 168, 45 1f., 79 I 16, 26
Machiavelli 20 Rp 2, 26 1
Magistratsverfassung 28 85
Magna Carta 20 IV 5, 38 2
Mandat 20 D 64, 21 140, 167, 38 3, 5, 17f., 84, 137, 145, 154, 167, 171, 46 12, 25, 46, 79 II 19
– siehe auch Ausgleichsmandate, Doppelmandat, Grundmandat, Inkompatibilität, Überhangmandate
– Abgeordnete 21 167, 38 3, 5, 17f., 137, 145, 154, 167, 171, 46 46, 79 II 19
– Freies 21 167, 28 67, 38 3, 5, 17f., 137, 46 2, 47 1, 5, 51 17
– Imperatives 20 D 64, 21 140, 38 3, 5
– Parteien 21 140, 167
– Ruhendes 28 62, 38 84
– Wahlen 28 62, 67, 38 3, 5, 17f., 84, 137
Mandatsgesetz 23 132
Mandatsprüfung 41 22f.
Mandatsrelevanz 41 7, 19f., 24
Mandatsverlust 38 145, 154, 167, 193
Marktwirtschaftliche Ordnung 20 R 18
Marsilius von Padua 20 D 4
Maße und Gewichte 73 1, 32
Massenmedien 20 R 80, 38 97, 104, 120
– Freiheit der Wahl 38 97
– Gleichheit der Wahl 38 104, 120
– Rechtsstaat 20 R 80
Massenpetitionen 45c 5, 16
Maßgabebeschlüsse des Bundesrates 80 10, 63
Mäßigungsgebot 33 95, 99f., 101f., 161, 186
Materielle Gerechtigkeit 20 R 47, 50, 148
Mauerschützenprozesse 20 R 57
Maut 74 113
Mediation 45c 16
Medienöffentlichkeit 44 43
Medizinprodukte 74 7, 90f.
Medizinstudium 74 87, 153
Mehrebenen-Verfassungsverbund 20 B 19, 35

Mehrebenendemokratie 20 D 39
Mehrheitskanzler 68 3
Mehrheitsprinzip 20 D 47, 67ff., 103, 23 8, 71, 42 10ff., 18f., 31ff., 52 19, 54 35, 63 6, 11, 14, 16ff., 30ff., 38f., 67 17, 77 35
– Absolute Mehrheit 20 D 68, 23 24, 42 11f., 15, 18, 37, 52 19, 54 35, 63 6, 11, 14, 16ff., 30ff., 38f., 67 17
– Beschlußfähigkeit 42 33
– Einfache Mehrheit 62 34, 77 19, 34, 60
– Enthaltung 42 34
– Kanzlermehrheit 42 37
– Konstruktive Mehrheit 67 18
– Mehrheitserfordernisse 42 34ff., 38
– Mehrheitsverfall beim Mißtrauensvotum 67 6f.
– Minderheitenrechte 20 D 59, 71, 74, 42 39, 44 11, 36, 45
– Mißtrauensvotum 67 11f.
– Parteien 21 127
– Verfassungsänderung 79 II 19f., 79 III 37
– Verteidigungsfall 42 37
– Zweidrittelmehrheit 23 3, 23ff., 40, 56ff., 137, 147f., 42 37, 52 19, 61 15, 79 II 2ff., 15, 19ff., 24
Mehrheitswahlrecht 20 D 97, 28 63, 38 102, 106, 134, 79 II 23, 79 III 38
Mehrparteiensystem 21 27
Meinungsumfragen 20 D 116, 21 89, 38 98
Melde- und Ausweiswesen 73 3, 24f.
Menschenbild 20 S 41
Menschenrechte 20 D 27, 148f., 20 R 4, 7, 20, 35, 20a 12f., 25 16, 18, 30, 34, 41, 55, 79 III 10, 29, 31
Menschenwürde 20 D 149, 20 R 15, 39, 47, 20 S 45, 60 25, 79 III 27ff., 62
– Begnadigung 60 25
– Existenzminimum 20 S 45
Militär 35 5, 30ff., 73 1f., 10, 14, 58
– Einsatzmittel 35 5, 30ff.
– ultima ratio 35 30
Militärischer Abschirmdienst (MAD) 45d 4, 22f.
Mill, John Stuart 20 D 13, 28 2
Mindergewährleistungen 31 51
Minderheit(en)
– Minderheitenrechte 20 D 59, 71, 74, 42 39, 44 11, 36, 45
– Minderheitskanzler 63 39f., 42ff., 68 3, 14, 18, 21
– Minderheitsregierung 63 6, 33, 43f., 67 6, 11, 68 8, 26
– Nationale Minderheiten 20 D 59, 74, 28 63, 38 21, 113
Minderjährige 21 53
– Wahlrecht 20 D 98
Ministerialfreie Räume 20 D 120, 123, 62 20, 65 40

Sachregister

Ministerialverwaltung 20 D 121 ff.
Ministerrat 20 D 37, 50 11, 52 9, 62 35
– *siehe auch Europäische Union, Rat der Europäischen Union*
Ministerverantwortlichkeit 20 D 44, 121, 43 8, 58 1 f., 61 1, 64 2, 6, 65 1, 3, 38 ff.
– *siehe auch Bundesminister, Parlamentarische Kontrolle, Regierungsverantwortung, Verantwortung*
Mischverordnungen 80 26
Mischverwaltung 20 B 14, 34, 30 31
Mißbrauch wirtschaftlicher Machtstellung 74 72 ff.
Mißtrauensvotum 63 3, 6, 8, 47, 67 1 ff., 6 ff.
– Amtszeit des Bundeskanzlers 67 7
– Antrag im Bundestag 43 16, 67 13 f.
– Belgische Verfassung 67 4
– Destruktives Mißtrauensvotum 63 3, 67 2, 11, 68 3, 7
– Entlassungspflicht des Bundespräsidenten 67 17
– Französische Verfassung 67 4
– Gegenüber Ministern 67 21
– Kanzlerwahl 67 14, 22
– Konstruktives Mißtrauensvotum 67 1 ff., 6 ff.
– Kritik 67 19 ff.
– Legitimationsbasis 67 10
– Mißbilligungsbeschluß 67 19
– Mißtrauensantrag 67 13
– Mißtrauensbekundung 67 19
– Nachfolger 67 6, 13, 16 f.
– Parlamentarischer Rat 67 2 f.
– Regierungsstabilität 67 6 f.
– Regierungssturz 67 20
– Schlichtes Mißtrauensvotum 67 19 ff.
– Spanische Verfassung 67 4
– Sperrwirkung 67 14
– Stabilisierungswirkung 67 11 f.
– Verfahren 67 13 ff.
– Verfassungsänderung 79 III 42
– Vertrauensentzug 67 19 ff.
– Vorgezogene Neuwahlen 67 6
Mitte des Bundestages 76 48, 54 ff.
Mittelbare Staatsverwaltung 20 D 122 f., 28 76, 33 84
Mitwirkungsvorbehalte 80 27 ff.
Modernisierungskommission 20 B 11, 13, 50 9
Monarchie 20 B 2, 20 D 2, 20 Rp 1 f., 5 f., 11 ff., 17 f., 27, 28 4 f., 54, 54 1 f., 9, 57 1, 3, 58 1, 60 1 f., 4, 23, 61 1, 5, 62 1, 68 1, 5
– Absolute 79 III 35
– Konstitutionelle 54 2
– Monarchischer Bundesstaat 20 B 2 f.
– Parlamentarische 54 9, 57 5
Monarchomachen 20 IV 4
Montesquieu, Charles Louis de Secondat 20 R 8, 28 2, 38 4, 59 2
Moser, Johann Jacob 31 5

Münzwesen 73 1, 5, 28 ff.

Nachführung des Verfassungstextes 79 I 43
Nachhaltigkeit 20a 10, 39 f., 69, 76 36
Nachrangklauseln 31 17
Nachrichtendienst 45d 1 ff., 22 ff.
– *siehe auch Parlamentarische Kontrolle der Nachrichtendienste*
– Arbeitsweise 45d 24
– Auslandsaufklärung 45d 4
– Bundesamt für Verfassungsschutz 45d 4, 22 f.
– Bundesnachrichtendienst 45d 4, 5, 7, 22 f., 73 12
– Einrichtung 45d 3
– Europol 45d 9
– Geheimhaltung 45d 13, 15, 24, 46, 47 ff.
– Kontrollgesetz 45d 6
– Militärischer Abschirmdienst 45d 4, 22 f.
– Privatrechtsform 45d 31
– Tätigkeit 45d 22 ff.
– Wirtschaftspläne 45d 19
Nachrichtenzugang
– Grenze der Kontrolle der Nachrichtendienste 45d 50, 54
Nachweltschutz 20 D 72, 20a 35, 80
Nassauer Denkschrift 28 8
Nationale Identität 23 14, 62, 76, 87
– *siehe auch Identität, Verfassungsidentität*
Nationale Minderheiten 20 D 59, 74, 28 63, 38 21, 113
Nationalhymne 22 39, 54 13
Nationalsozialismus 20 B 6 f., 20 D 17, 20 R 15, 20 S 8, 22 16, 24 1, 28 11 f., 33 6, 35 3, 36 1, 37 2, 50 6, 51 5, 52 6, Vor 70–74 10, 74 43, 77 4, 80 4, 82 1
NATO 20 D 25, 24 4, 11, 19, 29, 34, 38, 45, 65, 68 f., 71, 73 f., 77, 38 42, 45a 2, 50 10, 53a 2, 59 41, 65a 3, 73 16, 80a 12 f.
Natur der Sache 20 D 123, 22 36, 32 28, 54 13, Vor 70–74 45 f., 70 9, 71 8, 11, 73 7, 58, 74 30, 130, 147
Naturkatastrophen 35 29
Natürliche Lebensgrundlagen 20a 1, 27, 29, 32 ff., 47, 71
Naturrecht 20 R 4, 50, 94, 20 IV 3 f., Vor 70–74 3
Naturschutz 72 7, 32, 36, 74 117 ff., 141 ff., 149 ff., 156
ne bis in idem (Verbot der Doppelbestrafung) 20 R 24, 25 47, 61 6
Nebeneinkünfte 48 30 f.
Nebentätigkeit 33 179, 184, 203
Nebenvertretung 57 5 f., 12
Negatives Stimmgewicht 38 117
Negativgesetzgebung 72 42
Netzöffentlichkeit 20 D 77
Neubekanntmachung von Gesetzen 82 20

2219

Neue Steuerungsmodelle 20 D 114f., 28 65, 89, 124
Neugliederung (des Bundesgebietes) 29 1ff., 10ff., 71 6, 79 III 21
– Abstimmung 29 25f.
– Anhörungsrecht 29 21, 36
– Anwendungsfälle 29 16
– Baden-Württemberg 29 13f., 38
– Begriff der Neugliederung 29 16
– Berlin, Brandenburg 29 6, 13, 38
– Bestätigungserfordernis 29 22
– Bürgerbeteiligung 29 12
– Debatte 29 1, 14
– Ermessen 29 17, 37
– Europäische Dimension 29 1, 8, 18
– Geschichtlich-kultureller Zusammenhang 29 20
– Kooperation 29 1, 16
– Landsmannschaftliche Verbundenheit 29 20
– Leitlinien 29 19f.
– Neugliederung durch Staatsvertrag 29 11, 35f.
– Neugliederungskriterien 29 17ff.
– Neugliederungsraum 29 29
– Neugliederungsziel 29 18
– Neuordnungsbefugnis des Bundesgesetzgebers 29 15ff.
– Quorum 29 24f., 31
– Rechtsschutz 29 32, 37
– Richtbegriffe 29 17, 19f.
– Saarland 29 14
– Verfahren 29 21ff., 35f.
– Verfassungsauftrag 29 3, 5f., 17
– Veto-Regelung 29 24
– Volksbefragung 29 30f.
– Volksentscheid 29 12, 22, 24ff., 36
– Volksinitiative 29 12, 28ff.
– Wirtschaftliche Zweckmäßigkeit 29 20
– Zustimmungsvorbehalt des Bundestages 29 35
Neutralität 21 80, 94, 38 93, 104
– Neutralität des Bundespräsidenten 54 12, 55 1, 4, 11, 58 12
– Neutralität des Staates 20 D 76
– Neutralität des Staatsoberhaupts 55 1, 4, 11
– Neutralitätspflicht der Gemeinde 28 66
– Religiös-weltanschauliche Neutralität 56 9
Neutralitätsgebot 33 95, 99
Neuwahlen 20 D 73, 39 17, 26, 67 6, 68 5, 7, 9ff., 14, 16, 21, 25
– Oberste Bundesorgane 68 16
– Wahltermin 68 5, 11, 25
Nichtanwendungserlasse 20 R 95
Nichtigerklärung von Gesetzen 20 R 88
Nichtigkeitsdogma 28 73, 174
Nikolaus von Kues 20 D 4
Nikolausbeschluß 20 S 46
Norddeutsche Lösung 32 35, 37

Norddeutsche Ratsverfassung 28 85
Normativbestimmung 28 50
Normatives Unrecht 34 15f., 18, 23, 25, 48ff.
Normenflut 20 R 61
Normenhierarchie 20 Einf 5ff., 20 R 35, 144, 31 3, 13, 18, 32, 40 17, 79 III 14, 80 9, 49ff., 69
Normenklarheit 20 R 133, 141, 76 31
Normenkontrolle 20 R 201, 30 32, 31 45f., 59 51, 53
– Abstrakte Normenkontrolle 23 165f., 31 45, 39 25, 40 20
– Konkrete Normenkontrolle 31 46
– Präventive Normenkontrolle 59 53
– Völkerrechtliche Verträge 59 51, 53
Normenkontrolle der Verwaltung 20 R 96ff.
Normerhaltung 20 R 87
Normierbarkeitsgrenze 79 III 17
Normsetzendes Verwaltungshandeln 20 R 96
Normverifikationsverfahren 25 4, 14, 54f.
Normverwerfungskompetenz der Exekutive 20 R 98f., 28 135
Normwiderspruch 31 36ff.
Notariat 74 17, 24
Notparlament 53a 5
Notstand 35 25, 53a 1ff., 5, 65 33, 79 I 13, 80a 1ff.
Notstandsfälle 50 27
Notstandsgesetze 20 IV 7, 15, 80a 9
Notstandsgesetzgebung 20 IV 7, 65a 2
Notstandsverfassung 53a 2, Vor 70–74 13, 73 3, 79 II 18
Notverordnungsrecht 28 58, 81 2f., 5

Oberste Bundesbehörden 36 11
Objektive Rechtsinstitutionsgarantie 28 93, 161
Objektiver Wahrheitsbegriff 42 9
Obsolet-Werden von Verfassungsbestimmungen 79 I 42
Obsoletes Verfassungsrecht 20 D 100, 151, 20 S 22, 23 53, 37 6, 54 30, 61 6, Vor 70–74 27, 79 I 30
Offene Staatlichkeit 23 1, 32, 71, 90, 24 3, 40, 47, 25 13, 51
Offenkundigkeit 20 IV 19
Öffentlich-rechtlicher Rundfunk 29 27
Öffentliche Ausschreibung 33 125f.
Öffentliche Fürsorge 74 36ff., 61
Öffentliche Gewalt 20 R 45, 199ff.
Öffentliche Meinung 45c 16, 3
Öffentliche Ordnung 35 27
Öffentliche Petition 45c 6, 17, 32ff.
Öffentliche Sicherheit 25 31, 32 44, 35 27
Öffentlicher Dienst 33 49, 52, 95, 143, 160ff., 172f., 208, 73 56ff.
– Angehörige 33 49, 160ff.

(Fortsetzung Öffentlicher Dienst)
– Öffentlich-rechtliches Dienst- und Treueverhältnis **33** 160ff., 186
– Öffentliches Amt **33** 84ff.
Öffentliches Interesse 44 30f.
Öffentlichkeit 20 D 1, 77, 114, 116, 148, **20 R** 210, 220, **38** 34, 47, 143, 176ff., **45** 27, **45d** 13, 45f.
– Abgeordnetenstaus **38** 139ff.
– Ausschluß **42** 29
– Berichterstattung **42** 8, 27
– Medienöffentlichkeit **44** 43
– Öffentlichkeitsarbeit der Kommunen **28** 66
– Öffentlichkeitsarbeit der Regierung **38** 94
– Organisation parlamentsinterner Abläufe **42** 25
– Parlamentarisches Kontrollgremium **45d** 13, 45f.
– Parlamentsöffentlichkeit **42** 2ff., 14ff., 20ff.
– Parteien **21** 46ff., 111ff.
– Plenarsitzungen **42** 22
– Untersuchungsausschüsse **44** 9, 43
– Verletzung des Öffentlichkeitsgebotes **42** 28
Öffentlichkeitsprinzip 21 120, **42** 14, **54** 32
Offiziere 60 1, 5, 9, 15, 18, 19, 34
Ökologisches Existenzminimum 20a 4, 44
Ökozentrik 20a 30
Oligarchie 20 D 2
Ombudsmann 45c 3, 10f., 16, 18
Opfer von Gewaltherrschaft 74 45f.
opinio juris 25 19
Opposition 20 B 50, **20 D** 59, 75, **21** 138, **28** 52, **38** 55, 94, 183, **40** 14, 30, **43** 24f., **44** 11, 37f., **45c** 20, **45d** 11, 35ff., 59, **48** 24, **65a** 2, **66** 18, **67** 10, **79 II** 16
Optimierungsgebote 20 R 43f., 130, **20a** 15, 26, 53, 66, 80
opting-out 59 40, **72** 7
Orden 22 40, **54** 13, 17
Ordnungsbefugnis des Bundestagspräsidenten 46 19
Ordnungsvorschriften
Ordnungswidrigkeiten 60 28, **74** 19, **76** 101f.
ordre public 22 40
Organadäquanz 20 R 71, **59** 16f.
Organisations- und Verfahrensrecht 20 R 45, 199ff.
Organisationsautonomie 38 28, **40** 5, 23
Organisationsgewalt 20 R 126, 125
Organisationshoheit 28 123
Organisationsprinzipien 65 1, 11f.
Organisationsrechtliche Doppelstellung 62 10, 19, 28
Organisierte Kriminalität 24 67
Organkompetenz 32 26, 60, **59** 31, 54, **Vor 70–74** 34
Organkontinuität 39 25
Organleihe 23 43, 117

Organstreit 21 48, **23** 112, 139, 164f., 167, 175, **24** 77, **45** 12, **45d** 58f., **53a** 5, **55** 14, **57** 8, **58** 8, 11, 16, 22
Organtransplantation 74 7, 128f.
Organtreue 50 18, **52** 16
Österreich 20 Rp 14, **28** 32, 35, **30** 12, **31** 15, 23, **35** 9, **50** 14, **51** 9, **68** 5, **Vor 70–74** 23, **72** 10ff.
OSZE 20 D 26, **24** 68, **59** 42
output-Legitimation 20 D 83

pacta sunt servanda 20 B 52, **25** 41
Panaschieren bei der Wahl 28 63
Parlament
– siehe auch Abgeordnete, Bundestag
– Auflösung **39** 2
– Demokratieprinzip **20 D** 94ff., 116f.
– Disziplin **40** 6
– Europäische Integration **45** 4ff., 9, 21
– Gemeinderat als Parlament **20 D** 125, **28** 67
– Gruppen **44** 39
– Homogenitätsprinzip **28** 55
– Opposition **40** 14, 30
– Selbstauflösungsrecht **28** 58, **39** 9, 19, **68** 3ff., 10, 14
– Selbstorganisationsrecht **39** 1
– Selbstversammlungsrecht **39** 1, **40** 2
– Wahlprüfung **41** 1ff.
– Zutritts- und Rederecht **43** 1ff.
Parlamentarisch-präsidentielles Regierungssystem 54 3, 10
Parlamentarische Kontrolle 20 D 44, 74, 112, **20 R** 72, **44** 8, **45a** 1, 2, 5, **45c** 14, **58** 6f., **62** 23, **65** 39, 41, 44, **82** 15
Parlamentarische Kontrolle der Nachrichtendienste 45d 1ff.
– siehe auch Parlamentarisches Kontrollgremium
– Adressaten **45d** 29ff.
– Anlaß **45d** 12
– Gesetz **45d** 6
– Grenzen **45d** 47ff.
– Kontrollgegenstand **45d** 22ff.
– Kontrollgremium **45d** 8, 15, 16ff.
– Kontrollkommission **45d** 5
– Landesbehörden **45d** 29
– Öffentlichkeit **45d** 13, 45f.
– Persönlichkeitsrechte Dritter **45d** 50, 52
– Privat Betroffene **45d** 32, 52
– Rechtsschutzfunktion **45d** 14
– Verfassungsschutzausschuß **45d** 5
– Vertrauensmännergremium **45d** 5
Parlamentarische Monarchie 54 9, **57** 5
Parlamentarische Öffentlichkeit 76 98, **77** 21, 23f.
Parlamentarische Opposition 20 B 50, **20 D** 59, 66ff., **38** 55, 94, **43** 24f., **45c** 20, **48** 24, **63** 44, **65a** 2, **66** 18, **67** 10

Parlamentarische Redefreiheit 47 1
Parlamentarische Verantwortlichkeit der Regierung 45d 1ff., 65 13
Parlamentarischer Rat 20 D 18ff., 20 Rp 8, 20 S 10, 20 IV 7, 22 3, 18f., 35, 29 4, 30 6, 31 9f., 40, 36 2, 50 8, 51 6, 52 7, 56 2, 57 2, 63 4, 64 2, 66 2, 67 2f., Vor 70–74 12, 70 2, 71 2, 72 2, 73 2, 68, 82, 74 2, 76 9, 56ff., 96, 77 6, 78 3, 79 I 4, 79 II 5
Parlamentarisches Gewohnheitsrecht 40 8, 24
Parlamentarisches Kontrollgremium
- Aktenherausgabe 45d 43
- Auskunftsverlangen 45d 42
- Befragungsrechte 45d 43
- Eigenständigkeit 45d 34
- Fraktionen 45d 35ff., 59
- Fremdinformation 45d 43
- Gesetz 45d 6ff., 21, 46, 56
- Grenzen der Kontrolle 45d 47ff.
- Kontrollgegenstand 45d 22ff.
- Kontrollinstrumente 45d 40ff.
- Minderheitenfraktion 45d 35ff., 59
- Neben Untersuchungsausschuß 45d 59, 60
- Öffentlichkeit 45d 13, 45f.
- Opposition 45d 11, 35ff., 59
- Organstreitverfahren 45d 58f.
- Rechts- und Amtshilfe 45d 43
- Sachverständige 45d 44
- Selbstinformation 45d 43
- Sondervotum 45d 39, 46
- Spiegelbildlichkeit 45d 35ff.
- Unterrichtungspflicht der Bundesregierung 45d 41f.
- Verankerung in der Verfassung 45d 12
- Verfahren 45d 39
- Zusammensetzung 45d 35ff.
- Zutrittsrecht 45d 43

Parlamentarisches Öffentlichkeitsprinzip 42 1ff., 14ff., 20ff.
- Ausnahme für geheime Wahlen 42 23
- Ausschluß der Öffentlichkeit 42 29f.
- Ausschußarbeit 42 24
- Begriff der Öffentlichkeit 42 26
- Berichterstattungsöffentlichkeit 42 27
- Geheime Abstimmungen 42 23
- Materielle Öffentlichkeit 42 21
- Öffentliche Diskussion 42 20
- Parlamentarisches Geschehen 42 25
- Plenarsitzungen 42 22
- Prozeß der Entscheidungsfindung 42 22
- Sitzungsöffentlichkeit 42 26
- Verletzung des Öffentlichkeitsgebots 42 28
- Volkssouveränität 42 20
- Zugänglichkeit des Parlaments 42 23

Parlamentarisches Regierungssystem 20 D 153, 20 R 76, 28 16, 38 2, 40 14, 54 8, 23, 63 1, 3, 8, 64 6, 67 8ff., 69 1, 2, 13, 25, 79 III 42, 61, 80a 12

– *siehe auch Mißtrauensvotum, Parlamentarische Kontrolle*

Parlamentsauflösung 68 1ff., 10ff., 23ff.
- Dänemark 68 5
- Entscheidungsfreiheit des Bundespräsidenten 68 24
- Großbritannien 68 5
- Kampfmittel 68 1
- Konstitutionalismus 68 1
- Lage der politischen Instabilität 68 12
- Monarch 68 1, 5
- Österreich 68 5
- Politische Leitentscheidung 68 24
- Politische Stabilität 68 8
- Premierminister 68 5
- Preußische Verfassung 68 1
- Regierungschef 68 5f.
- Regierungspartei 68 5
- Reichskanzler 68 2
- Reichspräsident 68 2
- Reichsverfassung (1871) 68 1f., 11
- Selbstauflösungsrecht 28 58, 39 9, 19, 68 3ff., 10, 14
- Staatsoberhaupt 68 5
- Staatspraxis 68 5, 9
- ultima ratio 68 8
- Volksabstimmung 68 6
- Vorzeitige Parlamentsauflösung 69 14
- Weimarer Reichsverfassung 68 2, 8, 11

Parlamentsautonomie 39 28, 31, 40 1f., 5ff., 39, 41 7
Parlamentsbrauch 40 8
Parlamentscharakter der Gemeindevertretung 28 67, 136
Parlamentslose Zeit 39 16
Parlamentsvorbehalt 20 D 117, 20 R 73, 119f., 122, 129, 23 28, 40, 133, 24 16, 73, 75, 82, 38 36, 40 8, 10, 24f., 59 4, 18, 27, 80 49ff., 51, 53, 69
Parteien, politische 20 D 76, 21 1ff., 19ff., 35 15, 38 53, 81, 83, 89, 145, 167, 71 6, 74 30
- Abgestufte Gleichheit 21 80, 89ff.
- Aktivitäten 21 20, 55f., 158
- Anerkennungsverfahren 21 33
- Anhänger 21 152f.
- Anonyme Spenden 21 116f.
- Antragsrechte 21 128
- Arbeitsverhältnisse 21 67
- Auflösung 21 60
- Ausgestaltungsauftrag 21 161ff.
- Ausländer 21 14, 53, 68
- Auslandsaktivitäten 21 58
- Ausschluß 21 136
- Ausstrahlungswirkung 21 14, 67, 98
- Austritt 21 60, 65, 135
- Begriff 21 29, 34ff.
- Beitritt 21 135

Sachregister

(Fortsetzung Parteien, politische)
- Beobachtung durch den Verfassungsschutz **21** 159
- Bestand der Bundesrepublik Deutschland **21** 148ff.
- Betätigung in Betrieben **21** 67
- Bewertungsverbot **21** 65
- Bundespräsident **54** 12, **55** 6
- Chancengleichheit **21** 77ff.
- Degression **21** 104
- Demokratieprinzip **21** 19, 78, 125ff.
- Direkte Staatsleistungen **21** 104
- Doppelgrundrecht **21** 51, 91f.
- Effektive Parteibetätigung **21** 134
- Einrichtungsgarantie **21** 50
- Entscheidungen in eigener Sache **21** 72, 122
- Entscheidungsmonopol über Parteiverbote **21** 157
- Ernsthaftigkeit **21** 40
- Ersatzorganisationen **21** 155
- EU-Bürger **21** 53
- Europäische Parteienverordnung **21** 13
- Extremistische Parteien **21** 158
- Faktische Eingriffe **21** 158
- Finanzierung **21** 44f., 68ff., 87, 100ff.
- Formalität **21** 82
- Freies Mandat **21** 167
- Freiheit **21** 46ff., 49ff.
- Freiheitliche demokratische Grundordnung **21** 143ff., 153
- Fünfprozentklausel **21** 86, 89
- Funktionen **21** 21
- Gemeinwohlverpflichtung **21** 38
- Gerichtliche Kontrolle **21** 142ff.
- Gewährleistungspflicht **21** 133
- Gleichheit **21** 46ff., 77ff.
- Grundrechte **21** 49, 55ff.
- Grundrechtsadressaten **21** 133
- Gründung **21** 59
- Gründungsfreiheit **21** 27, 59f.
- Hilfsorganisationen **21** 42f., 106
- Imperatives Mandat **21** 140
- Innerparteiliche Chancengleichheit **21** 127
- Innerparteiliche Demokratie **21** 123ff.
- Innerparteiliche Opposition **21** 138
- Innerparteiliche Transparenz **21** 121
- Innerparteiliche Willensbildung **21** 127
- Innerparteilicher Gruppenwettbewerb **21** 138
- Innerparteiliches Verfahren **21** 128
- Innerparteiliches Wahlsystem **21** 139
- Institutionelle Garantie **21** 13, 28, 45, 50, 67, 133, **28** 11
- Italien **21** 5
- Jugendorganisationen **21** 75, 106
- Kandidatenaufstellung **21** 129
- Kredite **21** 117
- Loyalitäten **38** 151
- Medienbeteiligungen **21** 57, 110
- Mehrparteiensystem **21** 27
- Minderjährige **21** 53
- Mitgliedsbeiträge **21** 101
- Mitgliedschaftsrecht in Parteien **21** 132
- Mittelvergabe **21** 70, 107
- Monopol **21** 26, 98
- Nebenorganisationen **21** 42f., 106
- Negative Freiheit **21** 60
- Neutralität **21** 80, 94
- Öffentlichkeit **21** 46ff., 111ff.
- Öffentlichkeitsarbeit **21** 94
- Organstreitverfahren **21** 48
- Parteianzeigen **21** 98
- Parteiausschluß **38** 83, 167
- Parteienfinanzierung **21** 45, 70ff., 105, **48** 27
- Parteienfreiheit **21** 49ff.
- Parteienprivileg **21** 157
- Parteienregierung **63** 10
- Parteienstaatlichkeit **21** 25
- Parteigründung **79** III 41
- Parteispaltung **38** 83
- Parteitag **21** 120
- Parteitypische Tätigkeiten **21** 56
- Parteiverbot **21** 143ff., **38** 145, **79** I 42
- Partizipationsrechte **21** 133, 137
- Politikfinanzierung **21** 75, 108
- Politische Willensbildung **21** 16, 19ff.
- Quotenregelung **21** 139
- Rechenschaftslegung **21** 74, 114ff.
- Recht auf Verbleib **21** 136
- Registrierung **21** 33
- Rundfunkfreiheit **21** 99
- Rundfunkwerbung **21** 99
- Sanktionen **21** 119, 129f.
- Satzung **21** 127
- Schiedsgerichte **21** 141
- Schranken der Parteienfreiheit **21** 66
- Schutzpflicht **21** 28, 50, 114, 133
- Spenden für Parteien **21** 68, 101f., 116f.
- Sperrklauseln **21** 86
- Staatliche Leistungen **21** 88
- Staatliche Teilfinanzierung **21** 68ff.
- Staatsfreiheit **21** 69
- Staatstragende Gesinnung **21** 39
- Stadthallen **21** 95
- Steuern **21** 101f.
- Straßenwahlkampf **21** 62, 96
- Streng formale Gleichbehandlung **21** 82
- Tendenzfreiheit **21** 61
- Tendenzrecht **21** 61, 67, 134
- Träger der Parteienfreiheit **21** 51ff.
- Transformationsfunktion **21** 21
- Überwachung **21** 65, 159
- Ungleichbehandlung **21** 85ff.
- Untergliederung **21** 128
- Unvereinbarkeitsbeschluß **21** 136
- Urabstimmung **21** 139

Sachregister

(Fortsetzung Parteien, politische)
- Verbot **21** 143 ff., **38** 145, **79** I 42
- Verbotsverfahren **21** 155 ff.
- Verfassungsfeindlichkeit **21** 65, 157 f.
- Verfassungsorganqualität **21** 25
- Verfassungsrechtlicher Parteienbegriff **21** 34
- Verfassungstreue **21** 38
- Verfassungswidrigkeit **21** 148 ff.
- Vermögen **21** 118
- Veröffentlichungspflichten **21** 112
- Versammlung **21** 140
- Verwendungsfreiheit der Mittel **21** 73
- Wahlerfolg **21** 104
- Wahlkampf **21** 62, 96
- Wahlrechtsgleichheit **21** 167
- Wahlvorschlagsrechte **21** 137
- Wehrhafte Demokratie **21** 144
- Werbung **21** 62, 98 f.
- Wettbewerb **21** 27, 77
- Wettbewerbsdemokratie **21** 27, 77
- Wirtschaftliche Tätigkeit **21** 57, 110
- Zeitungswerbung **21** 98

Parteienbundesstaat 50 20

Parteienfreiheit
- Adressaten **21** 65
- Individualrecht **21** 52
- Negative Freiheit **21** 60
- Schutzpflicht **21** 28, 50, 114, 133
- Träger **21** 51 ff.
- Unmittelbare Drittwirkung **21** 67

Partielles Bundesrecht 31 25, **Vor 70–74** 42, **72** 49

Partikulares Recht 31 3

Partizipation 20 D 62, 114, 128, **21** 133, 137, **45c** 11, 14, 32 ff.

Paßwesen 73 23

Patentorganisation, europäische 24 19, 30, 34, 41, 43, 54

Pathozentrischer Zweck 20a 55, 60

Paulskirche, Paulskirchenverfassung 20 B 1, **20 Rp** 5, **20 S** 6, **20 IV** 6, **22** 2, 12, 30, **28** 3, 9, 13, 169, **30** 5, **31** 6, **32** 2, **50** 3, **51** 2 f., **52** 2 ff., **54** 2, **63** 2, **Vor 70–74** 7, **70** 1, **72** 1, **73** 10, 33, 47, 60, **76** 1, **77** 1, **78** 1, **82** 1

Periodizitätsprinzip 69 13

Pershing- II- Entscheidung 24 25, 29

Personalentscheidungen 50 28

Personalhoheit 28 129

Personalunion 62 16, 20

Personenbezogene Daten 35 24

Personennahverkehr 71 6

Personenstandswesen 74 27 ff.

Petitionen 45c 12 ff.
- Berichte **45c** 28 f.
- Diskontinuität **45c** 21
- E-Mail **45c** 6, 34, 36
- Eingangszahlen **45c** 15
- Funktionenvielfalt **45c** 14
- Funktionenvielfalt **45c** 14
- Gegenstände **45c** 16
- Massenpetitionen **45c** 5, 16
- Petitionsinformationsrecht **45c** 25
- Rechtsschutzfunktion **45c** 14, 38
- Reformdiskussion **45c** 3 f.
- Soziales Frühwarnsystem **45c** 14
- Überweisung **45c** 26, 30

Petitionsausschuß
- Arbeitsbeziehungen zu vergleichbaren Einrichtungen **45c** 18
- Aufgabenzuweisung **45c** 18
- Aufwertung **45c** 12, 36
- Ausschußdienst **45c** 20, 28 f., 34, 36
- Befugnisse **45c** 25 ff.
- Beschlußvorlagen **45c** 23
- Beschwerden **45c** 27
- Bitten **45c** 27
- Diskontinuität **45c** 21
- Entlastungsfunktion **45c** 14
- Erledigungarten **45c** 30
- Erweiterte einfachrechtliche Befugnisse **45c** 27
- Gesetzgebungskompetenzen **71** 6
- Informationsrecht **45c** 25
- Organisation **45c** 19 ff.
- Pflichtausschuß **45c** 19
- Ständiger Pflichtausschuß **45c** 19
- Überweisungsrecht **45c** 26, 30
- Verfahren **45c** 13, 25 ff., 35 f.
- Verfassungsrechtliche Stellung **45c** 19 ff.
- Zusammensetzung **45c** 20

Pflanzenschutz 74 98

Pflegeversicherung 20 S 12

Pflichtversicherung 20 S 31

Physiokraten 28 7

Pingpong-Gesetzgebung 31 26, **72** 32

PJZS 23 3, 48, 162

Planfeststellung 74 104, 111, 115, 147, 150

Planungshoheit 28 130 f.

Politikfinanzierung 21 75, 108

Politische Beamte 33 85, 102, 180

Politische Clubs 21 4

Politische Inkompatibilität 66 8, 17 ff.

Politische Leitentscheidung 68 24

Politische Überzeugung 33 49, 95, 101 f., 103 ff.

Politische Verantwortung 59 44, **60** 6

Politische Verträge 24 72, **59** 27 ff.

Politische Willensbildung 20 D 13, 58, 63, 70, 74 ff., 127, **21** 16, 19 ff., **23** 4 ff., 27 ff., 32, 108 ff., 159, **39** 23, **40** 22, 30, 33, **47** 5, **50** 31, **51** 18, **62** 10, 13 ff., **63** 14, **65** 14, **65a** 8, **79** III 41
- *siehe auch Parteien, politische*
- Willensbildung, innerstaatliche **23** 4 ff., 27 ff., 32, 108 ff., 159
- Willensbildung von unten nach oben **20 D** 76, 127, **21** 127

Sachregister

Politisches Ermessen **59** 51
Politisches Prüfungsrecht **82** 12
Polizei
– des Bundes **35** 5, 25, 28, 30, 35, **60** 18
– Gesetzgebungskompetenz **73** 3, 38, 51, 63ff., 68ff., 88, 90, **74** 23,
– Polizeigewalt im Bundestag **40** 35ff.
– Polizeikräfte **37** 17
Pönalisierungsgebot **26** 7, 14, 16, 20f., 28, 41f., 53
Popularklage **20** D 80f., **23** 166, **28** 99, **38** 63
Post **20** D 124, **45d** 26f., **71** 6, **73** 3, 8, 53ff., 58, 90
pouvoir constituant **20** D 110, **23** 90, 104, **41** 1, **79** I 1
pouvoir neutre **22** 38, **39** 19, **54** 12, **64** 27
Präklusion **20** R 215
Praktische Konkordanz **20** Einf 12, **20** R 43, 45, **21** 132, **38** 65, **79** III 40
Präsentationskapitulation **63** 22
Präsenzpflichten **38** 165
Präsidentenanklage **56** 6, **60** 33, **61** 1ff., 6ff.
– Amtsverlust **61** 16f.
– Geringe praktische Bedeutung **61** 6
– Persönlicher Anwendungsbereich **61** 7f.
– Qualifizierung des Rechtsverstoßes **61** 11
– Rechtsverstoß **61** 9ff.
– Rücknahme der Anklage **61** 14
– Schutzfunktion **61** 6
– Stellvertreter **61** 8
– Strafcharakter **61** 6
– Verfahren **61** 7ff., 13ff.
– Verhältnismäßigkeit **61** 11, 16
– Vertretungsfall **57** 2
– Vorsatz **61** 3, 12
– Zweidrittelmehrheit **61** 15
Präsidialsystem **20** D 153, **28** 58, **54** 7, **62** 3, **63** 5, **79** III 42
Präsidium **40** 26ff., **52** 17
Präventionsstaat **20** R 60
Presse **38** 97, **74** 18, 73
Preuß, Hugo **28** 11, **54** 3
Preußenschlag (1932) **28** 19
Primäres Unionsrecht **20** D 43, Vor 70–74 18
Primärrechtsschutz **34** 11, 27, 30, 59, 63
Prinzip der begrenzten Einzelermächtigung **23** 23, 71, 87, 94f., 176
Prinzipien als Optimierungsgebote **20** R 43
Private Rundfunksender **38** 104
Privatisierung **20** R 63, **28** 125, 139, **33** 151, 157, 166
Privatrechtliche Organisationsformen **20** R 205
Privatrechtliches Versicherungswesen **74** 53
Privatrechtsförmige Verwaltung **20** D 86f., 120, 132ff.
Privatschulförderung **33** 72
Privatwirtschaft **28** 126, 139
Prognosen des Gesetzgebers **20** R 86, 191

Programmsatz **34** 5, **36** 9
Promissorischer Eid **56** 1, 3
Proportionale föderale Parität **36** 1f., 9ff.
Proportionalität **20** R 184, **38** 110, 187
Prozeßcharakter der Demokratie **20** D 77
Prozeßordnungen **74** 23
Prozeßstandschaft **23** 139, 167
Prüfungsrecht der Bundesregierung **58** 16, 76 87
Prüfungsrecht des Bundespräsidenten **40** 15, 54 20, **56** 6, **58** 6, **59** 21, 25, **60** 20, **82** 1, 7ff., 12ff., 21
Prüfungsrecht des Bundestags **76** 63
Publizität **42** 9, 14, **44** 13, 43
Pütter **31** 5

quod omnes tangit **20** D 5
Quorum
– 5%-Sperrklausel **21** 86, **23** 73, **28** 66, **38** 12f., 112f.
– Abgeordnetenstatus **38** 163
– Amtsenthebung **67** 5, 13
– Bundeskanzlerwahl **63** 30, 35
– Bundesregierung **62** 13f.
– Neugliederung des Bundesgebietes **29** 24f., 31
– Verfassungsänderung **79** II 2, 12
Quotenregelungen
– Europäische Beamte **36** 5
– Gleichheit der Wahl **38** 107
– Öffentlicher Dienst **33** 49, 96, 117, 119, 177
– Parteien **21** 139
Quotierung
– Darlegungslasten **36** 9, 21
– Einwohnerzahl **36** 14
– Freie Bewerber **36** 13
– Wohnsitzprinzip **36** 13

Rahmengesetzgebung **31** 26, Vor 70–74 12, 14f., 38, 41, **70** 12, **72** 32, 41, **74** 131, 141, 146, 149, 152
Rahmenvorschrift **35** 18
Rat der Europäischen Union **20** D 37, **50** 11, **52** 9, **62** 35
Rätedemokratie **20** D 64
Rätegedanke **28** 5
Räterepublik **20** Rp 6
Rathausparteien **21** 34, 37, **28** 66
Ratifikation **23** 3, 19, 22, 24, 25, 33, 39f., 48ff., 58f., 95, 134, 137, 179, **59** 9, 21, 25, 38, 40, 44, 49, 53
Ratspräsidentschaft **54** 6
Raumfahrt **73** 45
Raumordnung **29** 1, 19f., 29, **72** 54, **74** 146ff.
Raumplanung **28** 130
Rechenschaftslegung **21** 74, 114ff.
Recht des öffentlichen Dienstes **33** 172f., 206
Recht und Gerechtigkeit **20** R 1, 3

2225

Rechtliches Gehör **20 R** 24, 39, 208, 216
Rechtmäßigkeitsrestitution **20 R** 222
Rechts- und Amtshilfe **45d** 43
Rechtsanwaltschaft **74** 24
Rechtsanwendung **20 R** 170 ff., **25** 16, 40 ff., **59** 46
Rechtsanwendungsbefehl **23** 12 f., **59** 46, 50
Rechtsanwendungsnorm **31** 20, 53 f.
Rechtsaufsicht **20 D** 126, 129, **20 R** 205, **28** 8, 107
Rechtsberatung **74** 17, 25
Rechtschreibreform **20 R** 117
Rechtseinheit **72** 23
Rechtsentstehung **20 R** 200
Rechtsfolgenrückbewirkung **20 R** 156
Rechtsfortbildung **20 D** 140 f., **20 R** 93, 101 ff., 160, 175, 177, 197, **23** 176 f., **24** 38, 43, **59** 36, **31** 34, **34** 26, **59** 36, **79 I** 38, 40, **79 III** 53
Rechtsgleichheit, innerföderale **33** 1, 50, 53 f., 61
Rechtshilfe **35** 11, 13
Rechtsklarheit **82** 8, 27
Rechtskultur **20 R** 17
Rechtsmißbrauchsverbot **20 B** 51
Rechtsnachfolge **71** 6
Rechtsprechung **20 R** 74, 95, 101, 213 ff., **74** 22
Rechtsprechungsänderung **20 R** 161, 177
Rechtsschutz **20 R** 24, 30, 212, 220, **24** 51 ff., 77, **26** 40, **29** 32, 37, **33** 49, 131 ff., **34** 30, 49, 64, **41** 7, 11 f., **44** 57 ff., **60** 30, **80** 44, 49, 51 f., 69
Rechtssicherheit **20 D** 118, **20 R** 24, 35, 39, 129, 146, 148 ff., **23** 49, 57, 74, 143, **25** 14, 54, **31** 41, **38** 77, **40** 22, **72** 44, **80** 14, **82** 8, 27,
Rechtssprichwörter **31** 1
Rechtsstaat **20 D** 117, 147, **20 R** 1 ff., **20 Rp** 4, 21, 25, 28, **35** 10, 37, **51** 28, **Vor 70–74** 30, **80** 14, 32, 51, 70
– siehe auch Rechtsstaatsprinzip
Rechtsstaatliche Rhetorik **20 R** 65
Rechtsstaatlicher Kern **20 R** 35
Rechtsstaatsprinzip **20 Einf** 5 ff., **20 B** 51, 53, Fn. 133, **20 R** 10 ff., 20 ff., 38 ff., **28** 56, **34** 30, 37, 42, 49, 51, 53, 59, 64, **50** 19, 32, **52** 30, **79 I** 37, 39, **79 III** 35, 49 ff., 53, **82** 8, 26, 29
– Administrative Normsetzung **20 R** 119, 173
– Adressaten **20 R** 223
– Amtshilfe **35** 10, 37
– Änderung höchstrichterlicher Rechtsprechung **20 R** 177
– Anforderungen an gerichtliche Verfahren **20 R** 213 ff., 228
– Anforderungen an Organisation und Verfahren **20 R** 199 ff.
– Angemessene Verfahrensdauer **20 R** 220
– Angemessenheit **20 R** 184
– Arbeitsteilung zwischen Gesetzgebung und Verwaltung **20 R** 131

– Aufhebung von Gesetzen **20 R** 203
– Ausfertigung der Rechtsnormen **20 R** 202
– Ausstrahlungswirkung der Grundrechte **20 R** 112
– Auswärtige Gewalt **20 R** 73, 95, 127
– Begründung der Gesetzesauslegung **20 R** 176
– Begründungszwang für Normsetzungsakte **20 R** 201
– Belastende Verwaltungsakte **20 R** 136
– Beseitigung von Rechtsverstößen **20 R** 222
– Besondere Gewaltverhältnisse **20 R** 110
– Bestimmtheitsgebot **20 R** 120, 129 ff., 135 ff., 140, 228
– Bewertungsspielraum **20 R** 133, 185 f.
– Bundesstaatlichkeit **20 R** 227
– checks and balances **20 R** 80
– Dauerhaftigkeit des Rechts **20 R** 146 ff.
– Durchbrechung der Gewaltenteilung **20 R** 75
– Dynamische Verweisungen **20 R** 144
– Echte Rückwirkung **20 R** 154, 156 ff.
– Effektiver Rechtsschutz **20 R** 24, 212, 220
– Eigenständigkeit der Regierung **20 R** 73
– Eindeutigkeit von Verweisungen **20 R** 143
– Eingriffe in Freiheit und Eigentum **20 R** 107
– Eingriffsbegriff **20 R** 115
– Einzelfallgerechtigkeit **20 R** 27, 56, 150
– Einzelfallvorbehalt **20 R** 185
– EMRK **20 R** 21, 23, 26
– Erforderlichkeit **20 R** 183
– Ermächtigungsgrundlage **20 R** 136
– Ermessen **20 R** 134, 137 ff.
– Europäische Union **20 R** 22 ff.
– Faires Verfahren **20 R** 24, 208, 216 ff.
– Formales Prinzip **20 R** 13
– Formelle und materielle Anforderungen **20 R** 46 ff.
– Funktionseinschränkung des Rechts **20 R** 61
– Funktionsgerechte Gerichtsorganisation **20 R** 213 ff.
– Gebot der Waffengleichheit **20 R** 217
– Gebot der Wahrheitsfindung **20 R** 218
– Gebot rationaler Organisation **20 R** 206
– Geeignetheit **20 R** 182, 191
– Gefahrenabwehr **20 R** 60, 159
– Geltungsbereich eines Gesetzes **20 R** 145
– Gemeineuropäische Prinzipien **20 R** 22
– Generalisierungskompetenz **20 R** 150
– Generalklausel **20 R** 133 ff.
– Gerechtigkeit **20 R** 1, 3, 15 f., 39, 47, 50 f., 55, 94, 148, 150, 179, 224 ff.
– Gerichtsbarkeit **20 R** 213
– Gesetz als zentrales Steuermedium **20 R** 52 ff.
– Gesetze **20 R** 52, 53, 98, 114, 119, 153
– Gesetzesbindung der Gerichte **20 R** 175
– Gesetzeskonkretisierung **20 R** 176
– Gesetzesvollzug **20 R** 100, 149
– Gesetzesvorbehalt **20 R** 105 ff.

Sachregister

(Fortsetzung Rechtsstaatsprinzip)
- Gesetzesvorrang **20 R** 92ff.
- Gesetzmäßigkeit der Verwaltung **20 R** 24, 35, 92, 96ff., 105, 170
- Gestaltungsfreiheit des Gesetzgebers **20 R** 52, 90
- Gewaltenteilung **20 R** 6, 8, 14f., 19, 25, 35, 39, 67ff., 75
- Gewaltenüberschneidung **20 R** 75
- Globalisierung **20 R** 59
- Grundrechte **20 R** 23ff., 39ff.
- Grundrechtsrelevanz einer Maßnahme **20 R** 113
- Grundrechtsvorbehalte **20 R** 106
- Handlungsformen der Verwaltung **20 R** 170
- Hierarchische Bindung des Rechts **20 R** 81ff.
- Homogenitätsgebot **28** 56
- Institutionelle Gesetzesvorbehalte **20 R** 125f.
- Intensität der Neubelastung **20 R** 168
- Internationale Pakte **20 R** 20
- Justizgewährungsanspruch **20 R** 211f., 215
- Kernelemente **20 R** 39, 66ff., 128, 228
- Klarheit der Gesetze **20 R** 141ff.
- Klarheit der Rechtsmittelvorschriften **20 R** 215
- Kompetenzabgrenzungen **20 R** 188
- Kompetenzklarheit **20 R** 142
- Komplementäre Rechte **20 R** 18
- Kontrollfunktion der Gewaltenteilung **20 R** 68
- Kulturelle Voraussetzungen **20 R** 17
- Legislativer Prognosespielraum **20 R** 191
- Leistungsgewährung **20 R** 118
- Marktwirtschaftliche Ordnung **20 R** 18
- Massenmedien als vierte Gewalt **20 R** 80
- Mäßigungsfunktion der Gewaltenteilung **20 R** 68
- Materielle Gerechtigkeit **20 R** 47ff., 50, 148
- Materielle Staatsfunktionen **20 R** 69
- Materielles Rechtsstaatsverständnis **20 R** 15
- Menschenwürde **20 R** 15, 39, 47
- Mindestanforderungen an die Rechtsetzung **20 R** 128ff.
- Mindeststandard **20 R** 34
- Nachträglich belastende Regelungen **20 R** 152
- Nichtigkeit verfassungswidriger Gesetze **20 R** 89ff.
- Normbindung der Verwaltung **20 R** 92ff.
- Normenkontrolle der Verwaltung **20 R** 96ff.
- Normsetzendes Verwaltungshandeln **20 R** 96
- Optimierungsgebot **20 R** 43f., 130
- Organadäquanz **20 R** 71
- Organisation und Verfahren der öffentlichen Gewalt **20 R** 199ff.
- Parlamentarisches Regierungssystem **20 R** 76
- Parlamentsvorbehalt **20 R** 73, 119f., 122, 129
- Planungsrechtliches Abwägungsgebot **20 R** 189
- Pluralisierung der Verwaltungsorganisation **20 R** 205
- Pluralistische Gesellschaft **20 R** 80
- Präventionsstaat **20 R** 60
- Prinzipiencharakter **20 R** 43ff.
- Proportionalität **20 R** 184
- Punktueller Vorrang der Rechtssicherheit **20 R** 150
- Rationalisierungsfunktion der Gewaltenteilung **20 R** 68
- Rechtmäßigkeitsrestitution **20 R** 222
- Rechtsanwendung **20 R** 170ff.
- Rechtsaufsicht **20 R** 205
- Rechtsfolgenrückbewirkung **20 R** 156ff.
- Rechtssicherheit **20 R** 24, 35, 39, 129, 146, 148ff.
- Rechtsstaatlichkeit und Demokratie **20 D** 147
- Reformalisierung **20 R** 51
- Regierungskriminalität **20 R** 57
- Reservefunktion **20 R** 45
- Richterliche Rechtsfortbildung **20 D** 140f., **20 R** 93, 101ff., 160, 175, 177, 197, **31** 34, **59** 36, **79 III** 53
- Richterrecht **20 R** 93, 101ff., 160, 175, 177, **31** 34, **Vor 70–74** 16, 20, 33, **74** 58
- Rückwirkung von Gesetzen **20 R** 151ff.
- Rückwirkung von Strafgesetzen **20 R** 154
- Schlicht-hoheitliches Verwaltungshandeln **20 R** 174
- Schuldprinzip **20 R** 194, 196
- Schulverhältnis **20 R** 117
- Schutzfunktion der Gewaltenteilung **20 R** 68
- Schutzpflichten **20 R** 198
- Selbstverwaltungskörperschaften **20 R** 79, 200
- Sozialstaatlichkeit **20 R** 226
- Staatlicher Strafanspruch **20 R** 194
- Staatsaufgabe Sicherheit **20 R** 60
- Staatshaftung **20 R** 29, **34** 5, 8, 30, 42, 49, 51, 53, 59, 64
- Staatsorganisatorische Gesetzesvorbehalte **20 R** 124
- Staatsstrukturbestimmungen **20 Einf** 10, 13f., **20 R** 41, 48, 224
- Staatszielbestimmung **20 R** 41, 224
- Strafvollzug **20 R** 110
- Stufen der Rückwirkung **20 R** 154
- Subventionen **20 R** 108, 165
- Tatbestandliche Rückanknüpfung **20 R** 164ff.
- Teil-Nichtigerklärung von Gesetzen **20 R** 88
- Teilelemente **20 R** 40
- Totalvorbehalt **20 R** 108
- Übermaßverbot **20 R** 179, 183, 194, 196

Sachregister

(Fortsetzung Rechtsstaatsprinzip)
- Überpositive Gerechtigkeitsvorstellungen 20 R 94
- Überpositives Recht 20 R 83
- Unabhängigkeit der Rechtsprechung 20 R 74
- Unbestimmte Rechtsbegriffe 20 R 133, 137
- Unechte Rückwirkung 20 R 154, 164 ff.
- Unkalkulierbare Billigkeitsrechtsprechung 20 R 186
- Unparteilichkeit 20 R 209
- Unschuldsvermutung 20 R 195, 219
- Untermaßverbot 20 R 198
- Unverbrüchlichkeit von Recht 20 R 146
- Unvereinbarkeitserklärung 20 R 89, 91
- Veränderungsdruck 20 R 59
- Verfassungsänderung 20 R 229, 79 III 49 ff.
- Verfassungskultur 20 R 17, 55
- Verfassungsmäßige Ordnung 20 R 83
- Verhältnismäßigkeit 20 R 179 ff.
- Verkündung von Gesetzen 20 R 203
- Vermutung der Schuldlosigkeit 20 R 219
- Veröffentlichungspflichten 20 R 173, 203, 221
- Vertrauensschutz 20 R 24, 28, 35, 39, 147 f., 151 ff., 166 f.
- Verwaltungsakte 20 R 136, 150, 171
- Verwaltungsöffentlichkeit 20 R 31
- Verwaltungsverfahren 20 R 204 ff.
- Verwaltungsverträge 20 R 84, 172
- Verwaltungsvorschriften 20 R 61, 93, 96, 100, 173
- Verwerfungskompetenz der Exekutive 20 R 98 f., 28 135
- Verzögerung des Verfahrens 20 R 208, 220
- Völkerrecht 20 R 20
- Vorbehalt des Gesetzes 20 R 105 ff., 79 III 52
- Vorläufiger Rechtsschutz 20 R 30
- Vorrang der Verfassung 20 Einf 5 ff., 20 R 50, 81, 79 III 33 f., 51
- Vorrang des Gesetzes 20 R 35, 72, 92 ff., 101 ff., 129, 79 III 52
- Wesentlichkeitstheorie 20 R 113 ff., 121
- Wiedervereinigung 20 R 55 f., 58
- Wirtschaftsbezogene Regelungen 20 R 190
- Zentrale Schutzgüter 20 R 38 ff.
- Zivilrecht 20 R 197
- Zugang zu den Gerichten 20 R 211 ff.
- Zumutbarkeit 20 R 184
- Zuordnung der Gewalten 20 R 70

Rechtssubjektsgarantie 28 91 f., 160
Rechtsverhältnislehre 20 B 39, 45, 47
Rechtsverordnungen 20 R 54, 96, 123, 140, 153, 23 140, 28 133, 31 32, 35 f., 37 10, 38 46, 50 26, 59 32, 45, 48 ff., 60 22, 61 9, 65 33, 37, 71 13, 72 25, 49, 76 27, 80 1 ff., 12 ff., **80a** 10, **82** 2, 4, 8 f., 22 ff., 25 ff., 29
- Änderung durch Gesetz 76 27
- Angabe der Rechtsgrundlage 38 45

- Bundesauftragsverwaltung 80 62
- Bundesstaatsprinzip 80 14, 67, 70
- Gesetzgebungsbefugnis der Länder 80 67 ff.
- Gesetzgebungskompetenzen **Vor 70–74** 32, **80** 12 ff.
- Gewaltenteilung 80 14
- Initiativrecht des Bundesrats 80 64 ff.
- Landesgesetzliche Ermächtigungen 80 11, 19
- Mischverordnungen 80 26
- Normenhierarchie 80 9, 49 ff., 69
- Rechtschutzeinbußen 80 69
- Rechtsstaatlichkeit 80 14
- Regelungsgegenstände 80 12
- Rückwirkendes Inkrafttreten 80 42
- Satzungen 80 17
- Untergesetzliches Recht **Vor 70–74** 32
- Verfassungspraxis 80 15, 26, 27, 63
- Verkehrsverordnungen 80 60
- Verkündung 80 42
- Verordnungsbegriff 80 16
- Verwaltungsvorschriften 80 17
- Vorkonstitutionelle Ermächtigungen 80 18
- Zustimmungsbedürftigkeit 80 59 ff.

Rechtsweg 34 11 f., 30, 63, 48 40
Redefreiheit 46 1, 8 f., 47 1
Rederecht der Abgeordneten 38 157, 168, 43 21 ff.
Redezeit 38 171, 43 25
Referendum 20 D 20, 57, 23 24, 40, 79 II 10 f.
Reföderalisierung 20 B 31 ff.
Reform im öffentlichen Dienst 33 208
Regelwerke Privater 20 D 119
Regierung
siehe Bundeskanzler, Bundesminister, Bundesregierung
Regierungsakte 20 R 95
Regierungsbildung 38 42, 63 8, 64 2, 5, 15, 22, 33
Regierungschef 68 5 f., 69 1, 4
Regierungskontrolle 63 8
Regierungskriminalität 20 R 57
Regierungskrise 68 3, 7
Regierungsprogramm 63 10, 14
Regierungssturz 67 20
Regierungsverantwortung 65 1 ff., 10 ff.
siehe auch Bundesregierung, Ministerverantwortlichkeit, Parlamentarisches Regierungssystem, Verantwortung
- Allgemeine Verwaltungsvorschriften 65 33, 37
- Bundeskabinett 65 32 ff.
- Bundeskanzler 65 15 ff.
- Bundesminister 65 28 ff.
- Definitionskompetenz 65 21, 23
- Durchgriffsrecht 65 27
- Einstandspflicht 65 39, 41, 43
- Einzelakt 65 17, 20
- Entscheidungsstruktur 65 14

(Fortsetzung Regierungsverantwortung)
- Europäische Ebene **65** 6, 7, 16
- Europäischer Rat **65** 7, 15
- Europäisches Parlament **65** 6
- Gesamtverantwortung **65** 19
- Geschäftsordnung **65** 46ff.
- Geschäftsordnungsverstöße **65** 50
- Innere Regierungsverfassung **65** 2, 10
- Integrationsprozeß **65** 7
- Intragouvernemental **65** 11
- Kabinettsfestigkeit der Ressortleitungsbefugnis **65** 31
- Kanzlerfestigkeit der Ressortleitungsbefugnis **65** 31
- Koalition **65** 14, 23, 24
- Kommissionsmitglied **65** 6
- Konkretisierungsspielräume **65** 25
- Koordinationsdemokratie **65** 1
- Organisationsprinzipien **65** 1, 11f.
- Parlamentarische Verantwortlichkeit **45d** 14, **65** 13
- Politischer Führungsanspruch **65** 19
- Preußische Verfassung **65** 1
- Rangordnung der Organisationsprinzipien **65** 12
- Rechenschaftspflicht **65** 39, 41, 44
- Regierungsinnenrechtsnorm **65** 47
- Reichsverfassung **65** 2, 3
- Reichweite der Organisationsprinzipien **65** 13
- Ressortgewalt **62** 19f., 27, **65** 3f., 5, 31, **65a** 13f.
- Ressortverantwortung **65** 3f., 5, 31
- Schweizerische Bundesverfassung **65** 4
- Selbsteintrittsrecht **65** 27
- Spanische Verfassung **65** 4
- Verfassungskonvent **65** 3
- Vertrauensabhängigkeit **65** 38, 43, 52
- Willensbildungsprozeß **65** 14

Regionale Notfälle 35 26, 29ff.
Regionalisierung 28 159
Regionalkreise 28 155, 159
Regulierungsbehörden 20 D 124
Reich, Deutsches
- Reichsamt **69** 1
- Reichsaufsicht **28** 14
- Reichsexekution **37** 1ff.
- Reichsfarben **22** 14ff.
- Reichspublizistik **30** 3, **31** 5
- Reichsrat **50** 5f.
- Reichsrecht **31** 3ff.
- Reichsrecht bricht Landrecht **31** 7
- Reichsvermögen **71** 6

Reichskanzler 62 2, **68** 2
Reichspräsident 54 3, **63** 1, 3f., 9, 22, **68** 2
Reichsrat 50 5f.
Reichstag 63 2f., **50** 1, **Vor 70–74** 4
Reichsverfassung (1871) 20 B 2, **20 S** 6, **28** 4, **31** 6, **35** 2, **37** 1, **50** 4, **51** 2ff., **52** 2ff., **63** 1f., **68** 1, 2, 11, **69** 1, **Vor 70–74** 8, **70** 1, **71** 1, **73** 1, 17, **74** 1, 17, 48, 101, **76** 2, **77** 2, **80** 2, **82** 1
Reklamationsrecht 46 42ff.
Rekommunalisierung 28 89, 139
Religionsfreiheit 20a 9, **21** 43, **33** 3, 49, 99
Religionsgesellschaften 20 D 6, 86, **33** 103, 108, 141, **20 S** 2, 42, 51, **38** 97, **73** 57, **74** 30
Religionszugehörigkeit 33 98ff., 116ff., 139ff.
Religiöse Kindererziehung 74 18
Rentenversicherung 20 S 12
Repräsentation 20 D 4ff., 41, 48f., 63, 85, 97, 104f., **20 Rp** 4, 28, **21** 4, 30, 35, **22** 32ff., **28** 65, **38** 6, 16, 18, 30, 32, 33, 53, 99ff., 135ff., **39** 2f., **40** 30, 33, **42** 10, 20, **44** 20, **45d** 37f., **46** 2, 22, **48** 26, **50** 28, **53a** 7, **54** 15ff., **59** 19ff., **60** 14, 20, **69** 9, **73** 12, **82** 1
Repräsentationsfunktion des Bundespräsidenten 54 15ff., **59** 19ff.
Repräsentative Demokratie 20 D 5, 11f., 77, 85, 104f., **20 Rp** 4, **38** 30
Republik 20 Einf 3ff., 12ff., **20 D** 144, **20 Rp** 1ff., **28** 1, 2, 5, 54, **79 III** 1, 12, 18, 35
- Amt **20 Rp** 20
- Änderungsfestigkeit **20 Rp** 16, 27
- Appellbegriff **20 Rp** 23
- Bundesfarben **20 Rp** 28
- Ehisches Staatskonzept **20 Rp** 1
- Ewigkeitsgarantie **20 Rp** 16, 19, 27, **79 III** 35
- Federalist Papers **20 Rp** 4
- Formaler Republikbegriff **20 Rp** 17f.
- Französische Revolution **20 Rp** 3, 14, 17f.
- Freiheitliche demokratische Grundordnung **20 Rp** 19
- Freiheitliche politische Ordnung **20 Rp** 20
- Freistaat **20 Rp** 2, 6f., 15
- Gegenbegriff zur Despotie **20 Rp** 1, 4
- Gegenbegriff zur Monarchie **20 Rp** 2f., 17f.
- Gemeinwohlorientierung **20 Rp** 1, 20ff.
- Gewaltenteilung **20 Rp** 4, 28
- Gute Ordnung **20 Rp** 21
- Herrschaft auf Zeit **20 Rp** 17
- Homogenitätsgebot **28** 1, 2, 5, 54
- Landesverfassungen **20 Rp** 6, 15
- Materialer Republikbegriff **20 Rp** 20ff.
- Nichtmetaphysische Begründung von Herrschaft **20 Rp** 20
- Nichtmonarchie **20 Rp** 2f., 17f.
- Radikalisierung des Begriffs **20 Rp** 5f.
- Rechtsvergleich **20 Rp** 13ff.
- Repräsentation **20 Rp** 4, 28
- Republikanisierung **20 Rp** 24
- res publica **20 Rp** 1
- Römische Tradition **20 Rp** 1f., 20
- Schweiz **20 Rp** 13
- Staatsformbegriff **20 Rp** 2
- Staatsname **20 Rp** 1, 8, 16
- Staatsoberhaupt **20 Rp** 10, 17f., 28

2229

(Fortsetzung Republik)
- USA **20 Rp** 4, 13
- Verfassungsprinzip **20 Einf** 3 ff., 12 ff.
- Weimarer Republik **20 Rp** 6
- Zivilgesellschaft **20 Rp** 24

Residualkompetenz 30 5, 12, 19, **Vor 70–74** 7 ff., 11, 23 ff., 31, 35, **70** 1, 5, 7, 15

Responsivität 20 D 77

Ressortgewalt 62 16, 19 f., 27, **65** 3 f., 5, 31, **65a** 13 f., **69** 1, 21, 22

Ressourcenschonung 20a 40

Restitutionsfunktion 20 IV 16

Rettungsübernahmegesetz 74 68

Revisibilität von Entscheidungen 20 D 72 f.

Revitalisierung des Landesverfassungsrechts 28 47, 52

Revolution 20 B 1, **20 D** 11, 16, **20 R** 3, **20 Rp** 3, 14, 17 f., **20 S** 3, 6, **21** 2, **38** 2 f., 7, **44** 1 f., **79 II** 1, **79 III** 5, 15 ff., 19, 60

Rheinischer Bund 28 1

Rheinschiffahrtskommission 24 2, 34

Richter
- Besoldung **33** 198 ff., 200, 207
- Bundesrichter **60** 15 f., 34, **71** 6, **73** 58, 90
- Demokratische Legitimation **20 D** 139 ff.
- Richteranklage **61** 1, 6, 20
- Richterdienstrecht **31** 59
- Richterliche Rechtsfortbildung **20 D** 140 f., **20 R** 93, 101 ff., 160, 175, 177, 197, **31** 34, **59** 36, **79 III** 53
- Richterliches Prüfungsrecht **31** 7
- Richterwahl **20 D** 38, 139, **38** 42, **46** 15, **50** 15
- Unabhängigkeit **20 D** 140 f.

Richterrecht 20 D 140 f., **20 R** 93, 101 ff., 160, 175, 177, **23** 176 f., **31** 34, **Vor 70–74** 16, 20, 33, **74** 58

Richtlinienkompetenz 59 21, **62** 15, **65** 17 ff., 22 ff., **65a** 7, 13

Römische Republik 20 Rp 1 f., 20

Römisches Recht Vor 70–74 1

Rotationsprinzip 38 82, 145, **39** 21, **52** 14

Rousseau, Jean-Jacques 20 D 10, **20 R** 4, 7, 9, **20 Rp** 3, **38** 3, **54** 2

Rückschrittsverbot 20 S 49, **20a** 71, **79 III** 46

Rücksichtnahme(gebot) 32 29, 31, **58** 7

Rückwirkung von Gesetzen 20 R 151 ff., **77** 28

Rückwirkungsverbot 20 R 57

rule of law 20 R 5

Rumpfgesetze 77 48

Rundfunk 73 53 ff.
- Ausstrahlung von Rundfunksendungen in das Ausland **73** 12
- Parteiwerbung **21** 99
- Rundfunkanstalten **20 D** 131, **35** 15
- Rundfunkfreiheit **21** 99
- Sendezeiten **21** 88, **38** 120
- Werbung **21** 99

Rüstungsbeschränkungen 24 71, **26** 8 f.

Sachkompetenz Vor 70–74 43

Sachlich-inhaltliche Legitimation 20 D 112

Sachmaterien 70 13 ff.

Sachsenspiegel 20 IV 3, **56** 1

Sachverständige 45d 44, **77** 25

Sachzusammenhang 30 23, **Vor 70–74** 47 ff., 56, **71** 8, **74** 19, 24

Sammelpetitionen 45c 5, 16

Samtgemeinden 28 80, 155

Sanktionsnorm 31 7, 28

Satzungen 20 R 96, 123, 132, 153, **21** 127, **28** 133 ff., **Vor 70–74** 32, **80** 17

Schächten 20a 9

Schadensersatz 33 133, 137 f., **34** 20
- *siehe auch Staatshaftungsrecht*

Schengener Abkommen 35 8, **73** 39

Schiedsgerichtsbarkeit 21 141, **24** 78 ff., **66** 9

Schienenbahnen 74 114 f.

Schiffahrt 27 3, **74** 76, 101 ff., **73** 35

Schlicht-hoheitliches Verwaltungshandeln 20 R 174

Schmitt, Carl 20 D 63, **28** 11, **54** 12, 22, **79 III** 3

Scholastik 20 IV 2 f., **Vor 70–74** 2 f.

Schuldenbremse 20 B 13, **23** 58, **29** 14, **71** 6

Schuldprinzip 20 R 194, 196

Schule 20 R 110, 117, **23** 153, **28** 104, **29** 20, **32** 23, 33, 52, **33** 30, 72, **74** 153 f.

Schutz deutschen Kulturgutes 73 3, 8, 40 ff., 90, **74** 4

Schutzpflichten 20 R 111 f., 116, 198, **20 S** 19, 38, **20a** 4, 12 f., 17, 47, 52, 59, 89, **21** 28, 50, 114, 133, **27** 12, **33** 177, **76** 38, **80** 56

Schutzwürdigkeit des Vertrauens 20 R 160

Schwangerschaftsabbruch 74 19, 87

Schweiz 20 D 3, 57, 139, **20 Rp** 13, **28** 31 ff., 35, **30** 12, **31** 16, 19, **35** 9, **37** 4, **50** 14, **51** 9, **72** 10, **79 III** 2, 12

SED-Unrecht 74 43

Seegerichtshof 24 34

Seerechtsübereinkommen 27 3, 7

Seeschiffe 27 8, 12

Seewasserstraßen 74 104

Seezeichen 74 103

Sekundäres Unionsrecht 20 D 44, **Vor 70–74** 16, 19

Selbständige 48 12

Selbstauflösungsrecht 28 58, 92, **39** 9, 19, **68** 3 ff., 10, 14

Selbstbestimmung
- Länder **29** 7, 12
- Völker **20 D** 25, **26** 21 f., **29** 7

Selbstgesetzgebung 20 D 61, 65

Selbstinformation 38 44, **44** 8, 12, 42, 45, **45d** 43

Sachregister

Selbstkoordinierung der Länder 50 21, 72 18, 20
Selbstorganisation 20 R 200, 39 1, 40 6, 46 15, 39, 52 12, 79 III 19
Selbstversammlungsrecht 39 1, 29, 40 2, 53a 4
Selbstverteidigung 26 3, 6, 19 f.
Selbstverwaltung 20 S 5, 28 7 f., 10 f., 15, 17, 24, 26, 28, 34 ff., 39 f., 68, 79 III 62
– *siehe auch Funktionale Selbstverwaltung, Kommunale Selbstverwaltung*
Senatslösung 77 5, 79 III 24
Senatsmodell 50 8, 51 2, 6
Sichere Drittstaaten 71 6
Sicherheitsbehörden 45d 1, 3 ff., 73 70
Sicherheitsrat 24 34, 74
Sicherung der Ernährung 74 75 f.
Sicherungsinstrument 41 7
Sicherungsverwahrung 74 19
Siedlungswesen 74 5, 82
Sieyes, Emmanuel Joseph 20 D 11, 20 Rp 3, 38 3, 79 II 1
Sitzverteilung 20 D 35, 38 110, 43 25
Sklaverei(verbot) 20 D 7, 14, 25 18, 27
soft law 59 35, 42, 43
Solange-Rechtsprechung 23 14, 19, 81 ff., 172
Soldaten 33 85, 143, 160, 173, 73 58
Söldner 26 29
Solidarität 20 B 30, 34, 44, 20 S 34
Sonderausschüsse 40 29, 52 28
Sonderstatusverhältnis 20 R 110
Sondervotum 44 56, 45d 39, 46
Sorites-Paradoxon 72 47
Souveränität 23 18, 23, 69, 88, 92, 24 3 f., 46, 69, 71, 54 1 f., 28 44, 79 III 11, 17, 55 ff.
Souveränitätsbeschränkung 24 45, 69
– *siehe auch Hoheitsrechtsübertragung*
Souveränitätsvorbehalt 23 14, 23, 62, 89
Soziale Frage 20 S 5 f.
Soziale Gerechtigkeit 20 S 17, 20, 21, 35, 23 75
Soziale Grundrechte 20 S 9, 14, 19 f., 23, 40, 28 59
Soziale Leistungen 20 S 29, 45
Soziale Medien 20 D 77
Sozialer Ausgleich 20 S 35
Sozialisierung 74 70 f.
Sozialisierungs-Artikel
– Desuetudo 79 I 42
Sozialistengesetz 21 5
Sozialstaatsprinzip 20 Einf 5 ff., 20 D 145, 20 R 16, 51, 226, 20 S 1 ff., 28 54, 33 122, 73 90, 74 36, 37, 41, 156, 79 III 6, 45 f.
– Adressaten 20 S 36 f.
– AEMR 20 S 14
– Arbeitslosenversicherung 20 S 7
– Asylbewerberleistungsgesetz 20 S 28, 45
– Ausländer 20 S 38
– Auslandsdeutsche 20 S 38
– Ausstrahlungswirkung ins Privatrecht 20 S 37
– Begünstigte 20 S 38
– Bismarcksche Sozialgesetzgebung 20 S 5
– Bundesstaatliche Ordnung 20 B 24
– Chancengleichheit 20 S 43
– Daseinsvorsorge 20 S 3
– DDR 20 S 9
– Demokratieprinzip 20 D 145
– EMRK 20 S 16
– Ermessensbindung 20 S 36
– Europäische Integration 20 S 17 ff., 50
– Europäische Union 20 S 15, 17 ff.
– Ewigkeitsgarantie 20 S 24, 49, 79 III 45
– Existenzminimum 20 S 16, 20, 45
– Expansion und Krise 20 S 12
– Familienexistenzminimum 20 S 46
– Freiheitlicher Sozialstaat 20 S 41 ff.
– Fürsorge 20 S 2, 28 f.
– Gerechte Sozialordnung 20 S 35
– Gerechtigkeitsgebot 20 R 51
– Gesetzgeber als Adressat 20 S 25
– Gestaltungsauftrag 20 S 35
– Gestaltungsspielraum 20 S 25, 27, 29, 34, 35, 41, 45
– Gesundheitswesen 20 S 46
– Gleichheitsrechte 20 S 43 f.
– Globalisierung 20 S 12
– Grundrechte 20 S 39 ff., 51
– Grundrechte-Charta 20 S 19
– Hartz IV 20 S 11, 41, 45
– Homogenitätsgebot 20 S 23, 50, 54
– Ideengeschichte 20 S 1 ff.
– ILO 20 S 13
– Infrastrukturverantwortung 20 S 6, 26, 30, 32, 43
– Integrationsaufgabe des Staates 20 S 38
– IPwskR 20 S 14
– Katholische Soziallehre 20 S 2
– Kompetenzordnung 20 S 26
– Konkretisierung 20 Einf 3, 10, 20 S 11, 26 f.
– Krankenversicherung 20 S 5, 46
– Lastenausgleich 20 S 34
– Lebensschutz 20 S 46
– Leistungsrechte 20 S 26, 45
– Menschenwürdiges Existenzminimum 20 S 45
– Öffentliche Fürsorge 74 37
– Pflegeversicherung 20 S 12
– Pflichtversicherung 20 S 31
– Polizeistaat 20 S 4
– Prozedurale Aspekte 20 S 45, 47 f.
– Rechtsstaat oder Sozialstaat 20 S 41
– Rechtsstaatlichkeit 20 R 226
– Religionsgemeinschaften 20 S 2, 42, 51
– Rentenversicherung 20 S 12
– Solidargedanke 20 S 34
– Soziale Frage 20 S 5 f.

2231

(Fortsetzung Sozialstaatsprinzip)
- Soziale Grundrechte **20 S** 9, 14, 19f., 23, 40, **28** 59
- Soziale Sicherheit **20 S** 4, 14f., 18ff., 31
- Sozialer Ausgleich **20 S** 35
- Sozialer Rechtsstaat **20 R** 16, 41ff., 226
- Sozialhilfe **48** 12
- Sozialstaatliche Anforderungen an die EU **23** 75, 102, 167
- Sozialversicherung **20 S** 5, 7, 30ff., **74** 57, 61f.
- Staatszielcharakter **20 Einf** 10
- Steuerstaat **20 S** 35
- Umfang sozialer Leistungen **20 S** 29, 45
- Umverteilung **20 S** 35
- Unfallversicherung **20 S** 5
- Unmittelbare Geltung **20 S** 24, 37
- Verbot eindeutig unsozialer Politik **79 III** 46
- Verfassungsimmanente Schranke **20 S** 42
- Verfassungsprinzip **20 Einf** 5ff., 12ff., **20 S** 24
- Verfassungsvergleich **20 S** 20
- Völkerrecht **20 S** 13
- Voraussetzungen des Freiheitsgebrauchs **20 S** 42
- Vorsorge **20 S** 2, 3, 7, 30ff., **74** 38
- Wiedergutmachung **20 S** 34
- Wirtschafts- und Sozialausschuß **20 S** 18

Sozialversicherung 20 S 5, 7, 30ff., **74** 57, 61f.
Spanien 30 13, **67** 4, **69** 3, **Vor 70–74** 25, **73** 7
Spannungsfall 65a 3, **80a** 1ff.
- Anwendungssperre **80a** 7, 9
- Aufhebung der getroffenen Maßnahmen **80a** 10f.
- Bündnisfall **80a** 12f.
- Bündnisklausel **80a** 12f.
- Entsperrung **80a** 12
- Feststellung **80a** 5
- Junktimklausel **80a** 7
- Justitiabilität **80a** 5
- Notstandsgesetze **80a** 9
- Publizierung **80a** 5
- Qualifizierte Mehrheit **80a** 5
- Streitkräfteeinsatz im Innern **80a** 13
- Zivile Teilmobilmachung **80a** 13
- Zustimmungsbeschluß **80a** 6
- Zustimmungsfall **80a** 6ff.

Sparkassenhoheit 28 141
Sparsamkeitsgebot 20a 21, 40
Spätscholastik 20 IV 3, **Vor 70–74** 3
Spenden für Parteien 21 68, 101f., 116f.
Sperrklauseln 21 86, **23** 73, **28** 63, 66, **38** 12f., 112f.
Sperrminorität 51 7
Sperrwirkung 31 23ff., 40f., 62, **32** 28, 31, 55, **67** 14, **Vor 70–74** 53, **70** 9, **71** 9f., 14f., **72** 25ff., 30f., 33, 49, 50ff.

Spiegelbildlichkeit 38 171, **45** 11, **45d** 11, 35ff., **77** 35
Spielhallen 74 6, 55
Spinoza, Baruch 20 D 9
Spontanhilfe 35 19
Sprache 20 D 41, **22** 41
Sprengstoffrecht 73 80f.
Staat und Gesellschaft 20 R 16
Staatengleichheit 20 D 35, **23** 66, 69, 71, **77** 36
Staatenhaus 50 3, 5
Staatenimmunität 25 42, **60** 8
Staatenverbund 20 B 17, **23** 16f., 69, 100
Staatliche Leistungen 21 88, **38** 104
Staatlichkeit der Länder 20 Einf 14, **20 B** 5, 41ff., **28** 42ff., **29** 11, **30** 15, 25, **79 III** 13, 47f.
Staatsangehörigkeit 25 41, **38** 76, **73** 8, 17ff., 90, **74** 4
- Demokratieprinzip **73** 18, 90
- Einbürgerung **73** 18
- Indigenat **73** 17
- Unionsbürgerschaft **23** 3, 35, 57, 67f., 70f., 92, 97

Staatsanwälte 33 110, 172, 195, 198ff.
Staatsaufgabe Sicherheit 20 R 60
Staatsaufgabe Umweltschutz 20a 5, 72
Staatsbeamte 60 1, 15, 19
Staatsbürgerliche Rechte und Pflichten 33 59ff.
- Gleichheitsrecht **33** 49, 53, 63, 69, 73, 139, 209ff.
- Grundrechtsgleiches Recht **33** 53, 73, 170

Staatsform 20 Einf 1, 4, 9f., **20 D** 2, 11, 61, **20 Rp** 2, 14, 27, **79 III** 35
Staatsfreiheit von Parteien 21 69
Staatsfundamentalnormen 20 Einf 8, 11
Staatsgewalt 20 D 5, 11, 19, 86ff., 93ff., **20 R** 67ff., **23** 96, 165, **28** 79, 98
Staatshaftungsgesetz (1981) 34 11, **74** 122
Staatshaftungsrecht 20 R 24, 29, 222, **34** 1ff., **Vor 70–74** 13f., 20, **74** 4, 18, 68, 122ff., 156
- Amtspflicht **34** 2, 7, 41ff., 63
- Amtspflichtverletzung **34** 38ff.
- Amtswalter **34** 35ff.
- Anspruchsnorm **34** 33
- Anspruchsverpflichteter **34** 3ff., 11, 29ff., 56
- Aufopferungsrecht **34** 11, 64
- Beamtenrecht **34** 2, 10, 35, 61, 64
- Beliehene **34** 35f., 57
- Brücke von Varvarin **74** 44, 124
- Eigenhaftung **34** 31, 33
- Europäische Union **34** 15ff., 22ff., **Vor 70–74** 20, **74** 124
- Gesetzgebungskompetenz **34** 3, 11f., 26, 32, 64, **Vor 70–74** 13f., 20, **74** 4, 18, 68, 122ff., 156
- Haftung der EU-Mitgliedstaaten **34** 22ff.
- Haftungsbeschränkungen **34** 51, 58ff.
- Haftungsverlagerung **34** 31, 33f.

(Fortsetzung Staatshaftungsrecht)
- Handeln Privater **34** 35ff., 62
- Handlungsform **34** 38f.
- Institutionelle Garantie **34** 31
- Judikatives Unrecht **34** 23, 51
- Kausalität **34** 20, 23f., 52
- Legislatives Unrecht **20 R** 24
- Mindestgarantie **34** 31
- Neue Bundesländer **34** 29
- Normatives Unrecht **34** 15f., 18, 23, 25, 48ff.
- Öffentlich-rechtliche Entschädigungsansprüche **34** 11, 64
- Öffentliches Amt **34** 38ff., 40
- Primärrechtsschutz **34** 11, 27, 30, 59, 63
- Privatrecht **34** 1, 3f., 39
- Qualifizierte Verletzung von Unionsrecht **34** 17f., 24ff.
- Rechtmäßigkeitsrestitution **20 R** 222
- Rechtsfortbildung **34** 26
- Rechtsnatur des Art. 34 GG **34** 33f.
- Rechtspflicht **34** 42f.
- Rechtsstaatsprinzip **20 R** 29, **34** 5, 8, 30, 42, 49, 51, 53, 59, 64
- Rechtsweg **34** 11f., 30, 63
- Rechtswidriges Handeln **34** 13, 17f., 20, 29, 41, 43, 56f.
- Reformbedürftigkeit **34** 11, 35, 50, 63
- Richterprivileg **34** 51
- Rückgriff **34** 9f., 61ff.
- Schadensersatz in Geld **34** 20
- Schutzgut **34** 30f.
- Sekundärrechtsschutz **34** 44, 49, 63,
- Staatshaftungsgesetz (1981) **34** 11, **74** 122
- Subsidiarität der Amtshaftung **34** 59
- Unmittelbare Staatshaftung **34** 4, 29, 31f., 33
- Verschulden **34** 11f., 20f., 25, 27, 29, 32, 50, 53ff., 60
- Verwaltungshelfer **34** 35ff., 57
- Völkerrecht **34** 13f., 24
- Werkzeugtheorie **34** 37
- Zurechnungsnorm **34** 33

Staatskrise 81 7f., 22
Staatsleitung 58 8f., 17, **62** 5, 30ff.
Staatsname 20 Einf 6, **20 Rp** 1, 8, 16
Staatsnotar 54 21
Staatsnotstand 25 44
Staatsoberhaupt 20 Rp 10, 17f., 28, **54** 5ff., 11ff., **58** 4, 12, 22, **59** 6, 11, 17, 22, **60** 2ff., 8, 10, 13, 14, 23, **68** 5
Staatsorganisation 28 5, 47, 58, **31** 29f., 55f., **62** 6f., 9, 11, 16
Staatsorganisatorische Gesetzesvorbehalte 20 R 124
Staatspraxis 37 6, **68** 5, 9, **Vor 70–74** 13, 51, **76** 27, 46, 51, 53, 58, **80** 15, 26, 27, 63, **81** 8, **82** 9, 12f.
Staatsschiffe 27 7

Staatssekretär 62 2, 4, 12, 18, 19, 21f., **64** 24, **65a** 12, **69** 6, 16
Staatsstrukturbestimmungen 20 Einf 8, 10, **20 R** 41, 48, 224
Staatssymbole 22 1, 39ff.
Staatsverträge 21 99, **29** 11, 14, 33, 35f., **30** 28, **32** 40, 60, **37** 10, **59** 23, 24f.
Staatsvolk 20 D 50ff., 90ff., **23** 69, **28** 61, 69, **79 III** 35, 58
Staatszielbestimmungen 20 Einf 8, 10, 12 16, **20 R** 41, 224, **20a** 2, 5f., 19f., 23, **23** 32, 36ff., 52, 92, **24** 20, 27, 40, **28** 52, 54, 63, 59, **31** 29f., 56, **76** 38
Stabilität 20 B 36, **29** 14, **63** 21, 39f., **68** 8
Stabilitätsrat 20 B 13, **71** 6
Städtebünde 28 1
Städteordnung (1808) 28 8
Städtepartnerschaften 28 136
Städtetag 28 17
Stadtkultur der Antike 28 6
Staffeldiäten 48 35
Ständige Ausschüsse 40 29, **45a** 3, **52** 27f.
Ständiger Beirat 52 17
Stationierung fremder Truppen 24 45
Statistik für Bundeszwecke 73 78f.
Statutentheorie 31 1, 4
Stein, Lorenz v. 20 R 16, **20 S** 3, **65a** 1
Stellungnahme der Bundesregierung 76 83ff., 89ff.
Stellungnahme des Bundesrates 76 64ff., 67ff., **81** 18
Stellungnahmepflicht der Bundesregierung 76 85
Stellungnahmerecht des Bundesrats 23 141ff., **76** 64ff.
Stellungnahmerecht des Bundestages 23 129ff.
Stellvertretung
- Ausschüsse **44** 40, **45a** 4, **45c** 20, **53a** 7, 9
- Bundeskanzler **52** 7, **62** 15, **64** 13, **65** 22, **69** 1ff.
- Bundesminister **62** 2, 19, 21, **65a** 12, **69** 5ff.
- Bundespräsident **52** 16, **56** 6, **57** 1ff., 4ff.
- Bundesratsmitglieder **43** 18, **51** 14, 16, 23, **53a** 9
- Bundesratspräsident **57** 4ff.
- Bundestagspräsident **40** 26, **48** 24, **60** 28, 33
- Griechische Verfassung **69** 3
- Präsidentenanklage **61** 8

Stellvertretungsgesetz (1878) 62 2, **64** 1, **65** 2, **69** 1
Steuern 20 R 136, **20 S** 35, **21** 101f., **28** 143ff., **Vor 70–74** 43, **70** 13, **71** 6
Steuerung durch Haushaltsrecht 20 D 112, 154
Stimmabgabe 38 125, 129, **51** 4, 10, 17, 22ff.
Stimmengewichtung 52 24
Stimmengleichheit 63 36, 41
Stimmensplitting 51 24
Stimmenspreizung 51 7

Stimmenthaltungen 42 34, 52 19
Stimmenverteilung im Bundesrat 51 3, 6f., 10, 20f.
Stimmenzahl 51 3, 6f., 10, 20f.
Stimmführer 51 23
Stimmrecht 38 156, 62 12
Störungsverbot 26 18, 21ff., 30, 33 36ff.
Strafbare Handlungen 46 26
Strafcharakter 61 6
Strafgefangene
– Abgeordnete 48 12
– Besonderes Gewaltverhältnis 20 R 110
– Überstellungsübereinkommen 60 7
– Wahlberechtigung 38 132
– Wahlvorbereitungsurlaub 48 12
Strafgerichtliches Verfahren 20 R 217ff.
Strafgesetz 20 R 154
Strafprozeßrecht 20 R 195, 44 18, 47ff., 47 14
Strafrecht 20 R 194, 214, Vor 70–74 48, 74 19f., 26, 139
Strafverfolgung 45d 23, 46 10, 26ff., 36ff., 41
Strafvollzug 20 R 110, 74 5, 21
Straßen- und Wegerecht 74 109
Straßenbau 74 107, 111
Straßennutzungsgebühren 74 3, 107, 112
Straßenverkehr 74 107ff.
Straßenwahlkampf 21 62, 96
Streik(-recht, -verbot) 33 49, 187ff., 191f., 208, 70 15, 73 59
Streitbare Demokratie 20 D 79, 151, 20 Rp 19, 20 IV 14f., 27, 21 144, 79 III 44, 61
– siehe auch Freiheitliche demokratische Grundordnung
Streitkräfte 24 67, 74ff., 82, 27 13, 35 5, 16, 30ff., 36 19, 45d 30, 65a 1ff., 80a 13
Strukturprinzipien 20 Einf 8ff., 12, 20 R 41, 48, 224
Struktursicherungsklausel 20 D 33, 23 37, 39, 59, 62ff., 87, 28 49
Studiengebühren 20 R 165, 20 S 14, 33 71
Subdelegation 80 22, 39ff., 45, 68
Subjektives Recht 20 R 188, 20a 24, 82, 25 35ff., 28 94ff., 165, 35 17, 38 63, 122, 46 44, 47 7, 76 40, 97
Subjektqualität der Länder 20 Einf 14, 20 B 41f., 28 42ff.
– siehe auch Staatlichkeit der Länder
Subsidiarität 20 B 22, 46, 55, 20 IV 13, 22, 24 41, 46, 28 26, 99, 30 9, 34 59
Subsidiaritätsprinzip 20a 16, 23 8, 17, 28, 31, 62, 75f., 106f., 119f., 162f., 28 26, 72 8
Subsidiaritätsprotokoll, -rüge und -klage 23 8, 28, 31, 76, 79, 106f., 119f., 162f., 45 20ff., 50 13, 31
Substitution von Legitimationselementen 20 D 113
Subtraktionsmethode 28 115
Subventionen 20 R 108, 165

Südafrika 20 Rp 13, 30 12, Vor 70–74 26, 72 11, 74 12f.
Süddeutsche Ratsverfassung 28 85
Südschleswigscher Wählerverband 28 63
Summatives Bundesstaatsverständnis 20 B 23
Supplikationsausschuß 45c 1
Supranationale Homogenitätsklausel 20 D 32
Supranationale Legitimation 20 D 48f.
Supranationalität 23 9ff., 24 18, 32, 48, 53
Suspension 31 9, 13, 42f.
Symbol 22 1ff.
Symbolpolitik 70 2
System gegenseitiger kollektiver Sicherheit 24 3, 6, 11, 13, 65ff., 68
Tarifverträge 31 33, 74 59, 80 17, 82 10, 22
– Allgemeinverbindlicherklärung 20 R 153, Vor 70–74 32, 80 17, 82 10
– Tarifeinheitsgesetz 74 62
Tatbestandliche Rückanknüpfung 20 R 164ff.
Teilhabeanspruch 20 S 46, 33 64, 73, 88
Teilvölker 20 D 92, 125f., 136
Teilzeitbeschäftigung 33 49, 121, 184, 208
Teilzeitzwang 33 121, 184, 208
Telekommunikation 51 25, Vor 70–74 48, 71 6, 73 8, 55, 90, 80 6, 60
Tendenzfreiheit 21 61
Tendenzorganisationen 38 192
Tendenzrecht 21 61, 67, 134
Tendenzreinheit 38 180, 192
Territorialbindung 28 127
Territorialitätsprinzip 25 41
Territorialplebiszite 20 D 20, 100, 105
Territorialstaat 31 1, 4f.
Terrorismus 24 67, 26 6, 20, 22, 29, 42, 35 5, 16, 29, 32
Terrorismusabwehr 73 63ff., 71, 88f.
– Bundespolizeikriminalamt 73 64, 66, 70, 75
– Zustimmungserfordernis 73 88f.
– Terrorismusbekämpfungsergänzungsgesetz 45d 26
Textänderungsgebot 23 4, 52, 60, 79 I 2, 9, 21ff., 25, 32 f., 37
Therapieunterbringungsgesetz 74 19
Thomas von Aquin Vor 70–74 2
Tierschutz 20a 9, 18, 22ff., 30, 32, 34, 55ff., 70f., 88, 74 3, 96, 99f., 156
– Grenzen des Tierschutzes 20a 61, 70, 88
– Pathozentrischer Zweck 20a 55, 60
– Schächten 20a 9
– Schutzpflicht 20a 4, 59, 89
– Tierschutzgesetz 20a 60, 78, 88
– Tierversuche 20a 18, 59, 88
Todesstrafe 25 47, 49
Totalvorbehalt 20 R 108, 35 24
Transeuropäische Netze 74 148
Transformationsfunktion der Parteien 21 21
Transformationskompetenz 32 34ff., 73 29, 35

Transformationslehre für völkerrechtliche Verträge **25** 1ff., **28**, **59** 46
Transparenzdefizit 20 D 29
Transparenzpflichten 48 30
Transplantation 74 7, 128f.
Trennsystem, föderales 20 B 28
Trennung der Verfassungsräume 28 41f., 45, **Vor 70–74** 60
Treu und Glauben 20 B 44, 46
Treuepflicht 21 158, **33** 49, 103ff., 161, 174, 186, 187ff., **48** 15
Trikolore 22 9, 19, 30, 35
TRIPS 73 62
Tyrannenmord 20 IV 2
Tyrannis 20 D 2, **20 Rp** 1, 4

Übergangsgeld 48 28
Übergangsrecht 20 R 90, **71** 6
Übergangsregelungen 20 R 169
Übergemeindliche Aufgaben 28 158
Überhangmandate 38 117ff., **54** 28, **79 II** 19
Übermaßverbot 20 B 53, **20 R** 179, 183, 194, 196, **37** 12
Überpositive Gerechtigkeitsvorstellungen 20 R 94
Überpositives Recht 20 R 83
Überstellungsübereinkommen 60 7
Übertragung von Hoheitsrechten 20 D 89, **23** 4, 6, 18, 22, 24, 25, 40ff., 59f., 61ff., 105, **24** 1ff., 5, 23ff., 29, 31ff., 35, 37, 47ff., 56ff., 64, **76** 70, 81, 91, 95, **79 II** 7, 24
– siehe auch Hoheitsrechtsübertragung
ultra-vires-Handeln 23 26, 33, 94, 103, 175ff., **24** 77
Umlaufverfahren 46 13, **51** 25, **52** 22, 25, **62** 14, **76** 52, **80** 23, 57
Umpolungsthese 58 6
Umsetzungsgesetzgebung Vor 70–74 17, 21f., **74** 78
Umsetzungsrecht 72 9, 21, 32, 38
Umverteilung 20 S 35
Umweltpolitik 28 140
Umweltrecht 20 R 31, 58, 60, 138
Umweltschutz
– siehe *Umweltstaatsprinzip*, siehe auch *Tierschutz*
Umweltstaatsprinzip 20a 4, 23, 26, 28, 42, 57, 90
– Abwägungsgebot **20a** 49, 61f., 80
– Adressaten **20a** 63ff.
– Anthropozentrik **20a** 7, 29, 31, 56
– Auslegung unbestimmter Rechtsbegriffe **20a** 77
– Begründungspflichten **20a** 48, 73, 83
– Drittwirkung **20a** 66
– Eigenrechte der Natur **20a** 30, 56
– Einschätzungsspielraum des Gesetzgebers **20a** 45, 49, 59, 71f.

– EMRK **20a** 13f.
– Entstehungsgeschichte **20a** 6ff., 29
– Ermessen **20a** 79, 83
– Ethik **20a** 35
– Gemeinlastprinzip **20a** 51, 69
– Generationenbegriff **20a** 51, 36
– Gerichte **20a** 76, 86
– Gesetzesvorbehalt **20a** 7, 21, 67, 75
– Gesetzgebungskompetenz **74** 117ff., 141ff., 149ff., 156
– Gesetzgebungspflichten **20a** 69
– Grundpflichten **20a** 20
– Grundrechte **20a** 19f., 59, 82, 87ff.
– Handlungspflichten **20a** 59, 71
– Integrative Querschnittsklausel **20a** 77
– Justitiabilität **20a** 85f.
– Klagebefugnis **20a** 82
– Kommunale Umweltpolitik **28** 140
– Kompromiß **20a** 8, 11, 31, 67
– Konkretisierungsaufgabe **20a** 8, 27, 41, 59, 69
– Kosten-Nutzen-Analyse **20a** 83
– Landesverfassungen **20a** 9, 20ff.
– Langzeitfolgen **20a** 36f.
– Menschenrechte **20a** 12f.
– Nachbesserungspflicht **20a** 7
– Nachhaltigkeit **20a** 10, 39f., 69
– Nachweltschutz **20a** 35, 80
– Natürliche Lebensgrundlagen **20a** 1, 27, 29, 32ff., 47, 71
– Objektives Recht **20a** 24f., 82, 89
– Ökologisches Existenzminimum **20a** 4, 44
– Ökozentrik **20a** 30
– Optimierungsgebot **20a** 15, 26, 53, 66, 80
– Organisation und Verfahren **20a** 73, 84
– Private **20a** 66, 81
– Rechtsschutz **20a** 85f.
– Rechtsvergleichung **20a** 19
– Ressourcenschonung **20a** 40
– Risiken **20a** 53f.
– Schutzniveau **20a** 46
– Schutzpflicht **20a** 4, 12f., 17, 47, 52, 59, 89
– Sparsamkeitsgebot **20a** 21, 40
– Staat **20a** 63ff.
– Staatsaufgabe **20a** 5, 72
– Staatsziel **20a** 2, 5f., 19f., 23
– Staatszwecke **20a** 2
– Subjektives Recht **20a** 24, 82
– Unionsrecht **20a** 37, 57, 63, 66
– Unionsziel **20a** 15
– Unterlassungspflicht **20a** 50f., 58
– Untermaßverbot **20a** 71
– Verantwortung **20a** 37, 57, 63, 66
– Verbandsklage **20a** 82
– Verbesserungsgebot **20a** 44
– Verfassungsimmanente Schranke **20a** 88
– Verfassungsmäßige Ordnung **20a** 41, 57
– Verhältnismäßigkeit **20a** 47f., 61f.

2235

Sachregister

(Fortsetzung Umweltstaatsprinzip)
- Verschlechterungsverbot **20a** 44, 57
- Verwaltung **20a** 75, 77, 80f., 84, 86
- Vollziehende Gewalt **20a** 74
- Vorsorgeprinzip **20a** 10, 53, 57, 69, 77
- Wissenschaft und Technik **20a** 54, 72
- Zukünftige Generationen **20a** 20, 35, 77

Umweltvölkerrecht 20a 10f., **25** 18, 41
UN-Charta 20 D 25
Unabhängigkeit der Justiz 20 R 19, 35, 39, 74
Unabhängigkeit von Beamten 33 180, 183, 194
Unbeschränkbarkeit des Gesetzesinitiativrechts 76 30
Unbestimmte Rechtsbegriffe 20 R 133, 137, **20a** 77, **44** 30, **45b** 11, **65** 21, **72** 18, **80** 35
Unechte Rückwirkung 20 R 154, 164ff.
Unechte Vertrauensfrage 68 11
Unfallversicherung 20 S 5
Ungeschriebene oder stillschweigende Kompetenzen 30 23, **Vor 70–74** 8f., 45ff., **70** 12, **71** 8, 11, 16, **73** 9
Ungeschriebenes Verfassungsrecht 79 I 41
Unglücksfall 35 29
Unionsaufsicht 28 25
Unionsbürger 20 D 51, **23** 3, 35, 57, 67f., 70f., 92, 97, **28** 20, 27, 33, 69ff., **74** 175, **33** 49, 56f., 74ff., 125, 162
Unionsdokumente 45 15
Unionsgrundrechte 23 9, 14, 19, 23, 61f., 65, 74, 81f., 103, 171ff.
Unionsrecht 20 D 40ff., **20 R** 22, **20 Rp** 11f., **20 S** 17ff., **20 IV** 9, **36** 5, **45** 4, **45c** 8ff., **51** 8, **52** 9, **Vor 70–74** 28, 31, **72** 8f., 16, 21, 32, 38, **73** 5f., 9, 13, 19, 22, 31, 39, 43, 46, 52, 55, 59, 62, 67, 77, 81, 87, **74** 10f., 26, 33, 41, 56, 66, 74, 78, 83, 91, 95, 100, 113, 116, 121, 140, 145, 48, 151, 154, **82** 5f., 14
- Abstrakte Normenkontrolle **23** 165f.
- Anwendungserweiterung **33** 56f., 74f., 162
- Anwendungsvorrang **23** 12ff., **31** 13
- Asylregime **74** 35
- Ausschließliche Zuständigkeit **Vor 70–74** 19
- Durchgriffswirkung **23** 42, 44f., 49
- Entscheidungsmonopol des EuGH **23** 169, 172, 176
- Freizügigkeit **74** 3
- Geteilte Zuständigkeit **Vor 70–74** 19
- Kompetenzzuweisungen **Vor 70–74** 19f., **70** 5
- Organtreue **20 B** 54
- Primärrechtsetzung **Vor 70–74** 18
- Qualifizierte Verletzung **34** 17f., 24ff.
- Rechtsanwendungsbefehl **23** 12f.
- Rechtsetzung **23** 34, 109
- Rechtsetzungskompetenz des EuGH **Vor 70–74** 20
- Rechtsetzungskompetenzen **Vor 70–74** 18ff.
- Rechtsfortbildung **23** 176f.
- Sekundärrechtsetzung **Vor 70–74** 16, 19
- Umsetzung **23** 34, 38, 170, 174
- Umsetzung in innerstaatliches Recht **Vor 70–74** 21f.
- Verhältnis zum nationalen Recht **23** 12ff., 30
- Vollzug **23** 34, 76, 174
- Vorrang des Unionsrechts **23** 12ff., 30, 59

Unionstreue 20 B 18f., 54, **23** 14, 38, 159, **35** 8
Unitarischer Bundesstaat 20 B 2, 4, 29f., **70** 3
Unitarisierungshebel 72 1, 16
Unitarisierungstendenzen 50 17
Universalitätsprinzip 28 17, 101ff., 109
Universalkonzilien 31 2
Universeller Geltungsanspruch 20 R 20
Universitäten 20 D 131, **35** 15, **74** 153
Unmittelbare Demokratie 28 11, 16, 35, 38, 47, 52, 58, 68, 72, 75, 175
- *siehe auch Direkte Demokratie, Volksgesetzgebung*

Unmittelbarkeit der Wahl 38 79ff.
- *siehe auch Wahlrechtsgrundsätze*
- Behinderte **38** 85
- Briefwahl **38** 70, 85
- Freiwilliger Austritt **38** 83
- Höchstpersönlichkeit **38** 80
- Listenwahl **38** 81
- Nachrücken **38** 83
- Offene Listen **38** 81
- Parteiausschluß **38** 83
- Parteispaltung **38** 83
- Rotationsprinzip **38** 82
- Ruhendes Mandat **38** 84
- Starre Listen **38** 81
- Ungebundene Listen **38** 81
- Zweck **38** 79

UNO
- *siehe Vereinte Nationen*

Unparteilichkeit 20 R 209
Unschuldsvermutung 20 R 195, 219
Untergesetzliche Normen 20 R 99, **Vor 70–74** 32
Untergesetzliche Rechtsgrundlagen 20 R 123
Unterlassungsanspruch 48 14, 18
Unterlassungspflicht 20a 50f., 58
Untermaßverbot 20 R 198, **20a** 71, 85
Unternehmen 20 IV 19, **66** 13
Unteroffiziere 60 18
Unterrichtungspflichten 23 5, 119ff., 128, **45d** 41f., **53** 6, 13f., **53a** 14
Unterstützungspflichten 20 B 49
Untersuchungsausschuß 28 67, **35** 15, 37, **44** 1ff., 8ff., **45a** 8, **45d** 2, 18, 59, 60
- Abgeordnete **44** 34, 39
- Abschluß der Arbeit **44** 55f.
- Aktenvorlage **44** 50f.
- Ansehenswahrung des Parlaments **44** 34
- Antragsquorum **44** 36
- Auftragserweiterung **44** 38
- Ausnahme von Art. 19 IV GG **44** 57

Sachregister

(Fortsetzung Untersuchungsausschuß)
– Aussageverweigerung **44** 48f.
– Beschlagnahme **44** 52
– Beweiserhebung **44** 42, 45ff.
– Bundesstaatsprinzip als Schranke **44** 23ff.
– Diskontinuität **44** 35
– Durchsuchung **44** 52
– Einsetzung **44** 36ff.
– Fraktionslose Abgeordnete **44** 39
– Funktionsfähigkeit **44** 43
– Gegenstandsbereich **44** 19ff.
– Geheimnisschutz **44** 43f., 50, 53
– Gerichtsakten **44** 51
– Gesetzliche Regelung im PUAG **44** 18
– Gewaltenteilungsprinzip als Schranke **44** 26ff., 64
– Grundmandat **44** 39
– Grundrechtsschutz **44** 14, 21, 30, 58
– Inkompatibilität **44** 6
– Instrument parlamentarischer Kontrolle **44** 8
– Justizbereich **44** 29
– Kernbereich der Exekutive **44** 7, 27
– Kollegialenquête **44** 17, 34
– Korollartheorie **44** 19, 22
– Landesvollzug von Landesgesetzen **44** 24
– Mehrheitsenquête **44** 36
– Minderheitenrecht **44** 11, 36, 41, 45
– Mitglieder **44** 40
– Neben parlamentarischem Kontrollgremium **45d** 18, 59, 60
– Öffentliches Interesse **44** 9, 30
– Öffentlichkeit **44** 9, 13, 43
– Politisch-propagandistisches Kampfmittel **44** 9
– Politische Kontrollbefugnis gegenüber Privaten **44** 21
– Privatsphäre **44** 14
– Rechts- und Amtshilfe **44** 54
– Rechtsschutz **44** 57ff.
– Reichweite des Untersuchungsauftrags **44** 33
– Selbstentscheidungskompetenz **44** 16
– Selbstinformation **44** 8f., 12, 41
– Sondervoten **44** 56
– Staatsorganisationsrechtliche Stellung **44** 15ff.
– Ständiger Untersuchungsausschuß **44** 27
– Stellung der Betroffenen **44** 48
– Steuergeheimnis **44** 53
– Strafprozessrecht **44** 18, 47ff.
– Strukturelles Informationsdefizit **44** 12
– Themenhoheit **44** 38
– Träger des Untersuchungsrechts **44** 16
– Unterorgan des Bundestages **44** 19, 39
– Untersuchungsgegenstand **44** 17
– Untersuchungsverfahren **44** 36ff., 41ff.
– Verfahrenshoheit **44** 16, 41
– Verwaltungskontrolle **44** 23
– Vorsitz **44** 40

– Zentrales Staatsorgan **44** 20
– Zeugnis- und Auskunftspflicht **44** 49
– Zeugnisverweigerung **44** 49f.
– Zusammensetzung **44** 39, 44
– Zuständigkeitsbereich **44** 19ff.
– Zutrittsberechtigung **44** 44
– Zwangsmittel **44** 42, 47
– Zwingendes öffentliches Interesse **44** 53
Untersuchungshaft **20 R** 219, **46** 30, **48** 12
Untersuchungshaftvollzug **74** 6, 21
Unvereinbarkeitsbeschluß **21** 136
Unvereinbarkeitserklärung **20 R** 89, 91
Unverrückbarkeit des Gesetzesbeschlusses **77** 27, **78** 12, **82** 20
Unzulässigkeit der Delegation ganzer Materien an die Länder **71** 11
Urabstimmung **21** 139
Urheberrecht **73** 8, 60ff.
Urkundlichkeit **79 I** 18
Urlaubsanspruch von Abgeordneten **48** 2, 7f., 10ff.
USA **20 D** 14, 57, 139, **20 Rp** 4, 13, **28** 13, 15, 32, 38, **30** 12, **31** 16, **37** 4, **50** 14, **51** 9, **Vor 70–74** 26, **70** 1, **72** 10, **74** 12f., **79 II** 1, **79 III** 2, 12

Vakanz **45b** 7, **54** 38, **69** 17, 20, 21
Vattel, Emer de **79 II** 2
Verantwortung **20 D** 83, 109, 116, 128, **20 R** 17, 75, 205, **20 S** 6, 26, 30, 32, 43, **20a** 37, 57, 63, 66, **21** 39, **28** 42, 114ff., 125, 152, **34** 10, 23, 33f., 42f., 51, 52, 56, **37** 11ff., **38** 48, 62, **39** 10, **42** 20, **44** 27, **46** 9f., 18, 26, **50** 13, 19, **58** 1ff., 20, **59** 41, 44, 53, **60** 6, **61** 3, 6, **62** 12, 15, 19, 38, **65** 1ff., 38ff., **65a** 2, **69** 10, **82** 15, 59 44

– *siehe auch Ministerverantwortlichkeit, Parlamentarisches Regierungssystem, Regierungsverantwortung*
Verantwortungsfreiheit
– Abgeordnete **46** 9
– Berichte **42** 40ff.
Verbände **77** 25
Verbandsgemeinden **28** 80, 155
Verbandskompetenz **Vor 70–74** 34
Verbandsvölker **20 D** 92
Verbindungsbüro **23** 135, **45** 8
Verbot der Doppelbestrafung (ne bis in idem) **20 R** 24, **25** 47, **61** 6
Verbot der Landesgesetzgebung **72** 30f.
Verbot des Angriffskriegs **26** 1ff., 13ff.
Verbot widersprüchlichen Verhaltens **20 B** 51
Verbotsverfahren **21** 155ff.
Verbrauchsgüter **74** 97
Verbrechen, völkerrechtliche **26** 22
Verdienstorden **22** 40
Vereinsrecht **74** 30
Vereinte Nationen **20 D** 28, **23** 9, **24** 4f., 11, 19,

Sachregister

34, 65, 68, 74, **26** 8, 31, **36** 5, **54** 5, **59** 42, **73** 67
Verfahrensfehler
– Evidenzmaßstab **80** 58
– Fehlerfolgenbegrenzung **41** 18
– Fehlerfolgendifferenzierung **80** 58
– Fehlerfolgenregeln **20 R** 173, **38** 59, **80** 58
– Gebot des fairen Verfahrens **20 R** 24, 208, 216 ff.
– Öffentlichkeitsgebot **42** 28
– Potentielle Kausalität **41** 19
– Unbeachtlichkeit **20 R** 59
– Verordnungserlaß **80** 58
– Verordnungsermächtigung **80** 58
– Willensbildungsprozeß **40** 22
Verfahrensherrschaft des Bundestags 77 27
Verfahrenshindernis 46 10
Verfahrenspflichten 20 B 50
Verfassungen der Bundesländer 77 15
Verfassunggebende Gewalt 20 D 82, **79 I** 45, **79 III** 17, 58, 60
Verfassunggebung 23 90, 104, **28** 51, **79 II** 14, 21, **79 III** 14, 17, 59 f.
Verfassungsändernde Gewalt 79 II 1 ff., 8, 14 f.
Verfassungsändernder Gesetzgeber 20 R 229
Verfassungsänderung 24 5, 35, 49, **33** 189, 208, **35** 5, 32, **50** 25, 33, **51** 28, **79 I** 1 ff., **79 II** 1 ff., **79 III** 1 ff., 14 ff., **81** 25
– siehe auch Ewigkeitsgarantie, Zweidrittelmehrheit
– Abstimmungen **79 III** 40
– Abstimmungsverfahren **79 II** 20
– Amendments **79 I** 9
– Änderbarkeit des Art. 79 I 1 GG **79 I** 27
– Änderungsfrequenz **79 II** 17
– Asylrecht **79 III** 30
– Ausländerwahlrecht **79 III** 43
– Beteiligung des Bundesrates **79 II** 4, 21
– Budgethoheit **79 III** 42
– Bundesstaatlichkeit **79 III** 7, 21 ff., 47 f.
– Demokratie **20 D** 106, **79 III** 36 ff.
– Demokratische Legitimation **79 III** 37
– Effektiver Grundrechtsschutz **79 III** 34
– Eigenstaatlichkeit der Länder **79 III** 48
– Einigungsvertrag **79 I** 15, 24
– Europäische Integration **79 I** 8, 16, 26, **79 III** 11, 55 ff.
– Europäische Union **23** 23, 25, 55 ff.
– Europäischer Bundesstaat **20 D** 54, **79 III** 11, 55 ff., 58
– Ewigkeitsgarantie **20 D** 54, 96 ff., 105, 151, 153, 155, **79 III** 14 ff., 59
– Exekutivföderalismus **79 III** 25
– Freiheitliche demokratische Grundordnung **79 III** 5 ff., 18, 61
– Garantie eines Existenzminimums **79 III** 46
– Garantie souveräner Staatlichkeit **79 III** 11, 55 ff.
– Gemeinsame Verfassungskommission **23** 4
– Gesamtstatus Deutschlands **79 III** 58
– Gliedstaatliche Grundstruktur **79 III** 21 f.
– Grundrechtsbindung **79 III** 32
– Grundsubstanz föderaler Eigenstaatlichkeit **79 III** 48
– Hausgut der Länder **79 III** 22
– Herrschaft auf Zeit **79 III** 37
– Identitätswechsel der Verfassung **79 III** 58
– ius cogens **79 III** 9
– Justizstaatlichkeit **79 III** 32, 34, 53
– Klarstellungsklausel **79 I** 5, 28 ff., **79 II** 22
– Kommunale Selbstverwaltung **79 III** 62
– Kommunikationsgrundrechte **79 III** 32, 41
– Kompetenz **79 II** 1
– Ländermitwirkung bei der Gesetzgebung **79 III** 23 ff.
– Länderverwaltung **79 III** 25
– Materielle Änderungsverbote **79 III** 13
– Materieller Prüfungsmaßstab **79 III** 14
– Mehrheitsprinzip **79 II** 19 f., **79 III** 37
– Menschenrechte **79 III** 31
– Menschenwürde **79 III** 27 ff.
– Mindestbestand an Grundrechten **79 III** 32
– Mindestmaß materieller Eigenständigkeit **79 III** 22
– Mißtrauensvotum **79 III** 42
– Neugliederung des Bundesgebietes **79 III** 21
– Obligatorischer Volksentscheid **79 II** 5, 11 f.
– Obsolet-Werden von Verfassungsbestimmungen **79 I** 42
– Parlamentarisches Regierungssystem **79 III** 42, 61
– Parteigründung **79 III** 41
– Präsidialsystem **79 III** 42
– Rechtsstaatlichkeit **20 R** 229, **79 III** 49 ff.
– Rechtsvergleichung **79 II** 9 ff.
– Republik **79 III** 1, 12, 18, 35
– Revolution **79 III** 5, 15 ff., 19, 60
– Schweiz **79 III** 2, 12
– Souveräne Staatlichkeit **79 III** 11, 55 ff.
– Sozialstaatlichkeit **79 III** 6, 45 f.
– Stille **79 I** 26
– Streitbare Demokratie **79 III** 44, 61
– Substantieller Kerngehalt **79 III** 26
– Textänderungsgebot **23** 4, 52, 60, **79 I** 2, 8 f., 21 ff., 25, 32 f., 37
– Totalrevision **79 III** 12
– Ungeschriebenes Verfassungsrecht **79 I** 41
– Urkundlichkeit **79 I** 18
– USA **79 II** 1, **79 III** 2, 12
– Verfassungsändernde Gewalt **79 II** 1 ff., 8, 14 f.
– Verfassungsdurchbrechung **79 I** 3, 9, 17 ff.
– Verfassungsnachholung **79 I** 44
– Verfassungsschutz **79 III** 16, 61
– Verfassungswandel **79 I** 38 ff., **79 II** 14, 25
– Verfassungswandelnde Gewalt **79 I** 40

(Fortsetzung Verfassungsänderung)
- Verhältnismäßigkeitsprinzip **79 III** 53
- Verhältniswahlsystem **79 III** 38
- Verweisungen **79 I** 25, 32 f., 37
- Völkerrechtlicher Vertrag **79 I** 8, 16
- Volksbeteiligung **79 II** 5, 10 ff., 15
- Volksgesetzgebung **20 D** 106
- Volkssouveränität **79 III** 37 f.
- Vorbehalt des Gesetzes **79 III** 52
- Vorrang der Verfassung **79 III** 33 f., 51
- Vorrang des Gesetzes **79 III** 52
- Wahlen **79 III** 38
- Wahlrechtsgrundsätze **79 III** 38
- Weimarer Republik **79 I** 3
- Wesensgehaltsgarantie **79 III** 62
- Widerstandsrecht **79 III** 54
- Wiedervereinigung **79 I** 15
- Zweidrittelmehrheit **79 II** 2 ff., 15, 19 ff., 24

Verfassungsautonomie der Länder 20 Einf 14, **20 B** 42, **24** 57, **28** 2, 5, 42, 44, 46 ff., 64, 73 f., **79 III** 13, 47 f.
- Demokratische Legitimation **28** 60
- Eigenstaatlichkeit **20 Einf** 14, **20 B** 41 f., **28** 42 ff., **29** 11, **30** 15, 25, **79 III** 13, 47 f.
- Ewigkeitsgarantie **28** 174, **79 III** 13, 47
- Gerichtsverfassung **74** 22
- Homogenitätsgebot **28** 42 ff.
- Kompetenzabgrenzung **31** 29
- Landesverfassungsgerichte **28** 47 f., 60, 64
- Öffnungsklausel **24** 57
- Pflicht zur Verfassunggebung **28** 51
- Unabgeleitete Hoheitsmacht **20 D** 91
- Verordnunggebung **82** 22

Verfassungsautonomie der Mitgliedstaaten der EU 23 11

Verfassungsberatungen 20 B 8, **82** 4

Verfassungsbeschwerde 23 112, 164 ff., 170, 175, **25** 53 f., **31** 48

Verfassungsbindung des Gesetzgebers 20 R 92

Verfassungsdogmatik 20 Einf 15

Verfassungsdurchbrechung 79 I 3, 9, 17 ff.

Verfassungsentwicklung 45c 5, **50** 9, **52** 8, **82** 4

Verfassungserbgut 50 2

Verfassungserwartung 20 IV 15

Verfassungsfeindliche Parteien 21 65, 157 f.

Verfassungsgerichtliche Kontrolle 23 25 f., 86, **28** 19, **72** 4 f., 18, 31, 47, 56, 58, **79 III** 34

Verfassungsgewohnheitsrecht 20 R 83, **30** 31, **32** 43, **61** 9, **79 I** 41, **82** 13

Verfassungshoheit 28 44

Verfassungsidentität (Art. 79 III GG) 20 Einf 5, **23** 37, 39, 59, 61 ff., 87 ff., 104, **24** 46, **38** 61, **79 III** 58

Verfassungsimmanente Schranke 20 S 42, **20a** 88, **21** 66

Verfassungsinstitutionell verankerte Sachbereiche 20 D 131

Verfassungsinterpretation 20 B 33, **20 Rp** 24 ff., **20 R** 87, **42** 24, **45d** 13, **79 I** 38, 44

Verfassungskonforme Auslegung 20 Einf 14, **20 R** 87, 94, **23** 133, **41** 12, **62** 14

Verfassungskultur 20 R 17, 55

Verfassungsmäßige Ordnung 20 R 83
- Ausführung von Bundesrecht **28** 170
- Bindung der Gesetzgebung **31** 17, **79 III** 51
- Homogenität der Landesverfassungen **28** 16, 19, 44, 51, 53, 73
- Völkerrecht **25** 21

Verfassungsnachholung 79 I 44

Verfassungsneuschöpfung 23 2, 68 f., 104, 167

Verfassungsnormen der Länder Vor 70–74 27 ff., **70** 6

Verfassungsorgane 20 D 82, **21** 25, **38** 26, 168, **45a** 3, **50** 18, **53a** 5, **54** 12, **62** 7 ff., **76** 52 ff.

Verfassungsorgantreue 20 B 47, 54, **20 R** 71, 57 12, **58** 7, 10, 16, **76** 45, **77** 39, 44, **80** 66, **81** 14, **82** 21

Verfassungspflicht 28 43

Verfassungspraxis 37 6, **68** 5, 9, **Vor 70–74** 13, 51, **76** 27, 46, 51, 53, 58, **80** 15, 26, 27, 63, **81** 8, **82** 9, 12 f.

Verfassungsprinzipien 20 Einf 2, 8, 12 ff., 16, **20 B** 53
- Änderungsbestimmungen der Verfassung **20 Einf** 11
- Auffangtatbestand **20 Einf** 14
- Aufforderungscharakter **20 Einf** 12
- Auslegung **20 Einf** 14
- Baugesetze der Verfassung **20 Einf** 8
- Bundesstaatlichkeit **20 Einf** 5 ff., **20 B** 1 ff.
- Demokratiegebot **20 Einf** 5 ff., **20 D** 1 ff.
- Dynamische Fortentwicklung **20 Einf** 12
- Ewigkeitsgarantie **20 Einf** 11
- Funktionen **20 Einf** 14
- Grundentscheidungen **20 Einf** 5 ff., 9
- Grundsatzcharakter **20 Einf** 5
- Höherer Rang **20 Einf** 5
- Homogenitätsgebot **20 Einf** 12, 14, 16, **28** 53 ff.
- Immanentes Spannungsverhältnis **20 Einf** 12
- Konkretisierung **20 Einf** 12 ff., 16
- Normatives Kernstück der Verfassungsordnung **20 Einf** 5
- Praktische Konkordanz **20 Einf** 12
- Prinzipiencharakter **20 Einf** 12
- Prozeßcharakter **20 Einf** 9
- Rechtsstaatlichkeit **20 Einf** 5 ff., **20 R** 1 ff., 41 ff.
- Republik **20 Einf** 5 ff., **20 Rp** 1 ff., 16 ff.
- Sozialstaatlichkeit **20 Einf** 5 ff., **20 S** 24
- Staatsform **20 Einf** 1, 4, 8 f., **20 D** 2, 11, 61, **20 Rp** 2
- Staatsfundamentalnormen **20 Einf** 8, 11
- Staatsstrukturbestimmungen **20 Einf** 8, 10, **20 R** 224

2239

(Fortsetzung Verfassungsprinzipien)
- Staatsziele **20 Einf** 8, 10, 12 16, **20 R** 41, 224, **20a** 2, 5 f., 19 f., 23, **23** 32, 36 ff., 52, 92, **28** 52, 54, 63, 59
- Strukturprinzipien **20 Einf** 8 ff., 12
- Textbasis **20 Einf** 15
- Unterschiedlicher Konkretisierungsgrad **20 Einf** 13
- Verselbständigte Verfassungsdogmatik **20 Einf** 15

Verfassungsrechtliche Identität 20 Einf 5, **23** 37, 39, 59, 61 ff., 87 ff., 104
Verfassungsreferendum 20 D 20
Verfassungsrelevante Integrationsakte 23 52 ff.
Verfassungsschutz 21 159, **45d** 4 f., 11, 23, **38** 149, **73** 73, **79 III** 16, 61
- Aufgabe der Nachrichtendienste **45d** 23
- Beobachtung von Abgeordneten **38** 149
- Bundesamt für Verfassungsschutz **45d** 4, 22 f.
- Länder **45d** 11

Verfassungstextänderung 79 I 2, 8, 21 ff.
Verfassungstextdurchbrechung 79 I 19
Verfassungstradition 20 R 50, **31** 8, **74** 17
Verfassungstreue 21 38, **33** 49, 103 ff., 161, **63** 13
Verfassungsunmittelbare Pflichtausschüsse 45a 3
Verfassungsverbund 20 B 19, 35, **23** 17 f., 20, 61
Verfassungsvergleich 20 S 20, **30** 12, **70** 6, **72** 10 ff.
Verfassungsvorbehalt 25 27, 52
Verfassungswandel 48 19, **68** 14, **79 I** 38 ff., **79 II** 14, 25
Verfassungswidrige Gesetze 20 R 89
Verfassungswidrige Gesetzesvorlage 76 87, 98
Verfassungswidriges Verfassungsrecht 79 III 14
Verfassungswirklichkeit 28 19, 51, 168
Verfolgungsmaßnahmen 46 21, 23, 29 ff., 43
Verfügungen 58 10, 12, 19
Verhaltensbezogener Lärm 74 6, 117, 120
Verhältnismäßigkeitsprinzip 20 R 24, 39, 43, 155, 167, 169, 179 ff., 196, 198, **20 IV** 23, **20a** 47 f., 61 f., **35** 21, 23, **37** 12, **41** 18, **46** 37, **Vor 70–74** 55, **72** 8, 18
- Angemessenheit **20 R** 184
- Aufgabenverteilungsprinzip **28** 118 f.
- Erforderlichkeit **20 R** 183, 189, 192
- Europäische Union **23** 74, 85
- Ewigkeitsgarantie **79 III** 53
- Geeignetheit **20 R** 182, 191
- Güterabwägung **20 R** 184
- Kernelement der Rechtsstaatlichkeit **20 R** 35, 39
- Kommunale Selbstverwaltung **28** 56, 114, 117 f.
- Kompetenzverteilung **Vor 70–74** 55
- Konkurrierende Gesetzgebungskompetenzen **72** 8, 18
- Präsidentenanklage **61** 11, 16
- Rechtsstaatlichkeit **20 R** 179 ff., **28** 56
- Übergangsregelungen **20 R** 169
- Übermaßverbot **20 B** 53, **20 R** 179, 183, 194, 196, **37** 12
- Verfassungsänderung **79 III** 53
- Zivilrecht **20 R** 197
- Zumutbarkeit **20 R** 184

Verhältniswahl 38 10, 102, 106
- Adäquates Wahlsystem **20 D** 97
- Bundesversammlung **54** 29
- Gleichheit der Wahl **38** 10, 102, 106
- Repräsentation **20 D** 13
- Verfassungsänderung **79 II** 23, **79 III** 38
- Wahlrecht auf Landesebene **28** 63

Verhinderung des Bundespräsidenten 57 5, 7
Verkehrsdelikte 46 31, 39
Verkehrswege 74 104, 109
Verkündung von Gesetzen 58 23, **77** 16, 26, 28, **78** 10, **81** 21, **82** 1, 7 f., 15 ff., 21
- Berichtigung **82** 20
- Bundesgesetzblatt **82** 16, 18, 24 f., 28
- Elektronisch **82** 6, 7, 16, 24
- Frist **82** 1, 7, 21
- Funktionen **82** 8
- Neubekanntmachung **82** 20
- Rechtsstaatlichkeit **20 R** 203
- Rechtsverordnungen **82** 2, 4, 8, 24
- Sperrwirkung **72** 29
- Veröffentlichung **82** 6
- Verweisungen **82** 19
- Vollständigkeitsprinzip **82** 19
- Zeitpunkt der Verkündung **82** 18
- Zuständigkeit **82** 17

Verkündung von Rechtsverordnungen 82 2, 4, 7 f., 24
Verkündungsgesetz 82 24, 28
Verlagsrecht 73 61
Verlängerungsgesetz 20 R 145
Verleumdungen 46 14
Verlustgründe 41 23
Vermittlungsausschuß 43 9, **77** 15, 17, 20, 27, 30 ff., 51 ff., 57
- Anrufung **78** 14, 30, 32, 34 f., 41
- Besetzung **77** 35 f.
- Einberufung **77** 14, 17, 30 ff., 38, 44, 51, 53, 57, **78** 14
- Einigungsvorschlag **77** 31, 39 ff., 58
- Einsetzungsgegenstand **77** 38
- Funktion **77** 31, 41
- Geschäftsordnung **77** 11, 13, 34, 40
- Grundsatz der Spiegelbildlichkeit **77** 35
- Kompetenzen **77** 31, 41
- Kompromißfähigkeit **77** 37 f.
- Mitglieder **77** 30, 34 ff., 37
- Obligatorische Einberufung **77** 17, 30, 57
- Schlichtungsaufgabe **77** 41
- Unterorgan **77** 31, 42

(Fortsetzung Vermittlungsausschuß)
- Vermittlungsvorschlag **77** 31, 39ff., 58
- Weisungsfreiheit der Mitglieder **77** 37

Vermittlungsverfahren 77 15, 17, 20, 27, 30ff., 51ff., 57

Vermögensübergang 71 6

Vernunftnaturrecht Vor 70–74 3

Verordnungen 20 R 119, **Vor 70–74** 32, **72** 4, 17, 25, 41, 47, **80** 1ff.
- *siehe auch Rechtsverordnungen, Verordnungsermächtigung*
- Verordnunggebung **20 R** 73, **82** 22
- Verordnungsbegriff **80** 16
- Verordnungserlaß **50** 26
- Verordnungsverfahren **80** 43

Verordnungsermächtigung 80 20ff.
- *siehe auch Rechtsverordnungen, Verordnungen*
- Änderungsvorbehalte **80** 28ff.
- Anordnung rückwirkenden Inkrafttretens **80** 42
- Anspruch auf Erlaß **80** 56
- Aufhebung von Verordnungen **80** 57
- Aufhebungsvorbehalte **80** 28ff., 37
- Auslegung **80** 35
- Außenwirkung **80** 58
- Außerkrafttreten von Verordnungen **80** 57
- Bestimmtheitsgebot **80** 32ff.
- Bindungswirkung **80** 58
- Bundesregierung als Delegatar **80** 23
- Ermächtigung der Landesregierungen **80** 25f.
- Ermächtigung eines Bundesministers **80** 24
- Ermächtigungskombinationen **80** 26
- Ermessen **80** 56
- Fehlerfolgen der Nichtigkeit **80** 58
- Föderatives Delegationsverbot **80** 26
- Gesetzesändernde Verordnungen **80** 3, 20, 50
- Gesetzesvertretende Verordnungen **80** 20
- Handlungspflichten **80** 56
- Inhalt, Ausmaß und Zweck **80** 33
- Inkraftsetzungsermächtigungen **80** 20
- Intensität der Maßnahme **80** 38
- Kenntnisgabevorbehalte **80** 28ff.
- Kettendelegation **80** 41, 45
- Kreis der Ermächtigungsadressaten **80** 22ff.
- Mischverordnungen **80** 26
- Mitwirkungsvorbehalte **80** 27ff.
- Modalitätenbezogenes Delegationsverbot **80** 32
- Objektbezogenes Delegationsverbot **80** 21
- Pflicht zum Verordnungserlaß **80** 10, 56
- Programmformel **80** 34
- Rahmen der Ermächtigung **80** 43f.
- Rechtsfolgen **80** 48ff.
- Regelungsmaterie **80** 36
- Selbstentscheidungsformel **80** 34
- Subdelegation **80** 39ff.
- Subjektbezogenes Delegationsverbot **80** 22
- Unabgeleitete Verordnungen **80** 20
- Unionsrecht **80** 9f., 37, 46, 56, 63
- Verfahrensfehler **80** 58
- Verordnungsändernde Gesetze **80** 49f., 51, 53, 69
- Verordnungsersetzende Absprachen **80** 56
- Verordnungsrecht des Monarchen **80** 2
- Verordnungsverfahren **80** 43
- Verordnungsvertretende Gesetze **71** 13, **80** 67ff.
- Verweisungen **80** 37
- Vorhersehbarkeitsformel **80** 34
- Wesentlichkeitsrechtsprechung **80** 21
- Zeitpunkt der Wirksamkeit **80** 42
- Zitiergebot **80** 44ff.
- Zustimmungsbedürftigkeit **80** 59ff.

Verpackungsteuer 28 140

Versammlung 20 D 10, **21** 140, **72** 49, **74** 5, 30

Verschlechterungsverbot 20a 44, 57

Verschulden 34 11f., 20f., 25, 27, 29, 32, 50, 53ff., 60

Versicherung 20 S 5, 7, 12, 30ff., 46, **74** 53, 56, 57, 61f.

Versorgung 33 48, 97, 112, 143, 170, 179, 194, 197, 200, 201f., **74** 6, 130ff., 137

Verteidigung 26 6, 33, **73** 10, 14ff.

Verteidigungsausschuß 45a 1, 3, 6ff.
- Geschäftsbereich **45a** 6
- Untersuchungsmonopol **45a** 9
- Vorrang gegenüber dem Wehrbeauftragten **45a** 10

Verteidigungsfall 20 IV 20, 27, **50** 25, **54** 38, 58 21, 59 20, **65a** 14, **Vor 70–74** 37

Verteidigungsminister 65a 1ff., 12

Verteilung der staatlichen Aufgaben und Befugnisse Vor 70–74 30

Verteilungskonflikte 20a 38

Verteilungsprinzip 20 R 38

Vertikale Gewaltenteilung 20 B 24, **20 R** 78, **30** 15

Vertrag von Lissabon 20 D 32, 35, **20a** 18, **23** 8, 10, 25, 33, 48, 58, 68f., 79, 85, 106, 114, 162, 168, **28** 25ff., **45** 2f., 20, **45c** 9, **50** 13, 31

Vertrag von Maastricht 20 D 32, 51, **23** 2f., 5, 14, 36, 53, 68, 76, 78, 87, 119, 137, 168, **45** 1f., **79 I** 16, 26

Vertragsabschlußkompetenz 32 9, 14, 16f., 19, 26, 27ff., 30f., 32ff., 34ff., 48ff.
- *siehe auch Auswärtige Beziehungen*

Vertragsänderung 23 5, 19, 33, 47ff., 53, 57f., 91, 134, 162, **59** 35f., 43

Vertragsgesetze 59 21, 32f., 38, 40, 44, 46f., 51f.

Vertragsrecht, intraföderatives 20 B 42, 48, 52

Vertrauensentzug 67 19ff.

Vertrauensfrage 39 19, **42** 37, **63** 8, 47, **65** 16,

38, **67** 6f., 22, **68** 1ff., 7ff., **69** 10, 13, 23, **81** 7, 15f., 26
- Auflösungsgerichtete Vertrauensfrage **39** 19
- Dänemark **68** 5
- Echte Vertrauensfrage **68** 11
- Form **68** 17
- Fristvorschrift **68** 17
- Gemeinsame Verfassungskommission **68** 4
- Geschäftsführender Bundeskanzler **69** 23
- Kohl, Helmut **68** 3f.
- Lage der politischen Instabilität **68** 12
- Motivforschung **68** 16
- Quorum **81** 16
- Rücktrittsverpflichtung **68** 2
- Unechte Vertrauensfrage **68** 11
- Verbindung mit Gesetzesvorlage **68** 19, **81** 15f.
- Verdeckte Minderheitssituation **68** 12
- Verfahren **68** 17ff.
- Vertrauensabhängigkeit **65** 38, **68** 2

Vertrauensschutz 20 B 44, **20 R** 24, 28, 35, 39, 104, 147f., 151ff., 166f., **23** 74, **28** 56, **34** 60, **79 III** 53, **82** 26

Vertretung 52 7, 16, **57** 1ff., 4ff., **62** 2, 15, 19, 21
- *siehe auch Stellvertretung*
- Völkerrechtliche **54** 5, 16

Vertriebene 74 34f.
Verursacherprinzip 20a 51, 69
Verwaltung 20 R 204ff., **50** 26ff.
- Bundeswehr **36** 20f., **71** 1
- Luftverkehr **71** 6
- Privatrechtsform **20 D** 86f., 120, 132ff.
- Verwaltungsabkommen **32** 28, 50, 53, **37** 10, **59** 4, 14, 23f., 31, 48f., 50, 52
- Verwaltungsakte **20 R** 136, 150, 171
- Verwaltungseffektivität **35** 10
- Verwaltungsgesellschaftsrecht **20 D** 133
- Verwaltungshelfer **34** 35ff., 57
- Verwaltungskompetenzen **30** 22, **32** 33, **Vor 70–74** 57, **73** 75
- Verwaltungskontrolle **44** 23
- Verwaltungsorganisation **20 R** 124ff., 205
- Verwaltungsprozeßrecht **20 R** 30, **72** 50
- Verwaltungsträger **20 R** 95
- Verwaltungsverfahren **20 R** 204ff.
- Verwaltungsverträge **20 R** 84, 172

Verwaltungsvorschriften 20 R 61, 93, 96, 100, 173, **31** 33, **50** 26, **59** 48ff., **64** 9, **80** 17, **82** 10, **72** 25

Verwaltungszuständigkeit 30 22, **32** 33, **Vor 70–74** 57, **73** 75

Verweisungen 20 Einf 14, **20 D** 118f., **20 R** 143f., **53a** 7, **62** 11, **70** 16, **79 I** 25, 32f., 37, **80** 37, **80a** 7, **82** 19
- Dynamische Verweisungen **20 D** 118, **20 R** 144, **30** 28, **53a** 7, **59** 43, **70** 16, **79 I** 25
- Eindeutige Verweisungen **20 R** 143, **79 I** 33
- Regelwerke Privater **20 D** 119
- Statische Verweisungen **20 D** 118, **79 I** 37

Verwerfungskompetenz der Exekutive 20 R 98f.
Verwerfungsmonopol des BVerfG 23 173, 176
Verwertungsverbot 46 41, **47** 9, 14
Verwirkung 20 D 79, 151, **46** 35
- Bauordnungsrecht **31** 34
- Grundrechte **20 D** 79, 151, **46** 35, **79 I** 42
- Immunität **46** 32, 35
- Staatsorganisationsrechtliche Rechte und Pflichten **62** 9

Vetorecht des Bundesrats 77 5f., 52, 56
Videokonferenzen 43 14, 22
Vielfalt in Einheit 20 B 24f.
Virginia Bill of Rights 20 IV 6
Vizekanzler 69 5f., 7ff., 10ff.
Vizepräsidenten 52 17
Volk 20 D 41, 50ff., 84, 90ff., 125f., **28** 61, 65, **63** 5, 8
- *siehe auch Abstimmungen, Demokratie, Staatsvolk, Volkssouveränität, Wahlen*
- Begriff **20 D** 50, **29** 12
- Europäisches Volk **20 D** 41, **38** 15
- Ewigkeitsklausel **79 III** 17, 43
- Legitimationssubjekt **20 D** 90ff.
- Öffentlichkeit **42** 40
- Politische Parteien **21** 19, 53, 68
- Territorialplebiszite **20 D** 20, 100, 105
- Vereintes Europa **24** 1
- Vertretung durch Abgeordnete **21** 156, **42** 2, 24
- Volk in den Gemeinden **28** 65
- Volk in den Ländern **28** 61
- Volksvertretung **38** 1ff., 26ff., **50** 14, **51** 2, 6
- Wahlvolk **38** 79ff., **39** 10, **50** 14, **79 III** 43

Völkergewohnheitsrecht 20 D 26, **25** 7f., 19ff., 32, 47, 55, **34** 13, **Vor 70–74** 16

Völkerrecht 20 D 25, **20 R** 20, **20 Rp** 10, **20 S** 13f., **20 IV** 8, **25** 1ff., 21, **30** 8, **31** 11, 32, 62, **34** 13f., 24, **45c** 7, **61** 4, 9, **Vor 70–74** 16f., **71** 3, **72** 7, 21, **73** 4, 13, 19, 27, 39, 43, 52, 59, 62, 67, **74** 9, 26, 33, 41, 44, 56, 106, 124
- Adressaten **25** 15
- Allgemeine Regeln des Völkerrechts **25** 17f., 20ff.
- Allgemeinheitserfordernis **25** 17f., 20ff.
- Anerkennung von Staaten **59** 20, 23, 37
- Anwendungsvorrang **25** 29
- Äußeres Staatsrecht **25** 1
- Berechtigte **25** 39
- Bindendes Recht **25** 15
- Bundespräsident **54** 5, 16
- Dualismus **25** 1f.
- Einseitige Handlungen **59** 20
- Europäische Union **59** 8ff.
- Extraterritoriale Normgeltung **25** 41
- Faires Verfahren **25** 41

Sachregister

(Fortsetzung Völkerrecht)
- Humanitäres Völkerrecht 25 38, 41, 26 8
- Innerstaatliche Geltung 25 28
- Innerstaatliche Rechtsprechung 25 16, 40ff.
- ius cogens 25 7f., 10, 18, 29f., 43, 48, **60** 8, **79 III** 9
- Kompetenzabgrenzung **Vor 70–74** 16f., **71** 3
- Kompetenzübertragungsregel der begrenzten Ermächtigung **70** 4
- Konstitutionalisierung **20 D** 30, **20 R** 21, **20 Rp** 12, **25** 7, **30** 8, **59** 7
- Menschenrechte 25 16, 18, 30, 34, 41, 55
- Monismus 25 1f.
- ne bis in idem (Verbot der Doppelbestrafung) 25 47
- Normverifikationsverfahren 25 4, 14, 54f.
- Parlament **59** 4, 11ff., 16, 18, 21, 25, 27, 30ff., 38ff., 44
- Partikulares Völkergewohnheitsrecht 25 24
- Primat des Völkerrechts 25 1
- Rang des Völkerrechts 25 5, 13, 30
- Rechtsanwendung 25 16, 40ff.
- Regierung **59** 17f., 22f., 25, 38, 44f., 49, 52
- Staatenimmunität 25 42
- Subjektives Recht 25 35ff.
- Subjektivierung 25 28, 33ff.
- Todesstrafe 25 47, 49
- Transformationslehre 25 1ff., 28
- Umweltvölkerrecht **20a** 10f., **25** 18, 41
- Unmittelbare Wirkung 25 28
- Verfassungsbeschwerde 25 53f.
- Verfassungsrang 25 7, 30f.
- Verhältnis zu den Landesverfassungen 25 12, 29
- Verpflichtete 25 15
- Vertretung **59** 1ff., 11ff., 14ff., 19ff.
- Völkergewohnheitsrecht **20 D** 26, **25** 7f., 19ff., 32, 47, 55, **34** 13, **Vor 70–74** 16
- Völkerrechtsfreundlichkeit 25 9, 13, 15, 27, 30, 36, 49, 51f.
- Völkerrechtssubjektivität **23** 16, **32** 7, 9, 17, 20
- Vollzugslehre 25 1f.
- Vorrang des Unionsrechts 25 8f.
- Vorrang vor der Verfassung 25 29ff.
- Vorrang vor verfassungsändernden Gesetzen 25 30
Zwingendes Völkerrecht 25 7f., 10, 18, 29f., 43, 48
– *siehe auch ius cogens*
Völkerrechtliche Verträge
- Abschluß **32** 9, 14, 16f., 19, 26, 27ff., 30f., 32ff., 34ff., 48ff., **Vor 70–74** 16
- Adoption **59** 46
- Änderung **59** 35f., 43
- Antizipierte Zustimmung **59** 36, 45
- Anwendungsvorrang **24** 48
- Austritt **24** 27, 72
- contracting-out **59** 40
- Europäische Union **59** 8ff.
- Finanzwirksamer Vertrag **59** 33
- Gegenstände der Bundesgesetzgebung **59** 5, 30ff., 35ff.
- Gegenzeichnung **59** 21, 25
- Gemischte Abkommen **32** 9, 51, **59** 9
- Gesetzesvorbehalt **59** 27f., 34f.
- Innerstaatlicher Rang **59** 13, 47
- Kündigung **59** 20, 23, 39, 53
- Landesgesetzgebung **59** 31, 44, 48
- opting-out **59** 40
- Parallelabkommen **59** 34
- Parlament **59** 4, 11ff., 16, 18, 21, 25, 27, 30ff., 38ff., 44
- Parlamentsvorbehalt **59** 4, 18, 27
- Politische Beziehungen **59** 5, 28, 35
- Politischer Vertrag **24** 72, **59** 27ff.
- Ratifikation **59** 9, 21, 25, 38, 40, 44, 49, 53
- Rechtsanwendungsbefehl **59** 46, 50
- Rechtswirkungen **59** 46f.
- Richterliche Kontrolle **59** 51ff.
- self-executing Normen **59** 31, 46f.
- Transformationslehre **59** 46
- Verfassungsänderung **79 I** 8, 16
- Vertragsgesetz **59** 21, 32f., 38, 40, 44, 46f., 51f.
- Verwaltungsabkommen **59** 4, 14, 23f., 31, 48f., 50, 52
- Vollzugstheorie **59** 46
- Vorbehalt **59** 13, 25, 38
- WVK **59** 6, 20, 25, 38
- Zustimmung **59** 36, 45
- Zustimmungsgesetze **71** 6
- Zustimmungspflicht **59** 31, 33, 38, 42f., 44,
Völkerrechtsfähigkeit 32 7, 9, 20
Völkerrechtsförmliche Akte 32 22f.
Völkerstrafrecht 25 31, 26 7, 34
Völkervertragsrecht 25 17, 23, 27, 41, 51, 55
– *siehe auch Völkerrechtliche Verträge*
Volksbefragung **20 D** 107f., **29** 30f., **Vor 70–74** 49, **71** 10
Volksbegehren **20 D** 20, 106, **29** 5, 25, 29ff., **76** 5, 9, 22
Volksdemokratie 20 D 55
Volksentscheid **20 D** 20, 76, 100, 106, **29** 12, 22, 24ff., 36, **76** 5, 9, 13, 19, **78** 1, **79 II** 5, 11f.
Volksgesetzgebung (Volksbegehren, Volksentscheid) **20 D** 20ff., 57f., 93, 99ff., **80** 68
– *siehe auch Direkte Demokratie*
Volksinitiative **20 D** 57, **29** 12, 28ff.
Volkssouveränität **20 D** 11, 19, 82ff., **21** 19, 52f., **23** 90, **38** 6, 30, 56, 76, 86, **39** 10, **40** 5, 30, **41** 7, **42** 20, **44** 13, **51** 21, **54** 2f., **79 III** 17, 19, 37f., 43, 55
Volksvertretung 38 1ff., 26ff., **64** 6
Vollalimentation 48 21, 37
Vollständigkeitsprinzip 82 19

2243

Vollziehende Gewalt 20 R 69, 73, 95, **20a** 74
Vollzugsermöglichungsfunktion 80 12
Vollzugstheorie 25 1f., 59 46
Vorbehalt des Gesetzes 20 R 35f., 105ff., 109, 24 23, 35f., 57, 82, 28 109, 134, 38 36, 40, 64 19ff., **79 III** 52
Vorbehalte zugunsten der Landesgesetzgebung 72 7, 74 16, 20, 33
Vorgezogene Neuwahlen 67 6
Vorhersehbarkeitsformel 80 34
Vorlage an den EuGH 23 164, 173f., 176, 178
Vorlagepflicht 25 54
Vormärz 20 D 15, 33 2, 38 7, 39 3
– *siehe auch Frühkonstitutionalismus*
Vorrang allgemeiner Regeln des Völkerrechts 31 11
Vorrang der EMRK 31 12
Vorrang der Verfassung 20 R 50, 81, **79 I** 37, **79 II** 3, 14, 23, **79 III** 33f., 51
Vorrang des Bundesrechts 31 1ff., 8ff., 32ff.
– Adressatenidentität 31 38
– Andere Bundesstaaten 31 17
– Ausschließliche Gesetzgebung 31 24
– Derogation 31 9, 42f., 52
– Divergenzvorlage 31 47, 53
– Durchgriffsnormen 31 21f.
– Einzelfallentscheidung 31 33
– Fallgruppen 31 49ff.
– Gebot kompetentieller Rücksichtnahme 31 58
– Gewohnheitsrecht 31 34
– Gleichlautendes Landesverfassungsrecht 31 8, 40
– Grundrechtsgeschützte Positionen Dritter 31 52
– Grundsatzgesetzgebung 31 27
– Homogenitätsgebot 31 30, 55, 62
– Inhaltsgleiches Landesrecht 31 7, 9, 40f., 43
– Kollisionsfall 31 32ff., 37, 42, 55
– Kollisionsfeststellung 31 44ff.
– Kollisionsfolge 31 42f.
– Kollisionsnorm 31 19, 23, 29, 31, 36ff., 47
– Kompetenzausübungsschranken 31 58
– Kompetenznormen 31 6f., 19, 21, 23ff., 29, 40f., 58, 62
– Konfliktfelder der Kompetenzordnung 31 58
– Konkrete Normenkontrolle 31 46
– Konkurrierende Gesetzgebung 31 25
– Landesgrundrechte 31 8f., 29f., 40, 50ff., 53f.
– Landesrecht bricht Bundesrecht 31 25
– Landesverfassungsrecht 31 10f., 17, 29f., 35, 40, 43, 50ff., 55
– Mehrgewährleistungen 31 51f.
– Mindergewährleistungen 31 51
– Nichtigkeit des Landesgrundrechts 31 51f.
– Partielles Bundesrecht 31 25
– Rahmengesetzgebung des Bundes 31 26

– Richterrecht 31 34
– Sanktionsnorm 31 7, 28
– Sperrwirkung 31 23ff., 40f., 62
– Staatsorganisation 31 29f., 55f.
– Staatsziele 31 29f., 56
– Suprematie des Bundes 31 18
– Suspensionswirkung 31 43
– Tarifverträge 31 33
– Unvereinbare Normbefehle 31 39, 51
– Verfassungsbeschwerde 31 48
– Verwaltungsvorschriften 31 33
– Vorkonstitutionelles Recht 31 24f., 32
– Wiederaufleben gebrochenen Landesrechts 31 43
– Zuständigkeit der Landesverfassungsgerichte 31 47, 53f.
– Zuständigkeit des Bundesverfassungsgerichts 31 45f.
Vorrang des Gesetzes 20 R 35, 72, 92ff., 96ff., 101ff., 105, 129, 28 134, 38 40, **79 III** 52
Vorrang des Unionsrechts 20 D 40, 20 R 27, 23 12ff., 30, 59, 28 28f., **Vor 70–74** 22
Vorrang des Verteidigungsausschusses 45a 10
Vorrang des Völkerrechts 25 29ff.
Vorranggesetzgebung 72 2, 14, 17, 74 2
Vorsatz 61 3, 12
Vorsorgeprinzip 20a 10, 53, 57, 69, 77

Waffengleichheit 20 R 217, 33 170, 191
Waffenrecht 73 3, 80f., 74 3, 8
Wahlberechtigung 38 22ff., 128ff.
– *siehe auch Allgemeinheit der Wahl, Freiheit der Wahl, Wahlen*
– Europäisches Parlament 38 22ff.
– Familienwahlrecht 20 D 98, 38 129
– Höchstpersönliches Recht 38 128
– Passives Wahlrecht 38 22, 24, 69, 101, 131, 63 13
– Stimmabgabe 38 129
– Strafgefangene 38 132
– Wahlalter 38 72, 129f.
– Wahlvorschlagsrecht 38 129
Wahlbewerber 38 104, 48 10, 14
Wahlcomputer 38 126
Wahlen 20 D 94ff., 23 69, 28 61ff., 69ff., 38 7ff., 17ff., 51ff., 99ff., 112f., 137, **52** 2, 7, 13ff., **63** 7ff., 11ff., 16ff., 29ff., 33ff., **71** 6, **79 III** 38
– *siehe auch Abgeordnete, Demokratie, Fraktionen, Mandat, Parteien, politische, Volk, Wahlrechtsgrundsätze*
– Abgeordnetenwahl 38 51ff.
– Ausländerwahlrecht 20 D 52, 90, 28 20, 33, 61, 69ff., **38** 75, **79 III** 43
– Briefwahl 28 63, 38 70, 85, 125
– Bundeskanzlerwahl 20 D 44, 120, **42** 37, **63** 5ff., 11ff., 16ff., 29ff., 33ff., **67** 14, 22, **68** 21

Sachregister

(Fortsetzung Wahlen)
- Bundespräsident **20 Rp** 28, **54** 12, 24ff., 28ff., **55** 5, 12, **71** 6
- Bundesratspräsident **52** 2, 7, 13ff.
- Bundestagswahlen **38** 51ff., **39** 10, 12ff.
- Bürgermeister **28** 65, 72
- Bürgerschaft **28** 65
- Dreiklassenwahlrecht **20 D** 15, **38** 8
- Erfolgswertgleichheit **38** 19, 102, 109
- Europäisches Parlament **23** 66ff., **38** 19
- Freies Mandat **28** 67, **38** 3, 5, 17f., 137
- Funktionsfähigkeit als Verfassungsgut **38** 112f., 161, 163, 179
- Gemeinderat **28** 65ff.
- Höchstzahlverfahren **28** 63, **38** 110, 115, **53a** 7, **54** 29
- Kommunale Wählergruppen **28** 66
- Kommunalwahlrecht für Ausländer **20 D** 90, **28** 20, 27, 69ff., **79 III** 43
- Kommunalwahlrecht für Unionsbürger **20 D** 52, 90, **28** 27, 69ff.
- Kreistag **28** 65
- Kumulieren von Stimmen **28** 63
- Landräte **28** 65
- Neutralitätspflicht der Gemeinde **28** 66
- Panaschieren **28** 63
- Parteien **21** 139
- Passives Wahlrecht **38** 22, 24, 69, 101, 131, **63** 13
- Personalisierte Verhältniswahl **38** 109, 134
- Proportionalverfahren **28** 63, **38** 106
- Rangmaßzahlverfahren **28** 63
- Rathausparteien **21** 34, 37, **28** 66
- Repräsentative Demokratie **20 D** 5, 11, 85, 104f., **38** 30
- Ruhendes Mandat **28** 62, **38** 84
- Stadtrat **28** 65
- Unionsbürger **20 D** 52, 90, **28** 20, 27, 69ff.
- Unterschriftenquorum **28** 63
- Verfassungsänderung **79 III** 38
- Wahlalter **38** 72, 129f.
- Wählbarkeit **38** 24, 66, 74ff., 145, **48** 17, **52** 13, **54** 24ff., **63** 13
- Wahlkampf **21** 62, 96
- Wahlkreiseinteilung **38** 109
- Wahlperiode **39** 10, 12ff., **67** 1, 3, 6
- Wahlpflicht **38** 7, 88
- Wahlprüfung **28** 62, 64, **38** 67, **41** 1, 7ff., 14, 15ff., 22ff., 24, **71** 6
- Wahlrecht **38** 1ff., 51ff.
- Wahlrechtsbeschränkungen **38** 65, 72ff., 132
- Wahlsystem **20 D** 97, **21** 139, **28** 61, **38** 58, 106
- Wahltermine **28** 63, 68 5, 11, 25
- Wahlverfahren **28** 61, **54** 32
- Wahlvorbereitungsurlaub **48** 4f., 12
- Wahlvorschlagsrecht **21** 137, **38** 71, 78, 90
- Wahlwerbung **21** 62, 98f., **38** 94, 96

- Wettbewerbsdemokratie **38** 51
- Zählwertgleichheit **38** 102, 109
- Zentrales Verfahren der demokratischen Willensbildung **38** 51

Wahlfehler 41 11ff., 17f.
Wahlpflicht 38 7, 88
Wahlprüfung 28 62, 64, **38** 67, **41** 1, 7ff., 14, 15ff., 22ff., 24, **71** 6
Wahlprüfungsbeschwerde 41 24
Wahlrecht 23 165ff., 175, **33** 69, 71, 85, **38** 19ff., 51ff.
Wahlrechtsgleichheit 21 167, **23** 69f., 73, **38** 99ff.
Wahlrechtsgrundsätze 20 D 98, **28** 16, 55, 61ff., 175, **38** 7, 11, 19f., 51ff., 68ff., **79 III** 37
- 5%-Sperrklausel **21** 86, **23** 73, **28** 66, **38** 12f., 112f.
- Allgemeinheit der Wahl **38** 68ff.
- Anwendungsbereich **38** 64
- Einschränkbarkeit **38** 65ff.
- Freiheit der Wahl **28** 66, **38** 86ff.
- Funktion **38** 51ff.
- Geheimheit der Wahl **38** 121ff.
- Gesetzliche Ausgestaltung **38** 133f.
- Gestaltungsspielraum **38** 66, 134
- Gleichheit der Wahl **38** 99ff.
- Kompetenznorm **38** 133
- Materieller Gehalt
- Subjektiv-rechtlicher Gehalt **38** 59ff.
- Träger der gewährleisteten Rechte **38** 59
- Unmittelbarkeit der Wahl **38** 79ff.
- Unverzichtbarkeit **38** 59
- Verfassungsänderung **79 III** 38
- Verletzungen **38** 59, 67
- Volkssouveränität **38** 56

Wahrheitsfindung 20 R 218
Wahrheitstreue des Berichts 42 43
Wahrung der Wirtschaftseinheit 72 24, **74** 50
Währungsunion 23 3, 58, 93, 100, **59** 9, 41, **73** 30f.
Währungswesen 73 5, 28ff., 90
Waren- und Zahlungsverkehr 73 37
Wartburgfest 22 10
Wassenaar-Arrangement 26 10
Wasserhaushalt 72 37, **74** 104, 149ff.
Wasserhaushaltsrecht 72 37
Wasserverkehrsrecht 74 103f.
Wasserwirtschaft 74 104, 149ff.
Wehrbeauftragter 45b 1ff., **45c** 39
- Amtszeit **45b** 7
- Aufgaben und Befugnisse **45b** 8ff., 18
- Berichterstattung **45b** 19
- Gesetzgebungskompetenz **71** 6
- Handeln aufgrund eigener Entscheidung **45b** 16f.
- Vakanz **45b** 7

2245

(Fortsetzung Wehrbeauftragter)
- Vorrang des Verteidigungsausschusses **45a** 10
- Wahl **45b** 6
- Wehrdienst **65a** 6
- Weisungsrecht des Bundestages **45b** 13ff.
- Zitierrecht **43** 26

Wehrgesetzgebung 36 19ff.
Wehrgewalt 20 R 95
Wehrhafte Demokratie 20 D 79, 151, **20 Rp** 19, **20 IV** 14f., 27, **21** 144, **79 III** 44, 61
- *siehe auch Freiheitliche demokratische Grundordnung*

Wehrnovelle 45a 1, **65a** 2
Wehrverfassung 36 7, 19f., 23, **45b** 3, **65a** 5, Vor **70–74** 13, **73** 2f., 10
Wehrverwaltung 36 20f., **71** 6
Weimarer Reichsverfassung 20 Einf 1, **20 D** 16, **20 Rp** 6, **20 S** 7, **20 IV** 6, **28** 5, 11, 14, **29** 2, **30** 5, **31** 7f., 40, **32** 2, **35** 3, **40** 2, **50** 5, **51** 2ff., **52** 2ff., **54** 3, **55** 1, **56** 2, **57** 1, **61** 2, **63** 3, 10, 22, **68** 2, 8, 11, **69** 1, Vor **70–74** 9, **70** 1, **71** 1, **72** 1, **73** 1, 20, 56, **74** 1, 36, 70, **76** 3ff., 37, 48, 57, **77** 3, **79 I** 37, **82** 1
Weimarer Republik 20 B 4f., **20 D** 20, **21** 145, **22** 6, 14f., 19, 30, **31** 7, **36** 1, **37** 2, **38** 10, **45c** 2, **50** 5, **51** 4, **54** 3, **57** 1, **67** 2, **68** 2, 8, 11, **79 I** 3, **80** 3
Weinheimer Modell 28 81, 101
Weisungen 57 12
Weisungsabhängigkeit 20 D 121, 123
Weisungsbefugnis 35 28, 31f., 35, 37, **37** 5, 14, **69** 12
Weisungsgebundenheit 51 17, 26
Weitergabeverbote für Daten 35 24
Weiterleitungspflicht bei Gesetzesvorlagen 76 84ff.
Wesensgehaltslehre 23 82, 83f., **28** 103, 115, **79 III** 62
Wesentlichkeitstheorie 20 D 117, **20 R** 113ff., 121, **38** 35f., **80** 21
Westliche Demokratien 20 D 56f., **20 R** 67, **20 Rp** 30, **38** 20, **79 III** 42
Wettbewerb 21 27, 77, 138, **38** 54ff., 99ff., 120
Wettbewerbsaufsicht 35 8
Wettbewerbsdemokratie 21 27, 77, **38** 51
Wettbewerbsföderalismus 20 B 24f., 32ff., **29** 1, Vor **70–74** 15, **72** 14
Wetterdienst 74 105
WEU 24 68, 74, **50** 10, **65a** 3
WHO Vor **70–74** 16, **73** 4, **79 II** 7
Widerspruchsfreiheit
- der Gesetze **20 R** 141
- der Rechtsordnung **31** 58

Widerspruchsverfahren 74 23
Widerstandsfall 20 IV 18ff.
Widerstandspflicht 20 IV 11f., 24

Widerstandsrecht 20 Einf 7, **20 IV** 1ff., **79 III** 54
- Adressaten **20 IV** 20
- Angriffshandlung **20 IV** 19
- Germanisches **20 IV** 3
- Grenzen **20 IV** 23
- Grundrechtscharakter **20 IV** 14, 26
- Grundrechtsträger **20 IV** 17
- Juristische Personen **20 IV** 17
- Konkurrenzen **20 IV** 27
- Landesverfassungen **20 IV** 11f.
- Makroperspektive **20 IV** 14, 18
- Mikroperspektive **20 IV** 11
- Prozessuale Umsetzung **20 IV** 26
- Rechtfertigungsfunktion **20 IV** 16
- Signalfunktion **20 IV** 15
- Subsidiarität **20 IV** 13, 22
- ultima ratio **20 IV** 13
- Unionsrecht **20 IV** 9
- Verfassungsänderung **79 III** 54
- Völkerrecht **20 IV** 8
- Widerstandshandlungen **20 IV** 23

Wiedereintritt des Bundesgesetzgebers 71 15
Wiedergutmachung 20 S 34, **74** 43
Wiedervereinigung 20 B 10, 31, **20 R** 55f., 58, **20 S** 23, 35, **22** 3ff., **23** 2f., **28** 87, **29** 6, **36** 3, **38** 13, **45c** 15, **50** 9, **51** 7, **53a** 6, Vor **70–74** 14, 46, **79 I** 15, **79 II** 18f., **79 III** 58
Wille des Gesetzgebers 20 R 87, **72** 26, 28
Willensbildung
- *siehe Politische Willensbildung*

Williams, Roger 20 D 7
Willkürverbot 20 R 46, **21** 78, **25** 41, **28** 119, **42** 30, **60** 25, **79 III** 32
Wirkungskreise 28 8, 72, 81, 95, 104, 107, 128
Wirtschaft 74 48ff., **72** ff.
- Mißbrauch wirtschaftlicher Machtstellung **74** 72ff.
- Wahrung der Wirtschaftseinheit **72** 24, **74** 50
- Wirtschaftskraft **28** 22, 143, 148
- Wirtschaftsrecht **74** 50

Wirtschafts- und Sozialausschuß 20 S 18
Wirtschaftsvölkerrecht 20 D 29, **30** 8, **59** 7, 9, Vor **70–74** 16, **73** 39
Wissenschaft 20 D 131, **73** 61, **74** 65
Wissenschaft und Technik 20a 54, 72
Wohnsitzprinzip 36 13
Wohnungswesen 74 5, 82
WRV
- *siehe Weimarer Reichsverfassung*

WTO 20 D 29, **59** 7, 9, Vor **70–74** 16, **73** 39
WVK 25 55, **59** 6, 20, 25, 38

Zählwert von Stimmen 38 102, 109
Zeugnisverweigerungsrecht
- Abgeordnete **38** 155, **47** 1ff., 6ff.
- Bundesratsmitglieder **51** 19
- Geltung im Verwaltungsverfahren **47** 9

Sachregister

(Fortsetzung Zeugnisverweigerungsrecht)
– Informantenschutz **47** 3, 7f.
– Landesverfassungen **47** 3
– Mitarbeiter der Abgeordneten **47** 6, 11f.
– Schutzzweck **47** 5, 10
– Strafprozeßrecht **44** 49
– Zeitlich unbegrenzte Dauer **47** 6
– Zeugnisverweigerungspflicht **47** 7
Zitiergebot 80 9, 10, 14, 44ff., 68
Zitierrecht 43 8ff., **53** 6, 9f.
Zivildienst 73 14, 58
Ziviler Ungehorsam 20 IV 13, 25
Zivilgesellschaft 20 Rp 24
Zivilprozeß 20 R 217
Zivilrecht 20 R 109, 197
Zivilschutz 73 10, 15, 90
Zoll Vor **70–74** 22, 24, **71** 6, **73** 1, 5, 33, 38f., 90
Zollkriminalamt 45d 25
Zugang zu den Gerichten 20 R 211ff.
Zugang zu öffentlichen Ämtern 33 49, 51, 56, 73ff., 209f.
– *siehe auch Beamte, Berufsbeamtentum*
– Abschließende Leistungskriterien **33** 89
– Abstammung **33** 63ff., 70ff.
– Anforderungsprofil **33** 125ff.
– Anspruch auf Übernahme **33** 130f.
– Ausschreibungspflicht **33** 125f.
– Äußeres Erscheinungsbild **33** 114
– Auswahlentscheidung **33** 89ff., 94ff., 116ff., 127f., 131ff.
– Auswahlverfahren **33** 123ff., 132
– Beförderung **33** 87, 93, 113, 180
– Begriff des öffentlichen Amtes **33** 84ff.
– Beleihung **33** 85
– Berufliche Erfahrung **33** 92, 111, 127
– Bestenauslese **33** 73, 89, 118f., 122, 127
– Beurteilung **33** 88, 127
– Bewerbung **33** 88, 126, 127, 130, 131
– Chancengleichheit **33** 49, 73, 95, 119
– Charakterliche Eignung **33** 91
– Dienstalter **33** 49, 81, 113, 117ff.
– Diskriminierungsverbote **33** 49, 63ff., 70ff., 95, 98ff., 106f., 139ff., 146f., 211
– Durchbrechung des Leistungsprinzips **33** 49, 118, 122
– Eignung, Befähigung und fachliche Leistung **33** 89ff., 94ff.
– Ergänzende Zugangskriterien **33** 116ff.
– Ernennung **33** 112, 128, 132ff., 137f., 203
– Frauenquote **33** 117, 119, 122
– Gesundheitliche Eignung **33** 109
– Hilfskriterien bei gleicher Eignung **33** 116ff.
– Hochschullehrer **33** 159, 195, 200, 203
– Höchstaltersgrenze **33** 49, 110, 112, 182
– Homosexualität **33** 49, 97
– Konfession **33** 98ff., 116ff., 139ff.
– Konkurrentenstreit **33** 123ff., 131ff., 137f.
– Kriterien **33** 70, 89ff., 94ff., 116ff., 122, 143ff., 146f.
– Lebensalter **33** 49, 110ff., 117ff., 182
– Parteizugehörigkeit **33** 102, 103ff.
– Politische Beamte **33** 85, 102, 180
– Politische Überzeugung **33** 49, 95, 101f., 103ff.
– Privatrechtliches Dienstverhältnis **33** 104, 161
– Religionszugehörigkeit **33** 98ff., 116ff., 139ff.
– Schadensersatzanspruch **33** 133, 137f.
– Soziale Gesichtspunkte **33** 117
– Vorbildung **33** 92f., 202
Zugriffsrecht 28 116, **64** 21ff., **80** 48f., 67
Zuhörer im Bundestag 40 13, **42** 23, **43** 17ff.
Zukünftige Generationen 20a 20, 35, 77
Zulassung zu ärztlichen und anderen Heilberufen 74 87f.
Zulassung zum Medizinstudium 74 87, 153
Zumutbarkeit 20 R 184
– *siehe auch Verhältnismäßigkeitsprinzip*
Zusammenarbeit des Bundes und der Länder 20 B 14, 30, **23** 114, **73** 63, 68ff.
Zustandekommen der Bundesgesetze 78 1ff., **81** 7, 15, 17ff., 23
Zuständigkeitsvermutung 28 103, **30** 2, 29, **62** 29, **70** 10
Zustimmung der Bundesregierung 24 62, **32** 4, 6, 16f., 52, 57ff.
Zustimmung des Bundesrates 24 5, 9, 36, **59** 49, **71** 12, **73** 88f., **77** 44, 51, **78** 13f., **81** 8, 13, 15, 20, 23ff.
Zustimmungsbedürftigkeit 50 9, **59** 38, Vor **70–74** 34, **74** 155, **77** 41, 47, 51, **80** 7, 52, 59ff.
Zustimmungsgesetze 73 88f., **74** 4, 122, 133, 155, 156, **77** 17, 30ff., 38, 44ff., **78** 13f.
– *siehe auch Bundesrat, Gesetzgebungskompetenzen*
– Änderung **77** 49
– Aufhebung **77** 49
– Einheitstheorie **77** 48
– Enumerationsprinzip **77** 45f.
– Europäische Union **23** 67, 94f., 164ff., 175f., **24** 51
– Frist **77** 44, 51
– Katalog **77** 46
– Reichweite der Zustimmungsbedürftigkeit **77** 41, 51
– Trennungstheorie **77** 48
– Ungeschriebene Zustimmungsbedürftigkeit **77** 47
– Völkerrechtliche Verträge **71** 6
– Zustandekommen **77** 50, 52
– Zweifelsfragen **77** 50
Zustimmungsvorbehalte 24 62, **29** 35, **32** 4, 17, 57, **80** 28, 30

Zutrittsrecht **43** 17ff., **44** 44, **45d** 43, **53a** 14
Zwangsinformation des Parlaments **43** 21
Zweckverbände **28** 155
Zwei-Plus-Vier-Vertrag **26** 6, 9
Zweidrittelmehrheit **42** 37, **52** 19, **61** 15, 77 3ff., 60, **79 II** 2ff., 15, 19ff., 24
Zweigliedriger Bundesstaat **20 B** 38, **28** 86
Zweikammersystem **23** 162, **38** 2, 5, 8, **45** 5, **50** 14, 22, **77** 8, 15

Zweispurigkeit des öffentlichen Dienstes **33** 150
Zweite Kammer **50** 22
Zweitwohnungsteuer **31** 61
Zwischenkriegszeit **20 D** 17, **74** 70
Zwischenstaatliche Einrichtungen **20 D** 39, 46, **23** 3, 40, 128, 157, **24** 1ff., 21ff., 31ff., 44f., 47, 52f., 72, **32** 26, 55, **73** 11, **79 I** 8, 16, **79 II** 24